BECK'SCHER
BILANZ-KOMMENTAR

Beck'scher Bilanz-Kommentar

Handels- und Steuerbilanz

§§ 238 bis 339, 342 bis 342e HGB

mit EGHGB und IAS/IFRS-Abweichungen

herausgegeben von

DR. HELMUT ELLROTT
Wirtschaftsprüfer in München

PROF. DR. GERHART FÖRSCHLE
Wirtschaftsprüfer und Steuerberater
in Frankfurt a. M.

DR. MARTIN HOYOS
Wirtschaftsprüfer in München

PROF. DR. NORBERT WINKELJOHANN
Wirtschaftsprüfer und Steuerberater
in Hannover

6., völlig neubearbeitete Auflage

des von

DR. WOLFGANG DIETER BUDDE
Wirtschaftsprüfer, Rechtsanwalt
und Steuerberater

DR. HERMANN CLEMM
Wirtschaftsprüfer, Rechtsanwalt
und Steuerberater

DR. MAX PANKOW
Wirtschaftsprüfer und Steuerberater

PROF. DR. MANFRED SARX †
Wirtschaftsprüfer und Steuerberater

begründeten Kommentars

Verlag C. H. Beck München 2006

Zitierweise: *Autoren* in Beck Bil-Komm.

Verlag C. H. Beck im Internet:
beck.de

ISBN 3 406 53794 4

Wilhelmstraße 9, 80801 München
Satz und Druck: Druckerei C. H. Beck Nördlingen
(Adresse wie Verlag)

Bindung: Conzella Verlagsbuchbinderei
Urban Meister GmbH & Co. KG

Gedruckt auf säurefreiem, alterungsbeständigem Papier
(hergestellt aus chlorfrei gebleichtem Zellstoff)

Mitverfasser

Dr. Hans-Peter Aicher
Wirtschaftsprüfer, Rechtsanwalt und Steuerberater in München

Dipl.-Kfm. Martin Beyersdorff
Wirtschaftsprüfer in Frankfurt a. M.

Dipl.-Kfm. Anne Böcker
Wirtschaftsprüferin und Steuerberaterin in Essen

Dipl.-Kfm. Peter Brendt
Wirtschaftsprüfer und Steuerberater in München

Dipl.-Kfm. Thomas Büssow
Wirtschaftsprüfer und Steuerberater in Frankfurt a. M.

Dipl.-Kfm. Michael Deubert
Wirtschaftsprüfer, Steuerberater und Certified Public Accountant in Frankfurt a. M.

Dr. Norbert Fischer
Wirtschaftsprüfer und Steuerberater in New York

Dipl.-Kfm. Horst Geißler
Wirtschaftsprüfer, Rechtsanwalt und Steuerberater in Hamburg

Dipl.-Kfm. Ernst Gröbl
Wirtschaftsprüfer und Steuerberater in München

Dr. Hans-Jochen Gutike
Rechtsanwalt und Steuerberater in Frankfurt a. M.

Heiko Hellwege
Rechtsanwalt in Osnabrück

Dipl.-Kfm. Karl Hoffmann
Wirtschaftsprüfer, Steuerberater und Certified Public Accountant in Königstein

Dipl.-Kfm. Frank Huber
Wirtschaftsprüfer und Steuerberater in München

Hans-Peter Huber
Rechtsanwalt in Berlin

Dipl.-Kfm. Burkhard Klein
Wirtschaftsprüfer und Steuerberater in Düsseldorf

Mitverfasser

Dipl.-Kfm. Andreas Krämer
Wirtschaftsprüfer und Steuerberater in München

Dipl.-Kfm. Matthias Kroner
Wirtschaftsprüfer und Steuerberater in Frankfurt a. M.

Dipl.-Kfm. Thomas Küster
Wirtschaftsprüfer, Steuerberater und Certified Public Accountant in Frankfurt a. M.

Dr. Lars Lawall
Rechtsanwalt und Steuerberater in Hannover

Dipl.-Kfm. Christoph Lorenz
Wirtschaftsprüfer und Steuerberater in München

Dipl.-Kfm. Peter Lust
Wirtschaftsprüfer und Steuerberater in Frankfurt a. M.

Dipl.-Betriebswirtin (FH) Christiane Pastor
Wirtschaftsprüferin, Steuerberaterin und Certified Public Accountant in München

Dr. Holger Philipps
Wirtschaftsprüfer und Steuerberater in Frankfurt a. M.

Dipl.-Kfm. Michael Poullie
Wirtschaftsprüfer und Steuerberater in Düsseldorf

Prof. Dr. Raimund Rhiel
Aktuar in München

Maximilian Ring
Wirtschaftsprüfer, Rechtsanwalt und Steuerberater in München

Dr. Stephan Ring
Rechtsanwalt und Steuerberater in München

Dr. Katja M. Ritter-Thiele
Wirtschaftsprüfer und Steuerberater in München

Dr. Mathias Schellhorn
Wirtschaftsprüfer und Steuerberater in Bielefeld

Dr. Stefan Schmidt
Wirtschaftsprüfer und Steuerberater in Frankfurt a. M.

Dr. Marianne Schramm
Wirtschaftsprüfer und Steuerberater in München

Dr. Tobias Taetzner
Wirtschaftsprüfer und Steuerberater in Frankfurt a. M.

Vorwort zur 6. Auflage

Die 6. Auflage des *Beck'schen Bilanz-Kommentars* wurde vollständig überarbeitet und um die gesetzlichen Neuregelungen ergänzt. Neben der Einarbeitung der seit dem Erscheinen der Vorauflage ergangenen Rechtsprechung bzw. der einschlägigen Literatur lag der Schwerpunkt der Überarbeitung in der Berücksichtigung der aktuellen Gesetzesänderungen im Bereich des Handelsbilanz- und Steuerbilanzrechts.

Von besonderer Bedeutung für die Überarbeitung der Vorauflage war zunächst das ***Bilanzrechtsreformgesetz*** (BilReG), dessen thematische Schwerpunkte in der Anpassung des Handelsbilanzrechts an erlassene Rechtsakte der EU sowie in der Stärkung der Unabhängigkeit des Abschlussprüfers lagen. Von großer praktischer Relevanz sind hier die Erweiterungen der (Konzern-)Anhangangaben und der (Konzern-)Lageberichterstattung, die überwiegend auf die (teilweise) Umsetzung der sog. „*Modernisierungsrichtlinie*" sowie der „*Fair-Value-Richtlinie*" zurückgehen und eine umfassende Erweiterung der Kommentierung zu den §§ 285, 289, 314 und 315 HGB erforderten. Von den neuen Regelungen, für die langfristige Übergangsbestimmungen (Art. 58 EGHGB) gelten, sind insbesondere folgende zu nennen:

- Angaben zu Kategorien derivativer Finanzinstrumente und zu über dem Zeitwert ausgewiesenen Finanzanlagen (§ 285 Satz 1 Nr. 18 und 19 HGB bzw. § 314 Abs. 1 Nr. 10 und 11 HGB),
- Angabe der Honorare des (Konzern-)Abschlussprüfers bei kapitalmarktorientierten Unternehmen (§ 285 Satz 1 Nr. 17 bzw. § 314 Abs. 1 Nr. 9 HGB),
- Erweiterung der (Konzern-)Lageberichterstattung (a) um eine Risikoberichterstattung in Bezug auf Finanzinstrumente (§ 289 Abs. 2 Nr. 2 HGB bzw. § 315 Abs. 2 Nr. 2 HGB), (b) um eine Analyse des Geschäftsverlaufs und der Lage der Gesellschaft unter Einbeziehung und Erläuterung bedeutsamer finanzieller Leistungsindikatoren sowie bei großen (Kapital-)Gesellschaften auch nichtfinanzieller Leistungsindikatoren (z.B. Umwelt- oder Arbeitnehmerbelange) und (c) um die Beurteilung und Erläuterung der zukünftigen Entwicklung mit ihren wesentlichen Chancen und Risiken sowie Angabe der ihnen zugrunde liegenden Annahmen (§ 289 Abs. 1 und 3 HGB sowie § 315 Abs. 1 HGB).

Darüber hinaus wurden durch das BilReG die sog. „*IAS-Verordnung*" durch Einfügung eines neuen § 315a HGB „Konzernabschluss nach internationalen Rechnungslegungsstandards" sowie Vorschriften zu einer (befreienden) Offenlegung eines IFRS-Einzelabschlusses (§§ 325 Abs. 2a, 324a HGB) in nationales Recht umgesetzt.

Die Gesetzesänderungen im Bereich der Abschlussprüfung machten zunächst die vollständige Neukommentierung des neu gefassten § 319 HGB „Auswahl der Abschlussprüfer und Ausschlussgründe" sowie des neu eingefügten § 319a HGB „Besondere Ausschlussgründe bei Unternehmen von öffentlichem Interesse" erforderlich. Ferner war eine grundlegende Überarbeitung der Kommentierungen zu § 321 HGB „Prüfungsbericht" und § 322 HGB „Bestätigungsvermerk" notwendig.

Weiter wurden die durch das ***Bilanzkontrollgesetz*** (BilKoG) eingefügten Regelungen (§§ 342b bis 342e HGB) zum „Enforcement", d.h. einem neben die Abschlussprüfung tretenden Verfahren, in dem handelsrechtliche Jahres- und Konzernabschlüsse von Kapitalmarktunternehmen fallweise von der Prüfstelle für Rechnungslegung geprüft und etwaige Verstöße durch die Bundesanstalt für Finanzdienstleistungsaufsicht geahndet werden, in die Kommentierung aufgenommen.

Auch die Änderungen durch das ***Vorstandsvergütungs-Offenlegungsgesetz*** (VorstOG), die erstmals für Geschäftsjahre anzuwenden sind, die nach dem 31. Dezember 2005 beginnen, wurden bereits in der Kommentierung zu den §§ 285, 286 und 289 sowie 314, 315 und 334 HGB berücksichtigt.

Der Exkurs zu „*Aktienoptionsplänen*" wurde, insbesondere unter Berücksichtigung der Grundsätze des IFRS 2, der ab 2005 in IFRS-Abschlüssen zu beachten ist, grundlegend überarbeitet und gekürzt. Die Ausführungen finden sich nunmehr im Anschluss an die Kommentierung zu § 272 HGB. Ferner wurde im Anschluss an die Kommentierung zu § 278 HGB ein Exkurs zur „*Behandlung von Sachdividenden*" neu eingefügt. Der Exkurs zum „*Abhängigkeitsbericht*" wurde aus Platzgründen gestrichen; hierzu wird auf § 289 der Vorauflage verwiesen.

Die Kommentierung der wesentlichen Abweichungen der ***International Financial Reporting Standards*** *(IFRS)* zu den handelsrechtlichen Vorschriften wurde um neue Standards sowie um neue Interpretationen des *International Financial Reporting Interpretations Committee (IFRIC)* ergänzt und unter Berücksichtigung der zwischenzeitlich erschienenen Literatur überarbeitet. Bei der Darstellung der Unterschiede und sonstigen Besonderheiten wurden jeweils die ab dem 1. Januar 2005 gültigen Fassungen der Standards zugrunde gelegt. Soweit angezeigt, wird in der Kommentierung zu den §§ 301, 307 und 309 HGB auch bereits auf die am 30. Juni 2005 vom *IASB* veröffentlichten Standardentwürfe zu IFRS 3, IAS 27 und IAS 37 eingegangen.

Die Einarbeitung der seit der Vorauflage bekannt gemachten ***DRSC-Standards*** bildete einen weiteren Schwerpunkt bei der Aktualisierung des Bilanzkommentars. Ferner wurden die neuen ***IDW Standards*** zur Rechnungslegung und Prüfung berücksichtigt.

Im ***Steuerrecht*** ist neben der Berücksichtigung von Gesetzesänderungen vor allem die Einarbeitung der aktuellen Finanzrechtsprechung und Verwaltungsanweisungen zu nennen.

Die Ausführungen in der 6. Auflage berücksichtigen den ***Stand*** der Gesetzgebung, Rechtsprechung und Literatur ***1. September 2005.***

Wegen ergänzender Ausführungen zu Sonderthemen (z.B. Eröffnungsbilanzen, Schlussbilanzen bei Umwandlungsvorgängen, Übernahmebilanzierung sowie Abwicklungsrechnungslegung) wird auf die 3. Auflage der „*Budde/Förschle, Sonderbilanzen*" verwiesen.

Die Herren *Axel Berger* und *Dr. Burkhard Hense,* der seit der 1. Auflage des Bilanzkommentars zu den Mitverfassern gehörte, sind als Herausgeber ausgeschieden. Die Herren *Dr. Martin Hoyos*, der bereits in der 4. Auflage dem Herausgeberkreis angehörte, und *Prof. Dr. Norbert Winkeljohann* sind an deren Stelle getreten. Den beiden ausgeschiedenen Herausgebern danken wir für ihre wertvolle Mitwirkung an den Vorauflagen des Bilanzkommentars.

Herzlich danken möchten wir außerdem allen Mitverfassern für ihr großes – weitgehend zu Lasten der Freizeit gehendes – Engagement. Den Mitarbeitern des Beck-Verlags, insbesondere dem langjährigen Lektor des Bilanzkommentars, Herrn *Albert Buchholz,* danken wir für die – wie immer – professionelle Betreuung während der Entstehung dieser Auflage.

Wir hoffen sehr, dass die 6. Auflage des *Beck'schen Bilanz-Kommentars* - ebenso wie die vorangegangenen Auflagen - bei unseren Lesern auf eine positive Aufnahme stoßen und ihnen bei ihrer praktischen Arbeit von großem Nutzen sein wird. Anregungen und kritische Hinweise zu den hier behandelten Themen sind den Herausgebern und Mitverfassern jederzeit willkommen.

Frankfurt am Main/Hannover/München, im September 2005

Dr. Helmut Ellrott, *Prof. Dr. Gerhart Förschle*
Dr. Martin Hoyos, *Prof. Dr. Norbert Winkeljohann*

Vorwort zur 1. Auflage

Mit diesem „Bilanzkommentar" verfolgen wir eine neue Idee. Wir versuchen, nebeneinander die Vorschriften über die handelsrechtliche Rechnungslegung und die steuerliche Gewinnermittlung zu erläutern, und dies in kompakter, auf den täglichen Gebrauch des Praktikers zugeschnittener Form.

Als Ordnungsprinzip dienten uns dabei die handelsrechtlichen Vorschriften in ihrer neuesten Fassung, wie sie durch das Bilanzrichtlinien-Gesetz vom 19. Dezember 1985 in das Handelsgesetzbuch als Drittes Buch eingefügt worden sind. Dabei haben wir neben den handelsrechtlichen Bilanzierungs- und Bewertungsregeln jeweils auch die steuerlichen Besonderheiten unter Berücksichtigung von Rechtsprechung und Literatur kommentiert.

Um dem Bilanz-Praktiker entgegenzukommen, haben wir auch die über die reinen Bilanzierungsregeln hinausgehenden Vorschriften zum Anhang und zum Lagebericht miterläutert. Nicht behandelt sind hingegen die Vorschriften über die Abschlussprüfung sowie – einstweilen – über die Offenlegung und Konzernrechnungslegung. Der Kommentar berücksichtigt auch nicht Sonderfragen der Rechnungslegung von Kreditinstituten und Versicherungsunternehmen.

Dem Zweck als Kommentar für die Tagespraxis entsprechend, haben wir auf ausführliche Erörterungen wissenschaftlicher Theorien verzichtet.

Unser Buch erscheint – auch auf Wunsch des Verlages – sehr kurz nach Inkrafttreten des Bilanzrichtlinien-Gesetzes, das eine Fülle neuer Fragen aufgeworfen hat. Zwangsläufig konnten wir uns daher nur wenig auf die Meinung anderer Autoren stützen. Wir mussten uns oft selbst zu einer Meinung durchringen. Der nun in Gang kommende Meinungsbildungs-Prozeß in Theorie, Rechtsprechung und Praxis kann „herrschende" Meinungen hervorbringen, die uns möglicherweise zu späteren Korrekturen oder Ergänzungen veranlassen werden.

Abzusehen ist, dass ein emsiger Gesetzgeber, eine mehr an vermeintlicher „Gerechtigkeits-Perfektion" als an Rechtssicherheit orientierte Rechtsprechung und eine nicht minder regelungs-aktive Finanzverwaltung uns weiterhin mit Neuerungen überraschen werden, die bisherige Regelungen und gefestigte Meinungen obsolet werden lassen. Wir leben ja in einer Zeit vielfältiger Aktivismen. Auf dem Gebiete der Rechnungslegung einschließlich der steuerlichen Gewinnermittlung herrscht dabei noch immer die Tendenz zu stets perfekterer und angeblich „genauerer" Periodenerfolgs-Ermittlung. Das versetzt den erfahrenen Bilanz-Praktiker allerdings in Erstaunen. Er weiß nämlich, dass die Werte vieler gewichtiger Bilanzposten in Wahrheit nicht genau ermittelbar sind, weil sie notwendigerweise auf Prognosen und Schätzungen beruhen. Überdies bestehen – auch über ausdrücklich eingeräumte Bilanzierungs- und Bewertungswahlrechte hinaus – vielerlei Möglichkeiten, durch tatsächliche und rechtliche Gestaltungen legal Einfluss auf die Höhe der nach unseren handels- und steuerrechtlichen Bilanzierungsregeln zu ermittelnden Periodenfolge zu nehmen. Alle diese Maßnahmen und Schätzungen ändern zwar meist nichts am Gesamterfolg des Unternehmens, wohl aber – in häufig erheblichem Umfang – an dessen Periodisierung.

Fraglich ist, welchen Einfluss und welche Bedeutung die aus dem angelsächsischen Recht ins Bilanzrichtlinien-Gesetz übernommene Forderung erlangen wird, der Jahresabschluss einer Kapitalgesellschaft habe „ein den tatsächlichen Verhältnissen entsprechendes Bild der Vermögens-, Finanz- und Ertragslage" zu vermitteln. Sicher wird damit der Erwartungshorizont der Adressaten der Jahresabschlüsse erweitert; ob und welche Änderungen sich hieraus gegenüber dem bisherigen Recht ergeben, ist einstweilen auch unter Fachleuten zweifelhaft.

Ziemlich sicher dürfte sein, dass Jahresabschlüsse auch künftig nur selten ein wirklich zuverlässiges Urteil über die Gesundheit und Kreditwürdigkeit, kurz: über die „Gesamtsituation", erlauben werden, da diese von Fakten abhängen kann, die sich nicht zwangsläufig sogleich im Rechnungswesen niederschlagen, wie z. B. langfristig wirkende Entscheidungen auf den Gebieten Produktgestaltung einschließlich Forschung und Entwicklung, Vertrieb und Personalpolitik. Wir befinden uns wohl alle noch in einem Lernprozess darüber, was ein Jahresabschluss zuverlässig aussagen kann und muss. Nichtsdestoweniger haben wir die teils neuen, teils alten Rechnungslegungs-Regeln einschließlich der steuerlichen Besonderheiten zu beachten, wozu unser Kommentar Hilfestellung geben will.

Wir bedanken uns herzlich bei unseren – an anderer Stelle genannten – Mitarbeitern, die uns Vorentwürfe zu fast allen Kapiteln erarbeitet haben; ohne ihre Mitwirkung hätte dieser Kommentar von Praktikern, deren Tagesarbeit ihnen wenig Zeit für wissenschaftliche Tätigkeit lässt, nicht entstehen können. Dank auch an den Verleger und seine Mitarbeiter, insbesondere Herrn Albert Buchholz, der uns bei der Konzeption des Buches ebenso wie in vielen Einzelfragen wirksam unterstützt hat.

Wir hoffen auf eine wohlwollende Aufnahme bei unseren Lesern und bitten um Anregungen – Kritik eingeschlossen.

Im Mai 1986 Die Verfasser

Inhaltsverzeichnis

Zweiter Abschnitt. Ergänzende Vorschriften für Kapitalgesellschaften (Aktiengesellschaften, Kommanditgesellschaften auf Aktien und Gesellschaften mit beschränkter Haftung) sowie bestimmte Personenhandelsgesellschaften

Erster Unterabschnitt. Jahresabschluß der Kapitalgesellschaft und Lagebericht

Erster Titel. Allgemeine Vorschriften

Zweiter Titel. Bilanz

Dritter Titel. Gewinn- und Verlustrechnung

Vierter Titel. Bewertungsvorschriften

Fünfter Titel. Anhang

Sechster Titel. Lagebericht

Zweiter Unterabschnitt. Konzernabschluß und Konzernlagebericht

Erster Titel. Anwendungsbereich

Zweiter Titel. Konsolidierungskreis

Dritter Titel. Inhalt und Form des Konzernabschlusses

Vierter Titel. Vollkonsolidierung

Fünfter Titel. Bewertungsvorschriften

Sechster Titel. Anteilmäßige Konsolidierung

Siebenter Titel. Assoziierte Unternehmen

Achter Titel. Konzernanhang

Neunter Titel. Konzernlagebericht

Zehnter Titel. Konzernabschluss nach internationalen Rechnungslegungsstandards

Dritter Unterabschnitt. Prüfung

Vierter Unterabschnitt. Offenlegung (Einreichung zu einem Register, Bekanntmachung im Bundesanzeiger). Veröffentlichung und Vervielfältigung. Prüfung durch das Registergericht

Fünfter Unterabschnitt: Verordnungsermächtigung für Formblätter und andere Vorschriften

Sechster Unterabschnitt. Straf- und Bußgeldvorschriften. Zwangsgelder

Dritter Abschnitt. Ergänzende Vorschriften für eingetragene Genossenschaften

Fünfter Abschnitt. Privates Rechnungslegungsgremium; Rechnungslegungsbeirat

Sechster Abschnitt. Prüfstelle für Rechnungslegung

Einführungsgesetz zum Handelsgesetzbuch (EGHGB)

Zweiter Abschnitt. Übergangsvorschriften zum Bilanzrichtlinien-Gesetz

Zwölfter Abschnitt. Übergangsvorschriften zum Kapitalgesellschaften- und Co-Richtlinie-Gesetz

Siebzehnter Abschnitt. Übergangsvorschriften zum Altfahrzeug-Gesetz

Zwanzigster Abschnitt. Übergangsvorschriften zum Bilanzkontrollgesetz

Einundzwanzigster Abschnitt. Übergangsvorschriften zur Verordnung (EG) Nr. 1606/2002 sowie zum Bilanzrechtsreformgesetz

Zweiundzwanzigster Abschnitt. Übergangsvorschriften zum Vorstandsvergütungs-Offenlegungsgesetz

Abkürzungsverzeichnis

aA	anderer Auffassung
AAB	Allgemeine Auftragsbedingungen für Wirtschaftsprüfer und Wirtschaftsprüfungsgesellschaften
aaO	am angegebenen Ort
AbhBer	Abhängigkeitsbericht
abhUnt	abhängige(s) Unternehmen
ABl EG	Amtsblatt der Europäischen Gemeinschaften
Abs	Absatz
Abschn	Abschnitt
abw	abweichend(e)
abzgl	abzüglich
ADS	Adler/Düring/Schmaltz, Rechnungslegung und Prüfung der Unternehmen, 6. Auflage, Stuttgart ab 1995
ADS (ErgBd)	Adler/Düring/Schmaltz, Rechnungslegung und Prüfung der Unternehmen, Ergänzungsband zur 6. Auflage, Stuttgart 2001
ADS Int	Adler/Düring/Schmaltz, Rechnungslegung nach Internationalen Standards (Loseblatt), Stuttgart ab 2002
aE	am Ende
ÄndG	Änderungsgesetz
aF	alte Fassung
AfA	Absetzung für Abnutzung
AfaA	Absetzung für außergewöhnliche Abnutzung
AfS	Absetzung für Substanzverringerung
afs	*available for sale*
AG	Aktiengesellschaft oder Zeitschrift „Die Aktiengesellschaft"; auch Amtsgericht
AICPA	American Institute of Certified Public Accountants
AIG	Auslandsinvestitionsgesetz
AK	Anschaffungskosten
AK/HK	Anschaffungs- oder Herstellungskosten
AK Schmalenbach	Arbeitskreis der Schmalenbach-Gesellschaft – Deutsche Gesellschaft für Betriebswirtschaft e. V. (z. B. Externe Unternehmensrechnung)
AktG	Aktiengesetz
aM	anderer Meinung
Anm	Anmerkung (auch Tz, Rdnr)
ao	außerordentlich
AO	Abgabenordnung
AP	Abschlussprüfer
APAG	Gesetz zur Fortentwicklung der Berufsaufsicht über Abschlussprüfer in der Wirtschaftsprüferordnung (Abschlussprüferaufsichtsgesetz – APAG), vom 27. 12. 2004 BGBl I, 3846
APr	Abschlussprüfung
AR	Aufsichtsrat
Arge	Arbeitsgemeinschaft
arg ex	argumentum ex (folgt aus)
Art	Artikel
assozUnt	assoziierte(s) Unternehmen
AStG	Außensteuergesetz
AÜG	Arbeitnehmerüberlassungsgesetz
Aufl	Auflage
AusglPo	Ausgleichsposten

AVmG	Altersvermögensgesetz
AWV	Arbeitsgemeinschaft für Wirtschaftliche Verwaltung
Az	Aktenzeichen
BAG	Bundesarbeitsgericht
BAK	Bundesaufsichtsamt für das Kreditwesen
BAnz	Bundesanzeiger
BaFin	Bundesanstalt für Finanzdienstleistungsaufsicht
Baumbach/Hopt	Baumbach/Hopt, Kommentar zum Handelsgesetzbuch, 31. Auflage, München 2003
Baumbach/Hueck GmbHG (*Bearbeiter* in)	Baumbach/Hueck, Kommentar zum GmbH-Gesetz, 17. Auflage, München 2000
BAV	Bundesaufsichtsamt für das Versicherungswesen
BAW	Bundesaufsichtsamt für das Wertpapierwesen
BayObLG	Bayerisches Oberstes Landesgericht
BB	Betriebs-Berater (Zeitschrift)
BBK	Buchführung, Bilanz, Kostenrechnung, Zeitschrift für das gesamte Rechnungswesen
BC	Bilanzbuchhalter und Controller (Zeitschrift)
Bd	Band
BdF	Bundesminister der Finanzen (auch BMF)
BDI	Bundesverband der Deutschen Industrie
BdJ	Bundesminister der Justiz (auch BMJ)
BDSG	Bundesdatenschutzgesetz
Beck Handbuch GmbH (*Bearbeiter* in)	Beck'sches Handbuch der GmbH, Gesellschaftsrecht – Steuerrecht, hrsg. von Müller/Hense, 3. Auflage, München 2002
Beck HdR (*Bearbeiter* in)	Beck'sches Handbuch der Rechnungslegung, hrsg. von Castan/Böcking/Heymann/Pfitzer/Scheffler (Loseblatt), München
Beck IFRS (*Bearbeiter* in)	Beck'sches IFRS-Handbuch, hrsg. von Bohl/Riese/Schlüter, München 2004
Begr	Begründung
Begr RegE	Begründung des Regierungsentwurfs
Bem	Bemerkungen
BerlinFG	Berlinförderungsgesetz
Betr; betr	Betreff; betrifft/betreffend
BetrAV	betriebliche Altersversorgung oder Mitteilungsblatt der Arbeitsgemeinschaft für betriebliche Altersversorgung
BetrAVG	Gesetz zur Verbesserung der betrieblichen Altersversorgung (Betriebsrentengesetz)
BetrVG	Betriebsverfassungsgesetz
BetUnt	Beteiligungsunternehmen
BewDV	Durchführungsverordnung zum Bewertungsgesetz
BewG	Bewertungsgesetz
BFA	Bankenfachausschuss des Instituts der Wirtschaftsprüfer in Deutschland e. V.
BFH	Bundesfinanzhof
BFHE	Sammlung der Entscheidungen des Bundesfinanzhofs, hrsg. von Mitgliedern des Bundesfinanzhofs
BFH/NV	Sammlung amtlich nicht veröffentlichter Entscheidungen des Bundesfinanzhofs (Zeitschrift)
BFinBl	Amtsblatt des Bundesfinanzministeriums
BFuP	Betriebswirtschaftliche Forschung und Praxis (Zeitschrift)
BGB	Bürgerliches Gesetzbuch

BGBl	Bundesgesetzblatt
BGH	Bundesgerichtshof
BGHZ	Amtliche Sammlung von Entscheidungen des Bundesgerichtshofes in Zivilsachen
BHO	Bundeshaushaltsordnung
Bilanzrecht (*Bearbeiter* in)	Baetge/Kirsch/Thiele, Bilanzrecht, Handelsrecht mit Steuerrecht und den Regelungen des IASB (Loseblatt), Bonn/Berlin
BilKoG	Gesetz zur Kontrolle von Unternehmensabschlüssen (Bilanzkontrollgesetz – BilKoG), vom 15. 12. 2004 BGBl I, 3408
BilReG	Gesetz zur Einführung internationaler Rechnungslegungsstandards und zur Sicherung der Qualität der Abschlussprüfung (Bilanzrechtsreformgesetz – BilReG), vom 4. 12. 2004 BGBl I, 3166
BiRiLiG	Bilanzrichtlinien-Gesetz
Blümich (*Bearbeiter* in)	Blümich, Kommentar zum Einkommensteuergesetz, zum Körperschaftsteuergesetz und zum Gewerbesteuergesetz, hrsg. von Ebling (Loseblatt), München
BMF	Bundesminister der Finanzen (auch BdF: Bundesministerium der Finanzen)
BMJ	Bundesminister der Justiz (auch BdJ: Bundesministerium der Justiz)
BMWA	Bundesminister für Wirtschaft und Arbeit/Bundesministerium für Wirtschaft und Arbeit
BörsG	Börsengesetz
BörsZulVo	Börsenzulassungs-Verordnung
BoHdR (*Bearbeiter* in)	Hofbauer/Kupsch, Bonner Handbuch Rechnungslegung (Loseblatt), Bonn
Bp	Betriebsprüfung
BPGes/BPG	Buchprüfungsgesellschaft
BPg	Die steuerliche Betriebsprüfung (Zeitschrift)
Bp-Kartei	Betriebsprüfungs-Kartei
BPO	Betriebsprüfungsordnung
BR-Drs/BRat-Drs	Bundesrats-Drucksache
BReg	Bundesregierung
bspw	beispielsweise
BStBl	Bundessteuerblatt
BT	Deutscher Bundestag
BT-Drs	Bundestags-Drucksache
Busse von Colbe/ Ordelheide	Busse von Colbe/Ordelheide/Gebhardt/Pellens, Konzernabschlüsse, 7. Auflage, Wiesbaden 2003
BuW	Betrieb und Wirtschaft (Zeitschrift)
BVerfG	Bundesverfassungsgericht
BVerfGE	Amtliche Sammlung von Entscheidungen des Bundesverfassungsgerichts
BVerwG	Bundesverwaltungsgericht
BVerwGE	Entscheidungen des Bundesverwaltungsgerichts
BVm	Bestätigungsvermerk
bzgl	bezüglich
bzw	beziehungsweise
CESR	Committee of the European Securities Regulators
CorpGov	Corporate Governance
D	Draft (nur in Zusammensetzungen: zB IFRIC-D)
DB	Der Betrieb (Zeitschrift)
DBA	Doppelbesteuerungsabkommen

DBW	Die Betriebswirtschaft (Zeitschrift)
dgl; desgl	dergleichen; desgleichen
dh	das heißt
Diss	Dissertation
DJZ	Deutsche Juristenzeitung
DM/DEM	Deutsche Mark
DMBilG	D-Markbilanzgesetz 1990
DMEB	DM-Eröffnungsbilanz
DNotZ	Deutsche Notar-Zeitung
Dörner/Menold/Pfitzer	Dörner/Menold/Pfitzer, Reform des Aktienrechts, der Rechnungslegung und Prüfung: KonTraG – Corporate Governance – TransPuG, 2. Auflage, Stuttgart 2003
Dötsch	Dötsch/Patt/Pung/Jost, Umwandlungssteuerrecht. Umstrukturierung von Unternehmen – Verschmelzung – Spaltung – Formwechsel – Einbringung, 5. Auflage, Stuttgart 2003
Dötsch/Eversberg/Jost/Witt (*Bearbeiter* in)	Dötsch/Eversberg/Jost/Witt, Die Körperschaftsteuer, Kommentar (Loseblatt), Stuttgart
DPR	Deutsche Prüfstelle für Rechnungslegung
Drs	Drucksache
DRS	Deutsche Rechnungslegung Standards (DRS), hrsg. vom DRSC (Loseblatt), Stuttgart
DRSC	Deutsches Rechnungslegungs Standards Committee e. V.
DSR	Deutscher Standardisierungsrat
DStJG Bd..	Jahrbuch der Deutschen Steuerjuristischen Gesellschaft e. V., Köln
DStR	Deutsches Steuerrecht (Zeitschrift)
DStZ/A	Deutsche Steuerzeitung Ausgabe A (Zeitschrift)
DStZ/B	Deutsche Steuerzeitung Ausgabe B (Eildienst) (Zeitschrift)
DSWR	Datenverarbeitung. Steuer. Wirtschaft. Recht (Zeitschrift)
DV/DVO	Durchführungsverordnung
E	Entwurf (ggf. auch Exposure Draft)
EAV	Ergebnisabführungsvertrag
EB	Eröffnungsbilanz
Ebenroth/Boujong/Joost (*Bearbeiter* in)	HGB, Handelsgesetzbuch: Kommentar, hrsg. von Ebenroth/Boujong/Joost, München 2001 nebst Aktualisierungsband, München 2003
ED	Exposure Draft
EDV	Elektronische Datenverarbeitung
E + E-Steuern	Steuern vom Einkommen und vom Ertrag
EFG	Entscheidungen der Finanzgerichte
EFRAG	European Financial Reporting Advisory Group
eG	Genossenschaft
EG	Einführungsgesetz oder Europäische Gemeinschaft (bis Oktober 1993)
EGAktG	Einführungsgesetz zum Aktiengesetz
EGAO	Einführungsgesetz zur AO
EGBGB	Einführungsgesetz zum Bürgerlichen Gesetzbuch
EGHGB	Einführungsgesetz zum Handelsgesetzbuch
EGInsO	Einführungsgesetz zur Insolvenzordnung
EG-Richtl	Richtlinie der Europäischen Gemeinschaft
EigAnVO	Eigenbetriebs- und Anstaltsverordnung
EigBG/EigBGes	Eigenbetriebsgesetz
EigVO	Eigenbetriebsverordnung

einschl	einschließlich
EK	Eigenkapital
EKfm/Ekfl	Einzelkaufmann/Einzelkaufleute
Emmerich/ Sonnenschein	Konzernrecht, 7. Auflage, München 2001
EndKons	Endkonsolidierung
entspr	entsprechend/e(n)
EntwLStG	Entwicklungsländer-Steuergesetz
EnWG	Energiewirtschaftsgesetz
EPS	Earnings per Share
ErbSt	Erbschaftsteuer
ErbStG	Erbschaftsteuer- und Schenkungsteuergesetz
ErgBd	Ergänzungsband
Erl	Erlass oder Erläuterung
ErstKons	Erstkonsolidierung
ESt	Einkommensteuer
EStÄndG	Einkommensteuer-Änderungsgesetz
EStB	Der Ertragsteuerberater (Zeitschrift)
EStDV	Einkommensteuer-Durchführungsverordnung
EStG	Einkommensteuergesetz
EStH	Hinweis zu Einkommensteuer-Richtlinien
EStR	Einkommensteuer-Richtlinien
EU	Europäische Union (ab November 1993)
EuGH	Europäischer Gerichtshof
€	Euro
EuroBilG	Euro-Bilanzgesetz
EuroEG	Euro-Einführungsgesetz
e. V.	eingetragener Verein
evtl	eventuell
EVU	Energieversorgungsunternehmen
EW	Einheitswert
EWG	Europäische Wirtschaftsgemeinschaft (siehe auch EG, EU)
EWiR	Europäisches Wirtschaftsrecht (Zeitschrift)
EWS	Europäisches Wirtschafts- und Steuerrecht (Zeitschrift)
EWWU	Europäische Wirtschafts- und Währungsunion
f; ff	folgend; folgende
F	Framework
FA; FÄ	Finanzamt; Finanzämter
FAIT	Fachausschuss für Informationstechnologie des IDW
FAMA	Fachausschuss für moderne Abrechnungssysteme des Instituts der Wirtschaftsprüfer in Deutschland e. V.
FASB	Financial Accounting Standards Board (der Financial Accounting Foundation USA)
FB	Finanz Betrieb (Zeitschrift)
FG	Finanzgericht
FG 1/19..	Fachgutachten des Hauptfachausschuss des Instituts der Wirtschaftsprüfer in Deutschland e. V. (Nummer, Jahrgang) bis 1998
FGG	Gesetz über die freiwillige Gerichtsbarkeit
FGO	Finanzgerichtsordnung
FinVerw	Finanzverwaltung
FK	Fremdkapital
Fn	Fußnote
FN IDW	Fachnachrichten des Instituts der Wirtschaftsprüfer in Deutschland e. V. (internes Mitteilungsblatt)
FörderGG	Fördergebietsgesetz
Förschle/Peemöller (*Bearbeiter* in)	Wirtschaftsprüfung und Interne Revision, Heidelberg 2004

FR	Finanz-Rundschau (Zeitschrift)
FS	Festschrift
FS Baetge	Jahresabschluss und Jahresabschlussprüfung, Festschrift für Jörg Baetge, hrsg. von Fischer/Hömberg, Düsseldorf 1997
FS Beisse	Handelsbilanzen und Steuerbilanzen, Festschrift für Heinrich Beisse, hrsg. von Budde/Moxter/Offerhaus, Düsseldorf 1997
FS Brönner	Bilanzierung und Besteuerung der Unternehmen. Das Handels- und Steuerrecht auf dem Weg ins 21. Jahrhundert, Festschrift für Herbert Brönner, hrsg. von Jens Poll, Stuttgart 2000
FS Budde	Rechnungslegung im Wandel, Festschrift für Wolfgang Dieter Budde, hrsg. von Förschle/Kaiser/Moxter, München 1995
FS Claussen	Festschrift für Carsten Peter Claussen, hrsg. von Martens/Westermann/Zöllner, Köln u. a. 1997
FS Clemm	Rechnungslegung – Warum und Wie?, Festschrift für Hermann Clemm, hrsg. von Ballwieser u. a., München 1996
FS Döllerer	Handels- und Steuerrecht, Festschrift für Georg Döllerer, hrsg. von Knobbe-Keuk/Klein/Moxter, Düsseldorf 1988
FS Forster	Rechnungslegung – Entwicklungen bei Bilanzierung und Prüfung von Kapitalgesellschaften, Festschrift für Karl-Heinz Forster, hrsg. von Moxter/Müller/Windmöller/v. Wysocki, Düsseldorf 1992
FS Goerdeler	Bilanz- und Konzernrecht, Festschrift für Reinhard Goerdeler, hrsg. von Havermann, Düsseldorf 1987
FS Havermann	Internationale Wirtschaftsprüfung, Festschrift für Hans Havermann, hrsg. von Lanfermann, Düsseldorf 1995
FS Kropff	Aktien- und Bilanzrecht, Festschrift für Bruno Kropff, hrsg. von Forster/Grunewald/Lutter/Semler, Düsseldorf 1997
FS Lück	Wirtschaftsprüfung und Unternehmensüberwachung, Festschrift für Wolfgang Lück, hrsg. von Wollmert/Schönbrunn/Jung/Siebert/Henke, Düsseldorf 2003
FS Ludewig	Rechnungslegung Prüfung und Beratung – Herausforderung für den Wirtschaftsprüfer, Festschrift für Rainer Ludewig, hrsg. von Baetge/Börner/Forster/Schruff, Düsseldorf 1996
FS Moxter	Bilanzrecht und Kapitalmarkt, Festschrift für Adolf Moxter, hrsg. von Ballwieser/Böcking/Drukarczyk/Schmidt, Düsseldorf 1994
FS W. Müller	Gesellschaftsrecht. Rechnungslegung. Steuerrecht., Festschrift für Welf Müller, hrsg. von Hommelhoff/Zätzsch/Erle, München 2001
FS Strobel	Die deutsche Rechnungslegung und Wirtschaftsprüfung im Umbruch, Festschrift für Prof. Dr. Wilhelm Strobel, hrsg. von Freidank, München 2001
FS von Wallis	Der Bundesfinanzhof und seine Rechtsprechung. Grundfragen. Grundlagen, Festschrift für Hugo von Wallis, Bonn 1985
FS v Wysocki	Der Wirtschaftsprüfer im Schnittpunkt nationaler und internationaler Entwicklungen, Festschrift für Klaus v. Wysocki, hrsg. von Gross, Düsseldorf 1985
FuE	Forschung und Entwicklung
GBO	Grundbuchordnung
GbR	Gesellschaft bürgerlichen Rechts
GEFIU	Gesellschaft für Finanzwissenschaft in der Unternehmensführung e. V.
gem	gemäß
GemUnt	Gemeinschaftsunternehmen
GenG	Gesetz betreffend die Erwerbs- und Wirtschaftsgenossenschaften (Genossenschaftsgesetz)
Ges	Gesellschaft (auch in Zusammensetzungen zB GesVermögen)
Gester	Gesellschafter
GesV	Gesellschafterversammlung

GewESt	Gewerbeertragsteuer
GewO	Gewerbeordnung
GewSt	Gewerbesteuer
GewStDV	Gewerbesteuer-Durchführungsverordnung
GewStG	Gewerbesteuergesetz
GewStR	Gewerbesteuer-Richtlinien
GFW	Geschäfts- oder Firmenwert
GG	Grundgesetz
Gj	Geschäftsjahr
ggf	gegebenenfalls
ggü	gegenüber
glA	gleicher Auffassung
GmbH	Gesellschaft mit beschränkter Haftung
GmbHG	Gesetz betreffend die GmbH
GmbHR	GmbH-Rundschau (Zeitschrift)
GoA	Grundsätze ordnungsmäßiger Abschlussprüfung
GoB	Grundsätze ordnungsmäßiger Buchführung
GoBS	Grundsätze ordnungsmäßiger DV-gestützter Buchführungssysteme
GoI	Grundsätze ordnungsmäßiger Inventur
GoS	Grundsätze ordnungsmäßiger Speicherbuchführung
Goutier/Knopf/Tulloch (*Bearbeiter* in)	Goutier/Knopf/Tulloch, Kommentar zum Umwandlungsrecht, Heidelberg 1996
grds	grundsätzlich
GrESt	Grunderwerbsteuer
GrEStG	Grunderwerbsteuergesetz
Großkomm AktG (*Bearbeiter* in)	Aktiengesetz Großkommentar, hrsg. von Hopt/Wiedemann, 4. Auflage, Berlin/New York
Großkomm HGB (*Bearbeiter* in)	Handelsgesetzbuch Großkommentar, hrsg. von Canaris/Schilling/Ulmer, 4. Auflage, Berlin/New York
GrS	Großer Senat
GuV	Gewinn- und Verlustrechnung
GVBl/GVOBl	Gesetz- und Verordnungsblatt
GWG	Geringwertige Wirtschaftsgüter/Geringwertige Anlagegüter
hA	herrschende Auffassung
Haufe IFRS (*Bearbeiter* in)	Haufe IFRS-Kommentar, hrsg. von Lüdenbach/Hoffmann, 3. Aufl., Freiburg/Berlin/München/Zürich 2005
Hachenburg (*Bearbeiter* in)	Hachenburg, Gesetz betreffend die Gesellschaften mit beschränkter Haftung (GmbH), 8. Auflage, Berlin/New York 1997
Haritz/Benkert (*Bearbeiter* in)	Haritz/Benkert, Umwandlungssteuergesetz Kommentar, 2. Auflage, München 2000
HB	Handelsbilanz
HBP	Handbuch der steuerlichen Betriebsprüfung, hrsg. von Schröder/Muuss (Loseblatt), Berlin
HdJ (*Bearbeiter* in)	Handbuch des Jahresabschlusses in Einzeldarstellungen, hrsg. von v. Wysocki/Schulze-Osterloh (Loseblatt), Köln
HdKR (*Bearbeiter* in)	Handbuch der Konzernrechnungslegung, hrsg. von Küting/Weber, 2. Auflage, Stuttgart 1998

HdR
(*Bearbeiter* in) .... Handbuch der Rechnungslegung, hrsg. von Küting/Weber, 5. Auflage, Stuttgart ab 2002

Heymann
(*Bearbeiter* in) .... Heymann, Handelsgesetzbuch, 2., Auflage, Berlin/New York ab 1999

HFA .... Hauptfachausschuss des Instituts der Wirtschaftsprüfer in Deutschland e. V.

HFA 1/19.............. Stellungnahmen des HFA (Nummer, Jahrgang) bis 1998

HFA-E .... Entwurf einer HFA-Stellungnahme

HFR .... Höchstrichterliche Finanzrechtsprechung (Zeitschrift)

HGB .... Handelsgesetzbuch

HGB-Bilanzrecht
(*Verfasser* in) .... HGB-Bilanzrecht, Großkommentar, hrsg. von Peter Ulmer, Berlin/New York 2002

HGrG .... Haushaltsgrundsätzegesetz

HHR
(*Bearbeiter* in) .... Herrmann/Heuer/Raupach, Kommentar zur Einkommensteuer und Körperschaftsteuer (Loseblatt), Köln

HK .... Herstellungskosten

hM .... herrschende Meinung

HR .... Handelsregister

HRefG .... Handelsrechtsreformgesetz

hrsg .... herausgegeben

Hrsg .... Herausgeber

Hübschmann/Hepp/
Spitaler
(*Bearbeiter* in) .... Hübschmann/Hepp/Spitaler, Abgabenordnung und Finanzgerichtsordnung – Kommentar (Loseblatt), Köln

Hüffer .... Hüffer, Aktiengesetz Kommentar, 6. Auflage, München 2004

HuRB .... Handwörterbuch unbestimmter Rechtsbegriffe im Bilanzrecht des HGB, hrsg. von Leffson/Rückle/Großfeld, Köln 1986

HV .... Hauptversammlung

HWB
(*Bearbeiter* in) .... Handwörterbuch der Betriebswirtschaft, hrsg. von Wittmann, 5. Auflage, Stuttgart 1993

HWR
(*Bearbeiter* in) .... Handwörterbuch des Rechnungswesens, hrsg. von Chmielewicz/Schweitzer, 3. Auflage, Stuttgart 1993

HWRuP
(*Bearbeiter* in) .... Handwörterbuch der Rechnungslegung und Prüfung, hrsg. von Coenenberg/v. Wysocki, 3. Auflage, Stuttgart 2002

IAS .... International Accounting Standards

IASB...................... International Accounting Standards Board

IASC .... International Accounting Standards Committee

idF .... in der Fassung

idR .... in der Regel

idS .... in diesem Sinne

IDW .... Institut der Wirtschaftsprüfer in Deutschland e. V.

IDW EPH .... IDW Prüfungshinweis Entwurf (Nummer) seit 1998

IDW EPS .... IDW Prüfungsstandard Entwurf (Nummer) bis 1998 FG oder Stellungnahme

IDW PH .... IDW Prüfungshinweis (Nummer) seit 1998

IDW PS .... IDW Prüfungsstandard (Nummer) bis 1998 FG oder Stellungnahme

IDW RH HFA ...... IDW Rechnungslegungshinweis (Fachausschuss, Nummer) seit 1998

IDW RS HFA	IDW Rechnungslegungsstandard (Fachausschuss, Nummer) bis 1998 FG oder Stellungnahme
ieS	im engeren Sinne
IFAC	International Federation of Accountants
IFRIC	International Financial Reporting Interpretations Committee
IFRS	International Financial Reporting Standard
IFRS aktuell	IFRS aktuell, Neuregelungen 2004: IFRS 1 bis 5, Improvements Project, Ammendments IAS 32 und 39; Stuttgart 2004
IFRS-EA	IFRS-Einzelabschluss gem. § 325 Abs. 2a HGB
IHK	Industrie- und Handelskammer
IKS	Internes Kontrollsystem
iL	in Liquidation
Inf	Die Information über Steuer und Wirtschaft (Zeitschrift)
inkl	inklusiv(e)
insb	insbesondere
InsO	Insolvenzordnung
International GAAP	International GAAP 2005, Ernst & Young (Hrsg.), London 2004
InvZulG	Investitionszulagengesetz
IR	Interne Revision (Zeitschrift)
ISA	International Standards on Auditing
iSd	im Sinne des
IStR	Internationales Steuerrecht (Zeitschrift)
iSv	im Sinne von
iVm	in Verbindung mit
iw	im Wesentlichen
IWB	Internationale Wirtschaftsbriefe
iwS	im weiteren Sinne
iZm	in Zusammenhang mit
JA	Jahresabschluss
JAP	Jahresabschlussprüfung
Jauernig	Jauernig, Kommentar zum Bürgerlichen Gesetzbuch, 11. Auflage, München 2004
JbFSt	Jahrbuch der Fachanwälte für Steuerrecht
JfB	Journal für Betriebswirtschaft (Zeitschrift)
Jg	Jahrgang
JR	Juristische Rundschau (Zeitschrift)
JW	Juristische Wochenschrift (Zeitschrift)
JZ	Juristenzeitung (Zeitschrift)
KA	Konzernabschluss
KapAEG	Kapitalaufnahmeerleichterungsgesetz
KapCoGes	Personenhandelsgesellschaft(en) im Sinne von § 264a HGB (Kapitalgesellschaft(en) & Co.)
KapCoRiLiG	Kapitalgesellschaften- und Co-Richtlinie-Gesetz
KapESt	Kapitalertragsteuer
KapGes	Kapitalgesellschaft(en)
KapKons	Kapitalkonsolidierung
kapmarktUnt	kapitalmarkt orientierte(s) Unternehmen
kfm	kaufmännisch
Kfm/Kfl	Kaufmann/Kaufleute
KFR	Kapitalflussrechnung
Kfz	Kraftfahrzeug
KfzSt	Kraftfahrzeugsteuer
KG	Kammergericht oder Kommanditgesellschaft
KGaA	Kommanditgesellschaft auf Aktien
KHB HKR	Kontierungshandbuch Hochschulkontenrahmen
KHFA	Krankenhausfachausschuss des IDW
Kj	Kalenderjahr

Kölner Komm	Kölner Kommentar zum Aktiengesetz, hrsg. von Zöllner, 2. Auflage, Köln u. a.
KO	Konkursordnung
Komm IAS (*Bearbeiter* in)	Rechnungslegung nach International Accounting Standards (IAS), hrsg. von Baetge/Dörner/Kleekämper/Wollmert/Kirsch (Loseblatt),Stuttgart
KonBefrV	Konzernabschlussbefreiungsverordnung
Kons	Konsolidierung (auch in Zusammensetzungen zB KapKons)
KonsKreis	Konsolidierungskreis
KonTraG...............	Gesetz zur Kontrolle und Transparenz im Unternehmensbereich
KoR	Zeitschrift für kapitalmarktorientierte Rechnungslegung
KostO	Kostenordnung
KSt	Körperschaftsteuer
KStDV	Körperschaftsteuer-Durchführungsverordnung
KStG	Körperschaftsteuergesetz
KStR	Körperschaftsteuerrichtlinien
KTS	Zeitschrift für Konkurs-, Treuhand- und Schiedsgerichtswesen
Kühn/Hofmann	Kühn/Hofmann, Abgabenordnung, Finanzgerichtsordnung, Nebengesetze, 18. Auflage, Stuttgart 2004
KWG	Kreditwesengesetz
LAG	Lastenausgleichsgesetz
lfd	laufend(e)
Lfg	Lieferung
LG	Landgericht
Littmann (*Bearbeiter* in)	Littmann/Bitz/Hellwig, Kommentar zum Einkommensteuergesetz (Loseblatt), Stuttgart
LöschG	Löschungsgesetz
LSt	Lohnsteuer
LStDV	Lohnsteuer-Durchführungsverordnung
LStR	Lohnsteuer-Richtlinien
lt	laut
Lutter/Hommelhoff	Lutter/Hommelhoff, GmbH-Gesetz, Kommentar, 16. Auflage, Köln 2004
Lutter UmwG (*Bearbeiter* in)	Umwandlungsgesetz Kommentar, hrsg. von Lutter, 2. Auflage, Köln 2000
MaBV	Makler- und Bauträgerverordnung
maW	mit anderen Worten
MDR	Monatsschrift für Deutsches Recht (Zeitschrift)
mE	meines Erachtens
MinBl	Ministerialblatt
mind	mindestens
MinölStG	Mineralölsteuergesetz
Mio	Million(en)
MitbestG	Mitbestimmungsgesetz
Montan-MitbestG ..	Montan-Mitbestimmungsgesetz
Moxter	Moxter, Bilanzrechtsprechung, 5. Auflage, Tübingen 1999
MünchKomm AktG (*Bearbeiter* in)	Münchener Kommentar zum Aktiengesetz, hrsg. von Kropff/Semler, 2. Auflage, München ab 2000 (1. Auflage unter dem Titel: Geßler/Hefermehl/Eckhardt/Kropff, Aktiengesetz)
MünchKomm BGB (*Bearbeiter* in)	Münchener Kommentar zum Bürgerlichen Gesetzbuch, hrsg. von Rebmann/Säcker/Franz/Rixecker, 4. Auflage, München ab 2000

MünchKomm HGB
(Bearbeiter in) .... Münchener Kommentar zum Handelsgesetzbuch, hrsg. von K. Schmidt, München ab 1996
MU .... Mutterunternehmen; auch Mitunternehmer
mwN .... mit weiteren Nachweisen
mWv .... mit Wirkung vom

nF .... neue Fassung
NJW .... Neue Juristische Wochenschrift (Zeitschrift)
NJW-RR .... NJW-Rechtsprechungs-Report Zivilrecht (Zeitschrift)
Nr; Nrn .... Nummer; Nummern
nrkr .... nicht rechtskräftig
NStZ .... Neue Zeitschrift für Strafrecht
NWB .... Neue Wirtschaftsbriefe (Zeitschrift)
NZA .... Neue Zeitschrift für Arbeits- und Sozialrecht
NZG .... Neue Zeitschrift für Gesellschaftsrecht

oä .... oder ähnliches
OFD .... Oberfinanzdirektion
og .... oben genannte
OHG .... offene Handelsgesellschaft
OLG .... Oberlandesgericht
OVG .... Oberverwaltungsgericht
OWiG .... Gesetz über Ordnungswidrigkeiten

Palandt
(*Bearbeiter* in) .... Palandt, Kommentar zum BGB, 64. Auflage, München 2005
PartGes .... Partnerschaftsgesellschaft
PartGG .... Partnerschaftsgesellschaftsgesetz
PCAOB .... Public Company Accounting Oversight Board
PersGes .... Personenhandelsgesellschaft(en)
PersGes, reine .... Personenhandelsgesellschaft(en), die nicht unter § 264 a fällt/fallen
phG .... persönlich haftender Gesellschafter
PSVaG .... Pensionssicherungsverein aG, Köln
PublG .... Publizitätsgesetz
PwC/UK IFRS Manual of Accounting – IFRS for the UK, PricewaterhouseCoopers (Hrsg.); Kingston-upon-Thames 2004

QuoKons .... Quotenkonsolidierung

RA .... Rechtsanwalt
RAO .... Reichsabgabenordnung
RAP .... Rechnungsabgrenzungsposten
RdF .... Reichsminister der Finanzen
Rdnr/Rdn/RNr/Rn Randnummer (auch Anm, Tz)
ref .... reformatted
RefE .... Referenten-Entwurf
RegE .... Regierungsentwurf
rev .... revised
RFH .... Reichsfinanzhof
RFHE .... Entscheidungen des Reichsfinanzhofs
RG .... Reichsgericht
RGBl .... Reichsgesetzblatt
RGZ .... Amtliche Sammlung von Entscheidungen des Reichsgerichts in Zivilsachen
RIC .... Rechnungslegungs Interpretations Committee/Rechnungslegungsinterpretation
Richtl .... Richtlinie(n)

RiW .... Recht der internationalen Wirtschaftspraxis (bis 1974 AWD) (Zeitschrift)
rkr .... rechtskräftig
Rowedder (*Bearbeiter* in) .... Rowedder, Gesetz betreffend die Gesellschaften mit beschränkter Haftung (GmbHG) Kommentar, 4. Auflage, München 2002
Rpfleger .... Der Rechtspfleger (Zeitschrift)
Rspr .... Rechtsprechung
RStBl .... Reichssteuerblatt
RVO .... Rechtsverordnung
RWP .... Rechts- und Wirtschaftspraxis (Zeitschrift)
Rz .... Randziffer (auch Anm, Tz)

s .... siehe
S .... Satz/Sätze
SABI .... Sonderausschuss Bilanzrichtlinien-Gesetz des IDW (1986–1988)
SachBezV .... Sachbezugsverordnung
Sagasser/Bula/ Brünger .... Sagasser/Bula/Brünger, Umwandlungen, 3. Auflage, München 2002
Schlegelberger (*Bearbeiter* in) .... Schlegelberger, Handelsgesetzbuch, 5. Auflage, München 1973
Schmidt (*Bearbeiter* in) .... Schmidt L. (Hrsg.), Kommentar zum Einkommensteuergesetz, 24. Auflage, München 2005
Scholz (*Bearbeiter* in) .... Scholz u. a., Kommentar zum GmbH-Gesetz, 9. Auflage, Köln ab 2000
SchuModG .... Gesetz zur Modernisierung des Schuldrechts
Schwedhelm .... Schwedhelm, R., Die Unternehmensumwandlung Verschmelzung, Spaltung, Formwechsel, Einbringung, 4. Auflage, Köln 2003
Seg .... Segment
SegBer .... Segmentbericht
SegBerE .... Segmentberichterstattung
SFAS .... Statement of Financial Accounting Standards
SIC .... Standing Interpretations Committee
SOA; SOX .... Sarbanes-Oxley Act
sog .... sogenannt(e)
Sonderbilanzen (*Bearbeiter* in) .... Sonderbilanzen: Von der Gründungsbilanz bis zur Liquidationsbilanz, hrsg. von Budde/Förschle, 3. Auflage, München 2002
Sp .... Spalte
SPE .... special purpose entity/entities
SpTrUG .... Gesetz über die Spaltung der von der Treuhandanstalt verwalteten Unternehmen
SSAP .... Statement of Standard Accounting Practice
StÄndG .... Steueränderungsgesetz
Staudinger .... Staudinger, Kommentar zum BGB mit Einführungsgesetz und Nebengesetzen, 13., neubearb. Auflage, Berlin 2005
StB .... Der Steuerberater (Zeitschrift); auch Steuerbilanz
Stbg .... Die Steuerberatung (Zeitschrift)
StbJb .... Steuerberater-Jahrbuch
StBP .... Die steuerliche Betriebsprüfung (Zeitschrift)
StGB .... Strafgesetzbuch
St/HFA 1/19 .... Stellungnahmen des HFA (Nummer, Jahrgang) bis 1998
StMBG .... Missbrauchsbekämpfungs- und Steuerbereinigungsgesetz

Stpfl	Steuerpflichtiger
stpfl	steuerpflichtig
StPO	Strafprozessordnung
str	strittig
Streck	Streck, Kommentar zum Körperschaftsteuergesetz, 6. Auflage, München 2003 (mit Nachtrag Stand März 2004)
StRefG (Jahr)	Steuerreformgesetz (mit Jahresangabe)
stRspr	ständige Rechtsprechung
StuW	Steuer und Wirtschaft (Zeitschrift)
TA	Technische Anleitung
T€	Tausend Euro
Tipke/Kruse	Tipke/Kruse, Kommentar zur Abgabenordnung, Finanzgerichtsordnung (Loseblatt), Köln
TransPuG	Transparenz- und Publizitätsgesetz
TU	Tochterunternehmen
Tz	Textziffer
U	Urteil
uä	und ähnliches
ua	unter anderem oder und andere
uam	und andere mehr
uE	unseres Erachtens
Understanding IAS	Understanding IAS: Analysis and Interpretation, hrsg. von PricewaterhouseCoopers, 3. Auflage, London 2002
Umw	Umwandlung
UmwG	Umwandlungsgesetz
UmwSt-Erl	Umwandlungssteuererlass
UmwStG	Umwandlungssteuergesetz
Unt	Unternehmen
UR	Umsatzsteuer-Rundschau (Zeitschrift)
URüV	Unternehmensrückgabeverordnung
US-GAAP	United States Generally Accepted Accounting Principles
USt	Umsatzsteuer
UStDV	Umsatzsteuer-Durchführungsverordnung
UStG	Umsatzsteuergesetz
UStR	Umsatzsteuer-Rundschau (Zeitschrift); Umsatzsteuer-Richtlinien
usw	und so weiter
uU	unter Umständen
UVR	Umsatzsteuer- und Verkehrsteuer-Recht (Zeitschrift)
VAG	Versicherungsaufsichtsgesetz
vBP	vereidigte(r) Buchprüfer/in
vEK	verwendbares Eigenkapital
VerfGH	Verfassungsgerichtshof
VermBG	Vermögensbildungsgesetz
VersR	Versicherungsrecht (Zeitschrift)
VersRiLiG	Versicherungsbilanzrichtlinie-Gesetz
VFA	Versicherungsfachausschuss des Instituts der Wirtschaftsprüfer in Deutschland e. V.
VFE-Lage	Vermögens-, Finanz- und Ertragslage
Vfg	Verfügung
VG	Vermögensgegenstand
vGA	verdeckte Gewinnausschüttung
vgl	vergleiche
VglO	Vergleichsordnung
vH	vom Hundert
Vj	Vorjahr

VO	Verordnung
VOB/A	Verdingungsordnung für Bauleistungen Teil A
Voraufl	Vorauflage
Vorb(em)	Vorbemerkung
VorstOG	Vorstandsvergütungs-Offenlegungsgesetzes (VorstOG), vom 3. 8. 2005 BGBl I, 2267
vT	vom Tausend
VVaG	Versicherungsverein auf Gegenseitigkeit
VwGO	Verwaltungsgerichtsordnung
WG	Wirtschaftsgut
WiB	Wirtschaftsrechtliche Beratung (Zeitschrift)
Widmann/Mayer (*Bearbeiter* in)	Widmann/Mayer, Umwandlungsrecht: Kommentar zur Umwandlung von Unternehmungen nach neuestem Handels- und Steuerrecht (Loseblatt), Bonn
Wiedmann	Wiedmann, Bilanzrecht: Kommentar zu den §§ 238–342 a HGB, 2. Auflage, München 2003
WILEY IFRS	WILEY-Kommentar zur internationalen Rechnungslegung nach IAS/IFRS, hrsg. von Ballwieser/Beine/Hayn/Peemöller/Schruff/Weber, Braunschweig 2004
Winnefeld	Winnefeld, Bilanz-Handbuch, 3. Auflage, München 2002
wistra	Zeitschrift für Wirtschaft – Steuer – Strafrecht
Wj	Wirtschaftsjahr
WM	Wertpapiermitteilungen (Zeitschrift)
WP	Wirtschaftsprüfer/in
WPBHV	Wirtschaftsprüfer-Berufshaftpflichtversicherungsverordnung
WpDPV	Wertpapierdienstleistungs-Prüfungsverordnung
WPG	Wirtschaftsprüfungsgesellschaft
WPg	Die Wirtschaftsprüfung (Zeitschrift)
WpHG	Wertpapier – Handelsgesetz
WPH I	Wirtschaftsprüfer-Handbuch, Band I, 12. Auflage, Düsseldorf 2000
WPH II	Wirtschaftsprüfer-Handbuch, Band II, 12. Auflage, Düsseldorf 2002
WPK	Wirtschaftsprüferkammer
WPK-Mitt	Wirtschaftsprüferkammer-Mitteilungen (Zeitschrift)
WPO	Wirtschaftsprüferordnung
WuB	Entscheidungssammlung zum Wirtschafts- und Bankrecht (Zeitschrift)
v. Wysocki/Wohlgemuth	v. Wysocki/Wohlgemuth, Konzernrechnungslegung, 4. Auflage, Düsseldorf 1996
zB	zum Beispiel
ZBB	Zeitschrift für Bankrecht und Bankwirtschaft
ZfB	Zeitschrift für Betriebswirtschaft
ZfbF	Zeitschrift für betriebswirtschaftliche Forschung
ZfZ	Zeitschrift für Zölle und Verbrauchsteuern
ZGR	Zeitschrift für Unternehmens- und Gesellschaftsrecht
ZHR	Zeitschrift für das gesamte Handels- und Wirtschaftsrecht
Ziff	Ziffer
ZIP	Zeitschrift für Wirtschaftsrecht und Insolvenzpraxis
zT	zum Teil
ZVG	Gesetz über die Zwangsversteigerung und Zwangsverwaltung
zZ/zZt	zur Zeit
zzgl	zuzüglich

Handelsgesetzbuch

Vom 10. Mai 1897 (RGBl S 219)
Zuletzt geändert durch Gesetz vom 3. August 2005 (BGBl I, 2267)

Drittes Buch. Handelsbücher

Erster Abschnitt. Vorschriften für alle Kaufleute

Erster Unterabschnitt. Buchführung. Inventar

§ 238 Buchführungspflicht

(1) [1]**Jeder Kaufmann ist verpflichtet, Bücher zu führen und in diesen seine Handelsgeschäfte und die Lage seines Vermögens nach den Grundsätzen ordnungsmäßiger Buchführung ersichtlich zu machen.** [2]**Die Buchführung muß so beschaffen sein, daß sie einem sachverständigen Dritten innerhalb angemessener Zeit einen Überblick über die Geschäftsvorfälle und über die Lage des Unternehmens vermitteln kann.** [3]**Die Geschäftsvorfälle müssen sich in ihrer Entstehung und Abwicklung verfolgen lassen.**

(2) **Der Kaufmann ist verpflichtet, eine mit der Urschrift übereinstimmende Wiedergabe der abgesandten Handelsbriefe (Kopie, Abdruck, Abschrift oder sonstige Wiedergabe des Wortlauts auf einem Schrift-, Bild- oder anderen Datenträger) zurückzubehalten.**

Übersicht

Schrifttum: *Leffson*[7] Grundsätze ordnungsmäßiger Buchführung, Düsseldorf 1987; *Eisele*[6] Technik des betrieblichen Rechnungswesens, München 1993; *AWV-Schrift* Nr 528 Gesetzliche Anforderungen an moderne Verfahren zur Erfassung und Übermittlung von Buchhaltungsdaten, Eschborn 1993; *Knoll/Schüppen* Die Partnerschaftsgesellschaft – Handlungszwang, Handlungsalternative oder Schubladenmodell DStR 1995, 608; *Roth-Altmeppen*[4] GmbHG, München 1997; Gesetz zur Neuregelung des Kaufmanns- und Firmenrechts und zur Änderung anderer handels- und gesellschaftsrechtlicher Vorschriften (Handelsrechtsreformgesetz – HRefG) vom 22. 6. 1998 BGBl I, 1474; *Karsten Schmidt* HGB-Reform und gesellschaftsrechtliche Gestaltungspraxis DB 1998, 61; *ders* Das Handelsrechtsreformgesetz NJW 1998, 2161; *Schäfer* Das Handelsrechtsreformgesetz nach dem Abschluss des parlamentarischen Verfahrens DB 1998, 1269; *Böcking/Orth* Risikomanagement und das Testat des Abschlußprüfers BFuP 3/2000, 242; *Droscha/Reimer* Verlagerung der Buchführung in andere EG-Mitgliedstaaten? DB 2003, 1689.

A. Überblick über die Vorschrift

1 § 238 enthält einen umfassenden allgemeinen Ordnungsgrundsatz. In Abs 1 S 1 ist die für alle Kfl bestehende Buchführungspflicht geregelt. Die S 2 und 3 von Abs 1 entsprechen § 145 Abs 1 AO und bezwecken eine inhaltliche Verdeutlichung der GoB entspr der ständigen Rspr des BFH:

– **Satz 2:** Sachverständiger Dritter muss sich in angemessener Zeit zurechtfinden, *ADS*[6] § 238 Anm 44ff.
– **Satz 3:** Zeitlicher Zusammenhang vom Vorgang und seiner buchmäßigen Erfassung muss sich verfolgen lassen.

2 Einen wesentlichen Bestandteil der aus den Zielen der Rechnungslegungsvorschriften abgeleiteten GoB (§ 243 Anm 1ff) bilden für die Buchführung die **Grundsätze ordnungsmäßiger Dokumentation.** Diese beziehen sich im Wesentlichen auf das Belegprinzip, die zeitgerechte und geordnete Erfassung der Geschäftsvorfälle, die Zugriffsmöglichkeit und Lesbarkeit der Aufzeichnungen sowie die Beachtung der Aufbewahrungsvorschriften. Diese Grundsätze der Dokumentation stehen in ihrem Kerngehalt fest und sind zum Teil gesetzlich fixiert. Sie dienen zur Sicherung der materiellen GoB und deren Zielvorgabe. Die Realisation der aus den Grundsätzen abgeleiteten Anforderungen ist auf das organisatorische Umfeld und die jeweilige Organisationstechnologie zu beziehen. Sie unterliegt damit auch technologischen Neuerungen im Zeitablauf. Die

Vorschriften zur Dokumentation sind vor allem im HGB (insb §§ 238, 239 und 257), ergänzend aber auch in Steuergesetzen niedergelegt (Anm 3/*Mösbauer* Die Anforderungen an die Beschaffenheit einer steuerlichen Buchführung nach § 145 Abs 1 AO DB 1999, 1876ff).

Die im Zusammenhang mit den nachfolgend kommentierten handelsrechtlichen Vorschriften zu beachtenden **steuerlichen Regelungen** sind die allgemeingültigen §§ 140–148 AO zur Ausgestaltung der Buchführung sowie die spezialgesetzlichen Vorschriften der §§ 4–7 EStG, 22 UStG und 4 LStDV. 3

B. Der Kreis der zur Buchführung Verpflichteten

I. Zum Kaufmannsbegriff

1. Definition des Kaufmannsbegriffs

Mit dem am 1. 7. 1998 in Kraft getretenen „Gesetz zur Neuregelung des Kaufmanns- und Firmenrechts und zur Änderung anderer handels- und gesellschaftsrechtlicher Vorschriften (Handelsrechtsreformgesetz – HRefG) vom 22. 6. 1998 (BGBl I, 1474) wurde der *Kaufmannsbegriff* den veränderten Verhältnissen *angepasst und vereinfacht.* Die vormals geltende Unterscheidung zwischen Grundhandelsgewerbe und sonstigem Gewerbe (Dienstleistung, Handwerk) wurde beseitigt. Der Katalog der *Grundhandelsgewerbe* wurde *gestrichen.* Die HR-Eintragung hat lediglich deklaratorische Bedeutung. „Kaufmann ... ist, wer ein Handelsgewerbe betreibt. 4

Handelsgewerbe ist jeder Gewerbebetrieb, es sei denn, dass das Unternehmen nach Art oder Umfang einen in kaufmännischer Weise eingerichteten Geschäftsbetrieb nicht erfordert" (§ 1). Damit werden auch alle *sonstigen* Gewerbebetriebe, unbeschadet ihrer Branchenzugehörigkeit, grds vom neuen Kfm-Begriff miterfasst.

Nicht vom HGB erfasst werden auf Grund der Trennlinie (zwischen Kfl und Nichtkfl) des *in kaufmer Weise eingerichteten Geschäftsbetriebs* die den Regelungen des BGB unterfallenden Kleingewerbetreibenden, denen in § 2 HGB allerdings eine Eintragungsoption zum Erwerb der Kfm-Eigenschaft eingeräumt wird. In diesem Falle wirkt die Eintragung konstitutiv.

2. Handelsgewerbe (§ 1)

Zu den Kfl iSd Abs 1 gehören solche, deren Tätigkeit nach § 1 Abs 2, § 5 oder § 6 als Handelsgewerbe gilt. Als Handelsgewerbe gilt nach § 1 Abs 2 jeder Gewerbebetrieb, es sei denn, dass das Unt nach *Art* oder *Umfang* einen in kfm Weise eingerichteten Geschäftsbetrieb nicht erfordert. Zu den Tatbestandsmerkmalen *Gewerbe* bzw *Handelsgewerbe* s die Gesetzesbegr *BT-Drs* 13/8444, 24ff. Die Definition ist so ausgestaltet, dass sie die (widerlegbare) Vermutung enthält, jeder Gewerbebetrieb sei Handelsgewerbe; bei dem Erfordernis des nach Art oder Umfang in kfm Weise eingerichteten Geschäftsbetriebs handelt es sich um einen unbestimmten Rechtsbegriff; nähere Anhaltspunkte gibt das HGB nicht. Nicht entscheidend ist, ob der Kfm einen derart eingerichteten Geschäftsbetrieb tatsächlich aufweist. Abzustellen ist auf den konkreten Betrieb, nicht auf die Branche. Maßgebend ist dabei das Gesamtbild im gewöhnlichen Geschehensablauf (*BGH* 28. 4. 1960 DB 1097). 5

Qualitativ strukturelle Kriterien („Art des Geschäftsbetriebs") sind: Kontokorrentverkehr, Bilanzaufstellung, kfm Betriebsführung, Vielzahl zu erbringender

Leistungen, Vielzahl von Geschäftsverbindungen. Eine komplizierte gesellschaftliche Binnenstruktur (zB Publikums-KG) genügt dagegen nicht (*LG Köln* 10. 3. 1972 DB, 1015). Die Führung von Büchern ist wegen des damit verbundenen Zirkelschlusses als Merkmal ungeeignet.

Quantitative Kriterien („Umfang des Geschäftsbetriebs") sind: Bilanzsumme, Umsatzerlöse, Zahl der Arbeitnehmer, Zahl der Betriebsstätten. Hierbei ist zu berücksichtigen, dass die Bedeutung der Kriterien je nach Art des Unt sowie im Zeitablauf auf Grund wirtschaftlicher, technischer und sonstiger Entwicklungen unterschiedlich sein bzw schwanken kann (näher anhand konkreter Beispiele *Kögel* Der nach Art und Umfang in kaufmännischer Weise eingerichtete Geschäftsbetrieb – eine unbekannte Größe DB 1998, 1802 ff).

Der handelsrechtliche Begriff des **Gewerbebetriebs** bleibt maßgebend; er setzt wie bisher eine **selbstständige nachhaltige Betätigung** voraus, die mit **Gewinnerzielungsabsicht** (str, s Anm 7) unternommen wird und sich als **Beteiligung am allgemeinen wirtschaftlichen Verkehr** darstellt, soweit sie nicht als Ausübung eines freien Berufs oder als Ausübung von Land- oder Forstwirtschaft anzusehen ist (*BGH* 7. 7. 1960 BGHZ 33, 325). Der Begriff ist im Wesentlichen mit dem des Gewerbebetriebes iSd Steuerrechts identisch (§ 2 GewStG iVm § 15 EStG). Die steuerlichen Abgrenzungskriterien (GewStR 8 ff, EStR 134 ff) können daher grds auch hier angewendet werden. In Grenzbereichen (insb bzgl des Merkmals der Nachhaltigkeit) wird der steuerliche Begriff allerdings – aus fiskalischen Erwägungen (zB Anm 7) – teilweise weiter gefasst als der handelsrechtliche Begriff des Handelsgewerbes. Besonderheiten bestehen bei der Abgrenzung zur Landwirtschaft (Anm 23).

6 **Selbstständige Tätigkeit** setzt nur rechtliche, aber keine wirtschaftliche Selbstständigkeit voraus. Maßgebend ist das rechtliche Disponieren-Können im Außenverhältnis; internes Gebundensein an Weisungen oder Zustimmungen Dritter (zB eines Vergleichsverwalters) ist unerheblich (*Brüggemann* in Großkomm HGB[4] § 1 Anm 6).

Nachhaltig ist eine Tätigkeit, wenn sie auf Dauer angelegt und auf eine Vielzahl von Geschäften ausgerichtet ist (nicht zuletzt *RG* 5. 7. 1910 RGZ 74, 150). Unterbrechungen, begrenzte Dauer oder Betrieb als Nebentätigkeit sind unschädlich.

7 Nach hA bedarf es der **Absicht der Gewinnerzielung** (*BGH* 11. 1. 1962 BGHZ 36, 273), aA zB *Hopt* ZGR 1987, 145 ff, der anstelle dieses subjektiven Merkmals objektiven Kriterien wie Auftreten im Markt den Vorzug gibt; *Röhricht* (in Kommentar zum HGB von *Röhricht/Graf von Westphalen*[2] Köln 1998, Anm 12 vor §§ 1–7) möchte das Merkmal der Gewinnerzielung durch das Kriterium der lfd Einnahmenerzielung (aus dem Angebot entgeltlicher Leistungen am Markt) ersetzen. Zu näheren Einzelheiten s Gesetzesbegr *BT-Drs* 13/844, 24. Gemeinnützigkeit schließt eine Gewinnerzielungsabsicht an sich nicht aus. Richtet sich aber ein Betrieb nur nach dem Kostendeckungsprinzip aus, fehlt ihm die Eigenschaft als Gewerbebetrieb (zB eG, VVaG; so auch *Brüggemann* in Großkomm HGB[4] § 1 Anm 10). Auch lediglich Vermögensverwaltung begründet keine Gewinnerzielungsabsicht, soweit sie sich auf die Nutzung des Vermögens beschränkt (zur Abgrenzung zwischen Gewerbebetrieb und Vermögensverwaltung s GewStR 15). Bei sog VerlustzuweisungsGes ist nach Auffassung des *BFH* (12. 12. 1995 BStBl II 1996, 219) zu vermuten, dass sie bei ihrer Gründung keine Gewinnerzielungsabsicht haben und daher nicht als Gewerbebetriebe anzusehen sind.

8 Eine **Teilnahme am allgemeinen wirtschaftlichen Verkehr** liegt vor, wenn der Betrieb seine Leistungen gegen Entgelt der Allgemeinheit, dh einer unbestimmten Anzahl von Personen anbietet (EStR 134 c). Das Betreiben des

Gewerbes muss dabei äußerlich erkennbar hervortreten; der stille Teilhaber am Handelsgeschäft (auch ein atypischer stiller Gester iSd Steuerrechts) betreibt selbst kein Gewerbe.

Kein Gewerbe betreiben **freiberuflich Tätige** (Anwälte, Ärzte usw; § 18 Abs 1 Nr 1 S 2 EStG sowie GewStR 14) und **Land- und Forstwirte** (str; s Anm 23), soweit sie sich auf ihre berufsspezifische Betätigung beschränken. 9

Ein Gewerbetreibender kann Inhaber **mehrerer** getrennter Unt sein, die keineswegs alle einen nach Art oder Umfang in kfm Weise eingerichteten Geschäftsbetrieb erfordern. Bei einem gemischten Gewerbebetrieb kommt es für die Klassifizierung darauf an, welche Geschäfte den wesentlichen Gegenstand des Betriebs bilden. 11

Die **Kaufmannseigenschaft** wird mit dem ersten Vorbereitungsgeschäft für die demnächst folgende Eröffnung des Betriebs **begründet** (*BGH* 17. 6. 1953 BB 571). Auf die Eintragung im HR kommt es für Kfl iSv § 1 nicht an. Die Kfm-Eigenschaft **endet** unabhängig von der registerlichen Löschung mit der tatsächlichen Einstellung des Betriebs sowie dann, wenn das Unt einen in kfm Weise eingerichteten Geschäftsbetrieb nicht mehr erfordert. Die einstweilige Stilllegung, die Abwicklung oder die Eröffnung des Insolvenzverfahrens beenden das Handelsgewerbe nicht. 12

3. Handelsgewerbe kraft Eintragung/Kleingewerbetreibende (§ 2)

Den Kleingewerbetreibenden, deren Unt nach Art oder Umfang einen in kfm Weise eingerichteten Geschäftsbetrieb nicht erfordert, wird – ebenso wie gem § 105 Abs 2 der kleingewerblichen oder nur (eigenes) Vermögen verwaltenden OHG und KG – in § 2 die Möglichkeit eingeräumt, die Kfm-Eigenschaft durch freiwillige – hier konstitutiv wirkende – Eintragung in das HR herbeizuführen. 20

Die Eintragung kann auch, sofern die Grenzen von § 1 Abs 2 nicht überschritten werden, auf Antrag wieder *gelöscht* werden (Löschungsantragsrecht), womit der kfm Status ex nunc erlischt. Insoweit prüft das Registergericht das Nichtvorliegen der Tatbestandsmerkmale des § 1 Abs 2.

Einer Löschung von Amts wegen eines als Kfm eingetragenen Unt, das die Kriterien nach § 1 Abs 2 unterschritten hat, kann in Konsequenz von § 2 S 2 (Eintragung auf Antrag des Unternehmers) widersprochen werden.

4. Rechtsschein durch Eintragung (§ 5)

Ein bestehender Gewerbebetrieb (und auch ein land- und forstwirtschaftlicher Betrieb), der im HR eingetragen ist, ist prinzipiell Kfm iSd Abs 1. Maßgebend ist allein die Tatsache der Eintragung, nicht die Art ihres Zustandekommens oder ihre Bekanntmachung (*Hüffer* in Großkomm HGB^4 § 10 Anm 8ff und § 15 Anm 40ff). Zu Einzelheiten und zur Abgrenzung zum Scheinkfm s *Brüggemann* in Großkomm HGB^4 § 5 Anm 1ff sowie Anhang § 5 Anm 1ff. 21

§ 5 ist iZm § 105 Abs 2 zu sehen. Nach dieser Regelung „ist eine Gesellschaft, deren Gewerbebetrieb nicht schon nach § 1 Abs 2 Handelsgewerbe ist oder die nur eigenes Vermögen verwaltet ... offene Handelsgesellschaft" und gem § 161 Abs 2 KG, „wenn die Firma des Unternehmens in das Handelsregister eingetragen ist."

Kein Anwendungsfall von § 5 liegt vor wenn ein Unt, das ursprünglich als Handelsgewerbe gem § 1 Abs 2 einzustufen war, nunmehr als Kleingewerbe 22 gilt, eine Löschung aus dem HR aber unterblieben ist. Hier greift nicht die Fiktion des § 5, sondern § 2 (*Hohmeister* Die Bedeutung des § 5 HGB seit der Handelsrechtsreform 1998 NJW 2000, 1921 f).

5. Kannkaufmann/Betriebe der Land- und Forstwirtschaft (§ 3)

23 Ein land- oder forstwirtschaftliches Unt gilt als Handelsgewerbe, wenn es nach Art oder Umfang einen in kfm Weise eingerichteten Geschäftsbetrieb erfordert und, wozu dem Betreiber ein Wahlrecht eingeräumt ist, die Firma des Unt im HR eingetragen ist.

Landwirtschaft ist die organische Nutzung des Grund und Bodens zur Gewinnung von Nutzpflanzen, Nutzbäumen sowie von Nutztieren und deren Erzeugnissen (*RG* 12. 11. 1930 RGZ 130, 233), die Handelsgärtnerei und der Zierpflanzenanbau (str *Baumbach/Hopt*[31] § 3 Anm 4, aA *Brüggemann* in Großkomm HGB[4] § 3 Anm 6). Nicht dazu gehören zB die Kiesgewinnung (Urproduktion) und die Tierzucht ohne eigenen Futteranbau (*Brüggemann* in Großkomm HGB[4] § 3 Anm 4). Zur Abgrenzung von landwirtschaftlichen Nebenbetrieben nach dem Umfang der Produktveränderung s *BFH* 12. 12. 1996 BB 1997, 1079. **Forstwirtschaft** ist die auf die Gewinnung und Erhaltung von Wäldern gerichtete Wirtschaftstätigkeit einschl der Baumschulen (*Baumbach/Hopt*[31] aaO).

6. Handelsgesellschaften (§ 6 Abs 1)

24 Hierzu gehören die PersGes (OHG, KG, KapCoGes, vgl. zur Definition § 264 a Anm. 10 ff) und außerdem die KapGes (AG, KGaA, GmbH, KapGes & Co KGaA), Letztere gelten kraft Gesetzes als Handelsgesellschaften, auch wenn sie kein Handelsgewerbe betreiben. Die Europäische wirtschaftliche Interessenvereinigung (EWIV) ist gem EWIV-Ausführungsgesetz vom 14. 4. 1988 (BGBl I, 14) der deutschen OHG gleichgestellt. Die PartGes (Gesetz zur Schaffung von Partnerschaftsgesellschaften und zur Änderung anderer Gesetze vom 25. 7. 1994 BGBl I, 1744) ist zwar als PersGes ausgestaltet, betreibt jedoch kein Handelsgewerbe und ist damit nicht zur Beachtung der handelsrechtlichen Vorschriften zur Buchführung und Bilanz verpflichtet (*Knoll/Schüppen* DStR 1995, 610–613). **Keine Handelsgesellschaft** sind die stille Ges, die eG, der VVaG und andere Rechts-Personen, selbst wenn sie ein Handelsgewerbe betreiben. Zur eG s aber Anm 27 und zum VVaG Anm 28, 29. Für Sonderbetriebsvermögen ist nicht der Gester, sondern die PersGes buchführungspflichtig (*BFH* 23. 10. 1990 BStBl II 1991, 403).

25 **Kapitalgesellschaften** entstehen als Kfl **erst mit** der **Eintragung** in das HR (§ 41 Abs 1 S 1 AktG; § 11 Abs 1 GmbHG). Mängel des Gesellschaftsvertrags (fehlerhafte Ges) sind aber für die rechtswirksame Existenz unbeachtlich (*Roth/Altmeppen*[4] GmbHG § 2 Anm 31). Vgl. aber Anm. 45 ff.

26 Wann das **Ende der Rechtspersönlichkeit** einer KapGes eintritt, ist im Einzelnen umstritten (s *Hüffer* AktG[6] § 273 Anm 7 ff). Nach *Schulze-Osterloh* (in Baumbach/Hueck GmbHG[17] § 74 Anm 2, 16 ff mwN) setzt die Vollbeendigung sowohl Vermögenslosigkeit als auch Löschung im HR voraus. Allein die Vermögenslosigkeit führt nicht zum Untergang der Rechtspersönlichkeit; umgekehrt besteht eine gelöschte AG/GmbH weiter, sofern sie noch VG besitzt oder ein VG bekannt wird (§ 2 Abs 3 LöschG); sie erlischt dann erst mit dessen Verlust (so *BGH* 23. 2. 1970 AG 200; *Hüffer* AktG[6] § 273 Anm 7 mwN).

7. Eingetragene Genossenschaften (§ 1 GenG)

Sie gelten gem § 17 Abs 2 GenG als Kfm iSd Abs 1. 27

8. Versicherungsunternehmen (§ 1 Abs 1 VAG)

VersicherungsUnt betreiben Versicherungsgeschäfte (zum Begriff *R. Schmidt* in Prölss[11] Versicherungsaufsichtsgesetz § 1 Anm 15 ff mwN), und zwar unabhängig von der Rechtsform (*Prölss*[11] Versicherungsaufsichtsgesetz, § 1 Anm 5). Soweit VersicherungsUnt gem § 1 als **Kaufmann** zu qualifizieren sind, werden sie bereits durch Abs 1 erfasst, während die Versicherungsvereine auf Gegenseitigkeit (VVaG) gem § 16 VAG oft „wie ein Kaufmann" zu behandeln sind, wobei unter anderem auch § 238 anzuwenden ist (*Weigel* in Prölss[11] Versicherungsaufsichtsgesetz § 16 Anm 4). 28

Der (große) VVaG **ist** grds **kein Gewerbebetrieb,** da es ihm an der Gewinnerzielungsabsicht fehlt (zur Gewinnerzielungsabsicht als Tatbestandsmerkmal für den Gewerbebegriff s Anm 7). Er ist ein rechtsfähiger Verein, der mit der durch die Aufsichtsbehörde erteilten Erlaubnis zum Geschäftsbetrieb entsteht (§ 15 VAG).

Keine Kaufleute sind die **kleineren Vereine** (§ 53 Abs 1 S 1 VAG), die nach ihrer Satzung einen eng begrenzten Wirkungskreis haben, sei es in sachlicher (zB Versicherungszweig mit überschaubarem Risiko), örtlicher (zB regional begrenztes Geschäftsgebiet) oder persönlicher (zB kleiner und übersehbarer Mitgliederkreis) Hinsicht. Ob ein VVaG ein kleinerer Verein ist, entscheidet die Aufsichtsbehörde (§ 53 Abs 4 VAG). Gem § 53 Abs 1 S 1 iVm § 16 S 2 VAG gelten für ihn die handelsrechtlichen Rechnungslegungsvorschriften entsprechend (hierzu *Weigel* in Prölss[11] Versicherungsaufsichtsgesetz § 16 Anm 4); das Gleiche gilt gem § 55 Abs 1 VAG für Versicherungsanstalten des öffentlichen Rechts. 29

9. Wirtschaftsbetriebe der öffentlichen Hand

Ein Wirtschaftsbetrieb der öffentlichen Hand liegt vor, wenn dieser **wirtschaftlich verwertbare Waren und Leistungen anbietet,** zB in den Bereichen Verkehrs-, Versorgungs-, Forst-, Wohnungswirtschaft, Kreditwesen, Zweckverbänden, sei es als Monopol- oder als Wettbewerbsbetrieb. 30

Unternehmensträger können nur juristische Personen des öffentlichen Rechts sein, also nur Körperschaften (Gebietskörperschaften, Personalkörperschaften), rechtsfähige Anstalten des öffentlichen Rechts sowie rechtsfähige Stiftungen des öffentlichen Rechts.

Die Wirtschaftsbetriebe können als **rechtlich unselbstständige Unternehmen des öffentlichen Rechts** (Regiebetriebe; nicht rechtsfähige Sondervermögen, kommunale Eigenbetriebe; zur Buchführungspflicht § 263 Anm 3), als **rechtlich selbstständige Unternehmen des öffentlichen Rechts** (Anstalten, wie zB die Bundesbank und Rundfunkanstalten; Sparkassen; Stiftungen) oder als **rechtlich selbstständige Unternehmen des Privatrechts** (GmbH oder AG) organisiert sein. Zur Buchführungspflicht Anm 38 und 40 f. 31

Kfm iSd Dritten Buchs ist ein Wirtschaftsbetrieb der öffentlichen Hand insbes **dann, wenn** seine Tätigkeit die in Anm 5 beschriebenen Voraussetzungen erfüllt (zum Vorbehalt landesrechtlicher Vorschriften Anm 43). Ob die für ein Handelsgewerbe erforderliche **Absicht dauernder Gewinnerzielung** vorliegt, ist für den Einzelfall festzustellen (*BGH* 11. 1. 1962 BGHZ 36, 274). Unschädlich ist, wenn der mit dem Unt beabsichtigte Gewinn der Erfüllung gemeinwirtschaftlicher Aufgaben dienen soll (*BGH* 18. 1. 1968 BGHZ 49, 258). 32

33 **Kein Gewerbebetrieb** und damit auch kein Kfm ist ein sog **Hoheitsbetrieb** (zB Friedhof, Müllverbrennung, Straßenreinigung), der überwiegend der Erfüllung hoheitlicher Aufgaben dient (KStR 5 Abs 13ff und die dort zitierte Rspr). **Kein Gewerbebetrieb** liegt auch bei sog **Monopolunternehmen** vor wie zB bei Polizeimonopolen (für Kernbrennstoffe, Feuersicherheit, Tierkörperbeseitigung, Schlachthöfe), Lenkungsmonopolen (Einfuhr- und Vorratsstellen) und Finanzmonopolen (Branntweinmonopol).

Eigengesellschaften oder BeteiligungsGes der öffentlichen Hand in der Rechtsform der AG oder der GmbH sind dagegen **stets Kaufleute** nach § 6 Abs 1 und somit immer Kfm iSd Abs 1.

II. Einzelfragen der Abgrenzung

34 **Scheinkaufleute** (*Brüggemann* in Großkomm HGB[4] Anhang § 5 Anm 1f) sind **nicht** buchführungspflichtig, unberührt einer evtl Eintragung im HR (*Baumbach/Hopt*[31] § 238 Anm 7; *Brüggemann* in Großkomm HGB[4] Anhang § 5 Anm 49).

35 **Vorgesellschaften** (*Ulmer* in Hachenburg[8] § 11 Anm 5ff; steuerlich auch GründungsGes genannt, *Knobbe-Keuk*[9], 445) sind nach hM bereits mit dem ersten buchführungspflichtigen Geschäftsvorfall buchführungspflichtig (*Mertens* in Hachenburg[8] § 41 Anm 4 mwN), obwohl formalrechtlich betrachtet die Kfm-Eigenschaft erst mit der Eintragung in das HR begründet wird. Dies gilt auch, wenn schon vor Abschluss des GesVertrags ein Handelsgewerbe betrieben wird (glA *ADS*[6] § 238 Anm 17).

36 Führt die **Zweigniederlassung** eines inländischen Unt (§§ 13, 13a bis 13c, 13h HGB) keine *eigenen* Bücher (sog **Filialbuchhaltung**), ist die Ordnungsmäßigkeit der Gesamtbuchhaltung des Unt davon nicht berührt. Zur Frage, wieweit eine Zweigniederlassung **ohne** Filialbuchhaltung noch Niederlassung iSd HGB ist, vgl *Baumbach/Hopt*[31] § 13 Anm 3 und *Hüffer* in Großkomm HGB[4] Vorb § 13 Anm 5 mwN.

37 Inländische Zweigniederlassungen **ausländischer** Unt (§§ 13d bis 13g) werden wie Hauptniederlassungen behandelt und sind somit buchführungspflichtig (*Hüffer* in Großkomm HGB[4] § 13b Anm 15). Die Bücher sind für **steuerliche** Zwecke im Inland zu führen (§ 146 Abs 2 Satz 1 AO). Erleichterungen werden in der Praxis mit Genehmigung des Finanzamts gewährt (§ 148 AO).

Ob ein **ausländisches Unternehmen Kaufmannseigenschaft** iSv § 1 HGB besitzt, hängt von dem jeweiligen Recht der Hauptniederlassung ab. Befindet sich die Hauptniederlassung im Ausland, kann nur das ausländische Unt Kaufmannseigenschaft iSd genannten Vorschrift haben (s *ADS*[6] § 238 Anm 18, *Hüffer* in Großkomm HGB[4] § 238 Anm 24 und § 13b Anm 15).

38 **Juristische Personen des Privatrechts,** die nicht als HandelsGes (Formkfl) errichtet worden sind, sind buchführungspflichtig, wenn sie die Anforderungen des § 1 erfüllen. Praxisrelevant sind hier insb UntTräger**stiftungen** (ausführlich hierzu *IDW RS HFA 5* Rechnungslegung von Stiftungen WPg 2000, 391ff und *IDW PS 740* Prüfung von Stiftungen WPg 2000, 385ff) und **Vereine,** deren Zweck auf einen wirtschaftlichen Geschäftsbetrieb gerichtet ist (§ 22 BGB). Betreibt ein rechtsfähiger grds nichtwirtschaftlicher Verein zusätzlich ein Handelsgewerbe, das nach Art und Umfang einen in kfm Weise eingerichteten Geschäftsbetrieb erfordert, ergibt sich für diesen kfm Bereich eine Buchführungspflicht (ausfürhlich hierzu *IDW ERS HFA 14* Rechnungslegung von Vereinen WPg 2004, 1397ff).

39 **Nichtrechtsfähige Vereine,** deren Zweck auf einen wirtschaftlichen Geschäftsbetrieb abstellt, können handelsrechtlich PersGes (OHG) und damit

buchführungspflichtig sein (teilweise str in der Begr der Buchführungspflicht s *ADS*[6] § 238 Anm 13).

40 **Juristische Personen des öffentlichen Rechts,** die ein Unt iSv § 1 Abs 2 betreiben, sind als Kfl buchführungspflichtig. Betreiben sie ein Unt, das die Voraussetzungen des § 3 erfüllt, sind sie buchführungspflichtig, wenn sie sich in das HR eintragen lassen.

41 Schwierig kann die Beurteilung im Einzelfall sein, ob überhaupt ein Unt iSd HGB vorliegt („erwerbswirtschaftliches Prinzip", *ADS*[6] § 238 Anm 16 mwN), zB öffentliche Sparkassen (Ausnahme: es wird neben dem Einlagengeschäft auch das Bankgeschäft betrieben = Handelsgewerbe iSv § 1 Abs 2), die hM bejaht die Kfm-Eigenschaft (*Brüggemann* in Großkomm HGB[4] § 1 Anm 12). Wegen einer diesbezüglichen Einstufung der Tätigkeit von Bundesbank sowie der staatlichen Einfuhr- und Vorratsstellen s die kritischen Ausführungen bei *Brüggemann* in Großkomm HGB[4] § 1 Anm 13–16. Allerdings ist zB in § 26 des Gesetzes über die Deutsche Bundesbank bestimmt, dass das Rechnungswesen der Deutschen Bundesbank den GoB zu entsprechen hat und für die Wertansätze im JA die Vorschriften des HGB entspr anzuwenden sind, soweit sich aus der Einbindung in das Europäische System der Zentralbanken keine Abweichungen ergeben.

Die Rechnungslegungs- und Buchführungspflichten der Pflegeeinrichtungen regelt die Pflegebuchführungsverordnung vom 22. 11. 1995 BGBl I, 1522 ff; sie sieht ua die Maßgeblichkeit der §§ 238 bis 241 vor.

III. Verpflichtete Person: Kaufmann

42 § 238 verpflichtet „jeden Kaufmann" zur Buchführung. Was ein Kfm ist, ergibt sich insb aus den §§ 1–6 (s hierzu Anm 4–33). Danach wird jeder, der ein Handelsgewerbe iS von § 1 betreibt, mit Beginn des Handelsgewerbes buchführungspflichtig, selbst wenn er noch nicht in das HR eingetragen ist (*ADS*[6] § 238 Anm 21 mwN). Des Weiteren sind nach Handelsrecht buchführungspflichtig die Handelsgesellschaft gem § 6, die eG gem § 17 Abs 2 GenG und die gem § 33 Abs 1 eintragungspflichtigen juristischen Personen (s hierzu auch die Anm 24–38). Die Buchführungspflicht liegt bei den HandelsGes und eG bei den zuständigen Organmitgliedern (zB Vorstand, GmbH-Geschäftsführer), während bei der OHG alle Gester und bei der KG nur der persönlich haftende Gester verantwortlich sind (vgl *ADS*[6] § 238 Anm 10, *Baumbach/Hopt*[31] § 238 Anm 8).

Im Insolvenzverfahren obliegen die handelsrechtlichen Buchführungs- und Bilanzierungs-Pflichten („externe Rechnungslegung") dem Insolvenzverwalter (§ 155 Abs 1 InsO) und zwar unabhängig von der erforderlichen „internen Rechnungslegung" (Masse-/Gläubiger-Verzeichnis etc, s *Weisang* Zur Rechnungslegung nach der neuen Insolvenzordnung BB 1998, 1149 ff). Vgl auch *ADS*[6] § 238 Anm 25 zur Abwicklung.

IV. Besonderheiten auf Grund § 263 (Landesrecht)

43 Für die zur Buchführung verpflichteten Unt des öffentlichen Rechts ohne eigene Rechtspersönlichkeit gelten die Vorschriften der §§ 238 ff nur dann nicht, wenn landesrechtliche Vorschriften davon abweichen. Dies gilt insb für den Bereich der **Eigenbetriebe** (Eigenbetriebsgesetze, Eigenbetriebsverordnungen der Länder; s die Zusammenstellung mit Fundstellennachweis in § 263 Anm 1 ff).

V. Steuerliche Buchführungspflichten

44 Gem § 141 Abs 1 Nr 1–4 AO entsteht eine steuerliche Buchführungspflicht ab einer Umsatzhöhe von 260 000 € oder einem Gewinn von 25 000 €, sofern nicht gem § 140 AO „nach anderen Gesetzen als den Steuergesetzen" – also insbes nach HGB – Buchführungspflicht besteht.

Bei VermögensverwaltungsGes sind die steuerlichen Einkünfte entsprechend der maßgeblichen Einkunftsart ggf durch Einnahmenüberschussrechnung zu ermitteln (s *Brune* Die Auswirkungen des HRefG auf die handels- und steuerrechtliche Buchführungspflicht StBP 1998, 242 ff), auch wenn sie – unter Nutzung der Option des § 105 Abs 2 – als OHG/KG eingetragen und damit handelsrechtlich buchführungs- und bilanzierungspflichtig sind.

Für Kommunalbetriebe gewerblicher Art genügt gem Vfg *OFD Magdeburg* vom 23. 2. 1998 (BB 1001) für steuerliche Zwecke die Beachtung der nach § 263 maßgeblichen besonderen landesrechtlichen Vorschriften, auch wenn gleichzeitig die Voraussetzungen eines Gewerbebetriebs erfüllt sind.

C. Beginn und Ende der Buchführungspflicht

I. Beginn der Buchführungspflicht

45 Die Buchführungspflicht gem §§ 238 ff beginnt mit der Aufnahme des Handelsgewerbes durch den Kfm (ebenso *ADS*[6] § 238 Anm 21 f).

46 **Besonderheiten** können auftreten, wenn Aufnahme des Handelsgewerbes und Entstehen der Kfm-Eigenschaft zeitlich auseinander fallen; s auch Anm 42. Das gilt nicht für PersGes. Wegen VorGes s Anm 35.

48 Für **Kleingewerbetreibende** und den **Kannkaufmann** gilt diese Verpflichtung erst mit Eintragung in das HR (**Wahlrecht** der Eintragung).

49 Bei **Formkaufleuten** beginnt die Buchführungspflicht nach hM und ständiger Rspr mit **Gründung** der Ges (Abschluss des GesVertrags, Errichtung, sog VorGes; s Anm 35). Eine Buchführungspflicht von Ges aller Rechtsformen, die bereits *vor* ihrer Gründung geschäftlich tätig werden, kann sich uU aus den §§ 1 und 6 Abs 1 ergeben (Vorliegen einer PersGes). Wegen der Buchführungspflicht bei Geschäften, die für eine zu gründende GmbH getätigt gelten sollen, s *Mertens* in Hachenburg[8] § 41 Anm 4.

II. Ende der Buchführungspflicht

50 Aus der Verknüpfung der handelsrechtlichen Buchführungspflicht mit der Kfm-Eigenschaft ergibt sich formal, dass die Buchführungspflicht **endet,** wenn die Kfm-Eigenschaft nicht mehr besteht, dh mit der Einstellung des Handelsgewerbes.

52 **Besonderheiten** können auftreten, wenn Beendigung der Kfm-Eigenschaft und Einstellung des Handelsgewerbes zeitlich auseinanderfallen:

53 Beim **(Voll-)Kaufmann** enden Kfm-Eigenschaft und Buchführungspflicht, wenn Art und Umfang des Unt einen in kfm Weise eingerichteten Geschäftsbetrieb nicht mehr erfordern und die HR-Eintragung gelöscht ist, beim (eingetragenen) **Kleingewerbetreibenden** sowie beim **Kannkaufmann** ist allein die Löschung im HR maßgeblich.

Bei **Personenhandelsgesellschaften** und sonstigen **Formkaufleuten** endet die werbende Tätigkeit mit Auflösung der Ges (§§ 145, 161 HGB; § 262 AktG; § 60 GmbHG; § 78 GenG, dazu *ADS*[6] § 238 Anm 25). Für den sich hieran anschließenden Abwicklungszeitraum gilt jedoch weiterhin Buchführungspflicht bis zum Ende der Abwicklung (dh Veräußerung aller VG, Begleichung aller Verbindlichkeiten und Auskehrung eines etwaigen Überschusses an die Gester). 54

Wird *vor* Ende der Abwicklung die Ges im HR **gelöscht,** bleibt die Buchführungspflicht davon unberührt. Die Löschung hat nur deklaratorische Bedeutung, dh die Ges besteht weiter, solange noch GesVermögen vorhanden ist, dementspr sind die Bücher bis zur endgültigen Abwicklung des noch vorhandenen Vermögens zu führen (Anm 26). 55

D. Folgen der Verletzung der Buchführungspflicht

Die Buchführungspflicht ist eine **öffentlich-rechtliche Verpflichtung.** Eine Verletzung kann gem §§ 283 Abs 1 Nr 5, Abs 2, 283b Abs 1 Nr 1 StGB strafrechtliche Konsequenzen haben (Freiheitsstrafen bis zu 5 Jahren). Voraussetzung ist allerdings, dass der Kfm (die Ges) die Zahlungen einstellt, das Insolvenzverfahren eröffnet oder es mangels Masse abgelehnt wird. 56

Eine Verletzung der Buchführungspflicht kann bei prüfungspflichtigen Unt die Einschränkung oder Versagung des BVm nach sich ziehen (§ 322 Anm 61 und 67). Zum Verhältnis GoB zum Risikofrüherkennungssystem vgl Anm 61 und 67. Schadensersatzansprüche Dritter iSv § 823 Abs 2 BGB können aus einer Verletzung der Buchführungspflicht nicht hergeleitet werden.

Die Verletzung **handelsrechtlicher Vorschriften** über die Buchführung stellt zugleich eine Verletzung der **steuerlichen Pflichten** dar (so auch *ADS*[6] § 238 Anm 62). Durch Buchführungsmängel kann die Beweiskraft der Buchführung in Frage gestellt sein (Umkehrschluss aus § 158 AO). Der steuerliche Gewinn ist ggf zu schätzen (§ 162 AO). Die FinVerw kann die Erfüllung der Buchführungspflicht durch Androhung und Festsetzung eines Zwangsgelds erzwingen (§ 328 Abs 1 AO). Die vorsätzliche oder leichtfertige Verletzung von Buchführungs- oder sonstigen Aufzeichnungspflichten ist eine Ordnungswidrigkeit (Steuergefährdung nach § 379 AO): Geldbuße bis zu 5000 €, soweit die Ordnungswidrigkeit nicht nach § 378 AO (leichtfertige Steuerverkürzung) strenger geahndet werden kann. 57

Die Inanspruchnahme von Steuererleichterungen und -vergünstigungen setzt allerdings eine ordnungsmäßige Buchführung nicht voraus (so auch *ADS*[6] § 238 Anm 63). 58

E. Begriff und Zweck der kaufmännischen Buchführung

Buchführung ist die lfd, systematische und in Geldgrößen vorgenommene **Dokumentation von Geschäftsvorfällen** (buchungspflichtige Ereignisse, Anm 62ff und 68ff) in einem kfm Unt. Die Buchführung bezweckt, Vermögen und Vermögensentwicklung des zur Buchführung Verpflichteten klar, übersichtlich und nachprüfbar zu dokumentieren. Sie dient so dem Gläubigerschutzgedanken, erfüllt eine Beweissicherungs- und Selbstinformationsfunktion und dient dem GesterSchutz sowie der Sicherung des Rechtsverkehrs. Technisch vollzieht sich die Buchführung mit den Eintragungen in den Handelsbüchern. **Was** Handelsbücher sind bzw **welche** Handelsbücher **wie** zu führen sind, bestimmt sich nach den GoB (§ 243 Anm 1ff). 59

60 Die GoB überlassen dem zur Buchführung Verpflichteten grds die Wahl des Buchführungssystems (Anm 76 ff) wie auch der zu führenden Handelsbücher (Anm 68 ff). System und Anzahl der geführten Bücher müssen aber den Buchführungszweck erfüllen.

61 Die GoB werden aus den Zwecken abgeleitet, die mit der Rechnungslegung verfolgt werden (zum Meinungsstand im Einzelnen § 243 Anm 11 ff). IdZ ist, explizit für AG mit amtlich notierten Aktien, wohl aber auch zumindest für große KapGes und Konzerne, auf das Verhältnis GoB und Risikofrüherkennungssystem hinzuweisen (zB *WPH* I[12] P 151, *IDW PS 400* Tz 72, *IDW PS 450* Tz 82 ff).

F. Geschäftsvorfälle

I. Allgemeines

62 Geschäftsvorfälle sind Ereignisse, die eine Veränderung des kfm Bruttovermögens in Höhe und/oder Struktur bewirken. **Wann** eine solche Änderung der Vermögenslage bewirkt wird, bestimmt sich insb nach den materiellen GoB (wirtschaftliches Eigentum gem § 39 AO, Realisationsprinzip, Imparitätsprinzip; s § 252 Anm 34 ff).

II. Erfassung von bestimmten Geschäftsvorfällen

63 Die gem Abs 1 S 1 in den Büchern ersichtlich zu machenden **Handelsgeschäfte** (s hierzu das Vierte Buch des HGB) werden erfasst, wenn wenigstens von einer Seite erfüllt wurde. **Schwebende Geschäfte** (*WPH I*[12] E 22 mit weiteren Literaturhinweisen) bewirken zum Zeitpunkt des Vertragsabschlusses noch keine Veränderung des kfm Vermögens im Rahmen der GoB. Drohende Verluste aus der Abwicklung schwebender Geschäfte sind bereits zum Zeitpunkt ihres Bekanntwerdens in den Büchern zu erfassen (dazu § 249 Anm 53 ff; § 252 Anm 34 ff; § 285 Anm 45 f). Bei umfangreichem Geschäftsvolumen sind daher organisatorische Vorkehrungen (Meldesystem) zu treffen, um die lückenlose Buchung verlustbehafteter schwebender Verträge sicherzustellen. Ähnliches gilt für die Erfassung der von mittleren und großen KapGes/KapCoGes im Anhang anzugebenden sonstigen finanziellen Verpflichtungen (§ 285 Anm 21 ff) und der Informationen zu Finanzderivaten (§ 285 S 1 Nr 18 HGB).

64 Das Entstehen einer Forderung (dazu ausführlich § 247 Anm 80 ff) und deren Bezahlung sind verschiedene Geschäftsvorfälle. Das Gleiche gilt für die Entstehung einer Verbindlichkeit und deren Tilgung. Aus Vereinfachungsgründen wird eine Zusammenfassung beider Geschäftsvorfälle zu einer Buchung dann akzeptiert, wenn zwischen Entstehung und Zahlung nur eine kurze Zeitspanne von höchstens 7 Kalendertagen und außerdem kein Bilanzstichtag liegt.

G. Allgemeine Anforderungen an die Buchführung

I. Der sachverständige Dritte

65 Eine Buchführung (bestehend aus dem System – Anm 76 ff – und aus den geführten Handelsbüchern – Anm 68 ff) ist nur dann ordnungsmäßig, wenn ein „sachverständiger Dritter“ sich in angemessener Zeit darin zurechtfinden kann.

Sachverständige iSv § 145 AO sind idR Buchhalter, Bilanzbuchhalter, WP, vBP, Angehörige der steuerberatenden Berufe und Außenprüfer. Handels- und steuerrechtliche Kenntnisse allein sind keine Sachkunde (*Tipke/Kruse*[16] § 145 Anm 20; aA offenbar *Kühn/Hofmann*[17] § 146 Anm 2a). 66

Die **Zeit,** die erforderlich ist, um sich in der Buchführung zurecht zu finden, hängt vom Umfang des Rechenwerks und dem Grad der Sachkunde des Dritten (*Kühn/Hofmann*[17] § 146 Anm 2a sowie *ADS*[6] § 238 Anm 40ff) ab. Der Überblick muss anhand des Buchwerkes und der Belege und ganz überwiegend ohne weitere Auskünfte und **ohne Schwierigkeiten zügig** gewonnen werden können. In diesem Zusammenhang hat der HFA erörtert, ob es für ein Unt, das nach § 315a einen KA nach **IFRS** aufstellt, ausreichend ist, die Buchführung an den IAS auszurichten und für den handelsrechtl JA nur eine Überleitungsrechnung zu erstellen. Nach Auffassung des HFA entspricht eine an den IAS ausgerichtete Buchführung nur dann den handelsrechtl Vorschriften, wenn jederzeit die nach HGB erforderlichen Buchungen durch paralleles Mitführen von Korrekturposten exakt nachvollzogen werden können. Die Vornahme einer nur pauschalen Korrektur für den JA nach HGB ist danach nicht mit § 238 Abs 1 vereinbar (*IDW,* FN 1–2/2004, 38). Dies hat auch zu gelten für einen IFRS-EA nach § 325 Abs 2a.

Nach **internationalen Grundsätzen** (s hierzu *IAS* Framework .25) sind die Anforderungen an das Sachverständnis ggf nach der Schwierigkeit der jeweiligen Sachverhalte zu relativieren.

II. Überblick über die Geschäftsvorfälle und über die Lage des Unternehmens

Mit dem in Abs 1 S 2 geforderten Überblick über die Geschäftsvorfälle und über die Lage des Unt werden der Buchführung folgende Ziele zum Schutz von Gläubigern und Schuldnern zugewiesen (vgl *Leffson*[7], 46): 67
- Der Kfm soll den Stand von Schulden und Vermögen erkennen können,
- Die Haftungsmasse soll gegen die Entziehung von VG gesichert werden und
- Die Beweiskraft der Bücher soll gesichert werden.

Die Buchführung erfüllt also eine Beweis-, Sicherungs- und Informationsfunktion. Sie bildet damit zusammen mit dem Inventar die Grundlage für den jährlich aufzustellenden Abschluss, der zusammenfassend über die VFE-Lage unterrichtet.

III. Zu führende Handelsbücher

Allgemeines

Allgemein sind Handelsbücher so zu führen, dass in ihnen die Geschäftsvorfälle vollständig, klar und nachprüfbar erfasst werden. In der kfm Praxis haben sich insb Grund-, Haupt- und Nebenbücher als Erfassungsinstrumente für Geschäftsvorfälle durchgesetzt. 68

Was Handelsbücher im Einzelnen sind bzw **welche** Handelsbücher in einer ordnungsgemäßen Buchführung zu führen sind, bestimmt sich nach den GoB (Anm 60f).

Die Handelsbücher **brauchen nicht gebunden** geführt zu werden (Anm 83; § 239 Anm 8ff). Rechtlich gesehen haben sie den Charakter von Urkunden iSv § 267ff StGB (so *Baumbach/Hopt*[31] § 238 Anm 2). Sie sind als Beweismaterial Bestandteil der Insolvenzmasse (*Schlegelberger*[5] § 38 Anm 20). 69

Grundbücher

70 Zur **vollständigen Erfassung** und Sicherstellung aller Geschäftsvorfälle sind diese in Grundbüchern chronologisch geordnet zu dokumentieren (Dokumentation nach der zeitlichen Entstehung). Wieviele Grundbücher und in welcher Form diese zu führen sind, bestimmt sich nach der Zweckmäßigkeit (abhängig vom Volumen und von der Struktur der Geschäftsvorfälle). Hinsichtlich des einzelnen Geschäftsvorfalles sind idR folgende Angaben zu machen:
Datum/Vorgang/Beleghinweis/Konto/Gegenkonto/Betrag.

Hauptbücher

71 Die Grundsätze der Klarheit und Nachprüfbarkeit erfordern eine Aufbereitung der Geschäftsvorfälle auch nach **sachlichen Ordnungskriterien.** Diese Funktion wird von den Hauptbüchern erfüllt. Sie bestehen idR aus Sachkonten. Den Konten selbst liegt ein entsprechend den betrieblichen Verhältnissen gegliederter Kontenplan zugrunde, zB ausgerichtet am Kontenrahmen, vgl den Industrie-Kontenrahmen IKR (Fassung 1986 hrsg vom BDI).

72 Ein nach diesen Grundsätzen aufgestellter **Kontenplan** gewährleistet insbesondere die Einhaltung der bereits in den „Richtlinien zur Organisation der Buchführung" vom 11. 11. 1937 formulierten **Anforderungen an die Buchhaltung,** die noch heute richtungsweisend sind (Abdruck bei *Hüffer* in GroßkommHGB[4] § 238 Anm 48):

- Erfassung von **Stand und Veränderung** an Vermögen, Kapital, Schulden, ‚Aufwendungen und Erträgen.
- Erfassung und Abgrenzung der einzelnen Geschäftsvorfälle sowie ausreichend tiefe Gliederung der JA-Posten durch sachgerechte **Kontierung**

Nebenbücher

73 Nebenbücher **(Hilfsbücher)** haben die Aufgabe, die Aussagefähigkeit insb der Hauptbücher in Bezug auf bestimmte Einzelinformationen zu erweitern, ohne gleichzeitig die Übersichtlichkeit und Klarheit der Hauptbücher zu gefährden. Die Hauptbücher enthalten dann *insoweit* nur noch Sammelbuchungen. Eine Abstimmung der Nebenbücher mit den Hauptbüchern ist regelmäßig – mind monatlich – erforderlich. Wichtigste Nebenbücher in der Praxis sind: Kontokorrentbuchhaltung (Einzeldarstellung der Forderungen/Verbindlichkeiten), Kassenbuchhaltung, Lohn- und Gehaltsbuchhaltung, Anlagenbuchhaltung und Lagerbuchhaltung. Auch die Aufzeichnungen zu Haftungsverhältnissen (§ 251), sonstigen finanziellen Verpflichtungen (§ 285 S 1 Nr 3) und Finanzderivaten (§285 S 1 Nr 18) müssen zu den erforderlichen Nebenbüchern gerechnet werden. Zulässig ist auch eine „Geheimbuchhaltung" zur Erfassung vertraulicher Vorgänge (*Leffson*[7], 171 f).

74 Handelsbuch ist auch das Verwahrbuch gem § 14 DepG. **Keine Handelsbücher** iSv § 238 sind das Aktienbuch (§ 67 AktG), Wareneingangsbuch (§ 143 AO) und das Warenausgangsbuch (§ 144 AO).

75 Inwieweit die **Betriebsbuchhaltung** als Handelsbuch iSv § 238 gilt, ist nicht eindeutig zu entscheiden. Man wird die Betriebsbuchhaltung zu den nach GoB erforderlichen Nebenbüchern rechnen müssen, soweit sie erforderlich ist, um einen Überblick iSv § 238 Abs 1 S 2 zu verschaffen, dh eine ordnungsgemäße Bewertung der unfertigen und fertigen Erzeugnisse sowie aktivierungspflichtigen Eigenleistungen (für Sachanlagen usw) und die sachgerechte Ableitung einer nach dem Umsatzkostenverfahren aufgestellten GuV zu gewährleisten. Ähnliches muss für das **Risikofrüherkennungssystem** gelten. Für KapGes/KapCo-

Ges gilt, dass im Lagebericht zum JA die Lage der KapGes/KapCoGes den tatsächlichen Verhältnissen entspr darzustellen ist; gem § 289 Abs 1 S 4 ist „die voraussichtliche Entwicklung mit ihren wesentlichen Chancen und Risiken zu beurteilen und zu erläutern." Dh ein Überblick über die Lage des Unt schließt die Beachtung ggf bestehender Risiken und Chancen der künftigen Entwicklung mit ein. Unterlagen hierzu sind insoweit mit zu den im Rahmen der Buchführung zu führenden „Büchern" zu zählen, als sie erforderlich sind, um die korrekte Abbildung solcher Risiken und Chancen im JA zu verifizieren. Führt das Nicht-Vorhandensein oder ein Mangel in diesen Unterlagen zur Nicht-Ordnungsmäßigkeit der Lageberichterstattung und damit der Buchführung, weil uU eine derartige Verifizierung nicht möglich ist, kann aus diesem Grunde eine Einschränkung oder Versagung des BVm angezeigt sein (s *WPH I*[12] P 151, *IDW PS 400* Tz 72, *IDW PS 450* Tz 82ff; vgl auch *Böcking/Orth* BFuP 3/2000, 242ff).

IV. Buchführungssysteme

Im Rahmen der systematischen Erfassung von Geschäftsvorfällen kennt die Praxis drei Buchführungssysteme, von denen infolge der Verpflichtung zur GuV-Aufstellung (§ 242 Abs 2) fast immer nur die doppelte (kfm) Buchführung angewandt wird. 76

Doppelte Buchführung

Sie ist in der Praxis **das** Buchführungssystem für die kfm Unt sowie für die Wirtschaftsbetriebe der öffentlichen Hand in privater Rechtsform; für Eigenbetriebe siehe *WPH I*[12] L 7ff sowie § 263 Anm 3. 77

In der doppelten Buchführung werden sämtliche Geschäftsvorfälle (nach Aufstellung des systematisch in Konten aufgelösten Eröffnungsinventars) als „Tauschakte" interpretiert, die zweiseitige Wertbewegungen auf den Bestands- und Erfolgskonten (Konto, Gegenkonto; erfolgsneutral, erfolgswirksam) verursachen. Am Schluss des Abrechnungszeitraums werden die Konten zur Bilanz **oder** GuV verdichtet. Hierdurch wird ein geschlossenes System geschaffen, in dem der Erfolg zweifach ermittelt wird: durch Vermögensvergleich und durch Vergleich von Aufwand und Ertrag. Bzgl der einzelnen Buchführungsformen (Techniken und Organisationsmittel) s Anm 83ff.

Einfache Buchführung

Die einfache Buchführung sieht nur Bestandskonten vor, die ohne Gegenbuchung auf hier nicht eingerichteten Erfolgskonten geführt werden. Die Erfolgsermittlung erfolgt „einfach" durch Vermögensvergleich. Eine GuVwird nicht immer erstellt. 78

Das Anwendungsgebiet der einfachen Buchführung ist begrenzt auf Kleinbetriebe (Handwerkerbuchhaltung) oder Ausnahmefälle (zB in der Gründungsphase eines Unt). Weitere Einzelheiten zur einfachen Buchführung bei *Eisele*[6], 228.

Kameralistische Buchführung

Kameralistische Buchführung wird in der Praxis in Form der Verwaltungskameralistik und Betriebskameralistik (*Oettle* in HWR[3], 318) von öffentlichen Haushalten und Betrieben angewandt. Eine Verdrängung durch die doppelte Buchführung ist insb im Bereich der Betriebskameralistik festzustellen, insb bei 79

Einsatz EDV-gestützter Systeme. Vgl. hierzu auch *IDW ERS ÖFA 1* Rechnungslegung der öffentlichen Verwaltung nach den Grundsätzen der doppelten Buchführung WPg 2001, 1405 ff.

V. Buchführungsformen

83 Buchführungsformen beziehen sich auf die äußere Aufmachung der Bücher. In der kfm Buchführungspraxis finden heute im Wesentlichen **EDV-Buchführungen** Anwendung. Hierbei unterscheidet man insb zwischen PC-Finanzbuchführungen und Buchführungen auf Großrechnern, die sowohl im als auch außer Haus geführt werden können (Anm 89 ff). Daneben werden in selteneren Fällen noch weitere Buchführungsformen angewandt. Hierzu zählen **Durchschreibebuchführungen,** bei denen die Geschäftsvorfälle gleichzeitig in Grund- und Hauptbuch im Durchschreibeverfahren gebucht werden. Voraussetzung für diese Buchführungen ist eine Lose-Blatt-Buchführung.

84 In **Übertragungsbuchführungen** werden die Geschäftsvorfälle zunächst im Grundbuch erfasst und von dort ins Hauptbuch übertragen.

85 In der amerikanischen **Journalbuchführung** sind Grund- und Hauptbuch in einem Buch (= Journal) derart zusammengefasst, dass in einem Tabellenbogen in der Horizontalanordnung (Spalten) zunächst das Grundbuch, in den folgenden Spalten das Hauptbuch angeordnet sind. In der Vertikalordnung (Zeilen) werden die einzelnen Geschäftsvorfälle gebucht. Die Journalbuchführung ist sinnvoll und zweckmäßig, wenn nur eine begrenzte Zahl von Konten zu führen ist.

VI. Belegprinzip

86 Das **Belegprinzip** gehört zum Wesen einer ordnungsgemäßen Buchhaltung und ist daher unabdingbar (*BFH* 30. 5. 1962 DB 1029; *Leffson*[7], 164). Es bedeutet, dass keine Buchung ohne Beleg erfolgen darf (ebenso *ADS*[6] § 238 Anm 36). Der Beleg stellt die Dokumentation bzw den Nachweis eines Geschäftsvorfalls in knapper, für das Rechnungswesen bearbeitbarer Form dar und ist die Verbindung zwischen Geschäftsvorfall und Buchung. Ist dies gewährleistet, ist die Belegfunktion erfüllt.

Maßgebliches Merkmal eines Belegs ist sein Inhalt und nicht die Form der Datenaufbewahrung. Daher sind grds alle Medien als Beleg denkbar. Voraussetzung hierfür ist jedoch, dass die Geschäftsvorfälle nachweisbar vollständig und richtig erfasst und so an die Buchführung übermittelt werden und in diese eingehen (*AWV-Schrift 528* Gesetzliche Anforderungen an moderne Verfahren zur Erfassung und Übermittlung von Buchhaltungsdaten, Eschborn 1993).

87 In **nicht EDV-gestützten Buchführungen** stellt der Beleg regelmäßig eine optisch lesbare Aufzeichnung (Papier) dar.

88 Werden bei **EDV-gestützten Buchführungssystemen** (§ 239 Anm 10 ff) keine Klarschriftbelege verwandt (sondern stattdessen zB Platten oder Disketten), ist eine optisch lesbare Auflistung dieser Belege nicht erforderlich. Doch müssen Haltbarkeit dieser nicht lesbaren Belege (innerhalb der Aufbewahrungsfrist, § 257 Anm 25 ff) und ein jederzeitiger Zugriff auf den Beleg (in Form der optischen Sichtbarmachung) gewährleistet sein; zu den Grundsätzen ordnungsmäßiger DV-gestützter Buchführungssysteme im Einzelnen § 239 Anm 13 ff.

Erzeugt das EDV-gestützte Buchführungssystem selbst Buchungen (zB Zahlungs-/Rechnungsbuchungen), ist als Beleg (Nachweis für den Geschäftsvorfall) anzusehen:

- Verfahrensdokumentation und
- die Ausgabe auf Papier (Ausdruck) oder Datenträger (mit jederzeitiger Ausdruckbereitschaft) mit den Einzelbeträgen.

H. Ort der Buchführung

Es fehlt eine allgemein handelsrechtliche Regelung, **wo** die Bücher zu führen und aufzubewahren sind. Die steuerliche Regelung findet sich in § 146 Abs 2 AO. Danach ist die Führung und Aufbewahrung der Bücher und Aufzeichnungen im Regelfall im Inland vorzunehmen (mit Ausnahme ausländischer Betriebsstätten und OrganGes). Grds sind folgende Sachverhalte zu unterscheiden: 89

- Auslagerung der Buchführung an Dritte (außer Haus = Fernbuchführung): 90
  Die **Fernbuchführung** im Inland ist handels- und steuerrechtlich grds zulässig (ebenso *Tipke/Kruse*[16] § 146 Anm 16; *ADS*[6] § 238 Anm 27). Erforderlich ist jedoch eine ausreichende Belegsicherung bis zur gruppenweisen Buchung im Journal, zB durch Eintragungen in das Kassenbuch, Wareneingangsbuch, Warenausgangsbuch, durch fortlaufende Aufzeichnung der Ausgangsrechnungen im Rechnungsblock oder durch lückenlos gesammelte Durchschriften mit Nummerierung, Aufzeichnungen für die Buchstelle uÄ. Bei Durchführung dieser Grundbuchungen wird die monatliche gruppenweise Buchung im Journal und auf den Sachkonten anerkannt (EStR 29 Abs 1 S 4).
  Eine Verlegung der Buchführung ins **Ausland** kann von der Finanzverwaltung nur unter engen Voraussetzungen – allenfalls bei kurzen Bearbeitungsvorgängen im Ausland – genehmigt werden (*OFD Düsseldorf* 2. 9. 1997 DB 1896 sowie *OFD München* 26. 1. 1998 BB 741), vgl. hierzu detailliert *Tipke/Kruse*[16] § 146 Anm 31. Insofern gehen die steuerrechtlichen Vorschriften über die handelsrechtlichen Vorschriften hinaus, die nicht unterscheiden zwischen Auslagerung der Buchführung ins In- oder Ausland. Wegen der Ordnungsmäßigkeit einer **computergestützten Fernbuchhaltung** vgl *BFH* 10. 8. 1978 BStBl II 1979, 20; *IDW RS FAIT 1* sowie die GoBS (§ 239 Anm 13 ff). Die Frage der Vereinbarkeit von § 146 Abs 2 AO mit dem EU-Recht ist allerdings umstritten, vgl. *Droscha/Reimer* DB 2003, 1689 ff.
- Inländische Niederlassung eines ausländischen Unt: Die Bücher und Unterlagen sind für steuerliche Zwecke **im Inland** nach deutschen Vorschriften zu führen und aufzubewahren (*Tipke/Kruse*[16] § 146 Anm 38). Das an die Geltendmachung eines Verlustabzugs durch einen beschränkt Steuerpflichtigen nach § 50 Abs 1 S 3 EStG geknüpfte Erfordernis, dass der Verlust mit Hilfe von im Inland aufbewahrten Unterlagen nachzuweisen ist, wurde auf Grund der *EuGH*-Entscheidung vom 15. 5. 1997 (DB 1211) bzgl des EG-Auslands gelockert. 91
- Ausländische Niederlassung eines inländischen deutschen Unt: §§ 238 ff sind auf das ganze Unt eines Kfm anzuwenden. 92
  Die handelsrechtlichen (und auch steuerrechtlichen) Buchführungspflichten erstrecken sich also auch auf die ausländischen Niederlassungen von Unt mit Sitz im Inland.

Allerdings lässt sich aus dem **Handelsrecht** kein Gebot in der Form herleiten, dass die Geschäftsvorfälle der ausländischen Betriebsstätte in die Buchführung der inländischen Hauptniederlassung *einzeln* aufzunehmen sind. Vielmehr entspricht es der Übung und ggf ausländischen Gesetzen, die Bücher am Ort der ausländischen Betriebsstätte – meist unter Beachtung der dort geltenden Bestimmungen – zu führen und die ggf nach deutschem Recht umgegliederten 93 und umbewerteten Zahlen über Verrechnungskonten *verdichtet* (monatlich, jährlich) in die inländische Buchführung zu übernehmen.

94 Für das **Steuerrecht** schreibt § 146 Abs 2 AO vor, dass die Bücher und Aufzeichnungen von im Ausland befindlichen Betriebsstätten im Inland geführt werden müssen, wenn nicht ausländisches Recht deren Führung im Ausland vorschreibt. Dadurch soll vermieden werden, dass der Steuerpflichtige, um seine inländischen Buchführungs-, Aufzeichnungs- und Aufbewahrungspflichten erfüllen zu können, gegen zwingendes ausländisches Recht verstoßen muss (ebenso *Tipke/Kruse*[16] § 146 Anm 33). Schreibt das ausländische Recht nur das Führen von Büchern und Aufzeichnungen vor, nicht aber deren Aufbewahrung, braucht der Steuerpflichtige diese Unterlagen trotzdem nicht im Inland aufzubewahren (*Tipke/Kruse*[16] § 146 Anm 33).

I. Briefkopien

95 Gem Abs 2 ist eine vollinhaltliche Wiedergabe der abgesandten Handelsbriefe zu Dokumentationszwecken zurückzubehalten. Gem § 257 Abs 3 ist die Speicherung auf anderen Datenträgern als in Schrift und Bild zugelassen. Zulässig sind auch zB Lochkarten, Magnetbänder, Disketten oder Festplatten (*Walz* in Heymann[2] § 257 Anm 8) mit einer angemessenen Sicherung gegen zufälliges Löschen. Als Datenträger ist in der Praxis insb der **Mikrofilm** von Bedeutung (§ 257 Anm 20), welcher neuerdings auch verstärkt in elektronisch gespeicherter Form genutzt wird.

96 Der Begriff **Handelsbrief** umfasst gem § 257 Abs 2 alle Schriftstücke, die ein Handelsgeschäft betreffen. Das liegt vor, wenn das Schriftstück die Vorbereitung, Durchführung, den Abschluss oder die Rückgängigmachung des Geschäfts zum Gegenstand hat (so *Emmerich* in Heymann[2] § 125 a Anm 3 ff).

97 Der Begriff „übereinstimmende Wiedergabe" iSd Abs 2 verlangt, dass die **Urschrift vollständig** wiedergegeben sein muss, da nur vollständige Abschriften einen Beweiskraft besitzen (*ADS*[6] § 238 Anm 67 ff).

§ 239 Führung der Handelsbücher

(1) [1]**Bei der Führung der Handelsbücher und bei den sonst erforderlichen Aufzeichnungen hat sich der Kaufmann einer lebenden Sprache zu bedienen.** [2]**Werden Abkürzungen, Ziffern, Buchstaben oder Symbole verwendet, muß im Einzelfall deren Bedeutung eindeutig festliegen.**

(2) **Die Eintragungen in Büchern und die sonst erforderlichen Aufzeichnungen müssen vollständig, richtig, zeitgerecht und geordnet vorgenommen werden.**

(3) [1]**Eine Eintragung oder eine Aufzeichnung darf nicht in einer Weise verändert werden, daß der ursprüngliche Inhalt nicht mehr feststellbar ist.** [2]**Auch solche Veränderungen dürfen nicht vorgenommen werden, deren Beschaffenheit es ungewiß läßt, ob sie ursprünglich oder erst später gemacht worden sind.**

(4) [1]**Die Handelsbücher und die sonst erforderlichen Aufzeichnungen können auch in der geordneten Ablage von Belegen bestehen oder auf Datenträgern geführt werden, soweit diese Formen der Buchführung einschließlich des dabei angewandten Verfahrens den Grundsätzen ordnungsmäßiger Buchführung entsprechen.** [2]**Bei der Führung der Handelsbücher und der sonst erforderlichen Aufzeichnungen auf Datenträgern muß insbesondere sichergestellt sein, daß die**

Daten während der Dauer der Aufbewahrungsfrist verfügbar sind und jederzeit innerhalb angemessener Frist lesbar gemacht werden können. [3]Absätze 1 bis 3 gelten sinngemäß.

Übersicht

Schrifttum: *Pößl* Der Grundsatz der zeitgerechten Erfassung WPg 1988, 559; *AWV-Schrift 439* PC-Finanzbuchführung, Anforderungen an Hardware, Software, Dokumentation und Prüfbarkeit, Eschborn 1988; *Kammerl* Vollständige und richtige Aufzeichnungen nach § 239 Abs 2 HGB und die Organisation der Geschäftstätigkeit DB 1991, 2352; *Hanisch/Kempf* Revision und Kontrolle von EDV-Anwendungen im Rechnungswesen, München 1990; *AWV-Schrift 546* Grundsätze ordnungsmäßiger DV-gestützter Buchführungssysteme (GoBS), Eschborn 1994; *Zepf* Grundsätze ordnungsmäßiger DV-gestützter Buchführungssysteme DStR 1996, 1259; *Zepf* Die Prüfung des Zugriffsschutzes bei DV-Buchführungen WPg 1997, 277; *Zepf* Ordnungsmäßige optische Archivierung WPg 1999, 569; *AWV-Schrift 09 597* GoBS und Qualitätssicherung gemäß DIN EN ISO 9001, Eschborn 1999; *Schuppenhauer* Grundsätze ordnungsmäßiger Datenverarbeitung im Rechnungswesen (GoDV 2000) WPg 2000, 128; *Fröhlich/Heese* Ordnungsmäßigkeit und Sicherheit der rechnungslegungsbezogenen Informationssysteme im E-Business WPg 2001, 589; *IDW RS FAIT 1* Grundsätze ordnungsmäßiger Buchführung bei Einsatz von Informationstechnologie FN IDW2002, 649; *IDW PS 330* Abschlussprüfung bei Einsatz von Informationstechnologie FN IDW2002, 604; *BMF* Grundsätze zum Datenzugriff und zur Prüfbarkeit digitaler Unterlagen (GDPdU) WPg 2001, 852.

A. Bedeutung der Vorschrift

§ 239 regelt die äußere **Form** der nach § 238 zu führenden **Handelsbücher** 1
sowie **sonstigen Aufzeichnungen** und bezweckt unter Berücksichtigung des Rationalisierungsinteresses der kfm Praxis eine Konkretisierung der Verpflichtungen aus § 238 (so auch *Hüffer* in GroßkommHGB[4] § 239 Anm 1).

Die Vorschrift entspricht inhaltlich größtenteils den ausdrücklich als „Ordnungsvorschriften“ bezeichneten Bestimmungen des § 146 Abs 1, 3–5 AO. Die **steuerlichen** Bestimmungen enthalten jedoch auch Vorschriften zum **Ort der Buchführung** (§ 238 Anm 89 ff) sowie eine **Übersetzungspflicht** fremdsprachiger Aufzeichnungen auf Verlangen der FinVerw; diese gelten auch bei freiwilliger Führung von Handelsbüchern. Wegen Einzelheiten zu den allgemeinen Anforderungen an die Buchhaltung vgl § 238 Anm 65 ff.

B. Lebende Sprache, Abkürzungen, Ziffern, Buchstaben, Symbole (Abs 1)

2 Da Zweck der Buchführung ist, die Handelsgeschäfte und die Vermögenslage ersichtlich zu machen und einem sachverständigen Dritten in angemessener Zeit einen entsprechenden Überblick zu ermöglichen, darf nur eine **lebende Sprache** verwendet werden, deren Übersetzung durch erreichbare Dolmetscher jederzeit erfolgen kann (§ 146 Abs 3 S 2 AO). Diese Vorschrift ist insb für inländische TU und Niederlassungen ausländischer Unt, aber auch für ausländische Niederlassungen von Unt mit Sitz im Inland von Bedeutung. **Keine** lebenden Sprachen sind die lateinische und altgriechische Sprache, ebenso (internationale) Kunstsprachen sowie Zeichen einer Kurzschrift (ebenso *Hüffer* in GroßkommHGB[4] § 239 Anm 2 f). § 239 enthält keine Regelung bzgl der Währung, in der die Bücher zu führen sind. Daraus ergibt sich grds die Zulässigkeit von **Währungsbuchhaltungen.** Aufgrund der in § 244 normierten Pflicht zur Aufstellung eines JA in deutscher Sprache und in € ergibt sich nicht zwingend eine Verpflichtung der Buchführung in deutscher Sprache und in €. Im Hinblick auf das Erfordernis der Aufstellung des JA in € ist es allerdings sinnvoll, auch die Buchführung in € vorzunehmen. Die in der kfm Praxis üblichen (zB lateinischen) **Abkürzungen, Ziffern, Buchstaben** oder **Symbole** sind zulässig; dies ist insb für EDV-Buchführungen von Bedeutung. Soweit untspezifische Kodierungen verwendet werden, muss deren Eindeutigkeit durch entspr Schlüsselverzeichnisse nachgewiesen werden.

C. Vollständigkeit, Richtigkeit, Zeitnähe, Ordnung (Abs 2)

3 Das in den GoB verankerte Gebot der **Vollständigkeit** verlangt in diesem Zusammenhang eine lückenlose Erfassung aller Geschäftsvorfälle. **Nebenbuchführungen** (auch eine sog Geheimbuchhaltung) sind zulässig, sofern sie mit der übrigen Buchhaltung organisatorisch verknüpft und jederzeit abstimmbar sind. Eine **Fernbuchführung** an einem anderen Ort (zB im Ausland) ist zulässig, wenn die Grundaufzeichnungen bei dem Unt selbst erfolgen und die Bücher jederzeit dort nachprüfbar sind. Wenn beim Unt die Originalbelege verbleiben und die lediglich maschinelle Bearbeitung auf Grund von Eingabebelegen „außerhalb“ durchgeführt wird, liegt eine eigene Buchführung und keine Fernbuchführung vor. (Zum Ort der Buchführung – auch teilweise abw nach Steuerrecht – s § 238 Anm 89 ff.)

4 Die **Richtigkeit** der Eintragungen bezieht sich auf die zutreffende Aufzeichnung der Geschäftsvorfälle und auf das Verbot fiktiver Buchungen und Konten.

5 Die Vorschrift der **zeitgerechten Erfassung** betrifft den zeitlichen Zusammenhang zwischen Geschäftsvorfall und Buchung. Während hier an die Erfas-

sung der Grundaufzeichnungen (Journal etc) und Kassenvorgänge strengere Anforderungen gestellt werden, reicht für die Hauptbuchfunktion eine periodenmäßige (zB monatliche, dekadische anstelle der täglichen) Erfassung aus. Wegen Einzelheiten s *ADS*[6] § 239 Anm 30 sowie *BMF* 14. 12. 1994 betr Buchung von Bargeschäften im Einzelhandel BStBl I, 7. In jedem Fall ist die korrekte Zuordnung von Geschäftsvorfällen zur entsprechenden Buchungsperiode zu beachten, zwingend insb für das Gj.

Die Forderung einer **geordneten Vornahme** der Eintragungen wird durch 6 eine sachgerechte Kontierung der Geschäftsvorfälle und hinreichend identifizierte (Belegnummerierung, Datum) Erfassung in einem sinnvoll und planmäßig gegliederten Kontensystem (§ 238 Anm 70 ff) erfüllt. Die Maßstäbe für die Ausgestaltung im Einzelfall ergeben sich auch hier aus dem **Erfordernis der Nachprüfbarkeit** (durch einen sachverständigen Dritten in einer angemessenen Zeit); s hierzu § 238 Anm 65, 66.

Für den Einsatz DV-gestützter Buchführungssysteme gelten grds die gleichen Anforderungen. Besonderer Wert ist hier auf die Verfahrens- und Kontrolldokumentation sowie auf die Datensicherung zu legen *(IDW RS FAIT 1 Tz 52ff.);* zu DV-gestützten Buchführungssystemen s Anm 10 ff.

D. Unveränderlichkeit (Abs 3)

Eintragungen sind nach Abs 3 in dauerhafter Form vorzunehmen. Sie dürfen 7 nicht überschrieben oder radiert werden; ihr **ursprünglicher Inhalt** muss **feststellbar** bleiben. Die Korrektur fehlerhafter Eintragungen erfolgt daher durch belegmäßig mit Angabe des Zeitpunkts nachgewiesene Stornierungen. Dieses Erfordernis ist besonders bei modernen Buchführungsformen von Bedeutung. Näheres hierzu s *Zepf* Magnetische Datenträger – Ihre Zulässigkeit, ihre Beweiskraft DB 1995, 1039 ff.

E. Anforderungen an bestimmte Buchführungsformen (Abs 4)

Besondere, von Abs 4 angesprochene Ausprägungen sind die Offene-Posten- 8 Buchführung sowie die DV-gestützten Buchführungssysteme.

Der Gesetzestext ist hier bewusst sehr allgemein gehalten, um dem schnellen technischen Fortschritt für die vorherrschenden DV-gestützten Buchführungssysteme auch künftig Rechnung zu tragen.

I. Offene-Posten-Buchführung

Von der Führung eines konventionellen Kontokorrents kann abgesehen wer- 9 den, wenn die **jederzeitige Übersicht** über die Forderungen und Verbindlichkeiten auf Grund der Organisation der Buchführung auf andere Weise sichergestellt ist. So kann die Führung von Personenkonten durch einen **beleg- oder datenmäßigen Nachweis** der jeweils offenen Posten ersetzt werden. Die dabei zu beachtenden **Anforderungen** (lfd Grundaufzeichnung, systematische Gliederung der offenen Posten, Abstimmung mit der Hauptbuchhaltung in angemessenen Zeitabständen) stehen fest; sie sind auch in den EStR 29 Abs 1 und in dem Erlass des Finanzministerium NRW vom 10. 6. 1963 (BStBl II, 93) niedergelegt.

II. DV-gestützte Buchführungssysteme

10 Nach Abs 4 und § 146 Abs 5 AO werden EDV-gestützte Buchführungsverfahren zugelassen, sofern die **Daten** während der Dauer der Aufbewahrungsfrist **verfügbar** sind und jederzeit innerhalb angemessener Frist **lesbar gemacht** werden können.

Gem §§ 257 Abs 1 Nr 1 und 147 Abs 1 Nr 1 AO zählen zu den aufbewahrungspflichtigen Buchführungsunterlagen neben Handelsbüchern, Inventar, Bilanz auch die zu ihrem Verständnis erforderlichen Arbeitsanweisungen und sonstigen Organisationsunterlagen.

Die EDV-Buchführungsverfahren müssen den Grundsätzen ordnungsmäßiger Buchführung entsprechen; Kriterien sind ua die Angemessenheit und die Wirksamkeit des im Verfahren installierten Kontrollsystems (so *IDW RS FAIT 1 Tz 52ff.*).

11 Aufgrund der Ablösung der alten Buchführungstechniken durch die elektronische Datenverarbeitung (EDV) hat die „Arbeitsgemeinschaft für wirtschaftliche Verwaltung eV (AWV)" die **Grundsätze ordnungsmäßiger DV-gestützter Buchführungssysteme (GoBS)** entwickelt (s das Schrifttum, das *BdF*-Schreiben vom 7. 11. 1995 BStBl I, 738 und die sich hierauf beziehende *IDW/FAMA*-Auffassung in FN IDW 1996, 276 sowie *AWV*-Schrift „GoBS und Qualitätssicherung gemäß DIN EN ISO 9001").

12 Die GoBS enthalten Vorschriften, mit deren Anwendung bei der EDV-Buchführung die Einhaltung der Grundsätze ordnungsmäßiger Buchführung sichergestellt werden soll; weitergehend bzw detaillierter hierzu *Schuppenhauer* 128.

III. Die Grundsätze ordnungsmäßiger DV-gestützter Buchführungssysteme (GoBS)

1. Beleg-, Journal- und Kontenfunktion

13 Es gilt auch für eine EDV-Buchführung grds das **Belegprinzip,** dh keine Buchung ohne Beleg. Bei Geschäftsvorfällen, die durch automatische Datenerfassung, programmierte Routinen sowie durch Datenträgeraustausch bzw Datenfernübertragung ausgelöst werden, ist das jeweilige Verfahren, dessen Anwendung und Kontrolle nachzuweisen.

Die **Journalfunktion** ist erfüllt, wenn der Nachweis der vollständigen, zeitgerechten und sachlich richtigen Erfassung auf den einzelnen Stufen des Bearbeitungsprozesses durch Protokollierung (auf Papier, auf Bild- oder anderen Datenträgern) geführt wird. Zur Erfüllung der **Kontenfunktion** (Nachweis der Buchung auf Sach- und ggf Personenkonten) sind die Buchungsdaten in geordneter, übersichtlicher und verständlicher Form darzustellen und bei Bedarf lesbar auf Papier oder auf anderen Datenträgern wiederzugeben.

2. Buchung

14 Geschäftsvorfälle sind nach einem Ordnungsprinzip vollständig, formal richtig, zeitgerecht und bearbeitungsfähig zu erfassen, zu speichern und vor Veränderungen zu schützen; die Forderung der zeitgerechten Buchung umfasst sowohl die zeitnahe als auch die periodengerechte Erfassung. Dies ist durch entspr Kontrollen sicherzustellen, wie auch die nachträgliche Veränderung von Buchungsmerkmalen über entspr Nachweise zu dokumentieren ist.

3. Internes Kontrollsystem (IKS)

15 Die Vollständigkeit, Richtigkeit, Zeitgerechtigkeit und Unveränderbarkeit der auf Datenträgern gespeicherten Buchungen muss durch ein IKS gewährleistet werden. Als IKS wird die Gesamtheit aller aufeinander abgestimmten und miteinander verbundenen Methoden, Einrichtungen und Maßnahmen bezeichnet, die ua zur

- Sicherung und zum Schutz des vorhandenen Vermögens vor Verlusten aller Art und
- Gewinnung genauer und aussagefähiger sowie zeitnaher Aufzeichnungen

beitragen. Für die Erfüllung der GoBS stellen gerade diese beiden Punkte wesentliche Voraussetzungen dar.

Grundsätzliches Ziel des IKS im Rahmen der GoBS muss es sein, den Buchführungspflichtigen darin zu unterstützen, die gesetzlichen und satzungsmäßigen Vorschriften sowie die Ordnungsmäßigkeit von Buchführung, JA und Lagebericht zu gewährleisten.

Wesentlicher **Bestandteil** eines funktionsfähigen IKS und zugleich der erforderlichen Verfahrensdokumentation ist die Beschreibung des IKS (mit Beurteilung der maschinellen/manuellen Kontrollen, der Zuständigkeitsregelung, Verantwortungs- und Funktionstrennung, der Sicherstellung der Programmidentität), wobei der „Mensch-Maschine-Schnittstelle“ besondere Bedeutung beizumessen ist (*AWV-Schrift 546* Grundsätze ordnungsmäßiger DV-gestützter Buchführungssysteme (GoBS) Tz 4.5).

4. Datensicherheit

16 Während der Aufbewahrungsfristen (§ 257) hat der Buchführungspflichtige für eine **sichere und dauerhafte Speicherung** der Daten zu sorgen, damit diese jederzeit wieder lesbar gemacht werden können.

Dies bezieht sich auf die Hard- und Software, die bearbeiteten Daten (Lesbarkeit), die Zugriffs- bzw Zugangskontrolle (hierzu im Einzelnen *Zepf* WPg 1997, 277). Insb ist bei Änderungen der im Unt eingesetzten Hard-/Software sicherzustellen, dass die unter deren Verwendung gespeicherten Daten auch nach der Ablösung durch neue EDV-Technik weiterhin jederzeit lesbar gemacht werden können (s auch *IDW RS FAIT 1* Tz 18).

5. Dokumentation und Prüfbarkeit

17 Die EDV-Buchführung muss wie jedes andere Buchführungsverfahren von einem sachverständigen Dritten auf formelle und sachliche Richtigkeit prüfbar sein, und zwar durch die Prüfbarkeit sowohl einzelner Geschäftsvorfälle als auch des Abrechnungsverfahrens **(Verfahrens- oder Systemprüfung).**

18 Aus der dazu erforderlichen **Verfahrensdokumentation** müssen Aufbau und Ablauf des Abrechnungsverfahrens vollständig ersichtlich sein. Die Verfahrensdokumentation kann vom Buchführungspflichtigen individuell entschieden werden, etwa verbal (zB Arbeitsanweisungen), graphisch (zB Programmablaufpläne) oder tabellarisch (zB Entscheidungstabellen). Sie hat für einen sachverständigen Dritten verständlich zu sein.

19 Die Verfahrensdokumentation muss nach den GoBS eine Beschreibung der **sachlogischen Lösung** wie der **programmtechnischen Lösung,** eine Beschreibung zur Wahrung der **Programm-Identität** sowie zur Wahrung der **Integrität von Daten** und **Arbeitsanweisungen für den Anwender** enthalten. Umfang und Wirkungsweise des IKS müssen hieraus erkennbar sein.

6. Aufbewahrungsfristen

20 Datenträger, auf denen Buchungen gespeichert sind, müssen wie Handelsbücher (iSd §§ 257 Abs 1 HGB, 147 Abs 1 AO) zehn Jahre aufbewahrt werden. Datenträger, die ausschließlich Belegfunktion haben, sind zehn Jahre aufzubewahren (§ 257 Anm 1). Die Verfahrensdokumentation zur EDV-Buchführung gehört zu den Arbeitsanweisungen und sonstigen Organisationsunterlagen iSd § 257 Abs 1 bzw § 147 Abs 1 AO und ist ebenfalls zehn Jahre aufzubewahren.

7. Wiedergabe der auf Datenträgern geführten Unterlagen

21 Der Buchführungspflichtige hat zu gewährleisten, dass sämtliche gespeicherten Daten sowie die zu ihrem Verständnis erforderlichen Arbeitsanweisungen jederzeit in angemessener Frist lesbar gemacht werden können. Das Verfahren für die Datenwiedergabe ist in einer Arbeitsanweisung schriftlich niederzulegen. Die inhaltliche Übereinstimmung (bzw bildliche Übereinstimmung zB bei empfangenen Handelsbriefen) der Datenausgabe mit den auf maschinell lesbaren Datenträgern geführten Unterlagen muss prüfbar sein (s *Zepf* WPg 1999, 569).

F. Sanktionen

25 Hierzu wird auf § 238 Anm 56 bis 58 verwiesen.

§ 240 Inventar

(1) **Jeder Kaufmann hat zu Beginn seines Handelsgewerbes seine Grundstücke, seine Forderungen und Schulden, den Betrag seines baren Geldes sowie seine sonstigen Vermögensgegenstände genau zu verzeichnen und dabei den Wert der einzelnen Vermögensgegenstände und Schulden anzugeben.**

(2) [1] **Er hat demnächst für den Schluß eines jeden Geschäftsjahrs ein solches Inventar aufzustellen.** [2] **Die Dauer des Geschäftsjahres darf zwölf Monate nicht überschreiten.** [3] **Die Aufstellung des Inventars ist innerhalb der einem ordnungsmäßigen Geschäftsgang entsprechenden Zeit zu bewirken.**

(3) [1] **Vermögensgegenstände des Sachanlagevermögens sowie Roh-, Hilfs- und Betriebsstoffe können, wenn sie regelmäßig ersetzt werden und ihr Gesamtwert für das Unternehmen von nachrangiger Bedeutung ist, mit einer gleichbleibenden Menge und einem gleichbleibenden Wert angesetzt werden, sofern ihr Bestand in seiner Größe, seinem Wert und seiner Zusammensetzung nur geringen Veränderungen unterliegt.** [2] **Jedoch ist in der Regel alle drei Jahre eine körperliche Bestandsaufnahme durchzuführen.**

(4) **Gleichartige Vermögensgegenstände des Vorratsvermögens sowie andere gleichartige oder annähernd gleichwertige bewegliche Vermögensgegenstände und Schulden können jeweils zu einer Gruppe zusammengefaßt und mit dem gewogenen Durchschnittswert angesetzt werden.**

Übersicht

Schrifttum: *AWV-Schrift* Nr 383 Stichprobeninventur in Vertriebseinrichtungen des Handels, Eschborn 1984; *St HFA 1990/1* Zur körperlichen Bestandsaufnahme im Rahmen von Inventurverfahren WPg 1990, 143; *Harrmann* Anwendung der Festbewertung BB 1991, 303; *Quick* Aufnahmeplan und Inventuranweisungen BB 1991, 723; *Büttner/Wenzel* Die Bewertung von Wirtschaftsgütern mit einem Festwert DB 1992, 1893; *AWV-Schrift* Nr 09 534 Inventarisierung unfertiger Erzeugnisse und Leistungen im Anlagenbau, Eschborn 1993; *Buchner* Die Festwertrechnung in der europäischen Rechnungslegung BB 1995, 2259; *AWV-Schrift* Nr 09 572 Vereinfachungen bei der Verwaltung des Sachanlagevermögens, Eschborn 1997; *Quick* Inventur, Düsseldorf 2000; *Quick* Analyse von Inventurdifferenzen DStR 2000, 2201; *AWV-Schrift* Nr 03 607 Übersicht über die Inventurverfahren, Eschborn 2002.

A. Aufstellung des Inventars (Abs 1)

I. Allgemeines

1 Als **Inventar** des Kfm definiert das HGB das genaue Verzeichnis seiner VG, nämlich der Grundstücke, der Forderungen, des baren Geldes und der sonstigen, dh aller übrigen materiellen und immateriellen VG sowie der Schulden. Eine besondere Form des Inventars ist nicht vorgeschrieben. Auch selbsterstellte immaterielle Güter sind zu inventarisieren, wenn VG vorliegen; dies ist in der Praxis häufig nur schwer zu beurteilen. Dabei ist – abgesehen von der nach Abs 4 für gleichartige VG des Vorratsvermögens sowie andere gleichartige oder annähernd gleichwertige bewegliche VG und Schulden zulässigen **Gruppenbewertung** (Anm 130ff) – der Wert der *einzelnen* VG und Schulden anzugeben.

Die Verpflichtung des Kfm zur Aufstellung des Inventars besteht zu **Beginn** seines Handelsgewerbes und für den **Schluss** eines jeden Gj, auch eines Rumpf-Gj (Abs 2 S 1). Eine Ausnahme von diesem Grundsatz der jährlichen Inventarisierung gestattet Abs 3 für VG des Sachanlagevermögens sowie für Roh-, Hilfs- und Betriebsstoffe unter bestimmten Voraussetzungen: Hier dürfen **Festwerte** gebildet werden – eine körperliche Aufnahme ist dann in der Regel nur alle drei Jahre erforderlich; näheres in Anm 71ff.

2 Als **Vermögensgegenstände** gelten nach dem Handelsrecht nur bestimmte Posten der Aktivseite der Bilanz, und zwar körperliche wie immaterielle VG.

3 Demgegenüber bezieht sich der steuerliche Begriff des **Wirtschaftsguts** auch auf Posten der Passivseite der Bilanz (s die Verwendung des Begriffs in § 6 Abs 1 EStG). Der Begriff des VG ist demnach enger gefasst als der Begriff des WG. Für nähere Einzelheiten zur Begriffsabgrenzung s § 247 Anm 10ff.

4 Die für Kfl bestehende Verpflichtung nach HGB zur Bestandsaufnahme und Bewertung gehört nach § 140 AO zu den steuerlichen Mitwirkungspflichten.

5 IdR werden die auf Grund dieser gesetzlichen Vorschriften aufzustellenden **Bestandsnachweise** wie folgt erbracht:
- durch körperliche Aufnahme (grds für das Vorratsvermögen) und
- durch Buchinventur (für Anlagevermögen, Forderungen und Schulden).

6 Zur **körperlichen Aufnahme** s Anm 41ff. Obwohl es sich bei der **Buchinventur** um ein Inventurverfahren handelt, das nicht ausdrücklich im HGB geregelt wurde, ist für bestimmte Bestände unter nachfolgend genannten Voraussetzungen nach den GoB von der Zulässigkeit des Verfahrens auszugehen. Die Buchinventur kommt vor allem für die VG in Betracht, die ihrer Natur nach nicht durch eine körperliche Bestandsaufnahme erfasst werden können. Dazu zählen immaterielle VG, Forderungen und Schulden (zum Schuldbegriff nach hM s § 247 Anm 201ff). Nach allgemeiner Auffassung lässt sich die Buchinventur auch auf das bewegliche Anlagevermögen anwenden, so dass insoweit auf eine jährliche körperliche Bestandsaufnahme verzichtet werden kann, wenn alle beweglichen Anlagegegenstände in einer Anlagenkartei verzeichnet sind und sichergestellt ist, dass deren Bestand zuverlässig fortgeschrieben wird (s zB *ADS*[6] § 240 Anm 33 sowie – auch zum Inhalt der Anlagenkartei – *St HFA 1990/1* A. II. b und EStR 31 Abs 5). Gleichwohl sollte in regelmäßigen Abständen zB von 2 bis 3 Jahren eine mind stichprobenweise körperliche Bestandsaufnahme des Anlagevermögens durchgeführt werden, um eine Bestätigung der Ergebnisse auf Grund der Buchinventur zu erhalten (so auch *Uhlig* in Beck HdR A 230

Anm 7; ähnlich *Hachmeister* in HdJ II/5 Anm 126, *ADS*[6] § 240 Anm 33 mwN), ggf durch planmäßige Teil-Aufnahmen in jedem Jahr. Dies wird nicht für erforderlich gehalten für GWG (§ 6 Abs 2 EStG; EStR 40 Abs 2), sowie unter bestimmten Voraussetzungen für geringerwertige VG des Sachanlagevermögens (im Wert bis zu je 2500 €), bei denen nach Ablauf der betriebsgewöhnlichen Nutzungsdauer auch eine sog automatische Ausbuchung vorgenommen werden kann (AWV-Schrift Nr 09 572).

Ein weiteres wichtiges Anwendungsgebiet der Buchinventur bezieht sich auf die Forderungen und Schulden. Hier wird das Inventar durch die aus den einzelnen Kontokorrentkonten abgeleiteten Saldenlisten erstellt. Zum Nachweis dienen die in diesen Konten verzeichneten Geschäftsvorfälle (durch Rechnungen belegte Lieferungen, Zahlungen etc) und zusätzlich Kontenabstimmungen und *Saldenbestätigungen*. 7

Die Buchinventur findet darüber hinaus zB bei unfertigen Erzeugnissen (hierzu *AWV-Schrift* Nr 09 534) sowie unfertigen Leistungen und – neben der Vermessung zur Ermittlung des anteiligen Leistungswerts – in der Bauindustrie Anwendung. 8

Nach § 240 müssen auch Altersversorgungsansprüche, die Schulden darstellen, einer Bestandserfassung unterzogen werden. Dabei sind die GoI zu beachten. Um dem Vollständigkeitsgebot zu genügen, müssen nicht nur Direktzusagen, sondern auch arbeitsrechtlich gleichgestellte Verpflichtungen inventarisiert werden (einschl ins Ausland entsandter Arbeitnehmer); s hierzu auch *WPH*[12] *I* R 479 und § 249 Anm 169 ff. 9

Die in § 241 geregelten **Inventurvereinfachungsverfahren** sind hier nach dem Gesetzeswortlaut nicht anwendbar, da sich diese nicht auf Schulden beziehen. EStR 41 Abs 18 sieht jedoch unter weiteren Voraussetzungen die Anwendung der vorverlegten Inventur auch für Pensionszusagen vor; näheres dazu in § 249 Anm 169.

Während unter dem **Inventar** des Kfm das Verzeichnis seiner VG nach Art, Menge und Wert zu verstehen ist, wird der Begriff **Inventur** für die Bezeichnung des Erfassungsvorgangs verwendet, und zwar am häufigsten im Zusammenhang mit der Erfassung der Vorräte, dh der Roh-, Hilfs- und Betriebsstoffe, Erzeugnisse und Waren. In der Praxis haben sich zur Berücksichtigung der unterschiedlichen betrieblichen Bedürfnisse mehrere Inventurverfahren entwickelt. Bei ihrer Anwendung sind die dazu maßgeblichen gesetzlichen Vorschriften und Inventurgrundsätze zu beachten (Anm 17 ff). 12

II. Inventurgrundsätze

Hinsichtlich der Ableitung und der rechtlichen Bedeutung der GoI ist zu beachten, dass die GoI – ähnlich wie die Grundsätze ordnungsmäßiger Bilanzierung – Ausprägungen der GoB (hierzu § 243 Anm 1 und 3) sind. Demzufolge besitzen auch die GoI den Charakter von Rechtsnormen. 17

Nach allgemeiner Auffassung sind für die Inventarisierung die GoI der Vollständigkeit, Richtigkeit, Nachprüfbarkeit, Einzelerfassung und -bewertung, sowie Klarheit und Wirtschaftlichkeit zu beachten. 18

Der **Vollständigkeitsgrundsatz** bedeutet für die Inventarisierung, dass der Kfm alle ihm wirtschaftlich zuzurechnenden VG und Schulden im Inventar zu erfassen hat; hierbei sind auch wertaufhellende Informationen zu berücksichtigen (s *Quick,* 19 f). Hinsichtlich der Inventarisierung des Vorratsvermögens ist zu gewährleisten, dass zum einen sämtliche VG und zum anderen die vollständigen Mengen dieser VG erfasst werden. 19

20 Abs 1 schreibt vor, dass der Kfm **seine** VG und Schulden zu verzeichnen hat. Für die Zurechnung der VG ist nach hM die **wirtschaftliche Betrachtungsweise** maßgebend. Dies bedeutet einerseits, dass im Inventar im Zweifel nicht alle dem Kfm nach § 903 BGB gehörenden VG aufzunehmen, andererseits aber ggf ihm zivilrechtlich nicht gehörende VG, die ihm bei wirtschaftlicher Betrachtung zugerechnet werden, zu berücksichtigen sind; s dazu Anm 56f.

21 Als hierbei auftretende Sonderfälle werden die Institute des **Eigentumsvorbehalts,** der Sicherungsübereignung, der Verpfändung, der Treuhandschaft (zur Behandlung von Treuhandgut als durchlaufende Posten s *BFH* 4. 12. 1996 WPg 1997, 433), des Leasingvertrags, des Kommissionsgeschäfts, der Forderungsabtretung sowie des Revisionsgeschäfts genannt (näheres § 246 Anm 5ff).

22 **Bilanzierungshilfen,** RAP und Sonderposten mit Rücklageanteil gehören unbeschadet der für sie erforderlichen Aufzeichnungen nicht zum Inventar, da es sich hierbei um rechnerische Größen, nicht aber um VG oder Schulden handelt (glA zB *ADS*[6] § 240 Anm 8; aA *Ballwieser* in MünchKomm HGB, § 240 Anm 10).

23 Nach den GoI sind die VG hinsichtlich ihrer Art, ihrer Menge und ihres Wertes richtig zu erfassen (Grundsatz der **Richtigkeit**). Die richtige Erfassung der **Art** der VG im Inventar zielt auf eine sachgerechte Identifizierung ab und soll den Nachweis und die Einzelbewertung ermöglichen.

Die richtige Ermittlung der **Mengen** setzt zuverlässige Mess-, Zähl- oder Wiegevorgänge voraus. Bei bestimmten Vorräten, zB auf Halden lagernde (Kohlen-)Bestände, ist man indes auf vertretbare Schätzungen oder auf Vermessungen von Sachverständigen angewiesen. Bei der mengenmäßigen Erfassung sind erfahrungsgemäß Wiegetoleranzen und Zählfehler nicht oder nur mit unverhältnismäßig hohem Aufwand auszuschließen. Die richtige Bestandserfassung ist davon unabhängig, welcher Wert den einzelnen VG beizumessen ist. Hierüber wird erst bei der Bewertung des Inventars und regelmäßig von anderen Personen entschieden als denjenigen, die für die Bestandsaufnahme verantwortlich sind.

Die **wertmäßige** Richtigkeit betrifft zunächst den rechnerischen Bewertungsvorgang. Von größerer Bedeutung sind die zutreffende Ermittlung und Zuordnung der einzelnen Wertmaßstäbe, wie zB AK, Marktpreis, Veräußerungspreis usw. Der hier bestehende Ermessensspielraum wird durch die Annahme bestimmter Verbrauchsfolgen der Ermittlung von AK von Roh-, Hilfs- und Betriebsstoffen sowie Handelswaren aufgezeigt (§ 256); für die Erzeugnisse gilt ähnliches hinsichtlich der den einzelnen Beständen zuzurechnenden HK, insb der umzulegenden Gemeinkosten (§ 255 Abs 2 und 3). Bewertungsspielräume ergeben sich auch bzgl der Berücksichtigung von Mode- und Gängigkeitsrisiken sowie Preisschwankungen während der Lagerdauer.

24 Das HGB lässt offen, welche Anforderungen an den Grad der Richtigkeit gestellt werden. Für AG (und GmbH sowie KapCoGes) gilt aber, dass Überbewertungen grds die Nichtigkeit des JA zur Folge haben, während Unterbewertungen nur dann zu Konsequenzen führen, wenn sie zu einer vorsätzlichen (wissentlichen und willentlichen) unrichtigen Wiedergabe oder Verschleierung der VFE-Lage führen (§ 256 Abs 5 AktG). Nach der Rspr (*OLG Hamm* 17. 4. 1991 AG 1992, 233) darf auch eine Überbewertung nicht unwesentlich sein. Es muss sich um schwererwiegende Verstöße handeln, die das Betriebsergebnis maßgeblich beeinflussen. An die richtige Bestands- und Wertermittlung werden – wenn von materieller Auswirkung – nach wie vor strenge Anforderungen zu stellen sein (Anm 23).

25 Die VG und Schulden sind unter Angabe *aller* für die Bewertung erforderlichen Bezeichnungen dergestalt aufzuschreiben, dass ein sachverständiger Drit-

ter unter Einschaltung des Inventurpersonals die Wertfindung und das Inventar sowie das Vorgehen bei der Inventuraufnahme in angemessener Art und Weise nachvollziehen kann (Grundsatz der **Nachprüfbarkeit**).

Nach dem Grundsatz der **Klarheit** müssen die Inventurangaben verständlich, dh in einer lebenden Sprache und deren Schriftzeichen erfolgen. Die Inventuraufzeichnungen sind übersichtlich anzufertigen, so dass eine zügige und zuverlässige Auswertung möglich ist; dies bedingt eine sachgerechte Ordnung und Gliederung der Inventurposten. Unregelmäßigkeiten (unleserliche Eintragungen und spätere Abänderungen) sind zu vermeiden oder *kurzfristig* zu korrigieren (neue Kennzeichnung, ggf Wiederholung der Inventur). 26

Abs 1 sieht vor, dass im Inventar die VG (und Schulden) genau zu verzeichnen und einzeln zu bewerten sind. Dieser Grundsatz der **Einzelerfassung und Einzelbewertung** ist, abgesehen von der Anwendung des Festwertverfahrens gem Abs 3 und der Gruppenbewertung gem Abs 4, nur dahingehend begrenzt, dass an die Inventarisierung keine unzumutbaren und außer Verhältnis zur Bedeutung stehenden Anforderungen gestellt werden dürfen (so auch *ADS*[6] § 240 Anm 25). Im Regelfall sind also die einzelnen VG nach Art, Menge und Wert im Inventar aufzuführen, wobei allerdings eine Zusammenfassung gleichartiger VG möglich ist; zur Abgrenzung von VG bei Bewertungseinheiten s § 252 Anm 23 ff. 27

Die genannten Grundsätze gelten nicht absolut. Sie werden entsprechend dem ökonomischen Prinzip ggf durch den Grundsatz der **Wirtschaftlichkeit** eingeschränkt – so zB gem §§ 240 Abs 3 und 4 sowie 241 Abs 1, bei GWG oder geringwertigen VG (s Anm 6) sowie schwer erfassbaren VG (s *ADS*[6] § 240 Anm 25); Maßstab für die Konkretisierung etwaiger Einschränkungen der GoI bildet stets der Grundsatz der Wesentlichkeit (s zB *ADS*[6] aaO). 28

Neben den bisher beschriebenen Grundsätzen sind noch weitere, zT gesetzlich geregelte **formelle Grundsätze** zu beachten: Hier sind das Belegprinzip, die zeitgerechte und geordnete Erfassung, die Zugriffsmöglichkeit und Lesbarkeit sowie die Beachtung der Aufbewahrungsfristen für Inventare zu nennen; s § 257 Anm 25 f. Diese formellen Grundsätze beziehen sich auf das jeweilige organisatorische Umfeld und unterliegen dessen Veränderungen. Als Beispiel hierfür seien die EDV und die Mikroverfilmung genannt. 29

III. Inventurplanung

Eine zuverlässige Inventarisierung setzt eine sorgfältige Inventurplanung voraus, deren Durchführung zweckmäßigerweise in einer Inventurrichtlinie (s dazu die „Checkliste zur Inventurplanung und Gestaltung von Inventurrichtlinien" bei *Quick,* 252 ff) bzw in konkreten Inventuranweisungen niedergelegt werden (ähnlich *ADS*[6] § 240 Anm 48 ff). Die Planung bezieht sich auf zeitliche, räumliche und personelle Aspekte. 35

Die **zeitliche Planung** umfasst die Festlegung des Inventurstichtags und die Erstellung eines Terminplans, der die einzelnen Termine koordiniert und die dafür verantwortlichen Personen festlegt. Hierbei sollen folgende Punkte geregelt werden: 36

- Aufstellen eines Jahresplans (Termin- und Lagerplan) für eine lückenlose Durchführung der Inventur,
- Sicherstellen, dass Bewegungen der Bestände während der Aufnahme sowie bis zum Inventurstichtag ordnungsgemäß erfasst werden, um die richtige Abgrenzung zu gewährleisten,
- Vorbereiten der für die Aufzeichnung der Inventurergebnisse erforderlichen Datenträger (Anm 29).

Probleme können insb bei zeitlich ausgeweiteter Aufnahme durch Bestandsbewegungen (Zu- und Abgänge) während der Zeit der Inventuraufnahme entstehen. Die Inventurplanung muss diese Tatbestände regeln, damit alle an der Aufnahme Beteiligten über die ordnungsgemäße Handhabung unterrichtet sind.

37 In der **räumlichen Planung** sind einzelne Inventurbereiche gegeneinander abzugrenzen, um sie dem Aufnahmepersonal gezielt zuordnen zu können. Dadurch sollen Doppelzählungen und Auslassungen von VG vermieden werden; dazu muss auch die Aufnahme von bei Dritten gelagerten VG, von noch gelagerten, aber bereits fakturierten VG sowie gelagerten VG in Fremdeigentum geregelt werden. Die Aufteilung sollte möglichst so erfolgen, dass die in einem Bereich aufzunehmenden VG *einem* Bilanzposten angehören oder diese Zuordnung sich aus der jeweiligen Artikel-Nr ergibt.

38 Die **Personalplanung** hat die Verfügbarkeit und den richtigen Einsatz geeigneten Personals sicherzustellen. Dabei bietet sich für die Inventur folgende Einteilung des einzusetzenden Personals an:

– Für jeden Inventurbezirk sollte eine verantwortliche Person bestimmt werden, die das eingesetzte Personal in die einzelnen Aufgaben einweist und die Inventurmaßnahmen dort eigenverantwortlich überwacht.
– Die Teams für die aufzunehmenden Bestände sollten jeweils aus 2 Personen bestehen, dem Ansager und dem Aufnehmer; hierdurch wird dem 4-Augen-Prinzip entsprochen (Vorschläge zur Rationalisierung hierfür unterbreiten *Strieder/Habel* Rationalisierung der Permanenten Inventur BB 1996, 1836 ff).
– Es sollte ein Aufnahmeprüfer bestellt werden, der in Stichproben feststellt, ob die Aufnahmearbeiten korrekt durchgeführt werden.

Die mit den Inventuraufnahmen betrauten Personen sollen (bei Beachtung der Funktionstrennung zwischen Bestandsverwaltung und Inventarisierung) auch fachlich in der Lage sein, die Aufnahme ordnungsgemäß auszuführen. Dies setzt eine gewisse Qualifikation voraus, die bei Einsatz von Hilfskräften nicht immer gegeben ist. Die entsprechende Anweisung für das Personal sollte zumindest enthalten (s zB auch *ADS*[6] § 240 Anm 51):

– Gliederung der Arbeitsbereiche,
– zeitliche Anordnung der Arbeiten,
– Listenbehandlung und Kennzeichnung der Inventurobjekte,
– Aufnahmetechnik und Vorgehensweise bei Korrekturen.

IV. Verfahren der Stichtagsinventur

1. Beschreibung

40 Nach Abs 1 und 2 ist das Inventar *zu* Beginn des Handelsgewerbes und *zum* Ende eines jeden Gj zu erstellen. Das Ende des Gj bezieht sich auf den Bilanzstichtag, genauer auf den Ablauf dieses Tags, also zB den 31. 12., 24.00 Uhr.

41 Die körperliche Erfassung der Bestände für diesen Zeitpunkt erfolgt durch die **Stichtagsinventur.** Entscheidend ist hierbei das Kriterium der Stichtagsbezogenheit, und zwar hinsichtlich des Bilanzstichtags.

42 In der Praxis ist die körperliche Aufnahme der Bestände aus betrieblichen oder sonstigen (zB Witterungs-)Gründen häufig nicht am Bilanzstichtag durchführbar. Dann ist es erforderlich, die Bestandserfassung in einer gewissen Zeitspanne vor oder nach dem Inventurzeitpunkt (Bilanzstichtag) durchzuführen.

43 Das damit praktizierte Verfahren der **ausgeweiteten Stichtagsinventur** ist aber aus Sicherheitsgründen nur zulässig, wenn die Zeitspanne zwischen Aufnahme und Bilanzstichtag möglichst kurz ist, dh einen Zeitraum von in der Regel 10 Tagen nicht überschreitet (*St HFA 1990/1* C.I.b und für die Steuerbilanz EStR 30 Abs 1 S 2).

Die Veränderungen in dieser Zeitspanne sind mengenmäßig zu erfassen und nachzuweisen, so dass der mengenmäßige Bestand der einzelnen VG zum Inventurzeitpunkt ermittelt werden kann. 44

2. Durchführung und Auswertung der Stichtagsinventur

Damit die Inventurdurchführung zu verlässlichen Ergebnissen führt, ist sicherzustellen, dass die Inventur sorgfältig **vorbereitet** ist. Die Vorbereitungsmaßnahmen richten sich an den zur Inventurplanung genannten Punkten aus (Anm 35 ff). 48

Die eigentliche **körperliche Erfassung** erfolgt je nach Beschaffenheit der VG (insb Vorräte) durch Zählen, Messen oder Wiegen, ggf auch durch eine verlässliche Schätzung, entweder lückenlos oder in Stichproben gem § 241 Abs 1. 49

Bei der Aufnahme ist nach den GoI ua sicherzustellen, dass die VG vollständig und richtig erfasst und nicht doppelt aufgenommen werden. Dazu dient insb eine sorgfältige Organisation der Aufnahmebelege (s *Gans/Quick* Planung und Organisation der Inventurdurchführung DStR 1998, 2029). Bei der Aufzeichnung sind bewertungsrelevante Hinweise (zu Gängigkeitsrisiken, Angabe des Fertigstellungsgrads bei unfertigen Erzeugnissen) zu berücksichtigen. Durch geeignete Kontrollmaßnahmen, insb Überwachung und Überprüfung der Aufnahme, ist die Verlässlichkeit der Aufnahme zu gewährleisten.

Bei lfd Bestandsführung sind die Buchbestände mit den Inventurergebnissen abzustimmen und nach Analyse festgestellter Inventurdifferenzen (s dazu *Quick,* 232; *Quick* DStR 2000, 2201) soweit erforderlich vor Übernahme in das Inventar entspr zu korrigieren.

Alternative Aufnahmeverfahren zur Stichtagsinventur sind die vor- oder nachverlegte Stichtagsinventur (§ 241 Abs 3) oder ein Verfahren gem § 241 Abs 2 (zB die permanente Inventur). Zu Vor- und Nachteilen dieser Verfahren unter Kostengesichtspunkten s *AWV-Schrift* Nr 03 607, 14 ff. 50

V. Überleitung des Inventars auf die Bilanzposten

Das Inventar bildet die Grundlage für die Ermittlung der Bilanzposten. Die Bilanzansätze ergeben sich aus der ordnungsmäßigen Erfassung der einzelnen Bestände nach Art und Menge und deren zutreffender Bewertung. Häufig werden für die Bestände zunächst Bruttowerte ermittelt, während die Überleitung auf die Bilanzposten im sog Anhängeverfahren erfolgt (so auch *St HFA 1990/1* E). 52

Bei der Bewertung sind folgende Bewertungsgrundsätze zu beachten: 53

- AK-/HK-Prinzip
  Fremdkäufe sind zu AK, Erzeugnisse zu HK anzusetzen.
  Bei der Ermittlung der HK bestehen bzgl der Gemeinkosten Wahlrechte, die handelsrechtlich in § 255 Abs 2 und 3, steuerlich restriktiver in EStR 33 geregelt sind.
- Niederstwertprinzip
  Nach dem für die Bewertung der Vorräte maßgeblichen strengen Niederstwertprinzip sind niedrigere Werte des Bilanzstichtags, bei Erzeugnissen in Form der verlustfreien Bewertung, zu berücksichtigen. Gängigkeitsrisiken werden üblicherweise durch pauschale Abschläge von den AK/HK erfasst.
- Zusätzliche Abwertungen sind in § 253 Abs 3 S 3 und steuerlich in § 254 zugelassen (s dort).

Das Anhängeverfahren ist insb von Bedeutung bei Anwendung der mathematisch-statistischen Stichprobeninventur (s *St HFA 1981/1* idF 1990 IV.3.).

VI. Sonderfälle der Inventarisierung

1. Wirtschaftliches Eigentum

56 § 240 bestimmt, dass der Kfm *seine* VG und Schulden zu inventarisieren hat. Maßgebliches Abgrenzungskriterium für die Erfassung der VG ist normalerweise das Merkmal des bürgerlich-rechtlichen Eigentums. Indessen gibt es einige Ausnahmetatbestände, bei denen nicht der formaljuristische Tatbestand des Eigentums, sondern vielmehr das wirtschaftliche Eigentum ausschlaggebend ist (§ 246 Anm 5 ff sowie hier Anm 20 f).

57 Dies gilt zB für die Inventarisierung und Bilanzierung von **Leasinggegenständen** § 246 Anm 37 ff. Ist der Leasing-VG dem Leasinggeber zuzurechnen, erfolgt die Inventarisierung bei ihm, ggf gestützt auf eine Bestandsbestätigung des Leasingnehmers. Wird das wirtschaftliche Eigentum dem Leasingnehmer zugerechnet, hat er den Leasing-VG in üblicher Weise zu inventarisieren. Zu weiteren Sonderfällen des wirtschaftlichen Eigentums s § 246 Anm 9 ff.

2. Unterwegs befindliche Ware

58 Ein Erfassungsproblem besteht auch bzgl der am Inventurstichtag unterwegs befindlichen Ware; hier kommen zwei Zeitpunkte für die Inventarisierung in Betracht:

1. Die Erlangung der Verfügungsmacht (unmittelbarer oder mittelbarer Besitz).
2. Der für den Eigentumserwerb maßgebliche Gefahrenübergang.

Für die Inventarisierung ist grds die Erlangung der Verfügungsmacht maßgeblich (so auch *BFH* 3. 8. 1988 BStBl II 1989, 21 und *ADS*[6] § 240 Anm 11). Dieser Zeitpunkt stimmt idR mit dem Eingang der Ware überein und bildet demnach organisatorisch auch eine geeignete Grundlage für die Inventarisierung. Bei Streckengeschäften ist insoweit auf den Wareneingang beim letzten Erwerber abzustellen.

B. Dauer des Geschäftsjahrs sowie Aufstellungstermine (Abs 2)

I. Abweichendes Geschäftsjahr und Rumpfgeschäftsjahr

60 Das Inventar ist nach Abs 2 S 1 zum Ende eines jeden Gj aufzustellen. Abs 2 S 2 schreibt vor, dass die **Dauer des Geschäftsjahrs** 12 Monate nicht überschreiten darf. Damit ist die Höchstdauer des Gj begrenzt; es besteht aber eine gewisse (Anm 62) Freiheit in der Festlegung eines vom Kj abweichenden Gj. Nach hM darf das Gj nicht kürzer als auf 12 Monate festgelegt werden; unter bestimmten Voraussetzungen kann jedoch ein kürzeres Rumpf-Gj gebildet werden (s zB auch *ADS*[6] § 240 Anm 69 mwN). Rumpf-Gj können insb bei Eröffnung des Geschäftsbetriebs während des ersten Jahrs, bei Auflösung des Geschäftsbetriebs, bei Umwandlung, Spaltung und bei Änderungen des Gj (hierzu Anm 63) entstehen.

61 Die Vorschrift über die Höchstdauer des Gj schließt die zT nach ausländischem Recht zulässige Regelung aus, nach der das Gj zB vom letzten Freitag im Dezember eines Jahrs bis zum letzten Freitag im Dezember des Folgejahrs

läuft oder beispielsweise 52 Wochen und in jedem 5. Jahr 53 Wochen umfasst (*Hüffer* in Großkomm HGB[4] § 240 Anm 42). Abs 2 S 2 zielt vielmehr auf eine gleiche Länge der Gj ab.

Die Festsetzung eines vom Kj **abweichenden Geschäftsjahrs** ist bei *Errichtung* eines Unt frei. Es kann durchaus zweckmäßig sein, als Abschlusszeitpunkt einen vom 31. 12. abw Termin zu bestimmen, der sich auf Grund branchenmäßiger oder betrieblicher Gegebenheiten als zweckmäßig erweist, wie dies zB bei Zuckerfabriken, Brauereien oder Versandhäusern der Fall ist. Auch Konzernauflagen können auf Grund der einheitlichen Bilanzierung und Einbeziehung in den KA für die Festlegung dieses Zeitpunkts maßgeblich sein; letzteres gilt auch für eine später entstehende oder später sich ändernde Konzernzugehörigkeit. 62

Demgegenüber ist ein beliebiger und willkürlicher *Wechsel* des Gj unzulässig. KapGes, KapCoGes und PersGes sollten im GesVertrag bzw in ihrer Satzung den Beginn und das Ende des Gj festlegen; es kann vom Kj abweichen. Ist keine Festlegung getroffen, entspricht das Kj dem Gj. Das Gj darf allerdings nicht länger als 12 Monate dauern. Will man den Stichtag für das Gj ändern, ist eine Änderung des GesVertrags bzw der Satzung erforderlich, wenn dieser Sachverhalt darin geregelt ist. Das erste neue Gj kann verkürzt werden, wenn dies auf Grund der Verlegung erforderlich ist (Rumpf-Gj). 63

In steuerlicher Hinsicht ist die Umstellung auf ein vom Kj abweichendes Wj nur im Einvernehmen mit dem FA möglich (§ 4a EStG sowie § 8b EStDV); Maßgeblichkeit des Wj für das Gj besteht indes nicht (s auch *ADS*[6] § 240 Anm 68). Einvernehmen besteht stets bei Wechsel der Konzernzugehörigkeit. 64

II. Aufstellungsfristen

Nach Abs 2 S 3 ist die Aufstellung des Inventars „innerhalb der einem ordnungsmäßigen Geschäftsgang entsprechenden Zeit zu bewirken". Da die Erfassung des Mengengerüsts meist zeitnah, dh stichtagsbezogen oder in den durch das oder die gewählte(n) Inventurverfahren bedingten zeitlichen Abständen erfolgt, liegt die Bedeutung dieser Vorschrift vor allem in der rechtzeitigen Bewertung der Bestände. 66

Für die Begrenzung der Frist ist zunächst von der für die Aufstellung des JA in § 243 getroffenen (gleich lautenden) Regelung auszugehen; s § 243 Anm 91 ff. 67

Da das Inventar der Erstellung des JA vorausgehen muss, können für ersteres diese Fristen idR *nicht* voll ausgeschöpft werden. 68

Abs 2 S 3 gilt in seinem Wortlaut nur für **Einzelkaufleute** und **Personenhandelsgesellschaften.** Große und mittelgroße **Kapitalgesellschaften** und **Kapitalgesellschaften & Co** müssen innerhalb der ersten drei Monate des neuen Gj ihren JA und Lagebericht aufstellen, **kleinen** KapGes und KapCoGes wird eine Aufstellungsfrist für den JA von sechs Monaten gewährt, wenn dies einem ordnungsgemäßen Geschäftsgang entspricht (§ 264 Abs 2 S 2 und 3); eine kleine Holding-KapGes/KapCoGes muss jedoch auch die kürzeren Aufstellungsfristen für ihren KA beachten (s § 266 Anm 26). **Genossenschaften** haben ihren JA und Lagebericht gem § 336 Abs 1 S 2 innerhalb von fünf Monaten aufzustellen. Für Unt, die unter das **Publizitätsgesetz** fallen, beträgt die Frist gem § 5 Abs 1 S 1 PublG drei Monate. 69

C. Festwertverfahren (Abs 3)

I. Allgemeines

71 **Zweck** des Festwertverfahrens ist die **Vereinfachung** der Bestandsaufnahme, der buchmäßigen Erfassung und der Bewertung bestimmter VG des **Sachanlagevermögens** und bestimmter **Roh-, Hilfs- und Betriebsstoffe.** Hinsichtlich der Bestandserfassung bedeutet das Festwertverfahren eine periodische Erleichterung der Verpflichtung zur jährlichen Bestandsaufnahme nach Abs 2 und hinsichtlich der Bewertung eine erleichternde Ausnahme vom Grundsatz der Einzelbewertung (§ 252 Abs 1 Nr 3).

72 Bei Anwendung des Festwertverfahrens wird für bestimmte Arten von VG (Beispiele in Anm 125) eine **Festmenge zu Festpreisen** bewertet; dieser Festwert wird in der Bilanz unter gleich bleibenden **Voraussetzungen** – dh, dass keine wesentlichen Änderungen im Mengengerüst und/oder der Preisbasis eintreten – für mehrere Gj unverändert fortgeführt. Das Verfahren unterstellt, dass sich bei den zu einem Festwert zusammengefassten VG im Zeitablauf Zugänge einerseits sowie planmäßige Abschreibungen, Abgänge oder Verbrauch andererseits in etwa ausgleichen.

73 Die Festwertmethode ist eine **Weiterentwicklung** der Gruppenbewertung (Anm 130). Hinsichtlich der Bewertung ist die Festwertbildung ein (vereinfachendes) **Bewertungsverfahren,** das nach § 284 Abs 2 Nr 1 und 3 als Bewertungsmethode unter die Erl-Pflicht im **Anhang** fällt (§ 284 Anm 40 und 101).

74 Abs 3 gewährt dem bilanzierenden Unt ein **Wahlrecht** und ist durch den Maßgeblichkeitsgrundsatz gem § 5 Abs 1 EStG Voraussetzung für ein entspr Vorgehen in der Steuerbilanz. Zulässigkeit und Umfang der Anwendung des Festwertverfahrens bestimmen sich auch in der Steuerbilanz nach Abs 3 (EStR 31 Abs 4, H 36 EStH).

Bei Anwendung des Festwertverfahrens für VG des **Sachanlagevermögens** werden im Anlagengitter keine Bewegungen ausgewiesen. Hinsichtlich der Ausweisvorschriften bedeutet dies einen Verzicht auf die Darstellung dieser Bewegungen, jedoch keinen Verstoß gegen § 268 Abs 2: Zugänge, Zuschreibungen sowie Abgänge bzw Abschreibungen ergeben sich nur bei Änderungen der Festwerte (Anm 104 ff).

75 Für die Bewertung im Rahmen des Festwertverfahrens gelten keine besonderen Bestimmungen. Neben der Ermittlung des Mengengerüsts ist die Bestimmung der durchschnittlichen Wertigkeit das zentrale Problem des Verfahrens.

76 VG des beweglichen Sachanlagevermögens, für die ein Festwert gebildet wird, brauchen nicht in das Bestandsverzeichnis aufgenommen zu werden (EStR 31 Abs 3).

77 Für Festwerte bei **Roh-, Hilfs- und Betriebsstoffen** in der Steuerbilanz gilt als Grundsatz, dass diese nur der Vereinfachung von Inventur und Buchführung dienen, nicht hingegen Preisschwankungen – insb Preissteigerungen – ausgleichen sollen (hM, zB H 36 EStH).

II. Voraussetzungen der Festwertbildung

80 Die Zulässigkeit des Festwertverfahrens ist gem Abs 3 an folgende Voraussetzungen geknüpft:
– Anwendungsbeschränkung (Anm 82),
– Regelmäßiger Ersatz (Anm 84),

– Nachrangige Bedeutung des Gesamtwerts (Anm 86f),
– Geringe Veränderungen in der Zusammensetzung (Anm 89ff),
– Regelmäßige Bestandsaufnahme (Anm 93).

1. Anwendungsbeschränkung

Die Anwendung beschränkt sich auf VG des Sachanlagevermögens sowie 82 Roh-, Hilfs- und Betriebsstoffe (Anm 71). Unzulässig ist das Festwertverfahren für immaterielle VG, Finanzanlagen, unfertige und fertige Erzeugnisse sowie für Handelswaren.

2. Regelmäßiger Ersatz der Vermögensgegenstände

Die in Frage kommenden VG müssen **regelmäßig** ersetzt werden. Diese 84 Voraussetzung normiert die der Festbewertung zugrundeliegende Annahme, dass der Verbrauch sowie die Abgänge und die Abschreibungen der in den Festwert einbezogenen VG durch Zugänge in etwa bis zum Bilanzstichtag ausgeglichen werden (Anm 72).

3. Nachrangige Bedeutung des Gesamtwerts

Die wohl überwiegende Auffassung im Schrifttum (s zB *ADS*[6] § 240 86 Anm 79ff mwN) plädiert dafür, bei **jedem einzelnen Festwert** gesondert die Nachrangigkeit für das bilanzierende Unt anhand des Verhältnisses zur Bilanzsumme zu überprüfen. Differenzierend insoweit *Knop,* der die Beurteilung des einzelnen Festwerts primär auf das Verhältnis zu anderen VG des jeweiligen Bilanz-Postens und evtl in einem zweiten Schritt auf das Verhältnis zur Bilanzsumme bezieht; nur für den Ausnahmefall, dass ein ganzer Bilanz-Posten (zB Bahnanlagen) mit einem Festwert bewertet ist, könne die Nachrangigkeit aus der Bilanzsumme abgeleitet werden (*Knop* in HdR[6] § 240 Anm 58; s hierzu auch *Büttner/Wenzel* DB 1992, 1893, mit vergleichenden Zahlen-Beispiel).

Eine Orientierung an *einzelnen* Festwerten erscheint bei Bildung mehrerer Festwerte problematisch, da diese zusammengefasst für das Unt uU von erheblicher Bedeutung sein können, was bei Einzelbeurteilung nicht erkennbar ist. Durch eine „Atomisierung" der Festwerte könnte zudem immer eine Nachrangigkeit des einzelnen Festwerts erreicht werden (so *Nordmeyer* in Beck HdR B 212 Anm 203). Gegen die Einzelbetrachtung spricht auch der Wortlaut des § 240 Abs 3, der auf den „Gesamtwert" der VG „für das Unternehmen" abstellt.

Im Ergebnis sollte bei der Beurteilung der Nachrangigkeit die **Summe** aller 87 in das Festbewertungsverfahren einbezogenen VG herangezogen werden (so zB auch *Uhlig* in Beck HdR A 230 Anm 14). Als Maßstab für die nachrangige Bedeutung ist das Verhältnis zur Bilanzsumme (einschl der Festwerte) zu sehen, das die Orientierungsgröße von 5 vH idR nicht übersteigen sollte.

4. Geringe Veränderung der Größe, des Werts und der Zusammensetzung des Bestands

Unter **Größe** des Bestands ist das dem *einzelnen* Festwert zugrundeliegende 89 Mengengerüst zu verstehen. Bei geringen Veränderungen dieser Größe kann der Festwert unverändert fortgeführt werden. Dies bedeutet nicht, dass eine künftig zu erwartende größere Mengenänderung auf Grund der Geschäftsentwicklung (zB Betriebserweiterung, andere Betriebsstruktur) die Anwendung des Festwertverfahrens ausschließt (*ADS*[6] § 240 Anm 84). Vielmehr muss in diesen Fällen lediglich der Festwert geändert werden.

90 Geringe Änderung des **Werts** bezieht sich auf die der Bewertung zugrundeliegenden Preisansätze. Das Festwertverfahren kommt daher für bestimmte Bestände an Roh-, Hilfs- und Betriebsstoffen, die nach der Erfahrung **erheblichen Preisschwankungen** unterliegen (zB Weltmarktpreise für Kaffee, Kakao, Kupfer oder Blei) nicht in Betracht. Beim Sachanlagevermögen kann auch die Zusammenfassung von Anlagegegenständen mit erheblich unterschiedlicher Nutzungsdauer unzulässig sein (so *ADS*[6] § 240 Anm 86; *Knop* in HdR[3] § 240 Anm 62).

91 Das Erfordernis geringer Veränderung der **Zusammensetzung** des Bestands betrifft die Auswahl der in den Festwert einzubeziehenden VG. Um eine Stetigkeit der Zusammensetzung des Bestands zu erreichen, kommt es weniger auf körperliche Gleichartigkeit als vielmehr auf **Funktionsgleichheit** an (so auch *ADS*[6] § 240 Anm 89). Daher sind strukturelle Änderungen nicht unbedingt schädlich für die Anwendung des Festwertverfahrens, soweit die übrigen Voraussetzungen – insb die Gleichwertigkeit – noch vorliegen.

5. Regelmäßige körperliche Bestandsaufnahme

93 Für „festbewertete" VG ist idR alle drei Jahre eine körperliche Bestandsaufnahme durchzuführen. Das Abweichen von der jährlichen körperlichen Aufnahme gem Abs 2 ist jedoch nur solange möglich, wie die Voraussetzungen gem Anm 82 bis 91 unverändert erfüllt sind.

„In der Regel" bedeutet, dass in Sonderfällen ein **kürzerer** oder **längerer Zeitraum** in Frage kommen kann. Eine Ausweitung erscheint jedoch nur gerechtfertigt, wenn anhand geeigneter Schlüsselgrößen zuverlässig auf die Entwicklung des Bestands geschlossen werden kann.

III. Mengengerüst und Wertansatz

1. Ermittlung des Mengengerüsts

98 Die **erstmalige Bildung** eines Festwerts setzt eine körperliche Bestandsaufnahme voraus; dies gilt sowohl für die Bestände an **Roh-, Hilfs- und Betriebsstoffen** als auch für die VG des **Sachanlagevermögens.** Regelmäßiger Zeitpunkt ist ein Bilanzstichtag. Die Mengenfestlegung kann auch durch Bindung an **Schlüsselgrößen** (zB Belegschaftsstärke, Produktionsmengen – so *WPH*[12] I E 352) erfolgen. Bei wesentlichen Änderungen der Schlüsselgrößen sind entspr Anpassungen des Festwerts notwendig.

2. Ermittlung der durchschnittlichen Wertigkeit

100 Bei Festwerten für VG des **Sachanlagevermögens** (Beispiel Anm 125) sind die AK oder HK die Ausgangsgrundlage für die Ermittlung des Festwerts. Da sich zukünftige Zugänge sowie Abschreibungen und Abgänge in etwa ausgleichen müssen (Anm 72), wird zur Berücksichtigung der Abnutzung auf Grund des Durchschnittsalters der VG idR der Festwert als prozentualer **Durchschnittswert** der tatsächlichen AK oder HK früherer Jahre angesetzt.

Als Maßstab können für die Bilanz auch die Regelungen für die Steuerbilanz herangezogen werden (s zB *ADS*[6] § 240 Anm 100f). Diese sehen vor, dass bei **neu** angeschafften oder hergestellten WG zunächst Abschreibungen vorgenommen werden müssen, bis ein sog **Anhaltewert** von etwa 40–50 vH erreicht ist. Erst dann besteht das Wahlrecht, auf das Festwertverfahren überzugehen. Für die Höhe dieses Festwerts gilt als Regelsatz ein Durchschnittswert von 40–50 vH der tatsächlichen AK oder HK (s *BMF*-Schreiben 26. 2. 1992 DStR, 542f; zur

Diskussion um die Wertigkeitsquote s *Zehetmair/Hofmann* BB 1996, 261 ff und *Pooten* BB 1996, 839 ff sowie aA *Buchner* BB 1995, 816 ff).

Bei **in Gebrauch befindlichen** VG des Anlagevermögens kann ebenfalls ein Durchschnittswert von 40–50 vH zugrunde gelegt werden. Unterschreitet deren Buchwert den Durchschnittswert des Festwertansatzes, kann eine Aufstockung bis zur Festwerthöhe nur durch Aktivierung weiterer Zugänge erreicht werden.

Für **Roh-, Hilfs- und Betriebsstoffe** werden stets die tatsächlichen AK oder HK oder ggf ein niedrigerer Teilwert zugrunde gelegt. Die steuerlichen Vorschriften sehen eine Bewertung nach dem gewogenen Mittel der im Laufe des Wj erworbenen WG vor; unter den Voraussetzungen des § 6 Abs 1 Nr 2a EStG kann auch die Lifo-Methode (s § 256 Anm 62 ff) angewendet werden (EStR 36a Abs 1). Eine Anwendung anderer Verfahren mit unterstellter Verbrauchs- oder Veräußerungsfolge ist dagegen nicht vorgesehen. 101

3. Änderungen des Festwerts im Rahmen regelmäßiger Bestandsaufnahmen

Werden bei Bestandsaufnahmen Mengenänderungen der festbewerteten VG festgestellt, kann eine Anpassung des Festwerts notwendig werden. Entscheidend dafür sind Ausmaß und Richtung der Bestandsveränderung. 104

Werden **Mehrmengen** auf Grund der körperlichen Bestandsaufnahme festgestellt, ist in Anlehnung an EStR 31 Abs 4 S 2 bis 5 bei Abweichungstoleranzen bis zu 10% eine Beibehaltung (Fortführung) des einzelnen Festwerts vorgesehen; anderenfalls ist der neue Wert maßgebend. 105

Wesentlich ist auch hier, den bisherigen Festwert in den Folgejahren jährlich um die AK oder HK der Zugänge aufzustocken, bis der neue Festwert erreicht ist (EStR 31 Abs 4 S 3). Die Aufstockung auf den neuen Festwert kann sich somit über mehrere Gj erstrecken. Für die HB ist ein solches Vorgehen nicht zwingend, da zudem Zuschreibungen möglich sind (glA *ADS*[6] § 240 Anm 103 sowie § 268 Anm 78).

Bei **Mindermengen** sind in der HB grds Anpassungen vorzunehmen (*WPH*[12] I E 351). In der Steuerbilanz „kann“ bei jedem Minderbetrag der niedrigere Wert als Festwert angesetzt werden, unabhängig vom jeweiligen Prozentsatz (EStR 31 Abs 4 S 4). 106

Für die Wertermittlung beim Sachanlagevermögen ist stets zwischen dem mengenmäßigen **Altbestand** und dem **Mehrbestand** zu unterscheiden. Für den Altbestand dürfen eingetretene **Preissteigerungen** nicht berücksichtigt werden (nicht realisierter Gewinn); für den Mehrbestand aus Neuzugängen und Ersatzbeschaffungen sind hingegen aktuelle Preise maßgebend. 107

Preissenkungen können auch beim Altbestand den Ansatz eines **niedrigeren** beizulegenden Werts bzw Teilwerts erforderlich machen.

4. Änderungen in der Zusammensetzung/Übergang zur Einzelbewertung

Bei wesentlichen Änderungen in der **Zusammensetzung** eines festbewerteten Bestands ist außerdem zu prüfen, ob der bisherige Festwert beibehalten werden kann. Ein Übergang zur Einzelbewertung wird erforderlich sein, wenn auch in Zukunft mit wesentlichen (dauerhaften) Änderungen der Zusammensetzung des Bestands zu rechnen ist. Letzteres bedingt mind eine Anpassung des Festwerts (so *Knop* in HdR[5] § 240 Anm 72). 108

5. Sonstige Änderungen des Festwerts

111 Ergeben sich zwischen den Aufnahmestichtagen (idR alle drei Jahre, Anm 93) **wesentliche Mengenänderungen** (zB Überbestände), ist eine Anpassung des Festwerts nur dann notwendig, wenn man eine *dauerhafte* Änderung erwartet (ähnlich schon Anm 105 ff). Ist abzusehen, dass in den Folgejahren ein Rückgang erwartet werden kann, kann eine Anpassung des Festwerts unterbleiben. Der kurzfristig vorhandene Überbestand wird aber zu AK aktiviert (Anm 105).

112 **Anlässe für dauerhafte Veränderungen** sind zB Aufnahme oder Aufgabe eines Produktionszweigs oder wesentliche Änderungen ggf vorhandener Schlüsselgrößen.

113 Sind im Festwert **geringwertige Wirtschaftsgüter** enthalten, kann bei dessen Aufgabe die Bewertungsfreiheit nicht nachgeholt werden (*BFH* 17. 3. 1982 BStBl II, 545; H 40 EStH).

IV. Ausweis des Festwerts in Bilanz, GuV und Anhang-Angaben

116 Für Festwerte beim **Sachanlagevermögen** wird im Anlagengitter keine **Bewegung** gezeigt, so lange der Festwert unverändert fortgeführt werden kann (Anm 74). Das Bilanzrecht geht hier von der Fiktion aus, dass diese zusammengefasst *einen* VG darstellen. Der Festwert als Anhalte- oder Durchschnittswert ist daher als „AK“ der VG anzusehen. Ein Ausweis der Festwertgegenstände mit tatsächlichen AK oder HK und kumulierten Abschreibungen würde gewissermaßen dem Festwertgedanken widersprechen, so auch *ADS*[6] § 268 Anm 78.

117 **Erhöhungen** von Festwerten beim Sachanlagevermögen resultieren idR aus **Mehrmengen** bei der Bestandsaufnahme. Diese können aus Zukäufen im abgelaufenen oder aus Zugängen im Gj zwischen den Aufnahmestichtagen stammen. Die Erhöhung aus Zukäufen im letzten Gj wird in der Bilanz als Zugang gezeigt. Die Erhöhungen aus Zugängen in Vj, können vereinfachend ebenfalls als Zugang ausgewiesen werden.

Werden bei Festwerten Erhöhungen auf Grund veränderter Gegebenheiten, zB **Kapazitätserweiterungen,** Mehrproduktion oÄ vorgenommen, können – wie in der Steuerbilanz – die AK oder HK aus den Zugängen zunächst außerhalb des Festwerts (zB „Aufstockung“) aktiviert und bis zum Erreichen des Anhaltewerts planmäßig abgeschrieben werden. Bei Erreichen des Anhaltewerts wird dieser dann ohne besonderen Ausweis auf den alten Festwert übertragen. Übersteigt die Festwertaufstockung die Zugänge im Gj, werden fehlende Unterschiedsbeträge in den Folgejahren aktiviert (Anm 105). Die handelsrechtlich mögliche Zuschreibung nicht aktivierter Zugänge in der Vergangenheit kommt für die Steuerbilanz grds nicht in Betracht (s Anm 105).

118 Bei **Minderung** von Festwerten bei Sachanlagen gem den Bestandsaufnahmen kann der Unterschiedsbetrag im Anlagegitter idR als Abgang im Gj behandelt werden (§ 268 Anm 51).

119 In der **GuV** werden bei Anwendung des **Gesamtkostenverfahrens** (§ 275 Abs 2) die Ersatzbeschaffungen für Festwert-VG im Umlaufvermögen in dem Posten „Aufwand für Roh-, Hilfs- und Betriebsstoffe und für bezogene Waren“ erfasst. Bei Festwerten im Sachanlagevermögen sollten die Ersatzbeschaffungen dagegen den „sonstigen betrieblichen Aufwendungen“ zugeordnet werden (*WPH*[12] I F 407, 431). Dieser Posten kommt auch bei Anwendung des **Umsatzkostenverfahrens** in Betracht, insofern die Aufwendungen nicht in die AK/HK einbezogen werden.

Erhöhungen eines Festwerts auf Grund von Zugängen im Gj (Anm 117) werden in der GuV beim entsprechenden Aufwandsposten saldiert. Bestandsmehrungen aus Zugängen in den Vj (ebenfalls Anm 117) werden unter „sonstigen betrieblichen Erträgen" ausgewiesen. Dagegen erhöhen **Minderungen** eines Festwerts in der GuV die entsprechenden Aufwendungen.

Die erstmalige Bildung und die Aufgabe eines Festwerts stellen jeweils eine **Änderung der Bewertungsmethode** dar, worüber gem § 284 Abs 2 Nr 3 zu berichten ist. Aufgrund der **nachrangigen Bedeutung** der festbewerteten VG für das Unt (Anm 86) kann auf betragsmäßige Angaben verzichtet werden (*ADS*[6] § 284 Anm 78 sowie *Dörner/Wirth* in HdR[5] §§ 284 bis 288 Anm 100). 120

V. Hauptanwendungsfälle des Festwertverfahrens

Bsp für Festwertverfahren sind im *WPH*[12] I E 350 sowie in der steuerrechtlichen Literatur (zB *Glanegger* in Schmidt[23] § 6 Anm 274) zu finden. Dort werden insb folgende Bereiche angeführt: Bahnanlagen (Gleisanlagen, Signale), Bestecke, Geschirr und Wäsche bei Hotels (hier gilt idR die Bewertungsvereinfachung nach § 6 Abs 2 EStG), Betriebs- und Geschäftsausstattung (Schreib- und Rechenmaschinen), Stanzen, Formen und Modelle, Gerüst- und Schalungsteile im Baugewerbe, Laboratoriumseinrichtungen, Mess- und Prüfgeräte, Werkzeuge. 125

Bei den **Roh-, Hilfs- und Betriebsstoffen** kommt das Festwertverfahren überwiegend für Verbrauchsstoffe (Kleinmaterial, Brennstoffe) und dort bilanzierte Reparaturmaterialien und Ersatzteile in Betracht. 126

D. Gruppenbewertung (Abs 4)

I. Allgemeines

Die **Gruppenbewertung** nach Abs 4 ist eine Vereinfachungsregelung, die sich auf die Bewertung bezieht. Zulässig ist auch die gruppenweise Zusammenfassung im Inventar, also schon bei der körperlichen Erfassung (so auch *Uhlig* in Beck HdR A 220 Anm 219). Die Bestandsaufnahme der VG in einer Gruppe erfolgt nach den allgemeinen Regeln der körperlichen Aufnahme (ebenso *WPH*[12] I E 15). Die Gruppenbewertung (Sammel-, Kollektivbewertung) stellt eine **Ausnahme** von dem Grundsatz der Einzelbewertung dergestalt dar, dass zu einer Gruppe zusammengefasste VG mit einem Durchschnittswert bewertet werden. Es handelt sich um ein Verfahren zur Ermittlung der AK oder HK (*WPH*[12] I E 221), das bei Erfüllung bestimmter Voraussetzungen wahlweise angewandt werden darf. 130

Die Bewertung hat zu einem **gewogenen Durchschnittswert** zu erfolgen. Der Ansatz eines einfachen Durchschnittswerts ist nicht erlaubt. Weiterhin enthält Abs 4 eine Beschränkung für die einbeziehungsfähigen VG des **Vorratsvermögens.** Diese müssen „gleichartig" sein; bei anderen beweglichen VG genügt es, dass sie „annähernd gleichwertig" sind. 131

Die Anwendung der Gruppenbewertung kann zur Bildung von stillen Reserven führen, die vom HGB in Kauf genommen wird. Im Übrigen gilt auch für dieses Bewertungsvereinfachungsverfahren das **Niederstwertprinzip** (s § 253 Anm 507 ff; *Knop* in HdR[5] § 240 Anm 82). 132

II. Anwendungsbereich

134 Die Gruppenbewertung darf angewandt werden auf (gleichartige) VG des **Vorratsvermögens** (zum Begriff § 247 Anm 60 ff, ohne Anzahlungen) und andere (gleichartige oder annähernd gleichwertige) bewegliche VG des **Anlagevermögens** oder **Umlaufvermögens,** zB auf Wertpapiere (§ 255 Anm 304; *Knop* in HdR[5] § 240 Anm 79, 77), auf bestimmte VG in Vertriebseinrichtungen des Handels sowie auf **Schulden** (zB Rückstellungen für Gleitzeitüberhänge bzw. Überstunden, Altersteilzeit, Garantien, Resturlaub).

III. Voraussetzungen

1. Gleichartigkeit

135 Beim Vorratsvermögen können nur gleichartige VG der Gruppenbewertung unterzogen werden. Der Begriff der **Gleichartigkeit** ist nach § 256 auch Voraussetzung für die dort geregelten **Bewertungsvereinfachungsverfahren;** nur bei gleichartigen VG des Vorratsvermögens kann hiernach eine bestimmte **Verbrauchsfolge** unterstellt werden.

136 Der Begriff der **Gleichartigkeit** bedeutet zunächst, dass es sich nicht um *gleiche* VG handeln muss. Nach hM wird die *Gleichartigkeit* der VG durch die Merkmale Zugehörigkeit zur gleichen Warengattung oder Gleichheit in der Verwendbarkeit oder Funktion (Funktionsgleichheit) bestimmt (s *ADS*[6] § 240 Anm 120; *Knop* in HdR[5] § 240 Anm 75 f). Außerdem dürfen keine wesentlichen Qualitätsunterschiede bestehen. Die im Schrifttum teilweise geforderte annähernde Preisgleichheit (s *ADS*[6] § 240 Anm 121) ist nach dem Wortlaut von Abs 4 *nicht zwingend* (glA zB *Knop* in HdR[5] § 240 Anm 76, *Ballwieser* in MünchKomm HGB, § 240 Anm 28).

2. Annähernde Gleichwertigkeit

137 Das für andere bewegliche VG (außer Vorräten) alternativ zur Gleichartigkeit maßgebliche Merkmal der **Gleichwertigkeit** besagt, dass die Preise der in der Gruppenbewertung zusammengefassten VG nicht wesentlich voneinander abweichen dürfen (weitergehend *ADS*[6] § 240 Anm 121 ff, die annähernde Gleichwertigkeit sei eine generelle Voraussetzung der Gruppenbewertung; zu dem Verhältnis von Gleichartigkeit und Gleichwertigkeit s auch *Siepe/Husemann/Borges* WPg 1995, 367). Hierbei wird ein Spielraum von 20 vH zwischen höchstem und niedrigstem Preis bei geringem Wert der einzelnen VG in der Gruppe noch als vertretbar angesehen. Der generelle Maßstab muss sein, dass der Bilanzwert der Gruppenbewertung nicht wesentlich höher oder niedriger sein darf als sich bei einer Bewertung zu Einzelpreisen ergeben würde. Annähernde Preisgleichheit setzt insb voraus, dass die Preise zeitlich miteinander verglichen werden können, also auf den gleichen Zeitpunkt bezogen sind.

Weiterhin besagt annähernde Gleichwertigkeit auch, dass nicht nur gleichartige VG zusammengefasst werden können. Die Gruppenbewertung setzt jedoch auch bei ungleichen VG weitere gemeinsame **Merkmale** außer annähernd gleichen Preisen voraus, zB gleiches Sortiment (*Knop* in HdR[5] § 240 Anm 78).

Die Voraussetzungen in Anm 137 (nicht aber in Anm 135 f) gelten auch für zur Gruppenbewertung zusammengefasste Forderungen und **Schulden,** insb **Rückstellungen.** Hier erscheint es zweckmäßig, auf die annähernde Gleichwertigkeit der Risiko-Arten abzustellen (s die Beispiele in Anm 140).

3. Gewogener Durchschnittswert

Die Gruppenbewertung muss zum **gewogenen Durchschnittswert** erfolgen. Damit ist die Verwendung eines auf Grund anderer Umstände bekannten Durchschnittswerts in der HB nicht zulässig (Steuerbilanz s Anm 141). **Unzulässig** ist auch eine einfache, nicht aber eine vereinfachte Durchschnittsbewertung (Anm 139); unberührt bleibt jedoch die Verwendung von einfachen Durchschnittswerten *außerhalb* der Gruppenbewertung (s Anm 130). 138

Der Zweck einer vereinfachten Gruppenbewertung wird entweder durch einen sog **einfach gewogenen** oder durch einen **gleitend gewogenen Durchschnitt** erreicht. 139

Zur Ermittlung des einfach gewogenen Durchschnittspreises (s Beispiel 1) wird die Summe der mit den Mengen multiplizierten Preise des Anfangsbestands und der mit den tatsächlichen Preisen bewerteten Zugänge während des Gj oder einer anderen Zeitperiode durch die Summe der Menge von Anfangsbestand und Zugang des Zeitraums dividiert; das Ergebnis wird mit dem Endbestand zum Bilanzstichtag bewertet.

Beispiel 1:

	Menge	Preis je Einheit €	Gesamtpreis €
Anfangsbestand	50	5,–	250,–
Zugang 1	100	6,–	600,–
Zugang 2	200	7,–	1400,–
Zugang 3	50	7,–	350,–
	400	6,50	2600,–
Endbestand	100	6,50	650,–

Bei einem Endbestand von 100 und einem Verbrauch von 300 Einheiten ergibt sich ein Inventurwert von € 650,–.

Bei der **Ermittlung des gleitend gewogenen Durchschnittsberechnung** (s Beispiel 2) wird der Bestand lfd zu gewogenen Durchschnittspreisen bewertet und jeder Abgang zu den jeweils neu ermittelten Durchschnittspreisen angesetzt; mit der lfd Berücksichtigung der Abgänge und der lfd Fortschreibung der Durchschnittspreise wird eine den tatsächlichen AK näher kommende Bewertung des Inventurwerts erreicht.

Beispiel 2:

	Menge	Preis je Einheit €	Gesamtpreis €	Durchschnitts-preis €
Anfangsbestand	50	5,–	250,–	–
Zugang 1	100	6,–	600,–	–
Summe	150	–	850,–	5,67
Abgang	50	5,67	283,–	–
Bestand	100	5,67	567,–	5,67
Zugang 2	200	7,–	1400,–	–
Summe	300	–	1967,–	6,56
Abgang	150	6,56	983,–	–
Bestand	150	6,56	984,–	6,56
Zugang 3	50	7,–	350,–	–
Summe	200	–	1334,–	6,67
Abgang	100	6,67	667,–	–
Endbestand	100	6,67	667,–	6,67

140 Bei zu Gruppenwerten zusammengefassten **Rückstellungen** könnten folgende Maßstäbe gelten: restliche Garantiezeiträume und Lieferwerte, Stückzahl der unerledigten Schäden und mittlere Schadenhöhe bei Kleinschäden oder bei Bearbeitungskosten; Zahl der offenen Urlaubstage oder Vorarbeitstage und Durchschnittslohn bei gewerblichen Arbeitnehmer.

IV. Steuerbilanz

141 Die Gruppenbewertung ist steuerlich seit langem anerkannt und in wesentlichen Grundlagen von der Rspr entwickelt oder bestätigt worden. In EStR 36 Abs 4 ist – nur bezogen auf die Bewertung des Vorratsvermögens – eine gewisse Anpassung an Abs 4 vorgenommen worden. Nach EStR 36 Abs 4 ergeben sich für das Vorratsvermögen im Wesentlichen folgende Regelungen:

- Gruppenbildung und Gruppenbewertung dürfen im Einzelfall nicht gegen die GoB verstoßen.
- Gleichartigkeit der in der Gruppenbewertung zusammengefassten VG setzt keine Gleichwertigkeit voraus. Nach EStR 36a Abs 3 können erhebliche Preisunterschiede allerdings Anzeichen für Qualitätsunterschiede sein, dass insoweit Gleichartigkeit nicht anzunehmen wäre.
- Es genügt, dass *ein* Durchschnittswert bekannt ist.
- Dazu wird als ausreichend angesehen, wenn ein ohne weiteres feststellbarer Durchschnittswert verwendet wird, der nach den Erfahrungen der jeweiligen Branche als sachgemäß gilt (anders Anm 138 für die HB). Soweit hier auf einen Erfahrungswert der Branche abgestellt wird, also nicht auf den *betriebsindividuellen* gewogenen Durchschnittswert, entspricht die Vereinfachung aber nicht mehr Abs 4.

Die Gruppenbewertung für andere gleichartige oder annähernd gleichwertige bewegliche VG (Anm 135 bis 137) wird in den EStR 1999 nicht behandelt.

E. Abweichungen der IFRS

Schrifttum: *Framework for the Preparation and Presentation of Financial Standards (1989); IAS 1 (rev 2004)* Presentation of Financial Statement; *IAS 2 (rev 2004)* Inventories; *IAS 16 (rev 2004)* Property, Plant and Equipment; *IAS 34 (1998)* Interim Financial Reporting; *IAS 38 (2004)* Intangible Assets; *IAS 39 (rev 2004)* Financial Instruments.

145 Die IFRS enthalten weder Vorschriften zum **Inventar** noch zur **Inventur.** Aus IAS 34 Appendix C1 und allgemeinen Grundsätzen im Framework lassen sich GoI ableiten (s *Hachmeister* in HdJ II/5 Anm 54ff).

Der **Berichtszeitraum** umfasst nach IAS 1.49f grds ein Jahr. Bei Änderung des Bilanzstichtags sind längere oder kürzere Berichtszeiträume zulässig und dann im Anhang zu begründen. Aus praktischen Gründen ebenfalls zulässig sind regelmäßige Berichtszeiträume von 52 Wochen.

Das **Festwertverfahren** ist nach IFRS nicht vorgesehen, steht ihnen bei Unwesentlichkeit aller Festwerte allerdings nicht entgegen (s F.30, IAS 1.30f).

Für eine große Anzahl, normalerweise untereinander austauschbarer Vorräte iSv IAS 2.6ff, bei denen es sich nicht um auftragsbezogene Sonderbestände handelt, verlangt IAS 2.25 die Anwendung der **Fifo-** oder der **Durchschnittsmethode;** die Durchschnittsermittlung ist gem IAS 2.27 sowohl einfach gewogen als auch gleitend gewogen möglich. Im Übrigen ist die Anwendung der **Gruppenbewertung** im Rahmen der Neubewertung von immateriellen VG (IAS 38.72f) und Sachanlagen (IAS 16.36ff) sowie für Finanzinstrumente unter den Voraussetzungen des IAS 39 zulässig.

§ 241 Inventurvereinfachungsverfahren

(1) [1]Bei der Aufstellung des Inventars darf der Bestand der Vermögensgegenstände nach Art, Menge und Wert auch mit Hilfe anerkannter mathematisch-statistischer Methoden auf Grund von Stichproben ermittelt werden. [2]Das Verfahren muß den Grundsätzen ordnungsmäßiger Buchführung entsprechen. [3]Der Aussagewert des auf diese Weise aufgestellten Inventars muß dem Aussagewert eines auf Grund einer körperlichen Bestandsaufnahme aufgestellten Inventars gleichkommen.

(2) Bei der Aufstellung des Inventars für den Schluß eines Geschäftsjahrs bedarf es einer körperlichen Bestandsaufnahme der Vermögensgegenstände für diesen Zeitpunkt nicht, soweit durch Anwendung eines den Grundsätzen ordnungsmäßiger Buchführung entsprechenden anderen Verfahrens gesichert ist, daß der Bestand der Vermögensgegenstände nach Art, Menge und Wert auch ohne die körperliche Bestandsaufnahme für diesen Zeitpunkt festgestellt werden kann.

(3) In dem Inventar für den Schluß eines Geschäftsjahrs brauchen Vermögensgegenstände nicht verzeichnet zu werden, wenn

1. **der Kaufmann ihren Bestand auf Grund einer körperlichen Bestandsaufnahme oder auf Grund eines nach Absatz 2 zulässigen anderen Verfahrens nach Art, Menge und Wert in einem besonderen Inventar verzeichnet hat, das für einen Tag innerhalb der letzten drei Monate vor oder der ersten beiden Monate nach dem Schluß des Geschäftsjahrs aufgestellt ist, und**
2. **auf Grund des besonderen Inventars durch Anwendung eines den Grundsätzen ordnungsmäßiger Buchführung entsprechenden Fortschreibungs- oder Rückrechnungsverfahrens gesichert ist, daß der am Schluß des Geschäftsjahrs vorhandene Bestand der Vermögensgegenstände für diesen Zeitpunkt ordnungsgemäß bewertet werden kann.**

Übersicht

Schrifttum: *St HFA 1981/1* idF 1990 Stichprobenverfahren für die Vorratsinventur zum Jahresabschluss WPg 1990, 649; *AWV-Schrift* Nr 02 053 Permanente Inventur mit Stichproben, Eschborn 1982; *AWV-Schrift* Nr 383 Stichprobeninventur in Vertriebseinrichtungen des Handels, Eschborn 1984; *AWV-Schrift* Nr 385 Sequentialtest für die Inventur mit Stichproben bei ordnungsmäßiger Lagerbuchführung, Eschborn 1985; *AWV-Schrift* Nr 09 441 Systemgestützte Werkstattinventur, Eschborn 1989; *St HFA 1990/1* Zur körperlichen Bestandsaufnahme im Rahmen von Inventurverfahren WPg 1990, 143; *Eckmann/Peters* Durchführung der Stichprobeninventur DB 1996, 488; *AWV-Schrift* Nr 09 545 Warenwirtschaftssystem-gestützte Inventur im Handel, Eschborn 1996; *Quick* Inventur, Düsseldorf 2000; *AWV-Schrift* Nr 03 607 Übersicht über die Inventurverfahren, Eschborn 2002.

A. Anwendungsbereich

1 In § 241 sind ergänzend zu den allgemeinen Grundsätzen zur Inventaraufstellung gem § 240 Abs 1 und Abs 2 **Vereinfachungsverfahren** und deren Anwendung geregelt. Vereinfachungen für die Bewertung enthält § 256. Die in drei Absätzen geregelten Vereinfachungsverfahren zu den Bestandsaufnahmen beziehen sich nach dem Wortlaut nur auf Aktivposten; hauptsächlich betreffen sie die Vorräte. Zur Bestandsaufnahme beim Passivposten Pensionszusagen s § 240 Abs 4 und hier Anm 50. Neben der Stichtagsinventur (§ 240) sind in der Praxis am häufigsten die permanente Inventur, die vor- oder nachverlegte Stichtagsinventur sowie die Stichprobeninventur anzutreffen.

B. Stichprobeninventur (Abs 1)

I. Allgemeines

5 Während § 240 eine vollständige *körperliche* Erfassung aller VG und Schulden vorsieht, darf nach Abs 1 der Bestand der VG (nach Art, Menge und Wert) unter bestimmten Voraussetzungen auf Grund von **Stichproben** ermittelt werden. Die hierfür maßgeblichen **Voraussetzungen** sind:

1. Die Verwendung anerkannter mathematisch-statistischer Methoden (S 1),
2. die Beachtung der GoB (S 2) und
3. die Aussageäquivalenz, dh die Gleichwertigkeit der Stichprobeninventur mit einer Vollinventur (S 3).

   Aus diesen Voraussetzungen ergibt sich zusätzlich das Erfordernis der
4. Bestandszuverlässigkeit der Lagerbuchführung (s hierzu Anm 25 ff).

6 Die Stichprobeninventur hat Vorzüge gegenüber der vollständigen körperlichen Aufnahme, die im Wesentlichen darin bestehen, dass die Zahl der aufzunehmenden VG beträchtlich vermindert wird und dadurch Zeitaufwand und Kosten für die Inventarisierung verringert werden. Die Beschränkung auf Stichproben ermöglicht den gezielten Einsatz geschulten Fachpersonals, wodurch Erfassungsfehler vermindert und damit eine zuverlässigere Bestandserfassung erreicht werden können.

II. Voraussetzungen

1. Anerkannte mathematisch-statistische Verfahren

7 Das angewandte Stichprobenverfahren muss wahrscheinlichkeitstheoretisch abgesichert sein (S 1). Das setzt eine ausreichende Grundgesamtheit (Anzahl der Lagerposten) und die Anwendung der Zufallsauswahl bei der Stichprobenerhebung voraus.

Bei den für eine Stichprobeninventur in Betracht kommenden Methoden werden **Schätz-** und **Testverfahren** unterschieden. Mittels statistischer Schätzverfahren werden die unbekannten Parameter einer Grundgesamtheit – zB Fehleranteil bzw Fehleranzahl oder durchschnittlicher Wert einer Position bzw Gesamtwert aller Positionen – ausgehend von den Stichprobenergebnissen geschätzt. Mittels statistischer Testverfahren werden Hypothesen über die „wahren“ Parameter einer Grundgesamtheit getestet (s *St HFA 1990/1* D.III.). 8

Bei den Schätzverfahren sind vom Anwender der „Sicherheits-“ und der „Genauigkeitsgrad der Aussage“ zu bestimmen, bei Testverfahren die Aussagewahrscheinlichkeiten sowie die tolerablen/nicht tolerablen Fehleranteile (hierzu Anm 20 und 27).

Geeignete **Schätzverfahren** dürfen keine Tendenz zur Über- oder Unterschätzung aufweisen, was indes zB beim Dollar-Unit-Sampling möglich ist (s *St HFA 1981/1* idF 1990 II. 2. b). Sie werden nach **freien** und **gebundenen Verfahren** gegliedert. Zu den freien Verfahren rechnen die einfache und die geschichtete Mittelwertschätzung, zu den gebundenen Verfahren die Differenzen-, die Verhältnis- und die Regressionsschätzung. 9

Mit der **freien Hochrechnung** wird eine Aussage über den Inventur*brutto*wert für die betreffende Grundgesamtheit durch Hochrechnung der aus der Aufnahme der einzelnen Stichprobenelemente errechneten Mittelwerte gewonnen. Bei der **gebundenen Hochrechnung** werden zur Schätzung des Gesamtwerts Beziehungen zwischen Buch- und Istbestand bei der Hochrechnung ausgewertet, so dass die Lagerbuchführung zum notwendigen Bestandteil des Stichprobenverfahrens wird. Bei diesem Verfahren werden die Abweichungen zwischen den Stichprobenergebnissen und den Lagerbuchwerten zu einer Gesamtabweichung hochgerechnet (ebenso *St HFA 1981/1* idF 1990 II. 2.). Der Inventurwert ergibt sich dann aus dem Lagerbuchwert und der Gesamtabweichung. 10

Zu den **Testverfahren** gehört der **Sequentialtest,** bei dem sich der Stichprobenumfang auch aus den Ergebnissen der jeweils vorangegangenen Erhebungen ergibt. Dabei wird die Richtigkeit der Einzelposten lt Lagerbuchhaltung und damit deren Qualität anhand der festgestellten Abweichungen zwischen Soll- und Istbeständen geprüft. Der Sequentialtest ist also ein Qualitätstest (*AWV-Schrift* Nr 385, 8). Er kann auch unter Berücksichtigung der Werte der Inventurposten angewandt werden (sog heterogener Fall; hierzu *Köpper* Sequentialtests für die Stichprobeninventur, Ahaus 1987). 11

Wenn der Test die Ordnungsmäßigkeit bzw Bestandszuverlässigkeit der Lagerbuchführung bestätigt, können die Buchbestände und -werte als Inventar verwendet werden. Dies gilt ebenso für die einzelnen Lagerposten wie für den Gesamtwert der Bestände. Damit wird – und dies ist ein wesentlicher Vorzug des Testverfahrens – zugleich der erforderliche Einzel- *und* Gesamtnachweis erbracht. 12

Der Kfm darf den Sequentialtest zu einem beliebigen Zeitpunkt innerhalb des Gj durchführen. Ein früher Zeitpunkt ermöglicht bei Nichtbestehen des Tests, dh bei Ablehnung der Bestandszuverlässigkeit (Anm 25 ff), die Anwendung anderer Inventurverfahren. Ein später Zeitpunkt hingegen ermöglicht die Einbeziehung der Neuzugänge in den Test, die bei einer früheren Durchführung gesondert erfasst werden müssten. 13

Die **Umstellung** auf ein anderes Inventurverfahren führt zu organisatorischen Problemen. Demzufolge ist es zweckmäßig, 14
- eine lfd Kontrolle der Lagerbestände und Sonderaufnahmen bei größeren Umlagerungen vorzunehmen,
- den Sequentialtest möglichst vorzuziehen und

– den Sequentialtest mit einem Stichprobenschätzverfahren (ggf auf permanenter Basis) zu kombinieren, um ggf dieses Verfahren anwenden zu können.

15 Obwohl der Sequentialtest strenge Anforderungen an die Bestandszuverlässigkeit der Lagerbuchführung stellt, bietet das Verfahren Unt, die diese Voraussetzungen erfüllen (zB bei computergestützter Bestandsfortschreibung), wesentliche Rationalisierungsmöglichkeiten (dazu *Eckmann/Peters* DB 1990, 1833).

16 **Spezielle Ausprägungen** der Stichprobenverfahren wurden bei den Schätzverfahren für Vertriebseinrichtungen des **Handels** (*AWV-Schrift* Nr 383) und für die Testverfahren zur Inventur nicht bewegter Lagereinheiten bei **automatisch gesteuerten Lagersystemen** (*AWV-Schrift* Nr 02050) entwickelt. Zu einem weiteren Inventurverfahren im **Handel** s Anm 40ff.

2. Beachtung der Grundsätze ordnungsmäßiger Buchführung

17 Nach Abs 1 S 2 muss das bei der Inventarisierung angewandte Verfahren den GoB entsprechen. In diesem Zusammenhang ist insb auf die Einhaltung der Grundsätze der Vollständigkeit, der Richtigkeit und der Nachprüfbarkeit zu achten (hierzu *St HFA 1981/1* idF 1990 I.).

18 Die Forderung nach **Vollständigkeit** bezieht sich zunächst auf das der Stichprobenauswahl zugrundeliegende Kollektiv. Die für die Bestimmung dieses Kollektivs (der Grundgesamtheit) verwendeten Unterlagen – die Lagerbuchführung oder die Artikel-/Bestandsverzeichnisse – müssen daher entspr zuverlässig sein. In die Betrachtung sind auch die abgewerteten Bestände sowie die mengenmäßigen Null-Bestände einzubeziehen. „Scheinpositionen" sind zu eliminieren (so auch *Weiss/Heiden* in HdR[5] § 241 Anm 117). Es bleibt dem Kfm allerdings freigestellt, welche Artikel er der Stichproben-Grundgesamtheit oder der sog Vollaufnahmeschicht (Vollerhebungsschicht, dazu Anm 72) zuordnet.

19 Der weitere Aspekt der Vollständigkeit betrifft die Berücksichtigung *sämtlicher* durch die Zufallsauswahl erfassten Stichprobenelemente und zwar hinsichtlich ihrer mengenmäßigen Erfassung sowie ihrer Bewertung. Bei Testverfahren sind demnach *alle* ausgewählten Stichprobenelemente in den Soll-/Ist-Vergleich einzubeziehen; bei Schätzverfahren gilt dies sinngemäß für die Berücksichtigung bei der Hochrechnung.

20 Die Aussagen von Stichprobenerhebungen werden – verfahrensmäßig bedingt – mit bestimmten Wahrscheinlichkeiten (Sicherheitsgrad) und Genauigkeiten (Stichprobenfehler) getroffen. Die hierfür maßgeblichen Parameter werden im Interesse der **Richtigkeit** der Stichprobeninventur mit 95% für den Sicherheitsgrad und 1% für den (relativen) Stichprobenfehler genannt (s zB *St HFA 1981/1* idF 1990 IV. 1. a). Eine absolute Aussagesicherheit und Genauigkeit ist bei Stichprobenverfahren naturgemäß nicht möglich, wird aber auch bei der konventionellen Vollinventur nicht zwingend erreicht (s *Quick,* 79f). Die Einhaltung dieser Grenzen gilt bei bestimmten Testverfahren (zB dem Sequentialtest) ebenso für die einzelnen Stichprobenelemente (Artikel) wie für die Grundgesamtheit, bei Schätzverfahren hingegen nur für die Hochrechnung des Kollektivs. Die Zuverlässigkeit der Aussage für die einzelnen Stichprobenelemente muss hier durch zusätzliche Maßnahmen sichergestellt werden (s Anm 24 zur Aussageäquivalenz).

21 Auch bei Stichprobenverfahren müssen die Ergebnisse der Inventarisierung für einen sachverständigen Dritten in angemessener Zeit **nachprüfbar** sein. Dies bezieht sich auf die Dokumentation des Verfahrens, die dabei zugrunde gelegten Parameter, die Auswahl der Stichprobenelemente aus der Grundgesamtheit (nach einem mathematisch bestimmten Zufallsprinzip), deren Aufnahme, Bewertung und Auswertung (Hochrechnung).

3. Aussageäquivalenz

22 Nach Abs 1 S 3 muss der Aussagewert einer Stichprobeninventur „dem Aussagewert eines auf Grund einer körperlichen Bestandsaufnahme aufgestellten Inventars gleichkommen". Dabei ist mit „körperlicher Bestandsaufnahme" die *vollständige* körperliche Bestandsaufnahme iSv § 240 Abs 1, Abs 2 S 1 gemeint. Auch bei Anwendung der Stichprobeninventur muss demnach einerseits ein genaues Bestandsverzeichnis der einzelnen VG (§ 240 Abs 1) nach Art, Menge und Wert (Abs 1 S 1) angefertigt werden. Andererseits muss das Inventar den für den Bilanzansatz zB der einzelnen Vorratsposten maßgeblichen Gesamtwert ermitteln.

23 Die anerkannten mathematisch-statistischen Verfahren erfüllen nicht in jedem Fall diese beiden Funktionen des Einzel- und des Gesamtnachweises. So gewährleisten zB die sog Schätzverfahren unter bestimmten Voraussetzungen (dh bei Berücksichtigung bestimmter Aussagesicherheiten und -genauigkeiten; Anm 20) die zuverlässige Ermittlung von Gesamtwerten. Daraus lassen sich aber nur bedingt und nicht mit ausreichender Zuverlässigkeit Rückschlüsse auf den – übrigens auch im Hinblick auf die nach § 252 Abs 1 Nr 3 vorgeschriebene Einzelbewertung – erforderlichen Einzelnachweis ziehen.

24 Aus der geforderten Aussageäquivalenz ergibt sich, dass die Inventurverfahren so auszugestalten sind, dass sie nicht nur den Gesamt-, sondern auch den Einzelnachweis erbringen (überwiegende Meinung, s zB *Uhlig* in Beck HdR A 220 Anm 154, *Hachmeister* in HdJ II/5 Anm 234). Bestimmte Stichprobenverfahren, zB der Sequentialtest, erfüllen zugleich beide Voraussetzungen; bei Schätzverfahren sind bzgl des Einzelnachweises zusätzliche Maßnahmen erforderlich, die sich auf die Anzahl und Höhe der Einzelabweichungen und damit auf die Bestandszuverlässigkeit der Lagerbuchführung beziehen (Anm 25 ff).

4. Bestandszuverlässigkeit der Lagerbuchführung

25 §§ 240 Abs 1 und 241 Abs 1 verlangen einen Einzelnachweis des Bestands der VG nach Art, Menge und Wert. Dieses Erfordernis kann bei bestimmten Stichprobenverfahren (zB geschichtete Mittelwertschätzung) und abgesehen von Sonderfällen (zB der Gruppenbewertung) nur mit Hilfe einer Lagerbuchführung erfüllt werden. Dort müssen die Bestände und deren Bewegungen art- und mengenmäßig (ggf auch wertmäßig) zutreffend, dh wirklichkeitsgetreu erfasst werden, so dass die Lagerbuchführung „bestandszuverlässig" ist.

26 Bei Schätz- und Testverfahren (Anm 8) ist die bestandszuverlässige **Lagerbuchführung systemnotwendiger Bestandteil** des Verfahrens; denn nur sie enthält die benötigten Vergleichs- oder Testwerte. Bei freien Schätzverfahren ergeben sich aus der Lagerbuchhaltung die erforderlichen Daten zur Abgrenzung der statistischen Grundgesamtheit, zur Schichtung des Kollektivs, zur Ermittlung der Mittelwerte und der Streuungen. Die bestandszuverlässige Lagerbuchführung ist zudem geeignet, eine verlässliche Sicherungsfunktion bzgl der nach den GoB erforderlichen Vollständigkeit des Inventars zu übernehmen.

27 Die Bestandszuverlässigkeit kann durch ein zweckentsprechendes **internes Kontrollsystem** sichergestellt und geprüft werden. Entscheidendes Kriterium ist der Umfang der **Einzelabweichungen** zwischen Soll- und Istbeständen, der einen vertretbaren Rahmen nicht überschreiten darf (*St HFA 1981/1* idF 1990 IV. 1. b). Die saldierte **Gesamtabweichung** zwischen dem für die Bilanzierung maßgebenden Buchwert lt Lagerbuchführung und dem auf Grund des Stichprobenverfahrens ermittelten Schätzwert darf 2% nicht übersteigen (s *St HFA 1981/1* idF 1990 IV.1.b).

C. Andere Inventurverfahren (Abs 2)

30 Nach Abs 2 bedarf es keiner körperlichen Bestandsaufnahme der VG *zum Bilanzstichtag,* soweit die Feststellung des Bestands nach Art, Menge und Wert durch ein – den GoB entspr – anderes Verfahren sichergestellt ist.

Diese Regelung beschränkt sich wie die übrigen durch § 241 zugelassenen Verfahren nicht auf bestimmte VG; sie kann demnach für VG des Anlage- und des Umlaufvermögens angewandt werden. Da hierbei in den meisten Fällen auf verlässliche Aufzeichnungen des Kfm zurückgegriffen wird, können die hier in Betracht kommenden Verfahren iwS als **Buchinventur** bezeichnet werden; dazu auch § 240 Anm 6ff. Einen Schwerpunkt bilden diese Verfahren bei der Inventarisierung des Vorratsvermögens. Als besondere Ausprägungen, die als Kombination von Buchinventur und körperlicher Aufnahme angesehen werden können, seien die **permanente Inventur,** die **Einlagerungsinventur,** die **systemgestützte Werkstattinventur** und die **Warenwirtschaftssystemgestützte Inventur** im Handel genannt.

1. Permanente Inventur

31 Hier werden die betreffenden Bestände insb des Vorratsvermögens nach Art und Menge buchmäßig fortgeschrieben; diese Aufzeichnungen (zB Lagerkarteien, Lagerbuchführungen) werden durch körperliche Aufnahmen kontrolliert und soweit erforderlich korrigiert. Die Erleichterung besteht darin, dass diese körperlichen Aufnahmen nicht zum Bilanzstichtag und auch nicht für alle Bestände zu *einem* bestimmten anderen Stichtag durchgeführt werden müssen, sondern über das Gj verteilt permanent vorgenommen werden können. Die Fortschreibungen können zugleich auch die Preis- bzw Wertangaben berücksichtigen; der Bewertungsvorgang kann indes auch der Mengenermittlung der einzelnen Artikel nachgelagert werden (glA *ADS*[6] § 241 Anm 28).

32 Die für die permanente Inventur maßgeblichen **Ordnungsgrundsätze** lassen sich wie folgt zusammenfassen (hierzu auch H 30 EStH):
- Erfassung der Bestände und Bewegungen (Zu- und Abgänge) nach Tag, Art und Menge,
- belegmäßiger Nachweis der einzelnen Bewegungen,
- regelmäßige Kontrolle der Aufzeichnungen durch körperliche Bestandsaufnahmen, Analyse festgestellter Abweichungen und Angleichung der Buchaufzeichnungen an die körperlichen Aufnahmen,
- Dokumentation der Aufzeichnungen und Aufnahmen sowie Aufbewahrung wie für Handelsbücher (10 Jahre).

Nach derzeit hM ist sicherzustellen, dass die einzelnen VG in jedem Gj mind einmal körperlich erfasst werden (s H 30 EStH). Der Wortlaut des Abs 2 schließt indes nicht aus, dass bei nachweislich zuverlässigen Lagerungssystemen dieser zeitliche Abstand auch ausgeweitet werden kann (glA *ADS*[6] § 241 Anm 27). Für *Sachanlagen* genügt eine – ggf auch stichprobenweise – körperliche Kontrolle in regelmäßigen Abständen von zB 2–3 Jahren (dazu § 240 Anm 6).

33 Der Grundgedanke der permanenten Inventur besteht in dem Vergleich der Bestände mit den zugrundeliegenden möglichst wirklichkeitsgetreuen buchmäßigen Aufzeichnungen. Insofern dies für Bestände mit unkontrollierbaren Abgängen infolge Schwund, Verdunstung, Verderb, leichter Zerbrechlichkeit etc *nicht* zutrifft, – es sei denn, dass solche Abgänge auf Grund hinreichend zuverlässiger Erfahrungswerte berücksichtigt werden können, – ist die permanente

Inventur hier nicht anwendbar. Gleiches gilt aus Sicherheitsgründen auch für solche Bestände, die – aus der Sicht des jeweiligen Unt – besonders wertvoll sind (s EStR 30 Abs 3 und hier Anm 70 ff).

2. Einlagerungsinventur

Lagersysteme mit einem hohen Maß an Zuverlässigkeit, bei denen die Fortschreibung eine wirklichkeitsgetreue Abbildung des realen Lagers (der Bestände und Bewegungen) gewährleistet, erlauben unter bestimmten Voraussetzungen die Anwendung der Einlagerungsinventur. In diesen Fällen kann die Einlagerung als körperliche Erfassung nach den Regeln, wie sie zB für die permanente Inventur gelten (Anm 31 ff), ausgestaltet werden. Eine körperliche Bestandsermittlung zum Bilanzstichtag ist dann nicht erforderlich. 34

Die Voraussetzungen für die Anwendung der Einlagerungsinventur können zB bei **vollautomatischen Lagersystemen (Hochregallägern)** gegeben sein, bei denen die Fortschreibung mit der Lagersteuerung verbunden ist, menschliche Eingriffe nicht möglich/zulässig sind und eine Identifikation der in einem bestimmten Fach eingelagerten Bestände (Teilmengen eines Artikels) möglich ist (hierzu *St HFA 1990/1* D. II. b; *Quick,* 57 ff). Die körperliche Erfassung kann sich hier (was als weitere Erleichterung anzusehen ist) auf die in einem Fach gelagerten Teilbestände beschränken und braucht sich nicht, wie sonst erforderlich, auf den Gesamtbestand der einzelnen Artikel zu erstrecken. 35

Die Einlagerungsinventur ist nicht anwendbar, wenn das Lagersystem die genannten Voraussetzungen nicht erfüllt. Erfolgt jedoch eine fachweise Fortschreibung der Bestände und ist außerdem die Identifikation dieser Teilbestände möglich, kann die Erleichterung der fachweisen, auf die Teilmengen der Artikel (ggf im Wege der permanenten Inventur) begrenzten, Aufnahme in Anspruch genommen werden (s *Uhlig* in Beck HdR A 220 Anm 118; *Quick,* 59). 36

3. Systemgestützte Werkstattinventur

Moderne Fertigungsverfahren wie computergestützte Produktionsplanungs- und Steuerungssysteme erfordern für die Aufnahme der Aufträge in den Fertigungswerkstätten eine Anpassung der Inventarisierungstechnik (dazu *ADS*[6] § 241 Anm 31). Es können auch (zB in der Halbleiterproduktion) nach dem Reinheitsgebot der Fertigung konventionelle körperliche Aufnahmen nicht möglich sein. 37

Soweit die Systeme computergestützt auf Basis von lfd Rückmeldungen funktionieren, können die von ihnen verwendeten und erzeugten Daten für Inventurauswertungen genutzt werden, wenn die Systeme alle für die Inventarisierung erforderlichen Daten zur Verfügung stellen (zB Typenbezeichnung, Auftragsnummer, Soll-/Istmenge, Arbeitsfortschritt ua) und interne Kontrollen ihre Bestandszuverlässigkeit gewährleisten (s *St HFA 1990/1* D. III. b); gesonderte körperliche Aufnahmen und die damit verbundenen Eingriffe in den Produktionsprozess können unter diesen Voraussetzungen vermieden werden (s *St HFA 1990/1* D. III. b; *AWV-Schrift* Nr 09 441). Die Beachtung vorgenannter Grundsätze ist durch entsprechende **Systemprüfungen** zu kontrollieren und zu dokumentieren. Das ersetzt die Dokumentation und Aufbewahrung der Kontrollvorgänge des ständig wechselnden Auftragsbestands in den Werkstätten. 38

Die Inventarisierung der Werkstattbestände kann mit bestimmten Bewertungsvereinfachungen, die zB an die Bestimmung einer am Produktionsprozess orientierten sog Wertschöpfungsstrecke anknüpfen, verbunden werden. 39

4. Warenwirtschaftssystemgestützte Inventur im Handel

40 Die Einführung geschlossener Warenwirtschaftssysteme im Handel zur Unterstützung des Bestandsmanagements und der Logistik bietet – bei Beachtung hoher Qualitätsstandards – geeignete Ansatzpunkte zur Rationalisierung der Inventurarbeiten. Geschlossene Warenwirtschaftssysteme bewirken eine vollständige artikelgenaue Bestandsfortschreibung.

41 Diese kann unterjährig in Teileinheiten (zB Abteilungen) körperlich überprüft und entsprechend korrigiert werden. Unkontrollierte Abgänge (Schwund) zwischen Aufnahme- und Bilanzstichtag sind anhand der ermittelten differenzierten Erfahrungswerte zu berücksichtigen, wobei eine Toleranzgrenze (2%) nicht überschritten werden darf. Andernfalls ist die Spanne zwischen Aufnahme- und Bilanzstichtag zu verkürzen.

42 Unter diesen Voraussetzungen bietet ein Warenwirtschaftssystem im Rahmen der gesetzlichen Regelungen Möglichkeiten zur Rationalisierung der Inventurarbeiten (*AWV-Schrift* Nr 09 545).

D. Vor- oder nachverlegte Stichtagsinventur (Abs 3)

50 Auch Abs 3 bezieht sich nach seinem Wortlaut nur auf **Vermögensgegenstände.** Bereits in den Gesetzesberatungen wurde darauf hingewiesen, dass auch bei den **Rückstellungen** (insb für Pensionsrückstellungen) das Bedürfnis besteht, zwecks rechtzeitiger Erstellung des JA vorverlegte Bestandsaufnahmen durchzuführen. Der längeren praktischen Handhabung entspr ist durch EStR 41 Abs 18 „in Anwendung von § 241 Abs 3 HGB“ sowie unter den dort genannten weiteren Voraussetzungen eine Vorverlegung der Bestandsaufnahme für Pensionszusagen ausdrücklich zugelassen; s dazu § 240 Anm 137.

51 Die vor- oder nachverlegte Stichtagsinventur setzt nach Abs 3 Nr 1 die Aufstellung eines besonderen Inventars (Anm 52) und nach Abs 3 Nr 2 ein bestimmten Voraussetzungen entspr Fortschreibungs- oder Rückrechnungsverfahren (Anm 53) voraus.

52 Das bis zu **drei Monaten vor** oder **zwei Monaten nach** dem Bilanzstichtag zulässige besondere Inventar ist nach allgemeinen Grundsätzen nach Art, Menge und Wert aufzustellen (dazu *ADS*[6] § 241 Anm 36f). Ihm liegt (nach HGB) entweder eine körperliche Aufnahme zum Zeitpunkt der Inventarisierung oder eine Bestandsermittlung zB auf dem Wege der permanenten Inventur zugrunde. Bei der körperlichen Aufnahme kann es sich um eine vollständige Erfassung oder eine Stichprobeninventur gem Abs 1 handeln (glA *St HFA 1990/1* D.I.). Die auf den Bilanzstichtag auszurichtende, unter Berücksichtigung des Fortschreibungs-/Rückrechnungsverfahrens vorzunehmende Bewertung erfordert ggf eine Gruppenbildung; diese ermöglicht allerdings auch eine unterschiedliche Behandlung der einzelnen Vorratsgruppen, zB die Wahl unterschiedlicher Aufnahmezeitpunkte in dem genannten zulässigen zeitlichen Rahmen.

53 Das **Fortschreibungs-/Rückrechnungsverfahren** nach Nr 2 braucht im Gegensatz zur permanenten Inventur nicht artikelgenau und mengenmäßig zu erfolgen. Es genügt – wie dies etwa bei Handelsbetrieben auf Grund der Umsätze und der daraus ableitbaren Einstandswerte möglich ist – eine allein wertmäßige Fortschreibung (s EStR 30 Abs 2 S 7 bis 9 sowie *ADS*[6] § 241 Anm 40). Ggf kommt zur Erfassung der für die Bewertung relevanten Mengenstruktur eine Verwendung von im maßgeblichen Zeitraum unveränderten Verrechnungspreisen bei der Fort-/Rückschreibung in Betracht. Auch für die rein wertmäßige Fort-/Rückschreibung ist entspr der Struktur des besonderen In-

ventars die für die Bewertungserfordernisse notwendige Gruppenbildung zu beachten.

Die **Wertermittlung** ist auch bei dieser Art der Inventarisierung nach den allgemeinen Bewertungsgrundsätzen, dh dem AK-/Niederstwertprinzip auszurichten. Diese Erfordernisse sind auch – etwa zur Berücksichtigung der für die einzelnen Artikelgruppen unterschiedlichen Preis- und Wertschwankungen – für die zuvor erwähnte Gruppenbildung (Anm 52) maßgeblich. 54

Zusätzliche Anforderungen ergeben sich hinsichtlich der Vornahme der **Lifo**-Bewertung von Vorräten. Hier ist der Nachweis der betreffenden Bestände nicht nur hinsichtlich ihres Werts, sondern auch nach Art und Menge erforderlich (so EStR 30 Abs 2 S 10). Eine nur wertmäßige Fortschreibung schließt daher die Inanspruchnahme dieser Bewertungs-Vergünstigung/-Vereinfachung aus. 55

Zur Inventarisierung besonders wertvoller und solcher Bestände, bei denen unkontrollierbare Abgänge eintreten, s Anm 70ff. 56

Eine weitere Besonderheit ergibt sich bei diesen Inventurverfahren hinsichtlich der Abgrenzung, dh der zeitlich übereinstimmenden Erfassung von Bestandszugängen und -abgängen einerseits und der korrespondierenden Forderungen/Verbindlichkeiten andererseits. Dieses normalerweise für den Bilanzstichtag maßgebliche Erfordernis ist hier auch für den vorher oder nachher liegenden Stichtag des besonderen Inventars zu beachten. 57

E. Anwendung und Kombination der Inventurverfahren

Die Inventurverfahren unterscheiden sich in folgender Hinsicht: 60

- Nach der **Art** der Aufnahme: Körperliche oder buch-/belegmäßige Aufnahme. Die körperliche Aufnahme kann gezielt für Inventurzwecke erfolgen oder unter bestimmten Voraussetzungen an betriebliche Vorgänge (Einlagerung, Kontrollmaßnahmen) anknüpfen.
- Nach dem **Umfang** der Aufnahme: Volle oder stichprobenweise Erfassung.
- Nach der **zeitlichen Anordnung** der Aufnahme: Stichtags-, vor- oder nachverlegte, permanente Inventur.

Die jeweils angewandten Inventurverfahren dürfen auch miteinander kombiniert werden. So darf das vor- oder nachverlagerte Inventar nach Abs 3 aufgrund permanenter Inventur im Laufe des Gj erstellt werden und die Stichprobeninventur darf für die körperliche Aufnahme zum Bilanzstichtag, für die vor- oder nachverlegte Stichtagsinventur und die permanente Inventur angewendet werden (s *St HFA 1990/1* D.I., *Hachmeister* in HdJ II/5 Anm 250ff mwN). Durch verschiedene geeigneter Kombinationen lassen sich erhebliche Zeit- und Kostenreduktionen erreichen (dazu *AWV-Schrift* Nr 03 607, 14ff). 61

Der Kfm ist in der Wahl der zulässigen Inventurverfahren frei. Er darf für die Erfassung der **Vermögensgegenstände** und **Schulden** daher auch unterschiedliche Inventurverfahren anwenden. Dies gilt auch für die Inventarisierung der **Vorräte:** Für jedes organisatorisch selbstständige Lager darf ein eigenes Verfahren eingesetzt werden. Auch eine Zusammenfassung räumlich getrennter Lager zu organisatorischen Einheiten (mit einheitlicher Bestandsfortschreibung) ist zulässig. 62

Der Kfm ist für die Inventarisierung bestimmter Bestände ferner nicht an die Beibehaltung eines einmal gewählten Inventurverfahrens gebunden. Die Vorschriften zur Angabe von Abweichungen von Bilanzierungs- und Bewertungsmethoden (§ 284 Abs 2 Nr 3) beziehen sich *nicht* auf die Inventurverfahren. Allerdings mögen die organisatorischen Voraussetzungen den Wechsel von einem einmal gewählten Inventurverfahren zu einem anderen Verfahren erschweren. 63

F. Aufnahme besonderer Bestände

70 Besonders wertvolle VG und VG mit ins Gewicht fallenden unkontrollierbaren sowie nicht durch Erfahrungssätze erfassbaren Abgängen (zB im Lebensmittelhandel; s auch Anm 33) sind zum Bilanzstichtag (bei hochwertigen VG im Rahmen der Stichprobeninventur: zum Inventurstichtag) lückenlos aufzunehmen. Bzgl der Rationalisierungsmöglichkeiten durch Warenwirtschaftssystemgestützte Inventur im Handel s Anm 40–42.

71 Dieser Grundsatz dient der Zuverlässigkeit des Inventurergebnisses. Er ist für die permanente und die vor- oder nachverlegte Stichtagsinventur auch in den EStR (30 Abs 3) sowie für die Stichprobeninventur in *St HFA 1981/1* idF 1990 I.5 erwähnt. Auch aus betrieblichen Gründen werden häufig Artikel, bei denen Fehlbestände zu einer empfindlichen Störung des Betriebsablaufes führen würden, einzeln erfasst und kontrolliert.

72 Inwieweit den am sog Lagerphänomen und dem Stabilitätseffekt ausgerichteten Empfehlungen des *HFA* (*HFA* 1/1981 idF 1990 II. 3.) zur Bildung einer Vollerhebungsschicht für höherwertige Lagerpositionen bei der Stichprobeninventur gefolgt wird, sollte anhand der Umstände des Einzelfalls entschieden werden (idS *Korn* Die Vollerhebungsschicht im Rahmen der mathematisch-statistischen Verfahren zur Durchführung der Stichprobeninventur BB 1988, 2210); der Grundsatz der Richtigkeit darf jedoch nicht unbeachtet bleiben.

G. Abweichungen der IFRS

73 Die IFRS enthalten keine expliziten Vorschriften zu Inventurvereinfachungen.

Zweiter Unterabschnitt. Eröffnungsbilanz. Jahresabschluss

Erster Titel. Allgemeine Vorschriften

§ 242 Pflicht zur Aufstellung

(1) [1]**Der Kaufmann hat zu Beginn seines Handelsgewerbes und für den Schluß eines jeden Geschäftsjahrs einen das Verhältnis seines Vermögens und seiner Schulden darstellenden Abschluß (Eröffnungsbilanz, Bilanz) aufzustellen.** [2]**Auf die Eröffnungsbilanz sind die für den Jahresabschluß geltenden Vorschriften entsprechend anzuwenden, soweit sie sich auf die Bilanz beziehen.**

(2) **Er hat für den Schluß eines jeden Geschäftsjahrs eine Gegenüberstellung der Aufwendungen und Erträge des Geschäftsjahrs (Gewinn- und Verlustrechnung) aufzustellen.**

(3) **Die Bilanz und die Gewinn- und Verlustrechnung bilden den Jahresabschluß.**

Übersicht

Schrifttum: *Schellein* Der Einfluss der §§ 264–289 HGB auf die Rechnungslegung der Personenhandelsgesellschaften WPg 1988, 693; *Rodewald* Der maßgebliche Zeitpunkt für die Aufstellung von GmbH-Eröffnungsbilanzen BB 1993, 1693; *Schulze-Osterloh* Aufstellung und Feststellung des handelsrechtlichen Jahresabschlusses der Kommanditgesellschaft BB 1995, 2519; *IDW RS HFA* 7 Zur Rechnungslegung bei Personenhandelsgesellschaften WPg 2002, 1259.

A. Grundsätze

§ 242 enthält die **Verpflichtung** des Kfm **zur Aufstellung** von EB und Jahresbilanz (zur Erl des Kfm-Begriffs § 238 Anm 4 ff). Die *Bilanz* wird dabei als ein „das Verhältnis seines Vermögens und seiner Schulden darstellenden Abschluss" für einen bestimmten Stichtag (Stichtagsprinzip, Anm 9) bezeichnet. Bilanz und GuV, in der die Aufwendungen und Erträge des Gj gegenüberzustellen sind (Abs 2), bilden den **Jahresabschluss** (Abs 3), der jedoch bei KapGes und KapCoGes zusätzlich den Anhang umfasst (§ 264 Abs 1). 1

Näheres zu **Form** (Gliederung) und **Inhalt** (einschl Bewertung) des JA sowie zu den dabei maßgeblichen Grundsätzen ist in §§ 243 bis 256 sowie – für KapGes und KapCoGes – in §§ 264 ff geregelt.

2 Die Vorschriften zur **Steuerbilanz** finden sich in § 140 AO sowie in den §§ 4 bis 7 EStG sowie in § 60 EStDV (Beifügung von JA, ggf mit Anhang, Lagebericht, Prüfungsbericht, zur ESt-Erklärung). Die *Rechnungslegung* ist im Interesse der Gleichmäßigkeit der Besteuerung *rechtsformunabhängig* ausgestaltet. Es gilt für die Bilanzierung dem Grunde nach grundsätzlich die Maßgeblichkeit der HB für die Steuerbilanz; für die Bewertung bestehen im Steuerrecht häufig eigenständige Vorschriften. Der GesVertrag einer GmbH darf die Geschäftsführung nicht verpflichten, die Bilanz ausschließlich nach steuerlichen Vorschriften aufzustellen (*BayOLG* 5. 11. 1987 AG 1989, 59).

B. Rechtsform- und geschäftszweigspezifische Differenzierung der Rechnungslegungsvorschriften

3 Das Dritte Buch des HGB bezieht sich in seinem Ersten Abschn auf *alle Kaufleute*. Dort sind auch (im Zweiten Unterabschn, §§ 242–256) die Vorschriften zum JA enthalten. Sie sind von den EKfm, den Gestern von OHG sowie den Komplementären von KG zu beachten, wobei für die Zusammensetzung des Personenkreises die Verhältnisse im Zeitpunkt der Abschlusserstellung maßgeblich sind (*Ellerich* in HdR[5] § 242 Anm 3). Die Feststellung der von den Komplementären aufgestellten Jahresbilanz sowie die Ergebnisverwendung bedarf grds des Einverständnisses aller Gester, bei der KG auch der Kommanditisten (*BGH* 29. 3. 1996 DB 926).

4 Der Zweite Abschn des Dritten Buchs sieht für *Kapitalgesellschaften* und für *Personenhandelsgesellschaften iSd § 264a* in den §§ 264 bis 289 ergänzende und zT abw Regelungen vor. So haben Geschäftsführer einer GmbH, Vorstände einer AG, phG von KGaA und gesetzliche Vertreter von KapCoGes spezielle Ausweis- und Bewertungsvorschriften zu beachten und einen Anhang aufzustellen; bei großen und mittelgroßen KapGes und KapCoGes müssen sie zudem einen Lagebericht aufstellen (§ 264 Abs 1).

Tochter-KapGes und Tochter-KapCoGes, welche die Voraussetzungen der §§ 264 Abs 3, 4 oder 264b erfüllen, brauchen diese Vorschriften nicht anzuwenden; für sie gelten dann (nur) die Regelungen des Ersten Abschn des Dritten Buchs (s dazu § 264b Anm 10ff; *ADS*[6] (ErgBd) § 264 Anm 2ff mwN).

Der Dritte Abschn des Dritten Buchs enthält zusätzliche Regelungen für *Genossenschaften,* die ebenfalls einen Anhang und einen Lagebericht zu erstellen haben.

Auch für *Kreditinstitute* und *VersicherungsUnt* sind (unabhängig von der Rechtsform) hinsichtlich JA, Lagebericht, Prüfung und Veröffentlichung im Dritten Buch (Vierter Abschn) ergänzende, von den allgemeinen Regelungen zT abw Vorschriften enthalten (§§ 340ff, 341ff).

5 Die gesetzlichen Pflichten zur Aufstellung des JA können durch Weisungen der Gester und Regelungen im GesVertrag oder der Satzung **nicht** eingeschränkt werden.

C. Eröffnungsbilanz (Abs 1)

6 Eine EB ist „zu Beginn" des Handelsgewerbes aufzustellen. Für Kfl, die ein Handelsgewerbe nach § 1 Abs 2 betreiben, beginnt das Handelsgewerbe idR mit der Aufnahme einer gewerblichen Tätigkeit, die einen nach Art und Umfang in kfm Weise eingerichteten Geschäftsbetrieb erfordert. Die EB ist demnach zu **Beginn** der **Geschäftstätigkeit** aufzustellen; dies ist frühestens der Tag der Errichtung (Näheres *ADS*[6] § 242 Anm 19ff und *Förschle/Kropp* in Sonderbilanzen[3] B Anm 46ff für Ekfl, C Anm 34ff für PersGes).

Dieser Grundsatz gilt auch für KapGes und Kleingewerbetreibende, wenn die Kfm-Eigenschaft erst durch Eintragung in das HR entsteht, die tatsächliche Geschäftsaufnahme (Vorgesellschaft, selten Vorgründungsgesellschaft) indes vor dem (ggf zufallsbedingten) Eintragungstermin erfolgt (ausführlich *Förschle/Kropp* in *Sonderbilanzen*[3] D Anm 69 ff, C Anm 36 f).

Die Aufstellung einer EB wird aber nicht nur dann verlangt, wenn der Ge- 7
schäftsbetrieb, der zum Beginn eines Handelsgewerbes führt, völlig **neu begründet** worden ist, sondern auch dann, wenn ein Geschäft, das bisher als Handwerk oder Kleingewerbe betrieben worden ist, sich nunmehr zum kfm Betrieb **erweitert** oder wenn jemand ein bestehendes Handelsgeschäft unter Lebenden oder von Todes wegen **übernimmt** und weiterführt (s *Hüffer* in Großkomm HGB[4] § 242 Anm 22), für weitere Anlässe (zB Verschmelzung durch Neugründung, Aufspaltung, Liquidation, Abwicklung, Insolvenz) s Sonderbilanzen[3] Kapitel I, P, Q, R und *ADS*[6] § 242 Anm 21 ff.

Allerdings wird die Aufstellung einer EB dann **nicht** verlangt, wenn Gester ein- oder austreten, während die Ges im Übrigen, ggf unter anderer Firma, unverändert bleibt. Dieser handelsrechtliche Grundsatz gilt durch Bezugnahme in § 140 AO auch in steuerlicher Hinsicht.

D. Jahresbilanz (Abs 1 S 1)

Die (Jahres-)Bilanz ist zum **Schluss** eines jeden Gj aufzustellen, wobei hier 8
das Ende des letzten Tags des jeweiligen Gj (24.00 Uhr) – das uU kürzer (Rumpf-Gj), aber nicht länger als zwölf Monate dauern darf (§ 240 Abs 2) – gemeint ist. Kürzere Rumpf-Gj können im Zusammenhang mit Anteilsübertragungen entspr Abschn 53 Abs 2 S 3 KStR auch im Verlauf des letzten Tags enden. Endet die Kfm-Eigenschaft vor dem Schluss eines Gj, weil das Unt eines Kfm zB in der zweiten Jahreshälfte nur noch als Kleingewerbe betrieben wird, muss zum Ende dieses Jahrs eine Bilanz nicht aufgestellt werden (ebenso *Hüffer* in Großkomm HGB[4] § 242 Anm 53). Jedoch ist zu dem Zeitpunkt, in dem der kfm Betrieb zum Kleingewerbe wurde, eine Schlussbilanz innerhalb der einem ordnungsgemäßen Geschäftsgang entsprechenden Zeit (§ 243 Abs 3) aufzustellen.

Das **Stichtagsprinzip** besagt, dass im Rahmen der Bilanzierung die Ge- 9
schäftsvorfälle im JA zu berücksichtigen sind, die bis zum Bilanzstichtag stattgefunden haben und dass für die Bewertung die Verhältnisse des Abschlussstichtags maßgeblich sind. Nach dem Bilanzstichtag *bekannt werdende verlustbringende* Ereignisse sind insoweit zu berücksichtigen, als sie vor dem Bilanzstichtag verursacht wurden *(Wertaufhellung)*. Nach dem Bilanzstichtag *eintretende* wertmindernde Ereignisse sind für die Bilanzierung und Bewertung grds unerheblich. Eine Ausnahme von diesem Grundsatz bildet § 253 Abs 3 S 3, wonach Wertschwankungen in der nächsten Zukunft mittels Abschreibung berücksichtigt werden dürfen. Dabei müssen die Abschreibungen vernünftiger kfm Beurteilung entsprechen. Näheres ist in § 252 (Anm 34 ff) und § 253 (Anm 616 ff) dargestellt.

Das **Jahresergebnis** von PersGes wird in der Jahresbilanz (unverteilt) als 10
Jahresüberschuss oder Bilanzgewinn nur dann ausgewiesen, wenn der Jahresüberschuss zur Disposition der GesV steht. Anderenfalls wird das Jahresergebnis den Kapitalanteilen der Gester zugeschrieben, bei Kommanditisten jedoch nur, soweit der Kapitalanteil den Betrag der bedungenen Einlage unterschreitet; darüber hinausgehende Gewinnanteile der Kommanditisten werden dem sog Privatkonto zugeschrieben (s *IDW RS HFA* 7.36 f sowie § 247 Anm 687).

E. Gewinn- und Verlustrechnung (Abs 2)

11 Sie ist zum Schluss eines jeden Gj aufzustellen, Anm 8.

Eine ordnungsmäßige Rechenschaftslegung erfordert auch bei EKfm und PersGes eine **ausreichend** gegliederte GuV (ebenso *IDW RS HFA* 7.30); eine **detaillierte** Gliederung (nach dem Gesamt- oder dem Umsatzkostenverfahren), wie sie für KapGes und KapCoGes besteht, ist nicht vorgeschrieben, aber üblich; hierzu § 247 Anm 696.

Besondere Fragen wirft hierbei der Ausweis von Aufwendungen und Erträgen aus Rechtsbeziehungen zwischen der Ges und den Gestern (Zinsen auf Gester-Darlehen, feste und gewinnabhängige Tätigkeitsvergütungen geschäftsführender Gester uam) auf. Da es zu Missdeutungen bei der Beurteilung von Jahresergebnissen führen kann, wenn derartige Posten erst bei der Verteilung des Jahresergebnisses auf die Gester berücksichtigt werden und dadurch zu einer zu positiven Beurteilung der Ertragslage führen können, ist ein **Vermerk** im JA anzubringen (für Einzelheiten § 247 Anm 675 ff).

F. Erleichterungen bei der Offenlegung nach dem PublG

12 Ekfl, PersGes außerhalb § 264 a sowie KapCoGes unter den Voraussetzungen des § 264 b haben für ihre EB und JA keine externen Offenlegungspflichten; fallen PersGes außerhalb des § 264 a unter das PublG, besteht Offenlegungspflicht nur für den JA. Jedoch gelten für JA von Ekfl und von reinen PersGes nach dem PublG gewisse Erleichterungen. So braucht die GuV nicht veröffentlicht zu werden, wenn in einer **Anlage zur Bilanz** Angaben zu den Umsatzerlösen, den Erträgen aus Beteiligungen, den Personalaufwendungen, den Bewertungs- und Abschreibungsmethoden, sowie zur Zahl der Beschäftigten gemacht werden (§ 9 Abs 2 iVm § 5 Abs 5 PublG). In der publizierten Bilanz dürfen die EK-Bestandteile (einschließlich des Gewinns/Verlustes) in einem Posten, dh zusammengefasst, ausgewiesen werden (§ 9 Abs 3 PublG).

G. Folgen der Nichtbeachtung der Aufstellungspflicht

13 Bei KapGes und KapCoGes werden unrichtige Darstellungen in der EB sowie im JA mit Freiheitsstrafen, Geldstrafen, Ordnungswidrigkeiten mit Geldbußen geahndet. Rechtsformunabhängig kommen die Vorschriften der §§ 283 bis 283 b StGB im Insolvenzfall oder bei drohender Insolvenz zur Anwendung.

Steuerlich kann eine Unterlassung der Bilanz-Erstellung eine Schätzung durch das FA zur Folge haben (§ 162 AO).

H. Abweichungen der IFRS

14 IFRS 1 enthält Regelungen zur EB iSv § 242 Abs 1 und zur EB bei erstmaliger Anwendung der IFRS. Ein JA nach IFRS enthält gem IAS 1.8 unabhängig von der Rechtsform des bilanzierenden Unt:

- eine Bilanz (s dazu IAS 1.51 ff sowie Guidance on Implementing IAS 1),
- eine GuV (s dazu IAS 1.78 ff sowie Guidance on Implementing IAS 1),
- eine Darstellung mind der gesunabhängigen EK-Veränderungen (s dazu IAS 1.96 ff sowie Guidance on Implementing IAS 1),
- eine Kapitalflussrechnung (s IAS 7) und

– einen Anhang (s dazu IAS 1103 ff sowie alle übrigen IFRS/IAS), in den bei entspr Angabepflicht (kapmarktUnt) idR auch die Segmentberichterstattung (s IAS 14) und das Ergebnis je Aktie (s IAS 33) aufgenommen werden.

§ 243 Aufstellungsgrundsatz

(1) **Der Jahresabschluß ist nach den Grundsätzen ordnungsmäßiger Buchführung aufzustellen.**

(2) **Er muß klar und übersichtlich sein.**

(3) **Der Jahresabschluß ist innerhalb der einem ordnungsmäßigen Geschäftsgang entsprechenden Zeit aufzustellen.**

Übersicht

Schrifttum: *Döllerer* Grundsätze ordnungsmäßiger Bilanzierung, deren Entstehung und Ermittlung BB 1959, 1217; *Moxter* Die handelsrechtlichen Grundsätze ordnungsmäßiger Buchführung und das neue Bilanzrecht ZGR 1980, 254; *Beisse* Zum Verhältnis von Bilanzrecht und Betriebswirtschaftslehre StuW 1984, 1; *Leffson*[7] Die Grundsätze ordnungsmäßiger Buchführung, Düsseldorf 1987; *Baetge/Apelt* Bedeutung und Ermittlung der Grundsätze ordnungsmäßiger Buchführung in HdJ I/2; *Ballwieser* Zur Frage der Rechtsform-, Konzern- und Branchenunabhängigkeit der Grundsätze ordnungsmäßiger Buchführung in FS Budde, 43; *Schneider D.* Betriebswirtschaftliche Analyse von BFH-Urteilen als Grundlage einer Deduktion handelsrechtlicher GoB in FS Ludewig, 921; ; *Weber-Grellet* Maßgeblichkeitsgrundsatz in Gefahr? DB 1997, 385; *ders* Die Unmaßgeblichkeit der Maßgeblichkeit im Umwandlungsrecht DB 1997, 653; *Schoor* Frist für die Aufstellung des Jahresabschlusses nach Handels- und Steuerrecht StBp 1999, 216; *Budde/Steuber* Die verfassungsrechtlichen Grundsätze der Bestimmtheit sowie der Klarheit und die Rechnungslegung nach HGB in Baetge (Hrsg) Deutsches Bilanzrecht – In der Krise oder im Aufbruch, Düsseldorf 2001, 57; *IDW* RS HFA 7 Zur Rechnungslegung bei Personenhandelsgesellschaften WPg 2002, 1259; *Moxter* Grundsätze ordnungsgemäßer Rechnungslegung, Düsseldorf 2003; *Busse von Colbe* Anpassung der Konzernrechnungslegungsvorschriften des HGB an internationale Entwicklungen BB 2004, 2063; *Kirsch* Zukunft der HGB-Rechnungslegung und des steuerlichen Maßgeblichkeitsprinzips im Zeitalter der IFRS-Rechnungslegung? DStZ 2004, 470.

A. Allgemeines, insbesondere Begriff der GoB

1 Die GoB sind ein System von Regeln und Konventionen, das die gesamte Rechnungslegung umfasst. Entspr der herkömmlichen Praxis und der Literatur unterscheidet auch das HGB folgende Anwendungsbereiche:
- Grundsätze ordnungsmäßiger Buchführung (im engeren Sinn),
- Grundsätze ordnungsmäßiger Inventur und
- Grundsätze ordnungsmäßiger Bilanzierung.

Die GoB gelten **nur für Kaufleute** iSd HGB. Ihre Anwendung auf Unt anderer Rechtsformen kann in Spezialgesetzen (zB PublG) oder nach Landesrecht geregelt sein. Im Übrigen – zB für wirtschaftliche Vereine, Verbände, Parteien oder Stiftungen – dürfen sie nur angewendet werden, wenn die Statuten eine „kaufmännische Rechnungslegung" vorsehen. Die GoB setzen außerdem eine Bilanzierung voraus; in Einnahmenüberschuss-Rechnungen ist für sie kein Raum.

2 Den zuerst genannten Anwendungsbereich bilden die Grundsätze für die Erfassung/Dokumentation der Geschäftsvorfälle in der **Buchführung** (§§ 238, 239) sowie die Grundsätze ordnungsmäßiger **Aufbewahrung** von Büchern und Belegen (§ 257). Moderne Verfahren (insb Belegbuchführung, Datenträger, DV-gestützte Buchführungssysteme) werden hinsichtlich ihrer Zulässigkeit vom HGB ausdrücklich an die GoB gebunden.

3 Ähnliches gilt für die Grundsätze ordnungsmäßiger **Inventur** (§§ 240, 241). Auch hier sind die Vereinfachungsverfahren (Stichprobenverfahren, Buchinventur, Fortschreibungen) gem § 241 Abs 1 bis 3 nur in den als GoB anerkannten Ausgestaltungen zugelassen.

4 Hinsichtlich der für den JA geltenden und ihn prägenden Grundsätze ordnungsmäßiger **Bilanzierung** hat das HGB für alle Kfl ein geschlossenes System von Rechtsvorschriften gesetzt, unterteilt nach Allgemeinen Vorschriften (§§ 242 bis 245), Ansatzvorschriften (§§ 246 bis 251) und Bewertungsvorschriften (§§ 252 bis 256).

B. Rechtsnatur und Ermittlungsverfahren der GoB (Abs 1)

Über die **Rechtsnatur** der GoB bestehen erhebliche Meinungsunterschiede. 11
Sie werden als Gewohnheitsrecht, als Handelsbräuche und Verkehrsanschauungen angesehen. Die GoB werden aber auch als Rechtsregeln angesehen, „sie stehen als solche nicht außerhalb des gesetzten Rechts, sondern stellen Konkretisierungen desselben dar" (so *Beisse* StuW 1984, 6 Fn 42).

Die GoB sind ein **Normbefehl** in der Form eines **unbestimmten Rechts-** 12
begriffs (so *Leffson*[7], 21 mwN). Zur Ausfüllung dieses Rechtsbegriffs sollte nach einer älteren Auffassung das Verhalten des „durchschnittlichen ehrbaren Kaufmanns" empirisch festgestellt und daraus **induktiv** die GoB abgeleitet werden.

Erfahrungswissenschaftlich, also **induktiv** gewonnene Erkenntnisse allein, 13
ohne ihre Wertung als „ordnungsmäßig" oder „nicht ordnungsmäßig", sind nicht direkt verwendbar. Die induktive Methode bedarf auch nicht unbedingt der Umfragen von IHK. Die Auffassungen der Praxis zu Fragen der GoB schlagen sich außerdem im Schrifttum nieder.

Nach hM in der Betriebswirtschaftslehre sollen GoB ausschließlich aus den 14
Zwecken der Rechnungslegung **deduktiv** abzuleiten sein (*Leffson*[7], 29). Dies meint auch die Rspr des BFH (*Beisse* StuW 1984, 7). Deduktiv aus den Zwecken der Rechnungslegung sei dann zu entscheiden, wenn neue Fragen auftauchen, zu denen sich ein Handelsbrauch oder eine Verkehrsanschauung noch nicht gebildet habe. Die Erfahrung zeige aber auch, dass deduktiv aus den Zwecken der Rechnungslegung abgeleitete Entscheidungen gelegentlich zu Ergebnissen führten, die von der Praxis und dem Schrifttum nicht akzeptiert werden und dann teilweise von der Rspr zurückgenommen werden mussten (zB Bilanzierung von Bodenkontaminierungen und anderen Umweltschäden).

Die Auffassung, dass die GoB in erster Linie nicht durch statistische Erhebun- 15
gen (Anm 13), sondern **durch Nachdenken** ermittelt werden (*Döllerer* BB 1959, 1220) brachte diesen Wandel. Nach *Döllerer* soll nach den Regeln der Denkgesetze ermittelt werden, wie unter Heranziehung aller verfügbaren Erkenntnismöglichkeiten eine konkrete Bilanzierungsfrage zu entscheiden ist. *Döllerers* Auffassung der deduktiven Ermittlung des *unbestimmten Rechtsbegriffs* der GoB aus dem Sinn und Zweck der Bilanz konnte sich in der Literatur durchsetzen (s *Moxter* ZGR 1980, 259) und wurde bald von der Rspr übernommen.

Jedoch sollten auch die deduktiv gewonnenen **Erkenntnisse** am **tatsäch-** 16
lichen Verhalten der Kfl **überprüft** werden. Dies soll aber nicht bedeuten, dass ihr tatsächliches Verhalten beim Führen von Büchern und beim Bilanzieren direkt als GoB angesehen werden kann.

Die Ableitung der GoB aus dem Sinn und Zweck der Bilanz führt lediglich zu 17
einer Verlagerung des Problems: Die frühere „Feststellung einer von ehrbaren Kaufleuten geübten, herrschenden Bilanzierungsweise" wird ersetzt durch die Notwendigkeit, den „Sinn und Zweck der Bilanz" zu bestimmen. Angesichts der Vielzahl der in dem zu entscheidenden Einzelfall begründbaren Auffassungen ist eine Anknüpfung an den Sinn und Zweck der Bilanz zu unbestimmt, um daraus eine konkrete Aussage herleiten zu können (*Hachenburg*[8] § 42 GmbHG Anm 16). So sollten die **deduktive** und die **induktive Ermittlung** der GoB in einem **komplementären Verhältnis** zueinander gesehen werden (so auch *Moxter* ZGR

1980, 262). In den jeweils zu entscheidenden Einzelfällen sollte uE ein kombiniertes Verfahren aus deduktiver und induktiver Methode angewendet werden.

Die Meinungsverschiedenheit darüber, „wer in welcher Weise dieses Stück offengelassener Gesetzgebung auszufüllen berechtigt ist" (*Moxter* ZGR 1980, 275; *ders* Grundsätze ordnungsgemäßer Rechnungslegung, 9ff), braucht nicht im Sinne *einer* Auffassung entschieden zu werden, weil sich die Entwicklung und Bestimmung der GoB in einem Prozess ständiger gegenseitiger Beeinflussung vollzieht.

18 Diese Auffassung zur Ermittlung und Inhaltsbestimmung der GoB lässt weiterhin Raum für eine **induktive** Entwicklung der GoB (aus der als herrschend festgestellten Übung ordentlicher Kfl), die in der Praxis durch Stellungnahmen etc von Vertretern der Wirtschaft zum Ausdruck kommt. Gleichzeitig besteht die Notwendigkeit zur **deduktiven** Entwicklung von GoB aus den gesetzlichen Vorschriften und aus dem Zweck der Bilanz. Im Konfliktfall muss die induktive Methode der deduktiven Methode weichen. Das gilt insb für neu aufgetretene Bilanzierungsfragen, s zB Anm 21.

In der Literatur werden weitere Methoden zur Ermittlung von GoB erörtert, so die **interdisziplinäre Methode,** die in dem Verweis auf die GoB auch einen Verweis auf die Wissenschaften allgemein sieht, so dass der Richter verpflichtet ist, auch wirtschaftswissenschaftliche Erkenntnisse in seine Entscheidung einzubeziehen. Die **hermeneutische Methode** soll durch Erkennen und Verarbeiten aller nur denkbaren Einflüsse auf die Rechnungslegung die handelsrechtlichen GoB ermitteln (*Baetge/Apelt* in HdJ I/2 Anm 28ff). Die Akzeptanz dieser Methode findet zunehmend Anhänger (so *ADS*[6] § 243 Anm 18 mwN). Sie verbindet Elemente der Induktion und der Deduktion, um so zu begründeten Entscheidungen unter Berücksichtigung sämtlicher relevanten Determinanten zu gelangen, *ADS*[6] § 243 Anm 19. Bisher hat sich allerdings – und insgesamt gesehen – **noch keine allseits akzeptierte Lehre** zur Ermittlung der GoB herausgebildet, glA *ADS*[6] § 243 Anm 20.

19 Gesetzliche Vorschriften können und wollen nur allgemeingültige Regelungen geben oder konkrete Entscheidungen in häufig vorkommenden Einzelfragen treffen. Auf jeden Einzelfall passende Regeln können sie nicht geben.

Außerdem will das HGB die Kfl nicht durch zu detaillierte gesetzliche Regelungen daran hindern, ihre Bilanzierung an **neue Erkenntnisse** sowie an die **Entwicklungen** des Wirtschaftslebens und der Technik anzupassen. So wird die erwünschte und notwendige Entwicklung der GoB zur Anpassung an die sich ständig ändernden Verhältnisse der Wirtschaft vom HGB nicht verwehrt.

20 Es wird immer eine größere Zahl von Fragen geben, die durch Auslegung von Einzelvorschriften des HGB und der jeweiligen GoB gelöst werden müssen, zB die Fragen der Bilanzierung (Zuordnung) von Treuhand-, Kommissions- und Leasing-Geschäften und in jüngerer Zeit auch zu Kontrakten über Derivate (s §§ 246, 247). Pensionsgeschäfte sind in § 340b ausführlich – und uE allgemeingültig – geregelt. Die wesentlichen **Bewertungsprinzipien,** früher „nur" als GoB geltend, sind in § 252 kodifiziert, Anm 31, 32. Ferner gibt es Literatur und Rspr zu wichtigen Einzelfragen, wie zur Gewinnrealisierung bei langfristiger Fertigung (s zB § 255 Anm 457ff) oder zur Aktivierung von Kosten der Beschaffung von Großaufträgen (§ 255 Anm 456).

21 Bekanntlich wird seit längerer Zeit auch der Umfang zulässiger Rückstellungen aus **Arbeitsverträgen** diskutiert (Stichworte: Jubiläumsgelder, Altersteilzeit, Mehrausbildung, Sozialplankosten) sowie die Rückstellungs*möglichkeit* für Umweltschäden und sog health-care-Verpflichtungen.

22 Die Fortentwicklung der **(Konzern-)GoB** hat durch die im Rahmen des KonTraG umgesetzte Entscheidung des deutschen Gesetzgebers, ua die Ent-

wicklung von Empfehlungen zur Anwendung der Grundsätze über die Konzernrechnungslegung an ein privatrechtliches Gremium zu übertragen (§ 342 Abs 1), eine gewisse Besonderheit erfahren. Diese Aufgabe wird seitdem durch das **DRSC** wahrgenommen. Die von ihm herausgegebenen Standards (DRS) haben – sobald vom BMJ (idR im BA) bekannt gemacht – gem § 342 Abs 2 die Vermutung inne, Konzern-GoB zu sein (s § 342 Anm 7 ff).

C. Normierte Grundsätze ordnungsmäßiger Bilanzierung im HGB

Die in den Kommentaren zum Bilanzrecht erläuterten **wichtigsten GoB** 31
sind im HGB **für alle Kaufleute** normiert. Im Einzelnen:
- Stichtagsprinzip (§ 242 Abs 1 und 2)
- Persönliche Zuordnung („*sein* Vermögen" und „*seine* Schulden": § 242 Abs 1)
- Klarheit und Übersichtlichkeit (§§ 243 Abs 2, 247 Abs 1)
- Vollständigkeit (§ 246 Abs 1)
- Verrechnungsverbot (§ 246 Abs 2)
- Kontinuität
  - Bilanzidentität (§ 252 Abs 1 Nr 1)
  - Bewertungsstetigkeit (§ 252 Abs 1 Nr 6)
- Going-concern-Prinzip (§ 252 Abs 1 Nr 2)
- Prinzip der Einzelbewertung (§ 252 Abs 1 Nr 3)
- Grundsatz der Vorsicht
  - Imparitätsprinzip (§ 252 Abs 1 Nr 4 Halbsatz 1)
  - Niederstwertprinzip (§ 253 Abs 1–3)
  - Realisationsprinzip (§ 252 Abs 1 Nr 4 Halbsatz 2)
- Bewertungsobergrenze AK/HK (§ 253 Abs 1)
- Periodengerechte Zuordnung von Aufwendungen und Erträgen (§ 252 Abs 1 Nr 5).

Für gliederungsgebundene Unt (= KapGes und KapCoGes, eG und dem 32
PublG unterliegende Unt) werden der Grundsatz der **Klarheit** und für die KapGes und KapCoGes auch der Grundsatz der **Vorsicht** noch ergänzt:
- Grundsätze der Klarheit und Übersichtlichkeit
  - Gliederungsvorschriften für den JA (§§ 265, 266, 275, 277)
- Grundsatz der Vorsicht
  - Spezielle Bewertungsregeln (§§ 279, 280, 282, 283)

mit dem Ziel des
- Einblicks in die VFE-Lage (§ 264 Abs 2).

Die in Anm 31 aufgeführten GoB für den JA sind bei den jeweils zitierten 33
Paragraphen erläutert. Sie werden auch im einschlägigen Schrifttum als „GoB" bezeichnet (zB *ADS*[6] § 243 Anm 9, 22, 22 a).

Das in den USA als „oberer GoB" anerkannte **matching principle** – zu- 35
sammengehörende Aufwendungen und Erträge sind der gleichen Rechnungsperiode zuzuordnen – gilt nach deutschem Handelsrecht grds nicht. Bereits 1969 hat der *BFH* (29. 10. 1969 BStBl II 1970, 178) entschieden: „Es gibt weder einen handelsrechtlichen Grundsatz ordnungsmäßiger Bilanzierung noch einen steuerrechtlichen Grundsatz, der es ... zuließe, ganz allgemein Ausgaben im Wege der aktiven Rechnungsabgrenzung in das Wirtschaftsjahr zu verlagern, in dem die Einnahmen fließen, aus denen die Ausgaben gedeckt werden sollen."

Das Verbot, **fiktive Posten** zu bilanzieren wird durch das Vollständigkeits- 36
gebot des § 246 iVm § 253 Abs 1 sichergestellt.

37 Für den **Konzernabschluss** enthält § 298 Abs 1 S 1 zwar keinen Verweis auf § 243; materiell sind die Gebote des § 243 jedoch in § 297 Abs 2 S 1 und 2 wiederholt und die in den Anm 31 und 32 aufgezählten Einzelvorschriften gem § 298 Abs 1 sämtlich anzuwenden. Hinzu treten für den KA spezielle Grundsätze, die sich aus der wirtschaftlichen Einheit des Konzerns und den KonsMaßnahmen ergeben; s § 297 Anm 190 ff, § 300 Anm 39 ff und § 308 Anm 4 ff.

D. Klarheit und Übersichtlichkeit (Abs 2)

I. Allgemeines

51 Der in § 243 Abs 2 normierte Grundsatz der Klarheit und Übersichtlichkeit gilt für **alle Kaufleute,** also auch für dem PublG unterworfene Unt (Anm 71), für KapGes und KapCoGes. Wird für Zwecke der Offenlegung ein IFRS-EA verwendet, hat auch dieser dem Gebot der Klarheit und Übersichtlichkeit zu entsprechen (§ 325 Abs 2 a).

52 Er betrifft die **äußere Form** und die **Art der Darstellung** des gesamten JA, bei der Bilanz und der GuV also speziell die Gliederung und beim Anhang der KapGes und gleichgestellter Unt (Anm 54) vor allem die ErlWeise. Er soll jede Art von verschleiernder Darstellung verhindern.

53 Soweit **Wahlmöglichkeiten** bzgl der äußeren Form und der Art der Darstellung des JA bestehen (Anm 55 ff), ist die Entscheidung stets so zu treffen, dass die gesetzliche Forderung nach Klarheit und Übersichtlichkeit des JA erfüllt wird. Dabei ist aber zu berücksichtigen, dass das HGB nur eine klare und übersichtliche, nicht aber „die klarste und übersichtlichste" Darstellungsweise verlangt. Den Wünschen des Unt hinsichtlich der äußeren Form des JA kann deshalb (im Rahmen der bestehenden Wahlmöglichkeiten) Rechnung getragen werden, soweit der JA „klar und übersichtlich" ist.

II. Einzelkaufleute und Personenhandelsgesellschaften

54 Für Kfl, die weder KapGes noch diesen hinsichtlich der Gliederung des JA weitgehend gleichgestellte Unt (wie zB KapCoGes, eG, Banken oder VersicherungsUnt) sind, ist der Grundsatz der Klarheit und Übersichtlichkeit im HGB nur in § 246 Abs 2 (Saldierungsverbot), in § 247 Abs 1 (hinreichende Aufgliederung der Bilanz) und in § 247 Abs 3 (gesonderter Ausweis von Sonderposten mit Rücklageanteil) gesetzlich konkretisiert. Für KapGes (sowie KapCoGes und für eG gem § 336 Abs 2) ist er dagegen im Rahmen der §§ 264 c, 265 bis 288 in zahlreichen Spezialgesetzen (AktG, GmbHG) präzisiert. Diese Einzelvorschriften gelten für sonstige Kfl prinzipiell nicht, da sie **Spezialregelungen für KapGes und KapCoGes** sind (so auch *ADS*[6] § 243 Anm 35). Soweit sie Wahlrechte einräumen (wie § 268 Abs 5 S 2 bzgl der Absetzung erhaltener Anzahlungen von den Vorräten) oder nur ein unverzichtbares Element einer jeden klaren und übersichtlichen Rechnungslegung normieren (wie § 265 Abs 1 S 1 betr die Beibehaltung der Form der Darstellung) oder Abweichungen von einer Grundregel ausdrücklich als Mittel zur Erzielung eines klaren und übersichtlichen JA vorschreiben (wie § 265 Abs 6 bzgl der Änderung der Gliederung und der Postenbezeichnung), gelten sie aber **entsprechend auch für andere Kaufleute,** da auch diese dem Grundsatz der Klarheit und Übersichtlichkeit unterworfen sind. Für die dem PublG unterworfenen Unt s Anm 71.

Im Einzelnen bedeutet der Grundsatz für Ekfl und für PersGes, die weder durch § 264a erfasst noch dem PublG unterworfen sind, insb Folgendes (s auch *IDW* RS HFA 7 Anm 1ff):

55 a) Von den für die jeweilige Branche, Rechtsform oder UntGröße geltenden **gesetzlichen Gliederungsschemata** der Bilanz und der GuV darf nicht abgewichen werden, es sei denn, dass eine andere Gliederung durch vorrangige Bestimmungen vorgeschrieben (s insb Formblätter gem § 330) oder erlaubt ist. Dabei ist auch § 265 Abs 6 zu beachten, wonach von der gesetzlichen Gliederung in bestimmtem Umfang abgewichen werden muss, wenn dies wegen Besonderheiten des Unt zur Aufstellung eines klaren und übersichtlichen JA erforderlich ist.

56 Kfl, die nicht KapGes bzw KapCoGes oder eG sind, haben allerdings nach dem HGB kein detailliertes gesetzliches Gliederungsschema zu beachten. Sie brauchen vielmehr – sofern sie keinem Spezialgesetz wie zB Formblattvorschriften unterliegen – in der Bilanz nur die wenigen in § 247 Abs 1 und 3 genannten Sammelposten auszuweisen und „hinreichend aufzugliedern" (§ 247 Anm 4ff). Entspr gilt für die GuV (§ 242 Anm 11). EKfm und reine PersGes sollten ihrem JA jedoch stets freiwillig die Gliederung der §§ 266 und 275f zugrunde legen. Denn infolge des relativ hohen allgemeinen Bekanntheitsgrads dieser Gliederung wird eine andere Gliederung des JA nur in Ausnahmefällen im Hinblick auf Klarheit und Übersichtlichkeit gleichwertig sein können.

57 b) Die **Bezeichnung** der einzelnen Posten eines anzuwendenden (oder freiwillig angewandten) gesetzlichen Gliederungsschemas darf (bzw sollte) prinzipiell nicht verändert werden. Eine Änderung muss aber vorgenommen werden, wenn dies wegen Besonderheiten des Unt zur Aufstellung eines klaren und übersichtlichen JA erforderlich ist (§ 265 Abs 6).

58 c) Die **Reihenfolge** der einzelnen Posten eines anzuwendenden (oder freiwillig angewandten) Gliederungsschemas darf (bzw sollte) ebenfalls grds nicht verändert werden. Auch hier muss eine Änderung aber dann erfolgen, wenn dies wegen Besonderheiten des Unt zur Aufstellung eines klaren und übersichtlichen JA erforderlich ist (§ 265 Abs 6).

59 d) Die einzelnen Posten eines anzuwendenden gesetzlichen Gliederungsschemas müssen grds **gesondert** ausgewiesen werden. Bei freiwilliger Anwendung ist dagegen eine Zusammenfassung von Posten, die keine Saldierung (s Anm 60) darstellt, zulässig, und zwar bei der Bilanz theoretisch bis zu den in § 247 genannten Sammelposten, sofern damit im Einzelfall dem Erfordernis einer hinreichenden Aufgliederung iSd § 247 Abs 1 ausnahmsweise Genüge getan wird. Bei jeder Zusammenfassung ist aber zu beachten, dass diese zu keiner Verschleierung führen darf. Es darf daher keine gruppenübergreifende Zusammenfassung von Einzelposten erfolgen, solange die betreffenden Gruppen noch getrennt ausgewiesen werden.

60 e) Eine **Saldierung** von Aktiv- und Passivposten ist grds ebenso unzulässig wie eine Saldierung von Aufwendungen und Erträgen (§ 246 Abs 2). Das Saldierungsverbot wird allerdings von zahlreichen Ausnahmen durchbrochen (§ 246 Anm 105–115).

61 f) Eine **Erweiterung** eines anzuwendenden oder freiwillig angewandten gesetzlichen Gliederungsschemas ist – soweit keine Spezialgesetze wie zB Formblattvorschriften entgegenstehen – grds zulässig, und zwar nicht nur iS einer Untergliederung (also einer Aufgliederung eines Postens in mehrere Unterposten), sondern auch durch den Vermerk von Teilmengen eines Postens und sogar durch Hinzufügung gänzlich neuer Posten, sofern deren Inhalt nicht von einem gleichzeitig ausgewiesenen anderen Posten abgedeckt wird (§ 265 Abs 5). Zusätzliche Posten jeder Art sind so eindeutig wie möglich zu bezeichnen. Ein neuer Posten ist im Interesse der Übersichtlichkeit nach demjenigen

Posten des gesetzlichen Gliederungsschemas einzufügen, zu dem er inhaltlich am ehesten gehört. Insgesamt ist bei Erweiterungen des gesetzlichen Gliederungsschemas zu beachten, dass ein Übermaß an Erweiterungen die Klarheit und Übersichtlichkeit des JA beeinträchtigt und daher unzulässig ist (glA *ADS*[6] § 243 Anm 32).

62 g) Die in der Bilanz sowie die in der GuV ausgewiesenen Posten müssen so **untereinander gesetzt** werden, dass jeder Posten mit dem dazugehörigen Betrag eine besondere Zeile erhält.

63 h) Posten, die **keinen Betrag** ausweisen, sollten weggelassen werden (§ 265 Abs 8). Weggelassene Posten dürfen bei der fortlaufenden Nummerierung der Posten des JA nicht berücksichtigt werden.

64 i) Bei größeren Unt ist es üblich, die im JA anzugebenden Summen auf volle € zu **runden.** Da dies die Übersichtlichkeit des JA erhöht, ohne seine Aussagefähigkeit zu beeinträchtigen, sind hiergegen keine Einwendungen zu erheben. Entspr gilt bei GroßUnt für Rundungen auf volle tausend € oder bei Milliarden-Abschlussposten auch auf volle Mio € (glA *ADS*[6] § 243 HGB Anm 28).

65 j) Die Form der Darstellung in der Bilanz und in der GuV ist im Folgejahr **beizubehalten,** es sei denn, dass Abweichungen wegen besonderer Umstände sachlich gerechtfertigt sind (s die Erl zu § 265 Abs 1; *WPH* I[12] E 447). Denn eine willkürliche Änderung der Form der Darstellung kann eine Verschleierung bewirken. Eine Verpflichtung zur Angabe von Vj-Zahlen besteht nicht, erscheint jedoch zweckdienlich (*ADS*[6] § 247 Anm 30, *WPH I*[12] E 449); erfolgt eine Angabe der Vj-Zahlen, sind diese jedoch mit den Beträgen des aktuellen Berichtsjahrs nicht vergleichbar, besteht zudem ErlPflicht (§ 265 Abs 2).

III. Kapitalgesellschaften

66 Die vorstehenden Ausführungen (Anm 55 ff) gelten grds auch für KapGes und KapCoGes, da Abs 2 auch auf diese Anwendung findet (Anm 51). Der Zweite Abschnitt des Dritten Buchs des HGB (insb § 265) enthält jedoch darüber hinaus zahlreiche Einzelvorschriften zur äußeren Form und zu der Art der Darstellung der **Bilanz und der GuV.** Diese **Einzelvorschriften gehen** dem allgemeinen Grundsatz der Klarheit und Übersichtlichkeit prinzipiell **vor.** KapGes/KapCoGes dürfen diese Einzelvorschriften also nicht etwa unter Berufung auf den Grundsatz des Abs 2 generell außer Acht lassen. Eine spezielle Ausnahmeregelung enthält aber § 265 Abs 6, der eine Abweichung von bestimmten Einzelvorschriften sogar vorschreibt, wenn dies zur Aufstellung eines klaren und übersichtlichen JA erforderlich ist.

67 Bzgl des von KapGes/KapCoGes aufzustellenden **Anhangs** enthält der Zweite Abschnitt – außer in § 265 Abs 1 – keine Einzelvorschriften, welche die äußere Form und die Art der Darstellung betreffen. § 265 Abs 1 regelt aber nur, dass die Form der Darstellung beizubehalten ist. In allen übrigen Belangen ist daher auf den Grundsatz des Abs 2 zurückzugreifen. Aus ihm folgt, dass die Erl im Anhang im Interesse der Übersichtlichkeit in einer sachbezogenen Reihenfolge (zB entspr der Postenfolge der Bilanz und der GuV) zu geben und klar zB drucktechnisch oder durch Zwischenüberschriften) zu gliedern sind (§ 284 Anm 25 ff mwN). Sie müssen einen eindeutigen Aussageinhalt und eine leicht verständliche sprachliche Form haben. Außerdem sind sie – sofern bestimmte Angaben nicht ausdrücklich vorgeschrieben sind – auf das zu beschränken, was zur Vermittlung eines den tatsächlichen Verhältnissen entspr Bilds wesentlich ist. Denn Zusätze, die nicht wesentlich sind, würden die Klarheit und Übersichtlichkeit des JA beeinträchtigen. Entspr gilt für den **Lagebericht** (§ 289 Anm 12).

IV. Rechtsfolgen einer Verletzung des Abs 2

Für eine Verletzung des Gebots der Klarheit und Übersichtlichkeit sieht das HGB keine speziellen **zivilrechtlichen** Rechtsfolgen vor. Jedoch kann bei prüfungspflichtigen Unt in besonders schwerwiegenden Fällen eine Einschränkung des BVm (§ 322 Abs 4) oder gar eine Nichtigkeit des JA (§ 256 Abs 4 AktG) in Betracht kommen. **68**

Bzgl **straf- und bußgeldrechtlicher** Konsequenzen s die Erl zu den §§ 331 Nr 1 und 334 Abs 1 Nr 1 a. **69**

V. Zur steuerlichen Bedeutung des Abs 2

Abs 2 hat als eine Norm, die nur die äußere Form des JA betrifft, praktisch keine steuerliche Bedeutung. **70**

VI. Zur Rechtslage nach dem Publizitätsgesetz

Abs 2 gilt auch für Unt, die dem PublG unterliegen. Diese sind dem Grundsatz der Klarheit und Übersichtlichkeit, allerdings gem den für KapGes geltenden Sondervorschriften (Anm 66) unterworfen, da nach § 5 PublG alle die äußere Form und die Art der Darstellung des JA betr Vorschriften der §§ 264 bis 288 (und insb auch § 265) auf publizitätspflichtige Unt sinngemäß anzuwenden sind. Bei einer Verletzung des Abs 2 können sich straf- und bußgeldrechtliche Konsequenzen aus den §§ 17 Nr 1 und 20 Abs 1 Nr 1 a PublG ergeben (s auch die Erl zu den ähnlich formulierten §§ 331 Nr 1 und 334 Abs 1 Nr 1 a). **71**

E. Die Aufstellungsfrist (Abs 3)

I. Geltungsbereich

Gegenstand des Abs 3 ist die Aufstellungsfrist des JA (§ 242 Abs 3). Da jedoch die Aufstellungsfristen (= Ende der Abschlusserstellung) für KapGes und KapCoGes in § 264 Abs 1 und die großen EKfm und PersGes (soweit nicht durch § 264 a erfasst) bereits in § 5 Abs 1 PublG geregelt sind, betrifft Abs 3 **nur** die nicht vom PublG (bzw § 264 a) erfassten **Einzelkaufleute und (reine) Personenhandelsgesellschaften.** Anhaltspunkte für die Dauer der Aufstellungsfrist für die JA solcher Unt, die das HGB als „einem ordnungsmäßigen Geschäftsgang entsprechend" angesehen hat, lassen sich aus den zuvor genannten Vorschriften entnehmen; sie können aber auch länger sein (Anm 92 f). **91**

Die gesetzlichen Fristen für die Aufstellung des JA für **AG, KGaA, GmbH** (§ 264 Abs 1) und für die unter das PublG fallenden Unt (§ 5 Abs 1 PublG) betragen drei Monate nach Beendigung des Gj. Für **kleine Kapitalgesellschaften/KapCoGes** beträgt die Frist bis zu **6 Monate** (§ 264 Abs 1), bei **Genossenschaften** 5 Monate (§ 336 Abs 1 S 2). **Kreditinstitute** müssen weiterhin innerhalb von 3 Monaten (§ 26 Abs 1 KWG), **Versicherungsunternehmen** innerhalb von 4 Monaten ihren JA erstellen (§ 341 a Abs 1; für RückversicherungsUnt mit Bilanzstichtag 31. 12. kommt eine Frist von 10 Monaten in Betracht, § 341 a Abs 5).

Die vorgenannten Zeiträume (Fristen) sind jedoch Ausfluss des Schutzprinzips zugunsten der **Gesellschafter,** denen die Verwaltung Rechenschaft zu legen hat, und der **Gläubiger.** Die Rspr sowohl der Finanz- als auch der Strafgerichte hat unterschiedliche Auffassungen über eine zulässige Dauer der Aufstellungsfrist vertreten. Die in den Urteilen genannten Fristen richten sich nach den jeweiligen individuellen Interessen und Zwecken der jeweiligen Parteien. Auch kommen hierbei Divergenzen zwischen Handels-, Steuer- und Strafrecht zum Ausdruck. Bei Auflösung einer GmbH beginnt für den Liquidator die Aufstellungsfrist des letzten JA der werbenden Ges nicht erst mit seiner Bestellung, sondern bereits mit dem Ende des abgeschlossenen (Rumpf-)Gj (s *Förschle/Deubert* in Sonderbilanzen[3], *R 105 f*).

Hat das Unt auch einen **Konzernabschluss** aufzustellen, sind zusätzlich die Aufstellungsfristen für diesen zu beachten.

II. Handelsrechtliche Auslegung

92 Grds ist bei der Auslegung des **unbestimmten Rechtsbegriffs** „der einem ordnungsmäßigen Geschäftsgang entsprechenden Zeit" auf die **Verhältnisse des** betreffenden **Unt** und die **billigerweise** zu stellenden **Anforderungen** abzustellen. Im handelsrechtlichen Schrifttum wird zum Teil die Auffassung vertreten, dass die Frist bis zu 6 Monaten beträgt (glA *Baumbach/Hopt*[31] § 243 Anm 10).

93 Da hier dieser unbestimmte Rechtsbegriff nur für EKfm sowie für OHG und KG (sofern keine KapCoGes) auszulegen ist, bei denen die Gester größere (Mitsprache-)Rechte haben, ist uE ein **längerer Zeitraum als 6 Monate** angebracht, ebenso *ADS*[6] § 243 Anm 42. Diese Ansicht wird auch vom BFH gestützt, der mit U vom 6. 12. 1983 (BStBl II 1984, 227) entschieden hat, dass eine Bilanz, die nach Ablauf eines Jahrs nach Abschluss des Gj aufgestellt wird, nicht mehr innerhalb der einem ordnungsmäßigen Geschäftsgang entspr Zeit aufgestellt ist. Daraus folgt, dass ein JA innerhalb „der einem ordnungsmäßigen Geschäftsgang entsprechenden Zeit" aufgestellt ist, wenn die Aufstellung **spätestens 12 Monate** nach Ablauf des Gj erfolgt ist (aA *Baetge/Fey/Fey* in HdR[5] § 243 Anm 93, die eine Überschreitung der Frist von 6 bis 9 Monaten ablehnen). Eine Verlängerung dieser Frist durch **gesellschaftsvertragliche Vereinbarungen** ist nicht zulässig.

III. Steuerliche Auslegung

94 Für die **Steuerbilanz** gibt es keine explizit normierte Aufstellungsfrist. Zwar gibt es Fristen für die Abgabe der ESt-/KSt-Erklärungen (s § 149 Abs 2 AO mit der Möglichkeit der Verlängerung gem § 109 Abs 1 AO); diese greifen aber nur in beschränktem Maße für die Steuerbilanz, da diese lediglich als „Unterlage" (§ 150 Abs 4 S 1 AO) den Steuererklärungen beizufügen ist (s *Tipke/Kruse* § 150 Anm 9 und § 153 Anm 3). Die Vorlage der Steuerbilanz ist zwar erzwingbar, berechtigt jedoch nicht zum Verspätungszuschlag (s *Tipke/Kruse* § 150 Anm 9 und § 152 Anm 4 a). Zur Aufstellungsfrist nach Steuerrecht s auch *Schoor* StBp 1999, 216.

Da die **Buchführung** aber **nicht mehr ordnungsgemäß** ist, wenn die Steuerbilanz zu spät (dh nicht in der einem ordnungsmäßigen Geschäftsgang entspr Zeit) aufgestellt wird (*BFH* 6. 12. 1983 BStBl II 1984, 227), ist damit auch steuerlich die Frist des Abs 3 einzuhalten.

IV. Strafvorschriften bei versäumter Aufstellungsfrist in der Krise

95 Befindet sich ein Unt in einer Krise, erhalten die Aufstellungsfristen im Interesse der Gläubiger ein besonderes Gewicht. Der *BGH* sowie das *BVG* (Beschluss vom 15. 3. 1978 BB, 572) sagen, dass in diesem Falle der JA zeitnah und ohne schuldhaftes Zögern aufzustellen sei. Dabei wird ein Zeitraum von 2 bis

3 Monaten genannt. Mit den Abschlussarbeiten ist daher unverzüglich zu beginnen (*Baetge/Fey/Fey* in HdR[5] § 243 Anm 94ff). Kommt der Kfm dieser Anforderung trotz Kenntnis der Krisensituation nicht nach, sehen die §§ 283, 283b StGB sowohl Geld- als auch Freiheitsstrafen vor.

Im Übrigen ist die **Frist** nach Abs 3 auch bei KapGes nicht durch Sanktionen gesichert; wie hier *Baetge/Fey/Fey* in HdR[5] § 243 Anm 100; aA *ADS*[6] § 243 Anm 45: Fristenüberschreitung verletzt Abs 1 und damit § 334 Abs 1 Nr 1a.

F. Die Maßgeblichkeit der Handelsbilanz für die Steuerbilanz

I. Der Maßgeblichkeitsgrundsatz

Die handelsrechtlichen Rechnungslegungsvorschriften einschl der nicht kodi- 111
fizierten GoB sind grds auch für den Ansatz des Betriebsvermögens zum Zwecke der Besteuerung maßgebend. Eine nach den GoB aufgestellte HB bildet daher zugleich die **Grundlage für die steuerliche Gewinnermittlung.** Denn § 5 Abs 1 S 1 EStG bestimmt, dass „bei Gewerbetreibenden, die auf Grund gesetzlicher Vorschriften verpflichtet sind, Bücher zu führen und regelmäßig Abschlüsse zu machen, oder die ohne eine solche Verpflichtung Bücher führen und regelmäßig Abschlüsse machen, für den Schluss des Wirtschaftsjahres das Betriebsvermögen anzusetzen ... (ist), das nach den handelsrechtlichen GoB auszuweisen ist". Außerdem sind gem § 5 Abs 1 S 2 EStG „steuerliche Wahlrechte bei der Gewinnermittlung in Übereinstimmung mit der handelsrechtlichen Jahresbilanz auszuüben", sofern nicht steuerliche Spezialgesetze etwas anderes anordnen. Die sich hieraus ergebende grds Maßgeblichkeit der HB für die Steuerbilanz gilt nach hM nicht nur für die Frage, welche VG und Schulden in der Steuerbilanz anzusetzen sind, sondern auch für ihren Wertansatz in der Steuerbilanz (*BFH* 25. 4. 1985 BStBl II 1986, 350; *BFH* 24. 1. 1990 BStBl II, 426).

Der Maßgeblichkeitsgrundsatz ist aber in vielfacher Weise **eingeschränkt** 112
(Anm 113ff). Denn wenn das Steuerrecht eigene Bestimmungen enthält, gehen die speziellen steuerrechtlichen Ansatz- und Bewertungsvorschriften für Zwecke der Besteuerung den Regelungen des HGB und den nicht kodifizierten GoB vor. Außerdem werden nicht alle handelsrechtlichen Wahlrechte steuerlich anerkannt; ähnlich *Weber-Grellet* in Schmidt[24] § 5 Anm 31.

II. Ansatzvorschriften

1. Zwingendes Handelsrecht

Zwingende handelsrechtliche Ansatzvorschriften gelten gem § 5 Abs 1 EStG 113
auch für das Steuerrecht, sofern dieses keine abw Bestimmungen enthält; glA *Weber-Grellet* in Schmidt[24] § 5 Anm 30. Ein nach den handelsrechtlichen GoB bestehendes **Aktivierungs- oder Passivierungsgebot** begründet deshalb grds auch steuerlich eine Aktivierungs- bzw Passivierungspflicht (so muss zB eine handelsrechtlich erforderliche Rückstellung für die Kosten des JA auch steuerlich gebildet werden). Und ein handelsrechtliches **Bilanzierungsverbot** führt auch steuerlich grds zu einem Aktivierungs- bzw Passivierungsverbot (wie zB das Aktivierungsverbot des § 248 für Gründungs- und EK-Beschaffungskosten). Diese Grundsätze sind allerdings durch Abs 4a und Abs 4b S 2 des § 5 EStG (Verbot von Rückstel-

lungen für drohende Verluste aus schwebenden Geschäften sowie für bestimmte Entsorgungsverpflichtungen radioaktiver Stoffe) durchbrochen worden.

2. Handelsrechtliche Ansatzwahlrechte

114 Im Falle eines handelsrechtlichen Ansatzwahlrechts gilt der Maßgeblichkeitsgrundsatz – trotz § 5 Abs 1 S 2 EStG – dagegen idR nicht. Denn der BFH hat den Grundsatz aufgestellt, dass das, was handelsrechtlich aktiviert werden *darf,* steuerlich prinzipiell aktiviert werden *muss* und dass das, was handelsrechtlich nicht passiviert werden *muss,* steuerrechtlich im Allgemeinen nicht passiviert werden *darf* (*Weber-Grellet* in Schmidt[24] § 5 Anm 31 mwN). Dieser BFH-Grundsatz gilt nur dann nicht, wenn auch das Steuerrecht ausdrücklich ein Ansatzwahlrecht enthält. Dies ist aber nur selten der Fall (Anm 118).

115 Der in Anm 114 genannte BFH-Grundsatz hat **für die Aktivseite** der Bilanz insb für folgende handelsrechtliche Wahlrechte Bedeutung:

a) Das in § 250 Abs 3 behandelte **Disagio** von Verbindlichkeiten und Anleihen muss steuerlich als RAP aktiviert werden.

b) Für zu erwartende **Dividenden** eines abhängigen Unt besteht nach neuerer Rspr (*BFH* GrS 7. 8. 2000 BB, 2247) grds ein Aktivierungsverbot.

116 Der in Anm 114 genannte BFH-Grundsatz gilt aber **nicht** für handelsrechtliche **Bilanzierungshilfen** (wie zB das Wahlrecht bzgl der Aktivierung von Aufwendungen für die Ingangsetzung des Geschäftsbetriebs iSd § 269). Denn da Bilanzierungshilfen keine VG sind, besteht hier steuerlich keine Aktivierungspflicht, sondern ein Aktivierungsverbot (§ 269 Anm 9 und 18 und *Weber-Grellet* in Schmidt[24] § 5 Anm 32).

117 Auf der **Passivseite** der Bilanz hat der in Anm 114 genannte BFH-Grundsatz insb für folgende handelsrechtliche Wahlrechte Bedeutung:

a) Das in § 249 Abs 1 S 3 normierte Wahlrecht bzgl der Bildung einer Rückstellung für unterlassene **Instandhaltung,** die erst *nach* Ablauf der ersten drei Monate des folgenden GJ nachgeholt wird, gilt steuerlich nicht. In der Steuerbilanz darf eine solche Rückstellung daher nicht gebildet werden (§ 249 Anm 110).

b) Gleiches gilt für die **Aufwandsrückstellungen** iSd § 249 Abs 2 (§ 249 Anm 300ff).

c) Bzgl der bereits vor Beendigung des Vertragsverhältnisses gebildeten Rückstellung für künftige **Ausgleichsverpflichtungen gegenüber Handelsvertretern** nach § 89b geht der BFH von einem handelsrechtlichen Passivierungswahlrecht aus und folgert daraus ein steuerliches Passivierungsverbot (die Schuld ist aber bei Vertragsende zu passivieren, glA *Weber-Grellet* in Schmidt[24] § 5 Anm 550).

d) Das Passivierungswahlrecht für **mittelbare Pensionsverpflichtungen** gem Art 28 Abs 1 S 2 EGHGB führt steuerlich zu einem Passivierungsverbot (*BMF* 13. 3. 87 WPg, 240).

118 Für die Passivseite gilt der in Anm 114 genannte BFH-Grundsatz aber dann nicht, wenn auf Grund einer ausdrücklichen Vorschrift **auch steuerlich** ein **Passivierungswahlrecht** besteht. Dann kommt es wieder zur Anwendung des Maßgeblichkeitsgrundsatzes, sofern nichts Abweichendes bestimmt ist. Wichtige Beispiele sind die Wahlrechte bzgl der Bildung von **Sonderposten mit Rücklageanteil** iSd §§ 247 Abs 3 und 273 (sofern sie nicht ausnahmsweise von der handelsbilanziellen Handhabung unabhängig sind) sowie das Wahlrecht bzgl der Bildung von **Pensionsrückstellungen** für vor 1987 erteilte Pensionszusagen (Art 28 Abs 1 EGHGB; § 249 Anm 151ff), das gem § 6a EStG – mit gewissen Einschränkungen – auch steuerlich gilt. In allen diesen Fällen setzt eine Passivierung in der Steuerbilanz voraus, dass eine Passivierung auch in der HB erfolgt.

III. Bewertungsvorschriften

Nach dem Maßgeblichkeitsgrundsatz des § 5 Abs 1 EStG ist grds auch für die steuerliche Bewertung von der HB auszugehen (Anm 111). Jedoch ist der sog steuerliche **Bewertungsvorbehalt** des § 5 Abs 6 EStG zu beachten. Dieser bedeutet, dass steuerliche Bewertungsbestimmungen (wie insb die §§ 6 bis 7k EStG) den entspr handelsrechtlichen Vorschriften für die Zwecke der Steuerbilanz vorgehen. Im Konfliktfall kommt es daher zu unterschiedlichen Ansätzen in der HB und in der Steuerbilanz und damit zu einer Durchbrechung des Maßgeblichkeitsgrundsatzes. 119

Abweichungen zwischen Handels- und Steuerbilanz bestehen insb in folgenden Fällen:

- Abschreibung des derivativen **Geschäfts- oder Firmenwerts:** steuerlich ist gem § 7 Abs 1 S 3 EStG eine betriebsgewöhnliche Nutzungsdauer von 15 Jahren zugrunde zu legen, während handelsrechtlich nach § 255 Abs 4 eine wesentlich kürzere Nutzungsdauer zugrunde gelegt werden darf.
- **Teilwertabschreibungen/außerplanmäßige Abschreibungen:** gem § 6 Abs 1 Nr 1 S 2 und Nr 2 S 2 EStG sind diese nur bei voraussichtlich *dauernder* Wertminderung zulässig (s hierzu § 253 Anm 295), während im Gegensatz hierzu Abschreibungen auf den niedrigeren beizulegenden Wert bei VG des Anlagevermögens in der HB auch bei nur *vorübergehender* Wertminderung vorgenommen werden dürfen (§ 253 Abs 2 S 3); KapGes/KapCoGes dürfen derartige Abschreibungen allerdings nur für VG, die Finanzanlagen sind, vornehmen (§ 279 Abs 1).
- **Wertaufholung:** gem §§ 6 Abs 1 Nr 1 S 4 und Nr 2 S 3, 7 Abs 1 S 6 EStG besteht ein generelles Wertaufholungsgebot, während für Nicht-KapGes/KapCoGes in der HB ein Beibehaltungswahlrecht besteht (§ 253 Abs 5). Für KapGes/KapCoGes besteht allerdings auch für die HB ein Wertaufholungsgebot, da das geltende Beibehaltungswahlrecht (§ 280 Abs 2) aufgrund des geltenden Steuerrechts ins Leere läuft.
- **anschaffungsnahe HK von Gebäuden:** gem § 6 Abs 1 Nr 1a EStG gehören hierzu auch Aufwendungen für Instandsetzungs- und Modernisierungsmaßnahmen, die innerhalb von drei Jahren nach Anschaffung des Gebäudes durchgeführt werden, wenn die Aufwendungen ohne USt 15% der AK des Gebäudes übersteigen; nicht einzubeziehen sind hierbei Aufwendungen für Erweiterungen iSv § 255 Abs 2 S 1 sowie Aufwendungen für Erhaltungsarbeiten, die jährlich üblicherweise anfallen. Für die HB hingegen bestimmt sich der Umfang der HK ausschließlich nach den in § 255 Abs 2 genannten Kriterien; die zeitliche Nähe sowie die Kostenhöhe im Verhältnis zum Anschaffungsvorgang sind danach unmaßgeblich (s § 255 Anm 388).
- Verbrauchsfolgeverfahren zur Bewertung von Vorratsvermögen: nach § 6 Abs 1 Nr 2a EStG ist – im Gegensatz zur HB (§ 256 S 1) – die Anwendung des **FIFO-Verfahrens** *(first-in/first-out)* ausgeschlossen.

Zudem können sich aus der **Abzinsung und Bewertung von Verbindlichkeiten und Rückstellungen** zusätzlich folgende Abweichungen zwischen Handels- und Steuerbilanz ergeben:

- **Verbindlichkeiten** sind gem § 6 Abs 1 Nr 3 EStG mit einem Zinssatz von 5,5% pa abzuzinsen. Ausgenommen hiervon sind Verbindlichkeiten, deren Laufzeit am Bilanzstichtag weniger als 12 Monate beträgt, die verzinslich sind oder auf einer Anzahlung oder Vorausleistung beruhen. In der HB ist nach hM demgegenüber eine Abzinsung grds unzulässig, so dass auch unterverzinsliche Verbindlichkeiten mit ihrem Rückzahlungsbetrag anzusetzen sind.

– **Rückstellungen** (die keine Rentenverpflichtungen sind) mit einer Laufzeit von mehr als 12 Monaten sind gem § 6 Abs 1 Nr 3a EStG wie Verbindlichkeiten mit einem Zinssatz von 5,5% pa abzuzinsen. Im Gegensatz hierzu dürfen Rückstellungen in der HB nur abgezinst werden, wenn die zugrunde liegende Verbindlichkeit einen Zinsanteil enthält (s hierzu § 253 Anm 161, 176). Rückstellungen für *Sachleistungsverpflichtungen* sind gem § 6 Abs 1 Nr 3a b) EStG in der Steuerbilanz mit den Einzelkosten und angemessenen Teilen der notwendigen Gemeinkosten zu bewerten. Für die HB werden im Schrifttum dagegen sowohl ein Ansatz zu Vollkosten, ein Ansatz nur der variablen Kosten (s hierzu § 253 Anm 169) oder ein Wahlrecht zwischen diesen beiden Wertansätzen (so § 253 Anm 171) vertreten; nach Ansicht des HFA (*IDW RS HFA 4* Zweifelsfragen zum Ansatz und zur Bewertung von Drohverlustrückstellungen FN IDW 2000, 290ff Anm 35) ist allerdings stets ein Vollkostenansatz erforderlich.

120 Wenn jedoch einer zwingenden handelsrechtlichen Bewertungsvorschrift ein **steuerliches Wahlrecht** gegenübersteht, ist der handelsrechtliche Wert auf Grund des Maßgeblichkeitsprinzips prinzipiell auch in die Steuerbilanz zu übernehmen. So schlägt zB das handelsrechtlich zwingend vorgeschriebene Niederstwertprinzip trotz der „kann"-Formulierung des § 6 Abs 1 Nr 1 S 2 und Nr 2 S 2 EStG auf das Steuerrecht durch.

Jedoch erlauben die §§ 254 und 280 Abs 2 eine Unterschreitung von prinzipiell zwingenden handelsrechtlichen *Wertuntergrenzen,* soweit dies zur Ausnutzung steuerlicher Vergünstigungen erforderlich ist (Anm 122). Die betr handelsrechtlichen Bewertungsvorschriften sind daher insoweit letztlich keine zwingenden Vorschriften iSd Maßgeblichkeitsgrundsatzes (glA *Weber-Grellet* in Schmidt[24] § 5 Anm 41).

Bestehen sowohl handelsrechtlich als auch steuerrechtlich *Bewertungsspielräume,* ist wegen des Maßgeblichkeitsprinzips grds der handelsrechtlich gewählte Wert auch steuerlich maßgebend, solange er sich innerhalb des steuerrechtlichen Bewertungsspielraums bewegt (*Stobbe* in HHR § 6 Anm 79).

IV. Die „umgekehrte" Maßgeblichkeit

121 Von der „Umkehrung des Maßgeblichkeitsgrundsatzes" spricht man dann, wenn der Bilanzierende steuerliche Bilanzierungsvergünstigungen nur in Anspruch nehmen darf, falls er in gleicher Weise auch in der HB bilanziert hat (§ 5 Abs 1 S 2 EStG). Denn in solchen Fällen ist die – angestrebte – Steuerbilanz **faktisch** für die Ausübung der handelsrechtlichen Bilanzierungswahlrechte „maßgeblich". **Rechtlich** bleibt es aber *gerade* in diesen Fällen bei der Maßgeblichkeit der endgültigen HB für die Steuerbilanz, so dass es – streng genommen – eine „umgekehrte Maßgeblichkeit" nicht gibt.

122 Da die handelsrechtlichen Einzelvorschriften nicht immer ein den steuerrechtlichen Begünstigungsvorschriften entspr Wahlrecht enthalten, erlauben die §§ 247 Abs 3, 254, 273, 279 Abs 2 und 280 Abs 2 – um die steuerliche Begünstigung zu ermöglichen – eine Abweichung von grds zwingenden handelsrechtlichen Bilanzierungs- und Bewertungsvorschriften, soweit dies zur Ausnutzung der steuerrechtlichen Vergünstigungen notwendig ist. Dies ist zugleich eine im HGB enthaltene indirekte **Bestätigung der grundsätzlichen Maßgeblichkeit** der HB für die Steuerbilanz; ähnlich *Weber-Grellet* in Schmidt[24] § 5 Anm 40.

G. Abweichungen der IFRS

Schrifttum: *Küting/Hayn* Unterschiede zwischen den Rechnungslegungsvorschriften von IASC und SEC/FASB vor dem Hintergrund einer internationalisierten Rechnungslegung in Deutschland DStR 1995, 1601, 1642; *Biener* Können die IAS als GoB in das deutsche Recht eingeführt werden? in FS Ludewig, 85; *Helmschrott/Buhleier* Die Konsequenzen einer GoB-widrigen Anwendung internationaler Rechnungslegungsnormen aus der Perspektive des Handelsrechts und des Strafrechts WPg 1997, 10; *Moxter* Zum Verhältnis von handelsrechtlichen Grundsätzen ordnungsmäßiger Bilanzierung und True-and-fair-view-Gebot bei Kapitalgesellschaften in FS Budde, 419; *Heurung* Führt die Internationalisierung der Rechnungslegung zu einer Erosion der steuerlichen Gewinnermittlung RIW 2000, 421; IFRS im Einzel- und Konzernabschluss unter der Prämisse eines Einheitsabschlusses für unter Anderem steuerliche Zwecke DB 2003, 1585; *Schneider,* Konzernrechnungslegung nach IAS als Besteuerungsgrundlage? BB 2003, 299; IAS 1 Presentation of Financial Statements (rev 2004); IAS 8 Accounting Policies, Changes in Accounting Estimates and Errors (rev 2004).

I. Rechtsnatur und Ermittlungsverfahren der GoB (Abs 1)

1. Tendenzen der Annäherung von GoB an IFRS

Angesichts zunehmender Internationalisierung der Rechnungslegung wird **130**
seit etwa 1995 diskutiert, ob sich die traditionell vom Vorsichtsprinzip geprägten deutschen GoB in Richtung auf die vom true-and-fair-view-Gebot dominierten Grundsätze der IFRS entwickeln könnten; s Schrifttum.

Für den auch als Grundlage der Einkommensbesteuerung dienenden **Jahresabschluss** (dazu Anm 111 ff) dürfte eine Annäherung zwischen den GoB und den IFRS in näherer Zukunft nicht erreichbar sein: Zum einen stehen einige der in Anm 31 genannten und im HGB vorgeschriebenen Grundsätze einer solchen Entwicklung entgegen; eine GoB-widrige Anwendung internationaler Normen wäre mind teilweise bußgeld-bewehrt, s *Helmschrott/Buhleier* WPg 1997, 11 ff.

Für den lediglich der Information dienenden **Konzernabschluss** (§ 297 **131**
Anm 1) galten bis vor kurzem prinzipiell ebenfalls nur die in Anm 31 genannten Grundsätze (Anm 37). Angesichts dieser Zwecksetzung des KA – und auch seiner Steuerneutralität wegen – sind hier leichter und früher Annäherungen möglich.

Solche Bestrebungen lassen sich nicht zuletzt auch aus den vom **DRSC** bisher veröffentlichten Empfehlungen zur Konzernrechnungslegung (DRS) erkennen, deren Regelungen sich deutlich an den Vorschriften der IFRS bzw US-GAAP orientieren. Bestimmte Konzernrechnungslegungsvorschriften haben bereits – zT auf Empfehlung seitens des DRSC – eine Anpassung an die Vorschriften der IFRS im Rahmen des TransPuG sowie zuletzt durch das BilReG erfahren; weitere Annäherungen an internationale Rechnungslegungsvorschriften sind zu erwarten (s hierzu *Busse von Colbe* BB 2004, 2063).

§ 315 a (bzgl der Übergangsvorschriften zu § 292 a s Art 58 EGHGB) ist als gesetzliche Ausnahme-Regelung für kapmarktUnt zu den Bestimmungen über den deutschen KA konzipiert, also im Grundsatz nicht GoB-konform; ähnlich *ADS*[6] § 243 Anm 23 a.

2. Zum Normensystem der IFRS

Die Vorschriften des IASB, namentlich das Framework (Rahmenkonzept) **133**
sowie die Standards inkl dazugehöriger Interpretationen stellen – im Gegensatz

zu den GoB – keine Rechtsnormen, sondern lediglich von privatrechtlicher Seite (durch einen Standardsetting-Prozess) gesetzte ***Fach*normen** dar.

Das **Preface** (Vorwort) enthält lediglich allgemeine Hinweise zur Zielsetzung des IASB sowie die Vorgehensweise bei der Erarbeitung neuer Vorschriften (Standardsetting-Prozess), besitzt insofern für Bilanzierungsfragen keine Bedeutung. Demgegenüber nennt das **Framework** (neben IAS 1, Darstellung des Abschlusses) ua allgemeingültige Grundannahmen und qualitative Voraussetzungen wie bspw den Grundsatz der Periodenabgrenzung, des Going concern, der Verständlichkeit, der Relevanz, der Verlässlichkeit, der Vergleichbarkeit sowie des true and fair view. Dennoch handelt es sich hierbei im Gegensatz zu den handelsrechtlichen GoB um kein in sich geschlossenes, grds – abgesehen vom Falle etwaiger Regelungslücken – zur Lösung von Bilanzierungsfragen berechtigendes, Prinzipiengefüge. Vielmehr sind die konkreten Bilanzierungsvorschriften in einzelnen **Standards** einschließlich der sie zT ergänzenden **Interpretationen** (sog case law) zu finden, welche uE grds als lex specialis ggü dem Framework – obgleich in einem komplementären Verhältnis zueinander stehend – Vorrang besitzen (vgl F. 2f, IAS 8.11, IAS 1.14; zum overriding-principle s IAS 1.17). Die inhaltliche Abgrenzung der Standards folgt keiner strengen Systematik, orientiert sich jedoch überwiegend an Bilanzposten (zB Bilanzierung von Sachanlagen, IAS 16) oder Berichtselementen (zB Kapitalflussrechnung, IAS 7), seltener an bilanzpostenübergreifenden Themen (zB Wertminderung von Vermögenswerten, IAS 36) oder Branchen (zB Angaben im Abschluss von Banken und ähnlichen Finanzinstitutionen, IAS 30).

In den Standards werden die Kernvorschriften im Gegensatz zu den ihnen jeweils nachfolgenden Erl durch **Fettdruck** hervorgehoben; eine bestimmte Rangfolge oder abgestufte Bindungswirkung wird hierdurch jedoch nicht impliziert (s Preface Anm 14).

Im Falle etwaiger **Regelungslücken** hat das Management gem IAS 8.10ff adäquate Bilanzierungsvorschriften zu entwickeln, wobei zunächst Standards (einschl Interpretationen), die ähnliche und verwandte Sachverhalte regeln, auf ihre Anwendbarkeit hin zu überprüfen und erst danach – sofern notwendig – die Definitionen sowie die Ansatz- und Bewertungsvorschriften des Framework heranzuziehen sind.

Bedeutsam ist, dass – im Gegensatz zur bisherigen Regelung IAS 1.22c aF – eine Berücksichtigung von Verlautbarungen anderer Standardsetter und anerkannter Branchenpraktiken – neuerdings zudem weiteres Schrifttum zur Rechnungslegung –, soweit diese mit den Standards des IASB und des Framework vereinbar sind, nicht mehr verpflichtend ist, sondern den Bilanzierenden nur noch auf freiwilliger Basis anheim gestellt wird (IAS 8.12, BC16).

II. Der Grundsatz der Klarheit und Übersichtlichkeit (Abs 2)

135 Die notwendige Transparenz, mit der die Informationen im JA vermittelt werden sollen, werden mit dem Begriff der **Verständlichkeit** umschrieben (F. 25 sowie IAS 1.46). Dabei wird für den Abschlussadressaten ein gewisser Sachverstand unterstellt sowie dessen Bereitschaft vorausgesetzt, sich mit den veröffentlichten Informationen sorgfältig zu beschäftigen. Die umfangreichen Offenlegungserfordernisse einzelner Standards mögen im Einzelfall der Forderung nach Verständlichkeit der Informationen, iSe *overloading,* abträglich sein. Dieser Zielkonflikt rechtfertigt jedoch nicht das Weglassen von entscheidungsrelevanten Informationen, da eine Entscheidung über die Informationsbedürfnisse der Bilanzadressaten immer nach dem Grundsatz der *fair presentation* (IAS 1.13ff) zu fällen ist.

Den Grundsatz der **Klarheit** formulieren die IFRS iZm der Veröffentlichung des JA selbst sowie der Veröffentlichung weiterer UntInformationen neben dem JA (zB in Gestalt eines Geschäftsberichts). IAS 1.44 verlangt diesbezüglich, dass sich die einzelnen Bestandteile des JA (vgl IAS 1.8) in ihrer Darstellungsweise eindeutig von den zusätzlich veröffentlichten Informationen, die nicht zum JA gehören, unterscheiden. Für die Präsentation des JA werden folgende Offenlegungen verlangt (IAS 1.46): Name des Unt, ob es sich um den JA oder KA handelt, Bilanzstichtag sowie Gj, zB bei der GuV, der KFR oder der SegBerE, sowie die Berichtswährung und Währungseinheit. Soweit es der Verständlichkeit nützt, sind die vorgenannten Angaben an mehreren Stellen im JA zu machen. Zudem muss bspw bei jedem Posten der Bilanz, GuV, EK-Veränderungsrechnung und KFR auf die korrespondierenden Anhangangaben referenziert werden (IAS 1104). **136**

III. Die Aufstellungsfrist (Abs 3)

Während das HGB die Aufstellung des JA innerhalb der einem ordnungsgemäßen Geschäftsgang entspr Zeit verlangt, sehen die IFRS (F. 43) eine Abwägung zwischen rechtzeitiger und verlässlicher Information vor. Eine rechtzeitige Information kann zu Lasten der Verlässlichkeit erforderlich sein, bevor alle Aspekte eines Geschäftsvorfalls oder Ereignisses bekannt sind. Zu einem späteren Zeitpunkt mag die Information zwar umfassender, für die Adressaten im Hinblick auf zwischenzeitliche Dispositionen aber von geringerem Interesse sein. Der bisher in IAS 1.52 aF getroffene Aussage, wonach ein Unt grds in der Lage sein sollte, seinen Abschluss innerhalb von sechs Monaten nach dem Bilanzstichtag zu veröffentlichen, sowie der Hinweis, wonach unabänderliche Gegebenheiten wie die Komplexität der Geschäftstätigkeit kein ausreichender Grund seien, nicht zeitnah zu berichten, ist im Rahmen der Überarbeitung des IAS 1 ersatzlos entfallen. **140**

IV. Der Maßgeblichkeitsgrundsatz

1. Die Maßgeblichkeit der Handelsbilanz für die Steuerbilanz

Den IFRS ist ein Grundsatz, wonach die steuerliche Gewinnermittlung an die Ermittlung eines ausschüttungsfähigen Gewinns gem handelsrechtlicher Vorschriften knüpft, fremd. Die fehlende Existenz eines solchen Grundsatzes zwischen IFRS-Bilanz und Steuerbilanz erlangt für einen Abschluss nach IFRS insofern Bedeutung, als dass hierdurch der Umfang zu bildender latenter Steuern zunimmt. **145**

2. Die „umgekehrte" Maßgeblichkeit der Steuerbilanz für die Handelsbilanz

Im Vorwort zum Framework wird darauf hingewiesen, dass die Aufstellung des IFRS-JA nicht durch Anforderungen, die Dritte (insb Regierungen) für eigene Zwecke stellen, im Hinblick auf die Bedürfnisse der Abschlussadressaten nachteilig beeinflusst werden darf. Zu denken ist hierbei neben dem Zweck der steuerlichen Gewinnermittlung auch an die Erstellung eines JA für die Kreditwürdigkeitsprüfung nach besonderen Anforderungen des kreditgebenden Instituts. UE ist diese Aussage derart zu interpretieren, dass die IFRS eine „umgekehrte" Maßgeblichkeit nicht zulassen. **146**

Gerade in Bezug auf die Wahl der Abschreibungsmethode lässt sich der Widerstreit zwischen steuerrechtlicher und IFRS-konformer Rechnungslegung in Bezug auf die „umgekehrte" Maßgeblichkeit besonders veranschaulichen. **147**

Gem IAS 16.60; IAS 38.97 – und grds auch der GoB – orientiert sich die Abschreibungsmethode am jährlichen Verbrauch des wirtschaftlichen Nutzenpotentials des Abschreibungsobjekts (definiert als „useful live"). Die FinanzVerw bedient sich zur Ermittlung der Nutzungs- bzw Abschreibungsdauer aus Normierungs- und Objektivierungsgründen der sog AfA-Tabellen. Da der handelsrechtliche Wertansatz von VG – mit Ausnahme von Gebäuden – den steuerlichen Wertansatz nicht überschreiten darf, finden die in den AfA-Tabellen aufgeführten Nutzungsdauern in der Praxis meist auch Eingang in die HB. Für IFRS-Abschlüsse ist eine Übernahme der lt AfA-Tabellen vermuteten Nutzungsdauern letztlich nur zulässig, sofern diese der geschätzten betriebsgewöhnlichen Nutzungsdauer entsprechen.

§ 244 Sprache. Währungseinheit

Der Jahresabschluß ist in deutscher Sprache und in Euro aufzustellen.

Übersicht

A. Allgemeines

1 § 244 verpflichtet den Kfm, seinen JA in **deutscher Sprache** und in **Euro** zu erstellen. Dies gilt aufgrund des Verweises in § 325 Abs 2a S 3 auch für den IFRS-EA.

Die Vorschrift hat infolge der Verweisung in § 298 Abs 1 auch Bedeutung für den KA, insb für die Einbeziehung ausländischer TU und wegen Verweises in § 315a Abs 1 auch für den IFRS-KA.

2 Der **Jahresabschluss** besteht grds aus der **Bilanz** und der **Gewinn- und Verlustrechnung;** bei KapGes/KapCoGes gehört dazu gem § 264 Abs 1 S 1 ggf iVm § 264a Abs 1 zusätzlich der **Anhang** (§§ 284ff). Der ebenfalls von mittelgroßen und großen KapGes/KapCoGes aufzustellende **Lagebericht** (§§ 264 Abs 1 S 1, 264a Abs 1, 289) gehört zwar nicht zum JA; ist aber aufgrund seiner Funktion der Übermittlung ergänzender Informationen zum JA auch in diese Regelung (Text in deutscher Sprache) einzubeziehen (so auch *IDW RS HFA 1* Aufstellung des Lageberichts WPg 1998, 653 Anm 15 sowie *ADS*[6] § 244 Anm 1). Gleiches gilt für **Sonderbilanzen** für die eine sinngemäße Anwendung von JA-Vorschriften vorgeschrieben ist, wenn diese um eine verbale Berichterstattung, wie zB einen ErlBericht zur Liquidations-EB (hierzu *Förschle/Deubert* in Sonderbilanzen[3] R Anm 185ff) zu ergänzen sind (*ADS*[6] § 244 Anm 2; zB *Förschle/Kropp* in Sonderbilanzen[3] D Anm 103).

In den JA (und ggf den Lagebericht) einzubeziehen sind auch die Abschlusszahlen von rechtlich unselbstständigen **Niederlassungen** oder **Betriebsstätten** deutscher Unt im Ausland.

B. Sprache

Während nach § 239 Abs 1 S 1 für die Führung der Handelsbücher und der sonst erforderlichen Aufzeichnungen grds die Verwendung einer „lebenden Sprache" (dazu § 239 Anm 2) ausreichend ist, sind **Jahresabschluss, Konzernabschluss** (§ 298 Abs 1) und **IFRS-Abschlüsse** (§§ 325 Abs 2a S 3, 315a Abs 1) in **„deutscher Sprache"** zu erstellen. Dies ist für Kfl mit internationalen Beziehungen von Bedeutung. 3

§ 244 steht im Einklang mit Vorschriften des **Steuerrechts:** § 87 Abs 1 AO bestimmt die deutsche Sprache als Amtssprache. Zudem hat der Steuerpflichtige auf Verlangen der Behörden nach § 146 Abs 3 AO eine deutsche Übersetzung der Handelsbücher vorzulegen, falls diese in fremder Sprache geführt wurden. 4

C. Währung

Jahresabschlüsse sind in **Euro** aufzustellen und offen zu legen. Dies gilt aufgrund des Verweises in § 325 Abs 2a S 3 auch für IFRS-EA, die anstelle des HGB-JA offen gelegt werden. 5

Die Aufstellungspflicht in Euro gilt auch für KA (§ 298 Abs 1 S 1). Nach DRS 14.26 ist es darüber hinaus auch zulässig, **Konzernabschlüsse zusätzlich** zum Euro noch in **anderen,** frei wählbaren **Berichtswährungen** aufzustellen, wobei jedoch in beiden Fällen zwingend die Umrechnungsregeln des DRS 14 zur Umrechnung von der funktionalen Währung (dh der Währung des wirtschaftlichen Umfelds, in dem das Unt überwiegend tätig ist) in die Berichtswährung anzuwenden sind.

Daneben darf nach DRS 14.27 der KA, auch ohne Beachtung der Umrechnungsregeln des DRS 14, „zu Informationszwecken in jeder anderen Währung präsentiert werden, die nicht Berichtswährung des Konzerns ist". Diese Regelung war in E-DRS 18 noch nicht enthalten, sie wurde – ohne nähere Erl – erst in den endgültigen Standard eingefügt. Gewollt war hiermit wohl eine dem IAS 21.57 (rev 2003) entspr Regelung (hierzu Anm 10), allerdings fehlen im DRS 14 dem IAS 21.57 (rev 2003) entspr klare Angabevorschriften.

Die Aufstellungspflicht in Euro gilt nicht für **befreiende Konzernabschlüsse** iSv §§ 291, 292 iVm der KonBefrV, da Befreiungsvoraussetzung in beiden Fällen lediglich eine **Offenlegung in deutscher Sprache,** nicht jedoch eine Aufstellung und Offenlegung in Euro ist.

Für **IFRS-Konzernabschlüsse** iSd § 315a wird durch Verweis auf §§ 244 und 325 die Aufstellung und Offenlegung in **deutscher Sprache** und **Euro** vorgeschrieben. Hieraus ergibt sich, dass für Zwecke der Anwendung des IAS 21 (rev 2003) zwingend der Euro als Berichtswährung *(presentation currency)* zugrunde zu legen ist. Sofern dieser nicht der funktionalen Währung entspricht, muss der IFRS-KA somit zwingend Angaben nach IAS 21.53 (rev 2003) zur funktionalen Währung sowie zum Grund der Wahl einer hiervon abw Berichtswährung (hier: aufgrund gesetzlicher Vorschriften) enthalten.

Aus Gründen der Übersichtlichkeit kann je nach Größe des Unt auf volle Euro, Tausend Euro oder Mio Euro **gerundet** werden (s *WPH* I[12] E Anm 3; § 243 Anm 64; *ADS*[6] § 243 Anm 28 und § 244 Anm 6). 6

§ 244 gilt für die JA sämtlicher inländischer Unt sowie *auch* für inländische **Niederlassungen ausländischer Unternehmen,** sofern diese Kfm-Eigenschaft besitzen (glA *ADS*[6] § 244 Anm 4); zur erforderlichen Einreichung der Unterlagen der Rechnungslegung der ausländischen Hauptniederlassung s 7

§ 325a. Sind einzelne VG ihrer Natur nach zunächst in ausländischer Währung zu erfassen und zu bewerten (etwa in einer **Währungsbuchhaltung,** zB Forderungen, Verbindlichkeiten sowie Aktien oder sonstige Wertpapiere, die an einer ausländischen Börse notiert sind), sind diese zum Bilanzstichtag in € umzurechnen (ebenso *Baumbach/Hopt*[31] § 244 Anm 2); zu den Einzelheiten der Umrechnung s § 253 Anm 70ff und 604. Entspr gilt für die in den JA einzubeziehenden **ausländischen Zweigniederlassungen** oder **Betriebsstätten** von Kfl oder Ges mit Sitz im Inland (so auch *ADS*[6] § 244 Anm 4), deren Bücher durchaus in Fremdwährung geführt werden dürfen. Zur Umrechnung von Fremdwährungsabschlüssen im KA s § 308 Anm 59ff und 72ff.

D. Folgen bei Nichtbeachtung

9 Bei KapGes/KapCoGes stellen Zuwiderhandlungen gegen Vorschriften des § 244 nach § 334 Abs 1 Nr 1a iVm § 334 Abs 3 eine mit Geldbuße bewehrte Ordnungswidrigkeit dar.

E. Abweichungen der IFRS

10 Im Gegensatz zum HGB, das detaillierte Bestimmungen zur anzuwendenden Sprache in JA und KA enthält (Anm 3ff), schreiben die IFRS die Verwendung einer bestimmten Sprache nicht vor, so dass grds jede **beliebige Sprache** verwendet werden kann. Im Hinblick auf den im Framework verankerten Grundsatz der Verständlichkeit (F. 25) wird jedoch die Verwendung einer Sprache, die das Verständnis des Abschlusses erschweren oder unmöglich machen würde, für nicht zulässig erachtet (*Bartone* in Bilanzrecht § 244 Anm 501). Zur Vorgehensweise bei verpflichtend (Art 4 EU-VO iVm § 315a Abs 1 oder Abs 2) oder freiwillig (§ 315a Abs 3) erstellten IFRS-KA s Anm 5.

11 Hinsichtlich der im Abschluss zu verwendenden **Währung** verlangt IAS 1.46 (rev 2004) die Angabe der im Abschluss verwendeten Berichtswährung *(presentation currency)*. Diese ist nach IAS 21.38 (rev 2003) frei wählbar. Sofern eine andere Währung als die funktionale Währung des Unt bzw bei KA die funktionale Währung des MU gewählt wird, darf der Abschluss aber nur als den IFRS entspr gekennzeichnet werden, wenn die Umrechnungsvorschriften des IAS 21 (rev 2003) zur Umrechnung von der funktionalen Währung in die Berichtswährung angewendet wurden (IAS 21.55 (rev 2003)). Als funktionale Währung gilt dabei die Währung des wirtschaftlichen Umfelds, in dem das Unt überwiegend tätig ist. Die Verwendung der von der funktionalen Währung abw Berichtswährung ist im Anhang anzugeben und zu begründen, so dass im Regelfall von einer Aufstellung und Offenlegung in der funktionalen Währung auszugehen sein dürfte (ausführlich zur Währungsumrechnung nach IFRS *Brune/Senger* in Beck IFRS § 15 Anm 110ff; *ADS Int* Abschn 5).

12 **Darstellungen von Finanzinformationen,** die weder in der funktionalen, noch in der Berichtswährung, dh nicht unter Beachtung der Umrechnungsregeln des IAS 21 (rev 2003) für die Umrechnung der funktionalen in die Berichtswährung erfolgen, sind zulässig, müssen jedoch nach IAS 21.57 (rev 2003) klar als nicht den IFRS entspr und unter Angabe der gewählten Währung, Umrechnungsmethode sowie der funktionalen Währung, gekennzeichnet werden (s in diesem Zusammenhang auch die Ausführungen zu DRS 14 in Anm 5).

§ 245 Unterzeichnung

[1] Der Jahresabschluß ist vom Kaufmann unter Angabe des Datums zu unterzeichnen. [2] Sind mehrere persönlich haftende Gesellschafter vorhanden, so haben sie alle zu unterzeichnen.

Übersicht

Schrifttum: *Maluck/Göbel* Die Unterzeichnung der Bilanz nach § 41 HGB WPg 1978, 624; *Erle* Unterzeichnung und Datierung des Jahresabschlusses bei Kapitalgesellschaften WPg 1987, 637; *Küting/Kaiser* Aufstellung oder Feststellung: Wann endet der Wertaufhellungszeitraum? WPg 2000, 577.

A. Allgemeines

Jeder Kfm ist verpflichtet, den JA, der gem § 242 Abs 3 aus Bilanz und GuV **1** oder nach § 264 Abs 1 (bzw §§ 264a, 336 Abs 1) aus Bilanz, GuV und Anhang besteht, so zu unterzeichnen, dass seine Unterschrift diesen (im Original) räumlich abschließt, also am Ende des JA, dh idR am Ende des Anhangs (und vor dem Lagebericht); die Reihenfolge der einzelnen Teile des JA ist aber nicht zwingend vorgeschrieben (so *Erle* WPg 1987, 644; ähnlich *ADS*[6] § 245 Anm 6). Die einzelnen Teile des JA sind so miteinander zu verbinden, dass eine nachträgliche Trennung sichtbar wird, ansonsten ist einzeln jeder Teil zu unterzeichnen (so etwa *Hüffer* in Großkomm Bilanzrecht § 245 Anm 11).

Die Pflicht zur Unterzeichnung der **Eröffnungsbilanz** ergibt sich aus § 242 Abs 1 S 2. § 245 findet auch auf alle **Sonderbilanzen** (zB Verschmelzungsbilanz gem § 17 Abs 2 S 2 UmwG, Liquidationsbilanz gem §§ 270 Abs 2 S 2 AktG, 71 Abs 2 S 2 GmbHG; dazu *Budde/Förschle* (Hrsg) Sonderbilanzen[3]) Anwendung, auf die diese Vorschriften anzuwenden sind (*ADS*[6] § 245 Anm 3). Für Zwischenberichterstattung börsennotierter Unt besteht dagegen keine Unterzeichnungspflicht (*von Rosen/Gebauer* in Küting/Weber[5] BörsG § 44b Anm 14ff).

Aus § 325 Abs 2a S 3 ergibt sich auch die Verpflichtung zur Unterzeichnung eines IFRS-Einzelabschlusses, der anstelle des HGB-Jahresabschlusses gem § 325 Abs 2 offengelegt werden soll.

B. Der Kreis der Unterzeichnungspflichtigen, Datum

Der JA ist „vom **Kaufmann**" – also nach der vollständigen Angabe der Firma lt **2** HR – zu unterzeichnen; so auch im Ergebnis *Hüffer* in Großkomm Bilanzrecht § 245 Anm 11; aA *ADS*[6] § 245 Anm 5 (ohne Firma, da sich diese aus der Überschrift des JA ergibt). Damit ist der Kreis der zur Unterzeichnung verpflichteten Personen genau so weit gezogen wie für die allgemeine handelsrechtliche Buchführungspflicht im § 238 (s dort Anm 4–43). Demgemäß ist der JA von dem **Einzelkaufmann** eines Einzelunt, von allen Gestern einer **OHG,** von sämtlichen Komplementären einer **KG,** von allen Mitgliedern des Vorstands einer **AG** (*OLG Karlsruhe* 22. 11. 1986 AG 1989, 35) oder **Genossenschaft,** von den phG einer

KGaA sowie von sämtlichen Geschäftsführern einer **GmbH** einschl stellvertretender Vorstandsmitglieder und Geschäftsführer zu unterschreiben. Dies gilt auch, wenn sie mit dem Inhalt des JA nicht einverstanden sind (*ADS*[6] § 245 Anm 11; *Ellerich/Swart* in HdR[5] § 245 Anm 3), Ausnahmen sind nur denkbar bei Vorlagen, die bußgeldpflichtige oder strafrechtliche Tatbestände erfüllen (*Luttermann* in MünchKomm AktG[2] § 245 Anm 8). Unterzeichnen weitere Personen (zB Prokuristen, Generalbevollmächtigte) ist dadurch die Wirksamkeit des JA nicht berührt (*ADS*[6] § 245 Anm 14). Bei KapCoGes unterzeichnen in sinngemäßer Anwendung der §§ 91 Abs 1 AktG, 41 GmbHG sämtliche Vorstände bzw. Geschäftsführer (Änderung ggü der Vorauflage; Begründung (insb aus KapCoRiLiG) folgend *Ellerich/Swart* in HdR[5] § 245 Anm 3; ebenso *Luttermann* in MünchKomm AktG[2] § 245 Anm 48; *Hüffer* in Großkomm Bilanzrecht § 245 Anm 13; *Walz* in Heymann[2] § 245 Anm 8; auch *Hennrichs* in Bilanzrecht § 245 Anm 25; aA *Maluck/Göbel* WPg 1978, 628; *ADS*[6] § 245 Anm 11; *Wiedmann* in Bilanzrecht[2] § 245 Anm 8, Unterzeichnung nur durch so viele Vorstände/Geschäftsführer notwendig, wie zur Vertretung erforderlich; diese Pflichten treffen auch die gesetzlichen Vertreter der öffentlich-rechtlichen Unt von Bund, Ländern und Gemeinden. Bei Minderjährigen unterzeichnet der gesetzliche Vertreter. Bei Ges in Liquidation/Abwicklung sämtliche Liquidatoren/Abwickler.

Personen, die zum Zeitpunkt der **Unterzeichnung** des JA **keine Kaufleute mehr** iSd § 238 sind (zB ehemalige phG oder Vorstandsmitglieder etc), brauchen den JA nicht zu unterzeichnen; ähnlich *ADS*[6] § 245 Anm 14. Mitglieder des Vorstands oder Geschäftsführer, deren Organstellung erst nach dem Unterschriftszeitpunkt beginnt, brauchen den JA ebenfalls nicht zu unterzeichnen. Es kann auch nicht verlangt werden, dass suspendierte Organmitglieder bei der Aufstellung mitwirken oder den JA unterzeichnen (*ADS*[6] § 245 Anm 14). Trotz genereller Unterzeichnungspflicht sämtlicher betroffener Personen wird man eine Unterzeichnung nicht verlangen können, wenn die Person aus wichtigem Grund nicht im Stande ist, die Unterzeichnung zu leisten (*ADS*[6] § 245 Anm 13 a; für diesen Fall Vertretung durch anderen Mitunterzeichnungspflichtigen zulassend *Wiedmann* in Ebenroth/Boujong/Joost § 245 Anm 9; auch *Ellerich/Swart* in HdR[5] § 245 Anm 5; *Hennrichs* in Bilanzrecht § 245 Anm 27; uE aber abzulehnen, da höchstpersönliche Rechtshandlung; ebenso *ADS*[6] § 245 Anm 13 a).

Die Unterzeichnung des JA ist für den Kfm eine **öffentlich-rechtliche Verpflichtung** (hM, aA (privatrechtlich) *Claussen/Korth* in Kölner Komm[2] § 245 Anm 5; *Luttermann* in MünchKomm AktG[2] § 245 Anm 16). Sie hat grds höchstpersönlich zu erfolgen (so *Hüffer* in Großkomm Bilanzrecht § 245 Anm 9). Eine mechanische, faksimilierte Unterschrift genügt nicht. Der Kfm kann sich bei der Unterzeichnung **nicht vertreten** lassen.

3 Zu unterzeichnen ist das Original, das der Kfm selbst aufzubewahren hat (§ 257 Abs 1). Bei dem ggf gem § 325 zum HR einzureichenden JA reicht, wenn nicht von Offenlegungserleichterungen Gebrauch gemacht wird, öffentlich beglaubigte Abschrift des Originals, andernfalls ist das einzureichende Exemplar auch zu unterzeichnen (*ADS*[6] § 245 Anm 4; *Walz* in Heymann[2] § 245 Anm 4).

Ob der aufgestellte (so zB *Maluck/Göbel* WPg 1978, 625; *Erle* WPg 1987, 641 ff; *Walz* in Heymann[2] § 245 Anm 6, *Küting/Kaiser* WPg 2000, 585 ff) oder der festgestellte (so zB *BGH* 28. 1. 1985 BB 567; *Claussen/Korth* in Kölner Komm[2] § 245 Anm 4; *Hennrichs* in Bilanzrecht § 245 Anm 2, 23; *Hüffer* in Großkomm Bilanzrecht § 245 Anm 5; *Merkt* in Baumbach/Hopt HGB[31] § 245 Anm 1; *Wiedmann* in Ebenroth/Boujong/Joost § 245 Anm 2) JA zu unterzeichnen ist, ist umstritten. Entscheidend ist, dass der **endgültige Jahresabschluss** unterzeichnet wird. Ergeben sich vom aufgestellten zum festgestellten JA keine Änderungen, reicht die Unterzeichnung des aufgestellten JA mit entspr Datum (ähnlich *ADS*[6] § 245

Anm 8; *Ellerich* in HdR[4] § 245 Anm 13 aE; *Luttermann* in MünchKomm AktG[2] § 245 Anm 32–40, mit weiteren Differenzierungen). Einer erneuten Unterschrift mit Datum der Feststellung bedarf es dann nicht. Bei Änderungen ist der ggf festgestellte JA mit Datum der (erneuten) Feststellung zu unterzeichnen. Allerdings ist es nicht zu beanstanden, wenn – auch ohne Änderung – der festgestellte JA mit Datum der Feststellung unterzeichnet wird. Der Nachweis der rechtzeitigen Aufstellung ist dann auf anderem Weg (zB Sitzungsprotokolle, Schreiben an AR, Unterzeichnung eines gesonderten Aufstellungsexemplars) zu erbringen (*Hüffer* in Großkomm Bilanzrecht § 245 Anm 6).

Der JA ist unter Angabe des **Datums** zu unterzeichnen; S 1. Das Datum muss **Tag, Monat** und **Jahr** enthalten, da nur dann die Nachweisfunktion der Unterschrift erfüllt werden kann.

Nach § 298 Abs 1 ist § 245 analog auch auf den **Konzernabschluss** anzu- 4
wenden. Dies gilt gem § 315a auch für IFRS-KA. Somit haben die zur Aufstellung eines KA verpflichteten Personen diesen, dh den **endgültigen** KA, auch zu unterzeichnen. Bei Zusammenfassung von **Konzernanhang** und Anhang zum JA (des MU) ist es ausreichend und üblich, wenn nur einmal unterschrieben wird. Zur Unterzeichnung eines **Lageberichts** s § 264 Anm 16.

Nach Feststellung geänderte **Abschlüsse** sind mit entspr Datumsangabe er- 5
neut zu unterzeichnen, ggf mit Doppel-Datum.

C. Auswirkungen und Rechtsfolgen

Durch die Unterschrift wird der **Beweis** erbracht, dass die im JA enthaltenen 6
Erklärungen von den unterzeichnenden Personen nach den an diesem Tag (Anm 3) möglichen Erkenntnissen abgegeben wurden (s § 416 ZPO). Zur Beweisfunktion *OLG Frankfurt* 10. 5. 1988 BB 1989, 395.

Die Unterzeichnung des JA iVm der Angabe des Datums kann im **Insolvenzfall** oder bei drohender Insolvenz Bedeutung gewinnen (§§ 283–283b StGB), da die ordnungsgemäße Einhaltung von Aufstellungsfristen ua anhand dieser Unterlagen geprüft wird (s *Maluck/Göbel* WPg 1978, 627). **Weitere unmittelbare Rechtsfolgen** aus dem Fehlen der Unterschrift ergeben sich für EKfm und reine PersGes **nicht,** sofern der JA ansonsten ordnungsgemäß aufgestellt worden ist. Für **Kapitalgesellschaften** und **KapCoGes** entsteht daraus eine Ordnungswidrigkeit gemäß § 334 Abs 1 Nr 1a. S hierzu § 334 Anm 10ff. Eine fehlende Unterzeichnung führt nicht zur Nichtigkeit des JA (*OLG Karlsruhe* 21. 11. 1986 WM 1987, 533). Es kann auch ohne Unterschrift ein endgültiger JA vorliegen. Die Feststellung des JA ist von der Unterschrift unabhängig (*Walz* in Heymann[2] § 245 Anm 9; *OLG Karlsruhe* aaO).

Die **zivilrechtlichen Konsequenzen,** die sich aus der Unterzeichnung des JA ergeben, werden im Schrifttum unterschiedlich gewichtet; ebenso *ADS*[6] § 245 Anm 15 mwN. Es lassen sich uE allenfalls auf der Ebene der Mitges Rechte herleiten (Gewinnverteilungsmaßstab) (ebenso *Wiedmann* in Bilanzrecht[2] § 245 Anm 1); ein **Schuldanerkenntnis** zugunsten in der Bilanz angeführter Gläubiger **wird nicht begründet** (ebenso *Zunft* Materiellrechtliche und prozessrechtliche Fragen zur Bilanz der OHG und der KG NJW 1959, 1945 und *ADS*[6] § 245 Anm 15).

D. Abweichungen der IFRS

Die IFRS enthalten keine dem § 245 entspr Regelung (zu weit gehend Lutter- 7
mann, der für die beweiskräftige Dokumentation der auch nach IFRS gegebenen Verantwortung der UntLeitung für den JA (preface IAS, par 7) „im

Grunde eine Unterzeichnungspflicht" nach IFRS sieht *Luttermann* in MünchKomm AktG[2] § 245 Anm 56).

Zweiter Titel. Ansatzvorschriften

§ 246 Vollständigkeit. Verrechnungsverbot

(1) [1]**Der Jahresabschluß hat sämtliche Vermögensgegenstände, Schulden, Rechnungsabgrenzungsposten, Aufwendungen und Erträge zu enthalten, soweit gesetzlich nichts anderes bestimmt ist.** [2]**Vermögensgegenstände, die unter Eigentumsvorbehalt erworben oder an Dritte für eigene oder fremde Verbindlichkeiten verpfändet oder in anderer Weise als Sicherheit übertragen worden sind, sind in die Bilanz des Sicherungsgebers aufzunehmen.** [3]**In die Bilanz des Sicherungsnehmers sind sie nur aufzunehmen, wenn es sich um Bareinlagen handelt.**

(2) **Posten der Aktivseite dürfen nicht mit Posten der Passivseite, Aufwendungen nicht mit Erträgen, Grundstücksrechte nicht mit Grundstückslasten verrechnet werden.**

Übersicht

Schrifttum: *Küting* Die phasengleiche Dividendenvereinnahmung nach der EuGH-Entscheidung „Tomberger" DStR 1996, 1947; *Ekkenga* Gibt es „wirtschaftliches Eigentum" im Handelsbilanzrecht? ZGR 1997, 262; *Hultsch* Wirtschaftliche Zurechnung von Forderungen bei Asset-Backed-Securities-Transaktionen DB 2000, 2129; *Fischer* Insolvenzsicherung für Altersteilzeit, Arbeitszeitkonten und Altersversorgung – Vermögensdeckung mit doppelseitiger Treuhand in der Praxis, DB Beilage 5/2001, 21; *IDW RS HFA 7* Zur Rechnungslegung bei Personenhandelsgesellschaften WPg 2002, 1259; *IDW RS HFA 8* Zweifelsfragen der Bilanzierung von asset backed securities-Gestaltungen und ähnlichen Transaktionen WPg 2002, 1151 sowie Ergänzung WPg 2004, 138; *Dreyer/*

Schmid/Kronat Bilanzbefreiende Wirkung von Asset-Backed-Securities-Transaktionen Bilanzrecht und Betriebswirtschaft 2003, 91; *Rist* Bilanzierung von Forderungsverkäufen bei wirtschaftlicher Betrachtungsweise StuB 2003, 385; *IDW ERS HFA 13* Einzelfragen zum Übergang des wirtschaftlichen Eigentums und zur Gewinnrealisierung nach HGB WPg 2004.

A. Vorbemerkungen

1 In § 246 werden der Vollständigkeitsgrundsatz und das Verrechnungsverbot grds für alle Kfl für die Bilanz und für die GuV vorgeschrieben (zu Ausnahmen s aber Anm 85–88 und 100–115). Außerdem wird in Abs 1 S 2 und 3 klargestellt, dass zu Sicherungszwecken übertragene VG prinzipiell nur in der Bilanz des Sicherungsgebers auszuweisen sind.

B. Das Vollständigkeitsgebot in der Bilanz (Abs 1)

I. Vollständigkeit als Zuordnungsproblem

2 In Abs 1 S 1 wird der Grundsatz kodifiziert, dass der Kfm seine VG, Schulden und RAP vollständig in die Bilanz aufzunehmen hat, soweit gesetzlich nichts anderes bestimmt ist. Dieses Vollständigkeitsgebot wird lediglich durch die sog **Ansatzwahlrechte** und die gesetzlichen **Ansatzverbote** durchbrochen (Anm 85 ff). Es sind daher grds alle diejenigen bilanzierungsfähigen VG, Schulden und RAP in der Bilanz zu erfassen, die in **personeller** Hinsicht dem Kfm (und nicht etwa einem anderen) und die in **sachlicher** Hinsicht dem Betriebsvermögen (und nicht etwa dem Privatvermögen) zuzuordnen sind.

3 Die Vollständigkeit iSd § 246 betrifft allerdings nur die Frage, ob bestimmte Gegenstände überhaupt anzusetzen sind. Sie betrifft jedoch nicht die Vollständigkeit der **Werterfassung,** für die die jeweiligen Bewertungsvorschriften (insb §§ 252 ff, 279 ff) maßgeblich sind. Dem Vollständigkeitsgebot des Abs 1 ist daher auch dann Genüge getan, wenn ein zu bilanzierender Gegenstand lediglich mit einem „Erinnerungsposten“ (dazu *Kupsch* in BoHdR § 246 Anm 11) berücksichtigt worden ist.

II. Personelle Zuordnung von Vermögensgegenständen

1. Maßgeblichkeit des wirtschaftlichen Eigentums

5 Die Zuordnung von VG zu bestimmten Personen für Zwecke der Rechnungslegung richtet sich – außer bei Treugut von Kreditinstituten (§ 6 RechKredV) – nicht nach dem zivilrechtlichen Eigentum, sondern danach, wer **„wirtschaftlicher Eigentümer“** des VG ist. IdR fallen zivilrechtliches und wirtschaftliches Eigentum zusammen.

6 Wirtschaftlicher Eigentümer ist derjenige, der – ohne das rechtliche Eigentum zu haben – die **tatsächliche Sachherrschaft** über einen VG in einer Weise ausübt, dass dadurch der nach bürgerlichem Recht Berechtigte wirtschaftlich auf Dauer von der Einwirkung ausgeschlossen ist (§ 39 Abs 2 Nr 1 AO; 25. 1. 1996 DB, 1448; *BGH* 6. 11. 1995 BB 1996, 155). Dies ist dann der Fall, wenn Letzterer keinen oder nur einen praktisch bedeutungslosen Herausgabeanspruch gegenüber Ersterem hat oder wenn er den VG an diesen herauszugeben verpflichtet ist.

7 Entscheidend ist das **Gesamtbild** der Verhältnisse. Dabei tritt wegen der Maßgeblichkeit der tatsächlichen Befugnisse ein nur formales Recht, über den

VG zu verfügen oder diesen zu belasten, in seiner Bedeutung hinter die wirtschaftliche Verfügungsmacht zurück (glA *ADS*[6] § 246 Anm 262ff). Die tatsächliche Sachherrschaft über den VG hat idR derjenige, bei dem Besitz, Gefahr, Nutzen und Lasten der Sache liegen. Der Ausschluss des zivilrechtlichen Eigentümers von der Sachherrschaft muss dabei für die gewöhnliche Nutzungsdauer des betreffenden VG gegeben sein (§ 39 Abs 2 Nr 1 AO; *BGH* 6. 11. 1995 BB 1996, 155). Weitgehende Verfügungsmöglichkeiten allein begründen aber noch kein wirtschaftliches Eigentum (*BFH* 27. 9. 1988 DB 1989, 410).

Beeinflusst durch die Begrifflichkeiten internationaler Rechnungslegungsvorschriften, geht man im deutschen Rechtsraum zunehmend dazu über, bei der Definition des wirtschaftlichen Eigentums, gleichfalls von Chancen und Risken zu sprechen. Danach trägt der wirtschaftliche Eigentümer grundsätzlich sowohl die Chancen als auch die Risiken aus der dauerhaften Nutzung des VG sowie den Wertschwankungen, zB im Rahmen der Verwertung des VG (vgl *IDW ERS HFA 13,* Anm 6). 8

2. Treuhandverhältnisse

Die wichtigsten Beispiele eines Auseinanderfallens von rechtlichem und wirtschaftlichem Eigentum sind die rechtsgeschäftlichen Treuhandschaften. Diese bilden jedoch keinen einheitlichen Vertragstyp. Ob der VG dem Treuhänder oder dem Treugeber zuzuordnen ist, richtet sich daher nach den Umständen des Einzelfalls, insb nach der Art und der Durchführung der Treuhandabrede (glA *ADS*[6] § 246 Anm 274ff mwN). 9

a) Fiduziarische Treuhandschaft

Bei der fiduziarischen Treuhandschaft erwirbt der Treuhänder vom Treugeber (oder für dessen Rechnung von einem Dritten) VG **(Treugut)** zu vollem zivilrechtlichem Eigentum. Aufgrund der Treuhandabrede darf der Treuhänder das erworbene Recht am Treugut zwar im eigenen Namen, nicht jedoch im eigenen Interesse ausüben. 10

Das Treugut ist prinzipiell in der **Bilanz des Treugebers** auszuweisen, sofern die Treuhandabrede und die tatsächlichen Umstände so gestaltet sind, dass das wirtschaftliche Eigentum an dem Treugut dem Treugeber zuzuordnen ist. Wenn der Treuhänder das Treugut von einem Dritten „zu treuen Händen“ für den Treugeber erworben oder selbst hergestellt hat, darf der Treugeber aber statt des Treuguts den entsprechenden Herausgabeanspruch gegen den Treuhänder aktivieren (aA zur sog „Vereinbarungstreuhand“ *ADS*[6] § 246 Anm 282). 11

Über die bilanzielle Behandlung des Treuguts in der **Bilanz des Treuhänders** besteht keine einheitliche Auffassung. Während ein Teil der Literatur die bilanzielle Erfassung beim Treuhänder ablehnt (zB *Schulze-Osterloh* in Baumbach/Hueck GmbHG[17] § 42 Anm 82), empfiehlt bzw verlangt die heute wohl hM, das Treugut beim Treuhänder entweder in die Bilanz aufzunehmen (und in der Vorspalte des betreffenden Bilanzpostens oder als selbstständigen Posten auszuweisen) oder aber zumindest auf der Aktivseite „unter dem Strich“ zu vermerken (*ADS*[6] § 246 Anm 291; *WPH*[12] I E 39). 12

Wird der hM einer Aktivierung in der Bilanz des Treuhänders gefolgt, ist zugleich ein entsprechender Passivposten zu bilden, der idR die Herausgabeverpflichtung ggü dem Treugeber zum Gegenstand hat.

Ein Vermerk von Treugut „unter dem Strich“ oder gar ein Ausweis desselben in der Bilanz des Treuhänders kann jedoch grds nicht gefordert werden. Denn der Gesetzgeber hat trotz Kenntnis der Problematik keine entsprechende allgemeine Verpflichtungsnorm geschaffen. Eine – eng auszulegende – Sondervorschrift besteht nur für Kreditinstitute und Kapitalanlagegesellschaften, die gem § 6 RechKredV Treugut in bzw unter der Bilanz ausweisen müssen. Angesichts der unterschiedlichen Beurteilung der Rechtslage im Schrifttum und der uneinheitlichen Behandlung des Treuguts in der Praxis kann bisher noch nicht davon ausgegangen werden, dass die GoB allgemein eine Erfassung von Treugut in oder unter der Bilanz des Treuhänders verlangen.

13 Treuhänderisch übernommene **Verbindlichkeiten** sind jedoch stets in der Bilanz des Treuhänders zu passivieren, wobei der korrespondierende Freistellungs- bzw Ersatzanspruch zu aktivieren ist (glA *WPH*[12] I E 39; *ADS*[6] § 246 Anm 294).

b) Doppelseitige Treuhandschaft

14 Eine sog doppelseitige Treuhandschaft liegt vor, wenn Treugut auf einen Dritten übertragen wird, der Interessen sowohl des Gläubigers als auch des Schuldners – beide sind seine Treugeber – wahrzunehmen hat. Eine derartige Treuhandschaft kommt insb im gerichtlichen Vergleichsverfahren oder im außergerichtlichen Liquidationsvergleich vor. Auch hier richtet sich die bilanzielle Behandlung danach, wer unter Berücksichtigung aller Umstände des Einzelfalls als wirtschaftlicher Eigentümer des Treuguts anzusehen ist. Im Zweifelsfall wird dies der Schuldner sein, da der Gläubiger idR nur auf Befriedigung seiner Forderung bedacht ist und der Treuhänder zumeist nur eine Dienstleistungsfunktion ausübt (ähnlich *ADS*[6] § 246 Anm 278; zur doppelseitigen Treuhand iZm der betrieblichen Altersversorgung s *Fischer* DB Beilage 5/2001, 21).

c) Ermächtigungstreuhandschaft

15 Durch eine Ermächtigungstreuhandschaft wird dem Treuhänder lediglich die Ermächtigung erteilt, im eigenen Namen (aber für Rechnung des Treugebers) über das Treugut zu verfügen oder daran Rechte zu begründen, zu verändern oder aufzuheben. Jedoch findet – im Gegensatz zur fiduziarischen Treuhandschaft – eine Übertragung von zivilrechtlichem Eigentum an den Treuhänder nicht statt. Bei Ermächtigungstreuhandschaften ist ein Ausweis des betreffenden Gegenstands in der Bilanz des Treuhänders normalerweise weder sinnvoll noch zulässig, da das wirtschaftliche Eigentum hier regelmäßig weiterhin dem Treugeber zuzurechnen ist und dieser außerdem zivilrechtlicher Eigentümer bleibt (glA *ADS*[6] § 246 Anm 292).

d) Steuerliche Behandlung von Treuhandverhältnissen

16 Die steuerliche Behandlung von Treuhandverhältnissen richtet sich nach § 39 Abs 2 Nr 1 AO, dessen Regelungen im Wesentlichen genau der handelsrechtlichen Rechtslage entsprechen. Nach dieser Vorschrift ist es allerdings unerheblich, ob der Treuhänder das Treugut vom Treugeber oder aber von einem Dritten erworben bzw selbst hergestellt hat (s jedoch Anm 11). Das Treugut ist vielmehr steuerlich **stets nur** in der Steuerbilanz des **Treugebers** auszuweisen, wenn dieser wirtschaftlicher Eigentümer ist (*Weber-Grellet* in Schmidt[24] § 5 Anm 152ff mwN). Ein solcher Bilanzausweis des Treuguts ist im Hinblick auf § 159 Abs 1 AO im Zweifelsfall auch zum Nachweis der ernsthaften Durchführung der getroffenen Treuhandabrede erforderlich. Maßgeblich für die steuerliche Anerkennung eines Treuhandverhältnisses ist die Behandlung in dem ersten auf die das Treuhandverhältnis begründenden Vereinbarung folgenden handelsrechtlichen JA. Dies gilt grds selbst dann, wenn sich aus der Buchführung zunächst etwas anderes ergab (*BFH* 28. 2. 2001 BB, 1562).

3. Total Return Swaps

17 Als den Treuhandverhältnissen aus wirtschaftlicher Betrachtungsweise am ähnlichsten dürften solche Vereinbarungen bezeichnet werden, bei denen der Veräußerer trotz Übertragung der Verfügungsmacht im Wesentlichen sämtliche Wertänderungschancen und -risiken an dem vermeintlich veräußerten VG zurückbehält. **„Swap"-Transaktionen** sind typische Geschäftsvorfalle innerhalb der Kreditwirtschaft und stehen für den Austausch von Zahlungsströmen zwischen zwei Parteien. Die traditionellen Anwendungsfälle sind hierbei der Zins- oder Währungsswap (vgl Anm 170ff). Außerhalb der Kreditwirtschaft sind solche Vereinbarungen allgemein iZm Veräußerungsgeschäften oder speziell im Rahmen von UntTransaktionen anzutreffen. Für die Zuordnung des wirtschaftlichen Eigentums beim Veräußerer macht es dabei keinen Unterschied, ob die Wertänderungsrisiken und -chancen an dem Verkaufsobjekt über entspr Klauseln im Kaufvertrag selbst oder in einer parallel dazu getroffenen Nebenabrede zurückbehalten werden (vgl *IDW ERS HFA 13,* Anm 28).

18 Ein solcher Total Return Swap wäre implizit in einer Vereinbarung enthalten bei der der Veräußerer V an den Erwerber E eine Beteiligung verkauft und beide Parteien zunächst einen Kaufpreis vereinbaren, der zB dem Börsenkurs bei Vertragsabschluss entspricht. Des Weiteren sind sich die Parteien darüber einig, dass der Kaufpreis erst zu einem in der Zukunft liegenden Zeitpunkt (zB nach Ablauf eines Jahrs oder bei Eintritt eines vordefinierten Ereignisses) abschließend verhandelt werden soll. Eventuelle Unterschiede zwischen dem Kaufpreis bei Vertragsabschluss und dem endgültigen Kaufpreis sollen am Ende durch entspr Zahlungen der Parteien untereinander ausgeglichen werden. Im Falle einer Wertminderung hat E Anspruch auf Rückzahlung der Differenz, im Falle einer Wertsteigerung trifft E eine entspr Nachschusspflicht. Darüber hinaus zahlt V an E in der Zwischenzeit einen festen Zins auf den bei Vertragsabschluss erhaltenen Kaufpreis. In dieser Zeit an E geflossene Ausschüttungen werden auf die Zinszahlungen des V angerechnet.

Aus der Gesamtbetrachtung der Vereinbarung(en) ergibt sich, dass V im Wesentlichen sämtliche Risiken und Chancen aus der Beteiligung zurückbehält. Wirtschaftlich gestaltet sich die Vereinbarung vergleichbar einer Kreditgewährung von E an V. Erst wenn die Parteien den Kaufpreis abschließend verhandelt haben und die Ausgleichszahlung geleistet ist, wird E wirtschaftlicher Eigentümer der Beteiligung. Mit diesem Zeitpunkt gehen Wertänderungen zu seinen Lasten bzw seinen Gunsten.

4. Dingliche Sicherungsrechte

19 Wenn die Bestellung dinglicher Sicherungsrechte an VG in der Form des **Eigentumsvorbehalts,** der **Sicherungsübereignung** oder der **Sicherungsabtretung** erfolgt, wird das wirtschaftliche Eigentum handelsrechtlich und steuerlich weiterhin dem **Sicherungsgeber** zugerechnet, solange der Sicherungsnehmer im Innenverhältnis zum Sicherungsgeber nur die Stellung eines Pfandgläubigers hat. Hat der Sicherungsnehmer jedoch auf Grund der dem Sicherungsgeschäft zugrunde liegenden Sicherungsabrede Verfügungsbefugnisse, die über den Sicherungszweck hinausreichen, kann eine Zuordnung des VG zum Sicherungsnehmer geboten sein (*Fischer* in Hübschmann/Hepp/Spitaler § 39 Anm 179). Der bilanzielle Ausweis des VG erfolgt dementsprechend – wie in Abs 1 S 2f klargestellt ist – grds handelsrechtlich und steuerlich nur beim Sicherungsgeber, solange dieser wirtschaftlicher Eigentümer bleibt, und nur im letztgenannten Ausnahmefall kommt ein Ausweis beim Sicherungsnehmer in Betracht (glA *ADS*[6] § 246 Anm 270).

Etwas anderes gilt gem Abs 1 S 3 lediglich dann, wenn zu Sicherungszwecken eine Bareinlage erfolgt: Sie ist in die Bilanz des Sicherungsnehmers aufzunehmen. Außerdem ist bei ihm eine entsprechende Verbindlichkeit zu passivieren und beim Sicherungsgeber eine entsprechende Geldforderung zu aktivieren.

20 Sicherungsübereignungen und Sicherungsabtretungen brauchen nach hM im JA eines Sicherungsgebers, in dessen Bilanz das Sicherungsgut auszuweisen ist, nicht in besonderer Weise **kenntlich gemacht** zu werden (*ADS*[6] § 246 Anm 271). Der Sicherungsgeber braucht daher die durch eine Sicherungsabrede gebundenen Vermögenswerte in seiner Bilanz nicht getrennt von den freien VG auszuweisen, und es ist auch kein Vermerk in einer Vorspalte zu dem betreffenden Bilanzposten erforderlich (so zB *WPH*[12] I E 40). Selbst im Anhang der KapGes/KapCoGes sind keine diesbezüglichen Angaben vorgeschrieben. Vgl aber § 285 Nr 1b bzgl der Angaben zu den besicherten Verbindlichkeiten des Sicherungsgebers.

5. Kommissionsgeschäfte

21 Die bilanzielle Behandlung von Kommissionsgeschäften iSd §§ 383ff richtet sich (handels- und steuerrechtlich) ebenfalls nach der Zuordnung des wirtschaftlichen Eigentums an den Kommissionsgütern.

22 Bei der **Verkaufskommission** verbleibt das Eigentum an den dem Kommissionär zum Verkauf übergebenen Kommissionsgütern bis zum Verkauf beim Kommittenten. Der Kommissionär erwirbt weder das rechtliche noch das wirtschaftliche Eigentum. Daher hat nur der Kommittent das Kommissionsgut (als Ware und nicht etwa als Forderung) zu bilanzieren. Erst im Zeitpunkt der Veräußerung an den Endabnehmer hat der Kommittent eine Forderung gegen den Kommissionär, der Kommissionär eine Forderung gegen den Erwerber der Ware (Kommissionsgut) zu aktivieren. Der Kommissionär hat gleichzeitig eine entsprechende Verbindlichkeit gegenüber dem Kommittenten zu passivieren. Eine Saldierung von Forderung und Verbindlichkeit im JA des Kommissionärs ist abzulehnen, da diese gegenüber unterschiedlichen Parteien bestehen. Etwas anderes gilt für den mit dem Verkauf gegenüber dem Kommittenten entstandenen Provisionsanspruch des Kommissionärs und dessen Verbindlichkeit gegenüber dem Kommittenten. Hier kann eine Saldierung erfolgen, soweit Forderung und Verbindlichkeit am Bilanzstichtag fällig sind (vgl ausführlich Anm 105f).

Aus wirtschaftlicher Betrachtung kann von einer Verkaufskommission auch dann gesprochen werden, wenn dem Erwerber im Falle des Scheiterns einer Weiterveräußerung ein Andienungsrecht gegenüber dem ursprünglichen Veräußerer eingeräumt oder ein Rücktrittsrecht vom Kaufvertrag vereinbart wird (vgl *IDW ERS HFA 13,* Anm 27).

23 Bei der **Einkaufskommission** wird der Kommissionär mit dem Bezug der von ihm für Rechnung des Kommittenten erworbenen Kommissionsware deren rechtlicher Eigentümer. Das wirtschaftliche Eigentum fällt nach hM sofort an den Kommittenten. Der Kommissionär aktiviert daher nur die Forderung gegen den Kommittenten (nicht aber die Ware) und passiviert die Verbindlichkeit aus dem abgeschlossenen Kaufgeschäft mit dem Dritten. Beim Kommittenten erfolgt die Bilanzierung der Ware, jedoch frühestens zu dem Zeitpunkt, in dem die Verfügungsgewalt oder Gefahr an dem Kommissionsgut auf den Kommissionär und damit auch mittelbar auf den Kommittenten übergeht. Kennt der Kommittent diesen Zeitpunkt nicht, kommt für ihn eine Aktivierung der Ware (und eine Passivierung der entsprechenden Verbindlichkeit ggü dem Kommissionär) idR erst mit dem Eingang der Abrechnung durch den Kommissionär in Frage (*ADS*[6] § 246 Anm 309).

6. Pensionsgeschäfte

Unter Pensionsgeschäften versteht man Rechtsgeschäfte, bei denen das rechtliche Eigentum an einem VG (zB an einem Wertpapier) für begrenzte Zeit (regelmäßig gegen Zahlung eines einem Kaufpreis entsprechenden Entgelts) auf einen anderen, den Pensionsnehmer übertragen („in Pension gegeben") wird. 24

Die Erscheinungsformen der Pensionsgeschäfte sind vielfältig; in der Literatur werden solche Vereinbarungen vielfach als sog „Sale and buy back-Geschäfte" bezeichnet. Man unterscheidet hinsichtlich der Rechtsfolgen vor allem sog „echte" und „unechte" Pensionsgeschäfte. Die Übergänge sind allerdings fließend.

Ein **echtes Pensionsgeschäft** liegt vor, wenn der Pensionsnehmer das Pensionsgut an einem im Voraus bestimmten oder vom Pensionsgeber noch zu bestimmenden Zeitpunkt (gegen Rückerstattung des empfangenen Entgelts oder gegen Zahlung eines im Voraus vereinbarten anderen Betrags) auf den Pensionsgeber zurückzuübertragen hat. Statt eines Anspruchs auf Rückübertragung reicht für die Annahme eines echten Pensionsgeschäfts auch eine entsprechende (Kauf-)Option des Pensionsgebers aus, wenn die Umstände erwarten lassen, dass der Pensionsgeber die Option ausüben wird. Entscheidend ist, dass der Pensionsgeber auf jeden Fall in der Lage ist, sich das Pensionsgut zurückzuverschaffen und dies voraussichtlich auch tun wird. Soweit es sich bei dem Pensionsgut um verkehrsfähige Wertpapiere handelt, müssen nicht dieselben Wertpapiere zurückübertragen werden; es genügt wenn es sich um Wertpapiere gleicher Art, Menge und Güte (zB Aktien mit gleicher Wertpapierkennnummer) handelt. 25

Beim echten Pensionsgeschäft ist das Pensionsgut beim Pensionsgeber auszuweisen, da diesem das wirtschaftliche Eigentum *weiterhin* zuzurechnen ist. Der Pensionsgeber hat aber zugleich das vom Pensionsnehmer empfangene „Entgelt" zu passivieren, da es regelmäßig wirtschaftlich nichts anderes als einen vom Pensionsnehmer an den Pensionsgeber gewährten Kredit darstellt (§ 340b Abs 4).

Das **unechte Pensionsgeschäft** unterscheidet sich vom echten darin, dass der Pensionsgeber kein Recht auf Rückübertragung hat, sondern dass nur der Pensionsnehmer verlangen kann, dass der Pensionsgeber das Pensionsgut (gegen Rückzahlung des geleisteten Entgelts oder gegen Entrichtung eines bestimmten anderen Betrags) zurücknimmt (Andienungsrecht bzw Verkaufsoption des Pensionsnehmers, sog „Put"). Da der Pensionsgeber hier nicht sicher mit der Wiedererlangung der Verfügungsgewalt rechnen kann, ist das wirtschaftliche Eigentum dem Pensionsnehmer zuzuordnen und das Pensionsgut allein bei diesem zu bilanzieren (§ 340b Abs 5; vgl auch *IDW ERS HFA 13,* Anm 17). 26

Wenn allerdings der Rücknahmepreis bereits im Zeitpunkt der Übertragung so hoch ist, dass von einer Rückübertragung bei Würdigung aller Umstände ausgegangen werden kann (zB Verkaufsoption des Pensionsnehmers ist „im Geld"), ist eine Ausbuchung des Pensionsguts und die gleichzeitige Dotierung einer Drohverlustrückstellung beim Pensionsgeber abzulehnen, selbst wenn formal die Kriterien eines unechten Pensionsgeschäfts vorliegen. Eine solche Konstellation spricht dafür, dass der Pensionsgeber nicht ernsthaft beabsichtigt, das wirtschaftliche Eigentum auch nur kurzfristig aufzugeben. Umgekehrt ist dem Pensionsnehmer ein eigenes wirtschaftliches Interesse an dem VG abzusprechen (vgl *IDW ERS HFA 13,* Anm 19f).

Bei einem **gemischten Pensionsgeschäft,** bei dem sowohl die Merkmale des echten als auch diejenigen des unechten Pensionsgeschäfts vorliegen (bei dem also der Pensionsgeber eine Kauf- und der Pensionsnehmer gleichzeitig eine Verkaufsoption hat), ist zu prüfen, wer auf Grund der Umstände des Ein- 27 zelfalls als wirtschaftlicher Eigentümer des Pensionsguts anzusehen ist. IdR wird dies der Pensionsgeber sein (zB bei identischem Ausübungspreis beider Optionen und Laufzeitkongruenz). Denn nur er hat sowohl die Chance der Wertsteigerung (bei gestiegenem Wert des Pensionsguts kann er Rückübertragung verlangen) als auch das Risiko des Wertverfalls (bei gesunkenem Wert kann der Pensionsnehmer sein Andienungsrecht geltend machen). Außerdem liegt bei ihm die dominierende wirtschaftliche Verfügungsmacht.

Etwas anderes kann aber dann gelten, wenn der Pensionsnehmer auf Grund der Pensionsabrede befugt ist, das Pensionsgut jederzeit auch an einen Dritten zu veräußern und dieses Verwertungsrecht an einem fungiblen Pensionsgut besteht. Ein Übergang des wirtschaftlichen Eigentums auf den Pensionsnehmer ist jedenfalls dann anzunehmen, wenn die gegenseitig eingeräumten Optionen jeweils auf den beizulegenden Zeitwert lauten. In diesem Fall sind Chancen und Risiken aus dem Pensionsgut auf den Pensionsnehmer übergegangen.

28 Zur **steuerlichen Behandlung** von Pensionsgeschäften s *Weber-Grellet* in Schmidt[24] § 5 Anm 270 „Pensionsgeschäfte“ mwN.

7. ABS-Transaktionen

29 **Asset-Backed-Securities-Transaktionen** oder kurz ABS-Transaktionen sind dadurch gekennzeichnet, dass ein Unt Finanzaktiva an eine rechtlich selbstständige Zweckgesellschaft (sog Special Purpose Entity [SPE] oder Special Purpose Vehicle [SPV]) veräußert und diese zum Zwecke ihrer Refinanzierung Wertpapiere bzw Schuldtitel emittiert, die durch die sachenrechtlich übertragenen Finanzaktiva gesichert sind. Bei den Finanzaktiva handelt es sich häufig um Kundenforderungen die zumeist revolvierend veräußert werden; gleichwohl sind auch langfristige Forderungen zB aus Leasing- oder Darlehensverhältnissen Gegenstand von ABS-Transaktionen. Die Motivation von Unt, dieses Finanzierungsmodell zu wählen, basiert auf dem angestrebten **„Off-Balance-Effekt“.** Das die Finanzaktiva veräußernde Unt generiert mit dem Verkauf Liquidität, die es umgehend zur Schuldentilgung einsetzen kann. Der Wegfall der Schulden wiederum führt, neben der Bilanzverkürzung, zur Verbesserung der EK-Quote.

30 Analog zum traditionellen Forderungsverkauf (Factoring) stellt sich auch bei ABS-Transaktionen die Frage, ob die veräußerten Finanzaktiva wirtschaftlich beim Veräußerer abgegangen bzw diesem nicht mehr zuzurechnen sind. Würde die Frage verneint, handelte es sich aus wirtschaftlicher Betrachtungsweise nicht um einen Verkauf, sondern um ein Kreditverhältnis und die angestrebte Bilanzverkürzung wäre nicht eingetreten.

31 Maßgeblich für den Abgang der Finanzaktiva **(„Ausbuchung“)** ist zunächst, das die erwebende Zweckgesellschaft – grds auf Dauer – die typischen Rechte eines Eigentümers erlangt, dh sie muss die VG weiterveräußern oder verpfänden dürfen (*Hultsch,* 2129 *Dreyer/Schmid/Kronat,* 91 sehen die **Verfügungsbefugnis** als das einzig maßgebliche Kriterium für die Zuordnung des wirtschaftlichen Eigentums an.). Des Weiteren darf eine Rückübertragung, vergleichbar einem „echten“ Pensionsgeschäft nicht von vorneherein vereinbart sein. Lediglich dann, wenn das Volumen der übertragenen Finanzaktiva die Fortführung des Finanzierungsmodells unwirtschaftlich werden lässt, kann eine, bereits bei Abschluss der ABS-Transaktion vereinbarte, Rückübertragung – sog *„clean-up call“* – unschädlich sein. Der HFA (vgl *IDW RS HFA 8* Anm 12) knüpft hieran allerdings zurecht die Bedingung, dass es sich bei dem zurückzuübertragenden Bestand hinsichtlich des Risikoprofils um einen bei Veräußerung vergleichbaren Bestand handelt. Zulässig ist die „Ausbuchung“ auch, wenn zB Kundenforde-

rungen veräußert werden und die ABS-Transaktion den Forderungsschuldnern, vergleichbar der stillen Zession, nicht angezeigt wird.

Neben dem vorstehend diskutierten stärker zivilrechtlich geprägten Aspekt ist die Zulässigkeit der „Ausbuchung" insb dahingehend zu würdigen, ob der Veräußerer nicht Risiken zurückbehält, die der wirtschaftlichen „Abgangsfiktion" entgegen stehen. Hier wird im deutschen Rechtsraum vor allem Gewicht auf das **Bonitätsrisiko** gelegt (vgl *ADS*[6] § 246 Anm 326; aA *Dreyer/Schmid/Kronat,* 91 sowie *Hultsch,* 2129 der die Anwendung von Abs 1 S 2 auf ABS-Transaktionen ablehnt und *Rist,* die ferner für die stärkere Gewichtung des Zinsertrags bei der Zuordnung des wirtschaftlichen Eigentums plädiert, anstatt die Zuordnung anhand des „Störfalls" Forderungsausfall zu entscheiden. Dies erscheint zumindest für langfristige Forderungen ein berechtigter Einwand. Vergessen wird hierbei jedoch, dass durch die Einbeziehung der historischen Ausfallquote in die Bewertung des Bonitätsrisikos nicht mehr von einem „Störfall" gesprochen werden kann, sondern der statistisch erwartbare „Normalfall" für die Zuordnung herangezogen wird.). Diese Auffassung wird durch den HFA bestätigt (vgl *IDW RS HFA 8* Anm 7). Der HFA hat hierzu einige einprägsame Beispielsfälle, wie die Übernahme einer *„first-loss"*-Garantie oder ein Andienungsrecht seitens der Zweckgesellschaft als dem Übergang des wirtschaftlichen Eigentums entgegenstehend, aufgeführt. Gleichwohl bejaht der HFA die „Ausbuchung", wenn das Unt die Finanzaktiva regresslos veräußert und hierbei einen fixen Kaufpreisabschlag akzeptiert, der als außergewöhnlich hoch zu bezeichnen ist. Ist der Kaufpreisabschlag hingegen nicht endgültig, zB bei ABS-Transaktionen iZm einem Reserve- oder Garantiekonto (sog „loss reserve"), ist ein marktüblicher Abschlag für das Delkredererisiko ausschlaggebend. Die Bedingung der **„Marktüblichkeit"** ist dann gewährleistet, wenn die Höhe des Kaufpreisabschlags so gewählt wurde, als handelte es sich um eine gewöhnliche Forfaitierung. Der Abschlag bemisst sich folglich anhand der historischen Ausfallrate sowie unter der Berücksichtigung einer Risikoprämie für die Veränderlichkeit der Ausfallrate der zur Veräußerung stehenden Forderungen. Nicht heranzuziehen sind demgegenüber die üblichen von Ratingagenturen geforderten Kaufpreisabschläge (vgl *IDW RS HFA 8* Anm 22). 32

Enthalten die **Ankaufsvereinbarungen** neben dem Kaufpreisabschlag für das Bonitätsrisiko weitere Abschläge (vgl zu Beispielen *IDW RS HFA 8* Anm 24), ist zu untersuchen, ob diese letztlich nicht ebenfalls zur Abdeckung des Bonitätsrisiko zweckentfremdet werden und den Kaufpreisabschlag erhöhen.

In der Praxis werden häufig im Rahmen von ABS-Transaktionen revolvierende Ankaufsvereinbarungen geschlossen, dh die Parteien schließen einen Rahmenvertrag, nach dem über eine zumeist mehrjährige Vertragslaufzeit in vorher definierten Abständen (meist monatlich) stets neue Forderungsportefeuilles (Tranchen) von der Zweckgesellschaft angekauft werden. Steht das Reserve- oder Garantiekonto, soweit es durch tatsächlich eingetretene Ausfälle in der Vergangenheit angekaufter Tranchen nicht ausgeschöpft ist, zur Abdeckung des Bonitätsrisikos neuer anzukaufender Tranchen zur Verfügung, kann es durch diesen Mechanismus zur „Überdotierung" kommen (vgl *IDW RS HFA 8* Anm 31 f). Bei einer „Überdotierung" des Garantiefonds aufgrund eines zu hohen Kaufpreisabschlags bleibt der Veräußerer wirtschaftlicher Eigentümer der sachenrechtlich übertragenen Finanzaktiva und hat diese weiterhin zu aktivieren. Zusätzlich hat er eine (Kredit-)Verbindlichkeit in Höhe des erhaltenen Kaufpreises zu passivieren. 33

Dem Übergang des wirtschaftlichen Eigentums steht auch entgegen, wenn zwar zunächst ein angemessener bzw marktüblicher Kaufpreisabschlag vereinbart 34 wird, die Vereinbarung hingegen eine **rückwirkende Anpassungsmöglichkeit** vorsieht. Darüber hinaus ist iZm mehrjährigen revolvierenden Forderungsankäufen uE zu beachten, dass die Entscheidung über die Angemessenheit bzw Marktüblichkeit des im Rahmenvertrag vereinbarten Kaufpreisabschlags zu jedem Bilanzstichtag aufs Neue zu treffen ist, da sich die Ausfallquoten der periodisch anzukaufenden Forderungen ändern können.

8. Andere Wertgarantien iZm Veräußerungsgeschäften

35 Neben dem Bonitätsrisiko existieren in der Praxis eine Vielzahl von Variationen des Zurückbehaltens von maßgeblichen Wertminderungsrisiken im Rahmen von Veräußerungsgeschäften einzelner VG, Gesamtheiten von VG oder beim UntKauf im Besonderen. Beim UntKauf ist zumeist fraglich, ob der von den Parteien gewählte Zeitpunkt oder die dingliche Übertragung der Gesterrechte den Übergang des wirtschaftlichen Eigentums sachgerecht festlegen, wenn zwar die Chancen mit Erlangung der Verfügungsmacht auf den neuen Eigentümer der Beteiligung übergehen, der Veräußerer hingegen noch über einen längeren Zeitraum an Wertminderungen partizipiert oder für solche vollständig einzustehen hat. Ein solches Szenario könnte zB darin bestehen, dass der Veräußerer für ein Unterschreiten des Börsenkurses, der Grundlage der Kaufpreisbemessung war, unbegrenzt einzustehen hat. Ein weiteres Beispiel könnte darin gesehen werden, dass der Veräußerer den Eintritt bestimmter Ereignisse nach Abschluss des Kaufvertrags, wie zB den Rückgang der Umsätze unter einen zuvor definierten Betrag, ausschließt und ansonsten zur Kaufpreisrückzahlung verpflichtet ist. Ungeklärt ist die Frage, wann solche Wertgarantien als so erheblich bzw wesentlich zu bezeichnen sind, dass unbeachtlich des Übergangs der Chancen ein Übergang des wirtschaftlichen Eigentums auf den Erwerber bis zum Ende der Garantiefrist abzulehnen ist. Als idS erheblich könnte hier ein Wert von > 25% des Kaufpreises anzusehen sein. Solange der Veräußerer aufgrund der Vereinbarungen folglich eine Kaufpreisanpassung von mehr als 25% akzeptieren muss, kann dies uE nicht mehr als im Rahmen „üblicher" Risikoübernahmen bezeichnet werden und ein Übergang des wirtschaftlichen Eigentums erscheint in höchstem Maße zweifelhaft.

36 Im vorstehenden Sinne zweifelhaft sind ebenso die Fälle der Kaufpreisstundung gegenüber „quasi" vermögenslosen Schuldnern, wie dies für Zweckgesellschaften gelten mag, die eigens für den UntErwerb gegründet wurden und im Vergleich zum Kaufpreis der Beteiligung nur mit einem geringen Nominalkapital ausgestattet sind. Wird hier die Werthaltigkeit der Kaufpreisforderung nicht durch zusätzliche Sicherheiten oder Bürgschaften von Schuldnern höchstrangiger Bonität bestätigt, ist ein Übergang des wirtschaftlichen Eigentums uU sogar bis zur vollständigen Kaufpreiszahlung abzulehnen.

9. Leasing

37 In der Praxis werden mit dem Ausdruck **„Leasinggeschäft"** sowohl reine Miet- und Pachtverträge als auch Rechtsgeschäfte, die nach ihrem Gesamtbild wirtschaftlich einen Ratenkaufvertrag darstellen, sowie alle denkbaren Zwischenformen bezeichnet. Eine genaue Begriffsbestimmung existiert nicht. Jeder einzelne Vertrag ist deshalb daraufhin zu analysieren, zu welcher der nachfolgend genannten Vertragsarten er gehört. Mangels präziser handelsrechtlicher Abgrenzungskriterien werden dabei die quantitativen steuerlichen Unterscheidungsmerkmale (Anm 41 ff) in der Praxis auch für die handelsrechtliche Behandlung benutzt, zumal es keine grds Unterschiede zwischen beiden Rechtsbereichen hinsichtlich der Abgrenzung gibt (*ADS*[6] § 246 Anm 392). Entscheidend für die bilanzielle Behandlung ist letztlich stets, wer im konkreten Fall wirtschaftlicher Eigentümer des Leasinggegenstands ist (*WPH*[12] I E 25). Grds (und vorbehaltlich der in Anm 41–47 genannten speziellen Zurechnungsregeln) gilt hierbei:

a) Echte Miet- und Pachtverträge

Wenn ein Leasingvertrag als ein echter Miet- oder Pachtvertrag (dh als ein primär auf Nutzungsüberlassung ohne Verschaffung wirtschaftlichen Eigentums gerichteter Vertrag) zu qualifizieren ist *(Operating-Leasing)*, bleibt der Vermieter bzw Verpächter sowohl rechtlicher als auch wirtschaftlicher Eigentümer der Miet- bzw Pachtobjekte. Er hat die betreffenden VG daher in seiner Bilanz auszuweisen. Dies gilt jedoch nicht für Mieter- und Pächtereinbauten in gemietete oder gepachtete Grundstücke und Gebäude, die ohne Rücksicht auf das zivilrechtliche Eigentum beim Mieter bzw Pächter zu bilanzieren sind (glA *ADS*[6] § 246 Anm 411 mwN). 38

b) Finanzierungsverträge

Bei Leasingverträgen, die ihrem wirtschaftlichen Charakter nach Finanzierungsgeschäfte nach Art eines Ratenkaufs unter Eigentumsvorbehalt sind *(Finanzierungsleasing)*, ist das wirtschaftliche Eigentum am Leasinggegenstand dem Leasingnehmer zuzurechnen. Dieser hat daher den Leasinggegenstand zu aktivieren und die Leasingverbindlichkeiten zu passivieren. Der Leasinggeber hat dagegen nicht das Leasingobjekt, sondern eine Forderung gegen den Leasingnehmer auszuweisen (*WPH*[12] I E 28 ff). 39

c) Sale-and-lease-back

Als *sale-and-lease-back* werden Geschäfte bezeichnet, bei denen ein Kfm VG, deren Eigentümer er ist und die normalerweise bereits von ihm genutzt werden, an einen anderen verkauft, um sie von diesem sogleich wieder zu mieten. Hier handelt es sich idR um Fälle des Finanzierungsleasings, wenn mit dem Geschäft primär die Beschaffung von Liquidität bezweckt wird, ohne dass sich aber nach dem Willen der Parteien an der tatsächlichen Sachherrschaft über den betreffenden VG viel ändern soll. Wird dagegen primär die Aufdeckung stiller Reserven (zB zum Ausgleich von Verlusten) angestrebt, müssen die Parteien – als unerlässliche logische Voraussetzung einer Gewinnrealisierung – einen Übergang des wirtschaftlichen Eigentums herbeiführen, so dass der Leasingvertrag in derartigen Fällen – bei entsprechender Ausgestaltung – als echter Miet- oder Pachtvertrag zu qualifizieren ist. Zur Gewinnrealisierung bei *sale-and-lease-back-Geschäften* s *Gelhausen/Weiblen* in HdJ I/5 Anm 180 ff; *ADS*[6] § 246 Anm 395. 40

d) Zur steuerlichen Zurechnung von Leasinggegenständen

Die Zurechnung ist für Leasingverträge, bei denen die während einer unkündbaren **Grundmietzeit** zu entrichtenden Leasingraten die AK bzw HK der Leasinggegenstände sowie sämtliche anderen Kosten des Leasinggebers (wie insb dessen Finanzierungskosten) decken **(„Vollamortisationsverträge")**, wie folgt geregelt worden (*BMF*-Schreiben 19. 4. 1971 BStBl I, 264; 21. 3. 1972 BStBl I, 188, ergänzt durch BStBl I 1992, 13 und 1996, 9; s auch *Weber-Grellet* in Schmidt[24] § 5 Anm 721 ff): 41

aa) Bei Leasing-Verträgen **ohne Kauf- oder Mietverlängerungsoption** über Grund und Boden werden die Leasinggegenstände dem Leasinggeber zugerechnet. Bei derartigen Verträgen über Gebäude und/oder Mobilien werden diese dem Leasinggeber zugerechnet, wenn die Grundmietzeit mind 40% und höchs- 42 tens 90% der betriebsgewöhnlichen Nutzungsdauer der Leasinggegenstände beträgt.

43 bb) Bei Leasingverträgen **mit Kaufoption** über **Grund und Boden** und/oder **Gebäude** sind die Leasinggegenstände dem Leasinggeber zuzurechnen, wenn der für den Fall der Ausübung der Option vorgesehene Gesamtkaufpreis entweder nicht geringer als der Buchwert des Grund und Bodens zzgl des unter Anwendung der linearen AfA ermittelten Buchwerts der Gebäude oder nicht geringer als der niedrigere gemeine Wert der Leasinggegenstände im Zeitpunkt der Veräußerung ist.

Bei derartigen Verträgen über **Mobilien** sind diese dem Leasinggeber zuzurechnen, wenn die Grundmietzeit mind 40% und höchstens 90% der betriebsgewöhnlichen Nutzungsdauer der Leasinggegenstände beträgt und der für den Fall der Ausübung der Option vorgesehene Kaufpreis entweder nicht geringer als der unter Anwendung der linearen AfA nach der amtlichen AfA-Tabelle ermittelte Buchwert der Objekte oder nicht geringer als deren niedrigerer gemeiner Wert im Zeitpunkt der Veräußerung ist.

44 cc) Bei Leasingverträgen **mit Mietverlängerungsoption** über **Grund und Boden** ist dieser dem Leasinggeber zuzurechnen. Bei derartigen Verträgen über **Gebäude** erfolgt eine Zurechnung beim Leasinggeber, wenn die Anschlussmiete mehr als 75% des Mietentgelts beträgt, das für ein nach Art, Lage und Ausstattung vergleichbares Objekt üblicherweise gezahlt wird.

Besteht der Leasinggegenstand aus **Mobilien,** sind diese dem Leasinggeber zuzurechnen, wenn die Grundmietzeit mind 40% und höchstens 90% der betriebsgewöhnlichen Nutzungsdauer der Leasinggegenstände beträgt und die Anschlussmiete so bemessen ist, dass sie den Wertverzehr für die Leasinggegenstände deckt, der sich auf der Basis der unter Berücksichtigung der linearen AfA nach der amtlichen AfA-Tabelle ermittelten Buchwerte oder auf der Basis des niedrigeren gemeinen Werts und der Restnutzungsdauer gem der AfA-Tabelle ergibt.

45 dd) In den übrigen Fällen der in den Anm 42–44 genannten Verträge sind die Leasinggegenstände dem Leasingnehmer zuzurechnen.

46 ee) Bei **Spezial-Leasing-Verträgen** wird der Leasinggegenstand jedoch *stets* (dh ohne Rücksicht auf die sich nach den Anm 42–44 ergebende Behandlung) dem Leasingnehmer zugerechnet. Spezial-Leasing liegt vor, wenn der Leasinggegenstand (zB eine chemische Großanlage oder ein Kraftwerk) in einem solchen Maße auf die speziellen Verhältnisse und Anforderungen des Leasingnehmers zugeschnitten ist, dass eine anderweitige wirtschaftlich sinnvolle Nutzung oder Verwertung des Objekts nicht möglich erscheint. Die Annahme von Spezial-Leasing ist sorgfältig zu prüfen (ausführlich *HHR* § 5 Anm 1161).

47 ff) Bei Leasingverträgen, bei denen die Leasingraten in der Grundmietzeit *nicht* sämtliche Kosten des Leasinggebers decken und die deshalb **Teilamortisationsverträge** genannt werden, richtet sich die Zurechnung des Leasinggegenstands prinzipiell nach den allgemeinen Kriterien des wirtschaftlichen Eigentums. Besondere Bedeutung hat dabei jedoch die Frage, wem eine **Wertsteigerung** des Leasinggegenstands am Ende der Mietzeit zugute kommt. Für eine Zurechnung des wirtschaftlichen Eigentums an beweglichen WG zum Leasinggeber genügt es nach dem *BMF*-Schreiben vom 22. 12. 1975 (DB 1976, 172), wenn diesem bei einer am Ende der Mietzeit vorgenommenen Veräußerung des Leasinggegenstands mind 25% des die Restamortisation (Differenz zwischen den Gesamtkosten des Leasinggebers und den in der Mietzeit entrichteten Leasingraten) übersteigenden Teils des Veräußerungserlöses zustehen. Erhält der Leasinggeber weniger als 25%, ist der Leasinggegenstand dem Leasingnehmer zuzurechnen. Die vertragliche Zuteilung des Risikos einer **Wertminderung** während der Mietzeit ist in derartigen Fällen dagegen

ohne Bedeutung. Bzgl unbeweglicher WG s *BMF*-Schreiben 23. 12. 1991 BStBl I 1992, 13.

10. Nießbrauch

Ein mit einem Nießbrauchsrecht belasteter VG ist grds dem zivilrechtlichen Eigentümer zuzuordnen. Er ist jedoch dem Nießbrauchsberechtigten zuzurechnen, wenn dessen Rechte an diesem VG derart stark ausgestaltet sind, dass sie sein wirtschaftliches Eigentum daran begründen. Dies ist prinzipiell dann der Fall, wenn der Nießbrauchsberechtigte im Innenverhältnis zum Eigentümer für eigene Rechnung über die Substanz verfügen darf oder wenn die Dauer des Nießbrauchs so bemessen ist, dass der belastete VG vor dem Erlöschen des Nießbrauchs technisch oder wirtschaftlich abgenutzt ist und deshalb der Herausgabeanspruch des Eigentümers keinen wirtschaftlichen Wert mehr hat (*BFH* 2. 6. 1978 BStBl II, 507; *BMF*-Schreiben 15. 11. 1984 BStBl I, 561). 48

III. Personelle Zuordnung von Schulden

Schulden sind stets demjenigen zuzuordnen, **in dessen Namen** sie begründet worden sind. Denn dieser ist dem Gläubiger ggü auch dann zur Zahlung verpflichtet, wenn die Schulden für fremde Rechnung eingegangen worden ist. Die Schulden dürfen in einem solchen Fall nicht etwa mit dem hier bestehenden (und grds zu aktivierenden) Ausgleichsanspruch ggü demjenigen, für dessen Rechnung die Schulden begründet worden sind, saldiert werden. Der Grundsatz, dass sämtliche im eigenen Namen eingegangenen Schulden zu passivieren sind, gilt auch bei **Betriebsführungsverträgen,** sofern der Vertrag zum Inhalt hat, ein Unt oder einen Betrieb im eigenen Namen für Rechnung eines anderen zu betreiben (*ADS*[6] § 246 Anm 416). Die im eigenen Namen für Rechnung eines anderen begründeten Schulden sind aber zugleich **auch von diesem anderen** zu passivieren, und zwar regelmäßig in Form der für ihn im internen Verhältnis bestehenden Freistellungsverpflichtung (*ADS*[6] § 246 Anm 415). 50

Für die **Steuerbilanz** gilt § 39 Abs 2 Nr 1 AO (obwohl dort ausdrücklich die Zuordnung von „Wirtschaftsgütern" geregelt wird; vgl aber § 240 Anm 3). Danach sind Schulden – materiell entsprechend der handelsrechtlichen Rechtslage – dem wirtschaftlich Verpflichteten zuzuordnen. Dies schließt jedoch nicht aus, dass Schulden bei einem Auseinanderfallen von rechtlicher und wirtschaftlicher Verpflichtung auf Grund der auch für die Steuerbilanz geltenden Ausführungen in Anm 50 außerdem in der HB desjenigen auszuweisen sind, in dessen Namen sie begründet wurden. 51

IV. Sachliche Zuordnung von Vermögensgegenständen

Nur VG, die sachlich dem unternehmerischen Bereich zuzurechnen sind, dürfen bilanziert werden (vgl *IDW RS HFA* 7 WPg 2002, 1259; § 264 c Abs 3 S 1 für die KapCoGes sowie § 5 Abs 4 PublG für den Ekfm und die PersGes). **Das Unternehmensvermögen** (Handelsgeschäft) ist daher vom **Privatvermögen** des Kfm abzugrenzen. 55

1. Einzelkaufleute

a) Handelsrechtliche Zuordnung

VG eines Ekfm, die ihrer Art nach sowohl Privat- als auch Betriebsvermögen sein können, sind handelsrechtlich primär gem dem Willen des Kfm (ent- 56 sprechend der **„Widmung“**) entweder seinem Unt oder seinem Privatvermögen zuzurechnen. Dieser Wille muss allerdings äußerlich erkennbar (zB durch eine entsprechende Behandlung in der Buchführung) bekundet worden sein.

57 Lässt sich ein VG weder hiernach noch auf Grund seiner tatsächlichen Nutzung oder anderer faktischer oder rechtlicher Umstände eindeutig dem privaten oder dem handelsgewerblichen Bereich zuordnen, ist das Rechtsgeschäft ausschlaggebend, auf Grund dessen der Kfm das Eigentum bzw die Inhaberschaft an dem VG erlangt hat. Nach § 344 Abs 1 gilt dabei die gesetzliche – widerlegbare – **Vermutung,** dass das von einem Kfm vorgenommene Rechtsgeschäft (und damit der hierdurch erworbene VG) im Zweifelsfall zum Betrieb seines Handelsgewerbes gehört.

b) Steuerliche Zuordnung

58 Steuerlich ist zwischen notwendigem Betriebsvermögen, gewillkürtem Betriebsvermögen und notwendigem Privatvermögen zu unterscheiden (kritisch hierzu *Heinicke* in Schmidt[24] § 4 Anm 108).

59 aa) Zum **notwendigen Betriebsvermögen** gehören alle WG, die dem Betrieb derart dienen, dass sie **objektiv** zum Einsatz im Betrieb bestimmt sind. Es entscheidet allein die betriebliche Veranlassung. Auf den Willen des Kfm kommt es nicht an. Diese WG gehören daher auch dann zum steuerlichen Betriebsvermögen, wenn der Kfm sie nicht als solches behandelt.

60 bb) Zum **notwendigen Privatvermögen** gehören alle WG, die ausschließlich oder nahezu ausschließlich der eigenen privaten Lebensführung des Eigentümers dienen oder die der Eigentümer ausschließlich oder nahezu ausschließlich einem Familienangehörigen aus privaten Gründen unentgeltlich zur Nutzung überlässt. Auch hier kommt es nicht auf den subjektiven Willen des Kfm, sondern allein auf die **objektive** private Veranlassung an.

61 cc) Das **gewillkürte Betriebsvermögen** umfasst diejenigen WG, die weder notwendiges Betriebsvermögen noch notwendiges Privatvermögen darstellen, jedoch in einem gewissen objektiven Zusammenhang mit dem Betrieb stehen, dh objektiv dem Betrieb des Kfm in gewisser Weise dienen oder zu dienen geeignet sind, und auch subjektiv (was durch eine entsprechende Widmung und buchmäßige Behandlung zum Ausdruck gekommen sein muss) ihm zu dienen oder ihn zu fördern bestimmt sind (*BFH* 22. 9. 1993 BStBl II 1994, 172). Der BFH hat die von ihm selbst aufgestellte Voraussetzung, dass das WG in einem gewissen objektiven Zusammenhang mit dem Betrieb stehen und ihn zu fördern bestimmt und geeignet sein müsse, allerdings in einigen Entscheidungen erheblich abgeschwächt.

62 dd) Bei **gemischter Nutzung,** dh wenn ein WG sowohl privaten als auch betrieblichen Zwecken dient, ist eine entsprechende Zerlegung in einen privaten und in einen betrieblichen Teil – außer bei Grundstücken – nicht zulässig. Ist der Anteil der betrieblichen Nutzung größer als 50%, gehört das WG insgesamt zum notwendigen Betriebsvermögen. Überwiegt die private Nutzung und ist der Anteil der betrieblichen Nutzung nicht niedriger als 10%, kann das WG als gewillkürtes Betriebsvermögen behandelt werden. Beträgt die betriebliche Nutzung weniger als 10%, liegt notwendiges Privatvermögen vor (EStR 13 Abs 1). Bei Grundstücken ist dagegen eine prozentuale Aufteilung notwendig, da auch Grundstücksteile, die ausschließlich und unmittelbar für betriebliche Zwecke des Steuerpflichtigen genutzt werden, zum notwendigen Betriebsvermögen gehören (EStR 13 Abs 7). Zur Behandlung betrieblich genutzter Grundstücksteile von untergeordneter Bedeutung s EStR 13 Abs 8.

2. Personenhandelsgesellschaften

a) Handelsrechtliche Zuordnung

VG sind der PersGes sachlich zuzurechnen, wenn sie zum **Gesellschafts- vermögen** gehören. Dabei macht es keinen Unterschied, ob sie betrieblich genutzt werden oder nicht. VG, die einzelnen Gestern gehören, aber nicht Ges-Vermögen sind, können handelsrechtlich auch dann nicht von der Ges bilanziert werden, wenn sie dem Geschäftsbetrieb der Ges dienen (= steuerliches Sonderbetriebsvermögen). Ob VG eines Gesters steuerlich als notwendiges Betriebsvermögen angesehen werden, spielt handelsrechtlich keine Rolle (s *IDW RS HFA* 7 WPg 2002, 1259). Wegen der **Maßgeblichkeit des wirtschaftlichen Eigentums** für die Bilanzierung (Anm 5) ist jedoch eine wirtschaftliche Zugehörigkeit von VG zur Ges zu beachten. 63

In Fällen, in denen die Zuordnung zweifelhaft ist, entscheidet nicht die Vermutung des § 344 Abs 1, da diese Vorschrift nur für EKfl gilt. Bei PersGes kommt es vielmehr darauf an, inwieweit die Rechtsgeschäfte, die für die Zuordnung maßgeblich sind, der PersGes nach den allgemeinen Vorschriften über die Vertretung (§§ 164ff BGB, 125ff, 170 HGB) zuzurechnen sind. 64

b) Steuerliche Zuordnung

Das steuerliche Betriebsvermögen der PersGes (Mitunternehmerschaft; s § 247 Exkurs 2) setzt sich aus dem Gesamthandsvermögen der PersGes und dem dieser PersGes zuzurechnenden Sonderbetriebsvermögen der Mitunternehmer zusammen. In der HB der PersGes bilanzierte VG gehören bereits nach § 5 Abs 1 EStG zum steuerlichen Betriebsvermögen. Darüber hinaus werden im Eigentum der Gester stehende WG, die zwar nicht in der HB der PersGes aktiviert sind, aber durch entsprechende Widmung des Gesters dazu bestimmt sind, dem gemeinschaftlichen Betrieb oder der Beteiligung zu dienen, als Sonderbetriebsvermögen zum steuerlichen Betriebsvermögen gerechnet. Zum Wertansatz bei Übertragungen innerhalb des Betriebsvermögens s *BMF*-Schreiben 7. 6. 2001 DB, 1391. 65

3. Kapitalgesellschaften

Einer KapGes sind handelsrechtlich und steuerrechtlich alle eingegangenen Rechtsgeschäfte und die daraus resultierenden VG sachlich zuzuordnen. Für die Zurechnung sind dabei die allgemeinen Vertretungsvorschriften (dh insb die §§ 164ff BGB, 78ff AktG, 35ff GmbHG) maßgeblich. Auf den wirtschaftlichen Zusammenhang mit dem Betrieb des Unt kommt es nicht an, da eine KapGes kein „Privatvermögen" haben kann. (Steuerlich ist allerdings eine gewisse Tendenz der FinVerw und der Rspr zu beachten, sog „Liebhaberei-Objekte" einer „Privatsphäre" der KapGes zuzuordnen und deren ergebnismäßige Auswirkungen nicht zu berücksichtigen oder gar als vGA zu behandeln; s *Weber-Grellet* DStR 1994, 12; eine Privatsphäre der KapGes ablehnend inzwischen aber *BFH* 4. 12. 1996 DB 1997, 707.) 66

V. Sachliche Zuordnung von Schulden

1. Einzelkaufleute

a) Handelsrechtliche Zuordnung

Schulden eines Ekfm sind seinem betrieblichen Bereich zuzuordnen, wenn sie durch den Betrieb des Handelsgewerbes verursacht oder wenn sie von ihm als betriebliche Schulden eingegangen worden sind. Dabei gilt gem § 344 Abs 1 die 70

– widerlegbare – **Vermutung,** dass die von einem Kfm eingegangenen Schulden im Zweifelsfall zum Betrieb seines Handelsgewerbes gehören. **Steuerschulden** des Kfm, die durch den Untgewinn oder das Untvermögen verursacht sind, dürfen – aber müssen nicht – in der Bilanz ausgewiesen werden, wie sich indirekt aus § 5 Abs 5 S 2 PublG ergibt (glA *ADS*[6] § 246 Anm 430).

b) Steuerliche Zuordnung

71 Bei Ekfm richtet sich die Zugehörigkeit von Schulden zum steuerlichen Betriebsvermögen oder zum Privatvermögen danach, ob sie **objektiv in wirtschaftlichem Zusammenhang** mit dem Unt (Betrieb) stehen (*BFH* 4. 7. 1990 BStBl II, 817; EStR 13 Abs 15; s auch *Heinicke* in Schmidt[24] EStG § 4 Anm 226 mwN). Der wirtschaftliche Zusammenhang ist gegeben, wenn die Entstehung einer Schuld ursächlich und unmittelbar auf Vorgängen beruht, die das Unt betreffen (*Hüttemann* HdJ III/8 Anm 52). Das ist auch bei Schulden der Fall, die mit der Ablösung anderer Untschulden oder der Zuführung liquider Mittel im Zusammenhang stehen oder die auch nur zum Zweck der Bilanzverschönerung eingegangen worden sind (sog *window-dressing*). In wirtschaftlichem Zusammenhang mit dem Unt stehen auch die zum Zwecke der Errichtung oder des Erwerbs des Unt begründeten Schulden, zB Kaufpreisschulden, noch nicht bezahlte Beratungsgebühren und Darlehen zur Finanzierung des Kaufpreises oder zur Abfindung eines ausgeschiedenen Gesters. Eine **Privatschuld** wird aber nicht bereits dadurch zur betrieblichen Schuld, dass zu ihrer Absicherung ein Grundstück des Betriebsvermögens mit einem Grundpfandrecht belastet wird. Umgekehrt gilt das Gleiche (*BFH* 11. 12. 1980 BStBl II 1981, 461).

72 Wird ein betriebliches **Kontokorrentkonto,** das bei einer Bank unterhalten wird und über das auch private Zahlungen abgewickelt werden, überzogen, spricht nach Ansicht des BFH (*GrS* in BStBl II 1990, 817; s auch *Heinicke* in *Schmidt*[24] § 4 Anm 241) eine Vermutung dafür, dass die in der Überziehung liegende Kreditaufnahme betrieblich veranlasst ist, es sei denn, dass bei wirtschaftlicher Betrachtung klar erkennbar ist, dass mit der Erhöhung des Schuldsaldos ein Kredit für private Zwecke aufgenommen wurde, zB zur Finanzierung eines privaten Hausbaus.

73 Eine als Untschuld qualifizierte Verbindlichkeit kann nachträglich zu einer **Privatschuld** werden, wenn die Schuld mit dem Erwerb eines bestimmten WG, etwa eines Grundstücks oder eines Wertpapiers, zusammenhängt und dieses WG später aus dem Betriebsvermögen entnommen wird. Entsprechendes gilt auch im umgekehrten Fall, wenn ein zunächst privat auf Kredit angeschafftes WG erst später der betrieblichen Nutzung zugeführt wird.

74 Nur durch eine Willensentscheidung des Unternehmers kann die sachliche Zuordnung einer Schuld hingegen nicht geändert werden. Denn **gewillkürte Betriebsschulden** gibt es nicht (s *Heinicke* in Schmidt[24] § 4 Anm 233 mwN). Zur Möglichkeit der Umwandlung einer Privatschuld in eine Betriebsschuld s *BMF*-Schreiben 27. 7. 1987 BB, 1583.

Wird ein mit Fremdmitteln angeschafftes WG **teils betrieblich, teils privat** genutzt, folgt die Behandlung der Schuld idR der Behandlung des betr WG. Handelt es sich (wie zB bei einem Pkw) um ein nur einheitlich zu behandelndes WG, ist je nach der Behandlung dieses WG auch die Schuldaufnahme entweder nur betrieblich oder nur privat veranlasst. Ist das WG (wie zB ein Grundstück) dagegen „teilbar“ (Anm 62), ist auch die zur Anschaffung aufgenommene Schuld grds in derselben Weise aufzuteilen wie das WG (*BFH* BStBl II 1991, 226 und 1992, 141). Zu gemischten Kontokorrentkonten s *BFH GrS* 4. 7. 1990 BStBl II, 817 und *BMF* BStBl I 1993, 930.

2. Personenhandelsgesellschaften

Schulden sind einer PersGes für Zwecke der HB sachlich zuzuordnen, wenn sie in ihrem Namen begründet worden sind und damit **Gesamthandsschulden** darstellen (s *IDW RS HFA* 7 WPg 2002, 1259). Dies gilt auch für Schulden, bei denen die Gegenleistung privaten Zwecken eines Gesters dient (*BFH* 24. 5. 1984 BStBl II, 706 mwN). Hier ist jedoch idR zugleich eine entsprechende Forderung an den Gester einzubuchen oder dessen Privatkonto zu belasten (glA *ADS*[6] § 246 Anm 433 mwN). 75

Steuerschulden, die durch den Gewinn oder das Vermögen der Ges ausgelöst sind, dürfen nur dann in der Bilanz der Ges ausgewiesen werden, wenn die Ges der Steuerschuldner ist (wie sich indirekt aus § 5 Abs 5 S 2 PublG ergibt, Anm 70). Dies ist bzgl der ESt bzw der KSt der Gester nicht der Fall, selbst wenn diese Steuern durch Gewinne der Ges ausgelöst worden sind (so auch *IDW RS HFA* 7 WPg 2002, 1259; zum Ausweis diesbezüglicher Entnahmen s *ADS*[6] § 246 Anm 442).

Steuerlich bestehen die zum Betriebsvermögen einer PersGes gehörenden Schulden aus den in Anm 75 beschriebenen sog Gesamthandsschulden der Ges sowie aus den zum Sonderbetriebsvermögen der Gester gehörenden Schulden (Anm 65). 76

3. Kapitalgesellschaften

Einer KapGes sind handelsrechtlich und steuerlich sämtliche in ihrem Namen begründeten Schulden unabhängig von deren Veranlassung zuzuordnen. Für die Zurechnung von Rechtsgeschäften sind hierbei wiederum die allgemeinen Vertretungsvorschriften maßgeblich (Anm 66). Schulden, welche die Anteilseigner im eigenen Namen eingegangen sind, können nicht bei der KapGes bilanziert werden, auch wenn sie im wirtschaftlichen Zusammenhang mit dem Betrieb derselben stehen. 77

VI. Rechnungsabgrenzungsposten

Der Vollständigkeitsgrundsatz des Abs 1 gilt auch für die RAP der Aktiv- und der Passivseite (s auch die Erl zu § 250). Die RAP sind zu bilanzieren, soweit kein Ansatzwahlrecht besteht (s Anm 86 unter d) und e)). 80

VII. Ansatzwahlrechte und Ansatzverbote

1. Zum Wesen des Ansatzwahlrechts

Das Vollständigkeitsgebot des Abs 1 gilt nur, „soweit gesetzlich nichts anderes bestimmt ist“. Mit dieser Einschränkung wird insb auf die gesetzlichen Ansatzwahlrechte verwiesen, die es dem Kfm erlauben zu wählen, ob er bestimmte VG, Schulden oder RAP in der Bilanz ansetzen will. Entscheidet er sich für den Bilanzansatz, hat er die diesbezüglichen gesetzlichen Bewertungsvorschriften zu beachten. Der Ansatz beliebiger Zwischenwerte ist nicht zulässig, es sei denn, dass zugleich auch ein Bewertungswahlrecht besteht. 85

2. Bestehende Ansatzwahlrechte

Im Folgenden werden die Ansatzwahlrechte einschließlich der **Bilanzierungshilfen** des HGB aufgezählt. Für Bilanzierungshilfen gilt Abs 1 streng genommen allerdings nicht, da diese weder VG noch RAP sind und daher ohne- 86 hin nicht dem Vollständigkeitsgebot des Abs 1 unterliegen. Wegen ihrer Funktion für den JA werden sie hier jedoch ebenfalls genannt.

a) Alle **steuerlichen Passivierungswahlrechte** gelten gem den §§ 247 Abs 3 S 1, 273 auch handelsrechtlich, sofern eine entsprechende handelsrechtliche Bilanzierung Voraussetzung für die steuerliche Anerkennung des Postens ist.

b) Für im Gj unterlassene Aufwendungen für **Instandhaltung oder Abraumbeseitigung,** die nach Ablauf der ersten 3 Monate des folgenden Gj, aber noch innerhalb desselben nachgeholt werden, besteht gem § 249 Abs 1 S 3 ein Rückstellungswahlrecht.

c) Nach § 249 Abs 2 besteht ein Rückstellungswahlrecht außerdem für ihrer Eigenart nach genau umschriebene, dem Gj oder einem früheren Gj zuzuordnende **Aufwendungen,** die am Bilanzstichtag wahrscheinlich oder sicher, aber hinsichtlich ihrer Höhe oder des Zeitpunkts ihres Eintritts **unbestimmt** sind.

d) Als Aufwand berücksichtigte **Zölle und Verbrauchsteuern,** soweit sie auf am Bilanzstichtag auszuweisende VG des Vorratsvermögens entfallen, sowie als Aufwand berücksichtigte **Umsatzsteuer** auf am Bilanzstichtag auszuweisende oder von den Vorräten offen abgesetzte Anzahlungen dürfen nach § 250 Abs 1 S 2 als RAP aktiviert werden.

e) Gem § 250 Abs 3 darf der Unterschiedsbetrag zwischen dem Rückzahlungsbetrag von Verbindlichkeiten und einem niedrigeren Ausgabebetrag (das sog **Disagio**) als RAP aktiviert werden.

f) Für einen derivativ erworbenen **Geschäfts- oder Firmenwert** besteht nach § 255 Abs 4 ein Aktivierungswahlrecht.

g) Die Aufwendungen für die **Ingangsetzung des Geschäftsbetriebs** und dessen Erweiterung dürfen, soweit sie nicht aktivierungsfähig sind, gem § 269 als Bilanzierungshilfe aktiviert werden.

h) Nach § 274 Abs 2 darf in bestimmten Fällen in Höhe voraussichtlicher **künftiger Steuerentlastungen** als Bilanzierungshilfe auf der Aktivseite ein Abgrenzungsposten gebildet werden.

i) Art 28 Abs 1 EGHGB gestattet es, die Bildung einer **Pensionsrückstellung** für bestimmte Altzusagen zu unterlassen.

j) Außerdem wird auf das gesetzlich nicht normierte, nach hM jedoch gegebene Wahlrecht bzgl der Aktivierung bestimmter **unentgeltlich erworbener Vermögensgegenstände** hingewiesen (s § 255 Anm 90ff).

3. Ansatzverbote

87 Ausnahmsweise dürfen bestimmte VG, die in personeller und sachlicher Hinsicht zu dem bilanziell zu erfassenden Vermögen gehören, dennoch nicht in die Bilanz aufgenommen werden. Es handelt sich insb um alle nicht entgeltlich erworbenen immateriellen VG des Anlagevermögens sowie um Abschlussaufwendungen für Versicherungsverträge (s § 248 Anm 7f, 16). Außerdem dürfen für andere als die in § 249 genannten Zwecke keine Rückstellungen gebildet werden (§ 249 Abs 3). Ein nur für die *steuerliche* Gewinnermittlung geltendes Ansatzverbot enthält § 5 Abs 4a EStG (Verbot von Rückstellungen für drohende Verluste aus schwebenden Geschäften).

88 Im Rahmen des StEntlG 1999ff wurde die Passivierung von Rückstellungen für die Verpflichtung, ein Kernkraftwerk stillzulegen, insoweit eingeschränkt, als der Ansammlungszeitraum 25 Jahre nicht überschreiten darf, wenn der Zeitpunkt der Stilllegung nicht feststeht (§ 6 Abs 1 Nr 3a d) EStG).

C. Das Vollständigkeitsgebot in der Gewinn- und Verlustrechnung

Für die GuV bedeutet das Vollständigkeitsgebot des Abs 1, dass die GuV sämtliche Aufwendungen und Erträge des Unt in dem betreffenden Gj *unsaldiert* und unter Eliminierung von Einlagen und Entnahmen zu enthalten hat, soweit gesetzlich nichts anderes bestimmt ist. 90

Aufwendungen und **Erträge** sind einem Unt dann **zuzuordnen,** wenn sie aus Geschäftsvorfällen stammen, die **für Rechnung des Unternehmens** erfolgt sind. In wessen Namen sie vorgenommen wurden, ist unerheblich. Daher sind zB die Mieterträge und die Abschreibungen eines Mietobjekts, das von einem Treuhänder im eigenen Namen für Rechnung des Treugebers vermietet wird, ausschließlich in der GuV des Treugebers zu erfassen, während der Treuhänder zB nur die Treuhandgebühr in seiner GuV zu berücksichtigen hat. Zu den Besonderheiten des Ertragsteuerausweises in der KapCoGes vgl § 264c Anm 71ff. 91

Bei **Einzelkaufleuten** ist wegen der hier bestehenden juristischen Einheit des Rechtsträgers zu beachten, dass Aufwendungen und Erträge, die sachlich dem Handelsgewerbe zuzuordnen sind, auch dann in der GuV erfasst werden müssen, wenn sie mit privaten Mitteln des Kfm finanziert worden sind bzw wenn der Ertrag, der mit den dem Unt sachlich zugeordneten Aufwendungen erzielt wird, unmittelbar in die Privatsphäre geflossen ist. Denn hier liegen in Wirklichkeit gleichzeitig (verdeckte) **Einlagen** (s § 255 Anm 162) bzw **Entnahmen** (s § 247 Anm 174ff) des Kfm vor, die – insb auch für steuerliche Zwecke (§ 4 Abs 1 EStG) – bei der Ergebnisermittlung zu eliminieren sind. Zwischen Handels- und Steuerrecht besteht allerdings insofern ein bedeutsamer Unterschied, als handelsrechtlich nur Einlagen oder Entnahmen von VG (bzw Verbindlichkeiten) relevant sind, während steuerlich auch Entnahmen (nicht aber auch Einlagen!) von Nutzungen und Leistungen bei der Ermittlung des steuerlichen Gewinns zu berücksichtigen sind (§ 4 Abs 1 S 2 und S 5 EStG). 92

Bei **Personengesellschaften** und bei **Kapitalgesellschaften** sind die Auswirkungen verdeckter **Einlagen** und **Entnahmen** dagegen handelsrechtlich nicht zu eliminieren. So ist zB eine Gratifikation, die ein Gester einer PersGes einem Angestellten derselben für besondere Verdienste um die Ges aus Privatmitteln und ohne einen entsprechenden Auftrag der Ges zahlt, in der GuV der Ges nicht zu berücksichtigen. Umgekehrt ist ein objektiv überhöhtes, aber mit den MitGestern abgestimmtes Gehalt eines Gester-Geschäftsführers einer GmbH ungekürzt in der GuV der GmbH zu erfassen. (Steuerlich erfolgen in derartigen Fällen jedoch idR Ergebniskorrekturen, die aber außerhalb der Bilanz und der GuV durchgeführt werden; zur Behandlung bei PersGes s § 247 Anm 680ff; zur Behandlung von „Nutzungseinlagen" in KapGes s *Weber-Grellet* in Schmidt[24] EStG § 5 Anm 185 mwN.) 93

Direkte gesetzliche **Ausnahmen** vom Vollständigkeitsgebot des Abs 1 bestehen für die GuV nicht. Indirekte Ausnahmen ergeben sich jedoch aus den für die GuV geltenden Einschränkungen des Verrechnungsverbots (Anm 115). 94

D. Das Verrechnungsverbot (Abs 2)

I. Allgemeines

100 Das Verrechnungsverbot des Abs 2 ist ein Ausfluss sowohl des allgemeinen Gebots der Klarheit und Übersichtlichkeit des JA (§ 243 Abs 2) als auch des Vollständigkeitsgebots des Abs 1. Es gilt sowohl für die Bilanz als auch für die GuV. Danach dürfen grds weder in der Bilanz Posten der Aktivseite und Posten der Passivseite noch in der GuV Aufwendungen und Erträge miteinander verrechnet, dh „saldiert" werden. Das Verrechnungsverbot wird jedoch von zahlreichen Ausnahmen durchbrochen, und zwar sowohl bzgl der Bilanz (Anm 105 ff) als auch der GuV (Anm 115). Für Kreditinstitute s § 340 a Abs 2 S 3; für VersicherungsUnt s § 341 a Abs 2 S 3.

II. Ausnahmen bezüglich der Bilanz

105 **Forderungen und Verbindlichkeiten** dürfen in folgenden Fällen miteinander verrechnet werden:

106 a) Forderungen und Verbindlichkeiten zwischen denselben Personen stehen sich am Bilanzstichtag in einer solchen Weise (also gleichartig und fällig) ggü, dass sie gem § 387 BGB von beiden Seiten **gegeneinander aufgerechnet werden könnten.** Hier ist eine Saldierung in der Bilanz nach hM zulässig, da das haftende Vermögen und die wirkliche Liquiditätslage sogar klarer aufgezeigt werden, wenn die betreffenden Forderungen und Verbindlichkeiten so ausgewiesen werden, wie sie sich nach einer – jederzeit möglichen – Aufrechnung darstellen würden (glA *WPH*[12] I E 52). Eines Aufrechnungswillens bedarf es insoweit nicht.

107 b) Wenn im vorgenannten Fall nur die Forderung des bilanzierenden Unt am Bilanzstichtag fällig ist, während die ihr gegenüberstehende Verbindlichkeit noch nicht fällig, aber bereits erfüllbar ist, kann das bilanzierende Unt (nicht jedoch der andere Teil) nach § 387 BGB aufrechnen. Auch hier ist eine Saldierung – unabhänig vom Aufrechnungswillen – vertretbar, da das bilanzierende Unt die Forderung und die Verbindlichkeit einseitig durch Aufrechnung eliminieren könnte (zurückhaltend *ADS*[6] § 246 Anm 467).

108 c) Wenn in dem in Anm 106 genannten Fall sowohl die Forderung als auch die Verbindlichkeit am Bilanzstichtag noch nicht fällig sind, aber die Zeitpunkte der Fälligkeit der Forderung und der Erfüllbarkeit der Verbindlichkeit identisch sind oder nur unwesentlich voneinander abweichen, erscheint eine Saldierung uE nicht sachgerecht (aA *WPH*[12] I E 52). Die Argumentation, dass bei wirtschaftlicher Betrachtung die Forderung keinen frei verfügbaren VG und die Verbindlichkeit wegen der ihr gegenüberstehenden Forderung keine echte Last darstellt, würde nur dann eine Saldierung für vertretbar erscheinen lassen, wenn eine Saldierung tatsächlich beabsichtigt wird und dies auch in der Vergangenheit konkret so vollzogen wurde (glA *ADS*[6] § 246 Anm 466 f).

109 d) Bei **Gesamtschuldverhältnissen** ist es vertretbar, eine im Außenverhältnis bestehende Gesamtschuld mit den im Innenverhältnis bestehenden Rückgriffsansprüchen gegen die Mitschuldner zu verrechnen, wenn diese Ansprüche rechtlich zweifelsfrei und vollwertig sind und wenn durch eine Verrechnung insgesamt ein zutreffenderes Bild der tatsächlichen Vermögens- und Finanzlage vermittelt wird (zurückhaltender *ADS*[6] § 246 Anm 420). Eine Verrechnung ist jedoch nicht mehr zulässig, wenn und soweit der Gläubiger das bilanzierende Unt tatsächlich als Gesamtschuldner in Anspruch genommen hat.

Kontokorrentkonten werden vom Verrechnungsverbot nicht betroffen, da hier eine Forderung oder Verbindlichkeit von vornherein nur in Höhe des Abrechnungssaldos entsteht, so dass es einer Verrechnung iSd Abs 2 gar nicht bedarf. 110

Das Verrechnungsverbot wird auch dann nicht berührt, wenn bei der **Bewertung** ungewisser Verbindlichkeiten die Möglichkeit eines Rückgriffs gegen Dritte betragsmindernd berücksichtigt wird, sofern eine aktivierungsfähige Rückgriffsforderung noch gar nicht vorhanden ist (*BFH* 17. 2. 1993 BB, 1115; s auch *BFH GrS* 23. 6. 1997 DB, 1897).

Keine Verrechnung iSd Abs 2 ist eine **offene Absetzung** (wie zB gem §§ 268 Abs 5 S 2 oder 272 Abs 1 S 3 und 4). Zu den Ausnahmen zählen auch die Saldierung des Jahresverlusts mit dem Kapitalanteil (§ 264c Abs 2 S 3 und 6) bzw Saldierungen mit dem EK.

III. Ausnahmen bezüglich der Gewinn- und Verlustrechnung

In der GuV sind folgende Saldierungen zulässig bzw vorgeschrieben: 115

a) Aus § 275 Abs 2 Nr 2 ergibt sich, dass bei Anwendung des Gesamtkostenverfahrens **Erhöhungen des Bestands** an fertigen und unfertigen Erzeugnissen mit diesbezüglichen Bestandsminderungen verrechnet werden dürfen. Dies gilt analog auch für Nicht-KapGes/KapCoGes.

b) Nach § 276 dürfen KapGes/KapCoGes, die nach § 267 klein oder mittelgroß sind, alle in § 275 Abs 2 Nr 1 bis 5 oder Abs 3 Nr 1 bis 3 und 6 genannten Posten zu einem Posten unter der Bezeichnung **„Rohergebnis"** zusammenfassen. Dies gilt entsprechend auch für Nicht-KapGes/KapCoGes, sofern sie nicht als GroßUnt Sondervorschriften (wie zB § 5 Abs 1 PublG) unterliegen.

c) Nach § 277 Abs 1 haben KapGes/KapCoGes die **Umsatzerlöse** um **Erlösschmälerungen** zu kürzen. Für Nicht-KapGes/KapCoGes ist eine solche Saldierung zulässig, aber nicht erforderlich (sofern sie keinen Sondervorschriften wie zB § 5 Abs 1 PublG unterliegen).

d) **Steuererstattungen** müssen nach hM in bestimmtem Umfang mit Steuernachzahlungen verrechnet werden (hierzu § 275 Anm 253).

e) Der **zusätzliche (Steuer-)Aufwand** auf Grund eines HV-(GesV-)Beschlusses braucht gem § 174 Abs 3 AktG bzw § 278 S 2 HGB nicht als Aufwand des Gj ausgewiesen zu werden; er mindert den Gewinnvortrag in das nächste Gj.

E. Rechtsfolgen einer Verletzung des § 246

Spezielle zivilrechtliche Rechtsfolgen einer Verletzung des § 246 sieht das HGB (außer für KapGes/KapCoGes) nicht vor. Bei KapGes/KapCoGes stellt eine Verletzung des § 246 (insb eine solche des Vollständigkeitsgebots) grds zugleich eine Verletzung der Generalklausel des § 264 Abs 2 dar. Bzgl der sich daraus ergebenden Rechtsfolgen s § 264 Anm 57 ff. Wegen möglicher straf- und bußgeldrechtlicher Folgen s die Erl zu den §§ 331 und 334. 120

F. Zur steuerlichen Bedeutung des § 246

Das Vollständigkeitsgebot des Abs 1 ist – soweit es die Bilanz betrifft – auch steuerlich von entscheidender Bedeutung, da es gem § 5 Abs 1 EStG gleichzeitig die Grundlage für die steuerliche Gewinnermittlung bildet. Dagegen sind das 125

Vollständigkeitsgebot betreffend die GuV und das Saldierungsverbot des Abs 2 steuerlich ohne größere Relevanz, da die handelsrechtliche GuV für die Besteuerung nahezu unerheblich ist und Saldierungen in der Bilanz oder in der GuV das Jahresergebnis nicht beeinflussen.

G. Exkurs: Optionen, Termingeschäfte, Zinsswaps, Wertpapier-Leihgeschäfte

Schrifttum: *BFA 2/1993:* Bilanzierung und Prüfung von Financial Futures und Forward Rate Agreements WPg 1993, 517; *Breker* Optionsrechte und Stillhalterverpflichtungen im handelsrechtlichen Jahresabschluss, Düsseldorf 1993; *BFA 2/1995* Bilanzierung von Optionsgeschäften WPg 1995, 421; *Brackert/Prahl/Naumann* Neue Verfahren der Risikosteuerung und ihre Auswirkungen auf die handelsrechtliche Gewinnermittlung WPg 1995, 544; *KPMG* (Hrsg) Financial Instruments, 2. A. Frankfurt aM 1995; *Schumacher* Kompensatorische Bewertung bei der Sicherung von Bilanzpositionen durch Finanztermingeschäfte in der Handels- und Steuerbilanz DB 1995, 1473; *Wenger/Kaserer/Bayer* Die erfolgskonforme Abbildung von Zins- und Währungsswaps in der Handels- und Steuerbilanz DStR 1995, 948; *Windmöller/Breker* Bilanzierung von Optionsgeschäften WPg 1995, 389; *Winter* Zur Rückstellungsdotierung bei OTC-Zinsoptionen BB 1995, 1631; *Strieder* Cap-Prämien im Jahresabschluss des Erwerbers bei veränderten Marktverhältnissen DB 1996, 1198; *Arbeitskreis „Externe Unternehmensrechnung" der Schmalenbach Gesellschaft* Bilanzierung von Finanzinstrumenten im Währungs- und Zinsbereich auf der Grundlage des HGB DB 1997, 637; *Herzig/Mauritz* Micro-Hedges, Macro-Hedges und Portfolio-Hedges für derivate Finanzinstrumente: Kompatibel mit dem deutschen Bilanzrecht? WPg 1997, 141; *Häuselmann* Bilanzsteuerliche Aspekte des Wertpapierhandels, C & L Deutsche Revision (Hrsg) Frankfurt aM 1997; *Häuselmann* Wertpapier-Darlehen in der Steuerbilanz DB 2000, 495; *Scharpf/Luz*[2] Risikomanagement, Bilanzierung und Aufsicht von Finanzderivaten, Stuttgart 2000; *PwC Deutsche Revision*[3] (Hrsg) Derivative Finanzinstrumente in Industrieunternehmen, Frankfurt aM 2001, Abschn C: Die Bilanzierung derivativer Finanzinstrumente durch Industrieunternehmen nach HGB, US-GAAP und IAS; *IDW* RH BFA 1003: Zur Bilanzierung strukturierter Produkte WPg 2001, 916; *Scharpf* Rechnungslegung von Financial Instruments nach IAS 39, Stuttgart 2001; *Schmid/Mühlhäuser* Wirtschaftliches Eigentum und Gewinnrealisierung bei der Wertpapierleihe BB 2001, 2609; *PwC Deutsche Revision* IAS für Banken, 2. A. Frankfurt a. M. 2002; *IDW* RS HFA 9: Einzelfragen zur Anwendung von IAS 39 WPg 2002, 819/1264; *IDW* RS HFA 8: Zweifelsfragen der Bilanzierung von asset backed securities-Gestaltungen und ähnlichen Transaktionen WPg 2002, 1151 und WPg 2004, 138; *Rau* Zur steuerlichen Behandlung von Zinsbegrenzungen und Optionen nach dem BFH-Urteil zur bilanziellen Behandlung erhaltener Stillhalterprämien DStR 2003, 1769; *Krumnow ua* Rechnungslegung der Kreditinstitute, Kommentar zum deutschen Bilanzrecht unter Berücksichtigung von IAS/IFRS, Stuttgart 2004; IAS 32 Financial Instruments: Disclosure and Presentation (rev 2004); IAS 39 Financial Instruments: Recognition and Measurement (rev 2004); *Barckow/Glaum* Bilanzierung von Finanzinstrumenten nach IAS 39 (rev. 2004) – ein Schritt in Richtung Full Fair Value Model KoR 2004, 185; *Brüggemann/Lühn/Siegel* Bilanzierung hybrider Finanzinstrumente nach HGB, IFRS und US-GAAP im Vergleich KoR 2004, 340/389; *Scharpf* Hedge Accounting nach IAS 39: Ermittlung und bilanzielle Behandlung der Hedge(In-)Effektivität KoR 2004 Beilage 1; *Barckow* Die Bilanzierung von derivativen Finanzinstrumenten und Sicherungsbeziehungen – Eine Gegenüberstellung des deutschen Bilanzrechts mit SFAS 133 und IAS 32/39, Düsseldorf 2004; *Bieker/Hackenberger* Finanzinstrumente im IFRS-Abschluss – Der steinige Weg zum Full Fair Value Accounting DB 2004, 1625; *Eckes/Sittmann-Haury/Weigel* Neue Versionen von IAS 32 und IAS 39: Ausweis und Ansatz von Finanzinstrumenten/Kategorisierung und Bewertung von Finanzinstrumenten Die Bank 2004, 118 und 176; *Eckes ua* Die aktuellen Vorschriften zum Hedge Accounting Die Bank 2004, 416 und 54; *Kuhn/Scharpf* Finanzinstrumente: Welche Gestaltungsspielräume enthalten die Regelungen zur erstmaligen Anwendung von IAS 32 und IAS 39 für die Praxis? DB 2004, 261; *Löw* Verlustfreie Bewertung antizipativer Sicherungsgeschäfte nach HGB – Anlehnung an internationale Rechnungslegungsvorschriften – WPg 2004, 1109; *Thiele* Partielles Endorsement von IAS 39: Europäischer Sonderweg bei der Bilanzierung von Finanzinstrumenten DStR 2004, 2162; *Meinhardt* Auslandstöchter, Devisentermingeschäfte und Bewertungseinheit? DB 2004, 2649.

I. Bedingte Termingeschäfte

1. Optionen

Ein Optionskontrakt räumt das Recht ein, eine bestimmte Menge von Basis- 150
objekten (sog underlyings, zB Aktien, Fremdwährungsbeträge, Termingeschäfte, Indizes, Swaps) gegen die vereinbarte Zahlung (Basispreis) *bis* zu (Amerikanische Option) oder *an* einem bestimmten *Zeitpunkt* (Europäische Option) zu handeln. Die folgenden Ausführungen beziehen sich auf **börsennotierte Optionen,** bei denen im Gegensatz zu außerbörslich gehandelten *OTC-Optionen* Kontraktsumme, Basispreis, Laufzeit und Optionspreis standardisiert sind. OTC-Optionen sind entspr den einzelvertraglichen Ausgestaltungen zu beurteilen.

Der **Käufer einer Kaufoption** (Call) aktiviert das erworbene Optionsrecht 151
unter „sonstige Vermögensgegenstände" (*BFA 2/1995,* WPg 1995, 421, Abschn B) im Umlaufvermögen zu AK. Bei noch ausstehender Prämienzahlung (so bspw beim Future-Style-Verfahren (Anm 156)) ist hierfür zugleich eine „sonstige Verbindlichkeit" auszuweisen. Verfällt die Option, muss der Buchwert des Optionsrechts ausgebucht werden (GuV: sonstige betriebliche Aufwendungen). Die Bewertung des Optionsrechts orientiert sich bei börsengehandelten Optionen an deren Börsenpreis und erfolgt nach dem strengen Niederstwertprinzip. Die planmäßige Abschreibung des Optionsrechts ist dagegen unzulässig, da dieses einem planmäßig absehbaren und regelmäßigem Wertverzehr nicht unterliegt (*PwC Deutsche Revision*[3], Anm 481).

Die AK der Option bestimmen sich nach allgemeinen Grundsätzen; in der Praxis werden allerdings etwaige **Transaktionskosten** statt einer Aktivierung iSv Anschaffungsnebenkosten meist unmittelbar als Provisionsaufwand gebucht (s *Scharpf/Luz*[2], 401; *Krumnow* § 340 e Anm 454).

Der **Verkäufer (Stillhalter) einer Kaufoption** hat die Optionsprämie unter den „sonstigen Verbindlichkeiten" zu passivieren (s auch § 249 Anm 100 „Optionsgeschäfte"). Abzulehnen ist die Bildung eines passiven RAP, der zeitanteilig über die Laufzeit verteilt wird (ebenso *ADS*[6] § 246 Anm 373; *Niemeyer* BB 1990, 1026). Auch eine gewinnwirksame Vereinnahmung der Prämie bereits bei Abschluss des Optionsvertrags ist nicht zulässig, da der Vertrag so lange nicht erfüllt ist, wie der Käufer zur Ausübung berechtigt ist (aA *Häuselmann* (1997) 50). Dies gilt gem *BFH* (18. 12. 2002 DB 2003, 855) auch steuerrechtlich; die FinVerw hat sich dem inzwischen angeschlossen (*BFM* 12. 1. 2004 DB 2004, 159).

Hinsichtlich der Bemessung einer etwaigen Drohverlustrückstellung werden zwei Ansätze diskutiert: Nach der **Ausübungsmethode** ist eine Drohverlustrückstellung zu bilden, wenn am Bilanzstichtag der Marktpreis für das Basisobjekt den Basispreis übersteigt (innerer Wert der Option) und soweit diese Differenz größer ist als die passivierte Optionsprämie (s *Breker,* 145 ff). Demgegenüber ist nach der **Glattstellungsmethode** eine Drohverlustrückstellung zu bilden, soweit die für ein fiktives glattstellendes Gegengeschäft zu zahlende Prämie (Marktwert der Option) den Buchwert der passivierten Prämie übersteigt. Die Glattstellungsmethode ist nach hM (zB *Windmöller/Breker* WPg 1995, 396; *BFA 2/1995,* WPg 1995, 421) vorzuziehen, da sie sowohl dem Vorsichtsprinzip als auch den wirtschaftlichen Gegebenheiten (ca 90% der Kontrakte werden glattgestellt) besser Rechnung trägt (differenzierend hingegen *WPH I*[12] E

Anm 131, wonach die Drohverlustrückstellung *grundsätzlich* gem Ausübungsmethode zu bewerten sei, im Falle nicht zwingend physischer Erfüllung und möglicher vorzeitiger Glattstellung des Optionskontrakts allerdings die Anwendung der Glattstellungsmethode für zulässig erachtet wird).

Bei **Verfall** ist die Optionsprämie erfolgswirksam auszubuchen; gleiches gilt bei **Glattstellung,** sofern für beide Kontrakte ein Differenzausgleich (net cash settlement) vorgesehen ist. Eine Glattstellung kann „wirtschaftlich", dh durch Abschluss eines komplementären Gegengeschäfts, oder „rechtlich" (zB an der Eurex) durch Abschluss eines den ursprünglichen Kontrakt rechtlich aufhebenden Gegengeschäfts erfolgen. Der Ertrag aus der Auflösung darf mit dem Aufwand zur Glattstellung verrechnet und in der GuV saldiert ausgewiesen werden (s auch § 275 Anm 91, 210; *Krumnow* § 340e Anm 458). Auch *steuerrechtlich* wird bei Abschluss eines rechtlich aufhebenden Gegengeschäfts von einer Gewinnrealisierung ausgegangen (*BFH* 24. 6. 2003 DB, 1935). Wird hingegen ein auf physische Lieferung des Basisobjekts (physical settlement) ausgerichteter Optionskontrakt wirtschaftlich glattgestellt, ist eine Gewinnrealisierung aufgrund des verbliebenen Erfüllungsrisikos grds zu verneinen; etwas anderes könnte allenfalls gelten, wenn die Basisobjekte bei Nichterfüllung des Vertragskontrahenten zur Erfüllung des Grundgeschäfts jederzeit anderweitig am Markt beschaffbar wären (bspw an Warenterminbörsen gehandelte Rohstoffe).

Die **Ausübung** erfolgt im Falle *nicht lieferbarer* Basisobjekte (zB DAX-Optionen) durch (sofort erfolgswirksam zu erfassenden) Barausgleich (cash settlement). Bei Ausübung einer Option auf *lieferbare* Basisobjekte (zB Aktienoptionen) setzen sich die AK des Basisobjekts beim **Käufer einer Kaufoption** aus dem Basispreis und den „Erwerbsvorbereitungskosten" (so *KPMG*[2], 111), dh der Optionsprämie, zusammen. Übersteigen die AK dadurch die Kosten, die für eine Anschaffung des VG im Erwerbszeitpunkt ohne Kaufoption entstanden wären, ist dem durch außerplanmäßige Abschreibung Rechnung zu tragen (*Wohlgemuth* (mwN) in HdJ, Abt I/9, Anm 96; aA *ADS*[6] § 255 Anm 74, wonach sich in diesem Fall eine Einbeziehung der Optionsprämie in die AK mangels Werthaltigkeit verbiete). Beim **Verkäufer einer Kaufoption** ist die passivierte Optionsprämie dem Veräußerungserlös des abgehenden VG zuzuschlagen. Eine ggf gebildete Drohverlustrückstellung ist aufzulösen.

152 Für die Bilanzierung beim **Käufer einer Verkaufsoption** (Put) gelten die Erl zur Kaufoption (Anm 151). Bei Ausübung mindert der Buchwert der Option den Verkaufserlös des Optionsgegenstands. Ist nachweislich ein Bestand zur Lieferung des Basisobjekts vorgesehen, wird eine ggf erforderliche Abschreibung des Basisobjekts durch den Basispreis begrenzt. Die Bewertung des Basisobjekts (zB von Aktien, deren Kurs am Bilanzstichtag niedriger als der Basispreis ist) unter der Annahme der Optionsausübung führt dazu, dass die Option ihren eigenständigen Wert verliert und dementsprechend abzuschreiben ist (so *Windmöller/Breker* WPg 1995, 399). Es wird uU auch für zulässig gehalten, den Basispreis abzgl Optionspreis als Bewertungsuntergrenze für das Basisobjekt festzulegen und auf eine vollständige Abschreibung des Optionsrechts zu verzichten (so *Krumnow ua* § 340e Anm 469 mwN).

Der **Verkäufer einer Verkaufsoption** bilanziert nach den Grundsätzen, die für Kaufoptionen gelten. Bei Ausübung der Verkaufsoption ggü dem Stillhalter verringert die Optionsprämie die AK des Optionsgegenstands. Dagegen werden die AK nicht durch die Auflösung einer ggf gebildeten Drohverlustrückstellung gemindert (so *Windmöller/Breker* WPg 1995, 397).

153 Stehen gekaufte oder verkaufte Optionen mit anderen Bilanzposten oder schwebenden Geschäften in einem *nachweislichen,* dh eindeutig dokumentierten **Absicherungszusammenhang** (Microhedge), besteht nach *BFA 2/1995* eine

Pflicht zur Verrechnung der Bewertungsgewinne bis zur Höhe der ihnen gegenüberstehenden Bewertungsverluste. Ein Microhedge ist zB gegeben, wenn die Stillhalterverpflichtung aus dem Verkauf von Aktien-Kaufoptionen durch entspr vorhandene Basisobjekte (Aktien) gedeckt ist. Für im Rahmen von Handelsaktivitäten oder zur Risikosteuerung (Macrohedge) eingesetzte Optionen besteht dagegen ein Kompensations*wahlrecht*. In diesem Fall werden bspw mögliche Aktienkursverluste bis zur Höhe der passivierten Optionsprämie kompensiert; solange die Bewertungsverluste die passivierte Optionsprämie nicht übersteigen, ist auf die Abschreibung der Aktien zu verzichten (s hierzu *Windmöller/Breker* WPg 1995, 399).

Eine Bewertung sowohl des Grund- als auch des Sicherungsgeschäfts braucht bei **Industrieunternehmen** auch dann nicht vorgenommen zu werden, wenn zB Fremdwährungsanlagen oder -aufnahmen durch **Devisenoptionen** gesichert sind und einen Microhedge bilden. Die Bewertung von Devisenoptionen unterbleibt auch dann, wenn diese zur Sicherung noch *schwebender* Geschäfte (zB Erwerb eines Flugzeugs) eingesetzt werden. Bei Beendigung des Schwebezustands und Ausübung der Option wird die Investition zum Sicherungskurs aktiviert. Bei Nichtausübung bemessen sich die AK nach dem niedrigeren Kassakurs. In beiden Fällen umfassen die AK die gezahlte Optionsprämie.

Wird ein ganzer Bestand an Fremdwährungsforderungen und/oder -verbindlichkeiten durch Devisenoptionen gesichert (Portfolio-Sicherung), sollten die einzelnen Geschäfte entspr der **eingeschränkten Marktbewertung** zum Stichtag bewertet werden. Dies bedeutet, dass Fremdwährungsforderungen und/oder -verbindlichkeiten zu Kassakursen und Devisenoptionen zu Marktpreisen zu bewerten sind. Anschließend erfolgt eine Verrechnung der Bewertungsergebnisse *pro Währung;* nur für etwaige Verlustspitzen werden Drohverlustrückstellungen passiviert. Gewinnspitzen müssen im Hinblick auf das Realisationsprinzip grds unberücksichtigt bleiben; allerdings wird es auch für zulässig erachtet, auch bei Absicherung kurzfristiger Posten etwaige Gewinnspitzen erfolgswirksam zu erfassen (so *PwC Deutsche Revision*[3], Anm 428).

Keine Bewertungseinheit können nach hM originäre bzw derivative Finanzinstrumente mit *geplanten* Transaktionen (zB geplante Investitionen) bilden (Verbot sog antizipativer Hedges). Wurden zB bereits Devisenoptionen für geplante Transaktionen abgeschlossen, sind diese einzeln bzw im Portfolio zu bewerten (*PwC Deutsche Revision*[3], Anm 501 ff).

2. Zinsoptionen

Durch eine Zinsoption, die in standardisierter Form oder auch individuell als **155**
sog OTC-Geschäft vereinbart werden kann, erwirbt der Käufer das Recht, einen Zinssatz oder ein zinstragendes Finanzinstrument zu einem bestimmten Zeitpunkt oder während eines festgelegten Zeitraums zu einem vorher vereinbarten Kurs an den Optionsverkäufer zu verkaufen (Put) oder von ihm zu kaufen (Call).

An der Eurex und an der LIFFE werden (standardisierte) **Optionen auf den Bund-Future** gehandelt. Während der Optionslaufzeit hat der Käufer das Recht, vom Verkäufer zu verlangen, eine Kaufposition oder eine Verkaufsposition in dem Bund-Future-Kontrakt mit dem vereinbarten Basispreis einzunehmen. Dementsprechend ist der Verkäufer verpflichtet, am Börsentag nach Ausübung durch den Käufer ein entspr Termingeschäft abzuschließen (*Krumnow ua* § 340e Anm 427).

Die im Rahmen von Zinsoptionsgeschäften regelmäßig zu zahlende **Opti- 156**
onsprämie ist nach den für Optionsrechte geltenden allgemeinen Grundsätzen

zu behandeln (Anm 151). Die Optionsprämie wird bei dem für standardisierte Zinsoptionen angewendeten **Future-Style-Verfahren** nicht zu Vertragsbeginn, sondern erst bei Ausübung, Glattstellung oder Verfall gezahlt. Gewinne und Verluste, die sich aus dem aktuellen Optionspreis ergeben, werden auf einem für jeden Vertragspartner eingerichteten Margin-Account verrechnet. Bei Glattstellung muss lediglich der Differenzbetrag (Gewinn oder Verlust) zwischen Margin-Account und dem Aufwand aus Glattstellung ausgeglichen werden. Verfällt die Option oder wird sie ausnahmsweise tatsächlich ausgeübt, wird die ursprünglich zu Beginn des Geschäfts vereinbarte Prämie (netto) gezahlt, da der Saldo des Margin-Accounts mit der Prämie in Höhe des aktuellen Optionspreises verrechnet wird.

Wenngleich die Zahlung der Prämie hinausgeschoben wird, sollte nicht auf eine Buchung und eine Bilanzierung der Optionsprämie nach den allgemeinen für Optionsrechte geltenden Grundsätzen verzichtet werden. Der Optionskäufer hat das Optionsrecht unter „sonstige Vermögensgegenstände" im Umlaufvermögen zu bilanzieren und die Verpflichtung zur Zahlung der Optionsprämie als Verbindlichkeit zu erfassen. Der Stillhalter aktiviert eine Forderung auf Zahlung der Optionsprämie und stellt dieser einen Passivposten ggü (Anm 151).

157 Eine **tatsächliche Ausübung** von Zinsoptionen erfolgt in der Praxis nur **ausnahmsweise.** Normalerweise wird der Kontrakt glattgestellt oder durch den Austausch entspr Ausgleichszahlungen erfüllt. Glattstellung und Verfall führen zur sofortigen Ausbuchung (Wähler) bzw zur erfolgswirksamen Vereinnahmung (Stillhalter). Erfolgt jedoch eine *Ausübung* und ist Gegenstand des Optionsvertrags ein zu lieferndes Wertpapier, ergeben sich die gleichen bilanziellen Folgen wie bei Ausübung einer Aktienoption (Anm 151 f). Wird die Option auf ein Termingeschäft ausgeübt, bleibt die Optionsprämie zweckmäßigerweise als Aktiv- bzw Passivposten unverändert bilanziert. Erfolgt am Ende des Termingeschäfts eine Ausgleichszahlung, ist die Optionsprämie ebenso zu behandeln wie die Ausgleichszahlung (*Krumnow ua* § 340 e Anm 435). Bei Erfüllung des Termingeschäfts durch Lieferung des entspr Optionsgegenstands (zB Bundesanleihe), erhöht die bislang passivierte Optionsprämie die AK bzw mindert den Veräußerungserlös.

158 Die **Ermittlung einer Drohverlustrückstellung** für Zinsoptionsgeschäfte erfolgt entweder auf Glattstellungsbasis oder auf Stillhalterbasis. Im ersten Fall ergibt sich die Rückstellung als Differenz zwischen dem Preis einer fiktiv abzuschließenden Zinsoption und dem Buchwert der beim Bilanzierenden passivierten Optionsprämie (s auch Anm 151). Bei der Stillhaltermethode soll die Rückstellungshöhe folgendermaßen berechnet werden: (aktueller Marktzinssatz abzgl Strike-Satz) bezogen auf den zugrunde liegenden Nominalbetrag (abzgl Restprämie s hierzu *Winter* DB 1995, 1633 ff, mit dem Vorschlag, die Rückstellungsdotierung auf Grundlage der erwarteten zukünftigen Zinssätze vorzunehmen).

3. Zinsbegrenzungsvereinbarungen

160 Werden für einen bestimmten Kapitalbetrag **Verzinsungsgrenzen** vertraglich vereinbart, um einen zu starken Ausschlag des Marktzinses nach oben, nach unten oder nach beiden Seiten abzusichern, spricht man von Caps, Floors oder Collars. Sobald ein als Referenzzinssatz festgelegter Marktzinssatz (zB EURIBOR oder LIBOR) eine bestimmte (Zins-)Grenze über- oder unterschreitet, müssen Ausgleichszahlungen geleistet werden.

Gegenstand eines **Cap** ist die Vereinbarung einer Zinsobergrenze. Regelmäßig verpflichtet sich eine Bank am Ende der vereinbarten Zinsperioden

(Roll-over-Termin), dem Capkäufer die Differenz zwischen der festgelegten Zinsobergrenze (strike rate) und dem vereinbarten variablen Referenzzinssatz in Bezug auf eine vertraglich festgelegte Bemessungsgrundlage zu zahlen. Bleibt der Marktzins unter der fixierten Grenze, werden keine Ausgleichszahlungen fällig.

Floors wirken demgegenüber umgekehrt: der Aussteller deckt das Risiko eines Kreditgebers, dass der variable Referenzzinssatz eine bestimmte Grenze unterschreitet. Die Absicherung der Risiken einer Zinsänderung nach beiden Seiten, indem der Kauf eines Caps und der Verkauf eines Floors kombiniert werden, bezeichnet man als **Collar.** Hierbei ist der *Stillhalter* zur Zahlung verpflichtet, wenn der Referenzzinssatz die festgelegte Obergrenze überschreitet, andererseits hat er das Recht, vom Käufer eine Ausgleichszahlung zu verlangen, wenn der Referenzzinssatz die festgelegte Untergrenze unterschreitet.

Wirtschaftlich betrachtet bestehen Caps, Floors und Collars aus einer **Serie von Zinsoptionen.** „Die Anzahl der **Teiloptionen** und deren individuelle Bezugsgröße (Länge des zugrunde liegenden Zinstermingeschäfts) bestimmen sich nach dem vereinbarten Referenzzinssatz und der Gesamtlaufzeit der Zinsbegrenzungsvereinbarung" (*Krumnow ua* § 340e Anm 437).

Folglich werden für Caps, Floors oder Collars gezahlte Prämien wie bei anderen Optionen auch behandelt: der Käufer aktiviert die gezahlte Prämie unter „sonstige Vermögensgegenstände" im Umlaufvermögen, während der Verkäufer eine „sonstige Verbindlichkeit" passiviert. **161**

Die einzelnen Teiloptionen verfallen im Zeitablauf, so dass das Risiko laufzeitbedingt abnimmt; die Auflösung der Prämie darf grds vereinfachungsbedingt linear erfolgen. Ist allerdings der beizulegende Wert unter den aktivierten (Rest-)Buchwert gesunken, hat der Käufer – sofern es sich um kein Sicherungsgeschäft handelt – eine entspr außerplanmäßige Abschreibung vorzunehmen. Analog dazu kommt seitens des Verkäufers eine ratierliche Prämienvereinnahmung nur soweit in Betracht, wie das danach verbleibende Passivum das voraussichtlich verbleibende Risiko abdeckt; bei über dem Passivum liegenden Risiken ist zudem eine Drohverlustrückstellung zu bilden. Beim Käufer wird die Prämie zu Lasten des Zinsaufwands, beim Verkäufer zugunsten der Zinserträge gebucht. Bei separater Einbuchung der einzelnen Teiloptionen (Caplets/Floorlets) und deren späterer Ausbuchung bei Ausübung oder Verfall wird allerdings eine *genauere* Verteilung (progressiver Aufwandsverlauf) der Gesamtprämie auf die Sicherungsperiode erreicht (so *PwC Deutsche Revision*[3], Anm 611). Die laufzeitbezogene Auflösung legt es aber auch nahe, die erhaltene Prämie in einen passiven RAP einzustellen. Infolgedessen muss es als zulässig angesehen werden, die gezahlte Prämie als aktiven RAP zu erfassen (s *Strieder* DB 1996, 1198; *Scharpf/Luz*[2], 567).

Bei IndustrieUnt dienen Caps und Floors idR der **Absicherung** verzinslicher Bilanzposten. Sofern – wie häufig in der Praxis – eine Zinsbewertung der Bilanzposten unterbleibt, insb mit dem Argument, eine andere Vorgehensweise würde idR zur Antizipation entgangener Gewinne führen –, werden auch Caps und Floors nicht bewertet und ggf auf den niedrigeren Stichtagswert abgeschrieben (differenzierend *PwC Deutsche Revision*[3], Anm 612). Voraussetzung hierfür ist allerdings die Dokumentation des Sicherungszusammenhangs bei Geschäftsabschluss. **162**

Werden Caps oder Floors nicht einzelfallbezogen, sondern zur *Sicherung schwankender Volumen* an variabel verzinslichen Aktiva/Passiva eingesetzt, kommt eine Nichtbewertung der Zinsbegrenzungsvereinbarungen nur insoweit in Frage, als das Nominalvolumen der Caps/Floors die variabel verzinslichen Aktiva oder Passiva nicht übersteigt. Für Prämien, die übersteigende Cap/Floor-Volumen betreffen, müssen ggf Abschreibungen auf den niedrigeren Marktwert vorgenommen werden (GuV: sonstige betriebliche Aufwendungen).

Die Bewertung von in Portfolios geführten Zinsbegrenzungsvereinbarungen sollte entspr der eingeschränkten Marktbewertung erfolgen (Anm 153). Caps und Floors werden dabei *nicht* planmäßig abgeschrieben.

163 **Ausgleichszahlungen** können, da die vertragliche Leistung bis zum Zeitpunkt des Settlements vollständig für den jeweiligen Teilkontrakt erbracht wurde, sofort erfolgswirksam erfasst werden. Allerdings wird es auch für zulässig gehalten, die aus den gekauften Caps bzw Floors resultierenden Ansprüche auf Ausgleichszahlungen bei Abrechnung zu Beginn der Referenzperiode (Settlement) als „sonstige Vermögensgegenstände" zu aktivieren. Bei bilanzpostenbezogenen Zinsbegrenzungs-Vereinbarungen können die Ausgleichszahlungen zeitanteilig zinsaufwandsmindernd (Cap) bzw zinsertragserhöhend (Floor) in der GuV erfasst werden (so *PwC Deutsche Revision*[3], Anm 613).

II. Unbedingte Termingeschäfte

165 Bei einem unbedingten Termingeschäft handelt es sich um ein Kaufgeschäft mit hinausgeschobenem Erfüllungszeitpunkt. Termingeschäfte haben die Lieferung bestimmter Vertragsgegenstände zu einem festen zukünftigen Zeitpunkt gegen ein fest vereinbartes Entgelt zum Inhalt. Nach der Art des zugrunde liegenden Basisobjekts unterscheidet man zwischen Waren-, Devisen-, Zins-, Aktien- und Rentenmarktindex-Terminkontrakten.

Financial Futures stellen standardisierte Verträge (Kontrakte) dar, die an den Terminbörsen (zB Eurex) gehandelt und täglich mark-to-market bewertet werden. Die Standardisierung bezieht sich auf eine bestimmte Anzahl von Kontrakten über festgelegte Kontraktgegenstände mit standardisierten Volumina (zB Treasury Bonds, Treasury Notes). Die Fälligkeitstermine sind idR quartalsweise festgelegt. Zu unterscheiden ist zwischen Financial Futures auf konkreter Basis (Währungs-Futures und Zins-Futures) und auf abstrakter Basis (Aktienindex-Futures).

Zu Vertragsbeginn verlangt die **Clearingstelle** als Kontrahent zwischen Käufer und Verkäufer eine Sicherheitsleistung in Form einer Einschusszahlung **(initial margin),** deren Höhe idR von der Volatilität des Basisobjekts abhängt, und die grds bei Beendigung des Geschäfts zurückgewährt wird. Eine Angleichung des kontrahierten Preises an den aktuellen Marktpreis wird erreicht mittels Nachschusszahlungen **(variation margins),** die den Vertragspartnern börsentäglich gutgeschrieben oder belastet werden. Die Belieferung des Käufers eines Financial Futures wird durch die Clearingstelle veranlasst, doch erfolgt idR keine Lieferung der Basiswerte (physical settlement) oder – bei physisch nicht lieferbaren Vertragsgegenständen – ein cash settlement, da die meisten Kontrakte vor Fälligkeit glattgestellt werden.

166 Gegenstand eines **Zinsfutures** (als Beispiel für Financial Futures und als wichtiges Finanzinstrument zur Absicherung gegen Zinsänderungsrisiken) sind an der Terminbörse gehandelte standardisierte Geld- oder Kapitalanlagen. In Deutschland bilden die Bund-Futures (langfristige Bundesanleihe mit einer Laufzeit von 8,5 bis 10 Jahren) und Bobl-Futures (mittelfristige Bundesschuldverschreibung mit einer Laufzeit von 3,5 bis 5 Jahren) die wichtigsten Formen von Zinsfutures.

Die **initial margin** ist wie andere Sicherungsleistungen beim Sicherungsgeber unter „sonstige Vermögensgegenstände" auszuweisen und muss wegen ihrer Unabhängigkeit vom aktuellen Kurs und mangels Bonitätsrisiken nicht bewertet werden. Auch **variation margins** stellen nach hM Sicherheitsleistungen, nicht aber Erfüllungsleistungen dar und sind dementsprechend als „sonstige Vermögensgegenstände"/„sonstige Verbindlichkeiten" zu bilanzieren. Die sofortige GuV-wirksame Vereinnahmung von erhaltenen oder geleisteten variation margins wird für nicht zulässig erachtet.

Eine Aktivierung der von der Börse berechneten **Transaktionskosten** ist nicht zwingend – so kann bei geringfügigen Beträgen aus Praktikabilitätsgründen, aber auch, weil idR eine Erfüllung gar nicht stattfindet, eine sofortige Aufwandsbuchung in Betracht kommen.

Liegt der Stichtagskurs bei gekauften (verkauften) Futures unter (über) dem kontrahierten Kurs, ist eine Drohverlustrückstellung zu passivieren. Zulässig ist auch die Abschreibung der aktivierten variation margins (*BFA 2/1993* WPg 1993, 517, Abschn C).

Bei **Glattstellung** von Financial Futures Kontrakten vor Fälligkeit sind die bis dahin erzielten Ergebnisbeiträge erfolgswirksam in der GuV zu erfassen.

Bei ausnahmsweiser physischer **Erfüllung** eines Financial Future Kontrakts umfassen die AK beim Käufer des Vertragsgegenstands neben dem kontrahierten Preis die bis zu diesem Zeitpunkt aufgelaufenen variation margins (s § 255 Anm 312; aA *ADS*[6] § 255 Anm 75: Marginzahlungen beeinflussen die Ermittlung der AK nicht). Der Veräußerungserlös des Verkäufers setzt sich zusammen aus Abrechnungsbetrag und variation margins.

Devisentermingeschäfte, als Beispiel nicht börsenmäßig gehandelter Ter- 167
minkontrakte, verpflichten zum Kauf (Verkauf) eines festgelegten Währungsbetrags an einem bestimmten Termin zu einem festgelegten Kurs. Der im Abschlusszeitpunkt geltende Devisenkassakurs wird je nach Zinsdifferenz um einen Abschlag (Deport/discount) oder einen Aufschlag (Report/premium) korrigiert. Im ersten Fall besteht hinsichtlich der Fremdwährung eine Abwertungserwartung mit einer damit verbundenen Überverzinslichkeit der ausländischen Währung, umgekehrt wird im zweiten Fall bei entspr Unterverzinslichkeit mit einer Aufwertung gerechnet.

Der Kurs- bzw Zinsabschlag mindert die Fremdwährungszinserträge bzw -aufwendungen und sollte daher in der GuV als Korrektur des Zinsergebnisses pro rata temporis verteilt werden (*PwC Deutsche Revision*[3], Anm 424).

Von **Industrieunternehmen** werden Devisentermingeschäfte in erster Linie 168
zur Kurssicherung von unverzinslichen (Forderungen/Verbindlichkeiten aus Lieferungen und Leistungen) und verzinslichen (Mittelausleihungen/-aufnahmen) Bilanzposten, aber auch von künftigen Fremdwährungs-Umsatzerlösen oder dem künftigen Fremdwährungs-Bezug von Rohstoffen eingesetzt.

Aus Vereinfachungsgründen sollte der gesamte Ertrag/Aufwand aus der Kurssicherung bei Einbuchung *kurzfristiger* (formal) *unverzinslicher* Forderungen/Verbindlichkeiten aus Lieferungen und Leistungen in der GuV als Korrektur der Umsatzerlöse bzw des Materialaufwands erfasst werden. Der Aufwand/Ertrag aus der Kurssicherung *kurzfristig verzinslicher* Aktiva oder Passiva ist in der GuV als Korrektur der jeweiligen Erträge (zB Zinserträge aus Festgeld-Anlagen) oder Aufwendungen (zB Zinsaufwendungen für Bankkredite) zu erfassen. *Längerfristige* unverzinsliche Forderungen/Verbindlichkeiten mit einer Laufzeit von mehr als zwölf Monaten sind grds zum Barwert einzubuchen und stellen insoweit verzinsliche Bilanzposten dar, die wie zinstragende Posten behandelt werden können (so *PwC Deutsche Revision*[3], Anm 426).

Die Aktivierung/Passivierung kursgesicherter Forderungen/Verbindlichkeiten oder Mittelausleihungen/-aufnahmen erfolgt mit dem um den zeitanteiligen Abschlag oder Aufschlag korrigierten Anschaffungskurs. Dies bedeutet zB im Falle einer kursgesicherten *zinstragenden* Forderung mit einer Laufzeit von 1,5 Jahren, die am 1. 1. X1 bei einem Kassakurs von € 0,83/USD begründet und durch einen

USD-Terminverkauf per 30. 6. X2 mit einem Kurs von 0,80 gesichert wurde, dass am Bilanzstichtag 31. 12. X1 wie folgt bilanziert werden kann:
- die Forderung wird zu Lasten der Zinserträge auf 0,81 abgeschrieben,
- die Forderung wird bis zum 30. 6. X2 mit € 0,83/USD ausgewiesen und in der Bilanz wird eine sonstige Verbindlichkeit in Höhe von € 0,02 zu Lasten der Zinserträge passiviert,
- der Anschaffungskurs der Forderung wird bei Einbuchung in den Sicherungskurs (€ 0,80/USD) und in die als „sonstiger Vermögensgegenstand" auszuweisende Swapprämie (€ 0,03/USD) gespalten. Bis zum Erfüllungszeitpunkt des Devisentermingeschäfts wird die Swapprämie pro rata temporis zu Lasten der Zinserträge aufgelöst (s *PwC Deutsche Revision*[3], Anm 425).

169 Bei der Bildung einer **Bewertungseinheit** (iS Microhedge, s Anm 153) ist zu beachten, dass die Verknüpfung von Grund- und Sicherungsgeschäft stets auf aktueller Kursbasis zu erfolgen hat; Ergebnisse aus offenen Devisenpositionen vor der Verknüpfung sind erfolgswirksam in der GuV zu erfassen. Solche Ergebnisse entstehen zB, wenn aus der Sicherung einer über eine gewisse Zeit ungesicherten Fremdwährungsforderung in Höhe der Differenz zwischen Kassakurs bei Bildung der Bewertungseinheit und Kassakurs bei Begr der Forderung Kursgewinne oder -verluste entstehen (s *PwC Deutsche Revision*[3], Anm 427).

Die Bewertung mehrerer Devisentermingeschäfte, die nicht nur der Sicherung einzelner Bilanzposten, sondern zahlreicher Fremdwährungsforderungen und -verbindlichkeiten dienen, sollte entspr der eingeschränkten Marktbewertung erfolgen. Dies bedeutet, dass am Bilanzstichtag alle Devisentermingeschäfte zu Marktterminkursen und die Fremdwährungsbilanzposten zu Kassakursen bewertet werden. Anschließend werden die Bewertungsergebnisse *pro Währung* verrechnet. Für etwaige Verlustüberhänge sind Drohverlustrückstellungen zu passivieren; Gewinnspitzen bleiben dagegen unberücksichtigt.

Devisentermingeschäfte, die der Sicherung schwebender (Investitions-)Geschäfte (zB Anschaffung einer Fertigungsanlage) dienen, werden bis zur Buchung des Grundgeschäfts nicht bewertet. Die AK des zu beschaffenden VG bestimmen sich nach dem Erfüllungskurs des Termingeschäfts.

Dienen Devisentermingeschäfte der Sicherung *geplanter* Transaktionen (zB erwartete Umsatzerlöse) dürfen nach hM keine Bewertungseinheiten gebildet werden (s *Arbeitskreis „Externe Unternehmensrechnung"* DB 1997, 641; sich für eine Aufgabe der traditionellen Sichtweise aussprechend: *Löw* WPg 2004, 1118ff).

Die ausnahmsweise vorzeitige vertragliche Auflösung eines Devisentermingeschäfts führt zur erfolgswirksamen Vereinnahmung der Ausgleichszahlung. Auch bei Glattstellung sollte der Erfolg sofort in voller Höhe erfolgswirksam in der GuV erfasst werden.

III. Zinsswaps

170 Das Grundprinzip des Zinsswaps ist der vertraglich geregelte Austausch von Zinszahlungen, die sich auf einen identischen (fiktiven) Kapitalbetrag beziehen und sich regelmäßig in der Art der Verzinsung (fest/variabel) unterscheiden. Die Vertragspartner können auf diese Weise Vorteile, die sie auf Grund besserer Zugangsmöglichkeiten zu den entspr Kreditmärkten besitzen, an den jeweils anderen Partner weitergeben. „Geswapt" werden kann grds jeder Zinssatz gegen einen anderen, wobei in der Praxis der Tausch einer variablen Zinsbasis gegen einen festen Zinssatz überwiegt (zB ein 6-Monats-Libor gegen einen 5-Jahres-Festzinssatz). Im Gegensatz zu Futures werden Swaps nicht an orga-

nisierten und zentralisierten Märkten gehandelt, jedoch existieren Musterverträge, die insoweit zu einer gewissen Standardisierung der einzelnen Verträge führen.

Unterschieden werden Festzins-Empfänger (Receiver-) und Festzins-Zahler (Payer-)Swaps. IdR werden Zinsswaps in Bezug auf Aktiva oder Passiva abgeschlossen (Asset- oder Liability-Swap). Handels-Swaps werden von **Industrieunternehmen** selten abgeschlossen, zB wenn eine Konzernholding bankenähnliche Funktionen ausübt.

Durch den Zinsswap wird die Zinsausstattung von Bilanzposten modifiziert. Durch einen Receiver-Swap (Liability-Swap) wird zB eine begebene Festzins-Anleihe in eine variabel verzinsliche Anleihe transformiert; ein erworbenes festverzinsliches Wertpapier wird durch einen Payer Swap (Asset-Swap) zu einem variabel verzinslichen Wertpapier.

Zinsswapverträge betreffen beiderseitig noch nicht erfüllte Zinsverpflichtungen, die als **schwebende Geschäfte** grds nicht bilanziert und, sofern es sich um **bilanzpostenbezogene Zinsswaps** (dh Swapgeschäfte, die mit bestimmten Bilanzposten zu einer Bewertungseinheit zusammengefasst wurden) handelt, auch grds nicht bewertet werden (s *PwC Deutsche Revision*[3], Anm 413, 548). Allerdings bedarf es einer **Dokumentation** aller abgeschlossenen Geschäfte unter Angabe des Namens des Vertragspartners, des Kapitalbetrags, der Laufzeit, der Zinssätze, der Fälligkeitsdaten der Zinszahlungen und ggf der Zugehörigkeit zu Hedge-Positionen (*Krumnow ua* § 340 e Anm 377).

Bei auf festverzinsliche Anlagen bezogenen Zinsswaps (zB Transformation 171
eines festverzinslichen Wertpapiers in einen Synthetic Floater) sind grds weder zinsinduzierte Niederstwertabschreibungen auf die zugrunde liegenden Aktiva noch Drohverlustrückstellungen für den Swap zu bilden. In ihrer Zinsausstattung durch den Swap modifizierte Passiva sind wie originäre Passiva zu bewerten (s *PwC Deutsche Revision*[3], Anm 549 f). Entspr ist – im Gegensatz *zu isolierten* Zinsswaps (s hierzu § 249 Anm 100 „Swapgeschäfte"; *ADS*[6] § 249 Anm 165) – selbst wenn durch das Swapgeschäft im Vergleich zum aktuellen Marktzinsniveau letztlich ein überverzinsliches Passivum entstanden ist, nur dann von einer Rückstellungspflicht auszugehen, wenn hierdurch tatsächlich Verluste drohen, dh nicht lediglich Gewinne (iSv Opportunitätskosten) entgehen (vgl hierzu auch *IDW* RS HFA 4 Anm 32).

Gezahlte oder erhaltene **Einmalzahlungen** (Upfront Payments) bei Abschluss von Zinsswaps werden als „sonstige Vermögensgegenstände" bzw „sonstige Verbindlichkeiten" ausgewiesen und pro rata temporis als Zinsaufwand oder Zinsertrag (Zinskorrektur) aufgelöst. Einmalzahlungen am Ende der Laufzeit von Zinsswaps (Balloon Payments) werden während der Swap-Laufzeit ratierlich zu Gunsten/zu Lasten des Zinsertrags/Zinsaufwands aus dem zugrunde liegenden Geschäft aufgebaut (s *PwC Deutsche Revision*[3], Anm 553).

Die **Auflösung** von Zinsswaps vor Fälligkeit führt zur sofortigen erfolgswirksamen Erfassung des empfangenen oder gezahlten Barwerts. Dagegen wird bei wirtschaftlicher **Glattstellung** der mit Abschluss des Gegengeschäfts realisierte Erfolg nur zeitanteilig als Margendifferenz GuV-wirksam, dh eine sofortige Vereinnahmung des Barwerts der Margendifferenz ist ausgeschlossen.

IV. Wertpapier-Leihgeschäfte

Bei einem **Wertpapierdarlehensgeschäft** bzw Wertpapier-Leihgeschäft 175
übereignet der Darlehensgeber dem Darlehensnehmer Wertpapiere (Anleihen oder Aktien) aus seinem Bestand. Zivilrechtlich stellt dieser Vorgang ein Sach-

darlehen (§§ 607 ff BGB) dar. Während der Vertragslaufzeit tritt der Darlehensnehmer in alle Rechte aus den Wertpapieren ein, mithin ist er berechtigt zum Weiterverleihen, zum Verkauf oder zur Verpfändung der Wertpapiere. Nach Ablauf der (idR kurzfristigen) Laufzeit ist der Darlehensnehmer verpflichtet, Wertpapiere gleicher Art und Menge zurückzuübereignen. Für die Leihe hat der Darlehensnehmer eine (im Rahmen von organisierten Wertpapier-Leihsystemen, wie Clearstream Banking AG oder Euroclear, idR pauschale) Darlehens- bzw Nutzungsgebühr zu entrichten.

Der Darlehens*geber* bucht die Wertpapiere aus (aA *IDW* RS VFA 1, FN IDW 2000, 6f u *Schmid/Mühlhäuser* BB 2001, 2613: wirtschaftliches Eigentum verbleibt beim Darlehensgeber; kritisch hinterfragend, ob ggf Umkehr der bisher hM geboten: *Krumnow ua* § 340b Anm 68ff) und weist stattdessen als Surrogat eine Forderung auf Rückübertragung aus (so auch *BMF* 3. 4. 1990 DB, 863). Dieser Vorgang ist nach hM erfolgsneutral (so *Häuselmann,* 37); dies dürfte trotz § 6 Abs 6 EStG (Wegfall der Tauschgrundsätze) auch steuerrechtlich weiterhin gelten, schließlich scheitert eine Gewinnrealisierung am fehlenden Umsatz-(Verkaufs-)akt (s *Häuselmann* DB 2000, 496; *BMF*-Schreiben v 9. 3. 2000). Die Sachdarlehensforderung ist entspr der Einordnung der verliehenen Wertpapiere im Anlage- oder Umlaufvermögen als „sonstige Ausleihung" oder unter „sonstige Vermögensgegenstände" auszuweisen. Im Interesse der Klarheit kommt auch ein gesonderter Ausweis („verliehene Wertpapiere") bei den Finanzanlagen oder im Umlaufvermögen in Betracht. Die Bewertung erfolgt gem Niederstwertprinzip (§§ 253 Abs 3, Abs 2 S 3, 279 Abs 1 S 2) (bzw steuerrechtlich gem § 6 Abs 1 Nr 1 S 2 EStG) und folgt der (fiktiven) Bewertung der das Darlehen begründenden Wertpapierposition. Bonitätsgesichtspunkte spielen bei im Rahmen von Wertpapierleihsystemen (s oben) abgewickelten Geschäften keine Rolle, bei außerhalb dieser Systeme abgeschlossenen Geschäften ist allerdings die Bonität des Vertragspartners bei der Forderungsbewertung zu berücksichtigen.

Der Darlehens*nehmer* erwirbt sowohl das rechtliche als auch das wirtschaftliche Eigentum an den geliehenen Wertpapieren und aktiviert daher die geliehenen Wertpapiere mit ihren Kurswerten. Die **Rückgabeverpflichtung** ist in gleicher Höhe zu passivieren. Ausgewiesen werden die Wertpapiere grds im Umlaufvermögen, die korrespondierende Verpflichtung ist als „Verbindlichkeit gegenüber Kreditinstituten" oder „sonstige Verbindlichkeit" einzuordnen. Die Bewertung erfolgt nach dem Höchstwertprinzip, dh die Verbindlichkeit muss ggf in Höhe der Differenz zwischen (höherem) Stichtagskurs und passivierter Rückgabeverpflichtung erhöht werden (steuerrechtlich allerdings nur, sofern dauerhaft, § 6 Abs 1 Nr 3 iVm § 6 Abs 1 Nr 2 S 2 EStG). Handelsrechtlich kommt auch die Bildung einer Rückstellung für drohende Verluste aus schwebenden Geschäften in Betracht (aA *Krumnow ua* § 340b Anm 83). Kurssteigerungen sind für die Bewertung jedoch dann ohne Bedeutung, wenn der Darlehensnehmer die Wertpapiere am Bilanzstichtag noch im Bestand hat, weil dann eine gegenseitige Kompensation erfolgt (s *Häuselmann,* 40f).

176 Zins- oder Dividendenerträge stehen dem Entleiher als wirtschaftlichem und rechtlichem Eigentümer zu. Neben dem zu entrichtenden „Darlehenszins" leistet der Entleiher ggf sog **Kompensationszahlungen** für Zins- oder Dividendenerträge. Vom Entleiher an die Clearstream Banking AG zu entrichtende laufzeitabhängige Provisionen sind als sonstige Aufwendungen zu erfassen. Beim Verleiher liegen sonstige Erträge vor für die von der Clearstream Banking AG vergüteten Gutschriften.

V. Internes Kontrollsystem

Die zunehmende internationale Ausrichtung der Unt erfordert ein funktionierendes **Risikomanagement** (s hierzu insb *PwC Deutsche Revision*[3], A. II. Risiko-Controlling und -Management, 42ff), denn die Marktwerte von Bilanzposten, schwebenden Geschäften oder geplanten Transaktionen und/oder der Zufluss/Abfluss von Zahlungen hängen von der (internationalen) Entwicklung sowohl der Wechselkurse als auch der Zinssätze ab. Das **Währungsrisiko** ergibt sich daraus, dass der Wechselkurs zB einer Fremdwährungsforderung im Zeitpunkt des Zuflusses der Zahlung unterhalb des Referenzkurses (Kurs bei Einbuchung der Forderung) liegt. Aus Zinsänderungen resultiert ein **Marktwertrisiko,** weil der Marktwert *fest* verzinslicher Aktiva/Passiva bei steigenden Marktzinsen sinkt/steigt und hieraus entspr unrealisierte Marktwertverluste und -gewinne entstehen. Sind Bilanzposten *variabel* verzinslich, ergeben sich Chancen und Risiken aus der Veränderung der vom jeweiligen Marktzins abhängigen Zahlungsströme **(Zahlungsstromrisiko).** Zins- und Währungsrisiken können durch Abschluss gegenläufiger originärer oder derivativer Finanzinstrumente gesteuert werden. Die Risikosteuerung der Unt kann durch Micro-, Portfolio- oder Macro-Hedges erfolgen (zu Einzelheiten s *Arbeitskreis „Externe Unternehmensrechnung"* DB 1997, 638). 180

Für Zwecke der Rechnungslegung erscheint es nicht sachgerecht, eine strenge Einzelbewertung von Grund- und Sicherungsgeschäften zu verlangen, denn bei einem großen Umfang gegenläufiger Einzelpositionen im JA würden „Risiken signalisiert, die das Unternehmen auf Grund der Kompensation innerhalb der Portfolio- oder Macro-Einheit nicht hat" (*Arbeitskreis „Externe Unternehmensrechnung* DB 1997, 638). 181

Voraussetzung der Bildung von **Bewertungseinheiten** ist nach Auffassung des Arbeitskreises „Externe Unternehmensrechnung" der Schmalenbach-Gesellschaft, dass Grund- und Sicherungsgeschäfte in einem einheitlichen Nutzungs- und Funktionszusammenhang stehen und dieser vom Bilanzierenden über den Bewertungsstichtag hinaus auch gewollt ist (Durchhalteabsicht), und dass der Wille des Bilanzierenden durch eine vor dem Bilanzstichtag durchgeführte Zuordnung der eine Bewertungseinheit bildenden Einzelpositionen zum Ausdruck kommt, dh in angemessener Weise dokumentiert wird. Sind diese Voraussetzungen erfüllt, besteht eine *Pflicht* zur Bildung von **Micro-Bewertungseinheiten.**

Bei der Bildung von Portfolio- und Macro-Bewertungseinheiten bedarf es einer stetigen Bilanzierung und Bewertung der das Portfolio oder die Macro-Einheit betreffenden Geschäftsvorfälle; die angewandten Bilanzierungs- und Bewertungsmethoden (zB „eingeschränkte globale Marktbewertung", s hierzu *Arbeitskreis „Externe Unternehmensrechnung"* DB 1997, 640) sind im Anhang angemessen zu erläutern. Portfolio- und Macro-Hedges stellen allerdings nur dann bilanzielle Bewertungseinheiten dar, wenn ein funktionsfähiges **internes Kontrollsystem** existiert, das sicherstellt, dass die Absicherung dokumentiert wird, Risikopositionen erfasst, offene Positionen im Rahmen eines vorgegebenen Limits geschlossen werden und ein vorgegebenes Verlustrisikolimit (zB Value-at-Risk) pro Handelstag nicht überschritten werden darf (denn erst dann gilt die Gesamtposition als geschlossen). Erforderlich ist außerdem eine strikte *Funktionstrennung* innerhalb des Unt zwischen den Bereichen Handel, Abwicklung, Kontrolle und Buchhaltung. In der Praxis ist zu beobachten, dass sich die Aufstellung von Richtl für den Einsatz von Finanzinstrumenten in **Industrieunternehmen** (Kompetenzregeln, Limite, Dispositions-Leistungen mit vorgegebenen Mindest- 182 aufgaben je Abschluss und Währung, Festlegung der Handelspartner, des Value-at-Risk etc) zunehmend durchsetzt.

Über Chancen und Risiken der künftigen Entwicklung ist gem §§ 289 Abs 1 S 4, 315 Abs 1 S 5 HGB im **(Konzern-)Lagebericht** zu berichten. Seit der Umsetzung der Fair-Value-Richtl im Rahmen des BilReG ist hierbei auch auf konkrete Risiken, denen das Unt ausgesetzt ist (Preisänderungs-, Ausfall- und Liquiditätsrisiken, Risiken aus Zahlungsstromschwankungen) sowie auf die eingesetzten Risikomanagementsysteme einzugehen (§§ 289 Abs 2 Nr 2, 315 Abs 2 Nr 2 HGB). Nach **DRS 5** ist allerdings schon nach alter Rechtslage im Konzernlagebericht in einem gesonderten Abschnitt neben der Darstellung der für Abschlussadressaten entscheidungsrelevanten Risiken des Unt ua auch das hierzu eingerichtete Risikomanagement in angemessenem Umfang zu beschreiben, wobei sowohl auf die Strategie und den Prozess als auch auf dessen Organisation einzugehen ist (s hierzu Erl zu § 315). Im Übrigen empfiehlt DRS 5 seine Anwendung auch auf den Lagebericht nach § 289 Abs 1 HGB (aF).

VI. Regelungen der IFRS zu Finanzinstrumenten

185 Die **erstmalige bilanzielle Erfassung** originärer und derivativer Finanzinstrumente in Form von finanziellen Vermögenswerten oder finanziellen Verbindlichkeiten (iS der Begriffsdefinitionen in IAS 32/39) erfolgt grds im Zeitpunkt des Vertragsschlusses (Handelstag). Für sog regular way purchases/sales (bspw Kassageschäfte) finanzielle Vermögenswerte darf stattdessen die bilanzielle Erfassung des finanziellen Vermögenswerts bzw der finanziellen Schuld auf den Zeitpunkt der Erfüllung (Lieferung) verschoben werden; handelt es sich um zu Marktwerten zu bilanzierende Finanzinstrumente sind allerdings etwaige zwischen Handels- und Erfüllungstag eintretende Zeitwertänderungen bilanziell zu erfassen (IAS 39.14 u 39.38 iVm 39.AG53 ff).

Die Kriterien zur **Ausbuchung** finanzieller *Vermögenswerte* wurden im Rahmen der Überarbeitung des IAS 39 neu gefasst, wonach es nunmehr der schrittweisen Prüfung mehrerer Kriterien bedarf, die sich sowohl an der Chancen-/Risikenverteilung (sog *risks and rewards-approach*) als auch – wenngleich mit untergeordneter Bedeutung – an den Verfügungsrechten (sog *control-approach*) orientieren (IAS 39.15 ff). Bzgl der fest vorgegebenen Schrittfolge enthält IAS 39.AG 39 einen entspr Entscheidungsbaum. Stark vereinfacht formuliert ist ein finanzieller Vermögenswert grds auszubuchen, wenn

a) die Rechte an den Cash-flow aus dem Vermögenswert erloschen sind (IAS 39.17 a) oder
b) das Unt die og Rechte an einen (konzern-)fremden Dritten übertragen oder sich zur unverzüglichen Weiterleitung der erhaltenen Cash-flow (pass-through-arrangement) verpflichtet hat (IAS 39.15, 39.18–19) und dabei gleichzeitig
   - entweder auch die wesentlichen Chancen und Risiken übertragen (IAS 39.20 a) oder
   - zumindest nicht die wesentlichen Chancen und Risiken sowie das Verfügungsrecht zurückbehalten (IAS 39.20 b/c) hat.

Unter bestimmten Voraussetzungen kommt auch eine nur *partielle* Ausbuchung (s hierzu IAS 39.16) oder eine *partielle* Fortführung nach Maßgabe des Anteils, mit dem das Unt ggf noch an Wertänderungen des übertragenen Vermögenswerts partizipiert (sog continuing involvement; s hierzu IAS 39.20 c iVm 39.30 ff) in Betracht.

Finanzielle *Verbindlichkeiten* werden mit Erlöschen (durch Begleichung, Stornierung oder Verfall) oder der Übertragung der Verpflichtung an einen Dritten ausgebucht (IAS 39.39).

Die **Zugangsbewertung** von Finanzinstrumenten erfolgt zu ihrem jeweiligen Fair Value, der idR bei finanziellen Vermögenswerten dem Fair Value des Hingegebenen, bei finanziellen Verbindlichkeiten dem Fair Value des Empfangenen entspricht; Transaktionskosten sind einzubeziehen (IAS 39.43, 39.AG64). 186

Auch die **Folgebewertung** finanzieller Vermögenswerte erfolgt grds zum Fair Value, wobei hierbei Transaktionskosten, die bei Erwerb (iSv Wiederbeschaffungskosten) oder bei Veräußerung anfielen, unberücksichtigt bleiben (IAS 39.46, AG67). Hiervon ausgenommen und somit grds zu fortgeführten AK zu bewerten sind originäre Darlehen und Forderungen, die auch nicht zu Handelszwecken gehalten werden, *Held-to-Maturity-Investments* (zB festverzinsliche Wertpapiere, Forderungen und Darlehen, die das Unt bis zur Endfälligkeit zu halten beabsichtigt) sowie solche finanzielle Vermögenswerte, deren Fair Value nicht zuverlässig ermittelt werden kann (IAS 39.46). Finanzielle Verbindlichkeiten werden grds zu fortgeführten AK bewertet; im Falle von (den Zugangswert mindernden) Disagien oder Transaktionskosten erfolgt im Zeitablauf eine Zuschreibung auf den Rückzahlungsbetrag gem Effektivzinsmethode (IAS 39.46).

Ungeachtet obiger Ausführungen wurde im Rahmen der Überarbeitung des IAS 39 allerdings die Möglichkeit geschaffen, – mit Ausnahme von *Eigenkapital*titeln, deren Fair Value mangels eines aktiven Markts nicht verlässlich bewertbar ist – jeden beliebigen finanziellen Vermögenswert bzw jede beliebige finanzielle Verbindlichkeit erfolgswirksam zum Fair Value zu bewerten (sog ***fair value option***); Voraussetzung ist, dass die hierzu notwendige Zuordnung in die Kategorie *financial liabilities at fair value through profit or loss* bereits im Zugangszeitpunkt des jeweiligen Postens vorgenommen wurde (IAS 39.47 iVm IAS 39.9). Angesichts vielfältiger Kritik an dieser Option seitens der interessierten Öffentlichkeit wurde eine Einschränkung des Anwendungsbereichs erwogen (vgl Exposure Draft of Proposed Amendments to IAS 39, The Fair Value Option). In einer weiteren Ergänzung zu IAS 39 v 16. 6. 2005 hat das IASB die Anwendbarkeit der Fair Value Option auf drei Anwendungsfälle beschränkt: (1) Die Ausübung der Option führt zur Eliminierung oder erheblichen Verringerung der Ergebnisverzerrung; (2) das Finanzinstrument ist Bestandteil eines Portfolios; das Ergebnis hieraus wird auf Fair Value Basis gemessen; (3) bestimmte hybride Finanzinstrumente dürfen vollständig auf Fair Value Basis bewertet werden (*Schmidt* Neue Amendments zu IAS 39 im Juni 2005: Die revidierte Fair Value-Option KoR 2005, 269 ff). Derivate mit negativem Marktwert und Handelspassiva werden hingegen zwingend (soweit zuverlässig ermittelbar) zum Fair Value bilanziert (IAS 39.47).

Gewinne und **Verluste,** die als Handelsaktiva bzw/passiva *(trading),* Derivate 187
oder aufgrund freiwilliger Option als „financial assets or financial liabilities at fair value through profit or loss" kategorisiert aus der Bewertung zum Fair Value resultieren, sind in der GuV erfolgswirksam als Erträge oder Aufwendungen zu erfassen IAS 39.55 a). Ergebnisse aus der Fair Value-Bewertung anderer finanzieller Vermögenswerte *(available-for-sale)* sind zunächst erfolgsneutral über das „Statement of Changes in Equity" im EK zu erfassen (IAS 39.55 b); das bislang bestandene Wahlrecht zwischen erfolgsneutraler und erfolgswirksamer Behandlung wurde im Rahmen der Überarbeitung des IAS 39 aufgehoben. Im letztgenannten Fall werden die erfolgsneutral erfassten Bewertungsergebnisse grds erst bei Veräußerung bzw Abgang des betr Vermögenswerts GuV-wirksam (IAS 39.55 b).

Im Falle **(nachhaltiger) Wertminderungen** oder Uneinbringlichkeit (impairment) iS IAS 39.58ff, dh wenn der Buchwert höher ist als der voraussichtlich erzielbare Betrag (Barwert künftiger Cash-flow), hat jedoch die Abwertung generell aufwandswirksam zu erfolgen; etwaige bis zu diesem Zeitpunkt erfolgsneutral im EK erfasste Bewertungsergebnisse sind entspr erfolgswirksam aufzulösen (IAS 39.67). Eine Impairment-Prüfung ist jedoch nur erforderlich, sobald hierzu substanzielle Hinweise – insb bei erheblichen finanziellen Schwierigkeiten des Schuldners sowie bei bedeutendem oder andauerndem Wertverfall – vorliegen (s hierzu IAS 39.59ff).

Künftige Werterholungen sind grds durch entspr Zuschreibung des Buchwerts – begrenzt auf den ursprünglichen (bei zu AK zu bewertenden Vermögenswerten ggf fortgeführten) Betrag – zu berücksichtigen **(Wertaufholungsgebot).** Die Gegenbuchung erfolgt bei zu AK zu bewertenden Vermögenswerten sowie bei als *available-for-sale* kategorisierten *Schuld*titeln erfolgswirksam, bei als *available-for-sale* kategorisierten *Eigenkapital*titeln hingegen erfolgsneutral (IAS 39.65ff) (im letztgenannten Fall gilt der einst nach Abwertung verbliebene Buchwert quasi als neue AK, so dass künftige Werterholungen nach den allgemeinen für diese Kategorie vorgesehenen Vorschriften zu behandeln sind; eine *echte* Wertaufholung (iS einer Rückgängigmachung einer außerplanmäßigen Abschreibung) liegt insofern eigentlich nicht vor).

188 Nach IAS 39 dürfen unter bestimmten Voraussetzungen Grund- und Sicherungsgeschäfte als **Bewertungseinheit** behandelt werden (Hedge-Accounting), wobei als zu sichernde Grundgeschäfte vorhandene Bestände, abgeschlossene Verträge und antizipierte (geplante) künftige Transaktionen, als Sicherungsgeschäfte grds nur derivative Finanzinstrumente (Ausnahme: Sicherung von Fremdwährungsrisiken) in Frage kommen (IAS 39.72, 39.78ff). Das allgemeine UntRisiko darf nicht im Rahmen eines Hedging abgesichert werden (IAS 39.AG98). Grds ist Hedge-Accounting nur in Form von Microhedges zulässig; seit Überarbeitung des IAS 39 wird jedoch eine Absicherung von *Zins*risiken auch auf Portfoliobasis zugelassen (IAS 39.78, 39.81A).

189 Es wird unterschieden zwischen **Fair Value-Hedges, Cash Flow-Hedges** und **Hedges of Net Investments in a Foreign Entity** (s hierzu IAS 21). Ziel eines *Fair Value-Hedges* ist der Ausgleich von Marktwertänderungen (zB Währungsterminkontrakte zur Sicherung bestehender Fremdwährungsposten). Ein *Cash Flow-Hedge* dient dem Ausgleich von Zahlungsstromänderungen, die sich aus in der Bilanz ausgewiesenen variabel verzinslichen Vermögenswerten bzw Verbindlichkeiten oder aus geplanten Transaktionen ergeben können (IAS 39.86).

190 Folgende **Bedingungen** müssen ua nach IAS 39.88 kumulativ erfüllt sein, um die Voraussetzungen für ein **Hedge-Accounting** zu erfüllen:

(1) Das mit dem Hedge verfolgte Ziel im Rahmen des Risikomanagements des betr Unt und der Sicherungszusammenhang müssen nachvollziehbar dokumentiert sein (detaillierte Beschreibung des Grundgeschäfts, des Sicherungsgeschäfts und der Sicherungsabsicht).

(2) Der Sicherungszusammenhang wird erwartungsgemäß als hoch wirksam eingestuft; dies gilt idR als erfüllt, wenn zu Beginn und während der gesamten Laufzeit ex ante von einer nahezu vollständigen Kompensation der aus dem Grund- und Sicherungsgeschäft resultierenden Wertänderungen auszugehen ist und sich ex post die *tatsächliche* Kompensation innerhalb einer Bandbreite von 80–125% bewegt (IAS 39.AG105b).

(3) Bei Cash flow-Hedges zur Absicherung geplanter (künftiger) Transaktionen müssen diese Transaktionen mit hoher Wahrscheinlichkeit stattfinden und diese ein Risiko bergen, das zu einer GuV-Wirkung führen würde.

(4) Die Wirksamkeit des Hedges ist verlässlich bestimmbar, dh sowohl das Grund- als auch das Sicherungsgeschäft können verlässlich bewertet werden.
(5) Das Sicherungsgeschäft wird lfd geprüft und zeitnah für die gesamte Berichtsperiode als hoch wirksam eingeschätzt.

Wenn diese Voraussetzungen nicht mehr erfüllt sind oder das zu Sicherungszwecken eingesetzte Finanzinstrument verfällt, veräußert, glattgestellt oder ausgeübt wird, besteht kein Sicherungszusammenhang mehr. Die für das Hedge-Accounting geltenden Regelungen sind dann nicht mehr anwendbar. Der Sicherungszusammenhang endet jedoch nicht, wenn *Anschlusssicherungsgeschäfte* getätigt werden (IAS 39.91 a).

Marktwertänderungen aus der Bewertung des *Sicherungsinstruments* werden bei 191 **Fair Value-Hedges** in der GuV erfolgswirksam berücksichtigt. Die aus der Fair Value-Bewertung der *gesicherten Position* erzielten Bewertungsergebnisse (Anpassung des Buchwerts) werden insoweit erfolgswirksam in der GuV erfasst, als sie sich auf das gesicherte Risiko zurückführen lassen (IAS 39.89 b). Gewinne oder Verluste, die aus der Fair Value-Bewertung von zur Sicherung künftiger Zahlungsströme eingesetzter Finanzinstrumente **(Cash Flow-Hedges)** resultieren, werden insoweit erfolgsneutral im EK (über das „Statement of Changes in Equity") behandelt, als ihnen gegenläufige Zahlungsstromänderungen aus der gesicherten Position gegenüberstehen (effektiver Teil des Hedges; IAS 39.95 a). Erst bei Durchführung der geplanten Transaktion oder wenn mit der Durchführung nicht mehr zu rechnen ist, werden die bis zu diesem Zeitpunkt erfolgsneutral behandelten Bewertungsergebnisse erfolgswirksam (IAS 39.97). Bei Einsatz eines derivativen Finanzinstruments im Rahmen eines Cash Flow-Hedge, sind die ineffektiven Teile des Hedge sofort erfolgswirksam auszuweisen (IAS 39.95 b).

IAS 32.51 ff sieht umfangreiche Angaben im **Anhang** (Notes) vor; hierzu 192 zählen ua:

- Beschreibung etwaiger Marktpreis-, Zins-, Währungs-, und Kredit- bzw Bonitätsrisiken sowie etwaiger Liquiditätsrisiken,
- Beschreibung des Risikomanagements für den Finanzbereich und Erl der Strategien zur Sicherung von antizipierten künftigen Transaktionen,
- bei Sicherungsgeschäften Beschreibung ua der einzelnen Hedges, der Sicherungsinstrumente unter Angabe der entspr Fair Value zum Bilanzstichtag und die Art des gesicherten Risikos. Zusätzlich bei Cash Flow-Hedges Angabe des Zeitraums, in dem eine antizipierte künftige Transaktion durchgeführt wird,
- Angabe der im „Statement of Changes in Equity" erfassten Bewertungsergebnisse sowie hiervon aus- oder umgebuchte Beträge,
- Angabe des Fair Value jeder Klasse finanzieller Vermögenswerte und Schulden (sofern nicht bereits zu diesem Wert bilanziell erfasst). Ist der Fair Value bestimmter Finanzinstrumente nicht verlässlich bestimmbar, sind die Gründe hierfür sowie der entspr Buchwert zu nennen.

Für nach **§ 315 a** bilanzierende oder nach § 325 Abs 2 a offenlegende Unt gilt es zu beachten, dass die EU IAS 39 im Rahmen des Endorsement-Verfahrens aufgrund von Einwänden der EZB und der im Baseler Ausschuss für Bankenaufsicht vertretenen Aufsichtsinstanzen nicht vollumfänglich anerkannt hat. Die Einschränkungen betreffen sowohl den Anwendungsbereich der Fair Value Option als auch bestimmte Voraussetzungen zur Bilanzierung von Sicherungsgeschäften *(Hedge-Accounting)*. Bzgl der Ergänzungen zu IAS 39 vom 16. 6. 2005 s Anm 186; mit einer Klärung der Thematik Hedge-Accounting wird erst Ende 2005 gerechnet (Pressemitteilung der Europäischen Kommission v 19. 11. 2004, Az IP/04/1385; s hierzu auch *Thiele* DStR 2004, 2162).

H. Abweichungen der IFRS

Schrifttum: SIC-27 Evaluating the Substance of Transactions Involving the Legal Form of a Lease; *Mellwig* Die bilanzielle Darstellung von Leasingverträgen nach den Grundsätzen des IASC – Derzeitige Regelung und Reformvorschläge – DB Beilage 12/1998; *Helmschrott* Zum Einfluss von SIC 12 und IAS 39 auf die Bestimmung des wirtschaftlichen Eigentums bei Leasingvermögen nach IAS 17 WPg 2000, 426; *Alvarez/Wotschofsky/Miethig* Leasingverhältnisse nach IAS 17 – Zurechnung, Bilanzierung, Konsolidierung – WPg 2001, 933; *Fischer/Vielmeyer,* Bilanzierung der Aufwendungen für die Erstellung von Internetauftritten nach US-GAAP, IAS und HGB BB 2001, 1294; IAS 17 (rev 2003) Leases; IAS 39 (rev 2003) Financial Instruments: Recognition and Measurement; *Epstein/Mirza* Wiley IAS 2004, New York 2004; *Schimmelschmidt/Happe* Off-Balance-Sheet-Finanzierungen am Beispiel der Bilanzierung von Leasingverträgen im Einzelabschluss und im Konzernabschluss nach HGB, IFRS und US-GAAP DB Beilage 9/2004; IFRIC 4 Determining whether an Arrangement contains a Lease.

I. Das Vollständigkeitsgebot (Abs 1)

200 Abw von dem handelsrechtlichen Vollständigkeitsgebot verstehen die IFRS unter dem Grundsatz der **Vollständigkeit** *(completeness)* auch die richtige Bewertung sämtlicher JA-Posten, da der Ansatz dieser Posten für sich genommen nicht die Zuverlässigkeit der im JA bereitgestellten Informationen gewährleisten kann (F. 31, 38). Das Vollständigkeitsgebot ist Teil der Anforderung an eine getreue Darstellung der VFE-Lage (*fair presentation;* IAS 1.13 iVm F. 46), die die Bereitstellung aller entscheidungsrelevanten Informationen (Ansatz, Bewertung und Erläuterung) bedingt. Der Vollständigkeitsgrundsatz erfährt allerdings eine gewisse Einschränkung durch das Wesentlichkeitskriterium und den Kosten-Nutzen-Gedanken (F. 38).

201 Eine Information gilt als wesentlich, wenn das Weglassen oder ihre fehlerhafte Darstellung dazu beitragen kann, die wirtschaftlichen Entscheidungen der JA-Adressaten zu beeinflussen (F. 30; IAS 1.11). IAS 1.30 besagt jedoch, dass auch unwesentliche Posten im Einzelfall eine Anhangangabe erfordern können. Die Bezugnahme auf das Kosten-Nutzen-Prinzip (F. 38) ist nur dann gerechtfertigt, wenn die Bereitstellung einer grds entscheidungsrelevanten Information im JA mit unvertretbar hohen Kosten verbunden ist und insoweit die Informationseffizienz in Frage gestellt ist (F. 44).

1. Vollständige Erfassung der Bilanzposten

202 Für die **Erfassung sämtlicher Aktiva** ist zu beachten, dass die Begriffe des VG bzw WG (dazu § 247 Anm 10ff) und der *asset*-Begriff (Vermögenswert) der IFRS (F. 49(a); IAS 38.8) nicht deckungsgleich sind. Der *asset*-Begriff der IFRS ist weiter gefasst. Im Gegensatz zum HGB unterscheidet IFRS nicht in VG und RAP; nach IFRS gibt es ausschließlich Vermögenswerte *(assets)*. Darüber hinaus wird nach den IFRS auch dann bereits von einem Vermögenswert gesprochen, wenn die Aktivierung mangels zuverlässiger Bemessungsgrundlage ausgeschlossen ist (F. 89; IAS 38.21).

203 Umgekehrt wird die **Erfassung sämtlicher Schulden** (F. 49(b); IAS 37.10) durch die Ausrichtung am Außenverpflichtungsprinzip (F. 60; IAS 37.14 iVm 20) gegenüber den HGB-Vorschriften eingeschränkt. Eine Bilanzierung von Aufwandsrückstellungen ist unter IFRS unzulässig. Passive RAP erfüllen hingegen die *liability*-Definition, während sie nicht unter dem handelsrechtlichen Schuldbegriff subsumiert werden können.

Der Ausweis der **Anteile anderer Gesellschafter bzw Minderheitsgesellschafter** *(minority interests)* am Konzern-EK wurde im Rahmen des Improvements Project geändert. Mithin zählen die MinderheitsGester nunmehr zu den EK-Gebern des Konzerns und sind folglich im IFRS-KA als eigenständiger Posten innerhalb des Konzern-EK auszuweisen (vgl IAS 27.33). 204

2. Vollständige Erfassung der GuV-Posten

Im Vergleich zu einem HGB-Abschluss werden Aufwendungen und Erträge teils zu anderen Zeitpunkten, teils direkt im EK erfasst (s hierzu auch IAS 1.87). ZB werden Instandhaltungsaufwendungen iSv § 249 Abs 1 Nr 1 unter IFRS erst im Zeitpunkt ihres Anfalls erfolgswirksam. Abweichungen ergeben sich auch hinsichtlich der Möglichkeit, nach IFRS Neubewertungen vornehmen zu können (zB IAS 16; 38); eine Option, die gegen das AK-Prinzip des § 253 Abs 1 S 1 verstößt. 205

3. Ansatzregelungen

Für den Ansatz (oder Nichtansatz) von JA-Posten ist innerhalb der IFRS zunächst zu prüfen, ob die definitorischen Voraussetzungen erfüllt sind, dh ob ein Vermögenswert *(asset)*, eine Verpflichtung *(liability)* oder ein sonstiger JA-Posten *(equity, income, expense)* vorliegt. In einem zweiten Schritt ist dann zu prüfen, ob der JA-Posten einer verlässlichen Bewertung zugänglich ist, die seine Erfassung als *asset* bzw *liability* im JA iSe fair presentation rechtfertigt. Nach F. 83 ist ein Posten bilanzierungspflichtig, wenn es wahrscheinlich ist, dass – im Falle eines Vermögenswerts – ein mit dem Posten verbundener zukünftiger wirtschaftlicher Vorteil *(future economic benefit)* dem Unt zufließt oder – im Falle einer Verpflichtung – von diesem abfließt und der Posten einen verlässlich ermittelbaren Bewertungsmaßstab besitzt. Ergänzend zu den allgemeinen Grundsätzen (F. 49–98) sind die Detailregelungen der Einzelstandards zu beachten (zB IAS 37.14ff oder IAS 38.12ff). 206

Im Bereich der **immateriellen Vermögenswerte** werden Abweichungen zwischen den beiden Rechnungslegungssystemen besonders deutlich. Gem dem vom Gläubigerschutzgedanken getragenen Vorsichtsprinzip formuliert § 248 Abs 2 ein Verbot zur Aktivierung selbsterstellter immaterieller VG. Demgegenüber besteht nach IAS 38 eine Aktivierungspflicht, wenn es sich um Aufwendungen iZm der eigenen Entwicklungstätigkeit handelt und bestimmte – sorgfältig zu würdigende – Kriterien erfüllt sind (vgl insb IAS 38.57). Aufwendungen für die Erstellung von Internetauftritten sind – abw vom HGB – in bestimmtem Umfang aktivierungspflichtig (s *Fischer/Vielmeyer,* 1294). Gem SIC-32, eine Interpretation ua von IAS 38, kommen für eine Aktivierung Kosten zur Entwicklung der Infrastruktur, der Bildgestaltung und des Inhalts in Betracht. Aufwendungen, die nach der offiziellen Freischaltung einer Web-Site zB für deren Aktualisierung anfallen, sind hingegen sofort ergebniswirksam zu verrechnen. 207

Erfolgsunsicherheiten *(contingencies)* sind – und obwohl die Definitionen einer *liability* oder eines *assets* erfüllt sind – gem IAS 37.27 und .31 nicht bilanzierungsfähig. Sie bedürfen dennoch einer Anhangangabe; es sei denn, eine Inanspruchnahme des Unt oder die Vorteilsnahme aus der Existenz eines Vermögenswertes ist wenig wahrscheinlich (IAS 37.86, .89). 208

Im Rahmen eines **Unternehmenskaufs** erworbene Vermögenswerte oder Verpflichtungen, deren Existenz im Erwerbszeitpunkt nicht erkannt wurde oder bei denen eine zuverlässige Bewertung in diesem Stadium nicht möglich war, sind zu einem späteren Zeitpunkt in der Bilanz und uU GuV zu erfassen (IFRS 3.61ff; vgl hierzu insb § 301 Anm 356ff). 209

210 Als Aktivierungswahlrecht ist die Vorschrift des IAS 23.10 ausgelegt. Entschließt sich der Bilanzierende bei sog *qualifiying assets* zur Aktivierung von **Fremdkapitalkosten,** ergeben sich Unterschiede zum handelsrechtlichen Aktivierungswahlrecht (hierzu § 255 Anm 501 ff).

211 Ein weiteres Wahlrecht ergibt sich aus IAS 28.35 bzw IAS 31.46 jeweils iVm IAS 27.37 ff bei der Bilanzierung von Beteiligungen an **assoziierten Unternehmen** bzw **Joint Ventures** im JA des beteiligten Unt. Abw von den handelsrechtlichen Bestimmungen können diese auch mit ihrem beizulegenden Zeitwert nach den Vorschriften des IAS 39 bilanziert werden.

212 Hält der rechtliche oder wirtschaftliche Eigentümer Grundvermögen ausschließlich zur Erzielung von Mietumsätzen oder zum Zwecke der Teilhabe an Wertsteigerungen, werden diese Vermögenswerte als *Investment Property* bezeichnet und sind gem IAS 40 als solche auszuweisen.

II. Zuordnung von Vermögenswerten im Rahmen von Leasingverhältnissen

215 Für die Bilanzierung von Leasingverhältnissen ist IAS 17 einschlägig. IAS 17 knüpft das wirtschaftliche Eigentum an die in Anm 218 genannten Kriterien. Der Übergang im Wesentlichen aller mit dem Eigentum des Leasinggegenstands verbundenen Risiken und Chancen auf den Leasingnehmer führt zu einem *finance lease* mit der Folge, dass der Leasinggegenstand bei diesem zu bilanzieren ist. Die Kriterien des IAS 17 dürften für die in Deutschland eng an den steuerlichen Leasingerlassen gestalteten Leasingverhältnisse meist zu einem *finance lease* führen. Diese Trendaussage kann allerdings eine umfassende Prüfung des jeweiligen Einzelfalls nicht ersetzen. Qualifiziert ein Leasingverhältnis nicht als *finance lease,* handelt es sich automatisch um ein *operating lease.*

216 Ein Leasingverhältnis mag auch dann vorliegen, wenn die zwischen den Parteien geschlossenen Verträge bzw getroffenen Vereinbarungen die Gewährung eines Nutzungsrechts nicht explizit regeln. In der Praxis werden zunehmend im Rahmen des Auslagerns von bisher selbst ausgeführten UntAktivitäten (Stichwort: **„Outsourcing“**) Vertragsverhältnisse abgeschlossen, die geeignet sind, Nutzungsrechte zu enthalten. In der Vergangenheit war teilweise nicht zweifelsfrei zu beurteilen, in welchem Umfang IAS 17 auf solche Vertragsverhältnisse anzuwenden ist, obwohl die Formulierung in IAS 17.3 eine weite Auslegung nahe legt. Ob ein konkretes Vertragsverhältnis ein Nutzungsrecht an bestimmten Vermögenswerten iSd IAS 17 gewährt, ist nunmehr zunächst nach IFRIC 4 zu überprüfen. Handelt es sich um ein solches Nutzungsrecht, liegt ein Leasingverhältnis (sog „embedded lease“) vor, das von den anderen Komponenten des Vertragsverhältnisses abzuspalten und ausschließlich nach IAS 17 zu bilanzieren ist. Obwohl IFRIC 4 erst für am oder nach dem 1. Januar 2006 beginnende Gj retrospektiv anzuwenden ist, kann dies nicht zum Anlass genommen werden, vor diesem Stichtag abgeschlossene Vertragsverhältnisse, bei denen augenscheinlich ein Leasingverhältnis vorliegt, gegen den Wortlaut des IAS 17.3 zu bilanzieren.

217 Umgekehrt existieren in der Praxis Vertragsverhältnisse, die formalrechtlich als Leasingverhältnisse ausgestaltet sind, für Zwecke der Bilanzierung nach IFRS hingegen rein ökonomisch *(substance over form)* interpretiert werden. Hierbei handelt es sich insb um die sog **„Cross Border“-Leasingverhältnisse,** deren Abschluss einzig auf der Tatsache beruht, dass die Vertragsparteien besondere steuerliche Regelungen im Sitzland der einen Vertragspartei (dem rechtlichen Eigentümer) zur Reduzierung deren zu versteuernden Einkommens ausnutzen

und diesen Vorteil untereinander aufteilen. Dabei sind die Verträge so gestaltet, dass eine Nutzung der vertragsgegenständlichen Vermögenswerte durch eine andere Partei als dem im Vertrag benannten Leasingnehmer zu keinem Zeitpunkt beabsichtigt ist und bei bestimmten Vermögenswerten sogar unmöglich erscheint. Gem SIC-27 stellen solche Verträge kein nach IAS 17 zu bilanzierendes Leasingverhältnis dar. Vielmehr steht bei diesen Vertragsverhältnissen zB die Frage nach dem Zeitpunkt der Realisierung des steuerlichen Vorteils im Vordergrund. Die gegenseitigen Forderungen und Verbindlichkeiten aus dem vermeintlichen Leasingverhältnis können uU saldiert werden (vgl weitere typische Beispiele im Appendix zu SIC-27).

1. Finanzierungsleasing *(finance lease)*

IAS 17.10 nennt Zuordnungskriterien, die einzeln oder in Kombination für das Vorliegen eines *finance lease* sprechen, wobei sich die Entscheidung an der wirtschaftlichen Realität und nicht an den vertraglichen Vereinbarungen zu orientieren hat *(substance over form):* 218

(1) Das Eigentum wird am Ende der Laufzeit des Leasingverhältnisses auf den Leasingnehmer übertragen;
(2) der Leasingnehmer erhält die Option, den Leasinggegenstand am Ende der Vertragslaufzeit zu einem vermutlich unter dem dann vorherrschenden beizulegenden Zeitwert liegenden Preis zu erwerben, so dass bei Leasingbeginn von einer Optionsausübung auszugehen ist (sog *bargain purchase option*);
(3) die Laufzeit des Leasingverhältnisses *(lease term)* umfasst den wesentlichen Teil der gewöhnlichen Nutzungsdauer *(economic life)* des Leasinggegenstands, selbst wenn das Eigentum an diesem nicht übertragen wird;
(4) der Barwert der Mindestleasingzahlungen ist zu Beginn des Leasingverhältnisses *(inception of the lease)* annähernd so hoch wie der beizulegenden Zeitwert des Leasinggegenstands;
(5) bei dem Leasinggegenstand handelt es sich um eine Ausführung, die – ohne wesentliche Veränderungen vornehmen zu müssen – nur der Leasingnehmer nutzen kann (Spezialleasing).

Zusätzlich nennt IAS 17.11 drei Sachverhalte, die einzeln für sich oder in Kombination mit den anderen Sachverhalten für das Vorliegen eines *finance lease* sprechen:

(6) Der Leasingnehmer hat im Falle seiner vorzeitigen Kündigung des Leasingvertrags die Verluste, die dem Leasinggeber daraus erwachsen, zu tragen;
(7) Gewinne oder Verluste, die aus Änderungen des beizulegenden Zeitwerts des Leasinggegenstands am Ende der Laufzeit des Leasingverhältnisses resultieren, stehen dem Leasingnehmer zu bzw sind von diesem zu tragen;
(8) der Leasingnehmer hat die Möglichkeit, die Vertragsdauer zu verlängern, wobei die Leasingraten unter denen eines vergleichbaren Leasingverhältnisses liegen, so dass bei Leasingbeginn von einer Optionsausübung auszugehen ist (sog *bargain renewal option*).

Zur Auslegung der ausschließlich qualitativen Kriterien (3) und (4) – wird uE zu Recht – in der Praxis zunehmend dazu übergegangen, die in den US-GAAP (FAS 13) formulierten quantitativen Kriterien – als auch für eine Bilanzierung nach IFRS sachgerecht – zu übernehmen. Damit würde eine Einstufung des Leasingverhältnisses als **finance lease** erfolgen, wenn die Laufzeit des Leasingverhältnisses 75% der gewöhnlichen Nutzungsdauer des Leasinggegenstands erreicht oder übersteigt (nach *Helmschrott* gibt es mit der Verabschiedung von SIC-12 Anhaltspunkte dafür bereits bei einer Nutzungsdauer von 50% + 1 Tag eine Zuordnung beim Leasingnehmer zu unterstellen, WPg 2000, 427). Analog 219 würde ein finance lease konstatiert, wenn der Barwert der Mindestleasingzahlungen des Leasingnehmers am Beurteilungsstichtag *(inception of the lease)* 90% oder mehr des beizulegenden Zeitwerts des Leasinggegenstands beträgt. Von der früher in der Literatur geäußerten Auffassung, dieses Barwert-Kriterium wäre nach IFRS uU nahe 100% zu interpretieren (s *Mellwig* DB Beilage 12/1998, 9), ist die Praxis abgerückt.

220 Besondere Vorsicht ist bei den in der Praxis verbreiteten Vertragsgestaltungen geboten, die den Leasingnehmer an einem reell vorhandenen Restwertrisiko uU unbegrenzt beteiligen (sog **Restwert-Garantien;** *first-loss guarantees*). Gem vorstehendem Kriterium 7 (vgl IAS 17.11(b)) würde ein *finance lease* vorliegen, wenn der Leasinggeber durch die vereinbarte Restwert-Garantie keinem wirtschaftlich bedeutenden Verwertungsrisiko mehr ausgesetzt ist. Wird im Leasingvertrag vereinbart, dass der Leasinggeber einen sich im Rahmen der Verwertung am Ende der Laufzeit des Leasingverhältnisses einstellenden Verlust (der beizulegende Zeitwert des Leasinggegenstands ist geringer als der zu Vertragsbeginn geschätzte Restwert) zu mindestens 10% zu übernehmen hat, würde dies uE ausreichen, um das Leasingverhältnis bezogen auf dieses Kriterium als operating lease einzustufen.

221 Zu solchen „zurechnungsschädlichen" first-loss-Garantien gehören grds auch vom Leasingnehmer an den Leasinggeber gewährte Mieterdarlehen. Diese werden im Rahmen von Immobilien-Leasingverhältnissen vereinbart und dienen vornehmlich dazu, die Finanzierungslücke zwischen steuerlichem Restbuchwert und der von der refinanzierenden Bank am Ende der Vertragslaufzeit bereitgestellten Finanzierung zu schließen. Sind Banken nicht bereit, über die gesamte Vertragslaufzeit Kredite in ausreichendem Umfang zu gewähren, stellen Mieterdarlehen-Modelle eine steueroptimale Finanzierungsform dar, weil die zusätzlich vom Leasingnehmer bereitgestellte Liquidität zur Rückführung der Bankfinanzierung steuerlich nicht als Mieterlöse gelten, sondern eine Art Umfinanzierung darstellen. Allerdings führt die Gewährung eines Mieterdarlehens an eine Leasing-Objektgesellschaft, die nur mit einem für die wirtschaftliche Betrachtungsweise nicht ins Gewicht fallenden EK ausgestattet ist, ohne weitere Besicherung des Mieterdarlehens regelmäßig zur Klassifizierung des Leasingverhältnisses als finance lease (aA *Schimmelschmidt/Happe,* die das Kriterium des IAS 17.11 (b) für ungeeignet halten, wenn der Einbezug der first-loss-Garantie bzw des Mieterdarlehens nicht bereits zu einer Klassifizierung als finance lease nach dem Barwert-Kriterium geführt hat).

222 Soweit für die Abwicklung von Leasingverhältnissen ObjektGes eingebunden sind, ist für die Zuordnung der Vermögenswerte bzw Leasinggegenstände neben IAS 17 zusätzlich SIC-12 heranzuziehen (vgl § 290 Anm 154). Eine Kons der ObjektGes beim Leasingnehmer kann sich auch für den Fall ergeben, wenn das Leasingverhältnis isoliert betrachtet als operating lease zu klassifizieren wäre.

2. Sale-and-lease-back-Verträge *(sale and leaseback)*

223 IAS 17.58 – .66 enthalten feste Grundsätze für die Behandlung sog *Sale-and-lease-back*-Verhältnisse, nach denen eine sofortige Gewinnrealisierung nur unter sehr restriktiven Bedingungen zulässig ist. Für die Frage, ob es sich bei dem der Nutzungsüberlassung vorangehenden Verkauf um einen „true sale" handelt, ist nach derzeit wohl hM nicht IAS 18, sondern ausschließlich IAS 17 einschlägig. In Anbetracht der Tatsache, dass letztlich die Zuordnung des Vermögenswerts bzw des Leasinggegenstands nach den Vorschriften des IAS 17 erfolgt, kann bzgl der Veräußerung eine eher formale Sichtweise als sachgerecht betrachtet werden. Eine Übertragung des rechtlichen Eigentums auf den Leasinggeber dürfte

folglich grundsätzlich ausreichen, um von einem „true sale" iSd IAS 17 auszugehen. Ob der Leasinggeber auch wirtschaftlicher Eigentümer des Vermögenswerts bzw des Leasinggegenstands geworden ist, entscheidet sich anschließend durch die Klassifizierung des Leasingverhältnisses als operating lease oder finance lease.

III. Ausbuchung von Vermögenswerten und ABS-Transaktionen

Die Abgangsregeln des IAS 39 sind als sehr detailliert und damit grds der Objektivierung förderlich zu bezeichnen (vgl zu Details Anm 185). Aufgrund des **„Komponenten"-Ansatzes** *(financial components approach),* sind die Abgangsregeln auch ausdrücklich dann anzuwenden, wenn von einem Vermögenswert Rechte abgespalten werden und lediglich das abgespaltene (Teil-)Recht Gegenstand einer Verkaufstransaktion wird. Bspw könnte der Inhaber einer verzinslichen Darlehensforderung ausschließlich das Recht auf den aus der Verzinsung resultierenden Zahlungsstrom oder alternativ lediglich den Nominalbetrag der Forderung veräußern. Ohne dass das IDW auf eine solche Fallgestaltung eingeht, ist ein solcher isolierter Verkauf von Zahlungsströmen gleichfalls nach den allgemeinen in *IDW RS HFA 8* niedergelegten Grundsätzen zu würdigen. 225

Ein wesentlicher Unterschied zu den durch den HFA verabschiedeten Grundsätzen iZm ABS-Transaktionen ergibt sich aus dem Umstand, dass IAS 39 neben dem Bonitätsrisiko auch andere – Forderungen inhärente – Risiken für die Abgangsfrage als uU wesentliche Risiken ansieht. Hierzu zählen insb das Zinsänderungs- sowie das Wechselkursrisiko. Nach dem Wortlaut des *IDW RS HFA 8* Anm 7f muss mindestens das Bonitätsrisiko auf den Erwerber der Forderungen übergegangen sein. Würde folglich neben dem Bonitätsrisiko bzgl seiner Wesentlichkeit ein ebenso bedeutendes Wechselkursrisiko bestehen, könnte sich nach IAS 39 eine Ausbuchung bereits deshalb ergeben, weil der Erwerber dieses Risiko vollständig übernommen hat, während dies für eine Ausbuchung nach *IDW RS HFA 8* unzureichend wäre. Selbst bei Forderungen, die ausschließlich das Bonitätsrisiko als für die Ausbuchung maßgebliches Risiko aufweisen, könnten sich nach dem Wortlaut der beiden Vorschriften im konkreten Einzelfall Unterschiede ergeben, wenn kein endgültiger Kaufpreisabschlag vereinbart wird. Während *IDW RS HFA 8* Anm 7 fordert, „dass der Veräußerer keinerlei Bonitätsrisiko … mehr trägt", spricht IAS 39.20 (a) von der Übertragung „substantially all the risks and rewards" bzw verlangt gem IAS 39.20 (b), dass der Veräußerer zumindest nicht im Wesentlichen alle Chancen und Risiken zurückbehält. Nach IAS 39 kann insofern das Zurückbehalten eines „gewissen" Bonitätsrisikos dennoch zur Ausbuchung führen, während dies bei wörtlicher Auslegung des *IDW RS HFA 8* abzulehnen wäre. Bei ausschließlicher Betrachtung des Bonitätsrisikos müssen uE hingegen beide Abgangsregeln zu einer Ausbuchung der Forderungen führen, wenn sich der vereinbarte variable Kaufpreisabschlag „nach den Quoten tatsächlicher Forderungsausfälle in der Vergangenheit zuzüglich eines angemessenen Risikozuschlags für die Unsicherheit der künftigen Veränderung des Ausfallrisikos bemisst" (*IDW RS HFA 8* Anm 23). 226

Nach *IDW RS HFA 8* (Anm 22) ist es darüber hinaus für einen Abgang ausreichend, wenn der Erwerber einen Abschlag verlangt, der im Rahmen einer normalen Forfaitierung der Forderungen mit einem Dritten üblicherweise vereinbart worden wäre. Nach IAS 39.21 ist demgegenüber grds eine „Vorher-/

Nachher-Analyse“ durchzuführen. Danach ist für den Abgang entscheidend, ob sich die Variabilität in den Zahlungsströmen, denen sich der Veräußerer (sog Originator) ausgesetzt sieht, bzgl der Höhe der Beträge und deren zeitlichem Anfall durch den Verkauf der Forderungen so verändert hat, dass von einem ausreichenden Risikotransfer ausgegangen werden kann (s auch IAS 39 BC51). Dies dürfte im Wesentlichen dem Verständnis entsprechen, welches das IASB bereits im Jahre 2002 zur Frage der Chancen- und Risikomessung iZm SIC-12 geäußert hat (vgl IASB: Consolidation (including Special Purpose Entities) – Project Summary).

227 Eine in der Praxis iZm IAS 39 zT angewandte Vorgehensweise besteht darin, für die in Rede stehenden Forderungen bzw Forderungsportefeuilles Gegenwartswerte zu prognostizieren (Umweltzustände) und diesen Eintrittswahrscheinlichkeiten zuzuordnen. Für den sich ergebenden Erwartungswert wird anschließend die Standardabweichung – als ein adäquates Risikomaß – ermittelt. Das gleiche Kalkül wird für diejenigen prognostizierten Zahlungsströme durchgeführt, die bei dem Veräußerer nach Abwicklung der Transaktion verbleiben bzw aufgrund des variablen Kaufpreisabschlags an ihn zurückgeführt werden. Für die Frage, ob der Forderungsverkauf zu einer Ausbuchung beim Veräußerer führt, werden anschließend die Standardabweichungen der beiden Erwartungswerte verglichen.

228 Die Vorgehensweise soll an nachfolgendem, stark vereinfachten **Beispiel** veranschaulicht werden:

Veräußert werden soll ein Forderungsportefeuille mit einem Nominalwert von 1 Mio GE. Vereinbart wird ein variabler Kaufpreisabschlag iHv 4% (TGE 40). Die wirtschaftliche Situation des Veräußerers vor der Übertragung der Forderungen ergibt sich aus Tabelle 1. Der Erwartungswert (EW) beläuft sich auf 971 300 GE; die Standardabweichung auf 9763 (100%). Aus Tabelle 2, die die prognostizierten Zahlungsströme aus Sicht des Veräußerers nach Übertragung der Forderungen enthält, ergibt sich zB für den ersten Umweltzustand, dass der Veräußerer bei einem Eingang der Forderungen iHv TGE 990 insgesamt TGE 30 von dem Kaufpreisabschlag vom Erwerber zurückerhielte, bei einem Forderungseingang iHv TGE 960 und weniger, würde er hingegen in voller Höhe mit seiner „first loss“-Garantie einzustehen haben. Die Standardabweichung bei dem Erwartungswert von 12 000 beträgt 8124 und ist um ca 17% niedriger gegenüber der Standardabweichung vor Übertragung der Forderungen.

Tabelle 1

Umweltzustand Gegenwartswert der Zahlungseingänge	**Wahrscheinlichkeit**	**Gewichteter Gegenwartswert**	**Abweichung vom gewichteten Gegenwartswert**	**Gewichtete Abweichungen (absolut)**	**Gewichtete quadratische Abweichungen**
(1)	(2)	(3)	(4)	(5)	(6)
		(1) x (2)	(1)-(EW)	(4) x (2)	(4)2x (2)
990 000	15%	148 500	18 700	2805	52 453 500
970 000	75%	727 500	– 1300		1 267 500
960 000	5%	48 000	– 11 300		6 348 500
950 000	4%	38 000	– 21 300		18 147 600
930 000	1%	9300	– 41 300		17 056 900
	100%	**EW 971 300**		2805	95 310 000
			Standardabweichung		**9763**

Tabelle 2

Umweltzustand Gegenwartswert der Zahlungseingänge	Wahrscheinlichkeit	Gewichteter Gegenwartswert	Abweichung vom gewichteten Gegenwartswert	Gewichtete Abweichungen (absolut)	Gewichtete quadratische Abweichungen
(1)	(2)	(3)	(4)	(5)	(6)
		(1) x (2)	(1)-(EW)	(4) x (2)	(4)2x (2)
30 000	15%	4500	18 000	2700	48 600 000
10 000	75%	7500	– 2000		3 000 000
0	5%	0	– 12 000		7 200 000
0	4%	0	– 12 000		5 760 000
0	1%	0	– 12 000		1 440 000
	100%	**EW 12 000**		2700	66 000 000
				Standardabweichung	**8124**

Im dargestellten Fall ist die Bedingung des IAS 39.20 (b) erfüllt, dh der Veräußerer hat ausreichendes Risiko übertragen und behält folglich nicht im Wesentlichen alle Chancen und Risiken zurück. Fraglich ist hingegen, ob dies Aussage auch bei einem geringeren Risikotransfer aufrechterhalten werden kann. UE dürfte die Bedingung des IAS 39.20 (b) jedenfalls dann nicht mehr als erfüllt gelten, wenn die Differenz der beiden Standardabweichungen 10% und weniger beträgt. Dies wäre zB dann gegeben, wenn die Parteien im vorstehenden Beispiel einen variablen Kaufpreisabschlag von TGE 48 vereinbart hätten.

IV. Das Verrechnungsverbot (Abs 2)

Eine Verrechnung *(offsetting)* von Vermögenswerten und Schulden sowie von 230
Posten der GuV ist nur dann gestattet, wenn entsprechende Einzelregelungen dies ausdrücklich vorsehen (IAS 1.34). Darüber hinaus sollen Ertrags- und Aufwandsposten, die auf dem gleichen Sachverhalt beruhen, in einem Posten zusammengefasst werden, sofern sie einzeln unwesentlich sind (IAS 1.35, zB Ergebnis aus dem Verkauf von Betriebsmitteln und Fremdwährungsgewinne/-verluste). Eine Saldierung ist auch dann vorzunehmen, wenn nur sie die korrekte Abbildung des Geschäftsvorfalls (iSe *fair presentation*) sicherstellt (IAS 1.33).

Vorschriften zur Verrechnung finden sich neben den allgemeinen Grundsät- 231
zen des IAS 1 ausdrücklich zB in IAS 32.42–50 für Finanzinstrumente, IAS 12.71–76 für aktuelle Steuerforderungen/-verbindlichkeiten und aktive und passive latente Steuern (§ 274 Anm 90), IAS 19.116 für Kosten der Altersversorgung (§ 249 Anm 296) sowie IAS 37.54 für Ausgleichsansprüche. Gem IAS 12.71, IAS 19.116 und IAS 32.42 ist eine Saldierung der Bilanzposten dann vorzunehmen, wenn das Unt eine rechtliche Möglichkeit zur Verrechnung hat und diese auch vollziehen will, sei es, dass es beabsichtigt, lediglich den Saldo auszugleichen oder eine fristenkongruente Realisierung von Forderungen und Verbindlichkeiten anstrebt.

IZm mit **(allgemeinen) Rückstellungen** ist eine Verrechnung von Ver- 232
pflichtungen und Ausgleichsansprüchen sowie Aufwendungen und Erträgen unterschiedlich geregelt. Während eine Verrechnung in der Bilanz generell ausgeschlossen ist (IAS 37.53; zB wäre es nicht zulässig, würde der Versicherungsnehmer eine Rückstellung nur in Höhe seines Selbstbehalts passivieren, nicht hingegen in Höhe der tatsächlich erwarteten Schadenssumme.), kann der Auf-

wand aus der Verpflichtung (IAS 37.54) mit dem Ertrag aus dem Ausgleichsanspruch saldiert werden.

233 Ein **Saldierungsgebot** enthält IAS 2.34. Ist eine vormals vorgenommene Abschreibung auf den niedrigeren Nettoveräußerungserlös *(net realisable value)* zu korrigieren (Wertaufholungsgebot), ist die Zuschreibung als Kürzung der Umsatzkosten bzw des Materialaufwands des lfd Gj vorzunehmen.

234 Gem IAS 19.7 qualifizieren auch bestimmte Versicherungen (zB Rückdeckungsversicherung) als ausgelagertes Vermögen *(plan assets)*. Der Bilanzausweis der Pensionsverpflichtungen *(defined benefit liability)* erfolgt unter Abzug des beizulegenden Zeitwerts dieser *plan assets* (vgl IAS 19.54 (d) sowie § 249 Anm 2).

235 Ein **Saldierungsverbot** ergibt sich im Rahmen der periodenübergreifenden Auftragsfertigung bzw bei derartigen Dienstleistungsaufträgen (vgl IAS 11.42–44). Für die dem Auftraggeber noch nicht weiterbelasteten unfertigen Leistung(en) ist in der Bilanz ein Aktivposten *(gross amount due from customers for contract work)* innerhalb des Vorratsvermögens oder alternativ unter den Forderungen auszuweisen (der *HFA* bevorzugt den Ausweis unter den Forderungen und spricht von „künftigen" Forderungen; *IDW RS HFA 2* nF Anm 17). Die Höhe dieses Postens errechnet sich als positiver Saldo aus den bis zum Bilanzstichtag entstandenen Auftragskosten zzgl der zeitanteilig verrechneten Gewinne abzgl den kumulierten berücksichtigungspflichtigen Verlusten sowie den (unter den Forderungen aus Lieferungen und Leistungen bilanzierten) bereits in Rechnung gestellten Leistungen *(progress billings)*. Umgekehrt resultiert eine Verbindlichkeit gegenüber Auftraggebern *(gross amount due to customers for contract work)*, wenn der Saldo negativ wird. Die positiven und negativen Salden unterschiedlicher Aufträge dürfen nicht unter einem Posten zusammengefasst werden.

236 UE sind im Gj berücksichtigungspflichtige Verluste bei den Umsatzerlösen des Gj zu kürzen, soweit für einen Auftrag in der Vergangenheit bereits Gewinne iZm der *Percentage-of-Completion*-Methode realisiert wurden (zu beachten ist IAS 8.41 f bzgl des Vorliegens eines *errors;* s § 275 Anm 365).

237 In IAS 1 ist die **Verrechnungsmöglichkeit** von erhaltenen Anzahlungen mit dem Posten der unfertigen Leistung(en) (s Anm 235) nicht ausdrücklich geregelt. UE sprechen die Vorschriften von IAS 1.32 gegen eine Saldierung, da IAS 11 eine Verrechnung weder fordert noch nahe legt (dagegen verlangt IAS 11.40 (b) ausdrücklich die Offenlegung des Betrags der erhaltenen Anzahlungen). Eine Möglichkeit zur Verrechnung lässt sich auch nicht aus der Bestimmung des IAS 1.33 ableiten.

§ 247 Inhalt der Bilanz

(1) **In der Bilanz sind das Anlage- und das Umlaufvermögen, das Eigenkapital, die Schulden sowie die Rechnungsabgrenzungsposten gesondert auszuweisen und hinreichend aufzugliedern.**

(2) **Beim Anlagevermögen sind nur die Gegenstände auszuweisen, die bestimmt sind, dauernd dem Geschäftsbetrieb zu dienen.**

(3) [1]**Passivposten, die für Zwecke der Steuern vom Einkommen und vom Ertrag zulässig sind, dürfen in der Bilanz gebildet werden.** [2]**Sie sind als Sonderposten mit Rücklageanteil auszuweisen und nach Maßgabe des Steuerrechts aufzulösen.** [3]**Einer Rückstellung bedarf es insoweit nicht.**

Übersicht

Anm

Grundsatzregelung (Abs 1)

Grundsatzregelung (Abs 1)

A. Ausweisgrundsatz und Mindestgliederung

Schrifttum: *IDW RS HFA* 7 Zur Rechnungslegung bei Personenhandelsgesellschaften; *Westerwerfelhaus* Zwei-Stufen-Ermittlung zum bilanzierungsfähigen Vermögensgegenstand, DB 1995, 885; *Steiner/Gross* Auswirkungen des Bilanzrechtsreformgesetzes auf die Rechnungslegung STuB 2004, 555.

1 Abs 1 gibt eine Rahmenvorschrift zur **Mindest-Aufgliederung der Bilanz** (Anm 4). Abs 2 enthält die Begriffsbestimmung des Anlagevermögens (Anm 350 ff), während Abs 3 Sondervorschriften für Passivposten nach Maßgabe des Steuerrechts umfasst (Anm 601 ff). Die für Kredit- oder Finanzinstitute als PersGes oder EKfl erlassenen Formblätter gehen vor.

2 § 247 hat keine unmittelbare steuerrechtliche Bedeutung. Jedoch wird steuerrechtlich eine Unterschreitung des Mindest-Gliederungsgebots des § 247 Abs 1 nicht in Betracht kommen, wohl aber weitere individuelle Aufgliederungen.

3 Zivilrechtliche **Sanktionen** für die Nicht-Einhaltung der Mindestgliederung sieht das HGB im Gegensatz zum PublG nicht vor; alle Sanktionen im HGB beschränken sich auf KapGes und gem § 335 b auf KapCoGes (s auch hier Anm 630).

4 Abs 1 umreißt Posten, die für den Ausweis in der **Bilanz** grds in Betracht kommen. Die Vorschrift, die für alle Kfl gilt – bei KapGes/KapCoGes jedoch durch die als lex specialis anzusehenden „ergänzenden" Vorschriften der §§ 264 ff präzisiert wird –, enthält dagegen keine Aussage über eine gesetzliche Mindestgliederung der Bilanz in dem Sinne, dass diese den Anforderungen des HGB genügt, wenn sie nur den gesonderten Ausweis der in Abs 1 und Abs 3 genannten Posten umfasst, ggf ergänzt um die Haftungsverhältnisse nach § 251. Es sind dies folgende **Bilanzgruppen:**

- das Anlagevermögen (Anm 350 ff)
- das Umlaufvermögen (Anm 51 ff)
- die aktiven Rechnungsabgrenzungsposten (§ 250 Abs 1 und 3)
- das Eigenkapital (Anm 150 ff)
- die Schulden (Anm 201 ff)
- die Sonderposten mit Rücklageanteil (Anm 601 ff)
- die passiven Rechnungsabgrenzungsposten (§ 250 Abs 2)
- die Haftungsverhältnisse (als Vermerkposten unter der Bilanz), § 251.

5 Eine solche Gliederung *genügt nicht,* weil in Abs 1 hinter der Aufzählung von Vermögens- und Schuldposten die Worte „und hinreichend aufzugliedern" angefügt sind. Diese Ergänzung hat lediglich klarstellende Bedeutung, weil bereits nach den **GoB** (§ 243) eine Gliederung lediglich nach den in Abs 1 genannten Posten unzureichend ist, glA *ADS*[6] § 247 Anm 11. UE sollte als Mindeststandard das Gliederungsschema für kleine KapGes eingehalten werden, s § 266 Anm 20 ff.

Maßstab für die Worte „hinreichend aufzugliedern" ist der Aufstellungsgrundsatz in § 243 Abs 2 iVm Abs 1 – also eine klar und übersichtlich nach den GoB gegliederte Bilanz (dazu § 243 Anm 51 ff; *Hütten/Lorson* in HdR[5] § 247 Anm 10), zu denen idR ein getrennter Ausweis der Vorräte und Forderungen, aber auch der Rückstellungen gehört. Die häufige Anwendung von EDV-Programmen **mit daraus abgeleiteten Kontenaufgliederungen** auch durch Ekfl und reine PersGes oder in Datenverarbeitungs-Zentren bewirkte, dass das Gliederungs-Schema für KapGes/KapCoGes (§ 266) jetzt von nahezu allen Kfl angewandt wird, *ADS*[6] § 247 Anm 24. Die Gliederungstiefe sollte dabei den Größenklassen gem § 267 folgen (ähnlich *ADS*[6] § 247 Anm 27).

Abweichungen von dieser inzwischen vorherrschenden Praxis sollten im GesVertrag der reinen PersGes konkretisiert werden. Durch solche Konkretisierungen darf jedoch das gesetzliche Gliederungs-Mindestmaß (Anm 4 und 5 Abs 1) nicht unterschritten werden.

Wegen **Einzelheiten zu Mindest-Aufgliederungen** der einzelnen Bilanzgruppen s Anm 55 (Umlaufvermögen), Anm 155 ff (EK), Anm 241 f (Verbindlichkeiten) und Anm 370 (Anlagevermögen). Trotz fehlender Spezialregelung gilt als GoB-Grundsatz auch für Ekfl und reine PersGes der Grundsatz der Darstellungs-Stetigkeit (so auch *ADS*[6] § 247 Anm 34f mwN).

6 Jeder einzelne Posten muss, darf aber auch nur das enthalten, was er seinem Wortlaut nach besagt. Das erfordert eine sachgemäße Bezeichnung und ggf Detaillierung der Bilanzposten. Zusammenfassungen sind nur zulässig, soweit der Inhalt vom Wortlaut gedeckt ist; Saldierungen sind unzulässig, § 246 Abs 2.

7 Aus Abs 1 ergeben sich keine Hinweise darauf, ob die Bilanz in **Kontoform** (wie in § 266 Abs 1 für KapGes/KapCoGes vorgeschrieben) oder in **Staffelform** (wie in der 4. EG-Richtl auch vorgesehen) aufzumachen ist. Beides ist uE zulässig; das Gebot der Übersichtlichkeit (§ 243 Abs 2) und die langjährige Übung in Deutschland geben der Kontoform den Vorzug. Nur diese Darstellungsform ermöglicht es, die VG und Schulden einander gegenüberzustellen und damit die Vermögens- und Finanzlage deutlicher erkennbar zu machen.

8 Ekfl und PersGes, die nicht unter das PublG bzw § 264a fallen, brauchen in der Bilanzgliederung Finanzanlagen, Forderungen oder Verbindlichkeiten **gegenüber Beteiligungsgesellschaften** und/oder **verbundenen Unternehmen** und/oder **Gestern** nicht gesondert aufzuführen. Denn die Gliederungsvorschriften für KapGes/KapCoGes (§ 266 Abs 2, 3) gelten ausdrücklich nur für diese (und im PublG). Jedoch folgt die Praxis häufig der Gliederung gem § 266, die derartige Sonderausweise vorsieht; ähnlich *ADS*[6] § 247 Anm 38, weil die zutreffende Darstellung der Vermögens- und Finanzlage dies meistens erfordere.

9 Eine **Mindestgliederung für die GuV** der Kfl ist im HGB **nicht** vorgesehen. Da in § 247 der gesamte JA der Ekfl und der reinen PersGes behandelt wird, wurde ein entspr Abschn als Exkurs 1 ab Anm 641 angefügt.

10 Abs 1 verlangt den Ausweis von VG, EK und Schulden. Der Begriff des **Vermögensgegenstands** umfasst sowohl **körperliche Gegenstände** (Sachen iSd § 90 BGB), als auch **immaterielle Werte,** selbst soweit diese nicht mit einem Recht verbunden sind, also nicht eigentumsfähig sind. Es genügt, wenn eine **rechtliche oder tatsächliche Position** von wirtschaftlichem Wert ist, dh ihr ein eigener Wert im Geschäftsverkehr zukommt. Zivilrechtliches Eigentum ist nicht erforderlich (*BFH* 30. 5. 1984, BStBl II 825; dazu auch § 253 Anm 367 – Sonderfall bei Mietereinbauten).

Andererseits sollen **bloße Möglichkeiten (zB KSt-Minderungspotential), Chancen** oder **tatsächliche Vorteile** infolge eines **Rechtsreflexes** (zB die günstige Verkaufslage in einer Fußgängerzone, die künftigen Verkaufschancen eines „revolutionären" Produkts uÄ) nicht zur Annahme eines VG führen. Das gilt selbst dann, wenn diesen Möglichkeiten, Chancen oder tatsächlichen Zuständen unmittelbar Aufwendungen zuzuordnen sind.

11 Keine VG sind **Bilanzierungshilfen:** Aufwendungen für die Ingangsetzung und Erweiterung des Geschäftsbetriebs (§ 269), aktive Steuerabgrenzung (§ 274 Abs 2), Ausgleichsbetrag nach dem Altfahrzeug-Gesetz (Art 53 Abs 2 EGHGB). Auch aktive **Rechnungsabgrenzungsposten** (§ 250 Abs 1 und 3) gehören nicht zu den VG (wie auch passive RAP iSv § 250 Abs 2 keine Schulden sind; zur Abgrenzung s § 250 Anm 6ff).

12 Der im **Bilanzsteuerrecht** geltende Begriff „Wirtschaftsgut" unterscheidet sich im Grundsatz nicht von den Begriffen „Vermögensgegenstand" und „Schulden" (hM zB *Weber-Grellet* in Schmidt[24] EStG § 5 Anm 93 jeweils mwN von Rspr und Literatur). Das folgt aus § 5 Abs 1 EStG, wonach in der Steuerbilanz als Betriebsvermögen nicht mehr und nicht weniger angesetzt werden darf, als „nach den handelsrechtlichen Grundsätzen ordnungsmäßiger Buchführung auszuweisen ist" (wegen des hierauf beruhenden Grundsatzes der Maßgeblichkeit § 243 Anm 111f). Auch (ungewisse) Schulden wegen Patentverletzung und Jubiläumszuwendungen sind (negative) WG; die steuerrechtliche Besonderheit

besteht nur darin, dass die Passivierbarkeit dieser WG durch Sondervorschriften eingeschränkt ist (§ 5 Abs 3 EStG für Patentverletzungen und §§ 5 Abs 4, 52 Abs 6 EStG 1990 für Jubiläumszuwendungen). Das Gleiche gilt für Drohverlust-Rückstellungen (§§ 5 Abs 4a, 52 Abs 6a EStG).

13 Zwischen **Vermögensgegenständen** und aktiven WG sind nur insofern Unterschiede feststellbar, als die steuerrechtliche Rspr bei ihrer Interpretation des WG und damit des handelsrechtlichen Begriffs des VG (*Weber-Grellet* aaO § 5 Anm 94f) zu anderen Ergebnissen kommt als die handelsrechtliche Literatur. Diese nimmt einen VG grds nur an, wenn er nicht nur selbstständig bewertbar, sondern auch **selbstständig verkehrsfähig** ist. Für *ADS*[6] § 246 Anm 26 ist entscheidend, dass sich ein VG „individualisierbar einzeln verwerten lässt". Zu den Entwicklungstendenzen bei der Definition des VG im Rahmen der Harmonisierungsbestrebungen internationaler Rechnungslegungssysteme nehmen *Gross/Steiner* (STuB 2004, 556ff) Stellung.

Die Rspr des BFH stellt dagegen vor allem auf die **selbstständige Bewertbarkeit** ab und misst der Verkehrsfähigkeit nur insoweit Bedeutung bei, als ein WG zusammen mit einem Betrieb übertragbar sein muss (zB *Weber-Grellet* aaO § 5 Anm 96). So werden zB Zuschüsse einer Brauerei zur Erlangung von **Bierlieferungsrechten** trotz fehlender Einzelveräußerbarkeit und Markenrechte als VG/WG beurteilt (*BFH* 26. 2. 1975, BStBl II 1976, 13; dazu auch Anm 390). Dagegen entschied der *BFH* 20. 3. 2003 (BB 2003, 2342), dass bei einer Grundstücksveräußerung, bei der vertraglich ein gesondertes Entgelt für ein mit übertragenes Auffüllrecht vereinbart wurde, kein vom Grund und Boden verselbstständigtes WG **„Auffüllrecht"** vorliegt.

Zu den VG/WG gehören unbestritten auch die Sachgesamtheiten, zB ist ein Gebäude nur mit Fenstern, Türen, Heizung, Bodenbelag gemeinsam verwertbar; dazu Anm 460 und *ADS*[6] § 246 Anm 34f.

14 Eine Sonderstellung hat der **Geschäfts- oder Firmenwert,** der nur zusammen mit einem (Teil-)Betrieb übertragen werden kann. Hier wird die Auffassung vertreten, dass er ein immaterieller VG ist – mindestens als solcher *gilt* (ähnlich *Moxter* in FS Semler, 854 – zumal das Gliederungsschema des § 266 ihn unter den VG im Gegensatz zu den Bilanzierungshilfen aufführt, ebenso hier § 255 Anm 511. An anderer Stelle, zB § 309 Anm 6, wird der bilanzielle Charakter dieses Postens als „Grenzfall zwischen VG und Bilanzierungshilfe" angesehen. Das EStG behandelt den GFW als WG, wie § 7 Abs 1 S 3 EStG zeigt.

15 Bei der Einordnung **negativer Geschäftswerte** hat dieser Meinungsstreit praktische Bedeutung: Negative Bilanzierungshilfen sind begrifflich Ausnahmen von den GoB (zB Art 28 EGHGB), Rückstellungen für drohende Verluste sind hingegen in der HB passivierungsfähig und auch passivierungspflichtig – selbst wenn die Anlauf- (und Produktions-Umstellungs-)Verluste nicht auf bereits abgeschlossenen Verträgen beruhen, sondern anhand von Planzahlen ermittelt wurden (s aber Anm 12 aE). Zu einem ähnlichen Fall nahm das *FG Nds* (EFG 1993, 15 rkr) eine Gesetzeslücke an und bejahte die Passivierungspflicht der Ausgleichszahlung durch Darlehensverzicht; ausführlich nimmt *Bachem* BB 1993, 967 zu diesen Fragen handels- und steuerrechtlich Stellung, ebenso *Moxter* in FS Semler, 853ff. Der BFH entschied diesen PersGes-Fall ua durch Ausgleichsposten in Sonderbilanzen (*BFH* BStBl 1994, 745; glA hier § 247 Anm 407). Weitere Quellen zum negativen GFW enthalten § 255 Anm 516 sowie *Bachem* BB 1995, 350 und Gießler DStR 1995, 699f. In einer neueren Entscheidung des *FG Schleswig-Holstein* (U v 5. 12. 2003, *Beck* RS 2003) wird für den Fall einer vom Veräußerer an den Erwerber geleisteten Zuzahlung die Zulässigkeit sowohl der handels- als auch steuerrechtlichen Passivierungsfähigkeit eines negativen GFW sowie auch die Zulässigkeit der Bildung eines sonstigen passiven

AusglPo verneint. Als Begründung wird angeführt, dass sich der Bilanzinhalt handelsrechtlich vollständig aus den §§ 246, 247 HGB ergibt und die Anerkennung eines AusglPo eine im Steuerrecht unbekannte Bilanzierungshilfe darstellen würde.

Während durch die Vernachlässigung der „selbstständigen Verkehrsfähigkeit" (Anm 13) der Begriff des VG/WG vom Steuerrecht weiter als von der handelsrechtlichen Literatur ausgelegt wird, kann die Beurteilung der „selbstständigen Bewertbarkeit" durch die steuerrechtliche Rspr auch zu einer **Einengung des Begriffs** führen. ZB *BFH* (28. 5. 1979 BStBl II, 734), mit dem die selbstständige Bewertbarkeit eines immateriellen VG bei Zahlung einer *einheitlichen* Vergütung an Künstler für die Darbietung *und* für die Einwilligung zur Aufnahme auf **Tonträger** und deren Vervielfältigung verneint wurde. Die uE zu enge Auffassung des BFH von der „selbstständigen Bewertbarkeit" hat vor allem Bedeutung für die Abgrenzung **immaterieller Vermögensgegenstände** von den unselbstständigen Bestandteilen des GFW (den sog **geschäftswertbildenden Faktoren;** hierzu Anm 409f). Hierzu entschied das *FG Düsseldorf* (DStRE 2003, 1141ff), dass Gewinnerwartungen aus einem Auftragsbestand auf Grund bestehender Rahmenverträge mit Kunden lediglich einen geschäftswertbildenden Faktor darstellen und nicht selbstständig bilanziert werden können, da noch keine konkreten schwebenden Geschäfte vorliegen. 16

Vom Begriff des VG/WG sind die **Voraussetzungen der Aktivierung** zu unterscheiden. Wegen der hier geltenden Grundsätze der personellen und sachlichen **Zuordnung** s § 246 Anm 4ff und 43ff; zum **Aktivierungsverbot** nicht entgeltlich erworbener immaterieller VG § 248 Anm 1ff und zum **Aktivierungswahlrecht** des derivativ erworbenen GFW § 255 Anm 517f; Forderungen aus Lieferungen und Leistungen dürfen erst im Zeitpunkt ihrer **Realisierung** angesetzt werden; die Aktivierung ist dann auch zwingend (Anm 80ff). 17

B. Anlagevermögen

Zum Inhalt und Umfang der Bilanzgruppe „Anlagevermögen" sowie zur Abgrenzung zum Umlaufvermögen im Einzelnen Anm 350ff. Nach dem Gliederungsschema des § 266 Abs 2 gehört zum Anlagevermögen auch ein derivativer GFW, während die Bilanzierungshilfen „Ingangsetzungskosten" (§ 269), Euro-Umstellungsaufwendungen (Art 44 EGHGB), Ausgleichsbetrag nach dem Altfahrzeug-Gesetz (Art 53 Abs 2 EGHGB) ggf im Anlagengitter *vor* dem Anlagevermögen einzuordnen sind (§ 268 Abs 2). 20

C. Umlaufvermögen

Schrifttum: *Pietschmann* Gewinnrealisierung und Veräußerung, insbesondere Zeitpunkt der Gewinnrealisierung, DStR 1980, 645; *Woerner* Grundsatzfragen zur Bilanzierung schwebender Geschäfte, FR 1984, 489; *Klaus* Euronotes und Euro Commercial Paper als Finanzinnovation, Wiesbaden 1988; *Woerner* Die Gewinnrealisierung bei schwebenden Geschäften, BB 1988, 769; *Clemm/Nonnenmacher* Überlegungen zur Bilanzierung von Swapgeschäften in FS Döllerer, Düsseldorf 1988; *Euler* Grundsätze ordnungsmäßiger Gewinnrealisierung, Düsseldorf 1989; *Stewing* Bilanzierung bei langfristiger Auftragsfertigung, BB 1990, 100; *Harrmann* Unverzinsliche oder niedrig verzinsliche langfristige Darlehensforderungen, BB 1990, 1450; *Müller* Innovation-Probleme der Aktivierung und Passivierung, DStZ 1991, 389; *HFA* 5/1991, Zur Aktivierung von Herstellungskosten, WPg 1992, 92; *Oestreicher* Grundsätze ordnungsmäßiger Bilanzierung von Zinsterminkontrakten, Düsseldorf 1992; *Früh/Klar* Joint Ventures-Bilanzielle Behandlung und Berichterstattung, WPg 1993, 493; *Grünewald* Finanzterminkontrakte im handelsrechtlichen Jahresabschluss, Düsseldorf 1993; *Eisele/Knobloch* Offene Probleme bei der Bilanzierung von Finanzinnovationen, DStR 1993, 577; *Windmöller* Bilanzierung von Optionsgeschäften, WPg 1995, 389; *Steiner/Tebroke/Wallmeier* Konzepte der Rechnungslegung für Finanzderivate, WPg 1995, 533; *Prahl* Bilanzierung und Prüfung von Financial Instruments in Industrie- und Handelsunternehmen, WPg 1996, 830; *Backhaus* Ergebnisrealisierung im Anlagengeschäft vor dem Hintergrund nationaler und internationaler Rechnungslegungsnormen, FS Ludewig, 21; *Rogler, Jacob* Bilanzierung unfertiger Bauten bei Bauunternehmen, BB 2000, 2407; *Fischer/Neubeck* Umsatzrealisationszeitpunkt bei Werklieferungsverträgen nach der Schuldrechtsreform, BB 2004, 657.

I. Allgemeines

51 Der **Begriff des Umlaufvermögens** ist gesetzlich nicht definiert. Im Umkehrschluss zum Begriff des Anlagevermögens (Abs 2) umfasst es diejenigen VG, die nicht dazu bestimmt sind, dauernd dem Geschäftsbetrieb zu dienen. Die Abgrenzung kann auch dadurch umschrieben werden, dass hierzu alle VG gehören, die nicht Anlagevermögen darstellen oder RAP sind (so *Matschke* Anm 76). Zum Umlaufvermögen rechnen hiernach Vorräte, Forderungen (Forderungen aus Lieferungen und Leistungen, sonstige Forderungen), sonstige VG, die nicht Forderungen darstellen, Wertpapiere und flüssige Mittel. Eine Abgrenzung zum Anlagevermögen ist insb bei den geleisteten Anzahlungen, den Ausleihungen und den Wertpapieren geboten.

52 Die Zuordnung hat auch Bedeutung für die **Bewertung;** insb für strenges Niederstwertprinzip (§ 253 Abs 3 S 1, 2) und wahlweise Berücksichtigung künftiger Wertschwankungen (§ 253 Abs 3 S 3).

53 Die für die HB geltende Abgrenzung des Umlaufvermögens vom Anlagevermögen ist grundsätzlich auch für die **Steuerbilanz** maßgebend. Zum Umlaufvermögen gehören hiernach diejenigen WG, die zum Verbrauch und zur Weiterveräußerung bestimmt, also nicht Anlagevermögen oder RAP sind (*BFH* 29. 11. 1972 BStBl II 1973, 148; *HHR* § 6 Anm 258).

54 Zur **Abgrenzung** zwischen Anlage- und Umlaufvermögen in HB und StB s Anm 350; der Übergang von VG zwischen den beiden Obergruppen des Aktivvermögens ist unter Anm 360 behandelt.

II. Mindestgliederung in der Bilanz

55 Eine hinreichende Aufgliederung der Posten des Umlaufvermögens kann für Unt mittlerer Größe oder darüber mit folgender **Mindestgliederung** angenommen werden (dem Schema des § 266 Abs 2 folgend)

I. Vorräte
  1. Roh-, Hilfs- und Betriebsstoffe
  2. Erzeugnisse und Leistungen, Waren
  3. geleistete Anzahlungen
II. Forderungen und sonstige VG
  1. Forderungen aus Lieferungen und Leistungen
  2. sonstige VG
III. Wertpapiere
IV. Flüssige Mittel

Kleine Kapitalgesellschaften (§ 267 Abs 1) dürfen gem § 266 Abs 1 S 3 die Aufgliederung des Umlaufvermögens auf die mit römischen Zahlen bezeichneten Posten, die vorstehend als Gruppen bezeichnet sind, beschränken. Dies gilt auch für Unt, die nicht den Vorschriften für KapGes/KapCoGes unterliegen. Außerdem können für alle Unt Zusammenfassungen nach § 265 Abs 7 in Betracht kommen, wenn dadurch die Klarheit und Übersichtlichkeit der Darstellung (§ 243 Abs 2) nicht gefährdet wird.

III. Vorräte

1. Begriff

Vorräte sind VG, die zum Verbrauch oder zur Weiterveräußerung angeschafft oder hergestellt worden sind. Bei **Produktionsunternehmen** umfasst das Vorratsvermögen die Roh-, Hilfs- und Betriebsstoffe sowie die unfertigen und fertigen Erzeugnisse. Bei **Handelsunternehmen** gehören zu den Vorräten Hilfs- und Betriebsstoffe sowie Handelswaren. Für **Dienstleistungsunternehmen** treten an die Stelle der unfertigen und fertigen Erzeugnisse des IndustrieUnt die unfertigen Leistungen als Vorratsvermögen. 60

2. Roh-, Hilfs- und Betriebsstoffe

Roh-, Hilfs- und Betriebsstoffe sind bei ProduktionsUnt Materialien, die als Hauptbestandteile (Rohstoffe) oder als untergeordnete Bestandteile (Hilfsstoffe, zB Schrauben, Farbe, Beschläge) in die Fertigerzeugnisse eingehen oder als Verbrauchsmaterial (Betriebsstoffe) der Fertigung dienen (s *ADS*[6] § 266 Anm 102). Ebenfalls zu den Betriebsstoffen gehören nicht der Fertigung dienende VG wie Büromaterial und Heizmaterial. Wegen weiterer Einzelheiten s § 266 Anm 90. 61

3. Unfertige und fertige Erzeugnisse

Unfertige Erzeugnisse sind im Regelfall die technische und zeitliche Vorstufe der **fertigen Erzeugnisse.** Ein Ausweis unter den fertigen Erzeugnissen ist erst bei Versandfertigkeit möglich (*ADS*[6] § 266 Anm 110). Ist zwar die Fertigung beendet, jedoch Verkaufsfähigkeit noch nicht gegeben (zB Wein; Käse), so erfolgt der Ausweis weiterhin unter den unfertigen Erzeugnissen (*Dusemond/Knop* in HdR[5] § 266 Anm 73). Abgrenzungsfragen können sich ergeben, wenn ein Unt selbst hergestellte Vorprodukte sowohl verkauft als auch zu Erzeugnissen höherer Stufe verarbeitet. Werden die unfertigen und fertigen Erzeugnisse zulässigerweise zusammengefasst (Anm 55), entstehen diese Fragen nicht (zur Problematik bei getrenntem Ausweis § 266 Anm 98). Ebenso bestehen bei dem Gliederungsvorschlag in Anm 55 keine Abgrenzungsfragen zur Unterscheidung von fertigen Erzeugnissen und Waren (hierzu § 266 Anm 98). 62

Wegen weiterer Einzelheiten s § 266 Anm 93; zur Frage des Zeitpunkts, ab dem statt fertiger Erzeugnisse (oder Waren) Forderungen auszuweisen sind, s Anm 80. 63

4. Unfertige Leistungen

Unfertige Leistungen werden wie unfertige Erzeugnisse unter den Vorräten ausgewiesen, ggf mit abweichender Postenbezeichnung. 64

Zu den unfertigen Leistungen gehören bei **Bauunternehmen** auch halbfertige Bauten auf fremdem Grund und Boden und bei Unt mit **sonstiger langfristiger Fertigung** vergleichbare unfertige Arbeiten (zur langfristigen Fertigung § 255 Anm 457). Bei BauUnt kommen als Postenbezeichnungen zB auch „in Ausführung befindliche Bauaufträge", „unfertige Bauten und Leistungen" 65 oder „nicht abgerechnete Bauten" in Frage, bei sonstiger langfristiger Fertigung etwa „in Ausführung befindliche Aufträge" (vgl auch *Rogler/Jacob* BB 2000, 2407). *Stewing* BB 1990, 100 sieht dagegen Bauten auf fremdem Grund und Boden bei BauUnt als Forderungen an, da sie in das Eigentum des Grundstückseigentümers übergehen und daher nicht „vorrätig" sind (so auch *OFD Kiel* VfG v 30. 3. 2000, DStR 1143 als Begründung für eine teilweise steuerliche Versagung der verlustfreien Bewertung; zur Untauglichkeit dieser Begründung s *Hoffmann* DStR 2000, 1338). Auch *ADS*[6] § 266 Anm 109 stimmt der letztgenannten Auffassung nur für Ausnahmefälle zu, da der Anspruch auf Gegenleistung erst mit Fertigstellung der Arbeiten entsteht und folgt iw der hier vertretenen Auffassung.

Unfertige Bauten eines BauUnt auf **eigenem Grund und Boden** sind wohl unstreitig unter den Vorräten auszuweisen (wenn zum Verkauf bestimmt) oder als Anlagevermögen, wenn sie vom BauUnt selbst genutzt werden sollen.

66 Bei **Dienstleistungsunternehmen** (zB Forschungs-, Werbe-, Steuerberatungs- oder WirtschaftsprüfungsUnt) oder anderen Unt, die auch Dienstleistungen gesondert erbringen, sind idR zum Abschlussstichtag quantifizierbare unfertige Leistungen auf Einzelaufträge auszuweisen. Die unfertigen Leistungen sind **bilanzierungsfähig,** wenn und solange ein Vergütungsanspruch für die bisher angefallenen Aufwendungen besteht (so auch *Weber-Grellet* in Schmidt[24] § 5 Anm 270, „unfertige Leistungen"). Die Bilanzierungsfähigkeit ist nicht davon abhängig, dass die Aufwendungen zu einem materiellen VG geführt haben.

Für DienstleistungsUnt und Unt, die auch Dienstleistungen von nicht nur untergeordneter Bedeutung erbringen, erfordert das Gebot der Klarheit und Übersichtlichkeit (§ 243 Abs 2) einen gesonderten Ausweis der unfertigen Leistungen (so auch *ADS*[6] § 266 Anm 109).

67 Der Ausweis von **fertigen Leistungen** scheidet aus, weil bei „Fertigstellung" einer Leistung die Forderung auf das Leistungsentgelt zu bilanzieren ist (ebenso *ADS*[6] § 266 Anm 118; dazu insb auch hier Anm 99 zum Zeitpunkt der Entstehung von Forderungen bei Dienstleistungen. Zu Sonderfragen bei Leistungen als Lohnveredelung § 266 Anm 94). Für weitere Einzelheiten s § 266 Anm 100.

5. Waren

68 Unter „Waren" werden alle (fremdbezogenen) VG verstanden, die ohne Be- oder Verarbeitung (ggf auch nach unwesentlicher Bearbeitung) veräußert werden. Dazu können auch Grundstücke (im Grundstückshandel), Beteiligungen (*BFH* 25. 7. 2001 BStBl II, 809), Kunstwerke und immaterielle VG (zB EDV-Software) gehören, sofern der Handel nachhaltig betrieben wird. Erworbene aber noch nicht angelieferte Ware ist bei Gefahrenübergang als unterwegs befindliche Ware unter den Vorräten auszuweisen (*ADS*[6] § 266 Anm 116). Im Gegenzug ist eine entspr Zahlungsverpflichtung zu passivieren (*WPH I*[12] F Anm 184).

69 Im Einzelfall kann die Unterscheidung zwischen Waren und Rohstoffen schwierig sein, wenn ein und dasselbe **fremdbezogene Teil** sowohl in eigene Fertigerzeugnisse eingeht oder aber auch ohne Be- und Verarbeitung verkauft werden kann. In solchen Fällen kann als Unterscheidungskriterium die überwiegende Bestimmung der betreffenden VG herangezogen werden (hierzu auch § 266 Anm 98). Bei Unt, die nicht den Vorschriften für KapGes/KapCoGes unterliegen, lassen sich derartige Ausweisfragen dadurch lösen, dass die Waren in Abweichung von dem Gliederungsvorschlag in Anm 55 zusammen mit den Roh-, Hilfs- und Betriebsstoffen ausgewiesen werden. Die Postenbezeichnung ist dann um „Waren" zu erweitern.

6. Geleistete Anzahlungen

Geleistete Anzahlungen sind **Vorleistungen** auf eine von dem anderen Vertragsteil zu erbringende Lieferung oder Leistung, dh Vorleistungen im Rahmen eines schwebenden Geschäfts (dazu auch Anm 545). Anzahlungen können auch unfertige (also teilweise erfüllte) Fertigungs-, Bau- und Dienstleistungsaufträge betreffen. 70

Für Unt, die nicht den Vorschriften für KapGes/KapCoGes unterliegen, ist ein gesonderter Ausweis nur erforderlich, wenn die geleisteten Anzahlungen einen wesentlichen Teil der Vorräte ausmachen. 71

Bei den unter den Vorräten gesondert oder mit anderen Posten zusammengefasst auszuweisenden geleisteten Anzahlungen handelt es sich nur um Vorleistungen, die auf zu erwerbende VG des Vorratsvermögens einschließl hier auszuweisender Leistungen der Vertragspartner erbracht wurden. Andere Vorleistungen können im Anlagevermögen (Anm 545), als sonstige VG (Anm 122) oder als aktive RAP (§ 250) auszuweisen sein. 72

Wegen weiterer Einzelheiten s auch § 266 Anm 109.

IV. Forderungen und sonstige Vermögensgegenstände

1. Forderungen aus Lieferungen und Leistungen

a) Allgemeines

Forderungen aus Lieferungen und Leistungen entstehen im Rahmen von Schuldverhältnissen. Eine solche Forderung stellt demnach den Gegenwert einer erbrachten Lieferung oder Leistung dar. 75

Es sind nur solche Forderungen auszuweisen, die aus Verträgen im Rahmen der gewöhnlichen Geschäftstätigkeit resultieren. Diese Forderungen gehören damit inhaltlich zu den Geschäftsvorfällen, die in der GuV als Umsatzerlöse ausgewiesen werden (*ADS*[6] § 266 Anm 120). Zur Abgrenzung von Forderungen nach dem Gliederungsschema des § 266 s dort Anm 113.

Auch **zweifelhafte Forderungen** aus Lfg und Leistungen sind hier auszuweisen (zur Bewertung § 253 Anm 567, 569). Interne „Forderungen" an **Zweigniederlassungen** sind (ebenso wie die entspr „Verbindlichkeiten") nicht bilanzierungsfähig.

Erlösschmälerungen sind abzusetzen (zB Rabatte, Umsatzprämien; nicht jedoch Skonti und Provisionen); ebenso die vor Entstehung einer Forderung auf die Lieferung oder Leistung erhaltenen Anzahlungen.

Forderungen, für die ein **längeres als branchenübliches Zahlungsziel** eingeräumt ist oder die längerfristig gestundet werden, sind dessen ungeachtet hier auszuweisen, wenn keine Vereinbarung gem § 607 Abs 2 BGB (Darlehensvereinbarung) getroffen ist (ebenso *ADS*[6] § 266 Anm 122; *WPH I*[12], F Anm 194). Ein Ausweis als Finanzanlagen kommt nicht in Betracht, da dort nur ursprüngliche oder durch Novation entstandene Darlehensforderungen ausgewiesen werden dürfen (für den Ausweis als sonstige VG *Bolsenkötter* in HdJ Abt II/6 Anm 81). 76

Aufschiebend bedingte Forderungen dürfen erst mit Bedingungseintritt aktiviert werden (*BFH* 26. 4. 1995 BB 1530), es sei denn, sie erscheinen im Einzelfall hinreichend konkretisiert. Dies kann angenommen werden, wenn der Bedingungseintritt so gut wie sicher ist (*ADS*[6] § 246 Anm 53). Zur Aktivierung von Forderungen aus Lieferungen mit vertraglich vereinbartem Rückgaberecht s Anm 90. 77

78 Grds sind auch **geringfügige** Forderungen zu aktivieren. Mit Recht treten *HHR* § 6 Anm 906 dafür ein, ähnlich wie bei den RAP ein Wahlrecht zur Aktivierung geringfügiger Forderungen unter der Voraussetzung anzuerkennen, dass auch die Summe der dann nicht aktivierten Forderungen geringfügig ist. (Nach dem Grds der Wesentlichkeit kann auch der zur Ermittlung erforderliche Arbeitsaufwand in das Kalkül einzubeziehen sein; s *ADS*[6] § 252 Anm 128).

b) Der Zeitpunkt des Zugangs von Forderungen

80 Aus dem Verbot der Bilanzierung schwebender Geschäfte folgt, dass die Aktivierung einer Forderung und damit die **Realisation des Gewinns** handelsrechtlich erst zulässig ist, wenn der Gläubiger seine Verpflichtungen aus dem zunächst schwebenden Vertrag im Wesentlichen erfüllt hat (*Weber-Grellet* in Schmidt[24] § 5 Anm 601 ff). Der zur Lieferung oder Leistung Verpflichtete muss den Vertrag so weit erfüllt haben, dass ihm die Forderung auf die Gegenleistung so gut wie sicher ist. Dabei bedeutet „so gut wie sicher", dass dem Liefernden oder Leistenden nur noch die Risiken aus Mängeln der gelieferten VG und das Ausfallrisiko der bilanzierten Forderung verbleibt (im Ergebnis ebenso *Leffson* GoB[7] 262, wonach eine Forderung zu bilanzieren ist, wenn der Vertrag bis auf Nebenleistungen wie zB Kreditgewährung und Garantieübernahme erfüllt wurde). Daran ändert auch die systematische Veränderung des Kaufrechts durch das Gesetz zur Modernisierung des Schuldrechts zum 1. 1. 2002 im Grundsatz nichts. Zwar kann der Verkäufer danach nur durch Lieferung einer mangelfreien Sache erfüllen (§ 433 Abs 1 S 2 BGB), was bei enger schuldrechtlicher Auslegung zu einer Erfüllung mit einer mangelhaften Sache erst nach Ablauf der Gewährleistungsfrist führt, diese synallagmatische Sicht ist für den auch durch die betriebswirtschaftliche Betrachtungsweise geprägten Begriff des schwebenden Geschäfts (vgl *Babel* ZfB 1998, 825; *Woerner* FR 1984, 489) jedoch nicht tauglich. Der Verkäufer muss grundsätzlich davon ausgehen dürfen, mit einer aus seiner Sicht mangelfreien Sache erfüllt zu haben. Das generell bestehende Gewährleistungsrisiko wird durch eine Gewährleistungsrückstellung abgedeckt. Etwas anderes gilt nur dann, wenn der Verkäufer **bewusst** mit einer **mangelhaften Sache** einen Erfüllungsversuch unternimmt. In einem derartigen Fall kann er auch unter betriebswirtschaftlicher Sicht erst nach Ablauf der Gewährleistungsfrist mit einer endgültigen Realisierung des wirtschaftlichen Erfolgs rechnen.

Problematisch sind die Fälle, in denen der Verkäufer subjektiv mangelfrei liefert und **erst später** durch die Geltendmachung des Käufers **vom Mangel der Sache Kenntnis** erlangt. Jedenfalls in den Fällen, in denen der Kenntniszeitpunkt nach dem Zeitpunkt der Bilanzerstellung liegt, ist eine Berichtigung des Jahresabschlusses nicht erforderlich. Hier bleibt es bei der Bildung einer Gewährleistungsrückstellung nach den allgemeinen Grundsätzen.

In den Fällen der **Kenntnis vor Bilanzerstellung** ist es sachgerecht, die Regelungen für den Verkauf mit Rückgaberecht des Käufers (vgl Anm 90) entsprechend anzuwenden. Hat der Käufer daher zum Bilanzstichtag noch nicht bezahlt, ist die Forderung entsprechend dem Vorsichtsprinzip höchstens zu den AK/HK der gelieferten Ware abzüglich voraussichtlich anfallender Rücknahmekosten und abzüglich Wertminderungen infolge des Mangels der zurückzunehmenden Ware anzusetzen. Eine Umbuchung der Forderung auf Vorräte unter Ausbuchung der Differenz zwischen Kosten- und Absatzwert ist abzulehnen. Die für die Behandlung des Verkaufs mit Rückgaberecht des Käufers herrschende steuerrechtliche Literatur, die dort eine Gewinnrealisierung bejaht, findet jedenfalls bei Lieferung einer mangelhaften Sache nach der Änderung des Schuldrechts keine rechtliche Grundlage mehr. Für den Versandhandel ist es nicht zu beanstanden, wenn die

Forderungen mit dem Nennbetrag aktiviert werden und eine den Gewinn, die Rücknahmekosten und eine eventuelle Wertminderung der Ware umfassende Rückstellung gebildet wird (vgl Anm 91).

In den Fällen, in denen der Käufer **zum Bilanzstichtag bereits geleistet** hat, ist das Risiko durch die Bildung einer Gewährleistungsrückstellung abzudecken. Die Behandlung des gezahlten Kaufpreises als Anzahlung bei gleichzeitiger Rückgängigmachung des Umsatzes und Bildung einer Forderung auf Rückgabe des Kaufgegenstandes kommt uE nicht in Betracht, da das schwebende Geschäft durch die Leistung des Käufers und die Übereignung des Kaufgegenstandes nach Ansicht aller Beteiligten wirtschaftlich beendet wurde. Ein „Wiederaufleben" des Schwebezustands ist nicht möglich. Zudem wollte der Käufer keine Anzahlung leisten, sondern die Forderung erfüllen. Eine Umdeutung erscheint hier lebensfremd und gekünstelt.

Der Gewinnrealisierung steht es nicht entgegen, wenn **am Bilanzstichtag** 81
die **Rechnung noch nicht erteilt** ist (hM, zB *Woerner* BB 1988, 774; *BFH* 12. 5. 1993 BStBl II, 786; *BFH* 18. 12. 2002 FR 2003, 466, 468). Das Gleiche gilt, wenn die Forderung erst nach dem Bilanz-Stichtag fällig wird (so zB *Weber-Grellet* in Schmidt[24] § 5 Anm 270 „Forderungen").

aa) Forderungsrealisierung bei Kaufverträgen. Bei **Kaufverträgen** 82
kommt es grds auf den **Übergang der Preisgefahr** auf den Käufer an, dh auf den Übergang des Risikos des zufälligen Untergangs und der zufälligen Verschlechterung (insb *Woerner* BB 1988, 769). Ist die Lieferung eine **Bringschuld,** geht die Preisgefahr mit der Übergabe der verkauften Sache über (§ 446 Abs 1 BGB). Beim Versendungskauf **(Schickschuld)** erfolgt der Gefahrenübergang mit der Auslieferung an den Spediteur oder an die sonstige mit der Beförderung beauftragte Person (§ 447 Abs 1 BGB). Die Realisierung erfolgt also, obwohl dem Käufer das wirtschaftliche Eigentum (die Verfügungsmacht) noch nicht verschafft wurde (ebenso *ADS*[6] § 246 Anm 195). In Einzelfällen kann das Kriterium des Gefahrenübergangs problematisch sein, wenn dieser Zeitpunkt zB im Überseehandel nicht bekannt ist. In solchen Fällen geht die Preisgefahr vertragsgemäß oft mit der Überschreitung der Reeling des Schiffes im Verschiffungshafen auf den Schuldner über (sog fob- oder cif-Klauseln). Es erscheint zutreffender, den Zeitpunkt des Gefahrenübergangs erforderlichenfalls zu schätzen, als auf den örtlichen Abgang des VG beim Verkäufer abzustellen (so aber *Leffson* GoB[7] 267).

Der Umstand, dass der Verkäufer im Rahmen des Kaufvertrages nach Liefe- 83
rung der Kaufsache noch **weitere Nebenleistungen** zu erbringen hat, steht einer Gewinnrealisierung nur dann nicht entgegen, wenn es sich um unwesentliche Nebenleistungen handelt, wie zB relativ geringfügige Montagekosten (ähnlich *ADS*[6] § 246 Anm 191), Wartungsdienste uÄ. Eine Gewinnrealisierung muss zB unterbleiben, wenn die gelieferte Anlage noch aufzustellen ist und nennenswerte Risiken hinsichtlich ihrer Betriebsfähigkeit bestehen.

Die Rspr des BFH hat bisher Gewinnrealisierung dann angenommen, wenn 84
der **Vertrag** durch Lieferung oder Leistung zumindest **wirtschaftlich erfüllt** ist (vgl zB *BFH* 12. 5. 1993 BStBl II, 786; *Weber-Grellet* in Schmidt[24] § 5 Anm 270 „Forderungen" mwN). Im Ergebnis daher kein Widerspruch zu Anm 82, 83.

Trotz gesetzlichem oder vereinbartem Gefahrenübergang können in Sonder- 85
fällen Risiken bestehen, die aus Vorsichtsgründen eine Gewinn- und Forderungsrealisierung ausschließen:

Bei **Annahmeverzug** geht die Preisgefahr auf den nicht annehmenden Käufer über (§ 324 Abs 2 BGB). Beabsichtigt daher der Verkäufer von der Hinterlegung, Versteigerung oder dem Recht des Verkaufs Gebrauch zu machen (hierzu § 373 HGB), ist die Kaufpreisforderung grds realisiert (so zB *Woerner* BB

1988, 776; missverständlich insoweit *ADS*[6] § 252 Anm 82, die sowohl auf den Übergang der Preisgefahr als auch auf die Auslieferung abstellen; Klarstellung in *ADS*[6] § 246 Anm 193, die aber offen lassen, ob die Forderung ausgewiesen werden darf, oder ob die Kaufsache mit erhöhtem Wert einschl Gewinn anzusetzen ist). Bei unstreitigem Annahmeverzug ist Gewinnrealisierung gegeben (*Weber-Grellet* in Schmidt[24] § 5 Anm 609; *ADS*[6] § 246 Anm 193). Ist es aber zweifelhaft, ob der Käufer tatsächlich in Verzug geraten ist (weil strittig ist, ob ihm die Leistung vertragsgemäß angeboten wurde, § 294 BGB), darf die Forderung nicht aktiviert werden (*BFH* 29. 4. 1987 BStBl II, 797; *ADS*[6] § 246 Anm 193). Wird die verkaufte Ware ausgesondert und vereinbarungsgemäß auf Gefahr des Käufers **beim Verkäufer gelagert,** können Vorsichtsgründe der Gewinnrealisierung entgegenstehen (so *BFH* 27. 2. 1986 BStBl II, 552 – hier war diese Frage zwar nicht entscheidungserheblich, der BFH hat aber dennoch die Gewinnrealisierung abgelehnt, weil die Ware im Herrschaftsbereich des Verkäufers mit größeren Risiken als bei Übergabe an den Käufer behaftet ist; kritisch *Wassermeyer* Urteilsanmerkung in FR 1986, 486).

86 Hat der Verkäufer am Bilanzstichtag nur **zum Teil geliefert,** ist zu unterscheiden: Ist der noch ausstehende Teil von **völlig untergeordneter Bedeutung,** ist uE eine Gewinnrealisierung in vollem Umfang zulässig. *Beispiel:* Ein Möbelhersteller liefert zerlegt 50 Schränke; für 1 Schrank werden die Schrauben, die sich der Käufer auch anderweitig beschaffen könnte, nicht mitgeliefert. Das Kriterium der „verhältnismäßigen Geringfügigkeit des rückständigen Teiles“ in § 320 Abs 2 BGB wird insoweit einen Anhaltspunkt bieten können.

Ist der noch ausstehende Teil **nicht von völlig untergeordneter** Bedeutung („verhältnismäßiger Geringfügigkeit“) und ist der Käufer vertraglich auch im Fall von Teillieferungen erst dann zur Zahlung des Kaufpreises verpflichtet, wenn vollständig geliefert wurde, ist eine auch nur teilweise Gewinnrealisierung **nicht zulässig.** Ist dagegen vertraglich vorgesehen, dass jede Teillieferung bezahlt werden muss, ist jeweils Teilgewinnrealisierung zulässig (ähnlich *ADS*[6] § 246 Anm 196, wobei zusätzlich die Realisationsvoraussetzungen vorliegen müssen). Abschlagszahlungen auf Teillieferungen, die nicht behalten werden dürfen, sofern die weiteren Lieferungen nicht erbracht werden, führen dagegen nicht zu einer Gewinnrealisierung. Im Ergebnis sind die Vereinbarungen zwischen den Parteien maßgeblich.

88 Bei einem **Sukzessivlieferungsvertrag** (Vertrag, in dessen Rahmen bei vorbestimmter Gesamtleistungsmenge die einzelnen Lieferungen in wechselseitiger Bindung nach Bedarf und auf Abruf erfolgen soll, *BGH* 6. 2. 1985 NJW 1986, 124; *BGH* 5. 6. 1991 BB, 1596) tritt, wenn sich aus den Vereinbarungen der Vertragspartner nichts Gegenteiliges ergibt, grds mit jeder (Teil-)Lieferung Gewinnrealisierung ein (ebenso *Friedrich* Grundsätze ordnungsmäßiger Bilanzierung für schwebende Geschäfte, 38 f). Einer Gewinnrealisierung steht nicht entgegen, dass die **Höhe der Forderung nur geschätzt** werden kann, sofern überhaupt Anhaltspunkte für eine Schätzung vorliegen (*BFH* 4. 4. 1968 BStBl II, 411).

89 **Verkaufskommission (§§ 383 ff, 406 HGB):** Durch die **Lieferung** des Kommissionsguts **an den Kommissionär** wird noch kein Gewinn realisiert; auch rechtlich kommt dieser Lieferung eine andere Bedeutung zu als der Lieferung des Verkäufers an den Käufer (*BGH* 26. 9. 1980 BB 1981, 576; *Hachenburg/Goerdeler/Müller* § 42 Anm 65; *Hottmann* StBP 1983, 224). Auf die Entrichtung des Kaufpreises von Seiten des Käufers und dessen Abführung von Seiten des Kommissionärs kommt es nicht an. Im Fall des Selbsteintritts des Kommissionärs ist Gewinnrealisierung beim Kommittenten uE mit Absendung der Ausfüh-

rungsanzeige (§ 400 Abs 2 S 2) anzunehmen; maßgebend ist also grundsätzlich deren Datum.

Wird das Kommissionsgut vom Kommittenten unmittelbar an den Käufer geliefert, gilt das in Anm 82 Ausgeführte. Wann der Kommissionär abrechnet, ist nicht maßgeblich (ebenso *HHR* § 5 Anm 49 z „Kommissionsgeschäft").

Die Forderung des Kommittenten richtet sich, wenn keine Abtretung vorliegt, gegen den Kommissionär (§ 392 Abs 1); sie kann um Provision, Auslagenersatz etc des Kommissionärs gekürzt werden (*Hottmann* aaO); in der GuV darf allerdings keine Saldierung erfolgen.

Beim **Verkauf mit Rückgaberecht des Käufers** ist zu differenzieren. Es besteht wohl Einigkeit, dass in diesen Fällen mit Lieferung eine auflösend bedingte Forderung zu aktivieren ist (*WPH I*[12], E Anm 426; *Weber-Grellet* in Schmidt[24] § 5 Anm 270 „Kauf mit Rücktrittsrecht", *ADS*[6] § 246 Anm 54). Die Annahme einer auf den Ablauf der Rückgabefrist aufschiebend bedingten Verfügung über den verkauften Gegenstand ist ohne entspr ausdrückliche vertragliche Regelung (zu Kauf auf Probe Anm 94) gekünstelt und lebensfremd, da sie dem Interesse des Käufers auf eine möglichst frühzeitige eigene Verfügungsbefugnis widerspricht. 90

Strittig ist dagegen, ob eine Gewinnrealisierung erfolgt. Die herrschende handelsrechtliche Meinung, die auch hier vertreten wird, verneint dies (*ADS*[6] § 246 Anm 57 und § 252 Anm 82; *Knobbe-Keuk,* 249; *WPH I*[12], E Anm 426; *Bolsenkötter* in HdJ Abt II/6 Anm 37). Die Forderung darf entsprechend dem Vorsichtsprinzip höchstens zu den AK/HK der gelieferten Ware abzgl voraussichtlich anfallender Rücknahmekosten und abzgl Wertminderungen infolge Beschädigung zurückzunehmender Waren erfolgen (*WPH I*[12], E Anm 426). Eine Umbuchung der Forderung auf Vorräte unter Ausbuchung der Differenz zwischen Kosten- und Absatzwert der Ware ist uE abzulehnen. Die wohl herrschende steuerrechtliche Literatur bejaht dagegen eine Gewinnrealisierung (*Weber-Grellet* in Schmidt[24] § 5 Anm 270 „Kauf mit Rücktrittsrecht"; *OFD Münster* 12. 6. 1989 DStR, 402) und korrigiert das Ergebnis durch Bildung einer Rückstellung für Rücknahmeverpflichtungen soweit die Rückgabe erfahrungsgemäß wahrscheinlich ist (keine Drohverlustrückstellung vgl *Weber-Grellet* in Schmidt[24] § 5 Anm 616).

Für den **Versandhandel** ist es nicht zu beanstanden, wenn die Forderungen mit dem Nennbetrag aktiviert werden und eine den Gewinn, die Rücknahmekosten und eine evtl Wertminderung der Ware umfassende Rückstellung gebildet wird (*ADS*[6] § 246 Anm 57 und § 277 Anm 28; *WPH I*[12] E 426). 91

Nach *BFH* 27. 1. 1966 BStBl III, 313 muss ein Verlag die **Forderungen an Buchhändler** aus Konditionsgeschäften auch dann aktivieren, wenn die Buchhändler über die von ihnen bis zum Bilanz-Stichtag des Verlags getätigten Verkäufe erst nach dem Bilanz-Stichtag abrechnen. 92

Ist die Kaufsache nach dem Bilanz-Stichtag **bereits zurückgegeben** worden, ist sie (nachträglich durch Inventur-Ergänzung) in den Lagerbestand aufzunehmen und die Aktivierung der Kaufpreisforderung grundsätzlich in alter Rechnung zu stornieren. Nach dem Grundsatz der Wesentlichkeit dürfte es bei relativ zum Jahresumsatz geringwertigen Beträgen, vor allem bei Massengütern, bei denen Retouren zum normalen Geschäftsablauf gehören, vertretbar sein, Retouren nur in neuer Rechnung zu berücksichtigen. Die Ergebnisminderung ist dann jedoch auf Grund der erfahrungsgemäß zu erwartenden Retouren bei der Forderungsbewertung oder durch Rückstellungen zum Bilanz-Stichtag zu berücksichtigen. 93

Beim **Verkauf auf Probe** (§§ 454, 455 BGB) ist, solange der Käufer die Billigung des Kaufgegenstandes nicht erklärt hat oder solange sie nicht vertraglich 94 als erklärt gilt oder solange im Fall des § 455 S 2 BGB die Frist noch nicht abgelaufen ist, ein Veräußerungsgewinn **noch nicht** realisiert. Dies gilt auch steuerlich (*OfD Münster* VfG v 12. 6. 1989, DStR 402; aA wohl *Weber-Grellet* in Schmidt[24] § 5 Anm 270 „Kauf auf Probe", der auf den Gefahrenübergang abstellt). Zur Frage der vor Billigung nicht übergehenden Preisgefahr *MünchKomm* § 495 Anm 7.

95 **bb) Forderungsrealisierung bei Werkverträgen.** Beim Werkvertrag kann die Preisgefahr mit der **Fertigstellung** des Werks auf den Besteller übergehen (wenn die Abnahme ausgeschlossen ist, § 646 BGB). Sie ist aber meist ab der **Abnahme** vom Besteller zu tragen (§ 644 Abs 1 BGB) oder – bei **Versendung** – ab der Übergabe an die Beförderungsperson (§ 644 Abs 2 BGB). In diesen Fällen ist die Forderung mit Übergang der Preisgefahr zu bilanzieren (ebenso *Woerner* BB 1988, 776; *Nieskens* FR 1989, 537).

96 Befindet sich der Besteller mit der **Abnahme** in **Verzug,** geht die Gefahr nach § 644 Abs 1 S 2 BGB auf ihn über. Bei Abnahmeverzug verletzt der Besteller eine Hauptverpflichtung mit der Folge, dass der Unt Schadenersatz wegen Nichterfüllung verlangen oder vom Vertrag zurücktreten kann; der Anspruch des Unt auf Erfüllung ist aber ausgeschlossen. Beabsichtigt er Schadenersatz wegen Nichterfüllung zu verlangen, ist diese Forderung bei Eintritt des Abnahmeverzugs zu bilanzieren (glA *Woerner* BB 1988, 776); sie gehört jedoch nicht zu den Forderungen aus Lieferungen und Leistungen, sondern zu den sonstigen VG (Anm 124).

97 Auch bei Werkverträgen können nach Bilanzierung der Forderung noch ein **Ausfallrisiko** und **Gewährleistungsrisiken** bestehen. Ebenso wie bei Kaufpreisforderungen ist das Ausfallrisiko bei der Bewertung der Forderung (§ 253 Anm 558) und sind Gewährleistungsrisiken durch Bildung von Rückstellungen zu berücksichtigen (§ 249 Anm 100 „Gewährleistung"). Am Bilanz-Stichtag noch zu erfüllende Nebenleistungen wie zB **Abrechnungsverpflichtungen,** die ua im Baugewerbe und beim Anlagenbau nicht unbedeutend sein können, stehen der Aktivierung des Entgelts als Forderung aus Lieferungen und Leistungen ebenso wenig entgegen (*BFH* 25. 2. 1986 BStBl II, 788) wie das **Risiko der Preisprüfung** bei Aufträgen der öffentlichen Hand; auch für diese Aufwendungen und Risiken sind Rückstellungen zu bilden (dazu § 249 Anm 100 „Abrechnungskosten").

98 Dass eine **Teil-(werk-)leistung** „selbstständig abrechenbar und vergütungsfähig" ist, reicht für eine Teilgewinnrealisierung nicht aus; vielmehr muss vertraglich ein Anspruch auf Vergütung der erhaltenen Teilleistungen bestehen, wobei es sich nicht nur um einen Anspruch auf Zahlung eines Abschlags oder Vorschusses handeln darf (*FG Berlin* 29. 4. 1991 EFG 1992, 62).

Seit der Schuldrechtsreform 2002 steht eine **Werklieferung** dem Kauf insoweit gleich (vgl *Fischer/Neubeck* BB 2004, 657)

Zu Fragen der Gewinnrealisierung bei **langfristiger Auftragsabwicklung** § 255 Anm 457. Zur Frage des Ausweises teilfertiger Bauten s Anm 65.

99 **cc) Forderungsrealisierung bei Dienstleistungen.** Aus den in Anm 82ff dargestellten Grundsätzen ergibt sich bei **Dienstleistungen,** dass die Forderung auf das Entgelt grds dann zu bilanzieren ist, wenn die Leistung vereinbarungsgemäß erbracht oder an den Gläubiger bewirkt ist. Hängt die Entstehung der Forderung von weiteren Ereignissen ab, kommt es auf deren Eintritt an. So entsteht die **Provisionsforderung** eines **Handelsvertreters** nach § 87a Abs 1 S 1 HGB erst, sobald und soweit das Unt das Geschäft ausgeführt hat. Hat der Handelsvertreter auf Grund entspr Vereinbarungen schon vor Ausführung des Geschäfts Anspruch auf Provision, entsteht seine Forderung mit Abschluss des vermittelten Geschäfts (aA offenbar *FG Hamburg* II-64/98 17. 12. 1998 rkr das auf

die wirtschaftliche Realisierung abstellt). Auch beim **Maklervertrag** entsteht die Forderung auf Lohn idR nicht schon, wenn die Leistung erbracht ist (dh mit Nachweis der Gelegenheit zum Abschluss eines Vertrages), sondern erst, wenn der Vertrag zustande gekommen ist (§ 652 Abs 1 BGB).

Bei Dienstleistungen, die durch die beanspruchte Zeit, auf Grund erzeugter oder transportierter Mengeneinheiten usw quantifiziert werden, tritt mit dem **Absatz jeder Maßeinheit** Gewinnrealisierung ein. Ob der betreffende Vertrag am Abschlussstichtag voll oder teilweise erfüllt wurde, ist unter Berücksichtigung der einschlägigen bürgerlich-rechtlichen Vorschriften zu entscheiden (*BFH* 8. 12. 1982 BStBl II 1983, 369). Bei abgrenzbaren oder gesondert zu vergütenden **Teilleistungen** tritt (Teil-)Gewinnrealisierung mit Erbringung der jeweiligen Teilleistung ein. 100

dd) Forderungsrealisierung bei Mietverträgen. Mietforderungen sind unabhängig von der Fälligkeit zeitraumbezogen bis zum Bilanz-Stichtag zu aktivieren (*BFH* 20. 5. 1992 BStBl II, 904). Zur Behandlung von Mietvorauszahlungen s § 252 Anm 47. 101

ee) Forderungsrealisierung bei Beteiligungserträgen. Zur sog phasengleichen Vereinnahmung von Dividenden von TU s § 266 Anm 120. 102

c) Der Zeitpunkt des Abgangs von Forderungen

Bei **Barzahlung** wird ab dem Tag der Kassenbewegung die getilgte Forderung nicht mehr oder (bei Teilzahlung) nur mit dem noch offenen Betrag bilanziert. Ebenso vermindern sich die Forderungen um erhaltene **Schecks,** die ihrerseits bis zur Gutschrift auf dem Bankkonto unter den flüssigen Mitteln auszuweisen sind (glA *Matschke* in BoHdR § 266 Anm 119). **Banküberweisungen** führen mit der Gutschrift auf dem Bankkonto des Empfängers zum Abgang der Forderung. Erlischt die Forderung durch **Aufrechnung** (§§ 387 ff BGB), gilt sie auch bei späterer Erklärung der Aufrechnung als in dem Zeitpunkt erloschen, in dem sich Forderung und Gegenforderung zur Aufrechnung geeignet ggüstehen (§ 389 BGB). Der *BFH* zieht im U vom 29. 6. 1994 DStR, 1736 die Rückwirkung beim Forderungsverzicht des Gesters in Zweifel. 110

Erhält der Gläubiger zahlungshalber **Wechsel,** wird das Wechselkonto belastet und das Debitorenkonto erkannt. Diese Buchung verursacht keine Veränderung des Bilanzausweises, da Besitzwechsel zusammen mit den Forderungen aus Lfg und Leistungen ausgewiesen werden (hierzu § 266 Anm 115). Der Abgang der Wechselforderung und damit die Verminderung des Postens „Forderungen aus Lieferungen und Leistungen" erfolgen nach Vorlage zum Inkasso oder im Falle der Einreichung zur Diskontierung am Tag der Gutschrift des Wechselbetrags auf dem Bankkonto des Gläubigers. Die Gutschrift des Wechselbetrags ist auch dann maßgebend, wenn sie unter dem Vorbehalt der Zahlung durch den Wechselschuldner („Eingang vorbehalten") steht. 111

Die **Abtretung** einer Forderung als Sicherheit ändert nichts an der Bilanzierung beim Zedenten (*ADS*[6] § 266 Anm 123; *Matschke* in BoHdR § 266 Anm 101). Forderungen, die an ein Factoring-Unt rechtswirksam abgetreten wurden, sind beim abtretenden Unt nicht mehr auszuweisen, wenn das Factoring-Unt das Ausfallrisiko übernimmt (sog. **echtes Factoring**). Auch soweit beim echten Factoring abgetretene Forderungen nicht bevorschusst werden, zeigt das abtretende Unt nicht mehr Forderungen aus Lieferungen und Leistungen, sondern (je nach Art des Factoring-Unt) Guthaben bei Kreditinstituten oder sonstige VG (so auch *Strickmann* in HdR[5] Kapitel 6 Anm 422). Gem § 354 a HGB ist eine Abtretung trotz Zessionsausschluss nach § 399 BGB wirksam, wenn es sich um ein beiderseitiges Handelsgeschäft handelt, oder der Schuldner 112 eine juristische Person des öffentlichen Rechts oder ein öffentlich-rechtliches Sondervermögen ist.

113 Beim **unechten Factoring** verbleibt das Ausfallrisiko beim abtretenden Unt. Trotzdem wird aus praktischen Erwägungen überwiegend ein Forderungsabgang angenommen (*Strickmann* aaO Anm 435; *ADS*[6] § 246 Anm 322; aA wohl *IDW* in IDW-RS-HFA-8 das auf den fehlenden Verlust des wirtschaftlichen Eigentums abstellt). Aufgrund des verbleibenden Ausfallrisikos ist beim abtretenden Unt eine entspr Angabe gem § 251 unter der Bilanz zu vermerken (*ADS*[6] § 266 Anm 123). Bei drohendem Forderungsausfall ist eine Rückstellung zu bilden (*WPH I*[12] E Anm 45). Zum Abgang von Forderungen im Rahmen sog **asset-backed securities Gestaltungen** vgl *IDW RS* HFA 8 v 9. 12. 2003.

114 Ein Forderungsabgang liegt nicht vor, wenn die Forderung zwar noch besteht, aber wegen **Uneinbringlickeit** abgeschrieben wird. Als weitere Gründe für den Abgang einer Forderung kommen hingegen zB Erlass, Verzicht oder vom Käufer verlangte Wandelung oder Minderung in Betracht (*Bolsenkötter* in HdJ Abt II/6 Anm 35). In solchen Fällen geht die (gewinnmindernde) Abschreibung dem Abgang voraus. Der Zeitpunkt des Abgangs bestimmt sich nach dem Eintritt des betreffenden Ereignisses oder nach der Wirksamkeit der Rechtsgeschäfte (zB Wandelung nach § 462 BGB).

2. Sonstige Vermögensgegenstände

120 Hier werden im Umlaufvermögen alle Posten zusammengefasst, die nicht gesondert ausgewiesen werden. Hierunter fallen insbesondere **sonstige Forderungen** und **andere Vermögensgegenstände,** die nicht zum Anlagevermögen oder zu den Vorräten gehören.

Ansprüche, die nicht aus Lieferungen oder Leistungen des Unt resultieren, sind nach Handels- und Steuerrecht grds zu aktivieren, wenn sie nach bürgerlichem oder öffentlichem Recht entstanden sind, sofern sich ihr Bestehen dem Grund und der Höhe nach hinreichend konkretisiert hat (so *BFH* 23. 5. 1984 BStBl II, 723). In Einzelfällen wird ein Anspruch auch dann zu aktivieren sein, wenn er **nicht einklagbar** ist; weitergehend aber offenbar *BFH* 9. 2. 1978 BStBl II, 370, wonach es (generell) nicht maßgebend ist, ob ein Recht realisierbar ist. Dem ist in dieser Allgemeinheit jedoch nicht zu folgen.

Man wird sich grundsätzlich der Meinung anschließen können, dass es *nicht nur* bzw *nicht immer* auf die *formalrechtliche* **Entstehung** eines Anspruchs, sondern *auch* darauf ankommt, ob wirtschaftlich eine **Vermögensvermehrung** eingetreten ist oder ob zumindest die für die Entstehung des Anspruchs wesentlichen Ursachen bereits gesetzt worden sind und man mit der Entstehung „fest rechnen kann" (*BFH* 12. 4. 1984 BStBl II, 554).

121 Unter den sonstigen VG sind ferner die sog. **antizipativen aktiven Rechnungsabgrenzungsposten** auszuweisen.

122 Zu den sonstigen VG gehören auch **geleistete Anzahlungen,** soweit diese nicht im Anlagevermögen (Anm 545) oder bei den Vorräten (Anm 70) ausgewiesen werden. Dabei handelt es sich insbesondere um Vorleistungen auf nicht aktivierbare Gegenleistungen, die künftig zB Reparatur- oder Werbeaufwand sein werden (dazu *BFH* 14. 3. 1986 BStBl II, 669 zur Aktivierung von Vorleistungen auf noch nicht entstandene Handelsvertreteransprüche). Vorleistungen, für die keine Gegenleistung zu erwarten ist, sind dagegen nicht als Anzahlungen aktivierbar. Das gilt zB für Vorleistungen auf Beitragsverpflichtungen (zB nach dem Bundesbaugesetz zur Berufsgenossenschaft oder nach einem Kommunalabgabengesetz), die nicht Bestandteil eines vertraglichen Leistungsaustauschs sind. So müssen Vorauszahlungen auf Klärbeiträge oder Entwässerungsbeiträge je nach

Anlass und Zweck der betr Maßnahmen (dazu § 255 Anm 111) entweder beim Grund und Boden aktiviert oder als Erhaltungsaufwand behandelt werden (*BFH* 4. 11. 1986, BStBl II 1987, 333). Weitere Bsp *ADS*[6] § 266 Anm 134.

Provisionszahlungen an Handelsvertreter sind nur solange als geleistete Anzahlungen zu aktivieren, wie die Provisionsverpflichtung weder rechtlich entstanden noch wenigstens wirtschaftlich verursacht ist (Näheres Anm 99). Entsteht der Provisionsanspruch rechtlich erst nach der Ausführung des vermittelten Geschäfts (zB erst mit der Zahlung des Kunden), ist er bereits durch die Ausführung des Geschäfts wirtschaftlich verursacht (dazu § 249 Anm 100 „Provisionen“). Dagegen sind nach der BFH-Rspr gezahlte Provisionsbeträge unabhängig von der wirtschaftlichen Verursachung solange als geleistete Anzahlungen zu aktivieren, wie der Provisionsanspruch rechtlich noch nicht entstanden ist (*BFH* 4. 8. 1976 BStBl II, 675 zu einem Fall, in dem der Provisionsanspruch rechtlich erst mit Zahlung des Kunden entstanden ist; aA unter ausdrücklicher Bezugnahme auf *BFH* aaO *FG Hamburg* II-64/98, EFG 99, 973 rkr; zur Kritik auch *Clemm* JbFSt 1979/80, 186). 123

Außer den antizipativen Rechnungsabgrenzungsposten (§ 268 Anm 94) und bestimmten Anzahlungen (Anm 122) kommen für den Ausweis als **sonstige Vermögensgegenstände** in Betracht: 124

- Forderungen aus dem Verkauf von **Gegenständen des Anlagevermögens** oder des **übrigen Umlaufvermögens** – nicht in engem Zusammenhang mit dem Gegenstand des Unt stehend – (*ADS*[6] § 266 Anm 120);
- **Gegenstände des Anlagevermögens,** zur Weiterveräußerung vorgesehen und nicht gem ihrer ursprüngl Zweckbestimmung genutzt (*ADS*[6] § 266 Anm 134);
- Gehalts- und Reisekosten**vorschüsse,** Personal**darlehen** (soweit sie nicht Finanzanlagen sind) und sonstige kurzfristige Darlehen einschließlich **Schuldscheindarlehen** und **(Euro-)Commercial Papers;**
- Ansprüche auf **Bonus** (lt *BFH* 9. 2. 1978 BStBl II, 370 auch ohne Rechtsanspruch, wenn auf langjähriger Übung beruhend; zu Recht Kritik an dieser Rspr ua *Clemm* ZbFSt 1979/80, 183), Ansprüche auf **Warenrückvergütung** (bei satzungsgemäßem Anspruch schon mit Ablauf der Rechnungsperiode der Genossenschaft, vgl *BFH* 12. 4. 1984 BStBl II, 554);
- Geschäftsanteile an **Genossenschaften** (aA *ADS*[6] § 266 Anm 81 und wohl auch *WPH I*[12] F 171, die bei gegebenem Anlagecharakter den Ausweis unter Anpassung der Postenbezeichnung unter Sonstige Ausleihungen oder einem Sonderposten sehen);
- Anteile an **Joint Venture** und **Arbeitsgemeinschaften,** wenn deren Gegenstand nicht auf Wiederholungsabsicht angelegt ist und deren voraussichtliche Dauer sich nicht über mehr als zwei Abschlussstichtage des PartnerUnt erstreckt (*HFA* 1/1993 WPg 441; *Früh/Klar* WPg 1993, 493);
- Ansprüche auf **Schadenersatz** (wenn und soweit hinreichend konkretisiert oder rechtskräftig festgestellt, *BFH* 26. 4. 1989 BStBl 1991 II, 213; *BFH* 17. 9. 2003 BFH/NV 04, 182), **Rückgriffsansprüche** aus Bürgschaften (schon bei Passivierung einer Rückstellung wegen drohender Inanspruchnahme aus der Bürgschaft, zB *BFH* 19. 3. 1975 BStBl II, 614);
- **Steuererstattungsansprüche,** Ansprüche auf **Investitionszulagen** und sonstige Zuwendungen der öffentlichen Hand (zum Zeitpunkt der Bilanzierung *HFA* 1/1984 idF 1998 WPg 613); Ansprüche auf Erstattung oder Verrechnung von **Vorsteuer** für erhaltene, aber erst nach dem Bilanz-Stichtag berechnete Lieferungen und Leistungen (*BFH* 12. 5. 1993, BStBl II, 786);
- AK (Prämien) für erworbene **Kauf- oder Verkaufsoptionen** s § 246 Anm 150; Prämien für Optionen und ähnliche Rechte, wie zB Zinsbegrenzun-

gen (Caps, Floors, Collars). Zinsbegrenzungen sind zwar laufzeitbezogen, sollten aber wegen ihrer Nähe zu den Optionen nicht als RAP ausgewiesen werden;
- **Einschüsse** (Margins) iZm Börsen-Termingeschäften. Zu **initial margins** und **variation margins** s § 246 Anm 165;
- **Rückkaufswerte** von Rückdeckungsversicherungen für Pensionsverpflichtungen; (aA *ADS*[6] § 266 Anm 93 und wohl auch *WPH I*[12] F Anm 182. Danach stellen Rückkaufswerte zwar keine Ausleihungen dar, können jedoch bei systematischer und vollständiger Rückdeckung dem Anlagevermögen zuzuordnen sein);
- **Zinsansprüche** aus Darlehen und Wertpapieren, soweit sie auf die Zeit bis zum Bilanz-Stichtag entfallen (Stückzinsen), selbst wenn die Fälligkeit ungewiss ist (vgl *BFH* 18. 12. 2002 FR 2003, 466). Es erscheint jedoch auch vertretbar, diese dem Kapital des Grundgeschäfts zuzuschreiben, wenn sie erst mit diesem fällig werden (*ADS*[6] § 266 Anm 77 a, 150);
- Sonstiges wie kurzfristige Forderungen an Gester, geleistete **Kautionen** (aA *ADS*[6] § 266 Anm 90 mit Ausweis unter Sonstige Ausleihungen, wenn der Vertrag für mehr als ein Jahr oder auf unbestimmte Zeit abgeschlossen ist), **debitorische Kreditoren,** iZm **Wertpapier-Leihgeschäften** Sachdarlehensforderungen (beim Verleiher möglich) und geliehene Wertpapiere (beim Entleiher) s § 246 Anm 175.

V. Wertpapiere

125 Es kommen alle Wertpapiere in Betracht, die auch Wertpapiere des Anlagevermögens sein können (§ 266 Anm 80). Zur Zuordnung zum Anlage- oder Umlaufvermögen s Anm 357. Unt-Anteile an PersGes, denen die Wertpapiereigenschaft mangels Verbriefung fehlt, zählen idR unabhängig von ihrer Höhe zu den Beteiligungen iSv § 271 Abs 1 (dort Anm 21; *WPH I*[12] F Anm 171); dienen solche Anteile ausnahmsweise nur einer vorübergehenden Anlage, sind sie unter sonstige VG zu erfassen. GmbH-Anteile, die nicht unter Beteiligungen fallen, rechnen ebenfalls zu den sonstigen VG (zB *Maul/Menninger* in HdJ Abt II/7 Anm 23), ebenso Genossenschaftsanteile.

Unter den Wertpapieren des Umlaufvermögens sind somit vor allem Aktien, Genussscheine und festverzinsliche Wertpapiere (Obligationen, Pfandbriefe, öffentliche Anleihen) auszuweisen. Auch Schatzwechsel des Bundes, der Länder, von Bundesbahn und Bundespost (bzw deren Nachfolger) haben wirtschaftlich Wertpapiercharakter (*ADS*[6] § 266 Anm 144). Ebenso sind abgetrennte Zins- und Dividendenscheine hier zu erfassen; sie dürfen aber auch unter den sonstigen VG ausgewiesen werden (*ADS*[6] § 266 Anm 145).

126 **Wechsel,** die der kurzfristigen Geldanlage dienen, sind als Wertpapiere auszuweisen (Finanzierungswechsel; ebenso zB *Lenz/Fiebiger* HdJ Abt I/6 Anm 87; *Dusemond/Knop* in HdR § 266 Anm 95; aA *Hütten/Lorson* in HdR § 247 Anm 90, der noch nicht zur Gutschrift eingereichte oder noch nicht gutgeschriebene Wechsel unter den flüssigen Mitteln ausweisen will). Als mit Wechseln vergleichbare Wertpapiere sind auch Euronotes und die von Banken emittierten (Euro) Certificates of Deposit (Euro-CD's und CD's) hier auszuweisen (da mit umlauffähigen Eigenwechseln des Kreditnehmers vergleichbar und als Inhaberpapiere frei übertragbar, vgl *Klaus* 15). Zahlungshalber oder an Zahlung Statt erhaltene Wechsel **(Wechselbestand)** werden anstelle der zugrunde liegenden Forderungen wie diese ausgewiesen (s Anm 111). Zu Wechseldiskontgeschäften von Banken *BFH* 26. 4. 1995 BB, 1530.

Zur Frage des bilanziellen Zu- und Abgangs von Wertpapieren s § 268 Anm 61; bei Wertpapieren des Umlaufvermögens ergeben sich hierzu keine Besonderheiten (zum Abgang von Wechseln s auch Anm 111). 127

Wertpapiere, deren Veräußerung gesetzlichen oder vertraglichen **Beschränkungen** unterliegt, sollten durch einen entspr Vermerk (zB „davon beschränkt veräußerbar") gekennzeichnet werden, wenn es sich um erhebliche Beträge handelt; gleichbedeutend wäre ein Hinweis auf die eingeschränkte Fungibilität im Anhang. Zweckmäßig und zulässig dürfte es auch sein, nicht kurzfristig und ungehindert veräußerbare Wertpapiere (insb Namenspapiere) als sonstige VG auszuweisen. 128

VI. Flüssige Mittel

Zu den flüssigen Mitteln zählen Kassenbestand, Bundesbankguthaben, Guthaben bei Kreditinstituten und Schecks. 130

Zum **Kassenbestand** gehören neben in- und ausländischen Zahlungsmitteln auch Postwertzeichen, Guthaben auf Frankiergeräten, Steuer-, Stempel-, Gerichtskosten- und Beitragsmarken (so auch *ADS*[6] § 266 Anm 148; *Lenz/Fiebiger* in HdJ Abt I/6 Anm 88. 131

Guthaben bei Kreditinstituten können bei inländischen und vergleichbaren ausländischen Banken, Sparkassen und Zentralbanken bestehen. Sie können auf jegliche Währung lauten. Zu diesen Guthaben gehören auch etwaige Zinsansprüche bis zum Bilanz-Stichtag. 132

Gesperrte Guthaben stehen nicht wie flüssige Mittel frei zur Verfügung, daher ist ein Vermerk bzw eine Angabe im Anhang vorzunehmen, oder es hat ein gesonderter Ausweis zu erfolgen (*WPH I*[12] F Anm 213; *ADS*[6] § 266 Anm 152).

Für weitere Einzelheiten s § 266 Anm 150.

D. Eigenkapital

Schrifttum: *IDW RS HFA* 7 Zur Rechnungslegung bei Personenhandelsgesellschaften WPg 2002, 1259; *Graf v. Kanitz* Rechnungslegung bei Personenhandelsgesellschaften – Anmerkungen zu IDW RS HFA 7 WPg 2003, 324; *Lüdenbach/W.-D. Hoffmann* Kein Eigenkapital in der IFRS-Bilanz von Personengesellschaften und Genossenschaften? BB 2004, 1042; *IDW ERS HFA 9 nF* Einzelfragen zur Bilanzierung von Finanzinstrumenten nach IFRS FN-IDW 2005, 359.

I. Überblick

§ 247 verlangt, das EK gesondert von VG, Schulden und RAP auszuweisen und hinreichend aufzugliedern. Das EK ist der verbleibende Saldo nachdem VG, Schulden, RAP und Sonderposten mit Rücklageanteil zum Stichtag nach den handelsrechtlichen Vorschriften zutreffend angesetzt und bewertet worden sind. 150

Für **Kapitalgesellschaften** enthalten §§ 266 Abs 3, 268 Abs 1 und 3, 272 Regelungen wie diese Aufgliederung des EK zu erfolgen hat (s daher für Gliederung und Ausweis bei KapGes § 272).

Für **Personenhandelsgesellschaften,** die nach § 264a die Regeln für KapGes zu beachten haben (KapCoGes), substituiert § 264c Abs 2 teilweise die für KapGes anzuwendenden Regeln. Es liegt nahe, dass sich auch PersGes, die nicht von § 264a erfasst sind, bzgl des Ausweises des EK an den Regeln, die für KapCoGes gelten, orientieren. Diese Regelungen können als allgemeine Grundsätze für PersGes gelten (s daher für PersGes § 264c Anm 15ff). Dies gilt auch für PersGes, die nach PublG zur Rechnungslegung verpflichtet sind. Für die bei diesen Ges gesetzlich geforderte Offenlegung dürfen jedoch alle EK-Posten in einen Posten zusammengefasst werden (§ 9 Abs 3 PublG; s § 264c Anm 100f).

II. Ausweis des Eigenkapitals beim Einzelkaufmann

155 Wendet man die Regeln für PerGes auf den **Einzelkaufmann** an, besteht das EK nur aus einem Kapitalanteil. Falls der Kapitalanteil negativ ist, ist er auf der Aktivseite zB unter der Bezeichnung „Nicht durch Vermögenseinlage gedeckte Verluste/Entnahmen des Geschäftsinhabers" auszuweisen. Eine weitere Aufgliederung des EK ist nicht geboten und würde wohl auch keine relevanten Informationen liefern. Allenfalls eine Darstellung der Entwicklung des EK erscheint sinnvoll:

	EK zu Beginn des Gj
–	Entnahmen im Gj
+	Einlagen im Gj
+/–	Jahresergebnis
=	EK zum Schluss des Gj

Eine derartige Darstellung ist jedoch nicht verpflichtend (ebenso *ADS*[6] § 247 Anm 75). Da der Kfm keine Verpflichtungen gegen sich selbst eingehen kann, kann es bei einem EinzelUnt auch keine (eingeforderten) ausstehenden Einlagen geben (ebenso *ADS*[6] § 247 Anm 74). Auch andere Forderungen und Verbindlichkeiten können ggü dem „Gesellschafter" des EinzelUnt nicht bestehen.

III. Abgrenzung Eigenkapital zu Verbindlichkeiten/Forderungen

1. HGB

160 Während beim Ekfm die **Abgrenzung** von **EK** und **Verbindlichkeiten/** Forderungen ggü dem Geschäftsinhaber nicht notwendig ist, ist die Abgrenzung zwischen EK und Verbindlichkeiten/Forderungen ggü Gestern bei OHG und KG von Bedeutung. EK der PerGes liegt nur dann vor, „wenn

- künftige Verluste dem jeweiligen Konto bis zur vollen Höhe – auch mit Wirkung ggü den Ges-Gläubigern – zu belasten sind und wenn
- im Fall der Insolvenz der Ges eine Insolvenzforderung nicht geltend gemacht werden darf oder wenn bei einer Liquidation der Ges Ansprüche erst nach Befriedigung aller Ges-Gläubiger mit dem sonstigen EK auszugleichen sind" (*IDW RS HFA* 7 Anm 14 WPg 2002, 1259).

Die Unterscheidung ist bei OHG lediglich für das Innenverhältnis der Gester untereinander von Bedeutung, bei KG berührt die Unterscheidung, soweit sie Kommanditisten betrifft, auch die Position der anderen Gläubiger der KG. Ob obige Voraussetzungen für EK erfüllt sind, hängt von den Vereinbarungen der Gester ab, die zu verschiedenen „Konten" getroffen werden. Wenn die getroffenen Vereinbarungen unklar sind und eine Klarstellung nicht erreicht werden kann, muss eine Position im Zweifel als FK ausgewiesen werden (zu den EK-Voraussetzungen bei Genussrechtskapital s Anm 228).

Forderungen und Verbindlichkeiten können aus dem Liefer- und Leistungsverkehr eines Gesters mit der PersGes entstehen. Sie können zB durch Darlehensgewährung der PersGes an einen Gester oder umgekehrt begründet werden. Weiterhin können sie Ausfluss des unmittelbaren GesVerhältnisses sein, zB Forderungen der PersGes aus unzulässigen Entnahmen oder Vorabzinsen auf Festkonten. Auch Entnahmen für Steuerschulden (Anm 176) können je nach

GesVertrag Forderungen begründen (§ 264 c Anm 24), stehengelassene Gewinne der Kommanditisten, soweit sie ihre bedungenen Einlagen übersteigen, begründen Verbindlichkeiten (ebenso *ADS*[6] § 247 Anm 64; § 264 c Anm 50).

In Krisensituationen können bei KapCoGes **Gesellschafterdarlehen** „wie Eigenkapital" zu behandeln sein (§§ 129 a, 172 a). Obwohl diese Darlehen nicht zurückgefordert werden können, müssen sie weiterhin als Schuldposten bilanziert werden; Gleiches gilt für Rangrücktrittserklärungen zu solchen Darlehen (dazu auch *Förschle/Heinz* in Sonderbilanzen[3] O Anm 57 und 65; *Wacker* in Schmidt[24] § 15 a EStG Anm 88 ff). 161

Steuerrechtlich werden zwar Darlehenszinsen, Mieten, Tätigkeitsvergütungen usw – obwohl schuldrechtlich vereinbart – den Erträgen aus Kapitalkonten gleichgestellt (§ 15 Abs 1 Nr 2 EStG); für die steuerrechtliche Würdigung von Verlusten bei beschränkter Haftung (§ 15 a EStG) ist jedoch die Abgrenzung der Kapitalkonten zu Darlehenskonten von Belang; dazu EStR 138 d und *BMF* 30. 5. 1997 (BStBl I, 627). Wenn auf einem Verrechnungskonto Gewinne, Einlagen und Entnahmen des Kommanditisten, aber auch Verluste gebucht werden, handelt es sich *steuerrechtlich* (§§ 4, 5, 15 EStG) *im Zweifel nicht* um ein Darlehenskonto (*BFH* 27. 6. 1996 BStBl II 1997, 36). 162

Gewährt eine PersGes einem Gester ein *unverzinsliches und nicht gesichertes* **Darlehen,** gehört diese **Forderung** zum notwendigen Privatvermögen der PersGes. Die Darlehenshingabe stellt steuerrechtlich eine Entnahme aller Gester dar. Damit entfällt bei Uneinbringlichkeit eine Teilwertabschreibung; auch können die übrigen Gester nach Ausscheiden des Darlehensempfängers aus der PersGes steuerrechtlich wegen Forderungsausfalls keinen Verlust geltend machen (*BFH* 9. 5. 1996 BStBl II 1996, 642).

Die Abgrenzung zwischen Kapital- und Darlehenskonten hat außerdem **handelsrechtlich** auch Bedeutung für die Ermittlung der **Überschuldung** bei KapCoGes, für die nach §§ 130 a und 177 a die Überschuldung als Insolvenzgrund gilt (dazu *Förschle/Hoffmann* in Sonderbilanzen[3] N Anm 122). Zu den Sonderfällen, in denen Darlehen des Kommanditisten (GmbH & Co KG) rechtlich als haftendes Quasi-EK behandelt werden s *BGH* 21. 3. 1988 BB, 1262 mwN. In diesen Fällen beruht die Darlehensgewährung auf gesellschaftsrechtlicher Verpflichtung. 163

2. IFRS

Die Regelungen zur Abgrenzung von EK zu FK sind in IAS 32.15–34 enthalten. Das zentrale Abgrenzungskriterium ist, dass ein EK-Instrument vor Auflösung der Ges keine Verpflichtung für das emittierende Unt enthalten darf, Geld oder andere finanzielle Vorteile an den Halter des Instruments zu zahlen (IAS 32.16 a). Es muss den Organen des emittierenden Unt (dazu zählt auch die Gester-Versammlung) freistehen, zu entscheiden, dass bspw keine Gewinnanteile ausbezahlt werden. Die Haftungsqualität (Nachrangigkeit) einer Kapitalposition, die unter HGB das letztlich entscheidende EK-Kriterium ist, ist für IFRS dagegen nicht ausreichend (*vgl IDW ERS HFA 9 nF* FN-IDW 2005, 359 ff insb Tz 13 ff u 46 ff). 165

Daraus ergibt sich, dass auch bei Gester-Positionen insbesondere dann *kein* EK-Instrument iSd IFRS vorliegt wenn und soweit

a) die Gester Anspruch auf Auszahlung des Gewinns haben (IAS 32.17) oder
b) die Gester ihren Anteil an die Ges zurückgeben können und Anspruch auf Auszahlung eines Abfindungsguthabens haben, selbst wenn sich dieses nach dem Netto-Vermögen (buchmäßig oder tatsächlicher Wert) im Zeitpunkt der Rückgabe richtet (IAS 32.18 b).

166 *Zu a:* Die Halter der Ges-Anteile an einer OHG und die Komplementäre einer KG haben nach § 122 einen **Entnahmeanspruch** auf 4% ihres Kapitalanteils und auf den darüber hinausgehenden **Gewinnanteil.** Auch die Kommanditisten der KG haben nach § 169 grds einen Anspruch auf Auszahlung ihres Gewinnanteils. (Ähnlich verhält es sich nach § 19 GenG bei Genossenschaften.) Wenn keine abw Regelung im Ges-Vertrag enthalten ist, wäre schon deswegen der Kapitalanteil eines OHG-Gesters oder eines Kommanditisten eine Verbindlichkeit iSd IFRS, da die Ges verpflichtet ist, den Gewinn an die Gester auszuzahlen. Der gesetzliche Vorbehalt in § 122, dass eine Entnahme nicht erfolgen darf, wenn dies zum offenbaren Schaden der Ges gereichen würde, ändert daran nichts, denn dies schiebt die Zahlungsverpflichtung ggf nur auf, bis sich die Lage entspr verändert hat (vgl IAS 32.AG25). In Höhe des Barwerts der künftigen erwarteten Gewinnansprüche besteht für die OHG/KG eine Verbindlichkeit nach IFRS (vgl den vergleichbaren Fall der „nicht rückzahlbaren Schuld" in IAS 32.AG6). Dies dürfte im Entstehungszeitpunkt der Höhe der Einlage des Gester entsprechen. Die Folgebewertung ist nicht explizit geregelt. Insb ist fraglich, wie zu verfahren wäre, wenn im Zeitablauf (bei erfolgreicher Geschäftsentwicklung) der Barwert der erwarteten Gewinnansprüche höher wäre, als die ursprüngliche Einlage.

Dieser Hinderungsgrund für eine Qualifizierung der Gester-Einlage als EK, kann bei OHG und KG durch von den §§ 122, 169 abw Regelung im Ges-Vertrag vermieden werden. Dazu muss bestimmt werden, dass über Entnahmen die Ges-Versammlung mit Mehrheit entscheidet, und diese auch berechtigt wäre, eine vollständige Thesaurierung zu beschließen.

Die Regelung wirft auch im Bereich der KapGes ungeklärte Fragen auf, etwa wenn eine Ges einem Ergebnisabführungsvertrag unterworfen wird. Bei Abschluss des Vertrags müsste dann aus dem EK ein Betrag in Höhe des Barwerts der während der Vertragslaufzeit erwarteten Gewinne in die Verbindlichkeiten umgebucht werden.

167 *Zu b:* Wenn die OHG oder KG auf unbestimmte Zeit abgeschlossen ist, hat nach § 105 Abs 3 HGB iVm § 723 BGB jeder Gester das Recht, aus der Ges auszutreten (ordentliches **Kündigungsrecht**). Ihm steht dann nach § 738 BGB ein Auseinandersetzungsguthaben zu. Wenn der Ges-Vertrag dazu nichts Abweichendes bestimmt, entspricht dieses dem anteiligen Zeitwert des Ges-Vermögens. (Auch bei Genossenschaften besteht für die Genossen nach § 65 GenG ein Austrittsrecht. Das Auseinandersetzungsguthaben ist in § 73 GenG geregelt.) Aufgrund dieses Austrittsrechts wäre das Kapitalkonto der Gester der OHG oder KG als Verbindlichkeit zu erfassen. Zum Zeitpunkt der erstmaligen Erfassung der Verbindlichkeit ist diese mit ihrem fair value anzusetzen, der sich aus dem Barwert des maximalen Rückzahlungsbetrags zum erstmöglichen Austritts- bzw Rückzahlungstermin ergibt (IFRIC 2.10). Wie die Folgebewertung vorzunehmen wäre, insb wenn sich das Auseinandersetzungsguthaben nach dem fair value des Ges-Vermögens bemisst, ist bisher in IFRS nicht explizit geregelt. Es liegt aber nahe, dass auch bei der Folgebewertung der Barwert des möglichen Rückzahlungsbetrags maßgeblich ist (was im Grunde die ständige Ermittlung des eigenen Unt-Werts erfordern würde). Die Veränderungen dieser Schuld sind Aufwand bzw Ertrag (IAS 32.41). Sie sollten aber gesondert als letzte Posten der GuV vor dem Jahresergebnis und nach einer Zwischensumme für alle anderen GuV-Posten ausgewiesen werden. Diese Zwischensumme entspräche dann dem Ergebnis, das ausgewiesen würde, wenn die Kapitalkonten der Gester EK iSd IFRS wären. Dadurch wäre die Vergleichbarkeit mit IFRS-Abschlüssen von KapGes erleichtert. Bei einer erfolgreichen Ges, deren fair value deutlich über ihrem Nettobuchvermögen (ohne die Schulden aus den Gester-Einlagen) liegt,

ergeben sich aufgrund der Zunahme der Schulden aus Gester-Einlagen entspr „negative retained earnings". Es wäre sinnvoll, die Schulden aus Gester-Einlagen und diese „retained earnings" in der Bilanz in einem Zusammenhang darzustellen, denn zusammen genommen entsprechen diese Positionen betragsmäßig dem, was als EK gezeigt würde, wenn die Gester-Einlagen EK wären. Gleiches gilt für EK-Posten, die etwa aus der Währungsumrechnung, der Neubewertung von Anlagevermögen, der Neubewertung von available for sale – Wertpapieren oder aus cash flow hedges resultieren.

Das Austrittsrecht kann nach § 723 Abs 3 BGB nicht im Ges-Vertrag abbedungen werden. Auch dürfen Regelungen zur Ermittlung der Höhe des Auseinandersetzungsguthabens nicht so nachteilig gestaltet sein, dass sie das Austrittsrecht de facto wirtschaftlich aushöhlen (*Ensthaler* in Gemeinschaftkomm BGB[6] § 133 Anm 5). Daher ist kein „einfacher Weg" ersichtlich, um durch Gestaltung des Ges-Vertrags zu erreichen, dass die Gester-Einlagen als EK nach IFRS qualifizieren. Ggf wäre es denkbar, die PersGes nach dem Ges-Vertrag auf bestimmte Zeit (zB 20 Jahre) zu vereinbaren und zu regeln, dass sie nach Zeitablauf liquidiert wird. Die Gester haben für die bestimmte Ges-Dauer kein ordentliches Kündigungsrecht. Allerdings verbleibt das Kündigungsrecht aus wichtigem Grund nach § 723 Abs 1 S 2 BGB. Das dürfte eine „contingent settlement provision" iSd IAS 32.25 sein. Auch derartige Rückzahlungsklauseln führen grds zu FK, es sei denn, die Konstellation, die das Instrument zu einer Schuld macht, ist nicht „genuine" oder auf den Fall der Liquidation der Ges beschränkt. Das Kündigungsrecht aus wichtigem Grund kann uE idR als „nicht genuine" eingestuft werden, da es extrem selten, sehr ungewöhnlich und der Eintritt idR sehr unwahrscheinlich ist (IAS 32.AG28). Fraglich ist allerdings, ob bei einer Ges, die von vornherein auf Zeit abgeschlossen ist, also die Liquidation auf einen bestimmten Zeitpunkt von vornherein „beschlossen ist", überhaupt EK nach IFRS vorliegen kann. Aus IAS 32 geht das nicht explizit hervor. Unstreitig ist, dass im Zeitpunkt des Beschlusses einer Gewinnausschüttung, bei der Ges eine entspr Schuld entsteht und ein entspr Betrag aus dem EK umzubuchen ist (IAS 32.35). Es liegt nahe, dass dann auch bei Beschluss der Liquidation, die entspr EK-Posten zu Schulden werden, obwohl im Unterschied zu den Beträgen, für die die Gewinnausschüttung beschlossen wurde, die Nachrangigkeit ggü allen anderen Schulden und damit die Haftungsqualität dieser Kapitalposten bestehen bleibt. Im Unterschied zum HGB ist jedoch die Haftungsqualität unter IFRS nicht das ausschlaggebende EK-Kriterium. Ist die Liquidation von vornherein auf einen bestimmten Zeitpunkt beschlossen, kann dann auch insoweit kein EK vorliegen.

Die Problematik der zum *fair value puttable instruments* ist dem Board des IASB bekannt. Es werden mehrere Möglichkeiten der Änderung des IAS 32 erwogen (Ausnahme von der Grundregel mit der Folge der Erfassung als EK; Beibehalten der Grundregel aber keine Erfassung der fair value Änderung der Schuld; Zerlegung in ein EK-Instrument und eine Put-Option; s IASB Update June 2004, S 4).

IV. Einlagen und Entnahmen

1. Einlagen

170 Im **Handelsrecht** sind die Einlagen begrifflich Beiträge der Gester iSv §§ 705, 706 BGB. Danach sind Einlagen gesellschaftsrechtlich die von Gestern geleisteten Beiträge, insb soweit sie in Geld und Sachwerten bestehen (*Baumbach/Hopt*[31] § 109 Anm 6 mwN).

171 Die **Beiträge** der Gester können in einmaligen oder wiederholten Geld- oder Sachleistungen bestehen. Die Sachwerte können durch rechtswirksame

Überlassung oder nur dem Gebrauch nach erbracht werden. Auch Dienstleistungen können als Beitrag eines Gesters angerechnet werden (§ 706 Abs 3 BGB). Diese Vorschrift gilt nach §§ 105 Abs 2, 161 Abs 2 auch für OHG und KG.

172 Als allgemeine Voraussetzung für die **Einlagefähigkeit** gelten bei PersGes und KapGes, dass der Gegenstand der Einlage übertragbar und bilanzierungsfähig sein muss. Die Voraussetzung der Bilanzierungsfähigkeit ist allerdings umstritten (s *Hüffer*[6] § 27 Anm 22 mwN). **Bareinlagen** sind gesetzliche Zahlungsmittel, Bargeld, Schecks. Gegenstand von **Sacheinlagen** können Sachen, Rechte, sonstige gesicherte Rechtspositionen sowie ein Handelsgeschäft als Ganzes oder ein Teilbetrieb sein. Einlagefähig sind somit zB Grundstücke und bewegliche Sachen, Sachgesamtheiten (zB Sammlungen), absolute Herrschaftsrechte, *wenn übertragbar* (zB beschränkt dingliche Rechte, Urheberrechte, Patente, Konzessionen), Mitgliedschaftsrechte, *wenn übertragbar* (zB Aktien, GmbH-Anteile, Kuxe, Anteile an einer PersGes). Auch Forderungen gegen Dritte (zB Geldforderungen, Bankguthaben, Forderungen auf andere Leistungen, gesicherte Rechte auf Überlassungen der Nutzung von Sachen und Rechten (vgl *BGH* 14. 6. 2004 ZIP, 1642, Forderungen auf künftige Leistungen), sonstige Vermögenswerte (zB nicht geschützte Fabrikationsgeheimnisse und Herstellungsverfahren, sog *know how*) sind, wenn übertragbar, einlagefähig.

Bei **Dienstleistungen** ist die Einlage jedoch erst dann erbracht, wenn sie durchgeführt ist, also entspr Fremdaufwand erspart wurde (ebenso wie Bareinlagen erst nach Gutschrift durch eine Bank vollzogen sind). S ausführlicher in § 272 Anm 202, 203.

173 In der **Steuerbilanz** werden als Einlagen alle WG (Bareinzahlungen und sonstige WG) bezeichnet, die der Stpfl dem Betrieb im Laufe des Wj zugeführt hat (§ 4 Abs 1 S 5 EStG). **Einlagefähig** sind alle WG (Geld, Waren, Sachanlagen, Patente, Forderungen, Grundstücke usw), die nicht notwendiges Privatvermögen sind. Einlagefähig sind auch gesicherte Nutzungs*rechte* und Leistungen (Näheres zu den Einlagen *Heinicke* in Schmidt[24] EStG § 4 Anm 301, 303 ff). **Nicht einlagefähig** sind die eigene Dienstleistung des Betriebsinhabers, weil sie steuerrechtlich Gewinnbestandteil ist, sowie Nutzungs*vorteile*. Wird eine Verbindlichkeit des Betriebsvermögens aus privaten Geldmitteln getilgt, liegt eine Einlage des Unternehmers vor.

2. Entnahmen

174 Begrifflich sind Entnahmen jede Art einer Leistung (Vermögenszuwendung) von der Ges an die Gester, insb die Zahlung von Geldbeträgen oder von anderen geldwerten Leistungen (*Baumbach/Hopt*[31] § 122 Anm 1 mwN).

175 Für **OHG** ist das Gester-Entnahmerecht in § 122 Abs 1 wie folgt geregelt:

a) Entnahme bis zum Betrag von 4 vH seines für das letzte Gj festgestellten Kapitalanteils (sog Verzinsung);
b) Entnahme des Anteils am Gewinn des letzten Gj abzgl Verzinsung des Kapitalanteils zu a), also Mehrbetrag des Gewinnanteils, soweit diese Entnahme „nicht zum offenbaren Schaden der Gesellschaft gereicht".

Diese jeweils *fakultative* Regelung in § 122 Abs 1 unterscheidet nicht, ob die Entnahme zu Lasten des Gewinnanteils oder des Kapitalanteils erfolgt. Die Entnahme zu a) bis zu 4 vH des Kapitalanteils kann auch bei niedrigerem Gewinnanteil oder bei einem Verlustanteil des letzten Gj vorgenommen werden (s dazu § 264 c Anm 44). Es gibt kein Verbot der Kapitalrückzahlung wie bei AG und GmbH.

176 Nach § 169 Abs 1 findet § 122 auf den **Kommanditisten** keine Anwendung. Es besteht zwar auch für eine KG kein Verbot der Rückzahlung des EK, allerdings lebt in diesem Fall ggf die persönliche Haftung wieder auf. Das **Entnahmerecht** des Kommanditisten beschränkt sich auf die Auszahlung des Gewinnanteils. Den ihm zustehenden Gewinnanteil darf der Kommanditist grds ganz entnehmen.

Im GesVertrag werden oft auch den Kommanditisten Entnahmerechte für **fällige Steuerzahlungen** aus ihrem Kommanditanteil eingeräumt. Hierdurch entstehen ggf Forderungen oder Minderungen von Verbindlichkeiten (aus gutgeschriebenen Gewinnanteilen oder ggf Zinsgutschriften, soweit sie die bedungenen Einlagen überschreiten; § 264c Anm 36).

Entnommen werden können außer Barmitteln auch **Sachwerte** (VG), **Nutzungen** (Privatwohnung auf Betriebsgelände, Privatgebrauch eines Betriebs-PKW) oder **Dienstleistungen.** Das geschieht generell **ohne Entgelt.** Allgemein gilt, was handels- oder steuerrechtlich eingelegt werden darf (Anm 172, 173), kann auch entnommen werden; ausführlicher *Heinicke* in Schmidt[24] § 4 Anm 301 ff. 177

Werden dagegen von Gestern **Arbeitsleistungen** zugunsten des Unt erbracht oder **Gegenstände** (insb Grundbesitz) **vermietet,** sind das auf Leistung und Gegenleistung gerichtete **entgeltliche Schuldverhältnisse;** die Entgelte sind Aufwand der PersGes – auch wenn sie steuerrechtlich als Teil der Ergebnisverwendung behandelt werden müssen.

Der vorstehend (Anm 176, 177) behandelte Entnahmebegriff ist abgestellt auf sog **„berechtigte Entnahmen“,** wie sie zB fakultativ für OHG in § 122 Abs 1 und für KG in § 169 umschrieben sind. Im Gegensatz dazu stehen die **unzulässigen Entnahmen.** Letztere sind Forderungen, stets zurückzuzahlen und bis zur Rückzahlung zu verzinsen (*Baumbach/Hopt*[31] § 122 Anm 6). 178

Nach § 172 Abs 5 ist der Kommanditist nicht zur Rückzahlung von bezogenen Gewinnanteilen verpflichtet, wenn die Bilanz **in gutem Glauben** erstellt worden ist und der Kommanditist den Gewinn in gutem Glauben bezogen hat (*BGH* 12. 7. 1982 DB, 2076). Eine Bilanz ist dann gutgläubig erstellt worden, wenn die für die Bilanzaufstellung zuständigen Gester die Bilanz nicht unter vorsätzlicher Verletzung allgemein anerkannter Bilanzierungsgrundsätze aufstellen (*BGH* 27. 9. 1979 WM, 1330 und Anm 186). Die Haftung des Kommanditisten lebt jedoch wieder auf, wenn durch eine von den geschäftsführenden Gestern gefälschte Bilanz der Kapitalanteil als Einlage auf die Haftsumme unter den Betrag der Haftsumme durch Gewinnentnahmen gemindert wird (*BGH* 17. 12. 1982 DB, 2076; ausführlicher *Baumbach/Hopt*[31] § 172 Anm 9 ff). 179

Für die **Steuerbilanz** sind Entnahmen alle WG (Barentnahmen, Waren, Erzeugnisse, Nutzungen und Leistungen), die der Stpfl dem Betrieb für sich, für seinen Haushalt oder andere betriebsfremde Zwecke im Laufe des Wj entnommen hat (§ 4 Abs 1 S 2 EStG). VG des notwendigen Betriebsvermögens dürfen nur insoweit entnommen werden, als sie wesensmäßig durch die Entnahme zu Privatvermögen werden können. Eine unentgeltliche Überlassung von Nutzungen an Dritte ist Entnahme der Nutzung. Zu den Entnahmen bei der Mitunternehmerschaft Anm 834 ff. Zu den Entnahmen generell *Heinicke* in Schmidt[24] § 4 Anm 301 bis 312 und EStR 14 Abs 2 bis 4. 180

V. Zur Bewertung des Eigenkapitals

Sacheinlagen der Gester in Form einzelner VG dürfen in der HB **höchstens** mit dem Zeitwert angesetzt werden. Eine **niedrigere Bewertung** von Sacheinlagen in der HB ist im Rahmen vernünftiger kfm Beurteilung zulässig, zumal im HGB Vorschriften zur Bewertung von Einlagen fehlen; jedoch könnte 190 das strengere BGH-U zur Bilanzaufstellung und Gewinnverwendung sich auch hier auswirken und Festlegungen im GesVertrag erfordern (Anm 195). Aus DRS 4.13 (AK eines Unt entspricht dem Zeitwert der hingegebenen Anteile) ergibt sich, dass das DRSC wohl nur die Bewertung von Sacheinlagen zum Zeitwert für zutreffend erachtet. Ob sich diese Auffassung als GoB durchsetzen wird, ist zZ aber noch offen (dazu *Förschle/Kropp* in Sonderbilanzen[3], D Anm 197f).

Wird eine Sacheinlage unterbewertet, kommen die stillen Reserven auch den übrigen Gestern zugute. Soll dies vermieden werden, sollte die Bewertung zum Zeitwert erfolgen und ein Mehrbetrag über dem für die Sacheinlage einzuräumenden Kapitalkonto als Darlehen des Einbringenden erfasst werden.

Die Bewertung der **Entnahmen** in der **Handelsbilanz** bestimmt sich, soweit es sich um Sachentnahmen handelt, nach dem GesVertrag, zB bei Entnahme von Erzeugnissen für den Privatverbrauch eines Gesters.

191 Die Bewertung von einzelnen WG als **Sacheinlage** ist für die **Steuerbilanz** in § 6 Abs 1 Nr 5 EStG geregelt; hiernach sind Einlagen grds mit dem Teilwert für den Zeitpunkt der Zuführung anzusetzen, aber höchstens zu AK/HK des Inferenten, wenn das zugeführte WG innerhalb der letzten drei Jahre vor Zuführung angeschafft oder hergestellt worden ist; bei Einlage eines abnutzbaren WG sind die AK/HK um die Normal-Afa zu kürzen, die auf den Zeitraum seit Anschaffung oder Herstellung entfallen. Die Begrenzung auf die AK gilt auch für die Einlage von wesentlichen Beteiligungen iSv § 17 Abs 1 EStG generell, dh ohne den Dreijahreszeitraum (*Glanegger* in Schmidt[24] § 6 Anm 436ff).

Entnahmen sind in der **Steuerbilanz grundsätzlich** mit dem Teilwert (§ 6 Abs 1 Nr 4 EStG), bei Entnahmen zur unentgeltlichen Überlassung für bestimmte steuerbegünstigte Zwecke zu Buchwerten (§ 6 Abs 1 Nr 4 S 4 EStG) zu bewerten. Hinweise zur Gewinnrealisierung enthält auch EStR 14 Abs 2, 3.

Zur Entnahme aus einem anderen Betrieb eines Mitunternehmers und Einlage s Anm 833ff. Die Einlage eines Betriebs, Teilbetriebs oder Anteils an einer Mitunternehmerschaft in eine PersGes als Einbringung nach § 24 UmwStG wird, insb für die Ergänzungsbilanz, in Anm 770ff behandelt. Ausführlich zu weiteren Fällen der Buchwertfortführung *Budde/Klingberg* in Sonderbilanzen[3] I Anm 105ff.

192 In § 6 Abs 3 bis 6 EStG sind weitere Bewertungsregeln enthalten, die sich auf das steuerrechtliche EK von PersGes oder auf die Sonderbilanzen der Mitunternehmer auswirken: Für **unentgeltliche Übertragungen** eines (Teil-)Betriebs oder Mitunternehmeranteils sind die Buchwerte fortzuführen, **§ 6 Abs 3** EStG. Bei unentgeltlicher Übertragung eines einzelnen WG ist dagegen dessen gemeiner Wert maßgebend und bildet zugleich die AK des Aufnehmenden, **§ 6 Abs 4** EStG.

Werden einzelne WG zwischen mehreren Betriebsvermögen eines Stpfl, zwischen seinem Betriebsvermögen und seinem Sonder-Betriebsvermögen oder zwischen mehreren Sonder-Betriebsvermögen eines Stpfl übertragen, sind künftig zwingend die *Buchwerte* fortzuführen, sofern eine spätere Besteuerung der stillen Reserven sichergestellt ist, **§ 6 Abs 5** S 1, 2 EStG. Dies gilt auch, wenn das WG unentgeltlich oder gegen Gewährung oder Minderung von GesRechten aus dem Betriebsvermögen des Mitunternehmers in das Gesamthandsvermögen einer Mitunternehmerschaft übertragen wird und umgekehrt. Das Gleiche gilt, wenn einzelne WG aus dem Gesamthandsvermögen einer Mitunternehmerschaft in das Sonderbetriebsvermögen eines Mitunternehmers dieser Mitunternehmerschaft und umgekehrt übergehen oder wenn zwischen dem jeweiligen Sonderbetriebsvermögen mehrerer Mitunternehmer Übertragungen innerhalb einer Mitunternehmerschaft stattfinden (§ 6 Abs 5 S 3 EStG). In bestimmten Konstellationen gibt es wiederum Ausnahmen von diesen Regeln (§ 6 Abs 5

S 4–6 EStG). Beim *Tausch* einzelner WG bemessen sich seit 1999 die AK des erhaltenen WG nach dem gemeinen Wert des hingegebenen WG, **§ 6 Abs 6** S 1 EStG.

Verdeckt eingelegte WG sind seit 1999 zu Teilwerten anzusetzen, ggf erhöhen sich die AK einer Beteiligung entspr, § 6 Abs 6 S 2 und 3 EStG; ggf gilt die Begrenzung des Einlagewerts gem § 6 Abs 1 Nr 5a EStG auch hier.

VI. Rechte der Gesellschafter beim Jahresabschluss

Das *BGH-U* vom 29. 3. 1996 DB, 926ff, stellte folgende Grundsätze auf: 195

- Für die **Aufstellung** des JA sind allein die geschäftsführenden Gester zuständig. Sie haben die Bilanzierung nach HGB und GoB durchzuführen. Die anderen Gester (auch die Kommanditisten) dürfen prüfen (lassen), ob diese Grenzen eingehalten sind.
- Bilanzierungsentscheidungen, welche die **Ergebnisverwendung** beeinflussen, müssen vor allen Gestern (phG und Kommanditisten) gemeinschaftlich getroffen werden, sofern der GesVertrag dies nicht anders regelt. Zu diesen Entscheidungen gehören sowohl zB Absetzungen nach § 253 Abs 4, steuerrechtliche Sonderabschreibungen oder Aufwandsrückstellungen (§ 249 Abs 1 S 3, Abs 2) als auch die vorgesehene Bildung offener Rücklagen bei der (späteren) Feststellung des JA. Bei diesen Entscheidungen sind die Ausschüttungsinteressen der Gester gegen die Bedürfnisse der Ges (Selbstfinanzierung, Zukunftssicherung) abzuwägen.
- Die **Bildung offener und stiller Reserven** wirken sich wie eine Entnahme-Sperre aus. Ein Recht der Kommanditisten auf Ausschüttungen mindestens in Höhe der von ihnen zu zahlenden **Ertragsteuern** kann der GesVertrag regeln.

Die in Vor § 325 Anm 155 erläuterte **Feststellung des JA** ist ein Grundlagengeschäft, das Einvernehmen zwischen allen Gestern (Komplementären und Kommanditisten) erfordert; abw Regeln im GesVertrag sind zulässig. Wurden im GesVertrag die Rechte der Kommanditisten einem Beirat übertragen, bedarf es einer Übereinstimmung zwischen allen Komplementären und der Beirats-Mehrheit. Notfalls müssen Gester auf Feststellung des JA klagen. 196

E. Schulden

Schrifttum: *Groh* Verbindlichkeitsrückstellungen und Verlustrückstellungen: Gemeinsamkeiten und Unterschiede, BB 1988, 27; *Lutter* Ausgabe von Genussrechten und Jahresabschluss, in FS Döllerer (1988), 383; *Gross/Fink* Besserungsscheine im Jahresabschluss der GmbH, BB 1991, 1379; *Ziebe* Rechtsnatur und Ausgestaltung von Genussrechten, DStR 1991, 1594; *Linscheidt* Die steuerliche Behandlung des Genussrechtskapitals der Kapitalgesellschaft, DB 1992, 1854; *Moxter* Zum Passivierungszeitpunkt von Umweltschutzrückstellungen, in FS Forster (1992), 433; *Groh* Eigenkapitalersatz in der Bilanz, BB 1993, 1882; *Emmerich/Naumann* Zur Behandlung von Genussrechten im Jahresabschluss von Kapitalgesellschaften, WPg 1994, 677; *Klaus* Eigenkapitalersetzende Gesellschafterdarlehen in der Handelsbilanz der verpflichteten GmbH, BB 1994, 680; *Schweitzer/Volpert* Behandlung von Genussrechten im Jahresabschluss von Industrieemittenten, BB 1994, 821; *Rautenberg/Scharfenberg* Die steuerliche Behandlung des Darlehenserlasses mit Besserungsvereinbarung, DB 1995, 1345; *Küting/Kessler/Harth* Genussrechtskapital in der Bilanzierungspraxis, BB 1996, Beilage 4; *Schulze-Osterloh* Rangrücktritt, Besserungsschein, eigenkapitalersetzende Darlehen, Wpg 1996, 97; *Weisang* Eigenkapitalersetzende Gesellschafterleistungen in der neueren Rechtsprechung, WM 1997, 245; *Wassermeyer* Aktuelle

Rechtsprechung des I. Senats des BFH – Inhalt und Auswirkungen, WPg 2002, 10; *Wassermeyer* Aktuelle Rechtsprechung des I. Senats des BFH – Inhalt und Auswirkungen, WPg 2002, 10; *Kussmaul* Kapitalersatz: Der Rangrücktritt in der Krise? DB 2002, 2258; *Loitz/Schulze* Jahresabschlussprüfung bei Vorliegen von Patronats-/Rangrücktrittserklärungen DB 2004, 769.

I. Der bilanzrechtliche Schuldbegriff

201 Im JA sind sämtliche Schulden anzusetzen (§ 246 Abs 1). Nach Abs 1 hat der Kfm seine Schulden in der Bilanz gesondert auszuweisen. Der bilanzrechtliche Schuldbegriff ist im HGB nicht definiert. Er steht als Oberbegriff für **Verbindlichkeiten** sowie für **Rückstellungen** für ungewisse Verbindlichkeiten und für drohende Verluste aus schwebenden Geschäften. Verbindlichkeiten sind noch nicht erfüllte rechtlich bestehende Verpflichtungen, die bereits im abgelaufenen GJ wirtschaftlich verursacht sind. Verbindlichkeitsrückstellungen erfassen dem Grunde oder der Höhe nach ungewisse Verbindlichkeiten. Eine Rückstellung für drohende Verluste ist zu bilden, wenn bei einem schwebenden Vertrag ein Verpflichtungsüberschuss besteht (zur Unbeachtlichkeit der Rückstellung für drohende Verluste in der Steuerbilanz s § 249 Anm 51 ff). Schulden iSd Bilanzrechts sind durch folgende drei Merkmale gekennzeichnet:

(1) Leistungszwang ggü einem anderen (Außenverpflichtung; Anm 202)
(2) wirtschaftliche Belastung (Anm 205)
(3) Wahrscheinlichkeit der Inanspruchnahme (Anm 207).

202 Ein **Leistungszwang** ggü einem anderen **(Außenverpflichtung)** kann rechtlich begründet sein oder in einem faktischen Zwang bestehen. Die **rechtliche Begründung** einer Verpflichtung kann sich aus Zivilrecht (gesetzliche oder rechtsgeschäftliche Schuldverhältnisse) oder aus öffentlichem Recht ergeben. Dingliche Lasten, die auf ein Dulden oder Unterlassen gerichtet sind (zB Grunddienstbarkeit, Nießbrauch, Erbbaurecht) sind idR als Verpflichtungen im Rahmen schwebender Geschäfte nicht passivierungsfähig. Im Falle dinglicher Rechte mit Sicherungscharakter ist die gesicherte Schuld (zB Darlehensschuld) zu passivieren, nicht zB die Hypotheken- oder Grundschuldlast (so auch *Weber-Grellet* in Schmidt[24] § 5 Anm 320, 550 „Dingliche Lasten" mwN).

203 Rechtlich begründete Außenverpflichtungen können auch dann zur Annahme einer bilanzrechtlichen Schuld führen, wenn sie am Bilanzstichtag noch nicht voll entstanden sind. Ist mit dem Be- oder Entstehen der rechtlichen Leistungspflicht ernsthaft zu rechnen, muss bei Vorliegen der übrigen Voraussetzungen (wirtschaftliche Verursachung, Wahrscheinlichkeit der Inanspruchnahme) eine Verbindlichkeitsrückstellung angesetzt werden (§ 249 Anm 24 ff, 36).

204 **Faktische Verpflichtungen** sind nicht einklagbare Leistungsverpflichtungen, denen sich der Kfm aus tatsächlichen oder wirtschaftlichen Gründen nicht entziehen kann (*BGH* 28. 1. 1991, BB 507; *ADS*[6] § 246 Anm 119). Beispiele hierfür sind verjährte Verbindlichkeiten, die der Kfm trotz der Verjährung zu begleichen beabsichtigt (Anm 221), Verpflichtungen aus Verträgen, die zB wegen Verstoßes gegen die guten Sitten nichtig sind (§ 138 BGB), wie etwa zugesagte Schmiergelder, und die in § 249 Abs 1 S 2 Nr 2 besonders geregelten „Gewährleistungen, die ohne rechtliche Verpflichtung erbracht werden" (§ 249 Anm 112 ff). Ob ein faktischer Leistungszwang so stark ist, dass der Kfm sich ihm nicht entziehen kann, ist unter objektiven Gesichtspunkten aus der Sicht eines ordentlichen Kfm zu beurteilen (§ 249 Anm 31).

205 Eine **wirtschaftliche Belastung** ist stets gegeben, wenn die Verpflichtung bereits vor dem Stichtag *rechtlich* entstanden ist (zur Bedeutung des Zeitpunkts der rechtlichen Entstehung als Unterscheidungsmerkmal s *Wassermeyer* WPg

2002, 10). Zwischen Verbindlichkeiten und Rückstellungen ist dann wie folgt zu unterscheiden:

- Es kann sich zum einen um Auszahlungsverpflichtungen handeln, die aus Aktivazugängen herrühren (zB Darlehensschuld, Lieferantenverbindlichkeit). In diesem Fall liegt unabhängig davon, ob die künftigen Auszahlungen *der Höhe nach* sicher sind, eine Verbindlichkeit vor (*Groh* BB 1988, 27; aA *BFH* 12. 12. 1990, BStBl II 1991, 480, wonach „Einlagen" von Bausparern, die bei Verzicht auf das Bauspardarlehen zurückzuzahlen sind, nicht als Verbindlichkeiten, sondern als Rückstellungen zu passivieren sind; *OFD München* 19. 7. 2000, WPg, 1132). Bei Unsicherheit über die Höhe der Verbindlichkeit ist zu schätzen (zur Bewertung s § 253 Anm 51). Der Höhe nach unsichere Verbindlichkeiten stellen zB Leibrentenverpflichtungen aus Anschaffungsgeschäften und Darlehensschulden in Fremdwährung dar.
- Steht die Verpflichtung dagegen nicht in Zusammenhang mit einem Aktivazugang, so ist bei sicherer Höhe eine Verbindlichkeit, bei unsicherer Höhe eine Rückstellung zu bilden (§ 249 Anm 34).

Ist die Verpflichtung rechtlich noch nicht entstanden, so liegt eine wirtschaftliche Belastung vor, wenn künftige Vermögensabgänge (insb Ausgaben) zu leisten sind, die nicht künftigen Erträgen zugerechnet werden können (wirtschaftliche Verursachung nach dem **Realisationsprinzip,** wenn den künftige Aufwendungen bereits realisierte Erträge als Aufwand zugerechnet werden müssen; *BGH* 28. 1. 1991, BB, 508; *BFH* 25. 8. 1989, BStBl II, 893; *BFH* 28. 6. 1989, BStBl II 1990, 550; *Moxter* in FS Forster, 433). In diesem Fall liegt eine Verbindlichkeit vor, wenn die künftigen Aufwendungen dem Grunde und der Höhe nach sicher sind (zB antizipative Zinsabgrenzung, veranlagte Steuern), andernfalls eine Rückstellung für ungewisse Verbindlichkeiten (zB Garantieleistungen für Umsätze in der Vergangenheit; vgl auch BFH 28. 6. 1989, BStBl II 1990, 552).

Eine wirtschaftliche Belastung liegt auch vor, soweit im Rahmen schwe- 206
bender Geschäfte die künftigen Aufwendungen die künftigen Erträge übersteigen. Für den Verpflichtungsüberschuss werden Rückstellungen für drohende Verluste aus schwebenden Geschäften gebildet (hierzu § 249 Anm 57 ff), die dem **Imparitätsprinzip** folgen (vgl *Moxter* in FS Forster, 435). Steuerlich sind **Drohverlustrückstellungen** nicht mehr zulässig (§ 5 Abs 4 a EStG, s § 249 Anm 51). Im Übrigen werden Verpflichtungen im Rahmen schwebender Geschäfte nicht bilanziert, weil es an der wirtschaftlichen Belastung fehlt (s § 249 Anm 52 sowie Anm 55 zur Ausnahme bei Erfüllungsrückständen bzw Vorleistungen).

Drittes Merkmal ist die **Wahrscheinlichkeit der Inanspruchnahme.** Bei 207
einer sicher oder wahrscheinlich be- oder entstehenden Verpflichtung (Konkretisierung), die dem Gläubiger bekannt sein dürfte, ist davon auszugehen, dass der Gläubiger von seinen Rechten Gebrauch machen wird und die Gefahr der Inanspruchnahme damit gegeben ist. Ist jedoch auf Grund der konkreten Umstände des Einzelfalls ausnahmsweise mit einer Inanspruchnahme durch den Gläubiger mit an Sicherheit grenzender Wahrscheinlichkeit nicht mehr zu rechnen, so darf eine Verbindlichkeit bzw Rückstellung nicht angesetzt werden (zu Rückstellungen § 249 Anm 44).

II. Rückstellungen

Der Ansatz von Rückstellungen ist in § 249 geregelt; s dort. 211

III. Einzelfragen zu Verbindlichkeiten

1. Mit Rechtsmängeln behaftete Verbindlichkeiten

221 Zu unterscheiden ist zwischen Einreden, die die Verbindlichkeit zwar nicht rechtlich beseitigen, aber die Durchsetzbarkeit ausschließen, und Gestaltungsrechten, die auf das Bestehen der Verbindlichkeit einwirken.

Zeitlich befristete **Einreden** hindern den Ansatz der Verbindlichkeit nicht (zB § 273 BGB Zurückbehaltungsrecht; § 320 BGB Einrede des nichterfüllten Vertrags). Steht dem Schuldner eine **dauernde Einrede** zu, kann er die Erfüllung der Verbindlichkeit auf Dauer verweigern. Wichtigster Fall ist die Einrede der **Verjährung** (§ 214 Abs 1 BGB). Eine verjährte Verbindlichkeit muss ausgebucht werden, wenn der Kfm die Zahlung aufgrund der Verjährung verweigern will (*BFH* 2. 2. 1993, BStBl II, 543). Auf eine tatsächlich erhobene Einrede der Verjährung nach Geltendmachung der Forderung durch den Gläubiger kommt es nicht an (vorsichtiger *ADS*[6] § 246 Anm 112). Wurde die Einrede der Verjährung noch nicht erhoben, weil etwa der Gläubiger den Schuldner noch nicht in Anspruch genommen hat, muss die Verbindlichkeit jedoch unter dem Gesichtspunkt des faktischen Leistungszwangs weiterhin passiviert bleiben, wenn sich der Kfm der Leistungsverpflichtung aus wirtschaftlichen Gründen nicht entziehen kann *und* mit der Inanspruchnahme rechnen muss (s Anm 204). Das Gleiche gilt für nichtige Verbindlichkeiten.

222 Anders ist die Beurteilung bei der Ausübungsmöglichkeit von **Gestaltungsrechten,** die auf das Bestehen eines Rechtsverhältnisses erst durch Vornahme der gestaltenden Erklärung einwirken. Im Falle eines **Anfechtungsrechts** des Schuldners ist die Verbindlichkeit solange zu passivieren, bis die Anfechtung wirksam erklärt wird (*ADS*[6] § 246 Anm 115). Steht dem Schuldner ein **Minderungsrecht** zu, ist die Verbindlichkeit erst zu reduzieren, wenn das Minderungsrecht wirksam ausgeübt wurde.

Dass eine Verbindlichkeit **bestritten** wird, berechtigt so lange nicht zur Ausbuchung, bis der Streit entschieden ist. Der Ansatz einer Verbindlichkeit setzt aber voraus, dass vom Bestehen eines Rechtsverhältnisses ausgegangen werden kann (zB wenn die Verbindlichkeit auf Zahlung bei einer tatsächlichen Leistungsvereinbarung bestritten wird, falls der Auftragnehmer die geforderte Leistung nicht erbracht hat). Etwas anderes gilt nur bei offenkundig unbegründeten Ansprüchen, zB auf Bezahlung einer nicht bestellten Leistung. In diesen Fällen kann jedoch eine Rückstellung für ungewisse Verbindlichkeiten erforderlich sein, falls mit einer Inanspruchnahme gerechnet werden muss (insb nach Klageerhebung).

2. Bedingte Verbindlichkeiten

223 Verbindlichkeiten können unter einer aufschiebenden oder unter einer auflösenden Bedingung stehen. Bei aufschiebender Bedingung entsteht die Verpflichtung rechtlich erst mit dem Eintritt der Bedingung (§ 158 Abs 1 BGB), während bei einer auflösenden Bedingung die bis dahin rechtlich bestehende Verpflichtung mit dem Eintritt der Bedingung wegfällt (§ 158 Abs 2 BGB).

224 **Aufschiebend bedingte Verbindlichkeiten** sind als solche erst mit dem Eintritt der Bedingung zu passivieren (*BFH* 4. 2. 1999, DB, 881; *ADS*[6] § 246 Anm 121). Vor Eintritt der Bedingung ist eine Rückstellung für ungewisse Verbindlichkeiten zu bilden, wenn die künftigen Ausgaben wirtschaftlich in der Vergangenheit verursacht sind und der Eintritt der Bedingung hinreichend

wahrscheinlich ist (dazu *Weber-Grellet* in Schmidt[24] § 5 Anm 314; zur wirtschaftlichen Verursachung vgl § 249 Anm 34ff). Dies gilt zB für eine Bürgschaftsverpflichtung, wenn die Inanspruchnahme droht (§ 249 Anm 100 „Bürgschaft"). Den aufschiebend bedingten Verbindlichkeiten sind Verbindlichkeiten gleichzusetzen, die unter einer auflösenden Bedingung erlassen wurden (beide Varianten gibt es zB beim Forderungsverzicht mit Besserungsschein, vgl Anm 237).

In der **Steuerbilanz** darf jedoch nach § 5 Abs 2a EStG dann keine Rückstellung gebildet werden, wenn die künftigen Aufwendungen unter der Bedingung der Erzielung künftiger Erträge stehen. Die Passivierung erfolgt erst, wenn die Erträge angefallen sind; dann als Verbindlichkeit, wenn die Rückzahlungshöhe bekannt ist.

Auflösend bedingte Verbindlichkeiten erlöschen mit Eintritt der Bedin- **225**
gung (§ 158 Abs 2 BGB). Obwohl sie zivilrechtlich bis zum Bedingungseintritt bestehen, kommt es, solange die Bedingung noch nicht eingetreten ist, auf die **Wahrscheinlichkeit des Bedingungseintritts** an. Ist der Bedingungseintritt unwahrscheinlich, ist eine Verbindlichkeit anzusetzen. Falls jedoch mit dem Bedingungseintritt gerechnet werden muss, ist die Verbindlichkeit dem Grunde nach ungewiss. Es kommt dann eventuell die Bildung einer *Verbindlichkeitsrückstellung* in Frage. Hierfür ist wie im Falle einer aufschiebenden Bedingung die wirtschaftliche Verursachung der künftigen Ausgaben in der Vergangenheit und die Wahrscheinlichkeit des Eintritts der Bedingung entscheidend (*BFH* 11. 4. 1990, DB, 1642; wohl auch *BFH* 21. 6. 1990, BStBl II, 980 zur Rückzahlungsverpflichtung öffentlich-rechtlicher Zuschüsse; aA wohl *HFA* 1/1984 Bilanzierungsfragen bei Zuwendungen, dargestellt am Beispiel finanzieller Zuwendungen der öffentlichen Hand, WPg, 615: Grundsätzliche Passivierung einer Verbindlichkeit bei Knüpfung der Rückzahlungsverpflichtung an mit dem Zuschuss bezweckte künftige wirtschaftliche Erfolge des Zuwendungsempfängers; *ADS*[6] § 246 Anm 122, wollen auflösend bedingte Verbindlichkeiten unabhängig von der Wahrscheinlichkeit des Bedingungseintritts und von der wirtschaftlichen Verursachung der künftigen Ausgaben in der Vergangenheit als Verbindlichkeiten passivieren). Die Frage, welcher Grad der Wahrscheinlichkeit des Bedingungseintritts für die Rückstellungsbildung ausreicht, ist nach den Grundsätzen zum Konkretisierungserfordernis für ungewisse Verbindlichkeiten zu entscheiden (vgl § 249 Anm 33).

Der auflösend bedingten Verbindlichkeit steht der aufschiebend bedingte Forderungserlass gleich. Entgegengesetzt zu beurteilen ist der auflösend bedingte Forderungserlass. Nach dem Forderungserlass hat der Schuldner keine Verbindlichkeit anzusetzen. Mit Bedingungseintritt fällt nicht die Forderung, sondern der Erlass weg und die Verbindlichkeit lebt wieder auf. Der auflösend bedingte Forderungserlass ist daher wie eine aufschiebend bedingte Verbindlichkeit zu behandeln (Anm 224).

Zur Beschränkung in der **Steuerbilanz** nach § 5 Abs 2a EStG s Anm 224.

Bei **öffentlichen Zuwendungen** kommt es für die bilanzielle Behandlung **226**
nicht darauf an, ob ein aufschiebend bedingt rückzahlbarer Zuschuss oder ein auflösend bedingt rückzahlbares Darlehen gewährt wird (so auch *LS* Anmerkung zu *BFH* 11. 4. 1990, DStR, 485).

3. Genussrechtskapital

Genussrechte sind Gläubigerrechte schuldrechtlicher Art (vgl *Ziebe* DStR **227**
1991, 1594). Sie gewähren keine Mitgliedschaftsrechte (Verwaltungsrechte), insbesondere kein Stimmrecht (*BGH* 5. 10. 1992, DB, 2383), jedoch Vermögens-

rechte, die typischerweise Gester zustehen, meistens eine Beteiligung am Gewinn und/oder am Liquidationserlös. Die Vermögensrechte können Gegenleistung für die Überlassung von Kapital oder für besondere Dienste (zB Erfindungen) sein (Näheres bei *Claussen* in FS Woerner, 81). Genussrechte sind nicht auf die AG beschränkt. Sie können auch von GmbH, KG, VVaG oder öffentlich-rechtlichen Personen wie zB Sparkassen ausgegeben werden (*Lutter* in FS Döllerer, 384). Genussrechte können verbrieft (Genussscheine) oder nicht verbrieft sein. Genussscheine können als Inhaber-, Order- oder Namenspapiere begeben werden. Die Vergütung ist idR ergebnisabhängig, es kann aber auch ganz oder zum Teil eine feste Verzinsung vereinbart sein (*ADS*[6] § 246 Anm 87 mwN).

228 Bei Genussrechten, die als Gegenleistung für die **Überlassung von Kapital** gewährt werden, stellt sich die Frage, ob das Genussrechtskapital EK oder eine Verbindlichkeit darstellt (Zur Bilanzierungspraxis s *Küting/Kessler/Harth* BB 1996, Beilage 4). Nach der Stellungnahme *HFA* 1/1994, WPg, 419ff (dazu *Emmerich/Naumann* WPg 1994, 677) ist Genussrechtskapital nur dann bilanziell **Eigenkapital,** wenn folgende Kriterien kumulativ erfüllt sind:

(1) *Nachrangigkeit:* Ein Rückzahlungsanspruch des Genussrechtsinhabers kann im Insolvenz- oder Liquidationsfall erst nach Befriedigung aller anderen Gläubiger geltend gemacht werden.

(2) *Erfolgsabhängigkeit:* Die Vergütung für die Kapitalüberlassung ist erfolgsabhängig, dh sie muss unter der Bedingung stehen, dass sie nur aus EK-Bestandteilen geleistet werden darf, die nicht besonders gegen Ausschüttungen geschützt sind.

(3) *Verlustteilnahme:* Genussrechtskapital muss am Verlust bis zur vollen Höhe teilnehmen.

(4) *Längerfristigkeit:* Das Genussrechtskapital wird für einen längerfristigen Zeitraum überlassen, während dessen die Rückzahlung für beide Seiten ausgeschlossen ist.

Eine **Umqualifizierung** von EK in FK muss vorgenommen werden, wenn innerhalb des dem Stichtag folgenden Gj die Rückzahlung möglich ist (*HFA* 1/1994, WPg, 419ff Tz 2.1.1. c).

Das Genussrechtskapital ist auch dann EK, wenn der Genussrechtsinhaber im Wege des Forderungsverzichts nach § 397 BGB auf die Rückzahlung verzichtet. Nur wenn bei Ausgabe des Genussrechts kein Rückzahlungsanspruch besteht, und der Genussrechtsinhaber ausdrücklich einen ertragswirksamen Zuschuss leisten will, ist dieser **erfolgswirksam** zu vereinnahmen (*HFA* 1/1994, WPg 419ff, Tz 2.1.2).

Falls die Voraussetzungen für die Bilanzierung als EK bzw eine erfolgswirksame Erfassung nicht erfüllt sind, ist **Fremdkapital** zu bilanzieren.

Zum Ausweis des Genussrechtskapitals in der Bilanz der KapGes/KapCoGes vgl § 266 Anm 186 (wenn EK) und § 266 Anm 216 (wenn FK).

229 **Ausschüttungen** auf Genussrechte mindern unabhängig davon, ob das Genussrechtskapital EK- oder FK-Charakter hat, den Jahresüberschuss im Jahr der Gewinnerzielung (*HFA* 1/1994, WPg, 419ff, Tz 2.2; aA *Schweitzer/Volpert* BB 1994, 826: Ausschüttung als Bestandteil der Gewinnverwendung, wenn EK).

Eine **Verlustbeteiligung** mindert das Genussrechtskapital, wenn eine Beteiligung am laufenden Verlust vereinbart wurde, und dabei das bilanzielle Ergebnis zugrundgelegt werden soll. Die Minderung ist Ertrag, wenn das Genussrechtskapital FK-Charakter hat. Bei Genussrechtskapital mit EK-Charakter ist eine Verlustbeteiligung in der GuV nach dem Jahresergebnis auszuweisen (*HFA* 1/1994, WPg, 419ff, Tz 2.2.2b). Wurde vereinbart, dass künftige Überschüsse zur Wiederauffüllung des Genussrechtskapitals führen, so ist umgekehrt zu verfahren: Bei Genussrechtskapital mit EK-Charakter ist die Erhöhung des Genussrechtskapitals in der GuV nach dem Jahresergebnis auszuweisen, bei FK-Charakter mindert der Aufwand das Jahresergebnis.

Steuerlich sind Ausschüttungen auf Genussrechte Betriebsausgaben. Sie mindern allerdings das zu versteuernde Einkommen nicht, sofern mit den Genussrechten das Recht auf Beteiligung am Gewinn *und* am Liquidationserlös verbunden ist (§ 8 Abs 3 S 2 KStG). Die Abzugsfähigkeit ist danach gegeben, wenn eines der beiden Merkmale fehlt, insb wenn der Genussrechtsinhaber nur am Gewinn beteiligt ist (*BFH* 19. 1. 1994, BStBl II 1996, 77). Das Merkmal der Gewinnbeteiligung nach § 8 Abs 3 S 2 KStG muss mit dem Kriterium der Erfolgsabhängigkeit der Vergütung für die Annahme von bilanziellem EK (Anm 228) nicht vollständig übereinstimmen. So schließt die Vereinbarung einer Mindestverzinsung zwar uU die Annahme von bilanziellem EK, nicht aber das steuerliche Tatbestandsmerkmal der Gewinnbeteiligung aus (*HFA* 1/1994, WPg, 419ff, Tz 2.1.1. b). Nach Auffassung der FinVerw ist eine Beteiligung am Liquidationserlös schon dann anzunehmen, wenn eine Rückzahlung des Genussrechtskapitals vor der Liquidation nicht verlangt werden oder der Rückzahlungsanspruch erst in ferner Zukunft geltend gemacht werden kann (*BdF* 8. 12. 1986, BB 1987, 667; krit zurecht *BFH* 19. 1. 1994, DB, 860; vgl auch *Linscheidt* DB 1992, 1854). 230

4. Kapitalersetzende Darlehen

Kapitalersetzende Darlehen iSd §§ 32a, b GmbHG oder iSd Rspr des BGH zu §§ 30, 31 GmbHG sind auch dann als Verbindlichkeiten zu bilanzieren, wenn eine Rückzahlung an den Gester nicht erfolgen darf, und das Darlehen bei einem qualifizierten Rangrücktritt (s Anm 232) insolvenzrechtlich wie EK behandelt wird (*BGH* 15. 2. 1996, DB, 1032; *ADS*[6] § 246 Anm 93, 97; *Groh* BB 1993, 1888; *Klaus* BB 1994, 680ff; *Weisang* WM 1997, 248; Gleiches gilt sinngemäß für die KapCoGes §§ 129a, 172a HGB; entsprechend für die AG vgl *BGH* 26. 3. 1984, AG, 181 „BuM/WestLB"). Der Bestand der Verbindlichkeit wird durch die Wirkung des EK-Ersatzes nicht berührt (*Hueck/Fastrich* in Baumbach/Hueck GmbHG[17] § 32a Anm 53). Zur Frage der Kenntlichmachung der Kapitalersatzfunktion im Jahresabschluss von KapGes/KapCoGes § 266 Anm 255. 231

5. Verbindlichkeiten mit Rangrücktritt

Zur Beseitigung einer bestehenden bzw Abwendung einer drohenden Überschuldung können Gläubiger und Schuldner einen **Rangrücktritt** vereinbaren. Für seine Auswirkungen ist zu unterscheiden (Abgrenzung zum Forderungsverzicht, s Anm 237f; zur sog Patronatserklärung s § 251 Anm 41ff): 232

Er hat (im Gegensatz zum Forderungsverzicht) keinen Einfluss auf die Passivierung der Verbindlichkeit in **Handels- und Steuerbilanz** (*BFH* 30. 3. 1993, DB, 1266 mwN; *ADS*[6] § 246 Anm 128ff), da er lediglich zu einer veränderten Rangordnung innerhalb der Verbindlichkeiten führt, ohne auf den Bestand und die Höhe der Verbindlichkeit einzuwirken. Daran ändert für die Steuerbilanz auch § 5 Abs 2a EStG nichts (wonach eine Verpflichtung nicht passiviert werden darf, wenn sie nur aus künftigen Erträgen bedient werden muss), da die Regelung nach richtiger Ansicht im Wege teleologischer Auslegung für einen Rangrücktritt mit Besserungsabrede nicht anzuwenden ist: Die Norm gilt nur für noch nicht entstandene Verbindlichkeiten, nicht jedoch für bestehende Verbindlichkeiten, für die lediglich die Verpflichtung zur Erfüllung in die Zukunft verschoben wurde (*Weber-Grellet* in Schmidt[24] § 5 Anm 315; *WPH II*[12] L 158). AA *BMF* 18. 8. 2004 BStBl I, 850: Die steuerbilanzielle Passivierung einer Verbindlichkeit mit Rangrücktritt soll nur zulässig sein, wenn der Schuldner die Erfüllung nicht nur aus zukünftigen Gewinnen, sondern auch aus sonstigem freien Vermögen vornehmen muss.

Die Verbindlichkeit ist aber nicht mehr im insolvenzrechtlichen **Überschuldungsstatus** anzusetzen. Trotz des Wortlauts in § 39 Abs 2 InsO sowie der Gesetzesbegründung in BT-Drs 12/2443, 115 (wonach nur ein Forderungsverzicht zur Nichtberücksichtigung im Überschuldungsstatus führen solle), hat der BGH in einer Grundsatzentscheidung entschieden, dass ein Rangrücktritt auch nach neuem Insolvenzrecht grundsätzlich überschuldungsabwendende Wirkung hat (*BGH* 8. 1. 2001 DStR, 175 mit Anm *Goette;* die Entscheidung erging zur Beurteilung des Rangrücktritts bei eigenkapitalersetzenden Gesellschafterdarlehen, ist aber mit ihren grundsätzlichen Erwägungen allgemein anzuwenden). Nach zuzustimmender Auffassung des BGH liegt eine überschuldungsabwendende Wirkung bereits dann vor, wenn eine Erklärung des Gläubigers die Interessen der anderen Gläubiger wahrt. Ein Rangrücktritt muss daher so formuliert sein, dass das Vermögen der Ges während einer Krise und in der Insolvenz allen anderen Gläubigern, die ihrerseits keinen Rücktritt bzw einen Verzicht abgegeben haben, bevorrechtigt zusteht.

Es gibt keine starren Regeln für die Formulierung eines Rangrücktritts, so dass eine für den konkreten Einzelfall passende Vereinbarung zu wählen ist. Ausgehend vom Zweck des Rangrücktritts (zumindest vorübergehende wenn nicht gar dauernde Beseitigung der Überschuldung) muss er enthalten:

– Bezeichnung einer bestimmten Forderung dem Grunde nach. Die Höhe der Forderung muss für die Wirksamkeit des Rangrücktritts nicht feststehen. Es kann auch für erst künftig anfallende Leistungen zurückgetreten werden (dies gilt auch für Dauerschuldverhältnisse, zB Rücktritt eines Geschäftsführers betreffend seine künftigen Ansprüche auf monatliche Pensionszahlung; in diesem Fall ist die Pensionsrückstellung im Überschuldungsstatus nicht zu berücksichtigen).
– Angabe des Zwecks, dh zur Beseitigung bzw Abwendung der Überschuldung.
– Rücktritt hinter alle andere Forderungen, für die kein Rangrücktritt bzw Verzicht erklärt wurde, dergestalt, dass sie nur aus künftigen Jahresüberschüssen, einem Liquidationsüberschuss oder bei Vorhandensein anderen freien Vermögens gefordert werden darf (die Verpflichtung zur Erfüllung aus anderem freien Vermögen wird von *BMF* 18. 8. 2004 BStBl I, 850 gefordert, um trotz § 5 Abs 2a EStG in der Steuerbilanz passivieren zu dürfen); *FN IDW* 1998, 568; *WPH I*[12] L 156. Eine Befristung allein mit dem Ziel, dass die Verbindlichkeit unabhängig von der künftigen wirtschaftlichen Lage erst zu einem späteren Zeitpunkt zu begleichen ist, ist lediglich als Stundung bzw Moratorium zu betrachten, ohne dass die Verbindlichkeit erlischt (*WPH II*[12] L 157).
– Bei *eigenkapitalersetzenden Gesellschafterdarlehen* fordert *BGH* 8. 1. 2001 DStR, 175 darüber hinaus einen sog *qualifizierten Rangrücktritt:* Der Gester muss zusätzlich erklären, dass er bis zur Abwendung der Krise (1) erst nach allen anderen Gläubigern und (2) nur zugleich mit den Einlagerückgewähransprüchen der anderen Gester befriedigt werden wolle (dh Herstellung des gleichen Rangs mit den satzungsmäßigen Einlagen). Für den Gläubigerschutz wäre nur das erste Merkmal nötig, denn damit steht der zurückgetretene Gester noch hinter ebenfalls zurückgetretenen Drittgläubigern. Die darüber hinausgehende Gleichstellung mit den satzungsmäßigen Einlagen wäre nicht erforderlich, denn sie beeinflusst nur das Verhältnis der Gester untereinander, falls nach Befriedigung aller Gläubiger noch Verteilungsmasse bleibt. Dies

zu regeln ist aber aus insolvenzrechtlichen Gründen nicht nötig (ebenso *Müller/Gerhardt* in Jaeger, Großkommentar zur Insolvenzordnung, § 19 Anm 101f).

Zu Formulierungsbeispielen betreffend den Mindestinhalt für Gester, stille Gester und Fremdgläubiger s *Kussmaul* DB 2002, 2258; zu Formulierungen bei KonzernGes s *Loitz/Schulze* DB 2004, 769.

Darüber hinaus sind je nach Sachverhalt folgende Regelungen zweckmäßig:

- Erklärung der Unwiderruflichkeit.
- Rücktritt mit der ganzen Forderung, oder nur *soweit* zur Beseitigung der Überschuldung erforderlich. IdR wird jedoch die Auslegung der Erklärung ergeben, dass eine zurückgetretene Forderung zumindest teilweise zu tilgen ist, wenn hierfür die Möglichkeit besteht, falls bei vollständiger Zahlung wieder eine Überschuldung eintreten würde.
- Rücktritt auch mit den bereits entstandenen und/oder künftig anfallenden Zinsen und weiteren Nebenleistungen, wie zB bereits entstandenen Ansprüchen auf Gewährleistung bzw Schadensersatz, sowie Kosten.
- Rangfolge zwischen mehreren Gläubigern, die gleichzeitig zurücktreten oder früher zurückgetreten sind. Eigenkapitalersetzende Gesellschafterdarlehen müssen jedoch stets den letzten Rang haben (s oben).

Meist ist eine Erklärung von wenigen Sätzen ausreichend. Bei längeren Erklärungen mit einer Vielzahl von Bedingungen und Sonderregelungen kann es zu Auslegungsschwierigkeiten kommen, die dem Zweck der Vereinbarung entgegenlaufen. Zur Abgrenzung zum Forderungsverzicht s Anm 238.

Schuldrechtlich hat ein Rangrücktritt zur Folge, dass der *Gläubiger* die Forderung solange nicht gelten machen kann, wie die vereinbarten Voraussetzungen nicht eingetreten sind. Da die Verbindlichkeit besteht und erfüllbar ist, darf der *Schuldner* gleichwohl erfüllen. Dies gilt grds auch, wenn die Überschuldung noch besteht bzw durch die Erfüllung wieder eintritt. Die Frage, ob der Gläubiger das zur Erfüllung vom Schuldner Hingegebene auch behalten darf, oder ob er eine Rückübertragungsverpflichtung hat, die dann vom Schuldner als Forderung zu aktivieren wäre, ist nach insolvenzrechtlichen Regeln bzw den Grundsätzen des Gläubigerschutzes zu beantworten (zB § 30f GmbHG).

Zum Ausweis in der Bilanz von KapGes/KapCoGes vgl § 266 Anm 255.

6. Einlagen stiller Gesellschafter

Einlagen stiller Gester sind nur dann bilanzielles **Eigenkapital,** wenn folgende Kriterien kumulativ erfüllt sind (so auch *ADS*[6] § 246 Anm 90ff): **233**

(1) *Längerfristigkeit:* Der stille Gester und der Inhaber des Handelsgeschäfts können die Beteiligung längerfristig nicht kündigen.

(2) *Nachrangigkeit:* Ein Rückzahlungsanspruch des stillen Gesters kann im Liquidationsfall erst nach Befriedigung aller Gläubiger und im Insolvenzfall nicht als Insolvenzforderung geltend gemacht werden (dies setzt eine von § 236 abweichende vertragliche Regelung voraus).

(3) *Verlustteilnahme:* Die stille Einlage nimmt am Verlust bis zur vollen Höhe teil.

Die stille Einlage muss auf Dauer überlassen sein. Wie im Falle von Genussrechtskapital (dazu Anm 228) ist dafür nicht erforderlich, dass eine Rückforderung *vor* Insolvenz- oder Liquidationsfall ausgeschlossen ist (so aber *Bordt* in HdJ Abt III/1 Anm 221, 228) Die **Umqualifizierung** von EK in FK bei Ablauf der Laufzeit bzw möglicher Kündigung durch den stillen Gester erfolgt wie bei Genussrechten (s Anm 228). Sofern die drei Kriterien nicht sämtlich erfüllt sind, liegt bilanzrechtlich eine **Verbindlichkeit** vor.

234 Falls EK vorliegt, ist die stille Beteiligung als Sonderposten innerhalb des EK zu zeigen (*ADS*[6] § 266 Anm 189: „Kapital des stillen Gester"). Wird die stille Einlage vom Gester einer KapGes geleistet, so handelt es sich um eine andere Zuzahlung als Kapitalrücklage nach § 272 Abs 2 Nr 4 (*Hense* Die stille Gesellschaft im handelsrechtlichen Jahresabschluss, Düsseldorf 1990, 258, 261f). Da die stille Beteiligung in diesem Fall nicht aus der Bilanz ersichtlich ist, muss eine Anhangangabe erfolgen. Zum Ausweis als EK s auch § 266 Anm 187. Liegt FK vor, ist die stille Einlage unter den sonstigen Verbindlichkeiten oder in einem besonderen Posten innerhalb der Verbindlichkeiten auszuweisen.

7. Abgang von Verbindlichkeiten

235 Eine Verbindlichkeit ist auszubuchen, wenn sie erloschen ist. Verbindlichkeiten erlöschen durch **Erfüllung** (§ 362 BGB), **Aufrechnung** (aus Vertrag, Vereinbarung eines Kontokorrentverhältnisses, § 355, oder aus Gesetz, §§ 387–396 BGB), **Erlass** (§ 397 BGB), **Schuldumwandlung** (Novation) oder **befreiende Schuldübernahme** (§§ 414ff BGB).

236 **Erlass** ist ein Vertrag zwischen Gläubiger und Schuldner, durch den der Gläubiger auf eine Forderung verzichtet. Der **Forderungsverzicht** führt beim Schuldner regelmäßig zu einem (außerordentlichen) Ertrag. Verzichtet ein Gester auf eine Forderung, kommt stattdessen bei PersGes die Gutschrift auf einem Kapitalkonto bzw bei KapGes die Einstellung in die Kapitalrücklage in Frage, wenn eine Leistung „in das EK" (§ 272 Abs 2 Nr 4) gewollt war (vgl hierzu § 272 Anm 67).

237 Der Forderungsverzicht zur Abwendung einer insolvenzrechtlichen Überschuldung wird regelmäßig mit einem **Besserungsschein** verbunden. Die Besserungsklausel kann zum Inhalt haben, dass der Schuldner auf die erlassene Schuld Nachzahlungen zu leisten hat, soweit sich seine Vermögensverhältnisse bessern, insb aus künftigen Gewinnen oder aus einem Liquidationserlös. Der je nach Formulierung auflösend bedingte Schulderlass bzw unbedingte Erlass mit gleichzeitig vereinbartem aufschiebend bedingtem Wiederaufleben der Schuld führt zur Ausbuchung der Verbindlichkeit und damit zu einem (außerordentlichen) Ertrag (*ADS*[6] § 246 Anm 150; *WPH II*[12] L 154). Bei Gester-Darlehen ist stattdessen auch die Einstellung in die Kapitalrücklage zulässig (§ 272 Anm 67); der Gester kann bei Verzicht eine entspr Verwendung vorgeben. Steuerlich liegt bei einem Gester-Darlehen für eine KapGes eine (verdeckte) Einlage vor, allerdings nur in Höhe des werthaltigen Teils der Forderung des Gesters (*BFH* GrS 9. 6. 1997, BStBl II 1998, 307; *BMF* 2. 12. 2003 WPg 2004, 168). Bei Eintritt des Besserungsfalls ist die Verbindlichkeit in der sich nach den Verhältnissen der Besserung ergebenden Höhe aufwandswirksam wieder einzubuchen. Die Verpflichtung aus dem Besserungsschein ist vor Eintritt der (aufschiebenden bzw auflösenden) Bedingung nicht anzusetzen. Ist Bedingung die Erzielung von Gewinnen, so ist die Schuld aus dem Besserungsschein erst dann und nur soweit wirtschaftlich verursacht, als Gewinne tatsächlich entstanden sind, und erst in den Jahren der Gewinnerzielung zu Lasten des Jahresüberschusses zu passivieren (hM, *ADS*[6] § 246 Anm 150 mwN; *BMF* 7. 11. 1990, DB 1991, 354; *Weber-Grellet* in Schmidt[24] § 5 Anm 314; *Gross/Fink* BB 1991, 1379 auch zu Hinweispflichten im JA; *Schulze-Osterloh* WPg 1996, 99 mwN; *Rautenberg/Scharfenberg* DB 1995, 1347; aA *Hüttemann* in HdJ Abt III/8 Anm 58). Für diesen Fall folgt aus § 5 Abs 2a EStG keine Abweichung für die Steuerbilanz, da auch handelsbilanziell nicht vorher passiviert werden darf (hierzu s Anm 224).

238 Ein Forderungsverzicht mit Besserungsschein ist bilanziell anders als ein „bloßer" **Rangrücktritt** zu behandeln (vgl Anm 232). Schwierigkeiten können

sich aber bei der Auslegung einer Vereinbarung ergeben, welche Erklärung vorliegt (*Weber-Grellet* in Schmidt[24] § 5 Anm 550 „Gesellschafterfinanzierung"). Forderungsverzicht mit Besserungsschein und Rangrücktritt sind indes nur dann (aus der Sicht des Schuldners) wirtschaftlich gleichwertig, wenn das Wiederaufleben der Verbindlichkeit auf Grund des Besserungsscheins und die Pflicht zur Bedienung der Verbindlichkeit mit Rangrücktritt an dieselben Voraussetzungen geknüpft sind. In Rangrücktrittsvereinbarungen ist aber regelmäßig bestimmt, dass die Verbindlichkeit *auch aus weiterem,* die sonstigen Schulden der Ges übersteigendem Vermögen zu bedienen ist (ein Rangrücktritt führt nicht zu einer bedingten Zahlungsverpflichtung und somit nicht zu einem steuerbilanziellen Passivierungsverbot nach § 5 Abs 2a EStG, s Anm 232). Besserungsklauseln haben dagegen meist zum Inhalt, dass die Verbindlichkeit nur aus künftigen Gewinnen oder aus einem Liquidationsüberschuss zu bedienen ist, so dass die beiden Fälle wirtschaftlich nicht gleichwertig sind (zum Unterschied zwischen Forderungsverzicht mit Besserungsschein und Rangrücktritt vgl auch *ADS*[6] § 246 Anm 146f; *Groh* BB 1993, 1885; *Schulze-Osterloh* WPg 1996, 104).

Im Falle der **befreienden Schuldübernahme** erlischt das Schuldverhältnis 239
erst, wenn die Voraussetzungen der Schuldübernahme erfüllt sind (Vertrag zwischen Neuschuldner und Gläubiger oder vom Gläubiger genehmigter Vertrag zwischen Alt- und Neuschuldner). Dann hat der Altschuldner die Verbindlichkeit auszubuchen. Beispiel: Verkauf eines Grundstücks mit Übernahme einer Hypothek durch den Käufer unter Anrechnung auf den Kaufpreis. Die **Schuldmitübernahme** (zB in Form des **Schuldbeitritts**) durch einen Dritten hat keine befreiende Wirkung. Die Verbindlichkeit bleibt bestehen (zur Vermerkpflicht beim Schuldmitübernehmer vgl § 251 Anm 30). Gleiches gilt, wenn dem Neuschuldner ein Regressanspruch ggü dem Altschuldner zusteht.

8. Ausgleichsverbindlichkeiten nach DMBilG

Zuvor volkseigene Unt in den neuen Bundesländern, bei denen sich bei der 240
Aufstellung der DMEB eine zu hohe Kapitalausstattung ergeben hätte, wurden nach § 25 Abs 1 DMBilG mit einer entsprechenden Ausgleichsverbindlichkeit ggü ihrem Anteilseigner belastet. Die Ausgleichsverbindlichkeit ist in der DMEB und in den Folgeabschlüssen unter den Verbindlichkeiten mit der Bezeichnung „Ausgleichsverbindlichkeit" gesondert auszuweisen. Der Sonderausweis kann in einer Vorspalte oder als „davon"-Vermerk beim Posten „Verbindlichkeiten ggü verbundenen Unt" (wenn Gläubiger das MU ist) oder beim Posten „Sonstige Verbindlichkeiten" erfolgen (ebenso *WPH I*[11] 1996 F 239; *Braatz* DB 1992, 1149).

IV. Gliederung der Schulden

Einzelkaufleute und reine Personenhandelsgesellschaften haben nach 241
Abs 1 die Schulden gesondert auszuweisen und hinreichend aufzugliedern. Die Mindest-Gliederung besteht darin, wie für kleine KapGes vorgeschrieben, die Posten „Rückstellungen" und „Verbindlichkeiten" gesondert auszuweisen (vgl § 266 Abs 1 S 3). Je nach Größe des Unt und Bedeutung der verschiedenen Rückstellungen und Verbindlichkeiten kann nach dem Grundsatz der Klarheit und Übersichtlichkeit eine weitere Aufgliederung geboten sein. Dies gilt insbesondere für Pensionsrückstellungen und für Verbindlichkeiten ggü Kreditinstituten, erhaltene Anzahlungen, Verbindlichkeiten aus Lfg und Leistungen und Wechselverbindlichkeiten (vgl auch *ADS*[6] § 247 Anm 50). Außerdem sollten Verbindlichkeiten, die insb wegen Verlustbeteiligung oder Nachrangig-

keit funktional dem EK angenähert sind (wie zB Einlagen stiller Gester oder Verbindlichkeiten mit Rangrücktritt), gesondert ausgewiesen werden.

242 Bei reinen **Personenhandelsgesellschaften** sind Verbindlichkeiten ggü Gestern unter den Verbindlichkeiten gesondert auszuweisen oder durch Vermerk kenntlich zu machen, wenn sie wesentlich sind (*IDW RS HFA* 7 Anm 44).

Zur Gliederung von Rückstellungen und Verbindlichkeiten bei **Kapitalgesellschaften** und bei Ges, die wie KapGes bilanzieren s § 266 Anm 200ff und Anm 210ff. Zum Ausweis von Ausgleichsverbindlichkeiten nach DMBilG s Anm 240.

Zu den **erhaltenen Anzahlungen** s § 253 Anm 95 und § 266 Anm 223.

F. Rechnungsabgrenzungsposten

310 S hierzu die Erl zu § 250.

G. Haftungsverhältnisse

320 Haftungsverhältnisse sind in § 247 nicht erwähnt. Sie sind unter der Bilanz zu vermerken (§ 251). Das kann in einem Gesamtbetrag geschehen. Wegen der ggf gebotenen Bilanzierung unter den Rückstellungen oder Verbindlichkeiten s auch Anm 224.

Anlagevermögen (Abs 2)

A. Grundsätzliches

I. Abgrenzung Anlagevermögen/Umlaufvermögen

350 Der Begriff des Anlagevermögens lässt sich nur aus der Gegenüberstellung der **Komplementärbegriffe Anlagevermögen** und **Umlaufvermögen** ableiten, die das gesamte Betriebsvermögen erfassen und keine weitere Vermögensart zwischen sich dulden (*BFH* 13. 1. 1972, BStBl II, 744).

351 Dabei kommt es auf die **Zweckbestimmung** an, mit der ein VG im Betrieb eingesetzt ist, wobei zum einen die **Eigenschaften** der Sache, zum anderen der **Wille des Kaufmanns** hinsichtlich der Art des Einsatzes ausschlaggebend sind (*BFH* 26. 11. 1974, BStBl II 1975, 352). Bestimmte Gegenstände (zB Warenbestände) sind auf Grund ihrer Eigenart unabhängig vom Zeitelement (hierzu Anm 353) stets Umlaufvermögen.

352 In den übrigen Fällen (zB Grundvermögen bei einem Grundstückshandels Unt), in denen die Sache eine Verwendung als Anlagevermögen (zB als eigengenutztes Verwaltungsgebäude oder Renditeobjekt so *FG Hamburg* 21. 12. 1984, EFG 1985, 460) oder als Umlaufvermögen (Handelsbestand uU nach vorheriger Bebauung) gestattet, entscheidet über die Zuordnung die **betriebliche Funktion** des VG, der er nach dem Willen des Kfm gewidmet ist (Anm 354). Die steuerrechtliche Rspr unterscheidet in diesem Fall auch für das Handelsrecht – die Funktionen des Gebrauchs für VG des Anlagevermögens und des Verbrauchs für VG des Umlaufvermögens. Ein **Gebrauchsgut** liegt danach schon

dann vor, wenn die Absicht mehrmaliger betrieblicher Verwendung besteht, ein **Verbrauchsgut** und damit ein VG des Umlaufvermögens, wenn er dem Betrieb nur für einen einmaligen Nutzungsvorgang (sofortiger Verkauf, Verbrauch) dienen soll (*BFH* 31. 5. 2001, BFH/NV, 1485, 1486). Allein Verschleiß oder Schwund steht bei einem mehrmalig verwendeten VG der Beurteilung als Anlagevermögen nicht entgegen (zB bei Elektrolyten, hierzu *BFH* 11. 4. 1986, BStBl II, 551; *BFH* 31. 1. 1991, BStBl II, 627 zu Chlorbäderinhalten; *OFD Berlin* 10. 11. 1992, FR 1993, 249 zu Trägerfilmen und Druckplatten). Die Abgrenzung zwischen Anlage- und Umlaufvermögen bei **Werkzeugen** ist zweckmäßigerweise danach vorzunehmen, ob die Werkzeuge dem Betrieb zu mehrmaligem Einsatz zur Verfügung stehen (Anlagevermögen) oder sich während der Ausführung eines Auftrags verschleißen bzw auf Grund ihrer besonderen Beschaffenheit nur für einen einzigen Auftrag Verwendung finden können (Umlaufvermögen, Betriebsstoffe Anm 61). **Kundengebundene Werkzeuge,** die für mehrere Aufträge des Kunden verwendet werden sollen, sind Anlagevermögen (*ADS*^{6} § 266 Anm 51). Zum Ausweis von Zuschüssen des Kunden s § 255 Anm 119. Werkzeuge, die auftragsgebunden zur Veräußerung an den Kunden bestimmt sind, sind Umlaufvermögen (*ADS*^{6} § 266 aaO „fremde Werkzeuge"). **Ersatzteile** und **Reparaturmaterialien,** die nur zum Einbau in zum Anlagevermögen gehörige technische Anlagen und Maschinen vorgesehen sind, können, **Spezialreserveteile,** die nur bei bestimmten Anlagen oder Maschinen verwendbar sind, müssen zusammen mit diesen aktiviert werden (so *ADS*^{6} § 266 Anm 50).

Der **Begriff „dauernd"** enthält ein Zeitelement, darf jedoch nicht als abso- 353
luter Zeitbegriff iSv „immer" oder „für alle Zeiten" verstanden werden (*ADS*^{6} § 247 Anm 107; *Stobbe* in *HHR* § 6 Anm 253). Eine längere Verweildauer eines VG im Betriebsvermögen kann allerdings ein Hinweis auf das Vorliegen einer Daueranlage sein (*BFH* 5. 2. 1987, BStBl II, 448). Das trifft insb auf Finanzanlagen zu, die dem eigentlichen UntZweck häufig nur mittelbar dienen (dazu Anm 357). Da eine bestimmte Mindestverweildauer im Betriebsvermögen nicht vorausgesetzt wird (*Littmann* § 6 Anm 76), können auch VG mit kurzer Nutzungsdauer zum Anlagevermögen gehören (zB ein gebraucht erworbener Pkw).

„Dauernd dienen" umschreibt auch die betriebliche Funktion, dh die Art 354
des Einsatzes eines zum Anlagevermögen gehörenden VG im Geschäftsbetrieb. Er muss in die Betriebsabläufe so eingegliedert sein, dass er auf Dauer – oder iSd steuerrechtlichen Definition (*BFH* 26. 11. 1974, BStBl II 1975, 352) – zur wiederholten betrieblichen Nutzung zur Verfügung steht. Oder in der Umkehr: Unterliegt der VG der Abnutzung im Betrieb, so dient er dauernd dem Geschäftsbetrieb, wenn mit seiner Veräußerung erst zu rechnen ist, sobald er seine **betriebliche Zweckbestimmung** nicht mehr erfüllt. So sind VG eines *Vermietungsunternehmens* (Mietwagen, Telefonanlagen) entspr ihrer betrieblichen Zweckbestimmung Anlagevermögen. **Vorführwagen** eines *Kfz-Händlers,* die üblicherweise Kunden zu Testzwecken zur Verfügung gestellt werden, sind zwar auch in Verkaufsabsicht angeschafft, sie gehören aber dennoch zum Anlagevermögen, weil die Gebrauchsbestimmung dominiert (*BFH* 17. 11. 1981, BStBl II 1982, 344); anders, wenn der Händler LKW für die Bedürfnisse bestimmter Kunden herrichtet und diese nach kurzer Mietphase unter Anrechnung des Mietzinses an die Kunden verkauft (*BFH* 30. 4. 1998, BFH/NV, 1372). Das Gleiche gilt für **Musterhäuser** eines Fertighausherstellers (*BFH* 31. 3. 1977, BStBl II, 684) sowie für **Musterküchen** und **Musterelektrogeräte** eines Groß- und Einzelhändlers, solange sie zum Zweck der Werbung von Kunden aufgestellt und fest installiert sind (*FG München* 28. 9. 1979, EFG 1980,

142; zur Qualifizierung von **Ausstellungsmöbeln** eines Möbel*einzel*händlers als Umlaufvermögen vgl *FG Berlin* 11. 5. 1976, EFG 1977, 2).

Im Einzelfall entscheidet über die Zuordnung die Art des Unt (zB Grundstücks-, Maschinen-, Auto- und Beteiligungshandel) oder im Zweifel der Wille des Kfm. So ist ein Grundstück, das ein Kfm zB im Wege der Zwangsvollstreckung erworben hat, um seine hypothekarisch gesicherte Forderung zu retten, Umlaufvermögen, wenn er beabsichtigt, das Grundstück wieder zu verkaufen (vgl *FG Nds* 5. 3. 1992, EFG, 722 zu gewerblichem Grundstückshandel). Zum Anlagevermögen kann ein solches Grundstück nur gehören, wenn es mindestens die Funktion von Reservevermögen erfüllt oder als Vermögensanlage dient.

Die Einbindung eines VG in das Anlagevermögen setzt die **Nutzung im Betrieb** voraus. Sie liegt auch vor, wenn – wie bei den Finanzanlagen – das Geld im fremden Betrieb arbeitet, die Geldanlage als solche durch eine Rendite oder ggf nur als Sicherheit zum betrieblichen Erfolg beiträgt. Nutzung im Betrieb liegt vor, wenn der Arbeitgeber seinem Arbeitnehmer ein **Kfz** zur betrieblichen und privaten **Nutzung** überlässt (*BFH* 23. 5. 1986, BStBl II, 919). UE liegt auch dann noch Nutzung im Betrieb vor, wenn der Arbeitnehmer das Kfz ausschließlich privat nutzt, da die Nutzungsüberlassung als betriebliche Leistung des Arbeitgebers Arbeitslohn ersetzt (*BFH* 10. 3. 1989, BFH/NV, 805). Auch bei **Automaten** eines Automatenaufstellers liegt Nutzung im eigenen Betrieb vor, wenn der Aufsteller den unmittelbaren Besitz an den Automaten behält und damit die tatsächliche Gewalt über sie ausübt (*BFH* 23. 5. 1986, BStBl II, 918). Das gilt auch, wenn die betriebliche Nutzung durch Vermietung der Automaten erfolgt.

355 Gleiches gilt für den Ausweis von **Leasing-Gegenständen** beim **Leasing-Geber.** Da der Betriebszweck des Leasing-Gebers auf die Nutzungsüberlassung an VG gerichtet ist, liegt Nutzung im eigenen Betrieb vor. Das gilt sowohl für das langfristige *Finanzierungs-Leasing* (*BFH* 5. 2. 1987, BStBl II, 448; *IdW* WPg 1989, 369) als auch für das eher kurzfristige *Operating-Leasing,* bei dem ggf mehrere aufeinander folgende Leasingverträge mit uU verschiedenen Kunden abgeschlossen werden (*BFH* 9. 4. 1989, BStBl II, 481; *ADS*[6] § 247 Anm 125, *Hütten/Lorson* in HdR[5] § 247 Anm 52). Wird der VG wirtschaftlich dem **Leasingnehmer** zugerechnet und hat er ihn zu aktivieren, ist ebenfalls Anlagevermögen gegeben, da ein Verbrauch oder eine Verarbeitung des Leasinggegenstands auf Grund der mietvertragsähnlichen Vereinbarungen ausscheidet (*ADS*[6] aaO, *Hütten/Lorson* in HdR[5] aaO).

356 Die Definition des Anlagevermögens in Abs 2 („dauernd dem Geschäftsbetrieb zu dienen bestimmt") gilt auch für **Finanzanlagen.** Es kommt also ebenso wie bei Sachanlagen auf die Zweckbestimmung (Anm 351 f), den Begriff „dauernd" (Anm 353) und den Begriff des (dauernden) Dienens (Anm 354 f) an. Zur speziellen Definition für Beteiligungen bei KapGes/KapCoGes (§ 271 Abs 1) s dort Anm 8 ff und für verbundene Unt (§ 271 Abs 2) dort Anm 33 ff.

Die Zweckbestimmung und der Begriff des Dienens sind keine eindeutigen Abgrenzungskriterien, weil Forderungen und Wertpapiere auch im Umlaufvermögen „dazu bestimmt" sind, dem Geschäftsbetrieb (durch Erzielung von Erträgen) zu „dienen". Bei Finanzanlagen hat daher das Zeitelement, das „dauernde" Dienen, entscheidende Bedeutung (§ 271 Anm 16, 18 ff).

357 Im HGB ist keine bestimmte Laufzeit für den Begriff der **Ausleihungen** vorgesehen. Dennoch kommt es für die Qualifizierung als Anlagevermögen wegen der Bedeutung des Zeitelements auf eine vereinbarte Mindestlaufzeit an. Dabei dürfte unbestritten sein, dass Ausleihungen mit einer vereinbarten Laufzeit von mindestens vier Jahren stets Anlagevermögen und mit einer vereinbarten Laufzeit von nicht mehr als einem Jahr stets Umlaufvermögen sind. Für Laufzeiten

von mehr als einem und weniger als vier Jahren kann es mangels objektiver Kriterien nur auf die subjektive Absicht des Kfm ankommen, eine Ausleihung als Anlage- oder als Umlaufvermögen zu halten. Auch bei den **übrigen Finanzanlagen** (zB bei **Wertpapieren des Anlagevermögens**) ist für die Qualifikation als Anlagevermögen auf die Dauerhaftigkeit der Anlage abzustellen. Die genannten Fristen (bis zu einem Jahr: stets Umlaufvermögen, mehr als vier Jahre: stets Anlagevermögen) scheiden jedoch regelmäßig bei **Anteilen** als Abgrenzungskriterien aus (weil es mit der seltenen Ausnahme zeitlich befristeter Ges keine vereinbarten „Laufzeiten" gibt). Deshalb kann es hier nur auf die subjektive Absicht des Kfm ankommen (*BFH* 18. 12. 1986, BStBl II 1987, 446 zu stillen Beteiligungen, die idR 10 Jahre lang gehalten werden sollten: Anlagevermögen). Dabei ist an der einmal getroffenen Entscheidung des Kfm solange festzuhalten, bis eine Änderung des Ausweises durch neue, nachprüfbare Tatsachen begründet werden kann, weil andernfalls die unterschiedlichen Bewertungsregeln für Anlage- und Umlaufvermögen willkürlich angewendet werden könnten.

II. Wechsel der Vermögensart

Da sich § 247 auf den Inhalt der Bilanz bezieht, kommt es auch für den Aus- **360**
weis als Anlage- oder Umlaufvermögen auf die **Verhältnisse am Bilanz-Stichtag** an (dazu *Bordewin* DStZ 1986, 84; *Tertel* DStR 1986, 116). Dabei müssen jedoch auch vor oder nach dem Bilanzstichtag liegende Umstände berücksichtigt werden (dazu Anm 20). Dennoch ist es denkbar, dass ein VG zunächst als Umlaufvermögen und danach (auf Grund geänderter Zweckbestimmung) als Anlagevermögen ausgewiesen wird (und umgekehrt). Die Änderung der Zuordnung bedarf einer Begründung im Anhang von KapGes/KapCoGes nur, wenn die Änderung zugleich eine Abweichung von Bilanzierungs- und Bewertungsmethoden darstellt und wesentlich ist (§ 284 Anm 143).

Eine **Umgliederung in das Anlagevermögen** liegt vor, wenn zB eine Maschine aus einem Warenbestand entnommen und für die eigene Produktion eingesetzt wird oder, wenn der Hersteller von im Regelfall zum umgehenden Verkauf bestimmten Gebrauchsgegenständen, diese durch Leasingverträge mit mehrjähriger Laufzeit vermietet (*BFH* 5. 2. 1987, BStBl II, 448 betr Transportfahrzeuge; auch *Strunz* StBP 1987, 183). Bei **Eigentumswohnungen** eines GrundstückshandelsUnt liegt im Zweifel ein Zugang zum Anlagevermögen vor, wenn diese – infolge der längerfristigen Bindung an diese Nutzungsart durch die Mieterschutzgesetzgebung – im Wege der Vermietung für den Geschäftsbetrieb genutzt werden. Kein Wechsel der Vermögensart liegt demgegenüber vor, wenn diese vermieteten Eigentumswohnungen ggf unter Zusage einer Vermietungsgarantie weiterhin im Angebot des GrundstückshandelsUnt bleiben. **Ladenlokale** eines GrundstückshandelsUnt bleiben auch nach Vermietung in der Regel Umlaufvermögen, da sie üblicherweise erst nach Sicherstellung einer Vermietung marktgängig sind; ein Zugang zum Anlagevermögen kommt in diesen Fällen nur in Betracht, wenn wegen Dauernutzung durch Vermietung das Ladenlokal aus dem Angebot genommen wird. Unerheblich ist, ob sich die Verkaufsabsicht in absehbarer Zeit verwirklichen lässt, solange die Zweckwidmung zum Verkauf fortbesteht. Auch **Anzahlungen,** die ursprünglich auf VG des Umlaufvermögens geleistet wurden, sind in das Anlagevermögen umzugliedern, sobald feststeht, dass die zu liefernden VG auf Dauer dem Geschäftsbetrieb dienen sollen.

Keine Umgliederung in das Umlaufvermögen ist erforderlich, solange ein VG **361**
noch tatsächlich betrieblich genutzt wird, auch wenn eine Veräußerung in naher Zukunft geplant oder zu erwarten ist. Auch nach der BFH-Rspr ändert ein WG des Anlagevermögens seine Zweckbestimmung nicht allein dadurch, dass es ver-

kauft werden soll. Dementsprechend bedeutet eine zum Zwecke der Veräußerung vorgenommene **Parzellierung** unbebauter Grundstücke kein Wechsel der Vermögensart, wenn sich der Veräußerer auf eine bloße Verkaufstätigkeit beschränkt, ohne die Flächen selbst als Bauland aufzubereiten und zu erschließen oder hieran aktiv etwa durch Beantragung und Finanzierung eines Bebauungsplans mitwirkt. Letzteres führt zur Zweckänderung (Umlaufvermögen) schon vor der Veräußerung (*BFH* 31. 5. 2001, BFH/NV, 1485; 25. 10. 2001, BStBl II 2002, 289, jeweils zu § 6b EStG). Ebenso die FinVerw (EStR 32 Abs 1 S 7, 8). Auch sonst kann im Einzelfall der Wechsel eines VG vom Anlagevermögen zum Umlaufvermögen vorliegen, wenn die Zweckbestimmung „dauernd dem Betrieb dienen" durch Maßnahmen aufgegeben wird, die die anderweitige Verwendung eindeutig erkennen lassen (zB durch Zuführung zu einem Handelsbestand oder entspr Umwidmung: **Junghennen,** die – für Legezwecke angeschafft – später als Fleischhennen aufgezogen werden, *Brezing* FR 1975, 489; *BFH* 30. 4. 1985, BFH/NV, 36). Auch mit der **Verschrottung** eines VG endet seine Zweckbestimmung als Anlagevermögen. Die **Stilllegung** einer Anlage allein begründet auch im Hinblick auf § 6b EStG (Veräußerung bestimmter *Anlagegüter*) keinen Wechsel der Vermögensart, solange sie noch als Reservevermögen vorgehalten (gewartet und gepflegt) wird. Ist noch unentschieden, ob die stillgelegte Anlage später (ggf nach einem Umbau) wieder genutzt oder verschrottet werden soll, bestehen keine Bedenken, den Bilanzansatz als AnlageVG bis zum Abgang beizubehalten (*ADS*[6] § 247 Anm 120). Die zur Veräußerung bestimmten VG des Anlagevermögens eines **in Abwicklung befindlichen Unternehmens** werden zu Umlaufvermögen, wenn sie nach außen erkennbar zum Verkauf bereitgestellt werden (*BFH* 7. 3. 1985, BFH/NV 1986, 120); dazu die Bewertungs- und Abgrenzungsvorschriften in § 270 Abs 2 S 3 AktG, § 71 Abs 2 S 3 GmbHG. Zur Umwidmung von Finanzanlagen s Erl SächsSMF 20. 8. 1992, DStR, 1476.

III. Gliederung des Anlagevermögens

370 Abs 1 schreibt lediglich vor, dass das Anlagevermögen gesondert auszuweisen und hinreichend aufzugliedern ist. Die „hinreichende Aufgliederung" *kann* sich für nicht dem PublG und Formblattvorschriften unterliegende Ekfl und reine PersGes aus den Gliederungsvorschriften für kleine KapGes/KapCoGes ergeben (§§ 266 Abs 1, 267 Abs 1). Danach ist es grds zulässig, das Anlagevermögen wie folgt zu gliedern:

I. Immaterielle Vermögensgegenstände
II. Sachanlagen
III. Finanzanlagen

Eine solche Mindestgliederung genügt jedoch dem Gebot der hinreichenden Gliederung nicht, wenn dadurch im Einzelfall der Grundsatz der Klarheit und Übersichtlichkeit (§ 243 Abs 2) verletzt wird. Das kann insbesondere der Fall sein, wenn ein Unt die Größenmerkmale der mittleren KapGes/KapCoGes (§ 267 Abs 2) überschreitet.

In solchen Fällen erscheint etwa folgende **Mindestgliederung** geboten:

I. Immaterielle VG
  1. Geschäfts- oder Firmenwert
  2. sonstige immaterielle VG
II. Sachanlagen
  1. Grundstücke und Gebäude (ggf einschließlich Anzahlungen und im Bau befindliche Gebäude)

2. Maschinen, Anlagen, Betriebs- und Geschäftsausstattung (ggf einschließlich Anzahlungen und im Bau befindliche Anlagen)
3. geleistete Anzahlungen und Anlagen im Bau – wenn von besonderem Gewicht –

III. Finanzanlagen
1. Anteile an verbundenen Unt und Beteiligungsgesellschaften
2. Wertpapiere des Anlagevermögens
3. sonstige Finanzanlagen

Mögliche weitere Untergliederungen s *Federmann* Bilanzierung nach Handelsrecht und Steuerrecht[11], 441.

B. Immaterielle Vermögensgegenstände

Zu den immateriellen VG des Anlagevermögens gehören alle unkörperlichen Werte, die nicht zu den Sachanlagen oder Finanzanlagen zählen oder VG des Umlaufvermögens sind. Soweit bestimmte Rechte oder Werte sich auf Sachanlagevermögen beziehen (zB **Erbbaurecht, Mieterein- und umbauten, wirtschaftliches Eigentum** an Sachen), kommt dem Ausweis unter den Sachanlagen Priorität zu (*ADS*[6] § 266 Anm 27). 372

I. Konzessionen, gewerbliche Schutzrechte und ähnliche Rechte und Werte sowie Lizenzen an solchen Rechten und Werten

Schrifttum: *Meyer-Scharenberg* Tatbestand und Rechtsfolgen der Nutzungsüberlassung, StuW 1987, 103; *Knepper* Software in der Handels- und Steuerbilanz, FS Döllerer 1988, 299; *Voss* Steuerbilanzielle Behandlung von PC-Software, FR 1989, 358; *HFA* 1/1992 Zur bilanziellen Behandlung von Güterfernverkehrskonzessionen, WPg 1992, 609; *Barth/Kneisel* Entgeltlich erworbene Warenzeichen in der Handels- und Steuerbilanz, WPg 1997, 473; *Hommel* Bilanzierung immaterieller Anlagewerte, Stuttgart 1998; *Niemann* Immaterielle Wirtschaftsgüter im Handels- und Steuerrecht, Bielefeld 1999; *Schick/Nolte* Bilanzierung von Internetauftritten nach Handels- und Steuerrecht, DB 2002, 541; *Peter* Zwischen Standard- und Individualsoftware: Bilanzielle Behandlung von ERP-Programmen, DB 2003, 1341; *IDW RS HFA 11:* Bilanzierung von Software beim Anwender; *Klein/Völker-Lehmkuhl* Die Bilanzierung von Emissionsrechten nach den deutschen Grundsätzen ordnungsgemäßer Bilanzierung, DB 2004, 332; *IDW* ERS HFA 15: Bilanzierung von Schadstoffemissionen nach HGB. S. auch das Schrifttum vor Anm 400.

1. Begriffsbestimmung und Beispiele

Zu den Konzessionen, gewerblichen Schutzrechten und ähnlichen Rechten und Werten sowie Lizenzen an solchen Rechten und Werten gehören **Rechte** (zB Patente, Gebrauchsmuster, Warenzeichen (Marken; seit 1995 einzeln übertragbar § 27 MarkenG), Urheberrechte, Leistungsschutzrechte), **Rechtspositionen** (zB Nutzungsberechtigungen an Sachen und Rechten auf Grund schuldrechtlichen Vertrags, Belieferungsrechte, Vertriebsrechte, durch langfristige Verträge abgesicherte Geschäftsbeziehungen, Wettbewerbsverbote, Gewerbeberechtigungen, Konzessionen, Kontingente, Quoten) und **rein wirtschaftliche Werte** (zB ungeschützte Erfindungen, Rezepte, Know-how, EDV-Software, Archive, Film- und Tonaufzeichnungen). Zu zahlreichen Beispielen aus der *BFH*-Rspr s *Weber-Grellet* in Schmidt[24] § 5 Anm 172. 375

Bei VG, deren unkörperliche Substanz **mit einem körperlichen Gut verknüpft** ist (zB Bild- und Tonträger, EDV-Datenträger), kommt es für die Ein- 376 ordnung als immaterieller Wert oder als Sache auf den Schwerpunkt bzw das überwiegende Element des VG an. Die Zuordnung zu den immateriellen VG ist vorzunehmen, wenn im Rahmen des Nutzungs- und Funktionszusammenhangs im Unt das Interesse an der unkörperlichen Substanz, dh die Übertragung von Nutzungsrechten (§ 34 UrheberrechtsG) bzw die Rechteübertragung (§ 94 UrheberrechtsG) im Vordergrund steht und sich die Überlassung des Werk- und Vervielfältigungsstücks nur als das körperliche Substrat der Rechteüberlassung darstellt (zB Spielfilme *BFH* 14. 6. 1985, BFH/NV, 58); Werbefilme (*FG Hamburg* 4. 12. 1989, EFG 1990, 463 rkr); Tonträger (*BFH* 28. 5. 1979, BStBl II, 734); Film- oder Videomagnetband einer Fernsehproduktion (*BFH* 20. 9. 1995, BStBl II 1997, 320).

377 **EDV-Software** gehört seit dem Grundsatzurteil des *BFH* 3. 7. 1987 (BStBl II, 728) zu den immateriellen VG (so auch U vom gleichen Tag, BStBl II, 787 und *BMF* 20. 1. 1992 WPg, 365).

Ebenso wie Anwendungssoftware ist auch Systemsoftware **selbstständiger Vermögensgegenstand** (so *George* FR 1987, 579; aA *Walter* DB 1980, 1817). Unselbstständiger Teil der Hardware ist dagegen mit dieser fest verdrahtete Software – **Firmware** – (*Voss* FR 1989, 358; *IDW RS HFA* 11 Abschn 3). Gleiches gilt für den Ausnahmefall des *sog Bundling,* bei dem die Systemsoftware nur zusammen mit einer bestimmten Hardware ohne Aufteilbarkeit des Entgelts zur Verfügung gestellt wird (*BFH* 16. 2. 1990 BStBl II, 794; 28. 7. 1994 BStBl II, 873, 874; *IDW RS HFA* 11 Abschn 3). Dass Systemprogramme ohne eine entspr Hardware nicht nutzbar sind oder umgekehrt, ist kein Kriterium der Unselbstständigkeit (*BFH* aaO).

378 Von den **Anwenderprogrammen** sind sowohl Individual- als auch Standardprogramme immaterielle VG, unabhängig davon, ob es sich um fixe oder variable Standardprogramme handelt (*Knepper* in FS Döllerer 310; *BFH* 3. 7. 1987 BStBl II, 728; 10. 8. 1988, BFH/NV 1990, 62; *ADS*[6] § 246 Anm 37 mwN).

379 Das Gleiche gilt für **Systemsoftware,** unabhängig davon, ob es sich um *Individual-* oder *Standardsoftware* handelt (*BFH* 28. 7. 1994, BStBl II, 873, 874). Zivilrechtlich wird zT für Standardsoftware im Zusammenhang mit Gewährleistungsfragen eine körperliche und im Hinblick auf den urheberrechtlich geschützten Charakter ein immaterieller VG angenommen (s *Müller-Hengstenberg* NJW 1994, 3128; *Witt* DStR 1996, 1049). Für das Bilanzrecht ist der durch Änderungsgesetz vom 9. 6. 1993 auch urheberrechtlich abgesicherte (§§ 2 Abs 1 Nr 1, 69a–f UrheberrechtsG) geistig-schöpferische Gehalt entscheidend, darin bestehend, einer Maschine (wie sonst einem Menschen) Befehle und Anweisungen zur Lösung von Aufgaben zu erteilen und Funktionsabläufe zu steuern (so schon *Mathiak* StuW 1988, 83; ebenso *ADS*[6] § 246, Anm 37; *Weber-Grellet* in Schmidt[24] § 5 Anm 270 „Software"; *Stobbe* in HHR § 6 Anm 722). **Trivialsoftware** ist dagegen eine bewegliche Sache und bei AK bis zu Euro 410 als GWG zu behandeln (EStR 31a Abs 1).

380 Anders hingegen sind Datenträger (Dateien) zu beurteilen, die keine Befehle enthalten und deren maßgebliche Funktion sich darin erschöpft, gespeicherte Daten vorzuhalten (*BFH* 5. 2. 1988, BStBl II, 737 betr auf Disketten gespeicherten Informationen über Schriftarten bei Fotosatzmaschinen; *IDW RS HFA* 11 Abschn 3). Wenn der Wert eines Programms jedoch maßgeblich auf vorteilhaften Einsatzmöglichkeiten wie der schnellen Abrufbarkeit der Daten und der einfachen Änderungsmöglichkeit beruht, und der Wert der Datensammlung dabei in den Hintergrund tritt, handelt es sich um einen immateriellen VG (so *BFH* 2. 9. 1988, BStBl II 1989, 160 zu Datenträgern mit Adressen zum Druck von Adressbüchern).

Immaterielle Werte können zu körperlichen VG in der Weise in Beziehung treten, dass die Aufwendungen hierauf **Nebenkosten der Anschaffung** bzw Herstellung einer Sachanlage sind (zB Kosten einer Baugenehmigung, Konzessionskosten zum Betrieb einer Kesselanlage s *Richter* HdJ Abt II/2 Anm 22 mw Bsp). Andererseits können körperliche Gegenstände **Zubehör zu immateriellen Werten** und zusammen mit diesen zu bilanzieren sein (zB Abonnentenkarteien, Modelle, Pläne, Beschreibungen; *BFH* 27. 5. 1979, BStBl II, 634 zu Prototypen von Maschinen als Träger von technischem Know-how). 381

2. Voraussetzungen der Aktivierung

Immaterielle VG sind aktivierungspflichtig – (wirtschaftliches) Eigentum bzw Inhaberschaft vorausgesetzt –, wenn sie einen immateriellen wirtschaftlichen Wert darstellen, der **selbstständig verkehrsfähig** ist (Ausnahme: GFW dazu Anm 400 ff) und gegen Entgelt erworben wurden (§ 248 Anm 9 ff). Selbst hergestellte oder unentgeltlich erworbene immaterielle VG des Anlagevermögens dürfen nicht aktiviert werden (§ 248 Abs 2; vgl *IDW RS HFA* 11 Abschn 4 zur Abgrenzung von Anschaffungs- und Herstellungskosten bei Software). Ein **wirtschaftlicher Wert** ist immer dann gegeben, wenn der Gegenstand einen Nutzen für das Unt verspricht (*Pfeiffer* StuW 1984, 335) und als Einzelheit ins Gewicht fällt (ablehnend für Nutzungsrecht *Meyer-Scharenberg* StuW 1987, 109). Die Prüfung dieser Voraussetzungen hat besondere Bedeutung für die „ähnlichen Werte", um den Begriff des VG nicht ausufern zu lassen. 389

Die wohl noch hM (zB *ADS*[6] § 246 Anm 15; s auch Anm 13) fordert als weitere Aktivierungsvoraussetzung die **selbstständige Verkehrsfähigkeit** dieser Werte iSe Einzelveräußerbarkeit oder Verwertbarkeit (*ADS*[6] aaO Anm 18–20 mwN). Die steuerrechtliche Rspr stellt vor allem auf die **selbstständige Bewertbarkeit** in Abgrenzung zu unselbstständigen geschäftswertbildenden Faktoren ab (zB *BFH* 19. 8. 1989, BStBl II 1990, 15 betr die Güterkraftverkehrskonzession als eine nach der Verkehrsanschauung selbstständig bewertbare und ggü dem GFW abgrenzbare „greifbare Einzelheit"). Die begrifflichen Unterscheidungen verlieren sich, wenn man nicht auf die Einzelveräußerbarkeit im Rechtssinne abstellt (sog konkrete Einzelveräußerbarkeit), sondern entspr der das Bilanzrecht beherrschenden wirtschaftlichen Betrachtungsweise auf die Möglichkeit, den VG **seinem wirtschaftlichen Wert** nach übertragen zu können (so zB *Pfeifer* StuW 1984, 335; *Knobbe-Keuk*[9], 70). Es bleibt dann unerheblich, ob der freien Übertragbarkeit von Rechten gesetzliche Vorschriften entgegenstehen (zB Güterkraftverkehrskonzession § 11 GüKG, Nießbrauch § 1059 S 1 BGB, Firma § 23 HGB) oder diese auf Grund ihrer Natur nicht übertragbar sind (Rechte aus schuldrechtlichen Vertragsbeziehungen wie Alleinvertriebsrecht, Handelsvertretung, Belieferungsrecht, bestehende schwebende Verträge aus Dauer- oder Einzelschuldverhältnissen). Gegenstand der Aktivierung ist in diesen Fällen nicht das Recht, sondern der hieraus resultierende Vorteil, der wirtschaftliche Wert. Auch die steuerrechtliche Begriffsbestimmung verlangt **einen abgrenzbaren wirtschaftlichen** Wert im fortgeführten Unt. Sie hält es lediglich – in Ausnahmefällen – für ausreichend, dass derartige Werte zusammen mit dem Betrieb übertragen werden können (s *Weber-Grellet* in Schmidt[24] § 5 Anm 95 mwN). Dementsprechend wird zunehmend angenommen, dass der handelsrechtliche Begriff *„Vermögensgegenstand"* und für das Bilanzrecht der steuerrechtliche Begriff *„Wirtschaftsgut"* identisch sind (zB *Mellwig/Weinstock* DB 1996, 2245; *Moxter* in HURB, 247; *Westerwerfelhaus* DB 1995, 885 mwN; *Weber-Grellet* in Schmidt[24] § 5 Anm 93; ebenso *BFH* GrS 7. 8. 2000, BStBl II, 633, 635 betr Dividendenanspruch vor Gewinnverwendungsbeschluss, s auch Anm 12). Für 390 die immateriellen VG des Anlagevermögens ergibt sich eine zwangsläufige Konkretisierung dadurch, dass sie nur im Falle eines marktbestätigten entgeltlichen Erwerbs zu aktivieren sind (§ 248 Abs 2, § 5 Abs 2 EStG), wodurch ein möglicherweise bestehender begrifflicher Unterschied weitgehend gegenstandslos wird; im Ergebnis ähnlich *ADS*[6] § 246 Anm 30.

391 **Entgeltlicher Erwerb** bedeutet, dass AK für einen abgeleiteten Erwerb (s § 255 Anm 21), dh ein Erwerb von einem Dritten zu einem nach kfm Grundsätzen ausgehandelten Entgelt und damit eine **gewisse Objektivierung** des angesetzten Zugangswerts vorliegt (im Ergebnis ebenso *ADS*[6] § 248 Anm 14; *Baetge/Fey/Weber* in HdR[5] § 248 Anm 26). Entgeltlicher Erwerb kann nicht nur bei **Kauf,** sondern auch bei **Tausch-** oder **Sacheinlagen** vorliegen (*ADS*[6] aaO Anm 15ff, *Baetge/Fey/Weber* aaO; s § 248 Anm 12).

Für **selbst hergestellte** immaterielle VG des Anlagevermögens (auch die auf Grund eines Dienstvertrags von Dritten bezogenen) und für **unentgeltlich erworbene** immaterielle VG des Anlagevermögens besteht ein **Aktivierungsverbot** (§ 248 Abs 2). So sind Vergütungen für **Arbeitnehmererfindungen** aktivierungspflichtig, soweit es sich um freie Erfindungen handelt; sie sind nicht aktivierungsfähig im Falle gebundener Erfindungen (Diensterfindungen nach § 4 des Gesetzes über Arbeitnehmererfindungen, *Hottmann* StBP 1982, 289).

392 Keine AK und damit auch **kein entgeltlicher Erwerb** liegt vor bei Einräumung oder erstmaliger Begründung immaterieller VG, die zum Gebrauch oder zur Nutzung auf Zeit berechtigen und das Entgelt **pro rata temporis** der Nutzung gezahlt wird. Es handelt sich insoweit um schwebende Verträge, die nach dem vorrangigen Grundsatz der Nichtbilanzierung schwebender Geschäfte (s *Weber-Grellet* in Schmidt[24] § 5 Anm 76; *BFH* 15. 12. 1993, BFH/NV 1994, 443, 445) nicht bilanziert werden dürfen. Auch vorausgezahlte Entgelte sind keine AK sondern RAP (s auch § 255 Anm 325; Lizenz, Mietrecht, Nießbrauch). Wird dagegen ein **bereits bestehender immaterieller Vermögenswert** in Gestalt eines schwebenden Vertrages übertragen (zB Lizenz, Belieferungsrecht, Miet- und Nutzungsrecht oder Auftragsbestand) und wird hierfür ein Entgelt gezahlt, hat sich am Markt die **Werthaltigkeit** des immateriellen VG **bestätigt,** unabhängig davon, ob es sich um Gewinnaussichten aus einem schwebenden Dauerschuldverhältnis (Lizenz, Belieferungsrecht) oder Einzelschuldverhältnis (Auftragsbestand) handelt (*BFH* 15. 12. 1993, BFH/NV 1994, 543, 545). Die Marktbestätigung des immateriellen Werts ist zweifelsfrei, wenn das **Entgelt ausschließlich und gesondert** für das jeweilige Recht gezahlt wird und Unsicherheiten, wie sie beim Gesamterwerb einer Vielzahl von Einzelpositionen bis hin zum Erwerb ganzer Unt bei unaufgeteiltem Gesamtkaufpreis bestehen, nicht auftreten können.

Nach den gleichen Grundsätzen liegt entgeltlicher Erwerb und damit AK einer Spielerlaubnis vor bei gezahlten Transferentschädigungen für den Wechsel eines Spielers der Fußballbundesliga von einem zu einem anderen Verein (*BFH* 26. 8. 1992, BStBl II, 977).

393 **Kein entgeltlicher Erwerb** liegt vor bei **Provisionszahlungen** für die erstmalige Begründung von Belieferungsrechten aus Abonnementverträgen. Die für die Vermittlung der Verträge an Handelsvertreter gezahlte Provision stellt sich nicht als Entgelt für den abgeleiteten Erwerb eines von einem Dritten erworbenen immateriellen VG „Belieferungsrecht" dar (*BFH* 3. 8. 1993, BStBl II 1994, 444, 447, s auch § 255 Anm 22). Mangels AK des nach den Grundsätzen der Nichtbilanzierung schwebender Verträge begründeten Belieferungsrechts können die Provisionen auch nicht als Anschaffungsnebenkosten behandelt und aktiviert werden (§ 255 Anm 72). Gleiches gilt für die an Makler gezahlten Vermittlungsgebühren für die Begründung eines Mietrechts (*BFH* 16. 9. 1997, DB, 2154).

Immaterielle Anlagegegenstände, die als **Sacheinlage** eingebracht werden, gelten als entgeltlich erworben, wenn sie einlagefähig sind und im Rahmen des Einbringungsvorgangs ein Wert für sie festgesetzt wird (*Widmann* in FS Döllerer 736). In diesem Fall bilden die neu ausgegebenen GesRechte eine feststellbare Gegenleistung (s § 248 Anm 12). Werden dagegen immaterielle Einzelwerte **unentgeltlich** etwa zwischen SchwesterGes oder von einem Gester an seine Ges übertragen (verdeckte Einlage), findet steuerrechtlich das für unentgeltlich erworbene immaterielle WG bestehende Aktivierungsverbot keine Anwendung, wenn es sich um Wertbewegungen zwischen einer KapGes und ihren Gestern handelt, die ihre Veranlassung im Ges-Verhältnis haben (s *GrS* 26. 10. 1987, BStBl II 1988, 348). Sie sind in der Steuerbilanz mit dem Teilwert anzusetzen (Bewertungsvorbehalt §§ 5 Abs 6, 6 Abs 1 Ziff 5 EStG). Entspr gilt für den GFW (s Anm 422; sowie zur verdeckten Einlage § 248 Anm 12). 394

II. Geschäfts- oder Firmenwert (GFW)

Schrifttum: *Bachem* Berücksichtigung negativer Geschäftswerte in Handels-, Steuer- und Ergänzungsbilanz, BB 1993, 967; *Siegel/Bareis* Der „negative Geschäftswert" – eine Schimäre als Steuersparmodell?, BB 1993, 1477; *Ossadnik* Zur Diskussion um den „negativen Geschäftswert", BB 1994, 747. Vgl auch das Schrifttum vor Anm 375.

1. Regelung durch das HGB

Das HGB zählt den GFW zu den (immateriellen) VG. Das folgt aus § 266 Abs 2 unter A I 2, ferner aus § 255 Abs 4 S 3, weil dieser von einer Nutzungsdauer des GFW ausgeht, was bei Bilanzierungshilfen nicht der Fall ist (anders die Abschreibungsvorschrift für Ingangsetzungs- und Erweiterungsaufwendungen, § 282, und die Auflösungsvorschrift für den aktiven Posten der Steuerabgrenzung, § 274 Abs 2 S 4). Die Einordnung des GFW als VG ist streitig. Teilweise wird er als Bilanzierungshilfe angesehen. Nach *ADS*[6] § 255 Anm 271 ff „Wert eigener Art" (zum Meinungsstand s *ADS*[6] aaO; *Weber-Grellet* in Schmidt[24] § 5 Anm 222; vgl auch § 309 Anm 6). 400

Die Qualifizierung des GFW als immaterieller VG des Anlagevermögens durch § 266 Abs 2 bewirkt nicht, dass er nach den für alle Kfl geltenden Ansatzvorschriften stets in den JA aufzunehmen (§ 246 Abs 1 Vollständigkeitsgrundsatz) und unter dem Anlagevermögen auszuweisen ist. Dem steht einmal das Bilanzierungsverbot des § 248 Abs 2 für den selbstgeschaffenen oder unentgeltlich erworbenen GFW entgegen. Zum anderen besteht auch für den entgeltlich erworbenen GFW nur ein **Ansatzwahlrecht,** weil die Bewertung auf Grund des Wahlrechts nach § 255 Abs 4 S 1 auch mit Null erfolgen darf (im Ergebnis ebenso *Müller* in FS Goerdeler, 403). 401

Auch **steuerrechtlich** besteht insofern kein Unterschied, als der originäre GFW nicht aktiviert werden darf, der entgeltlich erworbene GFW hingegen aktiviert werden muss (*Weber-Grellet* in Schmidt[24] § 5 Anm 222). Wegen seiner **handelsrechtlichen** und **steuerrechtlichen Abschreibung** s § 255 Anm 517 ff.

2. Begriff des Geschäfts- oder Firmenwerts

Die **Definition** des GFW ergibt sich mittelbar aus § 255 Abs 4 als (positiver) **Unterschiedsbetrag** zwischen einem im Rahmen der Übernahme eines Unt gezahlten Gesamtkaufpreis und den Werten der einzelnen übernommenen VG abzüglich Schulden. Das HGB lässt seine Aktivierung zu, ohne nach seinen Gründen zu fragen (*Knop/Küting* in HdR[5] § 255 Anm 413 ff). 405

406 Im Ergebnis ähnlich die Rspr des *BFH:* **Mehrwert,** der einem gewerblichen Unt über den Substanzwert der materiellen und immateriellen Einzel-WG abzüglich Schulden hinaus innewohnt, als Verkörperung der aus den Ergebnissen der Vergangenheit abzuleitenden künftigen Gewinnchancen des Unt. Diese Chancen bestehen losgelöst von der Person des Unternehmers auf Grund besonderer, dem Unt eigener Vorteile, wie zB der **Ruf des Unternehmens,** der **Kundenkreis,** die **Organisation** ua (zB *BFH* 16. 3. 1996, BStBl II, 576). Der GFW ist damit ein Bündel von geschäftswertbildenden Faktoren, das nicht weiter zerlegt werden kann (*BFH* 12. 8. 1982, BStBl II, 652 „Gesamtwirtschaftsgut“). Er kommt darin zum Ausdruck, dass sich für ein Unt Umstände auswirken, die es erlauben, einen Gewinn zu erzielen, der höher ist als die angemessene Verzinsung des eingesetzten EK zuzüglich der Verwertung der Arbeitskraft des Unternehmers (*BFH* 24. 4. 1980, BStBl II, 690). Es handelt sich um die **kapitalisierte Überrendite** eines Unt (so *FG Hamburg* 29. 1. 1986, EFG, 551).

407 Der Ansatz eines **negativen Geschäftswerts** für den Fall, dass die Gegenleistung für den Erwerb eines Unt den Substanzwert der übernommenen Einzel-WG abzüglich Schulden nicht erreicht, ist, weil mit der gesetzlichen Definition des § 255 unvereinbar, abzulehnen (ebenso *Siegel/Bareis* BB 1993, 1477; *Ossadnik* BB 1994, 747; *Groh* in FS Klein, 815). Die Vertreter der abweichenden Auffassung halten den Ausweis eines negativen GFW für unausweichlich, weil nur auf diesem Wege die erfolgsneutrale AKBilanzierung zu erreichen sei (so *Bachem* BB 1993, 967, 1976; *Moxter* in FS Semler 853; *Pusecker/Schruff* BB 1996, 735, 742). Zutreffend ist, dass der Grundsatz der *erfolgsneutralen Anschaffungskostenbilanzierung* auch beim Erwerb eines Unt vorrangig zu beachten ist. Dies führt zum Ansatz eines *Ausgleichspostens,* der nach Maßgabe der eingetretenen Verluste aufzulösen ist (so im Ergebnis *ADS*[6] § 255 Anm 294, *Heurung* DB 1995, 385, 392; *Geiger* DB 1996, 1533, 1535; s auch Anm 516).

408 Die **Abgrenzung** des GFW **von den sonstigen immateriellen Vermögensgegenständen** kann nur in der Weise vorgenommen werden, dass ihm die übrigen unkörperlichen Werte (des Anlage- und Umlaufvermögens), die selbstständig verkehrsfähig sind (Anm 390) gegenübergestellt werden (Beispiele Anm 375). Diese selbstständig verkehrsfähigen Werte müssen *zuvor* nach § 246 Abs 1 einzeln und vollständig erfasst werden, so dass für den GFW als Restgröße nur noch diejenigen Faktoren übrig bleiben, die von dem Unt nicht getrennt werden können, dh sich einer Einzelveräußerung oder Einzelverwertung entziehen.

409 Auch die **steuerrechtliche Rspr** unterscheidet zwischen eigenständigen WG und geschäftswertbildenden Faktoren. Immaterielle WG aus schwebenden Verträgen des *Absatzmarkts* wie zB *Belieferungsrechte, Kundenaufträge, Auftragsbestand,* die auch losgelöst vom Unt gegen marktbestätigtes Entgelt übertragen werden (s Anm 392) sind auch dann keine geschäftswertbildenden Faktoren, wenn sie zusammen mit einem Unt erworben werden (*BFH* 15. 12. 1993, BFH/NV 1994, 543, 545). Sie sind gesondert anzusetzen, wenn ihnen mit der *erforderlichen Sicherheit* ein Teil des Gesamtkaufpreises zugeordnet werden kann. Ein gesonderter Ansatz kommt in Betracht, wenn derartige WG unter Berücksichtigung der Verkehrsanschauung und der Umstände des Einzelfalls als Einzel-WG beurteilt werden können, wobei dann auch von Bedeutung ist, „ob die Vertragsparteien bei oder vor Vertragsabschluss im Rahmen der Preisfindung erkennbar *eine rational nachvollziehbare Einzelbewertung* bestimmter tatsächlicher oder rechtlicher Verhältnisse des Unt vorgenommen und damit deren selbstständige Bewertbarkeit indiziert haben“ (*BFH* 7. 11. 1985, BStBl II 1986, 176; ebenso *Weber/Grellet* in Schmidt[24] § 5 Anm 223); zum Ansatz eines Auftragsbestands s *Flies* DB 1996, 846; Gleiches gilt für den Versicherungsbestand (§ 14 VAG). Ledig-

lich geschäftswertbildende Faktoren sollen dagegen bei schwebenden Geschäften auf der *Beschaffungsseite* vorliegen, so bei schwebenden Arbeitsverträgen (*BFH* 7. 11. 1985 aaO). Dementsprechend werden bestimmte Vorteile wie Arbeiterstamm, Lieferantenbeziehungen oder ungeschütztes Know-how beim Erwerb des ganzen Unt regelmäßig als vom GFW nicht lösbare, dh als nicht selbstständig bewertbare *geschäftswertbildende Faktoren* beurteilt, selbst wenn sie etwa bei einer beabsichtigten Einstellung des erworbenen Unt als Einzel-WG behandelt werden; so *BFH* 25. 1. 1979, BStBl II, 369 (unbefristetes Wettbewerbsverbot als Einzel-WG). Der Differenzierung nach immateriellen Werten des Absatz- oder Beschaffungsmarkts ist insofern nachvollziehbar, als die Einzelveräußerung bei Letzteren in der Praxis seltener vorkommt. Gleichwohl sollte eine Einzelbewertung auch bei schwebenden Verträgen der Beschaffungsseite (zB Einkaufskontrakt, vorteilhafte Mietposition) nicht ausgeschlossen sein, wenn sie auf rational nachvollziehbaren Überlegungen der Vertragsparteien im Rahmen der Kaufpreisfindung beruht.

Stellt ein **Kundenstamm** den einzigen geschäftswertbildenden Faktor eines 410 Unt dar, bedarf es keiner Abgrenzung vom GFW; der Kundenstamm ist dann ein selbstständiges WG (*FG Köln* 23. 1. 1985, EFG, 439; *BFH* 26. 7. 1989 BFH/NV 1990, 442). Gleiches gilt bei isolierter Übertragung eines Kundenstamms, wenn ein Exportmarkt abgetreten (*BFH* 20. 8. 1986 BFH/NV 1987, 471) oder eine Vertriebssparte übertragen wird (*BFH* 20. 8. 1986, BFH/NV 1987, 468). Abgesehen von den Fällen eines isolierten entgeltlichen Erwerbs ist der Kundenstamm **unselbstständiger Geschäftswertbestandteil,** weil eine heterogene Größe, die je nach Branche und Tätigkeit des Unt ihre Ursache in anderen Faktoren haben kann. So kann mit Kundenstamm eine besonders große Laufkundschaft gemeint sein, die sich aus der Lage des Geschäftslokals ergibt. Die zahlreiche Kundschaft kann ihren Grund auch in der Güte der Produkte des übernommenen Unt haben, wie in den angewandten Produktionsverfahren (Patenten, Lizenzen, Rezepte, Know-how) oder dem Ruf und Bekanntheitsgrad einer Marke. Eine isolierte Bewertung des Kundenstamms ist in derartigen Fällen kaum möglich. Zu denkbaren Ausnahmefällen s *Winkeljohann* in HHR § 6 Anm 306 „Kundenstamm". Vom GFW zu unterscheiden ist der **Praxiswert.** Der Unterschied beruht darauf, dass der GFW unternehmensbezogen ist, während der Wert einer freiberuflichen Praxis iW auf dem persönlichen Vertrauensverhältnis zum Praxisinhaber beruht. Die Abschreibungsfähigkeit des Praxiswerts beträgt idR 3 bis 5 Jahre (*BFH* 24. 2. 1994, BStBl II, 590, s auch Anm 527). Auch der *Mandantenstamm* ist, selbst wenn er den bedeutendsten Wertfaktor des Praxiswerts darstellt, Teil des Praxiswerts und nur bei getrennter Veräußerung auch ein gesondertes WG (*BFH* 30. 4. 1994, BStBl II, 903).

In steuerrechtlicher Terminologie werden WG, die in ihrer Eigenart dem 411 GFW nahekommen (sog **geschäftswertähnliche WG,** zB Verlagswert, Güterfernverkehrskonzession), zT dem GFW gleichgestellt (so die Verlagsrechte, *BMF* 24. 10. 1986, BStBl I, 533); teils werden sie als immaterielle Einzel-WG mit der Aussicht auf Verlängerung erteilt, als nicht abschreibungsfähig beurteilt (so *BFH* 22. 1. 1992, BStBl II, 383 betr Güterfernverkehrskonzession), die aber mit Rücksicht auf die Freigabe ab 1998 unter dem Gesichtspunkt der Teilwertabschreibung ab 1992 beginnend mit $^1/_7$ p.a. pauschaliert abgeschrieben werden kann (so *BMF* 1. 3. 1996, BStBl I, 372). Der Begriff hat seit der Einführung der 15-jährigen GFW-Afa durch § 7 Abs 3 S. 1 EStG seine ursprüngliche Bedeutung verloren. Für das jeweilige immaterielle Einzel-WG ist zu entscheiden, ob sich sein Wert innerhalb bestimmbarer Zeit erschöpft (Afa) oder ein immerwährendes nicht Afa-fähiges WG vorliegt (*BFH* 28. 5. 1998, BStBl II, 775). Zum Warenzeichen (Marke) als Afa-fähig s *Barth/Kneisel* WPg 1997, 473.

3. Voraussetzungen der Aktivierung

420 Nach § 255 Abs 4 muss es sich um Gegenleistung für die **Übernahme eines Unternehmens** handeln. Der Begriff „Unternehmen" wird im HGB nicht definiert. Entspr dem Sinn der Vorschrift, einen Unterschiedsbetrag ausweisen zu können, bezieht sich der Begriff nicht auf ein rechtlich selbstständiges Gebilde, sondern auf eine **Sachgesamtheit,** die alle betriebsnotwendigen Grundlagen besitzt, um selbstständig am Wirtschaftsverkehr teilnehmen zu können. Als „Unternehmen" kommen daher nur in Frage Sachgesamtheiten, die über eine ihrem Nutzungs- und Funktionszusammenhang entspr sachliche und personelle Organisation sowie die notwendigen Außenbeziehungen verfügen (so auch *FG München* 9. 12. 1986, EFG 1987, 367 zur Abgrenzung selbstständiger Gewerbebetriebe). IdR handelt es sich um **Einzelfirmen.** Aber auch einzelne **Betriebe** (**Teilbetriebe** Anm 423) aus einem größeren UntsZusammenhang können Unt iSv § 255 Abs 4 sein, wenn sie bei Übernahme die Fähigkeit mitbringen, als selbstständige Einheit am Wirtschaftsverkehr teilzunehmen (*LG* Lübeck 14. 12. 1992, GmbHR 1993, 229). Muss diese Fähigkeit nach Übernahme erst hergestellt werden, liegt (noch) kein Unt vor (BFH vom 19. 11. 1985 BFH/NV 1986, 363). Oft sind deshalb einzelne Betriebe aus einem größeren UntsBereich kein Unt iSd Vorschrift, da ihre Außenbeziehungen über das GesamtUnt abgewickelt und nach Übernahme neu aufgebaut werden müssen (so auch *BFH* 3. 10. 1984 BStBl II 1985, 245 mit Kritik von *Richter/Winter* DStR 1986, 145).

421 Die steuerrechtliche Rspr nennt inhaltsgleich mit dem Handelsrecht als Aktivierungsvoraussetzung die „**Übernahme eines lebenden Unternehmens im Ganzen** zum Zwecke der Fortführung" (*BFH* 29. 7. 1982, BStBl II, 650). Mit „lebenden" Unt ist ein Gebilde bestehend aus WG und Rechtsbeziehungen gemeint, welches nach einem Unternehmerwechsel mit iW gleichem Bestand fortgeführt werden kann. Dazu ist erforderlich, dass der Erwerber das Unt ohne nennenswerte finanzielle Aufwendungen fortführen oder, sofern der Betrieb des Unt vor dem Erwerb bereits eingestellt war, ohne großen Aufwand wieder in Gang setzen kann (*BFH* 23. 10. 1985, BFH/NV 1986, 381). Die Voraussetzung „zum Zwecke der Fortführung" dient der Abgrenzung zwischen derivativ erworbenem (steuerrechtlich aktivierungspflichtigem) und originärem (nicht aktivierungsfähigem) GFW: Wird ein lebendes Unt erworben, um es stillzulegen bzw zu liquidieren, liegen handelsrechtlich AK auf den eigenen GFW des Erwerbers vor, die nach § 5 Abs 2 EStG auch steuerlich nicht aktiviert werden dürfen (*BFH* 23. 6. 1981, BStBl II 1982, 56; *Weber-Grellet* in Schmidt[24] § 5 Anm 222).

422 **Kein entgeltlicher Erwerb,** weil nicht durch eine Gegenleistung bestätigt, liegt vor bei unentgeltlicher Übertragung eines GWF zwischen SchwesterGes oder bei Übertragung durch einen Gester auf eine KapGes (verdeckte Einlage). Gleichwohl wird **steuerrechtlich dieser** Vorgang wie **ein entgeltlicher Erwerb** behandelt, weil das für unentgeltlich erworbene immaterielle WG bestehende Aktivierungsverbot keine Anwendung findet, wenn es sich um Wertbewegungen zwischen einer KapGes und ihren Gestern handelt, die ihre Veranlassung im GesVerhältnis haben (so bereits *BFH* 20. 8. 1986, BStBl II 1987, 455 betr unentgeltliche Übertragung eines GFW zwischen SchwesterGes; *BFH* GrS 26. 10. 1987, BStBl II 1988, 348; *BFH* 30. 3. 1994, BStBl II, 903 betr Praxiswert; 25. 10. 1995 WPg 1996, 440 betr GFW, *Weber-Grellet* in Schmidt[24] § 5 Anm 204).

423 Unt kann auch ein **Teilbetrieb** (*BFH* 24. 4. 1980 BStBl II, 690) oder ein **Mitunternehmeranteil** sein (*BFH* 7. 6. 1984, BStBl II, 584). Im letztgenannten Fall kommt handelsrechtlich die Aktivierung eines gesonderten GFW nicht

in Frage, da der Anteilserwerb in einer Summe unter den Finanzanlagen auszuweisen ist. Im Steuerrecht hat dieser Fall Bedeutung, weil es für die Ermittlung des Gewinns des Gesters nicht auf dessen Bilanz, sondern auf die Bilanz der Ges, ggf. einschließlich Ergänzungsbilanz, ankommt (Anm 759ff).

Scheiden dagegen Gester aus einer PersGes aus und werden sie durch die *PersGes* selbst abgefunden, liegt auch handelsrechtlich kein Erwerb eines eigenen Anteils vor; die PersGes darf in diesem Falle die Aufwendungen nach den Grundsätzen des Erwerbs eines erworbenen und fortgeführten Unt anteilig auf die einzelnen VG einschl GFW aktivieren (*IDW RS HFA* 7 Abschn 5; WPg 2002, 1259); *ADS*[6] § 225 Anm 261).

Die Aktivierung eines GFW setzt voraus, dass eine **Gegenleistung für die Übernahme eines Unternehmens** bewirkt wurde. Gegenleistung ist der vereinbarte Kaufpreis für das Unt (oder ggf der Wert, steuerrechtlich der gemeine Wert, der tauschweise hingegebenen VG). Die Gegenleistung ist als AK auf die übernommenen VG zu verteilen (s § 255 Anm 512ff). 424

C. Sachanlagen

Vorschläge zur Mindestgliederung gem § 247 Abs 1 in Anm 370.

Schrifttum: *Groh* Bauten auf fremdem Grundstück: BGH versus BFH, BB 1996, 1487; *Mellwig/Weinstock* Die Zurechnung von mobilen Leasingobjekten nach deutschem Handelsrecht und den Vorschriften des IASC, DB 1996, 2345.

I. Grundstücke, grundstücksgleiche Rechte und Bauten einschließlich der Bauten auf fremden Grundstücken

Das **Grundvermögen** umfasst die im Eigentum des Kfm stehenden und seinem Unt dienenden, bebauten und unbebauten Grundstücke und grundstücksgleichen Rechte sowie die Bauten auf fremden Grundstücken einschl der Mietereinbauten, gleichviel, ob es sich um Wohn-, Geschäfts-, Fabrik- oder andere Bauten handelt. Grund und Boden, aufstehende Gebäude und von der Gebäudenutzung verschiedene, in **besonderen Nutzungs- und Funktionszusammenhängen stehende Gebäudeteile** sind dabei jeweils selbstständige VG (zB Mietereinbauten zum Betrieb einer Arztpraxis, Apotheke *BFH* 15. 10. 1996, BStBl 1997 II, 533; ebenso Außen- und Gartenanlagen *BFH* 20. 1. 1996, BStBl II 1997, 25). Zum Grundvermögen gehören auch **andere Bauten** wie zB Hof- und Platzbefestigungen *BFH* 4. 3. 1998, BFH/NV, 1086; auf gesondertem Grundstück angelegte Privatstraße *BFH* 19. 10. 1999, DStR 2000, 418, Parkplätze, Straßen, Brücken, Einfriedungen, ferner technische Bauten wie zB Ziegeleiöfen, Kühltürme, Eisenbahn- und Hafenanlagen, Kanalbauten, Flussregulierungen, Wasserbauten, Schacht- und Streckenbauten unter Tage. 450

Über die Zugehörigkeit eines VG im bilanzrechtlichen Sinne entscheidet in erster Linie das zivilrechtliche Eigentum, beinhaltend die uneingeschränkte Verfügungsbefugnis über Substanz und Ertrag. Hiervon abweichend kann (ausnahmsweise) **wirtschaftliches Eigentum** genügen (*BGH* 6. 11. 1995, BB 1996, 155 betr ein Gebäude auf fremdem Grund und Boden), wenn ein anderer als der zivilrechtliche Eigentümer die tatsächliche Sachherrschaft in der Weise ausübt, dass er den zivilrechtlichen Eigentümer im **Regelfall** für die gewöhnliche Nutzungsdauer von der Einwirkung auf den Gegenstand **wirtschaftlich** ausschließen kann. Dies verlangt, dass **Substanz und Ertrag** in zivilrechtlich abgesicherter Form in der Weise auf einen anderen übergehen, dass **einem formalrechtli-** 451

chen Herausgabeanspruch des Eigentümers bei typischem Geschehensablauf **keine nennenswerte Bedeutung zukommt** (*BGH* aaO, 156 mwN; im Ergebnis ebenso *BFH* 12. 9. 1991, BStBl II 1992, 182 betr Mietkauf; 28. 7. 1993, BStBl II 1994, 164, 166 betr Mietereinbauten; 11. 6. 1997, DB, 2004; *Groh,* BB 1996, 1489). Erstreckt sich die rechtlich abgesicherte Nutzungsmöglichkeit (zB auf Grund eines Pacht- oder Mietvertrags am Grundstück) auf die wesentliche, nicht aber auf die gesamte betriebsgewöhnliche Nutzungsdauer des VG (Mietereinbauten, Gebäude), verlangt wirtschaftliches Eigentum eine Teilhabe an dem noch nicht verbrauchten Restwert (Substanz), sei es in Form eines vereinbarten oder gesetzlichen Wertersatzanspruchs nach §§ 951, 812 BGB (s *Groh* aaO, *Weber-Grellet* in Schmidt[24] § 5 Anm 270; Bauten auf fremdem Grund und Boden; *BFH* 11. 6. 1997 aaO; 27. 11. 1996, DB 1997, 808; aA *ADS*[6] § 246 Anm 403, dem Wertersatzanspruch keine Bedeutung zumessend). Vom Zivilrecht abweichendes wirtschaftliches Eigentum kann auch dadurch entstehen, dass dem Nutzenden nach Ablauf der vertraglichen Nutzungszeit ein Ankaufsrecht **(Kaufoption)** zu extrem günstigen Bedingungen eingeräumt wird, welches er bei typischem Geschehensablauf auch ausübt (Mietkauf, Leasing).

Wirtschaftliches Eigentum am **Grundstück** kann vorliegen, wenn eindeutige Vereinbarungen zwischen wirtschaftlichem und rechtlichem Eigentümer die Verfügungsmacht des Letzteren über das Grundstück beschränken (*BFH* 21. 12. 1978, BStBl II 1979, 466); ebenso bei unwiderruflicher Vollmacht hinsichtlich aller Angelegenheiten das Grundstück betr über den Tod des Vollmachtgebers hinaus (*BFH* 21. 6. 1977, BStBl II 1978, 303).

452 Die Kriterien wirtschaftlichen Eigentums (Anm 451) gelten auch für **Leasing-Verhältnisse.** Die von der FinVerw entwickelten **typisierenden** Abgrenzungskriterien können auch für das Handelsrecht übernommen werden (zB *ADS*[6] § 246 Anm 392; *Mellwig/Weinstock,* DB 1996, 2348). Nach *BMF* 21. 3. 1972, BStBl I, 188 zu **Immobilien-Leasing** bei **Vollamortisationsverträgen** liegt wirtschaftliches Eigentum beim Leasingnehmer vor:

- Wirtschaftliches Eigentum an Grund und Boden sowie Gebäuden beim Leasingnehmer bei Spezial-Leasing-Verträgen, dh wenn der Leasing-Gegenstand speziell auf die Bedürfnisse des Leasingnehmers zugeschnitten und nach Ablauf der Grundmietzeit wirtschaftlich sinnvoll nur bei diesem zu verwenden ist (zB Kraftwerk). Ferner bei Verträgen mit Kaufoption ohne Rücksicht auf die Beschaffenheit des Leasinggegenstands, wenn der für den Fall der Option vorgesehene Gesamtkaufpreis niedriger ist als der unter Anwendung der linearen Afa ermittelte Buchwert des Gebäudes zuzüglich des Buchwerts des Grund und Bodens oder der niedrigere gemeine Wert des Grundstücks zum Zeitpunkt der Veräußerung.
- Wirtschaftliches Eigentum des Leasingnehmers nur an Gebäuden (Bauten auf fremdem Grund und Boden) bei Verträgen mit Mietverlängerungsoption, wenn die Anschlussmiete weniger als 75 vH des Mietentgelts beträgt, das für ein nach Art, Lage und Ausstattung vergleichbares Grundstück üblicherweise bezahlt wird. Das gilt auch bei Verträgen ohne Option, wenn die Grundmietzeit weniger als 40 vH oder mehr als 90 vH der betriebsgewöhnlichen Nutzungsdauer beträgt.

453 Bei Immobilien-**Teilamortisationsverträgen** über **Gebäude** gelten ähnliche Grundsätze (*BMF* 23. 12. 1991, BStBl I 1992, 13). Bei Spezialleasing wie bei Vollamortisation; bei Verträgen mit *Kaufoption* und Grundmietzeit von über 90 vH der betriebsgewöhnlichen Nutzungsdauer oder Kaufpreis unter Restbuchwert bei Afa nach § 7 Abs 4 S 2 EStG; bei Verträgen mit *Mietverlängerungsoption* bei Grundmietzeit von 90 vH der betriebsgewöhnlichen Nutzungsdauer oder Anschlussmiete von weniger als 75 vH der üblichen Miete.

455 Der Bilanzansatz eines **Grundstücks** muss nicht der vermessungstechnischen oder grundbuchrechtlichen Bezeichnung und Abmessung folgen (*FG Hessen* 21. 1. 1988, EFG, 348). Grundstück und Gebäude sind, obwohl sie sachenrechtlich und in ihrer Eigenschaft als Privat- oder Betriebsvermögen eine Einheit bilden, zwei selbstständige, getrennt voneinander zu behandelnde VG (*BFH* 13. 11. 1985, BFH/NV 1986, 331); ebenso Außen- und Gartenanlagen (*BFH* 30. 1. 1996, BStBl II 1997, 25). Beim Erwerb von Grundstücken mit Mineralvorkommen sind Grund- und Boden sowie das Mineralvorkommen ebenfalls getrennt zu bilanzieren (*OFD Münster* 7. 9. 1987, DStR, 804).

456 Als **Gebäude** ist ein Bauwerk anzusehen, das nicht nur fest mit dem Grund und Boden verbunden, von einiger Beständigkeit und ausreichend standfest ist, sondern es muss auch Menschen oder Sachen durch räumliche Umschließung Schutz gegen Witterungseinflüsse gewähren und den Aufenthalt von Menschen gestatten (*BFH* 18. 3. 1987, BStBl II, 551). Ortsfeste Zelthallen können bei entspr technischer Ausgestaltung Gebäude idS sein (zur Abgrenzung *OFD Frankfurt* 20. 5. 1987 DStZ/E, 267). Keine Gebäude dagegen sind transportable Baustellencontainer, da ihnen im Gegensatz zu Fertiggaragen die dem Gebäudebegriff immanente Ortsfestigkeit (Beständigkeit) fehlt (*BFH* 18. 6. 1986, BStBl II, 787). Dagegen kann ein nur auf lose verlegten Kanthölzern aufgestellter Container ein Gebäude sein, wenn er nach dem Nutzungs- und Funktionszusammenhang einer auf Dauer angelegten ortsfesten Nutzung dient (*BFH* 23. 9. 1988, BStBl II 1989, 113). Gebäude sind auch Gewächshäuser (*BFH* 21. 1. 1988, BStBl II, 628) und Autowaschhallen (*BFH* 14. 11. 1975, BStBl II 1976, 198).

457 **Grundstücksgleiche Rechte** sind Rechte, die den Vorschriften des bürgerlichen Rechts über Grundstücke unterliegen. Zu nennen sind zB das Erbbaurecht, die Bergwerksgerechtigkeit (Bergwerkseigentum) und andere Abbaugerechtigkeiten, das Dauerwohn- und Dauernutzungsrecht nach § 31 WEG. Unentgeltlich auf mindestens 10 Jahre unentziehbar eingeräumte grundstücksgleiche Rechte nach § 9 Abs 3 DMBilG (neue Bundesländer) sind hier auszuweisen.

Das **Erbbaurecht** ist in zivil- und bilanzrechtlicher Sicht das dinglich abgesicherte zeitlich befristete Recht (immaterieller VG), das Grundstück (Grund und Boden) umfassend zu nutzen und auf oder unter der Erde ein Bauwerk (Sache) zu haben (§ 1 Erbbau-VO) mit der Maßgabe, dass der Erbbauberechtigte Eigentümer des Bauwerks wird. Unbeschadet der dinglichen Sicherung der Nutzungsbefugnis und des zivilrechtlichen Eigentumserwerbs am aufstehenden Gebäude ist es seinem wirtschaftlichen Leistungsinhalt nach ein „Nutzungsverhältnis" auf Zeit, welches insoweit einem rein schuldrechtlichen Nutzungsverhältnis wie Miete oder Pacht vergleichbar nach den Grundsätzen eines *schwebenden Geschäfts* bilanziert wird (*BFH* 20. 1. 1983, BStBl II, 413; 7. 4. 1994, BStBl II, 796, 797). AK sind nur bei einmaligen Aufwendungen für den Erwerb gegeben, was sich beim Erbbaurecht aus seinem dinglichen, nicht unter den immateriellen VG, sondern unter den Sachanlagen auszuweisenden VG ergibt (s § 255 Anm 325 und § 266 Anm 65). Das Erbbaurecht führt wegen seiner Befristung idR nicht zu wirtschaftlichem Eigentum an dem mit dem Erbbaurecht belasteten Grundstück (*BFH* 16. 3. 1994, BStBl II, 796, 797).

458 Auch das **Bergwerkseigentum** wird wie eine unbewegliche Sache behandelt. Es gewährt kein Eigentum an den im Grubenfeld lagernden, verliehenen Mineralien, sondern ein Aneignungsrecht an ihnen bei Abbau sowie einen Anspruch auf entgeltliche Benutzung der Grundstücke, auf und unter denen das verliehene Feld liegt.

Das **Dauerwohnrecht** und das **Dauernutzungsrecht** unterscheiden sich nur darin, dass das eine an Wohnraum, das andere an nicht zu Wohnzwecken bestimmten Räumen bestellt wird. Für beide gelten die gleichen Vorschriften des WEG. Von den entspr persönlichen Dienstbarkeiten des BGB unterscheiden sie sich dadurch, dass sie nicht an die Person des Berechtigten gebunden sind. Sie sind, soweit nicht anders vereinbart, frei übertragbar, vererblich und können belastet werden (Nießbrauch §§ 1068 ff BGB und Pfandrecht §§ 1273 ff BGB), so dass sie wirtschaftlich dem Grundeigentum gleichstehen (*BFH* 22. 10. 1985, BStBl II 1986, 258).

459 Zu den Gebäuden gehört das **Wohnungseigentum** sowie das **Teileigentum** an nicht zu Wohnzwecken dienenden Räumen, welches Sondereigentum an den Räumen sowie beschränktes Miteigentum an Grund und Boden sowie an Gebäuden gewährt (§ 1 WEG).

Gebäude auf fremden Grund und Boden sind bei vom Grundstückseigentum **getrennten Gebäudeeigentum** gegeben, so beim Erbbaurecht (s Anm 457) und bei Scheinbestandteilen (§ 95 BGB), wenn das Gebäude zu einem nur vorübergehenden Zweck errichtet wurde. Dies ist selten und bei multifunktionalen Gebäuden (zB Bürogebäuden), die objektiv nicht nur den Interessen des Errichtenden dienen, kaum anzunehmen (s *Eisgruber* DStR 1997, 522). Im Übrigen sind Gebäude auf fremden Boden nur unter den **Voraussetzungen wirtschaftlichen Eigentums** (s Anm 451) gegeben. Besteht die zivilrechtlich abgesicherte Nutzungsmöglichkeit nicht für die gesamte betriebsgewöhnliche Nutzungsdauer, muss eine Teilhabe an der Substanz durch einen vertraglichen oder gesetzlichen Wertersatzanspruch (§§ 951, 812 BGB) hinzukommen. Soll das Gebäude bei Vertragsbeendigung **ohne Wertersatzanspruch** beim Grundstückseigentümer verbleiben, liegt kein materieller, sondern ein **immaterieller Vermögenswert** (Nutzungsrecht) vor. Die Aufwendungen sind dann als AK eines Nutzungsrechts oder als RAP (Einmalaufwendungen für die Nutzungsmöglichkeit während der Vertragslaufzeit) zu aktivieren (ebenso *Groh* BB 1996, 1488).

460 Als **Gebäudebestandteile** sind alle Einrichtungen zu erfassen, die üblicherweise der Nutzung als Gebäude dienen wie zB Heizungs-, Beleuchtungs-, Lüftungs- und Sprinkleranlagen (*BFH* 7. 10. 1983, BStBl II 1984, 262) sowie sonstige Installationen, Fahrstühle, Rolltreppen uÄ (*BFH* 8. 10. 1987, BStBl II 1988, 440 betr abgehängte, mit einer Beleuchtungsanlage versehene Kassettendecke eines Büroraums; *BFH* 16. 2. 1993, BStBl II, 544). In das Gebäude eingezogene Schranktrennwände sollen auch dann Gebäudebestandteile sein, wenn sie aus einem genormten Raummöbelprogramm zusammengesetzt sind und ohne Beeinträchtigung ihrer Wiederverwendungsfähigkeit leicht abgebaut werden können (*FG BaWü* 17. 5. 1984, EFG, 602, uE eher Geschäftausstattung). Kein Gebäudebestandteil ist eine Regenwasser-Hebeleitung (*BFH* 25. 8. 1989, BStBl II 1990, 82).

461 **Nicht zu den Gebäudebestandteilen gehören** die als **Betriebsvorrichtungen** bezeichnete Gruppe von technischen Anlagen und Maschinen, auch wenn sie durch feste Verbindung zivilrechtlich wesentlicher Bestandteil des Gebäudes geworden sind (s § 253 Anm 352 ff), da sie in erster Linie der Ausübung des Geschäftsbetriebs des Kfm dienen (betriebliche Zweckbestimmung). So handelt es sich bei **Lastenaufzügen** oder bei überwiegend zum Lastentransport benutzten Aufzügen in einem Gebäude um Betriebsvorrichtungen. *Beispiele:* Küchenaufzüge in Hotels, Aktenaufzüge in Bürogebäuden, Lastenaufzüge in Fabriken, Warenhäusern, Markt- und Messehallen, Laboratoriumsgebäuden, Lagergebäuden uÄ, ferner Autoaufzüge in Parkhäusern (*OFD Frankfurt* 3. 7. 1987, DStZ/E, 373). Der **Fahrstuhlschacht** ist in diesen Fällen als Betriebsvorrichtung anzusehen, wenn er keine zusätzlichen Gebäudefunktionen erfüllt, etwa in Form tragender Wände. Ein **vollautomatisches Hochregallager** ist einschließ-

lich der räumlichen Umschließung kein Gebäude sondern Betriebsvorrichtung (*BFH* 18. 3. 1987, BStBl II, 551). Das Gleiche gilt zB auch für die **Gärbeckenanlage** einer Weinkellerei. Weitere Beispiele für Betriebsvorrichtungen sind die Ausstattung der Eingangshallen von Banken und Sparkassen (*FG Saarl* 25. 6. 1986 EFG, 486). Maschinenfundamente sind Betriebsvorrichtungen. Dabei ist zu unterscheiden, ob es sich um *Spezial*fundamente für eine Maschine (Abschreibungsdauer gleich Maschinennutzungsdauer) oder um Fundamente zum Aufstellen von Maschinen handelt (Abschreibungsdauer solange das Fundament zum Aufstellen von Maschinen dienen kann). Zur Abgrenzung zwischen Gebäudebestandteilen und Betriebsvorrichtungen auch *BFH* 11. 12. 1987, BStBl II 1988, 300 (zu Schallschutzdecke in Bar), *BFH* 9. 12. 1988, BFH/NV 1989, 570 (zu Außenanlagen eines Tanklagers) sowie § 253 Anm 351 ff.

Mietereinbauten und -umbauten können als Bauten auf fremdem Grund 462
und Boden auszuweisen sein, und zwar als **selbstständige Gebäudeteile,** wenn es sich um Ausbauten handelt, die in einem vom Gebäude verschiedenen Nutzungs- und Funktionszusammenhang mit dem Betrieb des Mieters stehen (zB Umbau einer Wohnung zur Arztpraxis; *BFH* 15. 10. 1996, BStBl II 1997, 533) oder als **unselbstständige Gebäudeteile** (zB Umbau von Wohnungen zum Betrieb einer Anwaltskanzlei, *BFH* 23. 7. 1993, BStBl II 1994, 164; Ausbau eines Dachgeschosses zum betrieblichen Arbeitszimmer *BFH* 11. 6. 1997, DB, 2004), jedoch unter der Voraussetzung, dass der Mieter **wirtschaftlicher Eigentümer** wird (s Anm 451) und es sich um Aufwendungen handelt, die nach den **Kriterien nachträglicher HK** zu aktivieren sind (s § 255 Anm 363). Ist die rechtlich abgesicherte Nutzungsmöglichkeit kürzer als die betriebsgewöhnliche Nutzungsdauer der Einbauten, muss eine Teilhabe des Mieters an der bei Vertragsbeendigung noch werthaltigen Substanz in Form eines *Wertersatzes hinzukommen,* um wirtschaftliches Eigentum zu begründen (s Anm 451, *BFH* 11. 6. 1997 aaO). Fehlt es hieran, liegt ein **Nutzungsrecht für die Vertragsdauer** vor. Handelt es sich bei den Mietereinbauten um **Scheinbestandteile** (Einbau nur zu vorübergehenden Zwecken) und stehen die Einbauten im Eigentum des Mieters, gilt im Ergebnis nichts anderes. Zwar entsteht in diesem Fall *keine Zuordnungskonkurrenz* zwischen zivilrechtlichem und wirtschaftlichem Eigentümer. Das zivilrechtliche Eigentum ist aber mangels eingeschränkter Teilhabe an der Substanz nicht vollwertig, wenn der Mieter bei Beendigung der Nutzungszeit die noch nicht verbrauchte Substanz beseitigen (vernichten) muss. Auch in diesem Fall sind die Einbauten über die **Vertragslaufzeit** abzuschreiben (aA möglicherweise *BFH* 15. 10. 1996 BStBl II 1997, 533, 535 von einem Nutzungsrecht ausgehend, das jedoch „wie" ein Gebäude behandelt und abgeschrieben werden soll).

Mietereinbauten können ua auch **technische Anlagen, Maschinen oder Gegenstände der Betriebs- oder Geschäftsausstattung** betreffen. Sie sind dann, auch wenn es sich um wesentliche Grundstücksbestandteile handelt, als selbstständige VG unter den jeweiligen Posten auszuweisen (zB *BFH* 28. 7. 1993, BStBl II 1994, 164, 165).

II. Technische Anlagen und Maschinen

Zu den technischen Anlagen und Maschinen gehören alle Anlagen und 480
Maschinen, die der Produktion dienen. Das sind zB **Anlagen zur Kraftversorgung** der Produktionsmaschinen, **Umspannwerke, Rohrleitungen, Leitungsnetze** der Strom-, Gas- und Wasserversorgung (*BFH* 12. 12. 1985, BFH/NV 1987, 269), **Kokereien, Hochöfen, Gießereien** ggf einschl der verwen-

deten Formen (Stranggussverfahren), **Anlagen der chemischen Industrie, Raffinerien, Bagger, Transportanlagen, Förderbänder, Krane, Arbeitsbühnen, Silos, Gasbehälter, Tanks, Kohlebunker,** sonstige **Lagerbehälter** und die **Arbeitsmaschinen,** einschl der Fundamente, Stützen, Stützmauern uÄ. Nicht entscheidend ist, ob diese Gegenstände als Betriebsvorrichtungen wegen des Einbaus in fremde Grundstücke und Gebäude rechtlich im Eigentum eines Dritten stehen (Anm 461 und § 253 Anm 351 ff), da die wirtschaftliche Zugehörigkeit ausschlaggebend ist (Anm 451 ff).

481 Nicht hierzu gehören zB **Kraftanlagen** zur Gebäudebeleuchtung (Notstromaggregate). Unschädlich ist jedoch, wenn betriebliche Kraftanlagen zur Gebäudebeleuchtung oder Wärmeanlagen auch zur Gebäudeheizung mitbenutzt werden. **Lastenaufzüge** in Gebäuden können technische Anlagen sein, zB wenn sie die Aufgabe haben, die Fortsetzung einer Produktionsstraße in einem anderen Stockwerk zu ermöglichen (zur Abgrenzung zu Gebäuden Anm 460 ff). **Vorrichtungen,** die zwar nicht unmittelbar mit einer Maschine verbunden, aber für die Betätigung der Maschine unbedingt erforderlich sind, gehören zu den Maschinen. Das Gleiche gilt auch für die **Werkzeuge** der spanlosen Verformung durch Stanzen und Pressen, da sie Maschinenbestandteile sind (*Müller,* DB 1977, 2110). Zur Abgrenzung vom Umlaufvermögen bei Werkzeugen, Ersatzteilen und Reparaturmaterial Anm 352.

482 Die Aktivierung kommt auch in Frage, wenn nur **wirtschaftliches Eigentum** gegeben ist, wobei die Abgrenzungskriterien aus der Rspr des *BFH,* die im *BMF* 19. 4. 1971 BStBl I, 264 zusammengefasst wurden, handelsrechtlich vertretbar sind. In der Praxis handelt es sich meist um geleaste Gegenstände, hierzu § 246 Anm 37 ff.

III. Andere Anlagen, Betriebs- und Geschäftsausstattung

500 Aus der Postenbezeichnung „Andere Anlagen" folgt, dass es sich um einen **Sammelposten** handelt, der alle VG aufnimmt, die nicht bereits unter anderen Sachanlagegruppen ausgewiesen sind und der deswegen sehr unterschiedliche VG umfasst (s *ADS*[6] § 266 Anm 55).

Hierzu zählen alle VG der **Büro- und Werkstatteinrichtung, EDV-Hardware, Telefonanlagen, Arbeitsgeräte, Kraftwagen, sonstige Fahrzeuge, Transportbehälter,** ferner **Werkzeuge** (*BFH* 9. 3. 1967, BStBl III 238; *Römer,* BB 1981, 588) und **Baustellencontainer** (*BFH* 18. 6. 1986, BStBl II, 787). Nicht hierher gehören maschinengebundene **Formen und Modelle** (*BFH* 28. 10. 1977, BStBl II 1978, 115; *Müller,* DB 1977, 2110) sowie **Gerüst- und Schalungsteile** (*BFH* 26. 7. 1966, BStBl III 1967, 151); sofern sich diese bei der Durchführung eines bestimmten Auftrags in verhältnismäßig kurzer Zeit wirtschaftlich oder technisch verbrauchen, sind sie Umlaufvermögen bzw Betriebsmittel (hierzu *BFH* 21. 1. 1971 BStBl II, 304, Klischees, deren Verwendung nur für eine Auflage feststeht). Ihrer Zugehörigkeit zur Betriebs- und Geschäftsausstattung steht es nicht entgegen, wenn sie kundenbezogen sind, dh wenn hiermit nur laufende Aufträge eines bestimmten Kunden ausgeführt werden (*BFH* 8. 10. 1970, BStBl II 1971, 51). Das gilt auch für **Druckstöcke,** die im Auftrag von Kunden hergestellt und deren Wiederverwendung für Folgeaufträge desselben Kunden oder für Dritte möglich ist (*BFH* 28. 10. 1977, BStBl II 1978, 115). Ebenso wie das **Individualleergut** von Brauereien und Säfteherstellern gehört auch das nicht einer bestimmten Brauerei zuzuordnende **Einheitsleergut** zur Betriebs- und Geschäftsausstattung. Das Gleiche muss auch für die übrige Getränkeindustrie und sonstige Leergutwiederverwender gelten, wenn der Rücklauf des Leerguts (bei Einheitsleergut in gleicher Art, Güte und Menge) gewährleistet ist.

Zur Geschäftsausstattung gehören ferner: Gegenstände der Verkaufsförderung bzw Kundeninformation wie die **Vorführwagen** eines Kfz-Händlers (*BFH* 17. 11. 1981, BStBl II 1982, 344), **Einbauten in Geschäftslokale** und **Restaurantausstattungen,** die dem modischen Wechsel entsprechend häufiger umgestaltet bzw ersetzt werden müssen (*ADS*[6] § 266 Anm 34), auch **Fernsprech- und Rohrpostanlagen** gelten als Gegenstände der Betriebs- und Geschäftsausstattung (so *ADS*[6] § 266 Anm 56). Letztere können auch als Gebäudebestandteil anzusehen sein, wenn sie der Verkürzung der Postwege in übergroßen Gebäuden dienen (*BFH* 7. 10. 1983, BStBl II 1984, 262 zu Sprinkleranlagen). Zu geleasten Gegenständen Anm 452 und 482 sowie § 246 Anm 37 ff. 501

IV. Geleistete Anzahlungen

Geleistete Anzahlungen sind **Vorleistungen** auf eine von dem anderen Vertragsteil zu erbringende Lieferung oder Leistung, Vorleistungen **im Rahmen eines schwebenden Geschäfts** (*ADS*[6] § 266 Anm 59; *BFH* 14. 3. 1986, BStBl II, 670 mwN), die der Leistende ggf zurückfordern kann (*BFH* 1. 6. 1989, BStBl II, 830; *Weber-Grellet* in Schmidt[24] § 5 Anm 270 „Anzahlungen"). Sie sind zu aktivieren, um das schwebende Geschäft erfolgsneutral zu behandeln. Aktiviert wird nicht der Sach- oder Dienstleistungsanspruch aus dem zugrunde liegenden schwebenden Geschäft. Dem stünde das Verbot der Bilanzierung von Ansprüchen aus schwebenden Geschäften (§ 249 Anm 52) entgegen. Vorauszahlungen sind vielmehr bilanziell als (schwebende) Kreditgeschäfte anzusehen. Die Anzahlungen mindern die bilanziell mit Erfüllung der Sach- oder Dienstleistungsverpflichtung entstehende Gegenleistungsverpflichtung oder begründen ggf einen Rückzahlungsanspruch, wenn der andere Vertragsteil die Lieferung oder Leistung nicht erbringt. Der Anspruch ist auch dann zu aktivieren, wenn der Gegenstand der Gegenleistung nicht aktivierungsfähig ist (*BFH* 25. 10. 1994 BStBl II 1995, 315; *Weber-Grellet* in Schmidt[24] § 5 Anm 270 „Anzahlungen"). 545

Geleistete Anzahlungen auf Sachanlagen liegen vor, wenn das schwebende Geschäft, in dessen Rahmen die Anzahlung als Vorleistung erbracht wurde, die Anschaffung eines VG iSd § 266 Abs 2 A II 1. bis 3. oder eines nach der Lieferung unter die Anlagen im Bau fallenden VG zum Inhalt hat. 546

Als Bestandteil eines (schwebenden) Kreditgeschäfts sind Anzahlungen (als solche) auch dann zu aktivieren, wenn sie auf einen **Vertrag** geleistet werden, **dessen Abschluss erst noch bevorsteht** (dazu *BFH* 8. 10. 1970, BStBl II 1971, 151). Sofern jedoch weder ein Vorvertrag abgeschlossen, noch ein bindendes Vertragsangebot abgegeben wurde, dessen Annahme wahrscheinlich ist, liegt noch kein schwebendes Geschäft vor (§ 249 Anm 57), so dass keine geleistete Anzahlung, sondern ein sonstiger VG (im UV) auszuweisen ist. 547

Unter den Begriff der Anzahlung fallen nicht nur Zahlungsvorgänge, sondern auch **Tauschvorgänge** und die **Übernahme einer Verbindlichkeit,** zB durch Hingabe eines Wechselakzepts (dazu *BFH* 17. 1. 1973, BStBl II, 487). 548

Für die Einordnung unter die geleisteten Anzahlungen ist allein der Vorleistungscharakter entscheidend. Ohne Bedeutung hierfür ist, ob eine **Teil-** oder **Vollzahlung** vorliegt. 549

Von den aktiven **Rechnungsabgrenzungsposten,** die ebenfalls Vorleistungscharakter haben, unterscheiden sich die geleisteten Anzahlungen dadurch, dass diese nicht auf eine zeitraumbezogene Gegenleistung geleistet werden.

Sonstige Vermögensgegenstände haben idR zwar ebenfalls Vorleistungscharakter. Die Vorleistung besteht jedoch (zB bei Zinsforderungen und rückständigen Mieten) nicht in einer Zahlung, sondern in einer Lfg oder Leistung.

550 Der **Zeitpunkt des Zugangs** von geleisteten Anzahlungen bestimmt sich nach den gleichen Grundsätzen, wie sie für den Zeitpunkt der Erfüllung von Verbindlichkeiten gelten, dh bei Überweisung und bei Hingabe eines Schecks mit der Belastung auf dem Konto des Leistenden. Im Falle der Hingabe eines Wechsels ist regelmäßig der Zeitpunkt der Aushändigung entscheidend. Die Verpflichtung, eine Anzahlung zu leisten, ist wie die Verpflichtung zur Auszahlung einer Darlehensvaluta im normalen Kreditgeschäft bilanziell nicht zu berücksichtigen (*BFH* 13. 12. 1979, BStBl II 1980, 239 für erhaltene Anzahlungen).

551 Der **Zeitpunkt des Abgangs** von geleisteten Anzahlungen liegt vor, wenn der andere Vertragsteil seine Lfg oder Leistung (bzw selbstständige Teillieferung oder -leistung), für welche die Anzahlung geleistet wurde, im Wesentlichen erbracht hat, nicht jedoch, wenn der Vergütungsanspruch noch von einem Leistungserfolg abhängt (*BFH* 4. 8. 1976, BStBl II, 675). Die Anzahlung ist mit der Lieferantenverbindlichkeit (wenn abgerechnet) oder der Rückstellung für fehlende Eingangsrechnungen zu saldieren. Darin liegt kein Verstoß gegen das Saldierungsverbot des § 246 Abs 2. Vielmehr wird dadurch nur buchmäßig nachvollzogen, dass wegen des Vorleistungscharakters der geleisteten Anzahlung nur eine um die Anzahlung geminderte Verpflichtung besteht (Anm 545).

553 Geleistete Anzahlungen sind auf sonstige VG umzugliedern, wenn (zB auf Grund von Leistungsstörungen) mit der **Rückforderung** zu rechnen ist oder die Rückforderung schon erklärt wurde, da sie dann ihren Vorleistungscharakter verloren haben.

554 Wenn mit der Anzahlung **Umsatzsteuer** zu leisten war, ist die Anzahlung mit dem Nettobetrag auszuweisen, soweit die USt abzugsfähig ist. Nichtabzugsfähige Vorsteuern gehören zu den AK und sind deshalb auch den geleisteten Anzahlungen zuzuordnen (§ 250 Anm 46ff).

555 Sofern geleistete Anzahlungen verzinslich sind, stellen bis zum Bilanzstichtag entstandene **Zinsforderungen** sonstige VG dar.

V. Anlagen im Bau

561 Hierbei handelt es sich um die bis zum Bilanzstichtag getätigten Investitionen des Kfm für alle VG des Sachanlagevermögens (zum Anwendungsbereich auch *ADS*[6] § 266 Anm 64), die am Bilanzstichtag noch nicht endgültig fertiggestellt sind. Zu aktivieren sind alle Aufwendungen, die auf die Herstellung des Gegenstands verwendet worden sind, ohne Unterschied, ob es sich um Eigen- oder Fremdleistungen gehandelt hat. Voraussetzung ist aber, dass die im Bau befindliche Anlage bei Fertigstellung aktivierungsfähig ist (*ADS*[6] § 266 Anm 65). Der Ausweis im Anlagevermögen trägt dem Umstand Rechnung, dass die Mittel durch die Investitionsentscheidung langfristig gebunden sind. Nach Fertigstellung werden die VG auf die einzelnen Posten des Anlagevermögens, zu denen sie gehören, umgebucht.

D. Finanzanlagen

600 Wegen des Begriffs „Anlagevermögen" bei Finanzanlagen vgl Anm 356. Zur Gliederung in der Bilanz von nicht dem PublG unterliegenden EKfl und reinen PersGes vgl Anm 8, 370. Einzelheiten zu den verschiedenen Arten von Finanzanlagen sind bei § 266 Anm 69ff erläutert.

Fraglich könnte sein, ob der Begriff der Beteiligung iSv § 271 Abs 1 auch für nicht dem PublG unterliegende EKfl und nicht unter § 264a fallende PersGes gilt. Soweit solche Kfl Beteiligungen gesondert ausweisen und dabei die für KapGes/KapCoGes vorgeschriebene Postenbezeichnung verwenden, müssen sie im Interesse der Klarheit (§ 243 Abs 2) auch von dem gleichen Posteninhalt wie KapGes/KapCoGes ausgehen.

Sonderposten mit Rücklageanteil (Abs 3)

A. Allgemeines

Einstellungen in Rücklagen sowie Entnahmen aus diesen fallen als Maßnahmen der Ergebnisverwendung unter § 275 Abs 4 (s dort Anm 310ff), beeinflussen also nicht das Jahresergebnis. Abweichend von diesem Grundsatz räumt jedoch das Steuerrecht in Sonderfällen als Instrument zur Gewährung steuerrechtlicher Vergünstigungen ein Wahlrecht zur **gewinnmindernden Bildung von „Rücklagen“** ein. Hiermit verbunden ist regelmäßig eine Bestimmung, wonach sich bei späterer Auflösung einer solchen Rücklage der steuerrechtliche Gewinn erhöht. 601

§ 5 Abs 1 S 2 EStG setzt für die steuerrechtlich wirksame Ausübung eines solchen Wahlrechts die übereinstimmende Handhabung in der HB voraus (Maßgeblichkeit der HB für die Steuerbilanz). Um auf handelsrechtlicher Seite diesem steuerrechtlichen Erfordernis (umgekehrte Maßgeblichkeit) entsprechen zu können, gestattet Abs 3 die Bildung solcher Passivposten auch in der HB. Zur Abgrenzung von „echten“ Rücklagen wird jedoch ein gesonderter Ausweis als „Sonderposten mit Rücklageanteil“ verlangt. Es gibt beachtliche Zweifel, ob Abs 3 mit der 4. EG-Richtl, die „Sonderposten mit Rücklageanteil“ nicht vorsieht, vereinbar ist (*Hennrichs* in MünchKomm HGB, Anm 6 zu § 247 HGB; *Schulze-Osterloh,* Vorschläge für ein Bilanzrechtsmodernisierungsgesetz, ZIP 2004, 1128, 1135). Die hM (so etwa *ADS*[6] § 247 Anm 127ff; *Hütten/Lorson* in HdR[5] § 247 Anm 54ff; *Förster/Brinkmann* in Bilanzrecht § 247 HGB Anm 311ff) geht indessen weiterhin von der Anwendbarkeit der Bestimmung aus. Abs 3 setzt voraus, dass Passivposten für Zwecke der E+E-Steuern zulässig sind. Diese Voraussetzung ist uE unabhängig davon erfüllt, ob die steuerrechtliche Zulässigkeit auf einer gesetzlichen Bestimmung, auf Gewohnheitsrecht oder auf einer Verwaltungsregelung (aA *Schulze-Osterloh* in Baumbach/Hueck GmbHG[17] § 42 Anm 180) beruht. Unerheblich ist auch, ob in- oder ausländisches Steuerrecht den Passivposten zulassen. Es genügt daher, dass – insb im Falle ausländischer Betriebsstätten – ausländische Steuern durch Bildung derartiger Passivposten gemindert werden können (so auch *Mundt* in Beck HdR B 232 Anm 29).

Abw von § 5 Abs 1 S 2 EStG können in seltenen Fällen auf Grund besonderer Bestimmungen gewinnmindernde Rücklagenbildungen steuerrechtlich auch zulässig sein, ohne dass in der HB entspr Passivposten ausgewiesen werden:

- Rücklage nach § 3 des Gesetzes über steuerliche Maßnahmen bei der **Stilllegung von Steinkohlenbergwerken,** BStBl I 1967, 204;
- Rücklage nach § 6b Abs 3 EStG, soweit Veräußerungsgewinn in Steuerbilanz den Veräußerungsgewinn in HB übersteigt (*OFD Münster* 15. 7. 1974, FR 1974, 447).

Auch in diesen Fällen lässt Abs 3 die Bildung eines entspr Passivpostens in der HB zu. Für **KapGes/KapCoGes** und dem **PublG** unterliegende Unt ist allerdings die Anwendbarkeit des Abs 3 eingeschränkt; § 273 S 1 lässt bei diesen Unt die steuerrechtliche Zulässigkeit des Passivpostens nicht genügen, sondern setzt die Abhängigkeit seiner steuerrechtlichen Anerkennung von seiner Bildung in der HB voraus (§ 273 Anm 1). Wegen der im Ausland regelmäßig fehlenden Maßgeblichkeit der HB für die Steuerbilanz rechtfertigt im Anwendungsbereich des § 273 auch ausländisches Steuerrecht nicht die Bildung eines Sonderpostens.

602 Soweit nach den Bestimmungen des Steuerrechts ein Sonderposten mit Rücklageanteil aufzulösen ist, muss auch in der HB eine entspr **Auflösung** erfolgen. Andererseits steht Abs 3 einer vorzeitigen Auflösung in der HB nicht entgegen. Eine solche vorzeitige Auflösung in der HB hat allerdings idR auch steuerrechtliche Wirkung. Abs 3 S 3 stellt klar, dass es beim Ausweis eines Sonderpostens mit Rücklageanteil in der HB für die bei der Auflösung entstehenden E+E-Steuern keiner Steuerrückstellung bedarf (dazu auch § 274 Anm 22).

603 Sonderposten mit Rücklageanteil sind auch bei nicht unter das PublG fallenden **EKfl** und **reinen PersGes** gesondert auszuweisen (folgt aus Abs 3 S 2). Sofern Sonderposten nach mehreren Vorschriften gebildet werden, genügt dabei der Ausweis in einem Betrag.

Zum Ausweis der Bildung und Auflösung von Sonderposten mit Rücklageanteil in der GuV s § 275 Anm 105ff und 162 sowie § 281 Anm 12ff.

B. Fortgeltende Anwendungsfälle

I. Gewinn aus der Veräußerung bestimmter Anlagegüter (§ 6b EStG)

604 § 6b EStG gestattet unter bestimmten Voraussetzungen die **Übertragung stiller Reserven,** welche bei Veräußerung von Anlagegütern aufgedeckt werden, **auf Reinvestitionsobjekte** (§ 254 Anm 11ff). Um diese Übertragung auch auf Reinvestitionen zu ermöglichen, welche erst in einem späteren Wj vorgenommen werden, lässt § 6b EStG eine Übernahme der begünstigten Reserven in eine zeitlich befristete Rücklage zu (§ 6b Abs 3 EStG).

605 Die Rücklage darf höchstens bis zu dem Betrag gebildet werden, zu welchem die aufgedeckte Reserve auf Reinvestitionsobjekte übertragbar ist (hierzu § 254 Anm 16).

606 Ein Ausweis in der HB ist nach EStR 41b Abs 2 S 2 nicht erforderlich, wenn der Stpfl keine HB aufstellt und hierzu auch nicht verpflichtet ist. Besondere Bedeutung hat diese Einschränkung bei **Personengesellschaften,** soweit deren Gester VG des Sonderbetriebsvermögens (zB ein an die Ges vermietetes Gebäude) veräußern; da das Sonderbetriebsvermögen nicht in der HB der PersGes auszuweisen ist (*IDW RS HFA* 7 Anm 13), braucht auch eine Rücklage gem § 6b EStG nur in der Sonderbilanz ausgewiesen zu werden (*BFH* BStBl II 1986, 350).

607 Werden innerhalb von 4 (ggf Rumpf-)Wj nach Bildung der Rücklage WG der in § 6b Abs 1 S 2 EStG genannten Art angeschafft oder hergestellt, darf von deren AK bzw HK ein Betrag bis zur Höhe der Rücklage gewinnmindernd abgezogen werden. In Höhe des abgezogenen Betrags ist die Rücklage **gewinnerhöhend aufzulösen.**

Soweit am Ende des 4. FolgeWj eine Rücklage noch vorhanden ist, ist sie gewinnerhöhend aufzulösen. Wenn jedoch zu diesem Zeitpunkt mit der Herstellung von Gebäuden begonnen worden ist, von deren HK ein Abzug in Betracht kommt, verlängert sich die Abzugsfrist um weitere zwei Wj; eine verbleibende Rücklage ist dann erst am Schluss des 6. Wj gewinnerhöhend aufzulösen (§ 6b Abs 3 EStG).

Liegt der Rücklagenbildung ein Gewinn aus der Übertragung von Anlagegegenständen zur Vorbereitung oder Durchführung von städtebaulichen Sanierungs- oder Entwicklungsmaßnahmen auf einen der in § 6b Abs 8 S 2 EStG genannten Erwerber zugrunde, verlängern sich die vorgenannten Fristen von 4 auf 7 bzw von 6 auf 9 Jahre (§ 6b Abs 8 S 1 Nr 1 EStG). Hierfür ist eine Bescheinigung der nach Landesrecht zuständigen Behörde erforderlich (§ 6b Abs 9 EStG). **608**

Eine Besonderheit bei der Rücklage gem § 6b EStG besteht darin, dass bei **Auflösung nicht übertragener Rücklagen** der steuerrechtliche Gewinn des betreffenden Wj für jedes volle Wj, in welchem die Rücklage bestanden hat, um 6 vH des Auflösungsbetrags zu erhöhen ist (§ 6b Abs 7 EStG). **609**

II. Zuschüsse zur Anschaffung oder Herstellung von Anlagegütern (EStR 34)

Zuschüsse aus öffentlichen oder privaten Mitteln, die zur Anschaffung oder Herstellung von Anlagegütern bestimmt sind, dürfen nach EStR 34 wahlweise erfolgswirksam oder erfolgsneutral behandelt werden (hierzu § 255 Anm 121 ff). Wurden Zuschüsse zu Investitionen gewährt, welche erst in einem Folgejahr vorgenommen werden, lässt EStR 34 Abs 4 die Bildung einer **steuerfreien Rücklage** in Höhe der erhaltenen, aber noch nicht verwendeten Zuschussbeträge zu. Diese Rücklage ist dann im Jahr der Anschaffung oder Herstellung auf die bezuschussten Anlagegüter zu übertragen. Nach EStR 34 Abs 4 S 2 setzt die steuerrechtliche Anerkennung einer solchen Rücklage den Ausweis eines entspr Passivpostens in der HB voraus. *WPH I*[12] E Tz 74 (aA Tz 75) und *ADS*[6] § 273 Anm 12 (aA Anm 7) sehen hierin keinen Anwendungsfall des Abs 3, sondern des § 265 Abs 5 S 2. *Schulze-Osterloh* in Baumbach/Hueck GmbHG[17] § 42 Anm 182 hält Einstellung in Gewinnrücklage und Bildung einer Steuerrückstellung für angezeigt. **610**

III. Rücklage für Ersatzbeschaffung (EStR 35)

Falls ein WG infolge **höherer Gewalt** (zB Brand, Diebstahl) oder infolge oder zur Vermeidung eines **behördlichen Eingriffs** (zB drohende Enteignung, Inanspruchnahme für Verteidigungszwecke) gegen Entschädigung aus dem Betriebsvermögen ausscheidet oder beschädigt wird, lässt EStR 35 eine Übertragung der hierdurch realisierten stillen Reserven auf ein im selben Wj angeschafftes oder hergestelltes ErsatzWG zu (§ 254 Anm 20 ff). Ist die **Ersatzbeschaffung** noch nicht vorgenommen, aber ernstlich geplant, darf nach EStR 35 Abs 4 eine gesondert auszuweisende steuerfreie **Rücklage für Ersatzbeschaffung** in Höhe des Unterschieds zwischen dem Buchwert des ausgeschiedenen WG und der Entschädigung (bzw dem Entschädigungsanspruch) gebildet werden. Vorausgesetzt wird dabei der Ausweis eines entspr Passivpostens in der HB. **611**

Die Rücklage für Ersatzbeschaffung ist idR durch Übertragung auf das ErsatzWG zu verwenden, indem von dessen AK oder HK eine Abschreibung vorgenommen und die Rücklage in gleicher Höhe aufgelöst wird. Ist das ErsatzWG am Schluss des ersten (bei Grundstücken oder Gebäuden am Schluss des zweiten) Wj nach Bildung der Rücklage weder angeschafft noch hergestellt noch bestellt, ist diese gewinnerhöhend aufzulösen EStR 35 Abs 4 S 3 und 4). Die

Auflösungsfristen können jedoch im Einzelfalle angemessen verlängert werden, wenn glaubhaft gemacht wird, dass die Ersatzbeschaffung weiterhin ernstlich geplant und zu erwarten ist, aus besonderen Gründen aber noch nicht durchgeführt werden konnte (EStR 35 Abs 4 S 5).

IV. Ansparabschreibung

612 **Kleinen und mittleren Betrieben** (Betriebsvermögen bis zu € 204517) gestattet § 7g Abs 3 EStG die Bildung gewinnmindernder Rücklagen (Ansparabschreibung). Die Rücklagen dürfen 40% der AK bzw HK neuer beweglicher WG des Anlagevermögens, welche bis zum Ende der beiden folgenden Wj voraussichtlich angeschafft oder hergestellt werden, betragen, höchstens jedoch insgesamt € 154000. Mit Beginn der Abschreibungen für ein begünstigtes WG ist die hierfür gebildete Rücklage in Höhe von 40% der AK/HK gewinnerhöhend aufzulösen, im Übrigen am Ende des zweiten Wj nach ihrer Bildung. In letzterem Falle erhöht sich der steuerrechtliche Gewinn zusätzlich um je 6% des aufzulösenden Betrags für jedes volle Wj, in welchem die Rücklage bestanden hat.

Bei **Existenzgründern** (§ 7g Abs 7 S 2 EStG) erhöht sich das zulässige Gesamtvolumen der Ansparabschreibungen auf € 307000; die Auflösungsfrist beträgt hier fünf Jahre, wobei eine Verzinsung aufzulösender Beträge entfällt. Einschränkungen bestehen bei Existenzgründungen in den in § 7g Abs 8 EStG aufgeführten Sektoren (zB Stahl- und Kraftfahrzeug-Industrie).

V. Weitere Anwendungsfälle

613 Als weitere Sonderposten mit Rücklageanteil kommen in Betracht: die Rücklage nach § 6 Abs 1 UmwStG und die Rücklage nach § 3 Abs 1 Forstschäden-AusgleichsG (BGBl I 1985, 1756). In den Sonderposten mit Rücklageanteil können auch die ausschließlich steuerrechtlich begründeten Abschreibungsbeträge (§ 254) als Wertberichtigungen eingestellt werden (§ 281); Näheres hierzu bei §§ 254 und 281.

C. Auslaufender Anwendungsfall: StEntlG 1999ff

627 Nach der Übergangsbestimmung des § 52 Abs 16 EStG konnten durch erstmalige Anwendung der Neufassung von § 6 Abs 1 Nr 1 bis 3a EStG entstehende Gewinne zu vier Fünfteln (Nr 1 und 2) bzw zu neun Zehnteln (Nr 3 und 3a) in eine den steuerrechtlichen Gewinn mindernde Rücklage eingestellt werden. Die Rücklage ist in den Folgejahren jeweils mit mindestens einem Viertel bzw einem Neuntel aufzulösen. Eine vorzeitige Auflösung der Rücklage hat zu erfolgen, soweit ein für ihre Bildung maßgebendes WG aus dem Unt ausscheidet.

D. Rechtsfolgen einer Verletzung des § 247

630 Für eine Verletzung der Ansatz- und Gliederungsvorschriften des § 247 sieht das HGB keine speziellen zivilrechtlichen Sanktionen vor. Eine Verletzung kann gem § 283b Abs 1 Nr 3a StGB strafrechtliche Konsequenzen haben (Freiheits-

strafen bis zu 2 Jahren), wenn das Unt die Zahlungen einstellt oder über sein Vermögen das Insolvenzverfahren eröffnet oder es mangels Masse abgelehnt wird. Wird § 247 bei bereits eingetretener Überschuldung oder bei drohender oder eingetretener Zahlungsunfähigkeit verletzt, so kommen die erweiterten Strafrahmen der §§ 283, 283a StGB (bis zu 5 bzw 10 Jahren Freiheitsstrafe) in Betracht.

Ordnungswidrig handelt und kann mit einer Geldstrafe bestraft werden, wer als Mitglied des Geschäftsführungsorgans oder des AR einer KapGes/KapCoGes bei der Aufstellung oder Feststellung des JA den Vorschriften des § 247 zuwiderhandelt (§ 334 Abs 1 Nr 1a; § 335b). Entspr gilt bei dem PublG unterliegenden Unt (§ 20 Abs 1 Nr 1a PublG).

Stellt der AP von KapGes/KapCoGes und dem PublG unterliegenden Unt (§ 6 Abs 1 und 2 PublG) fest, dass bei der Aufstellung der Bilanz die gesetzlichen Vorschriften und die sie ergänzenden Bestimmungen des GesVertrags nicht beachtet wurden (§ 317 Abs 1 S 2), kann je nach Schwere des Verstoßes eine Einschränkung oder Versagung des BVm die Folge sein (§ 322 Abs 4).

E. Abweichungen der IFRS

Schrifttum: *Haller/Eierle* Accounting Standards for Small and Medium-sized Entities – erste Weichenstellungen durch das IASB BB 2004, 1838; *Lüdenbach/Hoffmann* Verbindliches Gliederungsschema für die IFRS-Bilanz KoR 2004, 89.

Die Ziele der IFRS sind in erster Linie auf AG und Unt ausgerichtet, die sich über den Kapitalmarkt finanzieren (vgl *Bohl* in Beck IFRS §1 Tz 34). Trotz der Fokussierung auf KapmarktUnt, sind – sofern ein IFRS-Abschluss aufgestellt wird – die IFRS für Unt aller Rechtsformen und Größenklassen anzuwenden. Die zu den §§ im zweiten Abschnitt des 3. Buchs des HGB („Ergänzende Vorschriften für KapGes sowie bestimmte PersGes“) gemachten Anmerkungen zu den IFRS sind daher von allen IFRS-Anwendern zu beachten. 631

An Stelle der im Abs 1 vorgeschriebenen Aufteilung der VG in Anlage- und Umlaufvermögen tritt in den IFRS die Aufteilung in current und noncurrent assets (vgl hierzu § 266 Anm 281). RAP dürfen nach IAS 1.26 nur dann aktiviert bzw passiviert werden, wenn sie die Kriterien eines assets oder einer liability erfüllen (§ 250 Anm 85). Durch die Definition von non-current assets (vgl § 266 Anm 282) kann es zu Abweichungen im Ausweis von Anlagevermögen kommen, welches nach Abs 2 „dauernd dem Geschäftsbetrieb zu dienen“ hat. 632

Eine Maßgeblichkeit der HB für die Steuerbilanz ist den IFRS fremd. Daher dürfen nach den IFRS keine Sonderposten mit Rücklageanteil, die für Zwecke der Steuern vom Einkommen und vom Ertrag nach dem HGB zulässig sind, passiviert werden. Beim Übergang auf die IFRS ist der Sonderposten in einen EK-Bestandteil und latente Steuern aufzuteilen (vgl § 273 Anm 11). 633

Die Bilanz nach IFRS setzt sich zusammen aus: 634

- Vermögenswerten (assets),
- Schulden (liabilities) und
- Eigenkapital (equity).

Ein Vermögenswert ist definiert als eine in der Verfügungsmacht des Unt stehende Ressource, die ein Ergebnis von Ereignissen der Vergangenheit darstellt, und von der erwartet wird, dass dem Unt aus ihr künftiger wirtschaftlicher Nutzen zufließt (IAS F 49(a)).

Eine Schuld ist eine gegenwärtige Verpflichtung eines Unt aus Ereignissen der Vergangenheit, von deren Erfüllung erwartet wird, dass aus dem Unt Ressourcen abfließen, die wirtschaftlichen Nutzen verkörpern (IAS F 49(b)).

EK ist der nach Abzug aller Schulden verbleibende Restbetrag der Vermögenswerte des Unt (IAS F 49(c)).

Zur Angabe von Haftungsverhältnissen unter der Bilanz vgl § 251 Anm 60.

Gewinn- und Verlustrechnung für Einzelkaufleute und reine Personengesellschaften (Exkurs 1)

Schrifttum: *Förschle/Kropp* Mindestinhalt der Gewinn- und Verlustrechnung für Einzelkaufleute und Personenhandelsgesellschaften DB 1989, 1037, 1096; *Jorde* Dividendenerträge in Rechnungslegung und Gesellschaftsvertrag von Personengesellschaften DB 1996, 233; *Altmann* Bilanzierung von Erträgen aus Beteiligungen an Kapitalgesellschaften bei Personenhandelsgesellschaften BB 1998, 631; *IDW RS HFA* 7 Zur Rechnungslegung bei Personenhandelsgesellschaften WPg 2002, 1259.

A. Funktion der handelsrechtlichen Gewinn- und Verlustrechnung für Einzelkaufleute und reine Personengesellschaften

I. Zweckbestimmung

641 Die GuV hat die Funktion, die Quellen der Entstehung des Jahresergebnisses zu zeigen, um dadurch einen Einblick in die Ertragslage und -kraft des Unt zu ermöglichen. Dies setzt eine hinreichende Gliederung voraus.

642 KapGes/KapCoGes, soweit sie nicht befreit sind (§§ 264 Abs 3, 264b) und Unt, sofern diese auf Grund ihrer Größe unter das PublG fallen, haben ihre GuV grds nach den Schemata des § 275 Abs 2 oder Abs 3 zu gliedern, nach denen bestimmte Posten, ihre Bezeichnung und einige Zwischensummen vorgeschrieben sind. Alle übrigen Unt sind bei der Aufstellung ihres JA nicht ausdrücklich an ein bestimmtes Gliederungsschema gebunden und daher in der Gestaltung mehr oder weniger frei. Maßgebend für Form und Gliederung der GuV sind für Nicht-KapGes und -KapCoGes allein die GoB, die Aufstellungsgrundsätze der Klarheit und Übersichtlichkeit (§ 243 Abs 1 und 2) und ggf branchenspezifische Besonderheiten.

643 Bei den Gliederungsanforderungen ist zu beachten, dass die gesetzliche Verpflichtung zur Buchführung (§ 238) und zur Aufstellung eines JA (§ 242) iW der Dokumentation und der Selbstinformation des Kfm über die im Laufe des Gj eingetretenen Geschäftsvorfälle und die Vermögens- und Ertragslage am Ende einer Abrechnungsperiode dient. Ein Begrenzungsinteresse könnte allenfalls bei einer **Offenlegung** ggü Dritten bestehen, denen die Unterlagen aus geschäftlichen Gründen vorgelegt werden sollen oder müssen (zB Vorlage an Banken nach § 18 KWG).

644 Da Ekfl und *reine* PersGes, dh PersGes, die nicht unter § 264a fallen, fast immer nicht offenlegungspflichtig sind, liegt die **Aufstellung** der GuV in erster Linie *im Interesse* der Geschäftsinhaber, Geschäftsführer, Gester und ggf eines Beirats. Daher sollten für interne Zwecke zumindest die für große KapGes bestehenden Gliederungsvorschriften im Rahmen einer **Kontenplan-Gliederung** berücksichtigt werden; sonst wird möglicherweise das Informationsbedürfnis des Kfm oder eines Gesters nicht ausreichend befriedigt.

Die Mindestgliederung der GuV hat sich bei *reinen* PersGes auch an der zusätzlichen Aufgabe der **Rechenschaft** ggü nicht geschäftsführenden MitGestern zu orientieren. Ziel muss dabei sein, auch durch die formale Gestaltung dem Gester die relevanten Zusammenhänge zu erschließen, wie dies für Gester von KapGes/KapCoGes vorgeschrieben ist. 645

Die Gester von kleinen und mittelgroßen KapGes (§ 267 Abs 1 und 2) haben besondere Informationsrechte. Danach kann zB nach § 131 Abs 1 AktG jeder Aktionär verlangen, dass ihm in der HV der JA in der Form vorgelegt wird, die er ohne Anwendung der Erleichterungen nach § 266 Abs 1 S 3 (verkürzte Bilanz), § 276 (Zusammenfassung zum Rohergebnis) und § 288 (Erleichterung bei Anhangangaben) hätte. Entspr Informationsrechte stehen nach § 51a Abs 1 GmbHG auf Verlangen idR auch jedem Gester einer GmbH zu.

Man wird davon ausgehen können, dass diese grundlegenden **internen Informationsrechte** allen Gestern einer PersGes (s §§ 118/166) zustehen. Darüber hinaus können gesellschaftsvertragliche Regelungen für die GuV maßgebend sein. Die allgemeinen Grundsätze für die GuV (§§ 243, 275) dürfen aber die gesellschaftsvertraglichen Regelungen nicht unterschreiten, wohl aber über diese Grundsätze hinausgehen. 646

Die folgenden Ausführungen betreffen nur die (gesellschafts-)interne Berichterstattung; Ausnahmen hiervon werden ausdrücklich erwähnt.

II. Aufwendungen und Erträge als maßgebliche Größen

Die GuV ist ein Mittel, mit dessen Hilfe der wirtschaftliche Erfolg der Unt-Tätigkeit während einer Abrechnungsperiode (Periodenerfolg) durch Gegenüberstellung der Aufwendungen und Erträge dieser Abrechnungsperiode ermittelt werden soll (ähnlich *Sieben ua* in HWR[3] Sp 747). 650

Unter **Aufwendungen** versteht man den einer Rechnungslegungsperiode zuzurechnenden bewerteten Verbrauch von Gütern und Dienstleistungen (Werteverzehr). Sie unterscheiden sich von den Ausgaben und den Auszahlungen insb dadurch, dass sie nicht nur Minderungen des Geld-, sondern auch des Sachvermögens eines Unt umfassen. Das gilt unabhängig davon, ob dem eingetretenen Werteverzehr anderweitige Vermögensmehrungen (Erlöse) gegenüberstehen oder durch sie ausgelöst werden.

Demggü betreffen **Ausgaben** nur den Bereich der Finanzierungsrechnung. Hierzu zählen neben den Zahlungsvorgängen auch das Entstehen von Verbindlichkeiten (und Forderungsminderungen). Ausgaben repräsentieren damit lediglich den (Gegen-)Wert für erworbene Güter und Dienstleistungen einer Periode oder sonstige Minderungen des Geldvermögens (zB Geldspenden oder Forderungsverzichte). Bei **Auszahlungen** wird auf den Zahlungsbereich abgestellt; es handelt sich allein um den Zahlungsmittelabgang.

In zeitlicher Hinsicht handelt es sich bei den Aufwendungen um der Periode ihrer wirtschaftlichen Zugehörigkeit zugeordnete (periodisierte) Ausgaben (so *Egger* in HWR[3] Sp 89f). Stimmen Aufwendungen und Ausgaben zeitlich überein, spricht man von Erfolgsausgaben. Aufwendungen und Ausgaben werden aber zum Teil in zeitlicher Hinsicht voneinander abweichen. Aufwendungen können zB einer späteren Periode zuzuordnen sein als der, in die der Zeitpunkt der Verausgabung fällt (zB Miete für einen über den Bilanzstichtag hinausreichenden Abrechnungszeitraum oder Beschaffung von Vorräten, die erst in 651 der Folgeperiode verbraucht werden). Eine weitere Abweichung ergibt sich bei der Periodisierung (Verteilung) von vorgeleisteten Ausgaben (zB Abschreibungen auf Gegenstände des Anlagevermögens) oder bei der Antizipation erwarteter künftiger Ausgaben (zB Bildung von Rückstellungen). Aufwendungen können sich ferner aus nachträglichen Ertragskorrekturen (zB durch Gutschriften) ergeben.

652 Ferner ist zwischen Aufwendungen und Kosten zu unterscheiden. Unter **Kosten** ist der bewertete Verbrauch an Gütern und Dienstleistungen zu verstehen, der zur Erstellung der *betrieblichen Leistung* entstanden ist. Abgrenzungsmerkmal der Kosten ggü den Aufwendungen ist vor allem die Zwecksetzung. Sie besteht bei den Kosten allein in der Erstellung der betrieblichen Leistung. Diejenigen Aufwendungen, die *nicht* der betrieblichen Leistungserstellung dienen, dh die betriebsfremd, periodenfremd oder ao sind, stellen keine Kosten im betriebswirtschaftlichen Sinne dar. Hierzu zählen zB Reparaturen an nicht betrieblich genutzten Gebäuden (betriebsfremd) oder wesentliche Feuerschäden (ao).

653 Eine entspr Abgrenzung gilt für Erträge, Einnahmen, Einzahlungen und Leistungen. **Erträge** im bilanzrechtlichen Sinne sind alle bewerteten Vermögensmehrungen in der Abrechnungsperiode, also zB die Erlöse aus allen selbsterstellten Gütern und erbrachten Leistungen sowie die aus der Geschäftstätigkeit erzielten Erlöse (gesamte Werteentstehung). Unter **Einnahmen** sind lediglich die erhaltenen (Gegen-)Werte für die in der Periode veräußerten Güter und Leistungen sowie sonstige Geldvermögenszugänge, zB erhaltene Zuschüsse, zu verstehen. Die **Einzahlungen** betreffen allein den Zahlungsmittelzugang.

654 In zeitlicher Hinsicht handelt es sich bei den Erträgen um periodisierte Einnahmen (so *Egger* in HWR[3] Sp 89). Soweit Einnahmen mit Erträgen zeitlich übereinstimmen, spricht man von Erfolgseinnahmen. Einnahmen und Erträge werden jedoch wie Ausgaben und Aufwendungen in zeitlicher Hinsicht häufig voneinander abweichen. Erträge können zB einer späteren Periode zuzuordnen sein als der, in die die Einnahme fällt (zB im Voraus vereinnahmte Miete oder Kundenvorauszahlungen für noch nicht ausgelieferte Waren). Erträge entstehen – ohne dass eine Einnahme erfolgt ist – auch bei Korrekturen von Aufwand der Vorperioden, zB der Auflösung nicht mehr benötigter Rückstellungen, von Sonderposten mit Rücklageanteil oder bei Zuschreibungen zu VG des Anlage- oder Umlaufvermögens.

655 Entspr der Abgrenzung der Kosten von den Aufwendungen lässt sich der Begriff der **Leistungen** von den Erträgen abgrenzen. Betriebsfremde, periodenfremde und ao Erträge gehören nicht zu den Leistungen, weil sie nicht unmittelbar aus dem Prozess der betrieblichen Leistungserstellung resultieren. Keine „Leistungen“ sind zB Kursgewinne aus Wertpapieren.

B. Allgemeine Aufstellungsgrundsätze

I. Überblick

660 Abgesehen von der gesetzlichen Verpflichtung, die GuV als Bestandteil des JA nach den GoB aufzustellen (§ 243 Abs 1), haben auch die folgenden im HGB genannten allgemeinen Grundsätze Bedeutung für die Mindestanforderungen hinsichtlich der Form und Gliederung der GuV (so auch *WPH I*[12] E Anm 455):

– Die GuV muss **klar und übersichtlich** sein (Anm 665 ff);
– sie muss eine Gegenüberstellung von Aufwendungen und Erträgen des Gj sein (§ 242 Anm 11);
– sie hat **sämtliche** Aufwendungen und Erträge zu enthalten (**Vollständigkeitsgebot,** Anm 668);
– es gilt das **Verrechnungsverbot** (Anm 668).

Nach § 265 Abs 6 und 7 (s § 265 Anm 16f) sind **Änderungen** der gesetzlichen Gliederung oder **Postenzusammenfassungen** bei KapGes – trotz der vorgeschriebenen Schemata – erlaubt, wenn der Anhang eine entspr Aufgliederung enthält. Gleiches gilt für dem PublG unterliegende Unt sowie KapCoGes. Diese Grundsätze dürfen mangels Anhang jedoch *nicht* auf die Gliederung der GuV anderer Ges übertragen werden. **661**

Insb bei Produktions- und HandelsUnt sind aber – analog zu § 247 Abs 1 (Inhalt der Bilanz) – zumindest die wesentlichen **Strukturelemente** der gesetzlichen GuV-Gliederungsschemata für KapGes auch für die (interne) GuV für alle Kfl maßgeblich und gesondert auszuweisen. Dabei handelt es sich um folgende **Grundstruktur** (so auch *ADS*[6] § 247 Anm 90): **662**

	Betriebliches Ergebnis
=	Finanzergebnis
=	Ergebnis der gewöhnlichen Geschäftstätigkeit
±	ao Ergebnis
–	ergebnisabhängige Steuern
=	Jahresergebnis

Diese Strukturelemente der GuV sind analog zur Bilanz weiter aufzugliedern. Maßstab dafür ist wiederum der Grundsatz der Klarheit und Übersichtlichkeit. Das ergibt sich auch aus dem Verrechnungsverbot des § 246 Abs 2. Das „betriebliche Ergebnis" ist zumindest nach den wesentlichen Ertrags- und Aufwandskomponenten (zB Umsatzerlöse, Material- und Personalaufwand, Abschreibungen) oder nach Funktionsbereichen (zB Umsatzerlöse, HK des Umsatzes, Vertriebskosten, allgemeine Verwaltungskosten) weiter aufzugliedern. Ferner sind ggf wesentliche periodenfremde und ao Aufwendungen und Erträge gesondert anzugeben.

II. Klarheit und Übersichtlichkeit

Dieser Grundsatz (§ 243 Anm 51 ff) verlangt für die GuV, dass sie in ihrer Darstellung verständlich und eindeutig, insb nicht irreführend ist, und dass die einzelnen Posten inhaltlich deutlich voneinander abgegrenzt sind. Eine **übersichtliche Anordnung** der Gliederungsposten muss sachlichen Gesichtspunkten folgen. Die verwendeten Bezeichnungen müssen allgemeinverständlich sein und den Posteninhalt eindeutig abbilden. Dabei werden sich die Bezeichnungen und die Abgrenzungen der Posteninhalte an den Gliederungsschemata des § 275 (dort Anm 13 ff) zu orientieren haben. Werden die Bezeichnungen des Gliederungsschemas für KapGes/KapCoGes verwendet, muss sichergestellt sein, dass die Posteninhalte den dazu bestehenden Konventionen entsprechen. **665**

Es sollten auch **Zwischensummen** – zumindest für das Ergebnis der gewöhnlichen Geschäftstätigkeit und das ao Ergebnis – gebildet werden.

Der Grundsatz der Klarheit und Übersichtlichkeit bezieht sich auch auf die **Vergleichbarkeit** mit dem Vj-Abschluss sowie auf eine gewisse externe Vergleichbarkeit der Angaben mit denen publizitätspflichtiger Unt. Die Angabe von Vj-Zahlen (in €; uU in T€ oder Mio€) gestattet dabei einen schnelleren **666**

Überblick über die Entwicklung der ausgewiesenen Posten, kann jedoch nicht gefordert werden.

667 Von größerer Bedeutung ist die **Stetigkeit der Darstellung.** Die einmal gewählte Bezeichnung und Reihenfolge sowie der Inhalt der Gliederungsposten darf – von Ausnahmen abgesehen – später nicht mehr geändert werden. Bei diesem – unmittelbar nur auf KapGes/KapCoGes anzuwendenden – Grundsatz der Darstellungsstetigkeit (§ 265 Abs 1) dürfte es sich um einen allgemeinen (rechtsformunabhängigen) GoB handeln.

III. Vollständigkeitsgrundsatz und Verrechnungsverbot

668 Nach dem **Vollständigkeitsgebot** (§ 246 Abs 1) sind bei Ekfl und PersGes die betrieblichen Aufwendungen und Erträge vollständig zu erfassen. Hier ist insb eine Abgrenzung ggü dem privaten Bereich des EKfm und der Gester vorzunehmen. Ob bestimmte Posten Aufwand oder Ertrag der PersGes oder Teil der Ergebnisverwendung sind, hängt von den jeweiligen Rechtsbeziehungen zwischen den Gestern und der PersGes ab; dazu s Anm 681 ff.

Auch das **Verrechnungsverbot** des § 246 Abs 2 dient der Offenlegung der Erfolgsstruktur und ist auch für die GuV als gesicherter GoB ausdrücklich vorgeschrieben.

C. Mindestgliederung der Gewinn- und Verlustrechnung für Einzelkaufleute und reine Personengesellschaften

I. Bedeutung des Kontenplans

670 Entscheidend für die Erfüllung der Dokumentations- und Selbstinformationsfunktion der GuV-Gliederung (Anm 643 ff) ist in erster Linie die Detailtiefe des Kontenplans, und zwar auch im Hinblick auf die Aufzeichnung der ao, betriebsfremden und aperiodischen Geschäftsvorfälle. Hier sind die veröffentlichten Kontenpläne (zB Industriekontenrahmen oder DATEV-Spezialkontenrahmen) ausreichend und mit den GoB vereinbar. Diese Kontenpläne und EDV-Programme orientieren sich meist an den Gliederungsschemata für große KapGes. Die GuV der Ekfl erfüllt die gesetzlichen Gliederungsanforderungen idR dann, wenn die Kontenzusammenfassung auf eine sachgerechte und sinnvolle Art und Weise aus diesen Kontenplänen vorgenommen wird (s *Förschle/Kropp* DB 1989, 1042 ff).

II. Aufzustellende Gewinn- und Verlustrechnung für reine Personengesellschaften

672 Den Kommanditisten (§ 166 Abs 1) und den phG (§ 118 Abs 1) stehen grds zwar weitergehende gesetzliche Informationsrechte als den Gestern einer KapGes zu; die Kommanditisten sind dabei jedoch stärker als geschäftsführende phG auf eine aussagefähige Rechnungslegung angewiesen. Dem hat auch die GuV im Rahmen des **aufzustellenden** JA Rechnung zu tragen. Insb kann die gesetzliche Verpflichtung zur Aufstellung einer GuV nicht mit dem Hinweis auf anderweitige Informationsrechte der Gester relativiert werden.

Dabei können je nach UntGröße und Zahl der Gester (zB bei PublikumsPersGes mit einer Vielzahl von Kommanditisten) Differenzierungen notwendig sein, so dass im Grunde **nicht** von einer **allgemeingültigen GuV** der *reinen* PersGes gesprochen werden kann. Die gesetzliche Kontroll- und Informationsregelung soll ua verhindern, dass die nicht geschäftsführenden Mit-Gester sich mit zu niedrigen Ergebnisanteilen zufrieden geben. Die Gester müssen sich anhand der GuV zumindest über die wesentlichen Quellen des Jahresergebnisses und evtl vorgenommene Bewertungsmaßnahmen, die das Ergebnis beeinflusst haben, ausreichend informieren können. Dies gilt insb auch für die Abschreibungen nach § 253 Abs 4 (dazu § 253 Anm 641 ff) oder die Rückgängigmachung in Anspruch genommener Bewertungsspielräume.

Einen Anhaltspunkt für die danach notwendigen Informationen können die Gliederungsvorschriften für KapGes (§§ 275 ff) bieten (so auch *ADS*[6] § 247 Anm 81 mwN). Sie sind ggf um wesentliche aperiodische sonstige betriebliche Erträge und wesentliche aperiodische sonstige betriebliche Aufwendungen und durch Sonder-Bewertungen zu ergänzen. **673**

Vielfach wird auch im GesVertrag auf die Vorschriften für KapGes Bezug genommen. Ein wesentliches Unterschreiten dieser Anforderungen könnte deshalb uU gesellschaftsrechtlich bedenklich sein und einen Verstoß gegen die GoB bedeuten (näher vgl *Förschle/Kropp* DB 1989, 1041 ff). **674**

Zu den Besonderheiten bei KapCoGes s § 264 c Anm 70 ff mwN.

D. Sonderfragen bei reinen Personengesellschaften

I. Ausweis des Steueraufwands

Nach den Gliederungsschemata des § 275 haben KapGes die Posten „Steuern vom Einkommen und vom Ertrag“ und „sonstige Steuern“ gesondert auszuweisen. Hierunter fallen nach hM alle Steuern, die das Unt als Steuerschuldner zu entrichten hat (§ 275 Anm 235 ff). **675**

Unter den Steuern vom Ertrag ist bei Ekfl und PersGes **allein die Gewerbeertragsteuer** auszuweisen, da die auf das Jahresergebnis entfallende ESt nicht von dem Unt, sondern von dem EKfm bzw den Gestern geschuldet wird. Die persönlichen Steuerschulden eines Gesters sind auch dann nicht passivierbar, wenn sie sich aus der Beteiligung am Vermögen und Gewinn der PersGes ergeben haben, da diese keine „Gesamthandsverbindlichkeiten“ der Ges darstellen (*IDW RS HFA* 7 Anm 21). Zu den Besonderheiten des Ausweises bei KapCoGes vgl § 264 c Abs 3 S 2.

§ 5 Abs 5 Satz 2 PublG gestattet daher, die Steuern, die publizitätspflichtige reine PersGes und Ekfl als Steuerschuldner zu entrichten haben, bei Anwendung der Gliederung nach § 275 unter den **sonstigen betrieblichen Aufwendungen** auszuweisen. Obwohl es sich hierbei um eine Spezialvorschrift für Groß-Unt dieser Rechtsformen handelt, können auch kleinere Ekfl und *reine* PersGes dieser Handhabung folgen. **676**

Falls *reine* PersGes das **Umsatzkostenverfahren** verwenden (Anm 695 f), bestehen keine Bedenken, die Verkehrsteuern den Funktionsbereichen Herstellung, Vertrieb und allgemeine Verwaltung zuzuordnen. Werden die „sonstigen Steuern“ beim **Gesamtkostenverfahren** in den sonstigen betrieblichen Aufwendungen ausgewiesen, ist ggf eine Erweiterung der Postenbezeichnung erforderlich. **677**

Zur Ermittlung und zum Ausweis der auf den Anteil am Gewinn von **KapCoGes** entfallenden von den Gestern zu zahlenden persönlichen Steuern s § 264 c Anm 71 ff. **678**

679 Bei zu erwartenden **erheblichen Steuernachzahlungen** wird die künftige Vermögens- und Finanzlage des Unt belastet, wenn die dafür erforderlichen Mittel dem Unt entzogen werden dürfen. Es kann erforderlich werden, bei Aufstellung des JA künftige Entnahmen hierfür durch entspr Bilanzvermerke anzugeben (ähnlich *ADS*[6] § 246 Anm 430, 442 mwN).

II. Behandlung von Vergütungen

680 IdR werden zwischen PersGes und ihren Gestern außerhalb der gesellschaftsrechtlichen Gewinnverteilung besondere **Vergütungen** vereinbart, insb für die Haftungsübernahme, persönliche Mitarbeit (zB Geschäftsführung) eines Gesters oder für die Gewährung von Darlehen oder Überlassung bestimmter VG (zB Mieten). Darüber hinaus sind auch Vergütungen für andere Leistungen der Gester (zB Warenbezüge oder Dienstleistungen von anderen Unt eines Gesters) denkbar.

681 Zum Teil werden diese (Vorab-)Vergütungen bei der **Ergebnisermittlung,** zum Teil aber auch – entspr den steuerrechtlichen Vorschriften – erst bei der Gewinnverteilung berücksichtigt. Die unterschiedliche Darstellung der Ertragslage je nachdem, welcher Weg gewählt worden ist, „wird vom Gesetzgeber bewusst in Kauf genommen" (*IDW RS HFA* 7 Anm 22). Die in der Praxis sehr unterschiedlichen Handhabungen beruhen häufig auf entspr Bestimmungen des GesVertrags. Im Hinblick auf die Beurteilung der Ertragslage und den Gläubigerschutz dürfte eine exakte Abgrenzung aber unverzichtbar sein. Sofern zwischen PersGes und Gester ein **Leistungsentgelt** besonders vereinbart ist, kann aus systematischen Gründen nur die Verrechnung als Aufwand in Betracht kommen. Dabei sollten die *Gesellschafter-Beziehungen* im Interesse der Mit-Gester (und evtl der Gläubiger) durch Davon-Vermerke (zB „Davon an Gesellschafter") bei dem betreffenden Posten der GuV offengelegt werden. Werden dennoch – mangels Drittwirkung von Vereinbarungen zwischen den Gestern und der PersGes – die Beträge erst bei der Gewinnverteilung berücksichtigt, ist ein entspr Vermerk unter Angabe der Höhe der Beträge im JA oder in zusätzlichen „Erläuterungen" angebracht (so *IDW RS HFA* 7 Anm 23).

682 **Steuerrechtlich** handelt es sich bei solchen Vergütungen wegen § 15 Abs 1 Nr 2 EStG und mangels Drittwirkung von Vereinbarungen zwischen Gestern, unabhängig von der Behandlung im handelsrechtlichen JA stets um Gewinnverwendung, so dass als Aufwand erfasste Vergütungen zur Berechnung der GewSt dem HB-Ergebnis hinzugerechnet werden müssen.

III. Ergebnisabhängige Vergütungen und Vergütungsverzichte

683 Werden geschäftsführenden phG einer PersGes derartige Vergütungen (zB Abschlussvergütungen, Gratifikationen, Tantiemen) zugesagt und gewährt, richtet sich die Behandlung im JA grds nach den vertraglichen Regelungen. Ist danach mit den Gester-Geschäftsführern für ihre persönliche Mitarbeit ein bestimmter Betrag oder besonderer Ergebnisanteil vereinbart, ist die erfolgsabhängige Vergütung handelsrechtlich unter **„Löhne und Gehälter"** zu erfassen.

Fehlen diese Voraussetzungen, handelt es sich um eine besondere gesellschaftsrechtliche **Gewinnverteilungsabrede** mit der Folge, dass die Vergütungen auch das HB-Ergebnis **nicht** mindern dürfen.

684 Es kommt vor, dass Gester zur Vermeidung eines Verlustausweises auf ihnen zustehende Vergütungen **endgültig verzichten.** Soweit der Verzicht bereits vor

Beginn des Gj ausgesprochen wird, ist die Behandlung im JA unproblematisch. Anders dagegen, wenn erst angesichts einer schlechten Ertragslage auf die vereinbarte, bisher regelmäßig gezahlte und als Aufwand erfasste Vergütung verzichtet wird. In diesem Fall könnte das Ausmaß einer eingetretenen Ergebnisverschlechterung dadurch verdeckt werden, dass Aufwendungen anders als bisher nicht voll erfasst wurden. Es ist deshalb ein Vermerk, zB „ohne Bezüge von Gesellschafter-Geschäftsführern" zu empfehlen.

Entspr gilt bei einem **bedingten Verzicht.** Die evtl Nachzahlung der „gestundeten" Beträge muss erst in dem Gj, in dem Gewinn erzielt wird, als periodenfremder Aufwand erfasst werden. 685

Unter Umständen kann eine vereinbarte Vergütung auch eine gesellschaftsrechtliche **Gewinnverteilungsabrede** besonderer Art darstellen. Dies bestimmt sich im jeweiligen Einzelfall nach dem rechtlichen Charakter des Gester-Kontos (individualisierte Gester-Forderung oder gesamthänderisch gebundenes Ges-Vermögen/Ges-Kapital), auf dem die Vergütung nach den Vereinbarungen zu erfassen wäre. Entscheidend ist also, ob eine vertragliche Vergütung oder ein gesellschaftsrechtlicher Sonderbeitrag vereinbart wurde (hierzu *Schmidt* in Schmidt[24] § 15 Anm 560ff). Unabhängig vom Ergebnis der Vertragsauslegung sollte jedoch eine ggü dem Vj geänderte Beurteilung aus Gründen der Klarheit kenntlich gemacht werden. 686

IV. Ausweis des Jahresergebnisses

Sofern es aufgrund von GesVertrag oder gesetzlichen Regelungen zu einer vollständigen oder teilweisen Verwendung des Jahresergebnisses kommt und dieses dann nicht unmittelbar in der Bilanz ersichtlich ist, erscheint es insb für KapCoGes (§ 264c Anm 40ff), jedoch auch für reine PersGes sachgerecht, in Fortführung der GuV oder ggf im Anhang die Verwendung des Jahresergebnisses wie folgt darzustellen (*IDW RS HFA* 7 Anm 45; glA *WPH I*[12] F Anm 107): 687

Jahresüberschuss/-fehlbetrag	...
–/+ Gutschrift/Belastung auf Rücklagenkonto	...
–/+ Gutschrift/Belastung auf Kapitalkonten	...
–/+ Gutschrift/Belastung auf Verbindlichkeitenkonto	...
Ergebnis nach Verwendungsrechnung/Bilanzgewinn	

Die folgenden, alternativ zulässigen Vorgehensweisen zum Ausweis des Jahresergebnisses bei reinen PersGes entsprechen den GoB:

- Einbeziehung in eine Darstellung der Veränderung der Kapitalanteile in einer Vorspalte zum EK;
- Nichtausweis des Jahresergebnisses in der Bilanz durch Angabe nur der Endstände der Gester-Konten nach Gewinnverteilung.

Ein unverteilter offener Ausweis in der Bilanz ist nur zulässig, wenn der Jahresüberschuss zur Disposition der Gester steht (*IDW RS HFA* 7 Anm 36f). Verluste sind stets von den Kapitalkonten der Gester abzuschreiben (*IDW RS HFA* 7 Anm 38).

Voraussetzung ist jedoch, dass in all diesen Fällen das Jahresergebnis aus der GuV hervorgeht. Aus § 242 Abs 2, wonach die GuV „eine Gegenüberstellung der Aufwendungen und Erträge des Geschäftsjahrs" zu sein hat, ergibt sich die Notwendigkeit der exakten Abgrenzung zwischen Ergebnis*entstehung* und Ergebnis*verteilung*. Die den Gestern zustehenden Gewinnanteile dürfen das handelsrechtliche Jahresergebnis nicht mindern. Umgekehrt dürfen Verlustanteile das handelsrechtliche Jahresergebnis nicht erhöhen. Ausnahmen sind nur dann zulässig, wenn die Gewinnverteilungsregelung im GesVertrag die Voraussetzun- 688 gen einer Gewinnabführungs- und Verlustübernahmevereinbarung (§§ 291, 292 AktG) erfüllt. Dies dürfte jedoch nur selten der Fall sein.

Bei Gewinnausschüttungen einer KapGes, an der die PersGes beteiligt ist, ist die von der KapGes einbehaltene KapESt Beteiligungsertrag; dieser ist „bei Einbuchung des Beteiligungsertrages als von den Gesellschaftern entnommen zu betrachten" (*IDW RS HFA* 7 Anm 24; *BMF* 23. 9. 1996 GmbHR, 956; *BGH* 30. 1. 1995 DStR, 574).

E. Alternative Gliederungsformen und Gliederungsverfahren

I. Konto- oder Staffelform

689 Im Gegensatz zu den KapGes/KapCoGes ist den Ekfl und *reinen* PersGes für die GuV-Gliederung keine bestimmte Form vorgeschrieben. Sie dürfen daher zwischen der Kontoform und der Staffelform wählen (so auch *ADS*[6] § 247 Anm 86). Gleichwohl dürfte das HGB auch hier die Staffelform stillschweigend unterstellt haben, denn in der Begr zum ursprünglichen Gesetzentwurf findet sich der Hinweis, dass „sich die Staffelform bewährt habe und kein Bedürfnis für eine Gliederung in Kontoform" bestehe.

690 Die **Kontoform** hat die Vorteile, die gleiche drucktechnische Anordnung wie die Bilanz zuzulassen, die Zuordnung als Aufwand oder Ertrag ohne Angabe eines Vorzeichens sofort erkennen zu lassen sowie die Aufwands- und die Ertragssumme direkt auszuweisen. Das sind zugleich Mängel der **Staffelform.** Ein weiterer Mangel der Staffelform ist, dass sie bzgl der Reihenfolge der Posten auf einen bestimmten Auswertungszweck hin konzipiert und damit für andere Zwecke wenig oder gar nicht brauchbar ist. Die Staffelform hat aber den entscheidenden Vorteil, den Prozess der Ergebnisentstehung bis hin zum Jahresergebnis wesentlich deutlicher zu machen. Außerdem lässt sie die Bildung zusätzlicher Zwischensummen zu und erleichtert durch ihre dadurch idR übersichtlichere Struktur die Erfolgsanalyse zB in Form von Vj-Vergleichen oder durch Darstellung einer mehrjährigen Entwicklung. Außerdem werden die Erfolgskomponenten der gewöhnlichen Geschäftstätigkeit und ao Erfolgskomponenten augenfällig getrennt.

II. Gesamtkosten- oder Umsatzkostenverfahren

691 Das in der GuV häufig verwendete Gesamtkostenverfahren (§ 275 Anm 45 ff) ist für Ekfl und *reine* PersGes ebenso zulässig wie das Umsatzkostenverfahren (§ 275 Anm 265 ff; so auch *ADS*[6] § 247 Anm 84). Beide Verfahren entsprechen den GoB. Da das Umsatzkostenverfahren im Allgemeinen ein Betriebsabrechnungssystem voraussetzt, ist es für Unt ohne Kostenstellenrechnung nicht geeignet. Allerdings wäre eine Beschränkung nur auf das Gesamtkostenverfahren angesichts des für KapGes bestehenden Wahlrechts unangebracht.

692 Hinzuweisen ist auch auf die starke Informationsverdichtung beim Umsatzkostenverfahren. Während dies für Zwecke der Information **Außenstehender** unproblematisch ist, werden Ekfl und *reine* PersGes für **interne Zwecke** der Inhaber-/Gester-Information zusätzlich die Personalaufwendungen, jeweils als „Davon-Vermerk" oder nachrichtlich, anzugeben haben. Für den Materialaufwand wird dies nur in Einzelfällen (zB bei relativ hohem Anteil am Umsatz, bei

sehr großen Schwankungen der Stoffeinsatzquote) gefordert werden können; denn auch unter das PublG fallende PersGes brauchen keinen Anhang aufzustellen (§ 5 Abs 2 S 1 PublG).

III. Gliederungsschemata

Ekfl und PersGes erstellen im Allgemeinen eine einheitliche HB und Steuerbilanz, um die nach § 60 Abs 2 EStDV sonst erforderliche Anpassung der Wertansätze der HB an die steuerrechtlichen Vorschriften zu vermeiden. Hinsichtlich der Wertansätze müssen sie sich nach den HGB-Vorschriften richten und dürfen steuerrechtliche Sonderbewertungen nur *im Rahmen des HGB* beachten. Da der **Steuererklärung** außerdem eine GuV beigefügt werden muss (§ 60 Abs 1 EStDV), kann es sich anbieten, auch eine **einheitliche GuV** aufzustellen, die auch die Informationsanforderungen der FinVerw berücksichtigt. Dabei sind aber Vergütungen, die ein Gester von der PersGes erhält oder an die PersGes zahlt, nicht als Entnahmen oder Einlagen zu behandeln, sondern unter den der zivilrechtlichen Beurteilung entspr GuV-Posten auszuweisen. Im übrigen bleibt es diesem Unt unbenommen, den JA für Zwecke der sonstigen **Offenlegung** abw und **weniger tief** zu gliedern. Auch eine Offenlegung der Beziehungen zu *verbundenen Unternehmen* dürfte zweckmäßig, aber nicht erzwingbar sein. Wesentliche Erträge oder Aufwendungen des Finanz- und Beteiligungsergebnisses aus verbundenen Unt sollten in einen Davon-Vermerk aufgenommen werden. 693

Eine Gliederung, die für die **aufzustellende interne GuV** von Ekfl und *reinen* PersGes in Betracht kommen kann und die auch die Informationsanforderungen der **Finanzbehörde** angemessen berücksichtigt, wird sich hinsichtlich des Aufbaus grds an den Gliederungsschemata des § 275 orientieren (§ 275 Anm 11 ff). Jedoch werden die für Ekfl und *reine* PersGes erforderlichen Gliederungen wesentlich von den individuellen Gegebenheiten und den jeweiligen Informationsanforderungen geprägt. Hinzu kommt, dass die oft anzutreffenden DATEV-Listungen sich eng an das Schema des § 275 anlehnen und so ein Handelsbrauch entstehen *könnte*. 694

1. Interne Gliederungen

Aus diesen Grundsätzen und den bisherigen Erfahrungen ergeben sich – in Anlehnung an § 275 – folgende **Beispiele** für **aufzustellende GuV** (zur weitergehenden (Unter-)Gliederung s *Förschle/Kropp* DB 1989, 1043 ff): 695

Gesamtkostenverfahren – Staffelform

Umsatzerlöse
Erhöhung oder Verminderung des Bestands an fertigen und unfertigen Erzeugnissen und andere aktivierte Eigenleistungen
Sonstige betriebliche Erträge
Materialaufwand
Personalaufwand
– davon für Altersversorgung
Planmäßige Abschreibungen auf immaterielle Anlage-VG und Sachanlagen
Außerplanmäßige Abschreibungen
Sonstige betriebliche Aufwendungen
Ergebnis aus Betriebstätigkeit
Erträge aus Finanzanlagen
Erträge aus Zinsen und ähnliche Erträge
Abschreibungen auf Finanzanlagen
Zinsen und ähnliche Aufwendungen

Ergebnis der gewöhnlichen Geschäftstätigkeit
Außerordentliche Erträge
Außerordentliche Aufwendungen
Außerordentliches Ergebnis
Steuern
Jahresüberschuss/Jahresfehlbetrag

Umsatzkostenverfahren – Staffelform

Umsatzerlöse
Herstellungskosten der zur Erzielung der Umsatzerlöse erbrachten Leistungen
Bruttoergebnis vom Umsatz
Vertriebskosten
Allgemeine Verwaltungskosten
Sonstige betriebliche Erträge
Sonstige betriebliche Aufwendungen
Außerplanmäßige Abschreibungen
(sofern nicht bei den Funktionsbereichen als Davon-Vermerk)
Ergebnis aus Betriebstätigkeit
Erträge aus Finanzanlagen
Erträge aus Zinsen und ähnliche Erträge
Abschreibungen auf Finanzanlagen
Zinsen und ähnliche Aufwendungen
Ergebnis der gewöhnlichen Geschäftstätigkeit
Außerordentliche Erträge
Außerordentliche Aufwendungen
Außerordentliches Ergebnis
Steuern
Jahresüberschuss/Jahresfehlbetrag

Gesamtkostenverfahren – Kontoform

Aufwendungen	Erträge
Bestandsminderung an fertigen und unfertigen Erzeugnissen	Umsatzerlöse
Materialaufwand	Bestandserhöhungen an fertigen und unfertigen Erzeugnissen
Personalaufwand	Andere aktivierte Eigenleistungen
– davon für Altersversorgung	Sonstige betriebliche Erträge
Planmäßige Abschreibungen auf immaterielle Anlage-VG und Sachanlagen	Erträge aus Finanzanlagen
Außerplanmäßige Abschreibungen	Erträge aus Zinsen und ähnliche Erträge
Sonstige betriebliche Aufwendungen	Außerordentliche Erträge
Abschreibungen auf Finanzanlagen	Jahresfehlbetrag
Zinsen und ähnliche Aufwendungen	
Außerordentliche Aufwendungen	
Steuern	
Jahresüberschuss	

Umsatzkostenverfahren – Kontoform

Aufwendungen	Erträge
Herstellungskosten der zur Erzielung der Umsatzerlöse erbrachten Leistungen	Umsatzerlöse
Vertriebskosten	Sonstige betriebliche Erträge
Allgemeine Verwaltungskosten	Erträge aus Finanzanlagen
Sonstige betriebliche Aufwendungen	Erträge aus Zinsen und ähnliche Erträge
Außerplanmäßige Abschreibungen	Außerordentliche Erträge
(sofern nicht bei den Funktionsbereichen als Davon-Vermerk)	Jahresfehlbetrag
Abschreibungen auf Finanzanlagen	

Aufwendungen	Erträge
Zinsen und ähnliche Aufwendungen	
Außerordentliche Aufwendungen	
Steuern	
Jahresüberschuss	

2. Vorlage an Dritte

Um auch für **außenstehende Dritte** einen Aussagewert zu besitzen, sollte eine **offen gelegte** GuV zumindest die Posten der nachfolgend gekürzten Schemata enthalten (s *Förschle/Kropp* DB 1989, 1046). Dabei können die Staffelform oder die Kontoform gewählt werden. Die Staffelform hat sich an der Reihenfolge des § 275 zu orientieren. Im Übrigen sind die Vorschriften des § 277 Abs 1 bis 3 sinngemäß anzuwenden. 696

Die Abschreibungen nach § 253 Abs 4 können als planmäßige oder außerplanmäßige Abschreibungen gebildet werden (§ 253 Anm 280, 641 ff). Dementsprechend sind sowohl bei der intern aufzustellenden als auch bei der offengelegten GuV die planmäßigen und außerplanmäßigen Abschreibungen nach § 253 Abs 4 den jeweiligen Posten entspr ihrem Charakter zuzuordnen.

Gesamtkostenverfahren – Kontoform

Aufwendungen	Erträge
Materialaufwand, Bestandsminderungen und bezogene Leistungen	Umsatzerlöse
Personalaufwand	Bestandserhöhungen und andere aktivierte Eigenleistungen
Planmäßige Abschreibungen	Sonstige betriebliche Erträge
Außerplanmäßige Abschreibungen	Beteiligungserträge, Zinsen und ähnliche Finanzerträge
Sonstige betriebliche Aufwendungen	Außerordentliche Erträge
Zinsen und ähnliche Finanzaufwendungen, Abschreibungen auf Finanzanlagen	Jahresfehlbetrag
Außerordentliche Aufwendungen	
Steuern	
Jahresüberschuss	

Gesamtkostenverfahren – Staffelform

Umsatzerlöse
Bestandsveränderungen und andere aktivierte Eigenleistungen
Sonstige betriebliche Erträge
Materialaufwand
Personalaufwand
Planmäßige Abschreibungen
Außerplanmäßige Abschreibungen
Sonstige betriebliche Aufwendungen
Ergebnis aus Betriebstätigkeit
Beteiligungserträge, Zinsen und ähnliche Finanzerträge
Zinsen und ähnliche Finanzaufwendungen, Abschreibungen auf Finanzanlagen
Ergebnis der gewöhnlichen Geschäftstätigkeit
Außerordentliche Erträge/Außerordentliche Aufwendungen
Außerordentliches Ergebnis
Steuern
Jahresüberschuss/Jahresfehlbetrag

Umsatzkostenverfahren – Kontoform

Aufwendungen	Erträge
Herstellungskosten der zur Erzielung der Umsatzerlöse erbrachten Leistungen	Umsatzerlöse
Vertriebskosten	Sonstige betriebliche Erträge
Allgemeine Verwaltungskosten	Beteiligungserträge, Zinsen und ähnliche Finanzerträge
Sonstige betriebliche Aufwendungen	Außerordentliche Erträge
Außerplanmäßige Abschreibungen (sofern nicht bei den Funktionsbereichen als Davon-Vermerk)	Jahresfehlbetrag
Zinsen und ähnliche Finanzaufwendungen, Abschreibungen auf Finanzanlagen	
Außerordentliche Aufwendungen	
Steuern	
Jahresüberschuss	

Umsatzkostenverfahren – Staffelform

Umsatzerlöse
Herstellungskosten der zur Erzielung der Umsatzerlöse erbrachten Leistungen
Bruttoergebnis vom Umsatz
Vertriebskosten
Allgemeine Verwaltungskosten
Sonstige betriebliche Erträge
Sonstige betriebliche Aufwendungen
Außerplanmäßige Abschreibungen
(sofern nicht bei den Funktionsbereichen als Davon-Vermerk)
Ergebnis aus Betriebstätigkeit
Beteiligungserträge, Zinsen und ähnliche Finanzerträge
Zinsen und ähnliche Finanzaufwendungen, Abschreibungen auf Finanzanlagen
Ergebnis der gewöhnlichen Geschäftstätigkeit
Außerordentliche Erträge/Außerordentliche Aufwendungen
Außerordentliches Ergebnis
Steuern
Jahresüberschuss/Jahresfehlbetrag

Die Steuerbilanz der Personengesellschaft/Mitunternehmerschaft (Exkurs 2)

A. Allgemeines

I. Handelsrecht

700 Die **PersGes** ist ein privatrechtlicher, rechtsgeschäftlich begründeter Zusammenschluss von mindestens zwei Personen zur Verwirklichung eines gemeinsamen Zwecks (§ 705 BGB). Im Unterschied zur KapGes, die körperschaftlich bzw mitgliedschaftlich strukturiert ist, ist die PersGes in ihrer traditionellen gesetzlichen Grundform personalistisch ausgestaltet, wenngleich neuerdings eine partielle Anpassung an die rechtstatsächlichen Verhältnisse erfolgt (§§ 131 Abs 3 Nr 1, 177). Personalistisch bedeutet, dass den Beteiligten an der Zusammenarbeit mit der bzw den jeweiligen individuellen Person(en) gelegen ist, der konkrete GesterBestand eine tragende Grundlage des Zusammenschlusses ist.

Grundtypus der PersGes ist die **Gesellschaft bürgerlichen Rechts** (GbR, §§ 705 ff BGB). Sog **PersonenhandelsGes** sind die OHG (§§ 105 ff), die KG (§§ 161 ff) und die Europäische Wirtschaftliche Interessenvereinigung (EWIV, VO (EWG) vom 25. 7. 85 ABlEG. 1995 Nr L 199/1 EWIV-Ausführungsgesetz vom 14. 4. 88, BGBl I 1988, 514). PersGes ist weiterhin die **stille Ges** (§§ 230 ff HGB), die **Partenreederei** (§§ 489 ff) und die **Partnerschaft** (§ 1 PartG). 701

InnenGes treten im Unterschied zur **AußenGes** im Rechtsverkehr nicht als verbundene Gesamtheit der Gester nach außen auf. InnenGes ist zB die stille Ges, AußenGes sind zB die OHG und KG. PersGes können ein ges-rechtlich gebundenes Vermögen, sog **Gesamthandsvermögen** aufweisen (zB OHG und KG) oder **gesamthandslos** sein (zB stille Ges). 702

Die sog **Unterbeteiligung,** im Rahmen derer ein Hauptbeteiligter einem Dritten eine Beteiligung an seinem Ges-Anteil einräumt, ist eine GbR in Form einer gesamthandslosen InnenGes. Es bestehen keine ges-rechtlichen Beziehungen des Unterbeteiligten zu derjenigen Ges, an deren Anteil die Beteiligung eingeräumt wurde. Keine PersGes ist der **nichtrechtsfähige Verein** (§ 54 BGB, § 1 Abs 1 Nr 5 KStG). Die **Bruchteilsgemeinschaft** (§§ 741 ff BGB) ist eine bloße Rechtsgemeinschaft, keine Zweckgemeinschaft. 703

Besondere gesetzliche Rechnungslegungspflichten bestehen für die **GbR** und die **stille Ges** nicht. Vorbehaltlich rechtsgeschäftlich vereinbarter besonderer Verpflichtungen besteht eine allgemeine Verpflichtung zur **Rechenschaftslegung** nach Maßgabe des § 259 BGB. 705

Gemäß § 6 HGB finden die „in Betreff der Kaufleute geltenden Vorschriften", mithin auch die Verpflichtung zur Führung von Büchern (§§ 238 ff; hierzu § 238 Anm 24), auch auf die HandelsGes Anwendung. Die **Personenhandels-Gesellschaften** sind daher handelsrechtlich zur **Rechnungslegung** verpflichtet (§§ 242 ff). Dies gilt auch für die Kfl kraft Eintragung (§§ 2, 3). Bei Überschreiten bestimmter Größenordnungen (Bilanzsumme, Umsatzerlöse, Arbeitnehmer) kann sich eine Rechnungslegungspflicht für reine PersGes nach dem **Publizitätsgesetz** ergeben (§§ 1, 3 Abs 1 Nr 1 PublG). Für KapCoGes s § 264 a. 706

Zur handelsrechtlichen **Bilanzierung bei PersGes** sowie zur **GuV von PersGes** s *IDW RS HFA* 7, WPg 2002, 1259 sowie Anm 641 ff, § 246 Anm 63 f, 75 f; § 247 Anm 660 ff): 707

Zu bilanzieren sind nur VG, die bei wirtschaftlicher Betrachtung Ges-Vermögen sind. Ungeachtet ihrer betrieblichen Nutzung. VG, die im Eigentum der Gester stehen, dürfen bei der Ges auch dann nicht bilanziert werden, wenn sie betrieblich genutzt werden. Zu passivieren sind nur Gesamthandsverbindlichkeiten, also nicht persönliche Schulden der Gester. Verbindlichkeiten ggü Gestern sind als solche auszuweisen (s *IDW RS HFA* 7). Für die Bildung von Rückstellungen gelten die gleichen Grundsätze wie bei KapGes (s § 249).

Die Beziehungen zwischen Ges und Gester können sich auf den Inhalt der GuV und der Bilanz auswirken. Je nach Vereinbarung kann ein Vorgang als Aufwand/Ertrag oder bei der Ergebnisverteilung zu berücksichtigen sein. Erträge aus der Beteiligung an KapGes umfassen auch die einbehaltene KapESt, die bei Einbuchung des Beteiligungsertrags als entnommen anzusehen ist. 708

Die Gliederung der Bilanz richtet sich nach Abs 1, für KapCoGes nach § 264 ff. Maßgeblich sind die GoB insb der Grundsatz der Klarheit und Übersichtlichkeit. Entspr gilt auch für die Gliederung der GuV. 709

Im gesetzlichen Normalstatut hat jeder Gester der PersGes nur einen Kapitalanteil (§§ 120 Abs 2, 121, 122 Abs 2, 161 Abs 2, 168, 169). Hiervon wird in der Praxis schon wegen der nicht gewollten Gewinnverteilung (§ 121) regelmäßig durch GesVertrag abgewichen, wobei zunächst zwischen festem und variablem 710

Kapitalkonto zu unterscheiden ist. Das feste Kapitalkonto (oft auch Kapitalkonto I) entspricht meist der bedungenen (Haft-)Einlage und definiert regelmäßig die Beteiligungsquote, wogegen auf dem variablen Kapitalkonto (oft auch Kapitalkonto II) alle übrigen Bewegungen erfasst werden. Das Kapitalkonto II wird häufig seinerseits unterteilt. Durchgesetzt haben sich 3-Konten-Modelle (Kapitalkonto I, Verlustvortrags- und Darlehenskonto) bzw 4-Konten-Modelle (zzgl gesamthänderisch gebundenes Rücklagenkonto). Die Behandlung des einzelnen Kontos ergibt sich dabei allein aus dem GesVertrag. Gleichartige Konten können in der HB zusammengefasst werden. Für die GmbH & Co KG und die OHG ohne natürliche Person als Vollhafter gelten die besonderen Bestimmungen des § 264c. Die im HR eingetragene Hafteinlage des Kommanditisten entspricht nur dann auch der gesrechtlichen Einlageverpflichtung, wenn der Ges-Vertrag die Einlageverpflichtung nicht gesondert regelt, was normalerweise jedoch der Fall ist. Eine über die ges-vertragliche Einlageverpflichtung hinausgehende im HR eingetragene Einlageverpflichtung kommt vor allem im Insolvenzfall zum Tragen, da den Gläubigern ggü die ges-vertragliche Regelung unerheblich ist (§ 172 Abs 1 u 3). Rücklagen sind als Teil des EK gesondert auszuweisen. Der Ausweis des Jahrsergebnisses ist abängig von den ges-vertraglich getroffenen Vereinbarungen und kann separat unverteilt, in einer Vorspalte oder bereits saldiert in den Kapitalkonten erfolgen. Kapitalanteile der Gester, die jederzeit entnommen werden dürfen, sollen kenntlich gemacht werden.

II. Steuerrecht

711 **Einkommen- bzw körperschaftsteuerlich** ist die PersGes im Grundsatz **transparent,** dh nicht die Ges selbst ist Steuerrechtssubjekt, sondern in erster Linie ihre Gester. Dies folgt aus § 15 Abs 1 S 1 Nr 2 EStG, der die **Gewinnanteile** der Gester und nicht den Gewinn der Ges als **Einkünfte** bestimmt. Nicht die Ges ist steuerpflichtig, sondern die Gester. Allerdings wird der PersGes in bestimmten Angelegenheiten partielle Steuerrechtsfähigkeit zuerkannt (grundlegend: *BFH* GrS 25. 6. 1984 BStBl II, 751).

Für Zwecke der **GewSt** ist die PersGes jedoch eigenständiges Steuersubjekt (§ 5 Abs 1 S 3 GewStG), ebenso für Zwecke der **USt** (§ 2 UStG) und der **GrESt** (§ 13 GrEStG). Materiell wird bei der GrESt allerdings im Verhältnis zwischen Ges und Gester wieder durch die Ges „hindurchgesehen" (§§ 5, 6 GrEStG).

1. Einkünftequalifikation

712 Ertragsteuerlich tritt ggü dem Begriff der PersGes der aus § 15 Abs 1 S 1 Nr 2 EStG abgeleitete Begriff der **„Mitunternehmerschaft"** in den Vordergrund. § 15 Abs 1 S 1 Nr 2 EStG erfasst die OHG und die KG sowie andere Ges, bei denen der Gester als Unternehmer (Mitunternehmer) anzusehen ist. Letzteres sind PersGes und ihnen wirtschaftlich vergleichbare Gemeinschaftsverhältnisse.

713 Zum Begriff der **PersGes** s oben Anm 700. **Andere Gesellschaften** im Sinne des § 15 Abs 1 S 1 Nr 2 EStG sind die GbR, die Partenreederei, die stille Ges, die ausländische PersGes (soweit mit deutscher PersGes vergleichbar), wirtschaftlich vergleichbaren Gemeinschaftsverhältnisse (insb Gütergemeinschaft, Erbengemeinschaft und Bruchteilsgemeinschaft, vgl hierzu *Wacker* in Schmidt[24] § 15 Anm 171) und Partnerschaften (§ 18 Abs 4 EStG).

714 **Gewerbliche Tätigkeit** ist eine mit Gewinnerzielungsabsicht ausgeübte, selbständige und nachhaltige Tätigkeit, die sich als Beteiligung am allgemei-

nen wirtschaftlichen Verkehr darstellt und nicht eine land- und forstwirtschaftliche, freiberufliche bzw selbstständige oder rein vermögensverwaltende Tätigkeit darstellt (§ 15 Abs 2 EStG). Auf **freiberufliche** PersGes (vgl § 18 Abs 1 EStG) und **land- und forstwirtschaftliche** PersGes (vgl § 13 Abs 1 EStG) findet § 15 Abs 1 S 1 Nr 2 EStG entspr Anwendung (§§ 18 Abs 4, 13 Abs 5 EStG). Für **vermögensverwaltende** PersGes wird ein vergleichbares Ergebnis durch eine (rechtssystematisch problematische) entspr Anwendung von § 39 Abs 2 Nr 2 AO herbeigeführt (s hierzu *Wacker* in Schmidt[24] § 15 Anm 200, 202; *Drenseck* in Schmidt[23] § 21 Anm 20). Welche Einkunftsart eine Mitunternehmerschaft verwirklicht, ergibt sich aus der Tätigkeit der Mitunternehmerschaft. Sie ist insoweit partielles Steuerrechtssubjekt (*BFH* GrS 25. 6. 1984 BStBl II, 751, 763).

Als Gewerbebetrieb gilt die Tätigkeit einer OHG, KG oder anderen PersGes in vollem Umfang, wenn sie auch nur teilweise gewerblich tätig ist (**Abfärbe- oder Infektionstheorie,** § 15 Abs 3 Nr 1 EStG; *BFH* 25. 6. 1996 BStBl II 1997, 202). Dies gilt jedenfalls dann, wenn der gewerbliche Anteil nicht von ganz untergeordneter Bedeutung ist (*BFH* 11. 8. 1999, BStBl II 2000, 229 zu einem Anteil von 1,25%). Soweit die PersGes damit originär auch andere Einkunftsarten verwirklichen würde, führt die Abfärbetheorie zur **Umqualifizierung** sämtlicher anderer Einkünfte der Ges in gewerbliche Einkünfte. Zur Vermeidung dieser Rechtsfolge hat sich in der Praxis das sog Ausgliederungsmodell entwickelt (*Wacker* in Schmidt[24] § 15 Anm 193). Durch Aufnahme einer (untergeordneten) gewerblichen Tätigkeit kann andererseits eine ansonsten vermögensverwaltende PersGes zu einer gewerblichen PersGes umgestaltet werden. Erfüllen nicht alle Gester einer freiberuflichen PersGes die persönlichen Voraussetzungen der beruflichen Qualifikation **(Beteiligung berufsfremder Personen),** erzielt die Ges grds in vollem Umfang gewerbliche Einkünfte (*Wacker* in Schmidt[24] § 18 Anm 39, 43). **715**

Eine PersGes, die keine gewerbliche Tätigkeit ausübt, erzielt jedoch auch dann in vollem Umfang gewerbliche Einkünfte, wenn ihre persönlich haftenden Gester alle KapGes sind und nur diese oder Personen, die nicht Gester sind, zur Geschäftsführung befugt sind (**gewerblich geprägte PersGes,** § 15 Abs 3 Nr 2 S 1 EStG). Zum Begriff der PersGes s oben Anm 700. Der Begriff der KapGes entspricht demjenigen des § 1 Abs 1 Nr 1 KStG. Ist neben oder zusammen mit der Komplementär-KapGes auch eine natürliche Person, die gleichzeitig Gester ist, geschäftsführungsbefugt, liegt eine gewerblich geprägte PersGes nicht vor. Insoweit besteht eine Gestaltungsfreiheit mit steuerlicher Wirkung. Sind nur (natürliche) Personen, die nicht Gester sind, zur Geschäftsführung befugt, liegt hierin ges-rechtlich ein Verstoß gegen den Grundsatz der Selbstorganschaft, der zur Gesamtgeschäftsführungsbefugnis von Geschäftsführern und Gestern führen kann. Zu Einzelheiten s *Wacker* in Schmidt[24] § 15 Anm 211 ff. **716**

Die umstrittene Frage, ob eine **Innengesellschaft** gewerblich geprägt sein kann, hat der BFH für die atypisch stille Ges mit einer gewerblich tätigen KapGes bzw gewerblich geprägten PersGes bejaht, obwohl es mangels GesSchulden persönlich haftende Gester eigentlich nicht gibt (*BFH* 26. 11. 1996 BStBl II 1998, 328). **717**

Ist eine gewerblich geprägte PersGes persönlich haftender Gester einer weiteren PersGes, gilt sie für die Feststellung der gewerbliche Prägung dieser Ges als KapGes (§ 15 Abs 3 Nr 2 S 2 EStG, sog **mehrstöckige PersGes**). Damit wird zB auch diejenige Konstellation von der gewerblichen Prägung erfasst, bei der alleiniger geschäftsführungsbefugter Komplementär eine gewerblich geprägte PersGes ist (zB bei einer doppelstöckigen GmbH & Co KG). Vorausgesetzt ist jedoch eine ununterbrochene Reihe von Mitunternehmerschaften. **718**

719 Soweit im Rahmen einer Mitunternehmerschaft gewerbliche Einkünfte erzielt werden, führt dies regelmäßig zur **Gewerbesteuerpflicht** der PersGes mit diesen Einkünften und damit zu einer zusätzlichen Steuerbelastung auf Ebene der PersGes, der jedoch für Gester, die natürliche Perosnen sind, wegen der pauschalen Anrechnung nach § 35 EStG eine höhere ESt-Entlastung ggüstehen kann. Nicht der GewSt unterliegt die Aufgabe des Gewerbebetriebs oder die Veräußerung des Gewerbebetriebs bzw der Anteile an einer Mitunternehmerschaft (§ 16 EStG, sofern dies unmittelbar durch eine natürliche Person geschieht (§ 7 GewStG). Bei Vorliegen eines Gewerbebetriebs sind die WG des Betriebsvermögens grds steuerverstrickt, dh **stille Reserven** unterliegen im Falle ihrer Realisierung (zB durch Veräußerung des WG) der Besteuerung.

2. Mitunternehmerinitiative und -risiko

725 Die Personen(außen)Ges ist insoweit partielles Steuerrechtssubjekt als sich auf Ebene der Ges als Einheit die **Einkünfteerzielung** vollzieht und die **Gewinnermittlung** erfolgt.

§ 15 Abs 1 S 1 Nr 2 EStG erfasst neben PersGes ihnen **gleichgestellte** gewerblich tätige **Rechtsgemeinschaften** (zB Gütergemeinschaft, Erbengemeinschaft) und sonstige nicht als Ges-Verhältnis in Erscheinung tretende Rechtsverhältnisse, die zivilrechtlich jedoch als solche zu qualifizieren sind **(verdeckte Mitunternehmerschaft).** Im Einzelnen s hierzu *Wacker* in Schmidt[24] § 15 Anm 171 f.

726 Der Begriff des Mitunternehmers ist ein Typusbegriff, der sich nur in einer wertenden Gesamtbetrachtung seiner Merkmale erschließt. Maßgeblich ist das Gesamtbild der Verhältnisse.

Mitunternehmer ist, wer auf Grund eines Ges-Verhältnisses oder eines diesem gleichgestellten Gemeinschaftsverhältnisses zusammen mit anderen Personen Mitunternehmerinitiative ausübt und Mitunternehmerrisiko trägt. Beide Merkmale müssen nicht gleichmäßig stark ausgeprägt sein, sie sind bedingt kompensierbar. Im Einzelnen s *Wacker* in Schmidt[24] § 15 Anm 262.

Mitunternehmerinitiative ist die ges-rechtliche Teilnahme an unternehmerischen Entscheidungen nach Art eines Geschäftsführers oder leitenden Angestellten. Es ist nach hM ausreichend, wenn die Stellung des Gesters hinsichtlich seiner Stimm-, Kontroll- und Widerspruchsrechte derjenigen des gesetzlich typisierten Kommanditisten bzw GbR-Gesters entspricht bzw angenähert ist (§§ 161, 164, 166, § 716 Abs 1 BGB; s *BFH* 27. 1. 1994 BStBl II, 635). Bei Abweichung vom gesetzlichen Regelstatut eines Kommanditisten muss die Stellung jedoch über das gesetzliche Regelstatut eines typisch stillen Gesters hinausreichen (§§ 233 ff; *BFH* 11. 6. 1985 BStBl II 1987, 33; 6. 7. 1995 BStBl II 1996, 269). Im Einzelnen s *Wacker* in Schmidt[24] § 15 Anm 263).

Mitunternehmerrisiko ist die ges-rechtliche Teilhabe am Erfolg und Misserfolg des Betriebs des Gewerbes dh:

- die Teilhabe am laufenden Gewinn/Verlust,
- die Teilhabe am übrigen Wertzuwachs des betrieblichen Vermögens, dh an den stillen Reserven (inkl GFW) spätestens bei Beendigung der Ges und
- die Haftung.

Für das Bestehen eines Mitunternehmerrisikos müssen nicht alle Erfolgsteilhabe-Risiken gleichzeitig bestehen. Die verschiedenen Komponenten können im Rahmen des Mitunternehmerbegriffs als **Typusbegriff** auch unterschiedlich stark ausgeprägt sein und erst in ihrer wertenden Zusammenschau die Qualifikation als Mitunternehmer entscheiden (s *Wacker* in Schmidt[24] § 15 Anm 267 ff). So reicht das bloße Haftungsrisiko als persönlich haftender Gester einer KG für das Bestehen eines Mitunternehmerrisikos aus, selbst wenn keine kapitalmäßige Beteiligung des Komplementärs und damit weder Gewinn/Verlustbeteiligung noch Beteiligung an stillen Reserven besteht. Letztere Konstellation ist oft bei der GmbH & Co KG anzutreffen. Dies soll auch dann gelten, wenn der Gester im Innenverhältnis freigestellt ist und eine feste Vergütung erhält (*BFH* 17. 8. 1986 BStBl II 1987, 60; 17. 11. 1987, BFHE 152, 230). Wer am laufenden Gewinn/Verlust und bei seinem Ausscheiden oder im Falle der Liquidation auch an den stillen Reserven einschließlich des GFW beteiligt ist, ist auch dann Mitunternehmer, wenn er an der Geschäftsführung nicht beteiligt ist und nur geringe sonstige Mitwirkungs- und Kontrollrechte hat. Wer nicht an den stillen Reserven einschließlich des GFW partizipiert, ist regelmäßig nicht Mitunternehmer, auch wenn er am laufenden Gewinn/Verlust beteiligt ist, sofern nicht seine Entscheidungskompetenz maßgeblichen Einfluss auf seinen Gewinn/Verlustanteil hat.

3. Gewinnerzielungsabsicht

Gewinnerzielungsabsicht (§ 15 Abs 2 EStG) ist das Streben nach Total- 727
gewinn über die gesamte Lebensdauer der Ges. Bei einer Personenmehrheit wie einer PersGes muss diese Absicht in der Verbundenheit der Personen, dh auf Ebene der Ges vorliegen. Es ist allerdings möglich, dass trotz Gewinnerzielungsabsicht auf Ebene der Ges in der Person einzelner Gester eine Gewinnerzielungsabsicht ausgeschlossen werden muss mit der Folge, dass diese keine Mitunternehmer sind (*Wacker* in Schmidt[24] § 15 Anm 183). Die Gewinnerzielungsabsicht kann Nebenzweck der Ges sein (§ 15 Abs 2 S 3 EStG).

Gewinn ist die durch Betriebsvermögensvergleich erfassbare, aus der ge- 728
werblichen Betätigung resultierende Mehrung des Betriebsvermögens (*Wacker* in Schmidt[24] § 15 Anm 29). Erforderlich ist die Mehrung des Ges-Vermögens unter Einbeziehung des Sonderbetriebsvermögens (Anm 796) der Gester (*BFH* 25. 6. 1996 BStBl II 1997, 202). Die Minderung der persönlichen Steuerbelastung erhöht den Gewinn nicht, die Absicht Steuern zu mindern, ist damit keine Gewinnerzielungsabsicht (§ 15 Abs 2 S 2 EStG). Abzustellen ist auf den **Totalgewinn** in der **Totalperiode,** dh die Mehrung des eingesetzten EK bei Betrachtung der gesamten Lebensdauer der Ges. Hat eine PersGes unterschiedliche, selbständige Tätigkeitsbereiche, ist das Vorliegen der Gewinnerzielungsabsicht für jeden Tätigkeitsbereich einzeln zu prüfen (*BFH* 25. 6. 1996 BStBl II 1997, 202).

Als **subjektives Tatbestandsmerkmal** muss das Vorliegen bzw Nichtbestehen der Gewinnerzielungsabsicht auf der Grundlage objektiver Tatsachen und Merkmale (Indizien) unter Einbeziehung einer Prognose abgeleitet werden. Die Feststellungs- und Beweislast für das Vorliegen der Gewinnerzielungsabsicht trägt nach den allgemeinen Regeln derjenige, der sich zu seinen Gunsten auf sie beruft.

4. Arten der Mitunternehmerschaft

a) Personenhandelsgesellschaft

Zu den einzelnen Arten vgl oben Anm 700. Zu den Erfordernissen der Mit- 729
unternehmerinitiative und des Mitunternehmerrisikos vgl oben Anm 725. Zur Gewinnerzielungsabsicht vgl oben Anm 727. Im Einzelnen s *Wacker* in Schmidt[24] § 15 Anm 320 ff.

b) Atypisch stille Gesellschaft

Wer sich am Handelsgewerbe eines anderen beteiligt, ist stiller Gester (§ 230). 730
Sofern der still Beteiligte nicht Mitunternehmer ist, bezieht er Einkünfte aus

Kapitalvermögen (sog typisch stiller Gester § 20 Abs 1 Nr 4 EStG). Der atypisch stille Gester bezieht als Mitunternehmer Einkünfte aus Gewerbebetrieb. Mitunternehmerschaft liegt regelmäßig vor, wenn der still Beteiligte am Gewinn und Verlust sowie den stillen Reserven beteiligt ist oder ohne Verlustbeteiligung bzw ohne Beteiligung an den stillen Reserven maßgeblichen Einfluss auf die unternehmerischen Entscheidungen hat. Im Einzelnen s *Wacker* in Schmidt[24] § 15 Anm 340ff. Auch am Geschäftsbetrieb einer KapGes ist eine stille Beteiligung möglich (zB GmbH & Still). UU ist je nach Ausgestaltung zur Wirksamkeit die Eintragung als UntVertrag im HR der KapGes erforderlich (§§ 292, 294 AkG direkt bzw analog).

c) Unterbeteiligungen

731 Eine Beteiligung kann auch an einer anderen Beteiligung, dh einem Mitunternehmeranteil oder einem Anteil an einer KapGes bestehen. Mangels Beteiligung an einem Handelsgewerbe liegt keine stille Ges sondern eine GbR in der Form der Innengesellschaft vor (s Anm 703). Diese Unterbeteiligung selbst kann wiederum Mitunternehmerschaft sein, wenn sie an einer Mitunternehmerschaft besteht. Im Rahmen einer atypisch stillen Unterbeteiligung an einem Mitunternehmeranteil bestehen somit zwei Mitunternehmerschaften. Unterbeteiligung an einem GmbH-Anteil oder einer typisch stillen Beteiligung begründet keine Mitunternehmerschaft. Der Unterbeteiligte erzielt regelmäßig anteilig Einkünfte derselben Einkunftsart wie der Hauptbeteiligte. Im Einzelnen s *Wacker* in Schmidt[24] § 15 Anm 365ff.

732 Die Stellung des Unterbeteiligten kann grds so stark ausgestaltet sein, dass er als unmittelbarer Mitunternehmer der Haupt-Mitunternehmerschaft anzusehen ist.

d) Treuhandverhältnisse

733 Im Rahmen eines Treuhandverhältnisses betr einen Ges-Anteil an einer PersGes ist der Treuhänder zivilrechtlich Gester (*BFH* 16. 5. 1995 BStBl II, 714). Der Treugeber jedoch ist bei fremdnütziger Treuhand an einem Kommanditanteil allein der Mitunternehmer. Ihm sind die Einkünfte zuzurechnen, da er Mitunternehmerinitiative entfaltet und das Mitunternehmerrisiko trägt. Bei unbeschränkter Außenhaftung des Treuhänders (Stellung als Komplementär oder Gester einer OHG) kann der Treuhänder ebenfalls Mitunternehmer sein (Anm 866, 854). Zum Unterschied zur Unterbeteiligung s *BFH* 29. 10. 1991 BStBl II 1992, 512. Im Einzelnen s *Wacker* in Schmidt[24] § 15 Anm 295ff.

e) Nießbrauch

734 Unabhängig von der zivilrechtlichen Einordnung des Nießbrauchs an einem Anteil an einer PersGes (s hierzu *Wacker* in Schmidt[24] § 15 Anm 305) ist der Nießbraucher dann als Mitunternehmer anzusehen, wenn er infolge der Einräumung des Nießbrauchs eine Stellung erlangt, die derjenigen eines Mitunternehmers entspricht. Da der Nießbraucher grds nicht an den stillen Reserven beteiligt ist (*BFH* 1. 3. 1994 BStBl II 1995, 241), bedarf es zur Vermittlung der Mitunternehmerstellung neben einem Mitunternehmerrisiko durch eine erfolgsabhängige Gewinn- bzw Verlustbeteiligung einer entsprechend starken Ausprägung der Mitunternehmerinitiative (s allg Anm 725). Der Nießbrauchbesteller bleibt regelmäßig Mitunternehmer. Verliert er diese Stellung für die Dauer des Nießbrauches, sind die Grundsätze der Betriebsverpachtung entsprechend anzuwenden. Im Einzelnen s *Wacker* in Schmidt[24] § 15 Anm 313.

f) Personengesellschaften ausländischen Rechts

Soweit eine ausländische PersGes wirtschaftlich mit einer inländischen PersGes vergleichbar ist (Typenvergleich), ist sie eine „andere Gesellschaft" im Sinne des § 15 Abs 1 S 1 Nr 2 EStG. Ihre inländischen Gester bzw. ihr inländischer Betriebsstättengewinn sind entsprechend zu behandeln. Im Einzelnen s *Wacker* in Schmidt[24] § 15 Anm 169, 173; *BFH* 31. 5. 1995 BStBl II, 683; 19. 5. 1993 BStBl II 714; 22. 5. 1991 BStBl II 1992, 94; 23. 6. 1992 BStBl II, 972). 735

g) Faktische Mitunternehmerschaft

Auch ohne zivilrechtliche Stellung als Gester einer PersonenaußenGes kann eine sog verdeckte oder faktische Mitunternehmerschaft bestehen, wenn die Rechtsbeziehungen einer Person zur Ges oder zu einem Gester so ausgestaltet sind, dass von einer InnenGes im Verhältnis zur Ges oder zum Gester auszugehen ist. Voraussetzung ist auch hier, dass Mitunternehmerrisiko und -initiative besteht. Entspr gilt für Rechtsbeziehungen zu KapGes oder EinzelUnt. 736

Bei Austauschverträgen (zB Darlehen-, Pacht-, Dienstvertrag) mit angemessenem Verhältnis zwischen Leistung und Gegenleistung liegt regelmäßig keine InnenGes vor, soweit Inhalt und Durchführung einem Fremdvergleich standhalten. In diesen Fällen wird keine steuerliche Mitunternehmerschaft verdeckt. Im Einzelnen s *Wacker* in Schmidt[24] § 15 Anm 280ff.

5. Beginn und Ende der Mitunternehmerschaft

Die gewerbliche und damit mitunternehmerische Tätigkeit der Personengesamtheit **beginnt** einkommensteuerlich mit den gemeinsamen ersten Vorbereitungshandlungen, die in unmittelbarem wirtschaftlichem Zusammenhang mit dem Beginn der werbenden Tätigkeit stehen, soweit die Tatbestandsmerkmale der Mitunternehmerschaft erfüllt sind. Die zivilrechtliche Wirksamkeit eines Ges-Vertrags ist dazu nicht erforderlich. Der Beginn einer Mitunternehmerschaft kann auch dann anzunehmen sein, wenn es am Ende zur werbenden Tätigkeit nicht gekommen ist, diese aber ernsthaft beabsichtigt war. Gewerbesteuerlich jedoch beginnt der Gewerbebetrieb erst mit Aufnahme seiner werbenden Tätigkeit (A 21 Abs 1 GewStR). S hierzu *Wacker* in Schmidt[24] § 15 Anm 129, 195; *Obermeier* in Blümich § 2 GewStG Anm 775. 737

Zum Beginn des **gewerblichen Grundstückshandels** s *Wacker* in Schmidt[24] § 15 Anm 131. Zum Beginn eines Gewerbebetriebs durch **Strukturwandel** s *Wacker* in Schmidt[24] § 15 Anm 132.

Der Gewerbebetrieb der Mitunternehmerschaft **endet** nicht bereits mit Einstellung der werbenden Tätigkeit **(Betriebseinstellung),** sondern erst mit Ende der letzten Abwicklungshandlung, im Zeitpunkt der Betriebsaufgabe oder im Zeitpunkt der Betriebsveräußerung. Er endet weiterhin mit Aufgabe der Gewinnerzielungsabsicht oder der Veräußerung des Mitunternehmeranteils. Gewerbesteuerlich zählen Abwicklungshandlungen nicht mehr zur gewerblichen Tätigkeit. Gewerbesteuerlich ist demgemäß für die Beendigung des Gewerbebetriebs die Betriebseinstellung maßgeblich. S hierzu *Wacker* in Schmidt[24] § 15 Anm 133, 197; *Obermeier* in Blümich § 2 GewStG Anm 791. 738

Nur eine **Betriebsunterbrechung (ruhender Gewerbebetrieb)** liegt vor, wenn es wahrscheinlich ist, dass die werbende Tätigkeit innerhalb einer adäquaten Zeitspanne in ähnlicher oder vergleichbarer Art wie bisher wieder aufgenommen werden soll oder wenn der Betrieb ohne Erklärung der Betriebsaufgabe alsbald wieder verpachtet wird (*Wacker* in Schmidt[24] § 16 Anm 181, 709; *Obermeier* in Blümich § 2 GewStG Anm 806). Auch nach Beendigung einer

Mitunternehmerschaft können noch **nachträgliche** Einkünfte aus Gewerbebetrieb, Land- und Forstwirtschaft bzw selbständiger Arbeit erzielt werden (§§ 15 Abs 1 S 3, 24 Nr 2 EStG; Anm 809).

B. Die Steuerbilanz der Personengesellschaft (Mitunternehmerschaft)

I. Die Einkünfteermittlung

739 Einkünfte aus Gewerbebetrieb sind die **Gewinnanteile** der Mitunternehmer, die Anteile am **Gesamtgewinn der Mitunternehmerschaft** (§ 15 Abs 1 S 1 Nr 2 EStG). Der Gesamtgewinn wird nach hM in einer **„Gesamtbilanz der Mitunternehmerschaft"** (*BFH* 2. 12. 1997 DStR 1998, 482) zweistufig wie folgt ermittelt:

1. Anteil am Gesamtgewinn – erste Stufe –
   a) Anteil am Ergebnis der aus der HB entspr den steuerlichen Vorschriften abgeleiteten Steuerbilanz
   b) Ergebnis einer etwaigen Ergänzungsbilanz für den einzelnen Mitunternehmer
2. Anteil am Gesamtgewinn - zweite Stufe –
   a) Ergebnis einer etwaigen Sonderbilanz für den einzelnen Mitunternehmer
   b) Ergebnis aus einer etwaigen Veräußerung des Mitunternehmeranteils.

Zur Ermittlung des Gesamtergebnisanteils ist zunächst aus der HB der PersGes (Gesamthandsvermögen; Anm 706ff) nach Maßgabe der steuerlichen Vorschriften das Ergebnis der **Steuerbilanz der Gesellschaft** abzuleiten. Der Anteil an diesem Ergebnis wird durch das Ergebnis von evtl für einzelne Gester bestehenden **Ergänzungsbilanzen** (nur) für diese Gester modifiziert. Ergänzungsbilanzen berücksichtigen nicht für die Gesamtheit der Gester, sondern nur für einzelne Gester steuerlich relevante Umstände (Anm 759). Einzubeziehen sind dann weiterhin die Ergebnisse aus **Sonderbilanzen** für einzelne Gester. In Sonderbilanzen werden vor allem WG des Gesters ausgewiesen, die dieser der Ges zur Nutzung überlässt (Anm 792). Sich aus der Nutzungsüberlassung ergebende Sonderbetriebseinnahmen und -ausgaben beeinflussen den Gewinnanteil des betroffenen Gesters. Letztendlich sind auch die Ergebnisse aus der **Veräußerung von Gesellschaftsanteilen** (Mitunternehmeranteilen, § 16 Abs Nr 2 EStG) beim veräußernden Gester zu berücksichtigen.

740 Das sich hiernach durch Addition der Einzelergebnisse für den einzelnen Gester ergebende Gesamtergebnis ist sein ihm steuerlich zuzurechnender Gewinn/Verlustanteil. Der Erstellung einer formellen Gesamtbilanz bedarf es nicht. Im Verhältnis zwischen Gester und Ges ist grds korrespondierend zu bilanzieren (**„additive Gewinnermittlung mit korrespondierender Bilanzierung"**; *BFH* 2. 12. 1997 DStR 1998, 482; 12. 12. 1995 BStBl II 1996, 219). Zu den Theorien der konsolidierten, strukturierten und additiven „Gesamtbilanz der Mitunternehmerschaft" s im Einzelnen *Wacker* in Schmidt[24] § 15 Anm 403.

741 **Verfahrensmäßig** wird der Gewinnanteil des jeweiligen Gesters durch das Betriebsfinanzamt (§ 18 AO) einheitlich und gesondert festgestellt (§§ 179, 180 Abs 1 Nr 2a AO). Dem Feststellungsbescheid kommt im Veranlagungsverfahren grds Bindungswirkung zu (§ 182 AO). Als Grundlagenbescheid (§ 171 Abs 10 AO) können Einwendungen grds nur gegen den Feststellungsbescheid erhoben werden, nicht gegen einen Folgebescheid, der an die Festsetzungen des Feststellungsbescheids gebunden ist (§ 351 Abs 2 AO).

Vorstehendes gilt grds auch dann, wenn der **Anteil einer PersGes in einem Betriebsvermögen** gehalten wird, bei dem der Gewinn durch Betriebsvermögensvergleich ermittelt wird. Wegen der Transparenz der PersGes existiert steuerlich kein WG „Beteiligung an einer Personengesellschaft", das in einen Betriebsvermögensvergleich einbezogen werden könnte (*Weber-Grellet* in Schmidt[24] § 5 Anm 270 „Beteiligung an PersGes"). Handelsbilanziell stellt eine Beteiligung an einer PersGes jedoch einen VG dar, der grds mit seinen AK zu bewerten ist (s *HFA* 1/1991: Zur Bilanzierung von Anteilen an Personengesellschaften im Jahresabschluss der Kapitalgesellschaft). 742

Werden Anteile an einer vermögensverwaltenden PersGes im Betriebsvermögen gehalten (sog **Zebragesellschaft**), sind die nicht gewerblichen Einkünfte der PersGes beim Gester anteilig als gewerbliche Einkünfte zu erfassen. Nach Verwaltungsauffassung sind die Einkünfte erst auf Ebene des gewerblich beteiligten Gesters umzuqualifizieren (BMF vom 29. 4. 1994 BStBl I, 282). Der *BFH* hat mit Urteil vom 11. 12. 1997, BStBl II 1999, 401 nach mehrmaligem Wechsel der Rechtspr ein kompliziertes wechselseitiges Verfahren (sog „Ping-Pong-Lösung") vorgesehen (hierzu Nichtanwendungserlass BMF vom 8. 6. 1999, BStBl I 592). Aufgrund Vorlagebeschlusses des IX Senats (IX R 80/98 BStBl II 03, 167) wird die Frage demnächst endgültig entschieden (ausführlich hierzu *Wacker* in Schmidt[24] § 15 Anm 201).

II. Steuerliche Gesamthandsbilanz

1. Gewinnermittlung auf Ebene der Gesellschaft

Wegen der partiellen Steuerrechtssubjektivität der PersGes ist der Gewinn auf Ebene der Ges zu ermitteln. Die Ges ist **Gewinnermittlungssubjekt.** Der Gewinn ist durch **Betriebsvermögensvergleich** gemäß § 4 Abs 1 EStG zu ermitteln. Gewinn ist demnach der Unterschiedsbetrag zwischen dem Betriebsvermögen am Schluss des Wj und zu Beginn des Wj, vermehrt um Entnahmen und vermindert um Einlagen. Ausgangspunkt ist wegen des Maßgeblichkeitsgrundsatzes des § 5 Abs 1 EStG die HB der Ges. Als partielles Steuerrechtssubjekt sind **Bilanzierungs- und Bewertungswahlrechte auch** grds einheitlich für alle Gester auszuüben, sofern es sich nicht um personenbezogene Steuervergünstigungen handelt. Solche werden steuerlich durch Ergänzungsbilanzen erfasst (Anm 759). 745

Rechtsbeziehungen zwischen der Ges und Gestern werden grds wie Rechtsbeziehungen der Ges zu Dritten behandelt, sofern nicht eine Veranlassung im Ges-Verhältnis zu einer abweichenden Berücksichtigung führt bzw gesetzliche Regelungen anderes vorschreiben (§ 15 Abs 1 S 1 Nr 2 S 1 HS 2 EStG). Soweit **Nutzungsvergütungen** im Sinne des § 15 Abs 1 S 1 Nr 2 S 1 HS 2 EStG den HB-Gewinn als Aufwand gemindert haben, werden sie dem betroffenen Gester im Rahmen der Sonderbilanz als Ertrag zugerechnet, so dass es sich per Saldo steuerlich um eine Ergebniszurechnung handelt. Zur **Übertragung von WG** aus dem Betriebsvermögen der Ges in ein Sonderbetriebsvermögen oder sonstiges Betriebsvermögen und vice versa siehe unten Anm 833. 746

2. Betriebsvermögen der Gesellschaft (Gesamthandsvermögen)

Grundlage der Gewinnermittlung ist der Betriebsvermögensvergleich: WG, die zivilrechtlich oder wirtschaftlich (§ 39 Abs 2 Nr 1 AO) dem Gesamthandsvermögen zuzuordnen sind, sind grundsätzlich **notwendiges Betriebsver-** 747

mögen der PersGes und damit in den Betriebsvermögensvergleich zur Einkünfteermittlung einzubeziehen. Dies gilt auch dann, wenn das einzelne WG dem Betrieb der PersGes nicht unmittelbar dient oder zu dienen bestimmt ist. Letzteres folgt aus dem Grundsatz der Maßgeblichkeit der HB für die Steuerbilanz (§ 5 Abs 1 EStG). S im Einzelnen *Wacker* in Schmidt[24] § 15 Anm 480.

748 Die mangelnde Mitunternehmerstellung einzelner Gester ist für die Qualifikation als Betriebsvermögen nicht relevant. WG des Betriebsvermögens, die fälschlich nicht bilanziert wurden, sind im Wege der Bilanzberichtigung (§ 4 Abs 2 EStG) einzubuchen (EStH 15, 1997). **Gewillkürtes Betriebsvermögen** einer PersGes gibt es nicht (*BFH* 20. 5. 1994 BFH/NV 1995, 101; aA wohl *BFH* 29. 4. 1999, BStBl II, 466 zu Devisentermingeschäften).

749 WG des Gesamthandsvermögens sind ausnahmsweise dann nicht dem Betriebsvermögen zuzuordnen, wenn eine betriebliche Veranlassung für den Erwerb nicht besteht bzw bestand. Insoweit wird der Maßgeblichkeitsgrundsatz durch zwingende steuerrechtliche Gewinnermittlungsvorschriften (§§ 4, 5 EStG) durchbrochen. Hintergrund hierfür ist die Maßgabe, dass nur betrieblich veranlasste Vermögensmehrungen und insbesondere -minderungen steuerrechtlich wirksam werden (*BMF* 20. 12. 1977 BStBl I 1978, 8 Tz 9). Dies ist insb dann nicht der Fall, wenn die Nutzung des WG ausschließlich oder fast ausschließlich in der privaten Sphäre der Gester liegt, so dass nicht mehr nur von einer Nutzungsentnahme ausgegangen werden kann, oder das WG voraussichtlich nur Verluste verursachen wird.

3. Verteilung des Bilanzgewinns bzw -verlustes

a) Gewinnverteilungsabrede

752 Das Ergebnis der Steuerbilanz der Ges ist den Mitunternehmern unmittelbar anteilig als eigene Einkünfte aus Gewerbebetrieb in dem **Zeitpunkt** zuzurechnen, in dem sie erzielt sind, dh regelmäßig mit Ablauf des Wj der Ges. Zufluss bzw Entnahmefähigkeit sind unbeachtlich (*Wacker* in Schmidt[24] § 15 Anm 441).

Die Zurechnung des Ergebnisses der **Steuerbilanz** erfolgt auf der **Grundlage** des ges-vertraglich vereinbarten oder (mangels Vereinbarung) des gesetzlichen Gewinnverteilungsschlüssels. Ergebnisse aus **Ergänzungs- und Sonderbilanzen** sind dem jeweils betroffenen Gester zuzurechnen. Wiewohl die Gewinnverteilungsabrede sich auf den HB-Gewinn bezieht, ist diese auch auf das steuerrechtliche Ergebnis anzuwenden (*BFH* 22. 5. 1990 BFHE 161, 456).

b) Änderung der Gewinnverteilung

753 Eine Änderung der Gewinnverteilung mit Wirkung für die Zukunft ist grds auch **steuerrechtlich zu beachten.** Einschränkungen können sich jedoch ergeben, wenn sachliche Gründe hierfür nicht erkennbar sind, insbesondere bei einzelnen Gestern (bis zur nächsten Änderung) sachlich nicht gerechtfertigte Steuereffekte entstehen (idS auch *Stuhrmann* in Blümich § 15 EStG Anm 543). Eine **rückwirkende Änderung** ist mit steuerrechtlicher Wirkung jedoch ausgeschlossen. Relevant ist dies insb auch bei Änderungen im GesterBestand, sofern diese zivilrechtlich rückbezogen sind. Der Vollzug einer solchen Vereinbarung kann zu einem Anschaffungs- und Veräußerungsvorgang führen (*Wacker* in Schmidt[24] § 15 Anm 452). Bei einer **Änderung während des Wj** ist grds eine Zwischenbilanz aufzustellen (evtl Schätzung) und bis dahin der Gewinn nach der bisherigen Abrede und ab diesem Zeitpunkt nach der neuen Abrede zu verteilen.

c) Verlustabzugsbeschränkung nicht unbeschränkt haftender Gesellschafter

Die Zurechnung von Verlusten erfolgt auch für nur beschränkt haftende Gester (Kommanditist, atypisch stiller Gester) nach der ges-rechtlichen Gewinnverteilungsabrede. Dies gilt auch dann, wenn hierdurch ein negatives Kapitalkonto entsteht, unabhängig davon ob der Verlust ausgleich- oder abzugsfähig oder nur verrechenbar ist (§ 15a EStG). Steht jedoch bei Bilanzaufstellung fest, dass das negative Kapitalkonto durch künftige Gewinnanteile (ohne Ergebnisse aus Sonderbilanzen) nicht mehr ausgeglichen werden kann, ist ein entspr Verlustanteil den übrigen Gestern bis zur Höhe ihrer Kapitalanteile zuzurechnen (*BFH* 9. 2. 1993 BStBl II, 747, 748; *Wacker* in Schmidt[24] § 15a Anm 10). Ein darüber hinausgehender Verlust ist den persönlich haftenden Gestern zuzurechnen. Für den Gester, dessen negatives Kapitalkonto wegfällt, entsteht ein laufender Gewinn in Höhe des negativen Kapitalkontos bzw bei Wegfall anlässlich Liquidation oder Betriebsaufgabe ein begünstigter Gewinn (§§ 16 Abs 1 Nr 1, Abs 3, 34 EStG). **755**

III. Die Ergänzungsbilanz(en)

1. Begriff und Anwendungsbereich

Ergänzungsbilanzen enthalten **Korrekturen** zu den Wertansätzen der WG des Gesamthandsvermögens in der Steuerbilanz der PersGes (Mitunternehmerschaft), die nicht alle Mitunternehmer gleichermaßen betreffen. Ergänzungsbilanzen sind Teil der GesBilanz. Ob die Wertansätze der Ergänzungsbilanz rein rechnerische Korrekturposten sind oder ideelle Anteile an den WG des Gesamthandsvermögens beschreiben, ist streitig (hierzu *Wacker* in Schmidt[24] § 15 Anm 460). Ergänzungsbilanzen sind durch die Ges (Mitunternehmerschaft) zu erstellen. Sonderbilanzen enthalten hingegen WG, die außerhalb der Gesamthand stehen und einzelnen Gestern zuzuordnen sind (s unten Anm 796). **759**

Ergänzungsbilanzen ergeben sich daher grds in folgenden Fällen, sofern handelsrechtlich eine Übernahme der „neuen" steuerrechtlichen Werte in der HB nicht zulässig oder – sofern nicht zwingend – nicht gewünscht ist: **760**

1. Entgeltlicher **Erwerb eines Mitunternehmeranteils;**
2. in den Fällen des **§ 24 UmwStG** (**Einbringung** von Betrieb, Teilbetrieb oder Mitunternehmeranteil gegen Anteilsgewährung; **Verschmelzung** einer PersGes auf eine PersGes; **Ausgliederung** auf eine PersGes);
3. in den Fällen der **§§ 3, 14, 16 UmwStG** (**Verschmelzung** einer Körperschaft auf eine PersGes; **Formwechsel** einer Körperschaft in eine PersGes; **Aufspaltung und Abspaltung** einer Körperschaft auf eine PersGes);
4. Inanspruchnahme **persönlicher Steuervergünstigungen** durch einzelne Gester;
5. In den Fällen des § 6 Abs 5 S4 EStG bei steuerneutraler Übertragung eines WG.

Das **Zusammenwirken** von **Steuerbilanz** der Ges und **Ergänzungsbilanzen** des Mitunternehmers stellt sich wie folgt dar: **761**

1. Das dem Mitunternehmer zuzurechnende anteilige Ergebnis der Steuerbilanz der Ges und das Ergebnis der Ergänzungsbilanz des Mitunternehmers ergeben seinen Gewinnanteil im Sinne des § 15 Abs 1 S 1 Nr 2 HS 1 EStG.
2. Das Kapitalkonto des Mitunternehmers in der Steuerbilanz der Ges und das Kapitalkonto seiner Ergänzungsbilanz bilden das Kapitalkonto im Sinne des § 15a EStG (BMF Schreiben vom 30. 5. 1997, BStBl I 627).

3. Buchwert eines WG des Gesamthandsvermögens ist der addierte Wert in der Steuerbilanz der Ges und in der Ergänzungsbilanz.

762 Die Wertansätze der **Ergänzungsbilanz** sind grds nach dem Grundsatz der Einheitlichkeit der Bewertung wie diejenigen in der Steuerbilanz der Ges **fortzuschreiben** (*BFH* 28. 9. 1995 BStBl II 1996, 68), es sei denn, es sind WG betroffen, die nur in der Ergänzungsbilanz ausgewiesen sind oder bestimmte Maßnahmen sind personenbezogen. Im Einzelnen ist jedoch vieles streitig (*Wacker* in Schmidt[24] § 15 Anm 460 aE, 464). Aufwand und Ertrag aus der Fortschreibung von Ergänzungsbilanzen sind Teil des Gewinnanteils des betroffenen Mitunternehmers (Anm 761).

2. Entgeltlicher Erwerb eines Mitunternehmeranteils

765 Erwirbt ein Dritter oder ein bisheriger Gester einen Anteil an einer PersGes, dh einen Mitunternehmeranteil oder einen Teil hiervon, zu einem Preis, der über oder unter dem steuerlichen Buchwert (Kapitalkonto) liegt, ist dem durch eine positive bzw negative Ergänzungsbilanz Rechnung zu tragen. Hintergrund hierfür ist, dass der Erwerber steuerlich nicht ein WG „Gesellschaftsanteil" erwirbt, sondern ideell anteilig die WG des Gesamthandsvermögens. Dementsprechend hat er nunmehr AK, die vom bisherigen Buchwert in der Steuerbilanz der Ges abweichen. Zum Ganzen s (*Wacker* in Schmidt[24] § 15 Anm 461 ff).

766 Während die bisherigen Buchwerte in der Steuerbilanz der Ges fortgeführt werden, werden die sich aus den hiervon abweichenden AK ergebenden Mehr- bzw Minderbeträge in einer Ergänzungsbilanz des erwerbenden Gesters ausgewiesen, dh die WG sind auf- bzw abzustocken **(positive bzw negative Ergänzungsbilanz).** Der Gesamtaufstockungs- bzw -abstockungsbetrag als Differenz zwischen dem Buchwert des erworbenem Kapitalkontos und dem Erwerbspreis wird im Verhältnis der in den einzelnen WG enthaltenen stillen Reserven bzw der Minderwerte auf diese verteilt (zur Aufteilung s § 255 Anm 81, 511). Soweit bei einer positiven Ergänzungsbilanz eine Verteilung auf sonstige bilanzierungsfähige WG nicht möglich ist, ergibt sich in der Ergänzungsbilanz ein GW. Bei einer negativen Ergänzungsbilanz kann eine Abstockung nicht durch den Ansatz eines negativen GFW vermieden werden (§ 255 Anm 81, 516). Ist eine Abstockung von WG nicht mehr möglich, ist ein erfolgsneutraler Ausgleichsposten zu bilden (*BFH* 21. 4. 1994 BStBl II, 745; 12. 12. 1996 DStR 1997, 1969; *Wacker* in Schmidt[24] § 15 Anm 463 aE).

767 Bei einer **doppel- oder mehrstöckigen Personengesellschaft** ist der Mitunternehmer der OberGes gleichzeitig Mitunternehmer der UnterGes (§ 15 Abs 1 S 1 Nr 2 S 2 EStG). Beim entgeltlichen Erwerb eines Anteils an der OberGes einer doppelstöckigen PersGes über bzw unter Buchwert sind somit zwei Ergänzungsbilanzen zu erstellen. Die erste betrifft die WG der OberGes einschl, soweit vorhanden, deren Sonderbetriebsvermögen der UnterGes ohne den Anteil an der UnterGes. Die zweite betrifft die WG des Gesamthandsvermögens der UnterGes (*Wacker* in Schmidt[24] § 15 Anm 471).

3. Einbringung eines Betriebs, Teilbetriebs oder Mitunternehmeranteils in eine Personengesellschaft, Verschmelzung von Personengesellschaften, Ausgliederung auf Personengesellschaft (§ 24 UmwStG)

770 Folgende Vorgänge stellen eine Einbringung eines Betriebs, Teilbetriebs oder Mitunternehmeranteils in eine PersGes nach § 24 UmwStG dar (UmwStG-Erl Tz 24.01; *Wolff* in Blümich § 24 UmwStG Anm 11 ff):

1. Aufnahme eines Gesters in ein Einzelunt gegen Geldeinlage oder Einlage anderer WG,
2. Einbringung eines Einzelunt in eine bereits bestehende PersGes oder durch Zusammenschluss mehrerer EinzelUnt zu einer PersGes,
3. Eintritt eines weiteren Gesters in eine bestehende PersGes gegen Geldeinlage oder Einlage anderer WG,
4. Einbringung der Ges-Anteile einer PersGes in eine andere PersGes gegen Gewährung von Anteilen an Letzterer, wobei das Vermögen der neuen Ges anwächst,
5. Verschmelzung von PersGes nach §§ 2, 39 UmwG,
6. Ausgliederung aus Körperschaften, PersGes oder EinzelUnt auf PersGes nach § 123 Abs 3 UmwG.

Teilbetrieb im Sinne des § 24 Abs 1 UmwStG ist auch eine zu einem Betriebsvermögen gehörende 100%-ige Beteiligung an einer KapGes (UmwStG-Erl Tz 24.03).

Bei Einbringung eines Betriebs, Teilbetriebs oder Mitunternehmeranteils in eine PersGes gegen Anteilsgewährung besteht für die aufnehmende PersGes gemäß § 24 UmwStG ein Wahlrecht, das eingebrachte Betriebsvermögen in ihrer Bilanz einschließlich der Ergänzungsbilanzen für ihre Gester mit dem Buchwert oder mit einem höheren Wert, höchstens mit dem Teilwert anzusetzen. Bei der Wahl der Buchwertfortführung wird ein steuerpflichtiger Veräußerungsgewinn vermieden, da der Wert, mit dem das eingebrachte Betriebsvermögen in der Bilanz der PersGes einschließlich der Ergänzungsbilanz angesetzt wird, gemäß § 24 Abs 3 UmwStG für den Einbringenden als Veräußerungspreis gilt. 771

Bei der Einbringung werden vielfach die Buchwerte des eingebrachten Betriebsvermögens in der Bilanz der PersGes aufgestockt, um die Kapitalkonten der Gester im richtigen Verhältnis zueinander auszuweisen. Es kommt auch vor, dass ein Gester wegen unterschiedlicher stiller Reserven eine höhere Einlage leisten muss, als ihm in der Bilanz der PersGes als Kapitalkonto gutgeschrieben wird. In solchen Konstellationen kann durch die Erstellung von negativen bzw positiven Ergänzungsbilanzen für die Gester die Entstehung eines steuerpflichtigen Veräußerungsgewinns vermieden werden bzw durch den entspr Ansatz in den Ergänzungsbilanzen der gewählte Zwischenwert dargestellt werden. Beispiele im UmwStG-Erl Tz 24.14 sowie bei *Wacker* in Schmidt[24] § 15 Anm 472 und *Wolff* in Blümich § 24 UmwStG Anm 27). 772

4. Verschmelzung, Formwechsel, Aufspaltung und Abspaltung von Körperschaft auf/in Personengesellschaft (§§ 3, 14, 16 UmwStG)

Wird bei einem Vermögensübergang auf eine PersGes auf Grund Verschmelzung einer Körperschaft mit einer PersGes, der Aufspaltung oder Abspaltung einer Körperschaft auf eine PersGes oder durch einen Formwechsel von einer Körperschaft in eine PersGes das Vermögen der übertragenden Körperschaft Betriebsvermögen der übernehmenden PersGes, dürfen die WG in der steuerlichen Schlussbilanz der übertragenden Körperschaft wahlweise mit dem Buchwert oder einem höheren Wert, höchstens dem Teilwert angesetzt werden (§§ 3, 14, 16 UmwStG). Die PersGes hat die auf sie übergegangenen WG mit dem in der steuerlichen Schlussbilanz der übertragenden Körperschaft enthaltenen Wert zu übernehmen. Wegen der Maßgeblichkeit der HB für die Steuerbilanz können nach Meinung der FinVerw auch in der steuerlichen Übertragungsbilanz regelmäßig nur die in der HB zulässigen Werte angesetzt werden (UmwStG-Erl Tz 03.01; sehr str vgl WPH II[11], E Anm 6). 776

777 In Höhe des Unterschiedsbetrags zwischen dem Buchwert der Anteile an der übertragenden Körperschaft und dem Wert, mit dem die übernommenen WG anzusetzen sind, ergibt sich bei einer Verschmelzung ein Übernahmegewinn oder -verlust auf Ebene der PersGes (§ 4 Abs 4 S 1 UmwStG). Das Übernahmeergebnis erhöht sich durch einen Sperrbetrag nach § 50c EStG (§ 4 Abs 5 UmwStG). Ein KStGuthaben oder eine -schuld nach §§ 37 und 38 KStG reduziert oder erhöht die KSt der übertragenden Körperschaft (§ 10 UmwStG). Ein Übernahmeverlust bleibt steuerlich außer Ansatz, wogegen ein Übernahmegewinn nur dann außer Ansatz bleibt, wenn er auf eine Körperschaft entfällt. Ansonsten unterliegt er dem Halbeinkünfteverfahren (§ 4 Abs 7 UmwStG).

778 Für die Abspaltung oder Aufspaltung einer Körperschaft auf eine PersGes und den Formwechsel von einer Körperschaft in eine PersGes gelten die Vorschriften der § 4 bis 8 UmwStG entsprechend (§§ 14, 16 UmwG).

5. Personenbezogene Steuervergünstigungen

782 Neben rein **betriebsbezogener** Steuervergünstigungen, die unabhängig vom jeweiligen Untträger gewährt und in der Steuerbilanz einheitlich erfasst werden, gibt es **personenbezogene** Steuervergünstigungen, die an bestimmte personelle Voraussetzungen beim Stpfl anknüpfen. Sofern diese Vergünstigungen WG des Gesamthandsvermögens, dh der Steuerbilanz der Mitunternehmerschaft betreffen und nur für einzelne Mitunternehmer in Anspruch genommen werden (können), geschieht dies in einer (positiven oder negativen) Ergänzungsbilanz für den jeweils betroffenen Gester. Solche Steuervergünstigungen kann es zB in Form von erhöhter AfA, Sonderabschreibungen, steuerfreier Rücklagen oder Investitionszulagen geben. Sofern WG des Sonderbetriebsvermögens betroffen sind, sind die Steuervergünstigungen in der betroffenen Sonderbilanz zu berücksichtigen. Solange der GesterBestand unverändert ist, sind auch solche personenbezogenen Steuervergünstigungen einheitlich zu bilanzieren.

783 Als eine der wichtigsten derzeit geltenden personenbezogenen Steuervergünstigungen ist § 6b EStG zu nennen (vgl. *Glanegger* in Schmidt[24], § 6b Anm 3; *Wacker* in Schmidt[24] § 15 Anm 474; § 254 Anm 11 ff).

784 Hat zB ein Mitunternehmer seinen Mitunternehmeranteil erst vor vier Jahren von einem ausgeschiedenen Mitunternehmer entgeltlich erworben, kann er eine Rücklage nach § 6b EStG im Falle der Veräußerung eines WG, das bereits mehr als sechs Jahre zum Betriebsvermögen der PersGes gehörte, nicht in Anspruch nehmen. Wird die Rücklage in der Steuerbilanz der Ges gebildet, ist dies in einer (positiven) Ergänzungsbilanz für den nicht begünstigten Gester zu korrigieren. Das Mehrkapital der Ergänzungsbilanz erhöht seinen Gewinnanteil.

IV. Die Sonderbilanz(en)

792 Sonderbilanzen der Gester haben keine Korrekturfunktion zur Steuerbilanz der Ges vergleichbar der Ergänzungsbilanz (s oben Anm 759). In den Sonderbilanzen weisen die Gester die WG ihres Sonderbetriebsvermögens (Anm 796) sowie ihre Sonderbetriebseinnahmen und -ausgaben aus (s unten Anm 805).

Zum Betriebsvermögen der PersGes gehören auch die WG, die zwar nicht Gesamthandsvermögen der Ges sind, aber einem, mehreren oder allen Mitunternehmern zuzurechnen sind und dem Bereich der betrieblichen Betätigung des Mitunternehmers im Rahmen der PersGes zuzurechnen sind (**Sonderbetriebsvermögen;** BMF vom 20. 12. 1977 BStBl I 1978, Tz 4). Die Gewinnermittlung erfolgt in der Sonderbilanzen wie in der Hauptbilanz der Ges einheitlich nach den gleichen Grundsätzen gemäß §§ 4, 5 EStG oder § 4 Abs 3 EStG (*BFH* 11. 3. 1992 BStBl II, 797; BMF vom 20. 12. 1977 BStBl I 1978, Tz 18).

Wird der Gewinn bzw Verlust aus den Sonderbilanzen zwar durch Betriebs- **793** vermögensvergleich ermittelt, kann daneben gleichwohl aus buchungstechnischen Gründen eine **„Sonder GuV"** geführt werden.

Forderungen eines Gesters gegen die Ges sind steuerlich grds als EK anzusehen **794** mit der Folge, dass zB ergebniswirksame Wertberichtigungen in der Sonderbilanz nicht zulässig sind (*BFH* 19. 5. 1993 BStBl II, 714). Sondervergütungen sind zeit- und betragsgleich als Aufwand in der Steuerbilanz der Ges und als Ertrag in der Sonderbilanz des Gesters zu bilanzieren (*BFH* 12. 12. 1995 BStBl II 1996, 219). S hierzu im Einzelnen *Wacker* in Schmidt[24] § 15 Anm 507 ff).

1. Sonderbetriebsvermögen

a) Notwendiges Sonderbetriebsvermögen

WG, die rechtlich und wirtschaftlich oder nur wirtschaftlich (§ 39 Abs 2 Nr 1 **796** AO) im Eigentum eines Mitunternehmers stehen, sind sog Sonderbetriebsvermögen I, wenn sie **unmittelbar dem Betrieb** der PersGes **dienen** und sog Sonderbetriebsvermögen II, wenn sie **unmittelbar der Beteiligung** des Gesters an der PersGes **dienen** bzw diese fördern. Grundlage dessen ist zum einen der Begriff des Betriebsvermögens in §§ 4, 5 EStG, wonach WG, die der gewerblichen Tätigkeit dienen bzw hierzu gewidmet werden, dem Betriebsvermögen zuzuordnen sind, sowie partiell die Regelung des § 15 Abs 1 S 1 Nr 2 S 1 Hs 2 EStG, wonach Einkünfte aus Gewerbebetrieb zum einen die Gewinnanteile der Gester „und die Vergütungen, die der Gester von der Ges für seine Tätigkeit im Dienste der Ges oder für die Hingabe von Darlehen oder für die Überlassung von WG bezogen hat", sind (*Wacker* in Schmidt[24] § 15 Anm 507).

WG, die nur anteilig im rechtlichen bzw wirtschaftlichen Eigentum des Mitunternehmers stehen, sind, sofern sie dem Betrieb oder der Beteiligung unmittelbar dienen, mit diesem Anteil Sonderbetriebsvermögen.

Die Geschäftsanteile der Komplementär-GmbH einer GmbH & Co KG sind notwendiges Sonderbetriebsvermögen, sofern die Komplementär-GmbH keine eigenständige gewerbliche Tätigkeit von einiger Bedeutung hat.

Die Einlage von **Nutzungsrechten,** sofern sie einlagefähige WG darstellen **797** (*BFH* GrS 26. 10. 1987 BStBl II 1988, 348, *Heinicke* in Schmidt[23] § 4 Anm 303) führt regelmäßig dazu, dass das genutzte WG Sonderbetriebsvermögen wird (s *Wacker* in Schmidt[24] § 15 Anm 515).

Verbindlichkeiten eines Mitunternehmers ggü Dritten sind notwendiges passives Sonderbetriebsvermögen, wenn sie unmittelbar durch den Betrieb der PersGes oder die Beteiligung veranlasst sind. Dies ist insb dann der Fall, wenn die Schulden im unmittelbaren wirtschaftlichen Zusammenhang mit aktiven WG des Betriebsvermögens (notwendiges oder gewillkürtes Sonderbetriebsvermögen I oder II) stehen oder anderweitig mit dem Betrieb zusammenhängen (*BFH* 28. 1. 1993 BStBl II, 509; *Wacker* in Schmidt[24] § 15 Anm 521).

b) Gewillkürtes Sonderbetriebsvermögen

Unter den gleichen Voraussetzungen, wie auch ein Einzelunternehmer ge- **798** willkürtes Betriebsvermögen bilden kann, kann auch ein Mitunternehmer gewillkürtes Sonderbetriebsvermögen I bzw II bilden (BMF vom 20. 12. 1977 BStBl I 1978, Tz 15; *Wacker* in Schmidt[24] § 15 Anm 527). Das nicht zum notwendigen Sonderbetriebsvermögen gehörende WG muss **objektiv geeignet** sein, dem Betrieb der PersGes oder der Beteiligung des Eigentümers zu dienen und den Betrieb bzw die Beteiligung fördern bzw in einem gewissen objektiven Zusammenhang mit dem Betrieb der PersGes oder Beteiligung stehen. Ferner muss das WG vom Eigentümer **subjektiv** dazu **bestimmt** sein, dem Betrieb der Ges oder seiner Beteiligung zu dienen und diesen bzw diese zu fördern und dieser **Widmungsakt** muss rechtzeitig, klar und eindeutig zum Ausdruck gebracht werden (R 13 Abs 2 S 3 Abs 1 „gewillkürtes Betriebsvermögen" EStR 1996). Dieser Widmungsakt vollzieht sich nach außen erkennbar regelmäßig mit dem Ausweis in der Buchführung der PersGes (zum Diskussionsstand, ob dies der allein zulässige Widmungsakt ist, s *Wacker* in Schmidt[24] § 15 Anm 530).

Verbindlichkeiten können regelmäßig nicht als passive WG gewillkürtes Sonderbetriebsvermögen sein, da sie regelmäßig nicht geeignet sind, den Betrieb bzw die Beteiligung zu fördern, es sei denn, sie stehen im wirtschaftlichen Zusammenhang mit aktivem gewillkürtem Betriebsvermögen (zB zur Finanzierung vgl *Wacker* in Schmidt[24] § 15 Anm 527). Wird ein WG dauernd und ausschließlich privat genutzt, ist es dem notwendigen Privatvermögen zuzurechnen.

c) Konkurrenz zwischen Betriebsvermögen und Sonderbetriebsvermögen

799 Ist ein WG sowohl einem Betriebsvermögen des Gesters als auch einem Sonderbetriebsvermögen der PersGes zuzurechnen, wird dieses Konkurrenzverhältnis nach derzeit hA grds zugunsten der Sonderbetriebsvermögenseigenschaft gelöst (vgl *Wacker* in Schmidt[24] § 15 Anm 534). Nach der aA (sog Subsidiäritätsthese) ist § 15 Abs 1 S 1 Nr 2 S 1 HS 2 EStG jedoch lediglich eine Qualifikationsnorm, die Einkünfte und WG umqualifiziert, die zuvor keine gewerblichen Einkünfte bzw WG waren (s jedoch neuerdings *BFH* 13. 11. 1997 DStR 1998, 200). Als Folge der Qualifikation als Sonderbetriebsvermögen ist insb grds keine Wertberichtigung zulässig (zu weiteren Folgen s *Wacker* in Schmidt[24] § 15 Anm 534 aE).

Für die mitunternehmerische Betriebsaufspaltung hat der BFH jedoch im Ergebnis die **Subsidiaritätsthese** angewandt (*BFH* 22. 11. 1994 BStBl II 1996, 93; 23. 4. 1998 BStBl II 1998, 325; 26. 11. 1996 BStBl II 1998, 328; hierzu BMF vom 28. 4. 1998 BStBl I, 583). Danach besteht die Zuordnung zu einem anderen Betriebsvermögen auch bei Überlassung an die PersGes fort. § 15 Abs 1 S 1 Nr 2 S 1 HS 2 EStG ist nicht vorrangig.

800 Bei (Nutzungsüberlassungs)Leistungen zu fremdüblichen Konditionen im Rahmen des lfd Geschäftsverkehrs zwischen PersGes und dem am Drittmarkt tätigen Gester soll der Vorrang des Sonderbetriebsvermögens nicht gelten (*BFH* 26. 3. 1987 BStBl II, 564; *Wacker* in Schmidt[24] § 15 Anm 535, 550).

801 Auch bei der Nutzungsüberlassung zwischen gewerblichen Schwester-PersGes gilt der Vorrang des Sonderbetriebsvermögens der nutzenden Ges grds nicht (Anm 799). Dies gilt nicht nur für PersGes, sondern auch für die gewerblich geprägte KG, die mitunternehmerische Betriebsaufspaltung und für die gewerblich geprägte atypisch stille Ges (*HG*, Anm zu BFH vom 26. 11. 1996 DStR 1997, 815, 817).

802 Ist ein WG gleichzeitig Sonderbetriebsvermögen I einer und II bei einer anderen PersGes, geht die Qualifikation als Sonderbetriebsvermögen I vor (*Wacker* in Schmidt[24] § 15 Anm 537).

d) Entnahme von Sonderbetriebsvermögen

803 Verliert ein WG seine Eigenschaft als Sonderbetriebsvermögen, ist dies grds als steuerpflichtige Entnahme anzusehen. Dies ist in folgenden Situationen der Fall (*Wacker* in Schmidt[24] § 15 Anm 538):

1. Gewillkürtes Sonderbetriebsvermögen wird nicht mehr bilanziert.
2. Der (wirtschaftliche) Eigentümer verliert seine Mitunternehmereigenschaft.
3. Das WG wird an einen Nicht-Mitunternehmer übertragen.
4. Die Nutzungsüberlassung des WG durch den Gester wird beendet und das WG weiterhin privat genutzt.

Gehört das WG zu einem eigenen Betriebsvermögen des Gesters und ist nur wegen des Zuordnungsvorrangs Sonderbetriebsvermögen (oben Anm 799) führt der Wegfall der Sonderbetriebsvermögenseigenschaft nicht zu einer Entnahme/Einlage (§ 6 Abs 5 S 2 EStG). Zum Übergang vom Sonderbetriebsvermögen eines Gesters in das Sonderbetriebsvermögen eines anderen Gesters vgl Anm 840). 804

2. Sondervergütungen § 15 Abs 1 S 1 Nr 2 S 1 Hs 2 EStG

a) Sachlicher Anwendungsbereich

Gem § 15 Abs 1 S 1 Nr 2 S 1 HS 2 EStG sind Einkünfte aus Gewerbebetrieb auch „die Vergütungen, die der Gester von der Ges für seine Tätigkeit im Dienste der Ges oder für die Hingabe von Darlehen oder für die Überlassung von WG bezogen hat". Vergütungen zwischen den Gestern oder solche, die von den Gestern an die Ges geleistet werden, sind ebenso wenig erfasst wie Veräußerungsentgelte. 805

Tätigkeitsvergütungen und Nutzungsüberlassungsvergütungen werden in Einkünfte aus Gewerbebetrieb **umqualifiziert,** auch wenn sie isoliert betrachtet einer anderen Einkunftsart zuzurechnen wären (zB unselbständige Tätigkeit, Einkünfte aus Kapitalvermögen, Einkünfte aus Vermietung und Verpachtung). Der Rechtsgrund für die Nutzungsüberlassung ist grds unbeachtlich, solange die Veranlassung im Ges-Verhältnis liegt. 806

Ausgehend vom Veranlassungszusammenhang und auf der Grundlage des **„Beitragsgedankens"** erfasst § 15 Abs 1 S 1 Nr 2 S 1 HS 2 EStG alle durch das Ges-Verhältnis veranlasste Vergütungen, die ein Mitunternehmer von der Ges erlangt und schließt nur zufällige oder vorübergehende Leistungsverhältnisse zwischen Ges und Gester aus, bei denen ein wirtschaftlicher Zusammenhang der Leistung mit der Mitunternehmerschaft ausgeschlossen erscheint (*Wacker* in Schmidt[24] § 15 Anm 562). 807

Werden die Leistungen durch den Mitunternehmer im Rahmen eines eigenen Gewerbebetriebs erbracht, stellen sie nach hM dennoch Sonderbetriebseinnahmen im Rahmen der Mitunternehmerschaft und nicht Betriebseinnahmen im eigenen Gewerbebetrieb dar. Zur **Subsidiaritätsthese** s Anm 799. 808

b) Zeitlicher Anwendungsbereich

§ 15 Abs 1 S 1 Nr 2 S 1 HS 2 EStG erfasst grds nur solche Vergütungen, die der Empfänger für Leistungen während seiner Mitunternehmerstellung bezogen hat. Fälligkeit und Zahlungszeitpunkt sind unerheblich. § 15 Abs 1 S 2 EStG erweitert den Anwendungsbereich auf Vergütungen, die als nachträgliche Einkünfte (§ 24 Nr 2 EStG) bezogen werden. Vergütungen, die als Einkünfte aus einem ehemaligen Rechtsverhältnis zwischen Mitunternehmer und Mitunternehmerschaft vom Mitunternehmer später oder von dessen Rechtsnachfolger (Gesamt- oder Einzelrechtsnachfolger) bezogen werden, werden somit auch als gewerbliche Einkünfte qualifiziert, obwohl sie von einem Stpfl bezogen werden, der nicht (mehr) Mitunternehmer ist. Damit ist die Vergütung mit GewESt belastet und in die gesonderte und einheitliche Feststellung einzubeziehen (*BFH* 25. 1. 1994 BStBl II, 455; *Wacker* in Schmidt[24] § 15 Anm 572). 809

c) Zeitpunkt der Zurechnung

811 Die Vergütungen sind dem Mitunternehmer unabhängig vom Zeitpunkt des tatsächlichen Zuflusses dann steuerlich als gewerbliche Einkünfte zuzurechnen, wenn er sie bezogen hat. Für den Bereich der Sondervergütungen wird der Gesamtgewinn der Mitunternehmerschaft in der Weise ermittelt, dass die in der Steuerbilanz der Ges passivierten Verpflichtungen zur Zahlung einer Sondervergütung durch einen gleichhohen Aktivposten in der Sonderbilanz der begünstigten oder aller Gester ausgeglichen wird (**Grundsatz der korrespondierenden Bilanzierung,** *BFH* 2. 12. 1997 DStR 1998, 482; 12. 12. 1995 BStBl II 1996, 219). Demnach erfolgt die Zurechnung in dem Wj, in dem die Vergütung in der Steuerbilanz der Ges als Aufwand zu erfassen ist. Ob der Aufwand bei der Ges abzugsfähig oder aktivierungspflichtig ist, ist für den Zurechnungszeitpunkt nicht relevant. Ist im Zeitpunkt des Bezugs der Vergütung diese noch nicht zugeflossen, ein künftiger Zufluss aber wahrscheinlich, ist sie dem betroffenen Mitunternehmer, anderenfalls allen Mitunternehmern als Sonderbetriebseinnahmen entspr der Gewinnverteilungsabrede zuzurechnen (*Wacker* in Schmidt[24] § 15 Anm 578).

d) Mittelbare Beteiligung und unmittelbare Leistung

812 Gemäß § 15 Abs 1 S 1 Nr 2 S 2 EStG steht der mittelbar über eine oder mehrere PersGes beteiligte Gester dem unmittelbar beteiligten Gester gleich. Er ist als Mitunternehmer des Betriebs der Ges anzusehen, an der er mittelbar beteiligt ist, wenn er und die PersGes, die seine Beteiligung vermitteln, jeweils als Mitunternehmer der Betriebe der PersGes anzusehen sind, an denen sie unmittelbar beteiligt sind. Für die Gleichstellung bei der **mehrstöckigen PersGes** ist somit eine ununterbrochene Kette von Mitunternehmerschaften erforderlich. Die Zwischenschaltung einer KapGes unterbricht eine solche Kette (*Wacker* in Schmidt[24] § 15 Anm 610, 624).

813 Vergütungen des mittelbar Beteiligten auf Grund einer unmittelbaren Leistungsbeziehung zur UnterGes sind demgemäß Sonderbetriebseinnahmen, und zur Nutzung überlassene WG des Gesamthandsvermögens der OberGes sind Sonderbetriebsvermögen bei der UnterGes. Zu Einzelheiten der Gewinnermittlung der Unter- und OberGes s *Wacker* in Schmidt[24] § 15 Anm 619, 620.

814 § 15 Abs 1 S 1 Nr 2 S 2 EStG findet auch auf eine atypisch stille Unterbeteiligung am Ges-Anteil einer PersGes Anwendung (*BFH* 2. 10. 1997 DStR 1998, 203) auch wenn der Unterbeteiligte zivilrechtlich nicht über eine PersGes an der HauptGes beteiligt ist.

e) Unmittelbare Beteiligung und mittelbare Leistung

815 Auf mittelbare Leistungen durch eine **gewerblich tätige Schwester-PersGes** ist § 15 Abs 1 S 1 Nr 2 S 1 Hs 2 EStG grds nicht anwendbar (*BFH* 16. 6. 1994 BStBl II 1996, 82; 22. 11. 1995 BStBl II 1996; 23. 4. 1998 BStBl II 1998, 325; 26. 11. 1996 BStBl II 1998, 328). Im Ergebnis wendet der BFH die ansonsten abgelehnte Subsidiaritätsthese an (s Anm 799). Im Einzelnen s *Wacker* in Schmidt[24] § 15 Anm 601.

816 Auf Leistungen durch eine nicht **gewerblich tätige** (vermögensverwaltende, freiberufliche oder land- und forstwirtschaftlich tätige) **Schwester-PersGes** hingegen ist § 15 Abs 1 S 1 Nr 2 S 1 HS 2 EStG grds anwendbar. Im Einzelnen s *Wacker* in Schmidt[24] § 15 Anm 606.

817 Dienstleistungen, die ein Gester durch eine **Schwester-KapGes** ggü der PersGes erbringt, fallen grds unter § 15 Abs 1 S 1 Nr 2 S 1 Hs 2 EStG, nicht

hingegen sonstige Nutzungsüberlassungen, wobei der zur Nutzung überlassene Gegenstand unmittelbar Sonderbetriebsvermögen II bei der PersGes darstellen und das Entgelt als Sonderbetriebseinnahme qualifizieren kann (*Wacker* in Schmidt[24] § 15 Anm 603).

f) Tätigkeitsvergütung

Tätigkeitsvergütungen, die der Mitunternehmer von der Ges für seine Dienste bezieht, werden durch § 15 Abs 1 S 1 Nr 2 S 1 Hs 2 EStG als gewerbliche Einkünfte qualifiziert. Die rechtliche Grundlage des Vergütungsanspruchs ist hierbei ebenso wenig relevant wie die Art der Tätigkeit. Die Dienstleistung muss nicht höchstpersönlich, sondern kann auch durch Dritte erbracht werden. Es ist ferner unmaßgeblich, ob die Mitunternehmereigenschaft oder die Position als Dienstleistender überwiegt. Die Vergütung kann in Geld oder in Sachwerten erfolgen. Es ist unbeachtlich, ob sie einmal oder laufend gewährt wird, ob sie fix oder variabel ist. S *Wacker* in Schmidt[24], § 15 Anm 580. **818**

Hierzu können gehören: Vergütungen des Mitunternehmers aus Arbeitsverhältnissen (zB GesGeschäftsführer), freiberufliche Leistungen (zB Prozessvertretung durch Anwalt, steuerliche Mandatsbetreuung), Vermittlungsleistungen (zB als Absatzmittler) uä.

Als **Folge** der Umqualifikation wird der Aufwand in der Bilanz der Ges durch die Erfassung der Vergütung als Sonderbetriebseinnahmen in der Sonderbilanz des Gesters neutralisiert. Die Tätigkeitsvergütung stellt im Ergebnis Vorabgewinn dar und führt zu einer GewSt-Belastung und einer ESt-Entlastung nach § 35 EStG. **819**

Die Umqualifikation greift jedoch nicht schrankenlos: Vergütungen, auf der Grundlage eines nur zufälligen oder vorübergehenden Leistungsverhältnisses zwischen Ges und Gester, bei denen ein wirtschaftlicher Zusammenhang der Leistung mit der Mitunternehmerschaft ausgeschlossen erscheint, werden von der Qualifikationsnorm nicht erfasst (s Anm 807). **820**

Zu den Vergütungen aus **Arbeitsverhältnissen** rechnen neben dem Lohn bzw Gehalt auch Entschädigungen und Abfindungen im Zusammenhang mit dem Arbeitsverhältnis, die Arbeitgeberanteile zur Sozialversicherung sowie die Arbeitgeberzuschüsse zu einer Lebensversicherung. Ferner werden die lfd **Pensionszahlungen** nach Eintritt des Versorgungsfalles erfasst. Nicht erfasst werden Vergütungen der Ges an den Ehegatten des Gesters, soweit das Rechtsverhältnis steuerrechtlich anzuerkennen ist. **821**

Noch nicht abschließend geklärt scheint die Behandlung des Aufwands im Rahmen der Bildung von **Pensionsrückstellungen** (zu den unterschiedlichen Ansätzen s *Wacker* in Schmidt[24] § 15 Anm 586). Auf der Basis des Grundsatzes der korrespondierenden Bilanzierung (s Anm 811) gelangt die Rspr jedoch nunmehr zu der Auffassung, dass unabhängig von der isolierten Aktivierungsfähigkeit eines Pensionsanspruchs oder einer Pensionsanwartschaft in der Sonderbilanz des betroffenen Gesters korrespondierend zur Rückstellung ein Aktivposten anzusetzen ist (*BFH* 2. 12. 1997 DStR 1998, 482; 12. 12. 1995 BStBl II 1996, 219). Demgemäß wird der Gesamtgewinn der Mitunternehmerschaft nicht durch die Bildung von Pensionsrückstellungen vermindert und der entstehende Mehrgewinn dem betroffenen Gester periodenkongruent zugerechnet. **822**

g) Darlehensvergütung

Der **Begriff des Darlehens** in § 15 Abs 1 S 1 Nr 2 S 1 Hs 2 EStG umfasst jede Art der Nutzungsüberlassung von Kapital durch den Gester an die Ges un- **824** geachtet der jeweiligen zivilrechtlichen Qualifikation. Hierzu gehören zB Darlehen iSd § 607 BGB, typische stille Beteiligung, partiarisches Darlehen, Genussrechte, Kontokorrent, Aval, Stundung. Einschränkungen bei der Erfassung als Sondervergütung können sich wiederum dann ergeben, wenn die gesrechtliche Veranlassung fehlt (s Anm 807).

825 Nach den allgemeinen Grundsätzen für Sondervergütungen mindern die Vergütungen für die Hingabe von Darlehen zwar zunächst den Gewinn der Steuerbilanz der Ges, werden jedoch als Sonderbetriebseinnahmen dem betroffenen Gester zugerechnet, so dass der Gesamtgewinn der Mitunternehmerschaft wiederum nicht vermindert wird. Zur Darlehensforderung als Sonderbetriebsvermögens s Anm 794.

h) Nutzungsvergütung

826 Während bei der Veräußerung bzw Einlage von WG das rechtliche und/oder wirtschaftliche Eigentum übertragen wird, ist die Nutzungsüberlassung mit einer solchen Übertragung nicht verbunden und zeitlich beschränkt. Die Art des WG ist unbeachtlich. Erfasst werden daher materielle, immaterielle, bewegliche und unbewegliche WG bzw jegliche Sachen und Rechte. Die rechtliche Grundlage der Nutzungsüberlassung (schuldrechtlich, dinglich) ist ebenso unbeachtlich wie ihre Dauer, soweit letztere nicht zur Übertragung des wirtschaftlichen Eigentums führt. Ob der überlassende Gester Eigentümer oder Nutzungsberechtigter ist, ist nicht maßgeblich, ebenso ob das WG nur teilweise oder vollständig durch die Ges genutzt wird. Einschränkungen bei der Erfassung als Sonderbetriebseinnahme können sich auch hier dann ergeben, wenn die gesrechtliche Veranlassung fehlt (s Anm 807).

827 Nach den allgemeinen Grundsätzen für Sondervergütungen mindern die Vergütungen für die Nutzungsüberlassung den Gesamtgewinn der Mitunternehmerschaft nicht, da dem Aufwand in der Steuerbilanz der Ges die Sonderbetriebseinnahme beim Gester ggüsteht. Das überlassene WG muss nicht zwingend dem Sonderbetriebsvermögen des Gesters zuzuordnen sein, wird dies jedoch regelmäßig. Zum WG als Sonderbetriebsvermögens s Anm 796.

i) Sonstige Zurechnung

828 Neben den Sondervergütungen werden durch § 15 Abs 1 S 1 Nr 2 S 1 HS 2 EStG auch sonstige Erträge des Mitunternehmers als gewerbliche Einkünfte qualifiziert, die wirtschaftlich durch die Mitunternehmerstellung veranlasst sind. Diese weiteren **Sonderbetriebseinnahmen** sind in die Ermittlung des Gesamtgewinns der Mitunternehmerschaft einzubeziehen. Dementsprechend sind auch **Sonderbetriebsausgaben,** dh durch die Mitunternehmerstellung veranlasste Aufwendungen des Gesters, zu berücksichtigen. Sonderbetriebseinnahmen und -ausgaben gehen in die Sonderbilanz und damit in die Ermittlung des Gesamtgewinns ein. Dementsprechend sind sie nach steuerrechtlichen Grundsätzen zu berücksichtigen.

829 Sonstige Sonderbetriebseinnahmen sind zB Vermittlungsprovisionen für die Werbung neuer Kommanditisten, Vergütungen für die Nutzungsüberlassung von Sonderbetriebsvermögen an Dritte, Ausschüttungen an den Kommanditisten auf Anteile an der Komplementär-GmbH, wenn die Anteile im Sonderbetriebsvermögen liegen. Weitere Beispiele bei *Wacker* in Schmidt[24] § 15 Anm 648.

830 Sonderbetriebsausgaben sind zB Aufwendungen auf zur Nutzung an die Ges überlassene WG (Reparaturaufwendungen, AfA, Finanzierungskosten); Aufwendungen der Komplementär-GmbH einer GmbH & Co KG für den

Geschäftsführer; Finanzierungskosten des Kommanditisten für den Erwerb von Anteilen an der Komplementär-GmbH. Weitere Beispiele bei *Wacker* in Schmidt[24] § 15 Anm 645. Aufwendungen, die in keinem Zusammenhang mit der Mitunternehmerschaft stehen, sind auch nicht als Sonderbetriebsausgaben abzugsfähig (zB Prämien für die private Lebensversicherung des Gesters; Gründungskosten für die Komplementär-GmbH, *Wacker* in Schmidt[24] § 15 Anm 647).

3. Übertragung von Wirtschaftsgütern

Die Übertragung von einzelnen WG zwischen den verschiedenen Vermögenssphären der Mitunternehmer und der Ges kann im Wege der entgeltlichen Veräußerung, der Einlage gegen Gewährung von Ges-Rechten oder der Entnahme/Einlage erfolgen. Solche Übertragungen sind grds nach den allgemeinen Regeln der Gewinnermittlung durch Vermögensvergleich zu beurteilen. Im Einzelnen s *Wacker* in Schmidt[24] § 15 Anm 660ff. Allerdings existieren diverse Ausnahmen. Für die Übertragung von Betrieben, Teilbetrieben und Mitunternehmeranteilen oder einzelne WG sowie den Eintritt von bislang nicht beteiligten Personen s § 24 UmwSt, § 20 UmwStG (sofern Übertragung in KapGes gegen Gewährung von Anteilen) bzw § 6 Abs 3 und Abs 5 EStG (sofern unentgeltlich oder gg Gewährung von GesRechten). 833

a) Übertragung zwischen Gesellschaft und Mitunternehmer

aa) § 6 Abs 5 EStG regelt die Buchwertfortführung für die unentgeltliche Übertragung von WG und die Übertragung gegen Gewährung bzw Reduzierung von GesRechten (sonstige entgeltliche Übertragungen führen zur Gewinnrealisation). Die steuerneutrale Übertragung zu Buchwerten ist in diesen Fällen zwingend (BMF vom 7. 6. 2001 DB 1391) bei der Übertragung aus einem Betriebsvermögen des Mitunternehmers in das Gesamthandsvermögen und umgekehrt sowie der Übertragung aus einem Sonderbetriebsvermögen in das Gesamthandsvermögen und umgekehrt. Sie ist nicht zulässig, wenn das übertragene WG innerhalb von 7 Jahren veräußert oder entnommen wird, oder sich mit der Übertragung oder innerhalb von 7 Jahren der Anteil einer Körperschaft an den WG erhöht (§ 6 Abs 5 EStG). 834

Entspr gilt, wenn die Übertragung zwar entgeltlich jedoch unter Preis erfolgte, soweit das Entgelt nicht fremdüblich ist (vgl auch BMF vom 7. 6. 2001, DB 1391).

bb) Die entgeltliche Übertragung zwischen dem Gesamthandsvermögen und dem Privatvermögen eines Gesters stellt einen Veräußerungs- bzw. Anschaffungsvorgang dar. Bei Veräußerung durch die Ges entsteht ggf ein Veräußerungsgewinn. Die **unentgeltliche Übertragung** aus dem Gesamthandsvermögen in das Privatvermögen eines Gesters mit Zustimmung aller Gester ist Entnahme bzw verdeckte Gewinnausschüttung soweit eine KapGes beteiligt ist. Der Entnahmegewinn ist allen Gestern anteilig zuzurechnen, sofern die stillen Reserven dem Begünstigten geschenkt wurden (*BFH* 28. 9. 1995 BStBl II 1996, 276). Ohne Zustimmung aller Gester ist dem begünstigten Gester der Entnahmegewinn in vollem Umfang zuzuordnen, sofern keine abweichende Vereinbarung zwischen den Gestern besteht (*BFH* 9. 6. 1994 BFH/NV 1995, 103). Die unentgeltliche Übertragung vom Privatvermögen eines Gesters in das Gesamthandsvermögen ist Einlage evtl mit unentgeltlicher Zuwendung an die anderen Gester (BMF vom 20. 12. 1977 BStBl I 1978, 8 Tz 49). Bei **teilentgeltlicher Übertragung** an den Gester ist in einen entgeltlichen und einen unentgeltlichen Teil aufzuteilen. 835

b) Übertragung zwischen Mitunternehmern

840 Die **entgeltliche** Veräußerung von WG aus dem Sonderbetriebsvermögen eines Gesters in das Sonderbetriebsvermögen eines anderen Gesters führt zur Realisierung stiller Reserven nach den allgemeinen Grundsätzen. Entspr gilt bei entgeltlicher Übertragung in das Privatvermögen oder ein Eigenbetriebsvermögen des anderen Gesters.

841 Die **unentgeltliche** Übertragung von WG zwischen den Sonderbetriebsvermögen zweier Gester stellt keine Entnahme mit anschließender Einlage dar und erfolgt somit erfolgsneutral zu Buchwerten (§ 6 Abs 5 S 3 Ziff 7 EStG). Es ist allerdings die Einschränkung in Anm 834 zu beachten, so dass die Vermögensverschiebung auf eine KapGes nicht steuerneutral zulässig ist. Bei einer KapGes als Gester führt die unentgeltliche Übertragung zu einer verdeckten Gewinnausschüttung gem § 8 Abs 3 KStG. Die unentgeltliche Übertragung ins Privatvermögen oder Eigenbetriebsvermögen eines anderen Gesters ist Entnahme.

842 Bei **teilentgeltlicher** Übertragung ist das Geschäft nach Auffassung der Verwaltung nach Maßgabe des Verkehrswerts in einen entgeltlichen und einen unentgeltlichen Teil aufzuspalten (BMF vom 7. 6. 2001, DB 1391; *Wacker* in Schmidt[24] § 15 Anm 676).

c) Übertragung innerhalb der Vermögenssphäre eines Gesellschafters (Sonderbetriebsvermögen, Privatvermögen, Eigenbetriebsvermögen)

843 Die unentgeltliche Übertragung von WG aus dem Sonderbetriebsvermögen in ein Eigenbetriebsvermögen des Mitunternehmers und umgekehrt erfolgt zwingend zu Buchwerten (§ 6 Abs 5 S 2 EStG idF UntStFG 2001; BMF vom 7. 6. 2001, DB 1391).

Die unentgeltliche Übertragung von WG aus dem Sonderbetriebsvermögen oder dem Eigenbetriebsvermögen in das Privatvermögen stellt eine Entnahme dar (grds Teilwert, § 6 Abs 1 Nr 4 EStG). Die Übertragung aus dem Privatvermögen in das Sonderbetriebsvermögen oder in das Eigenbetriebsvermögen ist Einlage (grds Teilwert, § 6 Abs 1 Nr 5 EStG).

d) Übertragung zwischen Mitunternehmerschaften mit teilweiser oder vollständiger Mitunternehmeridentität

844 Die **entgeltliche Übertragung** von WG stellt auch bei Personenidentität der beteiligten PersGes eine Veräußerung dar und führt zur Gewinnrealisierung nach den allgemeinen Grundsätzen (zB *BFH* 31. 7. 1991 BStBl II 1992, 375; BMF vom 7. 6. 2001, DB 1391). Die **unentgeltliche Übertragung** von einzelnen WG zwischen teilweise oder vollständig personenidentischen Mitunternehmerschaften (SchwesterGes) führt zur Realisation der stillen Reserven. Allerdings ist nach § 6 Abs 5 S 3 Ziff 5 u 6 EStG idF UntStFG 2001 die unentgeltliche oder gegen Gewährung oder Reduzierung von GesRechten erfolgende Übertragung eines WG vom Sonderbetriebsvermögen in ein anderes Gesamthandsvermögen, an dem der gleiche Mitunternehmer beteiligt ist, ab 1. 1. 2002 zwingend zu Buchwerten durchzuführen (vgl Anm 834). Da auch die Entnahme in das Sonderbetriebsvermögen zu Buchwerten zulässig ist, sollte eigentlich durch die Kombination beider Verfahren auch die steuerneutrale Übertragung zwischen SchwesterPersGes zulässig sein, wenn dies unter Zwischenschaltung des Gesters erfolgt.

C. Besonderheiten der Personengesellschaft (Mitunternehmerschaft)

I. Familienpersonengesellschaft

845 Sind an einer PersGes Familienmitglieder oder sonstige Verwandte oder persönlich sehr nahe stehende Personen beteiligt, spricht man auch von einer FamilienPersGes. Da auf Grund der bestehenden familiären Bindungen nach der allgemeinen Lebenserfahrung **wirtschaftliche Interessengegensätze** wie unter fremden Dritten nicht bestehen, sind die Ges und ihre Gester aus steuerrechtlicher Sicht „suspekt". Es besteht primär das Risiko des sog „Realsplitting" oder „Familiensplitting", dh einer nicht wirtschaftlich begründete Gewinnverteilung auf die Beteiligten, um in summa eine geringere Gesamtsteuerbelastung zu erreichen (mehrfache Nutzung des Grundfreibetrags; Progressionsschwächung, Mehrfachnutzung von sonstigen Freibeträgen ua; zu gewerbesteuerlichen Wirkungen s *Wacker* in Schmidt[24] § 15 Anm 744).

846 Aus steuerrechtlicher Sicht sind solche nicht wirtschaftlich begründeten Einkünftezuordnungen insoweit privat, dh durch die familiären Verhältnisse veranlasst, als sie einem **Fremdvergleich** nicht standhalten. Solche privat veranlasste Zuwendungen stellen sich im Ergebnis wirtschaftlich als Einkommensverwendung dar (zB Unterhaltsleistungen oder Schenkungen) und werden steuerlich entspr behandelt (s § 12 Nr 1 EStG). Zur steuerlichen Anerkennung von Familien-PersGes s EStR 138a.

1. Familien-KG

a) Anerkennung als Mitunternehmerschaft

847 Zur Anerkennung der Mitunternehmerschaft bei Familien-PerGes ist es insb erforderlich, dass der GesVertrag ernsthaft gewollt und zivilrechtlich wirksam ist, dass der Vertrag, so wie er geschlossen ist, auch tatsächlich umgesetzt wird und die GesterStellung hinsichtlich der Rechte und Pflichten ungefähr derjenigen des gesetzlich typisierten Kommanditisten entspricht.

848 **aa) Zivilrechtliche Wirksamkeit des Gesellschaftsvertrags.** Der GesVertrag muss zu seiner steuerrechtlichen Anerkennung ernsthaft gewollt und zivilrechtlich wirksam sein. Obwohl § 42 AO grds den Vorrang der wirtschaftlichen Durchführung einer Vereinbarung vor ihrer zivilrechtlichen Wirksamkeit zum Ausdruck bringt, wird eine Mitunternehmerschaft nur dann anerkannt, wenn ihre vertraglichen Grundlagen wirksam sind. Dies gilt insb für gesetzliche Form- und familienrechtliche Vertretungserfordernisse bei Vertragsschluss. Durch die Einhaltung der formalrechtlichen Vorschriften wird die Ernsthaftigkeit der Einräumung der GesterStellung dokumentiert.

849 Beim Abschluss von Ges-Verträgen durch Eltern mit ihren minderjährigen Kindern bedarf es regelmäßig der Mitwirkung eines Abschlusspflegers (§§ 181, 1629 Abs 2, 1795 Abs 2 BGB) und der Genehmigung des Vormundschaftsgerichts (§§ 1643 Abs 1, 1822 Nr 3 BGB). Die vormundschaftliche Genehmigung wirkt grds auch steuerrechtlich zurück, wenn sie unverzüglich beantragt wurde (s *BFH* 23. 5. 1992 BStBl II, 1024 mwN).

851 **bb) Tatsächliche Durchführung des Gesellschaftsvertrags.** Für die steuerliche Anerkennung der Mitunternehmerschaft ist weiterhin erforderlich, dass der GesVertrag auch tatsächlich so umgesetzt wird, wie er abgeschlossen wurde. Wird zwischen den Gestern abweichend vom GesVertrag verfahren, so ent-

spricht dieses nicht dem Verhalten fremder Dritter untereinander. Wenngleich die formalrechtliche Stellung des Gesters derjenigen eines Mitunternehmers entspricht, weicht die tatsächliche und insoweit maßgebliche Beziehung zwischen den Gestern hiervon ab. Für die Ausübung der Gesterrechte für minderjährige Kinder bedarf es keines Dauerpflegers, vielmehr sind die Eltern insoweit vertretungsbefugt, ohne dass hierdurch die steuerliche Anerkennung der Mitunternehmerschaft des minderjährigen Gesters gefährdet wäre (*Wacker* in Schmidt[24] § 15 Anm 749).

854 **cc) Inhaltliche Ausgestaltung des Gesellschaftsvertrags.** Für die inhaltliche Ausgestaltung der Gesterstellung gelten für die Familien-KG grds keine anderen Regeln als für die Mitunternehmerschaft allgemein (s Anm 725 ff). Zur Gewährleistung der Mitunternehmerinitiative und des Mitunternehmerrisikos des **Kommanditisten** muss die Gesterstellung annähernd der nach dem gesetzlichen Regelstatut des HGB ausgestaltet sein. Insb in Fällen der unentgeltlichen Einräumung der Gesterstellung an Kinder durch die Eltern sind „Entrechtungen" der Kinder-Gester zu verzeichnen mit der Folge, dass sich im Wesentlichen an der ges-rechtlichen Position der Eltern nichts verändert hat. Entspricht die Stellung des Gesters dann jedoch insb durch entspr vertragliche Kündigungs- und/oder Abfindungsregelungen oder Stimmrechts- und/oder Gewinnentnahmebeschränkungen uä im Wesentlichen nicht mehr derjenigen eines gesetzlich typisierten Kommanditisten, ist eine Mitunternehmerstellung nicht mehr gegeben. Zu Bsp aus der Rspr s *Wacker* in Schmidt[24] § 15 Anm 751 ff). Die Mitunternehmerschaft eines **Komplementärs** ergibt sich regelmäßig bereits aus seiner Außenhaftung (s Anm 866).

856 **dd) Folgen des Fehlens der Mitunternehmerschaft.** Hat der Gester keine Mitunternehmerstellung, kann ihm nach § 15 Abs 1 S 1 Nr 2 EStG ein Gewinn- bzw Verlustanteil nicht zugerechnet werden. Der Gewinn ist nur den übrigen Mitunternehmern zuzurechnen. Das, was der nicht mitunternehmerische Gester auf Grund eines zivilrechtlich wirksamen Ges-Vertrags tatsächlich als Gewinnanteil erlangt, erlangt er von den ihm nahe stehenden Mitgestern grds **privat veranlasst** zugewendet (Einkommensverwendung, § 12 Nr 2 EStG).

857 Soweit jedoch durch die missglückte Mitunternehmerschaft **ein anderer Einkünfteerzielungstatbestand** erfüllt wird, können durch den Gester evtl Einkünfte aus einer anderen Einkunftsart erzielt werden (zB Einkünfte aus Kapitalvermögen).

b) Anerkennung der Gewinnverteilung

858 Ist die Mitunternehmerstellung dem Grunde nach anerkannt, ist als weitere Komponente die Gewinnverteilung zu überprüfen. Ges-vertraglich vereinbarte Gewinnverteilungsregelungen können nur insoweit steuerlich anerkannt werden, als sie einem **Fremdvergleich** standhalten. **Im Übrigen** sind Zuwendungen grds als **privat veranlasst** anzusehen, dh sie werden steuerlich dem bzw den anderen Gester(n) auf der Grundlage des Fremdvergleichs zugerechnet (s Anm 856).

859 Im Rahmen der Durchführung des Fremdvergleichs zur Ermittlung der angemessenen Gewinnverteilung sind alle Umstände der Beteiligung und des Gesters zu berücksichtigen, die sich aus wirtschaftlicher Sicht auf die Höhe der Gewinnbeteiligung auswirken können (Kapitaleinsatz, Arbeitseinsatz, persönliche Qualifikationen uä). Maßgeblich sind die Umstände im **Zeitpunkt** des Abschlusses des Ges-Vertrages, solange nicht so wesentliche Änderungen eintreten, die eine Anpassung der Gewinnverteilungsregelungen an veränderte Verhältnisse aus Sicht verständiger, nicht familiär verbundener Gester erforderlich machen.

aa) Angemessenheit bei schenkungsweise übertragenen KG-Anteilen. Für ein nicht im Unt mitarbeitendes Kind, dem ein KG-Anteil schenkungsweise eingeräumt wurde, hat die Rspr eine **typisierte Rendite** in Höhe von höchstens **15%** des tatsächlichen Werts des geschenkten KG-Anteils für angemessen erachtet (*BFH* 24. 7. 1986 BStBl II 1987, 54 mwN). Tatsächlicher Wert des KG-Anteils ist der im Zeitpunkt des Abschlusses des GesVertrags vom Gesamtunternehmenswert abgeleitete Anteilswert. Unterschiedliche Ausgestaltungen der KG-Anteile sind ggf durch Auf- bzw Abschläge zu berücksichtigen. Zur Ermittlung der Rendite ist auf den prognostizierten Gewinnanteil nach Berücksichtigung von Sondervergütungen für Sonderleistungen abzustellen. Die Literatur ist hinsichtlich der 15%-Grenze meist kritisch eingestellt (Nachweise bei *Wacker* in Schmidt[24] § 15 Anm 779). 861

bb) Angemessenheit bei entgeltlich erworbenen KG-Anteilen. Hat eine nahe stehende Person einen KG-Anteil entgeltlich erworben oder ist sie gegen Einlage beigetreten, **gilt die 15%-Grenze nicht.** Der allgemeine Fremdvergleichsgrundsatz gilt jedoch. Insb ist zu prüfen, ob das aufgewendete Entgelt dem KG-Anteile angemessen war und der Gewinnanteil des Anteils dem eines fremden Dritten entspricht (*Wacker* in Schmidt[24] § 15 Anm 770). 863

2. Familien-GmbH & Co KG

Für die Familien GmbH & Co KG gelten die vorgenannten allgemeinen Grundsätze für die steuerrechtliche Anerkennung der Mitunternehmerschaft des Kommanditisten. Zur GmbH & Co KG s Anm 868. Regelmäßig sind die Eltern Gester und/oder Geschäftsführer der Komplementär-GmbH und beherrschen die KG zumindest tatsächlich, während den Kindern schenkungsweise Kommanditanteile übertragen wurden. Vergleichbares gilt auch für eine Familien GmbH & atypisch Still (*Wacker* in Schmidt[24] § 15 Anm 770). 865

Zur Angemessenheit der Gewinnverteilung s Anm 858.

3. Familien-OHG

Soweit die Stellung des Angehörigen-Gesters zur typischen unbeschränkten persönlichen **Außenhaftung** des Gesters führt, ist regelmäßig von einer Mitunternehmerstellung auszugehen (*Wacker* in Schmidt[24] § 15 Anm 769; tendenziell einschränkend wohl *BFH* 21. 4. 1988 BStBl II 1989, 722). 866

Zur Angemessenheit der Gewinnverteilung s Anm 858.

4. Atypisch stille Beteiligungen und Unterbeteiligungen

Die Anerkennung der Mitunternehmerstellung eines typisch still beteiligten Familienangehörigen erfordert zum einen, dass der GesVertrag ernstlich gemeint und tatsächlich vollzogen wird und die Stellung des Beteiligten dem gesetzlichen Regelstatut des Kommanditisten entspricht. Er muss insb an den stillen Reserven und dem GFW partizipieren (*Wacker* in Schmidt[24] § 15 Anm 770). Die schenkungsweise Einräumung durch den Hauptbeteiligten bedarf zur steuerrechtlichen Anerkennung grds der notariellen Beurkundung (*Wacker* in Schmidt[24] § 15 Anm 773). Zur steuerrechtlichen Anerkennung typischer stiller Beteiligungen und Unterbeteiligungen s *Wacker* in Schmidt[24] § 15 Anm 774. 867

II. GmbH & Co KG

1. Anerkennung der Mitunternehmerschaft

868 Die GmbH & Co KG ist eine KG, bei der der einzige persönlich haftende Gester eine GmbH ist. Sie ist zivil- und steuerrechtlich PersGes (grundlegend *BFH* GrS 25. 6. 1984 BStBl II, 751). Ihr Erscheinungsbild reicht von der **einheitlichen GmbH & Co KG,** bei der die GmbH-Anteile im Gesamthandsvermögen der KG liegen bis zur **Publikums-GmbH & Co KG** mit einer Vielzahl an Kommanditisten (hierzu *Wacker* in Schmidt[24] § 15 Anm 700, 705). Bei der **typischen GmbH & Co KG** hält der einzige Kommanditist gleichzeitig alle Anteile der Komplementär-GmbH (Einmann-GmbH & Co KG). Eine GmbH & Co KG, deren einziger persönlich haftender Gester eine GmbH ist, die gleichzeitig alleinige Geschäftsführerin der KG ist, ist eine gewerblich geprägte PersGes (§ 15 Abs 3 Nr 2 EStG). Ihre Gester erzielen daher gewerbliche Einkünfte. Die zivilrechtliche Problematik der vermögensverwaltenden GmbH & Co KG ist durch § 105 Abs 2 entschärft (zur Schein-KG als materiell-rechtlicher GbR s *Wacker* in Schmidt[24] § 15 Anm 701). Einer gewerblich tätigen GmbH & Co KG vergleichbar ist die GmbH & atypisch Still (*BFH* 25. 7. 1995 BStBl II, 794).

869 Bei der typischen GmbH & Co KG ist die Komplementär-GmbH grds Mitunternehmer auf Grund ihrer Außenhaftung, Geschäftsführungs- und Vertretungsbefugnis. Dies gilt auch dann, wenn die GmbH vermögensmäßig nicht beteiligt ist und für ihre Außenhaftung eine erfolgsunabhängige fixe Haftungsvergütung erhält und selbst dann, wenn sie im Innenverhältnis weisungsabhängig ist (*BFH* 11. 12. 1986 BStBl II 1987, 553 mwN). Die Komplementär-GmbH kann auch dann Mitunternehmer sein, wenn sie nur Treuhänderin (*BFH* 17. 11. 1987 HFR 1988, 341) oder Organgesellschaft (*BFH* 25. 7. 1995 BStBl II, 794) ist.

2. Sonderbetriebsvermögen der Gesellschafter

a) Komplementär-GmbH

871 Die Gewinnermittlung der GmbH & Co KG erfolgt nach den allgemeinen Grundsätzen der Gewinnermittlung von PersGes (Anm 739 ff). WG der GmbH, die sie der KG zur Nutzung überlässt, sind bei der KG Sonderbetriebsvermögen I. Die Sonderbetriebsvermögenseigenschaft geht der Qualifikation als originäres Betriebsvermögen bei der GmbH vor (s Anm 799; *BFH* 13. 7. 1993 BStBl II 1994, 282). Der Ausweis des WG erfolgt in der HB der GmbH.

b) Kommanditisten

872 Hält der Kommanditist Anteile der Komplementär-GmbH, sind diese wegen der Einflussnahmemöglichkeit auf die Geschäftsführung der KG notwendiges Sonderbetriebsvermögen II des Kommanditisten, es sei denn, die GmbH übt eine eigenständige Geschäftstätigkeit von nicht untergeordneter Bedeutung aus (*BFH* 11. 12. 1990 BStBl II 1991, 510 mwN). Im Einzelnen s *Wacker* in Schmidt[24] § 15 Anm 714).

873 Bei der „sternförmigen" GmbH & Co KG, dh beteiligungsidentischen GmbH & Co KGs mit jeweils derselben GmbH als Komplementär, sind die Anteile Sonderbetriebsvermögen der zuerst gegründeten KG (s *Wacker* in Schmidt[24] § 15 Anm 714).

874 Ausschüttungen aus den Anteilen im Sonderbetriebsvermögen sind Sonderbetriebseinnahmen, damit zusammenhängende Aufwendungen Sonderbetriebs-

ausgaben. Die Veräußerung ist Veräußerung von WG des Betriebsvermögens und der Erlös daher Sonderbetriebseinnahme.

3. Tätigkeitsvergütung des Geschäftsführers der Komplementär-GmbH

Vergütungen für die Ausübung der Geschäftsführung der KG, die an einen Geschäftsführer oder Arbeitnehmer der GmbH gezahlt werden, der gleichzeitig Kommanditist ist, sind **Sondervergütungen** des betr Kommanditisten. Es ist unbeachtlich, ob der Dienstvertrag mit der GmbH oder der KG besteht (*BFH* 16. 12. 1992 BStBl II 1993, 792). Entspr gilt für Versorgungsbezüge und Pensionszusagen (*BFH* 16. 12. 1992 BStBl II 1993, 792). 875

Vorstehendes gilt nach § 15 Abs 1 S 1 Nr 2 S 2 EStG sinngemäß bei **doppelstöckiger GmbH & Co KG** für die Geschäftsführervergütung des Geschäftsführers der Komplementär-GmbH der OberGes, wenn dieser nur an der UnterGes unmittelbar beteiligt ist und für den Geschäftsführer der Komplementär-GmbH der UnterGes, der nur an der OberGes beteiligt ist (*Wacker* in Schmidt[24] § 15 Anm 721). 876

Geschäftsführervergütungen, die Sonderbetriebseinnahmen sind, unterliegen nicht der **Lohnsteuer,** da sie keine Einkünfte aus nichtselbständiger Arbeit sind (§ 38 EStG). 877

Unangemessen hohe Vergütungen oder Vergütungen auf der Grundlage von nicht im Voraus klar getroffenen Vereinbarungen können wegen der ausgelösten Gewinnminderung bei der GmbH verdeckte Gewinnausschüttungen sein (§ 8 Abs 3 S 2 KStG; *Wacker* in Schmidt[24] § 15 Anm 718). 878

Vergütungen für den Geschäftsführer bzw Arbeitnehmer, der nicht Mitunternehmer der KG ist, stellen **Sonderbetriebsausgaben** bei der Komplementär-GmbH dar, soweit sie auf die Geschäftsführung für die KG entfallen (*BFH* 13. 7. 1993 BStBl II 1994, 282; 18. 5. 1995 BFHE 178, 318). Soweit die Vergütung unangemessen ist, stellt dies ggf eine verdeckte Gewinnausschüttung dar (*BFH* 9. 6. 1994 BFH/NV 1995, 103). 879

4. Gewinn- und Verlustverteilung

a) Angemessene Gewinnverteilung

Soweit bei der Gewinnverteilung ein natürlicher **Interessenwiderstreit** zwischen Komplementär und Kommanditist zB deshalb **fehlt,** weil Gester der Komplementär-GmbH gleichzeitig die Kommanditisten oder ihnen nahe stehende Personen sind, kommt steuerlich wie bei FamilienPersGes (Anm 845 ff) eine **Korrektur** auf der Grundlage des **Fremdvergleichs** in Betracht. Angemessen ist ein Gewinnanteil, den ein ordentlicher Geschäftsleiter der GmbH akzeptiert hätte. 880

Ist die Komplementär-GmbH **am Kapital** der Ges **beteiligt,** sollte der Gewinnanteil so bemessen sein, dass der Aufwand gedeckt und eine dem Haftungsrisiko und dem Kapitaleinsatz entspr marktübliche Verzinsung erreicht wird. Als Ausgangspunkt wird das Verhältnis der Kapitaleinlagen maßgeblich sein, wobei sich durch Aspekte wie Haftungsübernahme, Ausübung der Geschäftsführung und Vertretung etc Anpassungen ergeben werden (für die Bestimmung der Werterelation wie bei der GmbH & Still (*Wacker* in Schmidt[24] § 15 Anm 722 aE; zur GmbH & Still *BFH* 12. 12. 1990 BFH/NV 1992, 59). 881

Ist die Komplementär-GmbH **kapitalmäßig nicht beteiligt,** übt sie demgemäß lediglich die Funktion eines Vollhafters, die Geschäftsführung und Vertretung der Ges aus, ist ein Gewinnanteil regelmäßig angemessen, wenn er neben 882 einem Aufwandsersatz eine angemessene Haftungsvergütung erhält. Als Maßstab kann ggf auf eine bankübliche Avalprovision zurückgegriffen werden (so *Wacker* in Schmidt[24] § 15 Anm 723).

883 Bei **unangemessen niedrigem Gewinnanteil** der Komplementär-GmbH liegt eine vGA an die GmbH-Gester vor, da diese die Differenz aus steuerrechtlicher Sicht via GmbH bezogen haben. Sind die GmbH-Gester gleichzeitig Kommanditisten ist die vGA Sonderbetriebseinnahme.

884 Bei **unangemessen hohem Gewinnanteil** der Komplementär-GmbH liegt grds eine verdeckte Einlage vor (*BFH* 23. 8. 1990 BStBl II, 1991, 172; *Wacker* in Schmidt[24] § 15 Anm 725). Der GmbH ist steuerrechtlich ein höherer und den Kommanditisten ein niedrigerer Gewinn zuzuordnen. Da Kommanditisten, die gleichzeitig Gester der Komplementär-GmbH sind, die Differenz verdeckt in die GmbH eingelegt haben, liegen nachträgliche AK auf die Geschäftsanteile vor.

b) Änderung der Gewinnverteilung

885 Stimmt die Komplementär-GmbH einer **Änderung der Gewinnverteilung** zu ihren Lasten zu, ist dies nach den allgemeinen Regeln eine verdeckte Gewinnausschüttung, wenn ein ordentlicher Geschäftsleiter der GmbH einer Änderung nicht zugestimmt hätte, da insoweit die Veranlassung hierfür außerbetrieblich ist (s Abschn 31 KStR 1995; *BFH* 23.8. 1990 BStBl II, 1991, 172 mwN). Entspr gilt, wenn die GmbH an einer Kapitalerhöhung bei der KG nicht teilnimmt und hierdurch ihren Anteil verwässert. Die verdeckte Gewinnausschüttung entspricht einer Veräußerung des entspr Anteils des Mitunternehmeranteils der GmbH mit Ausschüttung des Gewinns an die Gester der GmbH. In Höhe des ausgeschütteten Wertes des Anteils liegt eine verdeckte Gewinnausschüttung vor, die bei Identität von GmbH-Gester und Kommanditist Sonderbetriebseinnahmen darstellt (*BFH* 20. 8. 1986 BStBl II 1987, 455; *Wacker* in Schmidt[24] § 15 Anm 727).

III. Betriebsaufspaltung

1. Begriff

887 Eine Betriebsaufspaltung liegt vor (H 137 Abs 4 „Allgemeines" EStH 1997), wenn ein Unt **(Besitzunternehmen)** eine wesentliche Betriebsgrundlage (zB Grundstück, Maschinen, gewerbliches Schutzrecht) an eine gewerblich tätige Personen- oder Kapitalgesellschaft **(Betriebsunternehmen)** zur Nutzung überlässt **(sachliche Verflechtung)** und eine Person oder mehrere Personen zusammen (Personengruppe) sowohl das BesitzUnt als auch das BetriebsUnt in dem Sinne beherrschen, dass sie in der Lage sind, in beiden Unt einen einheitlichen geschäftlichen Betätigungswillen durchzusetzen **(personelle Verflechtung).**

888 Die Betriebsaufspaltung **führt dazu,** dass eine ihrer Art nach vermögensverwaltende und damit nicht gewerbliche Betätigung (das Vermieten oder Verpachten von WG) durch die sachliche und personelle Verflechtung zweier rechtlich selbständiger Unt – Besitz- und BetriebsUnt – zum Gewerbebetrieb wird. **Rechtsgrundlage** dafür ist ein in wertender Betrachtungsweise verstandener Begriff des Gewerbebetriebs (*BFH* 17. 7. 1991 BStBl II 1992, 246).

889 Bei der **echten Betriebsaufspaltung** wird ein bisher einheitlicher Gewerbebetrieb in ein Besitz- und ein BetriebsUnt aufgespalten, wobei das BesitzUnt die zum Betrieb der erforderlichen WG an das BetriebsUnt zur Nutzung überlässt. Eine **unechte Betriebsaufspaltung** liegt vor, wenn die unternehmerische Tätigkeit von Anfang an durch eine Besitz- und BetriebsGes ausgeübt wurde,

wenn also keine „Aufspaltung" aus einem bisher einheitlichen Unt vollzogen wurde (*Wacker* in Schmidt[24] § 15 Anm 802).

Bei einer **mitunternehmerischen Betriebsaufspaltung** haben Betriebs- und regelmäßig auch BesitzGes die Rechtsform einer PersGes. Bei der **kapitalistischen Betriebsaufspaltung** ist BesitzUnt eine KapGes, die unmittelbar oder mittelbar an dem BetriebsUnt beteiligt ist. Da die KapGes bereits qua Rechtsform gewerbliche Einkünfte erzielt, hat die Betriebsaufspaltung regelmäßig nur Bedeutung für Bindungsvoraussetzungen bei Steuervergünstigungen (*Wacker* in Schmidt[24] § 15 Anm 863). Bei der **umgekehrten Betriebsaufspaltung** beherrscht eine Besitz-KapGes eine Betriebs-PersGes oder eine Besitz-PersGes beherrscht eine Betriebs-KapGes. Zur nicht ganz eindeutigen Terminologie s *Wacker* in Schmidt[24] § 15 Anm 803 und 855 ff. 890

Die klassische Betriebsaufspaltung mit einer PersGes als Besitz- und einer KapGes als BetriebsGes kombiniert die Besonderheiten beider GesFormen. Verluste der BetriebsGes sind unmittelbar zurechenbar und die für die erbschaftsteuerrechtliche Bewertung des Anteils an der PersGes greift das Substanzwertverfahren. Bei der BetriebsKapGes ist die Geschäftsführervergütung und der Aufwand zur Bildung von Pensionsrückstellungen für den Gester-Geschäftsführer zulässig. Die KSt-Belastung beträgt (nur) 25% zzgl SolZ solange keine Ausschüttung erfolgt. Die unechte Betriebsaufspaltung hat den Nachteil, dass die zur Nutzung zu überlassenden WG durch die Betriebsvermögenseigenschaft steuerverstrickt werden (*Wacker* in Schmidt[24] § 15 Anm 804). 891

2. Tatbestandsvoraussetzungen

a) Rechtsform von Besitz- und Betriebsunternehmen

aa) Besitzunternehmen. Das BesitzUnt kann PerGes, KapGes, Erben- oder Bruchteilsgemeinschaft, Gütergemeinschaft, Wohnungseigentümergemeinschaft, eingetragener Verein, Körperschaft öffentlichen Rechts oder EinzelUnt sein. Überlässt eine Besitz-KapGes einer anderen KapGes WG zur Nutzung, liegt eine Betriebsaufspaltung nur vor, wenn die Besitz-KapGes an der anderen KapGes beherrschend beteiligt ist (*BFH* 16. 9. 1994 BStBl II 1995, 75). 892

bb) Betriebsunternehmen. Das BetriebsUnt kann grds KapGes oder (seltener) PerGes sein. Ein EinzelUnt kann nicht BetriebsUnt sein, da die Anteile an dem BesitzUnt notwendiges Betriebsvermögen beim EinzelUnt wären. Diese Qualifikation ist vorrangig (*Wacker* in Schmidt[24] § 15 Anm 857). 893

cc) Mitunternehmerische Betriebsaufspaltung. Die Qualifikation als Sondervergütung bzw Sonderbetriebsvermögen geht dem Institut der Betriebsaufspaltung vor mit der Folge, dass die Nutzungsüberlassung an eine PersGes durch einen Mitunternehmer zu Sondervergütungen auf Ebene der Betriebs-PersGes führt. Die mitunternehmerische Betriebsaufspaltung ist allerdings vorrangig (*BFH* 23. 4. 1998 BStBl II, 325; 26. 11. 1996 BStBl II 1998; BMF vom 28. 4. 1998 BStBl I, 583), wenn eine Besitz-PersGes einer Schwester-PersGes wesentliche Betriebsgrundlagen zur Nutzung überlässt und die Besitz-PersGes nicht, jedoch deren Gester oder einige von ihnen an der Betriebs-PersGes beherrschend beteiligt sind oder wenn die Besitz-PersGes selbst bereits originär gewerblich tätig ist oder die Beherrschung lediglich mittelbar über ein zwischengeschaltete KapGes erfolgt. Zu Einzelheiten s *Wacker* in Schmidt[24] § 15 Anm 858). 894

b) Verflechtung der Unternehmen

aa) Sachliche Verflechtung. Eine sachliche Verflechtung zwischen den beiden Unt liegt vor, wenn der BetriebsGes materielle oder immaterielle WG 895 auf schuldrechtlicher oder dinglicher Grundlage zur Nutzung überlassen werden, die bei ihr zumindest eine ihrer wesentlichen Betriebsgrundlagen darstellen. Es ist nicht erforderlich, dass die BesitzGes Eigentümerin der überlassenen WG ist (*BFH* 24. 8. 1989 BStBl II, 1014) oder die überlassenen WG alleinige Betriebsgrundlage sind (*BFH* 17. 11. 1992 BStBl II 1993, 233). Ferner ist es unbeachtlich, ob die Nutzungsüberlassung entgeltlich oder unentgeltlich erfolgt (*BFH* 24. 4. 1991 BStBl II, 713).

896 Eine **wesentliche Betriebsgrundlage** liegt vor, wenn die überlassenen WG nach dem Gesamtbild der Verhältnisse zur Erreichung des Betriebszwecks erforderlich sind und für die Betriebsführung besonderes Gewicht besitzen (*BFH* 10. 4. 1997 BStBl II, 569). Das ist insb dann der Fall, wenn das BetriebsUnt in seiner Betriebsführung auf das WG angewiesen ist (*BFH* 24. 4. 1997 BStBl II, 567). Maßgeblich ist grds eine funktionale Betrachtung. Hohe stille Reserven in den überlassenen WG führen nicht zur Wesentlichkeit (EStH 137 Abs 5 Stille Reserven 1997; s aber zur wesentlichen Betriebsgrundlage iSd § 16 EStG: *BFH* 2. 10. 1997 DStR 1998, 76). Zu Einzelheiten der sachlichen Verflechtung s *Wacker* in Schmidt[24] § 15 Anm 808 ff).

897 **bb) Personelle Verflechtung.** Eine personelle Verflechtung zwischen Besitz- und BetriebsGes liegt vor, wenn beide Ges von einem einheitlichen geschäftlichen Betätigungswillen getragen werden, wenn die hinter beiden Unt stehenden Personen einen **einheitlichen geschäftlichen Betätigungswillen** haben. Für die Annahme eines solchen genügt es, dass die Person oder die Personen, die das BesitzUnt beherrschen, in der Lage sind, auch in der BetriebsGes ihren Willen durchzusetzen (ständige Rspr s *BFH* 29. 1. 1997 BStBl II, 437). Dies geschieht grds mit den Mitteln des GesRechts, kann aber in Ausnahmefällen auch durch eine besondere tatsächliche Machtstellung vermittelt werden (**faktische Beherrschung,** *BFH* 29. 1. 1997 BStBl II, 437).

901 Am deutlichsten wird die Verflechtung, wenn an beiden Unt die selben Personen im gleichen Verhältnis beteiligt sind **(Beteiligungsidentität).** Sie liegt aber auch dann vor, wenn einzelne Personen oder eine Personengruppe an beiden Unt mehrheitlich beteiligt sind und so ihren einheitlichen geschäftlichen Betätigungswillen durchsetzen können **(Beherrschungsidentität).** Liegt eine durch gleichgerichtete Interessen qualifizierte geschlossene Personengruppe vor, ist diese jeweils als Einheit zu würdigen **(Personengruppentheorie).** Auch eine **mittelbare Beteiligung** kann hierfür ausreichen, wenn die Willensbetätigung auf die UnterGes durchgreift. Trotz erforderlicher Beteiligungsverhältnisse, die die Durchsetzung eines einheitlichen geschäftlichen Betätigungswillen in beiden Ges quotal gewährleisten, liegt eine personelle Verflechtung jedoch dann nicht vor, wenn dies auf Grund von **gesellschaftsvertraglichen Regelungen,** die auch tatsächlich durchgeführt werden, ausgeschlossen ist (zB Stimmrechtsverbot, qualifizierte Mehrheit oder Einstimmigkeit) oder Stimmbindungsverträge. Umgekehrt können Stimmrechtsbindungsverträge auch zur personellen Verflechtung führen. Zu Einzelheiten der personellen Verflechtung s *Wacker* in Schmidt[24] § 15 Anm 820 ff.

902 Keine personelle Verflechtung liegt vor, wenn die Beteiligungsverhältnisse in Besitz- und BetriebsGes entgegengesetzt sind (zB 90/10 und 10/90) oder wenn nachweislich auf Grund bestehender Interessengegensätze ein einheitlicher geschäftlicher Betätigungswille nicht vorliegt oder tatsächlich durchgeführte Stimmbindungsverträge einen einheitlichen Betätigungswillen ausschließen.

903 Die Anteile von **Ehegatten** an Besitz- und BetriebsGes dürfen nicht bereits wegen der familiären Bindung für die Feststellung der Beherrschungsidentität zusammengerechnet werden. Hierin läge eine verfassungswidrige Diskriminierung der Ehe (Art 6 GG). Liegen jedoch, wie unter fremden Dritten, Beweisanzeichen vor, die den Schluss auf gleichgerichtete wirtschaftliche Interessen nahe legen, steht der Schutz der Ehe einer Zusammenrechnung nicht entgegen. Jahrzehntelanges konfliktfreies Zusammenwirken innerhalb der Ges stellt allerdings kein solches Beweisanzeichen dar (zu Einzelheiten s *Wacker* in Schmidt[24] § 15 Anm 846). Für das Bestehen gleichgerichteter wirtschaftlicher Interessen der Ehegatten ist die Finanzbehörde vor dem Hintergrund des Art 6 GG allerdings beweispflichtig. Keine Zusammenrechnung erfolgt beim sog **Wiesbadener Modell,** wenn ein Ehegatte alle Anteile an der BesitzGes und der andere Ehegatte alle Anteile an der BetriebsGes hält. Dies gilt auch dann, wenn Beweisanzeichen für gleichgerichtete wirtschaftliche Interessen vorliegen. Zu Einzelheiten s *Wacker* in Schmidt[24] § 15 Anm 845 ff.

Entspr gilt für die Anteile von **minderjährigen Kindern.** Anteile **volljähriger Kinder** und **sonstiger Verwandter** sind wie Anteile fremder Dritter zu behandeln. Zu Einzelheiten s *Wacker* in Schmidt[24] § 15 Anm 849 ff. 904

3. Rechtsfolgen

Die **Aufteilung** eines einheitlichen Unt in eine Betriebs- und eine an sich vermögensverwaltende BesitzGes kann seit dem 1. 1. 1999 nicht mehr allein wegen des Vorliegens einer Betriebsaufspaltung (bei Teilbetrieben s §§ 20, 24 UmwStG) ertragsteuerneutral zu Buchwerten erfolgen. **Ab dem Zeitpunkt,** in dem die Voraussetzungen für eine Betriebsaufspaltung erstmals erfüllt sind, ist das BesitzUnt als Gewerbebetrieb zu behandeln (*BFH* 15. 1. 1998, IV R 8/97). 910

Sowohl Betriebs- als auch BesitzGes betreiben als selbstständige Unt jeweils einen **Gewerbebetrieb** mit jeweils eigenständiger Gewinnermittlung. Die Gester beziehen daher Einkünfte aus Gewerbebetrieb. Dies gilt auch für solche Gester einer Besitz-PersGes, die nicht an der BetriebsGes beteiligt sind (§ 15 Abs 3 Nr 1 EStG, *Wacker* in Schmidt[24] § 15 Anm 872). 911

Ob es einen allgemeinen Grundsatz gibt, wonach bei einer Betriebsaufspaltung bei Besitz- und BetriebsUnt durchgängig **korrespondierend bilanziert** werden muss, scheint noch nicht abschließend geklärt (dagegen *Wacker* in Schmidt[24] § 15 Anm 870). Insb gelten für den Gewinnausschüttungsanspruch aus der Beteiligung an der Betriebs-KapGes keine Besonderheiten ggü den allgemeinen Bilanzierungsregeln (*BFH* 8. 3. 1989 BStBl II, 714). 912

Zum notwendigen **Betriebsvermögen** des Besitz(einzel)unt gehören neben den zur Nutzung überlassenen WG auch die Anteile an einer Betriebs-KapGes (*BFH* 8. 3. 1989 BStBl II, 714). Bei einer Besitz-PersGes gehören die WG des Gesamthandsvermögens zum Betriebsvermögen, die Anteile an einer Betriebs-KapGes zum **Sonderbetriebsvermögen** des an beiden Ges beteiligten Gesters. Werden vom Gester der Besitz-PersGes WG an die BesitzGes zur Überlassung an die BetriebsGes oder unmittelbar der BetriebsGes überlassen, sind diese notwendiges Sonderbetriebsvermögen bei der BesitzGes. Die **Beteiligungserträge** aus den Anteilen an der Betriebs-KapGes sind wegen deren Betriebsvermögenseigenschaft gewerbliche Einkünfte. 913

Die Betriebsaufspaltung **endet,** wenn die sachliche (*BFH* 23. 4. 1998 BStBl II 1998, 325) und/oder die personelle (*BFH* 6. 3. 1997 BStBl II, 460) Verflechtung entfallen (Entflechtung). Zum Ganzen *Wacker* in Schmidt[24] § 15 Anm 865. 914

Der Wegfall der Betriebsaufspaltung führt grds zur **Betriebsaufgabe** des BesitzUnt (§ 16 Abs 3 EStG) mit einer vollständigen Gewinnrealisierung einschließlich evtl Anteile an der Betriebs-KapGes als notwendigem Betriebsvermögen der BesitzGes. Zu Billigkeitsmaßnahmen s *BFH* 15. 12. 1988 BStBl II 1989, 363. Keine Betriebsaufgabe liegt vor, wenn gleichzeitig eine (subsidiäre) Betriebsverpachtung vorliegt (*BFH* 23. 4. 1998 BStBl II, 325) oder wenn das 915

BesitzUnt zuvor eine gewerbliche Tätigkeit aufgenommen hat oder gewerblich geprägt ist oder nur eine vorübergehende Betriebsunterbrechung vorliegt (Anm 738).

IV. Besonderheiten

1. Persönlich haftender Gesellschafter der KGaA (§ 15 Abs 1 S 1 Nr 3 EStG)

918 Die KGaA ist gemäß § 278 AktG eine Ges mit eigener Rechtspersönlichkeit, bei der mindestens ein Gester den Ges-Gläubigern unbeschränkt haftet (phG) und die übrigen an dem in Aktien zerlegten Grundkapital beteiligt sind, ohne persönlich für die Verbindlichkeiten der Ges zu haften (Kommanditaktionäre). Die Rechtsverhältnisse der persönlich haftenden Gester untereinander, zur Gesamtheit der Kommanditaktionäre und ggü Dritten bestimmt sich im Wesentlichen nach den Vorschriften über die KG. Im Übrigen gilt für die KGaA Aktienrecht. PhG kann auch eine KapGes oder PersGes sein (*BGH* 24. 2. 1997 DStR, 1012: zur GmbH & Co KGaA).

Die hybride Struktur der KGaA setzt sich im Steuerrecht fort: Die KGaA ist körperschaftsteuerpflichtig (§ 1 Abs 1 Nr 1 KStG). Die Kommanditaktionäre erzielen mit ihren Dividenden Einkünfte aus Kapitalvermögen (§ 20 Abs 1 Nr 1 EStG). Die Gewinnanteile der phG und deren Sondervergütungen jedoch sind gewerbliche Einkünfte (§ 15 Abs 1 S 1 Nr 3 EStG). Während die Dividenden der Kommanditaktionäre bei der KGaA Gewinnverwendung darstellen, ist der Gewinn des phG abzugsfähig (§ 9 Abs 1 Nr 1 KStG). Für die Einbringung eines Teilbetriebs in die Vermögenseinlage des phG gilt § 24 UmwStG, für die Einbringung in das Kommanditaktienkapital greift § 20 UmwStG.

Gewerbesteuerlich wird der abgezogene Gewinn des phG wieder hinzugerechnet (§ 8 Nr 4 GewStG), um die Einmalbesteuerung sicherzustellen. Ist der phG jedoch selbst gewerbesteuerpflichtig, wird die Hinzurechnung wieder rückgängig gemacht, um eine gewerbesteuerliche Doppelbesteuerung zu vermeiden (§ 9 Nr 2b GewStG).

Zwar besteht zwischen phG und KGaA bzw den Kommanditaktionären keine Mitunternehmerschaft, jedoch ist er in jeder Beziehung wie ein Mitunternehmer zu behandeln (grundlegend: *BFH* 21. 6. 1989 BStBl II, 881). Der phG einer KGaA ist in jeder Beziehung als Gewerbetreibender zu behandeln. Der von ihm im Rahmen der KGaA erzielte anteilige Gewinn ist ihm einkommen- bzw körperschaftsteuerlich unmittelbar zuzurechnen. Er kann wie ein Mitunternehmer Sonderbetriebsvermögen haben. Hält der phG gleichzeitig auch Kommanditaktien, stellen diese allerdings kein Sonderbetriebsvermögen dar. Der Gewinnanteil des phG einschließlich der Sondervergütungen, Sonderbetriebseinnahmen und Sonderbetriebsausgaben ist durch Betriebsvermögensvergleich zu ermitteln. Das Wj stimmt mit dem der KGaA überein. Zu weiteren Einzelheiten s *Wacker* in Schmidt[24] § 15 Anm 890; *Hofmeister* in Blümich § 9 KStG Anm 12ff.

2. Realteilung

a) Begriff

919 Ges-rechtlich ist die Realteilung als Naturalteilung eine Form der Auseinandersetzung des Ges-Vermögens einer PersGes. Die Realteilung des Betriebsvermögens einer gewerblichen PersGes nach Steuerrecht unterscheidet sich von der Naturalteilung des Ges-Vermögens nach Handelsrecht dadurch, dass die über-

nommenen WG weiterhin Betriebsvermögen bei den Gestern bleiben. Im Unterschied hierzu führt die Liquidation zur Überführung aller verbleibender WG der Ges ins Privatvermögen der Gester.

Die Realteilung kann idealiter dadurch vollzogen werden, dass die WG der Ges auf die Gester entspr ihrem Auseinandersetzungsanspruch ohne weitere Ausgleichszahlungen übertragen werden **(Realteilung ohne Wertausgleich).** Ist durch die reine Realteilung die Wertzuteilung an die Gester entspr ihrer Beteiligungsquote nicht zu gewährleisten, insb wegen unterschiedlicher Verkehrswerte von WG, hat der durch die Realteilung begünstigte Beteiligte an den bzw die anderen Gester einen Spitzenausgleich, dh Ausgleichszahlungen (Geld- und/oder Sachleistung) aus seinem Privatvermögen zu leisten **(Realteilung mit Wertausgleich).**

In die Realteilung können neben Aktiva auch **betriebliche Verbindlichkeiten** der PersGes einbezogen werden. Es ist nicht erforderlich, dass die einem Gester zugeteilten Verbindlichkeiten mit den ihm zugeteilten aktiven WG in einem wirtschaftlichen Zusammenhang stehen. Enthalten die von den einzelnen Gestern übernommenen WG unterschiedliche stille Reserven und damit unterschiedliche **latente Steuerbelastung,** sind diese Minderwerte zu berücksichtigen (*Wacker* in Schmidt[24] § 16 Anm 550).

Die Realteilung einer PersGes *ohne Betriebsfortführung* ist grds **Betriebsaufgabe** (BMF vom 11. 8. 1994 BStBl I, 401 Tz 1, BMF vom 11. 1. 1993 BStBl I, 62 Tz 11; *BFH* 1. 12. 1992 BStBl II 1994, 607), bei Ausscheiden nur einzelner Gester *unter Fortführung* von bestehenden Teilbetrieben durch die PersGes evtl **Veräußerung eines Mitunternehmeranteils.** Im Grundsatz ist damit eine (tarifbegünstigte) Gewinnrealisierung verbunden (§§ 16, 34 EStG). 920

Zu Einzelheiten s *Wacker* in Schmidt[24] § 16 Anm 530 ff; zur Realteilung eines Nachlasses s BMF vom 11. 1. 1993 BStBl I, 62 Tz 10; zur **Realteilung** (Spaltung) von **KapGes** s §§ 123 ff UmwG und §§ 15, 16 UmwStG.

b) Gesetzliche Grundlage

Gemäß § 16 Abs 3 S 2 EStG ist die Realteilung auch bei Übertragung von EinzelWG zwingend zu Buchwerten durchzuführen, sofern die stillen Reserven steuerverhaftet bleiben. Ebenso wie bei § 6 Abs 3 EStG darf eine erstmalige Übertragung stiller Reserven auf KapGes nicht erfolgen (§ 16 Abs 3 S 3 u 4 EStG). 921

c) Realteilung mit Wertausgleich

Erlangen Gester auf Grund der Zusammensetzung des Betriebsvermögens im Rahmen der Realteilung nicht ihrer Beteiligungsquote entspr Werte, ist letztendlich Ausgleich zwischen den Gestern aus dem Privatvermögen zu leisten. Soweit keine Ausgleichszahlung geleistet wird, besteht grds weiterhin das **Wahlrecht** zur Buchwertfortführung wie bei Realteilung ohne Wertausgleich (BMF vom 11. 8. 1994 BStBl I, 401 Nr 1; vom 11. 1. 1993 BStBl I, 62 Tz 18; Anm 921). Soweit ein Ausgleich bezahlt wird, liegt einerseits ein Anschaffungsvorgang, andererseits ein Veräußerungsvorgang vor. 922

Die **Höhe** des **Gewinns** ist und seine **Tarifbegünstigung** durch §§ 16, 34 EStG scheinen allerdings noch nicht abschließend geklärt. Nach Auffassung des **BFH** ist wohl der gesamte Ausgleichsbetrag als Veräußerungsgewinn bzw AK anzusehen. Nach Auffassung der **Verwaltung** und der überwiegenden Literatur (BMF vom 11. 8. 1994 BStBl I, 401 Nr 1; *Wacker* in Schmidt[24] § 16 Anm 548) wird zur Ermittlung des Veräußerungsgewinns die Abfindungszahlung dem Teil des Kapitalkontos ggügestellt, der dem Verhältnis der Abfindung zum Wert des übernommenen Betriebsvermögens entspricht (anteilige Gegenrechnung der Buchwerte). Ein Veräußerungsgewinn ist nach Ansicht der **Verwaltung** (BMF vom 11. 8. 1994 BStBl I, 401 Nr 2) tarifbegünstigt, wenn Teilbetriebe den Gestern zugeteilt werden. Nicht hingegen bei Übertragung einzelner WG. Nach Auffassung des **BFH** liegt keine Tarifbegünstigung vor, wenn nicht alle stillen Reserven aufgelöst werden (*BFH* 1. 12. 1992 BStBl II 1994, 607). Bei Buchwertfortführung mit Spitzenausgleich ist dies nicht der Fall.

d) Kapitalanpassungsmethode

923 Da bei der Realteilung zu Buchwerten die sich im verbleibenden, bzw übernommenen Teilbetrieb aus der Differenz der übernommenen Buchwerte der aktiven und der passiven WG ergebenden Kapitalkonten regelmäßig nicht mit den Kpitalkonten des übernehmenden Gesters in der geteilten Ges übereinstimmen, ist eine Anpassung erforderlich. Diese erfolgt erfolgsneutral durch schlichte Erhöhung bzw Reduzierung dieser Kapitalkonten zu Lasten bzw Gunsten der Kapitalkonten der verleibenden Gester (sog Kapitalanpassungsmethode; vgl *Wacker* in Schmidt[24] § 16 Anm 547). Dabei kann es zu ungleicher Übertragung stiller Reserven kommen, deren potenzielle Steuerlast bei der Wertfindung zu berücksichtigen ist.

3. Verlustabzug (§ 15 a EStG)

926 Nach der Rspr des BFH war einem Kommanditisten ein **Anteil am Verlust** der Ges auch dann zuzurechnen, wenn sein steuerliches Kapitalkonto hierdurch negativ wurde bzw bereits negativ war, obwohl er über seine erbrachte Einlage hinaus weder haftete noch eine Ausgleichspflicht bestand. Die gewerblichen Verluste konnten damit mit anderen positiven Einkünften ausgeglichen werden oder im Rahmen des Verlustabzugs vor- bzw rückgetragen werden (§ 10 d EStG).

Zur rechtlichen Situation außerhalb des sachlichen und zeitlichen Anwendungsbereichs des § 15 a EStG s *Wacker* in Schmidt[24] § 15 a Anm 10).

927 § 15 a EStG **schränkt** die **Ausgleichs- und Abzugsmöglichkeit** solcher Verluste und hierdurch insb den Tätigkeitsbereich sog VerlustzuweisungsGes **ein.** Gemäß § 15 a Abs 1 EStG darf der einem Kommanditisten zuzurechnende Anteil am Verlust der KG weder mit anderen Einkünften aus Gewerbebetrieb noch mit Einkünften aus anderen Einkunftsarten ausgeglichen werden, soweit ein **negatives Kapitalkonto** des Kommanditisten entsteht oder sich erhöht; er darf insoweit auch nicht nach § 10 d EStG abgezogen werden. Soweit der Verlust hiernach nicht ausgeglichen oder abgezogen werden kann, mindert er die Gewinne, die dem Kommanditisten in späteren Wj aus seiner Beteiligung an der KG zuzurechnen sind (§ 15 a Abs 2 EStG). Derartige sog **verrechenbare Verluste** werden verfahrensmäßig gesondert festgestellt (§ 15 a Abs 4 EStG).

928 **Kapitalkonto iSd § 15 a EStG** ist entgegen früherer Verwaltungsauffassung nicht das Kapitalkonto der Gesamtbilanz sondern das Kapitalkonto der Steuerbilanz der KG einschließlich einer eventuellen Ergänzungsbilanz des bet Kommanditisten ohne Sonderbilanz (*BFH* vom 14. 5. 1991 BStBl II 1992, 167; BMF vom 30. 5. 1997 BStBl I, 627).

929 Erhalten bleibt die Ausgleichs- und Abzugsmöglichkeit bei sog überschießender Außenhaftung (§ 15 a Abs 1 S 2 bis 3 EStG), soweit die Haftung über diejenige eines Kommanditisten hinausgeht. Andererseits schränkt § 15 a Abs 3 EStG Manipulationsmöglichkeiten zur Erlangung einer nicht gerechtfertigten Ausgleichs- und Abzugsmöglichkeit ein. Vgl im Einzelnen *Wacker* in Schmidt[24] § 15 a Anm 120 ff und 150 ff.

§ 15a Abs 5 EStG **erweitert den Anwendungsbereich** der Vorschrift für alle wirtschaftlich vergleichbaren Konstellationen, um Umgehungsmöglichkeiten einzuschränken (zB stille Ges, GbR, ausländische PersGes). 930

§ 248 Bilanzierungsverbote

(1) **Aufwendungen für die Gründung des Unternehmens und für die Beschaffung des Eigenkapitals dürfen in die Bilanz nicht als Aktivposten aufgenommen werden.**

(2) **Für immaterielle Vermögensgegenstände des Anlagevermögens, die nicht entgeltlich erworben wurden, darf ein Aktivposten nicht angesetzt werden.**

(3) **Aufwendungen für den Abschluß von Versicherungsverträgen dürfen nicht aktiviert werden.**

Übersicht

Schrifttum: *Richter* Immaterielle Anlagewerte in HdJ II/2; *Kählert/Lange* Zur Abgrenzung immaterieller von materiellen Vermögensgegenständen BB 1993, 613; *Löcke* Aktivierung konzernintern erworbener immaterieller Vermögensgegenstände des Anlagevermögens? BB 1998, 415; *Moxter* Die BFH-Rechtsprechung zur Aktivierungspflicht von beim Erwerb von Nutzungsrechten anfallenden Nebenkosten DStR 1999, 51; *Hommel* Keine Aktivierung selbst geschaffener immaterieller Wirtschaftsgüter in der Anfangsbilanz, Kommentar zum BFH-U v 9. 8. 2000 BB 2000, 2516; *AK Schmalenbach* Kategorisierung und bilanzielle Erfassung immaterieller Werte DB 2001, 989; *Euler* Immaterielle Vermögenswerte – Stellungnahme zum E-DRS 14 BB 2001, 2631; *Küting/Zwirner* Bilanzierung und Bewertung bei Film- und Medienunternehmen des Neuen Marktes FB 2001, Beilage 3 zu Heft 4; *Weber/Böttcher/Griesemann* Spezialfonds und ihre Behandlung nach deutscher und internationaler Rechnungslegung WPg 2002, 905; *IDW* RS HFA 11: Bilanzierung von Software beim Anwender WPg 2003, 876 und WPg 2004, 817.

A. Gründungs- und Eigenkapitalbeschaffungskosten (Abs 1)

I. Handelsrecht

1 Ein Kfm darf nach Abs 1 Aufwendungen für die Gründung des Unt und für die Beschaffung des EK in der Bilanz **nicht als Aktivposten** ansetzen, da durch sie weder VG noch RAP entstehen. Derartige Aufwendungen dürfen auch nicht mit einem Ausgabeaufgeld (Agio) verrechnet werden (§ 272 Abs 2 Nr 1). Sie stellen daher stets Aufwand der betreffenden Rechnungsperiode dar.

2 **Gründungskosten** iSd Abs 1 sind alle Aufwendungen, die zur Herbeiführung der rechtlichen Existenz des Unt getätigt werden. Hierzu gehören insb Beratungsgebühren, Notariatskosten, Genehmigungsgebühren, Gründungsprüfungskosten, Eintragungs- und Veröffentlichungskosten sowie Reisekosten der Gründer (*Baetge/Fey/Weber* in HdR[5] § 248 Anm 9f), aber auch Umgründungskosten (so auch *ADS*[6] § 248 Anm 5) oder eines Formwechsels. Von den Gründungskosten sind die *Aufwendungen für die Ingangsetzung des Geschäftsbetriebs* zu unterscheiden, die als Bilanzierungshilfe aktivierungsfähig sind (s die Erl zu § 269).

3 **Kosten der Eigenkapitalbeschaffung** iSd Abs 1 sind alle Aufwendungen, die zum Zwecke der (erstmaligen oder wiederholten) Ausstattung eines Unt mit EK getätigt werden. Hierzu gehören insb die Aufwendungen iZm der Ausgabe von GesAnteilen (Emissionskosten), die Kosten der Börseneinführung wie zB die Bankgebühren und die Druckkosten für Aktienurkunden und Börsenprospekte, die Kosten der Bewertung von Sacheinlagen sowie alle Kosten einer Kapitalerhöhung. In der Gründungsphase überschneiden sich die Begriffe „Gründungskosten" und „Eigenkapitalbeschaffungskosten" weitgehend. Zur Behandlung von Gründungskosten, die vor dem EB-Stichtag anfallen, s *Förschle/Kropp* in Sonderbilanzen[3] D Anm 143ff sowie *ADS*[6] § 248 Anm 6a.

4 **Kosten der Fremdkapitalbeschaffung** fallen nicht unter Abs 1, da diese Vorschrift ausdrücklich nur die Beschaffung des EK behandelt. Angesichts des klaren Gesetzeswortlauts ist es **nicht** vertretbar, Abs 1 in erweiternder Auslegung als ein **generelles Aktivierungsverbot** für sämtliche Kapitalbeschaffungskosten zu interpretieren. Die Aktivierungsfähigkeit von FK-Beschaffungskosten wird durch Abs 1 überhaupt nicht geregelt, also weder bejaht noch verneint (glA *ADS*[6] § 248 Anm 11; aA *Kupsch* in BoHdR § 248 Anm 2). Bei FK-Beschaffungskosten wie zB einem Disagio (Damnum) oder bei Zinsen ist daher jeweils zu prüfen, ob sich eine Aktivierungsfähigkeit oder gar Aktivierungspflicht nach anderen Vorschriften (nämlich als aktiver RAP nach § 250 oder als HK nach § 255 Abs 3) ergibt.

II. Steuerrecht

5 Das handelsrechtliche **Aktivierungsverbot** des Abs 1 **gilt** auch bei der Ermittlung des steuerlichen Einkommens (*Weber-Grellet* in Schmidt[24] § 5 Anm 30). Gründungskosten und EK-Beschaffungskosten sind daher steuerrechtlich sofort abzugsfähige Betriebsausgaben.

B. Immaterielle Vermögensgegenstände des Anlagevermögens (Abs 2)

I. Allgemeines

Nach Abs 2 dürfen immaterielle VG des Anlagevermögens nur dann aktiviert werden, wenn sie entgeltlich erworben wurden (Anm 9). Es besteht somit ein *Aktivierungsverbot,* wenn es an einem entgeltlichen Erwerb **fehlt.** Zu den immateriellen VG zählen – in Anlehnung an die im Gliederungsschema § 266 Abs 2 A. I. aufgeführten Posten – insb Konzessionen (zB Betriebs- und Versorgungsrechte, Wegerechte), gewerbliche Schutzrechte (zB Patente, Warenzeichen, Marken-, Urheber- und Verlagsrechte sowie Geschmacks- und Gebrauchsmuster), ähnliche Rechte und Werte (zB Wohn-, Belieferungs-, Zuteilungsrechte, Nießbrauch, Emissionsrechte), Lizenzen an solchen Rechten und Werten, sowie rein wirtschaftliche Werte (zB ungeschützte Erfindungen, Rezepte, Auftragsbestand) (vgl *Richter* in HdJ II/2 Anm 4). Dieser Einschränkung der Aktivierung liegt der Gedanke zugrunde, dass immaterielle VG – weil unkörperlich – unsichere Güter darstellen, deren Vorhandensein als Vermögensvorteil und deren Wert ohne einen entgeltlichen Erwerb nur schwierig oder überhaupt nicht nachzuweisen sind (so auch *Schulze-Osterloh* in Baumbach/Hueck GmbHG[17] § 42 Anm 70 mwN). Bei **entgeltlichem** Erwerb besteht dagegen eine *Aktivierungspflicht,* da das Vollständigkeitsgebot des § 246 Abs 1 grds auch für immaterielle VG gilt. 7

Für immaterielle VG des *Umlaufvermögens* (zB nicht abgerechnete Leistungen eines DienstleistungsUnt) gilt das Aktivierungsverbot des Abs 2 nicht, so dass diese auch ohne das Vorliegen eines entgeltlichen Erwerbs gem § 246 Abs 1 aktivierungspflichtig sind (hM zB *ADS*[6] § 248 Anm 23). 8

II. Entgeltlicher Erwerb

Das Erfordernis eines entgeltlichen Erwerbs stellt sicher, dass eine Leistung des Erwerbers vorliegt, die nach den Vorstellungen der Vertragspartner eine **gleichwertige Gegenleistung** dafür ist, dass der immaterielle VG aus dem Vermögen eines anderen in das Vermögen des Erwerbers übergeht und dass dadurch eine gewisse **Wertobjektivierung** stattgefunden hat. Bei entgeltlichen Transaktionen zwischen nahe stehenden Personen, wie zB zwischen MU und TU, ist allerdings stets sorgfältig zu prüfen, ob hier eine zutreffende Wertkonkretisierung erfolgt ist (*Weber-Grellet* in Schmidt[24] § 5 Anm 190 ff, *Richter* in HdJ II/2 Anm 64; *Löcke* BB 1998, 419, der hier eine Wertkonkretisierungsmöglichkeit sogar generell verneint). 9

Ein **Erwerb** liegt vor, wenn das wirtschaftliche Eigentum an dem betr VG aus dem Vermögen anderer in das Vermögen des Erwerbers gelangt. Dabei ist es nicht erforderlich, dass sich der VG bereits in fertigem Zustand befindet, bevor er das Vermögen eines anderen verlässt. Es genügt vielmehr, wenn er erst durch das Erwerbsgeschäft geschaffen wird (*BMF* 11. 7. 1995 DB, 1637) oder erst in der Hand des Erwerbers entsteht, sofern nur alle wesentlichen Komponenten des VG aus dem Vermögen anderer stammen. Ein Erwerb, zB eines im Auftrag des Erwerbers entwickelten umfangreichen EDV-Programms, ist daher auch dann gegeben, wenn die einzelnen Programmteile vom Hersteller sukzessiv hergestellt und jeweils an den Besteller ausgeliefert werden oder wenn bei mehreren Herstellern 10 jeder den von ihm entwickelten Programmteil unmittelbar an den Besteller liefert und erst dieser die Zusammenfügung der Programmteile zu dem gewünschten VG vornimmt. Denn auch hier handelt es sich um einen von anderen abgeleiteten Rechtserwerb.

Ein Erwerb iSd Abs 2 kann auch auf einem **Vermögensübergang kraft Gesetzes** beruhen (wie zB bei der Gesamtrechtsnachfolge anlässlich einer Verschmelzung oder bei einer Vermögensanwachsung infolge der Vereinigung aller Anteile an einer PersGes in einer Hand). S hierzu auch *Weber-Grellet* in Schmidt[24] § 5 Anm 190ff.

11 **Selbst hergestellte** immaterielle VG des Anlagevermögens sind hingegen nicht aktivierungsfähig. Folglich begründen **interne** Aufwendungen wie bspw eigene Entwicklungskosten eines Patents keinen (abgeleiteten) Erwerb iSd Abs 2, sondern eine (originäre) Herstellung. Gleiches gilt für **externe** Aufwendungen, die nicht auf einem Werk-, sondern lediglich einem Dienstvertrag beruhen und damit der Auftraggeber das Herstellungsrisiko trägt (s auch *IDW* RS HFA 11 Anm 9ff). Zur Abgrenzung der Herstellung vom Erwerb (bzw von der Anschaffung) s die Erl zu § 255 Anm 35ff, 360. **Interne** (sowie auf Dienstvertrag beruhende externe) Aufwendungen, die zusätzlich im Rahmen des Erwerbs immaterieller Vermögenswerte anfallen, sind nur dann aktivierungsfähig, wenn sie als Anschaffungs*neben*kosten iS § 255 Abs 1 qualifizieren; das Prinzip des entgeltlichen Erwerbs gilt insoweit nicht (s auch *IDW* RS HFA 11 Anm 18ff). Zur Bilanzierung von selbstgenutzter **Software** wird im Übrigen auf *IDW* RS HFA 11 verwiesen.

12 **Entgeltlich** ist ein Erwerb grds dann, wenn und soweit eine **Gegenleistung** aus dem Vermögen des Erwerbers erfolgt ist. Als Gegenleistung ist dabei aber nur dasjenige anzusehen, was auf Grund eines Leistungsaustauschvertrags zum Zwecke der Abgeltung für den Rechtsverlust der Gegenpartei entrichtet wird. Es genügt nicht, dass gelegentlich des Erwerbs des immateriellen VG irgendwelche Aufwendungen – wie zB Vermittlungsprovisionen – entstanden sind. So sind Maklerkosten, die zum Abschluss eines Mietverhältnisses aufgewendet wurden, nicht aktivierungsfähig (*BFH* 19. 6. 1997 BStBl II, 808). Derartige Kosten zum Erwerb eines Erbbaurechts sind hingegen als Anschaffungs(neben)kosten des Erbbaurechts zu aktivieren, was ua damit begründet wird, dass das dem Austauschverhältnis zugrunde liegende Erbbaurecht dem materiellen Anlagevermögen zuzuordnen ist (*BFH* 4. 6. 1991 BStBl II 1992, 70; zur Urteilswürdigung s *Moxter* DStR 1999, 51; im Übrigen s Erl zu § 255 Anm 325). Die anlässlich der Erteilung einer Verkehrskonzession zu zahlenden behördlichen Gebühren führen nicht zu einem entgeltlichen Erwerb der Konzession. Gleiches gilt für die an ein Elektrizitätswerk geleisteten Beiträge für die Durchführung der Stromanschlussarbeiten (diese Beiträge sind keine Gegenleistung für ein Stromversorgungsrecht, *BFH* 13. 12. 1984 BStBl II 1985, 289), ebenso Beiträge zum Ausbau einer öffentlichen Straße (*BFH* 26. 2. 1980 BStBl II, 687) oder zum Bau einer städtischen Kläranlage (*BFH* 25. 8. 1982 BStBl II 1983, 38). Zur Qualifizierung eines verlorenen Zuschusses als Entgelt s *Richter* in HdJ II/2 Anm 59.

Die Gegenleistung braucht nicht in Geld oder Geldersatz zu bestehen. Auch ein Tauschgegenstand oder eine als Gegenleistung erbrachte Dienst- oder sonstige Leistung können das Entgelt bilden, sofern diesem Gegenstand bzw dieser Leistung ein objektiver und daher nachprüfbarer Wert beizumessen ist (*ADS*[6] § 248 Anm 16; aA für den Tausch bisher noch nicht entgeltlich erworbener immaterieller Werte *Richter* in HdJ II/2 Anm 60). Das Entgelt kann ferner in der Gewährung von neuen GesRechten, in der Aufgabe bisheriger Beteiligungsrechte oder in der Übernahme bestehender Verbindlichkeiten anderer Personen bestehen, was insb bei Verschmelzungen sowie Einbringungen und Anwachsungen von Betrieben häufig der Fall ist (glA *ADS*[6] § 248 Anm 21 mwN).

Bei **verdeckten Einlagen** (s § 272 Anm 201 ff) fehlt es dagegen an einem entgeltlichen Erwerb durch die empfangende Ges. Denn die durch eine verdeckte Einlage eintretende Werterhöhung der vorhandenen Ges-Anteile ist keine Gegenleistung aus dem Vermögen der empfangenden Ges (*BFH* 24. 3. 1987 BStBl II, 705; *BFH* 1. 8. 1990 BStBl II, 879; glA *ADS*[6] § 248 Anm 21), sondern lediglich eine automatische Nebenwirkung des Einlagevorgangs, die zu keinerlei „Wertkonkretisierung am Markt" führt. Verdeckt eingelegte immaterielle VG des Anlagevermögens dürfen daher handelsrechtlich nicht aktiviert werden. (Zur steuerlichen Behandlung s Anm 15.)

Auch die **Übernahme von Nachlassverbindlichkeiten** durch den Erben 13
begründet idR keinen entgeltlichen Erwerb. Denn die Höhe der Nachlassverbindlichkeiten ist meistens kein ausreichend sicheres Indiz für den Wert der Nachlassgegenstände, zumal vielfach andere als wirtschaftliche Erwägungen für die Annahme einer Erbschaft maßgebend sind. Eine andere Beurteilung kann aber zB dann geboten sein, wenn die Nachlassverbindlichkeiten im Wesentlichen nur aus *Kaufpreisschulden* bestehen, die mit erst kürzlich angeschafften Nachlassgegenständen im Zusammenhang stehen.

Bei **Schenkungen** fehlt es an einem entgeltlichen Erwerb, selbst wenn der Schenker seinerseits den betreffenden VG – und sei es noch so kurz zuvor – entgeltlich erworben hatte. Dies gilt nicht, wenn anstelle des VG das für den Erwerb von einem Dritten erforderliche Entgelt zweckgebunden geschenkt wird. Denn auch hier ist das Entgelt als eine Leistung aus dem – um die Schenkung vermehrten – Vermögen des Erwerbers zu sehen, so dass es die Wertkonkretisierungsfunktion erfüllt.

Das Aktivierungsverbot findet keine Anwendung auf solche immaterielle VG, die im Rahmen eines UntErwerbs angeschafft – und somit nicht *im og Sinne* entgeltlich erworben – wurden. Andernfalls gingen diese im derivativen GFW auf, was im Hinblick auf den Einzelbewertungsgrundsatz sowie das Vorsichtsprinzip nicht sachgerecht wäre (vgl *Moxter*[5], 31; s auch Erl zu § 255 Anm 80 ff und 512 f).

III. Ansatzkriterien des DRS 12

Nach DRS 12 werden – beschränkt auf den KA – immaterielle Vermögens- 14
werte als identifizierbare, in der Verfügungsmacht des Unt stehende Vermögenswerte definiert. Identifizierbarkeit liegt vor, wenn der dem Vermögenswert innewohnende Nutzen von anderen Ressourcen abgrenzbar und der Vermögenswert selbstständig verwertbar bzw durch Veräußerung, Tausch, entgeltliche Überlassung oder Lizenzierung übertragbar ist; die Verfügungsmacht liegt vor, wenn dem Unt der wirtschaftliche Nutzen (in Form von Erträgen, aus dem Verkauf von Produkten oder Dienstleistungen, aus Kosteneinsparungen oder aus anderen wirtschaftlichen Vorteilen der Verwertung) dauerhaft zufließt und das Unt Dritte von dem Zugriff auf den wirtschaftlichen Nutzen ausschließen kann (DRS 12.7).

Als Ansatzkriterium setzt DRS 12 neben dem Prinzip des entgeltlichen Erwerbs die Wahrscheinlichkeit, dass dem Unt der künftige wirtschaftliche Nutzen, der diesem Vermögenswert zugeordnet werden kann, zufließt, und der Vermögenswert (im Zugangszeitpunkt) verlässlich bewertbar ist (DRS 12.8).

IV. Steuerrecht

15 Gem § 5 Abs 2 EStG ist für immaterielle WG des Anlagevermögens ein Aktivposten nur anzusetzen, wenn sie entgeltlich erworben wurden. Das Steuerrecht enthält somit für solche WG – sofern sie **entgeltlich** erworben sind – ein ausdrückliches **steuerrechtliches Aktivierungsgebot** (*Weber-Grellet* in Schmidt[24] § 5 Anm 161). **Fehlt** es an einem entgeltlichen Erwerb, besteht auch steuerrechtlich ein dem Abs 2 entspr **Aktivierungsverbot** (*Baetge/Fey/Weber* in HdR[5] Anm 18).

Zur Behandlung von Aufwendungen iZm der Einführung neuer **Software** s auch FinSen Bremen, Erl v 13. 9. 2004, DB 2004, 2782 und *OFD Magdeburg,* Vfg v 26. 11. 2004, DStZ 2005, 130.

Das Aktivierungsverbot gem § 6 Abs 1 Nr 5 greift nicht, sofern es sich um (offene oder verdeckte) **Einlagen** handelt (EStR 31a Abs 2 u 3 iVm EStR 14 Abs 1; *Weber-Grellet* in Schmidt[24] § 5 Anm 164u 204). Dies folge aus der Notwendigkeit der Abgrenzung der gesrechtlichen von der betrieblichen Sphäre der KapGes, die dem Aktivierungsverbot des § 5 Abs 2 EStG vorgehe (ebenso *Weber-Grellet* in Schmidt[24] § 5 Anm 164 und 201).

Demgegenüber greift das Aktivierungsverbot nach einem U des *BFH* (9. 8. 2000 BB, 2515) auch bei der Erstellung einer **Anfangsbilanz** gem § 13 Abs 3 S 1 KStG (aA *Hommel* BB 2000, 2517, der aus der og Begründung zu Einlagen auch hier eine Aktivierungspflicht präferiert).

C. Aufwendungen für den Abschluss von Versicherungsverträgen (Abs 3)

16 In Abs 3 wird klargestellt, dass Aufwendungen für den Abschluss von Versicherungsverträgen nicht aktiviert werden dürfen. Dies steht der Anwendung des Zillmer-Verfahrens nicht entgegen, da es sich bei der Zillmerung nicht um eine Aktivierung von Kosten, sondern um eine Kürzung der Zuweisung zur Deckungsrückstellung handelt. Zu weiteren Einzelheiten s *Mayer* in Prölss/Schmidt[11] VAG, § 65 Anm 15f sowie *ADS*[6] § 248 Anm 27 mwN. Als Spezialvorschrift für Versicherungsverträge ist Abs 3 auf sonstige Verträge grds nicht analog anwendbar. Er gilt jedoch nicht nur für zugelassene VersicherungsUnt (§ 341), sondern auch für sonstige PersonenUnt, die Versicherungsverträge abschließen. Abs 3 gilt auch **steuerlich** (Erl *NRW* 3. 1. 1966 BStBl II, 37).

D. Rechtsfolgen einer Verletzung des § 248

17 Für eine Verletzung der Aktivierungsverbote des § 248 sieht das HGB keine speziellen **zivilrechtlichen** Rechtsfolgen vor. Eine Verletzung der Verbote stellt jedoch eine Überbewertung iSd § 256 Abs 5 AktG dar, die bei KapGes grds zur Nichtigkeit des JA führt (§ 264 Anm 57ff). Außerdem kann bei allen prüfungspflichtigen Unt eine Einschränkung oder – bei erheblichem Umfang der verbotenen Aktivposten – eine Versagung des BVm in Betracht kommen (§ 322 Abs 4). Wegen möglicher **straf- und bußgeldrechtlicher** Konsequenzen s die Erl zu den §§ 331 und 334.

E. Abweichungen der IFRS

Schrifttum: *Hommel* Internationale Bilanzkonzeptionen und immaterielle Vermögensgegenstände ZfbF 1997, 345 ff; *Küting* Gegenwärtige und künftige Behandlung immaterieller Vermögensgegenstände im IASC-Abschluss mit Vergleich zum Deutschen Recht, in *Dörner/Wollmert* (Hrsg) IASC-Rechnungslegung: Beiträge zu aktuellen Problemen, Düsseldorf 1995; *Maser* Konzernrechnungslegung von Versicherungsunternehmen nach International Accounting Standards Versicherungswirtschaft 1998, 876 ff und 976 ff; *Küting/Zwirner* Bilanzierung und Bewertung bei Film- und Medienunternehmen des Neuen Marktes FB 2001, Beilage 3 zu Heft 4; *Küting/Pilhofer/Kirchhof* Die Bilanzierung von Software aus der Sicht des Herstellers nach US-GAAP und IAS WPg 2002, 73; *Weber/Böttcher/Griesemann* Spezialfonds und ihre Behandlung nach deutscher und internationaler Rechnungslegung WPg 2002, 905; SIC-32 Intangible Assets – Web Site Costs; *Hommel* ED 5: Der neue Standardentwurf für Versicherungsverträge – ein Placebo mit Nebenwirkungen BB 2003, 2114; *Schmidt/Schnell* Bilanzierung von Emissionsrechten nach IAS/IFRS DB 2003, 1449; *Rockel/Sauer* IASB Exposure Draft 5: Insurance Contracts – Zur Versicherungsbilanzierung nach IFRS ab 2005 WPg 2003, 1108; *Hermes/Jödicke* Bilanzierung von Emissionsrechten nach IFRS KoR 2004, 287; IAS 17 Leases (rev. 2004); IAS 32 Financial Instruments: Disclosure and Presentation (rev 2004); IAS 38 Intangible Assets (rev 2004); IFRS 3 Business Combinations; IFRS 4 Insurance Contracts; *Esser/Hackenberger* Bilanzierung immaterieller Vermögenswerte des Anlagevermögens nach IFRS und US-GAAP KoR 2004, 402; *Leibfried/Pfanzelt* Praxis der Bilanzierung von Forschungs- und Entwicklungskosten gemäß IAS/IFRS KoR 2004, 491; IFRIC 3 (Emission Rights).

I. Gründungs- und Kapitalbeschaffungskosten

20 Bzgl der Bilanzierung von **Gründungskosten,** die im **IAS 38** behandelt werden, besteht grds **kein Unterschied** zum HGB. Gem IAS 38.69 a sind Anlaufkosten *(start-up costs),* die auch Kosten zur Gründung einer Rechtseinheit *(establishment costs),* wie zB Rechtsanwalts- oder Sekretariatskosten einschließen, stets als **Aufwand** des Gj zu erfassen.

21 Kosten für EK-Transaktionen (= Transaktionen, die zu einer Nettozu- oder abnahme des EK führen) (idR **EK-Beschaffungskosten**) sind – nach Abzug etwaiger damit verbundener Ertragsteuervorteile – erfolgsneutral durch Abzug vom EK zu erfassen, allerdings nur, soweit es sich um zusätzliche (dh um andernfalls vermiedene) externe, der EK-Transaktion direkt zurechenbare Kosten handelt (IAS 32.35, 32.37). Die übrigen Kosten, so bspw auch Aufwendungen für nachträgliche Börsennotierungen, sekundäre Zeichnungsangebote, Aktiensplits sowie die Ausgabe von Gratisaktien sind als Aufwand des Gj zu erfassen (IAS 32.BC33 iVm der ehemaligen Vorschrift SIC-17.3).

Die og Behandlung gilt auch für derartige im Rahmen eines UntErwerbs angefallene Kosten; die bisherige Vorschrift, wonach diese ggf als AK der Beteiligung zu behandeln sind (IAS 22.25), wurde durch IFRS 3 aufgehoben (IFRS 3.31, BC71 f).

II. Immaterielle Vermögensgegenstände des Anlagevermögens

22 **IAS 38,** der die Bilanzierung und Bewertung immaterieller Vermögenswerte regelt, kennt **kein grds Bilanzierungsverbot für nicht entgeltlich erworbene immaterielle VG** des Anlagevermögens. Bei Erfüllung bestimmter Definitions- und Ansatzkriterien (Anm 45) sind sowohl entgeltlich erworbene als auch selbst erstellte immaterielle Vermögenswerte – unabhängig davon, ob es sich um kurz- oder langfristige Posten handelt – aktivierungspflichtig.

Ein ausdrückliches **Aktivierungsverbot** formuliert IAS 38.63 hingegen für Markenzeichen, Markennamen, Drucktitel, Verlagsrechte, Kundenlisten und ähnliche Posten, sofern diese selbst erstellt sind (vgl auch IAS 38.119), da davon ausgegangen werden muss, dass sie nicht von den Kosten zur Entwicklung des originären UntWerts abgegrenzt werden können.

23 Trotz zum Teil unterschiedlich formulierter Definitions- und Ansatzkriterien nach IFRS und HGB (§ 247 Anm 372ff zur Begriffsbestimmung und Anm 389ff zu den Ansatzkriterien) werden grds die nach IFRS als immaterielle Vermögenswerte qualifizierten Posten auch nach HGB einen immateriellen Vermögenswerten darstellen (glA *Hommel* ZfbF 1997, 363).

24 Die Problematik der Unsicherheit über das Vorhandensein und die Bemessung eines Vermögensvorteils (Anm 7) bei **selbsterstellten** immateriellen Vermögenswerten erkennt auch IAS 38. Da es aber nach IFRS nicht sachgerecht erscheint, gleiche Sachverhalte durch ein Bilanzierungsverbot bilanziell unterschiedlich zu würdigen, wurden bzgl selbst erstellter immaterieller Vermögenswerte zusätzliche Ansatzvorschriften formuliert (IAS 38.51ff). So sind selbsterstellte immaterielle Vermögenswerte entspr ihrem Entstehungsfortschritt bzw ihrer Bestimmung entweder einer sog *Forschungsphase* (zB Suche nach neuen Prozessen, Produkten oder Materialien) oder einer sog *Entwicklungsphase* (zB Entwurf, Konstruktion und Test neuer Prozesse, Produkte oder Materialien) zuzuordnen.

Kosten der Erstellung immaterieller Vermögenswerte, die **der Forschungsphase** zuzuordnen sind, **dürfen nicht aktiviert werden** (IAS 38.54).

Kosten der Entwicklungsphase sind zu aktivieren, sobald der Vermögenswert die folgenden **Voraussetzungen** erfüllt und dies sowie die Erfüllung der übrigen Kriterien vom Unt nachgewiesen (... *requires an enterprise to demonstrate* ...) wird (IAS 38.57):

- technische Durchführbarkeit der Fertigstellung, so dass der immaterielle Vermögenswert bestimmungsgemäß eingesetzt werden kann;
- Absicht und Fähigkeit, den immateriellen Vermögenswert fertigzustellen und zu nutzen oder zu verkaufen;
- Nachweis, dass der immaterielle Vermögenswert den Nettozufluss an zukünftigem wirtschaftlichen Nutzen des Unt erhöhen wird;
- Verfügbarkeit adäquater Ressourcen, um die Entwicklung vollenden und den immateriellen Vermögenswert nutzen oder verkaufen zu können;
  und
- Fähigkeit, die während der Entwicklung anfallenden, dem immateriellen Vermögenswert zurechenbaren Kosten zuverlässig zu messen.

Zur Behandlung von Aufwendungen iZm der Erstellung einer eigenen Internetpräsenz **(website)** enthält **SIC-32** konkrete Hinweise zur Behandlung der in diesem Zusammenhang typischerweise anfallenden Aufwandsarten. Zur Behandlung von **Emissionsrechten** wird auf die Ausführungen in IFRIC 3 (Emission Rights) verwiesen.

III. Aufwendungen für den Abschluss von Versicherungsverträgen

25 Die bilanzielle Behandlung von Versicherungsverträgen ist in IFRS 4 bislang grds nur für **Versicherungs*geber*** geregelt (IFRS 4.4 f). Im Hinblick auf die geplante Überarbeitung dieses Standards (sog Phase II) war der Standardsetter in der ersten Fassung weitgehend um Konsens bemüht, um zu vermeiden, zu einschneidenden Änderungen der bisherigen Bilanzierungspraxis führende Vorschriften zu erlassen, die uU nur vorläufigen Charakter hätten (IFRS 4.BC5).

Entspr wurde ua auch die Behandlung von Aufwendungen iZm dem Abschluss von Versicherungsverträgen *(acquisition costs)* explizit offen gelassen (IFRS 4.BC 115ff); da gleichzeitig das grds für Regelungslücken vorgesehene Prozedere (IAS 8.10ff) gem IFRS 4.13 für nicht anwendbar erklärt wurde, besteht infolgedessen *derzeit* faktisch ein **Wahlrecht,** solche Kosten entweder zu aktivieren bzw über die Vertragslaufzeit abzugrenzen oder sofort aufwandswirksam zu erfassen (so im Ergebnis auch *Rockel/Sauer, 1111*). Allerdings gilt zu beachten, dass nach derzeitiger Einschätzung des Standardsetters künftig voraussichtlich eine sofortige Aufwandsverrechnung vorgeschrieben werden wird (IFRS 4.BC6e). Die in der Voraufl angenommene Aktivierungspflicht (Voraufl Tz 27) kann angesichts der nunmehr erfolgten Veröffentlichung des IFRS 4 insofern nicht mehr aufrechterhalten werden.

Zur bilanziellen Behandlung seitens der **Versicherungs*nehmer*** enthalten die 26
IFRS keine explizite Vorschrift. In Anbetracht dieser Regelungslücke ist eine adäquate Bilanzierungsmethode anhand des Auslegungsprozederes gem IAS 8.10ff herzuleiten, wonach ua auf vergleichbare, in anderen Standards geregelte Sachverhalte zurückzugreifen ist.

IAS 17 regelt die Behandlung von Aufwendungen, die durch Verhandlun- 27
gen und den Abschluss von **Leasingverträgen** entstehen (initial direct costs; IAS 17.38). Danach besteht seitens des Leasing*gebers* eine Aktivierungspflicht in Form eines Einbezugs in den Buchwert der Forderung (im Falle von Finanzierungs-Leasing) bzw des Leasingobjekts (im Falle von Operating-Leasing) (IAS 17.38 bzw 17.52; nach IAS 17 aF bestand diesbzgl noch ein Wahlrecht). Seitens des Leasing*nehmers* sind bei Finanzierungs-Leasingverhältnissen derartige Aufwendungen in die Anschaffungskosten des Leasingobjekts einzubeziehen (IAS 17.20, 17.24); für Operating-Leasingverhältnisse fehlt hingegen eine explizite Regelung. Insofern sehen die IFRS in diesem Kontext eine explizite Aktivierungspflicht nur in Form von Anschaffungs*neben*kosten vor; ob derartige Kosten auch die Eigenschaft eines eigenständigen Vermögenswerts erfüllen, bleibt offen.

Zwecks analoger Anwendung gilt damit zu untersuchen, ob Versicherungs- 28
verträge aus Sicht des Versicherungs*nehmers* als (immaterieller) Vermögenswert qualifizieren.

Dies ist uE zu verneinen, da die Wahrscheinlichkeit des Zuflusses des künftigen ökonomischen Nutzens iSd IAS 38.8 iVm 18ff bzw F. 49 weder hinreichend sicher noch abschätzbar ist. Folglich scheidet eine Aktivierung der Abschlusskosten als Anschaffungs(neben)kosten des Versicherungsvertrags aus; dennoch dürfte – im Hinblick auf die og (vermutlich bewusst belassene) Regelungslücke in IAS 17 – grds von einem **Wahlrecht** zwischen sofortiger erfolgswirksamer Erfassung und Verteilung über die Vertragslaufzeit auszugehen sein.

§ 249 Rückstellungen

(1) [1]**Rückstellungen sind für ungewisse Verbindlichkeiten und für drohende Verluste aus schwebenden Geschäften zu bilden.** [2]**Ferner sind Rückstellungen zu bilden für**

1. **im Geschäftsjahr unterlassene Aufwendungen für Instandhaltung, die im folgenden Geschäftsjahr innerhalb von drei Monaten, oder für Abraumbeseitigung, die im folgenden Geschäftsjahr nachgeholt werden,**
2. **Gewährleistungen, die ohne rechtliche Verpflichtung erbracht werden.**

[3]**Rückstellungen dürfen für unterlassene Aufwendungen für Instandhaltung auch gebildet werden, wenn die Instandhaltung nach Ablauf der Frist nach Satz 2 Nr. 1 innerhalb des Geschäftsjahrs nachgeholt wird.**

(2) **Rückstellungen dürfen außerdem für ihrer Eigenart nach genau umschriebene, dem Geschäftsjahr oder einem früheren Geschäftsjahr zuzuordnende Aufwendungen gebildet werden, die am Abschlußstichtag wahrscheinlich oder sicher, aber hinsichtlich ihrer Höhe oder des Zeitpunkts ihres Eintritts unbestimmt sind.**

(3) [1] **Für andere als die in den Absätzen 1 und 2 bezeichneten Zwecke dürfen Rückstellungen nicht gebildet werden.** [2] **Rückstellungen dürfen nur aufgelöst werden, soweit der Grund hierfür entfallen ist.**

Übersicht

Schrifttum: S a vor Anm 24, 51, 151, 300 und 331. *Doralt* Sind Rückstellungen steuerpolitisch gerechtfertigt? DB 1998, 1357; *Schwetzler* Die Kapitalkosten von kurzfristigen Rückstellungen, BfuP 1996, 442; *Bieg* Die Cash-Flow Analyse als stromgrößenorientierte Finanzanalyse (Teil II), StB 1998, 472; *Hoffmann* Gibt es einen Grundsatz der Wesentlichkeit bei der steuerlichen Gewinnermittlung? BB 1995, 1688; *Groh* Die

Rechtsprechung des BFH zum Steuerrecht der Unternehmen, ZGR 1996, 646; *Weber-Grellet* Das häßliche Bilanzsteuerrecht, DB 1998, 2435; *Naumann/Breker* Bewertungsprinzipien für die Rechnungslegung nach HGB, Bilanzsteuerrecht und IAS/IFRS, HdJ I/7 Anm 441.

A. Allgemeines

I. Begriff und Merkmale von Rückstellungen

1 § 249 regelt abschließend den **Ansatz** von Rückstellungen. Die Bewertung ist in § 253 Abs 1 S 2 Hs 2 geregelt, der Ausweis in § 266 Abs 1 und 3, die Erläuterung im Anhang in §§ 284, 285 Nr 12. Rückstellungen sind Passivposten, mit denen bestimmte künftige Vermögensabgänge (insb Ausgaben) oder Aufwendungsüberschüsse gewinnmindernd erfasst werden. Im Falle von **Rückstellungen mit Verpflichtungscharakter** beruhen die künftigen Aufwendungen oder Aufwendungsüberschüsse auf einer Außenverpflichtung, dh einem (rechtlichen oder faktischen) Leistungszwang ggü Dritten. Hierunter fallen die Rückstellungen für ungewisse Verbindlichkeiten und die Rückstellungen für drohende Verluste aus schwebenden Geschäften, die zu den bilanzrechtlichen Schulden gehören (§ 247 Anm 201). Soweit sie auch steuerlich angesetzt werden dürfen (beachte § 5 Abs 4a EStG), führen sie zu einer Steuerstundung (s *Doralt* DB 1998, 1357) und haben somit Finanzierungscharakter (vgl *Schwetzler* BFuP 1996, 442ff; zur Behandlung von Rückstellungen im Rahmen der Berechnung des Cash-Flow *Bieg* StB 1998, 474ff). (Reine) **Aufwandsrückstellungen** dienen ebenfalls der gewinnmindernden Erfassung künftiger Aufwendungen. Die betreffenden künftigen Aufwendungen beruhen aber nicht auf einer Außenverpflichtung.

Besonderheiten gelten für die Bildung von Rückstellungen in der DMEB auf den 1. 7. 1990 nach dem DMBG, weil Rückstellungen in einer EB nicht aufwandswirksam werden können, ebenso wie deren spätere Inanspruchnahme. Danach war in Höhe der Rückstellung ein Sonderverlustkonto als aktivische Bilanzierungshilfe zu bilden (§ 17 Abs 4 iVm §§ 50, 53 DMBG), die mit der Inanspruchnahme der Rückstellung aufwandswirksam aufzulösen ist (§ 272 Anm 160ff der 3. Aufl).

2 **Rückstellungen für ungewisse Verbindlichkeiten** unterscheiden sich von Verbindlichkeiten in zweierlei Hinsicht (§ 247 Anm 205):

(1) Beruht die Außenverpflichtung auf einem Anschaffungsgeschäft (Zugang von VG), sind die künftigen Aufwendungen zur Begleichung der Schuld immer, dh auch bei Ungewissheit über deren *Höhe* (wie zB im Falle einer Leibrentenverpflichtung), als Verbindlichkeit auszuweisen.

(2) Sind die auf Grund der Außenverpflichtung zu leistenden Aufwendungen als GJ-Aufwand zu erfassen, liegt eine Verbindlichkeitsrückstellung vor, wenn die Verpflichtung dem Grund und/oder der Höhe nach nicht sicher bestimmbar ist. Dem Grund *und* der Höhe nach sichere „Aufwandsschulden" stellen Verbindlichkeiten dar.

Zum Zeitpunkt der Passivierung s Anm 34ff.

3 Die Bildung von **Rückstellungen für drohende Verluste aus schwebenden Geschäften** resultiert aus dem **Imparitätsprinzip** (zu den steuerlichen Besonderheiten s Anm 80ff). Sie dient der Antizipation von zukünftigen Aufwandsüberschüssen aus schwebenden Geschäften, die noch nicht zu realisierten Erträgen geführt haben (*Moxter* in FS Forster, 435; *Naumann* WPg 1991, 531). Soweit im Rahmen eines schwebenden Geschäfts die künftigen Aufwendungen

nicht durch künftige Erträge gedeckt sind, muss der Verpflichtungsüberschuss als Verlustrückstellung gewinnmindernd berücksichtigt werden.

Mit (reinen) **Aufwandsrückstellungen** werden bestimmte künftige Aufwendungen gewinnmindernd berücksichtigt, ohne dass eine Verpflichtung ggü einem anderen besteht. Soweit sie passivierungspflichtig sind, liegen unechte Schulden iSd § 247 Abs 1 vor. Nicht passivierungspflichtige Rückstellungen für unterlassene Instandhaltung und Aufwandsrückstellungen nach Abs 2 sind **keine Schulden** iSd § 247 Abs 1 (aA *Baetge* Zur Frage der Reichweite des Passivierungsgrundsatzes, in FS Forster, 41; zum bilanzrechtlichen Schuldbegriff § 247 Anm 201 ff), sondern stellen eine Passivierungshilfe dar. Aufwandsrückstellungen nach Abs 2 dienen der Egalisierung aperiodisch anfallender Aufwendungen (dazu Anm 306). Eigenständige Ansatzregeln sehen die §§ 341 e–h und § 56 a VAG für **VersicherungsUnt** vor. 4

II. Rückstellungen nach Handels- und Ertragsteuerrecht

1. Der Rückstellungskatalog des HGB

Das HGB enthält in § 249 keine allgemeine Definition der Rückstellungen, sondern zählt in Abs 1 und 2 abschließend die Zwecke auf, für die Rückstellungen gebildet werden *müssen* (Abs 1 S 1 und 2) oder *dürfen* (Abs 1 S 3 und Abs 2). 6

Nach § 249 Abs 1 S 1 und 2 sind **(Passivierungspflicht)** Rückstellungen zu bilden für

(1) ungewisse Verbindlichkeiten (Anm 24 ff),
(2) drohende Verluste aus schwebenden Geschäften (Anm 51 ff),
(3) im Gj unterlassene Aufwendungen für Instandhaltung, die im folgenden Gj innerhalb von drei Monaten nachgeholt werden (Anm 101 ff),
(4) im Gj unterlassene Aufwendungen für Abraumbeseitigung, die im folgenden Gj nachgeholt werden (Anm 111),
(5) Gewährleistungen, die ohne rechtliche Verpflichtung erbracht werden (Anm 112 ff).

Die Rückstellungen für ungewisse Verbindlichkeiten, drohende Verluste aus schwebenden Geschäften und Gewährleistungen, die ohne rechtliche Verpflichtung erbracht werden, sind Rückstellungen mit Verpflichtungscharakter.

Zu den ungewissen Verbindlichkeiten iSv Abs 1 S 1 gehören auch die unmittelbaren **Pensionsverpflichtungen** (Anm 151 ff; zur Übergangsregelung für vor dem 1. 1. 1987 erteilte Zusagen s Anm 260 ff). 7

Bei der **Rückstellung für Steuerabgrenzung** nach § 274 Abs 1 kann es sich sowohl um Schuldposten als auch um reine Abgrenzungsposten handeln (§ 274 Anm 7). 8

Zu der Rückstellung für im Gj unterlassene Aufwendungen für Instandhaltung, die im folgenden Gj nachgeholt werden, s Anm 101 ff, zu den Rückstellungen für im Gj unterlassene Aufwendungen für Abraumbeseitigung, die im folgenden Gj nachgeholt werden, s Anm 111. 9

§ 249 Abs 1 S 2 Nr 2 zählt die **Rückstellungen für Gewährleistungen, die ohne rechtliche Verpflichtung erbracht werden,** zu den passivierungspflichtigen Rückstellungen. Passivierungspflicht besteht für solche Leistungen, denen sich das Unt aus sittlichen oder wirtschaftlichen Gründen nicht entziehen kann (faktischer Leistungszwang; § 247 Anm 204). Gewährleistungen, zu denen das Unt weder rechtlich noch faktisch verpflichtet ist, fallen nicht unter § 249 Abs 1 S 2 Nr 2, hierzu Anm 112 ff. 10

Ein **Wahlrecht** besteht im Gegensatz zu den in Anm 6 aufgeführten Fällen nach § 249 Abs 1 S 3 und Abs 2 für die Passivierung von Rückstellungen für 11

(6) im Gj unterlassene Aufwendungen für Instandhaltung, wenn die Instandhaltung nach Ablauf von drei Monaten innerhalb des folgenden Gj nachgeholt wird (Abs 1 S 3),
(7) ihrer Eigenart nach genau umschriebene, dem Gj oder einem früheren Gj zuzuordnende Aufwendungen, die am Abschlussstichtag wahrscheinlich oder sicher, aber hinsichtlich ihrer Höhe oder des Zeitpunkts ihres Eintritts unbestimmt sind (Abs 2).

12 Mit § 249 Abs 2 hat das HGB Art 20 Abs 2 der 4. EG-Richtl über die generelle Zulässigkeit sog **Aufwandsrückstellungen** übernommen, hierzu Anm 300 ff.

13 Nach § 249 Abs 3 S 1 dürfen für **andere Zwecke** keine Rückstellungen gebildet werden. Von diesem **Verbot** werden vornehmlich Aufwandsrückstellungen erfasst, die über § 249 Abs 2 hinausgehen würden, wie zB Rückstellungen für unterlassenen FuE-Aufwand oder unterlassene Werbung, da solche Aufwendungen nicht dem Gj oder einem früheren Gj zuzuordnen sind (vgl Anm 306). Unter das Passivierungsverbot fallen auch künftige, mit großer Wahrscheinlichkeit zu erwartende Verluste, die nicht einzelnen schwebenden Verträgen zugerechnet werden können, zB Verluste wegen mangelnder Kapazitätsauslastung. Die vom Vorsichtsprinzip her gesehen wünschenswerte Passivierung scheitert an der fehlenden Objektivierbarkeit (*Moxter* in FS Forster, 435). Rückstellungen für das allgemeine UntRisiko dürfen nicht gebildet werden.

2. Rückstellungen in der Steuerbilanz

14 Nach § 5 Abs 1 S 1 EStG ist in der Steuerbilanz das Betriebsvermögen anzusetzen, das nach den handelsrechtlichen GoB auszuweisen ist. Die hierin zum Ausdruck kommende **Maßgeblichkeit** der HB für die Steuerbilanz ist mittlerweile vom Gesetzgeber für den zentralen Bereich des steuerbilanziellen Rückstellungsrechts **weitgehend beseitigt** worden.

Das genuin steuerbilanzielle Rückstellungsrecht besteht aus folgenden Vorschriften:

(1) § 5 Abs 2a EStG (Verbot der Rückstellungen für Verpflichtungen unter der Bedingung der Erzielung künftiger Einnahmen oder Gewinne);
(2) § 5 Abs 3 EStG (Rückstellungen wegen Schutzrechtsverletzungen);
(3) § 5 Abs 4 EStG (Rückstellungen für Jubiläumszuwendungen);
(4) § 5 Abs 4a EStG (Verbot der Bildung von Drohverlustrückstellungen);
(5) § 5 Abs 4b EStG (Verbot der Bildung von Rückstellungen für AK/HK, insb bei Kernkraftwerken);
(6) § 6 Abs 1 Nr 3a Buchst a EStG (Abschlag für Wahrscheinlichkeit der Nichtinanspruchnahme bei gleichartigen Verpflichtungen);
(7) § 6 Abs 1 Nr 3a Buchst b EStG (Rückstellungsbewertung mit Einzelkosten und angemessenen Teilen der notwendigen Gemeinkosten);
(8) § 6 Abs 1 Nr 3a Buchst c EStG (wertmindernde Berücksichtigung künftiger Vorteile bei der Rückstellungsbewertung);
(9) § 6 Abs 1 Nr 3a Buchst d EStG (Ansammlungsrückstellungen, insb bei Kernkraftwerken);
(10) § 6 Abs 1 Nr 3a Buchst e EStG (Abzinsungsgebot für auf Geld- und Sachleistungen beruhenden Rückstellungen);
(11) § 6a EStG (Pensionsrückstellungen).

Vom BFH wurde der Maßgeblichkeitsgrundsatz in der Weise eingeschränkt, dass Passivposten in der Steuerbilanz nur angesetzt werden dürfen, wenn sie *nach den handelsrechtlichen GoB* nicht nur passivierungsfähig, sondern *passivierungspflichtig* sind (*GrS BFH* 3. 2. 1969, BStBl II, 291; vgl hierzu auch § 243 Anm 114 ff). Danach besteht außerhalb des Katalogs genuin steuerbilanzieller Rückstellungsvorschriften Passivierungspflicht für alle Rückstellungen, die in der HB angesetzt werden *müssen.* Mit Ausnahme der Pensionsrückstellungen im Rahmen der Übergangsregelung des Art 28 Abs 1 EGHGB besteht ein Passivierungsverbot für die Rückstellungen, die in der HB nicht angesetzt werden müssen. Zum Nachholverbot bei Pensionsrückstellungen in der Steuerbilanz vgl Anm 191.

In der Steuerbilanz sind somit Rückstellungen zu bilden für

(1) ungewisse Verbindlichkeiten einschließlich Pensions-Neuzusagen ab 1987;
(2) im Gj unterlassene Aufwendungen für Instandhaltung, die im folgenden Gj innerhalb von drei Monaten nachgeholt werden (Anm 109 ff);
(3) im Gj unterlassene Aufwendungen für Abraumbeseitigung, die im folgenden Gj nachgeholt werden (Anm 100 „Abraumbeseitigung");
(4) Gewährleistungen, die ohne rechtliche Verpflichtung erbracht werden (Anm 116).

Andere Rückstellungen dürfen in der Steuerbilanz nicht gebildet werden (*BFH* 25. 8. 1989, BStBl II, 893).

III. Gliederung der Rückstellungen in der Handelsbilanz

Zur Gliederung in der Bilanz von **Einzelkaufleuten und reinen Perso-** 15
nenhandelsgesellschaften vgl § 247 Anm 241 f. Zur Gliederung der Rückstellungen bei **Kapitalgesellschaften/KapCoGes** vgl § 266 Anm 200.

IV. Einzelfragen zur Bildung und Auflösung von Rückstellungen

1. Zeitpunkt der Rückstellungsbildung

Für den Zeitpunkt der Bilanzierung einer Rückstellung kommt es auf die 16
Verwirklichung eines der in § 249 aufgeführten Rückstellungsgründe an. Danach ist eine Rückstellung für ungewisse Verbindlichkeiten zu bilden, wenn eine sicher oder wahrscheinlich be- oder entstehende Verpflichtung ggü einem anderen am Bilanzstichtag rechtlich oder wirtschaftlich verursacht war und mit einer Inanspruchnahme ernsthaft zu rechnen ist. Rechtlich entstanden und wirtschaftlich verursacht ist zB eine Gewährleistungsverpflichtung nach Lfg mit Umsatzrealisierung und Eintritt eines Gewährleistungsfalles. Zwar rechtlich entstanden, aber nicht wirtschaftlich verursacht ist zB die Verpflichtung zur Durchführung einer Sicherheitsinspektion (dazu Anm 100). Rückstellungen für drohende Verluste aus schwebenden Geschäften sind zu bilden, wenn konkrete Anhaltspunkte vorliegen, die den Eintritt eines Verlustes als ernsthaft bevorstehend erscheinen lassen (Anm 57 ff).

Rückstellungen können laufend gebucht werden, sobald die jeweiligen Voraussetzungen der Passivierung erfüllt sind. Es genügt jedoch, wenn die zu einem Bilanzstichtag neu zu bildenden oder zu erhöhenden Rückstellungen in einem Arbeitsgang im Rahmen der Abschlussarbeiten bestimmt werden. Um den vollständigen Ansatz zu gewährleisten, ist eine **Inventur** der zugrunde liegenden Sachverhalte erforderlich. Dafür gelten die §§ 240, 241 analog (*ADS*[6] § 249 Anm 40).

In der **Steuerbilanz** sind nach § 6 Abs 1 Nr 3 a Buchst d S 1 EStG Rückstellungen für Verpflichtungen, für deren Entstehen im wirtschaftlichen Sinne der laufende Betrieb ursächlich ist, zeitanteilig in gleichen Raten anzusammeln. Dies sind lediglich Rückstellungen für solche Verpflichtungen, die bereits zu Beginn des Ansammlungszeitraumes in endgültiger Höhe rechtlich entstanden sind, aber unter wirtschaftlichen Gesichtspunkten auf mehrere Wj verteilt werden. Demgegenüber fallen Rückstellungen für Verpflichtungen, die erst im Zeitablauf in tatsächlicher Hinsicht zunehmen, nicht hierunter (zB Rekultivierungsverpflichtungen in Abhängigkeit vom Ausbeutungsfortschritt eines Kiesvorkommens; *Glanegger* in Schmidt[24] § 6 Anm 406).

§ 6 Abs 1 Nr 3a Buchstabe d S 1 EStG ist auch auf Rückstellungen anzuwenden, die bereits zum Ende eines vor dem 1. Januar 1999 endenden Wj gebildet worden sind (§ 52 Abs 16 S 9 EStG). Für den sich aus der erstmaligen Anwendung von § 6 Abs 1 Nr 3a Buchstabe d S 1 EStG ergebenden Gewinn konnte jeweils in Höhe von $^{9}/_{10}$ eine gewinnmindernde Rücklage gebildet werden, die in den folgenden 9 Wj jeweils mit mindestens $^{1}/_{9}$ gewinnerhöhend aufzulösen ist (§ 52 Abs 16 S 11 EStG).

In der Steuerbilanz darf nach § 5 Abs 2a EStG keine Rückstellung gebildet werden, wenn künftige Aufwendungen unter der Bedingung der Erzielung künftiger Erträge stehen. Die Passivierung erfolgt erst, wenn die Erträge angefallen sind; dann als Verbindlichkeit, wenn die Rückzahlungshöhe bekannt ist.

2. Berücksichtigung von Erkenntnissen zwischen Bilanzstichtag und Tag der Bilanzaufstellung

17 Zur Abgrenzung von wertaufhellenden und wertbegründenden/wertbeeinflussenden Tatsachen s § 252 Anm 38 ff. Sie bereiten in der Praxis bei den Rückstellungen besondere Schwierigkeiten; s zur Bewertung auch § 253 Anm 155.

3. Wesentlichkeitsgrundsatz

18 Liegen die Voraussetzungen für die Bildung einer Rückstellung vor, ist diese unabhängig von ihrer Höhe zu bilden, selbst wenn sie für die Beurteilung der VFE-Lage unbedeutend ist und im Falle des Unterlassens nicht zu einer Einschränkung des BVm führen würde. Demgegenüber nimmt der BFH ein Ansatzwahlrecht bei unwesentlichem Aufwand an mit der Folge, dass insoweit ein steuerliches Passivierungsverbot gilt (18. 1. 1995, BStBl II, 743 mwN; krit *Hoffmann* BB 1995, 1688; *Groh* ZGR 1996, 646; dagegen zu Recht *ADS*[6] § 249 Anm 46 mwN).

4. Nachholung unterlassener Rückstellungen

19 **Unterlassen** ist eine Rückstellung, die zu einem früheren Bilanzstichtag hätte gebildet werden müssen oder können und gleichwohl nicht gebildet wurde. Unterlassung liegt nicht vor, wenn der Kfm erst nach der Bilanzaufstellung Kenntnis davon erlangt, dass die Voraussetzungen der Rückstellungsbildung am Bilanzstichtag gegeben waren.

In der **Handelsbilanz** müssen unterlassene Rückstellungen für ungewisse Verbindlichkeiten (einschl der Rückstellungen für drohende Verluste aus schwebenden Geschäften) zumindest im letzten noch nicht festgestellten JA gewinnmindernd nachgeholt werden. Sofern im JA einer KapGes eine Rückstellung in mehreren aufeinander folgenden Jahren fehlt und dies zur Nichtigkeit führt oder die JA mit Erfolg angefochten wurden, ist regelmäßig die Rückwärtsberichtigung aller JA bis zur eigentlichen Fehlerquelle erforderlich, soweit nicht im Falle der Nichtigkeit nach § 256 Abs 6 AktG Heilung eingetreten ist (dazu *ADS*[6] § 256 AktG Anm 82; zur Anwendung der Nichtigkeitsvorschrift des § 256 Abs 5 Nr 1 AktG (Überbewertung) auf die GmbH *Schulze-Osterloh* in Baumbach/Hueck GmbHG[17], § 42a Anm 30 mwN).

Zur Frage der Änderung eines festgestellten, fehlerhaften sowie *nicht* fehlerhaften JA wegen zwischenzeitlich besserer Erkenntnis s § 253 Anm 801 ff, 830 ff.

Bei den handelsrechtlich zugelassenen **Aufwandsrückstellungen** stellt sich die Frage, ob eine Nachholung zulässig oder geboten ist, in der Praxis nur für die Aufwandrückstellungen nach § 249 Abs 2 (dazu Anm 311).

20 In der **Steuerbilanz** gilt für Rückstellungen für ungewisse Verbindlichkeiten wie in der HB das Gebot, unterlassene Rückstellungen gewinnmindernd nachzuholen, soweit eine Berichtigung oder Änderung vorhergehender Bilanzen (wegen fehlender Bestandskraft der Steuerveranlagung) noch zulässig ist (*Weber-Grellet* in Schmidt[24] § 5 Anm 422 mwN). Im Gegensatz zur HB ist die Nachholung jedoch verboten, wenn die Grundsätze von Treu und Glauben entgegenstehen. Das ist dann der Fall, wenn die Passivierung in den früheren Veranlagungszeiträumen bewusst zum Zwecke der steuerlichen Manipulation unterlassen wurde (*BFH* 26. 1. 1978, BStBl II, 301). Für **Pensionsrückstellungen** gilt in der Steuerbilanz, anders als in der HB, ein Nachholverbot. Das ergibt sich aus § 6a Abs 4 S 1 EStG (Anm 191). **Drohverlustrückstellungen** dürfen in der Steuerbilanz nicht mehr gebildet werden (§ 5 Abs 4a EStG).

5. Auflösung von Rückstellungen

21 Nach Abs 3 S 2 dürfen Rückstellungen nur aufgelöst werden, soweit der Grund hierfür entfallen ist. Das gilt auch für Rückstellungen, für die ein Ansatzwahlrecht besteht. In vorausgegangenen Bilanzen gebildete Rückstellungen sind aufzulösen, wenn bis zur Bilanzaufstellung bekannt wird, dass mit einer Inanspruchnahme nicht mehr zu rechnen ist, weil sich die Verhältnisse geändert haben oder neue Informationen vorliegen, die zu einer geänderten Beurteilung der sachlichen Verhältnisse führen (*ADS*[6] § 253 Anm 180).

Für **gerichtliche Verfahren** hat *BFH* 30. 1. 2002, DB 871 unter teilweiser Aufgabe bisheriger Rspr die Grundsätze der Auflösung zusammengefasst: Wurde der Kfm verklagt, darf erst nach rechtskräftiger Klageabweisung aufgelöst werden, auch wenn die Klage bereits durch vorinstanzliches U abgewiesen wurde, aber der Kläger noch Rechtsmittel hat (auch im Falle der Zulässigkeit einer Beschwerde gegen die Nichtzulassung eines Rechtsmittels). Eine Auflösung ist nur in dem Ausnahmefall zulässig, wenn aus den zum Zeitpunkt des Bilanzstichtags vorliegenden Tatsachen erkennbar ist, dass das Rechtsmittel des Klägers offensichtlich erfolglos sein wird (dies war zB im zugrundeliegenden Fall nicht möglich: Die Erfolgsaussichten eines Rechtsmittels werden maßgeblich von der Formulierung der schriftlichen Begründung des U bestimmt, so dass deren Bekanntgabe nach dem Bilanzstichtag nicht erhellendes, sondern begründendes Merkmal ist). Zuzustimmen ist dem BFH auch in der unter Verweis auf § 252 Abs 1 Nr 4 erfolgenden Aufgabe der bisherigen Rspr, wonach der zwischen Bilanzstichtag und Bilanzaufstellung erfolgte Verzicht auf ein Rechtsmittel des Klägers bzw das Verstreichenlassen der Rechtsmittelfrist als werterhellend berücksichtigt wurde. Der Grund für die Beibehaltung der Rückstellung ist demgegenüber nach neuer Auffassung nicht die Inanspruchnahme an sich, sondern das *Risiko* der Inanspruchnahme, das zum Bilanzstichtag bestanden hat. Insofern ist die Nichtausübung des Rechtsmittels ein begründendes Merkmal und für die Bilanzierung unerheblich.

Macht der Kläger einen geringeren Betrag geltend, als der Kfm bei der Rückstellungsbildung angenommen hat, kann eine teilweise Auflösung in Frage kommen. Eine Auflösung ist jedoch dann nicht zulässig, wenn nicht ausgeschlossen werden kann, das der Kläger zur Vermeidung hoher Gerichtskosten und Anwaltsgebühren nur einen Teilanspruch geltend macht, um strittige Sach- und Rechtsfragen klären zu lassen.

Von den Fällen, in denen sich die sachlichen Verhältnisse oder deren Einschätzung geändert haben, sind die Fälle zu unterscheiden, in denen eine Rückstellung schon früher nicht hätte gebildet werden dürfen. Solche Bilanzierungsfehler sind nach den Grundsätzen der Bilanzänderung und **Bilanzberichtigung** zu korrigieren (§ 253 Anm 801 ff). Danach kommt für zurückliegende HB eine Änderung im Wesentlichen nur bei deren Nichtigkeit in Frage. In der Steuerbilanz ist dagegen grds „bis zur Fehlerquelle" zu berichtigen (vgl *Heinicke* in Schmidt[24] § 4 Anm 706 mwN). Wenn die Rückstellung in vergangenen, nicht mehr berichtigungsfähigen Veranlagungszeiträumen gebildet worden ist, ist sie in der ersten offenen Bilanz gewinnerhöhend auszubuchen (*BFH* 10. 12. 1992, BStBl II 1994, 381; EStR 15 Abs 1).

22 Zur Auflösung von **Pensionsrückstellungen** s Anm 235 ff. **Rückstellungen wegen Verletzung fremder Patent-, Urheber- oder ähnlicher Schutzrechte,** die gebildet werden, weil mit einer Inanspruchnahme ernsthaft zu rechnen ist, sind entgegen GoB nach § 5 Abs 3 S 2 EStG in der Steuerbilanz des dritten auf ihre erstmalige Bildung folgenden Wj aufzulösen, wenn Ansprüche nicht geltend gemacht worden sind. Dies gilt nur in der Steuerbilanz (Anm 100 „Patentverletzung"). Zur Auflösung von **Aufwandsrückstellungen** iSv § 249 Abs 2 vgl Anm 312.

23 Die Pflicht zur Auflösung von Rückstellungen, wenn die Voraussetzungen für ihre Bildung nicht mehr bestehen, gilt sowohl für die Passivierung dem Grunde als auch der Höhe nach. Rückstellungen sind daher zu jedem Bilanzstichtag nicht nur daraufhin zu untersuchen, ob sie dem Grunde nach beibehalten werden dürfen. Es ist auch die **Höhe** der einzelnen Rückstellungen zu jedem Bilanzstichtag veränderten Verhältnissen oder neuen Erkenntnissen anzupassen (vgl *ADS*[6] § 253 Anm 180).

B. Rückstellungen für ungewisse Verbindlichkeiten und für drohende Verluste aus schwebenden Geschäften (Abs 1 S 1)

I. Rückstellungen für ungewisse Verbindlichkeiten

Schrifttum: *Eifler* Grundsätze ordnungsmäßiger Bilanzierung für Rückstellungen, Düsseldorf 1976; *Kulla* Rückstellungen für Bergbauwagnisse, DB 1977, 1281; *Bartke* Rückstellungen für Bergschäden, Gruben- und Schachtversatz nach aktienrechtlichen und steuerlichen Grundsätzen, DB 1978 Beilage 4, 1; *Emmerich* Zur Zulässigkeit der Bildung von Rückstellungen für Bergschäden, Gruben- und Schachtversatz, DB 1978, 2133; *Küting/Kessler* Handels- und steuerbilanzielle Rückstellungsbildung, DStR 1989, 655, 693; *Herzig* Rückstellungen wegen öffentlich-rechtlicher Verpflichtungen, insbesondere Umweltschutz, DB 1990, 1341; *Herzig/Hötzel* Rückstellungen wegen Produkthaftung, BB 1991, 99; *Herzig* Konkurrenz von Rückstellungsbildung und Teilwertabschreibung bei Altlastenfällen, WPg 1991, 610; *Herzig/Köster* Die Rückstellungerelevanz des neuen Umwelthaftungsgesetzes, DB 1991, 53; *Bachem* Bewertung von Rückstellungen für Buchführungsarbeiten, BB 1993, 2337; *Christiansen* Steuerliche Rückstellungsbildung, Bielefeld 1993; *Förschle/Scheffels* Die Bilanzierung von Umweltschutzmaßnahmen aus bilanztheoretischer Sicht, DB 1993, 1198; *Gelhausen/Fey* Rückstellungen für ungewisse Verbindlichkeiten und Zukunftsbezogenheit von Aufwendungen, DB 1993, 593; *Clemm* Zur Nichtpassivierung entstandener Verbindlichkeiten wegen nachträglicher Verursachung (Realisation) oder: Wie dynamisch ist die Bilanz im Rechtssinne?, in FS Moxter (1994), 167; *Schön* Der Bundesfinanzhof und die Rückstellungen, BB 1994, Beilage 9; *Siegel* Das Realisationsprinzip als allgemeines Periodisierungsprinzip?, BFuP 1994, 1; *Woerner* Kriterien zur Bestimmung des Passivierungszeitpunkts bei Verbindlichkeitsrückstellungen, BB 1994,

246; *Moxter* Zur Abgrenzung von Verbindlichkeitsrückstellungen und (künftig grundsätzlich unzulässigen) Verlustrückstellungen DB 1997, 1477; *Eckstein/Fuhrmann* Steuerliche Nichtanerkennung von Drohverlustrückstellungen – Abgrenzung zu anderen Rückstellungen DB 1998, 529; *Moxter* Künftige Verluste in der Handels- und Steuerbilanz DStR 1998, 509; *Moxter* Die BFH-Rechtsprechung zu den Wahrscheinlichkeitsschwellen bei Schulden BB 1998, 2464; *Bieg* Die Cash-Flow-Analyse als stromgrößenorientierte Finanzanalyse (Teil II), StB 1998, 472; *Doralt* Sind Rückstellungen steuerpolitisch gerechtfertigt?, DB 1998, 1357; *Küting/Kessler* Zur geplanten Reform des bilanzsteuerlichen Rückstellungsrechts nach dem Entwurf eines Steuerentlastungsgesetzes 1999/2000/2002, DStR 1998, 1937; *Moxter* Die BFH-Rechtsprechung zu den Wahrscheinlichkeitsschwellen bei Schulden, BB 1998, 2464; *Moxter* Künftige Verluste in der Handels- und Steuerbilanz, DStR 1998, 509; *Siegel* Rückstellungen für Anschaffungs- oder Herstellungskosten in Ausnahmefällen, DB 1999, 857; *Roller* Altlast oder Verdachtsfläche? – Zur Begriffsverwirrung bei der Teilwertabschreibung, WPg 2001, 492; *Höfer/Kempkes* Rückstellungen für Altersteilzeit, DB 1999, 2537; *Wassermeyer* Aktuelle Rechtsprechung des I. Senats des BFH – Inhalt und Auswirkungen, WPg 2002, 10; *Gosch* Einige Bemerkungen zur aktuellen bilanzsteuerrechtlichen Rechtsprechung des I. Senats des BFH, DStR 2002, 977; *Weber-Grellet* Realisationsprinzip und Belastungsprinzip – Zum zeitlichen Ausweis von Ertrag und Aufwand, DB 2002, 2180; *Siegel* Rückstellungsbildung nach dem Going-Concern-Prinzip – eine unzweckmäßige Innovation, DStR 2002, 1636; *Weber-Grellet* Rechtsprechung des BFH zum Bilanzsteuerrecht im Jahr 2002, BB 2003, 37; *Schulze-Osterloh* Rückzahlungsbetrag und Abzinsung von Rückstellungen und Verbindlichkeiten – Überlegungen zur Reform des HGB-Bilanzrechts, BB 2003, 351; *Groß/Matheis/Lindgens* Rückstellung für Kosten des Datenzugriffs, DStR 2003, 921; *Osterloh-Konrad* Rückstellungen für Prozessrisiken in Handels- und Steuerbilanz – Kriterien der Risikokonkretisierung und ihre Anwendung auf die Prozesssituation, DStR 2003, 1631 und 1675; *Mayr* Schließt das Eigeninteresse eine Verbindlichkeitsrückstellung aus? DB 2003, 740; *Kemper/Konold* Die Berücksichtigung von Vergangenheitserfahrungen bei Rückstellungen für gleichartige Verpflichtungen (§ 6 Abs 1 Nr 3a Buchst a EStG), DStR 2003, 1686; *Hahne/Sievert* Abgrenzung von Drohverlustrückstellungen und Rückstellungen für ungewisse Verbindlichkeiten – Zugleich Anmerkungen zum BFH-Urteil vom 18. 12. 2002, I R 17/02, DStR 2003, 1992; *Roß/Drögemüller* Handelsbilanzrechtliche Behandlung von US-Lease-in/Lease-out-Transaktionen, WPg 2004, 185; *Moxter* Neue Ansatzkriterien für Verbindlichkeitsrückstellungen, DStR 2004, 1057 (Teil I), 1098 (Teil II); *Jakob/Kobor* Eckdaten der steuerbilanziellen Erfassung eines „Pfandkreislaufs“, DStR 2004, 1596; *Hommel/Schulte* Schätzungen von Rückstellungen in Fast-Close-Abschlüssen, BB 2004, 1671; *Bode/Hainz* Rückstellungen für Altersteilzeitverpflichtungen in der Steuerbilanz, DB 2004, 2436.

1. Passivierungsgrundsatz

Verbindlichkeiten können dem Grund und/oder der Höhe nach ungewiss sein. Das kann auch der Fall sein, wenn sie aufschiebend oder auflösend bedingt sind und der Bedingungseintritt ungewiss ist. Fehlt es an der Ungewissheit über den Grund und/oder die Höhe, ist eine Verbindlichkeit anzusetzen. Hingegen sind Rückstellungen für ungewisse Verbindlichkeiten zu bilden **24**

(1) für sicher oder wahrscheinlich be- oder entstehende Verpflichtungen ggü einem anderen (Außenverpflichtung), Anm 26 ff,
(2) die rechtlich oder wirtschaftlich verursacht sind, Anm 34 ff,
(3) sofern mit der tatsächlichen Inanspruchnahme ernsthaft zu rechnen ist (Wahrscheinlichkeit der Inanspruchnahme), Anm 42 f, wobei
(4) die künftigen Ausgaben nicht als AK/HK aktivierungspflichtig sein dürfen und
(5) kein Passivierungsverbot besteht, Anm 13.

2. Außenverpflichtung

a) Zweck des Kriteriums

Das Erfordernis einer am Bilanzstichtag sicher oder wahrscheinlich be- oder **26**
entstehenden **Verpflichtung ggü einem anderen** grenzt sog Innenverpflich-

tungen, dh Verpflichtungen, die sich der Kfm selbst auferlegt hat, von der Passivierung aus. Für die Passivierung als (ungewisse) Verbindlichkeit kommen nur Drittverpflichtungen in Frage. Diese Bedingung ergibt sich aus dem Wortlaut.

Aufgrund des Vorsichtsprinzips ist bei Unsicherheit über das Bestehen einer Verpflichtung auch dann bereits eine Rückstellung zu bilden, wenn die Wahrscheinlichkeit des Bestehens *unter* 50% liegt. Sie muss so wahrscheinlich sein, dass sie ein gedachter Erwerber des Unt bei der Kalkulation des Kaufpreises berücksichtigen würde (nach *Moxter* DStR 2004, 1057 Tz 2.1.1.3 reicht bereits eine Eintrittswahrscheinlichkeit von 25% aus; auch DStR 2004, 1098 Tz 4).

Abzulehnen ist *BFH* 8. 11. 2000, BStBl II, 2001, 570, wonach eine Verbindlichkeitsrückstellung dann nicht gebildet werden dürfte, wenn neben der Außenverpflichtung ein eigenes, gleichgerichtetes Interesse in der Erfüllung der Verpflichtung liegt (ebenso *Weber-Grellet* in Schmidt[24] § 5 Anm 362 mwN). Diese Auffassung verstößt gegen das Vollständigkeitsgebot des § 246, wonach sämtliche Schulden zu passivieren sind. Wäre es zulässig, allein durch plausible Begründung eines Eigeninteresses von der Passivierung abzusehen, könnte zB eine KapGes ihr Vermögen zu positiv darstellen, und es durch anschließende Ausschüttung zu Lasten der Gläubiger mindern, obwohl der Aufwand für die Erfüllung der Verpflichtung in folgenden Gj noch anfallen wird. Die Unvereinbarkeit dieser Auffassung mit der Gesetzessystematik zeigt folgendes

Beispiel: Ein ProduktionsUnt, das seine Tätigkeit fortführen möchte, wird die Gewährleistungsansprüche seiner Kunden regelmäßig auch aus dem nachvollziehbaren Eigeninteresse heraus begleichen, sich seine Kundschaft und damit seinen Marktzugang zu erhalten. Aufgrund der negativen Auswirkungen einer restriktiven Handhabung von Gewährleistungsansprüchen dürfte dieses Interesse die eigentliche Verpflichtung auch aus wirtschaftlicher Sicht wesentlich überlagern. Es ist sogar so, dass eine kulante und schnelle Abwicklung der Gewährleistungsansprüche (seien es berechtigte oder auch unberechtigte Ansprüche) als Werbeargument einen Beitrag zur Sicherstellung der künftigen Absatzchancen darstellt. Im Ergebnis müsste die Auffassung des BFH in diesem Falle dazu führen, dass Gewährleistungsrückstellungen überhaupt nicht mehr als Verbindlichkeitsrückstellung passiviert werden dürfen.

Das Gleiche gilt für folgende Sachverhalte, bei denen das Eigeninteresse ggü der Verpflichtung regelmäßig überwiegen dürfte:

- Gratifikationen und Jubiläumszuwendungen, die dem Arbeitnehmer vor dem Stichtag freiwillig zugesagt werden, um sich seine motivierte Arbeitskraft für die Zukunft zu sichern.
- Vertraglich vereinbarte Abfindungen, mit denen das Unt Mitarbeiter, die das Betriebsklima gestört haben, zur Zustimmung eines Aufhebungsvertrags gebracht hat.
- Drohende Inanspruchnahme aus Bürgschaften eines MU für das TU, wenn die Tätigkeit des TU im strategischen Interesse des MU liegt, und das TU ansonsten mangels ausreichender Kapitalisierung keine Fremdfinanzierung erhalten würde.
- Boni und Rabatte, die wichtigen Abnehmern gewährt werden, um diese an das Unt zu binden.

Abzulehnen ist die Auffassung des BFH auch deshalb, da sie ein nicht nachprüfbares subjektives Element in die Rechnungslegung einführt. Denn die Feststellung, was das konkrete Eigeninteresse des betroffenen Kfm ist, muss stets im Wege einer Wertung ermittelt werden, da es schwerlich möglich sein wird, für alle einschlägigen Lebenssachverhalte eine *objektive* Interessenslage zu ermitteln (s auch *Mayr* DB 2003, 740).

b) Unselbstständige Nebenleistungen und Nebenpflichten

27 Umstritten ist, ob **unselbstständige Nebenleistungen** als Bestandteile schuldrechtlicher Verpflichtungen zu passivierungspflichtigen Außenverpflichtungen

gehören. Entscheidend für die Beurteilung ist nicht, dass die Leistung selbstständig einklagbar ist, sondern dass die Aufwendungen erforderlich sind, um eine Außenverpflichtung erfüllen zu können. So sind etwa die Schadenbearbeitungskosten zur Erfüllung von versicherungsvertraglichen Verpflichtungen genauso erforderlich (*ADS*[6] § 249 Anm 57; aA *BFH* 10. 5. 1972, BStBl II, 827), wie es die Kosten der Konstruktion und der zeitgerechten Materialbestellung innerhalb des Fertigungsprozesses zur Erfüllung einer Werklieferungsverpflichtung sind (*Boetius* in HHR Anhang zu §§ 20, 21 KStG Anm 111). Das entspricht dem Gedanken des wirtschaftlichen Synallagmas, wie er vom *GrS BFH* in der Entscheidung zu den Drohverlustrückstellungen entwickelt wurde (*GrS BFH* 23. 6. 1997, BStBl II, 735). Einzubeziehen sind daher auch **interne Aufwendungen.**

Solche sind auch die Kosten einer Prüfung des JA auf Grund vertraglicher Verpflichtung zB ggü einem Kreditinstitut, für die die Finanzverwaltung keine Rückstellung zulässt, da es sich hierbei um eine Nebenverpflichtung aus dem Kreditvertrag handelt (*FinVerw* 19. 11. 1982, DStR 1983, 2; hierzu auch *HFA* Stellungnahme 2/1973 mit Ergänzung in WPg 1982, 407 und die Erl in Anm 100 „Jahresabschluss"). Zu Rückstellungen für Verwaltungskosten bei der Durchführung der betrieblichen Altersversorgung s Anm 251. **28**

c) Rechtliche Begründung oder faktischer Leistungszwang

Die Verpflichtung ggü einem Anderen kann rechtlich begründet sein oder in einem faktischen Leistungszwang bestehen. **Die rechtliche Begründung** einer Verpflichtung kann sich aus Zivilrecht (gesetzliche oder rechtsgeschäftliche Schuldverhältnisse, dingliche Rechte, Familien- oder Erbrecht) oder aus öffentlichem Recht ergeben (auch ggü dem Staat). Rückstellungen für **öffentlich-rechtliche Verpflichtungen** sind zB (Einzelheiten vgl Anm 100 unter dem jeweiligen Stichwort) die Rückstellungen für Altlastensanierung, die Rückstellungen für die gesetzliche Verpflichtung zur Aufstellung und Prüfung des JA und die Rückstellungen für die Verpflichtung zur Erstellung der die Betriebsteuern des abgelaufenen Jahres betreffenden Steuererklärungen. Öffentlich-rechtliche Verpflichtungen können unmittelbar auf dem Gesetz, auf einem besonderen Verwaltungsakt oder einem U beruhen (strafrechtliche Anordnung des Verfalls von Gewinnen *BFH* 6. 4. 2000, WPg 820f). Allgemeine Leitsätze, zB der verfassungsrechtliche Grundsatz, dass Eigentum verpflichtet (Art 14 Abs 2 GG), rechtfertigen noch keine Rückstellung. **29**

Im Falle einer **bürgerlich-rechtlichen Verpflichtung** muss die Person des Gläubigers nicht notwendig bekannt sein (zB Rückstellung für Produzentenhaftung). Die bürgerlich-rechtliche Verpflichtung braucht auch nicht einklagbar zu sein. So sind zB die Gebühren eines Ehevermittlungs-Unt, die vor Erbringung der vertragsmäßigen Leistungen vereinnahmt wurden, wegen der erst nach dem Bilanzstichtag zu erbringenden Leistungen als Passivposten (hier Rechnungsabgrenzung) anzusetzen, ungeachtet der nach § 656 Abs 1 S 2 BGB fehlenden Einklagbarkeit des Anspruchs des Kunden auf Rückforderung des Honorars (*BFH* 17. 8. 1967, BStBl II 1968, 80). Auch bei Verträgen, die eine auflösende Bedingung enthalten, hat der Verkäufer eine Rückstellung zu bilden, wenn am Bilanzstichtag eine überwiegende Wahrscheinlichkeit dafür bestand, dass die auflösende Bedingung eintritt (so für einen Rücktrittsvorbehalt *BFH* 25. 1. 1996, BStBl II 1997, 382; krit *Moxter* DB 1998, 2465ff). **30**

Faktische Verpflichtungen sind nicht einklagbare Leistungsverpflichtungen, denen sich der Kfm aus tatsächlichen oder wirtschaftlichen Gründen nicht entziehen kann (*BGH* 28. 1. 1991, BB, 507; *ADS*[6] § 249 Anm 52ff). Es muss sich dabei um Leistungen handeln, die ein ordentlicher Kfm als Schuld empfin- **31**

det und auch ohne Rechtspflicht erfüllt, auch auf Grund einer sittlichen Verpflichtung, der sich das Unt nicht entziehen zu können glaubt, zB bei Kulanzleistungen, Gewährleistungen (dazu Anm 112ff, vgl auch EStR 31c Abs 12). Den sittlichen Verpflichtungen hat der BFH rein wirtschaftliche Verpflichtungen gleichgestellt, „denen ein Kfm aus geschäftlichen Erwägungen heraus nachkommt, ohne dass ein Anspruch besteht, der vor den Gerichten mit Erfolg geltend gemacht werden kann. Eine Rückstellung muss stets gebildet werden, wenn der Zwang zur Erfüllung der Verpflichtung derart groß ist, dass ihm die Kaufleute, von wenigen Ausnahmefällen abgesehen, allgemein nachgeben würden" (*BFH* 29. 5. 1956, BStBl III, 212). Die Abgrenzung, wie stark der Kfm eine Erwartung des Kunden auf Kulanzleistung erwarten muss, ist schwierig. So wurden zB in *BFH* 10. 12. 1992, BStBl II 1994, 158 Rückstellungen für Nachbetreuungsleistungen an Hör- und Sehhilfen nicht zugelassen (zu den diesbezüglichen Widersprüchen zwischen BMF und Rspr s Anm 100 „Nachbetreuungsleistungen"). Nach *BFH* 15. 3. 1999, BFH/NV 1206 ist jedoch zweifelhaft, ob diese Ablehnung auch für andere Sachverhalte gelten kann, wenn eine – eventuell nur graduelle – stärkere Verknüpfung zwischen Veräußerung einer Ware und einer späteren kostenlosen Leistung vorliegt.

32 Rückstellungen für ungewisse Verbindlichkeiten sind nicht beschränkt auf die Verpflichtung zur Übereignung von Geld oder anderen VG. Rückstellungspflichtig sind auch **andere Verpflichtungen,** zB Dienst- oder Werkleistung, vgl zB Anm 100 „Altlastensanierung", „Rekultivierung", „Umweltschutzverpflichtungen".

d) Das Konkretisierungserfordernis

33 Eine ungewisse Verbindlichkeit muss **hinreichend konkretisiert** sein. Dies ist der Fall, wenn mit dem Be- oder Entstehen ernsthaft zu rechnen ist (*Moxter* in FS Forster, 430). Eine Verbindlichkeit muss dem Grunde nach zwar nicht mit Sicherheit, aber doch mit Wahrscheinlichkeit be- oder entstehen (verneint bei Leistungsprämien für Arbeitnehmer *BFH* 2. 12. 1992, BStBl II 1993, 110; verneint bei künftigen Beiträgen für einen Garantiefonds von Banken *BFH* 13. 11. 1991, BStBl II 1992, 178; bejaht bei satzungsmäßiger Rückzahlung von Vereinsbeiträgen *BFH* 28. 6. 1989, BStBl II 1990, 552). Die Aussage, dass hiervon ausgegangen werden könne, wenn mehr Gründe für als gegen das Be- oder Entstehen einer Verbindlichkeit (und einer künftigen Inanspruchnahme, dazu Anm 42f) sprechen (EStR 31c Abs 5), kann nicht iSe mathematischen Wahrscheinlichkeit (mehr als 50%) verstanden werden, weil Wahrscheinlichkeiten im Bereich des Be- oder Entstehens von Verbindlichkeiten nur selten nachprüfbar quantifiziert werden können. Als Indiz für die Wahrscheinlichkeit des Entstehens der Verbindlichkeit könnte dienen, ob ein gedachter Erwerber des ganzen Unt die Verpflichtung in seinem Kaufpreiskalkül berücksichtigen würde (*Moxter* in FS Forster, 430).

Nach ständiger BFH-Rspr soll eine ungewisse **öffentlich-rechtliche Verpflichtung** unmittelbar durch das Gesetz nur dann hinreichend konkretisiert sein, wenn das Gesetz (1) ein inhaltlich genau bestimmtes Handeln vorsieht, (2) ein Handeln innerhalb eines bestimmten Zeitraums fordert und (3) Sanktionen vorsieht (Konkretisierung *BFH* 19. 10. 1993, BStBl II, 892. Bejaht für die Verpflichtung zur Umrüstung einer Anlage nach dem Gesetz zum Schutz vor schädlichen Umwelteinwirkungen durch Luftverunreinigungen, Geräusche, Erschütterungen und ähnliche Vorgänge (BImSchG)/TA Luft *BFH* 27. 6. 2001, DB, 1698, s Anm 100 „Anpassungsverpflichtungen". Verneint für die Verpflichtung zu besonderen Maßnahmen bei der Entsorgung von Abfällen nach dem AbfG *BFH* 8. 11. 2000, BStBl II 2001, 570, s hierzu Anm 100 „Entsorgung"; *BFH* 19. 10. 1993, BStBl II, 892). Diese Bedingungen, die für die gesetzliche Verpflichtung zur Aufstellung des JA entwickelt wurden, statuieren ein „Sonderrecht für öffentlich-rechtliche Verpflichtungen" (s *ADS*[6] § 249 Anm 51 mwN), das keine Stütze im Gesetz findet (ebenso *Mayr* DB 2003, 740 mwN). Für die hinreichende Konkretisierung kann auch im Falle öffentlich-rechtlicher Verpflichtungen nur entscheidend sein, ob bei Fortführung des Unt mit dem Entstehen der Verbindlichkeit ernsthaft zu rechnen ist (vgl Anm 100 „Altlastensanierung").

3. Zeitpunkt der rechtlichen bzw wirtschaftlichen Verursachung

Eine (ungewisse) Verbindlichkeit ist dann zu passivieren, wenn sie am Bilanz- 34
stichtag *rechtlich* wirksam entstanden *oder wirtschaftlich* verursacht ist und eine wirtschaftliche Belastung darstellt. Fallen diese Zeitpunkte auseinander, ist bilanzrechtlich der frühere entscheidend. Auf den Zeitpunkt der Fälligkeit der Verpflichtung kommt es nicht an. Eine rechtlich entstandene Verbindlichkeit ist daher unabhängig von der Zuordnung zukünftiger Erträge zu bilanzieren (I. Senat des *BFH* 27. 6. 2001, DB 1698 unter Zusammenfassung der bisherigen Rspr unter Hinweis darauf, dass insoweit *BMF* 27. 9. 1988, DB 2279 keine Rechtsgrundlage hat; dies gilt auch für EStR 31 c Abs 2, 4, s *Koths* DB 2001, 1850). Der BFH stützt seine Ausführungen neben dem Vollständigkeitsgebot insb auch auf das Imparitätsprinzip des § 252 Abs 1 Nr 4 erster Halbsatz, sowie das Saldierungsverbot nach § 246 Abs 2: Die zum Stichtag vorhandenen Risiken sind vollständig zu erfassen, eine Verrechnung mit künftigen Erträgen ist unzulässig. Eine betriebswirtschaftliche Nettorealisation widerspricht dem Gesetz (kein „matching principle").

Auch nach Ergehen dieser Entscheidung des I. Senats bleibt in Literatur und Rspr (s zB Verweis auf aA des VIII. Senats des BFH bei *Weber-Grellet* BB 2003, 37 Tz 2) umstritten, ob bei der Beurteilung der Entstehung einer Verbindlichkeit nur auf den Zeitpunkt der wirtschaftlichen Entstehung oder auch auf die rechtliche Entstehung abzustellen ist (*Weber-Grellet* DB 2002, 2180; *Siegel* DStR 2002, 1636; *Wüstemann* Anm zu BFH 30. 1. 2002 BB 2002, 1688; *Moxter* DStR 2004, 1057 [Teil I], 1098 [Teil II]). Bedeutung hat dies in den Fällen, in denen die wirtschaftliche Entstehung der rechtlichen Verpflichtung zeitlich nachgelagert ist. So wäre nach dieser aA unter Verweis auf das Realisationsprinzip eine Rückstellungsbildung zum Zeitpunkt des Entstehens einer rechtlichen Verpflichtung dann zu verneinen, wenn dem aus der Verpflichtung resultierenden Aufwand künftige Erträge gegenüberstehen.

Den bilanztheoretischen Kern dieser Diskussion stellt die Frage dar, ob das Vollständigkeitsgebot dazu führen muss, dass bereits allein das rechtliche Bestehen einer Verpflichtung zu einer Passivierung führen *muss* (*Wassermeyer* WPg 2002, 10; *Gosch* DStR 2002, 977), oder ob das Realisationsprinzip das Vollständigkeitsgebot insoweit modifiziert bzw einschränkt (*Moxter* DStR 2004, 1098 Tz 3.2.2.6; *Weber-Grellet* DB 2002, 2180 Tz II.5). In der Auswirkung geht es darum, welcher der Bilanzfunktionen mehr Gewicht zukommt: Gläubigerschutz iVm dem Grundsatz der Kapitalerhaltung (durch Darstellung aller bestehenden Verpflichtungen, ohne Rücksicht auf zukünftig mögliche Erträge) oder Ermittlung der zum Bilanzstichtag bestehenden wirtschaftlichen Leistungsfähigkeit des Unt (betriebswirtschaftlicher Ansatz). Beides zusammen könnte nur dann erreicht werden, wenn bei der Bewertung der in Zukunft erwarteten, mit der Verpflichtung verbundenen Erträge mit gleicher Vorsicht wie bei der Bewertung der Verpflichtung selbst vorgegangen wird. Dh die Erzielung dieser Einnahmen müsste sowohl dem Grunde nach, als auch in ihrer angenommenen Höhe sowie der vermuteten Durchsetzbarkeit hinreichend wahrscheinlich sein, wobei auf Grund des Vorsichtsprinzip eine hohe Wahrscheinlichkeit zu fordern wäre (im Umkehrschluss nach *Moxter* DStR 2004, 1057 Tz 2.1.1.3 wohl mindestens 75%, s Anm 26), und nur der Barwert heranzuziehen sein dürfte. Die Praxis zeigt jedoch, dass dieser theoretische Ansatz selten umgesetzt wird, da der künftig erwartete Ertrag regelmäßig nur Ausfluss der Geschäftschance aus der weiteren Geschäftstätigkeit des Unt, und somit nicht hinreichend wahrscheinlich ist (ebenso *Moxter* DStR 2004, 1057 Tz 2.1.2.2: In Zweifelsfällen muss passiviert werden). Insb bei prüfungspflichtigen Unt wird vom AP bei klarem Vorliegen einer rechtlich entstandenen Verpflichtung zu Recht stets die Bildung einer Rückstellung mit Hinweis auf das Vollständigkeitsgebot gefordert. Die Unzulässigkeit der Saldierung künftiger Erträge bei der Bewertung einer rechtlich entstandenen Verpflichtung von kapitalmarktorientierten Unt trägt darüber hinaus auch den gestiegenen Informationsbedürfnissen des Kapitalmarktes Rechnung.

Folgt man *Weber-Grellet* DB 2002, 2180 Tz III.11 dahingehend, dass es auf Grund des Prinzips der Besteuerung nach der Leistungsfähigkeit wünschenswert wäre, Verpflichtungen nach Maßgabe der tatsächlichen wirtschaftlichen Belastung im jeweiligen Besteuerungszeitraum zu berücksichtigen, bedürfte es einer – weiteren – Abkoppelung der Steuerbilanz von der HB, die vom Gesetzgeber vorgenommen werden müsste.

35 Aufgrund von Rspr und bilanzieller Übung wird bei folgenden Sachverhalten gleichwohl das Realisationsprinzip im Rahmen der **Bewertung** berücksichtigt.

Für sog **Verteilungsrückstellungen** darf der voraussichtliche Erfüllungsbetrag auf die Laufzeit bis zur Fälligkeit bzw dem anzunehmenden Erfüllungszeitpunkt so aufgeteilt werden, dass es zu jährlich gleichmäßigen Zuführungen kommt (s zB Anm 100 „Abbruchkosten", „Entfernungsverpflichtungen"). Für die Steuerbilanz gilt diese Behandlung von Verteilungsrückstellungen auch auf Grund § 6 Abs 1 Nr 3a Buchst d EStG. Auch handelsrechtlich wird diese Methode der pauschalierten Aufteilung aus Vereinfachungsgründen zugelassen.

Eine eigenständige Bewertung erfahren auch **Ansammlungsrückstellungen** für Verpflichtungen wie zB Rekultivierung oder Verfüllung bei Gruben- und Schachtversatz. Grundsätzlich sind diese Verpflichtungen nach Abbaufortschritt zu bewerten. Dies ist kein Widerspruch zu der unter Anm 34 dargestellten Rspr, da der am jeweiligen Bilanzstichtag zu schätzende Gesamtaufwand für die Rekultivierung bzw den Rückbau nur in Höhe des bis dahin erfolgten Abbaus vorliegt. Eine Vereinfachung durch Ansammlung in gleichen Raten wird im Einzelfall für zulässig gehalten. Zu den Einzelfällen s Anm 100.

36 Auf die **wirtschaftliche Entstehung** kommt es demgegenüber an, wenn die Verbindlichkeit *noch nicht rechtlich entstanden* ist (erst zukünftig entstehende Verpflichtungen; *BFH* 27. 6. 2001, DB 1699 mwN). Eine dem Grunde nach ungewisse Verbindlichkeit soll nach ständiger Rspr des BFH wirtschaftlich verursacht sein, wenn „die *wirtschaftlich wesentlichen Tatbestandsmerkmale* der Verpflichtung erfüllt sind und das Entstehen der Verbindlichkeit nur noch von wirtschaftlich unwesentlichen Tatbestandsmerkmalen abhängt" (*BFH* 13. 5. 1998, DStRE 1999, 6 mwN; zu weiteren Kriterien s *Weber-Grellet* in Schmidt[24] § 5 Anm 386). Es kommt hierbei stets auf die Beurteilung des Einzelfalles an (s Anm 100). Gegen die Auffassung von *Schön,* BB 1994, Beilage 9, 4, dass es darauf ankomme, dass sich der Kfm der Verbindlichkeit nicht mehr entziehen kann, zurecht *Weber-Grellet* in Schmidt[24] § 5 Anm 385 unter Verweis auf das Vorsichtsprinzip.

4. Betriebliche Veranlassung

41 Die ungewisse Verbindlichkeit muss betrieblich veranlasst sein. Die mit ihr verbundenen Aufwendungen müssen aus steuerlicher Sicht Betriebsausgaben sein (*Weber-Grellet* in Schmidt[24] § 5 Anm 368 mwN). Bei KapGes ist dies regelmäßig der Fall, bei PersGes uU problematisch.

5. Wahrscheinlichkeit der Inanspruchnahme

42 Zu der Wahrscheinlichkeit des Be- oder Entstehens (Anm 33) einer ungewissen Verbindlichkeit muss noch die Wahrscheinlichkeit der Inanspruchnahme aus der Verbindlichkeit hinzukommen (*BFH* 17. 12. 1998, BStBl II 2000, 116). Überwiegend wird nicht zwischen der Wahrscheinlichkeit des Be- oder Entstehens der Verbindlichkeit und der Wahrscheinlichkeit der Inanspruchnahme unterschieden (*BFH* 2. 10. 1992, BStBl II 1993, 154; *BFH* 1. 8. 1984, BStBl II 1985, 44). Die Unterscheidung empfiehlt sich jedoch, weil zweierlei Risiken vorliegen können. So kann zB bei einer Schadensersatzverpflichtung zum einen Ungewissheit darüber bestehen, ob die Verpflichtung dem Grunde nach rechtlich besteht. Zum anderen kann bei rechtlich sicher oder wahrscheinlich bestehender Verpflichtung unsicher sein, ob der Gläubiger den Schuldner tatsächlich in Anspruch nehmen wird.

43 Bedingung für den Ansatz einer Rückstellung ist, dass der Kfm mit der Inanspruchnahme aus der betr Verpflichtung ernsthaft zu rechnen hat (*BFH* 17. 7. 1980, BStBl II 1981, 669). Eine Ungewissheit über den *Zeitpunkt* der Inanspruchnahme ist unerheblich (*BFH* 28. 3. 2000, BStBl II, 612). Die Annahme in EStR 31 c Abs 5, wonach mehr Gründe für als gegen die Inanspruchnahme sprechen müssen, greift zu kurz. Muss der Kfm davon ausgehen, dass der Gläubiger seinen Anspruch kennt, wie dies insb bei Verpflichtungen aus Verträgen und ähnlichen öffentlich-rechtlichen Verpflichtungen der Fall sein sollte, ist regelmäßig anzunehmen, dass die Inanspruchnahme erfolgen wird, wenn das Be- oder Entstehen der Verpflichtung wahrscheinlich ist (*BFH* 19. 10. 1993, BStBl II, 891). Nur wenn auf Grund der konkreten Umstände des Einzelfalls trotz rechtlich sicher oder wahrscheinlich bestehender Verpflichtung ausnahmsweise mit einer Inanspruchnahme mit an Sicherheit grenzender Wahrscheinlichkeit nicht zu rechnen ist, darf eine Rückstellung nicht gebildet werden. Dieser Grundsatz wurde vom BFH für Verpflichtungen zur Einlösung von sog Gutmünzen (Warengutschein) entwickelt, die als Verbindlichkeiten auszuweisen sind, weil sie aus einem Aktivazugang herrühren (*BFH* 22. 11. 1988, BStBl II 1989, 359; dazu § 247 Anm 207). Für Verpflichtungen, die der Antizipation künftiger Aufwendungen dienen und deshalb als Rückstellungen zu bilanzieren sind, sollte nichts anderes gelten (so auch *Herzig* DB 1990, 1347). Sehen vertragliche Vereinbarungen mehrere Gestaltungsmöglichkeiten des Vertragspartners vor, ist die konkrete Inanspruchnahme aus einer bestimmten Gestaltung erst wahrscheinlich, wenn andere, näher liegende Gestaltungsmöglichkeiten nicht mehr in Betracht kommen. So ist zB eine Kaufpreisminderung oder ein Schadenersatzanspruch noch nicht wahrscheinlich, wenn zum Stichtag Verhandlungen über Nachbesserungen an der Kaufsache stattfinden, und die Nachbesserung tatsächlich noch möglich ist. Die Beurteilung der Wahrscheinlichkeit ist hierbei für den Einzelfall anhand der Erfahrungen der Vergangenheit vorzunehmen (so zu Schadenersatz bei Nichtrückgabe von Leergut im Großhandel *BMF* 23. 4. 2001, DB, 1224).

44 Muss der Kfm nicht davon ausgehen, dass der Gläubiger seinen Anspruch bzw die Behörde den Grund für den Erlass einer Verfügung bereits kennt, kann auch

bei hinreichender Konkretisierung der Verpflichtung nicht ohne weiteres vermutet werden, dass eine Inanspruchnahme wahrscheinlich ist. Hier müssen vielmehr gute Gründe dafür sprechen, dass der Gläubiger von seinem Anspruch weiß oder erfahren wird und deshalb mit einer Inanspruchnahme ernsthaft zu rechnen ist. Eine Schadensersatzverpflichtung aus unerlaubter Handlung ist zB so lange nicht passivierungsfähig, so lange der Schuldner davon ausgehen kann, dass die Handlung unentdeckt bleibt (*BFH* 3. 7. 1991, BStBl II, 804 – „Untreuefall"). Aufdeckungswahrscheinlichkeit vom BFH bejaht für den Fall der strafrechtlichen Anordnung des Verfalls von Gewinnen, da das Gericht zur Anordnung des Verfalls verpflichtet ist (*BFH* 6. 4. 2000, WPg, 820). Gründe dafür, dass der Gläubiger von seinem Anspruch erfahren wird, können etwa in Erfahrungen in vergleichbaren Fällen im Unt oder bei anderen Unt bestehen. Indiz für die Wahrscheinlichkeit der Inanspruchnahme sollte sein, dass ein Käufer des ganzen Unt die ungewisse Verpflichtung kaufpreismindernd berücksichtigen würde (mit gleichem Argument für Verbindlichkeitsrückstellung bei bedingter Rückzahlungsverpflichtung *BFH* 4. 2. 1999, DB, 881).

Dass der Gläubiger oder bei öffentlich-rechtlichen Verpflichtungen die Behörde den Anspruch bei Aufstellung der Bilanz *bereits kennen muss* oder zumindest mit Kenntnisnahme *in Kürze* gerechnet werden muss, kann jedoch nicht gefordert werden (so aber zur Altlastensanierung *BFH* 19. 10. 1993, BStBl II, 891, *BFH* 11. 12. 2001, DStRE 2002, 541; *Weber-Grellet* BB 2003, 38). Dass es nicht richtig sein kann, allein darauf abzustellen, *wann* der Anspruch entdeckt werden wird, ergibt sich aus folgendem

Beispiel: Einem Steuerberater ist bewusst, dass er einen gravierenden und für einen Sachverständigen sofort ersichtlichen Beratungsfehler begangen hat, der auf Grund der Tatsache, dass der Mandant lückenlosen Anschluss-Betriebsprüfungen unterzogen wird, mit hoher Wahrscheinlichkeit noch vor Eintritt der Verjährung des Schadensersatzanspruchs erkannt werden wird. Würde man die Rückstellungsbildung erst zu dem Zeitpunkt zulassen, an dem der anspruchsbegründende Beratungsfehler tatsächlich entdeckt wird, würde man ignorieren, dass der Beratungsfehler als wertbegründendes Ereignis unter Berücksichtigung des Vollständigkeitsprinzips nach § 246 Abs 1 S 1 im Jahr der Verursachung zur Rückstellungsbildung führen muss. Entgegen der Auffassung von *Weber-Grellet* BB 2003, 38 hat der Zeitpunkt der Entdeckung des Anspruchs durch den Gläubiger nur mit der Frage zu tun, *wann,* aber nicht *ob* mit der Inanspruchnahme zu rechnen ist. Bedeutsam ist der Zeitpunkt der Entdeckung und damit der Inanspruchnahme daher lediglich für die separat zu beurteilende Frage der steuerrechtlichen Abzinsung der Rückstellung (s § 253 Anm 161).

45 Zur Auflösung von Rückstellungen nach Klageerhebung s Anm 21.

II. Rückstellungen für drohende Verluste

Schrifttum: *Forster* Rückstellungen für Verluste aus schwebenden Geschäften, WPg 1971, 393; *Woerner* Grundsatzfragen zur Bilanzierung schwebender Geschäfte, FR 1984, 496; *Winkler/Hackmann* Die Bewertung der Rückstellung für die Verpflichtung zur Rechnungstellung nach § 14 VOB/B, BB 1985, 1103; *Döllerer* Ansatz und Bewertung von Rückstellungen in der neueren Rechtsprechung des Bundesfinanzhofs, DStR 1987, 67; *W. Müller* Rückstellungen für drohende Verluste aus Dauerrechtsverhältnissen, BFuP 1987, 322; *Crezelius* Das sogenannte schwebende Geschäft in Handels-, Gesellschafts- und Steuerrecht, FS Döllerer, 81; *Groh* Verbindlichkeitsrückstellung und Verlustrückstellung: Gemeinsamkeiten und Unterschiede, BB 1988, 27; *Herzig* Bilanzrechtliche Ganzheitsbetrachtung und Rückstellung bei Dauerrechtsverhältnissen, ZfB 1988, 212. *Euler* Rückstellungen für drohende Verluste aus schwebenden Dauerrechtsverhältnissen, ZfbF 1990, 1036; *Eilers* Rückstellung für Altlasten: Umwelthaftungsgesetz und neueste Rechtsentwicklung, DStR 1991, 101; *Herzig* Rückstellungen als Instrument der Risikovorsorge in der Steuerbilanz, DStJG 1991, 199; *Kupsch* Zum Verhältnis von Einzelbewertung und Imparitätsprinzip, in FS Forster (1992), 339; *Küting/Kessler* Grundsätze ordnungswidriger Verlustrückstellungsbildung, DStR 1993, 1045; *Christiansen* Steuerliche Rückstellungsbildung, Bielefeld 1993, 38; *Christiansen* Drohende Verluste aus Beschaffungsdauerschuldverhältnissen, DStR 1993, 1242; *Herzig* Drohverlustrückstellungen für wirtschaftlich ausgewogene Geschäfte?, DB 1994, 1429; *Groh* Rechtsprechung zum Bilanzsteuerrecht, StuW 1994, 90; *Weber-Grellet* Maßgeblichkeitsschutz und eigenständige Zielstruktur der Steuerbilanz, DB 1994, 288; *Kübler* Vorsichtsprinzip versus Kapitalmarktinformation in FS Budde (1995), 361; *Herzig/Rieck* Saldierungsbereich bei Drohverlustrückstellungen im Gefolge der Apothekerentscheidung, DB 1997, 1881; *Küting/Kessler* Rückstellungsbildung nach der Entscheidung im „Apotheker-Fall", DStR 1997, 1665; *Küting/Kessler* Der Streit um den Apotheker-Fall: Meinungssache oder Stimmungsmache?, DB 1997, 2441; *Moxter* Zur Abgrenzung von Verbindlichkeitsrückstellungen und (künftig grundsätzlich unzulässigen) Verlustrückstellungen, DB 1997, 1477; *Clemm* Zur Bilanzierung von Rückstellungen für drohende Verluste, vor allem aus schwebenden Dauerschuldverhältnissen – Gedanken angesichts erkennbarer Tendenzen zur Reduzierung von Rückstellungen in Handels- und Steuerbilanzen, in FS Beisse (1997), 123; *Oser* Zum Saldierungsbereich bei Rückstellungen für drohende Verluste aus schwebenden Dauerschuldverhältnissen, BB 1997, 2367; *Weber-Grellet* Der Apotheker-Fall – Anmerkungen und Konsequenzen zum Beschluss des Großen Senats vom 23. 6. 1997 GrS 2/93, DB 1997, 2233; *Weber-Grellet* Der Apotheker-Fall – Neue Entwicklungen im Bilanzsteuerrecht, StbJb 1997/98, 275; *Küting/Kessler* Der Streit um den Apotheker-Fall: Meinungssache oder Stimmungsmache, DB 1997, 2443; *Büchele* Der Apotheker-Fall – Beschluss des Großen Senats vom 23. 6. 1997, DB 1997, 2447; *Babel* Zum Saldierungsbereich bei Rückstellungen für drohende Verluste aus schwebenden Geschäften, ZfB 68 (1998), 825; *Eckstein/Fuhrmann* Steuerliche Nichtanerkennung von Drohverlustrückstellungen – Abgrenzung zu anderen Rückstellungen, DB 1998, 529; *Erle* Drohverlustrückstellungen, BC 1998, 249; *Naumann* Zur Abgrenzung von künftig ertragsteuerrechtlich nicht mehr zu bildenden Drohverlustrückstellungen, insbesondere bei Kreditinstituten, BB 1998, 527; *IDW* Stellungnahme zum Entwurf eines Steuerentlastungsgesetzes 1999/2000/2002, WPg 1999, 26; *IDW* RS HFA 4, Stellungnahme zur Rechnungslegung: Zweifelsfragen zum Ansatz und zur Bewertung von Drohverlustrückstellungen, WPg 2000, 716; *Duske/Stalf* Verluste aus unfertigen Bauaufträgen auf dem Prüfstand: Abschied vom Grundsatz des Vorrangs der verlustfreien Bewertung vor der Drohverlustrückstellung? Anmerkungen zum Urteil des FG Rheinland-Pfalz vom 18. 11. 2002 und der Verwaltungsauffassung DStR 2003, 533.

1. Vorbemerkung

Gegenstand der Drohverlustrückstellung nach § 249 Abs 1 S 1 2. Alt ist der 51
Aufwandsüberschuss aus einem schwebenden Geschäft. Ziel ist die **Verlustantizipation.** Das Handelsbilanzrecht steht hier im Dienste des dem Gläubigerschutz verpflichteten gesellschaftsrechtlichen Prinzips der Kapitalerhaltung: Der in der Periode ermittelte Gewinn soll der Ges unbedenklich entzogen werden können. Das ist der Fall, wenn auch bei vollständiger Ausschüttung noch alle bereits verursachten Verluste abgedeckt sind (*Heddäus,* 14; *Groh* BB 1988, 28). Drohverlustrückstellungen dienen insoweit dem Gläubigerschutz.

In der Steuerbilanz dürfen Rückstellungen für drohende Verluste aus schwebenden Geschäften nicht gebildet werden (§ 5 Abs 4 a EStG).

Da es keine umgekehrte Maßgeblichkeit gibt, hat dies keinen unmittelbaren Einfluss auf die Handelsbilanz. Die handelsrechtlichen Grundsätze für die Ermittlung eines drohenden Verlustes gelten uneingeschränkt. Ein mittelbarer Einfluss ergibt sich demgegenüber aus einem im Vergleich zum handelsbilanziellen Ergebnis erhöhten Steueraufwand, der sich uU in einer höheren Steuerrückstellung in der Bilanz niederschlagen kann. Dies eröffnet die Möglichkeit zur Aktivierung latenter Steuern als Bilanzierungshilfe mit Ausschüttungssperre (§ 274 Abs 2).

Die bisher ergangene **Rechtsprechung des BFH** ist trotz der jetzigen steuerlichen Unbeachtlichkeit von Drohverlustrückstellungen weiterhin zu beachten, da deren Ansatz und Bewertung handelsrechtliche Fragen sind, zu denen der BFH als zuständiges Obergericht Stellung genommen hat (s auch *IDW PS* 201 Anm 8).

2. Schwebende Geschäfte

a) Begriff des schwebenden Geschäfts

52 Drohverlustrückstellungen dürfen nur angesetzt werden, wenn aus dem schwebenden Geschäft ein Verlust in Form eines Aufwandsüberschusses zu erwarten ist. Die Ermittlung dieser Saldogröße für den Ansatz umfasst gleichzeitig die Ermittlung der Höhe der Rückstellung. Ansatz und Bewertung sind bei der Bildung von Drohverlustrückstellungen somit nicht zu trennen. Obwohl in § 249 Abs 1 S 1 ausdrücklich erwähnt, sind Rückstellungen für drohende Verluste aus schwebenden Geschäften nur ein Unterfall für Rückstellungen für ungewisse Verbindlichkeiten (aA *Groh* BB 1988, 27ff). Daraus ergibt sich, dass eine Außenverpflichtung vorliegen muss (*IDW RS HFA 4* WPg 2000, 716 Tz 17). Aus Gründen der Objektivierung ist daher der Begriff „Geschäft" eng auszulegen. Es ist darunter ein **Vertrag** zu verstehen, der zweiseitig verpflichtend und auf Leistungsaustausch iSd §§ 320ff BGB gerichtet ist (zu nichtigen Verträgen vgl Anm 54). Der drohende Verlust ist somit ein **Verpflichtungsüberschuss** (*Moxter* DStR 1998, 512). Einseitige und sonstige Verpflichtungen wie Schenkung, Haftung oder gesellschaftsrechtliche Verpflichtungen wie Verlustübernahmeverpflichtung aus EAV resultieren nicht aus schwebenden Geschäften (*IDW RS HFA 4* WPg 2000, 716 Tz 4ff). In diesen Fällen kann eine Rückstellung für ungewisse Verbindlichkeiten zu bilden sein.

53 **Schwebend** ist ein Geschäft, das von der zur Lfg oder Leistung verpflichteten Vertragspartei noch nicht voll erfüllt ist (*GrS BFH* 23. 6. 1997, BStBl II, 737; zum Begriff *Woerner* FR 1984, 490; *Babel* ZfB 68 (1998), 828f; *Weber-Grellet* in Schmidt[24] § 5 Anm 453 jeweils mwN aus der Rspr). Die Leistungsverpflichtung kann in einer Sach- oder Dienstleistungsverpflichtung bestehen. Ein schwebendes Geschäft kann auf einen einmaligen Leistungsaustausch gerichtet sein (zB Kauf von Rohstoffen, Reparatur eines Anlagegutes) oder auch ein Dauerschuldverhältnis zum Gegenstand haben. Die schwebenden Geschäfte lassen sich daher wie folgt einteilen:

Einteilung der schwebenden Geschäfte

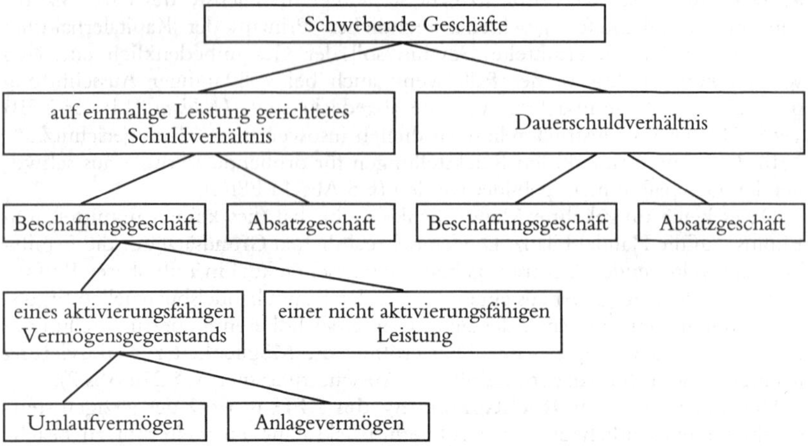

Bei **Dauerschuldverhältnissen** kommt dem Zeitmoment entscheidende Bedeutung zu. Der Umfang der Gesamtleistung hängt vom Zeitraum ab, während dessen die Leistung erbracht werden soll (zB Miete, Pacht, Leihe und Verwahrung). Diese Verträge sind zeitraumbezogen (Einzelheiten bei *Kramer* in MünchKomm Einl vom § 241 BGB Anm 85). Hierzu gehören auch **Sukzessivlieferverträge** (Abruf nach Bedarf von zB Wasser, Gas, Elektrizität, Bier). Diese sind im Kern Kaufverträge. Aufgrund der Vereinbarung sind aber periodisch gewisse Teillieferungen eines von vornherein bestimmten oder erst nach Bedarf bestimmbaren Umfangs zu erbringen. Der Umfang der Gesamtleistung ist dagegen bei Vertragsschluss unbestimmt. 54

b) Zeitlicher Umfang

aa) Beginn des Schwebezustands. Der Schwebezustand beginnt grds mit Vertragsabschluss, es sei denn, dass eine aufschiebende Bedingung die Rechtswirksamkeit hinausschiebt (*IDW RS HFA 4* WPg 2000, 716 Tz 7f: zB Gremienvorbehalt; anders jedoch, wenn aus wirtschaftlichen Zwängen mit der Gremienzustimmung gerechnet werden muss). Es reicht aber auch ein **Vorvertrag,** uU sogar, dass mit der Annahme eines bindenden Vertragsangebotes ernsthaft zu rechnen ist (nach *IDW RS HFA 4* WPg 2000, 716 Tz 9 wegen Vorsichtsprinzip insb wenn der Vertrag für den Kfm nachteilig ist). Der Vorvertrag ist ein schuldrechtlicher Vertrag, durch den die Verpflichtung zum späteren Abschluss eines Hauptvertrages begründet wird. Der Vorvertrag verpflichtet die Parteien, ein Angebot auf Abschluss des Hauptvertrages abzugeben und das Angebot des anderen Teils anzunehmen. Zivilrechtliche Nichtigkeit schadet aber nicht, wenn die Geschäftspartner den Vertrag als wirksam betrachten. Ob auch ein sog **Letter of intent** bzw **Memorandum of understanding** ausreichen, ist im Einzelfall zu beurteilen, da mit diesen Begriffen äußert unterschiedliche Vereinbarungen bezeichnet werden. Üblicherweise ist durch solche Vereinbarungen die Verfahrensweise von Verhandlungen (Exklusivität, Verschwiegenheit, Zeitablauf) und eine grobe Definition von Kaufgegenstand und erwarteter Preisspanne niedergelegt. Eine tatsächliche Verpflichtung zum Abschluss des Hauptvertrags ist in der Regel nicht enthalten. 55

bb) Ende des Schwebezustands. Der Schwebezustand endet mit Erfüllung durch den zur Lfg oder Leistung Verpflichteten, dh mit der Erfüllung der Hauptleistungspflicht, die den Vertragstyp charakterisiert und die die essentielle Leistungspflicht ist (*Babel* ZfB 1998, 829f). Anzahlungen durch den Anspruchsberechtigten der Hauptleistung sind reine Finanzierungsvorgänge. Sie haben keinen Einfluss auf den Schwebezustand. Sind nur noch unwesentliche Nebenpflichten offen, ist ein schwebendes Geschäft nicht mehr gegeben. Ob und wann ein Schwebezustand beendet ist, bestimmt sich nicht nach zivilrechtlicher, sondern nach **wirtschaftlicher Betrachtungsweise** (*GrS BFH* 23. 6. 1997, BStBl II, 737 mwN). Entscheidend ist, ob im bilanzrechtlichen Sinne Realisation eingetreten ist (*Heddäus,* 47 mwN). Erfüllt ist, wenn und soweit die geschuldete Leistung an den Gläubiger bewirkt wurde. Insoweit decken sich zivilrechtliche (§ 362 Abs 1 BGB) und wirtschaftliche Betrachtungsweise. Hat der zur Lfg oder Leistung Verpflichtete **teilweise erfüllt** und insoweit zulässigerweise einen Teilgewinn oder -verlust realisiert, kommt eine Drohverlustrückstellung nur noch für den Aufwandsüberschuss aus dem noch nicht erfüllten Teil des Vertrags in Frage (ebenso *IDW RS HFA 4* WPg 2000, 716 Tz 13). Voraussetzung ist, dass der Vertrag auch auf Teilleistungen Bezug nimmt. 56

c) Rückstellungsrelevanz

57 Schwebende Geschäfte dürfen **grundsätzlich nicht bilanziert werden.** Dies folgt aus dem Realisationsprinzip: Gewinne dürfen nur berücksichtigt werden, wenn sie am Abschlussstichtag realisiert sind (§ 252 Abs 1 Nr 4). Dh die Wertveränderung muss durch einen Umsatzakt bestätigt sein (*Moxter* DStR 1998, 509). Der Ertrag aus einem zweiseitigen verpflichtenden Vertrag ist nicht schon bei Vertragsschluss, sondern erst im Zeitpunkt der Leistungserbringung realisiert (§ 252 Anm 45). Es besteht während des Schwebezustands die widerlegliche Vermutung, dass sich die wechselseitigen Rechte und Pflichten aus dem Vertrag wertmäßig ausgleichen (*GrS BFH* 23. 6. 1997, BStBl II, 737 mwN). Die Verpflichtungen aus dem Vertrag sind keine bilanziellen Schulden für die Parteien, weil den betreffenden künftigen Aufwendungen künftige Erträge zuzurechnen sind (zu den verschiedenen Erklärungsansätzen für die Nichtbilanzierung vgl *Heddäus,* 48 ff; *Küting/Kessler* DStR 1993, 1046; *Crezelius* in FS Döllerer, 85). Darin liegt kein Verstoß gegen das Vollständigkeitsgebot. Dieses setzt das Bestehen eines bilanziellen VG oder einer Schuld voraus, bestimmt jedoch nicht, *wann* sie vorliegen.

58 Schwebende Geschäfte sind aber nur bilanziell irrelevant, solange sie ausgeglichen sind. Bei Störungen zum Nachteil des Bilanzierenden kann es zu einer Rückstellungspflicht kommen. Die Pflicht zur Passivierung einer Drohverlustrückstellung ergibt sich aus dem **Imparitätsprinzip** (§ 252 Abs 1 Nr 4). Danach sind alle Verluste zu berücksichtigen, die bis zum Abschlussstichtag entstanden sind. Ein Überschuss der Aufwendungen über die Erträge aus einem schwebenden Geschäft muss als Schuld bilanziert werden (*Moxter* in FS Forster, 435). Kernfrage ist dabei, welche Vorteile in die Gegenüberstellung einzubeziehen sind (dazu Anm 63 ff), nach welchen Gesichtspunkten der sog Kompensationsbereich mithin zu bestimmen ist. Künftige Rechnungslegungsperioden sollen von vorhersehbaren Risiken und Verlusten freigehalten werden, die am Bilanzstichtag zwar noch nicht realisiert, aber bereits verursacht sind. Die als Verlust ermittelten Beträge werden mit Hilfe einer Rückstellung gewinnmindernd berücksichtigt und entlasten damit künftige Perioden (*GrS BFH* 23. 6. 1997, BStBl II, 738). Was die steuerbilanzielle Behandlung der Drohverlustrückstellungen insb auch im Hinblick auf Dauerschuldverhältnisse angeht, ist die Entscheidung des Großen Senats durch die Einführung von § 5 Abs 4 a EStG überholt (Verbot der Bildung von Drohverlustrückstellungen in der **Steuerbilanz).**

3. Drohverlustrückstellungen in der Handelsbilanz

a) Objektivierung der Verlusterwartung

60 Für die Rückstellungsbildung genügt nicht die bloße Möglichkeit des Verlusteintritts. Der Verlust muss objektiv zu erwarten sein (*GrS BFH* 23. 6. 1997, BStBl II, 738 mwN). Dh, es müssen **konkrete Anzeichen** dafür vorliegen, dass der Wert der eigenen Verpflichtung aus dem Geschäft den Wert des Anspruchs auf die Gegenleistung übersteigt. Entscheidend dafür sind die objektiven Wertverhältnisse am Bilanzstichtag. Ein Verpflichtungsüberschuss droht zB bei einem schwebenden Veräußerungsgeschäft nicht schon deshalb, weil bei der Herstellung noch technische Probleme auftreten können. Mit dem Eintritt eines Verlustes ist ernsthaft erst dann zu rechnen, wenn bis zur Bilanzaufstellung bekannt geworden ist, dass und warum die zu erbringende Leistung insgesamt Kosten verursacht, die über dem Wert der vereinbarten Gegenleistung des Kunden liegen. Ob im konkreten Fall mit einem Verlust zu rechnen ist, lässt sich nur beurteilen, wenn Anspruch und Verpflichtung für sich bewertet werden. Die

Bewertung erfolgt nach den allgemeinen Grundsätzen zur Bewertung von Forderungen und Verbindlichkeiten. Vgl hierzu im Einzelnen § 253 Anm 167 ff sowie nachfolgende Anm 63 ff. Für die Frage, ob im Rahmen eines schwebenden Geschäftes der Wert der Verpflichtung den Wert des Anspruchs übersteigt, kommt es nicht darauf an, ob die Gegenleistung zu einem aktivierbaren VG führen wird (zB für die gesetzliche Verpflichtung zur Aufstellung des JA *BFH* 20. 3. 1980, BStBl II, 297). Ein drohender Verlust kann also nicht schon damit begründet werden, dass der Empfang der Gegenleistung zu Aufwand führt.

Eine Rückstellung für drohende Verluste aus schwebenden Geschäften ist auch dann zu bilden, wenn das verlustbringende Geschäft **bewusst eingegangen** wurde (*ADS*[6] § 249 Anm 145 mwN; aA *Weber-Grellet* DB 1994, 291; diesen widerlegend *Oser* BB 1997, 2370). 61

Das Objektivierungserfordernis wird konkretisiert durch die **Ausgeglichenheitsvermutung.** Daraus ergibt sich zwar keine Beweislastumkehr (so etwa *Herzig/Rieck* DB 1997, 1884), sondern nur eine Umkehr der Darlegungslast (dies war bis zum Verbot der Drohverlustrückstellung in der Steuerbilanz im Verhältnis zur Finanzbehörde von Bedeutung). Zur Erfüllung der Darlegungslast reicht aber die bloße Behauptung eines Aufwandsüberschusses nicht aus. Der Bilanzierende muss hinreichend konkrete Anhaltspunkte für die Unausgeglichenheit (den Aufwandsüberschuss) glaubhaft darlegen können. Liegen diese vor, ist eine Drohverlustrückstellung zu bilden. 62

b) Kompensationsbereich

Rückstellungsfähig ist nur der Verpflichtungsüberschuss aus einem schwebenden Geschäft. Es handelt sich dabei um eine **Saldogröße.** Sie ergibt sich aus der Saldierung der wechselseitigen Ansprüche und Verpflichtungen aus dem Schuldverhältnis. Dabei ist die Rückstellung selbst keine Ausnahme vom Saldierungsverbot. Dies ergibt sich unmittelbar aus dem Gesetz. Denn nur für die „Verluste" aus einem schwebenden Geschäft sind Rückstellungen zu bilden. Der Verlust ist aber notwendig eine Saldogröße (s dazu *Eckstein/Fuhrmann* DB 1998, 530 mwN). In den Saldierungs- oder Kompensationsbereich einzubeziehen sind die wechselseitigen Leistungen, zu denen sich die Vertragsparteien verpflichtet haben, um die Gegenleistung des anderen Vertragspartners zu erhalten. Dabei gilt eine **wirtschaftliche Betrachtungsweise** (*GrS BFH* 23. 6. 1997, BStBl II, 738 mit im Ergebnis breiter Zustimmung, vgl nur *Herzig/Rieck* DB 1997, 1882 f). 63

In den Kompensationsbereich einzubeziehen sind zunächst die Hauptleistungspflichten des Leistungsverpflichteten (zB Lfg der Maschine). Es handelt sich dabei um das **schuldrechtliche Synallagma.** Diese Verpflichtung ist von der Gegenseite einklagbar. Vertragliche Nebenleistungspflichten des Leistungsverpflichteten (zB Einweisung in die Maschinenführung nach dem Kauf einer Maschine) gehören ebenfalls zum schuldrechtlichen Synallagma und sind in gleicher Weise von der berechtigten Partei einklagbar. Auch sie gehören unstreitig zu den in den Kompensationsbereich einzubeziehenden Ansprüchen. Wirtschaftliche Vorteile, die nach den Vorstellungen der Vertragsparteien subjektive Vertragsgrundlage sind (zB Standortvorteil), gehören zum **wirtschaftlichen Synallagma,** das nach der neueren Rspr des BFH ebenfalls einzubeziehen ist (*GrS BFH* 23. 6. 1997, BStBl II, 738; krit *Clemm* in FS Beisse, 133). Auch Vorteile, die anlässlich des Vertrages anfallen (zB öffentliche Zuschüsse für den Erwerb des Anlagegutes), gehören zu den wirtschaftlichen Vorteilen, auch wenn kein Anspruch gegen den Hauptleistungsverpflichteten, sondern **gegen einen Dritten** besteht. Entscheidend ist hierbei, dass der Vertrag kausal für die Entste- 64 hung des wirtschaftlichen Vorteils ist. Es gilt insoweit ein strikter **Kausalitätszusammenhang.** Die Kausalität ist auch bei Vorteilen aus weiteren Verträgen gegeben, die aus Anlass des Hauptgeschäftes geschlossen wurden (zB Termingeschäfte zur Sicherung einer Fremdwährungsforderung – zur Bewertungseinheit vgl Anm 65). Gleichfalls einzubeziehen sind Vorteile aus einer Folgehandlung, die ohne den Hauptvertrag nicht möglich wäre. Dies ist etwa der Fall, wenn eine Maschine ohne Verlust weiter veräußert wurde, obwohl die Einstandspreise für den Erwerb der Maschine gesunken sind. Ausgenommen sind allerdings alle Vorteile, die sich nicht aus Anlass, sondern nur **bei Gelegenheit** des Vertrages ergeben haben (dh nicht kausal auf dem Vertragsschluss beruhen). Hierzu gehören zB günstige Lieferangebote eines Konkurrenten des Vertragspartners, weil auch dieser Geschäftsbeziehungen mit dem Abnehmer aufbauen möchte. Kompensationsfähig sind demzufolge alle Vorteile aus dem Gegenseitigkeitsverhältnis der Vertragsparteien und Vorteile mit Dritten, die *ohne den Vertrag nicht möglich* gewesen wären. Vorteile von Dritten, die bei Gelegenheit des Vertrages, aber auch ohne den Vertrag möglich gewesen wären, sind dagegen nicht kompensationsfähig. Siehe auch *IDW RS HFA 4* WPg 2000, 716 Tz 19 iVm Tz 25 f.

65 Bei der Ermittlung des Kompensationsbereiches gilt der Grundsatz der Einzelbewertung (§§ 246 Abs 2, 252 Abs 1 Nr 3). Dieser wird durchbrochen durch das Institut der **Bewertungseinheit** (hierzu eingehend *Heddäus,* 62 ff). Danach müssen ausnahmsweise gegenläufige Erfolgskomponenten saldiert werden (*Weber-Grellet* DB 1997, 2235 mwN). Einzubeziehen sind etwa Rückgriffsansprüche (zB aus Bürgschaft) oder Deckungsgeschäfte (zB durch gegenläufige Devisentermingeschäfte zur Absicherung von Devisengeschäften). Voraussetzung ist, dass die Gewinn- und Verlusterwartungen aus gegenläufigen Rechtsgeschäften in einem engen Zusammenhang stehen (wirtschaftlich ineinandergreifende Vorgänge) und das Gegengeschäft bei vernünftiger kaufmännischer Betrachtung den befürchteten Nachteil ausgleicht (*Weber-Grellet* DB 1997, 2236). Bewertungseinheiten sind insb im Zusammenhang mit der Absicherung von Kursrisiken (Aktien oder Devisen), das sog Hedgen, denkbar (dazu *Prahl/Naumann* in HdJ II/10 Anm 176 ff; *Naumann* BB 1998, 530).

c) Konkurrenzverhältnis

66 Nach dem Verbot der Bildung von Drohverlustrückstellungen in der Steuerbilanz und der Entscheidung des Großen Senats des BFH im Apotheker-Fall 23. 6. 1997, BStBl II, 738 (weiter Saldierungsbereich) gewinnt die Abgrenzung und Konkurrenz iSd Frage nach der Vorrangigkeit der Drohverlustrückstellung zu den Verbindlichkeitsrückstellungen und zur Abschreibung auf den niedrigeren beizulegenden Wert (bzw steuerliche Teilwertabschreibung, wobei diese nur noch bei dauernder Wertminderung zulässig ist, s § 253 Anm 13 ff) sowie zur erhaltenen Anzahlung und zum passiven RAP eine bisher so nicht gekannte Bedeutung (*Moxter* DStR 1998, 513). Aufgrund des Maßgeblichkeitsprinzips ist die handelsbilanzielle Behandlung entscheidend.

67 **aa) Abgrenzung zur Verbindlichkeitsrückstellung.** Das Vorliegen eines schwebenden Geschäftes schließt eine Verbindlichkeitsrückstellung nach § 249 Abs 1 S 1, 1. Alt nicht aus (*Moxter* DStR 1998, 513; *Naumann* BB 1998, 527; *BFH* 16. 9. 1970, BStBl II 1971, 85). Es besteht ein **Vorrang der Verbindlichkeitsrückstellung** ggü der Drohverlustrückstellung (*Erle* BC 1998, 251; *Moxter* DStR 1998, 514). Eine Verbindlichkeitsrückstellung ist zu bilden im Falle eines Erfüllungsrückstandes (*Eckstein/Fuhrmann* DB 1998, 530; *Naumann* BB 1998, 528). Mit Drohverlustrückstellungen wird dagegen der Überschuss (Saldo) künftiger Aufwendungen über zurechenbare künftige Erträge passiviert

(s auch *Moxter* DStR 1998, 513; ähnlich *Groh* BB 1988, 32; zT anders Rspr des BFH, etwa zum Mutterschutzgesetz *BFH* 2. 10. 1997, DStR 1998, 23; *BFH* 20. 1. 1993, BStBl II, 373; dazu *Groh* StuW 1994, 94; *BFH* 24. 8. 1983, BStBl II 1984, 273, dazu kritisch *Groh* in Baetge, Rückstellungen in der Handels- und Steuerbilanz, 81; *Moxter* DStR 1998, 514; *Naumann* BB 1998, 528). Die Verbindlichkeitsrückstellung steht somit in Zusammenhang mit vergangenen, die Drohverlustrückstellungen dagegen mit künftigen Ereignissen (*Groh* BB 1988, 27). Ein Erfüllungsrückstand liegt zB vor, wenn ein Datenverarbeitungs-Unt zur Speicherung von Daten nach dem Bilanzstichtag verpflichtet ist, die Vergütung aber schon vor dem Stichtag erhalten hat (*Moxter* DStR 1998, 514). Unabhängig davon, ob ein Dauerschuldverhältnis ausgeglichen ist, sind **Leistungs- oder Erfüllungsrückstände** als Rückstellungen für ungewisse Verbindlichkeiten zu bilanzieren (hierzu *Sarx* in FS vom Wysocki, 94; *W. Müller* BFuP 1987, 324f; *Groh* BB 1988, 28). Fallen bei einem Dauerschuldverhältnis Leistung und Gegenleistung nicht periodengleich an, stellt das Mehr an in Anspruch genommener Leistung ggü der erbrachten Gegenleistung einen Erfüllungsrückstand dar (*BFH* 3. 12. 1991, BStBl II 1993, 92 zur Pachterneuerungspflicht). Weitere Beispiele für Rückstellungen wegen Erfüllungsrückständen sind der noch nicht genommene Urlaub (Anm 100 „Urlaub"), in späteren Jahren zu zahlende Gratifikationen (Anm 100 „Gratifikationen") und die Jubiläumszuwendungen (Anm 100 „Jubiläumszuwendungen").

bb) Die Abgrenzung zur Abschreibung ist hauptsächlich im Rahmen von 68
Absatzgeschäften bei der Bewertung unfertiger Erzeugnisse und Leistungen von Bedeutung. Soweit zB ein insgesamt verlustbringender Kaufvertrag abgeschlossen wurde, stellt sich für den Verkäufer die Frage, ob eine Drohverlustrückstellung zu bilden ist oder die unfertigen Erzeugnisse, auf die sich der Kaufvertrag bezieht, auf den niedrigeren beizulegenden Wert abzuschreiben sind (verlustfreie Bewertung). Diese Teilwertabschreibung würden auch steuerlich sofort aufwandswirksam werden, da die Wertminderung bis zum Absatzzeitpunkt anhält und daher dauerhaft iSv *BMF* 25. 2. 2000, BStBl I 372, Tz 23 ist. Ohne Bestehen zB eines Kaufvertrages über ein unfertiges Erzeugnis wäre eine Teilwertabschreibung einer ggü dem Marktpreis zu teuren Fertigung zwingend. Das Vorliegen eines Absatzgeschäftes kann zu keiner anderen Beurteilung führen. Die **Teilwertabschreibung** ist daher **vorrangig** (ebenso *IDW* RS HFA 4, WPg 2000, 716 Tz 21f). Fraglich ist aber, ob Verluste in der erwarteten Gesamthöhe oder nur anteilig nach dem Fertigstellungsgrad durch Teilwertabschreibung antizipiert werden müssen. Grenze ist in jedem Fall die Höhe des bisherigen Ansatzes der AK/HK. Da eine Verpflichtung zur Fertigstellung auf Grund der eingegangenen Lieferverpflichtung besteht, sind die *gesamten erwarteten Verluste* durch die Teilwertabschreibung zu berücksichtigen (aA *FG Rheinl-Pfalz* 18. 11. 2002 DStRE 2003, 321 nrkr; *BMF* 14. 11. 2000, BStBl I 1514 zu halbfertigen Bauten auf fremdem Grund und Boden bei Bau-Unt: Nur insoweit, als die bisher angefallenen AK/HK über dem Teil der Vergütung liegen, der bezogen auf den Fertigstellungsgrad anteilig auf die halbfertigen VG entfällt; auch *BMF* 27. 4. 2001, DStR 1527 zu halbfertigen Erzeugnissen: Der auf den künftigen Produktionsfortschritt entfallende Verlust sei dem schwebenden Geschäft und damit der Drohverlustrückstellung zuzuordnen; allerdings hat *BFH* 28. 4. 2004 DStR, 1249 mit Anm *Hoffmann* in einem Aussetzungsbeschluss ernstliche Zweifel ggü einer solchen Aufteilung geäußert. Aus den Entscheidungsgründen lässt sich jedoch nicht sicher ableiten, ob der BFH in der Hauptsache – wie hier vertreten – den Vorrang der Teilwertabschreibung ggü der Rückstellung für drohende Verluste bestätigen würde. S auch *Hoffmann* Bilanzierung und Bewertung von halbfertigen Erzeugnissen, DB 2001, 2016; *Wulf/Roessle* Bilanzierung und Be-

wertung unfertiger Bauaufträge bei Verlustgeschäften, DB 2001, 393 mit Rechenbeispiel). Mit zutreffenden Argumenten gegen die Auffassung des *FG Rheinl-Pfalz* sowie des *BMF* auch *Duske/Stalf* DStR 2003, 533 insb unter Verweis auf den Teilwertbegriff, wonach der beizulegende Wert dem entspricht, was ein gedachter Erwerber des gesamten Unt für den einzelnen VG bereit wäre zu zahlen: Ist der VG einem verlustbringenden Geschäft zugeordnet, hat er keinen Nutzen mehr daraus, also wird er dafür nichts aufwenden.

In der Praxis wird vielfach so verfahren, dass ein drohender Verlust von den AK/HK der dem verlustbehafteten Geschäft zuzurechnenden Vorräte abgesetzt wird und nur ein die AK/HK übersteigender Teil des Verlustes als Rückstellung bilanziert wird (auch *IDW RS HFA 4* WPg 2000, 716 Tz 21 hält dieses Verfahren für zulässig). Die Bildung einer Rückstellung für drohende Verluste aus Verkaufsgeschäften ist im Übrigen nur dann geboten, wenn mit der Herstellung noch nicht begonnen wurde, oder die Bestände (noch) nicht auftragsbezogen sind. Nach *IDW RS HFA 4* WPg 2000, 716 Tz 22 ist die Rückstellung dann aber mit Fertigungsfortschritt im Umfang der niedrigeren Bewertung der VG abzubauen. Teilwertabschreibungen sind in der **Steuerbilanz** nur bei voraussichtlich dauernder Wertminderung zulässig (s § 253 Anm 13). Jedenfalls im Rahmen eines verlustträchtigen Absatzgeschäftes, dessen Abwicklung zeitnah bevorsteht, dürfte diese Voraussetzung für den Verkäufer erfüllt sein.

d) Drohverluste bei auf einmalige Leistung gerichteten Schuldverhältnissen

69 **aa) Beschaffungsgeschäfte über aktivierungsfähige Vermögensgegenstände oder Leistungen.** Bei Beschaffungsgeschäften über VG des Anlage- und Umlaufvermögens gilt als Wert des Leistungs- oder Lieferungsanspruches der Wert, mit dem die bestellten VG bei bereits erfolgter Lfg oder Leistung zum Bilanzstichtag anzusetzen wären. Danach ist beim **Anlagevermögen** auf die AK oder die niedrigeren Wiederbeschaffungskosten und uU auf den Ertragswert (Barwert aller zukünftigen Einnahmenüberschüsse, s § 253 Anm 290) abzustellen (zB bei durch Ölkrise unter den vereinbarten Kaufpreis gesunkenem Teilwert eines neu angefertigten Tankers). Die Wertminderung muss dauerhaft sein (Anm 72; gilt nicht für Finanzanlagen, § 253 Abs 2 S 3, § 279 Abs 1).

70 Eine Rückstellung ist bei Beschaffungsgeschäften über Gegenstände des **Umlaufvermögens** zu bilden, wenn der sich aus dem Börsen- oder Marktpreis am Bilanzstichtag ergebende Wert oder der den bestellten VG am Schlussstichtag beizulegende Wert unter dem vereinbarten Kaufpreis liegt (§ 253 Abs 3 S 1 und 2). Ob für den Börsen- oder Marktpreis oder den beizulegenden Wert der Absatz- oder Beschaffungsmarkt maßgeblich ist, entscheidet sich nach den für die Vorratsbewertung entwickelten Grundsätzen (§ 253 Anm 516). Für Handelswaren können beide Märkte maßgebend sein (§ 253 Anm 519). Das Niederstwertprinzip gebietet es jedoch, dann nicht auf die niedrigeren Wiederbeschaffungskosten abzuschreiben, wenn feststeht oder mit an Sicherheit grenzender Wahrscheinlichkeit davon ausgegangen werden kann, dass die Waren zu einem höheren als dem Anschaffungswert veräußert werden können (aA *Kupsch* in FS Forster, 352). Daher darf insoweit auch vor Abschluss des Verkaufs der Waren keine Drohverlustrückstellung gebildet werden (glA *Eckstein/Fuhrmann* DB 1998, 531; aA *ADS*[6] § 249 Anm 153 mwN). Wertminderungen nach dem Bilanzstichtag dürfen bei der Rückstellungsbildung ebenso berücksichtigt werden wie bei der Bewertung bereits angeschaffter VG des Umlaufvermögens (§ 253 Anm 616ff).

71 Eine Rückstellung für drohende Verluste aus einem schwebenden Beschaffungsgeschäft über **Finanzanlagen** ist etwa zu bilden, wenn zwischen dem Zeit-

punkt des Abschlusses des Übernahmevertrages (vor dem Bilanzstichtag) und der späteren Übertragung einer Beteiligung Umstände eintreten (etwa eine nachhaltige Verschlechterung der Ertragslage), die den Ertragswert unter die AK sinken lassen.

Da der Gegenstand der Drohverlustrückstellung die Verlustantizipation ist 72
(Anm 51), muss sie vorgenommen werden, wenn bei Erwerb eines VG eine Bewertung mit dem niedrigeren beilzulegenden Wert zwingend wäre. Dies ist nach § 253 Abs 2, 3 beim Umlaufvermögen stets, beim Anlagevermögen nur bei dauerhafter Wertminderung der Fall (gilt nicht für Finanzanlagen, § 253 Abs 2 S 3, § 279 Abs 1). Rückstellungen sind jedoch **nicht** gerechtfertigt, wenn nach Anschaffung eine außerplanmäßige Abschreibung wegen voraussichtlich nur **vorübergehender Wertminderung** zulässig wäre (*IDW RS HFA 4* WPg 2000, 716 Tz 30f). Gleiches gilt, wenn nach Anschaffung eine Abschreibung im Rahmen vernünftiger kaufmännischer Beurteilung (§ 253 Abs 4) zulässig wäre oder wenn eine Abschreibung auf den nur steuerlich zulässigen niedrigeren Wert in Frage käme (§§ 254, 279 Abs 4).

bb) Beschaffungsgeschäfte über nicht aktivierungsfähige Leistungen. 73
Hierzu zählen zB der Werkvertrag über die Erstattung eines Gutachtens, über die Prüfung des JA oder über Beförderungsleistungen. Bei der Ermittlung der Ausgeglichenheit kann es hier nicht darauf ankommen, wie diese Leistung nach Erbringung im JA anzusetzen wäre, da sie nicht aktivierungsfähig ist. Stattdessen kommt es auf den **wirtschaftlichen Wert der Leistung** an (ebenso *IDW RS HFA 4* WPg 2000, 716 Tz 32). Es gilt auch hier die Vermutung der Ausgeglichenheit: Der wirtschaftliche Wert der Leistung wird danach idR dem Wert der Gegenleistung entsprechen. Ein Verlust kann ausnahmsweise drohen, wenn eine Leistung mit gleichem Nutzen von einem anderen Anbieter zu einem **günstigeren Preis** zu erhalten gewesen wäre, oder die im Auftrag gegebene Leistung so nicht (mehr) benötigt wird und der Auftrag daher eine **Fehlmaßnahme** darstellt. Nach *IDW RS HFA 4* WPg 2000, 716 Tz 32 kann eine Drohverlustrückstellung nur bei völlig fehlendem oder sehr geringem Wert angesetzt werden, falls die Ermittlung des wirtschaftlichen Werts der Leistung für den Unt-Erfolg im Einzelfall schwierig ist (Argument: Wenn die Auswirkung der Einzelmaßnahme auf den Unt-Erfolg schwer abzuschätzen ist, besteht die Gefahr, dass nicht nur drohende Verluste, sondern auch entgehende zukünftige Gewinne berücksichtigt werden).

In der steuerlichen Rspr wurde die Bildung einer Drohverlustrückstellung bei Zusammenhang mit nicht aktivierungsfähigen Leistungen grds abgelehnt (zu tarifvertraglicher Verdienstsicherung für ältere Arbeitnehmer *BFH* 25. 2. 1986, BStBl II, 465; dazu *Herzig* DStJG 1991, 223). Dies kann schon deshalb nicht richtig sein, weil damit der Zweck der Vorschrift – Verlustantizipation zur Kapitalerhaltung (Anm 51) – für den gesamten Bereich der Beschaffungsgeschäfte über *nicht aktivierungsfähige Leistungen* verfehlt würde. Überdies ist nicht verständlich, dass nach der neueren Rspr *nicht aktivierungsfähige wirtschaftliche Vorteile* bei der Ermittlung eines drohenden Verlustes zu berücksichtigen sind (vgl Anm 64), aber *nicht aktivierungsfähige Leistungen* wie in den oben genannten Bsp unberücksichtigt bleiben sollen. Schließlich werden auch nicht die (schuldrechtlichen) Verpflichtungen aus dem Vertrag bilanziert, sondern ein evtl Aufwandsüberschuss bei Erfüllung der Verpflichtung. Daher kann es auf die Aktivierungsfähigkeit der einzelnen Verpflichtung nicht ankommen.

cc) Absatzgeschäfte. Ein Verlustrisiko besteht bei schwebenden Absatzge- 74
schäften darin, dass der Bilanzierende zur Erfüllung seiner Verpflichtungen Aufwendungen in Kauf nehmen muss, die nicht mehr durch den zurechenbaren

Erlös gedeckt sind (*BFH* 19. 3. 1998, DB, 126). Dazu kann es kommen, wenn ein Verlustgeschäft bewusst eingegangen wurde (zB um einen Konkurrenten aus dem Markt zu drängen), die Kosten falsch kalkuliert wurden oder der Wert der Gegenleistung (zB durch Wechselkursänderung) gesunken ist. Wird in einem Rechtsgeschäft einem Abnehmer ein Warensortiment verkauft, für das insgesamt eine Mischkalkulation gemacht wurde, darf eine Drohverlustrückstellung nur gebildet werden, wenn das gesamte Geschäft verlustbringend ist.

75 Zur Bewertung von Verpflichtung und Gegenleistung § 253 Anm 168 ff.

e) Dauerschuldverhältnisse

76 Zum Begriff vgl Anm 54. Drohverlustrückstellungen sind auch für Dauerschuldverhältnisse im Prinzip zulässig. Es gelten die gleichen Grundsätze wie für Geschäfte, die auf einen einmaligen Leistungsaustausch gerichtet sind (Anm 69 ff). Dauerschuldverhältnisse sind nur insoweit schwebende Geschäfte, als sie noch nicht abgewickelt sind (**Restwertbetrachtung;** *IDW RS HFA 4* WPg 2000, 716 Tz 14). Nur für den nicht abgewickelten Teil kann ein Verpflichtungsüberschuss bestehen, und nur insoweit kann eine Drohverlustrückstellung in Frage kommen. Hinsichtlich des abgewickelten Teils kann ein *Erfüllungsrückstand* (zB nicht genommener Urlaub, Anm 100 „Urlaub") bestehen. Der abgewickelte Teil ist *nicht* in den Kompensationsbereich zur Beurteilung des Drohverlustes (Anm 63 ff) einzubeziehen (nicht ganz eindeutig für zunehmende Verpflichtungen aus Wartungsverträgen *BFH* 3. 7. 1980, BStBl II, 648; Betrachtung der Gesamtlaufzeit eines Mietvertrags *BFH* 19. 7. 1983, BStBl II 1984, 56; keine Rückstellung für Verpflichtung des Leasinggebers, den Leasingnehmer bei Vertragsablauf am Verwertungserlös zu beteiligen *BFH* 8. 10. 1987, BStBl II 1988, 57; keine Rückstellung bei tarifvertraglicher Verdienstsicherung für ältere Arbeitnehmer *BFH* vom 25. 2. 1986, BStBl II, 465; Differenzierung zum Sparvertrag mit steigenden Zinsen – Zuwachssparen – *BFH* 20. 1. 1993, BStBl II, 375). Auch für Dauerschuldverhältnisse dürfen in der **Steuerbilanz** keine Drohverlustrückstellungen angesetzt werden (§ 5 Abs 4 a EStG).

77 **aa)** Bei **Dauerbeschaffungsgeschäften** (zB Arbeitsverträge auf Seiten des Arbeitgebers, Mietverträge auf Seiten des Mieters, Darlehensverträge beim Darlehensnehmer) müssen die nicht in Geld bestehenden Leistungsansprüche bewertet werden. Die Bewertung kann sich am Absatz- oder am Beschaffungsmarkt orientieren. Der BFH ließ dies offen und stellte darauf ab, welchen Beitrag der Anspruch (zB die Möglichkeit zur Nutzung der Mietsache) zum Erfolg des Unt leistet (*GrS BFH* vom 23. 6. 1997, BStBl II, 738 iZm Absatzgeschäften – Apothekenurteil). Das deutet auf eine Teilwertbetrachtung hin. Dieser Wert wurde dann vom BFH zu Recht als im Regelfall nicht feststellbar bezeichnet, weil die Auswirkungen der einzelnen Produktionsfaktoren auf das Betriebsergebnis nicht hinreichend objektivierbar sind. Durch diesen Ansatz wurde eine Komplexität in die Bilanzierung gebracht, die nicht lösbar ist und durch Ignorieren der Risiken für das Unt beseitigt wurde. Der BFH ließ daher Drohverlustrückstellungen bei Dauerbeschaffungsgeschäften, obwohl im Grundsatz handelsbilanziell zulässig, im Ergebnis regelmäßig nicht zu. Die Vermutung der Ausgeglichenheit eines schwebenden Geschäftes wäre damit bis auf Ausnahmefälle unwiderlegbar. Damit würde die gesetzliche Regelung nahezu ausgehebelt, da der Zweck der Vorschrift (Anm 51) verfehlt wird. Eine Ausnahme sollte nur dann in Betracht kommen, wenn sich das Geschäft als Fehlmaßnahme erweist, weil der Sach- oder Dienstleistungsanspruch des Unt für den Betrieb keinen Wert hat (*GrS BFH* vom 23. 6. 1997, BStBl II, 738 mwN). Dagegen ist einzuwenden, dass bei der Abschreibung von VG auf den niedrigeren beizulegenden Wert und bei der Bildung von Verlustrückstellungen im Falle von Beschaffungsgeschäften über aktivierungspflichtige VG eine beschaffungsmarktorientierte Verlustantizipation erfolgt. Hier bestimmt sich ein niedrigerer Teilwert gerade dann nach den Wiederbeschaffungskosten, wenn sich zB bei Roh-, Hilfs- und Betriebsstoffen ein drohender Verlust nicht durch einen Vergleich mit Absatzpreisen bestimmen lässt. Der Umstand, dass bei Verträgen über die Nutzung von VG keine aktivierbaren und damit abschreibbaren VG erworben werden, rechtfertigt keinen Verzicht auf die Rückstellungsbildung. Daher halten wir es für richtig, die nicht in Geld bestehenden Leistungsansprüche im Rahmen schwebender Dauerbeschaffungsgeschäfte mit den aktuellen **Beschaffungspreisen** für die nötigen Leistungen zu bewerten (im Ergebnis ebenso *Herzig* DStJG 1991, 224; *Euler* ZfbF 1990, 1036, marktübliche Beschaffungspreise; *Christiansen,* 106; *ders* DStR 1993, 1244 ff mit Ausnahme von Arbeitsverhältnissen; für eine auf Fälle von Fehlmaßnahmen beschränkte beschaffungsmarktorientierte Verlustermittlung bei Dauerbeschaffungsgeschäften *Kessler,* 377). Diese am Beschaffungsmarkt orientierte Bewertung führt zB zu Verlustrückstellungen, wenn die gleiche Leistung zu einem niedrigeren Preis beschafft werden könnte (hierzu Anm 100 „Leasing-Verträge“, „Mietverträge“) oder eine gemietete Anlage überdimensioniert ist.

bb) Bei **Absatzgeschäften** mit Dauerschuldcharakter (zB die Vermietung von Räumen), ist zur Ermittlung des Verpflichtungsüberschusses der Wert des Anspruchs auf die Gegenleistung (zB dem Mietzins) mit dem Geldwert der Aufwendungen zu vergleichen, die zur Erbringung der Leistung erforderlich sind (*GrS BFH* 23. 6. 1997, BStBl II, 738 mwN). Im Falle der Vermietung gehören dazu der vom Vermieter selbst aufgewandte Mietzins, wenn er selbst nicht Eigentümer, sondern Zwischenmieter ist (so im Apothekerfall *GrS BFH* 23. 6. 1997, BStBl II, 735). Beim Eigentümer, der vermietet, gehören dazu die Abschreibung (AfA) der Mietsache, Fremdfinanzierungskosten und der laufende Unterhalt. Anzusetzen sind nur die tatsächlichen Aufwendungen, nicht kalkulatorische Kosten (*Eifler,* 129f). Ein Zuschlag für entgangenen Gewinn darf nicht eingerechnet werden (*Eifler,* 130; *Forster* WPg 1971, 394). Vgl zu den Einzelheiten der Bewertung § 253 Anm 184 und zu einzelnen Anwendungsfällen Anm 100. 78

f) Aufzeichnungspflicht

Die vollständige und richtige Erfassung ggf drohender Verluste ist nur gewährleistet, wenn die Ansprüche und Verpflichtungen aus einem schwebenden Geschäft unabhängig von ihrer Bilanzierungsfähigkeit bzw -pflichtigkeit aufgezeichnet werden. Da Drohverlustrückstellungen gem § 249 Abs 1 S 1 Fall 2 in der HB gebildet werden müssen, ergibt sich eine entspr Aufzeichnungspflicht aus dem Gesetz. 79

III. Anwendungsfälle (einschließlich Bewertung)

Schrifttum: S jeweils Anm 1, 24 und 51.

S auch ABC bei *Weber-Grellet* in Schmidt[24] § 5 Anm 550, *Herzig/Köster* HdJ III/5 Anm 383 ff, *Heuer/Raupach* in HHR § 5 EStG Anm 2200. 100

Abbruchkosten. Wegen der vertraglichen Verpflichtung zum Abbruch von Gebäuden auf fremdem Grund und Boden ist eine Rückstellung für die voraussichtlichen Abbruchkosten zu bilden (*BFH* 19. 2. 1975, BStBl II, 480, vgl zur erforderlichen Konkretisierung *BFH* 12. 12. 1991, BStBl II 1992, 600; *FG Bremen* 10. 5. 1994, EFG, 1084 rkr). Das Gleiche gilt für öffentlich-rechtliche

Verpflichtungen (*FG Hamburg* 9. 3. 1964, EFG 530, rkr). Die jährliche Zuführung zur Rückstellung ergibt sich in Höhe der durch die Anzahl der Jahre bis zur Erfüllung der Verpflichtung geteilten Differenz zwischen den Abbruchkosten nach den Preisverhältnissen des Bilanzstichtags und dem Stand der Rückstellung am vorangegangenen Bilanzstichtag. Dabei entfällt eine Abzinsung (*BFH* 19. 2. 1975, BStBl II, 482). Diese Vorgehensweise steht der unter Anm 34 dargestellten Rspr entgegen, ist aber GoB. S auch die Erl zu „Entfernungsverpflichtungen".

Abfall. S „Entsorgung".

Abfindung. Eine Rückstellung für die *zukünftige* Abfindung an langjährige Mitarbeiter hat das BFH abgelehnt (*BFH* 9. 5. 1995, BFH/NV, 970). Anders, wenn vertragliche Verpflichtung besteht.

Abraumbeseitigung. Vgl Anm 111.

Abrechnungskosten. Sie entstehen durch die Erstellung einer prüfungsfähigen Abrechnung. Die Verpflichtung hierzu ergibt sich im kaufmännischen Verkehr oft als Nebenleistungspflicht. Dies gilt vor allem für das Werkvertragsrecht. Explizit geregelt ist die Pflicht zur Vorlage einer prüfungsfähigen Schlussrechnung im Baugewerbe in § 14 VOB/B. Mit Abnahme der Bauleistung (§ 12 VOB/B) hat der Auftragnehmer seine Leistungspflicht im Wesentlichen erfüllt und den Anspruch auf die Vergütung anzusetzen. Die noch ausstehende Abrechnung stellt eine Nebenleistung zu dem bereits erfüllten Lieferungsgeschäft dar, die über die übliche Rechnungsstellung hinaus besondere Berechnungs- und Abrechnungsmodalitäten umfasst. S EStH 31c Abs 3 „Abrechnungsverpflichtung". Die Rückstellung ist zu Vollkosten zu bewerten (*BFH* 25. 2. 1986, BStBl II, 788; ähnlich *BFH* 18. 1. 1995, BStBl II, 742; *Weber-Grellet* in Schmidt[24] § 5 Anm 550 „Abrechungspflicht"; *Winkler/Hackmann* BB 1985, 1103). Gleiches gilt für Abrechnung nach den allgemeinen Bedingungen für Gas- und Elektrizitätsversorgung (*BFH* 18. 1. 1995, BStBl II, 742). Zur Abgrenzung der Verpflichtung nach § 14 VOB/B von der Verpflichtung zur Erteilung einer Rechnung in anderen Fällen s *Döllerer* DStR 1987, 68.

Abschlussgebühren für Bausparverträge. Nach *BFH* 12. 12. 1990, BStBl II 1991, 479; *BFH* 12. 12. 1990, BStBl II 1991, 485; *BFH* 12. 12. 1990, BFH/NV 1992, 8, haben Bausparkassen für die ungewisse Verpflichtung, an Bausparer, die nach Zuteilung auf das Bauspardarlehen verzichten, bei Vertragsabschluss erhobene unverzinsliche Einlagen zurückzuzahlen, Verbindlichkeitsrückstellungen zu bilden. Bei der Bewertung der Rückstellung ist die Wahrscheinlichkeit der Rückzahlung auf Grund von Rückzahlungen in der Vergangenheit zu schätzen. Die Rückstellung ist in der HB nicht abzuzinsen (zur Abzinsung in der Steuerbilanz nach § 6 Abs 1 Nr 3a Buchst e s § 253 Anm 161). Näheres bei *Groh* StuW 1992, 182; *Döllerer* ZGR 1992, 588; *Clemm* BB 1991, 2115 speziell zur Nichtabzinsung. Zum Fonds zur bauspartechnischen Absicherung s *IDW* WPg 1995, 374: zweckgebundene Rücklage.

Altauto/Altbatterie/etc. Zu Rücknahmeverpflichtungen s allgemein „Produktverantwortung".

Altersfreizeit und -mehrurlaub. Nach *FG Nds* 15. 10. 1987, DB 1988, 1976 rkr kann bei Gewährung eines zusätzlichen Urlaubsanspruchs von 28 Tagen für ältere Arbeitnehmer keine Rückstellung für drohende Verluste aus schwebenden Geschäften gebildet werden. Begründet wird dies damit, dass der Wert der Arbeitsleistung als Beitrag zum Gesamterfolg des Unt nicht bestimmbar sei. Zur Kritik vgl Anm 51 ff; s auch unten „Arbeitnehmer".

Altersteilzeit. Nach dem Altersteilzeitgesetz (ATG) können zwei Altersteilzeitmodelle gewählt werden:

Modell I sieht während der gesamten Altersteilzeitperiode die Vereinbarung einer reduzierten täglichen Arbeitszeit vor.

Modell II (Blockmodell) besteht in der Vereinbarung einer Beschäftigungsphase mit unverminderter Arbeitszeit aber vermindertem Lohn und einer sich anschließenden Phase der vollständigen Freistellung von der Arbeitspflicht unter Weiterzahlung von Lohn (Freistellungsphase).

Für beide Modelle gilt, dass vermindertes Arbeitsentgelt und Aufstockungsbetrag des Arbeitgebers gleichmäßig geleistet werden. Nach *BMF* 11. 11. 1999, BStBl I, 959 Tz 16 ist bei *Modell 1* auch dann keine Verbindlichkeitsrückstellung zu bilden, wenn die Arbeitsleistung stärker als der Lohn reduziert wird. Auch eine Drohverlustrückstellung hat die Rspr bei Verminderung der Arbeitsleistung des Arbeitnehmers generell nicht zugelassen, s „Arbeitnehmer". Für *Modell II (Blockmodell)* ist eine Verbindlichkeitsrückstellung auf Grund Erfüllungsrückstandes zu bilden, die während der Beschäftigungsphase ratierlich anzusammeln ist (*BMF* 11. 11. 1999, BStBl I 959 Tz 17ff; *Förschle/B. Naumann* DB 1999, 157 mwN). Anzusetzen ist der Barwert, *IDW RS HFA* 3, Tz 16, WPg 1998, 1063.

Für die Verpflichtung des Arbeitgebers zur Zahlung von Aufstockungsbeträgen auf das reduzierte Arbeitsentgelt ist ebenfalls eine Verbindlichkeitsrückstellung in voller Höhe zum Zeitpunkt der Entstehung der Verpflichtung anzusetzen (keine ratierliche Ansammlung, ebenso keine Drohverlustrückstellung, da die Aufstockungsbeträge auf Grund ihres Abfindungscharakters außerhalb des wirtschaftlichen Synallagmas und damit des schwebenden Geschäftes „Arbeitsvertrag" stehen, näher Anm 64; s auch *Förschle/B. Naumann* DB 1999, 159; aA *Schaefer* BB 1997, 1890).

Die Rückstellungen sind grundsätzlich im Zeitpunkt des Abschlusses einer Altersteilzeitvereinbarung (Zeitpunkt des Vertragsschlusses) zu bilden. Der Passivierungszeitpunkt kann aber auch vor dem Zeitpunkt des Vertragsschlusses liegen, wenn der Arbeitnehmer durch Abschluss eines Tarifvertrages oder einer Betriebsvereinbarung eine unentziehbare „Option" auf Abschluss einer Altersteilzeitvereinbarung erlangt hat (zum Passivierungszeitpunkt s *Förschle/B. Naumann* BB 1999, 158f; aA *BMF* 11. 11. 1999, BStBl I, 959 Tz 17ff: kontinuierliche Anwachsung ab Beginn der Altersteilzeit).

Der Arbeitgeber kann bei Neueinstellung eines sozialversicherten Arbeitnehmers einen zeitlich begrenzten gesetzlichen *Anspruch* auf teilweise Erstattung des Aufstockungsbetrags haben, der bei der Rückstellungsbildung gegenzurechnen ist. Lediglich *erwartete* Erstattungsansprüche dürfen nicht rückstellungsmindernd berücksichtigt werden, da die Vermögensmehrung in Form des Erstattungsanspruchs nicht als zwangsläufige Konsequenz der Vereinbarung von Alters-Teilzeitarbeitsverhältnissen eintritt, sondern davon abhängt, ob eine Neueinstellung beabsichtigt und am Arbeitsmarkt realisierbar ist (*Förschle/B. Naumann* DB 1999, 160; näher zu den Voraussetzungen der rückstellungsmindernden Einbeziehung nicht aktivierbarer Ersatzansprüche § 253 Anm 157; modifizierend *BMF* 11. 11. 1999, BStBl I, 959 Tz 17ff: Rückstellung erst ab Antragstellung auf Erstattung; bei positiver Verbescheidung Aktivierung der Erstattungsforderung).

Ausführlich zu *BMF* 11. 11. 1999, BStBl I, 959 s *Höfer/Kempkes* DB 1999, 2537. Graphisches Beispiel zur Steuerbilanz *Bode/Hainz* DB 2004, 2436.

Altlastensanierung. Unter *Altlasten* versteht man gefahrenträchtige Verunreinigungen des Bodens und des Grundwassers; sog Kontamination. Eine Sanierungsverpflichtung (Dekontamination) kann sich aus öffentlichem Recht oder aus Zivilrecht ergeben (letzteres aus §§ 823, 906, 1004 BGB sowie Vertrag). Zur Entwicklung der verwaltungsgerichtlichen Rechtsprechung ausführlich *Kügel* NJW 2000, 107.

Öffentlich-rechtliche Sanierungsverpflichtungen beruhen nur in seltenen Ausnahmefällen auf Vorschriften in Spezialgesetzen, dh den Abfallgesetzen des Bundes und der Länder und dem Wasserhaushaltsgesetz (hierzu *Eilers* DStR 1991, 102; *Rürup* in FS Forster, 538), dem Bundes-Bodenschutzgesetz (BBodSchG; hierzu *Götz* WPg 2001, 492 mwN) oder dem Bundes-Immissionsschutzgesetz (BImSchG). Öffentlich-rechtliche Verpflichtungen zur Sanierung von Altlasten ergeben sich vielmehr regelmäßig aus der Generalklausel zur Gefahrenabwehr des allgemeinen Polizei- und Ordnungsrechts. Die ordnungsrechtliche Sanierungsverantwortung trifft den Handlungsstörer (Verursacher der Verschmutzung) und den Zustandsstörer (der an dem verschmutzten Grundstück Berechtigte, dh vor allem den Eigentümer), wobei die Störerauswahl im pflichtgemäßen Ermessen der Ordnungsbehörde steht. In der Praxis werden überwiegend die Zustandsstörer zur Sanierung verpflichtet. Aufgrund des im Ordnungs- und Polizeirecht geltenden Opportunitätsprinzips ist die Behörde grundsätzlich nur berechtigt und nicht verpflichtet, Maßnahmen zur Gefahrenabwehr anzuordnen. Bei schweren Umweltschädigungen wird jedoch eine Pflicht zum Einschreiten angenommen (hierzu *Bordewin* DB 1992, 1098). Ist der Kfm insolvent, ist spätestens mit Eröffnung des Insolvenzverfahrens von der überwiegenden Wahrscheinlichkeit des Tätigwerdens der Behörde auszugehen.

Zivilrechtliche Sanierungsverpflichtungen können sich außer aus dem Nachbarrecht und dem Deliktsrecht (hierzu *Eilers* DStR 1991, 103) aus dem Umwelthaftungsgesetz (hierzu *Herzig/Köster* DB 1991, 53) ergeben.

Eine öffentlich-rechtliche Sanierungsverpflichtung ist nach hM bereits dann hinreichend konkretisiert, wenn der Kfm weiß, dass eine Altlast vorliegt, für die er als Handlungs- oder Zustandsstörer in Anspruch genommen werden kann (so zB *Crezelius* DB 1992, 1359; *Herzig* DB 1990, 1349; *Rürup* in FS Forster, 539). Die Altlast muss der Ordnungsbehörde noch nicht bekannt sein und es muss noch kein Verwaltungsakt vorliegen. Nach ständiger BFH-Rspr soll jedoch eine ungewisse öffentlich-rechtliche Verpflichtung unmittelbar durch das Gesetz nur dann hinreichend konkretisiert sein, wenn das Gesetz (1) ein inhaltlich genau bestimmtes Handeln vorsieht, (2) ein Handeln innerhalb eines bestimmten Zeitraums fordert und (3) Sanktionen vorsieht (*BFH* 27. 6. 2001, DB, 1698 mwN; s „Umweltschutzverpflichtungen"). Die Anwendbarkeit dieser Grundsätze auf Beseitigungsverpflichtungen im Rahmen der Umweltsanierung wird ganz überwiegend bestritten (hierzu *Kupsch* BB 1992, 2322 mwN). In *BFH* 19. 10. 1993, BStBl II, 892 wurde diese Frage ausdrücklich offengelassen. Die Rückstellungsbildung erfordert außerdem, dass mit der *Inanspruchnahme aus der Verpflichtung ernsthaft zu rechnen* ist (s Anm 42 ff). Der BFH hat auch dazu festgestellt, dass bei einseitigen (zivil- und öffentlich-rechtlichen) Verbindlichkeiten mit einer Inanspruchnahme nur dann zu rechnen sei, wenn der Gläubiger bzw die zuständige Fachbehörde den Anspruch kennt oder zumindest in Kürze kennen wird. Damit wird dem Vorsichtsprinzip nicht ausreichend Rechnung getragen (s Anm 44; abzulehnen daher *BMF* 25. 2. 2000, BStBl I, 372 Tz 12: Keine Rückstellung wenn die Behörde mangels akuter Umweltgefährdung erst bei Nutzungsänderung eine Dekontamination fordern wird). Indiz dafür sollte sein, ob ein gedachter Erwerber des Unt die Kontamination kaufpreismindernd berücksichtigen würde (glA *Herzig* DB 1990, 1347; *Moxter* in FS Forster, 430). Ob auf Grund der Aufgabenstellung und der tatsächlichen Tätigkeit der Umweltbehörden bei Vorliegen einer Altlast immer damit gerechnet werden muss, dass die Kontamination in absehbarer Zeit von den Behörden ermittelt wird (so *Bartels* BB 1992, 1101) erscheint zweifelhaft (vgl hierzu auch *Groh* DB 1993, 1836). In diesem Zusammenhang ist auch darauf hinzuweisen, dass die FinVerw befugt sein können, Erkenntnisse über Verstöße gegen Umweltschutzbestimmungen an die jeweiligen Umweltschutzbehörden weiterzugeben (*BMF* 1. 7. 1993, DB 1993, 1449).

Das Vorliegen einer Altlast kann auch dazu führen, dass auf das Grundstück eine *außerplanmäßige Abschreibung* nach § 253 Abs 2 S 3 bzw eine *Teilwertabschreibung* nach § 6 Abs 1 Nr 2 S 2 EStG vorzunehmen ist (zum Bundesbodenschutzgesetz – BBodSchG *Roller* WPg 2001, 492 mwN). Die Abschreibung des Grundstücks und die Bildung einer Rückstellung sind unabhängig voneinander zu beurteilen, sollten aber zusammengenommen regelmäßig die gesamten künftigen Sanierungsaufwendungen abdecken. Dabei wird unterstellt, dass die vorstehend genannten Kriterien für die Bildung einer Rückstellung erfüllt sind, nicht jedoch notwendig die Anforderungen der Rspr. Altlasten führen nur dann zu einer außerplanmäßigen Abschreibung bzw Teilwertabschreibung eines nicht zur Veräußerung bestimmten Grundstücks, wenn die Nutzbarkeit des Grundstücks durch die Kontamination eingeschränkt ist. Eine Teilwertabschreibung ist aber auch darüberhinaus zulässig. Dies ist zB der Fall, wenn Grund und Boden wegen einer Altlast nicht wie geplant bebaut, sondern nur als Parkplatz genutzt werden darf. Grund für die Abschreibung sind dann nicht die künftigen Sanierungsaufwendungen, sondern ist die Nutzungsbeeinträchtigung durch die Kontamination. Das Ausmaß der Abschreibung bestimmt sich grundsätzlich unabhängig von der Höhe der Sanierungsaufwendungen nach dem Ausmaß der Nutzungsbeeinträchtigung (aA *Budde* in FS Forster, 111f: Abschreibung auf den Veräußerungspreis des kontaminierten Grundstücks mit Hinweis auf *BFH* 12. 12. 1990, BStBl II 1991, 196 zur Einheitsbewertung). Im Bsp ergibt sich der beizulegende Wert bzw Teilwert aus dem Marktwert eines vergleichbaren nicht bebaubaren Grundstücks. Die Abschreibung ist aber auf den Betrag der Sanierungsaufwendungen (zuzüglich der Nutzungsausfälle bis zur Sanierung) begrenzt (*Rautenberg* WPg 1993, 272f). Die Nutzungsbeschränkung stellt keine vorübergehende Wertminderung dar, so dass Abschreibungspflicht besteht. Eine Wertminderung ist nämlich nur dann vorübergehend, wenn sie ohne aufwandswirksame Maßnahmen des Unt beseitigt werden kann (ähnlich *BMF* 25. 2. 2000, BStBl I, 372 Tz 13: Dauerhafte Wertminderung, wenn mangels Aufforderung der Behörde oder geplanter Nutzungsänderung Dekontamination in absehbarer Zeit nicht zu erwarten ist). Die spätere Durchführung der Sanierungsmaßnahmen führt zu nachträglichen HK, soweit die ursprüngliche Nutzbarkeit wiederhergestellt wird (ähnlich *BMF* 25. 2. 2000, BStBl I, 372 Tz 13: Zuschreibung bis höchstens zur Höhe der ursprünglichen AK). Unabhängig von einer Abschreibung des Grundstücks ist für die öffentlich-rechtliche Sanierungsverpflichtung eine Rückstellung zu bilden (für Vorrang der Rückstellungsbildung in einem uE nicht bestehenden Konkurrenzverhältnis zur Abschreibung *Herzig* in FS Moxter, 244; *ders* WPg 1991, 618f; *Bartels* WPg 1992, 82; *Kupsch* BB 1992, 2326f; *IDW* WPg 1992, 326). Eine Abschreibung wegen eingeschränkter Nutzbarkeit mindert eine wegen der Sanierungsverpflichtung erforderliche Rückstellung, soweit die Sanierungsmaßnahmen zu nachträglichen HK führen, weil insoweit eine „kompensierte" Verpflichtung vorliegt (vgl *Förschle/Scheffels* DB 1993, 1200). Der Verkehrswert des kontaminierten Grundstücks stellt nur dann dessen beizulegenden Wert bzw Teilwert dar, wenn das Grundstück zur Veräußerung bestimmt ist. In diesem Fall kann es dazu kommen, dass stille Reserven die Abschreibung mindern (*Förschle/Scheffels* DB 1993, 1202). Übersteigen die Sanierungsaufwendungen den Veräußerungspreis des Grundstücks im nicht kontaminierten Zustand, ist iHd Differenzbetrags eine Rückstellung wegen drohender Zuzahlung zu bilden (*IDW* WPg 1992, 326).

Altreifen. Nach Ansicht der FinVerw ist eine Rückstellung für künftige Maßnahmen zur Vernichtung von abgelagerten Altreifen erst dann zulässig, wenn der Stpfl zur Entsorgung durch Verwaltungsakt aufgefordert wurde (*BMF* 12. 12. 1992, DStR, 357). Diese Auffassung ist abzulehnen (mit gleicher Begründung wie bei „Altlastensanierung").

Anpassungsverpflichtungen. Die Betreiber genehmigungspflichtiger Anlagen können auf der Grundlage des Gesetzes zum Schutz vor schädlichen Umwelteinwirkungen durch Luftverunreinigungen, Geräusche, Erschütterungen und ähnliche Vorgänge (Bundes-Immissionsschutzgesetz – BImSchG) verpflichtet werden, die Anlagen durch Nachrüstung oder Veränderung so anzupassen, dass bestimmte Emissionsgrenzwerte eingehalten werden (zB nach der TA Luft). Die Verpflichtung kann sich entweder unmittelbar aus dem Gesetz oder aus einem vollziehenden Verwaltungsakt ergeben (s Anm 29). Die konkrete gesetzliche Verpflichtung zB der TA Luft führt zum Ansatz einer Verbindlichkeitsrückstellung bereits im Zeitpunkt des rechtlichen Entstehens der Verpflichtung. Der Erlass eines Verwaltungsakts ist dann für die Verpflichtung nicht erforderlich; ein Verwaltungsakt führt aber zumindest zu der für öffentlich-rechtliche Verpflichtungen vom BFH zusätzlich geforderten Konkretisierung (hierzu s Anm 29). Es ist unerheblich, dass die Anpassung wirtschaftlich die Einhaltung von Grenzwerten für die künftige Produktion erlauben soll (*BFH* 27. 6. 2001, DB, 1698; s auch Anm 34). Eine Rückstellung ist nicht vorzunehmen, wenn der Aufwand zu HK führt. Auf eine in einem Verwaltungsakt festgesetzte Anpassungsfrist kommt es für die Beurteilung des Passivierungszeitpunkts nicht an. Wurde eine Anpassungsfrist versäumt und ist insoweit mit einem Bußgeld zu rechnen, ist hierfür ebenfalls eine Verbindlichkeitsrückstellung zu bilden.

Anschaffungs- und Herstellungskosten. Zu HK-Zuschüssen eines Kunden an den Kfm s „Herstellungskostenbeiträge". In der Steuerbilanz dürfen nach § 5 Abs 4b S 1 EStG keine Rückstellungen für *künftige* AK/HK gebildet werden (zur Zulässigkeit von Verbindlichkeitsrückstellungen bei *bereits angeschafften* VG *OFD München* 19. 7. 2000, WPg, 1132, obwohl in dem zugrunde liegenden Bsp eine Verbindlichkeit zu passivieren wäre, da nur die Höhe der Zahlungsverpflichtung ungewiss ist, s Anm 2, § 247 Anm 205).

In der HB kann eine Rückstellung für *künftige* AK/HK nur im Einzelfall in Betracht kommen, wenn die AK/HK eines VG dessen Zeitwert überschreiten (s dazu die Schrifttumsnachweise bei *BFH* 19. 8. 1998, BStBl II 1999, 18 zur Herstellung von „wertlosen" WG und *Küting/Kessler* DStR 1998, 1942; zur Bilanzierung möglicher Ausnahmefälle *Siegel* DB 1999, 857). In solchen Fällen verlustbringender Herstellung ist uE der Differenzbetrag zwischen HK und Zeitwert zu passivieren. Kernbrennstäbe können zB am Markt im Verhältnis zu den im Rahmen der Entsorgung anfallenden Wiederaufarbeitungskosten kostengünstiger bezogen werden. In den Wiederaufarbeitungskosten sind demnach Entsorgungsaufwendungen enthalten, denen durch eine Rückstellung für ungewisse Verbindlichkeiten Rechnung zu tragen ist.

Arbeitnehmer. Risiken des Arbeitgebers aus dem Arbeitsverhältnis können sich ergeben, wenn der Arbeitnehmer nicht mehr einsatzfähig ist oder eine für sein Gehalt zu geringe Anforderung stellende Tätigkeit ausübt und eine Kündigung oder Änderungskündigung nicht möglich ist. Die Rspr lässt in diesen Fällen der Unausgewogenheit keine Rückstellung zu, sondern hält die Ausgeglichenheitsvermutung für im Ergebnis nicht widerlegbar (*BFH* 16. 12. 1987, BStBl II 1988, 338; eingehend *Kessler* WPg 1996, 10); s auch die Stichworte „Abfindung", „Altersfreizeit- und mehrurlaub", „Alters-Teilzeitarbeit", „Arbeitslosengeld", „Ausbildungskosten", „Beihilfe", „Gratifikation", „Jubiläumsaufwendungen", „Lohnfortzahlung im Krankheitsfall", „Mutterschutz", „Sozialplan", „Verdienstsicherung".

Arbeitslosengeld. Die Entlassung eines Arbeitnehmers, der danach Arbeitslosengeld bezieht, kann einen Erstattungsanspruch der BfA nach § 128 Arbeitsförderungsgesetz (AFG) auslösen. Hierfür ist eine Rückstellung zu bilden, soweit die Tatbestandsvoraussetzungen des § 128 AFG erfüllt sind (*FinVerw* BB 1992, 31; zu § 128 AFG *Bauer/Diller* BB 1992, 2283; *Beck* DB 1994, 2561; *HFA* WPg 1995, 56). Die Rückstellung ist handelsrechtlich nicht abzuzinsen (*Kaiser/Müller* BB 1996, 1877). Zur Abzinsung in der Steuerbilanz nach § 6 Abs 1 Nr 3a Buchstabe e s § 253 Anm 161.

Arzneimittelhersteller. Zur Bildung von Rückstellungen wegen Nachprämienverpflichtungen aus Haftpflichtversicherungen der Arzneimittelhersteller vgl *Renz* StBP 1984, 16 und 110; *Killinger* StBP 1984, 108. Nach *BFH* 20. 10. 1976, BStBl II 1977, 278 darf wegen der in Werbeprospekten zugesagten unentgeltlichen Abgabe von Ärztemustern eine Rückstellung oder ein sonstiger Schuldposten nicht gebildet werden. Für Kosten der Analyse und Registrierung bisher zulassungsfreier Arzneimittel darf keine Rückstellung gebildet werden, weil die Anforderungen zukunftsbezogen sind (*BFH* 28. 5. 1997, DStRE 1998, 37 mwN).

Atomanlagen. Rückstellungen für die Verpflichtung zur *Entsorgung bestrahlter Brennelemente* werden ratierlich angesammelt, wobei die Zuführungsbeträge eine abbrand- und eine leistungsabhängige Komponente umfassen (aA *Siegel* BFuP 1994, 16: Passivierung der vollen Entsorgungskosten ab erstmaliger Aktivität des Brennelements). Zur Rückstellung für zukünftige AK/HK bei Wiederaufbereitung von Kernbrennstoffen s „AK/HK".

Die Kosten für die *Stilllegung von Kernkraftwerken* werden parallel zur Abschreibung über die Nutzungsdauer des Kraftwerks in einer Rückstellung angesammelt (*Clemm* in FS Moxter, 180). Für die Steuerbilanz schreibt § 6 Abs 1 Nr 3a Buchst d S 2 Hs 1 EStG die zeitanteilige Ansammlung der Rückstellungsbeträge in gleichen Raten ausdrücklich vor, wobei im Falle eines ungewissen Stilllegungszeitpunktes gemäß § 6 Abs 1 Nr 3a Buchst d S 2 Hs 2 EStG ein Ansammlungszeitraum von 25 Jahren gilt. Bei ungewissem Stilllegungszeitpunkt sind bisher gebildete Rückstellungen bis zu dem Betrag gewinnerhöhend aufzulösen, der sich bei Anwendung des § 6 Abs 1 Nr 3a Buchst d S 2 EStG ergibt (§ 52 Abs 16 S 9 EStG). Eine etwaige Rückstellungsauflösung resultiert also aus der Ausdehnung des Ansammlungszeitraumes auf 25 Jahre.

Aufbewahrung von Geschäftsunterlagen. S auch „Datenzugriff der Finanzverwaltung". Für den Aufwand aus der öffentlich-rechtlichen Verpflichtung, die Geschäftsunterlagen nach § 257 HGB bzw § 147 AO aufzubewahren, ist eine Verbindlichkeitsrückstellung zu bilden, *BFH* 19. 8. 2002 DStR, 2030, mit Anm *HG*. Auch nach dem vom BFH in ständiger Rspr geforderten besonderen Konkretisierungsprinzip für öffentlich-rechtliche Verpflichtungen (Anm 33) reicht bereits diese gesetzliche Verpflichtung für die Bildung einer Rückstellung aus, da diese Normen einen konkreten, sanktionsbewehrten Gesetzesbefehl enthalten. Der Aufwand ist durch die gesetzliche Verpflichtung im Gj rechtlich und wirtschaftlich entstanden; auf anderen späteren Nutzen der Unterlagen kommt es nicht mehr an (zB Aufbewahrung aus eigenem Interesse, zB zur Beweissicherung für spätere Rechtsstreitigkeiten). Der Rückstellungsbildung steht auch nicht entgegen, dass zur Erfüllung der Aufbewahrungsverpflichtung Dauerschuldverhältnisse für den Aufbewahrungszeitraum geschlossen werden (Mietvertrag zur Lagerung, Wartungsvertrag zur Instandhaltung der Datenverarbeitungsanlagen). Dies sind zwar schwebende Geschäfte, die jedoch eigenständig zu beurteilen sind, und sich nicht auf die Verpflichtung zur Aufbewahrung auswirken.

Es ist der voraussichtliche Erfüllungsbetrag anzusetzen. Da es sich um eine Sachleistungsverpflichtung handelt (in Abgrenzung ggü reinen Geldleistungsverpflichtungen nach der Regelung in § 6 Abs 1 Nr 3a Buchst b EStG, *Glanegger* in Schmidt[24] § 6 Anm 404), kommt es bei der Bewertung zu einer Abweichung zwischen HB und Steuerbilanz: Während in der HB zu Vollkosten zu bewerten ist (Einzelkosten und notwendige Gemeinkosten, s § 253 Anm 158), dürfen in der Steuerbilanz nach § 6 Abs 1 Nr. 3a Buchst b EStG neben den Einzelkosten nur *angemessene Teile* der notwendigen Gemeinkosten erfasst werden. Abzulehnen ist die ständige Rspr des BFH, wonach zukünftige Kostensteigerungen nicht zu berücksichtigen seien (s § 253 Anm 160). In der HB darf die Rückstellung nicht abgezinst werden, da ein Zinsanteil nicht enthalten ist (s § 253 Anm 161). Auch in der Steuerbilanz nicht, da es nach § 6 Abs 1 Nr 3a Buchst e S 2 EStG auf den Zeitraum zwischen Stichtag und *Beginn* der Verpflichtung ankommt (und nicht auf deren Ende) und die Verpflichtung aber bereits ab Stichtag laufend zu erfüllen ist.

Auffüllverpflichtung. S Rekultivierung.

Aufgabe und Veräußerung eines Gewerbebetriebes. Nach der Aufgabe oder Veräußerung eines Gewerbebetriebes ist die Bildung einer Rückstellung für künftig anfallende nachträgliche Betriebsausgaben nach der Rspr nicht zulässig (*BFH* 1978, BStBl II, 430).

Aufsichtsratsvergütung. Falls Aufsichtsratsmitglieder gegen Entgelt tätig sind, ist die Verpflichtung der Ges zur Leistung der Vergütung für die Tätigkeit im abgelaufenen Gj am Bilanzstichtag rechtlich entstanden und wirtschaftlich verursacht. Sofern die Höhe der Vergütung noch nicht feststeht, zB weil gem § 113 Abs 1 S 2 2. Alt AktG die HV die Vergütung in Form eines Ad-hoc-Beschlusses bewilligt (hierzu *Vetter* BB 1989, S 442), ist eine Rückstellung für ungewisse Verbindlichkeiten zu bilden. Steht die Höhe fest, dann Verbindlichkeit.

Ausbildungskosten. Soweit Unt über den eigenen Bedarf an ausgebildeten Arbeitskräften aus politischer und sozialer Verantwortung Auszubildende beschäftigen (Überbestand), steht den Ausbildungskosten nur der Wert der Arbeitsleistung der Auszubildenden ggü. Maßstab für die Bewertung der Leistung der Auszubildenden ist die produktive Arbeit, die im Rahmen des Ausbildungsverhältnisses verlangt werden kann, bewertet zu den ersparten Aufwendungen für ausgebildete Arbeitnehmer. Für einen daraus sich ergebenden Verpflichtungsüberschuss muss eine Drohverlustrückstellung gebildet werden (vorsichtiger *BFH* 3. 2. 1993, BStBl II, 444 bei erheblich zu vielen Auszubildenden; wie hier *W. Müller* BFuP 1987, 327; *Herzig* ZfB 1988, 219; *Gasner* KFR 1993, 186; *Küting/Kessler* DStR 1993, 1045; *Lauth* StKongRep 1993, 393; *Kessler* DStR 1994, 1291; aA *Groh* StuW 1994, 95; *Weber/Grellet* in Schmidt[24] § 5 Anm 550 „Ausbildungskosten"). Hinsichtlich des Bedarfs- und eines Reservebestandes an Berufsausbildungsverhältnissen wird man die Ausgeglichenheitsvermutung für Ansprüche und Verpflichtungen aus den schwebenden Verträgen nicht verneinen können (*BFH* 3. 2. 1993, BStBl II, 443 mwN auch zu abw Auffassungen; *BFH* 25. 1. 1984, BStBl II, 344). Der BFH verneinte dagegen die Zulässigkeit der Bildung einer Drohverlustrückstellung wegen eines Überbestandes an Auszubildenden, weil die betreffenden Ausbildungskosten nicht mit dem Wert der Arbeitsleistung der Auszubildenden, sondern mit dem Wert eines wirtschaftlichen Vorteils „Sicherung oder Erhöhung des Ansehens des Unt" zu vergleichen seien (*BFH* 3. 2. 1993, BStBl II, 441). UE ist der Vorteil „Ansehenssicherung oder -erhöhung" zu wenig greifbar, als dass er den Ausbildungskosten gleichwertig gegenübergestellt werden könnte. Nach *GrS BFH* 23. 6. 1997, BStBl II, 785 könnte dieser Vorteil aber zu den wirtschaftlichen Vorteilen im weitesten Sinne gehören (s dazu *Büchele* DB 1997, 2448; *Küting/Kessler* DB 1997, 2443; *Weber-Grellet* StbJb 1997/98, 290.

Ausgleichsanspruch. S Handelsvertreter.

Ausstehende Rechnungen. Sofern für Lfg oder Leistungen im abgelaufenen Gj bis zur Bilanzaufstellung die Rechnungen noch nicht eingegangen sind, müssen in Höhe der voraussichtlichen Rechnungsbeträge Rückstellungen für ungewisse Verbindlichkeiten gebildet werden.

Avalprovision. Eine Rückstellung für Avalprovisionen, die auf künftige Zeiträume des Avalkredits entfallen, wurde vom BFH abgelehnt (*BFH* 12. 12. 1991, BStBl II 1992, 601). Das soll auch gelten, wenn der Avalkredit zur Ablösung eines Gewährleistungseinbehaltes des Kunden dient (zustimmend *Weber-Grellet* in Schmidt[24] § 5 Anm 550 „Avalprovision").

Baulast. Für die gegen ein einmaliges Entgelt als öffentlich-rechtliche Baulast übernommene Verpflichtung eines Parkhaus-Unt, eine bestimmte Anzahl von Parkboxen zur Vermietung gegen den üblichen Mietzins bereitzuhalten, darf eine Rückstellung nicht gebildet werden, weil die Verpflichtung in zeitlicher Hinsicht nicht ausreichend bestimmt ist (*BFH* 3. 5. 1983, BStBl II, 572).

Bauspartechnische Abgrenzung. Eine Bausparkasse darf während des Sparstadiums der Bausparverträge keine Rückstellungen oder passive RAP für die im späteren Darlehensstadium höheren Verwaltungskosten der Verträge bilden (*BFH* 7. 3. 1973, BStBl II, 565; s auch unter „Abschlussgebühren").

Beihilfe. Für die Verpflichtung, Pensionären und Mitarbeitern bei Ruhestand, Krankheit etc Beihilfen zu gewähren, ist eine Verbindlichkeitsrückstellung zu bilden. Der Grundsatz der Nichtbilanzierung schwebender Geschäfte hindert nicht den Ausweis einer Verpflichtung, die erst nach Beendigung des Schwebezustands zu erfüllen sein wird, da ein Verpflichtungsüberhang besteht (*BFH* 30. 1. 2002, BStBl II 2003, 279). „Druckbeihilfen" s dort.

Bergschäden. S auch „Gruben- und Schachtversatz". Eine Rückstellung für ungewisse Verbindlichkeiten kommt in Betracht, wenn an der Erdoberfläche unmittelbar oder mittelbar durch den Bergbau Sachschäden entstehen, die von den Bergbau-Unt ausgeglichen werden müssen. Die Haftung für Bergschäden richtet sich nach §§ 114ff BBergG (BGBl I 1980, 1310). Rückstellungen sind nach § 249 Abs 1 S 1 zu bilden für:

a) die rechtlich bereits entstandene Verpflichtung zum Ersatz eines vor dem Bilanzstichtag eingetretenen Bergschadens, wenn die Höhe der Verbindlichkeit noch nicht feststeht;
b) die rechtlich noch nicht entstandene Verpflichtung zum Ersatz eines nach dem Bilanzstichtag ernsthaft zu erwartenden Bergschadens, der durch Abbauhandlungen vor dem Bilanzstichtag wirtschaftlich verursacht ist.

Die in der HB zu passivierenden Rückstellungen sind auch steuerrechtlich anzuerkennen (*HHR* § 5 EStG Anm 2200 mwN; *Emmerich* DB 1978, 2135f). Die Passivierungspflicht in der Steuerbilanz wurde vom BFH in einer Gewerbesteuersache stillschweigend bejaht (*BFH* 14. 11. 1968, BStBl II 1969, 266; *Weber-Grellet* in Schmidt[24] § 5 Anm 550 „Bergbauwagnis"). Zur Bewertung s *Roser* Die Behandlung der Bergschäden in Handels- und Steuerbilanz, Düsseldorf 1951; *Kulla* DB 1977, 1281; *Bartke* DB 1978 Beilage 4, 11f; speziell bei Kleinzechen *FG Münster* 28. 9. 1972, EFG 1973, 59. Die Rückstellungspflicht umfasst auch die Kosten der Ermittlung der Schadensursache, Schadenshöhe und der Person des Schädigers (*HFA* lt *Schülen* WPg 1983, 663). Zur Abzinsung in der Steuerbilanz s *BMF* 9. 12. 1999, BStBl I 1127.

Berufsgenossenschaftsbeiträge. Eine Rückstellung ist zu bilden für die für das abgelaufene Gj zu leistenden Beiträge. Als Verpflichtung aus einem schwebenden Geschäft darf für künftige Beiträge eine Rückstellung nicht gebildet werden (*BFH* 24. 4. 1968, BStBl II, 544). Vom BFH wird dabei auch die Zulässigkeit von Rückstellungen für die von der Berufsgenossenschaft zu zahlenden Unfallrenten verneint (aA *HHR* § 5 EStG Anm 2200 mwN). Zu den Berufsgenossenschaftsbeiträgen zählt auch die Umlage für das Konkursausfallgeld.

Betriebsprüfungskosten. Für Kosten der Betriebsprüfung darf erst eine Rückstellung gebildet werden, wenn eine Prüfungsanordnung ergangen ist (*BFH* 24. 8. 1972, BStBl II 1973, 55 zu Buchführungsarbeiten infolge einer Betriebsprüfung; EStH 31c Abs 3 „Rückstellung für öffentlich-rechtliche Verpflichtungen").

Betriebsprüfungsrisiko. Rückstellungen für das Betriebsprüfungsrisiko sind nicht schon deshalb gerechtfertigt, weil erfahrungsgemäß bei einer Betriebsprüfung mit Steuernachforderungen zu rechnen ist (EStH 20 „Rückstellung für künftig Steuernachforderungen"; aA *ADS*[6] § 253 Anm 216). Die Bildung einer Rückstellung für zu erwartende Steuernachforderungen ist jedoch dann geboten, wenn das Risiko in konkreten Einzelsachverhalten begründet ist (*BFH* 8. 11. 2000, WPg 2001, 506: Da Ausgang eines Rechtsstreits regelmäßig unsicher ist, besteht hinreichende Wahrscheinlichkeit für Inanspruchnahme; eine Aussetzung der Vollziehung steht dieser Annahme nicht entgegen, da für diese andere Wahrscheinlichkeitskriterien gelten). Das Gleiche gilt für entschiedene oder noch laufende Musterverfahren, durch die das Unt belastet werden kann. Voraussetzung ist dagegen nicht, dass mit der Betriebsprüfung bereits begonnen ist und der Prüfer eine bestimmte Sachbehandlung beanstandet hat oder zumindest den einschlägigen Sachverhalt konkret überprüft (so aber *Weber-Grellet* in Schmidt[24] § 5 EStG Anm 550 „Betriebsprüfung"; *BFH* 16. 2. 1996, BStBl II, 592). Zur Bedeutung des Betriebsprüfungsrisikos im Rahmen der Steuerabgrenzung bei KapGes/KapCoGes vgl § 274 Anm 47f. S auch „Zinsen auf Steuernachforderungen".

Bewertungseinheiten. Zur Vermeidung der Realisierung von Verlusten durch die Bildung von Bewertungseinheiten *(Hedge)* s „Option", „Devisentermingeschäft". Zur Definition der Voraussetzungen (Wert-, Frist-, Betragsidentität sowie subjektives Wollen des Hedge) bei sich gegensätzlich verhaltenden Einzelposten (Mikro-Hedge) s § 253 Anm 77 (am Bsp Währungsrisiko), *Prahl/Naumann* HdJ II/10 Anm 180. Zur Technik der Zusammenfassung von gleichartigen Geschäften (anstatt der Beurteilung von Einzelposten) zum Zwecke der Absicherung der dann gebildeten Gruppe (Makro-Hedge), sowie zum Stand der Diskussion der Frage der handelsrechtlichen Zulässigkeit s *Prahl/Naumann* HdJ II/10 Anm 223, 236.

Bonus. Wird im Nachhinein für die in einem bestimmten Zeitraum abgenommenen Lfg oder Leistungen eine Umsatzvergütung (Umsatzbonus, Treuerabatt usw) gewährt, sind die auf die Umsätze des abgelaufenen Gj entfallenden Beträge zurückzustellen (*HHR* § 5 EStG Anm 2200 „Umsatzvergütung"). Ist die Bonusgewährung jedoch noch zB von einer Entscheidung des Kfm oder von weiteren Umsätzen im neuen Gj abhängig, ist die Rückstellung unzulässig, da dann der Sachverhalt, aus dem sich die Verpflichtung zur Bonuszahlung ergibt, erst im folgenden Gj erfüllt wird (*BFH* 13. 3. 1963, HFR, 361).

Buchführungsarbeiten. Für laufende Buchführungsarbeiten nach dem Bilanzstichtag, die Geschäftsvorfälle des abgelaufenen Gj betreffen, ist eine Verbindlichkeitsrückstellung zu bilden (EStH 31c Abs 3 „Rückstellungen ... zulässig für" *BFH* 25. 3. 1992, BStBl II, 1010; zur Bewertung *Bachem* BB 1993, 2337).

Bürgschaft. Allg zu Gewährleistungen für fremde Leistungen s § 251 Anm 29. Erst bei drohender Inanspruchnahme aus einer Bürgschaft oder einem ähnlichen Haftungsverhältnis (zB Patronatserklärung, s § 251 Anm 41) ist für die Verpflichtung eine Verbindlichkeitsrückstellung zu bilden (*BFH* 15. 10. 1998, DStR 1999, 196; vgl aber auch *Naumann* BB 1998, 529). § 5 Abs 4b S 1 EStG steht dem nicht entgegen (*OFD München* 12. 4. 2002, DStR, 1303, ebenso für anderweitige vertragliche Garantien). Wenn eine größere Zahl von Bürgschaften übernommen wurde, dann ist insoweit eine Pauschalrückstellung zu bilden, als objektiv die Gefahr der Inanspruchnahme aus dem gesamten Bestand an Bürgschaften droht. Bestimmte einzelne Inanspruchnahmen brauchen in diesem Fall nicht erkennbar zu sein (*FG Köln* 16. 12. 1986, BB 1987, 306, rkr). Das Haftungsrisiko ist auch von den Einwendungsmöglichkeiten des Bürgen und damit von der Ausgestaltung der Bürgschaft im Einzelfall abhängig. Steht dem Bürgen nur hinsichtlich eines Teilbetrags eine Verteidigungsmöglichkeit offen, von der er auch Gebrauch machen wird, dann kommt eine Rückstellung nur für den darüber hinausgehenden Betrag in Frage. Bei Teilnahme an einer Bürgschafts- oder Garantiegemeinschaft bemisst sich die Rückstellung nach dem anteiligen Risiko (*BFH* 9. 5. 1961, BStBl III, 336). Verwertbare Sicherheiten sind bei der Bewertung der Rückstellung zu berücksichtigen. Eine Rückgriffsforderung gegen den Hauptschuldner ist, wenn die Bürgschaftsverpflichtung passiviert wird, zu aktivieren und ggf mangels Werthaltigkeit abzuschreiben. Zur Bildung einer Rückstellung für einen Aufwendungsersatzanspruch des Gesters einer KapGes, der im Interesse der Ges eine Bürgschaft für die Schuld eines Dritten übernommen hat, *BFH* 16. 12. 1987, BFH/NV 1989, 103. Zuführungen zu Rückstellungen für die drohende Inanspruchnahme aus einer Bürgschaft fallen nicht unter das Benennungsverlangen nach § 160 Abs 1 S 1 AO (*BFH* 15. 10. 1998, BStBl II 1999, 333).

Darlehenszinsen. Ob der Darlehensnehmer, der einen festen Zinssatz vereinbart hat, bei sinkendem Zins eine Drohverlustrückstellung bilden darf, ist umstr (bejahend *Moxter* WPg 1984, 405; *Ballwieser* in FS Forster 45; aA *Mathiak* DStR 1990, 692; *Kessler* WPg 1996, 8).

Datenschutz. Verstöße gegen das Bundesdatenschutzgesetz oder andere Vorschriften über den Datenschutz begründen Ansprüche der betroffenen Personen, die zu Aufwendungen (zB zur Berichtigung oder Löschung von Daten) führen können. Einzelrückstellungen sind für die bei Bilanzaufstellung bekannten Fälle zu bilden, soweit eine Inanspruchnahme droht. Darüber hinaus muss ggf eine Pauschalrückstellung auf der Basis von eigenen oder branchenbezogenen Erfahrungswerten gebildet werden.

Datenzugriff der Finanzverwaltung. §§ 146, 147, 200 AO ergänzt durch die Grundsätze zum Datenzugriff und zur Prüfbarkeit digitaler Unterlagen (GDPdU, *BMF* 16. 7. 2001, BStBl I, 401). Für die nach § 147 Abs 6 S 3 AO erforderlichen Aufwendungen ist eine Verbindlichkeitsrückstellung zu bilden (*Groß/Matheis/Lindgens* DStR 2003, 921). S auch „Aufbewahrung von Geschäftsunterlagen".

Deputate. Verpflichtungen zur Erbringung von Deputaten und ähnlichen wiederkehrenden Leistungen im Zusammenhang mit Arbeitsverhältnissen rechtfertigen eine Rückstellung, wenn ihre Höhe bei Aufstellung der Bilanz noch ungewiss ist. IdR wird der Deputatbetrag feststehen und daher als Verbindlichkeit auszuweisen sein. Soweit es sich hierbei um Pensionsverpflichtungen auf Grund von Altzusagen handelt, besteht ein Passivierungswahlrecht (Anm 152, 167 f).

Devisentermingeschäfte. Zum Begriff s § 246 Anm 167; *Prahl/Naumann* HdJ II/10 Anm 71. Im Falle offener Positionen (zu den Begriffen der offenen und geschlossenen Positionen § 253 Anm 77; s auch *Prahl/Naumann* HdJ II/10 Anm 176 ff) ist eine Rückstellung für drohende Verluste aus schwebenden Geschäften zu bilden, soweit sich unter Zugrundelegung des am Stichtag geltenden Kassakurses ein Verlust ergeben würde. Zulässig ist auch die Verwendung des betreffenden Terminkurses (*Prahl/Naumann* HdJ II/10 Anm 77). Der drohende Verlust entspricht dann dem bei Glattstellung am Bilanzstichtag aufzuwendenden Betrag (hierzu *Gebhardt/Breker* DB 1991, 1534). Bei Umrechnung zum Kassakurs wird der Terminkurs in die Bestandteile Kassakurs und Swapsatz für die Restlaufzeit des Geschäfts aufgeteilt (§ 253 Anm 76).

Im Falle geschlossener Positionen besteht das *Wahlrecht,* unrealisierte Kursgewinne und -verluste zu kompensieren (§ 253 Anm 78, s auch *Prahl/Naumann* HdJ II/10 Anm 201), soweit die Deckung reicht. Die Bestimmung des § 340h Abs 2 S 2, die Kreditinstitute zur Kompensation *zwingt,* wenn eine „besondere Deckung" vorliegt, ist kein für alle Kfm geltender GoB.

Außer dem Währungsrisiko besteht auch bei Devisentermingeschäften ein von der Bonität des Geschäftspartners abhängiges Erfüllungsrisiko, das ebenfalls eine Rückstellungsbildung erforderlich machen kann.

Druckbeihilfen. Nach *BFH* 3. 7. 1997, BStBl II 1998, 244 sollten für die Verpflichtung zur Rückgewähr von Druckbeihilfen, die ein Verlag vom Autor mit der Maßgabe der Rückzahlung bei Erreichen eines bestimmten Buchabsatzes erhält, Verbindlichkeitsrückstellungen gebildet werden. Dem ist insoweit nicht zuzustimmen, als Entstehung und Höhe der Rückzahlungsverpflichtung regelmäßig allein von der Höhe des künftigen Buchabsatzes abhängen. Der sich nach dem Bilanzstichtag ergebende Absatz ist ein wertbegründendes Ereignis. (s auch Nichtanwendungserlass *BMF* 27. 4. 1998, BStBl I 1998, 368; *Weber-Grellet* DStR 1998, 1345; aA *Herzig/Köster* HdJ III/5 Anm 397; für den Ansatz einer Verbindlichkeit *Moxter* BB 1998, 2466 unter Berufung auf die Gewinnrealisierungsgrundsätze).

Da die Rückgewähr an die Bedingung des Erreichens eines bestimmten Absatzes und damit an künftige Gewinne geknüpft ist, darf eine Rückstellung in der Steuerbilanz nunmehr nach § 5 Abs 2a EStG ohnehin erst gebildet werden, wenn diese Gewinne anfallen.

Entfernungsverpflichtungen. S auch „Abbruchkosten". Verpflichtungen, bestimmte Einrichtungen oder Anlagen zu entfernen, können sich selbstständig oder als Teil einer Wiederherstellungsverpflichtung, aus privatrechtlichen Miet- oder Pachtverträgen (§ 556 Abs 1 BGB) und auf Grund von Auflagen in öffentlich-rechtlichen Genehmigungen ergeben. Sieht ein Bewilligungsbescheid vor, dass das Unt zur Entfernung von Gebäuden und Anlagen verpflichtet werden kann, die Behörde aber auch die Belassung der Anlagen auf staatliche Kosten verlangen kann, darf eine Rückstellung nicht gebildet werden, weil die Verpflichtung nicht hinreichend konkretisiert ist (*BFH* 12. 12. 1991, BStBl II 1992, 603). Sofern eine überwiegende Wahrscheinlichkeit besteht, dass eine Entfernungsverpflichtung be- oder entsteht, sind die zu erwartenden Ausgaben von Vertragsbeginn an über die Laufzeit des Vertrags verteilt in einer Rückstellung anzusammeln. Dabei sind bereits eingetretene Preissteigerungen zu berücksichtigen. Dies ist auch steuerlich anerkannt (*BFH* 29. 10. 1974, BStBl II 1975, 114 zur Entfernung von Rohrleitungen durch ein Erdöl-Unt; *BFH* 27. 11. 1968, BStBl II 1969, 247 zur Verpflichtung eines Elektrizitätswerks, seine Anlagen auf öffentlichem Grund und Boden nach Ablauf des Vertrags zu entfernen). Konkretisiert sich die Entfernungsverpflichtung erst während der Vertragslaufzeit, ist der gesamte Rückstellungsbedarf auf die verbleibende Vertragslaufzeit zu verteilen. In die Rückstellung sind nur die Beseitigungs- und Wiederherstellungsaufwendungen einzubeziehen. Ein etwaiger Wertverlust der entfernten Anlage ist bei der Bewertung der Anlage zu berücksichtigen. Die durch den Aus- und Umzug zu erwartenden Aufwendungen dürfen nicht zurückgestellt werden, da es sich um betrieblichen Aufwand künftiger Perioden handelt.

Entsorgung. Zur Verpflichtung zur Rücknahme und Entsorgung *ggü Dritten* s „Produktverantwortung"; zur Entsorgung von Kernbrennstoffen s „Atomanlagen". Nach abzulehnender Auffassung des I. Senats des *BFH* 8. 11. 2000,

BStBl II, 2001, 570 soll die Entsorgung *eigenen* Abfalls eine Obliegenheit sein, die das Unt in eigenem Interesse erfüllt. Die Regelungen des AbfallG würden demnach keine Verpflichtung zur Entsorgung, sondern nur Bestimmungen darüber enthalten, in welcher *Art und Weise* die Entsorgung zu erfolgen hat. Es würde an einer Außenverpflichtung fehlen (hierzu Anm 26), so dass keine Verbindlichkeitsrückstellung, sondern nur eine Aufwandsrückstellung nach § 249 Abs 2 gebildet werden kann. Da es hierfür ein handelsbilanzielles Wahlrecht gibt, bestünde ein steuerbilanzielles Passivierungsverbot. Dagegen überzeugend *Mayr* DB 2003, 740, der darauf hinweist, dass die zugrundeliegenden Vorschriften des Abfallrechts hinreichend konkretisiert und – auch strafrechtlich – sanktionsbewehrt sind, so dass unzweifelhaft eine gesetzliche Verpflichtung besteht. Liegt eine solche Außenverpflichtung vor, so lässt § 249 keinen Raum mehr für die Frage, ob mit der Erfüllung dieser Verpflichtung auch eigene Interessen wahrgenommen werden (s Anm 26). Im Ergebnis ist daher der Entscheidung des IV. Senats des *BFH* 25. 3. 2004 DStR 1247 zuzustimmen, wonach ein Unt, dessen Zweck die Wiederaufbereitung von Bauschutt ist, eine Rückstellung auf Grund der abfallrechtlichen Verpflichtung zu bilden hat (der IV. Senat verweist unter Hinweis auf die Entscheidung des I. Senats ausdrücklich darauf, dass es sich bei dieser abfallrechtlichen Verpflichtung nicht um eine Maßnahme im Eigeninteresse handelt). Abzulehnen ist jedoch die Auffassung des I. Senats, wonach eine Rückstellungsbildung nicht erfolgen darf, wenn damit zu rechnen ist, dass die zuständige Behörde die Einhaltung der abfallrechtlichen Vorschriften nicht kontrollieren wird, bzw auf eine Kontrolle konkludent verzichtet hat. Der Verzicht oder die Untätigkeit der Behörde führt nicht zum Wegfall der zugrundeliegenden gesetzlichen Verpflichtung.

Erbbaurecht. Zur Bilanzierung von Erbbaurechten vgl § 247 Anm 457. Wird das Erbbaurechtsverhältnis wie ein Miet- oder Pachtverhältnis behandelt, gelten die Grundsätze über die (Nicht-)Bilanzierung schwebender Geschäfte (Anm 52). Danach sind die Ansprüche und Verpflichtungen aus dem Erbbaurechtsverhältnis (= Dauerrechtsverhältnis) nicht zu bilanzieren, solange und soweit sich die beiderseits noch zu erbringenden Leistungen gleichwertig gegenüberstehen. Der Erbbauberechtigte hat eine Rückstellung für drohende Verluste aus schwebenden Geschäften zu bilden, wenn der Barwert der noch zu erbringenden Leistung (Erbbauzinsen) den Barwert der korrespondierenden Gegenleistung (Grundstücksnutzung) übersteigt (zur Abzinsung § 253 Anm 176f). Das kann zB der Fall sein, wenn die Voraussetzungen für eine Erhöhung der Erbbauzinsen auf Grund einer Wertsicherungsklausel eingetreten sind und am Grundstücksmarkt ohne weiteres ein vergleichbares Grundstück zur Nutzung gegen niedrigere laufende Leistungen zu erlangen gewesen wäre (*BFH* 20. 1. 1983, BStBl II, 413). Drohende Verluste können auch auf Grund mangelnder Nutzungsmöglichkeiten entstehen. In diesem Fall ist eine Rückstellung auf Grund der Differenz zwischen Erbbauzins und Mietzins zumindest für die Restlaufzeit des Mietvertrags zu bilden (hierzu *Hütz* StBP 1983, 5ff).

Erfolgsprämien. S Gratifikationen.

Erneuerungsverpflichtung. S „Substanzerhaltung".

Financial Futures. S § 246 Anm 165f, *Prahl/Naumann* HdJ II/10 Anm 83.

Garantie. S auch „Bürgschaft", „Gewährleistung". Rückstellungen sind bei drohender Inanspruchnahme aus einer Zahlungsgarantie veranlasst. Regelmäßig sind zB bei einer sog „Garantie auf erstes Anfordern" alle Einwendungsmöglichkeiten ausgeschlossen, da nur so dem Garantienehmer eine effektive Zahlungssicherung gegeben ist. Der wirtschaftliche Unterschied zwischen Garantie und Bürgschaft ist fließend. Auf die gewählte Bezeichnung kommt es dabei nicht an. Zu Schätzverfahren s *Hommel/Schulte* BB 2004, 1671.

Geschäftsunterlagen. S „Aufbewahrung von Geschäftsunterlagen“

Geschäftsverlegung. Nach Auffassung des BFH dürfen Aufwendungen für die Verlegung des Betriebs auch dann nicht zurückgestellt werden, wenn der Umzug durch die Kündigung gemieteter Räume notwendig wird (*BFH* 24. 8. 1972 BStBl II, 943; uE zutreffend; aA *HHR* § 5 EStG Anm 2200 „Betriebsverlegung“: durch die Kündigung oder Kündigungsandrohung bereits verursachte, die Zeit vor dem Umzug belastende ungewisse Verbindlichkeit). Zur Bildung von Aufwandsrückstellungen nach § 249 Abs 2 für Geschäftsverlegungs- und Umzugsaufwendungen s Anm 323.

Gewährleistung. Gewährleistungsrückstellungen werden als Verbindlichkeitsrückstellungen für Verpflichtungen *ggü Vertragspartnern* gebildet. Zu Rückstellungen wegen der Verpflichtung für eine Haftung *ggü Dritten* s „Haftpflicht“, „Produzentenhaftung“.

Rückstellungen sind zu bilden wegen der Verpflichtung zu kostenlosen Nacharbeiten, Ersatzlieferungen, Rückgewährungen nach Rücktritt vom Vertrag, Minderungen oder Schadenersatzleistungen. Gewährleistungsverpflichtungen können auf Gesetz, einer Eigenschaftszusicherung oder auf selbstständiger Gewährleistungszusage (zB Herstellergarantie bei neuen Sachen) beruhen (zur Abgrenzung vgl *Loose* in HHR § 5 Anm 609ff). Eine Rückstellung wegen Verpflichtung zur Rückerstattung des Kaufpreises darf nicht gebildet werden, wenn am Stichtag nicht mit Rücktritt des Käufers gerechnet werden muss, zB wenn noch Nachbesserungen erfolgen sollen, oder Minderung wahrscheinlich ist (dann evtl Rückstellung wegen Minderung). Die Erklärung des Rücktritts durch den Käufer nach dem Stichtag, aber vor der Bilanzaufstellung ist als Ausübung eines Gestaltungsrechts ein wertbegründendes Merkmal, und nicht zu berücksichtigen. Das Vorliegen der zum Rücktritt führenden Mängel am Stichtag reicht nicht aus. Anders aber, wenn am Stichtag bereits Verhandlungen über einen möglichen Rücktritt liefen, und dieser am Stichtag wahrscheinlich war (*BFH* 28. 3. 2000, WPg, 914; *BMF* 21. 2. 2002, WPg 390).

Zu Rückstellungen für Gewährleistungen, die ohne rechtliche Verpflichtung erbracht werden, s Anm 112ff.

Es sind *Einzelrückstellungen* für alle bis zur Bilanzaufstellung bekannt gewordene Gewährleistungsfälle zu bilden (*BFH* 17. 2. 1993, BStBl II, 437).

Die Rückstellung ist mit dem Betrag der Aufwendungen zu bewerten, die zur Erfüllung der Gewährleistungspflicht erforderlich sind, dh zu Vollkosten. Für die Verpflichtung zur mangelfreien Nachlieferung sind die AK/HK zuzüglich Nebenkosten, aber ohne Gewinnaufschlag zurückzustellen (*BFH* 13. 12. 1972, BStBl II 1973, 217). Die Verpflichtung zur Rücknahme einer mangelhaften Lfg ist mit dem zurückzuzahlenden Entgelt abzüglich Zeitwert der mangelhaften Ware zu passivieren (aA *BMF* 21. 1. 2002, WPg, 390: nur Abzug des Buchwerts des veräußerten VG; hierdurch soll lediglich der Veräußerungsgewinn eliminiert werden). Erfüllt ein Hersteller Gewährleistungspflichten ggü seinen Vertragshändlern durch Erteilung einer Gutschrift für die vom Händler verwendeten und vom Hersteller gelieferten Ersatzsteile, hat der Hersteller die Rückstellung unter Zugrundelegung der Händler-Nettopreise (und nicht der eigenen Selbstkosten) zu bilden (*BFH* 13. 11. 1991, BStBl II 1992, 519).

Sofern Rückgriffsansprüche bestehen, ist eine Aktivierung zu prüfen. Zur Frage der Berücksichtigung noch nicht aktivierbarer Rückgriffsansprüche bei der Bewertung der Rückstellung s § 253 Anm 157. Zu Schätzverfahren s *Hommel/Schulte* BB 2004, 1671.

Ergänzend ist eine *Pauschalrückstellung* zu bilden, wenn der Kfm auf Grund seiner Erfahrungen in der Vergangenheit mit einer gewissen Wahrscheinlichkeit mit Gewährleistungsinanspruchnahmen rechnen muss oder wenn sich aus der branchenmäßigen Erfahrung und der individuellen Gestaltung des Betriebs die Wahrscheinlichkeit ergibt, Gewährleistungen erbringen zu müssen (*BFH* 30. 6. 1983, BStBl II 1984, 263). Auch ohne Erfahrungswerte kann sich das Wahrscheinlichkeitsurteil aus den jeweiligen Umständen des Einzelfalls ergeben (*BFH* 28. 3. 2000, WPg, 914). Zum Grad der Wahrscheinlichkeit, ab dem allgemein eine Rückstellung geboten ist, s Anm 33.

Pauschalrückstellungen sind auf der Basis der Erfahrungen in der Vergangenheit zu schätzen. Dabei wird regelmäßig ein Prozentsatz vom Umsatz zugrunde gelegt (*BFH* 7. 10. 1982, BStBl II 1983, 104 zur Berechnung von Garantierückstellungen bei mehrjähriger Garantiefrist). Dieser muss jedoch auf Basis der Vergangenheitserfahrung den tatsächlichen Verhältnissen entsprechen. Eine höhere Rückstellung ist zulässig, wenn konkrete Umstände einen höheren Bedarf ggü den Vergangenheitserfahrungen erfordern (*OFD Koblenz* 12. 5. 2004, DStR, 1606, zu Gewährleistungen der Bauwirtschaft). Bereits eingetretene Kostensteigerungen oder andere Umstände, die nach der Lebenserfahrung oder konkret einen höheren Garantieaufwand erwarten lassen (zB Modellwechsel, Verfahrensänderungen oder Änderungen der Garantiebedingungen), sind bei der Schätzung auf der Basis von Vergangenheitszahlen zu berücksichtigen (*ADS*[6] § 253 Anm 225; gegen die Berücksichtigung zu erwartender Kostensteigerungen *BFH* 7. 10. 1982, BStBl II 1983, 104).

Gewerbesteuer. Ergibt sich auf der Grundlage des ermittelten Gewerbeertrags eine Abschlusszahlung, ist hierfür eine Rückstellung zu bilden. Bei abweichendem Wj fallen Bemessungszeitraum (= Wj) und Erhebungszeitraum (= Kj) auseinander. Der Steuerpflichtige darf in diesem Fall die Rückstellung entweder auf der Basis der anteiligen Gewerbesteuer der in das Wj fallenden Erhebungszeiträume oder auf der Basis der Gewerbesteuer für den Erhebungszeitraum, der am Ende des Wj noch läuft, berechnen. Außerdem besteht ein Wahlrecht, die GewSt für den Erhebungszeitraum (Kj), der am Ende des abweichenden Wj noch läuft, in voller Höhe zu Lasten dieses Wj zu berücksichtigen (EStH 20 „Zeitliche Erfassung der GewSt").

Die GewSt mindert als abzugsfähige Betriebsausgabe den Gewerbeertrag. Nach der $^5/_6$-Methode darf die GewSt zur Berechnung der Rückstellung mit $^5/_6$ des Betrags der GewSt angesetzt werden, der sich ohne Berücksichtigung der Gewerbesteuer als Betriebsausgabe ergeben würde (EStR 20 Abs 2 S 2). Das Wahlrecht gilt auch, wenn die exakte mathematische Berechnung zu größeren Abweichungen führt. Zur exakten Berechnung s *Stüttgen* DB 1993, 950. Bei der Berechnung ist zu berücksichtigen, dass die Gewerbesteuer bei der Ermittlung der eigenen Bemessungsgrundlage als Betriebsausgabe abzugsfähig ist und für natürliche Personen und PersGes ein progressiver Staffeltarif gilt (§ 11 Abs 2 Nr 1 GewStG).

Zur Bilanzierung abzugsfähiger Mehrsteuern (wie die GewSt) auf Grund geänderter Veranlagungen s § 253 Anm 820.

Gewinnabhängige Verpflichtungen. S „Gratifikationen", „Zuwendungen, bedingt rückzahlbare".

Gleitzeitüberhänge. Soweit Arbeitnehmer bis zum Bilanzstichtag die Normalarbeitszeit überschritten haben und der Ausgleich im neuen Gj erfolgt, befindet sich der Arbeitgeber im Erfüllungsrückstand und hat hierfür eine Rückstellung für ungewisse Verbindlichkeiten zu bilden. Der Erfüllungsrückstand ist wie im Falle der Urlaubsrückstellung zu bewerten, insbes einschl der Sozialabgaben des Arbeitgebers. Eine Saldierung des Erfüllungsrückstandes mit Leistungsrückständen anderer Arbeitnehmer ist nach dem Grundsatz der Einzelbewertung unzulässig (hierzu *Esser* DB 1985, 1305).

Gratifikationen. S auch „Jubiläumszuwendungen". Werden Arbeitnehmern Gratifikationen, Tantiemen oder andere Gewinnbeteiligungen vor dem Bilanzstichtag zugesagt, ist eine Rückstellung zu bilden, wenn die versprochene Leistung vorwiegend ein zurückliegendes Verhalten des Arbeitnehmers abgelten soll. Daran bestehen keine Zweifel, wenn eine Gratifikation/Tantieme für das abgelaufene Gj unabhängig vom künftigen Verhalten des Arbeitnehmers zeitnah gezahlt wird. Der BFH hat die Passivierungspflicht auch dann bejaht, wenn die an die Arbeitnehmer nach Ablauf mehrerer Jahre und unter der Voraussetzung weiterer Betriebszugehörigkeit auszuzahlenden Gratifikationen nach Merkmalen der Vergangenheit (erreichter Arbeitslohn, Dauer der Betriebszugehörigkeit) bemessen sind (*BFH* 7. 7. 1983, BStBl II, 753). Bei der Bewertung dieser Rückstellung ist ein Fluktuationsabschlag vorzunehmen, wenn die Gratifikation nur unter der Voraussetzung weiterer Betriebszugehörigkeit zu zahlen ist. Zur Frage der Abzinsung § 253 Anm 161 und hier „Jubiläumszuwendungen“. Für *ertragsabhängige* Leistungsprämien sind Rückstellungen in dem Gj zu bilden, in dem der betreffende Ertrag erwirtschaftet wird. Dies gilt auch dann, wenn sich die Prämie auch nach dem in einem früheren Gj bezogenen Arbeitslohn bemisst (*BFH* 2. 12. 1992, BStBl II 1993, 109). Nach *BFH* 18. 6. 1980, BStBl II, 741 darf für Erfolgsprämien, die erst nach 20 Jahren und dann nur nach Maßgabe der späteren Ertrags- und Liquiditätslage des Unt ratenweise zu zahlen sind, im Zusagejahr keine Rückstellung gebildet werden.

Gruben- und Schachtversatz. S auch „Bergschäden“. Für die bergrechtliche Verpflichtung zur Verfüllung der durch den Abbau entstandenen Hohlräume (laufender Grubenversatz und Grubenversatz nach Stilllegung) und zum Verfüllen eines abgeworfenen Schachts nach Stilllegung des Bergwerks (Schachtversatz) sind Rückstellungen zu bilden (*BdF* 18. 4. 1980, BStBl I, 230). Die Rückstellung ist unter Anwendung der Grundsätze zur Bewertung von Auffüllverpflichtungen ratierlich anzusammeln. Die Ansammlung kann entspr der voraussichtlichen Abbauzeit (*HFA* lt *Schülen* WPg 1983, 664) oder entspr der Abbaumengen erfolgen (vgl „Rekultivierung“). S auch *Kulla* DB 1977, 1283; *Bartke* DB 1978 Beilage 4; *Emmerich* DB 1978, 2133; *Bordewin* BB 1979, 156.

Grundsteuer. Bei abweichendem Wj ist eine Passivierung nur insoweit zulässig, als der Festsetzungszeitraum (= Kj) in das Wj fällt (zeitanteilig EStR 20 Abs 1).

Haftpflicht. Haftpflichtverbindlichkeiten können ggü Vertragspartnern aus positiver Vertragsverletzung oder unerlaubter Handlung (§§ 823 ff BGB), ggü Dritten nach §§ 823 ff BGB oder gesetzlichen Vorschriften über Gefährdungshaftung (zB nach ProdHaftG, UmweltHG) bestehen. Wegen der Haftpflicht *ggü Vertragspartnern* sind Rückstellungen nach den für Gewährleistungsverpflichtungen geltenden Grundsätzen zu bilden (s „Gewährleistung“). Deshalb sind hier auch Pauschalrückstellungen zulässig. Wegen der Haftung *ggü Dritten* wird eine Rückstellung dagegen nur anerkannt, wenn spätestens bis zur Bilanzaufstellung ein Schadensersatzanspruch ggü dem Verpflichteten geltend gemacht ist oder wenigstens die den Anspruch begründenden Tatsachen im Einzelnen bekannt geworden sind. Für eine Haftpflicht ggü Dritten dürfen Rückstellungen grundsätzlich nicht in pauschaler Form gebildet werden (*BFH* 30. 6. 1983, BStBl II 1984, 263; krit *E. Schmidt* BB 1984, 1788; *Esser ua* JbFSt 1986/87, 99; *HHR* § 5 EStG Anm 2200). Versicherungsansprüche sind zu aktivieren, wenn sie nicht bestritten werden. Bestrittene Rückgriffsansprüche dürfen weder aktiviert, noch bei der Rückstellungsbewertung berücksichtigt werden (*BFH* 17. 2. 1993, BStBl II, 440). Die Saldierung von unbestrittenen Regressansprüchen (insb Versicherungsansprüchen) entspricht verbreiteter Praxis. Für die Steuerbilanz ist dies nach § 6 Abs 1 Nr 3a Buchst c EStG zulässig. *Weber/Grellet* in Schmidt[24] § 5 Anm 550 „Haftpflichtverbindlichkeiten“ sieht hierin keinen Verstoß gegen das Prinzip der Einzelbewertung. S auch „Produzentenhaftung“.

Handelsvertreter (Ausgleichsanspruch). S auch „Provisionen".

Nach § 89 b HGB kann der Handelsvertreter vom Unt nach Beendigung des Vertragsverhältnisses einen angemessenen Ausgleich verlangen, wenn und soweit (1) der Unt aus der Geschäftsverbindung mit neuen Kunden, die der Handelsvertreter geworben hat, auch nach Beendigung des Vertragsverhältnisses erhebliche Vorteile hat, (2) der Handelsvertreter infolge der Beendigung des Vertragsverhältnisses Ansprüche auf Provision verliert, die er bei Fortsetzung desselben aus bereits abgeschlossenen oder künftig zustande kommenden Geschäften mit den von ihm geworbenen Kunden hätte, und (3) die Zahlung eines Ausgleichs unter Berücksichtigung aller Umstände der Billigkeit entspricht.

Nach EStH 31 c Abs 4 „Ausgleichsanspruch" dürfte eine Rückstellung nicht gebildet werden, da der Ausgleichsanspruch künftige wirtschaftliche Vorteile abgelten soll. Diese Ansicht steht in Widerspruch zur Rspr des BFH, wonach eine bereits rechtlich entstandene Verpflichtung unabhängig von künftigen Erträgen zu passivieren ist (Anm 34; das Gleiche gilt, wenn die Zahlung für ein künftiges Wettbewerbsverbot geleistet wird).

Eine Rückstellung für ungewisse Verbindlichkeiten ist stets zu bilden, wenn die künftige Zahlung an den Handelsvertreter für seine ehemalige Tätigkeit erbracht wird, dh keine künftigen wirtschaftlichen Vorteile abgegolten werden sollen (zur Abgrenzung *BFH* 24. 1. 2001, DB, 1227: Bei Abschluss eines Vertrags über die Weiterzahlung einer Provision; BMF 21. 6. 2005).

Wenn dem Handelsvertreter eine Pensionszusage gegeben wurde, die auf einen Ausgleichsanspruch anzurechnen ist, darf die Pensionsrückstellung in vollem Umfang gebildet werden (*FinMin NRW* 28. 2. 1967, BStBl II, 91). Dadurch ist der Ausgleichsanspruch mittelbar auch nach Ansicht der FinVerw steuerlich passivierungsfähig.

Handelsvertreter. Eine Rückstellung für künftigen Aufwand der Kundenbetreuung ist nicht zulässig (*BFH* 24. 11. 1983, BStBl II 1984, 300).

Hauptversammlung. Die zu erwartenden Kosten für die Durchführung der Hauptversammlung einer AG dürfen nicht zurückgestellt werden (*BFH* 23. 7. 1980, BStBl II 1981, 62; EStH 31 c Abs 3 „Rückstellungen ... nicht zulässig"; krit *HHR* § 5 EStG Anm 2200 „Gesellschafterversammlung").

Hedge. S Bewertungseinheiten.

Heimfall. Soweit eine öffentlich-rechtlich oder privat-rechtlich begründete Verpflichtung zB des Mieters, Pächters oder Erbbauberechtigten besteht, *eigene* Anlagen unter bestimmten Voraussetzungen entschädigungslos oder gegen teilweise Entschädigung zu übereignen, und mit der Ausübung des Heimfallrechts zu rechnen ist, ist dem durch entspr bemessene planmäßige Abschreibungen und nicht durch die ratierliche Ansammlung einer Rückstellung Rechnung zu tragen (nicht eindeutig *ADS*[6] § 253 Anm 376).

Herstellungskosten s Anschaffungskosten/Herstellungskosten.

Herstellungskostenbeiträge. Erhält ein Unt HK-Zuschüsse des Kunden, die verkaufspreismindernd zu berücksichtigen sind, sind diese gewinnerhöhend zu erfassen. Gleichzeitig ist in derselben Höhe eine Verbindlichkeitsrückstellung zu bilden, die über die voraussichtliche Dauer der Lieferverpflichtung aufzulösen ist. Dies gilt auch bei nur faktischem Leistungszwang, dh ohne bei am Stichtag vorliegendem Vertrag (*BFH* 29. 11. 2000, DB 2001, 674).

Inspektionsverpflichtungen. S „Sicherheitsinspektionen".

Instandhaltung. Zur *unterlassenen* Instandhaltung Anm 101 ff. Zur nur handelsrechtlich zulässigen Bildung von Aufwandrückstellungen für Großreparaturen Anm 316 ff.

Ein Wohnungsvermieter darf, solange ein Erfüllungsrückstand nicht vorliegt, keine Rückstellung für die gesetzliche oder vertragliche Instandhaltungsverpflichtung bilden. Hat ein *Baubetreuungs-Unt* die vereinbarte Vergütung für den sich über mehrere Jahre erstreckenden Betreuungszeitraum vollständig oder zT im Voraus erhalten, ist wegen der noch zu erbringenden Instandhaltungsleistungen eine Rückstellung zu bilden (*BFH* 21. 7. 1976, BStBl II, 778). Dagegen wird vom BFH die Bildung einer Verlustrückstellung bei *Wartungs-Unt* für zukünftige, von Jahr zu Jahr wechselnde Instandhaltungsaufwendungen mit der Begründung abgelehnt, dass die gegenseitigen Leistungsverpflichtungen aus den Dauerwartungsverträgen sich an jedem Bilanzstichtag ausgeglichen gegenüberstehen (*BFH* 3. 7. 1980, BStBl II, 648). Dem kann nicht gefolgt werden, wenn auf Grund eines typischen Aufwandsverlaufs für die Restlaufzeit des Vertrags das Pauschalentgelt übersteigende Aufwendungen zu erwarten sind (*Sarx* in FS vom Wysocki, 102; *W. Müller* BFuP 1987, 328).

Inzahlungnahme. Wenn bei einem Veräußerungsgeschäft am Bilanzstichtag die Lfg erbracht ist, die Inzahlungnahme eines gebrauchten Gegenstandes zu einem über dem Zeitwert liegenden Anrechnungsbetrag aber noch aussteht, ist für den drohenden Verlust aus der Inzahlungnahme eine Rückstellung zu bilden (*FG BaWü* 31. 3. 1981, EFG, 620, rkr).

Jahresabschluss. Rückstellungen sind zu bilden für:

a) die *gesetzliche* Verpflichtung zur Aufstellung, Prüfung sowie Veröffentlichung von JA und Lagebericht (EStH 31 c Abs 3 „Rückstellung ... zulässig"),
b) eine *privatrechtliche* Verpflichtung zur Prüfung von JA und ggf Lagebericht (*HFA* Ergänzung zur Stellungnahme 2/1973, WPg 1982, 407; von FinVerw nicht anerkannt: Prüfungspflicht durch Ges-Vertrag *BdF* 16. 1. 1981, DB, 398; Prüfungspflicht durch Vertrag mit Gläubiger *BdF* 19. 11. 1982, DB 1982, 2490. Gegen die Auffassung der FinVerw steht die überwiegende Meinung im Schrifttum, hierzu *Loose* in HHR § 5 EStG Anm 662 mwN; *Herzig/Köster* in HdJ III/5 Anm 422),
c) die Verpflichtung zur Erstellung der die Betriebsteuern des abgelaufenen Jahres betreffenden Steuererklärungen (insbes USt, GewSt; EStH 31 c Abs 3 „Rückstellung ... zulässig"). Die auf das Aufteilungs- und Abzugsverbot des § 12 Nr 1 EStG gestützte Ablehnung einer Rückstellung für die Erstellung der Erklärungen zur einheitlichen und gesonderten Gewinnfeststellung und zur Feststellung des Einheitswerts des Betriebsvermögens einer PersGes kann nur steuerlich gelten. Handelsrechtlich besteht auch insoweit Passivierungspflicht.

Zu der umstrittenen Frage, ob interne JA-Kosten nur mit den Einzelkosten (Gehälter, Materialeinzelkosten) oder mit den Vollkosten anzusetzen sind, vgl § 253 Anm 159. Die Auffassung *BFH* 24. 11. 1983, BStBl II, 1981, 301, dass interne JA-Kosten höchstens mit dem Betrag zurückgestellt werden dürfen, der für die gleiche Leistung an Fremde zu bezahlen wäre, ist nicht begründet (glA *Herzig* DB 1990, 1353 mwN; *HHR* § 5 EStG Anm 2200 „Steuerberatungskosten"; nicht eindeutig *BFH* 25. 2. 1986, BStBl II, 788).

Jubiläumszuwendungen. Die Verpflichtung zur Leistung von *Jubiläumszuwendungen* ist in den Jahren wirtschaftlich verursacht, in denen der Arbeitnehmer seine Arbeitsleistung erbracht hat. Die Jubiläumszuwendung ist arbeitsrechtlich ein weiteres Entgelt für die bisher erbrachten Arbeitsleistungen, so dass auf Seiten des Arbeitgebers bis zur Leistung der Jubiläumszuwendung ein Erfüllungsrückstand besteht, der die Bildung einer Verbindlichkeitsrückstellung gebietet. Es ist unerheblich, dass das Jubiläum in der Zukunft liegt (*BFH* 29. 11. 2000, DStR 2001, 523). Rückstellungen sind in dem Umfang zu bilden, wie die vertraglichen Anspruchsvoraussetzungen durch die vergangene Betriebszugehörigkeit des Arbeitnehmers bis zum Bilanzstichtag erfüllt sind (*HFA* WPg 1994, 27).

Bei der Bewertung der Rückstellung ist der Wahrscheinlichkeit des vorzeitigen Ausscheidens von Arbeitnehmern durch einen anhand betrieblicher Erfahrungswerte oder pauschal ermittelten Fluktuationsabschlag Rechnung zu tragen (*Höfer* BB 1987, 998; hierzu auch *Hartung* BB 1989, 739 mwN).

In der *Handelsbilanz* sind für sämtliche rechtsverbindlich zugesagte Leistungen des Arbeitgebers aus Anlass von *Dienstjubiläen* seiner Arbeitnehmer Rückstellungen zu bilden. In der *Steuerbilanz* sind Rückstellungen hierfür nach § 5 Abs 4 EStG nur in eingeschränktem Umfang zulässig:

- das Dienstverhältnis muss mindestens 10 Jahre bestanden haben; daher darf mit der Rückstellungsbildung erst vom 11. Dienstjahr an begonnen werden; dafür entfällt der Fluktuationsabschlag;
- das Dienstjubiläum muss das Bestehen eines Dienstverhältnisses von mindestens 15 Jahren voraussetzen; damit entfällt die Rückstellungsbildung zB für das 10jährige Dienstjubiläum;
- die Zusage muss schriftlich erteilt sein; betriebliche Übung reicht also als Verpflichtungsgrund nicht aus, wohl aber zB eine schriftliche Betriebsvereinbarung.

Zu den Bewertungsalternativen nach dem Teilwertverfahren (Ermittlung des versicherungsmathematischen Barwerts) oder dem Pauschalwertverfahren unter zwingender Anwendung einer Pauschalierungstabelle s *BMF* vom 29. 10. 1993, BStBl I, 898; für das Pauschalwertverfahren sind die Tabellenwerte durch neue Werte in *BMF* 12. 4. 1999, BStBl I, 434 ersetzt worden; zur Bewertung s auch *Höfer* DB 1993, 2241; *Grabner* DB 1992, 2561; *Pinkos* BetrAV 1993, 265). Die mit der Dienstjubiläumszuwendung verbundenen Arbeitgeberanteile der gesetzlichen Sozialabgaben sind einzubeziehen (*OFD Erfurt* 3. 3. 1998, DStR, 680).

Die steuerliche Beschränkung bei *Dienstjubiläen* berührt die handelsrechtliche Bilanzierung nicht (*HFA* WPg 1994, 27; *Küting/Kessler* DStR 1989, 658). Es wird aber nicht zu beanstanden sein, der Berechnung der Rückstellung für handelsrechtliche Zwecke das Verfahren nach § 5 Abs 4 EStG zugrunde zu legen, ohne jedoch die steuerlichen Einschränkungen (insb keine Rückstellung für 10-jährige Dienstjubiläen, Fehlbeträge aus der Nichtberücksichtigung der Dienstzeiten vor 1993) zu beachten. Soweit dem nicht betriebsindividuelle Gegebenheiten entgegenstehen, kann der Fluktuationsabschlag in der Weise berücksichtigt werden, dass Rückstellungen in den ersten fünf Jahren der Betriebszugehörigkeit nicht gebildet werden.

Für *Geschäfts- oder Firmenjubiläen* gelten die Beschränkungen nach § 5 Abs 4 EStG nicht (*BFH* 29. 11. 2000, DStR 2001, 523).

Für *zugesagten Sonderurlaub* bei Dienstjubiläum ist eine Urlaubsrückstellung zu bilden, die über die Jahre ab der Zusage bis zur Erreichung des Jubiläums zeitanteilig zu bemessen ist (s „Urlaub“). Nach dem vom BFH angenommenen Passivierungswahlrecht bei Unwesentlichkeit (s Anm 18), ist ein Ansatz zumindest dann zwingend, wenn am ersten Stichtag nach Erreichung der für den Anspruch erforderlichen Dienstzeit der Sonderurlaub noch nicht genommen wurde. Ist die Dauer des Sonderurlaubs im Verhältnis zum gewöhnlichen Urlaub nicht unwesentlich, muss die Ansammlung bereits ab dem Zeitpunkt der Zusage erfolgen. Entspr gilt für *Sachprämien,* die zu einem Jubiläum gewährt werden sollen.

Hat der Arbeitgeber sich demgegenüber nicht zu einer Leistung verpflichtet, sondern gewährt er regelmäßig *freiwillige* Gratifikationen zu Dienstjubiläen (florale Gebinde, Lebensmittelsachzuwendungen – „Fresskorb“, bis hin zu semiwertvollen Erinnerungsgegenständen – „Roleximitat“), ist eine Rückstellungsbildung nach den Grundsätzen für zugesagte Leistungen zu beurteilen, wenn sich der Arbeitgeber aus betrieblichen Gründen (Betriebsklima) faktisch zur Leistung verpflichtet sieht (s Anm 31). – Zur *Abzinsung* s § 253 Anm 68.

Kauf auf Probe oder mit Rückgaberecht (insb im Versandhandel). Bei Kauf auf Probe tritt im Grundsatz mit der Lfg noch keine Erfüllung ein. In der Praxis wird gleichwohl im Massengeschäft aus Vereinfachungsgründen mit Auslieferung der Ware der Umsatz als realisiert behandelt. Das Ergebnis wird durch eine Rückstellung für nicht realisierte Gewinne korrigiert. Dies ist nicht zu beanstanden, da der Bruttoausweis zu keiner Verfälschung des Einblicks in die VFE-Lage führt.

Körperschaftsteuer. Die bis zum Bilanzstichtag entstandene und noch nicht veranlagte KSt stellt eine ungewisse Verbindlichkeit dar, für die eine Rückstellung zu bilden ist. Verbleibt dem Unt nach Wechsel des KSt-Systems auf Grund der Übergangsregelung in § 37 Abs 1 KStG ein aus steuerlich belastetem Eigenkapital gebildetes KSt-Guthaben (sog $^1/_6$-Guthaben), hängt die KSt-Belastung bis zum Verbrauch des Guthabens weiterhin von der Ausschüttung ab, die für das Wj erfolgt, für das die Rückstellung zu berechnen ist (§ 37 Abs 2 S 1, 2 KStG). Liegt ein Beschluss über die Verwendung des Ergebnisses vor, ist die Rückstellung auf der Grundlage dieses Beschlusses zu berechnen; andernfalls ist vom Vorschlag über die Verwendung des Ergebnisses auszugehen (§ 278 Anm 21 ff).

Konzernhaftung. S „Verlustausgleichsverpflichtungen".

Kulanz. S Anm 112 ff

Langfristige Fertigung. S § 253 Anm 524.

Leasingverträge. Der *Leasingnehmer* hat eine Verlustrückstellung zu bilden, soweit der Barwert der Leasingraten den beim Leasingnehmer beizulegenden Wert des Leasinggegenstandes übersteigt, weil das geleaste Objekt nicht mehr zu nutzen ist oder die Leasingraten nachhaltig nicht mehr erwirtschaftet werden können. Nach *BFH* 27. 7. 1988 BStBl II, 999, darf der Leasingnehmer regelmäßig (insb wegen niedrigerer Leasingraten für Neuverträge) keine Verlustrückstellung bilden, weil der („betriebsinterne") Wert des Anspruchs auf Leistungen des Leasinggebers im Allgemeinen nicht feststellbar, und eine Bewertung mit den Wiederbeschaffungskosten nicht zulässig sei. Hiergegen bestehen Bedenken.

Auf Seiten des *Leasinggebers* ist eine Rückstellung zu bilden, soweit der Barwert der Leasingraten unter dem Barwert der Aufwendungen (Vollkosten, insbes Abschreibungen) liegt (*BFH* 19. 7. 1983, BStBl II 1984, 56 zur Vermietung; *BFH* 11. 2. 1988, BStBl II, 661 zu Charterverträgen). Zur Frage der Bildung von Verlustrückstellungen beim Leasinggeber wegen Wertminderungen iZm der Weitergabe von Investitionszulagen s *Paulus* BB 1984, 1462; *Bordewin* BB 1985, 788 und *Rohse* BB 1985, 1463. Nach *BFH* 19. 3. 1998, BStBl II 1999, 352 darf die Weitergabe der Investitionszulage nicht wertmindernd berücksichtigt werden (krit *Weber/Grellet* in Schmidt[24] § 5 Anm 734 aE). Zur Frage der Abzinsung § 253 Anm 176 ff. Bonitätsrisiken hinsichtlich zukünftiger Leasingentgelte und Vertragsbestandsrisiken ist durch Bildung einer Rückstellung für drohende Verluste aus schwebenden Geschäften Rechnung zu tragen (*HFA* 1/1989, WPg, 626). Für die Verpflichtung des Leasinggebers, den Leasingnehmer bei Beendigung des Mietvertrags am Verwertungserlös zu beteiligen, muss der Leasinggeber während der Laufzeit des Leasingvertrags eine Verbindlichkeitsrückstellung ansammeln (*BFH* 15. 4. 1993, BB, 1912).

S auch *Roß/Drögemüller* Handelsbilanzrechtliche Behandlung von US-Lease-in/Lease-out-Transaktionen WPg 2004, 185.

Leergut. Die Verwender von Einheitsmehrwegleergut sind nicht nur verpflichtet, die von ihnen herausgegebenen Flaschen und Kästen zurückzunehmen, sondern jedes zum Einheitsgebinde gehörende Leergut. Sie verpflichten sich ua zudem innerhalb des Verbandes, der das Einheitsleergut herausgibt, den

Bestand des Einheitsmehrwegleerguts sicher zu stellen und überflüssig werdendes Leergut zu entsorgen. Es handelt sich insoweit um eine Verpflichtung der Verbandsmitglieder, für den Einzelnen damit um eine Außenverpflichtung, für die eine Verbindlichkeitsrückstellung anzusetzen ist.

Eine ausreichende Wahrscheinlichkeit für die Inanspruchnahme (hierzu Anm 43) liegt jedoch erst vor, wenn zum Stichtag damit zu rechnen ist, dass die erforderliche Menge an Leergut nicht zurückgegeben werden kann, oder der Großhändler/Abfüller statt der Rückgabe tatsächlich Schadenersatz verlangt (*BMF* 23. 4. 2001 DB, 1224). Eine Saldierung von zu aktivierenden Erstattungsforderungen ist nicht zulässig (*Weber/Grellet* in Schmidt[24] § 5 Anm 550 „Pfandgelder").

Für die Verpflichtung, vereinnahmte Pfandgelder bei Rückgabe des Leerguts zurückzuzahlen, ist ebenfalls eine Verbindlichkeitsrückstellung zu bilden (*BMF* 11. 7. 1995, BStBl I, 363; *Gail/Düll/Schubert* GmbHR 1995, 770; *Jakob/Kobor* DStR 2004, 1596.

Lohnfortzahlung im Krankheitsfall. Wenn ein Arbeitnehmer am Bilanzstichtag einen Anspruch auf Lohnfortzahlung wegen bereits eingetretener Krankheit hat, ist der Arbeitsvertrag insoweit nicht ausgeglichen, so dass eine Rückstellung gebildet werden muss (*Meilicke* DB 1978, 2483; *HHR* § 5 EStG Anm 940 „Lohnfortzahlung"; aA *Weber-Grellet* in Schmidt[24] § 5 Anm 550 „Lohnfortzahlung" mwN). Die Bewertung der Rückstellung erfolgt wie bei der Urlaubsrückstellung. Dagegen darf für künftige Verpflichtungen zur Lohnfortzahlung im Krankheitsfall keine Rückstellung gebildet werden (*BFH* 7. 6. 1988, BStBl II, 886; aA *Bode* DB 1990, 333). Zur Lohnfortzahlung im Todesfall s *Olbrich* WPg 1989, 390.

Lohnsteuer. Haftungsansprüche wegen hinterzogener Lohnsteuer sind zurückzustellen, wenn mit dem Haftungsbescheid ernsthaft zu rechnen ist (*BFH* 16. 2. 1996, BStBl II, 592).

Mietverträge. Bei nachhaltiger Unausgeglichenheit von Mietverträgen (Gleiches gilt für Pachtverträge) während der unkündbaren Vertragslaufzeit kann sowohl beim Mieter als auch beim Vermieter eine Verlustrückstellung in Frage kommen (hierzu *Sarx* in FS v Wysocki, 100; *W. Müller* BFuP 1987, 326; *Rohse* StBP 1986, 279). Der *Mieter* hat eine Rückstellung zu bilden, wenn er die Mietsache nicht mehr oder nur noch in vermindertem Umfang nutzen kann, s *BFH* 7. 10. 1997, DStR 1998, 802). Der Leistungsanspruch im Rahmen des schwebenden Geschäfts ist dann mit den Mietraten der benötigten, kleiner dimensionierten Anlage anzusetzen (*Groh* StuW 1976, 40). Könnte der Mieter die Mietsache zu einer wesentlich niedrigeren Miete erhalten, ist eine Verlustrückstellung wegen der Mietratendifferenz zu bilden (hierzu auch *BFH* 16. 11. 1982, BStBl II 1983, 361 zur Anmietung einer EDV-Anlage).

Der *Vermieter* hat eine Verlustrückstellung zu bilden, soweit der Anspruch auf den Mietzins den Wert der Verpflichtung zur Überlassung und Erhaltung der vermieteten Sache übersteigt, wobei diese Verpflichtung mit den tatsächlichen Aufwendungen (Vollkosten, dh planmäßige Abschreibungen, FK-Zinsen für den Mietgegenstand, Instandhaltungskosten, öffentliche Abgaben etc) anzusetzen ist (*BFH* 7. 7. 1983, BStBl II 1984, 56 zur Vermietung eines Heizkraftwerkes; *BFH* 11. 2. 1988, BStBl II, 661 speziell zu FK-Zinsen). Nach Auffassung des BFH ist der Verpflichtungsüberschuss abzuzinsen (hierzu § 253 Anm 176 f). In den Saldierungsbereich ist nach Ansicht des *GrS BFH* 23. 6. 1997, BStBl II, 735 auch ein Standortvorteil einzubeziehen (Anm 51 ff). S auch *Ruter/Mokler/Serf* Rückstellung für drohende Verluste aus Mietverhältnissen im sozialen Wohnungsbau, DB 2001, 209.

Minderung. S „Gewährleistung".

Mutterschutz. In den Fällen, in denen am Bilanzstichtag eine Meldung der Schwangerschaft gem § 5 des Mutterschutzgesetzes vorliegt, sind Rückstellungen für drohende Verluste aus schwebenden Geschäften zu bilden. In der Rückstellung sind die Zuschüsse für die Tage der Schutzfristen zu erfassen, die in das neue Gj fallen (ebenso *HHR* § 5 EStG Anm 940; aA *BFH* 2. 10. 1997, DB 1998, 39; *Weber-Grellet* in Schmidt[24] § 5 Anm 550 „Soziallasten").

Nachbetreuungsleistungen. Nach *BFH* 10. 12. 1992, BStBl II 1994, 158 dürfen Hörgeräte-Akustiker und Optiker für künftige Nachbetreuungsleistungen an Hör- und Sehhilfen keine Rückstellungen bilden. Nach *BFH* 5. 6. 2002 DB, 2351 ist dann eine Rückstellung zu bilden, wenn die Nachbesserung auf Grund einer zivilrechtlichen Vereinbarung erfolgt (im zugrundeliegenden Sachverhalt wurde nicht nur eine Gewährleistung vereinbart, sondern darüber hinausgehende Betreuungspflichten; Nichtanwendungserlass *OFD Magdeburg* DStR 2003, 1833). *BMF* 14. 12. 1998, DB 1999, 70 will eine Rückstellung demgegenüber nur im Rahmen einer Garantieleistung zulassen; eine Rückstellung für Anpassung, Wartung, Instandsetzung oder Austausch bei Irreparabilität auf Grund „zusätzlicher Verpflichtung" sei nicht zulässig. UE besteht in allen Fällen Passivierungspflicht. Es liegt zumindest eine faktische Verpflichtung vor.

Optionsgeschäfte. Als Basisgüter (underlying) von Optionsscheinen (naked warrants) kommen Devisen, Wertpapiere, Indizes, Zinsen (§ 246 Anm 113), Rohstoffe etc in Betracht. Der Käufer einer Option erwirbt gegen Zahlung einer Optionsprämie das befristete Recht, das Basisgut *an* (europäische Option) oder *bis* zu (amerikanische Option) einem bestimmten Zeitpunkt zu einem im Voraus bestimmten Kurs (Basispreis, strike) zu kaufen (Kaufoption, call) oder zu verkaufen (Verkaufsoption, put).

Der Emittent der Option (Stillhalter) hat die Optionsprämie als sonstige Verbindlichkeit zu passivieren, da er die Optionsprämie für seine potentielle Verpflichtung erhält, das Basisgut mit Verlust liefern bzw abnehmen zu müssen (*BFH* BB 2003, 1006 mit Anm *Schulze-Osterloh;* ausführlich hierzu *Hahne/Sievert* DStR 2003, 1992; s auch *Prahl/Naumann* HdJ II/10 Anm 122; *Wiese/Dammer* DStR 1999, 867/74; *BFA* WPg 1994, 700; *Winter* BB 1995, 1633; *Windmöller/Breker* WPg 1995, 395; *Naumann* BB 1998, 529). Der Stillhalter trägt das Risiko, dass die Option zu einem für ihn unvorteilhaften Kurs ausgeübt wird. Er hat daher eine Verlustrückstellung zu bilden, soweit sich der Optionsschein am Bilanzstichtag „im Geld befindet" (*Fleischer* DB 1995, 1782; *Windmöller/Breker* WPg 1995, 395), dh die erhaltene und passivierte Optionsprämie den potentiellen Verlust nicht deckt.

Die Bildung einer Verlustrückstellung ist jedoch nur dann geboten, wenn es sich um eine offene Position handelt *(Ausübungsmethode)*. Zur *Glattstellungsmethode* im Falle geschlossener Positionen s § 246 Anm 151 (zum Hedging und Bewertungseinheiten s *Windmöller/Breker* WPg 1995, 398ff; *Herzig/Rieck* DB 1997, 1884f; *Prahl/Naumann* HdJ II/10 Anm 218; vgl auch die Grundsätze von Bewertungseinheiten am Bsp von Währungsverbindlichkeiten § 253 Anm 77).

Patentverletzung, Urheberrechtsverletzung, Verletzung sonstiger Schutzrechte. In der *Handelsbilanz* sind Rückstellungen wegen der dem Unt bekannten Verletzung von Patenten, Urheber- oder ähnlichen Schutzrechten zu bilden, wenn die Inanspruchnahme bereits erfolgt ist. Pauschalrückstellung sind für mögliche, aber noch nicht bekanntgewordene Verletzungen zu bilden (*WPH* I[12] E 133; *ADS*[6] § 253 Anm 231 mwN). Die Bewertung der Rückstellung erfolgt auf der Basis der zu § 139 Abs 2 S 1 PatG anerkannten Schadensberechnungsarten (hierzu *van Veenroy* StuW 1991, 31).

Für die *Steuerbilanz* gilt § 5 Abs 3 EStG. Danach sind zwei Fallgruppen zu unterscheiden:

a) der Rechtsinhaber hat Ansprüche wegen der Rechtsverletzung geltend gemacht
b) der Rechtsinhaber hat noch keine Ansprüche geltend gemacht, mit einer Inanspruchnahme ist aber ernsthaft zu rechnen

Ansprüche sind nicht nur dann geltend gemacht, wenn sie rechtshängig sind, sondern bereits dann, wenn der Rechtsinhaber ggü dem Steuerpflichtigen die Absicht zu erkennen gab, wegen der Rechtsverletzung Ansprüche zu stellen. Mit einer Inanspruchnahme wegen der Rechtsverletzung ist dann ernsthaft zu rechnen, wenn die Rechtsverletzung, dh das Bestehen einer Verbindlichkeit wahrscheinlich ist (*Loose* in HHR § 5 EStG Anm 1819). Welcher Art die Tatsachen sein müssen, die eine Rechtsverletzung wahrscheinlich erscheinen lassen, ist im EStG nicht geregelt. Die Forderung von *Bordewin* BB 1983, 118, dass die Rechtsverletzung im Allgemeinen durch Sachverständigengutachten zu belegen sei, findet im EStG keine Stütze. Bei noch nicht geltend gemachten Ansprüchen ist für die Wahrscheinlichkeit der Inanspruchnahme auch auf die Kenntnis des Rechtsinhabers von der Rechtsverletzung abzustellen. Dabei ist zu beurteilen, ob der Rechtsinhaber während der Verjährungsfrist für die Geltendmachung seines Anspruchs Kenntnis erlangen kann (gegenläufiges Bsp bei Weber-Grellet in Schmidt[24] § 5 Anm 395: Bei Unterlassen der Geltendmachung eines Anspruchs trotz Kenntnis des Rechtsinhabers uU Vermutung eines konkludenten Verzichts, zB um laufende Geschäftsbeziehung aufrecht zu erhalten).

Sowohl im Fall a) als auch im Fall b) besteht Passivierungspflicht.

Zur Berücksichtigung von Vergangenheitserfahrungen bei der Bildung von Pauschalrückstellungen für Patent-, Urheber- oder ähnliche Rückstellungen s *Kemper/Konold* DStR 2003, 1686.

Auflösung s Anm 21. Über die Auflösung von Rückstellungen wegen Patentverletzung der Fallgruppe a) enthält § 5 Abs 3 EStG keine Regelung. Die Auflösung dieser Rückstellungen richtet sich daher nach den GoB (s Anm 21). Rückstellungen der Fallgruppe a) sind danach aufzulösen, sobald und soweit sich die geltend gemachten Ansprüche als nicht durchsetzbar erweisen (*HHR* § 5 EStG Anm 1823).

Für die Fallgruppe b) schreibt § 5 Abs 3 S 2 EStG zwingend vor, dass die Rückstellung spätestens in der Bilanz des dritten auf die erstmalige Bildung folgenden Wj gewinnerhöhend aufzulösen ist, wenn Ansprüche nicht geltend gemacht worden sind. Ist also zB in der Bilanz zum 31. 12. 01 eine Rückstellung wegen Patentverletzung gebildet worden, weil mit einer Inanspruchnahme ernsthaft gerechnet wurde, ist diese Rückstellung auch in den Bilanzen der Jahre 02 und 03 auszuweisen, soweit auch zu diesen Bilanzstichtagen mit einer Inanspruchnahme ernsthaft zu rechnen ist oder Ansprüche geltend gemacht worden sind. Sind bis zur Aufstellung der Bilanz des Jahres 04 Ansprüche nicht geltend gemacht worden, ist die Rückstellung in der Bilanz des Jahres 04 gewinnerhöhend aufzulösen. Erfolgen in den Jahren 02 und 03 weitere das Patent verletzende Handlungen, ist die in 01 gebildete Rückstellung entspr aufzustocken. Umstritten ist, wann die Dreijahresfrist für diese Zuführungen in den Jahren nach der erstmaligen Bildung der Rückstellung zu laufen beginnt. Nach einer Auffassung ist die Rückstellung in 04 einschließlich der Zuführungen aus den Jahren 02 und 03 gewinnerhöhend aufzulösen (EStR 31 c Abs 7; *Weber-Grellet* in Schmidt[24] § 5 Anm 393: Passivierungsverbot). Für Verletzungen desselben Patents in den Jahren ab 04 dürfte dann keine Rückstellung mehr gebildet werden. Nach wohl zutreffender Auffassung bedingen jedoch erneute Rechtsverstöße ab dem Jahr 02 jeweils eine neue Passivierungspflicht, so dass die entspr Zuführungen zur Rückstellung erst ab dem Jahr 05 unter das Auflösungsgebot nach § 5 Abs 3 S 2 EStG fallen (so *HHR* § 5 EStG Anm 1825; evtl *Dankmeyer/Klöckner* DB 1983, 304; hierzu auch *Döllerer* ZGR 1983, 410). Danach sollten Rückstellungen auch für Verletzungen desselben Patents in den Jahren ab 04 grundsätzlich zulässig sein.

Das Auflösungsgebot des § 5 Abs 3 S 2 EStG steht in Widerspruch zu Abs 3 Satz 2 und dem bilanzrechtlichen Grundsatz, dass mit einer Inanspruchnahme nicht schon deshalb nicht zu rechnen ist, weil der Gläubiger seinen Anspruch noch nicht geltend gemacht hat (aA *BFH* 19. 10. 1993, BStBl II, 891; hierzu Anm 44). § 5 Abs 3 S 2 EStG stellt daher eine steuerrechtliche Spezialvorschrift dar, die handelsrechtlich nicht maßgeblich ist.

Unter § 5 Abs 3 EStG fallen Patentrechte, Gebrauchsmusterrechte, Geschmacksmusterrechte, Warenzeichen-, Dienstleistungsmarken- und Ausstattungsrechte, ausländische Schutzrechte, Nutzungsrechte dinglicher Art an Patent-, Gebrauchsmuster- oder Geschmacksmusterrechten sowie Urheberrechte, Leistungsschutzrechte und Nutzungsrechte dinglicher Art an urheberrechtlich geschützten Werken (wie zB Vertragsrechte oder Verfilmungsrechte, hierzu *Weber-Grellet* in Schmidt[24] § 5 Anm 398f; *Loose* in HHR § 5 EStG Anm 1809f).

Pensionsverpflichtungen. S Anm 151ff.

Pfand. S „Leergut".

Preisnachlässe. Veräußert ein Unt kundengebundene Formen, die ihm sodann von den Kunden gegen Gewährung eines Preisnachlasses auf die mit den Formen hergestellten Erzeugnisse überlassen werden, darf es im Jahr der Veräußerung der Formen keine Rückstellung bilden (*BFH* 31. 1. 1973, BStBl II, 305; hierzu auch *FinVerw* DB 1982, 1787).

Produktverantwortung. Für öffentlich-rechtliche Verpflichtungen zur *Rücknahme und Entsorgung* von Verpackungen, gebrauchten Geräten und Materialien und anderem sind Rückstellungen zu bilden, soweit die künftigen Ausgaben durch Umsatzerlöse des abgelaufenen Gj verursacht sind (zB nach AltfahrzeugG, ElektroG s Art 53 EGHGB; zu VerpackungsVO *Fey* DB 1992, 2355; zur Frage der Zurechnung zu bereits realisierten Erträgen bei Altbatterien *BFH* 15. 3. 1999, BFH/NV, 1207). Dies gilt auch bei der freiwilligen Rücknahme nach § 25 KrW-/AbfG (zu KrW-/AbfG s *Janke* BuW 1997, 724f).

Soweit im Rahmen der Rückstellungen für Abfallverwertungs- oder Abfallbeseitigungsverpflichtungen wegen des öffentlich-rechtlichen Charakters dieser Verpflichtungen über die allgemeinen Voraussetzungen der Rückstellungsbildung hinausgehende *Konkretisierungsanforderungen* gestellt werden (dazu *Janke* BuW 1997, 725) wird auf die Ausführungen in Anm 33 und 44 verwiesen.

Dessen ungeachtet kommt es darauf an, welcher der möglichen *Träger der Produktverantwortung* (Hersteller, Bearbeiter, Verarbeiter, Vertreiber von Erzeugnissen) im konkreten Fall produktverantwortlich sein soll. Soweit die konkret Verpflichteten nicht zB durch Rechtsverordnung nach §§ 22 IV, 23, 24 KrW-/AbfG bestimmt sind, scheidet eine Rückstellungsbildung auf Grund einer rechtlichen Verpflichtung aus. Daher wurde in *FG München* 29. 5. 1998, DStRE, 786 für Altfälle aus 1993, 1994 die Bildung von Verbindlichkeitsrückstellungen für die Verpflichtung zur Rücknahme und Entsorgung von Altbatterien abgelehnt. Nach dem Inkrafttreten der Batterie-Verordnung (BattV) existieren nunmehr mit den §§ 4, 5 BattV Regelungen, die die notwendige Konkretisierung der produktverantwortlichen Personen enthalten. Künftig sind daher Rückstellungen für die der Höhe nach ungewisse Verpflichtung zur Rücknahme und Beseitigung von Altbatterien zu bilden.

Durch das AltfahrzeugG (BGBl I 2002, 2199) werden Hersteller und Importeure von KFZ zur *Zurücknahme von Altfahrzeugen* ihrer Marke vom Letzthalter verpflichtet. Die Verpflichtung gilt für alle in Verkehr befindlichen KFZ, also rückwirkend. Nach Art 53 Abs 1 EGHGB ist ab dem ersten Gj, das nach dem 26. 4. 2002 endet, eine Verbindlichkeitsrückstellung zu bilden, wobei die Rücknahmeverpflichtung für alle zum Bilanzstichtag in Verkehr gebrachten KFZ zu berücksichtigen ist. Insoweit hat die Vorschrift keinen von § 249 abweichenden Regelungsgehalt. Es sollte dadurch nur klargestellt werden, dass eine frühere Rückstellungsbildung aus dieser gesetzlichen Verpflichtung nicht zulässig sein soll. Gleichwohl waren bereits früher Rückstellungen aus faktischer Verpflichtung auf Grund der „Freiwilligen Selbstverpflichtung zur umweltgerechten Altautoverwertung im Rahmen des Kreislaufwirtschaftsgesetzes" erforderlich (s dazu BT-Drs 13/7780 S 2 Anstrich 1). Da auf Grund der Rückwirkung eine Ansammlung nicht möglich ist, sieht Art 53 Abs 2 EGHGB als Wahlrecht eine Bilanzierungshilfe vor: Die Ergebnisauswirkung der Rückstellungsbildung kann gleichmäßig auf den Zeitraum vom Gj der erstmaligen Rückstellungsbildung bis zum letzten Gj, das vor dem 1. 1. 2007 endet (Beginn der Rücknahmeverpflichtung), verteilt werden, indem der Unterschiedsbetrag aktiviert wird (zB bei Stichtag 31. 12. Bildung einer aktiven Bilanzierungshilfe iHv $^4/_5$ des Rückstellungsbetrags mit jährlicher Auflösung von $^1/_4$, letztmalig zum 31. 12. 2006; liegt der Stichtag des Kj 2002 vor dem Tag der erstmaligen Anwendung der Regelung, so ist erst im Gj 2002/2003 zurückzustellen, so dass der Betrag der Bilanzierungshilfe $^3/_4$ der Rückstellung beträgt, und in den Folgejahren jeweils $^1/_3$ aufzulösen ist).

Die durch das AltfahrzeugG eingeführte steuerbilanzielle Regelung des § 6 Abs 1 Nr 3a Buchst d S 2 EStG gilt für alle gesetzlich rückwirkenden Rücknahmeverpflichtungen: Soweit vor Inkrafttreten der entspr gesetzlichen Regelung zurückzunehmende Gegenstände in Verkehr gebracht wurden, ist die Rückstellung gleichmäßig zeitanteilig bis zum Beginn der jeweiligen Erfüllung der Rücknahmepflicht anzusammeln.

Der Ansatz von Rückstellungen kann sich auch aus einer *faktischen Verpflichtung* ergeben (s Anm 31; zur Beurteilung der Intensität der Verpflichtung *BFH* 15. 3. 1999, BFH/NV, 1206 für einen Sachverhalt vor Inkrafttreten der BattV, jedoch mit grundsätzlichen auch für andere Verpflichtungen heranziehbaren Erwägungen).

Produzentenhaftung/Produkthaftung. Der Hersteller haftet nach dem Produkthaftungsgesetz (ProdHaftG) für Folgeschäden aus der Benutzung seiner Produkte, die der bestimmungsgemäße Verbraucher oder sonstige Personen infolge eines Fehlers des Erzeugnisses erleiden. *Einzelrückstellungen* sind zu bilden, wenn spätestens bis zur Bilanzaufstellung ein Schadenersatz geltend gemacht wurde oder wenigstens die den Anspruch begründenden Tatsachen im Einzelnen bekannt geworden sind. Sind Produkthaftungsansprüche nicht bekannt, ist bei Vorliegen eines Produktfehlers eine *Pauschalrückstellung* zu bilden, auch wenn bei Bilanzaufstellung konkrete Schadensfälle noch nicht bekannt geworden sind, aber erfahrungsgemäß mit Schadensfällen gerechnet werden muss (s auch *Beier/Grimm* BB 1995, 1686; *Herzig/Hötzel* BB 1991, 99; Pauschalrückstellungen insgesamt ablehnend: *OFD Münster* 28. 7. 1986, BB, 2169; für Pauschalrückstellung bei konkreten eigenen oder Branchenerfahrungen *FG Schleswig-Holstein* 6. 12. 1983, EFG 1984, 336 rkr). *BFH* 30. 6. 1983 BStBl II 1984, 263 hat die Zulässigkeit von Pauschalrückstellungen in Fällen der Haftpflicht (und damit unausgesprochen auch der Produzentenhaftung) *ggü Vertragspartnern* bejaht, jedoch offen gelassen, ob Pauschalrückstellungen nach den für Gewährleistungen geltenden Grundsätzen auch in Fällen der Produzentenhaftung *ggü Dritten* zulässig sind (s „Haftpflicht"; mit Recht gegen die Unterscheidung zwischen Produkthaftungsansprüchen von Vertragspartnern und von Dritten *Vollmer/Nick* DB 1985, 54 und *Scharpf* DStR 1985, 174; zur Frage der Zulässigkeit von Pauschalrückstellungen auch *Schwarz* DStR 1994, 194). Bei der Bemessung der Rückstellung können im Einzelfall sehr unterschiedliche Gesichtspunkte zu berücksichtigen sein. Anhaltspunkte können sich aus Erfahrungen im Unt, der Branche oder von VersicherungsUnt ergeben (hierzu *Vollmer/Nick* DB 1985, 58 mwN). Zur Berücksichtigung etwaiger Versicherungsansprüche vgl § 253 Anm 157.

Provisionen. Zum Ausgleichsanspruch s unter „Handelsvertreter". Provisionsverpflichtungen ggü Handelsvertretern sind *wirtschaftlich* verursacht und deshalb spätestens zu passivieren, wenn der Ertrag aus dem vermittelten Geschäft realisiert wird. Nach ständiger Rspr ist die Provisionsverpflichtung jedoch generell erst zu passivieren, sobald sie *rechtlich* entstanden ist (*BFH* 14. 3. 1986, BStBl II, 669). Der Provisionsanspruch entsteht rechtlich, sofern nichts anderes vereinbart ist, mit der Ausführung des vermittelten Geschäfts (§ 87a Abs 1 S 1 HGB). Hier fallen rechtliche Entstehung und wirtschaftliche Verursachung zusammen. Die Entstehung des Provisionsanspruchs kann jedoch nach § 87a Abs 1 S 2 HGB durch eine Vereinbarung zeitlich vorverlegt (etwa auf den Zeitpunkt der Beendigung der Vermittlungstätigkeit oder des Abschlusses des Geschäfts) oder hinausgezögert werden (zB auf den Zeitpunkt der Zahlung des Kunden). Bei Vorverlegung ist bereits im Zeitpunkt der rechtlichen Entstehung zu passivieren. Entsteht der Provisionsanspruch rechtlich erst *nach* der Ausführung des vermittelten Geschäfts (zB erst mit Zahlung des Kunden), ist er bereits bei Ausführung des Geschäfts auf Grund wirtschaftlicher Verursachung zu passivieren (ebenso *HHR* § 5 EStG Anm 1545).

Prozesskosten. S auch „Strafverteidigerkosten". Eine Rückstellung für Prozesskosten ist idR nur zu bilden, wenn der Prozess am Bilanzstichtag bereits anhängig ist. Zu passivieren sind die Kosten bereits eingeleiteter Verfahren in der laufenden Instanz (*BFH* 6. 12. 1995, BStBl II 1996, 406 für den Kläger; mit Einschränkung auch für den Beklagten *BFH* 24. 6. 1970, BStBl II, 802: Passivierung, wenn am Bilanzstichtag mit einer Klageerhebung gegen den Stpfl. unabwendbar zu rechnen war; *Stängel* BB 1993, 1403). Für Kosten höherer Instanzen darf keine Rückstellung gebildet werden, weil noch keine hinreichend konkretisierte Verbindlichkeit vorliegt. Zur erforderlichen Konkretisierung des Risikos *Osterloh-Konrad* DStR 2003, 1631 und 1675. In die Rückstellung sind sämtliche durch die Prozessvorbereitung und -führung entstehenden Aufwendungen einzubeziehen, dh insbesondere Kosten für Gericht, Anwälte, Gutachten, Zeugen, Fahrten, Personal und Beschaffung von Beweismaterial. Die vorstehenden Grundsätze gelten auch für betrieblich veranlasste Strafverteidigungskosten (nach *BFH* 19. 2. 1982, BStBl II, 467: abzugsfähige Betriebsausgaben). Prozesszinsen dürfen lediglich für die zurückliegende Zeit zurückgestellt werden (*BFH* 6. 12. 1995, BStBl II 1996, 406).

PSV-Beiträge. Zu Beiträgen zum Pensionssicherungsverein s Anm 249f.

Prüfungskosten. S „Jahresabschluss".

Rekultivierung. S „Wiederaufforstung". Rückstellungen für ungewisse Verbindlichkeiten sind zu bilden für die auf Gesetz oder Vertrag beruhende Verpflichtung zur Wiederauffüllung und Rekultivierung von im Tagebau ausgebeuteten Flächen. Zu dotieren ist der Betrag, der nach den Verhältnissen am Bilanzstichtag aufgewendet werden müsste, um den bis dahin ausgebeuteten Teil des Geländes aufzufüllen bzw zu rekultivieren. Der Erfüllungsbetrag wird ratierlich in Abhängigkeit von der Ausbeute aufgebaut (EStR 38; aA *Siegel* BB 1993, 333: nach Maßgabe des Zustands des Geländes am Bilanzstichtag; dagegen zurecht *Förschle/Scheffels* DB 1993, 1203). Künftige Preissteigerungen dürfen nach der BFH-Rspr nicht berücksichtigt werden (aA *Hirte* DB 1975, 523; *Tautorus* WPg 1977, 319; *Clemm* JbFSt 1979/80, 191; *Loose* in HHR § 5 EStG Anm 740; hierzu auch § 253 Anm 160). § 6 Abs 1 Nr 3a Buchst d S 1 EStG, der eine

Rückstellungsansammlung zeitanteilig in gleichen Raten vorschreibt, ist für Rekultivierungsverpflichtungen nicht einschlägig (s Begründung zum Steuerentlastungsgesetz 1999 ff in *BT-Drs* 14/443 S 52; ebenso *Glanegger* in Schmidt[24] § 6 Anm 406). Auch für die *Steuerbilanz* gilt demnach, dass in Abhängigkeit vom Ausbeutungsfortschritt zu passivieren ist. Im Ergebnis zurecht ließ der BFH eine Abzinsung der künftigen Ausgaben nicht zu (hierzu *BFH* 19. 2. 1975, aaO; zur Abzinsungsfrage allgemein sowie zur Abzinsung in der Steuerbilanz vgl § 253 Anm 160f, zur Bestimmung des steuerbilanziellen Abzinsungszeitraums bei bergrechtlichen Verpflichtungen s nunmehr *BMF* 9. 12. 1999, BStBl I 2000, 1127). Bei der Bemessung der Rückstellung durften Einnahmen wegen zu erwartender Kippgebühren nicht berücksichtigt werden. Nach § 6 Abs 1 Nr 3a Buchst c EStG sind nunmehr künftige Vorteile, die mit Erfüllung der der Rückstellung zugrundeliegenden Verbindlichkeit voraussichtlich verbunden sein werden, bei der Rückstellungsbewertung wertmindernd zu berücksichtigen, soweit sie nicht als Forderung zu aktivieren sind. Nach der Begründung zu § 6 Abs 1 Nr 3a Buchst c EStG sollen zu derartigen Vorteilen auch Kippentgelte gehören, soweit Verkippungsverträge mit Dritten am Bilanzstichtag bereits abgeschlossen sind (§ 253 Anm 157; s dazu *Glanegger* in Schmidt[24] § 6 Anm 405). Zur Berechnung der Rückstellung im Einzelnen *Pfleger* DB 1981, 1686; *Wassermann/Teufel* DB 1983, 2004. S auch „Wiederaufforstungskosten".

Rückbauverpflichtung. S „Entfernungsverpflichtungen".

Rücknahmeverpflichtung. Bei Lfg mit Rückgaberecht des Abnehmers ist eine Gewinnrealisierung erst dann zulässig, wenn der Schwebezustand durch Zeitablauf oder Erklärung des Abnehmers beendet ist. Der alternativen Umsatzrealisierung durch Aktivierung von Forderungen sowie der Bildung von Rückstellungen kann allenfalls aus praktischen Gründen zugestimmt werden (vgl. „Kauf auf Probe", *WPH* I[12] E 426 zu VersandhandelsUnt; *Piltz* BB 1985, 1368 mwN). Besteht eine Verpflichtung des Verkäufers zur Rücknahme nach Ablauf einer bestimmten Zeit und zu einem festen, im Voraus vereinbarten Preis, ist eine Drohverlustrückstellung zu bilden, wenn der Marktpreis in der Zwischenzeit gesunken ist (*BFH* 15. 10. 1997, DStR 1998, 480). Bei Verpflichtung eines KFZ-Händlers zum Rückkauf von Leasing-KFZ *BFH* 25. 7. 2000, DB, 2563: Ermittlung aus den Verkaufspreisen der Gebrauchtwagen.

Betr die Verpflichtung zur Rücknahme und Entsorgung von verbrauchten Gegenständen s „Produktverantwortung".

Schadenbearbeitungskosten. Zum VersicherungsUnt s Anm 27. Dagegen kann ein Versicherungsagent, der ggü dem VersicherungsUnt zur Schadenbearbeitung verpflichtet ist, eine Rückstellung für die künftigen Kosten der Bearbeitung solcher Schäden bilden, die bis zum Bilanzstichtag eingetreten sind (*FG Hamburg* 16. 10. 1980, EFG 1981, 228, rkr).

Schadenersatz. Zu Schadenersatz wegen Nichterfüllung s „Gewährleistung"; s auch „Haftpflicht", „Produzentenhaftung" und „Patentverletzung". Für gesetzliche oder vertragliche Schadenersatzverpflichtungen sind Rückstellungen zu bilden, wenn nach den bis zur Bilanzaufstellung bekanntgewordenen Verhältnissen am Bilanzstichtag das Bestehen der Verbindlichkeit und die Inanspruchnahme wahrscheinlich sind. Die Inanspruchnahme ist nicht erst wahrscheinlich, wenn die den Anspruch begründenden Tatsachen entdeckt und dem Geschädigten bekannt sind oder dies wenigstens unmittelbar bevorsteht (*BMF* DStR 92, 912; so aber *BFH* 19. 10. 1993, DB 1994, 19; *BFH* 2. 10. 1992, BStBl II 1993, 153; *BFH* 3. 7. 1991, BStBl II, 804; *Gail/Düll/Schubert/Heß-Emmerich* GmbHR 1993, 689). Es genügt vielmehr, dass der Kfm auf Grund konkreter Umstände ernsthaft damit rechnen muss, dass die Tatsachen bekannt werden.

Schutzrechtsverletzung. S Patentverletzung.

Schwerbehinderten-Pflichtplätze. Bei der Beschäftigung von Schwerbehinderten kommt eine Verlustrückstellung in Frage, soweit der Wert der Leistungen des schwerbehinderten Arbeitnehmers während der restlichen Gesamtlaufzeit des Arbeitsverhältnisses unter dem Wert der vom Arbeitgeber zu erbringenden Gegenleistungen (Arbeitslohn und Nebenleistungen) liegen wird (*HHR* § 5 EStG Anm 940; aA *Weber-Grellet* in Schmidt[24] § 5 Anm 550 „Soziallasten"; *BFH* 7. 6. 1988, BStBl II, 886).

Sicherheitsinspektionen. Für öffentlich-rechtliche Verpflichtungen zu regelmäßigen Sicherheitsinspektionen an technischen Anlagen, von denen eine Gefährdung ausgehen kann, dürfen mangels wirtschaftlicher Verursachung keine Verbindlichkeitsrückstellungen gebildet werden. Die wirtschaftliche Verursachung ist zu verneinen, weil die Aufwendungen zukunftsgerichtet sind, nämlich den Sinn haben, künftige Erträge zu ermöglichen (hierzu *Förschle/Scheffels* DB 1993, 1199; *Gelhausen/Fey* DB 1993, 595; aA *Kupsch* DB 1989, 55; *Herzig* DB 1990, 1351; *Klein* DStR 1992, 1776). Zulässig ist aber die Bildung einer Aufwandsrückstellung nach Abs 2.

Soziallasten. Vgl „Mutterschutz", „Sozialplan", „Lohnfortzahlung im Krankheitsfall", „Schwerbehinderten-Pflichtplätze", „Altersteilzeit". Nach Ansicht der Rspr und FinVerw ist für Soziallasten generell keine Rückstellung für drohende Verluste aus schwebenden Geschäften zulässig (zB *BFH* BStBl II 1998, 205; *BMF* DB 1996, 2243). Dagegen bestehen erhebliche Bedenken (so auch *Hartung* BB 1995, 2573). S auch „Arbeitnehmer". *FG Münster* 17. 9. 1998, EFG 1999, 63, rkr, ließ Verbindlichkeitsrückstellungen für künftige Beihilfeleistungen einer Sparkasse an Rentner zu, da diese wirtschaftlich in bereits erbrachter Arbeitsleistung begründet sind. Die FinVerw sieht demgegenüber die wirtschaftliche Veranlassung im Krankheitsfall in der Zukunft und wendet das U nicht an, *OFD München* 2. 6. 1999, DB, 1477.

Sozialplan. Für Leistungen auf Grund eines Sozialplans nach §§ 111, 112 BetrVG müssen Rückstellungen gebildet werden, wenn das Unt den Betriebsrat vor dem Bilanzstichtag über die geplante Betriebsänderung nach § 111 S 1 BetrVG unterrichtet hat oder die Unterrichtung des Betriebsrats zwischen Bilanzstichtag und Aufstellung oder Feststellung des JA erfolgt und vor dem Bilanzstichtag ein entspr Entschluss gefasst wurde oder wirtschaftlich unabwendbar war (EStR 31 c Abs 6). Entgegen der Auffassung der FinVerw ist die Unterrichtung des Betriebsrats jedoch keine notwendige Voraussetzung für die Annahme einer ungewissen Verbindlichkeit. Die Verbindlichkeit ist vielmehr schon durch den Beschluss über die Betriebsänderung hinreichend konkretisiert (hierzu *HHR* § 5 EStG Anm 940 mwN). Allein die Wahrscheinlichkeit von Betriebsänderungen reicht nicht aus (FinVerw DStR 1990, 148; *Weber-Grellet* in Schmidt[24] § 5 Anm 550 „Sozialplan").

Sozialversicherungsabgabe. Für hinterzogene Sozialversicherungsabgaben ist eine Rückstellung zu bilden (*BFH* 16. 2. 1996, BStBl II, 592; aA *Weber-Grellet* in Schmidt[24] § 5 Anm 550 „Soziallasten": Verbindlichkeit).

Steuererklärung. S „Jahresabschluss".

Steuerschuld. S „Körperschaftsteuer", „Gewerbesteuer". Für die geschuldete Ertragsteuer sowie die abzuführende Umsatzsteuer ist eine Steuerrückstellung zu bilden (§ 266 Anm 201). S auch „Lohnsteuer".

Stock-Options. S ausführlich § 272 Anm 300 ff.

Strafverteidigerkosten. Eine Rückstellung setzt betriebliche Veranlassung voraus, *BFH* 12. 6. 2002 BFH/NV 1441. Diese liegt nur vor, wenn die Straftat ausschließlich und unmittelbar in Ausübung der beruflichen Tätigkeit begangen wurde.

Strafe. Rückstellung zulässig für strafrechtliche Anordnung des Verfalls von Gewinnen nach §§ 73, 73a StGB *BFH* 6. 4. 2000, WPg, 820f. Nach *FG Rheinl-Pfalz* 15. 7. 2003 BB 2004, 1442, nrkr, in der Steuerbilanz Rückstellung für zu erwartende Kartellbußen der EU auf Grund § 4 Abs 5 S 1 Nr 8 EStG nicht zulässig.

Substanzerhaltung. Für die Verpflichtung des Mieters oder Pächters, unbrauchbar werdende Anlagen auf eigene Kosten durch Neuanlagen zu ersetzen, ist unter dem Gesichtspunkt eines Erfüllungsrückstandes im Rahmen eines schwebenden Geschäfts eine Verbindlichkeitsrückstellung zu bilden, soweit mit einer Ersatzbeschaffung während der Laufzeit des Miet- oder Pachtvertrags zu rechnen ist. Die Rückstellung ist nach dem jährlichen Wertverzehr (der sich nach der Nutzungsdauer der Gegenstände bestimmt) auf der Basis der Wiederbeschaffungskosten zum jeweiligen Bilanzstichtag ratierlich anzusammeln und handelsbilanziell nicht abzuzinsen (*BFH* 3. 12. 1991, BStBl II 1993, 89; krit *Mathiak* DStR 1992, 1601). In der Steuerbilanz ist nach § 6 Abs 1 Nr 3a Buchst e EStG abzuzinsen. Die Ansammlung der Rückstellung nach dem Wertverzehr sollte sowohl linear als auch degressiv zulässig sein. Auf Basis der alten Rspr wurde nur die lineare Methode für zulässig gehalten (hierzu *HHR* § 5 EStG Anm 1466).

Wegen gestiegener Wiederbeschaffungskosten für *eigene* abnutzbare bewegliche Anlagegüter darf gewinnmindernd kein Passivposten (Rückstellung, Rücklage) gebildet werden (*BFH* 17. 1. 1980, BStBl II, 434). Preissteigerungen bei VG des Anlage- und Umlaufvermögens rechtfertigen auch nicht die Bildung von Aufwandsrückstellungen nach § 249 Abs 2 (s Anm 323 „Preissteigerungen“).

Swapgeschäfte. Zum Begriff § 246 Anm 170. Zu den verschiedensten Erscheinungsformen s *Prahl/Naumann* HdJ II/10 Anm 95ff. *Zinsswaps* bestehen im Tausch von festen und variablen Zinsverpflichtungen auf identische und währungsgleiche Kapitalbeträge. Die dem Zinstausch zugrundeliegenden Kapitalbeträge werden nicht ausgetauscht. Sind die im Rahmen des Tausches noch zu zahlenden (zB festen) Zinsbeträge höher als die noch zu erwartenden (im Bsp variablen) Zinsbeträge, ist eine Verlustrückstellung zu bilden (differenzierter *Prahl/Naumann* HdJ II/10 Anm 103ff). Gleiches gilt für einen *Währungsswap,* dh den Tausch von Kapitalbeträgen in unterschiedlichen Währungen einschl der zugehörigen Zinsverpflichtungen. Im Unterschied zu den Zinsswaps sind die wiederkehrenden Zahlungen (getauschten „Zinsen“) in unterschiedlichen Währungen zu leisten und werden zudem auch die Kapitalbeträge (in unterschiedlichen Währungen) per Kasse getauscht und per Termin zurückgetauscht (differenzierter, da zwischen Zins- und Währungskomponente unterscheidend, *Prahl/Naumann* HdJ II/10 Anm 107).

Tantiemen. S „Gratifikationen“.

Termingeschäfte. S „Devisentermingeschäfte“. Zu Zinstermingeschäften § 246 Anm 155; *Göttgens/Prahl* WPg 1993, 503.

Überstunden. S „Gleitzeitüberhänge“.

Überverzinsliche Verbindlichkeiten. S § 253 Anm 60ff.

Umsatzboni und -rabatte. S „Bonus“.

Umweltschutzverpflichtungen. S „Altlastensanierung“, „Altreifen“, „Anpassungsverpflichtungen“, „Bergschäden“, „Entsorgung“, „Gruben- und Schachtversatz“, „Leergut“, „Rekultivierung“, „Wiederaufforstungskosten“. Sie sind nicht einheitlich zu beurteilen. Es ist zu differenzieren nach der konkreten Verpflichtung (*Stuhr/Bock* DStR 1995, 1134; *Weber-Grellet* in Schmidt[24] § 5 Anm 550 „Umweltschutz und -schäden“), zB Anpassungspflichten nach Bundesimmissionsschutzgesetz (BImSchG; s „Anpassungsverpflichtungen“), Inspektionspflichten, Altlasten, Rekultivierungsverpflichtungen und Schadenersatzpflichten sowie nach den Rechtsgrundlagen, zB aus Zivilrecht (§§ 823, 906, 1004 BGB, Vertrag) oder öffentlichem Recht (zB Abfall-, BImSch-, Wasserhaushalts- und Umwelthaftungsgesetz und inbes allg Polizei- und Ordnungsrecht). Eine Schadstoffbelastung kann zu einer Wertminderung des VG führen, die Beseitigung zu HK. Für künftige Ausgaben ist eine Rückstellung zu bilden, wenn die Schadstoffbelastung nachgewiesen ist (zuletzt *Frenz* DStZ 1997, 37 mwN). Die Rspr verlangt zudem, dass durch Gesetz oder Verwaltungsakt ein inhaltlich bestimmtes Verhalten innerhalb eines bestimmten Zeitraums verlangt wird, das sanktioniert und durchsetzbar ist, die verpflichtungsbegründenden Tatsachen der zuständigen Behörde bekannt geworden sind (*BFH* 19. 10. 1993, BStBl II, 891; krit *Herzig/Köster* WiB 1995, 365; *Loose* FR 1995, 393; *Frenz* DStZ 1997, 37) und die Sanierungspflicht hinreichend konkretisiert ist (*BFH* 27. 6. 2001, DB, 1698; *Groh* StbJb 1994/95, 29). Zu dem Entwurf eines nicht fertiggestellten BMF-Schreibens in 1994, das die Durchführung der Maßnahme innerhalb von drei Jahren nach Bildung der Rückstellung fordern sollte s *Weber-Grellet* in Schmidt[24] § 5 Anm 550 „Umweltschutz und -schäden" lit c. Zu Sonderregelungen in den neuen Bundesländern § 17a Abs 2a DMBilG (dazu 3. Aufl Anm 100 „Umweltschutzmaßnahmen").

Umzugskosten. S „Geschäftsverlegung"

Urheberrechtsverletzung. S Patentverletzung.

Urlaub. Für die Verpflichtung des Arbeitgebers zur Gewährung von Urlaub unter Fortzahlung des Arbeitslohns (Urlaubsentgelt) ist eine Rückstellung zu bilden, soweit ein Arbeitnehmer am Bilanzstichtag den ihm bis dahin zustehenden Urlaub noch nicht genommen hat und der Urlaub im folgenden Gj nachgewährt oder abgegolten werden muss (*BFH* 8. 7. 1992, BStBl II, 911). Bei abw Wj ist die Rückstellung zeitanteilig zu bemessen (*BFH* 26. 6. 1980, BStBl II, 506). Mit der Urlaubsrückstellung sind nach dem Stichtag anfallende Personalaufwendungen zu erfassen, denen keine Arbeitsleistung gegenübersteht, weil Arbeitnehmer im abgelaufenen Gj vorgeleistet hatten (*Breidenbach* DB 1992, 2568). Die Höhe der Rückstellung bemisst sich deshalb nach dem Urlaubsentgelt (Bruttoarbeitsentgelt einschließlich anteiligem Weihnachtsgeld bzw sog 13. Gehalt, das der Arbeitgeber den Arbeitnehmern für die Zeit zu zahlen hat, in der diese den rückständigen Urlaub nehmen) zuzüglich der auf dieses Urlaubsentgelt entfallenden Arbeitgeberanteile zur Sozialversicherung (gesetzliche und freiwillige Arbeitgeberanteile zur Rentenversicherung, Krankenversicherung, Pflegeversicherung und Arbeitslosenversicherung). Soweit die Höhe des Urlaubsentgelts nicht im Tarifvertrag oder in Einzelverträgen geregelt ist, bemisst es sich nach dem Bundesurlaubsgesetz (Durchschnittsverdienst der letzten 13 Wochen vor Urlaubsantritt, § 11 BundesurlaubsG). Bei der Bemessung der Rückstellung sind Änderungen des Arbeitslohnes, die am Bilanzstichtag noch nicht vereinbart waren, unberücksichtigt zu lassen. Einzubeziehen sind fest zugesagte Sondervergütungen (zB umsatzabhängige Tantiemen auf der Basis des geschätzten Umsatzes), periodisierte Anteile von Aufwendungen, die erst später ausgezahlt werden (insb Zuführungen zu Pensionsrückstellungen und zu Jubiläumsrückstellungen), Urlaubsgeld und anteilige Gemeinkosten (*IDW* WPg 1992, 330). Bei der Berechnung der künftigen Personalaufwendungen pro nachzugewährendem Urlaubstag ist der individuelle oder durchschnittliche Jahresaufwand zu den tatsächlichen Arbeitstagen, dh den regulären Arbeitstagen abzüglich neuem Urlaubsanspruch und zu erwartenden Ausfallzeiten (insb wegen Krankheit) in Beziehung zu setzen (*IDW* WPg 1992, 330; *K. Müller* DB 1993, 1582; *Tonner* DB 1992, 1594). Dagegen sieht der BFH Urlaubsrückstände nicht als Verpflichtung zur Freizeitgewährung im Folgejahr, sondern als Geldschuld an, deren Höhe sich danach bestimmt, welches Urlaubsentgelt „der Arbeitgeber hätte aufwenden müssen, wenn er seine Zahlungsverpflichtung bereits am Bilanzstichtag erfüllt hätte" (*BFH* 10. 3. 1993, BStBl II, 446; *BFH* 8. 7. 1992, BStBl II, 910). Aus dieser uE unzutreffenden Interpretation des Inhalts der Verpflichtung folgert der BFH, dass die Rückstellung nur unter Einbeziehung des Bruttoarbeitsentgelts, der Arbeitgeberanteile zur Sozialversicherung, eines Urlaubsgeldes und anderer lohnabhängigen Nebenkosten nach den Preisverhältnissen des *abgelaufenen* Gj und auf der Basis der regulären Arbeitstage zu berechnen ist (glA *Weber-Grellet* DB 1992, 2567; krit *Breidenbach* DB 1992, 2203, 2568; *K. Müller* DB 1993, 1581). Zu den Besonderheiten in der Bauwirtschaft vgl Arbeitskreis „Steuern und Revision" im BDVB DStR 1993, 661; *Feldmann* FR 1993, 190).

Verdienstsicherung. Vereinbarungen, wonach Arbeitnehmer nach Umsetzung auf Arbeitsplätze mit geringerem Vergleichsentgelt die ihrer bisherigen Tätigkeit entspr Vergütung behalten, berechtigen nach Auffassung des BFH nicht zur Bildung von Verlustrückstellungen (*BFH* 25. 2. 1986, BStBl II, 465 zur tarifvertraglichen Verdienstsicherung für ältere Arbeitnehmer; *BFH* 16. 12. 1987, BStBl II 1988, 338 zu einer einzelvertraglichen Verdienstsicherung bei rationalisierungsbedingter Umsetzung von Arbeitnehmern). Begründet wird dies im Wesentlichen damit, dass der Wert der Arbeitsleistung weder als Beitrag zum Gesamterfolg des Unt noch im Vergleich mit der Vergütung anderer Arbeitnehmer an gleichen Arbeitsplätzen feststellbar ist (glA *Döllerer* DStR 1987, 69; *Mathiak* StuW 1986, 290; 1988, 295). Gegen die Ablehnung einer beschaffungsmarktorientierten Verlustantizipation durch den BFH bestehen Bedenken. Aus den in Anm 77 genannten Gründen sind in Fällen der Verdienstsicherung Verlustrückstellungen zu bilden, soweit dem Arbeitnehmer nach seiner Umsetzung ein höheres Entgelt gezahlt werden muss, als andere Arbeitnehmer an gleichen Arbeitsplätzen üblicherweise erhalten (glA *HHR* § 5 EStG Anm 940 mwN).

Verlustausgleichsverpflichtungen. Hat in einem qualifiziert faktischen Konzern das herrschende Unt nach § 302 AktG analog einen bis zu dessen Bilanzstichtag bei der abhängigen Ges entstandenen Verlust auszugleichen, muss es hierfür eine Verbindlichkeitsrückstellung bilden (*Knepper* DStR 1993, 1614; *Knobbe-Keuk* DB 1992, 1462; aA *Hahn* in FS L. Schmidt, 670, weil die Inanspruchnahme auf Grund gleichlaufender Interessen von herrschendem und abhängigem Unt nicht wahrscheinlich sei). Für noch nicht entstandene Verluste kann mangels wirtschaftlicher Verursachung keine Rückstellung gebildet werden (aA *Kraft/Kraft* BB 1992, 2466f, die auch auf in der Vergangenheit getroffenen Maßnahmen des herrschenden Unt beruhende zukünftige Verluste für rückstellungspflichtig halten; wohl auch *W. Müller* in FS Kropff, 527). Die Bildung einer Rückstellung kann aber nur vertreten werden, wenn die vom BGH entwickelten Voraussetzungen einer Konzernhaftung (zB *BGH* 29. 3. 1993, DB, 825 – „TBB"; dazu statt vieler *Lutter* DB 1994, 129) mit überwiegender Wahrscheinlichkeit erfüllt sind. Dies dürfte regelmäßig nur schwer feststellbar sein (hierzu *Oser* WPg 1994, 317). Steuerlich erfüllt der Verlustausgleich die Voraussetzungen einer verdeckten Einlage. Er darf aber nicht als nachträgliche AK der Beteiligung aktiviert werden, weil sich der Wert der Beteiligung durch die Verlustübernahme nicht erhöht. Somit wirkt sich eine Rückstellung für Verlustausgleich nach dem Maßgeblichkeitsprinzip auch steuerlich aus (hierzu *Döllerer* in FS L. Schmidt, 532ff; *Knepper* DStR 1993, 1615).

Verlustübernahme. Bei Beherrschungs- und/oder Gewinnabführungsverträgen hat das MU *handelsrechtlich* für den beim TU bis zum Bilanzstichtag des MU angefallenen Verlust eine Rückstellung für ungewisse Verbindlichkeiten oder bereits eine Verbindlichkeit zu passivieren (hierzu *Kropff* in FS Döllerer,

358 ff). Liegt bei unterschiedlichen Abschlussstichtagen kein Zwischenabschluss des TU vor, muss der bis zum Bilanzstichtag des MU beim TU angefallene Verlust geschätzt werden.

Steuerlich darf der Organträger wegen der Verlustübernahme durch Einkommenszurechnung (§ 14 KStG) keine Rückstellung für die Verpflichtung zur Verlustübernahme bilden (*Weber-Grellet* in Schmidt[23] § 5 Anm 550 „Verlustübernahme"; KStR A 58 Abs 2; zur Kritik *Raupach/Clausen* BB 1974, 689; aA *Kusterer* DStR 1996, 114).

Für darüber hinaus *drohende* Verlustübernahmen darf auch handelsbilanziell keine Rückstellung gebildet werden. Rückstellungen für drohende Verluste aus schwebenden Geschäften scheiden aus, weil Beherrschungs- und/oder Gewinnabführungsverträge keine „Geschäfte" mit Leistung und Gegenleistung sind, sondern gesellschaftsrechtliche Organisationsverträge (ebenso *IDW RS HFA 4* WPg 2000, 716 Tz 4; *Kropff* in FS Döllerer, 352 ff; aA *Kusterer* DStR 1996, 114; *Forster* in FS Stimpel, 762/765: Rückstellung für in einem Zeitraum, in dem der Vertrag rechtlich oder faktisch unkündbar ist, drohende Verluste; *ADS*[6] § 277 Anm 72: bei überlappenden Gj Berücksichtigung des vollen Verlustes des am Bilanzstichtag des MU laufenden Gj des TU). Dies gilt auch dann, wenn zum Stichtag des MU nicht damit gerechnet werden kann, dass das TU innerhalb der voraussichtlichen Laufzeit des EAV jemals die Gewinnschwelle erreichen wird.

Verlustübernahmeverpflichtungen aus Beherrschungs- und/oder Gewinnabführungsverträgen sind für die Beurteilung der Finanzlage von wesentlicher Bedeutung, so dass eine *Anhangsangabe* nach § 285 Nr 3 zu erfolgen hat. Dies gilt auch dann, wenn das MU keine künftige Inanspruchnahme erwartet, da es für die Beurteilung der Finanzlage des MU nicht auf die Wahrscheinlichkeit eines Verlustausgleichs ankommt, sondern auf die grundsätzliche Tatsache des Bestehens einer solchen Verpflichtung. Ergibt die vom MU vorzunehmende Einschätzung der kumulierten künftigen Ergebnisabführungen und Verlustausgleiche insgesamt einen negativen Saldo, der in seinem Umfang von wesentlicher Bedeutung für die VFE-Lage des MU ist, so ist auf Grund § 285 Nr 3 und § 264 Abs 2 S 2 neben einer verbalen Beschreibung im Anhang auch die betragsmäßige Auswirkung anzugeben. Für die Ermittlung dieses Saldos ist die angenommene Laufzeit des UntVertrags von Bedeutung: Bei (idR aus steuerlichen Gründen) zB für einen Zeitraum von 5 Jahren abgeschlossenen EAV (mit anschließender unbefristeter Verlängerung bei beiderseitigem Kündigungsrecht) hat eine entsprechende Anhangsangabe für mittelfristig zu erwartende Verluste des TU auch dann zu erfolgen, wenn erst nach einem längerfristigen Zeitraum (nach Ablauf der Mindestlaufzeit des UntVertrags) mit erreichen der Gewinnschwelle durch das TU zu rechnen ist.

Neben Bildung der Verbindlichkeitsrückstellung (für im Gj zu übernehmende Verluste) und Anhangsangabe (für in Zukunft mögliche Verluste) ist bei zu erwartender längerfristiger Ertraglosigkeit des TU unabhängig davon das Erfordernis einer Abschreibung auf den niedrigeren beizulegenden Wert zu prüfen (§ 253 Anm 401).

Verurteilung, strafrechtliche. S „Strafe"

Verwaltungskosten. Für betriebliche Altersversorgung s Anm 251.

Währungsswap. S „Swapgeschäfte".

Wandlung. Nunmehr Rücktritt nach § 437 Nr 2 BGB idF SchuModG; s „Gewährleistung".

Wartungsvertrag. S „Instandhaltung".

Wechselobligo. Wegen des Risikos der wechselrechtlichen Haftung für am Bilanzstichtag weitergegebene, noch nicht eingelöste Wechsel sind Rückstellungen zu bilden (*BFH* 7. 5. 1998, DStRE, 914). In Frage kommen Einzel- und Pauschalrückstellungen. Steuerlich wird eine Rückstellung nicht anerkannt, soweit der Wechsel bei Bilanzaufstellung eingelöst ist (*BFH* 19. 12. 1972, BStBl II 1973, 218: auch bei pauschaler Bewertung). Bei der Pauschalrückstellung nach Maßgabe eines Prozentsatzes auf den Gesamtbetrag der am Bilanzstichtag weitergegebenen Wechsel, für die das Pauschalverfahren angewendet wird, darf die Rückstellung nach Auffassung der FinVerw die Summe der bei Bilanzaufstellung noch nicht eingelösten Wechsel nicht übersteigen (*BMF* 29. 4. 1974, DB, 848).

Weihnachtsgratifikation. Die Verpflichtung zur Zahlung eines Weihnachtsgeldes kann auf Tarifvertrag, Betriebsvereinbarung, Einzelvertrag oder mehrmaliger vorbehaltloser Zahlung beruhen. Eine am Bilanzstichtag noch nicht ausgezahlte Weihnachtsgratifikation für das vergangene Gj ist zu passivieren. Bei abweichendem Gj darf nur der Betrag angesetzt werden, der bei zeitproportionaler Aufteilung des Weihnachtsgeldes auf die Zeit vor dem Bilanzstichtag entfällt (*BFH* 26. 6. 1980, BStBl II, 506). Besteht über Grund und Höhe der Verpflichtung Sicherheit, ist die Verpflichtung unter den sonstigen Verbindlichkeiten auszuweisen.

Wiederaufforstungskosten. Zu Wiederaufforstungskosten und der Rekultivierungsverpflichtung des Forstbetriebs und der Mülldeponie *Schindler* BB 1985, 239.

Zinsen auf Steuernachforderungen. Soweit sich das Risiko von Steuernachforderungen hinreichend konkretisiert hat (s „Betriebsprüfungsrisiko"), sind auch darauf nach § 233a AO anfallende Zinsen zu passivieren. Die Zinsen müssen für am Stichtag zurückliegende Zeiträume erhoben werden (*BFH* 8. 11. 2000 WPg 2001, 506; abzulehnen daher *OFD Münster* 2. 6. 1993, DB, 1447, wonach frühestens 15 Monate nach Ablauf des Kj, in dem die Steuernachforderung entstanden ist, zurückgestellt werden dürfte). Keine Passivierung von Hinterziehungszinsen *BFH* 16. 2. 1995, BStBl II 1996, 592.

Für die Steuerbilanz dürfen nur steuerlich abzugsfähige Zinsen berücksichtigt werden (*BFH* 8. 11. 2000, WPg 2001, 506). Nach § 10 Nr 2 KStG, § 12 Nr 3 EStG sind Zinsen auf Steuernachforderungen jedoch nicht abzugsfähig, daher erfolgt keine Rückstellung in der Steuerbilanz. Im Rahmen von Steuernachforderungen durch eine Betriebsprüfung ist der vor dem 1. 1. 1999 entstandene Zinsanteil bei Körperschaften weiterhin abzugsfähig (*OFD Berlin* 12. 4. 2001, DB, 1750).

Zinsswap. S „Swapgeschäfte".

Zinszahlungen. Zinszahlungsverpflichtungen sind nur für die Zeitspanne bis zum Bilanzstichtag zurückzustellen (*BFH* 6. 12. 1995, BStBl II 1996, 406), soweit es sich nicht ohnehin um Verbindlichkeiten handelt.

Zuweisungen an Unterstützungskassen. S Anm 252f.

Zuwendungen, bedingt rückzahlbare. Soweit Zuwendungen aus künftigen Gewinnen des Unt zurückzuzahlen sind (zB Sanierungszuschüsse), muss im Jahr der Gewinnerzielung eine Verbindlichkeit angesetzt werden (*HFA* 1/1984, WPg, 614). Ist die Rückzahlung an einen Erlös bzw Erfolg aus dem geförderten Vorhaben geknüpft, ist die Rückzahlungsverpflichtung als solche erst dann zu passivieren, wenn der maßgebliche Erfolg eingetreten ist.

C. Rückstellungen für unterlassene Instandhaltung (Abs 1 S 2 Nr 1, S 3)

I. Allgemeines

101 Die Rückstellungen für unterlassene Instandhaltung dienen nur zur Erfassung solcher künftiger Aufwendungen, für die am Bilanzstichtag keine Verpflichtung ggü einem Fremden besteht, sog. **Innenverpflichtungen.** Es handelt sich daher um **Aufwandsrückstellungen** (Anm 4). Für unterlassene Aufwendungen für Instandhaltung, zu deren Vornahme das Unt ggü Fremden verpflichtet ist (zB an fremden VG als Mieter und an eigenen VG als Vermieter), kommen Rückstellungen für ungewisse Verbindlichkeiten in Betracht (*ADS*[6] § 249 Anm 166; *Sundermeier* BB 1993, 825). **Aufwendungen** iSv Abs 1 Nr 1, S 3 und Abs 2 ist ein erfolgswirksamer Güterverbrauch (*ADS*[6] § 249 Anm 167), dessen Ergebnisauswirkungen antizipiert wird. **Instandhaltung** iSv Abs 1 meint wiederkehrende Instandsetzungsmaßnahmen, Wartung und Inspektion von VG des Anlagevermögens (*ADS*[6] § 249 Anm 168).

102 In Fällen unterlassener Instandhaltung kann auch eine **außerplanmäßige Abschreibung** auf den niedrigeren beizulegenden Wert nach § 253 Abs 2 S 3 bzw eine **Teilwertabschreibung** nach § 6 Abs 1 Nr 1 EStG in Frage kommen. Für die Bildung einer Rückstellung besteht kein Grund, soweit der nachzuholende Instandhaltungsaufwand bereits in Form von Abschreibungen, seien es außerplanmäßige oder überhöhte planmäßige Abschreibungen, berücksichtigt ist (zum Konkurrenzverhältnis vgl Anm 66ff; aA *ADS*[6] § 249 Anm 170: lex specialis). **Aktivierungspflichtiger Erhaltungsaufwand** ist nicht rückstellungsfähig (*ADS*[6] § 249 HGB Anm 175 mwN).

103 Unterlassene Instandhaltungen kommen hauptsächlich bei **abnutzbaren Sachanlagen** vor, können aber auch **immaterielle Vermögensgegenstände** betreffen, zB im Fall der unterlassenen Pflege von Software. Dabei wird für die Rückstellungsbildung die Aktivierung bzw Aktivierungsfähigkeit des betr immateriellen VG nicht vorausgesetzt (von Bedeutung vor allem bei selbsterstellten immateriellen VG).

II. Bildung in der Handelsbilanz

104 Rückstellungen für im Gj unterlassene Aufwendungen für Instandhaltung, die im folgenden Gj innerhalb von **drei Monaten** nachgeholt werden, müssen passiviert werden (Abs 1 S 2 Nr 1). Sie dürfen gebildet werden, wenn die Instandhaltung innerhalb der restlichen **neun Monate** des folgenden Gj nachgeholt wird.

Die Bildung der Rückstellung ist an **drei Voraussetzungen** geknüpft:

105 (1) Der Aufwand für Instandhaltung muss **unterlassen** worden sein. Das ist der Fall, wenn die Instandhaltungsmaßnahme aus betrieblichen Gründen schon vor dem Bilanzstichtag geboten war, zB wenn eine Maschine nach Wartungsplan vor dem Bilanzstichtag zu überholen gewesen wäre oder reparaturbedürftig war. Aufwendungen für Instandhaltung sind nicht unterlassen worden, wenn nur später nach weiterem Gebrauch Instandhaltungsmaßnahmen durchzuführen sein werden. Hierfür kommen allerdings Rückstellungen nach Abs 2 in Betracht (Anm 316ff).

106 (2) Der Aufwand muss **im letzten Gj unterlassen** worden sein. Bei Auslegung nach dem Wortlaut dürften für Instandhaltungen, die bereits in einem früheren Gj hätten vorgenommen werden müssen, keine Rückstellungen gebildet

werden. Sofern im Vj keine Rückstellung gebildet wurde, dürfte eine solche nicht nachgeholt werden **(Nachholverbot).** Wenn im Vj eine Rückstellung bestand, müsste diese aufgelöst werden **(Fortführungsverbot).** S aber Anm 108. Die Rückstellungen für unterlassene Instandhaltung folgen wie die Rückstellungen für ungewisse Verbindlichkeiten dem Realisationsprinzip. Instandhaltungsaufwendungen sind nicht künftigen Erträgen zuzurechnen. Deshalb sollten Rückstellungen für Instandhaltungsaufwendungen entgegen dem Wortlaut des Gesetzes immer dann geboten bzw zulässig sein, wenn sie im folgenden Gj nachgeholt werden (glA *ADS*[6] § 249 Anm 177 mwN auch zur Gegenansicht; vgl auch Anm 111).

(3) Die Aufwendungen müssen **im folgenden Gj** (Abs 1 S 3) oder **innerhalb von drei Monaten** nach dem Bilanzstichtag (Abs 1 S 2 Nr 1) **nachgeholt** werden. Die Arbeiten können durch das Unt selbst oder durch Dritte ausgeführt werden. Eine Nachholung liegt nur dann vor, wenn die entsprechenden Arbeiten in der vorgeschriebenen Zeit abgeschlossen werden (*ADS*[6] § 249 Anm 178). Ist die Instandhaltung bei Aufstellung der Bilanz noch nicht durchgeführt, kommt es für die Bildung der Rückstellung darauf an, ob die Nachholung im Dreimonatszeitraum oder im Gj noch möglich erscheint. Umfasst das folgende Gj weniger als zwölf Monate, genügt eine Nachholung innerhalb von zwölf Monaten (*ADS*[6] § 249 Anm 195; aA *Mayer-Wegelin/Kessler/Höfer* in *HdR*[5] § 249 Anm 84 f). **107**

Sind alle drei Voraussetzungen erfüllt, **darf** eine Rückstellung gebildet werden. Sie **muss** gebildet werden, wenn die Aufwendungen im folgenden Gj innerhalb von drei Monaten nachgeholt werden. Wird eine unterlassene Instandhaltung voraussichtlich erst nach Ablauf des folgenden Gj nachgeholt, ist die Bildung bzw Fortführung als Rückstellung nach Abs 2 zulässig, wenn die Aufwendungen dem abgelaufenen oder einem früheren Gj „zuzuordnen" sind, was regelmäßig der Fall sein dürfte (glA *ADS*[6] § 249 Anm 196; *WPH*[12] I 179, 168; aA *Eifler* in HdJ III/6 Anm 43). **108**

Für Rückstellungen für unterlassene Instandhaltung ist ein gesonderter **Ausweis** nicht vorgeschrieben (*ADS*[6] § 249 Anm 179; *Mayer-Wegelin/Kessler/Höfer* in HdR[5] § 249 Anm 74). Anhangangabe bei Wesentlichkeit für KapGes/KapCoGes § 285 Nr 12 Anm 240 f.

III. Bildung in der Steuerbilanz

Abs 1 S 2 Nr 1 gilt über das Maßgeblichkeitsprinzip (§ 5 Abs 1 EStG) auch für die Steuerbilanz. Danach sind Rückstellungen für unterlassene Instandhaltung, die innerhalb von drei Monaten nach dem Bilanzstichtag nachgeholt wird, unter den in Anm 105 f erläuterten Voraussetzungen steuerrechtlich anzuerkennen (EStR 31 c Abs 11). **109**

Für unterlassene Instandhaltungen, die nicht innerhalb von drei Monaten nach dem Bilanzstichtag nachgeholt werden, dürfen in der Steuerbilanz keine Rückstellungen gebildet werden. Abs 1 S 3 enthält lediglich ein eingeschränktes, für die Steuerbilanz nicht maßgebliches Passivierungswahlrecht. **110**

D. Rückstellungen für Abraumbeseitigung (Abs 1 S 2 Nr 1)

Nach Abs 1 S 2 Nr 1 sind Rückstellungen für im Gj unterlassene Aufwendungen für Abraumbeseitigung, die im folgenden Gj nachgeholt werden, zu bilden. Diese Sonderregelung gilt nur für unterlassene Abraumbeseitigung ohne **111** (öffentlich-)rechtliche Verpflichtung. Es handelt sich insoweit um eine Aufwandsrückstellung (Anm 305), für die eine **Passivierungspflicht** und nicht nur ein Passivierungswahlrecht besteht. Ohne rechtliche Verpflichtung und bei voraussichtlichem Überschreiten des Zeitrahmens von einem Jahr für die Nachholung kommt die freiwillige Bildung einer Aufwandsrückstellung nach Abs 2 in Frage (Anm 323). Besteht dagegen eine (öffentlich-) rechtliche Verpflichtung zur Abraumbeseitigung ist eine Verpflichtungsrückstellung nach Abs 1 S 1 auch dann zu bilden, wenn die Abraumbeseitigung in einem früheren Gj unterlassen und/oder die Nachholung in einem späteren Gj erfolgen soll (EStR 31 c Abs 11 S 5; *ADS*[6] § 249 Anm 180 mwN; zu den Besonderheiten des Braunkohlebergbaus *Krämer* BFuP 1987, 348). Nach dem Wortlauf des Gesetzes könnte nur eine Rückstellung für im Gj unterlassene Aufwendungen gebildet werden, nicht aber wenn im Vorjahr die Abraumbeseitigung unterlassen wurde. Für eine extensive Auslegung mit der Folge, dass auch für die bereits im Vorjahr unterlassene Abraumbeseitigung eine Rückstellungspflicht anzunehmen ist *ADS*[6] § 249 Anm 181). Nach dem Maßgeblichkeitsprinzip ist die Rückstellung für Abraumbeseitigung auch steuerlich anzusetzen (EStR 31 c Abs 11 S 2).

E. Rückstellungen für Gewährleistungen, die ohne rechtliche Verpflichtung erbracht werden (Abs 1 S 2 Nr 2)

I. Bildung in der Handelsbilanz

112 Zu passivieren sind nicht nur rechtliche Verpflichtungen, sondern auch **faktische Verpflichtungen,** denen sich das Unt, ohne rechtlich zu einer Leistung gezwungen zu sein, nicht entziehen kann (dazu Anm 31). Abs 1 S 2 Nr 2 schreibt die Passivierung für den Fall der Gewährleistungen ohne rechtliche Verpflichtung eigens vor. Der Regelung hätte es für die HB nicht bedurft, da faktische Verpflichtungen ohnehin unter die nach Abs 1 S 1 zu passivierenden ungewissen Verbindlichkeiten fallen. Die Vorschrift wurde zur steuerlichen Anerkennung der Rückstellung aufgenommen.

113 Nicht jede künftige Kulanzleistung darf nach Abs 1 S 2 Nr 2 zurückgestellt werden. Eine die Passivierung begründende faktische Verpflichtung liegt nur vor, wenn der Gewährleistungsaufwand in Zusammenhang mit einer vorangegangenen Lfg oder Leistung durch den bilanzierenden Kfm selbst steht (weniger eng *ADS*[6] § 249 Anm 184). **Voraussetzung** für die Passivierung ist also

1. die Behebung von Mängeln an eigenen Lfg und Leistungen und
2. dass es sich um Mängel handelt, die (wie zB Material- und Funktionsfehler) dem Verkäufer angelastet werden können und nicht etwa auf natürlichen Verschleiß oder unsachgemäße Behandlung zurückzuführen sind (so auch *BFH* 10. 12. 1992, BStBl II 1994, 159; *BFH* 6. 4. 1965, BStBl III, 383; einschränkend *ADS*[6] § 249 Anm 184).

Für die Bildung von **Rückstellungen für Kulanzleistungen** kommen danach nur Gewährleistungen in Frage, die nach Ablauf der vereinbarten oder gesetzlichen Garantiefrist oder über das vertraglich oder gesetzlich erforderliche Maß hinaus erbracht werden müssen. – Zur Frage der Intensität der Verpflichtung s Anm 31.

114 Ohne den Zusammenhang mit vorangegangenen Lfg oder Leistungen kann eine faktische Verpflichtung nicht angenommen werden (zT aA *ADS*[6] § 249

Anm 184). **„Reine Gefälligkeitsarbeiten"** dienen allein der Kundenpflege und -werbung.

Die Rückstellung braucht **nicht gesondert ausgewiesen** zu werden. 115

II. Bildung in der Steuerbilanz

Für die Bildung von Rückstellungen für Gewährleistungen ohne rechtliche 116 Verpflichtung in der Steuerbilanz gelten die in Anm 113f für die HB dargestellten Grundsätze gleichermaßen. **Voraussetzung** für die Passivierung ist das Vorliegen einer sittlichen oder wirtschaftlichen Verpflichtung, „der sich der Unternehmer nicht entziehen zu können glaubt" (*BFH* 6. 4. 1965, BStBl III, 383; EStR 31c Abs 12: aus geschäftlichen Erwägungen; zur Gleichsetzung wirtschaftlicher mit sittlichen Verpflichtungen *BFH* 29. 5. 1956, BStBl III, 212).

Das Bestehen einer faktischen Gewährleistungsverpflichtung am Bilanzstichtag ist durch nachprüfbare Darlegungen über in der Vergangenheit erbrachte Kulanzleistungen **nachzuweisen** (*BFH* 20. 11. 1962, BStBl III 1963, 113).

Eine **faktische Verpflichtung** kann nur zur Behebung von Mängeln an eigenen Lfg und Leistungen bestehen, nicht etwa auch zur Behebung von Mängeln an von Dritten erworbenen Produkten. Der auf Kosten des Unt zu behebende Mangel darf außerdem nicht auf natürlichen Verschleiß oder unsachgemäße Behandlung zurückzuführen sein, sondern muss dem Verkäufer angelastet werden können (*BFH* 6. 4. 1965, BStBl III, 383).

F. Rückstellungen für Pensionen und ähnliche Verpflichtungen

Schrifttum: *Schropp/Becker/Gerstner/Nies* Betriebliche Altersfürsorge in steuerlicher Sicht Stuttgart LB; *ABA Arbeitsgemeinschaft für betriebliche Altersversorgung* Handbuch der betrieblichen Altersversorgung Heidelberg LB; *Ahrend/Förster/Rößler* Steuerrecht der betrieblichen Altersversorgung Köln LB; *Höfer* Gesetz zur Verbesserung der betrieblichen Altersversorgung Bd I Arbeitsrecht und Bd II Steuerrecht München LB; *HFA* 2/1988 Pensionsverpflichtungen im Jahresabschluss WPg, 403; *KPMG Deutsche Treuhand Gruppe* Betriebliche Altersversorgung und Jahresabschluss 2. Aufl Berlin/Frankfurt 1991; *HFA* 3/1993 Zur Bilanzierung und Prüfung der Anpassungspflicht von Betriebsrenten WPg 1994, 24; *HFA* Zur Übernahme von Versorgungsverpflichtungen nach FAS 106 in einen nach handelsrechtlichen Grundsätzen aufzustellenden Konzernabschluss WPg 1994, 26; *Paulsdorff* Kommentar zur Insolvenzsicherung der betrieblichen Altersversorgung 2. Aufl Heidelberg 1996; *HFA* 1/1997 Bilanzierung und Bewertung von Pensionsverpflichtungen gegenüber Beamten und deren Hinterbliebenen WPg, 233; *IDW RS HFA-E* Einzelfragen zur Anwendung von IAS WPg 1999, 591; *Petersen* Rechnungslegung für Pensionsverpflichtungen nach HGB, US-GAAP und IAS, Düsseldorf 2002; *Blomeyer/Otto* Gesetz zur Verbesserung der betrieblichen Altersversorgung 3. Aufl München 2004.

I. Begriff der Rückstellungen für Pensionen und ähnliche Verpflichtungen

1. Begriff der Pensionsrückstellung

Die Pensionsrückstellung ist der in der Bilanz ausgewiesene Betrag zur Er- 151 füllung der künftigen wahrscheinlichen Pensionszahlungen und ähnlichen Versorgungsleistungen **(Istrückstellung).** Als **Sollrückstellung** versteht sich der versicherungsmathematisch nach vorgegebenen – meist steuerrechtlich beeinflussten – (Soll-)Konventionen oder Rechnungsgrundlagen errechnete Wert (zB

Teilwert, Barwert) der lfd Pensionen und Anwartschaften auf Pensionen. Bei Passivierungspflicht der genannten Versorgungsverpflichtungen sind Ist- und Sollrückstellung dem Umfang und Betrag nach identisch, und es bestehen keine Fehlbeträge (sofern identische Berechnungsparameter verwendet werden). Decken sich die handelsrechtlichen und steuerrechtlichen Konventionen, sind auch die Pensionsrückstellungen in der HB und Steuerbilanz identisch. Abweichungen sind denkbar, weil der Maßgeblichkeitsgrundsatz der HB für die Steuerbilanz hier durch zwingende steuerrechtliche Vorschriften eingeschränkt ist (Anm 167, 175).

Da Pensionsverpflichtungen den ungewissen Verbindlichkeiten zuzuordnen sind, besteht gem Abs 1 S 1 iVm Art 28 Abs 1 S 1 EGHGB Passivierungspflicht, wenn der Pensionsberechtigte erstmals nach dem 31. 12. 1986 einen Rechtsanspruch erworben hat (sog Neuzusagen). Für unmittelbare Pensionszusagen, die vor dem 1. 1. 1987 erteilt wurden (sog Altzusagen), sowie für sämtliche mittelbaren und ähnlichen Pensionsverpflichtungen besteht ein Passivierungswahlrecht mit Angabe des Fehlbetrags im Anhang von KapGes/KapCoGes (Anm 256). Zum Ausweis von Pensionsverpflichtungen s § 266 Anm 200–205 (Bilanzausweis) und § 275 Anm 135, 137f (GuV-Ausweis).

a) Arten von Pensionsverpflichtungen

152 Bei den Pensionsverpflichtungen kann es sich um lfd zu zahlende Pensionen **(laufende Pensionen)** oder um **Einmalzahlungen** (auf Grund von Kapitalzusagen) handeln.

Zu den **Merkmalen** einer BetrAV gehören ausschließlich das Versprechen einer Leistung zum Zweck der Versorgung, ein den Versorgungsanspruch auslösendes Ereignis wie Alter, Invalidität oder Tod sowie die Zusage an einen Arbeitnehmer durch einen Arbeitgeber aus Anlass des Arbeitsverhältnisses (*BAG* v 8. 5. 1990 DB, 2375 und v 26. 6. 1990 DB, 2475).

Pensionsverpflichtungen bestehen meist auf Grund einer unmittelbaren Zusage zur Zahlung lfd Bezüge **versorgungshalber** (Pensionen, Ruhegelder, Renten) an Stelle oder zusätzlich zu Renten aus der Sozialversicherung oder zu Versorgungszahlungen aus einem öffentlich-rechtlichen Dienstverhältnis oder aus einer Direktversicherung. Die Versorgungsbezüge können auch lfd Sachleistungen (zB Deputate) oder auch Beihilfen zu Krankenversicherungsbeiträgen bzw Krankheitskosten der Betriebsrentner (*HFA* WPg 1994, 26) sein.

153 Die Pensionen werden fällig bei Invalidität (Erwerbs- oder Berufsunfähigkeit, in der gesetzlichen Rentenversicherung werden die Begriffe volle oder teilweise Erwerbsminderung gebraucht, § 43 SGB VI) oder Erreichen der vorgesehenen Altersgrenzen (feste, zB 65 Jahre, vorgezogene Altersgrenzen gem Sozialversicherungsrecht) oder Tod (auslösende biometrische Ereignisse) und werden in der Regel **lebenslänglich** bis zum Tode des Empfängers (Versorgungsberechtigten) oder der hinterbliebenen Witwen/Witwer/Waisen gezahlt (zu Witwerrenten Anm 187). Die Versorgungszahlungen können aber auch **befristet** gezahlt werden, was insbesondere bei Waisen-, Vollwaisen-, Kinder- und Erziehungsrenten die Regel ist oder auch bei Entgeltumwandlungszusagen (sog deferred compensation Modelle) vorkommt. Eine Pensionszahlung kann aber auch aus anderen vertraglich vereinbarten Gründen ausgelöst werden, zB bei Nichtverlängerung oder vorzeitiger Beendigung von Anstellungs- und/oder Bestellungsverträgen, auch wenn es sich dann insoweit nicht um *insolvenzgesicherte* Leistungen der BetrAV handelt (wie zB bei Altersrenten vor Vollendung des 60. Lebensjahrs).

154 Wesentliches Merkmal von lfd Pensionen ist, dass sie **versorgungshalber** gezahlt werden und eine Gegenleistung vom Empfänger nicht mehr erbracht

wird; materiell handelt es sich auch dann um Pensionen, wenn sie zB als **Übergangsgelder/-zahlungen, Treuezahlungen, Abfindungen** oder **Auslandszuschläge** zur Pension bezeichnet werden, diese aber wie Pensionen bei Eintritt der erwähnten biologischen Ereignisse fällig werden (vgl *BAG* 18. 3. 2003 DB 2004, 1624 zu Übergangszahlungen). Regelmäßig muss das Arbeitsverhältnis rechtlich beendet und die lfd Gehaltszahlung eingestellt sein, bevor die lfd Pensionszahlung einsetzt. In den ersten drei oder sechs Monaten nach Beendigung des Arbeitsverhältnisses infolge Pensionierung werden die Pensionen vielfach zur Erleichterung des Übertritts in den Ruhestand auf die letzten Gehaltsbezüge aufgestockt. Die Differenz zwischen letztem Gehalt und bereits fälliger Pension ist eine zusätzliche Versorgungslast **(Übergangsbezüge)** (FinMin BaWü 30. 6. 1982, BetrAV 1983, 45 Rückstellungsfähigkeit von Überbrückungsgeldern nach § 6a EStG; 22. 4. 1986, BetrAV, 162; BMF 13. 3. 1987 DB, 716). Überbrückungsgelder („Gnadenbezüge") beim Tod eines Rentners sind im Allgemeinen geringfügig und werden daher idR nicht bewertet; nach BdF 9. 4. 1984 (BStBl 260) soll steuerrechtlich wegen Berücksichtigung der vorschüssigen Zahlungsweise trotz nachschüssiger Rentenzahlung, wie es regelmäßig der Fall ist, keine zusätzliche Rückstellung für eine vereinbarte Rentenfortzahlung (Überbrückungsgeld) bis zu 4 Monaten bei Tod eines Rentners berücksichtigt werden. Weitere Versorgungsverpflichtungen können nach Auffassung der FinVerw **Vorruhestandsgelder** sein (BStBl I 1984, 518), aA jedoch *HFA* (Zur bilanziellen Behandlung von Leistungsverpflichtungen aus Vorruhestandsregelungen, WPg 1984, 331), der sie als **Abfindungszahlungen** betrachtet, was zutreffend erscheint (glA auch *ADS* § 249 Anm 116 mwN).

Im Rahmen von **Altersteilzeitregelungen** vereinbarte Gehaltsaufstockungen und zusätzliche Beiträge zur Sozialversicherung stellen ebenfalls (grds rückstellungspflichtige) Abfindungen für die partielle Aufgabe des Arbeitsplatzes dar (Anm 100, *IDW RS HFA* 3 WPg 1998, 1063). Nach BMF 11. 11. 1999 DB, 2385 dürfen bei gleichmäßiger Verteilung der Arbeitszeit (kontinuierliches Modell) keine Rückstellungen gebildet werden. Beim Blockmodell ist während der Arbeitsphase eine (idR unabgezinste) Rückstellung wegen Erfüllungsrückstand nur insoweit anzusammeln, wie das tatsächlich gezahlte Entgelt unter dem Entgelt eines Vollzeitbeschäftigten liegt (aA Hessisches FG 23. 9. 2004 – 4 K 1120/02, nrkr). Erst bei Übergang in die Freistellungsphase ist auf die vollen für die Freistellungsphase notwendigen Beträge aufzufüllen (insoweit abzuzinsende Rückstellung für ungewisse Verbindlichkeiten). Ab Freistellung ist zunächst die Rückstellung für Erfüllungsrückstand zu verbrauchen. Ein Erstattungsanspruch für die Zeit der Freistellung ist ab Antragstellung gegenzurechnen, nach positivem Bescheid ist er zu aktivieren.

Die Versorgung kann auch als **Einmalzahlung** eines Kapitalbetrags **(Kapitalzusage)** bei Eintritt des Versorgungsfalls bewirkt werden. Obwohl die Kapitalzahlung lohnsteuerrechtlich weniger günstig für den Empfänger ist als eine lfd Pensionszahlung, haben die Kapitalzahlungen seit Ergehen des BetrAVG im Jahre 1974 zugenommen, weil bei ihnen eine **Anpassungsprüfung** alle drei Jahre nach § 16 BetrAVG – im Gegensatz zur Anpassung lfd Pensionen – entfällt. 155

Solange der Pensionsfall noch nicht eingetreten ist, besteht nur eine **aufschiebend bedingte Anwartschaft** auf lfd oder einmalige Versorgungszahlungen, die sich im Zeitpunkt des Versorgungsfalls zum dann **fälligen Anspruch** verdichtet. 156

Charakteristisch für eine Pensionsverpflichtung ist, dass der Verpflichtete aus **eigenen Mitteln** an den Pensionsberechtigten im Pensionsfall leistet. Jedoch ist diese Abgrenzung dann nicht mehr eindeutig, wenn die Pensionszusage an Stelle 157 eines Gehalts- oder Sonderzahlungsbestandteils oder einer Gehaltserhöhung (sog **arbeitnehmerfinanzierte Pensionszusagen)** gewährt wird, was auch steuerrechtlich (zB BMF 17. 11. 2004 BStBl I 1065, Rz 161 ff sowie 11. 11. 1999 DB, 2385) anerkannt wird. Nach § 1 b BetrAVG liegt grds auch Insolvenzschutz vor.

Wegen Pensionszusagen an **Nicht-Arbeitnehmer** (zB Handelsvertreter) Anm 240.

b) Entstehung von Pensionsverpflichtungen

158 Rechtlich entsteht eine Pensionsverpflichtung **dem Grunde nach** durch **Einzelvertrag** (Pensionszusage) oder **Gesamtzusage** (Pensions- oder Versorgungsordnung, einheitsvertragliche Zusagen) an eine Personengesamtheit, **Betriebsvereinbarung** (§ 87 BetrVG), **Tarifvertrag** oder **Besoldungsordnung** (unmittelbare Versorgungszusage durch den Arbeitgeber). Sie kann aber auch auf **Gesetz** (zB Beamtenversorgungsgesetz), **Gerichtsurteil** und **betrieblicher Übung** oder **Gleichbehandlung** (vgl *BAG* 25. 5. 2004 – 3 AZR 15/03) beruhen (§ 1 b BetrAVG; wegen der steuerrechtlichen Anerkennung vgl aber Anm 186). Änderungen bedürfen idR der Zustimmung der Vertragspartner.

Wird eine Versorgungsleistung lediglich unverbindlich in Aussicht gestellt oder von einem ungewissen Ereignis abhängig gemacht, dessen Eintritt vom Arbeitgeber bestimmt werden kann (zB Erreichen einer bestimmten Stellung im Betrieb), besteht noch keine rückstellungspflichtige Anwartschaft (*HFA* 2/1988). **Mündliche Zusagen** stehen handelsrechtlich schriftlichen Zusagen gleich, jedoch ist die Schriftform steuerrechtlich nach § 6a EStG Voraussetzung für die Rückstellungsbildung. Zahlt der Arbeitgeber an in den Ruhestand tretende Arbeitnehmer Ruhegelder und hat sich eine solche tatsächliche Handhabung zu einer **betrieblichen Übung** verfestigt, erwächst aus dieser Übung für alle unter den gleichen Voraussetzungen ausscheidenden Arbeitnehmer ein Anspruch auf ein entspr Ruhegeld und damit bei Entstehen des Anspruchs ab 1987 grds Rückstellungspflicht. In engem Zusammenhang hiermit steht der Grundsatz der **Gleichbehandlung,** wonach einzelne Arbeitnehmer nicht willkürlich ausgeschlossen werden dürfen. Der Gleichbehandlungsgrundsatz bewirkt, dass ein nur einzelnen Arbeitnehmern ggü gezeigtes Verhalten zur generellen Regel und somit auch anderen vergleichbaren Arbeitnehmern ggü wirksam wird. Handelsrechtlich ist eine Rückstellungsbildung auch bereits (zumindest als Aufwandsrückstellung) zulässig, wenn die Verpflichtung zwar noch nicht rechtsverbindlich erfolgt, aber tatsächlich hinreichend konkretisiert (zB Ankündigung auf Betriebsversammlung, Beschluss des Vorstands) oder wirtschaftlich unvermeidlich ist (zB unausweichlicher Zwang zur Verbesserung der Pensionsregelung oder zur Gewährung von Frühpensionierungen etwa iVm Sozialplänen).

159 Der in mehrfacher Hinsicht bedeutsame **Zeitpunkt der Entstehung** der Pensionsverpflichtung fällt grds mit der Abgabe der darauf gerichteten Willenserklärungen des Arbeitgebers an den Arbeitnehmer zusammen. Bei einseitigen, begünstigenden Willenserklärungen des Arbeitgebers, als welche die Einzelpensions- oder Gesamtzusagen angesehen werden können, wird die Annahme ohne Zugang einer Erklärung an den Antragenden unterstellt (§ 151 BGB); Einzelzusage und Gesamtzusage werden wesentlicher Bestandteil des Arbeitsvertrags, auch wenn sie separat in einem eigenen Schriftstück abgefasst und bekannt gemacht sind. Nach der Rspr des *BAG* (ua U 12. 2. 1981 BB, 1338) entsteht bei **kollektiven Pensionsvereinbarungen** die Versorgungsanwartschaft grundsätzlich mit dem Diensteintritt des Arbeitnehmers; auch Vorschaltzeiten, besondere Aufnahmebedingungen oder eine Wartezeit von 5 oder 10 Jahren als Leistungsvoraussetzung verhindern die Entstehung der Anwartschaft nicht, da das BAG hierin eine Umgehung von § 1b BetrAVG erblickt, wodurch der Eintritt der Unverfallbarkeit entgegen dem Willen des Gesetzes verzögert werden könnte.

Das BetrAVG ist auf Grund des Einigungsvertrages (BGBl II 1990, 885, 1024) am 1. 1. 1992 in den neuen Bundesländern in Kraft getreten. Rentenzahlungen auf Grund der Anordnung vom 9. 3. 1954 (GBl der DDR Nr 30, 301) wurden idR zum 31. 12. 1991 eingestellt, sofern sie nicht auf neuer Rechtsgrundlage als eigenständige Leistungen der betrieblichen Altersversorgung weitergeführt wurden. Nach *BAG* 27. 2. 1996 (DB, 2343) müssen zum 31. 12. 1991 *laufende Renten* in jedem Fall weitergezahlt (oder durch eine zulässige Abfindung erfüllt) werden. Bei Ausscheiden nach dem 31. 12. 1991 entsteht grds kein Anspruch (*BAG* 17. 12. 1996 DB 1997, 52).

Die Festlegung der **Höhe und des Umfangs** der Pensionsverpflichtung wird 160
idR mit der Entstehung dem Grunde nach vereinbart; die beiden Zeitpunkte können aber auch auseinanderfallen. Das BAG hat im Falle einer verbindlichen **Blankettzusage** entschieden, dass der Arbeitgeber die Einzelheiten über Höhe und Umfang einseitig bestimmen kann, dabei aber gem § 315 BGB einer gerichtlichen Billigkeitskontrolle unterworfen ist. Bleibt der Arbeitgeber untätig, wird die Blankettzusage durch Urteil ausgefüllt (*BAG* 23. 11. 1978 DB 1979, 364). In der Pensionsvereinbarung ist unmissverständlich darzulegen, welche Leistungen bei welchem Anlass und in welcher Höhe gewährt werden. Unklare Regelungen gehen zu Lasten des Arbeitgebers (*BFH* 22. 1. 1958 BStBl III, 186 und *BAG* 27. 1. 1998 DB, 1671). § 2 Nr 6 Nachweisgesetz verpflichtet den Arbeitgeber, die wesentlichen Vertragsbedingungen eines Arbeitsverhältnisses schriftlich niederzulegen. Viele Unt sagen die Pensionsleistungen in Ergänzung der Sozialversicherung als Grundsicherung zu *(leistungsorientierte Zusagen).* Bei sog **beitrags-** oder **aufwandsorientierten Leistungszusagen,** bei denen sich die Leistungen nach der Höhe eines bestimmten vorgegebenen Aufwands richten, kann der Aufwand der HB und der Steuerbilanz auseinanderfallen, da in diese der veranschlagte Aufwand nicht einfach als Einmalrückstellung übernommen werden darf.

Im Allgemeinen wird die Höhe der Pension – ob gehaltsabhängig oder gehaltsunabhängig – in einem angemessenen **Verhältnis zum Arbeitsentgelt** festgesetzt werden (für die steuerrechtliche Rückstellungsbildung dürfen Pensionszusagen nach H 41 Abs 17 EStR und BMF 3. 11. 2004 BStBl I 1045 nicht „überhöht" sein). Übliche Durchschnittssätze bei Entgelten unter der Beitragsbemessungsgrenze in der gesetzlichen Rentenversicherung nach 30 bis 40 Dienstjahren bewegen sich zwischen 10% und 20%, für Gehaltsteile darüber zwischen 30% und 50%; die Pensionen für leitende Angestellte betragen im Mittel 20% bis 30%, für Geschäftsführer und Vorstandsmitglieder 50% bis 65% der letzten festen Bezüge, wobei für letztere vielfach **Wertsicherungsklauseln** (Spannungsklauseln) vorgesehen sind. Für *neu* erteilte Pensionszusagen liegt das Durchschnittsniveau aber wesentlich niedriger; oftmals werden Pensionsordnungen für neue Arbeitnehmer gänzlich geschlossen.

c) Steuerrechtliche Grundlagen (§ 6a EStG)

Steuerrechtlich ergibt sich der Begriff der Pensionsrückstellungen aus § 6a 161
EStG. Diese Vorschrift regelt zwar Ansatz und Bewertung von Pensionsrückstellungen. Sie lässt aber für **Altzusagen** (Anm 167) den Grundsatz der Maßgeblichkeit der HB für die Steuerbilanz unberührt. Dh, bei Altzusagen ist eine Pensionsrückstellung, die im Übrigen § 6a EStG entspricht, steuerrechtlich nur zulässig, wenn und soweit sie auch in der HB gebildet worden ist. Wegen Zuführungen in diesen Fällen Anm 192.

Für **Neuzusagen** (Anm 166) ist dagegen auf jeden Fall eine Rückstellung zu bilden. Insoweit besteht nämlich handelsrechtlich Passivierungspflicht gemäß Art 28 EGHGB. Deshalb müssen für Neuzusagen auch dann Pensionsrückstellungen in der Steuerbilanz gebildet werden, wenn sie in einer fehlerhaften HB nicht (oder nicht ausreichend) gebildet sein sollten (folgt aus § 5 Abs 1 EStG; glA *FG Schleswig-Holstein* 12. 2. 1998 BB, 789). Der Wortlaut von § 6a Abs 1 EStG („... darf ... gebildet werden ...") kann bei Neuzusagen kein eigenständiges steuerrechtliches Passivierungswahlrecht begründen. Das steuerrechtliche Nachholverbot (Anm 191) gilt für Neuzusagen nicht (dazu auch BMF 13. 3. 1987 BStBl I, 365).

2. Begriff der Rückstellung für ähnliche Verpflichtungen

162 Während der Begriff der Pensionsverpflichtung schon lange Gegenstand der Rechtsordnung ist, führte das BiRiLiG den Begriff der (den Pensionsverpflichtungen) **ähnlichen Verpflichtungen** neu ein.

Die „ähnlichen Verpflichtungen" sollen nach § 266 Abs 3 B Nr 1 zusammen mit den Pensionsrückstellungen gesondert ausgewiesen werden, und nach Art 28 Abs 1 EGHGB braucht für unmittelbare oder mittelbare ähnliche Verpflichtungen eine Rückstellung in keinem Fall gebildet zu werden. Das EGHGB und seine Begründung enthalten aber keinen Hinweis dafür, was unter den „ähnlichen Verpflichtungen" zu verstehen ist. Es kann vermutet werden, dass die Verfasser des BiRiLiG und seiner Begründung bei den „ähnlichen Verpflichtungen" die Verpflichtung zur Zahlung von **Vorruhestandsgeld** gemeint haben. Es ergeben sich aber weder aus dem Wortlaut des Gesetzes noch aus dem Sinnzusammenhang der einschlägigen Vorschriften (§§ 249, 253 Abs 1, 266 Abs 3 B Nr 1 und Art 28 EGHGB) Hinweise dafür, dass die Verpflichtung zur Zahlung von Vorruhestandsgeld zu den „ähnlichen Verpflichtungen" gehört. Der *HFA* (WPg 1994, 26) zählt auch Krankheitskostenersatzleistungen an ehemalige Arbeitnehmer nicht zu den ähnlichen Verpflichtungen, sondern zu den Pensionsverpflichtungen (auch steuerrechtlich anerkannt durch *BFH* 30. 1. 2002 DB, 1636). Auch durch andere Beispiele lässt sich der Begriff der ähnlichen Verpflichtungen derzeit nicht belegen (Anm 163). Er kann somit höchstens als Auffangbegriff für evtl. noch nicht erfasste Verpflichtungen in der Zukunft dienen. GlA *ADS* § 249 Anm 116. *Höfer* in HdR[5] (§ 249 Anm 411) stuft jedoch Vorruhestandsgelder und Überbrückungsgelder als ähnliche Verpflichtungen ein, für die die FinVerw ausnahmsweise eine Passivierung nach § 6a EStG zulässt (Anm 154). *Ahrend/Förster/Rößler* (8. Teil Anm 20) zählen Pensionsverpflichtungen auf Grund betrieblicher Übung oder Gleichbehandlungsgrundsatz (da keine explizite Pensionszusage) sowie Vorruhestandsgelder (da pensionsähnlich) zu den ähnlichen Verpflichtungen.

163 Die **Verpflichtungen aus der Insolvenzsicherung** ggü dem PSVaG (Anm 249) und die **Verwaltungskosten zur Durchführung der BetrAV** (Anm 251) stehen zwar im Zusammenhang mit der BetrAV, sie können aber nicht unter den Begriff der „ähnlichen Verpflichtungen" eingeordnet werden. Die Verpflichtungen aus der Insolvenzsicherung sind nicht „ähnliche", weil sie nicht der Altersversorgung auf Grund eigener Zusagen dienen. In Analogie zu den Bruttobeiträgen zu Lebensversicherungen können Verwaltungskosten allenfalls bei der Bewertung der eigentlichen (und nicht der „ähnlichen") Pensionsverpflichtungen berücksichtigt werden (Anm 251). Zu den **Verpflichtungen aus Direktversicherungen** Anm 255. Auch Verpflichtungen ggü **Pensionskassen** (Anm 254) und **Unterstützungskassen** (Anm 253) sind keine „ähnlichen Verpflichtungen". Nach *HFA* 2/1988 kann es sich bei den ähnlichen

Verpflichtungen nur um solche handeln, die *nicht* den Charakter einer Pensionsverpflichtung erfüllen. Es muss sich um der Pension inhaltlich ähnliche Verpflichtungen handeln, ohne selbst den Begriff der Pension zu erfüllen. Ein Beispiel hierfür nennt der HFA allerdings nicht.

3. Unmittelbare und mittelbare Pensionen und ähnliche Verpflichtungen

Die Unterscheidung zwischen unmittelbaren und mittelbaren Verpflichtungen ist für die Anwendung von Art 28 EGHGB von Bedeutung (Anm 166). Unter **„unmittelbaren Verpflichtungen“** sind solche zu verstehen, die ohne Zwischenschaltung eines anderen Rechtsträgers (wie zB einer Unterstützungskasse) zwischen dem verpflichteten Unt und den Anspruchsberechtigten bestehen. Dabei handelt es sich insb um Pensionsverpflichtungen auf Grund von (unmittelbaren) Zusagen (Entstehungsgründe s Anm 158). Mündliche Zusagen und Zusagen mit Widerrufsvorbehalt oder Ausschluss des Rechtsanspruchs sind nach der Rspr zum Arbeitsrecht im Wesentlichen wie solche mit Rechtsanspruch und Schriftform zu beurteilen. Nach *HFA* 2/1988 genügt ein faktischer Leistungszwang, weil sich das Unt dann auch ohne rechtliche Verpflichtung der Leistung nicht entziehen kann. **164**

Hieraus ergibt sich gleichzeitig die Definition der **mittelbaren Verpflichtungen.** Unter mittelbaren Pensionsverpflichtungen sind solche zu verstehen, die zwar unmittelbar von einem anderen Rechtsträger (zB einer Unterstützungskasse oder neuerdings auch einem Pensionsfonds) erfüllt werden, für die das TrägerUnt aber nach § 1 BetrAVG einzustehen hat. Der Begriff bezieht sich auf die Bilanzierung beim TrägerUnt.

Mittelbare ähnliche Verpflichtungen dürften in der Praxis wohl nicht vorkommen. *HFA* 2/1988 sieht auch bei Einschaltung von Direktversicherungen und Pensionskassen ggf unmittelbare Zusagen. Solange das Unt seiner Prämienzahlungsverpflichtung nachkommt, entsteht jedoch kein Fehlbetrag. Ist das Unt mit den Prämien im Rückstand, besteht eine unmittelbare Verpflichtung (s Anm 255). Die Leistungsverpflichtung einer Unterstützungskasse ist auf das ihr vom TrägerUnt zugewendete Vermögen und dessen Erträge begrenzt. Es entfällt deshalb die Angabe eines Fehlbetrags am Kassenvermögen nach Art 28, 48 EGHGB auch bei einer Unterstützungskasse in der Rechtsform der GmbH. Die Angabepflicht trifft das TrägerUnt allein, soweit es nicht entspr Rückstellungen hierfür ausweist (*HFA* 2/1988 und Anm 206) und es sich um eine KapGes/KapCoGes handelt; dazu auch Anm 253f. **165**

4. Neuzusagen

Für **unmittelbare** Pensionszusagen, die mit Rechtsanspruch nach dem 31. Dezember 1986 erteilt wurden (Neuzusagen), sind Rückstellungen nach Abs 1 S 1 zu bilden. Die **Passivierungspflicht** besteht auch für aufschiebend bedingte Verpflichtungen bei Eintritt der Bedingung (§ 247 Anm 224). **166**

Für **mittelbare** Pensionsverpflichtungen (Anm 164) sowie für unmittelbare und mittelbare **ähnliche Verpflichtungen** besteht ein **Passivierungswahlrecht;** für sie brauchen „in keinem Fall“ (Art 28 Abs 1 S 2 EGHGB), also auch nicht bei mit Sicherheit bevorstehender Inanspruchnahme, Rückstellungen gebildet zu werden. Wegen der Vermerkpflicht im Anhang Anm 271 ff.

Neuzusagen liegen auch vor, wenn ein Arbeitgeber die vor dem 1. 1. 1987 erworbene Altersversorgung neu eintretender Arbeitnehmer durch Erteilung entspr neuer Zusagen nach dem 31. Dezember 1986 *unentgeltlich* übernimmt (glA *ADS* § 249 Anm 92). Das gilt auch innerhalb eines Konzerns.

Werden bei der Übernahme einzelner **Pensionsanwartschaften** iSd § 4 Abs 2 und 3 BetrAVG gleichzeitig Vermögenswerte auf Grund befreiender **entgeltlicher Schuldübernahme** übernommen (Anm 218), kann wie bei dem **gesetzlichen Übergang** der Pensionsanwartschaften der übergehenden Arbeitnehmer nach § 613 a BGB im Rahmen eines Betriebs- oder Teilbetriebsübergangs verfahren werden (Anm 167); zu passivieren sind beim übernehmenden Arbeitgeber mindestens Pensionsrückstellungen in Höhe der übernommenen Vermögenswerte; für die künftigen Zuführungen gilt bezüglich der Passivierungspflicht oder des Passivierungswahlrechts das Gleiche wie beim abgebenden Arbeitgeber (glA *ADS* § 249 Anm 91 und 92 und *Ahrend/Förster/Rößler* 8. Teil Anm 24). Die Übernahme einzelner **laufender Renten** oder (unverfallbarer) Anwartschaften bereits ausgeschiedener Arbeitnehmer ist nicht nach § 4 Abs 2 und 3 BetrAVG zulässig, da diese Personen regelmäßig nicht mehr vom Übernehmer beschäftigt werden können. Werden Pensionsverpflichtungen lediglich im Wege des entgeltlichen **Schuldbeitritts** getragen, gilt grds das Gleiche; der primär Verpflichtete bleibt aber weiterhin in der Haftung und damit auch weiterhin insolvenzsicherungspflichtig.

5. Altzusagen

167 Für vor dem 1. Januar 1987 erteilte **Zusagen** (Altzusagen) und deren **Erhöhung** brauchen Rückstellungen nach Abs 1 S 1 nicht gebildet zu werden (Art 28 Abs 1 EGHGB). Wegen des Vermerks im Anhang Anm 256.

Bei Übergang eines Betriebs durch **Gesamtrechtsnachfolge** (zB bei einer Verschmelzung) oder durch **Einzelrechtsnachfolge** (zB in den Fällen des **§ 613 a BGB**) gehen zwar die Pensionsverpflichtungen des bisherigen auf den neuen Arbeitgeber über. Erteilt dieser aber keine eigenen Zusagen, beruhen seine Verpflichtungen auch nicht auf Neuzusagen. Dennoch kann es in diesen Fällen zu einer Passivierungspflicht kommen, wenn die übernommene Altersversorgung Bestandteil des Entgelts für die Übernahme von Vermögenswerten ist (glA *ADS* § 249 Anm 91 und 92). Bei der Übernahme von **laufenden Renten** und von unverfallbaren Anwartschaften ausgeschiedener Arbeitnehmer durch Einzelrechtsnachfolge, die durch § 613 a BGB nicht erfasst werden, liegen regelmäßig nur Schuldbeitritt und Neuzusagen vor. Weiteres in Anm 219.

168 Zu den Erhöhungen der bisherigen Altersversorgung gehören arbeitsrechtlich auch solche Erhöhungen, die sich durch die **Beförderung** vom „normalen“ Arbeitnehmer zum Prokuristen, Direktor oder Vorstandsmitglied mit entspr anderer (höherer) Versorgungsregelung ergeben (dazu zB *BAG* 12. 2. 1981 BB, 1338). Wenn ein Arbeitgeber einem Arbeitnehmer nacheinander verschiedene Versorgungszusagen erteilt und zwischen der neueren und der älteren Zusage kein Zusammenhang besteht und die ältere Zusage unverändert weitergeführt wird, gelten lt *BAG* vom 28. 4. 1992 BetrAV, 229 für jede der beiden Zusagen eigenständige Unverfallbarkeitsfristen. Die Neuzusage stellt dann keine Änderung der älteren Versorgungszusage iSv § 1 b Abs 1 S 3 BetrAVG dar. **Arbeitsrechtlich** liegt auch dann keine Neuzusage – sondern lediglich eine Änderung – vor, wenn eine **mittelbare Versorgung** über eine Unterstützungskasse **durch eine Direktzusage ersetzt** wird. Bei Einschaltung einer Unterstützungskasse hat der Arbeitnehmer zwar keinen Rechtsanspruch gegen die Kasse, wohl aber gegen das TrägerUnt (*BVerfG* 19. 10. 1983 BB 1984, 341; *BAG* 10. 7. 1980 BB 1981, 496). Deshalb besteht auch bei der Umstellung von vor dem 1. 1. 1987 entstandenen Unterstützungskassenverpflichtungen (Diensteintritte vor dem 1. 1. 1987) auf unmittelbare Pensionsverpflichtungen, soweit sie eventuell übernommenes Kassenvermögen übersteigen, das Passivierungswahlrecht

für Altzusagen (und damit auch die Drittelungsmöglichkeit, Anm 231) weiter (glA *ADS* § 249 Anm 90 und *Ahrend/Förster/Rößler* 8. Teil Anm 24, aA BMF 13. 3. 1987, BStBl I, 365 ohne Begr). Für den **Wechsel von Durchführungswegen** gelten die vorstehenden Ausführungen entspr.

II. Inventur der Pensionsverpflichtungen

1. Stichtagsprinzip/Verlegung der Inventur

Nach § 240 Abs 2 ist auch der Bestand der Pensionsverpflichtungen (pensionsberechtigte Personen und Umfang der Pensionsverpflichtungen) grds auf Grund einer körperlichen Aufnahme für den Schluss eines jeden Gj festzustellen **(Stichtagsinventur).** Entspr § 241 Abs 3 kann der Bestand auch für einen Tag innerhalb der letzten drei Monate vor oder der beiden ersten Monate nach dem Schluss des Gj festgestellt werden, wenn gesichert ist, dass der vorhandene Bestand zum Bilanzstichtag ordnungsgemäß bewertet werden kann. (Nach den Fristenberechnungsregeln des BGB in §§ 186ff kann zB bei einem Bilanzstichtag 31. 12. vorverlegt werden bis auf irgendeinen Zeitpunkt im Verlauf des Tages 30. 9. (also zB auch mittags 12 Uhr), so dass die personellen Veränderungen zum 1. 10. nicht zwingend zu berücksichtigen sind.) § 241 Abs 3 bezieht sich zwar nur auf VG, es ist aber davon auszugehen, dass auch weiterhin für die Erfassung von Pensionsverpflichtungen *entsprechend* verfahren werden darf. Dies entspricht langjähriger, weit verbreiteter Übung und ist GoB. EStR 41 Abs 18 gewährt hierzu Erleichterungen; sie gelten jedoch nicht für Bestände bis zu 20 Pensionsberechtigten und nicht für Pensionsverpflichtungen ggü Vorstandsmitgliedern und Geschäftsführern von KapGes. Die steuerrechtlich zulässigen Vereinfachungen nach EStR 41 Abs 18 können insgesamt als GoB entspr angesehen werden und sind daher auch für Zwecke des Inventars iSv § 240 anwendbar. 169

Von der **Vorverlegung** der Inventur der Pensionsverpflichtungen um bis zu drei Monate vor den Bilanzstichtag wird häufig Gebrauch gemacht, während die **Nachverlegung** um bis zu 2 Monate wohl überhaupt nicht vorkommt. **Normale Veränderungen** des Bestands zwischen Inventurstichtag und Bilanzstichtag können bei der Berechnung der Pensionsrückstellung für den Bilanzstichtag unberücksichtigt bleiben, sie werden dann zum Bilanzstichtag des Folgejahres – ohne Nachholverbot – mit dem sich dann ergebenden Wert angesetzt. **Außergewöhnliche Veränderungen** im Hinblick auf Bestand oder Höhe (zB generelle Gehaltserhöhungen, Tarifabschlüsse, generelle Veränderung anzurechnender Sozialversicherungsrenten) müssen zum Bilanzstichtag berücksichtigt werden. Sind die versicherungsmathematischen Berechnungen bereits abgeschlossen, sind außergewöhnliche Veränderungen mindestens näherungsweise bei der Pensionsrückstellung anzusetzen und im Folgejahr dann genau zu berücksichtigen, ohne dass das Nachholverbot greift. Einseitige Berücksichtigung werterhöhender Veränderungen ohne Berücksichtigung wertmindernder Veränderungen ist unzulässig (Einzelheiten EStR 41 Abs 18).

2. Inventur der vertraglichen und sonstigen rechtlichen Grundlagen der Pensionsverpflichtungen

Die **vertraglichen Grundlagen** der Pensionsverpflichtungen bestehen idR aus der Niederschrift der einzelnen Rechtsbegründungsakte (Einzelzusage, Gesamtzusage, Betriebsvereinbarung, Tarifvertrag, Besoldungsordnung, Gerichtsurteil). Jedoch sind auch mündliche Zusagen und Pensionsrechte auf Grund be- 170 trieblicher Übung und Gleichbehandlung zu erfassen; vielfach wird die Schriftform im Zuge der Inventur präzisiert werden können (dazu auch Anm 158ff). Änderungen der vertraglichen Grundlagen müssen ebenfalls festgestellt werden; auch hier ist auf die Einhaltung der Schriftform, insb auf rechtswirksame und termingerechte Unterschriften zu achten.

Aus den Inventurunterlagen über die Pensionsverpflichtungen ergeben sich die Pensionsansprüche dem Grunde und der Höhe nach, wobei für die Bewertung regelmäßig (Anm 169 aE) die Verhältnisse am Bilanzstichtag maßgebend sind (§ 241 Abs 3 Nr 2, § 6a Abs 3 EStG), auch wenn das Mengengerüst (Einzellistung der Pensionsberechtigten, Bemessungsgrundlagen) auf einen anderen Stichtag ermittelt wurde.

3. Inventur der personellen Unterlagen

171 Neben der Feststellung der **Anzahl der Personen,** die zum Inventurstichtag Pensionsansprüche erworben haben (Anwärter und Leistungsempfänger) ist auch die zutreffende **Zuordnung zu den einzelnen Pensionsgruppen** entspr den Zusagetypen im Rahmen der Inventur vorzunehmen. Bei EDV-Verarbeitung ist für jede einzelne Pensionsverpflichtung ein **Stammsatz** mit im Wesentlichen folgenden Daten erforderlich: Identifikation (Name oder Pers-Nr), Geburtsdatum, Geschlecht, ggf Vordienstzeiten, tatsächlicher Diensteintritt, rechnungsmäßiger Diensteintritt, Zusagedatum, Höhe der Pension oder des pensionsfähigen Gehalts, Austritte/Wiedereintritte, Familienstand, Umfang der Hinterbliebenenanwartschaften (Witwen-/Witwer-/Waisenansprüche), vertragliche und rechnungsmäßige Altersgrenze.

Die mit unverfallbarer Anwartschaft ausgeschiedenen ehemaligen Arbeitnehmer müssen besonders erfasst werden, da diese nicht mehr in die lfd Gehaltsabrechnung einbezogen sind. Bei diesem Personenkreis braucht erst nach Erreichen der vertraglichen Altersgrenze geprüft zu werden, ob eine Leistung zu erbringen ist (EStR 41 Abs 19). In der Praxis empfiehlt es sich darauf zu achten, dass zu TU (insbesondere ausländischen) entsandte Arbeitnehmer mit fortbestehender Anwartschaft erfasst bleiben; hierzu auch Anm 190.

III. Die steuerrechtlichen Voraussetzungen für die Bildung von Pensionsrückstellungen

1. Gesetzestext des § 6a EStG

175 **§ 6a EStG Pensionsrückstellung** *(Stand 1. 1. 2005)*

(1) Für eine Pensionsverpflichtung darf eine Rückstellung (Pensionsrückstellung) nur gebildet werden, wenn und soweit

1. der Pensionsberechtigte einen Rechtsanspruch auf einmalige oder laufende Pensionsleistungen hat,
2. die Pensionszusage keine Pensionsleistungen in Abhängigkeit von künftigen gewinnabhängigen Bezügen vorsieht und keinen Vorbehalt enthält, dass die Pensionsanwartschaft oder die Pensionsleistung gemindert oder entzogen werden kann, oder ein solcher Vorbehalt sich nur auf Tatbestände erstreckt, bei deren Vorliegen nach allgemeinen Rechtsgrundsätzen unter Beachtung billigen Ermessens eine Minderung oder ein Entzug der Pensionsanwartschaft oder der Pensionsleistung zulässig ist, und
3. die Pensionszusage schriftlich erteilt ist; die Pensionszusage muss eindeutige Angaben zu Art, Form, Voraussetzungen und Höhe der in Aussicht gestellten künftigen Leistungen enthalten.

(2) Eine Pensionsrückstellung darf erstmals gebildet werden

1. vor Eintritt des Versorgungsfalls für das Wirtschaftsjahr, in dem die Pensionszusage erteilt wird, frühestens jedoch für das Wirtschaftsjahr, bis zu dessen Mitte der Pensions-

berechtigte das 28. Lebensjahr vollendet, oder für das Wirtschaftsjahr, in dessen Verlauf die Pensionsanwartschaft gemäß den Vorschriften des Betriebsrentengesetzes unverfallbar wird,
2. nach Eintritt des Versorgungsfalls für das Wirtschaftsjahr, in dem der Versorgungsfall eintritt.

(3) [1] Eine Pensionsrückstellung darf höchstens mit dem Teilwert der Pensionsverpflichtung angesetzt werden. [2] Als Teilwert einer Pensionsverpflichtung gilt

1. vor Beendigung des Dienstverhältnisses des Pensionsberechtigten der Barwert der künftigen Pensionsleistungen am Schluss des Wirtschaftsjahres abzüglich des sich auf denselben Zeitpunkt ergebenden Barwertes betragsmäßig gleich bleibender Jahresbeträge, bei einer Entgeltumwandlung im Sinne von § 1 Abs. 2 des Betriebsrentengesetzes mindestens jedoch der Barwert der gemäß den Vorschriften des Gesetzes zur Verbesserung der betrieblichen Altersversorgung unverfallbaren künftigen Pensionsleistungen am Schluss des Wirtschaftsjahres. [2] Die Jahresbeträge sind so zu bemessen, dass am Beginn des Wirtschaftsjahres, in dem das Dienstverhältnis begonnen hat, ihr Barwert gleich dem Barwert der künftigen Pensionsleistungen ist; die künftigen Pensionsleistungen sind dabei mit dem Betrag anzusetzen, der sich nach den Verhältnissen am Bilanzstichtag ergibt. [3] Es sind die Jahresbeträge zugrunde zu legen, die vom Beginn des Wirtschaftsjahres, in dem das Dienstverhältnis begonnen hat, bis zu dem in der Pensionszusage vorgesehenen Zeitpunkt des Eintritts des Versorgungsfalls rechnungsmäßig aufzubringen sind. [4] Erhöhungen oder Verminderungen der Pensionsleistungen nach dem Schluss des Wirtschaftsjahres, die hinsichtlich des Zeitpunkts ihres Wirksamwerdens oder ihres Umfangs ungewiss sind, sind bei der Berechnung des Barwerts der künftigen Pensionsleistungen und der Jahresbeträge erst zu berücksichtigen, wenn sie eingetreten sind. [5] Wird die Pensionszusage erst nach dem Beginn des Dienstverhältnisses erteilt, so ist die Zwischenzeit für die Berechnung der Jahresbeträge nur insoweit als Wartezeit zu behandeln, als sie in der Pensionszusage als solche bestimmt ist. [6] Hat das Dienstverhältnis schon vor der Vollendung des 28. Lebensjahrs des Pensionsberechtigten bestanden, so gilt es als zu Beginn des Wirtschaftsjahres begonnen, bis zu dessen Mitte der Pensionsberechtigte das 28. Lebensjahr vollendet; in diesem Fall gilt für davor liegende Wirtschaftsjahre als Teilwert der Barwert der gemäß den Vorschriften des Betriebsrentengesetzes unverfallbaren künftigen Pensionsleistungen am Schluss des Wirtschaftsjahres;
2. nach Beendigung des Dienstverhältnisses des Pensionsberechtigten unter Aufrechterhaltung seiner Pensionsanwartschaft oder nach Eintritt des Versorgungsfalls der Barwert der künftigen Pensionsleistungen am Schluss des Wirtschaftsjahres; Nummer 1 Satz 4 gilt sinngemäß.

[3] Bei der Berechnung des Teilwertes der Pensionsverpflichtung sind ein Rechnungszinsfuß von 6 vom Hundert und die anerkannten Regeln der Versicherungsmathematik anzuwenden.

(4) [1] Eine Pensionsrückstellung darf in einem Wirtschaftsjahr höchstens um den Unterschied zwischen dem Teilwert der Pensionsverpflichtung am Schluss des Wirtschaftsjahres und am Schluss des vorangegangenen Wirtschaftsjahres erhöht werden. [2] Soweit der Unterschiedsbetrag auf der erstmaligen Anwendung neuer oder geänderter biometrischer Rechnungsgrundlagen beruht, kann er nur auf mindestens drei Wirtschaftsjahre gleichmäßig verteilt der Pensionsrückstellung zugeführt werden; Entsprechendes gilt beim Wechsel auf andere biometrische Rechnungsgrundlagen. [3] In dem Wirtschaftsjahr, in dem mit der Bildung einer Pensionsrückstellung frühestens begonnen werden darf (Erstjahr), darf die Rückstellung bis zur Höhe des Teilwertes der Pensionsverpflichtung am Schluss des Wirtschaftsjahres gebildet werden; diese Rückstellung kann auf das Erstjahr und die beiden folgenden Wirtschaftsjahre gleichmäßig verteilt werden. [4] Erhöht sich in einem Wirtschaftsjahr gegenüber dem vorangegangenen Wirtschaftsjahr der Barwert der künftigen Pensionsleistungen um mehr als 25 vom Hundert, so kann die für dieses Wirtschaftsjahr zulässige Erhöhung der Pensionsrückstellung auf dieses Wirtschaftsjahr und die beiden folgenden Wirtschaftsjahre gleichmäßig verteilt werden. [5] Am Schluss des Wirtschaftsjahres, in dem das Dienstverhältnis des Pensionsberechtigten unter Aufrechterhaltung seiner Pensionsanwartschaft endet oder der Versorgungsfall eintritt, darf die Pensionsrückstellung stets bis zur Höhe des Teilwertes der Pensionsverpflichtung gebildet werden; die für dieses

Wirtschaftsjahr zulässige Erhöhung der Pensionsrückstellung kann auf dieses Wirtschaftsjahr und die beiden folgenden Wirtschaftsjahre gleichmäßig verteilt werden. [6] Satz 2 gilt in den Fällen der Sätze 3 bis 5 entsprechend.

(5) Die Absätze 3 und 4 gelten entsprechend, wenn der Pensionsberechtigte zu dem Pensionsverpflichteten in einem anderen Rechtsverhältnis als einem Dienstverhältnis steht.

Zum Anwendungsbereich des § 6a EStG enthält § 52 EStG weitere Vorschriften: insb gilt das Alter 28 nur für Neuzusagen nach dem 31. 12. 2000, ansonsten bleibt es beim Alter 30; ebenso gelten die Rückstellungsverbesserungen für Entgeltumwandlungszusagen (Barwert statt Teilwert) auch nur für nach dem 31. 12. 2000 vereinbarte Entgeltumwandlungen iSd BetrAVG. In EStR 41 finden sich eingehende **Anweisungen der Finanzverwaltung.**

2. Sachliche Voraussetzungen

a) Rechtsanspruch auf laufende oder einmalige Pensionsleistungen (§ 6a Abs 1 Nr 1 EStG)

176 Rechtsanspruch ist der Anspruch iSd § 194 BGB. Er ist das Recht, von einem anderen ein Tun oder Unterlassen zu verlangen. Hier ist das einklagbare Recht gemeint, im Pensionsfalle die versprochene Pensionsleistung zu erhalten.

Der Rechtsanspruch muss am **Bilanzstichtag** bereits vorliegen, dh vereinbart sein. Entsteht die rechtsverbindliche Pensionsverpflichtung erst nach dem Bilanzstichtag, ist steuerrechtlich (für HB s Anm 158) die Rückstellung erst im Folgejahr zulässig; dies gilt auch für vertragliche Änderungen, wie bspw Pensionserhöhungen. **Rückdatierungen,** die zivilrechtlich wirksam sein können, sind steuerrechtlich unbeachtlich; dh, sie gelten erst ab dem Tag, an dem die Rückdatierung vorgenommen wurde. Pensionserhöhungen infolge von tarifvertraglich mit späterem Wirksamwerden vereinbarten (prozentualen) Entgelt-Erhöhungen sind bereits ab Vertragsabschluss zu berücksichtigen; ebenso sind Rentensteigerungen auf Grund **Anpassungsprüfung** gem § 16 BetrAVG, die teilweise mit Mindestprozentsätzen rechtsverbindlich für einige Jahre im Voraus festgelegt sind, dann bereits im Wj der Festlegung rückstellungspflichtig. Auch bei **umsatzabhängigen Pensionsverpflichtungen** ist der Rechtsanspruch ausreichend dauernd konkretisiert; dies gilt gem *BFH* 9. 11. 1995 (DB 1996, 185) und 16. 12. 1992 (DB 1993, 1013) auch bei **gewinnabhängigen Pensionsverpflichtungen;** durch Änderung des § 6a Abs 1 EStG erfolgte im Jahressteuergesetz 1997 ein steuerrechtliches Rückstellungsverbot mit Wirkung für Bilanzstichtage nach dem 29. 11. 1996.

177 **Subsidiäre** rechtsverbindliche **Pensionsverpflichtungen** sind vom primär verpflichteten Unt zurückzustellen; erst bei dessen Ausfall und Auslösung der Eintrittspflicht des bisher sekundär Verpflichteten kann dieser eine entspr Pensionsrückstellung mit steuerrechtlicher Wirkung nach den Regeln des § 6a EStG bilden. Haften zB bei Verbänden die MitgliedsUnt für die vom Verband erteilten Pensionszusagen, dürfen sie Pensionsrückstellungen erst bilden, wenn der Verband ausfällt. Werden die Pensionsrückstellungen des Verbands für einen Arbeitnehmer durch Umlagen finanziert, dürfen die Verbandsmitglieder hierfür einen Passivposten in der Bilanz bilden (BdF 17. 3. 1971 BB, 510 und analog BMF 22. 3. 1985 BetrAV, 61). Sind **Beamte** für einen bilanzierungspflichtigen Arbeitgeber tätig und hat dieser später die Versorgungslasten zu tragen, liegen gem *HFA* 1/1997 unmittelbare Pensionsverpflichtungen des Arbeitgebers vor (*BFH* 4. 10. 1967 BStBl II 1968, 54). Dies gilt auch, wenn (lediglich zu Finanzierungszwecken) Versorgungskassen eingeschaltet werden.

178 Voraussetzung für die Rückstellungsbildung ist nicht, dass die Pensionsanwartschaft bereits **gesetzlich unverfallbar** oder **insolvenzsicherungsfähig**

geworden ist, was frühestens mit dem 35. Lebensjahr (bzw 30 für Zusagen ab 2001) eintreten kann (§ 1b Abs 1 BetrAVG); auch für 30- bis 35jährige Anwärter (bzw 28 bis 30 für Zusagen ab 2001) kann steuerrechtlich bereits eine Pensionsrückstellung gebildet werden. Tritt der Versorgungsfall vor Vollendung des 30. bzw 28. Lebensjahres ein, muss auch steuerrechtlich der volle Barwert der lfd Pension zurückgestellt werden. Außerdem gibt es spezielle Pensionsverpflichtungen (*BGH* 2. 7. 1984 BB, 1942; *BAG* 2. 8. 1983 BB 1984, 1047), zB **Übergangsbezüge,** die nicht unter §§ 1 und 2 BetrAVG fallen (s aber zu Übergangszahlungen aus Anlass eines biometrischen Ereignisses *BAG* 18. 3. 2003, DB 2004, 1624). Pensionsrechte der **Gesellschafter-Geschäftsführer** von KapGes sind vielfach nicht insolvenzsicherungsfähig (dazu PSV-Merkblatt 300/ M 1). Ob eine rechtsverbindliche Pensionsverpflichtung vorliegt, ist zwar im Zweifel nach arbeitsrechtlichen Grundsätzen zu beurteilen, jedoch ist es für die Rückstellungsbildung unerheblich, ob sie bereits gesetzlich unverfallbar ist oder nicht, § 6a EStG stellt hierauf nicht ab.

b) Widerrufsvorbehalte (§ 6a Abs 1 Nr 2 EStG)

Zweite Voraussetzung für die Rückstellungsbildung ist, dass die Pensionszu- 179
sage keinen Widerrufsvorbehalt enthält, wonach die Pensionsleistung gemindert oder entzogen werden kann, es sei denn, dass dies nach allgemeinen Rechtsgrundsätzen und unter Beachtung billigen Ermessens zulässig ist.

Schädliche Vorbehalte, bei denen eine Rückstellung steuerrechtlich nicht 180
anerkannt wird, liegen vor, wenn der Arbeitgeber die Zusage nach freiem Belieben widerrufen kann (EStR 41 Abs 3). Solche steuerschädlichen Vorbehalte sind ggü einem aktiven Arbeitnehmer auch zivilrechtlich wirksam (*BAG* 14. 12. 1956 BStBl I 1959, 258), wenn die Pensionszusage Formulierungen wie „freiwillig und ohne Rechtsanspruch", „jederzeitiger Widerruf vorbehalten", „ein Rechtsanspruch auf die Leistungen besteht nicht" oder „die Leistungen sind unverbindlich" oder ähnliche Formulierungen enthält, sofern nicht besondere Umstände eine andere Auslegung rechtfertigen.

Auch der Vorbehalt der **Übertragung** der Pensionsverpflichtung vor Eintritt des Versorgungsfalls auf eine **außerbetriebliche Einrichtung ohne Rechtsanspruch** hindert eine Rückstellungsbildung während der Anwartschaftszeit (EStR 41 Abs 3, das dem entgegenstehende U des *BFH* 19. 8. 1998 DB 1999, 73 will die FinVerw gem BMF 2. 7. 1999 DB, 1352 nicht allgemein anwenden). Ebenso gilt die **Beschränkung der Haftung** aus einer Pensionszusage auf das Betriebsvermögen als dem Grunde nach steuerschädlicher Vorbehalt, es sei denn, es besteht eine gesetzliche Haftungsbeschränkung, wie zB bei KapGes. Auch die sog **Inhaberklausel** ist steuerschädlich (EStR 41 Abs 6). Werden die Rentenzahlungen aufgenommen, darf eine Rückstellung dann trotz der steuerrechtlich schädlichen Vorbehalte gebildet werden (EStR 41 Abs 3 S 6).

Unschädliche Vorbehalte (allgemeiner Vorbehalt und spezielle Vorbehalte), 181
die den Widerruf der Pensionszusage bei geänderten Verhältnissen nur nach billigem Ermessen (§ 315 BGB) vorsehen, werden von der FinVerw in EStR 41 Abs 4 aufgeführt. Der *BFH* hat diese **Mustervorbehalte** sanktioniert (U 6. 10. 1967 BStBl II 1968, 90), dabei aber auch festgestellt, dass „die Alterssicherung eine arbeitsrechtliche und soziale Maßnahme ist, die nicht durch steuerrechtliche Anforderungen unangemessen erschwert werden darf".

Der Vorbehalt der **Haftungsbeschränkung** in Pensionszusagen beim Aus- 182
scheiden von phG von PersGes ist nicht steuerschädlich (BdF 20. 2. 1978 BetrAV, 224 und 20. 2. 1980 BetrAV, 74 betr Einzelunternehmer; Finanzministerium Nds 6. 10. 1980 BB, 1565).

183 **Verunglückte Vorbehalte,** die sich zu weit von den Mustervorbehalten entfernten, sind in der Praxis der Bp vielfach dadurch geheilt worden, dass entspr schriftliche Klarstellungen vom Arbeitgeber abgegeben wurden.

184 Die **zivilrechtliche Bedeutung** der steuerrechtlich anerkannten Mustervorbehalte ist allerdings für die Unt gering. Diese Mustervorbehalte gehen in ihrer Wirkung nicht wesentlich über die Voraussetzungen hinaus, unter denen auch ohne Vorbehalt gegebene Pensionszusagen wegen Wegfalls der Geschäftsgrundlage widerrufen oder an veränderte Verhältnisse angepasst werden können; sie haben somit mehr oder weniger nur deklaratorische Bedeutung. Die Rspr des *BAG* (U 24. 11. 1977 BB 1978, 450; 5. 7. 1979 BB, 1605; 22. 4. 1988 DB, 2311) hat die Anforderungen an einen zivilrechtlich wirksamen Widerruf verschärft und an sachliche Gründe gebunden. Seit der Streichung des Sicherungsfalls der wirtschaftlichen Notlage (§ 7 Abs 1 Satz 3 Nr 5 BetrAVG aF) durch Art 91 EGInsO besteht das von der Rpsr entwickelte Recht zum Widerruf wegen wirtschaftlicher Notlage nicht mehr (*BAG* 17. 6. 2003 DB 2004, 324).

185 In Anbetracht dieser BAG-Rspr ist eine Steuerschädlichkeit von Vorbehalten, die nur nach billigem Ermessen und an sachliche Gründe gebunden ausgeübt werden können, nicht mehr gegeben. Im Übrigen ist die Vorbehaltsthematik durch das Instrument der **umstrukturierenden** und **ablösenden Betriebsvereinbarung** (dazu ua *BAG* 22. 5. 1990 BB, 2047) entschärft und die **Änderungsmöglichkeit** von Pensionsverpflichtungen auf bestimmte Tatbestände (wie zB Umstrukturierung unter Aufrechterhaltung der Besitzstände und des Dotierungsrahmens, Überversorgung, Harmonisierung, Wegfall der Geschäftsgrundlage) unter Beachtung von Recht und Billigkeit, insb des Vertrauensschutzgedankens beschränkt worden.

c) Schriftformerfordernis (§ 6a Abs 1 Nr 3 EStG)

186 Dritte steuerrechtliche Voraussetzung für die Rückstellungsbildung ist, dass die Pensionszusage **schriftlich** erteilt ist.

Als Schriftform gilt jede schriftliche Festlegung, aus der sich der Pensionsanspruch nach Art und Höhe ergibt (EStR 41 Abs 7), zB **Einzelvertrag, Gesamtzusage (Pensionsordnung), Betriebsvereinbarung, Tarifvertrag, Besoldungsordnung, Gerichtsurteil.** Bei Gesamtzusagen ist eine schriftliche Bekanntmachung in geeigneter Form nachzuweisen (zB Protokoll über Aushang im Betrieb oder Aushändigung der schriftlichen Gesamtzusage). Die Schriftform muss am Bilanzstichtag vorliegen und den Pensionsberechtigten bekanntgemacht, dh zugegangen sein. **Betriebliche Übung** und **Gleichbehandlung** sind wegen der fehlenden Schriftform steuerrechtlich nicht ausreichend, es sei denn, dem Arbeitnehmer ist bei vorzeitigem Ausscheiden eine gesetzlich oder vertraglich unverfallbare Anwartschaft schriftlich bestätigt worden.

Diese Grundsätze über die Schriftform sind auch bei der Änderung von Pensionsverpflichtungen (zB Erhöhung) einzuhalten.

Pensionsverpflichtungen auf Grund betrieblicher Übung oder Gleichbehandlung scheiden danach vornehmlich wegen fehlender Schriftform und denkbarer steuerschädlicher Vorbehalte für die Bildung von steuerrechtlich anzuerkennenden Pensionsrückstellungen aus, handelsrechtlich sind sie jedoch zwingend. Sie müssen zwar bei Entstehung des Rechtsanspruchs nach dem 31. 12. 1986 in der HB passiviert werden, dürfen aber wegen der steuerrechtlichen Sondervorschrift in § 6a Abs 1 Nr 3 EStG nicht in die Steuerbilanz übernommen werden, so dass hier HB und Steuerbilanz voneinander abweichen (evtl Einbeziehung in die Berechnung der aktiven latenten Steuern, § 274 Anm 45).

Sieht eine Versorgungsregelung eine Witwenrente, nicht aber eine **Witwerrente** vor oder ist die Zusage auf Witwerrente ggü der Witwenrente eingeschränkt, besteht gleichwohl ein (voller) Witwerrentenanspruch. Lt *BAG* 5. 9. 1989 DB, 2615 verstößt es gegen Art 3 Abs 2 und Abs 3 GG, gegen das Lohngleichheitsgebot des Art 141 EG und gegen den arbeitsrechtlichen Gleichbehandlungsgrundsatz, wenn in einem Unt männlichen Arbeitnehmern eine Hinterbliebenenversorgung zugesagt wird, den weiblichen Arbeitnehmern aber nicht. Eine Frist zur Einführung der Witwerversorgung gesteht das BAG den betroffenen Arbeitgebern nicht zu. 187

Nach *BAG* (zB 16. 1. 1996 DB, 939) und *BVerfG* 28. 9. 1992 (DB, 2511) ist eine unterschiedliche Behandlung von Arbeitnehmern wegen der **Teilzeitarbeit** auf Grund des arbeitsrechtlichen Gleichbehandlungsgrundsatzes und wegen § 2 Abs 1 BeschFG unzulässig. Sachliche Gründe, die eine unterschiedliche Behandlung von Teilzeitkräften gestatten, müssten anderer Art sein, etwa auf Arbeitsleistung, Qualifikation, Berufserfahrung oder unterschiedlichen Anforderungen am Arbeitsplatz beruhen. Der *EuGH* toleriert mit U 10. 2. 2000 BB, 983 eine Ungleichbehandlung von Teilzeitkräften nur für Beschäftigungszeiten vor dem EuGH-U (Defrenne II) 8. 4. 1976. **Geringfügig Beschäftigte,** die nicht der Sozialversicherungspflicht unterliegen, dürfen von Leistungen der BetrAV ausgeschlossen werden (*BAG* 27. 2. 1996 DB, 1827 und 12. 3. 1996 DB, 2085 für den Bereich der Zusatzversorgung im öffentlichen Dienst (VBL, VAP); ferner *BAG* 13. 5. 1997 DB, 2627; strittig für die Zeit ab 1. 4. 1999 nach der Änderung von § 8 SGB IV vgl *Blomeyer/Otto,* BetrAVG, Anh § 1 Rz. 76).

Wenn für Männer und Frauen unterschiedliche Rentenzugangsalter in betrieblichen Versorgungsregelungen vorgesehen sind, verlangt der EuGH in seinem (zeitlich später ergangenen) U (14. 12. 1993 DB 1994, 228) eine Gleichbehandlung nur für Betriebsrentenansprüche, die *nach* dem 17. 5. 1990 (Erlass des Barber-U des *EuGH,* DB 1990, 1824) erworben werden. Das *BAG* hat sich in seinen U v 18. 3. 1997 (BB, 1417) und v 3. 6. 1997 (BB, 1694) dieser Meinung angeschlossen. Die schärferen BAG-U zur Witwerrente und zu Teilzeitbeschäftigten bleiben aber bestehen.

Zur steuerrechtlichen Anerkennung einer Pensionsrückstellung für Versorgungsansprüche auf Witwerrente bzw. für Versorgungsansprüche von Teilzeitbeschäftigten verlangen BMF v 26. 11. 1990 und 13. 12. 1990 BetrAV, 266 sowie 41 Abs 7 *EStR* eine ausdrückliche schriftliche Zusage dieser Versorgungsansprüche vom Arbeitgeber.

3. Persönliche Voraussetzungen

a) Das rückstellungsberechtigte Unternehmen

Pensionsrückstellungen dürfen (für unmittelbare Zusagen ab 1. 1. 1987: *müssen*) von solchen Unt gebildet werden, die einen JA nach §§ 242ff aufstellen bzw. den steuerrechtlichen Gewinn durch Bestandsvergleich nach § 4 Abs 1 oder nach § 5 EStG ermitteln. Stpfl, die den Gewinn nach § 4 Abs 3 EStG als Überschuss der Betriebseinnahmen über die Betriebsausgaben ermitteln, können Pensionsverpflichtungen erst bei Zahlung der Versorgungsleistungen als Betriebsausgaben berücksichtigen. 188

b) Der Pensionsberechtigte

Unter Pensionsberechtigten sind **Anwärter** und **Leistungsempfänger** zu verstehen. IdR handelt es sich bei ihnen um Arbeitnehmer oder ehemalige Arbeitnehmer iSd BetrAVG, die zu dem pensionsverpflichteten Unt in einem 189

Arbeitsverhältnis stehen oder standen und ein Pensionsrecht auf Grund Rechtsbegründungsakt erworben haben.

Arbeitnehmer iSd §§ 1 bis 16 BetrAVG sind Arbeiter und Angestellte einschließlich der zu ihrer Berufsausbildung Beschäftigten. §§ 1 bis 16 BetrAVG gelten entspr für Personen, die **nicht Arbeitnehmer** sind, wenn ihnen Leistungen der Alters-, Invaliditäts- oder Hinterbliebenenversorgung aus Anlass ihrer Tätigkeit für ein Unt zugesagt worden sind (§ 17 BetrAVG); hierzu rechnen **Organe** von **KapGes** (Vorstandsmitglieder, Geschäftsführer, auch nicht-beherrschende Gester-Geschäftsführer), arbeitnehmerähnliche Personen (zB **Handelsvertreter** oder Pächter einer Gastwirtschaft) und **Berater** (zB Steuerberater). § 6a EStG hebt aber nicht auf § 17 BetrAVG ab, sondern spricht vom Pensionsberechtigten. Das ist jede Person, die eine **betrieblich veranlasste Pensionszusage** erhalten hat. Demzufolge können zB bei Verbänden Pensionszusagen auch durch Verbandsmitglieder an Angestellte des Verbands oder im Rahmen eines Lieferungsverhältnisses (Großhändler gibt Zusagen an belieferte Einzelhändler) in Betracht kommen. Der Grundsatz, dass im Allgemeinen die Pensionszusage vom Arbeitgeber an seinen Arbeitnehmer gegeben wird und beim pensionsverpflichteten Unt bilanziert wird, gilt nicht ausnahmslos und wird von § 6a EStG nicht einmal gefordert.

Pensionsanwartschaften bilanzierender Kfl dürfen in deren Bilanz idR nicht aktiviert werden (*BFH* 14. 12. 1988 DB 1989, 757).

c) Voraussetzungen innerhalb eines Konzerns

190 In Konzernen kommt es vor, dass das MU Pensionszusagen an **Arbeitnehmer von Tochterunternehmen** gibt und hierfür Pensionsrückstellungen bildet. Wird der dadurch entstehende Aufwand nicht erstattet, liegt steuerrechtlich eine Einlage vor, die vom MU auf dem Beteiligungskonto in Höhe des Pensionsaufwands zu aktivieren ist (BdF 19. 8. 1957 DB 1958, 65); nur wenn ein **Organschaftsverhältnis** mit Gewinnabführungsvertrag besteht, ist der Aufwand für die Pensionszusagen des Organträgers an Arbeitnehmer des Organs nicht auf dem Beteiligungskonto zu aktivieren (BdF 15. 1. 1959, DB, 108); das Gleiche sollte auch im Falle der **Eingliederung** des TU in das MU gelten (§ 324 Abs 2 AktG und *Hüffer* AktG[6] § 324 Anm 4). Im umgekehrten Fall (TU gibt Pensionszusagen an Arbeitnehmer des MU) liegt steuerrechtlich eine vGA des TU an das MU vor. Dies gilt wiederum für den Fall der OrganGes mit Gewinnabführungsvertrag nicht. Diese Regelungen können zu unbefriedigenden Ergebnissen führen, insb dann, wenn es sich um **internationale Konzerne** handelt. Vielfach wird man auf Erstattungen des Pensionsaufwands (Nettoprämie oder Zuführung bereinigt wegen Zins und Dynamik) zurückgreifen müssen oder **Doppelarbeitsverhältnisse** einrichten (BdF 26. 1. 1973, BB, 231), um Schwierigkeiten gar nicht erst entstehen zu lassen. Sind die zu einem TU im Ausland entsandten Arbeitnehmer nachweislich teilweise auch noch für das MU tätig, darf der Pensionsaufwand weiterhin (nach den allg steuerrechtlichen Regelungen) beim MU als Betriebsausgabe behandelt werden.

Ausländische Tochterunternehmen bilanzieren grds nach dem Recht des jeweiligen Landes. Daneben haben sie vielfach nach den Bilanzierungsvorschriften des MU eine zusätzliche Bilanz (HB II, dazu § 300 Anm 26) zu erstellen.

4. Das Nachholverbot bei Altzusagen

191 Das **Nachholverbot** unterlassener Zuführungen zur Pensionsrückstellung bei Altzusagen ergibt sich aus § 6a Abs 4 S 1 EStG, wonach eine Pensionsrückstellung in einem Wj höchstens um den Unterschied zwischen dem Teilwert der

Pensionsverpflichtung am Schluss des Wj und am Schluss des vorangegangenen Wj erhöht werden darf. Bei Altzusagen kann der Stpfl in jedem Wj entscheiden, ob er der Rückstellung einen Betrag im Rahmen der jährlichen Höchstgrenze zuführen will (EStR 41 Abs 1 S 3 iVm EStR 41 Abs 21 S 3 1984). § 6a Abs 4 S 1 EStG lässt offen, ob das Nachholverbot an das bewusste Unterlassen oder das objektive Fehlen einer Pensionsrückstellung zB auch infolge fehlerhafter Erfassung oder Bewertung anzuknüpfen hat. Es ist inzwischen hM, dass das Nachholverbot im Grundsatz nur bei bewusstem Unterlassen von Zuführungen berechtigt ist, wenn auch die Abgrenzung manchmal schwierig sein mag (hierzu *Stuhrmann* BB 1988, 98; *Schropp, Becker, Gerstner, Nies* II 3). Auch der *BFH* (9. 11. 1995 DB 1996, 185 unter 3 der Gründe) erkennt im Nachholverbot nur den Sinn, *willkürliche* Gewinnverschiebungen zu verhindern. Zum Nachholverbot bei Rechtsirrtum vgl BMF 7. 10. 2003, BStBl I, 746.

Gem § 6a Abs 4 S 5 EStG dürfen **unterlassene Zuführungen** in dem Wj nachgeholt werden, in dem das Dienstverhältnis unter Aufrechterhaltung der Pensionsanwartschaft endet, oder in dem der Versorgungsfall eintritt. In diesen Fällen darf die Pensionsrückstellung stets bis zur Höhe des Teilwerts der Pensionsverpflichtung gebildet werden.

Ist eine Rückstellung **ganz oder teilweise aufgelöst** worden, ohne dass sich die Pensionsverpflichtung entspr geändert hat, ist die Steuerbilanz unrichtig und ggf im Wege der *Bilanzberichtigung* (§ 4 Abs 2 S 1 EStG; § 253 Anm 800 ff) zu korrigieren (EStR 41 Abs 22). Dem steht das Nachholverbot nicht entgegen.

Für **Neuzusagen** kommt das Nachholverbot nur zum Zuge, wenn in der HB *zulässigerweise* keine oder eine niedrigere als gem § 6a EStG zulässige Pensionsrückstellung gebildet wurde (EStR 41 Abs 20). Dies wäre zB denkbar, wenn in der HB wegen sehr hoher Mitarbeiterfluktuation Pensionsrückstellungen erst ab Alter 35 gebildet würden oder wenn bei extrem steigendem Zinsniveau auch ein Rechnungszins von über 6% in der HB für nicht-dynamische Pensionszusagen ausreichend wäre.

5. Passivierungswahlrecht und Maßgeblichkeit der Handelsbilanz bei Altzusagen

Unter Berücksichtigung des Auflösungsverbots (Anm 239) bedeutet das **Passivierungswahlrecht bei Altzusagen** (Anm 167), dass jährlich für jede einzelne Pensionsverpflichtung **(Einzelbewertungsprinzip)** neu entschieden werden darf, ob die versicherungsmathematisch errechnete, steuerrechtlich zulässige Zuführung ganz, teilweise oder gar nicht vorgenommen wird. Die steuerrechtlichen Zuführungen können jedoch in einem Wj die in der HB vorgenommenen Zuführungen überschreiten, solange in der Steuerbilanz keine höhere Rückstellung ausgewiesen wird als in der HB (EStR 41 Abs 20). 192

Aufgrund des Prinzips der sog umgekehrten Maßgeblichkeit sind nach § 5 Abs 1 S 2 EStG steuerrechtliche Wahlrechte bei der Gewinnermittlung grds in Übereinstimmung mit der handelsrechtlichen Jahresbilanz auszuüben.

Auflösungen wegen Herabsetzung oder Wegfalls von Pensionsverpflichtungen oder wegen des Älterwerdens eines Leistungsempfängers sind unter Beachtung des Grundsatzes der Einzelbewertung in der HB und Steuerbilanz vorzunehmen. Es ist unzulässig, den Bilanzwert der Pensionsrückstellungen fortzuführen, ohne im einzelnen Zugänge und Abgänge zu berücksichtigen. Dies gilt auch für die HB. 193

Durch eine **Bilanzänderung** (§ 253 Anm 830 ff) darf der Ansatz für eine Pensionsrückstellung, soweit für sie Passivierungswahlrecht besteht, für das betreffende Wj mit Zustimmung des FA geändert werden (§ 4 Abs 2 S 2 EStG). 194

Dies kommt vor allem in Betracht, um anderweitige Mehrergebnisse von Bp aufzufangen oder um Verlustrückträge und Verlustvorträge entstehen zu lassen (wegen Einzelheiten zur Bilanzänderung allgemein *IDW RS HFA 6;* § 253 Anm 830 ff). Bei Neuzusagen (Anm 166) oder bei Irrtümern (Anm 191) sind fehlerhafte Ansätze in HB und Steuerbilanz zu berichtigen (ohne Zustimmung des FA).

IV. Bewertung der Pensionsverpflichtungen

1. Die Bewertung nach Handelsrecht (§ 253 Abs 1 S 2)

195 **Rentenverpflichtungen,** für die eine Gegenleistung nicht mehr zu erwarten ist, sind zu ihrem **Barwert** anzusetzen (§ 253 Abs 1 S 2). Diese Vorschrift dient der Bewertung von Rentenverpflichtungen (zB Kaufpreisrenten) ab Rentenbeginn (eine Gegenleistung ist nicht mehr zu erwarten), nicht also für Pensionsanwartschaften.

196 Pensionsverpflichtungen, die über eine lfd, dh periodisch wiederkehrende, vom Erleben der jeweiligen Fälligkeit abhängige Zahlung lauten, beruhen auf einem (Dienst-)Leistungsverhältnis, nicht wie Renten auf einem Stammrecht (dementspr auch die Behandlung beim Rentner als Einkünfte aus nichtselbstständiger Arbeit nach § 19 EStG und nicht als Einkünfte aus Leibrenten nach § 22 Nr 1 S 3a EStG). Sie haben aber auch **Rentencharakter. Laufende Pensionszahlungen** und **unverfallbare Anwartschaften ausgeschiedener Pensionsberechtigter,** für die eine Gegenleistung wie bei Rentenverpflichtungen nicht mehr zu erwarten ist, sind daher mit dem **Rentenbarwert** zu bewerten. Hingegen lässt sich bei einer Verpflichtung zu einem Versorgungskapital, das in einem **Einmalbetrag** ausgezahlt wird, kein Rentencharakter feststellen, da es hier keine wiederkehrende periodische Zahlung gibt; die Bewertung kann jedoch versicherungsmathematisch wie bei Pensionsansprüchen erfolgen.

197 Für die Bewertung von **Anwartschaften** enthält § 253 keine ausdrückliche Regelung, so dass der allgemeine Bewertungsgrundsatz für Rückstellungen (Ansatz in Höhe des Betrags, der nach vernünftiger kaufmännischer Beurteilung notwendig ist, § 253 Abs 1 S 2) gilt. Nach *HFA* 2/1988 ist der nach den anerkannten Regeln der Versicherungsmathematik mit einem Rechnungszinsfuß von 6% errechnete Teilwert (§ 6a Abs 3 EStG) idR handelsrechtlich als **Wertuntergrenze** anzusehen. Der gesetzlich oder vertraglich bereits unverfallbare Teilanspruch eines aktiven Arbeitnehmers hängt nicht mehr von einer Gegenleistung (Weiterarbeit) des Arbeitnehmers ab. Sollte der Teilwert unter dem Barwert des *unverfallbaren* Teilanspruchs liegen (wie oftmals der Fall bei: Entgeltumwandlungszusagen, beitragsorientierten Leistungszusagen gem § 1 BetrAVG oder bei Schließung von Pensionsplänen für künftige Dienstjahre) kommt nicht der Teilwert sondern nur dieser Barwert als Wertuntergrenze in Betracht. Der ggf so modifizierte Teilwert dient gleichzeitig der Ermittlung des von KapGes/KapCoGes mindestens im Anhang anzugebenden Fehlbetrages bei unmittelbaren und mittelbaren Verpflichtungen (Art 28, 48 EGHGB); dazu Anm 260.

198 Für Pensionsrückstellungen auf Grund von **Altzusagen** (Anm 167) bestehen mangels handelsrechtlicher Passivierungspflicht auch keine handelsrechtlich zwingenden Mindestbewertungs-Vorschriften. Werden in Ausübung des Wahlrechts Rückstellungen gebildet, muss ihre Bewertung nach § 6a EStG (Teilwertverfahren mit Gleichverteilung des Aufwands auf die Aktivitätszeit) in jedem Fall als handelsrechtlich ausreichend angesehen werden; der Grundsatz der Stetigkeit gilt aber hier nicht (§ 252 Anm 74; glA *WPH*[12] E 226; *ADS*[6] geht in § 252 Anm 111 nicht explizit auf Pensions-Altzusagen ein).

Besteht dagegen Passivierungspflicht (auf Grund von **Neuzusagen,** Anm 166), können zumindest in Ausnahmefällen für die Bewertung einer Pensionsrückstellung in der HB auch **Abweichungen von der Mindestbewertung** (§ 6 a EStG) **nach unten** in Betracht kommen. Dies gilt insb für die **Verteilung** eines Rückstellungsbetrags auf **drei Jahre** bei erstmaliger Bildung (Anm 231), bei besonders hohen Zuführungen (Anm 232) und im Hinblick auf die Anpassungsverpflichtung nach § 16 BetrAVG. Die steuerrechtlichen Verteilungsrechte auf drei Jahre nach § 6 a Abs 4 S 2 und 3 EStG werden verschiedentlich auch handelsrechtlich für anwendbar gehalten, wobei allerdings bei KapGes/KapCoGes der „Fehlbetrag" in den im Anhang anzugebenden Fehlbetrag iSv Art 28 Abs 2, 48 Abs 6 EGHGB einbezogen werden soll (so zB *Höfer* in HdR[5] § 249 Anm 363–365), obwohl es bei bestehender Passivierungspflicht grds keine „Fehlbeträge" geben kann. Eine solche Verteilungsmöglichkeit wäre zwar in vielen Fällen wirtschaftlich wünschenswert, sie verstößt jedoch gegen die Passivierungspflicht von Pensionsverpflichtungen im Falle von Neuzusagen (weniger streng *ADS*[6] § 253 Anm 329 mwN). Nach *HFA* 2/1988 sind Regelungen des Steuerrechts (zB Drittelung nach § 6 a Abs 4 EStG) auch bei Neuzusagen handelsrechtlich prinzipiell zulässig, jedoch können diese in Einzelfällen zu handelsrechtlich nicht vertretbaren Werten führen. Die Untergrenze der steuerrechtlichen Bewertung kann handelsrechtlich auch dann unzutreffend sein, wenn – etwa im Hinblick auf den Gesamtbestand (zB alle Pensionsanwärter sind jünger als 31 bzw 29 Jahre) – § 6 a Abs 2 EStG (Bildung einer Rückstellung erst ab Alter 30 des Berechtigten bzw 28 bei Zusagen ab 2001) zu einem unzutreffenden Ergebnis führt. Nach *HFA* 2/1988 soll die **Fluktuation** grds (sofern erforderlich) nach bestandsspezifischen Erkenntnissen als weitere Ausscheidewahrscheinlichkeit berücksichtigt werden. Eine handelsrechtlich höhere Rückstellung kommt in Betracht, wenn der steuerrechtlich vorgeschriebene Zinssatz für die Berechnung der Pensionsrückstellungen bei vernünftiger kfm Beurteilung *längerfristig* als zu hoch anzusehen ist; zB bei endgehaltsabhängigen Zusagen (glA *HFA* 2/1988 und Anm 201). 199

Für die **Bewertung von Anwartschaften** aktiver Berechtigter gilt nach § 6 a Abs 3 Nr 1 EStG, dass der Barwert der künftigen Pensionsleistungen um den Barwert der künftigen **Nettoprämien** (bis zum Eintritt des Versorgungsfalles) zu vermindern ist. Demgegenüber ist für ausgeschiedene Berechtigte der **Anwartschaftsbarwert** anzusetzen. Gleiches gilt, wenn die **Fortsetzung der Unternehmenstätigkeit** (§ 252 Abs 1 Nr 2) und damit die Aufbringung künftiger Nettoprämien nicht mehr unterstellt werden können oder wenn die Anwartschaft schon vollständig erdient und unverfallbar ist. Der versicherungsmathematische Barwert ist der abgezinste (diskontierte) Betrag aller künftigen wahrscheinlichen Zahlungen; er entspricht zugleich dem Wert der Abfindung aller Zahlungen mit einem Einmalbetrag. 200

Der Umfang der Pensionsverpflichtung soll wirtschaftlich möglichst exakt in der Rückstellung erfasst werden. Einer besonders vorsichtigen Kalkulation nach dem Versicherungsprinzip bedarf es nicht. Deshalb ist es nicht zu beanstanden, dass der **Rechnungszinsfuß** sich an der angenommenen tatsächlichen Renditeerwartung orientiert (*BVerfG* 28. 11. 1984 BB 1985, 376). Nach *HFA* 2/1988 kam unter den seinerzeitigen (1988) wirtschaftlichen Bedingungen in der Bundesrepublik (Umlaufrendite festverzinslicher Wertpapiere in 1988 bei 6%; in 2004 bei 4,5%) ein Zinssatz von ca 3 bis 6% pa in Betracht. Die Verwendung von Zinssätzen von mehr als 6% ist idR nur in Verbindung mit einer gesonderten **Berücksichtigung trendbedingter Wertänderungen** (zB Gehaltssteigerungen, Geldentwertung), die gegenläufig wirken, denkbar. Je höher der Zinsfuß, desto stärker wird abgezinst, umso niedriger ist die Bewertung der Versorgungsverpflichtung und umgekehrt. 201

202 Pensionsleistungen (Invaliden-, Hinterbliebenen-, Altersrente), die durch die Risiken des menschlichen Lebens (Invalidität, Tod, Erleben eines bestimmten Alters) bedingt sind bzw deren finanzielle Auswirkungen mildern sollen, können zutreffend nur unter **Wahrscheinlichkeitsgesichtspunkten** nach den Regeln der **Versicherungsmathematik** bewertet werden. Bei Vorgabe geeigneter zeitnaher Rechnungsgrundlagen (biometrische Rechnungsgrundlagen und Rechnungszinsfuß) ist die Bewertung umso zutreffender, dh der tatsächliche Risikoverlauf wird durch den rechnungsmäßigen umso besser approximiert, je größer die Anzahl der Pensionsverpflichtungen in einem Unt ist **(Gesetz der großen Zahlen).** Selbst wenn nur eine einzige Pensionsverpflichtung besteht, ergibt nur die **versicherungsmathematische Bewertung** einen zutreffenden Wert auch im Sinne vernünftiger kfm Beurteilung. Dies schließt nicht aus, dass im Einzelfall (zB bei einem schwerkranken Pensionsberechtigten) ein Kfm auch zu einem Ansatz unter dem versicherungsmathematischen Wert, der immer Durchschnittscharakter hat, kommen könnte, jedoch auch dann nicht zu einem genauen Wert.

Die bei der Bewertung von Pensionsverpflichtungen benötigten Wahrscheinlichkeiten unterliegen im Zeitablauf Änderungen, von denen die Verbesserung der Lebenserwartung allgemein bekannt ist. Die künftige Entwicklung der biometrischen Rechnungsgrundlagen ist deshalb angemessen zu berücksichtigen. Für die Bewertung von Pensionsverpflichtungen sind nur solche biometrische Rechnungsgrundlagen geeignet, die entweder auf Statistiken des gesamten Kollektivs (Risikogemeinschaft) aller Betriebsrentenanwärter oder -empfänger (praktisch vollständig in den alten Bundesländern konzentriert) oder entspr großer Unterkollektive (zB Chemie- oder Bankenbranche, Großkonzerne mit über 100 000 Anwärtern und Rentnern) beruhen. Die Allgemeine Deutsche Sterbetafel ist zu allgemein; die Sterbetafeln für privat Rentenversicherte (DAV 2004R) und für privat Krankenversicherte (PKV 2000) beziehen sich auf gänzlich andere Kollektive mit im Durchschnitt höheren Lebenserwartungen. Außerdem enthalten sie keine Wahrscheinlichkeiten für Invalidität und Witwen/r/hinterlassung. *Methodisch* geeignet für die Bewertung von Pensionsverpflichtungen sind grds *nur* die *Richttafeln von K. Heubeck* (BMF 31. 12. 1998, DB 1999, 24). Da diese stets auf großen allgemeingültigen Statistiken (mit Trendextrapolation in die Zukunft) beruhen, kann es angezeigt sein, sie ggf durch pauschale Zu- oder Abschläge zu modifizieren (längere oder kürzere Lebenserwartung, geringere Invalidität, geringeres Witwenrisiko wegen Zunahme der Ehescheidungen). IdR werden die Heubeck-Richttafeln ohne Modifikationen angewandt (derzeit die RT 1998; aber aktualisiert und auf Generationentafeln umgestaltet in 2005). Da bei Entgeltumwandlungszusagen ein individuelles Selektionsrisiko besteht, können bei diesen durchaus auch die DAV 2004 R (ggf modifiziert) angezeigt sein. Zumindest gleichwertige Bedeutung für die Bewertung von Pensionsverpflichtungen sind der Arbeitnehmer-Fluktuation und der Altersgrenze (für den Rentenbeginn) beizumessen.

Die **Festlegung der Rechnungsgrundlagen** obliegt **handelsrechtlich** grds dem pflichtgemäßen Ermessen des bilanzierenden Kfm. Bei der Auswahl des Rechnungszinsfußes ist die Langfristigkeit der Pensionsverpflichtungen zu bedenken und auf einen langfristig im Durchschnitt erzielbaren Zinssatz abzustellen (Anm 201). Anpassungsverpflichtungen lassen es geraten erscheinen, den Zinsfuß um den erwarteten Anpassungssatz niedriger anzusetzen. Andererseits dürften die steuerrechtlichen Rechnungsgrundlagen des § 6a EStG regelmäßig kaum (ohne steuerrechtliche Nachteile) unterschritten werden können (Anm 195 ff).

203 Gem § 16 BetrAVG ist **alle drei Jahre** eine **Anpassung der laufenden Leistungen** der betrieblichen Altersversorgung zu prüfen; dabei sind insb die Belange des Versorgungsempfängers und die wirtschaftliche Lage des Arbeitge-

bers zu berücksichtigen. Wurde in der Vergangenheit kein voller Geldwertausgleich gewährt, ist nach Auffassung des *BAG* (28. 4. 1992 DB, 2401, 2402 und DB 1993, 282) ein Anpassungsbedarf in Höhe des noch nicht ausgeglichenen Kaufkraftverlusts seit Rentenbeginn (für Jahre vor 1975 jedoch nur hälftiger Ausgleich) und nicht lediglich der letzten drei Jahre zu berücksichtigen **(nachholende Anpassung).** Ferner betont das BAG, dass es bei der Beurteilung der Leistungsfähigkeit auf die wirtschaftliche Lage des Konzerns ankommen kann. Voraussetzung ist dann, dass das herrschende Unt keine angemessene Rücksicht auf die Belange der abhängigen Ges genommen hat. Das *BAG*-U 17. 4. 1996 (DB, 2496) nimmt umfassend zur Anpassungsproblematik Stellung. Bei der Beurteilung der wirtschaftlichen Lage der Ges ist den Eignern eine angemessene EK-Rendite zuzugestehen (einschl Risikozuschlag von generell 2 Prozentpunkten für das allgemeine unternehmerische Wagnis gem *BAG*-U 23. 5. 2000 DB, 1126; bei reinen RentnerGes ist gem *BAG*-U 9. 11. 1999 DB 2000, 1867 kein Risikozuschlag anzusetzen).

Nach *HFA* 3/1993 (WPg 1994, 24) scheidet bereits nach dem Wortlaut des § 16 BetrAVG zwischen den Anpassungszeitpunkten **(Zwischenjahre)** der Ansatz einer rechtlichen Verpflichtung für die Teil-Anpassung aus. Auch eine wirtschaftliche Verpflichtung liegt noch nicht vor, da in den Zwischenjahren die Gegebenheit einer die erforderlichen Anpassungen ermöglichenden wirtschaftlichen Lage zum Anpassungsstichtag, wie sie erst durch eine Anpassungsprüfung zu diesem Zeitpunkt festgestellt werden kann, noch nicht hinreichend konkretisiert ist. Die Bildung einer *Aufwandsrückstellung* gem Abs 2 für die Differenz zwischen der Pensionsrückstellung bei unterstellter jährlicher und bei dreijähriger Anpassung hält der *HFA* für zulässig. Angaben zur Bilanzierung von Rentenanpassungen sind im Anhang insb dann erforderlich, wenn sich durch die Bündelung des Prüfungstermins ein Mangel in der Vergleichbarkeit nach § 265 ergibt.

Die vorstehenden Grundsätze gelten prinzipiell auch für die Bilanzierung wegen ungenügender wirtschaftlicher Lage des Arbeitgebers **rechtmäßig** unterbliebener Anpassungen. Ab 1999 zu Recht unterlassene Anpassungen sind nicht mehr nachzuholen. Für **Neuzusagen ab 1999** reicht eine rechtsverbindlich zugesagte Pensionserhöhung um 1% pa ab Rentenbeginn aus.

Bei **rechtswidrig** unterlassenen Anpassungen (es hat keine Anpassungsprüfung stattgefunden oder es wurden nicht die richtigen Konsequenzen gezogen) haben die Rentenempfänger nicht nur für die Zukunft einen Anspruch auf erhöhte Rentenzahlungen, der in die Bemessung der Pensionsverpflichtung einzubeziehen ist, sondern auch einen Anspruch auf Auszahlung der rückständigen Erhöhungsbeträge (Nachzahlungspflicht). Handelsrechtlich ist für jeden Rentner zu prüfen, inwieweit eine Inanspruchnahme aus dieser Verpflichtung wahrscheinlich ist (Bestandsrisiko). Eine Rückstellungsbildung mit steuerrechtlicher Wirkung ist erst zulässig, wenn die Anpassung schriftlich und rechtsverbindlich vorliegt (BMF 17. 8. 1993 DB, 1747).

Die Lage des Konzerns braucht nach *HFA* 3/1993 für die Beurteilung der wirtschaftlichen Lage des Unt nicht herangezogen zu werden, sofern für die Beziehungen zum MU ein Vermerk nach § 313 Abs 3 AktG ohne Qualifikation vorliegt.

Handelsrechtlich kommen als **zutreffende Werte** – soweit die Mindest- 204
bewertung nach § 6a EStG nicht unterschritten wird – grds die folgenden **versicherungsmathematischen Werte** in Betracht:

– Barwert bei lfd Pensionsleistungen;
– Barwert bei Anwartschaften auf lfd Pensionsleistungen oder einmalige Kapitalzahlung, wenn keine Gegenleistung infolge Ausscheidens des Arbeitnehmers mit unverfallbarer Anwartschaft mehr zu erwarten ist, bzw wenn der zu be-

wertende Pensionsanspruch *in voller Höhe* unverfallbar ist und somit nicht mehr von einer weiteren Betriebszugehörigkeit des Arbeitnehmers abhängt oder, generell, die Fortsetzung der Unt-Tätigkeit nicht mehr unterstellt werden kann;
- Teilwert (§ 6a Abs 3 Nr 1 EStG) bei Anwartschaften von Aktiven, berechnet nach Zusageerteilung **ab Diensteintritt** als Unterschied des Barwerts der künftigen Leistungen abzüglich des Barwerts der künftigen Gegenleistungen (fiktiven Nettoprämien);
- Barwert der bis zum Bilanzstichtag erworbenen Anwartschaft, ggf pro rata temporis;
- Sofern der steuerrechtliche Teilwert nicht unterschritten wird, dürfen auch die nach den IFRS- und US-GAAP-Regeln zur Bewertung von Pensionsverpflichtungen für die HB (SFAS 87 bzw IAS 19) nach der **unit-credit-Methode** ermittelten Barwerte (PBO bzw DBO) in Betracht kommen (glA *Höfer* in HdR[5] § 249 Anm 369). Weiteres in Anm 292ff.

205 Bei **gleichem Zinsfuß** (gleicher Dynamik) und **gleichen biometrischen Rechnungsgrundlagen** ist der Barwert einer lfd Pension der höchste Wert, gefolgt vom Barwert der (vollen) Anwartschaft und dem Teilwert der Anwartschaft; der Barwert der bis zum Bilanzstichtag erworbenen bzw pro rata temporis gekürzten Anwartschaft liegt im Allgemeinen unter dem Teilwert. Wird dieser Barwert auf Basis von zum Bilanzstichtag realistischen Annahmen (insb Zins und Trend gem Anm 201, 292) ermittelt, stellt er die PBO bzw DBO nach SFAS 87 bzw IAS 19 dar und liegt deswegen meistens über dem Teilwert. Für die Wahl zwischen den verschiedenen versicherungsmathematischen Rechnungsgrundlagen gilt grds, dass Rückstellungen (nur) in Höhe des Betrags anzusetzen sind, der nach vernünftiger kfm Beurteilung notwendig ist (§ 253 Abs 1 S 2). Der damit bestehende handelsrechtliche Ermessensspielraum ist nach unten durch die Bewertung gem § 6a EStG begrenzt (Anm 197). Bei Anwartschaften tätiger Aktiver ist er insofern nach oben begrenzt, als die noch zu erwartende Gegenleistung idR zu berücksichtigen ist (folgt aus § 253 Abs 1 S 1); der volle Barwert des Pensionsanspruchs kommt hier nur in Betracht, wenn dieser schon vollständig erdient ist.

Nach *HFA* 2/1988 sind für die Verteilung der Mittelansammlung verschiedene versicherungsmathematische Verfahren denkbar. Je Einzelfall sollte dem Verfahren der Vorzug gegeben werden, das die Belastung wirtschaftlich angemessen erfasst. Grds wird diese Anforderung durch das **Teilwert**verfahren erfüllt. Approximationen des Teilwerts, wie sie insb bei der Konsolidierung von TU internationaler Konzerne erforderlich werden können, sind als zulässig anzusehen. Da der **Gegenwartswert** Pensionsverbesserungen stets über künftige Dienstjahre verteilt und somit höchstens gleich dem Teilwert (Wertuntergrenze) ist, kommt ihm als zulässige Bewertungsmethode keine Bedeutung zu.

Werden Pensionsverpflichtungen vollständig und ausschließlich aus genau umschriebenen VG, zB verpfändeten kongruenten Rückdeckungsversicherungen (s Anm 248) oder entspr abgegrenzten Investmentfonds, erfüllt, sollte die Höhe der Pensionsrückstellung nach dem Grundsatz der Bewertungseinheit dem Aktivwert dieser VG entsprechen (§ 252 Anm 23, 24). Eine evtl gegebene Mindestgarantie (zB bei einer Beitragszusage mit Mindestleistung oder auch anderen neueren Zusagetypen mit Mindestgarantien, wie zB wertpapiergebundenen Zusagen) ist zu berücksichtigen, wenn diese am Bilanzstichtag durch die VG nicht abgedeckt ist.

206 Bei der Bewertung von **mittelbaren Pensionsverpflichtungen beim TrägerUnt** ist das Vermögen des zwischengeschalteten Rechtsträgers zu berücksichtigen. Im Falle einer **Unterstützungskasse** werden zur Ermittlung der mittelbaren Verpflichtungen des TrägerUnt die vorgesehenen Leistungen der

Unterstützungskasse nach den allgemeinen Grundsätzen bewertet (Mindestwert nach § 6a EStG; ggf Abweichung nach oben, hierzu Anm 199). Das hiervon abzusetzende **Kassenvermögen** ist **zu Veräußerungswerten** zu bewerten (glA *HFA* 2/1988; *ADS* § 253 Anm 333; grds glA *Ahrend/Förster/Rößler* 8. Teil Anm 43; aA *Höfer* in HdR[5] § 249 Anm 206 und 402, der eine Bewertung des Kassenvermögens ausschl nach handelsrechtlichen Grundsätzen befürwortet). Dabei scheidet die Bewertung des Kassenvermögens zu fortgeführten Anschaffungskosten **(Buchwerten)** aus, wenn diese von den Veräußerungswerten abweichen. Liegen die Buchwerte unter den Veräußerungswerten, würde sich eine **zu hohe** Verpflichtung des TrägerUnt ergeben, weil nicht der Betrag berücksichtigt ist, welcher der Kasse zur Erfüllung ihrer Verpflichtungen zur Verfügung steht. Im umgekehrten Fall (wenn die Buchwerte ausnahmsweise höher als die Veräußerungswerte sind) würde die mittelbare Verpflichtung des TrägerUnt **zu niedrig** erscheinen, wenn anstelle der verfügbaren Beträge die höheren Buchwerte berücksichtigt würden. Das Kassenvermögen kann für die Ermittlung der mittelbaren Verpflichtung des TrägerUnt auch nicht nach § 4d Abs 1 Nr 1 S 4 EStG bewertet werden, weil diese Vorschrift lediglich der Ermittlung der als abziehbare Betriebsausgaben qualifizierten Zuwendungen des TrägerUnt dient. Nach *HFA* 2/1988 ist für mittelbare Verpflichtungen, zu denen der HFA neben solchen bei Einschaltung von Unterstützungskassen auch solche bei Einschaltung von Direktversicherungen und Pensionskassen rechnet, eine gesonderte Bewertung dann nicht erforderlich, wenn eine arbeitsrechtliche Beschränkung der Leistungsverpflichtung auf die bei diesen externen Versorgungseinrichtungen vorhandenen Deckungsmittel bei Einstellung der Mittelansammlung durchsetzbar ist. Diese Beschränkung kann jedoch nicht bei Unterstützungskassen in Betracht kommen, sondern nur bei Pensionskassen, Direktversicherungen und auch Pensionsfonds, wenn diese das versicherungsvertragliche Verfahren nach § 2 BetrAVG nutzen oder (bei einer Beitragszusage mit Mindestleistung) selbst die Mindestleistung garantieren (§ 2 Abs 3, 3a und 5b BetrAVG). Dazu auch Anm 165 und 253f.

2. Die Bewertung nach Steuerrecht (§ 6a EStG)

a) Zweck und Systematik des § 6a EStG

Als **biometrische Rechnungsgrundlagen** dienen idR die Richttafeln von *K. Heubeck*. Andere biometrische Rechnungsgrundlagen sind zulässig, wenn sie nachgewiesenermaßen zu einer zutreffenderen Bewertung führen. 208

Durch das BetrAVG 19. 12. 1974 (BGBl I, 3610) wurde § 6a EStG mit Wirkung ab 1975 neu gefasst und der **Teilwert** als Wertmaß eingeführt. Der Teilwert errechnet sich nach Erteilung der Pensionszusage ab dem **Zeitpunkt des Diensteintritts,** bei aktiven *Anwärtern* frühestens ab dem Alter 30 (28 für Neuzusagen ab 2001). Die auf die rückliegende Dienstzeit **(past service)** entfallende Versorgungslast darf in einem Betrag nachgeholt werden. Das gilt auch für spätere Erhöhungen von Zusagen. 209

Der Teilwert von Pensionsanwartschaften kann entspr der vor der Pensionszusage liegenden Dienstzeit auch stärkere Ergebnisschwankungen verursachen, so dass in solchen Fällen eine gleichmäßige **Verteilung mit je einem Drittel** auf drei Jahre durch § 6a Abs 4 EStG zugelassen wurde.

b) Bewertung mit dem Teilwert; Definition und Unterschiede zu anderen versicherungsmathematischen Werten

Als Definition des auf § 6 Abs 1 Nr 1 S 3 EStG gestützten steuerrechtlichen Teilwerts einer Pensionsanwartschaft gilt nach § 6a Abs 3 EStG vor Beendigung 210 des Dienstverhältnisses der **Barwert der künftigen Pensionsleistungen** am Schluss des Wj abzüglich des Barwerts gleich bleibender Jahresbeträge **(fiktiver Nettoprämien)** nach den Verhältnissen am Bilanzstichtag auf Basis eines frühesten Diensteintritts mit Alter 30. Bei erstmaligen Zusagen ab 2001 ist das Alter 30 stets durch 28 Jahre zu ersetzen. Der steuerrechtliche Teilwert differiert vom vollen **„betriebswirtschaftlichen Teilwert"**, der ab dem tatsächlichen Diensteintritt errechnet wird, dadurch, dass Dienstjahre vor dem Alter 30 der Pensionsanwärter steuerrechtlich (zum pauschalen Ausgleich der Fluktuation) nicht berücksichtigt werden dürfen (§ 6a Abs 2 Nr 1 EStG). Dies hat zur Folge, dass vor dem Alter 30 steuerrechtlich eine Pensionsrückstellung nicht zulässig ist und die Teilwerte für über 30 Jahre alte Pensionsanwärter mit Diensteintritt vor dem Alter 30 ggü dem „betriebswirtschaftlichen Teilwert" entspr gemindert sind. Während der „betriebswirtschaftliche Teilwert" als Summe der rechnerischen Jahreszuführungen ab Diensteintritt auf Basis der Verhältnisse am Bilanzstichtag angesehen werden kann, umfasst der steuerrechtliche Teilwert die Jahreszuführungen nur dann ab dem Diensteintritt, wenn dieser nach dem Alter 30 liegt.

211 Nach Eintritt des Pensionsfalls oder Ausscheiden des Arbeitnehmers mit aufrechterhaltener Anwartschaft münden „betriebswirtschaftlicher Teilwert" und steuerrechtlicher Teilwert ein in den **Barwert der laufenden Pension** bzw in den **Barwert der unverfallbar aufrechterhaltenen Anwartschaft;** letzterer steigt bis zum Eintritt des Versorgungsfalles noch auf den Barwert der lfd Pension an. Nach § 6a Abs 3 Nr 2 EStG gilt ab dem Zeitpunkt der Pensionierung oder des vorzeitigen Ausscheidens mit unverfallbar aufrechterhaltener Anwartschaft der Barwert als Teilwert. Die Rückstellung wird in den Jahren der lfd Pensionszahlung mit zunehmendem Alter der Pensionsberechtigten schrittweise wieder aufgelöst. Erhöht sich die lfd Pension zB infolge der **Anpassungsprüfung** nach § 16 BetrAVG, muss (bei Zusagen vor 1987: kann/soll) für den Erhöhungsbetrag der Barwert der Erhöhung als Einmalbetrag zugeführt werden; der Barwert der Gesamtverpflichtung darf dadurch nicht überschritten werden. Zur nachholenden Anpassung Anm 203.

212 Bei im Unt tätigen **aktiven Anwärtern** ist der Barwert der gesamten (vollen) Anwartschaft höher als der steuerrechtliche Teilwert, während der **pro rata temporis-Barwert** (m/n-tel-Barwert), das ist der im Verhältnis der Dienstzeit **quotierte Barwert,** idR niedriger liegt.

c) Ermittlung des Teilwerts vor Beendigung des Dienstverhältnisses

213 **Entsteht** die Pensionsverpflichtung bereits **mit Diensteintritt** – wie idR bei kollektiven Pensionsvereinbarungen –, kann die erste Zuführung für das Wj der Entstehung (Zusagejahr) zur Pensionsrückstellung in Höhe des Teilwerts vorgenommen werden, wenn der Pensionsanwärter am Bilanzstichtag älter als 30 Jahre und 6 Monate (versicherungstechnisch aufgerundet mindestens 31 Jahre alt) ist (bei Zusagen ab 2001 ist Alter 28 anzusetzen). Die erstjährige Zuführung ist dann mit dem Teilwert identisch, es kann sich somit keine Einmalrückstellung für frühere Dienstjahre ergeben. Ist die Pensionszusage bereits vor dem Dienstantritt erteilt worden, kann die Rückstellungsbildung gleichwohl erst ab dem Beginn der Tätigkeit vorgenommen werden (BdF 11. 12. 1964 DB, 1831).

Wird die **Zusage nach** dem Jahr des **Diensteintritts** erteilt, was vor allem bei einzelvertraglichen Zusagen und bei Neueinführung von Versorgungsregelungen vorkommt, müssen die auf die bereits zurückliegenden Dienstjahre rechnungsmäßig entfallenden Zuführungen in einem Betrag nachgeholt werden **(Einmalrückstellung);** rechnungsmäßig wird unterstellt, die Zusage wäre bereits mit Diensteintritt – bei Anwärtern frühestens mit Alter 30 Jahre (bzw 28 Jahre bei

Zusagen ab 2001) – erteilt worden und die Verhältnisse vom Bilanzstichtag werden – auch wenn Dienstzeiten vor der Zusageerteilung nicht als rentensteigernd angerechnet werden – auf den vorgenannten Diensteintritt zurückprojiziert; für spätere **Erhöhungen** gilt das Gleiche.

In den Pensionsvereinbarungen sind häufig als Anspruchsvoraussetzungen 214
Wartezeiten (zB 5 oder 10 Jahre) festgelegt. Tritt der Versorgungsfall vor Ablauf der Wartezeit ein, können vom Pensionsberechtigten keine Leistungen verlangt werden. Die Pensionsrückstellung ist gleichwohl bereits ab dem Zusagejahr in Höhe des Teilwerts zu bilden und nicht erst nach Ablauf der Wartezeit; im letzteren Falle käme bei Altzusagen das steuerrechtliche Nachholverbot (Anm 191) zum Zuge. Kann die Wartezeit jedoch vor Vollendung der vertraglichen Pensionsaltersgrenze nicht erfüllt werden und ist ihre Erfüllung durch Dienstzeiten nach der Altersgrenze ausgeschlossen, kann eine Leistung nicht anfallen. In diesem Falle ist auch eine Rückstellung nicht zulässig. Sog **Vorschaltzeiten,** dh Zeiten vor Aufnahme in eine Versorgungsregelung (*BAG* 7. 7. 1977 DB, 1324), stehen Wartezeiten gleich.

Änderungen der Pensionsvereinbarungen, die noch im Jahre der Entstehung der Pensionsverpflichtung erfolgen, sind noch in diesem Wj zu berücksichtigen, **spätere Änderungen** jeweils im betr Wj. Grds gelten für Änderungen die gleichen Rückstellungsvoraussetzungen nach § 6a EStG (Rechtsanspruch, keine steuerschädlichen Vorbehalte und Schriftform). Änderungen der Bemessungsgrundlagen, die erst nach dem Bilanzstichtag wirksam werden (zB Erhöhungen der Pensionsverpflichtungen) sind bei der Rückstellungsberechnung zu berücksichtigen, wenn sie am Bilanzstichtag bereits feststehen, zB durch schriftliche Bekanntgabe entspr Willenserklärungen oder Änderung der Bemessungsgrundlagen durch Betriebsvereinbarung, Tarifvertrag (s auch BMF 28. 10. 1987 DB, 2333 zur Berücksichtigung mehrjähriger tariflicher Gehaltsvereinbarungen) oder Gesetz vor dem Bilanzstichtag. Zum Stichtagsprinzip EStR 41 Abs 17 und EStH 41 Abs 17. Änderungen werden auf den Diensteintritt zurückprojiziert und verursachen zusätzliche Einmalrückstellungen bei Erhöhungen bzw. Einmalauflösungen bei Verminderungen.

Sonderfälle bei der Teilwert-Ermittlung

(1) Unterbrechung des Dienstverhältnisses

Wird das **Dienstverhältnis unterbrochen,** sind bei kurzfristigen Unterbre- 216
chungen zunächst keine Folgerungen bei der Rückstellungsberechnung zu ziehen. Bei längeren Unterbrechungen wird idR das Dienstverhältnis auch vertraglich beendet werden und die Pensionsrückstellung aufzulösen sein, wenn weder gesetzliche noch vertragliche Unverfallbarkeit gegeben ist. Ist Unverfallbarkeit gegeben, darf die Rückstellung auf den Barwert der aufrechterhaltenen Anwartschaft unter Nachholung etwaiger Fehlbeträge bei Zusagen vor 1987 erhöht werden. Solange das **Arbeitsverhältnis** allerdings nur **ruht** (zB unbezahlter Urlaub, Schwangerschaft, Erziehungsurlaub), also rechtlich noch besteht, ist die Pensionsrückstellung normal weiter zu entwickeln.

Bei **Wiedereintritt** nach einer Unterbrechung in das gleiche Unt ist bei der Teilwertermittlung eine ggf anzurechnende Vordienstzeit beim gleichen Unt durch Vorverlegung des Wiedereintrittsdatums zu berücksichtigen (EStR 41 Abs 11). Für Wiedereintritte nach dem 31. 12. 1997 lehnt die FinVerw auf Grund des *BFH*-U 9. 4. 1997 (DB, 1160) diese Vorverlegung jedoch ab (BMF 22. 12. 1997 BStBl I, 1020). Eine evtl aus der Vordienstzeit bestehende unverfallbare Anwartschaft ist gem dem **Teilwertsplittingverfahren** nach EStR 41 Abs 13 (s Anm 218) in den Teilwert mit einzubeziehen.

(2) Anrechnung von Vordienstzeiten

217 Für die versicherungsmathematische Berechnung der Pensionsrückstellung ist als Eintrittsalter grds das Alter zu Beginn des Wj des tatsächlichen Diensteintritts im Rahmen des bestehenden Dienstverhältnisses zugrunde zu legen, bei Anwärtern frühestens das versicherungstechnische Alter 30/28 Jahre. Durch **vertragliche Anrechnung von Vordienstzeiten** bei Dritten kann zwar die Höhe der Pension beeinflusst werden, jedoch nicht der Rückstellungsbeginn vorverlegt werden, wohl aber, wenn auf Grund **gesetzlicher** Vorschriften (zB § 8 Abs 3 Soldatenversorgungsgesetz, § 6 Abs 2 Arbeitsplatzschutzgesetz) Zeiten außerhalb des Dienstverhältnisses als **Betriebszugehörigkeitszeiten** gelten (EStR 41 Abs 11).

Die Anrechnung von Vordienstzeiten kommt häufig in Konzernen vor, wenn Arbeitnehmer von einer KonzernGes zur anderen wechseln und die übernehmende Ges in den Pensionsvertrag eintritt; sie kommt aber auch bei Arbeitnehmerwechsel zwischen nicht verbundenen Unt vor (BdF 5. 11. 1976 I 1 BetrAV, 221). Auch wenn die Vordienstzeit auf ein Konzern-Unt entfällt, ist die Anrechnung ohne Einfluss auf die Berechnung des Teilwerts einer Pensionsverpflichtung (*BFH* 25. 5. 1988 BStBl II, 720 und EStH 41 Abs 11).

218 **Übernimmt** ein Unt eine Pensionsverpflichtung (dazu auch Anm 167) vom Vorarbeitgeber **gegen Übernahme von Vermögenswerten** (in Konzernen meist in Höhe des Teilwerts), ist für die Bildung der Pensionsrückstellung das **Teilwertsplittingverfahren** anzuwenden (EStR 41 Abs 13 und EStH 41 Abs 13). Hier wird aus den übernommenen VG versicherungsmathematisch der Pensionsteil errechnet, der durch sie gedeckt (finanziert) ist, und mit dem Anwartschaftsbarwert in der Pensionsrückstellung weiter entwickelt, während für den nicht gedeckten Pensionsbetrag der Teilwert unter Zugrundelegung des Beginns des Übernahmejahres ermittelt wird. Beide Rückstellungsbeträge zusammen ergeben den Teilwert der gesamten Pensionsverpflichtung. Wird der Vj-Teilwert übertragen und bleiben sowohl die Pensionsverpflichtung als auch die Bemessungsgrößen unverändert, ergibt sich nach diesem Verfahren der gleiche Teilwert, der sich beim Vorarbeitgeber zum Ende des Übertrittsjahres ergeben hätte. Ansonsten kann der Teilwert höher oder niedriger sein. Eine Durchrechnung der Pensionsrückstellung beim übernehmenden Arbeitgeber auf der Grundlage des ursprünglichen Diensteintritts beim Vorarbeitgeber (die im Hinblick auf die Unverfallbarkeit an sich sachgerecht wäre) lässt die FinVerw nicht zu (EStR 41 Abs 13 und EStH 41 Abs 13).

(3) Betriebsübergang

219 Ein Betriebsübergang kann auf Einzelrechtsnachfolge oder auf Gesamtrechtsnachfolge beruhen. Bei Einzelrechtsnachfolge (Betriebs- oder Teilbetriebsveräußerung durch Rechtsgeschäft wie Kauf, Schenkung, Vermächtnis, Einbringung, Verpachtung, Betriebsaufspaltung und Realteilung) gehen nach § 613a BGB die Arbeitsverhältnisse und damit die Pensionsverpflichtungen der tätigen Arbeitnehmer, wenn nicht in Einzelfällen Widerspruch erhoben wird, auf den Erwerber über, nicht jedoch die lfd Pensionen und die unverfallbaren Anwartschaften vorher ausgeschiedener Arbeitnehmer (wegen § 4 BetrAVG); bei letzteren ist nach Auffassung des PSVaG lediglich Schuldbeitritt durch den Erwerber möglich (*BAG* 24. 3. 1977 BB, 1202). Hingegen gehen bei Gesamtrechtsnachfolge (Erbfall, Umwandlung, Verschmelzung, Anwachsung und Spaltung) alle Pensionsverpflichtungen (Anwartschaften und lfd Pensionen) kraft Gesetzes auf den Nachfolger über.

Gehen in den Fällen einer **Gesamtrechtsnachfolge** iSd UmwG Pensionsverpflichtungen auf das aufnehmende Unt über, tritt das aufnehmende Unt im

Hinblick auf Bildung und künftige Entwicklung von Pensionsrückstellungen steuerrechtlich in die Rechtsstellung des übernommenen Unt (§ 4 Abs 2 S 1, § 12 Abs 3 S 1, § 22 Abs 3 Alt 2 UmwStG). Entspr gilt bei Einbringungen in eine KapGes (§ 22 Abs 1 und 2 UmwStG) bzw in eine PersGes (§ 24 Abs 4 UmwStG) für den Fall, dass die übernehmende Ges das übernommene Betriebsvermögen mit dem Buch- oder einem Zwischenwert ansetzt. Etwaige **Fehlbeträge bei den Pensionsrückstellungen** dürfen in diesen Fällen nicht nachgeholt werden.

Hiervon zu unterscheiden sind nach §§ 20, 24 UmwStG Einbringungsfälle zum Teilwert sowie **andere Betriebsübergänge** (zB durch Kauf eines Betriebs oder Betriebsteils). 220

In diesen Fällen ist für **Pensionsanwartschaften** aktiver Arbeitnehmer der Teilwert nach § 6a Abs 3 Nr 1 EStG anzusetzen, wobei als Beginn des Dienstverhältnisses der Eintritt in den übernommenen Betrieb maßgebend ist. Zum Ansatz des Teilwerts im Beispiel der Einbringung in eine PersGes *Widmann/Mayer* § 20 UmwStG Anm 7117 und *KPMG Deutsche Treuhand Gruppe,* 97. Werden auch **laufende Pensionszahlungen** oder unverfallbare Pensionsanwartschaften übernommen (Schuldübernahme, uU nur durch Schuldbeitritt), sind diese Verpflichtungen mit ihrem Barwert nach § 6a Abs 3 Nr 2 EStG anzusetzen (BdF 20. 2. 1979 BetrAV, 37). Der **Ansatz zum Teilwert bzw. Barwert** ist steuerrechtlich zwingend; etwaige Fehlbeträge bei den Pensionsrückstellungen des übertragenden Unt müssen vom aufnehmenden Unt sofort nachgeholt werden (s auch in *KPMG Deutsche Treuhand Gruppe,* 91).

Gehen Pensionsverpflichtungen (wirtschaftlich betrachtet) im Wege von **Schuldbeitritt mit Erfüllungsübernahme** (also nicht schuldbefreiend) auf einen neuen Verpflichteten über, hat der Übernehmer Pensionsrückstellungen (steuerrechtlich unter den Voraussetzungen des § 6a EStG) zu bilden. Das übertragende Unt braucht (wegen gesamtschuldnerischer Haftung) nach *HFA* (FN IdW 1996, 529) keine Rückstellung mehr zu bilden; aber Angabe der Gewährleistungsverpflichtung nach §§ 251, 268 Abs 7 unter der Bilanz oder im Anhang. Wird lediglich eine Erfüllungsübernahme im Innenverhältnis **(ohne Schuldbeitritt)** vereinbart, hat das übertragende Unt (wegen des Dreiecksverhältnisses) weiterhin die Pensionsverpflichtung zu passivieren und einen Erstattungsanspruch zu aktivieren (Bruttodarstellung).

d) Ermittlung des Teilwerts nach Beendigung des Dienstverhältnisses oder nach Eintritt des Versorgungsfalls

Endet das Arbeitsverhältnis und ist die Pensionsverpflichtung weder gesetzlich noch vertraglich unverfallbar, ist eine bereits gebildete Pensionsrückstellung aufzulösen. Wird jedoch eine Pensionsanwartschaft des ausgeschiedenen Arbeitnehmers ganz oder teilweise aufrechterhalten oder tritt gleichzeitig mit dem Ausscheiden der Versorgungsfall ein, darf (für Zusagen ab 1987: muss) die Pensionsrückstellung mit dem Teilwert in Höhe des Barwerts der Anwartschaft oder der lfd Pension bewertet werden, wobei evtl bestehende Fehlbeträge nachgeholt werden dürfen (§ 6a Abs 3 Nr 2 EStG). 221

e) Die versicherungsmathematische Berechnung der Pensionsrückstellung

Gem § 6a Abs 3 S 3 EStG sind bei der Berechnung des Teilwerts der Pensionsverpflichtung die anerkannten Regeln der **Versicherungsmathematik** anzuwenden. Als **biometrische Rechnungsgrundlagen** (Invaliditäts- und Sterbewahrscheinlichkeiten) werden in der Praxis fast ausschließlich die Richttafeln 222 von K. Heubeck aus 1998 verwendet (neue auf Generationentafeln umgestaltete Richttafeln liegen seit Mitte 2005 vor). Im Interesse der Gleichmäßigkeit der Besteuerung, der leichten Nachprüfbarkeit und Vergleichbarkeit der in den Unt-Bilanzen ausgewiesenen Versorgungslasten wird es idR nicht zweckmäßig sein, unternehmensspezifische Rechnungsgrundlagen zu verwenden. Das Beobachtungsmaterial für die Gewinnung wissenschaftlich abgesicherter betriebsindividueller Rechnungsgrundlagen wäre in den meisten Fällen zu gering und seine Aufbereitung mit erheblichen Kosten verbunden.

223 Als **Rechnungszinsfuß** schreibt § 6a EStG 6% vor.

224 § 6a EStG lässt Pensionsrückstellungen für tätige Anwärter erst **ab dem Alter 30 Jahre** zu. Für Neuzusagen ab 2001 gilt Alter 28 Jahre. Durch die Hinausschiebung des Beginns der Rückstellungsbildung soll ua die **Fluktuation** pauschal berücksichtigt werden. Bei Anwärtern, die vor dem Alter 30 Jahre eingetreten sind, wirkt sich diese Einschränkung des Teilwerts bis zur Pensionierung aus, obwohl die Fluktuation etwa ab dem Alter 35 erfahrungsgemäß sehr gering ist. (Zur handelsrechtlichen Berücksichtigung der Fluktuation Anm 199.)

225 Während auch heute noch in vielen Pensionsvereinbarungen als feste **Altersgrenze** iSd § 2 BetrAVG für Männer und Frauen 65 Jahre festgelegt ist, besteht nach den Sozialversicherungsgesetzen derzeit noch die Möglichkeit, von der Altersgrenze 63 Jahre für langjährig Versicherte oder von der Altersgrenze 60 Jahre für Frauen, Schwerbehinderte, Berufs- oder Erwerbsunfähige oder Arbeitslose Gebrauch zu machen (zur stufenweisen Anhebung dieser Altersgrenzen siehe § 41 SGB VI), wobei § 6 BetrAVG die Unt zur gleichzeitigen Zahlung der Betriebsrenten verpflichtet, wenn die Voraussetzungen hierfür erfüllt sind. Der früheren Inanspruchnahme der Betriebsrente kann der Arbeitgeber durch einen Abschlag pro rata temporis oder durch einen versicherungsmathematischen Abschlag Rechnung tragen, hierauf aber auch ausdrücklich oder durch konkludentes Verhalten verzichten (*BAG* 24. 2. 1982 BB, 1795; 22. 2. 1983 BB, 1668). Ein ohne Beachtung der Mitbestimmung des Betriebsrats festgesetzter Abschlag ist rechtlich unwirksam (*BAG* 26. 3. 1985 DB, 2617).

Für die Unt besteht nach EStR 41 Abs 12 ein **Wahlrecht,** ob sie bei der Berechnung der einzelnen Pensionsrückstellungen die vertragliche Altersgrenze zugrunde legen wollen oder den Zeitpunkt der frühestmöglichen Inanspruchnahme der vorzeitigen Altersrente aus der gesetzlichen Rentenversicherung (zu den Auswirkungen des Rentenreformgesetzes 1999s auch BMF 29. 12. 1997 BStBl I, 1023).

An die für eine Pensionsverpflichtung einmal getroffene Wahl sind sie für die steuerrechtliche Gewinnermittlung gebunden. Voraussetzung ist, dass in der Pensionszusage festgelegt ist, in welcher Höhe von der gewählten rechnungsmäßigen Altersgrenze an Versorgungsleistungen gewährt werden. Ist die Festlegung nicht getroffen, kann nur das vertraglich vereinbarte Pensionsalter zugrunde gelegt werden.

226 Die Bildung von Pensionsrückstellungen hat auf Basis der **Verhältnisse am Bilanzstichtag** zu erfolgen (EStR 41 Abs 17 und EStH 41 Abs 17). Damit ist gemeint, dass Bemessungsgrundlagen, die am Bilanzstichtag feststehen oder durch schriftliche Bekanntgabe vereinbart sind, bereits zu berücksichtigen sind, auch wenn sie erst nach dem Bilanzstichtag wirksam werden. (ZB einem Pensionär wird vor Ende des Gj rechtswirksam mitgeteilt, dass sich seine Pension mit Wirkung vom Februar des Folgejahrs erhöht.) Nach *BFH* (13. 11. 1975 BStBl 1976, 142 sowie 6. 12. 1995 BStBl 1996, 406) sind künftige Erhöhungen, die hinsichtlich des Zeitpunkts ihres Wirksamwerdens oder ihres Umfangs ungewiss sind sowie ein Säkulartrend unberücksichtigt zu lassen. Werterhellende

Umstände, die bis zur Bilanzerstellung bekannt werden, sind zu berücksichtigen (Anm 23).

Wegen der Komplexität versicherungsmathematischer Berechnungen werden „leicht handhabbare **Teilwert-Tabellen**" mittlerweile nicht mehr publiziert, da sie nur einfachste Fälle abdecken könnten." Hausgemachte Rechnungen oder nicht nachprüfbare Software zur Pensionsrückstellungsrechnung sind nicht verwendbar" (*Luik* WPg 1987, 737). 227

Beispiel: Entwicklung des Barwerts und des Teilwerts einer Pensionsverpflichtung über € 1000 Jahrespension, fällig bei Invalidität oder Vollendung des 65. Lebensjahrs mit 60% Witwenrentenanwartschaft (kollektiv) ohne Wartezeit, Männer – Zinsfuß 6% –, Tafeln von K. Heubeck Richttafeln 1998 228

Alter am Bilanztag	Anwartschafts-Barwert €	Eintrittsalter 30 Teilwert €	Eintrittsalter 40 Teilwert €	Alter am Bilanztag	Barwert = Teilwert ab Pensionierung mit 65 €
31	2199	140		66	11502
32	2320	287		67	11265
33	2448	441		68	11023
34	2581	602		69	10776
35	2720	770		70	10524
36	2866	947		71	10265
37	3018	1131		72	10001
38	3177	1324		73	9730
39	3343	1526		74	9449
40	3518	1737		75	9162
				76	8869
41	3701	1959	260	77	8572
42	3892	2191	532	78	8271
43	4094	2436	818	79	7958
44	4305	2692	1118	80	7652
45	4527	2961	1433	81	7347
46	4761	3244	1764	82	7043
47	5005	3541	2111	83	6744
48	5262	3852	2476	84	6440
49	5531	4178	2857	85	6142
50	5813	4519	3257	86	5851
				87	5570
51	6107	4876	3674	88	5299
52	6414	5248	4109	89	5039
53	6732	5634	4562	90	4791
54	7062	6033	5030	91	4541
55	7401	6445	5512	92	4295
56	7748	6866	6006	93	4064
57	8101	7297	6512	94	3829
58	8461	7736	7028	95	3598
59	8828	8185	7557	96	3393
60	9207	8648	8104	97	3205
				98	3022
61	9603	9135	8678	99	2848
62	10029	9658	9295		
63	10504	10240	9981		
64	11059	10915	10775		
65	11736	11736	11736	116	Sterbetafelende

Für andere Jahrespensionen als € 1000 sind die vorstehenden Werte entspr zu vervielfachen.

Bei der versicherungsmathematischen Berechnung von Pensionsverpflichtungen ist trotz inzwischen erreichter formaler Rechengenauigkeit beim Einsatz von Computern vielfach ohne Näherungsverfahren nicht auszukommen (zB BMF 31. 10. 1996 BStBl I, 1195 und BMF 30. 12. 1997 BStBl I, 1024 iVm BMF 8. 2. 1999 DB, 356 betreffend Näherungsverfahren zur Berücksichtigung von Sozialrenten bei der Berechnung von Pensionsrückstellungen nach § 6a EStG). Sachgerechte Näherungsverfahrungen sind handels- und steuerrechtlich zulässig, wenn eine genaue Berechnung nicht möglich oder nicht zumutbar ist (zB wenn bei unverfallbar Ausgeschiedenen lediglich der Altersrentenanspruch ab Alter 65 Jahre EDV-technisch verfügbar ist, müssen die Invaliden- und Witwenrentenansprüche geeignet geschätzt werden). Beim Übergang von einem Näherungsverfahren auf die exakte Berechnung infolge besserer Erkenntnisse oder Computer-Verfahren kann das steuerrechtliche Nachholverbot nicht zum Zuge kommen, da sonst Verbesserungen in der Ermittlung von Pensionsrückstellungen blockiert würden (sa Anm 191 und 233).

f) Änderung der biometrischen Rechnungsgrundlagen – Übergang zu neuen Tafeln

229 Eine **Änderung der biometrischen Rechengrößen** (Sterblichkeit, Invalidität, Verheiratungswahrscheinlichkeit) sollte, sobald angezeigt, in Form neuer Rechnungsgrundlagen bei der Bewertung der Pensionsrückstellungen berücksichtigt werden. Ein sich ergebender Mehrzuführungsbetrag zu den Pensionsrückstellungen darf steuerrechtlich *nur* auf *mindestens* drei Wj gleichmäßig verteilt den Pensionsrückstellungen zugeführt werden.

V. Zuführungen zur Pensionsrückstellung

1. Die regelmäßigen Zuführungen

230 Während der **Anwartschaftszeit** ergibt sich nach § 6a Abs 4 S 1 EStG der Jahresbetrag der regelmäßigen steuerrechtlich höchstzulässigen Zuführung als Unterschied des Teilwerts der Pensionsverpflichtung zum Schluss des Wj und des Teilwerts zum Schluss des vorangegangenen Wj. Für Rumpf-Wj ist eine pro rata temporis-Zuführung zu ermitteln (BdF 9. 3. 1967 BB, 359). Der Stpfl darf bei **Altzusagen** (Anm 167) in jedem Wj neu entscheiden, ob er der Pensionsrückstellung einen Betrag im Rahmen der steuerrechtlich höchstzulässigen Zuführung zuführen will oder nicht. Bei Erhöhung einer untergedeckten **laufenden Pension** kann im Wj der Erhöhung der Barwert der Erhöhung insoweit zugeführt werden, als dadurch der Barwert der künftigen Pensionsleistungen nicht überschritten wird (FinMin Nds 16. 3. 1981 BB, 592).

Wird die steuerrechtlich zulässige Zuführung auch tatsächlich bilanziert, ergibt sich die steuerrechtlich gebildete **Ist-Rückstellung** zum Schluss des Wj, andernfalls ergibt sich (bei Altzusagen vor 1987) ein Fehlbetrag. Voraussetzung für die steuerrechtlich zulässige Rückstellung ist wegen des Maßgeblichkeitsgrundsatzes, dass die Pensionsrückstellung in der HB mindestens ebenso hoch ist wie in der Steuerbilanz. Die in der HB ausgewiesene Pensionsrückstellung kann aber infolge unterschiedlicher Bewertung höher sein als in der Steuerbilanz. Infolgedessen und aus anderen Gründen (zB Fehlerkorrektur) kann die Zuführung in der Steuerbilanz auch höher sein als in der HB (EStR 41 Abs 20).

Für **Neuzusagen** s auch Anm 166 und 191. Zum Ausweis des Zinsanteils an der Zuführung in der GuV unter Zinsaufwand vgl § 275 Anm 138.

2. Zur Verteilung von Sonderzuführungen

a) Erstmalige Zuführungen

Nach § 6a Abs 4 S 2 EStG darf die **erstmals** für eine Pensionsverpflichtung in Höhe des Teilwerts steuerrechtlich **mögliche Pensionsrückstellung** auf drei Jahre – das Erstjahr und die beiden folgenden Wj – gleichmäßig verteilt werden. Im Erstjahr ergeben sich hohe Einmalzuführungen, wenn die Pensionszusage erst nach längerer Dienstzeit erteilt wird (past service) und eine periodengerechte Rückstellungsbildung wegen der bereits abgelaufenen Dienstjahre nicht mehr möglich ist. Die **Verteilungsmöglichkeit** der Erstzuführung **auf drei Jahre** soll die Rückstellungsbildung und damit auch die Erteilung von Pensionszusagen erleichtern. Ein zeitanteiliger Ansatz bei verkürztem Wj kommt steuerrechtlich hier nicht in Betracht (BdF 27. 4. 1976 BetrAV, 136). Zu den Zuführungen je eines Drittels im zweiten und dritten Jahr kommen die lfd Zuführungen dieser Jahre hinzu. Zur handelsrechtlichen Beurteilung der steuerrechtlichen Verteilungsmöglichkeit für **Neuzusagen** Anm 199. 231

Wird bei gleichmäßiger betragsmäßiger Verteilung auf drei Jahre in irgendeinem dieser drei Jahre das eine oder andere **Drittel tatsächlich nicht gebildet,** besteht die steuerrechtliche Rechtsfolge darin, dass das jeweils nicht zugeführte Drittel für **Altzusagen** dem steuerrechtlichen **Nachholverbot** unterliegt. Selbst wenn der Stpfl das erste Drittel nicht zuführt, kann nicht davon ausgegangen werden, dass er auch das zweite und dritte Drittel nicht zuführen wolle (glA *Heubeck* in *Heubeck/Höhne/Paulsdorff/Rau/Weinert* Bd II, 354 Anm 521 und *Höfer* Bd II Anm 547).

b) Zuführungen mit besonders großem Umfang

Besonders hohe Zuführungen können sich ergeben: 232

a) bei Erhöhung von Pensionszusagen,
b) bei vorzeitigem Eintritt des Versorgungsfalls infolge Invalidität oder Tod oder
c) bei vorzeitiger Beendigung des Dienstverhältnisses unter Aufrechterhaltung der *vollen* Pensionsanwartschaft.

Erhöht sich im Falle a) der Leistungsbarwert als eine Komponente des Teilwerts ggü dem Vj um mehr als 25 vom Hundert, darf die für das Erhöhungsjahr sich ergebende Teilwertzuführung gleichmäßig auf drei Jahre verteilt werden. In den Fällen b) und c) darf die Pensionsrückstellung stets bis zur Höhe des Teilwerts – unbeschadet des Nachholverbots für Altzusagen – aufgefüllt werden; der Auffüllungsbetrag darf aber auch gleichmäßig auf drei Jahre verteilt werden (§ 6a Abs 4 S 3 und 4 EStG). Für Neuzusagen Anm 199. Wegen hoher Zuführungen bei Übergang auf neuere Tafeln s Anm 229.

3. Das steuerrechtliche Nachholverbot

Siehe hierzu Anm 191. 233

4. Nachholung bei Ausscheiden bzw Eintritt des Versorgungsfalls

Nach § 6a Abs 4 S 5 EStG dürfen Fehlbeträge zum Schluss des betr Wj bis zur Höhe des Teilwerts nachgeholt werden, und zwar 234

a) bei Beendigung des Dienstverhältnisses mit aufrechterhaltener Anwartschaft (ohne Eintritt des Versorgungsfalls) *oder*
b) bei Eintritt des Versorgungsfalls.

Wird die Nachholmöglichkeit nach a) nicht wahrgenommen, wird dadurch Fall b) nicht ausgeschlossen. Werden beide Nachholmöglichkeiten ungenutzt gelassen, dürfen dann noch vorhandene Fehlbeträge nur nach Eintritt des Versorgungsfalls durch Konstantlassen der Rückstellung, bis der Teilwert auf diese abgesunken ist, nach und nach abgebaut werden.

Beim Ausscheiden des Arbeitnehmers zum 31. Dezember und Beginn der Pensionszahlungen zum folgenden 1. Januar ist die Nachholung bereits zum Schluss des vorangegangenen Wj zulässig, da mit dessen Ablauf der Alterspensionsfall eingetreten ist (EStR 41 Abs 17 S 3).

Bei **technischen Rentnern** (Anm 236) ist die Nachholung erst zulässig, wenn sie tatsächlich wegen Alterspensionierung ausscheiden (EStR 41 Abs 20 S 4).

VI. Auflösung der Pensionsrückstellung – Auflösungsverbot

1. Versicherungsmathematische Auflösung

235 Nach Eintritt des Versorgungsfalls und Beginn der lfd Pensionszahlungen ist die Pensionsrückstellung entspr aufzulösen.

Nach der (betriebswirtschaftlich zutreffenden) **versicherungsmathematischen Auflösungsmethode** werden die lfd Pensionszahlungen als Aufwand und die altersbedingte Auflösung in Höhe des Unterschieds der Teilwerte (= Barwerte) zum Schluss des Wj als Aufwandsminderung behandelt. Die Rückstellung wird zum jeweiligen Bilanzstichtag in der versicherungsmathematisch berechneten Höhe des Teilwerts, der bei lfd Pensionen dem Barwert entspricht, ausgewiesen. Bei teilweisem oder vollständigem Wegfall der Pensionsverpflichtung ergibt sich eine entspr gewinnerhöhende Sonder-Auflösung. Der Aufwand für die lfd Pensionszahlungen kann durch solche Sonder-Auflösungen, durch Heranziehung der Zinserträge auf die den Pensionsrückstellungen ggü stehenden Vermögenswerte und durch altersbedingte Auflösungen kompensiert werden. Im Ergebnis könnten dann bei voller Rückstellungsbildung die Pensionen nach Eintritt des Versorgungsfalls erfolgsneutral abgewickelt werden. Durch Rentenanpassungen(-erhöhungen) alle drei Jahre entsteht jedoch weiterer Aufwand in Höhe des Barwerts der Erhöhung.

Bei der **buchhalterischen Auflösungsmethode** werden die lfd Pensionszahlungen erfolgsneutral zu Lasten der Pensionsrückstellung gebucht, bis diese aufgebraucht ist; anschließend gehen die Pensionszahlungen als Aufwand zu Lasten des Ergebnisses. Die buchhalterische Auflösungsmethode verstößt gegen das gesetzliche Auflösungsverbot (Anm 237 und 239) gebildeter Rückstellungen. Sie ist daher auch steuerrechtlich unzulässig (*HFA* 2/1988 und EStR 41 Abs 23 sowie 41 Abs 1 S 3 für Altzusagen).

2. Auflösung bei technischen Rentnern

236 Unter technischen Rentnern versteht man Anwärter, die bei Erreichen der den Pensionsrückstellungen zugrunde gelegten rechnungsmäßigen Pensionsaltersgrenze (Anm 225) nicht in den Ruhestand getreten, sondern weiter aktiv im Unt tätig sind. Dabei erhalten sie neben den Aktivenbezügen nicht auch zusätzlich Versorgungszahlungen. Bei ihnen ist die jährliche **altersbedingte Auflösung** ggf gegen Zuführungen zu saldieren (EStR 41 Abs 23 S 2).

Bei **Kapitalversorgungen** bleibt die Pensionsrückstellung in Höhe des Kapitalbetrags für den technischen Rentner bis zur Auszahlung beim Ausscheiden unverändert.

3. Auflösungsverbot (§ 249 Abs 3 S 2)

Rückstellungen dürfen nur insoweit aufgelöst werden, als der Grund für ihre Bildung entfallen ist (Abs 3 S 2). Dies gilt auch für Rückstellungen, die – wie Pensionsrückstellungen für Altzusagen – auf Grund eines Wahlrechts gebildet worden sind (A 41 Abs 23 S 3 EStR 1984 und *BFH* 22. 6. 1977 BStBl II, 798 für Altzusagen). 237

4. Auflösung bei Bestehen von Fehlbeträgen

Ist bei Eintritt des Pensionsfalls bzw bei Beginn der lfd Pensionszahlungen die gebildete Ist-Rückstellung für **Altzusagen** niedriger als die Sollrückstellung und wird der Fehlbetrag in diesem Zeitpunkt nicht nachgeholt – was steuerrechtlich zulässig wäre (§ 6a Abs 4 S 5 EStG) – führt die Anwendung der versicherungsmathematischen Auflösungsmethode dazu, dass die Ist-Rückstellung solange beibehalten wird, bis der Fehlbetrag abgebaut ist; Anm 233. Werden Pensionsrückstellungen für **Neuzusagen** auch in der HB nach § 6a EStG gebildet, kann es keine Fehlbeträge geben (Anm 191). 238

5. Auflösung in besonderen Fällen

Auflösungen oder Teilauflösungen von Pensionsrückstellungen sind nur insoweit zulässig, als sich die Höhe der Pensionsverpflichtung rechtswirksam gemindert hat (§ 249 Abs 3 S 2; *BFH* 22. 6. 1977 BStBl II, 798; so auch R 41 Abs 22 EStR). Geht die Auflösung der Pensionsrückstellung über die steuerrechtlich zulässige hinaus, ist die Steuerbilanz – soweit zulässig – zu berichtigen. 239

Eine vollständige oder teilweise Minderung der Pensionsverpflichtung und damit entspr Auflösung kann sich ergeben bei Wegfall von Pensionsberechtigten infolge Ausscheidens oder Tods, bei Ausscheiden mit unverfallbarer Anwartschaft und Übergang auf deren Barwert sowie Widerruf oder vertraglicher Herabsetzung von Pensionsverpflichtungen sowie beim Zusammenfallen von Pensionsforderungen und Pensionsschuld in der Person eines phG einer PersGes.

Werden rechtsverbindliche **Pensionszusagen** auf eine Unterstützungskasse, eine Pensionskasse, einen Pensionsfonds oder eine VersicherungsGes **übertragen,** müssen die Pensionsrückstellungen nach § 6a EStG steuerrechtlich aufgelöst werden. Handelsrechtlich ist eine Auflösung der Pensionsrückstellungen bei Übertragung der Pensionsverpflichtungen auf eine Unterstützungskasse wegen der Subsidiärhaftung des Unt als Verstoß gegen das Auflösungsverbot unzulässig. Bei Übertragung der Pensionsverpflichtungen einschl der *bereits erdienten* Pensionsanwartschaften auf eine Pensionskasse oder eine VersicherungsGes gegen lfd *künftige* Beitragszahlungen bestehen gegen eine Auflösung der Pensionsrückstellungen in der HB wegen Verstoßes gegen das Prinzip der periodengerechten Aufwandsverteilung große Bedenken (glA *Höfer* in HdR[5] § 249 Anm 383 und PSVaG im Merkblatt 300/M9; jedoch aA *Cisch* BB 1987, 300, *Meier/Bätzel* DB 2004, 1437). Wird gegen Einmalbeitrag übertragen (zB auf einen **Pensionsfonds**), bestehen diese Bedenken nicht.

VII. Pensionsrückstellungen in Sonderfällen

1. Pensionsrückstellungen für Pensionszusagen an Nicht-Arbeitnehmer

Als Pensionsberechtigte iSd § 6a EStG kommen auch Personen in Betracht, 240
die **nicht Arbeitnehmer** des Unt sind (Anm 189). Bei lfd Tätigkeit wird man die Pensionsrückstellung in Höhe des **Teilwerts** unter Zugrundelegung des Be-

ginns der Tätigkeit bemessen; im Fall der Zusage für eine einmalige Tätigkeit wird man den **Barwert** der Anwartschaft als **Einmalrückstellung** einzustellen haben, da eine Verteilung der Rückstellungsbildung mangels weiterer Tätigkeitsjahre ausscheidet. Pensionsrückstellungen für Zusagen an **arbeitnehmerähnliche Personen** (wie zB Hausgewerbetreibende oder Handelsvertreter) weisen im Allgemeinen keine weiteren Besonderheiten auf.

Abgrenzungsfragen können sich allerdings bei Zusagen an **Handelsvertreter** wegen deren Ausgleichsansprüchen nach § 89b HGB ergeben. So vertritt die FinVerw die wohl zutreffende Auffassung, dass bei **Anrechnung des Ausgleichsanspruchs** nach § 89b HGB auf die zugesagten Pensionsleistungen die Pensionsrückstellung nur für die verbleibende Pensionsverpflichtung gebildet werden darf. Wegen der Ungewissheit des Ausgleichsanspruchs dem Grunde und der Höhe nach wird vielfach umgekehrt die **Pensionszusage auf** einen **Ausgleichsanspruch angerechnet,** so dass die Pensionsrückstellung im vollen Umfange gebildet werden darf (EStR 41 Abs 16). Die uneingeschränkt erteilte Pensionszusage hat nach *BGH* 17. 11. 1983 (BB 1984, 168) Vorrang vor dem steuerrechtlich nicht rückstellungsfähigen Ausgleichsanspruch (*BFH* 20. 1. 1983 BStBl II, 375).

2. Pensionsrückstellungen für Gesellschafter-Geschäftsführer von Kapitalgesellschaften

241 Handelsrechtlich bestehen für Rückstellungen wegen Pensionsverpflichtungen ggü Gester von KapGes keine Besonderheiten. Steuerrechtlich ist von Bedeutung, dass Pensionsrückstellungen für **beherrschende** Gester-Geschäftsführer nur unter Zugrundelegung einer angenommenen Pensionsaltersgrenze von 65 Jahren anerkannt werden (EStR 41 Abs 9 und KStR 32). Für Schwerbehinderte ist die Altersgrenze 60 Jahre zulässig. Die Pensionszusage muss ernsthaft, erdienbar, finanzierbar und angemessen sein (zur Überversorgung vgl *BFH* 31. 3. 2004 BB, 1956 und DB, 1647, *BFH* 28. 1. 2004 DB, 1073), sowie das Nachzahlungsverbot (keine nachträgliche, auf abgeleistete Dienstjahre entfallende Pensionszusage oder -erhöhung) erfüllen. Es darf durch Eintritt eines Versorgungsfalls nicht zur Überschuldung des Unt kommen können (BMF 14. 5. 1999 DB, 1191; dem entgegenstehend die U des *BFH* 8. 11. 2000 DB 2001, 787 und 20. 12. 2000 DB 2001, 1119). Nach *BFH* 21. 12. 1994 (BB 1995, 861) liegt vGA vor, wenn die Zusage weniger als 10 Jahre vor der festgelegten Altersgrenze erfolgt ist. Außerdem muss die Zusage vor dem 60. Lebensjahr erteilt sein (*BFH* 5. 4. 1995 BB, 1276 und 17. 5. 1995 BetrAV, 198). Die 10-Jahresfrist ist nur auf Zusageerteilungen nach dem 8. 7. 1995 anzuwenden (BMF 1. 8. 1996 BB, 1829). Die Altfälle sind nach der bisherigen (unterschiedlichen) Verwaltungspraxis der Länder zu entscheiden (oft eine Frist von 7 Jahren). Auch bei nichtbeherrschenden Gester-Geschäftsführern kann nach *BFH* 24. 1. 1996 (BB, 1713) und BMF 7. 3. 1997 (BB, 1632) vGA vorliegen. Die 10-Jahresfrist kommt aber (wegen des hier nicht anwendbaren Nachzahlungsverbots) dann nicht zur Anwendung, wenn eine 3-Jahresfrist erfüllbar ist und insgesamt 12 Jahre Betriebszugehörigkeit bis zur Altersgrenze (BFH 29. 10. 1997 BB 1998, 730) möglich sind.

3. Pensionsrückstellungen für Gesellschafter von Personengesellschaften

242 **Handelsrechtlich** sind **für Neuzusagen** auch Pensionsrückstellungen zu bilden, wenn Versorgungsberechtigter ein Gester einer PersGes ist; für **Altzusagen** gilt das bisherige **Wahlrecht.**

Nach § 15 Abs 1 S 1 Nr 2 S 1 EStG gehören zu den Einkünften aus Gewerbebetrieb auch die Tätigkeitsvergütungen der Gester, wozu auch Pensionszusagen zählen. Nach dem Grundsatz der korrespondierenden Bilanzierung (*BFH* 2. 12. 1997 DB 1998, 753 und auch 16. 12. 1992 DB 1993, 1013) ist der Gesamtgewinn einer Mitunternehmerschaft bei Sondervergütungen einer PersGes an einen ihrer Gester so zu ermitteln, dass die in der Steuerbilanz der Ges passivierte Verbindlichkeit durch einen gleichhohen Aktivposten in der Sonder-Bilanz des begünstigten Gester ausgeglichen wird (aA mit überzeugenden Gründen *Söffing* BB 1999, 96). Obiges gilt analog, wenn die Pensionszusage dem Gester (Kommanditist) als Geschäftsführer der Komplementär-GmbH einer GmbH & Co KG erteilt wurde und sich die Pensionsanwartschaft deshalb nicht gegen die PersGes, sondern gegen die GmbH richtet. Nach § 52 Abs 18 EStG dürfen ab 1. 1. 1992 hierfür keine Pensionsrückstellungen mit steuerrechtlicher Wirkung gebildet werden; vorher gebildete Pensionsrückstellungen sind aufzulösen (bestätigt durch *BFH*-U 2. 12. 1997 DB 1998, 757). Während der Zeit als Gester erdiente Pensionsanwartschaften sind auch nach Austritt aus der Ges Einkünfte aus Gewerbebetrieb (nachträgliche Einkünfte), und zwar auch für nach dem Gester Berechtigte wie etwa seine Witwe (§ 15 Abs 1 S 2 EStG). Entgegen BMF 10. 3. 1992 (DB, 712) sind wegen *BFH* 2. 12. 1997 (DB 1998, 754) bis zum 31. 12. 1985 zulässigerweise gebildete Rückstellungen für die Pension einer Witwe eines Mitunternehmers in der Bilanz des ersten nach dem 31. 12. 1985 endenden Wj nicht aufzulösen. 243

Wird ein bei einer PersGes beschäftigter **Arbeitnehmer phG** dieser Ges, wird die bisher für ihn gebildete Pensionsrückstellung dadurch nicht steuerrechtlich unzulässig (*BFH* 22. 6. 1977 BStBl II, 798). Bleibt die Pensionsanwartschaft aufrechterhalten, ist die Pensionsrückstellung mit dem jeweiligen Anwartschaftsbarwert unter Zugrundelegung des ratierlich erdienten Pensionsanspruchs fortzuführen (EStH 41 Abs 8). Dies gilt auch bei Umwandlung einer KapGes in eine PersGes (BMF 25. 3. 1998 BStBl I, 268 Anm 06.03). 244

Gibt ein Gester seinen GesAnteil auf und wird er als Arbeitnehmer in der Ges tätig, gelten ab diesem Zeitpunkt für die Erteilung von Pensionszusagen und die Bildung von Pensionsrückstellungen die allgemeinen für Arbeitnehmer gültigen Grundsätze, glA *Höfer* Bd II Anm 2165 und *Ahrend/Förster/Rößler* 6. Teil Anm 9. (Zur Behandlung von Pensionsverpflichtungen bei Umwandlung einer PersGes in eine KapGes BMF 25. 3. 1998 BStBl I, 268 Anm 20.42 f).

4. Pensionsrückstellungen für Pensionszusagen an Arbeitgeber-Ehegatten

Steht ein Ehegatte als Arbeitnehmer in einem steuerrechtlich anzuerkennenden Arbeitsverhältnis zum anderen Ehegatten, kommen Pensionsrückstellungen für ernsthafte Pensionszusagen an den Arbeitnehmer-Ehegatten im üblichen, auch für fremde Arbeitnehmer geltenden angemessenen Rahmen mit steuerrechtlicher Wirkung in Betracht (*BVerfG* 22. 7. 1970 BStBl II, 652; *BFH* 14. 7. 1989 BStBl II, 969; EStH 41 Abs 10). 246

5. Pensionsrückstellungen und Rückdeckungsversicherung

Die Rückdeckungsversicherung dient der teilweisen oder vollen **Rückdeckung von Pensionsverpflichtungen** des Arbeitgebers bei einem VersicherungsUnt. Rückdeckungsversicherungen kommen in der Praxis vor allem bei wenigen oder relativ hohen Einzelzusagen vor (zB auch bei Gester-Geschäftsführern von KapGes), um unerwünschte Gewinnschwankungen oder gar eine Überschuldung des Unt bei vorzeitigem Eintritt von Versorgungsfällen zu vermeiden. Der Abschluss einer Rückdeckungsversicherung ist eine reine Finanzie- 247 rungs- und Risikovorsorgemaßnahme des Arbeitgebers, die grds ohne Einfluss auf die Bildung der Pensionsrückstellung ist. Sie unterstreicht bei Gester-Geschäftsführern von KapGes die Ernsthaftigkeit der Pensionszusage. Sie ist im Wesentlichen wie folgt definiert (*BFH* 12. 7. 1957, BStBl III, 289):

(1) Es muss dem Arbeitnehmer ausreichend bestimmt eine Versorgung aus den Mitteln des Arbeitgebers zugesagt sein.
(2) Zur Gewährleistung der Mittel für die Ausführung dieser Versorgung muss eine Sicherheit geschaffen sein.
(3) Die Sicherung darf nicht zusätzlich den Belangen des Arbeitnehmers dienen, sondern muss allein oder überwiegend den Belangen des Arbeitgebers zu dienen bestimmt sein.

Dies ist gewährleistet, wenn der Arbeitgeber Versicherungsnehmer, alleiniger Prämienzahler und Bezugsberechtigter auf die Versicherungsleistungen ist. Der pensionsberechtigte Arbeitnehmer, dessen Zustimmung zur Versicherung nach § 159 VVG eingeholt werden muss, ist Versicherter iSd VVG.

248 Der **Rückdeckungs-Versicherungsanspruch** und die Pensionsrückstellung für die Pensionszusage sind nach § 246 Abs 2 und EStR 41 Abs 24 grds getrennt zu bilanzieren. Eine **Saldierung** ist selbst bei kongruenter Rückdeckung unzulässig (so auch *BFH* 25. 2. 2004 BB 1557). Hat sich bei einer kongruenten, nicht mehr rückkauffähigen Rückdeckungsversicherung der Arbeitgeber verpflichtet, dem Arbeitnehmer sämtliche Leistungen der Rückdeckungsversicherung durch entspr Erhöhung der Pensionszusage zugute kommen zu lassen, darf nach dem Grundsatz der Bewertungseinheit der Rückdeckungsversicherungsanpruch nicht höher bewertet werden als der Pensionsanspruch (Anm 205 und § 252 Anm 23, 24).

6. Rückstellungen für Verpflichtungen auf Grund der Insolvenzsicherung

249 Unverfallbare Versorgungsansprüche (unmittelbare und mittelbare) unterliegen der Insolvenzsicherung beim **PSVaG** gem §§ 7–15 BetrAVG. Der PSVaG erhebt hierfür Beiträge im sog Rentenwertumlageverfahren (Kapitaldeckungsverfahren). Danach wird der Barwert der in einem Jahr entstehenden Leistungen des PSVaG zuzüglich sonstiger Kosten nach Maßgabe der von den Unt gemeldeten Beitragsbemessungsgrundlagen auf die meldepflichtigen Unt als Insolvenzsicherungsbeitrag umgelegt.

Bei dieser Umlage bleiben Verpflichtungen des PSVaG aus bereits gemeldeten, von Insolvenzen betroffenen unverfallbaren Anwartschaften unberücksichtigt; erst wenn diese infolge Eintritts des Pensionsfalls fällig werden, wird ihr Barwert in die Umlage (den Insolvenzsicherungsbeitrag) einbezogen.

Insoweit besteht beim PSVaG eine **ungedeckte Last,** für die bei den beitragspflichtigen Unt eine sonstige Rückstellung in Betracht kommen könnte. Mit U 13. 11. 1991 DB 1992, 867 hat der *BFH* jedoch entschieden, dass hierfür keine Rückstellungen mit steuerrechtlicher Wirkung gebildet werden dürfen. Nach Auffassung des BFH sind die wirtschaftlich wesentlichen Tatbestandsmerkmale für künftige Beitragszahlungen am Bilanzstichtag noch nicht verwirklicht, da die wirtschaftliche Ursache nicht im Entstehen des Anwartschaftsrechts zu sehen sei, sondern in dem Beginn der zu erbringenden Leistungen. Der BFH folgt damit nicht der im Schrifttum (*HFA* in WPg 1993, 183; *Ahrend/Förster/Rößler* 8. Teil Anm 148; *Höfer* in HdR[5] § 249 Anm 415) vertretenen Ansicht, die eine Rückstellung für künftige Beiträge an den PSVaG mit Rücksicht auf gem § 1 BetrAVG unverfallbare Anwartschaften verlangt, die ggü insolventen Arbeitgebern bestehen. Es ist jedoch nicht zu verkennen, dass der Rspr des BFH bei der Feststellung von handelsrechtlichen GoB auch entspr Bedeutung zukommt. Da die GoB hier nicht eindeutig feststehen, dürfen daher auch keine Konsequenzen für den BVm gezogen werden.

Die Rückstellung für künftige Beiträge auf Grund der ungedeckten Anwartschaftslast kann nach folgender **Formel** ermittelt werden (*Windel* WPg 1982, 640): 250

$$\text{Rückstellung zum Ende des lfd Gj (auf Basis des Vj als Referenzperiode)} = \text{Barwert der ungedeckten Anwartschaftslast laut PSVaG} \times \frac{\text{Beitragsbemessungsgrundlage des Unt}}{\text{Gesamte Beitragsbemessungsgrundlage laut PSVaG}}$$

Sowohl der Barwert der ungedeckten Anwartschaftslast als auch die gesamte Beitragsbemessungsgrundlage (aller meldepflichtigen Unt) werden vom PSVaG alljährlich im Dezember veröffentlicht.

7. Rückstellungen für Verwaltungskosten bei der Durchführung der betrieblichen Altersversorgung

Bei der Durchführung der BetrAV entstehen Verwaltungskosten durch Einholung versicherungsmathematischer und juristischer Gutachten, Erteilung von Rentenbescheiden, Auszahlung der Versorgungsleistungen, Verwaltung und Betreuung der Versorgungsbestände. Diese Kosten fallen alljährlich in meist nicht allzusehr unterschiedlicher Höhe an. 251

Soweit Verwaltungskosten auf ausgeschiedene Berechtigte mit unverfallbarer Anwartschaft oder auf lfd Pensionsbezüge entfallen, erscheint ihre Berücksichtigung bei der Bewertung von Pensionsrückstellungen geboten (glA *Grabner* BetrAV 1982, 10; *Schülen* WPg 1983, 662; *Höfer* in HdR[5] § 249 Anm 411 zählt diese Kosten jedoch zu den ähnlichen Verpflichtungen). Für LebensversicherungsUnt ist die Einbeziehung von Verwaltungskosten in die Deckungsrückstellung im Falle beitragsfreier Versicherungsjahre aufsichtsrechtlich vorgeschrieben. Dennoch ist eine entspr Handhabung der Verwaltungskosten für die BetrAV bisher nicht üblich. Sie wird von der FinVerw nicht anerkannt (BMF 13. 3. 1987 DB, 716).

VIII. Rückstellungen für Zuwendungen an rechtlich selbstständige Unterstützungskassen, Pensionskassen, Pensionsfonds und Beiträge zu Direktversicherungen

1. Rückstellungen für Zuwendungen an Unterstützungskassen

a) Rückstellungen für Zuwendungen gem § 4d EStG

Eine Rückstellung für Zuwendungen an eine Unterstützungskasse ist nach § 4d EStG steuerrechtlich (aber nicht für die HB) noch für das abgelaufene Wj mit gewinnmindernder Wirkung zlässig, wenn die Zuwendung innerhalb eines Monats nach Aufstellung oder Feststellung der Bilanz des TrägerUnt für den Schluss eines Wj geleistet wird. Geleistet ist die Zuwendung dann, wenn die Unterstützungskasse infolge Gutschrift, Barzahlung oder Übertragung entspr VG über die Zuwendung verfügen kann. 252

Die Zuwendung von Deckungskapital kann für lfd Leistungen erst in dem Wj in Betracht kommen, in dem mit der Zahlung tatsächlich begonnen wurde. Werden lfd Unterstützungskassenrenten vor Ablauf des Gj des TrägerUnt mit Wirkung ab dem Folgejahr erhöht, darf die Zuwendung des Deckungskapitals für die Erhöhung auch erst im Folgejahr vorgenommen werden (BdF 6. 4. 1976 BB, 538), weil das Deckungskapital grds nur bei oder nach Leistungsbeginn zugewendet werden darf.

Übersteigen die Zuwendungen die nach § 4d EStG steuerrechtlich abziehbaren Beträge, dürfen die übersteigenden Beträge im Wege der aktiven **Rechnungsabgrenzung** in der Steuerbilanz auf die folgenden drei Wj vorgetragen und im Rahmen der für diese Wj abzugsfähigen Beträge als Betriebsausgaben behandelt werden, § 4d Abs 2 EStG; eine entspr Abgrenzung in der HB kommt nicht in Betracht.

Zur Zuwendung an Unterstützungskassen siehe auch *BMF* 31. 1. 2002 BStBl. I 214.

b) Rückstellungen für den Fehlbetrag beim Kassenvermögen, gemessen am Teilwert iSd § 6a EStG

253 Handelsrechtlich ist die Passivierung des Differenzbetrags zwischen dem Teilwert der Unterstützungskassenverpflichtungen iSd § 6a EStG und dem Unterstützungskassenvermögen als mittelbare Pensionsverpflichtung zulässig (Anm 206). Wegen des Passivierungswahlrechts gem Art 28 Abs 1 S 2 EGHGB ist die Rückstellungsbildung steuerrechtlich nicht zulässig. Zur Bildung eines Aktivpostens für Steuerabgrenzung im Falle der Passivierung des Fehlbetrags in der HB § 274 Anm 45. Analoges gilt auch bei (ab 2002 zulässigen) unterdotierten Pensionsfonds.

2. Rückstellungen für Zuwendungen an Pensionskassen, Pensionsfonds und Zusatzversorgungskassen

254 **Sonstige Rückstellungen** sind zu bilden für Zuwendungen auf Grund einer Anordnung der Versicherungsaufsichtsbehörde oder zur Abdeckung von Fehlbeträgen bei der Kasse, wenn deren Höhe bei Bilanzaufstellung des TrägerUnt noch nicht festliegt; ist ihre Höhe jedoch bekannt, ist ein Ausweis als **Verbindlichkeit** geboten. Ergeben sich nach § 2 Abs 3 BetrAVG Ansprüche des Berechtigten *ggü dem Arbeitgeber,* handelt es sich bei diesem um **unmittelbare Pensionsverpflichtungen** (dazu Anm 165). Bei Pensionskassen kommt es wegen der vollständigen Anwartschaftsfinanzierung aber ansonsten idR nicht zu Unterdeckungen. Bei Pensionsfonds ist dies eher denkbar.

Haben die Arbeitnehmer eines Unt Anspruch auf eine Zusatzversorgung ggü einer öffentlichen Zusatzversorgungskasse (zB VBL), sind hierin nach *HFA* (FN IdW 1998, 292 sowie FN IdW 1999, 295) bei KapGes/KapCoGes nach Art 28 EGHGB im Anhang angabepflichtige mittelbare Pensionsverpflichtungen zu sehen (glA *Höfer* Bd II Anm 2446; *Weber/Küpper* DB 1995, 437). Hingegen sehen *Uttenreuther/von Puskas* (DB 1996, 741) und *Pfitzer/Schaum/Oser* (BB 1996, 1376) lediglich eine Verpflichtung der Unt, ihre Arbeitnehmer bei der Zusatzversorgungskasse anzumelden und die entspr, alljährlich festgelegten Umlagen zu zahlen. Ein Pensionsanspruch bestehe nur ggü der Zusatzversorgungskasse. Daher liegt nach deren Auffassung keine Pensionsverpflichtung nach Art 28 EGHGB vor. Da mittlerweile viele Zusatzversorgungskassen von ihren Mitgliedern zusätzliche Umlagen einfordern (sog Sanierungsgelder), ist damit offenkundig, dass bei diesen Kassen doch Unterdeckungen iSd Art 28 EGHGB bestehen.

3. Rückstellungen für Direktversicherungen

255 Direktversicherungen (zum Begriff R 26 EStR) erfüllen für die BetrAV die gleiche Funktion wie Pensionszusagen. In beiden Fällen ist ein Unt (Arbeitgeber) zugunsten eines Arbeitnehmers verpflichtet, Leistungen für dessen Alters-, Invaliditäts- oder Hinterbliebenenversorgung zu erbringen. Verpflichtungen aus

Direktversicherungen haben deshalb den Charakter von **Pensionsverpflichtungen;** sie gehören nicht zu den „ähnlichen Verpflichtungen" (Anm 163).

Solange das Unt seine Beitragsverpflichtungen ggü dem VersicherungsUnt erfüllt, kann davon ausgegangen werden, dass hinreichend Vorsorge für die Pensionsverpflichtung des Unt getroffen wird. Zur Auflösung der Pensionsrückstellung bei Übertragung von Pensionsverpflichtungen auf eine Direktversicherung Anm 239. Die Prämienzahlungen des Unt sind unter den Voraussetzungen des § 4b EStG abziehbare Betriebsausgaben.

Für die Bildung einer **Pensionsrückstellung** kommen Fälle in Betracht, in denen sich mangels ausreichender Leistungsverpflichtung des VersicherungsUnt **unmittelbare Verpflichtungen** des Unt ggü dem Berechtigten ergeben. Das ist der Fall, wenn beim Ausscheiden des Berechtigten mit aufrechterhaltener Anwartschaft gemäß § 2 Abs 2 BetrAVG eine **Deckungslücke** besteht, weil die dann beitragsfreie Versicherungsleistung nicht zur Erfüllung der Direktversicherungszusage ausreicht. Derartige Deckungslücken (mit der Folge unmittelbarer Verpflichtungen des Arbeitgebers) können auch entstehen, wenn das Unt vorbehaltlos eingegangenen Zahlungsverpflichtungen nicht nachkommt oder den Versicherungsvertrag kündigt, ohne dass ein Widerrufstatbestand gegeben ist.

Verpflichtet sich ein Unt vor Ablauf des Gj schriftlich, rechtswirksam für rückliegende Dienstjahre bestimmte Leistungen durch **Einmalzahlung in rückdatierte Direktversicherungen** zu finanzieren und liegt deren Höhe bis zur Bilanzaufstellung noch nicht fest, muss eine **sonstige Rückstellung** hierfür ausgewiesen werden; liegt ihre Höhe jedoch genau fest, kommt nur ein Ausweis als **sonstige Verbindlichkeit** ggü dem VersicherungsUnt in Betracht.

IX. Vermerk nicht ausgewiesener Rückstellungen im Anhang

Nach Art 28 Abs 2 bzw 48 Abs 6 EGHGB müssen KapGes/KapCoGes die in 256
Ausübung der Wahlrechte des Art 28 Abs 1 EGHGB in der Bilanz **nicht ausgewiesenen Rückstellungen** für Pensionsverpflichtungen (lfd Pensionen und Anwartschaften) und für ähnliche Verpflichtungen im Anhang (und im Konzernanhang) („in einem Betrag") angeben. Art 28 Abs 2 EGHGB macht keinen Unterschied zwischen unmittelbaren und mittelbaren Verpflichtungen.

Für weitere Einzelheiten zu Art 28 EGHGB, Anm 260ff.

X. Exkurs: Passivierungswahlrechte für Pensionsverpflichtungen (Art. 28 EGHGB)

Art. 28 EGHGB [Pensionsrückstellungen für Altzusagen]

(1) [1]**Für eine laufende Pension oder eine Anwartschaft auf eine Pension auf Grund einer unmittelbaren Zusage braucht eine Rückstellung nach § 249 Abs. 1 Satz 1 des Handelsgesetzbuchs nicht gebildet zu werden, wenn der Pensionsberechtigte seinen Rechtsanspruch vor dem 1. Januar 1987 erworben hat oder sich ein vor diesem Zeitpunkt erworbener Rechtsanspruch nach dem 31. Dezember 1986 erhöht.** [2]**Für eine mittelbare Verpflichtung aus einer Zusage für eine laufende Pension oder eine Anwartschaft auf eine Pension sowie für eine ähnliche unmittelbare oder mittelbare Verpflichtung braucht eine Rückstellung in keinem Fall gebildet zu werden.**

(2) **Bei Anwendung des Absatzes 1 müssen Kapitalgesellschaften die in der Bilanz nicht ausgewiesenen Rückstellungen für laufende Pensionen, Anwart-**

schaften auf Pensionen und ähnliche Verpflichtungen jeweils im Anhang und im Konzernanhang in einem Betrag angeben.

Schrifttum: Vor Anm 151.

A. Unmittelbare Pensionsverpflichtungen (Abs 1 S 1)

260 Pensionsverpflichtungen sind ungewisse Verbindlichkeiten; sie müssen daher grds nach Abs 1 S 1 passiviert werden. Art 28 Abs 1 enthält Ausnahmen von diesem Grundsatz, und zwar in S 1 für Verpflichtungen auf Grund unmittelbarer Zusagen (hierzu Anm 164) und in S 2 für mittelbare und den Pensionsverpflichtungen ähnliche Verpflichtungen (Anm 266–270).

Nach Abs 1 S 1 müssen bei **unmittelbaren Zusagen** Rückstellungen für lfd Pensionen und Anwartschaften nur gebildet werden, wenn die Berechtigten ihre Rechtsansprüche nach dem 31. 12. 1986 erworben haben (Neuzusagen, Anm 166); für Pensionsverpflichtungen auf Grund von vor dem 1. 1. 1987 erteilten Zusagen (Altzusagen, Anm 167) und für Erhöhungen solcher Verpflichtungen nach dem 31. 12. 1986 besteht ein **Passivierungswahlrecht.** Dieses Wahlrecht ist eine langfristige **Übergangsregelung,** die erst mit dem Auslaufen der Altzusagen hinfällig wird („biologische Lösung"). Zuführungen für Altzusagen ab 1987 verpflichten daher nicht zu gleichartiger Handhabung in Folgejahren (Anm 198). Eine Angabe über die Ausübung des Bilanzierungswahlrechts ist nach § 284 Anm 89, 128 nicht nötig.

261 Das Passivierungswahlrecht für Pensionsverpflichtungen auf Grund von Altzusagen und Erhöhungen solcher Verpflichtungen gilt auch, wenn einem Arbeitnehmer neben der Versorgung durch eine Unterstützungskasse *vor* oder *nach* dem 1. 1. 1987 eine Direktzusage erteilt wird oder wenn die Unterstützungskassenversorgung durch eine Direktzusage ersetzt wird (Anm 168; aA BMF 13. 3. 1987 BStBl I, 365).

262 Unbeschadet des Passivierungswahlrechts dürfen einmal gebildete Pensionsrückstellungen nur insoweit *aufgelöst* werden, als die Pensionsverpflichtung nicht mehr besteht. Einer weitergehenden Auflösung steht Abs 3 S 2 entgegen, wonach Rückstellungen nur aufgelöst werden dürfen, soweit der Grund für ihre Bildung entfallen ist (Anm 237). Es besteht also **kein Auflösungswahlrecht.**

263 Der Passivierungspflicht für Neuzusagen steht nicht entgegen, dass sich nach § 6 a EStG für diese noch kein Teilwert ergibt, zB weil der Berechtigte noch nicht 30 Jahre alt ist. Dann ist nur die Aufnahme in das Bestandsverzeichnis mit 0 € erforderlich.

B. Mittelbare und ähnliche Verpflichtungen (Abs 1 S 2)

266 Anders als die (wenn auch sehr langfristige) Übergangsregelung des Abs 1 S 1 (Passivierungswahlrecht bei Altzusagen und deren Erhöhungen) enthält Abs 1 S 2 ein **Passivierungswahlrecht als Dauerregelung:** Für mittelbare Pensionsverpflichtungen und für unmittelbare und mittelbare ähnliche Verpflichtungen brauchen Rückstellungen unabhängig vom Zeitpunkt des Erwerbs eines Anspruchs durch den Berechtigten nicht („in keinem Fall") gebildet zu werden. Auch hier gilt das **Verbot der Auflösung** gebildeter Rückstellungen, soweit deren Grund nicht entfallen ist (Anm 237).

Mittelbare Pensionsverpflichtungen kommen idR nur bei Zwischenschaltung einer **Unterstützungskasse** (iSv § 1b Abs 4 BetrAVG) und ab 2002 ggf eines **Pensionsfonds** in Betracht, *nicht* jedoch idR in den Fällen von **Direktversicherungen** (§ 1b Abs 2 BetrAVG) oder **Pensionskassen** (§ 1b Abs 3 BetrAVG). Bei den beiden letztgenannten Versorgungsformen können unmittelbare Pensionsverpflichtungen entstehen, wenn Deckungslücken (zB beim Ausscheiden eines Berechtigten mit unverfallbarer Anwartschaft) bestehen, oder es können nach Abs 1 passivierungspflichtige Verbindlichkeiten vorliegen, wenn der Arbeitgeber seine Beitragsverpflichtungen nicht erfüllt (Anm 254 und 255). Wegen öffentlicher Zusatzversorgungen s Anm 254. Zum Begriff der mittelbaren Verpflichtungen und den Gegenmeinungen s Anm 164f. 267

Nach der hier vertretenen Auffassung fällt die Verpflichtung zur Zahlung von **Vorruhestandsgeld** nicht unter den Begriff der **ähnlichen Verpflichtungen** (s Anm 154); Beispiele für ähnliche Verpflichtungen können entgegen den in der Literatur gelegentlich geäußerten Meinungen nicht genannt werden (Anm 162f und *ADS* § 249 Anm 117). 268

Steuerrechtlich ist die Passivierungsfähigkeit von Vorruhestandsverpflichtungen durch BMF 16. 10. 1984 BStBl I, 518; 13. 3. 1987 BStBl I, 365 und 25. 7. 1988 BB, 2073 geregelt; Anm 100, 154, 162. 269

Im Übrigen sind sowohl mittelbare als auch ähnliche (unmittelbare oder mittelbare) Versorgungsverpflichtungen steuerrechtlich nicht ansatzfähig; dazu BMF 13. 3. 1987 BStBl I, 365. 270

C. Angabe eines Fehlbetrags im Anhang (Abs 2)

I. Jahresabschluss

1. Angabepflichtige Unternehmen

Werden auf Grund der Wahlrechte nach Abs 1 S 1 (unmittelbare Zusagen) und/oder S 2 (mittelbare Zusagen) Pensionsrückstellungen nicht gebildet, müssen KapGes/KapCoGes die nicht gebildeten Rückstellungen im Anhang in einem Betrag angeben. **Größenabhängige Erleichterungen** werden für diese Anhangangaben *nicht* gewährt (glA *ADS* § 284 Anm 158). Die Angabepflicht besteht jedoch nicht für Unt, die keine KapGes/KapCoGes sind; auch nicht für Unt, die nach §§ 1, 3 PublG zur Rechnungslegung verpflichtet sind. Bei reinen PersGes ist eine Angabe von Fehlbeträgen, die von Bedeutung sind, im JA jedoch wünschenswert (ebenso *HFA* 2/1993 Teil A Nr 3 WPg 1994, 22 und *ADS* § 284 Anm 159 mwN). 271

HFA 2/1988 Nr 6 (WPg 1988, 403) hält demgegü alle Unt für angabepflichtig, die nach Gesetz (PublG, §§ 336 Abs 1 S 1, 340a Abs 1, 341a Abs 1 HGB) einen Anhang aufstellen müssen. Das Wort „Kapitalgesellschaften" in Abs 2 ist aber in der Überschrift vor § 264 legal definiert als „AG, KGaA und GmbH", womit auch nur solche Unt gemeint sind (ähnlich *ADS* § 284 Anm 159). Es kann nicht auf den Begriff „Unternehmen, auf welche die Vorschriften für KapGes anwendbar sind", geändert und damit insb auf Genossenschaften, Kreditinstitute und VersicherungsUnt einschließlich der Niederlassungen ausländischer Unt ausgedehnt werden.

Bei *mittelbaren* Versorgungsverpflichtungen über eine Unterstützungskasse ist nur das **Trägerunternehmen** zur Angabe eines Fehlbetrags verpflichtet. Auch wenn die **Unterstützungekasse als Kapitalgesellschaft** organisiert ist und daher auch einen Anhang aufzustellen hat, kommt hier die Angabe eines Fehl- 272 betrags nicht in Betracht, weil Unterstützungskassen ihre Leistungen nur bis zur Höhe ihres Vermögens zu erbringen haben, so dass sich eine als Fehlbetrag anzugebende Unterdeckung nicht ergeben kann (ebenso *HFA* 2/1988 Nr 6).

2. Art und Umfang der Angabe

274 Ein Fehlbetrag ist in €, und zwar **„in einem Betrag"** jeweils im Anhang und im Konzernanhang zu nennen, nicht aber getrennt nach nicht ausgewiesenen Rückstellungen für lfd Pensionen, Anwartschaften auf Pensionen und für ähnliche Verpflichtungen (ebenso zB *ADS* § 284 Anm 172 mit überzeugender Ablehnung der dort zitierten Gegenmeinung, welche eine gesonderte Angabe für mehrere Arten von Fehlbeträgen für erforderlich hält).

Die Angabe nach Abs 2 erstreckt sich nur auf eine Betragsangabe; eine **Begründung** ist nicht erforderlich. Daher ist es denkbar, dass sich die Angabe auf Formulierungen beschränkt wie „Für Pensionsverpflichtungen in Höhe von … € wurden Rückstellungen nicht gebildet" oder „Der Fehlbetrag wegen nicht bilanzierter Versorgungsverpflichtungen iSv Art 28 Abs 2 EGHGB beläuft sich auf … €".

275 Zusätzlich zur Angabe des Fehlbetrags besteht allerdings die Verpflichtung, Angaben über die auf Pensionsrückstellungen angewandten **Bilanzierungs- und Bewertungsmethoden** zu machen (§ 284 Abs 2 Nr 1, vgl hierzu § 284 Anm 127). Werden in der Bilanz **keine Pensionsrückstellungen** ausgewiesen, sind gleichwohl Anhangangaben über Bewertungsmethoden erforderlich; diese beziehen sich dann auf die Bemessung des im Anhang allein angegebenen Fehlbetrags (*HFA* 2/1988 Nr 6, § 284 Anm 127, 128 und *ADS* § 284 Anm 88 mwN).

3. Berechnung des Fehlbetrags

279 Die Berechnung des Fehlbetrags hat nach denselben Grundsätzen **wie** diejenige von **Pensionsrückstellungen** zu erfolgen (*HFA* 2/1988 Nr 6; zur Bewertung von Pensionsrückstellungen Anm 195 ff). Dies ergibt sich aus der Funktion der Fehlbetragsangabe als Korrektur für (teilweise) nicht gebildete Pensionsrückstellungen (glA § 284 Anm 128 und *ADS* § 284 Anm 90).

Werden **Zuführungen** zu Pensionsrückstellungen für sog Altzusagen bei erstmaliger Bildung (Anm 231) oder bei besonders hohen Zuführungen (Anm 232) **auf 3 Jahre verteilt** (wegen der handelsrechtlichen Unzulässigkeit bei Neuzusagen Anm 199), werden also Pensionsrückstellungen insoweit nicht gebildet, ist der Fehlbetrag in die Anhangangabe einzubeziehen.

280 Fraglich ist es, ob eine **Saldierung** zulässig ist, wenn über- und unterbewertete Pensionsrückstellungen zusammentreffen oder wenn bei verschiedenen Versorgungsformen eines Unt teils Über- und teils Unterdeckungen gegeben sind (s dazu auch *ADS* § 284 Anm 168, 169).

Bei einer **Mischfinanzierung** (die Arbeitnehmer werden sowohl durch Direktzusagen als auch über eine Unterstützungskasse versorgt) dürfen Überdeckungen, zB im Vermögen einer Unterstützungskasse, mit Fehlbeträgen aus Direktzusagen saldiert werden. Dies erscheint schon deshalb unproblematisch, weil es sich in solchen Fällen um nur technisch verschiedene Formen derselben Gesamtversorgung eines Arbeitnehmers handelt (Anm 168 zum Begriff der Altzusage, wenn eine mittelbare Versorgung durch eine unmittelbare ersetzt wird oder zur Erhöhung einer Versorgung, wenn diese durch eine weitere Versorgungsform ergänzt wird).

281 Für ehemalige Mitglieder der Geschäftsführungs- und der Aufsichtsorgane von Unt, für welche die Vorschriften über den Anhang von KapGes/KapCoGes

gelten (nach HGB oder PublG) müssen zusätzlich gesondert die bilanzierten und die nicht bilanzierten Pensionsrückstellungen in je einem Betrag angegeben werden. Für Einzelheiten § 285 Anm 185 ff.

Ist eine Pensionsrückstellung in der Steuerbilanz nicht und in der HB nur teilweise gebildet (zB bei mittelbaren Verpflichtungen), darf die **Steuerminderung auf Grund künftiger Zahlungen** (zB Zuweisungen an die Unterstützungskasse) bei der Ermittlung des Fehlbetrags nicht berücksichtigt werden. *ADS* (§ 284 Anm 162) halten hingegen auch eine Kürzung des Fehlbetrags um die Steuerminderung (wenn mit Sicherheit zu erwarten) für vertretbar, gehen dabei aber nicht auf den Gesichtspunkt ein, dass die Berücksichtigung derartiger künftiger Steuerminderungen ausschließlich und abschließend in den Vorschriften zur aktiven Steuerabgrenzung (§ 274 Abs 2, § 306) anders geregelt ist. 282

Bei Einschaltung einer **Unterstützungskasse** errechnet sich der nach Abs 2 anzugebende Fehlbetrag als Unterschiedsbetrag zwischen den wie für unmittelbare Pensionsverpflichtungen nach § 253 Abs 1 S 2 bewerteten Versorgungsleistungen auf Grund des Leistungsplans der Kasse und dem Wert des Kassenvermögens. Zur Bewertung von Pensionsverpflichtungen Anm 195ff und zur Bewertung des Kassenvermögens Anm 206; zum Letzteren auch *ADS* § 284 Anm 167. 283

II. Konzernabschluss

Ist das MU eine KapGes/KapCoGes, bezieht sich die Angabepflicht auf den Gesamt-Fehlbetrag aus allen einbezogenen Unt, auch wenn es sich um Nicht-KapGes oder um ausländische Unt handelt (*ADS* § 313 Anm 132); es genügt auch hier eine einzige Zahl (Anm 274). Nicht-KapGes/KapCoGes, die nach § 13 PublG einen KA aufstellen, sind zwar auch verpflichtet, einen Konzern-Anhang aufzustellen. Mangels einer Verweisung des § 13 Abs 3 PublG auf § 5 Abs 2 PublG gilt die dort geregelte Befreiung von der Erstellung eines Anhangs im JA nicht für den KA. Sie brauchen aber einen Fehlbetrag nicht anzugeben, weil Art 28 Abs 2 diese Verpflichtung ausdrücklich nur KapGes auferlegt (Anm 271, ebenso *ADS* § 313 Anm 134). Nur wenn der KA einer Nicht-KapGes/KapCoGes nach § 13 Abs 3 S 3 PublG **befreiende Wirkung** für einen Teil-KA einer KapGes/KapCoGes haben soll, muss ein Fehlbetrag auch im Konzernanhang der Nicht-KapGes angegeben werden (*ADS* § 313 Anm 135). 286

Für die Formulierung des Konzern-Gesamt-Fehlbetrags (Anm 274), für die Bilanzierungs- und Bewertungsmethoden (Anm 275) und für die Berechnung des Fehlbetrags (Anm 279 ff) gelten die Erl zum JA entspr (glA *ADS* § 313 Anm 132).

Saldierungen von Fehlbeträgen halten wir für den KA (nur) in dem in Anm 280 dargestellten Umfang für zulässig. 287

Der Konzern-Fehlbetrag gem Abs 2 bezieht sich auf alle *einbezogenen* Konzern-Unt, unabhängig von *deren* Rechtsform (hM; Anm 286). Auch Gemeinschaftsunt gem § 310 sind einzubeziehen, wenn für sie die anteilige Vollkonsolidierung gewählt wurde. 288

Außer Betracht bleiben die nicht einbezogenen Unt (§ 296) und die assoziierten Unt (§§ 311 f); aA ohne Begr *ADS* § 313 Anm 132 („*sämtliche*" einbezogene).

Die Fehlbeträge wegen „unterdeckter" **Unterstützungskassen** sind als Fehlbeträge der einbezogenen TrägerUnt (Anm 272) in den Konzern-Fehlbetrag aufzunehmen. Unterstützungskassen in der Rechtsform der GmbH brauchen nach § 296 Abs 1 Nr 1 nicht konsolidiert zu werden.

289 Für die Ermittlung des Konzern-Fehlbetrags gilt insbesondere auch der Grundsatz der **einheitlichen Bewertung** (§ 308), der jedoch die Berücksichtigung sachverhaltlicher Unterschiede (unterschiedliche biometrische Gegebenheiten für Arbeitnehmer einzelner Unt im Ausland, unterschiedliche Zinssätze entspr verschiedener Kapitalmarktverhältnisse im Ausland, ähnliche Ansammlungsverfahren) nicht ausschließt; dazu auch § 308 Anm 53; glA *ADS* § 313 Anm 133.

290 Für ehemalige Mitglieder des Geschäftsführungsorgans des MU (oder ggf der Mitglieder ihrer Aufsichtsgremien) sind gem § 314 Abs 1 Nr 6b außerdem die Beträge der bilanzierten Pensionsrückstellungen und der nicht bilanzierten Pensionsrückstellungen zu nennen. Für Einzelheiten und zum Geltungsbereich § 314 Anm 76.

XI. Abweichungen der IFRS

1. Allgemeines

291 Maßgeblich ist IAS 19 (revised 2004) über *Employee Benefits*. IAS 26 *(Accounting and Reporting by Retirement Benefit Plans)* gilt hingegen nur für die Berichterstattung der Versorgungseinrichtung (Pensionsfonds, Unterstützungs-, Pensions- bzw Versorgungskasse) selbst (IAS 19.2), wenn diese in ihrer Eigenschaft als Retirement Benefit Plan einen eigenständigen JA nach IFRS an die Adresse der Versorgungsberechtigten erstellen sollte, was wohl nie vorkommen dürfte. Wird eine Pensionskassen-AG oder Pensionsfonds AG in einen KA nach IFRS einbezogen, gilt IAS 19, insoweit die Pensionskasse oder der Pensionsfonds Mitarbeiter des Konzerns versorgt. Versichert bzw versorgt die Pensionskassen-AG oder Pensionsfonds-AG (gewerbsmäßig) Mitarbeiter fremder Arbeitgeber, ist sie insoweit nicht als Retirement Benefit Plan tätig, so dass für den KA nach IFRS weder IAS 19 noch IAS 26 einschlägig sind, sondern die entspr IFRS für LebensversicherungsUnt. Für eine Pensionskassen-AG gilt dies zwingend, da sie auch rechtlich ein LebensversicherungsUnt ist, und für eine Pensionsfonds-AG zumindest analog.

Nach IAS 19.24, 19.49 erfolgt im Gegensatz zu Art 28 EGHGB keine Unterscheidung zwischen unmittelbaren und mittelbaren Pensionsverpflichtungen. Auch Beihilfen zu Krankenversicherungsbeiträgen bzw Krankheitskosten von Betriebsrentnern (*post-employment medical care* gem IAS 19.4) werden mit erfasst (s auch Anm 152). Die formelle Ausgestaltung der Rechtsverhältnisse zwischen Arbeitgeber, Arbeitnehmer und Versorgungseinrichtung (Rechtsanspruch des Arbeitnehmers ggü Arbeitgeber und/oder Versorgungseinrichtung) ist ohne Bedeutung (IAS 19.3). Entscheidend ist hingegen, ob ein Pensionsplan beitragsorientiert *(defined contribution)* oder leistungsorientiert ist *(defined benefit,* IAS 19.25 ff). Bei einem defined contribution plan (IAS 19.25) ist der Arbeitgeber nur zu Beiträgen (zB in absoluter Höhe oder in relativer Höhe zum Gehalt oder zu einer anderen Bemessungsgröße wie Umsatz oder Gewinn) verpflichtet; außerdem darf der Arbeitgeber weder von einer guten noch einer schlechten Entwicklung (performance) der Versorgungseinrichtung betroffen sein (zB keine Nachschussverpflichtung und kein Rückfluss von Überschüssen, wobei aber ein gewisses upside potential zulässig ist).

Wegen der arbeitsrechtlichen Haftung des Arbeitgebers (und da Unterstützungskassen aus steuerrechtlichen Gründen stets eine Leistung zusagen müssen) stellen unmittelbare **Pensionsverpflichtungen** und **Unterstützungskassenpläne** grds immer *defined benefit plans* dar; ebenso viele Pensionskassenpläne und auch einige Direktversicherungspläne, sofern der Arbeitgeber an den Überschüssen partizipieren kann oder Deckungslücken zu seinen Lasten gehen können. Auch die ab 2002 zulässigen **Pensionsfonds** sind an diesen Grundsätzen zu messen. Allein die finale Einstandspflicht des Arbeitgebers für sämtliche Leistungen der betrieblichen Altersversorgung nach § 1 Abs 1 S 3 BetrAVG führt zumindest bei Direktversicherungen nicht dazu, dass ein Pensionsplan als leistungsorientiert zu werten ist (IAS 19.39, IAS 19.42 stellen nämlich nicht auf die Insolvenz des Versicherers ab, sondern auf die „normale" Fälligkeit der Leistungen, dh „when they fall due" statt „when the insurer cannot pay"); eine solche Einstandspflicht ist nur als Eventualverbindlichkeit zu werten. Das sollte auch bei Pensionskassen und Pensionsfonds gelten, wenn diese nach gleichen Grundsätzen (hinsichtlich Eigenkapitalausstattung, Solvabilität, Tarifgestaltung) wie Versicherer operieren sollten (*Rhiel* DB 2005, 293 und *Rhiel* in Haufe IFRS § 22 Anm 10, 77). Bei **Gruppenkassen** *(multi-employer plans)* gem IAS 19.29 ff in der Form der defined benefit plans wird jedem Arbeitgeber sein Anteil an den Verpflichtungen und den Vermögenswerten der Kasse (sofern dies möglich ist) zugeordnet (zB Kassen für die Zusatzversorgung der Arbeitnehmer im öffentlichen Dienst wie die VBL), so dass sich hier idR Pensionsrückstellungen ergeben werden (nach HGB liegen allenfalls mittelbare Pensionsverpflichtungen vor, s Anm 254). Ist diese Aufteilung nicht möglich, kann die Gruppenkasse nach IAS 19.30 wie ein defined contribution plan behandelt werden. Nach dem Amendment vom 16. 12. 2004 (IAS 19.32A) sind bereits beschlossene künftige Zusatzbeiträge zur Deckung eines bestehenden Defizits der Gruppenkasse beim Arbeitgeber zu passivieren. Dies betrifft insb die Sanierungsgelder der Zusatzversorgungskassen, die aber idR nach IAS 19 160 erfolgsneutral eingebucht werden können (ausführlicher *Rhiel* DB 2005, 293).

2. Leistungsorientierte Pensionspläne (defined benefit plans)

Verpflichtungen aus defined benefit plans sind unter Zugrundelegung realistischer und zutreffender Berechnungsparameter und -methoden zu bewerten (IAS 19.50). Nach IAS 19.64 ist – genauso wie nach US-GAAP (SFAS 87) – nur die *projected unit credit* Methode zulässig. Der hiernach zu ermittelnde versicherungsmathematische Sollwert der Pensionsverpflichtung ist der *present value of the defined benefit obligation* **DBO** (nach SFAS 87 lautet die Bezeichnung *projected benefit obligation* PBO), der Barwert der zum Bilanzstichtag erdienten (und somit vergangenen Wj zuzurechnenden) Pensionsansprüche. Allgemeine biometrische Wahrscheinlichkeiten für Invalidität, Sterblichkeit und Hinterbliebenensituation (zB die Richttafeln nach *K. Heubeck* sind ggf unt-spezifisch zu modifizieren. Die betriebliche Fluktuation ist zu berücksichtigen. Für den Rechnungszinsfuß gibt es nur einen engen Bewertungsspielraum; nach IAS 19.78 ff ist der langfristige Zinssatz für erstklassige festverzinsliche Anleihen (high quality corporate bonds) oder hilfsweise für entspr Staatsanleihen zum Bilanzstichtag anzusetzen (zum 31. 12. 2004 etwa 4,5%). Künftige wahrscheinliche (auch karrieremäßige) Erhöhungen von Renten und Gehältern (Pensionsansprüchen) sind nach IAS 19.72 ff einzubeziehen. Die Annahmen über Inflation und tarifliche Gehaltssteigerungen müssen gem IAS 19.75 mit dem Rechnungszinssatz in Einklang stehen. Für dynamische Pensionsverpflichtungen liegt daher die DBO idR deutlich über dem Teilwert nach § 6a EStG. Der *HFA* erachtet es (FN IdW 1998, 292), auch wenn Bedenken gegen bestimmte Komponenten (Anm 293 ff) einer Bewertung nach IAS 19 bestehen, nicht als notwendig, dass der AP Einwendungen erhebt, falls in einem HGB-Abschluss Pensionsverpflichtungen in Übereinstimmung mit IAS 19 bewertet werden und der ermittelte Wert innerhalb der nach *HFA* 2/1988 zulässigen Bandbreite (Anm 197, 201) liegt. 292

293 ***Plan assets,*** dh Vermögenswerte einer evtl vorhandenen externen Versorgungseinrichtung (Pensionsfonds, Unterstützungs-, Pensions- oder Versorgungskasse) sind gem IAS 19 102 ff nach Marktwertverhältnissen (fair value) anzusetzen, wobei Darlehensforderungen von Unterstützungskassen an TrägerUnt wegen IAS 19 103 nur dann als plan assets gelten können, wenn sie wie unter fremden Dritten (auch hinsichtlich Besicherung) vereinbart wurden *(IDW ERS HFA 2* WPg 2004, 1344). Auch als plan assets gelten seit 2000 mittels einer **Treuhandgestaltung** (oder Verpfändung) anderen Gläubigern entzogene Vermögenswerte des Unt (auch Rückdeckungsversicherungen), wenn diese Vermögenswerte nur zur Erfüllung der Pensionsverpflichtungen des Unt dienen (sog **Contractual Trust Arrangement** CTA, bzw qualifying insurance contracts). Zuwendungen an die Versorgungseinrichtung (wie auch direkte Rentenzahlungen) stellen keinen Aufwand dar (IAS 19.61), sondern werden erfolgsneutral vom Rückstellungsbetrag gemindert, so dass ggf nicht bilanzierte Fehlbeträge unverändert bestehen bleiben. Diese Rückstellungsverminderung bei unverändertem Umfang der Pensionsverpflichtungen könnte bei Vorliegen von Fehlbeträgen (in einem HGB-JA) einen Verstoß gegen das Auflösungsverbot darstellen, es sei denn, man fasst die Rückstellungsverminderung als Verbrauch (Verwendung) auf.

294 Der Differenzbetrag von DBO und plan assets muss aber wegen folgender **Verteilungsmöglichkeiten** nicht unbedingt den Bilanzwert im JA des Unt darstellen (IAS 19.54):

Wird der **Pensionsplan** mit Wirkung auf die erdienten Pensionsansprüche **verbessert** (sog *past service cost* gem IAS 19.96 ff), dürfen entspr Rückstellungserhöhungen auf die Wj verteilt werden, in denen die verbesserten Pensionsansprüche unverfallbar werden. Da in Deutschland (nach Erfüllung der Unverfallbarkeitsfristen) Pensionsverbesserungen nach § 2 BetrAVG genauso in die Unverfallbarkeit eingehen, als ob sie schon bei Diensteintritt zugesagt worden wären, werden Pensionsverbesserungen idR sofort voll zu bilanzieren sein. Grds ähnlich ist bei rückwirkenden Pensionsplanverschlechterungen (zB auch Einfrieren von erdienten, aber dynamischen Pensionsansprüchen) vorzugehen, wobei die Rechtswirksamkeit solcher Maßnahmen kritisch zu überprüfen ist.

Unregelmäßigkeiten im Risikoverlauf der Pensionsverpflichtungen, Auswirkungen von Änderungen der Berechnungsparameter (insb Zins und Dynamik) und auch unerwartete Vermögensgewinne oder -verluste bei den plan assets (sog **versicherungstechnische Gewinne oder Verluste**) brauchen gem IAS 19.92 ff so lange *nicht* erfolgswirksam erfasst zu werden, wie die aufgelaufenen noch ungetilgten Beträge einen sog Korridor von 10% des Maximums von DBO und plan assets zum Bilanzstichtag noch nicht übersteigen. Der Teil des den Korridor übersteigenden Betrags, der im folgenden Wj *mindestens* erfolgswirksam erfasst werden muss, ergibt sich dann durch Division dieses übersteigenden Betrags durch die künftige durchschnittliche Restaktivitätsdauer der pensionsberechtigten Arbeitnehmer. Es dürfen aber auch größere Beträge erfolgswirksam gebucht werden; auch sofortige vollständige Tilgung ist zulässig. Eine einmal gewählte Tilgungsmethode ist gem IAS 19.93 beizubehalten. Die Methode der sofortigen vollständigen Tilgung kann insb bei Änderungen der Berechnungsparameter (zB Zinssatz) erhebliche Aufwandsschwankungen verursachen. Seit Dezember 2004 besteht in IAS 19.93 eine „dritte Option", nach der diese sofortige Tilgung alternativ erfolgsneutral gegen Gewinnrücklagen im *statement of recognised income and expense* (SORIE) erfolgen kann (ausführlicher *Rhiel* DB 2005, 293). Auch der etwaige Übergang auf die „dritte Option" ist erfolgsneutral.

295 Bei Inanspruchnahme von Verteilungsmöglichkeiten stellt die Pensionsrückstellung ***(defined benefit liability)*** nach IAS 19.54 einen Gesamtbetrag dar, der

evtl nur schwer auf die einzelnen Pensionsverpflichtungen individualisiert werden kann. Dieser ggf auftretende Widerspruch zum Einzelbewertungsprinzip des HGB kann Bedeutung erlangen, wenn die gem IAS 19 ermittelte Rückstellung auch in einen JA nach HGB übernommen werden sollte. Dann wäre auf jeden Fall eine Individualisierung vorzunehmen, die zu einem steuerrechtlichen Nachholverbot führen könnte, wenn sich in der HB geringere Werte als die Teilwerte nach § 6a EStG für die Steuerbilanz ergeben sollten.

Anstelle einer Pensionsrückstellung kann sich gem IAS 19.58 auch ein *Aktivwert* in der Bilanz ergeben. Dieser ist zu begrenzen auf die Summe aus dem Barwert der Vorteile, die das Unt aus der Überdotierung des Pensionsfonds durch Rückvergütung oder Minderung von Beiträgen in künftigen Wj voraussichtlich realisieren kann, und den zum Bilanzstichtag bestehenden ungetilgten Verlusten und ungetilgten past service cost. Der Ansatz eines solchen Aktivwerts dürfte idR dem HGB widersprechen: Werden zB bei einer Pensionskasse die mit 3,5% Rechnungszins ermittelten Beiträge vom Arbeitgeber allein getragen und werden die Überschüsse der Pensionskasse voll dem Arbeitgeber zurückerstattet, ergeben sich nach HGB erst dann Erträge für den Arbeitgeber, wenn die Pensionskasse nach ihren Rechnungslegungsvorschriften Überschüsse tatsächlich erwirtschaftet hat. Nach IAS 19 liegt aber die DBO von Anfang an (da mit einem höheren Rechnungszins als 3,5%, sowie im Bsp *ohne* Leistungsdynamik, ermittelt) deutlich unter dem Wert der plan assets. 296

Bei einer Beitragszusage mit Mindestleistung (oder auch anderen neueren Zusagetypen mit Mindestgarantien, wie zB wertpapiergebundene Zusagen) sollte die DBO dem Marktwert der betreffenden Vermögenswerte entsprechen, mindestens aber dem Barwert der Mindestleistung (s Anm 205).

Nach IFRS ist der jährliche **Pensionsaufwand** für disclosure-Zwecke in seine Komponenten (Prämie, Zinsanteil auf die DBO, ggf abzgl erwarteter Erträge auf die plan assets, evtl Verteilungsbeträge) zu **zerlegen.** Der Aufwand kann insgesamt als Personalaufwand gebucht werden; ein separater Ausweis des Saldos aus Zinsanteil auf die DBO und der (erwarteten) Erträge auf die plan assets als Zinsaufwand ist nach IAS 19.119 ebenfalls zulässig (s § 275 Anm 339). 297

Wird erstmals nach IFRS bilanziert, darf in der Eröffnungsbilanz *(zum date of transition)* statt retrospektiv auch nach IFRS 1.20 mit einem *fresh start* (also mit leerem Korridor) begonnen werden.

Werden leistungsorientierte Pensionsverpflichtungen ganz (oder teilweise) abgefunden oder schuldbefreiend auf einen neuen Verpflichteten (zB neuen Arbeitgeber, VersicherungsGes oder auf einen eigenen defined contribution plan) übertragen (***settlement*** gem IAS 19.109ff) oder fallen (zB durch Betriebs- oder Teilbetriebsveräußerung, Vorruhestands- oder andere Maßnahmen) künftige versorgungsfähige Dienstjahre weg (***curtailment*** gem IAS 19.109ff), müssen hierdurch entstehende Gewinne oder Verluste (einschl evtl Wertveränderungen der DBO) zusammen mit evtl noch bestehenden ungetilgten Verteilungsbeträgen ganz (oder anteilig) getilgt werden. 298

3. Sonstige Verpflichtungen gegenüber Arbeitnehmern

IAS 19 enthält auch Rechnungslegungsvorschriften über sonstige kurzfristige und langfristige sowie weitere Verpflichtungen ggü Arbeitnehmern *(employee benefits)*. Kurzfristige Verpflichtungen aus dem Arbeitsverhältnis (IAS 19.8ff), die innerhalb von 12 Monaten nach Entstehung fällig werden, sind im Gegensatz zu langfristigen unabgezinst zurückzustellen. Zu den sonstigen langfristigen Verpflichtungen (IAS 19.126ff) zählen ua Jubiläumsgelder, langfristig aufgeschobene Vergütungen *(deferred compensation)* sowie Leistungen bei Invalidität oder Tod 299 außerhalb des Rahmens eines Pensionsplans. Überbrückungsgelder und Leistungen bei Invalidität oder Tod im Rahmen eines Pensionsplans (wie in Deutschland fast regelmäßig der Fall) sollten im Rahmen des Pensionsplans angesetzt und bewertet werden. Weitere in IAS 19 behandelte Verpflichtungen sind *equity compensation benefits* (IAS 19.144 ff betreffen nur *disclosures,* ab 2005 jedoch durch IFRS 2 abgelöst) sowie *termination benefits* (Zahlungen, Abfindungen, Abfertigungen bei Beendigung des Arbeitsverhältnisses und Vorruhestandsgelder) gem IAS 19.132 ff.

Für all diese längerfristigen Verpflichtungen ist der **Barwert** der abgelaufenen Wj zuzurechnenden (Teil-)Ansprüche (DBO) zurückzustellen, wobei für die Berechnungsmethoden und -annahmen (insb Zins und Dynamisierung) das Gleiche wie bei Pensionszusagen gilt. Verteilungswahlrechte werden nicht zugestanden. Termination benefits (insb Vorruhestandszahlungen) sind zurückzustellen, sobald sie vereinbart oder unausweichlich sind (s Anm 158). Zu Gehaltsaufstockungen im Rahmen von Altersteilzeitregelungen (bei bestehenden Arbeitsverhältnissen) enthält IAS 19 keine expliziten Angaben. Eine Bilanzierung analog termination benefits als Abfindung für die partielle Aufgabe des Arbeitsplatzes (s Anm 100, 154) ist sinnvoll (*IDW RS HFA 3* WPg 1998, 1063). Bei Blockmodellen sind auf jeden Fall die Zahlungen für die Freistellungsphase in der Beschäftigungsphase anzusammeln (Rückstellung mit Abzinsung), da insoweit eine aufgeschobene Vergütung für erbrachte Arbeitsleistungen vorliegt.

G. Aufwandsrückstellungen (Abs 2)

Schrifttum: *Dörner* Aufwandsrückstellungen – Möglichkeiten und Grenzen der Bilanzpolitik, WPg 1991, 225, 264; *Kämpfer* Zum Ansatz von Aufwandsrückstellungen nach § 249 Abs 2 HGB, in FS Moxter (1994), 257; *Wesner* Altlast und Aufwandsrückstellung – ein Widerspruch? in FS Moxter, 433.

I. Allgemeines

300 Nach Abs 2 dürfen Rückstellungen für ihrer Eigenart nach genau umschriebene, dem Gj oder einem früheren Gj zuzuordnende Aufwendungen gebildet werden, die am Abschlussstichtag wahrscheinlich oder sicher, aber hinsichtlich ihrer Höhe oder des Zeitpunkts ihres Eintritts unbestimmt sind. Damit wurde Art 20 Abs 2 der 4. EG-Richtl unverändert übernommen.

301 Abs 2 erlaubt die Verrechnung künftiger Ausgaben als Aufwand des Gj auch insoweit, als eine Verpflichtung ggü einem anderen noch nicht besteht. Die Zulassung von Aufwandsrückstellungen wurde damit begründet, dass in anderen EG-Ländern gcleiche Rückstellungsmöglichkeiten bestehen und mit der Erwägung, dass es sich um die Vorsorge für konkrete künftige Aufwendungen handele, die dem Gj oder einem früheren zuzuordnen sind und denen sich der Kfm nicht entziehen kann, wenn er seinen Geschäftsbetrieb unverändert fortführen will.

302 Die besondere *Problematik* der Aufwandsrückstellungen liegt in der Bestimmung der Sachverhalte, für die künftige Ausgaben passiviert werden dürfen, ohne dass eine Verpflichtung ggü einem anderen besteht. Im Einzelfall ist es schwierig festzustellen, ob die Rückstellungsbildung eine nach Abs 2 zulässige Vorsorge für konkrete Ausgaben oder eine unzulässige allgemeine Vorsorge mit Rücklagecharakter darstellt. Daher wird mit Recht von einer Manipulationsgefahr und der eingeschränkten Nachprüfbarkeit der Aufwandsrückstellungen gesprochen.

Für die Aufwandsrückstellungen nach § 249 Abs 2 besteht ein **Passivierungswahlrecht.** Sie dürfen daher in der **Steuerbilanz** nicht gebildet werden (s *Weber-Grellet* in Schmidt[24] § 5 Anm 474). 303

II. Voraussetzungen der Bildung von Aufwandsrückstellungen

1. Konkretisierung der Aufwendungen

Aufwandsrückstellungen nach Abs 2 dürfen nur für **ihrer Eigenart nach genau umschriebene Aufwendungen** gebildet werden. Diese Voraussetzung gilt für alle Rückstellungen, hat aber bei den Aufwandsrückstellungen eine größere Bedeutung, weil es hier besonders auf die Unterscheidung von nicht rückstellbaren allgemeinen Vorsorgen ankommt (dazu *Mayer-Wegelin/Kessler/Höfer* in HdR[5] § 249 Anm 238). So ist zB eine Großreparaturrückstellung nur dann zulässig, wenn die einzelne Anlage sowie Art und Umfang der auszuführenden Arbeiten bekannt sind (Anm 316ff; so auch *ADS*[6] § 249 Anm 202). 305

2. Zeitliche Zuordnung

Die künftigen Aufwendungen müssen **dem Gj oder einem früheren Gj zuzuordnen** sein. Nach welchem Maßstab diese Zuordnung erfolgen kann, ist str. Einerseits wird eine Zuordnung der künftigen Ausgaben wie im Falle der Verbindlichkeitsrückstellungen nach dem Realisationsprinzip befürwortet (s Nachweise bei *ADS*[6] § 249 Anm 205). Danach sind bei Vorliegen der übrigen Voraussetzungen solche künftigen Aufwendungen passivierbar, die bereits realisierten Erträgen zugerechnet werden können. Die Aufwandsrückstellungen nach Abs 2 würden sich dann von den Verbindlichkeitsrückstellungen nur dadurch unterscheiden, dass es an einer Außenverpflichtung fehlt (zur wirtschaftlichen Verursachung als Kriterium für die Passivierung von Verbindlichkeitsrückstellungen Anm 34ff). Andererseits wird den Aufwandsrückstellungen nach Abs 2 eine über die vorsichtige Gewinnermittlung hinausgehende Vorsorge- oder Finanzierungsfunktion zugesprochen. Die Zuordnung von Aufwendungen nach Abs 2 ergebe sich nicht aus dem Realisationsprinzip, sondern diene der „Erfolgsglättung“ bzw der „Gewinnegalisierung“ (*ADS*[6] § 249 Anm 192, 207 mwN). Deshalb sind auch nach dem Realisationsprinzip *künftigen Erträgen* zuzurechnende Aufwendungen passivierbar. Dies gilt etwa für Großreparaturen, die durchgeführt werden, um künftige Erträge zu realisieren (hierauf wurde während des Gesetzgebungsverfahrens im Bericht des Rechtsausschusses Bezug genommen; aA *Dörner* WPg 1991, 228). Künftige Aufwendungen sind demnach insoweit dem Gj oder einem früheren Gj zuordenbar, als sie in einer Beziehung zu Aktivitäten in der Vergangenheit stehen und die Aufwandsverrechnung zu einer gleichmäßigen Belastung der Gj führt (*ADS*[6] § 249 Anm 206f). 306

3. Eintrittswahrscheinlichkeit

Nach Abs 2 berücksichtigungsfähige Aufwendungen liegen weiterhin nur dann vor, wenn die künftigen Ausgaben **am Abschlussstichtag wahrscheinlich oder sicher** sind. Da Aufwandsrückstellungen dadurch gekennzeichnet sind, dass eine Verpflichtung ggü einem anderen nicht besteht, hängt die Wahrscheinlichkeit oder Sicherheit des Grundes der künftigen Ausgabe davon ab, ob sich der Kfm der Ausgabe nicht entziehen kann, wenn er seinen Geschäftsbetrieb unverändert fortführen will. Daher ist zB die Rückstellung für eine Großreparatur dann nicht zulässig, wenn die betreffende Anlage vor Durchführung 307 der Reparatur verkauft oder verschrottet werden soll. In diesem Fall kommt statt dessen eine außerplanmäßige Abschreibung nach § 253 Abs 2 S 3 in Frage.

308 Die **Unbestimmtheit hinsichtlich der Höhe oder des Zeitpunkts des Eintritts** der Ausgabe ist bei den hier in Frage kommenden Sachverhalten regelmäßig gegeben. Im Übrigen kann dieses Kriterium nur so verstanden werden, dass (wie bei den Pflichtrückstellungen) *Gewissheit* über Höhe und Zeitpunkt der Ausgabe nicht gefordert ist (ebenso *ADS*[6] § 249 Anm 216 mwN; *Meyer-Wegelin/Kessler/Höfer* in HdR[5] § 249 Anm 249f).

309 Im Falle von mehrjährigen Projekten ist eine **Verteilung der Zuführung** auf mehrere Gj zulässig (s Anm 323 „FuE", „Werbung").

III. Ergänzende Grundsätze

310 Eine einmal bilanzierte Aufwandsrückstellung muss nach dem Grundsatz der **Bewertungsstetigkeit** (§ 252 Abs 1 Nr 6) fortgeführt werden (glA *Dörner* WPg 1991, 265; *Mayer-Wegelin/Kessler/Höfer* in HdR[5] § 249 Anm 71; im Ergebnis wohl ebenso *Schulze-Osterloh* in Baumbach/Hueck GmbHG[17] § 42 Anm 201). Der Grundsatz der Bewertungsstetigkeit gilt zwar nicht für die *Ausübung* von Ansatzwahlrechten (§ 252 Anm 57). Für einmal ausgeübte Ansatzwahlrechte gilt aber das Stetigkeitsgebot hinsichtlich der *Bewertung* des angesetzten Postens (glA *WPH I*[12] E 226; wie hier wohl auch *ADS*[6] § 249 Anm 217, die zwar das Wahlrecht für jeden einzelnen Sachverhalt *und* jedes Gj stets neu sehen, dies aber nur für *unterschiedliche* Sachverhalte im gleichen oder in aufeinander folgenden Gj darstellen [ebenso hier Anm 313]; aA mit ähnlichem Ergebnis *ADS*[6] § 253 Anm 276: Auflösung nach § 249 Abs 3 S 2 nur bei Wegfall des Rückstellungsgrundes; erweiternd erachten es *WPH I*[12] E 226 als wünschenswert, dass insb KapGes die Ansatzwahlrechte stetig anwenden).

311 Aus dem Wortlaut der Bestimmung („oder einem früheren Gj zuzuordnende Aufwendungen") wurde verschiedentlich geschlossen, dass die **Nachholung** bewusst unterlassener Aufwandsrückstellungen zulässig sei (*ADS*[6] § 249 Anm 218; *Streim* BB 1985, 1581; *Mayer-Wegelin/Kessler/Höfer* in HdR[5] § 249 Anm 245). Die Worte „oder einem früheren Gj zuzuordnende Aufwendungen" erlauben aber lediglich die Ansammlung von Aufwandsrückstellungen (zB für Großreparaturen) über mehrere Jahre. Der Nachholung in Vorjahren bewusst unterlassener Aufwandsrückstellungen steht auch der Grundsatz der Bewertungsstetigkeit (§ 252 Abs 1 Nr 6) entgegen (glA *Schulze-Osterloh* in Baumbach/Hueck GmbHG[17] § 42 Anm 202 mwN). Die Nachholung bewusst unterlassener Aufwandsrückstellungen stellt daher eine Bewertungsmethodenänderung dar, die nur in begründeten Ausnahmefällen zulässig ist (hierzu § 252 Anm 59ff; Anm 314).

312 Einmal gebildete Rückstellungen dürfen nur aufgelöst werden soweit ihr Grund entfallen ist (Abs 3 S 2). Das ist zB bei einer Großreparaturrückstellung der Fall, wenn sich die Reparatur als nicht erforderlich oder undurchführbar erweist oder aus sonstigen Gründen (zB Verkauf oder Verschrottung der Anlage) nicht durchgeführt wird. Die **Auflösung** der Rückstellung ist dann nicht nur zulässig, sondern geboten. Unzulässig ist es, eine Aufwandsrückstellung etwa zum Ausgleich eines Verlustes aufzulösen.

313 Das Wahlrecht nach Abs 2 braucht nicht einheitlich für alle hierunter fallenden Sachverhalte ausgeübt zu werden. (glA *ADS*[6] § 249 Anm 217).

314 Bei KapGes/KapCoGes muss der **Anhang** im Rahmen der Angabe der Bilanzierungsmethoden (§ 284 Abs 2 Nr 1) Aufschluss über die Sachverhalte geben, für die Aufwandsrückstellungen gebildet werden. Eine Änderung der Bewer-

tungsmethode ist im Anhang anzugeben und zu begründen. Ihr Einfluss auf die VFE-Lage ist gesondert darstellen, § 284 Abs 2 Nr 3. S auch Anm 322.

Die Aufwandsrückstellungen brauchen auch von KapGes/KapCoGes nicht gesondert **ausgewiesen** zu werden. Sofern große und mittelgroße KapGes sie nicht freiwillig unter dem Posten „sonstige Rückstellungen" gesondert auswei- sen, bedarf es ihrer Erläuterung im Anhang, wenn sie einen nicht unerheblichen Umfang haben (§ 285 Anm 240 f). 315

IV. Rückstellungen für Großreparaturen

Von praktischer Bedeutung ist Abs 2 insbesondere für regelmäßig und in größerem zeitlichen Abstand anfallende Generalüberholungen und Instandhaltungsmaßnahmen. Hierfür nach Abs 2 gebildete Rückstellungen unterscheiden sich von den Rückstellungen für unterlassene Instandhaltung nach § 249 Abs 1 (hierzu Anm 101 ff) dadurch, dass die Instandhaltungen nicht schon im abgelaufenen Gj planmäßig hätten durchgeführt werden müssen (unterlassen wurden), sondern erst später planmäßig durchzuführen sind (dazu *Eifler* in HdJ III/6 Anm 79). 316

Zurückgestellt werden können nur künftige Ausgaben, die als **Erhaltungsaufwand** und nicht als zu aktivierender Herstellungsaufwand zu behandeln sein werden (dazu *Streim* BB 1985, 1577; *Eifler* in HdJ III/6 Anm 44 f; zur Abgrenzung zwischen Herstellungs- und Erhaltungsaufwand § 255 Anm 375 ff). 317

Die Rückstellung muss eindeutig **abgrenzbar** und **nachprüfbar** sein. Das ist nur der Fall, wenn sie für bestimmte Anlagegüter und bestimmte Erhaltungsmaßnahmen gebildet wird. Die Rückstellungsbegründung muss daher den einzelnen VG oder die abgeschlossene Einheit mehrerer einzelner VG bezeichnen sowie Art, Umfang und voraussichtlichen Zeitpunkt der Erhaltungsmaßnahme benennen. 318

Die **Zuordnung** der künftigen Ausgaben zum Gj oder einem früheren Gj hat in dem Verhältnis zu erfolgen, in dem diese Gj zu den künftigen Ausgaben beigetragen haben. Dem wird regelmäßig eine zeitproportionale (lineare) Zuordnung entsprechen. Die Zuordnung kann aber auch nach Maßgabe der Leistung erfolgen, wenn die Erhaltungsmaßnahme nach Abgabe einer bestimmten Anzahl von Leistungseinheiten (zB Flugstunden) erforderlich wird. 319

Wahrscheinlich oder sicher sind nur *regelmäßig* anfallende Erhaltungsaufwendungen. Dazu gehören turnusmäßige (General-)Überholungen und Reparaturen, die auf Grund einer typischen Reparaturanfälligkeit (zB bei Flugzeugtriebwerken) oder einer normalen Abnutzung (zB der Kohlenstoffauskleidung eines Hochofens) regelmäßig auftreten. Für unregelmäßig anfallende Aufwendungen zur Beseitigung zufälliger Schäden kann keine Rückstellung gebildet werden. 320

Die **Nachholung** in Vorjahren bewusst unterlassener Rückstellungen für Großreparaturen ist unzulässig (Anm 311). 321

Zur Einbeziehung von Verpflichtungen zu künftigen Großreparaturen, für die eine Rückstellung nicht gebildet wird, in den von großen und mittelgroßen KapGes/KapCoGes nach § 285 Nr 3 im **Anhang** anzugebenden Gesamtbetrag der sonstigen finanziellen Verpflichtungen s § 285 Anm 42. 322

V. Weitere Anwendungsfälle

Nachfolgend werden die am häufigsten diskutierten tatsächlichen oder vermeintlichen Anwendungsfälle für Aufwandsrückstellungen nach Abs 2 angesprochen. Zu weiteren Anwendungsfällen vgl *ADS*[6] § 249 Anm 227 ff; *Eifler* in HdJ 323

Art III/6 Anm 71 ff; *Kupsch* in BoHdR § 249 Anm 48 f. *Mayer-Wegelin/Kessler/Höfer* in HdR[5] § 249 Anm 251 ff. Zur Bauinstandhaltung vgl *WFA* 1/1990, WPg, 149.

Abbruchkosten, wenn keine vertragliche oder öffentlich-rechtliche Verpflichtung besteht (Anm 100) und sofern die Abbruchkosten nicht zu den HK der Nachfolgeinvestition zu rechnen sind (§ 255 Anm 373).

Abraumbeseitigung, die nach Ablauf des folgenden Gj nachgeholt wird (s Anm 100).

Abschlussprüfung, wenn keine öffentlich-rechtliche oder vertragliche Verpflichtung zur Prüfung des JA besteht (s hierzu Anm 100 „Jahresabschluss").

Entsorgungsmaßnahmen, sofern durch die Leistungserstellung in der Vergangenheit verursacht, eine öffentlich-rechtliche Verpflichtung aber nicht besteht (nach *BFH* 8. 11. 2000, BStBl II, 570 ist für die Entsorgung *eigenen* Abfalls nur eine Aufwandsrückstellung zulässig, auch wenn dabei das Abfallgesetz zu beachten ist, dazu Anm 100 „Entsorgung"; s auch *Eifler* in HdJ III/6 Anm 74).

Firmenjubiläen und ähnliche freiwillige Sozialleistungen (dazu *Eifler* in HdJ III/6 Anm 85). Im Falle von Firmenjubiläen sind auch nicht die Mitarbeiter betreffende Aufwendungen (zB für eine Festschrift oder für Veranstaltungen) rückstellungsfähig.

Forschung und Entwicklung. Aufgeschobene Forschungs- und Entwicklungsausgaben können dem abgelaufenen oder einem früheren Gj nicht zugeordnet werden, da eine Beziehung zu den Aktivitäten in der Vergangenheit nicht hergestellt werden kann. Daher können hierfür keine Aufwandsrückstellungen gebildet werden (glA *Nonnenmacher* DStR 1993, 1235; *Eifler* in HdJ III/6 Anm 75). Zulässig können Aufwandsrückstellungen aber im Falle von mehrjährigem FuE-Projekten zur gleichmäßigen Aufwandsverteilung über die Gesamtlaufzeit des Projekts sein (dazu *Nonnenmacher* DStR 1993, 1235; *ADS*[6] § 249 Anm 248; aA *Veit* DB 1992, 1435).

Instandhaltung, unterlassene, die nach Ablauf des folgenden Gj nachgeholt wird (dazu Anm 106).

Preissteigerungen. Für höhere Wiederbeschaffungskosten bei VG des Anlage- und Umlaufvermögens dürfen keine Aufwandsrückstellungen gebildet werden (hM, dazu *ADS*[6] § 249 Anm 241; *Maul* BB 1986, 633 f).

Sicherheitsinspektionen, soweit der Auffassung *BFH* 19. 5. 1987, BStBl II, 848 folgend eine Rückstellung für ungewisse Verbindlichkeiten nicht gebildet werden darf (hierzu Anm 100).

Umzug und Geschäftsverlegung. Für Umzugsaufwendungen, die nicht als Verbindlichkeitsrückstellung (zB Sozialplanaufwendungen) oder als Verlustrückstellung (zB Mieten für nicht mehr genutzte Räume) zu passivieren sind, kommen Aufwandsrückstellungen in Betracht. Die Zuordnung der Aufwendungen zum Gj oder einem früheren Gj dürfte regelmäßig möglich sein, weil ein Zusammenhang mit Aktivitäten in der Vergangenheit besteht (dazu Anm 306; restriktiver, weil mit dem Realisationsprinzip argumentierend *Rodewald* BB 1992, 2184; aA *ADS*[6] § 249 Anm 246, die diese Aufwendungen künftigen Gj zuordnen).

Werbung. Aus gleichem Grund wie bei FuE scheiden auch Aufwandsrückstellungen für aufgeschobene Werbemaßnahmen aus (zB aus finanziellen Gründen verschobene, aber notwendig gewesene Reklamemaßnahmen sowie Werbefeldzüge oder Teilnahme an Messen, die nur alle zwei bis drei Jahre stattfinden; ebenso *ADS*[6] § 249 Anm 249 mwN; aA für in mehrjährigem Turnus anfallende Aufwendungen *Scheffler* in Beck HdR B 233 Anm 255, 281). Zulässig erscheint aber die Bildung einer Aufwandsrückstellung zur gleichmäßigen Verteilung der Aufwendungen für mehrjährige Werk- oder Marketing-Projekte (dazu *ADS*[6] § 249 Anm 249).

H. Verbot der Bildung von Rückstellungen für andere Zwecke (Abs 3 S 1)

Abs 3 S 1 hat lediglich klarstellende Bedeutung. 325

I. Auflösungsverbot für Rückstellungen bei fortbestehendem Grund (Abs 3 S 2)

Nach Abs 3 S 2 dürfen Rückstellungen nur aufgelöst werden, soweit der 326
Grund hierfür entfallen ist. Diese Vorschrift hat eigenständige Bedeutung nur für nach Abs 2 gebildete Aufwandsrückstellungen. Die Auflösung einer passivierungspflichtigen Rückstellung bei fortbestehendem Grund würde schon der Vorschrift widersprechen, nach der die Bildung erfolgte. So dürfen zB Jubiläumsrückstellungen wegen der nach Abs 1 S 1 bestehenden Passivierungspflicht (Anm 100) nur aufgelöst werden, wenn die Verpflichtung nicht mehr besteht, zB wenn der Arbeitnehmer vor dem Jubiläum ausscheidet. Zur Auflösung von Aufwandsrückstellungen, die nach Abs 2 (zB für eine Großreparatur) gebildet wurden, s Anm 312. Zum Verbot der Auflösung von Pensionsrückstellungen, die nach Art 28 Abs 1 EGHGB nicht passivierungspflichtig sind, s Anm 260 ff.

Dem Verbot, Rückstellungen aufzulösen, soweit ihr Grund noch besteht, 327
entspricht die Pflicht, Rückstellungen aufzulösen, soweit ihr Grund entfallen ist (hierzu Anm 21 ff sowie Anm 312). Darüber hinaus sind Rückstellungen aufzulösen, wenn sich herausstellt, dass ein Grund zur Bildung nie bestand (*BFH* 7. 6. 1988, BStBl II, 886). Entfällt lediglich die Ungewissheit, so ist erfolgsneutral umzubuchen und eine Verbindlichkeit auszuweisen.

J. Rechtsfolgen einer Verletzung des § 249

Für eine Verletzung der Bewertungsvorschriften des § 249 sieht das HGB für 330
Ekfl und reine PersGes keine speziellen zivilrechtlichen Sanktionen vor. Eine Verletzung kann gem § 283 b Abs 1 Nr 3 a StGB **strafrechtliche Konsequenzen** haben, wenn die Bilanz so aufgestellt wurde, dass die Übersicht über den Vermögensstand des Unt erschwert wird (**Freiheitsstrafe** bis zu 2 Jahren oder **Geldstrafe**), wenn das Unt die Zahlungen einstellt oder über sein Vermögen ein Insolvenzverfahren eröffnet oder mangels Masse abgelehnt wird; ähnlich § 283 StGB bei drohender Insolvenz (Bankrott). Bei **KapGes** (und nach § 335 b bei **KapCoGes**) kann ggü vertretungsberechtigten Organen nach § 331 Nr 1 mit Freiheitsstrafe bis zu 3 Jahren oder Geldstrafe sanktioniert werden, wenn die Verhältnisse des Unt im JA unrichtig wiedergegeben wurden.

Ordnungswidrig handelt, wer als Mitglied des Geschäftsführungsorgans oder des AR einer KapGes/KapCoGes bei der Aufstellung oder Feststellung des JA den Vorschriften des Abs 1 S 1 oder Abs 3 zuwiderhandelt (§ 334 Abs 1 Nr 1 a); der Täter kann mit einer Geldbuße bestraft werden. Gleiches gilt für die Bewertungsvorschriften des § 253 Abs 1 S 2 (§ 334 Abs 1 Nr 1 b).

Wird gegen die Bewertungsvorschriften des § 253 Abs 1 S 2 verstoßen, so kann bei der AG/KGaA **Nichtigkeit des JA** nach § 256 Abs 5 AktG wegen Überbewertung vorliegen. Bei einer GmbH ist § 256 Abs 5 AktG entspr anzuwenden (*BGH* 1. 3. 1982, BB, 1527).

Wer als gesetzlicher Vertreter eines nach PublG prüfungspflichtigen Unt oder beim prüfungspflichtigen Ekfm als Inhaber oder dessen gesetzlicher Vertreter die Verhältnisse des Unt im JA unrichtig wiedergibt oder verschleiert, wird mit

Freiheitsstrafe bis zu 3 Jahren oder mit Geldstrafe bestraft (§ 17 Abs 1 Nr 1 PublG). Außerdem stellt in diesen Fällen die Zuwiderhandlung gegen die Vorschriften des Abs 1 S 1 oder Abs 3 bei der Aufstellung oder Feststellung des JA eine Ordnungswidrigkeit dar, die mit einer **Geldbuße** geahndet werden kann (§ 20 Abs 1 Nr 1 a PublG).

Stellt der AP von KapGes/KapCoGes und anderen prüfungspflichtigen Unt (§ 6 Abs 1 und 2 PublG) fest, dass bei der Aufstellung des JA die gesetzlichen Vorschriften und die sie ergänzenden Bestimmungen des GesVertrags oder der Satzung nicht beachtet wurden (§ 317 Abs 1 S 2), kann je nach Schwere des Verstoßes eine Einschränkung oder Versagung des BVm die Folge sein (§ 322 Abs 4).

K. Abweichungen der IFRS

Schrifttum: ED of proposed Amendments to IAS 37 Provisions, Contingent Liabilities and Contingent Assets and IAS 19 Employee Benefits.

I. Allgemeines

331 IAS 37 regelt die Bilanzierung von Rückstellungen (provisions), Eventualverpflichtungen (contingent liabilities) und Eventualforderungen (contingent assets). Die Sonderregelungen für die Rückstellungsbildung bei langfristiger Fertigung (IAS 11), für Steuerrückstellungen (IAS 12), Verpflichtungen aus Leasingverträgen (IAS 17), Versorgungszusagen (IAS 19; s Anm 291), Unternehmenszusammenschlüssen (IFRS 3) und Versicherungsverträgen (IFRS 4) sind ggü IAS 37 vorrangig (vgl IAS 37.5). Finanzinstrumente (IAS 39) mit Verpflichtungsüberhang liegen nicht im Anwendungsbereich des IAS 37 (vgl. IAS 37.2).

II. Ansatz von Rückstellungen

1. Verbindlichkeitsrückstellungen

332 Für **Rückstellungen (provisions)** besteht – im Gegensatz zu Eventualschulden und Eventualforderungen – eine Ansatzpflicht. Unter Rückstellungen sind dabei Verpflichtungen zu verstehen, bei denen Unsicherheiten hinsichtlich der Höhe oder des Zeitpunkts des künftigen Ressourcenabflusses bestehen (IAS 37.10). Verpflichtungen, bei denen die Unsicherheiten gering sind, wie zB für ausstehende Lieferantenrechnungen und Urlaubsrückstände, werden als abgegrenzte Verbindlichkeiten (accruals) und nicht als Rückstellungen (provisions) bezeichnet und daher oft innerhalb der Verbindlichkeiten ausgewiesen (IAS 37.11).

333 Aufwendungen für die künftige Geschäftstätigkeit sind nicht rückstellungsfähig (IAS 37.18, 19). Aufwendungen, die erforderlich sind, um zukünftig Erträge zu erzielen, dürfen deshalb nicht als Rückstellung passiviert werden (matching principle). Nur künftige Aufwendungen, die vergangenen Erträgen zuzuordnen sind, können daher eine Rückstellungspflicht hervorrufen.

334 Nach IAS 37.14 besteht eine Ansatzpflicht für Rückstellungen (provisions), wenn folgende Kriterien vollständig erfüllt sind:
- das Unt hat eine gegenwärtige Verpflichtung (present obligation) ggü Dritten (Außenverpflichtung – IAS 37.20),
- die Verpflichtung wurde durch ein Ereignis in der Vergangenheit verursacht,
- es ist wahrscheinlich, dass es zu einem Abfluss von Ressourcen mit wirtschaftlichem Nutzen zum Ausgleich der Verpflichtung kommen wird, und
- die Höhe der Verpflichtung kann zuverlässig geschätzt werden.

Bei der **gegenwärtigen Verpflichtung** kann es sich um eine rechtliche oder faktische Verpflichtung zum Bilanzstichtag handeln. Eine rechtliche Verpflichtung beruht insbesondere auf Gesetzen und Verträgen. Eine faktische Verpflichtung (constructive obligation) besteht, wenn das Unt durch beständiges Verhalten in der Vergangenheit, durch die verlautbarte Unternehmenspolitik oder aber durch eine hinreichend konkrete aktuelle Erklärung ggü Dritten zu verstehen gegeben hat, dass es bereit ist, eine bestimmte Verpflichtung zu übernehmen und dadurch bei anderen die begründete Erwartung entstanden ist, dass sich das Unt auch so verhalten wird (IAS 37.10). 335

Eine Rückstellung darf nur angesetzt werden, wenn ein **Abfluss von Ressourcen wahrscheinlich** ist. Es müssen mehr Gründe für den Mittelabfluss als dagegen sprechen (more likely than not – IAS 37.23). Das entspricht einer Eintrittswahrscheinlichkeit von mehr als 50 vH. 336

Demgegenüber sind **Eventualschulden (contingent liabilities)** nach IAS 37.10 ungewisse Verpflichtungen, denen eine oder mehrere der oben genannten Voraussetzungen fehlt und die nicht unter den Begriff der Rückstellung (provision) fallen. Für Eventualschulden besteht ein Passivierungsverbot (IAS 37.27). Über sie ist allerdings in den notes Bericht zu erstatten, sofern nicht ihre Eintrittswahrscheinlichkeit gering (remote) ist (IAS 37.86). 337

2. Drohverlustrückstellungen

Für Drohverlustrückstellungen (IAS 37.66–69) sieht IAS 37.66 ein Passivierungsgebot vor. Eine Rückstellung darf nur dann nicht angesetzt werden, wenn das Unt die Möglichkeit hat, den Vertrag einseitig zu kündigen, ohne dass hierdurch Kosten entstehen. Auch nach IAS ist dabei eine außerplanmäßige Abschreibung vorrangig, soweit es im Rahmen des schwebenden Geschäftes zur Aktivierung eines Vermögenswertes (z.B. unfertige Leistungen) gekommen ist (vgl IAS 37.69 iVm IAS 36). 338

3. Restrukturierungsrückstellungen

Eine Rückstellung für Restrukturierungsverpflichtungen (IAS 37.70–83) ist möglich bei der Umstrukturierung des Unt, bei der Aufgabe oder dem Verkauf ganzer Geschäftszweige oder Standorte. Dabei handelt es sich um einen besonderen Anwendungsfall der allgemeinen Regeln (IAS 37.71). Eine solche Rückstellung im Rahmen einer Restrukturierung ist nur dann zulässig, wenn ein detaillierter Plan über die geplanten Maßnahmen und Ausgaben vorliegt und durch die Veröffentlichung der wichtigsten Details oder den Beginn der Umsetzung des Plans vor dem Bilanzstichtag eine begründete Erwartung (valid expectation) bei den Betroffenen geschaffen wurde (IAS 37.72). Diese Sonderregelung dient insbesondere der Klarstellung, in welchem Zeitpunkt eine Verpflichtung soweit konkretisiert ist, dass eine Rückstellung passiviert werden muss. Erforderlich ist es, dass das Leitungsorgan über die Restrukturierung des Unt beschlossen hat und diesen Plan öffentlich bekannt gegeben hat oder ihn bereits umzusetzen beginnt (IAS 37.75). Als Bekanntgabe können auch Verhandlungen mit Arbeitnehmervertretern oder die Zustimmung des teilweise mit Arbeitnehmern besetzten AR angesehen werden, sofern die übrigen Voraussetzungen erfüllt sind (IAS 37.76, 77). Im Rahmen des Konvergenz-Projekts des IASB wird es zu einer weiteren Spezifizierung bezüglich der Anforderungen an die Bildung sowie der Bewertung der Komponenten der Restrukturierungsrückstellungen kommen. Zukünftig wird zB zu unterscheiden sein, ob es sich um Abfindungen für vergangene oder zukünftige Leistungen handelt (ED IAS 37.63 iVm ED IAS 19.139). 339

4. Aufwandsrückstellungen

340 Eine Rückstellung ist nur bei Bestehen einer Außenverpflichtung (IAS 37.20) zu passivieren; der Ansatz einer Rückstellung für Verpflichtungen in Zusammenhang mit Aufwendungen der künftigen Geschäftstätigkeit scheidet aus (IAS 37.18). Dies ist immer dann der Fall, wenn das Unt durch zukünftiges Handeln die Aufwendungen vermeiden kann, zB durch eine Umstellung des Produktionsverfahrens. Im Falle der internen Kosten der **JA-Erstellung** ist zu entscheiden, inwieweit solche Kosten durch die Pflicht zur Aufstellung eines JA zusätzlich entstehen (zB abschlussbezogene Überstunden, die gesondert entlohnt werden) und unvermeidbar sind (ADS Int Abschn 18 Anm 125). Für die gesetzlich geforderte **Aufbewahrung von Geschäftsunterlagen** ist ebenfalls eine Rückstellung zu bilden, soweit die dafür angesetzten Kosten nicht den künftigen Geschäftsbetrieb, sondern die gesetzliche Verpflichtung betreffen. Für Nachrüstungs-, Modernisierungs- und Erneuerungsarbeiten im Rahmen von Instandhaltungsmaßnahmen sind keine Rückstellungen zu bilden. Bei Anfall der Kosten kommt eine Aktivierung nach IAS 16.12–14 in Betracht (vgl. 255 Anm 590).

III. Bewertung von Rückstellungen

341 Zur Bewertung von Rückstellungen nach IFRS s § 253 Anm 698 ff.

§ 250 Rechnungsabgrenzungsposten

(1) [1] **Als Rechnungsabgrenzungsposten sind auf der Aktivseite Ausgaben vor dem Abschlußstichtag auszuweisen, soweit sie Aufwand für eine bestimmte Zeit nach diesem Tag darstellen.** [2] **Ferner dürfen ausgewiesen werden**

1. **als Aufwand berücksichtigte Zölle und Verbrauchsteuern, soweit sie auf am Abschlußstichtag auszuweisende Vermögensgegenstände des Vorratsvermögens entfallen,**
2. **als Aufwand berücksichtigte Umsatzsteuer auf am Abschlußstichtag auszuweisende oder von den Vorräten offen abgesetzte Anzahlungen.**

(2) **Auf der Passivseite sind als Rechnungsabgrenzungsposten Einnahmen vor dem Abschlußstichtag auszuweisen, soweit sie Ertrag für eine bestimmte Zeit nach diesem Tag darstellen.**

(3) [1] **Ist der Rückzahlungsbetrag einer Verbindlichkeit höher als der Ausgabebetrag, so darf der Unterschiedsbetrag in den Rechungsabgrenzungsposten auf der Aktivseite aufgenommen werden.** [2] **Der Unterschiedsbetrag ist durch planmäßige jährliche Abschreibungen zu tilgen, die auf die gesamte Laufzeit der Verbindlichkeit verteilt werden können.**

Übersicht

Schrifttum: *Döllerer* Gedanken zur „Bilanz im Rechtssinne", JbFSt 1979/80, 195; *Kupsch* Zur Bilanzierung des Unterschiedsbetrages bei Verbindlichkeiten gemäß § 156 Abs. 3 AktG und Artikel 41 4. EG-Richtl., WPg 1980, 379; *Federmann* Zeitbestimmtheit bei transitorischer Rechnungsabgrenzung in der Handels- und Steuerbilanz, BB 1984, 246; *Bachem* Das Auszahlungsdisagio in Bilanz und Vermögensaufstellung des Darlehnsnehmers, BB 1991, 1671; *Meyer-Scharenberg* Zweifelsfragen bei der Bilanzierung transitorischer Rechnungsabgrenzungsposten, DStR 1991, 754; *Mathiak* Rechtsprechung zum Bilanzsteuerrecht, DStR 1992, 1601; *Tiedchen* Rechnungsabgrenzung und „bestimmte Zeit", BB 1997, 2475; *Crezelius* Bestimmte Zeit und Rechnungsabgrenzungsposten, DB 1998, 633; *Berndt* Grundsätze ordnungsmäßiger passiver Rechnungsabgrenzung, Wiesbaden 1998; *Arbeitskreis „Steuern und Revision"* Gesetzeskonforme Definition des RAP – Eine Analyse vor dem Hintergrund des true and fair view, DStR 1999, 2135; *Hahne* Behandlung des Emissionsdisagios in der Handels- und Steuerbilanz des Emittenten, DB 2003, 1397.

A. Vorbemerkungen

1 § 250 regelt folgende RAP:

1. Aktive und passive RAP ieS (Abs 1 S 1, Abs 2) – für die Steuerbilanz gilt § 5 Abs 5 EStG entspr.
2. Aktive Abgrenzung von Zöllen und Verbrauchsteuern, soweit sie auf am Abschlussstichtag auszuweisende VG des Vorratsvermögens entfallen (Abs 1 S 2 Nr 1); diese Regelung entspricht § 5 Abs 5 S 2 Nr 1 EStG.
3. Aktive Abgrenzung von USt auf erhaltene Anzahlungen (Abs 1 S 2 Nr 2); die Vorschrift entspricht § 5 Abs 5 S 2 Nr 2 EStG.
4. Aktive Abgrenzung eines Unterschiedsbetrags aus der Aufnahme von Verbindlichkeiten (Disagio, Abs 3); für die Steuerbilanz gilt EStH 37 „Damnum".

Zum aktiven Abgrenzungsposten des § 274 Abs 2 s § 274 Anm 40 ff.

B. Rechnungsabgrenzungsposten ieS (Abs 1 S 1, Abs 2)

I. Allgemeines

2 § 250 definiert in Abs 1 S 1 die aktiven RAP ieS und in Abs 2 die passiven RAP ieS. Hiernach sind als **aktive Abgrenzungsposten** zu aktivieren: Ausgaben vor dem Abschlussstichtag, soweit sie Aufwand für eine bestimmte Zeit nach diesem Tag darstellen. Die **passive Rechnungsabgrenzung** umfasst Einnahmen vor dem Abschlussstichtag, soweit sie Ertrag für eine bestimmte Zeit nach diesem Tag darstellen.

3 Die Rechtsgrundlagen nach Handelsrecht und nach Steuerrecht (§ 5 Abs 5 EStG) stimmen zT wörtlich überein.

4 So genannte **antizipative** Posten (Ausgaben/Einnahmen nach dem Abschlussstichtag, die Aufwand/Ertrag der abgelaufenen Rechnungsperiode betreffen) sind als VG oder Schulden unter Forderungen bzw Verbindlichkeiten/Rückstellungen auszuweisen.

5 Aktive und passive RAP iSd Abs 1 S 1, Abs 2 sind von allen KapGes/KapCoGes (§ 266 Abs 1), eG (§ 336 Abs 2) und von nach § 3 Abs 1 iVm § 5 Abs 1 S 2 PublG publizitätspflichtigen Unt stets *gesondert* auszuweisen.

II. Anwendungsbereich und Art der Bilanzposten

1. Anwendungsbereich

6 Der **Anwendungsbereich** der RAP betrifft in erster Linie gegenseitige Verträge, bei denen für eine bestimmte Zeit Leistungen zu erbringen sind, aber Leistung und Gegenleistung zeitlich auseinanderfallen (so zB *Kupsch* in BoHdR § 250 Anm 1 f; *BFH* 5. 4. 1984, BStBl II, 552). Der *BFH* spricht auch von Vorleistungen auf **zeitbezogene** (zB *BFH* 24. 8. 1983, BStBl II 1984, 273) oder **zeitraumbezogene** (zB *BFH* 17. 4. 1985, BStBl II, 617) **Gegenleistungen.** Der BFH beschränkt den Anwendungsbereich der RAP, soweit es sich um Vorleistungen an den Vertragspartner handelt, grds auf solche Vertragsverhältnisse bei denen die Ertragsrealisierung bzw Aufwandsentstehung nicht zu einem Zeitpunkt erfolgt, sondern sich im Zeitablauf *fortwährend* vollzieht (so *Kupsch* WPg 1980, 381; gegen eine solche Beschränkung *Federmann* BB 1984, 245).

Es ist nicht erforderlich, dass ein **Vertrag bereits abgeschlossen** ist; es genügt, dass die Vorleistung in Erwartung seines Zustandekommens erbracht wird (aA wohl *Nieland* in Littmann/Bitz/Meincke, Das Einkommen-Steuerrecht §§ 4, 5 Anm 813, 939). Auch **dingliche Pflichten,** zB bei einer Grunddienstbarkeit, können Grundlagen eines RAP sein (so *BGH* 28. 6. 1985, DB, 2558). 7

RAP sind auch dann zu bilden, wenn sie ihre Grundlage im **öffentlichen Recht** haben. Das gilt jedenfalls dann, wenn die Leistung der öffentlichen Hand und das vom Leistungsempfänger erwartete bzw von ihm geschuldete Verhalten in einem – den gegenseitigen Verträgen (§§ 320ff BGB) wirtschaftlich vergleichbaren – Verhältnis von Leistung und Gegenleistung stehen (dazu *BFH* 17. 9. 1987, BStBl II 1988, 327). 8

Leistungen an einen fremden **Dritten** (zB Vermittlungs- oder Maklergebühren bei Darlehns- oder Mietverträgen) rechtfertigen nach der Rspr keine Rechnungsabgrenzung (so etwa *BFH* 11. 2. 1998; *BFH* 3. 5. 1983, BStBl II, 572), es sei denn, dass die (Gegen-)Leistung des Dritten ihrerseits zeit-(raum-)bezogen ist (*BFH* 19. 1. 1978, BStBl II, 262) oder dass in der Leistung an den Dritten auch eine Zuwendung an den Vertragspartner liegt (*BFH* 17. 4. 1985, BStBl II, 617; 20. 11. 1980, BStBl II 1981, 398). 9

Die Vorleistung braucht nicht das **gesamte Entgelt** für eine bestimmte Periode oder die Vertragsdauer zu umfassen (so ua *BFH* 12. 8. 1982, BStBl II, 696; 20. 11. 1980, BStBl II 1981, 398; aA offenbar *BFH* 3. 11. 1982, BStBl II 1983, 132). 10

Ist nur ein **Teil des** vereinbarten **Gesamtentgelts** Gegenleistung für eine noch nicht erbrachte Leistung des Vorleistungsempfängers (vgl Abs 1 Satz 1; Abs 2: „soweit"), ist das auf diese Leistung entfallende Entgelt ggf im Schätzungswege zu ermitteln (*BFH* 3. 5. 1983, BStBl II, 572). 11

RAP sind insb auch beim **Leasinggeschäft** zu bilden, wenn den Leasingraten nicht angemessene Gegenleistungen in den einzelnen Perioden gegenüberstehen. Maßgebend ist hierfür beim Leasinggeber der Aufwandsverlauf, soweit ein passiver RAP zu bilden ist, bzw die gleich bleibende Verpflichtung zur Nutzungsüberlassung, wenn ein aktiver RAP anzusetzen ist (*HFA* 1/1989). Beim Leasingnehmer ist ein RAP zu bilden, wenn die Leasingraten nicht der Nutzung des Leasinggegenstands entsprechen (s auch *BFH* 28. 2. 2001, DB, 1457, kein aktiver RAP bei degressiven Raten von beweglichen WG des Anlagevermögens, zu Einzelheiten s *ADS*[6] § 250 Anm 119ff). 12

2. Art der Bilanzposten

§ 246 Abs 1 erwähnt die RAP *neben* den VG und Schulden, § 247 Abs 1 nennt das Anlage- und das Umlaufvermögen, das EK, die Schulden sowie die RAP. Das HGB beurteilt also RAP *nicht* als VG bzw Schulden. 14

Nach *BFH* 9. 4. 1981, BStBl II, 481 gehören zum Umlaufvermögen alle WG, die weder Anlagevermögen noch RAP sind. 15

Andererseits ließ der BFH mehrfach offen, ob ein Aktiv- bzw Passivposten, über den er zu befinden hatte, als RAP oder als WG bzw Rückstellung zu beurteilen war (so etwa *BFH* 12. 8. 1982, BStBl II, 696).

Die Grenzen des **Übergangs** der aktiven oder passiven RAP zu den VG oder Schulden sind nur in Grenzfällen fließend. 16

– Beim **aktiven** RAP muss der Vorleistende einen rechtlichen **Anspruch** auf die Gegenleistung haben (so *Beisse* DStR 1980, 249); grds dürfen aktive RAP nur gebildet werden, die Ausdruck eines rechtlichen Anspruchs ggü einem anderen sind (so *Döllerer* JbFSt 1979/80, 201) oder den klagbaren Anspruch auf Leistung durch den Empfänger der Zahlung repräsentieren.

– Durch die Bildung **passiver** RAP wird berücksichtigt, dass Vermögenszugängen **Leistungspflichten** gegenüberstehen (*BFH* 20. 11. 1980, BStBl II 1981, 398; *BFH* 22. 7. 1982, BStBl II, 655). Sie haben zur Voraussetzung, dass der im Voraus Empfangende eine Verpflichtung zur Gegenleistung hat (*Beisse* BB 1980, 642; *Döllerer* JbFSt 1979/80, 201).

17 Das **Saldierungsverbot** (§ 246 Abs 2) gilt auch für RAP (*ADS*[6] § 250 Anm 43).

III. Voraussetzungen

1. Zahlungsvorgänge vor dem Abschlussstichtag

18 Die Begriffe **„Ausgaben" bzw „Einnahmen"** iSd Abs 1 S 1, Abs 2 umfassen neben Aus- bzw Einzahlungen die **Einbuchung von Verbindlichkeiten bzw Forderungen** (hM ua *WPH*[12] I E 194). Dabei kommt es nicht darauf an, ob die Verbindlichkeiten bzw Forderungen bei vertragsmäßiger Abwicklung des Geschäfts durch vor dem Ende der Abschlussperiode liegende Zahlungsvorgänge erloschen wären oder nicht (aA *WPH*[12] I E 194; *Hayn* in Beck HdR, B 218 Anm 16f). Für die Frage der Bildung von RAP ist auch unerheblich, ob die Forderungen bzw Verbindlichkeiten in Übereinstimmung mit den GoB eingebucht werden oder nicht (für Verbindlichkeiten möglicherweise ebenso *Weber-Grellet* in Schmidt[24] § 5 Anm 249, *Nieland* in Littwann/Bitz/Meincke, Das Einkommen-Steuerrecht §§ 4, 5 Anm 808, 939; aA *Trützschler* in HdR[5] § 250 Anm 34).

19 **Zahlungen am** Bilanzstichtag, aber vor dessen Ablauf (24 Uhr) sind noch Zahlungsvorgänge vor dem Abschlussstichtag (zB *Hayn* in Beck HdR B 218 Anm 18).

2. Aufwand bzw Ertrag nach dem Abschlussstichtag

20 Ob Ausgaben als **Aufwand** für das abgelaufene Gj oder für eine Zeit *nach* dem Abschlussstichtag zu werten sind, ist nach *BFH* (12. 8. 1982 BStBl II, 696) im Allgemeinen danach zu entscheiden, ob der „wirtschaftliche Grund" für die Ausgaben in der Vergangenheit oder in der Zukunft liegt, insb auch, ob und inwieweit diese Ausgaben durch bestimmte im abgelaufenen Wj empfangene Gegenleistungen oder erst durch künftig zu erwartende Gegenleistungen wirtschaftlich verursacht sind. Entspr gilt für die **Erträge.**

3. Bestimmte Zeit

21 **Handelsrechtlich** ist nach hM von einer **engen** Auslegung des Merkmals **„bestimmte Zeit"** auszugehen. Das Merkmal des bestimmten Zeitraums muss sich unmittelbar aus dem Sachverhalt ergeben, dh Anfang und Ende des Zeitraums müssen eindeutig festliegen und damit kalendermäßig bestimmt sein (*WPH*[12] I E 195; *Trützschler* in HdR[5] § 250 Anm 41; *Hayn* in Beck HdR B 218 Anm 21). Dabei liegt nach *Tiedchen* BB 1997, 2471 auch dann eine bestimmte Zeit vor, wenn zuvor nicht die Gesamtlaufzeit, aber ein **Mindestzeitraum** exakt festgelegt werden kann. Die bestimmte Zeit nach dem Abschlussstichtag muss sich nicht auf das folgende Gj beschränken, sondern kann auch mehrere Gj umfassen (*WPH*[12] I E 195; *Hayn* in Beck HdR B 218 Anm 21). *Tiedchen* (BB 1997, 2474) führt an, dass das Kriterium der bestimmten Zeit bei Vorauszahlungen auf VG, zB Nutzungsrechte, entbehrlich ist, da in diesen Fällen der zukünftige Nutzen nie unsicher ist. Bzgl der „bestimmten Zeit" kann jedoch bei passiven RAP eine erweiternde Auslegung in Frage kommen (vgl Anm 24).

Steuerrechtlich bedeutet gem EStR 31b Abs 2 die „bestimmte Zeit", dass der Vorleistung des einen Vertragsteils eine zeitbezogene Gegenleistung des Vertragspartners gegenübersteht (*BFH* 11. 7. 1973, BStBl II, 840; 4. 3. 1976, BStBl II 1977, 380) und der Zeitraum, auf den sich die Vorleistung des einen Vertragsteils bezieht, „bestimmt sein muss" (*BFH* 7. 3. 1973, BStBl II, 565). Eine „bestimmte Zeit" liegt nur vor, wenn die Zeit, der die abzugrenzenden Ausgaben und Einnahmen zuzurechnen sind, **„festliegt und nicht nur geschätzt wird"** (*BFH* 3. 11. 1982, BStBl II 1983, 132; *BFH* 3. 5. 1983 BStBl II, 572; *BFH* 22. 1. 1992, BStBl II, 488). Die abzugrenzenden Ausgaben und Einnahmen müssen deshalb „**schon ihrer Art nach** unmittelbar zeitbezogen sein, also nur für einen bestimmten, nach dem **Kalenderjahr** bemessenen Zeitraum bezahlt oder vereinnahmt werden" (EStR 31b Abs 2). 22

So liegt nach *BFH* 22. 1. 1992, BStBl II, 488 eine Schätzung und keine „bestimmte Zeit" bei der **betriebsgewöhnlichen Nutzungsdauer** eines abnutzbaren Sachanlageguts vor. Ebenso handelt es sich bei der **Lebenserwartung** nicht um eine „bestimmte Zeit" (so *Mathiak* DStR 1992, 1605, aA *Kupsch* Bilanzierung öffentlicher Zuwendungen WPg 1984, 369). Die „bestimmte Zeit" kann grds einen **beliebig langen Zeitraum umfassen** (*BFH* 22. 7. 1982 BStBl II, 655: 30 Jahre; 20. 11. 1980, BStBl II 1981, 398: 99 Jahre; 23. 2. 1977 BStBl II, 392: 20 Jahre). Mit der Formulierung des Abs 1 S 1, Abs 2 soll durch das Erfordernis der „bestimmten Zeit" vor allem erreicht werden, dass die sog **transitorischen Posten im weiteren Sinn,** namentlich Reklameaufwendungen und Entwicklungskosten, *nicht* unter den RAP bilanziert werden (glA *Tiedchen* BB 1997, 2475). 23

4. Besonderheiten der passiven Rechnungsabgrenzung

Die **GoB** sind auch bei der Bildung von RAP zu beachten und als Maßstab für den Begriff „bestimmte Zeit" heranzuziehen. Das gilt insb bzgl des Realisationsprinzips, wonach es zumindest handelsrechtlich erforderlich sein kann, dass im Zweifelsfall passive RAP zu bilden sind, aktive hingegen nicht, wenn die „bestimmte Zeit" unbestimmt zu werden droht (so auch *ADS*[6] § 250 Anm 115, *Crezelius* DB 1998, 633). 24

Beim Ansatz **passiver** RAP genügt es nach der Rspr (*BFH* 24. 3. 1982 BStBl II, 643; 5. 4. 1984 BStBl II, 552; *BFH* 3. 11. 1982 BStBl II 1983, 132), dass der **Zeitraum** nach dem Abschlussstichtag zwar nicht bestimmt, aber **bestimmbar** ist. Der BFH geht dabei von der Überlegung aus, dass jedenfalls dann ein RAP gebildet werden muss, wenn feststeht, dass für den Bilanzierungszeitraum bestimmte Einnahmen noch nicht Ertrag sind; hierdurch wird vermieden, dass Einnahmen für mehrere Jahre bereits im Jahr des Zuflusses in voller Höhe als Ertrag erfasst werden.

Nach *BFH* 24. 3. 1982, BStBl II, 643 ist das **Einmal-Entgelt** für die immerwährende (zeitlich nicht begrenzte) Nutzung eines Grundstücks als Kapitalwert einer ewigen Rente zu erfassen, die rechnerisch wie eine auf bestimmte Zeit gezahlte Rente zu behandeln und dementsprechend passiv abzugrenzen sei. Anders ist es, wenn feststünde, dass die Pflicht zur Nutzungsüberlassung einmal erlöschen würde, ohne dass festgestellt werden könnte, nach welcher (Mindest-) Zeit mit einem Erlöschen zu rechnen wäre. 25

Dagegen ist nach einem U des *FG Berlin* 28. 4. 2003 (EFG 2004, 999) für den Fall vereinnahmter Entschädigungszahlungen bei der vorzeitigen Beendigung von Hausverwalterverträgen die Bildung eines passiven RAP nicht zulässig (ähnliche Entscheidung *FG Niedersachsen* EFG 98, 657). Nach Ansicht des FG wird eine solche Entschädigung nicht für zukünftige Unterlassungen gezahlt, sondern für den einmaligen Verzicht auf eine Rechtsposition oder die endgültige Aufgabe des Rechts. Gemäß der Urteilsbegründung ergibt sich durch das vertragsgemäße Unterlassen keine Duldung einer Beeinträchtigung subjektiver Rechte mit der Folge, dass Einnahme und Ertrag gleichzeitig angefallen sind.

26 Bei **Optionsgeschäften** hat der Verkäufer eines Optionsscheins einen passiven RAP in Höhe der Optionsprämie zu bilden. Eine sofortige Erfassung als Ertrag ist auf Grund des Realisationsprinzips nicht zulässig (s aber *FG Hamburg* 6. 12. 01; BB 2002, 933, vereinnahmte Optionsprämien sind beim Stillhalter bis zur Glattstellung, Ausübung oder Zeitablauf durch eine sonstige Verbindlichkeit zu neutralisieren). Ebenso ist beim Abschluss von **Aktienswaps** und für den Fall der Vereinnahmung einer „Upfrontzahlung" ein passiver RAP zu bilden, der über die Laufzeit des Aktienswaps aufzulösen ist.

IV. Bilanzierungspflicht

28 Durch die Formulierung des Abs 1 S 1, Abs 2 ist klargestellt, dass für RAP handelsrechtlich und steuerrechtlich (*BFH* 19. 1. 1978 BStBl II, 262) **Bilanzierungspflicht** besteht. Entspr dem Grundsatz der Wesentlichkeit (dazu § 264 Anm 57) ist es handels- und steuerrechtlich zulässig, von der Bilanzierung geringfügiger RAP abzusehen (ebenso *WPH*[12] I E 197; *HHR* § 5 Anm 1921, *Weber-Grellet* in Schmidt[24] § 5 Anm 241).

V. Höhe der Rechnungsabgrenzungsposten

29 **Handelsrechtlich** sind die RAP **keiner Bewertung** zugänglich, da sie weder VG noch Schulden sind. Sie sind vielmehr, wie es das Wort „Rechnungsabgrenzungsposten" bereits ausdrückt, zu **berechnen,** und zwar zu jedem Bilanzstichtag neu. Eine Abzinsung scheidet bei Erstreckung der RAP über mehrere Gje aus (ebenso *Weber-Grellet* in Schmidt[24] § 5 Anm 253).

Steuerrechtlich bestimmt sich die **Höhe** nach dem „rechtlichen, insb schuldrechtlichen Verhältnis von Leistung und Gegenleistung" (*BFH* 12. 8. 1982 BStBl II, 696). Abzustellen ist darauf, was die nach dem Vertrag geschuldete Leistung ist, und nicht darauf, welche Kosten aufzuwenden sind, um diese Leistung zu bewirken (*BFH* 12. 8. 1982 aaO). Die Höhe eines RAP bemisst sich also nach dem Verhältnis der noch ausstehenden Gegenleistung zur gesamten Gegenleistung (so zB *BFH* 17. 7. 1974 BStBl II, 684).

30 Hat die künftige Gegenleistung für den Vorleistenden **keinen** oder einen **niedrigeren „Wert",** zB weil die Räumlichkeiten, für die die Miete bereits im Voraus bezahlt wurde, nicht (mehr) genutzt werden oder die Mieten sinken, ist diesem Umstand durch entspr Auflösung des RAP Rechnung zu tragen (glA *ADS*[6] § 250 Anm 47).

VI. Auflösung der Rechnungsabgrenzungsposten

31 Der in einer früheren Rechnungsperiode bilanzierte RAP ist insoweit **aufzulösen,** als in dieser Rechnungsperiode Aufwand bzw Ertrag entstanden ist (vgl Anm 20), innerhalb von Leistungsaustauschverhältnissen also nach Maßgabe der Verminderung der noch ausstehenden Gegenleistung (ebenso *ADS*[6] § 250 Anm 49). Einen **Sonderfall** stellen die passiven RAP dar, die beim **Leasinggeber** zu bilanzieren sind, soweit die Erlöse aus dem Verkauf zukünftig fälliger Leasingraten Erträge zukünftiger Perioden darstellen und die Haftung auf den rechtlichen Bestand der Forderungen beschränkt ist. Gemäß *HFA* 1/1989 richtet sich die Auflösung des passiven RAP entweder nach der im Zeitablauf gleich

bleibenden Nutzungsüberlassung oder nach dem Aufwandsverlauf beim Leasinggeber. Damit besteht grds die Möglichkeit einer **linearen, progressiven oder degressiven Auflösung** (zu Einzelheiten *ADS*[6] § 250 Anm 139). **Steuerrechtlich** ist allerdings die Leistungsverpflichtung des Leasinggebers maßgebend, die während der Leasingzeit von gleicher Art und gleichem Umfang ist, so dass nur eine **lineare Auflösung** zulässig ist (BMF 19. 2. 1992, DB, 608). Ebenso linear über den Garantiezeitraum aufzulösen, sind erhaltene Vergütungen für die Übernahme von Ausbietungsgarantien beim Garantiegeber (*BFH* 23. 3. 1995 BStBl II 772) und durch eine Einmalzahlung im Voraus vereinnahmte Erbbauzinsen (*FG Berlin* 8. 5. 2000, EFG 2001, 38).

Außerplanmäßige Abschreibungen sind nicht zulässig, weil bewertungsfähige VG nicht gegeben sind. Eine **Teilwertabschreibung** lässt der BFH nicht zu mit der Begründung, es gehe bei der Rechnungsabgrenzung nicht um die Bewertung von WG oder Verbindlichkeiten, sondern um die zutreffende Abgrenzung gebuchter „Einnahmen" oder „Ausgaben", über die § 6 EStG nichts bestimme. Da ein RAP somit – anders als ein WG – nicht zu bewerten sei, besitze er „begrifflich" keinen Teilwert (*BFH* 20. 11. 1969 BStBl II 1970, 209). 32

Bei vorzeitiger Beendigung des Vertrages, bei dem Vorleistungen erbracht wurden, ist ein hierfür gebildeter RAP *insoweit* aufzulösen, als die Vorleistung nicht zurückgefordert werden kann. 33

C. Aktive Abgrenzung von Zöllen und Verbrauchsteuern, soweit sie auf am Abschlussstichtag auszuweisende Vermögensgegenstände des Vorratsvermögens entfallen (Abs 1 S 2 Nr 1)

I. Allgemeines

Nach Abs 1 S 2 Nr 1 dürfen als **Aufwand** berücksichtigte **Zölle und Verbrauchsteuern,** soweit sie auf am Abschlussstichtag auszuweisende VG des Vorratsvermögens entfallen, als aktive Abgrenzungsposten ausgewiesen werden. 36

Dieser Abgrenzungsposten stellt einen solchen besonderer Art dar, der die VG des **Vorratsvermögens** ergänzt. Der Abgrenzungsposten kann von seinem Zweck her gesehen weder den RAP iSv Abs 1 S 1 (keine bestimmte Zeit) noch den selbstständigen VG zugerechnet werden. Nach der hier vertretenen Auffassung gehören diese Zölle und Verbrauchsteuern begrifflich zu den **Anschaffungs- oder Herstellungskosten** der entspr VG des Vorratsvermögens (§ 255 Anm 71). 37

II. Voraussetzungen

Die **gesetzliche Voraussetzung** ist, dass die Abgabeschuld bis zum Abschlussstichtag entstanden sein muss, also bereits entrichtet oder als Verbindlichkeit oder Rückstellung auszuweisen ist (*HHR* § 5 Anm 1985); ferner darf keine Aktivierung bei den Vorräten erfolgt sein. 39

Außerdem müssen die VG des Vorratsvermögens am **Abschlussstichtag** in der Bilanz enthalten sein. Zum Begriff des Vorratsvermögens vgl § 247 Anm 60 ff. 40

III. Wahlrecht

Für die **Handelsbilanz** besteht ein **Wahlrecht** zur Bildung des Abgrenzungspostens („dürfen ausgewiesen werden"). Das Wahlrecht entfällt, wenn die 41

Verbrauchsteuern in die AK/HK einbezogen worden sind (vgl § 255 Anm 201). Dagegen besteht für die **Steuerbilanz** eine Aktivierungs***pflicht*** („*sind* anzusetzen"), entweder durch die Einbeziehung in die AK/HK der Vorräte oder durch die Bildung der RAP.

IV. Sonstige Einzelfragen

42 Das Wahlrecht darf in der HB zu **jedem Abschlussstichtag** neu ausgeübt werden (vgl § 252 Anm 57); bezüglich der Vereinbarkeit mit dem Stetigkeitsgebot vgl § 252 Anm 56. Wird das Wahlrecht weiterhin ausgeübt, ist der Abgrenzungsposten wie stets für die Steuerbilanz neu zu berechnen.

43 Der Abgrenzungsposten ist **aufzulösen,** wenn die Vorräte am Abschlussstichtag durch Veräußerung ausgeschieden sind. Weiterhin hat eine Auflösung zu erfolgen, wenn die Zölle bzw Verbrauchsteuern, zB durch Entstehen eines Erstattungsanspruchs, rückgängig gemacht werden (ebenso *ADS*[6] § 250 Anm 66).

44 Die **Höhe** des Abgrenzungspostens bestimmt sich nach der Ausgabe oder der Höhe der Verbindlichkeit bzw Rückstellung. Zur Frage einer Teilwertabschreibung vgl Anm 32.

45 Ein gesonderter **Ausweis** innerhalb des Aktivpostens „Rechnungsabgrenzungsposten" ist nicht vorgeschrieben, aber wegen des besonderen Charakters dieses Abgrenzungspostens zu empfehlen (so auch *ADS*[6] § 250 Anm 68; *Tiedchen* in HdJ Abt II/8 Anm 145).

D. Aktive Abgrenzung der Umsatzsteuer auf erhaltene Anzahlungen (Abs 1 S 2 Nr 2)

I. Allgemeines

46 Nach Abs 1 S 2 Nr 2 darf die als Aufwand berücksichtigte **Umsatzsteuer** auf am Abschlussstichtag auszuweisende oder von den Vorräten offen abgesetzte Anzahlungen als aktiver Abgrenzungsposten ausgewiesen werden. Die Vorschrift entspricht, abgesehen von dem Wahlrecht, der Bestimmung in § 5 Abs 5 S 2 Nr 2 EStG.

47 Der Abgrenzungsposten entspricht nach **Art und Zweck** dem Posten nach Abs 1 S 2 Nr 1 Anm 37, bezieht sich aber auf einen *anderen* Bilanzposten.

II. Voraussetzungen

50 Die Frage eines Abgrenzungspostens stellt sich nur, wenn die erhaltene Anzahlung **brutto,** dh einschließlich USt ausgewiesen wird (so auch *ADS*[6] § 250 Anm 75). Zu weiteren Einzelheiten zur Darstellung der Anzahlungen vgl § 266 Anm 226.

51 Der Abgrenzungsposten nach Abs 1 S 2 Nr 2 bezieht sich auf die am Abschlussstichtag in der Bilanz passivierten oder unmittelbar bei den VG des Vorratsvermögens offen abgesetzten Anzahlungen (§ 266 Anm 223 ff). Das Entstehen einer **Umsatzsteuerschuld** auf Anzahlungen (Vorauszahlungen, Abschlagszahlungen) bestimmt sich nach § 13 Abs 1 Nr 1 a S 4 UStG.

52 Abs 1 S 1 Nr 2 gilt dagegen nicht für **geleistete Anzahlungen,** ebenso nicht § 5 Abs 5 S 2 EStG.

III. Wahlrecht

Für die **Handelsbilanz** besteht ein Wahlrecht zur Bildung des Abgrenzungspostens („dürfen ausgewiesen werden"). In der **Steuerbilanz** besteht Aktivierungspflicht („sind ferner anzusetzen"). 53

IV. Sonstige Einzelfragen

Der Abgrenzungsposten darf (steuerrechtlich „muss") in der Bilanz für das Gj, in dem die erhaltenen Anzahlungen zu passivieren sind, **gebildet** werden. 54

Der Abgrenzungsposten ist **aufzulösen,** wenn der Passivposten „Erhaltene Anzahlungen" verrechnet wird. Der Abgrenzungsposten läuft also zeitlich parallel zur Bilanzierung der erhaltenen Anzahlungen und teilt deren Schicksal (so auch *HHR* § 5 Anm 1997). Daher hat eine Auflösung auch zu erfolgen, wenn die erhaltene Anzahlung zurückzuzahlen ist, weil die Lfg oder Leistung nicht durchgeführt wird, und damit ein Erstattungsanspruch (Forderung) auf Rückzahlung der USt nach § 17 UStG entsteht. 55

Die **Höhe** des Abgrenzungspostens ergibt sich aus dem Betrag der USt auf die erhaltene Anzahlung. 56

Für den **Ausweis** des Abgrenzungspostens für USt ist ein Sonderausweis nicht vorgeschrieben und im Gegensatz zu Zöllen und Verbrauchsteuern (Anm 45) auch nicht zu empfehlen. 57

E. Aktive Abgrenzung eines Unterschiedsbetrags aus der Aufnahme von Verbindlichkeiten (Abs 3)

I. Allgemeines

Nach Abs 3 darf der **Unterschiedsbetrag** aus einem höheren Rückzahlungsbetrag einer Verbindlichkeit ggü dem Ausgabebetrag in den aktiven RAP aufgenommen werden; nachfolgend auch als **Disagio** bezeichnet. Die Tilgung erfolgt durch planmäßige jährliche Abschreibungen, die auf die gesamte Laufzeit der Verbindlichkeit verteilt werden dürfen. 58

Für die Abgrenzung des Unterschiedsbetrags kommen *alle* Verbindlichkeiten in Frage, bei denen der Rückzahlungsbetrag höher ist als der Ausgabebetrag; die Möglichkeit der Abgrenzung beschränkt sich nicht auf Verbindlichkeiten mit einer längeren Mindestlaufzeit. Der Unterschiedsbetrag kann sich aus einem Auszahlungs-Disagio oder einem Rückzahlungs-Agio ergeben (ebenso *ADS*[6] § 250 Anm 87; *WPH*[12] I E 200). Der Unterschied zwischen dem Ausgabebetrag von Zero-Bonds („Stammrecht") und dem Rückzahlungsbetrag (Stammrecht zzgl Zinsen) führt nicht zu der Abgrenzung eines Unterschiedsbetrags (s § 253 Anm 65, § 255 Anm 311). 59

Bürgerlich-rechtlich liegt es im Ermessen der Vertragspartner, ob sie das Disagio als Zins oder als Nebenkosten gestalten (*Bachem* BB 1991, 1671). Nach der steuerrechtlichen Rspr ist das Disagio **wirtschaftlich** idR nichts anderes als eine zusätzlich geleistete „Vergütung für die Kapitalüberlassung" (dazu *BFH* 12. 7. 1984 BStBl II, 713). Diesem Charakter als zinsähnlichem Aufwand (vorweggezahlter Zins) entspricht die Zulässigkeit der aktiven Abgrenzung mit Verteilung auf die Laufzeit der Verbindlichkeit (so *Kupsch* in BoHdR § 250 Anm 69). 60

II. Wahlrecht

61 In der **Handelsbilanz** besteht für die aktive Abgrenzung des Disagios ein Aktivierungswahlrecht („darf"). Dieses Wahlrecht kann dahingehend ausgelegt werden, dass an Stelle des ganzen Unterschiedsbetrags auch ein **Teilbetrag** abgegrenzt werden darf (so auch *WPH*[12] I E 200; *ADS*[6] § 250 Anm 85).

62 Nach hM ist das Disagio als vorweg entrichteter Zins eine „Ausgabe vor dem Abschlussstichtag", die – entspr der Laufzeit der Verbindlichkeit – Aufwand für eine **bestimmte Zeit** iSv Abs 1 S 1 darstellt.

63 Das **Aktivierungswahlrecht** muss jedoch **im Jahr der Ausgabe** der Verbindlichkeit ausgeübt werden (ebenso *ADS*[6] § 250 Anm 85; *Hayn* in Beck HdR B 218 Anm 49; *WPH*[12] I E 200). Wird in dem Jahr, in dem die Verbindlichkeit passiviert wird, das Disagio nicht abgegrenzt, ist eine Nachholung der Abgrenzung in einem späteren Jahr nicht mehr zulässig, weil das Wahlrecht verwirkt ist.

64 Für die **Steuerbilanz** besteht **Aktivierungspflicht** für den Abgrenzungsposten (Darlehensdisagio beim Schuldner) im Erstjahr der Passivierung der Verbindlichkeit (*BFH* 24. 5. 1984 BStBl II, 747). Der Unterschiedsbetrag ist als RAP auf die Laufzeit der Verbindlichkeit zu verteilen (*BFH* 19. 1. 1978 BStBl II, 262; EStR 37 Abs 3 S 1). *Hahne* DB 2003, 1397 vertritt mit Verweis auf ein beim FG Köln anhängiges Verfahren hinsichtlich der bilanzsteuerrechtlichen Behandlung des Emissionsdisagios bei der Ausgabe von festverzinslichen Wertpapieren die Auffassung, dass der Differenzbetrag zwischen dem Nominalbetrag der Wertpapiere und dem erzielten Emissionserlös im Jahr der Ausgabe voll als Aufwand zu behandeln ist, da es sich um einen Kaufpreisabschlag handelt.

III. Höhe des Unterschiedsbetrags

1. Höhe, Ausgabekosten

65 Die **Höhe** des vollen Unterschiedsbetrags ergibt sich aus dem vereinbarten Ausgabedisagio, Rückzahlungsagio oder Damnum bei Hypothekendarlehen. Die Zulässigkeit der Einbeziehung weiterer Nebenkosten der Kreditaufnahme in die Bemessung des Unterschiedsbetrags ist strittig. Nach *ADS*[6] § 250 Anm 89 und *Trützschler* in HdR[5] § 250 Anm 76 sind die **Ausgabekosten** von Verbindlichkeiten wegen ihres Einmalcharakters als lfd Aufwendungen nicht auf die Laufzeit zu verteilen (aA *Meyer-Scharenberg* DStR 1991, 757).

2. Geldbeschaffungskosten

66 Aufwendungen, die bei der Darlehensaufnahme durch Zahlungen an **Dritte** entstehen, zB Vermittlungsprovisionen, sind Betriebsausgaben im Jahr der Zahlung (*BFH* 4. 5. 1977 BStBl II, 802); dagegen sind Bearbeitungsgebühren an ein Kreditinstitut für die Übernahme einer Bürgschaft als aktive RAP für die Bürgschaft abzugrenzen (*BFH* 19. 1. 1978 BStBl II, 262). Es handelt sich jedoch nicht um die besonders geregelten Aufwendungen gemäß Abs 3, die in den Unterschiedsbetrag einzubeziehen sind, mit der Folge, dass auch für die HB kein Wahlrecht besteht.

IV. Ausweis

67 Ein nach Abs 3 in den aktiven RAP aufgenommener Unterschiedsbetrag ist nach § 268 Abs 6 in der Bilanz **gesondert** auszuweisen **oder** im **Anhang** an-

zugeben. Der gesonderte Ausweis steht damit in Verbindung, dass das Disagio auch einen Korrekturposten zu den auf der Passivseite mit ihrem Erfüllungsbetrag ausgewiesenen Verbindlichkeiten darstellt (weitere Einzelheiten zum Ausweis siehe § 268 Anm 110–112).

V. Planmäßige und außerplanmäßige Abschreibungen

1. Planmäßige Abschreibungen

71 Nach Abs 3 S 2 ist ein abgegrenzter Unterschiedsbetrag durch planmäßige **Abschreibungen** zu tilgen, die auf die gesamte Laufzeit der Verbindlichkeit verteilt werden *dürfen.*

72 In der **Handelsbilanz** *darf* ein ggü der Laufzeit **kürzerer** Abschreibungszeitraum gewählt werden (glA *Trützschler* in HdR[5] § 250 Anm 84; *WPH*[12] I E 201; *Bachem* BB 1991, 1675), zB Laufzeit bis zur ersten Kündigungsmöglichkeit. So wird auch **steuerrechtlich** eine kürzere Laufzeit anerkannt, wenn bei Zinsfestschreibung nach dem Zeitraum der Zinsfestschreibung grds eine Kündigung erfolgen kann, falls die Vertragsparteien über die Zinskonditionen für die verbleibende Restlaufzeit keine Einigung erzielen (*BFH* 21. 4. 1988 BStBl II 1989, 722).

73 **Planmäßig** bedeutet, dass zu Beginn des Abschreibungszeitraums ein Abschreibungsplan aufgestellt und grds eingehalten wird (*ADS*[6] § 250 Anm 90) und dass ein Aussetzen der Abschreibung unzulässig ist. Hinsichtlich der Zulässigkeit von Planänderungen gelten die Ausführungen zu § 253 Abs 2 (vgl dort Anm 220 und Anm 260ff) entspr.

74 Ist eine *feste* **Laufzeit** für den Kredit vereinbart, ist damit grds die Verteilungsdauer für die Abschreibung festgelegt. Ist hingegen eine Laufzeitregelung nicht gegeben, darf die Abschreibung auf die voraussichtliche Tilgungszeit verteilt werden; aus Gründen der Vorsicht sollte das der Zeitpunkt der ersten Kündigungsmöglichkeit sein (*ADS*[6] § 250 Anm 95).

2. Außerplanmäßige Abschreibungen

75 **Außerplanmäßige** Abschreibungen sieht das HGB hier nicht ausdrücklich vor. Sie *müssen* vorgenommen werden, wenn die korrespondierenden Verbindlichkeiten ganz oder teilweise vorzeitig zurückgezahlt oder erlassen werden oder die Laufzeit verkürzt wird (vgl *ADS*[6] § 250 Anm 98; *WPH*[12] I E 201). Auch bei nachhaltiger wesentlicher Senkung des Zinsniveaus kann eine außerplanmäßige Abschreibung erforderlich sein (so *ADS*[6] § 250 Anm 98; *WPH*[12] I E 201).

76 **Freiwillige** außerplanmäßige Abschreibungen auf ein Disagio in der HB sind strittig. *ADS*[6] § 250 Anm 99 halten sie bis zur Vollabschreibung für zulässig, da auf die Aktivierung verzichtet oder die Abschreibung auf eine kürzere Laufzeit verteilt werden darf; für Zulässigkeit auch *WPH*[12] I E 201. Gegen die freiwillige Mehr-Abschreibung ist einzuwenden, dass sie nicht der vom Gesetz geforderten „planmäßigen" Abschreibung entspricht.

77 Abs 3 verlangt zwar auch „planmäßige jährliche Abschreibungen". Man wird diese jedoch auch als **Mindest**abschreibungen verstehen und freiwillige außerplanmäßige Abschreibungen bis zur Vollabschreibung als mit dem Zweck der **Aktivierung** vereinbar ansehen dürfen.

78 Für die **Steuerbilanz** gibt es nur planmäßige Abschreibungen auf den Unterschiedsbetrag; Teilwertabschreibungen sind nicht zulässig. Bei Umschuldung ist nach *BFH* 13. 3. 1974 BStBl II, 359, das alte Disagio nur insoweit abzuschreiben, als es bei wirtschaftlicher Betrachtung nicht als zusätzliche Gegenleistung für das neue Darlehen anzusehen ist.

VI. Unterschiedsbetrag als passiver Rechnungsabgrenzungsposten

79 Ausleihungen dürfen handelsrechtlich statt mit dem Auszahlungsbetrag mit dem **höheren Rückzahlungsbetrag** (= Nennbetrag der Schuld) aktiviert werden, wenn gleichzeitig ein passiver RAP für den Unterschiedsbetrag gebildet wird. Nach überwiegender Meinung in der Literatur ist diese Bilanzierung generell, also auch für mit einem Damnum (Disagio) ausgereichte Darlehen oder für Schuldverschreibungen zulässig (vgl auch § 340 e Abs 2). Der durch die Bewertung zum Nominalbetrag entstehende Unterschiedsbetrag stellt eine Einnahme (vorwegerhaltener Zins) iSv Abs 2 dar, dessen bestimmte Zeit sich aus den Darlehensvereinbarungen ergibt.

80 Zur Darlehensbewertung mit dem Nominalbetrag und passiven RAP vgl auch § 255 Anm 254. Zur Verteilung des Damnums bei Darlehensforderungen s § 340 e Abs 2.

81 Für die **Steuerbilanz** stellt ein Damnum (Disagio) eine Einnahme des Gläubigers im Wj der Darlehensauszahlung dar. Diese Einnahme ist bei bestimmter Laufzeit des Darlehens als passive Rechnungsabgrenzung auf diese Laufzeit zu verteilen (*HHR* § 5 Anm 1962 mwN).

82 Mit U 26. 4. 1995 hat der *BFH* BStBl, 594 die zeitanteilige Vereinnahmung von Erträgen aus Wechseldiskontgeschäften verneint. Beim typischen Wechseldiskontgeschäft wird ein Kaufvertrag und nicht ein Darlehensvertrag abgeschlossen. Hereingenommene Wechsel dürfen maximal zu AK (dh abzgl des Diskonts) aktiviert werden. Die Bildung eines passiven RAP in Höhe des Wechseldiskonts scheidet somit aus.

F. Rechtsfolgen einer Verletzung des § 250

84 Bei einer Verletzung des Abs 1 S 1 oder des Abs 2 im Rahmen der Aufstellung oder Feststellung des JA durch die Organe der KapGes liegt eine Zuwiderhandlung gem § 334 Abs 1 Nr 1 a vor, die als Ordnungswidrigkeit mit einer Geldbuße bis zu 50 000 € geahndet werden kann (§ 334 Abs 3). Für Unt, die dem PublG unterliegen, gilt für den Tatbestand der Ordnungswidrigkeit bei einer analogen Bußgeldregelung § 20 Abs 1 Nr 1 a sowie Abs 3 des PublG.

Mit Freiheitsstrafe bis zu drei Jahren oder mit Geldstrafe wird gem § 331 Nr 1 belegt, wer als Mitglied des vertretungsberechtigten Organs oder des AR einer KapGes im JA die Verhältnisse unrichtig wiedergibt oder verschleiert. Eine analoge Strafregelung erfolgt für PublG-pflichtige Unt und deren gesetzliche Vertreter (§ 4 Abs 1 PublG) für den Sachverhalt der unrichtigen Wiedergabe oder der Verschleierung in § 17 Abs 1 Nr 1 PublG.

KapCoGes werden über § 335 b den genannten Straf- und Bußgeldvorschriften bei einer Verletzung des § 250 unterworfen.

G. Abweichungen der IFRS

85 Nach dem *accrual*-Prinzip (F 22/IAS 1.25) sind Aufwendungen und Erträge periodengerecht abzugrenzen, so dass RAP unter assets bzw liabilities angesetzt werden müssen. Dies ist jedoch nur dann zulässig, wenn ein aktiver RAP als asset und ein passiver RAP als liability einzustufen sind (F 47 ff).

I. Aktive Rechnungsabgrenzungsposten

Nach den IFRS gibt es keine RAP. In der Mindestgliederung nach IAS 1.68 sind die aktiven RAP unter „trade and other receivables" auszuweisen. Wenn es sich bei den aktivierten Vorauszahlungen um Aufwand handelt, der innerhalb eines Jahrs verrechnet wird, sind sie als current assets zu erfassen (IAS 1.57 (c)). Ausgaben, die erst in späteren Jahren zu Aufwand werden, sind somit unter den *non-current assets* auszuweisen. Im Gegensatz zum handelsrechtlichen Wahlrecht muss nach IAS 23.5 (b) iVm 23.7 ein **Disagio aktiviert und** erfolgswirksam über die Laufzeit der zugrundeliegenden Verbindlichkeit verteilt werden. 86

Gemäß IAS 2.11 sind nicht erstattungsfähige **Zölle** und **Verbrauchsteuern** dem Vorratsvermögen zuzuordnen

II. Passive Rechnungsabgrenzungsposten

Wenn die passiven RAP innerhalb von 12 Monaten realisiert werden, sind sie unter den current liabilities, ansonsten unter den non-current liabilities auszuweisen (IAS 1.60 (c). 87

§ 251 Haftungsverhältnisse

[1]Unter der Bilanz sind, sofern sie nicht auf der Passivseite auszuweisen sind, Verbindlichkeiten aus der Begebung und Übertragung von Wechseln, aus Bürgschaften, Wechsel- und Scheckbürgschaften und aus Gewährleistungsverträgen sowie Haftungsverhältnisse aus der Bestellung von Sicherheiten für fremde Verbindlichkeiten zu vermerken; sie dürfen in einem Betrag angegeben werden. [2]Haftungsverhältnisse sind auch anzugeben, wenn ihnen gleichwertige Rückgriffsforderungen gegenüberstehen.

Übersicht

Schrifttum: *Fey* Grundsätze ordnungsmäßiger Bilanzierung für Haftungsverhältnisse, Düsseldorf 1989; *Fey* Probleme bei der Rechnungslegung von Haftungsverhältnissen WPg 1992, 1; *Limmer* „Harte" und „weiche" Patronatserklärungen in der Konzernpraxis, DStR 1993, 1750; *Rieke* Haftungsverhältnisse im Konzernabschluss, Hamburg 1993; *Michalsky* Die Patronatserklärung, WM 1994, 1229; *Küffner* Patronatserklärungen im Bilanzrecht, DStR 1996, 146; *Schäfer* Die harte Patronatserklärung – vergebliches Streben nach Sicherheit? WM 1999, 162; *Müller* Die gesamtschuldnerische Haftung bei der Spaltung nach §§ 133, 134 UmwG, DB 2001, 2637.

A. Allgemeines

1 § 251 verlangt, dass unter der Bilanz nachstehende Haftungsverhältnisse – ggf zusammengefasst (Anm 8) – zu vermerken sind:
1. Verbindlichkeiten aus der Begebung und Übertragung von Wechseln,
2. Verbindlichkeiten aus Bürgschaften, Wechsel- und Scheckbürgschaften,
3. Verbindlichkeiten aus Gewährleistungsverträgen,
4. Haftungsverhältnisse aus der Bestellung von Sicherheiten für fremde Verbindlichkeiten.

Diese Vorschrift ist **von allen Kaufleuten anzuwenden.** Ebenso von KapGes, die als TU nach § 264 Abs. 3 oder nach § 264 Abs 4 von der Anwendung der Vorschriften der §§ 264ff befreit sind, sowie von KapCoGes, die als TU nach § 264b befreit sind. KapGes/KapCoGes sowie Unt, die §§ 264 bis 289 im JA und/oder KA anwenden müssen, haben die weitergehende Vorschrift des § 268 Abs 7 zu beachten, die eine Aufgliederung des Vermerks verlangt. Diese Aufgliederung kann jedoch alternativ im Anhang erfolgen (§ 284 Anm 56). Die Ausweispflicht betrifft alle KapGes/KapCoGes unabhängig von ihrer Größe. Für Kreditinstitute bestimmt § 340a Abs 2, dass die durch RVO erlassenen Formblätter und andere Vorschriften anzuwenden sind. Für Versicherungsunternehmen gilt § 341a Abs 2, nach dem die durch RVO erlassenen Formblätter und andere Vorschriften anzuwenden sind.

B. Begriff der Haftungsverhältnisse

2 Haftungsverhältnisse im bilanzrechtlichen Sinne sind alle **Verbindlichkeiten auf Grund von Rechtsverhältnissen,** aus denen der Kfm nur unter bestimmten Umständen, mit deren Eintritt er *nicht* rechnet, in Anspruch genommen werden kann (*ADS*[6] § 251 Anm 1). Die Möglichkeit der Inanspruchnahme reicht für den Vermerk aus. Die Haftung kann sich sowohl auf seine Person als auch auf sein Vermögen beziehen, sie kann für eigene und fremde Verbindlichkeiten bestehen.

Von den Verbindlichkeiten und Rückstellungen unterscheiden sich die Haftungsverhältnisse durch den Grad der Wahrscheinlichkeit der Inanspruchnahme. Bei sicherem oder wahrscheinlichem Eintritt der Verpflichtung ist stets eine Passivierung geboten (§ 249 Anm 42).

Der bilanzrechtliche Begriff der Haftungsverhältnisse ist nicht dem schuldrechtlichen Begriff der Haftung gleichzusetzen. So fallen Haftungen aus **unerlaubter Handlung** oder aus **schwebenden Verbindlichkeiten** aus noch nicht erfüllten Geschäften nicht darunter (*Fey,* 77, 83). Im Vergleich zu schwebenden Geschäften, bei denen sich Leistung und Gegenleistung in der Regel ausgeglichen gegenüberstehen und die in diesem Fall nicht bilanziert werden, stellen Haftungsverhältnisse eine einseitige Belastung dar.

Bei den im HGB aufgezählten Haftungsverhältnissen handelt es sich stets um **eigene Haftungsverhältnisse** des Kfm. Nicht erfasst ist die Haftung Dritter für Verbindlichkeiten des Kfm, unbeschadet dessen Rückgriff auf den bilanzierenden Kfm.

Aus der Sicht des Kfm stellen auch die privaten Schulden eine „fremde" Verbindlichkeit dar (ebenso *ADS*[6] § 251 Anm 96). Übernimmt er in seiner KfmEigenschaft Haftungsverhältnisse für seine privaten Schulden, ist eine Vermerkpflicht zu bejahen, da die Haftung außerhalb der betrieblichen Sphäre des Unt liegende Sachverhalte betrifft, vgl § 264c Abs 3 S 1, § 5 Abs 4 PublG (wie hier *Fey,* 125).

C. Die Grundsätze der Vermerkpflicht

I. Vorrang der Passivierung

Die Haftungsverhältnisse sind nach § 251 nur zu vermerken, „sofern sie nicht auf der Passivseite auszuweisen sind." Demnach ist bei Bestehen eines Haftungsverhältnisses zunächst in jedem Fall zu untersuchen, ob nicht die **Passivierung** als Verbindlichkeit oder Rückstellung geboten ist (§ 247 Anm 201). Ist die Verbindlichkeit oder Rückstellung passiviert, entfällt regelmäßig die Angabepflicht unter den Haftungsverhältnissen. Erfolgt eine **Teilpassivierung** des Haftungsrisikos, ist nur der nicht passivierte Teil des Haftungsverhältnisses unter der Bilanz zu vermerken. Nach dem Wortlaut des Gesetzes („sofern") schließen sich zwar Passivierung und Vermerk unter der Bilanz aus. Es stellt sich jedoch die Frage, ob diese Wortauslegung dem Zweck der Vorschrift gerecht wird. Die Auslegung nach Sinn und Zweck der Vermerkpflicht der Haftungsverhältnisse (Angabe der möglichen Inanspruchnahme aus Haftungsverhältnissen in voller Höhe ohne Saldierung mit Rückgriffsforderungen) ergibt, dass eine vollständige Angabe gefordert ist (ebenso *ADS*[6] § 251 Anm 6) und das „sofern" des Gesetzes als „soweit" zu interpretieren ist (wie hier *Fey,* 63). Eine Berücksichtigung der Haftungsverhältnisse in der Bilanz in voller Höhe ist aber nur dann gewährleistet, wenn der gesamte Haftungsbetrag sich als Summe aus den betreffenden Posten über und unter dem Strich der Bilanz ergibt. 3

Bei den Haftungsverhältnissen für eigene Verbindlichkeiten ist jedoch zu beachten, dass der Ausweis einer Verbindlichkeit oder Rückstellung in der Bilanz nicht in jedem Fall die **zusätzliche Angabe** eines damit zusammenhängenden Haftungsverhältnisses erübrigt bzw. verbietet. Das ist zB dann der Fall, wenn für eigene (passivierte) Verbindlichkeiten **zusätzliche Garantien** geleistet wurden. Der alleinige Ausweis der Verbindlichkeit lässt hier nicht erkennen, ob und in welchem Umfang weitergehende Haftungen bestehen. Demzufolge ist dann die zusätzliche Angabe des Haftungsverhältnisses erforderlich.

II. Umfang der Vermerkpflicht

1. Allgemeines

4 Nach dem Wortlaut des HGB ist der Umfang der vermerkpflichtigen Haftungsverhältnisse klar definiert. Die Vorschrift schließt den Vermerk anderer Haftungsverhältnisse aus, nämlich der Haftungsverhältnisse aus der **Bestellung von Sicherheiten für eigene Verbindlichkeiten, gesetzliche Haftungen** für eigene und fremde Verbindlichkeiten, **Konsortialhaftungen;** KapGes und gleichgestellte Unt haben auch diese Haftungsverhältnisse anzugeben (§ 285 Nr 3). Insoweit umfasst der Vermerk nicht alle Haftungsverhältnisse des Kfm, auch nicht alle Haftungsverhältnisse für fremde Verbindlichkeiten. Über den Wortlaut des § 251 hinausgehende Angaben zu weiteren Haftungsverhältnissen können uU geboten sein (s Anm 50).

Etwaige Fehlbeträge bei Rückstellungen für Pensionen und ähnliche Verpflichtungen, die von KapGes/KapCoGes im Anhang anzugeben sind, gehören nach dem Wortlaut nicht hierzu. Werden sie freiwillig vom Kfm angegeben, was *HFA* 2/1993 (WPg 1994, 22) als „wünschenswert" bezeichnet, dürfen sie nicht mit den Haftungsverhältnissen zusammengefasst werden, sondern sind gesondert unter der Bilanz zu vermerken (*WPH*[12] I E 70), s Anm 50.

Die im HGB aufgeführten Haftungsverhältnisse sind grundsätzlich vollständig angabepflichtig. Vollständig ist der Vermerk über die Haftungsverhältnisse nur dann, wenn alle am Bilanzstichtag bestehenden Haftungsverhältnisse erfasst werden. Ereignisse nach dem Bilanzstichtag dürfen nur zur Beurteilung bereits bekannter Haftungsverhältnisse herangezogen werden (glA *Fey,* 97).

Auch Haftungen für die Verbindlichkeiten eines verbundenen Unt (zB MU), das einen aufgenommenen Kredit an das bilanzierende Unt weitergeleitet hat, sind im JA vermerkpflichtig. Wirtschaftlich betrachtet handelt es sich zwar im Konzern um eine Haftung für eigene Verbindlichkeiten, jedoch sind aus der Sicht der kreditgewährenden Bank Schuldner und Haftungsschuldner nicht identisch, so dass das Haftungsverhältnis anzugeben ist.

Die Tatsache der **Strittigkeit eines Haftungsverhältnisses** erlaubt nicht die Unterlassung der Angabe (so auch *Fey,* 96). Ferner ist die Angabepflicht nicht davon abhängig, wie ernsthaft mit der Inanspruchnahme aus dem Haftungsverhältnis zu rechnen ist. Dies hat allein auf die Bildung einer Rückstellung Einfluss. Die Angabepflicht besteht gerade dann, wenn die Inanspruchnahme nicht droht.

Besteht ein **doppeltes Haftungsverhältnis,** zB Bürgschaft und Grundschuld für eine fremde Verbindlichkeit, ist nur ein Haftungsverhältnis in den Vermerk aufzunehmen (glA *Fey,* 114), da der Kfm nur einmal haftet, hier die Grundschuld als das stärkere Haftungsverhältnis (s auch Anm 13).

2. Betriebs- und branchenübliche Haftungsverhältnisse

5 Der Grundsatz der Vollständigkeit des Vermerks der Haftungsverhältnisse erhält eine wesentliche **Einschränkung:**

Haftungsverhältnisse, die **selbstverständlich** sind oder mit denen der Verkehr nach der Art des Geschäftsbetriebs **ohne weiteres** rechnet, weil sie betriebs- und branchenüblich sind, brauchen und sollen nicht angegeben werden; denn die Angabepflicht betrifft nur auf besonderen Verhältnissen beruhende Haftungen, die nicht als bekannt vorausgesetzt werden können. Somit ist über folgende Sachverhalte im Normalfall *nicht* zu berichten (*ADS*[6] § 251 Anm 7):

- **Gesetzliche Haftungen** (zB aus Kfz-, Flugzeug- sowie sonstiger Fahrzeug- und Tierhaltung; bei Besitz von Grundstücken aus Verkehrssicherungspflichten oder nachbarrechtlichen Verboten oder Beschränkungen),

- **Gesetzliche Pfandrechte,** die Dritte gegenüber dem Kfm geltend machen können (zB Vermieter, Verpächter, Lagerhalter, Spediteur),
- **Eigentumsvorbehalte** von Lieferanten gemäß § 455 BGB,
- **Haftung aus treuhänderischer Übereignung** an den Kfm oder sonstigen Treuhandgeschäften,
- **Haftungen auf Grund steuerrechtlicher Vorschriften** (zB Lohnsteuer).

3. Bedingte und künftige Haftungsverhältnisse

Die Vermerkpflicht von unter einer **Bedingung** übernommenen Haftungs- 6
verhältnissen, wie zB der Übernahme einer aufschiebend bedingten Bürgschaft, richtet sich danach, ob der Eintritt der Haftung unabhängig vom Willen des Erklärenden (und Bilanzierenden) *möglich* ist. In diesem Fall ist eine Vermerkpflicht gegeben (so auch *Fey,* 95; *Bordt* in HdJ[3] Abt III/9 Anm 7). Das gilt insb dann, wenn der Gegenstand der Bedingung eine Vertragsverletzung durch den Hauptschuldner ist. Von den bedingten Haftungsverhältnissen für eine bestehende Hauptschuld sind die Haftungsverhältnisse für **bedingte Hauptschulden** zu unterscheiden. Hier ist das Haftungsverhältnis dann anzugeben, wenn nach GoB die aufschiebend bedingte Hauptverpflichtung in der Bilanz des Hauptschuldners zu passivieren wäre (§ 247 Anm 224). Mit dem Eintritt der Bedingung muss sicher oder wahrscheinlich zu rechnen sein, was aus der Sicht des bilanzierenden Kfm zu beurteilen ist (für eine Vermerkpflicht auch in diesen Fällen *Fey,* 91 und *ADS*[6] § 251 Anm 13).

Gleiches gilt auch für die Verpflichtung zur Übernahme **künftiger Haftungsverhältnisse** wie zB der Verpflichtung, auf erste Anforderung eine Bürgschaft oder Garantie zu übernehmen. Da der Gläubiger hier aus wirtschaftlicher Sicht genauso gestellt wird, wie wenn er die Sicherheit bereits erhalten hätte, ist die Vermerkpflicht zu bejahen (*Bordt* in HdJ[3] Abt III/9 Anm 8). Die unter einer Bedingung übernommenen Bürgschaften oder die Übernahme einer künftigen Bürgschaft sind jedoch nicht unter dem Haftungsverhältnis „Verbindlichkeiten aus Bürgschaften" zu vermerken, sondern unter „Verbindlichkeiten aus Gewährleistungsverträgen".

III. Ausweis der Haftungsverhältnisse

Nach dem Wortlaut des § 251 sind die betragsmäßigen Angaben **„unter der** 7
Bilanz" zu machen. Ein Ausweis der Haftungsverhältnisse an anderer Stelle, wie zB Aufnahme in die Bilanz (Passivierung und Aktivierung der Rückgriffsforderung), Angabe im freiwilligen Anhang oder Lagebericht, ist damit unzulässig (wie hier *Fey,* 197). Durch die Formulierung „unter der Bilanz" ist der Ausweis in einer nicht mitaddierten Vorspalte innerhalb der Bilanz auch nicht zulässig.

Für die Darstellung unter der Bilanz gilt der Grundsatz, dass sie klar und übersichtlich sein muss (§ 243 Anm 51).

Die Haftungsverhältnisse dürfen von Kfl, die weder KapGes/KapCoGes noch 8
diesen gleichgestellt sind, zB dem PublG unterliegen (§ 1 Abs 1 PublG), **in einem Betrag** angegeben werden. Damit ist ein **Wahlrecht** kodifiziert, die vier angabepflichtigen Haftungsverhältnisse entweder gesondert oder zusammengefasst in einem Betrag zu vermerken (*ADS*[6] § 251 Anm 15). Werden die Haftungsverhältnisse gesondert angegeben, sind sie mit den gesetzlich vorgeschriebenen Bezeichnungen zu vermerken. Kurzbezeichnungen (wie zB Wechselobligo) sind statthaft, wenn sie eindeutig sind. Jedoch brauchen Leerposten nicht angegeben zu werden. Anpassungen der Bezeichnungen an den Sachverhalt dürfen vorgenommen werden, da sie die Klarheit der Darstellung erhöhen.

Liegen zB bei den Verbindlichkeiten aus Bürgschaften, Wechsel- und Scheckbürgschaften keine Wechsel- und Scheckbürgschaften vor, darf der Vermerk „Verbindlichkeiten aus Bürgschaften" lauten.

9 Werden die Haftungsverhältnisse in einem Betrag vermerkt, hat dies unter der gesetzlich vorgeschriebenen Bezeichnung „Verbindlichkeiten aus der Begebung und Übertragung von Wechseln, aus Bürgschaften, Wechsel- und Scheckbürgschaften und aus Gewährleistungsverträgen sowie Haftungsverhältnisse aus der Bestellung von Sicherheiten für fremde Verbindlichkeiten" zu erfolgen. Weist ein Haftungsverhältnis keinen Betrag aus, darf die Bezeichnung des Vermerks entsprechend gekürzt werden. Es ist auch zulässig, die Kurzbezeichnung der Paragraphenüberschrift „Haftungsverhältnisse" unter Hinweis auf § 251 HGB zu verwenden, da dann der Inhalt durch den Gesetzestext klar bestimmt ist (glA *ADS*[6] § 251 Anm 29). Unzulässig jedoch ist die Bezeichnung des Vermerks als „Eventualverbindlichkeiten", da dieser Begriff im HGB nicht vorkommt und auch den Inhalt des Vermerks nicht genau abdeckt. Bei Zusammenfassung der Haftungsverhältnisse zu einem Betrag dürfen andere als die vorgeschriebenen Haftungsverhältnisse nicht in den Vermerk einbezogen werden, da eine solche Vermischung die Vergleichbarkeit des Vermerkpostens mit denen anderer Kfl beeinträchtigt. Liegen gar keine Haftungsverhältnisse vor, erübrigt sich ein Negativvermerk, da für den JA der Grundsatz gilt, dass Leerposten nicht ausgewiesen werden müssen (glA *Fey,* 194). Wegen erweiterter Vermerke s Anm 13 und 50.

IV. Bewertung der Haftungsverhältnisse

10 Die Haftungsverhältnisse sind in Höhe des Betrags zu vermerken, für den der Kfm nach den Verhältnissen am Bilanzstichtag haftet, dh sie sind in voller Höhe anzugeben und nicht etwa mit dem Betrag, mit dem eine Inanspruchnahme droht. Dann ist in dieser Höhe ggf eine Verbindlichkeit oder Rückstellung zu bilden und der Gesamtbetrag des entsprechenden Haftungsverhältnisses zu kürzen, um einen Doppelausweis zu verhindern. Soweit sich die Haftung auf die Schuld eines Dritten bezieht (Bürgschaft, Hypothek, Schuldmitübernahme, Garantie uä) ist für den Umfang des Vermerks der jeweilige Bestand der Hauptverbindlichkeit maßgebend (§ 767 Abs 1 S 1 BGB; aA *Fey,* 169; *ADS*[6] § 251 Anm 51 und 56, die in jedem Fall den Vermerk in Höhe der Haftungszusage fordern). Das gilt auch für vermerkpflichtige harte Patronatserklärungen (Anm 41; *Schäfer* WM 1999, 162). In allen anderen Fällen ist der Nominalbetrag des Haftungsverhältnisses anzusetzen. In den Vermerk sind grundsätzlich auch die **Nebenkosten und Zinsen,** soweit sie am Bilanzstichtag fällig sind (aA *ADS*[6] § 251 Anm 41), einzubeziehen, sofern sich die Haftung auch auf diese erstreckt. Da diese häufig nicht eindeutig bestimmbar sind, reicht idR der Vermerk der Hauptschuld aus (im Ergebnis glA *ADS*[6] § 251 Anm 41).

Haftet der Kfm gesamtschuldnerisch, ist der volle Betrag der **Gesamtschuld** zu vermerken (glA *Fey,* 187). Es erscheint hier ggf sinnvoll, werthaltige Ausgleichsansprüche gegen andere Mitverpflichtete durch folgenden Vermerk ersichtlich zu machen: „davon bestehen Ausgleichsansprüche aus Gesamtschuldverhältnissen gegenüber Dritten in Höhe von Euro ...". Zulässig ist auch ein Hinweis auf den eigenen Haftungsanteil, wie zB „interner Haftungsanteil hieran ....%" (*Bordt* in HdJ III/9 Anm 69). Im Falle einer vertraglichen Haftungsfreistellung eines Gesamtschuldners gilt nichts anderes, da hierdurch regelmäßig nur dessen Verpflichtung gegenüber dem Gläubiger ausgeschlossen ist, nicht aber zugunsten der übrigen Gesamtschuldner. Haftet der Kfm nur nach Bruchteilen, also **anteilig** zusammen mit anderen (*nicht* gesamtschuldnerisch), ist nur der Anteil, der auf ihn entfällt, anzusetzen (glA *Fey,* 196; *ADS*[6] § 251 Anm 57).

Für die Umrechnung von Haftungsverhältnissen in **Fremdwährung** auf Euro gelten die Regeln für die Bewertung der Valutaverbindlichkeiten (s hierzu § 253 Anm 70 ff); idR werden sie mit dem Geldkurs am Abschlussstichtag zu bewerten sein (*Fey,* 185).

Ist die Verbindlichkeit aus dem Haftungsverhältnis **nicht exakt zu quantifizieren,** führt das nicht dazu, dass auf die Aufnahme in den Bilanzvermerk verzichtet werden darf. In diesem Fall ist der Haftungsbetrag nach vernünftiger kaufmännischer Beurteilung zu schätzen (wie hier *ADS*[6] § 251 Anm 108 mit Bsp) und dieser **Schätzbetrag** in den Vermerk einzubeziehen. Läßt sich das Haftungsverhältnis gar nicht beziffern, ist nach dem Vollständigkeitsgebot ein Merkposten von Euro 1,– anzugeben. Zusätzliche verbale Erl oder Hinweise können nach § 251 für den Kfm nicht gefordert werden (für verbale Angaben *WPH*[12] I E 68; *Fey,* 124; *ADS*[6] § 251 Anm 109); anders bei KapGes/KapCoGes und anderen anhangpflichtigen Unt (§ 264 Abs 2 S 2). 11

Sind für die Haftungsverhältnisse pauschale oder individuelle **Rückstellungen** gebildet oder Teilbeträge als **Verbindlichkeiten** passiviert worden, sind die Bruttobeträge des Haftungsverhältnisses um diese Passiva zu kürzen, um einen Doppelausweis zu vermeiden (Anm 3).

V. Rückgriffsforderungen

Die Haftungsverhältnisse sind unabhängig davon zu vermerken, ob ihnen gleichwertige **Rückgriffsforderungen** gegenüberstehen (S 2). Sie sind demnach unsaldiert anzugeben. Eine Saldierung scheidet abgesehen vom Gesetzestext schon allein deshalb aus, weil Schuldner und Gläubiger nicht dieselbe Person sind. Die Rückgriffsforderungen *können* jedoch unter der Bilanz auf der Aktivseite vermerkt werden (*ADS*[6] § 251 Anm 35). 12

Zu den Rückgriffsforderungen gehören auch **dingliche Ansprüche** auf Herausgabe eines Gegenstandes. Obwohl der Wortlaut des § 251 eine solche Auslegung nicht deckt, ist der Begriff der Rückgriffsforderungen weit auszulegen und auch alle schuldrechtlichen **Rückgriffsansprüche** einzubeziehen, um den Bruttoausweis der Haftungsverhältnisse zu gewährleisten.

VI. Erweiterte Vermerke

Der gemäß § 251 unter der Bilanz auszuweisende Vermerk kann erweitert werden, beispielsweise um sog **Davon-Vermerke.** In Frage kommen die Vermerke von Haftungsverhältnissen gegenüber verbundenen Unt (§ 268 Abs 7) oder Gestern (§ 42 Abs 3 GmbHG, § 264 c Abs. 1) oder zugunsten verbundener Unt (Gester). 13

Werden die einzelnen Haftungsverhältnisse freiwillig gesondert vermerkt (Anm 8), kann bei Vorliegen einer doppelten Haftung die Mitzugehörigkeit zu einem anderen Haftungsverhältnis angegeben werden (zB „davon zugleich durch Verbindlichkeiten aus Gewährleistungsverträgen gesichert Euro ...“).

D. Die einzelnen vermerkpflichtigen Haftungsverhältnisse

I. Verbindlichkeiten aus der Begebung und Übertragung von Wechseln

14 Zu vermerken sind hier nur die Verbindlichkeiten, bei denen es sich um einen Wechsel gemäß § 1 WG handelt. In allen anderen Fällen kommt nur der Vermerk unter den Verbindlichkeiten aus Gewährleistungsverträgen in Frage. Verbindlichkeiten aus der Begebung und Übertragung von Schecks, das sog Scheckobligo, dürfen hier nicht vermerkt werden (aA *ADS*[6] § 251 Anm 46, die eine freiwillige und gesonderte Angabe des Scheckobligos für zulässig halten).

15 Als Verbindlichkeiten aus der Begebung und Übertragung von Wechseln (kurz **Wechselobligo**) ist der Gesamtbetrag anzugeben, für den der Kfm als **Aussteller** gemäß § 9 WG (Begebung) oder als **Indossant** gemäß § 15 WG (Übertragung) bei Nichteinlösung haftet. Für den Einbezug in den Vermerk ist es grds nicht maßgebend, ob es sich um Akzeptanten von großer oder geringer Bonität handelt. Entscheidend ist vielmehr allein die Tatsache, ob wechselrechtlich ein Obligo vorliegt. Demzufolge sind zB auch weitergegebene Wechsel in den Vermerkbetrag aufzunehmen, bei denen der Schuldner die öffentliche Hand ist. Damit werden die auf den Kfm möglicherweise zukommenden Regressverpflichtungen aus Wechselgeschäften voll sichtbar. Jedoch besteht auch dann Vermerkpflicht, wenn mit einer besonderen Indossamentform die Regressmöglichkeit beschränkt wird. Zu nennen sind hier zB das offene **Vollmachtindossament,** das ersichtlich nur den Indossatar bevollmächtigt, die Wechselrechte im Namen des Indossanten auszuüben (*Baumbach/Hefermehl* WG[22] Art 18 Anm 1) und das offene **Pfandindossament,** bei dem aus einem zusätzlichen Vermerk im Indossament ersichtlich ist, dass der Wechsel zum Zwecke der Verpfändung indossiert worden ist (*Baumbach/Hefermehl* WG[22] Art 19 Anm 7). Auf diese Beschränkung kann mit einem Davon-Vermerk hingewiesen werden. Demgegenüber schließt die sog Angstklausel **„ohne Obligo“** oder **„ohne Gewähr“** eine Haftung aus (*Baumbach/Hefermehl* WG[22] Art 15 Anm 7), so dass solche Wechsel nicht einzubeziehen sind (*Fey,* 111; *ADS*[6] § 251 Anm 38).

16 In das Wechselobligo sind alle Wechsel aufzunehmen, die am Bilanzstichtag weitergegeben und noch nicht fällig bzw eingelöst waren. Die **Weitergabe zum Inkasso** fällt nicht hierunter, denn hieraus resultiert kein Obligo. Der Kfm haftet nicht mehr aus einem Wechsel, wenn dieser von dem Bezogenen, Aussteller oder einem Vorgiranten tatsächlich eingelöst worden ist. Da dieser Zeitpunkt dem Indossanten im Allgemeinen nicht bekannt ist, ist davon auszugehen, dass die Haftung innerhalb von fünf Tagen nach Verfall endet (*D. Fey* in HdR[5] § 251 Anm 31). Bis dahin besteht demnach Vermerkpflicht; aA – bis Verfalltag – zB *Ott/Nagel/Sehmsdorf* in Beck HdR B 250 Anm 31.

17 Die tatsächlichen Verpflichtungen aus der Wechselschuldnerschaft dürfen nicht hier, sondern müssen in der Bilanz als Wechselschulden ausgewiesen werden. Ferner sind hier nicht einzubeziehen die Wechsel im eigenen Bestand am Bilanzstichtag; diese werden als „Forderungen aus Lieferungen und Leistungen“ aktiviert.

Ebenfalls nicht hier ausweispflichtig sind die **Mobilisierungs- und Kautionswechsel** sowie die **Depotwechsel** für eigene Verbindlichkeiten (glA *Fey,* 107) sowie die **Gefälligkeitsakzepte;** sie sind zu passivieren, wenn es sich um bereits entstandene Verbindlichkeiten handelt. Damit scheidet ein nochmaliger Ausweis als Wechselobligo aus. Werden sie in Verkehr gesetzt, erfolgt der

Ausweis unter Wechselverbindlichkeiten. Nur wenn Kautionswechsel für eine bestimmte, nicht als Verbindlichkeit zu interpretierende Leistung des Kfm (Unterlassung) hinterlegt werden, gehören sie in das Wechselobligo. Werden Kautionswechsel für fremde Verbindlichkeiten hinterlegt, liegt wirtschaftlich gesehen ein Gewährleistungsvertrag vor, der uE unter den „Verbindlichkeiten aus Gewährleistungsverträgen" zu vermerken ist (aA *ADS*[6] § 251 Anm 44, die den Ausweis von Kautionswechseln unter den „Bürgschaften" befürworten oder *Bordt* in HdJ III/9 Anm 42 „als Wechselobligo").

Im Gegensatz zu den Gefälligkeitsakzepten führen die **Gefälligkeitsindossamente** (Gefälligkeitsgiros) zur Vermerkpflicht unter den Haftungsverhältnissen. Umstritten ist allerdings, ob sie auf Grund der rechtlichen Betrachtungsweise dem Wechselobligo oder den Verbindlichkeiten aus Wechselbürgschaften zuzuordnen sind. Aufgrund der wirtschaftlichen Betrachtungsweise ist der strengere Vermerk unter den Wechselbürgschaften geboten (ebenso *ADS*[6] § 251 Anm 43; *Bordt* in HdJ III/9 Anm 43"als Wechselobligo"). Die Kontinuität der Angabe sollte in jedem Falle beachtet werden.

Auch Wechsel, die im sog **Scheck-Wechsel-Verfahren** begeben werden, sind in das Wechselobligo einzubeziehen. Bei diesem Verfahren werden die Warenforderungen des bilanzierenden Kfm vom Kunden idR zur Ausnutzung des Skontos mittels Scheck bezahlt mit der Bitte an den Kfm, in gleicher Höhe einen Finanzwechsel auszustellen und auf den Kunden zu ziehen, der sich bei seiner Bank hiermit refinanziert.

Eine Aufteilung des Vermerkbetrags in Teilbeträge für die Haftung als Aussteller und für die Haftung als Indossant ist vom HGB nicht vorgesehen und auch nicht üblich. 18

Für die Ermittlung des Vermerkbetrags wird regelmäßig die **Wechselsumme** der einzelnen Wechsel herangezogen, obwohl der Kfm auch für die Zinsen, die Protestkosten und die Vergütung nach Art 48, 49 WG haftet. Diese sinnvolle Lösung wird praktiziert, weil die Höhe der beim Protest anfallenden Nebenkosten im Vorhinein nur sehr schwer schätzbar ist. Das dadurch nicht erfasste Risiko ist in der **Rückstellung** für Risiken im Wechselobligo zu berücksichtigen (*ADS*[6] § 251 Anm 41; *Fey,* 190). 19

Werden für das **pauschale Risiko** der Inanspruchnahme aus der Wechselhaftung oder für das konkrete Risiko in einem bestimmten Fall Verbindlichkeiten oder Rückstellungen gebildet, sind die passivierten Beträge, sofern sie die Wechselsumme und nicht zB die Zinsen betreffen, vom Bruttovermerkbetrag abzusetzen, da die Verpflichtung im JA nicht doppelt gezeigt werden darf (Anm 3; hM *ADS*[6] § 251 Anm 40).

Bei **Sichtwechseln,** die gemäß Art 23 WG innerhalb eines Jahres vorgelegt werden müssen, ist, solange die frühere Einlösung nicht feststeht, davon auszugehen, dass das Obligo erst nach Ablauf der gesetzlichen Vorlegungsfrist erlischt. Wird jedoch dem Kfm bis zum Zeitpunkt der Bilanzerstellung bekannt, dass der Wechsel bereits vor dem Bilanzstichtag eingelöst worden ist, entfällt die Vermerkpflicht (*ADS*[6] § 251 Anm 39). 20

II. Verbindlichkeiten aus Bürgschaften, Wechsel- und Scheckbürgschaften

Als **Bürgschaft** bezeichnet man die Verpflichtung des Bürgen gegenüber dem Gläubiger eines Dritten, für die Erfüllung der Verbindlichkeit des Dritten einzustehen (§ 765 BGB). Ist der Bürge Kfm, entfällt der Zwang zur schriftlichen Erteilung der Bürgschaftserklärung (§ 766 BGB, § 350 HGB); das gilt auch 21 für deutsche Bürgschaften im internationalen Handelsverkehr (Art 11 Abs 2 EGBGB). Zu den Bürgschaften gehören **alle Arten von Bürgschaften,** wie die selbstschuldnerische Bürgschaft, Rückbürgschaft, Gewährleistungsbürgschaft, Vertragserfüllungsbürgschaft, Voraus- oder Abschlagszahlungsbürgschaft, Nachbürgschaft, Ausfallbürgschaft, Kreditbürgschaft, Mitbürgschaft, Höchstbetrag- und Zeitbürgschaft. Ferner zählt hierzu der **Kreditauftrag** gemäß § 778 BGB.

Bürgschaftsähnliche Rechtsverhältnisse sind nicht hier, sondern unter den Verbindlichkeiten aus Gewährleistungsverträgen anzugeben (s Anm 29; glA *ADS*[6] § 251 Anm 48). Das Gleiche gilt für **Bürgschaften nach ausländischem Recht,** da auf sie die §§ 765 BGB nicht anwendbar sind (wie hier *D. Fey* in HdR[5] § 251 Anm 34; aA *ADS*[6] § 251 Anm 48 für Ausweis als Bürgschaft).

22 **Wechselbürgschaften** sind Verpflichtungen iSd Art 30 WG. Die Bürgschaftserklärung wird auf den Wechsel oder auf einen Anhang gesetzt. Ein ausdrücklicher Zusatz, dass jemand zur Wechselbürgschaft bereit ist, ist notwendig, wenn sie auf der Rückseite des Wechsels abgegeben wird. Dagegen gilt die bloße Unterschrift auf der Vorderseite des Wechsels als Bürgschaftserklärung, soweit es sich nicht um die Unterschrift des Bezogenen oder des Ausstellers handelt. Zum Ausweis des Gefälligkeitsgiros (bzw Gefälligkeitsindossaments) siehe Anm 17.

Scheckbürgschaften sind Verpflichtungen iSd Art 25 ScheckG; ihre gesetzlichen Regelungen entsprechen denen der Wechselbürgschaften (*Baumbach/Hefermehl* SchG[22] Art 25 Anm 1). Sie sind – im Gegensatz zum Scheckobligo – vermerkpflichtig.

23 Bürgschaften sind nur insoweit zu vermerken, als die **Hauptschuld am Bilanzstichtag** bestanden hat. Bei der Ermittlung des Vermerkbetrags ist somit zu berücksichtigen, dass sich die Höhe der zu vermerkenden Bürgschaft nach dem jeweiligen Stand der Hauptschuld am Bilanzstichtag richtet (§ 767 BGB); dies gilt unabhängig von der Bilanzierung beim Hauptschuldner (aA *ADS*[6] § 251 Anm 52, die die Angabe des Höchstbetrags der Bürgschaft fordern). Zum Umfang des Vermerkbetrags s Anm 10.

24 Nicht als Bürgschaften zu vermerken sind **Bürgschaften Dritter** (einschließlich verbundener Unt) *zugunsten* des Kfm. Bei den angabepflichtigen Bürgschaften muss es sich vielmehr stets um das Einstehen des Kfm für eine fremde Leistung handeln.

III. Verbindlichkeiten aus Gewährleistungsverträgen

1. Allgemeines

25 Der Begriff „Gewährleistungsverträge" ist gesetzlich nicht definiert. Unter Gewährleistungsverträgen ist hier jede vertragliche Verpflichtung zu verstehen, die das Einstehen für einen geschuldeten oder sonstigen Erfolg oder eine Leistung bzw den Nichteintritt eines Erfolgs, eines bestimmten Nachteils oder Schadens zum Gegenstand hat und nicht schon unter Verbindlichkeiten aus der Begebung und Übertragung von Wechseln oder Verbindlichkeiten aus Bürgschaften, Wechsel- und Scheckbürgschaften fällt.

Nach dem Gesetzeswortlaut muss es sich immer um einen Vertrag handeln. Gesetzliche Gewährleistungen und gesetzliche Haftungen gehören nicht hierzu (glA *ADS*[6] § 251 Anm 60; aA *Fey,* 79), vgl. auch Anm 5.

Der Gewährleistungsvertrag muss eine **Eventualverbindlichkeit** oder ein **Haftungsverhältnis** über das Ausmaß der gesetzlichen Haftung (§§ 434, 437 BGB) hinaus begründen. Als Eventualverbindlichkeit ist eine aufschiebend bedingte Verbindlichkeit zu verstehen, bei der die Bedingung, von der die Wirksamkeit des Schuldverhältnisses abhängt, noch nicht eingetreten ist und mit ihrem Eintritt auch kaum zu rechnen ist. Das Haftungsverhältnis muss so gelagert sein, dass der Kfm mit einem zusätzlichen wirtschaftlichen Risiko aus einer bedingten oder sonstigen ungewissen Verpflichtung belastet ist.

Bei den Gewährleistungsverträgen kommt es auf das Verhältnis zu einer Hauptschuld nicht an (wie hier *Fey,* 87). Die Verpflichtungen können **unselbstständig,** also Bestandteil eines anderen auf eine Leistung oder einen Erfolg gerichteten Vertrags sein; sie können aber auch **selbstständig,** dh Gegenstand eines Garantievertrags, sein. Garantiezusagen können sich auf eine eigene Leistung oder einen eigenen Erfolg oder auf eine fremde Leistung oder einen fremden Erfolg beziehen. Vermerkpflichtig sind nach HGB beide Arten von Gewährleistungen (wie hier mit weiteren Begründungen *Fey,* 75; glA *ADS*[6] § 251 Anm 61).

2. Gewährleistung für eigene Leistungen

Bei den Garantien für eigene Leistungen sind die selbstständigen von den unselbstständigen Garantien zu unterscheiden. Bei einer **unselbstständigen Garantie** handelt es sich um Zusicherungen bestimmter Eigenschaften des Gegenstands der Lieferung oder Leistung; sie sind unselbstständige Bestandteile eines Kauf-, Werk-, Dienst- oder sonstigen Vertrags über einen Gegenstand bzw eine Leistung. Für die Vermerkpflicht ist entscheidend, ob die Garantie geschäfts- und branchenüblich ist. Nur was über die gewöhnliche Gewährleistung hinausgeht (also ein stärkeres Recht gewährt), muss im Vermerk angegeben werden (hM s *ADS*[6] § 251 Anm 62; *G. Fey* WPg 1992, 3). Daher sind Gewährleistungszusagen auf Rechnungen auf Grund von Liefer- und Leistungsbedingungen und allgemeinen Geschäftsbedingungen nicht anzugeben (ebenso *D. Fey* in HdR[5] § 251 Anm 26). Somit führt der größte Teil der unselbstständigen Gewährleistungen aus dem laufenden Geschäft nicht zur Vermerkpflicht. 26

Der unselbstständigen Gewährleistungszusage steht gleich, wenn ein Kfm einen Dritten (zB Kreditinstitut) beauftragt, an seiner Stelle eine Bürgschaft, Garantie oder eine andere Sicherheit für eigene Leistungen des Kfm zu gewähren. Eine Vermerkpflicht ist nur dann gegeben, wenn es sich um *nicht* verkehrs- und branchenübliche Leistungen oder um branchen*ungewöhnliche* Risiken des Kfm handelt. Zur Ausbietungsgarantie s Anm 31, 44.

Die **selbstständigen Gewährleistungsverträge,** die sich auf eine eigene Leistungspflicht beziehen, begründen die Verpflichtung, für einen über die bloße Vertragsmäßigkeit der eigenen Leistung hinausgehenden Erfolg einzustehen (*BGH* 10. 2. 1999, ZIP, 609). Eine derartige Garantie liegt bereits dann vor, wenn der Kfm für die zugesicherten Eigenschaften auch in den Fällen haftet, in denen er ihr Fehlen nach Kauf- oder Werkvertragsrecht nicht zu vertreten hat. Ferner verpflichtet der typische selbstständige Gewährleistungsvertrag den Kfm zur Gewähr für einen Erfolg oder Zustand, der weitgehend oder völlig unabhängig von der Beschaffenheit der eigenen Leistung und seiner Einflussnahme insoweit entzogen ist (zB Mietgarantien, Hotelbelegungsgarantien, Kursgarantien). Derartige Garantieverträge sind vermerkpflichtig, da der Kfm durch sie eine zusätzliche, außerhalb des branchenüblichen Risikos liegende Belastung übernimmt. 27

Nicht vermerkpflichtig sind dagegen sog **Negativerklärungen,** in denen der Kfm als Kreditnehmer gegenüber dem Kreditgeber zusagt, bestimmte VG weder zu veräußern noch über die bestehenden Belastungen hinaus zu belasten, Dritten keine Sicherheiten zu gewähren oder keine entsprechenden Verpflichtungsgeschäfte mit Dritten einzugehen, da hiermit eine Einstandspflicht für den Kredit selbst nicht begründet wird. 28

3. Gewährleistung für fremde Leistungen

29 **Garantien** für fremde Leistungen beziehen sich auf bestehende oder künftige **Verbindlichkeiten Dritter** gegenüber dem Garantieempfänger, für deren Erfolg der Kfm einzustehen hat, gleichgültig, in welche Rechtsgestaltung (Ausnahme Bürgschaft nach §§ 765 BGB, s Anm 21) sie gekleidet, wie sie bezeichnet und ob sie mündlich oder schriftlich vereinbart sind. Es spielt ferner keine Rolle, ob die Gewährleistung fremder Verbindlichkeiten vom Kfm unmittelbar übernommen wurde oder ob der Kfm einen Dritten beauftragt hat, eine solche Gewährleistung an seiner Stelle zu übernehmen und er aus diesem Auftrag haftet (indirekte Garantie, Rück- oder Gegengarantie, vgl. *BGH* 10. 10. 2000 ZIP, 2157). Auch Garantien nach ausländischem Recht gehören hierzu. Es kommen in Betracht:

– **Freistellungsverpflichtungen** jeder Art,
– **Haftungsübernahmen,**
– **Liquiditätsgarantien,**
– **Werthaltigkeitsgarantien** (Einstehen für Forderungsausfälle bei einem Dritten; im Falle von asset backed securities-Gestaltungen s *IDW RS HFA* 8 Ziff 39 a),
– **Einstehen für** die Bezahlung abgetretener oder verkaufter **Forderungen,**
– **Garantie für** die Ausführung von **Arbeiten Dritter,**
– Hinterlegung von **Kautionswechseln** für fremde Schuld (s Anm 17).

Andere Gewährleistungsverträge:

30 Durch **Schuldmitübernahmen** in Form des **Schuldbeitritts,** der **kumulativen Schuldübernahme,** der **Schuldmitübernahme** oder der **Mitvertragspartnerschaft** verpflichtet sich der Kfm, die Verbindlichkeit des Schuldners als eigene *neben* der des Schuldners zu übernehmen. Da der Kfm selbst ebenfalls Schuldner wird, kann eine Passivierung der Schuld geboten sein. Dient der Schuldübernahmevertrag seinem wirtschaftlichen Charakter nach lediglich der Absicherung des Gläubigers, handelt es sich um einen vermerkpflichtigen Gewährleistungsvertrag iSe bürgschaftsähnlichen Rechtsverhältnisses. Ist eine Schuldbefreiung beabsichtigt, hat der Kfm die Schuld als eigene zu passivieren. Unabhängig vom Wortlaut einer solchen Erklärung (Mithaftungserklärung, Sicherungsmitschuldner, Mitschuldner, Zweitschuldner, Mithaftender) kommt es für den Ausweis unter § 251 immer auf ihre Zweckrichtung (Sicherung, Haftung) an.

Zu den Schuldmitübernahmen gehören auch die Fälle, in denen der Kfm **Dauerschuldverhältnissen** (zB Miet-, Pacht- und Leasing-Verträgen) **beitritt,** um die Ansprüche des Gläubigers abzusichern. Die Passivierung oder der Vermerk der Verbindlichkeit richtet sich ebenfalls nach dem Zweck des Schuldübernahmevertrags.

Ob eine **In-substance defeasance-Gestaltung,** bei der Verbindlichkeiten des (originären) Schuldners ohne Zustimmung des Gläubigers (§ 415 BGB) zusammen mit Aktiva unwiderruflich auf einen derivativen Schuldner übertragen werden, als Gewährleistungsvertrag mit entsprechendem Vermerk qualifiziert werden kann, ist str (bejahend *Küting/Pfuhl* DB 1989, 1245; *Hoffmann* WPg 1995, 721; verneinend *IDW HFA* WPg 1989, 626; *ADS*[6] § 251 Anm 67; *WPH I*[12] E 68)

31 **Garantieverträge** sind bürgschaftsähnliche Verträge. Von der Bürgschaft unterscheidet sich ein Garantievertrag dadurch, dass er eine selbstständige, von der des Schuldners unabhängige Verpflichtung begründet. Damit geht die Garantie weiter als eine Bürgschaft, da die Schuld des Kfm von der gesicherten Schuld unabhängig ist. Im Einzelnen handelt es sich bei derartigen, stets ver-

merkpflichtigen Gewährleistungen um Kreditgarantien, Tilgungsgarantien, Anzahlungsgarantien, Exporteurgarantien, Bietungsgarantien, Vertragserfüllungsgarantien, Liefer- und Leistungsgarantien uÄ. Hierzu gehören auch „verunglückte" Bürgschaften selbst, die wegen Formmangels als Bürgschaften iSd §§ 765 BGB nichtig sind.

Haftungen für Bürgschaften und Garantien Dritter resultieren aus einem Auftrag an einen Dritten (zB Bank), Bürgschaften, Garantien oder andere Sicherheiten anstelle des Kfm an seinen Geschäftspartner zu gewähren. Die (vermerkpflichtige) Haftung in voller Höhe ergibt sich abgesehen von den Allgemeinen Geschäftsbedingungen der Bank aus dem Auftragsverhältnis, da die Bank einen Rückgriffsanspruch hat (glA *Fey,* 96; *Ott/Nagel/Sehmsdorf* in Beck HdR B 250 Anm 49; aA *ADS*[6] § 251 Anm 69, da die garantierte Verbindlichkeit entweder passiviert oder ein schwebendes Geschäft sei). Es zählen hierzu Bürgschaftsauftrag, Rückbürgschaftsauftrag, Garantieauftrag. 32

Der **Kreditauftrag** gilt nach § 778 BGB als Bürgschaft und ist deshalb dort vermerkpflichtig (Anm 21).

Bürgschafts-, Garantie-, Schuldbefreiungsversprechen sind vertragliche Verpflichtungen gegenüber einem Gläubiger, auf dessen jederzeit zulässiges Verlangen oder auf erste Anforderung eine Bürgschaft oder Gewährleistung für die Verpflichtung des Schuldners zu übernehmen (ebenso *ADS*[6] § 251 Anm 68). Ähnlich liegt der Fall des **bindenden Versprechens** gegenüber einem Gläubiger, auf dessen Wunsch eine Grundschuld oder andere Sicherheit für die Verpflichtung des Schuldners zu bestellen. Hierzu gehört auch die Schuldbefreiungszusage, dh das Versprechen, in die Verbindlichkeit als Schuldner einzutreten oder die Verbindlichkeit des Schuldners zu übernehmen und ihn von seiner Schuld zu befreien. Solche vertragliche Versprechen begründen ein Haftungsverhältnis des Kfm, weil der Gläubiger wirtschaftlich gesehen genauso gestellt ist, wie wenn er die Sicherheit bereits erhalten hätte, da die Sicherheitsleistung unabhängig vom Willen des Kfm erfolgt. 33

Erwerbs- und Abkaufsverpflichtungen beruhen auf einem bindenden Angebot gegenüber einem Kreditgeber, unter bestimmten Voraussetzungen Forderungen des Kreditgebers an einen Dritten gegen Zahlung des Nennbetrags zu erwerben (glA *ADS*[6] § 251 Anm 72). Da der Zweck der Erklärung darin besteht, den Kreditgeber so zu stellen, dass er aus seiner Forderung gegenüber dem Schuldner keinen Schaden erleidet, begründet die Erklärung eine Gewährleistungsverpflichtung, die zu vermerken ist (*ADS*[6] aaO; *Ott/Nagel/Sehmsdorf* in Beck HdR B 250 Anm 44). 34

Rangrücktritts- oder Forderungsrücktrittserklärungen verpflichten den Kfm gegenüber den anderen Gläubigern desselben Schuldners, mit seiner Forderung hinter die Forderungen der anderen Gläubiger zurückzutreten. Eine solche Erklärung ist *nicht* vermerkpflichtig, da sie kein Einstehen für einen Erfolg enthält und damit keine Gewährleistung bezweckt (glA *ADS*[6] § 251 Anm 73; aA *Ott/Nagel/Sehmsdorf* in Beck HdR B 250 Anm 45, die eine Ähnlichkeit mit einer Sicherungsabtretung sehen). Das Risiko aus einer solchen Erklärung ist bei der Bewertung der Forderung zu berücksichtigen (hM). 35

Nachhaftung bei Spaltungen. Gemäß § 133 Abs 1 S 1 UmwG haften die an der Spaltung beteiligten Rechtsträger für die Versorgungsverbindlichkeiten des übertragenden Rechtsträgers, die vor dem Wirksamwerden der Spaltung begründet worden sind, als Gesamtschuldner. Derjenige Rechtsträger, der gemäß Spaltungs- und Übernahmevertrag (§ 126 Abs 1 Nr 9 UmwG) bzw Spaltungsplan (§ 136 UmwG) von seinen Verpflichtungen im Innenverhältnis befreit worden und nicht Hauptschuldner geworden ist, haftet gesamtschulnderisch begrenzt auf 5 Jahre (§ 133 Abs 3 UmwG) und hat diese Haftung gemäß § 251 zu 36 vermerken (*HFA* 1/1998 WPg, 508). Dies gilt sowohl für Pensionsanwartschaften als auch für laufende Pensionsverpflichtungen gegenüber Rentnern (vgl *Blomeyer/Otto* Gesetz zur Verbesserung der betrieblichen Altersversorgung[3] § 4 Anm 37). Bei Pensionsanwartschaften (sowohl verfallbaren als auch unverfallbaren) gilt die gesamtschuldnerische Haftung nur für den vor der Spaltung bereits begründeten Teil des Versorgungsanspruchs (*Müller* DB 2001, 2638). Im Falle der Betriebsaufspaltung erweitert § 134 Abs 1 UmwG die gesamtschuldnerische Haftung auch auf alle Arbeitnehmer-Ansprüche (einschließlich Sozialplan, Nachteilsausgleich, betriebliche Altersversorgung), die innerhalb von 5 Jahren nach der Spaltung begründet werden (insb gem §§ 111 ff BetrVG), auf einen Zeitraum von 10 Jahren nach der Spaltung. Für die Pensionsansprüche gilt die Haftung nur in dem Umfang, in dem sie vor Wirksamwerden der Spaltung begründet worden sind (*Müller* aaO).

37 **Haftungen für laufende Pensionsverpflichtungen** oder unverfallbare Anwartschaften ausgeschiedener Mitarbeiter können durch Schuldbeitrittverträge begründet werden, was im Rahmen von Veräußerung, Einbringung von Teilbetrieben oder rechtlichen Verselbstständigungen von UntTeilen mit Einzelrechtsnachfolge vorkommen kann. Dies ist der Fall, wenn die lfd Pensionsverpflichtungen im Innenverhältnis auf einen anderen Schuldner übertragen werden und dieser bei wirtschaftlicher Betrachtungsweise die Pensionsverpflichtungen passiviert bzw die Fehlbeträge aus Altzusagen im Anhang (§ 249 Anm 256) angibt. Rechtlich bleibt zwar der Primärverpflichtete Pensionsschuldner (§ 4 Betr AVG). Eine zweifache Passivierung beim Primär- und Sekundärverpflichteten würde aber dem wirtschaftlichen Gehalt einer solchen Pensionsübernahmevereinbarung nicht gerecht. Vielmehr ist eine solche Vereinbarung als ein eine Mithaftung begründendes Rechtsverhältnis zu qualifizieren. Auch in diesem Fall ist der versicherungsmathematische Wert der lfd Pensionsverpflichtungen als Verbindlichkeit aus Gewährleistungsverträgen beim Primärverpflichteten zu vermerken (glA *ADS*[6] § 251 Anm 66). Ein Vermerk ist auch deshalb geboten, da Pensionsverpflichtungen nach § 249 grds passivierungspflichtig und bei Nichtpassivierung von Altzusagen Fehlbeträge von KapGes/KapCoGes im Anhang anzugeben sind.

41 Einen Rechtsbegriff **„Patronatserklärung“** gibt es nicht. Hierunter ist der Oberbegriff rechtlich unterschiedlicher Erklärungen (Verträge) zu verstehen, mit denen der „Patron“ (idR ein MU) dem Kreditgeber eines Dritten (idR seinem TU) zur Förderung oder Erhaltung der Kreditbereitschaft Maßnahmen oder Unterlassungen in Aussicht stellt oder zusagt (*HFA* 2/1976 idF 1990 I). Patronatserklärungen sind **vermerkpflichtig,** sofern sie zwischen dem MU und dem Gläubiger des TU **bürgschaftsähnliche Rechtsverhältnisse** begründen (zB Schuldmitübernahme, Freistellungsverpflichtung, Haftungsübernahme, Kreditauftrag, Finanzausstattungsverpflichtung, Liquiditätsgarantie). Patronatserklärungen sind dagegen **nicht vermerkpflichtig,** wenn das MU ein Wohlverhalten, die Aufrechterhaltung von UntVerträgen oder GesVerhältnissen oder auch eine bestimmte Einflussnahme auf das TU verspricht (dazu *OLG Karlsruhe* 7. 8. 1992, BB, 2097; *BGH* 12. 7. 1993, DStR, 1753) und wenn außerdem der Eintritt der Bedingungen für die mögliche Inanspruchnahme des MU in ihrem freien Belieben steht.

Inwieweit Patronatserklärungen vermerkpflichtig sind, richtet sich zunächst nach ihrem Wortlaut. Ist er unklar, sind die Umstände, die zur Erklärung führten, und der Zweck der Erklärung heranzuziehen; bei dennoch verbleibenden *Zweifeln* ist eine Gewährleistungsverpflichtung (Anm 25 ff) anzunehmen (so *ADS*[6] § 251 Anm 85). Die Vermerkpflicht hängt grundsätzlich nicht davon ab, ob die Patronatserklärung gegenüber dem Gläubiger oder dem TU abgegeben wird. Es kommt immer auf den Verpflichtungsgehalt an. Diese Grundsätze gelten auch für den Fall, wenn der Kfm garantiert, dass die Patronatserklärung von einem Dritten erfüllt wird (*Bordt* in HdJ III/9 Anm 94).

Im Einzelnen **besteht** nach *HFA* 2/1976 idF 1990 III eine **Vermerkpflicht,** wenn das MU zusagt oder die Verpflichtung übernimmt, dafür zu sorgen oder sicherzustellen,

- das TU finanziell so ausgestattet zu halten, dass es seinen Verbindlichkeiten aus dem Kreditvertrag nachkommen kann,
- das TU kapitalmäßig stets ausreichend genug ausgestattet zu halten, dass es den Verbindlichkeiten gegenüber dem Kreditinstitut in vollem Umfang nachkommen kann.

Eine Vermerkpflicht ist bereits dadurch gegeben, dass der „Patron" neben dem Schuldner als Gesamtschuldner haftet (*BGH* 30. 1. 1992, DB, 2238).

Nicht vermerkpflichtig sind danach Zusagen, 42

- das GesVerhältnis nicht zu ändern, solange die Ansprüche aus den Krediten nicht erfüllt sind,
- bei Veräußerung oder Verminderung der Beteiligung den Kreditgeber rechtzeitig zu informieren oder dafür zu sorgen, dass die Forderung des Kreditgebers abgedeckt wird,
- den UntVertrag (Gewinnabführungsvertrag) mit dem TU bis zur Rückzahlung des Kredits weder zu ändern noch aufzuheben oder zu kündigen,
- das TU dahin zu beeinflussen, dass es seinen Verbindlichkeiten aus dem Kreditvertrag nachkommt,
- Einfluss auf das TU geltend zu machen, dass es so geleitet und finanziell ausgestattet ist, dass es stets in der Lage ist, seinen Verbindlichkeiten nachzukommen.

Bei der Beurteilung solcher Zusagen sind *strenge Maßstäbe* anzulegen.

Als Sonderfall einer Patronatserklärung ist die **Verpflichtung zum Ausgleich eines negativen cash-flow** anzusehen. Diese Verpflichtung ist vermerkpflichtig, da die Möglichkeit der Inanspruchnahme des zum Ausgleich Verpflichteten eine Garantieübernahme enthält. Sie entspricht einer Patronatserklärung zur Liquiditätsausstattung (Anm 41). 43

4. Sonstige Gewährleistungen

Hierunter fallen Gewährleistungen, die weder die Erfüllung von Verbindlichkeiten Dritter noch den Erfolg eigener Leistungen zum Gegenstand haben. In Frage kommen zB die Ausbietungsgarantie, Kursgarantie und Dividendengarantie. 44

Ausbietungsgarantie. Hier handelt es sich um die Zusage des Garanten, dafür einzustehen, dass der Hypotheken- oder Grundschuldgläubiger bei der Zwangsversteigerung eines Grundstücks nicht ausfällt. Bei der Beurteilung der Vermerkpflicht ist auf den Zweck der Zusage abzustellen. Bezweckt die Garantie, dass der Grundpfandgläubiger aus der Zwangsversteigerung des belasteten Grundstücks ganz oder teilweise ohne Verlust hervorgeht (Ausfallgarantie), so ist die Ausbietungsgarantie vermerkpflichtig (*ADS*[6] § 251 Anm 87 mwN). Anders liegt der Fall, wenn sich der Kfm zur Abgabe eines bestimmten Gebots in der Zwangsversteigerung verpflichtet. Diese Ausbietungsgarantie mit Bietungspflicht ist nicht vermerkpflichtig, da sie auf den Erwerb eines Grundstücks gerichtet ist; sie garantiert eine bestimmte Tätigkeit und keinen Erfolg. Zur Vermerkpflicht der Bietungsgarantien s Anm 31.

Kursgarantie. Hier verpflichtet sich der Kfm, den Garantieempfänger nach näherer vertraglicher Bestimmung von Schulden oder Nachteilen freizustellen, die diesem als Zeichner, Inhaber oder Optionär von Wertpapieren drohen oder ihn treffen.

Dividendengarantie. Verpflichtet sich der Kfm, an die Gester eines anderen Unt einen bestimmten Gewinn (Dividende) zu zahlen **(Rentengarantie),** handelt es sich um eine eigene, von der Höhe künftiger Gewinne abhängige Verbindlichkeit des Kfm aus einem schwebenden Geschäft, die nach GoB zu behandeln ist. Ein Gewährleistungsvertrag liegt nicht vor (*ADS*[6] § 251 Anm 92; *Bordt* in HdJ III/9 Anm 57). Dagegen führt die sog. **Rentabilitätsgarantie,** nach der der Kfm sich verpflichtet, ein anderes Unt so zu stellen, dass es einen bestimmten Gewinn (Dividende) ausschütten kann, zu einer Vermerkpflicht unter den Verbindlichkeiten aus Gewährleistungsverträgen (*ADS*[6] § 251 Anm 93) oder stattdessen zu einer Rückstellung für den Fall eines gleichzeitigen Bestehens einer Verlustübernahmeverpflichtung (*Bordt* in HdJ Abt III/9 Anm 57; *Kupsch* in BoHdR § 251 Anm 13).

Unwiderrufliches Akkreditiv. Es handelt sich um ein abstraktes Zahlungsversprechen des Kfm (idR Bank), an den Verkäufer für Rechnung des Käufers Zahlung gegen Aushändigung bestimmter Warendokumente zu leisten. Ab Bestellung des unwiderruflichen Akkreditivs haftet der Kfm (Bank) für die Verpflichtungen gegenüber dem Begünstigten, was zur Vermerkpflicht führt (*Birck/Meyer* Die Bankbilanz[3] Bd II, 398). Für die Haftung des Verkäufers s Anm 32. Dem Akkreditiv ähnlich ist der „Standby Letter of Credit", bei dem die Sicherungsfunktion im Vordergrund steht.

IV. Haftungsverhältnisse aus der Bestellung von Sicherheiten für fremde Verbindlichkeiten

45 Leistet der Kfm für *fremde* Verbindlichkeiten Sicherheiten, muss diese Haftung nach § 251 angegeben werden. Sicherheiten für eigene Verbindlichkeiten gehören nicht hierzu. In Frage kommt für die Vermerkpflicht die dingliche **Sicherung durch eigene Vermögensgegenstände** des Kfm, und zwar **Grundpfandrechte** (Hypotheken, Grund- und Rentenschulden, Schiffshypothek), **Pfandbestellung** an beweglichen Sachen und Rechten, **Sicherungsübereignung** von VG, **Sicherungsabtretung** von Forderungen und sonstigen Rechten. Hierzu gehört zB auch die Sicherungsübereignung des Leasinggegenstandes seitens des Leasinggebers (Leasinggesellschaft) an eine Bank, die von der Leasinggesellschaft die Mietforderungen „à forfait" gekauft hat (vgl *Schnoor* DB 1988, 2421; aA *G. Fey* WPg 1992, 7). Der Vermerk ist mit dem Betrag anzusetzen, für den am Bilanzstichtag das Vermögen des Kfm zur Sicherung der fremden Verbindlichkeiten haftet (glA *G. Fey,* 179, *ADS*[6] § 251 Anm 95 mwN). Der Wert (Zeitwert, Buchwert) der VG ist nicht maßgebend.

E. Zusätzliche Bilanzvermerke

50 Es kann zu empfehlen oder nach GoB geboten sein, im JA nach §§ 242ff zusätzliche Bilanzvermerke von Bedeutung im Interesse der Bilanzklarheit und -wahrheit auszuweisen. Infrage kommen bei Unt, für die nur der allgemeine Teil (§§ 238 bis 263) gilt:

– *Sonstige Haftungsverhältnisse*

Insbesondere sind sonstige finanzielle Verpflichtungen in dem Vermerk nach § 251 nicht genannt (dazu § 285 Anm 55).

- *Fehlbeträge bei Pensionsrückstellungen*
  Für Pensionsleistungen, auf die der Berechtigte seinen Rechtsanspruch vor Januar 1987 erworben hat, besteht auch für Ekfm und reine PersGes ein Passivierungswahlrecht. Die Angabe eines wesentlichen Fehlbetrags ist nach *HFA* 2/1993 (WPg 1994, 22) wünschenswert.
- *Besserungsscheine*
  Wenn Voraussetzungen nach § 285 Anm 65 gegeben sind, ist ein Vermerk wegen der Vorbelastung künftiger Erträge uE geboten.
- *Bedingt rückzahlbare Zuwendungen/Zuschüsse*
  Sofern Zuwendungen aus künftigen Gewinnen oder Erlösen des Unt zurückzuzahlen sind und die aufschiebende Bedingung noch nicht eingetreten ist, kommt ein Vermerk unter der Bilanz in Betracht (s *HFA* 1/1984, WPg, 614; § 285 Anm 65).
- *Für den Fall der Rückübertragung vereinbarter Betrag beim unechten Pensionsgeschäft*
  Gem § 340b Abs 5 S 2 haben Kreditinstitute diesen Betrag unter der Bilanz anzugeben. Nach hM gilt diese Bestimmung für alle Kfl für die Bilanzierung von Pensionsgeschäften (*WPH*[12] I E 47 mwN).

F. Rechtsfolgen einer Verletzung des § 251

Eine Verletzung des § 251 in der Zeit vor Eintritt der Überschuldung oder Zahlungsunfähigkeit kann gem § 283b Abs 1 Nr 3a StGB strafrechtliche Konsequenzen im Falle der Zahlungseinstellung oder Insolvenzeröffnung haben. 55

Für prüfungspflichtige Unt, die keine KapGes/KapCoGes sind, sind darüber hinaus Vorschriften des PublG zu beachten. Gem § 17 Abs 1 Nr 1 PublG wird mit Freiheitsstrafe bis zu drei Jahren oder mit Geldstrafe bestraft, wer als gesetzlicher Vertreter (4 Abs 1 S 1 PublG) eines Unt oder beim Ekfm als Inhaber oder dessen gesetzlicher Vertreter die Verhältnisse des Unt im JA unrichtig wiedergibt oder verschleiert. Nach § 20 Abs 1 Nr 1 PublG handelt ordnungswidrig, wer als gesetzlicher Vertreter (4 Abs 1 S 1 PublG) eines Unt oder beim Ekfm als Inhaber oder dessen gesetzlicher Vertreter einer Vorschrift des § 251 zuwiderhandelt.

Das HGB sieht bei Verletzungen der Vorschriften des § 251 für KapGes/KapCoGes in der Strafvorschrift des § 331 Freiheitsstrafe bis zu drei Jahren oder Geldstrafe vor, wenn ein Mitglied des Geschäftsführungsorgans oder des AR einer KapGes/KapCoGes im JA die Verhältnisse der KapGes/KapCoGes unrichtig wiedergibt oder verschleiert. Nach der Bußgeldvorschrift des § 334 handelt derjenige ordnungswidrig, der bei der Aufstellung des JA einer KapGes/KapCoGes den Vorschriften des § 251 zuwiderhandelt. Weiterhin hat der AP einer KapGes/KapCoGes bei der Feststellung, dass im JA die gesetzlichen Vorschriften oder die ergänzenden Bestimmungen des GesVertrag oder der Satzung nicht beachtet wurden (§ 317 Abs 1 S 2), uU den BVm einzuschränken oder zu versagen (§ 322 Abs 4 S 1).

G. Abweichungen der IFRS

Anders als nach den Bestimmungen des § 251 ist nach den Regelungen von IAS 37 ein Vermerk der Haftungsverhältnisse unter der Bilanz nicht vorgesehen. Das Wahlrecht des § 268 Abs 7, wonach Haftungsverhältnisse entweder unter der Bilanz oder im Anhang anzugeben sind, existiert nach IFRS folglich nicht. Nach IAS 37.86 sind „contingent liabilities" (mögliche – „possible" – Verpflich- 60 tungen, bei denen die Wahrscheinlichkeit der Inanspruchnahme weniger als 50% beträgt), die über die Haftungsverhältnisse des § 251 hinausgehen, im Anhang mit einer Beschreibung der Verpflichtung, der Schätzung des Erfüllungsbetrages, des Hinweises zur Ungewissheit hinsichtlich Höhe und Zeitpunkt des Vermögensabgangs sowie des Ausweises etwaiger Rückgriffsforderungen anzugeben. Eine Anhang-Angabe entfällt, wenn eine Inanspruchnahme sehr unwahrscheinlich (remote) ist.

Dritter Titel. Bewertungsvorschriften

§ 252 Allgemeine Bewertungsgrundsätze

(1) **Bei der Bewertung der im Jahresabschluß ausgewiesenen Vermögensgegenstände und Schulden gilt insbesondere folgendes:**

1. **Die Wertansätze in der Eröffnungsbilanz des Geschäftsjahrs müssen mit denen der Schlußbilanz des vorhergehenden Geschäftsjahrs übereinstimmen.**
2. **Bei der Bewertung ist von der Fortführung der Unternehmenstätigkeit auszugehen, sofern dem nicht tatsächliche oder rechtliche Gegebenheiten entgegenstehen.**
3. **Die Vermögensgegenstände und Schulden sind zum Abschlußstichtag einzeln zu bewerten.**
4. **Es ist vorsichtig zu bewerten, namentlich sind alle vorhersehbaren Risiken und Verluste, die bis zum Abschlußstichtag entstanden sind, zu berücksichtigen, selbst wenn diese erst zwischen dem Abschlußstichtag und dem Tag der Aufstellung des Jahresabschlusses bekanntgeworden sind; Gewinne sind nur zu berücksichtigen, wenn sie am Abschlußstichtag realisiert sind.**
5. **Aufwendungen und Erträge des Geschäftsjahrs sind unabhängig von den Zeitpunkten der entsprechenden Zahlungen im Jahresabschluß zu berücksichtigen.**
6. **Die auf den vorhergehenden Jahresabschluß angewandten Bewertungsmethoden sollen beibehalten werden.**

(2) **Von den Grundsätzen des Absatzes 1 darf nur in begründeten Ausnahmefällen abgewichen werden.**

Übersicht

Schrifttum: *Luik* Das Going-Concern-Prinzip im deutschen Bilanzrecht in FS v. Wysocki, 61; *Lutter* Fortführung der Unternehmenstätigkeit in HuRB, 185; *Sarx* Einzelprobleme des Grundsatzes der Unternehmensfortführung ZfB Erg-Heft 1/87, 25; *Müller* Zur Rangordnung der in § 252 Abs 1 Nr 1 bis 6 HGB kodifizierten allgemeinen Bewertungsgrundsätze in FS Goerdeler, 397; *Claussen/Korth* Zum Grundsatz der Bewertungsstetigkeit im Handels- und Steuerrecht DB 1988, 921; *Woerner* Die Gewinnrealisierung bei schwebenden Geschäften BB 1988, 769; *Burger* Bewertungsprobleme bei der Überschuldungsprüfung JfB 1988, 119; *Christiansen* Antizipation künftigen Garantieaufwands im schwebenden Geschäft StBp 1990, 157; *Wallis* Grundsatz des Bilanzenzusammenhangs: Die unendliche Verjährung? DStZ 1991, 437; *Benne* Einzelbewertung und Bewertungseinheit DB 1991, 2601; *Benne* Einzelbewertung bei wechselseitigen Leistungsbeziehungen WPg 1992, 245; *Siegel* Metamorphosen des Realisationsprinzips in FS Forster, 587; *Hense* Rechtsfolgen nichtiger Jahresabschlüsse und deren Konsequenzen auf Folgeabschlüsse WPg 1993, 716; *Scholz* GmbHG; *Beisse* Zum neuen Bild des Bilanzrechtssystems in FS Moxter, 3; *Gross* Die Unternehmensfortführungsannahme als Bewertungskriterium in FS Budde 243 ff; *Kropp/Weisang* Erfolgsneutrale Neubewertung von Schulden und Aufstockung abgezinster Rückstellungen im Jahresabschluss 1995

DB 1995, 2485; *Kropff* Auswirkungen der Nichtigkeit eines Jahresabschlusses auf die Folgeabschlüsse in FS Budde 341 ff; *Mayer-Wegelin* Die wirtschaftliche Verursachung von Verbindlichkeitsrückstellungen DB 1995, 1241; *Müller* Die Bildung von Bewertungseinheiten bei neutralem Zins- und Währungsmanagement im Konzern DB 1995, 1973; *Müller* Imparitätsprinzip und Erfolgsermittlung DB 1996, 689; *Scherrer* Offene Fragen zur Liquidationsbilanz WPg 1996, 681; *Moxter* Grundwertungen in Bilanzrechtsordnungen in FS Beisse, 347; *Müller* Bilanzierungsfragen bei der Beendigung von Unternehmensverträgen in FS Kropff, 519; *Kropff* Wann endet der Wertaufhellungszeitraum? WPg 2000, 1137 ff; *Küting/Kaiser* Aufstellung oder Feststellung: Wann endet der Wertaufhellungszeitraum? WPg 2000, 577 ff; *Förschle/Holland/Kroner*[5] Internationale Rechnungslegung: US-GAAP, HGB und IAS, Heidelberg 2001; IAS und HGB – Geplante Änderungen des IASB und Anhang-Checkliste, Heidelberg 2003; *Moxter* Unterschiede im Wertaufhellungsverständnis zwischen den handelsrechtlichen GoB und den IAS/IFRS BB 2003, 2559 ff.

A. Allgemeines

1 Der Dritte Titel des Zweiten Unterabschnitts über den JA enthält die von allen Kfl zu beachtenden Bewertungsvorschriften. Diese sind wegen des für die Bewertung geltenden Grundsatzes der Maßgeblichkeit der HB für die Steuerbilanz auch steuerliche Bewertungsvorschriften, sofern nicht steuerliche Spezialvorschriften vorgehen.

Durch Aufzählung in Abs 1 werden die genannten **Bewertungsregeln** aus der Vielzahl aller Regeln für die Bewertung herausgestellt. Bewertungsregeln, die in den Nrn 1 bis 6 nicht enthalten sind, müssen jedoch gem § 243 Abs 1 bei der Aufstellung des JA beachtet werden, wenn es sich um zu den GoB zu zählende Regeln handelt, dazu § 243 Anm 31 ff. Das Vorhandensein zusätzlicher, nicht aufgeführter Bewertungsgrundsätze ergibt sich aus der „insbesondere"-Formulierung in Abs 1 und der Ausnahmeregelung in Abs 2, die zwar ein Abweichen von Abs 1, nicht jedoch von den GoB zulässt.

2 Die in Abs 1 aufgeführten Bewertungsregeln sind **gleichrangig** und grds unabhängig voneinander anwendbar. Für den Fall einer echten Konkurrenz, dass nämlich nur der einen unter Ausschluss einer anderen Regel gefolgt werden kann, ergibt weder der Gesetzesaufbau noch der Wortlaut – mit Ausnahme der Nr 6, die als Soll-Vorschrift ggü den Muss-Vorschriften der Nrn 1 bis 5 nachrangig ist (aA offenbar *Selchert* in HdR[5] § 252 Anm 20) – eine Rangfolge untereinander (so auch *ADS*[6] § 252 Anm 6). Einen Ansatz, eine solche Konfliktsituation zu lösen, bietet nur Abs 2, wonach von den Grundsätzen des Abs 1 nur in begründeten **Ausnahmefällen** abgewichen werden darf. Diese Ermessensregelung bietet die Möglichkeit, in Ausnahmefällen einzelnen Grundsätzen den Vorrang vor anderen Grundsätzen einzuräumen (ähnlich *Müller* in FS Goerdeler, 408, *Winnefeld*[2] E 7).

B. Die ausdrücklich aufgezählten Bewertungsgrundsätze des Abs 1

I. Identität der Wertansätze in Eröffnungs- und Schlussbilanz (Nr 1)

3 Abs 1 Nr 1 verlangt die **Übereinstimmung** der Wertansätze der **Eröffnungsbilanz** mit den Wertansätzen in der **Schlussbilanz des vorhergehen-**

den Geschäftsjahrs (Grundsatz der formellen Bilanzkontinuität). Dies bedeutet, dass zwischen Schlussbilanz und EB keine Buchung, keine Änderung des Bilanzinhalts und keine Bewertungsänderung vorgenommen werden darf. Diese Forderung nach Bilanzdentität gehört zu den GoB.

Durch die Bilanzdentität wird erreicht, dass der Totalgewinn eines Betriebs der Summe der Gewinne der einzelnen Gj (in der gleichen Währung) entspricht. Dies ist eine Folge der **„Zweischneidigkeit der Bilanz"**, die darin besteht, dass höhere oder niedrigere Wertansätze in einem Gj sich in der Folgeperiode (oder in mehreren) entgegengesetzt auswirken. 4

Weder nach HGB noch nach GoB besteht für den bilanzierenden Kfm eine Pflicht zur Erstellung einer *jährlichen* **Eröffnungsbilanz.** Wenn § 252 diesen Ausdruck enthält, ist hiermit nicht eine Bilanz im formellen, sondern im materiellen Sinne gemeint, nämlich dass die Saldenvorträge auf den Bestandskonten mit den entspr Schlusssalden der Vorperiode übereinstimmen (*ADS*[6] § 252 Anm 11). 5

Sämtliche Aktiva und Passiva sowie die einzelnen Posten des EK sind mit den Werten der Schlussbilanz in der EB anzusetzen (*ADS*[6] § 252 Anm 12). Hieraus folgt, dass zB auch eine Umbewertung einzelner in einem Bilanzposten zusammengefasster VG mit dem Ergebnis, dass der Wertansatz des Bilanzpostens selbst gleich bleibt, nicht zulässig ist. 6

Ebenso ist es unzulässig, die handelsrechtliche EB an eine abw Steuerbilanz anzupassen. Das ist vielmehr ein Geschäftsvorfall *nach* dieser EB.

Aus der zwingenden **Identität der Wertansätze** ergibt sich des Weiteren, dass zB die Zuordnung einzelner VG zu den jeweiligen Aktiva und Passiva zwischen Schlussbilanz und EB nicht geändert werden darf; ebenso wenig kann zwischen den beiden Bilanzen etwas hinzugefügt oder weggelassen werden (*ADS*[6] § 252 Anm 13). Zur Verjährung von Steuerschulden im Fall einer (erfolgswirksamen) Berichtigung von Bilanzansätzen in einem späteren Gj vgl *Wallis* DStZ 1991, 437. 7

Das in der Praxis anzutreffende Verfahren, bei Einbuchung der Bilanzvorträge die bereits bekannten **Gewinnverteilungsbeschlüsse** einzubeziehen, stellt zwar eine Durchbrechung der formellen Bilanzidentität dar, die aber ohne Folgen bleibt, da gegen den Inhalt des Grundsatzes der Bilanzidentität (s Anm 4) nicht verstoßen wird (im Ergebnis ebenso *ADS*[6] § 252 Anm 16; einschränkend *Selchert* in HdR[5] § 252 Anm 35). 8

Werden **Beteiligungen** mit Wirkung auf die juristische Sekunde zwischen altem und neuem Gj übertragen (*BFH* 2. 5. 1974 BStBl II, 709), kann das übertragende Unt den Abgang dem alten Gj – ggf unter Verlustrealisation – zuordnen. Das übernehmende Unt muss den Zugang im neuen Gj ausweisen, wenn es ein Anlagengitter erstellt. Wird ein solches nicht erstellt, kann der Zugang in Übereinstimmung mit der Praxis bereits in den EB-Buchungen berücksichtigt werden, da auch hierin ein Verstoß gegen den Inhalt des Grundsatzes der Bilanzidentität (s Anm 4) nicht liegt (ebenso *ADS*[6] § 252 Anm 18; strenger *Selchert* in HdR[5] § 252 Anm 44). Das übernehmende Unt kann den Zugang nicht dem alten Gj zuordnen, weil eine korrespondierende Ausübung des Wahlrechts bei übertragendem und übernehmendem Unt nicht erzwingbar ist.

II. Der Grundsatz der Unternehmensfortführung (Nr 2)

1. Der vom Gesetz unterstellte Regelfall

Gem Abs 1 Nr 2 ist von der Fortsetzung der UntTätigkeit auszugehen, sofern dem nicht tatsächliche oder rechtliche Gegebenheiten entgegenstehen. Der vom 9

HGB für Zwecke der Bewertung unterstellte **Regelfall** ist damit die Fortsetzung der UntTätigkeit.

Der Grundsatz der Unternehmensfortführung ***(going-concern-concept)*** war schon bisher als GoB anerkannt. Bewertung nach dem going-concern-concept bedeutet, dass den VG eines Unt im Fall der Fortführung ein anderer Wert beizumessen ist als im Fall der Einzelveräußerung oder Liquidation. Im Fall der UntFortführung sind der Verbleib der VG im Unt und die zukünftige Nutzung zu berücksichtigen, während bei Wegfall der Fortführungsprämisse zB der Einzelveräußerungswert anzusetzen ist, sofern das AK/HK-Prinzip eingehalten wird.

10 Die gesetzliche Unterstellung der Fortführung der UntTätigkeit gilt nur, sofern dem nicht tatsächliche oder rechtliche **Gegebenheiten entgegenstehen.** Die Bewertung nach dem going-concern-concept erfordert es daher, dass jeder Kfm im Rahmen der Bilanzerstellung prüft, ob solche Gegebenheiten bestehen (aA *ADS*[6] § 252 Anm 25 mwN: nur „wenn Indizien vorliegen"). Über den Wortlaut des HGB hinaus sind diese Gegebenheiten in Bezug auf die **Gesamtsituation** des Unt zu würdigen; außerdem ist eine **Prognose** über die Fortführung der UntTätigkeit unter Berücksichtigung der entgegenstehenden Gegebenheiten zu erstellen. Das Entgegenstehen einzelner oder mehrerer Gegebenheiten als solches kann die going-concern-Vermutung nicht zerstören, da eine Vielzahl einzelner Sachverhalte vorstellbar ist, die der Fortführung zwar entgegenstehen, die von dem Unt jedoch überwunden werden können (s dazu auch Anm 14). Die Hypothese über die Fortführung des Unt kann an der Wirklichkeit scheitern und ist deshalb in jedem Einzelfall auf ihre Realitätsnähe zu untersuchen (ähnlich *Förschle/Hoffmann* in Sonderbilanzen[3] N Anm 35).

11 Bei der Prüfung der Anwendbarkeit der Regelvermutung stellt sich die Frage, wie lang der **Zeitraum** sein muss, für den die Unternehmensfortführung noch mit hinreichender Sicherheit erwartet werden kann. Angesichts der gesetzlichen Fristen für die Erstellung der Bilanz wird es im Allgemeinen als ausreichend anzusehen sein, wenn im Zeitpunkt der Bilanzerstellung die Fortsetzung der UntTätigkeit für die auf den Stichtag folgenden 12 Monate erwartet werden kann (*Sarx* ZfB Erg-Heft 1/87, 29; *Lutter* in HuRB, 187; in zeitlicher Hinsicht weitergehend *FAR/1996* Empfehlungen zur Überschuldungsprüfung bei Unternehmen WPg 1997, 22ff). Abweichungen in beide Richtungen (mehr oder weniger Monate) können unter unternehmensspezifischen Gesichtspunkten geboten sein, wobei zB die Fertigungsdauer und/oder die Umschlagshäufigkeit des Warenlagers von entscheidender Bedeutung sein können. Beispiel: Ein Unt mit einem Angebot saisonabhängiger Waren ist anders zu beurteilen als ein Unt, dessen Absatz saisonunabhängig ist.

Eine Verkürzung des zu beurteilenden Zeitraums auf nur wenige Monate, die hinreichend sicher zu überblicken sind (so *ADS*[6] § 252 Anm 24), halten wir nur dann für ausreichend, wenn dieser Zeitraum von der Bilanz-*Aufstellung* an gemessen wird, die insb bei gefährdeten Unt häufig mit deutlichem zeitlichen Abstand zum Bilanzstichtag erfolgt.

12 Entscheidend für die Prüfung der Unternehmensfortführung sind grds die **Verhältnisse am Abschlussstichtag.** Danach sind nur solche Umstände, die zwar erst nach dem Bilanzstichtag bekannt werden, deren Verursachung aber bereits vor dem Bilanzstichtag liegt (wertaufhellende Tatsachen, s Anm 38) zu berücksichtigen (anders *ADS*[6] § 252 Anm 26, wonach auch eine auf Grund neuer Ereignisse sich abzeichnende Einstellung der UntTätigkeit zurückzubeziehen sein kann).

13 Bei prüfungspflichtigen Unt gehört die Anwendbarkeit der going-concern-Prämisse zum **Prüfungsgegenstand** (*WPH*[12] I R 343; PS 270 WPg 2003, 775ff). Im Zweifel hat das Unt die für seine Fortführung sprechenden Tatsachen

darzulegen und ggf zu beweisen, da zu prüfen ist, ob das Unt zu Recht auf going-concern-Basis bilanziert hat. Eine Umkehrung der Darlegungs- und Beweislast tritt nur ein, wenn der AP auf Grund von ihm behaupteter Gegebenheiten zu einer negativen Fortführungsprognose gelangt. Das rechtzeitige Erkennen des Zeitpunkts, in dem sich die Frage nach der Fortführung des Unt stellt und ggf die Regelvermutung entfällt, gehört zu den schwierigsten Fragen der Bilanzierung überhaupt (vgl die Gesichtspunkte von *Luik* in FS Wysocki, 61 ff).

2. Entgegenstehende Gegebenheiten

Eine weitere Schwierigkeit des going-concern liegt in der Frage, *unter welchen Voraussetzungen* der UntFortführung tatsächliche oder rechtliche Gegebenheiten entgegenstehen, die zu einer negativen Prognose führen. Probleme treten insb in den Fällen auf, in denen die UntLeitung trotz drohenden UntZusammenbruchs an der Fortführung der UntTätigkeit festhält und dabei von Kreditgebern unterstützt wird. Hier stellt sich die Frage, ob und inwieweit die Auffassung des bilanzierenden Kfm mit dem Erfordernis einer sachgerechten Bilanzierung im Einklang steht. 14

Der Gesetzeswortlaut legt eine **objektivierende Auffassung** dahingehend nahe, dass nicht die subjektive Beurteilung des Bilanzierenden, sondern eine objektive Betrachtungsweise über Anwendung oder Nichtanwendung der going-concern-Prämisse entscheidet („tatsächliche oder rechtliche *Gegebenheiten*" – nicht „*Auffassungen*"). Dabei erfordert der Gesetzeswortlaut aber erst dann eine Bewertung unter Verzicht auf diese Prämisse, wenn tatsächliche oder rechtliche Gegebenheiten „entgegenstehen", dh diese Gegebenheiten müssen sich hinreichend konkretisiert haben; besteht nur die Möglichkeit ihres Eintritts zum Zeitpunkt der Bewertung, besteht noch keine Pflicht, von der going-concern-Prämisse abzuweichen. Das gilt auch bei Sanierungszusagen durch Kreditinstitute, andere Gläubiger oder Gester.

Wegen der weitreichenden nachteiligen Folgen des Wegfalls von going-concern (Anm 18 ff) müssen diese Gegebenheiten schwerwiegend sein; in Krisensituationen sind alle Argumente „für" oder „gegen" going-concern aufzuzeichnen und ausführlich zu begründen (*FAR 1/1996* Empfehlungen zur Überschuldungsprüfung bei Unternehmen WPg 1997, 22 ff).

Der Fortführung der UntTätigkeit **entgegenstehende tatsächliche Gegebenheiten** sind vorrangig wirtschaftliche Schwierigkeiten, dh insb *Zahlungsunfähigkeit* und/oder *hälftiger Verlust des Kapitals.* Aber auch wenn diese Kriterien (noch) nicht eingetreten sind, kommen als Umstände, welche die Fortsetzung der UntTätigkeit *zweifelhaft* erscheinen lassen können, zB in Betracht: die Unfähigkeit zur Finanzierung neuer, bei KonkurrenzUnt entwickelter oder bereits vorhandener Herstellungsmethoden, die zur Erhaltung der Konkurrenzfähigkeit zwingend erforderlich sind, oder etwa eine zwischenzeitliche Einschränkung oder Untersagung der Produktion wegen umweltbelastender Emissionen bei wirtschaftlicher oder technischer Unfähigkeit zur Abhilfe. 15

Wann die Aufgabe der going-concern-Prämisse erforderlich ist oder wird, lässt sich mangels gesetzlicher Kennzahlen oder Grenzwerte als Indikatoren nicht eindeutig sagen. Es lassen sich zwar eine Reihe von Sachverhalten schildern, deren Vorliegen den Fortbestand eines Unt als gefährdet erscheinen lassen, doch lässt sich keine prüfbare Kausalbeziehung derart feststellen, dass bei bestimmten Sachverhalten von einer UntFortführung *nicht* mehr ausgegangen werden kann. **Beispiele** sind (s auch *Selchert* in HdR[5] § 252 Anm 48):

– Die Verbindlichkeiten übersteigen das Vermögen und/oder die kurzfristigen Verbindlichkeiten übersteigen das kurzfristige Vermögen;

- das Vorhandensein bedeutender kurzfristiger Kreditaufnahmen, mit denen langfristige Ausleihungen oder der Erwerb von nur schwer veräußerungsfähigen VG finanziert wurden;
- das Vorhandensein bedeutender, weiterhin unbedingt benötigter Kredite mit fester Laufzeit, deren Rückzahlung fällig wird ohne offensichtliche Aussicht auf Prolongation oder anderweitige gleichwertige Ersatzfinanzierung;
- das Unvermögen, Geldmittel für die Entwicklung neuer Produkte oder die Vornahme anderer notwendiger Investitionen zu erhalten;
- Änderung der rechtlichen Rahmenbedingungen, das Auslaufen eines Lizenzvertrags, Gerichtsverfahren, das Ausbleiben von Rohstofflieferungen oder Schwierigkeiten im Management, mit dem Betriebsrat oder mit der Belegschaft;
- Bekannt werden erheblicher Umwelt-Belastungen.

Letztlich kann die Entscheidung über das Bestehen der Regelvermutung nur in einer **Prognoseentscheidung** unter Heranziehung aller für den Fortbestand des Unt relevanten Gegebenheiten getroffen werden. Dazu gehören zB Informationen über den Auftragsbestand, Umsatz- und Ertragsbeurteilung, Verhalten der Gläubiger, Kreditgeber, eingeleitete Sanierungsmaßnahmen (s hierzu *ADS*[6] § 252 Anm 25). In Zweifelsfällen, zB bei nachhaltigen Jahresfehlbeträgen oder ständig steigenden Kreditaufnahmen, haben KapGes/KapCoGes im **Anhang** die weitere Anwendung der Fortführungsprämisse zu begründen, da der JA sonst ein den tatsächlichen Verhältnissen entsprechendes Bild iSd § 264 Abs 2 S 1 *nicht* vermittelt (aA *ADS*[6] § 264 Anm 118). Ferner sind Ausführungen im Lagebericht nach § 289 Abs 1 – insb S 4 – von Bedeutung.

16 Der going-concern-Prämisse **entgegenstehende rechtliche Gegebenheiten** sind zB Eröffnung des Insolvenzverfahrens, Tatbestandserfüllung von Gesetzes- oder Satzungsvorschriften, die die Liquidation zur Folge haben. Hinzukommen muss allerdings die tatsächliche Absicht der Liquidation, so insb bei Ablauf der satzungsmäßigen GesDauer (*ADS*[6] § 252 Anm 30; s im Einzelnen *Scherrer* WPg 1996, 681; zur Frage, ob die going-concern-Prämisse für Unt gilt, die aus einem Unternehmensvertrag ausscheiden, s *Müller* in FS Kropff, 524).

3. Bewertung bei Fortführung der Unternehmenstätigkeit

17 Die allgemeinen Bewertungsvorschriften (insb §§ 252 bis 256, ggf auch §§ 279 bis 283) sind anzuwenden, wenn von der Fortführung der UntTätigkeit ausgegangen werden kann. Da die **Fortführung** der vom HGB unterstellte Regelfall ist, **konkretisiert sich** dieser zB in folgenden Bewertungs- und Ansatzvorschriften:

- Die Bewertung der VG erfolgt auf der Basis der historischen AK/HK und nicht auf der Basis von Verkehrs- oder Liquidationswerten (§ 253 Abs 1). Bewertungsobergrenze bei UntFortführung sind infolge des Realisationsprinzips (Anm 43 ff) die AK/HK; darüber liegende Werte stellen gesetzliche Zwangsrücklagen dar.
- Der Verbleib langlebiger VG im Unt bis zum Ende ihrer voraussichtlichen Nutzungsdauer wird unterstellt. AK/HK-Aufwendungen werden im Wesentlichen mittels planmäßiger Abschreibungen periodisiert (§ 253 Abs 2 S 2).
- Aufwendungen für die Ingangsetzung des Geschäftsbetriebs und dessen Erweiterung dürfen, soweit sie nicht als VG bilanzierungsfähig sind, als Bilanzierungshilfe aktiviert werden (§ 269 S 1).
- Die Posten des Umlaufvermögens sind unter Beachtung des Niederstwertprinzips (§ 253 Abs 3) zu bilanzieren.

- Für Verbindlichkeiten wird unterstellt, dass sie im Rahmen der zukünftigen Geschäftstätigkeit planmäßig erfüllt werden.
- Ansatz der Pensionsrückstellungen für noch verfallbare Alt-Anwartschaften gem Art 28 EGHGB sowie der Jubiläumsrückstellungen.
- Die mit einer UntLiquidation verbundenen spezifischen Verbindlichkeiten und Rückstellungen (zB auf Grund eines Sozialplans) werden nicht oder nur für vorgesehene, mit dem Betriebsrat abgestimmte Entlassungen bilanziert.

4. Bewertungsbesonderheiten bei Wegfall der going-concern-Prämisse

Gesetzlich nicht geregelt sind die Auswirkungen des Wegfalls der going-concern-Prämisse auf die Bewertung. Die Frage ist, ob damit bereits zur Bilanzierung und Bewertung nach den Grundsätzen für die Unternehmensabwicklung überzugehen ist oder ob und in welchem Umfang die allgemeinen Bewertungsgrundsätze weiter gelten; dazu auch *Sarx* ZfB Erg-Heft 1/87, 31, *ADS*[6] § 252 Anm 33 sowie *Förschle/Deubert* in Sonderbilanzen[3] R Anm 145; *Förschle/Hoffmann* in Sonderbilanzen[3] N Anm 35; *HFA* ERS 17 FN 2005, 42f. 18

a) Bewertung bei geplanter Unternehmenseinstellung

Die freiwillige UntEinstellung erfolgt in der Regel auf Grund einer **förmlichen Entscheidung** der Geschäftsinhaber oder Gester (bei Ges Auflösungsbeschluss, zB nach § 131 Abs 1 Nr 2, § 262 Abs 1 Nr 2 AktG, § 60 Abs 1 Nr 2 GmbHG). Bei Beginn der Abwicklung/Liquidation ist von KapGes eine externe Abwicklungs-/Liquidationseröffnungsbilanz als Grundlage für die Rechnungslegung der Abwicklungs-/Liquidationsperiode zu erstellen (§ 270 Abs 1 AktG, § 71 Abs 1 GmbHG; näheres hierzu *Förschle/Deubert* in Sonderbilanzen[3] R Anm 90ff). Auf die Liquidationseröffnungsbilanz bei KapGes finden auf Grund des Verweises in § 270 Abs 2 S 2 AktG/§ 71 Abs 2 S 2 GmbHG die Vorschriften über den JA und somit die allgemeinen Bewertungsvorschriften entspr Anwendung. Eine Neubewertung aller Aktiva und Passiva findet nicht statt (zT aA *Gross* in FS Budde, 259ff, der einen Ausweis der VG zu Liquidationswerten ohne Geltung des Anschaffungswertprinzips befürwortet). An diesen Vorschriften wird sich auch die Liquidationsbilanzierung von Unt anderer Rechtsformen zu orientieren haben (*WPH*[11] II H 287; jetzt ebenso *ADS*[6] § 252 Anm 35; aA *Förschle/Deubert* in Sonderbilanzen[3] Q Anm 135ff). VG des Anlagevermögens sind, soweit ihre Veräußerung innerhalb eines übersehbaren Zeitraums beabsichtigt ist oder sie nicht mehr dem Geschäftsbetrieb dienen, wie Umlaufvermögen zu bewerten (§ 270 Abs 2 S 3 AktG/§ 71 Abs 2 S 3 GmbHG, zu der Bewertung einzelner Positionen *HFA* ERS 17 FN 2005, S 42f). Steuerlich ergibt sich die gesonderte Behandlung der Abwicklungsperiode für KapGes aus § 11 KStG. In diesen Fällen ist die Bewertung der WG jedoch gesetzlich nicht geregelt. Näheres dazu *Förschle/Deubert* in Sonderbilanzen[3] R Anm 425ff. 19

b) Bewertung bei ungeplantem Wegfall der going-concern-Prämisse

Kann nach der mit Hilfe objektiver Maßstäbe getroffenen Prognose von der Fortführung des Unt *nicht* mehr ausgegangen werden, ist die Einstellung des Geschäftsbetriebs zu *erwarten*. Die Auswirkungen dieser Erwartung auf die Bewertungsregeln sind nicht gesetzlich geregelt. Die direkte Anwendung der Regeln für die UntAbwicklung ist ausgeschlossen, weil es noch an der dort notwendigen Sicherheit über die Einstellung der UntTätigkeit fehlt. Auch bzgl der Bewertung besteht zB ein Unterschied zwischen einem Unt, bei dem objektiv von der Fortsetzung der UntTätigkeit iSd Abs 1 Nr 2 nicht mehr ausgegangen 20 werden kann, das jedoch um das Überleben kämpft, und einem Unt, dessen Inhaber die Abwicklung beschlossen haben. Eine generell gültige Regelung für dieses Problem gibt es nicht. Letztlich kann nur versucht werden, unter Berücksichtigung der **Umstände des Einzelfalls** eine sachgerechte Bewertung vorzunehmen. Tendenziell bedeutet das in umso größerem Maße den Übergang von den allgemeinen Bewertungsregeln hin zum Ansatz des Einzelveräußerungswerts der VG (unter Beachtung des Anschaffungswertprinzips), je sicherer und/oder näher das tatsächliche Ende der UntTätigkeit ist. Unabhängig von going-concern-Gesichtspunkten wird die Vornahme außerordentlicher Abschreibungen (zB auf Vorräte) in Betracht kommen oder neue Schätzungen der (Rest-)Nutzungsdauer für die Sachanlagen.

c) Wegfall des going-concern-Prinzips bei Betriebsteilen

21 Die Anwendbarkeit der going-concern-Prämisse ist auch bei Einzelbewertung der Aktiva und Passiva von Teilbetrieben zu prüfen (aA *Schulze-Osterloh* in Baumbach/Hueck GmbHG[17] § 42 Anm 244). Hat die UntLeitung die Einstellung eines **selbstständigen Unternehmensteils** beschlossen, ist dies im Rahmen des einheitlichen JA zu berücksichtigen (ebenso *ADS*[6] § 252 Anm 36). Die Bewertung hängt dann jedoch davon ab, ob mit der Veräußerung dieses Teils im Ganzen – zB einem Werk bei produzierenden Unt, einem Gebäude bei HandelsUnt – gerechnet werden kann oder ob nur eine Verwertung in Teilen zu erwarten ist, zB Stilllegung und Verkauf der Maschinen eines Produktionszweigs, um einen anderen Produktionszweig in diesen Räumlichkeiten unterzubringen. Im ersten Fall sind die bisherigen Wertansätze fortzuführen, im zweiten Fall sind diese VG auf den ggf niedrigeren Einzelveräußerungswert abzuschreiben (weiter differenzierend *ADS*[6] § 252 Anm 36).

Ist die **Stilllegung eines Betriebsteils** dagegen objektiv – zB wegen nachhaltiger Unrentabilität – zwar zu erwarten, hat die UntLeitung jedoch einen entspr Beschluss noch nicht gefasst, sind die allgemeinen Bewertungsregeln zunächst beizubehalten.

III. Der Grundsatz der Einzelbewertung am Abschlussstichtag (Nr 3)

22 Gem Abs 1 Nr 3 sind die im JA ausgewiesenen VG und Schulden zum Abschlussstichtag *einzeln* zu bewerten. Dieser Grundsatz der Einzelbewertung (zu Ausnahmen s Anm 26) ergibt sich bereits aus § 240 und verlangt die gesonderte Bilanzierung und Bewertung der *einzelnen* VG und Schulden. Diese Einzelbewertung hat ihren Ursprung im Vorsichtsprinzip (zum Verhältnis im Einzelnen *Kupsch* in FS Forster, 341) und soll verhindern, dass Wertminderungen und Werterhöhungen gegeneinander saldiert werden. Der Grundsatz der Einzelbewertung gilt nach § 6 Abs 1 EStG auch für die **Steuerbilanz.**

23 Die Bewertung erfordert die **Abgrenzung der Einzelposten** gegeneinander und die Entscheidung darüber, ob ein VG **selbstständig** ist oder ob er zusammen mit anderen VG eine **Bewertungseinheit** bildet. Der wirtschaftlich denkende Kfm wird die Einzelposten nach ihrem Nutzen im betrieblichen Funktionszusammenhang nach wirtschaftlicher Betrachtungsweise beurteilen. Der betriebliche **Nutzungs- und Funktionszusammenhang,** in den ein VG gestellt ist, kann daher als entscheidendes Kriterium für die Bestimmung der Bewertungseinheit genannt werden. Der gleiche VG kann je nach seiner Funktion selbstständig oder Teil einer größeren Bewertungseinheit sein. Bei-

spiel: Ein Transportband kann separat eingesetzt oder in eine größere maschinelle Anlage fest integriert sein, mit der zusammen es eine Bewertungseinheit bildet.

Bei abnutzbaren VG des **Anlagevermögens,** die Teil einer größeren Bewertungseinheit sind, kann die ausschließliche Abgrenzung nach dem einheitlichen Nutzungs- und Funktionszusammenhang dann zu einer Überbewertung der Bewertungseinheit führen, wenn die Abschreibungsdauer eines integrierten einzelnen VG erheblich unter der einheitlichen Nutzungsdauer der Bewertungseinheit liegt. In einem solchen Fall kann als zusätzliches Abgrenzungskriterium die Nutzungsdauer des einzelnen VG in Betracht kommen. 24

Auch bei tauschähnlichen oder anderen fest miteinander verknüpften **Leistungsbeziehungen** (zB Verkäufe mit Rückkaufverpflichtung, Sachdarlehen) kann es geboten sein, von einer einzigen Bewertungseinheit des Komplexes auszugehen (hierzu *Benne* WPg 1992, 245). Selbst bei korrespondierenden Vertragsbeziehungen mit mehreren Vertragspartnern kann nach Auffassung von *Benne* (DB 1991, 2601) die Bildung einer Bewertungseinheit in Betracht kommen, namentlich dann, wenn bestimmten Risiken sichere Rückgriffsansprüche gegenüberstehen (dazu *Groh* DB 1986, 869; s auch *Kropp/Weisang* DB 1995, 2486). Bei der bilanziellen Darstellung von Zins- und Währungsmanagement sind unter bestimmten Voraussetzungen Bewertungseinheiten zu bilden (*Müller* DB 1995, 1973).

Bei der Ermittlung von AK/HK sind uU **pauschal ermittelte Kosten** zu berücksichtigen, so bei VG des Anlagevermögens zB die Kosten der Inbetriebnahme (§ 255 Abs 1), bei Erzeugnissen im Vorratsvermögen die zurechenbaren Gemeinkosten (§ 255 Abs 2 S 3). Das ist auch im Hinblick auf den Grundsatz der Einzelbewertung zulässig (ebenso *ADS*[6] § 252 Anm 50; ähnlich *Selchert* in HdR[5] § 252 Anm 62; s aber *BFH* 19. 7. 1995 BStBl II 1996, 28, keine Verrechnung von AK mit Finanzierungsmitteln). Ebenso ist jeder **derivative Firmenwert** einzeln zu bewerten, auch wenn seine Angemessenheit nur durch eine kollektive Bewertung der Sachgesamtheit „Unternehmen" beurteilt werden kann (*Buchner* in HuRB, 42). 25

Nach § 256 S 1 sind für bestimmte **Aktivposten** im JA **vereinfachte Bewertungsverfahren** zugelassen, und zwar mehrere Verbrauchsfolgeverfahren für alle Vorräte und außerdem in S 2 durch Verweis auf bestimmte Inventurvorschriften auch Festwerte für Sachanlagen, Roh-, Hilfs- und Betriebsstoffe und die Gruppenbewertung für gleichartige und etwa gleichwertige Vorräte. Bei allen vorgenannten Bewertungsvereinfachungen handelt es sich um zulässige Sammelbewertungen zwecks vereinfachter praktischer Handhabung (dazu § 256 Anm 1 und § 240 Anm 71 ff, 130 ff). Diese Vereinfachungen sind **Spezialregelungen** zu Abs 1 Nr 3. 26

Auf der **Passivseite** gibt es Ausnahmen vom Grundsatz der Einzelbewertung bei den Rückstellungen. So ist es zB weiterhin zulässig, für Garantieverpflichtungen nach Erfahrungswerten der Vergangenheit entspr dem Gesamtvolumen der wahrscheinlichen Risiken eine Garantierückstellung zu bilden (s § 249 Anm 100 „Gewährleistung") sowie auch für Urlaubs-, Vorarbeits-Rückstellungen etc. Eine Herausschätzung eines mit an Sicherheit grenzender Wahrscheinlichkeit nicht mehr geltend gemachten Teils einer Gesamtverpflichtung ist zulässig (*BFH* 27. 3. 1996 BStBl II, 471) und inzwischen üblich.

Die Bewertung der VG und Schulden ist **zum Abschlussstichtag** vorzunehmen. Die Wertansätze sind unabhängig vom Zeitpunkt der tatsächlichen Ermittlung *auf den* Schluss des Gj zu ermitteln. Der Grundsatz der Stichtagsbezogenheit ist ein wesentlicher und unverzichtbarer Grundsatz für die Rechnungslegung über eine durch das Gj bestimmte Rechnungsperiode. Die Be- 27 wertung auf den Schluss des Gj ist auch für die steuerliche Gewinnermittlung maßgebend, § 6 Abs 1 iVm § 5 Abs 1 EStG.

Stichtagsbezogene Bewertung bedeutet, dass alle positiven und negativen Umstände, die bis zum Ende des Bilanzstichtags eingetreten sind, auch bei späterem Bekannt werden bei der Wertermittlung zu berücksichtigen sind (differenzierend *ADS*[6] § 252 Anm 44 für Ursachen negativer Art, die erst im neuen Gj eintreten – dazu bereits hier Anm 12 und Anm 37).

28 Ereignisse, die *nach* dem Stichtag eintreten sowie die Begriffe **wertaufhellende** und **wertbeeinflussende** Ereignisse werden bei Nr 4 (Anm 38) kommentiert, da dort die „vorhersehbaren Risiken" angesprochen sind, auch wenn sie – systematisch gesehen – zum „Stichtagsprinzip" gehören.

IV. Der Grundsatz der Vorsicht (Nr 4)

1. Zum Stellenwert des Vorsichtsprinzips

29 In Abs 1 Nr 4 ist die Beachtung des Vorsichtsprinzips für die Bewertung angeordnet. Aus der Formulierung ist ersichtlich, dass das HGB das „namentlich" genannte **Imparitätsprinzip** (§ 252 Abs 1 Nr 4 1. Halbsatz) und das **Realisationsprinzip** (§ 252 Abs 1 Nr 4 2. Halbsatz) als Ausprägungen des Vorsichtsprinzips ansieht.

Aus dem Imparitätsprinzip ergeben sich das Niederstwertprinzip und das Prinzip der Berücksichtigung drohender Verluste aus schwebenden Geschäften (Anm 41); aus dem Realisationsprinzip folgt das Prinzip der Bewertung höchstens zu AK/HK (hierzu s § 253 Anm 1). Daneben gibt es weitere, nicht im HGB genannte Ausprägungen des Vorsichtsprinzips (hier Anm 50).

30 Das **Vorsichtsprinzip** gilt traditionell als GoB, der in allen Fragen der Bilanzierung und Bewertung zu beachten ist. Als Folge des Vorsichtsprinzips dürfen zB nur solche VG aktiviert werden, die sich konkretisiert, im Rechtsverkehr einen feststehenden Inhalt und im Handelsverkehr einen bestimmten Wert haben (dazu auch §§ 246, 248). Grds gilt das Vorsichtsprinzip über § 5 Abs 1 EStG auch für die **Steuerbilanz.** Jedoch wird seine **steuerliche Geltung** durch die Steuergesetzgebung und die steuerliche Rspr weitgehend eingeschränkt. Dies findet seinen Niederschlag zB in der Abschaffung der Rückstellung für drohende Verluste aus schwebenden Geschäften nach § 5 Abs 4 a EStG sowie der Einschränkung der Rückstellungsbildung in § 6 Abs 1 Nr 3 a EStG und der Teilwertabschreibung in § 6 Abs 1 Nr 1 und 2 EStG und § 8 b Abs 3 KStG.

2. Zum Inhalt des Vorsichtsprinzips

32 Der **Inhalt** des Vorsichtsprinzips lässt sich abstrakt **nicht weiter präzisieren:** es sind alle wertbeeinflussenden Chancen und Risiken beim Wertansatz kritisch zu würdigen. Dadurch wird dem Bilanzierenden ein **Ermessensspielraum** eingeräumt. Die gebotene Objektivierung der Wertansätze wird durch eine Begrenzung des Ermessensspielraums auf eine Wertober- *und* eine Wertuntergrenze erreicht, die ein sachkundiger Dritter unter angemessener Beachtung der Chancen und Risiken nicht als willkürlich empfindet. Die Möglichkeit zur Gestaltung des Jahresergebnisses unter extensiver Auslegung des Vorsichtsprinzips erfährt hierdurch eine erhebliche Einschränkung: So ist die Bildung stiller Reserven zB nur bei Wertschwankungen im Umlaufvermögen innerhalb von zwei Jahren (§ 253 Abs 3 S 3) oder durch Abschreibungen gem § 253 Abs 4 nur im Rahmen vernünftiger kfm Beurteilung zulässig.

Die zentrale Frage des Vorsichtsprinzips ist die Findung der jeweiligen **Grenzwerte.** Für einige Posten gibt es unter Beachtung des Vorsichtsprinzips entwickelte gesetzliche Regelungen, zB für Vorräte (§ 253 Abs 3: strenges Niederstwertprinzip) oder anhand allgemeiner Erfahrungen entwickelte Regeln, zB die von der FinVerw veröffentlichten AfA-Tabellen oder die Bewertung von Pensionsverpflichtungen nach der allgemeinen Lebenserwartung der Berechtigten, die sich aus statistischen Grundlagen ergibt. Wo solche Regeln nicht verfügbar oder im Einzelfall nicht mehr anwendbar sind (zB bei Übergang von der Pauschalabwertung zur Einzelabwertung), bleibt nur die willkürfreie Schätzung. 33

Innerhalb des durch diese Grenzwerte gekennzeichneten Bewertungsrahmens sollte ein Betrag gewählt werden, der bei den Aktiva möglichst nahe am unteren, bei den Rückstellungen am oberen Grenzwert liegt, da hierdurch dem Vorsichtsprinzip am weitest gehenden entsprochen wird (ähnlich *ADS*[6] § 252 Anm 73; *Selchert* in HdR[5] § 252 Anm 86ff; weitergehend iSd jeweiligen Grenzwertes wohl *Buchner* in HuRB, 45).

3. Die in § 252 ausdrücklich genannten Ausprägungen des Vorsichtsprinzips

a) Das Imparitätsprinzip

Gem Abs 1 Nr 4 1. Halbsatz sind vorhersehbare Risiken und Verluste, die in dem Gj oder einem früheren Gj entstanden sind, zu berücksichtigen, selbst wenn diese Umstände erst zwischen dem Bilanzstichtag und dem Tag der Aufstellung des JA bekannt geworden sind. Die gesetzlich bestimmte Antizipation vor dem Bilanzierungszeitpunkt bereits verursachter, aber noch nicht realisierter Risiken und Verluste entspricht dem (schon vor der gesetzlichen Normierung als GoB anerkannten) **Imparitätsprinzip.** Die Bezeichnung wird aus der **ungleichen Behandlung** unrealisierter Gewinne und Verluste abgeleitet (*ADS*[6] § 252 Anm 93 ziehen den Begriff „Verlustantizipationsprinzip" vor, dazu kritisch *Beisse* in FS Moxter, 19). Das Imparitätsprinzip schreibt die Vorwegnahme eines in einer späteren Rechnungsperiode eintretenden negativen Erfolgsbeitrags vor, der auf Dispositionen oder latenten Ereignissen der beendeten oder einer früheren Periode beruht. Für die Bilanzierung von Risiken und Verlusten ist der Zeitpunkt der Entstehung (spätestens des Bekannt werdens) maßgebend. 34

Das Imparitätsprinzip ist eine besondere Ausprägung des allgemeinen Prinzips kfm Vorsicht. Dieses gebietet im Interesse der Kapitalerhaltung und des Gläubigerschutzes (*ADS*[6] § 252 Anm 75) die Berücksichtigung vorhersehbarer Risiken und Verluste, die zum Bilanzierungszeitpunkt verursacht, aber noch nicht eingetreten sind. Die entscheidende Formulierung in Nr 4 ist, dass es sich um **vorhersehbare Risiken und Verluste** handeln muss. Das sind Risiken und Verluste, für deren Eintritt eine gewisse, (ggf aus der Erfahrung) Wahrscheinlichkeit besteht (*WPH*[12] I E 93, s auch *BFH GrS* 23. 6. 1997 DStR, 1442f). 35

Das gleiche gilt für Vorgänge, die zwar vor dem Bilanzstichtag eingetreten und bekannt sind, die sich aber auf die Bewertung erst in der Zeit danach auswirken. Sofern die Bewertung nach dem Börsen- oder Marktpreis zu erfolgen hat, ist eine spätere Wertentwicklung nicht zu berücksichtigen, wenn der Börsen- oder Marktpreis als ein objektiver Wert (und nicht als Zufallswert) diese Entwicklung bereits zum Ausdruck bringt. Andernfalls ist die künftige Entwicklung zu beachten und nach objektiven Kriterien der beizulegende Wert zu ermitteln (so auch *ADS*[6] § 252 Anm 41).

Neben den vorhersehbaren Risiken und Verlusten gibt es die **feststehenden** und die **nicht vorhersehbaren Risiken und Verluste.** Feststehende Risiken iS dieser Unterscheidung sind Sachverhalte, die im Bilanzierungszeitpunkt ob- 36 jektiv die Entwicklung hin zu einem „endgültig" negativen Ergebnis für das Unt erwarten lassen, wie zB drohende Verluste aus schwebenden Geschäften gem § 249 Abs 1 (dazu § 249 Anm 52ff; *Selchert* in HdR[5] § 252 Anm 93). Diese feststehenden Risiken bzw Verluste sind stets – unabhängig vom (ggf späteren) Zeitpunkt des Bekannt werdens – zu berücksichtigen.

37 Darüber hinaus sind nach Nr 4 auch die vorhersehbaren Risiken und Verluste zu berücksichtigen, die **bis zur Bilanzaufstellung bekannt** werden, ihre **Ursache jedoch vor dem Bilanzierungszeitpunkt** haben. Bis zur Bilanzaufstellung kann sich das vorhersehbare Risiko weiterhin als solches darstellen, während sich bei einem anderen Risiko der Verlust inzwischen realisiert hat. *Beispiel:* Zwei Schuldner sind im Laufe des Gj in Schwierigkeiten geraten. Über das Vermögen des A wird Anfang Februar das Insolvenzverfahren eröffnet; bei B ist bis zur Bilanzaufstellung die Lage kritisch, doch besteht der Geschäftsbetrieb weiter. Auch wenn der Kfm in beiden Fällen nach dem Bilanzierungszeitpunkt hiervon Kenntnis erhält, hat er beide Fälle, ggf mit anderer Gewichtung bei der Bewertung zu berücksichtigen.

38 Hinsichtlich der nach dem Bilanzierungszeitpunkt eintretenden Ereignisse sind grds (Anm 12, 27) nur die sog **wertaufhellenden Tatsachen,** nicht aber die **wertbeeinflussenden Tatsachen** zu berücksichtigen.

Unter **wertaufhellenden** Tatsachen versteht man solche Ereignisse, die im Bilanzierungszeitpunkt begründet waren (objektive Wertaufhellungskonzeption; vorzugswürdig *Moxter* BB 2003, 2561 unter Hinweis auf einschlägige Rspr; aA die Rspr, die die subjektive Wertaufhellungskonzeption vertritt und damit zusätzlich die Voraussehbarkeit der Ereignisse fordert; vgl *Geschwendtner* DStZ 2000, 648; *Küting/Kaiser* WPg 2000, 577ff). Befindet sich ein Schuldner bereits am Bilanzstichtag in Schwierigkeiten, ist die spätere Insolvenzeröffnung eine wertaufhellende Tatsache und bereits bei der Bewertung zum Bilanzstichtag zu berücksichtigen. Ebenso müssen für Schadensersatzansprüche gegen den Schuldner bereits zum Bilanzstichtag Rückstellungen gebildet werden, wenn die Aufdeckung der zum Schadensersatz verpflichtenden Handlungen noch vor Bilanzerstellung geschah (*BFH* 2. 10. 1992 BStBl II 1993, 153; *BFH* 3. 7. 1991 BStBl II, 802).

Zu den wertaufhellenden Tatsachen gehören sowohl negative als auch positive. Zeigt sich bis zur Bilanzaufstellung zB, dass Risiken in der zunächst vorgesehenen Größe nicht bestehen, ist diese Erkenntnis zu berücksichtigen (so auch *ADS*[6] § 252 Anm 42; *Siegel* in Beck HdR B 161 Anm 123; *FG Hamburg* EFG 99, 1026 – EuGH-Vorlage).

Unter **wertbeeinflussenden** Tatsachen versteht man dagegen Ereignisse nach dem Bilanzstichtag, die **keinen Rückschluss** auf die Verhältnisse an dem Bilanzstichtag zulassen; zB ein Schadenereignis (Feuer) oder ein Schiffsuntergang, beide infolge höherer Gewalt kurz *nach* dem Bilanzstichtag. In diesen Fällen handelt es sich um wertbeeinflussende Tatsachen, die bei der Bilanzierung außer Betracht bleiben müssen (*Selchert* in HdR[5] § 252 Anm 97). Allerdings dürfte bei Tatsachen, die sich wesentlich auf die VFE-Lage auswirken, zu fordern sein, dass Rücklagen zu bilden sind und hierüber bei KapGes/KapCoGes im Anhang zu berichten ist (so auch *ADS*[6] § 252 Anm 44). Für KapGes/KapCoGes sind gem § 289 Abs 2 Nr 1 Vorgänge von besonderer Bedeutung, die nach dem Schluss des Gj eingetreten sind, im Lagebericht darzustellen.

39 Hinsichtlich der zu berücksichtigenden wertaufhellenden Tatsachen ist unklar, bis zu welchem **Zeitpunkt** diese eingetreten sein müssen; denn die Bilanzaufstellung ist häufig ein Prozess, der sich über mehrere Wochen verteilt. Grds dürfte das Ende der Bilanzaufstellung maßgebend sein, jedoch kann notfalls die Fertigstellung der Unterlagen für eine Bilanz*gruppe* (zB Sachanlagen, Vorräte,

Rückstellungen) entscheidend sein, wenn die danach eintretende wertbeeinflussende Tatsache nur einen unerheblichen Einfluss auf die VFE-Lage hat (ähnlich *ADS*[6] § 252 Anm 77). Im Falle von wesentlichen Risiken und Wertminderungen wird der Zeitraum der Berücksichtigung – entgegen dem Wortlaut – in Übereinstimmung mit erheblichen Teilen des Schrifttums auch über das Ende der Aufstellung hinaus auszudehnen sein (vgl *ADS*[6] § 252 Anm 78; *Kropff* WPg 2000, 1137 ff mwN; aA insb *Küting/Kaiser* WPg 2000, 577 ff).

Die dargestellten Grundsätze gelten seit langem auch für die **Steuerbilanz.** 40
Der BFH verwendet ebenfalls das in Anm 38 dargestellte Begriffspaar (*BFH* 3. 7. 1991 BStBl II, 802). Bei Waren, deren Werte stark schwanken, akzeptiert die FinVerw uU auch Marktpreise bis zu 6 Wochen nach dem Bilanzstichtag (*WPH*[12] I E 219).

Die Kritik von *Knobbe-Keuk*[9], 54, dass insb bei Schätzungsposten wie den Rückstellungen die praktische Handhabung beider Begriffe mangels (für alle Fälle geeigneter) klarer Grenzziehung erschwert ist, teilen wir. Sie trifft zB auch für die Bewertung stark modeabhängiger Lagerbestände zu.

Das **Imparitätsprinzip** hat außer in Abs 1 Nr 4 **Niederschlag** gefunden **in** 41
folgenden Regelungen:
- § 249 Abs 1 S 1 (Rückstellungen für drohende Verluste aus schwebenden Geschäften), dazu § 249 Anm 52 ff
- § 253 Abs 2 (außerplanmäßige Abschreibungen bei VG des Anlagevermögens), § 253 Anm 280 ff
- § 253 Abs 3 (strenges Niederstwertprinzip für VG des Umlaufvermögens), § 253 Anm 507 ff.

Das HGB trifft keine Regelung für die Ermittlung der Höhe der Antizipa- 42
tionsbeträge. Diese sind unter Beachtung des Vorsichtsprinzips in angemessener Weise zu **schätzen** (s *Selchert* in HdR[5] § 252 Anm 96; *WPH*[12] I E 93; auch *Müller* DB 1996, 691, die zwischen geplanten und überraschenden Verlusten unterscheidet). Eine konkrete Berechnung ist nur in Sonderfällen möglich, zB bei Einkaufskontrakten für Rohstoffe oder Waren mit Börsenpreisen.

b) Das Realisationsprinzip

Das in Nr 4 S 2 kodifizierte Realisationsprinzip besagt, dass nur realisierte 43
Gewinne in der Bilanz ausgewiesen werden dürfen; am Bilanzstichtag noch nicht realisierte Gewinne dürfen erst später berücksichtigt werden (*Selchert* in HdR[5] § 252 Anm 101; *BFH* 23. 11. 1995 BStBl II 1996, 194). Mit diesem Gebot hat auch das HGB das Realisationsprinzip normiert und sich dabei der nun wohl hM angeschlossen, wonach das Realisationsprinzip aus dem Vorsichtsprinzip abgeleitet wird (*Moxter*[4], 47; *ders* in FS Beisse, 353). Zu der Frage, ob das Realisationsprinzip nur auf Erträge, nicht aber auch auf Aufwendungen Anwendung findet, *BFH* 27. 6. 2001 DStR 2001, 1384.

Die **Frage des Realisationszeitpunkts** tritt nicht bei den Bargeschäften 44
des täglichen Lebens auf, bei denen der Abschluss des Vertrags, das Erbringen der Leistung und die Vereinnahmung des Erlöses zeitlich unmittelbar aufeinander folgen. Bei Leistungsbeziehungen, deren Abwicklung sich dagegen über einen längeren Zeitraum erstreckt, kann der Ertrag theoretisch in mehreren Zeitpunkten als realisiert angesehen werden: Der Zeitpunkt des Vertragsabschlusses liegt jedoch idR zu früh. Das Prinzip der Vorsicht verbietet es, einen Erlös bereits als realisiert zu betrachten, solange das Unt eine Leistung noch nicht erbracht hat und die damit verbundenen Aufwendungen nicht feststehen. *Ausnahmsweise* kann der Erlös mit dem Abschluss des Vertrags als realisiert angesehen werden, wenn der Leistungsgegenstand sich schon zuvor im Verfü-

gungsbereich des Leistungsempfängers befunden hat und nur die rechtliche Zuordnung des Leistungsgegenstands noch geändert wird (*Beispiel:* Verkauf einer Mietsache an den Mieter mit Gefahrübergang im Zeitpunkt des Vertragsabschlusses).

45 Der **Zeitpunkt der Leistungserbringung** wird zutreffend ganz überwiegend als Zeitpunkt der Ertragsrealisation angesehen (*Selchert* in HdR[5] § 252 Anm 103; detailliert *ADS*[6] § 252 Anm 82; hier § 247 Anm 75 ff). Diese Auffassung vertritt im Prinzip auch die steuerliche Rspr (*BFH* 23. 11. 1995 BStBl II 1996, 195; dazu auch *Mayer-Wegelin* DB 1995, 1241).

Problematisch kann die Bestimmung des Realisationszeitpunktes dagegen bei sog Mehrkomponentengeschäften sein. **Mehrkomponentengeschäfte** liegen vor, wenn in einem einzigen Vertrag mehrere unterschiedliche Leistungen geregelt sind oder mehrere Einzelverträge aufgrund ihres engen wirtschaftlichen Zusammenhangs als ein Geschäft gelten. Ferner sind unter Mehrkomponentengeschäfte auch Finanzierungsvorgänge zu fassen, die explizit oder implizit vereinbart worden sind und in engem wirtschaftlichen Zusammenhang mit dem Verkauf von Vermögenswerten oder Dienstleistungen stehen. Bei diesen Geschäften ist trotz der einheitlichen Betrachtung eine Differenzierung hinsichtlich der Realisation der Einzelkomponenten vorzunehmen (vgl allg Grds zB E-DRS 17.41 ff). Hierzu ist der Gesamterlös aus dem Mehrkomponentengeschäft im Verhältnis der beizulegenden Zeitwerte zueinander auf die Einzelkomponenten aufzuteilen und anschließend eine separate Realisierung dieser Einzelkomponenten zu prüfen (E-DRS 17.41 f). Sollte der beizulegende Zeitwert der Einzelkomponenten idS wieder Erwarten nicht verlässlich aufteilbar sein, so darf eine Ertragsrealisierung erst erfolgen, wenn alle Einzelleistungen erbracht wurden und nach allg Grundsätzen als realisiert gelten.

Mit der Lieferung einer Sachleistung oder dem Abschluss einer Dienstleistung hat der Kfm regelmäßig die von ihm geschuldete Hauptleistung erbracht. Bei Lieferung ist die Gefahrtragung idR auf den Abnehmer übergegangen und der Kfm kann die Abrechnung erteilen. Damit werden anstelle der AK/HK die Forderung gegen den Abnehmer gebucht und der Ertrag vereinnahmt. Den bis zur endgültigen Abwicklung des Geschäfts verbleibenden Risiken – zB Gewährleistung, Zahlungsfähigkeit des Schuldners – kann auf andere Weise angemessen Rechnung getragen werden. Die Leistungserbringung als Zeitpunkt der Realisation lässt sich in vielen Fällen einfach feststellen. Bei Teilleistungen, im Kommissionsgeschäft, bei Werkleistungen, unterwegs befindlicher Ware etc ist es jedoch schwieriger, den Realisationszeitpunkt zu bestimmen. Auch hängt es von der Vertragsgestaltung ab, wann die Hauptleistung erbracht ist. Davon ist dann auszugehen, wenn der Kfm alles zur ordnungsmäßigen Vertragserfüllung seinerseits Erforderliche getan hat. In Fällen des Versendungskaufs genügt dafür wegen des damit verbundenen Gefahrübergangs beim Transport durch einen Dritten die Übergabe an den Spediteur, beim Transport durch eigene Transportmittel ist ggf (Lieferbedingungen) die Übergabe an den Empfänger erforderlich.

Neben diesen auf den jeweiligen Vertrag bezogenen Kriterien ist für eine Ertragsrealisierung jedoch auch stets die Gesamtheit der Verhältnisse zu würdigen (ausführlich dazu iZm ***sale-buy-back*-Gestaltungen** ERS HFA 13 WPg 2004, 952 ff). Bei komplexen Gestaltungen kommt es nicht allein auf die formalrechtliche Ausgestaltung, sondern auf den wirtschaftlichen Gehalt der Vereinbarungen an. Deshalb ist unter der Berücksichtigung der in sachlichen, zeitlichen Zusammenhang geschlossenen Vereinbarungen zu prüfen, ob Chancen und Risken dauerhaft auf den Erwerber übergegangen sind, wobei es für eine Gewinnrealisierung insb darauf ankommt, dass die für den betreffenden VG relevanten Wertänderungsrisiken für einen wirtschaftlich ins Gewicht fallenden Zeitraum auf den Erwerber übergegangen sein müssen (s ERS HFA 13 Tz 12f; ausführlich s auch § 246 Anm 5ff).

Zur Teilgewinnrealisierung bei **langfristiger Fertigung** s § 255 Anm 457ff. 46
Zum Realisationszeitpunkt von Ansprüchen aus Gewinnbeteiligungen an KapGes sowie aus **Gewinnanteilen** an PersGes s § 275 Anm 177 und *Selchert* in HdR[5] § 252 Anm 108 sowie *EuGH* 27. 6. 1996 DB, 1400 und *BGH* 12. 1. 1998, DStR, 383. Zur Erlöserfassung bei **Mehrkomponentengeschäften** (Kauf eines Mobiltelefons unter Einstandspreis nur bei gleichzeitigem Abschluss eines Nutzungsvertrages) E-DRS 17.41ff; *IDW* Stellungnahme zu E-DRS 17 FN-IDW 2002, 389.

Bei **Dauerschuldverhältnissen** mit längerem Erfüllungszeitraum werden die 47
Teilleistungen pro rata temporis der abgelaufenen Vertragsdauer realisiert, sofern jeweils alle Voraussetzungen erfüllt sind; dazu *BFH* 20. 5. 1992 BStBl II, 904 sowie § 247 Anm 86ff. Hinsichtlich der offenen Vertragszeit handelt es sich um einen schwebenden Vertrag. Dies gilt zB für **Miet-, Pacht- und Leasingverträge** nicht aber für Wechseldiskontgeschäfte (*BFH* 26. 4. 1995 BStBl II, 597). Hat der Verpflichtete Beträge für künftige Zeiträume bereits vereinnahmt, wie zB der Leasinggeber aus dem Verkauf zur Refinanzierung der Leasingforderungen, dürfen die Erträge aus dem Vertragsverhältnis nur pro rata temporis vereinnahmt werden. Bilanztechnisch ist dazu ein passiver RAP zu bilden, der über die verbleibende Vertragslaufzeit aufgelöst wird.

In der Praxis erfolgt die Ertragsrealisation oft mit der **Rechnungserteilung,** 48
indem die Rechnung die Buchung der Forderung gegen den Kunden auslöst. Dieses Verfahren ist dann nicht zu beanstanden, wenn die Rechnungserteilung an die Erbringung der Leistung anknüpft. Ist dies nicht der Fall, muss auf den materiell entscheidenden Zeitpunkt der Leistung abgestellt werden (§ 247 Anm 80ff; so auch *ADS*[6] § 252 Anm 83). **Vorausrechnungen** ohne Erbringung der Leistung bis zum Bilanzstichtag dürfen bei den Forderungen nicht berücksichtigt werden, während umgekehrt schon voll erbrachte Leistungen, für die noch keine Rechnung erteilt wurde, unabhängig vom Zeitpunkt der Abrechnung als Forderung zu aktivieren sind.

Ein Sonderfall ist **die Realisation bei Tauschgeschäften.** Während **han-** 49
delsrechtlich überwiegend ein Wahlrecht zwischen Realisation durch Aktivierung des erworbenen VG zu dem über dem Buchwert liegenden Verkehrswert (Zeitwert, gemeiner Wert) des getauschten VG und der Vermeidung der Realisation durch Fortführung des Buchwerts für zulässig gehalten wird (§ 255 Anm 130ff), ist **ertragsteuerlich** grds von der Realisation auszugehen. Hier gilt der gemeine Wert des hingegebenen WG als AK/HK des eingetauschten WG. Die Übertragung stiller Reserven auf das angeschaffte WG ist nicht zulässig (*HHR* § 6 EStG Anm 331ff). Zu den Ausnahmen (insb §§ 6b, 6c EStG, erzwungener Tausch, wirtschaftliche Nämlichkeit der getauschten WG) vgl § 255 Anm 133 und das *BMF*-Schreiben vom 9. 2. 1998 (BStBl I, 163) zu diesen Fragen.

Ein weiterer Realisationstatbestand ist – nach nun wohl überwiegender Auffassung (zu Einzelheiten s § 278 Anm 135ff) – bei **Sachausschüttungen** gegeben. Bei einer AG kann die HV bei einer entspr Ermächtigung (§ 58 Abs 5 AktG) mit einfacher Mehrheit eine Ausschüttung von Sachwerten beschließen. Die Regelung ist nach hM auch für GmbH analog anwendbar (zB *Baumbach/Hueck* GmbH[17] § 29 Rn 55 mwN; *Emmrich* in Scholz[9] § 29 Rn 84; *Roth/Altmeppen* GmbHG[4] § 29 Rn 53). Die Sachdividende kann grds aus VG jeder Art bestehen. In der Praxis beschränkt sie sich idR fast ausschließlich auf Wertpapiere börsennotierter Gesellschaften, welche bislang im Anlagevermögen des ausschüttenden Unt gehalten wurden.

Die Sachdividende ist nach hM mit dem beizulegenden Zeitwert, dh dem Marktwert des Vermögensgegenstandes zu bewerten (*Müller* NZG 2002, 758f; *Schnorbus* ZIP 2003, 516; *Waclawik* WM 2003, 2271f; *Orth* WPg 2004, 786; *Heine/Lechner* AG 2005, 270; *Ihrig/Wagner* BB 2002, 796). Die Erfüllung des in Geld ausgedrückten Rechtsanspruchs der Gester auf den Bilanzgewinn durch eine Sachausschüttung stellt handels- und gesellschaftsrechtlich einen umsatzähnlichen Vorgang dar, der zur Realisation der stillen Reserven in dem betreffenden VG führt (hM zB *Müller* NZG 2002, 758f).

4. Die nicht ausdrücklich in § 252 genannten Ausprägungen des Vorsichtsprinzips

50 Durch den Gesetzeswortlaut „namentlich" kommt zum Ausdruck, dass es neben den in Nr 4 ausdrücklich genannten Ausprägungen des Imparitäts- und des Realisationsprinzips weitere, aus dem Vorsichtsprinzip abgeleitete Bilanzierungsgrundsätze gibt, insb:

a) **Verbot** der Bilanzierung von **Aufwendungen für die Gründung** des Unt, die Beschaffung des EK sowie der Aktivierung unentgeltlich erworbener immaterieller VG oder der Aktivierung von Abschlusskosten, § 248. Diese Verbote gelten wegen des Maßgeblichkeitsgrundsatzes in § 5 Abs 1 EStG für die StB; das steuerliche Aktivierungsverbot für unentgeltlich erworbene immaterielle WG ist außerdem in § 5 Abs 2 EStG normiert.

b) Aufwendungen für die Ingangsetzung und Erweiterung des Geschäftsbetriebs dürfen nur in Form einer **Bilanzierungshilfe** mit Sonderausweis bilanziert werden, § 269. Da Bilanzierungshilfen sich nicht auf VG beziehen, ist ihre Aktivierung steuerlich unzulässig (folgt aus § 4 Abs 1 S 1 und § 5 Abs 1 EStG).

c) **Wahlrecht** zu außerplanmäßigen Abschreibungen auf VG des Anlagevermögens bei nicht dauernder Wertminderung, § 253 Abs 2. Unter Durchbrechung des Grundsatzes der Maßgeblichkeit sieht § 6 Abs 1 Nr 1 EStG steuerlich nur noch eine Teilwert-AfA bei voraussichtlich dauernder Wertminderung vor (ausführlich dazu *Schmidt/Glanegger* EStG[20] § 6 Anm 217 mwN); Teilwertabschreibungen auf Beteiligungen durch eine KapGes bleiben ab 2002 bzw 2002/2003 (bei abweichendem Wj) steuerlich gem § 8b Abs 3 KStG unberücksichtigt.

d) Unt, die *nicht* die speziellen Bewertungsvorschriften für KapGes/KapCo Ges (§§ 279ff) zu beachten haben (zB eG), dürfen den Buchwert infolge außerplanmäßiger Abschreibungen nach § 253 Abs 2 und 3 **beibehalten,** auch wenn die Gründe für die Abschreibung nicht mehr bestehen, § 253 Abs 5. Steuerlich besteht gem § 6 Abs 1 Nr 1 Satz 4, Nr 2 Satz 3 EStG unter Durchbrechung des Grundsatzes der Maßgeblichkeit eine Zuschreibungspflicht bis zur Höhe der fortgeführten Buchwerte.

V. Aufwands- und Ertragsperiodisierung (Nr 5)

51 Mit Abs 1 Nr 5 wurde die periodengerechte Zuordnung der Aufwendungen und Erträge kodifiziert. Hiernach sind Aufwendungen und Erträge des Gj unabhängig von den entspr Zahlungen im JA zu berücksichtigen. Dieser Grundsatz betrifft EB als Zeitpunkt-Rechnung nur mittelbar, meistens in Form von RAP oder Rückstellungen.

Zahlungen iSd Vorschrift sind Veränderungen im Bestand liquider Mittel (Kasse und verfügbare Bankguthaben). **Aufwendungen und Erträge** sind Minderungen bzw Erhöhungen des UntVermögens im Zeitpunkt ihrer wirtschaftlichen Verursachung.

Beispiele für Periodenverschiebungen:
- *Ausgabe früher als Aufwand:* Investitionen im Sachanlagevermögen mit Zahlung bei Anschaffung, Periodisierung als Aufwand durch Jahresabschreibungen.
- *Ausgabe später als Aufwand:* Bildung von Rückstellungen für Aufwendungen des Gj sowie für erteilte Pensionszusagen.
- *Einnahme früher als Ertrag:* Im Voraus erhaltene Mieten und Zinsen.
- *Einnahme später als Ertrag:* Kundenforderungen.

Kriterium für die Erfolgszurechnung ist der Zeitraum der wirtschaftlichen Verursachung, nicht die rechtliche Entstehung oder Abwicklung der Geschäftsvorfälle. Liegt also die wirtschaftliche Verursachung innerhalb des Gj oder – sofern noch nicht bilanziert – in einem früheren Gj, sind die entspr Aufwendungen und Erträge in dem vorliegenden JA zu berücksichtigen. 52

Der **Grundsatz der Periodenabgrenzung** ist – wie sich auch aus § 243 Abs 1 ableiten lässt – zwingend und unabhängig vom Jahresergebnis einzuhalten. Bilanztechnisch wird die periodengerechte Zuordnung durch die Aktivierung von Investitionen oder von Forderungen und durch die Passivierung von Schulden sowie durch RAP erreicht. 53

Die **Ausnahmen** iSv Abs 2 ergeben sich aus gesetzlich zugelassenen Wahlrechten, wie zB die Aufwandsrückstellung gem § 249 Abs 2 oder die nur für JA bestimmter Unt (Ekfl, PersGes, eG) zugelassene Bildung stiller Reserven gem § 253 Abs 4 (ebenso *ADS*[6] § 252 Anm 102 mwN; aA *Selchert* in HdR[5] § 252 Anm 130). 54

VI. Der Grundsatz der Bewertungsstetigkeit (Nr 6)

Nach dem Wortlaut des HGB sollen in den Folgejahren die auf den vorhergehenden JA angewandten Bewertungsmethoden beibehalten werden. Die angestrebte Bewertungsstetigkeit soll die Vergleichbarkeit aufeinander folgender Abschlüsse verbessern (ebenso *Siegel* in Beck HdR B 161 Anm 64ff) und ein zutreffenderes Bild bei der Betrachtung mehrerer Perioden ermöglichen als im Falle wechselnder Bewertungsmethoden. Die Bewertungsstetigkeit wirkt willkürlichen Gewinn- oder Verlustverlagerungen durch einen Wechsel von Bewertungsmethoden entgegen. 55

Der Grundsatz der Bewertungsstetigkeit bedeutet die Einhaltung der gleichen Bewertungsmethoden von Jahr zu Jahr. Unter dem Begriff der **Bewertungsmethode** sind bestimmte, in ihrem Ablauf definierte Verfahren der Wertfindung zu verstehen (*HFA 3/1997* zum Grundsatz der Bewertungsstetigkeit WPg 1997, 540ff; s auch *DRS 13* Grundsatz der Stetigkeit und Berichtigung von Fehlern). Hiermit werden auch die unterschiedlichen Abschreibungsmethoden erfasst (*ADS*[6] § 252 Anm 105). Zu den Bewertungsmethoden gehören zB auch die Regeln über die Einbeziehung einzelner Faktoren in die HK (Einbeziehung oder Nicht-Einbeziehung von Gemeinkosten) oder die Verfahren zur Ermittlung der einbezogenen Gemeinkosten. 56

Daher zählen ebenfalls die sog **Wertansatzwahlrechte** innerhalb der Bewertungsvorschriften (§§ 253 bis 256, 279 bis 283) zu den Bewertungsmethoden iSd § 252 Abs 1 Nr 6 (differenzierend *Selchert* in HdR[5] § 252 Anm 144, 150; aA für Abschreibungswahlrechte nach § 253 Abs 2 S 3 und § 253 Abs 3 S 3 *Schulze-Osterloh* in Baumbach/Hueck GmbHG[17] § 42 Anm 256).

Bilanzansatzwahlrechte (§§ 249, 250, 269 und Art 28, 42 EGHGB) werden nicht vom Stetigkeitsgebot erfasst (ebenso *Förschle/Kropp* ZfB 1986, 880; *ADS*[6] § 252 Anm 110), da Abs 1 im Gegensatz zu § 284 Abs 2 Nr 1 nur von Bewertung, nicht von Bilanzierung spricht. 57

Die Bewertungsstetigkeit ist nur als **Sollvorschrift** gefasst. Im Hinblick auf Abs 2 ist trotzdem davon auszugehen, dass die Bewertungsstetigkeit nur in begründeten Ausnahmefällen durchbrochen werden darf (ebenso *ADS*[6] § 252 Anm 109; *Claussen/Korth* DB 1988, 923; *Kupsch* DB 1987, 1101, 1159; aA *Söffing* DB 1987, 2599, s Anm 57).

58 Der Grundsatz der Bewertungsstetigkeit erstreckt sich auf **sämtliche zu bewertenden VG und Schulden** und somit auch auf die Neuzugänge des betreffenden Gj, sofern diese art- und funktionsgleich sind (ebenso *Förschle/Kropp* ZfB 1986, 882; *ADS*[6] § 252 Anm 107; *Claussen/Korth* DB 1988, 924). Die aM, die unter Berufung auf den Einzelbewertungsgrundsatz eine von Jahr zu Jahr wechselnde Bewertung der Neuzugänge für zulässig hält (*Söffing* DB 1987, 2601), überzeugt nicht, da hierdurch das Ziel des Stetigkeitsgrundsatzes, die Vergleichbarkeit der JA, gefährdet wird (ebenso *Kupsch* DB 1987, 1157).

59 Die Annahme begründeter **Ausnahmefälle iSd Abs 2** hat sich zum einen an der Vergleichbarkeit einander folgender JA zu orientieren. Zum anderen ist aber auch zu berücksichtigen, dass sich der Kfm veränderten Verhältnissen durch die Wahl einer anderen Bewertungsmethode anpassen können muss, um hierdurch zu einem klaren und übersichtlichen JA (§ 243 Abs 2) zu gelangen (DSR 13.8) und außerdem bei KapGes/KapCoGes grds die Generalnorm des § 264 Abs 2 zu erfüllen.

60 Offensichtlich ist, dass unter die Ausnahmeregelung alle Fälle zu fassen sind, in denen gesetzliche Vorschriften eine Durchbrechung des Stetigkeitsprinzips zwingend erfordern, wie zB beim strengen Niederstwertprinzip oder dem Wertaufholungsgebot für KapGes/KapCoGes (glA *Müller J* BB 1987, 1636; *Kupsch* DB 1987, 1159).

61 Ferner kommen unter Berücksichtigung der Maßstäbe gem Anm 59 folgende, in der Literatur *weitgehend als unstreitig* angesehene Ausnahmefälle in Betracht (ebenso *ADS*[6] § 252 Anm 113; *Claussen/Korth* DB 1988, 925; *Selchert* in HdR[5] § 252 Anm 162 ff): ausdrücklich zugelassene Ausübung steuerlicher Bewertungswahlrechte (Anm 64); Änderung von Gesetzen und Rspr; Anpassung an die Ergebnisse einer steuerlichen Außenprüfung; Einleitung von Sanierungsmaßnahmen; Änderung der Konzernzugehörigkeit (nicht aber die Beendigung eines UnterVertrags, s *Müller* in FS Kropff, 523); wesentliche Änderungen der Gesters-Struktur; Änderung der UntKonzeption durch Wechsel des Management (kritisch *Müller J* BB 1987, 1637; aA *Siegel* in Beck HdR B 161 Anm 78); wesentlich veränderte Einschätzung der UntEntwicklung (aA *Schulze-Osterloh* in Baumbach/Hueck GmbHG[17], § 42, Anm 259); Übergang oder Verzicht auf vereinfachte Bewertungsverfahren; wesentliche technische Neuerungen; wesentliche Änderung des Beschäftigungsgrads; wesentliche Änderung der Finanz- und Kapitalstruktur.

62 Die in der Literatur (*Müller J* BB 1987, 1637; *Kupsch* DB 1987, 1160; *Pfleger* DB 1986, 1135) als *kritisch* angesehene Durchbrechung des Stetigkeitsgrundsatzes in Form von Bewertungsänderungen, um die Anzeige des Verlusts des halben Grund- bzw Stammkapitals (§ 92 Abs 1 AktG; § 49 Abs 3 GmbHG; § 33 Abs 3 GenG) zu vermeiden, halten wir für *unzulässig*. Für die Feststellung dieses Verlusts dürfen zB stille Reserven innerhalb der HGB-Vorschriften nicht aufgelöst werden (*Baumbach/Hueck* GmbHG[17] § 84 Anm 11 b), da andernfalls der Zweck dieser Vorschriften – rechtzeitige Warnung der Anteilseigner – unterlaufen werden würde (aA *Förschle/Hoffmann* in Sonderbilanzen[3] N Anm 34, ebenfalls aA jetzt auch *ADS*[6] § 252 Anm 115. Die dort genannte Pflichtangabe im Anhang gem § 284 Abs 2 Nr 3 halten wir in diesem Zusammenhang nicht für ausreichend).

Die Frage, ob eine Bewertungsänderung zur Rettung von Verlustvorträgen zulässig ist, dürfte bei Beschränkung der Verlustvortragsmöglichkeiten wieder aktuell werden; Näheres dazu bei *Selchert* in HdR[5] § 252 Anm 165 mwN. 63

Aufgrund des in § 5 Abs 1 EStG festgelegten Maßgeblichkeitsprinzips gilt die **Bewertungsstetigkeit auch für die Steuerbilanz** (ebenso *Claussen* DB 1987, 925). Durch die Stetigkeit der Bewertungsmethode *nicht* eingeschränkt ist die Freiheit in der Inanspruchnahme oder Nichtinanspruchnahme **steuerlicher Vorschriften.** Die Bewertungsmöglichkeit nach steuerlichen Vorschriften (§ 254) stellt eine Durchbrechung der handelsrechtlichen Bewertungsmethode dar und fällt schon deshalb nicht unter das Gebot der Stetigkeit (ebenso *ADS*[6] § 252 Anm 106). Im Interesse der handelsrechtlich richtigen Darstellung der VFE-Lage wird jedoch für KapGes/KapCoGes in § 281 Abs 2 vorgeschrieben, dass Abschreibungen, Wertminderungen und Rücklagen auf Grund steuerlicher Vorschriften im **Anhang** anzugeben und zu begründen sind; gem § 285 Nr 5 ist ferner ggf ihre Auswirkung auf das Jahresergebnis im Anhang darzustellen. KapGes/KapCoGes haben Abweichungen von der Bewertungsstetigkeit gem § 284 Abs 2 Nr 3 im Anhang anzugeben. 64

C. Nicht in § 252 ausdrücklich genannte Bewertungsgrundsätze

I. Aus anderen Vorschriften ableitbare Grundsätze und der Vorrang der Einzelvorschriften

Allgemeine Bewertungsgrundsätze, wie zB das AK/HK-Prinzip, das Niederstwertprinzip, das Prinzip der Planmäßigkeit der Abschreibungen von der Abnutzung unterliegenden VG des Anlagevermögens, sind in den speziellen Einzelvorschriften der §§ 253 ff enthalten. Diese **Einzelvorschriften gehen** den allgemeinen Regeln in § 252 **vor.** Aus den vielfältigen Wertansatz-, Abwertungs- und Methodenwahlrechten des HGB ergibt sich für viele Aktivposten eine Bandbreite zulässiger Wertansätze, wie insb § 253 Abs 3 S 3, Abs 4 und 5 sowie § 255 Abs 2 zeigen. 65

Für KapGes/KapCoGes, aber nicht für dem PublG unterliegende Unt ist der Bewertungsrahmen durch § 279 Abs 1 (und teilweise auch durch Abs 2) wesentlich enger. In der Literatur (*Gross/Schruff*[2] Der Jahresabschluss nach neuem Recht. Aufstellung, Prüfung, Offenlegung Düsseldorf 1987, 96) wird daher hier von einer „Bestimmtheit des Wertansatzes“ gesprochen.

Zur Beachtung des AK/HK-Prinzips und des Niederstwertprinzips bei Verbindlichkeiten s § 253 Anm 51 ff und für Rückstellungen § 253 Anm 151 ff. 66

II. Grundsatz der Methodenbestimmtheit

Der Wertansatz jedes einzelnen VG oder einer Schuld ist auf Grund einer bestimmten Bewertungsmethode zu ermitteln; diese Methode muss gem § 243 Abs 1 den GoB entsprechen. Führen alternativ zulässige Methoden zu unterschiedlichen Werten, ist es **unzulässig,** einen **Zwischenwert** anzusetzen (ebenso *ADS*[6] § 252 Anm 124; *Siegel* in Beck HdR B 161 Anm 42). KapGes/KapCoGes haben im **Anhang** gem § 284 Abs 2 Nr 1, 3 Angaben über die angewandten Bewertungsmethoden und ggf zu Abweichungen von diesen Methoden zu machen. 67

Fallen innerhalb einer bestimmten Methode zB Abschreibungsgründe später weg, haben KapGes/KapCoGes eine **Wertaufholung** vorzunehmen (§ 280 Abs 1). In den seltenen Fällen, in denen nach Wegfall des steuerlichen Beibehaltungswahlrechts (§ 6 Abs 1 Nr 1 S 4 und Nr 2 S 3 EStG aF) von dieser Zuschreibung zulässigerweise abgesehen werden kann (dazu § 280 Anm 50), ist der Betrag der unterlassenen Zuschreibung im Anhang anzugeben (§ 280 Abs 2, 3). Andere Kfl (zB nicht publizitätspflichtige Ekfl, PersGes), von denen §§ 280 *und* 284 nicht angewendet zu werden brauchen, dürfen in solchen Fällen im JA die Wertansätze anpassen – also den höheren Wert bilanzieren, ohne die Methodenänderung zu erwähnen. Braucht zwar § 280 nicht angewendet zu werden, gilt aber § 284 (so das PublG und für eG § 33 GenG), entfällt nur die Betragsangabe der Zuschreibung.

III. Grundsatz des Willkürverbots

68 Dieser im HGB nicht ausdrücklich aufgeführte Grundsatz, der – mit umgekehrter Blickrichtung – auch als Gebot der willkürfreien Bewertung bezeichnet werden kann, ergibt sich sowohl aus den GoB (§ 243 Abs 1) wie auch aus den allgemeinen Bewertungsregeln des Abs 1 Nr 4 und 6. Seine konkrete Bedeutung ist schwer zu definieren (ähnlich *ADS*[6] § 252 Anm 126). Diesem Grundsatz dürfte jedoch im Wesentlichen dann entsprochen werden, wenn die Bewertung frei von **sachfremden Erwägungen,** zB die Berücksichtigung von Auswirkungen auf die Ertragslage, auf die Kreditwürdigkeit oder auf den ausschüttungsfähigen Gewinn, erfolgt und der Erstellung eines klaren, übersichtlichen und den GoB entspr JA dient (*ADS*[6] § 252 Anm 126).

69 Dies bedeutet bei Bestehen mehrerer Bewertungsalternativen nicht, dass nur *eine* Alternative dem Willkürverbot entsprechen kann. Andererseits kann das Vorhandensein gesetzlicher Wahlrechte nicht so verstanden werden, dass zwischen ihnen willkürlich gewählt werden kann. In diesen Fällen ist dem Willkürverbot dann Genüge getan, wenn die Bewertungsentscheidung **nicht den Zielen** des JA **entgegensteht** (*ADS*[6] § 252 Anm 126). **Steuerliche Wahlrechte** sollen aber durch die Grundsätze der Methodenbestimmtheit und des Willkürverbots nicht beschränkt werden.

IV. Grundsatz der Wesentlichkeit

70 Der Grundsatz besagt, dass bei der Rechnungslegung alle Tatbestände zu berücksichtigen und ggf im Anhang anzugeben sind, die für die Adressaten des JA von Bedeutung sind, hingegen Sachverhalte von untergeordneter Bedeutung, die wegen ihrer Größenordnung keinen Einfluss auf das Jahresergebnis und die Rechnungslegung haben, vernachlässigt werden können (*ADS*[6] § 252 Anm 127 mwN); s auch zum Grundsatz der Wesentlichkeit in der Abschlussprüfung *IDW PS 250* Wesentlichkeit im Rahmen der JA-Prüfung WPg 2003, 944 ff).

71 Allgemein gültige **Schwellenwerte** für die konkrete Grenze zwischen wesentlich und unwesentlich können nicht festgelegt werden. In **Normalfällen** halten wir allerdings die in § 264 Anm 57 für den JA und in § 297 Anm 197 für den KA angegebenen Grenzwerte als ersten Anhaltspunkt für praktikabel (aA *ADS*[6] § 252 Anm 128).

D. Abweichungen nach Abs 2 von den Bewertungsgrundsätzen des Abs 1

I. Anwendungsbereich

Der Gesetzeswortlaut schließt keinen der in Abs 1 genannten Bewertungsgrundsätze von der Ausnahmeregelung des Abs 2 aus. Jedoch werden Ausnahmen von der Bilanzidentität (Abs 1 Nr 1, dazu Anm 78) und von der Periodisierung der Aufwendungen und Erträge (Abs 1 Nr 5) selten sein. Dagegen werden Abweichungen von den Bewertungsmethoden (Abs 1 Nr 6) bereits in § 284 Abs 2 Nr 3 als möglich angesehen. Der Grundsatz der Einzelbewertung (Abs 1 Nr 3) wird durch die Regeln in § 256 iVm § 240 Abs 3 und 4 zwar nicht verändert, aber für bestimmte, häufiger vorkommende Fälle ergänzt. Für die Grundsätze des Abs 1 Nr 4 (Vorsichtsprinzip, Realisationsprinzip) lässt die Gesetzesformulierung („namentlich") Ausnahmen in Sonderfällen (zB bei langfristiger Fertigung) erkennen; s dazu § 255 Anm 457 ff. 72

II. Zwingende Abweichungen auf Grund gesetzlicher Vorschriften

Zu den nach Abs 2 zugelassenen Abweichungen auf Grund begründeter Ausnahmefälle gehört zB insb für KapGes/KapCoGes der Fall, dass die bisher angewandte Methode die Forderung des § 264 Abs 2 nach Vermittlung eines den tatsächlichen Verhältnissen entspr Bilds der VFE-Lage nicht mehr erfüllt; ähnliches gilt, wenn nach § 264 Abs 3 und § 264 a Abs 3 bestimmte Tochter-KapGes/KapCoGes nicht mehr den Bilanzierungsregeln für KapGes/KapCoGes unterliegen. In einem solchen Fall verlangt das HGB nicht die Einhaltung aller in Abs 1 aufgeführten Grundsätze, vielmehr gebietet die Generalnorm des § 264 Abs 2 oder § 264 Abs 3 eine partielle Methodenänderung (vgl hierzu § 264 Anm 48 ff). 73

Des Weiteren sind hier Abweichungen zu nennen, die durch andere gesetzliche Bestimmungen vorgeschrieben sind. Dazu zählen das Verbot, bestimmte Wertpapiere bei VersicherungsUnt als Anlagevermögen zu bewerten (§ 341 b Abs 1 S 2, Abs 2) und die allgemeinen Bilanzierungsverbote des § 248.

Das Verbot der Bewertung nach der going-concern-Prämisse (Abs 1 Nr 2), sobald von der gesetzlichen Regelunterstellung nicht mehr ausgegangen werden kann (Anm 15 ff), und das Wertaufholungsgebot für KapGes/KapCoGes und den *hier* gleichgestellten Unt in § 280 Abs 1 sind keine zwingenden Abweichungen, weil sich seit dem letzten Bilanzstichtag die tatsächlichen Verhältnisse geändert haben müssen.

III. Abweichungen auf Grund gesetzlicher Gestattung

Abweichungen von den in Abs 1 aufgeführten Grundsätzen sind auch möglich, wenn gesetzliche Vorschriften die Abweichungen zulassen; zB Bewertungsvereinfachungsverfahren (§ 240 Abs 3 u 4) sowie steuerlich orientierte Normen (§§ 247 Abs 3, 254). 74

Wegen des Grundsatzes der **Bewertungsstetigkeit** in Abs 1 Nr 6 ist jedoch ein Wechsel der Bewertungsmethode nicht allein schon deshalb zulässig, weil das HGB hier ein Wahlrecht gewährt. Der Grundsatz der Bewertungsstetigkeit schränkt das Wahlrecht oft auf die erstmalige Ausübung ein mit der Folge, dass eine spätere Änderung nur in Ausnahmefällen zulässig ist; s dazu Anm 58. Dies betrifft Änderungen der Abschreibungsdauer wegen besserer Erkenntnis über die voraussichtliche Nutzungsdauer, ferner infolge einer Änderung der GoB oder der Rspr zu bestimmten Tatbeständen, Bilanzierungs- und Bewertungsmethoden. Den Unt muss die Anpassung an die als herrschend festgestellte Rechtslage jederzeit möglich sein (glA *ADS*[6] § 252 Anm 113 „1. Unterbrechungsfall").

Ein weiterer Abweichungsfall liegt bei den unmittelbaren **Pensions-Altzusagen** vor. Die planmäßige Zuführung für Anwartschaften seit 1987 kann nicht dazu führen, das gesetzliche Bilanzierungswahlrecht gem Art 28 Abs 1 EGHGB langfristig auszuschließen (ähnlich *WPH*[12] I E 159; *ADS*[6] 252 Anm 110); der Forderung von *ADS*[6] auch bei solchen *Ansätzen* stetig zu verfahren, stimmen wir zu.

Trotz Gesamtrechtsnachfolge in vielen **Umwandlungsfällen** (Verschmelzung, Spaltung) gestattet § 24 UmwG und zB § 3 UmwStG dem neuen Rechtsträger Wertaufholungen bis zu den Verkehrswerten, also über die AK/HK abzgl Normal-AfA hinaus.

IV. Abweichungen aus sonstigen Gründen

75 Soweit sich die Notwendigkeit oder Zulässigkeit von Abweichungen nicht aus gesetzlichen Vorschriften ergibt, sind gem Abs 2 Abweichungen nur in begründeten Ausnahmefällen zulässig. Aus dem Ziel des HGB, die Transparenz und Vergleichbarkeit der JA zu verbessern, ist eine einschränkende Auslegung dieser Bestimmung geboten. Ein Ausnahmefall ist daher nur gegeben, wenn **gewichtige Gründe** dafür sprechen. Eine willkürliche Abweichung ist damit ausgeschlossen. Welche Sachverhalte die Zulässigkeit einer Abweichung begründen können, ist aus den Erl zu Abs 1 (insb Anm 8, 25, 45, 48, 53, 58 ff) sowie aus den Erl zu § 284 Abs 2 Nr 3 (dort Anm 140 ff) beispielhaft ersichtlich.

76 Ein Ausnahmefall, der eine Abweichung vom Grundsatz der Bewertungsstetigkeit rechtfertigt, ist auch anzunehmen beim **Übergang von der Einzelbewertung zur Gruppenbewertung** nach § 240 Abs 4 und umgekehrt. Eine Abwägung des Grundsatzes der Bewertungsstetigkeit und des Rechts auf Anwendung des Vereinfachungsverfahrens bzw der Verzicht darauf erfordert die Einschränkung dieses Wahlrechts auf die erstmalige Ausübung (s Anm 57). Jeder weitere Wechsel, der zulässig ist, erfordert ebenso gewichtige Gründe wie eine Abweichung von den Grundsätzen des Abs 1 (zB andere technische Verhältnisse, andere Konzernzugehörigkeit).

Auch im Fall einer **Änderung im System der Kostenrechnung** ist eine Ausnahme gerechtfertigt, wenn damit eine andersartige Zurechnung von **Kostenbestandteilen** verbunden ist, die eine Bewertung nach bisherigen Methoden unmöglich macht oder unverhältnismäßig erschwert (s *Selchert* in HdR[5] § 252 Anm 169). Die Einhaltung der in Abs 1 aufgeführten Bewertungsgrundsätze darf nicht dazu führen, dass ein Unt an einer Systemänderung gehindert wird.

77 Ein weiterer Ausnahmefall wäre die Verschaffung eines verbesserten Einblicks in die VFE-Lage im Hinblick auf die **internationale Vergleichbarkeit.** Wenn sich bspw herausstellt, dass die deutsche Bilanzierungspraxis zu einer einschränkenden Darstellung der VFE-Lage eines Unt im internationalen Vergleich führt, ist ein Abweichen vom Grundsatz der Bewertungsstetigkeit zugunsten der IFRS-Regeln (Anm 81 ff) möglich. So mag eine Änderung des Kostenansatzes (Vollkosten oder Teilkosten) oder auch eine Veränderung der Nutzungsdauer (s dazu § 253 Anm 258 ff) geboten sein, um die internationale Vergleichbarkeit zu gewährleisten. Ein weiterer Grund für ein Übergehen vom Teilkosten- zum

Vollkostenansatz kann die Verlagerung der UntTätigkeit vom Handels- zum Produktionsbetrieb sein. Jedoch darf eine Verbesserung des handelsrechtlichen Ergebnisses *allein* kein Grund für ein Abgehen von den Bewertungsregeln des Abs 1 sein.

Ist der **Vorjahresabschluss nichtig** und ist die Nichtigkeit bei Aufstellung 78
des Folgeabschlusses (noch) nicht geheilt (§ 256 Abs 6 AktG), liegt keine wirksame Schlussbilanz iSv Abs 1 Nr 1 vor. *Allein* aus diesem Sachverhalt sollte nicht „automatisch" die Nichtigkeit der Folgeabschlüsse hergeleitet werden; vielmehr liegt uE dann ein „begründeter Ausnahmefall" gem Abs 2 vor; Näheres dazu bei *Hense* WPg 1993, 716; *Kropff* in FS Budde, 341 ff.

Zu den **Angabepflichten im Anhang** in den Fällen der Anm 75 ff vgl § 284 79
Anm 170.

E. Sanktionen

Die **Grundsätze und Regeln** in § 252 sind weder durch Bußgelder 80
noch durch Strafvorschriften sanktioniert, zumal sie in Abs 2 Ausnahmen zulassen.

Die **Einzelvorschriften** zur Bewertung in den §§ 253, 255, 279 Abs 1 S 2, 280, 282 oder 283 sind – soweit zwingend – gem § 334 Abs 1 Nr 1 b bußgeldbewehrt. Schwere Verstöße werden gem § 331 bestraft.

F. Abweichungen der IFRS

I. Identität der Wertansätze in Eröffnungs- und Schlussbilanz

Aus dem Framework .39 und IAS 8 (s Objective) wird deutlich, dass auch die 81
IFRS grds der Bilanzidentität folgen. Mit der Prämisse „must be able to compare the financial statements of an entity through time" (Framework .39) wird sichergestellt, dass EB und zeitgleiche Schlussbilanz identisch bleiben.

II. Grundsatz der Unternehmensfortführung

Der going-concern-Grundsatz gilt auch nach IFRS (Framework .23, IAS 82
1.23 f). Er stellt eine der *„fundamental accounting assumptions"* (Grundannahmen der Rechnungslegung) dar. Gem IAS 1.24 haben die Geschäftsführer bei Prüfung der Frage, ob von going-concern auszugehen ist, einen **Zeitraum von mindestens 12 Monaten** (foreseeable future) ab Bilanzstichtag zugrunde zu legen.

III. Grundsatz der Einzelbewertung

Auch die IFRS sehen grds die Einzelbewertung vor (IAS 1.29). Für Gegen- 83
stände des Vorratsvermögens gilt grds der Einzelbewertungsgrundsatz, soweit diese nicht austauschbar sind oder für bestimmte Projekte hergestellt wurden. Alle anderen Gegenstände des Vorratsvermögens können entweder nach dem Fifo-Verfahren, nach der Durchschnittsmethode oder alternativ nach dem Lifo-Verfahren bewertet werden (IAS 2.23; 25 näheres vgl International Reporting Group, 21). Als eine Ausnahme zum Grundsatz der Einzelbewertung sieht IAS 39 im Rahmen des Hedge Accounting die Bildung von Bewertungseinheiten vor (näheres s *Siegel* in Beck HdR B 161 Anm 99; International Reporting Group, 132).

IV. Grundsatz der Vorsicht

84 Framework .37 und IAS 1.20 (iV) enthalten ein dem handelsrechtlichen **Vorsichtsprinzip** entspr *„prudence"*-Gebot.

85 Die Grundsätze des handelsrechtlichen Realisations- und Imparitätsprinzips treten zugunsten einer periodengerechten Zuordnung von Erträgen und Aufwendungen zurück (s zB IAS 18.29, 30). Danach sind **Gewinne** zu bilanzieren, sobald die Werterhöhung bei dem entspr VG zuverlässig angenommen werden kann. Die IAS stellen also statt der Realisierung die **Realisierbarkeit** in den Vordergrund.

V. Aufwands- und Ertragsperiodisierung

86 Gem Framework 22, IAS 1.25 gilt dieser handelsrechtliche Grundsatz auch nach den IFRS *(accrual basis)*. Er stellt eine der Grundannahmen der Rechnungslegung dar.

VI. Bewertungsstetigkeit

87 Der Grundsatz der Bewertungsstetigkeit ist in IAS 1.27, .28 geregelt und durch IAS 8.13 *(consistency)* konkretisiert worden. Die Möglichkeiten, den Grundsatz zu **durchbrechen,** sind **eingeschränkter** als in Abs 2, es bedarf stets einer entspr Erl in den *notes* (vgl *Förschle/Holland/Kroner*[5] 122ff).

§ 253 Wertansätze der Vermögensgegenstände und Schulden

(1) [1] **Vermögensgegenstände sind höchstens mit den Anschaffungs- oder Herstellungskosten, vermindert um Abschreibungen nach den Absätzen 2 und 3 anzusetzen.** [2] **Verbindlichkeiten sind zu ihrem Rückzahlungsbetrag, Rentenverpflichtungen, für die eine Gegenleistung nicht mehr zu erwarten ist, zu ihrem Barwert und Rückstellungen nur in Höhe des Betrags anzusetzen, der nach vernünftiger kaufmännischer Beurteilung notwendig ist; Rückstellungen dürfen nur abgezinst werden, soweit die ihnen zugrundeliegenden Verbindlichkeiten einen Zinsanteil enthalten.**

(2) [1] **Bei Vermögensgegenständen des Anlagevermögens, deren Nutzung zeitlich begrenzt ist, sind die Anschaffungs- oder Herstellungskosten um planmäßige Abschreibungen zu vermindern.** [2] **Der Plan muß die Anschaffungs- oder Herstellungskosten auf die Geschäftsjahre verteilen, in denen der Vermögensgegenstand voraussichtlich genutzt werden kann.** [3] **Ohne Rücksicht darauf, ob ihre Nutzung zeitlich begrenzt ist, können bei Vermögensgegenständen des Anlagevermögens außerplanmäßige Abschreibungen vorgenommen werden, um die Vermögensgegenstände mit dem niedrigeren Wert anzusetzen, der ihnen am Abschlußstichtag beizulegen ist; sie sind vorzunehmen bei einer voraussichtlich dauernden Wertminderung.**

(3) [1] **Bei Vermögensgegenständen des Umlaufvermögens sind Abschreibungen vorzunehmen, um diese mit einem niedrigeren Wert anzusetzen, der sich aus einem Börsen- oder Marktpreis am Abschlußstichtag ergibt.** [2] **Ist ein Börsen- oder Marktpreis nicht festzustellen und übersteigen die Anschaffungs- oder Herstellungskosten den Wert, der den Vermögensgegenständen am Abschlußstichtag beizulegen ist, so ist auf diesen Wert abzuschreiben.** [3] **Außerdem dürfen Abschreibungen vorgenommen werden, soweit diese nach vernünftiger kaufmännischer Beurteilung notwendig sind, um zu verhindern, daß in der nächsten**

Zukunft der Wertansatz dieser Vermögensgegenstände auf Grund von Wertschwankungen geändert werden muß.

(4) **Abschreibungen sind außerdem im Rahmen vernünftiger kaufmännischer Beurteilung zulässig.**

(5) **Ein niedrigerer Wertansatz nach Absatz 2 Satz 3, Absatz 3 oder 4 darf beibehalten werden, auch wenn die Gründe dafür nicht mehr bestehen.**

Übersicht Anm

Grundsatzregelung (Abs 1)

Abschreibungen bei Vermögensgegenständen des Umlaufvermögens (Abs 3)

Grundsatzregelung (Abs 1)

A. Bewertung von Vermögensgegenständen – Allgemeines (Abs 1 S 1)

Schrifttum: *Henscheid* Die Umkehrung des Maßgeblichkeitsprinzips, BB 1992, 98; *Kessler* Teilwertabschreibung und Wertaufholung in der Kreditwirtschaft nach dem Steuerentlastungsgesetz 1999 ff, DB 1999, 2577; *Glade* Teilwerte und außergewöhnliche Abschreibungen beim Umlaufvermögen in der Steuerbilanz und Auswirkungen auf die Handelsbilanz, DB 2000, 844; *Dietrich* Teilwertabschreibung, Wertaufholungsgebot und „voraussichtlich dauernde Wertminderung" im Spiegel des BMF-Schreibens vom 25. 2. 2000, DStR 2000, 1629; *Loitz/Winnacker* Die dauernde Wertminderung im Umlaufvermögen vor dem Hintergrund der handelsrechtlichen und steurrechtlichen Bilanzierung, DB 2000, 2229.

I. Handelsrecht

1 Für die Bewertung von VG bilden die AK/HK (§ 255) – vermindert um zwingende Abschreibungen – die **Wertobergrenze.** Ein Ansatz zu höheren Verkehrswerten oder Marktpreisen verstieße gegen das Verbot des Ausweises nicht realisierter Gewinne. **Wertuntergrenze** sind die AK/HK vermindert um zwingende und wahlweise zulässige Abschreibungen.

2 § 253 gilt im Grundsatz für **alle Kaufleute.** Für **KapGes** oder auf Grund von Sondervorschriften wie solche zu behandelnde Unt (zB KapCoGes, Kreditinstitute nach § 340 a, VersicherungsUnt nach § 341 a) gelten die Einschränkungen der §§ 279 (mit Ausnahme des Abs 1 S 2 für Kreditinstitute und VersicherungsUnt) und 280.

3 Zum Wertansatz im Einzelnen s die einführende **Übersicht** Anm 3. Weitere Ergänzungen ergeben sich durch § 269 (Ingangsetzung und Erweiterung des Geschäftsbetriebs), § 255 Abs 4 (GFW) und § 274 Abs 2 (aktive Steuerabgrenzung). Zu Sacheinlagen s § 247 Anm 170 ff; zu Umwandlungen s § 255 Anm 42 ff.

Übersicht der Bewertungsvorschriften für Aktivposten nach § 253 und ihre Einschränkungen durch § 279 und § 280

Grundsatz und Abschreibungsgründe	Anlagevermögen				Umlaufvermögen	
	abnutzbares Anlagevermögen		nicht abnutzbares Anlagevermögen			
	1 Ekfm und reine PersGes, Unternehmen nach PublG	2 KapGes sowie Ges, die wie KapGes zu behandeln sind	3 Ekfm und reine PersGes, Unternehmen nach PublG	4 KapGes sowie Ges, die wie KapGes zu behandeln sind	5 Ekfm und reine PersGes, Unternehmen nach PublG	6 KapGes sowie Ges, die wie KapGes zu behandeln sind
1. Grundsatz/Wertobergrenze	AK/HK abzüglich planmäßige Abschreibungen, § 253 Abs 1 S 1, Abs 2 S 1 und 2		AK § 253 Abs 1 S 1		AK/HK, § 253 Abs 1 S 1	
2. voraussichtlich dauernde Wertminderung	Pflicht zur außerplanmäßigen Abschreibung, § 253 Abs 2 S 3, 2. Hs		Pflicht zur außerplanmäßigen Abschreibung, § 253 Abs 2 S 3, 2. Hs		Abschreibungspflicht, § 253 Abs 3 S 1 und 2	
3. vorübergehende Wertminderung	Wahlrecht zur außerplanmäßigen Abschreibung, § 253 Abs 2 S 3, 1. Hs	Verbot der außerplanmäßigen Abschreibung, § 279 Abs 1 S 2	Wahlrecht zur außerplanmäßigen Abschreibung, § 253 Abs 2 S 3, 1. Hs	Bei Finanzanlagen Wahlrecht zur außerplanmäßigen Abschreibung, § 279 Abs 2 S 2	Abschreibungspflicht, § 253 Abs 3 S 1 und 2	
4. (niedrigerer) naher Zukunftswert	Verbot der außerplanmäßigen Abschreibung, § 253. Jedoch implizite zukünftige Berücksichtigungen mittels Abschreibungsplan möglich		Verbot der außerplanmäßigen Abschreibung, § 253		Abschreibungswahlrecht, § 253 Abs 3 S 3	
5. Abschreibungen im Rahmen vernünftiger kaufm. Beurteilung	Wahlrecht, § 253 Abs 4	Abschreibungsverbot, § 279 Abs 1 S 1	Wahlrecht, § 253 Abs 4	Abschreibungsverbot, § 279 Abs 1 S 1	Wahlrecht, § 253 Abs 4	Abschreibungsverbot, § 279 Abs 1 S 1

Grundsatz und Abschreibungsgründe	Anlagevermögen				Umlaufvermögen	
	abnutzbares Anlagevermögen		nicht abnutzbares Anlagevermögen			
	1 Ekfm und reine PersGes, Unternehmen nach PublG	2 KapGes sowie Ges, die wie KapGes zu behandeln sind	3 Ekfm und reine PersGes, Unternehmen nach PublG	4 KapGes sowie Ges, die wie KapGes zu behandeln sind	5 Ekfm und reine PersGes, Unternehmen nach PublG	6 KapGes sowie Ges, die wie KapGes zu behandeln sind
6. Steuerrechtliche Abschreibungen iSd § 254	Wahlrecht, § 254	faktisches Wahlrecht bei steuerlichem Wahlrecht bzw Vorliegen der umgekehrten Maßgeblichkeit, § 279 Abs 2	Wahlrecht, § 254	faktisches Wahlrecht bei steuerlichem Wahlrecht bzw Vorliegen der umgekehrten Maßgeblichkeit, § 279 Abs 2	Wahlrecht, § 254	faktisches Wahlrecht bei steuerlichem Wahlrecht bzw Vorliegen der umgekehrten Maßgeblichkeit, § 279 Abs 2

Übersicht der Bewertungsvorschriften für Aktivposten nach § 253 und ihre Einschränkungen durch § 279 und § 280

Wegfall von Abschreibungsgründen und Wertaufholung	Anlagevermögen				Umlaufvermögen	
	abnutzbares Anlagevermögen		nicht abnutzbares Anlagevermögen			
	1 Ekfm und reine PersGes, Unternehmen nach PublG	2 KapGes sowie Ges, die wie KapGes zu behandeln sind	3 Ekfm und reine PersGes, Unternehmen nach PublG	4 KapGes sowie Ges, die wie KapGes zu behandeln sind	5 Ekfm und reine PersGes, Unternehmmen nach PublG	6 KapGes sowie Ges, die wie KapGes zu behandeln sind
1. Wegfall der Gründe für eine außerplanmäßige Abschreibung nach § 253 Abs 2 S 3	Zuschreibungswahlrecht, § 253 Abs 5	Zuschreibungspflicht § 280 Abs 1.	Zuschreibungswahlrecht, § 253 Abs 5	wie Spalte 2	nicht anwendbar	nicht anwendbar
2. Wegfall der Gründe für eine außerplanmäßige Abschreibung nach § 253 Abs 3	nicht anwendbar	nicht anwendbar	nicht anwendbar	nicht anwendbar	Zuschreibungswahlrecht, § 253 Abs 5	wie Ziffer 1 Sp 2
3. Wegfall der Gründe für eine Abschreibung im Rahmen vernünftiger kaufm Beurteilung nach § 253 Abs 4	Zuschreibungswahlrecht, § 253 Abs 5	nicht anwendbar	Zuschreibungswahlrecht, § 253 Abs 5	nicht anwendbar	Zuschreibungswahlrecht, § 253 Abs 5	nicht anwendbar

Wegfall von Abschreibungsgründen und Wertaufholung	Anlagevermögen				Umlaufvermögen	
	abnutzbares Anlagevermögen		nicht abnutzbares Anlagevermögen			
	1 Ekfm und reine PersGes, Unternehmen nach PublG	2 KapGes sowie Ges, die wie KapGes zu behandeln sind	3 Ekfm und reine PersGes, Unternehmen nach PublG	4 KapGes sowie Ges, die wie KapGes zu behandeln sind	5 Ekfm und reine PersGes, Unternehmen nach PublG	6 KapGes sowie Ges, die wie KapGes zu behandeln sind
4. Wegfall der Voraussetzungen für eine nur steuerrechtlich zulässige Abschreibung nach § 254	Zuschreibungswahlrecht, § 254 S 2 iVm § 253 Abs 5	Zuschreibungspflicht, § 280 Abs 1. § 280 Abs 2 ist nicht anwendbar, da idR der niedrigere Wertansatz bei der steuerlichen Gewinnermittlung nicht beibehalten werden darf	Zuschreibungswahlrecht, § 254 S 2 iVm § 253 Abs 5	Zuschreibungspflicht, § 280 Abs 1 (wie Sp 2)	Zuschreibungswahlrecht, § 254 S 2 iVm § 253 Abs 5	Zuschreibungspflicht, § 280 Abs 1 (wie Sp 2)
5. Freiwillige Rückgängigmachung einer nur steuerrechtlichen zulässigen Abschreibung nach § 254 in der StB Zuschreibungspflicht bei einer Rückgängigmachung in der StB	Zuschreibungspflicht bei einer Rückgängigmachung in der StB		Zuschreibungspflicht bei einer Rückgängigmachung in der StB		Zuschreibungspflicht bei einer Rückgängigmachung in der StB	

	Anlagevermögen				Umlaufvermögen	
	abnutzbares Anlagevermögen		nicht abnutzbares Anlagevermögen			
Wegfall von Abschreibungsgründen und Wertaufholung	1 Ekfm und reine PersGes, Unternehmen nach PublG	2 KapGes sowie Ges, die wie KapGes zu behandeln sind	3 Ekfm und reine PersGes, Unternehmen nach PublG	4 KapGes sowie Ges, die wie KapGes zu behandeln sind	5 Ekfm und reine PersGes, Unternehmmen nach PublG	6 KapGes sowie Ges, die wie KapGes zu behandeln sind
6. Ursprüngliches Nichtbestehen vom Abschreibungsgründen	Bilanzberichtigung (Anm 801 ff)		Bilanzberichtigung (Anm 801 ff)		Bilanzberichtigung (Anm 801 ff)	

II. Steuerrecht

10 § 6 EStG unterscheidet zwischen
- WG des Anlagevermögens, die der Abnutzung unterliegen (§ 6 Abs 1 Nr 1 EStG) u
- anderen WG (Grund und Boden, Beteiligungen, Umlaufvermögen (§ 6 Abs 1 Nr 2 EStG).

11 Wie im Handelsrecht dürfen bei allen WG die AK/HK nicht überschritten werden. Außerplanmäßige Abschreibungen (steuerrechtlich: AfaA, AfS, Teilwertabschreibung) sind aufzuholen, wenn der Teilwert zum Bilanzstichtag höher als der letzte Bilanzansatz ist. Obergrenze bilden wie für die HB die AK/HK bzw der entspr Wert bei Einlagen/Betriebseröffnung. Bei abnutzbaren WG sind diese Werte um die (planmäßige) Absetzung nach § 7 EStG zu vermindern.

12 In der Steuerbilanz sind Abschreibungen nach „vernünftiger kaufmännischer Beurteilung“ iSd § 253 Abs 4 nicht zulässig. Wegen der steuerrechtlichen Abschreibungen (§ 254) und möglicher Beibehaltungswahlrechte können **Ermessensrücklagen** entstehen. Überdies kann die auch steuerrechtlich geltende Wertobergrenze der AK/HK zu **gesetzlichen Zwangsrücklagen** führen.

Wegen der Maßgeblichkeit der HB für die Steuerbilanz s § 243 Anm 111 bis 122; zu Einzelheiten der Bewertung von VG s die Erl zu Abs 2 bis 5, §§ 254 und 255; zum Lifo-Verfahren § 256 Anm 62f; 94ff.

III. Eingeschränkte steuerrechtliche Teilwertabschreibung

13 Die steuerrechtliche Teilwertabschreibung ist auf Fälle **voraussichtlich dauernder Wertminderung** des WG beschränkt. Dies führt bei einer Erhöhung des Teilwerts faktisch zu einer **Zuschreibung** (ohne dass ein steuerrechtliches Zuschreibungsgebot zugrunde liegt) bzw bei Wegfall der dauerhaften Wertminderung zu einer **Wertaufholung.**

1. Auswirkungen auf die Steuerbilanz

14 **Grundsatz des Ansatzes zu fortgeschriebenen AK/HK:** Die WG sind mit den um planmäßige oder erhöhte AfA oder Sonderabschreibungen oder Abzüge nach § 6b EStG oder ähnliche Abzüge geminderten, bzw dem fortgeschriebenen im Rahmen einer Einlage, Betriebseröffnung oder Neubewertung (Währungsreform 1948; Wiedervereinigung 1990) an deren Stelle tretenden Wert anzusetzen (§ 6 Abs 1 Nr 1 S 1, Nr 2 S 1 EStG).

Dies gilt auch für bereits in früheren Wj erworbene WG, selbst wenn diese zum vorhergehenden Stichtag mit dem Teilwert bewertet wurden (§ 6 Abs 1 Nr 1 S 4 1. Halbsatz, Nr 2 S 3 EStG).

15 Eine **Teilwertabschreibung** (s Anm 300) ist nur bei einer zum Zeitpunkt der Bewertung (Wertaufhellung bei Bilanzerstellung ist zu beachten) vorliegenden **voraussichtlich dauernden Wertminderung** zulässig (§ 6 Abs 1 Nr 1 S 2, Nr 2 S 2 EStG; Abgrenzung vorübergehende zu dauernder Wertminderung s Anm 295).

Für bereits zum vorhergehenden Stichtag vorhandene WG ist der Teilwert (bei weiterhin voraussichtlich dauernder Wertminderung) auf den Bilanzstichtag **neu zu ermitteln** (§ 6 Abs 1 Nr 1 S 4 2. Halbsatz EStG). Falls der Teilwert auf den Stichtag höher als am vorhergehenden Stichtag ist, kommt es zu einer Erhöhung des Buchwertansatzes. Diese faktische Zuschreibung darf die fortgeschriebenen AK/HK jedoch nicht übersteigen.

Diese Erhöhung durch Zuschreibung stellt **kein steuerrechtliches Zuschreibungsgebot** dar (anders wohl Begr *Finanzausschuss des BT* zu § 6 Abs 1 Nr 1 S 4 EStG idF StEntlG 1999 ff, BT-Drs 14/443). Die Erhöhung des Ansatzes ist lediglich das rechnerische Ergebnis der Regelung in § 6 Abs 1 Nr 1 S 4 EStG: Da grds von den fortgeschriebenen AK/HK auszugehen ist (Anm 14), liegt der sich rechnerisch ergebenden Zuschreibung immer das auf **jeden Stichtag neu** auszuübende **steuerrechtliche Wahlrecht** der Teilwertabschreibung zugrunde. Diese Unterscheidung ist für die Steuerbilanz ohne Belang, hat jedoch auf Grund der **umgekehrten Maßgeblichkeit** (§ 5 Abs 1 S 2 EStG) **Auswirkung auf die Handelsbilanz** (Anm 23, 26).

Wertaufholungsgebot: Ist die **Wertminderung** nur noch **vorübergehend,** fällt die Zulässigkeit der Teilwertabschreibung gänzlich weg. Es kommt dann zu einer Wertaufholung bis zu den fortgeschriebenen AK/HK. 16

Für den Nachweis der Voraussetzungen soll der Stpfl die **Feststellungslast** tragen (§ 6 Abs 1 Nr. 1 S 4 2. Halbsatz EStG; Begr *Finanzausschuss des BT,* BT-Drs 14/443). Dies steht in Widerspruch zur handelsrechtlichen Auffassung, dass im Zweifel von einer dauernden Wertminderung auszugehen ist (Anm 296). 17

Aufgrund des eindeutigen Wortlauts in § 6 Abs 1 Nr 1 S 2 bzw 4 EStG würde die Feststellungslast für den Teilwertansatz nur in den auf das Wj des Erwerbs folgenden Wj dem Stpfl aufgebürdet werden **(materielles Recht).** In dem Jahr des Erwerbs hingegen könnte auf Grund des abgabenrechtlichen Amtsermittlungsgrundsatzes **(formelles Recht)** auch in Zweifelsfällen ein Teilwertansatz möglich sein, der sich erst für das Folgejahr als materiell-rechtlich unzulässig herausstellt. Bejaht man den materiell-rechtlichen Charakter der Nachweisregelung, stellt sich auch die Frage, ob eine für die steuerrechtliche Veranlagung erstellte Steuerbilanz einen zu niedrigen Gewinn ausweist, falls der Nachweis der Zulässigkeit der Teilwertabschreibung im Veranlagungsverfahren nicht gelingt. Es kann nicht ausgeschlossen werden, dass der Stpfl somit durch Abgabe einer unrichtigen Erklärung ein fahrlässiges Steuerdelikt begeht.

Dies spricht dafür, dass die Nachweisregelung in § 6 Abs 1 Nr 1 S 4 nur eine formellrechtliche Bestärkung der abgabenrechtlichen Mitwirkungspflicht des Stpfl darstellt. Zur Feststellungslast s auch *Kessler* DB 1999, 2580.

Zur Übergangsregelung für vor 1999 erworbene WG mit Auswirkung bis 2003 s Vorauflage Anm 18 f, 28 ff. 18

2. Besondere Auswirkungen auf das Umlaufvermögen

Für das Umlaufvermögen gibt es keinen verfestigten Begriff einer dauerhaften Wertminderung. Bei den für das abnutzbare Anlagevermögen *handelsrechtlich* zu beachtenden Grundsätzen (Anm 295) wird von einem dauerhaften Verbleib des VG im Unt ausgegangen. Es ist auf den Einzelfall zu prüfen, ob es hierbei für den *steuerrechtlichen* Teilwert eines WG im Umlaufvermögen zu einer anderen Definition kommen muss, da dort ein Abgang des WG noch vor Ablauf der Nutzungsfähigkeit bzw eine Verarbeitung die Regel ist. 20

Beispiele:

(1) Früher erworbene Rohstoffe mit einem seit der Anschaffung gesunkenen Börsen- bzw Marktpreis, wenn die Möglichkeit besteht, dass die Realisierung eines Verlusts durch wertschöpfende Verarbeitung vermieden werden kann (s Anm 538).

(2) Eine wegen Liquiditätsschwierigkeiten des Schuldners abgeschriebene Forderung kann wieder werthaltig werden, wenn sich die Situation des Schuldners verbessert. Frage der Absehbarkeit der Dauer der Liquiditätskrise (Anm 559).

(3) Absehbarkeit der Dauer von Währungsschwankungen bei Fremdwährungsforderungen bzw in fremder Währung notierten Wertpapieren. Unterscheidung nach Sicherheit

der Währung und Dauer einer üblichen oder einer möglicherweise krisenbedingt außergewöhnlichen Kursschwankung (Anm 604, 614).

Nach BMF 25. 2. 2000 BStBl I 372 Tz 23 ist von einer voraussichtlich dauerhaften Wertminderung auszugehen, wenn sie bis zum Zeitpunkt der Bilanzaufstellung oder dem früheren Verkaufs- bzw Verbrauchszeitpunkt anhält. Hierbei sollen Werterholungen zwischen Stichtag und Bilanzaufstellung in der Weise zu berücksichtigen sein, dass der in diesem Zeitraum liegende höchste Wert bei einer Teilwertabschreibung nicht unterschritten werden darf. Der BMF stellt dieses Prinzip anhand mehrerer Beispiele von börsennotierten Wertpapieren dar (zB AK 100, Stichtagskurs 80, Kursschwankung bis Bilanzaufstellung zwischen 70 und 90; nach BMF Teilwertabschreibung nur um 10 auf 90 zulässig). Diese Folgerung ist abzulehnen, denn die Schwankungsbreite des Werts ist nur für die Frage der *Dauerhaftigkeit* der Wertminderung von Bedeutung. Es widerspricht jedoch dem Stichtagsprinzip, einen nach dem Stichtag vorliegenden **Höchstwert** anzusetzen, wenn ein **Stichtagswert** bekannt ist. Der Teilwert nach § 6 Abs 1 Nr 1 S 3 EStG steht insb bei börsennotierten WG fest: Ein gedachter Erwerber des Unt würde für das einzelne WG exakt den Stichtagswert ansetzen. Für die Vermischung der gesetzlichen Regelung zur Frage, *ob* dieser Teilwert in der Bilanz angesetzt werden darf, mit der Frage der *Höhe* des Teilwerts bietet das Gesetz keinen Raum.

Zuzustimmen ist auch der Kritik des *IDW* WPg 2000, 242f: Die Betrachtung einer Kursschwankung kann nicht die Ergründung der Ursachen ersetzen. Ist der am Stichtag niedrigere Kurs vor Bilanzaufstellung wegen eines am Stichtag nicht erkennbaren oder noch nicht eingetretenen Ereignisses wieder gestiegen, kann die Wertminderung nach den Verhältnissen des Stichtags gleichwohl als dauerhaft zu beurteilen sein. Das BMF zieht die Grundsätze der Wertaufhellung von am Stichtag bereits vorliegenden Umständen und der Wertbegründung von erst danach eintretenden Umständen heran. Diese Abgrenzung dient aber nur zur Beurteilung der Frage, welche Verhältnisse tatsächlich am Stichtag vorgelegen haben. Hierbei bedeutet das Prinzip der Wertaufhellung, dass der am Stichtag bereits feststehende Wert dem Bilanzierenden erst bis zur Bilanzaufstellung bekannt wurde. Zur Beurteilung der Dauerhaftigkeit der Wertminderung kann diese Methode nicht herangezogen werden, da die Abgrenzung zu ungenau ist: Wie soll herausgefunden werden, ob die Kurssteigerung aus einer gewöhnliche Schwankung resultiert, oder auf einem neuen Ereignis nach dem Stichtag beruht (zB Steigerung des Aktienkurses auf Grund einer Ad Hoc Mitteilung der AG). Nach seiner eigenen Argumentation müsste das BMF derart differenzieren, wie sich aus dem Bsp in BMF 25. 2. 2000 BStBl I 372 Tz 32 ergibt, das daher lediglich im Ergebnis richtig ist: Eine nach dem Stichtag vom Schuldner gestellte Sicherheit für eine Forderung hindert nicht den Teilwertansatz, da die Stellung der Sicherheit ein neues, wertbegründendes Merkmal ist. Zur Kritik s auch *Dietrich* DStR 2000, 1629; *Glade* DB 2000, 844; zu Besonderheiten bei Umlaufvermögen *Loitz/Winnacker* DB 2000, 2229. Zur Frage der Verfassungsmäßigkeit der Regelung in Bezug auf das Umlaufvermögen s 4. Auflage.

3. Auswirkungen auf die Handelsbilanz

21 Für die Bewertung in der HB ist in Anbetracht der für KapGes/KapCoGes geltenden besonderen Bewertungsvorschriften der §§ 279ff nach der **Rechtsform** zu unterscheiden:

a) Einzelkaufleute und reine Personengesellschaften

22 Werden in der Steuerbilanz auf Grund des steuerrechtlichen Bewertungsgrundsatzes (Anm 14) oder Nichtausübung des steuerrechtlichen Wahlrechts der Teil-

wertabschreibung (Anm 15) die fortgeschriebenen AK/HK angesetzt, bleibt es bei **Einzelkaufleuten** und **reinen Personengesellschaften** handelsrechtlich für das Anlagevermögen im Falle einer vorübergehenden Wertminderung bei einem Wahlrecht, und bei einer dauerhaften Wertminderung bei einer Pflicht zum Ansatz des niedrigeren Werts, Abs 2. Für das Umlaufvermögen gilt weiterhin das strenge Niederstwertprinzip, Abs 3. In früheren Gj vorgenommene Abschreibungen dürfen **beibehalten** werden, Abs 5. Der **Maßgeblichkeitsgrundsatz** (§ 243 Anm 111 f) wurde vom Gesetzgeber insoweit **bewusst aufgegeben** (Begr zu Nr 7 Entwurf StEntlG 1999ff, BT-Drs 14/23).

Wird dagegen das steuerrechtliche Wahlrecht der Teilwertabschreibung aus- 23
geübt, ist nach dem Grundsatz der **umgekehrten Maßgeblichkeit** (Zulässigkeit der Ausübung des steuerrechtlichen Wahlrechts nur bei **gleichzeitiger Ausübung in der Handelsbilanz;** § 5 Abs 1 S 2 EStG) zu prüfen, ob der neu ermittelte Teilwert auch in der HB anzusetzen ist. Liegt bei bereits in früheren Gj erworbenen VG der Buchwert unter dem Teilwert, kann er beibehalten werden. Ist er höher, ist der steuerbilanzielle Wert auch in der HB anzusetzen (s a für das Umlaufvermögen Anm 536). Hierbei ist zu beachten, dass (steuerrechtlicher) **Teilwert** und (handelsbilanzieller) **niedrigerer beilzulegender Wert nicht übereinstimmen müssen.** Für das **Anlagevermögen** wird die Ermittlung des niedrigeren Werts in der HB und des Teilwerts in der Steuerbilanz regelmäßig zum gleichen Ergebnis führen (Anm 287). Dies ist beim **Umlaufvermögen** nicht immer der Fall (Anm 532, 534; zum Teilwert beim Umlaufvermögen und zur Frage der dauernden Wertminderung Anm 20). Die Übernahme des steuerbilanziellen Ansatzes auf Grund der umgekehrten Maßgeblichkeit erfolgt in der HB sodann (zumindest) durch das sog Einfallstor § 254.

b) Kapitalgesellschaften und Personengesellschaften iSd § 264 a

Wenn es mangels Zulässigkeit der Teilwertabschreibung oder wegen Nicht- 25
ausübung des steuerrechtlichen Wahlrechts (Anm 15) zu einer **steuerrechtlichen Wertaufholung** auf die fortgeschriebenen AK/HK kommt (Anm 14), steht der Beibehaltung des handelsrechtlichen Wertansatzes nach § 253 das Wertaufholungsgebot des **§ 280 Abs 1** entgegen. Zum Wegfall der Abschreibungsgründe s Anm zu § 280.

Die **Höhe** der handelsrechtlichen Zuschreibung muss nicht mit der steuerrechtlichen identisch sein. So wäre zB in der HB bei der Bewertung von börsennotierten Aktien eine Wertaufholung auf den unter den AK liegenden zum Stichtag notierten Börsenkurs vorzunehmen, während in der Steuerbilanz die fortgeschriebenen AK anzusetzen sind.

Anders sind die Auswirkungen im Falle der Ausübung des steuerrechtlichen 26
Wahlrechts auf Ansatz des **Teilwerts** zu beurteilen. Es kommt zu einer eingeschränkten Anwendung des § 280. Einer steuerbilanziellen Zuschreibung im Falle der Erhöhung des Teilwerts liegt das auf jeden Stichtag neu auszuübende **steuerrechtliche Wahlrecht** der Teilwertabschreibung zugrunde (Anm 15). § 280 **Abs 2** ist daher nicht einschlägig, da für den *neuen* Ansatz in der Steuerbilanz (entgegen der Regelung des früheren § 6 Abs 1 Nr 1 S 4 EStG iVm der umgekehrten Maßgeblichkeit; hierzu *Henscheid* BB 1992, 98) nicht Voraussetzung ist, dass der Ansatz in der HB *beibehalten* wird.

Vor der sich nun eröffnenden Anwendung des § 280 **Abs 1** (handelsrechtliches Wertaufholungsgebot) muss jedoch ermittelt werden, ob der Grundsatz der **umgekehrten Maßgeblichkeit** entgegen steht. Dieser fordert bei Ausübung des steuerrechtlichen Wahlrechts die Übernahme des auf jeden Stichtag neu ermittelten Ansatzes in die HB. Erfolgt diese auf Grund § 279 iVm § 254, kann auch ein Sonderposten mit Rücklageanteil nach § 281 Abs 1 gebildet werden.

Eine **handelsbilanzielle Wertaufholung** nach § 280 Abs 1 ist daher nur insoweit vorzunehmen, als der in der Steuerbilanz angesetzte Teilwert nicht überschritten wird. Im Ergebnis erfolgt eine Wertaufholung nur dann, wenn sowohl Teilwert wie auch der auf den Stichtag zu ermittelnde niedrigere Wert bei Erfüllung der Voraussetzungen des § 280 Abs 1 über dem Buchwert in der HB liegen.

Zu beachten ist auch der **Zeitpunkt der Zuschreibung:** Bei der Zuschreibung in der Steuerbilanz kommt es auf den am Stichtag tatsächlich bestehenden Teilwert an, während es handelsrechtlich auf den (möglicherweise späteren) Zeitpunkt *der Kenntnisnahme* von der Werterhöhung ankommt (§ 280 Anm 12).

27 **Handelsrechtliche Übergangsregelung** für vor dem 31. 12. 1996 erworbene VG: In der HB darf ein niedrigerer Wertansatz weiterhin nach **Art 24 EGHGB** beibehalten werden (Anm 666; *IDW* WPg 1997, 292). Bei diesen ist jedoch die neue Rechtslage für nach diesem Zeitpunkt vorgenommene Abschreibungen anzuwenden.

B. Bewertung von Verbindlichkeiten und Rentenverpflichtungen (Abs 1 S 2)

Schrifttum: *HFA* Geänderter Entwurf einer Verlautbarung zur Währungsumrechnung im Jahres- und Konzernabschluss, WPg 1986, 664; *Burkhardt* Grundsätze ordnungsmäßiger Bilanzierung für Fremdwährungsgeschäfte, Düsseldorf 1988; *Strobl* Zur Abzinsung von Verbindlichkeiten und Rückstellungen für ungewisse Verbindlichkeiten, FS Döllerer, 615; *Groh* Zur Bilanzierung des Skontos, BB 1991, 2334; *Ballwieser* Das Anschaffungs- und Höchstwertprinzip für Schulden, in FS Forster (1992), 45; *Schlick* Bewertung von Fremdwährungspositionen im handelsrechtlichen Jahresabschluss, DStR 1993, 254; *Kropp/Weisang* Erfolgsneutrale Neubewertung von Schulden und Aufstockung abgezinster Rückstellungen im Jahresabschluss 1995 – für alle Kaufleute zulässig?, DB 1995, 2485; *Gelhausen/Hönsch* Bilanzierung aktienkursabhängiger Entlohnungsformen, WPg 2001, 69; *Herzig/Lochmann* Bilanzierung von Aktienoptionsplänen und ähnlichen Entlohnungsformen – Stellungnahme zum Positionspapier des DRSC, WPg 2001, 82; *Simons* Erfolgsneutrale oder erfolgswirksame Buchung von Aktienoptionsprogrammen?, WPg 2001, 90; *Roß/Pommerening* Bilanzierung von Mitarbeiterbeteiligungsprogrammen auf Basis von Wandelanleihen, WPg 2001, 644; *Häuselmann/Wagner* Steuerbilanzielle Erfassung aktienbezogener Anleihen: Options-, Wandel-, Umtausch- und Aktienanleihen, BB 2002, 2431; *Häuselmann* Die steuerliche Erfassung von Pflichtwandelanleihen, BB 2003, 1531.

I. Bewertungsgrundsätze

1. Der Ansatz des Rückzahlungsbetrags

a) Begriff des Rückzahlungsbetrags

51 Nach § 253 Abs 1 S 2 sind Verbindlichkeiten mit Ausnahme der Rentenverpflichtungen mit ihrem Rückzahlungsbetrag anzusetzen. Statt Rückzahlungsbetrag spricht man besser von **Erfüllungsbetrag,** da eine „Rückzahlung" nur bei Darlehensverbindlichkeiten vorkommt (dazu *ADS*[6] § 253 Anm 72). Erfüllungsbetrag ist der Betrag, den der Schuldner zur Erfüllung der Verpflichtung aufbringen muss. Grds gilt dabei das Einzelbewertungsprinzip, wobei eine Durchschnittsbewertung zulässig ist (s *Kropp/Weisang* DB 1995, 2485).

Für die **Steuerbilanz** schreibt § 6 Abs 1 Nr 3 S 1 EStG die sinngemäße Anwendung der Vorschriften des § 6 Abs 1 Nr 2 EStG vor, dh dass Verbindlichkeiten sinngemäß mit dem Anschaffungswert oder ihrem höheren Teilwert anzusetzen sind, falls eine dauerhafte Werterhöhung vorliegt. Im Gegensatz zu VG dürfte eine dauerhafte Werterhöhung zu Lasten des Kfm auf Grund der Rechtsnatur von Verbindlichkeiten auf konkrete Sachverhalte beschränkt sein (ebenso *Glanegger* in Schmidt[24] § 6 Anm 401; *Bachem,* DStR 1999, 773). In Frage kommen hierbei Einwirkungen, die außerhalb der der Verbindlichkeit zu grunde liegenden Vereinbarung mittelbar auf deren Wert einwirken (zB Fremdwährungsverbindlichkeiten s Anm 73; Überverzinslichkeit s Anm 61). Führt eine spätere gegenläufige Werterholung zu einer Verminderung des Teilwerts, ist dann nach dem Grundsatz der Wertaufholung der niedrigere Teilwert anzusetzen. Untergrenze ist allerdings wegen des Verbots der Ausweisung nicht realisierter Gewinne der ursprüngliche Bilanzansatz (ebenso *Glanegger* in Schmidt[24] § 6 Anm 401). Ein Übergang auf die Durchschnittsbewertung ist einkommensteuerrechtlich gewinnneutral möglich (*Glanegger* in Schmidt[24] § 6 Anm 386). 52

Als **Anschaffungswert** einer Darlehensverpflichtung gilt deren **Nennwert.** Bei Sach- oder Dienstleistungsverpflichtungen ist dies der **Geldwert der Aufwendungen** (Vollkosten), die zur Bewirkung der Sach- oder Dienstleistung erforderlich sind. **Teilwert** einer Verbindlichkeit ist der Mehrbetrag, den der Erwerber des gesamten Betriebs zahlen würde, wenn die Verbindlichkeit nicht bestünde oder wenn er sie vom Verkäufer nicht zu übernehmen brauchte. Bei Darlehensverbindlichkeiten kann sich ein über dem Nennwert liegender Teilwert zB ergeben, wenn eine besonders hoch verzinsliche Verbindlichkeit eingegangen wurde und das allgemeine Zinsniveau gesunken ist (Anm 61).

Sofern dem Unt für die Verbindlichkeit etwas zugeflossen ist, kommt es bei der Bewertung der Verbindlichkeit auf den **Verfügungsbetrag** idR nicht an. Der Rückzahlungsbetrag kann jedoch insoweit nicht mit dem Nennbetrag gleichgesetzt werden, als im Nennbetrag *verdeckte Zinszahlungen* enthalten sind. Ist dies der Fall, kann nur die Kapitalschuld passiviert werden, deren Rückzahlungsbetrag dem abgezinsten Nennwert entspricht. Der Abzinsungsbetrag stellt eine nach den GoB nicht passivierungsfähige Zinsverpflichtung aus einem schwebenden Kreditgeschäft dar (hierzu Anm 64 ff). 53

b) Sachleistungsverpflichtungen

Zum Ansatz von Sachleistungsverpflichtungen kommt es beim **Tausch,** wenn die Gegenseite ihre Sachleistungsverpflichtung bereits erfüllt hat. Wird der Tausch erfolgsneutral behandelt, ist die eigene Sachleistungsverpflichtung mit dem Buchwert des hinzugebenden VG anzusetzen. Sieht man im Tausch dagegen einen Umsatzakt und Realisationstatbestand, ist zu beachten, dass jeder Vertragspartner seinen Gewinn dann realisieren muss, wenn er seine Sachleistungsverpflichtung erfüllt hat. Daher ist bei erfolgswirksamer Behandlung des Tausches die Sachleistungsverpflichtung mit dem Wert anzusetzen, mit dem der erlangte VG zu aktivieren war, dh mit dessen gemeinem Wert. Zur Gewinnrealisierung beim Tausch s § 255 Anm 130 ff. 54

Bei der **Betriebsverpachtung** wird das Vorratsvermögen (Roh-, Hilfs- und Betriebsstoffe, Erzeugnisse, Waren) regelmäßig dem Pächter mit der Verpflichtung überlassen, bei Pachtende VG gleicher Art, Menge und Güte zurückzugeben **(Sachwertdarlehen).** Der Pächter hat das übernommene Vorratsvermögen (idR als wirtschaftlicher Eigentümer) mit den Wiederbeschaffungskosten im Zeitpunkt der Übernahme zu aktivieren und in gleicher Höhe seine Rückgabeverpflichtung zu passivieren. In der Folgezeit ist die Sachwertschuld korrespon- 55 dierend mit dem Wert anzusetzen, welcher dem jeweiligen Aktivposten für die gleichartigen VG des Vorratsvermögens entspricht (*BFH* 5. 5. 1976, BStBl II, 717). Soweit die Rückgabeverpflichtung durch rückgabebereite VG gedeckt ist, sind dies deren Wiederbeschaffungskosten zum Zeitpunkt der Übernahme oder die AK/HK, wenn die hinzugebenden VG nach der Übernahme neu angeschafft oder -hergestellt wurden. Insoweit ergibt sich bei Veränderung der Wiederbeschaffungskosten keine Ergebnisauswirkung (*Weber-Grellet* in Schmidt[24] § 5 Anm 703; unklar *Glanegger* in Schmidt[24] § 6 Anm 389). Erst wenn die vorhandenen Vorräte die Rückgabeverpflichtung nicht decken, ist die Sachwertschuld mit den aktuellen Wiederbeschaffungskosten der fehlenden VG anzusetzen, wodurch gestiegene Wiederbeschaffungskosten hier zu einer Aufwertung der Verbindlichkeiten führen. Im Falle gesunkener Wiederbeschaffungskosten darf die Verbindlichkeit abgewertet werden. Untergrenze sind allerdings wegen des Verbots des Ausweises nicht realisierter Gewinne die ursprünglichen Wiederbeschaffungskosten (ebenso *ADS*[6] § 253 Anm 124; *Glanegger* in Schmidt[24] § 6 Anm 401).

56 Zur evtl **korrespondierenden Bilanzierung** bei der Betriebsaufspaltung *Wacker* in Schmidt[24] § 15 Anm 869 f sowie zur Erläuterung der Bewertung von Sachwertforderungen *Weber-Grellet* in Schmidt[24] § 5 Anm 705.

c) Wertsicherungsklauseln

57 Wertsicherungsklauseln werden häufig in Verträgen über langfristig zu erbringende Geldleistungen vereinbart, um den Geldgläubiger vor einer Entwertung seiner Forderung zu schützen. Als Bezugsgrößen werden zB der Lebenshaltungskostenindex bei Leibrentenverpflichtungen und Preisklauseln bei Liefergeschäften verwendet.

58 **Vor Eintritt der Wertsicherungsbedingung** bleibt die Wertsicherung bei der Bewertung der Verbindlichkeit unberücksichtigt (*ADS*[6] § 253 Anm 129; *BFH* 31. 1. 1980, BStBl II, 491 betr Leibrentenverpflichtung; *BFH* 13. 11. 1975, BStBl II 1976, 145 f; *Kiesel/Reichl/Stobbe* in HHR § 6 EStG Anm 1178 mwN). Jedoch ist im Fall einer stufenweisen Anpassung der zu leistenden Zahlungen auf Grund einer indexbezogenen Wertsicherungsklausel (zB Erhöhung einer Zahlungsverpflichtung erst ab dem Zeitpunkt, wenn der Lebenshaltungskostenindex seit Vertragsabschluss um einen bestimmten Prozentsatz gestiegen ist) insoweit eine *Rückstellung für ungewisse Verbindlichkeiten* zu bilden, als sich die Bezugsgröße bis zum Bilanzstichtag bereits teilweise geändert hat (*ADS*[6] § 253 Anm 133).

59 **Nach Eintritt der Wertsicherungsbedingung** und dadurch höheren zu leistenden Zahlungen ist die Verbindlichkeit mit dem erhöhten Erfüllungsbetrag anzusetzen. Die Aufwertung der Verbindlichkeit ist in dem Jahr, in dem die Bedingung eintritt, erfolgswirksam (*BFH* 31. 1. 1980, BStBl II, 491/494). Führt die Wertsicherungsklausel zu niedrigeren zu leistenden Zahlungen, darf der – ggf um Tilgungen verminderte – Ursprungsbetrag der Verbindlichkeit wegen des Verbotes des Ausweises nicht realisierter Gewinne nicht unterschritten werden (*ADS*[6] § 253 Anm 132). Beim Kauf auf Renten- oder Ratenbasis führt die Erhöhung der zu leistenden Zahlungen auf Grund einer Wertsicherungsklausel nicht zu einer Erhöhung der AK des VG.

d) Nicht marktübliche Verzinsung

60 **aa) Überverzinslichkeit.** Beruht die Überverzinslichkeit darauf, dass das **Marktzinsniveau gesunken** ist, ist in der **Handelsbilanz** eine Rückstellung für drohende Verluste aus schwebenden Geschäften zu bilden. Hinsichtlich der

weiteren Kapitalüberlassung (vom Bilanzstichtag bis zum Rückzahlungszeitpunkt) und der für diese künftige Überlassung noch anfallenden Zinszahlungen liegt ein schwebendes Geschäft vor, bei dem der Wert der noch zu erbringenden Leistung (Barwert der tatsächlichen Zinszahlungen bei Diskontierung mit dem niedrigeren aktuellen Marktzinssatz) den Wert des Gegenleistungsanspruchs (Barwert der am Bilanzstichtag möglichen niedrigeren Zinsbelastung bei Diskontierung mit dem niedrigeren Marktzinssatz = Wert der Kapitalüberlassung) übersteigt (*Ballwieser* in FS Forster, 61; *Hüttemann* in HdJ III/8 Anm 250; teilweise abw *ADS*[6] § 253 Anm 78: nur soweit Zinsen oberhalb der langfristigen Schwankungsbreite zu zahlen sind). Als **Rückstellung** ist somit der **Barwert der Zinsdifferenz** zu passivieren. Die Ermittlung der Zinsdifferenz hat auf Basis von Effektivzinsen zu erfolgen, so dass ein Disagio zu berücksichtigen ist (*Hüttemann* in HdJ III/8 Anm 251). Eine Aufwertung der Verbindlichkeit anstelle der Bildung einer Rückstellung kommt in der HB nicht in Frage, da der nach § 253 Abs 1 S 2 vorgeschriebene Erfüllungsbetrag nicht höher wird, wenn das Marktzinsniveau sinkt.

In der **Steuerbilanz** sind Verbindlichkeiten sinngemäß zum Anschaffungs- 61
wert oder mit dem höheren Teilwert anzusetzen, falls nachträglich eine dauerhafte Überverzinslichkeit eintritt bzw sich nachträglich dauerhaft erhöht (hierzu und zur späteren Wertaufholung Anm 52). Der Teilwert einer Verbindlichkeit entspricht deren Barwert. Der Erwerber des ganzen Betriebes würde den Barwert der Differenz zwischen den vereinbarten und den marktüblichen Zinsen kaufpreismindernd berücksichtigen, da er sie andernfalls durch eine normalverzinsliche Verbindlichkeit ersetzen würde, wenn er die Verbindlichkeit nicht übernehmen müsste. Eine auf Grund dauerhaft gesunkenen Marktzinsniveaus überverzinsliche Verbindlichkeit ist daher in der Steuerbilanz mit dem Barwert von Zins und Tilgung bei Diskontierung mit dem niedrigeren aktuellen Marktzinssatz anzusetzen. Auf die *Möglichkeit* einer vorzeitigen Tilgung kommt es dabei nicht an. *BFH* 20. 11. 1969, BStBl II 1970, 209, wonach ein bei Kreditaufnahme aktiviertes Damnum (Disagio) nicht wegen inzwischen verbesserter allgemeiner Kreditbedingungen auf einen niedrigeren Teilwert abgeschrieben werden darf, steht dem Ansatz der Verbindlichkeit mit einem höheren Teilwert wegen Überverzinslichkeit nicht entgegen, da der BFH die Teilwertabschreibung schon deshalb nicht zugelassen hat, weil RAP nicht zu bewerten seien und daher begrifflich keinen Teilwert haben (hierzu § 250 Anm 78).

Die Überverzinslichkeit kann außer in einem gesunkenen Marktzinsniveau 62
auch darin begründet sein, dass dem Schuldner ein **anderer Vorteil** gewährt wurde. Handelt es sich dabei um einen dauernden Vorteil während der Laufzeit des Kredits (zB niedrigere Bezugspreise für Bier iVm einem überverzinslichen Brauereikredit), entfällt insoweit eine Rückstellung. Ist dem Schuldner hingegen als „anderer Vorteil" eine Einnahme zugeflossen, muss diese über die Laufzeit der Verbindlichkeit passiv abgegrenzt werden. Besteht der Vorteil in der Minderung des Kaufpreises zu aktivierender VG, ist der Barwert der Mehrzinsen abzugrenzen (*ADS*[6] § 253 Anm 80). Der Barwert der Mehrzinsen gehört zu den AK der VG.

bb) Unverzinslichkeit/Unterverzinslichkeit. Auch un- und unterverzins- 63
liche Verbindlichkeiten sind mit dem Rückzahlungsbetrag (Erfüllungsbetrag) anzusetzen. Eine **Abzinsung,** sei es durch Ansatz des niedrigeren Barwerts auf der Passivseite oder durch Aktivierung des Abzinsungsbetrags unter den RAP, ist grundsätzlich **handelsrechtlich unzulässig** (*ADS*[6] § 253 Anm 81). Dies gilt uneingeschränkt für tatsächlich un- und unterverzinsliche Verbindlichkeiten (ebenso *BFH* 12. 12. 1990, BStBl II 1991, 479/483). Die Abzinsung würde hier eine Vorwegnahme künftiger Erträge (aus der Verwendung des zugeflossenen

Betrags) bedeuten, die das Realisationsprinzip verbietet (ebenso *Schulze-Osterloh* BB 2003, 351).

In der **Steuerbilanz** sind unverzinsliche Verbindlichkeiten mit einer Laufzeit von wenigstens 12 Monaten, die nicht auf einer Anzahlung oder Vorausleistung beruhen, gem § 6 Abs 1 Nr 3 EStG mit einem Zinssatz von 5,5% abzuzinsen.

Zahlreiche Bsp sind in BMF 26. 5. 2005 DStR, 1005 enthalten. Steht der Rückzahlungszeitpunkt nicht fest, ist zu schätzen. Gibt es für Schätzung keine Anhaltspunkte, lässt das BMF aus Vereinfachungsgründen eine Bewertung nach § 13 Abs 2 BewG zu (9,3-facher Jahreswert). Hängt die Rückzahlung vom Leben einer Person ab, kann die mittlere Lebenserwartung nach der Sterbetafel 1986/88 herangezogen werden (Anlage 1 zum BMF-Schreiben). Abzinsung von **Tilgungsdarlehen** mittels Vervielfältiger zum Jahreswert (Anm 9 des BMF-Schreibens iVm Anlage 4). Weitere Vereinfachung: Berechnung mit 360 Tagen pro Jahr, 30 Tagen pro Monat.

Formal un- oder unterverzinsliche Verbindlichkeiten können tatsächlich (höher) verzinslich sein, wenn **verdeckte Zinszahlungen** vorliegen. Verdeckte Zinszahlungen können zum einen in **anderen Nachteilen** bestehen, die mit der Verbindlichkeit verbunden sind, zB höherer Bezugspreis bei längerer Abnahmeverpflichtung. Es kann sich um Verwendungsauflagen handeln, die wirtschaftlich bewertbar sind, dh für die ein Kfm zu zahlen bereit wäre BMF BStBl I 1999, 818. *Günkel/Hörger/Thömmes* DStR 1999, 1874; *Hauber/Kiesel* BB 2000, 1511 zu Gester-Darlehen. Nachweise zu Rspr betr Bierbezugsverpflichtung, Einräumung Ankaufsrecht, Recht der Benutzung von FuE-Ergebnissen, Aufnahme Zeitschriften in Lesezirkel s *Glanegger* in Schmidt[24] § 6 Anm 372. OFD München 25. 8. 2000, WPg, 1132 zur fehlenden Zinslosigkeit sog **„Null-Prozent-Darlehen"** der öffentlichen Hand auf Grund Verwendungsauflagen. Soweit es sich dabei um einen konkreten, abgrenzbaren, laufzeitabhängigen Nachteil handelt, stellt sich die Abzinsungsfrage nicht (BMF 23. 8. 1999, DB, 1730; s auch *Strobl* in FS Döllerer, 622ff). Abzulehnen ist die Auffassung BMF 1. 7. 1999, BStBl I, 818, wonach eine wirtschaftlich nicht begründbare nur geringfügige Verzinsung nach § 42 AO als unverzinslich gelten soll (*van de Loo* DStR 2000, 509 unter Berufung auf den Wortlaut § 6 Abs 1 Nr 3 S 2 EStG; *Kiesel* in HHR § 6 EStG Anm 1144 mwN: Zinssatz von mindestens 1% reicht aus; aA *Glanegger* in Schmidt[24] § 6 Anm 402: uU § 42 AO).

Ist während der Gesamtlaufzeit nur **zeitweise Verzinsung** vorgesehen, liegt gleichwohl insgesamt eine verzinsliche Verbindlichkeit vor. Nach BMF 26. 5. 2005 DStR, 1005 Anm 17, 16 soll jedoch durch wirtschaftliche Betrachtung geprüft werden, ob insgesamt eine (dann wohl wirtschaftlich relevante) Gegenleistung für die Überlassung vorliegt, mit der Folge, dass bei geringer Gesamtverzinsung von Unverzinslichkeit auszugehen sein soll. Diese Ansicht ist ebenfalls mit dem Wortlaut des Gesetzes nicht vereinbar.

Hängt die Verzinsung von einer **Bedingung** ab, so gilt die Verbindlichkeit bei einer aufschiebenden Bedingung erst mit Eintritt der Bedingung als verzinslich und ist daher bis dahin als unverzinslich zu behandeln. Bei auflösender Bedingung ist sie ab Bedingungseintritt unverzinslich. Ist die Bedingung das Erzielen von künftigen Einnahmen, Gewinnen oder ähnlichen Betriebsvermögensmehrungen, darf nach BMF 26. 5. 2005 DStR, 1005 Anm 43 für vor dem 1. 6. 2005 entstandene Verbindlichkeiten aus Vertrauensschutzgründen davon ausgegangen werden, dass die Bedingung eintreten wird (Folge: Die Verbindlichkeit gilt als zeitweise verzinslich und ist insgesamt nicht abzuzinsen).

64 Verdeckte Zinszahlungen können zum anderen **im Rückzahlungsbetrag** (Erfüllungsbetrag) enthalten sein. Dies ist der Fall bei Verbindlichkeiten, deren Rückzahlungsbetrag über dem Ausgabebetrag liegt, soweit der Unterschiedsbe-

trag eine *laufzeit- und kapitalabhängige* Überlassungsvergütung darstellt. Dies ist auch anzunehmen, soweit einmaliger Verwaltungsaufwand des Gläubigers abgegolten wird. Ebenso bei Leistung an Dritte für Sicherheitenbestellung; nicht dagegen für an Dritte zu zahlende Vermittlungsprovision (*Glanegger* in Schmidt[24] § 6 Anm 395). Nach hM ist die Verbindlichkeit mit dem Nominalbetrag zu passivieren; der gesamte Unterschiedsbetrag darf **handelsrechtlich** nach § 250 Abs 3 als RAP aktiviert und über die Laufzeit abgeschrieben werden (dazu § 250 Anm 58ff). Die aktive Abgrenzung des Unterschiedsbetrags kommt ergebniswirksam einer Abzinsung der Verbindlichkeit gleich. **Steuerbilanz:** Abgrenzungspflicht (§ 250 Anm 64; *BFH* BStBl II 2000, 259).

Bei Nullkupon-Anleihen **(Zero-Bonds)** ist nach einhelliger Meinung nur der Ausgabebetrag zuzüglich aufgelaufener Zinsen zu passivieren (**Trennung von Kapital- und Zinsschuld;** dazu *ADS*[6] § 253 Anm 85f; BMF 5. 3. 1987, BStBl I, 394; *HFA* 1/1986, WPg, 248; *Glanegger* in Schmidt[24] § 6 Anm 396). Der jeweilige Abzinsungsbetrag stellt eine nicht bilanzierungsfähige Verpflichtung aus dem schwebenden Kreditgeschäft dar (*HFA* aaO; *Strobl* in FS Döllerer, 618f). Der Unterschiedsbetrag zwischen dem Nominalwert und dem jeweiligen Barwert entspricht den noch nicht angefallenen Zinsen. Zero-Bonds werden im Falle vorzeitiger Rückzahlung (zB nach Ausübung eines in den Anleihebedingungen eingeräumten ao Kündigungsrechts der Gläubiger) zum Barwert eingelöst. Die „Rückzahlungs"-Pflicht erstreckt sich nur auf das überlassene Kapital (Ausgabebetrag) und aufgelaufene Zinsen. **65**

Kapital- und Zinsschuld sind auch bei der Bewertung anderer Verbindlichkeiten, deren Erfüllungsbetrag verdeckte Zinsen enthält, zu trennen. Dies gilt insb für **Anschaffungsgeschäfte,** bei denen der **Kaufpreis** nicht nur kurzfristig **formal zinslos gestundet** wird. Soweit im Erfüllungsbetrag verdeckte künftige Zinszahlungen enthalten sind, liegt eine nicht zu passivierende Zins-Verbindlichkeit im Rahmen eines schwebenden Kreditgeschäftes vor. Die verbleibende Kaufpreis-Verbindlichkeit ist mit dem Barwert einzubuchen. Die AK der bezogenen VG bestehen in diesem Barwert. In den Folgejahren ist der Wertansatz der Verbindlichkeit (zu Lasten Zinsaufwand) um die aufgelaufenen Zinsen zu erhöhen. Mangels vereinbartem Zins ist der Marktzins vergleichbarer Geschäfte heranzuziehen. Der Verwendung eines Zinssatzes von 5,5% als allgemein üblich kann jedoch aufgrund der aktuellen Zinsentwicklung nicht gefolgt werden (so aber wohl *Glanegger* in Schmidt EStG[24] § 6 Anm 398). **66**

Die Annahme von im Zielpreis enthaltenen Zinsen ist offensichtlich zutreffend, wenn die Beteiligten einen Barpreis festgelegt haben oder ein solcher anderweitig, zB aus einer Preisliste oder als Marktpreis, feststellbar ist. Im Übrigen besteht nach hM eine widerlegbare Vermutung dafür, dass in einem längerfristig gestundeten Kaufpreis verdeckt Zinsen enthalten sind. Die Vermutung ist widerlegt, wenn der Verkäufer im Hinblick auf den Abschluss anderer Geschäfte auf eine Verzinsung verzichtet hat. Verdeckte Zinszahlungen können jedenfalls nur dann angenommen werden, wenn die Beteiligten objektiv auch ein Kreditgeschäft gewollt haben.

Dies gilt regelmäßig für Fälle des **Ratenkaufs.** Wenn die insgesamt zu zahlenden Raten über dem üblichen Barzahlungspreis liegen, sind verdeckte Zinszahlungen anzunehmen. Durch Trennung von Kapital- und Zinsschuld ist als Rückzahlungsbetrag der Barwert der noch zu zahlenden Raten zu passivieren (Anm 66). Der Auffassung, dass es auch zulässig sein solldie Verbindlichkeit unabgezinst zu bilanzieren und stattdessen einen aktiven RAP zu bilden, kann nicht zugestimmt werden (ebenso *Schulze-Osterloh* BB 2003, 351 unter Aufgabe der in *Baumbach/Hueck* GmbHG[17] § 42 Anm 335 vertretenen Auffassung, mit zuzustimmendem Hinweis darauf, dass das Aktivierungswahlrecht nach § 250 **67**

Abs 3 aufgrund der klaren Regelung auf das echte Damnum beschränkt ist; aA *ADS*[6] § 253 Anm 83).

68 Im Rückzahlungsbetrag verdeckt enthaltene Zinszahlungen gibt es bei Darlehen in Form eines Ausgabedisagio oder Rückzahlungsagio, bei Zero-Bonds und bei Anschaffungsgeschäften (Ziel-, Ratenkauf), wenn zudem ein Kreditgeschäft vorliegt. Dagegen können bei erst nach geraumer Zeit zu erbringenden **Zahlungen für Arbeitsleistungen** (zB Tantiemen, Gratifikationen, Jubiläumszuwendungen) verdeckte Zinszahlungen idR nicht angenommen werden (ebenso *Schulze-Osterloh* BB 2003, 351; aA *BFH* 7. 7. 1983, BStBl II, 753 zur Bewertung von Gratifikationsverpflichtungen; *BFH* 5. 2. 1987, BStBl II, 845 zu Jubiläumszuwendungen). In diesen Fällen gibt es regelmäßig keine Anhaltspunkte dafür, dass von den Beteiligten neben dem Arbeitsvertrag noch ein verdecktes Kreditgeschäft gewollt ist (näheres dazu Anm 161 und § 249 Anm 100 „Jubiläumszuwendungen"). Dies könnte erst angenommen werden, wenn der Arbeitnehmer keine Leistung mehr erbringen muss und trotzdem die Fälligkeit der Zuwendung hinausgeschoben wurde.

69 **cc) Steigende Verzinsung.** Kreditinstitute gehen verschiedentlich Verbindlichkeiten mit steigender Verzinsung ein (zB sog **Zuwachssparen**). In diesen Fällen liegt in Höhe der Differenz zwischen der Effektivverzinsung und den in den früheren Jahren gutgeschriebenen niedrigeren Nominalzinsen ein Erfüllungsrückstand beim Schuldner vor. Hierfür ist eine Verbindlichkeit zu passivieren, wenn der Gläubiger kein Kündigungsrecht hat und die Zinsschuld deshalb dem Grunde und der Höhe nach sicher ist. Ist die zwischenzeitliche Kündigung durch den Gläubiger zulässig, ist stattdessen eine Verbindlichkeitsrückstellung zu bilden (dazu *ADS*[6] § 253 Anm 89; zum selben Ergebnis würde die Bildung einer Verlustrückstellung wegen künftiger Überverzinslichkeit führen). Dagegen hat *BFH* 20. 1. 1993, BStBl II, 373 (vgl auch *BFH* 15. 7. 1998, DStR, 1463) für den Fall eines kündbaren Sparvertrags mit steigendem Zinssatz einen Erfüllungsrückstand verneint, ua mit der Begründung, dass die steigenden Zinsen Entgelt für die künftige Kapitalüberlassung seien (krit zurecht *Groh* StuW 1994, 94).

e) Fremdwährungsverbindlichkeiten

70 **Erstbewertung:** Erfüllungsbetrag bei Entstehung der Verbindlichkeit ist der Betrag, den der Schuldner in diesem Zeitpunkt für den Ankauf der zur Tilgung nötigen Devisen hätte aufwenden müssen. Nicht maßgeblich ist der voraussichtliche Kurs im Zeitpunkt der Erfüllung der Verbindlichkeit. Die Bewertung richtet sich daher nach dem **Geldkurs,** da der Kfm € zum Ankauf der Fremdwährung bietet. Ebenso *Glanegger* in Schmidt EStG[24] § 6 Anm 391, sowie wohl auch *Weber-Grellet* in Schmidt EStG[24] § 5 Anm 270 „Fremdwährungsverbindlichkeiten", obwohl Letzterer den als für den Kfm geltenden Ankaufskurs der Fremdwährung (bzw Verkaufskurs des Kreditinstituts) noch mit „Briefkurs" definiert, wie es vor der Einführung des € üblich war (s hierzu *WPH I*[12] E 441, Fn 910 a zu E 427).

Die Unterscheidung der Kurse wird nach Ankauf/Verkauf aus der Sicht der Bank definiert. Seit der €-Einführung gilt:

Zum **Briefkurs** wird der € als Leitwährung vom Kurssteller (Kreditinstitut) gegen Annahme von Fremdwährung verkauft.

Zum **Geldkurs** wird der € als Leitwährung vom Kurssteller (Kreditinstitut) gegen Hingabe von Fremdwährung angekauft.

Daneben werden die Kurse nach Termin unterschieden:
Der **Kassakurs** gilt für sofortige Erfüllung.
Der **Terminkurs** gilt für einen späteren Erfüllungstermin.

Die Auffassung des *BFH* 23. 5. 1952, BStBl III, 190, wonach der *Mittelkurs* maßgeblich sei, ist abzulehnen, da mit diesem Kurs die tatsächliche wirtschaftliche Belastung des Kfm nicht dargestellt wird. Die Einbuchung kann auch zu monatlich vorzugebenden internen Kursen und Anpassung im Folgemonat an den Umsatzsteuerumrechnungskurs erfolgen (dazu *Schlick* DStR 1993, 255).

Bei **Anschaffungsgeschäften** bestimmt der Einbuchungskurs auch die AK 71
der bezogenen VG (§ 255 Anm 55 ff).

Wenn bei Einbuchung der Verbindlichkeit bereits ein **deckungsfähiger Va-** 72
lutaanspruch besteht (zB aus einem Devisentermingeschäft, s § 246 Anm 167), ist die Verbindlichkeit gleichwohl nicht zum Devisenterminkurs (Sicherungskurs) einzubuchen (dazu *Burkhardt,* 162 ff; zur Deckungsfähigkeit sog geschlossener Positionen Anm 77). Dies folgt daraus, dass die Differenz zwischen Kassa- und Terminkurs (Swapbetrag) grds Zinscharakter hat und daher zeitanteilig abzugrenzen ist (ebenso *Burkhardt,* 165 ff; aA *Kuhner* DB 1992, 1437).

Beispiel: Darlehen über TUS-$ 100, Laufzeit vom 1. 7. 01 bis 30. 6. 02, Kassakurs am 1. 7. 01 € 1,00, Devisenterminkauf von TUS-$ 100 am 1. 7. 01 per 30. 6. 02 zum Terminkurs von € 1,10.

Einbuchung des Darlehens zum Kassakurs am 1. 7. 01:				
per Währungskonto	TUS-$	100 an Verbindlichkeiten	T€ 100	
Swapabgrenzung zum Bilanzstichtag am 31. 12. 01 (zeitanteilig für 6 Monate):				
per Zinsaufwand	T€	5 an Verbindlichkeiten	T€ 5	
Tilgung am 30. 6. 02:				
per Währungskonto	TUS-$	100 an Bank	T€ 110	
per Verbindlichkeiten	T€	105		
Zinsaufwand	T€	5 an Währungskonto	TUS-$ 100	

Bei der in der Literatur für zulässig (*HFA,* WPg 1986, 665) oder geboten (*ADS*[6] § 253 Anm 112; *Hüttemann* in HdJ III/8 Anm 299; *Weber-Grellet* in Schmidt[24] § 5 Anm 270 „Fremdwährungsverbindlichkeiten") gehaltenen Einbuchung zum Sicherungskurs wird der Zinscharakter des Swap ignoriert. Der mit dem Sicherungskurs ermittelte Erfüllungsbetrag enthält mit dem Swap verdeckte Zinszahlungen, die auf die Laufzeit zu verteilen sind (dazu Anm 64 ff). Dies gilt nicht nur bei Sicherungskursen, die über dem Kassakurs liegen, sondern auch im umgekehrten Fall.

Folgebewertung: Bei der Bilanzierung kommt die Fremdwährungsverbind- 73
lichkeit grds mit dem Buchkurs oder einem niedrigeren Geldkurs vom Bilanzstichtag in Ansatz. Für die **Handelsbilanz** folgt dies aus der Verpflichtung zur Bewertung mit dem Erfüllungsbetrag unter Berücksichtigung des Imparitätsprinzips. Hat sich der Kurs nach einer in Vj wegen Kursveränderung vorgenommenen Erhöhung der Verbindlichkeit wieder in Richtung des Kurses bei Erstverbuchung entwickelt, darf die Verbindlichkeit am Bilanzstichtag wieder entspr vermindert werden, soweit der Anschaffungswert nicht unterschritten wird (*Hüttemann* in HdJ III/8 Anm 294 f; *Kleineidam* in HHR § 6 EStG Anm 28). Liegt der rechnerische Erfüllungsbetrag aufgrund der Kursveränderung unter der Bewertung bei Erstverbuchung, ist gleichwohl eine Unterschreitung des Werts der Erstbewertung nicht zulässig. § 253 Abs 1 S 2 schreibt zwar die Bewertung zum Rückzahlungsbetrag (Erfüllungsbetrag) vor. Dem geht aber das Realisationsprinzip vor, wonach Kursgewinne erst mit Erfüllung der Verbindlichkeit vereinnahmt werden dürfen.

Für die **Steuerbilanz** ist der Ansatz eines höheren Teilwerts nur bei voraussichtlich dauerhafter Kursveränderung zulässig (s Anm 52). Entscheidend ist, ob sich der veränderte Kurs in Bezug auf die Laufzeit der Verbindlichkeit voraussichtlich nicht wieder rückläufig entwickeln wird (ebenso wie bei Fremdwährungsforderungen, s Anm 604). Nach BMF 12. 8. 2002 BStBl I, 793 sind aufgrund § 6 Abs 1 Nr 3 S 1 HS 1 iVm § 6 Abs 1 Nr 2 EStG unter Verweis auf BMF 25. 2. 2000 BStBl I, 372 übliche Wechselkursschwankungen auf den Devisenmärkten nicht zu berücksichtigen. Nur bei einer nachhaltigen Kursveränderung ist eine Erhöhung der Verbindlichkeit zulässig. Für *Verbindlichkeiten des laufenden Geschäftsverkehrs,* die im Gegensatz zu Verbindlichkeiten aus Finanzierung regelmäßig kurzfristiger sein werden, kommt dem Zeitpunkt der voraussichtlichen Tilgung besondere Bedeutung zu: Hält die Kursveränderung bis zum Zeitpunkt der *Aufstellung* der Bilanz oder dem *vorangegangenen* Tilgungszeitpunkt an, ist davon auszugehen, dass die Wertveränderung von Dauer war. Voraussetzung für die Einordnung als Verbindlichkeit des laufenden Geschäftsverkehrs (kumulativ):

- Das Entstehen hängt wirtschaftlich eng mit einzelnen bestimmbaren, nach Art des Betriebs immer wiederkehrenden und nicht die Anschaffung oder Herstellung von WG des Anlagevermögens betr laufenden Geschäftsvorfällen zusammen.
- Dieser Zusammenhang bleibt bis zur Tilgung erhalten.
- Die Verbindlichkeit wird innerhalb der nach Art des laufenden Geschäftsvorfalls allgemein üblichen Frist getilgt.

74 Für **kurz- und mittelfristige Verbindlichkeiten** wird es dagegen verschiedentlich für erwägenswert erachtet, eine Verminderung der Verbindlichkeit unter den Ansatz der Erstverbuchung zuzulassen (so *Claussen/Korth* in Kölner Komm² § 252 HGB Anm 55, 58, § 253 Anm 123). Jedoch rechtfertigt selbst eine hohe Wahrscheinlichkeit, dass der Kursgewinn erhalten bleibt, keine Durchbrechung des Realisationsprinzips (hM; *HFA* WPg 1986, 665; *Hüttemann* in HdJ III/8 Anm 294). Für die **Steuerbilanz** ergibt sich die Unzulässigkeit eines solchen Ansatzes aus § 6 Abs 1 Nr 3 S 1 EStG: Für Verbindlichkeiten ist nur der Ansatz eines höheren Teilwerts zulässig.

75 **Kurzfristige Verbindlichkeiten** (Laufzeit bis 1 Jahr; wie auch Forderungen) werden verschiedentlich in einem besonderen **Valutenkontokorrent** ausschließlich in Fremdwährung geführt, ohne dass die Entstehungskurse festgehalten werden. In der Praxis wird dann vielfach der Bestand am Bilanzstichtag aus Vereinfachungsgründen einheitlich zum Stichtagskurs umgerechnet. Dadurch ist die Beachtung des Realisationsprinzips und des Imparitätsprinzips nicht sichergestellt (gegen diese Bedenken *ADS*⁶ § 253 Anm 93f). Es ist jedoch vertretbar, die „Anschaffungswerte" der Verbindlichkeiten durch geeignete Näherungsverfahren (zB Schichtungen, Verbrauchsfolgeverfahren) zu ermitteln (so *HFA* WPg 1986, 665; krit *Hüttemann* in HdJ III/8 Anm 294).

76 Nach § 252 Abs 1 Nr 3 sind die VG und Schulden „zum Abschlussstichtag" zu bewerten (Stichtagsprinzip der Folgebewertung). Dem Imparitätsprinzip würde idealerweise mit der Passivierung des (höheren) künftigen Erfüllungsbetrages, der sich zum Zeitpunkt der Aufstellung des JA für die Verhältnisse des Bilanzstichtags ergibt, entsprochen. Der für den in der Zukunft liegenden Zahlungszeitpunkt gültige Devisenkassakurs ist jedoch unbekannt (Kassakurs = der im Zahlungszeitpunkt tatsächlich gehandelte Kurs). Als Hilfsgröße verwendet man daher den **Stichtagskurs,** dh den Devisenkassakurs des Abschlussstichtags (*ADS*⁶ § 253 Anm 95, 99; *Burkhardt,* 107f). **Devisenterminkurse** eignen sich nicht, da sie nicht die künftige Kassakursentwicklung vorweg nehmen, sondern iW durch die Differenz der Zinssätze der betr Währungen bestimmt sind. Der Ansatz eines höheren Erfüllungsbetrages für Fremdwährungsverbindlichkeiten nach Maßgabe des Devisenterminkurses scheidet daher aus (glA *ADS*⁶ § 253 Anm 95; aA *Hüttemann in* HdJ III/8 Anm 292, 296f).

77 Nach § 252 Abs 1 Nr 3 sind die VG und Schulden einzeln zu bewerten. Der Zweck des Grundsatzes der **Einzelbewertung** (Gläubigerschutz, Vorsichtsprin-

zip) gebietet eine imparitätische Behandlung unrealisierter Wertsteigerungen und Wertminderungen nur dann, wenn noch nicht sicher ist, dass im Zeitpunkt der Realisation durch Zahlungsvorgänge ein Ausgleich zwischen Verlusten und Gewinnen auch tatsächlich zustande kommt. Die Anwendung des strengen Einzelbewertungsprinzips führt uU zur Antizipation fiktiver Verluste. Daher kann das „strenge" Einzelbewertungsprinzip zum „milden" Einzelbewertungsprinzip modifiziert werden, wenn das der Antizipation zugrunde liegende Risiko wegen entsprechender Maßnahmen tatsächlich nicht eintreten kann (so *Burkhardt,* 143). Für die Umrechnung von Fremdwährungsverbindlichkeiten bedeutet dies, dass ein unrealisierter Kursverlust insoweit nicht (durch eine Aufwertung der Verbindlichkeit) vorweggenommen werden muss, als er *zwangsläufig* durch einen Kursgewinn bei einer Fremdwährungsforderung neutralisiert wird. Dies ist der Fall, wenn eine **geschlossene Position** aus deckungsfähigen Ansprüchen und Verpflichtungen vorliegt (*HFA* WPg 1986, 665; eingehend *Burkhardt,* 147 ff; vgl auch § 249 Anm 65 zur Bewertungseinheit).

Voraussetzungen einer **Bewertungseinheit:**

(1) **Währungsidentität:** Deckungsfähig sind Ansprüche und Verpflichtungen in der selben Währung, bei denen der Realisationszeitpunkt feststeht oder beeinflusst werden kann. Zur Deckung von Valutaverbindlichkeiten sind daher in erster Linie nur Valutaforderungen sowie Ansprüche aus zur Kurssicherung abgeschlossenen Devisenterminkäufen geeignet. Liegt Währungsidentität nicht vor, kann nur dann eine Bewertungseinheit gebildet werden, wenn die Absicherungswirkung für den Absicherungszeitraum anderweitig hergestellt werden kann (zB sog Dreiecksgeschäft, bei dem zwei Positionen in unterschiedlicher Währung mit einem Termingeschäft über beide Währungen gesichert werden, *Prahl/Naumann* in HdJ II/10 Anm 195: Sicherung einer Verbindlichkeit in USD und einer Forderung in CHF durch einen Terminkauf von USD gegen CHF). Die Zulässigkeit kann nur für den Einzelfall aufgrund der Sicherungswirkung beurteilt werden (sog **Effektivität:** Entwickeln sich abzusichernde Position und Sicherungsgeschäft exakt gegenläufig, so dass bei allen möglichen Kursänderungen per Saldo keine Wertveränderung der Bewertungseinheit entsteht, so ist die Effektivität 100%). Es muß im Einzelfall keine vollständige Sicherungswirkung vorliegen, jedoch muß nachgewiesen werden, dass ein Verlust durch Kursschwankungen mit dem Sicherungsgeschäft mit hoher Wahrscheinlichkeit vermieden wird (*Prahl/Naumann* in HdJ II/10 Anm 195 mwN). Auch bei Sicherungsgeschäften mit Währungsidentität muß nicht immer eine vollständige Sicherungswirkung vorliegen (s Bsp in Anm 79).

(2) **Fristenidentität:** Voraussetzung für eine Kompensation unrealisierter Kursgewinne und Kursverluste ist weiterhin, dass die Valutaverbindlichkeit und der zur Deckung herangezogene Fremdwährungsanspruch annähernd die gleiche Laufzeit haben. Inwieweit die Möglichkeit des Ausgleichs von Fristunterschieden durch Zwischenanlagen oder Zwischenkredite in der betr Währung noch eine Kompensation zulässt, hängt vom Einzelfall ab. Jedenfalls muss die Möglichkeit *tatsächlich bestehen* und ihre Wahrnehmung *beabsichtigt* sein (also kumulatives Vorliegen eines objektiven und subjektiven Elements; s *Prahl/Naumann* in HdJ II/10 Anm 199). Außerdem muss der Anspruch aus dem Deckungsgeschäft hinsichtlich des Erfüllungsrisikos so gut wie sicher sein (*Burkhardt,* 149 f).

(3) **Betragsidentität:** Die Verbindlichkeit und der deckungsfähige Anspruch müssen nicht betragsgleich sein. Übersteigende Beträge sind nach den Grundsätzen für offene Positionen zu bewerten.

Die Kompensation unrealisierter Kursgewinne und -verluste bei geschlossenen **78**
Positionen ist zulässig, aber nicht geboten (*HFA* WPg 1986, 665 f). Für die Annahme eines **Kompensationswahlrechts** spricht auch, dass eine geschlossene Position neben den in Anm 77 genannten *objektiven* Kriterien zusätzlich voraussetzt, dass der Fremdwährungsanspruch *subjektiv* zur Deckung bestimmt ist, so dass die Kompensation schon faktisch nicht zwingend sein kann (*Gebhardt/Breker* DB 1992, 339).

79 Die **Technik der Kompensation** bei kongruenten Valutaforderungen und -verbindlichkeiten sei am folgenden **Beispiel** dargestellt:

		Entstehungskurs	
		Beispiel a)	**Beispiel b)**
	US-$	$-Kurs in €	$-Kurs in €
Kundenforderung	100 000	0,90	1,00
Darlehensverbindlichkeit	150 000	1,05	0,80

Im **Beispiel a)** ergeben sich bei Stichtagskursen zwischen € 0,90 und € 1,05 sowohl bei der Forderung wie bei der Verbindlichkeit Kursgewinne, so dass für eine Kompensation kein Anlass besteht und beide Posten mit den Entstehungskursen bewertet bleiben müssen. Bei einem Stichtagskurs von € 0,85 entsteht ein Kursverlust bei der Forderung von € 5000 der in voller Höhe durch die Verminderung des Erfüllungsbetrags der Verbindlichkeit gedeckt ist. Da die Verbindlichkeit größer als die Forderung ist, und damit bei weiterem Kursabfall der Verlust bei der Forderung durch den Gewinn bei der Verbindlichkeit überkompensiert wird, bleibt es beim Ansatz der Entstehungskurse. Eine Realisation des Gewinns per Saldo ist nicht zulässig. Steigt dagegen der Kurs über € 1,05, entsteht für die Verbindlichkeit ein Verlust, der aber bis zum Erreichen eines Kurses von € 1,35 durch den bis dahin höheren Gewinn aus der Forderung kompensiert wird. Erst ab Kursen von über € 1,35 übersteigt der Verlust aus der Verbindlichkeit den Gewinn aus der Forderung. Die Verbindlichkeit ist dann um den nicht gedeckten Betrag aufzuwerten (zB bei einem Kurs von € 1,40 um € 2500).

Im **Beispiel b)** ergeben sich bei Kursen zwischen € 0,80 und € 1,00 sowohl bei der Forderung wie bei der Verbindlichkeit Kursverluste, so dass für beide Positionen durch Bewertung mit dem Stichtagskurs der Verlust zu realisieren ist. Bei einem Stichtagskurs von € 1,05 ergibt sich bei der Verbindlichkeit ein Kursverlust von € 37 500, der durch den Kursgewinn bei der Forderung nur in Höhe von € 5000 gedeckt ist. Die Verbindlichkeit ist um den ungedeckten Betrag von € 32 500 aufzuwerten, so dass sie insgesamt mit € 152 500 anzusetzen ist. Sinkt der Kurs unter € 0,80, wird der Kursverlust der Forderung durch den Gewinn bei der Verbindlichkeit teilweise gedeckt, so dass für den nicht gedeckten Teil eine Abwertung der Forderung zu erfolgen hat. Mit sinkendem Kurs steigt der Grad der Bedeckung, bis sich schließlich bei einem Kurs von € 0,40 Verlust und Gewinn ausgleichen. Bei einem Kurs unter € 0,40 würde der Gewinn bei der Verbindlichkeit den Verlust bei der Forderung überkompensieren, so dass dann keine Abwertung erforderlich ist.

80 Falls die geschlossene Position aus einer Valutaverbindlichkeit und einem *nicht bilanzierten* Anspruch aus einem **schwebenden Deckungsgeschäft** (zB Devisenkauf auf Termin) besteht, entfällt eine Aufwertung der Verbindlichkeit bei gestiegenem Kassakurs, wenn der Unterschied zwischen Kassakurs bei Einbuchung der Verbindlichkeit und dem Devisenterminkurs eines kongruenten Devisenterminkaufs (Swap) als Quasizins abgegrenzt wird (Anm 72). Liegt der Devisenterminkurs über dem Kassakurs bei Einbuchung der Verbindlichkeit, führt die Abgrenzung des Swaps zu einer Erhöhung der Verbindlichkeit, bis deren €-Wert bei Fälligkeit dem Terminkurs entspricht. Bei Abschluss eines Devisenoptionsgeschäfts (Kauf einer Kaufoption) ist für die kompensatorische Bewertung der gesicherten Verbindlichkeit der vereinbarte Kurs (Basispreis) maßgebend. Die gezahlte Optionsprämie wird aktiviert und über die Laufzeit des Optionsgeschäfts bzw bei zwischenzeitlicher Ausübung abgeschrieben.

81 KapGes/KapCoGes haben gem § 284 Abs 2 Nr 2 im **Anhang** die Grundlagen für die Umrechnung von Fremdwährungsposten im JA anzugeben (§ 284 Anm 135 ff) und nach § 289 Abs 2 Nr 2b im LB über bestimmte Währungsrisiken zu berichten (§ 289 Anm 78).

2. Bewertung von Rentenverpflichtungen

82 Eine Rente ist ein einheitlich nutzbares, selbstständiges Recht (Stammrecht), dessen Erträge aus regelmäßig wiederkehrenden gleichmäßigen Leistungen in Geld oder vertretbaren Sachen bestehen und das dem Berechtigten auf die idR nicht bekannte Lebenszeit eines Menschen (Leibrente) oder auf eine bestimmte Zeitdauer (Zeitrente) eingeräumt ist.

83 Gem § 253 Abs 1 S 2 sind Rentenverpflichtungen, für die eine Gegenleistung nicht mehr zu erwarten ist, zu ihrem **Barwert** anzusetzen. In der Steuerbilanz stellt der Barwert mangels eines Nennwertes zugleich den Anschaffungswert und den Teilwert der Rentenverpflichtung im Zeitpunkt ihrer Begründung dar. Der Ausschluss von Rentenverpflichtungen, für die eine Gegenleistung noch zu erwarten ist, von der Bewertung mit dem Barwert soll lediglich klarstellen, dass Pensionsanwartschaften noch tätiger Arbeitnehmer nicht zum Barwert angesetzt werden dürfen (zur Bewertung von Anwartschaften tätiger Arbeitnehmer s § 249 Anm 200 ff).

84 Der Barwert hängt ab vom Betrag der wiederkehrenden Leistung, von der Laufzeit und vom Abzinsungs-Satz. Eine Erhöhung der Rentenleistungen auf Grund einer **Wertsicherungsklausel** ist erst dann zu berücksichtigen, wenn die Wertsicherungsbedingung eingetreten ist (hierzu auch Anm 57 ff). Da bei Leibrenten die verbleibende Lebenszeit der Bezugsperson idR nicht bekannt ist, wird das statistische Sterbedatum herangezogen, das durch versicherungsmathematische empirische Erhebungen für eine vergleichbare Durchschnittsperson angenommen wird (statistische Erhebung mit Differenzierung insb nach Geographie, Geschlecht und Geburtsjahr). Die **Laufzeit** muß den neuesten Sterbetafeln entnommen werden (vgl § 249 Anm 227; zu den Übergangsfragen s *HFA* WPg 1998, 1071).

85 Handelsbilanziell ist der fristadäquate **Marktzinssatz** heranzuziehen (von *ADS*[6] § 253 Anm 170 hierbei als „noch vertretbare Obergrenze" ein Mindestzinssatz von 3% befürwortet; s aber Anm 87). In der Steuerbilanz ist der Rentenbarwert idR in Anlehnung an das Bewertungsgesetz mit einem Zinssatz von 5,5% zu ermitteln. Der Zinssatz von 6% nach § 6a Abs 3 S 3 EStG gilt nur für Pensionsrückstellungen. Die Verwendung des Zinssatzes von 5,5% ist auch bei tatsächlich stark nach oben oder unten abweichendem Marktzins durch die in der Praxis ganz überwiegend vorgenommene Aufstellung von Einheitsbilanzen als GoB anzusehen. Ist der Unterschied zu dem nach Marktzins berechneten Betrag für die VFE-Lage nicht unerheblich, muss eine betragsmäßige Anhangsangabe nach § 264 Abs 2 S 2 erfolgen.

An die Stelle des mit dem Marktzinssatz oder des mit 5,5% ermittelten Rentenbarwerts tritt die **Ablösungssumme,** wenn eine solche festgelegt ist (zB im Falle von § 1199 BGB und bei entsprechenden vertraglichen Vereinbarungen; *ADS*[6] § 253 Anm 168). Wird ein **Geldbetrag** als Gegenleistung für die Rente vereinnahmt, besteht nach *BFH* 31. 1. 1980, BStBl II, 493 eine widerlegbare Vermutung, dass dieser dem Barwert entspricht. Mit *Kiesel/Baun* in HHR § 6 EStG Anm 1151 ist jedoch zu fordern, dass stets eine Barwertermittlung vorzunehmen ist.

86 Die Vermutung, dass der Teilwert der als Gegenleistung für einen erlangten Geldbetrag eingegangenen Rentenverpflichtung gleich diesem Geldbetrag ist, kann insb durch den Nachweis einer **Fehlmaßnahme** widerlegt werden. Eine Fehlmaßnahme liegt vor, wenn der Barwert der Rente unter Zugrundelegung eines in etwa den Kapitalmarktverhältnissen im Zeitpunkt der Begründung der Rentenverpflichtung entsprechenden Zinssatzes erheblich über dem erlangten Geldbetrag liegt (*BFH* 31. 1. 1980, BStBl II, 494).

87 Falls eine **Wertsicherungsklausel** vereinbart ist, muss der Marktzinssatz auf den Realzinssatz (um Inflationsrate bereinigter Nominalzinssatz) reduziert werden, da „reale“ Rentenzahlungen auch mit dem realen Zins zu diskontieren sind (*BFH* 20. 11. 1969, BStBl II 1970, 309).

88 **Während der Laufzeit** der Rente ist der Barwert zu jedem Bilanzstichtag unter Zugrundelegung des ursprünglich verwendeten Zinssatzes neu zu ermitteln. Bestand die Gegenleistung für die Rente in einem Geldbetrag, wird die Rentenverpflichtung retrograd mit dem aus Geldbetrag und Rentenzahlungen ermittelten Zinssatz bewertet.

89 Steigt der relevante Marktzins über den bei der Einbuchung verwendeten Zinssatz, darf die Verbindlichkeit wegen des Realisationsprinzips nicht abgewertet werden. Ist der Marktzins dagegen unter den ursprünglich verwendeten Zinssatz gesunken, bedarf es einer Erhöhung des Barwerts der Rentenverpflichtung.

90 Bei **Anschaffungsgeschäften** (Erwerb von VG auf Rentenbasis) bildet der Rentenbarwert im Erwerbszeitpunkt die AK des erworbenen VG. Spätere Erhöhungen der Rente (zB auf Grund einer Wertsicherungsklausel) berühren die AK nicht. Ebensowenig kommt es bei einer nachträglichen Rentenkürzung zu einer Minderung der AK. Mit der Erstverbuchung ist der Anschaffungsvorgang beendet. Änderungen der Rentenleistungen auf Grund späterer Ereignisse sind allein dem Finanzierungsgeschäft zuzurechnen und berühren daher nur den Ansatz der Rentenverpflichtung. Daraus folgt andererseits, dass zB eine feste, von künftigen Ereignissen unabhängige Steigerung der Rentenleistung auf Grund entsprechender Vereinbarung (zB Staffelrente) in den AK von Rentenverpflichtung und erworbenem VG zu berücksichtigen ist (dazu *Wohlgemuth* in HdJ Abt I/9 Anm 17).

II. Bewertung einzelner Verbindlichkeiten

1. Anleihen

91 Anleihen sind zum **Nominalbetrag** zu passivieren. Ist der Rückzahlungsbetrag einer Anleihe höher als der Ausgabebetrag, darf der Unterschiedsbetrag **(Disagio)** gem § 250 Abs 3 als RAP aktiviert werden. Steuerrechtlich besteht hingegen Aktivierungspflicht (vgl *BFH* 19. 1. 1978, BStBl II, 262). Zur Aktivierung und Verteilung des Disagio auf die Laufzeit sowie zur Behandlung von Geldbeschaffungskosten s § 250 Anm 58ff; s auch Anm 64. Zur Bilanzierung von **Zero-Bonds** s Anm 65.

Liegt der Ausgabebetrag über dem Rückzahlungsbetrag, muss die Differenz **(Agio)** in HB und Steuerbilanz durch einen passiven RAP entsprechend der Kapitalnutzung über die Laufzeit verteilt werden (§ 250 Anm 79).

92 **Wandelschuldverschreibungen (Wandelanleihen** mit Umtauschrecht und **Optionsanleihen** mit Bezugsrecht gegen Zuzahlung auf Anteile der emittierenden oder einer anderen AG) sind ebenfalls zum Nominalbetrag zu passivieren, da vor Ausübung des Wandlungsrechts eine Geldverpflichtung besteht. Das gilt auch für eine **Pflichtwandelanleihe,** da es sich bei dieser bis zur Wandlung ebenfalls um ein Fremdkapitalverhältnis handelt (*Häuselmann* BB 2003, 1531). Jedoch ist das Aufgeld in die Kapitalrücklage einzustellen (§ 272 Abs 2 Nr 2, dazu § 272 Anm 62ff).

In Fällen von Optionsanleihen, die zu pari begeben werden, und mit einem unter dem Marktzins liegenden Nominalzins ausgestattet sind, ist der Ausgabebetrag in einen rechnerischen Ausgabebetrag, der einer gleich niedrig verzinslichen Anleihe ohne Optionsrecht entspricht, und ein Entgelt für die Optionsrechte aufzuteilen. Das anteilige Entgelt für die Optionsrechte wird nach § 272

Abs 2 Nr 2 in die Kapitalrücklage eingestellt. Der Unterschiedsbetrag zwischen dem Rückzahlungsbetrag und dem rechnerischen Ausgabebetrag ist als Disagio zu behandeln. Zur (steuer-) bilanziellen Erfassung von Options-, Wandel-, Umtausch- und Aktienanleihen s *Häuselmann/Wagner* BB 2002, 2431. Allgemein zur Bilanzierung von aktienkursabhängigen Vergütungssystemen **(Stock Options)** § 272 Anm 300ff; *Gelhausen/Hönsch* WPg 2001, 69; *Herzig/Lochmann* WPg 2001, 82; *Simons* WPg 2001, 90; *Ross/Pommerening* WPg 2001, 644.

Steuerrechtlich ist das Entgelt für das Optionsrecht keine Einlage, da nicht von einem Gester geleistet wurde. Bis zur Ausübung des Optionsrechts ist eine Anzahlung als Fremdkapital zu passivieren. Bei Ausübung der Option wird die Anzahlung zum steuerrechtlichen EK. Andernfalls erfolgt mit Ablauf der Optionsfrist eine Vereinnahmung als Betriebseinnahme (OFD München 22. 8. 2000 BB, 2628). 93

Ist die Optionsanleihe darüber hinaus auch noch niedrig verzinslich, ist zusätzlich die Auswirkung der niedrigen Verzinsung durch Bildung eines aktiven RAP und dessen Auflösung über die Laufzeit der Anleihe zu verteilen (Rechenbeispiele in OFD München 22. 8. 2000 BB, 2628). Zur steuerrechtlichen Behandlung von Pflichtwandelanleihen s *Häuselmann* BB 2003, 1531.

2. Verbindlichkeiten gegenüber Kreditinstituten

Die Regeln über die Abgrenzung eines unter oder über dem Rückzahlungsbetrag liegenden Auszahlungsbetrags bei Anleihen (Anm 91) gelten auch für Darlehen von Kreditinstituten. 94

3. Erhaltene Anzahlungen auf Bestellungen

Der **Erfüllungsbetrag** erhaltener Anzahlungen ist der Betrag, der nach Abrechnung der Lfg oder Leistung mit der Kundenforderung zu verrechnen ist, mithin der Betrag (Nennbetrag) der Anzahlung, der zugeflossen ist. 95

In **Fremdwährung** erhaltene Anzahlungen sind mit dem Betrag einzubuchen, der beim Verkauf der Devisen erlöst wird bzw werden könnte (Briefkurs, Begriff s Anm 70), da die Anzahlungen später mit Forderungen verrechnet werden, die ebenfalls mit diesem Kurs umzurechnen sind. Nebenkosten für den Devisenumtausch (Bankgebühren) mindern nicht die Verbindlichkeit, sondern sind aufwandswirksam zu verbuchen, da sich durch diese Kosten nicht die Verpflichtung gegenüber dem Vertragspartner mindert. Bei einem späteren Kursanstieg gelten die Grundsätze zur Bewertung geleisteter Valutaanzahlungen, entsprechendes gilt im Falle eines Kursrückgangs (dazu Anm 389). 96

Soweit der Wert der Lfg- oder Leistungsverpflichtung am Bilanzstichtag über dem Wert des Anspruchs auf die (volle) Gegenleistung liegt, ist nicht die erhaltene Anzahlung aufzuwerten, sondern es sind die entsprechenden Erzeugnisse abzuschreiben bzw es ist eine Rückstellung für drohende Verluste aus schwebenden Geschäften zu bilden. 97

Sind **Anzahlungen verzinslich** und werden die Zinsen im Rahmen der Auftragsabrechnung verrechnet, sind auch die aufgelaufenen Zinsen als erhaltene Anzahlungen zu passivieren. Bei der Auftragsabrechnung ergeben sich um die Zinsen erhöhte Umsatzerlöse (*ADS*[6] § 253 Anm 155; *Christiansen* StBP 1990, 183). Das Gleiche sollte regelmäßig gelten, wenn (längerfristige) Anzahlungen **unverzinslich** sind. Die Anzahlung als solche stellt ein Kreditgeschäft dar (dazu § 247 Anm 545). Es besteht eine widerlegbare Vermutung dafür, dass der vereinbarte Erlöswert faktisch um Zinsen auf die Anzahlungen gemindert ist. In diesem Fall sind die erhaltenen Anzahlungen ratierlich zu Lasten Zinsaufwand zu erhöhen und bei der Auftragsabrechnung entsprechend erhöhte Umsatzerlöse zu 98 zeigen (dazu *Clemm* in FS L. Schmidt, 189 ff). Gegenstand dieser Abgrenzung sind Aufwendungen für verdeckt zu leistende Zinsen und nicht Vorteile (Zinserträge) aus der Anlage von Anzahlungen. Deshalb kommt es auch nicht darauf an, ob Anzahlungen noch nicht zur Auftragsdurchführung benötigt werden (aA *ADS*[6] § 253 Anm 156, die sich für eine Minderung der HK auftragsbezogener Vorräte bzw die Einbeziehung in die erhaltenen Anzahlungen aussprechen, und *Christiansen* StBP 1990, 183, der die Abgrenzung von Zinserträgen ablehnt). Die Vermutung der faktischen Verzinslichkeit ist zB widerlegt, wenn Zinsen auf die Anzahlungen bei der Preisfindung objektiv keinen Niederschlag gefunden haben (zur entsprechenden Vermutung der Verzinslichkeit eines formal unverzinslichen Lieferantenkredits s Anm 66).

4. Verbindlichkeiten aus Lieferungen und Leistungen

99 Die Inanspruchnahme von **Lieferantenskonti** bewirkt eine nachträgliche Minderung der AK der bezogenen VG (§ 255 Anm 63; *BFH* 27. 2. 1991, BStBl II, 456; dazu *Groh* BB 1991, 2334). Die Lieferantenverbindlichkeit ist grds mit dem Rechnungsbetrag einzubuchen. Bei Inanspruchnahme des Skontos mindern sich die Verbindlichkeit und die AK der bezogenen VG. Sofern von vornherein feststeht, dass unter Skontoabzug gezahlt wird, kann die Verbindlichkeit schon mit dem Nettobetrag eingebucht werden (*ADS*[6] § 253 Anm 159). Interpretiert man den Skonto als Zins, ist es folgerichtig, die Verbindlichkeit mit dem Barpreis anzusetzen und den nicht gezogenen Skonto pro rata temporis als Aufwand zu verrechnen. Aus Vereinfachungsgründen kann der volle Skontobetrag als Zinsaufwand verrechnet und passiviert werden (dazu *Rückle* in FS Moxter, 353).

5. Wechselverbindlichkeiten

100 Wechselverbindlichkeiten sind mit der Wechselsumme anzusetzen (*WPH I*[12] F 340; für langfristige Wechsel *Scholz* WPg 1973, 56: Barwert). Ein in der Wechselsumme enthaltener Diskont (Zins) kann in der HB gem § 250 Abs 3 wahlweise aktiv abgegrenzt oder als Aufwand verrechnet werden (*Hüttemann* in HdJ III/8 Anm 264: nur aktive Abgrenzung). Der Trennung von Kapital- und Zinsschuld, wenn im Erfüllungsbetrag verdeckte Zinsen enthalten sind (dazu Anm 64 ff), würde es entsprechen, die Wechselverbindlichkeit mit dem Barwert anzusetzen. In der Steuerbilanz muss idR aktiv abgegrenzt werden (*HHR* § 5 Anm 2000 „Wechseldiskont und -spesen"). Werden Zinsen **zusätzlich** zur Wechselsumme gezahlt, sind auf die Zeit nach dem Bilanzstichtag entfallende Zahlungen gem § 250 Abs 1 und § 5 Abs 4 S 1 Nr 1 EStG aktiv abzugrenzen (*BFH* 31. 7. 1967, BStBl II 1968, 7) und bis zum Bilanzstichtag entstandene, noch nicht fällige Zinsen als sonstige Verbindlichkeiten zu passivieren.

C. Bewertung der Rückstellungen (Abs 1 S 2)

Schrifttum: S auch zu § 249 Anm 1, 24, 51, 151, 300 und 331; *Eifler* Rückstellungen für ungewisse Verbindlichkeiten und für drohende Verluste aus schwebenden Geschäften, HdJ 1987 Abt III/5; *Strobl* Abzinsung von Verbindlichkeiten und Rückstellungen für ungewisse Verbindlichkeiten in FS Döllerer (1988), 615; *Kupsch* Neuere Entwicklungen bei der Bilanzierung und Bewertung von Rückstellungen, DB 1989, 53; *Moxter* Rückstellungen für ungewisse Verbindlichkeiten und Höchstwertprinzip, BB 1989, 945; *Küting/Kessler* Handels- und steuerbilanzielle Rückstellungsbildung: Rückstellungsbewertung und Kostenbegriff, DStR 1989, 693; *Küting/Kessler* Handels- und steuerbilanzielle Rückstellungsbildung: Fragen zur Abzinsung von Rückstellungen, DStR 1989, 723; *Clemm* Keine Abzinsung unverzinslicher Verbindlichkeitsrückstellungen, BB 1991, 2115; *Ballwieser* Das Anschaffungs- und Höchstwertprinzip für Schulden, in FS Forster (1992), 45; *Bordewin* Einzelfragen zur Bewertung von Rückstellungen, DB 1992, 1533; *Jäger* Zur Abzinsungsproblematik im Falle erwarteter Verpflichtungsüberschüsse aus Dauerschuldverhältnissen, WPg 1992, 557; *Christiansen* Steuerliche Rückstellungsbildung, Bielefeld 1993; *Clemm* Abzinsung von umweltschutzbezogenen Rückstellungen?, BB 1993, 687; *Clemm* Abzinsung bei der Bilanzierung – Klarheiten, Unklarheiten, Spielräume, in FS L. Schmidt (1993), 177; *Moxter* Saldierungs- und Abzinsungsprobleme bei Drohverlustrückstellungen, BB 1993, 2481; *Geib/Wiedmann* Zur Abzinsung von Rückstellungen in der Handels- und Steuerbilanz, WPg 1994, 369; *Karrenbrock* Zum Saldierungsbereich und zur Abzinsung von Drohverlustrückstellungen, WPg 1994, 97; *Karrenbrock* Zur Abzinsung von Rückstellungen nach der Neufassung von § 253 Abs 1 Satz 2 HGB, DB 1994, 1941; *Wiedmann* Die Bewertungseinheit im Handelsrecht, in FS Moxter (1994), 453; *Ross* Einkommensteuerliche Rückstellungsbewertung und Abzinsungsverbot nach § 253 Abs 1 S 2 HGB nF, DStZ 1995, 179; *Lück* Die Bewertung von Rückstellungen für drohende Verluste aus schwebenden Geschäften bei langfristiger Fertigung (Teile I, II), DB 1996, 1685, 1737; *Clemm* Zur Bilanzierung von Rückstellungen für drohende Verluste, vor allem aus schwebenden Dauerschuldverhältnissen – Gedanken angesichts erkennbarer Tendenzen zur Reduzierung von Rückstellungen in Handels- und Steuerbilanzen –, in FS Beisse (1997), 123; *Perlet/Baumgärtel* Zur Bedeutung der Pauschalbewertung bei Rückstellungen für ungewisse Verbindlichkeiten, in FS Beisse (1997), 389; *Thiel* Objektivierung der Gewinnermittlung – Wertaufholung und Einschränkung von Rückstellungen, StbJb 1997/98, 309; *Weber-Grellet* Der Apotheker-Fall – Neue Entwicklungen im Bilanzsteuerrecht, StbJb 1997/98, 275; *Anstett/Husmann* Die Bildung von Bewertungseinheiten bei Derivatgeschäften, BB 1998, 1357; *Herzig/Mauritz* Ökonomische Analyse von Konzepten zur Bildung von Bewertungseinheiten: Micro-Hedges, Macro-Hedges, Portfolio-Hedges – wünschenswert im deutschen Bilanzrecht?, ZfbF 1998, 99; *Kroschel/Löbl/Wellisch* Der Referentenentwurf zur Steuerreform der rot-grünen Bundesregierung: Abkehr vom Ziel der Vereinfachung des Steuerrechts, DB 1998, 2387; *Küting/Kessler* Zur geplanten Reform des bilanzsteuerlichen Rückstellungsrechts nach dem Entwurf eines Steuerentlastungsgesetzes 1999/2000/2002, DStR 1998, 1937; *Moxter* Pauschalrückstellungen in der Steuerbilanz unzulässig?, DB 1998, 269; *Weber-Grellet* Das hässliche Bilanzsteuerrecht – Die geplanten Änderungen des Bilanzsteuerrechts durch das Steuerentlastungsgesetz 1999 –, DB 1998, 2435; *Glade* Steuerentlastungsgesetz: Einschränkung handelsrechtlich ordnungsgemäßer Rückstellungen als „Steuerschlupflöcher", DB 1999, 400; *D. Schneider* Abbau von Steuervergünstigungen durch Skalpierung der Maßgeblichkeit und Verlustverrechnung als „Stärkung der Investitionskraft"?, DB 1999, 105; *Schulze-Osterloh* Rückzahlungsbetrag und Abzinsung von Rückstellungen und Verbindlichkeiten – Überlegungen zur Reform des HGB-Bilanzrechts BB 2003, 351; *Duske/Stalf* Verluste aus unfertigen Bauaufträgen auf dem Prüfstand: Abschied vom Grundsatz des Vorrangs der verlustfreien Bewertung vor der Drohverlustrückstellung? Anmerkungen zum Urteil des FG Rheinland-Pfalz vom 18. 11. 2002 und der Verwaltungsauffassung DStR 2003, 533; *Kemper/Konold* Die Berücksichtigung von Vergangenheitserfahrungen bei Rückstellungen für gleichartige Verpflichtungen (§ 6 Abs 1 Nr 3a Buchstabe a EStG) DStR 2003, 1686; *Hommel/Schulte* Schätzungen von Rückstellungen in Fast-Close-Abschlüssen, BB 2004, 1671.

I. Allgemeine Grundsätze

1. Bewertung der Rückstellungen in Handels- und Steuerbilanz

– Zu einzelnen Rückstellungen s ABC in § 249 Anm 100. –

Nach § 253 Abs 1 S 2 Hs 1 sind Rückstellungen nur in Höhe des Betrags anzusetzen, der **nach vernünftiger kaufmännischer Beurteilung notwendig** ist. Maßgeblich ist der voraussichtliche **Erfüllungsbetrag.** Der Erfüllungsbetrag ist demnach für **Verbindlichkeitsrückstellungen** – ebenso wie für dem Grunde und der Höhe nach sichere Verbindlichkeiten – die eigentlich maßgebliche Größe für die Rückstellungsbewertung. Es ist der Betrag, den der Schuldner zur 151

Erfüllung der (dem Grunde und/oder der Höhe nach) ungewissen Verpflichtung voraussichtlich aufbringen muss (dazu *ADS*[6] § 253 Anm 192; sowie Anm 51). Zur Abgrenzung der *Bewertung* von der Frage des *Ansatzes* bei Verbindlichkeitsrückstellung s § 249 Anm 34. Rückstellungen für drohende Verluste aus schwebenden Geschäften sind in Höhe des Verpflichtungsüberschusses (dazu § 249 Anm 59) anzusetzen, wobei ein Ansatz in der Steuerbilanz gem § 5 Abs 4 a EStG ausscheidet.

152 Da Rückstellungen *„nur"* in Höhe des nach vernünftiger kfm Beurteilung notwendigen Betrags anzusetzen sind, ist die vernünftige kaufmännische Beurteilung der allein zulässige Schätzmaßstab. Der nach vernünftiger kfm Beurteilung notwendige Erfüllungsbetrag darf **weder über- noch unterschritten** werden. Für Verbindlichkeits- und für Drohverlustrückstellungen gilt das **Höchstwertprinzip,** dh gestiegene Erfüllungsbeträge bzw erhöhte Verpflichtungsüberschüsse verlangen eine Erhöhung des Wertansatzes (dazu *Ballwieser* in FS Forster, 62). Das Anschaffungswertprinzip gilt hingegen für Rückstellungen nicht. Der **Zugangswert** bildet abweichend vom Anschaffungswertprinzip nicht die Wertuntergrenze. Der Wertansatz ist zu verringern, wenn der Erfüllungsbetrag bzw. der Verpflichtungsüberschuss nach vernünftiger kfm Beurteilung niedriger zu veranschlagen ist (glA *ADS*[6] § 253 Anm 180: Zu jedem Stichtag Beurteilung, ob und in welchem Umfang noch erforderlich; aA *Moxter* BB 1989, 947; *Küting/Kessler* DStR 1989, 660). Ein niedrigerer Wertansatz als nach vernünftiger kfm Beurteilung geboten ist lediglich für Aufwandsrückstellungen zulässig, denen eine mit dem Erfüllungsbetrag anzusetzende Schuld nicht zugrunde liegt (hierzu Anm 164 f).

153 § 6 Abs 1 Nr 3 a EStG enthält Grundsätze **steuerbilanzieller** Rückstellungsbewertung (s dazu § 249 Anm 14). Die Norm ist nicht abschließend. So fallen etwa Rückstellungen für Geldleistungsverpflichtungen, deren Laufzeit am Bilanzstichtag weniger als 12 Monate beträgt, nicht unter das Abzinsungsgebot des § 6 Abs 1 Nr 3 a Buchstabe e S 1 EStG. Soweit § 6 Abs 1 Nr 3 a EStG nicht einschlägig ist, gelten gem § 5 Abs 1 S 1 EStG die handelsrechtlichen GoB. Im Beispielsfall würde eine Abzinsung der Rückstellung nur zulässig sein, wenn die zugrundeliegende Geldleistungsverpflichtung einen Zinsanteil enthält (§ 5 Abs 1 S 1 EStG iVm § 253 Abs 1 S 2 Hs 2). Das Maßgeblichkeitsprinzip ist für den Bereich der Rückstellungsbewertung durch § 6 Abs 1 Nr 3 a EStG also nicht beseitigt, wohl aber eingeschränkt. Dass § 6 Abs 1 Nr 3 a EStG auch für das Steuerbilanzrecht nicht abschließend ist, wie sich aus dem Wort „insbesondere" ergibt, beruht auf dem Umstand, dass bei der Bilanzierung von Rückstellungen in der Steuerbilanz auch die *Ansatz*-Regeln in § 5 EStG zu beachten sind (so ausdrücklich Gesetzesbegründung BT-Drs 14/443 S 51).

Aus dem Maßgeblichkeitsprinzip folgt, dass Rückstellungen in der Steuerbilanz gem § 253 Abs 1 S 2 mit dem Erfüllungsbetrag *anzusetzen* sind. § 6 Abs 1 Nr 3 a EStG enthält insoweit als Vorschrift für die *Bewertung* keine Regelung. Für die Bewertung ist eine Bezugnahme auf § 6 Abs 1 Nr 3 S 1 EStG (Bewertung von Verbindlichkeiten) nun nicht mehr möglich.

Übergangsregelung: § 6 Abs 1 Nr 3 a EStG war auch auf Rückstellungen anzuwenden, die bereits zum Ende eines vor dem 1. 1 1999 endenden Wj gebildet worden waren (§ 52 Abs 16 S 9 EStG). Für den sich aus der erstmaligen Anwendung ergebenden Gewinn konnte jeweils in Höhe von neun Zehntel eine gewinnmindernde Rücklage gebildet werden, die in den folgenden 9 Wj (Auflösungszeitraum) jeweils mit mindestens einem Neuntel gewinnerhöhend aufzulösen ist (§ 52 Abs 16 S 11 iVm S 8 EStG). Für in der DMEB gebildete Rückstellungen konnte auf Grund § 17 Abs 4 DMBilG keine Rücklage gebildet werden (OFD Hannover 29. 10. 1999, WPg 2000, 162). Daneben enthält das

Steuerrecht mit § 6a EStG eine weitere Bewertungsvorschrift, welche die Bildung von **Pensionsrückstellungen** betrifft. S § 249 Anm 175.

2. Die vernünftige kaufmännische Beurteilung als Schätzmaßstab

Eine Schätzung muß sich am Maßstab des nach vernünftiger kfm Beurteilung Notwendigen orientieren. Sie entspricht dann vernünftiger kfm Beurteilung, wenn der einzelne Bilanz-Ansatz innerhalb einer unter Berücksichtigung sämtlicher bei der Bilanz-Aufstellung vorhandener Informationen über die tatsächlichen Verhältnisse am Bilanzstichtag bestimmten **Bandbreite möglicher Inanspruchnahmen** (Wahrscheinlichkeitsverteilung) liegt (hierzu *ADS*[6] § 253 Anm 190). Die Abgrenzung der Bandbreite darf weder besonders pessimistisch noch besonders optimistisch erfolgen. Die vernünftige kaufmännische Beurteilung verlangt also eine von subjektiven Risikoneigungen unbeeinflusste, alle Informationen verarbeitende Erstellung einer Wahrscheinlichkeitsverteilung. Im Rahmen dieser Bandbreite ist sodann der konkrete Wertansatz zu bestimmen. 154

§ 252 Abs 1 Nr 4 schreibt vor, dass **vorsichtig** zu bewerten ist. Dem wird entsprochen, wenn der Höhe nach ungewisse Verpflichtungen mit dem Betrag der höchsten Wahrscheinlichkeit und nicht mit dem günstigstenfalls zu erwartenden Betrag bewertet werden. Sind verschiedene Beträge mit der gleichen Wahrscheinlichkeit zu erwarten, ist der höchste dieser Beträge anzusetzen (ähnlich *ADS*[6] § 253 Anm 192). 155

Allein auf den Betrag mit der höchsten Wahrscheinlichkeit ist jedoch dann nicht abzustellen, wenn die einzelnen Wahrscheinlichkeiten innerhalb der Bandbreite der möglichen Inanspruchnahme (Anm 154) ausgehend vom Mittelwert der höchsten Wahrscheinlichkeit (wahrscheinlichste Inanspruchnahme) zu den Rändern der Bandbreite (geringst- bzw höchstmögliche Inanspruchnahme) *symmetrisch* abnehmen (Gauß'sche Normalverteilung; zB wenn bei einer geschätzten Bandbreite des Aufwands von € 0–1000 der Mittelwert von € 500 zwar die höchste Wahrscheinlichkeit hat, jedoch die Wahrscheinlichkeit der Beträge von € 400 bzw € 600 nur unwesentlich geringer ist). In diesem Fall wäre der Ansatz des Mittelwerts zwar realistisch, aber nicht vorsichtig. Es handelt sich dabei um einen risikoneutralen Wert (ebenso zum Vorsichtsprinzip bei Beurteilung des Bestehens einer Verpflichtung *Moxter* DStR 2004, 1057 Tz. 2.1.1.3). Das Außerachtlassen einer vorsichtigen Bewertung wird zB dann deutlich, wenn der Betrag mit der höchsten Wahrscheinlichkeit unterhalb des Mittelwerts liegt (zB wenn der Kfm bei einer geschätzten Bandbreite des Aufwands von € 0–1000 zwar eine Inanspruchnahme von € 400 als wahrscheinlichste Möglichkeit ansehen darf, er aber begründete Anzeichen dafür sieht, dass eine Inanspruchnahme zwischen € 500–700 durchaus realistisch ist). In solchen Fällen würde ein Ansatz des wahrscheinlichsten Betrags dem Prinzip der vorsichtigen Bewertung widersprechen. Bei der Ermittlung eines Betrags der das Risiko angemessen berücksichtigt, ist daher nicht nur zu untersuchen, welcher Betrag die höchste Wahrscheinlichkeit hat. Es kommt vielmehr darauf an, ob die **Eintrittswahrscheinlichkeit** dieses Betrags **wesentlich höher** ist, als die Wahrscheinlichkeit anderer (größerer) realistischer Beträge. Ist dies nicht der Fall, dann ist aus dem Grundsatz der Vorsicht ein größerer Betrag zu ermitteln und anzusetzen.

Rückstellungen für Verpflichtungen, die dem Grunde nach ungewiss, der Höhe nach aber gewiss sind, sind regelmäßig mit dem vollen Betrag anzusetzen. Bei einer Mehrzahl solcher Verpflichtungen ist die Wahrscheinlichkeit, nur aus einem Teil der Verpflichtungen in Anspruch genommen zu werden, bei der Bewertung zu berücksichtigen (*WPH I*[12] E 85). Beispiel hierfür ist der Fluktuationsabschlag bei der Bewertung von Rückstellungen für Gratifikationen und Jubiläumszuwendungen (hierzu § 249 Anm 100).

Es verbleiben die Fälle, bei denen sich die *Höhe* der Verpflichtung überhaupt nicht realistisch abschätzen lässt. Dies kann dazu führen, dass

(1) der *maximale Betrag* der Inanspruchnahme zurückzustellen ist, und

(2) zusätzlich nach § 264 Abs 2 S 2 eine Anhangsangabe erforderlich ist, da die trotz erheblicher Ungewissheit über die Höhe erfolgte Rückstellungsbildung die Vermittlung eines den tatsächlichen Verhältnissen entspr Bildes der VFE-Lage beeinträchtigt. Letzteres ist gegeben, wenn der Betrag der Rückstellung für die Gesamtaussage des JA nicht völlig unwesentlich ist.

Zur Prüfung von geschätzten Werten s *IDW PS* 314, FN IDW 2001, 347.

156 Diese Umschreibungen des Schätzmaßstabs „vernünftige kaufmännische Beurteilung" finden ihre natürliche Begrenzung in der tatsächlichen **Ungewissheit** von Prognosen. Subjektive Beurteilungen sind und bleiben daher unvermeidlich. Dies gilt auch in Bezug auf das **zeitliche Element** zwischen Bewertungszeitpunkt (Aufstellung des JA) und Inanspruchnahme. Auch wenn zum Aufstellungszeitpunkt nur eine grobe oder gar keine Schätzung des Rückstellungsbetrags möglich, jedoch absehbar ist, dass innerhalb eines überschaubaren Zeitraums eine wesentlich genauere Bewertung vorgenommen werden könnte, besteht gleichwohl keine Verpflichtung, die Aufstellung des JA zu verschieben. Insb darf in einem solchen Fall nicht die gesetzliche Aufstellungsfrist überschritten werden.

Es ist demgegenüber sogar zulässig, den JA in unmittelbarer zeitlicher Nähe nach dem Stichtag aufzustellen, auch wenn dies einen größeren Umfang an Schätzungen mit mehr Ungewissheit mit sich bringt. Dies ist spätestens seit der vom Kapitalmarkt geforderten und von einer wachsenden Anzahl von KapmarktUnt verfolgten Tendenz zu sog **Fast-Close-Abschlüssen** als üblich anzusehen. Umso höher sind dann jedoch die Anforderungen an angewandte Schätzverfahren sowie die Prüfung der Notwendigkeit von erläuternden Anhangsangaben nach § 264 Abs 2 S 2 anzusetzen. Zur Schätzung von Rückstellungen in Fast-Close-Abschlüssen (insb zu Rückstellungen für Gewährleistungen und Garantien) s *Hommel/Schulte* BB 2004, 1671. Zur Berücksichtigung von Umständen, die zwischen Stichtag und Aufstellung eintreten und eine bessere Beurteilung der am Bilanzstichtag bestehenden tatsächlichen Verhältnisse erlauben s § 252 Anm 38. Ergeben sich später nach Aufstellung, aber vor Feststellung des JA neue Erkenntnisse, müssen diese nach zutreffender Ansicht des BFH nicht berücksichtigt werden (s Anm 805).

157 Ungewissen Verbindlichkeiten können **Ersatzansprüche** gegen Dritte (zB aus einer Haftpflichtversicherung, aus gesamtschuldnerischer Haftung oder aus Deliktsrecht) gegenüberstehen. Solche Ansprüche sind zu aktivieren, wenn sie rechtlich und wirtschaftlich entstanden sind (zur Bewertungseinheit § 249 Anm 65). Eine Berücksichtigung bei der Rückstellungsbewertung verstieße gegen das **Verrechnungsverbot** des § 246 Abs 2 (*BFH* 19. 3. 1975, BStBl II, 614 zum Regressanspruch gegen den Hauptschuldner im Falle einer drohenden Inanspruchnahme des Bürgen). Noch nicht aktivierbare Ersatzansprüche sind nur dann bei der Bewertung von Verbindlichkeitsrückstellungen zu berücksichtigen, wenn sie in einem unmittelbaren Zusammenhang mit der drohenden Inanspruchnahme stehen, in rechtlich verbindlicher Weise der Entstehung oder Erfüllung der Verbindlichkeit nachfolgen und vollwertig sind, weil sie vom Rückgriffsschuldner nicht bestritten werden und dessen Bonität nicht zweifelhaft ist (so *BFH* 17. 2. 1993, BStBl II, 440 mwN; *BFH* 3. 8. 1993, DB 1994, 1061). Hierin liegt kein Verstoß gegen das Realisationsprinzip, weil unter den genannten Voraussetzungen die Vermögensmehrung in Form des Ersatzanspruchs eine *zwangsläufige* Konsequenz der Vermögensminderung aus der zu passivierenden Verpflichtung darstellt (aA *Fürst/Angerer* WPg 1993, 427; *Bordewin* DB 1992, 1536).

Für die **Steuerbilanz** schreibt § 6 Abs 1 Nr 3a Buchstabe c EStG vor, dass **künftige Vorteile,** die mit Erfüllung der der Rückstellung zugrundeliegenden Verbindlichkeit *voraussichtlich* verbunden sein werden, bei der Bewertung wertmindernd zu berücksichtigen sind, soweit sie nicht als Forderung aktiviert werden müssen (s dazu *Kroschel/Löbl/Wellisch* DB 1998, 2390; *Weber-Grellet* DB 1998, 2436; krit *Glade* DB 1999, 404). Die bloße *Möglichkeit* des Eintritts künftiger wirtschaftlicher Vorteile iZm der Erfüllung der Verpflichtung reicht für eine wertmindernde Berücksichtigung der Vorteile im Rahmen der Rückstellungsbewertung allerdings nicht aus (s Gesetzesbegründung BT-Drs 14/443 S 52). So sind künftige Kippentgelte bspw nur dann zu berücksichtigen, wenn der Steuerpflichtige am Bilanzstichtag im Hinblick auf die Rekultivierungsverpflichtung mit Dritten Verkippungsverträge *bereits abgeschlossen* hat. Der Regierungsentwurf stellte ursprünglich lediglich auf die voraussichtliche Erzielung von Einnahmen ab. Damit dürfte man die Absicht verfolgt haben, die bisher gültigen Voraussetzungen für die Einbeziehung von noch nicht aktivierbaren Ersatzansprüchen in die Rückstellungsbewertung jedenfalls im Rahmen der Steuerbilanz erheblich herabzusetzen (glA *Kroschel/Löbl/Wellisch* DB 1998, 2390). So folgen zB nicht alle iZm ungewissen Verbindlichkeiten stehenden voraussichtlichen Einnahmen in rechtlich verbindlicher Weise der Entstehung der Verpflichtung zwangsläufig nach. Die Vereinnahmung von Kippgebühren im Rahmen von Rekultivierungs- und Wiederauffüllungsverpflichtungen hängt davon ab, inwieweit es dem zur Rekultivierung Verpflichteten gelingt, mit dritten Personen Verkippungsverträge abzuschließen. Es besteht mithin lediglich eine Aussicht auf Erzielung von Einnahmen in Form von Kippgebühren, die nicht iZm der rückstellungsbegründenden Ausbeutung steht, sondern bestenfalls mit der rückstellungsbeendenden Auffüllung ausbeutungsbedingter Gruben (*BFH* 17. 2. 1993, BStBl II, 441). Wie sich aus der ursprünglichen Entwurfsbegründung ergibt, sollten aber auch solche Einnahmen unter § 6 Abs 1 Nr 3 S 2 Buchstabe c EStG fallen (s BT-Drs 14/23 S 240; krit *Küting/Kessler* DStR 1998, 1943 unter Hinweis auf das Realisationsprinzip; zustimmend *Weber-Grellet* DB 1998, 2436 und wohl auch *D. Schneider* DB 1999, 109). Von diesem sehr weiten Saldierungsgebot ist der Gesetzgeber nun offensichtlich abgerückt, indem er verlangt, dass Verträge, aus denen in Zukunft rückstellungsmindernde Vorteile erwachsen, am Bilanzstichtag bereits abgeschlossen sein müssen. Die Neuregelung dürfte daher keine Abweichung der Steuerbilanz von der HB bedeuten. Allerdings impliziert der Begriff „Vorteile" im Vergleich zum noch im Regierungsentwurf verwendeten Begriff „Einnahmen" die Erweiterung des Saldierungsgebots nach Maßgabe einer wirtschaftlichen Betrachtungsweise.

3. Bewertung von Sach- und Dienstleistungsverpflichtungen

Als Erfüllungsbetrag von Sach- oder Dienstleistungsverpflichtungen ist der 158
Geldwert der erforderlichen Aufwendungen anzusetzen (nach der Regelung in § 6 Abs 1 Nr 3a Buchstabe b EStG sind Sach- oder Dienstleistungsverpflichtungen in diesem Sinne alle Verpflichtungen, die keine reinen Geldleistungsverpflichtungen sind, *Glanegger* in Schmidt EStG[24] § 6 Anm 404). Dies sind **Vollkosten,** Einzelkosten und notwendige Gemeinkosten (*Küting/Kessler* DStR 1989, 693; *Christiansen,* 51). Das handelsrechtliche Wahlrecht zur Einbeziehung von Gemeinkosten in die HK von Erzeugnissen (§ 255 Abs 2) kann nicht auf die Bewertung von Verbindlichkeitsrückstellungen übertragen werden (glA *Bachem* BB 1993, 2337; aA *ADS*[6] § 253 Anm 226; *Bordewin* DB 1992, 1536).

Zur Bewertung von Rückstellungen für drohende Verluste aus schwebenden Absatzgeschäften s Anm 169.

Für die **Steuerbilanz** gilt nach § 6 Abs 1 Nr 3a Buchstabe b EStG, dass auf **Sachleistungsverpflichtungen** beruhende Rückstellungen mit den Einzelkosten und den *angemessenen* Teilen der notwendigen Gemeinkosten zu bewerten sind, also uU weniger als in der HB (s dazu *Günkel/Fenzel* DStR 1999, 659; *Kroschel/Löbl/Wellisch* DB 1998, 2390; *Weber-Grellet* DB 1998, 2436; krit *IDW* WPg 1999, 31; *Küting/Kessler* DStR 1998, 1944; *D. Schneider* DB 1999, 107; *Glade* DB 1999, 404). Die Neuregelung führt zu einer Divergenz von Steuerbilanz und HB bei Sachleistungsverpflichtungen.

159 Nach *BFH* 24. 11. 1983, BStBl II 1984, 301 dürfen in die Rückstellung für interne JA- und Betriebsteuererklärungskosten **Fixkosten** nicht einbezogen werden. Dem wird im Schrifttum zu Recht widersprochen (*Kupsch* DB 1989, 60; *Herzig* DB 1990, 1353). Diese Entscheidung bleibt im Übrigen auf die Rückstellungen für JA- und Betriebssteuererklärungskosten beschränkt (*BFH* 25. 2. 1986, BStBl II, 788).

160 Nach ständiger Rspr des BFH sollen künftige **Kostensteigerungen** nicht zu berücksichtigen sein (*BFH* 7. 10. 1982, BStBl II 1983, 104 zu langfristigen Garantieverpflichtungen; *BFH* 5. 2. 1987, BStBl II, 845 zu Jubiläumszuwendungen). Das Stichtagsprinzip und das Nominalwertprinzip würden die Bewertung von Verbindlichkeitsrückstellungen nach den Preisverhältnissen des Bilanzstichtags gebieten (*BFH* BStBl II 1992, 910). Dem kann nicht zugestimmt werden (ebenso *Schulze-Osterloh* BB 2003, 351 unter Aufgabe der in *Baumbach/Hueck* GmbHG[17] § 42 Anm 333 vertretenen Auffassung; *Roser/Tesch/Seemann* FR 1999, 1345). Der Erfüllungsbetrag von Sach- oder Dienstleistungsverpflichtungen ist der Geldwert der erforderlichen Aufwendungen (Anm 158). Die Höhe der erforderlichen Aufwendungen hängt aber von den Preisverhältnissen im Zeitpunkt des Anfalls der Aufwendungen ab (*Clemm* BB 1991, 2117; *Loose* in HHR § 5 EStG Anm 740). Soweit Veränderungen der Höhe der Aufwendungen absehbar sind, beeinflussen diese den Erfüllungsbetrag. Das Stichtagsprinzip steht dem nicht entgegen. Als absehbar müssen etwa bevorstehende Lohnerhöhungen gelten, ohne dass ein entsprechender Tarifvertrag am Bilanzstichtag bereits abgeschlossen sein muss. Den Kostensteigerungen kann jedoch nicht zB pauschal mit einer durchschnittlichen historischen Inflationsrate Rechnung getragen werden. Zu den Besonderheiten bei der Bewertung von Sach- und Dienstleistungsverpflichtungen im Rahmen schwebender **Absatzgeschäfte** s Anm 169ff.

4. Zur Frage der Abzinsung bei Rückstellungen

161 Nach Abs 1 S 2 Hs 2 dürfen Rückstellungen nur abgezinst werden, soweit die ihnen zugrundeliegenden Verbindlichkeiten einen Zinsanteil enthalten, dh im Erfüllungsbetrag **verdeckte Zinszahlungen** enthalten sind (dazu *BFH* 15. 7. 1998, DStR, 1463). Ist dies der Fall, liegt ein schwebendes verdecktes Kreditgeschäft vor. Für noch nicht entstandene Zinsverbindlichkeiten dürfen nach den Grundsätzen der Bilanzierung schwebender Geschäfte keine Rückstellungen gebildet werden. Dem wird durch Abzinsung eines Zinsen enthaltenden Erfüllungsbetrages entsprochen. Im Falle **tatsächlicher Zinslosigkeit** würde die Abzinsung aber eine gegen das **Realisationsprinzip** verstoßende Vorwegnahme künftiger Erträge bedeuten (*ADS*[6] § 253 Anm 200 mwN; *Schulze-Osterloh* BB 2003, 351). Die Annahme verdeckter Zinszahlungen setzt voraus, dass die Beteiligten objektiv auch ein Kreditgeschäft gewollt haben (*Strobl* in FS Döllerer, 627). Diese Voraussetzung ist bei ungewissen Verbindlichkeiten (außer Rentenverpflichtungen) aber idR nicht erfüllt (dazu *Thiel* StbJb 1997/98, 325). Dementsprechend hat der BFH die Abzinsung in Fällen von Sachleistungsverpflichtungen (Entfernungsverpflichtung, Wiederauffüllverpflichtung, Rekultivierungsverpflichtung) abgelehnt. Dagegen unterstellt der BFH im Falle von erst nach geraumer Zeit zu erbringenden Geldleistungen (Gratifikationen, Jubiläumszuwendungen, Sparprämien) ohne weiteres, dass der Erfüllungsbetrag Zinsen enthalte (anders nur *BFH* 12. 12. 1990, BStBl II 1991, 483, wenn der Erfüllungsbetrag mit einem Verfügungsbetrag übereinstimmt). Diese Unterstellung ist ungerechtfertigt (so auch *Strobl* in FS Döllerer, 631). Ein verdecktes Kreditgeschäft kann nur dann unterstellt werden, wenn der Gläubiger oder der Schuldner die Möglichkeit einer sofortigen Erfüllung zum Barwert hat oder eine entsprechende Vereinbarung hätte getroffen werden können (*IDW* WPg 1994, 55; *Geib/Wiedmann* WPg 1994, 373; *Küting/Kessler* DStR 1989, 724; *Christiansen,* 56f). Dies ist zB bei Gewährleistungsverpflichtungen und bei Umweltschutzverpflichtungen eindeutig nicht der Fall (dazu *Clemm* BB 1993, 690; zu Sachleistungsverpflichtungen *Geib/Wiedmann* WPg 1994, 274).

Zur Frage der Abzinsung bei Verlustrückstellungen s Anm 176f.

Zum Verfahren verweist *Glanegger* in Schmidt[24] § 6 Anm 408 auf BMF BStBl I 1997, 832 Anm 2.1.1 zu § 12 Abs 3 Bewertungsgesetz sowie *BFH* BStBl II 98, 728. Wenn die Laufzeit unbekannt ist, erfolgt eine Schätzung (*Glanegger* aaO; aA *van de Loo* DStR 2000, 508). Bei Ansammlungsrückstellungen sind die einzelnen Raten abzuzinsen (*BFH* BStBl II 1998, 728; *Roser/Tesch/Seemann* FR 1999, 1345).

Für die **Steuerbilanz** enthält § 6 Abs 1 Nr 3a Buchstabe e S 1 EStG ein **generelles Abzinsungsgebot** für Rückstellungen, deren Laufzeit am Bilanzstichtag mindestens 12 Monate beträgt, die unverzinslich sind und nicht auf einer Anzahlung oder Vorausleistung beruhen. Es gilt ein Zinssatz von 5,5%. Für die Abzinsung von Rückstellungen für Sachleistungsverpflichtungen ist für die Bestimmung der Laufzeit der Zeitraum bis zum Erfüllungs*beginn* maßgebend (zur Bestimmung dieses Zeitpunkts bei bergrechtlichen Verpflichtungen wie Rekultivierung BMF 9. 12. 1999, BStBl I 2000, 1127).

5. Bildung von Einzel- und Sammelrückstellungen

Der Grundsatz der **Einzelbewertung** (§ 252 Abs 1 Nr 3) gebietet, jede Verpflichtung (jeden drohenden Verlust) einzeln zu erfassen und zu bewerten. Es sind Einzelrückstellungen zu bilden. Die Funktion der Einzelbewertung, zu verhindern, dass etwa Rückstellungen unterlassen werden, weil an anderer Stelle genügend stille Reserven vorhanden sind, wird nicht dadurch beeinträchtigt, dass eine abgegrenzte Menge gleichartiger Sachverhalte *zusammen* bewertet wird. Vielfach erlaubt nur die **Sammel- bzw Pauschalbewertung** eine sinnvolle Anwendung des Schätzungsmaßstabs der vernünftigen kaufmännischen Beurteilung (dazu *BFH* 22. 11. 1988, BStBl II 1989, 359 zur Sammelbewertung bei Verbindlichkeiten). So können regelmäßig für das individuelle Produkt keine auf Erfahrungen gestützten Wahrscheinlichkeiten für einen etwaigen Gewährleistungsaufwand angegeben werden. Für eine Vielzahl gleichartiger verkaufter Produkte kann dagegen, insb unter Berücksichtigung von Erfahrungswerten, idR eine insoweit nachprüfbare Schätzung erfolgen (*BFH* 12. 12. 1990, BStBl II 1991, 483 zu „Abschlussgebühren" von Bausparkassen). Pauschale Garantierückstellungen sind nötig, wenn auf Grund der Erfahrungen in der Vergangenheit mit einer gewissen Wahrscheinlichkeit mit Inanspruchnahmen zu rechnen ist oder sich aus der branchenmäßigen Erfahrung und der individuellen Gestaltung des Betriebs die Wahrscheinlichkeit ergibt, Garantieleistungen erbringen zu müssen oder nach der Lebenserfahrung in dem betr Betriebszweig 162 mit Inanspruchnahmen gerechnet werden muss (*BFH* 30. 6. 1983, BStBl II 1984, 263; s auch § 249 Anm 100 „Gewährleistung“).

Die Bildung von Sammel- bzw Pauschalrückstellungen verstößt nicht gegen den europarechtlichen Einzelbewertungsgrundsatz in Art 31 Abs 1 Buchstabe e der Vierten EG-Richtl (*EUGH* 14. 9. 1999, DB 2035). Um insb dem Vorsichtsprinzip zu genügen, kann es erforderlich sein, im Vorfeld der Anwendung des Einzelbewertungsgrundsatzes Bewertungseinheiten zu bilden.

163 Die Pflicht zu Pauschalrückstellungen ergibt sich für die **Steuerbilanz** ausdrücklich aus § 6 Abs 1 Nr 3a Buchstabe a EStG. Die Norm schreibt vor, dass bei der Bewertung von Rückstellungen für gleichartige Verpflichtungen auf der Grundlage der bei Abwicklung solcher Verpflichtungen in der Vergangenheit gemachten Erfahrungen die Wahrscheinlichkeit zu berücksichtigen ist, dass eine Inanspruchnahme nur zu einem Teil der Summe der Verpflichtungen erfolgt. § 6 Abs 1 Nr 3a Buchstabe a EStG hat im Wesentlichen klarstellende Bedeutung, denn die Abwicklungsergebnisse früherer Gj sind bereits handelsbilanziell bei der Bewertung zu berücksichtigen. Hierzu sowie zu der Notwendigkeit der teleologisch restriktiven Auslegung des Begriffs „gleichartige“ Verpflichtungen *Kemper/Konold* DStR 2003, 1686.

Sammel- (oder Pauschal-)Rückstellungen sind auch für Bürgschaftsverpflichtungen und für das Wechselobligo anerkannt (§ 249 Anm 100). Sammelrückstellungen können außerdem für drohende Verluste aus schwebenden Geschäften gebildet werden, sofern es sich um eine Vielzahl von an sich ausgeglichenen Geschäften handelt, bei denen die Erfahrung gezeigt hat, dass ein bestimmter Anteil dieser Geschäfte Verluste bringen wird. Die Zulässigkeit von Sammelrückstellungen kann sich zB aus § 240 Abs 4 ergeben, der seinerseits den Ansatz von Schulden in einer Gruppe und mit dem gewogenen Durchschnittswert zulässt (zu Einzelheiten § 240 Anm 138–140).

6. Bewertung im Falle eines Passivierungswahlrechts

164 Rückstellungen für unterlassene Instandhaltung, die vom vierten bis zwölften Monat des folgenden Gj nachgeholt werden (§ 249 Abs 1 S 3), oder für bestimmte Aufwendungen nach § 249 Abs 2 haben keinen Verpflichtungscharakter (§ 249 Anm 1, 4), so dass ein Erfüllungsbetrag nicht gegeben ist. Hier fixiert der Maßstab der vernünftigen kaufmännischen Beurteilung nur die **Wertobergrenze** iHd Vollkosten (Anm 158). Diese Rückstellungen können auch mit jedem niedrigeren Betrag dotiert werden (*ADS*^{6} § 253 Anm 276). Dabei ist jedoch in den Folgejahren der Grundsatz der **Bewertungsstetigkeit** zu beachten (dazu § 249 Anm 310; zu Anhangangaben s § 249 Anm 317).

165 Für Rückstellungen für unterlassene Instandhaltung, die im folgenden Gj innerhalb von drei Monaten, und für Abraumbeseitigung, die im folgenden Gj nachgeholt werden, besteht nach § 249 Abs 1 S 2 Nr 1 Passivierungspflicht. Daher sind die in Anm 151 ff dargestellten allgemeinen Grundsätze der Bewertung ungewisser Verbindlichkeiten entsprechend anzuwenden.

II. Rückstellungen für Pensionen und ähnliche Verpflichtungen

166 Auf die Erl in § 249 Anm 195 ff wird verwiesen.

III. Rückstellungen für drohende Verluste aus schwebenden Geschäften

1. Schwebende Beschaffungsgeschäfte

Zu schwebenden Beschaffungsgeschäften betr *aktivierungsfähige* VG s § 249 Anm 69 ff. Zu *nicht aktivierungsfähigen* Leistungen s § 249 Anm 73. Die Regeln zur Währungsumrechnung und zur Abzinsung bei schwebenden Absatzgeschäften (Anm 176 ff) gelten entsprechend. 167

2. Schwebende Absatzgeschäfte

a) Grundsatz

Rückstellungen für drohende Verluste aus schwebenden Absatzgeschäften sind zu bilden, wenn und soweit der Wert der Lfg- oder Leistungsverpflichtung am Bilanzstichtag über dem Wert des Anspruchs auf die Gegenleistung liegt (§ 249 Anm 74). Der Anspruch auf die **Gegenleistung** ist regelmäßig mit dem **Nennbetrag** zu bewerten, wenn eine Geldforderung besteht. Davon sind zu gewährende Skonti, Boni oder Rabatte abzuziehen. Bei Fremdwährungsansprüchen ist auf den Briefkurs (Begriff s Anm 70) am Bilanzstichtag abzustellen (zur Kompensation § 249 Anm 63). Besteht die Gegenleistung in einer Sach- oder Dienstleistung (etwa bei einem Tausch- oder Kompensationsgeschäft) sind die Grundsätze über die Bewertung von Lfg- und Leistungsansprüchen im Rahmen schwebender Beschaffungsgeschäfte entsprechend anzuwenden (§ 249 Anm 69 ff). 168

b) Ansatz von Voll- oder Teilkosten

Der Wert der **eigenen Verpflichtung** ist nach den Kosten der geschuldeten Lfg oder Leistung zu bestimmen (*IDW RS HFA 4* WPg 2000, 716 Anm 34: Auszugehen ist von den auf das schwebende Geschäft entfallenden AK/HK). Bezüglich der Bewertung der noch anfallenden Aufwendungen und dabei insb der weiteren Fertigungskosten werden zu der Frage, ob zu Teil- oder zu Vollkosten zu bewerten ist, die unterschiedlichsten Auffassungen vertreten (unter Teilkosten versteht man dabei lediglich die variablen Kosten, die auf Grund des zu bewertenden Geschäfts *zusätzlich* anfallen). Durch handelsbilanzielle Übung hat sich dabei ein **Wahlrecht** des Ansatzes zu **Teil- oder Vollkosten** als GoB verfestigt (Anm 171). Dieses ist jedoch gleichlaufend mit der Bewertung der zugrunde liegenden VG auszuüben (Anm 172). Im Einzelnen werden folgende Ansichten vertreten: 169

(a) Die Befürworter eines Ansatzes zu **Vollkosten** (insb *IDW RS HFA 4* Anm 35 WPg 2000, 716 in der redaktionell geänderten Fassung WPg 2001, 216) gehen bei der Interpretation des Imparitätsprinzips implizit von einer leistungsbezogenen Fixkostenverrechnung aus. Auch die während der Bearbeitung des Auftrags in Folgeperioden noch anfallenden Fixkosten werden dem Auftrag zugerechnet. Sie sollen nicht in der Periode als Aufwand verrechnet werden, in der die Kapazität bereitgestellt wird, sondern in der Periode, in der der Gewinn oder der Verlust aus dem Geschäft bilanziert wird. Ergibt sich aus dem Geschäft ein Gewinn, ist dies nach dem Realisationsprinzip das Jahr, in dem der Umsatz stattfindet. Handelt es sich um einen Verlust, ist es idR das Jahr, in dem der Vertrag geschlossen wurde. Dabei sind die Fixkosten auf der Basis einer Normalbeschäftigung einzurechnen. Leerkosten dürfen dem Auftrag nicht zugerechnet werden (*Küting/Kessler* DStR 1989, 695; aA *Christiansen,* 90).

(b) Die Befürworter eines Ansatzes der noch anfallenden Aufwendungen zu **Teilkosten** (*Albach* StbJb 1967/68, 357; *Friederich* Grundsätze ordnungsmäßiger Bilanzierung für schwebende Geschäfte, Düsseldorf 1976, 67) unterstellen dagegen bei der Interpretation des Imparitätsprinzips eine periodenbezogene Verrechnung der Fixkosten. Fixkosten sollen in der Periode als Aufwand verrechnet werden, in der die entsprechende Kapazität bereitgestellt wird. Das zu bewertende schwebende Geschäft verursacht danach nur variable Kosten. Deshalb sollen als noch anfallende Aufwendungen nur variable Kosten berücksichtigt werden.

170 (c) Als dritte Lösung wird gefordert, **Mehrerlöse,** die auf Grund von Kapazitätsbeschränkungen durch das zu bewertende Geschäft verhindert werden, in die Ermittlung drohender Verluste auf Teilkostenbasis einzubeziehen (*ADS*[6] § 253 Anm 254 mwN). Die Rückstellung umfasst dann den Überschuss der aktivierten AK/HK zuzüglich noch anfallender Aufwendungen zu Teilkosten und eines entgehenden Mehrerlöses über den Veräußerungserlös, maximal den Betrag der ungedeckten Fixkosten. Gegen den Ansatz derart modifizierter Teilkosten spricht vor allem, dass entgehende Mehrerlöse aus nicht zustandegekommenen Aufträgen idR nicht plausibel kalkuliert werden können.

171 (d) Schließlich wird zutreffend ein **Wahlrecht** zwischen dem Ansatz zu variablen Kosten und dem Ansatz zu Vollkosten vertreten. Als Begründung wird auf das Wahlrecht zur Einbeziehung von Gemeinkosten und des Wertverzehrs des Anlagevermögens bei der Bewertung unfertiger und fertiger Erzeugnisse gem § 255 Abs 2 S 3 hingewiesen (*ADS*[6] § 253 Anm 254; *Herzig/Köster* in HdJ III/5 Anm 282 unter Hinweis auf „true and fair view"; *WPH I*[12] E 95 mit Hinweis darauf, dass sich das Wahlrecht als GoB verfestigt hat zurecht gegen *IDW RS HFA 4* WPg 2000, 716 Anm 35 in der redaktionell geänderten Fassung WPg 2001, 216). Abgesehen von der Berücksichtigung entgehender Mehrerlöse (Anm 170) ist dieses Wahlrecht zu bejahen, weil eine Entscheidung zwischen zeitraum- und leistungsbezogener Fixkostenverrechnung bislang aus dem GoB-System nicht zwingend abgeleitet werden konnte und der Gesetzgeber diese Unbestimmtheit des Verursachungsprinzips auch bei der Bestimmung der HK von Erzeugnissen nicht beseitigt hat (anders wohl *Lück* DB 1996, 1739f, der die Leistungsbezogenheit der vorzunehmenden Fixkostenverrechnung aus der nach seinem Verständnis statischen Konzeption des Imparitätsprinzips ableitet).

172 Bei der Ausübung des Wahlrechts ist jedoch zu beachten, dass sich der Wertansatz eines bestimmten VG oder einer Schuld nach dem Grundsatz der **Methodenbestimmtheit der Bewertung** aus *einer* bestimmten Bewertungsmethode ergeben muss (dazu *ADS*[6] § 252 Anm 124). Gegenstand der verlustfreien Bewertung sowohl in Form der Abschreibung auftragsbezogener Vorräte als auch der Bildung einer Verlustrückstellung ist das betr schwebende Geschäft, das daher nach *einer* bestimmten Methode zu bewerten ist. Die noch anfallenden HK sind für die Bildung von Verlustrückstellungen mit den Vollkosten anzusetzen, *wenn* die betr Erzeugnisse zu Vollkosten bewertet werden. Sofern die zu aktivierenden HK und die noch anfallenden HK nach *unterschiedlichen* Verursachungsprinzipien bewertet würden, ergäbe sich je nach Anarbeitungsgrad ein unterschiedliches Ausmaß der verlustfreien Bewertung, zB wenn der vereinbarte Erlös des schwebenden Geschäfts die variablen Kosten überschreitet, aber unter den Vollkosten liegt.

Beispiel: Fixkosten 30 + variable Kosten 60 = Vollkosten 90. Vereinbarter Erlös 70. Bewertet der Kfm zu Vollkosten, wäre nach Fertigstellung eine Abschreibung von 20 vorzunehmen. Wäre es hier zulässig, vor Beginn der Fertigung bei der Ermittlung der Notwendigkeit einer Verlustrückstellung Teilkosten heranzuziehen, wäre eine Verlustrückstellung zu diesem Zeitpunkt noch nicht erforderlich. Dies würde zu einer unzulässigen

Verlagerung des Aufwands auf den späteren Zeitpunkt der Fertigstellung führen, obwohl die bilanzielle Verlustwirkung des Geschäfts bereits feststeht.

c) Nichtberücksichtigung eines Gewinnaufschlags

Ein Gewinnaufschlag darf ebenso wie andere kalkulatorische Kosten in den Wert der eigenen Verpflichtung nicht eingerechnet werden, da insoweit kein Verpflichtungsüberschuss besteht (*ADS*[6] § 253 Anm 253; *BFH* 19. 7. 1983, BStBl II 1984, 56). 173

d) Berücksichtigung künftiger Kostensteigerungen

Die Pflicht zur Bildung von Verlustrückstellungen ist eine Ausprägung des Imparitätsprinzips. Zur Erfassung der drohenden Verluste sind die *zukünftigen* Aufwendungen und Erträge einander gegenüberzustellen. Deshalb sind vorhersehbare **Kostensteigerungen** bei der Ermittlung der künftigen Aufwendungen zu berücksichtigen. Nach *IDW RS HFA 4* Anm 39f WPg 2000, 716 muss es sich hierbei um *begründete* Erwartungen, wie zB übliche Lohn- und Preissteigerungen handeln. Nicht einbezogen werden dürfen nach dem Stichtag eintretende *wertbegründende* Ereignisse wie zB Gesetzesänderungen oder Umweltauflagen. Gleichermaßen sind absehbare **Kostenminderungen** und zu erwartende **Mehrerlöse** (etwa auf Grund einer Preisgleitklausel) zu berücksichtigen. 174

e) Zur Frage der Abzinsung

Auch die Drohverlustrückstellung unterliegt dem Abzinsungsverbot des § 253 Abs 1 S 2. Gleichwohl wird vereinzelt vorgebracht, dass im Rahmen der Ermittlung des drohenden Verlusts die zu berücksichtigenden Ansprüche und Verbindlichkeiten abgezinst in die Berechnung einzubringen sind. Nach dem vom GrS insoweit unbeantwortet gebliebenen Vorlagebeschluss des X. Senats des *BFH* 26. 5. 1993, BStBl II, 859f sollen Rückstellungen für drohende Verluste aus schwebenden Geschäften nur in Höhe des **Barwerts der künftigen Ansprüche und Verpflichtungen** angesetzt werden dürfen. Dem ist nicht zuzustimmen. Bei einer Abzinsung würde unterstellt, dass aus dem passivierten Betrag tatsächlich Erträge in Höhe des Abzinsungssatzes erzielt werden. Diese Unterstellung bedeutet einen Verstoß gegen das Realisationsprinzip, weil solche (Zins-) Erträge am Bilanzstichtag noch nicht realisiert sind (glA *Moxter* BB 1993, 2483; *Karrenbrock* WPg 1994, 101; *Jäger* WPg 1992, 565; *Küting/Kessler* DStR 1989, 728; *Strobl* in FS Döllerer, 632f; *Kupsch* DB 1989, 61f; aA *ADS*[6] § 253 Anm 201). Abzulehnen ist daher auch *IDW RS HFA 4* Anm 41ff WPg 2000, 716: Abzinsung der aus dem schwebenden Geschäft resultierenden Ein- und Auszahlungen (Cash Flow) mit angemessenem Marktzinssatz mit Hinweis auf die *bloße Möglichkeit* der verzinslichen Verwendung (hiervon Ausnahme nach HFA: Abzinsung würde zu erwartende Kostensteigerungen [Anm 174] inkl Finanzierungsaufwendungen in etwa kompensieren. Dann seien sowohl Abzinsung als auch Kostensteigerung nicht zu berücksichtigen). Die Abzinsung von Verpflichtungsüberschüssen kann im Falle von Dauerschuldverhältnissen auch nicht in Analogie zum Barwertansatz von Rentenverpflichtungen gem § 253 Abs 1 S 2 gefordert werden (glA *Kropp/Weisang* DB 1995, 2486; so aber *BFH* 19. 7. 1983, BStBl II 1984, 56). Die Abzinsung von Rentenverpflichtungen lässt sich nur damit begründen, dass die Rentenzahlungen zumindest verdeckt einen Zinsanteil enthalten. Im Falle von Drohverlustrückstellungen kann aber von einer (verdeckt verzinslichen) Stundung von Verpflichtungsüberschüssen nicht gesprochen werden (glA *Moxter* BB 1993, 2483f; *Karrenbrock* WPg 1994, 101f; *Küting/Kessler* DStR 1989, 728). Das BMF hatte seine Auffassung in BMF 17. 8. 176

1998, BStBl I 1045, wonach Rückstellungen für drohende Verluste aus schwebenden Mietverhältnissen abzuzinsen seien, durch Schreiben von 1. 3. 2002 DB, 609 aufgegeben.

177 Ein **verdecktes Kreditgeschäft** (vgl auch *BFH* 15. 7. 1998, DStR, 1463) kann aber anzunehmen sein, wenn der Zeitpunkt der Leistung vom Zeitpunkt der Gegenleistung erheblich abweicht (dazu auch *Karrenbrock* DB 1994, 1943; *Herzig* DB 1994, 1431; *Christiansen,* 88). Ist bei einem schwebenden Absatzgeschäft der Kaufpreis erst sechs Monate nach der Lfg fällig, muss der um ein halbes Jahr abgezinste Erlöswert dem Nominalwert der Leistungsverpflichtung gegenübergestellt werden. Dadurch wird die Abzinsung der Lieferforderung in der ggf zu bildenden Verlustrückstellung mit antizipiert. Umgekehrt würde sich eine Rückstellungsminderung ergeben, soweit der Auftragnehmer Anzahlungen erhält und der Zinsvorteil dem Erlöswert hinzugerechnet würde (in diesem Sinne *Clemm* in FS L. Schmidt, 191f; *Christiansen,* 98, nur für den Fall, dass der Zinsvorteil im Vertrag offen vom Kaufpreis abgesetzt wird; *Kropp/Weisang* DB 1995, 2486 bejahen die Abzinsung für den Fall eines Finanzierungsleasing).

f) Währungsumrechnung

179 Der Anspruch auf die Gegenleistung im Rahmen eines schwebenden Absatzgeschäftes ist nach den Grundsätzen zu bewerten, die für Forderungen gelten (hierzu Anm 604f). Daher sind neben einem Delkredererisiko auch Währungseinflüsse zu berücksichtigen. Das Verbot, VG über den AK anzusetzen, hat keine Bedeutung, da es sich bei der Gegenleistung noch nicht um einen zu aktivierenden Anspruch handelt, sondern diese nur in die Berechnung der Rückstellung eingeht. Als Kurs am Bilanzstichtag kommen der Kassakurs und der der Restlaufzeit des Geschäfts entsprechende Terminkurs in Frage (hierzu Anm 70, 76).

180 Sofern der Kunde bei einem Fremdwährungsgeschäft eine **Anzahlung** in derselben Fremdwährung geleistet hat, bilden die erhaltene Anzahlung und der entsprechende Anspruch aus dem zugrunde liegenden schwebenden Geschäft eine geschlossene Position (Anm 77). Einem Kursverlust beim Gegenleistungsanspruch steht ein Kursgewinn bei der erhaltenen Anzahlung (und umgekehrt) ggü. Die **Kurssicherungswirkung** tritt zwangsläufig ein. Die erhaltene Anzahlung braucht hierbei nicht als Kurssicherungsinstrument bestimmt zu werden. Eine isolierte Bewertung der Anzahlung und eines drohenden Verlustes zum Bilanzstichtag scheidet aus. Im Falle eines gesunkenen Kurses ist die Minderung des €-Wertes der Anzahlung gegen den Rückgang des Erlöswertes für Zwecke der Rückstellungsbemessung aufzurechnen. Im Falle eines gestiegenen Kurses ist die Anzahlung aufzuwerten. Die Minderung der Verlustrückstellung ergibt sich durch Umrechnung der Erlöswerte mit dem höheren Stichtagskurs.

181 Soweit der Valutaanspruch aus dem schwebenden Absatzgeschäft mit einer anderen bilanzierten Verbindlichkeit (als einer erhaltenen Anzahlung) oder einer nicht zu bilanzierenden Verpflichtung aus einem anderen schwebenden Geschäft (zB einem Devisentermingeschäft) eine geschlossene Position bildet, besteht im Falle eines gesunkenen Kurses ein Wahlrecht, den Kursgewinn aus dem Deckungsgeschäft bei der Bemessung der Verlustrückstellung gegenzurechnen (zur Begründung des Wahlrechts Anm 78). Im Falle eines gestiegenen Kurses ergibt sich von selbst eine kompensatorische Bewertung, weil der Valutaanspruch aus dem schwebenden Geschäft zum höheren Stichtagskurs umzurechnen ist.

3. Dauerschuldverhältnisse

184 Zur Bemessung von Rückstellungen für drohende Verluste aus Dauerschuldverhältnissen s § 249 Anm 76ff; zur Abzinsungsfrage s Anm 176f.

Abschreibungen bei Gegenständen des Anlagevermögens (Abs 2)

Schrifttum: *Büttner/Wenzel* Die Bewertung von Wirtschaftsgütern mit einem Festwert, DB 1992, 1893; *Körner/Weiken* Wirtschaftliches Eigentum nach § 5 Abs 1 Satz 1 EStG, BB 1992, 1033; *Mathiak* Rechtsprechung zum Bilanzsteuerrecht, DStR 1992, 449; *Moxter* Zur bilanzrechtlichen Behandlung von Mietereinbauten nach der neueren höchstrichterlichen Rechtsprechung, BB 1998, 259; *Dietrich* Teilwertabschreibung, Wertaufholungsgebot und „voraussichtlich dauernde Wertminderung" im Spiegel des BMF-Schreibens vom 25. 2. 2000; DStR 2000, 1629; *Hoberg* Verlängerte AfA-Zeiträume: Ein großes Problem? DB 2001, 347; *Hommel* Neue Abschreibungsfristen in der Steuerbilanz, BB 2001, 247; *Köhler/Benzel/Trautmann* Die Bilanzierung von ERP-Software im Internetzeitalter, DStR 2002, 926.

A. Allgemeines

I. Gegenstand, Zweck und Anwendungsbereich der Abschreibung

Abs 1 sieht für **alle Kaufleute** als Wertobergrenze der VG des Anlagevermögens die AK/HK vor, die im Falle der abnutzbaren VG um *planmäßige Abschreibungen* zu reduzieren sind. 201

Ist der am Bilanzstichtag *beizulegende Wert dauerhaft niedriger,* sind nach Abs 2 für das *nicht* abnutzbare und für das abnutzbare Anlagevermögen *außerplanmäßige Abschreibungen* vorzunehmen. Ist die Wertminderung nur *vorübergehend, darf* außerplanmäßig abgeschrieben werden.

Planmäßige Abschreibungen sind beim *abnutzbaren Anlagevermögen* nach Abs 2 S 1 zwingend vorzunehmen. Sie sollen den für die Zukunft absehbaren planmäßigen Wertverzehr erfassen (*Döring/Buchholz* in HdR[5] § 253 Anm 108), dienen in erster Linie jedoch der *periodengerechten Verteilung* der ursprünglichen AK/HK (*Richter* in HdJ II/1 Anm 210) und damit mehr der korrekten Darstellung der Ertragslage als der Vermögenslage (*ADS*[6] § 253 HGB Anm 358). Es muss auch dann planmäßig abgeschrieben werden, wenn der beizulegende Wert des Anlageguts (Anm 286 ff) im betreffenden Gj gestiegen oder konstant geblieben ist. 202

Außerplanmäßige Abschreibungen nach Abs 2 S 3 dienen der Berücksichtigung von Wertverlusten beim *abnutzbaren* und *nicht abnutzbaren Anlagevermögen* zum Bilanzstichtag, soweit diese beim abnutzbaren Anlagevermögen nicht bereits durch planmäßige Abschreibungen erfasst wurden (*Döring/Buchholz* in HdR[5] § 253 Anm 108, 165). Daneben können außerplanmäßige Abschreibungen nach Abs 4 die Bildung von stillen Rücklagen ermöglichen (hierzu Anm 651 ff) bzw nach § 254 der Wahrnehmung von steuerrechtlichen Vergünstigungen dienen (wegen Einzelheiten s Erl zu § 254). 203

Bei den **steuerrechtlichen Abschreibungsvorschriften** ist zu unterscheiden zwischen solchen, die lediglich den handelsrechtlichen entsprechen und solchen Bestimmungen, die zusätzliche steuerrechtliche Abschreibungen (auf Grund von § 254 S 1 auch in der HB) eröffnen. Nur letztere, also die *„Spitzenbeträge"*, sind steuerrechtliche Abschreibungen iSd § 254 S 1 (hier Anm 250 und § 254 Anm 3 f). 204

KapGes oder aufgrund von Sondervorschriften wie solche zu behandelnde Unt (zB KapCoGes nach § 264 a, Kreditinstituten nach § 340 a, Versicherungs-Unt nach § 341 a) dürfen nach § 279 Abs 1 S 1 außerplanmäßige Abschreibun- 205 gen **im Rahmen vernünftiger kaufmännischer Beurteilung** iSd Abs 4 nicht vornehmen (§ 279 Anm 3). **Steuerrechtliche Abschreibungen** nach § 254 sind für KapGes/KapCoGes nach § 279 Abs 2 nur zulässig, wenn ihre steuerrechtliche Anerkennung davon abhängig ist, dass sie auch in der HB vorgenommen werden (zur Erl, dass es sich auf Grund der steuerrechtlichen Gegebenheiten idR um ein **faktisches Wahlrecht** handelt, § 279 Anm 7).

Darüber hinaus besteht für KapGes/KapCoGes bei **vorübergehender Wertminderung** auf Grund § 279 Abs 1 nur bei Finanzanlagen ein Abschreibungswahlrecht.

206 Zum Wegfall der Abschreibungsgründe und der damit zusammenhängenden eventuellen Bildung von stillen Rücklagen bei Wertbeibehaltung s die Übersichten Anm 3 sowie Anm 655.

Zu den Sonderfällen der Abschreibung des GFW s § 255 Anm 518ff, der Abschreibung von aktivierten Aufwendungen für die Ingangsetzung und Erweiterung des Geschäftsbetriebs § 282 sowie zu weiteren Sonderfällen hier Anm 275ff.

II. Vornahme und Ausweis

209 Abschreibungen können sowohl in **direkter Form** (durch aktivische Absetzungen von den AK/HK) als auch in **indirekter Form** (als passivische Wertberichtigung) vorgenommen werden (*WPH*[12] *I* E Anm 295, *ADS*[6] § 253 Anm 352; *Küpper* in HWR[3], 18; kritisch *Richter* in HdJ II/1 Anm 135). Beide Formen entsprechen den GoB (§ 243 Abs 1) und sind als klar und übersichtlich iSd § 243 Abs 2 anzusehen.

210 Für **KapGes/KapCoGes** und dem PublG unterliegende Ges (§ 5 Abs 1 S 2 PublG) ist nach § 268 Abs 2 lediglich die direkte Form zulässig, wobei die Abschreibungen entweder in der Bilanz gesondert aufgeführt oder im Anhang angegeben werden müssen (dazu im Einzelnen § 268 Anm 10ff).

Steuerrechtliche Abschreibungen iSd § 254, die die handelsrechtlich zulässigen Abschreibungen übersteigen (s Anm 204), dürfen allerdings nach § 281 Abs 1 S 1 in Form eines Sonderpostens mit Rücklageanteil ausgewiesen werden (zur Ermittlung des Unterschiedsbetrags s dort).

B. Planmäßige Abschreibungen (Abs 2 S 1)

I. Zeitlich begrenzte Nutzungsdauer

212 **Abs 2 S 1** betrifft ausschließlich die Bewertung solcher VG des Anlagevermögens, deren Nutzung zeitlich begrenzt ist. Nicht gemeint sind VG, die zwar nicht abnutzbar sind, deren Nutzung aber nur für eine bestimmte Zeit vorgesehen ist. Die zeitliche Begrenzung der Nutzung muss sich aus der Eigenart des VG unmittelbar ergeben (ebenso *ADS*[6] § 253 Anm 355).

213 Die **Nutzungsdauer von Vermögensgegenständen,** die der technischen oder wirtschaftlichen Abnutzung, dem Verbrauch oder der Ausbeutung unterliegen, ist stets begrenzt.

Abnutzbar können auch **immaterielle Vermögensgegenstände** sein (Anm 320). Dies gilt selbst dann, wenn sie unbefristet (zB ein Gewinnungsrecht auf unbestimmte Dauer) oder unwiderruflich (zB Grunddienstbarkeit in Form eines Wegerechts) begründet sind, aber ein Ende ihrer Verwertbarkeit anzunehmen ist. Im Zweifel ist nach dem Grundsatz der Vorsicht gem § 252

Abs 1 Nr 4 von einer zeitlich begrenzten Nutzung auszugehen (*ADS*[6] § 253 Anm 356). Obligatorische, also rein auf schuldrechtlichem Vertrag beruhende Ansprüche und dingliche Rechte (etwa das **Wegerecht**) sind gleich zu beurteilen. Es kommt vor allem darauf an, ob ein Ende ihrer Nutzbarkeit absehbar ist. Insb bei Rechten ist zu berücksichtigen, dass sie auch dann der Abnutzung unterliegen, wenn sie zwar formal bestehen bleiben, sich aber wirtschaftlich entwerten (zB Patente und andere Schutzrechte; aber uU keine wirtschaftliche Entwertung bei einer Internet Domain Adresse *FG Rheinland-Pfalz* 16. 11. 2004 EFG 2005, 348). Gleiches gilt auf Grund wirtschaftlicher Entwertung für **Software.**

Abnutzbar sind alle beweglichen und unbeweglichen VG des **Sachanlagevermögens** mit Ausnahme der Grundstücke (Gegenausnahme: auszubeutende Grundstücke, *ADS*[6] § 253 Anm 357), der geleisteten Anzahlungen sowie der Anlagen im Bau und einiger seltener Sonderfälle (zB Antiquitäten, Kunstwerke, Sammlungs- und Anschauungsobjekte uä, soweit diese nicht in Gebrauch sind, *BFH* 26. 1. 2001 WPg, 411: AfA bei 300-jähriger benutzter Geige; weiterer Wertzuwachs durch Zunahme des Alters schadet nicht; Nutzungsdauerannahme 100 Jahre). Auch ein ständiger Ersatz der Verschleißteile ändert nichts an der Zuordnung zum abnutzbaren Anlagevermögen. 214

Aufgrund besonderer steuerrechtlicher Vorschriften können Abschreibungen auf der Grundlage des § 254 bereits auf Anzahlungen und Anlagen im Bau zulässig sein (hierzu § 254 Anm 37 f).

Nicht abnutzbar sind dagegen **Finanzanlagen** (Anm 401 ff) und **geleistete Anzahlungen auf immaterielle Vermögensgegenstände** (*Döring/Buchholz* in HdR[5] § 253 Anm 107). 215

Sind nur **Teile eines Vermögensgegenstandes** zeitlich begrenzt, andere Teile zeitlich unbegrenzt zu nutzen und ist eine Trennung nicht möglich (zB bei einem Grundstück mit auszubeutenden **Bodenschätzen;** wenn trennbar s Anm 328), ist der VG einheitlich dem abnutzbaren Anlagevermögen zuzuordnen (ebenso *ADS*[6] § 253 Anm 356). Es ist dann bis auf den Wert abzuschreiben, der nach vollständiger Nutzung als Rest verbleibt.

Sonderfälle werden in Anm 275 ff zusammenhängend dargestellt. 216

II. Planmäßigkeit

Die Wertansätze von VG des Anlagevermögens, deren **Nutzung zeitlich begrenzt** ist, sind zwingend durch planmäßige Abschreibungen zu mindern, Abs 2 S 1. 219

„Planmäßig" bedeutet *„im Voraus festgelegt"*. Der jährliche Abschreibungsbetrag ist spätestens bei Vornahme der ersten Abschreibung für die gesamte Nutzungsdauer zu bestimmen (ähnlich *ADS*[6] § 253 Anm 362; *Döring/Buchholz* in HdR[5] § 253 Anm 114). Dies geschieht durch die Festlegung der Abschreibungsmethode (Anm 238ff), der Abschreibungsbasis sowie der geplanten Nutzungsdauer oder der voraussichtlichen Gesamtleistung (konkreter Abschreibungsbetrag im letzten Fall nur zum Gj-Ende ermittelbar, Anm 245). 220

Eine schriftliche Niederlegung des Abschreibungsplans für jedes einzelne Anlagegut ist nicht erforderlich (*ADS*[6] § 253 Anm 365). Der **Plan** kann sich auch aus allgemeinen **bilanzpolitischen Anweisungen** oder einer ständigen Übung ergeben, wenn sich daraus Nutzungsdauer und Abschreibungsmethode ableiten lassen. „Planmäßig" heißt auch, dass an dem einmal aufgestellten Plan *grundsätzlich festzuhalten* ist. **Änderungen** sind als **Ausnahmen** vom Grundsatz der **Bewertungsstetigkeit** (§ 252 Abs 1 Nr 6) in besonderen Fällen zulässig

(Anm 270 ff; wegen der Korrektur in anderen Fällen s Anm 260 ff; *ADS*[6] § 253 Anm 418 ff).

III. Abschreibungsplan (Abs 2 S 2)

221 Gem Abs 2 S 2 sind durch den **Abschreibungsplan** die AK/HK auf die Gj zu verteilen, in denen der VG voraussichtlich genutzt werden kann. Entsprechend dem Grundsatz der **Einzelbewertung** (§ 252 Anm 22 ff) ist für jeden einzelnen VG ein Abschreibungsplan zu erstellen (zu den Ausnahmen bei Festwertbildung § 240 Anm 71 ff und bei Gruppenbewertung § 240 Anm 130 ff). **Pauschale Abschreibungen** auf das Anlagevermögen insgesamt oder Teile hiervon sind unzulässig (*Richter* in HdJ II/1 Anm 213; *Brandis* in Blümich § 7 EStG Anm 93).

1. Anschaffungs- oder Herstellungskosten, Restwert

222 Die **Anschaffungs- oder Herstellungskosten** (§ 255 Abs 1 und Abs 2) des zeitlich begrenzt nutzbaren Anlagevermögens sind die *Obergrenze* und zugleich grds die **Bemessungsgrundlage** des rechnerisch über die Nutzungsdauer zu verteilenden Betrages. Höhere Wiederbeschaffungskosten sind unbeachtlich (zB *ADS*[6] § 253 Anm 344).

223 Nach dem Wortlaut des Abs 2 S 2 scheint die Berücksichtigung eines **Restwertes** (Veräußerungs- oder Schrottwert) nach dem Ende der Nutzung ausgeschlossen, weil in diesem Falle nicht die *gesamten* AK/HK über die Nutzungsdauer verteilt wären. Ist jedoch mit ausreichender Sicherheit von einem **Verwertungserlös** (Veräußerungserlös/Schrottwert abzüglich Ausbau-, Abbruch- und Veräußerungskosten) am Ende der Nutzungsdauer auszugehen, ist dieser grds zu berücksichtigen (*WPH*[12] *I* E Anm 289, *ADS*[6] § 253 Anm 415). Der Wortlaut von Abs 2 S 2 ist in diesem Fall so auszulegen, dass auch die Verwertung eines abgenutzten VG als letzte Nutzungshandlung noch zur Nutzung zählt. Soweit aber der Veräußerungserlös nicht sicher feststeht oder unerheblich ist, ist handels- wie steuerrechtlich von einem Restwert von Null auszugehen.

Steuerrechtlich wird ein *Schrottwert* zudem nur dann zu berücksichtigen sein, wenn dieser sowohl im Vergleich zu den AK/HK als auch absolut *erheblich ins Gewicht fällt,* zB bei Gegenständen von hohem Gewicht oder aus wertvollem Material, beispielsweise bei Schiffen (*BFH* 2. 12. 1987, BStBl II 1988, 502).

Dies gilt nicht für *erwartete Verkaufserlöse* bei Veräußerung eines WG vor seiner völligen Abnutzung. Sie sind steuerrechtlich nicht in die Berechnung der Abschreibungsbeträge einzubeziehen (*Nolde* in HHR § 7 EStG Anm 156; *Brandis* in Blümich § 7 EStG Anm 247). Vielmehr sind die ungekürzten AK/HK ohne Berücksichtigung des voraussichtlichen Veräußerungszeitpunktes auf die normale betriebsgewöhnliche Nutzungsdauer zu verteilen (*Drenseck* in Schmidt EStG[24] § 7 Anm 64; *Nolde* in HHR § 7 EStG Anm 156).

2. Abschreibungsbeginn und voraussichtliche Nutzungsdauer

224 Die Abschreibung **beginnt** handels- und steuerrechtlich grds mit *Lieferung/Fertigstellung* des abnutzbaren VG (zur Abschreibung auf Anzahlungen oder Anlagen im Bau s Anm 387 ff). Die Fertigstellung ist erfolgt, wenn das Anlagegut bestimmungsgemäß genutzt werden kann (*Nolde* in HHR § 7 EStG Anm 160; *Brandis* in Blümich § 7 EStG Anm 302 f; EStH 44 „Fertigstellung"; zur Bestimmung des Zeitpunktes der Lieferung s § 255 Anm 31 f). Bei immateriellen VG ist der Zeitpunkt der *Überlassung* maßgeblich.

Auf den Zeitpunkt der *tatsächlichen Ingebrauchnahme* kommt es nicht an (*Richter* in HdJ II/1 Anm 232; *Döring/Buchholz* in HdR[5] § 253 Anm 118). Dies gilt auch dann, wenn der VG eindeutig auf Vorrat oder aus Vorsorge angeschafft worden ist und somit gegenwärtig (noch) nicht genutzt wird (*Drenseck* in Schmidt EStG[24] § 7 Anm 90). Auch hier unterliegt der VG idR der wirtschaftlichen Abnutzung (*Nolde* in HHR § 7 EStG Anm 160; *Brandis* in Blümich § 7 EStG Anm 303). Längere *Stillstandzeiten* vor der eigentlichen Nutzung können durch eine Abschreibungsmethode (Anm 238 ff) berücksichtigt werden, die den Schwerpunkt der Abschreibung nicht auf den Nutzungsbeginn legt; ggf ist die Nutzungsdauer anzupassen. Zu den Auswirkungen einer endgültigen Stilllegung Anm 289.

Die Finanzverwaltung lässt ein Wahlrecht zwischen dem Anschaffungs- bzw. 225
Fertigstellungsdatum und der Ingebrauchnahme zu (s *Drenseck* in Schmidt EStG[24] § 7 Anm 90; *Nolde* in HHR § 7 EStG Anm 160), wenngleich EStR 44 Abs 1 darauf hindeutet, dass die planmäßigen Abschreibungen (steuerrechtlich: AfA) unabhängig von der Ingebrauchnahme, nämlich ab Anschaffung oder Herstellung vorzunehmen sind (so auch *Brandis* in Blümich § 7 EStG Anm 302).

Steuerrechtlich erfordert die Fertigstellung eines Gebäudes nicht, dass dies insgesamt fertiggestellt ist, es genügt, wenn ein Teil des Gebäudes (zB Ladengeschäft), der einem eigenständigen Nutzungs- und Funktionszusammenhang dienen soll, abgeschlossen erstellt und genutzt wird (EStH 44 „Fertigstellung"). Abschreibungsgrundlage sollen in diesem Fall die gesamten bisher angefallenen HK des Gebäudes sein (*BFH* 9. 8. 1989, BStBl II 1991, 132; EStH 43 „Fertigstellung"; Wahlrecht im Falle gemischter betrieblicher sowie privater Nutzung EStR 43 Abs 2; zur generellen Übertragbarkeit zu Recht kritisch *Drenseck* in Schmidt EStG[24] § 7 Anm 90; ebenso *Wilhelm,* BB 1991, 1965). Handelsrechtlich kann dem nicht gefolgt werden. Vielmehr bilden hier lediglich die einer selbstständig bewertbaren Teilanlage (zB Ladengeschäft) zuordenbaren bisherigen Aufwendungen die Bemessungsbasis (wohl ebenso *ADS*[6] § 253 Anm 440).

Zu den **Vereinfachungsregeln** und **Sonderfällen** des Abschreibungsbeginns Anm 276 f.

Scheidet ein noch nicht voll abgeschriebener VG im Laufe eines Gj aus, ist 228
für ihn die Abschreibung bis zum Zeitpunkt des **Abganges grundsätzlich zeitanteilig** zu verrechnen (EStR 44 Abs 9), wobei auf volle Monate aufgerundet werden darf (*Drenseck* in Schmidt EStG[24] § 7 Anm 92; *Richter* in HdJ II/1 Anm 234). Liegt beim Ausscheiden des Anlage-VG jedoch ein nur noch relativ unbedeutender Restbuchwert vor, ist es auch vertretbar, ihn in die Abschreibung einzubeziehen (*ADS*[6] § 253 Anm 443; *WPH*[12] *I* E Anm 290).

Die **Nutzungsdauer** wird durch das **„voraussichtliche"** Ende der Nutzung 229
bestimmt. Dies ist durch eine Prognose vorsichtig iSd § 252 Abs 1 Nr 4 festzulegen. Vorsichtig bedeutet, dass willkürlich weder eine zu kurze noch eine zu lange Nutzungsdauer unterstellt werden darf. Wurde gegen diese Beschränkungen des im Übrigen sehr weiten **Prognosespielraumes** verstoßen, ist der Abschreibungsplan im Jahr des Erkennens dieses Fehlers für die Zukunft zu berichtigen (Anm 260 f). Ist die Schätzung der Nutzungsdauer mit einem hohen Unsicherheitsfaktor behaftet, sind ungünstige Faktoren durch eine kürzere Nutzungsdauerschätzung stärker zu berücksichtigen (*ADS*[6] § 253 Anm 378). Indirekt spielt auch die gewählte Abschreibungsmethode eine Rolle. Eine **Methode,** die den Schwerpunkt der Abschreibung nicht auf den Beginn der Nutzung legt, kann eine kürzer geschätzte Nutzungsdauer im Interesse vorsichtiger Bewertung erforderlich machen.

Die **Prognose** bezieht sich auf die theoretische Nutzungsmöglichkeit im **konkreten Betrieb,** also die **betriebsindividuelle Nutzungsdauer** bis zur vollständigen Abnutzung. Ein Wegfall der Nutzungsabsicht ist unberücksichtigt zu lassen, auch wenn beabsichtigt ist, einen Gegenstand bereits nach kurzer Zeit zu veräußern, obwohl er noch mehrere Jahre nutzbar wäre. Ist der Wertverlust zu Beginn der Nutzung höher als es dem **Zeitanteil** entspricht, kann dies bei der Wahl der Abschreibungsmethode berücksichtigt werden (hierzu Anm 242).

Das Ende der Nutzung wird durch technische, wirtschaftliche oder rechtliche Gründe bestimmt:

230 Das **technische Nutzungsende** gibt die längstmögliche Nutzungsdauer vor, in der ein Anlage-VG eine betrieblich nutzbare technische Leistung erbringt. Abnutzungsursachen, die letztlich zur Unbrauchbarkeit führen, können sein: Zeitverschleiß (zB Witterungseinflüsse), Substanzverringerung (zB bei Kiesgruben oder im Bergbau) und insb Abnutzung durch Gebrauch.

Wirtschaftliche oder rechtliche Gründe werden im Allgemeinen ein Ende der Nutzung zu einem früheren Zeitpunkt herbeiführen. Die rechtliche oder wirtschaftliche Nutzungsdauer hat daher Vorrang vor der technischen. Auch wenn keine konkreten Hinweise für eine Verkürzung der Nutzungsdauer aus wirtschaftlichen oder rechtlichen Gründen bestehen, entspricht es dem Vorsichtsgebot (§ 252 Abs 1 Nr 4), wegen dieser Risiken einen **Abschlag** von der technischen Nutzungsdauer vorzunehmen.

231 Die für gleichartige VG in der **Vergangenheit** beobachtete **betriebsgewöhnliche Nutzungsdauer** kann einen Hinweis auf die voraussichtliche Nutzungsdauer geben. Soweit keine eigenen **Erfahrungswerte** vorhanden sind, können branchenübliche Sätze einen Anhaltspunkt für die Schätzung geben. Auch die vom BMF in Zusammenarbeit mit den Verbänden der Wirtschaft herausgegebenen steuerrechtlichen **branchengebundenen AfA-Tabellen** können eine Hilfe sein, da sie branchenspezifische Nutzungsdauern für einzelne VG wiedergeben, die als vorsichtige Schätzung der Nutzungsdauer iSd GoB anerkannt sind. Sie erübrigen jedoch nicht die Prüfung, ob aus betriebsindividuellen Gründen eine kürzere Nutzungsdauer zu unterstellen ist. Ein Abweichen von den *branchengebundenen* AfA-Tabellen aus betriebsindividuellen Gründen ist auch in der Steuerbilanz zulässig, bedarf jedoch einer besonderen Begründung (*Drenseck* in Schmidt EStG[24] § 7 Anm 84 mwN, auch zur allgemeinen Geltung sowie zur Verbindlichkeit für die Finanzverwaltung und die Gerichte). Zur betrieblichen Anwendung und zur Rechtsnatur der AfA-Tabellen s *Mathiak* DStR 1992, 449 ff.

Auch die nicht-branchenspezifische **AfA-Tabelle für die allgemein verwendbaren Anlagegüter „AV"** wurde regelmäßig für die handelsbilanzielle Abschreibung zu Grunde gelegt (vorletzte Fassung BMF 18. 4. 1997 BStBl I 376). Mit der Neufassung BMF 15. 12. 2000 BStBl I 1532 stellt das BMF für die steuerbilanzielle Abschreibung nicht mehr auf die handelsrechtlich relevante *wirtschaftliche* Nutzungsdauer, sondern auf die *technische* Nutzungsdauer ab (mit Geltung für nach dem 31. 12. 2000 neu angeschaffte VG). Diese orientiert sich nicht an der handelsbilanziellen Frage, wie lange mit der Verwendung eines VG im Unt zu rechnen ist, bis er durch einen neuen VG ersetzt wird. Entscheidend soll für die Steuerbilanz nunmehr sein, wie lange der VG technisch genutzt werden *könnte*. Das BMF möchte die Berücksichtigung der kürzeren wirtschaftlichen Nutzungsdauer nur dann zulassen, wenn der VG zum Ende dieses Zeitraums objektiv wirtschaftlich verbraucht ist, dh wenn angenommen werden kann, dass es danach endgültig keine weitere wirtschaftlich sinnvolle Verwendung mehr gibt. Diese Annahme dürfte wohl nur dann getroffen werden, wenn auf Grund der Verwendung des VG mit seiner völligen Abnutzung gerechnet werden muß (zB Anlagegüter, die durch die Verwendung letztendlich planmäßig zerstört werden). Zur Kritik s auch *Hommel* BB 2001, 247. Zur wirtschaftlichen Auswirkung der für die Steuerbilanz verlängerten AfA-Zeiträume *Hoberg* DB 2001, 347.

Die allgemeinen AfA-Tabellen können daher nicht mehr generell für die Bestimmung der handelsbilanziell relevanten wirtschaftlichen Nutzungsdauer herangezogen werden. Wenn die steuerrechtliche technische Nutzungsdauer herangezogen werden soll, ist im Einzelfall unter Berücksichtigung der Umstände im Unt zu prüfen, ob diese der tatsächlich anzunehmenden wirtschaftlichen Nutzungsdauer entspricht. Ist dies nicht der Fall, kommt es zu einer **Abweichung** von HB und Steuerbilanz. Zum Vergleich der Nutzungsdauern nach der alten und neuen allgemeinen AfA-Tabelle s die Darstellung in Anm 393.

Die alte allgemeine AfA-Tabelle kann weiterhin zur Bestimmung der handelsbilanziell relevanten wirtschaftlichen Nutzungsdauer herangezogen werden, solange nicht aufgrund allgemeiner wirtschaftlicher oder technischer Einflüsse damit gerechnet werden muss, dass sich die wirtschaftliche Nutzungsdauer eines entsprechenden VG verändert hat.

Technische Gründe, die zu einer **zusätzlichen Verkürzung der Nutzungsdauer** führen, können zB sein: 232

- **Mehrschichtbetrieb:** bei ganzjährigem Zweischichtbetrieb wird in der Regel eine um 20%, bei ganzjährigem Drei- bzw Vierschichtbetrieb eine um 33¹/₃% kürzere Nutzungsdauer unterstellt, was im Falle einer linearen Abschreibung einer Erhöhung des AfA-Satzes um 25% bzw um 50% gleichkommt. In einer Modifizierung der Vorbemerkung zu der neuen allgemeinen AfA-Tabelle (Anm 231) lässt BMF 6. 12. 2001 WPg 2002, 46 dies jedoch nur bei linearer Abschreibung beweglicher WG zu.
- **Umweltbelastungen** (etwa Einsatz im Freien oder Einwirkung von Feuchtigkeit, Salzen, Dämpfen, Säuren);
- Erwerb in **gebrauchtem Zustand;**
- **andere Faktoren,** zB Einsatz unter erschwerten Bedingungen auf Baustellen.

Falls diese Umstände nicht in den steuerrechtlichen AfA-Tabellen berücksichtigt sind, ist eine **betriebsindividuelle Schätzung** erforderlich (*BFH* 19. 5. 1976, BStBl II 1977, 60; s allgemeine Vorbemerkung zu den AfA-Tabellen BMF 6. 12. 2001 WPg 2002, 46).

Aus **rechtlichen Gründen** kann sich eine zu berücksichtigende Verkürzung der Nutzungsdauer ergeben, wenn öffentlich-rechtliche oder privatrechtliche **Nutzungsbeschränkungen** voraussehbar sind, zB wenn eine öffentlich-rechtliche Betriebserlaubnis nur für beschränkte Zeit oder nur vorläufig erteilt und ihre Verlängerung ungewiss ist, oder eine Enteignung zu befürchten ist. Gleiches gilt, wenn eine Anlage auf gemietetem Grund und Boden errichtet wurde und nicht mit der Verlängerung des Mietvertrages zu rechnen ist, so dass damit die Nutzung vor der technischen Nutzungsdauer endet. Auch privatrechtliche Unterlassungsklagen vom Nachbarn oder Konkurrenten können zu einer Beendigung der Nutzung vor dem Ende der technischen Nutzungsdauer führen. Dies gilt in besonderem Maße für immaterielle VG, wenn zB bei Patenten und Lizenzen Unterlassungsprozesse geführt werden. In diesen Fällen kann neben der vorsichtigen Schätzung der Nutzungsdauer außerdem eine Prozesskostenrückstellung erforderlich werden (§ 249 Anm 100, Prozesskosten). 233

Aus **wirtschaftlichen Gründen** werden technische Anlagen häufig bereits vor dem Ende ihrer technischen Nutzungsdauer nicht mehr genutzt. Auch dies ist zu berücksichtigen. Gründe, die auf ein insoweit vorzeitiges Nutzungsende hindeuten, sind zB: 234

- **Beabsichtigte Produktionsumstellungen** wegen eines Modellwechsels. Hiervon sind, zB in der Automobilindustrie, sog **modell-** oder **typenbezo-**

gene Werkzeuge und Vorrichtungen, aber auch bei den Zuliefererbetrieben die sog **kundenbezogenen** Werkzeuge und Vorrichtungen betroffen, soweit diese dem Anlagevermögen zuzurechnen sind (hierzu auch § 247 Anm 352);
- **Absehbare oder vollzogene Entwicklungen** zu rationelleren und rentableren Fertigungsmethoden sowie zu Anlagen größerer Kapazität oder schnellerer Laufgeschwindigkeit;
- **Nachfrageverschiebungen** durch verändertes Konsumentenverhalten;
- **Nachfragerückgang** als Ausfluss eines gesunkenen Marktanteils (zB durch den Eintritt neuer Wettbewerber).

235 Eine **längere betriebliche Nutzungsdauer** als die branchenübliche oder eine in den steuerrechtlichen AfA-Tabellen genannte darf angenommen werden, wenn betriebsspezifische Erfahrungen oder Gründe für diese Annahme vorliegen. Gründe können zB der nichtständige Einsatz, die ungenügende Auslastung, die Anschaffung als Reserveteil, Benutzung durch besonders geschultes Personal, aber auch die Weiternutzung über das Ende der wirtschaftlichen Nutzungsdauer bis zu ihrem technischen Ende sein. Soweit die gegenüber den AfA-Tabellen längere Nutzungsdauer allerdings mit der laufenden Instandhaltung begründet wird, müssen besondere Wartungsarbeiten (kurze Austausch- und Wartungsintervalle) durchgeführt werden, da die Nutzungsdauerschätzungen der steuerrechtlichen AfA-Tabellen die üblichen Instandhaltungsmaßnahmen einschließen.

236 Wenn ein VG aus **mehreren Bestandteilen** mit unterschiedlicher Nutzungsdauer besteht, richtet sich die Nutzungsdauer grds nach derjenigen des teuersten und/oder wichtigsten Bestandteils (*ADS*[6] § 253 Anm 381). So werden **Spezialersatzteile** einer Maschine – unabhängig davon, ob sie bereits eingebaut sind – **einheitlich** mit dieser abgeschrieben. Ausnahmen von diesem Grundsatz gelten insb für selbstständig zu bewertende Gebäudebestandteile (Anm 334ff).

3. Handelsrechtliche Abschreibungsmethoden

238 **Abs 2 S 2** überlässt die Art der Abschreibungsmethode, also die Art der Verteilung der AK/HK über die Nutzungsdauer, dem Ermessen des Kfm. Im Grundsatz ist damit unter Beachtung der folgenden Einschränkungen jede nicht willkürliche Verteilung zulässig.

239 Eine **Verteilung** über die Gj bedeutet, dass in jedem Nutzungsjahr ein **Mindestbetrag** abzuschreiben ist. Ein **Aussetzen** der Abschreibung in einem Jahr – auch wegen vorausgegangener zu hoher Abschreibungen – ist unzulässig (*WPH*[12] *I* E Anm 292). In Betracht kommt ausnahmsweise eine **nachträgliche Änderung** des Abschreibungsplans (Anm 258ff). Notwendig ist eine regelmäßige, nicht aber eine gleichmäßige Verteilung. Die Verteilung ist unter Beachtung des **Vorsichtsprinzips** (§ 252 Abs 1 Nr 4) so zu wählen, dass außerplanmäßige Abschreibungen voraussichtlich vermieden werden können. Übervorsichtig hohe Abschreibungen sind willkürlich und entsprechen ebenfalls nicht den GoB. Es ist eine Abschreibungsmethode zu wählen, die nicht in offenbarem Widerspruch zur Realität des **Entwertungsverlaufes** und dem Gebot der periodengerechten Aufwandsverteilung nach § 252 Abs 1 Nr 5 steht. So sind Abschreibungen nach Maßgabe des Unternehmensgewinns oder der Rentabilität einer Anlage unzulässig (*ADS*[6] § 253 HGB Anm 414; *Richter* in HdJ II/1 Anm 210).

240 In der Anwendung einer anderen Abschreibungsmethode für art- und funktionsgleiche **Neuzugänge** ist bei gleichem Entwertungsverlauf ein **Wechsel der Abschreibungsmethode** iSd § 252 Abs 1 Nr 5 zu sehen (§ 252 Anm 58). Allerdings darf nur in begründeten Fällen bei Neuzugängen eine andere Abschrei-

bungsmethode als bisher gewählt werden (hierzu und zu den Gegenmeinungen § 252 Anm 58 sowie *Selchert* in HdR[5] § 252 Anm 153ff). Ein Wechsel der Abschreibungsmethode muss bei KapGes/KapCoGes nach § 284 Abs 2 Nr 3 im *Anhang* angegeben und begründet werden (s § 284 Anm 157; zum Wechsel der Abschreibungsmethode im einzelnen Anm 270ff). In der Praxis entsprechen folgende Abschreibungsmethoden den **GoB:**

a) Lineare Abschreibung

Bei der linearen Abschreibung werden die AK/HK in jeweils gleichen Jahresbeträgen über die Nutzungsdauer verteilt. Soll ein Restwert (zB Schrottwert Anm 223) berücksichtigt werden, ist er vorweg von den AK/HK gedanklich abzusetzen. **241**

Es wird also ein **kontinuierlicher Entwertungsverlauf** unterstellt, der in der Praxis selten vorkommt. Insb bei technischen Anlagen im Bereich schnell fortschreitender Technologie erscheint die lineare Methode deshalb nur dann vertretbar, wenn das Risiko der wirtschaftlichen Überalterung bei der Schätzung der Nutzungsdauer verkürzend berücksichtigt wird. Vorzugsweise sollte hier aber die degressive Abschreibung angewendet werden (Anm 242; ebenso zB *ADS*[6] § 253 Anm 400). **Steuerrechtlich** ist die lineare AfA allerdings ohne Einschränkungen zulässig (§ 7 Abs 1 EStG, bei Gebäuden und ihnen gleichgestellten Objekten § 7 Abs 4 EStG).

b) Degressive Abschreibung

Degressive Abschreibung bedeutet, dass zu Beginn der Nutzungsdauer höhere Anteile der AK/HK verrechnet werden als gegen Ende der Nutzungsdauer. Die Abschreibungsbeträge sinken hierbei von Jahr zu Jahr (**steuerrechtlich** grds nur zulässig für bewegliche WG des Anlagevermögens nach § 7 Abs 2 EStG sowie für Gebäude bzw ihnen gleichgestellten Objekten nach § 7 Abs 5, 5a EStG). **242**

Hierdurch kann in Fällen eines gegenläufigen Verlaufs von Wertminderung und Reparaturaufwand eine gleichmäßige Verteilung der gesamten auf einen VG bezogenen Aufwendungen erreicht werden: Hohen Abschreibungen zu Beginn stehen verhältnismäßig geringe Reparaturaufwendungen gegenüber, die erfahrungsgemäß mit zunehmender Nutzungsdauer ansteigen, während die Abschreibungsbeträge fallen. Außerdem wird durch die anfangs hohen Abschreibungsbeträge das **Risiko wirtschaftlicher Entwertung** bereits im Abschreibungsplan berücksichtigt.

Zur Berechnung des jährlichen Abschreibungsbetrages haben sich unterschiedliche handelsrechtlich prinzipiell zulässige Verfahren entwickelt (*Baetge* Bilanzen[5], 203ff).

Bei dem **geometrisch-degressiven** Verfahren zur Berechnung der jährlichen Abschreibungsbeträge (sog **Buchwertabschreibung**) wird – wie bei der linearen Abschreibung – mit einem gleich bleibenden Prozentsatz gerechnet, doch bezieht sich dieser Prozentsatz nur im ersten Jahr auf die AK/HK, während in den Folgejahren jeweils der **Restbuchwert** (AK/HK abzüglich Abschreibungen der vorausgegangenen Jahre) als **Bemessungsgrundlage** der jährlichen Abschreibung dient. Entscheidend für den Abschreibungsverlauf ist die Festlegung des Abschreibungsprozentsatzes im ersten Jahr. Sie hat sich am voraussichtlichen Entwertungsverlauf zu orientieren. **243**

Bei strikter Anwendung des geometrisch-degressiven Verfahrens verbleibt immer ein **Restwert.** Dieser ist im letzten Jahr der zugrundegelegten Nutzungsdauer vollständig mit abzuschreiben (*Brandis* in Blümich § 7 EStG Anm 421; *Nolde* in HHR § 7 EStG Anm 270). Bei einer kurzen Nutzungsdauer führt dieses Verfahren allerdings zu in der Regel nicht mehr vertretbaren hohen Restwerten. Es wird deshalb üblicherweise in dem Jahr auf die **lineare Abschreibung übergegangen,** in dem die gleichmäßige Verteilung des Restbuchwerts auf die restliche Nutzungsdauer höhere Abschreibungsbeträge ergibt als die Fortführung der geometrisch-degressiven Methode. Dies ist auch steuerrechtlich zulässig (§ 7 Abs 3 S 1, 2 EStG).

Da bei Anwendung der geometrisch-degressiven Abschreibung **steuerrechtlich** nach § 7 Abs 2 S 4 EStG keine sog Absetzungen für außergewöhnliche technische oder wirtschaftliche Abnutzungen (AfaA) zulässig sind, wird häufig auch aus diesem Grund auf die lineare Abschreibung übergegangen (AfaA dann prinzipiell zulässig, *Drenseck* in Schmidt EStG[24] § 7 Anm 133). Steuerrechtliche Sonderabschreibungen (mit Ausnahme der Abschreibung nach § 7g EStG) sind dagegen bei Anwendung der degressiven Abschreibung auch nach einem Wechsel zur linearen Methode nicht zulässig (§ 7a Abs 4 EStG; *Drenseck* in Schmidt EStG[24] § 7a Anm 7). Eine Anwendung der geometrisch degressiven Abschreibung schließt hingegen eine Teilwertabschreibung nach § 6 Abs 1 Nr 1 und 2 EStG nicht aus (*Werndl* in Kirchhof/Söhn EStG § 7 EStG Anm C 20).

Steuerrechtlich wird neben der **geometrisch-degressiven** Abschreibung für *bewegliche* WG nach § 7 Abs 2 EStG nur noch die degressive Abschreibung in **fallenden Staffelsätzen** nach § 7 Abs 5 EStG für *Wohngebäude* und ihnen nach § 7 Abs 5 a EStG gleichgestellte Objekte anerkannt (selbstständige Gebäudeteile, Eigentumswohnungen, Räume im Teileigentum). Abschreibungen nach § 7 Abs 5 EStG können nur für Neubauten in Anspruch genommen werden (*BFH* 31. 3. 1992, BStBl II, 808, 1091; *Drenseck* in Schmidt EStG[24] § 7 Anm 155; s auch Anm 343). Für *Wirtschaftsgebäude* im Betriebsvermögen kann die degressive Abschreibung nach § 7 Abs 5 EStG nicht mehr in Anspruch genommen werden, wenn der Bauantrag nach dem 31. 12. 1993 gestellt wurde. Im Falle der Anschaffung muss der Kaufvertrag vor dem 1. Januar 1994 rechtswirksam abgeschlossen worden sein.

Die steuerrechtliche Inanspruchnahme der degressiven Methode setzt voraus, dass diese Methode in der HB ebenfalls zugrunde gelegt wird (*BFH* 24. 1. 1990, BB, 1237; Hess Finanzministerium 13. 11. 1991 DB 1992, 301; Nieders Finanzministerium 14. 4. 1991 BB, 245). Der Abschreibungsprozentsatz darf hierbei höchstens das Zweifache des in Betracht kommenden linearen Prozentsatzes betragen und ist auf 20% begrenzt.

Im Übrigen ist es **handelsrechtlich** auch zulässig, den Restwert durch *fiktive Erhöhung* der Bemessungsgrundlage aus der Berechnung zu eliminieren (s nachfolgendes Beispiel). Die fiktiven AK sind daher im Wege einer mathematischen Näherung zu ermitteln. Steuerrechtlich wird dies allerdings als nicht zulässig angesehen (*Brandis* in Blümich § 7 EStG Anm 421).

Der **Vergleich** einer degressiven Abschreibung mit und ohne Restwert mit der linearen Abschreibung zeigt sich an folgendem

Beispiel: AK 1000 Euro, Nutzungsdauer acht Jahre, degressiver Abschreibungssatz 20%:

	degressive AfA mit Restwert Euro	degressive AfA ohne Restwert Euro	AfA linear Euro
AK im 1. Jahr	1000	1000	1000
(fiktive AK)		(1201)	
Abschreibung im 1. Jahr	./. 200	./. 240	./. 125
Restbuchwert Ende 1. Jahr	800	760	875
(fiktiver Restbuchwert)		(961)	

	degressive AfA mit Restwert Euro		degressive AfA ohne Restwert Euro		AfA linear Euro
Abschreibung im 2. Jahr	./.	160	./.	192	./. 125
Restbuchwert Ende 2. Jahr		640		568	750
(fiktiver Restbuchwert)				(769)	
Abschreibung im 3. Jahr	./.	128	./.	154	./. 125
Restbuchwert Ende 3. Jahr		512		414	625
(fiktiver Restbuchwert)				(615)	
Abschreibung 4. Jahr	./.	102	./.	123	./. 125
Restbuchwert Ende 4. Jahr		410		291	500
(fiktiver Restbuchwert)				(492)	
Abschreibung im 5. Jahr	./.	82	./.	98	./. 125
Restbuchwert Ende 5. Jahr		328		193	375
(fiktiver Restbuchwert)				(394)	
Abschreibung im 6. Jahr	./.	66	./.	79	./. 125
Restbuchwert Ende 6. Jahr		262		114	250
(fiktiver Restbuchwert)				(315)	
Abschreibung im 7. Jahr	./.	52	./.	63	./. 125
Restbuchwert Ende 7. Jahr		210		51	125
(fiktiver Restbuchwert)				(252)	
Abschreibung im 8. Jahr	./.	42	./.	51	./. 125
Restbuchwert Ende 8. Jahr		168		0	0
(Ende der Nutzungsdauer)					

Bei dem sog **arithmetisch-degressiven** Abschreibungsverfahren und seiner wichtigsten Ausprägungsform, der **digitalen Abschreibung,** nehmen die jährlichen Abschreibungsbeträge kontinuierlich zum Ende der Nutzungsdauer hin um einen jeweils konstanten Betrag (den **Degressionsbetrag**) ab. Soll ein Restwert verbleiben, ist er von den AK/HK zur Berechnung der Abschreibungsbeträge abzusetzen (Anm 223). Da steuerrechtlich nicht anerkannt, ist die Bedeutung dieser Abschreibungsart gering. 244

c) Leistungsabschreibung

Die Leistungsabschreibung wird steuerrechtlich nur bei beweglichen WG anerkannt, bei denen sie wirtschaftlich begründet ist (§ 7 Abs 1 S 6 EStG). Dies ist idR bei schwankendem Wertverzehr des Anlageguts auf Grund seiner unterschiedlichen Beanspruchung in den einzelnen Nutzungsjahren der Fall. Die jährlichen Abschreibungsbeträge werden dann auf Grund der **konkreten Leistungsabgabe** berechnet. An die Stelle der geschätzten Nutzungsdauer tritt dabei die **voraussichtliche Gesamtleistung,** die sich zB in einer bestimmten Stück-, Kilometerzahl oder sonstigen Leistungseinheit ausdrücken lässt. Dieser Gesamtleistung werden die AK/HK gegenübergestellt und der **Aufwand pro Leistungseinheit** ermittelt. Der Abschreibungsbetrag eines Jahres errechnet sich dann aus den jährlich in Anspruch genommenen Leistungseinheiten. Diese müssen nachweisbar sein. Dieses AfA-Verfahren ist üblich in der Automobil- und Reifenindustrie für Testfahrzeuge sowie bei KFZ von Reisenden mit hoher Kilometerleistung. 245

Steigt die Leistungsinanspruchnahme erst gegen Ende der Nutzung, besteht die Gefahr, dass es zu einer grds unzulässigen progressiven Abschreibung kommt (Anm 246). In diesem Fall würde die allein an der technischen Abnutzung orientierte Leistungsabschreibung den wirtschaftlichen Entwertungsverlauf in Zeiten der geringen Leistungsinanspruchnahme nicht ausreichend berücksichtigen. Die Leistungsabschreibung kann zur Vermeidung dieser Wirkung mit einem anderen **Abschreibungsverfahren kombiniert** werden (Anm 247). Es ist zB zulässig, den Abschreibungsbetrag, der sich bei linearer Verteilung der AK/HK ergeben würde, als **Mindestbetrag** zu definieren (glA *ADS*[6] § 253 Anm 407 f).

d) Progressive Abschreibung

246 Bei der **progressiven Abschreibung** steigen die jährlichen Abschreibungsbeträge gegen Ende der Nutzungsdauer an. Dies wird nur in wenigen **Ausnahmefällen** dem wirtschaftlichen Entwertungsverlauf eines VG entsprechen; andernfalls würde die Anwendung dieser Abschreibungsmethode dem Vorsichtsprinzip (§ 252 Abs 1 Nr 4) widersprechen (*ADS*[6] § 253 Anm 402).

Selbst bei einer langsam ansteigenden Nutzung, zB bei **Großkraftwerken** oder Rechenzentren, deren Kapazitäten zunächst nicht optimal ausgelastet sind, wird eine progressive Abschreibung selten den wirtschaftlichen Gegebenheiten entsprechen, da im Wege der Abschreibung nicht nur die technische Abnutzung, sondern vor allem das Risiko der **wirtschaftlichen Überholung** berücksichtigt werden soll (Anm 234).

Wegen dieser **Vorbehalte** wird die progressive Abschreibung **steuerrechtlich** nicht zugelassen.

e) Kombinationsformen

247 **Kombinationen** der zuvor beschriebenen Verfahren zur Berechnung der Abschreibung sind zulässig, solange sie **realitätsnah** sind. So kommt es häufig vor, dass zu Beginn der Nutzungsdauer die Abschreibung degressiv berechnet wird und ein Wechsel zur linearen Abschreibung erfolgt (Anm 243). Ist dieser **Methodenwechsel** von Anfang an geplant, wird diese **Methodenkombination** als eigenständige Abschreibungsmethode angesehen (*WPH*[12] *I* E Anm 291), ohne dass das Stetigkeitsgebot des § 252 Abs 1 Nr 6 verletzt wird (ebenso *Söffing* DB 1987, 2601; *Wohlgemuth* in BoHdR § 253 Anm 154.44). Wird der Entschluss zum Wechsel der Abschreibungsmethode nachträglich gefasst, liegt eine Änderung des Abschreibungsplans vor (Anm 270 ff). In beiden Fällen ist der Übergang zur linear berechneten Abschreibung steuerrechtlich anerkannt (§ 7 Abs 3 S 1 und S 2 EStG). Ein Wechsel von der linearen zur degressiven Abschreibung ist dagegen steuerrechtlich nicht zulässig (§ 7 Abs 3 S 3 EStG).

4. Steuerrechtliche Abschreibungen nach § 254

250 Nach dem Wortlaut von § 254 S 1 sind **steuerrechtliche** Abschreibungen solche, die **„nur“** steuerrechtlich zulässig sind (s Anm zu § 254). Abschreibungen, die gleichzeitig auf Grund Abs 2 oder Abs 4 zulässig sind, scheiden daher definitionsgemäß als steuerrechtliche Abschreibungen iSd § 254 S 1 aus. Die steuerrechtliche Anerkennung handelsrechtlich zulässiger Abschreibungen durch § 7 EStG (bzw bei der **Sofortabschreibung GWG,** § 6 Abs 2 EStG) und die Verwaltungsvorschriften hierzu macht sie nicht zu steuerrechtlichen Abschreibungen. Im Übrigen widerspräche es dem Sinn der handelsrechtlichen Abschreibungen iSd § 253, würde ihre Vornahme von ihrer steuerrechtlichen Anerkennung abhängig gemacht.

251 Weitergehende Abschreibungen sind jedoch für **KapGes/KapCoGes** in geringerem Umfange zulässig als für die **übrigen Kaufleute.** Bei letzteren können sich Abschreibungen auf Grund **vernünftiger kaufmännischer Beurteilungen** (Abs 4) mit steuerrechtlichen Abschreibungen decken (meist sog **erhöhte Absetzungen** oder **Sonderabschreibungen**). Insoweit ist die Zulassung von Abschreibungen durch § 254 S 1 gegenstandslos.

Die Übernahme steuerrechtlicher Abschreibungen iSv § 254 ist bei **KapGes/KapCoGes** nur zulässig, wenn die steuerrechtliche Anerkennung von der Übernahme in die HB abhängt, § 279 Abs 2. Die sich auf Grund dieser Abschreibungen ergebenden Wertansätze können beibehalten werden, soweit das **Wertaufholungsgebot** (§ 280 Abs 1) der Beibehaltung nicht entgegensteht. 252

Auswirkungen hat die **Qualifizierung von Abschreibungen** als steuerrechtliche Abschreibungen (§ 254 S 1) bei KapGes/KapCoGes vor allem hinsichtlich der Möglichkeit, einen **Sonderposten mit Rücklageanteil** iSd § 281 zu bilden sowie für die Angabepflicht im Anhang nach § 285 Nr 5.

Zum Begriff der **„nur steuerrechtlich zulässigen Abschreibungen"** iSd § 254 S 1s Anm zu § 254, wegen der steuerrechtlich begründeten außerplanmäßigen Abschreibungen Anm 297 f. 253

5. Änderungen des Abschreibungsplans

Verbindlich wird ein Abschreibungsplan mit Aufstellung der Bilanz, in der er erstmals berücksichtigt ist. Ab diesem Zeitpunkt ist zwischen notwendigen Änderungen (**Berichtigungen,** Anm 260 ff) und nur zulässigen Änderungen (**sonstige Änderungen,** Anm 270 ff) zu trennen. Unzulässig wäre demgegenüber zB eine willkürliche Planänderung oder ein zeitweises Aussetzen der planmäßigen Abschreibungen, selbst wenn dadurch ein weiteres Absinken des im Vergleich zum beizulegenden Wert zu niedrigen Restbuchwertes verhindert werden soll (Anm 239). 258

a) Berichtigungen

Berichtigungen des Abschreibungsplans haben grds eine periodengerechte Verteilung der noch nicht abgeschriebenen AK/HK auf **zukünftige Zeiträume** unter Beachtung des Vorsichtsprinzips zum Ziel, die zukünftige außerplanmäßige Abschreibungen voraussichtlich nicht notwendig werden lässt (glA *Döring/Buchholz* in HdR[5] § 253 Anm 140). Daneben können sie auch eine Berichtigung früherer Bilanzwerte zum Ziel haben, dazu Anm 806 ff. 260

Wertkorrekturen zum **Bilanzstichtag** dagegen sind durch *außerplanmäßige Abschreibungen* nach Abs 2 S 3 oder durch *Zuschreibungen bei einem Wegfall von Abschreibungsgründen* zu berücksichtigen. Diese Korrekturen haben allerdings selbst eine notwendige Berichtigung des Abschreibungsplans zur Folge (hierzu die nachfolgenden Erläuterungen).

Berichtigungen können auf folgenden **Ursachen** beruhen:

- **Veränderungen der Bemessungsgrundlage.** Hierunter fallen **Erhöhungen** der Bemessungsgrundlage durch *Nachaktivierungen* (hierzu § 268 Anm 45 f), *nachträgliche AK/HK* (§ 255 Anm 60, 110 ff, 375 ff) oder *Zuschreibungen* auf Grund einer *Nichtausübung des Beibehaltungswahlrechts* nach Abs 5 oder § 254 iVm Abs 5 sowie auf Grund des nachträglich bekannt werdenden ursprünglichen *Nichtvorliegens eines Abschreibungsgrundes* (zB steuerrechtliche Nichtanerkennung einer nach § 254 vorgenommenen Abschreibung). **Minderungen** der Bemessungsgrundlage können durch *nachträgliche Herabsetzungen der AK/HK* (§ 255 Anm 61 f) oder auf Grund *außerplanmäßiger Abschreibungen* nach Abs 2 S 3, Abs 4 oder § 254 vorliegen.
- **Fehleinschätzungen der Nutzungsdauer.** Wenn abzusehen ist, dass der Restbuchwert nicht in der noch verbleibenden Restnutzungsdauer abgeschrieben werden kann, da diese *kürzer* ist als ursprünglich geplant, ist außerdem zu prüfen, ob daneben eine außerplanmäßige Abschreibung nach Abs 2 S 3 geboten ist. Sowohl bei einer längeren als auch bei einer kürzeren Restnutzungsdauer als ursprünglich angenommen, ist eine Berichtigung nur zuläs-

sig, wenn die Fehleinschätzungen den jährlichen Abschreibungsbetrag erheblich beeinflussen. Dies kann bei Übernahme steuerrechtlicher Abschreibungsmöglichkeiten nach § 254 ausgeschlossen sein, da diesen häufig eine fiktive Nutzungsdauer zugrunde liegt oder zugrunde gelegt werden darf. Dennoch ist zur Bestimmung des im Zusammenhang mit den §§ 280, 281, 285 S 1 Nr 5 bei KapGes/KapCoGes wichtigen steuerrechtlichen Abschreibungs*mehr*betrages nach § 254 die handelsrechtlich angemessene Nutzungsdauer zu berücksichtigen.

– Unzutreffende Verteilung der AK/HK mittels **unzutreffender Abschreibungsmethode** innerhalb der richtig geschätzten Nutzungsdauer auf Grund einer **Fehlvorstellung** über den Entwertungsverlauf (zB auf Grund stärkerer oder schwächerer Abnutzung oder aus wirtschaftlichen Gründen, zB sinkender Wiederbeschaffungskosten). Steigende Wiederbeschaffungskosten müssen außer Betracht bleiben.

Berichtigungen, die auf einer Fehleinschätzung der Nutzungsdauer oder einer unzutreffenden Abschreibungsmethodik beruhen, sind nur bei Abweichungen vorzunehmen, die *außerhalb* des ursprünglichen Beurteilungsspielraumes liegen. Mit Ungenauigkeiten muss von vornherein gerechnet werden und der ursprüngliche Beurteilungsspielraum lässt sich zudem nur beschränkt im Nachhinein nachweisen. Eine Berichtigung hat sich deshalb idR auf **erhebliche Abweichungen** zu beschränken (glA *ADS*[6] § 253 Anm 422), zumal planmäßige Abschreibungen primär der periodengerechten Aufwandszuordnung und erst sekundär dem zutreffenden Vermögensausweis dienen (Anm 202; enger *WPH*[12] *I* E Anm 292: bei ursprünglich zu langer Nutzungsdauerschätzung muss in jedem Fall berichtigt werden). Aus Gründen der kaufmännischen Vorsicht ist allerdings die Fehlertoleranz nach „oben" erheblich geringer als nach „unten", dh eine **zukünftige Überbewertung** ist strenger zu beurteilen als eine **zukünftige Unterbewertung** (wohl ebenso *Döring/Buchholz* in HdR[5] § 253 Anm 142). *ADS*[6] § 253 Anm 426 sehen eine Berichtigung auf Grund einer ursprünglich zu kurz geschätzten Nutzungsdauer nur in Ausnahmefällen und hier vor allem bei KapGes/KapCoGes auf Grund von § 264 Abs 2 geboten, ansonsten nur bei willkürlicher oder bewusst falscher Schätzung. *Hofbauer* in BoHdR § 253 Anm 154.53 f sieht zudem eine zu kurze Nutzungsdauerschätzung bei Ekfm und reinen PersGes im Zweifel durch Abschreibungen nach Abs 4 gedeckt.

Liegen Abweichungen *innerhalb* der von vornherein mit zu berücksichtigenden Ungenauigkeiten (Beurteilungsspielraum), greift der Grundsatz der Bewertungsstetigkeit nach § 252 Abs 1 Nr 6, von dem nur in begründeten Ausnahmefällen abgewichen werden darf (§ 252 Anm 59 ff). Insofern besteht auch kein Wahlrecht bei Abweichungen innerhalb des Beurteilungsspielraums, wenn diese Ausnahmen nicht vorliegen (für Wahlrecht: *Döring/Buchholz* in HdR[5] § 253 Anm 142).

Veränderungen in der Bemessungsgrundlage führen dagegen *stets* zu einer Änderung des Abschreibungsplans, da diesbezüglich kein Ermessensspielraum besteht. Ohne Bedeutung ist im Übrigen, ob die Unrichtigkeit voraussehbar und deshalb schuldhaft entstanden ist. Es kommt für die Frage der Berichtigung des Abschreibungsplans auch nicht darauf an, ob die **Bilanz,** in der der unrichtige Abschreibungsplan berücksichtigt wurde, noch geändert werden kann (s aber Anm 262).

261 Die erstmalige zutreffende Bewertung als Folge einer **Berichtigung** ist keine „Änderung" der Bewertungsmethode. Auch KapGes und ihnen gleichgestellte Unt müssen hierüber keine Angaben im Anhang nach § 284 Abs 2 Nr 3 machen. Die Frage der Bewertungsstetigkeit (§ 252 Abs 1 Nr 6) stellt sich nicht (ebenso *Baetge* WPg 1987, 132; aA *Wohlgemuth* in BoHdR § 253 Anm 154.48; *Döring/Buchholz* in HdR[5] § 253 Anm 139).

In der **Praxis** wird zur **Vereinfachung** meist auf die Berichtigung einer bereits festgestellten Bilanz verzichtet und statt dessen die Korrektur bei der nächsten nach Erkennung des Fehlers aufzustellenden Bilanz vorgenommen. Ein Zurückgehen bis an die **Fehlerquelle** erfolgt in diesem Falle nicht (wohl aber bei festgestellter **Nichtigkeit** der vorangegangenen Bilanz, hierzu Anm 806f). 262

Zur **Möglichkeit der Berichtigung bereits festgestellter Bilanzen** s Anm 801. Die **Durchführung der Berichtigung** erfolgt grds in der Weise, dass der *Restbuchwert* nach dem neuen *Abschreibungsplan* auf die (ggf neu festgelegte) *Restnutzungsdauer verteilt* wird (*Döring/Buchholz* in HdR[5] § 253 Anm 141; *Richter* in HdJ II/1 Anm 235).

Bezieht sich die Berichtigung auf die **Anschaffungs- oder Herstellungskosten** früherer Zeiträume, sind neben dem Restbuchwert (Ausweis als Zugang § 268 Anm 45 oder als Abgang § 268 Anm 52) auch die bisher vorgenommenen Abschreibungen zu korrigieren bzw die Abschreibungen zu ermitteln, die inzwischen vorzunehmen gewesen wären (zB bei Nachaktivierungen auf Grund von steuerrechtlichen Außenprüfungen).

Falls in der Vergangenheit zu geringe Abschreibungen auf Grund einer **zu langen Nutzungsdauerschätzung** oder einer dem tatsächlichen Nutzungsverlauf nicht entsprechenden Abschreibungsmethodik vorgenommen wurden, kann nur mittels einer *außerplanmäßigen Abschreibung* auf einen niedrigeren Wert übergegangen werden, wenn dieser dem am Bilanzstichtag beizulegenden Wert nach Abs 2 S 3 entspricht oder Abschreibungsgründe nach Abs 4 oder § 254 vorliegen. Eine Minderung des Restbuchwerts auf den Wert, der sich ergeben hätte, wenn die neue Nutzungsdauer oder Methode von Anfang an angewendet worden wäre, wird ansonsten vorbehaltlich gewichtiger Gründe iSd § 252 Abs 2 (Anm 273) als nicht zulässig angesehen (glA *ADS*[6] § 253 Anm 424; für gänzliche Unzulässigkeit: *Richter* in HdJ II/1 Anm 237).

Für in der Vergangenheit **zu hoch** vorgenommene Abschreibungen kann die Korrektur über eine Zuschreibung zumindest zur Anpassung der Bilanz an die Steuerbilanz erfolgen (HFA 2/1991).

Die **steuerrechtliche Gewinnermittlung** ist nicht an die unzutreffenden Wertansätze in den bisherigen HB gebunden. Steuerrechtlich besteht ein eingeschränkter **Korrekturzwang.** Danach ist die Berichtigung insoweit grds unzulässig, als die Veranlagung des betreffenden Jahres nicht mehr berichtigt werden kann (EStR 15 Abs 1 S 3). Dies bedeutet jedoch nicht, dass eine Berichtigung völlig unterbleibt. Die Berichtigung muss vielmehr **erfolgswirksam** in der Schlussbilanz des ersten Jahres vorgenommen werden, dessen Veranlagung noch geändert werden kann. Die Veranlagungen etwaiger Folgejahre sind ebenfalls entsprechend zu berichtigen (Anm 810). 263

Auch eine **Nachholung** im Wege der **Teilwertabschreibung** ist ausgeschlossen, soweit keine tatsächliche Wertminderung feststellbar ist. So können auch nachträgliche Gebäude-HK zu einer Verlängerung des steuerrechtlichen Abschreibungszeitraumes führen, da die nachträglich angefallenen Aufwendungen erst ab Anfall mit dem für die bisherigen AK/HK geltenden Satz abzuschreiben sind (*BFH* 20. 1. 1987, BStBl II, 491; hierzu auch *Drenseck* in Schmidt EStG[24] § 7 Anm 99). Zur Abschreibung nachträglicher AK/HK s Anm 276 aE.

Steuerrechtlich dürfen in der Vergangenheit **bewusst unterlassene AfA,** um unberechtigte Steuervorteile durch eine spätere Vornahme zu erlangen, nicht nachgeholt werden (EStH 44 „Unterlassene oder überhöhte AfA"). Die Berufung auf die unterlassene AfA wird in diesen Fällen steuerrechtlich als Verstoß gegen Treu und Glauben angesehen mit der Folge, dass der steuerrechtliche Buchwert um den Betrag der unterlassenen AfA **erfolgsneutral** gekürzt wird (hierzu Anm 812). 264

Bei **versehentlich unterlassener Bilanzierung** eines WG des Betriebsvermögens hat im Wege der Bilanzberichtigung eine Aktivierung zu erfolgen. Dabei ist die AfA, die auf frühere Wj entfallen wäre, vom Einbuchungswert abzusetzen, so dass sich diese AfA im Ergebnis nicht ertragsmindernd auswirkt (*BFH* 24. 10. 2001 DStR 2002, 20).

265 **Ausnahmen** vom steuerrechtlichen Nachholverbot für bewusst unterlassene Abschreibungen sind allerdings im Einzelfall zulässig, wenn auf Grund eines dauerhaft niedrigeren Teilwerts eine „Nachholung“ in Form einer Teilwertabschreibung während der Restnutzungsdauer erfolgt (letzteres ablehnend *Drenseck* in Schmidt EStG[24] § 7 Anm 7). *BFH* 29. 4. 1992, BStBl II, 969 (XI. Senat) erlaubt bei der Berechnung der AfA nach einer Entnahme von einem höheren Wert auszugehen, als bei der Entnahme berücksichtigt (Nichtanwendungserl BMF 30. 10. 1992, BStBl I, 651). AA offensichtlich *BFH/NV* 1994, 476 (IX. Senat; hierzu *Drenseck* in Schmidt EStG[24] § 7 Anm 68).

b) Sonstige Änderungen

270 Sonstige Änderungen des Abschreibungsplans *für den selben VG* sind – im Gegensatz zur Berichtigung – nur hinsichtlich der **Abschreibungsmethode** denkbar, da allein bei der Festlegung der Abschreibungsmethode ein Wahlrecht besteht (s hierzu Anm 238; die Anwendung einer anderen Abschreibungsmethode für *neu angeschaffte VG* ist keine Änderung der Abschreibungsmethode in diesem Sinne, hierzu Anm 231). Die **freiwillige Änderung** der Abschreibungsmethode geschieht ausschließlich aus **bilanzpolitischen Gründen,** da ein Wechsel, der seine Ursache in den tatsächlichen Verhältnissen hat, zu einem zwingenden Methodenwechsel, also einer Berichtigung führen würde.

Wegen der **unterschiedlichen Zulässigkeitsvoraussetzungen** ist zwischen der Änderung steuerrechtlicher und handelsrechtlicher Abschreibungsmethoden zu unterscheiden (dazu Anm 250f). **KapGes/KapCoGes** haben jede Änderung der Bewertungsmethode im Anhang anzugeben und zu begründen (§ 284 Abs 2 Nr 3, dazu § 284 Anm 157).

271 Die Zulässigkeitsvoraussetzungen für einen **Wechsel der steuerrechtlichen Abschreibungsmethode iSd § 254 S 1** regeln ausschließlich die steuerrechtlichen Bestimmungen. Die Verknüpfung mit dem Handelsrecht besteht darin, dass § 254 S 1 die Übernahme der steuerrechtlichen Abschreibungen ohne Einschränkungen zulässt. Die Einschränkung des § 279 Abs 2 ist für KapGes/KapCoGes faktisch ohne Bedeutung (§ 279 Anm 7).

Die Problematik der **Bewertungsstetigkeit** stellt sich für allein *steuerrechtliche* Abschreibungen iSd § 254 nicht (§ 252 Anm 64). Soweit ein Wechsel der Abschreibungsmethode *steuerrechtlich zulässig* ist, ist er es (über § 254 S 1) *auch handelsrechtlich*. Die Fragen der Nachholung oder Rückgängigmachung steuerrechtlicher Abschreibungen sind daher nach den steuerrechtlichen Regeln zu beantworten.

272 Der **Wechsel der handelsrechtlichen Abschreibungsmethode** ist auf Grund des Gebotes zur planmäßigen Abschreibung grds ausgeschlossen, sofern der Wechsel nicht von vornherein festgelegt und in den Abschreibungsplan mit aufgenommen wurde (Ausnahme: Übergang von der geometrisch-degressiven zur linearen Abschreibung, Anm 247). § 252 Abs 1 Nr 6 schwächt zwar das **Gebot der Planmäßigkeit** der Abschreibung hinsichtlich der Beibehaltung der Abschreibungsmethode dahingehend ab, dass die auf den vorhergehenden JA angewandten Abschreibungsmethoden beibehalten werden *„sollen“*. Diese Soll-Vorschrift muss der Bilanzierende aber anwenden, wenn er die Möglichkeit dazu hat (*Wohlgemuth* in BoHdR § 253 Anm 154.48; auch § 252 Anm 57f).

Nur in **begründeten Ausnahmefällen** iSd § 252 Abs 2 ist eine andere Abschreibungsmethode zulässig oder erforderlich (hierzu § 252 Anm 59 ff; zum Wechsel der Abschreibungsmethode bei Neuzugängen Anm 240).

Änderungen der Abschreibungsmethoden wirken grds von Beginn des Gj der **273**
Änderung (*ADS*[6] § 253 Anm 420 und 427 f).

IV. Sonderfälle

Geringwertige Wirtschaftsgüter (GWG) entspr der Definition des § 6 **275**
Abs 2 EStG (VG des beweglichen abnutzbaren Anlagevermögens, die eine selbstständige Nutzungsfähigkeit besitzen) dürfen im Jahr ihres Zugangs **sofort vollständig abgeschrieben** werden. Der Zugang muss im Anlagengitter gezeigt werden (hierzu im Einzelnen § 268 Anm 54). Die steuerrechtliche Anerkennung beschränkt sich nach § 6 Abs 2 EStG allerdings auf bewegliche, selbstständig nutzbare und abnutzbare WG des Anlagevermögens bis derzeit € 410 (netto nach Abzug der Vorsteuer). Die Vereinfachungsregel ist somit zB auf immaterielle VG nicht anwendbar (Anm 323; eine Ausnahme bilden jedoch sog Trivialprogramme: zB Computerprogramme mit AK nicht höher als € 410 gelten als abnutzbare bewegliche WG, EStR 31 a Abs 1 S 2 und 3).

Handelsrechtlich ist eine Obergrenze nicht exakt festgelegt. Als mit den GoB zu vereinbarende Obergrenzen werden Beträge um € 800–900 angesehen. Die Vereinfachungsregel muss nicht einheitlich auf alle in Frage kommenden VG angewandt werden. So ist es zB zulässig, größere Anschaffungen hiervon auszunehmen (Anm 373).

VG von noch geringerem Wert (bis zu € 60 netto entspr der Regelung EStR 40 Abs 2) müssen nicht aktiviert werden und dürfen **sofort als Aufwand** behandelt werden (*Döring/Buchholz* in HdR[5] § 253 Anm 137; *ADS*[6] § 253 Anm 412). Ein Aufzeigen des Zugangs im Anlagengitter ist nicht erforderlich (hierzu § 268 Anm 34).

Beide Vereinfachungsregeln sind handelsrechtlich nicht auf bewegliche Anlagegegenstände beschränkt, also auch auf immaterielle VG anwendbar.

Steuerrechtlich besteht **keine Aktivierungspflicht** für **bewegliche Anlagegüter,** deren betriebsgewöhnliche **Nutzungsdauer nicht über ein Jahr** hinausgeht (*BFH* 26. 8. 1993, BStBl II 1994, 232). Die AK/HK dieser WG können demnach sofort als Aufwand (steuerrechtlich: Betriebsausgabe) behandelt werden (ebenso *Drenseck* in Schmidt EStG[24] § 7 Anm 15). Dieses Wahlrecht besteht (ggf über § 254) auch handelsrechtlich.

Ein weiterer Sonderfall ist die Bildung und Fortschreibung eines **Festwertes** nach § 240 Abs 3 (zu den Voraussetzungen s § 240 Anm 80 ff). Sachlich liegt hierin keine Ausnahme vom Abschreibungsgebot des § 253 Abs 2, sondern nur eine **Vereinfachung,** nämlich die Annahme, dass der Betrag der jährlichen Neuzugänge abzüglich evtl Abgänge den vorzunehmenden Abschreibungen auf die betreffenden VG in etwa entspricht (BMF 26. 2. 1992, DStR, 542; *ADS*[6] § 240 Anm 73; *Büttner/Wenzel* DB 1992, 1895).

Bei *beweglichen Anlagegütern* widerspricht es nicht den GoB, zur Vereinfachung **276**
die Abschreibung bei Zugängen im 1. Halbjahr zu Beginn des Gj und bei Zugängen des 2. Halbjahres zu Beginn des 2. Halbjahres beginnen zu lassen. Das gilt selbst dann, wenn der Zugangszeitpunkt im letzten Monat des jeweiligen Zeitraums liegt. Diese sog **Halbjahresregel** wird allerdings für die Steuerbilanz durch die Neuregelung des § 7 Abs 1 S 4 EStG nicht mehr anerkannt. Steuerrechtlich ist nunmehr – auch für unbewegliche WG – im Jahr des Zugangs der kalenderjährliche Abschreibungsbetrag um ein Zwölftel für alle vor dem Zugang

liegenden vollen Monate zu kürzen.Auch andere Vereinfachungsregeln können ebenso zulässig sein, solange sie nicht gegen das Willkürverbot verstoßen (zB *ADS*[6] § 253 Anm 441).

Die Neuregelung des § 7 Abs 1 S 4 EStG, wonach die Abschreibungen **nach Monaten** (statt nach Tagen) zu berechnen ist, wobei der Monat der Lieferung oder Fertigstellung als voller Monat gilt, war schon zuvor als Vereinfachungsregelung GoB.

Nachträgliche Anschaffungs- oder Herstellungskosten dürfen so berücksichtigt werden, als wären sie zu *Beginn des Jahres angefallen* (EStR 44 Abs 10 Satz 3; *Brandis* in Blümich § 7 EStG Anm 286).

277 Aufgrund **steuerrechtlicher Bestimmungen** kann es iVm § 254 zulässig sein, die Abschreibung unabhängig vom tatsächlichen Zugangszeitpunkt am **Anfang des Geschäftsjahres** beginnen zu lassen. Ein Beispiel hierfür sind Abschreibungen nach § 7 Abs 5 EStG (seit 1994 eingeschränkt, Anm 343f), § 7c und § 7h EStG.

Für Abschreibungen nach § 7g EStG und § 4 FördergebietsG gilt zusätzlich, dass sie in den **einzelnen Jahren** des Begünstigungszeitraums in **unterschiedlichem Maße** in Anspruch genommen werden dürfen.

278 Soweit der Beginn der Abschreibung *fiktiv vorverlegt* wird, ist auch das **Ende der Nutzungsdauer** um den gleichen Zeitraum vorzuverlegen. Bei **Abgang** eines Anlage-VG vor Ablauf der geplanten Nutzungsdauer ist die Abschreibung bis zum Abgangszeitpunkt *zeitanteilig* vorzunehmen (hierzu Anm 228).

C. Außerplanmäßige Abschreibungen (Abs 2 S 3)

280 **Außerplanmäßige Abschreibungen** sind unter bestimmten Voraussetzungen bei allen Anlage-VG zulässig oder geboten.

§ 253 Abs 2 S 3 1. Halbsatz eröffnet ein **Abwertungswahlrecht,** wenn eine Wertminderung *vorübergehend* ist. Im Falle dauernder Wertminderungen besteht gem § 253 Abs 2 S 3 2. Halbsatz **Abwertungspflicht.** Die Einschränkung der Abwertungspflicht auf Fälle voraussichtlich *dauernder* Wertminderung wird auch **„gemildertes Niederstwertprinzip"** genannt.

Für **KapGes/KapCoGes** ist das „gemilderte Niederstwertprinzip" dahingehend modifiziert, dass eine außerplanmäßige Abschreibung im Falle einer nur *vorübergehenden* Wertminderung nur bei Finanzanlagen in Betracht kommt (§ 279 Abs 1 S 2). In der Praxis ist diese Modifikation des gemilderten Niederstwertprinzips für KapGes/KapCoGes ohne größere Bedeutung, da Wertminderungen außerhalb der Finanzanlagen idR endgültig sind (hierzu Anm 295). KapGes/KapCoGes haben außerplanmäßige Abschreibungen in der GuV gesondert auszuweisen oder im Anhang anzugeben (§ 277 Abs 3 S 1).

Steuerrechtlich sind Teilwertabschreibungen nur bei voraussichtlich dauernder Wertminderung zulässig; s Anm 15. Zur Auswirkung auf § 279 s Anm 24.

I. Der Vergleichsmaßstab und Begriff des „niedrigeren Werts"

286 **Vergleichsmaßstab** für den niedrigeren beizulegenden Wert ist der **Buchwert** (AK/HK vermindert um die Abschreibungen der Vorjahre), der im Falle des abnutzbaren Anlagevermögens um den **planmäßigen Abschreibungsbetrag** des laufenden Gj **zu kürzen** ist. Erst danach ist die Frage einer außerplanmäßigen Abschreibung nach Abs 2 S 3 zu prüfen.

Die **Ermittlung** des „niedrigeren Werts“ ist nicht gesetzlich geregelt. Allerdings kann die Rspr zur Teilwertermittlung als Anhaltspunkt für den handelsrechtlich anzusetzenden Wert angesehen werden (hierzu Anm 297 ff). 287

Das Gesetz schreibt (wie auch bei der Bewertung durch planmäßige Abschreibungen) ein Wertfindungsverfahren nicht zwingend vor (*ADS*[6] § 253 Anm 454 f). Die Wertermittlung hat sich am Zweck der außerplanmäßigen Abschreibung (Anm 203), dem Gebot **vorsichtiger Bewertung** (§ 252 Abs 1 Nr 4) und dem Gebot zur **Einzelbewertung** (§ 252 Abs 1 Nr 3) zu orientieren. Unzulässig ist sowohl die Saldierung von Wertminderungen mit stillen Rücklagen im Wertansatz anderer Vermögensgegenstände (s auch *Winkeljohann* in HHR § 6 EStG Anm 565) als auch eine willkürliche Unterbewertung.

Die Bestimmung des **beizulegenden Wertes** kann aus Käufer- oder Verkäufersicht unter Heranziehung entsprechender Hilfswerte erfolgen. Grds wird von einer Unternehmensfortführung (§ 252 Abs 1 Nr 2) ausgegangen und unterstellt, dass ein Gegenstand noch weiter genutzt wird. Es sind deshalb zunächst die Verhältnisse am **Beschaffungsmarkt** (Käufersicht) maßgebend. 288

Als Hilfswert wird der **Wiederbeschaffungswert** herangezogen. Bei abnutzbaren VG kann weiter zwischen dem **Wiederbeschaffungszeitwert** (VG gleichen Alters und Zustands) und dem **Wiederbeschaffungsneuwert abzüglich planmäßiger Abschreibungen** unterschieden werden. Letzterer wird als Hilfsgröße verwendet, wenn ein Wiederbeschaffungszeitwert nicht zu ermitteln ist. Weist die zum Vergleich herangezogene Anlage wesentliche technische Verbesserungen auf, ist der Wiederbeschaffungsneuwert um einen angemessenen Betrag zu kürzen (*ADS*[6] § 253 Anm 458).

Ggf ist anstelle des Wiederbeschaffungswertes der **Reproduktionswert** Vergleichsmaßstab, zB wenn für VG kein Beschaffungsmarkt existiert.

Werden für die Anlage-VG **Börsen-** oder **Marktpreise** notiert, sind diese heranzuziehen (*ADS*[6] § 253 Anm 459). Wird der Preis in *Fremdwährung* notiert, sind Kursveränderungen zu berücksichtigen.

Der beizulegende Wert muss auch die **Nebenkosten** und die Aufwendungen für die Herstellung der Betriebsbereitschaft nach § 255 Abs 1 enthalten. Eine außerplanmäßige Abschreibung dieser Aufwendungen ist nicht zulässig, solange nicht der Veräußerungswert angesetzt werden darf (Anm 289), wenn bei Wiederbeschaffung ähnliche Aufwendungen dem Grunde nach anfallen würden. Ist zB für die spätere Anschaffung vorweg gegen Entgelt eine Kaufoption erworben worden, und stellt sich bei oder nach dem Kauf heraus, dass nunmehr ohne Erwerb einer Option eine zeitnahe Wiederbeschaffung möglich wäre, ist der beizulegende Wert ohne Optionsentgelt zu ermitteln.

Der **Veräußerungswert** (bereits bekannter oder geschätzter Netto-Verkaufspreis abzgl Veräußerungskosten) ist beim Anlagevermögen nur im Ausnahmefall als Wertmaßstab von Bedeutung, da dieses dazu bestimmt ist, dauernd dem Geschäftsbetrieb zu dienen und von einer Unternehmensfortführung ausgegangen werden darf, wenn dieser nicht tatsächliche oder rechtliche Gegebenheiten entgegenstehen (hierzu Anm § 252 Anm 9 ff). Der Veräußerungswert ist bei **Beendigung der Nutzung** vor dem Ende der planmäßigen Nutzungsdauer heranzuziehen, zB also für endgültig stillgelegte oder zum Verkauf bestimmte Anlagen (*Richter* in HdJ II/1 Anm 255; ebenso *ADS*[6] § 253 Anm 461; bei vorübergehender **Stilllegung** Anm 295). Die unternehmerische Entscheidung zum Verkauf oder zur Stillegung muß bereits am Stichtag vorgelegen haben. 289

Der **Ertragswert** (Barwert aller zukünftigen Einnahmenüberschüsse, hierzu zB *WPH*[12] *II* A Anm 41) kommt insb dann als Bestimmungsgröße in Betracht, wenn sich für VG aus Käufersicht (Wiederbeschaffungswert, Börsen- oder Marktpreis) bzw aus Verkäufersicht (Veräußerungswert) kein Wert bestimmen 290 lässt. Voraussetzung hierfür ist allerdings, dass einem VG ein *selbstständiger* Ertrag überhaupt zugeordnet werden kann. In Frage kommen somit vor allem Beteiligungen (hierzu ausführlich Anm 402f), immaterielle VG (zB Patente, Lizenzen) und vermietete VG des Anlagevermögens.

292 **Konjunkturschwankungen** oder die allgemein schlechte Ertragslage einer bestimmten Branche allein rechtfertigen idR noch keine außerplanmäßige Abschreibung (anders bei den technischen Anlagen einer Spinnerei wegen **strukturell bedingten Absatzrückgängen** *BFH* 19. 10. 1972, BStBl II 1973, 54). Führt die schlechte Ertragslage dazu, dass eine baldige **Stilllegung von Betriebsteilen** beabsichtigt oder notwendig wird, ist dies für die einzelnen VG differenzierend zu berücksichtigen. In jedem Fall wird die Nutzungsdauer entsprechend zu kürzen sein (*ADS*[6] § 253 Anm 469). Werden Anlagen bereits vor dem geplanten Stilllegungszeitpunkt nicht mehr genutzt, ist auf den vorsichtig ermittelten Veräußerungswert (ggf Schrottwert Anm 223) abzuschreiben. Werden Anlagen nicht mehr voll genutzt, ist auf einen beizulegenden Wert abzuschreiben, der idR höher sein wird.

II. Der Bewertungszeitpunkt

293 Nach **Abs 2 S 3 1. Halbsatz** sind die Wertverhältnisse am **Abschlussstichtag** zugrunde zu legen. Diese **stichtagsbezogene Bewertung** bedeutet, dass nach diesem Zeitpunkt liegende wertbeeinflussende Umstände außer Betracht zu lassen sind (*Glanegger* in Schmidt EStG[24] § 6 Anm 47).

294 Sog **wertaufhellende Umstände,** also solche Umstände, die eine bereits zum Bewertungsstichtag eingetretene Wertminderung erst offensichtlich machen, sind zu berücksichtigen (§ 252 Abs 1 Nr 4 1. Halbsatz). Dies heißt jedoch nicht nur, dass zum Bewertungsstichtag bereits feststellbare Wertminderungen zu berücksichtigen sind, sondern auch und gerade, dass das Risiko einer künftigen Wertminderung einzubeziehen ist, wenn die Ursachen hierfür vor dem Abschlussstichtag gelegen haben, die Wertminderung aber erst nach dem Abschlussstichtag zutage tritt (allg zur Wertaufhellung bei der Berücksichtigung von Risiken *BFH* 2. 10. 1992, DStR 1993, 124; Ereignisse und neue Kenntnisse *nach* der Aufstellung des JA bleiben – auch für eine spätere Betriebsprüfung – ohnehin gänzlich unbeachtlich, *BFH* 20. 8. 2003 DB, 2573).

Beispiel: Ein PKW wurde am 30. 12., einen Tag vor dem Abschlussstichtag, bei einem Unfall beschädigt. Der Umfang der Beschädigung lässt sich nicht sicher feststellen. Es ist sogar möglich, dass es sich um einen Totalschaden handelt.

Stellt sich im folgenden Gj vor Aufstellung der Bilanz heraus, dass eine Reparatur ohne weiteres möglich ist, ist dies eine **wertaufhellende Tatsache,** die bei der Bewertung zu berücksichtigen ist. Eine Bewertung des PKW als Totalschaden ist nicht zulässig.

Wird hingegen bei einer genaueren Untersuchung der Verdacht eines Totalschadens bestätigt, ergibt sich aber auf Grund eines günstigen Angebotes im Rahmen der Inzahlungnahme beim Kauf eines Neuwagens ein über dem Schrottwert liegender Erlös, beruht dieser Mehrerlös auf einer **werterhöhenden Tatsache,** die erst auf Grund der im folgenden Jahr getroffenen Inzahlungnahmeabrede eingetreten ist. Sie hat bei der Bewertung zum Abschlussstichtag außer Betracht zu bleiben.

III. Abwertungswahlrecht und Abwertungspflicht

295 Tatbestandsmerkmal des Abwertungswahlrechtes nach Abs 2 S 3 1. Halbsatz ist die nur **vorübergehende** Natur der Wertminderung; bei **dauernden Wertminderungen** besteht eine Abwertungspflicht nach Abs 2 S 3 2. Halbsatz

(Anm 280). Im Gegensatz zu den Finanzanlagen wird es bei den VG des Sachanlagevermögens und bei immateriellen Anlagegütern nur selten vorkommen, dass eine Wertminderung nur „vorübergehend" ist, idR ist sie endgültig. So zB bei Wertminderung auf Grund besonderer Ereignisse (Beschädigung bzw Zerstörung durch Unfall; altlastenverseuchtes Grundstück, s Anm 329). Eine vorübergehende Wertminderung könnte allenfalls zB bei vorübergehend stillgelegten Produktionsanlagen oder auch Schiffen eintreten (zu den Auswirkungen einer endgültigen Stilllegung s Anm 289). In diesen Fällen führt die Stilllegung dann zu keiner endgültigen Wertminderung, wenn Anlagen oder Schiffe für eine spätere erneute Nutzung in Reserve gehalten werden und sie während der Stilllegungszeit einer geringeren technischen Abnutzung unterliegen. Es liegt aber eine endgültige Wertminderung vor, wenn durch die Stilllegung ein Wertverlust eintritt (zB durch Witterungseinwirkungen oder unterlassene Wartung) oder wenn die Wieder-Inbetriebnahme mit erheblichen Aufwendungen verbunden ist. Bei VG, für die ein Börsen- oder Marktpreis notiert wird, führen übliche Kursschwankungen allein nicht zu einer dauerhaften Wertminderung.

„Vorübergehend" ist ein gesetzlich nicht definierter Zeitraum. Er kann je nach Art des zu bewertenden VG von unterschiedlicher Länge sein. Nach dem **Gebot vorsichtiger Bewertung** (§ 252 Abs 1 Nr 4) ist der **Prognosezeitraum** möglichst kurz zu wählen.

Bei **Vermögensgegenständen,** deren **Nutzungsdauer begrenzt** ist, wäre jeder **„niedrigere Wert"** iSd Abs 2 S 3 **vorübergehend,** da er auch auf Grund der planmäßigen Abschreibung spätestens am Ende der Nutzungsdauer erreicht würde. Es bestünde also immer ein Abwertungswahlrecht, nie ein Abwertungsgebot nach Abs 2 S 3 2. Halbsatz. Gerade dies ist aber nach der Gesetzesformulierung nicht gewollt. Denn durch die Bezugnahme von § 253 Abs 2 S 3 2. Halbsatz auf den 1. Halbsatz sind auch zeitlich begrenzt nutzbare VG bei dauernden Wertminderungen mit dem niedrigeren Wert anzusetzen. Nach hM liegt eine dauernde Wertminderung vor, wenn der Stichtagswert den Wert, der sich aus planmäßigen Abschreibungen ergibt, während eines erheblichen Teils der Restnutzungsdauer nicht erreichen wird. Von **„vorübergehend"** sollte deshalb nur die Rede sein, wenn die zum Abschlussstichtag eingetretene Wertminderung voraussichtlich weniger als die halbe Restnutzungsdauer bestehen wird (*Richter* in HdJ II/1 Anm 259 mit weiteren Kriterien; für die Begrenzung dieses Zeitraums auf maximal 5 Jahre *Dietrich* DStR 2000, 1631 mwN). Für die Steuerbilanz ist die Restnutzungsdauer nach BMF 25. 2. 2000 BStBl I 372 Tz 6 bei **abnutzbarem Anlagevermögen** nach § 7 Abs 4, 5 EStG für Gebäude, ansonsten nach den amtlichen AfA-Tabellen zu bestimmen (Bsp nach BMF: AK € 100, Nutzungsdauer 10 Jahre, AfA linear € 10, Teilwert im Jahr 2 noch € 30; Wertminderung ist dauerhaft, da bei linearer AfA der Wert von € 30 erst nach weiteren 5 Jahren, und damit später als der Hälfte der restlichen Nutzungsdauer von 8 Jahren erreicht wird).

Steht nicht bereits **im Zeitpunkt der Erstellung** des JA auf Grund zwi- 296
schenzeitlicher Werterholung fest, dass die Wertminderung nur vorübergehend war, ist nur bei eindeutigen Anhaltspunkten von einer nur vorübergehenden Natur der Wertminderung auszugehen. Es müssen konkrete Hinweise auf die voraussichtliche Werterhöhung bereits vorliegen. Die Möglichkeit einer künftigen Werterhöhung allein reicht nicht aus. Im **Zweifel** sollte von einer dauernden Wertminderung ausgegangen werden (glA *ADS*[6] § 253 Anm 476). Nur bei einer **restriktiven Interpretation** des Begriffes „vorübergehend" lässt sich ein Abwertungswahlrecht rechtfertigen. Eine andere Beurteilung ist weder mit dem **Vorsichtsprinzip** (§ 252 Abs 1 Nr 4) noch mit dem Gebot der periodengerechten Aufwandszuordnung (§ 252 Abs 1 Nr 5) vereinbar. Demgegenüber for-

dert BMF 25. 2. 2000 BStBl I 372 Tz 4, dass mehr Gründe für als gegen eine dauerhafte Wertminderung sprechen sollten. Dies würde bedeuten, dass bei **Zweifeln** von einer nur vorübergehenden Wertminderung auszugehen wäre. Dies widerspricht der Beurteilung eines sorgfältigen und gewissenhaften Kfm, auf dessen Beurteilung sich das BMF als Maßstab beruft.

IV. Abschreibung auf den niedrigeren Teilwert der Steuerbilanz

297 Den handelsbilanziellen **planmäßigen** Abschreibungen entsprechen steuerrechtlich die Absetzungen für Abnutzung (AfA) nach § 7 EStG, den **außerplanmäßigen** Abschreibungen im Grundsatz die Absetzung für außergewöhnliche technische oder wirtschaftliche Abnutzung gem § 7 Abs 1 S 5 EStG und die Teilwertabschreibung iSd § 6 Abs 1 EStG.

Wegen der grundsätzlichen Entsprechung von außerplanmäßigen Abschreibungen und **Teilwertabschreibungen** führen die durch die Rspr entwickelten Regeln zur Ermittlung des Teilwertes oft zu ähnlichen Ergebnissen wie die handelsrechtlichen Regeln zur Ermittlung des **„niedrigeren beizulegenden Wertes“** iSd § 253 Abs 2 S 3 (Anm 287 ff). Jedoch ist die Durchführung der Teilwertabschreibung in der Steuerbilanz nur bei dauerhafter Wertminderung zulässig. Zur Unterscheidung zwischen vorübergehender und dauernder Wertminderung s Anm 295. Zu den Auswirkungen auf HB und Steuerbilanz s Anm 15. Zur daraus folgenden **Durchbrechung der Maßgeblichkeit** s Anm 22.

1. Steuerrechtliche Teilwertabschreibungen

300 **Teilwert** ist nach der **gesetzlichen Definition** der Betrag, den ein Erwerber des ganzen Betriebs im Rahmen des Gesamtkaufpreises für das einzelne WG ansetzen würde; dabei ist davon auszugehen, dass der Erwerber den Betrieb fortführt (§ 6 Abs 1 Nr 1 S 3 EStG). Diese Bestimmung muss vor dem Hintergrund des auch für die **Steuerbilanz** geltenden **Prinzips der Einzelbewertung** gesehen werden. Auch der steuerrechtliche Teilwert ist somit nicht durch **Aufteilung des Unternehmenswertes** auf die einzelnen WG zu ermitteln; maßgebend ist vielmehr der **Substanzwert** der einzelnen WG, allerdings mit Blick auf den Gesamtwert des Unt (*Winkeljohann* in HHR § 6 EStG Anm 572).

a) Teilwertgrenzen

302 Die **Wertobergrenze** bilden bei **abnutzbaren Wirtschaftsgütern** des Anlagevermögens die AK/HK vermindert um die AfA nach § 7 EStG (§ 6 Abs 1 Nr 1 S 1 EStG) und bei **nicht abnutzbaren Wirtschaftsgütern** sowie Beteiligungen (und Umlaufvermögen) die AK/HK (§ 6 Abs 1 Nr 2 S 1 EStG).

Die **Wertuntergrenze** ist der losgelöst vom Unt zu erzielende **Einzelveräußerungswert** eines WG unterhalb seines Buchwertes (*Winkeljohann* in HHR § 6 EStG Anm 616; zur Ermittlung dieser Grenze s Anm 316).

b) Teilwertfiktionen

303 Die Ermittlung des **innerhalb dieser Grenzen** liegenden jeweiligen Teilwertes beruht auf einer **Schätzung** (*Glanegger* in Schmidt EStG[24] § 6 Anm 216) unter (hypothetischer) Zugrundelegung folgender, auch **„Teilwertfiktionen“** genannter Bewertungsgrundsätze:
- Fiktion der Unternehmensfortführung,
- Fiktion des Erwerbs des ganzen Unt,
- Fiktion eines Gesamtkaufpreises.

Die **Annahme der Unternehmensfortführung** soll eine Bewertung mit dem Liquidationswert ausschließen und die Bewertung mit dem **betriebsspezifischen Wert** ermöglichen (*Winkeljohann* in HHR § 6 EStG Anm 581). Die Prämisse der Unternehmensfortführung gilt steuerrechtlich wie handelsrechtlich (§ 252 Abs 1 Nr 2) nur, solange mit der Unternehmensfortführung zu rechnen ist und somit nicht mehr, wenn sie unmöglich oder nicht mehr wahrscheinlich ist (§ 252 Anm 9 ff). 304

Die **Fiktion eines Unternehmenserwerbs** durch einen Dritten soll die Berücksichtigung persönlicher Umstände, Absichten, Fähigkeiten und Preisvorstellungen des konkreten Unternehmensinhabers vermeiden, zB: 305

- Nichtberücksichtigung der Abbruchsabsicht des Betriebsinhabers bei der Bewertung eines noch nutzbaren Gebäudes (*BFH* 7. 12. 1978, BStBl II 1979, 729);
- Pläne und Vorstellungen des Betriebsinhabers (*BFH* 17. 1. 1978, BStBl II, 335);
- persönliche, von der Marktlage abw Beurteilung des Teilwerts von Beteiligungen (*BFH* 7. 11. 1990, BStBl II 1991, 342);
- Fertigungskenntnisse bei galvanischen Bädern (Umlaufvermögen; *BFH* 31. 1. 1991, BStBl II, 627).

Auch unsinnige, unlautere oder strafbare Geschäftsmethoden des Betriebsinhabers werden so aus der Bewertung eliminiert, da nicht unterstellt werden kann, dass auch ein Erwerber in gleicher Weise handeln würde (*Winkeljohann* in HHR § 6 EStG Anm 581). Ebenso ist bei der Bewertung nicht übertragbarer WG, die also an die Person des Betriebsinhabers gebunden sind, nicht auf den mit Null anzusetzenden Wert für den (gedachten) Erwerber, sondern auf den objektiven Wert abzustellen (*Winkeljohann* in HHR § 6 EStG Anm 580).

Das Abstellen auf einen **gedachten Gesamtkaufpreis** ermöglicht in beschränktem Umfange die Berücksichtigung der Rentabilität des Betriebes bei der Bewertung von einzelnen VG (*Winkeljohann* in HHR § 6 EStG Anm 610; s auch Anm 292). Im Wesentlichen geht es aber bei der Teilwertermittlung um die Schätzung des Substanzwertes (*BFH* 19. 7. 1995 BStBl II 1996, 28; ausführlich *Ehmke* in Blümich § 6 EStG Anm 547). Ist der VG für das Unt nicht nur aufgrund des möglichen Substanzverbrauchs werthaltig (zB Vorratsvermögen), sondern stellt der VG für das Unt eine eigenständige Ertragsquelle dar (zB Beteiligungen; Rechte mit regelmäßigen Zuflüssen wie Lizenzen), dürfte eher der Ertragswert heranzuziehen sein. 306

c) Teilwertvermutungen

Die sog Teilwertvermutungen dienen der **Schätzungserleichterung** der Teilwerte der einzelnen WG (*Winkeljohann* in HHR § 6 EStG Anm 586; *Glanegger* in Schmidt EStG[24] § 6 Anm 229). Bei diesen Vermutungen handelt es sich um **allgemeine Erfahrungssätze,** die im Einzelfall **widerlegbar** sind (*Glanegger* in Schmidt EStG[24] § 6 Anm 236), wobei allerdings den Stpfl die objektive **Feststellungslast** für die den Teilwert widerlegenden Tatsachen trifft (*Moxter*[5], 252f). Es besteht ein **Schätzungsspielraum** (*Glanegger* in Schmidt EStG[24] § 6 Anm 216; 236). Eine eigene Schätzung des FA ist nur zulässig, wenn der Stpfl sich bei der **Teilwertschätzung** nicht innerhalb dieses Spielraumes bewegt hat. 307

aa) Erste Teilwertvermutung. Zunächst besteht eine Vermutung, dass die **Anschaffungs- oder Herstellungskosten** im Zeitpunkt der Anschaffung oder Fertigstellung dem Teilwert entsprechen (*BFH* 27. 7. 1988, BStBl II 1989, 274; **„Vermutung der Gegenwertigkeit von Aufwendungen“**). Zur Bestimmung der AK/HK nach Handels- und Steuerrecht s die Erl zu § 255. Der Teil- 308 wert eines bei Betriebseröffnung eingelegten WG des Umlaufvermögens entspricht idR dem gemeinen Wert (*BFH* 10. 7. 1991, BStBl II, 841).

309 **bb) Zweite Teilwertvermutung.** Ein niedrigerer Wert kann sich auf Grund der (zweiten) Teilwertvermutung ergeben, wonach ein Erwerber für WG, die weiter genutzt werden sollen, idR nur den **Wiederbeschaffungswert** oder **Reproduktionswert** bezahlt (*BFH* 13. 4. 1988, BStBl II, 892). Der über diesen Wert der Einzel-WG hinausgehende Mehrwert, den ein Erwerber für ein funktionsfähiges Unt bezahlt, ist nicht auf die einzelnen WG aufzuteilen, sondern entfällt auf den GFW (§ 255 Anm 511).

310 Bei **nicht abnutzbaren Vermögensgegenständen** wird vermutet, dass die AK/HK auch zu den folgenden Abschlussstichtagen den **Wiederbeschaffungskosten** entsprechen und deswegen mit dem Teilwert identisch sind. Diese Vermutung kann durch den Nachweis widerlegt werden, dass es sich bereits bei der Anschaffung oder Herstellung um eine **Fehlmaßnahme** oder **Fehlkalkulation** handelte oder der Wert seitdem gesunken ist (hierzu Anm 311). Es muss dargelegt werden, dass zwischen dem Anschaffungszeitpunkt und dem Bilanzstichtag wesentliche Umstände eingetreten sind, die dazu führten, dass die Wiederbeschaffungskosten *in nicht unerheblichem Umfang* unter den ursprünglichen AK/HK liegen (*BFH* 13. 4. 1988, BStBl II, 894). Die Vermutung gilt auch, wenn ein Teil der AK/HK **überhöhter Aufwand** ist, also ein Überpreis bezahlt wurde, für den **kein wirtschaftlicher Grund** bestand oder besteht (*BFH* 28. 10. 1976, BStBl II 1977, 73). Unerheblich ist, ob die Fehlmaßnahme unbewusst, bewusst oder „erzwungenermaßen" vorgenommen wurde oder die sonstigen Gründe für eine Wertminderung bereits bei der Anschaffung oder Herstellung erkennbar waren. Die Anforderungen an den **Nachweis einer Fehlmaßnahme** sind umso höher, je kürzer der zeitliche Abstand zwischen Anschaffung und Bewertungsstichtag ist. An den Nachweis einer Fehlmaßnahme sind jedoch keine überzogenen oder kleinlichen Anforderungen zu stellen, da die Vermutung einer **sachgerechten Maßnahme** angesichts der unsicheren Entscheidungsgrundlagen der Wirtschaft, insb in Bereichen schnell fortschreitender Technologien, nicht immer besonders stark ist.

311 Bei den **abnutzbaren Wirtschaftsgütern** wird diese Vermutung (welche die Vermutung für den Ansatz der historischen AK/HK als Teilwert verdrängt) dahingehend modifiziert, dass der **Wiederbeschaffungswert** dem sich unter Berücksichtigung der planmäßigen AfA ergebenden **Restbuchwert** entspricht. Jedenfalls bei der Vermutung, dass der Teilwert nicht *unter* dem Buchwert liegt, ist von der höchstzulässigen Abschreibung (ohne erhöhte oder Sonderabschreibungen) auszugehen, da der Teilwert nicht von der subjektiven Entscheidung des Betriebsinhabers für eine bestimmte Abschreibungsmethode abhängig ist (Anm 305). Die Vermutung, dass der Teilwert nicht *über* dem durch planmäßige Abschreibungen bei üblicher Nutzungsdauer ermittelten Buchwert liegt, soll hingegen nur bei linearen Abschreibungen gelten (so *BFH* 30. 11. 1988, BStBl II 1989, 183 zur Einheitsbewertung).

Die Vermutung kann durch den Nachweis unter den Buchwert gesunkener **tatsächlicher Wiederbeschaffungskosten** widerlegt werden. In diesem Falle ist der niedrigere Wiederbeschaffungswert als **Teilwert** anzusehen (*BFH* 27. 7. 1988, BStBl II 1989, 274).

Maßgeblich ist der Wiederbeschaffungs- oder Reproduktionswert eines VG bei weiterer **Verwendung** im konkreten Betrieb, also der **betriebsspezifische Wert** (*Winkeljohann* in HHR § 6 EStG Anm 604). Deswegen ist zB bei einer auf Dauer nicht voll ausgelasteten Maschine zu unterstellen, dass im Falle der Wiederbeschaffung eine ähnliche Maschine mit entsprechend geringerer **Kapazität** erworben werden würde. Der Erwerb der Maschine mit zu **großer Kapazität** stellt sich also im Nachhinein als Fehlinvestition heraus. Dabei ist die Teilwertabschreibung unabhängig von der Ertragslage des Unt zulässig (zu einer mit **schlechter Rentabilität** arbeitenden Anlage s Anm 313). Der Teilwert entspricht dann den Wiederbeschaffungskosten der (hypothetisch anzuschaffenden) **kleineren Maschine** gleicher Beschaffenheit (*Winkeljohann* in HHR § 6 EStG Anm 613). Er kann zur Vereinfachung auch durch einen **Abschlag** entsprechend dem **Ausnutzungsgrad** ermittelt werden. Gleiches gilt bei einem **übergroßen** oder **überreichlich** ausgestatteten Betriebsgebäude, wenn mit einer späteren betrieblichen Nutzung nicht zu rechnen ist und deswegen ein Erwerber den **Mehraufwand** nicht bezahlen würde. Weitere Beispiele für Fehlmaßnahmen sind der Kauf zu einem **Überpreis** während eines vorübergehenden Lieferengpasses, **Schnellbaukosten,** die sich nicht im Gebäudewert niederschlagen, aber gleichwohl zu den AK/HK gehören. Auch unvorhergesehene **Sonderbaukosten** etwa für **zusätzliche Grundierungsmaßnahmen** wegen ungünstiger Bodenverhältnisse können eine Fehlinvestition sein, wenn die Baumaßnahme bei rechtzeitiger Kenntnis nicht oder in anderer Weise hätte vorgenommen werden können. Ebenso können **sonstige betriebsspezifische Gründe** eine **Teilwertabschreibung** rechtfertigen, wie eine **ungünstige Verschachtelung** der Betriebsgebäude **(unorganischer Aufbau),** oder eine **schlechte Verkehrslage.**

cc) Dritte Teilwertvermutung. Aufgrund der jedenfalls kurze Zeit nach Anschaffung oder Herstellung bestehenden Vermutung für den wirtschaftlichen Sinn einer Maßnahme müssen besondere Gründe dargelegt werden, aus denen sich der Charakter einer Anschaffung oder Herstellung als **Fehlmaßnahme** ergibt (*BFH* 17. 1. 1978, BStBl II, 335 bei einem nur zu 60% genutzten Betriebsgebäude gegen die Annahme einer Fehlmaßnahme, wenn nicht weitere Gründe diese indizieren). Auch die Zahlung von **Überpreisen** ist nur dann eine **Fehlmaßnahme,** wenn ihr Grund entfallen ist. So lehnte der BFH (*BFH* 4. 1. 1962, BStBl III, 186) bei Erwerb eines betriebsnotwendigen Grundstückes zu einem Überpreis eine Teilwertabschreibung auf den Verkehrswert ab, weil auch für einen Betriebserwerber das Grundstück einen den Überpreis rechtfertigenden Wert haben würde (*Winkeljohann* in HHR § 6 EStG Anm 600). **312**

Eine Teilwertabschreibung kann geboten sein, wenn auf einer Anlage ausschließlich **Verlustprodukte** produziert werden (Anm 311). Eine Abschreibung von Anlage-WG kann auch auf die **Unrentabilität** des Unt zurückzuführen sein, wenn bereits Maßnahmen zu einer baldigen Stilllegung getroffen sind. **313**

dd) Uneigentliche Teilwertvermutung. Als uneigentliche (gesetzliche) Teilwertvermutung ist § 7 Abs 1 S 7 EStG zur AfaA anzusehen. Danach ist bei beweglichen, nicht degressiv abgeschriebenen WG (§ 7 Abs 2 S 4 EStG) und bei Gebäuden (§ 7 Abs 4 S 3 EStG, selbst wenn sie degressiv abgeschrieben werden, EStR 44 Abs 12) wegen außergewöhnlicher **technischer** oder **wirtschaftlicher Abnutzung** die Vornahme **zusätzlicher,** über die planmäßige Abschreibung hinausgehender Abschreibungen zulässig, ohne dass nachzuprüfen ist, ob der Teilwert gesunken ist. Ein **Sinken des Teilwertes** wird insoweit gesetzlich unwiderleglich vermutet. Wird der Besteuerung eine Bilanz zugrunde gelegt, ist bei Wegfall der Voraussetzungen eine Zuschreibung vorzunehmen. **314**

ee) Vierte Teilwertvermutung. Grds besteht eine Vermutung, dass alle WG eines Betriebes **betriebsnotwendig** sind und deswegen ein gedachter Erwerber den (uU modifizierten, Anm 311) Wiederbeschaffungswert ansetzen würde. Diese Vermutung basiert auf der Annahme, dass ein Betriebsinhaber nur betriebsnotwendige WG anschaffen oder herstellen wird und auch ein gedachter Erwerber von den gleichen Erwägungen ausgehen und deswegen die vorhandenen WG als betriebsnotwendig ansehen wird. Die **Grenzlinie** zwischen betriebsnotwendigen und nicht betriebsnotwendigen WG ist häufig **unscharf.** **315**

316 **ff) Fünfte Teilwertvermutung.** Gelingt der Nachweis **nicht betriebsnotwendiger** WG, besteht eine Teilwertvermutung für den **Veräußerungswert** als zutreffender Teilwert. Dies gilt für abnutzbare wie für nichtabnutzbare WG in gleicher Weise. Dieser Veräußerungswert ist der **Einzelveräußerungspreis,** der bei einer Veräußerung ohne Rücksicht auf die Unternehmenszugehörigkeit erzielt werden könnte. Er kann je nach den Umständen auch dem **Materialwert** oder **Schrottwert** abzüglich der Veräußerungskosten entsprechen. Ein negativer Teilwert ist nicht zulässig (*Winkeljohann* in HHR § 6 EStG Anm 616 mwN).

Im **Einzelfall** können sich nach der steuerrechtlichen Teilwertdefinition **höhere Wertansätze** ergeben als handelsrechtlich gerechtfertigt erscheint, zB wenn die Finanzverwaltung die Notwendigkeit von handelsrechtlichen Abschreibungen nicht anerkennt (zu hierdurch uU entstehenden Fragen einer aktiven Steuerabgrenzung s § 274).

2. Sonderfälle steuerrechtlich bestimmter Teilwerte

317 Ein unter dem handelsrechtlichen Niederstwert liegender steuerrechtlicher Teilwert ist in **Ausnahmefällen** möglich. Die Ursachen hierfür können vor allem sog **erhöhte Absetzungen** oder **Sonderabschreibungen** sein (dazu § 254).

D. Einzelheiten

318 Aus Sicht des **§ 253 Abs 2** ist zwischen den lediglich in diesem Rahmen **konkretisierenden steuerrechtlichen Bestimmungen** und den zusätzlichen **steuerrechtlichen Abschreibungsbestimmungen iSd § 254 S 1** zu unterscheiden (Anm 250ff und § 254 Anm 30).

Steuerrechtliche Abschreibungsbestimmungen, die im Grundsatz die Berücksichtigung handelsrechtlicher Abschreibungen **iSd § 253** für Zwecke der steuerrechtlichen Gewinnermittlung betreffen, lassen sich als für Zwecke der steuerrechtlichen Gewinnermittlung verbindliche **Interpretation** der handelsrechtlichen **Bewertungs- und Abschreibungsregeln** auffassen. Dies gilt vor allem auch für die Rspr des BFH zu bilanzrechtlichen Fragen, da der **BFH** im Zusammenhang mit steuerrechtlichen Streitfragen auf Grund des Maßgeblichkeitsgrundsatzes (§ 5 Abs 1 EStG, wegen Einzelheiten § 254 Anm 1) oft über die handelsrechtliche Bilanzierung als **Vorfrage** zu entscheiden hat. Es kann daher zur **Auslegung handelsrechtlicher Vorschriften** häufig auf Entscheidungen des BFH zurückgegriffen werden.

Trotz der **grundsätzlichen Übereinstimmung** können sich im Einzelfall in der **Steuerbilanz** von der HB abw Wertansätze und Abschreibungsbeträge ergeben. Dies ist zB auf Grund des steuerrechtlichen Bewertungsvorbehaltes aus § 5 Abs 6 EStG möglich, wonach hinsichtlich der Bewertung und der AfA Ausnahmen von der Maßgeblichkeit der HB für Zwecke der steuerrechtlichen Gewinnermittlung zulässig sind (§ 254 Anm 1f). Durch die vom Gesetzgeber verfolgte fortschreitende Abkoppelung der Steuerbilanz von der HB nimmt die vom BFH künftig zu entscheidende Materie ab. Die Stellungnahmen der **Finanzverwaltung** stellen lediglich Meinungsäußerungen zur Auslegung der Gesetze dar. Sie sind für die Verwaltung verbindlich, unterliegen jedoch der vollständigen Prüfung durch die Gerichte.

Entsprechend der (nur für KapGes auf Grund § 266 Abs 2 A sowie aufgrund von § 264a für KapCoGes unmittelbar vorgeschriebenen) **Gliederung des Anlagevermögens** in drei Hauptposten gelten für die Wertansätze der einzelnen

VG des Anlagevermögens – unter Berücksichtigung der steuerrechtlichen Bestimmungen – im Wesentlichen folgende Grundsätze.

I. Immaterielle Vermögensgegenstände

Immaterielle Vermögensgegenstände des Anlagevermögens sind ausschließlich *unkörperliche* Gegenstände (§ 247 Anm 372). Als unkörperliche Gegenstände sind sie weder beweglich noch unbeweglich. Die Abgrenzung zu materiellen VG kann im Einzelfall schwierig sein, wenn immaterielle VG mit materiellen VG verknüpft sind, zB Bild- und Tonträger oder Software (§ 247 Anm 376; zu den Besonderheiten bei Mieterein- und -umbauten Anm 365 f). 319

Immaterielle VG lassen sich in die folgenden drei Gruppen untergliedern:

1. Konzessionen, gewerbliche Schutzrechte und ähnliche Rechte und Werte sowie Lizenzen an solchen Rechten und Werten

Zum Begriff s § 247 Anm 375. 320

Planmäßig abzuschreiben sind alle immateriellen VG, deren Nutzungsdauer begrenzt ist (oder in der Terminologie des § 7 EStG, die abnutzbar sind). § 7 Abs 1 S 1 iVm Abs 2 EStG stellen für die **Steuerbilanz** klar, dass die AK/HK immaterieller VG *ausschließlich linear,* also nur in gleichmäßigen Beträgen verteilt über ihre Nutzungsdauer abzuschreiben sind. Diese steuerbilanzielle Beschränkung auf die lineare Abschreibungsmethode beruht auf der Überlegung, dass sich immaterielle VG nicht körperlich abnutzen und deshalb grds einen gleichmäßigen Entwertungsverlauf über die Gesamtdauer ihrer Nutzung hinweg haben. Je nach Art des Rechts ist jedoch für die HB eine degressive AfA vorzunehmen, da die Wertminderung in den ersten Jahren regelmäßig höher sein wird (ebenso *WPH I*[12] E 356). **Filmrechte** können zB mit der Erstausstrahlung erheblich an Wert verlieren, so dass eine degressive Abschreibung auch steuerrechtlich sachgerecht erscheinen würde (s auch *Herzig* Bilanzierung und Abschreibung von Filmrechten, WPg 1994, 601 ff und 656 ff; *Küting/Zwirner* Bilanzierung und Bewertung bei Film- und Medienunternehmen des Neuen Marktes, Finanzbetrieb 2001, 15 ff; zur steuerrechtlichen Behandlung von **Film- und Fernsehfonds** BMF 23. 2. 2001 WPg, 413 Anm 38 f: Keine degressive AfA, aber Teilwertabschreibung zulässig). **Zusätzliche Entwertungen** auf Grund **unerwarteter Umstände** sind durch außerplanmäßige Abschreibungen zu berücksichtigen (Anm 324).

Zeitlich begrenzt nutzbar und daher **abnutzbar** iSd § 7 Abs 1 EStG sind diejenigen immateriellen VG, die für ihren Inhaber nur zeitlich begrenzt verwertbar sind (*Drenseck* in Schmidt EStG[24] § 7 Anm 19). Entscheidend ist ein absehbarer regelmäßiger Wertverzehr (*Nolde* in HHR § 7 EStG Anm 120). Bei **Konzessionen, gewerblichen Schutzrechten** und **ähnlichen Rechten** und **Werten** sowie **Lizenzen** an solchen Rechten und Werten ist dies regelmäßig der Fall, da für sie typisch ist, dass sie nur auf begrenzte Zeit bestehen oder eingeräumt werden. Die *betriebsgewöhnliche Nutzungsdauer* ist jedoch regelmäßig wesentlich kürzer. Dies gilt erst recht für ungeschützte Erfindungen (*HHR* § 7 EStG Anm 600 „Patente"). Insb in Bereichen schnell fortschreitender Entwicklungen erscheint grds eine geschätzte Nutzungsdauer zwischen 3 und 5 Jahren, bei **Software** von 3 Jahren, meist sachgerecht (Zur Bilanzierung von Software s *IDW ERS HFA 11* Anm 36 WPg 2003, 876). Zu ERP-Software (Enterprise Resource Planning) s *Köhler/Benzel/Trautmann* DStR 2002, 926.

Aufgrund **wirtschaftlicher Überholung** oder teilweisen Ablaufes der Schutzdauer kann im **Einzelfall** eine kürzere Nutzungsdauer zu unterstellen sein, zB weil die Produktion des geschützten VG nicht während der Gesamtdauer des Schutzrechtes geplant ist oder auch weil voraussichtlich aus wirtschaftlichen Gründen eine volle Ausnutzung des Schutzrechtes nicht beabsichtigt ist (s Anm 234 zu den **sonstigen Faktoren,** die bei der Schätzung der Nutzungsdauer zu beachten sind).

321 Sog **Gewinnungsrechte (Bohrkonzessionen),** zB an Erdöl- oder Gasvorkommen, sind ebenfalls immaterielle VG (so auch *BFH* 19. 7. 1994, BStBl II, 846; EStH 13 Abs 1 „Bodenschätze"). Das Gleiche gilt bei **geologischen Gutachten** über die vermutete Fündigkeit (sog **Seismik,** BdF 20. 5. 1980, BB, 871, sog **Hannoverische Grundsätze**). AfA sind hier erst dann zulässig, wenn auf Grund der Konzessionen oder der Gutachten eine Exploration stattgefunden hat und ein Vorkommen ausgebeutet wird (zu AfS s EStH 44 a; BdF 14. 9. 1981, FR 507). Vor diesem Zeitpunkt unterliegen diese immateriellen VG keiner Abnutzung. Dies gilt auch dann, wenn eine Konzession befristet erteilt wird (zu den außerplanmäßigen Abschreibungen Anm 324). Die Nutzungsdauer bestimmt sich ab **Beginn der Förderung** nach der **geschätzten Förderzeit.** Die Finanzverwaltung geht dabei von Förderzeiten bis zu 15 Jahren bei Erdgas- oder Erdölvorkommen und bis zu 8 Jahren bei Sauergasvorkommen oder Erdölbohrungen in Altfeldern (in denen seit mindestens 10 Jahren gefördert wird) aus. Bei **befristeten Konzessionen** ergibt sich die Nutzungsdauer nach der Laufzeit, solange kein früheres Ende der Nutzung aus wirtschaftlichen Gründen absehbar ist.

Auch **dingliche Rechte** wie etwa **beschränkt persönliche Dienstbarkeiten** oder **Erbbaurechte** können abnutzbar sein. Soweit allerdings dingliche Rechte an einem Grundstück bestehen und ihre AK aktiviert wurden, sind sie nicht als immaterielle VG, sondern innerhalb der Sachanlagen als **grundstücksgleiche Rechte** (§ 247 Anm 457) abzuschreiben (Anm 330).

322 Ist bei **zeitlich begrenzten Rechten** mit immer neuen **Verlängerungen** auf unbegrenzte Zeit zu rechnen (ohne dass erneute AK/HK entstehen) oder ist aus anderen Gründen ein Nutzungsende nicht absehbar, sind sie als nichtabnutzbar anzusehen. Beispiele für solche als „firmenwertähnlich" bezeichneten VG sind entgeltlich erworbene öffentlichrechtliche **Verkehrskonzessionen** (**Güterverkehrs-, Taxi-** oder sonstige **Transportkonzessionen** *BFH* 4. 12. 1991, BStBl II 1992, 383; *BFH* 22. 1. 1992, BStBl II, 529) oder eine Internet Domain Adresse, *FG Rheinland-Pfalz* 16. 11. 2004 EFG 2005, 348. Für diese sog **firmenwertähnlichen WG** gilt wegen der tatsächlichen Nichtabnutzbarkeit weiterhin das Abschreibungsverbot (hierzu sowie zum Ansatz des niedrigeren Teilwerts im Einzelfall, insb bei Güterfernverkehrsgenehmigungen BMF 12. 3. 1996, BStBl II, 372). Für **Verlagswerte** dagegen ist als einem dem GFW (Anm 325) vergleichbaren WG § 7 Abs 1 S 3 EStG anwendbar (fiktive Nutzungsdauer von 15 Jahren). Die in § 255 Abs 4 enthaltene Beschränkung auf den anlässlich einer Unternehmensübernahme erworbenen GFW gilt nicht für die steuerrechtliche Abschreibungsvorschrift des § 7 Abs 1 S 3 EStG.

323 Nicht erforderlich ist, dass die zeitliche Begrenzung konkret bestimmt ist. Es genügt, dass von einer zeitlich begrenzten Nutzungsdauer allgemein ausgegangen werden muss. Als abnutzbar und damit abschreibungsfähig anerkannt sind zB **Abstandszahlungen** eines Mieters/Pächters an den Vormieter/Vorpächter für eine vorzeitige Räumung ohne Rücksicht darauf, ob der Miet-/Pachtvertrag selbst auf unbestimmte Zeit geschlossen ist (*BFH* 2. 3. 1970, BStBl II, 382), und aktivierte Aufwendungen für **schuldrechtliche** oder **dingliche Nutzungsrechte,** zB Wohnrechte auf Grund der §§ 31 ff WEG und Nießbrauchsrechte (s aber Anm 330 zu grundstücksgleichen Rechten und Ausbeuterechten). Die

Nutzungsdauer bestimmt sich in diesen Fällen nach der **Laufzeit** des Rechtes oder der im Vertrag bestimmten Zeit, die unter Berücksichtigung aller **Umstände des Einzelfalles** vorsichtig zu schätzen ist. Von einer **Verlängerung** der Laufzeit darf nur ausgegangen werden, wenn diese sehr wahrscheinlich ist. Ist ein Vertrag auf **unbestimmte Zeit** geschlossen oder das Nutzungsrecht auf unbestimmte Zeit begründet, ist die Nutzungsdauer ebenfalls durch vorsichtige Schätzung zu ermitteln. Hierbei bildet jedoch ein noch **überschaubarer Zeitraum** von 10 Jahren die Obergrenze, solange nicht anzunehmen ist, dass eine Nutzung über diesen Zeitraum hinaus möglich sein wird. Auch bei einem vertraglich länger als 10 Jahre bestehenden Recht ist idR wegen der wirtschaftlichen Entwertung eine Abschreibung in einem Zeitraum von 10 Jahren vorzunehmen.

Die **Vereinfachungsregel** der Sofortabschreibung von GWG für abnutzbare bewegliche Anlagegüter (Anm 275) ist bei immateriellen VG *steuerrechtlich* nicht anwendbar, da diese als unkörperliche VG weder als beweglich noch als unbeweglich gelten. Trivialprogramme, dh Computerprogramme, deren AK unter € 410 liegen, gelten jedoch *steuerrechtlich* als bewegliche, selbstständige WG, EStR 31 a Abs 1. **Degressive Abschreibung** ist steuerrechtlich ausgeschlossen, § 7 Abs 2 S 1 EStG.

Außerplanmäßige Abschreibungen sind bei zeitlich begrenzt nutzbaren wie auch zeitlich unbegrenzt nutzbaren immateriellen VG nach Maßgabe des Abs 2 S 3 vorzunehmen, wenn ihr **beizulegender Wert** niedriger ist als der sich zum Abschlussstichtag ergebende Buchwert. Die Gründe für eine außerplanmäßige Abschreibung lassen sich nicht abschließend nennen. Zu denken ist an ein vorzeitiges Ende der weiteren Nutzung eines Rechtes, weil eine **Klage auf Unterlassung** einer weiteren Ausnutzung anhängig ist oder bereits eine Verurteilung zur Unterlassung vorliegt. Ein absehbares vorzeitiges Nutzungsende ist zB eine geplante **Produktionsum-** oder **-einstellung** (zu den weiteren Gründen Anm 233 f). Soweit bei Gewinnungsrechten nicht mehr mit einer rentablen Förderung der Bodenschätze zu rechnen ist oder die **Bohrung nicht fündig** war, sind außerplanmäßige Abschreibungen vorzunehmen (bei Konzession für mehrere Bohrungen in einem Gebiet: Anteilige Teilwertabschreibung). Bei Gewinnungsrechten kommen somit bereits während der Explorationsphase außerplanmäßige Abschreibungen in Betracht. 324

2. Geschäfts- oder Firmenwert

Zu den Vorschriften § 255 Abs 4, § 7 Abs 1 S 3 EStG s § 255 Anm 517. 325

3. Geleistete Anzahlungen

Unter **geleistete Anzahlungen** sind solche Zahlungen zu verstehen, die für den Erwerb eines immateriellen VG geleistet wurden (§ 247 Anm 545). 326

Eine **planmäßige Abschreibung** geleisteter Anzahlungen kommt regelmäßig nicht in Betracht (wegen steuerrechtlicher Abschreibungen auf bestimmte Anzahlungen § 254 Anm 37 f).

Wegen **außerplanmäßige Abschreibungen** auf geleistete Anzahlungen s Anm 388.

II. Sachanlagen

§ 7 EStG ist als **Grundnorm** und **steuerrechtliche Parallelvorschrift** zu Abs 2 S 1 und S 2, also zur **planmäßigen Abschreibung** des Anlagevermögens 327 (steuerrechtlich AfA oder AfS) anzusehen. Die Umschreibung „Wirtschaftsgüter, deren Verwendung oder Nutzung sich erfahrungsgemäß auf einen Zeitraum von mehr als einem Jahr erstreckt" entspricht weitgehend der Umschreibung in Abs 2 S 1 „Vermögensgegenstände des Anlagevermögens, deren Nutzung zeitlich begrenzt ist" (zur Behandlung von WG, deren Nutzungsdauer nicht über ein Jahr hinausgeht s Anm 275).

§ 6 Abs 1 S 1 Nr 1 und Nr 2 EStG enthalten im Wesentlichen die **Grundregeln** für die Vornahme **außerplanmäßiger Abschreibungen** iSd Abs 2 S 3 (steuerrechtlich: **Teilwertabschreibung,** Anm 297 ff). Funktion dieser steuerrechtlichen Vorschrift ist es, die Anforderungen an die Vornahme einer außerplanmäßigen Abschreibung unter fiskalischen Gesichtspunkten zu modifizieren. Hierbei ist eine Abschreibung unter Durchbrechung der Maßgeblichkeit nur bei dauerhafter Wertminderung zulässig; eine spätere Werterholung ist im Gegensatz zu § 253 zwingend zu berücksichtigen.

Zur eingeschränkten Zulässigkeit der Teilwertabschreibung s Anm 13 ff.

1. Grundstücke, grundstücksgleiche Rechte

328 **Grundstücke** unterliegen grds **keiner Abnutzung** und sind nicht planmäßig abzuschreiben. Zu beachten ist dabei, dass „Grundstück" nur der Grund und Boden, also ausschließlich etwaiger Grundstücksbestandteile (wie zB Zäune, Hof-Teerung etc) ist. Bei Grundstücken, die **planmäßig ausgebeutet** werden, zB Steinbrüche, Tongruben oder Bergbaugrundstücke, sind die AK auf das Grundstück selbst und auf die auszubeutenden Bodenschätze aufzuteilen (*BFH* 28. 5. 1979, BStBl II, 624). Zur Aufteilung eines **Gesamtkaufpreises** § 255 Anm 80 ff. Nur der Anteil, der auf den **Bodenschatz** entfällt, ist planmäßig abzuschreiben (Anm 331, s aber auch Anm 215).

329 **Außerplanmäßige Abschreibungen** sind hingegen auch bei Grundstücken nach Abs 2 S 3 vorzunehmen. Die Gründe hierfür können zB technischer Art sein, wenn infolge von Veränderungen in der Bodenbeschaffenheit der Wert gemindert ist (zB Schlammboden nach Naturkatastrophe). Sie sind wirtschaftlicher Art, wenn der Grundstückswert auf Grund öffentlich-rechtlicher oder privatrechtlicher **Baubeschränkungen,** gesunkener Grundstückspreise (*Ehmke* in Blümich § 6 EStG Anm 792) oder Wegfall der Gründe, die für die Zahlung eines **Überpreises** ausschlaggebend waren, oder aber wegen Altlasten gesunken ist. Eine steuerrechtliche Teilwertabschreibung setzt eine dauerhafte Wertminderung voraus (Anm 295). Nach BMF 25. 2. 2000 BStBl I, 372 Anm 12 zB bei Altlastverseuchung, wenn mit einer zeitnahen Beseitigung nicht zu rechnen ist (zur Frage einer Rückstellungsbildung in diesem Fall s § 249 Anm 100 „Altlastensanierung").

330 **Grundstücksgleiche Rechte,** zB **Erbbaurechte, Bergwerkseigentum,** sind – auch wenn es sich zivilrechtlich um **Grundstücksbestandteile** handelt (§ 96 BGB) – bilanzrechtlich als **selbstständige Vermögensgegenstände** anzusehen. Soweit sie aktiviert werden (§ 247 Anm 457) und ihre Nutzungsdauer begrenzt ist, sind sie planmäßig oder bei Vorliegen der Voraussetzungen außerplanmäßig abzuschreiben (s Anm 320 ff).

331 Eine Besonderheit gilt für Rechte zur Ausbeute von **Bodenschätzen** (zB Mineral-, Lehm-, Sand-, Kiesabbaurechte; zu den Besonderheiten bei **Explorationskonzessionen** Anm 321). Sie sind unabhängig davon, ob sie zusammen mit dem Grundstück, auf oder unter dem sie sich befinden, erworben wurden, gesondert zu aktivieren und **planmäßig abzuschreiben** (keine Abschreibung falls Bodenschätze erst nach Erwerb des Grundstücks entdeckt werden, § 11 d Abs 2 EStDV). Die Abschreibung kann wahlweise in gleichen Beträgen verteilt

über die Nutzungsdauer oder nach dem jeweiligen **Grad der Ausbeute** als Leistungsabschreibung vorgenommen werden (§ 7 Abs 6 iVm Abs 1 S 6 EStG). Abschreibungsbeginn nicht bei Anschaffung die, sondern erst mit Beginn des regelmäßigen Abbaus (Anm 321). Nach der Rspr (*BFH* 19. 7. 1994, BStBl II, 846) sind AfA bei Bodenschätzen unzulässig, die der Stpfl in sein Betriebsvermögen einlegt; anders, wenn sich der Bodenschatz bereits im Privatvermögen zu einem selbstständigen WG konkretisiert hat (*BFH* 26. 11. 1993, BStBl II 1994, 293).

Außerplanmäßige Abschreibungen sind nach den allgemeinen Regeln vorzunehmen (Anm 280 ff).

2. Bauten einschließlich der Bauten auf fremden Grundstücken

Unter dem Posten **„Bauten"** werden **unbewegliche Vermögensgegenstände** erfasst. Zur Festlegung der planmäßigen Abschreibungen ist zwischen den verschiedenen Arten von Bauten zu unterscheiden und zu definieren, welche Bestandteile dieser Bauten dem unbeweglichen Vermögen und welche **Bestandteile** wegen ihrer eigenständigen Funktion zutreffender den technischen Anlagen und Maschinen zuzuordnen sind (steuerrechtlich: **Betriebsvorrichtungen**). Diese **Zuordnung** und damit auch die **Bewertung und Abschreibung** orientiert sich stark an der steuerrechtlichen Beurteilung. 332

Bauten sind zunächst **bauliche Einrichtungen,** die zum Aufenthalt von Menschen nicht nur vorübergehend geeignet, fest mit dem Boden verbunden und von einiger Beständigkeit und ausreichender Standfestigkeit sind (steuerrechtlich: **Gebäude;** zum Gebäudebegriff s auch § 247 Anm 456). Bauten sind, obwohl zivilrechtlich grds Grundstücksbestandteile, als selbstständige Vermögensgegenstände anzusehen (Anm 328).

Sonstige bauliche Maßnahmen, zB **Fabrikmauern, Parkplätze** (*BFH* 10. 10. 1990, BStBl II 1991, 59), **Außenanlagen, Straßen,** steuerrechtlich **„sonstige unbewegliche Wirtschaftsgüter"** sind ebenfalls als Bauten zu aktivieren, aber anders als Gebäude abzuschreiben (Anm 349).

Die **Abgrenzung** von Gebäude zu sonstigen baulichen Maßnahmen richtet sich im Zweifelsfall nach der Verkehrsauffassung. Zur steuerrechtlichen Sicht s gleich lautender LänderErl FinVerw 31. 3. 1992, BStBl I, 342. **Autowaschhalle** ist Gebäude, wenn sich dort Bedienungspersonal aufhält und sie beheizt wird. Auch zB **Trockenschuppen** einer Ziegelei oder offene **Industrie-** oder **Markthallen** können Gebäude sein. Dagegen Betriebsvorrichtung, da nicht zum dauernden Aufenthalt von Menschen geeignet: Kleine **Transformatorenhäuser,** Hochbehälter ohne Wohnteil sowie Kühlzellen (*BFH* 30. 1. 1991, BStBl II, 618). 333

Kein Gebäude mangels ausreichender Standfestigkeit zB **Kassenhäuschen** und **Traglufthallen.** Dagegen ist **Gewächshaus**Gebäude, obwohl Mittel des Produktionsvorganges und damit einer technischen Apparatur vergleichbar (*BFH* 21. 1. 1988, BStBl II, 628). Gebäudeeigenschaft wird nicht dadurch ausgeschlossen, dass es sich um ein Bauwerk auf fremden Grund und Boden oder zivilrechtlich um einen **Scheinbestandteil** handelt, der nach einiger Zeit wieder entfernt werden soll. **Schwimmbecken** stellen bei Hotelbetrieben keine Betriebsvorrichtung dar (*BFH* 11. 12. 1991, BStBl II 1992, 278), sondern unselbstständige Gebäudeteile (FinVerw 31. 3. 1992, BStBl I, 342 Anm 32).

Zur Abgrenzung von Bauten ggü technischen Anlagen, anderen Anlagen (steuerrechtlich: Betriebsvorrichtungen) sowie Betriebs- und Geschäftsausstattung s außerdem Anm 352 ff.

a) Gebäude

334 Die **planmäßige Abschreibung** von Gebäuden erfolgt nach dem **Grundsatz der Einheitlichkeit der Abschreibung** einschl der unselbstständigen Gebäudebestandteile (dazu EStR 13 Abs 5 EStR) als Einheit. Jedes Gebäude ist getrennt zu bewerten. Die Betriebsgebäude eines Unt bilden nicht deshalb, weil sie einheitlich dem Betriebszweck dienen, einen einheitlichen VG. Die Abgrenzung zwischen einem und mehreren Gebäuden kann allerdings im Einzelfall schwierig sein, wenn die Bauten miteinander verbunden sind. In diesem Fall sollten Gebäudeeinheiten nach der Zweckbestimmung, der Verkehrsanschauung oder anderen sachlichen Kriterien festgelegt werden (ähnlich *Stobbe* in HHR § 6 EStG Anm 635).

Ausnahmen vom Grundsatz der einheitlichen Abschreibung eines Gebäudes gelten für folgende Bestandteile:
- technische **Anlagen** (Anm 351 ff),
- **Scheinbestandteile** iSd BGB (hierzu Anm 363) oder
- im **wirtschaftlichen Eigentum** eines anderen als des Gebäudeeigentümers stehende Baulichkeiten (zB Mieterein- und -umbauten, Anm 366).

Diese **Bestandteile** sind als **selbstständige bewegliche Vermögensgegenstände** anzusehen und nach den für diese geltenden Regeln abzuschreiben (Anm 360). Die Zuordnung zu den beweglichen VG (*Stobbe* in HHR § 6 EStG Anm 630) geht der Zuordnung zu den Bauten vor.

335 Eine weitere Ausnahme von der Einheitlichkeit der Abschreibung besteht bei Gebäuden, bei denen **Teile unterschiedlich genutzt** werden, zB das Erdgeschoss als Ladengeschäft, der erste Stock als Mietwohnung und schließlich der zweite Stock als Privatwohnung. In diesen Fällen sind für Zwecke der Abschreibung die AK/HK des Gebäudes entsprechend der Anzahl der unterschiedlichen **Nutzungs- und Funktionszusammenhänge** (für mehrere eigene Betriebe s *BFH* 29. 9. 1994, BStBl 1995, 72) und ihres Anteiles an der Gesamtnutzung aufzuteilen und jeder Gebäudeteil als selbstständiges Gebäude nach den jeweils in Betracht kommenden Abschreibungssätzen (s Anm 393) abzuschreiben (EStR 13 Abs 3, 4, 5, 6; EStR 44 Abs 6 S 2).

Der **Grundsatz der Einheitlichkeit** der Abschreibung schließt es bei Gebäuden im Übrigen nicht schlechthin aus, dass Bestandteile gesondert aktiviert und abgeschrieben werden (*BFH GrS* 26. 11. 1973, BStBl II 1974, 132), wobei diese dann aber auch bei getrennter Bewertung unbewegliches Vermögen bleiben, also unverändert zum Posten Bauten gehören. Es ist dann zwischen den selbstständig abschreibungsfähigen Gebäudebestandteilen und der Abschreibung des übrigen Gebäudes zu trennen; zur Frage der Abschreibung bei einer teilweisen Fertigstellung eines Gebäudes s Anm 225.

336 **Voraussetzung für die selbstständige Bewertung** von Gebäudebestandteilen ist, dass sie **nicht** in einem einheitlichen **Nutzungs- und Funktionszusammenhang** mit dem übrigen Gebäude stehen (*BFH* 28. 7. 1993, BStBl II 1994, 164). Als selbstständig bewertbare aber unselbstständige Gebäudeteile kommen insb solche Bestandteile in Betracht, die im Einzelfall wegen ihres Nutzungszusammenhanges mit einem Gebäude nicht als technische Anlagen, Maschinen, andere Anlagen (Betriebsvorrichtungen) anzusehen sind, zB **Rolltreppen, Fahrstuhl-, Heizungs-, Be-** und **Entlüftungs-, Klima-, Sprinkler-** und **Beleuchtungsanlagen** (zur Abgrenzung im Einzelfall Anm 352 ff).

Bei diesen Gebäudebestandteilen ist davon auszugehen, dass der einheitliche Nutzungs- und Funktionszusammenhang mit dem Gebäude der **Regelfall** und die selbstständige Bewertung der **Ausnahmefall** ist (zur Abgrenzung s EStR 13 Abs 3, 4, 5). Entscheidend für die ausnahmsweise selbstständige

(Aktivierung und) Abschreibung ist, dass Bestandteile eine ggü der Nutzung des Gebäudes selbstständige Funktion haben. Das setzt voraus, dass sie klar von den übrigen Gebäudebestandteilen abgrenzbar sind, eine wesentlich geringere Nutzungsdauer als das Gebäude selbst haben und deshalb bei wirtschaftlicher Betrachtung als selbstständige WG anzusehen sind (*BFH* 17. 10. 1961, BStBl III 1962, 48: **Sammelheizungsanlage;** *BFH* 29. 3. 1965, BStBl III, 291: **Schaufenster-** und **Beleuchtungsanlage;** *BFH* 20. 2. 1975, BStBl II, 531: **Ladenumbau**). Bejaht generell für **Ladeneinbauten** (zu Mietern s Anm 366), **Gaststätteneinbauten, Schalterhallen** von Kreditinstituten sowie **„ähnliche Einbauten“,** die einem Wandel des modischen Geschmacks unterliegen (EStR 13 Abs 3). Gilt selbst bei **Neubauten** (*BFH* 29. 3. 1965, BStBl III, 291 am Beispiel einer Schaufensteranlage und der Beleuchtungsanlage des Schaufensters).

Aufgrund **steuerrechtlicher Abschreibungsbestimmungen** (also erhöhter Absetzungen oder Sonderabschreibungen) können zahlreiche Gebäudebestandteile ohne Prüfung ihrer Selbständigkeit als **selbstständig bewertbare Gebäudebestandteile** abgeschrieben werden (zB erhöhte Absetzung bei Baudenkmälern, § 7i EStG, s § 254 Anm 161). **337**

Sind **einzelne Gebäudebestandteile** nach diesen Kriterien selbstständig bewertungsfähig, ist ihre Nutzungsdauer stets kürzer als diejenige des Gebäudes, da es sich typischerweise um Bestandteile handelt, die einer schnelleren technischen und wirtschaftlichen Überholung auf Grund ständiger Weiterentwicklung und des sich ändernden Geschmacks ausgesetzt sind. Vertretbar ist oft eine Nutzungsdauer zwischen 5 und 10 Jahren. Die steuerrechtlichen AfA-Tabellen für bewegliche WG können ebenfalls einen Anhaltspunkt bei der Schätzung der Nutzungsdauer geben (zu den Auswirkungen der Änderung der allgemeinen AfA-Tabelle s Anm 231). **338**

Außerplanmäßige Abschreibungen sind bei selbstständig zu bewertenden Gebäudebestandteilen nach den gleichen Regeln wie bei den beweglichen VG vorzunehmen. **339**

Linear berechnete Abschreibungen sind als **Mindestabschreibung** auf Gebäude nach Maßgabe von § 7 Abs 4 EStG für die steuerrechtliche Gewinnermittlung *zwingend* vorzunehmen (so auch *BFH* 11. 12. 1987, BStBl II 1988, 335). Die nach dieser Vorschrift unterstellte Nutzungsdauer *kann* grds auch der handelsrechtlichen Abschreibung zugrunde gelegt werden. **340**

Ist die **tatsächliche Nutzungsdauer** kürzer, kann diese sowohl handels- als auch steuerrechtlich (§ 7 Abs 4 S 2 EStG) angesetzt werden.

Genauso darf im **Einzelfall** die tatsächliche Nutzungsdauer die steuerrechtlich unterstellte Nutzungsdauer übersteigen. Insoweit ist es handelsrechtlich zulässig, der Abschreibung die tatsächlich längere Nutzungsdauer zugrunde zu legen (Anm 235). Die Folge hiervon ist, dass wegen der geringeren handelsrechtlichen Gebäudeabschreibungen die Buchwerte in der HB von denjenigen in der **Steuerbilanz** (Mindestabschreibung nach § 7 Abs 4 EStG) abweichen (zur Steuerabgrenzung Anm 451).

Soweit jedoch keine Gründe für solche **Abweichungen** von den **steuerrechtlichen Gebäudeabschreibungs-Bestimmungen** bestehen, errechnen sich die Abschreibungen wie folgt:

(1) **Wirtschaftsgebäude** (zB Fabrikgebäude oder sonstige gewerblich genutzte Räume), also Gebäude, die nicht Wohnzwecken dienen, werden gemäß § 7 Abs 4 S 1 Nr 1 EStG jährlich zwingend mit mindestens 4 vH der AK/HK abgeschrieben, wenn der Bauantrag nach dem 31. 3. 1985 gestellt wurde und die Herstellung vor dem 1. 1. 2001 begonnen wurde (durch Einreichung des Bauantrags vor dem 1. 1. 2001) bzw die Anschaffung vor dem 1. 1. 2001 er- **341**

folgte (§ 52 Abs 21b EStG). Liegt der Beginn der Herstellung bzw die Anschaffung nach dem 31. 12. 2000, beträgt der AfA-Satz mindestens 3 vH. Zu **gemischter Nutzung** s Anm 335. Außerdem sind a**ußerplanmäßige Abschreibungen** wegen außergewöhnlicher Abnutzung bzw niedrigeren Teilwertes zulässig (Anm 347).

342 (2) **Sonstige Gebäude** sind jährlich mit mindestens 2 vH (bzw 2,5 vH, soweit sie vor dem 1. 1. 1925 fertiggestellt worden sind) der AK/HK abzuschreiben (§ 7 Abs 4 S 1 Nr 2 EStG). Die Absicht, ein noch genutztes Gebäude vor dem Ende der Nutzungsdauer abzubrechen, rechtfertigt nicht die Annahme einer kürzeren Nutzungsdauer (Anm 229 und EStH 44 „Nutzungsdauer"). Die Annahme einer **längeren Nutzungsdauer** als 50 (oder 40) Jahre wird nur in seltenen Ausnahmen in Betracht kommen. Steuerrechtlich ist eine längere tatsächliche Nutzungsdauer unerheblich (EStR 44 Abs 4 S 2). **Außergewöhnliche Abnutzung** und niedrigerer Teilwert sind durch außerplanmäßige Abschreibungen zu berücksichtigen (§ 7 Abs 4 S 3 EStG). Eine außerplanmäßige Abschreibung allein unter Hinweis auf die nichtbetriebliche Nutzung bzw auf einen Bauantrag vor dem 1. April 1985 bei Wirtschaftsgebäuden ist allerdings ausgeschlossen (§ 7 Abs 4 S 4 EStG).

343 Die **degressive Abschreibung** der AK/HK eines Gebäudes ist **steuerrechtlich** nur in den **Grenzen** des § 7 Abs 5 EStG anerkannt (EStR 44 Abs 6 S 1; dabei muss handelsrechtlich ebenso verfahren werden, Finanzministerium Saarland 22. 1. 1991, DStR, 217). Ein **Wahlrecht** für lineare bzw degressive Abschreibung besteht für **Wohngebäude** und ihnen nach § 7 Abs 5a EStG gleichgestellte Objekte (*Drenseck* in Schmidt EStG[24] § 7 Anm 153). Zur Zulässigkeit eines nachträglichen **Wechsels der Abschreibungsmethode** s Anm 270 (idR unzulässig, EStH 44 „Wechsel ..."; *FG Niedersachsen* 2. 8. 2000 EFG 2001, 351). Bei degressiver Abschreibung handelt es sich zumindest nicht immer um steuerrechtliche Abschreibung iSd § 254 S 1 (bzw in der steuerrechtlichen Terminologie „erhöhte oder Sonderabschreibungen" iSd § 7a EStG; *Drenseck* in Schmidt EStG[23] § 7 Anm 157 mwN). Allein wegen der hohen Abschreibungsraten der ersten Jahre bei der steuerrechtlichen Abschreibung gem. § 7 Abs 5 S 1 EStG bereits eine steuerrechtliche Abschreibung iSd § 254 anzunehmen, weil diese wirtschaftlich gesehen als überhöht zu betrachten sind, erscheint nicht angebracht, da auf den Einzelfall abzustellen ist *(Ernsting/Haeger/Küting* in HdR[5] § 254 Anm 83f) . Entscheidend ist, ob der handelsrechtliche Schätzungsrahmen, insb im Hinblick auf die am Immobilienmarkt bestehenden Unsicherheiten, verlassen wird (*ADS*[6] § 254 Anm 33; Ernsting/*Haeger/Küting* in HdR[5] § 254 Anm 85).

344 Anzuwendende Abschreibungssätze nach § 7 Abs 5 EStG im Einzelnen:

- Bei Wirtschaftsgebäuden (Fabrikgebäuden und sonstigen gewerblich genutzten Gebäuden im Betriebsvermögen) iSd § 7 Abs 4 S 1 *Nr 1* EStG, die auf Grund eines vor dem 1. Januar 1994 gestellten Bauantrags hergestellt wurden, können im Jahr der Anschaffung oder Fertigstellung und in den folgenden 3 Jahren jeweils 10 vH, in den darauf folgenden 3 Jahren jeweils 5 vH und in den bis zum Ende der 25 jährigen Nutzungsdauer verbleibenden 18 Jahren jeweils 2,5 vH der AK/HK abgeschrieben werden (§ 7 Abs 5 S 1 Nr 1 EStG). Im Falle der Anschaffung muss der Kaufvertrag vor dem 1. 1. 1994 rechtswirksam abgeschlossen und das Gebäude im Jahr der Fertigstellung angeschafft worden sein; nach BMF 8. 12. 1994, DB, 2523 ist unerheblich, wer den Bauantrag gestellt hat.
- Bei anderen im Inland belegenen Gebäuden, die selbst hergestellt oder bis zum Ende des Jahres der Fertigstellung angeschafft worden sind, können nach § 7 Abs 5 S 1 *Nr 2* EStG im Jahr der Anschaffung oder Fertigstellung und den folgenden 7 Jahren jeweils 5 vH, in den darauf folgenden 6 Jahren jeweils 2,5 vH und in den von der Gesamtnutzungsdauer (von 50 Jahren) verbleibenden 36 Jahren jeweils 1,25 vH der AK/HK ab-

geschrieben werden, wenn der Bauantrag vor dem 1. 1. 1995 gestellt bzw für angeschaffte Objekte der Kaufvertrag vor dem 1. 1. 1995 abgeschlossen wurde.

- Bei anderen im Inland belegenen Gebäuden iSv § 7 Abs 5 S 1 *Nr 3* EStG, für die der Bauantrag zwischen dem 28. 2. 1989 und Ende 1995 gestellt worden ist und die der Stpfl entweder selbst hergestellt oder zwischen dem 28. 2. 1989 und Ende 1995 im Jahr der Fertigstellung erworben hat, können, soweit die Gebäude Wohnzwecken dienen, nach § 7 Abs 5 S 1 Nr 3 EStG im Jahr der Fertigstellung und in den folgenden 3 Jahren jeweils 7 vH, in den darauf folgenden 6 Jahren jeweils 5 vH, in den hierauf folgenden 6 Jahren jeweils 2 vH und in den verbleibenden 24 Jahren jeweils 1,25 vH der AK/HK abgeschrieben werden. Erfolgte der Bauantrag bzw der Erwerb nach dem 31. 12. 1995 und vor dem 1. 1. 2004, beträgt die AfA im Jahr der Fertigstellung und in den folgenden 7 Jahren jeweils 5 vH, in den darauf folgenden 6 Jahren jeweils 2,5 vH und in den verbleibenden 36 Jahren jeweils 1,25 vH.
- In Fällen des vorherigen Spiegelstrichs nach dem 31. 12. 2003 im Jahr der Fertigstellung und in den folgenden 9 Jahren jeweils 4 vH, in den darauf folgenden 8 Jahren jeweils 2,5 vH und in den verbleibenden 32 Jahren jeweils 1,25 vH.

Bei Anschaffung steht in all diesen Fällen die Anwendung der degressiven Berechnungsmethode steuerrechtlich unter dem **Vorbehalt,** dass der bisherige Eigentümer (bzw Abschreibungsberechtigte) das betreffende Gebäude, Anzahlungen oder Teilherstellungskosten hierfür **weder degressiv abgeschrieben** noch **steuerrechtliche Sonderabschreibungen** oder **erhöhte Absetzungen** in Anspruch genommen hat (§ 7 Abs 5 S 2 EStG; *Drenseck* in Schmidt EStG[24] § 7 Anm 155).

Im **Jahr der Anschaffung/Herstellung** ist der volle Jahresbetrag abzusetzen (§ 7 Abs 5 S 3 EStG). Zur Berücksichtigung **nachträglicher Anschaffungs- oder Herstellungskosten** s Anm 276 und § 255 Anm 375. Sie können zu einer nachträglichen Verlängerung der Nutzungsdauer führen. Steuerrechtlich wird das für Gebäude-Abschreibungen grds angenommen, weil die nach § 7 Abs 4 S 1 oder Abs 5 EStG geltenden Sätze meist unverändert auf die erhöhten AK/HK angewandt werden (EStH 44 „AfA-Volumen" Beispiele 2, 3). Bei Abschreibung nach § 7 Abs 4 EStG sieht EStH 44 „Nachträgliche AK/HK" allerdings außerdem vor, dass der um die nachträglichen AK/HK erhöhte Restwert gleichmäßig auf die Restnutzungsdauer verteilt werden kann, wenn andernfalls die tatsächliche Nutzungsdauer nicht erreicht wird. Das gilt auch bei der Gebäudeabschreibung nach § 7 Abs 5 EStG. Werden Gebäude mit höheren als den Regelsätzen abgeschrieben (§ 7 Abs 4 S 2 EStG), bemisst sich die Abschreibung vom Jahr der Entstehung der nachträglichen AK/HK nach der Restnutzungsdauer. 345

Im **Jahr der Veräußerung** ist nur eine Abschreibung **pro rata temporis** bis zum Veräußerungstag zulässig (EStR 44 Abs 9 S 1; Anm 228). Dies gilt auch dann, wenn ein Gebäude im Jahr der Anschaffung/Fertigstellung wieder veräußert wird. Vorstehendes ist für **Gebäudeteile** (Anm 335) entsprechend anzuwenden (§ 7 Abs 5 a EStG). 346

Außerplanmäßige Abschreibungen können nach Abs 2 S 3 vorzunehmen sein, wenn der beizulegende Wert (oder der steuerrechtliche Teilwert, Anm 286 ff und Anm 297 ff) niedriger als der Buchwert zum Bilanzstichtag ist. Die Gründe können in einer besonderen **technischen** oder **wirtschaftlichen Abnutzung** liegen (§ 7 Abs 1 S 6, Abs 4 S 3 EStG, hierzu Anm 314) oder auf Gründen beruhen, die nicht in unmittelbarem Zusammenhang mit dem Gebäude selbst stehen. ZB Wertminderung wegen Umorganisation des Betriebsablaufs und dem sich daraus ergebenden **unorganischen Betriebsaufbau.** Auch in den AK/HK enthaltene Beträge sind abzuschreiben, wenn ihnen kein Gegenwert (mehr) gegenübersteht, zB bei teurer aber **unzweckmäßiger Ausstattung,** bei **Schnellbaukosten,** bei Isolierungen (soweit wegen gesunkener 347

Energiepreise unwirtschaftlich), bei einem Überpreis bei Anschaffung (etwa um einen Konkurrenten zu überbieten, dessen Ansiedlung verhindert werden sollte). Zu weiteren Gründen einer außerplanmäßigen Abschreibung s Anm 280ff.

b) Sonstige bauliche Maßnahmen

348 Auch **sonstige bauliche Maßnahmen** sind als „Bauten", also bei den unbeweglichen VG auszuweisen (Anm 332; *Stobbe* in HHR § 6 EStG Anm 630), wenn sie weder technische oder andere Anlage (Anm 351) noch Scheinbestandteil (und deswegen beweglicher VG) eines Grundstückes oder Gebäudes sind. In Betracht kommen zB **Außenanlagen, Einfriedungen,** *normale* **Bodenbefestigungen** (zu den *besonderen* Bodenbefestigungen Anm 357).

349 Die AK/HK dieser VG, die meist nicht dem Produktionsprozess dienen, sind im Regelfall mit gleichen Jahresbeträgen **(linear)** über die knapp geschätzte Nutzungsdauer (Anm 229) zu verteilen. Diese Annahme legt auch § 7 Abs 1 S 1 und 2 EStG zugrunde, der für unbewegliche abnutzbare WG die Vornahme von AfA in **gleichen Jahresbeträgen** verteilt über die Nutzungsdauer vorschreibt.

Hinsichtlich der Vornahme **außerplanmäßiger Abschreibungen** s Anm 280.

3. Maschinen, Anlagen, Betriebs- und Geschäftsausstattung

a) Maschinen, technische Anlagen

350 Die Abschreibung von **Maschinen** (§ 247 Anm 480), die auch steuerrechtlich zu den beweglichen WG gehören, erfolgt nach denselben Regeln wie die Abschreibung von Anlagen, Anm 360.

351 In § 266 wird zwischen **technischen** und **anderen Anlagen** unterschieden. Die Unterscheidung soll bei Produktionsbetrieben dazu dienen, Anlagen des Produktionsprozesses von solchen zu unterscheiden, die nicht unmittelbar der Produktion dienen (§ 266 Anm 66).

Die **Zuordnung** zu den einzelnen Posten der Gliederung des JA ist im Übrigen für die **Bewertung ohne Bedeutung.** Deshalb wird nachfolgend nicht zwischen technischen und anderen Anlagen unterschieden.

Großanlagen, die aus einer Vielzahl von Einzel-VG bestehen, zB **Fertigungsstraßen, Abfüllanlagen,** sind wegen ihrer gemeinsamen und **einheitlichen Funktion** als ein VG abzuschreiben. Bei der Frage, welche Einzelteile als Bestandteil der Großanlage anzusehen sind, besteht ein weiter **Ermessensspielraum.** Dies ist auch steuerrechtlich anerkannt (*BFH* 3. 3. 1978, BStBl II, 412 am Beispiel einer **Abfüllanlage;** aber *BFH* 11. 5. 1978, BStBl II, 513 im Falle eines **Gasbetonwerkes,** bei dem **Maschinen, Heizkessel, Gebäude** sowie **Formen** gesondert aktiviert und innerhalb der jeweiligen Nutzungsdauer abgeschrieben wurden).

Neben der Frage, welche **Einzelteile** als **Bestandteil** einer Großanlage anzusehen sind, kann bei in Gebäuden **eingebauten Anlagen** fraglich sein, ob es sich bei diesen Anlagen weiterhin um selbstständig zu bewertende, **bewegliche Vermögensgegenstände** handelt, oder ob sie durch ihren Einbau zu einem unselbstständigen **Gebäudebestandteil** geworden und zusammen mit diesem abzuschreiben sind.

352 Die **Abgrenzung** zwischen Anlagen und Gebäude- oder Grundstücksbestandteilen (Anm 336) erfolgt vor allem nach der **Funktion einer Anlage,** also nach wirtschaftlichen Kriterien.

Die **handelsrechtliche Zuordnung** der Anlagegüter zu den „technischen Anlagen" oder „anderen Anlagen" oder zu den „Bauten" orientiert sich an der steuerrechtlichen Rspr zur Abgrenzung von **Betriebsvorrichtungen** ggü unselbstständigen Gebäudebestandteilen.

Diese **Zuordnung** erfolgt nach den Kriterien der festen Verbindung (Anm 353) sowie des Nutzungs- und Funktionszusammenhangs (Anm 354):

Feste Verbindung. Die feste Verbindung einer Anlage mit einem Gebäude ist an sich ein Indiz für einen zusammen mit dem Gebäude zu bewertenden Gebäudebestandteil. Dies gilt jedoch nur mit **Einschränkungen:** 353

„Fest" ist eine Verbindung nicht allein deshalb, weil VG einem Gebäude besonders angepasst wurden oder sie durch Zu- und Ableitungen mit dem Gebäude verbunden sind. Anders dagegen, wenn die eingebauten VG im ausgebauten Zustand nicht selbstständig verwendbar sind, etwa bei **Einbaumöbeln,** denen Seiten- oder Rückwände fehlen. Aber auch fest in das Gebäude eingebaute VG sind nicht notwendig Gebäudebestandteile, wenn sie nicht mit dem Gebäude in einem Nutzungs- und Funktionszusammenhang stehen.

Nutzungs- und Funktionszusammenhang. Stehen VG bei *wirtschaftlicher* Betrachtung nicht in einem solchen Zusammenhang mit dem Gebäude, sondern dienen sie anderen betrieblichen Zwecken, ist es bilanzrechtlich nicht ausgeschlossen, diese VG als selbstständige bewegliche WG abzuschreiben. Diese Sonderregeln gehen der zivilrechtlichen Beurteilung vor. Maßgeblich ist also auch hier die wirtschaftliche Betrachtungsweise (*Stobbe* in HHR § 6 EStG Anm 637 ff). 354

Die Rspr zu § 68 Abs 2 Nr 2 BewG, wonach Maschinen und sonstige Vorrichtungen aller Art, die zu einer Betriebsanlage gehören **(Betriebsvorrichtungen),** nicht in das Grundvermögen einzubeziehen sind, auch wenn sie (zivilrechtlich) wesentliche Bestandteile sind, ist grds auch auf die **ertragsteuerrechtliche Abgrenzung** zwischen beweglichen und unbeweglichen WG übertragbar (so auch EStR 42 Abs 3 und EStH 42 „Betriebsvorrichtungen", FinVerw 31. 3. 1992, BStBl I, 342). Eine Bindung an die Entscheidungen zum Bewertungsrecht besteht allerdings nicht. 355

Insgesamt hat sich eine **umfangreiche Kasuistik** entwickelt (zur Abgrenzung Grundvermögen von Betriebsvorrichtung FinVerw 31. 3. 1992, BStBl I, 342). Die Einordnung eines WG nach Nutzungs- und Funktionszusammenhang als Betriebsvorrichtung orientiert sich daran, ob das WG gerade für Zwecke des in den Gebäuden ausgeübten Gewerbes verwendet wird, oder ob eine Verwendung auch dann möglich wäre, wenn in dem Gebäude ein anderes Gewerbe betrieben würde. Betriebsvorrichtungen sind deshalb nicht nur Maschinen und **maschinenähnliche Anlagen,** sondern auch solche Anlagen, die zwecks Ausübung des Gewerbes eine ähnliche Funktion wie Maschinen haben. Es kommt auf den **Einsatz- und Verwendungszweck** im konkreten Betrieb an. Es ist möglich, dass eine bestimmte Anlage in einem **Fabrikationsbetrieb** als Betriebsvorrichtung angesehen wird, in einem **Handelsbetrieb** dagegen als Gebäudebestandteil. 356

Betriebsvorrichtung nach BFH: Ungewöhnlich starke **Hofbefestigung; Teststrecke** oder **Rollbahn; Klimaanlage** in einer Tabakfabrik bzw **Möbellager** (s Anm 359: Einbau in Möbelhaus); **Ladefläche, Parkplätze** (s aber *BFH* 10. 10. 1990, BStBl II 1991, 59 Qualifizierung befestigter PKW-Verladeplatz); **Fahrstuhl, Fahrstuhlschacht** für **Lastenaufzug; vollautomatisches Hochregallager;** im Einzelfall **Sprinkleranlagen** und **Einbaumöbel,** selbst wenn Ausbau nur mit Substanzverlust möglich wäre (nicht aber eingepasste **Einbauküchen** in Hotelappartements: sonstige bewegliche VG, *BFH* 1. 12. 1970, BStBl II 1971, 163); **Schaufensteranlage** bei Möbel- und Dekorationsgeschäft in eigenen Räumen; **Silo** in dem Sägemehl gespeichert und in der Heizung verbrannt wird, kann Betriebsvorrichtung sein (zur Abgrenzung bei 357

Silotürmen *FG Köln* 17. 12. 1996, EFG 1997, 1092); **Drainageanlagen; Einzelfundamente** für Maschinen.

358 **Sonstige Ladeneinbauten** sind im Einzelfall Betriebsvorrichtungen eines Handelsbetriebes (zB bei besonders konstruierter **Einrichtung** eines Bekleidungsgeschäftes in Mieträumen). Unerheblich ob Einrichtung zugleich als **Wand-** oder **Deckenverkleidung** dient, solange Funktion als **Ladenausgestaltung** im Vordergrund steht. Dagegen ist eine abgehängte, mit Beleuchtungsanlage versehene **Kassettendecke** im Büroraum keine Betriebsvorrichtung, sondern Gebäudebestandteil (*BFH* 8. 10. 1987, BStBl II 1988, 440). Allerdings lässt der BFH offen, ob für Kassettendecken in einem Warenhaus etwas anderes gelten kann.

359 **Nicht ausreichend** für die Qualifikation als Betriebsvorrichtung ist, dass eine Anlage zu einem gewerblichen Betrieb gehört oder dass sie für die Ausübung des Gewerbebetriebes nützlich, notwendig oder vorgeschrieben ist, wenn sie ihrem Wesen nach in einem **Nutzungs- und Funktionszusammenhang mit dem Gebäude** steht. Der BFH sah deshalb eine **Sprinkleranlage** weder in einem Warenhaus, noch in einer Fabrik (jedoch unter Hinweis, dass es auf den jeweiligen Einzelfall ankommt) als Betriebsvorrichtung an. Ebenso lehnte der BFH die Anerkennung einer **Rolltreppe** in einem **Kaufhaus** als Betriebsvorrichtung ab. Auch eine **Be- und Entlüftungsanlage** in einem Möbelhaus ist nicht allein deshalb Betriebsvorrichtung, weil sie auch eine für die Möbellagerung günstige Luftbeschaffenheit erzeugt (ebenso FinMin NRW 6. 3. 1989, DB, 657 für derartige Anlagen in Tiefgaragen; anders bei Tabakfabriken und Möbellagern, Anm 357). Eine **zusätzlich** zur vorhandenen Heizung eingebaute **Gasheizungsanlage** und **Elektroinstallation** steht nicht notwendigerweise in unmittelbarer Beziehung zu dem in den Räumen ausgeübten Gewerbe und kann deshalb nicht als Betriebsvorrichtung anzusehen sein (auch im Falle der **Modernisierung** eines gemieteten Einzelhandelsgeschäfts). **Markisen** in Wohngebäuden sind unselbstständiger Gebäudebestandteil; jedoch nicht **Regenwasserauffanganlagen** und **Regenwasser-Hebeleitungen;** in Hotels gehören **Schwimmbäder** zum Gebäude (gleich lautender Erl FinVerw 21. 3. 1992, BStBl I, 342); ebenso sind auf Betonklötzen ruhende **Bürocontainer** Gebäude.

360 Die **Abschreibung von Anlagen** kann sowohl linear, degressiv oder auch nach der Leistungsabgabe berechnet werden (zu den **unterschiedlichen Abschreibungsmethoden** Anm 238 ff). Bei der **Schätzung** der jeweiligen Nutzungsdauer, die idR zwischen fünf und zehn Jahren beträgt, können, wenn betriebliche Erfahrungswerte fehlen, die steuerrechtlichen **AfA-Tabellen** einen Anhaltspunkt geben (zur Auswirkung der Änderung der allgemeinen AfA-Tabelle s Anm 231).

Zur **außerplanmäßigen Abschreibung** von Anlagen s Anm 280 ff.

b) Andere Anlagen, Betriebs- und Geschäftsausstattung

361 Hierzu gehören solche VG, die weder mit einem Gebäude oder Grundstück fest verbunden, noch anderen Arten beweglicher VG, also den technischen Anlagen, Maschinen oder anderen Anlagen zuzuordnen sind. Wegen der Beurteilung von Gebäudeeinbauten s Anm 362.

362 **aa) Gebäudeeinbauten.** Zur Zuordnung zur Betriebs- und Geschäftsausstattung ist zum einen erforderlich, dass die Anlagen wegen ihres **Einbaus** in ein **Gebäude** und ihres Nutzungs- und Funktionszusammenhanges mit einem Gebäude nicht als technische oder andere Anlagen anzusehen sind.

363 Trotz des **festen Einbaues** und des Nutzungs- und Funktionszusammenhanges mit einem Gebäude sind diese „Anlagen“ aber als **selbstständige be-**

wegliche VG anzusehen, wenn es sich um **Scheinbestandteile** iSd § 95 BGB handelt (EStH 42 "Scheinbestandteile").

Für die Qualifikation als Scheinbestandteil kommt es grds auf das bürgerliche Recht an (*BFH* 9. 4. 1997, BStBl II, 452). Entscheidend ist (bei Einbauten durch Mieter sowie Gebäudeeigentümer) nicht allein der **Wille des Einbauenden,** sondern auch die **tatsächliche Gestaltung,** aus der sich Anhaltspunkte für den nur vorübergehenden Einbau ergeben müssen (*BFH* 31. 7. 1997, *BFH/NV* 1998, 215). Die Vornahme einer Maßnahme durch einen Mieter, zB Einbau einer **Rolltreppe** statt der bisherigen Treppe (zur Abgrenzung zwischen technischen Anlagen und Gebäudebestandteilen s Anm 352ff), ist nicht immer ein eindeutiger Hinweis darauf, dass der Einbau nur zu einem **vorübergehenden Zweck** erfolgt. Dies gilt selbst dann, wenn bei Beendigung der Mietzeit vom Vermieter die Beseitigung der Einbauten verlangt werden kann. Es kommt vielmehr auf die **Gesamtheit aller Umstände** an, zB kann die Art und Weise der Verbindung einen Hinweis auf ihre vorübergehende Natur geben. **Zusätzliche Anhaltspunkte** für einen nur vorübergehenden Einbau sind bei Mietereinbauten, dass die **Nutzungsdauer des Einbauteiles** die Mietvertragsdauer übersteigt (ist sie kürzer s Anm 366). Maßgeblich ist allerdings nicht die vereinbarte, sondern die **voraussichtliche Mietdauer,** also unter Einschluss zu erwartender Verlängerungen des Mietvertrages, und dass die Teile auch nach ihrem Ausbau einen über dem Schrottwert liegenden Wert haben und nach **Art und Zweck der Verbindung** damit zu rechnen ist, dass die eingebauten Sachen später wieder entfernt werden. Bei Einbauten und Umbauten in gemieteten oder gepachteten Räumen kommt es häufiger vor, dass der Einbau nur zu einem vorübergehenden Zweck erfolgt (zu Mieterein- und -umbauten Anm 366). Dennoch lehnte *BFH* 9. 8. 1966, BStBl II 1967, 65 die Anerkennung von durch den Mieter eingebauten **Ladentüren, Schaufenstern,** einer **Heizungsanlage** und der **Elektroinstallation** sowohl als Betriebsvorrichtung als auch als Scheinbestandteil ab.

Bei **Einbauten in eigene Gebäude** ist davon auszugehen, dass diejenigen 364
Bestandteile nur zu einem vorübergehenden Zweck eingefügt sind, die einem schnellen Wandel des modischen Geschmacks (s auch EStR 13 Abs 3) oder des technischen Fortschritts unterliegen (dann aber auch, wenn sie in einen Neubau eingefügt sind), solange sie nicht für den Gesamtbestand des Gebäudes wesentlich sind. Scheinbestandteile und damit selbstständige bewegliche VG können deshalb zB **Raumteiler, Fassaden, Passagen, nichttragende Wände, Ladeneinbauten, Gaststätteneinbauten, Schalterhalleneinrichtungen** und auch **Schaufensteranlagen** sein (s Anm 336).

Sonstige Ein- und Umbauten sind diejenigen Einbauten, die weder Be- 365
triebsvorrichtungen noch Scheinbestandteile sind. Sie sind **Gebäudebestandteil** und deshalb unbewegliche WG und wie diese abzuschreiben (hierzu Anm 343f).

Dies schließt jedoch ihre selbstständige (Aktivierung und) **Abschreibung als Gebäudebestandteil,** also als unbewegliches WG nicht aus, wenn diese Bestandteile im wirtschaftlichen Eigentum eines anderen als des Gebäudeeigentümers, zB eines Mieters oder Pächters stehen.

Mieterein- und umbauten sind solche Baumaßnahmen, die der Mieter ei- 366
nes Gebäudes auf seine Rechnung an den gemieteten Gebäuden oder Gebäudeteilen vornimmt. Sie können vom Mieter aktiviert werden, wenn es sich ggü dem Gebäude um selbstständige WG handelt, die seinem Betriebsvermögen zuzurechnen sind und die Nutzung durch den Mieter zur Einkünfteerzielung sich erfahrungsgemäß über einen Zeitraum von mehr als einem Jahr erstreckt (*BFH* 15. 10. 1996, BStBl II 1997, 533; krit *Moxter* BB 1998, 259). Zwischen Einbauten von Mietern und sonstigen Nutzungsberechtigten besteht **kein Unterschied**

(*BFH* 31. 10. 1978, BStBl II 1979, 399 zu Einbauten eines Miteigentümers; *BFH* 31. 10. 1978, BStBl II 1979, 507 bei „schlichter Nutzungsüberlassung"). Sie sind vom Mieter als **bewegliche** WG zu aktivieren, wenn er sachenrechtlicher Eigentümer ist (Scheinbestandteile nach § 95 BGB) oder eine Betriebsvorrichtung des Mieters besteht (§ 68 Abs 2 Nr 2 BewG); als **unbewegliche** WG unter dem Gesichtspunkt des besonderen Nutzungs- und Funktionszusammenhangs oder des wirtschaftlichen Eigentums (*BFH* 11. 6. 1997, BStBl II, 774).

Soweit die **Nutzungsdauer** der Baumaßnahmen kürzer ist als die voraussichtliche Dauer des Mietvertrages oder der Mieter verpflichtet ist, die baulichen Veränderungen bei seinem Auszug zu beseitigen, beruht die Bilanzierung beim Mieter auf dessen wirtschaftlichem Eigentum (*BFH* 27. 2. 1991, BStBl II, 628). Ihm steht nämlich in diesen Fällen die **ausschließliche Gebrauchsbefugnis** zu. Das zivilrechtliche Eigentum des Vermieters ist insoweit für die Bilanzierung ohne Bedeutung. Gleiches gilt, wenn der Mieter bei Beendigung des Mietverhältnisses Anspruch auf eine Entschädigung in Höhe des Restwertes der Einbauten hat (*BFH* 28. 7. 1993, BStBl II 1994, 164). Der Mieter ist selbst dann zur selbstständigen Bilanzierung und Abschreibung berechtigt, wenn die Baumaßnahmen, hätte sie der Gebäudeeigentümer vorgenommen, nicht zur Entstehung selbstständig abzuschreibender Gebäudebestandteile geführt hätten (BdF 15. 1. 1976, BStBl I, 66 und Anm 332ff).

Wären die Aufwendungen beim Eigentümer **Erhaltungsaufwand,** lässt sich keine Aktivierung beim Mieter begründen (*BFH* 21. 2. 1978, BStBl II, 345).

367 Ein **Sonderfall** liegt vor, wenn die Baumaßnahmen eines Mieters über die Mietvertragsdauer nutzbar sind und der Mieter bei Auszug lediglich einen **Anspruch auf Ersatz** seiner Aufwendungen in einem bestimmten Umfange hat, im Übrigen aber weder rechtlich noch wirtschaftlich Eigentümer der Ein- und Umbauten wird. In diesem Falle sind die Umbaumaßnahmen durch den Mieter „wie" **materielle Wirtschaftsgüter** zu aktivieren und abzuschreiben, obwohl der Mieter durch seine Aufwendungen an sich keine VG, sondern nur einen **Nutzungsanspruch** während der Mietdauer erworben hat (*Dusemond/Heusinger/Knop* in HdR[5] § 266 Anm 28). Die Aktivierung eines nur **immateriellen Wirtschaftsgutes** auf Grund von Aufwendungen im Zusammenhang mit Ladenein- und -umbauten eines Mieters scheidet aus (§ 247 Anm 462 mwN; *Weber-Grellet* in Schmidt EStG[24] § 5 Anm 270 „Mietereinbauten und -umbauten"; einschränkend BdF 15. 1. 1976, BStBl I, 66; vgl auch *Körner/Weiken,* BB 1992, 1033; Bauten auf Grundstücken im (Mit-)Eigentum des Ehegatten gehen nicht automatisch in das wirtschaftliche Eigentum des Unternehmers über, möglich ist ein **Nutzungsrecht,** aber auch eine Schenkung s *BFH* 20. 5. 1988, BStBl II 1989, 269; *BFH* 17. 3. 1989, BStBl II 1990, 6 und 6. 3. 1991, *BFH/NV,* 525).

368 **bb) Einrichtungsgegenstände, sonstige Gegenstände.** In Betracht kommen *Geräte, Fahrzeuge, Ladentheken, Vorführstücke, Büro-* und *Lagereinrichtungen, transportable Zwischenwände, Teppiche, Telefonanlagen* (einschl Telex, Telefax), *EDV-Hardware* (§ 247 Anm 500f).

369 Für die Bewertung gelten keine Besonderheiten, daher Anm 212ff zur planmäßigen Abschreibung und Anm 280ff zur außerplanmäßigen Abschreibung.

372 **cc) Vermögensgegenstände von geringem Wert.** Bei VG von geringem Wert (steuerrechtlich: GWG des Anlagevermögens) ist zur **Vereinfachung** der planmäßigen Abschreibung die **Sofortabschreibung** der AK/HK im **Jahre des Zuganges** handelsrechtlich zulässig (Anm 275). Unerheblich ist, ob die VG neu oder gebraucht sind (*Glanegger* in Schmidt EStG[24] § 6 Anm 460) oder ob es sich um Maschinen, technische Anlagen, andere Anlagen oder Büro- und Geschäftsausstattung handelt.

Die Sofortabschreibung stellt keine steuerrechtlich zulässige Abschreibung iSv § 254 S 1 dar (hierzu Anm 250; ebenso *ADS*[6] § 253 Anm 411). Auch steuerrechtlich ist sie trotz ihrer Stellung im Gesetz ein Sonderfall der (planmäßigen) AfA iSd § 7 EStG.

Als **Voraussetzung** für die **steuerrechtliche Anerkennung** der vereinfachten planmäßigen Sofortabschreibung von VG mit **geringem Wert** (steuerrechtlich € 410, zur handelsrechtlichen Zulässigkeit eines höheren Betrages s Anm 275) ist nach § 6 Abs 2 S 4 EStG ein besonderes, laufendes **Verzeichnis** zu führen, aus dem sich der Tag der Anschaffung, Herstellung, Einlage oder Betriebseröffnung sowie die AK/HK (bzw der Einlagewert) ergeben. Es genügt, wenn diese Angaben aus der **Buchführung** ersichtlich sind (§ 6 Abs 2 S 5 EStG), zB in Form eines **besonderen Kontos** oder auf Grund des Inventars (EStR 40 Abs 2: nicht erforderlich bei AK/HK abzüglich USt geringer als € 60). 373

Die AK/HK können nur im **Jahr des Zuganges** (unabhängig davon, ob dieser Zugang im Zusammenhang mit einer Anschaffung, Herstellung, Einlage oder einer Betriebseröffnung steht) sofort voll abgeschrieben werden (wegen der Bestimmung dieser Zeitpunkte s § 255 Anm 30, 367).

Eine betragsmäßig nur **teilweise Inanspruchnahme** der Vereinfachungsregel widerspricht ihrem Sinn und ist unzulässig (EStR 40 Abs 4). Eine **Nachholung** wird auch steuerrechtlich als **unzulässig** angesehen. Zulässig ist es dagegen, die Vereinfachungsregel nur auf einzelne der in Frage kommenden VG anzuwenden, also zB bestimmte größere Beschaffungen von der Sofortabschreibung auszunehmen. Zur Berechnung der AK/HK s § 255 Anm 10ff.

In den **Anwendungsbereich** der (steuerrechtlichen) Vereinfachungsregel fallen nur **selbstständig nutzungsfähige Vermögensgegenstände** von geringem Wert, deren Nutzungsdauer begrenzt ist. 374

Die **zivilrechtliche Beurteilung** eines VG kann allenfalls einen **Anhaltspunkt** für eine selbstständige Bewertung geben. Letztlich entscheidend ist die wirtschaftliche Betrachtungsweise. Der Begriff *„selbstständige Nutzungsfähigkeit"* ist ein unbestimmtes Tatbestandsmerkmal und der Konkretisierung bedürftig (*Kleinle* in HHR § 6 EStG Anm 1272ff).

Selbstständig aktivier- und bewertbar sind nach bilanzrechtlichem Verständnis solche VG, die klar ggü anderen VG abgegrenzt sind und von selbstständigem Nutzen nach der konkreten Art der Verwendung im Unt sind. Maßgeblich ist also nur die **tatsächliche Verwendung** im Betrieb (*BFH* 15. 3. 1991, BStBl II, 682 und *Kleinle* in HHR § 6 EStG Anm 1290) und nicht die übliche Zweckbestimmung oder die **Verkehrsauffassung** (*Kleinle* in HHR § 6 EStG Anm 1274f). 375

Nach § 6 Abs 2 S 2 EStG ist ein WG einer selbstständigen Nutzung dann nicht fähig, wenn es nach seiner **betrieblichen Zweckbestimmung** nur zusammen mit anderen WG des Anlagevermögens genutzt werden kann und die in den Nutzungszusammenhang eingefügten WG technisch aufeinander abgestimmt sind. Dabei ist ein WG nicht allein deshalb als selbstständig anzusehen, weil es aus dem betrieblichen Nutzungszusammenhang wieder gelöst und in einen anderen betrieblichen Nutzungszusammenhang eingefügt werden kann (§ 6 Abs 2 S 3 EStG). Ziel dieser Regelung ist es zu verhindern, dass hochwertige WG als eine Summe von GWG ausgegeben (*Moxter*[5], 240), also Sacheinheiten zwecks der Inanspruchnahme der Sofortabschreibung in einzelne Teile zerlegt werden. 376

Unselbstständig nutzbar sind VG, die ausschließlich in (loser oder fester) Verbindung mit anderen gleich- oder verschiedenartigen VG verwendet werden, weil sie auf diese **integrierte Verwendung** technisch abgestimmt sind. Die Festigkeit der Verbindung ist allenfalls ein Hinweis auf die Unselbstständigkeit 378 der Nutzbarkeit (*Kleinle* in HHR § 6 EStG Anm 1291). Eine nur wirtschaftliche Abstimmung ist unschädlich. So ist zB bei genormten **Stahlregalteilen,** die auf Dauer zu einem Stahlregal oder anderen Vorrichtungen zusammengesetzt sind, nur hinsichtlich des Regals oder der Vorrichtung, nicht aber hinsichtlich jedes **Regalsegmentes** Selbständigkeit gegeben (EStH 40 „ABC"). Dabei ist unerheblich, dass ein Auseinanderbau und eine andere Verwendung der Regalsegmente möglich ist, wenn nicht gerade der nur **vorübergehende Zusammenbau** der Zweck der Regalsegmente ist (zB bei Regalen, die auf Messen und Ausstellungen aufgebaut werden).

379 Erfolgt der **Zusammenbau nicht auf Dauer,** bedeutet dies nicht notwendig, dass Einzelteile oder -segmente selbstständig sind. Möglich ist vielmehr, dass sie **unselbstständiger Bestandteil eines Gesamtbestandes** sind, es sich also um Sachgesamtheiten handelt. Allein dieser Gesamtbestand ist dann „ein" VG, der zu aktivieren und zu bewerten ist. Während etwa bei einem „Paar Schuhe" das Vorliegen einer Sachgesamtheit noch evident ist, kann die **Abgrenzung in der Praxis** unklar sein. Das gilt zB für die Einzelteile von sog **Kupplungsgerüsten,** also **Baugerüsten,** die jeweils vorübergehend und in unterschiedlicher Form auf Baustellen errichtet werden (EStH 40 ABC „Regale" selbständig nutzbar, „Regalteile" nicht) und für **Schalungsteile.** Bei diesen Gerüsten und Schalungsteilen besteht gerade der Zweck der Segmentkonstruktion darin, die ständig **variierende Zusammensetzung** zu ermöglichen. Anders als bei Regalelementen dient die Elementstruktur nicht nur der Erleichterung des Transportes und der Anpassung an die Betriebsräume. Jedes einzelne Segment ist zu keiner anderen Verwendung geeignet als gerade zum Zusammenbau mit anderen Einzelteilen. Allein hierauf sind die Einzelteile technisch abgestimmt. Es handelt sich deshalb nicht um sofort abschreibbare GWG. Gleiches gilt für **Kanaldielen,** die im Tiefbau zur Abstützung von Erdwänden verwendet werden (aA *Glanegger* in Schmidt EStG[24] § 6 Anm 462, wenn die Kanaldielen unterschiedlich verwendbar sind). Sie sind nicht als Einzelteile, sondern als Bestandteile des Gesamtbestandes anzusehen.

Zur **Bildung eines Festwertes** (unabhängig davon, ob es sich bei den Zugängen um selbstständig bewertbare VG handelt) für den Gesamtbestand an **Schalungs-** und **Gerüst-** und sonstigen **Ausrüstungsteilen** in der Bauindustrie s § 240 Anm 125.

380 Als **Sachgesamtheit** angesehen wurden in der Rspr zB **Neonbeleuchtungsanlagen** in Fabrikräumen und Werkstatthallen, **Hausanschlüsse, Wassermesser** (sobald sie sich im Leitungsnetz des Versorgungsunternehmens oder im unmittelbaren Anschluss daran befinden), **Elektromotoren** zum Antrieb von Webstühlen, **Kühlkanäle,** die lose an ein Kühlgerät angeschlossen werden, **Rebstöcke** innerhalb einer Rebanlage (*BFH* 30. 11. 1978, BStBl II 1979, 281 mwN zur Abgrenzung zwischen Einzelpflanzen und einheitlichen Pflanzanlagen, wobei der BFH die Zuordnungsfrage zwischen beweglichen und unbeweglichen VG oder Betriebsvorrichtungen offen ließ), **Computerbestandteile** und **-zubehör, Lithographien.**

Abzulehnen ist die Entscheidung des *BFH* 28. 2. 1961, BStBl III, 383, nach der auch **Werkzeugteile** wie etwa **Dreher, Bohrer, Fräser, Drehstähle, Stanzwerkzeuge,** die für ihre betriebliche Verwendung mit Werkzeugmaschinen fest verbunden werden müssen, als Bestandteil dieser Maschinen (und nicht selbstständig) bewertet werden müssen. Das erscheint jedenfalls insoweit nicht sachgemäß als diese Teile nicht zusammen mit der Maschine, sondern als **Ersatzteile** verwendet werden. Nicht maschinenbezogene **Formen, Modelle,** oder sog **Maschinenwerkzeuge** (Werkzeuge, die zwar nur im Zusammenhang mit einer Maschine verwendbar, aber von eigenständiger Bedeutung sind, so

BFH 19. 10. 1972, BStBl II 1973, 53 am Beispiel von Diamantsägeblättern zur Zerlegung von Natursteinen und bei **modellbezogenen Werkzeugen**) sind selbstständig zu bewerten. Maschinenwerkzeuge sind jedoch technisch auf Maschinen abgestimmt, so dass sie auf Grund fehlender selbstständiger Nutzungsmöglichkeit keine GWG sind (*BFH* 6. 10. 1995, BStBl II 1996, 166).

Selbständig bewertbar sind VG, die nicht konstruktiv, technisch oder wirtschaftlich ausschließlich im Zusammenhang mit anderen VG verwendbar sind. 381
Auf eine einheitliche Zweckbestimmung kommt es nicht an, solange kein einheitlicher Funktionszusammenhang besteht. Unerheblich ist, ob VG zueinander ästhetisch passen und deshalb „wie aus einem Guss" als Gesamtheit wirken. Es sollte kein zu **kleinlicher Maßstab** angewendet werden, da die Regel nur dann zu einer wirklichen Vereinfachung führt, wenn sie auch in Zweifelsfällen angewendet wird. Die eine selbstständige Bewertung ablehnenden BFH-Entscheidungen (Anm 380) sind deshalb restriktiv anzuwenden.

Als GWG anerkannt wurden **Flachpaletten** zur Lagerung von Waren 382
(EStH 40 ABC „Paletten"), **Schriftenminima, Spinnkannen, Möbel, Textilien, Wäsche, Geschirr** (zur **Festwertbildung** im Hotelgewerbe § 240 Anm 125), **Flaschen, Getränkekästen,** einheitlich und genormte **Transportkästen** in einer Weberei, **Werkzeuge, Kleingeräte,** selbst wenn es sich um **Spezialwerkzeuge** (außer spezielle Anbauteile zu bestimmten Maschinen, die zusammen mit der Maschine abzuschreiben sind) handelt (zur Festwertbildung § 240 Anm 71 ff). **Einrichtungsgegenstände** eines Büros, einer Gaststätte oder eines Ladens (selbst wenn in einem einheitlichen Stil gehalten oder im Rahmen einer Neueinrichtung erworben, anders in dem **Ausnahmefall** besonders gestalteter Gaststättenstühle), **Bibliothek** eines Rechtsanwaltes, **Instrumentarium** eines Arztes (EStH 40 ABC).

4. Geleistete Anzahlungen und Anlagen im Bau

Anzahlungen sind **Vorausleistungen** auf erwartete künftige Vermögenszu- 385
gänge. Sie sind jedoch nicht wie diese, sondern wie Forderungen zu bewerten, da nicht der Sachleistungsanspruch aktiviert ist (§ 247 Anm 70 ff).

Gem Abs 1 S 1 sind Anzahlungen höchstens mit den **AK,** also ihrem **Nennbetrag** anzusetzen. Bei Anzahlungen, die durch Eingehung einer Verbindlichkeit geleistet werden (zB durch **Wechselakzept**), bestimmt sich der Wertansatz für die Anzahlung nach dem zu passivierenden Betrag (zur Bewertung von Wechselverbindlichkeiten s Anm 100; zu **Fremdwährungsanzahlungen** Anm 389).

Anlagen im Bau sind höchstens mit den AK/HK anzusetzen (Abs 1 S 1). 386

Anzahlungen und Anlagen im Bau werden handelsrechtlich nicht **planmäßig** 387
abgeschrieben, da eine Aufwandsverrechnung vor Beginn der Nutzung durch planmäßige Abschreibung unzulässig ist (*ADS*[6] § 253 Anm 357).

Aufgrund **steuerrechtlicher Vorschriften** können planmäßige Abschreibungen zulässig sein (hierzu § 254 Anm 37).

Außerplanmäßige Abschreibungen sind gem Abs 2 S 3 sowohl bei An- 388
zahlungen als auch bei Anlagen im Bau zulässig.

Wurden Anzahlungen für VG geleistet, mit deren Zugang nicht mehr zu rechnen ist, ist eine Umgliederung der Anzahlung zum Posten **„sonstige Vermögensgegenstände"** vorzunehmen, soweit mit einer Rückzahlung zu rechnen ist (zur Berücksichtigung des Ausfallrisikos bei Konkurs des Zahlungsempfängers vgl *BFH* 4. 7. 1990, BStBl II, 830; zur Abzinsung s Anm 390).

Bei in **Fremdwährung geleisteten Anzahlungen** ist grds eine außerplan- 389
mäßige Abschreibung auf den niedrigeren Stichtagskurs vorzunehmen. KapGes/

KapCoGes dürfen allerdings nur bei einer voraussichtlich dauernden Wertminderung außerplanmäßige Abschreibungen vornehmen (§ 279 Abs 1 S 2); eine Abschreibung auf den niedrigeren Stichtagskurs ist für solche Fremdwährungsanzahlungen, die bereits bei Bilanzerstellung den Einstandskurs wieder erreicht haben oder aber in absehbarer Zukunft wieder erreichen werden, nicht zulässig.

Es kann auch von einer Abschreibung auf Fremdwährungsanzahlungen abgesehen werden, wenn die Anzahlung Teil einer sog **geschlossenen Position** ist (Anm 77). Dies ist zB der Fall, wenn die Lieferung oder Leistung, für die die Anzahlung geleistet wurde, ebenfalls in einer fremden Währung berechnet werden soll. Zum Ansatz von Währungsforderungen Anm 604.

390 Eine **außerplanmäßige Abschreibung** wegen der **Unverzinslichkeit** einer Anzahlung ist unzulässig. Auch wenn geleistete Anzahlungen grds wie Forderungen zu bewerten sind, liegt ihre **Besonderheit** doch darin, dass sie nicht isoliert, sondern als Bestandteil eines schwebenden Geschäftes geleistet werden (§ 247 Anm 545). Der **(nominellen) Unverzinslichkeit** der Anzahlung entspricht idR ein verminderter Einstandspreis der angezahlten Lieferung oder Leistung. Diese Beurteilung entspricht der BFH-Rspr zur Bewertung unverzinslicher Darlehensforderungen in Fällen, in denen der Darlehensnehmer eine anders geartete Gegenleistung an Stelle von Zinsen erbringt (*BFH* 24. 1. 1990, BStBl II, 639 bei Arbeitnehmerdarlehen). Bei unter dem vereinbarten Einstandspreis liegenden Materialwert der gestellten Lieferung ist ggf eine Drohverlustrückstellung zu bilden (steuerrechtlich unbeachtlich).

391 **Unzulässig** sind schließlich **außerplanmäßige Abschreibungen** auf Anzahlungen wegen Wertminderung des zu erwerbenden VG. Zur Erfassung solcher Wertminderungen bei den Rückstellungen für drohende Verluste aus schwebenden Geschäften in der HB s § 249 Anm 63.

5. AfA-Tabelle für die allgemein verwendbaren Anlagegüter „AV"

393 Die **AfA-Tabelle „AV"** wurde durch BMF 15. 12. 2000, BStBl I 1532 insoweit geändert, als die betriebsgewöhnlichen Nutzungsdauern durchschnittlich um ca. 20 vH verlängert wurden. *Bisher* wurde die Zugrundelegung der steuerrechtlichen AfA-Tabellen für die Ermittlung der handelsbilanziell maßgeblichen wirtschaftlichen Abnutzung anerkannt. Zur Frage der weiteren Verwendbarkeit der neuen allgemeinen AfA-Tabelle „AV" für die HB s Anm 231. Im Folgenden wird die neue AfA-Tabelle „AV" zum Vergleich der vorherigen AfA-Tabelle „AV" (BMF 18. 4. 1997, BStBl I, 376) gekürzt gegenübergestellt. Die geänderten Nutzungsdauern sind hervorgehoben.

Lfd Nr **Alt/neu**	Anlagegüter	Nutzungsdauer (ND) iJ **Alt**	Nutzungsdauer (ND) iJ **Neu**
1	2	3	4
1	**Unbewegliches Anlagevermögen**		
1.1/-	**Gebäude**		
1.1.1/-	Hallen		
1.1.1.1/-	massiv	25	–
1.1.1.2/1.1	in Leichtbauweise	10	**14**
-/1.2	Tennishallen, Squashhallen u. ä.	–	**20**
1.1.4/1.3	Traglufthallen	10	10
1.1.51.4	Kühlhallen	20	20

Lfd Nr **Alt/neu**	Anlagegüter	Nutzungsdauer (ND) iJ **Alt**	Nutzungsdauer (ND) iJ **Neu**
1	2	3	4
1.1.6/1.5	Baracken und Schuppen	10	**16**
-/1.7	Bierzelte	–	**8**
1.1.9/-	Parkhäuser	30	–
1.1.10/-	Tiefgaragen	30	–
1.2/1.8	**Pumpen-, Schalt- und Trafostationshäuser uä**	20	20
1.3	**Silobauten**		
1.3.1/1.9.1	aus Beton	33	33
1.3.2/1.9.2	aus Stahl	25	25
1.3.3/1.9.3	aus Kunststoff	17	17
1.5	**Schornsteine**		
1.5.1./1.10.1	aus Mauerwerk oder Beton	33	33
1.5.2/1.10.2	aus Metall	10	10
1.6/1.11	**Laderampen**	25	25
2	**Grundstückseinrichtungen**		
2.1	**Fahrbahnen, Parkplätze u. Hofbefestigungen**		
2.1.1	mit Packlage	15	**19**
2.1.2	in Kies, Schotter, Schlacken	5	**9**
2.8	**Bewässerungs-, Entwässerungs- und Kläranlagen**		
2.8.1/2.7.1	Brunnen	20	20
2.8.2	Drainagen		
2.8.2.1/2.7.2.1	aus Beton oder Mauerwerk	33	33
2.8.2.2/2.7.2.2	aus Ton oder Kunststoff	10	**13**
2.9/2.8	**Grünanlagen**	10	**15**
3	**Betriebsanlagen allgemeiner Art**		
3.1	**Krafterzeugungsanlagen**		
3.1.1	Dampferzeugung (Dampfkessel m. Zubehör)	15	15
3.1.2	Stromerzeugung (Gleichrichter, Lade- und Notstromaggregate, Stromgeneratoren; Stromumformer usw)	15	**19**
3.1.5	Windkraftanlagen	12	**16**
3.1.6	Photovoltaikanlagen	20	20
3.1.7	Solaranlagen	10	10
3.1.8	Heißluft-, Kälteanlagen, Kompressoren, Ventilatoren usw	10	**14**
3.1.9	Kessel einschl Druckkessel	15	15
3.3	**Mess- und Regeleinrichtungen**		
3.3.1	allgemein	15	**18**
3.4	**Transportanlagen**		
3.4.1	Elevatoren, Förderschnecken, Rollen- und Hängebahnen, Transport-, Förder- und Plattenbänder	10	**14**
3.4.2	Gleisanlagen m. Drehscheiben, Weichen, Signalanlagen uä		
3.4.2.1	nach gesetzlichen Vorschriften	25	**33**
3.4.2.2	sonstige	10	**15**

Lfd Nr **Alt/neu**	Anlagegüter	Nutzungsdauer (ND) iJ **Alt**	Nutzungsdauer (ND) iJ **Neu**
1	2	3	4
3.4.3	Krananlagen		
3.4.3.1	ortsfest oder auf Schienen	15	**21**
3.4.3.2	sonstige	10	**14**
3.4.4	Aufzüge, Winden, Arbeits- u. Hebebühnen, Gerüste, Hublifte		
3.4.4.1	stationär	10	**15**
3.4.4.2	mobil	8	**11**
3.5	**Hochregallager**		
3.5.1/3.5	automatisiert	15	15
3.5.2/3.5	herkömmliche Bauweise	10	**15**
3.6	**Transport-, Bau-, Büro- und Wohncontainer**	8	**12**
3.8/3.7	**Ladeneinbauten, Gaststätteneinbauten, Schaufensteranlagen uä Einbauten**	7	**8**
3.11/3.10	**Sonstige Betriebsanlagen**		
3.11.2/3.10.2	Tank- und Zapfanlagen für Treib- und Schmierstoffe	10	**14**
3.11.3/3.10.2	Brennstofftanks	25	25
3.11.6/3.10.5	Abzugs- und Entstaubungsvorrichtungen	10	**14**
3.11.7/3.10.6	Alarm- und Überwachungsanlagen	8	**11**
4	**Fahrzeuge**		
4.1	**Schienenfahrzeuge**		**25**
4.1.1/4.1	Hochgeschwindigkeitszüge	15	**25**
4.1.2/4.1	Lokomotiven und Waggons (auch Gelenkwagen-Waggons)	20	**25**
4.1.3/4.1	Kessel- und Spezialwagen	15	**25**
4.2	**Straßenfahrzeuge**		
4.2.1	Personenkraft- und Kombiwagen	5	**6**
4.2.3	Lastkraftwagen, Sattelschlepper, Kipper	7	**9**
4.2.6	Anhänger, Auflieger, Wechselaufbauten	8	**11**
4.3	**Luftfahrzeuge**		
4.3.1	Flugzeuge unter 20 t höchstzulässigem Fluggewicht	14	**21**
4.3.2	Drehflügler (Hubschrauber)	14	**19**
4.5	**Sonstige Beförderungsmittel** (Elektrokarren, Stapler, Hubwagen usw)	5	**8**
5	**Be- und Verarbeitungsmaschinen**		
5.1	**Abrichtungsmaschinen**	10	**13**
5.2	**Biegemaschinen**	10	**13**
5.3	**Bohrmaschinen**		
5.3.1	stationär	10	**16**
5.3.2	mobil	5	**8**
5.4	**Bohr- und Preßlufthämmer**	5	**7**
5.5	**Bürstmaschinen**	10	10
5.6	**Drehbänke**	10	**16**
5.7	**Fräsmaschinen**		
5.7.1	stationär	10	**15**
5.7.2	mobil	5	**8**

Lfd Nr **Alt/neu**	Anlagegüter	Nutzungsdauer (ND) iJ **Alt**	Nutzungsdauer (ND) iJ **Neu**
1	2	3	4
5.8	**Funkenerosionsmaschinen**	7	7
5.9	**Hobelmaschinen**		
5.9.1	stationär	10	**16**
5.9.2	mobil	5	**9**
5.10	**Poliermaschinen**		
5.10.1	stationär	10	**13**
5.10.2	mobil	5	**9**
5.11	**Pressen und Stanzen**	10	**14**
5.12	**Stauchmaschinen**	10	10
5.13	**Stampfer und Rüttelplatten**	8	**11**
5.14	**Sägen aller Art**		
5.14.1	stationär	10	**14**
5.14.2	mobil	5	**8**
5.15	**Trennmaschinen**		
5.15.1	stationär	6	**10**
5.15.2	mobil	4	**7**
5.16	**Sandstrahlgebläse**	5	**9**
5.17	**Schleifmaschinen**		
5.17.1	stationär	10	**15**
5.17.2	mobil	5	**8**
5.18	**Schneidemaschinen und Scheren**		
5.18.1	stationär	10	**13**
5.18.2	mobil	5	**8**
5.19	**Shredder**	6	6
5.20	**Schweiß- und Lötgeräte**	10	**13**
5.21	**Spritzgussmaschinen**	10	**13**
5.22	**Abfüllanlagen**		**10**
5.22.1/5.22	vollautomatisch	7	**10**
5.22.2/5.22	sonstige	10	10
5.23	**Verpackungsmaschinen, Folienschweißgeräte**	10	**13**
5.24	**Zusammentragmaschinen**	8	**12**
5.25	**Stempelmaschinen**	8	8
5.26	**Banderoliermaschinen**	8	8
5.27	**sonstige Be- und Verarbeitungsmaschinen (Abkanten, Anleimen, Anspitzen, Ätzen, Beschichten, Drucken, Eloxieren, Entfetten, Entgraten, Erodieren, Ettikettieren, Falzen, Färben, Feilen, Gießen, Galvanisieren, Gravieren, Härten, Heften, Lackieren, Nieten)**	10	**13**
6	**Betriebs- und Geschäftsausstattung**		
6.1	**Wirtschaftsgüter der Werkstätten-, Labor- und Lagereinrichtungen**	10	**14**
6.2	**Wirtschaftsgüter der Ladeneinrichtungen**	8	8

Lfd Nr **Alt/neu**	Anlagegüter	Nutzungsdauer (ND) iJ **Alt**	Nutzungsdauer (ND) iJ **Neu**
1	2	3	4
6.3/6.4	**Kühleinrichtungen**	5	**8**
6.12/6.13	**Telekommunikationsanlagen**		
6.12.1/6.13.1	Fernsprechnebenstellenanlagen	8	**10**
6.12.2/6.13.2	Kommunikationsendgeräte		
6.12.2.1/6.13.2.1	allgemein	6	**8**
6.12.2.2/6.13.2.2	Mobilfunkendgeräte	4	**5**
6.12.4/6.13.3	Textendeinrichtungen (Fernschreiber, Faxgeräte uä)	5	**6**
6.13/6.14	**Büromaschinen u. Organisationsmittel**		
6.13.3/6.14.3	Datenverarbeitungsanlagen		
6.13.3.1/6.14.3.1	Großrechner	5	**7**
6.13.3.2/6.14.3.2	Workstations, Personalcomputer, Notebooks uä	4	**3**
6.13.3.3./6.14.3.2	Peripheriegeräte (Drucker, Scanner uä)	4	**3**
6.13.6/6.14.6	Präsentationsgeräte (Overhead-Projektoren, Leinwände), Datensichtgeräte	5	**8**
6.13.7/6.14.7	Registrierkassen	5	**6**
6.13.8/6.14.8	Schreibmaschinen	5	**9**
6.13.10/6.14.10	Vervielfältigungsgeräte	5	**7**
6.13.11/6.14.11	Zeiterfassungsgeräte	5	**8**
6.14/6.15	**Büromöbel**	10	**13**
6.15/6.16	**Verkaufstheken**	7	**10**
6.17/6.18	**Bepflanzungen in Gebäuden**	5	**10**
6.18/6.19	**Sonstige Büroausstattung**		
6.18.1/6.19.1	Stahlschränke	10	**14**
6.18.2/6.19.2	Panzerschränke, Tresore	20	**23**
6.18.3/6.19.3	Tresoranlagen	25	**25**
6.18.4/6.19.4	Teppiche		
6.18.4.1/6.19.4.1	normale	5	**8**
6.18.4.2/6.19.4.2	hochwertige (ab 1000,– DM/m²)	15	**15**
6.18.5/6.19.5	Kunstwerke (ohne Werke anerkannter Künstler)		
6.18.5.1/6.19.5	hochwertige (ab 10000,– DM)	20	**15**
6.18.5.2/6.19.5	sonstige	10	**15**
6.18.6/6.19.6	Waagen (Obst-, Gemüse-, Fleisch- uä)	8	**11**
6.18.7/6.19.7	Rohrpostanlagen	10	10

III. Finanzanlagen

1. Beteiligungen

a) Beteiligungen an KapGes

401 **Beteiligungen** (§ 271 Anm 4ff) sind nicht abnutzbar und deshalb **nicht planmäßig abzuschreiben.**

Außerplanmäßige Abschreibungen auf den niedrigeren beizulegenden Wert (Abs 2 S 3) sind bei voraussichtlich dauernder Wertminderung von Beteiligungen vorzunehmen. Bei nur vorübergehender Wertminderung besteht – auch für **KapGes/KapCoGes** (§ 279 Abs 1 S 2) – ein **Abwertungswahl-**

recht (Abs 2 S 3 1. Hs). Wird von dem Wahlrecht kein Gebrauch gemacht, haben KapGes/KapCoGes nach § 285 S 1 Nr 19 (s dort Anm 305 ff) im Anhang den Buchwert und den beizulegenden Zeitwert der Beteiligung sowie die Gründe für die Unterlassung der Abschreibung nach Abs 2 S 3 einschl der Anhaltspunkte, die darauf hindeuten, dass die Wertminderung voraussichtlich nicht von Dauer ist, anzugeben. Eine Übernahme des niedrigeren Wertansatzes in die **Steuerbilanz** ist hingegen – unabhängig von der Rechtsform des Unt – **nur bei voraussichtlich dauernder Wertminderung** zulässig (§ 6 Abs 1 Nr 2 EStG). Zur Wertaufholung nach erfolgter Abschreibung Anm 653.

Für die Ermittlung des beizulegenden Werts einer **Beteiligung, die längerfristig bestehen bleibt,** ist von dem nach *IDW S 1* zu ermittelnden **Ertragswert** auszugehen (*IDW RS HFA 10* Anm 3). Maßgebend ist dabei der **subjektive Unternehmenswert** (*IDW RS HFA 10* Anm 6). Dieser berücksichtigt aus der Perspektive des beteiligten Unt zB künftige Investitionsmöglichkeiten, Synergieeffekte und steuerliche Vor- und Nachteile (*IDW RS HFA 10* Anm 4). Synergieeffekte sind dabei allerdings nur insoweit in Betracht zu ziehen, als diese beim beteiligten Unt selbst, bei dem BetUnt oder bei einem anderen TU realisierbar sind; außer Betracht bleiben Synergieeffekte bei einer Mutter- oder SchwesterGes des beteiligten Unt (*IDW RS HFA 10* Anm 6). 402

Börsenkurse hängen von vielfältigen – auch unternehmensfremden – Einflussfaktoren ab und reflektieren nicht die spezifischen Beteiligungsbeziehungen. Sie bieten deshalb keine geeignete Grundlage zur Bestimmung des beizulegenden Werts einer Beteiligung (vgl auch *Fey/Mujkanovic* Außerplanmäßige Abschreibungen auf das Finanzanlagevermögen, WPg 2003, 212; *IDW S 1* Anm 14), sind jedoch zur Plausibilitätsbeurteilung heranzuziehen (*IDW S 1* Anm 15).

Ist mit einem **alsbaldigen Abgang** der Beteiligung zu rechnen (zB bei beabsichtigtem Verkauf, drohender Insolvenz oder geplanter Liquidation), entspricht der beizulegende Wert dem verbindlich angebotenen Veräußerungspreis (*IDW RS HFA 10* Anm 13). Fehlt ein solcher, ist der **objektivierte Wert** zu ermitteln, den ein potenzieller Erwerber zu zahlen bereit wäre (*IDW RS HFA 10* Anm 11). Dabei sind nur solche (unechten) Synergieeffekte zu berücksichtigen, die bei einem beliebigen Erwerber realisierbar sind. Liegt bei einer zur Veräußerung bestimmten Beteiligung der beizulegende Wert unter dem bisherigen Buchwert, besteht Abwertungspflicht auch dann, wenn nach Veräußerung voraussichtlich Werterholung eintreten wird. Ist eine Liquidation des BetUnt geplant oder bestehen Anzeichen dafür, dass dort aus anderen Gründen die going-concern-Vermutung (§ 252 Abs 1 Nr 2) aufgegeben werden muss, tritt an die Stelle des Veräußerungswerts der **anteilige Liquidationswert.**

Die **Ausschüttung von Gewinnen,** welche nach Beteiligungserwerb erzielt 403
wurden, mindert nicht den Ertragswert der Beteiligung. Hingegen kann sich durch Auflösung und Ausschüttung „gekaufter" Gewinnrücklagen der in den AK der Beteiligung berücksichtigte Ertragswert vermindern (*WPH* I[12] E Anm 395, *ADS*[6] § 253 Anm 49; *HFA,* FN IDW 1999, 552: unabhängig vom Ertragswert erfolgsneutrale Verminderung der AK). Daher ist auch bei Anwendung des Schütt-aus-hol-zurück-Verfahrens nicht generell davon auszugehen, dass der Wert der Beteiligung durch die Ausschüttung vermindert und durch die Einlage wiederhergestellt wird (*HFA,* FN IDW 1995, 16). Rückzahlungen aus Kapitalrücklagen mindern die AK der Beteiligung; dies gilt auch für die Steuerbilanz (*Glanegger* in Schmidt[24] § 6 Anm 98).

Beteiligungen an ausländischen Unt sind hinsichtlich ihrer Bewertung nach 404
den gleichen Grundsätzen zu beurteilen. Insb führt weder ein Sinken des Wechselkurses noch ein Transferverbot für Gewinnausschüttungen ohne weiteres zu einer **Wertminderung der Beteiligung.** Maßgebend ist vielmehr auch hier die Frage,

welchen direkten oder indirekten Nutzen die Beteiligung auf Dauer für das beteiligte Unt erbringen wird (zB bei einer VertriebsGes, ebenso *ADS*[6] § 253 Anm 465f; ähnlich auch *BFH* 27. 7. 1988, BStBl II 1989, 274).

b) Beteiligungen an PersGes

405 **Beteiligungen an PersGes** sind grds genauso wie Beteiligungen an KapGes zu bewerten. **Außerplanmäßige Abschreibungen** sind auch hier nicht unbedingt in dem Maße vorzunehmen, als (auch steuerrechtlich) Verluste auf den **Anteil an der PersGes** entfallen. Vielmehr ist zu prüfen, ob im Einzelfall eine Abschreibung nach Abs 2 S 3 geboten oder zulässig ist, weil der Wert der Beteiligung unter den bisherigen Wertansatz gesunken ist (*HFA 1/1991* Abschn 4).

Eine **„spiegelbildliche Bilanzierung"** des Kapitalkontos als Wertansatz beim beteiligten Unt ist handelsrechtlich nicht zulässig (*Scheffler* in Beck HdR B 213 Anm 132; *Karrenbauer* in HdR[5] HGB § 253 Anm 32; aA *Hebeler* Verlustanteile aus der Beteiligung an Personengesellschaften in den Bilanzen einer Kapitalgesellschaft BB 1998, 206, und *Reiß* Bilanzierung von Beteiligungen an Personengesellschaften DStR 1998, 1887), da nach Abs 2 S 3 Voraussetzung einer **außerplanmäßigen Abschreibung** eine tatsächliche Wertminderung ist. Auch eine steuerrechtlich begründete Abschreibung nach § 254 S 1 ist für KapGes/KapCoGes ausgeschlossen, da die steuerrechtliche Berücksichtigung von Verlusten einer PersGes bei der beteiligten KapGes/KapCoGes nicht von einem niedrigeren Wertansatz der Beteiligung abhängig ist. Die **Verlustzurechnung** erfolgt vielmehr außerhalb der Steuerbilanz durch Abzug vom Einkommen der KapGes/KapCoGes (*Glanegger* in Schmidt[24] § 6 Rz 250 „Beteiligungen an PersGes im Anlagevermögen").

406 Verluste der PersGes rechtfertigen beim Gester nicht die Bildung eines **Sonderpostens mit Rücklageanteil** (§ 247 Abs 3). Dies gilt auch für Verluste, welche sich aus einer für den Gester geführten Ergänzungsbilanz ergeben.

2. Ausleihungen

407 Bei **Ausleihungen,** deren beizulegender Wert zum Bilanzstichtag unter dem Buchwert liegt, dürfen – auch bei **KapGes/KapCoGes** (§ 279 Abs 1 S 2) – im Fall vorübergehender und müssen im Fall voraussichtlich dauernder Wertminderung **außerplanmäßige Abschreibungen** vorgenommen werden. Zu den Angabepflichten im Anhang von KapGes/KapCoGes bei Unterlassen der Abschreibung bei vorübergehender Wertminderung s § 285 S 1 Nr 19 Anm 305ff. Ein entspr Teilwertansatz in der **Steuerbilanz** ist nur bei voraussichtlich dauernder Wertminderung zulässig (§ 6 Abs 1 Nr 2 S 2 EStG).

Der **beizulegende Wert** wird durch den **voraussichtlich erzielbaren Rückzahlungsbetrag,** aber auch durch die offene oder verdeckte **Verzinslichkeit** der Ausleihung bestimmt. Der Rückzahlungsbetrag ist idR vertraglich festgelegt. Für seine Erzielbarkeit sind insb nachstehende Umstände von Bedeutung:

408 Bei eingeschränkter **Zahlungsfähigkeit des Schuldners,** welche wiederum von dessen Vermögens- und Liquiditätsverhältnissen sowie seiner persönlichen Zuverlässigkeit abhängt, wird der beizulegende Wert der Ausleihung idR niedrigerer als deren AK sein. Anhaltspunkte hierfür sind zB erhebliche Zins- oder Tilgungsrückstände sowie Häufung von Beitreibungsmaßnahmen,

409 Auch die **Ansässigkeit des Schuldners** in einem ausländischen Staat kann ein Umstand sein, welcher den beizulegenden Wert der Ausleihung negativ beeinflusst, zB wenn auf Grund rechtlicher, politischer oder wirtschaftlicher Entwicklungen im Schuldnerland nicht mehr mit einer vereinbarungsgemäßen

Rückzahlung gerechnet werden kann (FM NRW 29. 11. 1993, ESt-Kartei NW § 6 Abs 1 Nr 2 EStG A Nr 108).

Bei Ausleihungen an ein **verbundenes Unt** oder an ein Unt, mit dem ein Beteiligungsverhältnis besteht, ist die **Bonität des Schuldners** an sich in gleicher Weise bei der Bewertung zu berücksichtigen wie bei Ausleihungen an Fremde. Hier kann jedoch die Möglichkeit, auf Grund der gesrechtlichen Verbindung Forderungen leichter durchsetzen zu können, Bonitätsmängel ausgleichen. Hat aber die Ausleihung den Charakter eines **kapitalersetzenden Darlehens** (§ 32a GmbHG; ähnliche Rechtsgrundsätze gelten bei AG, *BGH* 26. 3. 1984, AG, 181), ergeben sich hieraus sogar besonders wertmindernde Faktoren (*Scheffler* in Beck HdR B 213 Anm 189).

Marktverhältnisse spielen insb hinsichtlich der **Zinsen** und – bei Auslei- **410**
hungen in fremder Währung – der **Währungskurse** (Anm 412) eine Rolle.

Nach allgemeiner Auffassung liegt der beizulegende Wert einer **Ausleihung unter deren Nennwert,** wenn diese nicht oder in zu **geringer Höhe verzinst** wird. Eine Verzinsung kann in Geld oder – auch verdeckt – in einem beliebigen geldwerten Vorteil bestehen, sofern sich dieser **Vorteil** als **Gegenleistung** für die Kapitalüberlassung darstellt. Ein solcher **„Gegenleistungszusammenhang"** besteht allerdings nur dann, wenn mit der Zinslosigkeit der Kapitalhingabe ein konkret greifbarer und abgrenzbarer Vorteil erlangt wird (*BFH* 26. 2. 1975, BStBl II 1976, 13, **Bierlieferungsrecht;** *BFH* 9. 7. 1981, BStBl II, 734, Verpflichtung des Darlehensnehmers, eine Zeitschrift in seinem **Lesezirkel** zu führen). Kein Rechtsanspruch (und damit kein zinsersetzender Vorteil) liegt bei zinslosen **Darlehen an Arbeitnehmer** vor, soweit mit der Darlehensgewährung eine Bindung des Arbeitnehmers an den Betrieb lediglich angestrebt, aber nicht rechtswirksam gesichert wird. Dennoch lehnen Rspr (*BFH* 30. 11. 1988, BStBl II 1990, 117; 22. 1. 1991 BFH/NV, 451) und FinVerw (BMF 17. 1. 90 BStBl I, 71) eine Abzinsung mit der Begründung ab, es handele sich bei solchen Darlehen um eine besondere Form betrieblicher Sozialleistungen; es sei idR davon auszugehen, dass ein Erwerber des Unt für diese Darlehen den Nennwert vergüten würde Ob diese Unterstellung auch bei fehlender Bindung an die fortbestehende Betriebszugehörigkeit des Arbeitnehmers begründet ist, erscheint zweifelhaft. Ein **zinsersetzender Vorteil** liegt auch dann nicht vor, wenn mit der Zinslosigkeit der Kapitalhingabe ein gesonderter VG (wie zB ein Belegungsrecht bei Darlehen an ein WohnungsbauUnt) erworben wurde (aA *BFH* 23. 6. 1997, BStBl II, 735). Ob ein **gesonderter VG** vorliegt, hängt auch von der Verkehrsfähigkeit des zu beurteilenden Vorteils ab (dazu auch Anm 595).

Der **niedrigere beizulegende Wert** einer unverzinslichen Ausleihung ist **411**
durch **Abzinsung ihres Nennwerts** (bzw. ihres **Rückzahlungsbetrags**) auf den Bilanzstichtag zu ermitteln (aA *Glanegger* aaO § 6 Anm 371 in der zweifelhaften Annahme, ein Betriebserwerber würde die Unverzinslichkeit in Kauf nehmen). Offen ist, welcher Zinssatz hierbei anzuwenden ist. Steuerrechtlich gilt unter Hinweis auf die §§ 1, 12 Abs 3 BewG überwiegend ein Zinssatz von 5,5 vH (*BFH* 21. 10. 1980, BStBl II 1981, 160; *BFH* 22. 1. 1991, BFH/NV, 451; BMF, BStBl I 1997, 832). Da Ausleihungen trotz ihres Anlagecharakters jederzeit veräußerbar sind, ist uE ein bei vergleichbaren Kapitalanlagen marktüblicher Zinssatz anzuwenden (*Karrenbauer* in HdR^5 § 253 Anm 48; *Scheffler* in Beck HdR B 213 Anm 176).

Bei Kreditinstituten rechtfertigt nach Ansicht des *BFH* (BStBl II 1990, 639; BStBl II 1999, 277) der Anstieg des marktüblichen Zinses über den für ein Darlehen vereinbarten Zins nicht eine Teilwertabschreibung auf das Darlehen, wenn die Spanne zwischen Refinanzierungszins und vereinbartem Darlehenszins unverändert bleibt.

412 Bei **Ausleihungen in fremder Währung** hängt der für die Bestimmung des beizulegenden Werts maßgebende Rückzahlungsbetrag auch von dem bei der späteren Rückzahlung voraussichtlich geltenden **Währungskurs** ab. Zur Ermittlung des beizulegenden Werts bedarf es deshalb einer **Prognose** hinsichtlich des künftigen Währungskurses. Bei stark **schwankenden Wechselkursen** sollte eine Prognose für die nächsten Monate ausreichen.

413 Einen **nicht unwesentlichen Bewertungsfaktor** bei Ausleihungen bilden die **Sicherheiten.** Hierzu zählen ua Pfandrechte, Hypotheken, Grundschulden, sicherungsübereignete bzw. sicherungsabgetretene VG und Rechte, Bürgschaften, Garantien Dritter. Der beizulegende Wert einer Ausleihung liegt idR nicht unter dem realisierbaren Wert der für sie bestehenden Sicherheiten (*Scheffler* in Beck HdR B 213 Anm 179). Da die Verwertung von Sicherheiten vielfach an weitere Voraussetzungen geknüpft ist und erhebliche Zeit beansprucht, erfordert die Schätzung ihres Werts **besondere Vorsicht.** Dies gilt auch dann, wenn für die Ausleihung Versicherungsschutz (Kreditversicherung) besteht; hier bedarf es eingehender Prüfung der Voraussetzungen für die Versicherungsleistung.

3. Wertpapiere des Anlagevermögens

415 Bei **Wertpapieren des Anlagevermögens** entspricht der **beizulegende Wert** idR dem **Börsenkurs.** Liegt ein solcher nicht vor, sind für Anteile die für Beteiligungen (Anm 401 ff) und für festverzinsliche Wertpapiere die für Ausleihungen (Anm 407 ff) geltenden Grundsätze entspr anzuwenden.

Von einer voraussichtlich dauernden Wertminderung ist im Zweifel auszugehen, wenn der Börsenkurs in den dem Abschlussstichtag vorangehenden sechs Monaten den Buchwert permanent um mehr als 20% oder in den letzten zwölf Monaten tagesdurchschnittlich um mehr als 10% unterschreitet (vgl. *IDW VFA* FN IDW 2002, 667).

Abschreibungen bei Vermögensgegenständen des Umlaufvermögens (Abs 3)

Schrifttum: ***1. Zu § 253 Abs 3 S 1 und 2*** **Allgemein und Vorräte;** *Groh* Zur Bilanzierung von Fremdwährungsgeschäften DB 1986, 869; *HFA* Geänderter Entwurf einer Verlautbarung zur Währungsumrechnung im Jahres- und Konzernabschluss WPg 1986, 664; *Gmelin* Währungsumrechnung im Einzel- und Konzernabschluss WPg 1987, 597; *Häuselmann* Die Bilanzierung von Optionen aus handelsrechtlicher Sicht DB 1987, 1745; *Finne* Bilanzielle Berücksichtigung von Kurssicherungen BB 1991, 1295; *Groh* Universelle Darlehen in der Handels- und Steuerbilanz StuW 1991, 297; *Euler* Zur Verlustantizipation mittels des niedrigeren beizulegenden Wertes und des Teilwertes Zfbf 1991, 191; *Kammerl* Der beizulegende Wert nach § 253 Abs 3 HGB für Vorräte aus Fremdwährungsgebieten DB 1991, 821; *Westerfelhaus* Eingeschränkte Bilanzierungsfähigkeit des Substanzwerterhaltungsanspruchs beim Verpächter DB 1992, 2365; *Weber-Grellet* Adolf Moxter und die Bilanzrechtsprechung BB 1994, 30; *Küting/Lorson* Grundsatzfragen der Ermittlung von Herstellungskosten in der Handelsbilanz DStR 1994, 666; *Beine* Abschreibungsgrenzen im Voratsvermögen BB 1995, 2415; *Fromm* Zur Bewertung von Warenvorräten in Handelsunternehmen BB 1996, 2453; *Seethaler* Gängigkeitsabschläge bei der Warenlagerbewertung im Handel BB 1997, 2575; *Loitz/Winnacker* Die dauernde Wertminderung im Umlaufvermögen vor dem Hintergrund der handelsrechtlichen und steuerlichen Bilanzierung, DB 2000, 2229.

2. Zu § 253 Abs 3 S 1 u. 2 Forderungen: *George* Bilanzierung von Forderungen BBK F 13, 2759; *Clemm* Der Einfluss der Verzinslichkeit auf die Bewertung der Aktiva und Passiva, in: Raupach (Hrsg) Werte und Wertermittlung im Steuerrecht, Köln 1984, 219; *Ibert/Kuxdorf* Die Schätzung des Einzelwertberichtigungsbedarfs im Teilzahlungskreditgeschäft WPg 1985, 217; *Knüppe* Die Berücksichtigung einer Delkredereversicherung bei der Forderungsbewertung DB 1985, 2361; *Rohse* Wertberichtigungen für Kundenforderungen und Rückstellungen für Wechsel- und Bürgschaftsobligo StBP 1985, 193; *Schobert* Wertberichtigungen auf Auslandsforderungen, insbesondere bei Kreditinstituten StBP 1986, 73; *Woerner* Die korrespondierende Bilanzierung von Wirtschaftsgütern bei der Betriebsaufspaltung – Zur Problematik einer wertenden Betrachtungsweise bei der Auslegung von Gesetzen, in FS für Döllerer, 742; *Slomma* Bilanzierung unverzinslicher oder niedrig verzinslicher Darlehen an Betriebsangehörige DB 1989, 1106; *Benne* Einzelbewertung und Bewertungseinheit DB 1991, 2601; *Beckmann* Zur Bilanzierung bei Kurssicherung durch Termingeschäfte, RIW 1993, 387; *Eisele/Knobloch* Offene Probleme bei der Bilanzierung von Finanzinnovationen DStR 1993, 577.

A. Allgemeines

In Abs 3 ist die Bewertung der VG des Umlaufvermögens zu einem unter den AK/HK liegenden Wert geregelt. S 1 und 2 enthalten die gesetzliche Normierung des Niederstwertprinzips. Abs 3 S 3 enthält ein Wahlrecht zur Vornahme von Abschreibungen wegen zukünftiger Wertschwankungen. 501

Das Niederstwertprinzip und die Abschreibungen wegen zukünftiger Wertschwankungen gelten für sämtliche VG des Umlaufvermögens. Zur Abgrenzung des Umlaufvermögens s § 247 Anm 51 und 350.

Für die Bewertung der VG des Umlaufvermögens gelten im **Überblick** die nachfolgenden Regelungen. Die VG sind nach Abs 1 höchstens mit den AK/HK anzusetzen. Diese Ausgangswerte *müssen* um Abschreibungen nach Abs 3 S 1 und 2 (strenges Niederstwertprinzip) und *dürfen* wahlweise um Abschreibungen nach Abs 3 S 3 wegen zukünftiger Wertschwankungen vermindert werden. Außerdem *dürfen* die Ausgangswerte nach § 254 S 1 um nur steuerrechtlich zulässige Abschreibungen gekürzt werden. Bei KapGes/KapCoGes sind die Beschränkungen nach § 279 zu beachten. EKfm, reine PersGes einschl dem PublG unterliegende Unt und eG dürfen außerdem Abschreibungen im Rahmen vernünftiger kfm. Beurteilung vornehmen (§ 253 Abs 4). 502

Zusammenfassend kommen somit für die Bewertung der VG des Umlaufvermögens in der HB folgende **Wertansätze** in Frage: 503
- Bewertung zu AK/HK (Abs 1),
- Bewertung zum niedrigeren beizulegenden Wert, strenges Niederstwertprinzip (Abs 3 S 1 und 2),
- niedrigerer Wert wegen zukünftiger Wertschwankungen (Abs 3 S 3),
- niedrigerer Wert wegen steuerrechtlicher Abschreibungen (§ 254),
- niedrigerer Wert im Rahmen vernünftiger kfm. Beurteilung, nur für EKfm, reine PersGes einschließl Unt, die dem PublG unterliegen, und eG (Abs 4),
- Beibehaltungswahlrecht gem Art 24 Abs 2 EGHGB dürfte für das Umlaufvermögen überholt sein (s Anm 666). Für KapCoGes gilt nach § 48 EGHGB, § 264a, 280 schon handelsrechtlich das Wertaufholungsgebot,
- Beibehaltungswahlrecht (Abs 5), bei KapGes/KapCoGes aber Wertaufholungsgebot (§ 280).

Zu den **AK als Ausgangswert** und Obergrenze sind beim Umlaufvermögen Roh-, Hilfs- und Betriebsstoffe (Ausnahme: selbsterstellte Materialien), Waren und Wertpapiere und in sinngemäßer Anwendung geleistete Anzahlungen, Forderungen und sonstige VG sowie die Posten der flüssigen Mittel zu bewerten. Die Bewertung zu **HK als Ausgangswert** und Obergrenze gilt für unfertige Erzeugnisse und Leistungen, fertige Erzeugnisse u Leistungen sowie für selbsterstellte Sachwerte als sonstige VG. 504

Die Zwangsabschreibungen auf den niedrigeren beizulegenden Wert sind insb für Vorräte, Wertpapiere – auch eigene Anteile, soweit entgeltlich erworben – 505 und Forderungen (im einzelnen Anm 559) anzuwenden; zur Bedeutung des Niederstwertprinzips in der Steuerbilanz s Anm 532.

Der niedrigere Wert wegen **zukünftiger Wertschwankungen** in der HB kommt vor allem für Vorräte, Forderungen, Wertpapiere und Devisenbestände in Frage (im einzelnen Anm 616).

Der niedrigere Wert wegen **steuerrechtlicher Abschreibungen** bezieht sich beim Umlaufvermögen auf Abschläge beim Vorratsvermögen und auf Teilwertabschreibungen, die nur bei voraussichtlich dauernder Wertminderung zulässig sind (Anm 15); zur Besonderheit bei Umlaufvermögen s Anm 20. Zu **Zuschreibung** bzw **Wertaufholung** s für EKfm/reine PersGes Anm 22 für KapGes/KapCoGes Anm 25.

506 Ein niedrigerer Wert wegen **zusätzlicher Abschreibungen** in der HB der EKfl und reinen PersGes betrifft beim Umlaufvermögen insb die Bewertung der Vorräte, Forderungen und Wertpapiere (im einzelnen Anm 653; *Loitz/ Winnacker,* DB 2000, 2229).

B. Die Niederstwertvorschrift (S 1 und 2)

I. Allgemeines

507 Das Niederstwertprinzip leitet sich aus dem **Imparitätsprinzip** ab, nach dem Verluste schon im Zeitpunkt ihrer Verursachung zu berücksichtigen sind. In den gesetzlichen Bestimmungen zur HB hat das Imparitätsprinzip in § 253 Abs 3 S 1 und 2 auch in der Passivierungspflicht für drohende Verluste aus schwebenden Geschäften nach § 249 Abs 1 S 1 seinen Niederschlag gefunden (Anm 167; zum Imparitätsprinzip s auch § 252 Anm 34). Das Niederstwertprinzip gilt über § 5 Abs 1 EStG auch für die Steuerbilanz, soweit nicht in Sonderfällen die Teilwertermittlung nach § 6 Abs 1 Nr 2 EStG einen anderen Ansatz als in der HB vorschreibt (dazu im einzelnen Anm 539 ff). Die Passivierung der Drohverlustrückstellung ist jedoch in der Steuerbilanz nach § 5 Abs 4a EStG nicht zulässig.

508 Die Anwendung des **Niederstwertprinzips** beim Umlaufvermögen setzt den Einzelvergleich der Bewertung der VG des Umlaufvermögens zu AK/HK mit dem ggf niedrigeren beizulegenden Wert am Bilanzstichtag voraus. Die Niederstwertvorschrift bewirkt, dass bei Vorliegen der Voraussetzungen eines ggü den historischen AK/HK niedrigeren beizulegenden Werts der VG dieser niedrigere Wert angesetzt werden muss, dh auf den Wertansatz zu AK/HK muss in Höhe der Differenz eine **Abschreibung** vorgenommen werden. Die Anwendung der Niederstwertvorschrift schließt an die Beachtung des allgemeinen Bewertungsgrundsatzes des § 252 Abs 1 Nr 4 an, wonach im Rahmen einer vorsichtigen Bewertung auch alle **vorhersehbaren Risiken und Verluste** zu berücksichtigen sind, die bis zum Abschlussstichtag entstanden, aber erst zwischen dem Bilanzstichtag und dem Tag der Aufstellung des JA bekanntgeworden sind (**Wertaufhellungstheorie,** § 252 Anm 38 ff). Unabhängig davon ist nach hM das Niederstwertprinzip streng stichtagsbezogen (so auch *ADS*[6] § 253 Anm 485). Es steht damit im Gegensatz zu dem **Abwertungswahlrecht** nach Abs 3 S 3, mit dem bewusst das Stichtagsprinzip verlassen wurde.

509 Der niedrigere Wert nach Abs 3 S 1 und 2 bildet für die Bewertung der VG des Umlaufvermögens die **Obergrenze,** über die nicht hinausgegangen werden darf; andernfalls liegt eine Überbewertung vor (so auch *ADS*[6] § 253 Anm 484).

Werden für VG des Umlaufvermögens die AK nach der **Durchschnittsmethode** ermittelt (§ 255 Anm 303), die **Festbewertung** (Roh-, Hilfs- und Betriebsstoffe, § 240 Anm 98), die Gruppenbewertung (§ 240 Anm 134) oder zulässige **Bewertungsvereinfachungsverfahren** (§ 256 Anm 56ff) angewandt, ist ebenfalls das Niederstwertprinzip zu beachten.

II. Die Wertmaßstäbe

Die **Wertmaßstäbe** des Abs 3 S 1 und 2 sind der Wert, der sich aus einem **Börsen- oder Marktpreis** ergibt, oder ersatzweise der Wert, der den **VG** am **Abschlussstichtag** beizulegen ist. Diese Wertmaßstäbe haben für die Bewertung einen unterschiedlichen Genauigkeitsgrad. 510

Die Wertmaßstäbe sind nach der **aufgeführten Reihenfolge** zugrundezulegen, dh besteht ein Börsenpreis, ist stets dieser als Ausgangswert zugrundezulegen, andernfalls kommt zunächst ein ggf bestehender Marktpreis als Ausgangswert zur Anwendung. Nur wenn auch ein solcher nicht zu ermitteln ist, kommt der Wert nach Abs 3 S 2, also der beizulegende Wert, in Frage (glA *ADS*[6] § 253 Anm 482; *Döring/Buchholz* in HdR[5] § 253 Anm 176; *Wohlgemuth* in BoHdR[2] § 253 Anm 325).

Der **Börsenkurs** bestimmt sich nach dem an einer Börse oder im Freiverkehr festgestellten Kurs (Preis), wobei Umsätze stattgefunden haben müssen (*WPH I*[12], E Anm 329). Zu Zufallskursen s Anm 514. Es kommen inländische und auch ausländische Börsen in Frage (*ADS*[6] § 253 Anm 504), vorzugsweise aber die Heimatbörse. 511

„**Marktpreis** ist derjenige Preis, der an einem Handelsplatz für Waren einer bestimmten Gattung von durchschnittlicher Art und Güte zu einem bestimmten Zeitpunkt im Durchschnitt gewährt wurde" (*WPH I*[12], E Anm 329; ebenso *ADS*[6] § 253 Anm 508). 512

Die **Ableitung** des niedrigeren Wertansatzes aus dem Börsenkurs oder Marktpreis (§ 253 Abs 3 S 1) bedeutet, dass von dem ermittelten fiktiven Anschaffungs- oder Veräußerungspreis zum Bilanzstichtag (Anm 514) die üblichen Anschaffungsnebenkosten hinzuzurechnen oder die üblichen Minderungen zu kürzen sind. 513

Zu der Berücksichtigung von **Zufallskursen** hat sich für die HB eine differenzierte Betrachtung entwickelt, je nachdem, ob der Kurs über dem Niveau kurz vor oder kurz nach dem Abschlussstichtag oder unter diesem Niveau liegt. Liegt der Kurs am Stichtag nicht unerheblich *über* dem allgemeinen Kursniveau, kann ein Abschlag auf diesen Kurs oder ein Durchschnittskurs in Frage kommen; jedenfalls darf der Zufallskurs idR nicht ohne weiteres zur Bestandsbewertung übernommen werden (so auch *ADS*[6] § 253 Anm 512; *Döring/Buchholz* in HdR[5] § 253 Anm 178). Liegt der Zufallskurs *unter* dem allgemeinen Kursniveau am Abschlussstichtag, ist dieser stets zu berücksichtigen (so auch *ADS*[6] § 253 Anm 512; *Döring/Buchholz* in HdR[5] § 253 Anm 178). 514

Steuerrechtlich wird das Stichtagsprinzip, insb für die Fälle, dass der Zufallskurs unter dem allgemeinen Kursniveau liegt, verlassen (im Einzelnen Anm 542). Daraus kann sich ergeben, dass der steuerrechtliche Teilwert über dem Wertansatz in der HB liegt.

Der **beizulegende Wert** am Abschlussstichtag stellt bei der Ableitung aus dem Beschaffungsmarkt den **Wiederbeschaffungswert** und bei der Ableitung aus dem Absatzmarkt den **Verkaufswert** dar. Die Ermittlung dieses Werts bestimmt sich nach den GoB, die hierzu wie folgt umschrieben werden können: 515

- Die fiktiven **Wiederbeschaffungskosten** umfassen auch angemessene Anschaffungsnebenkosten.

– Die fiktiven **Wiederherstellungskosten** sind auf der Grundlage der am Abschlussstichtag bestehenden Kostenverhältnisse zu ermitteln; Kostenermäßigungen und Kostenerhöhungen sind zu saldieren.
– Der **Verkaufswert** ergibt sich aus den voraussichtlichen Erlösen abzgl der bis zum Verkauf noch anfallenden Aufwendungen (Erlösschmälerungen, Verpackungskosten, Ausgangsfrachten, sonstige Vertriebskosten, noch anfallende Verwaltungskosten und Fremdkapitalkosten); so auch *WPH I*[12], E Anm 330; *ADS*[6] § 253 Anm 526. Bei den unfertigen Erzeugnissen/Leistungen kommen noch die noch anfallenden Produktionskosten hinzu. Die Kürzung eines fiktiven **Gewinnanteils** wird für die HB für nicht zulässig gehalten (anders für den steuerrechtlichen Teilwert; Anm 523).
– Von den Wiederbeschaffungskosten sind, soweit erforderlich, **weitere Abwertungen** vorzunehmen, um die tatsächliche Verwendbarkeit zu berücksichtigen (zB Veralterung, geringer Lagerumschlag). Hierzu dürfen auch pauschale Abschläge angewandt werden, sog Gängigkeitsabschreibungen (s Anm 529).

III. Beschaffungs- oder Absatzmarkt

516 Wesentlich für die Bestimmung der in Frage kommenden **Werte** ist die Ableitung aus dem Beschaffungs- *und/oder* Absatzmarkt. Hierzu haben sich, bezogen auf das Umlaufvermögen, folgende Grundsätze herausgebildet (*ADS*[6] § 253 Anm 488; *Döring/Buchholz* in HdR[5] § 253 Anm 179):
– Roh-, Hilfs- und Betriebsstoffe:
Ableitung des Zeitwerts aus dem Beschaffungsmarkt
– Unfertige und fertige Erzeugnisse:
Ableitung des Zeitwerts aus dem Absatzmarkt
– Handelswaren:
Ableitung des Zeitwerts aus dem Beschaffungs- *und* Absatzmarkt
– Wertpapiere:
Ableitung des Zeitwerts meistens aus dem Beschaffungsmarkt, seltener aus dem Absatzmarkt.

517 **Ausnahmen** gelten für unfertige und fertige Erzeugnisse, für die auch **Fremdbezug** möglich ist (Ableitung aus dem Beschaffungsmarkt), **Überbestände** an Roh-, Hilfs- und Betriebsstoffen (Ableitung aus dem Absatzmarkt) und Überbestände an unfertigen und fertigen Erzeugnissen (Ableitung sowohl aus dem Beschaffungs- als auch dem Absatzmarkt).

518 Die Wertmaßstäbe für den niedrigeren beizulegenden Wert sind bei Ableitung aus dem Beschaffungsmarkt die **Wiederbeschaffungskosten** (Wiederherstellungskosten) zzgl Nebenkosten und bei der Ableitung aus dem Absatzmarkt der **Verkaufspreis** abzgl der bis zum Verkauf noch anfallenden Kosten. Die Wertmaßstäbe des Abs 3 S 1 und 2 – abgeleiteter Börsenkurs, abgeleiteter Marktpreis, beizulegender Wert – beziehen sich somit auf Beschaffungsmarkt und/oder Absatzmarkt.

519 Insb bei Handelswaren gilt die sog **doppelte Maßgeblichkeit,** dh es wird jeweils der niedrigere Wert aus der Beurteilung nach dem Beschaffungs- bzw Absatzmarkt herangezogen (*WPH I*[12], E Anm 330; *ADS*[6] § 253 Anm 514).

520 Auch in der **Steuerbilanz** setzt sich die Ableitung aus dem Verkaufswert (Anm 522) zunehmend durch, insb für Handelswaren (so auch *Glanegger* in Schmidt[24] § 6 Anm 320). Hier war früher generell auf den Beschaffungsmarkt, also den Reproduktionswert (Wiederbeschaffungs- oder Wiederherstellungskosten, Anm 540) abgestellt worden.

IV. Einzelfragen zu der Vorratsbewertung

1. Verlustfreie Bewertung bei Erzeugnissen, Leistungen und Waren

Die **retrograde Bewertung** gilt vor allem für unfertige Erzeugnisse, Fertigerzeugnisse und Waren. Es wird der Vergleichswert zu den AK/HK ermittelt (nicht zu verwechseln mit der retrograden Ermittlung der AK/HK, s § 255 Anm 211, die gelegentlich auch als „retrograde Bewertung" bezeichnet wird). Die Methode steht unter dem sog **Grundsatz der verlustfreien Bewertung** (ebenso *ADS*[6] § 253 Anm 495). Dieser Grundsatz wird dahingehend verstanden, dass beim Verkauf der zu bewertenden VG *nach* dem Abschlussstichtag kein Verlust mehr entstehen soll, die auf den voraussichtlichen Verkaufswert vorzunehmende Abwertung also als Verlust in der abgeschlossenen Periode antizipiert wird. Zu bestimmten Ausnahmefällen s Anm 615. 521

Dieser am Stichtag **beizulegende Wert** wird bei fertigen Erzeugnissen und Waren zum Zweck der verlustfreien Bewertung **retrograd** wie folgt ermittelt (so auch *ADS*[6] § 253 Anm 525; *Döring/Buchholz* in HdR[5] § 253 Anm 182):

Verkaufserlös abzgl folgender noch anfallender anteiliger Kosten:
- Erlösschmälerungen
- Verpackungskosten und Ausgangsfrachten
- Allgemeine Vertriebskosten
- Verwaltungskosten
- Kapitalmarktkosten (für Lagerung bis zum Verkauf).

Verkaufserlös ist der voraussichtlich nach dem Stichtag zu erzielende Erlös. Dabei dürfen auch konkret zu erwartende Preissteigerungen berücksichtigt werden (dazu auch Anm 548). Zu den **Erlösschmälerungen** gehören Preisnachlässe wie zB Skonti, Mengenrabatte; auch Zinsverluste in Form von Fremdkapitalkosten wegen voraussichtlich längerer Lagerung der Bestände sind einzubeziehen (*ADS*[6] § 253 Anm 526; *Döring/Buchholz* in HdR[5] § 253 Anm 182). Unter die **allgemeinen Vertriebskosten** fallen ua Provisionen und Lizenzgebühren, die beim Verkauf entstehen, und die Vertriebsgemeinkosten (Kostenbereich Vertrieb), spätere Montage- und Aufstellungskosten, Garantierisiken. **Verwaltungskosten** sind ua Kosten der Lagerhaltung und -verwaltung, Abrechnungskosten sowie Kosten für Zahlungseingang. 522

Die zukünftigen Kosten sind nach der **Vollkostenmethode** bei Normalbeschäftigung zu ermitteln, also Einzelkosten u anteilige Gemeinkosten (*ADS*[6] § 253 Anm 528 halten auch die Beschränkung auf variable Gemeinkosten für zulässig).

In der HB darf nach überwiegender Meinung in der Literatur ein **Gewinnzuschlag** bei der retrograden Bewertung nicht berücksichtigt werden (ebenso *ADS*[6] § 253 Anm 526; *Döring/Buchholz* in HdR[5] § 253 Anm 183; *Wohlgemuth* in BoHdR[2] § 253 Anm 329). Würde dieser zusätzlich vom restlichen Verkaufserlös gekürzt, würde eine zusätzliche Verlustantizipation idS erfolgen, dass das abgewertete Erzeugnis oder die Ware im neuen Gj mit einer Gewinnrealisierung veräußert werden könnte. 523

Steuerrechtlich ist hingegen bei der retrograden Bewertung von Waren – und damit auch für Fertigerzeugnisse – für die Ermittlung des niedrigeren steuerrechtlichen Teilwerts auch ein Gewinnzuschlag mit einzubeziehen EStR 36 Abs 2 S 3).

Der Grundgedanke ist dabei, dass im Rahmen des Teilwertgedankens der fiktive Erwerber von einem Gewinnzuschlag auf die abgewerteten WG ausgeht, der ihm zusteht. Es handelt sich bei der verlustfreien Bewertung in der HB und der Teilwertermittlung für die Steuerbilanz also um unterschiedliche Ausgangskonzeptionen (dazu Anm 534). Ergibt sich durch diese unterschiedliche Behandlung der Kürzung des Gewinnanteils ein ggü dem beizulegenden Wert niedrigerer Teilwert, der in der HB angesetzt wird, fällt der Differenzbetrag unter §§ 254, 279 Abs 2 (so auch *ADS*[6] § 253 Anm 526; *Döring* in HdR[5] § 253 Anm 169; *Wohlgemuth* in BoHdR[2] § 253 Anm 331; kritisch *Weber-Grellet,* der den Einzelveräußerungspreis als untere Grenze des Teilwerts ansieht, BB 1994, 30). Zu der str Frage, ob ein solcher niedrigerer Teilwert auch ohne Maßgeblichkeitsgrundsatz nur für die Steuerbilanz anzusetzen wäre, Anm 536).

524 Die verlustfreie Bewertung **unfertiger Erzeugnisse** erfordert zusätzlich zu den oben aufgeführten Kosten des Schemas in Anm 521 noch die Berücksichtigung der **zukünftigen** HK bis zum Ende der Fertigung. Dabei sind auch hier Einzelkosten und angemessene Teile der Gemeinkosten einzubeziehen (nach *ADS*[6] § 253 Anm 528 ggf nur variable Gemeinkosten; dazu Anm 522).

Insb bei **langfristiger Fertigung** kann neben der Abschreibung wegen verlustfreier Bewertung auch eine (steuerrechtlich nicht zulässige, § 5 Abs 4a EStG) Rückstellung für drohende Verluste aus schwebenden Geschäften in Frage kommen, wenn sich bei Berücksichtigung der künftig noch anfallenden HK und sonstigen Kosten für den Auftrag keine Erlösdeckung ergibt. Eine solche Rückstellung kann auch bereits bei noch nicht begonnenen Aufträgen erforderlich sein. Zum Begriff der langfristigen Fertigung s § 255 Anm 457; zu dem besonderen Problem der Aktivierung von Sondereinzelkosten des Vertriebs § 255 Anm 454; zum Problem der Teilgewinnrealisierung bei langfristigen Aufträgen § 255 Anm 457.

In der Konkurrenz zwischen Niederstwertvorschrift und Verlustrückstellung ist in der Reihenfolge zuerst die Niederstwertvorschrift zu beachten, dh es ist eine Abschreibung nach Abs 3 S 2 auf die bis zum Abschlussstichtag bereits angefallenen HK vorzunehmen. Die Verlustrückstellung in der HB ist bei schon begonnenen Aufträgen nur in Höhe des negativen Differenzbetrags zwischen den aktivierten HK zzgl der künftig noch anfallenden Kosten und dem vereinbarten Verkaufspreis zu bilden (dazu § 249 Anm 75 ff). AA insoweit die FinVerw (OFD Kiel Vfg vom 30. 3. 2000, DStR 1143) und *FG Rheinland-Pfalz* 5-K-1468/01 EFG 2003, 289 (Revision eingelegt BFH VIII R 1/03). Danach sollen Verluste, die aus noch zu erbringenden Leistungen resultieren, zwingend als Drohverluste und damit nicht steuerwirksam behandelt werden. Zur Untauglichkeit der Begr vgl *Hoffmann* DStR 2000, 1338 (vgl auch § 247 Anm 65). Vgl zu halbfertigen Bauten des Umlaufvermögens BMF Schreiben vom 14. 11. 2000, DStR 2043 und zu halbfertigen Erzeugnissen allgemein BMF Schreiben vom 27. 4. 2001, DStR 1527. Zur Bewertung der Verlustrückstellung zu Voll- oder Teilkosten s Anm 169 und zur Berücksichtigung künftiger Kostensteigerungen Anm 174. In den Folgejahren ist vor Beendigung des Auftrags eine bisher gebildete Verlustrückstellung jeweils anteilig insoweit aufzulösen, als bei den nach Fertigungsfortschritt anwachsenden HK Abschreibungen nach Abs 3 S 2 vorgenommen werden müssen (so auch *ADS*[6] § 253 Anm 180).

Werden sog **Zwischenprodukte** sowohl selbst hergestellt als auch von Dritten bezogen, gilt als niedrigerer Zeitwert der Fremdbezugspreis, sofern die HK über den am Stichtag gültigen AK liegen (ebenso *ADS*[6] § 253 Anm 493).

525 Gehören die zu erwartenden Erlöse zu Produktgruppen, die zu unterschiedlichen Preisen angeboten werden (zB an Händler und Letztverbraucher, Inlandsmarkt und Exportmarkt), muss bei der verlustfreien Bewertung ein Mischpreis berücksichtigt werden. Für die Steuerbilanz wird von der Rspr Nachhaltigkeit von sinkenden Verkaufspreisen gefordert (dazu Anm 548). Bei sog **Verlustprodukten** mit geplanten Verlusten, also Produkte, die bewusst nicht kostendeckend vertrieben werden, zB aus marktpolitischen Gründen (komplette Angebotspalette auf bestimmten Sektoren), muss in der HB ebenfalls die verlustfreie Bewertung durchgeführt, also der bewusst in Kauf genommene Mindererlös angesetzt werden (aA *BFH* 29. 4. 1999, WPg 845 zumindest dann, wenn das Unt Gewinne erzielt). Besteht jedoch eine sehr enge wirtschaftliche Verbindung zwischen dem Hauptprodukt und dem dieses ergänzenden Nebenprodukt (Verlustprodukt), kann hierin in Ausnahmefällen eine **Bewertungseinheit** gesehen werden. Diese Ausnahmefälle liegen zB vor, wenn das Hauptprodukt grds nur mit dem Nebenprodukt angeboten und verkauft wird, oder wenn Auftragsbestände über das Hauptprodukt iVm dem Verlustprodukt vorliegen. In der Steuerbilanz wird gefordert, dass für die Teilwertermittlung von geplanten Verlustprodukten eine Teilwertabschreibung zu unterbleiben hat (s Anm 553); dann kommt es in der Steuerbilanz, abgesehen von den Fällen der Bewertungseinheit, zu einem Wertansatz der über dem Zeitwert der HB liegt.

2. Wiederherstellungskosten bei Erzeugnissen und Leistungen

Werden ausschließlich die **Wiederherstellungskosten** der fertigen oder unfertigen Erzeugnisse bzw Leistungen mit den historischen HK verglichen, kann eine erforderliche Abwertung über das Maß hinausgehen, das die Niederstwertvorschrift fordert, nämlich in den Fällen, in denen die Ableitung aus den Verkaufserlösen zu geringeren Abschreibungen oder keinen Abschreibungen auf die Bestände führt. Es ist davon auszugehen, dass auch nach HGB alternativ zu niedrigeren Wiederherstellungskosten oder niedrigerem Verkaufswert bewertet werden darf, also **doppeltes Maßgeblichkeitsprinzip,** wobei der niedrigere von beiden Werten gewählt werden darf (Anm 519), wenn dies „stetig" geschieht (so *ADS*[6] § 253 Anm 496; differenzierend *Döring/Buchholz* in HdR[5] § 253 Anm 180). Es besteht kein zwingender Anlass, auch gesunkene Wiederbeschaffungskosten zu berücksichtigen. 526

Bei **Überbeständen** müssen dagegen die Reproduktionskosten als Kontrollwert zum abgeleiteten Verkaufswert ermittelt und ggf als niedrigerer Wertansatz bilanziert werden. 527

Bei Ermittlung der Wiederherstellungskosten ist von **Vollkosten** auszugehen, wenn die historischen HK nach der Vollkostenmethode ermittelt waren. Andernfalls sind auch die Wiederherstellungskosten nach der **Teilkostenmethode** zu ermitteln. Künftige Kostensteigerungen bleiben unberücksichtigt, da ihre Einbeziehung dem Stichtagsprinzip widerspricht. Zur Ermittlung der Wiederherstellungskosten in der Steuerbilanz s Anm 546. 528

Die Bewertung muss den Vorschriften der §§ 253 Abs 1 S 1 und 255 Abs 2 entsprechen.

3. Gängigkeitsabschreibungen

In einigen Branchen hat die Praxis Verfahren von Gängigkeitsabschlägen entwickelt, mit denen durch pauschale Abschläge auf die AK/HK großer Lagerbestände, insb bei Roh-, Hilfs- und Betriebsstoffen sowie Handelswaren, der niedrigere beizulegende Wert ermittelt wird. Mit diesen Abschlägen sollen insb **Risiken** bei der Bewertung berücksichtigt werden, die bei einer Vielzahl unterschiedlicher **Bestände** im Rahmen der Einzelbewertung sonst nicht für jeden einzelnen VG der Vorräte ermittelt werden können. Mit diesen Abschlägen werden idR auch die aus **Überbeständen** resultierenden Kosten berücksichtigt, so Kosten der Lagerhaltung und -verwaltung, zukünftige Zinsverluste aus der Kapitalbindung oder auch Risiken technisch-wirtschaftlicher Art (Fehlerhaftigkeit, technische Veralterung der Bestände, Mode- oder Geschmackswandel, 529

Bruch usw). Ausgangsgrundlage bildet idR die Lagerbewegung, also die Umschlagshäufigkeit der Bestände.

Gängigkeitsabschreibungen sind in der HB als **pauschale** Verfahren, die nicht gegen den Grundsatz der Einzelbewertung verstoßen, bei einer entspr Vielzahl von Artikelgruppen für Handels- und Fertigungsbetriebe nach hM seit langem **anerkannt** (so auch *ADS*[6] § 253 Anm 518; *Döring/Buchholz* in HdR[5] § 253 Anm 184). Diese Gängigkeitsabschreibungen werden auch in der Steuerbilanz zur Ermittlung des niedrigeren Teilwerts von der Methode her gebilligt (Anm 555).

530 In der Praxis werden folgende **Verfahren** angewandt: das Abgangsverfahren, das modifizierte Abgangsverfahren, das Zugangsverfahren und das Reichweitenverfahren. Beim **Abgangsverfahren** werden die Abschlagssätze nur nach den letzten Abgängen ermittelt. Das **modifizierte Abgangsverfahren** legt den relativen Abgang, zB im Verhältnis zum Stichtagsbestand, zugrunde. Das **Zugangsverfahren** stellt auf das Zurückliegen der Zugänge ab. Beim **Reichweitenverfahren** wird der Lagerbestand zu den durchschnittlichen Lagerabgängen (sowohl aus den Vergangenheitsdaten als auch der Planung für die Zukunft abgeleitet) ins Verhältnis gesetzt. Das Reichweitenverfahren ist in der Praxis besonders verbreitet (glA *ADS*[6] § 253 Anm 518 mit Tabelle für schematische Gängigkeitsabschreibung).

Die für die Steuerbilanz anerkannten und bezogen auf das einzelne Unt praktizierten Verfahren dürfen idR auch für die HB zur Berücksichtigung des Niederstwertprinzips angewandt werden.

531 **Künftige Lagerkosten einschließlich Zinsverluste** dürfen nur in der HB berücksichtigt werden. Dementsprechend dürfen im vereinfachten Verfahren auch Gängigkeitsabschreibungen für diese Kosten vorgenommen werden. Für die **Steuerbilanz** wird von der Rspr dagegen die Berücksichtigung zukünftiger Lagerkosten abgelehnt, da solche Kosten lfd Aufwendungen der folgenden Gj seien, in denen sie anfallen. Zur Kritik an dieser Auffassung s Anm 549.

V. Bedeutung des Niederstwertprinzips für die Steuerbilanz

532 Die Bewertung des Umlaufvermögens in der Steuerbilanz erfolgt grds über den **Bewertungsvorbehalt** gem § 5 Abs 6 EStG nach § 6 Abs 1 Nr 2 EStG, also außerhalb des Maßgeblichkeitgrundsatzes (§ 5 Abs 1 EStG) nach eigenständigen Bewertungsvorschriften des Steuerrechts. Hiernach sind ua die WG des Umlaufvermögens mit den **steuerrechtlichen** AK/HK anzusetzen. Statt dieser AK/HK darf nach § 6 Abs 1 Nr 2 S 2 EStG der **niedrigere Teilwert** (§ 6 Abs 1 Nr 1 S 3 EStG) angesetzt werden. Der Maßgeblichkeitsgrundsatz bedeutet hier jedoch, dass bei Bilanzierung nach § 5 Abs 1 EStG (Vollkaufleute und bestimmte andere Gewerbetreibende) das strenge handelsrechtliche Niederstwertprinzip einen Zwang zum Ansatz des niedrigeren Teilwerts bewirkt, allerdings mit Ausnahmen (Anm 536).

Die Teilwertabschreibung ist nur bei einer **voraussichtlich dauernden Wertminderung** zulässig (Anm 15). Zur Problematik der Bedeutung dieses Begriffs für das Umlaufvermögen s Anm 20. Zu den Auswirkungen in der HB **Zuschreibung** und **Wertaufholung** s für EKfl/reine PersGes Anm 22, KapGes/KapCoGes Anm 25.

533 Die steuerrechtlichen **Wertmaßstäbe** AK/HK und niedrigerer Teilwert sind steuerrechtliche Kategorien. Für den Begriff der **AK** kann davon ausgegangen werden, dass dieser etwa deckungsgleich ist mit den Anschaffungskosten nach § 255 Abs 1 (s § 255 Anm 20ff). Bei den **Herstellungskosten** bestehen nach

§ 255 Abs 2 und 3 für die HB Wahlrechte für die Einbeziehung von Gemeinkosten (vgl § 255 Anm 354). In der Steuerbilanz sind die Gemeinkosten nach § 255 Abs 2 S 3 in die HK einzubeziehen (EStR 33 Abs 1). Für den Ansatz von Kosten für die allg Verwaltung nach § 255 Abs 2 S 4 gilt auch steuerrechtlich ein Wahlrecht (EStR 33 Abs 4; *Glanegger* in Schmidt[24] § 6 Anm 173, 185). Der **Teilwert** ist hingegen ausschließlich ein steuerrechtlicher Wertbegriff (EStR 35 a).

Der niedrigere **beizulegende Wert** nach § 253 Abs 3 S 1 und 2 und der 534
niedrigere Teilwert nach § 6 Abs 1 Nr 2 EStG stimmen wegen unterschiedlicher Bewertungskonzeptionen (*Groh* DB 1985, 1245) nur bedingt überein. Der Teilwert iSd § 6 Abs 1 Nr 1 S 3 EStG ist der Betrag, den ein gedachter Erwerber für das jeweils einzeln zu bewertende WG im Rahmen eines Gesamtkaufpreises bezahlen würde (*Glanegger* in Schmidt[24] § 6 Anm 215). Aus der **Einzelbewertung** folgt, dass die Aufteilung eines nach dem Ertragswertverfahren ermittelten fiktiven Gesamtkaufpreises nicht zulässig ist (maßgebend ist Substanzwert des einzelnen WG, *Glanegger* in Schmidt[24] § 6 Anm 215). Der beizulegende Wert der HB ist ein (isolierter) Wert des VG, für dessen Ermittlung der Grundsatz der Fortführung des Unt gilt (§ 252 Abs 1 Nr 2). Beizulegender Wert und Teilwert haben gemeinsam, dass sie jeweils weitere **Bewertungsobergrenzen** darstellen.

Der **Teilwert** wird bei **Vorräten** nach den Wiederbeschaffungs- oder Wie- 535
derherstellungskosten (Reproduktionswert), bei den fertigen Erzeugnissen oder Waren aber *auch* nach den voraussichtlichen Erlösen abzgl noch anfallender Kosten bestimmt (EStH 36 „Warenvorräte").

Das Niederstwertprinzip wirkt sich (bei Zulässigkeit der Teilwertabschreibung 536
s Anm 15) *voll* in der Steuerbilanz aus, wenn beizulegender Wert und Teilwert übereinstimmen. Liegt der **Teilwert niedriger** als der beizulegende Wert, beschränkt sich das Niederstwertprinzip auf den beilzulegenden Wert; der Differenzbetrag zu einem dem Teilwert entspr niedrigeren Wert in der HB ist ein gesondert zu sehendes **Wahlrecht** in der HB; so Anm 523 zum Gewinnabschlag bei retrograder Bewertung. Ist der Teilwert **höher** als der beizulegende Wert, wirkt sich das Niederstwertprinzip für diesen Differenzbetrag in der Steuerbilanz nicht aus (*BFH* 31. 1. 1991 BStBl II, 627).

Als Auswirkung des Maßgeblichkeitsgrundsatzes setzt eine steuerrechtliche Teilwertabschreibung (bei Gewinnermittlung nach § 5 Abs 1 EStG) voraus, dass der Wertansatz in der HB für diese WG *nicht über* dem Teilwert liegt, also entweder gleichhoher Ansatz oder niedrigerer Ansatz in der HB. Ob ein höherer Ansatz in der HB den Ansatz eines niedrigeren Teilwerts verhindert, wird teilweise in der Literatur als zweifelhaft angesehen (s *Stobbe* in HHR § 6 Anm 79). Dies ist aber ein Problem des Umfangs des Maßgeblichkeitsgrundsatzes.

Der **Ausnahmefall,** dass bei WG des Vorratsvermögens, die keinen Börsen- 537
oder Marktpreis haben, die AK/HK trotz niedrigerem **Teilwert beibehalten** oder ein **Zwischenwert** angesetzt werden darf, ist nicht anwendbar (*BFH* 27. 10. 1983 BStBl II 1984, 35). Gleichwohl wird in EStR 36 Abs 1 S 5 daran festgehalten.

Wird in der **Handelsbilanz** als Ausnahmefall das Niederstwertprinzip, zB bei 538
Auftragsmaterial mit gesunkenem Börsen- oder Marktpreis, nicht angewendet, da die ursprünglich höheren AK durch den vereinbarten Erlös weiterhin gedeckt sind (Anm 519, 615), muss für die Steuerbilanz davon ausgegangen werden, dass der niedrigere Teilwert *nicht* zum Ansatz kommen darf (Anm 536).

VI. Die Ermittlungsgrundsätze für den niedrigeren Teilwert bei Vorräten

1. Allgemeines

539 Das Vorratsvermögen ist nach § 6 Abs 1 Nr 2 EStG zu AK/HK oder zum niedrigeren Teilwert auf Grund einer voraussichtlich dauernden Wertminderung zu bewerten. **Wertermittlungsverfahren** sind: **Einzelbewertung** (§ 252 Abs 1 Nr 3, § 6 Abs 1 EStG), **Gruppenbewertung** (§ 240 Abs 4, EStR 36 Abs 4), **Durchschnittsbewertung** (§ 240 Abs. 4; EStR 36 Abs 3 S 3), Bildung von **Festwerten** (§ 240 Abs 3, EStH 36) und von den Bewertungsvereinfachungsverfahren der HB (§ 256 S 1) die **Lifo-Bewertung** (§ 6 Abs 1 Nr 2a EStG, EStR 36a). Die AK/HK und der Teilwert dürfen **progressiv** oder **retrograd** ermittelt werden (zur retrograden Ermittlung der AK/HK s § 255 Anm 211).

540 Der Teilwert darf bestimmt werden durch progressive oder retrograde Ermittlung der **Wiederbeschaffungskosten** bei fremdbezogenen Vorräten (Roh-, Hilfs- und Betriebsstoffe, Waren), bzw **Wiederherstellungskosten** bei eigenen Erzeugnissen (unfertige, fertige Erzeugnisse, Leistungen) oder aus den **Verkaufswerten** (voraussichtliche Verkaufserlöse, Verkaufswertverfahren). Diese Alternativen berücksichtigen wie für die HB Beschaffungs- und Absatzmarkt. Es entwickelt sich auch für die Steuerbilanz der Grundsatz, dass bei Vergleich der Wiederbeschaffungskosten/Wiederherstellungskosten und Ableitung aus den Verkaufswerten der *niedrigere* der beiden Werte als Teilwert anzusetzen ist, wenn er auf einer voraussichtlich dauernden Wertminderung beruht (*HHR* § 6 Anm 970). Zur HB ebenso Anm 516).

541 Die **Wiederbeschaffungskosten umfassen** steuerrechtlich die Wiederbeschaffungspreise und die Wiederbeschaffungsnebenkosten (ebenso *Glanegger* in Schmidt[24] § 6 Anm 227). Hierzu gehören angefallene innerbetriebliche Aufwendungen, wie zB Transportkosten, Verpackungs- und Abfüllkosten. Wie in der HB sind Minderungen der AK, wie zB Rabatte, Skonti bei der fiktiven Berechnung der Wiederbeschaffungskosten zu kürzen. Zu steuerrechtlichen Abweichungen s Anm 309 ff.

2. Roh-, Hilfs- und Betriebsstoffe

542 Für Roh-, Hilfs- und Betriebsstoffe leiten sich die **Wiederbeschaffungskosten** aus den **Börsen- oder Marktpreisen** des Beschaffungsmarkts zum Bilanzstichtag ab. Zu den Besonderheiten des Börsen- oder Marktpreises s *HHR* § 6 Anm 1004. Es gilt das Stichtagsprinzip. Zur Ausschaltung von Zufallskursen auf Grund außergewöhnlicher Umstände können insb auch bei Waren usw Kurskorrekturen zum Stichtagskurs in Frage kommen, wenn die Börsen- oder Marktpreise vor oder nach dem Stichtag wesentlich niedriger sind als am Stichtag (dazu *HHR* § 6 Anm 1004) und voraussichtlich von Dauer sein werden.

543 Besteht kein Börsen- oder Marktpreis oder ist ein solcher nicht festzustellen, ist von fiktiven Einkaufspreisen auszugehen (Stichtag); hier dürfte eine weitgehende Parallele zum **beizulegenden Wert** nach § 253 Abs 3 S 2 bestehen. Steuerrechtlich wird hingegen ein voraussichtlich *nachhaltiges* Sinken der Wiederbeschaffungskosten gefordert, womit ein vorübergehendes Zurückgehen des Börsen- oder Marktpreises oder der fiktiven Einkaufspreise nicht zu einer Teilwertabschreibung berechtigt (EStR 36 Abs 2 S 11). Damit wird das strenge Stichtagsprinzip verlassen. Wesentlich für einen Rückgang der Wiederbeschaffungskosten kann ein Rückgang des allgemeinen Preisniveaus sein. Das Abstel-

len auf den Beschaffungsmarkt bei gesunkenen Wiederbeschaffungskosten verlangt steuerrechtlich nicht, dass auch die zu erwartenden Verkaufspreise der gleichen Roh-, Hilfs- oder Betriebsstoffe bzw Waren zurückgehen; eine Teilwertabschreibung darf bei niedrigeren Wiederbeschaffungskosten auch durchgeführt werden, wenn die WG zu unveränderten oder höheren Verkaufspreisen veräußert worden sind. Auch bei am Bilanzstichtag bereits zu festen unveränderten oder höheren Preisen verkauften Waren, bei denen der Kaufvertrag von beiden Seiten noch nicht erfüllt ist, darf die Teilwertabschreibung auf Grund der gesunkenen Wiederbeschaffungskosten vorgenommen werden.

3. Unfertige und fertige Erzeugnisse und Leistungen

Die **Wiederherstellungskosten** (Reproduktionskosten) sind maßgebend bei 544 den **unfertigen** und **fertigen Erzeugnissen und Leistungen, halbfertigen Arbeiten** aus Werkverträgen einschl halbfertige Bauten (letztere steuerrechtlich als Forderung zu bilanzieren). Die Wiederherstellungskosten als fiktive Reproduktionskosten umfassen alle „Aufwendungen, die bei dem Unt anfallen würden, um das Erzeugnis in der Fertigungsstufe, in der es sich am Bilanzstichtag befindet, durch dieses Unt zu reproduzieren" (*HHR* § 6 Anm 1005). Soweit Erzeugnisse gleicher Art und Qualität auch *kostengünstiger* von Dritten bezogen werden können, darf dieser Umstand nicht berücksichtigt werden; auch eine kostengünstigere Reproduktion wegen der Auswirkung von Rationalisierungsmaßnahmen bleibt außer Betracht. Die fiktive Reproduktion wird für den Bilanzstichtag unterstellt. Das Stichtagsprinzip bedeutet hier, dass die Bestandteile der HK nach den Verhältnissen am Bilanzstichtag angesetzt und bewertet werden. Wie in der HB (Anm 515) müssen sowohl nachhaltige Kostensteigerungen als auch nachhaltige Kostenminderungen, jedoch nicht künftige Änderungen dieser Art berücksichtigt werden. Ein auf den Stichtag abgestellter Preisrückgang bei verarbeiteten Rohstoffen kann nur dann einen niedrigeren Teilwert ergeben, wenn gleichzeitig auch mit einem Rückgang des Verkaufspreises des betr Fertigerzeugnisses zu rechnen ist und der Preisrückgang voraussichtlich von Dauer ist.

Nach der **retrograden** Methode ergeben sich die Wiederherstellungskosten 545 bei den fertigen Erzeugnissen aus dem erwarteten Verkaufspreis abzgl der bis zur Veräußerung noch anfallenden Kosten und des Unternehmergewinns (zur HB Anm 522). Bei unfertigen Erzeugnissen wird hingegen idR eine Ermittlung der fiktiven Wiederherstellungskosten nach der progressiven Methode erforderlich sein; zur HB – verlustfreie Bewertung – s Anm 524.

Die Wiederherstellungskosten sind mit **Vollkosten** zu berechnen (so auch 546 *Glanegger* in Schmidt[24] § 6 Anm 227 Eigenerzeugnisse). Abw von den steuerrechtlichen HK (§ 255 Anm 353 ff; EStR 33) sind diesen zusätzlich auch Bestandteile, für deren Ansatz in der Steuerbilanz ein Wahlrecht besteht (zB Sozialleistungen, Aufwendungen für Alterversorgung, Verwaltungsgemeinkosten), hinzuzurechnen. Außerdem sind auch innerbetriebliche Transportkosten, Verpackungen und sonstige bereits aufgewendete Vertriebskosten den Wiederherstellungskosten zuzurechnen. Kalkulatorische Kosten sind nicht anzusetzen (glA *Glanegger* in Schmidt[24] § 6 Anm 227; aA *HHR* § 6 Anm 1005). Fremdkapitalzinsen brauchen nicht angesetzt zu werden (glA *HHR* § 6 Anm 988).

Auch bei gesunkenen oder gestiegenen Wiederbeschaffungskosten kann steu- 547 errechtlich eine **„verlustfreie Bewertung"** berechtigt oder geboten sein (vgl auch § 249 Anm 68). Es handelt sich um die Ableitung des niedrigeren Teilwerts bei nicht ausreichenden oder gesunkenen Verkaufserlösen, also um eine „Verkaufswertminderung". Diese setzt voraus, dass die voraussichtlichen Verkaufserlöse die **Selbstkosten** und einen durchschnittlichen **Unternehmergewinn** nicht decken (EStR 36 Abs 2 S 3). Eine verlustfreie Bewertung dieser Art kommt vor allem in Frage für unfertige Erzeugnisse und Waren, ebenso auch für unfertige Leistungen und Arbeiten (ebenso *HHR* § 6 Anm 1007). Beim retrograden Verfahren werden die tatsächlichen AK/HK um den negativen Wert aus den erwarteten Netto-Verkaufserlösen abzgl Selbstkosten und Gewinnaufschlag als Teilwertabschreibung gekürzt (s Schema bei *HHR* § 6 Anm 1007). Maßgeblich sind die nach den Verhältnissen am Bilanzstichtag voraussichtlich erzielbaren Verkaufspreise, sofern sie voraussichtlich von Dauer sind.

548 Unter Beachtung des Stichtagsprinzips werden die bis zur Bilanzaufstellung gewonnenen Erkenntnisse über die am Bilanzstichtag erwarteten voraussichtlichen **Verkaufserlöse** berücksichtigt. Von den Brutto-Erlösen sind die voraussichtlichen Erlösschmälerungen zu kürzen (= Netto-Verkaufserlöse), also Rabatte, Skonti, Boni; zur HB s Anm 515. Erhöhungen der Verkaufspreise, die am Bilanzstichtag zu erwarten sind, sind bei der Teilwertermittlung zu berücksichtigen (*HHR* § 6 Anm 1008). Auch für Senkungen der Verkaufspreise müssen die Erwartungen am Bilanz-Stichtag maßgebend sein. Zu Preisdifferenzierungen im Hinblick auf Abnehmer, Regionen usw s *HHR* § 6 Anm 1008.

549 Die zur retrograden Bewertung der eigenen Erzeugnisse von den zukünftigen Erlösen zu kürzenden **Selbstkosten** im steuerrechtlichen Sinn umfassen die bis zum Bewertungsstichtag bereits angefallenen Kosten (Aufwendungen) und die nach dem Stichtag bis zur Veräußerung noch anfallenden Kosten, also HK im Umfang nach EStR 33, Vertriebskosten und sonstige Kosten. Dabei ist von der **Vollkostenrechnung** auszugehen (glA *HHR* § 6 Anm 1009). Als Selbstkosten gelten danach Einzelkosten und Gemeinkosten einschl Fixkosten. Str ist die Einbeziehung von bereits angefallenen Kosten, die als lfd Aufwand ergebniswirksam geworden sind, und die Behandlung künftiger **Lagerkosten.** Gegen die Einbeziehung spricht die Wirkung einer doppelten Gewinnminderung (*Groh* DB 1985, 1247); hiergegen ist jedoch einzuwenden, dass damit überspitzte Anforderungen an die Teilwertermittlung gestellt werden, die dem Charakter des Schätzwerts nicht gerecht werden. Zu den im Abzug str Lagerkosten rechnen insb folgende nach dem Stichtag entstehende Kosten: Lagerverwaltung, Lagerkontrolle, Schwund, Versicherung und Verzinsung (Zinsverlust). Kosten dieser Art können insb bei langer Lagerdauer ins Gewicht fallen. Die Rspr. gegen den Abzug der Lagerkosten geht davon aus, dass es sich dabei um allg Betriebskosten handelt, die Aufwand des Gj darstellen, in dem sie anfallen (so ua *BFH* 13. 10. 1976 BStBl II 1977, 540; *FG Köln* 22. 1. 1985 EFG, 339, rkr). Es sollten jedoch zumindest die variablen Lagerkosten Berücksichtigung finden (so auch *HHR* § 6 Anm 1009).

4. Waren

550 Für die Bewertung von **Waren** gilt als Besonderheit, dass an die Stelle von Selbstkosten der Aufschlag des auf die Waren entfallenden Aufwands auf die AK zzgl Gewinn (so EStR 36 Abs 2 S 3) oder umgekehrt durch Abschlag eines Rohgewinnsatzes von den Erlösen treten kann **(Verkaufswertverfahren).** Der Aufschlag oder Abschlag darf aus dem JA ermittelt werden (EStR 36 Abs 2 S 5). Der Rohgewinnaufschlag stellt die Differenz zwischen Erlösen und Wareneinsatz, bezogen auf den Wareneinsatz, dar.

551 Ebenso darf der Rohgewinnaufschlag aus der Division der auf die Waren entfallenden Aufwendungen (Kosten) bezogen auf den Wareneinsatz berechnet werden. Es sind dann im ersten Fall Rohgewinnaufschlag mit Reingewinnanteil und ohne einen solchen zu unterscheiden; bei der zweiten Berechnungsweise

ergibt sich ein Zuschlag ohne Gewinnanteil. Unabhängig von der Berechnungsweise des Rohgewinnanteils enthält der Aufschlag als Kostenbestandteil auch künftige Lagerkosten ebenso wie bereits angefallene Aufwendungen. Zum Teilwert bei Warenbewertung s im übrigen *Groh* DB 1985, 1247.

Bei der Berechnung der Höhe der notwendigen Teilwertabschreibung ist auch der durchschnittliche **Unternehmergewinn** zu berücksichtigen, also bei der retrograden Berechnung den Selbstkosten hinzuzurechnen oder im Rohgewinnaufschlag anzusetzen (EStR 36 Abs 2 S 5). Zum Gewinnbegriff und seiner Berechnung vgl im Einzelnen *HHR* § 6 Anm 1012, aber auch *FG Baden-Württemberg* vom 12. 3. 1991 EFG, 522, rkr), das abw vom *BFH* die Verkaufsspesen aus der Proportion zwischen den allgemeinen Betriebskosten zu den Umsatzerlösen (nicht zum Wareneinsatz) ermittelt. Zum Problem der Bewertung ohne Gewinnzuschlag in der HB s Anm 515. 552

5. Verlustprodukte

Ob bei sog **Verlustprodukten,** auch wenn sie als solche aus geschäftspolitischen Gründen bewusst in Kauf genommen werden, Teilwertabschreibungen zulässig sind, ist str. Verlustprodukte liegen vor, wenn das Erzeugnis nur unter den Selbstkosten veräußert werden kann (so ua *Söffing* FR 1978, 240), oder auch schon, wenn der Erlös nicht den durchschnittlichen Unternehmergewinn deckt (so *HHR* § 6 Anm 1014). Nach Auffassung *GrS BFH* 23. 6. 1997 BStBl II, 735 darf bei gewollten Verlustprodukten grds keine Teilwertabschreibung vorgenommen werden. Gegen diese Auffassung ist vor allem einzuwenden, dass sie gegen den Grundsatz der Einzelbewertung und das Verbot des Ausweises nichtrealisierter Gewinne verstößt (so ua *Knobbe-Keuk* 178 mwN; *Glanegger* in Schmidt[24] § 6 Anm 250; nach einer „Zweitnutzen"-Zurechnung differenzierend HHR § 6 Anm 1014). Nach dem Verbot des Ausweises nichtrealisierter Gewinne ist die Teilwertabschreibung auf jeden Fall geboten, wenn die Wertminderung voraussichtlich von Dauer ist. 553

6. Gängigkeitsabschläge

Bei zum Verbrauch bestimmten WG des Vorratsvermögens, deren niedrigere Wiederbeschaffungskosten idR nach den Preisen am Beschaffungsmarkt bestimmt werden, kann auch die **beschränkte Verwendbarkeit,** wenn sie voraussichtlich von Dauer ist, eine Teilwertabschreibung erforderlich machen. Hierunter werden insb Qualitätsminderungen (zB Rost, sonstige Schäden), beschränkte technische Verwendbarkeit aus anderen Gründen (zB geänderte Produktionsprogramme) oder beschränkte wirtschaftliche Verwendbarkeit (zB Überbestände, kostengünstigere Substitutionsstoffe), schließlich auch rechtliche Verwendungsbeschränkungen verstanden (ähnlich HHR § 6 Anm 1015). Diese Einschränkungen werden auch als mangelnde **„Gängigkeit"** bezeichnet, die in der Bewertung durch vereinfachte Verfahren mittels Gängigkeitsabschläge berücksichtigt werden (zu den Gängigkeitsabschreibungen allgemein Anm 529). Str sind in diesem Zusammenhang pauschale Abschläge wegen langer Lagerdauer. Zur Bewertung in der HB in diesen Fällen s Anm 531. 554

Gängigkeitsabschläge werden auch in der Steuerbilanz bei voraussichtlich dauernder Wertminderung in begrenztem Umfang für die Ermittlung des niedrigeren Teilwerts wegen gesunkener Wiederbeschaffungskosten oder gesunkener Verkaufserlöse anerkannt (HHR § 6 Anm 1016 mwN). Zu den Verfahren der Ermittlung der Gängigkeitsabschreibungen s Anm 530. 555

Die begrenzte Anwendung von Gängigkeitsabschlägen in der Steuerbilanz bezieht sich vor allem auf die Erfassung und Berücksichtigung künftiger Lagerkos- 556 ten und Zinsverluste. Nach *BFH* 13. 10. 1976 BStBl II 1977, 540 (Warenlager eines Juweliers) begründen lange Lagerdauer sowie Zinsverlust und Kosten der Lagerung usw in solchen Fällen allein noch keine Teilwertabschreibung. Nur wenn die lange Lagerdauer Ausdruck des Risikos einer schweren Verkäuflichkeit bildet, kann ein Grund für eine Teilwertabschreibung bestehen.

Gängigkeitsabschläge kommen vielmehr in der Steuerbilanz bei voraussichtlich dauernder Wertminderung dem Grunde nach in Frage zur Berücksichtigung schwerer Verkäuflichkeit und technisch-wirtschaftlicher Risiken (dazu im Einzelnen Anm 529). Nach *BFH* 24. 2. 94 BStBl II, 514 sind im Kfz-Handel pauschale Teilwertabschläge auf die AK entspr der Einteilung von Kfz-Ersatzteilen in Gängigkeitsklassen – gestaffelt nach der Umschlagshäufigkeit – allein auf Grund langer Lagerdauer unzulässig (ebenso OFD Frankfurt/Main 17. 7. 1997 BB, 1939); der Einzelnachweis niedrigerer Teilwerte bleibt vorbehalten. Krit hierzu *Kleinbach* DB 1995, 601; *Troost/Troost* DB 1996, 1097; *Seethaler* BB 1997, 2575.

557 Die FinVerw lässt die Berücksichtigung von **pauschalen Abwertungen** für Überbestände, schwer verkäufliche Waren ua in folgenden Fällen zu: **Warenbewertung** bei Apotheken (BP-Kartei, DB 1964, 1279); **Musikalienhandel** (OFD Düsseldorf 17. 3. 1964, StEK § 6 Abs 1 Ziff 2 EStG Nr 17); **Sortimentsbuchhandel** (OFD Frankfurt, DB 1976, 1458); zur Bewertung im **Zwischenbuchhandel** vgl auch *FG Hamburg* 27. 2. 1980 (EFG, 397, rkr), hier Abschreibung wegen langer Lagerdauer.

Zu Berechnung vgl *ADS*[6] § 253 Anm 518, *Glanegger* in Schmidt[24] § 6 Anm 250 „Handelsware".

VII. Anwendung der Niederstwertvorschrift auf Forderungen

1. Allgemeines

558 Das strenge Niederstwertprinzip erfordert Abschreibungen auf den Wert der Forderungen, der ihnen am Abschlussstichtag beizulegen ist (Abs 3 S 2). Ferner dürfen in der HB Abschreibungen wegen zukünftiger Wertschwankungen nach Abs 3 S 3 vorgenommen werden (dazu Anm 616). Zu den Abschreibungen nach Abs 4 bei EKfm und reinen PersGes s Anm 641. Das Entstehen der Forderungen des Umlaufvermögens ist unter § 247 Anm 75 ff behandelt; zu den AK bei Forderungen s § 255 Anm 250.

559 Die Niederstwertvorschrift ist auf sämtliche Forderungen und sonstige VG des Umlaufvermögens anzuwenden, also auf Forderungen aus Lfg und Leistungen, Forderungen gegen verbundene Unt, Forderungen gegen Unt, mit denen ein Beteiligungsverhältnis besteht, und sonstige VG (näheres § 266 Anm 112). Abschreibungen nach dem Niederstwertprinzip kommen auch in Frage für geleistete Anzahlungen, die als Posten der Vorräte (§ 266 Anm 109) oder unter den sonstigen VG (§ 247 Anm 122) ausgewiesen werden; die Notwendigkeit solcher Abschreibungen kann sich bei geleisteten Anzahlungen ergeben, wenn diese Forderungen zweifelhaft werden im Hinblick auf die Lieferfähigkeit des Empfängers der Anzahlung und seine Fähigkeit, die Anzahlung zurückzuzahlen (vgl *Döring/Buchholz* in HdR[5] § 253 Anm 188; steuerrechtlich *HHR* § 6 Anm 929).

Bei teilweiser Begleichung der abgeschriebenen Forderung ist der Tilgungsbetrag mit dem Buchwert der Forderung zu verrechnen (*BFH* 12. 10. 1995 BStBl 1996 II, 402).

Für die Steuerbilanz ist auf jeden Stichtag eine neue Feststellung, ob der Teilwert voraussichtlich von Dauer niedriger ist, vorzunehmen, die bei einer

Erhöhung zu einer **Zuschreibung** führt (Anm 16). Bei Besserung der Vermögensverhältnisse des Schuldners dürfte darüber hinaus **keine voraussichtlich dauernde Wertminderung** mehr vorliegen, so dass eine Wertaufholung in der Steuerbilanz vorzunehmen ist (s Anm 16). In der HB ist dies nur bei KapGes/KapCoGes nachzuvollziehen (s Anm 25; anders bei Zuschreibung bei weiterhin zulässigem Teilwertansatz, wenn der Schuldner voraussichtlich nicht in der Lage sein wird, die *gesamte* Forderung zu begleichen, s Anm 23,26). Zur Problematik des Begriffs der voraussichtlich dauernden Wertminderung für das Umlaufvermögen s Anm 20. – Zum Beibehaltungswahlrecht und zum Wertaufholungsgebot Anm 615.

2. Einzel- und Pauschalabwertungen

a) Allgemeines

Der Grundsatz der Einzelbewertung (§ 252 Anm 22) fordert die Erfassung der ihnen individuell anhaftenden Risiken und ggf der damit zusammenhängenden zukünftigen Aufwendungen (zB Beitreibungskosten). Zu den wertmindernden Faktoren bei Einzel- als auch Pauschalabwertungen s Anm 582. Der niedrigere beizulegende Wert wird durch die geschätzte Höhe des mit Wahrscheinlichkeit zufließenden Betrags bestimmt (glA *ADS*[6] § 253 Anm 531; *Döring/Buchholz* in HdR[5] § 253 Anm 189). **567**

Die den Forderungen anhaftenden Risiken werden buchhalterisch zweckmäßigerweise als Einzel- oder Pauschalabwertungen auf getrennten Konten ermittelt, die beide in der HB unsichtbar aktivisch vom Forderungsbestand gekürzt werden. Die Bruttobeträge der Forderungen werden bei diesen Verfahren fortgeführt und nur ausgebucht, wenn sie *endgültig* uneinbringlich sind, was regelmäßig spätestens mit dem Eintritt der Verjährung der Fall ist. Mit der Pauschalabsetzung als Gegensatz zur Berechnung der Einzelabsetzung sollen, auch wenn sie nicht bestimmten Forderungen zugeordnet werden kann, die gleichen Risiken wie bei der Einzelabsetzung erfasst werden; die Pauschale soll die zuvor nicht einzeln abgewerteten Forderungen nur mit einem einheitlichen Prozentsatz abwerten. **568**

Die für die HB nach § 252 Abs 1 Nr 4 zwingende Berücksichtigung sog wertaufhellender Tatsachen (§ 252 Anm 38) gilt auch für die Steuerbilanz. Werden Forderungen aus Vertragsverletzung, unerlaubter Handlung oder ungerechtfertigter Bereicherung bestritten, ist eine Aktivierung vor einer rechtskräftigen Entscheidung unzulässig (*BFH* 26. 4. 1989 BStBl II 1991, 213 und 17. 9. 2003 NV 2004, 182).

b) Einzelabwertungen

Sind dem Unt Umstände bekannt geworden, die den Schluss zulassen, dass bestimmte Forderungen mit einem über das allgemeine Kreditrisiko hinausgehenden Risiko behaftet sind, muss es diesen Risiken im Wege der Einzelabwertung Rechnung tragen. Es ist nicht zulässig, solche Forderungen lediglich in eine Pauschalabwertung einzubeziehen. Es muss also zunächst geprüft werden, ob Einzelabwertungen zu bilden sind. **569**

Bei der **Bewertung** der einzelnen Forderungen sind nicht nur Umstände zu berücksichtigen, die sich aus der Person des Schuldners (er will oder er kann nicht zahlen) oder aus der Eigenschaft der Forderung selbst ergeben, sondern alle Umstände, die den Forderungseingang **zweifelhaft** erscheinen lassen. **570**

Dass für eine Forderung **Sicherheiten** bestehen, schließt eine Abwertung nicht grds aus (*BFH* 25. 2. 1986 NV, 458). Bei der Schätzung des Ausfallrisikos sind jedoch etwa bestehende und verwertbare Sicherheiten und etwaige Rückgriffsmöglichkeiten zu berücksichtigen.

571 Dass ein Kunde trotz dem Unt bekannter Zahlungsschwierigkeiten **weiter beliefert** wird, macht die Bildung einer Abwertung nicht unzulässig (*BFH* 20. 8. 2003 BStBl II 2004, 941). Darin ist auch kein Indiz oder widerlegbare Vermutung für die Vollwertigkeit der Forderung zu sehen. Eine mit dem Kunden getroffene Vereinbarung, dass neue Lfg nur gegen die Bezahlung der alten Rechnungen in etwa derselben Höhe erfolgen, macht idR eine Abwertung auf die aus den neuen Lfg resultierenden Forderungen notwendig.

Die Gewährung **längerer Zahlungsfristen** führt nicht zwangsläufig zu einer Erhöhung des Ausfallrisikos.

572 Auch Einzelabwertungen dürfen in der Weise ermittelt werden, dass Forderungen, die nach Art und Umfang mit etwa gleichen Risiken behaftet sind, jeweils zu **Bewertungsgruppen** zusammengefasst werden (glA *ADS*[6] § 253 Anm 533; *Ibert/Kuxdorf* WPg 1985, 217). Dabei dürfen nicht nur Forderungen gegen denselben Schuldner zusammengefasst werden.

573 Abwertungen wegen **Länderrisiken** beziehen sich sowohl auf Währungsforderungen als auch auf Forderungen in Euro (dazu *WPH I*[12], Anm E 427). Die Risiken können in allgemeine und spezielle Länderrisiken eingeteilt werden; als spezielles Länderrisiko gilt dabei auch das Transferrisiko (*Schobert* StBp 1986, 73). Für beide Risikoarten kommen Einzel- oder Pauschalabwertungen in Frage; das materielle Problem ist der Schätzungsrahmen.

BMF 29. 7. 1985, WPg 1986, 137 zu Abwertungen auf Auslandskredite weist darauf hin, dass steuerrechtlich generelle Leitlinien in Gestalt von Prozentsätzen nicht bestehen. In Einzelfällen werden Teilwertabschreibungen auf Grund von Länderrisiken akzeptiert (auch OFD Münster 23. 1. 1991 DStR, 245).

574 Bei Forderungen, die teils ertragswirksam und teils durch Bildung eines **passiven Rechnungsabgrenzungspostens** eingebucht wurden (dazu § 255 Anm 254), beschränkt sich die Abwertungen auf den den passiven Abgrenzungsposten übersteigenden Teil der Forderung.

Steht bei Forderungen aus einem Werkvertrag am Bilanzstichtag die Abrechnungsverpflichtung noch aus, bewirkt dieser Umstand keinen niedrigeren Teilwert der Forderung (Grundsatz der Einzelbewertung); es ist eine entspr Rückstellung für die Abrechnungsverpflichtung zu bilden (s § 249 Anm 100; *BFH* 25. 2. 1986 BStBl II, 788; *FG Baden-Württemberg* 13. 1. 1994 EFG, 698 rkr zu Abrechnungskosten bei VersorgungsUnt).

575 Eine betriebliche Forderung darf der Kfm soweit und solange nicht als wertlos abschreiben, solange er eine **aufrechenbare betriebliche Verbindlichkeit** ggü dem Schuldner hat. Wird eine betriebliche Forderung dadurch wertlos, dass der Kfm eine betriebliche Verbindlichkeit ggü demselben Gläubiger mit einer *privaten* Forderung aufrechnet, darf dieser auf außerbetrieblichen Erwägungen beruhende Wertverlust den steuerrechtlichen Gewinn nicht berühren. Daraus ist im Umkehrschluss zu folgern, dass bei einer betrieblichen Forderung ein niedrigerer Teilwert nicht deshalb ausgeschlossen ist, weil der Kfm eine **private** Verbindlichkeit ggü dem Schuldner hat.

c) Pauschalabwertungen

576 **aa) Allgemeines.** Nach dem Verfahren der Einzelabwertung (Anm 569) muss auch das Verfahren der Pauschalabwertung angewandt werden. Es besteht idR darin, dass auf bestimmte Forderungsgruppen ein pauschaler Prozentsatz als Pauschalabwertung gekürzt wird (dazu auch *Döring/Buchholz* in HdR[5] § 253 Anm 189). Zur Zulässigkeit des sog gemischten Verfahrens in der Steuerbilanz s

BFH 16. 7. 1981 BStBl II, 766 und *BFH* 22. 11. 1989 BStBl II 1990, 359 und *Glanegger* in Schmidt[24] § 6 Anm 374.

Bestimmender Faktor für die Bemessung der Pauschalabwertung ist das **Ausfall- und Kreditrisiko.** Durch eine Pauschalabwertung sind ggf nach der Vornahme von Einzelabwertungen vorhandene, dem Unt aber noch nicht bekannte, jedoch mit einer gewissen Wahrscheinlichkeit noch auftretende Risiken zu berücksichtigen (hM zB HHR § 6 Anm 931). Nach Art der hiermit zu erfassenden Risiken ist die Bildung einer solchen Pauschalabwertung nicht von dem Nachweis abhängig, dass der Eingang *einzelner* Forderungen auf Grund bestimmter, am Abschlussstichtag vorliegender Tatsachen gefährdet ist. 577

Soweit das Unt, obwohl für die einzelnen Forderungen (noch) keine Risiken erkennbar sind, mit Forderungsausfällen oder mit erheblichen Zahlungsverzögerungen rechnet, **muss** eine Pauschalabwertung **gebildet werden** (ähnlich HHR § 6 Anm 931 und *Glanegger* in Schmidt[24] § 6 Anm 374). Von der Bildung einer Pauschalabswertung auf den nicht einzeln bewerteten Forderungsbestand darf nicht schon dann abgesehen werden, wenn Grund zu der Annahme besteht, dass keine Risiken bestehen, sondern nur, wenn *ausgeschlossen* werden kann, dass solche bestehen. 578

Auch der Ansatz einer Pauschalabwertung bedeutet steuerrechtlich die **Bewertung der Forderungen zum Teilwert.** Eine Pauschalabwertung ist allerdings keiner speziellen Forderung, sondern als Sammelbewertung (Anm 568) einer (Teil-)Gesamtheit von Forderungen zuzuordnen.

Risiken, die bereits im **Wege der Einzelabwertung** Berücksichtigung gefunden haben, dürfen nicht nochmals im Rahmen der Pauschalabwertung berücksichtigt werden. Nach der hM ist die Pauschalabwertung nur auf den um die *Brutto*beträge der einzeln wertberichtigten Forderungen bereinigten Forderungsbestand anzuwenden. 579

Grds ist es **nicht** zulässig, **einzelne** Forderungen oder Arten von Forderungen von einer Pauschalabsetzung **auszuschließen.** Davon ausgenommen sind zB Forderungen gegen öffentlich-rechtliche Körperschaften, da hier ein Ausfall ausgeschlossen erscheint. Ebenso ist es nicht vertretbar, eine Pauschalabsetzung nicht vorzunehmen, weil nur eine geringe Zahl von Schuldnern vorliegt (*HHR* § 6 Anm 931). Eine geringe Zahl von Schuldnern ist allerdings auch allein kein Grund, die Pauschalabwertung höher anzusetzen. 580

In die Bestimmung der Höhe der Pauschalabswertung dürfen mittelbare wirtschaftliche **Folgen verspäteter Zahlungseingänge,** wie zB Notwendigkeit der Aufnahme eines zusätzlichen Bankkredits oder Nachteile aus nicht möglicher Skonto-Inanspruchnahme für Verbindlichkeiten, *nicht* einbezogen werden. 581

bb) Abgrenzung der wertmindernden Faktoren. Bei der Bemessung der Einzel- und der Pauschalabwertung sind zusätzlich zum Ausfallrisiko **zu berücksichtigen:** Kosten der Einziehung der Forderungen, dh sämtliche über die allgemeinen Aufwendungen für die Verwaltung der Forderungen hinausgehenden Kosten für Mahnungen, gerichtliche Verfolgung und Zwangsvollstreckung, noch zu erwartende Preisnachlässe, noch mögliche bzw zu erwartende Skontoabzüge sowie Zinsverluste auf Grund verspäteter Forderungseingänge. 582

Dagegen sind drohende Gewährleistungsverpflichtungen, voraussichtliche Boni sowie Inkasso- und sonstige Provisionen **durch Rückstellungen** zu erfassen (§ 249 Anm 100). 583

Bei der Bemessung der Abwertungen sind hingegen **nicht zu berücksichtigen:** 584

– ein **allgemeines Konjunkturrisiko** iSe allgemeinen Ungewissheit der wirtschaftlichen Entwicklung und damit evtl der Forderungseingänge (*Herrmann* WPg 1982, 329, 331). Ein *konkretes* Konjunkturrisiko idS, dass sich eine

schlechte Konjunkturlage bereits auf die Verhältnisse der einzelnen Schuldner ausgewirkt hat, oder auch sog Länderrisiken sind dagegen zu berücksichtigen;
- ein **allgemeines Geschäftsrisiko** iSd allgemein mit dem Betrieb eines bestimmten Unt verbundenen Risikos;
- eine ggü anderen Branchen oder Unt **größere Konjunkturempfindlichkeit;**
- allgemeine Gründe der **Verschlechterung der Geschäftslage,** verstärkte Konkurrenz, einseitige Zusammensetzung des Kundenkreises;
- **künftige Ereignisse** wie Tod, Erwerbsunfähigkeit, Unfall, Arbeitslosigkeit des Schuldners, Naturkatastrophen;
- **mittelbare wirtschaftliche Folgen,** zB verspätete Zahlungseingänge, s Anm 581;
- **künftige Ereignisse,** die wegen der dem Geschäftsbetrieb eigentümlichen, mit ihm untrennbar verbundenen Risiken möglicherweise eintreten werden;
- **Entwicklungsmöglichkeiten im Wirtschaftsleben,** für die am Bilanzstichtag noch keine konkreten Ansätze zu erkennen sind.

585 **cc) Zur Höhe der Pauschalabwertung.** Der Betrag darf mit einem **geschätzten Prozentsatz** des zu bewertenden Forderungsbestands angesetzt werden (sog Nichtaufgriffsgrenze; BMF vom 6. 1. 1995, nicht veröffentlicht; zur Berechnung *Jaudzims/Münch* DB 1996, 2293; für Kreditinstitute BMF 10. 1. 1994 BStBl I, 98 und BMF 26. 11. 1996 BStBl I, 1438). Werden Forderungen in erheblichem Umfang einzeln abgewertet, muss der Vomhundertsatz der Pauschalabsetzung entspr niedriger bemessen werden.

586 Die Pauschalabsetzung ist danach zu bemessen, wie ein sorgfältig die mutmaßliche Entwicklung der Verhältnisse abschätzender Kfm die zweifelhaften Forderungen schätzt. Besteht ein **Schätzungsrahmen,** ist innerhalb dieses Rahmens die ungünstigste Prognose der Bemessung der Pauschalabwertung zugrundzulegen. Der Pauschalsatz sollte nach Inlands-, Auslands- sowie Wechselforderungen differenziert werden.

587 Bei der **Schätzung** des Abwertungsbedarfs ist in erster Linie die Beurteilung des Unt maßgebend. Sie muss *objektiv* durch die Gegebenheiten des Unt gestützt sein.

588 Soweit das Unt nicht konkrete Tatsachen für eine Schätzung – insb durch neue Prognosen – angeben kann, bieten die **Erfahrungen der Vergangenheit** einen Anhaltspunkt, solange sich die Verhältnisse nicht wesentlich ändern. So darf die Höhe der tatsächlichen Ausfälle der Vergangenheit berücksichtigt werden. Es ist nicht angängig, die Ausfälle der Vergangenheit mit dem Ausfallrisiko der Zukunft gleichzusetzen. Die Schätzung der Pauschalabwertung muss sich auf die künftige Entwicklung beziehen. Tendenzen wie etwa eine steigende oder sinkende Zahl von Insolvenzen sind also zu berücksichtigen. Für andere als die sich nach der Erfahrung der Vergangenheit ergebenden Pauschalsätze müssen überzeugende Gründe dargetan werden.

d) Weitere Maßstäbe

589 **aa) Kürzung der Umsatzsteuer.** Die Umsatzsteuer bleibt bei der Bemessung der Einzel- oder Pauschalabwertung außer Betracht (*BFH* 16. 7. 1981 BStBl II 1981, 766).

590 **bb) Berücksichtigung einer Debitorenversicherung.** Mit der Debitorenversicherung **(Delkredereversicherung)** ist das Unt für den versicherten Teil der Forderungen (zB Nominalbetrag bestimmter Forderungen abzüglich Selbstbehalt) gegen das Ausfallrisiko versichert. Nach hM schließt das Bestehen einer Debitorenversicherung die Berücksichtigung von Ausfallrisiken beim For-

derungsbestand von vornherein insoweit aus, als ein Forderungsausfall durch die Versicherung gedeckt ist (so *ADS*[6] § 253 Anm 534; *Glanegger* in Schmidt[24] § 6 Anm 370). Forderungen mit Delkredereversicherung sind **grundsätzlich als vollwertig** auszuweisen. Eine Abwertung kommt danach nur für die Teilbeträge der Forderungen in Frage, die nicht durch die Versicherung gedeckt sind; im Übrigen gilt hier das Prinzip der Bewertungseinheit, wenn hierfür die Voraussetzungen erfüllt sind.

Auch **Export-Forderungen,** deren Ausfallrisiko zB durch **Hermes-Versicherung** gedeckt ist, soweit deren Voraussetzungen erfüllt sind, sind als gesichert anzusehen (aA *von Westphalen* BB 1982, 718). 591

3. Bewertung unverzinslicher und unterverzinslicher Forderungen

Unverzinsliche und unterverzinsliche Forderungen des Umlaufvermögens sind in der **Handelsbilanz** mit dem Barwert anzusetzen. Die Abzinsung erfolgt zB auf der Basis des landesüblichen Zinsfußes für festverzinsliche Wertpapiere mit entspr Restlaufzeit (glA *ADS*[6] § 253 Anm 532). In der Praxis wird aus Vereinfachungsgründen zT auch eine Restlaufzeit bis zu einem Jahr bei der Abzinsungsfrage unberücksichtigt gelassen (so *Clemm* 229 und 241; *ADS*[6] § 253 Anm 532). 592

Auch in der **Steuerbilanz** beeinflusst eine **Unverzinslichkeit** den Teilwert einer Forderung. Eine Abzinsung kann auch bei Forderungen aus Lfg und Leistungen in Frage kommen, wenn vertragswidrig verspätet bezahlt wird und Verzugszinsen nicht zu entrichten sind. Zum Zinssatz bei der Abzinsung langfristiger Forderungen s HHR § 6 Anm 912, insb auch zu höheren Zinssätzen als den vom BFH und FinVerw vereinfachend herangezogenen 5,5 vH, zustimmend zur Anwendung eines darüber liegenden Marktzinses auch *Glanegger* in Schmidt[24] § 6 Anm 371. Zur Einbeziehung des Zinsausfalls in die Einzel- oder Pauschalabwertung auf Forderungen aus Lfg und Leistungen s Anm 582. Stehen der Unverzinslichkeit andere wirtschaftliche Vorteile unmittelbar ggü, können diese einem niedrigeren Teilwert wegen Zinslosigkeit entgegenstehen (*BFH* 9. 7. 1981 BStBl II, 734 betr Aufnahme von Zeitschriften in Lesemappen). 593

Bei **zinslosen Darlehen an Arbeitnehmer oder Handelsvertreter** stellt die Wirkung der Bindung an das Unt für sich gesehen handelsrechtlich noch keinen einer Abzinsung entgegenwirkenden Vorteil dar. In der Steuerbilanz soll grds der Nennwert der Forderung maßgeblich sein, da auch ein potentieller Betriebserwerber Arbeitnehmerdarlehen als Sozialleistungen erbringen würde (*BFH* 24. 1. 1990 BStBl II, 639; *BFH* 22. 1. 1991 NV 451; zur Kritik Anm 410). 594

Unverzinsliche Wohnungsbaudarlehen mit Belegungsrecht, zB für Arbeitnehmer des Unt, sind abzuzinsen (Anm 410); in Höhe des Abzinsungsbetrags ergeben sich jedoch AK für das selbständig zu aktivierende Belegungsrecht, das planmäßig abzuschreiben ist. Nach HHR § 6 Anm 912 sind das Belegungsrecht und der Zinsverlust zu saldieren. 595

Niedrige Verzinslichkeit (Unterverzinslichkeit) wird angenommen, wenn der tatsächliche Zinssatz den angemessenen Zinssatz nicht nur geringfügig in der Bandbreite eines als üblich angesehenen Durchschnittszinses unterschreitet (HHR § 6 Anm 913). Zur Unverzinslichkeit s Anm 411. 596

4. Bewertung von Forderungen gegen verbundene Unternehmen und gegen Unternehmen, mit denen ein Beteiligungsverhältnis besteht

Die Bewertung bestimmt sich handelsrechtlich nach den für die jeweilige Forderungsart gültigen Regeln. Insoweit bestehen keine Besonderheiten. Insb gilt auch das strenge Niederstwertprinzip. Es gilt für diesen Forderungsbereich 597 auch kein besonderes Gebot einer korrespondierenden Bilanzierung von Forderungen und Verbindlichkeiten bei den verbundenen Unt; zum Sonderfall der durch Betriebsaufspaltung verbundenen Unt s Anm 608.

Forderungen des Gesters einer **Kapitalgesellschaft** gegen die Ges und Forderungen einer KapGes gegen ihren Gester auf Grund schuldrechtlicher Beziehungen sind auch steuerrechtlich grds wie Forderungen zwischen Fremden zu bewerten; je nach den Umständen des Einzelfalls kann dabei eine erleichterte Durchsetzbarkeit der Forderung zu berücksichtigen sein (HHR § 6 Anm 936).

598 Die Ansicht, für Forderungen an **Beteiligungsunternehmen** entfalle idR ein Ausfallwagnis (vgl BP-Kartei NRW Teil I, Ziff 4b) ist zu weitgehend. Dagegen sind Forderungen an BetUnt oder an verbundene Unt *nicht* in die Pauschalabwertung einzubeziehen.

599 Steuerrechtlich kommen anzuerkennende Teilwertabschreibungen auf Forderungen einer **Personengesellschaft** gegen einen Gester nur insoweit in Betracht, als die Forderungen als begründet anerkannt werden und die Wertminderung von Dauer ist (dazu § 247 Anm 160). Nach *BFH* 22. 1. 1981 BStBl II, 427 erscheint es nicht ausgeschlossen, dass auf eine Forderung eines Gesters gegen die PersGes aus Warenlieferungen eine Abwertung mit Auswirkung auf den Steuerbilanz-Gewinn des Mitunternehmers vorgenommen werden darf.

601 Ein **Einzelkaufmann,** der Gester einer PersGes ist und auf Grund einer als Gester für die PersGes übernommenen Bürgschaft Zahlungen an ein Kreditinstitut leistet, darf den Zahlungen entspr Erstattungsansprüche gegen die PersGes in der Bilanz des EKfm nicht als wertberichtigungsfähige Forderungen ausweisen (OFD Münster 31. 8. 1990 *BFH* 18. 6. 1991 NV 1992, 229) s dazu unten Anm 602 ff.

602 Ist die Gewährung eines **Darlehens** im Interesse eines Gesters *nicht betrieblich* veranlasst, beeinflusst der spätere Verlust der Darlehensforderung das Betriebsergebnis nicht. Auf eine Darlehensforderung gegen eine andere PersGes darf keine Teilwertabschreibung vorgenommen werden, wenn das Darlehen im Hinblick auf die Beteiligung eines Gesters an der anderen PersGes gewährt worden ist.

603 Wird die **Forderung** gegen einen ausgeschiedenen Gester einer Familien-PersGes uneinbringlich, soll sie nach *FG Niedersachsen* 1. 8. 1968 EFG 1969, 67, rkr, nicht gewinnmindernd abgeschrieben werden dürfen, wenn die Gester es aus *familiären* Gründen unterlassen haben, Einziehungs- oder Sicherungsmaßnahmen zu treffen, zu einer Zeit, als es noch möglich war. Steuerrechtlich ist nach *FG Baden-Württemberg* 18. 12. 1992 DB 1993, 1323, rkr, keine Teilwertabschreibung auf die Aufwendungsersatzforderung der Komplementär-GmbH gegen die KG zulässig. Gleiches gilt für Währungsverluste aus Darlehen an ausländische PersGes (*BFH* 19. 5. 1993 BStBl II, 714).

5. Währungsposten

604 **Währungsforderungen** sind nach der Niederstwertvorschrift mit dem niedrigeren Stichtagskurs anzusetzen. Der Anschaffungswert ergibt sich aus dem maßgeblichen Wechselkurs der ausländischen Währung im Zeitpunkt der Erstbuchung (hierzu *HFA-Entwurf* WPg 1986, 664; *Gmelin,* 598). Maßgebender Wechselkurs ist der Briefkurs. Kursgewinne können erst bei Forderungseingang realisiert werden. Ist eine Währungsforderung durch ein Devisentermingeschäft oder eine Verkaufsoption gesichert, ist sie zum Terminkurs/Basispreis umzuwerten, sofern das Deckungsgeschäft den gleichen Betrag und die gleiche Fälligkeit hat und kein Ausfall- oder Zahlungsverzögerungsrisiko besteht. Die zZt hM, nur bei geschlossenen Positionen im engeren Sinne Kompensationen vornehmen zu können, bezieht sich auf den Grundsatz der Einzelbewertung (§ 252

Abs 1). Nach Literaturmeinung (zB *ADS*[6] § 253 Anm 105 ff; *WPH I*[12], E *Anm* 427; *Finne* BB 1991, 1295; *Benne* DB 1991, 2601) werden eine erweiterte Betrachtung der Bewertungseinheiten und die Einbeziehung weiterer Gesichtspunkte in den Bewertungsvorgang befürwortet. Durch diese Betrachtung kann vermieden werden, dass Risikovorsorgen durch Kurssicherungen (entspr gilt auch für Zinssicherungen) auf Grund formalrechtlicher Bestimmungen zu einer Verlustantizipation führen, die in Zukunft wirtschaftlich nicht eintreten kann.

Auch **steuerrechtlich** bestimmt ein gesunkener Wechselkurs den niedrigeren Teilwert der Währungsforderungen (anders bei Forderungen gegen ausländische PersGes, *BFH* 19. 5. 1993 BStBl II, 714). Zur Behandlung von Deckungsgeschäften oder Devisentermingeschäften s HHR § 6 Anm 22 mwN. Bei geschlossenen Positionen darf von der Einzelbewertung abgewichen werden, wodurch Wechselkursänderungen unberücksichtigt bleiben (so *Groh* DB 1986, 869, insb 875; *Glanegger* in Schmidt[24] § 6 Anm 363).

Da eine Teilwertabschreibung nur bei **voraussichtlich dauernder Wertminderung** zulässig ist (Anm 15), ist bei Währungsposten auf den Einzelfall zu prüfen, ob eine solche vorliegt. Im Fall kurzfristiger Volatilität bei Ländern mit grds stabiler Währung ist dies anders zu beurteilen als bei Schwellenländern, deren Währungen regelmäßigen Abwertungen unterliegen. Auch Sonderfälle, wie zB eine krisen- bzw kriegsbedingte Währungsturbulenz, werden zu berücksichtigen sein. Es bleibt abzuwarten, inwieweit eine retrospektive Betrachtungsmöglichkeit bei einer Jahre später stattfindenden Bp von der FinVerw zum Anlass genommen werden wird, das Merkmal der **Voraussehbarkeit** der Dauer der Wertminderung auszulegen.

Die Niederstwertvorschrift gilt auch für **Devisenbestände.** Nach *HFA-Entwurf* WPg 1986, 665 dürfen auch bei der Bewertung flüssiger Mittel in ausländischer Währung der Anschaffungswert nicht überschritten werden. Der Niederstwert wird wie bei Währungsforderungen ermittelt. Ebenso sind Schecks in Fremdwährung wie Fremdwährungsforderungen zu bewerten. 605

6. Optionen, Termingeschäfte

Zu **Optionen** und **Termingeschäften** s § 246 Anm 150 ff und § 247 Anm 124. *Prämien für Optionen* und ähnliche Rechte sind zu AK oder mit dem niedrigeren Börsenpreis, ersatzweise mit dem niedrigeren inneren Wert anzusetzen. Dient eine Option als Sicherungsgeschäft, darf sie mit dem Grundgeschäft eine Bewertungseinheit bilden (*Eisele/Knobloch* DStR 1993, 582). Ist die Ausübung nicht mehr beabsichtigt, ist sie voll abzuschreiben (*Häuselmann* DB 1987, 1747). 606

Initial und variation margins im Rahmen von *Börsentermingeschäften* sind Nominalbeträge auf einem Sperrkonto und daher prinzipiell wie flüssige Mittel zu bewerten. Geleistete variation margins sind nicht erfolgswirksam zu behandeln, da sie nicht das Äquivalent des Verlusts darstellen, solange der Kontrakt noch nicht glattgestellt ist (so *Eisele/Knobloch* DStR 1993, 621). In Höhe der geleisteten variation margins ist aber handelsrechtlich eine Rückstellung für drohende Verluste aus schwebenden Geschäften zu bilden (steuerrechtlich nicht zulässig, § 5 Abs 4 a EStG). Zu weiteren Einzelheiten s § 246 Anm 150 ff.

7. Sachwertforderungen, Betriebsaufspaltung

Nach § 6 Abs 6 S 1 EStG sind **Sachwertforderungen,** die durch die Hingabe von VG begründet werden, grds mit dem Teilwert, dh unter Realisierung der stillen Reserven, anzusetzen, wenn nicht exakt die hingegebenen WG zurückgegeben werden (Leihe, Miete) (*Glanegger* in Schmidt[24] § 6 Anm 389). Dies 607 gilt nach Einführung des § 6 Abs 6 S 1 EStG wohl auch für das Wertpapierdarlehen, da die Grundsätze des sog Tauschgutachtens nicht mehr anwendbar sind (vgl *Glanegger* in Schmidt[24] § 6 Anm 364; glA wohl HHR § 6 Anm 942) Eine Teilwertabschreibung auf die Sachwertforderung ist nur bei voraussichtlich dauernder Wertminderung zulässig (Anm 15). Besteht ein Ausfallrisiko dergestalt, dass der Schuldner seine Rückgabepflicht nicht erfüllt, kommt eine Einzelabwertung in Frage (HHR § 6 Anm 942).

608 Bei einer **Betriebsaufspaltung** wird steuerrechtlich für die Sachwertforderung beim Besitz-Unt und für die Sachwertverbindlichkeit beim Betriebs-Unt übereinstimmende Bewertung gefordert (s ua *BFH* 26. 6. 1975 BStBl II, 700, einschränkend *BFH* 8. 3. 1989 BB, 1246; zweifelnd *FG Baden-Württemberg* 20. 7. 1992, EFG, 665; siehe aber OFD Düsseldorf 12. 2. 1992, FR, 181 und *BFH* 12. 2. 1992 BStBl II, 723). Bei einer solchen korrespondierenden Bilanzierung wird beim Besitz-Unt für die Sachwertforderung gegen das Anschaffungswertprinzip verstoßen und auch die Anwendung des Niederstwertprinzips unter Vorrang eines steuerrechtlichen Einheitsprinzips bei der Betriebsaufspaltung ausgeschlossen.

In der **Handelsbilanz** des Besitz-Unt verstößt eine solche Bilanzierung gegen das Realisationsprinzip nach § 252 Abs 1 Nr 4. Für die HB gilt kein Sonderrecht für die Bilanzierung gegenseitiger Forderungen und Verbindlichkeiten im Bereich von verbundenen Unt (s dazu Anm 598).

Für die **Steuerbilanz** stellt sich damit die Frage, ob die BFH-Rspr tatsächlich den Maßgeblichkeitsgrundsatz nach § 5 Abs 1 EStG aufheben kann, was uE zu verneinen ist. *Woerner* (in FS *Döllerer,* 741) kommt für die Steuerbilanz zu dem Ergebnis, dass bei den durch Betriebsaufspaltung verbundenen Unt die allgemeinen (handelsrechtlichen) Bilanzierungsgrundsätze gelten, dh keine korrespondierende Bilanzierung (im Grundsatz ebenso *Wacker* in Schmidt[24] § 15 Anm 870; zum Zeitpunkt der Aktivierung von Dividendenansprüchen bei Betriebsaufspaltung s *Hoffmann* DStR 1993, 558). Zum „Einheitsprinzip" – so auch für die Bilanzierung – bedürfe es besonderer gesetzlicher Vorschriften. Diesem Ergebnis ist zuzustimmen (zur bisherigen Kritik vgl auch *HHR* § 6 Anm 943, 951).

VIII. Anwendung der Niederstwertvorschrift auf Wertpapiere

1. Allgemeines

609 Auch bei den **Wertpapieren** besteht nach § 255 Abs 1 S 2 eine Verpflichtung zum Ansatz der Anschaffungsnebenkosten. Besteht am **Abschlussstichtag keine Verkaufsabsicht,** sind die Wertpapiere des Umlaufvermögens bei gesunkenem Börsenkurs mit diesem zuzüglich anteilig abgeschriebener Anschaffungsnebenkosten zu bewerten. Bei gesunkenem Börsenkurs entspricht der niedrigere Teilwert dem Betrag, bei dem die AK und Anschaffungsnebenkosten im gleichen Verhältnis zum niedrigeren Börsenkurs gemindert werden.

610 Besteht dagegen **am Abschlussstichtag** die **Absicht der Veräußerung,** sind die Wertpapiere mit dem niedrigeren Börsenkurs – ohne anteilige Anschaffungsnebenkosten – und abzüglich zu erwartender Verkaufsspesen zu bewerten (*WPH I*[12] E Anm 431).

611 Zweifelhaft ist hingegen, ob auch ohne konkrete Verkaufsabsicht, ein Bewertungswahlrecht für Wertpapiere dahingehend besteht, den niedrigeren Börsenkurs abzüglich voraussichtlicher Verkaufsspesen anzusetzen. Hierin ist uE eine Ausweitung des Niederstwertprinzips zu sehen. Ein solches Bewertungswahlrecht würde es in zahlreichen Fällen auch ermöglichen, die vom HGB ge-

forderte Aktivierungspflicht für die Anschaffungsnebenkosten mittelbar wieder aufzuheben, was uE unzulässig ist.

Dem Niederstwertprinzip unterliegen auch **eigene Anteile,** die nach § 266 Abs 2 B III 2 den Wertpapieren des Umlaufvermögens zugerechnet werden. Bei eigenen Aktien, für die kein Börsenkurs besteht, oder eigenen GmbH-Anteilen bestimmt sich der nach § 253 Abs 3 S 2 am Stichtag beizulegende Wert nach dem inneren Wert der Anteile. Ist eine Abschreibung auf die eigenen Anteile erforderlich, ist in gleicher Höhe die Rücklage für eigene Anteile aufzulösen (§ 272 Anm 125). Diese Rücklage berechtigt nicht, von einer notwendigen Abschreibung auf die eigenen Anteile nach § 253 Abs 2 S 2 abzusehen (so auch *WPH I*[12] F Anm 209). Bei PersGes ist aufgrund des Anwachsungsprinzips ein eigener Anteil nicht denkbar. 612

Nach dem Niederstwertprinzip zu bewerten sind auch im Umlaufvermögen ausgewiesene **Anteile an verbundenen Unternehmen** (§ 266 Abs 2 B III 1). Soweit für diese Anteile kein Börsenkurs gegeben ist, gilt Anm 612 entspr. 613

2. Steuerrechtlicher Teilwert

Der Begriff des **Teilwerts** ist für Wertpapiere des Anlage- und des Umlaufvermögens gleich (Anm 300). 614

Unterschiede ergeben sich aber für die **Zulässigkeit** der Teilwertabschreibung, da das zu erfüllende Merkmal einer **voraussichtlich dauernden Wertminderung** für das Umlaufvermögen in seiner Bedeutung noch ungeklärt ist (s Anm 20). Für Wertpapiere in Fremdwährung s auch Anm 604.

Der Teilwert von **Investmentanteilen** ist, wenn sie für den Betrieb entbehrlich (iSv überflüssig) sind, der Rücknahmepreis, in den anderen Fällen der Ausgabepreis (§ 21 KAGG).

Bei Veräußerungsabsicht von Wertpapieren sind auch steuerrechtlich die zu erwartenden **Veräußerungskosten** bei der Bewertung am Abschlussstichtag zu kürzen, wenn es sich um Wertpapiere handelt, die „überflüssig" iSd vorstehenden Ausführungen sind.

IX. Sonstige Hinweise

Da die Niederstwertvorschrift nach Abs 3 S 1 und 2 zwingend anzuwenden ist, stellt sie in Bezug auf die **Bewertungsstetigkeit** keinen Anwendungsfall des § 252 Abs 2 dar. Zum **Beibehaltungswahlrecht** bei Abschreibungen nach Abs 3 S 1 und 2 s Anm 662 und zum **Wertaufholungsgebot** § 280 Anm 2 ff. 615

In bestimmten **Ausnahmefällen** dürfen die Zwangsabschreibungen nach Abs 3 S 1 und 2 unterbleiben. Dies gilt bei bestehenden Abnahmeverpflichtungen durch Dritte, bei denen die Preisvereinbarungen den Wertansatz decken und das Entstehen von Verlusten ausgeschlossen ist (sog „Deckungsgeschäfte"). Dies kommt insb in Frage für Rohstoffe, die für einen bestimmten Auftrag angeschafft worden sind (Auftragsmaterial), oder bei Handelswaren und Fertigerzeugnissen mit entspr Verkaufsvereinbarungen (ebenso *ADS*[6] § 253 Anm 538).

C. Abschreibungen wegen zukünftiger Wertschwankungen (Abs 3 S 3)

I. Allgemeines

616 Diese Vorschrift gestattet, bei der Bewertung der VG des Umlaufvermögens einen Wertansatz zu wählen, der unter den AK/HK und ggf unter dem Niederstwert des Abs 3 S 1 und 2 liegt.

Zweck der Vorschrift ist *nicht* die bewusste Bildung stiller Reserven. Die Bestimmung begründet vielmehr ein erweitertes Niederstwertprinzip, das sich von der Stichtagsbewertung löst und ein Wahlrecht für Abschreibungen zur Berücksichtigung künftiger Wertschwankungen einräumt.

Es dürfen hiernach *nur in der Handelsbilanz* in Zukunft zu erwartende Wertminderungen durch Preisrückgänge oder andere Markteinflüsse vorweggenommen werden; die Abschreibungen können sich außerdem auch auf sonstige Risiken (zB erwartete Konkurrenz-Produkte) in den VG des Umlaufvermögens, zB Vertriebsrisiko bei fertigen Erzeugnissen und Waren, beziehen. Entspr gilt umso mehr, wenn VG bis zur Bilanzerstellung unter dem Buchwert des Bilanzstichtags verkauft werden. Die zeitliche **Untergrenze** bestimmt die „nächste Zukunft" (Anm 620).

617 Abs 3 S 3 erlaubt, losgelöst von den Stichtagsverhältnissen, zukünftige Wertentwicklungen der „nächsten Zukunft" nach unten, auch wenn die auslösenden Ereignisse solche der Zukunft sind, durch Abschreibungen zu berücksichtigen. Es darf hiernach als *handelsrechtliches* Bewertungswahlrecht eine **Verlustantizipation,** beschränkt allerdings auf das Mengengerüst des Umlaufvermögens am Bilanzstichtag, in bestimmtem Umfang vorgenommen werden.

618 Die Abschreibungen wegen zukünftiger Wertschwankungen (besser Wertminderungen) dürfen auf alle **Vermögensgegenstände** des **Umlaufvermögens** vorgenommen werden. Es kommen hiernach insb in Frage: Vorratsvermögen, Wertpapiere und Forderungen.

Bei den **Vermögensgegenständen des Vorratsvermögens** betreffen die Abschreibungen zukünftige Wertminderungen aus Preisentwicklungen am Beschaffungs- und/oder am Absatzmarkt sowie aus möglichen Absatzrückgängen bei *vorhandenen* Lagerbeständen.

Künftige Wertminderungen bei **Forderungen** sind vor allem Zahlungsausfälle, allgemeines Kreditrisiko und Währungsverluste.

II. Voraussetzungen

1. Wertschwankungen

619 Wertschwankungen sind als zukünftige **Wertminderungen** zu verstehen. Diese können sich ergeben aus periodisch wiederkehrenden Preisschwankungen, kurzfristigen Wertschwankungen (Einstands- und Verkaufspreise, zB beim **Vorratsvermögen** oder bei **Wertpapieren**), oder auch Preisrückgänge sowie aus Produktionsänderungen. Auch Abwertungen auf Überbestände, weniger gängige Artikel usw fallen hierunter, soweit die Abwertungsgründe sich auf Zeiträume nach dem Stichtag beziehen. Bei den **Forderungen** kann mit der Abschreibung nach Abs 3 S 3 auch das künftige allgemeine Kreditrisiko berücksichtigt werden (s Anm 559).

2. Nächste Zukunft

Der Begriff der nächsten Zukunft wird mit etwa **zwei Folgejahren** angenommen (ebenso *ADS*[6] § 253 Anm 558; *WPH I*[12] E Anm 332). Man wird diese zwei Jahre, bezogen auf den Zeitraum bis zum übernächsten Bilanzstichtag auszulegen haben. Dieser Zeitraum ist, wie der Abs 3 S 3 insgesamt an ein Urteil des RG angelehnt (*RG* 11. 2. 1927, RGZ 116, 118) auf das die Begr zu § 155 Abs 3 AktG 1965, woher diese Vorschrift in das HGB übernommen wurde, ausdrücklich Bezug nimmt. 620

3. Vernünftige kaufmännische Beurteilung

Die vernünftige kaufmännische Beurteilung ist nach Abs 3 S 3 Voraussetzung für die Höhe der Abschreibungen und für die Einschätzung der zukünftigen Wertschwankungen. Diese Beurteilung muss nach objektiven und nachprüfbaren Kriterien getroffen werden, zB nach bisherigen Erfahrungen für Wertschwankungen oder konkretisierbaren Verkaufsrisiken. Die Beschränkung auf die vernünftige kfm Beurteilung soll damit allzu subjektive Abschätzungen und Willkür ausschalten (glA *ADS*[6] § 253 Anm 559). Auch dies begrenzt die Anwendung von Abs 3 S 3 (Anm 622). 621

III. Sonstige Einzelfragen

1. Umfang der Abschreibungen

Die Abschreibungen dürfen nach Abs 3 S 3 in der Höhe vorgenommen werden, in der sie nach vernünftiger kfm Beurteilung *notwendig* sind, Änderungen des Wertansatzes in der nächsten Zukunft nach unten zu **verhindern.** Die Höhe bestimmt sich also nach den objektiv bei der in Frage kommenden Gattung von VG für die Zukunft zu erwartenden Wertabschlägen aus Preisentwicklungen oder Vertriebsrisiken. 622

2. Bedeutung des Stichtagsbestands

Nach der Grundkonzeption des Abs 3 S 3 löst sich die Beurteilung des möglichen zukünftigen Wertverlusts, der die Höhe der Abschreibung bestimmt, von der unmittelbaren zukünftigen **Identität** der Bestände; lediglich hinsichtlich der am Bilanzstichtag zu bewertenden Menge der in Frage stehenden VG ist die Höhe der Abschreibung gebunden (glA *ADS*[6] § 253 Anm 568). Nach dieser Auffassung sind in die Beurteilung zukünftiger Wertschwankungen bzw Wertminderungen auch **Ersatzbeschaffungen,** zB bei Roh-, Hilfs- und Betriebsstoffen, bei Erzeugnissen oder auch bei Forderungen oder Wertpapieren, in die Verlustantizipation einzubeziehen (glA *ADS*[6] § 253 Anm 567 ff; *Wohlgemuth* in BoHdR § 253 Anm 343). 623

Bei VG mit lfd Ersatzbeschaffung, zB Roh-, Hilfs- und Betriebsstoffe, unfertige und fertige Erzeugnisse der sich fortsetzenden Produktion, Forderungen als Bestand im Ganzen, Wertpapiere, wenn bei Ablauf oder Auslosung Ersatzbeschaffung erfolgt, liegt eine Betrachtung des Bestands als solchem zugrunde (*ADS*[6] § 253 Anm 567). Die Höhe der Abschreibung bezieht sich also auch auf **Wertminderungen bei den Ersatzbeschaffungen.** 624

Hingegen ist bei (auslaufenden) VG des Umlaufvermögens **ohne Ersatzbeschaffung** die Abschreibung auf die konkrete zukünftige Wertminderung dieser Gegenstände begrenzt (ebenso *ADS*[6] § 253 Anm 569).

IV. Anwendung des Wertaufholungsgebots

625 Die Abschreibungen nach Abs 3 S 3 fallen bei KapGes/KapCoGes unter das **Wertaufholungsgebot** des § 280 Abs 1. Stellt sich in dem folgenden oder späteren Gj heraus, dass die Gründe für die angenommenen zukünftigen Wertschwankungen nicht mehr bestehen, sind bei diesen VG entsprechende Zuschreibungen vorzunehmen. Für Kreditinstitute gelten gem § 340f Abs 1 und 2 zusätzliche Regeln, ebenso für VersicherungsUnt gem § 341b Abs 2, § 341d.

Ein **Beibehaltungswahlrecht** gilt hingegen nach Abs 5 für Kfl, reine PersGes, eG und dem PubG unterliegende Unt (s Anm 652, 653). Zum Wertaufholungsgebot im Einzelnen s § 280 Anm 2; ebenso zu den erforderlichen Angaben im Anhang.

V. Keine Auswirkung für die Steuerbilanz

626 Die sich aus Abschreibungen wegen zukünftiger Wertschwankungen nach Abs 3 S 3 ergebenden niedrigeren Wertansätze der HB gelten *nicht* für die Steuerbilanz. Sie sind steuerrechtlich gewinnerhöhend rückgängig zu machen.

Ermessensabschreibungen (Abs 4)

A. Allgemeines

641 **Abs 4** eröffnet für **Einzelkaufleute** und **reine PersGes** (auch wenn sie dem PublG unterliegen, § 5 Abs 1 S 3 PublG) ein **Abwertungswahlrecht** sowohl bei den VG des Anlage- als auch des Umlaufvermögens durch die Zulassung von Abschreibungen über die nach Abs 2 und Abs 3 gebotenen oder zulässigen Abschreibungen hinaus. Abschreibungen nach Abs 4 sind den anderen Abschreibungsmöglichkeiten ggü subsidiär und kommen somit erst dann zum Tragen, wenn Abschreibungen nach anderen HGB-Vorschriften nicht zulässig sind (*Wohlgemuth* in BoHdR § 253 Anm 419). Damit steht Ekf und reinen PersGes die Möglichkeit offen, in der HB **stille Rücklagen** durch Ermessensabschreibungen nach Abs 4 zu bilden (ebenso *ADS*[6] § 253 Anm 570f).

Begrenzt wird dieses **Wahlrecht** einzig dadurch, dass diese zusätzlichen Abschreibungen vernünftiger kfm Beurteilung entsprechen müssen. Damit soll dem auch für Abschreibungen nach Abs 4 geltenden **Willkürverbot** Rechnung getragen werden (ausführlich *ADS*[6] § 253 Anm 578).

642 Für **KapGes/KapCoGes** besteht das Abwertungswahlrecht nach Abs 4 auf Grund von § 279 Abs 1 S 1 nicht.

B. Einzelheiten

I. Handelsbilanz

1. Grundsätze

643 Abschreibungen nach Abs 4 erfolgen aus **Gründen,** die bei der Bewertung nach Abs 2 und Abs 3 nicht berücksichtigt werden dürfen (Anm 641). Diese Gründe müssen nicht im einzelnen Bewertungsobjekt liegen, wie dies bei einer

Abschreibung auf den niedrigeren beizulegenden Wert idR der Fall sein muss (Anm 287 und 508), sondern können unternehmensbezogen sein (*Wohlgemuth* in BoHdR § 253 Anm 419). In der Berücksichtigung solcher Gründe (zB allgemeines UntRisiko) ist sogar der eigentliche Hauptanwendungsbereich zu sehen, da die Wertminderungen einzelner VG bereits durch die Abschreibungen nach Abs 2 und Abs 3 abgedeckt sein werden (ebenso *WPH*[12] *I* E Anm 337). Zur Frage der Zuordnung der Abschreibung nach Abs 4 auf die VG s Anm 649. Soweit die allgemeinen Bewertungsvorschriften des § 252 Abs 1 der Abschreibung nach Abs 4 entgegenstehen würden, geht Abs 4 als Spezialvorschrift vor. Für Abschreibungen nach Abs 4 gelten daher insb der **Grundsatz der Einzelbewertung** (§ 252 Abs 1 Nr 3) und der **Grundsatz der Methodenstetigkeit** (§ 252 Abs 1 Nr 6) nicht.

Maßstab für die Zulässigkeit von Abschreibungen nach Abs 4 ist allein die 644
Frage der **Zweckmäßigkeit** der Bildung stiller Rücklagen nach vernünftiger kfm Beurteilung. Es muss somit – anders als bei der Bildung offener Rücklagen – ein **sachlicher Grund** für die Bildung stiller Rücklagen vorliegen. Die **willkürliche Bildung** stiller Rücklagen ist unzulässig, weil sie einerseits den Überblick über die Lage des Unt erschwert und andererseits – jedenfalls bei reinen PersGes – die **Entscheidungsfreiheit der Gesellschafter** über die Gewinnverwendung beschränken kann, soweit die Vornahme solcher Abschreibungen nicht auf Grund *besonderer* gesvertraglicher Regelungen oder unter dem Vorbehalt einer gesonderten Beschlussfassung der GesV stehen (dazu *BGH* 18. 3. 1996, DB, 930; § 247 Anm 195). Auch aus der **gesellschafterlichen Treuepflicht** kann sich eine Beschränkung auf eine angemessene Rücklagenbildung durch Ermessensabschreibungen ergeben. Aus ihr folgt das Gebot der angemessenen Rücksichtnahme, das ein Abwägen der mit der Reservebildung verfolgten UntInteressen mit den damit verbundenen Auswirkungen auf die Gester erfordert (*ADS*[6] § 253 Anm 580). Die Abschreibung darf nicht als Hebel dazu benutzt werden, einzelne Gester aus der PerGes hinauszudrängen (*ADS*[6] § 253 Anm 580; *Wohlgemuth* in BoHdR § 253 Anm 414).

2. Abschreibungsgründe nach Abs 4

Die Notwendigkeit einer objektiv nachvollziehbaren **Begründung** soll die 645
willkürliche Bildung stiller Rücklagen ausschließen und einen **Missbrauch** des sehr weiten Ermessensspielraums bei der Vornahme von Abschreibungen nach Abs 4 verhindern (*ADS*[6] § 253 Anm 578). Vage, nicht nachvollziehbare Befürchtungen, rein subjektive Momente, insb nur eingebildete Risiken oder extreme Beurteilungen dürfen Abschreibungen nach Abs 4 nicht begründen.

Gründe, die bereits bei der Bemessung der Abschreibungen nach Abs 2 oder 646
Abs 3 zu berücksichtigen sind, dürfen nicht nochmals der Begründung zusätzlicher Abschreibungen nach Abs 4 dienen; das folgt aus dem Wort „außerdem" in Abs 4. Es ist aber zulässig, Abschreibungen wegen Risiken vorzunehmen, die mangels Konkretisierung bei der Bewertung nach Abs 2 oder Abs 3 nicht berücksichtigt werden dürfen (zB allgemeines **politisches Länderrisiko** bei Einsatz von Maschinen im Ausland oder fehlende Rentabilität, *Wohlgemuth* in BoHdR § 253 Anm 419). Das Wahlrecht für Abschreibungen nach Abs 4 geht stets über Abs 3 S 3 hinaus (Abschreibungen wegen Wertschwankungen in der nächsten Zukunft). Sie sind auch dann zulässig, wenn mit künftigen Wertschwankungen nicht oder erst nach Ablauf von etwa zwei Jahren gerechnet werden muss.

Die **Abgrenzung** zwischen Gründen, die bereits bei der Bemessung der Abschreibungen nach Abs 2 und Abs 3 zu berücksichtigen sind oder berücksichtigt werden dürfen, und solchen, die ausschließlich zu einer Abschreibung nach Abs 4 berechtigen, kann im **Einzelfall** schwierig sein. Soweit das Risiko von Wertminderungen infolge von Wertschwankungen in nächster Zukunft bereits einzelnen VG zuordenbar ist, ergibt sich das Abschreibungswahlrecht aus Abs 3 S 3, aus Abs 4 dagegen nur bei Überschreiten der Zwei-Jahresfrist oder bei nicht eindeutiger Konkretisierung des Risikos.

647 **Gründe** für die Bildung stiller Rücklagen durch Abschreibungen nach vernünftiger kfm Beurteilung im Rahmen der in Anm 644 erläuterten Grenzen können im Übrigen zB sein:

- **Vorbereitung von Maßnahmen** zur Sicherung des Fortbestands des Unt, zB Ansparen von Mitteln etwa für **Erbschaftsteuerzahlungen** oder zur Finanzierung einer **Abfindungszahlung** an einen ausscheidenden Gester (wobei jedoch die Rechte des ausscheidenden Gester nicht beeinträchtigt werden dürfen);
- **Ansammlung von Mitteln** zur Fortentwicklung des Unt, zB um in Zukunft größere Investitionen vornehmen zu können;
- **Förderung** der Geschäftstätigkeit im Allgemeinen durch höhere **Flexibilität** und **Risikobereitschaft;**
- die Bildung stiller Rücklagen kann auch deshalb erfolgen, um **Konjunkturschwankungen** oder Schwankungen in der Geschäftslage der Branche oder eines Geschäftszweigs des Unt durch Auflösung stiller Reserven möglichst unauffällig ausgleichen zu können.

648 Die Nutzung **steuerrechtlicher Anreize** zur Bildung stiller Rücklagen (zB durch Vornahme sog erhöhter Abschreibungen oder Sonderabschreibungen in der Steuerbilanz oder von Abzügen von den AK/HK, hierzu § 254 Anm 10 ff) kann vernünftiger kfm Beurteilung entsprechen. Soweit im Einzelfall zweifelhaft ist, ob die Vornahme einer steuerrechtlichen Abschreibung vernünftiger kfm Beurteilung entspricht, dient § 254 S 1 für Unt, die Abs 4 anwenden dürfen (Anm 641), der Klarstellung und erübrigt bilanzrechtlich eine Abgrenzung zwischen Abschreibungen, die auf Grund Abs 4 und solchen, die gem § 254 S 1 zulässig sind. GesRechtlich kann eine entspr Abgrenzung jedoch erforderlich sein, wenn der **Gesellschaftsvertrag** einer PersGes die Befugnisse der Geschäftsführung zur Vornahme von Abschreibungen nach Abs 4 und § 254 S 1 unterschiedlich regelt, zB dadurch, dass er nur die Anwendung der engeren Bewertungsvorschriften für KapGes vorsieht, dazu Hinweise in *BGH* DB 1996, 930 ff.

3. Verrechnung der Abschreibungen nach Abs 4

649 Abs 4 lässt offen, ob diese Abschreibungen gleichmäßig von den Wertansätzen aller in Frage kommenden VG vorgenommen werden müssen oder ob es zulässig ist, nur bei einzelnen VG zusätzliche Abschreibungen vorzunehmen. Beide Möglichkeiten stehen offen (*Wohlgemuth* in BoHdR § 253 Anm 424). Dabei erscheint es angebracht, die Abschreibung den VG zuzuordnen, bei denen die zeitliche Bindung der stillen Reserven und ihre Auflösung dem damit angestrebten Zweck am ehesten entspricht (*Wohlgemuth* in BoHdR § 253 Anm 424; *Schulze zur Wiesche* WPg 1987, 153; *Schneeloch* DStR 1988, 762). Es erscheint auch zulässig, pauschale Wertberichtigungen für Vorräte und Forderungen aus Lfg und Leistungen als sog pauschal ermittelte Einzelabwertungen in einem Betrag von den betr Aktivposten zu kürzen. Eine pauschale Abschreibung nach Abs 4 von zum Nominalbetrag bilanzierten liquiden Mitteln (Kassenbestand, Bundesbankguthaben, Guthaben bei Kreditinstituten) sowie aktiven RAP kommt wegen des damit verbundenen Verstoßes gegen den Grundsatz der Klarheit (§ 243 Abs 2) jedoch nicht in Betracht (*ADS*[6] § 253 Anm 583).

650 Im Übrigen dürfen Abschreibungen nach Abs 4 sowohl als planmäßige als auch als außerplanmäßige Abschreibungen gebildet werden (so auch *Döring/Buchholz* in HdR[5] § 253 Anm 212 f).

II. Steuerbilanz

Abs 4 ist als HB-Wahlrecht unmaßgeblich für die Steuerbilanz. 651

Beibehaltungswahlrecht (Abs 5)

A. Handelsbilanz

Aus **Abs 5** ergibt sich wegen § 279 Abs 1 S 1, § 280 Abs 1 S 2 nur für Ekfm 652
und reine PersGes ein **Wertbeibehaltungswahlrecht,** wenn die Gründe für die Vornahme einer außerplanmäßigen Abschreibung des Anlagevermögens gemäß Abs 2 S 3, einer Abschreibung des Umlaufvermögens nach Abs 3 oder einer Abschreibung nach vernünftiger kfm Beurteilung iSd Abs 4 in einem späteren Gj nicht mehr bestehen. Aufgrund der Verweisung in § 254 S 2 gilt Abs 5 auch für nur steuerrechtlich zulässige Abschreibungen entspr (hierzu § 254 Anm 7f).

Das Wahlrecht schließt ein, dass beim **Wegfall der Gründe** für die genannten Abschreibungen auch freiwillig Wertaufholungen (Zuschreibungen) vorgenommen werden dürfen. Das gilt nicht für Abschreibungen, deren **Gründe noch bestehen** – auch wenn sie auf Grund eines Bewertungswahlrechts gebildet wurden, zB nach Abs 2 S 3 1. HS bei nur vorübergehender Wertminderung (*ADS*[6] § 253 Anm 603). In solchen Fällen ist eine Zuschreibung nur zulässig, wenn ihr ausnahmsweise das Gebot der **Bewertungsstetigkeit** nicht entgegensteht (hierzu § 252 Anm 55ff).

Kein Wahlrecht besteht, wenn bei Bildung einer Abschreibung zutreffende Gründe nicht bestanden oder wenn sich die Gründe nachträglich als unzutreffend herausstellen. In diesen Fällen ist eine dennoch gebildete Abschreibung rückgängig zu machen (*Wohlgemuth* in BoHdR § 253 Anm 443). Für Altbestände greift ggf Art 24 Abs 1 und 2 EGHGB (Anm 666) bzw Art 48 EGHGB für KapCoGes, s hierzu § 264a.

Für **KapGes/KapCoGes** besteht nach § 280 Abs 1 ein **Wertaufholungsgebot,** 653
wenn für Abschreibungen nach Abs 2 S 3 oder Abs 3 oder § 254 S 1 die Gründe nicht mehr vorliegen (eine Ermessensabschreibung nach Abs 4 ist nach § 279 Abs 1 S 1 ohnehin nicht zulässig). Zu den Auswirkungen der nur noch eingeschränkt zulässigen Teilwertabschreibung (Anm 15) in der HB s für EKfm und reine PersGes Anm 22, KapGes/KapCoGes Anm 25.

B. Einzelfragen

I. Umfang der Wertaufholung (statt Beibehaltung)

Wertobergrenze einer Wertaufholung (Zuschreibung) ist beim **abnutzbaren Anlagevermögen** der Betrag der AK/HK, vermindert um die planmäßi- 655
gen Abschreibungen, die ohne eine außerplanmäßige Abschreibung nach Abs 2 S 3 oder ohne (auch zweckorientierte) Abschreibungen nach Abs 4 abgesetzt worden wären (*fortgeschriebene AK/HK; ADS*[6] § 253 Anm 604).

Beispiel: Wären zB AK von 1000 für eine Maschine mit jährlich 100 planmäßig abzuschreiben gewesen, hätte der Buchwert aE des 5. Jahres nach der Anschaffung 500 betragen (Zugang im Januar). Aufgrund einer außerplanmäßigen Abschreibung zum Ende des

3. Jahres von 200 und der danach geänderten planmäßigen Abschreibungen soll der Buchwert aE des 5. Jahres 356 betragen. Das Unt kann hier bei Wegfall der Gründe für die außerplanmäßige Abschreibung entweder diesen Buchwert ansetzen oder den Buchwert durch eine Zuschreibung auf maximal 500 erhöhen.

Bei **nicht abnutzbarem Anlagevermögen** (zB Grund und Boden oder Beteiligungen) und **Umlaufvermögen** liegt die Obergrenze für eine Zuschreibung wegen Wegfalls von Gründen (zB weil eine Beteiligung zunächst nur Verluste erwarten ließ, § 253 Abs 2 S 3, dann aber eine nachhaltige Besserung der Ertragslage eingetreten ist) bei den ursprünglichen AK/HK (*ADS*[6] § 253 Anm 603).

656 Bei nur **teilweisem Wegfall** der Gründe für eine Wertminderung darf nur insoweit zugeschrieben werden; die Obergrenze bildet dann der am Abschlussstichtag niedrigere beizulegende Wert (*Wohlgemuth* in BoHdR § 253 Anm 454; hierzu auch § 280 Anm 13), und zwar auch dann, wenn mit seinem Anstieg in der Zukunft gerechnet wird.

Eine Wertaufholung muss stets als **Zuschreibung** ausgewiesen werden. Sie darf nicht durch einen Verzicht auf planmäßige Abschreibungen ersetzt werden (Anm 220). Durch eine Zuschreibung ergibt sich beim abnutzbaren Anlagevermögen immer auch eine Änderung des **Abschreibungsplans,** weil nunmehr ein höherer Betrag auf die restliche Nutzungsdauer zu verteilen ist (s hierzu Anm 260f).

Zur buchmäßigen Behandlung von Wertaufholungen s Anm zu § 280.

657 Zulässig ist auch der Ansatz eines **Zwischenwerts** zwischen dem bisherigen Buchwert und dem Höchstwert auf Grund der Wertaufholung (hM, zB *Döring/Buchholz* in HdR[5] § 253 Anm 220; s auch § 280 Anm 31; im Ergebnis ebenso – über die steuerrechtliche Zulässigkeit – *ADS*[6] § 253 Anm 606).

II. Zeitpunkt der Wertaufholung

659 Eine Wertaufholung nach Abs 5 darf nicht nur in dem Gj, in dem die Gründe für den niedrigeren Wertansatz weggefallen sind, sondern auch **in späteren Jahren** unter Berücksichtigung der dann geltenden Wertverhältnisse ausgeübt werden (hM, zB *WPH*[12] *I* E Anm 344; *Döring/Buchholz* in HdR[5] § 253 Anm 218; hierzu auch § 280 Anm 31; aA *ADS*[6] § 253 Anm 600).

660 Das Beibehaltungs-Wahlrecht darf nicht für Abschreibungen in **Zwischenabschlüssen** beansprucht werden (*ADS*[6] § 253 Anm 595). Ausschließlich Wertansätze in vorangegangenen JA (auch für ein Rumpf-Gj) dürfen fortgeführt oder zurückgenommen werden.

661 Das **Beibehaltungswahlrecht** ist nach einer (auch nur teilweise vorgenommenen) Wertaufholung „nach unten" **erloschen** (*ADS*[6] § 253 Anm 607; *Döring/Buchholz* in HdR[5] § 253 Anm 221). Obwohl die Zuschreibung in der Vorperiode freiwillig vorgenommen wurde, ist ihre Rücknahme nicht zulässig. Erst bei erneutem Vorliegen eines Abschreibungsgrunds darf (wieder) ein niedrigerer Wertansatz erreicht werden (*WPH*[12] *I* E Anm 344).

C. Wertbeibehaltung in der Steuerbilanz

665 Nicht zulässig, s Anm 13ff.

Übergangsvorschrift Art. 24 EGHGB

Art. 24 EGHGB [Bewertungsvorschriften; Vereinfachungen]

(1) [1] **Waren Vermögensgegenstände des Anlagevermögens im Jahresabschluß für das am 31. Dezember 1986 endende oder laufende Geschäftsjahr mit einem niedrigeren Wert angesetzt, als er nach § 240 Abs. 3 und 4, §§ 252, 253 Abs. 1, 2 und 4, §§ 254, 255, 279 und 280 Abs. 1 und 2 des Handelsgesetzbuchs zulässig ist, so darf der niedrigere Wertansatz beibehalten werden. [2] § 253 Abs. 2 des Handelsgesetzbuchs ist in diesem Falle mit der Maßgabe anzuwenden, daß der niedrigere Wertansatz um planmäßige Abschreibungen entsprechend der voraussichtlichen Restnutzungsdauer zu vermindern ist.** 666

(2) **Waren Vermögensgegenstände des Umlaufvermögens im Jahresabschluß für das am 31. Dezember 1986 endende oder laufende Geschäftsjahr mit einem niedrigeren Wert angesetzt, als er nach §§ 252, 253 Abs. 1, 3 und 4, §§ 254, 255 Abs. 1 und 2, §§ 256, 279 Abs. 1 Satz 1, Abs. 2, § 280 Abs. 1 und 2 des Handelsgesetzbuchs zulässig ist, so darf der niedrigere Wertansatz insoweit beibehalten werden, als**

1. **er aus den Gründen des § 253 Abs. 3, §§ 254, 279 Abs. 2, § 280 Abs. 2 des Handelsgesetzbuchs angesetzt worden ist oder**
2. **es sich um einen niedrigeren Wertansatz im Sinne des § 253 Abs. 4 des Handelsgesetzbuchs handelt.**

(3)–(6) *(gegenstandslos)*

Art 24 EGHGB enthält Übergangsvorschriften für die erstmalige Anwendung des neuen Bilanzrechts, die obligatorisch für das nach dem 31. Dezember 1986 beginnende Gj zu erfolgen hatte. Die Wahlrechte des Art 24 EGHGB durften ausschließlich im Zeitpunkt des Übergangs auf neues Recht ausgeübt werden.

Die Beibehaltungswahlrechte der Abs 1 (Anlagevermögen) und 2 (Umlaufvermögen) betreffen daher VG, die sich im Zeitpunkt des Übergangs auf das neue Bilanzrecht im Eigentum des Unt befanden. Soweit für noch im Unt vorhandene VG (insb Grundbesitz, Gebäude, Beteiligungen) die nach altem Recht zulässigen niedrigeren Wertansätze beibehalten wurden oder mittels Abschreibungen fortgeführt werden, kommt den Beibehaltungswahlrechten auch in späteren JA Bedeutung zu.

Auch die Wahlrechte der Abs 3 und 4 zur erfolgsneutralen Behandlung bestimmter Unterschiedsbeträge durften nur im Übergangsjahr ausgeübt werden; im langfristigen Bereich (insb bei Rückstellungen) können sie sich jedoch ebenfalls in späteren JA auswirken. Zur Anwendung im Einzelnen s 1. Aufl Art 24 EGHGB Anm 51 bis 59.

Dem Art 24 EGBGB vergleichbare Übergangsbestimmung enthält Art 48 EGHGB für **KapCoGes** (s hierzu § 264 a). 667

Rechtsfolgen einer Verletzung des § 253

Für eine Verletzung der Bewertungsvorschriften des § 253 sieht das HGB für Ekfl und reine PersGes keine speziellen zivilrechtlichen Sanktionen vor. Eine Verletzung kann gem § 283 b Abs 1 Nr 3 a StGB **strafrechtliche Konsequenzen** haben, wenn die Bilanz so aufgestellt wurde, dass die Übersicht über den Vermögensstand des Unt erschwert wird **(Freiheitsstrafe** bis zu 2 Jahren oder **Geldstrafe),** wenn das Unt die Zahlungen einstellt oder über sein Vermögen ein Insolvenzverfahren eröffnet oder mangels Masse abgelehnt wird; ähnlich § 283 StGB bei drohender Insolvenz (Bankrott). Bei **KapGes** (und nach § 335 b 668 bei **KapCoGes**) kann ggü vertretungsberechtigten Organen nach § 331 Nr 1 mit Freiheitsstrafe bis zu 3 Jahren oder Geldstrafe sanktioniert werden, wenn die Verhältnisse des Unt im JA unrichtig wiedergegeben wurden.

Ordnungswidrig handelt, wer als Mitglied des Geschäftsführungsorgans oder des AR einer KapGes/KapCoGes bei der Aufstellung oder Feststellung des JA den Vorschriften des Abs 1 S 1, S 2 oder Abs 2 S 1, 2 oder 3, Abs 3 S 1 oder 2 zuwiderhandelt (§ 334 Abs 1 Nr 1 b); der Täter kann mit einer Geldbuße bestraft werden.

Wird gegen die Niederstwertvorschrift des Abs 3 S 1 oder 2 verstoßen, so kann bei der AG/KGaA **Nichtigkeit des JA** nach § 256 Abs 5 AktG wegen Überbewertung vorliegen. Bei einer GmbH ist § 256 Abs 5 AktG entsprechend anzuwenden (*BGH* 1. 3. 1982, BB, 1527).

Wer als gesetzlicher Vertreter eines nach PublG prüfungspflichtigen Unt oder beim prüfungspflichtigen Ekfm als Inhaber oder dessen gesetzlicher Vertreter die Verhältnisse des Unt im JA unrichtig wiedergibt oder verschleiert, wird mit **Freiheitsstrafe** bis zu 3 Jahren oder mit Geldstrafe bestraft (§ 17 Abs 1 Nr 1 PublG). Außerdem stellt in diesen Fällen die Zuwiderhandlung gegen die Vorschriften des Abs 1 S 1 Abs 2 oder Abs 3 S 1 oder 2 bei der Aufstellung oder Feststellung des JA eine Ordnungswidrigkeit dar, die mit einer **Geldbuße** geahndet werden kann (§ 20 Abs 1 Nr 1 b PublG).

Stellt der AP von KapGes/KapCoGes und anderen prüfungspflichtigen Unt (§ 6 Abs 1 und 2 PublG) fest, dass bei der Aufstellung des JA die gesetzlichen Vorschriften und die sie ergänzenden Bestimmungen des Gesellschaftsvertrages nicht beachtet wurden (§ 317 Abs 1 S 2), kann je nach Schwere des Verstoßes eine Einschränkung oder Versagung des BVm die Folge sein (§ 322 Abs 4).

Abweichungen der IFRS

Schrifttum: Wagenhofer (Hrsg) Internationale Rechnungslegungsstandards IAS/IFRS: Grundkonzepte/Bilanzierung, Bewertung, Angaben/Umstellung und Analyse, Wien/Frankfurt 2005; Fischer/Wenzel (Hrsg) Wertaufholung nach handels-, steuerrechtlichen und internationalen Rechnungslegungsvorschriften WPg 2001, 597.

A. Immaterielle Vermögenswerte

670 Die Vorschriften zur Bewertung und Abschreibung von immateriellen Vermögenswerten wird in IAS 38 (rev 2004) behandelt. Zu den immateriellen Vermögenswerten gehören hiernach ausschließlich Vermögenswerte ohne körperliche Substanz, deren Nutzung durch das Unt beeinflusst werden kann und mit künftigen wirtschaftlichen Vorteilen für das Unt verbunden ist. Ein durch ihre Nutzung erwirtschafteter künftiger Vorteil muss ihnen zuverlässig zugeordnet werden können (IAS 38.21 (rev 2004)). Zu den Besonderheiten bei Vorliegen eines Goodwill s § 309 Anm 83.

I. Bewertung immaterieller Vermögenswerte (Abs 1 S 1)

1. Erstbewertung

671 Die erstmalige Bewertung von immateriellen Vermögenswerten erfolgt zu **AK/HK** (IAS 38.24 (rev 2004)). Sie variiert in Abhängigkeit von der Art des

Erwerbs (vgl zu erlaubten Wertansätzen bei Einzelerwerb, Erwerb durch Tausch oder im Rahmen der Untübernahme § 255 Anm 570ff). Im Gegensatz zu § 248 Abs 2 müssen auch **selbsterstellte immaterielle Vermögenswerte,** sofern sie die Aktivierungs- und Definitionskriterien eines immateriellen Vermögenswerts erfüllen, aktiviert und zum Zeitpunkt ihrer Erstbewertung mit den ihnen direkt zurechenbaren Kosten bewertet werden (IAS 38.51 (rev 2004)). IAS 38.69 (rev 2004) verbietet jedoch explizit den Ansatz der Kosten für die Ingangsetzung und Erweiterung des Geschäftsbetriebs, die im HGB als Bilanzierungshilfe abgebildet werden dürfen (§ 269), sowie für Schulungs- und Werbemaßnahmen und Kosten für die Reorganisation von Unt. In die HK der selbsterstellten immateriellen Vermögenswerte dürfen neben Material- und Personalkosten auch direkt zurechenbare Gemeinkosten einfließen (zB Abschreibungen auf Patente, welche zur Herstellung des immateriellen Vermögenswerts benötigt werden) (IAS 38.66 (rev 2004)). Eine Berücksichtigung von nicht direkt zurechenbaren Verwaltungs- und Vertriebsgemeinkosten, entstandenen Anfangsverlusten und Schulungsaufwendungen ist nicht zulässig (IAS 38.67 (rev 2004)). Nachträgliche Ausgaben sind in die AK/HK einzubeziehen, wenn sie den zukünftigen Nutzenzufluss erhöhen und zuverlässig zu bemessen und dem Vermögenswert direkt zuzuordnen sind (IAS 38.18 (rev 2004)). Eine Aktivierung für Forschungskosten ist jedoch nicht zulässig (IAS 38.48 (rev 2004); IAS 38.54 (rev 2004)). Entwicklungskosten dagegen sind, wenn bestimmte Kriterien erfüllt sind, nach IAS 38.57 (rev 2004) zu aktivieren.

2. Folgebewertung

Für immaterielle Vermögenswerte sieht IAS 38.72 (rev 2004) als bevorzugte Methode den Ansatz zu AK/HK abzüglich kumulierte Abschreibungen und Wertminderungen vor. Kann der relevante Zeitwert (fair value) zuverlässig bestimmt werden, ist nach IAS 38.75 (rev 2004) als Alternativmethode die Möglichkeit einer **Neubewertung zulässig.** Eine zuverlässige Ermittlung des fair value erfordert nach IAS 38.75 (rev 2004) den Handel an einem aktiven Markt. Ein **aktiver Markt** besteht nach IAS 38.8 (rev 2004), wenn für homogene Produkte bei öffentlich bekannten Preisen jederzeit willige Käufer und Verkäufer vorhanden sind. Er existiert daher wohl nicht, wenn Kaufverträge auf Grund der Einzigartigkeit des immateriellen Vermögenswerts (zB Filmrechte, Patente) durch individuelle Vereinbarungen abgeschlossen werden, Kauftransaktionen nur selten durchgeführt werden und eine repräsentative Preisfindung für den immateriellen Vermögenswert nicht stattfindet. Aus diesem Grund dürfte die Neubewertung als Alternativmethode eher in Ausnahmefällen zulässig sein (IAS 38.78 (rev 2004)). 672

3. Fehlende Nutzung und Abgang

Wird ein immaterieller Vermögenswert nicht mehr gebraucht, ist die planmäßige Abschreibung nicht auszusetzen, soweit noch ein Restbuchwert vorhanden ist (IAS 38.117 (rev 2004)). Dagegen werden immaterielle Vermögenswerte, die zur Veräußerung bestimmt sind (vgl IFRS 5.6 (rev 2004)), nicht weiter abgeschrieben und nach IFRS 5.15 (rev 2004) mit dem niedrigeren Buchwert oder beizulegenden Zeitwert abzüglich Veräußerungskosten bewertet. Es erfolgt ein separater Ausweis in der Bilanz. 673

Ein immaterieller Vermögenswert ist auszubuchen, sofern er abgeht (zB durch Verkauf, Schenkung) oder kein weiterer wirtschaftlicher Vorteil aus seiner Nutzung oder dem Verkauf erwartet wird (IAS 38. 112 (rev 2004)). Unterschiede zwischen Nettoveräußerungserlös und Buchwert sind als Ertrag oder Aufwand erfolgswirksam zu vereinnahmen.

II. Abschreibungen (Abs 2)

1. Planmäßige Abschreibungen (Abs 2 S 1)

674 Die zur Ermittlung der planmäßigen Abschreibungsbeträge relevante Nutzungsdauer immaterieller Vermögenswerte ist ebenso wie nach § 253 (Anm 229ff) in Abhängigkeit von rechtlichen, wirtschaftlichen und technischen Faktoren zu schätzen (IAS 38.97 (rev 2004)). Eine rein steuerrechtlich motivierte Abschreibungsdauer ist nicht zulässig. Der Abschreibungsbeginn richtet sich nach dem Zeitpunkt der Betriebsbereitschaft (IAS 16.55 (rev 2004)).

675 Nach IAS 38.98 (rev 2004) kann als **Abschreibungsmethode explizit** neben der linearen Methode auch die degressive und leistungsabhängige Methode angewandt werden, sofern sie den Verlauf des Nutzenzuflusses aus dem immateriellen Vermögenswert widerspiegelt. Kann der Entwertungsverlauf jedoch nicht zuverlässig bestimmt werden, ist die **lineare Abschreibungsmethode** zu verwenden (IAS 38.97 (rev 2004)).

Für die Bestimmung der Abschreibungsbeträge ist ein möglicher **Restwert** grds **zu vernachlässigen,** wenn nicht
- eine Verpflichtung eines Dritten besteht, den immateriellen Vermögenswert aE der Nutzungsdauer zu erwerben oder
- ein aktiver Markt für den immateriellen Vermögenswert existiert,
  - über diesen Markt der Restwert zuverlässig ermittelt werden kann und
  - es wahrscheinlich ist, dass dieser Markt aE der Nutzungsdauer noch existiert (IAS 38.100 (rev 2004)).

2. Außerplanmäßige Abschreibungen (Abs 2 S 3)

676 IAS 38.88 (rev 2004) unterscheidet zwischen immateriellen Vermögenswerten mit bestimmter und unbestimmter Nutzungsdauer. Für immaterielle Vermögenswerte mit unbestimmter Nutzungsdauer sowie für immaterielle Vermögenswerte, die noch nicht genutzt werden, ist eine jährliche Überprüfung des Buchwerts durch einen Wertminderungstest nach IAS 36 (rev 2004) vorzunehmen (IAS 36.10 (a) (rev 2004)). Dagegen ist für immaterielle Vermögenswerte mit bestimmter Nutzungsdauer ein Wertminderungstest nur erforderlich, wenn hierfür Indikatoren vorliegen (IAS 36.9 (rev 2004)).

Bei Anwendung der Alternativmethode wird ein außerplanmäßiger Wertverlust wie ein Neubewertungsverlust behandelt. Die Vorgehensweise entspricht iw derjenigen beim Sachanlagevermögen (s Anm 685). Zur Sonderregelung bei vorhandenem Goodwill s § 309 Anm 83.

III. Zuschreibungen (Abs 5)

677 Für immaterielle Vermögenswerte (außer Goodwill) gelten die gleichen Bestimmungen wie für Sachanlage-Vermögenswerte (s Anm 686). Zur Sonderregelung bei vorhandenem Goodwill s § 309 Anm 83.

B. Sachanlagevermögenswerte

I. Bewertung von Sachanlagevermögenswerten (Abs 1 S 1)

1. Erstbewertung

Im Wesentlichen ist die Bewertung in IAS 16 (rev 2004) geregelt. Im Einklang 678
mit Abs 2 werden Vermögenswerte des Sachanlagevermögens im Jahr des Zugangs mit ihren **AK/HK** bewertet (IAS 16.15 (rev 2004)). Nachträgliche Ausgaben, die wahrscheinlich nicht zu einem erhöhten Nutzen der Sachanlage führen (zB laufende Instandhaltungen, Wartungen, Reparaturen) sowie unwesentlicher Ersatz oder Erneuerung, sind als lfd Aufwand zu erfassen (IAS 16.12 (rev 2004)). Nach IAS 16.43f (rev 2004) ist eine Aufteilung eines Vermögenswertes vorgeschrieben, wenn die Nutzungsdauern der Bestandteile unterschiedlich sind **(Komponentenansatz).** Aus diesem Grund sind zB bei Gebäuden Gebäudeteile, Einbauten und Außenanlagen gesondert zu erfassen, wenn wesentliche Unterschiede in den Nutzenverläufen bestehen und es sich um wesentliche Werte handelt. Dieser auf die Bestandteile eines Vermögenswertes ausgerichtete Ansatz wird ebenfalls auf Ausgaben für Großinspektionen oder Generalüberholungen angewendet (IAS 16.14) (rev 2004)). Die angefallenen Ausgaben für Generalüberholungen und Großinspektionen sind zu aktivieren und über den Überholungs- oder Inspektionszeitraum abzuschreiben. Es muss sich dabei um wesentliche Ausgaben handeln; lfd Instandhaltungen und Reparaturen sind nicht aktivierungsfähig.

Für **Immobilien** erfolgt eine Unterscheidung innerhalb des Anlagevermögens zwischen Immobilien, die für eigene Zwecke des Unt gehalten werden, und Immobilien, die als Finanzanlagen einzuordnen sind (IAS 40.5 (rev 2004)). Als **Finanzinvestition gehaltene Immobilien** werden in der Bilanz separat ausgewiesen und bei der erstmaligen Einbuchung ebenfalls zu AK/HK bewertet (IAS 40.20 (rev 2004)). Weitere Unterschiede zwischen handelsrechtlichem Abschluss und Rechnungslegung nach IFRS sind auf Grund der unterschiedlichen Abgrenzung der AK/HK möglich (s § 255 Anm. 570).

2. Folgebewertung

Die Folgebewertung von Sachanlagevermögenswerten entspricht bei Anwen- 679
dung der *bevorzugten Methode* (benchmark treatment) den Vorschriften des Abs 2. Vermögenswerte sind nach IAS 16.30 (rev 2004) zu fortgeführten AK/HK, vorbehaltlich der Notwendigkeit einer außerplanmäßigen Abschreibung auf den **erzielbaren Betrag** (recoverable amount), zu bewerten. Ein Festwertansatz entspr § 240 Abs 3 iVm § 256 S 2 ist nach IAS 16 (rev 2004) nicht explizit vorgesehen.

Als erlaubte *Alternativmethode* (allowed alternative treatment) sieht IAS 16.31 (rev 2004) die Folgebewertung zum Zeitwert (fair value) abzüglich der seit dem Zeitpunkt der **Neubewertung** angefallenen kumulierten Abschreibungen vor. Der fair value, dh „der Betrag, zu dem ein Vermögenswert zwischen sachverständigen, vertragswilligen und voneinander unabhängigen Geschäftspartnern gehandelt wird," kann über den AK/HK liegen. Die **Überschreitung der Wertobergrenze der AK/HK nach Abs 1** ist damit bei Anwendung der Alternativmethode zulässig.

Die Neubewertung ist in **regelmäßigen bei der Anschaffung festzulegenden Abständen** durchzuführen, um zu vermeiden, dass der Buchwert wesentlich von dem Wert abweicht, der sich bei einer Bewertung mit dem Zeitwert am Bilanzstichtag ergeben würde (IAS 16.34) (rev 2004)). IdR ist sie alle drei bis fünf Jahre ausreichend, lediglich bei bedeutenden Schwankungen des Zeitwerts (fair value) muss sie jährlich durchgeführt werden. Grds sind alle Vermögenswerte, die einer ähnlichen Nutzung im Unt unterliegen, zu einer **Gruppe** zusammenzufassen und die Vermögenswerte dieser Gruppe gleichzeitig, aber **einzeln** neu zu bewerten (IAS 16.38 (rev 2004)). Separate Gruppen sind zB Grundstücke und Gebäude, Fahrzeuge, Maschinen und Büroausstattung (IAS 16.37 (rev 2004)). Eine **rollierende Neubewertung** ist zulässig, wenn sie in kurzer Zeit abgeschlossen werden kann und daher aktuell ist (IAS 16.38 (rev 2004)). Aufgrund fehlender Konkretisierung der zulässigen Zeitspanne entsteht für die Wahl einer Neubewertung auf rollierender Basis ein Ermessensspielraum. Wird infolge der Neubewertung der Buchwert des Vermögenswerts erhöht, wird die Erhöhung gem IAS 16.39 (rev 2004)

- Ertrag, soweit sie eine als Aufwand erfasste Abwertung des gleichen Vermögenswerts in der Vergangenheit rückgängig macht,
- sonst erfolgsneutral in eine dem EK zurechenbare **Neubewertungsrücklage** (revaluation surplus) gebucht.

Im gegenteiligen Fall wird eine Verminderung des Buchwerts gem IAS 16.40 (rev 2004)

- direkt gegen eine zugehörige Neubewertungsrücklage verrechnet, sofern diese in der Vergangenheit gebildet wurde,
- sonst als Aufwand behandelt.

Als **Finanzinvestition gehaltene Immobilien** werden zum beizulegenden Zeitwert (*bevorzugte Methode,* IAS 40.33 (rev 2004)) oder zu fortgeführten AK/HK (*Alternativmethode,* IAS 40.56 (rev 2004)) angesetzt. Bei einer Bewertung zum **beizulegenden Zeitwert** (fair value) ist die Neubewertung jährlich durchzuführen. Gewinne und Verluste, die sich aus der Änderung der beizulegenden Zeitwerte ergeben, sind erfolgswirksam zu erfassen (IAS 40.35 (rev 2004)). Damit entfällt die Notwendigkeit von planmäßigen und außerplanmäßigen Abschreibungen.

3. Fehlende Nutzung und Abgang

680 Wird ein Vermögenswert nicht mehr gebraucht, ist die planmäßige Abschreibung nicht auszusetzen, soweit noch Restbuchwerte vorhanden sind (IAS 16.55 (rev 2004)). Dagegen werden Vermögenswerte, die zur Veräußerung bestimmt sind (vgl IFRS 5.6 (rev 2004)), nicht weiter abgeschrieben und nach IFRS 5.15 (rev 2004) mit dem niedrigeren Buchwert oder beizulegenden Zeitwert abzüglich Veräußerungskosten bewertet. Es erfolgt ein separater Ausweis in der Bilanz. Vermögenswerte sind dann auszubuchen, wenn sie abgehen (zB durch Verkauf, Schenkung) oder wenn kein künftiger wirtschaftlicher Vorteil von der weiteren Nutzung oder dem Verkauf zu erwarten ist (IAS 16.67 (rev 2004)). Hieraus resultierende Gewinne oder Verluste müssen in Höhe der Differenz zwischen Buchwert und geschätztem Nettoveräußerungserlös erfolgswirksam in der GuV erfasst werden (IAS 16.71 (rev 2004)). Folglich bietet sich unter der Annahme eines den Buchwert übersteigenden Verkaufserlöses für den stillgelegten Vermögenswert die Möglichkeit einer (vorzeitigen) **Gewinnrealisierung,** die nach HGB nicht zulässig ist.

II. Abschreibungen (Abs 2)

1. Planmäßige Abschreibungen (Abs 2 S 1)

Nach der *bevorzugten Methode* entspricht das insgesamt über die **Nutzungsdauer** (useful life) zu verteilende Abschreibungsvolumen (depreciable amount) den um einen Restwert gekürzten historischen AK/HK (IAS 16.53) (rev 2004)). Die Bestimmung des Restwerts unterscheidet sich von HGB: Während nach HGB der Restwert am Ende der Nutzungsdauer geschätzt wird, ist nach IAS 16.6 (rev 2004) eine Bewertung zum Stichtag anhand eines ähnlichen Vermögenswerts vorzunehmen, der bereits das Ende der Nutzungsdauer erreicht hat. Der Abschreibungsbeginn richtet sich nach dem Zeitpunkt der **Betriebsbereitschaft** (IAS 16.55 (rev 2004)). 681

Die Abschreibungsmethoden entsprechen denen des HGB. Ausschließlich **steuerrechtlich motivierte Abschreibungen** analog § 254 sind dagegen nicht erlaubt, da sie nicht mit dem Grundsatz des *true and fair view* der IFRS-Rechnungslegung vereinbar sind. Im Rahmen der *Alternativmethode* darf die planmäßige Abschreibung des durch Neubewertung ermittelten Zeitwerts (fair value) der Vermögenswerte vorgenommen werden. 682

Die Abschreibungsbeträge sind anhand eines Abschreibungsplans zu Beginn der Nutzung zu berechnen. Die Schätzung der voraussichtlichen **Nutzungsdauer** basiert auf Erfahrungswerten des Unt mit vergleichbaren Vermögenswerten (IAS 16.57 (rev 2004)). Die voraussichtliche Nutzungsdauer ist regelmäßig auf **Fehleinschätzungen** zu überprüfen (IAS 16.51 (rev 2004)). Ist eine Modifikation der geschätzten Nutzungsdauer erforderlich, muss der Abschreibungsaufwand des lfd und der künftigen Gj angepasst werden (IAS 16.51 (rev 2004) iVm IAS 8.36 (rev 2004)).

In den IFRS findet sich keine vergleichbare Regelung zur umgekehrten Maßgeblichkeit. Grds sind nach IAS 16.62 (rev 2004) lineare, degressive, progressive und leistungsabhängige Abschreibungen sowie Mischformen erlaubt, sofern sie mit dem zeitlichen Ablauf der aus der Nutzung des Vermögenswerts zufließenden wirtschaftlichen Vorteile vereinbar sind. Bei Zweifeln über den tatsächlichen Nutzungsverlauf ist die **lineare Methode** anzuwenden. Im Gegensatz dazu liegt nach Abs 2 S 2 die Wahl der Abschreibungsmethode im Ermessen des Kfm und darf lediglich nicht in grobem Widerspruch zur Realität des Entwertungsverlaufs stehen (Anm 238f). Auch die Abschreibungsmethode ist regelmäßig auf eine notwendige Korrektur zu überprüfen. Eine Änderung der gewählten Abschreibungsmethode ist nach IAS 16.61 (rev 2004) iVm IAS 8.39 (rev 2004) erläuterungs- aber nicht begründungspflichtig, da ein Wechsel der Abschreibungsmethode als Schätzungsänderung und nicht als Änderung der Bilanzierungs- und Bewertungsmethoden beurteilt wird. Ein Wechsel der Abschreibungsmethode verlangt wiederum eine Anpassung der gegenwärtigen und künftigen Abschreibungsbeträge.

Sofortabschreibungen von GWG, wie sie nach § 6 Abs 2 EStG zulässig sind, 683
werden in IAS 16 (rev 2004) nicht ausdrücklich berücksichtigt. Dennoch kann iVm dem Grundsatz der Wesentlichkeit diese Abschreibungsmöglichkeit als IFRS konform betrachtet werden. Obwohl das Problem der Bemessung von **Wesentlichkeitsgrenzen** noch ungelöst ist, erscheint uE eine Beschränkung auf die nach Steuerrecht anerkannte Sofortabschreibung materieller beweglicher Güter mit AK von € 410 (netto) nicht erforderlich. Eine Orientierung an den, die steuerrechtlichen Werte übersteigenden, mit GoB zu vereinbarenden betraglichen Obergrenzen (Anm 275) halten wir für vertretbar.

2. Außerplanmäßige Abschreibungen (Abs 2 S 3)

684 Grds besteht die Notwendigkeit einer außerplanmäßigen Abschreibung (impairment), wenn der **erzielbare Betrag** (recoverable amount) unter dem Buchwert (carrying amount) liegt (IAS 16.63 (rev 2004) iVm IAS 36.8 (rev 2004)). Dies kann auf Grund von Beschädigung, technischer Überholung oder anderen wirtschaftlichen Faktoren der Fall sein, ebenso, wenn ein Vermögenswert für beträchtliche Zeit vor oder während seiner Nutzungsdauer ungenutzt bleibt (IAS 36.12 (rev 2004)). Während nach HGB auf Grund fehlender gesetzlicher Regelung hilfsweise der Wiederbeschaffungswert als beizulegender Wert für eine außerplanmäßige Abschreibung angesetzt werden darf (vgl Anm 288f), wird nach IAS 36.18ff (rev 2004) der erzielbare Betrag ausdrücklich als der höhere Wert aus **Nettoverkaufserlös** (net selling price) und **Barwert** der aus der Nutzung des Vermögenswerts und durch dessen Abgang am Ende der Nutzungszeit resultierenden **Zahlungsüberschüsse** (value in use) definiert.

Zur Ermittlung des Nettoverkaufserlöses ist der Marktpreis zugrunde zu legen, der um unmittelbar mit der Veräußerung verbundene Kosten zu korrigieren ist. Kann der Marktwert nicht zuverlässig bestimmt werden, ist dieser bestmöglich zu schätzen (IAS 36.27 (rev 2004)). Die Bestimmung des „value in use" verlangt eine auf vertretbaren Annahmen fundierte Schätzung der künftigen Zahlungsüberschüsse aus der Nutzung des Vermögenswerts und dessen Abgang aE der Nutzungszeit, welche mit einem **risikoadäquaten Zinssatz** diskontiert werden müssen (IAS 36.31 (rev 2004)). Der Diskontierungssatz soll Ausdruck der Zeitpräferenzrate und der mit der Nutzung des Gegenstands verbundenen spezifischen Risiken sein (IAS 36.55 (rev 2004)). Kann der spezifische Diskontierungssatz des Vermögenswerts nicht bestimmt werden, ist eine Orientierung an den **gewichteten durchschnittlichen Kapitalkosten** einer Unt, die über ähnliche Vermögenswerte verfügt und diese in ähnlicher Weise nutzt, zulässig (IAS 36.57 (rev 2004)).

Zur Bestimmung des erzielbaren Betrags ist eine Ermittlung beider Werte nicht immer erforderlich (IAS 36.19 (rev 2004)). Sobald entweder der Nettoverkaufserlös oder der „value in use" den Buchwert übersteigt, wird der Vermögenswert nicht außerplanmäßig abgeschrieben und die Bestimmung des anderen Werts entfällt (IAS 36.19 (rev 2004)).

685 Nach IAS 36.9 (rev 2004) müssen Vermögenswerte jährlich anhand von **Indikatoren** auf unvorhergesehene **Wertminderung** überprüft werden. Indikatoren für einen möglichen Wertverfall können zB eine drastische Verringerung des Marktwerts des Vermögenswerts, gestiegene Marktzinssätze und eingetretene oder erwartete Veränderungen des betrieblichen Umfelds sein (IAS 36.12 (rev 2004)). Darüber hinaus können sich auch aus unternehmensinternen Ursachen Hinweise auf eine Wertminderung ergeben (IAS 36.12 (rev 2004)). Hierzu zählen typischerweise substantielle Hinweise für eine Überalterung oder einen physischen Schaden sowie negative Abweichungen der tatsächlichen von den ursprünglich erwarteten Nutzenzuflüssen aus dem Vermögenswert. Nur bei Anhaltspunkten für einen wahrscheinlichen Wertverlust ist der erzielbare Betrag zu schätzen und – falls erforderlich – unverzüglich auf den niedrigeren erzielbaren Betrag abzuschreiben (IAS 36.8 (rev 2004); IAS 36.59 (rev 2004)). Eine Differenzierung wie im HGB nach vorübergehender und dauerhafter Wertminderung (§ 253 Abs 2 S 3) wird in IAS 36 (rev 2004) nicht vorgenommen. Sobald der erzielbare Betrag den Buchwert unterschreitet, ist eine außerplanmäßige Abschreibung vorzunehmen. Der erzielbare Betrag ist grds einzeln zu ermitteln; ist dies unmöglich, zB wenn alle Maschinen und die gesamte Ausstattung zu demselben Zweck genutzt werden, muss der erzielbare Betrag aggregiert für die

nächsthöhere **Gruppe von Vermögenswerten** (Cash-Generating-Unit) ermittelt werden (IAS 36.22 (rev 2004)).

Für eine Gruppe zusammengefasster Vermögenswerte ergibt sich nur dann die Notwendigkeit einer außerplanmäßigen Abschreibung, wenn der erzielbare Betrag die Summe der Buchwerte der zugehörigen Vermögenswerte unterschreitet (IAS 36.104 (rev 2004)). Der Buchwert jedes dieser Vermögenswerte ist dann proportional zur Gesamtverminderung des erzielbaren Betrags zu verringern.

Eine außerplanmäßige Abschreibung erfordert eine Anpassung der planmäßigen Abschreibungsbeträge in den Folgeperioden (IAS 36.63 (rev 2004)), um die systematische Verteilung des niedrigeren erlösbaren Betrags über die Restnutzungsdauer zu gewährleisten.

Bei Anwendung der *Alternativmethode* wird eine außerplanmäßige Abschreibung nur dann als Aufwand erfolgswirksam gebucht, wenn sie nicht mit einer zuvor für denselben Vermögenswert gebildeten Neubewertungsrücklage verrechnet werden kann (IAS 36.61 (rev 2004)).

III. Zuschreibungen (Abs 5)

686 Grds besteht zu jedem Bilanzstichtag die Notwendigkeit zur Überprüfung der Voraussetzungen für eine Wertzuschreibung. Es ist zu prüfen, ob es Anhaltspunkte gibt, daß eine Wertminderung, die im früheren Gj zu einer außerplanmäßigen Abschreibung geführt hat, nicht mehr besteht oder sich vermindert hat (IAS 36.111 (rev 2004)). Liegen solche Anhaltspunkte vor, hat das Unt den erzielbaren Betrag des Vermögenswerts zu schätzen (IAS 36.110 (rev 2004)). Es entsteht jedoch nur dann eine **Zuschreibungspflicht,** wenn eine **Änderung der Schätzannahmen,** die zu der außerplanmäßigen Abschreibung führten, vorliegt (IAS 36.114 (rev 2004)). Anhaltspunkte können sein (Umkehrung der in Anm 685 genannten Indikatoren): Erhöhung des Marktpreises, Verringerung der Diskontierungsrate oder künftig erwartete höhere Zahlungsüberschüsse aus der Nutzung des Vermögenswerts (IAS 36.111 (rev 2004)).

Im Rahmen der *bevorzugten Methode* ist eine erfolgswirksame Berücksichtigung der Zuschreibung vorgesehen (IAS 36.119 (rev 2004)). Bei Anwendung der *Alternativmethode* ist die Zuschreibung nur dann erfolgswirksam zu buchen, wenn eine zuvor für den gleichen Vermögenswert gebildete außerplanmäßige Abschreibung rückgängig gemacht wird, andernfalls wird sie erfolgsneutral in die Neubewertungsrücklage eingestellt.

Eine Zuschreibung erfordert ebenso wie eine außerplanmäßige Abschreibung eine Anpassung der Abschreibungsbeträge in den Folgeperioden (IAS 36.121 (rev 2004)).

C. Finanzanlagen

687 Finanzanlagen sind finanziellen Vermögenswerte und werden vom Anwendungsbereich des IAS 32 (rev 2004) und IAS 39 (rev 2004) erfasst. Als Finanzanlagen gelten solche finanziellen Vermögenswerte, die mehr als zwölf Monate im Unt bleiben (IAS 1.57 (rev 2004)); somit ergeben sich keine Unterschiede zu HGB. Zur Bilanzierung und Bewertung von Beteiligungen und Anteilen an verbundenen Unternehmen s § 271 Anm 8ff, 33ff.

I. Erstbewertung

688 Die Erstbewertung erfolgt unabhängig von der Einteilung in die verschiedenen Kategorien (s Anm 693) mit den **AK.** Im Falle von Agien oder Disagien bestimmt der ausgereichte Betrag die AK. Der Unterschiedsbetrag ist unter Anwendung der **Effektivzinsmethode** über die Laufzeit zu verteilen (IAS 39.46 (rev 2004)). Stehen keine Markt- oder Transaktionspreise zur Verfügung, so ergeben sich die AK aus dem Barwert der zu erwartenden Einzahlungen. Eine Abzinsung ist vorzunehmen, wenn bei Anwendung eines Marktzinses für vergleichbare Ausleihungen wesentliche Diskontierungseffekte entstehen (IAS 39.AG 64 (rev 2004)).

II. Folgebewertung

689 Finanzanlagen, die in die Kategorie at fair value through profit and loss eingeordnet oder zu Handelszwecken gehalten werden (held for trading), werden in der Folgebewertung mit dem beizulegenden Zeitwert angesetzt (IAS 39.46 (rev 2004)), wobei die Wertveränderungen erfolgswirksam erfasst werden. Finanzanlagen der Kategorie zur Veräußerung verfügbare finanzielle Vermögenswerte (afs) werden ebenfalls mit dem beizulegenden Zeitwert bewertet, wobei die Wertveränderungen erfolgsneutral im EK erfasst werden (IAS 39.55 (b) (rev 2004)). Werden die Finanzanlagen der Kategorie Darlehen und Forderungen (loans and receivables) oder bis zur Endfälligkeit gehaltene Finanzinvestitionen (held to maturity) zugeordnet, so ist eine Folgewertung zu fortgeführten AK vorgesehen (IAS 39.46 (rev 2004)). Finanzanlagen sind an jedem Bilanzstichtag an Hand objektiv nachprüfbarer Hinweise auf einen Wertberichtigungsbedarf zu untersuchen (IAS 39.58 iVm IAS 39.63 (rev 2004)).

D. Bewertung von Vermögenswerten des Umlaufvermögens (Abs 3 und Abs 4)

I. Vorratsvermögen

690 Die Bilanzierung und Bewertung der Vorräte ist in IAS 2 (rev 2004) geregelt. Gemäß IAS 2.6 (rev 2004) sind Vorräte Vermögenswerte,

- die zum Verkauf innerhalb des gewöhnlichen Geschäftsbetriebs bestimmt sind,
- die sich noch im Herstellungsprozeß befinden, um im Rahmen des gewöhnlichen Geschäftsbetriebs verkauft zu werden, oder
- die in Form von Roh-, Hilfs- und Betriebsstoffen während des Produktionsprozesses oder bei Erbringung von Dienstleistungen verbraucht werden.

1. Erstbewertung

691 Im Rahmen der Erstbewertung ist das Vorratsvermögen zu den **AK/HK** zu bewerten. Dabei hat der Bilanzansatz der Vorräte alle AK, HK und anderen Kosten zu umfassen, die dafür angefallen sind, die Vermögenswerte des Vorratsvermögens in ihren derzeitigen Zustand und an ihren derzeitigen Ort zu bringen (IAS 2.10 (rev 2004)). Für bestimmte Fremdkapitalkosten, die in unmittelbarem Zusammenhang mit der Anschaffung oder Herstellung stehen, besteht ein Ansatzwahlrecht (allowed alternative treatment) (IAS 2.17 (rev 2004) iVm IAS 23.11 (rev 2004)). Nicht ansatzfähig sind die Kosten des Vertriebs.

Während das Handelsrecht dem Bilanzierenden das Wahlrecht einräumt, die Vorräte zu Teil- oder Vollkosten anzusetzen, sind nach IFRS die **produktionsbezogenen Vollkosten** zu aktivieren. Demnach zählen zu den HK alle Einzelkosten sowie alle fixen und variablen produktionsbezogenen Gemeinkosten, die dem Herstellungsvorgang zugerechnet werden können. (Als fixe Produktionsgemeinkosten werden die nicht direkt zurechenbaren Kosten der Produktion bezeichnet, die, unabhängig vom Ausmaß der Produktion, relativ konstant anfallen. Variable Produktionsgemeinkosten sind nicht direkt zurechenbare Kosten der Produktion, die unmittelbar mit dem Ausmaß der Produktion variieren, IAS 2.12 (rev 2004)). Die Verteilung der fixen Gemeinkosten hat auf Grundlage einer normalen Auslastung der Produktionskapazitäten zu erfolgen. Im Falle einer niedrigeren Auslastung werden nicht verrechenbare fixe Gemeinkosten in der Periode, in der sie angefallen sind, als Aufwand erfasst.

Bei ungewöhnlich hoher Kapazitätsauslastung sind die bei Normalauslastung ermittelten fixen Gemeinkosten pro Produkteinheit herabzusetzen, da ansonsten mehr als die tatsächlich angefallenen Kosten aktiviert würden (IAS 2.13 (rev 2004)). Im Fall der Aktivierung von Entwicklungskosten stellen die Abschreibungen analog dem Wertverzehr im Sachanlagevermögen einen Bestandteil der HK dar (IAS 38.99 (rev 2004)).

Zur Vereinfachung der Kostenermittlung darf statt einer Istkostenrechnung die Standardkostenmethode oder die retrograde Methode zur Anwendung kommen, sofern sich deren Ergebnisse den tatsächlichen HK annähern (IAS 2.21 (rev 2004)).

Vorräte sind grds einzeln zu bewerten (IAS 2.23 (rev 2004)). Vom Grundsatz der Einzelbewertung darf abgewichen werden, wenn es sich um eine große Anzahl von Vermögenswerten handelt und diese Vermögenswerte gewöhnlich untereinander austauschbar sind. Unter den genannten Voraussetzungen dürfen folgende Vereinfachungsverfahren zur Bestimmung der AK/HK verwendet werden. Das Fifo-Verfahren oder wahlweise die Methode des gewogenen Durchschnitts stellen die nach IFRS erlaubten Methoden dar (IAS 2.25 (rev 2004)). Bei der Methode des gewogenen Durchschnitts darf die Durchschnittspreisermittlung sowohl periodisch als auch gleitend erfolgen (IAS 2.27 (rev 2004)). Das **Lifo**-Verfahren ist nach den Änderungen durch das IFRS-Improvements Project, die ab 1. Januar 2005 verpflichtend anzuwenden sind, **nicht mehr zulässig.** In den Voraussetzungen zur Anwendung der Gruppenbewertungsverfahren sowie in der Anwendung selbst können Unterschiede zum HGB grds nicht festgestellt werden.

2. Folgebewertung

Liegt der **Nettoveräußerungswert** (net realisable value) am Bilanzstichtag unter den historischen AK/HK, ist zwingend auf diesen niedrigeren Wert abzuschreiben. Unter dem Nettoveräußerungswert versteht man den geschätzten Verkaufspreis im gewöhnlichen Geschäftsverkehr abzüglich der geschätzten Kosten der Fertigstellung und der geschätzten notwendigen Verkaufskosten. Der Abzug einer üblichen Gewinnspanne ist nicht zulässig. Bei der Ermittlung des Nettoveräußerungswerts ist also ausschließlich der **Absatzmarkt** maßgeblich (retrograde Ermittlung) (IAS 2.6 (rev 2004)). Somit findet im Gegensatz zu HGB insb bei Roh-, Hilfs- und Betriebsstoffen der beschaffungsmarktorientierte Wertansatz keine Anwendung. Nach IFRS kommt es darauf an, ob das Erzeugnis, in das die zu bewertenden Roh-, Hilfs- und Betriebsstoffe eingehen werden, zu seinen vollen AK/HK verkauft werden kann. Die Schätzungen des Nettoveräußerungswerts haben möglichst verlässlich zu erfolgen. Dabei 692 sind nach dem Ende der Rechnungsperiode eingetretene Entwicklungen zu berücksichtigen, soweit sie wertaufhellenden Charakter haben (IAS 2.30 (rev 2004)).

Eine Abschreibung kann insb dann notwendig sein, wenn Gegenstände des Vorratsvermögens beschädigt oder auch teilweise bzw gänzlich unbrauchbar geworden sind, der Verkaufspreis gesunken ist oder die Fertigungs- oder Verkaufskosten gestiegen sind (IAS 2.28 (rev 2004)).

Der Wertansatz des gesamten Vorratsvermögens ist zu jedem Stichtag neu festzustellen. Stellt sich dabei heraus, dass die Gründe für eine zuvor vorgenommene Abschreibung nicht mehr vorliegen, ist die vorgenommene Abwertung zwingend rückgängig zu machen. Dabei stellen die historischen AK/HK die Wertobergrenze dar (IAS 2.33 (rev 2004)).

Nach HGB zulässige Wahlrechtsabschreibungen zur Erfassung künftiger Wertschwankungen nach Abs 3 Satz 3 oder aufgrund vernünftiger kfm Beurteilung nach Abs 4 sind nach IFRS nicht zulässig, ebenso wie pauschale Wertminderungsabschläge, denen keine Erfahrungswerte der Vergangenheit zugrunde liegen.

II. Forderungen und sonstige Vermögensgegenstände

693 Für die Bilanzierung von Forderungen ist zwischen Forderungen auf vertraglicher Basis und Forderungen auf nicht vertraglicher Basis zu unterscheiden. Forderungen auf vertraglicher Basis sind **finanzielle Vermögenswerte** und werden vom Anwendungsbereich des IAS 32 (rev 2004) und IAS 39 (rev 2004) erfasst. Hierunter fallen Forderungen aus Lfg und Leistungen und sonstige Forderungen. Bei Forderungen ohne vertragliche Basis (zB Zuwendungen der öffentlichen Hand, Steuerforderungen) handelt es sich um sonstige Vermögenswerte, die nach allgemeinen Grundsätzen des Framework bzw aufgrund spezieller Standards zu bilanzieren sind (zB IAS 20 (rev 2004) für Zuwendungen der öffentlichen Hand). In IAS 39.9 (rev 2004) wird eine **Kategorisierung** der finanziellen Vermögenswerte vorgenommen: Finanzielle Vermögenswerte, die

- zu Handelszwecken gehalten werden (held for trading) oder in die Kategorie at fair value through profit and loss (ergebniswirksam zum beizulegenden Zeitwert bewertet) von den Unt eingeordnet werden,
- bis zur Endfälligkeit gehalten werden (held to maturity),
- vom Unt ausgereichte Kredite und Forderungen umfassen (loans and receivables),
- zur Veräußerung verfügbar sind (afs).

Forderungen aus Lfg und Leistungen werden überwiegend in die Kategorie Darlehen und Forderungen (loans and receivables) eingeordnet, soweit keine Veräußerungsabsicht besteht. Eine Abgrenzung zwischen Forderungen aus Lfg und Leistungen und sonstigen Forderungen nach der Haupttätigkeit des Unt – wie nach HGB – wird nicht vorgenommen.

1. Erstbewertung

694 Beim Ansatz von Forderungen ergeben sich keine wesentlichen Unterschiede zu HGB. Die Bewertung erfolgt beim erstmaligen Ansatz unabhängig von der Einordnung in die verschiedenen Kategorien mit den **AK,** welche dem beizulegenden Zeitwert der im Gegenzug übergebenen Leistung entsprechen. Transaktionskosten sind ebenso zu aktivieren (IAS 39.43 (rev 2004)), soweit die Forderung nicht der Katgeorie at fair value through profit or loss oder zu Handelszwecken gehalten (held for trading) zugeordnet wird. Im Falle von Agien

oder Disagien bestimmt der ausgereichte Betrag die AK. Der Unterschiedsbetrag ist unter Anwendung der **Effektivzinsmethode** über die Laufzeit zu verteilen (IAS 39.46 (rev 2004)). Unverzinsliche Forderungen werden unter Verwendung marktüblicher Zinssätze mit dem Barwert angesetzt (IAS 39.AG64 (rev 2004)).

2. Folgebewertung

Im Rahmen der Folgebewertung werden Forderungen, die in die Kategorie Darlehen und Forderungen (loans and receivables) eingeordnet werden, mit **fortgeführten AK** bewertet (IAS 39.46 (rev 2004)). Werden Forderungen wegen bestehender Handelsabsicht in die Kategorie zu Handelszwecken gehaltene Finanzinstrumente eingeordnet (held for trading) oder werden sie nach IAS 39.9 (rev 2004) der Kategorie at fair value through profit and loss zugeordnet, ist die Folgebewertung zum beizulegenden **Zeitwert** vorzunehmen (IAS 39.46 (rev 2004)). Die Wertveränderungen werden **erfolgswirksam** erfasst. Forderungen, die in die Kategorie zur Veräußerung verfügbare Vermögenswerte eingeordnet werden (afs), werden ebenfalls mit dem beizulegenden **Zeitwert** bewertet, wobei die Wertveränderungen **erfolgsneutral** im EK erfasst werden (IAS 39.55 (b) (rev 2004)). Forderungen in **Fremdwährung** sind mit dem Stichtagskurs zu bewerten (IAS 21.23 (rev 2004)); Stichtagskurs ist der Kassakurs einer Währung am Abschlussstichtag (IAS 21.8 (rev 2004)). Die dabei entstehenden Kursgewinne und -verluste werden erfolgswirksam erfasst. Forderungen sind an jedem Bilanzstichtag an Hand objektiv nachprüfbarer Hinweise auf einen Wertberichtigungsbedarf zu untersuchen (IAS 39.58 iVm IAS 39.63 (rev 2004)). Nach HGB zulässige Wahlrechtsabschreibungen zur Erfassung künftiger Wertschwankungen nach Abs 3 Satz 3 oder aufgrund vernünftiger kfm Beurteilung nach Abs 4 sind nach IFRS nicht zulässig, ebenso wie pauschale Wertminderungsabschläge, denen keine Erfahrungswerte der Vergangenheit zugrunde liegen. 695

E. Regelungen zu Finanzinstrumenten

Zu originären und derivativen Finanzinstrumenten s § 246 Anm 185 ff; *Prahl/Naumann* HdJ II/10 Anm 254. 696

F. Bewertung von Verbindlichkeiten und Rückstellungen (Abs 1 S 2)

I. Bewertung von Verbindlichkeiten

1. Allgemeines

Nach IFRS gehören die **Verbindlichkeiten** zu den „liabilities". Der Begriff liability ist in den IFRS weiter gefasst als der Begriff Verbindlichkeiten im HGB. Unter liability ist eine gegenwärtige Verpflichtung des Unt zu verstehen, die aus vergangenen Ereignissen erwachsen ist und deren Begleichung voraussichtlich zu einem Abfluss von ökonomischen Ressourcen aus dem Unt führen wird (IAS 37.10 (rev 2004), F 49b). Zu bilanzieren ist eine liability nur, wenn ein Abfluss ökonomischer Ressourcen wahrscheinlich ist und die Höhe des betr Betrags zuverlässig bestimmt werden kann (IAS 37.10 (rev 2004), F 91). 697

Schulden, die auf einer vertraglichen Basis beruhen und durch flüssige Mittel oder andere finanzielle Vermögenswerte beglichen werden, sind **finanzielle**

Verbindlichkeiten (IAS 32.11 (a) (rev 2004)) und werden von den Vorschriften des IAS 32 (rev 2004) und IAS 39 (rev 2004) erfasst. Nach IAS 39.9 (rev 2004) wird eine **Kategorisierung** der finanziellen Verbindlichkeiten vorgenommen, wobei jedoch nur zwei Kategorien zu unterscheiden sind: at fair value through profit and loss und eine zweite Kategorie, die nicht eigens benannt ist. Verbindlichkeiten von Unt außerhalb des Finanzdienstleistungssektors werden insb in die zweite Kategorie eingeordnet.

Verbindlichkeiten, deren Realisation im Rahmen des gewöhnlichen Geschäftszyklus erwartet wird, zählen zu den kurzfristigen Verbindlichkeiten, auch wenn zwischen Bilanzstichtag und Realisation mehr als ein Jahr liegt (IAS 1.60 (rev 2004)).

Verbindlichkeiten, die die Kriterien des IAS 32.11 (rev 2004) nicht erfüllen, sind keine Finanzinstrumente. Sie sind den sonstigen Verbindlichkeiten zuzuordnen und nach den allgemeinen Grundsätzen des Framework über die Bilanzierung und Bewertung von Schulden (F 82 ff) iVm IAS 1 (rev 2004) anzusetzen.

2. Erstbewertung

698 Abw vom HGB werden finanzielle Verbindlichkeiten im Zeitpunkt der erstmaligen Erfassung nicht mit dem Rückzahlungsbetrag erfasst, sondern mit dem beizulegenden **Zeitwert** der erhaltenen Gegenleistung (IAS 39.43 (rev 2004) iVm IAS 39.AG64 (rev 2004)). Transaktionskosten sind ebenso zu berücksichtigen (IAS 39.43 (rev 2004)), soweit die finanzielle Verbindlichkeit nicht der Kategorie at fair value through profit or loss zugeordnet wird. Im Falle von Agien oder Disagien bestimmt der erhaltene Betrag die AK. Der Unterschiedsbetrag ist unter Anwendung der **Effektivzinsmethode** über die Laufzeit zu verteilen (IAS 39.46 (rev 2004)). Im Unterschied zum HGB ist grds eine **Abzinsung** vorzunehmen: Unverzinsliche Verbindlichkeiten werden unter Verwendung marktüblicher Zinssätze mit dem Barwert angesetzt (IAS 39.64 (rev 2004)), sobald der Abzinsungseffekt wesentlich ist.

3. Folgebewertung

699 Die Folgebewertung finanzieller Verbindlichkeiten richtet sich nach deren Kategorisierung. Finanzielle Verbindlichkeiten, die in die zweite Kategorie einzuordnen sind, werden zu **fortgeführten AK** bewertet (IAS 39.46 (rev 2004)). Verbindlichkeiten der Kategorie at fair value through profit and loss werden zum **beizulegenden Zeitwert** angesetzt (IAS 39.47 (rev 2004)). Verbindlichkeiten in Fremdwährung sind mit dem Stichtagskurs zu bewerten (IAS 21.23 (rev 2004)); Stichtagskurs ist der Kassakurs einer Währung am Abschlussstichtag (IAS 21.8 (rev 2004)). Dabei entstehende Kursgewinne und -verluste werden erfolgswirksam erfasst.

II. Bewertung von Rückstellungen

1. Allgemeines

700 Für die Rückstellungsbewertung maßgebend ist IAS 37 (rev 2004). IAS 37 (rev 2004) gilt explizit nicht für Rückstellungen und andere Passivposten, die in eigenen IFRS geregelt werden. Zur Risikovermeidung durch Bildung von Bewertungseinheiten (Hedge-Accounting) s § 246 Anm 185 ff; *Prahl/Naumnann* HdJ II/10 Anm 295.

IAS 37.11 (rev 2004) nimmt eine Abgrenzung zwischen **Rückstellungen** (provisions), **abgegrenzten Schulden** (accruals) und **sonstigen Schulden** (other liabilities) vor. Das wesentliche Unterscheidungsmerkmal ist die Unsicherheit über die Fälligkeit oder die Höhe der künftigen Zahlungsverpflichtung, die bei Rückstellungen am höchsten ist. Abgegrenzte Schulden (accruals) sind Teil der sonstigen Schulden (zB Verpflichtungen iZm ausstehenden Urlaubsansprüchen der Arbeitnehmer, gesetzlichen JAP).

Eine Rückstellung ist dann zu passivieren, wenn eine **rechtliche** oder **faktische** Verpflichtung des Unt besteht, ein Mittelabfluss **wahrscheinlich** ist und eine **zuverlässige Schätzung** der Verpflichtung möglich ist (IAS 37.14 (rev 2004)). Der Ansatz von Rückstellungen beschränkt sich somit auf Außen- bzw Drittverpflichtungen, denen sich das Unt nicht entziehen kann. Die Bildung von Aufwandsrückstellungen ist nach IFRS nicht zulässig. Aufwendungen zur Erfüllung von Entsorgungs-, Rekultivierungs- und ähnlichen Verpflichtungen nach IAS 37 werden als Rückstellung passiviert und im Unterschied zum HGB als Bestandteil der AK/HK der korrespondierenden Vermögenswerte behandelt (IAS 16.16 (c) (rev 2004)); nach HGB wird eine Ansammlungsrückstellung für zulässig erachtet. Der Wahrscheinlichkeitsbegriff orientiert sich an der Einschätzung, ob für den Eintritt des Mittelabflusses mehr Gründe dafür als dagegen sprechen (IAS 37.39 (rev 2004)). Ansonsten weist das Unt eine Eventualschuld im Anhang aus, es sei denn, ein Abfluss ist gänzlich unwahrscheinlich (IAS 37.16 (rev 2004)).

2. Erstbewertung

Die **Bewertung der Rückstellung** hat mit dem Betrag zu erfolgen, der 701 nach bestmöglicher Schätzung (best estimate) erforderlich ist, um eine gegenwärtige Verpflichtung am Bilanzstichtag abzulösen (IAS 37.36 (rev 2004)). Die Höhe der für die Ablösung erforderlichen Mittel (IAS 37.37 (rev 2004)) ist vom Management zu schätzen, wobei Erfahrungswerte aus vergleichbaren Fällen zu berücksichtigen und ggf unabhängige Experten hinzuzuziehen sind (IAS 37.38 (rev 2004)). Nach IAS 37.39 (rev 2004) ist im Falle einer Bandbreite gleichwahrscheinlicher Werte die Rückstellung in Höhe des arithmetischen Mittels der Bandbreite (mid-point of the range) anzusetzen. Beim Vorliegen unterschiedlicher Eintrittswahrscheinlichkeiten wird die Rückstellung in Höhe des statistischen Erwartungswerts (expected value) angesetzt. Dem Unt ist damit ein nicht unerheblicher Ermessensspielraum gegeben. **Rückstellungen** sind nach IAS 37.45 (rev 2004) mit dem Barwert der künftigen Ausgaben anzusetzen, sobald der Abzinsungseffekt wesentlich ist. Dies gilt allerdings nur dann, wenn die Abzinsung wesentlich ist. Der verwendete Zinssatz hat aus Äquivalenzgründen die gleichen Risiken und Unsicherheiten wie die betr Rückstellung zu berücksichtigen. Zu erwartende künftige Ereignisse, insb auch solche mit gegenläufiger Tendenz, die sich auf die Höhe des Mittelabflusses auswirken, sind bei der Bewertung zu berücksichtigen, sofern die Ereignisse mit ausreichender objektiver Sicherheit vorhergesagt werden können.

Rückstellungen sind grds brutto zu passivieren, auch wenn ein Erstattungsanspruch besteht (generelles Saldierungsverbot nach IAS 1.32 ff (rev 2004)). Ein solcher darf aber nur dann bilanziert werden, wenn es so gut wie sicher ist, dass das Unt die Erstattung im Fall der eigenen Inanspruchnahme erhält (IAS 37.53 (rev 2004); dann Aktivierung als separater Vermögenswert). Lediglich für die GuV lässt IAS 37.54 (rev 2004) zu, den Rückstellungsaufwand gemindert um den Erstattungsertrag (netto) auszuweisen.

3. Folgebewertung

702 In der Folgezeit sind Rückstellungen für diejenigen Verpflichtungen, für die sie gebildet wurden, zu verbrauchen bzw aufzulösen, wenn oder soweit es nicht mehr wahrscheinlich ist, dass zur Erfüllung der Verpflichtung ein Abfluss von Ressourcen zu erwarten ist.

G. Abschreibungen wegen zukünftiger Wertschwankungen (Abs 3 S 3) und Ermessensabschreibungen (Abs 4)

703 Nach HGB zulässige Wahlrechtsabschreibungen zur Erfassung künftiger Wertschwankungen nach Abs 3 Satz 3 oder aufgrund vernünftiger kfm Beurteilung nach Abs 4 sind nach IFRS nicht zulässig, ebenso wie pauschale Wertminderungsabschläge, denen keine Erfahrungswerte der Vergangenheit zugrunde liegen.

H. Beibehaltungswahlrecht (Abs 5)

704 Das nach HGB für Ekfm und reine PersGes bestehende Wertbeibehaltungswahlrecht besteht nach IFRS nicht; es herrscht – wie nach § 280 Abs 1 für KapGes und PersGes nach § 264a – Wertaufholungspflicht, soweit der erzielbare Betrag gestiegen ist (IAS 36.114 (rev 2004)). Wertaufholungen sind nicht auf den Wegfall des Grundes für die vorangegangenen Wertminderungen beschränkt; die IFRS fassen Wertaufholungen eher als Überprüfung vorangegangener Wertminderungen auf und führen eine jährlich wiederholte Bestimmung des erzielbaren Betrags durch. Aus welchen Gründen sich dabei verminderte Wertminderungen ergeben, ist grds unerheblich.

Exkurs: Bilanzberichtigung/Bilanzänderung

Schrifttum: *Hense* Rechtsfolgen nichtiger Jahresabschlüsse und Konsequenzen für Folgeabschlüsse, WPg 1993, 716; *Wuttke* Die subjektiv richtige Bilanz, FR 1993, 459; *Flies* Bilanzenzusammenhang und Änderung gem § 174 AO, DStZ 1997, 135; *Küting/Kaiser* Aufstellung oder Feststellung: Wann endet der Wertaufhellungszeitraum? Implikationen für die Anwendung des Wertaufhellungsprinzips bei Berichtigung, Änderung und Nichtigkeit des handelsrechtlichen Jahresabschlusses, WPg 2000, 577; *Hommel/Berndt* Wertaufhellung und funktionales Abschlußstichtagsprinzip, DStR 2000, 1745; *Forster* Der nach Feststellung der Nichtigkeit neu aufgestellte Jahresabschluß und sein Prüfer, FS Welf Müller 2001, 183; *Prinz* Die handels- und steuerrechtliche Änderung von Bilanzen – Gemeinsamkeiten und Unterschiede, aktuelle Entwicklungen, FS Welf Müller 2001, 687.

A. Vorbemerkung

800 Bilanzberichtigung wie auch Bilanzänderung sind **steuerrechtliche Begriffe** (§ 4 Abs 2 EStG; EStR 15; *Stapperfend* in HHR § 4 EStG Anm 309). **Handelsrechtlich** wird der Oberbegriff der *Änderung* des JA verwendet. Darunter ist jede Änderung von Form und Inhalt eines JA **nach Feststellung** zu verstehen, soweit es sich nicht nur um redaktionelle Änderungen handelt (Korrektur von Schreibfehlern, *IDW RS HFA 6* Anm 3 WPg 2001, 1084). Bis zur Feststellung kann der aufgestellte JA im Rahmen der gesetzlichen Bestimmungen ohne Einschränkung geändert werden (*IDW RS HFA 6* Anm 4–6 WPg 2001,

1084). Ist eine formelle Feststellung des JA nicht erforderlich (so zB beim EKfm), so ist als maßgeblicher Zeitpunkt die Erlangung von Außenwirkung zu sehen (idR Unterzeichnung des JA durch den Kfm und Einreichung bei HR bzw FA).

Im Einzelnen kann es sich sowohl um die Änderung fehlerhafter wie auch fehlerfreier Bilanzierung handeln, aber auch um die Änderung des JA aus anderen Gründen, zB Einstellung von Beträgen in Kapital- oder Gewinnrücklagen, die Entnahme von Beträgen aus diesen Rücklagen, die Änderung der Beteiligung von Gestern einer PersGes am Ges-Vermögen (*BFH* 11. 2. 1988, BStBl II, 825) oder den Wegfall einer passivierten Verbindlichkeit (*BFH* 3. 6. 1992, BFH/NV, 741).

Die **Gewinnverwendung** allein führt nicht zu einer Bilanzänderung. Bei 801 Verwendung des aus dem früher geltenden körperschaftsteuerrechtlichen Anrechnungsverfahren resultierenden sog $^1/_6$-Guthaben (Verwendung von steuerrechtlich belastetem EK) hat bei KapGes die Abweichung des Gewinnverwendungsbeschlusses vom Gewinnverwendungsvorschlag eine Änderung des Steueraufwands zur Folge. Für die AG darf hierfür nach § 174 Abs 3 AktG zwingend keine Änderung des JA vorgenommen werden (s vor § 325 Anm 97; § 278 Anm 26). Für GmbH darf eine Änderung erfolgen.

Die Änderung eines JA hat nicht zwingend die Änderung des **Konzernabschlusses** zur Folge. Die Erfassung im KA des laufenden Gj wird als ausreichend angesehen (*IDW RS HFA 6* Anm 31f WPg 2001, 1084).

B. Bilanzberichtigung

I. Begriff

Steuerrechtlich wird unter Bilanzberichtigung die Ersetzung eines **unrichtigen,** dh **unzulässigen Bilanzansatzes** durch einen zutreffenden verstanden 802 (§ 4 Abs 2 S 1 EStG, EStR 15). Bilanzberichtigung ist auch die Berichtigung der GuV, weil sie stets den Ansatz des Kapitals betrifft.

Ob ein **Bilanzansatz fehlerhaft** ist, richtet sich zunächst danach, ob ein 803 Verstoß gegen zwingende handelsrechtliche Vorschriften oder die GoB vorliegt (Grundsatz der Maßgeblichkeit der HB für die Steuerbilanz). Daneben kommt eine Bilanzberichtigung in Betracht, wenn zwar handelsrechtlich ein ordnungsmäßiger Bilanzansatz vorliegt, aber gegen zwingende steuerrechtliche Vorschriften verstoßen wird.

Ein fehlerhafter Bilanzansatz liegt nur vor, wenn er die bestehenden Verhält- 804 nisse unzutreffend wiedergibt, nicht aber wenn die Rechtsfolgen von dem abweichen, was sich der bilanzierende Kfm vorgestellt hat. Eine Bilanzberichtigung eröffnet deshalb steuerrechtlich nicht die Möglichkeit einer nachträglichen Sachverhaltsgestaltung. So dürfen zB die Rechtsfolgen einer vom Stpfl vorgenommenen Entnahme nicht durch Wiedereinbuchung des entnommenen WG im Wege einer Bilanzberichtigung ex tunc korrigiert werden.

Maßgeblich für die Fehlerhaftigkeit sind zunächst die am Bilanzstichtag **ob- 805 jektiv bestehenden Verhältnisse.** Ein Bilanzansatz ist aber nach den GoB auch dann nicht fehlerhaft, wenn er zwar den objektiv bestehenden Verhältnissen nicht entspricht, aber ein pflichtgemäß und gewissenhaft handelnder Kfm im Zeitpunkt der *Aufstellung* der Bilanz nach den ihm zur Verfügung stehenden Erkenntnismöglichkeiten von der Richtigkeit des Bilanzansatzes ausgehen durfte, sog **subjektive Richtigkeit** (*BFH* 11. 12. 1992, BStBl 1993, 392; aA betr den Zeitpunkt *IDW RS HFA 6* Anm 15 WPg 2001, 1084: Fehlerhaft, wenn dies der Kfm spätestens bei *Feststellung* durch ordentliche Prüfung hätte erkennen können; ausführlich zum Diskussionsstand, ob der Zeitpunkt der *Aufstellung* oder der *Feststellung* maßgeblich ist *Küting/Kaiser* WPg 2000, 577; zur subjektiven Komponente bei der Wertaufhellung *Hommel/Berndt* DStR 2000, 1745). Nach dem Stichtag im Rahmen der Wertaufhellung gewonnene Erkenntnisse, die auch der gewissenhaft prüfende Kfm erst später erlangt hätte, führen nicht zur Fehlerhaftigkeit, so dass eine Bilanzberichtigung nicht erfolgen darf. Will der Kfm den JA gleichwohl ändern, ist dies steuerrechtlich nur nach § 4 Abs 2 S 2 EStG (Anm 845), handelsrechtlich nur bei Vorliegen gewichtiger Gründe zulässig (Anm 835).

Die subjektive Richtigkeit ist ua von Bedeutung, wenn der Unternehmer auch bei Anwendung der Sorgfalt eines ordentlichen Kfm nicht hätte erkennen können, dass ein Rechtsgeschäft wegen objektiven Verstoßes gegen gesetzliche Vorschriften nichtig oder unwirksam war (wird ein Rechtsgeschäft demgegenüber vertraglich nach dem Stichtag ex tunc rückgängig gemacht, ist die nach dem Stichtag getroffene Vereinbarung nicht wertaufhellend sondern wertbegründend und im JA nicht zu berücksichtigen). Zu Besonderheiten von Steuer- bzw Satzungsklauseln bei vGA im Einzelnen § 278 Anm 127. Bei einer **Änderung der Rechtsprechung** wird der im Zeitpunkt der Bilanzaufstellung zutreffende Bilanzansatz erst in der Bilanz fehlerhaft, in der die Änderung der Rspr erstmals hätte berücksichtigt werden können (zB *BFH* 12. 11. 1992, BStBl II 1993, 392). Erweist sich dagegen ein (subjektiv falscher) Bilanzansatz durch Rspr-Änderung später als (objektiv) zutreffend, liegt kein Fehler vor (*FG München* 30. 10. 1997, EFG 1998, 433).

II. Durchführung der Bilanzberichtigung in der Handelsbilanz

806 **Nach Bilanzfeststellung** ist eine Berichtigung von fehlerhaften Bilanzansätzen nur für den Fall zwingend, dass ohne Berichtigung ein den tatsächlichen Verhältnissen nicht entspr Bild der VFE-Lage vermittelt wird. Eine Berichtigung darf aber unterbleiben, wenn die Auswirkung des Fehlers auf die VFE-Lage zeitnah im lfd JA berücksichtigt werden kann (*IDW RS HFA 6* Anm 19 WPg 2001, 1084). Hierzu kann bei KapGes/KapCoGes eine erläuternde Anhangangabe erforderlich sein.

Bei **Nichtigkeit** des JA ist eine Berichtigung bzw Änderung im Wortsinn nicht zulässig, da die danach erfolgende erneute Aufstellung als erstmalige Aufstellung eines wirksamen JA anzusehen ist (*Prinz* in FS W Müller, 691). Es ist aber zB für AG durch § 256 AktG vorgesehen, dass die Nichtigkeit durch Ablauf von verschiedenen Fristen „geheilt" wird, dh dass gegen die Nichtigkeit eine Anfechtung nicht mehr zulässig ist. Nur im Falle *nicht geheilter* Nichtigkeit oder erfolgreicher **Anfechtung** wegen eines fehlerhaften Bilanzansatzes muss eine Rückberichtigung bis zur Fehlerquelle erfolgen. Allerdings kann nach *IDW RS HFA 6* Anm 17 WPg 2001, 1084 auch bei noch nicht eingetretener Heilung auf eine Berichtigung verzichtet werden, wenn es sich um einen formalen Mangel handelt, der nach 6 Monaten verjähren wird.

Wenn *nach Ablauf der Frist* die Nichtigkeit des JA zwar nicht mehr geltend gemacht werden kann, ist die Neuaufstellung nicht zwingend erforderlich, aber gleichwohl zumindest wie im Rahmen einer Änderung zulässig. Wird der betroffene JA nicht neu aufgestellt, hat die Fehlerkorrektur im lfd JA zu erfolgen, wobei die berichtigende Maßnahme, ihre betragsmäßigen Auswirkungen auf die einzelnen Posten sowie die Auswirkungen auf die VFE-Lage im Anhang zu erläutern sind (*IDW RS HFA 6* Anm 16 WPg 2001, 1084).

Bei der Berichtigung ist die **Gesetzeslage** für das betreffende Gj zu berücksichtigen. Nach *IDW RS HFA 6* Anm 24 WPg 2001, 1084 soll für die Berichtigung stets die *alte* Rechtslage anzuwenden sein. Dies ist regelmäßig unproblematisch, da bei Gesetzesänderungen des HGB regelmäßig im EGHGB eine Anwendungsvorschrift erlassen wird, wonach sie frühestens für das zum Zeitpunkt des Inkrafttretens lfd Gj gilt. Würde jedoch eine solche Anwendungsvorschrift im Einzelfall nicht vorliegen, so dürfte zumindest bei einer über die Berichtigung des einzelnen Postens hinausgehenden Berücksichtigung aller Wertaufhellungen iSe Neuaufstellung des JA wie auch bei Neuaufstellung auf Grund von Nichtigkeit eine neue Rechtslage zu beachten sein.

Umfang der Berichtigung: Der JA kann sowohl bei Bilanzberichtigung 807
wie auch Bilanzänderung grds unbeschränkt berichtigt werden. Neben der Fehlerberichtigung können gleichzeitig Ansatz- und Bewertungswahlrechte neu ausgeübt werden. Es sind mindestens alle von der Änderung betroffenen Posten zu korrigieren (*Prinz* in FS W Müller, 691). Es dürfen keine zusammenfassenden Ausgleichs- oder Sammelposten gebildet werden (*IDW RS HFA 6* Anm 22 WPg 2001, 1084). Hierbei sind Wertaufhellungen zu beachten. Für die Frage, ob auch *andere Posten* im Rahmen der Wertaufhellung geändert werden *müssen,* ist nach *IDW RS HFA 6* Anm 23 WPg 2001, 1084 zu unterscheiden: Ist die Änderung ergebnisneutral, so kann eine umfängliche Neuerstellung des JA trotz wertaufhellender Erkenntnis unterbleiben. Führt die Berichtigung bzw Änderung jedoch zu einer *Erhöhung des Jahresüberschusses,* sind im Rahmen der Wertaufhellung alle bekannt gewordenen gegenläufigen Effekte zu berücksichtigen (Überprüfung aller Bilanzposten). Eine Begrenzung, dass die gegenläufigen Effekte betragsmäßig nur bis zur Saldierung der Auswirkung der Bilanzberichtigung zu erfolgen haben (wie zB bei Bilanzänderung im Steuerrecht nach § 4 Abs 2 S 2 EStG) ist dem Handelsrecht nicht bekannt, so dass der Jahresüberschuss insgesamt geringer werden kann.

Prinz in FS W Müller, 691 folgend sind auf den Berichtigungsumfang begrenzte Kompensationsmaßnahmen generell zulässig, so dass auch bei einer *Verminderung des Jahresüberschusses* gegenläufige Erhöhungsmaßnahmen zulässig sind.

Wegen des Grundsatzes der Bilanzverknüpfung nach § 252 Abs 1 Nr 1 müssen auch **alle folgenden Jahresabschlüsse** geändert werden (*IDW RS HFA 6* Anm 21 WPg 2001, 1084). Zur Frage der Nichtigkeit von Folgeabschlüssen s auch *Hense* WPg 1993, 716. Der geänderte JA muss als solcher **gekennzeichnet** werden; über wesentliche Änderungen ist im **Anhang** zu berichten (*IDW RS HFA 6* Anm 24 WPg 2001, 1084).

Zuständig für die Veranlassung einer Berichtigung eines festgestellten JA ist 808
das für die Feststellung des JA zuständige Organ (Vorstand mit AR oder HV, GesV, EKfm). Die Berichtigung von Fehlern, soweit noch möglich, im lfd JA obliegt vor Feststellung dem für die Aufstellung zuständigen Organ (Vorstand, Geschäftsführer, phG, EKfm). Ist der JA zu prüfen, so bleibt die **Bestellung des ursprünglichen Abschlussprüfers** wirksam. Falls auf Grund eines nichtigen JA ein neuer, erstmals gültiger JA aufgestellt werden muss, hat der AP das Mandat aus wichtigem Grund nach § 318 Abs 6 sowie § 49 WPO zu kündigen, wenn er auf Grund seiner vorherigen Prüfung sowie der dabei gemachten Feststellungen befangen sein könnte. Das Unt kann die Bestellung demgegenüber nach § 318 Abs 1 S 5 nicht mehr widerrufen, sondern müsste analog § 318 Abs 3 bei Gericht die Bestellung eines anderen AP auf Grund Besorgnis der Befangenheit beantragen (*Forster* in FS W Müller, 183).

Es ist eine erneute **Feststellung** erforderlich. Eine erneute Beschlussfassung über die **Gewinnverwendung** ist nach *IDW RS HFA 6* Anm 26 WPg 2001, 1084 nicht nötig, wenn sich kein anderer Bilanzgewinn ergibt. Eine erneute **Offenlegung** hat nach § 325 Abs 1 S 3 zu erfolgen.

III. Durchführung der Bilanzberichtigung in der Steuerbilanz

1. Allgemeines

809 Der Grundsatz der Gleichmäßigkeit der Besteuerung verlangt zwingend die **Beseitigung** der Fehlerhaftigkeit **bis zur Fehlerquelle** zurück. Er lässt auch keine Unterscheidung zwischen schwerwiegenden und geringfügigen Fehlern zu. Zuständig ist auch hier das für die Aufstellung des JA zuständige Organ (s Anm 808). Nach *BFH* 4. 11. 1999, DB 2000, 405 darf nur der Stpfl selbst die Bilanzberichtigung vornehmen. Eine „Berichtigung" durch das FA ist daher zumindest dann ohne Folge, wenn diese nicht korrekt war, und der Stpfl diese nicht übernimmt. Ist die Berichtigung durch das Finanzamt jedoch richtig, besteht eine Verpflichtung des Stpfl zur Übernahme.

2. Bilanzberichtigung nach Rechtskraft der Veranlagung

a) Grundsatz des Bilanzzusammenhangs

810 Eine Bilanzberichtigung ist steuerrechtlich nur solange zulässig, wie die Fehlerhaftigkeit noch nach den Verfahrensvorschriften der AO geändert werden kann. Anderenfalls scheidet eine Rückwärtsberichtigung bis zur Fehlerquelle aus Gründen der Rechtskraft grds aus. Die Rspr hat in solchen Fällen den Grundsatz des Bilanzzusammenhangs herausgearbeitet. Danach müssen die Wertansätze in der EB für den ersten noch nicht rkr Veranlagungszeitraum mit den Werten der Schlussbilanz des vorhergehenden Veranlagungszeitraums übereinstimmen (Bilanzidentität; § 252 Abs 1 Nr 1). Ein fehlerhafter Bilanzansatz in der letzten nicht mehr berichtigungsfähigen Schlussbilanz wird dann **in der ersten noch offenen Veranlagung** auf Grund des Bestandsvergleichs (§ 4 Abs 1 EStG) zwischen fehlerhafter EB und fehlerfreier Schlussbilanz (grds) *ergebniswirksam* korrigiert. Vom Ergebnis her liegt insoweit eine Ausnahme vom Grundsatz der Abschnittsbesteuerung vor. Nach Auffassung *BFH* 16. 5. 1990, BStBl II, 1044 ist die richtige Besteuerung des einzelnen Geschäftsvorfalls ggü der periodengerechten Gewinnermittlung vorrangig. Eine Fehlerberichtigung in der ersten noch offenen Schlussbilanz ist jedoch dann nicht geboten, wenn sich der Fehler im Zeitablauf von selbst aufhebt (zB im Fall zu hoher oder zu niedriger AfA).

Ausgeschlossen ist die erfolgswirksame Berichtigung bei fehlender Vorjahresveranlagung, die wegen Ablauf der Festsetzungsfrist auch nicht mehr nachgeholt werden kann. Begründet wird dies mit dem **formellen Bilanzzusammenhang,** der eine ununterbrochene Kette von Veranlagungsbilanzen voraussetzt (*BFH* 28. 1. 1992, BStBl II, 881; im Grundsatz bestätigend, wenn auch im Urteilsfall ablehnend *BFH* 12. 10. 1993, BStBl II 1994, 174).

811 Im Fall einer ergebniswirksamen Nachholung einer Gewinnrealisierung sind auch **alle steuerrechtlichen Vergünstigungen** zu gewähren, sofern bis dahin noch die materiell-rechtlichen Voraussetzungen für diese Vergünstigung bestehen.

812 Der Grundsatz des Bilanzzusammenhangs **darf nicht zu einer Nachversteuerung** von durch Rechtsgeschäfte realisierten stillen Reserven führen. Denn dies würde eine gesetzlich nicht gedeckte Besteuerung eines fiktiven Sachverhalts, nämlich einer Entnahme im Berichtigungsjahr, bedeuten. Andererseits darf die Streichung des Buchwerts im Berichtigungsjahr nicht ergebniswirksam sein; deshalb hat die Herausnahme in der Anfangsbilanz (erfolgsneutrale Ausbuchung) zu erfolgen. Umgekehrt muss ein fälschlich nicht bilanziertes WG ggf zu Jahresbeginn erfolgsneutral eingebucht werden, unter ergebnismäßiger Erfassung der

Aufwendungen und Erträge des lfd Jahres. Da eine **Nachholung** in der Vergangenheit **unterlassener Abschreibungen** über den Bilanzzusammenhang **zulässig** ist, halten wir eine Einbuchung zum ursprünglichen Einlagewert und nicht etwa zu einem fortentwickelten Buchwert für geboten (aA wohl *BFH* 29. 10. 1991, BStBl II 1992, 516 und EStH 15).

Der Grundsatz des Bilanzzusammenhang gilt auch für den Fall, dass ein EinzelU zu Buchwerten in eine PersGes eingebracht wird (*BFH* 8. 12. 1988, BStBl II 1989, 407).

b) Durchbrechung des Grundsatzes des Bilanzzusammenhangs

Eine ergebniswirksame Berichtigung im ersten noch berichtigungsfähigen Veranlagungszeitraum setzt voraus, dass die Fehlerhaftigkeit des Bilanzansatzes sich in der **Vergangenheit steuerrechtlich ausgewirkt** hat. Anderenfalls ist trotz Rechtskraft eine Rückwärtsberichtigung bis zur Fehlerquelle mit der praktischen Folge der Berichtigung der Anfangsbilanz und nicht der Schlussbilanz im ersten noch offenen Veranlagungsjahr vorzunehmen. So ist zB eine in der Vergangenheit nicht bilanzierte Anzahlung auf den Erwerb von Anlagevermögen in der Anfangsbilanz zu korrigieren, da es sich bei der geleisteten Anzahlung um einen **erfolgsneutralen Geschäftsvorfall** handelte. **Weitere Fälle fehlender** steuerrechtlicher **Auswirkungen:** Der geschuldete Steuerbetrag für den in Betracht kommenden Veranlagungszeitraum verändert sich nicht durch die Fehlerberichtigung, weil wegen bestehenden **Verlustvor- oder -rücktrags** die Steuer weiterhin Null Euro beträgt (die Minderung oder Erhöhung des Verlustvortrags ist unbeachtlich); ein fälschlich **nicht angesetztes Wirtschaftsgut unterliegt keiner Abnutzung;** eine Gewinnerhöhung wäre als bisher steuerfreier **Sanierungsgewinn** zu behandeln. Ebenso ist die Durchbrechung des Bilanzzusammenhang auch dann zulässig, wenn sich ein fehlerhafter Bilanzansatz auf der Aktivseite durch einen korrespondierenden Fehler auf der Passivseite ausgleicht. Fehlende steuerrechtliche Auswirkungen können auch auf verfahrensrechtlichen Gründen beruhen, so zB bei einer Veranlagung auf Grund einer Gewinnschätzung oder bei Nichtveranlagung. 813

c) Bilanzzusammenhang und Festsetzungsverjährung

Der Grundsatz, dass der periodengerechten Gewinnermittlung weniger Bedeutung zukommt als der richtigen Besteuerung des einzelnen Geschäftsvorfalls, muss uE seine Grenze finden, wenn für den Veranlagungszeitraum, in dem der Geschäftsvorfall stattgefunden hat, bereits Festsetzungsverjährung eingetreten ist (*Wuttke* FR 1993, 459; *Flies* DStR 1997, 135). Denn hier ist gem § 47 AO der Anspruch auf die zutreffende Besteuerung des Geschäftsvorfalls erloschen (*Heinicke* in Schmidt[24] § 4 Anm 689). Dieser Auffassung ist allerdings der *BFH* nicht gefolgt (*GrS BFH* 10. 11. 1997, BStBl II 1998, 83). 814

3. Anpassung der Handelsbilanz an die Steuerbilanz

Ob eine im Rahmen der Bp durchgeführte Berichtigung der Steuerbilanz auch in der HB nachzuvollziehen ist, entscheidet sich nach den für die HB geltenden Grundsätzen, dh wenn *auch ein handelsbilanzieller Fehler* vorliegt (**handelsbilanzielle Bilanzberichtigung;** Anm 806). Im Einzelfall darf dann möglicherweise eine Berücksichtigung im JA des lfd Gj erfolgen (dh wenn die Ergebnisse der Bp absehbar sind oder feststehen), auch wenn die steuerbilanzielle Berichtigung im betroffenen Wj erfolgt (*IDW RS HFA 6* Anm 27 ff WPg 2001, 1084). 815

Besonderheiten gelten dann, wenn die Auffassung der Bp von der hM oder der Rspr des BFH abweicht, und der Kfm nicht gegen die Feststellungen der Bp 816 vorgeht. In diesem Fall wird dem Kfm in der Praxis zugestanden, trotz *richtiger HB* gleichwohl eine handelsbilanzielle Anpassung vorzunehmen. Dieser Handhabung ist jedoch zumindest dann zu widersprechen, wenn die Bp auf Grund eines Nichtanwendungserlasses der FinVerw eine vom BFH vorgegebene bilanzielle Behandlung ablehnt. Für die HB gilt in diesem Fall die Rspr des BFH als für Bilanzierungsfragen zuständiges oberstes Gericht. Entspricht die HB dieser Rspr, liegt *kein Bilanzierungsfehler* vor (*BFH* 12. 11. 1992, BStBl II 1993, 392). In der Folge müssen HB und Steuerbilanz voneinander abweichen. Dies ist jedoch kein Problem des materiellen Bilanzrechts, sondern eine Folge des formellen Steuerrechts (der Kfm könnte eine Klärung durch die FG herbeiführen). Liegt eine Einheitsbilanz ohne steuerrechtliche Abweichungen vor, ist diese steuerbilanzielle Abweichung künftig zu dokumentieren.

817 Allerdings kann für die HB eine **Bilanzänderung** zulässig sein, wenn ein gewichtiger Grund vorliegt, und die Änderung durch ein handelsbilanzielles Wahlrecht gedeckt ist, dh bereits bei Aufstellung so erfasst hätte werden dürfen. Ein gewichtiger Grund kann in der Vermeidung von steuerrechtlichen Mehrergebnissen liegen, die im Fall der Nichtanpassung drohen würden (*IDW RS HFA 6* Anm 28 WPg 2001, 1084). Falls die von der Bp vorgenommene Berichtigung nicht durch ein handelsbilanzielles Wahlrecht gedeckt ist, darf eine „Änderung" nicht erfolgen, auch wenn dadurch steuerrechtliche Mehrergebnisse entstehen.

818 Während eine Berücksichtigung im betroffenen Gj in den entspr Posten des JA zu erfolgen hat, und eine Erfassung in Sammelposten nicht zulässig ist (Anm 807), ist es demgegenüber bei Erfassung im lfd Gj aus Vereinfachungsgründen zulässig, die Auswirkungen in der GuV als sonstigen betrieblichen Ertrag/Aufwand auszuweisen (*IDW RS HFA 6* Anm 30 WPg 2001, 1084). Dies gilt nicht für eine Änderung des Steueraufwands, der stets unter E+E-Steuern bzw sonstige Steuern zu zeigen ist. Der Steueraufwand kann dadurch auch negativ werden.

4. Erfassung von zusätzlichem Steueraufwand

820 Für die HB s Anm 818. Nach OFD Münster 28. 6. 2000, BB, 2094 und OFD Magdeburg 17. 11. 2000, DStR 2001, 170 sind Mehrsteuern in dem Wj, zu dem sie wirtschaftlich gehören zu berücksichtigen. Es handelt sich dabei um eine Bilanzberichtigung nach § 4 Abs 2 S 1 EStG.

C. Bilanzänderung

I. Begriff

830 Eine Bilanzänderung iSd engeren steuerrechtlichen Terminologie ist die **Ersetzung eines nicht fehlerhaften Bilanzansatzes durch einen anderen zulässigen,** R 15 Abs 2 EStR (zB in Ausübung von Bewertungswahlrechten). Ebensowenig wie Bilanzberichtigungen eröffnen Bilanzänderungen die Möglichkeit nachträglicher Sachverhaltsgestaltungen, Anm 804. Als Bilanzänderung gilt nicht die Ausübung verfahrensrechtlicher Wahlrechte (zB Antrag zur Buchwertfortführung nach § 20 Abs 2 UmwStG).

831 In Fällen, in denen der ursprüngliche Bilanzansatz zwar **objektiv, aber nicht subjektiv unrichtig** war, verneint *BFH* 14. 8. 1975, BStBl II 1976, 88 eine Änderungsmöglichkeit, sowohl unter dem Gesichtspunkt der Bilanzberichtigung (Anm 805) wie auch der Bilanzänderung. UE stellt die Auffassung des BFH eine Überspannung des Grundsatzes der subjektiven Richtigkeit dar. Es sollte in den

Grenzen der steuerrechtlichen Vorschriften zur Bilanzänderung grds zulässig sein, die Vermögensverhältnisse des Unt so darzustellen, wie sie tatsächlich waren.

II. Zulässigkeit nach Handelsrecht

Die Änderung nicht fehlerhafter Bilanzansätze **nach Feststellung** des JA durch die zuständigen Organe ist ohne zeitliche Grenzen zulässig (*IDW RS HFA 6* Anm 13f WPg 2001, 1084). Sie darf jedoch **nicht willkürlich** erfolgen. Es müssen wichtige rechtliche, wirtschaftliche oder auch steuerrechtliche Gründe vorliegen (*ADS*[6] § 172 AktG Anm 34; *IDW RS HFA 6*, Anm 10 WPg 2001, 1084). Erscheint eine Änderung des betr Bilanzansatzes in der Zukunft ausreichend, fehlt es an einem zwingenden Grund für eine frühere Änderung. Als **wichtige Gründe** kommen in Betracht: Neue Erkenntnisse über eingetretene hohe Verluste *nach Feststellung* des JA, die eine höhere Dotierung der Gewinnrücklagen unter Minderung der Ausschüttung sinnvoll erscheinen lassen; steuerrechtliche Gründe, wie zB nachträgliche Wahlrechtsausübung zur Kompensierung von Mehrgewinnen auf Grund einer steuerlichen Außenprüfung (Anm 817); Ausnutzung von steuerrechtlichen Verlustvor- oder -rückträgen; nachträgliche steuerrechtliche Wahlrechtsausübung, die auf Grund der umgekehrten Maßgeblichkeit nach § 5 Abs 1 S 2 EStG auch handelsrechtlich erfolgen muss; die durch Gerichtsentscheidung angeordnete Bilanzänderung auf Grund einer stattgegebenen Klage eines Gester ist zumindest ein rechtlicher Grund, auch wenn der angefochtene Ausweis noch keine Nichtigkeit oder erhebliche Beeinträchtigung des Einblicks in die VFE-Lage und damit die Zulässigkeit einer *Berichtigung* nach sich zog. 835

Auch aus wichtigem Grund ist eine Änderung dann **unzulässig, wenn sie in bestehende Rechte** der Gester oder Dritter, zB Gewinn- oder Tantiemeansprüche, **eingreift** (*IDW RS HFA 6*, Anm 11 WPg 2001, 1084; *ADS*[6] § 172 AktG Anm 63). Bei AG ist nach beschlossener Gewinnverwendung eine ergebnismindernde Bilanzänderung regelmäßig nur zulässig, wenn durch Verwendung des Gewinnvortrags oder Auflösung von offenen Rücklagen der an die Aktionäre auszuschüttende Betrag unverändert bleibt (*ADS*[6] § 172 AktG Anm 64). Bei GmbH ist eine Bilanzänderung auch mit gewinnmindernder Wirkung nach einer Ausschüttung zulässig, sofern alle Gester die bisher erhaltenen Gewinne ganz oder teilweise zurückgewähren (*Schulze-Osterloh* in Baumbach/Hueck GmbHG[17] § 42 Anm 468). Bei PersGes kann eine solche Bilanzänderung auch dann vorgenommen werden, wenn zwar nicht alle Gester zustimmen, aber die zustimmungsbereiten Gester bereit sind, die Gewinnkürzung allein zu übernehmen. 836

Schuldrechtliche **Ansprüche Dritter,** die an Größen des JA anknüpfen (zB Tantiemen, Zinsen auf Genussscheine, Lizenzgebühren, Rückzahlungsansprüche aus Besserungsscheinen), stehen einer Bilanzänderung nicht entgegen. Für die Höhe der zu passivierenden Verbindlichkeit kommt es auf die zivilrechtliche Auslegung der Vereinbarung an. Es ist möglich, dass die Höhe des Anspruchs durch die Änderung nicht beeinträchtigt wird.

III. Durchführung in der Handelsbilanz

Durchführung wie bei Bilanzberichtigung (Anm 806 bis 808). 840

IV. Zulässigkeit nach Steuerrecht

845 Wegen des Maßgeblichkeitsgrundsatzes setzt eine Bilanzänderung in der Steuerbilanz eine **entsprechende Änderung in der Handelsbilanz** voraus.

Eine Änderung der HB entfällt, wenn die Maßgeblichkeit bereits durchbrochen ist (zB geringere Abschreibungen in der HB auf Betriebsgebäude als nach EStG). Nach § 4 Abs 2 S 2 EStG ist die nachträgliche Bilanzänderung nur zulässig, um eine durch vorhergehende Bilanzberichtigung resultierende Gewinnveränderung zu kompensieren. Die Bilanzänderung muss dabei in **engem sachlichem und zeitlichem Zusammenhang** mit der Bilanzberichtigung stehen. Nach BMF 18. 5. 2000, BStBl I, 587 setzt dies voraus, dass sich sowohl Berichtigung wie auch Änderung auf *dieselbe Bilanz* beziehen (sachlicher Zusammenhang). Innerhalb dieser Bilanz können hingegen verschiedene VG und Schulden betroffen sein. Nach *BFH* 25. 3. 2004 DB, 1345 fehlt es zB an einem sachlichen Zusammenhang, wenn der Stpfl die Bilanzänderung vornehmen will, um das Ergebnis von Feststellungen der Steuerfahndungsstelle auszugleichen. Die Bilanzänderung muss *unverzüglich* nach der Berichtigung erfolgen (zeitlicher Zusammenhang). Zur Interpretation des BMF s *Prinz* in FS W Müller, 698. Eine Zustimmung des FA ist nicht erforderlich. Die steuerrechtliche Einschränkung der Bilanzänderung führt zu einer Durchbrechung der Maßgeblichkeit der HB für die Steuerbilanz.

C. Abweichungen der IFRS

(Die Korrektur wesentlicher Fehler nach IAS 8 (rev 2004))

870 IAS 8 (rev 2004) regelt ua die Korrektur **wesentlicher** Fehler im JA und KA. Fehler gelten nach IAS 8.5 (rev 2004) als wesentlich, wenn sie die Aussagefähigkeit von JA eines oder mehrerer Vj derart beeinträchtigen, dass diese bezogen auf den Zeitpunkt ihrer Veröffentlichung nicht mehr als verlässlich angesehen werden können. Die Fehlerdefinition stimmt somit mit derjenigen überein, die in *IDW RS HFA 6* handelsrechtlich festgelegt wurde. Jedoch ist eine Berichtigung des fehlerhaften Abschlusses nach deutschem Handelsrecht nur erforderlich, wenn durch einen fehlerhaften Jahresabschluss ein den tatsächlichen Verhältnissen nicht entsprechendes Bild der Vermögens- Finanz- und Ertragslage vermittelt wird (*IDW RS HFA 6* Anm 19). Das IDW macht somit eine Unterscheidung in fundamentale und weniger fundamentale Fehler, die in der Neufassung des IAS 8 (rev 2004) weggefallen ist.

871 Solche wesentlichen Fehler sind nach IAS 8.42 (rev 2004) **retrospektiv** zu korrigieren. Für diesen Zweck sind die Vj-Zahlen und die Bilanzansätze des lfd Gj anzupassen. Der aktuelle JA wird folglich so dargestellt, als sei der Fehler in der Periode berichtigt worden, in der er gemacht wurde. Der auf frühere (nicht in den Vergleichszahlen dargestellte) Perioden entfallende Berichtigungsbetrag wird mit den Gewinnrücklagen der EB des ersten dargestellten Vj verrechnet. Eine Änderung festgestellter Vj-Abschlüsse wird nach IAS 8 (rev 2004) nicht verlangt, kann aber auf Grund nationaler Regelungen erforderlich sein.

872 Das Wahlrecht *(allowed alternative treatment)* zur erfolgwirksamen Berücksichtigung des Fehlers im lfd Gj wurde durch die Änderungen des IFRS-Improvements Project eliminiert. Auf eine Ermittlung der Wirkung des Fehlers in vorangegangenen Jahren darf nur verzichtet werden, wenn diese Ermittlung praktisch nicht durchführbar ist (IAS 8.43 (rev 2004)).

Bei einer Fehlerkorrektur werden zusätzliche Angaben im Anhang verlangt, insb zur Art des wesentlichen Fehlers und zum gesamten Berichtigungsbetrag. Ggf sind die Gründe für die Nichtdurchführbarkeit der rückwirkenden Fehlerermittlung darzulegen. 873

§ 254 Steuerrechtliche Abschreibungen

[1]Abschreibungen können auch vorgenommen werden, um Vermögensgegenstände des Anlage- oder Umlaufvermögens mit dem niedrigeren Wert anzusetzen, der auf einer nur steuerrechtlich zulässigen Abschreibung beruht. [2]§ 253 Abs. 5 ist entsprechend anzuwenden.

Übersicht

Schrifttum: *Clemm/Pankow* Die nur steuerrechtlich zulässigen Abschreibungen iSv § 254 HGB als Mehrbeträge gegenüber den Abschreibungen nach § 253 Abs 1 bis 3 HGB, ZfB-Erg-Heft 1/1987, 83; *Pinkos* StandOG: Die Ansparabschreibung als Förderung des Mittelstands, DB 1993, 1688; *Feld* Auswirkungen des neuen steuerlichen Wertaufholungs- und Abzinsungsgebots auf die Handelsbilanz, WPg 1999, 861; *Herzig/Rieck* Bilanzsteuerliche Aspekte des Wertaufholungsgebotes im Steuerentlastungsgesetz, WPg 1999, 305; *Strahl* Übertragung stiller Reserven und (drohende) Änderung des Veräußerungspreises, FR 2000, 803; *Sorg* Bildung und Auflösung steuerfreier Reinvestitionszulagen gemäß § 6 b EStG – Neuregelung nach dem Steuerentlastungsgesetz 1999/2000/2002, BKK Fach 30, 1053; *Mayer/Ball* Die Kapitalgesellschaft als Existenzgründer im Sinne des § 7 g EStG, DStR 2001, 1238; *Pohl* Aktuelle Fragen zur Ansparrücklage unter besonderer Berücksichtigung der Rechtsprechung des BFH, DB 2003, 960; *Meyer/Ball* Das BMF – Schreiben zur Ansparrücklage nach § 7 g EStG – Demontage einer Vorschrift, FR 2004, 984.

A. Anwendungsbereich

1 Satz 1 eröffnet ein **Abschreibungswahlrecht** zur Übernahme von unter den handelsrechtlichen Werten (§ 253) liegenden Bilanzansätzen für Aktivposten und kann damit die „Lagen-Darstellung“ gem § 264 Abs 2 S 1 *gesetzlich* – zuweilen erheblich – einschränken.

Obwohl die handelsrechtlichen GoB der steuerrechtlichen Gewinnermittlung zugrundezulegen sind (§ 5 Abs 1 EStG), kann es auf Grund des steuerrechtlichen Vorbehalts vom Handelsrecht unabhängiger Bewertung (§ 5 Abs 6 EStG) zu niedrigeren steuerrechtlichen Wertansätzen kommen (§ 253 Anm 297; zu Einzelheiten des sog **Maßgeblichkeitsgrundsatzes** vgl § 243 Anm 111 ff).

2 Die Ursache für **Abweichungen** kann einmal ein vom Handelsrecht abweichender Ansatz der AK/HK sein (zB wegen der Übertragung stiller Rücklagen

nach § 6b EStG; hierzu Anm 11 ff); zum anderen kann die Ursache **niedrigerer steuerrechtlicher Wertansätze** in besonderen steuerrechtlichen Abschreibungsbestimmungen liegen, insb bei sog erhöhten Absetzungen und Sonderabschreibungen (Anm 30 ff).

Die ausdrückliche Zulassung von steuerrechtlichen Abschreibungen in der HB ist nur dann von Bedeutung, wenn unter den AK/HK liegende Wertansätze von VG nicht mit der handelsrechtlichen Bewertung iSd § 253 begründet werden können; aus diesem Grund ist zB § 6 Abs 1 Nr 2a EStG, der auch steuerrechtlich die Lifo-Verbrauchsfolge zulässt, keine originär steuerrechtliche Abschreibungsbestimmung, § 253 Anm 318. Der Anwendungsbereich von S 1 liegt somit außerhalb des Umfangs der handelsrechtlichen **Abschreibungspflichten** und **Abschreibungswahlrechte,** also unterhalb der handelsrechtlich zulässigen Wertuntergrenze eines VG. 3

Auch soweit Abschreibungen handelsrechtlich zwingend vorgeschrieben sind, ergeben sich im Einzelfall meist Beurteilungsspielräume für die Wahl der Abschreibungsmethode und der Nutzungsdauer (*Clemm/Pankow* ZfB ErgHeft 1/1987, 83 zur Wahl zwischen linearer und degressiver Abschreibung und § 253 Anm 229 zum Prognosespielraum bei der Bestimmung der Nutzungsdauer). Für solche Fälle gilt, dass eine steuerrechtliche Abschreibung iSv § 254 nach dem Wortlaut eine *nur* steuerrechtlich, also *nicht auch* handelsrechtlich zulässige Abschreibung ist. 4

Die Definition der nur steuerrechtlichen Abschreibungen hat für KapGes/KapCoGes praktische Bedeutung bei der Anwendung von § 279 (eingeschränkte Geltung von § 254), § 280 (Wertaufholungsgebot) und § 285 S 1 Nr 5 (Angaben im Anhang). Wegen der deshalb bestehenden Forderung nach Praktikabilität und wegen der ohnehin bestehenden Beurteilungsspielräume muss es jedoch auch zulässig sein, die nur steuerrechtlichen Abschreibungen als Mehr-Abschreibungen ggü den Abschreibungen zu definieren, die sich nach den im Unt angewandten Abschreibungsmethoden und Nutzungsdauern ohne Berücksichtigung steuerrechtlicher Vorschriften ergeben hätten.

I. Anwendungsbereich des Satzes 1 bei Nicht-Kapitalgesellschaften

Bei **Einzelunternehmen** und **PersGes,** die nicht unter § 264a fallen, ist es wegen der Möglichkeit zur Vornahme von Abschreibungen nach **vernünftiger kaufmännischer Beurteilung** (§ 253 Abs 4) häufig möglich, dass ein steuerrechtlich zulässiger Wertansatz auch handelsrechtlich begründet werden kann. Insoweit dient S 1 vor allem der **Klarstellung in Zweifelsfällen** (s auch § 253 Anm 318). Eine Unterscheidung zwischen Abschreibungen gem § 253 Abs 4 und steuerrechtlichen Abschreibungen iSd S 1 ist bilanzrechtlich nicht erforderlich. Aufgrund besonderer Regelung im GesVertrag kann sie jedoch im Einzelfall von Bedeutung sein, soweit die Gester die Vornahme solcher Abschreibungen an besondere Zustimmungsvorbehalte geknüpft haben und sie nicht allein der Geschäftsführung überlassen (dazu auch *BGH* 29. 3. 1996 DB, 926 ff). 5

II. Anwendungsbereich des Satzes 1 bei Kapitalgesellschaften/KapCoGes

In den Fällen der Abhängigkeit steuerrechtlicher Bewertungswahlrechte von der HB ergibt sich für KapGes/KapCoGes aus S 1 iVm § 279 Abs 2 ein **handelsrechtliches Abschreibungswahlrecht,** die Wertansätze der HB an die niedrigeren, nur steuerrechtlich zulässigen Werte anzupassen (für die übrigen Kfl 6 kann sich dieses Wahlrecht aus § 253 Abs 4 ergeben). Nach § 5 Abs 1 S 2 EStG **(umgekehrte Maßgeblichkeit)** ist die Ausübung steuerrechtlicher Ansatz- und Bewertungswahlrechte jedoch stets davon abhängig, dass sie ebenso auch in der HB ausgeübt worden sind. Banken und VersicherungsUnt, die keine KapGes sind, dürfen Abschreibungen nach S 1 ebenfalls nur unter den Voraussetzungen des § 279 Abs 2 bilden. Für aus der Zeit vor 1987 beibehaltene Wertansätze gilt auch bei KapGes § 253 Abs 4 weiter (zB bei Finanzanlagen, Art 24 Abs 1 EGHGB s § 253 Anm 666) und somit Anm 5 statt Anm 3. Bzgl der Übergangsregelung für KapCoGes s Art 48 Abs 2 EGHGB.

Voraussetzung des Abschreibungswahlrechts ist aber in jedem Falle, dass es sich um steuerrechtlich zulässige Abschreibungen handelt. Lediglich irrtümlich für zulässig gehaltene Abschreibungen in der Steuerbilanz rechtfertigen keine Abschreibung nach S 1 (*ADS*[6] § 254 Anm 12 fordert bei fehlender steuerrechtlicher Zulässigkeit keine Bilanzberichtigung, sondern lässt eine spätere Wertaufholung nach § 280 genügen).

III. Anwendungsbereich des Satzes 2

7 Durch die Abschreibung auf einen (an sich) nur steuerrechtlich zulässigen **niedrigeren Wertansatz** kommt es aus Sicht der handelsrechtlichen Bewertung in Höhe des die handelsrechtliche Abschreibung übersteigenden **Mehrbetrags** zur **Bildung stiller Rücklagen** (§ 253 Anm 641 ff). Diese stillen Rücklagen dürfen nach dem Wortlaut des S 2 auch dann beibehalten werden, wenn die Gründe für ihre Bildung nicht mehr bestehen, aber der Gegenstand noch vorhanden ist.

Bei **Einzelunternehmen** und **PersGes,** die nicht unter § 264a fallen, ergibt sich dieses Beibehaltungswahlrecht unmittelbar aus § 253 Abs 5, soweit bei ihnen S 1 **Klarstellungsfunktion** zu § 253 Abs 4 hat; im Übrigen gemäß S 2 iVm § 253 Abs 5 (dort Anm 652).

Das handelsrechtliche Wertaufholungswahlrecht wird durch die Einführung des steuerrechtlichen Wertaufholungsgebots (§ 6 Abs 1 Nr 1 S 4, Nr 2 S 3 EStG) nicht berührt. Durch Ausübung dieses Wahlrechts kann allerdings eine Zuschreibung in der Steuerbilanz nicht vermieden werden.

Andererseits kann nicht zwingend davon ausgegangen werden, dass eine steuerrechtlich zwingende Wertaufholung auch handelsrechtlich zwingend ist.

8 Bei **KapGes/KapCoGes** ist S 2 ohne Bedeutung, weil sich für sie weder auf Grund von § 253 Abs 5 noch in Verbindung mit S 2 ein Beibehaltungswahlrecht ergibt. § 280 Abs 1 S 2 schließt ausdrücklich die Anwendbarkeit dieser Vorschriften bei KapGes/KapCoGes aus (s aber Art 24 Abs 1; 48 Abs 2 EGHGB; hier Anm 6).

B. Anwendungsfälle

10 **Niedrigere steuerrechtliche Wertansätze** iSd S 1 ergeben sich bei KapGes/KapCoGes (zu den übrigen Kfl vgl Anm 5) entweder

- als **Abzüge** von den AK/HK (zB § 6b Abs 1 EStG, Abzug von den AK eines Reinvestitions-VG) oder
- auf Grund besonderer **steuerrechtlicher Abschreibungsbestimmungen** (§ 253 Anm 318; Anm 30 ff), also der **erhöhten Abschreibungen und** der **Sonderabschreibungen.**

In beiden Fallgruppen handelt es sich um steuerrechtliche Vorschriften, die aus meist bewertungsfremden, idR wirtschaftspolitischen Überlegungen für

Zwecke der steuerlichen Gewinnermittlung Abzüge, Abschläge oder Abschreibungen von den AK/HK zulassen, die dem Prinzip der vorsichtigen Bewertung widersprechen und daher die Lagendarstellung einschränken (Anm 1).

I. Abzüge von den Anschaffungs- oder Herstellungskosten

1. Reinvestitionsbegünstigung nach § 6 b EStG

§ 6b Abs 1 EStG lässt in abschließend aufgezählten Fällen die **Übertragung stiller Rücklagen,** die bei Veräußerung von bestimmten VG des Anlagevermögens aufgedeckt werden, auf Reinvestitionsobjekte zu. Die **Übertragung** der stillen Rücklagen kann **(Wahlrecht)** durch einen **Abzug** von den AK/HK der **Reinvestitionsobjekte in der Steuerbilanz** bis zur Höhe der begünstigten Veräußerungsgewinne erfolgen (§ 6b Abs 1 S 1 EStG). Die Reinvestitionsobjekte müssen im Wj der Veräußerung oder im vorangegangenen Wj angeschafft oder hergestellt worden sein; näheres Anm 16ff. Insoweit unterbleibt die sofortige Besteuerung von Veräußerungsgewinnen. Auf diese Weise soll der Wirtschaft die sinnvolle Anpassung an strukturelle Veränderungen durch Reinvestition des Veräußerungserlöses erleichtert werden (*Glanegger* in Schmidt[24] § 6b Anm 1). 11

Handelsrechtlich ist dieser Abzug nur als Abschreibung gem § 253 Abs 4 oder S 1 zulässig. 12

Für die gem § 6b Abs 10 EStG ab dem 31. 12. 2001 begünstigte Veräußerung von KapGesAnteilen gibt es jedoch auch die Möglichkeit der Übertragung bei Reinvestition in KapGesAnteile und bewegliche WG. Besonderheiten gibt es für Aufwuchs bei Land- und Forstwirtschaft. Ist der Veräußerungsgewinn (zB auf Grund eines DBA) von der inländischen Besteuerung freigestellt, ist § 6b EStG nicht anwendbar (§ 6b Abs 4 S 1 Nr 4 EStG). Gem UntStFG kehrt § 6b für Veräußerungen nach dem 31. 12. 2001 von der gesellschaftsbezogenen zur gesellschafterbezogenen Betrachtungsweise zurück; Abs 10 aF entfällt und in Abs 4 S 1 Nr 3 wurden die Worte „eines Betriebs des Steuerpflichtigen" gestrichen. Gem Abs 10 nF ist die Übertragung stiller Reserven aus der Veräußerung von KapGes-Anteilen für PersGes und natürliche Personen wieder zulässig.

Als **Abzugsbetrag** kommen bis zu 100% des Veräußerungsgewinns in Betracht (§ 6b Abs 1 S 1 EStG).

Wird von der Abzugsmöglichkeit kein Gebrauch gemacht oder ist der Abzug mangels eines Reinvestitionsobjekts nicht möglich, kann eine auf 4 Jahre ab Ende des Veräußerungsjahrs befristete **gewinnmindernde Rücklage** als Sonderposten nach § 6 b Abs 3 EStG gebildet werden (dazu § 247 Anm 604). Bei Reinvestition innerhalb der folgenden 4 Wj darf bis zur Höhe der Rücklage ein Abzug von den AK/HK des Reinvestitionsobjekts (Anm 16) vorgenommen werden (§ 6b Abs 3 S 2 EStG). Bei Übertragung auf ein neu hergestelltes Gebäude verlängert sich die **Reinvestitionsfrist** auf 6 Jahre, wenn mit der Herstellung innerhalb der Vierjahresfrist begonnen worden ist (§ 6b Abs 3 S 3 EStG); (gemäß Abs 10 S 1 gilt verkürzte Frist von 2 Wj in bestimmten Fällen). Wird ein entspr Betrag nicht auf ein Reinvestitionsobjekt übertragen, ist der Gewinn im Auflösungsjahr für jedes volle Wj des Bestehens der Rücklage um 6 vH des Rücklagenbetrags zu erhöhen (§ 6b Abs 7 EStG). Eine rückwirkende Aufstockung bei nachträglicher Erhöhung des Veräußerungspreises für das begünstigte Veräußerungsobjekt ist zulässig, *BFH* 13. 9. 2000, DB 2001, 24. 13

Nach *BFH* 12. 12. 2000, DB 2001, 567 ist die 6b-Rücklage auch zulässig, wenn wegen bevorstehender Betriebsaufgabe eine Reinvestition nicht mehr in

Betracht kommt, falls die Übertragung der Rücklage auf ein begünstigtes Reinvestitionsobjekt am Bilanzstichtag noch möglich war.

Im Einzelnen sind folgende **Voraussetzungen** zu erfüllen:

a) Veräußerungsobjekte (§ 6b Abs 1 S 1 1. HS EStG)

14 Begünstigt sind ab VZ 1999 ausschließlich die **Veräußerungsgewinne** bei folgenden VG, wenn sie im Zeitpunkt der Veräußerung **mindestens sechs Jahre** ununterbrochen zum Anlagevermögen (§ 247 Anm 350; das WG darf vor Veräußerung noch nicht zum Umlaufvermögen geworden sein, vgl *BFH* 25. 10. 2001, DB 2002, 72) einer inländischen Betriebstätte gehört haben (§ 6b Abs 4 S 1 Nr 2 EStG):

– **Grund und Boden** (einschl grundstücksgleiche Rechte, § 247 Anm 450, 457), allerdings ohne das Grundstückszubehör oder mit dem Grund und Boden fest verbundene Bestandteile (§ 253 Anm 328). Nur der auf den „nackten" Grund und Boden entfallende Veräußerungsgewinn wird begünstigt; zum nackten Grund und Boden gehört auch ein Auffüllrecht (*BFH* 20. 3. 2003, BStBl II, 878; jetzt auch so EStH 41a „Grund und Boden" und *Glanegger* in Schmidt[24] § 6b Anm 11); **Aufwuchs** (dh Pflanzen) auf Grund und Boden zählen nur dann zu den begünstigten Veräußerungsobjekten, wenn sie zu einem land- und forstwirtschaftlichen Betriebsvermögen gehören (§ 6b Abs 1 S 1 EStG);
– **Gebäude** (einschl Wohnungseigentum und Gebäude auf fremdem Grund und Boden; vgl § 247 Anm 450; Abgrenzung zur **Betriebsvorrichtung** § 253 Anm 352). Werden Gebäude zusammen mit Grund und Boden gegen ein einheitliches Entgelt veräußert, ist dieses Entgelt zur Ermittlung der Veräußerungsgewinne im Verhältnis der Teilwerte aufzuteilen (*Glanegger* in Schmidt[24] § 6b Anm 20; zur Aufteilung eines **Gesamtkaufpreises** § 255 Anm 80);
– **Anteile an KapGes** nur durch natürliche Personen und PersGes bei Veräußerungsgewinnen bis zu € 500 000 je Mitunternehmer (EStR 41b Abs 12; OFD Frankfurt/Main 1. 9. 2003, DStR, 2072) und einbringungsgeborene Anteile außerhalb der Sperrfrist des § 3 Nr 40 S 4 EStG;

15 **Veräußerung** ist das Ausscheiden eines VG durch **Übertragung** des (zumindest wirtschaftlichen) Eigentums an einen Erwerber. Maßgeblich ist hierbei nicht die Art der Veräußerung (sie kann freiwillig oder unfreiwillig sein, zB **Kauf, Tausch, Enteignung, Zwangsverwertung**), sondern allein ihre **Entgeltlichkeit** (*BFH* 27. 8. 1992, BStBl II 1993, 225; EStR 41a Abs 1). Der Hingabe des VG muss somit eine Gegenleistung gegenüberstehen. Dies ist etwa bei einer **Entnahme** oder einem (auch entschädigten) **Verlust** des VG infolge **höherer Gewalt** (**Brand, Überschwemmung,** vgl Anm 21) oder des **Untergangs** von Anteilen durch **Auflösung** und **Abwicklung** der KapGes (*BFH* 6. 12. 1972 BStBl II 1973, 291) **nicht** der Fall (*Glanegger* in Schmidt[24] § 6b Anm 72; EStR 41a Abs 1). Bei Ersatzleistung wegen unfreiwilligen Abgangs ist aber Bildung einer steuerfreien Rücklage für Ersatzbeschaffung nach EStR 35 zulässig (s Anm 20ff.).

b) Reinvestitionsobjekte (§ 6b Abs 1 S 2 bis S 4 EStG)

16 Der **(wahlweise) Abzug** des begünstigten Veräußerungsgewinns (oder des Rücklagebetrags gem § 6b Abs 3 EStG) kann **bei Zugang** der in § 6b Abs 1 S 2, Abs 10 S 1 EStG abschließend genannten VG (*Heuer* in HHR § 6b Anm 170) zum Anlagevermögen einer inländischen Betriebstätte (§ 6b Abs 4 Nr 3) erfolgen. Für die Zuordnung zum Anlagevermögen ist in Ermangelung einer steuerrechtlichen Sonderregel der handelsrechtliche Begriff des Anlagevermögens (§ 247 Anm 350) maßgebend.

Im Einzelnen kommt ein Abzug bei den AK/HK folgender VG in Betracht:

- **Grund und Boden** (§ 247 Anm 450), soweit der (begünstigte) Gewinn bei der Veräußerung von Grund und Boden entstanden ist (zur Aufteilung eines Gesamtkaufpreises § 255 Anm 80), § 6b Abs 1 S 2 Nr 1 EStG;
- **Aufwuchs** auf Grund und Boden mit dem dazu gehörigen Grund und Boden kommen als Reinvestitionsobjekte nur in Betracht, wenn es sich um land- und forstwirtschaftliches Vermögen handelt und der Gewinn bei der Veräußerung von Bodenflächen (ggf mit Aufwuchs und Anlagen) entstanden ist (§ 6b Abs 1 S 2 Nr 2);
- **Gebäude,** soweit der Gewinn bei der Veräußerung von Grund und Boden, von Aufwuchs auf Grund und Boden mit dem dazugehörigen Grund und Boden oder Gebäuden entstanden ist. Den AK/HK von Gebäuden stehen Aufwendungen für die Erweiterung, den Ausbau oder **Umbau von Gebäuden** gleich (§ 6b Abs 1 S 3 EStG). IRd Abs 10 sind nur AK und HK für Gebäude (nicht Erweiterungen, Ausbauten und Umbauten) begünstigt (*Glanegger* in Schmidt[24] § 6b Anm 112);
- **Anteile an KapGes** iRd Abs 10, wobei dies auch für Neugründungen gilt und es keine Aktivitätsklausel gibt. Nachträgliche AK (zB Einlagen) sind nicht begünstigt;
- **abnutzbare bewegliche WG** iRd Abs 10 einschl Betriebsvorrichtungen, nicht aber immaterielle WG.

Unerheblich ist, ob das Reinvestitionsobjekt vor oder nach der begünstigten Veräußerung angeschafft oder hergestellt wurde, solange Veräußerung und Anschaffung oder Herstellung des Reinvestitionsobjekts im selben oder im vorangegangenen Wj erfolgt sind. Im Gegensatz dazu lässt Abs 10 S 1 nF eine Übertragung nur auf die im Wj der Veräußerung oder in den folgenden zwei Wj angeschafften VG zu (EStR 41b Abs 13; aA *Glanegger* in Schmidt[24] § 6b Anm 118). Die Reinvestitionsgegenstände dürfen auch gebraucht sein. Eine **Mindestbesitzdauer** der Reinvestition oder ihr Verbleiben im Inland ist **nicht vorgeschrieben.** Offen ist die Behandlung, wenn diese VG in der Folgezeit veräußert oder ins Ausland verbracht werden (*Heuer* in HHR § 6b Anm 285). 17

c) Buchnachweis

Gemäß § 6b Abs 4 S 1 Nr 5 EStG müssen der Buchwert des veräußerten WG, die Veräußerungskosten, der Wert der Gegenleistung und die AK/HK des Reinvestitionsobjekts in der Buchführung nachweisbar sein; entspr gilt für Bildung und Auflösung der Rücklage (*Glanegger* in Schmidt[24] § 6b Anm 100). 18

d) Anwendbarkeit auf Personengesellschaften und Gemeinschaften

Zu den Besonderheiten bei **Personengesellschaften** s § 247 Anm 782. 19

Die von VZ 1999 bis VZ 2001 für das Gesamthandsvermögen geltende gesellschaftsbezogene Betrachtungsweise wurde ab VZ 2002 zugunsten einer gesellschafterbezogenen Betrachtungsweise wieder aufgegeben. Seither dürfen im Gesamthandsvermögen entstandene § 6b-Rücklagen wieder auf das (Sonder-) Betriebsvermögen einzelner Gester (und umgekehrt) übertragen werden, soweit diese jeweils am entstandenen Veräußerungsgewinn beteiligt sind (EStR 41b Abs 6, 7). Durch den Übergang auf die gesellschafterbezogene Betrachtungsweise ist auch eine Veräußerung an sich selbst iSe wirtschaftlichen Betrachtungsweise und damit die Identität des veräußerten mit dem angeschafften VG möglich (OFD Koblenz 23. 12. 2003, DStZ 2004, 204).

2. Ersatzbeschaffung nach EStR 35

Die FinVerw erweitert in EStR 35 aus **Billigkeitsgesichtspunkten** bei unfreiwilligen Abgängen von VG (auch durch Beschädigung, EStR 35 Abs 7) die steuerrechtlichen Möglichkeiten zur **Übertragung von stillen Rücklagen** (Anm 11) auf **Ersatzvermögensgegenstände** neben § 6b EStG, wenn für den Vermögensverlust des abgegangenen VG keine Gegenleistung, sondern eine **Ent-** 20

schädigung (insb Versicherungsleistung) über dem Buchwert bezahlt wurde und deswegen oder wegen Fehlens anderer Voraussetzungen § 6b EStG nicht anwendbar ist. Dies gilt auch dann, wenn die Entschädigung den Teilwert übersteigt (*BFH* 9. 12. 1982 BStBl II 1983, 371). Als stille Rücklage übertragbar sind allerdings nur diejenigen Teilbeträge einer Entschädigung, die für den Verlust des VG selbst bezahlt werden, also nicht für Schäden, die die Folge des Ausscheidens aus dem Betriebsvermögen sind (EStH 35 Abs 1); zulässig ist jedoch eine Einbeziehung der **Betriebsunterbrechungsentschädigung** für besonders schnelle Beschaffung eines Ersatzes für einen VG; übertragbar ist auch der Teil der Entschädigung, der zum Ausgleich der **Preissteigerung** zwischen Veräußerung und Ersatzbeschaffung gewährt wird (*BFH* 29. 4. 1982 BStBl II, 568).

21 **Unfreiwilliger Verlust** eines WG liegt nur bei höherer Gewalt (**Brand, Überschwemmung, Diebstahl, unabwendbaren Ereignissen** iSd § 17 Abs 3 Straßenverkehrsgesetz, uÄ), bei einem Abgang infolge oder zur Vermeidung eines behördlichen, gegen einen einzelnen VG gerichteten **Eingriffs** (zB langfristige Bausperre, aber nicht allgemeine Verkehrsbeschränkungen) oder Zugriffs (Enteignung) vor.

Es genügen nicht die **Veräußerung** auf Grund einer wirtschaftlichen **Zwangslage** oder ein Vermögensverlust aus **technischen Gründen,** zB ein Material-, Konstruktions- oder Bedienungsfehler, zur Erfüllung des öffentlichen Interesses oder eines privatrechtlichen Anspruchs einer Behörde. Notwendig ist bei einer Veräußerung wegen öffentlich-rechtlicher Ein- oder Zugriffe, dass diese unmittelbare Ursache für die Veräußerung sind. Die **Enteignung** oder ein **enteignungsgleicher Eingriff** muss zumindest ernstlich bevorstehen. Im Einzelnen s EStH 35 Abs 2.

22 Die **Übertragung der stillen Rücklagen** erfolgt steuerlich durch **Abzug des Entschädigungsbetrags** von den AK/HK des Ersatzwirtschaftsguts. Die Qualifikation als **Ersatzwirtschaftsgut** setzt Funktionsgleichheit mit dem abgegangenen WG voraus. Auf Art und Wertgleichheit kommt es nicht an.

23 In der **Handelsbilanz** ist der Abzug von den als Zugang auszuweisenden AK/HK des Ersatz-WG im Wege einer **außerplanmäßigen Abschreibung** gemäß § 253 Abs 4 oder S 1 vorzunehmen, Anm 12.

Wird die **Anschaffung** oder Herstellung des Ersatz-WG erst in einem **späteren Wirtschaftsjahr** als der Abgang vorgenommen, kann der Entschädigungsbetrag (einschl USt, *BFH* 24. 6. 1999, BB, 2024) nach Maßgabe von EStR 35 Abs 4 in eine **steuerfreie Rücklage** eingestellt werden (§ 247 Anm 611). Die Rücklage kann in einem späteren Wj nicht nachgeholt werden.

Die Rücklage ist am Schluss des ersten, auf ihre Bildung folgenden Wj (bei beweglichen VG) bzw des zweiten Wj (bei Ausscheiden eines Grundstücks oder Gebäudes) gewinnerhöhend aufzulösen, wenn ein ErsatzWG noch nicht angeschafft, hergestellt oder bestellt ist (EStR 35 Abs 4).

Liegen sowohl die Voraussetzungen des § 6b EStG als auch diejenigen nach EStR 35 zur Übertragung stiller Rücklagen vor, besteht ein **Wahlrecht,** nach welcher Vorschrift die Übertragung erfolgt (*Heuer* in HHR § 6b Anm 80).

3. Importwarenabschlag nach § 80 EStDV

24 Die Vorschrift ist für nach dem 1. 1. 1999 endende Wj entfallen.
Zum alten Recht s 4. Aufl.

4. Subventionen und Investitionszuschüsse

25 **Zuwendungen** der öffentlichen Hand in Form von **Subventionen, Zuschüssen** uä (§ 255 Anm 114), die für Investitionen und nicht im Rahmen

eines Leistungsaustauschs gewährt werden, sowie von privater Seite gewährte **„echte Zuschüsse“** fallen unabhängig von ihrer Bilanzierung nicht unter § 254; dazu § 255 Anm 119.

II. Erhöhte Absetzungen, Sonderabschreibungen und Bewertungsfreiheiten

Erhöhte Absetzungen, Sonderabschreibungen und **Bewertungsfreiheiten** sind nur dann **steuerrechtliche Abschreibungen** iSd S 1, wenn und soweit sie über den Betrag der handelsrechtlich begründbaren (Anm 5 und 6) Abschreibungen hinaus für Zwecke der steuerrechtlichen Gewinnermittlung vorgenommen werden. 30

Auch für die **Steuerbilanz** sind die Begriffe erhöhte Absetzungen, Sonderabschreibungen und Bewertungsfreiheiten mangels einer gesetzlichen Definition nicht eindeutig bestimmt (*Fleischmann* in HHR § 7a Anm 7, 10).

Formell gibt die jeweilige Überschrift zu besonderen Abschreibungsbestimmungen wie etwa § 7d EStG, § 7g EStG oder die ausdrückliche Bezeichnung im Text einer Vorschrift einen Hinweis. Typisch ist für ausdrücklich als solche bezeichnete erhöhte Absetzungen, Sonderabschreibungen und Bewertungsfreiheiten ihre primär (meist wirtschafts-)**politische Zielsetzung** (im Einzelnen Anm 50ff.). 31

Hiervon zu unterscheiden sind Abschreibungsbestimmungen, die lediglich der **Klarstellung** und **Konkretisierung** der handelsrechtlichen Vorschriften dienen, wie die allgemeinen Teilwertregelungen in § 6 Abs 1 S 1 Nr 1 und Nr 2 EStG sowie die Bestimmungen über die AfA/AfS in § 7 EStG (dazu § 253 Anm 297). In **Ausnahmefällen** kann es sich aber auch bei diesen steuerrechtlichen Abschreibungen um solche iSd S 1 handeln; dann nämlich, wenn eine *zwingende* steuerrechtliche Abschreibung den handelsrechtlich höchstzulässigen Abschreibungsbetrag übersteigt. Dies kann zB bei der Abschreibung von Wirtschaftsgebäuden nach § 7 Abs 4 S 1 Nr 1 EStG (hierzu § 253 Anm 341) der Fall sein.

Materiell sind erhöhte Abschreibungen und Sonderabschreibungen nur solche, die über die auf Grund der Maßgeblichkeit der HB für die Steuerbilanz sich ergebenden handelsrechtlichen Abschreibungen hinausgehend weitere Abschreibungen für Zwecke der steuerlichen Gewinnermittlung zulassen (Anm 2). Die (unechte) **Bewertungsfreiheit** nach § 6 Abs 2 EStG für GWG ist keine erhöhte Absetzung oder Sonderabschreibung, weil ihr ein **handelsrechtliches Sofortabschreibungswahlrecht** aus Vereinfachungsgründen entspricht (§ 253 Anm 275; EStR 45 Abs 1 S 3). 32

Der **Unterschied** zwischen erhöhten Absetzungen und Sonderabschreibungen besteht allein in ihrem Verhältnis zu den Abschreibungsbestimmungen des § 7 EStG. Die Bezeichnung **„erhöhte Absetzung“** weist darauf hin, dass diese Abschreibung *an die Stelle* der sonst vorzunehmenden Abschreibung nach § 7 EStG tritt (§ 7a Abs 3 EStG u Anm 40), während die Bezeichnung **„Sonderabschreibung“** deutlich machen soll, dass diese Abschreibung (s Anm 41) *neben* der allgemeinen Abschreibung angesetzt werden darf, also **zusätzlich** zu den linear zu berechnenden Normalabschreibungen. 33

Bei **Bewertungsfreiheiten,** in deren Rahmen Sonderabschreibungen oder erhöhte Absetzungen zugelassen werden, besteht die **Besonderheit** darin, dass die Sonderabschreibung oder erhöhte Absetzung für den gesamten Begünstigungszeitraum entweder einmalig zu Beginn des **Abschreibungszeitraums** oder auch einmalig zu seinem **Ende** (also „nachgeholt“) oder in beliebiger 34

Gestaltung während seiner **Laufzeit** vorgenommen werden darf (Bsp in Anm 58).

1. Gemeinsame Vorschriften

35 **§ 7a EStG** fasst einige, vornehmlich in der Verwaltungspraxis entwickelte **Grundsätze** für erhöhte Absetzungen und Sonderabschreibungen zusammen und bildet, systematisch gesehen, gleichsam einen „Allgemeinen Teil".

§ 7a EStG ist dann nicht maßgebend, wenn seine Anwendung ausdrücklich in den Regelungen zu **erhöhten Absetzungen** oder **Sonderabschreibungen** ausgeschlossen ist (Bsp in EStR 45 Abs 1 S 3) oder es sich materiell um andere Sachverhalte handelt, wie um die Sofortabschreibung **geringwertiger Wirtschaftsgüter** (Anm 32), degressive Abschreibungen nach § 7 Abs 2 oder Abs 5 EStG und Teilwertabschreibungen (*Fleischmann* in HHR § 7a Anm 5). Dass es sich bei der Abschreibung nach § 7 Abs 5 EStG nicht um eine erhöhte Absetzung handelt, wird nun ausdrücklich klargestellt in *BFH* 25. 5. 2004, DStR, 1473 und EStH 45 Stichwort: Degressive AfA.

Im Einzelnen regelt § 7a EStG folgende Sachverhalte und Fragen:

a) Einbeziehung nachträglicher Anschaffungs- oder Herstellungskosten (§ 7a Abs 1 EStG)

36 Die Einbeziehung nachträglicher AK/HK (hierzu § 255 Abs 1 S 2 und dort Anm 375) während des **Begünstigungszeitraums** erfolgt durch Erhöhung der Bemessungsgrundlage für die erhöhten Absetzungen oder Sonderabschreibungen vom Beginn des Jahrs an, in dem solche Aufwendungen angefallen sind (§ 7a Abs 1 S 1 und 2 EStG). Diese Regelung stellt eine Berechnungsvereinfachung dar, weil (nach Wahl des Steuerpflichtigen, *Drenseck* in Schmidt[24] § 7a Anm 2) auf den Jahresbeginn abgestellt wird und somit eine **pro rata temporis**-Berechnung hinsichtlich der Abschreibungen von den nachträglichen AK/HK entfällt (EStR 45 Abs 3). Gleiches gilt für **nachträgliche Minderung von Anschaffungs- oder Herstellungskosten (§ 7a Abs 1 S 3 EStG).**

Da erhöhte Absetzungen oder Sonderabschreibungen regelmäßig (**Ausnahme** zB § 7d EStG, Anm 57) nur für einen kürzeren Zeitraum als die **betriebsgewöhnliche Nutzungsdauer** gewährt werden, bedeutet dies, dass erhöhte Absetzungen und Sonderabschreibungen auf nachträgliche AK/HK nur für die **Restlaufzeit** des **Begünstigungszeitraums** gewährt werden. Selbst wenn der Stpfl bereits im Anschaffungsjahr die gesamte Sonderabschreibung in Anspruch nimmt, dürfen zusätzlich noch während des Begünstigungszeitraums Abschreibungen von nachträglichen AK/HK berücksichtigt werden.

b) Anzahlungen und Teilherstellungskosten (§ 7a Abs 2 EStG)

37 Einige Vorschriften über erhöhte Absetzungen oder Sonderabschreibungen lassen bereits auf **Anzahlungen** oder **Teilherstellungskosten Abschreibungen** zu, zB **Fördergebietsgesetz** (§ 4 Abs 2 FördergebietsG), bei **Umweltschutzanlagen** (§ 7d Abs 5 EStG) oder **Krankenanstalten** (§ 7f Abs 3 EStG). **Handelsrechtlich** sind solche Abschreibungen (vorbehaltlich § 253 Abs 4, § 254 S 1) unzulässig (§ 253 Anm 224, 387).

Nach § 7a Abs 2 S 1 EStG treten die Anzahlungen oder Teil-HK, sobald mit ihrer Abschreibung begonnen wird **(Wahlrecht),** an die Stelle der AK/HK. Mit ihrer **Zahlung** (*Drenseck* in Schmidt[24] § 7a Anm 3) beginnt dann der Begünstigungszeitraum. Maßgeblich ist nicht der Zeitpunkt der Eingehung der Zahlungsverpflichtung, sondern die tatsächliche Zahlung (§ 7a Abs 2 S 3 EStG;

zum Zeitpunkt der tatsächlichen Zahlung bei einer durch Banküberweisung auf Sperrkonto geleisteten Anzahlung *BFH* 22. 5. 1987 BStBl II, 673, BMF 27. 12. 1995, BStBl I 809, FinVerw, DStR 1996, 1894; *BFH* 24. 8. 2004, IX R 28/02; bei Anzahlung durch Hingabe eines Wechsels *BFH* 30. 10. 1986 BStBl II 1987, 137). Bei **Wechsel-** oder **Scheckzahlung** gilt als Zahlungszeitpunkt die Einlösung, nicht die Hingabe (§ 7a Abs 2 S 4u S 5 EStG). Maßgeblich ist also der **Wertzufluss** beim Empfänger. Bei Sonderabschreibungen von Anzahlungen oder Teil-HK ist zu beachten, dass daneben keine (Normal-)Abschreibungen nach § 7 Abs 1, 4 EStG zulässig sind. Gem EStR 45 Abs 5 S 4–9 dürfen Anzahlungen nicht willkürlich sein. Die Willkürlichkeit ergibt sich aber nicht schon allein daraus, dass das WG nicht im folgenden Jahr geliefert wird (*BFH* 16. 7. 2003, DStR 1745). Nach *BFH* 14. 1. 2004, DStR 497 kann auch eine volle Vorauszahlung des Kaufpreises eine Anzahlung iSv § 7a Abs 2 EStG darstellen.

Die **Restzahlungen** wirken wie nachträgliche AK/HK. Umstritten ist aller- 38
dings der Begünstigungszeitraum. Nach hM beginnt, anders als bei tatsächlichen nachträglichen AK/HK, mit jeder Zahlung ein neuer Begünstigungszeitraum, wobei der letztmögliche Beginn eines Begünstigungszeitraums das Jahr der Anschaffung oder der Fertigstellung ist (*Drenseck* in Schmidt[24] § 7a Anm 3). Durch die vorgezogene Begünstigung von Anzahlungen oder Teil-HK tritt keine Verkürzung des Begünstigungszeitraums für das jeweils begünstigte WG ein.

c) Verhältnis zur (handelsrechtlichen) Normalabschreibung (§ 7a Abs 3, Abs 4 und Abs 9 EStG)

§ 7a Abs 3 EStG stellt klar, dass auch bei Berechnung der Abschreibung nach 39
den Bestimmungen über die erhöhte Abschreibung mindestens die linear berechnete AfA nach § 7 Abs 1 EStG (bei Gebäuden nach § 7 Abs 4 EStG) vorzunehmen ist.

Diese **Mindestabschreibungen** ergeben sich im Übrigen ohnehin bereits 40
auf Grund der **Maßgeblichkeit der Handelsbilanz** (Anm 1). Zu beachten ist bei der Berechnung des Betrags der **steuerrechtlichen Abschreibungen** iSd S 1 allerdings, dass nur der **Mehrbetrag,** der die handelsrechtlich notwendige Abschreibung übersteigt, eine steuerrechtliche Abschreibung ist. In Fällen also, in denen handelsrechtlich die Abschreibung degressiv berechnet wird, ist nur der **Differenzbetrag** zwischen dieser handelsrechtlichen Abschreibung und der steuerrechtlich zulässigen erhöhten Abschreibung eine *„nur"* steuerrechtlich zulässige Abschreibung iSd S 1 (zur Berechnung des „Mehrbetrags" § 281 Anm 2).

§ 7a Abs 4 EStG stellt klar, dass **Sonderabschreibungen zusätzlich** zu line- 41
ar berechneten Abschreibungen nach § 7 Abs 1, 4 EStG vorgenommen werden dürfen. Auch hier ist bei der Berechnung des „nur" steuerrechtlich zulässigen Mehrbetrags zu beachten, dass diese linear berechnete Abschreibung nicht gleichzeitig die handelsrechtliche Abschreibung zu sein braucht (dazu § 253 Anm 318, § 281 Anm 2), sondern handelsrechtlich auch degressiv abgeschrieben werden darf (Anm 40). Im Wege des vorläufigen Rechtsschutzes hat der BFH erkannt, dass es zulässig ist, nur im Jahr der erhöhten Absetzung oder Sonderabschreibung zur linearen Abschreibung zu wechseln und in den Jahren vorher und nachher degressiv abzuschreiben (*BFH* 23. 4. 2003, BFH/NV, 1053; inzwischen dem angenähert *Drenseck* in Schmidt[24] § 7a Anm 7).

§ 7a Abs 9 EStG bestimmt, dass der **Restwert** eines WG nach Ende des Be- 42
günstigungszeitraums von Sonderabschreibungen bei Gebäuden und selbstständigen Gebäudeteilen ausschließlich linear nach § 7 Abs 4 EStG bis zum Ende der Nutzungsdauer zu berechnen ist. Nach Vornahme erhöhter Abschreibungen bestimmt sich die **planmäßige Restwertabschreibung** ohne Einschränkungen

allein nach § 7 Abs 1 und Abs 6 EStG (*Drenseck* in Schmidt[24] § 7a Anm 12). Nach § 4 Abs 3 FördergebietsG ist bei nachträglichen HK eine Vollabschreibung in insgesamt 10 Jahren ab Anschaffung zulässig.

d) Kumulationsverbot (§ 7a Abs 5 EStG)

43 Diese Vorschrift schließt aus, dass mehrere Abschreibungsvergünstigungen für dieselben AK/HK in Anspruch genommen werden. Zulässig ist es dagegen, zB für die ursprünglichen AK erhöhte Absetzungen und für nachträgliche AK, soweit sie auf eigens begünstigte Anschaffungen entfallen, Sonderabschreibungen vorzunehmen (EStR 45 Abs 7).

Die Inanspruchnahme anderer Vergünstigungen (zB Investitionszulagen) **neben erhöhter AfA** oder Sonderabschreibungen ist ebenfalls zulässig (*Drenseck* in Schmidt[24] § 7a Anm 8).

e) Sonstiges, Buchnachweise (§ 7a Abs 7 und Abs 8 EStG)

44 Zu den Besonderheiten nach § 7a Abs 7 EStG bei Inanspruchnahme von erhöhten Abschreibungen bei **Mitunternehmerschaften** vgl § 247 Anm 782.

§ 7a Abs 8 S 1 EStG macht die Inanspruchnahme von erhöhten Absetzungen oder Sonderabschreibungen von einem **besonderen Verzeichnis** abhängig, aus dem sich der Tag der Anschaffung oder Herstellung, die betriebsgewöhnliche Nutzungsdauer, die AK/HK und die Höhe der jährlichen Normal-AfA, erhöhte Absetzungen und Sonderabschreibungen ergeben müssen. Dieser Nachweis entfällt, wenn die Angaben aus der Buchführung ersichtlich sind (§ 7a Abs 8 S 2 EStG).

45 Weiterführend zu § 7a EStG, Fördergebietsgesetz bzw Investitionszulagengesetz *Fleischmann/Poppenberg/Riedel/Ettinger* in HHR § 7a, Anhänge zu § 7a (Stand Juli 1998, zT Juli 2001).

2. Einzelvorschriften

50 **a) § 14 BerlinFG, erhöhte Absetzungen (Bewertungsfreiheit) für abnutzbare Wirtschaftsgüter des Anlagevermögens** (gilt nur für Bestellungen/Herstellungsbeginn vor 1. 7. 1991). Für Einzelheiten s 2. Aufl Anm 52. Zur Restwert-AfA s § 14 Abs 1 S 2 BerlinFG.

51 **b) § 14a, § 14b BerlinFG, erhöhte Absetzungen für Mehrfamilienhäuser,** falls vor 1. 7. 1991 Bauantrag gestellt oder Kaufvertrag geschlossen wurde. Für Einzelheiten s 2. Aufl Anm 53. Zur Restwert-AfA vgl § 14a Abs 1 S 3 bzw § 14b Abs 1 S 3 BerlinFG.

52 **c) § 14c BerlinFG, erhöhte Absetzungen für Baumaßnahmen an Gebäuden zur Schaffung neuer Mietwohnungen.** Eine Förderung ist nur noch unter den engen Voraussetzungen des § 7c EStG 1989 zulässig, dh Fertigstellung vor 1996 (4. Aufl § 254 Anm 148). Für Einzelheiten s 4. Aufl.

53 **d) § 14d BerlinFG, erhöhte Absetzungen für Wohnungen mit Sozialbindung,** wenn die Wohnungen bis Ende 1992 fertig gestellt wurden. Die Vorschrift erklärt § 7k EStG (vgl 4. Aufl § 254 Anm 157) für Wohnungen in Berlin (West) mit bestimmten Abweichungen für anwendbar. Für Einzelheiten s 4. Aufl.

54 **e) § 3 ZRFG, Sonderabschreibungen im Zonenrandgebiet** (letztmals anwendbar, wenn Wirtschaftsgut vor 1995 angeschafft, hergestellt oder angezahlt; s 2. Aufl Anm 55).

55 **f) § 7, § 12 SchutzbauG, erhöhte Absetzungen bei Schutzbauten,** wenn vor 1992 begonnen oder beantragt. Bis zu 10 vH jährlich erhöhte Absetzungen kommen bei den AK/HK von **Schutzräumen** iSd § 2 SchutzbauG (BStBl I 1965, 543) in Betracht sowie bei einem Recht auf Benutzung solcher Schutzräume, so-

weit es durch einen Zuschuss des Stpfl erworben ist. Der Begünstigungszeitraum umfasst das Jahr der Fertigstellung und die folgenden 11 Jahre.

Bemessungsgrundlage sind nur diejenigen Aufwendungen, die nicht durch öffentliche Zuschüsse gedeckt sind; maximal sind die in der Schutzraum-HöchstbetragsVO (idF vom 3. 3. 1982 BGBl I, 273) festgesetzten Höchstbeträge begünstigt (dazu *Zitzmann* DB 1982, 620).

g) § 7c EStG, erhöhte Absetzungen für Baumaßnahmen an Gebäuden zur Schaffung neuer Mietwohnungen. Begünstigt sind Wohnungen, für die der Bauantrag nach dem 2. 10. 1989 gestellt oder (falls ein Bauantrag nicht erforderlich ist) mit der Herstellung begonnen worden ist, die Wohnungen vor 1996 fertig gestellt worden sind und für die keine Mittel aus öffentlichen Haushalten unmittelbar oder mittelbar gewährt werden (Abs 2). Anwendungserlass dazu vom 17. 2. 1992 BStBl 115. 56

h) § 7d EStG, erhöhte Absetzungen für Wirtschaftsgüter, die dem Umweltschutz dienen und bis Ende 1990 angeschafft, angezahlt oder fertig gestellt wurden. Die Vorschrift gilt *nur in den alten* Bundesländern. § 7d Abs 1 EStG lässt Abschreibungen bis zu 60 vH der AK/HK im Erstjahr und jeweils bis zu 10 vH dieser Kosten in den folgenden Wj bis zur vollen Absetzung zu. Für Einzelheiten vgl 2. Aufl Anm 59. 57

i) § 7f EStG, Bewertungsfreiheit für abnutzbare Wirtschaftsgüter des Anlagevermögens privater Krankenhäuser. Nach § 7f Abs 1 EStG sind **private Krankenhäuser** (hierzu EStR 82) durch eine **zusätzliche Sonderabschreibung** von den AK/HK in Höhe von insgesamt 50 vH bei **beweglichen Wirtschaftsgütern** des Anlagevermögens (§ 253 Anm 350) und von insgesamt 30 vH bei **unbeweglichen Wirtschaftsgütern** des Anlagevermögens (§ 253 Anm 328) begünstigt. 58

§ 7f gilt nur, wenn Bestellung bzw Beginn der Herstellung vor 1996 liegt (Abs 4). Ist eine Baugenehmigung erforderlich, ist der Zeitpunkt der Stellung des Bauantrags maßgeblich.

Die Sonderabschreibung darf im **Jahr der Anschaffung** oder Herstellung oder den 4 Folgejahren vorgenommen werden. Da es sich bei § 7f EStG um eine sog Bewertungsfreiheit handelt, ist es zulässig, die Sonderabschreibung beliebig auf die ersten 5 Wj zu verteilen, also zB auch jährliche Sonderabschreibungen von 10 vH vorzunehmen *oder* im letzten Jahr des **Begünstigungszeitraums** die gesamte Sonderabschreibung in Höhe von 50 vH „nachzuholen" (Anm 34). Zur Unschädlichkeit gemischter Nutzung s *BFH* 29. 6. 1994 BStBl II 1995, 249; BMF 24. 3. 1995 BStBl I, 248.

Diese Sonderabschreibung darf auch bereits für **Anzahlungen** oder **Teilherstellungskosten** vorgenommen werden (§ 7f Abs 3 EStG).

j) § 7g EStG, Sonderabschreibung und Ansparabschreibung. § 7g Abs 1 EStG ermöglicht bei kleinen und mittleren Betrieben Sonderabschreibungen von 20 vH der AK/HK unter folgenden Voraussetzungen: 59

- **Anschaffung** oder **Herstellung neuer beweglicher Wirtschaftsgüter des Anlagevermögens.** Immaterielle WG sind nicht begünstigt;
- **Kleiner** oder **mittlerer Betrieb;** Voraussetzungen (bezogen auf den Zeitpunkt des Erwerbs des WG): Betriebsvermögen eines Gewerbetreibenden bzw Selbständigen zum Schluss des vorausgehenden Wj höchstens € 204 517 (gilt bei Gewinnermittlung nach § 4 Abs 3 EStG als erfüllt); bei Land- und Forstwirtschaft Einheitswert höchstens € 122 710.
- **Verbleiben** des begünstigten WG wenigstens ein Jahr lang seit der Anschaffung oder Herstellung zu **eigenbetrieblichen** Zwecken in einer inländischen Betriebstätte des anschaffenden oder herstellenden Betriebs (Privatnutzung max 10 vH, EStR 83 Abs 7. Zu den Fällen des vorzeitigen Ausscheidens in-

folge höherer Gewalt uÄ *Drenseck* in Schmidt[24] § 7g Anm 7). Eine **Vermietung oder Verpachtung** oder Überlassung im Rahmen eines **Leasingvertrags** ist **schädlich** (EStR 83 Abs 6).

– Bildung einer Ansparrücklage iSd 7g Abs 3–7 EStG in den Jahren vor der Investition. Für Wj, die nach dem 31. 12. 02 beginnen, ist gesetzlich klargestellt, dass dies nicht für Existenzgründer gilt. Für frühere Zeiträume und für Betriebsgründungen durch Nicht-Existenzgründer ist die alte Gesetzesfassung einengend auszulegen (*FG München* 25. 9. 2003, EFG 2004, 181, nicht rkr.; *Drenseck* in Schmidt[24] § 7g Anm 13).

Die Sonderabschreibung von insgesamt bis zu 20 vH darf auf das Wj der Anschaffung oder Herstellung und auf die 4 Folgejahre verteilt werden; sie darf *neben* der degressiven Abschreibung nach § 7 Abs 2 EStG in Anspruch genommen werden (§ 7g Abs 1 EStG). § 7a Abs 4 EStG gilt insoweit nicht. Die Höhe der Sonderabschreibung ist nicht auf den Rücklagenbetrag beschränkt, s BMF BStBl I 2001, 455.

60 **Ansparabschreibung,** § 7g Abs 3 bis Abs 7 EStG

Hierbei handelt es sich materiell nicht um eine Abschreibung, sondern um die Bildung einer **Investitionsrücklage** (so auch *Pinkos* DB 1993, 1688). Für nach dem 31. 12. 2000 beginnende Wj darf eine Rücklage in Höhe von bis zu 40 vH der AK/HK eines WG gebildet werden, wenn

1. der Gewinn nach § 4 Abs 1 bzw § 5 EStG ermittelt wird und die Rücklage in der Buchführung nachvollzogen werden kann,
2. die Größenmerkmale des § 7g Abs 2 EStG (s Anm 59) nicht überschritten sind,
3. die gem § 7g EStG gebildeten Rücklagen je Betrieb insgesamt € 154 000 nicht übersteigen, und
4. das WG bis zum Ende des **zweiten, auf die Bildung der Rücklage folgenden** Wj angeschafft werden soll (Investitionsabsicht). Hierbei kommt es auf eine Prognoseentscheidung zum Zeitpunkt des Endes des Wj der Rücklagenbildung an (*BFH* 19. 9. 2002, DStR 2003, 147). Das WG, das voraussichtlich angeschafft oder hergestellt werden soll, ist seiner Funktion nach zu benennen und die Höhe der AK/HK sowie das Wj, in dem die Investition voraussichtlich getätigt wird, anzugeben. Die Vorlage eines Investitionsplans ist grundsätzlich nicht nötig. Ausnahmsweise ist für Rücklagen für wesentliche Betriebsgrundlagen vor Betriebseröffnung eine verbindliche Bestellung erforderlich (BMF 25. 2. 2004, BStBl I, 337, Tz 7, 8, 18; *BFH* 25. 4. 2002, DStR, 1258), ebenso für Rücklagen für eine wesentliche Betriebserweiterung (BMF 16. 11. 2004, BStBl I, 1063).

Sobald für das begünstigte WG Abschreibungen vorgenommen werden dürfen, spätestens aber am Ende des zweiten, auf die Bildung der Rücklage folgenden Wj, muss die Rücklage auf das angeschaffte/fertig gestellte WG übertragen werden. Andernfalls ist die Rücklage (ggf teilweise) aufzulösen und mit 6 vH Zuschlag jährlich nachzuversteuern (wie § 6b EStG, Anm 13). Dies gilt auch, wenn ein funktionsungleiches WG angeschafft wurde (*Drenseck* in Schmidt[24] § 7g Anm 24; BMF 25. 2. 2004, BStBl I, 337, Tz 26, 27).

61 Ab 1997 gilt eine erweiterte **Ansparabschreibung für Existenzgründer** für einen Zeitraum von sechs Jahren (Abs 7). Als Existenzgründer gilt, wer in den der Betriebseröffnung vorausgegangenen 5 Jahren keine Gewinneinkünfte nach § 2 Abs 1 Nr 1 bis 3 EStG erzielt hat und weder unmittelbar noch mittelbar an einer KapGes zu mehr als 10 vH beteiligt war. Bei Mitunternehmerschaften müssen alle Beteiligten diese Voraussetzungen erfüllen. Ebenso, wenn an einer KapGes nur natürliche Personen beteiligt sind. Voraussetzung ist ggü den og Merkmalen (Anm 60), dass

1. das WG bis zum Ende des 5. auf die Rücklagenbildung folgenden Wj angeschafft oder hergestellt werden soll,
2. diese Rücklagen je Betrieb insgesamt € 307 000 nicht übersteigen.

Am Ende des Begünstigungszeitraums ist die Auflösung ohne Gewinnzuschlag von 6 vH vorzunehmen.

Zur Anwendung des § 7g EStG idF des StSenkG v 14. 7. 2000 im Zusammenhang mit degressiver Afa, s BMF 29. 11. 2000, DStR 2001, 85.

k) § 7k EStG, erhöhte Absetzungen für Wohnungen mit Sozialbindung, wenn bis Ende 1995 fertig gestellt. 62

Der **Anwendungszeitraum** ergibt sich aus § 7k Abs 2 Nr 1 und 2 EStG; in den neuen Bundesländern ist § 7k EStG jedoch erst für Tatbestände anwendbar, die nach 1990 verwirklicht wurden, § 57 Abs 1 EStG. Es sind Wohnungen begünstigt,

- für die der Bauantrag nach dem 28. 2. 1989 (neue Länder: nach 1990) gestellt wurde (bei Herstellung durch den Stpfl) oder
- die der Stpfl bis zum Ende des Jahrs der Fertigstellung nach dem 28. 2. 1989 (neue Länder: nach 1990) durch rechtswirksam abgeschlossenen obligatorischen Vertrag angeschafft hat,
- wenn (in beiden Fällen) die Wohnung vor 1996 fertig gestellt wurde.

Bei **Dienstwohnungen** ist jeweils der 31. 12. 1992 der Stichtag für Bauantrag bzw Vertrag (§ 7k Abs 3 S 2 EStG).

Wohnungen sind nach § 7k Abs 2 EStG ferner nur **begünstigt,** wenn 63

- für sie weder unmittelbar noch mittelbar Mittel aus öffentlichen Haushalten gewährt worden sind (Abs 2 Nr 3),
- sie dem Stpfl im Jahr der Anschaffung oder Herstellung und in den 9 Folgejahren zu *fremden* Wohnzwecken dienen (Abs 2 Nr 4) und
- der Stpfl für jedes Jahr durch eine Bescheinigung nachweist, dass die in Abs 3 festgelegten Voraussetzungen der **Sozialbindung** (Belegungs- und Mietpreisbindung) gegeben sind (Abs 2 Nr 5).

Nach § 7k Abs 1 EStG betragen die **erhöhten Absetzungen** (abweichend von § 7 Abs 4 und 5 EStG)

- jeweils bis zu 10 vH im Jahr der Fertigstellung und in den 4 Folgejahren sowie
- jeweils bis zu 7 vH der AK/HK in den dann folgenden 5 Jahren.

Nach dem Begünstigungszeitraum sind (vorbehaltlich des entspr geltenden § 7 Abs 4 S 2 EStG) die Abschreibungen mit

- jährlich $3^1/_3$ vH des Restwerts, also in 30 weiteren Jahren zu verrechnen.

AK sind nur begünstigt, wenn der Hersteller höchstens Abschreibungen nach § 7 Abs 4 EStG vorgenommen hat (§ 7k Abs 1 S 2).

Wegen Einzelheiten zur Berechtigung von Mietern vgl den Text von § 7k Abs 3 Nr 1 EStG; in Abs 3 Nr 2 wird bestimmt, dass die von den Landesregierungen festzusetzende Höchstmiete nicht überschritten werden darf. Vgl auch den Anwendungserlass vom 17. 2. 1992 BStBl I, 115.

l) § 7h EStG, erhöhte Absetzungen bei Gebäuden in Sanierungsgebieten und städtebaulichen Entwicklungsbereichen. Es dürfen die HK (soweit sie nicht durch **Zuschüsse** aus Sanierungs- oder **Entwicklungsförderungsmitteln** gedeckt sind) für **Modernisierungs-** oder **Sanierungsmaßnahmen** iSv § 177 BauGB an Gebäuden in förmlich festgelegten Sanierungsgebieten oder in einem städtebaulichen Entwicklungsbereich im Jahr der Herstellung und in den folgenden sieben Jahren mit jeweils bis zu 9 vH und in den darauf folgenden vier Jahren mit jeweils bis zu 7 vH abgeschrieben werden. 64

Voraussetzung ist eine Bescheinigung der zuständigen Gemeindebehörde über die Erfüllung der Voraussetzungen und die Höhe etwaiger Zuschüsse (Abs 2).

Wird die Möglichkeit zur erhöhten Abschreibung nicht voll genutzt, ist der Restwert den übrigen AK/HK hinzuzurechnen und mit diesen während der Restnutzungsdauer abzuschreiben, § 7h Abs 1 S 5 EStG.

65 Nach § 7h EStG sind die erhöhten Absetzungen auch für **Anschaffungskosten** zulässig, die auf begünstigte Maßnahmen entfallen, wenn und soweit die Maßnahmen nach dem Erwerb (rechtswirksamer Abschluss eines obligatorischen Erwerbsvertrags oder eines gleichstehenden Rechtsakts) durchgeführt worden sind (§ 7h Abs 1 S 3 EStG). Damit sollen Baumaßnahmen gefördert werden, die nach dem Erwerb von „Bausubstanz und vorkonzipierter Sanierung in einem Paket" durch gesellschafts- oder gemeinschaftsrechtlich verbundene Personen (Bauträgergesellschaft oder -gemeinschaft) anfallen.

66 **m) § 7i EStG, erhöhte Absetzungen bei Baudenkmalen.** Die Vorschrift ist zeitlich nicht beschränkt und gilt im gesamten Bundesgebiet. Sie lässt im Interesse der Erhaltung von nach landesrechtlichen Vorschriften anerkannten **Baudenkmalen erhöhte Absetzungen** bis zu 9 vH im Jahr der Herstellung und den folgenden sieben Jahren und 7 vH in den darauf folgenden vier Jahren zu. Begünstigt sind HK, die nach Art und Umfang zur Erhaltung eines Baudenkmals und seiner sinnvollen Nutzung erforderlich sind. § 7i Abs 1 S 2 EStG präzisiert den Begriff der „sinnvollen Nutzung" dahingehend, dass diese nur gegeben ist, wenn die Erhaltung der schützenswerten Substanz auf Dauer gewährleistet ist.

Voraussetzung ist das Vorliegen einer **Bescheinigung** nach § 7i Abs 2 EStG (idR des Landesamts für Denkmalschutz) zum Nachweis der Voraussetzungen des Denkmalschutzes.

67 Erhöhte Abschreibungen sind auch für **Anschaffungskosten** zulässig. Führen tief greifende Maßnahmen dazu, dass ein anderes WG entsteht, das nach § 7 Abs 5 EStG abgeschrieben wird, schließt dies die Anwendung des § 7i EStG nicht aus (*BFH* 25. 5. 2004, DStR, 1473).

Begünstigt sind Aufwendungen nur insoweit, als sie nicht durch Zuschüsse aus öffentlichen Kassen gedeckt werden. Für den Anwendungszeitraum und die Geltung in den neuen Bundesländern gilt das Gleiche wie zu § 7h EStG; vgl hierzu OFD Münster 17. 11. 1992 (S 2198b – 33 – St 12–31).

68 **n) § 82a EStDV, erhöhte Absetzungen von Herstellungskosten für bestimmte Anlagen und Einrichtungen bei Gebäuden** (im alten Bundesgebiet Fertigstellung vor 1992, in den neuen Bundesländern „Verwirklichung" in 1991). Sie sind dann mit 10 vH pa der HK von Maßnahmen an Gebäuden im Jahr der Herstellung und den folgenden neun Jahren zulässig, wenn sie der **Energieeinsparung** bzw **Energieerzeugung** (einschließlich der Anbindung an das Heiz- und Versorgungssystem des Gebäudes) dienen, soweit für solche Maßnahmen keine Investitionszulage gewährt wird (§ 82a Abs 2 EStDV).

69 Abschreibungen nach § 82a EStDV schließen die Abschreibungen nach § 7 Abs 4, Abs 5 EStG oder § 7b EStG aus (§ 82a Abs 1 S 1 EStDV). Wurde von der Möglichkeit zur **Vollabschreibung** während des Begünstigungszeitraums kein Gebrauch gemacht, ist ein nach Ablauf der 10 Jahre etwa noch vorhandener **Restwert** den AK/HK (wieder) **hinzuzurechnen** und zusammen mit dem Gebäude innerhalb dessen Restnutzungsdauer und des für das Gebäude maßgebenden Abschreibungssatzes abzuschreiben (§ 82a Abs 1 S 2 EStDV).

70 **o) § 82f EStDV, Bewertungsfreiheit für Handelsschiffe, für Schiffe, die der Seefischerei dienen und für Luftfahrzeuge.** Hiernach sind **Sonderabschreibungen** von den AK/HK, den **Anzahlungen** bzw **Teilherstellungskosten** (§ 82f Abs 4 EStDV, s § 7a Abs 2 EStG, Anm 37) bei folgenden Investitionen im Jahr der Anschaffung oder Herstellung und den 4 Folgejahren zulässig:

– Bis zu insgesamt 40 vH bei **Handelsschiffen,** wenn sie in einem inländischen Seeschiffsregister eingetragen, selbst hergestellt oder in **ungebrauch-**

tem Zustand angeschafft worden sind (§ 82f Abs 2 EStDV) und nicht innerhalb eines Zeitraums von 8 Jahren nach ihrer Anschaffung oder Herstellung veräußert werden (§ 82f Abs 3 S 1 EStDV);

- § 82f Abs 6 S 1 EStDV, bei **Schiffen,** die der Seefischerei dienen, dürfen die gleichen Sonderabschreibungen wie bei Handelsschiffen vorgenommen werden;
- § 82f Abs 6 S 2 EStDV, bei **Luftfahrzeugen,** die in die deutsche Luftfahrzeugrolle eingetragen sind, der gewerbsmäßigen Personen- oder Sachbeförderung im internationalen Luftverkehr oder sonstigen gewerblichen Zwecken im Ausland zu dienen bestimmt sind, hier jedoch nur bis zu insgesamt 30 vH. Die Mindestbesitzdauer reduziert sich von 8 auf 6 Jahre. Ab 1996 angeschaffte Luftfahrzeuge müssen selbst hergestellt oder ungebraucht vom Hersteller erworben sein.

Die Abschreibungen nach § 82f EStDV können nur in Anspruch genommen werden, wenn das Schiff bzw. Luftfahrzeug vor dem 1. Januar 1999 angeschafft bzw. hergestellt und der Kauf- oder Bauvertrag vor dem 25. April 1996 abgeschlossen worden ist. Bei Stpfl, die in eine Ges iSd § 15 Abs 1 Nr 2 und Abs 3 EStG nach Abschluss des Schiffbauvertrags eintreten, sind Sonderabschreibungen nur zulässig, wenn sie der Ges vor dem 1. 1. 1999 beigetreten sind.

Hinsichtlich der Verteilung der Sonderabschreibung während des Begünstigungszeitraums und des Verhältnisses zu anderen Abschreibungsbestimmungen, s Anm 33; zur Anwendung s BMF 30. 11. 1994 BStBl I, 881.

p) § 4 FördergebietsG, Sonderabschreibung bei Investitionen in den neuen Bundesländern. Bei beweglichen WG des Anlagevermögens sowie von AK/HK bzw Modernisierungs- und anderen nachträglichen Herstellungsarbeiten des unbeweglichen abnutzbaren Betriebsvermögens sowie des Überschussvermögens (Mietwohnung) dürfen innerhalb der ersten 5 Jahre neben der Normal-AfA zusätzlich Sonderabschreibungen von bis zu 50% der AK/HK vorgenommen werden. Die Sonderabschreibung ist auch auf **Anzahlungen auf Anschaffungskosten** oder entstandene **Teilherstellungskosten** zulässig, § 8 Abs 1 S 1 Nr 2 FördergebietsG. 71

Die Förderung ist auf Investitionen **von 1991 bis 1998** beschränkt, wirkt aber über diesen Zeitraum hinaus: Wurden noch vor 1999 Anzahlungen auf AK geleistet bzw entstehen Teil-HK, dürfen die Sonderabschreibungen **auch nach 1998** vorgenommen werden (*Drenseck* in Schmidt[18] § 7a Anm 45). Einzelheiten s 4. Aufl.

Ab 1999 gilt für die Förderung von Maßnahmen im Fördergebiet das **Investitionszulagengesetz 1999.** Die Investitionszulage ist jedoch keine steuerrechtliche Abschreibung iSd § 254, da sie die steuerlichen AK/HK nicht mindert (§ 9 InvZulG; *Fleischmann* in HHR Anhang 13 zu § 7a Anm 1).

C. Abweichungen der IFRS

Nach IFRS sind steuerrechtliche Abschreibungen nicht zulässig.

In seiner „Stellungnahme zum Vorschlag der EU-Kommission für eine Verordnung des Europäischen Parlaments und des Rates über die Anwendung internationaler Rechnungslegungsgrundsätze" vom 15. 5. 2001 (FN IDW 2001, 221, 225) spricht sich das IDW zur Wahrung der Steuerneutralität für eine **Beibehaltung des § 254** im Rahmen des HGB aus. Vorgeschlagen wird allerdings in § 281 Abs 1 die Schaffung einer **Pflicht** für **alle** zur Aufstellung eines JA verpflichteten **Kaufleute,** Abschreibungen nach S 1 durch die **Bildung eines passivischen Sonderpostens** vorzunehmen. 75

§ 255 Anschaffungs- und Herstellungskosten

(1) [1] Anschaffungskosten sind die Aufwendungen, die geleistet werden, um einen Vermögensgegenstand zu erwerben und ihn in einen betriebsbereiten Zustand zu versetzen, soweit sie dem Vermögensgegenstand einzeln zugeordnet werden können. [2] Zu den Anschaffungskosten gehören auch die Nebenkosten sowie die nachträglichen Anschaffungskosten. [3] Anschaffungspreisminderungen sind abzusetzen.

(2) [1] Herstellungskosten sind die Aufwendungen, die durch den Verbrauch von Gütern und die Inanspruchnahme von Diensten für die Herstellung eines Vermögensgegenstands, seine Erweiterung oder für eine über seinen ursprünglichen Zustand hinausgehende wesentliche Verbesserung entstehen. [2] Dazu gehören die Materialkosten, die Fertigungskosten und die Sonderkosten der Fertigung. [3] Bei der Berechnung der Herstellungskosten dürfen auch angemessene Teile der notwendigen Materialgemeinkosten, der notwendigen Fertigungsgemeinkosten und des Wertverzehrs des Anlagevermögens, soweit er durch die Fertigung veranlaßt ist, eingerechnet werden. [4] Kosten der allgemeinen Verwaltung sowie Aufwendungen für soziale Einrichtungen des Betriebs, für freiwillige soziale Leistungen und für betriebliche Altersversorgung brauchen nicht eingerechnet zu werden. [5] Aufwendungen im Sinne der Sätze 3 und 4 dürfen nur insoweit berücksichtigt werden, als sie auf den Zeitraum der Herstellung entfallen. [6] Vertriebskosten dürfen nicht in die Herstellungskosten einbezogen werden.

(3) [1] Zinsen für Fremdkapital gehören nicht zu den Herstellungskosten. [2] Zinsen für Fremdkapital, das zur Finanzierung der Herstellung eines Vermögensgegenstands verwendet wird, dürfen angesetzt werden, soweit sie auf den Zeitraum der Herstellung entfallen; in diesem Falle gelten sie als Herstellungskosten des Vermögensgegenstands.

(4) [1] Als Geschäfts- oder Firmenwert darf der Unterschiedsbetrag angesetzt werden, um den die für die Übernahme eines Unternehmens bewirkte Gegenleistung den Wert der einzelnen Vermögensgegenstände des Unternehmens abzüglich der Schulden im Zeitpunkt der Übernahme übersteigt. [2] Der Betrag ist in jedem folgenden Geschäftsjahr zu mindestens einem Viertel durch Abschreibungen zu tilgen. [3] Die Abschreibung des Geschäfts- oder Firmenwerts kann aber auch planmäßig auf die Geschäftsjahre verteilt werden, in denen er voraussichtlich genutzt wird.

Übersicht

Schrifttum: *Mathiak* Anschaffungs- und Herstellungskosten in: Raupach (Hrsg), Werte und Wertermittlung im Steuerrecht, Köln 1984; *Wlecke* Währungsumrechnung und Gewinnbesteuerung, 1989; *Gebhardt/Breker* Bilanzierung von Fremdwährungstransaktionen im handelsrechtlichen Einzelabschluss, DB 1991, 1529; *Wassermeyer* Die Maßgeblichkeit der Handelsbilanz für die Steuerbilanz und die Umkehr dieses Grundsatzes, Doralt (Hrsg) Probleme des Steuerbilanzrechts 1991, 29; *Wilhelm* Bewertungswahlrechte bei den Herstellungskosten, BB 1991, 1151; *Bachem* Berücksichtigung negativer Geschäftswerte in Handels-, Steuer- und Ergänzungsbilanz, BB 1993, 967; *Moxter* Bilanzrechtliche Probleme beim Geschäfts- oder Firmenwert, FS Semler Berlin 1993, 851; *ders* Bilanzrechtsprechung, Tübingen 1993; *Schlick* Bewertung von Fremdwährungspositionen im handelsrechtlichen Jahresabschluss, DStR 1993, 254; *Ossadnik* Zur Diskussion um einen „negativen Geschäftswert", BB 1994, 714; *Siegel/Bareis* Zum „negativen Geschäftswert" in Realität und Bilanz, BB 1994, 317; *Groh* Negative Geschäftswerte in der Bilanz, FS *Klein* 1994, 815; *Herzig/Söffing* Bilanzierung und Abschreibung von Fernsehrechten, WPg 1994, 601; *Klein* Der Herstellungsbegriff in § 255 (2) S. 1 des Handelsgesetzbuches und seine Prägung durch den Bundesfinanzhof bei Gebäuden FS *Moxter* 293; *Küting/Larson* Kritische Anmerkungen zum Umfang der Herstellungskosten in der Steuerbilanz, DStR 1994, 729; *Raupach* Das Steuerrecht als unerwünschte Rechtsquelle der Handelsbilanz, FS Moxter 103; *Schmid/Walter* Teilgewinnrealisierung bei langfristiger Fertigung in Handels- und Steuerbilanz, DB 1994, 2358; *Stobbe* Eingeschränkte Maßgeblichkeit bei den Herstellungskosten FR 1994, 105, *Wassermeyer* Die Maßgeblichkeit der Handelsbilanz für die Steuerbilanz und die Umkehrung dieses Grundsatzes, DStJG 14 S 29ff; *Weber-Grellet* Handelsrechtliche Bewertungswahlrechte in der Steuerbilanz, DB 1994, 2405; *Biener*

Bilanzierung im Spannungsfeld von Europa-, Umwandlungs- und Steuerrecht, StbJb 1995/96, 29; *Mellwig* Herstellungskosten und Realisationsprinzip, FS Budde 397; *Bacmeister* § 24 UmwG und die Bindung zwischen Handels- und Steuerbilanz (Maßgeblichkeit) bei der Verschmelzung DStR 1996, 122; *Baetge* Herstellungskosten: Vollaufwand versus Teilaufwand, FS Ludewig, 54; *Naumann* Zur Anwendung von § 24 UmwG in Verschmelzungsfällen, FS *Ludewig* 683; *Müller* Zweifelsfragen zum Umwandlungsrecht, WPg 1996, 857; *Müller-Gattermann* Umwandlungssteuerrecht, WPg 1996, 868; *Pezzer* Die Instandsetzung und Modernisierung von Gebäuden nach der jüngsten Rechtsprechung des BFH, DB 1996, 849; *Spindler* Zur Abgrenzung von Herstellungs- und Erhaltungsaufwand bei Instandsetzungs- und Modernisierungsmaßnahmen an Gebäuden, DStR 1996, 766; *Spindler* Zur steuerlichen Behandlung nachträglicher Erschließungskosten, DB 1996, 444; *Winter* Aktivierungsfähigkeit von Finanzderivaten, BB 1996, 2083; *Barth/Kneisel* Entgeltlich erworbene Warenzeichen in der Handels- und Steuerbilanz WPG 1997, 473; *Müller* Ertragsteuerliche Behandlung der Grunderwerbsteuer in Umstrukturierungsfällen DB 1997, 1433; *Weber-Grellet* Die Unmaßgeblichkeit der Maßgeblichkeit im Umwandlungsrecht, BB 1997, 653, 655; *Wienands* Grunderwerbsteuer und konzerninterne Restrukturierungen DB 1997, 1362; *Widmann* Der Grundsatz der Maßgeblichkeit und das Umwandlungssteuerrecht, FS Beisse, 571; *Kroschel/Löbl/Wellisch* Der Referentenentwurf zur Steuerreform der Bundesregierung, DB 1998, 2387; *Weber-Grellet* Das hässliche Bilanzsteuerrecht, DB 1998, 2435. – S auch das Schrifttum vor Anm 141 (Finanzanlagen) und vor Anm. 410 (Vorräte); *Siegel* Rückstellungen für Anschaffungs- oder Herstellungskosten n Ausnahmefällen, DB 1999, 857; *Kußmaul/Klein* Maßgeblichkeitsprinzip bei verdeckter Einlage und verdeckter Gewinnausschüttung?, DStR 2001, 189; *Kußmaul/Klein* Überlegungen zum Maßgeblichkeitsprinzip im Kontext jüngerer nationaler sowie internationaler Entwicklungen, DStR 2001, 546; *Budde/Förschle* Sonderbilanzen: Von der Gründungsbilanz bis zur Liquidationsbilanz, 3. Aufl; *Schmidtbauer* Die Bilanzierung und Bewertung immaterieller Vermögensgegenstände bzw. Vermögenswerte in der deutschen Rechnungslegung sowie nach IAS, DStR 2003, 2035; *Scharfenberg/Marquardt* Die Bilanzierung des Customizing von ERP-Software, DStR 2004, 195; *Klein/Völker-Lehmkuhl* Die Bilanzierung von Emissionsrechten nach den deutschen Grundsätzen ordnungsgemäßer Buchführung, DB 2004, 332; *Schmitt* Zielgerichtete, steuerneutrale Umwandlungen zur Verbesserung der handelsrechtlichen Eigenkapitalposition, DStR 2004, 936.

A. Allgemeines

Abs 1 und Abs 2 definieren die Bewertungsbegriffe AK/HK, die als die zentralen Wertmaßstäbe des Bilanzrechts angesehen werden können. Sie bilden die **absolute Wertobergrenze** jeder Bewertung – Anschaffungswertprinzip – (§ 253 Anm 1) und sind die **Zugangswerte,** mit denen ein angeschaffter oder hergestellter VG erstmals bilanziert wird. 1

Die Bewertungsmaßstäbe AK/HK gelten für *sämtliche* VG des Anlage- wie des Umlaufvermögens (§ 253 Anm 1). Die nur VG des Umlaufvermögens betr Frage des Verbots der Einbeziehung von Vertriebskosten in die HK ist gesondert in Abs 2 S 6 geregelt.

Das HGB definiert zwar die AK, nicht aber den Begriff der **Anschaffung** selbst. Dieser wird vorausgesetzt. Ohne Anschaffung können auch AK nicht vorliegen (Anm 43 sowie *BFH* 13. 1. 1993, BStBl II, 346 zum jeweils zweckorientiert auszulegenden steuerrechtlichen Anschaffungsbegriff im Rahmen einzelner Einkunftsarten). Demgegenüber enthält Abs 2 neben der Bestimmung der HK auch eine Definition der **Herstellung** im bilanzrechtlichen Sinne, die sich an der durch das Steuerrecht geprägten Begriffsbestimmung orientiert, andererseits aber auch durch das Steuerrecht zu beachten ist (*Klein* FS Moxter S 280; s hierzu Anm 383). Der **Umfang** der jeweils einzubeziehenden Kosten ist unterschiedlich. Während es für **Anschaffungskosten** grds nur *einen* Wertansatz gibt – Fixwertprinzip –, bestehen im **Herstellungskosten**bereich **Bewer-** 2

tungswahlrechte, die im Einzelnen in Abs 2 S 2–5 geregelt sind. Der Einbeziehung von Finanzierungskosten in die HK hat das Gesetz einen eigenen Absatz gewidmet (Abs 3), ebenso dem Sonderfall eines erworbenen GFW (Abs 4).

B. Begriff und Umfang der Anschaffungskosten (Abs 1)

I. Allgemeines

10 Die erstmalige gesetzliche Definition der AK war durch die 4. EG-Richtl notwendig geworden („Zu den Anschaffungskosten gehören neben dem Einkaufspreis auch die Nebenkosten"). Über diese Richtl ist das HGB – nicht zuletzt im Interesse der Steuerneutralität – hinausgegangen.

II. Begriff der Anschaffungskosten (Abs 1 S 1)

1. Begriff der Anschaffungskosten

20 In Anlehnung an die bisher insb im Steuerrecht gewonnene Auslegung (Anm 10) hat § 255 die AK wie folgt definiert: „Anschaffungskosten sind die Aufwendungen, die geleistet werden, um einen Vermögensgegenstand zu erwerben" – Kosten des Erwerbs – „und ihn in betriebsbereiten Zustand zu versetzen" – Kosten der Betriebsbereitschaft –. Der Anschaffungsvorgang führt damit grds zur **ergebnisneutralen Vermögensumschichtung** durch Hingabe einer Gegenleistung. AK werden demnach durch die Gegenleistung bestimmt. Man kann deswegen für Anschaffungsvorgänge auch vom Prinzip der Maßgeblichkeit der Gegenleistung sprechen (*ADS*[6] § 255 Anm 5; *Wohlgemuth* HdJ Abt I/9 Anm 2; *Stobbe* in HHR § 5, Anm 282b). Eine Gewinnrealisierung anlässlich einer Anschaffung ist regelmäßig ausgeschlossen. Eine Ausnahme besteht für gewinnrealisierende, auf Grund eines Umsatzakts zugehende Forderungen (s hierzu Anm 252; *ADS*[6] § 255 Anm 6). Zum Tausch, der wahlweise als ergebnisneutrale Anschaffung oder als gewinnrealisierender Umsatzakt behandelt werden kann, s Anm 130ff.

Auch überhöhte AK sind zu aktivieren. Ein Ansatz nur in Höhe, „angemessener" AK ist mit dem AKBegriff unvereinbar (*BFH* 8. 10. 1987, BStBl II, 853), was nicht ausschließt, dass zu einem auf die Anschaffung folgenden Bilanzierungszeitpunkt etwa ein niedrigerer beizulegender Wert oder ein niedrigerer Teilwert angesetzt werden darf oder muss.

a) Kosten des Erwerbs – Überführung aus fremder in eigene Verfügungsgewalt

21 Mit der Formulierung „um zu erwerben" wird die Anschaffung umschrieben und zugleich von der Herstellung abgegrenzt. Anschaffung bedeutet Erwerb eines bereits bestehenden VG, der aus fremder in die eigene **wirtschaftliche Verfügungsmacht** überführt wird. Dieser Kernbereich des AK-Begriffs geht zurück auf den Beschluss des GrS des *BFH* 22. 8. 1966 (BStBl III, 672 betr die Anschaffung eines Grundstücks in Abgrenzung zu den zeitlich später am angeschafften Grundstück vorgenommenen Aufwendungen). Sie wurde auch für das Handelsrecht übernommen. AK sind Aufwendungen, die – final – nach ihrer Zweckbestimmung dem Erwerb des VG dienen (einhellige Auffassung zB *BFH* 13. 10. 1983, BStBl II, 810; *Glanegger* in Schmidt[24] § 6 Anm 81; *Werndl* in Kirchhoff/Söhn/Mellinghoff § 6 Anm B 25 mwN).

Die Gesetzesformulierung „um zu erwerben" schließt es aus, Aufwendungen, die nur **mittelbar** dem Zweck der Anschaffung dienen, noch als AK zu aktivieren. Dementsprechend sind Reise- und Besichtigungskosten auf der Suche nach einem zum Erwerb geeigneten Objekt noch keine AK des letztlich erworbenen Gegenstands (*BFH* 10. 3. 1981, BStBl II, 470; 15. 4. 1992 BStBl II, 819; aA BFH 24. 2. 1972 BStBl II 422). Gleiches gilt für durch Konkurs des Zahlungsempfängers verlorene Anzahlungen; dies schon deswegen, weil die Anzahlung ein anderer VG ist als der schließlich angeschaffte (§ 247 Anm 545). 22

AK müssen sich auf **den Vorgang** des Erwerbs beziehen. Aufwendungen, die nur **gelegentlich** des Erwerbs entstehen, sind Aufwand. Dementsprechend sind an Handelsvertreter gezahlte Vermittlungsprovisionen keine AK für den immateriellen VG „Belieferungsrecht" (*BFH* 3. 8. 1993, BStBl II 1994, 444, 447); Ebenso sind Aufwendungen für rechtliche und steuerrechtliche Beratung (Konzeptionskosten) nicht schon AK eines immateriellen VG. Anders kann es liegen, wenn ein bereits fertiges Anlagekonzept besteht und von einem Dritten erworben wird (*BFH* 10. 12. 1992, BStBl II 1993, 538, 542).

Wird ein Gebäude angeschafft, jedoch alsbald nach seiner Anschaffung abgebrochen und an seiner Stelle ein anderes Gebäude angeschafft, sind die AK des Erstgebäudes nicht zugleich auch AK des Zweitgebäudes (so aber die steuerliche Rspr beim **Erwerb in Abbruchsabsicht** (s Anm 373).

Die Aufwendungen müssen **objektiv** betrachtet dem Zweck der Anschaffung dienen; die Bezeichnung durch die Parteien ist ebenso unerheblich wie eine subjektive Zweckbestimmung (s Anm 26). So sind beim Hersteller entstandene und dem Käufer gesondert in Rechnung gestellte Finanzierungskosten AK des Erwerbers („gekaufte Finanzierung", *BFH* 14. 11. 1989, BStBl II 1990, 299, 304 betr gesondert in Rechnung gestellte Kosten der Eigen- und Fremdkapitalbeschaffung beim Bauherrenmodell). Ebenso, wenn beim Erwerb eines Mitunternehmeranteils der Erwerber dem bisherigen Mitunternehmer die diesem als Finanzierungsschuldner entstandenen *Bauzeitzinsen* als (anteilige) AK des Gebäudes *mitvergütet* (steuerrechtlich ein in der Ergänzungsbilanz des Anteilserwerbers zu erfassender anteiliger Gebäudewert *BFH* 18. 2. 1993, BStBl II 1994, 224, 226). Wird der Kaufpreis dadurch ermäßigt, dass der Käufer eine Anzahlung leistet, die er durch eine Kreditaufnahme finanziert, bilden die von ihm geschuldeten Finanzierungskosten Aufwand. Als AK scheiden Finanzierungskosten aus, weil sie nur mittelbar der Anschaffung dienen (s auch Anm 501; *BFH* 24. 5. 1968, BStBl II, 574; BMF 31. 9. 1990, BStBl I, 366 Tz 3.3.1. „Bauherren-Erlass"). Auch Eigenkapitalbeschaffungsprovisionen und sonstige Gebühren (Treuhandgebühren, Mietgarantien) bei einer Immobilien-KG sind in der HB Aufwand, selbst wenn steuerrechtlich auf der Ebene der Gester bei Gestaltungsmissbrauch (§ 42 AO) AK der Immobilie vorliegen können (so *BFH* 28. 6. 2001, BStBl II, 717, 719 betr Eigenkapitalvermittlungsprovisionen; 8. 5. 2001, BStBl II, 720 betr sonstige Gebühren, jeweils bei Immobilienfonds; BMF 20. 10. 2003, BStBl 546).

b) Kosten der Erlangung der Betriebsbereitschaft

Das HGB rechnet auch diejenigen Aufwendungen, die *nach* der Erlangung wirtschaftlicher Verfügungsgewalt und *nach* Abschluss des Beschaffungsvorgangs entstehen, noch zu den AK. Es sind dies Aufwendungen, um den erworbenen VG erstmals in **betriebsbereiten Zustand** zu versetzen, zB für Fundamente, Aufstellung und Montage einer Maschine. Die hierfür anfallenden Aufwendungen sind Anschaffungsnebenkosten, die nur insoweit aktiviert werden dürfen, als sie dem angeschafften VG einzeln zugeordnet werden können. Bedeutung hat dies vor allem bei innerbetrieblich anfallenden Nebenkosten (Anm 73). 23

24 Ebenso wie die Anschaffung ist auch das Herstellen der Betriebsbereitschaft ein **finaler** Begriff. Die Aufwendungen müssen zweckgerichtet auf das Herstellen des betriebsbereiten Zustands gerichtet sein. Ein VG ist betriebsbereit, wenn er **entsprechend seiner Zweckbestimmung** genutzt werden kann (*ADS*[6] § 255 Anm 13). Zu den AK zählen daher diejenigen Aufwendungen, die **erforderlich** sind, um einen VG *bestimmungsgemäß nutzen zu können* (*BFH* 12. 9. 2001, BB 2002, 1355, 1356; *Werndl* in Kirchhoff/Söhn/Mellinghoff § 6 Anm B 90). Die Begriffsbestimmung der AK durch den *GrS* (22. 8. 1966, BStBl III, 672), die *nur* die Kosten des Erwerbs (s Anm 22) zu den AK rechnete und zeitlich nachgelagerte Aufwendungen nach den Grundsätzen nachträglicher HK beurteilte (s die 4. Aufl Anm 22) ist durch den kodifizierten AK-Begriff des Abs 1 überholt (so ausdrücklich *BFH* 12. 9. 2001, BB 2002, 1355; Fortführung der Rspr *BFH* 22. 1. 2003, BStBl II, 596; Zur Anwendbarkeit der Urteilsgrundsätze *BMF* 18. 7. 2003, BStBl I, 386). Die Zweckbestimmung erfolgt **durch den Erwerber.** Er bestimmt, in welcher Weise der erworbene VG genutzt werden soll (*BFH* aaO). Wird ein VG ab dem Erwerbszeitpunkt vom Erwerber genutzt, hat er hierdurch seine Zweckbestimmung getroffen. Der VG ist betriebsbereit und kann nicht mehr in betriebsbereiten Zustand versetzt werden (*BFH* aaO betr den Erwerb eines vermieteten Wohngrundstücks bei Fortsetzung des Mietverhältnisses). Dem Erwerb nachfolgende Aufwendungen können dann nur nach den Grundsätzen nachträglicher HK (s Anm 375 ff) aktiviert werden.

25 Bei **gebraucht erworbenen Gegenständen** werden häufig nach dem Erwerb durch den Unternehmer noch weitere Aufwendungen am erworben VG vorgenommen, *bevor* er im Betrieb eingesetzt wird. Bei derartigen (anschaffungsnahen) Aufwendungen kann allein aus dem Umstand, dass sie vom Erwerber vor der Inbetriebnahme getätigt worden sind, noch nicht gefolgert werden, sie hätten die Herstellung der Betriebsbereitschaft bezweckt und seien deshalb ohne weiteres als AK zu aktivieren (so wohl ADS[6] § 255 Anm 14). Ist der erworbene VG zu dem vom Erwerber bestimmten Zweck **seiner Funktion** nach geeignet (zB ein fahrbereiter LKW, ein als Büro nutzbares Gebäude) und dienen die Aufwendungen lediglich der *Funktionserhaltung,* handelt es sich nicht um Aufwendungen zur Herstellung der Betriebsbereitschaft. Diese war vielmehr bereits im Zeitpunkt des Erwerbs gegeben. Insoweit geht der Begriff „Herstellen der Betriebsbereitschaft" als Teil der AK nicht über den Begriff der nachträglichen HK hinaus (glA *BFH* 12. 9. 2001, BB 2002, 1355 betr den Erwerb eines leer stehenden Gebäudes, an dem im Anschluss an den Erwerb Schönheitsreparaturen und Instandsetzungsarbeiten an iW noch funktionierenden Installationen vorgenommen werden). Wird ein gebraucht erworbener VG nach dem vom Erwerber bestimmten Zweck erst nach einer **Umrüstung** im Betrieb eingesetzt, sind die Umrüstungskosten Kosten der erstmaligen Inbetriebnahme AK (*Glanegger* in Schmidt[24] § 6 EStG Anm 85; *BFH* 14. 10. 1985, HFR 1986, 123 betr Umrüstung eines im Ausland erworbenen Pontons). Bei einem **Wohngebäude** gehört zur Zweckbestimmung auch die Entscheidung, welchem **Standard** (sehr einfach, mittel, sehr anspruchsvoll) es entspr soll. Baumaßnahmen, die das erworbene Gebäude auf einen höheren Standard bringen, machen es betriebsbereit. Sie sind AK iSv Abs 1 (*BFH* 12. 9. 2001, BB 2002, 1355). Entspr hat für ein erworbenes **Büro- oder Betriebsgebäude** zu gelten, das nach dem Erwerb aber vor der Inbetriebnahme auf einen höheren Standard angehoben wird. Der AK-Begriff geht auch bei dieser Fallkonstellation nicht über den Begriff nachträglicher HK hinaus, bei dem eine wesentliche Verbesserung erst anzunehmen ist, wenn durch die Modernisierung ein Gebäude auf einen höheren Standard angehoben wird (s hierzu Anm 387).

Generell sind nach diesen Grundsätzen Aufwendungen, die bei einem seit längerer Zeit im Unt vorhandenen VG zu nachträglichen HK führen würde, als AK zur Herstellung der Betriebsbereitschaft zu aktivieren, wenn sie *nach* dem Erwerb aber *vor* der erstmaligen Inbetriebnahme anfallen.

c) Keine Rückstellung für zukünftige Anschaffungskosten

Der ergebnisneutrale Anschaffungsvorgang soll weder zu einer Gewinn- noch zu einer Verlustrealisierung führen. Dementsprechend dürfen auch keine ergebnismindernden Rückstellungen für zukünftig zu aktivierende AK/HK gebildet werden, deren Aufwandsverrechnung (AfA) erst mit *zukünftig zu realisierenden* Erträgen in wirtschaftlichem Zusammenhang steht (so *BFH* 19. 8. 1998, BStBl II 1999, 18, 19 betr die durch Verwaltungsakt begründete Verpflichtung zum Einbau eines Fettabscheiders). Dies entspricht dem ganz überwiegenden Schrifttum. 26

In § 5 Abs. 4b S 1 EStG ist ausdrücklich bestimmt, dass keine Rückstellungen für Aufwendungen gebildet werden dürfen, die in *künftigen* Wj als AK oder HK für ein WG zu aktivieren sind. Abgenommene (§ 640 BGB), aber noch nicht abgerechnete Werkleistungen sind zu aktivieren und zurückzustellen (FinVerw in WPg 2000, 1132). Rückstellungen für Aufwendungen bereits veräußerter oder künftig wertloser WG sind ergebniswirksam zu bilden, da eine Aufwandsverrechnung (AfA) mit zukünftig zu realisierenden Erträgen nicht in Betracht kommt (*Siegel* DB 1999, 857; *Kußmaul/Klein* DStR 2001, 517; im Ergebnis zustimmend *Weber-Grellet* in Schmidt[24] § 5 Anm 369). Die Bestimmung hat klarstellende Bedeutung und ist keine gesetzliche Durchbrechung des Maßgeblichkeitsgrundsatzes.

2. Anschaffungszeitpunkt und Anschaffungskostenzeitraum

Die Herstellung der Betriebsbereitschaft eines erworbenen VG bedeutet weder, dass der Zeitpunkt der Anschaffung in einen Anschaffungszeitraum verwandelt, noch dass der Anschaffungszeitpunkt bis zu jenem letzten Zeitpunkt hinausgeschoben wird, in dem die letzten Aufwendungen zur Herstellung der Betriebsbereitschaft anfallen, aA iS eines zweiphasigen Anschaffungsvorgangs, der mit der Erlangung wirtschaftlicher Verfügungsmacht beginnt und mit der erstmaligen Betriebsbereitschaft endet *ADS*[6] § 255 Anm 7 u 12, *Streim* in HURB S 78, 80. Diese Kennzeichnung ist entbehrlich, da anders als beim Herstellungsvorgang keine zeitraumbezogenen Gemeinkosten aktiviert werden dürfen (s Anm 70). Der wesentliche Anschaffungszweck ist die Überführung aus fremder in eigene **wirtschaftliche Verfügungsgewalt.** Ab diesem Zeitpunkt ist der angeschaffte VG beim Erwerber zu bilanzieren und damit angeschafft, unbeschadet der Tatsache, dass AK unabhängig von diesem Zeitpunkt in zeitlicher Abfolge anfallen können. Es ist deshalb zutreffend (*Mathiak* 1984, 118), zwischen einem Anschaffungszeitpunkt und einem AK-Zeitraum zu unterscheiden (so auch *Stobbe* in HHR § 6 Anm 274). 30

a) Anschaffungszeitpunkt

Zeitpunkt der Anschaffung ist der Zeitpunkt des Erwerbs eines VG, dh das **Erlangen wirtschaftlicher Verfügungsmacht** (s zB *Glanegger* in Schmidt[24] § 6 Anm 82; *Knop* in HdR[5] § 255 Anm 28; *ADS*[6] § 255 Anm 10; *Stobbe* in HHR § 6 Anm 274). Danach ist ein VG in dem Zeitpunkt angeschafft, in dem der Erwerber nach dem *Willen beider Vertragpartner* darüber wirtschaftlich verfügen kann. Das ist idR der Fall, wenn Eigenbesitz, Gefahr, Nutzen und Lasten 31 auf den Erwerber übergehen (*BFH* 28. 4. 1977, BStBl II, 553 und seitdem stRspr, *BFH* 27. 9. 2001, HFR 2002, 290; *BFH* 4. 6. 2003, DStRE 2003, 1082 s auch *Mattiak* 1984, 118). Zu diesem Zeitpunkt wechselt bilanziell die Zugehörigkeit eines VG. Er scheidet – ggf gewinnrealisierend – aus dem Vermögen des Veräußerers aus und geht in das Vermögen des Erwerbers über. Geht die **Preisgefahr,** dh die Gefahr, den Kaufpreis zahlen zu müssen, bereits **vor** Erlangung des unmittelbaren oder mittelbaren Besitzes an dem gekauften VG über (zB beim Versendungskauf § 447 BGB), ist der VG gewinnrealisierend aus dem Vermögen das Verkäufers ausgeschieden und eine Kaufpreisforderung einzubuchen (§ 252 Anm 45). Es liegt auch auf Seiten des **Erwerbers** kein schwebendes Geschäft mehr vor. Mit der entstandenen Kaufpreisverbindlichkeit ist auch der VG einzubuchen (aA *BFH* 3. 8. 1988, BStBl II 1989, 21, auf den Übergang von unmittelbarem oder mittelbarem Besitz abstellend). Die bis zur Ablieferung des VG zivilrechtlich noch bestehende Verfügungsmöglichkeit des Verkäufers steht dem Übergang des wirtschaftlichen Eigentums nicht entgegen (so aber *BFH* aaO, 23), weil nach dem Willen beider Vertragsparteien die Zuordnung des VG wechselt und bei normalem Geschehensablauf der Versender von seiner Verfügungsmöglichkeit keinen vertragswidrigen Gebrauch machen wird (ebenso *Werndl* in Kirchhoff/Söhn/Mellinghoff § 6 B 30).

32 Der Anschaffungszeitpunkt ist nicht nur maßgebend für den Beginn planmäßiger Abschreibungen, sondern auch, soweit es für die Bemessung der AK auf einen Zeitpunkt ankommt. So zB bei der **Umrechnung** einer als Gegenleistung für die Anschaffung eines VG entstehenden **Fremdwährungsverbindlichkeit** (Anm 55), der Bestimmung des **Barwerts** einer Renten- oder Ratenverpflichtung (§ 253 Anm 90), der **Aufteilung eines Gesamtkaufpreises** auf mehrere VG (Anm 81), der Ermittlung eines entgeltlich erworbenen **Geschäftswerts** (Anm 512).

b) Anschaffungskostenzeitraum

33 AK können in zeitlicher Abfolge vor **oder nach dem Anschaffungszeitpunkt anfallen.** So ist zB eine Maschine mit der Lieferung angeschafft. Verbleibt sie längere Zeit unmontiert im Unt, weil zB auf Vorrat angeschafft, und wird sie im Extremfall erst nach Jahren montiert und dann erstmals in betriebsbereiten Zustand versetzt, liegen noch AK vor (auch wenn zwischenzeitlich Abschreibungen vorgenommen wurden). Dies macht deutlich, dass es auf einen zeitlichen Zusammenhang zu dem Erwerb nicht ankommt. Gleiches gilt für nachträgliche AK, die nach dem eindeutigen Wortlaut des Abs 1 S 2 noch zu den AK rechnen.

34 AK können auch bereits **vor dem Anschaffungszeitpunkt** anfallen. So entstehen zB beim Erwerb eines Grundstücks für den Abschluss des Kaufvertrags Notarkosten, Gebühren für die Eintragung einer Auflassungsvormerkung (Eigentumsübertragungsvormerkung) oder eine bereits mit dem Abschluss des Kaufvertrags entstehende GrESt. Diese Aufwendungen sind bei Vorliegen einer *Verbindlichkeit* als Anschaffungsnebenkosten zu aktivieren, auch wenn das Grundstück selbst noch nicht bilanziert werden kann (*ADS*[6] § 255 Anm 11). Ein schwebendes Geschäft liegt nicht vor. Die Notarleistung ist erbracht, die GrESt beruht auf einer gesetzlichen Verpflichtung. **Rückstellungen** für zukünftige AK sind nicht zu bilden (*Müller* DB 1997, 1434), weil mit dem Grundsatz der ergebnisneutralen Verrechnung von Anschaffungsaufwendungen (Anm 20) nicht vereinbar (so auch *Werndl* in Kirchhoff/Söhn/Mellinghoff § 6 B 32; *ADS*[6] § 255 Anm 11).

3. Abgrenzung Anschaffung – Herstellung

Anschaffung und nicht Herstellung liegt auch vor, wenn VG in Form von **Nutzungsrechten** (zB Erbbaurecht, Nießbrauch, obligatorische Nutzungsrechte, Lizenzen) **erstmals begründet** werden. Diese Rechte entstehen durch übereinstimmende Willenserklärungen der Parteien, wobei der Nutzungsberechtigte sein Nutzungsrecht aus dem umfassenderen Recht des Eigentümers oder aus einem Verzicht des bisherigen Berechtigten ableitet. Dies rechtfertigt es, abgeleiteten Erwerb und damit Anschaffung anzunehmen (*Werndl* in Kirchhoff/Söhn/Mellinghoff § 6 B 36; *BFH* 26. 8. 1992, BStBl II, 977 betr Transferentschädigung für Spielerlaubnis als Lizenzspieler im Deutschen Fußballbund). 35

Kein abgeleiteter Erwerb und damit keine Aktivierungspflicht liegt dagegen vor bei Aufwendungen für eine betriebsbedingte **Mitbenutzung** öffentlicher Einrichtungen (*BFH* 26. 2. 1980, BStBl II, 687 betr Ausbau einer Straße; 25. 8. 1982, BStBl II 1983, 38 betr Ausbau einer Kläranlage; 13. 12. 1984, BStBl II 1985, 289 betr Umstellung der Stromversorgung). 36

Ein VG ist entweder angeschafft oder hergestellt (*Wichmann* DStR 1987, 719). Mag die Abgrenzung im Einzelfall auch fließend sein (so *ADS*[6] § 255 Anm 127), kann sie wegen der unterschiedlichen Folgen (Anm 39) doch nicht offen bleiben. Wird aus der Sicht eines Herstellers ein **unfertiges Vorprodukt** erworben und fertiggestellt, geht das angeschaffte Vorprodukt in die HK des Endproduktes ein. Der neue VG ist insgesamt hergestellt. Handelt es sich hierbei um einen immateriellen VG des Anlagevermögens, setzt mit dem Beginn der Herstellung (Anm 364 ff) das Aktivierungsverbot ein (so auch *ADS*[6] § 255 Anm 128). 37

Auch wenn der Herstellungsvorgang aus einer **Abfolge von Anschaffungsvorgängen** besteht, wie bei der Vergabe von Unteraufträgen an Subunternehmer durch einen Generalunternehmer, bei dem nur noch das Engineering oder die Kombination zur Gesamtleistung verbleibt, liegt Herstellung vor. Hersteller ist, wer das Risiko der Herstellung trägt und das Herstellungsgeschehen beherrscht (*BFH* 5. 3. 1992 BStBl II 1992, 725; Anm 334).

Dies ist insb bei **immateriellen Vermögensgegenständen** (zB Filmrechten, Fernsehproduktionen, Werbefilmen) eine Frage der **zivilrechtlichen Vertragsgestaltung** (vgl *Schmidbauer* DStR 2003, 2035 ff). Man unterscheidet die echte von der unechten Auftragsproduktion. Bei der **echten Auftragsproduktion** stehen dem Auftragnehmer die originären Schutzrechte aus § 94 Abs 1 UrheberrechtsG zu; er ist der Hersteller. Der Auftraggeber (zB eine Fernsehanstalt) erwirbt derivativ vom Filmhersteller die Rechte im vertraglich vereinbarten Umfang (§ 94 Abs 2 Urheberrechtsgesetz). Der echte Auftragsproduzent ist für den Erwerb der für das Filmwerk erforderlichen Nutzungs- und Leistungsschutzrechte von Künstlern, Verlegern und Autoren verantwortlich. Er ist auch im urheberrechtlichen Sinne Hersteller des Films, selbst wenn ihm vom Auftraggeber das Finanzierungsrisiko weitgehend abgenommen wird. Seiner Herstellereigenschaft steht auch nicht entgegen, dass er sich an bestimmte Vorgaben des Auftraggebers (zB Fernsehanstalt) hinsichtlich Titel, Produktionsstätte und Drehzeit zu halten hat. Bei **unechter Auftragsproduktion** trägt dagegen der Auftraggeber das gesamte Risiko der Filmherstellung. Er erteilt dem Produzenten umfassende Weisungen. Sämtliche Verträge zum Erwerb von Leistungsschutzrechten anderer werden im Namen und für Rechnung des Auftraggebers abgeschlossen; er ist Hersteller. Der Produzent wird auf Grund eines Geschäftsbesorgungsvertrags tätig; er ist Dienstleister. Nur der Auftraggeber ist Hersteller (vgl *BFH* 20. 9. 1995, BFHE 178, 434 betr eine Filmproduktion für eine Fernsehanstalt; *Depping DB* 1991, 2048, *Herzig/Söffing WPg* 1994, 601). Nach diesen

Grundsätzen beurteilt sich auch die Herstellereigenschaft eines *Film- und Fernsehfonds,* vgl im Einzelnen BMF 23. 2. 2001, BStBl I, 175; BMF 5. 8. 2003, BStBl I, 406.

Wird ein gleichartiger VG einmal angeschafft und einmal hergestellt, rechtfertigt dies keine gleichartige Bilanzierung. Es sind auf jeden VG die für ihn geltenden Bilanzierungsregeln anzuwenden (Grundsatz der Einzelbewertung). Dies gilt auch, wenn vergleichbare immaterielle VG des Anlagevermögens einmal angeschafft und einmal hergestellt werden.

38 Wird ein VG aus mehreren Gegenständen zusammengesetzt und montiert, ist zu entscheiden, ob der **Anschaffungsvorgang** oder **die Be- oder Verarbeitung** im Mittelpunkt steht. Werden mehrere Gegenstände verarbeitet, die gleichgewichtig, also nicht im Verhältnis von Haupt- und Nebensache zueinander stehen, führt dies zur Herstellung. Wird dagegen nur eine Endmontage unter Verwendung von Zubehör vorgenommen, ist der VG angeschafft. Aufstellungs- und Fundamentierungskosten sind als AK (Herstellen der Betriebsbereitschaft) zu aktivieren (Anm 24). Insb bei immateriellen VG (Software) ist entscheidend, wer das **Funktionsrisiko** des im Unt einzusetzenden VG trägt. Trägt es der Lieferant, ist Anschaffung; liegt es beim Erwerber, ist Herstellung gegeben (vgl *WPg* 2004, 470; *Scharfenberg/Marquardt* DStR 2004, 195).

39 **Bedeutung** hat die **Unterscheidung** zwischen Anschaffung und Herstellung
- für den Umfang der zu aktivierenden Aufwendungen: Bei einer Anschaffung dürfen nur Einzelkosten aktiviert werden; zu den HK gehören auch Gemeinkosten (Anm 340);
- sofern es auf den Zeitpunkt der Anschaffung oder Herstellung ankommt; zB Beginn der planmäßigen Abschreibungen; Möglichkeit der Sonderabschreibung nach §§ 6b, 6c, 7f EStG;
- bei immateriellen VG des Anlagevermögens für die Frage der Bilanzierung dem Grunde nach (Anm 360);
- für den nur bei HK möglichen Ansatz von FK-Zinsen (§ 255 Abs 3).

4. Anschaffungskosten bei Unternehmensumstrukturierungen/Umwandlungen

Abweichend von § 255 sind für Erwerbsvorgänge bei UntUmstrukturierungen nach UmwG die anzusetzenden AK gesondert geregelt.

a) Anschaffungskosten nach UmwG (Handelsrecht)

42 Das UmwG sieht die vier Umwandlungsformen Verschmelzung, Spaltung, Vermögensübertragung und den Formwechsel vor (§ 1 UmwG). Die Ersten drei Umwandlungsformen sind mit einer Vermögensübertragung, dh auf Seiten des übernehmenden Rechtsträgers mit einer Anschaffung verbunden – **übertragende Umwandlung** –; im Gegensatz zum Formwechsel, bei welchem unter Wahrung der Identität des Rechtsträgers nur das Rechtskleid wechselt – **formwechselnde Umwandlung** – (vgl allgemein zur Umwandlung *Schmitt* DStR 2004, 936ff; *Budde/Förschle*[3] Sonderbilanzen).

43 **aa) Formwechsel.** Der Formwechsel wird durch das Prinzip der Identität des Rechtsträgers, der Kontinuität seines Vermögens (wirtschaftliche Identität) und der Diskontinuität seiner Verfassung bestimmt (*Schmidt* ZIP 1995, 1385, 1387). Es **fehlt** an einer **Vermögensübertragung** und damit auch an einem zu AK führenden Erwerbsvorgang. Für die Erstellung einer „Schluss- oder Eröffnungsbilanz" des nur die Form wechselnden Rechtsträgers besteht kein Rechtsgrund (s im Einzelnen *HFA* 1/1996 *WPg* 1996, 507; für das Steuerrecht s Anm 47).

bb) Übertragende Umwandlung (*HFA* 2/1997 *WPg* 2000, 235). § 24 UmwG eröffnet dem übernehmenden Rechtsträger das Wahlrecht zur Bewertung der übernommenen VG und Schulden mit seinen **tatsächlichen Anschaffungskosten** oder die **Buchwerte** des übertragenden Rechtsträgers **fortzuführen.** 44

(1) Bilanzierung zu tatsächlichen Anschaffungskosten. Bewertet der übernehmende Rechtsträger das übernommene Vermögen gemäß § 24 UmwG mit seinen Anschaffungskosten, dann wird der Vermögensübergang bei Verschmelzung einem Anschaffungsvorgang gleichgestellt. Die Anschaffungskosten bei einer Verschmelzung werden dabei bestimmt von der Art der Gegenleistung. Die Art der Gegenleistung an die Anteilseigner des übertragenden Rechtsträgers bestimmt sich danach, ob es sich um eine Verschmelzung durch Aufnahme oder durch Neugründung handelt. Als Gegenleistung kommt bei einer Verschmelzung durch Neugründung lediglich die Ausgabe neuer Anteile in Betracht. Bei einer Verschmelzung durch Aufnahme kann die Gegenleistung darüber hinaus auch im Untergang bestehender Anteile am übertragenden Rechtsträger bestehen. Nach der Gegenleistung ist im Folgenden zu differenzieren zwischen einer Verschmelzung mit Kapitalerhöhung oder einer Verschmelzung ohne Kapitalerhöhung. Bei einer Verschmelzung mit Kapitalerhöhung (§§ 55, 69 UmwG) werden an die bisherigen Gester der übertragenden Ges neue Anteile ausgegeben. Die Ausgabe neuer Anteile an der aufnehmenden Ges ist nur dann erforderlich, soweit die Anteile der übertragenden Ges nicht von der aufnehmenden Ges, sondern von anderen Ges gehalten werden. Eine Verschmelzung ohne Kapitalerhöhung ist möglich durch Verschmelzung mit Untergang der Beteiligung und durch Gewährung eigener Anteile.

Wird eine erfolgsneutrale Behandlung nach den tatsächlichen AK gewählt, ist ein über die bisherigen Buchwerte hinausgehender AKWert nach den Grundsätzen der Aufteilung eines Gesamtkaufpreises beim Erwerb ganzer Unt auf die übergegangenen VG aufzuteilen bis hin zum GFW als Restgröße (Anm 511 ff).

(2) Bilanzierung bei Buchwertfortführung. Statt der Bewertung mit den tatsächlichen AK kann der übernehmende Rechtsträger gem § 24 UmwG auch die Buchwerte des übertragenden Rechtsträgers fortführen. Der Fortführung der Buchwerte des übertragenden Rechtsträgers liegt der Gedanke der Gesamtrechtsnachfolge zugrunde (vgl *Schultze-Osterloh* ZGR 1993, 425). Der übernehmende Rechtsträger tritt vollumfänglich in die Rechtsposition der Übertragerin ein und setzt das übertragene Unt fort. Diese Gesamtrechtsnachfolge bei der Verschmelzung soll auch in der Bilanzierung des übernehmenden Rechtsträgers erkennbar werden. Als Konsequenz der Gesamtrechtsnachfolge soll die **Kontinuität der Bilanzierung** des übertragenden Rechtsträgers gewahrt werden (*Sagasser/Bula/Brünger,* Umwandlungen, S 362). Mit der erforderlichen Bilanzierungskontinuität ist nicht nur verbunden, dass der übernehmende Rechtsträger die Buchwerte des übertragenden Rechtsträgers der Höhe nach fortzuführen hat. Vielmehr bezieht sich der Gedanke der Gesamtrechtsnachfolge und die daraus abgeleitete Bilanzkontinuität auch auf den Ansatz der übernommenen VG und Schulden dem Grunde nach (aaO, S 363; HFA 2/1997, S 182). Der übernehmende Rechtsträger ist insofern an die Bilanzierungsentscheidungen der Übertragerin gebunden und kann Ansatzwahlrechte im Zuge der Verschmelzung nicht neu ausüben (HFA 2/1997, S 182). Die Buchwerte in der Schlussbilanz der Übertragerin bilden mithin bei der Buchwertfortführung die AK iSv § 253 Abs 1 S 1 iVm § 255 Abs 1 HGB (*Naumann* FS Ludewig, S 705). Allerdings muss der übernehmende Rechtsträger nicht zwingend auch die Bewertungsmethoden des übertragenden Rechtsträgers fortführen. Er darf bei der Übernahme des Vermögens mit dem Verweis auf einen Ausnahmefall nach

§ 252 Abs 2 Bewertungswahlrechte neu ausüben und die Bewertungsspielräume an seine bisherige Bewertungsmethoden anpassen (HFA 2/1997 Abschn. 33).

Bei den sonstigen Fällen der übertragenden Umwandlung, der Spaltung (§§ 123ff UmwG; s *HFA* 1/1998) und Vermögensübertragung (§§ 174ff UmwG), für welche gleichermaßen der Vermögensübergang durch Gesamtrechtsnachfolge angeordnet ist (zB § 131 UmwG), gelten die gleichen Grundsätze der AK-Bilanzierung.

b) Anschaffungskosten nach UmwStG (Steuerrecht)

Die Steuerfolgen bei Umwandlungen unter Beteiligung von ausschließlich Körperschaften sind anders geregelt als bei Beteiligung von Körperschaften und PersGes.

45 **aa) Übertragende Umwandlung (Verschmelzung, Auf- und Abspaltung) von Körperschaft auf Körperschaft (§§ 11, 15 UmwStG).** Bei Verschmelzung und Vermögensübertragungen (Vollübertragungen) durch und auf unbeschränkt steuerpflichtige Körperschaften hat die aufnehmende Körperschaft als AK zwingend die Schlussbilanzwerte der übertragenden Körperschaft anzusetzen (§§ 12 Abs 1, 4 Abs 1 UmwStG). Für diese sieht das Gesetz ausdrücklich ein **Wahlrecht** vor, die WG mit den steuerrechtlichen Buchwerten oder – gewinnrealisierend – einem höheren Wert bis zum Teilwert anzusetzen (§ 11 Abs 1 UmwStG). Der Grundsatz der formellen Maßgeblichkeit der HB für die Steuerbilanz greift nicht, weil handelsrechtlich für eine Schlussbilanz des übertragenden Rechtsträgers kein Bewertungswahlrecht besteht. Für diese Bilanz gelten vielmehr die Vorschriften über die Jahresbilanz und deren Prüfung entspr (§ 17 Abs 2 S 2 UmwG). Damit ist ausgeschlossen, dass über den in der Jahresbilanz möglichen Buchwert hinaus – gewinnrealisierend – ein höherer Wert bis hin zum Teilwert angesetzt werden kann (hM zB *Dehmer*[2] § 11 UmwStG Anm 96; *Müller* WPg 1996, 857, 860; *Widmann* in FS Beisse 1997, 571, 572; aA *Biener* StbJb 1995/96 S 29, 48; *Müller-Gattermann* WPg 1996, 868, 869, beide ohne nähere Begr).

Für eine Maßgeblichkeit der HB für die Steuerbilanz spricht sich die Verwaltung aus (BMF 25. 3. 1998 BStBl I, 268ff Tz 11.01 und 3.01); nicht nachvollziehbar, da § 17 Abs 2 S 2 UmwG allenfalls eine Aufstockung in den Grenzen der handelsrechtlichen Zuschreibung nach §§ 253, 280 zulässt. Werden in der HB des **übernehmenden** Rechtsträgers nicht die Schlussbilanzwerte (Buchwerte) des übertragenden Rechtsträgers fortgeführt, sondern die ergebnisneutrale Behandlung der Umwandlung gewählt (§ 24 UmwG s Anm 44), soll in der Steuerbilanz des **übernehmenden** Rechtsträgers im der Umwandlung folgenden Veranlagungszeitraum eine den steuerrechtlichen Gewinn erhöhende **Zuschreibung** vorgenommen werden, jedoch nur in den Grenzen einer beim untergegangenen Rechtsträger in dessen HB zulässig gewesenen Zuschreibung (BMF aaO Tz 11.02, 3.02). Ausgenommen von einer derartigen Zuschreibung werden immaterielle WG (BMF aaO Tz 3.03, 3.06). Angesichts des Wertaufholungsgebots wird es jedoch in der Praxis beim übernehmenden Rechtsträger auch nach der – unzutreffenden – Verwaltungsauffassung kaum zur Steuerpflicht kommen. Gegen die erläuterte Verwaltungsauffassung wendet sich auch die neuere Rspr der FG (vgl *FG Baden-Württemberg* 4. 3. 2004, EFG 2004, 858: das steuerrechtliche Wahlrecht nach § 11 Abs 1 S 2 UmwStG könne als lex specialis unabhängig von der Bilanzierung in der handelsrechtlichen Schlussbilanz ausgeübt werden; *FG München* 23. 3. 2004, DStRE 2004, 1078: § 25 UmwStG enthalte durch seine Verweisung auf § 20 Abs 2 UmwStG eine Durchbrechung der Maßgeblichkeit.

bb) Übertragende Umwandlung (Verschmelzung, Auf- und Abspaltung) von Körperschaft auf Personengesellschaft (§§ 3–14, 16 UmwStG). Die PersGes hat als AK des auf sie übergehenden Vermögens die Schlussbilanzwerte der übertragenden Körperschaft anzusetzen – zwingende Wertverknüpfung – § 4 Abs 1 UmwStG. In der steuerrechtlichen Schussbilanz der Körperschaft besteht nunmehr ein **Wahlrecht** zum Ansatz der Buch-, Zwischen- oder Teilwerte. Handelsrechtlich gilt § 17 Abs 2 S 2 UmwG. Der Grundsatz der formellen Maßgeblichkeit der HB für die Steuerbilanz greift nicht (s Anm 45). 46

Beim Buchwertansatz kommt es bei der übertragenden Körperschaft nicht zu einem Übertragungsgewinn. Für die Ges entsteht ein gem § 4 Abs 7 UmwStG hälftig oder vollständig steuerfrei gestellter Übernahmegewinn, wenn das Schlusskapital den Buchwert der untergehenden Anteile (im Betriebsvermögen oder AK von Anteilen nach § 17 EStG) übersteigt. Im umgekehrten Falle bleibt ein Übernahmeverlust steuerrechtlich außer Ansatz (§ 4 Abs 6 UmwStG).

cc) Formwechsel. Bei der formwechselnden Umwandlung einer **Kapitalgesellschaft in eine Personengesellschaft** kann das Steuerrecht dem Handelsrecht nicht folgen, weil die PersGes anders als die juristische Person steuerrechtlich kein eigenständiges Rechtssubjekt darstellt. Aus diesem Grunde werden steuerrechtl eine Übertragung fingiert und die Besteuerungsgrundsätze der übertragenden Umwandlung von einer KapGes auf eine PersGes zur Anwendung gebracht (Anm 46). Dies erfordert zugleich, dass unbeschadet eines fehlenden handelsrechtlichen Anschaffungsvorgangs (Anm 43) allein für steuerrechtliche Zwecke eine „Schlussbilanz" der die Form wechselnden KapGes und eine entspr „Eröffnungsbilanz" für die PersGes zu erstellen ist. Zum Formwechsel einer PersGes in eine KapGes s Anm 48. 47

dd) Einbringungen. Wird ein Betrieb, Teilbetrieb oder Mitunternehmeranteil gegen Gewährung von GesRechten in eine KapGes oder PersGes eingebracht, gelten die oben angegebenen Grundsätze (§§ 20, 24 UmwStG). Der Rechtsträger, in den das Vermögen eingebracht wird, hat handelsrechtlich und steuerrechtlich ein **Wahlrecht,** die erworbenen WG mit dem bisherigen Buchwert oder einem höheren Wert bis hin zum Teilwert anzusetzen. Der vom übernehmenden Rechtsträger gewählte Ansatz entscheidet über die Steuerfolgen des übertragenden Rechtsträgers (diagonale Maßgeblichkeit § 20 Abs 4 UmwStG). 48

Die handelsrechtlichen **Ausgliederungen** (§ 123 Abs 3 UmwG) sind unbeschadet der Gesamtrechtsnachfolge steuerrechtlich Einbringungen. Auch der handelsrechtliche **Formwechsel** einer **Personengesellschaft in eine Kapitalgesellschaft** ist steuerrechtlich eine Einbringung (§ 25 UmwStG), weil auch hier das Steuerrecht dem Handelsrecht nicht folgen kann (Anm 45, 47).

III. Umfang der Anschaffungskosten (Abs 1 S 1–3)

Zu den AK gehören der Anschaffungspreis, korrigiert um Anschaffungspreisänderungen, die Anschaffungsnebenkosten und die nachträglichen AK. Auch überhöhte AK sind AK. Wegen ihrer Behandlung s § 253 Anm 347. 50

1. Anschaffungspreis

a) Anschaffungspreis und Umsatzsteuer

Ausgehend von dem Grundmodell des Kaufvertrags (§ 433 BGB), ist der Anschaffungspreis in erster Linie der Kaufpreis (der Rechnungsbetrag), jedoch abzüglich einer vom Verkäufer in Rechnung gestellten **abziehbaren Vorsteuer** (§ 15 UStG). Diese begründet einen Anspruch ggü der FinVerw als einen eigenen VG. Insoweit fehlt es an einem Anschaffungsaufwand des Erwerbers (s auch 51

FG 1/1985, idF 1990 „durchlaufende Posten", § 9b Abs 1 EStG). Ist der Erwerber zum Vorsteuerabzug nicht berechtigt, gehört die in Rechnung gestellte Umsatzsteuer zum Anschaffungspreis.

Die steuerrechtliche *Vereinfachungsregelung* des § 9b Abs 1 S 2 EStG, nach welcher bisher bei teilweisem Vorsteuerausschluss und geringen Vorsteuerbeträgen auf eine Aktivierung verzichtet werden konnte, ist durch StÄnG 2001 *aufgehoben* worden.

Eine nachträgliche Vorsteuerabzugsberichtigung nach § 15a UStG berührt die ursprünglichen *AK* nicht (so § 9b Abs 2 EStG; eine vom Gesetzgeber gewollte Vereinfachungsregelung, die nicht auf Fälle untergeordneter Bedeutung beschränkt ist (*BFH* 8. 12. 1992, BStBl II 1993, 656; so aber *HFA* 1/1985 idF 1990 aaO S 140; *ADS*[6] Anm 20).

b) Anschaffungspreis in ausländischer Währung

52 Wird ein VG mit Fremdwährung angeschafft, sind die AK für den in Euro zu bilanzierenden Anschaffungspreis umzurechnen (vgl allg zur Währungsumrechnung, DRS 14, *Schmidbauer* DStR 2004, 699). Die Umrechnung ist nach hM **Teil der Bewertung.** Die allgemeinen Bewertungsgrundsätze, wie das Realisations- und Vorsichtsprinzip und der Grundsatz der Einzelbewertung sind anzuwenden (Begr zu § 340h, BR-Drs 616/89; *GEFIU* DB 1993, 745, 746). Für Kreditinstitute besteht in § 340h eine Sonderregelung mit dem Grundsatz der Umrechnung zum Kassakurs des Bilanzstichtags (BFA 3/1995 *WPg* 1995, 735, 736). Zur Bestimmung der AK nach allgemeinen Grundsätzen ist entscheidend, welcher Zeitpunkt für die Umrechnung des Fremdwährungsbetrags in Betracht kommt und ob Kurssicherung vorliegt.

53 Bei der Anschaffung gegen **Vorauszahlung** (Anzahlung) wird der für die Fremdwährung aufgewendete Betrag in Euro zunächst als Anzahlung gebucht und bei Zugang des VG erfolgsneutral als dessen Anschaffungspreis umgebucht (glA *ADS*[6] § 255 Anm 63; *Wlecke,* S 225).

Bei Anschaffung gegen **Barzahlung** Zug um Zug bestimmt der Euro-Betrag, der zur Bezahlung in Währung tatsächlich aufgewandt wurde, die AK.

54 Wird zur Ausschaltung von Wechselkursänderungen der zur Bezahlung in Fremdwährung erforderliche Betrag im Voraus angeschafft oder auf den Termin des voraussichtlichen Zahlungstags gekauft, wird der Euro-Anschaffungspreis für den erworbenen VG durch das **Deckungsgeschäft (Währungskauf)** endgültig fixiert – **Kurssicherung** –.

Wird die Kurssicherung vor dem Zahlungstermin **aufgegeben** und ein Kursergebnis aus der Währung realisiert, bestimmen sich die AK nach dem für die Zahlung aufgewendeten Stichtagskurs. Die hierin liegende Möglichkeit, den erfolgswirksamen Effekt aus dem Währungsgeschäft zu realisieren (s *Schlick* DStR 1993, 254, 257) ist das Ergebnis einer Sachverhaltsgestaltung. Ein Wahlrecht zur Bestimmung der AK bei Kurssicherung wird hierdurch nicht eröffnet. Bei bestimmungsgemäßer Verwendung der zur Kurssicherung erworbenen Währung werden die Euro-AK auch nicht etwa nach Tauschgrundsätzen durch den gemeinen Wert der Währung (Stichtagskurs) bei Anschaffung bestimmt (so *Gebhardt/Breker* DB 1991, 1530). Dies würde dem Zweck der durch die Kurssicherung hergestellten Bewertungseinheit widersprechen.

Erfolgt die Bezahlung dagegen aus allgemein **vorgehaltenen Währungsbeständen,** ist auf den Zahlungstag umzurechnen, und zwar mit dem Mittelkurs, da die Fremdwährung weder gekauft noch verkauft werden muss. In diesem Fall kann es je nach Euro-Buchwert des abgegangenen Fremdwährungsbetrags zu einem Kursgewinn oder -verlust kommen (*Wlecke* aaO; für ergebnisneutrale AK-Buchung zumindest bei Kursgewinnen wohl *Bezold* DB 1987, 2216).

Beim **Kauf auf Kredit** wird der Anschaffungspreis durch den Wechselkurs zum Zeitpunkt der Anschaffung bestimmt. Zu diesem Zeitpunkt ist nicht nur der angeschaffte VG, sondern auch die Kaufpreisverbindlichkeit zu erfassen. Da beides in Euro zu geschehen hat, wird der Anschaffungspreis durch die auf den Anschaffungszeitpunkt (Anm 32) umzurechnende Verbindlichkeit bestimmt (*hM* s *Langenbucher* in HdR[5] I Anm 675; nach *ADS*[6] § 255 Anm 63 Zeitpunkt der Erstbuchung; vertretbar, wenn zeitnah gebucht). 55

Die Auffassung, nach welcher der Zahlungstag für die Umrechnung maßgeblich sein soll (*von der Heyden/Körner,* 104; *Surmann-Tietje* DB 1979, 126), ist abzulehnen. Sie verkennt, dass bereits eine Verbindlichkeit besteht und spätere Veränderungen des Wechselkurses sowie die Bezahlung die Verbindlichkeit und nicht mehr die AK betreffen (*BFH* 16. 12. 1977, BStBl II 1978, 233).

Wird zum Zwecke der **Kurssicherung** auf den voraussichtlichen Fälligkeitszeitpunkt der Kaufpreisverbindlichkeit die Fremdwährung per Termin gekauft (Deckungsgeschäft), werden durch den Terminkurs die AK des VG und der Betrag der Erstbuchung der Kaufpreisverbindlichkeit in Euro fixiert (s *Wlecke,* 328). Eine unmittelbar auf die AK iSd Einzelbewertung (§ 252 Abs 1 Nr 3) durchschlagende Kurssicherung ist jedoch nur gegeben, wenn und soweit zwischen dem Grundgeschäft und dem Deckungsgeschäft eine **Kongruenz** besteht hinsichtlich der Währung, des Betrags und der Fälligkeit. Hieran mangelt es bei jeweils prolongierten Terminkontrakten, bei denen Kursgewinne oder -verluste bereits vor Fälligkeit realisiert werden (*Wlecke,* 306). Wird die Kurssicherung vor dem Zahlungstermin **aufgegeben** und ein Kursergebnis aus der Währung realisiert, ist die Verbindlichkeit zu diesem Zeitpunkt mit dem Briefkurs einzubuchen. Auch hier handelt es sich um eine nach dem Anschaffungszeitpunkt liegende Sachverhaltsgestaltung (Anm 54). 56

Auch ein bereits **bestehendes Deckungsgeschäft** kann entspr zugeordnet werden. Von der Fixierung der AK als Wertobergrenze zu unterscheiden ist die Frage, inwieweit spätere Wechselkursänderungen sich auf die Bewertung von Währungspositionen auswirken. In diesem Rahmen ist die Bildung weitergehender Bewertungseinheiten (geschlossene Positionen, s § 253 Anm 604) denkbar. Anhaltspunkte lassen sich aus der für Kreditinstitute geltenden Umrechnungsvorschrift (§ 340 h) gewinnen, nach welcher auch VG, die wie Anlagevermögen behandelt werden, bei Vorliegen einer „besonderen Deckung" iS eines speziell zugeordneten Deckungsgeschäfts (Kurssicherung) nach der Stichtagsmethode umgerechnet werden dürfen.

Da § 244 nur die Aufstellung des JA in Euro vorschreibt (§ 244 Anm 5), ist bei einer Vielzahl von Geschäftsvorfällen in einer ausländischen Währung die Erfassung in der Primärwährung in einer **Währungsbuchhaltung** üblich und zulässig. Dies gilt für **ausländische Niederlassungen** mit meist im Ausland geführten Betriebsbuchhaltungen; aber auch für sonstige **umfangreiche Geschäftsbeziehungen** zum Währungsausland ohne Betriebsstättencharakter. Auf die Umrechnung bei Erstbuchung kann in diesen Fällen aus Vereinfachungsgründen verzichtet werden, insb soweit es sich um kurzfristige VG und Schulden handelt, die sich alsbald realisieren und bei denen sich die Währungsschwankungen in Grenzen halten (*Gebhardt/Breker* aaO 1530; ebenso *BFH* 13. 9. 1989, BStBl II 1990, 58, 59; 16. 2. 1996 BStBl II 1997, 128, 129 betr die Ermittlung steuerbefreiter *DBA*-Betriebsstättenergebnisse). Auch Anlagen-Zugänge des Gj dürfen aus Vereinfachungsgründen mit dem Kurs zum Ende des Gj umgerechnet werden, sofern sich die damit verbundenen Ungenauigkeiten in Grenzen halten (ebenso im Ergebnis *BFH* 16. 2. 1996 aaO). 57

2. Anschaffungspreisänderungen

60 Nach dem Grundsatz der Ergebnisneutralität des Anschaffungsvorgangs und dem Prinzip der Maßgeblichkeit der Gegenleistung (Anm 20) wirken sich Änderungen des ursprünglich vereinbarten Anschaffungspreises auch auf die zu bilanzierenden AK aus. Für die häufiger vorkommenden Anschaffungspreisminderungen ist dies klarstellend in Abs 1 S 3 erwähnt. Für Anschaffungspreiserhöhungen gilt nichts anderes. Der zeitliche Aspekt ist unerheblich. Selbst wenn die Änderung in großem zeitlichem Abstand erfolgt, liegen noch nachträgliche Anschaffungspreisänderungen vor (so auch *BFH* 6. 2. 1987, BStBl II, 423). Bei einer unter bestimmten Bedingungen vereinbarten Kaufpreisänderung erfolgt die Korrektur der AK erst bei Bedingungseintritt. Zum Ausweis von AK-Änderungen im Anlagengitter s § 268 Anm 37 und 52.

a) Anschaffungspreisminderungen

61 Ausgehend von dem Prinzip der Maßgeblichkeit der Gegenleistung, bildet die Minderung des geschuldeten Kaufpreises auf Grund von Schlechtlieferung (§ 441 BGB) den Grundfall der AK-Minderung; Gleiches gilt, wenn der ursprüngliche Kaufpreis im Prozesswege, durch Vergleich oder im Verhandlungswege zB wegen Mängel herabgesetzt wird (s *ADS*[6] § 255 Anm 54).

Rabatte in Form eines Preisnachlasses mindern die AK. Ein Preisnachlass kann auch von dritter Seite erfolgen, sofern ein unmittelbarer wirtschaftlicher Zusammenhang mit der Anschaffung besteht, zB wenn ein die Anschaffung vermittelnder Vertreter dem Erwerber einen Teil seiner Vergütung überlässt (*ADS*[6] § 255 Anm 49; *BFH* 22. 4. 1988 BStBl II, 902). Entscheidend ist, dass der Minderungsvorgang mit dem Anschaffungsgeschäft dergestalt verbunden ist, dass der Zufluss von Gütern in Geld oder Geldeswert als Ermäßigung (Rückführung) von AK bewertet werden kann (*BFH* 26. 2. 2002, BStBl II 2002, 796 in Abkehr von *BFH* 22. 1. 1992 DB 1992, 1066ff; *BFH* 16. 3. 2004, BFH/NV 2004, 1100). Die Rabattgewährung durch Hingabe von Freistücken führt zur AK-Minderung pro Stück.

Keine AK-Minderung liegt vor, wenn im Wege eines **Schadenersatzes** aus fehlerhafter Beratung angefallene GrESt ersetzt wird. Der zu AK führende Rechtsgrund wird durch den Schadensersatzanspruch nicht berührt (*BFH* 26. 3. 1992, BStBl II, 96).

62 Ein mengen- oder umsatzabhängiger **Bonus,** der idR nach Ablauf des Jahres bei Erreichen eines bestimmten Jahresumsatzes oder -absatzes feststeht, darf nur insoweit noch anschaffungspreismindernd berücksichtigt werden, als sich die angeschafften VG, auf die sich der Bonus bezieht, nachweislich noch im Bestand befinden (*ADS*[6] § 255 Anm 50, *HHR* § 6 Anm 1500, Stichwort, „Bonus"). Die Gewährung eines Bonus kommt fast nur beim Erwerb von VG des Umlaufvermögens vor; für diese dürfte die genannte Voraussetzung meist nicht vorliegen. Im Übrigen sind die auf den einzelnen VG entfallenden AK-Minderungen meist unbedeutend. Häufig wird der Bonus als eine Art Treueprämie und Pauschalbelohnung für gute und stetige Geschäftsbeziehung gewährt, selbst wenn sich die Bemessung an erreichten Mengen- und Umsatzzielen orientiert. In diesem Fall fehlt es an der Voraussetzung der **Möglichkeit einer Einzelzuordnung** zu bestimmten Anschaffungsvorgängen.

63 **Skonti** (Barzahlungsrabatte) sind beim Kunden AK-Minderungen, nicht Zinsen (hM *ADS*[6] § 255 Anm 52; *WPH*[12] I E Anm 240). Nach *BFH* (27. 2. 1991, BStBl II, 457) tritt die Minderung erst bei Inanspruchnahme des Skontos ein. Dementsprechend soll ein am Bilanzstichtag vorhandener, aber noch nicht

bezahlter VG grds mit dem Rechnungsbetrag und die Verbindlichkeit mit dem Rückzahlungsbetrag anzusetzen sein (so ausdrücklich *BFH* 27. 2. 1991, BStBl II, 458; *Mathiak* DStR 1989, 663; *Stobbe* in HHR § 6 Anm 289, Stichwort Skonti). Da jedoch über die Inanspruchnahme des Skontos unmittelbar nach Waren- und Rechnungseingang entschieden wird, werden in der Praxis häufig von vornherein die geminderten AK gebucht. Dies ist selbst dann nicht zu beanstanden, wenn zwischen Wareneingang und Bezahlung ein Bilanzstichtag liegt. In diesem Fall ist zur Sicherstellung der Ergebnisneutralität des Anschaffungsvorgangs auch die Verbindlichkeit um den Skontobetrag gemindert auszuweisen. Dies ist berechtigt, wenn die Entscheidung zur Inanspruchnahme des den Rechnungsbetrag mindernden Skontos beim Schuldner sofort bei Lieferung fällt und damit auch die Verbindlichkeit nur in geringerer Höhe entsteht (*L. Schmidt* FR 1991, 299 unter Hinweis auf *BFH* 22. 11. 1988, BStBl II 1989, 359; generell für Einbuchung der um den Skontoabzug verminderten Verbindlichkeit *Paus* DStZ 1991, 502). Die erst bei Inanspruchnahme (Zahlung) erfolgende nachträgliche AK-Minderung setzt voraus, dass sich die gekauften VG noch im Bestand befinden, was bei Waren unter der Annahme der Lifo-Verbrauchsfolge problematisch sein kann (s *BFH* aaO, 459).

Soll ein möglicher Skontoabzug nicht in Anspruch genommen werden, bildet der Rechnungsbetrag die AK (*ADS*[6] § 255 Anm 52). Es wird jedoch auch für zulässig gehalten, bei nicht ausgenutztem Kundenskonto den um den möglichen Skontobetrag geminderten Anschaffungspreis anzusetzen und den Skontobetrag als Zinsaufwand für eine Kreditgewährung zu verrechnen (hierzu auch § 275 Anm 208). **64**

b) Anschaffungspreiserhöhungen

Nachträgliche Preiskorrekturen nach oben erhöhen die AK mit Wirkung für die Zukunft, etwa Nachzahlungen auf Grund eines Urteils oder Schiedsspruchs; oder wenn nach den getroffenen Vereinbarungen der endgültige Kaufpreis von späteren Ereignissen abhängig gemacht wird, wie zB der Vermessung eines noch nicht parzellierten Grundstücks, Erreichen eines bestimmten zukünftigen Gewinns beim Unternehmens- oder Anteilskauf (*FG Düsseldorf* DStRE 2003, 1094; *ADS*[6] § 255 Anm 46). Eine Preisänderung ist grds nicht auf den Zeitpunkt der Anschaffung zurückzubeziehen; die erhöhten Beträge sind vielmehr im Wj ihres Anfallens als weitere AK anzusetzen (*Glanegger* in Schmidt[24] § 6 EStG Anm 92) Keine Erhöhung des Anschaffungspreises liegt dagegen vor, wenn sich bei einem Erwerb auf Rentenbasis mit **Wertsicherungsklausel** die Rente später erhöht. Dies wirkt sich lediglich auf die Höhe der Rentenverpflichtung aus (§ 253 Anm 90; *ADS*[6] § 255 Anm 48). **65**

3. Anschaffungsnebenkosten

Nach Abs 1 S 2 gehören ausdrücklich die Anschaffungsnebenkosten zu den AK. Das sind alle Aufwendungen, die in unmittelbarem Zusammenhang mit dem Erwerb und der Versetzung des VG in betriebsbereiten Zustand stehen, jedoch unter einer wesentlichen einschränkenden Voraussetzung: Sie müssen dem angeschafften VG als *Einzelkosten* direkt zugemessen werden können. Diese Voraussetzung ist zwar nur in Abs 1 S 1 letzter Halbs erwähnt. Sie gilt aber generell für alle AK, insb für die Anschaffungsnebenkosten, zu denen auch die Kosten zur Versetzung in betriebsbereiten Zustand gehören (*ADS*[6] § 255 Anm 27). Bedeutung hat das Verbot, in die AK Gemeinkosten einzubeziehen, vor allem bei innerbetrieblich anfallenden Nebenkosten. Mangels Einzelzuordnung sind auch die beim Erwerber einer übertragenden Umwandlung anfallen- **70** den Umwandlungskosten nicht als Anschaffungsnebenkosten zu aktivieren; (BMF 25. 3. 1998, BStBl I, 268 ff Tz 4.43).

a) Extern anfallende Nebenkosten

71 Hierzu rechnen vor allem (zB *ADS*[6] § 255 Anm 22; *WPH*[12] I E 237; *Wohlgemuth* HdJ 1/9 Anm 23):
- **Kosten der** Anlieferung, wie Frachten, Rollgelder, Transportversicherung, Speditionskosten, Wiegegelder, Anfuhr- und Abladekosten; sie dürfen aus Vereinfachungsgründen pauschal ermittelt werden;
- **Steuern und öffentliche Abgaben,** wie Eingangszölle, öffentliche Abgaben, insb auf Grund und Boden, zB Anlieger- und Erschließungsbeiträge (s auch Anm 120), Notarkosten, Gerichtskosten im Grundstücksbereich; GrESt, sofern nicht nur fiktive Vorgänge besteuert werden (s Anm 72).
- **Kosten des** Einkaufs wie Provisionen, Courtage, Maklergebühren. Bei Kosten der Begutachtung und Besichtigung des Kaufgegenstands ist danach abzugrenzen, ob sie **nach dem Entschluss** zum Erwerb *dieses* VG angefallen sind. Aufwendungen der Entscheidungsphase, dh Aufwendungen, um zu entscheiden, ob man diesen oder einen anderen VG erwerben will, sind dem Beschaffungsvorgang dieses Gegenstands vorgelagert (*ADS*[6] § 255 Anm 22). Sie genügen nicht dem Kriterium der Einzelzuordnung und gehen nicht wertbestimmend in den angeschafften VG ein. Der *BFH* (10. 3. 1981, BStBl II, 470) unterscheidet betr Reisekosten auf der Suche nach einem Objekt zwischen Fahrten zu den nicht erworbenen und dem schließlich erworbenen Objekt. Letztere sollen AK sein, „weil sie dem erworbenen Gebäude zugeordnet werden können".
- **Kosten der Lieferbereitschaft:** Bei einem GasversorgungsUnt gehört das im Jahresleistungspreis enthaltene Entgelt (als Kosten der Lieferbereitschaft) zu den AK der in einem Jahr bezogenen Gasmengen und damit auch anteilig zu den AK des Gasvorrats am Jahresende (*BFH* 13. 4. 1988, BStBl II, 892).

72 Anschaffungsnebenkosten setzen begriffsnotwendig einen **Anschaffungsvorgang** und darüber hinaus einen **entgeltlichen** zur Bilanzierung von AK führenden Erwerb voraus.

Fehlt es bereits an einem Anschaffungsvorgang (so bei formwechselnder Umw, Anm 43), sind damit in Zusammenhang stehende Aufwendungen (Notar-, Gerichtsgebühren, Umwandlungskosten aller Art) Aufwand. Soweit **Grunderwerbsteuer** auf Vorgänge erhoben wird, die nicht zur Anschaffung eines Grundstücks im bilanzrechtlichen Sinne führen, scheidet eine Aktivierung als Anschaffungsnebenkosten des Grundstücks aus; so beim **Treuhanderwerb.** Die an den – rein zivilrechtlichen – Erwerbsvorgang anknüpfende GrESt bei Übertragungen vom Eigentümer als Treugeber auf den Treuhänder (s dazu gleich lautende Ländererlasse vom 25. 5. 1984 BStBl I, 378), ist Aufwand. Knüpft der GrEStTatbestand an *fiktive Grundstückserwerbe* an (Anteilsvereinigung, Wechsel im GeserBestand von PersGes), sind weder Anschaffungsnebenkosten der Grundstücke, noch des Anteilserwerbs gegeben (s Anm 325 Grunderwerbsteuer).

Anschaffungsnebenkosten können auch dann nicht vorliegen, wenn es an einem entgeltlichen Erwerb fehlt; so bei der **erstmaligen** Begründung immaterieller VG in Form von Nutzungsrechten, Belieferungsrechten etc, die wegen des Grundsatzes der Nichtbilanzierung schwebender Verträge (s *Weber-Grellet* in Schmidt[24] § 5 Anm 76; *BFH* 15. 12. 1993, BFH/NV 1994, 543, 545) nicht bilanziert werden dürfen. Dementsprechend sind **Maklerprovisionen** für den Abschluss von Mietverträgen keine Anschaffungsnebenkosten des Mietrechts (*BFH* 19. 6. 1997, DB, 2154); ebenso Vermittlungsprovisionen für den Abschluss von Abonnementverträgen für die Begründung von Belieferungsrechten eines Buch- und Zeitschriftenverlags (*BFH* 3. 8. 1993, BStBl II 1994, 444); anders Maklerprovisionen für den Erwerb eines Erbbaurechts (*BFH* 4. 6. 1991, BStBl II 1992, 70, s Anm 325, Erbbaurecht).

b) Innerbetrieblich anfallende Nebenkosten

Wird ein erworbener Anlagegegenstand, zB eine Maschine, mit eigenem Personal im Unt selbst montiert, dürfen nur die bei der Montage angefallenen **Einzelkosten** als Anschaffungsnebenkosten aktiviert werden. Die Montage zur Herstellung der Betriebsbereitschaft schließt an den Beschaffungsvorgang an. Damit werden bei Anlagegegenständen auch solche Kosten noch zu den AK gerechnet, die nach Abschluss des Beschaffungsvorgangs anfallen und insoweit den HK ähneln. Gleichwohl dürfen diese Kosten nicht nach den für HK geltenden Grundsätzen aktiviert werden (*ADS*[6] § 255 Anm 27; *Knop/Küting* in HdR[5] § 255 Anm 30, sowie hier Anm 204). Etwas anderes gilt nur, wenn die innerbetrieblich anfallenden Kosten ein Ausmaß annehmen, das die Annahme einer Herstellung rechtfertigt, so dass der Begriff der Anschaffungsnebenkosten nicht mehr anzuwenden ist (dazu Anm 38). 73

c) Anschaffungskosten/Nebenkosten bei Erwerb mit Hilfe von Kaufoptionen

Aufwendungen für den Erwerb einer Kaufoption sind (zunächst) AK für einen immateriellen Anlagegegenstand. Wird die Kaufoption ausgeübt, liegen AK nach Tauschgrundsätzen bzw Anschaffungsnebenkosten vor (Umbuchung des bilanzierten Optionswerts; BFA 2/1987 *WPg,* 682, 683; *ADS*[6] § 255 Anm 74, *Knop/Küting* HdR[5] § 255 Anm 121; ebenso BMF, BStBl I 2001, 987 Tz 15 für private Optionsgeschäfte. Hätte der VG auch ohne Option zum gleichen Preis erworben werden können, liegen gleichwohl AK vor (ebenso *Knop/Küting* aaO; *Wohlgemuth* in HdJ I/9 Anm 95). Dem niedrigeren Zeitwert ist durch eine außerplanmäßige Abschreibung Rechnung zu tragen (aA *ADS*[6] aaO). 74

IV. Aufteilung eines Gesamtkaufpreises auf mehrere Vermögensgegenstände

1. Vertraglich vereinbarte Aufteilung

Werden mehrere VG zusammen erworben und enthält der Kaufvertrag eine **Aufteilung des Kaufpreises** auf die einzelnen Gegenstände, ist dieser Aufteilung zu folgen, solange sie wirtschaftlich vernünftig und nicht willkürlich erscheint (zB *BFH* 31. 1. 1973, BStBl II, 391; *ADS*[6] § 255 Anm 106). Die Maßgeblichkeit vereinbarter Einzelpreise folgt aus dem Begriff der AK. Jeder VG ist nach den Grundsätzen der **Einzelbewertung** mit *seinen* AK anzusetzen, die sich grds nach dem erklärten Willen der Vertragsparteien und der damit gegebenen Zweckrichtung der Aufwendungen bestimmen (*BFH* 7. 6. 1984, BStBl II, 584; 7. 11. 1985 BB 1986, 434 *Winkeljohann* in *HHR* § 6 Anm 309). Die Einschränkung, nach welcher einer mit den objektiven Gegebenheiten nicht in Einklang zu bringenden (so *BFH* 7. 11. 1985 aaO) und damit willkürlichen Aufteilung nicht zu folgen ist, beruht darauf, dass sich die Parteien nur scheinbar, aber nicht wirklich auf einen Kaufpreis für jeden einzelnen VG geeinigt haben und sich ihr Konsens in Wahrheit nur auf den Gesamtkaufpreis für alle Gegenstände erstreckt. Bei einem Scheingeschäft (§ 117 BGB) bilden die wirklich vereinbarten Preise die AK (*Meilicke* DB 1986, 2045). 80

2. Unaufgeteilter Gesamtkaufpreis

81 Häufig wird beim Erwerb mehrerer VG auch nur ein **unaufgeteilter Gesamtkaufpreis** vereinbart, insb beim **Erwerb bebauter Grundstücke** und beim **Erwerb ganzer Unternehmen** (Kauf von Betrieben und Betriebsteilen). Nach dem Grundsatz der Einzelbewertung ist es erforderlich, den Gesamtanschaffungspreis in einem angemessenen Verhältnis auf die einzelnen VG aufzuteilen. Dabei besteht insbesondere beim Erwerb ganzer Unt das Problem, sämtliche einzeln zu bewertenden VG festzustellen und die auf sie entfallenden AK zu bestimmen, wobei sich der GFW in Durchbrechung des Prinzips der Einzelbewertung als Restgröße aus einem Gesamtkaufpreis abgeleitet ergibt (Anm 511). Liegt nur ein Gesamtkaufpreis vor, ist nach dem Grundsatz, dass tatsächlich vereinbarte Kaufpreise die AK bilden, der vermutliche **Konsenspreis** für den einzelnen VG zu ermitteln. Dabei sind auch Umstände, welche bei der Kaufpreisfindung von den Parteien herangezogen worden sind, wie Sachverständigengutachten, Berechnungen uÄ mit heranzuziehen, um zu ermitteln, wie die Vertragsparteien den Kaufpreis „nach ernsthaften wirtschaftlichen Maßstäben aufgeteilt" und was sie für den einzelnen VG angesetzt hätten (zB *BFH* 28. 3. 1966, BStBl III, 456). Bei unterschiedlichen Wertvorstellungen der Parteien über anzusetzende Einzelpreise kann jedoch weder der subjektiven Einschätzung des Erwerbers (so *Winkeljohann* in *HHR* § 6 Anm 309) noch derjenigen des Veräußerers gefolgt werden. Zu ermitteln ist der voraussichtliche Konsenspreis je VG, nicht aber, was zB der Erwerber unter Einbeziehung der bei ihm gegebenen besonderen Möglichkeiten und der von ihm beabsichtigten Gestaltungen für den einzelnen VG zu zahlen bereit wäre. So kann zB beim **Erwerb eines bebauten Grundstücks,** das der Erwerber in der Absicht erwirbt, an Stelle des erworbenen Gebäudes ein anderes zu errichten, der Kaufpreis nicht allein dem Grund und Boden zugeteilt werden (*BFH* 15. 11. 1978, BStBl II 1979, 299).

82 Erworben werden hier zwei VG. Die Tatsache, dass der Erwerber nur an dem einen, nicht an dem anderen interessiert ist, kann nicht dazu führen, entspr den beim Erwerber gegebenen Gestaltungsmöglichkeiten und Absichten zu bilanzieren mit der unzutreffenden Begründung, der Erwerber hätte den Gesamtkaufpreis – zB nach Abbruch des Gebäudes durch den Veräußerer – auch für den Grund und Boden allein bezahlt. Zu finden ist der Konsenspreis auf Grund der „objektiven Verhandlungssituation". Ihr wird der Verkehrswert eher gerecht als der Teilwert, zu dem der einzelne VG vom Erwerber nicht nur gekauft, sondern ggf auch an einen Dritten wiederverkauft werden könnte. Diesen Preis würde letztlich der Verkäufer durchsetzen und auch der Erwerber zu zahlen bereit sein. Dementsprechend ist die Aufteilung eines Gesamtkaufpreises in erster Linie nach dem **Verhältnis der Zeitwerte (Verkehrswerte)** vorzunehmen (*ADS*[6] § 255 Anm 107).

83 **Steuerrechtlich** gilt das **Verhältnis der Teilwerte** zueinander (zB *BFH* 15. 11. 1978, BStBl II 1979, 299, *FG Düsseldorf* 2. 5. 2000, EFG 1177). Ein praktischer Unterschied besteht nicht, da sich die Teilwerte idR mit den Wiederbeschaffungskosten decken (*BFH* 16. 12. 1981, BStBl II 1982, 320 betr die Aufteilung eines Kaufpreises für ein bebautes Grundstück auf Grundstück und Gebäude).

84 Zur Vorgehensweise beim **Erwerb ganzer Unternehmen** und der Zuordnung eines verbleibenden Restkaufpreises auf den erworbenen GFW s Anm 512ff.

85 Werden **mehrere Vermögensgegenstände** erworben, deren AK nach dem Grundsatz der **Einzelbewertung** festgestellt werden müssen, wie zB beim Erwerb eines bebauten Grundstücks, sind zunächst die Verkehrswerte des Grund

und Bodens und des Gebäudes getrennt zu ermitteln. Übersteigt der gezahlte Gesamtkaufpreis die summierten Verkehrswerte, ist der Unterschied im Verhältnis der Verkehrswerte aufzuteilen. Gleiches gilt, wenn der gezahlte Gesamtkaufpreis die Verkehrswerte unterschreitet. Eine Aufteilung nach der **Restwertmethode,** dh die Bestimmung der AK nur des einen VG (zB des Grund und Bodens) und die Ableitung der AK des anderen (zB des Gebäudes) durch Abzug vom Gesamtkaufpreis, ist nur in Ausnahmefällen bei Vorliegen besonderer Umstände zulässig (*BFH* 19. 12. 1972, BStBl II 1973, 295, 296). Generell ist dieses Verfahren jedoch abzulehnen, weil damit die AK nicht mehr dem Grundsatz der Einzelbewertung folgend für jeden VG gesondert festgestellt werden, und der gesamte Über- oder Unterpreis auf irgendeinen nicht einzeln bewerteten VG entfällt (*ADS*[6] § 255 Anm 107; *Knop/Küting* in HdR[5] § 255 Anm 24). Zur Aufteilung einheitlicher AK eines Mietwohngrundstücks nach dem Sach- oder Ertragswertverfahren *FG München* EFG 2000, 210, *BFH* 24. 2. 1999, BFH/NV 1201: Ertragswertverfahren für Geschäftsgrundstück.

V. Anschaffungskosten bei unentgeltlichem Erwerb

1. Begriff und Anwendungsfälle

Unentgeltlicher Erwerb liegt dem Wortsinn entspr vor bei einem Erwerbs- 90
vorgang **ohne Gegenleistung** des Erwerbers. AK werden nach der gesetzlichen Definition (Abs 1 S 1) durch die Aufwendungen für den Erwerb bestimmt. Der Anschaffungsvorgang wird so grds zur ergebnisneutralen Vermögensumschichtung (Anm 20). Das Prinzip der Bestimmung der AK nach der Gegenleistung ist für unentgeltliche Anschaffungen jedoch nicht ohne weiteres anwendbar, es sei denn, man stellt die Aktivierbarkeit überhaupt in Frage (Anm 99).

Erwerbsvorgänge ohne Aufwendungen aus dem Vermögen des Erwerbers sind auch gegeben, wenn ein Gester seiner Ges einen VG ohne Gegenleistung überlässt (verdeckte Einlage), oder umgekehrt (verdeckte Gewinnausschüttung). Zu diesen Fallgruppen unentgeltlichen Erwerbs, die im Ges-Verhältnis begründet sind, s Anm 163. **Erwerbsvorgänge ohne Entgelt** aus dem Vermögen des Erwerbers liegen wirtschaftlich betrachtet weiterhin vor bei finanziellen Zuwendungen in Form von **Zuschüssen und Subventionen.** Zur Bestimmung der AK in diesen Fällen s Anm 113.

Eine dritte Gruppe unentgeltlicher Anschaffung bilden schließlich die nachfolgend unter 2. behandelten Vorgänge (Anm 91, 96).

2. Unentgeltlicher Erwerb durch Schenkung, Erbgang und Erbauseinandersetzung

a) Abgrenzung entgeltlicher Erwerb, Schenkung, gemischte Schenkung

Schenkungen führen zur **Vermögensmehrung ohne Gegenleistung.** Der 91
(zivilrechtliche) Begriff der Schenkung verlangt neben dem objektiven Merkmal der Vermögensverschiebung den übereinstimmenden Willen der Parteien, dass die Vermögensverschiebung unentgeltlich, dh ohne Gegenleistung erfolgen soll (§ 516 Abs 1 BGB).

Sind die beiderseitigen Leistungen nach kaufmännischen Überlegungen objektiv im Wert ausgeglichen, liegt unabhängig vom Willen der Parteien stets ein entgeltlicher Erwerb vor. Fehlt die objektive Gleichwertigkeit, wird entscheidend, ob die Parteien eine unentgeltliche Vermögensverschiebung auch gewollt haben. Ein entgeltlicher Anschaffungsvorgang und keine gemischte Schenkung ist deswegen gegeben, wenn zwar ein objektives Missverhältnis zwischen den beiderseitigen Leistungen besteht, den Parteien aber der übereinstimmende Wille fehlt, dass der überschießende Teil unentgeltlich gegeben wird (*Palandt/Weidenkaff*[63] § 516 Rdn 13). Entscheidendes **Abgrenzungskriterium** zur gemischten Schenkung wird damit der **Wille der Parteien** und ihre Vorstellung vom Wert der beiderseitigen Leistungen (*BFH* 29. 1. 1992, BStBl II, 465). Ein objektives Missverhältnis kann wirtschaftliche Gründe haben (zB Notverkauf) oder aber auch nur auf unterschiedlichen subjektiven Einschätzungen der Parteien beruhen.

92 Auch ein **Preisnachlass** (Freundschaftskauf) begründet keine (gemischte) Schenkung (*Schulze zur Wiesche* FR 1984, 215; *Kremmer* DStR 1987, 364); ebenso liegt unbeschadet der schenkungsteuerlichen Fiktion des § 7 Abs 7 ErbStG ein entgeltlicher Anschaffungsvorgang vor, wenn beim Ausscheiden aus einer PerGes stille Reserven auf Grund der sog **Buchwertklausel** auf die verbleibenden Gester übergehen (*Märkle* StbJb 1987/88, 314). Es bleibt in diesen Fällen bei einem entgeltlichen Anschaffungsgeschäft, das nur nach den Grundsätzen der Vermögensumschichtung (Anm 20) bilanziert werden darf. Dies gilt zumindest insoweit, als zivilrechtlich grds zulässige Buchwertklauseln (*Baumbach/Hopt*[30] § 138 HGB Anm 5 e) auch zwischen einander Fremden vereinbart und durchgeführt werden. Kommt es im Einzelfall zum Abfindungsstreit, liegen bei erhöhter Abfindung nachträgliche AK vor (Anm 110).

93 Zivilrechtlich wird zwischen Schenkung unter **Auflage** und **gemischter Schenkung** unterschieden. Ungeachtet der zivilrechtlich unterschiedlichen Rechtsfolgen ist es für den bilanzrechtlichen AK-Begriff unerheblich, ob sich die mit dem Erwerb verbundene Gegenleistungsverpflichtung aus einem gegenseitigen Vertrag oder aus einer dem Erwerb beigefügten Auflage (§ 525 Abs 1 BGB) ergibt. In beiden Fällen liegen „Aufwendungen für den Erwerb" und damit AK vor (so unter Aufgabe der bisherigen Rspr nunmehr auch das Steuerrecht, s *BFH* 5. 7. 1990, BStBl II 847, 853; *Wacker* in Schmidt[24] § 16 Anm 39). Eine gemischte oder Auflagenschenkung liegt auch vor bei Schenkung unter Nießbrauchsvorbehalt sowie bei Vermögensübertragungen gegen Leibrenten oder wiederkehrende Leistungen mit Versorgungscharakter sowie bei Vermögensübertragungen in vorweggenommener Erbfolge gegen Versorgungsleistungen (zur steuerrechtl Behandlung dieser Fälle s Anm 325 „Nießbrauch").

94 Ob die gemischte oder Auflagenschenkung nach der **Trennungstheorie** zu einem teils unentgeltlichen und teils entgeltlichen Anschaffungsgeschäft führt oder nach der **Einheitstheorie** zu einheitlichen AK, wird unterschiedlich beurteilt. Im Anschluss an den Beschluss des GrS zur Erbauseinandersetzung (*BFH* 5. 7. 1990, BStBl II, 847) gilt beim Erwerb einzelner VG die Trennungstheorie (so schon bei der Übertragung von wesentlichen Anteilen nach § 17 EStG, *BFH* 17. 7. 1980, BStBl II 1981, 11); beim Erwerb eines Betriebs, Teilbetriebs oder Mitunternehmeranteils (Kommanditanteil) dagegen die Einheitstheorie (so bereits *BFH* 10. 7. 1986, BStBl II, 811; *Wacker* in Schmidt[24] § 16 Anm 39).

95 Bei Erwerbsvorgängen zwischen einander fremden Personen besteht im Allgemeinen keine Veranlassung zu einer unentgeltlichen Zuwendung und damit stets eine **Vermutung** für ein entgeltliches Anschaffungsgeschäft. Umgekehrt liegt es bei Geschäften zwischen einander nahe stehenden Personen. Hier besteht insb bei Übertragung von Betrieben gegen wiederkehrende Leistungen eine widerlegbare Vermutung dahin, dass der Versorgungsgedanke im Vordergrund steht (*BFH* 20. 1. 1992, BStBl II, 465; *BFH* 3. 6. 1992, BStBl II 1993, 23 *BFH* 16. 12. 1997, DB 1998, 600, 601; zugleich zur Abgrenzung zwischen betrieblicher Veräußerungs- und privater Versorgungsrente).

b) Erwerb durch Erbgang, Erbauseinandersetzung und Realteilung

Der **Erwerb durch Erbgang** erfolgt seinen zivilrechtlichen Grundlagen entspr unentgeltlich. Mit dem Tod des Erblassers geht sein Vermögen einschließlich seiner Verbindlichkeiten (Erbschaft) als Ganzes auf einen oder mehrere Erben über (§ 1922 Abs 1 BGB). Bei Erbenmehrheit wird der Nachlass gemeinschaftliches Vermögen – Gesamthandsvermögen – der Miterben (§ 2032 BGB). Die gesetzliche Gesamtrechtsnachfolge erfolgt, weil eine Rechtsperson als Träger von Rechten und Pflichten untergeht. Zum vergleichbaren Fall der übertragenden Umwandlung s Anm 44. 96

Da mit dem Erbfall der oder die Erben die wirtschaftliche Verfügungsmacht über den Nachlass erhalten, liegt bilanzrechtlich eine Anschaffung (Zugang) vor; es fehlt jedoch an AK iSd finalen AK-Begriffs (Anm 21). Die gesetzlich übergehenden Nachlassverbindlichkeiten (Erblasserschulden) sind ebenso wenig „für den Erwerb" aufgewendet wie die durch den Erbfall selbst verursachten Erbfallschulden (zB Pflichtteils- und Erbersatzansprüche; zu erfüllende Vermächtnisse).

Dem Erwerb durch Erbgang schließt sich bei einer Erbenmehrheit idR die **Erbauseinandersetzung** als selbstständiges Rechtsgeschäft der Erben mit dem Ziel einer Realteilung des Nachlasses an. Bei diesem Vorgang erhält der Erbe anstelle seines bisherigen gesamthänderischen Anteils an der ungeteilten Erbengemeinschaft einzelne VG und Verbindlichkeiten nach Maßgabe der getroffenen Auseinandersetzungsvereinbarung. Bilanzrechtlich liegt hierin ein Tausch des unentgeltlich erworbenen Gesamthandsanteils gegen übernommenes Vermögen und Verbindlichkeiten, der nach Tauschgrundsätzen grds ergebnisneutral, dh in Höhe des Buchwerts des hingegebenen Gesamthandsanteils anzusetzen ist (Anm 131). Übernimmt der Erbe im Rahmen der Auseinandersetzung der Erbengemeinschaft wertmäßig ein höheres Vermögen als es seinem Erbanteil entspricht, erwirbt er nicht mehr in Erfüllung seines aus der Hingabe des Gesamthandsanteils folgenden Auseinandersetzungsanspruchs. Die für den Mehrerwerb eingegangenen **Ausgleichsverpflichtungen** sind „Aufwendungen für den Erwerb" nach allgemeinen Grundsätzen des entgeltlichen Anschaffungsgeschäfts (Anm 20). Dies gilt auch, wenn zum Gesamthandsvermögen der Miterben gehörende Unt oder Betriebe durch *Realteilung* auf die oder einzelne Miterben aufgeteilt werden. Zur steuerrechtlichen Behandlung s Anm 104. 97

c) Anschaffungskosten nach Handelsrecht

Die Bewertungsfrage nach den AK beim unentgeltlichen Erwerb setzt die vorrangige Feststellung eines bilanzierungsfähigen VG voraus. Das Aktivierungsverbot für unentgeltlich erworbene **Vermögensgegenstände** bezieht sich ausdrücklich nur auf **immaterielle** VG des **Anlagevermögens** (§ 248 Abs 2). Dies bedeutet im Umkehrschluss die Aktivierungsfähigkeit aller übrigen, dh der materiellen VG des Anlagevermögens sowie sämtlicher materieller und immaterieller VG des Umlaufvermögens (*ADS*^{6} § 255 Anm 85; *Hofbauer* in BoHdR § 255 Anm 16). 99

Bei gegebener Aktivierungsfähigkeit (ohne die immateriellen VG des Anlagevermögens) ist mit der hM von einem am Zweck der Zuwendung orientierten **Bewertungswahlrecht** auszugehen (*ADS*^{6} § 255 Anm 84). Primär ist der gesetzlichen Vorstellung des erfolgsneutralen Anschaffungsvorgangs (Anm 20) entsprech ein Ansatz zu Null Euro geboten; bei der gemischten Schenkung (Anm 93) bezogen auf den unentgeltlichen Teil. Jedoch kann ein dem Anschaffenden bekannter Zweck der Zuwendung einen gewinnrealisierenden Ansatz rechtfertigen, wenn mit der Zuwendung die Verbesserung der Kapitalstruktur, der Finanzlage oder der Ertragslage (Wiederaufnahme von Dividendenzahlun- 100 gen) bezweckt war (*ADS*[6] aaO). Die gleichen Grundsätze gelten für den unentgeltlichen Teil der gemischten Schenkung (*ADS*[6] § 255 Anm 86). Je nach Zuwendungszweck erfolgt der Ansatz ergebniswirksam (zB Verbesserung der Ertragslage) oder ergebnisneutral, wenn zB von Gestern zur Verbesserung der Kapitalstruktur in das EK geleistet wird (§ 272 Abs 1 Nr 4).

101 **Bewertungsobergrenze** ist der vorsichtig zu schätzende sonst übliche Anschaffungswert; dieser wird meist mit dem Wert identisch sein, welchen der Kfm für den VG auch sonst aufgewandt hätte. Kein Ansatz deswegen zB für ein empfangenes Werbegeschenk.

Eine Pflicht zum Ansatz der Bewertungsobergrenze (so *Knobbe-Keuk*[9] S 193; *Knop/Küting* in HdR[5] § 255 Anm 107) ist abzulehnen. Bei unentgeltlicher Zuwendung eines Geldbetrags ist der Ansatz unausweichlich. Hieraus kann aber nicht gefolgert werden, jeder unentgeltlich erworbene Gegenstand müsse, sofern er auch entgeltlich erworben worden wäre, mit dem dann hierfür aufzuwendenden Geldbetrag aktiviert werden. Dies hieße, einen fiktiven, tatsächlich nicht gegebenen Sachverhalt der Bilanzierung zugrunde zu legen.

102 Beim Erwerb durch **Erbgang** sind der zivilrechtlichen Wertung des Vorgangs entspr (Anm 96) die AK (Buchwerte) des Erblassers fortzuführen. Schließt sich bei einer Erbenmehrheit die **Auseinandersetzung** der ungeteilten Erbengemeinschaft durch Realteilung an, liegt ein Erwerb nach Tauschgrundsätzen vor (Anm 97).

d) Anschaffungskosten nach Steuerrecht

Steuerrechtlich bestehen in § 6 Abs 3 einerseits und § 6 Abs. 4 und 5 EStG andererseits unterschiedliche Regelungen.

103 **aa) Erwerb eines Betriebs, Teilbetriebs oder Mitunternehmeranteils.** Wird ein Betrieb, Teilbetrieb oder Mitunternehmeranteil unentgeltlich durch Schenkung oder durch Erbfall (Anm 96) erworben, sind nach § 6 Abs 3 EStG die Buchwerte des Rechtsvorgängers anzusetzen. Gleiches gilt für die unentgeltliche Aufnahme einer natürlichen Person in ein bestehendes EinzelUnt so wie die unentgeltliche Übertragung eines Teils eines Mitunternehmeranteils. Diese Regelung ist iZm der Behandlung auf Seiten des Schenkers/Erblassers zu sehen, dessen stille Reserven anlässlich des Übergangs nicht versteuert werden sollen. Die als Konsequenz angeordnete Buchwertfortführung stellt sicher, dass die stillen Reserven der Besteuerung nicht entgehen (vgl Beiheft zu FN IDW 5/2004).

Geht ein Betrieb, Teilbetrieb oder Mitunternehmeranteil auf einen *Alleinerben* über, hat er nach § 6 Abs 3 EStG die Buchwerte fortzuführen. Dies gilt auch, wenn Alleinerbe eine KapGes ist (*BFH* 24. 3. 1993, DB 1751). Wird ein Betrieb, Teilbetrieb oder Mitunternehmeranteil an *mehrere Erben* vererbt, ist die ungeteilte Erbengemeinschaft insoweit eine „geborene Mitunternehmerschaft" (*Wacker* in Schmidt[24] § 16 Anm 607), für die nach § 6 Abs 3 EStG die Buchwertfortführung gilt, wenn sie den Betrieb *ohne Auseinandersetzung* als PersGes (OHG, KG) fortsetzt.

104 **bb) Erbauseinandersetzung, Realteilung.** Bei Erbenmehrheit schließt sich dem Erbfall idR die **Auseinandersetzung** der ungeteilten Erbengemeinschaft an. Übernimmt ein Miterbe in Erfüllung seines Auseinandersetzungsanspruchs einzelne VG und Verbindlichkeiten im Wert seiner gesamthänderischen Mitbeteiligung, liegt steuerrechtlich kein Tausch gegen untergehende Beteiligung (s zum Handelsrecht Anm 97), sondern unentgeltlicher Erwerb vor. Dies wird damit begründet, dass die Gesamthand steuerrechtlich kein Rechtssubjekt bildet und die Auseinandersetzung im Wege der Naturalteilung von gesamthänderischem GesV (§ 738 BGB) zivilrechtlich unmittelbar durch Übertragung ein-

zelner VG auf die Gester erfolgt (*BFH* 5. 7. 1990, BStBl II, 837, 844). Aus diesem Grund ist auch weder ein Tausch von gesamthänderischem Eigentumsanteil der Miterben untereinander noch ein Anschaffungsgeschäft in Höhe der im Zuge der Auseinandersetzung übernommenen Nachlassverbindlichkeiten gegeben. Letztere bilden ebenso wie die VG unselbstständige Bestandteile des auseinanderzusetzenden Nachlasses.

Seit 2001 ist auch die ertragsteuerneutrale Realteilung durch Übertragung 105
einzelner WG wieder zugelassen, jedoch verknüpft mit der Behaltefrist des Übernehmers und der Körperschaftsklausel (§ 16 Abs 3 S 4 und 5 EStG). Zu Einzelheiten s § 247 Anm 919. Die Vorschrift ist auch auf die Auseinandersetzung einer Erbengemeinschaft anzuwenden (EStR 139 Abs 4).

cc) Vorweggenommene Erbfolge gegen Versorgungsleistungen. Wird 106
ein Betrieb, Teilbetrieb oder Mitunternehmeranteil in **vorweggenommener Erbfolge gegen Versorgungsleistungen** in Form einer Leibrente (§ 22 Nr 1 S 3a EStG) oder dauernden Last (§ 10 Abs 1 Nr 1a EStG) übernommen, liegt steuerrechtlich in Fortsetzung langjähriger gefestigter Rspr **unentgeltlicher Erwerb** vor mit der Folge der Buchwertfortführung (*BFH* GrS 15. 7. 1991, BStBl II 1992, 78; BdF 13. 1. 1993, BStBl I, 80 Tz 24ff). Dies gilt ebenso für andere Vermögensübertragungen, die dem Typus des „Versorgungsvertrags"/„Altenteilsvertrags" vergleichbar sind und *eine Vorwegnahme künftiger Erbregelungen* bei wirtschaftlicher Sicherung der übergebenden Generation bezwecken (zB *BFH* 24. 7. 1996, BStBl II 1997, 315), unter der weiteren Voraussetzung, dass eine ertragbringende Wirtschaftseinheit zur Weiterführung durch den Übernehmer überlassen wird. Hieran fehlt es bei Übertragung eines (noch) ertraglosen Grundstücks mit aufstehendem Rohbau (*BFH* 27. 8. 1997, BStBl II, 813). Eine Vermögensübergabe gegen Versorgungsleistungen findet idR unter Angehörigen statt; sie ist aber auch unter Fremden nicht ausgeschlossen. Kann der Erblasser nach dem Grundsatz der Testierfreiheit einen Fremden als Erben einsetzen, kann er auch sein Vermögen in vorweggenommener Erbfolge an einen Fremden gegen Zusage lebenslanger Versorgung übergeben (*BFH* 16. 12. 1997, DB 1998, 600, 601). In Umkehrung zur Vermutung bei Vermögensübergaben an Angehörige besteht hier jedoch eine widerlegbare Vermutung für ein ausgewogenes Anschaffungsgeschäft (s Anm 95).

Soweit der Übernehmer jedoch einmalige **Abstandszahlungen** an den Übertragenden oder **Gleichstellungsgelder** zu zahlen hat, sind auch steuerrechtliche AK gegeben. Gleiches gilt, wenn anlässlich der Betriebsübertragung auch **private Verbindlichkeiten** des Übergebers mit übernommen werden (BdF aaO).

dd) Erwerb einzelner Wirtschaftsgüter. Wird ein einzelnes WG außer in 107
Fällen der Einlage nach § 4 Abs 1 S 5 oder § 6 Abs 5 S 3 EStG (s hierzu Anm 133) unentgeltlich erworben, gilt nach § 6 Abs 4 EStG sein gemeiner Wert als AK. Die Vorschrift erfasst betrieblich veranlasste Vermögensmehrungen, zB Sachgeschenk einer Brauerei. Für nicht entgeltlich erworbene immaterielle WG des Anlagevermögens besteht auch steuerrechtlich ein Aktivierungsverbot (§ 5 Abs 2 EStG), das als lex specialis vorgeht.

Wird ein WG für ein Betriebsvermögen **aus privaten Gründen** unentgeltlich erworben, folgt dem Erwerb stets auch eine Einlage, die nach § 6 Abs 1 Nr 5 EStG mit dem Teilwert anzusetzen ist. Das gilt auch für immaterielle WG, weil § 6 Abs 1 Nr 5 EStG gegenüber § 5 Abs 2 EStG Vorrang hat (*BFH* 20. 8. 1986, BStBl II 1987, 455; EStR 31a Abs 3 S 5).

Ein Erwerb aus **privatem** Anlass ist auch gegeben beim Erwerb durch Erbgang und Erbauseinandersetzung sowie bei einem Erwerb auf Grund eines Vermächtnisses oder bei Übertragungen in vorweggenommener Erbfolge. Beim Erwerb einzelner WG des Betriebsvermögens in vorweggenommener Erbfolge bilden neben Abstandszahlungen und Gleichstellungsgeldern auch mitübernommene betriebliche Verbindlichkeiten AK des Erwerbers; insoweit liegt nach der Trennungstheorie (Anm 94) ein teils entgeltliches und ein teils unentgeltliches Anschaffungsgeschäft vor (BdF 13. 1. 1993, BStBl I, 80 Tz 28, 34).

C. Einzelfragen bei Anschaffungskosten

I. Immaterielle Vermögensgegenstände des Anlagevermögens

109 Immaterielle VG des Anlagevermögens (§ 247 Anm 389) sind nur bilanzierungsfähig, wenn sie entgeltlich erworben wurden, dh wenn ein **Anschaffungsvorgang gegen Entgelt** festgestellt werden kann (§ 248 Abs 2). Somit erlangt sowohl die Abgrenzung zwischen Anschaffung und Herstellung als auch die Abgrenzung zwischen entgeltlichem und unentgeltlichem Erwerb entscheidende Bedeutung.

Immaterielle Vermögensgegenstände in Gestalt von Nutzungsrechten (zB Nießbrauch, Mietrecht), Verwendungs- und Gestattungsrechten (zB Gussformen, Spielerlaubnis zum Einsatz eines Lizenzspielers) sind nicht nur angeschafft, wenn sie als bereits bestehende Rechte erworben werden. Abgeleiteter Erwerb und damit Anschaffung ist auch gegeben, wenn diese Rechte erstmals begründet und aus dem umfassenderen Eigentumsrecht des Bestellers abgespalten bzw aus seiner zuvor bestehenden Rechtsposition (Spielerlaubnis) abgeleitet werden (Anm 35). **Urheberrechtlich geschützte immaterielle Werte** (zB Film- und Fernsehrechte, Software) sind entgeltlich erworben, wenn die Schutzrechte beim Auftragnehmer entstanden sind (zB Filmrechte) und dieser die entstandenen Rechte überträgt – *echte Auftragsproduktion* –. Sie sind dagegen hergestellt bei *unechter* Auftragsproduktion (s Anm 37). Anlagevermögen ist gegeben, wenn die Rechte entweder unmittelbar im eigenen Unt eingesetzt (zB Software, Fernsehprogramme zur Ausstrahlung) oder an fremde Unt zu jeweils partieller Nutzung vergeben werden. Umlaufvermögen liegt erst dann vor, wenn der Hersteller seine urheberrechtlichen Schutzrechte Dritten *zur Gänze* und endgültig überlassen will und ihm keine wirtschaftlich sinnvollen Verwertungsmöglichkeiten mehr verbleiben (*BFH* 20. 9. 1995, BStBl II 1997, 320, 322). Unentgeltlich, dh ohne Gegenleistung erworbene immaterielle **Vermögensgegenstände** liegen einmal vor bei **Schenkungen** (Anm 91), aber auch bei den in der Praxis häufiger vorkommenden Fällen unentgeltlicher **Übertragungen auf gesellschaftsrechtlicher Grundlage** – steuerrechtlich verdeckte Einlage (§ 247 Anm 394).

II. Sachanlagen

1. Nachträgliche Anschaffungskosten

110 Das HGB bestimmt ausdrücklich, dass zu den AK auch die **nachträglichen Anschaffungskosten** gehören (§ 255 Abs 1 S 2). Sie stehen in keinem zeitlichen Bezug zur Anschaffung und können auch noch viele Jahre nach der Anschaffung entstehen. Auch im Steuerrecht – gibt es nachträgliche AK. Um die Aktivierbarkeit solcher Kosten für das HGB nicht in Frage zu stellen und eine steuerneutrale Umsetzung zu gewährleisten), wurde dieser Begriff auch in das HGB aufgenommen.

111 Die praktische Bedeutung ist, verglichen mit nachträglichen HK (Anm 375), gering. Sie beschränkt sich iW auf **öffentliche Abgaben** im Grundstücks-

bereich. Solche aus öffentlichem Recht geschuldeten Beiträge müssen die Benutzbarkeit des angeschafften Grundstücks erhöhen und seinen Wert steigern. Dementsprechend sind nachträgliche AK des Grund und Bodens **Erschließungsbeiträge** für Erstanlage einer Straße (*BFH* 18. 9. 1964, BStBl III 1965, 85; 3. 7. 97 BStBl II, 811); für den Erstanschluss an eine gemeindliche **Kanalisation** (*BFH* 27. 9. 91, BFH/NV 1992, 488) oder **Gas-** u **Stromversorgung** (*BFH* 14. 3. 1989, BFH/NV, 633). Diese Aufwendungen müssen ferner ausschließlich grundstücksbezogen sein und dem Grundstück unabhängig von der Art seiner Nutzung werterhöhend zugute kommen (*BFH* 3. 7. 1997, aaO; *BFH* 23. 2. 1999, BFH/NV, 1079).

Wird eine Sickergrube durch eine erstmalige Erschließungsmaßnahme ersetzt, liegt Erhaltungsaufwand vor (*BFH* 23. 2. 1999 aaO); ebenso, wenn eine Erschließungsmaßnahme durch eine andere ersetzt wird (öffentlicher Weg durch Ortsstraße, *BFH* 18. 1. 1995, BFH/NV, 570). Bei einer Zweiterschließung (Anbindung an eine weitere Straße) sind AK nur dann gegeben, wenn hierdurch eine weitere Bebaubarkeit des Grundstücks erreicht wird (*Spindler* DB 1996 S 444 mwN). Anliegerbeiträge für die Schaffung einer verkehrsberuhigten Zone oder eines Fußgängerbereichs sind Aufwand (*BFH* 22. 3. 1994, BStBl II, 842). Beziehen sich die Aufwendungen auf eine besondere Art der Nutzung wie zB Beiträge zum Ausbau einer öffentlichen Straße wegen besonderer betrieblicher Beanspruchung (*BFH* 26. 2. 1980, BStBl II 1980, 687) sind allenfalls nicht aktivierungsfähige HK eines immateriellen Anlagegegenstands, jedoch nicht AK eines Grundstücks (*BFH* 4. 11. 1986, BStBl II 1987, 333) gegeben.

Ergänzungsbeiträge, die von Eigentümern bereits an die Kanalisation an- **112** geschlossener Grundstücke erhoben werden, sind Erhaltungsaufwand und nicht nachträgliche AK des Grundstücks (*BFH* 4. 11. 1986, BStBl II 1987, 333; Sächs FG v 25. 6. 2003, DStRE 2003, 1315). Sie dienen der technischen Verbesserung der Abwasserbeseitigung und ggf der Erhöhung der Kapazität der Kläranlage. Die Benutzbarkeit des Grundstücks erhöhen sie nicht. Allenfalls kann man von einer Modernisierung und Anpassung an den technischen Fortschritt sprechen. Insofern geht der Begriff nachträgliche AK nicht über den der nachträglichen HK (Anm 375 ff) hinaus.

2. Anschaffungskosten bei Zuschüssen und Subventionen

a) Begriff und Anwendungsfälle

Zuschüsse und Subventionen in Gestalt finanzieller Zuwendungen (Zahlun- **113** gen) kommen in den verschiedensten Formen vor, zB als **Zuwendungen der öffentlichen Hand** oder als **Zuwendungen von privater Seite** mit unterschiedlichem wirtschaftlichem Hintergrund, auch als Zuwendungen auf gesrechtlicher Grundlage (Zuführung von Ges-Kapital, hierzu Anm 164). Dazu gehören auch Zuwendungen, die sich als Gegenleistung im Rahmen eines vertraglichen Leistungsaustauschverhältnisses darstellen (Anm 119); sowie Zuwendungen, die ausschließlich im eigenen wirtschaftlichen Interesse des Zuwendenden gewährt werden.

Zuwendungen der **öffentlichen Hand** treten mit unterschiedlichen Be- **114** zeichnungen auf (zB Zuwendungen, Zuschüsse, Zulagen, Prämien, Beihilfen usw); sie haben ihre Rechtsgrundlage in allgemeingültigen Regelungen (Gesetz, Verwaltungsvorschriften, Richtlinien). Soweit solche Zuwendungen nicht zu Investitionen (Anschaffungen oder Herstellungen), sondern zu Aufwendungen oder Erträgen gewährt werden (Aufwandszuschüsse, Ertragszuschüsse, s *HFA* 1/1984, WPg, 612; *HFA* 2/1996; *BFH* 4. 5. 1984, BStBl II, 552, BdF 2. 9. 1985 BStBl I, 568; Zuwendungen der Treuhandanstalt für Abfindungen bei

Massenentlassungen) oder es sich um unbedingt rückzahlbare Zuwendungen (Verbindlichkeiten) handelt, kommt eine AK-Minderung nicht in Betracht.

b) Handelsrecht

115 Für **Zuwendungen der öffentlichen Hand,** die als finanzielle Zuwendungen zu einer **Investition** (Anschaffung, Herstellung) gewährt werden und deren rechtliche Zweckbindung sich in der Durchführung der Investition erschöpft (zur weiteren unterschiedlichen Ausgestaltung im Einzelnen s *HFA* 1/1984, WPg, 612), ist auch weiterhin von einem **Wahlrecht** auszugehen. Sie dürfen entweder von den AK gekürzt oder sofort erfolgswirksam vereinnahmt werden. Dies entspricht km Übung (offen lassend, ob auf kfm Gewohnheitsrecht beruhend, *BFH* 29. 4. 1982, BStBl II, 591), welche weitgehend durch das Steuerrecht (durch Richterrecht gestützte Verwaltungspraxis, s *Sarrazin* DB 1987, 1597) beeinflusst wurde. In der Praxis werden steuerpflichtige Investitionszuschüsse wegen dieses Wahlrechts idR von den AK/HK abgesetzt; steuerfreie Investitionszulagen dagegen häufig sofort ergebniswirksam vereinnahmt.

116 Zahlreiche Versuche im Schrifttum, Bilanzierungskriterien aufzuzeigen, die bei öffentlichen Zuwendungen für jeden Einzelfall zu einer eindeutigen Bilanzierungsentscheidung führen, überzeugen nicht (s die Übersichten bei *Ewertowsky* BB 1984, 1016ff und *Kupsch* DB 1979, 365ff; beide mit dem Resümee, dass handelsrechtliche „Grundsätze ordnungsgemäßer Zuschussbilanzierung" nicht festgestellt werden können; ebenso *Förschle/Scheffel* DB 1993, 2393). Grds **für eine Kürzung** der AK/HK unter dem Gesichtspunkt der AK-Minderung nach Abs 1 S 3 sind *ADS*[6] § 255 Anm 56; ebenso jedoch mehr unter dem Aspekt eines zutreffenden Erfolgsausweises *Tjaden* WPg 1985, 33, 35 sowie *HFA* 1/1984 WPg, 612, jedoch in engen Grenzen Ausnahmen zulassend; zustimmend für Zuschüsse *Hofbauer* im BoHdR § 255 Anm 10; **gegen eine Kürzung** von den AK zB *Kupsch* WPg 1984, 369; *Ewertowsky* BB 1984, 1016; *Laicher* DStR 1993, 294; *Knop/Küting* in HdR[5] § 255 Anm 66.

117 Ein Zwang zur Kürzung der AK unter dem Gesichtspunkt der **Anschaffungskostenminderung** (Abs 1 S 3, Am 61ff) besteht nicht. Mit dem Investitionszuschuss (oder -zulage) werden dem Unt Finanzierungsmittel zugeführt (*HFA* 1/1984, WPg, 612). Die Bestimmung der AK erfolgt aber grds losgelöst von der Herkunft der eingesetzten Finanzierungsmittel (*Kupsch* WPg 1984, 373; *Knop/Küting* in HdR[5] § 255 Anm 66; sowie Anm 23). Andererseits lässt sich jedoch auch **keine Pflicht zur sofortigen Gewinnrealisierung** begründen (so *Ewertowski* BB 1984, 1016; *Kupsch* WPg 1984, 369; wohl auch *Laicher* DStR 1993, 294). Die Gewährung öffentlich-rechtlicher Zuschüsse erfordert regelmäßig, dass bestimmte gesetzlich oder in den Förderungsbedingungen festgelegte Voraussetzungen erfüllt werden (zB die Durchführung bestimmter Investitionen). Damit wird der *Geldmittelzufluss* aus der Sicht des Empfängers *objektbezogen.* Dies erzwingt zwar keine AK-Minderung, rechtfertigt aber das **Wahlrecht,** die AK um den Zuschuss zu kürzen (so auch mit eingehender Begr *BFH* 22. 1. 1992, DB 1993, 1066), wobei ein Zwang zur sofortigen Gewinnrealisierung aus der Vereinnahmung öffentlicher Finanzierungszuschüsse als mit dem am Vorsichtsprinzip ausgerichteten Gewinnrealisierungsgrundsatz des § 252 Abs 1 Nr 4 nicht vereinbar angesehen wird (*BFH* aaO S 1068). Durch die Absetzung von den AK bleibt gewährleistet, dass die für die Investition gewährten Finanzierungsmittel auch tatsächlich voll zu deren Finanzierung eingesetzt und nicht zu anderen Zwecken (zB für Steuerzahlungen bei steuerpflichtigen Zuschüssen, Anm 121 oder für Gewinnausschüttungen) verwendet werden. Über die Ausübung des Bewertungswahlrechts ist im **Anhang** zu berichten (§ 284 Anm 106).

Anstelle einer unmittelbaren Absetzung von den AK ist es insbesondere bei **umfangreichen Zuschussfinanzierungen** (zB Verkehrsbetrieben, Krankenhäusern) wegen des damit verbundenen verbesserten Einblicks in die VFE-Lage auch zulässig, die Zugänge in Höhe der ungekürzten AK aufzuführen und die Zuschüsse in einen **gesonderten Passivposten** iS von § 265 Abs 5 S 2 einzustellen (*ADS*[6] § 255 Anm 57 *HFA* 1/1984). Gegen die Bildung eines gesonderten Passivpostens in der HB, da ein solcher in der Steuerbilanz auch nicht zulässig ist (*Groh* StuW 1994, 91). Aus der Postenbezeichnung muss die Art der in ihn eingestellten Zuschüsse ersichtlich sein. Der Sonderposten ist parallel zu den Abschreibungen aufzulösen. 118

Wird ein **Zuschuss von privater Seite** geleistet (vgl. allg zur Bilanzierung privater Zuschüsse, *HFA* 2/1996) und ist er nach den Parteivereinbarungen derart in einen **Leistungsaustausch** einbezogen, dass er sich als Entgelt für eine zukünftige Leistung des Zuschussempfängers darstellt, ist der Zuschuss als Teil der Gegenleistung zu passivieren. Eine Kürzung der AK oder HK des Zuschussempfängers scheidet hier aus. Gleiches gilt für eine Versicherungsentschädigung (*BFH* 1. 12. 1992, BStBl II 1994, 12, 14). 119

Ein Zuschuss kann insb bei langfristigen Schuldverhältnissen Entgelt für Gegenleistungen sein. So ist ein verlorener Baukostenzuschuss des Mieters Entgelt für die Nutzungsüberlassung und auf die Laufzeit des Mietvertrags zu verteilen (*BFH* 28. 10. 1980, BStBl II 1981, 161). Zuschüsse eines Mieters zu den **Schnellbaukosten** des Vermieters sind als Nutzungsentgelt für die vorzeitig erreichte Nutzungszeit in diesem Zeitraum zu vereinnahmen. **Formkostenzuschüsse** *(Werkkostenzuschüsse)* des Kunden an den Lieferanten sind Zuschüsse mit Gegenleistungscharakter (zu den in der Praxis vorkommenden unterschiedlichen Gestaltungen s *BFH* 29. 11. 2000, DStR, 563). Wird eine Tilgung nach Maßgabe späterer Warenlieferungen vereinbart oder besteht die Verpflichtung, die Zuschüsse preismindernd bei der zukünftigen Preiskalkulation zu berücksichtigen, ist beim Empfänger eine Amortisationsverbindlichkeit oder eine Verpflichtungsrückstellung zu bilden (*BFH* 29. 11. 2000). Beim Zuschussgeber liegen nicht aktivierungsfähige Aufwendungen für zukünftige Kosteneinsparungsmöglichkeiten vor. Wird eine Amortisationsabrede getroffen und werden zukünftige Lieferungen zu einem Preis ohne Berücksichtigung von Formkosten vereinbart, liegen AK des Bestellers für ein Verwendungsrecht an den Formen vor, wenn der Lieferer sich verpflichtet, die Formen nur für Aufträge des Bestellers zu verwenden, es sei denn, die Formen sind oder werden Eigentum des Bestellers und sind von diesem abzuschreiben (*BFH* 1. 6. 1989, BStBl II, 830).

Diese Grundsätze gelten auch bei **Zuschüssen nach öffentlichem Recht,** sofern das dem Zuschussempfänger auferlegte Verhalten wirtschaftlich eine in der Zukunft zu erbringende **Gegenleistung** ist; so bei Abfindungen nach dem **Mühlenstrukturgesetz** (*BFH* 22. 7. 1982, BStBl II, 655), bei Zuschüssen zur Besetzung von **Ausbildungsplätzen** (*BFH* 5. 4. 1984, BStBl II, 552) und bei der **Nichtvermarktungsprämie** für Milcherzeugnisse (*BFH* 17. 9. 1987, BStBl II 1988, 327).

c) Steuerrecht

Zuwendungen der öffentlichen Hand sind als betrieblich veranlasste Vermögensmehrungen grds steuerpflichtig (*BFH* 17. 9. 1987, BStBl II 1988, 324), wobei auch eine Kürzung von den AK/HK zur zeitlich verschobenen steuerrechtlichen Erfassung führt (*BFH* aaO S 325). Steuerfreiheit besteht nur bei ausdrücklicher gesetzlicher Regelung zB bei **Investitionszulagen.** Sie mindern nicht die steuerrechtlichen AK (§ 9 InvZulG 1999). 120

121 Für (steuerpflichtige) **Investitionszuschüsse** aus öffentlichen oder privaten Mitteln sieht EStR 34 Abs 2 ein **Wahlrecht** vor, sie entweder erfolgswirksam zu vereinnahmen oder von den AK oder HK zu kürzen (BdF v 27. 5. 2003, BStBl I, 361 zu Baukostenzuschüssen bei Energieversorgungsunternehmen; kritisch hierzu FN IDW 2004, 207). Ungeachtet der Zweifel an der Rechtsgrundlage eines solchen Wahlrechts (zB *Mathiak* StuW 1983, 73; *Prang* DB 1984, 583; *Nieland* DStZ 1986, 219; *Werndl* in Kirchhoff/Söhn/Mellinghoff § 6 B 130) ist das Wahlrecht auch steuerrechtlich zu Recht von der Rspr erneut bestätigt worden (*BFH* 22. 1. 1992, BStBl II, 488; 19. 7. 1995 BStBl II 1996, 28; eher für AK-Kürzung, jedoch im Ergebnis offen lassend *BFH* 23. 5. 1995 BStBl II, 702, 703). Die handelsbilanziell zulässige Bildung eines gesonderten Passivpostens iSv § 265 Abs 5 S 2 ist jedenfalls steuerbilanziell als systemwidrig abzulehnen (*BFH* 22. 1. 1992, BStBl II, 488). Die Zuführung von Finanzierungsmitteln ist keine AK-Minderung; ein Zwang zur sofortigen ergebniswirksamen Vereinnahmung besteht nicht (Anm 117). Investitionszuschüsse idS liegen vor, wenn sie im Eigeninteresse des Gebers gewährt werden und die Wahrung dieses Eigeninteresses durch eine **rechtlich abgesicherte Zweckbindung** gestützt wird idS, dass die Leistung zurückgefordert werden kann, wenn der Empfänger nicht in bestimmter Weise mit ihr verfährt (*BFH* 29. 4. 1982, BStBl II, 591). Eine derartige Bindung ist bei öffentlichen Zuschüssen fast immer gegeben, wenn die Zuwendung mit Bedingungen verknüpft ist, bei deren Nichteintritt der Zuschuss zurückverlangt werden kann (**bedingt rückzahlbare Zuschüsse;** zB Investitionszuschüsse der Länder iZm Regionalprogrammen; Schiffszuschüsse; zweckgebundene Investitionszuschüsse der Treuhandanstalt). Diese enge Verknüpfung des Finanzierungsprozesses mit dem Zweck der Anschaffung rechtfertigt das Wahlrecht, das nach dem Maßgeblichkeitsgrundsatz (§ 5 Abs 1 S 2 EStG) in HB und Steuerbilanz einheitlich auszuüben ist (EStR 34 Abs 2 S 4).

122 Werden Investitionszuschüsse von AK abgesetzt, verringert sich die Abschreibungsbasis; dies kann nicht durch einen passivischen Ausweis (Anm 118) vermieden werden. Das Wahlrecht nach EStR 34 gilt nur für Zuschüsse im betrieblichen, nicht im privaten Bereich (*BFH* 26. 1. 1991, BStBl II 1992, 999; OFD Düsseldorf 13. 1. 1993, DB, 303).

123 Einen Sonderfall öffentlicher Zuschüsse bilden die Investitionszuschüsse nach §§ 5, 10 des **Krankenhausfinanzierungsgesetzes** (KHG) vom 21. 6. 1972 (BGBl I 1972, 1009). Die Zweckbindung erschöpft sich nicht in der Durchführung der Investition. Nach dem sog dualen Finanzierungssystem des KHG sind die geförderten Krankenhäuser zugleich verpflichtet, Pflegeleistungen an die Krankenhausbenutzer zu einem nicht die Vollkosten deckenden Preis zu erbringen. Die durch den Zuschuss finanzierten Investitionen dürfen in den Pflegesatz nicht eingerechnet werden.

Die für entspr geförderte Krankenhäuser geltenden Buchführungsvorschriften sehen einen auf der Passivseite der Bilanz zu bildenden „Sonderposten für Fördermittel nach *KHG*“ vor, der jeweils vermindert um die bis zum Bilanzstichtag angefallenen Abschreibungen auf den geförderten Anlagegegenstand auszuweisen ist, so dass im Ergebnis eine AfA-Verrechnung unterbleibt. Inhaltlich ist dies eine *passive Wertberichtigung* (so mit eingehender Begr *BFH* 26. 11. 1996, BStBl II 1997, 390ff; offen lassend, ob auch ein Verzicht auf die Bildung des Sonderpostens und damit eine wahlweise Sofortversteuerung entspr EStR 34 Abs 2 zulässig wäre).

124 Kein Wahlrecht zur Kürzung der AK oder HK besteht bei **Zuschüssen mit Gegenleistungscharakter,** die als Zuschüsse von privater Seite, insb im Rahmen langfristiger Schuldverhältnisse auftreten, aber auch bei Zuschüssen aus öf-

fentlichem Recht vorkommen. Die handelsrechtlichen Grundsätze (Anm 119) gelten auch steuerrechtlich.

3. Anschaffungskosten beim Tausch

a) Begriff und Anwendungsfälle

130 Bilanzrechtlich ist ein Tausch gegeben, wenn die Aufwendungen für die Anschaffung (die Gegenleistung s Anm 20) nicht in einem Kaufpreis (Nominalwert), sondern in der Hingabe eines anderen (bewertbaren) VG besteht. Derartigen Tauschvorgängen liegt ein schuldrechtliches **Leistungsaustauschverhältnis** zugrunde. Zu den AK bei gesrechtlichen Vorgängen der Sacheinlage oder Sachkapitalerhöhung, bei denen die Gegenleistung in neu zu schaffenden Ges-Rechten besteht, s Anm 144 ff; zu dem „umgekehrten Fall", in welchem als Gegenleistung für hereinkommende VG bestehende Beteiligungsrechte erlöschen s Anm 44 (übertragende Umw).

b) Handelsrecht

131 **Handelsrechtlich** besteht beim Tausch, zumindest beim Tausch von Gegenständen des Anlagevermögens, ein **Wahlrecht.** Die angeschafften Anlagewerte dürfen (erfolgsneutral) mit dem Buchwert des hingegebenen VG oder unter Beachtung der Einschränkungen gem Anm 132 (gewinnrealisierend) mit dessen höherem Zeitwert angesetzt werden (hM s *ADS*[6] § 255 Anm 89; *Knop/Küting* in HdR[5] § 255 Anm 110; *Wassermeyer* 1984, 177). Beim Tausch von Gegenständen des Anlagevermögens fehlt es häufig an einer Umsatzabsicht. Ein **Zwang zur Gewinnrealisierung** und eine Verdrängung des grds erfolgsneutralen Anschaffungsvorgangs (Anm 20) lässt sich daher nicht begründen. Denn dem Unt fließen durch den Anlagetausch keine „konsumierbaren", für eine Gewinnausschüttung verfügbaren Mittel zu (*Wassermeyer* aaO).

132 Da andererseits das Steuerrecht grds die Gewinnrealisierung verlangt (Anm 133) und es den Parteien auch nicht verwehrt werden kann, ihre Umsatzabsicht durch Abschluss eines Verkaufs- und Ankaufsgeschäfts gestaltend zu verwirklichen, besteht auch die Zulässigkeit einer Gewinnrealisierung. Dies führt zu einem Wahlrecht, als AK des erworbenen AnlageG entweder den Buchwert des hingetauschten Anlage-VG oder (gewinnrealisierend) dessen vorsichtig geschätzten Zeitwert anzusetzen (*ADS*[6] § 255 Anm 91). Dabei ist *ADS* darin zuzustimmen, dass eine Gewinnrealisierung beim Tausch nur zulässig ist, wenn der Tausch nicht hauptsächlich eine bilanzpolitische Maßnahme ist, zB zur günstigeren Darstellung des Jahresergebnisses. Eine weitere Einschränkung besteht darin, dass der erworbene VG höchstens mit seinem Zeitwert angesetzt werden darf (was uU zu einem Verlust aus dem Abgang des hingegebenen VG führt). Die Auffassung, dass der erworbene VG *immer* mit seinem Zeitwert anzusetzen ist, hat sich nicht durchgesetzt (hierzu *Groh* in FS Döllerer, 157 ff). Als eine dritte Möglichkeit der Bilanzierung wird man den Ansatz des Buchwerts zuzüglich der durch den Tausch ausgelösten Ertragsteuerbelastung ansehen können, weil hierdurch nur die mit dem Tausch verbundene zusätzliche Steuerbelastung neutralisiert und so der Tausch ohne Belastung des Periodenergebnisses bilanziert wird (so auch *ADS*[6] § 255 Anm 92; *Knop/Küting* in HdR[5] § 255 Anm 113).

c) Steuerrecht

133 Steuerrechtlich führt der Tausch grds zur **Gewinnrealisierung,** wobei sich die AK des erworbenen WG nach dem gemeinen Wert (§ 9 Abs 2 BewG) des hingegebenen WG bemessen (§ 6 Abs 6 S 1 EStG).

Eine Ausnahme (lex specialis zu § 6 Abs 6 S 1 EStG s BMF 7. 6. 2001, BStBl I, 367) enthält § 6 Abs 5 S 3 EStG für die Übertragung eines WG aus einem Betriebsvermögen in eine **Mitunternehmerschaft,** (insb PersGes) gegen Gewährung von GesRechten (offene Sacheinlage). Dieser nach allgemeinen Regeln zur Gewinnrealisierung führende *tauschähnliche Vorgang* (*BFH* 19. 10. 1998, BStBl II 2000, 230 betr die Einbringung einer wesentlichen Beteiligung nach § 17 EStG; dem folgend BMF 29. 3. 2000, BStBl I, 463) ist seit dem 1. 1. 2001 neu geregelt worden. Danach sind unter den weiteren Voraussetzungen der Vorschrift *zwingend* die bisherigen Buchwerte des Einbringenden anzusetzen. Gleiches gilt für den umgekehrten Fall einer Übertragung aus einer Mitunternehmerschaft gegen *Minderung* der GesRechte einschl der *Realteilung* (§ 16 Abs 3 S 2 EStG) sowie der Übertragung zwischen mehreren Mitunternehmerschaften, an welchen der Gester als Mitunternehmer beteiligt ist (§ 6 Abs 5 S 3 Nr 1–3 EStG).

Die zwingende Buchwertfortführung gilt nach nunmehr ausdrücklicher Gesetzesregelung auch für entspr unentgeltliche Übertragungen (verdeckte Einlagen/Entnahmen). Teilentgeltliche Einlagen sind nach der Trennungstheorie (Anm 94) aufzuteilen (BMF 7. 6. 2001 aaO). Werden jedoch Einbringungen nach Veräußerungsgrundsätzen wie unter fremden Dritten vorgenommen, ist § 6 Abs 5 EStG nicht einschlägig (BMF 7. 6. 2001 aaO). Zu den Einzelheiten der Vorschrift, durch welche die Regelungen des sog Mitunternehmererlasses weitgehend wieder in Kraft gesetzt wurden, jedoch verbunden mit der Behaltefrist und Körperschaftsklausel (§ 6 Abs 5 S 4 und 5 EStG) s § 247 Anm 844.

Soweit bei einem Tausch von Anlagegegenständen gleichzeitig die Voraussetzungen des § 6b EStG vorliegen (§ 254 Anm 11 ff) und ein Veräußerungsgewinn aus dem „Umsatzakt" von den AK des erworbenen VG abgesetzt werden darf, wird im Ergebnis durch Anwendung dieser Vorschrift auch steuerrechtlich ein erfolgsneutraler Tausch möglich (s dazu § 247 Anm 604).

III. Finanzanlagen

Schrifttum: *Wassermeyer* Verdeckte Kapitalzuführung bei der Kapitalgesellschaft unter besonderer Berücksichtigung der unterschiedlichen Betrachtungsweise bei der Kapitalgesellschaft und der Gesellschafter und der Veränderung in der Krisensituation JbFSt 1988/1989, 325; *Döllerer* Verdeckte Gewinnausschüttungen und verdeckte Einlagen bei Kapitalgesellschaften, 2. Auflage, Heidelberg 1990; *Wassermeyer* Tausch und Einlage von Anteilen an Kapitalgesellschaften über die Grenze DB 1990, 855; *Groh* Eigenkapitalersatz in der Bilanz BB 1993, 1882; *Hoffmann* Die Beteiligung an Kapitalgesellschaften als Wirtschaftsgut sui generis FS Müller, 631; *Bürkle/Knebel* Bilanzierung von Beteiligungen an Personengesellschaften DStR 1998, 1067.

1. Beteiligungen

141 Soweit bestehende Anteile an Unt erworben werden, gelten für Begriff und Umfang der AK grds keine Besonderheiten. Als Anschaffungsnebenkosten (Anm 70 ff) kommen insb Beurkundungs- und Eintragungsgebühren, Kosten einer Gründungsprüfung, Druckkosten (Aktienurkunden) und Maklerprovision in Betracht (zur GrESt Anm 325). Nicht zu den Anschaffungsnebenkosten gehören Beratungs- und Gutachtenkosten, wenn die Aufwendungen vor dem endgültigen Entschluss entstanden sind, den VG zu erwerben (*BFH* 20. 4. 2004, BStBl II, 597; s Anm 325 Stichwort „Beratungskosten"). Ist ein bestimmbarer Teil der AK vereinbarungsgemäß zur Abgeltung des Anspruchs des Verkäufers auf anteiligen Gewinn (§ 101 Nr 2 BGB) bestimmt, bilden auch diese Aufwen-

dungen AK der Anteile (*BFH* 21. 5. 1986, BStBl II, 815), so dass die spätere Ausschüttung des Gewinns in vollem Umfang zu einer erfolgswirksamen Betriebseinnahme führt (zustimmend: *L. Schmidt* FR 1986, 465; *Mathiak* StuW 1987, 57; aA *Hönle* BB 1993, 252 sowie *Eder* DStR 1995, 1937).

Auch bei Erwerb bestehender Anteile an **PersGes** sind **handelsrechtlich** die hierfür aufgewendeten AK in der Bilanz des Gesters zu aktivieren (Anm 158). **Steuerrechtlich** ist jedoch der Wertansatz einer Beteiligung an einer PersGes (Mitunternehmerschaft) in der Bilanz des Gesters ohne Bedeutung (*BFH* 6. 11. 1985, BStBl II 1986, 333; *Bürkle/Knebel* Bilanzierung von Beteiligungen an Personengesellschaften, DStR 1998, 1067). Insoweit sind vielmehr ausschließlich die bei der PersGes geführten Kapitalkonten (einschl des dort in Ergänzungsbilanzen ausgewiesenen Mehr- oder Minderkapitals) maßgebend. Abweichungen zwischen dem vom Erwerber übernommenen EK-Anteil und den hierfür aufgewendeten AK sind deshalb bei der PersGes in einer Ergänzungsbilanz darzustellen (hierzu § 247 Anm 759ff, insb Anm 766).

Zu den Besonderheiten beim Erwerb einer Beteiligung gegen tauschweise Hingabe einer anderen Beteiligung Anm 142 und zu AK beim originären Erwerb von Anteilen Anm 143ff.

a) Erwerb durch Tausch

Werden Anteile an einer KapGes/PersGes im Tausch gegen Hingabe eigener **142**
VG (zB einer Beteiligung) erworben, besteht hinsichtlich der Bemessung der AK **handelsrechtlich** ein Wahlrecht (hierzu auch Anm 146): Zeitwert des hingegebenen VG oder dessen Buchwert oder dessen Buchwert zuzüglich der durch den Tausch verursachten Ertragsteuern. Obergrenze bildet der Zeitwert der erworbenen Beteiligung.

Steuerrechtlich bemessen sich die AK zwingend nach dem gemeinen Wert des hingegebenen WG (§ 6 Abs 6 S 1 EStG).

b) Originärer Erwerb

Schwierigkeiten bereitet die Anwendung des allgemeinen AKBegriffs bei **143**
Anteilen an anderen Unt, insb bei Beteiligungen, soweit diese nicht von Dritten erworben wurden. Es stellt sich nämlich die Frage, ob Aufwendungen zum Erwerb neuer Anteile im Wege der **Einlage** anlässlich einer Neugründung bzw. Kapitalerhöhung sowie Aufwendungen zur Erhöhung oder Wiederherstellung des Werts bereits vorhandener Anteile dem Grunde nach als AK angesehen werden können. Denn eine Anschaffung liegt regelmäßig nur dann vor, wenn ein bereits bestehender VG aus fremder in die eigene wirtschaftliche Verfügungsmacht überführt wird. Die durch Einlage erworbenen Anteile bzw Beteiligungen entstehen aber originär beim Gester. Nach Ansicht von *Groh* (Ist die verdeckte Einlage ein Tauschgeschäft? DB 1997, 1683) soll dies jedoch kein Hindernis für die Annahme eines Anschaffungsvorgangs bilden, da auch in anderen Fällen (*BFH* BStBl II 1989, 830; BStBl II 1992, 977) Aufwendungen für die Erlangung eines neu begründeten Rechts AK des Rechtsinhabers seien. Dies überzeugt nicht, da in den genannten Vergleichsfällen (Bierlieferungsrecht, Spielerlaubnis) die vom *BFH* als angeschafft beurteilten Rechte ausschließlich von einem Dritten eingeräumt werden können. Demgegenüber setzt die Gewährung von Anteilen anlässlich Gründung oder Kapitalerhöhung die eigene Mitwirkung des Gesters voraus. Vorzugswürdig erscheint daher uE die Auffassung, wonach der Erwerb von Anteilen anlässlich Gründung oder Kapitalerhöhung einen Herstellungsvorgang darstellt (*Hoffmann* in FS Müller, 631ff mwN). In stRspr (so auch *GrS* 1/94 9. 6. 1997 DB, 1693) geht allerdings der *BFH* von

einer Anschaffung (tauschähnlicher Vorgang) aus. Praktische Auswirkungen haben diese unterschiedlichen Sichtweisen vorwiegend bei der Behandlung nachträglicher Aufwendungen auf bereits vorhandene Anteile (verdeckte Einlagen); hierzu Anm 162.

144 **aa) Erwerb von Anteilen gegen Einlage.** Anlässlich der Gründung einer Ges entstehen auf Seiten des GründungsGesters Aufwendungen in erster Linie aus seiner gesvertraglichen Verpflichtung zur Erbringung von Einlagen in das GesVermögen. Diese sog **offenen Einlagen** sind im Gegensatz zu **verdeckten Einlagen** dadurch gekennzeichnet, dass sie zur Erlangung von Beteiligungsrechten (Anteilen) führen. Nach Maßgabe der jeweils einschlägigen gesetzlichen oder gesvertraglichen Regelungen können diese Einlagen in unterschiedlicher Form zu erbringen sein, zB durch Barzahlungen, Sachleistungen, Dienstleistungen (s aber Anm 156) oder Nutzungsüberlassungen (Anm 154ff, aber auch Anm 165). Dementsprechend stellen sich auch auf Seiten des Gesters die zur Erbringung der Einlage erforderlichen Aufwendungen verschieden dar. Bei Anteilen, auf welche die vereinbarten Einlagen noch nicht vollständig erbracht sind, dürfen der Zeichnungsbetrag oder der bedungene Betrag angesetzt werden, sofern die noch offene Einlageverpflichtung als Verbindlichkeit ausgewiesen wird (hM, zB *WPH* I[12] E Anm 402; weitergehend – Pflicht zum Bruttoausweis –: *Karrenbauer* in HdR[5] § 253 Anm 29; *Knobbe-Keuk* 210; Finanzministerium Nds 30. 1. 1989 DB, 355; *Schulze-Osterloh* in Baumbach/Hueck GmbHG[17] § 42 Anm 286). Bei eingeforderten Einlagen ist Bruttoausweis geboten.

145 AK oder HK von GesAnteilen bzw Beteiligungen, welche durch **Bareinlage** erworben wurden, sind der Betrag der Einlage zuzüglich eventueller vom Gester getragener Nebenkosten.

146 Anteilen, welche durch **Sacheinlage** erworben werden, ist **handelsrechtlich** als HK bzw AK wahlweise der Buchwert oder der Zeitwert des Einlageobjekts beizumessen (*HFA 1/1991* Abschn 2, WPg, 334); zusätzlich zum Buchwert dürfen auch die durch den Einbringungsvorgang verursachten Ertragsteuern aktiviert werden (*ADS*[6] § 253 Anm 44, § 255 Anm 90ff; *Karrenbauer* in HdR[5] § 253 Anm 29; *Scheffler* in Beck HdR B 213 Anm 111). Grds hat eine Entscheidung zwischen den genannten Bewertungsmethoden (keine Zwischenwerte) zu erfolgen (*ADS*[6] § 255 Anm 93); gleichwohl erscheint es zulässig, auch einen unter dem Zeitwert liegenden vertraglich vereinbarten Einbringungswert anzusetzen (*Scheffler* aaO). Für die **Steuerbilanz** ist grds der gemeine Wert des Einlageobjekts maßgebend (§ 6 Abs 6 S 1 EStG; *Weber-Grellet* in Schmidt[24] § 5 Anm 636); zu Ausnahmen Anm 160 (Sacheinlagen in PersGes), 161 (UmwStG).

153 Auch **immaterielle Vermögensgegenstände** können Gegenstand einer offenen Sacheinlage sein (*Kraft* in Kölner Kommentar[2] § 27 Anm 35; *Hueck/Fastrich* in Baumbach/Hueck GmbHG[17] § 5 Anm 23). Dies gilt auch nach Ansicht des *BFH,* und zwar gleichermaßen bei Einlagen in KapGes oder in PersGes (*BFH* 22. 1. 1980, BStBl II, 244; 24. 3. 1987, BStBl II, 705). Die erwähnten Entscheidungen lassen erkennen, dass es unerheblich ist, ob die eingebrachten immateriellen WG bereits aktiviert waren oder beim Einbringenden einem Aktivierungsverbot unterlagen. Da die Aktivierungsverbote (§ 248 Abs 2, § 5 Abs 2 EStG) ausschließlich den Bilanzansatz immaterieller WG betreffen, erscheint es nicht nur steuerrechtlich, sondern auch handelsrechtlich zutreffend, diesen Aktivierungsverboten für den Wertansatz von Beteiligungen auch dann keine Bedeutung beizumessen, wenn diese gegen Einlage bisher nicht auszuweisender immaterieller WG erworben wurden.

154 Die **Nutzung von Sachen und Rechten** kann einem anderen in dinglicher Form (zB Nießbrauch, beschränkt persönliche Dienstbarkeit, Erbbaurecht) oder in Gestalt eines obligatorischen Anspruchs (zB Leihe) gestattet werden. Sowohl

dingliche als auch obligatorische Nutzungsrechte können Gegenstand einer Sacheinlage sein (*Hueck/Fastrich* in Baumbach/Hueck GmbHG[17] § 5 Anm 25; *BFH* 16. 11. 1977, BStBl II 1978, 386: Einlagefähigkeit sowohl bei KapGes als auch bei PersGes; *BGH* 15. 5. 2000, DStR, 1615: obligatorische Rechte aus Sponsorenverträgen zur Verwertung bekannter Namen und Logos sind einlagefähig). Der Zeitwert eines obligatorischen Nutzungsrechts errechnet sich aus dem für die Dauer des Rechts kapitalisierten Nutzungswert (vgl BGH v 14. 6. 2004, Az II ZR 121/02).

Für die bilanzielle Behandlung der Einlage von Nutzungsrechten auf Seiten 155
des einbringenden Gesters ist zu unterscheiden, ob der Gegenstand zum **eigenen Vermögen des Einbringenden** gehört, oder ob das Recht zur **Nutzung eines fremden Gegenstands** in das BetUnt eingebracht wurde.

Bezieht sich die Einlage von Nutzungsrechten auf eigenes Vermögen des Einbringenden, stellt sich zunächst die Frage, ob bei dem Gegenstand der Nutzung – soweit bisher als Aktivposten ausgewiesen – eine Abschreibung gemäß § 253 Abs 2 S 3 vorzunehmen ist. Hierfür kann im Einzelfall der Umstand sprechen, dass durch die Belastung mit dem Nutzungsrecht zugunsten des BetUnt der Wert des betre Gegenstands vermindert wird. Ggf dürfte zumindest der entspr Abschreibungsaufwand als AK der Beteiligung zu aktivieren sein. Darüber hinaus kommt eine Aktivierung von AK bis zur Höhe des (Bar-)werts der überlassenen Nutzungen in Betracht. Andererseits wird man dem Umstand, dass die Beteiligung im Sinne der Tauschtheorie eine Vorleistung im Rahmen eines längerfristigen Nutzungsverhältnisses darstellt, durch Ansatz eines passiven Abgrenzungspostens Rechnung zu tragen haben (so auch *Weber-Grellet* in Schmidt[24] § 5 Anm 203).

Diese Bilanzierungsweise (Aktivierung des Nutzungswerts unter entspr Passivierung) bietet sich auch an, wenn die **Nutzung an einem fremden Gegenstand** eingebracht wird.

Dienstleistungen sind bei einer AG nicht als Sacheinlagen zugelassen (§ 27 156
Abs 2 AktG). Gleiches gilt nach hM auch bei GmbH (so *Ulmer* in Hachenburg[8] § 5 Anm 42; *Scholz/Winter* in Scholz[9] § 5 Anm 49, 52; *Just* NZG 2003, 161 ff; aA *Skibbe* GmbHR 1980, 73), soweit es sich um Dienstleistungen handelt, welche vom Gester selbst zu erbringen sind. Zweifelhaft ist, ob bei einer GmbH Dienstleistungsansprüche ggü Nicht-Gestern einlagefähig sind (nach hM abzulehnen: *Hueck/Fastrich* in Baumbach/Hueck GmbHG[17] § 5 Anm 27 mwN).

Dessen ungeachtet kommen Dienstleistungen (zB die Verpflichtung, Buch- 157
haltungsarbeiten für das BetUnt durchzuführen) als offene Einlagen insoweit in Betracht, als sie Gegenstand von Nebenleistungspflichten gemäß § 55 AktG bzw § 3 Abs 2 GmbHG sein dürfen (*Hueck/Fastrich* in Baumbach/Hueck GmbHG[17] § 5 Anm 24). Darüber hinaus sind Dienstleistungen als offene Einlage bei PersG zulässig (so *Sudhoff* NJW 1964, 1249 ff; aA *Glanegger* in Schmidt[24] § 6 Anm 440).

Soweit hiernach Dienstleistungen zulässig als Einlagen vereinbart sind, hat der Gester die so entstandene Verbindlichkeit – in Höhe des vereinbarten Einlagewerts – auszuweisen und als AK der Beteiligung zu aktivieren.

Handelsrechtlich wird bei der Ermittlung der AK keine Unterscheidung 158
zwischen **Beteiligungen an KapGes** einerseits **und an PersGes** andererseits getroffen. Für die Bemessung der AK bei Erwerb von Gesrechten durch Einbringung von VG gelten hier also dieselben Grundsätze wie bei Einbringungen in KapGes.

Steuerrechtlich ergeben sich zwischen beiden Arten der Beteiligungen 159
schon deshalb erhebliche Abweichungen in der Beurteilung, weil zB ein steuerrechtlicher Gewinn aus der Veräußerung einer Beteiligung an einer PersGes nicht beim Gester selbst, sondern bei der PersGes festgestellt wird. Dabei wird

dem Veräußerungserlös ohne Rücksicht auf den Buchwert der Beteiligung in der Bilanz des Gesters dessen bei der Ges ausgewiesenes Kapital gegenübergestellt (Anm 141). Ebenso sind etwaige Abschreibungen auf die Beteiligung im JA des Gesters steuerrechtlich ohne Auswirkung. Der Wertansatz der Beteiligung in der Bilanz des Gesters ist deshalb steuerrechtlich ohne Bedeutung. Dies gilt nach *BFH* 6. 11. 1985, BStBl II 1986, 333, auch für die Ermittlung eines eventuellen Gewinns aus der Einbringung von WG in eine PersGes, welcher bei dieser selbst durch Gegenüberstellung des dort angesetzten Einbringungswerts („Veräußerungspreis") und des bisherigen Buchwerts des Einlageobjekts beim Einbringenden festzustellen ist.

160 Bei **Sacheinlagen in PersGes** sind – soweit es sich um einzelne WG handelt – nach § 6 Abs 5 S 1 u 3 EStG im Regelfall die Buchwerte anzusetzen. Einschränkungen (sofortiger oder nachträglicher Ansatz des Teilwerts) gelten bei Sacheinlagen, soweit sich durch die Übertragung der Anteil eines KSt-pflichtigen Gesters an dem WG unmittelbar oder mittelbar erhöht (§ 6 Abs 5 S 5 und 6 EStG), sowie bei Veräußerung des eingebrachten WG innerhalb einer Sperrfrist von drei Jahren (§ 6 Abs 5 S 4) vgl Beiheft FN IDW 5/2004 Anm 164. Bedeutung haben diese steuerrechtlichen Bewertungsvorschriften aber nur für die Steuerbilanz der aufnehmenden PerGes, nicht hingegen für die Steuerbilanz des Gesters (Anm 141, 159).

161 Für bestimmte Formen gesrechtlicher **Umgestaltungen von Unt** sieht das UmwStG die Möglichkeit vor, **neu erworbene Ges-Anteile mit dem Buchwert der hingegebenen WG** anzusetzen. Diese Sonderregelungen betreffen neben Verschmelzungsvorgängen, Spaltungen und der Einbringung von Betrieben, Teilbetrieben und Mitunternehmeranteilen im nationalen Bereich auch grenzüberschreitende Vorgänge nach Maßgabe der EU-Fusionsrichtlinie.

162 **bb) Nachträgliche Aufwendungen auf Anteile (verdeckte Einlagen).** Der Begriff **„verdeckte Einlage"** wurde im Steuerrecht geprägt. Nach stRspr des *BFH* liegen verdeckte Einlagen vor, soweit ein Gester dem BetUnt Vorteile zuwendet, welche ein NichtGester bei Anwendung der Sorgfalt eines ordentlichen Kfm nicht einräumen würde (*BFH* 29. 5. 1968, BStBl II, 722; 14. 8. 1974, BStBl II 1975, 123). Derartige Vorteilsgewährungen sind – soweit sie in der Bilanz des BetUnt als Vermögensmehrung in Erscheinung treten – nach der Rspr des *BFH* gesrechtlichen Einlagen (dh offenen Einlagen gegen Gewährung von Ges-Rechten) gleichzusetzen und ebenso wie diese als (zusätzliche) AK für die Beteiligung zu aktivieren (*BFH* 24. 3. 1987, BStBl II, 705; *GrS* 26. 10. 1987, BStBl II 1988, 348).

Bei einer verdeckten Einlage liegt auf Seiten des Gesters eine Anschaffung nicht vor; damit kommt bei ihm eine Aktivierung von AK iSd § 255 Abs 1 S 1 nicht in Betracht. Auch nachträgliche AK iSd § 255 Abs 1 S 2 liegen nicht vor, weil die verdeckte Einlage weder dem Erwerb der Beteiligung dient noch dazu, diese in einen betriebsbereiten Zustand zu versetzen. Entgegen der insb von *Döllerer* (Verdeckte Gewinnausschüttungen …, 218; hierauf Bezug nehmend *Groh* FR 1990, 528) vertretenen Ansicht ist auch nicht davon auszugehen, dass mit der Formulierung des § 255 Abs 1 S 2 die Auffassung des *BFH* und des *BGH* bestätigt wurde, wonach mit nachträglichen AK auch die verdeckte Einlage gemeint seien. Zumindest der *BGH* hat eine solche Auffassung nie geäußert. In seiner bislang einzigen einschlägigen Entscheidung vom 31. 10. 1978 (WPg 1979, 158) spricht er vielmehr nur von Aufwendungen, welche im Einzelfalle „beim Wertansatz für den Zugang an Beteiligungen nach § 152 Abs 1 S 2 AktG zu berücksichtigen oder aber als Zuschreibung auf diesen Zugang auszuweisen [seien]". Diese Verpflichtung bestehe aber vor allem dann nicht, wenn schon im Zeitpunkt der Aufwendungen feststeht, dass sich der Wert der Beteiligung dadurch nicht erhöht. Der *BFH* verwendet zwar iZm verdeckten Einlagen regelmäßig den Begriff nachträgliche AK; mit *Wassermeyer* (DB 1990, 855) ist dies jedoch nur iSv „Ersatzanschaffungskosten" (ähnlich *Groh* BB 1993, 1882: „Großzügigere Definition der nachträglichen Anschaffungskosten" im Steuerrecht) zu verstehen, da bei der verdeckten Einlage keine Anschaffung ieS, sondern ein „neben Anschaffung und Herstellung stehender Tatbestand" gegeben sei (*Wassermeyer* JbFSt 1988/1989, 346). Da zudem der *BFH* davon ausgeht, dass bei der steuerrechtlichen Behandlung verdeckter Einlagen der Maßgeblichkeitsgrundsatz nicht gelte (16. 5. 1990 BStBl II, 797; *GrS* 9. 6. 1997 DB, 1693), kommt der steuerrechtlichen Rspr für die handelsrechtliche Frage, ob Abs 1 S 2 auch verdeckte Einlagen betrifft, ohnehin keine Bedeutung zu. Dies gilt erst Recht, seit es mit Wirkung vom 1. 1. 1999 in § 6 Abs 6 S 2 EStG eine gesonderte steuergesetzliche Regelung zur Bewertung bei verdeckten Einlagen (AK der Beteiligung = Teilwert des eingelegten WG) gibt.

Für die **handelsrechtliche** Beurteilung ist ausschlaggebend, dass die mit der verdeckten Einlage verbundenen Aufwendungen einen bereits existierenden und dem Gester gehörenden VG (Beteiligung), nicht hingegen den Erwerb eines VG betreffen. Deshalb ist hier noch weniger als bei offenen Einlagen (Anm 143) die Annahme gerechtfertigt, es liege eine Anschaffung oder ein anschaffungsähnlicher Vorgang vor. Näher liegend ist vielmehr die Behandlung der verdeckten Einlagen nach den für die (nachträgliche) Herstellung bzw Erhaltung eines VG maßgebenden Kriterien, dh Aktivierung nur bei nachhaltiger Wertsteigerung der Beteiligung (*ADS*[6] § 253 Anm 45; *WPH* I[12] E 390; aA *Karrenbauer* in HdR[5] § 253 Anm 30; anders auch *Schulze-Osterloh* in FS Kropff, 607, 611 ff, und in Baumbach/Hueck GmbHG[17] § 42 Anm 286: weder Anschaffung noch Herstellung, sondern erfolgsneutrale Vermögensumschichtung).

Die als **verdeckte Einlagen** in Frage kommenden Sachverhalte lassen sich in 163
folgende **Gruppen** einteilen:

- Unentgeltliche Zuwendungen des Gesters an das BetUnt (Anm 164, 165);
- Lieferungen des Gesters an die Ges zu unangemessen niedrigen Preisen (Anm 168, 169);
- Lieferungen der Ges an den Gester zu unangemessen hohen Preisen (Anm 168, 169);
- Leistungen des Gesters an die Ges zu unangemessen niedrigen Preisen (Anm 170);
- Leistungen der Ges an den Gester zu unangemessen hohen Preisen (Anm 170).

Unentgeltliche Zuwendungen des Gesters kommen oft als **Barzuschüsse** 164
oder **Forderungsverzichte** vor, wobei idR eine Sanierung des BetUnt bezweckt wird. **Steuerrechtlich** war in diesen Fällen nach hM davon auszugehen, dass der *gemeine* Wert der Zuwendung in vollem Umfange als zusätzliche AK zu aktivieren sei (so *BFH* 9. 3. 1977, BStBl II, 515 – Forderungsverzicht –; *BFH* 12. 2. 1980, BStBl II, 494 – Zuschuss –); nunmehr ist nach § 6 Abs 6 S 2 EStG der *Teilwert* maßgebend. Eine hierdurch bei einem nicht zu 100% beteiligten Gester eintretende Überbewertung soll durch eine Teilwertabschreibung korrigiert werden (*Döllerer* Verdeckte Gewinnausschüttungen …, 216).

Nach der hier (Anm 162) bevorzugten Beurteilung nach Maßgabe der für Herstellungs- bzw Erhaltungsvorgänge geltenden Kriterien besteht **handelsrechtlich** nur insoweit Anlass zur Aktivierung, als die Beteiligung durch die verdeckte Einlage des Gesters über ihren bisherigen Zustand hinaus wesentlich verbessert wird (so auch *Kussmaul/Klein* DStR 2001, 189, 191; *Meyer-Arndt* BB 1968, 410; *Fichtelmann* GmbHR 1988, 72, 76 f; *Scheffler* in Beck HdR B 213 Anm 118; *ADS*[6] § 253 HGB Anm 45; *Kraft/Kraft* BB 1992, 2465; *Keller* WPg 1994, 617; *WPH*[12] E 390). Dies ist nur insoweit der Fall, als sich der Verkehrswert der Beteiligung durch die Zuwendung über den bisherigen Verkehrswert hinaus erhöht. Hierbei ist ua zu berücksichtigen, dass sich die beim BetUnt eintretende Vermögensmehrung nur anteilig auf die Beteiligung auswirken kann. Aber auch insoweit ergeben sich aus Vermögensmehrungen bei dem BetUnt idR nur begrenzte Auswirkungen auf den Beteiligungswert, da dieser in erster Linie durch Ertragserwartungen und nicht durch den Substanzwert des BetUnt beeinflusst wird. Eine Aktivierung kommt daher regelmäßig nur insoweit in Betracht, als sich der Ertragswert der Beteiligung infolge der verdeckten Einlage erhöht.

165 Weitere in der Praxis bedeutsame Formen der unentgeltlichen Zuwendung an BetUnt bestehen in der Gewährung **zinsloser** oder **niedrig verzinslicher Darlehen** oder in der **Überlassung von Rechten, Gegenständen** oder **Informationen** (zB know-how, Kundenkartei) zur **unentgeltlichen Nutzung.** Hierzu vertritt der *BFH* in stRspr den Standpunkt, dass in der unentgeltlichen Gewährung von Nutzungsvorteilen keine verdeckte Einlage zu sehen sei (so insb *GrS* 26. 10. 1987, BStBl II 1988, 348). Der *BMF* hat sich dieser Auffassung mit Schreiben vom 24. 7. 1979 (BStBl I, 564) angeschlossen (inzwischen auch KStR 36a Abs 2). Zur Begründung seiner Ansicht führt der *BFH* insbesondere an, niemand sei verpflichtet, aus seinem Vermögen Nutzungen zu ziehen, und Nutzungen, die jemand nicht ziehe, dürfen nicht als gezogen unterstellt werden.

Aus handelsrechtlicher Sicht stellen die dem BetUnt überlassenen Nutzungen als solche keinen Aufwand dar, welcher einer Aktivierung beim Gester zugänglich sein könnte. Soweit jedoch beim Gester Aufwand entsteht, welcher der Nutzungsüberlassung und damit der Beteiligung zurechenbar ist (zB Refinanzierungskosten eines zinslosen Darlehens an das BetUnt), erscheint dieser Aufwand dem Grunde nach unter dem Gesichtspunkt nachträglich HK aktivierungsfähig. Im Regelfalle wird der fragliche Aufwand freilich nicht zu einer nennenswerten Erhöhung des Ertragswerts der Beteiligung führen und damit nur als Erhaltungsaufwand zu behandeln sein.

168 Verdeckte Einlagen auf Grund von **Lieferungen zu unangemessenen Preisen** kommen in Betracht, wenn der Gester einen VG zu überhöhtem Preis von dem BetUnt erwirbt, aber auch dann, wenn er bei einer Lieferung an das BetUnt einen zu geringen Preis berechnet.

Steuerrechtlich wird in beiden Fällen die Differenz zwischen angemessenem und tatsächlich verrechnetem Preis als verdeckte Einlage angesehen, welche als AK der Beteiligung zu aktivieren ist; zugleich wird im erstgenannten Fall lediglich der angemessene Preis als AK des erworbenen WG anerkannt (so *Mathiak* DStR 1970, 366).

169 **Handelsrechtlich** soll in diesen Fällen nach Ansicht *Webers* (216f) insoweit eine zusätzliche Aktivierung auf die Beteiligung geboten sein, als sich aus dem Geschäft ein negativer Erfolgsbeitrag für den Gester ergibt; hingegen hält *Weber* eine Berücksichtigung des tatsächlich oder möglicherweise entgangenen Gewinns nicht für zulässig (ebenso auch *Knobbe-Keuk,* 217; aA *Döllerer* BB 1986, 1857, 1862). Dem ist zuzustimmen, weil beim Gester insoweit kein Aufwand entsteht, welcher aktiviert werden könnte. Demgegenüber liegt in Höhe des negativen Erfolgsbeitrags, dh in Höhe der Differenz zwischen dem verrechneten Kaufpreis und dem angemessenen Wert des erworbenen VG bzw zwischen dem Buchwert des veräußerten VG und dem verrechneten Kaufpreis Aufwand vor: beim Erwerb zu unangemessen hohem Preis in Gestalt der erforderlichen Abschreibung bei dem erworbenen VG, beim Verkauf unter Buchwert als Verlust aus dem Abgang eines VG. Dieser Aufwand erscheint zwar aktivierungsfähig; nach der hier vertretenen Auffassung (Anm 405) kommt im Einzelfalle eine Aktivierung aber nur in Betracht, wenn der fragliche Aufwand als Herstellungsaufwand für eine wesentliche Werterhöhung der Beteiligung zu beurteilen ist.

Handelsrechtlich hat die Frage, welcher Preis **angemessen** wäre, aus den zuvor genannten Gründen nur dann Bedeutung, wenn der Gester einen VG von dem BetUnt erwirbt, nicht hingegen im umgekehrten Fall, weil es hier nur auf die Differenz zwischen Buchwert und verrechnetem Verkaufspreis ankommt. Anhaltspunkte für die Ermittlung angemessener Preise sind in den „Grundsätzen für die Prüfung der Einkunftsabgrenzung bei international verbundenen Unternehmen (Verwaltungsgrundsätze)" (BMF 23. 2. 1983, BStBl I, 218 u BMF 9. 11. 2001, BStBl I, 796) unter Abschn 2 und 3 genannt.

Sonstige Leistungen des Gesellschafters an die Ges gegen unangemessen niedrige Vergütung werden nach *BFH* 19. 5. 1982, BStBl II, 631, nicht als verdeckte Einlage gewertet, weil insoweit bilanzrechtlich keine Vermögensmehrung bei der Ges eintritt. **Leistungen der Ges** an den Gester gegen überhöhte Vergütung führen demgegenüber steuerrechtl zur Annahme einer verdeckten Einlage in Höhe der den angemessenen Betrag übersteigenden Vergütung. 170

cc) Kapitalrückzahlungen. Handelsrechtlich ist idR bei Kapitalrückzahlungen im Wege der Ausschüttung von Kapitalrücklagen keine Minderung der AK zu sehen (*Müller* DB 2000, 533; aA *ADS*[6] § 253 Anm 49). Anders hingegen bei Rückzahlungen aufgrund einer Kapitalherabsetzung. Wird der in Fremdwährung geleistete Einzahlungsbetrag später an den Gester zurückgezahlt und hat sich der – in EUR berechnete – Wert jenes Betrags inzwischen durch einen Kursverlust der fremden Währung vermindert, entsteht steuerlich für den Gester kein sofort abziehbarer Aufwand (*BFH* v 27. 4. 2000, WPg 2001, 33; vgl Anm 52ff). 171

2. Wertpapiere des Anlagevermögens

Für AK von Wertpapieren, welche **Mitgliedschaftsrechte** verbriefen (zB Aktien), gelten die Anm 141ff entspr; zur Feststellung der AK mehrerer Wertpapiere derselben Art s Anm 302ff. 175

Bei Wertpapieren, welche **Forderungsrechte** verbriefen, entsprechen die AK grds dem Ausgabe- bzw Kaufpreis zuzüglich Nebenkosten. Dies gilt auch dann, wenn eine Abweichung vom Nennbetrag (= Rückzahlungsbetrag) darauf beruht, dass der Nominalzinssatz über oder unter dem marktüblichen Zinsniveau liegt. So werden zB bei **Zero-Bonds** (hierzu Anm 311) die AK durch den Ausgabe- bzw Börsenkurs und nicht durch den idR höheren Nennwert bestimmt, weil anders als bei Darlehen oder diesen gleichstehenden Namensschuldverschreibungen (hierzu Anm 254) ein Verrechnungsvorgang (Auszahlung des Nominalbetrags/Zinsvorauszahlung) nicht feststellbar ist. Entfällt jedoch ein Teil der AK für ein nominal unterverzinsliches Wertpapier auf die bis zum Erwerbszeitpunkt rechnerisch zu ermittelnden Zinsen, ist insoweit ein gesondert erworbener Zinsanspruch (sonstiger VG) auszuweisen (*Neyer* DB 1982, 976). Dies entspricht der Handhabung beim Erwerb lfd verzinslicher Wertpapiere, soweit dort **Stückzinsen** gesondert vergütet werden (Anm 307). Auch ohne Veräußerung von Zero-Bonds werden die zum Bilanzstichtag rechnerisch ermittelten Zinsen als realisiertes Entgelt für die bisherige Kapitalüberlassung angesehen, welches in Kapital umgewandelt und damit als nachträgliche AK der Bonds zu aktivieren sei (so BMF 5. 3. 1987, BStBl I, 394; *HFA 1/1986* WPg, 248; *Bordewin* WPg 1986, 267; *Scheffler* in Beck HdR B 213 Anm 203; *Glanegger* in Schmidt[24] § 6 Anm 365). 176

Zu AK bei **Genussrechten** *HFA 1/1994* „Zur Behandlung von Genussrechten im Jahresabschluss von Kapitalgesellschaften" (WPg, 419). Hiernach entsprechen die AK des Genussrechts idR dem Betrag der hierfür geleisteten Zahlung. Bei Erwerb des Genussrechts gegen Forderungsverzicht bestimmen 177 sich die AK nach dem auf den Anschaffungszeitpunkt fortgeführten Buchwert der untergehenden Forderung. In Sanierungsfällen kann sich dieser Wert auf einen Erinnerungswert reduzieren. Ein Aufgeld für eine nach den Kapitalmarktverhältnissen besonders hohe Verzinsung gehört nicht zu den AK des Genussrechts; hierfür ist vielmehr ein RAP zu bilden.

Zur Bestimmung der AK von **Finanzinnovationen** (insbesondere call- und put-Optionen, caps, floors, collars) s *Eisele/Knobloch* DStR 1993, 577, 617; *Winter* BB 1996, 2083; *Prahl/Naumann* HdJ II/10; sowie § 246 Anm 100ff.

3. Ausleihungen

180 Zu den AK von Ausleihungen s Anm 250–259. Zinslosigkeit oder unzureichende Verzinsung einer Ausleihung beeinflussen nicht deren AK (Anm 257), sondern deren beizulegenden Wert (§ 253 Anm 411f).

IV. Vorräte

1. Besonderheiten bei den Anschaffungsnebenkosten für Roh-, Hilfs- und Betriebsstoffe sowie Waren

a) Allgemeines

201 Der zur Abgrenzung der AK maßgebende Bereich der **Beschaffung** ist bei Roh-, Hilfs- und Betriebsstoffen – jeweils fremdbezogen – sowie Waren abgeschlossen, wenn die Materialien oder Waren an der ersten Lagerstelle des Unt eingelagert worden sind. Für die Anschaffungsnebenkosten sind die extern und innerbetrieblich anfallenden Einzelkosten zu berücksichtigen. Zu den externen Kosten s Anm 71. Bei der Zurechnung der innerbetrieblich anfallenden Nebenkosten gilt die unter Anm 72 dargestellte Beschränkung auf die Einzelkosten. Das **Aktivierungsverbot für Gemeinkosten** betrifft bei den Materialgemeinkosten die Kosten der Beschaffung und Einlagerung, die Kosten der Lagerung bis zum Abschlussstichtag und die Kosten des Lagerausgangs; Letztere fallen bei den tatsächlich später verarbeiteten Roh-, Hilfs- und Betriebsstoffen bereits in den Bereich der Herstellung.

b) Pauschalierung von extern anfallenden Nebenkosten

202 Im Hinblick auf die unter Anm 71 aufgeführten extern anfallenden Nebenkosten stellt bei **Waren, Roh-, Hilfs- und Betriebsstoffen** die **Pauschalierung von Einzelkosten** eine Besonderheit dar. Die Pauschalierung tritt an die Stelle der Einzelzurechnung und dient *nur der* Vereinfachung (ebenso *ADS*[6] § 255 Anm 31; *Knop/Küting* in HdR[5] § 255 Anm 34). Es werden keine Gemeinkosten im Pauschalverfahren zugerechnet, sondern vom Anfall her typische Einzelkosten, die gesondert gesammelt werden, erfasst. Zur Pauschalierung geeignete externe Kosten sind insbesondere Eingangsfrachten, Verpackungskosten und Kosten der Transportversicherung (*ADS*[6] § 255 aaO).

c) Nicht abziehbare Vorsteuern

203 Vgl Anm 51.

d) Innerbetrieblich anfallende Nebenkosten

204 Soweit individuell zurechenbar, sind **Einzelkosten** aus innerbetrieblichen Leistungen, die bis zur Beendigung des Beschaffungsvorgangs entstehen, als Ne-

benkosten zu aktivieren. Hierunter fallen insb innerbetriebliche Kosten für den **Transport** mit eigenen Arbeitskräften und Fahrzeugen bis zum Lagereingang; als Einzelkosten gelten hier Lohnkosten, Sozialabgaben und Kraftstoffverbrauch (*Wohlgemuth,* 16). **Nicht eingerechnet** werden dürfen damit verbundene Gemeinkosten, insb Hilfslöhne und Abschreibungen (*ADS*[6] § 255 Anm 27; *Knop/Küting* in HdR[5] § 255 Anm 36). Zu den nicht ansatzfähigen (Anm 201). **Materialgemeinkosten** gehören die Kosten der Beschaffung und Einlagerung, die Kosten der Lagerung bis zum Abschlussstichtag und die Kosten beim Lagerausgang.

Für die **Steuerbilanz** ist bei der Beschaffung die Beschränkung auf die Ein- 205
zelkosten stärker hervorgehoben. Bei der **Beförderung als innerbetriebliche Leistung** wird steuerrechtlich die Erfassung der Einzelkosten als Nebenkosten vorausgesetzt (*BFH* 24. 2. 1972, BStBl II, 422). Das BFH-U kommt allerdings zu dem Ergebnis, dass solche Aufwendungen der Beförderung bei den Nebenkosten für Erwerb von VG des Umlaufvermögens im Allgemeinen den Verwaltungsgemeinkosten zuzurechnen sind. So wurden steuerrechtlich auch bisher derartige innerbetriebliche Beförderungskosten nicht als aktivierungspflichtige Gemeinkosten betrachtet.

Beförderungskosten im Betrieb, also nach beendeter Anschaffung oder 206
nach der ersten Einlagerung (Anm 201) bilden keine Anschaffungsnebenkosten mehr, sondern sind dem Herstellungsbereich zuzuordnen. Wegen mangelnder Zurechenbarkeit sind idR auch die Reisekosten der Einkaufsabteilung den Gemeinkosten zuzurechnen (so *BFH* 24. 2. 1972 aaO).

e) Nebenkosten bei länger lagernden Waren

Es ist in Sonderfällen zulässig, bei **länger lagernden Waren,** zB Holz, 207
Wein, Chemieprodukten, der Anschaffung **nachfolgende Betriebs- und Verwaltungskosten** zu aktivieren. Der Grundgedanke dieser Aktivierung geht von einer besonderen Art des Produktionsprozesses aus, bei dem sich durch die Lagerung bestimmte Reifeprozesse vollziehen (so auch im Ergebnis *ADS*[6] § 255 Anm 29). Die Handhabung setzt eine Wertsteigerung durch die Lagerung voraus; im Übrigen gilt der Grundsatz einer verlustfreien Bewertung am Bilanzstichtag (§ 253 Anm 521).

f) Verfahren zur Ermittlung der Anschaffungskosten

Anstelle der individuellen Ermittlung der AK nach dem Grundsatz der Ein- 208
zelbewertung gelten für **Handels- und Steuerbilanz** folgende vereinfachte Bewertungsverfahren:
- Durchschnittsmethode.
- Bewertungsvereinfachungsverfahren (Verbrauchsfolgeverfahren, vgl § 256 Anm 1 ff).
- Gruppenbewertung (vgl § 240 Anm 130 ff).
- Festbewertung (vgl § 240 Anm 71 ff).
- retrograde Ermittlung.
- Pauschalierung von Nebenkosten (Anm 202, 203).

Bei der **Durchschnittsmethode** (Durchschnittsbewertung) werden vertret- 209
bare VG mit dem gewogenen Durchschnitt ihrer AK bewertet (zu Wertpapieren vgl Anm 303). Es handelt sich um eine Vereinfachung der Wertermittlung, nicht hingegen der mengenmäßigen Bestandsaufnahme.

Die **einfache** Durchschnittsbewertung fasst den mengenmäßigen Bestand zu 210
Beginn der Periode mit den mengenmäßigen **Zugängen** einerseits und die Summe des Werts am Anfang und der tatsächlichen Einstandspreise während der

Periode andererseits zusammen und ermittelt aus beiden Summen einen Durchschnittspreis (Beispiel § 240 Anm 139). Bei der **verfeinerten** Durchschnittsbewertung wird durch Fortschreibung der Mengen und Werte (Anfangsbestand und Zugänge) sowie lfd mengenmäßiger und bewerteter Verbrauchsermittlung während der Periode der jeweils neue Durchschnittspreis ermittelt (§ 240 Anm 139). Beide Verfahren unterscheiden sich dadurch, dass bei der verfeinerten Durchschnittsmethode zeitnahe AK berücksichtigt werden und damit die Bewertung des Verbrauchs und des Endbestands zu genaueren Werten erfolgt.

211 Die **retrograde Wertermittlung** errechnet die AK indirekt durch Abzug der sog **Bruttospanne** von den Verkaufspreisen. Dieses Bewertungsverfahren wird vor allem bei EinzelhandelsUnt angewandt, bei denen die Waren bereits beim Einkauf durch Aufschlag der Bruttospanne mit den Verkaufspreisen ausgezeichnet werden. Mit der retrograden Wertermittlung werden durch Rückrechnung, ggf unterteilt nach Warengruppen und nach Ausschaltung von zwischenzeitlich reduzierten Verkaufspreisen, auf dem Schätzwege die ursprünglichen durchschnittlichen AK einschl Nebenkosten berechnet.

212 Das Verfahren ist für **Handels- und Steuerbilanz** zulässig. Für die Steuerbilanz wurde es als Verkaufswertverfahren durch die Rspr bestätigt (zuletzt *BFH* 27. 10. 1983, BStBl II 1984, 35 betr Textileinzelhandel mwN; zur steuerrechtlichen Zulässigkeit vgl auch EStR 32a Stichwort Waren). Verkaufspreise und Abschläge sind im Inventar festzuhalten.

Das Verfahren ist zu unterscheiden von der retrograden Wertermittlung zur Ermittlung des niedrigeren beizulegenden Werts zur Beachtung des strengen **Niederstwertprinzips** (§ 253 Anm 521) am Bilanzstichtag; zu den retrograden Verfahren zur Ermittlung des niedrigeren Teilwerts beim Vorratsvermögen vgl § 253 Anm 547.

213 Über die gewählte Methode (Verfahren) zur Ermittlung der AK ist im Anhang nach § 284 zu berichten (dort Anm 116).

V. Forderungen

Schrifttum: *Clemm* Der Einfluss der Verzinslichkeit auf die Bewertung der Aktiva und Passiva, in: Werte und Wertermittlung im Steuerrecht, Köln 1984, 219; *Moxter* Fremdkapitalbewertung nach neuem Bilanzrecht, WPg 1984, 397; *Windmöller* Nominalwert und Buchwert – Überlegungen zur bilanziellen Behandlung des Disagios –, FS Forster 1992, 689; *Naumann* Fremdwährungsumrechnung in Bankbilanzen, Düsseldorf 1992. S auch das Schrifttum vor Anm 1.

1. Anschaffungskosten bei bestehenden Forderungen

250 Beim Erwerb bestehender Forderungen durch Abtretung (§ 398 BGB) werden die AK nach den allgemeinen Kriterien des erfolgsneutralen Anschaffungsvorgangs (Anm 20) durch den Anschaffungspreis einschließlich etwaiger Anschaffungsnebenkosten bestimmt. Der *BFH* spricht in diesen Fällen von „Anschaffungskosten im engeren Sinne" (23. 4. 1975 BStBl II, 875). Die gleichen Grundsätze beziehen sich auf den Erwerb von Forderungen, die durch **Wertpapiere** verbrieft sind, wie zB für Inhaberschuldverschreibungen, Scheck- und Wechselforderungen.

Für **Inhaberschuldverschreibungen** gelten diese Grundsätze auch beim Ersterwerb, da hier bereits ein Kaufvertrag über ein mit Abschluss des Genehmigungsverfahrens (§ 795 Abs 2 BGB) entstandenes Wertpapier zugrunde liegt. Dies gilt auch, wenn die Emission mit einem Disagio und niedriger Nominalzinsausstattung erfolgt. Die Aktivierung zum Nennwert bei Bildung eines passiven RAP scheitert an einem Verrechnungsvorgang (Anm 254). Bezahlte Stückzinsen sind AK einer zugleich miterworbenen Zinsforderung.

2. Anschaffungskosten bei originär entstehenden Forderungen

Erstmals entstehende Forderungen, zB aus Warenlieferungen oder Darlehenshingaben, sind angeschafft und nicht hergestellt, weil weder der punktuelle Vorgang der zivilrechtlichen Forderungsentstehung aus Kauf- oder Darlehensvertrag noch die Warenlieferung oder Darlehensauszahlung (Zeitpunkt der Erstbuchung) als Herstellungsprozess (Anm 332) gewertet werden kann (hM, zB *HHR* § 6 Anm 908). **251**

a) Gewinnrealisierende Forderungen

Bei Forderungen aus der Veräußerung von VG entspricht der **Nennbetrag** der Forderung den AK (hM, zB *BFH* 23. 11. 1967, BStBl II 1968, S 176; *Ettwein* in Beck HdR, B 215 Anm 12). Das Anschaffungswertprinzip, welches den Anschaffungsvorgang als erfolgsneutrale Vermögensumschichtung versteht (Anm 20), wird in diesen Fällen durch das **Realisationsprinzip** verdrängt (zB *Groh* StuW 1975, 344; *Moxter,* Bilanzrechtsprechung 1993 § 12 I 1 d; *ADS*[6] § 255 Anm 6). Zum Bilanzierungszeitpunkt gewinnrealisierender Forderungen s § 247 Anm 82. Der Nennbetrag der Forderungen bestimmt auch dann die AK, wenn die Forderung durch Ausübung eines Rücktrittsrechts des Käufers wieder beseitigt werden kann (*BFH* 25. 1. 1996, BStBl II 1997, 382) oder bereits zum Zeitpunkt der Forderungsentstehung deren spätere Erfüllung ganz oder zum Teil ungewiss ist (*Leffson,* 209; *Groh* StuW 1975, 55). Für das Rücktrittsrisiko ist ggf eine Rückstellung (§ 249 Abs 1 S 1) zu bilden (*BFH* aaO) und bei ungewisser Erfüllung ggf eine Teilwertabschreibung vorzunehmen. **252**

Auch wenn bei Begründung von Warenforderungen mit der Inanspruchnahme von **Skonto** durch den Abnehmer zu rechnen ist, bildet der Nennbetrag die AK. Dem Risiko der Inanspruchnahme von Skonti ist durch eine ggf pauschal zu ermittelnde Wertberichtigung Rechnung zu tragen (§ 253 Anm 582). **253**

b) Nicht gewinnrealisierende Forderungen

Bei Forderungen aus Darlehenshingaben werden den allgemeinen Grundsätzen entspr die AK durch die Aufwendungen für die Anschaffung festgelegt und zwar auch dann, wenn es sich um ein unterverzinsliches Darlehen handelt (Anm 257) oder ein Auszahlungsdisagio bei entspr niedrigerem Laufzeitzins vereinbart wird. In letzterem Fall bildet der **Nennbetrag** die AK. In Höhe des einbehaltenen Disagios ist ein passiver RAP zu bilden. Dies beruht auf vereinbarter Aufrechnung (*BFH* 21. 5. 1993, BStBl II 1994, 93). Mit Blick auf die BGH-Rspr zur anteiligen Disagio-Rückgewähr bei vorzeitiger Darlehensrückzahlung plädiert *Windmöller* (FS Forster, 695) für die Nettobilanzierung zum Auszahlungskurs und zeitanteiliger Zinszuschreibung. **254**

Inhaberschuldverschreibungen werden auch beim Ersterwerb durch Kaufvertrag erworben. Der Kaufpreis bestimmt die AK; ein Verrechnungsvorgang entfällt (Anm 250). Wegen Sonderfragen Anm 258 (AK bei Fremdwährungs-Forderungen) sowie Anm 259 (Vinkulierung von Wertpapieren).

3. Anschaffungskosten bei un- oder minderverzinslichen Forderungen

a) Bestehende Forderungen

Wird eine bestehende Forderung erworben, schlägt sich idR die nicht ausreichende Verzinsung bereits unmittelbar in den AK nieder (zB Erwerb einer dis- **255** kontierten Wechselforderung s auch *BFH* 26. 4. 1995, BStBl II, 594). Bei in festverzinslichen Wertpapieren verbrieften Forderungen führt die nicht marktgerechte Zinsausstattung ebenfalls zu unter dem Nennwert liegenden AK. Dies gilt nicht nur bei Marktzinsänderungen, sondern zB auch, wenn der niedrige Nominalzins eines gekauften Schuldscheindarlehens auf einem hohen Emissionsdisagio beruht u dieses anteilig im Kaufpreis mitvergütet wird (zB Emissionskurs 90; Kaufkurs 94). Ein Verrechnungsvorgang (Anm 254) findet beim Kauf nicht statt (*BFH* 21. 5. 1993, BStBl II 1994, 93). Unabhängig von dem Grundsatz, dass die Aufwendungen für den Erwerb als AK die Wertobergrenze bilden, stellt sich die Abzinsungsfrage bei jeder Folgebewertung (§ 253 Abs 2 oder 3).

Gemäß § 340e Abs 2 dürfen **Kreditinstitute** auch für nicht marktgerecht verzinste Forderungen abweichend von § 253 Abs 1 S 1 den Nennbetrag ansetzen, wenn die Forderungen der Vermögensanlage dienen und der Unterschiedsbetrag zwischen Nennbetrag und *AK* Zinscharakter hat. Wird von dem Wahlrecht zur Nennbetragsbilanzierung Gebrauch gemacht, ist der Unterschiedsbetrag zu den AK unter die passiven *RAP* aufzunehmen und planmäßig aufzulösen. Gleiches gilt für **Versicherungsunternehmen** (*VFA* 1/1983 idF 1992, *WPg,* 699ff; § 341c Abs 2). Das Wahlrecht ist bei der Anschaffung bzw dann auszuüben, wenn erstmals die tatbestandsmäßigen Voraussetzungen der Nennwertbilanzierung geschaffen werden (s Anm 259; Vinkulierungen). Wird abweichend von den AK der Nennwert mit ratierlicher „Disagioauflösung" gewählt, gilt dies nach dem Maßgeblichkeitsgrundsatz des § 5 Abs 1 S 1 EStG auch für die Steuerbilanz. Ob in Durchbrechung des Maßgeblichkeitsprinzips in der Steuerbilanz ein Ansatz zum Nennwert mit planmäßiger Disagiobilanzierung auch dann zu erfolgen hat, wenn der Steuerpflichtige entspr § 255 zu den AK bilanziert, ist fraglich; offen lassend *BFH* 26. 4. 1995, BStBl II, 594, 596). UE kann der vom allgemeinen AK-Begriff des § 255 iVm § 6 EStG abweichende und nur bestimmten Unt ermöglichte Nennwertansatz für diese nicht zum Pflichtansatz in der Steuerbilanz werden, wenn sie entspr den allgemeinen GoB zu AK bilanzieren.

b) Gewinnrealisierende Forderungen

256 Bei originär entstehenden gewinnrealisierenden Forderungen entspricht insb bei langfristiger unverzinslich oder niedrig verzinslicher Stundung der Kaufpreisforderung der **Barwert** den AK. Ein Ansatz des Kaufpreises mit dem Nennbetrag wäre eine Verletzung des Realisationsprinzips, weil dadurch zugleich auch ein noch nicht realisierter zukünftiger Zinsgewinn ausgewiesen würde. In diesem Fall ist realistischerweise von einem niedrigeren Barverkaufspreis und dem höheren gestundeten vereinbarten Kaufpreis auszugehen, weil nach der Lebenserfahrung die niedrig verzinsliche Stundung des Kaufpreises im Vergleich zum Barpreis zu einer höheren Kaufpreisforderung geführt hat. Es liegt ein gewinnrealisierender Veräußerungsvorgang zum Barverkaufspreis und zusätzlich eine Kreditgewährung in Höhe des Barverkaufspreises vor (*Clemm,* 230; *Döllerer* JbFfSt 1976/77, 201, jedoch mit anderen Bilanzierungskonsequenzen). Ein Umsatzerlös ist nur in Höhe des Barwerts der Forderung auszuweisen. Die zeitanteilig entstehende Zinsforderung wird durch Aufzinsung des Barwerts der Kaufpreisforderung als Zinsertrag realisiert.

c) Nicht gewinnrealisierende Forderungen

257 Ein originär entstandenes unverzinsliches oder unzureichend verzinstes Darlehen (zur Aufteilung eines Marktzinses in Emissions-Disagio und niedrigem

Nominalzins s Anm 254) ist mit seinem Auszahlungsbetrag angeschafft (ebenso *Karrenbauer* in HdR[5] § 253 Anm 42). Die Annahme, mit der Darlehenshingabe, dh dem Anschaffungsvorgang selbst, sei eine Verlustrealisierung verbunden, ist unzutreffend. Eine von der Bestimmung der AK zu unterscheidende Frage ist die der (späteren) Bewertung. Insoweit zutreffend *BFH* 23. 4. 1975 (BStBl II, 875), wonach die Unverzinslichkeit den Teilwert, nicht aber die AK der Darlehensforderung betrifft. Im Gegensatz zur Auffassung des BFH handelt es sich jedoch nicht um fiktive, sondern um durch die Auszahlung tatsächlich entstandene AK. Die Auffassung, bei un- oder minderverzinslichen Forderungen bilde der Barwert die AK (so *WPH*[12] I E 425, *ADS*[6] § 253 Anm 54) trifft auf gewinnrealisierende Forderungen (Anm 256) zu, nicht jedoch auf die durch den Auszahlungsbetrag bestimmten AK (ebenso *Karrenbauer* in HdR[5] aaO). Der Barwertansatz hätte zur Folge, dass dieser als AK über alle Bilanzstichtage hinweg bis zur Rückzahlung fortgeführt werden müsste, während bei Ansatz zum Auszahlungsbetrag je nach Zugehörigkeit der Darlehensforderung zum Anlagevermögen (Ausleihung) oder Umlaufvermögen der niedrigere beizulegende Wert am jeweiligen Bilanzstichtag angesetzt werden kann (gemildertes Niederstwertprinzip) oder muss (strenges Niederstwertprinzip).

4. Sonderfragen

a) Anschaffungskosten bei Fremdwährungsforderungen

Fremdwährungsforderungen sind auf den Anschaffungszeitpunkt (Zeitpunkt 258
der Erstbuchung) umzurechnen, und zwar mit dem Briefkurs, da die hereinkommende Währung in Euro getauscht werden muss; wenn das Gesamtbild der Verhältnisse nicht beeinträchtigt wird, ist sowohl die Verwendung von Durchschnittskursen als auch Mittelkursen zulässig (vgl DRS 14, Tz 12, 14). Bei kurzfristigen Währungsforderungen, die häufig über Währungskontokorrentkonten gebucht werden, ist es aus Vereinfachungsgründen vertretbar, sie mit dem **Stichtagskurs** umzurechnen (dazu auch Anm 57; ebenso *ADS*[6] § 253 Anm 92). Werden die erwarteten Zahlungseingänge durch ein Devisentermingeschäft **kursgesichert** (Verkauf per Termin auf den Fälligkeitszeitpunkt) sind die Euro-AK der Forderung durch den Terminkurs fixiert. Dies gilt auch, wenn eine Forderung aus einem noch **schwebenden Geschäft** kursgesichert wird, weil dann zum Anschaffungszeitpunkt der Forderung die AK in Euro festliegen. Zu den Voraussetzungen einer Kurssicherung s Anm 56.

Eine erst *nach* dem Anschaffungszeitpunkt einsetzende Kurssicherung betrifft dagegen die **Bewertung** der Forderung (§ 253 Abs 2 oder 3) und nicht mehr die AK. Zu der von der Bestimmung der AK zu trennenden Folgebewertung s § 253 Anm 604.

b) Vinkulierungen

In der Praxis werden Inhaber-Wertpapiere in Namenspapiere umgewandelt 259
(„vinkuliert") oder es werden Wertpapiere des Bundes oder anderer Gebietskörperschaften in Namens-Schuldbuchforderungen umgewandelt; die entspr Schuldbuchgesetze sehen dies vor.

Bei einer derartigen Umwandlung bleibt die Identität des VG erhalten. Es ändert sich mit der Fungibilität die Zweckbestimmung von einer der Liquiditätssicherung („Umlaufvermögen") zu einer dauernd dem Geschäftsbetrieb dienenden Kapitalanlage („Anlagevermögen", § 247 Abs 2). Die Änderung der Zweckbestimmung ist kein Gewinnrealisierungstatbestand (so wohl auch *VFA* 1/1983 idF 1992 Ziff II. 10, WPg 1992, 699 ff); sie führt zur Umgliederung und zur Anwendung anderer Bewertungsvorschriften. Das für Umlaufvermögen geltende strenge Niederstwertprinzip (§ 253 Abs 3) wird durch das gemilderte Niederstwertprinzip (§ 253 Abs 2) abgelöst. Damit ändert sich auch der Rahmen für Zuschreibungen (*VFA* aaO). Zum Vinkulierungszeitpunkt dürfen Namensschuldverschreibungen nach den für VersicherungsUnt geltenden Vorschriften auch mit dem Nennbetrag angesetzt werden bei Aufnahme des Unterschiedsbetrags zu den AK unter die passiven RAP (Anm 255); jedoch abzüglich eines dem abgelaufenen Zeitraum zuzuordnenden Unterschiedsbetrags bei planmäßiger Restauflösung (*Stuirbrink/Schuster,* Beck'scher Versicherungsbilanz Kommentar § 341 c Anm 7).

VI. Wertpapiere

300 Zum Begriff und zu den Arten der Wertpapiere vgl § 266 Anm 136. Nach der Bilanzgliederung werden Wertpapiere des Anlagevermögens und solche des Umlaufvermögens unterschieden (§ 266 Anm 136 und 251 ff). Die Wertpapiere sind bei beiden Vermögensgruppen mit den AK zu **bewerten,** soweit nicht niedrigere Wertansätze nach § 253 Abs 2 S 3 (§ 253 Anm 286 ff) oder nach § 253 Abs 3 S 1 und 2 (§ 253 Anm 609 ff) geboten sind oder nach § 253 Abs. 3 S 3 (§ 253 Anm 616 ff) gewählt werden. Zu den Wertpapieren des Anlagevermögens vgl Anm 175–177.

301 Die **Anschaffungskosten** der Wertpapiere ergeben sich aus dem Kaufpreis (Anschaffungspreis, Anm 51) und den Anschaffungsnebenkosten (Anm 71). Typische **Anschaffungsnebenkosten** sind bei Wertpapieren insb Bankspesen und Provisionen. Auch Erwerbskosten für den Kauf eines Bezugsrechts bei einer Kapitalerhöhung durch Zuzahlung gehören bei Aktien zu den AK der neuen Aktien (*HHR* § 6 EStG Anm 1115). **Anschaffungspreisminderungen** kommen vor allem für Übernahmeprovisionen, Bonifikationen und ähnliche Vergütungen in Frage. Zu den Besonderheiten der Bilanzierung von Sperrbonifikationen, die von den Emissionsinstituten an andere Kreditinstitute, KapitalanlageGes und an VersicherungsUnt gewährt werden, vgl *Schäfer,* Grundsätze ordnungsmäßiger Bilanzierung für Forderungen, 2. Aufl Düsseldorf 1977, 62 ff.

302 Die AK der Wertpapiere können durch Einzelbewertung, Durchschnittsbewertung, Gruppenbewertung und Bewertungsvereinfachungsverfahren ermittelt werden. Die **Einzelbewertung** setzt voraus, dass die Wertpapiere in Eigenverwahrung gehalten werden oder in ein Streifbanddepot gegeben worden sind und der Identitätsnachweis an Hand von Wertpapiernummern geführt werden kann (Ländererlass 20. 6. 1968, BStBl I, 986). Bei der Einzelbewertung werden die Wertpapiere mit den tatsächlichen individuell zugeordneten AK bilanziert.

303 Bei Wertpapieren in Eigenverwahrung oder im Streifbanddepot wird für die HB auch die **Durchschnittsbewertung** für zulässig angesehen (vgl *ADS*[6] § 255 Anm 111 allgemein für Gegenstände des Anlagevermögens; zur Steuerbilanz *HHR* § 6 EStG Anm 1108). Wertpapiere, die sich im Girosammeldepot befinden (Regelfall), sind grds mit den durchschnittlichen AK sämtlicher Wertpapiere derselben Art zu bewerten. Die rechtliche Besonderheit der jetzt allgemein üblichen Sammelverwahrung besteht darin, dass der Hinterleger das Eigentum an den von ihm gelieferten Stücken verliert und dafür Miteigentum an den zum Sammelbestand des Verwahrers gehörenden Wertpapieren derselben Art erwirbt. Dies gilt insb für die fast ausschließlich gehandelten „stücklosen" Papiere, für die nur eine Sammelurkunde hinterlegt ist.

304 Die **Gruppenbewertung** kommt nach § 240 Abs 4 für gleichartige oder annähernd gleichwertige Wertpapiere in Frage (vgl § 240 Anm 130; *HHR*

§ 6 EStG Anm 1108). Zum Verfahren der Gruppenbewertung vgl § 240 Anm 130.

Die **Bewertungsvereinfachungsverfahren** sind nach dem Wortlaut des § 256 nur für gleichartige VG des Vorratsvermögens anzuwenden. Nach der hier vertretenen Auffassung schließt diese Bestimmung jedoch nicht aus, Bewertungsvereinfachungsverfahren, zB Lifo- oder Fifo- Verfahren, auch bei Wertpapieren zur Anwendung zu bringen (s aber § 256 Anm 4; glA *ADS*[6] § 256 Anm 24). Dies gilt jedoch nur für die Bewertung in der HB. Nach *FG Hessen* (EFG 1991, 84) werden diese Verfahren für die Bewertung von Wertpapieren, die sich im Girosammeldepot befinden, abgelehnt (so auch *HHR* § 6 EStG Anm 1107). Die generelle steuerrechtliche Anwendung des Lifo-Verfahrens nach § 6 Abs 1 Nr 2a EStG bezieht sich nur auf die Bewertung des Vorratsvermögens. 305

Eine nachträgliche **Minderung** der AK ergibt sich bei Aktien bei der Veräußerung von Bezugsrechten oder bei der Ausübung von Bezugsrechten (*ADS*[6] § 253 Anm 50, 51; *HHR* § 6 EStG Anm 1110ff, 1115, *BFH* v 19. 12. 2000, WPg 2001, 568; zur Behandlung von Bonusaktien vgl Anm 325 Stichwort „Bonusaktien“). Zum Ausweis als Abgang s § 268 Anm 65. 306

Stückzinsen, die beim Erwerb von festverzinslichen Wertpapieren gesondert berechnet werden, sind nicht Bestandteil der AK, da der Anspruch durch Einlösung der Zinsscheine getilgt wird (*HHR* § 6 EStG Anm 1090; *WPH*[12] *I,* F Anm 204). Es handelt sich dabei um AK der Zinsforderung. 307

Wird bei einer Kapitalerhöhung durch Zuzahlung das **Bezugsrecht** der Alt-Aktionäre ausgeschlossen, wird die Bewertung der Alt-Aktien zu AK nicht unmittelbar berührt (ebenso *HHR* § 6 EStG Anm 1090). Inwieweit hierdurch ein niedrigerer Wert am Abschlussstichtag oder niedrigerer Teilwert bewirkt wird, ist im Einzelfall zu beurteilen. 308

Anteile aus einer **Kapitalerhöhung aus Gesellschaftsmitteln** sind beim Erwerber nicht als Zugang auszuweisen (§ 220 S 2 AktG, § 57o S 2 GmbHG), da die AK dieser Anteile sich aus einer Reduzierung der bisherigen AK der Alt-Anteile ableiten. Nach § 220 S 1 AktG, § 57o S 1 GmbHG ergeben sich die AK der neuen Anteile aus dem Verhältnis der AK der alten Anteile zu den Nennbeträgen der neuen Anteile. Die bisherigen AK sind nach dem Verhältnis der Nennbeträge neu zu verteilen. Diese Aufteilung ist auch steuerrechtlich maßgebend.

Die AK von Wertpapieren in **Fremdwährung** sind nach dem Kurs am Stichtag der Erstbuchung zu bestimmen (§ 253 Anm 604). 309

Zur Bewertung und zum Ausweis von Wertpapieren und **Namensschuldverschreibungen** in den Bilanzen der VersicherungsUnt s Anm 255, 259. 310

Zero-Bonds (Nullkupon-Anleihen) sind nach *HFA* 1/1986 (WPg, 248) beim Erwerber „mit ihren AK zuzüglich der jeweils auf Grund der kapitalabhängigen Effektivzinsberechnung ermittelten Zinsforderung zu aktivieren“; spätere niedrigere Stichtagskurse sind nach der Niederstwertvorschrift zu beurteilen. Die Besonderheit dieser Anleihen besteht insb darin, dass vom Emittenten keine periodischen Zinszahlungen geleistet werden und der Rücknahmebetrag nach Ablauf der Laufzeit als Einlösungsbetrag die Zinsvergütung für die gesamte Laufzeit umfasst. Dies führt dazu, bei Zero-Bonds den Kaufpreis als Erwerbskosten für das Stammrecht anzusehen und alljährlich die (laufzeitabhängige) Aufzinsung zuzuschreiben und als Zinsertrag zu realisieren (*ADS*[6] § 275 Anm 155s auch Anm 176). Gleiches gilt für die **Steuerbilanz** (s *Glanegger* in Schmidt[24] § 6 Anm 365). 311

Wird ein Wertpapier **per Termin** gekauft (zB effektive Erfüllung eines Terminkontrakts – **Future** –), bestimmen sich die AK nach dem bei Vertragsab- 312 schluss vereinbarten Terminkurs (*Bewertungseinheit* s auch Anm 54). Die Möglichkeit, den Terminkontrakt ergebniswirksam glattzustellen und den Terminkauf zu beenden, schließt diese Bewertung nicht aus (s auch Anm 54). Die AK sind durch das Termingeschäft auch dann fixiert, wenn der Börsenkurs am Erfüllungstag den Terminkaufpreis unterschreitet (s auch *Rabenhorst DB* 1994, 741, 744; aA *ADS*[6] § 255 Anm 75: Zeitwert). Der Ansatz eines niedrigeren Zeitwerts ist eine Frage der Folgebewertung (s auch Anm 74). Margin-Zahlungen sind AK-Erhöhungen oder -minderungen (s *Rabenhorst* aaO mwN zum Meinungsstand; aA *ADS*[6] aaO; s auch § 246 Anm 165).

VII. Flüssige Mittel

320 **Schecks** sind wie Forderungen zu bewerten. Für Schecks in **Fremdwährung** gelten die Bewertungsgrundsätze für Fremdwährungsforderungen (vgl § 253 Anm 604). Die AK bestimmen sich nach dem Wechselkurs der ausländischen Währung im Zeitpunkt der Erstbuchung (Geldkurs).

321 Beim **Kassenbestand** ist inländisches Bargeld mit dem Nennbetrag zu bewerten. Die AK von **Devisenbeständen** ergeben sich nach *HFA-Entwurf* (WPg 1986, 664) nach dem Zeitpunkt der Erstverbuchung und dem maßgeblichen Wechselkurs der ausländischen Währung (vgl auch *Groh* DB 1986, 869). Für Sortenbestände dürfen nach der hier vertretenen Auffassung die Verbrauchsfolgeverfahren nach § 256 angewendet werden (s aber § 256 Anm 4). Die **Bundesbankguthaben** sind mit dem Nennbetrag anzusetzen.

322 Die **Guthaben bei Kreditinstituten** sind wie Forderungen zu bewerten; bei inländischen Guthaben erfolgt der Ansatz idR zum Nominalbetrag. Fremdwährungsguthaben sind wiederum wie Fremdwährungsforderungen zu bewerten (vgl § 253 Anm 604).

VIII. ABC der Anschaffungskosten

325 **Abbruchkosten** s Anm 373 Gebäudeabbruch.

Abstandszahlungen an Mieter **für vorzeitige Räumung** sind AK eines immateriellen VG (vorzeitige Nutzungsmöglichkeit), nach BFH jedoch nur bei beabsichtigter weiterer Nutzung (*BFH* 2. 3. 1970, BStBl II, 382); Abstandszahlungen iZm dem Abbruch und der Errichtung eines neuen Gebäudes sollen HK des Neubaus sein (*BFH* 1. 10. 1975, BStBl II 1976, 184; *BFH* v 9. 2. 1983, BStBl II, 451) *FG Hessen* v 29. 9. 1997, EFG 1998, 354); dies ist ebenso abzulehnen wie die Aktivierung von Abbruchkosten. Die erworbene vorzeitige Nutzungsmöglichkeit am Altgebäude geht mit dessen Abbruch unter (Abgang).

Anschlussbeiträge s Anm 111. **Anzahlungen,** die konkursbedingt ausfallen und damit ohne Gegenleistung bleiben, sind unter dem Gesichtspunkt der Abwertung auf Forderungen auszubuchen (*BFH* 4. 7. 1990, BStBl II, 830). Soweit den Anzahlungen bereits Herstellungsleistungen gegenüberstehen, liegen dagegen HK vor (*BFH* 31. 3. 1992, BStBl II, 806), die als Einzelkosten zu aktivieren (s Anm 333) bzw umzubuchen sind. Eine Umbuchung auf den schließlich hergestellten VG entfällt unbeschadet der Zweckrichtung und des Einzelkosten-Charakters der Aufwendungen (*BFH* 9. 9. 1980, BStBl II 1981, 118). Das gilt gleichermaßen für Gewinn- wie für Überschusseinkünfte (*BFH* 24. 3. 1987, BStBl II, 695; 4. 7. 1990, BStBl II, 834).

Ausländische Währung Anm 52.

Ausgleichsverpflichtung bei Erbauseinandersetzung s Anm 97, 104.

Beförderungskosten sind, falls Einzelkosten, Anschaffungsnebenkosten s Anm 71.

Befreiung von einer dinglichen Last. Zahlungen hierfür (zB Erbbaurecht, Nießbrauch, dingliches Wohnungsrecht) führen, wenn die Last passiviert war (Verbindlichkeit oder passiver RAP) zum Verbrauch des Passivpostens. Steuerrechtlich werden Vorbehalts- und Zuwendungsnießbrauch nicht als (teilweises) Entgelt für die Übertragung, sondern als Übertragung eines von vornherein um das Nutzungsrecht verminderten VG angesehen („dingliche Lasten"). Zahlungen zur Ablösung der dinglichen Last sind dann nachträgliche AK, weil damit die Beschränkung des Eigentums (§ 903 BGB) aufgehoben und erstmals die umfassende Verfügungsbefugnis erlangt wird (s *BFH* 21. 7. 1992, DB 1993, 307). Dies gilt unabhängig von der Entstehungsursache der dinglichen Last (*BFH* 21. 7. 1992, DB 1993, 307, 308; 15. 12. 1993, DB, 309; *Spindler* DB 1993, 297). Aufwendungen zur Ablösung eines Wohnungsrechts an einzelnen Räumen sind AK des Gebäudes (*BFH* aaO 308); Aufwendungen zur Ablösung eines Erbbaurechts sind AK des Grund und Bodens (*BFH* 21. 12. 1982, BStBl II 1983, 410).

Belieferungsrechte. Entgeltlich erworbene Rechte zur Belieferung mit Bier (*BFH* 26. 2. 1975, BStBl II 1976, 13), Zeitschriften (*BFH* 28. 5. 1998, BStBl II, 775; *BFH* 5. 8. 1970, BStBl II, 804) sind als immaterielle VG mit den AK zu aktivieren; nicht dagegen für eine rechtlich nicht abgesicherte Belieferungsmöglichkeit zB Fortsetzungssammelwerk eines Verlagsobjekts (*BFH* 14. 3. 1979, BStBl II, 470). Besteht das Entgelt in der Hingabe eines zinslosen Darlehens, ist eine nicht abgezinste Darlehensforderung und nicht das Belieferungsrecht (in Höhe des Zinsabschlags) zu bilanzieren (*BFH* 26. 2. 1975, BStBl II 1976, 13 betr Bierlieferungsrecht; *BFH* 9. 7. 1981, BStBl II, 734 betr Zeitschriftenbelieferungsrecht).

Beratungskosten sind Aufwand, wenn Kosten der Entscheidungsphase und dem Beschaffungsvorgang vorgelagert (*HHR* § 6 Anm 1500; *Pöllath* INF 1983, 437), aA wohl BFH, wenn Beratungskosten, zB Wertgutachten, den schließlich angeschafften VG betrifft, s Anm 71.

Besichtigungskosten s Anm 71.

Bonus s Anm 62.

Bonusaktien die Anlegern unter der Bedingung einer bestimmten Haltedauer zugesagt werden, führen nicht zur nachträglichen Minderung der AK, da der zugeflossene Vorteil der Erwerbssphäre und nicht ausschließlich der Vermögensebene zuzuordnen ist (*BFH* 7. 12. 2004, DStR 2005, 639).

Dingliche Lasten, die als Gegenleistung für eine Anschaffung übertragen oder begründet werden, führen zu AK in Höhe der zu passivierenden Verbindlichkeit. Steuerrechtlich werden dingliche Lasten (Nießbrauch, Grunddienstbarkeiten, unbegrenzte Dauerwohn- oder Nutzungsrechte) als den Wert des Grundstücks mindernde Lasten und nicht als Gegenleistung interpretiert (*Winkeljohann* in *HHR* § 6 EStG Anm 389, 391; *BFH* 7. 6. 1994, BStBl II, 927; *Glanegger* in Schmidt[24] § 6 Anm 140 „dingliche Lasten"; jedoch zweifelnd bei zeitlich befristeten Nutzungsrechten.

Emissionsrechte sind immaterielle VG des Umlaufvermögens (die Zertifikate verbleiben infolge der jährlichen Abrechnung idR nicht länger als ein Jahr im Unternehmen) und in Höhe der AK auszuweisen. Bei unentgeltlichem Erwerb hat der Bilanzierende die Wahl zwischen zwei Möglichkeiten: Er darf die Emissionsrechte mit EUR Null oder unter Bildung eines gesonderten Passivpostens erfolgsneutral mit dem Zeitwert ansetzen (*IDW* ERS HFA 15, *WPg* 2005, 465 ff). In der Literatur wird als dritte Möglichkeit die erfolgswirksame Buchung zum Zeitwert vertreten (vgl *Klein/Völker-Lehmkuhl* DB 2004, 332 ff). Steuerrechtlich ist der Auffassung des IDW zu folgen, dass bei unentgeltlicher Ausgabe eine sofortige Ertragsrealisierung im Anschaffungszeitpunkt unzulässig ist.

Erbauseinandersetzung s Anm 97, 104.

Erbbaurecht. Als ein dem materiellen Anlagevermögen zuzuordnendes grundstücksgleiches Recht (s § 247 Anm 457) ist das Erbbaurecht gleichwohl seinem wirtschaftlichen Leistungsinhalt nach ein Dauerschuldverhältnis, gerichtet auf Nutzungsüberlassung gegen Entgelt und bei periodisch zu zahlendem Erbbauzins nach den Grundsätzen der Nichtbilanzierung schwebender Verträge nicht zu bilanzieren; bei Vorleistungen des Erbbauberechtigten RAP (hM zB *Weber-Grellet* in Schmidt[24] § 5 Anm 270; *Stobbe* in *HHR* § 6 Anm 287; *BFH* 4. 6. 1991, BStBl II 1992, 70, 71; aA *Martin* DB 1982, 1977). Aufgrund einer selbstständigen Leistungsverpflichtung gegenüber Dritten zu zahlende einmalige Aufwendungen (GrESt, Notar- und Gerichtsgebühren) sind als Anschaffungsnebenkosten des Erbbaurechts zu aktivieren (hM zB *Mattiak* DStR 1992, 451, *Weber-Grellet* in Schmidt[24] aaO, *Stobbe* in *HHR* aaO, *BFH* aaO; aA *Kaufmann* DB 1993, 290, schwebendes Nutzungsverhältnis ist keine Anschaffung). Die Übernahme von Erschließungsbeiträgen durch den Erbbauberechtigten ist als zusätzliches Nutzungsentgelt Teil des RAP (*BFH* 19. 10. 1993, BStBl II 1994, 109; *BFH* v 14. 9. 1999, BFH/NV 2000, 558). Erwirbt der Erbbauberechtigte in Ausübung eines bei Bestellung des Erbbaurechts vereinbarten Ankaufsrechts das Erbbaugrundstück unter Anrechnung der übernommen Erschließungskosten auf den Kaufpreis, liegen insoweit AK des Grundstücks vor (*BFH* 23. 11. 1993, BStBl II 1994, 348). Wird ein bestehendes Erbbaurecht erworben oder als Sacheinlage in eine KapGes eingelegt, sind in Höhe eines gezahlten Kaufpreises oder des Verkehrswerts des eingelegten Erbbaurechts AK gegeben (hM *Mattiak* FS Döllerer, 406; *Geissen* JbFSt 1990/1991, 489; *BFH* v 20. 3. 2002, BFH/NV 2002, 914).

Erbfolge vorweggenommene s Anm 93, 105.

Erbgang. Erwerb durch Erbgang s Anm 97, 104.

Ersatzbeschaffung. Keine Kürzung der AK oder HK, wenn gem EStR 35 stille Reserven des ausgeschiedenen auf das ErsatzWG übertragen werden. Die Reservenübertragung erfolgt buchtechnisch durch Abschreibung nach § 254.

Erschließungskosten für Ersterschließung sind (nachträgliche) AK des Grund und Bodens; sonst Aufwand Anm 111.

Formwechsel eines Unt s Umwandlung.

Finanzierungskosten gehören nicht zu den AK; sie dürfen allenfalls in die HK einbezogen werden s Anm 500 ff.

Fußgängerstraße. Beiträge zum Ausbau von Fußgängerstraßen sind idR betriebsbezogen und deswegen Aufwand. Ob die Maßnahme zu einer Werterhöhung des Grundstücks geführt hat, ist nicht entscheidend (*BFH* 22. 3. 1994, BFHE 175, 31). Beiträge, die von Mietern oder Pächtern von Geschäftsräumen geleistet werden, sind als nicht aktivierbare HK eines immateriellen VG Aufwand (BdF 18. 3. 1975 BB, 357; *BFH* 12. 4. 1984, BStBl II, 489).

Gasanschlussbeiträge s Anm 111.

Geldbeschaffungskosten sind Aufwand s Stichwort Maklergebühren und Anm 502.

Gewinnbezugsrecht. Werden Anteile an einer KapGes während des Wj der KapGes entgeltlich veräußert, ist der Kaufpreis nur AK des VG „Anteile"; eine gesonderte Aktivierung eines Teils des Kaufpreises als für einen VG „Gewinnbezugsrecht" ist selbst bei gegenteiliger Vereinbarung nicht möglich (*BFH* 21. 5. 1986, BStBl II, 815).

Grunderwerbsteuer ist als Anschaffungsnebenkosten zu aktivieren, wenn ein (bebautes) Grundstück erworben wird (s Anm 34); GrESt für treuhänderischen Erwerb ist Aufwand s Anm 72. Ebenso bei **Vereinigung oder Weiterveräußerung** aller Anteile einer Ges (§ 1 Abs. 3 GrEStG) anfallende GrESt. Besteuert werden **fiktive Grundstückserwerbe,** nicht der (gesrechtliche) Erwerb der Anteile (s *Boruttau* GrEStG § 1 Rn 851, 855 mwN). Allein für grunderwerbsteuerliche Zwecke werden Erwerbe sämtlicher Grundstücke von der Ges, deren Anteile sich in der Hand von beherrschenden oder abhängigen Ges befinden, durch eben diese Ges fingiert; sie sind Steuerschuldner (s *Boruttau* GrEStG § 13 Rn 41). Da ein unmittelbarer Bezug der GrESt zum Erwerb des die Anteilsvereinigung bewirkenden Anteils fehlt, kann die anfallende GrESt nicht als Anschaffungsnebenkosten gerade des erworbenen Anteils aktiviert werden (ebenso *Schönweiß* in *Schaumburg* Unternehmenskauf im Steuerrecht, 305). Auch bei Wechsel im GesterBestand von **Personengesellschaften** wird eine fiktive Grundstücksübertragung auf eine neue PersGes besteuert (§ 1 Abs 2a S 1 GrEStG). Die von der PersGes geschuldete Steuer (§ 13 Nr 6 GrEStG) ist bei dieser mangels eines Grundstückserwerbs im bilanzrechtlichen Sinne (s Anm 72) Aufwand (ebenso *Müller DB* 1997, 1435; s auch *BFH* 12. 12. 1996, BStBl 1997 II, 299); anders bei einer Grundstücksübertragung durch einen Gester auf eine PersGes, wenn entspr der Rspr des BFH die Befreiungsvorschrift des § 5 GrEStG nicht greift (zuletzt *BFH* 30. 10. 1996, BStBl II 1997, 87). Hier **findet zivilrechtlich wie bilanziell** ein entgeltlicher **Grundstückserwerb** durch die PersGes statt; ebenso bei der Anwachsung aller Anteile an einer PersGes (§ 738 BGB), die zivilrechtlich zu einer Grundstücksübertragung von der (erlöschenden) PersGes auf den verbleibenden Gester führt (s *Förschle/Kropp* Sonderbilanzen[3], Anm c 106). Bei *formwechselnden* Umwandlungen fällt mangels eines Anschaffungsvorgangs keine GrESt an (*BFH* 4. 12. 1996, BStBl 1997 II, 661; s auch Anm 72); die bei übertragenden Umwandlungen anfallende GrESt ist, gleichgültig ob vom untergehenden oder übernehmenden Rechtsträger getragen, als Teil der Umwandlungskosten Aufwand, so BMF 25. 3. 1998 BStBl I, 268ff Anm 03.13 u 04.43 für den Vermögensübergang auf eine PersGes oder eine natürliche Person; aA *BFH* 15. 10. 1997, BStBl 1998 II, 168; *BFH* 17. 9. 2003 BFH/NV, 137; WPg 1998, 966).

Kanalanschlussbeiträge Anm 111.

Kaufpreisrente (Leibrente) bildet AK in Höhe des passivierten Barwerts (§ 253 Anm 82ff, 90) zum Zeitpunkt der Anschaffung. Spätere Erhöhungen der Rente auf Grund einer Wertsicherungsklausel berühren die AK nicht (*BFH* 29. 11. 1983, BStBl II 1984, 109); Gleiches gilt für eine nachträgliche Rentenkürzung (*BFH* 5. 2. 1969, BStBl II, 334).

Lizenz, Know-how sind als immaterielle VG nur bei entgeltlicher Anschaffung mit ihren AK zu bilanzieren; bei laufend zu zahlenden Lizenzgebühren folgt die Bilanzierung den Grundsätzen schwebender Verträge; Einmalzahlungen sind als vorausgezahlte Nutzungsentgelte RAP (s § 247 Anm 392; aA und zwar für Aktivierung des Barwerts bei ausschließlichen (dinglichen) Lizenzen, *Clausen* DStZ/A 1976, 375); mangels entgeltlichen Erwerbs sind auch Anschaffungsnebenkosten (zB Maklergebühren) nicht aktivierungsfähig (s Anm 35 und Stichwort „Maklergebühren"). Wird dagegen für die Übertragung bestehender Lizenzen (schwebender Vertrag) ein Entgelt an einen Dritten gezahlt, liegen AK eines immateriellen VG vor (s § 247 Anm 392; ebenso *Weber-Grellet* in Schmidt[24] § 5 Anm 270 Stichwort „Lizenzen").

Maklergebühren sind grds Anschaffungsnebenkosten und zwar bei materiellen VG ebenso wie bei immateriellen, sofern bei letzteren ein zu AK führender entgeltlicher Erwerb vorliegt; dh nicht bei Begründung; wohl aber bei Erwerb eines **bestehenden** immateriellen VG (schwebender Vertrag). An Dritte gezahlte Gebühren für Kreditvermittlung (Vermittlung von Darlehensverträgen) sind als Geldbeschaffungskosten Aufwand (*BFH* 4. 3. 1976, BStBl II 1977, 380). Maklergebühren für die Vermittlung von Mietverträgen sind ebenso wie Vermittlungsgebühren für Darlehensverträge Aufwand (*Weber-Grellet* in Schmidt[24] § 5 Anm 192, *BFH* 19. 6. 1997, DB, 2154 mwN).

Mietrecht, Pachtrecht. Als immaterielle VG nur bei Vorliegen von AK aktivierungspflichtig (s Lizenz, know-how); Einmalzahlungen für die Nutzungsüberlassung auf bestimmte Zeit sind RAP; Zahlungen für den Eintritt in **bestehende Verträge** sind dagegen AK, so sind zB Abstandszahlungen eines Betriebserwerbers für den Eintritt in vorteilhafte Mietverträge AK eines Mietrechts (*BFH* 17. 3. 1977, BStBl II, 595). Der Eigentümer erlangt hierdurch die Möglichkeit, das Grundstück nicht erstmals (so bei Ablösung von dinglichen Rechten; s „Befreiung von einer dinglichen Last"), sondern anders zu nutzen (*BFH* 21. 7. 1992, DB 1993, 307 ff). Verlorene Zuschüsse des Mieters ohne periodenbezogene Leistungsverrechnung sind AK des obligatorischen Nutzungsrechts. Auf künftig zu zahlende Pacht anzurechnende Zahlungen sind als Vorauszahlungen aktiv abzugrenzen (*BFH* 11. 10. 1983, BStBl II 1984, 267; s auch „Erbbaurecht" sowie „Anschaffungskosten bei Zuschüssen und Subventionen" Anm 119.

Mieterzuschüsse s Mietrecht, Pachtrecht.

Montagekosten sind Anschaffungsnebenkosten – allerdings nur, soweit es sich um Einzelkosten handelt (Anm 73).

Nachzahlungen auf den ursprünglichen Kaufpreis sind AK.

Nießbrauch. Bei Nutzungsüberlassung für eine bestimmte Zeit: schwebender Vertrag mit der Folge der Nichtbilanzierung und bei Vorauszahlungen RAP (s Erbbaurecht, Mietrecht, Pachtrecht); *Einmalzahlungen* für lebenslanges Nutzungsrecht sind als RAP, oder „mangels bestimmter Zeit" als AK des Nießbrauchsrechts zu aktivieren (so *Mathiak* FS Döllerer, 408); für AK auch BdF 15. 11. 1984, BStBl I, 561. Wird ein Grundstück unter Nießbrauchsvorbehalt mit Anrechnung auf den Kaufpreis veräußert, ist das vorbehaltene Nießbrauchsrecht angeschafft; beim Grundstückserwerber liegen AK in Höhe des Barpreises zuzüglich der Nießbrauchslast vor. Steuerrechtlich wird beim Vorbehaltsnießbrauch überwiegend angenommen (zB *Döllerer* BB 1984, 2038; *Mathiak* FS Döllerer, 408), der Vorbehaltsnießbraucher behalte wirtschaftliches Eigentum. Der Erwerber erwirbt insoweit unentgeltlich ein um die Nießbrauchslast (§ 903 BGB) im Wert gemindertes Eigentum (zB *BFH* 10. 4. 1991, BStBl II, 791); bei späterer Ablösung sind nachträgliche AK gegeben (s Befreiung von einer dinglichen Last). Auch handelsrechtlich liegen nachträgliche AK vor, wenn der Betrag der Ablösung die passivierte Nießbrauchslast übersteigt.

Nutzungsrechte (obligatorische) s Mietrecht, Pachtrecht.

Optionsrecht s Anm 74.

Pachtrecht s Mietrecht.

Provision s Maklergebühr.

Provisionsnachlässe an Fondanleger stellen Anschaffungspreisminderungen dar (*BFH* v 26. 2. 2002, BStBl II, 796).

Prozesskosten teilen als Folgekosten das Schicksal der Aufwendungen, um die gestritten wird (*BFH* 1. 12. 1987, BStBl II 1988, 431; 21. 7. 1992, DB 1993, 307, 308).

Realteilung einer Gesamthandsgemeinschaft s Anm 97, 105.

Rentenkauf s Kaufpreisrente.

Rabatt s Anm 61.

Reisekosten s Besichtigungskosten.

Schulden, die als Gegenleistung für die Anschaffung übernommen werden, sind mit dem passivierten Betrag (§ 253 Anm 51) AK.

Spaltung von KapGes s Umwandlung.

Straßenbaubeiträge s Erschließungsbeiträge; Beiträge für eine betriebsbedingte erhöhte Mitbenutzung sind als HK eines immateriellen VG Aufwand Anm 36.

Stromanschlussbeiträge Anm 111.

Umsatzsteuer Anm 51.

Umwandlung. (s Anm 42). Beim Vermögensübergang in den Formen der Verschmelzung, Spaltung und Vermögensübertragung besteht ein Wahlrecht, die Buchwerte fortzuführen oder den Erwerb erfolgsneutral nach Anschaffungsgrundsätzen zu behandeln (Anm 44). Zum Formwechsel s Anm 43; zur steuerrechtliche Regelung s Anm 45 ff.

Verschmelzung s Umwandlung.

Wasseranschlussbeiträge Anm 111.

Wettbewerbsverbot als Nebenabrede bei einer Geschäftsübernahme ist unselbstständiger Teil des GFW (BFH/NV 1989, 780); bei eigenständiger wirtschaftlicher Bedeutung und besonderer Entgeltvereinbarung sind AK eines immateriellen VG gegeben (zB *BFH* v 11. 3. 2003, BFH/NV, 1161; *BFH* 21. 8. 1983, BStBl II, 289 betr Wettbewerbsverbot eines Veräußerers einer wesentlichen Beteiligung) und über die Laufzeit abzuschreiben. Die Verbindlichkeit des Verpflichteten ist korrespondierend über die Laufzeit aufzulösen (im privaten Bereich: sonstige Einkünfte *BFH* aaO).

Zinslose Darlehen als Gegenleistung für ein Belieferungsrecht s Belieferungsrechte.

Zinslose Kaufpreisstundung s § 253 Anm 66.

Zuschuss zu den AK/HK s Anm 113.

Zwangsversteigerung Grds ist der in der Versteigerung gezahlte Kaufpreis zzgl der Kosten der Zwangsvollstreckung für die Bestimmung der AK maßgebend. Erwirbt der Sicherungsnehmer im Rahmen der Zwangsvollstreckung den Vermögensgegenstand selbst, um einen Verlust der dinglich gesicherten Forderung abzuwenden, kann diesem Betrag der Ausfall der gesicherten Forderung insoweit hinzugerechnet werden, als mit einer anderweitigen Befriedigung der persönlichen Forderung nicht mehr zu rechnen ist (vgl *ADS*[6] § 255 Anm 76; *BFH* 11. 11. 1987, BStBl II 1988, 424; aA *Knop/Küting,* HdR[4] § 255 Anm 114). Der Vermögensgegenstand darf jedoch nicht mit einem über den Zeitwert hinausgehenden Betrag aktiviert werden.

D. Begriff und Umfang der Herstellungskosten (Abs 2)

I. Begriff der Herstellung

1. Erscheinungsformen der Herstellung

Die Herstellungstatbestände lassen sich in den Grundtatbestand ursprünglicher Herstellung und die bei VG des Anlagevermögens möglichen Tatbestände nachträglicher Herstellung unterteilen. 330

Den für VG des Umlaufvermögens typischen, aber ebenso beim Anlagevermögen vorkommenden Grundtatbestand der Herstellung bildet die **Neuschaffung** eines bisher noch nicht bestehenden Gegenstands (Abs 2, 1. Halbsatz).

Ein Gebäude ist in diesem Sinne neu, wenn es *in bautechnischer Hinsicht* neu ist (*Klein FS Moxter* 282; *BFH* 31. 3. 1992, BStBl II, 808). Neben dem Grundtatbestand der Neuschaffung sind in Abs 2 S 1 weitere Herstellungstatbestände geregelt, die an bereits im Unt vorhandene (als Zugang im Anlagegitter erfasste)

VG anknüpfen und deswegen auch als **nachträgliche Herstellungskosten** bezeichnet werden können, sei es, dass sie den VG in der Funktion verändern (Wesensänderung), in der Substanz vermehren (Erweiterung) oder über seinen ursprünglichen Zustand hinaus wesentlich verbessern (s hierzu Anm 375 ff).

331 Die gesetzliche Regelung muss als **abschließend** verstanden werden. Von Herstellung im bilanzrechtlichen Sinne kann nur gesprochen werden, wenn einer der genannten Tatbestände erfüllt ist. Hierdurch wird zugleich die Abgrenzung zwischen aktivierungspflichtigem **Herstellungsaufwand** und nicht aktivierungsfähigem **Erhaltungsaufwand** vollzogen (s im Einzelnen Anm 375 ff). Zur Abgrenzung zwischen HK und AK s Anm 35.

2. Wesen und Inhalt des Herstellungsvorgangs

332 Der Herstellungsvorgang kann sich im eigenen Unt vollziehen – **Eigenherstellung** –; er kann aber auch ohne Einsatz eigener Produktionsfaktoren durch fremde Unt erfolgen – **Fremdherstellung** –. Der typische Anwendungsfall der Herstellung im eigenen Unt ist die **Produktion** der zum Verkauf bestimmten Erzeugnisse, dh von VG des Umlaufvermögens. Es vollzieht sich ein innerbetrieblicher Wertumschichtungsprozess. Roh-, Hilfs- und Betriebsstoffe werden durch den Einsatz von Betriebsmitteln und menschlicher Arbeitskraft in unfertige und fertige Erzeugnisse transformiert. Hierin liegt betriebwirtschaftlich bereits eine Leistung des Unt, selbst wenn die Verkaufsleistung noch aussteht. Von dieser Auffassung geht auch das HGB aus. Im Schema der GuV werden deswegen die über den Stand des Vj hinaus aktivierten HK als Teil der Gesamtleistung besonders ausgewiesen (§ 275 Abs 2 Nr 2). Dienstleistungen sind eingeschränkt produzierbar, solange ein zumindest in Maßen als Gegenstand zu begreifendes Produkt erzeugt wird (zB Fernsehsendung).

Da sich die innerbetriebliche Herstellungsleistung am Markt noch nicht als Umsatz realisiert hat, besteht generell die Gefahr des Ausweises nicht realisierter Gewinne. Deswegen hat der Gesetzgeber der Möglichkeit, selbstgeschaffene Erzeugnisse zu aktivieren, Grenzen gesetzt. Die vom Gesetz vorgesehene Grenze verläuft wegen der bestehenden **Bewertungswahlrechte** hinsichtlich des Umfangs der in die HK einzubeziehenden Kostenbestandteile (vgl Anm 353) jedoch verschieden. Das **Realisationsprinzip** als das Verbot des Ausweises nicht realisierter Gewinne ist bei Ausschöpfung der Bewertungsobergrenze, dh der höchstens anzusetzenden HK, noch nicht verletzt (so *Baetge* in FS Ludewig, 54 ff; aA *Mellwig* in FS Budde, 412, der die Einbeziehungswahlrechte von fixen (echten) Gemeinkosten als das Realisationsprinzip überschreitende Bewertungshilfen ansieht). Soweit ein zulässiger niedrigerer Wertansatz gewählt wird, ist der Grundsatz der **Beibehaltung der gewählten Methode** (§ 252 Abs 1 Nr 6) angesprochen. In dieser vom Gesetz gewollten Begrenzung sollen Aufwendungen für die Herstellung von Erzeugnissen in der Bilanz als unfertige oder fertige Erzeugnisse aktiviert werden.

333 Bei der **Herstellung** von VG des Anlagevermögens **im eigenen Unternehmen** gelten die gleichen Grundsätze. Die hierin liegende Leistung wird ebenfalls in der GuV als andere aktivierte Eigenleistung gesondert ausgewiesen (§ 275 Abs 2 Nr 3). Gegenposten ist die Aktivierung bei den VG des Anlagevermögens.

334 Eine **Herstellung durch fremde Unternehmer** wird häufig bei VG des Anlagevermögens, insb bei Gebäuden, vorkommen, wenn der Wertumformungsprozess insgesamt von anderen Unt, durchgeführt wird. Bilanziell wird diese Fremdherstellung deswegen wie eine Anschaffung **grds** ohne Berührung der GuV als **Vermögensumschichtung** behandelt. Da alle von fremden Unt für die Herstellung des VG in Rechnung gestellten Aufwendungen dem herzu-

stellenden Gegenstand unmittelbar zugerechnet werden können, fallen bei Fremdherstellung auch nur aktivierungspflichtige Kostenträger-Einzelkosten (Anm 346) iSv Abs 2 S 2 an. In diesem Fall bestimmt die vereinbarte Gegenleistung, der Werklohn, die HK (*Klein* in FS Moxter, 280). Die Abgrenzung zwischen Anschaffung und Herstellung ist danach vorzunehmen, wer das **wirtschaftliche Risiko** der Herstellung trägt: liegt es bei einem herzustellenden Gebäude beim Eigentümer, ist er „Bauherr"; anderenfalls Ersterwerber (§ 15 Abs 1 EStDV; BMF 31. 8. 1990, BStBl I, 366 „Bauherrn-Erlass"; zur Abgrenzung bei Software vgl *IDW RS HFA 11* vom 30. 6. 2004; zur Abgrenzung bei Rechten vgl Anm 35 ff). Anschaffung kann nach den gleichen Kriterien auch vorliegen beim sog „Modernisierungs-Modell", wenn der Anleger auf Grund eines einheitlichen Vertragsbündels vom Projektanbieter zum Gesamtpreis ein saniertes und modernisiertes Gebäude erwirbt (*BFH* 4. 2. 1992, BStBl II, 883, 885; *BFH* 17. 12. 1996, BStBl II 1997, 348).

Soweit bei **Insolvenz** des Bauunternehmers bereits Herstellungsleistungen für den Auftraggeber erbracht sind, liegen dem erreichten Bautenstand entspr HK des Auftraggebers vor, die als Einzelkosten auch bei mangelhafter Leistung zu aktivieren sind (*BFH* 31. 3. 1992, BStBl II, 805); darüber hinaus geleistete verlorene Anzahlungen sind Aufwand.

Herstellung ist neben der „echten Auftragsproduktion" auch bei der **„unechten Auftragsproduktion"** gegeben, bei welcher der Auftragnehmer als Geschäftsbesorger einen VG im Namen und für Rechnung, dh auf Risiko des Auftraggebers herstellt (s auch Anm 37).

3. Herstellungskosten – pagatorischer Kostenbegriff

Das HGB spricht von HK, gemeint sind **Aufwendungen.** Der in der Lite- 335
ratur wiederholt vorgebrachten Anregung (zB *Frank* BB 1967, 177 mwN), den Begriff HK durch Herstellungsaufwendungen zu ersetzen, ist der Gesetzgeber nicht gefolgt, offenbar deswegen, weil durch die gesetzliche Umschreibung „Herstellungskosten sind Aufwendungen" jegliches Missverständnis ohnehin ausgeschlossen ist. Dies sind Kosten, denen **Ausgaben** zugrunde liegen (zB *ADS*[6] § 255 Anm 11). Herstellungsaufwendungen einer PersGes liegen auch dann vor, wenn in steuerrechtlicher Wertung eine den Gewinn erhöhende Vorabvergütung (§ 15 Abs 1 Nr 2 EStG) angenommen wird (*BFH* 8. 2. 1996, DB 1997, 1380 betr Vergütungen an Gester für Bauaufsicht); anders bei eigener Arbeitsleistung eines Ekfm – fiktiver Unternehmerlohn – in diesem Fall fehlt es an Aufwendungen (*BFH* 10. 5. 1995, BStBl II, 713).

II. Umfang der Herstellungskosten

1. Der Regelungsinhalt des Abs 2 S 2–6

Das Gesetz enthält in § 255 eine klare Aussage über die in die HK einzube- 340
ziehenden **Kostenbestandteile.** Es unterscheidet hierbei 3 Stufen:
- Abs 2 S 2 legt fest, dass zu den HK die Materialkosten, die Fertigungskosten und die Sonderkosten der Fertigung gehören (Anm 346 ff) – 1. Stufe –;
- Abs 2 S 3 bestimmt, dass bei der Berechnung auch Materialgemeinkosten, Fertigungsgemeinkosten und ein Wertverzehr des der Fertigung dienenden Anlagevermögens einbezogen werden dürfen (Anm 353) – 2. Stufe –;
- Abs 2 S 4 regelt schließlich, dass Kosten der allgemeinen Verwaltung, der Altersversorgung und der freiwilligen Sozialleistungen nicht in die HK einbezogen zu werden brauchen (Anm 354) – 3. Stufe –.

341 Die **erste Stufe,** die im Abs 2 S 2 umschreibt, welche Kosten zu den HK gehören, entspricht inhaltlich Art 35 Abs 3a der 4. EG-Richtl: „Zu den Herstellungskosten gehören neben den Anschaffungskosten der Roh-, Hilfs- und Betriebsstoffe die dem einzelnen Erzeugnis unmittelbar zurechenbaren Kosten". Damit wird für das deutsche Bilanzrecht in Übereinstimmung mit der Richtl der **handelsrechtliche Mindestumfang der Herstellungskosten,** die HK-Untergrenze, gesetzlich festgelegt.

342 Die **zweite und dritte Stufe** regeln die Kostenbestandteile, die **einbezogen werden dürfen** (Stufe 2) und solche, die **nicht einbezogen zu werden brauchen** (Stufe 3). Diese Zweiteilung des HK-Begriffs steht in Übereinstimmung mit dem Steuerrecht.

343 Der deutsche Gesetzgeber hat nicht den Wortlaut der 4. EG-Richtl, aufgrund der es in der HB auch zulässig ist, in Unterschreitung des HK-Begriffs nur die Einzelkosten anzusetzen, übernommen, sondern eine detaillierte Regelung der HK in Abs 2 und 3 unter besonderer Berücksichtigung der Bestimmungen von EStR 33 getroffen (*ADS*[6] § 255 Anm 129; *BFH* GrS 4. 7. 199, BStBl II 830, 833), die gleichzeitig aber den Ansatz nur der Einzelkosten zulässt.

Ob dieser in der HB ausdrücklich zugelassene Ansatz neben dem inhaltlich an EStR 33 anschließenden HK-Begriff des Abs 2 S 2 ebenfalls GoB-konform ist (verneinend zB *Wassermeyer* DStJG 14, 40ff; *Schulze-Osterloh* StuW 1991, 289), kann angesichts des eindeutigen Gesetzeswortlautes nicht bezweifelt werden. **Handelsrechtlich sind mindestens die Einzelkosten zu aktivieren (Stufe 1).**

Mit den in Abs 2 S 3 in die HK einzubeziehenden Kostenbestandteilen hat der Gesetzgeber die bisherige zugleich auch für das Steuerrecht maßgebliche HKUntergrenze absichern wollen und damit zugleich **die steuerrechtlich mindestens anzusetzenden Herstellungskostenbestandteile** definiert **(Stufe 2).** Die in dieser Stufe umschriebenen (angemessenen Teile der notwendigen) Fertigungsgemeinkosten sind wie die Einzelkosten durch den Herstellungsvorgang veranlasst und stellen damit außerhalb der umgekehrten (formellen) Maßgeblichkeit (§ 5 Abs 1 S 2 EStG) die steuerlich mindestens anzusetzenden HK dar (so im Ergebnis *BFH* 21. 10. 1993, BStBl II 1994, 176). Die Begr ist mehrschichtig. Soweit der BFH von einem steuerrechtlich bestehenden Bewertungsvorbehalt iSv § 6 Abs 1 Nr 2 EStG ausgeht, nach welchem *die* HK in der Bedeutung *aller* denkbarer HK anzusetzen sind, wird der vom Gesetzgeber gewollte Maßgeblichkeitsgrundsatz der HB für die Steuerbilanz unterlaufen. Es wäre dann allein aus § 6 Abs 1 Nr 2 EStG heraus zu entscheiden, was *die* HK im steuerrechtlichen Sinne sein sollen (zur Kritik *Stobbe* FR 1994, 106; derselbe in *HHR* § 6 Anm 461; *Raupach* in FS Moxter, 114). Tatsächlich ist der BFH nicht soweit gegangen, den steuerrechtlichen HK-Begriff losgelöst vom HGB zu definieren. Er hat sich vielmehr mit Abs 2 S 3 und den dort umschriebenen Kostenbestandteilen auseinandergesetzt mit dem Ergebnis, dass es sich hierbei um bestehende kodifizierte GoB handele, die damit zugleich auch dem Maßgeblichkeitsgrundsatz des § 5 Abs 1 S 1 EStG (materielle Maßgeblichkeit) unterfallen. Die *umgekehrte* oder *formelle* Maßgeblichkeit (§ 5 Abs 1 S 2 EStG), die korrespondierende Wahlrechte in HB und Steuerbilanz voraussetzt (*BFH* aaO; *Weber-Grellet* in Schmidt[24] § 5 Anm 43 mwN), gilt für den HKBegriff zweiter Stufe (Abs 2 S 2) nicht.

Die **3. Stufe** enthält schließlich korrespondierende handelsrechtliche und **steuerrechtliche Wahlrechte,** auf welche der Grundsatz der umgekehrten (formellen) Maßgeblichkeit iSv § 5 Abs 1 S 2 EStG anzuwenden ist. Ob durch die vom Gesetzgeber in das HGB aufgenommene – gesonderte – dritte Stufe mit der bewussten von Abs 2 S 2 abweichenden Formulierung eine gesetzliche

Grundlage für die in EStR 33 Abs 5 weiterhin bestehenden Wahlrechte geschaffen wurde, wird zT bezweifelt (s hierzu Anm 354, 355). Zu den verschiedenen im Schrifttum vertretenen Auffassungen und zugleich zur Kritik an der BFH-Entscheidung vom 21. 10. 1993 aaO s *Küting/Lorson* DStR 1994, 724 ff, *Glanegger* in Schmidt[24] § 6 Anm 172 f, *Stobbe* in *HHR* § 6 Anm 461.

Dies führt zur **Drei-Stufengliederung:** 345
- *Stufe 1:* Handelsrechtliche HK-Untergrenze (Abs 2 S 2)
- *Stufe 2:* **Steuerrechtliche** HK-Untergrenze (Abs 2 S 2 und 3)
- *Stufe 3:* Handelsrechtliche und **steuerrechtliche** HK-Obergrenze (Abs 2 S 2, 3 und 4).

In schematischer Darstellung:

	Handelsrecht		Steuerrecht		IFRS
	Pflicht	Wahlrecht	Pflicht	Wahlrecht	Pflicht
1. Stufe	X		X		X
2. Stufe		X	X		X
3. Stufe		X		X	X

Abs 2 S 5 stellt klar, dass nur solche Aufwendungen zu den HK gehören, die auf den **Zeitraum der Herstellung** entfallen (hierzu Anm 362 ff). Abs 2 S 6 enthält das die Gegenstände des Umlaufvermögens betreffende Verbot der Einbeziehung von **Vertriebskosten** (Anm 442). Für **Zuschüsse** iZm HK gelten die Erl in Anm 113 ff entspr.

Nach **IFRS** besteht für die **in Abs 2 (Stufe 1–3)** genannten Kostenbestandteile **Aktivierungspflicht** (s hierzu Anm 585).

2. Die Herstellungskostenuntergrenze nach Handelsrecht (Abs 2 S 2)

Die im HGB genannten Kosten für Material, Fertigung sowie Sondereinzelkosten der Fertigung bilden die handelsrechtlich mindestens aktivierungspflichtigen Aufwendungen, die HK-Untergrenze (Anm 341).

a) Begriff der Einzelkosten

Einzelkosten iSd Gesetzes sind die dem Kostenträger (dem einzelnen VG) als Bezugsobjekt direkt zurechenbaren Kosten – **Kostenträger-Einzelkosten** – (s auch Art. 35 Abs 3a der 4. EG-Richtl: „die dem einzelnen Erzeugnis unmittelbar zurechenbaren Kosten“). Dies sind nur solche Kosten, deren Maßeinheiten nach Menge und Zeit (Material oder Lohn) dem einzelnen VG direkt zugerechnet werden können (so bereits *BFH* 31. 7. 1967, BStBl II 1968, 22, 23). Die Unmittelbarkeit der Zurechnung muss sich auf einen **eindeutigen quantitativen Zusammenhang** der für die Herstellung des VG eingesetzten Güter, Leistungen und Dienste beziehen; nicht aber auf die Bewertung. Sofern die Bewertung eines eingesetzten Produktionsfaktors bereits eine Schlüsselung erforderlich macht (zB Umrechnung von Fertigungslohn auf die zur Herstellung des VG unmittelbar verwendete Fertigungszeit) steht dies dem Einzelkostencharakter nicht entgegen (hM zB *HFA* 5/1991 *WPg* 1992, 94, 95; *ADS*[6] § 255 Anm 138 mwN; *Mellwig* in FS Budde, 397, 410; ebenso *BFH* 21. 10. 1993, BStBl II 1994, 176, 177). Aufwendungen, die nur im Wege einer *Schlüsselung oder Umlage* dem hergestellten VG zugeordnet werden können (in der Kostenrechnung nur über Kostenstellen verteilbare Kosten im Gegensatz zu Kostenträger-Einzelkosten) sind dagegen Gemeinkosten. Aufwendungen, die zwar in der Kostenrechnung als Gemeinkosten behandelt werden, obgleich sie ihrer Natur nach dem hergestellten VG direkt zugerechnet werden könnten (sog **unechte** 346

Gemeinkosten) sind Einzelkosten iSd HGB, weil nicht die tatsächlich praktizierte kostenrechnungsmäßige Zurechnung für den Einzelkostencharakter maßgeblich ist, sondern die *Möglichkeit* der direkten Zurechnung (*HFA* 5/1991; *ADS*[6] aaO). Damit werden jedoch noch nicht sämtliche beschäftigungsabhängigen (variablen) Gemeinkosten, sofern sie nur theoretisch dem einzelnen VG zugerechnet werden könnten, zu unechten Gemeinkosten/Einzelkosten. Die unmittelbare quantitative Erfassung muss noch *praktikabel und verhältnismäßig* sein, dh dem Gesichtspunkt der Wirtschaftlichkeit der Rechnungslegung entsprechen (hM s *ADS*[6] § 255 Anm 137 mwN; aA *Stobbe* in *HHR* § 6 Anm 463 und zwar für generelle Behandlung als Einzelkosten unter Berufung auf Art 35 Abs 3 der 4. EG-Richtl; *Mellwig* in FS Budde, 413: variable Gemeinkosten den aktivierungspflichtigen Einzelkosten zurechnend und die Wahlrechte des Abs 2 auf echte (fixe) Gemeinkosten beschränkend).

347 Keine Einzelkosten sind die Einzelkosten der **Deckungsbeitragsrechnung,** ein Teilkostenrechnungssystem, das zur Vermeidung jeglicher Kostenschlüsselung nur noch Einzelkosten kennt und sie dort verrechnet, wo sie erstmals einer bestimmten Bezugsgröße des Fertigungsprozesses direkt zugeordnet werden können (relative Einzelkosten).

348 Gleiches gilt für die bei der **Bezugsgrößen- oder Verrechnungssatzkalkulation** dem herzustellenden VG mittels Maschinen- oder Maschinengruppenstundensatz zugerechneten Kosten. Bei diesem Verfahren wird im Unterschied zur traditionellen Zuschlagskalkulation, bei der die Kostenträger-Einzelkosten (Festigungsmaterial und Fertigungslohn) die Zuschlagsbasis für die Verrechnung von Gemeinkosten bilden, der Maschinenstundensatz einschließlich Abschreibung nach Maßgabe der zur Herstellung beanspruchten Maschinenzeit auf den Kostenträger verrechnet.

Je nach dem, ob handelsrechtlich Einzel- oder Fertigungsgemeinkosten angesetzt werden sollen, ist der Maschinenstundensatz zu variieren (s auch *ADS*[6] § 255 Anm 141).

Auch **überhöht** angefallene Einzelkosten sind in ihrer tatsächlichen Höhe zu aktivieren (*BFH* 31. 3. 1992, BStBl II, 805 betr eine mangelhafte Bauleistung und Aufwendungen zur Beseitigung von Baumängeln vor Fertigstellung). Insoweit stehen Einzelkosten den AK gleich (s Anm 20).

b) Materialkosten

349 Materialkosten sind die unmittelbar dem herzustellenden VG **zurechenbaren Rohstoffe oder fremdbezogene Teilerzeugnisse** (Zuliefermaterial, Zulieferteile). Hilfs- und Betriebsstoffe sind idR Gemeinkosten (unechte oder variable Gemeinkosten), die unter dem Gesichtspunkt der Verhältnismäßigkeit und Wirtschaftlichkeit der Kostenrechnung nicht zu Einzelkosten werden (s Anm 346; ebenso *ADS*[6] § 255 Anm 143 mwN).

Bewertet wird das eingesetzte Material zu seinen AK einschließlich der Nebenkosten (Frachten, Zölle usw) abzüglich AK-Minderungen (Rabatte, Skonti usw). Soweit nicht auftragsbezogen angeschafft wird, bestehen zur Ermittlung der AK von Vorräten verschiedene Verfahren (s Anm 208). Die AK sind zunächst auch anzusetzen, wenn die Preise zum Zeitpunkt des Verbrauchs gefallen sind. Eine korrigierende Bewertung der Rohstoffe zum niedrigeren Marktpreis findet nur zum Bilanzstichtag statt.

350 Wird Fertigungsmaterial aus abgewerteten VjBeständen verbraucht, ist es nicht zu den ursprünglichen AK, sondern zum Buchwert anzusetzen (*BFH* 11. 10. 1960, BStBl III, 492). Hierin kommt der allgemeine Grundsatz zum Ausdruck, dass ein in der Vorperiode verrechneter Aufwand im Folgejahr nicht

anfällt und deswegen auch nicht als Teil des – erfolgsneutralen – Wertumformungsprozesses dieser Periode zu verrechnen ist. Dies gilt uE auch angesichts des Wertaufholungsgebots für KapGes (§ 280). Durch den Herstellungsprozess ist im Gj ein *neuer* VG entstanden, für den die Voraussetzungen einer Wertaufholung nicht vorliegen. Im Vj abgewertete Stoffe *dürfen* jedoch auch zu ihren AK/HK, also aufgewertet verrechnet werden, wenn der Grund der Abwertung entfallen ist (so auch *ADS*[6] § 255 Anm 145). Dies ist nicht allgemein üblich, aber insb bei börsennotierten Stoffen (zB Kupfer) vertretbar, weil § 253 Abs 5 bei VG des Umlaufvermögens die Aufwertung zulässt.

c) Fertigungskosten

Dem VG unmittelbar zurechenbare Fertigungskosten sind in erster Linie 351
Fertigungslöhne. Zu den Löhnen rechnen die Bruttolöhne einschließlich Sonderzulagen, Leistungs- und Abschlussprämien sowie gesetzliche Sozialabgaben; ebenso die Lohnfortzahlung im Krankheitsfall, Mutterschaftsbezüge, Urlaubslohn, Zuschläge für Überstunden und Feiertagsarbeit. Zu den Einzelkosten gehören auch entsprechende Kosten für Werkmeister, Lohnbuchhalter und Techniker, soweit sich diese Kosten einzelnen Erzeugnissen zurechnen lassen (wie hier *ADS*[6] § 255 Anm 147; aA *Knop/Küting* in HdR[5]§ 255 Anm 183, die tarifliche Ausfallzeiten und Sozialaufwendungen den Fertigungsgemeinkosten iSv Abs 2 S 3 zurechnen). Freiwillige Sozialabgaben, Ergebnisbeteiligungen und Aufwendungen für die betriebliche Altersversorgung gehören dagegen nicht zu den Fertigungskosten (s Anm 434, 435).

d) Sonderkosten der Fertigung

Hierzu Anm 424. 352

3. Die Herstellungskostenuntergrenze nach Steuerrecht (Abs 2 S 3)

Die in Abs 2 S 3 aufgeführten Kostenbestandteile (Material- und Fertigungs- 353
gemeinkosten einschließlich des Werteverzehrs von Fertigungs-Anlagevermögen, s im Einzelnen Anm 422ff) bilden zusammen mit den Einzelkosten nach Abs 2 S 2 die steuerrechtlich aktivierungspflichtigen Aufwendungen als die **steuerrechtliche HK-Untergrenze** (Anm 344).

4. Die Herstellungskostenobergrenze nach Handels- und Steuerrecht (Abs 2 S 4)

Nach Abs 2 S 4 brauchen bestimmte **Gemeinkostenbestandteile,** Kosten 354
der allgemeinen Verwaltung, der betrieblichen Altersversorgung und freiwillige Soziалleistungen nicht in die HK einbezogen zu werden. Insoweit besteht handels- und steuerrechtlich ein **Einbeziehungswahlrecht** (Anm 345). Das steuerrechtliche Wahlrecht zur Einbeziehung dieser Kosten wird auch durch die FinVerw anerkannt (EStR 33 Abs 4) und wird in dieser Form jahrzehntelang praktiziert. Nach der Vorstellung des Gesetzgebers entspricht das Wahlrecht bestehenden GoB. Auch die steuerrechtliche Rspr erkennt grds ein kfm Wahlrecht zur Einbeziehung bestimmter Kostenbestandteile in die HK an.

Das in EStR 33 Abs 4 enthaltene Wahlrecht, bestimmte Gemeinkosten nicht 355
in die HK einzubeziehen, wird allerdings zT für unzulässig gehalten (*Mathiak* AK/HK, 133; *Seeger* StbJb 1987/88, 91ff; *Schulze-Osterloh* StuW 1991, 289) mit der Begr, die Rspr des *BFH* (GrS 3. 2. 1969, BStBl II, 291) lasse handelsrechtliche Ansatz- und Bewertungswahlrechte steuerrechtlich nicht gelten. Das *BFH*-U v 21. 10. 1993, BStBl II 1994, 176 betr die steuerrechtliche Einbeziehungs-

pflicht der Fertigungsgemeinkosten (Anm 344) lässt die Frage ausdrücklich unentschieden. Mit der hM ist das handels- und steuerrechtliche Einbeziehungswahlrecht der in Abs 2 S 4 kodifizierten Kostenbestandteile nach wie vor anzuerkennen. Die Begr im Einzelnen sind unterschiedlich. UE kommt der im Bewusstsein unterschiedlicher Auffassungen getroffenen gesetzgeberischen Entscheidung zu einem dreistufigen HK-Begriff mit dem erklärten Ziel, die bisherigen GoB fortsetzen zu wollen, entscheidende Bedeutung zu (s auch *Werndl in* Kirchhoff/Söhn/Mellinghoff, § 6 A 207, *Moxter* BB 1988, 943, *Weber-Grellet* BB 1994, 2405 ff, 2407).

Die Beschränkung des steuerrechtlichen Wahlrechts lediglich auf die dritte Stufe (Abs 2 S 4), dh auf diejenigen Kostenbestandteile, die nicht in die HK „einbezogen zu werden brauchen“, (so die in Abweichung von Abs 2 S 3 gewählte Gesetzesformulierung) beruht auf sachlichen, dh qualitativen Unterschieden. Diese Kostenbestandteile sind anders als die Fertigungsgemeinkosten nicht mehr – zumindest nicht mehr nur – durch den Fertigungsprozess, sondern durch das Unt veranlasst. Sie betreffen das Unt als Ganzes, nicht aber unmittelbar den Herstellungsbereich. Wegen des fehlenden (alleinigen) Veranlassungszusammenhangs mit der Herstellung ist eine Einbeziehung dieser Kosten in die HK in besonders hohem Maße mit Unsicherheiten behaftet (s hierzu *Moxter* BB 1988, 944). Die Herstellungsferne sowie die Ambivalenz dieser Kostenart erlauben keine einwandfreie, sondern allenfalls eine näherungsweise Zuordnung, die es im Wege der Vereinfachung und des Kompromisses rechtfertigt, von einem Wahlrecht auszugehen (*Moxter* Bilanzrechtsprechung S 169, *Weber-Grellet* DB 1994, 2408). Dieses in HB und Steuerbilanz gleichermaßen bestehende Wahlrecht ist nach dem Grundsatz der formellen **Maßgeblichkeit** (§ 5 Abs 1 S 1) für die Steuerbilanz nur maßgeblich, wenn auch in der HB von dem Bewertungswahlrecht Gebrauch gemacht wird. Die These eines in § 6 Abs 1 Nr 2 EStG bestehenden Bewertungsvorbehalts ist abzulehnen, weil es, wie die Differenzierung in Abs 2 zeigt, die HK iS einer eindeutigen Bewertung nicht gibt. Mit dem *BFH*-U v 21. 10. 1993 (BStBl II 1994, 176) ist der Formulierung in § 6 Abs 1 Nr 2 EStG (mit „den“ HK) auch nur zu entnehmen, dass die WG „grds“, dh nicht stets mit ihren vollen HK, anzusetzen sind.

E. Einzelfragen bei Herstellungskosten

I. Immaterielle Vermögensgegenstände des Anlagevermögens

360 Selbst erstellte immaterielle Anlagegegenstände sind von einer Aktivierung ausgeschlossen (im Einzelnen § 248 Abs 2). Damit wird die Abgrenzungsfrage, ob eine (entgeltliche) Anschaffung oder eine Herstellung immaterieller Anlagewerte gegeben ist (s hierzu Anm 35, 39), zum Kriterium der Bilanzierungsfähigkeit. Immaterielles Anlagevermögen (zB EDV-Software s Anm 38, 109) ist auch dann noch selbst erstellt und nicht angeschafft, wenn in die Herstellung fremde Auftragnehmer eingeschaltet sind, das Risiko der Herstellung jedoch beim Besteller verbleibt wie bei *unechter Auftragsproduktion* (s Anm 37, 334; *IDW RS HFA 11* vom 30. 6. 2004). Auch wenn sich mehrere Unt zur gemeinsamen Entwicklung von EDV-Software zusammenschließen, mit dem Recht, sie im Falle des Erfolgs jeweils im eigenen Unt einsetzen zu können, liegt Herstellung vor. Die Bewertungsfrage stellt sich nicht.

II. Sachanlagen

1. Zeitraum, Beginn und Ende der Herstellung (Abs 2 S 5)

a) Beginn der Herstellung

Im Gegensatz zur zeitpunktbezogenen (Anm 30ff) Anschaffung ist Herstellung ein zeitraumbezogener Wertumformungsprozess, der notwendigerweise einen Beginn und ein Ende hat. HK können frühestens mit Beginn der Herstellung anfallen. Der Herstellungsbeginn wird damit zum Kriterium für die Frage, ab wann Aufwendungen aktiviert werden müssen/dürfen. Zur Ausnahme bei langfristiger Fertigung s Anm 456. 362

Herstellung ist ein **finaler Begriff** (hM zB *Döllerer* BB 1966, 1408; *Mathiak* 1984, 97, 128; *Glanegger* in Schmidt[24] § 6 Anm 175; aA *Raupach* in FS Moxter, 120: veranlassungsorientiert). Der Einsatz von Produktionsverfahren bzw -faktoren erfolgt, um bestimmte Güter herzustellen. HK können deswegen frühestens anfallen ab dem Entschluss, einen VG herzustellen (*Mathiak* 1984, 129). Das bedeutet jedoch nicht, dass die Herstellung bereits mit der Betriebsbereitschaft beginnen würde. Erst mit dem Beginn des eigentlichen technischen Herstellungsvorgangs beginnt idR die Herstellung. In der Praxis lässt sich dieser Zeitpunkt auch durch den Anfall des ersten Fertigungslohns (Einzelkosten, Anm 351) bestimmen. Ab diesem Zeitpunkt können auch die zur Herstellung notwendigen auf den Zeitraum der Herstellung entfallenden Materialgemeinkosten (Kosten der Lagerhaltung des der Fertigung dienenden Materiallagers) verrechnet werden.

Die gelegentlich anzutreffende Meinung, **Kosten der Betriebsbereitschaft,** 363
dh Kosten, die aufgewendet werden müssen, um die Fertigung aufnehmen zu können, seien nur zunächst von einer Aktivierung ausgeschlossen, die Aktivierung könne aber nachgeholt werden, sobald mit der Herstellung begonnen worden sei (so *Mathiak* 1984, 129; *Littmann* § 6 Anm 117, wohl auch *Döllerer* JbFfSt 1976/77, 203), trifft nicht zu. Wird die Herstellung im Gj begonnen, dürfen die in der Vorperiode angefallenen Kosten der Betriebsbereitschaft (Zeitraumkosten, Gemeinkosten) nicht als HK aktiviert werden. Nach Abs 2 S 5 gehen nur diejenigen Kosten in die HK ein, die nach dem Beginn der Herstellung entstehen und damit „auf den Zeitraum der Herstellung entfallen“ (s *ADS*[6] § 255 Anm 168; *Knop* in HdR[5] § 255 Anm 260).

Herstellung beginnt erst, wenn ein unmittelbarer sachlicher Zusammenhang 364
einer Maßnahme zum herzustellenden VG festgestellt werden kann (*BFH* 23. 11. 1978, BStBl II 1979, 143 betr Abraumvorrat bei der Sandgewinnung). Dies ist regelmäßig bei **Beginn des technischen Herstellungsprozesses** gegeben oder auch bei **Vorbereitungsmaßnahmen,** die nach dem vorgesehenen betrieblichen Ablauf sachlich unmittelbar der Herstellung dieses VG dienen, wie auftragsgebundene Planungen, insb bei Gebäuden oder sonstiger langfristiger Fertigung/Leistung. Damit beginnt die Herstellung, wenn erstmals aktivierungspflichtige HK, dh dem VG unmittelbar zurechenbare *Einzelkosten* iSv Abs 2 S 2 einschl auftragsgebundener Planungs- und Konstruktionskosten anfallen (so wohl auch *HFA* 5/1991 WPg 1992, 94: Vorbereitungshandlungen, die unmittelbar der Herstellung eines VG dienen; für Gemeinkosten fehlt diese Voraussetzung; aA *ADS*[6] § 255 Anm 166: auch Gemeinkosten; *Knop/Küting* in HdR[5] § 255 Anm 136: weder Einzel- noch Gemeinkosten).

Einen anderen Weg zur Bestimmung des Beginns der Herstellung geht das 365
Redaktionskosten-Urteil (*BFH* 18. 6. 1975, BStBl II, 809) mit der Fragestellung, ob das bislang Hergestellte bereits teilweise mit dem Endprodukt identisch

ist und sich ihm ggü lediglich als ein „Weniger" darstellt. Dies wurde im Urteilsfall für sog Redaktionskosten (Druckvorlagen) im Verhältnis zum Endprodukt „Zeitschrift" verneint (zur Kritik s zB *Uelner* StbJb 1976/77, 159). UE besteht kein Widerspruch zur übrigen Rspr, wenn man darauf abstellt, dass Redaktionskosten einer bestimmten herzustellenden Zeitschrift nicht als Einzelkosten direkt zugerechnet werden können. Aufwendungen eines Unternehmers der Schallplattenindustrie für die **Herstellung eines Tonträgers** (immaterieller Anlagewert) sind nicht schon HK der Schallplatte (*BFH* 28. 5. 1979, BStBl II, 734). Mit der Herstellung des materiellen Gegenstands „Schallplatte" ist mangels direkt zurechenbarer Einzelkosten auch hier noch nicht begonnen worden; ähnlich „Prototyp" von in Serie herzustellenden VG (zB Kraftfahrzeug s Anm 425); zu bestimmten „Auftragserlangungskosten" s Anm 419.

366 Einen extensiven Herstellungsbegriff legt der BFH im sog **Abbruchkosten-Urteil** zugrunde (*BFH* 12. 6. 1978, BStBl II, 620), indem er den Beschaffungsvorgang (Erwerb) eines nutzungsfähigen Gebäudes in Abbruchabsicht zum Beginn der Herstellung/Anschaffung des später errichteten/angeschafften anderen Gebäudes erheben will. Dies ist mit dem Grundsatz der Einzelbewertung und dem HK-Begriff nicht vereinbar (hierzu im einzelnen Anm 373, 374).

Bei einer aus mehreren selbständigen Gebäuden bestehenden Wohnanlage wird für den Beginn der Herstellung des einzelnen Gebäudes auf das Ausheben der für alle Gebäude gemeinsamen Baugrube abgestellt, ohne dass es einer zusätzlichen, nur das einzelne Haus betr Baumaßnahme bedarf (*BFH* 4. 6. 2003, BFH NV 2003, 1322). Noch kein Beginn der Herstellung liegt vor bei **Anschaffung von Rohstoffen,** die erst zur Herstellung verwendet werden sollen, da noch nicht feststeht, wann und zur Herstellung welcher VG sie verbraucht werden.

b) Ende der Herstellung, Fertigstellung, Zeitpunkt der Herstellung

367 Die Herstellung endet mit der **Fertigstellung** des VG (auch § 9a EStDV). Gegenstände des Anlagevermögens sind fertiggestellt, wenn sie ihrer Bestimmung gemäß **nutzbar** sind, dh bei einem Gebäude, wenn die wesentlichen Bauarbeiten abgeschlossen sind und der Bau bereits für den Betrieb **genutzt werden kann** (*BFH* 20. 2. 1975, BStBl II, 510, 512). Ein Wohngebäude ist fertiggestellt, sobald es nach Abschluss der wesentlichen Bauarbeiten bewohnbar ist (*BFH* 23. 1. 1980, BStBl II, 365, 367). Dies schließt jedoch nicht aus, dass auch die Kosten der noch ausstehenden endgültigen Fertigstellung, wie zB Anbringung des Außenputzes, noch zu den HK rechnen (zB *BFH* 8. 2. 1957, BStBl III, 133; gleiches gilt für bereits bei der Herstellung des Gebäudes aufgetretene Baumängel, die nach Fertigstellung behoben werden, *BFH* 1. 12. 1987, BStBl II 1988, 431). Bei einem – bestimmungsgemäß – nicht in einem Zug, sondern in verschiedenen Bauabschnitten errichteten Gebäude ist jeder Bauabschnitt fertiggestellt, sobald dieser bestimmungsgemäß genutzt werden kann (*BFH* 15. 9. 1977, BStBl II, 887, 888). Die tatsächliche Benutzung (Inbetriebnahme) ist nicht erforderlich, jedoch ein starkes Indiz für die Fertigstellung.

368 Der vorgesehene **Verwendungszweck** entscheidet über den **Zeitpunkt der Fertigstellung.** Anschaulich lässt sich dies im Bereich der Vollblutzucht zeigen: So ist ein Zuchthengst bei der ersten Deckperiode, eine Stute zum Zeitpunkt des ersten Abfohlens und ein Rennpferd zum Zeitpunkt des ersten Renneinsatzes „fertiggestellt" (*BFH* 23. 7. 1981, BStBl II, 672; *BFH* 12. 12. 2002, BStBl II 2003, 322 zu Zuchtrindern).

Zeitlich nach endgültiger Fertigstellung anfallende Aufwendungen sind entweder nachträgliche HK (Anm 375) oder aber Erhaltungsaufwand.

Wo es auf den Zeitpunkt der Herstellung ankommt, ist der Zeitpunkt der Fertigstellung entscheidend. Von Bedeutung ist dieser Zeitpunkt für den Bilanzausweis (Umbuchung von Anlagen im Bau auf den entspr Anlageposten), für den Beginn planmäßiger Abschreibungen sowie zum Teil für steuerrechtliche Sonderabschreibungen (zB § 6b EStG). Nach § 9a EStDV wird als Jahr der Herstellung das Jahr der Fertigstellung bestimmt.

c) Sonderfälle des Beginns der Herstellung bei Gebäuden

aa) Vorbereitende Kosten, Planungskosten. Auch dem sichtbaren Herstellungsvorgang vorausgehende Maßnahmen (soweit tatsächlich verwendbar und Einzelkosten s Anm 364) können bereits als Beginn der Herstellung gewertet werden. So gehören vorbereitende **Planungsaufwendungen** zu den HK des Gebäudes, wie etwa ein Architektenhonorar, die Gebühren für den Bauantrag oder die Kosten der statischen Berechnung. Auch Aufwendungen einer noch nicht abgeschlossenen Planung sind als Beginn der Investitionsphase (Anlagen im Bau) zu aktivieren (hM zB *Stobbe* in *HHR* § 6 Anm 648), weil auch insoweit Einzelkosten vorliegen. 370

Auch wenn vor der Errichtung eines Gebäudes **Planänderungen** vorgenommen werden, weil technische, wirtschaftliche oder funktionale Probleme auftreten, die zuvor nicht überschaubar waren, rechnen die hierdurch entstandenen Aufwendungen zu den HK. Insoweit ist es zutreffend, die im Laufe des Planungsprozesses gewonnenen Erfahrungen (*Stendel* FR 1976, 512: Kosten der „Auslotung"; *BFH* 9. 9. 1980, BStBl II 1981, 418, 419 „Gewonnene Erfahrungen") in die HK einzubeziehen, und nicht nur die Aufwendungen des letzten tatsächlich verwirklichten Plans. 371

Wird jedoch die ursprüngliche Planung verworfen und sodann nach einem neuen Plan ein anderes Gebäude errichtet, wobei auf Erfahrungen aus der Vergangenheit zurückgegriffen wird – aus früher verwirklichten oder nicht verwirklichten Investitionen – werden hierdurch Aufwendungen erspart. Ersparte Aufwendungen führen jedoch nicht zu HK. 372

Der *BFH* rechnet auch vergebliche Planungskosten eines nicht errichteten Gebäudes zu den HK eines später errichteten nach Zweck und Bauart völlig verschiedenen Gebäudes, sofern sie nur zB durch Gewinnung von Erfahrungen in irgendeiner Weise dem Zweitgebäude gedient haben (*BFH* 29. 11. 1983, BStBl II 1984, 303 betr geplantes Terrassenhaus und später errichtetes 3-Familienhaus; ähnlich *BFH* 8. 4. 1986, BFH/NV, 528). Dies ist mit dem Grundsatz der Einzelbewertung (§ 252 Abs 1 Nr 3) und dem HK-Begriff nicht vereinbar. Herstellung beginnt, wenn erstmals dem herzustellenden VG unmittelbar zurechenbare Einzelkosten anfallen (Anm 362 ff). Vergebliche Planungskosten lassen sich als Einzelkosten nur dem geplanten, nicht errichteten Gebäude zurechnen. Unzutreffend auch *BFH* 30. 8. 1994, BFH NV 1995, 381 betr Kosten für den Rücktritt vom Kauf eines Fertighauses als Planungskosten für Ausbau eines bestehenden Hauses (wie hier mit eingehender Begr *Stobbe* in HHR § 6 Anm 650; *Glanegger* in Schmidt[24] § 6 Anm 181 aE).

bb) Erwerb eines Gebäudes in Abbruchabsicht als Beginn der **Herstellung/Anschaffung des Neu-Gebäudes nach Steuerrechtsprechung.** Nach einer auf den GrS (*BFH* 12. 6. 1978, BStBl II, 620) zurückgehenden Rspr kommt es für eine AfS beim Abbruch eines im Zeitpunkt des Erwerbs noch nicht verbrauchten Gebäudes darauf an, ob es ohne **Abbruchabsicht** mit dem Ziel der Nutzung im Betrieb oder schon mit einem weiterreichenden Ziel, nämlich der Herstellung eines neuen Objekts erworben wurde. Im letzteren Fall bestehe schon bei der Anschaffung ein unmittelbarer Zusammenhang der AK mit 373 den später beabsichtigten Maßnahmen (*BFH* 20. 4. 1993, DB, 1450). Die Auffassung, im Hinblick auf ein „weiterreichendes Ziel" den mit dem Erwerb **zunächst** verfolgten Zweck der Nutzung im Betrieb zu überspielen, ist mit der Unmittelbarkeit des AK-Begriffs (Anm 23) nicht zu vereinbaren. Wird ein Gebäude erworben, um es zunächst und sei es auch nur vorübergehend in der erworbenen Form im Betrieb oder durch Vermietung zu nutzen, erfüllt es seine betriebliche Zweckbestimmung als Anlagevermögen (§ 247 Anm 354) und ist ab Erlangung wirtschaftlicher Verfügungsmacht (Zugangszeitpunkt Anm 31; ebenso für das Steuerrecht EStR 44 Abs 1) abzuschreiben. Wird **das Neugebäude angeschafft** (gegen Festpreis bei Herstellungsrisiko des Bauunternehmers s Anm 334), müssten die AK des Neugebäudes um die AK des Altgebäudes abzüglich zwischenzeitlicher AfA erhöht werden, was auch unter dem rechtlichen Aspekt *vorweggenommener Anschaffungsnebenkosten* nicht zulässig ist, weil mit dem vernichteten Altgebäude ein **anderer Gegenstand** angeschafft und abgeschrieben wurde. Wird das **Neugebäude hergestellt,** gilt im Ergebnis das Gleiche. Auch der Beginn der Herstellung erfordert einen unmittelbaren sachlichen Zusammenhang einer Maßnahme mit dem herzustellenden VG (Anm 362ff). Nicht der Erwerb, sondern allenfalls der Abbruch des Altgebäudes steht in einem unmittelbaren sachlichen Zusammenhang mit der Errichtung des Neugebäudes (so *BFH* 6. 12. 1995, BStBl II 1996, 358, 359 unter Bezugnahme auf Abs 2 S 1). Der Restbuchwert des Altgebäudes geht entgegen *BFH* GrS 12. 6. 1978, BStBl II, 620, 625 nicht durch Wertumschichtung (Werteverzehr) nach den Grundsätzen der **Fertigungsgemeinkosten** in die HK des Neugebäudes ein, da es am **Zeitraumbezug** zur Herstellung (Anm 436) fehlt. Auch in Form von **Einzelkosten** (Materialkosten) findet sich der Restbuchwert nicht in den HK des Neugebäudes wieder, weil das **Altgebäude vernichtet** und auch nicht in seinen Teilen zur Neuherstellung verwendet wird. Mit den Kriterien des § 255 lässt sich die Aktivierung des Restbuchwerts des Altgebäudes als AK oder HK des Neugebäudes nicht vereinbaren (so wohl auch *Stobbe* in *HHR* § 6 Anm 688).

374 Die unterschiedliche Behandlung des Restbuchwerts und der Abbruchkosten eines Gebäudes, je nachdem, ob beim Erwerb des noch nutzbaren und auch tatsächlich genutzten Gebäudes schon eine weiterreichende Abbruchabsicht vermutet wird, ist schon immer auf Kritik gestoßen (s etwa *Knobbe-Keuk*[9], 156f; *Karrenbauer* BB 1985, 2294). Abgesehen hiervon bleibt ein Abstellen auf das finale Moment einer Abbruchabsicht in seiner praktischen Anwendbarkeit unbefriedigend. Dies beruht darauf, dass die Absicht als „innere Tatsache" einem Beweis schwer zugänglich ist und allenfalls über Indizien nachgewiesen werden kann. Dies hat den BFH dazu veranlasst, als Indiz für eine vorhanden gewesene Abbruchabsicht einen Zeitraum von 3 Jahren nach dem Erwerb des Gebäudes festzusetzen. Ggü einem Erwerber, der innerhalb dieses Zeitraums nach Abschluss des obligatorischen Rechtsgeschäfts (*BFH* 6. 2. 1979, BStBl II, 509) den Abbruch vornimmt, gelten die Grundsätze des Anscheinbeweises. De facto relativiert das Zeitmoment damit erheblich die Maßgeblichkeit der Abbruchabsicht und stellt die Brauchbarkeit dieses Abgrenzungskriteriums in Frage.

Bei einem Erwerb des Gebäudes in **Umbauabsicht** mit anschließendem Totalabriss und Neubau innerhalb des 3-Jahreszeitraums sollen Abbruchkosten und Restwert noch insoweit aktiviert werden, als sie auf Gebäudeteile entfallen, die auch beim geplanten Umbau hätten entfernt werden sollen (*BFH* 15. 10. 1996, BFHE 182, 41) mit der Begr, bei einem **anschaffungsnahen Umbau** hätten die Aufwendungen als nachträgliche HK aktiviert werden müssen, ohne die Möglichkeit einer AfS (s zu neuerer Rechtslage Anm 388f).

Kosten für die Zwangsräumung sind, soweit sie eine zu bebauende Fläche betreffen, zu den HK des später errichteten Gebäudes zu rechnen, da diese Aufwendungen zwangsläufig iZm der Herstellung des Gebäudes anfallen (*BFH* 18. 5. 2004, BStBl II 872).

2. Nachträgliche Herstellungskosten und Erhaltungsaufwand

a) Begriff und Erscheinungsformen nachträglicher Herstellungskosten

375 Neben dem Grundtatbestand der Herstellung eines bisher noch nicht existenten VG – **Ersthersteliung** – kann Herstellung auch bei Wiederherstellung eines voll verschlissenen VG – **Zweitherstellung** – sowie bei einer Änderung der betrieblichen Funktion – **Wesensänderung** – vorliegen. Diese durch die Steuer-Rspr entwickelten Tatbestände des Secundum oder Aliud (*Pougin* DB 1983, 244) können noch unter den Gesetzesbegriff „Herstellung eines VG" (Abs 2 S 1, 1. Hs) subsumiert werden, weil bei wirtschaftlicher Betrachtungsweise auch in diesen Fällen ein neuer VG entsteht. Darüber hinaus können HK nur noch anfallen bei einer **Erweiterung** oder bei einer über den ursprünglichen Zustand hinausgehenden **wesentlichen Verbesserung** (Abs 2 S 1, 2. Hs). Durch die umfassende Bestimmung der HK in Abs 2 S 1 ist zugleich die Abgrenzung zum Erhaltungsaufwand vollzogen. Alles, was nicht den HK-Begriff ausfüllt, ist nicht aktivierungsfähig und damit sofort abzugsfähiger Erhaltungsaufwand (so zB *BFH* 10. 6. 1992, BStBl II 1993, 41, 42; *Petzer* DB 1996, 849; *Spindler* DStR 1996, 766).

b) Vollverschleiß, Wiederherstellung

376 Diese Herstellungsform ist der Ersthersteliung wirtschaftlich vergleichbar. Wie bei dieser ein *„noch nicht"* existenter VG hergestellt wird, wird bei Wiederherstellung/Vollverschleiß ein *„nicht mehr"* existenter VG hergestellt. Dementsprechend setzt Herstellung den Vollverschleiß eines Gegenstands derart voraus, dass er zur **Gänze unbrauchbar** geworden ist und unter Verwendung von noch nutzbaren Teilen des bisherigen ein **neuer Vermögensgegenstand** entsteht (einhellige Meinung zB *Petzer* DB 1996, 850; *Spindler* DStR 1996, 766; *BFH* 9. 5. 1995, BStBl II 1996, 633; *BFH* 13. 10. 1998, BStBl II 1999, 282; *BFH* 22. 1. 2003, BFH NV 2003, 765). Unbrauchbar iSe „Vollverschleißes" ist ein Gebäude nur bei schweren Substanzschäden an den für die Nutzbarkeit als Bau und die Nutzungsdauer des Gebäudes bestimmenden Teilen wie zB *Fundamente, tragende Außen-* und *Innenwände, Geschossdecken, Dachkonstruktion* (*BFH* 14. 5. 2003, BFH-NV 2003, 1178; BMF 18. 7. 2003, BStBl I 386). Die grundlegende Sanierung genügt dagegen nicht (*BFH* 5. 6. 2003, BFH NV 2003, 1402).

Diese Herstellungsform wird in Rspr und Schrifttum häufig (so 4. Aufl), jedoch nicht einheitlich, als *Generalüberholung* gekennzeichnet. Da dies zur Verwirrung beigetragen hat und es sich nicht um einen Rechtsbegriff handelt (*Klein* in FS Moxter, 283), ist es zweckdienlich, den Begriff **Generalüberholung aufzugeben** (so *BFH* 9. 5. 1995 aaO, 636; *Petzer* aaO, *Spindler* aaO). Die praktische Bedeutung dieser Herstellungsform ist gering. Zum einen wird sie nur bei Gebäuden vorkommen (Ausbau eines wegen Entkernung unbrauchbar gewordenen Gebäudes *BFH* 24. 10. 1990, BStBl II 1991, 60). Zum anderen wird bei einem genutzten Gebäude nicht bis zu seinem völligen Verschleiß gewartet; es wird vielmehr in allen seinen auch wesentlichen Teilen nach und nach erneuert, oder aber es wird ein Gebäude in entspr schlechtem Zustand erworben und anschließend grundlegend renoviert, was bereits zu den Herstellungstatbeständen des Abs 1 S 2 (Erweiterung oder wesentliche Verbesserung) führt.

377 Auch die Wiederherstellung eines untergegangen VG führt zur Herstellung eines zweiten neuen VG (zB *BFH* 12. 2. 1960, StRK EStG § 9 S 1u 2 R 109).

Anders als bei Vollverschleiß scheidet der untergegangene VG jedoch mit seinem Buchwert aus dem Vermögen des Kfm aus (Abgang, § 268 Anm 51).

Bei **Teilzerstörung** (zB Brandschaden im Dachgeschoss eines Gebäudes und anschließender Wiedererstellung liegen idR HK unter dem Gesichtspunkt der Erweiterung (Substanzmehrung) vor (s Anm 380 aE).

c) Wesensänderung

378 Wie beim Vollverschleiß (Anm 377) liegt Herstellung eines neuen VG vor, wenn im Vergleich zum bisherigen ein anderer VG entsteht. Dies ist der Fall, wenn sich die Funktion, dh die **Zweckbestimmung,** ändert (s *Pezzer* DB 1996, 850), so beim Umbau eines Ein- in ein Zweifamilienhaus (*FG* Bremen 11. 6. 1991, EFG 1992, 180 rkr), bei Umgestaltung eines Wohnhauses mit Großwohnungen zum Appartementhaus (*BFH* 2. 8. 1983, BStBl II, 728), einer Mühle zum Wohnhaus (*BFH* 31. 3. 1992, BStBl II, 808), einer Wohnung in ein Büro (*BFH* 5. 2. 2003, EFG 2003, 841), einer eigengenutzten Wohnung in zwei selbstständige vermietete Arztpraxen (*FG Baden*-Württemberg 10. 9. 2003, EFG 2003, 1683) oder dem Dachausbau, der in einem ggü dem bisherigen Wohnhaus unterschiedlichen Nutzungs- und Funktionszusammenhang steht (*BFH* 4. 5. 2004, BFH NV 2004, 1397).

379 Diese ebenfalls auf steuerrechtliche Rspr zurückgehende Form der Herstellung ist in den kodifizierten HK-Begriff des § 255 nicht eingegangen und wird auch in EStR 157 Abs 3 nicht mehr erwähnt. Dies mag darauf zurückzuführen sein, dass sich die Wesensänderung mit den kodifizierten Herstellungstatbeständen weitgehend überschneidet (*ADS*[6] § 255 Anm 124) und sich die Aktivierung entweder bereits unter dem Gesichtspunkt der Substanzmehrung oder einer wesentlichen Verbesserung ergibt.

d) Erweiterung (Abs 2 S 1 2. Halbsatz, 1. Alternative)

380 Aktivierungspflichtiger Herstellungsaufwand ist auch gegeben, wenn ein bestehender VG erweitert wird. Die Erweiterung – **Substanzmehrung** – muss sich auf den VG als Ganzes (dh auf seine zweckbestimmte Nutzungsmöglichkeit) und nicht nur auf einzelne Teile beziehen. Erfolgt der nachträgliche Einbau bisher nicht vorhandener Teile zur Erhaltung der Funktionsfähigkeit im Rahmen einer Modernisierung, liegt Erhaltungsaufwand vor; so beim Einbau zusätzlicher Heizkörper im Rahmen einer Heizungsumstellung (*BFH* 24. 7. 1979, BStBl II 1980, 7); Einbau zusätzlicher Anschlüsse im Rahmen der Erneuerung der elektrischen Anlage; Anbringen einer zusätzlichen Fassadenverkleidung (*BMF* 16. 12. 1996, BStBl I, 1442 mwN). In enger Wortauslegung des Abs 2 S 1 führt jede auch **geringfügige Erweiterung** zu HK im Gegensatz zu Aufwendungen zur Verbesserung des VG, die nur aktiviert werden dürfen, wenn es sich um eine über den ursprünglichen Zustand hinausgehende wesentliche Verbesserung handelt (*BFH* 9. 5. 1995, BStBl II 1996, 638; *Pezzer* DB 1996, 850; *Spindler* DStR 1996, 767). Dementsprechend bilden Aufwendungen, die zu einer auch nur geringfügigen Erweiterung der Wohnfläche führen, schon für sich und isoliert betrachtet nachträgliche HK (s *Petzer* aaO mwN). Hiermit in einem inneren bautechnischen Zusammenhang anfallender Erhaltungsaufwand ist dann in die Aktivierung mit einzubeziehen (s Anm 390).

Beispielsfälle einer substanzmehrenden Erweiterung sind im Gebäudebereich der Anbau oder die Aufstockung um ein weiteres Geschoss sowie der Ausbau des Dachgeschosses zur Schaffung zusätzlichen Wohnraums (*BFH* 19. 6. 1991, BStBl 1992 II, 73); Einziehen von tragenden Zwischendecken, wenn hierdurch **zusätzlicher Nutzraum** entsteht. Wird dagegen im Rahmen der Dacherneuerung einer Fabrikationshalle lediglich eine größere Raumhöhe geschaffen ohne Erweiterung der nutzbaren Fläche, liegt keine Erweiterung, sondern Erhaltungsaufwand vor (*BFH* 13. 12. 1984, BStBl II 1985, 394; *BMF* 16. 12. 1996, BStBl I, 1442). Eine Erweiterung ist auch gegeben bei Vergrößerung der Kapazität (*BFH* 10. 6. 1992, BStBl 1993, 41).

Eine zu HK führende Erweiterung liegt auch vor, wenn erstmals bisher nicht vorhandene Bestandteile mit **neuer Funktion** eingebaut werden; so der erstmalige Einbau einer **Markise** (*BFH* 29. 8. 1989, BStBl II 1990, 430) oder einer **Alarmanlage** (*BFH* 16. 2. 1993, BStBl II, 544). Wird ein Gegenstand **teilweise zerstört** und hierdurch in seiner Substanz vermindert und wird dem durch eine außerplanmäßige Abschreibung Rechnung getragen (§ 253 Abs 2 S 3; § 7 Abs 1 S 4 EStG), sind die Aufwendungen zur Wiederherstellung unter dem Gesichtspunkt der Erweiterung zu aktivieren (*BFH* 1. 12. 1992, BStBl II 1994, 12, 14 betr den Wiederaufbau eines durch Brandschaden zerstörten Dachgeschosses).

Auch Aufwendungen für die **Ablösung einer Verpflichtung zur Errichtung von Stellplätzen** bei bereits bestehenden Gebäuden (*BFH* 8. 3. 1984, BStBl II, 702) oder wegen (Nutzungs-)Änderung des Gebäudes (*BFH* 6. 5. 2003, BStBl II 710) zählen zu den HK, wenn die zur Änderung führende Baumaßnahme Herstellung iSv § 255 Abs 2 ist. Die nach den Bauordnungen der Länder bestehende Verpflichtung zur Errichtung von Stellplätzen knüpft zwar regelmäßig an die Baugenehmigung an. In diesem Fall liegen ursprüngliche HK vor, weil die Ablösung die Errichtung ersetzt. Knüpft die Verpflichtung an bereits bestehende Gebäude an, ersetzt die Ablösesumme die nachträgliche Errichtung von Stellplätzen. 381

e) Wesentliche Verbesserung über den ursprünglichen Zustand hinaus (Abs 2 S 1, 2. Halbsatz, 2. Alternative)

Der Herstellungstatbestand der wesentlichen Verbesserung des VG über seinen ursprünglichen Zustand hinaus kommt iW bei Gebäuden vor. Er hat wegen seines **mehrdeutigen Inhalts** zu Unsicherheiten in der praktischen Anwendung geführt, was insb die BFH-Rspr veranlasst hat, sich grundlegend mit aufgetretenen Zweifelsfragen auseinander zusetzen (s *BFH* 9. 5. 1995, BStBl II 1996, 632ff). Die Auslegung von handelsrechtlichen Bilanzierungsvorschriften durch den BFH war wie so oft erforderlich geworden, weil nach dem Grundsatz der materiellen Maßgeblichkeit der HB für die Steuerbilanz (§ 5 Abs 1 S 1 EStG, s Anm 355) das Handelsrecht auch das Steuerrecht bindet und diese Bindung für die Abgrenzung zwischen sofort abzugsfähigem Erhaltungsaufwand zu aktivierungspflichtigen HK auch für Überschusseinkünfte gilt (GrS des *BFH* 4. 7. 1990, BStBl II, 830). Die Auslegungsunsicherheit bezieht sich zum einen auf die Gesetzesformulierung *„über seinen ursprünglichen Zustand hinaus"*; zum anderen ist sie durch den im Gesetz enthaltenen unbestimmten Rechtsbegriff *„wesentliche Verbesserung"* vorgegeben. 382

aa) Ursprünglicher Zustand. Da der kodifizierte Herstellungsbegriff nach der gesetzgeberischen Intention – über den Regelungsbereich der 4. EG-Richtl hinausgehend – die steuerneutrale Umsetzung der bisher durch das Steuerrecht geprägten Herstellungstatbestände gewährleisten soll, ist für seine Auslegung auch die bisherige steuerrechtliche Inhaltsbestimmung heranzuziehen. Nach der steuerrechtlichen Rspr waren nachträglich HK anzunehmen, wenn der VG – von der üblichen Modernisierung abgesehen – über seinen **bisherigen** Zustand deutlich verbessert wurde (s *BFH* 5. 11. 1985, BFH/NV 1986, 157; 13. 9. 1984, BStBl II 1985, 49). Dies kann nach der Wortauslegung der Zustand un- 383 mittelbar vor der Maßnahme sein (so zT die Auslegung durch die FinVerw); nach der grundlegenden Entscheidung des *GrS* vom 22. 8. 1966 BStBl III, 672 war mit der Formulierung jedoch der Zustand zum **Zeitpunkt des entgeltlichen Erwerbs** durch den Steuerpflichtigen gemeint, (so auch die Auslegung vom § 255 Abs 2 durch den *BFH* 11. 8. 1989, BStBl II 1990, 53; 30. 7. 1991 BStBl II 1992, 30 und hieran anschließend *BFH* 9. 5. 1995, BStBl II 1996, 632, 634; *BFH* 3. 12. 2002, BStBl II 2003, 590). Wenn auch vom Wortlaut der Vorschrift nicht gedeckt, erscheint es sinnvoll, angesichts der vom Gesetzgeber gewollten Fortführung steuerrechtlich geprägter Herstellungsbegriffe und unter Berücksichtigung des Umstands, dass es für Zwecke der Bilanzierung eines VG und der Fixierung der AK oder HK als Basis zukünftiger AfA auf den Zeitpunkt der erstmaligen Bilanzierung (Zugangszeitpunkt s Anm 31) ankommt, auf diesen Zeitpunkt abzustellen. Dies gilt jedoch nur, wenn zum Zugangszeitpunkt eine Bilanzierung zu marktbestätigten Erwerbspreisen bzw zu Verkehrswerten erfolgt, die sich **als neu fixierte Bemessungsgrundlage** des VG zum Zeitpunkt seiner erstmaligen Bilanzierung im Unt darstellen. Damit ist die Vergleichsgröße „ursprünglicher Zustand des VG" der Zustand bei seiner **erstmaligen Bilanzierung im Unternehmen,** vorausgesetzt, es werden die **Verkehrswerte** bilanziert. Verändert sich dieser Zugangswert durch nachträgliche AK oder HK, oder wird er umgekehrt durch AfS verändert, bildet der entspr **fortgeführte Zugangswert** die Vergleichgröße „ursprüngliche HK" (s *BFH* 9. 5. 1995, BStBl II 1996, 632, 634; *Petzer* DB 1996, 852; *BFH* 16. 7. 1996, BStBl II, 649).

384 Wird ein VG zum Zeitpunkt seiner erstmaligen Bilanzierung im Unt dagegen *nicht* mit Verkehrswerten angesetzt zB bei Anschaffungen im Zuge übertragender Umwandlungen mit Buchwertfortführung (s Anm 44); bei unterbewerteten Sacheinlagen mit ihrem Ansatz zum Nennwert zzgl Agio der ausgegebenen GesRechte; bei erfolgsneutraler Bewertung des im Tauschwege angeschafften Gegenstands (s Anm 131) oder beim unentgeltlichen Erwerb, bleibt es dabei, dass auf den ursprünglichen Zustand des VG für die Frage einer wesentlichen Verbesserung zurückzugreifen ist.

Auch bei **anderen Gegenständen** des Anlagevermögens als Gebäuden (etwa Betriebvorrichtungen, Maschinen und maschinellen Anlagen), bei denen wegen der kürzeren Nutzungsdauer der ursprüngliche Zustand des Gegenstands leichter feststellbar ist, verbleibt es bei der Wortauslegung (ebenso *Klein* in FS Moxter, 293).

385 **bb) Wesentliche Verbesserung.** Entspr dem eindeutigen Gesetzeswortlaut muss eine Verbesserung am VG **als Ganzes** herbeigeführt werden; darüber hinaus muss diese Verbesserung **wesentlich** sein. Eine Verbesserung nur von Teilen des VG (zB eines Gebäudes) führt nicht zu nachträglichen HK. Sie bildet regelmäßig Erhaltungsaufwand (zB *BFH* 19. 7. 1985, BFH/NV 1986, 24, 26). Insofern besteht ein Zusammenhang mit der ebenfalls auf den VG als Ganzen einheitlich zu verrechnenden planmäßigen Abschreibung (§ 253 Anm 215). So ist zB der VG Gebäude (zur Abgrenzung der Gegenstände Gebäude, Betriebsvorrichtung, Grund und Boden s § 247 Anm 459) mit seinen HK/AK zu bewerten und einheitlich entspr der Nutzungsdauer abzuschreiben – obgleich feststeht, dass die einzelnen Gebäudeteile, auf die sich die HK/AK beziehen, eine verschieden lange Lebensdauer haben. Die einheitliche Abschreibung beruht somit auf der **Fiktion der gleichmäßigen Abnutzung aller Teile des Gebäudes** (*BFH* 22. 8. 1966, BStBl III, 672). In konsequenter Fortführung dieser Fiktion können Aufwendungen zur Erneuerung bereits vorhandener Gebäudeteile nur als Erhaltungsaufwand verrechnet werden (*BFH* 26. 11. 1973, BStBl II 1974, 132, 137). Dies gilt auch dann, wenn damit eine werterhöhende Modernisierung verbunden ist, die dem Gegenstand, zB einem Wohnhaus, den zeit-

gemäßen Wohnkomfort wiedergibt, den es ursprünglich besessen, aber durch den technischen Fortschritt und die Veränderung der Lebensgewohnheit verloren hatte. Solange die **bisherige Funktion** des VG **noch in vergleichbarer Weise** erfüllt und nur den Zeitumständen angepasst wird, liegt Erhaltungsaufwand vor (*BFH* 9. 5. 1995, BStBl II 1996, 632, 635 mwN).

Werden an einem VG (zB Gebäude) als Ganzem Instandsetzungs- und Mo- 386
dernisierungsarbeiten ausgeführt, dürfen sie nicht aktiviert werden, wenn sie das Gebäude entspr seinem ursprünglichen Stand in zeitgemäßer Form wieder herstellen. Derartige **substanzerhaltende Beststandserneuerungen** (s *BFH* 9. 5. 1995 aaO; *BFH* 13. 10. 1998, BStBl 1999, 282, 283) bewirken noch keine wesentliche Verbesserung. Dies gilt unabhängig von der Höhe der jeweils angefallenen Aufwendungen. In Ausfüllung des unbestimmten Rechtsbegriffs „wesentliche Verbesserung" ist eine Verbesserung erst dann wesentlich, wenn sie über die zeitgemäße Erneuerung hinaus den **Gebrauchswert** des VG im Ganzen **deutlich** erhöht. Dies ist in Anlehnung an die Umschreibung von *Knop* in HdR[5] § 255 Anm 349 danach zu beurteilen, ob für die Zukunft ein höheres **„Nutzungspotential"** geschaffen worden ist (*BFH* aaO). Mag die Bestimmung eines höheren Nutzungspotentials bei einer im Produktionsprozess eingesetzten Maschine anhand der technischen Leistungsfähigkeit noch leicht zu bestimmen sein, ist dies bei einem Gebäude schon schwieriger. Es muss eine maßgeblich höherwertige Nutzungsmöglichkeit feststellbar sein (*BFH* 13. 10. 1998 aaO) Nicht jede zur Erhöhung der Miete nach mietpreisrechtlichen Vorschriften berechtigende Modernisierungsmaßnahme reicht aus (*Pezzer* aaO S 854; *BMF* 16. 12. 1996 BStBl I, 1442, 1444). Bei **Wohngebäuden** ist eine wesentliche Verbesserung durch deutliche Erhöhung des Gebrauchswerts anzunehmen, wenn durch die Modernisierungsmaßnahmen das Gebäude von einem **sehr einfachen** auf einen **mittleren** oder von einem mittleren auf einen **sehr anspruchsvollen Standard** angehoben wird (*BFH* 12. 9. 2001, BB 2002, 1350; *BFH* 20. 8. 2002, BFH NV 2003, 35; *BFH* 3. 12. 2002, BStBl II 2003, 590; OFD Nürnberg 9. 8. 2002, DStR 2002, 1813; *BMF* 18. 7. 2003, BStBl I 386; für Wohngebäude in der ehemaligen DDR vgl *Hessisches FG* 15. 8. 2002, EFG 2003, 520; für Betriebsgebäude vgl FG Mecklenburg 21. 4. 2004, 1 K 356/01). Der Gebrauchswert wird insb durch die Modernisierung derjenigen Einrichtungen erhöht, die ihn maßgeblich bestimmen. Dies sind vor allem die *Heizungs-, Sanitär-* und *Elektroinstallationen* sowie die *Fenster,* nicht dagegen *Türen, Zargen* oder *Fußböden* (*BFH* 22. 1. 2003, BFH NV 2003, 766). Instandsetzungs- und Modernisierungsinstallationen, die für sich allein noch als Erhaltungsmaßnahmen zu beurteilen wären, können **in ihrer Gesamtheit** zu einer deutlichen Gebrauchswerterhöhung führen. Werden durch ein Bündel einer Baumaßnahme *mindestens drei* der vier maßgeblichen Bereiche betroffen, ist eine Standardanhebung und damit eine wesentliche Verbesserung gegeben (*BFH* aaO, 1353; zum Einbau eines neuen Bads vgl *BFH* 22. 1. 2003, BFH NV 2003, 758). Ob eine wesentliche Verbesserung iSd Abs 2 vorliegt, ist iW nach den gleichen Maßstäben zu entscheiden, nach denen auch die Herstellung der Betriebsbereitschaft nach Abs 1 zu beurteilen ist (*BFH* 20. 8. 2002, BFH NV 2003, 35). Diese Abgrenzungskriterien zur Bestimmung der Grenzlinie, ab welcher eine wesentliche Verbesserung iSd Abs 1 S 2 anzunehmen ist, hat der BFH zugleich mit der *Rechtsprechungsänderung zu den sog anschaffungsnahen HK* (s Anm 388) aufgestellt, offenbar mit der Zielrichtung, der FinVerw (andere) praktikable Anhaltspunkte zur Bestimmung aktivierungspflichtiger HK an die Hand zu geben.

Dem Gesetzeswortlaut „wesentliche Verbesserung" folgend ist die Aktivie- 387
rung auf seltene Ausnahmen beschränkt, in denen nach **objektiven Maßstäben** nachprüfbar, dh von der subjektiven Einschätzung des Unternehmers gelöst,

eine Steigerung des „Nutzungspotentials" erreicht worden ist (*ADS*[6] § 255 Anm 125; *BFH* 22. 1. 2003, BStBl II, 596). Durch die strikte Anbindung an die kodifizierten Tatbestandsmerkmale des Abs 2 S 1 durch *BFH* und *FinVerw* hat sich im Gebäudebereich **auch für das Steuerrecht** die Grenze zwischen aktivierungspflichtigen HK und sofort abzugsfähigem Erhaltungsaufwand weiter zugunsten des Erhaltungsaufwands *verschoben* (*Spindler* aaO, 769). Eine wesentliche Verbesserung kann – insb bei Gebäuden – auch in einer *erheblichen Verlängerung der Nutzungsdauer aufgrund von Instandsetzungs- und Modernisierungsarbeiten begründet sein,* was gleichfalls auf nach objektiven Kriterien zu bestimmende seltene Ausnahmen begrenzt ist (*BFH* 9. 5. 1995 aaO; *BMF* 16. 12. 1996 aaO; *ADS*[6] aaO; aA *Knop* in HdR[5] § 255 Anm 350).

388 Die in Abs 2 S 1 erfolgte Inhaltsbestimmung der HK **verbietet es,** sog **anschaffungsnahe Aufwendungen** allein wegen ihrer Höhe oder ihrer zeitlichen Nähe zur Anschaffung **als HK zu behandeln.** Soweit die frühere Rspr des BFH mit unterschiedlichen Begr einen Sondertatbestand nachträglicher HK für gegeben hielt, sofern nur in zeitlicher Nähe zur Anschaffung im Verhältnis zum Kaufpreis hohe Aufwendungen auf den VG vorgenommen wurden (s 4. Auflage Anm 388), ist diese Rspr **aufgegeben** worden (*BFH* 12. 9. 2001, BStBl II 2003, 569). Dem ist die FinVerw iW gefolgt (BMF 18. 7. 2003, BStBl I 386).

389 Mit dem StÄndG 2003 wurde § 6 Abs. 1 EStG um eine Nr 1 a ergänzt, der nunmehr eine **steuergesetzliche Regelung der anschaffungsnahen HK** enthält. Im Unterschied zur früheren, in Anm 388 dargestellten Rechtslage sind die Schwellenwerte für den Zeitraum sowie die Kosten der Erhaltungsmaßnahmen genau bestimmt; die neue Regelung gilt auch für Gewinneinkünfte.

Der Begriff der HK in Abs 2 bleibt unverändert; die betr Aufwendungen sind also weiterhin keine HK und dürfen **handelsrechtlich** nicht aktiviert werden. § 6 Abs 1 Nr 1 a EStG enthält unter Durchbrechung des Maßgeblichkeitsgrundsatzes eine besondere steuerrechtliche Bewertungsregel iSd § 5 Abs 6 EStG (gl A *Wendt* EStB 2004, 329). Umgekehrt bleiben selbstverständlich Aufwendungen, die nach den allgemeinen Grundsätzen HK sind, auch bei Ablauf der 3-Jahresfrist bzw Unterschreitung der 15 vH-Grenze HK (*Glanegger* in Schmidt[24] § 6 Anm 113).

f) Erhaltungsaufwand

390 Durch die Definition aktivierungspflichtiger HK im HGB (Anm 375) werden alle übrigen Aufwendungen zu sofort abzugsfähigem Erhaltungsaufwand (Ausnahme str s Anm 389). Lassen sich die idR auf tatsächlichem Gebiet liegenden Voraussetzungen der nach Abs 2 S 1, 2. Hs aktivierungspflichtigen nachträglichen HK nicht eindeutig feststellen, **ist im Zweifel Erhaltungsaufwand** anzunehmen (*BFH* 9. 5. 1995, BStBl II 1996, 632, 635; *Petzer* DB 1996, 849; *Spindler* DStR 1996, 766; *Werndl* in Kirchhoff/Söhn/Mellinghoff § 6 Anm B 310). Auch wenn eine positive Begriffsbestimmung fehlt, kann Erhaltungsaufwand in Umkehrung der Begriffsmerkmale des aktivierungspflichtigen Herstellungsaufwands bestimmt werden. Erhaltungsaufwand liegt demnach insb dann vor, wenn Teile eines VG ersetzt oder modernisiert werden, ohne dabei die Funktion des VG zu ändern (zB *BFH* 13. 9. 1984, BStBl II 1985, 49).

Der Annahme von Erhaltungsaufwand stehen nicht entgegen:

– Eine Werterhöhung des VG oder der ersetzten Teile durch Verwendung höherwertigen, kostspieligeren Materials durch Anpassung an den technischen Fortschritt oder durch nachträglichen Einbau bisher nicht vorhandener Teile zur Erhaltung der Funktionsfähigkeit (*BFH* 7. 12. 1976, BStBl II 1977, 281;

erheblicher Wertzuwachs bei aufwändiger Instandsetzung eines PKW, *BFH* 11. 4. 1986, BFH/NV, 524);
- ein die ursprünglichen HK übersteigender Aufwand (*BFH* 9. 11. 1976, BStBl II, 279, 280);
- die völlige planmäßige oder außerplanmäßige Abschreibung des VG (*BFH* 30. 5. 1974, BStBl II, 520);
- die objektiv noch gegebene technische Funktionsfähigkeit der erneuerten Anlage (*BFH* 7. 12. 1976, BStBl II 1977, 281).

g) Zusammentreffen von Herstellungs- und Erhaltungsaufwand

Werden an einem Gebäude in engem räumlichem, zeitlichem und sachlichem Zusammenhang Arbeiten durchgeführt, die für sich betrachtet teils HK und teils Erhaltungsaufwand bilden, sind sie grds **getrennt** zu behandeln und die auf die einzelne Maßnahme entfallenden Aufwendungen ggf im Wege der Schätzung aufzuteilen (*BFH* 9. 5. 1995, BStBl II 1996, 632, 635; *Spindler* DStR 1996, 765, 768; BMF 18. 7. 2003, BStBl I 386). Etwas anderes gilt nur dann, wenn Erhaltungsaufwendungen mit zu HK führenden Maßnahmen in der Weise in einem sachlichen Zusammenhang stehen, dass sie **bautechnisch ineinander greifen,** dh die eine Baumaßnahme durch die andere bedingt ist (*BFH* 9. 5. 1995, BStBl II 1996, 632, 635; 16. 7. 1996, BStBl II 649; BMF aaO; DB, 1957, 1958). In diesem Fall sind die Aufwendungen einheitlich als HK zu beurteilen. Diese Konstellation kann insb bei Erweiterungsaufwendungen auftreten, die, wenn auch nur geringfügig, bereits zu HK führen (s Anm 379). Auch betragsmäßig überwiegende Erhaltungsaufwendungen sind dann in die HK mit einzubeziehen (*Spindler* aaO S 768; *Petzer* DB 1996, 851 mwN). Aufwendungen, die in der Herstellungsphase eines Neubaus entstehen, können keine Erhaltungsaufwendungen sein (*FG Nürnberg* 4. 6. 2003, II-50/2002 rkr). 392

Für die Praxis wird die wiederum auf tatsächlichem Gebiet liegende Frage von Bedeutung sein, ob ein innerer bautechnischer Zusammenhang der einzelnen Erhaltungsmaßnahmen mit der Herstellungsmaßnahme besteht. Im **Zweifel** ist auch hier trennbarer Erhaltungsaufwand anzunehmen.

3. ABC der Herstellungskosten (Sachanlagen)

Abbruchkosten s Gebäudeabbruch. 400

Abgeschriebene Vermögensgegenstände. Aufwendungen hierfür Erhaltungsaufwand.

Abgrenzung. Herstellung, Anschaffung Anm 2.

Abstandszahlungen an Mieter Anm 325.

Alarmanlage nachträglicher Einbau Anm 380.

Anzahlungen Anm § 247 Anm 545 ff sowie hier Anm 325.

Ausbau Dachgeschoss. Nachträgliche HK Anm 380.

Austauschmotor. Erhaltungsaufwand Anm 376.

Beginn der Herstellung Anm 362.

Dacherneuerung Anm 380.

Eigenkapitalzinsen Anm 509.

Einstellplätze. Aufwendungen hierfür sowie Kosten für die Ablösung der Verpflichtung zu ihrer Errichtung sind (nachträgliche) HK des Gebäudes Anm 387.

Ergänzungsbeiträge Kanalisation, Erhaltungsaufwand Anm 112.

Ersatzbeschaffung Anm 325.

Erschließungskosten Anm 325.

Erstattung. Ansprüche auf Erstattung von HK sind nicht gewinnerhöhend, sondern herstellungskostenmindernd zu buchen (*FG Hamburg* 15. 12. 2003, V-91/00 rkr).

Finanzierungskosten s Zinsen; Geldbeschaffungskosten sind keine HK.

Funktionsänderung Anm 378.

Gebäudeabbruch. Wird ein Gebäude abgebrochen, sind die Abbruchkosten und der Restbuchwert (Abgang) Aufwand, weil das Gebäude aus dem Vermögen des Kfm ausscheidet (so grds auch *BFH* 12. 6. 1978, BStBl II, 620): jedoch sollen der Restbuchwert und die Abbruchkosten HK des Neugebäudes darstellen, wenn beim Erwerb des Altgebäudes eine Abbruchabsicht festgestellt werden kann. Dies ist abzulehnen (s Anm 373). Wird ein Grundstück mit einem technisch und wirtschaftlich verbrauchten Gebäude erworben, liegen nur AK des Grundstücks vor. Die Abbruchkosten sind dann, gleichgültig wann sie anfallen, (nachträgliche) AK des Grundstücks.

Generalüberholung; Begriff aufgegeben s Anm 376.

Heizungsanlagenerneuerung. Erhaltungsaufwand Anm 380.

Immaterielles Anlagevermögen Anm 109.

Ladeneinbauten HK einer technischen Anlage § 247 Anm 480.

Lastenaufzug. Da dem Betrieb und nicht dem Gebäude dienend, HK einer technischen Anlage § 247 Anm 480.

Mängelbeseitigung Die Rspr gestattet keine AfA nach § 7 Abs 1 S 7 bei während der Herstellungsphase aufgetretenen Mängeln und aktiviert die Reparaturkosten als HK (*BFH* 30. 8. 1994, BStBl II 1995, 306).

Mietereinbauten. HK eines materiellen VG; soweit dem Gebäude dienend, HK eines Gebäudes auf fremdem Grund und Boden vgl § 247 Anm 450; soweit dem Betrieb des Mieters dienend, technische Anlagen.

Modernisierung, übliche: Erhaltungsaufwand Anm 385.

Planungskosten: s Anm 370; vergebliche Anm 372.

Raumhöhe, Änderung ohne Erweiterung der Nutzfläche Anm 380.

Softwareumstellung s Anm 334, zur Bilanzierung von Software beim Anwender vgl *IDW RS HFA 11* vom 30. 6. 2004.

Sprinkleranlagen. Da dem Gebäude dienend, Gebäudeherstellungskosten (§ 247 Anm 460).

Stellplätze Einstellplätze.

Substanzmehrung Anm 380.

Umbau Anm 378.

Vergebliche Kosten Anm 372.

Verbesserung, wesentliche Anm 385.

Werterhöhende Aufwendungen Anm 390.

Wesensänderung Anm 378.

Wiederherstellung bei Untergang und Teilzerstörung Anm 377.

Zinsen für Fremdkapital Anm 502.

Zuschüsse zu Herstellungskosten Anm 113.

III. Finanzanlagen

405 Entgegen der bisher hM kommen Herstellungsvorgänge auch bei Finanzanlagen – namentlich bei sog **verdeckten Einlagen** in BetUnt – in Betracht. Hierzu Anm 141, 162ff. Entscheidende Bedeutung gewinnt diese Betrachtungsweise bei der Beurteilung verdeckter Einlagen in KapGes (zB in Gestalt von **Forderungsverzichten** oder **Sanierungszuschüssen**). Da verdeckte Einlagen regelmäßig weder die Identität der bereits vorhandenen Beteiligung verändern und damit nicht zur Herstellung eines neuen VG führen, noch eine Erweiterung der Beteiligungsrechte zur Folge haben, können sie nur dann HK sein, wenn sie die Beteiligung über deren bisherigen Zustand hinaus wesentlich verbessern. Dies wiederum ist nur insoweit der Fall, als sich der Verkehrswert der Beteiligung durch die verdeckte Einlage erhöht. **Verdeckte Einlagen** erfüllen hiernach nur insoweit den HK-Begriff, als sie geeignet sind, den Ertragswert der Beteiligung zu erhöhen. Soweit dies nicht der Fall ist, verbleibt nur die Möglichkeit, die verdeckte Einlage als Erhaltungsaufwand zu behandeln (*BFH* 29. 7. 1997, BStBl II 1968, 652).

IV. Vorräte

Schrifttum zu Abs 2 S 3–5 (Herstellungskosten): *vom Kortzfleisch* Divisionskalkulation, HWR Sp 402–410; *Swoboda* Kostenrechnung, Systematik der HWP Sp 1067–1073; *Zahn* Kalkulation, HWR Sp 842–855; *Freidank* Bilanzierungsprobleme bei unterausgelasteten Kapazitäten im handels- und steuerrechtlichen Jahresabschluss oder Aktiengesellschaft, BB 1984, 29; *Mathiak* Anschaffungs- und Herstellungskosten, *Raupach* (Hrsg) Werte und Wertermittlung im Steuerrecht, Köln 1984, 97 ff; *Wohlgemuth* Die Herstellungskosten in der Handels- und Steuerbilanz HdJ Abs I/10; *Christiansen* Herstellungskosten bei nicht ausgenutzten Produktionskapazitäten, StBP 1986, 173; *Knop/Küting* in HdR § 255; *Selchert* Probleme der Unter- und Obergrenze von Herstellungskosten, BB 1986, 2298; *Schmeisser/Steinle* Sind die Lohnnebenkosten Bestandteil der handelsbilanziellen Wertuntergrenze der Herstellungskosten gemäß § 255 Abs. 2 HGB? DB 1987, 2317; *Küting/Haeger* Die Bedeutung des Maßgeblichkeitsprinzips für die Ermittlung der steuerbilanziellen Herstellungskosten. DStR 1988, 159; *Moxter* Aktivierungspflichtige Herstellungskosten in Handels- und Steuerbilanz, BB 1988, 937; *Küting* Aktuelle Probleme bei der Ermittlung der handelsrechtlichen Herstellungskosten, BB 1989, 587; *Schneeloch* Herstellungskosten in Handels- und Steuerbilanz, DB 1989, 255; *Reiniges* Steuerliche Herstellungskosten und neues Handelsrecht, in: Mellwig/Moxter/Ordelheide (Hrsg), Handelsbilanz und Steuerbilanz, Beiträge zum neuen Bilanzrecht, Band 2, Wiesbaden 1989, 73; *Kirsch* Ermittlung bilanzieller Herstellungskosten durch Anwendung der Prozeßkostenrechnung, WPg 1999, 281; *Beiser* Die Angemessenheit der Material- und Fertigungsgemeinkosten im Rahmen der Herstellungskosten, DB 2003, 2557.

Schrifttum zu Abs 2 S 6: (Vertriebskosten, Langfristfertigung): *Förschle* Bilanzierung sogenannter Sondereinzelkosten des Vertriebs aus handelsrechtlicher Sicht, ZfB-Erg Heft 1/1987, 85; *Weber* Die Einordnung von Sondereinzelkosten des Vertriebs bei langfristiger Auftragsfertigung nach neuem Recht, DB 1987, 393; *Schindlbeck* Bilanzierung und Prüfung bei langfristiger Fertigung, Frankfurt/Bern/New York/Paris 1988; *Sarx* Ausgewählte Einzelprobleme der Bilanzierung, in: Mellwig/Moxter/Ordelheide (Hrsg), Handelsbilanz und Steuerbilanz. Beiträge zum neuen Bilanzrecht, Band 2, Wiesbaden 1989, 127; *Leuschner* Gewinnrealisierung bei langfristiger Fertigung FS Budde, 374; *Backhaus* Gewinnrealisierung im Anlagengeschäft vor dem Hintergrund nationaler und internationaler Rechnungslegungsvorschriften FS Ludewig, 23; *Krawitz* Die bilanzielle Behandlung der langfristigen Auftragsfertigung und Reformüberlegungen unter Berücksichtigung internationaler Entwicklungen, DStR 1997; *Marx/Löffler* Bilanzierung der langfristigen Auftragsfertigung, BeckHdR B 700 (2000).

1. Allgemeines

Dem Abs 2 liegt im System – wie auch dem vom Gesetzgeber als Modell ge- 410
wählten EStR 33 – das betriebswirtschaftliche Kalkulationsschema der **Zuschlagskalkulation** zugrunde. Dieses Verfahren unterscheidet zwischen Einzelkosten und Gemeinkosten. Einzelkosten sind solche, die dem Erzeugnis oder der Erzeugnisgruppe *unmittelbar* zugerechnet werden können; die **Gemeinkosten** werden den Kostenträgern über die Kostenstellenrechnung mittels Zuschlagssätzen *mittelbar* zugeordnet.

411 Das **Zuschlagsverfahren** umfasst hiernach Stoffkosten (Fertigungsmaterial und Materialgemeinkosten), Fertigungskosten (Fertigungslöhne, Fertigungsgemeinkosten sowie Sondereinzel- und Sondergemeinkosten der Fertigung), Entwicklungs-, Versuchs- und Konstruktionskosten sowie Verwaltungskosten. Aus der Addition ergeben sich die bilanziellen HK.

412 In Abs 2 werden die **Gemeinkosten** unterteilt nach:

- Materialgemeinkosten, Fertigungsgemeinkosten und dem Wertverzehr des Anlagevermögens, der nur bedingt Gemeinkostencharakter hat (= Bewertungswahlrechte für die HB, vgl Anm 342ff).
- Allgemeine Verwaltungskosten und bestimmte soziale Aufwendungen (= weiteres Bewertungswahlrecht für HB und Steuerbilanz, Anm 340).

Bei den Einbeziehungswahlrechten in der HB kann das Wahlrecht unter Beachtung der Bewertungsstetigkeit jeweils für sich ausgeübt werden (*ADS*[6] § 255 Anm 250).

413 Für die Ermittlung der bilanziellen HK ist jedoch die Zuschlagskalkulation nicht bindend. Weitere mögliche Kalkulationsverfahren sind die **Divisions-Kalkulationen** und die **Kuppelkalkulationen.** Die Divisionskalkulationen werden unterschieden nach solchen ieS (einstufig, zweistufig und mehrstufig) und Äquivalenzziffernkalkulationen (einstufig, zweistufig und mehrstufig). Vgl im Einzelnen ABC Anm 468. Die Kuppelkalkulationen umfassen die Marktwertmethode, die Restwertmethode und die Kostenverteilungsmethode (im Einzelnen ABC Anm 468).

414 Die HK werden auf der Grundlage der unternehmensindividuellen Kostenrechnung und der Betriebsabrechnung ermittelt (ebenso *WPH*[12] I, E 257). Die handelsrechtliche Untergrenze nach Abs 2 S 2 setzt aber voraus, dass die aktivierungspflichtigen Einzelkosten erfasst und nachweisbar sind (s Anm 346; *ADS*[6] § 255 Anm 138). In der Betriebswirtschaftslehre werden folgende **Kostenrechnungssysteme** unterschieden (*Swoboda* Sp 1067–1071):

- nach dem Zeitbezug: Istkostenrechnungs-, Normalkostenrechnungs- und Plankostenrechnungssysteme;
- nach dem Sachumfang: Vollkostenrechnungs- und Teilkostenrechnungssysteme;
- in Kombination: Ist-, Normal- oder Plankostenrechnung als Vollkosten- oder Teilkostenrechnung.

415 Die **Istkostenrechnung** verrechnet von den Kostenarten über die Kostenstellen bis zur Kostenträgerrechnung die tatsächlichen Kosten der Periode, dh Ist-Verbrauchsmengen bewertet zu Ist-Preisen (idR AK). Die **Normalkostenrechnung** verwendet Kosten, die sich als Durchschnitt der Istkosten vergangener Perioden ergeben, also Normalisierung der Kosten. Die **Plankostenrechnung** geht für das Mengen-(oder Zeit-)gerüst und die Wertansätze von geplanten Größen aus.

416 Bei der **Vollkostenrechnung** werden alle angefallenen Kosten auf die Kostenträger verrechnet. Zu den Arten der **Teilkostenrechnung** gehören die Grenzkostenrechnung und solche Systeme, bei denen der Block der Fixkosten differenziert aufgespalten wird; bei der Grenzkostenrechnung werden nur die variablen Kostenteile auf die Leistungen verrechnet und die Fixkosten en bloc in die Erfolgsrechnung übernommen.

417 Für die Ermittlung der bilanziellen HK eignet sich von diesen Kostenrechnungssystemen nach Zeitbezug besonders das **Istkostenverfahren** mit der Kombination der Vollkostenrechnung; nach dieser ergibt sich die **Obergrenze** der bilanziellen HK (ebenso *ADS*[6] § 255 Anm 222). Bereinigungen sind erforderlich bei Unterbeschäftigung (Anm 439). Die Verwendung einer **Normalkostenrechnung** zur Ermittlung der bilanziellen HK setzt voraus, dass der zu-

grundegelegte Beschäftigungsgrad den realen Gegebenheiten entspricht (*ADS*[6] § 255 Anm 226 „nach vernünftiger kaufmännischer Überlegung"). Die Normalkosten dürfen aber nicht *unter* den tatsächlich angefallenen Kosten liegen (*ADS*[6] § 255 Anm 226). Unter gleichen Voraussetzungen kann auch die Plankostenrechnung für die Berechnung der HK in Frage kommen (hierzu *Wohlgemuth* in HdJ Abt I/10 Anm 73 ff).

Zur Eignung der Prozesskostenrechnung zur Ermittlung der HK vgl *Kirsch* WPg 1999, 281.

Die **Vollkostenrechnung** entspricht den Voraussetzungen für die Ermittlung 418
der HK. **Teilkostenrechnungen** sind nur bedingt verwendbar. An das jeweils angewandte Kalkulationsverfahren ist der Maßstab anzulegen, dass die aktivierungspflichtigen Bestandteile der HK eindeutig erfasst werden (glA *ADS*[6] § 255 Anm 140). Nach *WPH*[12] I, E 257 rechnet eine entspr ausgebaute Abrechnung zu den Buchführungspflichten (§ 238 Abs 1).

Für die Abgrenzung bestimmter Kosten ist der **Beginn und Abschluss der** 419
Herstellung als Fertigungsprozess wesentlich. Die Herstellung eines VG beginnt, wenn erstmals Aufwendungen anfallen, die *unmittelbar* der Herstellung des VG dienen iSv Einzelkosten (s Anm 364). Hierzu steht auch das Redaktionskostenurteil (*BFH* 18. 6. 1975, BStBl II 809) nicht im Widerspruch (s Anm 365). Bei *Auftragsfertigung* beginnt die Herstellung mit Auftragserteilung; jedoch sind vor Auftragserteilung entstandene Aufwendungen zur *Auftragserlangung,* sofern sie unmittelbar dem erteilten Auftrag zugerechnet werden können und nicht Vertriebskosten darstellen (zB Planungen, Entwürfe, Reisekosten), als Sondereinzelkosten der Fertigung auf den Auftrag (nach) zu aktivieren (*HFA* 5/1991 *WPg* 1992, 94; *Knop* in HdR[5] § 255 Anm 196; *ADS*[6] § 255 Anm 213 mwN; s Anm 456). Nach EStR 33 Abs 7 brauchen die angefallenen Aufwendungen noch nicht ein „greifbares Wirtschaftsgut" ergeben haben.

Zur **Beendigung der Herstellung** ist für HB und Steuerbilanz strittig, ob 420
der Herstellungsvorgang mit der Entstehung des VG oder mit seiner vollen Verkaufsfähigkeit beendet ist. Dies gilt in der Zuordnung insb für die Behandlung von Abfüllkosten, Transportkosten zu Auslieferungslagern, Verbrauchsteuern und Verpackungskosten; diese Aufwendungen können je nach der Abgrenzung noch HK oder Vertriebskosten sein (vgl auch Anm 445 ff, 452, 453). Mit dem Übergang auf die Verkaufslager sind die dann anfallenden Lagerkosten Vertriebskosten.

Für die Abgrenzung von *Einzel- und Gemeinkosten* kann auch die Verfahrens- 421
technik der jeweiligen Kostenrechnung entscheidend sein, wenn zB aus Vereinfachungsgründen ursprüngliche Einzelkosten den Gemeinkosten zugerechnet werden. Eine solche Technik darf nicht bewirken, dass aktivierungspflichtige Einzelkosten in sog unechte Gemeinkosten umgewandelt und je nach Ausübung des bilanziellen Einrechnungswahlrechts ggf außer Ansatz bleiben würden (s Anm 364). Die Untergrenze der Bewertung zu Einzelkosten darf nicht durch die Verfahrenstechnik beeinflusst werden; erforderlichenfalls sind Zuordnungskorrekturen erforderlich (so auch *ADS*[6] § 255 Anm 140; *Knop* in HdR[5] § 255 Anm 131).

2. Die Gruppe der Gemeinkosten

a) Materialgemeinkosten

Materialgemeinkosten sind die mit der Lagerung und Wartung des Materials 422
im Zusammenhang stehenden Kosten (ohne abziehbare Vorsteuer). Hierzu gehören im Einzelnen zB die Kosten der Lagerhaltung, Transport und Prüfung des Fertigungsmaterials (ähnlich *ADS*[6] § 255 Anm 172; EStR 33 Abs 2). Gemein-

kosten des Anschaffungsbereichs, die nicht als AK des Materials aktiviert werden dürfen (Anm 73), zB Kosten der Einkaufsabteilung und Warenannahme, werden nach EStR 33 Abs 4 den Kosten der allgemeinen Verwaltung zugeordnet (s Anm 431). Die Verrechnung erfolgt durch prozentuale Zuschläge auf das Fertigungsmaterial oder auf Stoffgruppen.

b) Fertigungsgemeinkosten

423 Fertigungsgemeinkosten sind die im Fertigungsbereich anfallenden Gemeinkosten. Anders umschrieben fallen hierunter die Kosten der Fertigung, die nicht direkt als Kosten für Material und Fertigungslöhne oder als Sonderkosten verrechnet werden und nicht unter Verwaltungs- oder Vertriebskosten fallen (ähnlich auch *ADS*[6] § 255 Anm 174). Zur Abgrenzung werden nach EStR 33 Abs 4 die Kosten der **allgemeinen Verwaltung** von der Erfassung als HK ausgenommen. Beispiele für Fertigungsgemeinkosten sind: Energiekosten (Brenn- und Treibstoffe, Dampf, Strom, Pressluft), Betriebsstoffe, Hilfsstoffe, Sachversicherungen für Anlagen der Fertigung, Instandhaltungsaufwendungen der Anlagen der Fertigung, Werkstattverwaltung, Lohnbüro, Arbeitsvorbereitung, Fertigungskontrolle, Grundsteuer (so auch *ADS*[6] § 255 Anm 176). Da die Abgrenzung zwischen Materialgemeinkosten und Fertigungsgemeinkosten im Einzelfall schwierig sein kann, führt die Finanzverwaltung als Beispiele nur mehrere Kostenstellen auf (EStR 33 Abs 2).

c) Sonderkosten der Fertigung

424 Hierunter fallen:
- Sondereinzelkosten der Fertigung und
- Entwicklungs-, Versuchs- und Konstruktionskosten (zu Auftragserlangungskosten s Anm 456).

Sondereinzelkosten der Fertigung sind vor allem die als Einzelkosten verrechenbaren Aufwendungen für Sonderbetriebsmittel (Modelle, Gesenke, Schablonen, Schnitte, Sonderwerkzeuge), Lizenzgebühren, soweit nicht Vertriebslizenzen. Aufwendungen dieser Art können auch Gemeinkosten darstellen, für die ein Einbeziehungwahlrecht besteht (so auch *ADS*[6] § 255 Anm 149, 150; *Knop* in HdR[5] Anm 171 zur Differenzierung nach stück- oder auftragsbezogenen Kosten kritisch *Schneeloch* DB 1989, 288).

Unter **Entwicklungs-, Versuchs- und Konstruktionskosten** fallen die entspr **auftragsgebundenen Kosten,** die im Rahmen eines erteilten Auftrags entstehen und schon deswegen Einzelkosten darstellen (so auch *ADS*[6] § 255 Anm 151; *Stobbe* in *HHR* § 6 Anm 463b).

425 Nicht zu den HK gehören Aufwendungen für die sog **Grundlagenforschung;** sie dürfen nicht aktiviert werden (*Stobbe* in *HHR* aaO). Bei der sog **Zweckforschung** wird zwischen Neu- und Weiterentwicklung von Erzeugnissen unterschieden. Aufwendungen für die **Neuentwicklung** von Erzeugnissen stehen idR noch in keinem konkreten Zusammenhang mit einem bestimmten zu bewertenden Erzeugnis und sind deswegen noch nicht aktivierungsfähig (ebenso *ADS*[6] § 255 Anm 151; *Stobbe* in *HHR* § 6 Anm 463b). Aufwendungen für die **Weiterentwicklung** von Erzeugnissen der lfd Fertigung können als Fertigungsgemeinkosten der produzierten Erzeugnisse anzusehen sein (*ADS*[6] aaO; *HHR* aaO; *Knop* in HdR[5] § 255 Anm 334, 339); Prototypen für geplante Serienerzeugnisse sind den Originalkopien von Tonträgern vergleichbar: wie bei diesen (s Anm 365) stehen auch bei den Prototypen nicht der körperliche Gegenstand, sondern die *schöpferische Leistung* (Entwicklungsleistung) im Vordergrund. Sie unterliegen als selbst geschaffene immaterielle Anlagegüter dem Akti-

vierungsverbot des § 248 Abs 2 (nach hM erfasst Letzteres die der Erstellung der Prototypen vorangehenden Entwürfe, Konstruktionszeichnungen, Arbeitsmodelle usw; nicht jedoch die unmittelbar für die Erstellung der Prototypen anfallenden Aufwendungen s *ADS*[6] § 255 Anm 152 mwN).

Entwicklungsarbeiten im Auftrag Dritter sind, wenn noch nicht abgeliefert, am Bilanzstichtag als unfertige Leistungen mit den HK zu aktivieren (*ADS*[6] § 255 Anm 151), wobei die verlustfreie Bewertung zu beachten ist (vgl § 253 Anm 521 ff); Gleiches gilt für Dienstleistungen (zB Steuer- oder EDV-Beratung). 426

d) Wertverzehr des Anlagevermögens

Bei der Berechnung der HK dürfen nach Abs 2 S 3 auch angemessene Teile des **Wertverzehrs** des **Anlagevermögens,** soweit er durch die Fertigung veranlasst ist, eingerechnet werden. Dabei darf der Wertverzehr – wie die anderen Gemeinkosten – nur insoweit berücksichtigt werden, als er auf den Zeitraum der Herstellung entfällt (Abs 2 S 5). 427

Der Bezeichnung **Wertverzehr** des Anlagevermögens ist wörtlich aus EStR 33 Abs 3 übernommen. Der Wertverzehr wird ausgedrückt durch die **planmäßigen Abschreibungen** nach § 253 Abs 2 S 1, steuerrechtlich durch die AfA nach § 7 Abs 1 und 2 EStG. **Außerplanmäßige Abschreibungen** (§ 253 Abs 2 S 3, vgl § 253 Anm 280 ff) gehören *nicht* zu den HK, ebenso nicht Abschreibungen nach § 253 Abs 4. **Nicht** zu den planmäßigen Abschreibungen gehören auch **steuerrechtliche Sonderabschreibungen** und sonstige **erhöhte steuerrechtliche Absetzungen** (so auch *ADS*[6] § 255 Anm 191; *Knop* in HdR[5] § 255 Anm 270). 428

Die planmäßigen Abschreibungen dürfen auf der Grundlage niedrigerer kalkulatorischer Abschreibungen eingerechnet werden, wenn die kalkulatorischen Abschreibungen auf der Grundlage der AK/HK (nicht von Wiederbeschaffungskosten), zB als lineare statt degressive Abschreibungen, verrechnet werden (ebenso *ADS*[6] § 255 Anm 184; *HFA* 5/1991, WPg 1992, 85; kritisch: Ausgangsgrundlage sind die planmäßigen bilanziellen Abschreibungen).

Eine wesentliche Anhaltsgrundlage für die in die HK der HB einzubeziehenden Abschreibungsbeträge geben auch die Regelungen in EStR 33 Abs 3. Grds ist hiernach der Betrag anzusetzen, der in der **Steuerbilanz** bei der Bilanzierung des Anlagevermögens als **AfA** berücksichtigt ist. Es dürfen jedoch **anstelle** von AfA in fallenden Jahresbeträgen (§ 7 Abs 2 EStG) **lineare AfA** nach § 7 Abs 1 S 1 und 2 EStG berücksichtigt werden. Dieses Absetzungsverfahren muss dann bei der Berechnung der HK **beibehalten** werden, wenn später im AfA-Verlauf die Absetzungen in fallenden Jahresbeträgen niedriger sind als die linearen AfA. Lineare AfA sind auch dann zu berücksichtigen, wenn Bewertungswahlrechte, Sonderabschreibungen oder sonstige erhöhte Absetzungen in Anspruch genommen worden sind. **Teilwertabschreibungen** auf das Anlagevermögen (§ 6 Abs 1 Nr 1 S 2 EStG) sind bei der Berechnung der HK nicht zu berücksichtigen. 429

Zu den nicht einzubeziehenden Abschreibungen als **„Leerkosten"** und bei **„Stillstand"** vgl Anm 439, 440. 430

e) Verwaltungskosten

Es ist zu unterscheiden zwischen der **Verwaltung der Fertigung** und der **allgemeinen Verwaltung.** Die Aufwendungen für die Fertigungsverwaltung rechnen zu den Fertigungsgemeinkosten. Für die allgemeinen Verwaltungskosten gilt das Einbeziehungswahlrecht nach Abs 2 S 4 (Anm 340). Zu den Auf- 431 wendungen der allgemeinen Verwaltung werden nach EStR 33 Abs 4 S 2 ua Aufwendungen für Geschäftsleitung, Einkauf und Wareneingang, Personalbüro, Nachrichtenwesen, Ausbildungswesen, Rechnungswesen, Feuerwehr und Werkschutz gerechnet. Für die Einbeziehung dieser Aufwendungen gilt das Prinzip der Angemessenheit (Anm 436, 437); ferner ist Voraussetzung, dass sie auf den Zeitraum der Herstellung entfallen (so auch *ADS*[6] § 255 Anm 156–159).

f) Aufwendungen für soziale Einrichtungen des Betriebs usw

434 Aufwendungen für soziale Einrichtungen des Betriebs, für freiwillige soziale Leistungen und für die betriebliche Altersversorgung brauchen – wie die allgemeinen Verwaltungskosten – nicht in die HK eingerechnet zu werden (Abs 2 S 4). Diese Vorschrift entspricht weitgehend EStR 33 Abs 4 S 3.

Zu den Aufwendungen für **soziale Einrichtungen** gehören nach Auffassung der FinVerw (EStR 33 Abs 4 S 3) Aufwendungen für die Kantine (einschl Essenszuschüsse) und Freizeitgestaltung (zB Betriebsausflüge). Als **freiwillige soziale Leistungen** gelten insb Aufwendungen für Jubiläumsgeschenke, Weihnachtszuwendungen, Wohnungsbeihilfen und andere freiwillige Beihilfen (EStR 33 Abs 4 S 4). Aufwendungen für die **betriebliche Altersversorgung** umfassen Direktversicherungen, Zuwendungen an Pensions- und Unterstützungskassen und Zuweisungen zu den Pensionsrückstellungen (EStR 33 Abs 4 S 5). Auch die Aufwendungen für die **Beteiligung von Arbeitnehmern am Ergebnis** des Unt dürfen ausgenommen werden (*ADS*[6] § 255 Anm 195). Für das Einbeziehungswahlrecht gilt jeweils der Grundsatz der Angemessenheit und der zeitliche Bezug auf den Zeitraum der Herstellung (glA *ADS*[6] § 255 Anm 156–159).

435 Für soziale Aufwendungen, bei denen eine **Leistungspflicht** des Unt besteht, zB auf Grund eines Tarifvertrags oder eines Anstellungsvertrags besteht hingegen Aktivierungspflicht im Rahmen der HK, soweit die Aufwendungen das in der Fertigung tätige Personal betreffen und als Einzelkosten den Fertigungslöhnen zuzurechnen sind. Ausgenommen hiervon sind die Aufwendungen für die betriebliche Altersversorgung (*ADS*[6] § 255 Anm 199; EStR 33 Abs 4 S 4).

3. Das Prinzip der Angemessenheit und Notwendigkeit

a) Allgemeines

436 Nach Abs 2 S 3 wird die wahlweise Einbeziehung von Materialgemeinkosten, Fertigungsgemeinkosten, Sonderkosten der Fertigung, soweit Gemeinkosten (dazu *ADS*[6] § 255 Anm 150), und des Wertverzehrs des Anlagevermögens auf **angemessene Teile** und bei den beiden erstgenannten zusätzlich auf notwendige Gemeinkosten beschränkt; außerdem dürfen diese Teile nur insoweit berücksichtigt werden, als sie auf den Zeitraum der Herstellung entfallen (Anm 419).

437 Der **Grundsatz der Angemessenheit** ist als Hinweis auf die Klarheit der Einbeziehungsmöglichkeit in die Gemeinkosten und auf das Vorsichtsprinzip zu verstehen (*ADS*[6] § 255 Anm 156). Die Berücksichtigung des Zeitraums ergibt sich aus den betriebswirtschaftlichen Kostenrechnungsgrundsätzen und aus der Ermittlung der Gemeinkostenzuschläge (in der Praxis zT zeitlich verschoben). Hieraus abzuleiten ist auch die Aussonderung von außerordentlichen oder neutralen Aufwendungen beim Ansatz der Kostenarten, aber auch von unangemessen hohen Kosten, zB bei offenbarer Unterbeschäftigung (ähnlich *ADS*[6] § 255 Anm 158, *Knop* in HdR[5] § 255 Anm 242 ff; *Beiser,* DB 2003, 2557; s auch Anm 438, 439).

Die **„Notwendigkeit"** ist nur bei den Material- und Fertigungsgemeinkosten Voraussetzung der Einbeziehung in die HK; ebenso erwähnt EStR 33 Abs 1 S 2 „notwendige" Gemeinkosten. Die Notwendigkeit bezieht sich nicht auf die Höhe der Aufwendungen, also nicht im Sinne von „der Höhe nach notwendig" (oder nicht notwendig vermeidbar), sondern auf den Maßstab, ob die Aufwendungen ihrer Art nach notwendig zum Fertigungsprozess gerechnet werden müssen. Nach hM bedeutet „notwendig" in Abs 2 S 3 keine zusätzliche Einschränkung, sondern eine Umschreibung des Angemessenheitsprinzips (*ADS*[6] § 255 Anm 160; *Knop* in HdR[5] § 255 Anm 245). 438

b) Kosten der Unterbeschäftigung (Leerkosten)

Insb bei den Fertigungsgemeinkosten und dem Wertverzehr des Sachanlagevermögens sind die Kosten einer **Unterbeschäftigung** (betriebswirtschaftlich Leerkosten) bei einer **dauerhaften** und **offenbaren** Unterauslastung der Kapazität zu eliminieren (gl A *ADS*[6] § 255 Anm 162; *Freidank,* 29). Für die Abspaltung von Leerkosten bestehen jedoch verschiedene Abstufungen. Betreffen die Kosten Anlagen, die während des Gj nicht in der Fertigung eingesetzt waren und auch keine notwendigen Reserveanlagen darstellen, dürfte die Eliminierung unstreitig sein (gl A *ADS*[6] § 255 Anm 162; *Döllerer,* 1407 ff; *Freidank,* 29). Handelt es sich um **kurzfristige** Beschäftigungsschwankungen bei genutzten Produktionsanlagen, sind die Mehrkosten zu berücksichtigen (*ADS*[6] § 255 Anm 162 – jeweils abgestellt auf die „Kosten einer normalen Beschäftigung"). 439

Problematisch ist eine während des Gj anhaltende **ungenügende Kapazitätsauslastung,** dh die Frage der Eliminierung der damit zusammenhängenden Leerkosten. Es besteht auch hier die Notwendigkeit der Eliminierung (*Freidank,* 29). Die Gegenansicht ging davon aus, dass solche Leerkosten generell Bestandteil der Fertigungsgemeinkosten sind und das Regulativ über das strenge Niederstwertprinzip oder die steuerrechtliche Teilwertabschreibungen gegeben sei (zur Steuerbilanz *Mathiak,* 110). Nach dem Prinzip der **Angemessenheit und Notwendigkeit** ist die Berücksichtigung der nicht vollen Auslastung der Kapazität erforderlich (nach *ADS*[6] § 255 Anm 162 jedoch beschränkt auf die Abstufung einer „offenbaren Unterbeschäftigung"). Die Berechnung der Leerkosten bereitet in der Praxis allerdings Schwierigkeiten; als Normalkapazität muss die Optimalkapazität abzüglich notwendiger Ausfallzeiten gelten (zur Erfassung und Verrechnung in der Kostenrechnung vgl *Betriebswirtschaftlicher und Finanzausschuss des Verbandes der Chemischen Industrie e. V.* Erfassung und Verrechnung von Kosten der Unterbeschäftigung DB 1979, 1810).

Ein brauchbarer, dh praktikabler Maßstab kann auch die Ableitung der Normalauslastung aus der Durchschnittsauslastung – zB eines Betriebsteils – in den letzten Perioden darstellen (so *Christiansen* StBP 1986, 173). Ebenso ist der Auffassung von *Knop* zuzustimmen, dass wegen der praktischen Schwankungsbreiten eine Eliminierungspflicht idR nicht anzunehmen ist, wenn die erreichte Beschäftigung 70 vH „der normalerweise erreichbaren Kapazität übersteigt" (*Knop* in HdR[5] § 255 Anm 317 ff).

Für die Steuerbilanz sind nach Auffassung der FinVerw die durch **teilweise Stilllegung** oder **mangelnde Aufträge** verursachten Mehrkosten *nicht* in die HK einzubeziehen (so EStR 33 Abs 6 S 1). Besteht jedoch eine mangelnde Ausnutzung der Anlagen, die sich nur aus der **Art der Produktion** ergibt, zB einer Zuckerfabrik mit typischer saisonaler Schwankung, dürfen die Leerkosten nicht eliminiert werden). 440

4. Das Verbot der Aktivierung von Vertriebskosten (Abs 2 S 6)

a) Allgemeines

442 Nach Abs 2 S 6 dürfen **Vertriebskosten** nicht in die HK einbezogen werden. Der Wortlaut des Abs 2 S 6 lässt in der Auslegung keine Beschränkung auf die Vertriebsgemeinkosten (Anm 449) zu (*ADS*[6] § 255 Anm 211). **Problematisch** bleibt die Behandlung der Sondereinzelkosten des Vertriebs bei **langfristiger** Fertigung (Anm 454–456). Mit dem Aktivierungsverbot ist im Übrigen auch die Aktivierung unter anderen Posten der Aktivseite der Bilanz ausgeschlossen; eine Erfassung bestimmter Teile der Vertriebskosten unter der aktiven Rechnungsabgrenzung bestimmt sich nach § 250 Abs 1 S 2 Nr 1 – Zölle und Verbrauchsteuern (vgl § 250 Anm 36ff).

443 Die Vertriebskosten sind im HGB nicht definiert (*Busse von Colbe* HuRB, 375–377). Im handelsrechtlichen Schrifttum und in der Praxis werden die Vertriebskosten kasuistisch behandelt. Die rein betriebswirtschaftliche Betrachtungsweise kann nur bedingt zur Abgrenzung der Kosten **„Bereich der Herstellung"** und **„Bereich des Vertriebs"** herangezogen werden. In Anlehnung an *Brand* (BB 1977, 888) können folgende dem **Vertriebsbereich** zuzurechnenden Kosten zugrundegelegt werden:

- **Typische** Vertriebsstellen:
  - Fertigungs-Endlager und Vertriebslager
  - Innerbetrieblicher Transport
  - Vertriebsabteilungen einschl besonderer Verkaufsbüros
  - Vertriebskolonnen
- Typische *unmittelbare* Vertriebskosten:
  - Werbeaufwand durch Inserate, Rundfunk- und Fernsehwerbung
  - Reklamefeldzüge und Reklamematerial
  - Marktuntersuchungen, die dem Vertrieb dienen
  - Aufwand für Ausstellungen und Messen
  - Verkäuferschulung
  - Reisekosten der Verkäufer
- **Typische Sondereinzelkosten des Vertriebs:**
  - Verpackung (Außenverpackung), Ausgangsfrachten, Transportversicherung
  - Verkaufsprovisionen für Verkaufsverträge
  - Sonderprovisionen an Dritte
  - Ausfuhr-Kreditversicherung (Hermes)
  - Sonstige Versicherungen für Delkredererisiko
  - Umsatzabhängige Lizenzgebühren
  - Kosten für Liefer- und Anzahlungsgarantien
  - Unternehmensexterne Abnahmekosten (zB TÜV-Gebühren)
  - Zölle und ausländische Kostensteuern
  - Konventionalstrafen.
- **Sonderfälle** (mit Unterschied zur Steuerbilanz):
  - Verbrauchsteuern.

444 Die in den aufgeführten **typischen Vertriebsstellen** anfallenden Kosten sind idR **Vertriebs*gemein*kosten.** Dasselbe gilt für die typischen **unmittelbaren** Vertriebskosten; bei diesen kommt als besonderes Merkmal hinzu, dass sie dem *zukünftigen* Absatz dienen. Die typischen **Sondereinzelkosten** können dagegen den Produkten unmittelbar zugerechnet werden (zu den typischen Vertriebskosten vgl auch *ADS*[6] § 255 Anm 216).

445 Eine Sonderstellung nehmen die Kosten für die **Verpackung** ein. Nach der Unterscheidung zwischen **Innen- und Außenverpackung** werden die Kosten

der Innenverpackung den HK zugerechnet. Es handelt sich um die Verpackung solcher Produkte, die durch die Verpackung erst verkaufsfähig werden, zB bestimmte Lebensmittel, Milch (s *ADS*[6] § 255 Anm 170).

Weiterhin können die Vertriebskosten nach ihrem **zeitlichen Anfall** im Hinblick auf den Zeitablauf der Herstellung unterschieden werden. Dabei können für die Sondereinzelkosten von besonderer Bedeutung sein die **Vorlaufkosten** zur Akquisition der Aufträge, etwa bei Sonderfertigung, zB Konstruktionszeichnungen (Anm 455). Zu der Behandlung der **Verbrauchsteuern** als Teil der HK vgl Anm 453. 446

Die **Steuerrechtsprechung** (Anm 451) hat das Verbot der Aktivierung als für jede Art von Vertriebskosten geltend ausgelegt und die Bestimmung in dieser engen Auslegung als allgemeine GoB aufgefasst. **Verschiedene Stellungnahmen** zum BiRiLiG haben eine Klarstellung dahingehend gefordert, dass das Aktivierungsverbot für Vertriebskosten sich nur auf die Vertriebsgemeinkosten beziehen solle (vgl ua Gemeinsame Stellungnahme der *WPK* und des *IDW* zum Vorentwurf eines Bilanzrichtlinie-Gesetzes, WPg 1980, 501, 510). 448

Es muss davon ausgegangen werden, dass das Aktivierungsverbot die **Einzelkosten und** die **Gemeinkosten** des Vertriebs umschließt, da eine anderslautende Klarstellung im Gesetzgebungsverfahren zur Transformation der 4. EG-Richtl nicht erfolgt ist (nahezu einhellige Auffassung zB *HFA* 5/1991 WPg 1992, 95; *Knop* in HdR[5] § 255 Anm 342; *ADS*[6] § 255 Anm 211 mwN). 449

Als **Ausnahmen** sind jedoch weiterhin folgende Fälle anzusehen: Bestände an Außenverpackung dürfen ggf als Hilfsstoffe aktiviert werden. Gutgeschriebene **Verkaufsprovisionen** für Verkaufsverträge dürfen ggf bis zur Ausführung der Verträge unter Anzahlungen auf Provisionen ausgewiesen werden (für die Steuerbilanz vgl *BFH* 4. 8. 1976, BStBl II, 675). Bei **langfristiger Fertigung** dürfen Teile der **Sondereinzelkosten des Vertriebs** im Rahmen einer Teilgewinnrealisierung aktiviert werden (Anm 463). 450

Für die **Steuerbilanz** wurde seit *BFH* 19. 6. 1973, BStBl II, 774 die Zusammenfassung von **Gemeinkosten** und **Sondereinzelkosten** zu einem einheitlich nicht differenzierbaren Begriff der Vertriebskosten als klargestellt angesehen. 451

Zur **Abgrenzung** zwischen **Herstellung** (Fertigung) und **Vertrieb** ist zu Einzelfällen eine sehr differenzierende steuerrechtliche Rspr ergangen. **Abfüllkosten** gehören zur Innenverpackung und damit zu den HK (*BFH* 26. 2. 1975, BStBl II 1976, 13). Die Kosten für die **Verpackung von Druckerzeugnissen** durch eine Banderoliermaschine gehören dagegen zu den Vertriebskosten der Druckerzeugnisse (*BFH* 3. 3. 1978, BStBl II, 413). Vgl auch *BFH* 28. 8. 1987, BStBl II, 789 (Cellophanumhüllung bei Tonbandkassetten sind Vertriebskosten) und *BFH* 20. 5. 1988, BStBl II, 961. 452

Bei einigen **Verbrauchsteuern** ist die Zuordnung zum **Herstellungsvorgang** strittig. Es handelt sich dabei um die Frage, ob diese Steuern als Teil der HK bei der Bewertung der unfertigen oder fertigen Erzeugnisse oder unter der aktiven Rechnungsabgrenzung erfasst werden. Nach **handelsbilanzrechtlicher** Betrachtung werden zB die **Biersteuer** oder die **Mineralölabgaben** den **Herstellungskosten** zugerechnet. Für die Zuordnung zum Herstellungsbereich spricht, dass es sich um Aufwendungen handelt, die eine **andere Verkehrsfähigkeit** des VG bewirken (so *HFA* 5/1975 Aktivierung der Biersteuer und anderer Verbrauchsteuern im Rahmen der Herstellungskosten, WPg 1976, 59). Bei der Biersteuer – und damit zB auch für die Mineralölsteuer – hatte das *BFH*-U vom 26. 2. 1975 (BStBl II, 13) eine Zuordnung außerhalb des Bereichs der Fertigung und des Vertriebs festgestellt. Durch die Ergänzung des § 5 Abs 4 S 2 EStG ist das Problem entschärft worden. Unabhängig von der möglichen 453

Zuordnung zu den Posten der aktiven RAP dürfen Verbrauchsteuern wie **Biersteuer** oder **Mineralölsteuer** auch weiterhin als **Teil der Herstellungskosten** aktiviert werden (so auch *HFA* 5/1991 WPg 1992, 96; *ADS*[6] § 255 Anm 153).

b) Sondereinzelkosten des Vertriebs bei langfristiger Fertigung

454 Sondereinzelkosten des Vertriebs haben bei **langfristiger Fertigung** (Anm 457) besondere Bedeutung. Das Einbeziehungsverbot für Vertriebskosten kann hier die Darstellung der VFE-Lage wesentlich beeinträchtigen.

455 Da der Beginn der Herstellung vor dem Beginn der direkten Fertigung liegen kann (so auch *Wohlgemuth* in HuRB, 475), dürfen bestimmte Einzelkosten bereits mit Herstellungsbeginn aktiviert werden und damit einen **Vermögensgegenstand** entstehen lassen (vgl allgemein Anm 364; zum speziellen Problem: *Selchert* 2304, *Sarx* 131). Voraussetzung ist ua, dass diese Einzelkosten einem *Auftrag* unmittelbar zurechenbar sind, der am Bilanzstichtag erteilt war oder spätestens bis zur Abschlusserstellung erteilt wird; ebenso *Marx/Löffler* in BeckHdR B 700 Anm 43.

456 Einer besonders kritischen Abgrenzung bedürfen die **Kosten der Auftragserlangung** (Akquisitionskosten), die bis zur Auftragserteilung anfallen, also zB Reisekosten für Auftragsverhandlungen, Kosten für die Erstellung von Angeboten, Zahlung von Provisionen oder ähnlicher Leistungen für den Abschluss des Vertrags (dazu auch *Selchert,* 2304, 2305). Abgesehen von den Provisionen oder ähnlichen Leistungen können Teile dieser Kosten als Einzelkosten Sonderkosten der Fertigung darstellen und sind dann in die Wertuntergrenze der HK einzubeziehen (s Anm 419; *ADS*[6] § 255 Anm 213: „nur in sehr eingeschränktem Umfang"; genereller: *Selchert,* 2304; *Förschle,* 102, *Sarx,* 131, *Backhaus* in FS Budde, 43; *Marx/Löffler* BeckHdR aaO Anm 41 Projektierungskosten, die nach Auftragserteilung zugleich der Fertigungsvorbereitung dienen). Provisionen und ähnliche Leistungen (zB nützliche Abgaben) gehören grds zu den Vertriebskosten. Dies gilt auch für langfristige Fertigung. Aus dem Gesetzeswortlaut und der Entstehungsgeschichte von Abs 2 S 6 ist abzuleiten, dass der Gesetzgeber in Kenntnis des bestehenden Problems generell die Vertriebskosten von einer Einbeziehung in die HK hat ausschließen wollen (hM zB *HFA* 5/1991 WPg 1992, 95; *Knop* in HdR[5] § 255 Anm 342; *ADS*[6] § 255 Anm 211 mwN; *Krawitz* DStR 1997, 889 *Leuschner* in FS *Budde,* 394; *ADS*[6] § 255 Anm 213).

Kosten der Auftragsvorbereitung (zB Kosten für die Ausarbeitung von Plänen, Konstruktionszeichnungen, geologische Untersuchungen), die nach der Auftragserteilung anfallen, sind als Einzelkosten der Fertigung einrechnungspflichtige HK (*ADS*[6] § 255 Anm 214; *Selchert* BB 1986, 2304). Auch Teilbeträge von Provisionen oder ähnlichen Leistungen können hierzu gehören, wenn sie nachweisbar mit weiteren Leistungen des Empfängers bei der Auftragsdurchführung verbunden sind (vgl *Förschle,* 104; *Sarx,* 131).

Unter das **Einrechnungsverbot** für Vertriebskosten fallen bei langfristiger Fertigung somit aus dem Sammelbegriff „Sondereinzelkosten des Vertriebs" die nach der vorstehenden Aufgliederung verbleibenden Aufwendungen, die den bilanziellen Vertriebskosten zuzurechnen sind, auch wenn sie zeitlich vorgelagert vor dem Beginn der Herstellung, wie zB als allgemeine Provisionen, anfallen.

Haben diese verbleibenden Aufwendungen des Vertriebs bei langfristiger Fertigung einen wesentlichen Umfang, kann eine Angabepflicht im Anhang nach § 264 Abs 2 S 2 in Frage kommen (§ 264 Anm 48 ff insoweit unstrittig zB *Krawitz* DStR 1997, 887 mwN; Erfüllung der Informationsfunktion nach der sog Abkoppelungsthese s *Clemm* in FS Budde 138, 139). Es kann auch vertretbar sein, diese Vertriebskosten im Rahmen einer Teilgewinnrealisierung bei langfristiger Fertigung zu aktivieren (Anm 457 ff) und auch in früheren Perioden angefallene Aufwendungen zu „reaktivieren" (Anm 463).

c) Teilgewinnrealisierung bei langfristiger Fertigung

Das Problem der **Teilgewinnrealisierung bei langfristiger Auftragsfertigung** hat nach wie vor im deutschen Bilanzrecht noch keine einheitliche Lösung gefunden (vgl *Stewing* Bilanzierung bei langfristiger Auftragsfertigung BB 1990, 100; *Krawitz* DStR 1997, 886), wenngleich auch insb die Auseinandersetzung mit den die IFRS beherrschenden Bilanzierungsgrundsätze (s Anm 600 ff) zur weiteren Klärung beigetragen hat. Langfristige Auftragsfertigung ist ein Herstellungsprozess, der sich über mehrere Gj erstreckt, zB Bauten der Bauindustrie, Erstellung von Großanlagen, Errichtung von kompletten Werksanlagen, Bau von Kernkraftwerken. Das bilanzielle Problem bei langfristiger Fertigung liegt ua darin, dass ohne Teilgewinnrealisierung in den Gj der Fertigung, dh bis zur Fertigstellung, sich die Gewinnrealisierung und damit auch die Realisierung des Unterschiedsbetrags zwischen Selbstkosten und HK verzögert und erst im Jahr der Abnahme durch den Auftraggeber vollzieht; werden hingegen während der Perioden der Herstellung drohende Verluste erkennbar, sind nach dem Imparitätsprinzip Rückstellungen für drohende Verluste aus schwebenden Geschäften zu bilden (§ 249 Anm 52). Derartige Rückstellungen dürfen in gesetzlicher Durchbrechung der Maßgeblichkeit in der Steuerbilanz nicht gebildet werden (§ 5 Abs 4a EStG). Dies schließt jedoch nicht aus, bei der Bewertung der unfertigen Anlagen am Bilanzstichtag den *anteiligen,* dem Fertigungsgrad entspr Auftragsverlust zu berücksichtigen (*BMF* 14. 11. 2000, BStBl I, 1514). Im Hinblick auf die für KapGes/KapCoGes geltende **Generalklausel** des § 264 Abs 2 S 1 kann je nach dem Größenumfang der langfristigen Aufträge die Beachtung des Realisationsprinzips bewirken, dass ein den tatsächlichen Verhältnissen entspr Bild iS der Generalklausel nicht vermittelt wird und zusätzliche Angaben im **Anhang** erforderlich sind (s Anm 456 aE). 457

Das **Realisationsprinzip** fordert einen Umsatzvorgang und einen abgeschlossenen Übergang des Lieferungs- oder Leistungsobjekts an den Abnehmer (§ 252 Anm 43 ff); mit dem Umsatzvorgang erfolgt die Ertragsrealisierung. Werden die HK als Höchstgrenze jeweils unter Ausnutzung der **Wahlrechte** nach Abs 2 und Abs 3, also einschl Gemeinkosten und Fremdkapitalzinsen (Anm 340 und 502 ff) ermittelt, liegt das bilanzielle Problem der Teilgewinnrealisierung bei langfristiger Fertigung in der Behandlung der Spanne zwischen den jeweils höchstmöglichen bilanziellen HK und den anteiligen Erlösen nach dem Fertigungsstand. Der Unterschiedsbetrag umfasst nicht aktivierungsfähige Verwaltungs- und Vertriebskosten sowie den Gewinnanteil ieS. Die Teilgewinnrealisierung **beginnt** mit dem Überschreiten der Bewertungsobergrenze der HK nach Abs 2 S 2–5 und ggf der Möglichkeit, Teile des Zinsaufwandes zu aktivieren (Abs 3). 458

Es erscheint **vertretbar,** wahlweise eine Erhöhung der HK bis höchstens zu den am jeweiligen Bilanzstichtag erreichten *anteiligen Selbstkosten* unter Beachtung des Vorsichtsprinzips (§ 252 Abs 1 Nr 4) vorzunehmen, wenn absehbar ist, dass die zukünftigen Erlöse abzüglich der noch anfallenden Herstellungs- und sonstigen Aufwendungen (Verwaltungs- und Vertriebskosten) und abzüglich Gewinnzuschlag den Wertansatz decken und bei KapGes/KapCoGes im **Anhang** berichtet wird. Voraussetzung ist außerdem, dass es sich um eine Auftragsfertigung handelt, deren Abwicklung sich über **mehrere** und nicht nur zwei **Geschäftsjahre** erstreckt. Damit beschränkt sich die bilanzielle Teilgewinnrealisierung auf den zusätzlichen Ansatz von angefallenen Verwaltungs- 459 und Vertriebskosten; ein möglicher Gewinnzuschlag ieS bleibt unberücksichtigt (so *Clemm* Grundprobleme der Gewinn- und Verlustrealisation bei langfristiger Auftragsfertigung und langfristiger Vermietung, *Ruppe* (Hrsg) Gewinnrealisierung im Steuerrecht, Köln 1981, 122; *Sarx,* 136). Dieser Ansatz von Zwischenwerten wird hier nur mit dem allgemeinen Vorsichtsprinzip begründet, nicht hingegen mit einer Abweichung von der bindenden Definition der HK nach Abs 2 (ablehnend *Marx/Löffler* BeckHdR B 700 Anm 44, kritisch *W. Müller* in FS Goerdeler, 408; ablehnend zum Ansatz von Zwischenwerten *Leffson* HdJ, Abt I/7 Anm 71, also alternativ nur Ausweis von Teilerlösen).

460 Die Zulässigkeit der Teilgewinnrealisierung ist weiterhin strittig. Es ist primär die Auslegungsfrage zu § 252 Abs 2, ob die Langfristfertigung einen **Ausnahmefall** begründet, also eine Durchbrechung des Realisationsprinzips rechtfertigt (grds zustimmend *ADS*[6] § 252 Anm 86–88 unter bestimmten Voraussetzungen, die sämtlich erfüllt sein müssen; *WPH*[12] I E 232; *Wohlgemuth* BoHdR § 252 Anm 42, jedoch sehr restriktiv; *W. Müller* in FS Goerdeler, 408; „insbesondere wenn ein Ausgleich durch ständig revolvierende Aufträge nicht erfolgt"; ablehnend *Marx/Löffler* in BeckHdR aaO Anm 83). Die vorerwähnten zustimmenden Auffassungen gehen von der Zulässigkeit (Wahlrecht) zur Teilgewinnrealisierung aus, die im Übrigen auch Gewinnanteile ieS einschließt. Kritisch zum „Wahlrecht", jedoch im Ergebnis ein faktisches Wahlrecht annehmend *Selchert* in HdR[5] § 252 Anm 113.

461 Ein **Sonderfall** vorzeitiger Teilgewinnrealisierung einschl Gewinnanteil sind nach Vertrag zulässige oder vereinbarte **Teilabrechnungen.** Diese setzen voraus, dass es sich um **endgültige** Teilabrechnungen handelt, die Vertragsgegenstände ihrer Art nach auch rechtlich und wirtschaftlich **übergehen** und in den Folgeperioden **keine Verluste** drohen (aA *Selchert* in HdR[5] § 252 Anm 111 ff: *Marx/Löffler* in BeckHdR B 700 Anm 56: volle Gewinnrealisierung bei Drohverlustrückstellung für nachfolgende Teillieferungen; dazu im Einzelnen auch *Clemm* in *Ruppe* aaO 127). Vereinbarte Teilabrechnungen, die die vorerwähnten Voraussetzungen erfüllen, stehen **nicht** im Gegensatz zum Realisationsprinzip (*BFH* 5. 5. 1976, BStBl II, 541).

Voraussetzung einer gewinnrealisierenden Teilabrechnung idS mit mehreren zeitlich gestaffelten Realisierungszeitpunkten ist das **Entstehen einer Forderung** mit verbindlicher Abnahme der Teilleistung und Gefahrenübergang. Diese Voraussetzungen müssen aus dem Vertrag eindeutig hervorgehen. Vereinbarte „pro-forma-Abrechnungen" einzelner Stufen reichen nicht. Da es dem Auftragnehmer idR nicht gelingen wird, das Gesamterfüllungsrisiko vertraglich auszuschließen, werden berechtigte Teilabrechnungen je nach Art der Lieferobjekte (so bei Industrieanlagen) in der Praxis zu *den selteneren Fällen* gehören (ebenso *Backhaus* in FS *Budde,* 24; *Krawitz* aaO, 890).

462 Mit der hier vorgetragenen **begrenzten Lösung** einer Teilgewinnrealisierung mit dem Ansatz auch der Sondereinzelkosten des Vertriebs wird für die Praxis im Ergebnis der Unterschied zur Bilanzierung nach IAS 11 mit einer anteiligen Realisierung des Umsatzgewinns weitgehend gemildert (*Leuschner* in FS *Budde,* 391; im Ergebnis *auch Backhaus* in FS *Budde,* 41, 45, s Anm 603).

463 Für die **Steuerbilanz** wird eine teilweise Gewinnrealisierung nur unter den Voraussetzungen endgültiger Teilabrechnung (s Anm 461) zugelassen (so *BFH* 18. 12. 1956, BStBl 1957, 27, Brückenurteil; 5. 5. 1975, BStBl III 1976, 541 betr Abrechnungen bei Teilbauten; ebenso 8. 12. 1982, BStBl II 1983, 369 auf das Entstehen einer zivilrechtlichen Kaufpreisforderung abstellend; im Ergebnis ebenso *Schmitt/Walter* DB 1994, 2358 ff mwN; *Weber/Grellet* in Schmidt[24] § 5 Anm 270 Stichwort: langfristige Fertigung; bei Aktivierung in der HB auch einen steuerrechtlichen Zugriff befürchtend *Selchert* in HdR[5] § 252 Anm 113).

Zur Aktivierung von Fremdkapitalzinsen im Rahmen der Teilgewinnrealisierung s Anm 502 ff. Soweit in der HB über den Steuerbilanzansatz hinaus Teilgewinne realisiert werden, ist eine Rückstellung für latente Steuern (§ 274 Abs 1) zu bilden.

Der Grundsatz der **Bewertungsstetigkeit** nach § 252 Abs 1 Nr 6 erfordert, dass begonnene Teilgewinnrealisierungen je Auftrag bis zu seiner Beendigung fortgeführt werden. Dabei kann bei **neuen** langfristigen Aufträgen oder parallel laufenden anderen Aufträgen dieser Art von einer Teilgewinnrealisierung abgesehen werden. Das Wahlrecht wird **je Auftrag** ausgeübt (nach *ADS*[6] § 252 Anm 89 keine zukünftige Bindung aus dem Grundsatz der Bewertungsstetigkeit, aA *Wohlgemuth* in BoHdR § 252 Anm 44). **464**

5. ABC der Herstellungskosten (Vorräte)

Abfälle. Die Kosten der Beseitigung von Abfällen während der Herstellung gehören zu den Fertigungsgemeinkosten. Abfälle, die wieder verwendet werden, sind den Materialkosten oder den Materialgemeinkosten zuzurechnen. **468**

Abfüllkosten. Abfüllkosten für Erzeugnisse, die ohne Abfüllung nicht verkaufsfähig sind, gehören zu den Fertigungsgemeinkosten oder den Sonderkosten der Fertigung (*BFH* 26. 2. 1975, BStBl II 1976, 13 zu den Abfüllkosten einer Brauerei; *Peiner* Zur Aktivierung der Verbrauchsteuern im Rahmen der Herstellungskosten, WPg 1976, 69; aA *Bachmayr* BB 1976, 561 und *Rudolph* Verbrauchsteuern. Abfüll- und Transportkosten auf Außenlager als Teil der Herstellungskosten, BB 1976, 877 mit Zurechnung zu den Vertriebskosten).

Abschreibungen s „Wertverzehr des Anlagevermögens".

Äquivalenzziffernrechnung s „Divisionskalkulation".

Absetzungen für Abnutzung s „Wertverzehr des Anlagevermögens".

Altersversorgung. Aufwendungen für die betriebliche Altersversorgung brauchen nach Abs 2 S 4 nicht in die HK eingerechnet zu werden; eine entspr Regelung gilt nach EStR 33 Abs 4 S 5 für die Steuerbilanz. Zu diesen Aufwendungen gehören Direktversicherungen, Zuwendungen an Pensions- und Unterstützungskassen und Zuweisungen zu Pensionsrückstellungen (Anm 434).

Annahme des Fertigungsmaterials. Diese Kosten gehören zum Bereich der Beschaffung; sie sind als Gemeinkosten und nicht als Anschaffungsnebenkosten zu berücksichtigen (Anm 201).

Aufräumungsarbeiten. Ergeben sich die Aufräumungsarbeiten durch den Herstellungsvorgang, sind die dadurch veranlassten Kosten den Fertigungsgemeinkosten zuzurechnen (so auch *HHR* § 6 Anm 1000), im Übrigen nicht berücksichtigungsfähige Verwaltungskosten oder Vertriebsgemeinkosten.

Ausbildung von Arbeitnehmern. Das Ausbildungswesen gehört zu der allgemeinen Verwaltung (s „Verwaltungskosten"). Dazu rechnen insbes Arbeitslöhne für Auszubildende und Ausbilder; so auch die Auffassung der FinVerw (EStR 33 Abs 4 S 2). Ausnahmsweise sind sie Fertigungslöhne, die bestimmten Erzeugnissen direkt zugerechnet werden können, etwa bei einer Lehrwerkstatt (so auch *HHR* § 6 Anm 1000).

Auslösungen s „Reisekosten".

Beförderung s „Transportkosten".

Betriebsleitung. Diese Kosten gehören zu den Fertigungsgemeinkosten; so auch EStR 33 Abs 2 S 1 (Kostenstelle „Betriebsleitung").

Betriebsrat. Aufwendungen für den Betriebsrat rechnen zu den Kosten der allgemeinen Verwaltung (s „Verwaltungskosten"), ebenso EStR 33 Abs 2 S 2.

Betriebsstoffe. Sie werden unmittelbar oder mittelbar beim Herstellungsvorgang verbraucht (zB Schmier- und Reinigungsmittel, Säuren, Isoliermaterial,

Brennstoffe; s „Energie"). Zum Begriff der Betriebsstoffe vgl auch § 247 Anm 61).

Biersteuer s „Verbrauchsteuern".

Divisionskalkulation. Anstelle der Zuschlagskalkulation werden bei Einprodukt-Betrieben (Einheitserzeugnissen) Divisionskalkulationen verwendet. Die **einfache** (einstufige) Divisionskalkulation ermittelt die Selbstkosten der Erzeugnisse durch Division der in der Periode angefallenen Gesamtkosten (Einzel- und Gemeinkosten, Verwaltungs- und Vertriebskosten), durch die in der gleichen Periode erzeugten Produkte. Zur Ermittlung der **bilanziellen Herstellungskosten** und zur Beachtung des **Verbots der Aktivierung von Vertriebskosten** können nur solche Divisionsrechnungen verwendet werden, bei denen die Gesamtkosten pro Periode zumindest getrennt nach den Kostenbereichen Herstellung, Verwaltung und Vertrieb erfasst werden (Divisionsrechnung mit Kostenstellen). Für die Verwertung zur Bestandsbewertung in der HB muss ggf auch eine Bestimmung der Wertuntergrenze (Fertigungsmaterial, Fertigungslöhne und Sonderkosten der Fertigung) abzuleiten sein (*ADS*[6] § 255 Anm 238). Bei der **Äquivalenzziffernrechnung,** die für der Art nach ähnliche Produkte in Frage kommt, wird durch Gewichtungs- oder Wertigkeitsziffern die Kostenverursachung der Herstellung der Produkte, zB Materialverbrauch, genauer erfasst. Mit den Äquivalenzziffern werden die produzierten Mengen auf eine normierte Einheitssorte umgerechnet. Wesentlich ist die Plausibilität der Äquivalenzziffern als Schlüssel (so auch *ADS*[6] § 255 Anm 240).

Einkauf. Der Einkauf wird idR zu der allgemeinen Verwaltung gerechnet. Die Kosten des Einkaufs gehören somit zu den allgemeinen Verwaltungskosten (s „Verwaltungskosten"), so auch EStR 33 Abs 4 S 2.

Einzelkosten. Zum Begriff der Einzelkosten nach § 255 Abs 2 S 2 s Anm 347, s auch „Zuschlagkalkulation".

Energie. Die Kosten für Brennstoffe, Treibstoffe, Dampf, Strom usw im Herstellungsvorgang gehören – wie Betriebsstoffe – zu den Fertigungsgemeinkosten. Teilbeträge der Kosten für Energie werden idR auch den Bereichen „Allgemeine Verwaltung" und „Vertrieb" als Gemeinkosten zuzurechnen sein.

Entwicklung s Anm 424, 425.

Ergebnisbeteiligung s Gewinnbeteiligung von Arbeitnehmern.

Erhaltungsaufwand. Erhaltungs-(Instandhaltungs-)aufwendungen sind, beschränkt auf Sachanlagen der Fertigung, Bestandteil der Fertigungsgemeinkosten.

Fertigungskosten s Anm 351.

Fertigungsmaterialannahme s Annahme des Fertigungsmaterials.

Fertigungsmaterialprüfung s Prüfung des Fertigungsmaterials.

Fertigungsvorbereitung s Vorbereitung der Fertigung.

Fertigungsgemeinkosten s Anm 353ff.

Finanzierungskosten. Zur Einbeziehung von Zinsen für Fremdkapital in die HK (§ 255 Abs 3) s Anm 502ff.

Garantien. Garantien und die Zuweisungen zu den Garantierückstellungen gehören idR nicht zu den HK. Sie entstehen zeitlich *nach* der Auslieferung der Erzeugnisse oder als Teil der Erfüllung des Liefervertrags (so auch *Pieper,* 232; *HHR* § 6 Anm 1000); anders bei langfristiger Fertigung für bereits bei Auftragserlangung gegebene Vertragserfüllungs- und Anzahlungsgarantien. Aufwendungen für die den Garantien entspr kalkulatorischen Wagnisse gehören zu den Fertigungskosten. Im Warenhandel rechnen diese Wagnisse zu den Gemeinkosten der Beschaffung und sind damit nicht aktivierungsfähig (Anm 204).

Gemeinkosten s Anm 421; s auch „Zuschlagkalkulation", „Divisionskalkulation". Zum Begriff der „unechten" Gemeinkosten, die durch die angewandte

Verfahrenstechnik entstehen können und tatsächlich als Einzelkosten zu verrechnen sind, s Anm 421.

Gewerbesteuer s „Steuern".

Gewinnbeteiligung von Arbeitnehmern. Vertragliche gewinnabhängige Tantiemen einzelner Arbeitnehmer des Fertigungsbereichs sind Bestandteil des „Rohgewinns" und daher nicht zu den HK zu rechnen. Bei nichtvertraglichen **Ergebnisbeteiligungen** von Arbeitnehmern des Herstellungsbereichs besteht auch steuerrechtlich ein Wahlrecht zur Einbeziehung in die HK (EStR 33 Abs 4 S 4). Nach *BFH* 5. 8. 1958, BStBl III, 392 sind Aufwendungen, die mit dem Gesamtergebnis des Betriebs zusammenhängen, nicht als HK zu erfassen. – Sind solche Zusatzvergütungen jedoch wirtschaftlich den Akkordlöhnen der Fertigung ähnlich, sind sie Fertigungslohn.

Grundsteuer s „Steuern".

Hilfsstoffe. Hilfsstoffe (zB Nägel, Schrauben, Innenverpackung) werden unmittelbar für das Produkt verbraucht; zum Bilanzposten s § 247 Anm 61. Sie gehören zu den Fertigungsgemeinkosten, auch wenn sie in den Kalkulationen nur pauschal erfasst werden.

Klischees bei Verlagen. Nach *BFH* 21. 1. 1971, BStBl II, 304 rechnen Aufwendungen für Klischees zur Herstellung von Büchern zu den Fertigungsgemeinkosten der ersten Aufl, soweit die Wiederverwendung der Klischees für weitere Aufl ungewiss ist.

Kostenverteilungsmethode s „Kuppelproduktkalkulationen".

Kraftfahrzeugsteuer. Die KfzSt für Fahrzeuge, die unmittelbar dem Fertigungsbereich zuzurechnen sind, fällt unter die Fertigungsgemeinkosten.

Kuppelproduktkalkulationen. Die HK von Kuppelprodukten können idR nicht im Wege der Einzelbewertung ermittelt werden (*ADS*[6] § 255 Anm 244). Die betriebswirtschaftliche Kuppelproduktkalkulation verwendet als Hilfsrechnungen die **Marktwertmethode,** die **Restwertmethode,** die **Kostenverteilungsmethode** und auch für die Preispolitik alternativ das Rechnen mit **„Päckchen-Deckungsbeiträgen"** (vgl *Zahn* HWR Sp 850, 851). Bei der üblichen Marktwertmethode werden alle angefallenen Kosten nach Verkaufspreisen der erzeugten Produkte verteilt (sog Tragfähigkeitsprinzip). Das Verfahren unterstellt einen Zusammenhang zwischen Marktpreisen und Kosten, der oft nicht begründbar ist. Bei Kuppelproduktionen mit einem **Hauptprodukt** (zB Gas) und den zwangsläufig anfallenden Nebenprodukten (zB Koks, Teer und Benzol) kann die Restwertmethode angewandt werden; dann werden von den gesamten HK aller Kuppelprodukte die Verkaufserlöse der Nebenprodukte (ohne Anteil für Weiterverarbeitungs- und Vertriebskosten) abgesetzt. Der verbleibende Restwert umfasst die GesamtHK des Hauptprodukts, dessen Stückkosten durch Divisionsrechnung ermittelt werden. Entstehen bei der Kuppelproduktion **mehrere Hauptprodukte** (zB Gas *und* Koks) außer den Neben- und Abfallprodukten, kann das Verfahren der Kostenverteilungsmethode angewandt werden. Von den gesamten HK werden die Erlöse der Nebenprodukte abgezogen; die „Restkosten" der Hauptprodukte werden nach technischen Merkmalen (zB Heizwerte von Koks und Koksgas) verteilt. – Zur Bewertung bei Kuppelproduktion vgl auch *Wurl* Handelsrechtliche Bewertung unfertiger und fertiger Erzeugnisse bei Kuppelproduktion, WPg 1975, 101.

Lagerkosten. Lagerkosten für die Roh-, Hilfs- und Betriebsstoffe gehören zu den Materialgemeinkosten ab dem Zeitpunkt des Beginns der Herstellung (vgl *ADS*[6] § 255 Anm 167). Gehört die Lagerung dagegen zur Herstellung, wie zB bei Holz, Milcherzeugnissen, alkoholischen Getränken, handelt es sich um Fertigungsgemeinkosten, bei Rundholz ggf um Materialgemeinkosten (*BFH*

3. 3. 1978, BStBl II, 412). Lagerkosten für die fertigen Erzeugnisse sind nicht aktivierbare Vertriebskosten (*ADS*[6] § 255 Anm 167).

Langfristige Fertigung. Vgl Anm 457. S auch „Teilabrechnung" und „Teilgewinnrealisierung".

Leasingraten s „Miete".

Leerkosten vgl Anm 439, 440.

Lizenzgebühren. Lizenzgebühren, die nach der vertraglichen Vereinbarung mit Lieferung der Erzeugnisse entstehen (Umsatzlizenzen) sind als Vertriebskosten anzusehen (so auch *van der Velde* Herstellungskosten, 154). Werden sie hingegen für die Herstellung als solche entrichtet, sind sie Sonderkosten der Fertigung. Stücklizenzen, die an die mit dem lizenzierten Anlageaggregat produzierten Erzeugung gekoppelt sind, können – je nach Vertrag – Fertigungs- oder Vertriebskosten sein.

Lohnkosten. Fertigungslöhne sind Einzelkosten der Fertigung (Anm 351). Wie Fertigungslohn sind auch Gehälter für Werkmeister, Techniker u dgl, soweit diese Kosten den Erzeugnissen unmittelbar zurechenbar sind, zu behandeln (*ADS*[6] § 255 Anm 147; *Schneeloch* DB 1989, 285). Hilfslöhne gehören zu den Fertigungsgemeinkosten (zB für Lager- und Werkstattverwaltung, Lohnbüro, Arbeitsvorbereitung).

Lohnnebenkosten. Hierzu gehören insb Überstunden-/Feiertagszuschläge, gesetzliche Sozialabgaben, gesetzliche tarifliche Ausfallzeiten und gesetzliche/ tarifliche Sozialaufwendungen (so auch *Schmeisser/Steinle* DB 1987, 2317 ff). Überstunden-/Feiertagszuschläge und gesetzliche Sozialabgaben (zB Arbeitgeberanteil zur Sozialversicherung) sind, soweit sie Fertigungslöhne betreffen, Einzelkosten und somit in die Wertuntergrenze der HK einzubeziehen (so auch *Schmeisser/Steinle* 2319; *Küting* BB 1989, 593; *Schneeloch* DB 1989, 287). Gesetzliche/tarifliche Ausfallzeiten und gesetzliche/tarifliche Sozialaufwendungen (zB Lohnausgleichszahlungen, Weihnachtsgeld) sind dagegen Gemeinkosten und nicht aktivierungspflichtig (*Schmeisser/Steinle,* 2319; *Küting* BB 1989, 593; *Knop* in HdR[5] § 255 Anm 186; aA zu den bezahlten Ausfallzeiten *ADS*[6] § 255 Anm 147; *Stobbe* in *HHR* § 6 Anm 463 a). Freiwillige Sozialleistungen (so auch Anm 434) stellen nicht einbeziehungspflichtige Gemeinkosten dar.

Markt-/Restwertmethode s „Kuppelproduktkalkulation".

Materialkosten vgl Anm 349.

Materialgemeinkosten vgl Anm 422.

Miete. Mietaufwendungen oder Leasingraten für Anlagen, die der Produktion (Herstellung) dienen, sind HK (so auch *HHR* § 6 Anm 1000).

Mineralölabgaben s „Verbrauchsteuern".

Päckchen-Deckungsbeiträge s „Kuppelproduktkalkulation".

Provisionen. Umsatzabhängige oder andere beim Verkauf entstehende Provisionen sind Vertriebskosten. Unabhängig von dem Aktivierungsverbot für Vertriebskosten (Anm 442) sind gutgeschriebene Verkaufsprovisionen für abgeschlossene Verkaufsverträge ggf bis zur Ausführung der Verträge unter Anzahlung auf Provisionen auszuweisen (Anm 450). Einkaufsprovisionen sind Anschaffungsnebenkosten.

Prüfung von Fertigungsmaterial usw. Kosten, die durch die Prüfung von Fertigungsmaterial, Fertigungsprozess und Erzeugnissen verursacht werden, sind Fertigungsgemeinkosten, EStR 33 Abs 2 (Kostenstelle „Kontrolle der Fertigung").

Redaktionskosten. Kosten zur Herstellung von Druckvorlagen sind nach *BFH* 18. 6. 1975 (BStBl II, 809) *nicht* Bestandteil der HK. Zum Zeitpunkt des Beginns der Herstellung vgl Anm 419.

Reinigung von Fertigungsanlagen und Materiallager. Diese Kosten sind Fertigungsgemeinkosten.

Reisekosten und Auslösungen. Derartige Aufwendungen des für die Produktion und Montage (einschließlich Materialprüfung und -steuerung) tätigen Personals sind den Fertigungslöhnen bzw Fertigungsgemeinkosten zuzurechnen (einschl Fertigungsverwaltung). Reisekosten des in den Bereichen „Allgemeine Verwaltung" oder „Vertrieb" beschäftigten Personals sind Verwaltungskosten bzw Vertriebskosten (so auch *HHR* § 6 Anm 1000).

Restwertmethode s „Kuppelproduktkalkulation".

Sonderabschreibungen s „Wertverzehr des Anlagevermögens".

Sonderkosten der Fertigung vgl Anm 424ff.

Sondereinzelkosten des Vertriebs vgl Anm 454ff.

Soziale Aufwendungen vgl Anm 434, 435.

Steuern. Für die HB gilt folgende Abgrenzung: Gewinnabhängige Steuern gehören nicht zu den HK; nicht gewinnabhängige Steuern sind anteilig – dh soweit auf Produktionsanlagen entfallend – in die HK (Fertigungsgemeinkosten) einzubeziehen. Hiernach sind *keine* HK ESt, KSt und GewESt. Zu den HK gehören die ertragsunabhängigen Substanzsteuern wie zB **Grundsteuer.** Diese Steuern müssen anteilig auch den Verwaltungs- oder Vertriebskosten (Anlagen des Vertriebs) zugerechnet werden. Von den sonstigen Steuern gehört die USt zum Vertrieb; nicht abzugsfähige Vorsteuern rechnen zu den AK/HK der entspr VG (§ 9b Abs 1, vgl Anm 51). Weitere Steuern s „Verbrauchsteuern". Für die anteilige Einbeziehung der **Gewerbeertragsteuer** in die HK besteht ein Wahlrecht, das iW mit der Abhängigkeit dieser Steuer von der künftigen Veräußerung der hergestellten WG begründet ist (EStR 33 Abs 5 S 2).

Stillstandskosten. Hierunter werden die **fixen** Kosten verstanden, die während einer (teilweisen) Stilllegung von Produktionsanlagen entstehen, insb Abschreibungen und Instandhaltung. Diese Kosten gehören in HB und Steuerbilanz **nicht** zu den HK (Anm 440).

Teilgewinnrealisierung. Bei langfristiger Fertigung vgl Anm 457–460.

Teilabrechnungen. Bei langfristiger Fertigung vgl Anm 461 und 465.

Teilwertabschreibungen. Steuerrechtliche Teilwertabschreibungen gehören in der HB als „außerplanmäßige Abschreibungen" nicht zu den HK; dasselbe gilt für die Steuerbilanz, vgl EStR 33 Abs 3 S 5.

Transportkosten. Innerbetriebliche Transportkosten für das **Fertigungsmaterial** sind Fertigungsgemeinkosten. Die Beförderung von **Fertigerzeugnissen** in Auslieferungslager sind dem Vertriebsbereich zuzuordnen, str (so aber *BFH* 29. 3. 1976, BStBl II, 409). Die durch die Beförderung von Arbeitnehmern, die in der Produktion eingesetzt sind, verursachten Kosten sind Fertigungsgemeinkosten (so auch *HHR* § 6 Anm 1000).

Unfallverhütung, Unfallstation. Aufwendungen dafür, soweit bei Fertigungsstätten, sind Fertigungsgemeinkosten (ggf Materialgemeinkosten beim Lager für Rohstoffe und Zulieferteile), im übrigen handelt es sich um Kosten für soziale Einrichtungen (*ADS*[6] § 255 Anm 197).

Unterbeschäftigung. Als Normalkapazität, deren Auslastung zu bestimmen ist, gilt die Optimalkapazität abzüglich notwendiger Ausfallzeiten (s Anm 439). Die durch Unterbeschäftigung verursachten **Leerkosten** (s Anm 439) sind keine HK.

Verbandsbeiträge. Geleistete Beiträge nach Beendigung des Fertigungsvorgangs dürfen nicht als nachträgliche HK berücksichtigt werden (*BFH* 17. 10. 2001, DStR 2002, 536).

Verbrauchsteuern. Dazu gehören insb Biersteuer, Branntweinabgaben, Kaffeesteuer, Mineralölsteuer, Schaumweinsteuer und Tabaksteuer. In der HB werden die Verbrauchsteuern idR den **Herstellungskosten** als Sonderkosten der Fertigung zugerechnet, da erst mit der Verbrauchsteuer ein verkaufsfähiges Erzeugnis entsteht (so auch *ADS*[6] § 255 Anm 153), sofern außerdem die Steuer bereits dann (und nicht erst bei Auslieferung) anfällt. Die Zuordnung ist im Hinblick auf das Ende des Herstellungsvorgangs **strittig.** Zum Ausweis der als Aufwand berücksichtigten Verbrauchsteuern, soweit sie auf am Abschlussstichtag auszuweisende Bestände des Vorratsvermögens entfallen, als **aktive Rechnungsabgrenzungsposten** nach § 250 Abs 1 S 2, s § 250 Anm 36. Eine entspr Regelung enthält für die Steuerbilanz § 5 Abs 5 S 2 EStG, jedoch als Aktivierungspflicht. Nach *BFH* 5. 5. 1983 (BStBl II, 559) gehört die Branntweinsteuer bei Erwerb von Branntwein durch einen Spirituosenhersteller und Weiterverarbeitung zu Fertigprodukten zu den AK des Branntweins und damit zu den HK der Fertigprodukte.

Veredelungsrechnung s „Divisionskalkulation".

Verkehrsteuern s „Steuern".

Vermögensteuer s „Steuern".

Verpackungskosten. Die Kosten der **Innenverpackung** werden den Fertigungsgemeinkosten zugerechnet. Es handelt sich um die Verpackung solcher Erzeugnisse, die durch die Verpackung erst verkaufsfähig werden, wie zB bestimmte Lebensmittel, Milch. Zur Rspr *BFH* 26. 2. 1975 (BStBl II 1976, 13) betr Innenverpackung wie Flaschen, Dosen, Milchtüten, Gläser, Folien; *BFH* 3. 3. 1978 (BStBl II, 412) betr Flaschen, nicht aber die Abfüllanlage; *BFH* 21. 1. 1971 (BStBl II, 304) betr Schutzumschläge von Büchern. Die **Außenverpackung** (in Kisten, Kartons zum Transport) gehört zu den Vertriebsgemeinkosten.

Versicherungen. Sachversicherungen können (oft anteilig) den Materialbereich oder den Fertigungsbereich betreffen. Solche Aufwendungen gehören dann entweder zu den Materialgemeinkosten oder den Fertigungsgemeinkosten; so auch die FinVerw in EStR 33 Abs 2.

Vertriebskosten. Zum Begriff vgl Anm 443. Zum Aktivierungsverbot vgl Anm 449.

Verwaltungskosten. Kosten der **Fertigungsverwaltung** (zB Lohnbüro der Fertigung) werden zu den Fertigungsgemeinkosten gerechnet. Die Verwaltungskosten beziehen sich nach dieser Abgrenzung auf die **allgemeine Verwaltung** (so auch Abs 2 S 4); vgl Anm 431 mit Beispielen.

Vorbereitung der Fertigung. Kosten der Vorbereitung der Fertigung sind Fertigungskosten (so auch *HHR* § 6 Anm 1000), und zwar entweder direkt zurechenbare Einzelkosten (zB Konstruktionszeichnungen); im Übrigen und im Zweifel Gemeinkosten.

Weihnachtszuwendungen. Sie gehören, soweit sie **freiwillig** gewährt werden, zu den freiwilligen sozialen Leistungen, für die nach Abs 2 S 4 ein Wahlrecht für die Einbeziehung in die HK besteht (Anm 434 ff; vgl auch EStR 33 Abs 4 S 4).

Wertverzehr des Anlagevermögens. Zum Begriff vgl Anm 427. Dieser Wertverzehr umfasst für die HB nur **planmäßige Abschreibungen** nach § 253 Abs 2 S 1; es dürfen auch niedrigere Abschreibungen, zB lineare statt degressive, in die HK einbezogen werden. Zum Begriff der planmäßigen Abschreibungen vgl auch § 253 Anm 219 ff. Zur **Bereinigung der Abschreibungen** in der HB vgl Anm 428 ff. Zu den in der **Steuerbilanz** mindestens einzuberechnenden AfA vgl Anm 429.

Zinsen. Zu den Zinsen für FK, die wahlweise in die HK einbezogen werden dürfen, vgl Anm 502 ff.

Zölle. S „Verbrauchsteuern".

Zuschlagkalkulation. Hier werden die Kostenarten zum Zweck der Verrechnung auf die Kostenträger (Erzeugnisse) in **Einzel-** und **Gemeinkosten** aufgeteilt. Einzelkosten sind die den Produkten oder Produktgruppen nach dem Verursachungsprinzip direkt zurechenbaren Kosten. Im Übrigen werden sie als Gemeinkosten mit Hilfe von **Zuschlagsätzen** verrechnet. Mit der Zuschlagkalkulation auf der Basis von Ist-, Normal- oder Plankosten werden die **Herstellungskosten** für die Bewertung der unfertigen und fertigen Erzeugnisse und Leistungen ermittelt. Es werden die einstufige differenzierende Zuschlagkalkulation und die mehrstufige Zuschlagkalkulation unterschieden (vgl hierzu *Reichmann* HWR Sp 1854–1870 mwN).

F. Zinsen für Fremdkapital (Abs 3)

Fremdkapitalzinsen rechnen weder zu den AK noch gehören sie zu den HK. **500**
Die Anschaffung oder Herstellung eines VG ist ein von der Finanzierung unabhängiger Vorgang (*ADS*[6] § 255 Anm 88). Die Aktivierbarkeit ist ausdrücklich auf Fremdkapitalzinsen und auf den Zeitraum der Herstellung beschränkt (Anm 504 ff). Darüber hinaus ist eine Aktivierung von Fremdkapitalzinsen nur im Rahmen der Ingangsetzung und Erweiterung des Geschäftsbetriebes zulässig (§ 269 Anm 2 aE).

I. Anschaffungskosten und Fremdkapitalzinsen

Für Anschaffungen gilt der Grundsatz der Nichteinbeziehung von Fremdka- **501**
pitalzinsen, weil die Finanzierung nur mittelbar, nicht aber unmittelbar der Anschaffung dient (*BFH* 24. 5. 1968, BStBl II, 574) und ein nur zeitlicher Zusammenhang mit einer Anschaffung nicht ausreicht (s auch Anm 23). Jedoch können die Parteien durch entspr Gestaltung des Sachverhalts in gewissem Umfang Finanzierungskosten in die AK einbeziehen; so wenn der Hersteller eines Gebäudes, anstatt eine Anzahlung zu verlangen, seine **Bauzeitzinsen** als Teil des Veräußerungspreises weiterberechnet (*BFH* 19. 4. 1977, BStBl II, 600; *BFH* 18. 2. 1993, BStBl II 1994, 224 betr die Erstattung anteiliger Bauzeitzinsen durch eintretende Kommanditisten) oder wenn sich bei der Veräußerung eines Gebäudes gegen Übernahme dinglicher Lasten der Veräußerer vom Erwerber die bei ihm entstandenen Disagiobeträge im Kaufpreis mit vergüten lässt (*BFH* 17. 2. 1981, BStBl II, 466).

Die Auffassung, auch bei Anschaffungsvorgängen seien Finanzierungskosten (wahlweise) aktivierbar, soweit sie dazu dienten, die Herstellung zu beschaffender Neuanlagen mit längerer Bauzeit durch Anzahlungen oder Vorauszahlungen zu finanzieren (so zB *ADS*[6] § 255 Anm 35; *WPH*[12] II E 238), ist abzulehnen (wie hier auch *Mathiak* Anschaffungskosten und Herstellungskosten, 126 f; *Glanegger* in Schmidt[24] § 6 Anm 140 Finanzierungskosten). Zwar ist es wirtschaftlich gleich, ob die Zinskosten beim Lieferanten anfallen und von diesem in einem höheren Verkaufspreis weitergegeben werden oder ob der Abnehmer (fremdfinanzierte) Anzahlungen leistet und dafür entspr weniger für die Anschaffung bezahlt. Der Bilanzierung darf aber kein anderer als der verwirklichte, auch nicht ein anderer möglicher Sachverhalt zugrunde gelegt werden. Die für geleistete Anzahlungen aufgewendeten Fremdkapitalzinsen können auch deswegen nicht als Anschaffungsnebenkosten (so *ADS*[6] aaO) angesehen werden, weil sie die Vorauszahlung als ein vom angeschafften Gegenstand verschiedenen Vermögenswert (*Glanegger* in Schmidt[24] aaO) finanzieren (s auch Anm 23).

Für eine Einbeziehungs*pflicht* spricht sich unter bestimmten Voraussetzungen *Knop* in HdR[5] § 255 Anm 41 aus, was aber nur im Rahmen von AK nach Abs 1 zutreffend wäre.

Da im Übrigen die Aktivierung von Fremdkapitalzinsen nur insoweit zulässig ist, als diese „auf den Zeitraum der Herstellung" entfallen, müsste bei einer analogen Anwendung auf AK argumentiert werden, der Anschaffungsvorgang beginne mit der ersten Anzahlung. Dies entspricht nicht dem AK-Begriff (Anm 30 ff; aA *Hofbauer* in BoHdR § 255 Anm 23).

II. Herstellungskosten und Fremdkapitalzinsen

502 Nach ausdrücklicher Gesetzesbestimmung gehören die Zinsen für Fremdkapital auch nicht zu den HK (Abs 3 S 1). Gleichwohl *dürfen* sie angesetzt werden; geschieht dies, gelten sie als HK (Abs 3 S 2). Gesetzestechnisch werden damit Kosten, die keine HK sind, im Wege der Fiktion zu HK.

Bei diesem möglichen Ansatz **fiktiver Herstellungskosten** geht es nicht um die Ausübung eines Bewertungswahlrechts iSv in die HK „einrechenbare Aufwendungen". Zinsen sind Aufwendungen für die Überlassung von **Finanzierungsmitteln;** nicht aber „Aufwendungen, die durch den Verbrauch von Gütern und die Inanspruchnahme von Diensten" (§ 255 Abs 2) entstehen. Da es sich betriebswirtschaftlich wie nach eindeutiger Definition des HGB nicht um HK handelt, geht es bei dem Ansatz von Fremdkapitalzinsen auch nicht um die Ausübung eines Bewertungswahlrechts, sondern um die Inanspruchnahme einer **Bewertungshilfe** (Begr Reg E S 88), die im Falle ihrer Inanspruchnahme von KapGes/KapCoGes im Anhang anzugeben ist (§ 284 Abs 2 Nr 5).

503 Die sowohl betriebswirtschaftlich als auch nach der gesetzlichen Begriffsbestimmung begründete Unterscheidung zwischen Aufwendungen für die **Finanzierung** und Herstellungsaufwendungen, die den Gesetzgeber im Hinblick auf die anschließende Behandlung dieser Aktivierungen (AfA) zu dem gesetzestechnischen Mittel der Fiktion von HK in Abs 3 veranlasste, verbieten es, die Zinsaktivierung mit der wahlweisen Einbeziehungsmöglichkeit von Verwaltungskosten in die HK nach Abs 2 gleichzusetzen (aA *ADS*[6] § 255 Anm 210; *Knop* in HdR[5] § 255 Anm 324).

504 Die Inanspruchnahme der Bewertungshilfe ist an zwei einengende Voraussetzungen geknüpft. Das in Anspruch genommene Fremdkapital muss **zur Herstellung eines Vermögensgegenstands verwendet** werden; ferner kommt eine Aktivierung nur insoweit in Frage, als die Zinsen **auf den Zeitraum der Herstellung entfallen.** Mit der ersten Voraussetzung („Fremdkapital, das zur Finanzierung der Herstellung eines VG verwendet wird") verlangt das HGB eine tatsächlich bestehende Verknüpfung zwischen der Beschaffung von Finanzierungsmitteln (Fremdkapital) und deren Verwendung für die Herstellung, dh einen tatsächlich bestehenden Zusammenhang zwischen der Inanspruchnahme von Fremdkapital und der Herstellung des VG.

505 Ein derartiger Zusammenhang besteht, wenn ein **Kreditvertrag** unter Bezugnahme auf den herzustellenden Gegenstand abgeschlossen, verlängert oder eine bestehende **Kreditlinie** nachweislich zur Finanzierung ausgenutzt wird und eine andernfalls mögliche Kreditrückführung unterbleibt (*ADS*[6] § 255 Anm 203). Erforderlich ist ein Zinsaufwand, der hätte vermieden werden können, wenn die Herstellung dieses VG unterblieben wäre. Wird ein derartiger Zusammenhang dargetan, ist der Kredit auch „zur Herstellung verwendet". Hilfsweise für den Ansatz von Fremdkapital im Verhältnis der Kapitalstruktur des Unt, da im Zweifel jeder VG wie das GesamtUnt finanziert ist, sind *Selchert* DB

1985, 2415: *ADS*[6] § 255 Anm 204; *Knop* in HdR[5] § 255 Anm 329; Letzterer auch für die Annahme, das EK finanziere zunächst das Anlagevermögen. Für strenge Anforderungen an die Zurechenbarkeit HFA 5/1991, WPg 1992, 95.

Ein **tatsächlicher Zusammenhang** zwischen Fremdkapitalinanspruchnahme und der Herstellung eines VG ist auch dann noch gegeben, wenn ein Gegenstand des Anlagevermögens, etwa ein Baukran, zur Durchführung eines Bauauftrags auf Kredit angeschafft wird, der auch später noch zur Herstellung weiterer VG eingesetzt werden kann (*Selchert* DB 1985, 2414). **506**

In der Praxis ist die Aktivierung von Fremdkapitalzinsen iW in Branchen mit langfristiger Fertigung bei hohem Einsatz von FK, wie zB Flugzeugbau- und Luftfahrtgesellschaften, Werften und Schifffahrtgesellschaften und Unt der Wohnungswirtschaft, von Bedeutung. In derartigen Fällen besteht oft auch ein unmittelbarer wirtschaftlicher Zusammenhang zwischen der Inanspruchnahme von Finanzierungsmitteln und der Herstellung der VG **(auftragsbezogene Finanzierung).** Gleiches gilt, wenn ein größeres Investitionsvorhaben, wie die Herstellung eines Verwaltungsgebäudes oder einer Fabrikhalle, mit FK finanziert wird. Das HGB hat darauf verzichtet, die Aktivierung von Fremdkapitalzinsen an die weitere Voraussetzung zu binden, dass sich die Herstellung über einen längeren Zeitraum erstreckt. **507**

Die zweite einengende Voraussetzung der Bewertungshilfe besteht darin, dass nur die **auf den Zeitraum der Herstellung entfallenden Fremdkapitalzinsen** aktiviert werden dürfen. Hieraus wird zugleich abgeleitet, dass es sich um einen herzustellenden VG handelt. So soll die Aktivierung von Fremdkapitalzinsen zum Erwerb eines Grundstücks bei einem WohnungsbauUnt schon deswegen entfallen, weil das Grundstück bilanzrechtlich ein selbstständiger VG ist, der nicht in die HK des Gebäudes eingeht (*BFH* 13. 11. 1985, BFH/NV 1986, 331; aA *Horlemann* BB 1986, 245 mit der Begr, betriebswirtschaftlich könnten auch diese Kreditkosten den zur Veräußerung bestimmten Wohnungen zugeordnet werden (Grund u Boden als notwendiger Bestandteil der herzustellenden und zu veräußernden Wohnungen). Finanzierungskosten, die iZm der Herstellung von zur Veräußerung bestimmten Eigentumswohnungen anfallen, dürfen längstens bis zu deren Fertigstellung aktiviert werden. Später anfallende Fremdkapitalzinsen rechnen zum Vertriebsbereich und scheiden für eine Aktivierung aus. Kosten der Kapitalbeschaffung (zB Bereitstellungszinsen) sind ebenfalls nicht aktivierbar (*HFA* 5/1991 *WPg* 1992, 94). Zum Zeitraum der Herstellung – Beginn und Ende der Herstellung – Anm 362ff. **508**

Eine Aktivierung von **Eigenkapitalzinsen** – kalkulatorischen Zinsen auf eingesetztes EK – kann schon mangels zugrunde liegender Ausgaben nicht in Betracht kommen. **509**

Bisher wurde auch **steuerrechtlich** die Zulässigkeit anerkannt, wahlweise Fremdkapitalzinsen in die HK einzubeziehen unter der Voraussetzung, dass auch in der HB entspr verfahren wird (EStR 33 Abs 4 S 12003 unter Bezug auf *BFH* 7. 11. 1989, BStBl II 1990, 460; aA, weil jegliches Wahlrecht in der Steuerbilanz ablehnend *Mathiak* 1984, 115). Unklar, ob auch steuerrechtlich die Bewertungshilfe zulässig sein soll. In EStR 33 Abs 4 werden die Bewertungswahlrechte nach Abs 2 S 4 u die Zinsaktivierung nach Abs 3 undifferenziert aneinandergereiht. Dies ist abzulehnen (s Anm 502). **510**

In die HK einbezogene und aktivierte Bauzeitzinsen stellen keine Dauerschuldentgelte dar (*BFH* 30. 4. 2003, DStR 2003, 1435).

Die Inanspruchnahme der Bewertungshilfe in der HB führt anders als die Ausübung des Bewertungswahlrechts nach Abs 2 S 4 nicht auch zum Ansatz in der Steuerbilanz. Das Maßgeblichkeitsprinzip gilt für diese fiktiven HK nicht.

Entweder es wird – wie bisher – im Wege der Billigkeitsentscheidung auch steuerrechtlich eine Bewertungshilfe anerkannt (so im Ergebnis *Pyska* DStR 1996, 95 ff) oder die handelsrechtliche Bewertungshilfe gilt (ebenso wie die Bilanzierungshilfe des § 269 Abs 1) nicht für die Steuerbilanz (aA die hM, die Bewertungswahlrechte nach Abs 2 S 4 u die Zinsaktivierung gleichsetzt; *Weber-Grellet DB* 1994, 2408; *Glanegger* in Schmidt[24] § 6 Anm 188; für das Handelsrecht Anm 502 aE). Bleibt die Inanspruchnahme der Bewertungshilfe auf die HB beschränkt, führt dies ggf zur passiven Steuerabgrenzung (§ 274 Abs 1).

G. Geschäfts- oder Firmenwert (Abs 4)

I. Ermittlung des Geschäftswerts als Restgröße (Abs 4 S 1)

511 Der GFW ist ein immaterieller **Vermögensgegenstand** und nur, wenn entgeltlich erworben, aktivierungsfähig (§ 247 Anm 401). Abs 4 ist nicht nur eine Bewertungsvorschrift; sie enthält auch die Definition des für eine Bilanzierung in Betracht kommenden entgeltlich erworbenen GFW iSd Bilanzrechts. Der GFW ist als VG besonderer Art nicht selbstständig verkehrsfähig (gl A § 247 Anm 14; aM, einer Bilanzierungshilfe ähnlich § 309 Anm 6). Der Grundsatz der Einzelbewertung (§ 252 Abs 1 Nr 3) wird durchbrochen. Der GFW ist nur als Restgröße, als Unterschiedsbetrag aus einem Gesamtkaufpreis für ein Unt abzüglich aller einzeln bewertbaren VG und Schulden, feststellbar; in Ausnahmefällen auch bei Ausscheiden von Gestern (so zur Abfindung eines stillen Gesters *BFH* 16. 5. 2002, DB 2411; § 247 Anm 423). Er ist damit verschieden von einem UntWert iSd Bewertungspraxis ganzer Unt, der als einheitlich zu ermittelnder Zukunftserfolgswert aus den kapitalisierten nachhaltig erzielbaren Einnahmeüberschüssen abgeleitet wird; er unterscheidet sich hiervon auch deswegen, weil ein schließlich gezahlter Gesamtkaufpreis von jeglichen – wie auch immer ermittelten – UntWerten abweichen kann. Zum Wesen des GFW und zu den Voraussetzungen der Aktivierung im Einzelnen § 247 Anm 424.

512 Zur **Ermittlung** eines bilanzierungsfähigen GFW ist wie folgt vorzugehen: Zunächst sind die auf den Erwerber übergegangenen, einzelnen bewertbaren materiellen und immateriellen VG sowie alle Schulden festzustellen. Sämtliche VG sind zu erfassen, unabhängig davon, ob sie in der Bilanz des Veräußerers angesetzt waren oder nicht und ob es sich um vom Veräußerer selbst geschaffene, dort bisher nicht bilanzierungsfähige immaterielle VG handelte. Dies gilt auch für sog geschäftswertähnliche immaterielle VG (§ 247 Anm 411 ff). Bei den Schulden sind auch solche zu erfassen, die nicht passiviert wurden zB Pensionsverpflichtungen (*ADS*[6] § 255 Anm 268). Sodann sind die Zeitwerte (unter Beachtung des Vorsichtsprinzips) der anzusetzenden VG, Schulden und Abgrenzungsposten zum Zeitpunkt der Übernahme zu ermitteln *ADS*[6] § 255 Anm 269. Der Mehrbetrag der Zeitwerte aller Aktivposten über die Zeitwerte aller Schulden und Abgrenzungsposten ist nach Abs 4 der GFW (*ADS*[6] § 255 Anm 263; *Söffing* in FS Döllerer, 604).

513 Bei der Ermittlung des GFW dürfen immaterielle VG nicht außer Ansatz bleiben. Ebenso wenig besteht eine **Rangfolge** dahin, dass zunächst die bisher bilanzierten (materiellen und immateriellen) VG anzusetzen sind und erst im Anschluss hieran die vom Veräußerer selbstgeschaffenen immateriellen VG. Ein solches Vorgehen, welches durch die vermeintlich leichtere Erfassung und Bestimmung der Zeitwerte bereits angesetzter VG beeinflusst sein mag, ist durch das HGB nicht gedeckt. Soweit sich einzelne immaterielle VG mit der erfor-

derlichen Sicherheit in ihrem Zeitwert bestimmen lassen, sind sie anzusetzen (s § 247 Anm 408).

Diese Grundsätze gelten auch für das **Steuerrecht** (*Söffing* in FS Döllerer, 605). Auch aus der Rspr des BFH lässt sich kein Vorrang des Ansatzes der bisher bilanzierten WG vor den selbst geschaffenen immateriellen EinzelWG ableiten (*BFH* 18. 2. 1993, BStBl II 1994, 224, 226; 6. 7. 1995 BStBl II, 831, 832; ebenso *Hörger/Stobbe* DStR 1991, 1232; *Wacker* in Schmidt[24] § 16 Anm 490 mwN). 514

Sind im Rahmen der Übernahme eines gesamten Unt beim Veräußerer **Rechnungsabgrenzungsposten** (zB abgegrenzte Zölle und Verbrauchsteuern) vorhanden, sind sie, da im Kaufpreis mitvergütet, anzusetzen (ebenso *ADS*[6] § 255 Anm 266; *Knop* in HdR[5] § 255 Anm 233). Dies gilt jedoch nicht, wenn beim Veräußerer originär entstandene Darlehensforderungen zum Nennwert bilanziert und vorausbezahlte Zinsen passiv abgegrenzt wurden (Anm 254). Diese, durch den Erwerber im Wege der Abtretung **übernommenen Forderungen** (Anm 250) sind mit ihren idR nach dem Marktzinsniveau zum Zeitpunkt der Übernahme zu bestimmenden Zeitwerten anzusetzen. Vom übertragenen Unt in Anspruch genommene **Bilanzierungshilfen** iSv § 269 sind nicht zu berücksichtigen (ebenso *ADS*[6] § 255 Anm 267; *Knop* in HdR[5] § 255 Anm 422), da keine VG. Zu den übernommenen Schulden rechnen auch **Rückstellungen,** soweit sie Verbindlichkeitscharakter haben. Aus diesem Grunde sind neben Drohverlustrückstellungen auch Pensionsverpflichtungen anzusetzen, für die nach Art 28 Abs 1 EGHGB beim Veräußerer ein Ansatzwahlrecht besteht (ebenso *ADS*[6] § 255 Anm 268). **Aufwandsrückstellungen** iSv § 249 Abs 1 S 3 und Abs 2, denen noch keine zu übernehmenden Verbindlichkeiten zugrunde liegen, sind nicht anzusetzen, sie sind idR bei Ermittlung der Zeitwerte der VG, auf welche sie sich beziehen, zu berücksichtigen (*ADS*[6] § 255 Anm 268; *Knop* in HdR[5] § 255 Anm 427). 515

Erreicht der Gesamtkaufpreis nicht die vorsichtig ermittelten Zeitwerte der einzelnen bewertbaren VG, sind die Zeitwerte *abzustocken,* da die erworbenen VG nicht über ihren AK bilanziert werden dürfen (hM zB *ADS*[6] § 255 Anm 295; *Söffing* in FS Döllerer, 596; *Moxter* in *FS Semler,* 857; *FG Nds* 24. 10. 1991, EFG 1993, 15; *BFH* 12. 12. 1996, BFH NV 1998, 249). AA Bachem BB 1993, 967, 968; Ernsting, WPg 1998, 405: Ansatz der einzelnen VG zum Zeitwert bei Passivierung eines negativen Geschäftswerts. Nicht abgestockt werden können Geldposten (Kassenbestände, voll werthaltige Forderungen, *BFH* 12. 12. 1996, BStBl II 1998, 180; *Heurung* DB 1995, 385, 387; *Ossadnik* BB 1994, 747, 752). Die Abstockung muss dabei nicht proportional, sondern kann auch im Schätzungswege erfolgen (*BFH* 19. 2. 1981, BStBl II 1981, 730). Eine Abstockung nur bestimmter WG ist daher zulässig, wenn dies nicht willkürlich geschieht (*Hörger* in Littmann/Bitz/Pust § 16 Anm 174). 516

Damit erlangt der negative Geschäftswert die Funktion einer Gegenleistung für die Anschaffung der einzelnen VG. Der GFW-Begriff des § 255, der erst nach einer Verteilung der AK auf die einzelnen VG in einem darüber hinaus gezahlten Kaufpreis seine Betätigung finden muss – Restgröße –, schließt es aus, ihn selbst – in negativer Form – zur vom Markt bestätigten Gegenleistung für den Erwerb der Einzelgegenstände zu erheben.

Unterschreitet der Kaufpreis das buchmäßige EK des Veräußerers und ist eine Abstockung der Buchwerte mangels Abstockungsvolumen nicht möglich (so zB bei erworbenen flüssigen Mitteln wie Kassenbestand und Bankguthaben gem § 266 Abs 2 B IV) wird in Höhe der **nicht mehr abstockungsfähigen Differenz** der Ausweis eines **negativen Geschäftswerts** für unausweichlich gehalten, weil nur auf diesem Weg die erfolgsneutrale AK-Bilanzierung erreicht werden kann (so *FG* Nds aaO, 17; *Moxter* aaO, 856). Sowohl einen negativen

Geschäftswert als auch – bei grundsätzlicher Anerkennung eines „Drohverlust ähnlichen Charakters" – einen bilanzrechtlichen Rückstellungstatbestand ablehnend, kommen *Siegel-Bareis* (BB 1993, 1485 und BB 1994, 319) in Höhe der nicht mehr abstockungsfähigen Differenz zu einem **Anschaffungsgewinn;** im Ergebnis ebenso *Groh* in FS Klein 815, 825. Dies ist mit dem Grundsatz der erfolgsneutralen AK-Bilanzierung nicht vereinbar und führt zum Ausweis eines nicht realisierten Gewinns (ebenso im Ergebnis *BFH* 29. 4. 1994, BStBl II, 745 und 12. 12. 1996, DB 1997, 2516, BStBl II 1998, 180; einen „Erwerbsgewinn" ablehnend ebenso *Glanegger* in Schmidt[24] § 6 Anm 245). Gegenstand des Erwerbs waren jeweils KG-Anteile. Der *BFH* ist dem *FG Nds* aaO in der Abstockung der Werte, die nicht in Geld (Buch- oder Bargeld) bestehen bis auf „Null" gefolgt, nicht aber im Ansatz eines negativen GFW. Zumindest in der *Steuerbilanz* (Sonder- oder Ergänzungsbilanz) ist *ein Ausgleichsposten* zu bilden, durch den spätere Verluste am GesKapital neutralisiert werden. Dem ist zuzustimmen, weil so die dem Gester zukünftig drohenden Verluste am erworbenen GesKapital antizipiert werden.

UE ist es zutreffend, dass auch bei der Anschaffung einer Sachgesamtheit in Gestalt eines (lebenden) Unt der in Abs 1 kodifizierte Grundsatz der **erfolgsneutralen Anschaffungskostenbilanzierung** (Anm 20) nicht durchbrochen werden darf. Dies erzwingt aber nicht schon den Ansatz eines gesetzlich nicht geregelten negativen Geschäftswerts im Wege richterlicher Rechtsfortbildung (so *FG Nds* aaO, 17). Die Würdigung des im Einzelfall zugrunde liegenden **Sachverhaltes** führt vielmehr zum Ansatz einer der **Drohverlustrückstellung ähnlichen Rückstellung** (so wohl auch *Bachem,* BB 1993, 1977). Im Gegensatz zu den sonst gebildeten Verbindlichkeits- oder Drohverlustrückstellungen, bei denen es darum geht, einen wirtschaftlich verursachten Verlust ergebniswirksam zu antizipieren, geht es bei dieser Rückstellung jedoch darum, sie mit dem dafür aufgewendeten Betrag erfolgsneutral, weil angeschafft, einzubuchen. Aus der **rechtsgeschäftlich erworbenen** Sachgesamtheit „Unternehmen" drohen unausweichlich Verluste, die nach übereinstimmender Auffassung von Käufer und Verkäufer selbst **dann noch eintreten,** wenn für die einzelnen erworbenen VG mit Ausnahme der flüssigen Mittel ein Kaufpreis von Euro 1,– entrichtet wird. Damit ist durch ein **Drittgeschäft** der dem Unt drohende Verlust **sicher erwiesen** und im Erwerbszeitpunkt durch die vom Veräußerer erfolgte „Bezahlung" konkretisiert, s hierzu § 247 Anm 15 sowie auch Anm 407.

II. Aktivierungswahlrecht und Abschreibung nach Handelsrecht

517 Nach Abs 4 „darf" ein erworbener GFW angesetzt werden. Damit wird ein Aktivierungswahlrecht gewährt. Wird hiervon durch Unterlassen der Aktivierung im Zugangsjahr Gebrauch gemacht, ist kein Zugang im Anlagengitter (§ 268 Abs 2) aufzuführen. Auch der **Ansatz eines Teils** des als Restgröße zu ermittelnden GFW ist zulässig (ebenso *ADS*[6] § 255 Anm 274). Damit ist dem Kfm ein sehr weitgehender bilanzpolitischer Spielraum eingeräumt, wie er für Bilanzierungshilfen typisch ist (so auch *Söffing* in FS Döllerer, 599). Wurde auf eine volle oder teilweise Aktivierung des GFW verzichtet, kommt in den folgenden Geschäftsjahren eine Nachaktivierung nicht in Betracht (*ADS*[6] § 255 Anm 275).

518 Ein **angesetzter Geschäftswert** darf entweder nach Maßgabe von S 2 innerhalb von vier Folgejahren (Anm 519) oder gem S 3 planmäßig nach einem vom Kfm im Rahmen des Vertretbaren aufgestellten Abschreibungsplan auf die

voraussichtliche Nutzungsdauer ab dem ersten Jahr abgeschrieben werden (Anm 520). Diese Sonderregelungen gelten für den GFW als Restgröße; nicht aber für die sog **geschäftswertähnlichen Vermögensgegenstände** (§ 247 Anm 411). Letztere sind nach den allgemeinen Grundsätzen des § 253 anzusetzen und zu bewerten.

Zur steuerrechtlichen Abschreibung des GFW s Anm 525 aE.

1. Abschreibung nach Abs 4 S 2

Ein als GFW angesetzter Betrag ist in jedem auf das Zugangsjahr folgenden Gj zu *mindestens* einem Viertel abzuschreiben. Das bedeutet, dass für jedes Jahr höhere, nicht jedoch niedrigere Abschreibungen vorgenommen werden dürfen. Für das Zugangsjahr ist eine Abschreibung nicht vorgeschrieben, aber zulässig (ebenso *ADS*[6] § 255 Anm 279). Die **pauschale Abschreibung** (*ADS*[6] § 255 Anm 315) unterliegt nicht dem Stetigkeitsgebot des § 252 Abs 1 Nr 6 (*ADS*[6] § 255 Anm 277). Diese Abschreibungsmöglichkeit entspricht dem schon bei der Aktivierung bestehenden bilanzpolitischen Spielraum (Anm 518), mit welchem den Unsicherheiten Rechnung getragen wird, die mit einer Schätzung der betriebsgewöhnlichen Nutzungsdauer verbunden sind (Anm 520). Aus diesem Grund liegt auch im **Wechsel der Abschreibungsmethode** von der planmäßigen Abschreibung (Abs 4 S 3) zur Pauschalabschreibung (Abs 4 S 2) oder zur Vollabschreibung bereits ein Ausnahmefall iS von § 252 Abs 2 vor, während ein Wechsel von der pauschalen zur planmäßigen Abschreibung besonderer Begründung bedarf (ebenso *ADS*[6] § 255 Anm 286). 519

2. Abschreibung nach Abs 4 S 3

Abw von S 2 kann die Abschreibung eines angesetzten GFW auch **planmäßig auf die Geschäftsjahre verteilt werden,** in denen er voraussichtlich genutzt wird. Dies ist dann von KapGes/KapCoGes im Anhang zu begründen (§ 285 S 1 Nr 13, Anm 245). Die voraussichtliche Nutzungsdauer ist zu schätzen. Sie kann entspr der steuerrechtlich festgelegten Nutzungsdauer bei 15 Jahren liegen; es kann eine kürzere, aber auch eine längere Nutzungsdauer in Betracht kommen; letzteres wird allerdings die seltene Ausnahme sein. Für höchstens 15-jährige Nutzungsdauer *Söffing* in FS Döllerer, 607; *Moxter* in FS Semler, 858. 520

Die Abschreibungsregelung des Abs 4 S 3 ist iZm der Neuregelung der steuerrechtlichen Abschreibung (Anm 525) in das HGB aufgenommen worden. Der an der steuerrechtlich früher nicht zugelassenen planmäßigen Abschreibung eines erworbenen GFW geübten Kritik wurde im Interesse einer Angleichung des Steuerrechts an handelsrechtliche Auffassungen Rechnung getragen. 521

Angesichts dieses Regelungszusammenhangs und der heterogenen Struktur eines GFW als Restgröße kommt *Söffing* (FS Döllerer, 607) zu dem Ergebnis, das HGB habe mit der gewollten Übereinstimmung zwischen HB u Steuerbilanz eine weitere Bilanzierungshilfe geschaffen, welche jede unter fünfzehn Jahren liegende Abschreibungsdauer problematisch erscheinen lasse. Dies ist mit dem eindeutigen Gesetzeswortlaut nicht vereinbar. Eine „unbesehene" (*Wagner/Schomaker* DB 1987, 1366) Übernahme der fünfzehnjährigen Nutzungsdauer in die HB entspricht nicht dem HGB und seinen Materialien. Bei Anhaltspunkten für eine kürzere Nutzungsdauer ist diese zugrunde zu legen (*ADS*[6] § 255 Anm 283; *Wagner/Schomaker* aaO; *Knop* in HdR[5] § 255 Anm 441). Jedoch darf die für Zwecke der Steuerbilanz unwiderleglich vermutete Nutzungsdauer auch für die HB übernommen werden, wenn sie im Rahmen einer vertretbaren Nutzungsdauerschätzung des Kfm liegt und ihr nicht besondere Umstände ent- 522 gegenstehen. Insofern besteht ein vom gesetzgeberischen Willen getragener Zusammenhang zwischen der steuerrechtlichen und handelsrechtlichen Abschreibungsregelung.

523 Die Betonung der Eigenständigkeit der handelsrechtlichen Nutzungsdauerschätzung (*Wagner/Schomaker* DB 1987, 1366) führt indessen für die Praxis nicht weiter. Die in den GFW als Restgröße einfließenden Bestimmungsfaktoren, wie Umsatzgrößen auf bestimmten Märkten, Organisationsstrukturen in Beschaffung, Produktion und Vertrieb, Ruf und Marktgeltung (*Söffing* in FS Döllerer 595), lassen eine voraussichtliche Nutzungsdauerschätzung von fünfzehn Jahren keineswegs als von vornherein unvertretbar erscheinen. (Zu den Schwierigkeiten der Nutzungsdauerschätzung s *Wagner/Schomaker* DB 1987, 1367 und *Baetge/Hense* DStZ 1987, 392). *Küppers* (DB 1986, 1637) hält eine eigenständige Nutzungsdauerschätzung der Restgröße für undurchführbar und kommt deswegen zur Übernahme der steuerrechtlichen Vermutung. Allerdings können besondere, einer fünfzehnjährigen Nutzungsdauerschätzung entgegenstehende Umstände vorliegen, etwa bei kleineren, durch die Person des bisherigen Unternehmers wesentlich geprägten Unt (im Ergebnis wie hier *Knop* in HdR[5] § 255 Anm 241; *Baetge/Hense* DStZ 1987, 392; *Zeitler* DStR 1988, 304; *Moxter* in FS Semler, 858).

524 Eine **außerplanmäßige Abschreibung** ist vorzunehmen, wenn und soweit ein wesentlicher Bestimmungsfaktor (Anm 523) des erworbenen GFW vorzeitig entfällt, zB Wegfall eines für den Erwerb maßgeblichen Umsatzes auf einem Exportmarkt; wesentlicher Rückgang der Effizienz einer erworbenen Vertriebsorganisation, die den gezahlten Kaufpreis als überhöht erscheinen lassen (ebenso *ADS*[6] § 255 Anm 285). Die grds von KapGes/KapCoGes nach § 280 Abs 1 zu beachtende Wertaufholung kann hier jedoch nicht gefordert werden (*ADS*[6] § 255 Anm 287). Zur Frage, ob insoweit auch eine steuerrechtliche Teilwertabschreibung in Betracht kommt, s Anm 526.

III. Abschreibung eines Geschäfts- oder Firmenwerts nach Steuerrecht

525 In § 7 Abs 1 S 3 EStG ist bestimmt, dass der GFW (eines Gewerbebetriebs oder eines Betriebs der Land- und Forstwirtschaft) in einer gesetzlich festgelegten betriebsgewöhnlichen Nutzungsdauer von fünfzehn Jahren linear abzuschreiben ist.

Die steuerrechtlich **unwiderleglich vermutete betriebsgewöhnliche Nutzungsdauer** von fünfzehn Jahren (Anm 520) gilt auch dann, wenn im Einzelfall Erkenntnisse dafür vorliegen, dass die voraussichtliche Nutzungsdauer geringer (BMF 20. 11. 1986, BStBl I, 532) und in der HB eine kürzere betriebsgewöhnliche Nutzungsdauer anzusetzen ist (Anm 523).

526 Der Auffassung, eine **Teilwertabschreibung** eines erworbenen GFW sei nur zulässig, wenn dieser in seiner *Gesamtheit* (einschließlich seiner zwischenzeitlich angewachsenen originären Bestandteile) unter den gezahlten und aktivierten Betrag abgesunken ist (so *Glanegger* in Schmidt[24] § 6 Anm 243 und *FinVerw* BMF 20. 11. 1986 BStBl I, 532), ist mit der Aufgabe der Einheitstheorie und der vom Gesetzgeber gewollten Angleichung an handelsrechtliche Auffassungen (Anm 520 ff) der Boden entzogen. Die Anerkennung eines *neben* den erworbenen GFW tretenden, vom Unt neu geschaffenen GFW lässt eine Saldierung im Rahmen der Teilwertbestimmung des erworbenen GFW nicht zu, weil damit gegen § 5 Abs 2 EStG verstoßen würde, welcher die Aktivierung eines selbstgeschaffenen GFW verbietet. Für die Voraussetzungen einer Teilwertabschrei-

bung ist auf diejenigen Bestimmungsfaktoren im Zeitpunkt des Erwerbes abzustellen, welche den *erworbenen,* planmäßig abzuschreibenden GFW ausmachen. Insofern besteht *Übereinstimmung* zwischen der steuerrechtlichen Teilwertabschreibung und einer in der HB vorzunehmenden außerplanmäßigen Abschreibung des erworbenen GFW (im Ergebnis ebenso *Söffing* in FS Döllerer, 612; *Wagner/Schomaker* DB 1987, 1369; *Zeitler* DStR 1988, 304, 305; *Schoor* DStZ 2000, 667). Das steuerrechtliche Wertaufholungsgebot ist zu beachten.

Kein GFW iSv §§ 6 Abs 1 Nr 2, 7 Abs 1 S 3 EStG ist der erworbene **Praxiswert** eines freiberuflichen Unt, der auf dem persönlichen Vertrauensverhältnis des Praxisinhabers zu seiner Klientel beruht und sich mit dessen Ausscheiden schnell verflüchtigt. Der Praxiswert ist daher innerhalb einer Nutzungsdauer zwischen drei und fünf Jahren abzuschreiben (*BFH* 24. 2. 1994, BStBl II, 590; 28. 5. 1998, BStBl II, 775). Bleiben der oder die bisherigen Praxisinhaber bei einer Sozietätsgründung weiterhin tätig, ist der aufgedeckte **Sozietätspraxiswert** ebenfalls in typisierender Betrachtungsweise innerhalb der doppelten Nutzungsdauer, dh zwischen sechs und zehn Jahren abzuschreiben (*BFH* 24. 2. 1994 aaO). Im Ergebnis ähnlich, dh für einzelfallbezogene Nutzungsdauerschätzung *Wacker* in Schmidt[24] § 18 Anm 202; *Sander* DStR 1993, 1893; ebenso nun auch die FinVerw (BMF 15. 1. 1995, BStBl I, 14). 527

Kein GFW sind auch die sog **firmenwertähnlichen Einzelwirtschaftsgüter** (s hierzu § 247 Anm 411).

H. Rechtsfolgen einer Verletzung des § 255

Für eine Verletzung der Bewertungsvorschriften des § 255 sieht das HGB keine speziellen zivilrechtlichen Sanktionen vor. Eine Verletzung kann gemäß § 283b Abs 1 Nr 3a StGB strafrechtliche Konsequenzen haben (Freiheitsstrafen bis zu 2 Jahren), wenn das Unt die Zahlungen einstellt oder über sein Vermögen das Insolvenzverfahren eröffnet oder es mangels Masse abgelehnt wird. 550

Ordnungswidrig handelt, wer als Mitglied des Geschäftsführungsorgans oder des AR einer KapGes/KapCoGes bei der Aufstellung oder Fertigstellung des JA den Vorschriften des § 255 Abs 1, Abs 2 S 1, 2 oder 6 zuwiderhandelt (§ 334 Abs 1 Nr 1b; § 335b). Dies kann mit einer Geldbuße belegt werden. Wird gegen die Bewertungsvorschriften des § 255 Abs 1 oder 2 S 1, 2 oder 6 verstoßen, kann bei der AG/KGaA **Nichtigkeit des JA** nach § 256 Abs 5 AktG wegen Überbewertung oder Unterbewertung vorliegen. Bei der GmbH ist § 256 Abs 5 AktG entspr anzuwenden (*BGH* 1. 3. 1982 BB, 1527).

Wer als gesetzlicher Vertreter eines dem PublG unterliegenden Unt oder bei einem dem PublG unterliegenden Ekfm als Inhaber oder dessen gesetzlicher Vertreter die Verhältnisse des Unt in der Bilanz unrichtig wiedergibt oder verschleiert, wird mit Freiheitsstrafe bis zu 3 Jahren oder mit Geldstrafe bestraft (§ 17 Abs 1 Nr 1 PublG). Außerdem stellt in diesen Fällen die Zuwiderhandlung gegen die Vorschriften des Abs 1, Abs 2 S 1, 2 oder 6 bei der Aufstellung oder Feststellung des JA eine Ordnungswidrigkeit dar, die mit einer Geldbuße geahndet werden kann (§ 20 Abs 2 Nr 1b PublG).

Stellt der AP von KapGes/KapCoGes und anderen dem PublG unterliegenden Unt (§ 6 Abs 1 und 2 PublG) fest, dass bei der Aufstellung der Bilanz die gesetzlichen Vorschriften und die sie ergänzenden Bestimmungen des GesV nicht beachtet wurden (§ 317 Abs 1 S 2), kann je nach Schwere des Verstoßes eine Einschränkung oder Versagung des BVm die Folge sein (§ 322 Abs 4).

I. Abweichungen der IFRS

Schrifttum: Kümpel: Bilanzierung und Bewertung des Vorratsvermögens nach IAS 2 (revised 2003), DB 2003, 2609.

I. Anschaffungskosten

570 Der Konzeption der IFRS entspr werden idR *postenbezogen* sowohl die zugrunde liegenden Begriffe als auch die Bewertungsansätze definiert. So wird die Bilanzierung und Bewertung des Vorratsvermögens in IAS 2, der Sachanlagen in IAS 16 und der immateriellen Vermögenswerte in IAS 38 geregelt. Das AK-Prinzip des HGB darf für Sachanlagen (IAS 16.31) und immaterielle Vermögenswerte (IAS 38.75) durch die Neubewertung zu einem höheren beizulegenden Zeitwert durchbrochen werden, unter der Voraussetzung, dass dieser verlässlich ermittelt werden kann. Sofern nicht eine vorangegangene Abwertung rückgängig gemacht wird, ist diese Buchwerterhöhung erfolgsneutral in der Neubewertungsrücklage zu erfassen (IAS 16.39 und IAS 38.85).

571 Der **Umfang der AK** für immaterielle Vermögenswerte (IAS 38.27), Sachanlagen (IAS 16.16) und Vorräte (IAS 2.11) ist im Wesentlichen gleich. Sie beinhalten den Kaufpreis einschließlich Einfuhrzölle und nicht erstattungsfähige Steuern und abzüglich aller Rabatte, Boni und Skonti und Anschaffungsnebenkosten. Ergibt sich aus der Anschaffung oder der Nutzung des Sachanlagevermögens eine Verpflichtung zu Abbruch oder Entsorgung bzw zu einer Sanierung des Standorts, für die eine Rückstellung zu bilden ist, sind die dafür zukünftig anfallenden geschätzten Kosten ebenfalls zu aktivieren (IAS 16.16 (c) und IAS 16.18). Dieser wesentliche Unterschied zum HGB bewirkt eine Verteilung des Aufwands auf die Nutzungsdauer des Vermögenswerts durch die höhere Abschreibung und den Zinsaufwand aus der jährlichen Erhöhung der Rückstellung. Zulässiger Bestandteil der AK sind außerdem Fremdkapitalkosten nach IAS 23 (s Anm 595). Werden bei einem Kauf auf Ziel die üblichen Zahlungsfristen überschritten, sind die AK das Barpreis-Äquivalent (IAS 16.23). Auch dies entspricht deutschen Grundsätzen (s § 253 Anm 66 „zinslose Kaufpreisstundung"). Zuwendungen der öffentlichen Hand nach IAS 20 dürfen die AK mindern (s Anm 580). IAS 2.16, IAS 16.19 und IAS 38.29 enthalten Beispiele für nicht aktivierungsfähige Kosten.

572 Die IFRS regeln den **Tausch** von Sachanlagen (IAS 16.24–26) und immateriellen Vermögenswerten (IAS 38.45–47) identisch. Der erworbene Vermögenswert ist zum beizulegenden Zeitwert (fair value) anzusetzen. Dabei ist der fair value der hingegebenen oder erworbenen Vermögenswerte zu verwenden, je nachdem welcher verlässlicher bestimmt werden kann. Falls die Transaktion keinen wirtschaftlichen Gehalt hat oder weder der fair value des hingegebenen noch des erworbenen Vermögenswerts verlässlich bestimmt werden kann, gilt der Buchwert des hingegebenen als AK des erworbenen Vermögenswerts. Ein Wahlrecht wie im HGB (s Anm 131) besteht demnach nicht.

Für den **unentgeltlichen Erwerb** enthalten die IFRS keine Regelung. Aus dem Rahmenkonzept lässt sich jedoch ableiten, dass ein Ansatz zum beizulegenden Zeitwert in Frage kommt (F 89), sofern die Ansatzkriterien für einen Vermögenswert erfüllt sind.

573 Neben dem Grundsatz der Einzelbewertung können wie im HGB (Anm 208) auch **vereinfachte Verfahren** zur Bemessung der AK angewandt werden, wie die *pauschale Ermittlung* von Anschaffungsnebenkosten (Anm 202); ebenso die

vor allem bei EinzelhandelsUnt zur Anwendung kommende (Anm 211) *retrograde Methode* (IAS 2.21). Von den Bewertungsvereinfachungsverfahren (§ 256) sieht IAS 2.25 für gleichartige Gegenstände des Vorratsvermögens die *Durchschnittsmethode* oder das *Fifo-Verfahren* vor, die auch nach HGB sowie in der Steuerbilanz anerkannt werden (s § 256). Das *Lifo-Verfahren* ist nach IFRS nicht mehr zulässig (IAS 2.IN13).

Einen Festwertansatz für Vermögenswerte von nachrangiger Bedeutung (§ 240 Abs 3) kennen die IFRS nicht. Nach dem Grundsatz der Wesentlichkeit kann jedoch auch dieses Bewertungsverfahren bei einer IFRS-Bilanzierung übernommen werden (ebenso *ADS Int* Abschn 9 Anm 98).

Besonderheiten der AK-Ermittlung ergeben sich insb im Rahmen von Finanzierungsleasing (IAS 17.20), im Rahmen von Sicherungsbeziehungen zur Absicherung von Cashflows (IAS 39.98 (b)), bei Erwerben mit aktienkursorientierter Vergütung (IFRS 2.10) und im Rahmen von UntZusammenschlüssen (IFRS 3). **574**

II. Anschaffungskosten in ausländischer Währung

In IAS *21* sind *umfassend* die Auswirkungen von Wechselkursänderungen auf den JA und KA geregelt und damit auch die Erstbuchung von Geschäftsvorfällen. Es wird unterschieden zwischen der Umrechnung von Geschäftsvorfällen und Salden in ausländischer Währung, von ausländischen Abschlüssen für Konsolidierungszwecke sowie der Umrechnung von Abschlüssen in eine Berichtswährung, die von der funktionalen Währung abweicht (IAS 21.3). Beim Erwerb von Gütern und Dienstleistungen in fremder Währung wird der Wechselkurs am Tag der Transaktion für die Erstbuchung in der funktionalen Währung herangezogen (IAS 21.21). Als Transaktionstag ist dabei der Zeitpunkt des erstmaligen Ansatzes im IFRS-Abschluss anzusehen (zB Einbuchung der Verbindlichkeit). Für Passiva, mit Ausnahme des EK und der erhaltenen Anzahlungen, ist dabei der Euro-Geldkurs zu verwenden (s § 253 Anm 70). Aus Vereinfachungsgründen ist auch der Mittelkurs und, sofern der Wechselkurs keinen wesentlichen Schwankungen unterliegt, ein Wochen- oder Monatsdurchschnittskurs zulässig (IAS 21.22). Damit besteht im Ergebnis hinsichtlich der Bestimmung der AK (Erstbuchung) *Übereinstimmung* zwischen HGB, DRS 14 und den IFRS. **577**

III. Bilanzierung von Zuwendungen der öffentlichen Hand

In IAS 20 wird zwischen *objektbezogenen* Zuwendungen für Vermögenswerte und *ertragsbezogenen* Zuwendungen unterschieden (IAS 20.3). **Zuwendungen für Vermögenswerte** sind Zuwendungen der öffentlichen Hand, die verknüpft sind mit der Hauptbedingung des Erwerbs oder der Herstellung langfristiger Vermögenswerte und ggf weiteren Nebenbedingungen (IAS 20.3). Dies entspricht den Investitionszulagen/Investitionszuschüssen. **580**

Nach dem Grundsatz der **Periodenabgrenzung** (accrual principle) sind Zuwendungen der öffentlichen Hand planmäßig und sachgerecht im Verlauf der Perioden als Ertrag zu erfassen, die erforderlich sind, um sie mit den entspr Aufwendungen zu verrechnen. Eine sofortige erfolgswirksame Erfassung wäre nur zulässig, wenn für eine Periodisierung der Zuwendung keine andere Grundlage als die des Zuflusszeitpunkts verfügbar wäre (IAS 20.16), zB bei bedingungslosen Beihilfen zur finanziellen Unterstützung. Für die bilanzielle Behandlung sieht IAS 20.24 als gleichwertige Alternativen entweder die *passivische Abgrenzung* oder die *Absetzung vom Buchwert* des Vermögenswertes vor, wobei **581** sich das Unt bei der Bilanzierung von Zuwendungen grundsätzlich für eine Alternative entscheiden muss. Der passivische Ausweis ist im HGB bei umfangreicher Zuschussfinanzierung zulässig (Anm 118). Die angewandte Bilanzierungs- und Bewertungsmethode sowie Art und Umfang der empfangenen Zuwendungen und Beihilfen sind anzugeben. Zusätzlich sind unerfüllte Bedingungen und andere Erfolgsunsicherheiten bezüglich der im Abschluss erfassten Zuwendungen anzugeben. Der im IAS 20.13 erwähnte „capital approach", also die erfolgsneutrale Erfassung im EK, ist nach HGB nicht zulässig.

IV. Herstellungskosten

585 Eine Umschreibung der Bewertungsgröße HK findet sich in IAS 2 (Vorräte). Der Anwendungsbereich des IAS 2 erstreckt sich nicht auf unfertige Erzeugnisse aus langfristigen Fertigungsaufträgen (IAS 11), Finanzinstrumente und Ernteerzeugnisse aus biologischen Vermögenswerten (IAS 41). In IAS 16 (Sachanlageermögen) wird für die Bemessung der HK auf IAS 2 Bezug genommen (IAS 16.22). Wie nach HGB, sind bei der Bestimmung der HK des Anlage- und Umlaufvermögens dieselben Grundsätze anzuwenden (s *Ballwieser* in Komm IAS 16 Anm 20). Unterschiedlich zum Vorratsvermögen ist nach IFRS jedoch die Behandlung von allgemeinen Verwaltungs- und sonstigen Gemeinkosten für selbst erstellte Vermögenswerte des Anlagevermögens geregelt (s Anm 586). Nach der Definition der HK in IAS 2.10 und 2.12 umfassen diese die **produktionsbezogenen Vollkosten.** So sind gem IAS 2.10 alle Kosten des Erwerbs und der Be- und Verarbeitung sowie sonstige Kosten in die AK/HK einzubeziehen, die angefallen sind, um die Vorräte an ihren derzeitigen Ort und in ihren derzeitigen Zustand zu versetzen. Dem vorrangigen Rechnungslegungsziel entspr (Informationsfunktion) sieht IAS 2 für die Bestimmung der HK insoweit grds **keine Wahlrechte** vor (Ausnahme bei der Erfassung von Fremdkapitalkosten s Anm 590). Die HK umfassen – wie auch im HGB – die **Einzelkosten** (Abs 2 S 2); weiterhin werden variable und fixe **Produktionsgemeinkosten** iSv Abs 2 S 3 einbezogen.

586 Zu den systematisch zurechenbaren fixen Produktionsgemeinkosten rechnen auch Kosten der **Betriebsleitung und Verwaltung,** jedoch nur soweit, als sie der HK-Definition entsprechen, dh dazu beitragen, *„den Vermögensgegenstand an seinen derzeitigen Ort bzw in seinen derzeitigen Zustand zu versetzen"*. Dies ergibt sich im Umkehrschluss aus IAS 2.16 (c), wonach Verwaltungsgemeinkosten, die diese Voraussetzung **nicht** erfüllen, als Aufwand verrechnet werden müssen. Demnach sind **Verwaltungskosten, die dem Produktionsbereich direkt zuordenbar** sind (so bei Anfall in den betreffenden betrieblichen Bereichen), als Bestandteile der HK zu behandeln. **Allgemeine Verwaltungskosten** (Kosten, die das Unt als Ganzes betreffen) sind hingegen für Vermögenswerte des *Vorratsvermögens* nur insoweit einzubeziehen, soweit sie dem Produktionsbereich zugeordnet werden können. Betreffen die Kosten andere Funktionsbereiche (zB Vertrieb), sind diese auszugrenzen. Dabei wird in Anlehnung an die Praxis in angelsächsischen Ländern (Großbritannien, USA) die Zurechnung entspr **dem jeweiligen Grad der Unterstützung der einzelnen Funktion** vorzunehmen sein (*Jacobs* in Komm IAS IAS 2 Anm 29 mwN). So wird zB für den Kostenstellenbereich Buchhaltung, JA-Erstellung, Finanzplanung zumindest *ein Teil* auch auf den Funktionsbereich Produktion entfallen. Die Schwierigkeiten, eine Schlüsselung rational zu begründen, die dazu führt, dass nach HGB auch mit Wirkung für die Steuerbilanz die Aktivierung derartiger Kostenbestandteile nicht oder allenfalls wahlweise erfolgt (s Anm 355), müssen überwunden werden

(aA *Kümpel,* DB 2003, 2613, der eine Aufwandsverrechnung der allgemeinen Verwaltungskosten in vollem Umfang aus Wesentlichkeits- und Praktikabilitätsgründen einer Schlüsselung vorzieht). Die Bildung entspr Schlüssel ist eine unter Beachtung der Informationsfunktion auszuübende Ermessensentscheidung. Im Gegensatz hierzu sind allgemeine Verwaltungs- und sonstige Gemeinkosten bei der Ermittlung der HK von **selbsterstellten Vermögenswerten des Anlagevermögens** *vollständig* als Aufwand der Periode zu erfassen. Das IASB stellte klar, dass keine Aufteilung wie für das Vorratsvermögen zulässig ist (IASB-Update 11/2002).

Für Kosten des **sozialen Bereichs,** wie zB Kosten für die betriebliche Altersvorsorge, soziale Einrichtungen, freiwillige soziale Leistungen, existieren keine gesonderten Vorschriften nach IFRS. Es sind hierfür die gleichen Grundsätze wie für die Verwaltungskosten (zB *Jacobs* aaO Anm 30) anzuwenden.

Was den Umfang der anzusetzenden **fertigungsbedingten fixen** Produktionsgemeinkosten betrifft, sind höchstens die Kosten anzusetzen, die bei einer **normalen Kapazitätsauslastung** der Produktionsanlagen anfallen (Durchschnittsauslastung über eine Anzahl von Perioden). Dabei kann das tatsächliche Produktionsniveau zugrunde gelegt werden, wenn es der Normalkapazität nahe kommt. In Perioden mit ungewöhnlich hohem Produktionsvolumen sind *maximal die entstandenen HK* anzusetzen (keine Bewertung über tatsächlich entstandene HK hinaus). Variable Produktionsgemeinkosten werden auf der Grundlage des tatsächlichen Einsatzes der Produktionsmittel zugerechnet (IAS 2.13).

Sind interne Entwicklungskosten – im Gegensatz zum HGB – nach IAS 587
38.57 aktiviert worden (s § 248 Anm 22), sind die **Abschreibungen auf diese aktivierten immateriellen Vermögenswerte** in die HK einzubeziehen, soweit diese dem Kriterium der Produktionsbezogenheit entsprechen (IAS 38.99).

Fremdkapitalkosten dürfen unter den Voraussetzungen des IAS 23 in die HK einbezogen werden (s Anm 595). Nicht zu den HK rechnen – wie nach HGB – die **Vertriebskosten** (IAS 2.16).

Im Ergebnis bestehen somit keine wesentlichen Unterschiede zwischen IFRS 588
und HGB für direkt zurechenbare Kosten. Nach Abs 2 S 3 wahlweise anzusetzenden Kosten sind nach IFRS zwingend anzusetzen. Während nach HGB für Kosten iSd Abs 2 S 4 iVm S 5 ein Ansatzwahlrecht besteht, soweit sie auf den Zeitraum der Herstellung entfallen, sind diese Kosten nach IFRS *insoweit anzusetzen, wie sie der Produktion zuzurechnen* sind. Unterschiede können sich auch aus der Behandlung von FK-Kosten und aus Abschreibungen auf selbst erstellte immaterielle Vermögenswerte ergeben.

Die HK eines **selbst geschaffenen immateriellen Vermögenswerts des** 589
Anlagevermögens entsprechen der Summe der Kosten, die ab dem Zeitpunkt angefallen sind, ab welchem sämtliche nach IAS 38 erforderlichen Ansatzkriterien erstmals erfüllt sind (IAS 38.57, 38.21–22). Zu den Ansatzkriterien s § 248 Anm 24. Die HK umfassen alle *direkt zurechenbaren Kosten,* um den immateriellen Vermögenswert zu entwickeln, herzustellen und auf seinen beabsichtigten Gebrauch vorzubereiten. Hierzu zählen gem IAS 38.66 Kosten für Materialien und Dienstleistungen, Personalkosten für Mitarbeiter, die direkt mit der Erstellung des Vermögenswerts beschäftigt sind, sowie Registrierungsgebühren eines Rechtsanspruchs und Abschreibungen auf Patente und Lizenzen, die zur Erstellung des Vermögenswerts genutzt werden. Bezüglich der Behandlung von Fremdkapitalkosten verweist IAS 38.66 auf IAS 23. Ausgenommen von der Aktivierung sind nach IAS 38.67 Vertriebs- und Verwaltungsgemeinkosten sowie sonstige Gemeinkosten, die dem Vermögenswert nicht direkt zugerechnet werden können. Ferner sind eindeutig identifizierbare Ineffizienzen und anfängliche Betriebsverluste, die auftreten, bevor ein Vermögenswert seine geplante Ertrags-

kraft erreicht hat, sowie Ausgaben für die Schulung von Mitarbeitern im Umgang mit dem Vermögenswert als Aufwand zu erfassen. Kosten, die in vorangegangenen Abschlüssen als Aufwand erfasst wurden, dürfen gem IAS 38.65 iVm 38.71 nicht nachaktiviert werden.

V. Nachträgliche Herstellungskosten und Erhaltungsaufwand

590 Durch die *Neufassung des IAS 16* im Rahmen des Improvement-Projekts wurde auch die Abgrenzung zwischen Erhaltungsaufwand und aktivierungspflichtigen nachträglichen HK neu geregelt. Während sich die Abgrenzungsfrage in der deutschen Bilanzierungspraxis, und hier insb durch die Steuer-Rspr geprägt, auf den Gebäudebereich konzentriert (s Anm 375ff), enthält die Neufassung des IAS 16 allgemeine Regeln für alle Arten von Sachanlagen.

Ausgaben für eine Sachanlage sind nach IAS 16.7 als nachträgliche HK zu aktivieren, wenn es wahrscheinlich ist, dass durch diese zukünftiger wirtschaftlicher Nutzen dem Unt zufließen wird und die HK zuverlässig bewertet werden können. Im Vergleich zum HGB ist diese allgemein gehaltene Regelung weniger restriktiv, da nach HGB (s Anm 375ff) Aufwendungen nur bei einer *Erweiterung* oder *wesentlichen Verbesserung* bzw bei *Wiederherstellung* nach Vollverschleiß oder *Wesensänderung* als HK zu aktivieren sind. Diese Voraussetzungen sind insbes für Gebäude durch die Steuerrechtsprechung näher spezifiziert worden.

IAS 16.44 (rev. 1998) stellte bei der Beurteilung, ob die nachträglichen Ausgaben zu einem erhöhten **Zufluss zukünftigen wirtschaftlichen Nutzens** aus der Sachanlage führen, auf einen Vergleich mit dem Stand bei der *(ursprünglichen) Herstellung* ab. Ebenso beurteilt Abs 2 S 1 HGB eine wesentliche Verbesserung anhand des *ursprünglichen* Zustands. Nach IAS 16.10 (rev. 2003) ist nun maßgeblich, ob hierdurch ein im Vergleich zum Stand *unmittelbar vor Durchführung der Maßnahme* erhöhter Nutzen gegeben ist (glA *Scheinpflug* in Beck IFRS, § 4 Anm 283f).

591 Sind **Teile einer Sachanlage** in regelmäßigen Abständen **auszutauschen,** sind nach IAS 16.13 die hierfür angefallenen Kosten zu aktivieren, wenn die Voraussetzungen des IAS 16.7 erfüllt sind. Die Buchwerte der ersetzten Teile sind abzuschreiben bzw auszubuchen (IAS 16.67f). Unterschiedliche Nutzungsdauern von wesentlichen Teilen einer Sachanlage sind nach IAS 16.43ff bereits bei der Bemessung der Abschreibung zu berücksichtigen und dementsprechend separat abzuschreiben **(Komponentenansatz).** Der einheitliche Vermögenswert (zB Flugzeug) wird für die Folgebewertung (Ersatzbeschaffung, Abschreibung und Abgang) aufgeteilt (zB Rumpf und Triebwerke). Nach HGB hingegen wird unterstellt, dass Teile eines VG (insb Gebäude) sich gleichmäßig abnutzen (ausführlich s Anm 385f).

Sind die Aktivierungsvoraussetzungen des IAS 16.7 erfüllt, sind Kosten iZm **regelmäßigen größeren Wartungen** (Generalüberholungen, Großinspektionen) gem IAS 16.14 zu aktivieren und über den Zeitraum bis zur nächsten Überholung bzw. Inspektion abzuschreiben (*Scheinpflug* aaO Anm 283f). Evtl noch vorhandene Restbuchwerte aus vorhergehenden Wartungen sind auszubuchen. Dies hat unabhängig davon zu erfolgen, ob die Kosten für die vorhergehende Wartung in Zusammenhang mit der Anschaffung bzw. Herstellung der Sachanlage identifiziert worden sind. Falls nötig, können zur Bestimmung des implizit vorhandenen Restbuchwerts der Wartungskosten die geschätzten Kosten einer zukünftigen ähnlichen Wartung als Indiz verwendet werden (IAS 16.14). Nach HGB führen Generalüberholungen regelmäßig zu Erhaltungsaufwand.

VI. Fremdkapitalkosten

Auch nach IFRS sind FK-Kosten grds Aufwand. Sie dürfen jedoch nach der **alternativ zulässigen Methode** unter bestimmten Voraussetzungen in bestimmter Höhe aktiviert werden (IAS 23.11). Danach dürfen FK-Kosten, die direkt dem Erwerb, dem Bau oder der Herstellung eines qualifizierten Vermögenswerts zugeordnet werden können, als Teil der AK oder HK dieses Vermögenswerts aktiviert werden. 595

Ein **qualifizierter Vermögenswert** ist ein Vermögenswert, für den ein beträchtlicher Zeitraum erforderlich ist, um ihn in seinen beabsichtigten gebrauchs- oder verkaufsfähigen Zustand zu versetzen (IAS 23.4). Explizit ausgeschlossen sind dagegen Vermögenswerte, die bereits bei Erwerb in gebrauchs- oder verkaufsfertigem Zustand sind (IAS 23.6). Dies verdeutlicht, dass auch nach IFRS die Aktivierung von FK-Kosten nur bei **wertumformenden Herstellungsmaßnahmen** zulässig ist. Derartige Maßnahmen können schon vor dem Beginn der physischen Herstellung liegen, zB Beschaffung von Genehmigungen, Erschließungsmaßnahmen unbebauter Grundstücke. Das bloße Halten eines Vermögenswerts *ohne zustandsverändernde Bearbeitung oder Entwicklung* kann nicht zur Aktivierung von FK-Kosten führen (IAS 23.22). Der **Aktivierungszeitraum** beginnt sobald Ausgaben für den Vermögenswert selbst sowie FK-Kosten anfallen und mit den zustandsverändernden Arbeiten begonnen wird (IAS 23.20). Er endet, wenn im Wesentlichen die Maßnahmen abgeschlossen sind, um den Vermögenswert in gebrauchs- oder verkaufsbereiten Zustand zu versetzen (IAS 23.25).

Aktivierungsfähig sind FK-Kosten, die vermieden worden wären, wenn die Ausgaben für den qualifizierten Vermögenswert nicht getätigt worden wären (IAS 23.13). Werden **speziell** für die Beschaffung eines qualifizierten Vermögenswerts Mittel aufgenommen, lassen sich die FK-Kosten ohne weiteres bestimmen. In **anderen Fällen** kann es schwierig sein, eine Zuordnung zwischen FK-Aufnahmen, die anderenfalls hätten vermieden werden können, und dem qualifizierten Vermögenswert vorzunehmen. Es bedarf einer Ermessensentscheidung (IAS 23.14). Werden die Fremdmittel dagegen allgemein aufgenommen, ist ein **Finanzierungskostensatz,** als gewogener Durchschnitt der FKosten bezogen auf die Kredite, die während der Periode bestanden haben und nicht speziell für die Beschaffung eines qualifizierten Vermögenswerts aufgenommen worden sind, zu bestimmen (IAS 23.17). Dieser ist auf die Ausgaben für den qualifizierten Vermögenswert anzuwenden. Nach HGB gelten FK-Zinsen dagegen nur als HK, sofern ein tatsächlicher Zusammenhang mit der Herstellung eines VG besteht (Anm 504).

Werden objektbezogene Kreditmittel aufgenommen und diese Mittel ganz oder teilweise vorübergehend nicht bestimmungsgemäß verwendet, sind die angefallenen FK-Kosten abzüglich etwaiger Zinserträge derselben Periode zu bestimmen (IAS 23.15). Aktivierungsfähig ist nur dieser reduzierte Betrag.

Wird für Finanzierungskosten (wozu im Unterschied zu HGB nicht nur Zinsen, sondern auch sonstige Kosten der FK-Aufnahme rechnen, IAS 23.5), die Aktivierung gewählt, geschieht dies in Ausübung eines Bewertungsmethodenwahlrechts. Wird davon Gebrauch gemacht, ist es insgesamt auf alle qualifizierten Vermögenswerte anzuwenden, auch wenn keine Objektfinanzierung vorliegt und ein Finanzierungskostensatz zur Anwendung kommt (IAS 8.13). Dies kann im Vergleich zum HGB-Ansatz zu einer Neuberechnung führen, falls dort keine FK-Zinsen aktiviert werden. Wird von dem Ansatz Gebrauch gemacht, sind sowohl der *Betrag* der während der Berichtsperiode aktivierten FK- 596

Kosten als auch der angewandte *Finanzierungskostensatz angabepflichtig* (IAS 23.29).

VII. Teilgewinnrealisierung

1. Grundsatz

600 Nach den IFRS dominiert der Grundsatz eines periodengerechten Erfolgsausweises in zeitlicher und sachlicher Hinsicht (vgl IASB F 37 und F 95). Für die Bilanzierung von **Fertigungsaufträgen** konkretisiert sich der Grundsatz in der in IAS 11 ausdrücklich definierten Zielsetzung: „Verteilung der Auftragserlöse und Auftragskosten auf Berichtsperioden, in denen die *Fertigungsleistung* erbracht wird." (percentage of completion method).

Nach der in IAS 11.22 formulierten **Grundregel** hat eine Umsatzrealisierung (inklusive des anteiligen Auftragsgewinns) nach dem Leistungsfortschritt **(stage of completion)** immer dann zu erfolgen, wenn eine *verlässliche Schätzung* des Ergebnisses des Fertigungsauftrags möglich ist. Fehlt es hieran, dürfen Auftragserlöse nur in Höhe der angefallenen **Auftragskosten** angesetzt werden (IAS 11.32; s Anm 603).

2. Verlässliche Schätzung

601 Je nach Vertragstyp sind die tatbestandsmäßigen Voraussetzungen, auf welche sich die verlässliche Schätzung bezieht, unterschiedlich. Für *Festpreisverträge* ergeben sich die umfassenderen Anforderungen. Neben den gesamten Auftragserlösen müssen der Grad der erreichten Fertigstellung und die bis zur Fertigstellung des Auftrags noch anfallenden Kosten eindeutig bestimmt und verlässlich ermittelt werden können. Zudem müssen die bislang entstandenen Kosten eindeutig bestimmt sein, so dass ein Vergleich mit früheren Kostenschätzungen möglich ist (IAS 11.23). Bei *Kostenzuschlagsverträgen* (Selbstkostenerstattungspreisen) erübrigt sich die Feststellung des Fertigungsgrads, da die Erlöse auf Basis der vertragsgemäß abrechenbaren Kosten bestimmt werden können.

Nach IAS 11.29 besteht eine *widerlegbare Vermutung,* dass ein Unt in der Lage ist, verlässliche Schätzungen vorzunehmen, wenn folgende Voraussetzungen vorliegen:

– ein Vertrag wurde abgeschlossen, der für jede Vertragspartei durchsetzbare Rechte und Pflichten begründet und die vom Auftragnehmer geschuldete Erfüllungsleistung nach Art und Bedingungen sowie die zu erbringende Gegenleistung festlegt und
– der Auftragnehmer über ein wirksames Budgetierungs- und Berichtssystem verfügt.

Die Schätzung der Auftragserlöse und Auftragskosten ist mit zunehmendem Leistungsfortschritt zu überprüfen und bei Bedarf anzupassen. Der Fertigstellungsgrad ist in jeder Berichtsperiode zu aktualisieren.

Aus der Notwendigkeit laufender Überprüfung der Schätzungen der Auftragsabwicklung ist zu schließen, dass eine **mitlaufende Auftragskalkulation** oder ein System vergleichbarer Aussagekraft unabdingbar ist (vgl IDW RS HFA 2 nF Anm 13).

3. Definitionen und Abrechnungseinheit

602 IAS 11.3 definiert den **Fertigungsauftrag** als einen Vertrag über die kundenspezifische Fertigung (Auftragsbezogenheit) einzelner Gegenstände oder einer Anzahl von Gegenständen, die entweder hinsichtlich ihrer Verwendung

aufeinander abgestimmt oder voneinander abhängig sind. Auftragsbezogenheit liegt nicht vor, wenn zwar bestimmte Ausstattungsvarianten nach Kundenwunsch gestaltet werden, es sich ansonsten aber um eine Leistung in standardisierter Form handelt (vgl. IDW RS HFA 2 nF Anm 1). Das für die Teilgewinnrealisierung nach deutschem Recht erforderliche *zeitliche Kriterium* einer sich über mehrere Gj erstreckenden Abwicklung (Anm 459) wird *nicht* vorausgesetzt. Wird ein Fertigungsauftrag allerdings innerhalb einer Berichtsperiode (zB ein Quartal oder ein Gj, falls keine Zwischenberichterstattung erforderlich ist) vollständig abgewickelt, hat die Anwendung von IAS 11 keine Auswirkungen. IAS 11.7–10 enthalten Grundsätze über die **Zusammenfassung** oder **Segmentierung** erteilter Aufträge zu Abrechnungseinheiten (Fertigungsauftrag iSv IAS 11). Dabei ist auf den wirtschaftlichen Gehalt der Geschäftsvorfälle und weniger auf die vertragliche Ausgestaltung abzustellen.

Die anzusetzenden **Auftragserlöse** werden in IAS 11.11–14 definiert. Sie sind zum beizulegenden Zeitwert der Gegenleistung anzusetzen.

Die **Auftragskosten** umfassen neben dem Auftrag *direkt* zurechenbaren Kosten sämtliche der Vertragserfüllung indirekt und allgemein zurechenbare Aufwendungen sowie Kosten, die dem Kunden vertragsgemäß gesondert in Rechnung gestellt werden können (IAS 11.16).

Die *direkten* Kosten entsprechen weitgehend den Einzelkosten des HGB bezogen auf den gesamten Vertrag. Die *indirekt und allgemein* der Vertragserfüllung zurechenbaren Kosten umfassen neben Versicherungsprämien, Kosten der Konstruktion und technischen Unterstützung insb die Fertigungsgemeinkosten auf Basis normaler Kapazitätsauslastung. *Fremdkapitalkosten* können nur dann eingerechnet werden, wenn der Auftragnehmer die alternativ zulässige Methode gem IAS 23 (s Anm 595) gewählt hat (IAS 11.18). Kosten der allgemeinen Verwaltung sowie F+E-Kosten rechnen nur dann zu den Auftragskosten, wenn ihre Erstattung nach den Vertragsbedingungen vereinbart wurde (IAS 11.19). Im Übrigen dürfen sie nicht berücksichtigt werden. Gleiches gilt für Vertriebsgemeinkosten (IAS 11.20), nicht jedoch Einzelkosten des Vertriebs (Provisionen und nützliche Abgaben zur Erlangung des Auftrags); sie sind auftragsbezogene Einzelkosten.

In **zeitlicher Hinsicht** sind alle ab Auftragserteilung anfallenden Kosten anzusetzen; vorher anfallende Kosten zur Erlangung des konkreten Auftrags gehören zu den Auftragskosten, wenn sie einzeln identifiziert werden können und es wahrscheinlich ist, dass der Auftrag erteilt wird; werden derartige Kosten in der Periode ihres Anfallens als Aufwand erfasst, dürfen sie in einer späteren Periode **nicht** nachaktiviert werden (IAS 11.21).

Zur Ermittlung des am Bilanzstichtag erreichten **Fertigstellungsgrads** kommen je nach Vertragsart verschiedene Verfahren in Betracht; das Verhältnis der angefallenen zu den geschätzten Gesamtkosten (cost-to-cost Methode); die Begutachtung der erbrachten Leistung und die Vollendung physisch abgrenzbarer Teile des Vertragswerks (IAS 11.30). Im Einzelfall sind jedoch auch andere input- oder outputorientierte Verfahren zulässig (*ADS Int* Abschn 16 Anm 104). Es ist die geeignetste Methode zu wählen und beizubehalten. Wird die cost-to-cost Methode gewählt, ist insb darauf zu achten, dass Kosten, die (vorübergehend) keinen Leistungsfortschritt widerspiegeln (zB Anzahlungen an Subunternehmer und geliefertes, aber noch nicht verwertetes Material) nicht in die Ermittlung des Fertigstellungsgrads einbezogen werden (IAS 11.31).

Kann das Ergebnis eines Fertigungsauftrags **nicht verlässlich geschätzt** 603
werden, ist ein Erlös nur in Höhe der angefallenen **Auftragskosten** auszuweisen (IAS 11.32). Diese Ertragsrealisierung entspricht einer auch nach HGB vertretbaren Teilgewinnrealisierung (Anm 457ff); ein Unterschied besteht lediglich

im GuV-Ausweis; nach IAS 11 erfolgt in diesem Fall bereits ein Ausweis unter den Umsatzerlösen in Höhe der Auftragskosten. Bestehen die Unsicherheiten hinsichtlich einer verlässlichen Schätzung des Ergebnisses *nicht mehr,* sind die zu dem Fertigungsauftrag gehörigen Erträge und Aufwendungen wieder nach der Grundregel IAS 11.22 (Anm 600) zu erfassen (IAS 11.35).

Dem *Imparitätsprinzip* des HGB entspr verlangt auch IAS 11 den *sofortigen Verlustausweis* (Verlust aus schwebenden Verträgen), wenn es wahrscheinlich ist, dass die gesamten Auftragskosten die gesamten Auftragserlöse übersteigen werden (IAS 11.36 u 37), unabhängig vom Beginn der Herstellung oder einem erreichten Fertigstellungsgrad.

VIII. Geschäfts- oder Firmenwert

604 Zum Geschäfts- oder Firmenwert vgl § 309 Anm 80 ff.

§ 256 Bewertungsvereinfachungsverfahren

[1] Soweit es den Grundsätzen ordnungsmäßiger Buchführung entspricht, kann für den Wertansatz gleichartiger Vermögensgegenstände des Vorratsvermögens unterstellt werden, daß die zuerst oder daß die zuletzt angeschafften oder hergestellten Vermögensgegenstände zuerst oder in einer sonstigen bestimmten Folge verbraucht oder veräußert worden sind. [2] § 240 Abs. 3 und 4 ist auch auf den Jahresabschluß anwendbar.

Übersicht

Schrifttum: *GEFIU* Anwendung der Lifo-Methode im handelsrechtlichen Jahresabschluss DB 1990, 1977; *Herzig* (Hrsg) Vorratsbewertung nach der Lifo-Methode ab 1990, Köln 1990; *Herzig/Gasper* Die Lifo-Methode in der Handels- und Steuerbilanz DB 1991, 557; *Kronenwett* Anwendung der Lifo-Bewertungsmethode nach dem EStG 1990 FR 1991, 286; *Mayer-Wegelin* Die praktische Anwendung der Lifo-Verfahren nach § 256 HGB BB 1991, 2256; *Müller-Gatermann* Zur Zulässigkeit von Indexverfahren bei der Bewertung nach der sog Lifo-Methode FR 1991, 8; *Oechsle/Rudolph* Zur betriebswirtschaftlichen Bedeutung und zu Anwendungsproblemen des Lifo-Verfahrens in Handels- und Steuerrecht in FS Luik, Stuttgart 1991, 91; *Siegel* Grundsatzprobleme der Lifo-Methode und des Indexverfahrens DB 1991, 1941; *Herzig/Gasper* Eine Zwischenbilanz zur Lifo-Diskussion DB 1992, 1301; *Bareis/Elschen/Siegel/Sigloch/Streim* Lifo, Jahresabschlussziele und Grundsätze ordnungsmäßiger Buchführung DB 1993, 1249 mit Replik *Herzig* DB 1993, 1252; *Hörtig/Uhlich* Vier Jahre Lifo: Wandel in der Gruppenstruktur DB 1994, 1045; *Siepe/Husemann/Borges* Das Index-Verfahren als Bewertungsvereinfachungsverfahren iSd § 256 HGB WPg 1994, 645; *Schneider/Siegel* Das Index-Lifo-Verfahren als „Fortentwicklung" von Grundsätzen ordnungsmäßiger Buchführung? WPg 1995, 261; *Siepe/Husemann/Borges* Ist das Index-Verfahren mit den Grundsätzen ordnungsmäßiger Buchführung vereinbar? WPg 1995, 365; *Gasper* Die Lifo-Bewertung, Düsseldorf 1996; *Hoffmann* Sachverhaltsgestaltungen zur Nutzung der built-in flexibility von Verbrauchsfolgeverfahren DStR 1996, 156; *Pelzer/Klein* Steuerbilanzpolitik: Bildung stiller Reserven durch Gestaltung des Lifo-Ausgangswerts DStR 1996, 774; *Trappmann* Bewertungsvereinfachungsverfahren für Grundstücke zulässig? DB 1996, 391; *Ammelung* Lifo-Verfahren: Voraussetzungen zur Gruppenbildung bei gleichartigen Wirtschaftsgütern BB 1998, 2357; *Köhler* Grundzüge der Lifo-Methode StBp 1999, 315; *Loitz/Winnacker* Die dauernde Wertminderung im Umlaufvermögen vor dem Hintergrund der handelsrechtlichen und steuerlichen Bilanzierung DB 2000, 2229; *Mayer-Wegelin* Die Lifo-Bewertung: Regelungszweck einerseits und Ausgestaltung andererseits DB 2001, 554; *Moxter* Lifo-Methode: Durch Vereinfachungszweck eingeschränkter Geltungsbereich in der Steuerbilanz? DB 2001, 157; *Kümpel* Bilanzierung und Bewertung des Vorratsvermögens nach IAS 2 (revised 2003), DB 2003, 2609.

A. Überblick

1 § 256 gestattet für die Bewertung von bestimmten VG im JA in Ergänzung zu den allgemeinen Bewertungsvorschriften des § 253 iVm § 252 Abs 1 Nr 3 die Anwendung von **Bewertungsvereinfachungsverfahren** (Verbrauchs- bzw Veräußerungsfolgen gem S 1, Fest- und Gruppenbewertung gem S 2) und erleichtert somit die in der Praxis oft schwierige und aufwändige Ermittlung der AK/HK sowie den Wertansatz der einzelnen VG. S 1 ist auf gleichartige VG des Vorratsvermögens anwendbar, während S 2 iVm § 240 Abs 3 und 4 auf VG des Sachanlagevermögens sowie Roh-, Hilfs- und Betriebsstoffe bzw gleichartige VG des Vorratsvermögens sowie andere gleichartige oder annähernd gleichwertige bewegliche VG und Schulden angewandt werden darf. Die Vorschrift gilt für alle Kfl und ist unabhängig von der Rechtsform und Größenordnung anwendbar.

2 Grds gilt auch für diese VG das Prinzip der **Einzelbewertung** gem § 252 Abs 1 Nr 3. Hierfür müssten die einzelnen VG aber konkretisierbar und mit den tatsächlichen AK/HK bewertbar sein; dies ist aber zB bei einer großen Zahl gleichartiger VG, die zu verschiedenen Preisen und Zeitpunkten eingekauft werden, bei Vermischung in der Lagerhaltung oder Weiterverarbeitung von unfertigen Erzeugnissen oft nicht oder nur mit sehr hohem Aufwand realisierbar (*Mayer-Wegelin* in HdR[5] § 256 Anm 11). Daher dürfen *in Abkehr von der Einzelbewertung* **Verbrauchs- bzw Veräußerungsfolgen** (S 1) unterstellt oder eine **Fest- bzw Gruppenbewertung** (S 2) durchgeführt werden.

3 Die Verbrauchs- bzw Veräußerungsfolgen iSd S 1 müssen den **GoB** entsprechen und eine bestimmte zeitliche (s Anm 42) Zugangs- bzw Abgangsfolge unterstellen: diese Kriterien erfüllen Fifo (first in – first out, Anm 59) und Lifo (last in – first out, Anm 62), die in S 1 ausdrücklich genannt werden; die Zulässigkeit von weiteren Vereinfachungsverfahren wie Hifo (highest in – first out), Loifo (lowest in – first out), Kifo (konzern in – first out) oder Kilo (konzern in – last out) ist umstritten (Anm 71 ff).

Steuerrechtlich anerkannt ist nur die Lifo-Methode, andere Verbrauchs- bzw Veräußerungsfolgeverfahren sind steuerrechtlich nicht zulässig, was aber die Bewertung nach der tatsächlichen Verbrauchs- bzw Veräußerungsfolge nicht in Frage stellt (*WPH*[12] I, E 349).

4 Die Verbrauchs- bzw Veräußerungsfolgeverfahren des S 1 dürfen für alle einzelnen oder zu Gruppen (Anm 21 ff) zusammengefassten gleichen oder **gleichartigen VG** des **Vorratsvermögens** angewendet werden, nicht aber für andere bewegliche VG einschließlich der Wertpapiere (hM, zB *Mayer-Wegelin* in HdR[5] § 256 Anm 35; *Wohlgemuth* in BoHdR § 256 Anm 7; ausführl mwN *Gasper* 1996, 39 ff; aA *ADS*[6] § 256 Anm 24 f, die eine Anwendbarkeit auch für *andere gleiche VG* des Umlaufvermögens für zulässig halten, da § 256 nur die Einbeziehung *gleichartiger* VG für das Vorratsvermögen regeln sollte, eine Beschränkung auf das Vorratsvermögen aber nicht gewollt gewesen sei).

5 Gem S 2 sind die Verfahren der Fest- und der Gruppenbewertung auch für den JA zulässig. Dabei ist die Anwendung des **Festwerts** auf VG des Sachanlagevermögens sowie Roh-, Hilfs- und Betriebsstoffe, die regelmäßig ersetzt werden und deren Gesamtwert für das Unt von nachrangiger Bedeutung ist, begrenzt. Die **Gruppenbewertung** darf für gleichartige VG des Vorratsvermögens sowie andere gleichartige oder annähernd gleichwertige bewegliche VG angewandt werden, wobei die zu einer Gruppe zusammengefassten VG mit dem gewogenen **Durchschnittswert** angesetzt werden. Zu weiteren Ausführungen wie Voraussetzungen und Wertansatz dieser Verfahren s § 240 Anm 71 ff.

Beide Verfahren sind auch steuerrechtlich anerkannt.

B. Grundlagen

I. Zielsetzung

Die Verfahren des § 256 sollen die Bewertung insb von Vorräten vereinfachen, die in der Praxis oft sehr aufwändig ist. Allerdings ist das tatsächliche Eintreten einer **Vereinfachung** nicht Voraussetzung für die Anwendung des § 256 und ein bestimmter Zweck der Vorschrift wird im Gesetzeswortlaut ebenfalls nicht genannt (*Mayer-Wegelin* in HdR[5] § 256 Anm 10). 8

Die Vereinfachung bei *Verbrauchs- bzw Veräußerungsfolgen* tritt ein, da nach der Bestimmung der Bestandsmenge mittels Inventur für die Wertfindung grds nur noch die **Erfassung der Zugänge** nach Menge und Wert erforderlich ist (Ausnahme ist das permanente Lifo-Verfahren, das auch eine Bewertung der Abgänge erfordert), wobei am Ende des Gj nicht alle Zugänge der Periode in die Wertfindung eingehen, sondern nur die gem der unterstellten Verbrauchs- bzw Veräußerungsfolge am Bilanzstichtag fiktiv noch vorhandenen.

Für die *Durchschnittsbewertung* ist ebenfalls nur die Erfassung der Zugänge nach Menge und Wert erforderlich, während die Bildung eines *Festwerts* nur alle drei Jahre erfolgen muss. Die Auswahl an Verfahren ermöglicht es außerdem, die Bewertung an die tatsächlichen Verhältnisse im Unt anzupassen (*Mayer-Wegelin* in HdR[5] § 256 Anm 16).

Bei der Regelung des § 256 standen der **Grundsatz der Wirtschaftlichkeit** sowie die **Vereinfachung der Bewertung** im Vordergrund. Nebeneffekte sind, dass zB bei der Anwendung der Lifo-Methode bei steigenden Preisen stille Reserven gebildet und im Vergleich zur Durchschnittsbewertung ein geringerer Gewinn ausgewiesen wird, und die Methode so der **Substanzerhaltung** dienen kann (kritisch dazu *Bareis/Elschen/Siegel/Sigloch/Streim* DB 1993, 1249 ff; ausführlich zur Gestaltung *Hoffmann* DStR 1996, 156; *Pelzer/Klein* DStR 1996, 774). 9

II. Allgemeines zu den Verfahren

Voraussetzung für die Anwendung von Vereinfachungsverfahren ist eine **Lagerbuchführung,** die idR nur die Zugänge an VG mengen- und wertmäßig erfasst (Ausnahme: Perioden-Lifo Anm 62) und so eine Zuordnung der VG mit ihren Preisen zur unterstellten Verbrauchs- bzw Veräußerungsfolge bzw eine Berechnung des Festwerts oder des gewogenen Durchschnitts ermöglicht. IdR sollte dies bei EDV-gestützter Buchführung ohne Schwierigkeiten möglich sein. 12

Bewertungsvereinfachungsverfahren und ihre Anwendung müssen den **GoB** entsprechen (Anm 28 ff). So soll ausgeschlossen sein, dass ein Verfahren im Gegensatz zu den verfolgten Zielen der Rechnungslegung oder bei KapGes/KapCoGes dem Einblick in die VFE-Lage des Unt angewendet wird. Hier ist nicht auf die Art der Vorräte abzustellen, sondern allein auf die Bewertungsvereinfachung; so ist zB eine Methode nicht zulässig, bei der die Wertansätze mengenmäßig nicht unterlegt und buchmäßig nicht zugeordnet werden können (*Mayer-Wegelin* in HdR[5] § 256 Anm 22). 13

Zulässige Perioden für die Anwendung der Bewertungsvereinfachungsverfahren sind **Monat, Quartal, Halbjahr** oder das **Gj,** wobei beim Festwert idR alle drei Jahre eine körperliche Bestandsaufnahme durchzuführen ist. Die Verfahren dürfen **permanent** oder **periodisch** ausgestaltet werden. Bei der permanenten Bewertung wird der Bestand laufend fortgeschrieben und bewertet, während beim periodischen Verfahren nur jeweils die Bestandsmengen am An- 14 fang und am Ende der Periode miteinander verglichen und der jeweilige Endbestand bewertet wird. Aufgrund der relativ einfachen Handhabung sind die periodischen Verfahren in der Praxis gebräuchlicher.

15 Die Bewertungsvereinfachungsverfahren lassen die **Inventurvorschriften** (§§ 240, 241) unberührt. Die *handelsrechtliche* Zulässigkeit der Verfahren ist unabhängig vom Inventurverfahren (nur für die *steuerrechtliche* Anerkennung des Lifo-Verfahrens ist der Bestandsnachweis durch Stichtagsinventur oder permanente Inventur Voraussetzung). Die Verfahren können eine Inventur nicht ersetzen, wobei das Inventar unter Anwendung des § 256 mit den vereinfacht ermittelten AK/HK *bewertet* werden darf, indem eine Verbrauchs- bzw Veräußerungsfolge unterstellt oder eine Fest- bzw Gruppenbewertung (dazu § 240 Anm 71 ff, 130 ff) durchgeführt wird. Dies ist zulässig, obwohl sich S 1 nicht auf das Inventar, sondern nur auf die Bewertung im JA bezieht (*ADS*[6] § 256 Anm 9), denn andernfalls müsste im Rahmen der Inventur nach anderen Regeln bewertet werden als bei Aufstellung des JA.

16 Für die Verbrauchs- bzw Veräußerungsfolgeverfahren des S 1 legt der Gesetzgeber mit der Formulierung „kann … unterstellt werden" eine **Fiktion** zugrunde, dh die für die Bewertung unterstellte Verbrauchs- bzw Veräußerungsfolge kann, muss aber nicht mit der tatsächlichen übereinstimmen (s ausführl Anm 41). Entspr der unterstellten Fiktion ist die Anwendung von Verbrauchs- bzw Veräußerungsfolgeverfahren auch bei **Bestandsschwankungen** und **regelmäßiger Lagerräumung** zulässig, ein Mindestbestand oder eine gleich bleibende Bestandshöhe sind nicht erforderlich (aA *ADS*[6] § 256 Anm 19, eine *regelmäßige* Räumung der Bestände schließe, im Gegensatz zu einer zufälligen Senkung des Bestands auch bis auf Null, die Anwendung einer dann denkunlogischen Verbrauchsfolge aus; dies sei zB möglich, wenn beim Perioden-Lifo zwei Stichtagsbestände verglichen werden; so auch *Mayer-Wegelin* in HdR[5] § 256 Anm 25).

17 Eine allgemeine Zulässigkeit der Anwendung von Verbrauchs- bzw Veräußerungsfolgeverfahren für **Materialbestandteile** in unfertigen oder fertigen Erzeugnissen scheint fraglich (so auch *ADS*[6] § 256 Anm 27; ohne Einschränkung bejahend *WPH*[12] I, E 348), allerdings dürfen die Verfahren nach hM auf einzelne Materialbestandteile von fertigen und unfertigen VG angewandt werden, wenn das Material, zB ein Edelmetall, in der Buchführung erfasst wird, ohne nennenswerte Verluste und in Reinform zurückgewonnen werden kann und die Rückgewinnung (wie zB bei Kabelherstellern) auch üblich ist (*ADS*[6] § 256 Anm 26; *Mayer-Wegelin* in HdR[5] § 256 Anm 36; *Oechsle/Rudolph* in FS Luik 1991, 105); das Material darf dann zusammen mit noch nicht verarbeiteten Beständen desselben Materials bewertet werden. Für **Fertigungslohn**- und sonstige **Kostenbestandteile** ist die Zulässigkeit abzulehnen, da sich der Wortlaut auf VG bezieht (ähnlich *Herzig/Gasper* DB 1991, 565; *Kronenwett* FR 1991, 289; aA *Mayer-Wegelin* in HdR[5] § 256 Anm 36, allerdings sei eine Aufteilung in einzelne Komponenten grds restriktiv zu sehen; aA auch *Bäuerle* BB 1990, 1732, die Ausklammerung der Lohnbestandteile erfolge ohne Begründung durch die GoB; aA auch *GEFIU* DB 1990, 1978).

18 IdR wird der Einblick in die Vermögens- oder in die Ertragslage durch die Unterstellung von Verbrauchs- bzw Veräußerungsfolgen jeweils zu Lasten der anderen Lage verbessert (Anm 45).

Sollte durch die Anwendung von Bewertungsvereinfachungsverfahren im JA von **KapGes/KapCoGes** ein den tatsächlichen Verhältnissen entspr Bild der VFE-Lage nicht vermittelt werden, bestehen Angabepflichten für den Anhang gem § 264 Abs 2 S 2 (Anm 54 f).

III. Gruppenbildung und Gleichartigkeit

21 Die Bildung von Gruppen ist keine notwendige Voraussetzung für die Anwendung von Bewertungsvereinfachungsverfahren, grds ist eine Bewertungsvereinfachung auch für einen einzelnen Vorratsgegenstand anwendbar (zB Einzel-Lifo). Durch die **Gruppenbildung** wird aber eine wesentliche Vereinfachung erreicht. Hier dürfen je nach Verfahren gleiche bzw gleichartige VG des Vorratsvermögens oder andere gleichartige oder annähernd gleichwertige bewegliche VG mengenmäßig zusammengefasst und vereinfacht bewertet werden. Dadurch können außerdem Substitutionseffekte und Kompensationseffekte entstehen: einmal gebildete stille Reserven werden nicht aufgelöst, sondern auf ein Substitutionsgut übertragen, und Mindermengen eines VG können innerhalb einer Gruppe durch Mehrmengen eines anderen kompensiert werden, wodurch stille Reserven bewahrt werden können (*Hörtig/Puderbach* DB 1991, 980f).

Die Verbrauchs- bzw Veräußerungsfolgeverfahren des S 1 sind nicht nur für gleiche, sondern auch **gleichartige VG des Vorratsvermögens,** also Roh-, Hilfs- und Betriebsstoffe, unfertige und fertige Erzeugnisse sowie Waren, anwendbar (zu den Voraussetzungen des S 2 siehe § 240 Anm 80 für Festwertverfahren und 135 ff zur Gruppenbewertung).

Gleichartigkeit ist gegeben bei der Zugehörigkeit zur gleichen Warengattung oder Gleichheit in der Verwendbarkeit, also Funktionsgleichheit (*Finanzausschuss Entw StRefG 1990,* BT-Drs 11/2536, 47).

Gleichartigkeit erfordert keine Gleichheit der Abmessung, Farbe, Dimension, Norm, Herkunft, der Bauteile oder Typen. Unter Berücksichtigung der jeweiligen UntVerhältnisse bei Produktion und Vertrieb sind aber zB allgemein anerkannte und deutlich abgrenzbare Qualitätsstufen, Marktgängigkeit, Austauschbarkeit, die andere Funktion einer Luxusqualität im Vergleich zum Basisprodukt oder allgemein die Zugehörigkeit zu Produktgruppen Kriterien für die *Abgrenzung* (*Mayer-Wegelin* in HdR[5] § 256 Anm 31 ff).

Um eine Vereinfachung zu erreichen, ist eine eher **weite Auslegung** der Gleichartigkeit zu fordern, und so erscheint eine großzügige typenübergreifende Zusammenfassung zB von Ersatzteilen zulässig, wodurch die Anzahl der Gruppen reduziert wird und wobei ein bestimmter Austausch aufgrund technischen Fortschritts oder Strukturänderungen der Gruppe unschädlich ist (*Müller-Gatermann* FR 1991, 9).

22 Die annähernde **Preis- oder Kostengleichheit** ist nach hM kein Begriffsmerkmal *gleichartiger* VG, da zum einen in § 240 Abs 4 iVm S 2 zwischen „gleichartig“ und „annähernd gleichwertig“ unterschieden wird und zum anderen sonst selbst gleiche VG mit unterschiedlichen Preisen nicht mehr zu einer Gruppe zusammengefasst werden dürften.

23 **Gleichwertigkeit** iSe annähernden Preisgleichheit ist somit für die Gruppenbildung nicht erforderlich (*Fischer* in *Herzig* 1990, 10 mit Argumenten für eine großzügige Gruppenbildung; *Mayer-Wegelin* in HdR[5] § 256 Anm 28 mwN, 29; aA *ADS*[6] § 256 Anm 22, da sich bei einer wertmäßig heterogenen Gruppe reale Vermögensveränderungen durch Strukturverschiebungen zwischen gering- und hochwertigen VG ergeben könnten; nur wenn diese nicht auftreten, unwesentlich seien oder berücksichtigt würden, wäre eine solche Gruppenbildung hinsichtlich der GoB zulässig; s auch *ADS*[6] § 240 Anm 127f zum Spielraum von 20% bei Preisunterschieden). Andererseits dürfen verschiedenartige VG auch bei (annähernder) Gleichwertigkeit nicht zu einer Gruppe zusammengefasst werden (*Knop* in HdR[5] § 240 Anm 76, *Ammelung* BB 1998, 2361).

Auch wenn die Gleichwertigkeit kein Begriffsmerkmal ist, kann sie doch für die Abgrenzung zwischen gleichartigen und verschiedenartigen VG herangezogen werden, da Preisunterschiede auf unterschiedliche Eigenschaften oder Qualitäten und somit fehlende Gleichartigkeit hinweisen können (*ADS*[6] § 240 Anm 125; *Mayer-Wegelin* BB 1991, 2257). Allerdings ist laut *Finanzausschuss* zur Verstärkung des Vereinfachungseffekts bei der Gruppenbildung nicht kleinlich zu verfahren, auch wenn „der Preis als Anzeichen für unterschiedliche Qualitätsmerkmale Einfluss auf die Gruppenbildung nehmen kann" (*Finanzausschuss Entw StRefG 1990* BT-Drs 11/2536, 47).

24 Grds ist bei der **Gruppenbildung** auch der Grundsatz der **Wesentlichkeit** zu beachten (*Hörtig/Uhlich* DB 1994, 1046; ausführlich zu Gruppenbildung und -wechsel), so dass mehrere kleine Gruppen auch bei fehlender Gleichartigkeit zusammengefasst oder kleine Gruppen mit nur unwesentlichem Wert einer nahestehenden Gruppe zugeordnet werden dürfen.

25 Die Frage, ob **gleichartige VG** auch nach **unterschiedlichen Verfahren bewertet** werden dürfen, ist zum einen in Anbetracht des Stetigkeitsgebots und des Willkürverbots (Anm 34 u 36; so auch *Selchert* Uneinheitlichkeit bei der Bewertungseinheitlichkeit? DB 1995, 1577), zum anderen aber insb hinsichtlich der angestrebten Vereinfachung grds zu verneinen, da es unter Vereinfachungsgesichtspunkten geboten ist, möglichst alle gleichartigen VG in *einer* Gruppe zusammenzufassen.

26 Nicht anzuwenden sind die Bewertungsvereinfachungsverfahren auf im Kundenauftrag *individuell angefertigte Erzeugnisse,* da sie aufgrund ihrer spezifischen Eigenschaften idR nicht gleichartig sind, auf *unfertige Bauten* oder andere *nicht abgerechnete Leistungen* im Vorratsvermögen, die schon wegen des unterschiedlichen Fertigungsgrades nicht gleichartig oder aber zumindest nicht beweglich sind; unzulässig ist die Bewertung mit Vereinfachungsverfahren auch für *Immobilien,* da sie weder gleichartig (austauschbar) noch beweglich sind (aA *Trappmann* DB 1996, 392, wonach für Grundstücke, die im Vorratsvermögen ausgewiesen werden, eine Gruppenbewertung zulässig sei). Da hier die Voraussetzungen für eine Anwendung des § 256 nicht gegeben sind, ist einzeln zu bewerten.

Zur für die Gruppenbewertung geforderten **annähernden Gleichwertigkeit** s § 240 Anm 137.

IV. Vereinbarkeit mit den Grundsätzen ordnungsmäßiger Buchführung

28 Die Anwendung der Bewertungsvereinfachungsverfahren hat den GoB und den Zielen des JA zu entsprechen, die **Vereinfachung** muss im Rahmen der Informations- und Ausschüttungsbemessungsfunktion **vertretbar** sein (ähnlich *Schneider/Siegel* WPg 1995, 261, 265). Die Zulässigkeit eines Verfahrens ist nach den **handelsrechtlichen GoB,** nicht aber nach steuerrechtlichen Aspekten zu beurteilen (*Siepe/Husemann/Borges* WPg 1994, 645). Die geforderte Übereinstimmung soll Missbräuche verhindern und Berechnungsmethoden ausschließen, die den GoB widersprechen (*Mayer-Wegelin* in HdR[5] § 256 Anm 22). So ist ein Verfahren zB dann nicht GoB-konform, wenn es nicht der Vereinfachung dient, sondern gezielt zu niedrigen Wertansätzen führt; dass die unterstellte Verbrauchs- bzw Veräußerungsfolge praktisch niemals zutreffen kann, stellt aber die Zulässigkeit uE *nicht* in Frage (so auch *Herzig/Gasper* DB 1991, 565, die auch in einer mit dem betrieblichen Geschehensablauf völlig unvereinbaren Lifo-Fiktion keinen Verstoß gegen die GoB sehen; aA Voraufl § 256 Anm 21; s dazu auch Anm 16, 41).

KapGes/KapCoGes haben gem § 264 Abs 2 ein den tatsächlichen Verhältnissen entspr Bild der VFE-Lage zu vermitteln, die Anwendung einer Bewertungsvereinfachung darf somit nicht zu einer *Verfälschung* der Lagedarstellung führen (zB durch einen unvertretbar niedrigeren Wertansatz als bei einer Einzelbewertung der zu der Gruppe zusammengefassten VG, so *Schneider/Siegel* WPg 1995, 265; aA *Siepe/Husemann/Borges* WPg 1995, 366, die „verfahrensbedingte" Abweichungen für zulässig halten). Ein *beeinträchtigter* Einblick entweder in die Vermögens- oder in die Ertragslage bei der Anwendung von Verbrauchs- bzw Veräußerungsfolgeverfahren (Anm 45) ist allerdings systemimmanent und erfordert nur Anhangangaben gem § 284 Abs 2 Nr 4. Weitere Angaben nach § 264 Abs 2 S 2 können aber zB bei einer weitgehenden Auflösung der Bewertungsreserve (s Bildung von stillen Reserven bei Anwendung der Lifo-Methode Anm 62), die bedeutenden Einfluss auf die Beurteilung der Ertragslage nimmt, erforderlich sein (ebenso *Gasper,* 86). 29

Folgende GoB sind für die Anwendung von Bewertungsvereinfachungsverfahren insb von Bedeutung:

Vollständigkeitsgebot (§ 246 Abs 1): 30

Gem der Vorschrift sind alle VG vollständig in die Bilanz aufzunehmen, soweit gesetzlich nichts anderes bestimmt ist (zB Festwert nach § 240 Abs 3); für die Wertfindung sind die jeweiligen Bewertungsvorschriften (insb §§ 252 ff) maßgeblich (s dazu § 246 Anm 2 f). Bewertungsvereinfachungsverfahren, die zu einem unvollständigen Mengengerüst führen, sind deshalb nicht zulässig (zB Dollar-Value-Methode, bei der die Wertansätze mengenmäßig nicht unterlegt sind und buchmäßig nicht zugeordnet werden können; *Mayer-Wegelin* in HdR[5] § 256 Anm 22).

Einzelbewertung (§ 252 Abs 1 Nr 3): 31

Die Bewertungsvereinfachungsverfahren des § 256 für den JA, also die Verbrauchs- bzw Veräußerungsfolgeverfahren des S 1 und durch Verweis in S 2 auf § 240 Abs 3 und 4 auch die Fest- und Gruppenbewertung, sind **Spezialregelungen** zu § 252 Abs 1 Nr 3 (§ 252 Anm 26). Diese Ausnahmen vom Prinzip der Einzelbewertung sind unter dem Aspekt der Wesentlichkeit und Wirtschaftlichkeit zB für Massengüter, bei denen ein Identitätsnachweis kaum oder nur mit unverhältnismäßig (zeitlich und/oder kostenmäßig) hohem Aufwand erbracht werden kann, gerechtfertigt.

Die Verfahren sind aber auch für VG anwendbar, deren AK/HK identifiziert und zugeordnet werden könnten, und die somit auch einzeln bewertbar wären (ähnlich *Mayer-Wegelin* DB 2001, 555). Zwar sieht der *BFH* die Anwendung einer Verbrauchsfolge als eine Durchbrechung der Einzelbewertung an, die nur *im Einzelfall* aus Gründen der Bewertungsvereinfachung gerechtfertigt sei und die typischerweise auf Sachverhalte zugeschnitten sei, bei denen die Ermittlung der AK/HK ausgeschlossen (zB bei Vermischung) oder mit unvertretbarem Aufwand (zB bei Massenartikeln) verbunden ist (zu den einzelnen Kritikpunkten hier an einer Lifo-Bewertung s *BFH* 20. 6. 2000 BStBl II 2001, 638). Nach dem Wortlaut des § 256 S 1 ist aber nur die Gleichartigkeit, nicht der unmögliche Identitätsnachweis der zu bewertenden VG gefordert, und die Vorschrift ist somit sowohl auf einzeln bewertbare VG als auch für eine Vielzahl gleichartiger VG zB bei Vermischung oder Massenartikeln anwendbar.

Vorsichtsprinzip (§ 252 Abs 1 Nr 4) – Niederstwertprinzip: 32

Das Vorsichtsprinzip schränkt zunächst die Wahl des Bewertungsvereinfachungsverfahren grds nicht ein (*Wohlgemuth* in BoHdR § 256 Anm 12, anders aber bei Loifo Anm 73), greift dann aber, wenn im Anschluss an die Bewertung der obligatorische Niederstwerttest durchgeführt wird.

Denn auch bei der Anwendung von Bewertungsvereinfachungsverfahren ist § 253 Abs 3 S 1 u 2 anzuwenden und ggf ein **niedrigerer Wert** (Börsen- oder Marktpreis bzw beizulegender Wert) als die AK/HK anzusetzen. Weiterhin bestehen bleiben auch die Wahlrechte zum Ansatz eines niedrigeren Werts gem § 253 Abs 3 S 3 (niedrigerer Wertansatz aufgrund künftiger Wertschwankungen), gem § 253 Abs 4 (im Rahmen vernünftiger kfm Beurteilung; kein Wahlrecht für KapGes/KapCoGes) und gem § 254 S 1 iVm § 279 Abs 2 (steuerrechtlich zulässige Abschreibungen), wobei die Wertansätze beibehalten werden dürfen, auch wenn die Gründe nicht mehr bestehen (§ 253 Abs 5; für KapGes/KapCoGes besteht dagegen ein Wertaufholungsgebot gem § 280).

33 Abschreibungen erfolgen für die gesamte **Gruppe,** wenn die VG einheitlich mit einem Durchschnittswert bewertet wurden und dieser Wert höher ist als der Niederstwert. Bei der Anwendung von Verbrauchs- bzw Veräußerungsfolgen werden diejenigen VG abgewertet, die gemäß der Fiktion noch vorhanden sind und deren AK/HK über dem Niederstwert liegen. Zur Abwertung von Layern s Anm 53.

Wurde die Bewertungsvereinfachung nur auf bestimmte **Materialbestandteile** des VG angewandt (Anm 17), kann sich für diese Teile ein Abwertungsbedarf auch dann ergeben, wenn das Erzeugnis insgesamt noch verlustfrei bewertet ist (*Oechsle/Rudolph* in FS Luik 1991, 107). Auch für diese Gruppen gilt das Niederstwertgebot und Abschreibungswahlrechte dürfen wahrgenommen werden.

Das Niederstwertprinzip greift erst *im Anschluss* an die Bewertung mittels Vereinfachungsverfahren und erst *nach* einer etwaigen Gruppenumbildung (*Hörtig/Uhlich* DB 1994, 1051, Niederstwertprinzip als generelles, die Bewertung nach § 256 überlagerndes Bewertungsprinzip). Bis 1998 war eine **Beibehaltung** der Abwertung gem § 253 Abs 5 bzw gem § 280 Abs 2 sowohl für Nicht-KapGes als auch KapGes (bei entspr steuerrechtlicher Behandlung nach § 254 S 2) allgemein zulässig (*Oechsle/Rudolph* in FS Luik 1991, 108).

Für **KapGes/KapCoGes** gilt aber mit dem Wegfall des steuerrechtlichen Beibehaltungswahlrechts ab 1999 das **Wertaufholungsgebot** gem § 280 Abs 1, dh eine Zuschreibung ist erforderlich, wenn die Gründe für die Abschreibung nicht mehr bestehen. Darüber hinaus ist nach Anwendung der Bewertungsvereinfachung nicht nur eine Teilwertabschreibung, sondern auch eine Wertaufholung zu prüfen, dh die zB durch Lifo gelegten stillen Reserven sind bei KapGes/KapCoGes zwingend über eine Zuschreibung aufzulösen (*Loitz/Winnacker* DB 2000, 2233).

Grds sind für KapGes/KapCoGes bei Bewertungen nach dem Niederstwertprinzip und bei Abschreibungen die **Angabepflichten** nach § 284 zu beachten (*WPH*[12] I, F 582).

34 **Bewertungsmethodenstetigkeit (§ 252 Abs 1 Nr 6):**

Zwar sollen nach dieser Bestimmung die im vorhergehenden JA angewandten Methoden beibehalten werden, doch rechtfertigt nach hM der Wechsel hin zu Bewertungsvereinfachungsverfahren grds eine Abweichung von der bisherigen Bewertungsmethode (zB *HFA 3/1997* WPg, 541). Insb der Wechsel zur Lifo-Methode nach Einführung der steuerrechtlichen Anerkennung stellt keinen Verstoß gegen das Stetigkeitsgebot dar, auch wenn er nicht sofort nach der gesetzlichen Neuregelung erfolgt (*Jungkunz/Köbrich* DB 1989, 2287). Nach der Wahl eines Verfahrens bzw dem Wechsel zu Lifo ist aber unter Beachtung des Stetigkeitsgebots ein Wechsel des Vereinfachungsverfahrens oder zB der Kriterien zur Gruppenbildung nur in begründeten Ausnahmefällen zulässig (*ADS*[6] § 256 Anm 20). Sachliche **Gründe,** wie zB Änderungen der rechtlichen Gegebenheiten oder die Vermittlung eines besseren Einblicks in die VFE-Lage können einen Wechsel ebenso rechtfertigen (*HFA 3/1997* WPg, 541) wie eine mengenmäßig erhebliche Bestandsveränderung, wenn die bisher angewandten Bewertungsmethoden unangemessen sind (*WPH*[12] I, E 229), geänderte Substanzerhaltungsziele reichen dagegen nicht aus (*HFA 3/1997* WPg, 541).

Für **KapGes/KapCoGes** sind die Vorschriften des § 284 Abs 2 Nr 3 über Angabe und Begründung des Wechsels zu beachten.

Anschaffungskostenprinzip (§ 253 Abs 1) 35

Die um zwingende Abschreibungen verminderten AK/HK bilden die Wertobergrenze für die Bewertung von VG (s dazu § 253 Anm 1).

Grundsatz der Methodenbestimmtheit 36

Der Wertansatz eines VG ist nach einer bestimmten Bewertungsmethode zu ermitteln und der Ansatz eines Zwischenwerts ist nicht zulässig (s dazu § 252 Anm 67).

Grundsatz des Willkürverbots 37

Die Bewertung soll frei von sachfremden Erwägungen (zB Ertragslage, Kreditwürdigkeit, Gewinn) erfolgen und der Erstellung eines klaren, übersichtlichen und den GoB entspr JA dienen. Bei Bewertungswahlrechten soll die Bewertungsentscheidung den Zielen des JA nicht entgegenstehen (s dazu § 252 Anm 68f).

Grundsatz der Wesentlichkeit 38

Sachverhalte von untergeordneter Bedeutung, die wegen ihrer Größenordnung keinen Einfluss auf das Jahresergebnis und die Vermögensdarstellung haben, dürfen vernachlässigt werden (s dazu § 252 Anm 70f).

V. Bestimmtheit der Verbrauchs- bzw Veräußerungsfolge für Verfahren des S 1

Für die Verbrauchs- bzw Veräußerungsfolgeverfahren des S 1 legt der Gesetz- 41
geber mit der Formulierung „kann … unterstellt werden“ eine **Fiktion** zugrunde, dh die für die Bewertung unterstellte Verbrauchs- bzw Veräußerungsfolge *kann, muss aber nicht* mit der tatsächlichen übereinstimmen (*GEFIU* DB 1990, 1977; *Herzig/Gasper* DB 1991, 559 und DB 1992, 1302 mwN, da sonst in Branchen, die ihre Vorräte mehrmals im Jahr umschlagen, die Anwendung der Lifo-Methode nicht möglich sei und dies auch entspr steuerrechtliche Auswirkungen habe; aA *ADS*[6] § 256 Anm 15ff, die Verbrauchsfolge dürfe nicht völlig undenkbar sein wie zB in Einzelfällen die Unterstellung von Lifo für Saisonbetriebe, die nur zu bestimmten Zeiten anfallende Rohstoffe verarbeiten; nicht eindeutig *Mayer-Wegelin* in HdR[5] § 256 Anm 20ff, 25, Lifo sei zulässig, solange das Verfahren theoretisch möglich wäre, allerdings würden durch diese Auslegung ganze Branchen von der Lifo-Bewertung ausgeschlossen, was vom Gesetzgeber nicht gewollt gewesen sei).

Gem dieser Fiktion und dem Wortlaut des § 256 S 1 darf für die Bewertung 42
unterstellt werden, „dass die zuerst oder dass die zuletzt angeschafften und hergestellten Vermögensgegenstände zuerst oder in einer sonstigen bestimmten Folge verbraucht oder veräußert worden sind.“

Somit wird für den **Zugang** auf eine **zeitliche Folge** abgestellt, während für den **Verbrauch** oder die Veräußerung auch eine **andere bestimmte Folge** unterstellt werden kann. Das Fifo- und das Lifo-Verfahren werden in S 1 ausdrücklich genannt und die handelsrechtliche Zulässigkeit ist allgemein anerkannt (*ADS*[6] § 256 Anm 6); die Zulässigkeit von weiteren Verfahren mit einer **nicht**

zeitlich bestimmten Zugangsfolge wie Hifo und Loifo, deren Zugangsfolge sich am Beschaffungs*preis* orientiert, oder die der am Konzernzugang ausgerichteten Verfahren Kifo und Kilo ist dagegen umstritten (s Anm 71 ff).

VI. Auswirkungen auf den Ausweis der Vermögens- und Ertragslage

45 Die verschiedenen Bewertungsvereinfachungsverfahren haben bei sich ändernden Preisen jeweils **unterschiedliche Auswirkungen auf** die ausgewiesene **Vermögens- und Ertragslage** (s ausführlich Anm 59 ff). IdR wird der Einblick in die Vermögens- oder in die Ertragslage durch die Unterstellung von Verbrauchs- bzw Veräußerungsfolgen jeweils zu Lasten der anderen Lage verbessert.

Diese Folgen sind systemimmanent und sprechen nicht für oder gegen die Wahl bzw Anwendung einer bestimmten Methode. Bei der langfristig orientierten Wahl der Methode hat die Vereinfachung im Vordergrund zu stehen, zu bilanzpolitischen Erwägungen s Anm 36 u 63, zur geforderten Übereinstimmung der Verbrauchs- bzw Veräußerungsfolge mit den tatsächlichen Gegebenheiten s Anm 16 u 41.

46 Für **KapGes/KapCoGes** (kleine Ges gem § 267 sind gem § 288 von dieser Angabepflicht ausgenommen) bestehen zur besseren Beurteilung der Vermögens- und Ertragslage folgende **Angabepflichten** für den Anhang gem § 284 Abs 2:

- Angabe der angewandten Bilanzierungs- und Bewertungsmethoden (Nr 1),
- Angabe und Begründung der Abweichungen von Bewertungsmethoden (Nr 3),
- Ausweis der Unterschiedsbeträge pauschal für die jeweilige Gruppe, wenn die Bewertung nach § 240 Abs 4, § 256 S 1 im Vergleich zu einer Bewertung zu Börsenkurs oder Marktpreis einen erheblichen Unterschied aufweist (Nr 4).

Die Angabe gem Nr 4 (s § 284 Anm 180 ff) erfordert stets eine **Vergleichsbewertung** aller vereinfacht bewerteten Vorratsposten auf Grundlage des Börsen- oder Marktwerts, um festzustellen, ob der Unterschied erheblich und die Angabe daher erforderlich ist (*WPH*[12] I, F 604 ff zur geforderten Genauigkeit). Obwohl die Regelungen des § 284 für den KA nicht gelten (s § 298 Abs 1), können nach § 297 Abs 2 S 2 auch im **Konzernanhang** zusätzliche Angaben notwendig werden, wenn sich die Information nicht aus den Angaben nach § 313 Abs 1 Nr 1 und Nr 3 ergibt.

VII. Verfahren bei zu- bzw abnehmenden Beständen – Layerbildung

Bei der Anwendung von Verbrauchs- bzw Veräußerungsfolgeverfahren bzw der Gruppenbewertung sind am Ende einer Periode drei Konstellationen denkbar: der Endbestand einer zu bewertenden Gruppe von VG ist größer, gleich oder kleiner als der Anfangsbestand.

a) Der Endbestand ist größer als der Anfangsbestand

49 Der Endbestand ist in Höhe des Anfangsbestands mit dessen Bilanzansatz des Vj unter Beachtung des Niederstwertprinzips zu übernehmen, für die **Bewertung** des darüber hinausgehenden **Mehrbestands** sind verschiedene Ansätze denkbar:

- die tatsächlichen AK/HK der Zugänge, aus denen der Mehrbestand besteht in der Reihenfolge der Anschaffung bzw Herstellung;
- die AK/HK der ersten Zukäufe des Gj;
- die AK/HK der letzten Zukäufe des Gj;
- die durchschnittlichen gewogenen AK/HK der Zugänge des Gj bzw der betrachteten (kürzeren) Periode.

Anfangs- und Mehrbestand sind uE nach der gleichen Methode zu bewerten (so auch *Siegel* DB 1991, 1945), die einmal gewählte Methode unterliegt dann dem Grundsatz der Bewertungsmethodenstetigkeit. Eine ggf zulässige Änderung ist von KapGes/KapCoGes im Anhang zu erläutern (Anm 46).

Zwar ist jede der Methoden handelsrechtlich zulässig, da sie einem bestimmten Prinzip folgt und willkürfrei ist. Weicht aber die Bewertung des Mehrbestands (die unterstellte Verbrauchs- bzw Veräußerungsfolge bzw die Durchschnittsbewertung) von der für die Gruppe zugrunde liegenden Bewertungsmethode ab, stellt dies eine **Vermischung von Verfahren** dar, die nach dem Stetigkeitsgebot, dem Gebot der Methodenbestimmtheit und dem Willkürverbot (s Anm 34ff, s aber auch Anm 24 zur Wesentlichkeit) **abzulehnen** ist (so auch *Mayer-Wegelin* in HdR[5] § 256 Anm 49, die Vermischung von Fifo und Lifo sei systemwidrig; aA *ADS*[6] § 256 Anm 42, 45, die unterschiedliche Bewertung von Anfangs- und Mehrbestand werde durch den Wortlaut des § 256 nicht ausgeschlossen, die Bewertung des Mehrbestands müsse lediglich den Bewertungsgrundsätzen des § 256 entsprechen, auch weitere Methoden erschienen zulässig; auch *Köhler* StBp 1999, 319, ist für die Zulässigkeit einer vom Anfangsbestand völlig unabhängigen Bewertung des Mehrbestands).

Anfangs- und Mehrbestand werden anschließend an die Bewertung entweder zu einem neuen **Gesamtbestand** zusammengefasst oder aus dem Mehrbestand wird ein selbständiger **Layer,** dh eine gesonderte Teilmenge, die vom Anfangsbestand getrennt fortgeführt wird, gebildet (s Anm 53). Bei weiteren Bestandserhöhungen wird dann für jedes Gj ein neuer Layer gebildet.

Steuerrechtlich ist die Layerbildung (su) ohne Beschränkungen anerkannt (s *EStR* 36a Abs 4 S 4f), wobei für die Wertermittlung des Mehrbestands von den AK/HK der ersten Lagerzugänge des Wj oder den durchschnittlichen AK/HK aller Zugänge des Wj auszugehen ist. Somit kann eine eigenständige Bewertung von Anfangsbestand und Layer in der HB auf der *umgekehrten Maßgeblichkeit* gem § 279 Abs 2 beruhen.

b) Der Endbestand ist gleich dem Anfangsbestand

Hier ist unter Beachtung des Niederstwertprinzips (s Anm 32) der Bilanzan- **50**
satz des Vj zu übernehmen.

c) Der Endbestand ist kleiner als der Anfangsbestand

Wurde der Vj-Bestand mit einer Verbrauchs- bzw Veräußerungsfolge bewer- **51**
tet, wird den Abgängen der entspr Wert zugrunde gelegt, der Abbau entspricht weiterhin der unterstellten Fiktion.

Wurde der Vj-Bestand mit einem Durchschnittswert bewertet, wird den Abgängen und dem Endbestand dieser Wert zugrunde gelegt; setzt sich der Bestand aus VG mit unterschiedlichen AK/HK zusammen, führt dies zur Auflösung stiller Reserven bei den VG mit niedrigeren AK/HK und der Abbau des Bestands zum Durchschnittswert entspricht nicht einer Verbrauchs- bzw Veräußerungsfolge (*Mayer-Wegelin* in HdR[5] § 256 Anm 53).

Besteht der Vj-Bestand aus Layern, werden diese entweder nach Maßgabe der Verbrauchs- bzw Veräußerungsfolgefiktion beginnend mit dem zuerst (Fifo) oder zuletzt (Lifo) gebildeten Layer nacheinander ausgebucht (*Glanegger* in Schmidt[24] § 6 Anm 352), wobei bei der Auflösung das angewandte Bewertungsvereinfachungsverfahren bei der Bildung des jeweiligen Layers zu beachten ist (zB tatsächliche Kosten in richtiger Reihenfolge oder Durchschnittskosten) oder die Layer werden bei Durchschnittsbewertung anteilig vermindert, wobei sich hier für die Bewertung des Endbestands (wohl aber für Abwertungen) kein Unterschied aus der Bildung von Gesamtbestand oder Layern ergibt (s Anm 53).

d) Gegenüberstellung von Gesamtbestand und Layer

53 Die Wahl zwischen Gesamtbestand oder Layerbildung hat iVm der Anwendung von Verbrauchs- bzw Veräußerungsfolgen oder der Durchschnittsbewertung unterschiedliche **Auswirkungen** auf die Bewertung von Bestandsminderungen sowie auf Abschreibungen nach dem Niederstwertprinzip (zu Beispielrechnungen s *Herzig/Gasper* DB 1991, 561). Werden Anfangs- und Mehrbestand der betrachteten Gruppe zu einem **neuen Gesamtbestand** zusammengefasst und zum gewogenen Durchschnittswert fortgeführt (gem *Köhler* StBp 1999, 320, das einfachste Verfahren mit vorteilhafter Handhabung späterer Bestandsminderungen oder Abwertungen gem § 253 Abs 3), können Bestandsminderungen und Abschreibungen in den Folgeperioden nicht mehr konsequent zugeordnet werden. Wird aber entweder der zusammengefasste Gesamtbestand entspr der Verbrauchs- bzw Veräußerungsfolge bewertet oder aus dem Mehrbestand ein **selbstständiger Layer,** dh eine gesonderte Teilmenge, die getrennt vom Anfangsbestand fortgeführt wird, gebildet, wobei jeder Bestand unterschiedlich bewertet bleibt, ist eine exakte Zuordnung möglich (ähnlich *Mayer-Wegelin* in HdR[5] § 256 Anm 51).

Wurde ein durchschnittlich bewerteter **Gesamtbestand** gebildet, wird ein **Bestandsabbau** in der Folgeperiode mit dem gewogenen Durchschnittswert bewertet und als Aufwand gebucht; dies ist bei Durchschnittsbewertung unproblematisch (allerdings wird die Periodenabgrenzung aufgehoben), liegt der Bewertung aber eine Verbrauchs- bzw Veräußerungsfolgefiktion zugrunde, entspricht die Auflösung zum Durchschnittswert nicht mehr einer Folge und ist wohl abzulehnen.

Wurden **Layer** gebildet, wird ein **Bestandsabbau** in der Folgeperiode entspr der Verbrauchs- bzw Veräußerungsfolgefiktion beginnend mit dem zuerst (Fifo) oder zuletzt (Lifo) gebildeten Layer zu den Ansatzwerten des betr Layers ausgebucht (*Glanegger* in Schmidt[24] § 6 Anm 352) bzw bei der Durchschnittsbewertung anteilig gekürzt.

Der **Niederstwert** wird bei einem durchschnittlich bewerteten **Gesamtbestand** mit dem Durchschnittswert verglichen und eine ggf notwendige Abwertung erfolgt dann für den gesamten Bestand. Bei einem Gesamtbestand, der entspr der Verbrauchs- bzw Veräußerungsfolgefiktion bewertet wurde, erfolgt die Abwertung für die VG, deren Ansatz über dem Niederstwert liegt.

Der **Niederstwert** wird bei **Layern** entspr der bei der Bildung des Layers angewandten Bewertungsvereinfachung (Anm 49) entweder mit jedem Bestand in einem Layer (bei Ansatz zu tatsächlichen Kosten) oder mit jedem Layer (bei Ansatz zum Durchschnittswert) verglichen und die höherwertigen Bestände bzw Layer werden abgewertet (aA *Kronenwett* FR 1991, 289, der in der isolierten Abschreibung auf Layer einen eklatanten Verstoß gegen den Grundsatz der Einzelbewertung sieht). Diese gesonderte Abschreibung ist eine zwangsläufige Folge der Layerbildung. Die Abschreibung mit der Begründung, der Durchschnittswert sei geringer und liege unter dem Niederstwert, zu unterlassen, würde einen Methodenwechsel (hin zur durchschnittlichen Bewertung des Gesamtbestands) bedeuten (*Mayer-Wegelin* in HdR[5] § 256 Anm 55; *ADS*[6] § 256 Anm 53). Ein solcher Wechsel ist jedoch nur in begründeten Ausnahmefällen zulässig (aA *Mayer-Wegelin* in HdR[5] § 256 Anm 56, ein Methodenwechsel von Layer-Bestand zu Durchschnittsmethode sei zulässig).

Beispiel:

		Bilanzansatz im Folgejahr bei Endbestand = 100	Niederstwerttest Annahme: Marktpreis = 11,– €
Anfangsbestand Mehrbestand Gesamtbestand	100* 10,– € 30* 12,– € 130* 10,46 €	100* 10,46 € = 1046,– €	keine Abwertung erforderlich, da 10,46 € < 11,– €
Layer (Anfangsbestand) Layer (Mehrbestand)	100* 10,– € 30* 12,– €	Fifo: 70* 10,– € + 30* 12,– € = 1060,– € Lifo: 100* 10,– € = 1000,– €	Abschreibung des Layers erforderlich, da 12,– € > 11,– €

C. Verfahren nach Satz 1 und ihre Zulässigkeit

56 Die Bewertung der gem § 256 bestimmten VG darf mit einer **Einzelbewertung** gem § 252 oder einem **Bewertungsvereinfachungsverfahren** gem § 256, also anhand einer Verbrauchs- bzw Veräußerungsfolge (S 1) sowie mit einer Fest- bzw Gruppenbewertung (S 2), erfolgen. So darf der Kfm grds für jede Gruppe von zulässigen VG eine (andere) Methode zur Bewertung wählen, die einzelnen Verfahren sind selbständig *nebeneinander* anwendbar. Gleichartige VG dürfen jedoch nur mit verschiedenen Vereinfachungsmethoden bewertet werden, wenn tragfähige Gründe gegeben und ein Missbrauch ausgeschlossen ist (*ADS*[6] § 256 Anm 20; *HFA 3/1997* WPg, 540; aA *Mayer-Wegelin* in HdR[5] § 256 Anm 37; s auch Anm 49). Gem dem Grundsatz der **Bewertungsmethodenstetigkeit** ist eine gewählte Methode beizubehalten und ein Wechsel nur in begründeten Ausnahmefällen zulässig (Anm 34).

Im Folgenden werden die Verbrauchs- bzw Veräußerungsfolgen des S 1 dargestellt, zu S 2 s Anm 78.

I. Fifo-Verfahren

59 Dem Fifo-Verfahren (first in – first out) liegt die Annahme zugrunde, dass zuerst angeschaffte oder hergestellte VG auch als erstes wieder verbraucht oder veräußert werden. Im Bestand verbleiben am Bilanzstichtag annahmegemäß die letzten Zugänge, die je nach Bestandshöhe mit den AK/HK des letzten, vorletzten usw. Zugangs bewertet werden, Abgänge müssen nicht bewertet werden.

Beispiel:

	Menge	Preis €	Betrag €
Anfangsbestand	100	10,–	1000,–
Zugang Zugang Zugang	50 100 80	12,– 14,– 15,–	
Endbestand Bsp 1	50	50* 15,–	750,–
Endbestand Bsp 2	90	80* 15,– + 10* 14,–	1340,–

Das Verfahren darf als permanentes oder periodisches Fifo gestaltet werden, wobei eine Periode einen Monat, ein Quartal, Halbjahr oder ein Gj umfassen darf (s Anm 14). Für das Verfahren ist eine laufende Aufzeichnung der Zugänge nach Menge und Preis erforderlich und es entspricht zB bei Saisonartikeln oder verderblichen Waren oft der tatsächlichen Verbrauchs- bzw Veräußerungsfolge, während das Verfahren zB bei rechnergesteuerten Hochregallagern systemimmanent und in bestimmten Fällen wie zB für die pharmazeutische Industrie sogar gesetzlich vorgeschrieben ist (*Bäuerle* BB 1990, 1732).

Das in der Praxis dennoch wenig angewandte Fifo-Verfahren führt bei **steigenden Preisen** zu einer im Vergleich zum Vj ständig höheren Bewertung des Vorratsbestands, während die Aufwandsverrechnung zu den überholten, niedrigeren Preisen erfolgt und die auszuweisenden Gewinne eine dementsprechende Besteuerung nach sich ziehen. Bei **fallenden Preisen** würden **stille Reserven** gebildet, allerdings ist dann gem § 253 Abs 3 S 1 und 2 eine Abschreibung erforderlich, die auch bei schwankenden Preisen für Zugänge mit AK/HK oberhalb des Niederstwerts notwendig werden kann (*ADS*[6] § 256 Anm 30).

Das Fifo-Verfahren gewährt sowohl bei fallenden wie bei steigenden Preisen einen *verlässlichen Einblick* in die *Vermögenslage,* da die Vorratsbestände unter Beachtung des Niederstwertprinzips (Anm 32) mit den gegenwärtigen Preisen bewertet werden; der Einblick in die Ertragslage ist allerdings beeinträchtigt, da für den Waren- und Materialeinsatz die nicht mehr aktuellen Preise der zuerst angeschafften oder hergestellten VG zugrunde gelegt werden.

Stimmt die unterstellte Verbrauchs- bzw Veräußerungsfolge nicht mit den tatsächlichen Verhältnissen überein, ist das Verfahren steuerrechtlich nicht anerkannt.

Bei Bestandsaufbau ist die Bildung eines Gesamtbestands oder von Layern möglich, s Anm 53f. Zur ggf notwendigen Abwertung gem Niederstwertprinzip s Anm 32 u 53f. Zu den bei KapGes/KapCoGes erforderlichen Angaben im Anhang s Anm 46.

II. Lifo-Verfahren

62 Die handelsrechtlich zulässige Lifo-Methode hat mit der steuerrechtlichen Anerkennung durch § 6 Abs 1 Nr 2a EStG von 1990 (Anm 81) deutlich an praktischer Relevanz gewonnen.

Das Lifo-Verfahren unterstellt, dass die zuletzt angeschafften oder hergestellten VG als erstes verbraucht oder veräußert werden und sich somit am Bilanzstichtag die ältesten Zugänge noch im Bestand befinden.

Beispiel – permanentes Lifo:

	Menge	Preis €	Betrag €
Anfangsbestand	100	10,–	1000,–
Zugang	50	12,–	+ 600,–
Abgang	80	50* 12,– + 30* 10,–	– 900,–
Zugang	50	15,–	+ 750,–
Abgang	40	40* 15,–	– 600,–
Endbestand	80	70* 10,– + 10* 15,–	850,–

Die Methode erfordert eine ständige mengen- und wertmäßige Erfassung und Zuordnung der Zu- *und Abgänge* und ist somit sehr **aufwändig;** ein unterjähriger Bestandsabbau führt zur Auflösung der darin ggf liegenden Bewertungsreserven und zu einer dementsprechende Ergebnisverbesserung (*Gasper* 1996, 86 u 133).

Beispiel – periodisches Lifo:

	Menge	Preis €	Betrag €
Anfangsbestand	100	10,–	1000,–
Zugang Zugang Zugang	50 100 80	12,– 13,– 14,–	
Endbestand Bsp 1	50	50* 10,–	500,–
Endbestand Bsp 2	140	100* 10,– + 40* 12,– (Alternat Bewert s Anm 49)	1480,–

Hier wird der Endbestand nur zum Ende der Periode bewertet, eine laufende Aufzeichnung der Zugänge ist ausreichend, die Abgänge müssen nicht bewertet werden. Eine Periode muss nicht notwendig ein Gj umfassen, sondern kann auch einen Monat, ein Quartal oder Halbjahr betreffen. Ein Bestandsabbau, der in der Periode wieder ausgeglichen wird, hat anders als beim permanenten Lifo keinen Einfluss auf den Wertansatz.

Das Verfahren führt bei **steigenden Preisen** zur Bildung von stillen Reserven im Vorratsbestand, während die Aufwandsverrechnung zu aktuellen Preisen erfolgt. Bei **fallenden Preisen** ist eine Abschreibung gem § 253 Abs 3 S 1 und 2 erforderlich, die auch bei schwankenden Preisen für Zugänge mit AK/HK oberhalb des Niederstwerts notwendig werden kann (*ADS*[6] § 256 Anm 30).

Lifo gibt bei fallenden sowie steigenden Preisen einen *verlässlichen Einblick* in die *Ertragslage* und stellt die Vergleichbarkeit der Ergebnisse aufeinander folgender Gj sicher, da der Waren- und Materialeinsatz mit den Preisen der zuletzt angeschafften oder hergestellten VG bewertet wird; allerdings kann bei einem Bestandsrückgang der Materialverbrauch weit unter dem aktuellen Marktpreis bewertet sein (*ADS*[6] § 256 Anm 32) und so stille Reserven realisiert werden. Dagegen wird der Einblick in die Vermögenslage beeinträchtigt, da hier bei steigenden Preisen eine Höherbewertung der Vorräte unterbleiben und stille Reserven gebildet werden können.

Bei Anwendung der Lifo-Methode und fallenden Preisen werden im Vergleich zur Durchschnittsmethode geringere Abschreibungen vorgenommen (Vergleichsrechnungen Durchschnitts- zu Lifo-Bewertung s *Mayer-Wegelin* in HdR[5] § 256 Anm 63ff), bei Bestandsreduzierungen werden stille Reserven aufgelöst und Gewinne realisiert.

Zur Diskussion, ob im Handelsrecht die Vermeidung von sog Scheingewinnen und die Substanzerhaltung als Zielsetzung oder gewollter Nebeneffekt der Lifo-Methode anzusehen ist, s ua *Mayer-Wegelin* DB 2001, 555; *ders* in HdR[5] § 256 Anm 18, 23f; *ADS*[6] § 256 Anm 8 mwN u 14; *Herzig/Gasper* DB 1991, 558f. Auch die Frage, ob Lifo als Subvention in Form von Steuervergünstigungen anzusehen sei, ist zweifelhaft (bejahend *Siegel* DB 1991, 1942; so auch *Oechsle/Rudolph* in FS Luik 1991, 96). Zwar ist Lifo idR steuerrechtlich günstiger als die Einzelbewertung, Fifo oder das Durchschnittswertverfahren, doch nicht allein deshalb als Steuervergünstigung zu werten (*Herzig/Gasper* DB 1992, 1302; ausführl *Schneider* StuW 1996, 146; *Claassen/Sprey* DB 1993, 497). **63**

Bei Bestandsaufbau ist die Bildung eines Gesamtbestands oder von Layern möglich, s Anm 53f. Zur uU notwendigen Abwertung gem Niederstwertprinzip s Anm 32u 53f. Zu den bei KapGes/KapCoGes erforderlichen Angaben im Anhang s Anm 46.

III. Indexverfahren

66 Die **Zulässigkeit** des Indexverfahrens, einer Sonderform des Lifo-Verfahrens, bei dem nicht Bestandsmengen sondern Werte (als Produkt von Menge und Preis) miteinander verglichen werden, ist in der Literatur **umstritten.** Ziel des steuerrechtlich nicht anerkannten Verfahrens ist es, die Wertveränderung einer Bestandsgruppe auf Preisänderungen einerseits und Vermögensänderung andererseits aufzuteilen (*Herzig/Gasper* DB 1991, 562). Angewandt auf Gruppen mit wertmäßig sehr heterogenen VG soll dieses Verfahren Strukturverschiebungen berücksichtigen, da sich zB ein Wertzuwachs nicht nur aus Preissteigerungen, sondern auch aus Verschiebungen hin zu einem größeren Anteil von VG mit einem höheren Peis ergibt. Das Indexverfahren soll eine umfassendere Bildung von Gruppen ermöglichen, da auch VG mit großen Preisunterschieden zusammengefasst werden können.

Verfahren:

Aus Bestandsmenge und Preisen von VG einer Gruppe am Bilanzstichtag des Gj und des Vj werden der Anfangs- und Endbestand des Gj zu Vj-Preisen und der Endbestand des Gj zu Gj-Preisen berechnet. Daraus errechnet werden der Preisindex, sowie Preis- und Mengenveränderungen. Anschließend können Layer, Lifo-Bilanzansatz und Lifo-Reserve berechnet werden. Die umfangreichen Berechnungen eignen sich wohl nur für eine periodische Gestaltung des Verfahrens. Zu Beispielrechnungen siehe *Herzig/Gasper* DB 1991, 562f, *Gasper* 1996, 169ff und *Siepe/Husemann/Borges* WPg 1994, 647ff.

Das Indexverfahren erfordert eine etwas komplexere Lagerbuchführung, da im Vergleich zu Lifo weitere Berechnungen notwendig sind, trotzdem ist eine EDV-gestützte Durchführung des Verfahrens ohne Probleme möglich (*Herzig/Gasper* DB 1991, 564). Zu Vergleichsrechnungen zwischen Perioden-Lifo und Indexverfahren bei steigenden oder fallenden Preisen s ausführlich *Gasper* 1996, 190ff.

Der Einblick in die Vermögens- und Ertragslage beim Indexverfahren ist vergleichbar zum Lifo-Verfahren.

67 Die handelsrechtliche Zulässigkeit des Verfahrens ist uE wohl abzulehnen, da § 256 auf Mengen, nicht aber auf Werteinheiten abstellt und der Wortlaut wohl keine Rechtsgrundlage für Verfahren bietet, bei denen Bilanzansätze nicht mehr buchmäßig zugeordnet werden könnten (so auch *Müller-Gatermann* FR 1991, 9; *Mayer-Wegelin* in HdR[5] § 256 Anm 22).

Auch die Vereinbarkeit mit den **GoB** ist zu bezweifeln (*Mayer-Wegelin* in HdR[5] § 256 Anm 60ff mwN; *Schneider/Siegel* WPg 1995, 266), darüber hinaus führt das Indexverfahren idR zu **niedrigeren Wertansätzen** als Lifo und somit zu möglichen stillen Reserven, die wohl nicht mehr mit den Zielen des JA in Übereinstimmung stehen (*Siegel* DB 1991, 1947f). Die beim Indexverfahren möglicherweise sehr weite Gruppenbildung ist anfällig für **Manipulationen** (*Siegel* DB 1991, 1946ff; aA *Fischer* in *Herzig* 1990, 8, aA auch *Ammelung* BB 1998, 2359). Die Zerlegung von VG in die Bestandteile Menge und Preis und anschließende Zusammenfügung zu einer Bewertungseinheit macht eine **Bewertungsvereinfachung** durch Gruppenbildung überflüssig, da bei einer Lifo-Bewertung jeder Untergruppe die Strukturveränderungen automatisch berücksichtigt werden (*Kronenwett* FR 1991, 289).

68 Weitere Aspekte des Verfahrens, die in der Literatur diskutiert werden: die **umfassendere Gruppenbildung** stelle im Vergleich zu Lifo auch aufgrund des Wegfalls ständiger Umgruppierungen eine **weitere Bewertungsvereinfachung** dar; das Verfahren diene der **Substanzerhaltung** (*Siepe/Husemann/*

Borges WPg 1994, 646, die allerdings kein handelsrechtliches Kernziel und somit keine Argumentationsgrundlage darstelle); das **Anschaffungskostenprinzip** werde idR gewahrt; der **Niederstwerttest** sei für jeden einzelnen Layer (Anm 53) möglich; die **Lifo-Reserve** sei einfach zu ermitteln; das Verfahren knüpfe an eine bestimmte, nicht willkürliche zu beeinflussende Folge, stehe nicht im Widerspruch zu handelsrechtlichen Zielen und sei somit GoB-konform (*Siepe/Husemann/Borges* WPg 1994, 655; *ADS*[6] § 256 Anm 61ff, ähnlich *Herzig/Gasper* DB 1991, 563; *GEFIU* DB 1990, 1978).

Zur Layerbildung s Anm 49u 53f, zum Vergleich Layer bei Index- bzw Lifo-Verfahren s *Siepe/Husemann/Borges* WPg 1994, 650. Zur uU notwendigen Abwertung gem Niederstwertprinzip s Anm 32 u 53f, für ein Beispiel zur Berechnung s *Siepe/Husemann/Borges* WPg 1994, 651f. Zu den bei KapGes/KapCoGes erforderlichen Angaben im Anhang s Anm 46.

IV. Andere Verbrauchs- bzw Veräußerungsfolgeverfahren

71 Verbrauchs- bzw Veräußerungsfolgeverfahren mit einer **nicht zeitlich bestimmten Zugangsfolge** wie die am Beschaffungspreis orientierten Verfahren Hifo und Loifo oder die am Konzernzugang ausgerichteten Verfahren Kifo und Kilo werden uE nicht durch den Wortlaut des S 1 gedeckt (so auch *Glade* § 256 Anm 9); gleichwohl gilt **Hifo** jedoch nach überwiegender Auffassung als zulässig (*ADS*[6] § 256 Anm 68ff mwN: die Beschränkung auf eine zeitliche Zugangsfolge scheine zu eng, eine nicht zeitlich bestimmte Folge des Verbrauchs könne nicht in einen sinnvollen Zusammenhang mit einer bestimmten zeitlichen Zugangsfolge gebracht werden; für die Zulässigkeit müsse das Auswahlprinzip einer bestimmten Folge und das Verfahren den GoB entsprechen, was zB bei Hifo gegeben sei; Anm 72).

72 **Hifo (highest in – first out):** Dieses steuerrechtlich ebenfalls nicht anerkannte Verfahren unterstellt, dass die in einer Periode zum höchsten Preis angeschafften oder hergestellten VG zuerst verbraucht oder veräußert werden, der Endbestand setzt sich dann aus den VG mit den geringsten AK/HK zusammen. Die Ausgestaltung ist als permanentes oder periodisches Hifo möglich und entspricht bei steigenden Preisen der Lifo-Methode.

Die **Zulässigkeit** der Methode ist in der Literatur umstritten und uE als Fiktion **abzulehnen,** da sie dem Gesetzeswortlaut widerspricht. Auch die GoB-Konformität ist aufgrund der *systematischen Steuerung* des Wertansatzes für den Vorratsbestand am Bilanzstichtag durch die betragsmäßig bestimmte Verbrauchs- bzw Veräußerungsfolge fraglich (aA *Mayer-Wegelin* in HdR[5] § 256 Anm 79, die Methode wirke bei steigenden Preisen wie Lifo und entspreche daher den GoB; *ADS*[6] § 256 Anm 67ff mwN, die Verbrauchsfolge sei durch den Preis eindeutig bestimmt, das Auswahlprinzip entspreche dem Vorsichtsprinzip und den GoB und somit sei die Zulässigkeit gegeben). Selbst bei einer Bejahung der GoB-Konformität stellen die GoB aber nur eine Nebenbedingung für die notwendige zeitliche Abfolge dar, die bei dieser Methode nicht gegeben ist.

Mit dem Argument, Hifo berücksichtige in besonderer Weise den Grundsatz der Vorsicht und die mit der Vorratsbewertung verbundenen Risiken würden so auf ein Minimum reduziert (*Glade* § 256 Anm 9), kann die Zulässigkeit uE nicht begründet werden (so auch *Schulze-Osterloh* in Baumbach/Hueck GmbHG[17] § 42 Anm 299).

73 **Loifo (lowest in – first out):** Der ebenfalls preisbestimmten Methode liegt die Annahme zugrunde, die jeweils zum niedrigsten Preis angeschafften oder

hergestellten VG würden zuerst verbraucht, der Bestand zum Stichtag setzt sich dann unter Beachtung des Niederstwertprinzips aus den VG mit den höchsten AK/HK zusammen.

Das Verfahren – ohne praktische Relevanz – **widerspricht** dem **Gesetzeswortlaut** und bei sinkenden oder schwankenden Preisen auch dem **Vorsichtsprinzip** und ist somit auch nicht mit den GoB vereinbar (ebenso *Mayer-Wegelin* in HdR[5] § 256 Anm 81, *ADS*[6] § 256 Anm 73), obwohl es bei konstant steigenden Preisen zum gleichen Ergebnis wie Fifo führt.

74 **Kifo/Kilo (Konzern in – first out, Konzern in – last out):** Diese Verbrauchs- bzw Veräußerungsfolge zur Vereinfachung der Konzernrechnungslegung unterstellt, dass vom Konzern erhaltene oder selbst hergestellte VG zuerst (Kifo) bzw zuletzt (Kilo) verbraucht werden, während fremdbezogenes Vorratsvermögen entspr zuletzt oder zuerst den Konzern verlässt. Der Endbestand besteht dann überwiegend aus Drittlieferungen bzw konzerninternen VG.

Da es sich nicht um eine zeitlich bestimmte Zu- und Abgangsfolge handelt, sondern die Herkunft entscheidend ist, **widerspricht** das Verfahren dem **Gesetzeswortlaut.** Nach **hM** ist das Verfahren im JA und KA aber bei sonstiger Übereinstimmung mit den GoB als **zulässig** zu werten, jedoch darf keine Beeinflussung von Zwischengewinnen erfolgen, indem die in Einzelbilanzen nach anderen Verfahren durchgeführten Bewertungen korrigiert werden (*ADS*[6] § 304 Anm 64 mwN auch für die Zulässigkeit). Dem Kilo-Verfahren kommt nur eine geringe praktische Bedeutung zu, da es im Gegensatz zu Kifo den KonsAufwand erhöht.

75 **Dollar-value-Methode, Retail-lifo-Methode und Gross-Profit-Methode:** Diese Verbrauchs- bzw Veräußerungsfolgeverfahren setzen die Gleichartigkeit von VG für die Gruppenbildung nicht voraus und sind daher **unvereinbar** mit § 256 (*ADS*[6] § 256 Anm 74; *Mayer-Wegelin* in HdR[5] § 256 Anm 61).

D. Verfahren nach Satz 2 gemäß § 240 Abs 3 und 4

78 Gem S 2 ist § 240 Abs 3 und 4, also die für das Inventar zulässigen Verfahren der **Fest- und** der **Gruppenbewertung,** auch auf den JA anwendbar und die Vereinfachungen dürfen in den JA übernommen werden, so dass keine neuerliche Bewertung erforderlich ist. Eine unterschiedliche Handhabung in Inventar und Bilanz wäre zwar vorstellbar und zulässig (*ADS*[6] § 256 Anm 80), in der Praxis jedoch wohl kaum relevant. Denkbar ist aber zB eine Lifo-Bewertung im JA bei gleichzeitiger Einzel- oder Durchschnittsbewertung im Inventar aufgrund von steuerrechtlichen Erwägungen.

Diese Verfahren stellen gleichrangige Bewertungsvereinfachungsverfahren zu den Verbrauchs- bzw Veräußerungsfolgen des S 1 dar, haben allerdings andere Voraussetzungen bzgl der Gruppenbildung und der Anwendungsbereich umfasst weitere VG sowie Schulden.

§ 240 regelt für die Aufstellung des Inventars

- in Abs 3 die **Festbewertung:** für VG des Sachanlagevermögens sowie Roh-, Hilfs- und Betriebsstoffe darf ein gleich bleibender Wert angesetzt werden, wenn sie regelmäßig ersetzt werden und ihr Gesamtwert für das Unt von nachrangiger Bedeutung ist sowie der Bestand in seiner Größe, seinem Wert und seiner Zusammensetzung nur geringen Veränderungen unterliegt (dazu § 240 Anm 71 ff);
- in Abs 4 die **Gruppenbewertung:** gleichartige VG des Vorratsvermögens sowie andere gleichartige oder annähernd gleichwertige bewegliche VG oder

Schulden dürfen zusammengefasst und mit dem gewogenen Durchschnittswert angesetzt werden (dazu § 240 Anm 130 ff).

Zu den Berechnungsmethoden s § 240 Anm 98 ff, 138 f.

Für die Bildung eines **Festwerts** sieht das Gesetz eine körperliche Bestandsaufnahme vor, die idR alle drei Jahre zu erfolgen hat. Für notwendige Anpassungen des Festwerts ist eine mengen- und wertmäßige Erfassung der Zu- und Abgänge erforderlich. Zur Bewertung bei Mengen- oder Preisänderungen s § 240 Anm 104 ff. Auch für den Festwert gilt das Niederstwertprinzip (Anm 32), wobei nicht auf einzelne VG, sondern auf den Gesamtwert abzustellen ist. Zu den bei KapGes/KapCoGes erforderlichen Angaben im Anhang s Anm 46.

Bei der **Gruppenbewertung** darf für die **periodische Berechnung** des *einfachen gewogenen Durchschnitts* das Gj oder auch ein kürzerer Zeitraum (Halbjahr, Quartal oder Monat) herangezogen werden, wenn sich der Endbestand überwiegend nur aus diesen Zukäufen zusammensetzt. Ebenso kann eine **permanente Berechnung** mit jedem neuen Zukauf durchgeführt und somit ein *gleitender gewogener Durchschnitt* gebildet werden. Die Gruppenbewertung erfordert für den einfachen gewogenen Durchschnitt eine mengen- und wertmäßige Aufzeichnung der Zugänge, für den gleitenden gewogenen Durchschnitt müssen auch die Abgänge mengen- und wertmäßig erfasst werden.

Bei **steigenden Preisen** ist der betr Vorratsbestand von Jahr zu Jahr mit einem steigenden Durchschnittswert zu bewerten, wobei dieser Durchschnittswert geringer ist als der Marktwert zum Bilanzstichtag. Bei **fallenden Preisen** würden stille Reserven gebildet, allerdings ist gem § 253 Abs 3 S 1 und 2 ggf eine Abschreibung erforderlich, die auch bei schwankenden Preisen für Zugänge mit AK/HK oberhalb des Niederstwerts notwendig werden kann (*ADS*[6] § 256 Anm 30).

Bei Bestandsaufbau ist die Bildung eines Gesamtbestands oder von Layern möglich, s Anm 53 f. Zur uU notwendigen Abwertung gem Niederstwertprinzip s Anm 32 u 53 f. Zu den bei KapGes/KapCoGes erforderlichen Angaben im Anhang s Anm 46.

E. Steuerrechtliche Besonderheiten

I. Rechtsentwicklung

Mit dem StRefG 1990 wurde das nach S 1 handelsrechtlich zulässige **Lifo-Verfahren** wirtschaftszweigunabhängig für alle WG des Vorratsvermögens unter bestimmten Voraussetzungen erstmals **ab 1990 steuerrechtlich anerkannt** (§ 6 Abs 1 Nr 2 a EStG). Nach dem ursprünglich von der Bundesregierung enthaltenen Gesetzentwurf zum StVergAbG sollte das Lifo-Verfahren steuerrechtlich abgeschafft werden. Im Laufe des Gesetzgebungsverfahrens wurde diese geplante steuerverschärfende Maßnahme mit Blick auf den bewährten Vereinfachungseffekt des Verfahrens aber wieder fallen gelassen (*Haas/Oblau/Ribbrock* PdR 2003 Grp 6, 150). Demggü weitet sich der Anwendungsbereich der **Fifo-Methode** ab Veranlagungszeitraum 2005 aus. Bei privaten Veräußerungen von in Sammeldepots verwalteten Wertpapieren und bei der Veräußerung mehrerer gleichartiger Fremdwährungsbestände wird nun unterstellt, dass die zuerst angeschafften Wertpapiere auch zuerst veräußert werden (*Ley/Strahl* DStR 2004, 2074). 81

II. Bedeutung und Regelungszweck

83 Mit der steuerrechtlichen Zulässigkeit des Lifo-Verfahrens sollte eine **Angleichung von Handels- und Steuerbilanz** erreicht werden (*Mayer-Wegelin* DB 2001, 554 unter Hinweis auf Finanzausschuss BT-Drs 11/2536, 47; *Federmann* in HHR § 6 EStG Anm 1122e unter Hinweis auf BT-Drs 11/2157, 140). Darüber hinaus wurde als Gesetzeszweck ausdrücklich die **Milderung** der **Besteuerung von Scheingewinnen** genannt (*Federmann* in HHR § 6 EStG Anm 1122; Finanzausschuss BT-Drs 11/2536, 47). Damit wird deutlich, dass eine Vermeidung der Besteuerung von Scheingewinnen nicht generell, sondern nur im Rahmen der handelsrechtlichen Zulässigkeit des Lifo-Verfahrens beabsichtigt worden war (*Siegel* DB 1991, 1948). Allerdings teilt der BFH die in der Literatur vertretene Ansicht, dass die Lifo-Methode der Vermeidung der Besteuerung von Scheingewinnen diene, nicht (*BFH* 20. 6. 2000 BStBl II 2001, 636).

III. Beschränkung auf das Lifo-Verfahren

1. Rechtsgrundlagen und Anwendungsbereich

85 Rechtsgrundlage für die Anwendung des Lifo-Verfahrens ist § 6 Abs 1 Nr 2a EStG. Danach dürfen Stpfl, die den Gewinn nach § 5 EStG ermitteln, „für den Wertansatz gleichartiger WG des Vorratsvermögens unterstellen, dass die zuletzt angeschafften oder hergestellten WG zuerst verbraucht oder veräußert worden sind, soweit dies den handelsrechtlichen Grundsätzen ordnungsmäßiger Buchführung entspricht". Für Stpfl, die den Gewinn nach § 4 Abs 1 EStG ermitteln, sollen die persönlichen Anwendungsvoraussetzungen über § 141 AO iVm §§ 240, 256 ebenso erfüllt sein (*Federmann* in HHR § 6 EStG Anm 1122f; aA *Fischer* in Kirchhof EStG[4] Anm 117; *Herrmann* in Frotscher EStG § 6 EStG Anm 65).

Andere Bewertungsverfahren mit *unterstellter* Verbrauchs- bzw Veräußerungsfolge als die Lifo-Methode sind steuerrechtlich unzulässig (EStR 36a Abs 1). Dennoch dürfen Vorratsbestände auch in der Steuerbilanz nach Maßgabe einer anderen Verbrauchs- bzw Veräußerungsfolge (etwa Fifo-Verfahren) bewertet werden, wenn der Stpfl eine entspr *tatsächliche* Lagerbewegung nachweisen oder dies zumindest glaubhaft machen kann (*Mayer-Wegelin* in HdR[5] § 256 Anm 89).

86 Die Beachtung der handelsrechtlichen GoB bei Anwendung der Lifo-Methode bedeutet nicht, dass eine Wahl dafür nur dann in Betracht kommt, wenn eine Übereinstimmung mit der tatsächlichen Verbrauchs- oder Veräußerungsfolge vorliegt; allerdings darf *keine völlige Unvereinbarkeit* mit dem betrieblichen Geschehensablauf bestehen (EStR 36a Abs 2 S 1 und 2).

87 Die Lifo-Methode darf auch bei der Bewertung der **Materialbestandteile** unfertiger oder fertiger Erzeugnisse angewendet werden; Voraussetzung ist allerdings, dass der Materialbestandteil dieser WG in der Buchführung erfasst wird und kein Widerspruch zu den handelsrechtlichen GoB besteht (EStR 36a Abs 2 S 4). Die Bildung erheblicher stiller Reserven durch die Anwendung der Lifo-Methode steht den im Rahmen des Lifo-Verfahrens zu beachtenden GoB nicht entgegen (*BFH* BStBl II 2001, 640).

88 Bei WG des Umlaufvermögens, die nicht zum Vorratsvermögen gehören, etwa **Wertpapiere** des Umlaufvermögens oder Devisenbestände, ist strittig, ob das Lifo-Verfahren steuerrechtlich zulässig ist (*Federmann* in HHR § 6 EStG Anm 1123b). Grds kommt in der Steuerbilanz für nicht zum Vorratsvermögen gehörende WG des Umlaufvermögens nur die Durchschnittsbewertung in Be-

tracht. Dieser Grundsatz greift insb für Wertpapiere im Sammeldepot (Gleichlautender *Ländererl* 20. 6. 1968 BStBl I, 986; *BFH* 24. 11. 1993, DB 1994, 509). Allerdings kann bei schwieriger Wertermittlung für nicht zum Vorratsvermögen zählende WG des Umlaufvermögens eine mittelbare Anwendung der Lifo-Methode in Betracht kommen, und zwar in Gestalt einer geeigneten Schätzgrundlage (*Glanegger* in Schmidt[24] § 6 EStG Anm 347). Andererseits wird auch die Meinung vertreten, dass bei der Veräußerung von im Betriebsvermögen gehaltenen Wertpapieren aus einem Sammeldepot eine entspr Anwendung der Lifo-Methode zulässig sei (*Herrmann* in Frotscher EStG § 6 EStG Anm 66 mit Verweis auf *Moxter,* Bilanzrechtsprechung[5], 174).

Ab Veranlagungszeitraum 2005 gilt bei **privaten Wertpapierveräußerungsgeschäften** unter bestimmten Voraussetzungen das **Fifo-Verfahren** (§ 23 Abs 1 Nr 2 S 2, 3 EStG). Danach wird unterstellt, dass bei privaten Veräußerungsgeschäften mit Wertpapieren, die in einem Sammeldepot verwahrt werden, die zuerst angeschafften Wertpapiere auch zuerst veräußert werden. Entspr gilt bei der Anschaffung und Veräußerung mehrerer gleichartiger Fremdwährungsbeträge (*Ley/Strahl* DStR 2004, 2074; *Melchior* DStR 2004, 2122; *FinMin* NRW zum EURLUmsG DB 2004, 2661). Das *BFH*-U v 24. 11. 1993 (DStR 1994, 424), wonach bei privaten Veräußerungsgeschäften über vertretbare Wertpapiere in Girosammelverwahrung das Lifo- und das Fifo-Verfahren ausgeschlossen ist, ist damit überholt. Offen bleibt, inwieweit die Neuregelung des § 23 Abs 1 Nr 2 S 2, 3 EStG Ausstrahlungswirkungen auf vergleichbare Veräußerungsgeschäfte im Betriebsvermögen hat. 89

Die Anwendungsvoraussetzungen für die Lifo-Methode liegen nicht schon dann vor, wenn das Verfahren im konkreten Fall den handelsrechtlichen GoB entspricht; vielmehr muss der betr Posten **bereits in der HB nach** Maßgabe der **Lifo-Methode bewertet** worden sein (*Herzig* DB 1993, 1253; *Glanegger* in Schmidt[24] § 6 EStG Anm 355). Allerdings braucht die Lifo-Methode nicht auf das gesamte Vorratsvermögen angewendet zu werden (EStR 36a Abs 2 S 3). 90

Das **Maßgeblichkeitsprinzip** der HB für die Steuerbilanz iSd § 5 Abs 1 S 1 EStG wird durch § 5 Abs 6 EStG insoweit durchbrochen, als spezielle steuerrechtliche Vorschriften bestehen (*Heurung* in Erle/Sauter Einführung KStG Anm 82). Mithin kann sich auch bei Anwendung des Lifo-Verfahrens in der Steuerbilanz eine unterschiedliche Bewertung im Verhältnis zur HB ergeben, soweit bestimmte handelsrechtliche Ausgestaltungen der Lifo-Methode steuerrechtlich nicht anerkannt werden (*Oechsle/Rudolph* in FS Luik 1991, 109). 91

2. Anwendungsvoraussetzungen

a) Voraussetzungen und Rechtsfolgen des Lifo-Verfahrens (§ 6 Abs 1 Nr 2a S 1 EStG)

aa) Grundsätze ordnungsmäßiger Buchführung. Nach dem Wortlaut des § 6 Abs 1 Nr 2a S 1 EStG darf die Lifo-Methode nur bei einer **Konformität mit den GoB** angewendet werden (EStR 36a Abs 2 S 1). Da die vorbezeichnete Forderung bereits im Handelsrecht gilt (§ 256 S 1), kann auf die dortige Auslegung zurückgegriffen werden (Anm 28ff; *ADS*[6] § 256 Anm 14ff; *Mayer-Wegelin* in HdR[5] § 256 Anm 21ff). Die GoB-Entsprechung schließt auch das Stetigkeitsgebot iSd § 252 Abs 1 Nr 6 iVm Abs 2 ein (vgl Anm 34). 94

Die GoB-Entsprechung bedeutet nicht, dass die Lifo-Methode mit der **tatsächlichen Verbrauchs- oder Veräußerungsfolge** übereinstimmen muss (offengelassen in *BFH* VIII R 32/98 BStBl II 2001, 636); allerdings darf die unterstellte Verbrauchs- bzw Veräußerungsfolge nicht völlig unvereinbar mit dem betrieblichen Geschehensablauf sein, wie dies zB bei *leicht verderblichen Waren* der

Fall sein könnte (EStR 36a Abs 2 S 2). So darf die Lifo-Methode auf *Fleischbestände* nicht angewendet werden (BMF 2. 5. 1997 BB, 1253). Hingegen ist bei *Tiefkühlfischbeständen* die Lifo-Methode nicht grds ausgeschlossen (*OFD* Hannover 7. 11. 2000 StuB 2001, 399). Nicht anwendbar soll die Lifo-Methode bei *Saisonbetrieben* sein, bei denen das Lager im Laufe des Jahrs regelmäßig völlig geleert wird (*Federmann* in HHR § 6 EStG Anm 1123d). Das Wahlrecht zur Inanspruchnahme der Lifo-Methode ist typischerweise auf die Fälle zugeschnitten, in denen die Ermittlung der individuellen AK/HK der VG unmöglich (Vermischung von Flüssigvorräten) oder nicht wirtschaftlich (Massenartikel) ist (*Fischer* in Kirchhof EStG[4] § 6 EStG Anm 118).

Nach Ansicht der FinVerw muss die Lifo-Methode nicht auf das gesamte Vorratsvermögen angewendet werden (EStR 36a Abs 2 S 3). Über das Vorratsvermögen hinaus darf die Lifo-Methode sogar bei der Bewertung der **Materialbestandteile** unfertiger oder fertiger Erzeugnisse angewendet werden; Voraussetzung ist jedoch, dass der Materialbestandteil dieser WG in der Buchführung getrennt erfasst wird und dies den handelsrechtlichen GoB entspricht (EStR 36a Abs 3 S 4). Bedeutung hat die Lifo-Methode damit insb in der *metallverarbeitenden Industrie;* gebräuchlich ist hier die sog Komponentenbewertung von fertigen oder unfertigen Erzeugnissen (*Fischer* in Kirchhof[4] EStG § 6 EStG Anm 118). So darf etwa der gesamte Stichtagsbestand eines bestimmten NE-Metalls unter Verwendung der Lifo-Methode bewertet werden (BMF 2. 6. 1989 BStBl I, 179; *Kronenwett/Maisenbacher* FR 1987, 197). Gelegentlich erfolgt eine Beistellung bestimmter Metallmengen durch den Auftraggeber oder in Gestalt eines Sachdarlehens durch Dritte; auch in diesen Fällen ist eine Aussonderung der vorbezeichneten Metallmengen aus der Lifo-Methode nicht zwingend (aA *Kronenwett* FR 1995, 499).

96 **bb) Gruppenbildung.** Nach § 6 Abs 1 Nr 2a S 1 EStG darf die Lifo-Methode nur für *gleichartige* WG des Vorratsvermögens in Anspruch genommen werden. Dabei dürfen gleichartige WG zu Gruppen zusammengefasst werden (EStR 36a Abs 3 S 1). **Gleichartigkeit** ist nicht nur gegeben, wenn die WG identisch sind (Artgleichheit), sondern auch wenn die WG entweder nach den ihren Typ prägenden Eigenschaften (Gattungsgleichheit) oder nach ihrer Verwendungsform (Funktionsgleichheit) identisch sind (*Federmann* in HHR § 6 EStG Anm 1123c). Nach Ansicht der FinVerw sind die kfm Gepflogenheiten, insb die marktübliche Einteilung in Produktklassen unter Beachtung der UntStruktur, sowie die allgemeine Verkehrsanschauung bei der Beurteilung der Gleichartigkeit heranzuziehen (EStR 36a Abs 3 S 2). Mithin gelten grds die handelsrechtlichen Abgrenzungskriterien (zu Einzelheiten *Federmann* in HHR § 6 EStG Anm 1123c; s auch Anm 21).

WG mit erheblichen **Qualitätsunterschieden** sind nach Auffassung der FinVerw nicht gleichartig (EStR 36a Abs 3 S 3). Bspw können in der Autoindustrie bestimmte PersonenKfz einer Klasse zwar als gleichartig einzustufen sein (*Hörtig/Uhlich* DB 1994, 1045; *Weber/Standke* BB 1993, 399; kritisch *FG Münster* 20. 3. 1998 EFG 1998, 1000), dennoch geht die FinanzRspr davon aus, dass ein KfzHändler für Zwecke der steuerrechtlichen Gewinnermittlung nicht berechtigt ist, seine im Bestand befindlichen verschiedenen Neu- oder Gebrauchtfahrzeuge auf der Grundlage der Lifo-Methode zu bewerten. Soweit für Vorräte mit – absolut betrachtet – hohen Erwerbsaufwendungen die AK ohne weiteres identifiziert und den einzelnen WG angesichts deren individueller Merkmale ohne Schwierigkeiten zugeordnet werden können, entspricht die Lifo-Methode nicht den handelsrechtlichen GoB (*BFH* 20. 6. 2000 BStBl II 2001, 636 ebenso Vorinstanz *FG Münster* 20. 3. 1998 EFG 1998, 999 mit Anm zum Begriff der Gleichartigkeit von *Ammelung* BB 1998, 2357).

Für bestimmte Branchen bestehen Sonderregelungen zur steuerrechtlichen Anwendung der Lifo-Methode bei Vorräten. Dies gilt für die *Tabakindustrie* (BMF 9. 4. 1992 DB 1992, 1103) und für die *Sekundärrohstoff- und Entsorgungswirtschaft* (OFD Münster Verf v 15. 6. 1992 BB 1992, 1388). Außerdem sind Besonderheiten in der *Textilindustrie* (*Jungkunz/Köbrich* DB 1989, 2291) sowie in der *chemischen Industrie* zu beachten (*Hörtig/Puderbach* DB 1991, 977).

Nach Ansicht der FinVerw sind erhebliche **Preisunterschiede** Anzeichen für Qualitätsunterschiede (EStR 36a Abs 3 S 4). Preisgleichheit stellt jedoch kein gesetzliches Tatbestandsmerkmal dar (*Fischer* in Kirchhof[4] § 6 EStG Anm 118) und bestimmt nicht zwingend die Gleichartigkeit (*Federmann* in HHR § 6 EStG, Anm 1123c). Gleichwohl wird Preisgleichheit als Gruppenbildungskriterium verlangt, um Strukturverschiebungen zwischen WG mit Hoch- und Niedrigwertigkeit zu vermeiden (*Müller-Gatermann* in *Herzig* 1990, 33; *Treptow/Weismüller* WPg 1991, 577; *Söffing* FR 1991, 32; *Hörtig/Uhlich* DB 1994, 1045). So wird eine Spanne von 20–25 vH (bei hohen absoluten Beträgen von 5 vH) lediglich als Indiz für die Gleichartigkeit angesehen (*Glanegger* in Schmidt[24] § 6 EStG Anm 348). Der Gesetzeszweck kann allerdings nur durch Bildung großer Gruppen erfüllt werden. Denkbar sind etwa Kabel unterschiedlichen Querschnitts, Bleche unterschiedlicher Stärke, ältere und technisch weiterentwickelte Elektronikbauteile (*Fischer* in Kirchhof[4] § 6 EStG Anm 118).

cc) Methoden der Lifo-Bewertung. Wie im Handelsrecht darf nach Ansicht der FinVerw die Bewertung der maßgeblichen WG nach der Lifo-Methode sowohl durch **permanentes Lifo** als auch durch **Perioden-Lifo** erfolgen (EStR 36a Abs 4 S 1). Dabei setzt das permanente Lifo-Verfahren eine laufende mengen- und wertmäßige Erfassung aller Zu- und Abgänge voraus (EStR 36a Abs 4 S 2). Im Rahmen des permanenten Lifo-Verfahrens werden bei jeder Lageränderung neue Bestandswerte nach der unterstellten Verbrauchs- bzw Veräußerungsfolge ermittelt (*Federmann* in HHR § 6 EStG Anm 1124b). Bei der periodenbezogenen Lifo-Bewertung wird hingegen der Bestand lediglich zum Ende des Wj bewertet (EStR 36a Abs 4 S 3). Bei Notwendigkeit von Zwischenabschlüssen kann als Periode auch das Quartal oder Halbjahr in Betracht kommen (*Federmann* in HHR § 6 EStG Anm 1124b). 98

Bei Inanspruchnahme des periodenbezogenen Lifo-Verfahrens dürfen **Mehrbestände** mit dem Anfangsbestand zu einem neuen Gesamtbestand zusammengefasst oder als besondere Posten (Layer, s Anm 53f) ausgewiesen werden (EStR 36a Abs 4 S 4; zu Einzelheiten BMF 21. 2. 1992 DB, 554). Für Zwecke der Wertermittlung der Mehrbestände ist von den AK/HK der ersten Lagerzugänge des Wj oder von den durchschnittlichen AK/HK aller Zugänge des Wj auszugehen (EStR 36a Abs 4 S 5).

Nach Ansicht der FinVerw sind **Minderbestände** beginnend beim letzten Layer zu kürzen (EStR 36a Abs 4 S 6). Minderbestände sind mit den Preisen des Vj-Bestands zu bewerten. Bei fehlenden Layern ist der sich aus dem Anfangsbestand ergebende Stückpreis zugrunde zu legen (*ADS*[6] § 256 Anm 48). Mithin wird der Materialaufwand nicht zu aktuellen Preisen verrechnet (*Federmann* in HHR § 6 EStG Anm 1124b).

dd) Niedrigerer Teilwert. Auch bei Inanspruchnahme des Lifo-Verfahrens ist das **Niederstwertprinzip** zu beachten (EStR 36a Abs 6 S 1). Somit kann bei fallenden Preisen eine Teilwertabschreibung geboten sein. Handelsrechtlich ist bei VG des Umlaufvermögens nach § 253 Abs 3 S 1 und 2 das strenge Niederstwertprinzip anzuwenden (*Wiedmann* in Ebenroth/Boujong/Joost § 253 Anm 70). Dabei kommt eine Teilwertabschreibung iSd § 6 Abs 1 Nr 2 S 2 EStG nur bei einer voraussichtlich dauernden Wertminderung in Betracht (*Glanegger* in Schmidt[24] § 6 EStG Anm 354). Somit dürfen die in der 100

HB nach § 253 Abs 3 S 3 gebildeten außerplanmäßigen Abschreibungen nicht in die Steuerbilanz übernommen werden (*Federmann* in HHR § 6 EStG Anm 1124e).

Hinsichtlich der Bemessung der Teilwertabschreibung ist der Teilwert der zu einer Gruppe zusammengefassten WG mit dem Wertansatz, der sich nach Anwendung des Lifo-Verfahrens ergibt, zu vergleichen (EStR 36a Abs 6 S 2). Hat der Stpfl jedoch gesonderte Layer (s Anm 53f) gebildet, ist der Wertansatz des einzelnen Layers mit dem Teilwert zu vergleichen und ggf gesondert auf den niedrigeren Teilwert abzuschreiben (EStR 36a Abs 6 S 3; BMF 21. 2. 1992 DB, 554).

Ab Veranlagungszeitraum 1999 (BGBl I 1999, 415) ist das ursprünglich steuerrechtlich existierende **Beibehaltungswahlrecht** für den niedrigeren Teilwert aufgehoben worden (BGBl I 1999, 404). Mithin ist nunmehr auch bei Inanspruchnahme der Lifo-Methode in der Steuerbilanz das sog Wertaufholungsgebot bis zur Höhe der fiktiven AK/HK zu beachten, sofern die tatbestandlichen Voraussetzungen einer dauernden Wertminderung nicht mehr erfüllt sind (*Loitz/Winnacker* DB 2000, 2233; unklar *Glanegger* in Schmidt[24] § 6 EStG Anm 51). Die Prüfung, ob eine Aufwertungspflicht besteht, muss jährlich erfolgen (§ 6 Abs 1 Nr 2 S 3 EStG).

b) Erstmaliger Übergang zum Lifo-Verfahren (§ 6 Abs 1 Nr 2a S 2 EStG)

102 Nach § 6 Abs 1 Nr 2a S 2 EStG gilt der maßgebliche Vorratsbestand steuerrechtlich mit seinem Bilanzansatz am Schluss des Vj als erster Zugang des neuen Wj. Der **Wert des ersten Zugangs** ergibt sich dabei typischerweise auf einem auf der Grundlage der Durchschnittsbewertung ermittelten Wert (*Federmann* in HHR § 6 EStG, Anm 1124e). Es können aber auch andere steuerrechtlich zulässige Abschläge von den AK/HK zu beachten sein: etwa Teilwertabschreibungen (kritisch *Liepelt* StBp 1991, 162f) oder eine auf die Vorräte übertragene Ersatzbeschaffungsrücklage nach EStR 35. Darüber hinaus sind eventuell gebotene Zuschreibungen bis zu den (fiktiven) AK/HK bei der Ermittlung des Ausgangswerts für den steuerrechtlichen Lifo-Anfangsbestand zu berücksichtigen (*Glanegger* in Schmidt[24] § 6 EStG, Anm 350).

Eine Übernahme des letzten Bilanzansatzes als erster Zugangswert des neuen Wj ist nur dann zulässig, wenn die steuerrechtlichen Bewertungsgrundsätze des § 6 EStG beachtet worden sind (*Mayer-Wegelin* in *Herzig* 1990, 19), so dass uU eine vorherige **Bewertungsanpassung** vorzunehmen ist (zur steueroptimalen Gestaltung *Pelzer/Klein* DStR 1996, 774f). Es ist bislang nicht geklärt, ob mit der Übernahme des letzten Wertansatzes zugleich ein Anschaffungsvorgang fingiert wird; in diesem Fall würde der vorbezeichnete Wertansatz als AK/HK des ersten Zugangs zugleich die Wertobergrenze fixieren mit der Folge, dass eventuelle Zuschreibungen aufgrund des Wertaufholungsgebots nicht mehr zulässig wären. Somit könnte durch den Wechsel zur Lifo-Methode eine Wertaufholung im Übergangsjahr vermieden werden (*Hötzel/Pelzer* DStR 1998, 1867; aA *Diederich* DStR 1999, 583). Der ab dem Veranlagungszeitraum 1999 (BGBl I 2004, 2840) weggefallene Importwarenabschlag konnte bei früheren Übergängen zur Lifo-Methode übertragen und folglich im Lifo-Erstbestand weiterhin fortgeführt werden.

Der Wechsel zur Lifo-Methode mit Wirkung zum Beginn des Wj bedarf nicht der Zustimmung des FA (EStR 36a Abs 5 S 2). Die Zustimmung ist aber auch bei einem Übergang innerhalb des Lifo-Verfahrens (vom permanenten zum periodischen Lifo oder umgekehrt) nicht erforderlich. Voraussetzung für die (erstmalige) steuerrechtliche Anwendung der Lifo-Methode ist jedoch, dass die betr WG bereits in der HB nach Maßgabe dieser unterstellten Verbrauchs- bzw Veräußerungsfolge bewertet worden sind. Dies folgt aus dem Grundsatz der sog **umgekehrten Maßgeblichkeit** iSd § 5 Abs 1 S 2 EStG (*Weber/Standke* BB 1993, 396). Da es sich bei der Inanspruchnahme der Lifo-Methode um ein steuerrechtliches Bewertungswahlrecht handelt, bezieht sich die umgekehrte Maßgeblichkeit auch auf einen Wechsel innerhalb des Lifo-Verfahrens. Andererseits ist bei einer handelsrechtlichen Bewertung der Vorräte nach Maßgabe der Lifo-Methode eine Übernahme dieser Werte in die Steuerbilanz zwingend (§ 5 Abs 1 S 1 EStG), soweit dem keine steuerrechtlichen Besonderheiten gegenüber stehen (*Oechsle/Rudolph* in FS Luik 1991, 109; aA *Jungkunz/Köbrich* DB 1989, 2287). Während zB die Zulässigkeit des Indexverfahrens mittels Wertvergleichs auf der Grundlage von Basispreisen unter Eliminierung von Preissteigerungen handelsrechtlich umstritten ist, ist es steuerrechtlich nicht zulässig (*Fischer* in Kirchhof[4] § 6 EStG Anm 117). Im Falle einer Bilanzänderung iSd § 4 Abs 2 S 2 EStG sind die nur ausnahmsweise gegebenen Voraussetzungen zu beachten (*Glanegger* in Schmidt[24] § 6 EStG Anm 357). Im Übrigen ist der Grundsatz der Bewertungsstetigkeit zu beachten (EStR 36a Abs 5 S 3).

c) Aufgabe des Lifo-Verfahrens (§ 6 Abs 1 Nr 2a S 3 EStG)

Nach § 6 Abs 1 Nr 2a S 3 EStG darf von der Lifo-Methode in den folgenden 104 Wj nur mit **Zustimmung des Finanzamts** abgewichen werden (EStR 36a Abs 5 S 1). Bei einem späteren Verzicht auf die Lifo-Methode erfolgt typischerweise eine Rückkehr zur Einzel- oder Durchschnittsbewertung. Dabei kann nur dann von einer Zustimmung der FinVerw ausgegangen werden, wenn nicht gegen die bereits handelsrechtlich zu beachtende Bewertungsstetigkeit iSd § 252 Abs 1 Nr 6 iVm Abs 2 verstoßen worden ist. Ist die ablehnende Entscheidung der FinVerw zum geplanten Verzicht des Stpfl auf die Lifo-Methode bereits rkr geworden und kommt es damit zu einer abw Bewertung der entspr WG des Vorratsvermögens, ist eventuell eine Steuerabgrenzung geboten (zu Einzelheiten *Heurung* AG 2000, 538 f). Im Übrigen kann das zuständige FA seine Ermessensentscheidung bereits vorab treffen; die Verweigerung ist eine sog Nebenentscheidung zum maßgeblichen Steuerbescheid (*Fischer* in Kirchhof[4] § 6 EStG Anm 119 mit Verweis auf BStBl II 1990, 195/6; *Spanner* in Hübschmann/Hepp/Spitaler § 118 Anm 354).

F. Abweichungen der IFRS

I. Grundlagen

IAS 2 Vorräte (rev 2004) ersetzt sowohl den bisherigen IAS 2 Vorräte (rev 107 1993) als auch die Auslegung SIC 1 und ist erstmals in der ersten Berichtsperiode eines am 1. Januar 2005 oder danach beginnenden Gj anzuwenden.

Der Standard sieht für Vermögenswerte des Vorratsvermögens (zum Anwendungsbereich IAS 2.2, 2.3, zum Begriff 2.6, 2.8) grds die **Einzelbewertung** vor (IAS 2.23), für bestimmte Vermögenswerte ist jedoch ein Zuordnungsverfahren zu wählen (IAS 2.25).

So ist eine Einzelzuordnung der AK/HK ungeeignet, wenn es sich um eine **große Anzahl von untereinander austauschbaren Vorräten** handelt, da dann eine Auswahl der Vermögenswerte unter dem Gesichtspunkt der Ergebnisbeeinflussung stattfinden könnte (IAS 2.24). Daher sind Vorräte, die in großer

Stückzahl vorhanden und austauschbar sind und nicht für spezielle Projekte hergestellt und ausgesondert wurden, nach dem **Fifo-Verfahren** oder der **Durchschnittsmethode** zu bewerten (IAS 2.25). Zur Vermeidung von Manipulationen sind diese Verfahren nach IAS *zwingend* erforderlich (so auch *ADS Int* Abschn 15 Anm 62).

Eine große **Anzahl** als Voraussetzung (*Jacobs* in Komm IAS 2.47) für die Anwendung eines Vereinfachungsverfahrens gilt teilweise bereits ab 10 Einheiten austauschbarer Vermögenswerte als erfüllt, andererseits sollte eine Beurteilung des Einzelfalls erfolgen (*ADS Int* Abschn 15 Anm 62). **Austauschbar** sind Vorräte, die art- und funktionsgleich sind, in derselben Region produziert oder vermarktet werden. Für spezielle Projekte hergestellte oder ausgesonderte Erzeugnisse, Waren und Leistungen sind wie nach HGB durch Einzelzuordnung der AK/HK zu bewerten (IAS 2.23). Zu weiteren Ausnahmen siehe IAS 2.2 und 2.3.

Für alle Vorräte, die von **ähnlicher Beschaffenheit** und **Verwendung** für das Unt sind, muss das **gleiche Zuordnungsverfahren** angewandt werden (IAS 20.25). Allerdings dürfen auch gleiche Vorräte je nach ihrer Verwendung in verschiedenen Geschäftssegmenten unterschiedlichen Verfahren zugeordnet werden; geografisch unterschiedliche Lagerorte oder abweichende Steuervorschriften rechtfertigen allein jedoch kein anderes Bewertungsverfahren (IAS 2.26). Die einmal gewählten Bewertungsverfahren müssen unter Beachtung des Stetigkeitsgrundsatzes beibehalten werden. Eine Änderung darf nur erfolgen, wenn dies aufgrund eines Standards oder einer Interpretation erforderlich ist oder eine zuverlässigere Darstellung im JA vermittelt wird (IAS 8.14 (2003)). Bei neuen oder wesentlich geänderten Produkten oder neuen Fertigungsverfahren darf dagegen das Bewertungswahlrecht neu ausgeübt werden (*Riese* in Beck IFRS § 4 Anm 722).

108 Sind die Vorräte nicht werthaltig, weil sie beschädigt, veraltet, ihr Verkaufspreis gesunken oder die Kosten der Fertigstellung gestiegen sind, muss eine **Abwertung** auf den niedrigeren **Nettoveräußerungswert** (geschätzter, im normalen Geschäftsgang erzielbarer Verkaufserlös abzüglich der geschätzten Kosten bis zur Fertigstellung und der geschätzten notwendigen Vertriebskosten, IAS 2.6) erfolgen (IAS 2.28), wobei wertaufhellende Erkenntnisse zu berücksichtigen sind (IAS 2.30). Auch nach IAS gilt das strenge Niederstwertprinzip, wobei sich die Ermittlung des erforderlichen Abschreibungsbetrags überwiegend am Absatzmarkt orientiert. Roh-, Hilfs- und Betriebsstoffe werden allerdings nur dann – mit den Wiederbeschaffungskosten als Bewertungsmaßstab – auf den Nettoveräußerungswert abgewertet, wenn ein Preisrückgang darauf hindeutet, dass die *Fertigerzeugnisse* nicht zu den HK oder darüber verkauft werden können (IAS 2.32), für unfertige Erzeugnisse gilt dies analog und auch bei Überbeständen ist auf die beabsichtigte Veräußerung abzustellen (*ADS Int* Abschn 15 Anm 120).

Wertminderungen erfolgen idR in Form von **Einzelwertberichtigungen** (insb bei Dienstleistungen), allerdings dürfen zB Vorräte der selben Produktlinie mit einem ähnlichen Zweck oder Endverbleib, die im selben geografischen Gebiet produziert und vermarktet werden und nahezu nicht unabhängig von anderen Gegenständen aus dieser Produktlinie bewertet werden können, **zusammengefasst** werden (IAS 2.29). Die Anforderungen an eine solche Abwertung sind aber höher als nach HGB: so ist es nicht sachgerecht, Vorräte auf Grundlage einer Untergliederung (zB Vorräte eines bestimmten Industriezweigs oder eines geografischen Segments) pauschal abzuwerten (IAS 2.29).

Der Wertansatz für die Vorräte ist periodisch zu überprüfen. Bestehen die Umstände, die zu einer Wertminderung geführt haben, in der Folgeperiode nicht mehr, muss die erfolgte Wertminderung rechtsformunabhängig rückgängig gemacht werden, also eine **Zuschreibung** bis zum niedrigeren Wert aus AK/HK bzw berichtigtem Nettoveräußerungswert erfolgen.

Alle Wertminderungen sowie alle Verluste bei den Vorräten sind in der Periode als Aufwand und alle Wertaufholungen als Verminderung des Materialaufwands zu erfassen.

II. Zulässige Kostenzuordnungsverfahren

Als Bewertungsvereinfachungs- bzw gem IFRS „Kostenzuordnungsverfah- 111
ren" zugelassen sind explizit nur das Fifo-Verfahren und die Durchschnittsmethode (IAS 2.25), andere Verfahren sind nicht gestattet, die Aufzählung ist abschließend.

Das **Fifo**-Verfahren (Anm 59) unterstellt, dass die zuerst erworbenen bzw hergestellten Vorräte zuerst verkauft oder veräußert werden. Es ist davon auszugehen, dass auch dieses Verfahren sowohl periodisch als auch permanent angewendet werden darf (vgl Anm 59).

Bei der **Durchschnittskostenmethode** (Anm 78) werden die AK/HK als durchschnittlich gewichtete Kosten ähnlicher Vorräte zu Beginn der Periode und während der Periode gekaufter oder hergestellter Vermögenswerte ermittelt. Der Durchschnitt kann je nach den Gegebenheiten im Unt auf Basis der Berichtsperiode oder gleitend berechnet werden.

Das **Lifo**-Verfahren ist nicht (mehr) zulässig, da es nach Meinung des IASB keine zuverlässige Darstellung der tatsächlichen Lagerbewegungen gibt. Die Anwendung der Lifo-Methode mit dem Ziel, die Scheingewinnbesteuerung zu reduzieren, habe auch zur Folge, dass Vorräte nicht zu den aktuellen Kosten in der Bilanz erfasst werden und die GuV verzerrt werden könne, wenn ältere Layer (s Anm 53f) aufgelöst werden, und daher sei die Methode nicht angemessen (IAS 2 Basis for Conclusions BC 13, 14). Entspricht die Verbrauchs- bzw Veräußerungsfolge aber tatsächlich der Lifo-Methode, darf sie auch weiterhin angewendet werden (IAS BC 18, 19).

Während nach uE zu weiter Auslegung des § 256 alle Verfahren zulässig sind, die keine willkürlich beeinflussbare Verbrauchs- bzw Veräußerungsfolge (S 1) aufweisen und den GoB entsprechen, wird nach IAS die Auswahl der zulässigen Verfahren deutlich eingeschränkt. Nach dem Wortlaut ist auch die Bewertung mit einem **Festwert** nicht zulässig, aber unter Beachtung des Grundsatzes der Wesentlichkeit – die mit einem Festwert bewerteten Vermögenswerte müssen auch nach HGB für das Unt von nachrangiger Bedeutung sein – darf der Festwert wohl beibehalten werden (*Jacobs* in Komm IAS Anm 47; *Kümpel* DB 2003, 2614f).

Folgende **Angaben** sind im Abschluss ua zu machen (IAS 2.36): 112
- die angewandten Bilanzierungs- und Bewertungsmethoden einschl der Zuordnungsverfahren,
- der Betrag von Wertminderungen, die in der Berichtsperiode als Aufwand erfasst wurden,
- der Betrag von Wertaufholungen, die als Verminderung des Materialaufwands erfasst wurden,
- die Umstände oder Ereignisse, die zu einer Wertaufholung geführt haben.

Anders als im HGB ist nach IAS 2 keine Angabe zum Vergleichswert nach § 284 Abs 2 Nr 4 erforderlich.

Anders als im HGB ist nach IAS 2 keine Angabe zum Vergleichswert nach § 284 Abs 1 Nr 4 erforderlich

Dritter Unterabschnitt. Aufbewahrung und Vorlage

§ 257 Aufbewahrung von Unterlagen. Aufbewahrungsfristen

(1) **Jeder Kaufmann ist verpflichtet, die folgenden Unterlagen geordnet aufzubewahren:**

1. Handelsbücher, Inventare, Eröffnungsbilanzen, Jahresabschlüsse, Einzelabschlüsse nach § 325 Abs. 2a, Lageberichte, Konzernabschlüsse, Konzernlageberichte sowie die zu ihrem Verständnis erforderlichen Arbeitsanweisungen und sonstigen Organisationsunterlagen,
2. die empfangenen Handelsbriefe,
3. Wiedergaben der abgesandten Handelsbriefe,
4. Belege für Buchungen in den von ihm nach § 238 Abs. 1 zu führenden Büchern (Buchungsbelege).

(2) **Handelsbriefe sind nur Schriftstücke, die ein Handelsgeschäft betreffen.**

(3) [1]**Mit Ausnahme der Eröffnungsbilanzen und Abschlüsse können die in Absatz 1 aufgeführten Unterlagen auch als Wiedergabe auf einem Bildträger oder auf anderen Datenträgern aufbewahrt werden, wenn dies den Grundsätzen ordnungsmäßiger Buchführung entspricht und sichergestellt ist, daß die Wiedergabe oder die Daten**

1. mit den empfangenen Handelsbriefen und den Buchungsbelegen bildlich und mit den anderen Unterlagen inhaltlich übereinstimmen, wenn sie lesbar gemacht werden,
2. während der Dauer der Aufbewahrungsfrist verfügbar sind und jederzeit innerhalb angemessener Frist lesbar gemacht werden können.

[2]**Sind Unterlagen auf Grund des § 239 Abs. 4 Satz 1 auf Datenträgern hergestellt worden, können statt des Datenträgers die Daten auch ausgedruckt aufbewahrt werden; die ausgedruckten Unterlagen können auch nach Satz 1 aufbewahrt werden.**

(4) **Die in Absatz 1 Nr. 1 und 4 aufgeführten Unterlagen sind zehn Jahre, die sonstigen in Absatz 1 aufgeführten Unterlagen sechs Jahre aufzubewahren.**

(5) **Die Aufbewahrungsfrist beginnt mit dem Schluß des Kalenderjahrs, in dem die letzte Eintragung in das Handelsbuch gemacht, das Inventar aufgestellt, die Eröffnungsbilanz oder der Jahresabschluß festgestellt, der Einzelabschluß nach § 325 Abs. 2a oder der Konzernabschluß aufgestellt, der Handelsbrief empfangen oder abgesandt worden oder der Buchungsbeleg entstanden ist.**

Übersicht

Schrifttum: *AWV-Schrift* Nr 09 440 Gesetzliche Anforderungen an Aufbewahrungsverfahren und Speichermedien, Eschborn 1989; *vom Westphalen* Einsatz von optischen Speicherplatten in der Buchführung DB 1989, 742; *Trappmann* Handelsrechtliche und steuerliche Aufbewahrungspflichten und der Begriff des Handelsbriefs DB 1989, 2437; *Ruhnke* Konzernbuchführung, Düsseldorf 1995; *AWV-Schrift*[8] Nr 09 155 Aufbewahrungspflichten und -fristen nach Handels- und Steuerrecht, Berlin 2002; *Zepf* Ordnungsmäßige Archivierung WPg 1999, 569; *IDW RS FAIT 1* Grundsätze ordnungsmäßiger Buchführung bei Einsatz von Informationstechnologie WPg 2002, 1157; *IDW RS FAIT 2* Grundsätze ordnungsmäßiger Buchführung bei Einsatz von Electronic Commerce *IDW ERS FAIT 3* WPg 2003, 1258; Grundsätze ordnungsmäßiger Buchführung beim Einsatz elektronischer Archivierungsverfahren WPg 2005, 746.

A. Die handels- und steuerrechtlichen Aufbewahrungspflichten

§ 257 bezieht sich hauptsächlich auf JA, IFRS-EA, Lagebericht auf KA und 1
Konzern-Lagebericht, aber auch auf sämtliche EB, Zwischenabschlüsse und schließlich auf Abschlüsse in Rumpf-Gj sowie auf Bilanzen bei Kapitalerhöhungen, Umwandlungen und Auseinandersetzungen. Die Aufbewahrungen nach dem Ende von Abwicklungen sind gesondert geregelt (zB §§ 273 AktG, 74 GmbHG, dazu Anm 30).

Die **Aufbewahrungsvorschriften nach HGB** sind iZm den Buchführungs- und Aufzeichnungspflichten nach § 238 zu sehen (s § 238 Anm 62 ff); ihnen kommt insb Dokumentations- und Beweissicherungsfunktion zu, zB bei Prüfungen und Rechtsstreitigkeiten. Für die mit der Aufbewahrung verbundenen Aufwendungen sind Rückstellungen zu bilden (§ 249 Anm 100).

§ 257 gilt für alle Kfl – zum Kfm-Begriff s § 238 Anm 4 bis 33 – sowie für alle Körperschaften, die ohne Kfl zu sein, Bücher nach den Regeln des HGB führen müssen und keine anderen Aufbewahrungsvorschriften zu befolgen haben. Die Aufbewahrungspflicht des **Abschlussprüfers** ist im Wesentlichen in den AAB des IDW geregelt, sie beträgt grds 7 Jahre; Anpassungen an die Belegaufbewahrungsfristen sind zZ nicht geplant. Für Einzelheiten s *ADS*[6] § 257 Anm 87 bis 98.

Die **Verantwortung** für die Beachtung der Aufbewahrungspflichten trägt der Kfm selbst, bei OHG alle Gester, bei KG und KGaA der phG, bei KapGes die zuständigen Organe. Dies gilt auch im Falle einer Buchführung außer Haus (s *IDW RS FAIT* 1.18 iVm 1.114).

Aufbewahrungs- und Buchführungspflichten beginnen mit dem Beginn und enden mit der Beendigung der Kfm-Eigenschaft. Die Aufbewahrungspflicht überdauert den Tod des Kfm ebenso wie die Insolvenz (hierzu näher *ADS*[6] § 257 Anm 11 bis 13), die Auflösung und Veräußerung des Handelsgeschäfts. Zum Übergang der Aufbewahrungspflicht auf die Person des Erwerbers s *ADS*[6] § 257 Anm 14. In allen Fällen der **Gesamtrechtsnachfolge** (insb Verschmelzung, Aufspaltung, Vermögensübernahmen) hat der neue Rechtsträger die – verbleibenden – Aufbewahrungspflichten zu erfüllen. Dagegen bleibt bei Formwechsel oder stiller Liquidation der bisherige Rechtsträger bestehen und ist weiterhin aufbewahrungspflichtig.

Abs 1 fordert eine **geordnete Aufbewahrung** der aufgeführten Unterlagen. 2
Welches Ordnungskriterium (Zeitfolge, Alphabet, Sachgebiet, Nummerierung) verwendet wird, ist nach Zweckmäßigkeit zu entscheiden. Dabei ist davon auszugehen, dass der Zugriff auf bestimmte Unterlagen in angemessener Zeit möglich sein muss.

Der Kreis der nach **steuerrechtlichen Vorschriften** Aufbewahrungspflichti- 3
gen geht über denjenigen des § 257 hinaus, er umfasst gem §§ 140 f AO insb die nach außersteuerrechtlichen Vorschriften Buchführungs- und Aufzeichnungspflichtigen (Anm 4) sowie ggf die nicht in das HR eingetragenen Kann-Kfl.

4 Die **steuerrechtlichen Aufbewahrungsfristen** sind in § 147 AO geregelt. Der Umfang der aufzubewahrenden Unterlagen ist größer als nach Handelsrecht, insb deshalb, weil für das Steuerrecht die sog **außersteuerrechtlichen** Buchführungs- und **Aufzeichnungsvorschriften,** die auch für die Besteuerung von Bedeutung sind, nutzbar gemacht werden; Beispiele hierzu enthalten § 34 WpHG für Wertpapierdienstleistungsunternehmen, §§ 10–13 MaBV für Makler, Bauträger und Baubetreuer und § 13 des Heimgesetzes (idF der Bekanntmachung vom 5. 11. 2001, BGBl I, 2971, zuletzt geändert durch Gesetz vom 23. 7. 2002, BGBl I, 2850) für Träger von Alten-, Altenwohn- und Pflegeheimen (dazu auch *Tipke/Kruse* § 140 Anm 11 bis 14). Zu den in § 147 AO genannten „sonstigen Unterlagen" werden Prüfungsberichte, HR- und Grundbuchauszüge, Preislisten etc gerechnet (*Isele* in HdR[5] § 257 Anm 59). Zu den Handelsbriefen s Anm 15f.

5 Die **Aufbewahrungsfristen** für die wichtigsten Unterlagen zeigt die **Übersicht** in Anm 27. Diese Übersicht gilt sowohl für die HB als auch für die Steuerbilanz. Zu weiteren Einzelheiten s *AWV-Schrift* Nr 09155.

Besondere Vorschriften bestehen zB für Preisunterlagen bei öffentlichen Aufträgen (§ 9 Abs 1 Verordnung PR Nr. 30/53 über die Preise bei öffentlichen Aufträgen). Danach sind die Nachweise über das Zustandekommen der Preise von Auftragnehmern mind 5 Jahre aufzubewahren.

B. Die aufzubewahrenden Unterlagen (Abs 1 und 2), Aufbewahrungsort

10 Zu den **Handelsbüchern** gehören auch Nebenbücher wie Kassenbücher und Lagerbücher, Wechsel- und Scheckkopierbücher, Lohnbuchführung, außerdem die Kontenfunktion übernehmende Belege einer Offenen-Posten-Buchhaltung im Kontokorrent sowie ggf die Betriebsabrechnung (s auch *ADS*[6] § 257 Anm 16f). Ferner sind die auf Grund der **Konzernrechnungslegungspflicht** erforderlichen *Unterlagen* (dazu *ADS*[6] § 257 Anm 28f) vom jeweiligen MU aufzubewahren; s auch Anm 13.

11 Die Aufbewahrungspflicht bezieht sich auf **Jahres-, Konzern- und Einzelabschlüsse gem. § 325 Abs 2a** in der gesetzlich vorgeschriebenen, nach § 245 vom Kfm unterzeichneten und (bei prüfungspflichtigen Unt) mit dem Testat versehenen Form, also stets im *Original.* Das gilt auch für EB.

Unter der **Eröffnungsbilanz** ist nicht diejenige des Gj, sondern nur die gem § 242 Abs 1 zu Beginn des Handelsgewerbes bzw zu Beginn der Buchführungspflicht aufzustellende EB zu verstehen.

12 Zu den **Inventurunterlagen** rechnen insb Aufnahmelisten und Verzeichnisse (wie Anlagenverzeichnis, Saldenlisten für Kreditoren und Debitoren). Sog Zwischenträger (zB Inventurschmierzettel) sind (nur) bis zur Erfüllung ihrer Funktion aufzubewahren (so auch *ADS*[6] § 257 Anm 20).

13 Ausdrücklich genannt sind in Abs 1 Nr 1 ferner die zum Verständnis erforderlichen **Arbeitsanweisungen und sonstigen Organisationsunterlagen.** Hierzu zählen zB Kontenpläne und -register, bei EDV-Anwendungen die Verfahrensdokumentation (s § 239 Anm 13 bis 21 sowie *IDW RS FAIT* 1.58-62) und auch Unterlagen zum Risikofrüherkennungssystem (s § 238 Anm 75). Zu nennen sind hier auch die zur Ableitung des KA erforderlichen Aufzeichnungen (in der Literatur wird zT, über den Gesetzeswortlaut hinausgehend, die Notwendigkeit einer Konzernbuchführung angenommen, so zB *Ruhnke*, 5ff mwN).

14 **Buchungsbelege** können Eigen- oder Fremdbelege sein. Es kann sich zB bei autonom gebildeten Buchungen um Datenverarbeitungsprotokolle oder -listen

handeln. Eingabemedien ohne Belegfunktion können vernichtet werden. Zu Erleichterungen für Registerkassenstreifen, Kassenzettel, Bons usw s H 29 EStH.

Handelsbriefe sind Schriftstücke, welche die Vorbereitung, den Abschluss und die Durchführung eines Handelsgeschäfts betreffen (Abs 2). Die **empfangenen** Handelsbriefe sind nach Abs 1 Nr 2 und die Kopien der **abgesandten** Handelsbriefe nach Abs 1 Nr 3 aufbewahrungspflichtig. Soweit telefonisch abgegebene oder empfangene rechtsgeschäftliche Erklärungen Rechtswirkungen erzeugen, ohne dass eine schriftliche Bestätigung erfolgt, sind über geführte Telefongespräche gefertigte Notizen aufbewahrungspflichtig (*ADS*[6] § 257 Anm 34). Dies dürfte auch für **Telefaxeingänge** oder -ausgänge gelten. Zwar wird bestritten, dass diese materiell-rechtlich bestehende Schriftform-Erfordernisse erfüllen; Telefaxerklärungen werden aber von Gerichten und Behörden als wirksam anerkannt (*BGH* 2. 10. 1991 WM, 2080; *BVerfG* 1. 8. 1996 BB, 2482). Das Sendeprotokoll gilt jedoch nur bedingt als Beweis für den tatsächlichen Zugang des Faxes (*BGH* 7. 12. 1994 BB 1995, 221 sowie *BGH* 13. 6. 1996 DB, 1972). Im Wege der Datenfernübertragung (**EDI, E-Mail, Internet** etc) – ggf unter Beachtung des Gesetzes über Rahmenbedingungen für elektronische Signaturen vom 16. 5. 2001 (BGBl I, 876) – übermittelte Nachrichten sind ebenfalls aufbewahrungspflichtig, ein bestimmtes Aufbewahrungsformat wird nicht vorgeschrieben (so *ADS*[6] § 257 Anm 34, 58 und 63). Bzgl EDI s *IDW RS FAIT 2*.47 ff. 15

Nach **§ 147 AO** sind neben den Handelsbriefen auch die **Geschäftsbriefe** (Korrespondenz zwischen Nicht-Kfl) und sonstige Geschäftsunterlagen aufzubewahren, soweit sie für die Besteuerung von Bedeutung sind. 16

Selbst bei weiter Auslegung der in § 257 aufgeführten Begriffe verbleiben **ungeregelte Zweifelsfälle.** So ist zB fraglich, ob und ggf wie lange Prüfungsberichte und Vorstands-/AR-Protokolle aufbewahrungspflichtig sind. Auf Grund ihrer Bedeutung für das Verständnis der Geschäftsvorfälle und/oder des JA vergangener Jahre liegt eine Aufbewahrung von 10 Jahren nahe (so auch *ADS*[6] § 257 Anm 43 ff). Eine analoge Behandlung erscheint auch für die nicht explizit in § 257 genannten, gemäß § 325 offenlegungspflichtigen Unterlagen sinnvoll. 17

Der **Ort der Aufbewahrung** der Unterlagen ist – abgesehen von der Aufbewahrung nach dem Liquidationsende (Anm 1, 30) – handelsrechtlich nicht geregelt. Sie müssen wegen § 238 Abs 1 S 2 jedoch innerhalb einer angemessenen Zeit verfügbar sein. Im übrigen werden aufbewahrungspflichtige Kfl idR zugleich die steuerrechtlichen Vorschriften zu beachten haben, wonach eine Aufbewahrung im Ausland nur unter besonderen Voraussetzungen und in Ausnahmefällen erlaubt ist (§§ 146 Abs 2, 148 AO). Im Inland kann der Aufbewahrungsort grds frei gewählt werden, soweit die Verfügbarkeit in angemessener Zeit gewährleistet ist (§ 238 Anm 89 ff mwN). 18

C. Wiedergabe auf Bild-/Datenträgern (Abs 3)

Inventare, Handelsbriefe, Handelsbücher, Buchungsbelege, Lageberichte und Konzern-Lageberichte (nicht aber EB, JA, IFRS-EA und KA, Anm 11) können auch auf **Bildträgern** oder **anderen Datenträgern** aufbewahrt werden. Zum Nachweis der zum Vorsteuerabzug berechtigenden Originalrechnungen s *BFH* 16. 4. 1997 BB, 1727 sowie UStR 2000 Abschn 255 Abs 2 und 3. Bei auf elektronischem Wege übermittelten Rechnungen ist die Erstellung monatlicher *aufbewahrungspflichtiger* Sammelrechnungen in Papierform unter den seit dem 1. 1. 20

2004 geltenden, für die Praxis sehr restriktiven Voraussetzungen des § 14 Abs 3 UStG entfallen (Näheres s *BMF*-Schreiben 29. 1. 2004 BStBl I, 258).

Bildliche Übereinstimmung wird für empfangene Handelsbriefe und Buchungsbelege verlangt (Abs 3 S 1 Nr 1). Diese Forderung dient dem Zweck, die Urheberschaft von auf diesen Unterlagen angebrachten Sicht-, Kontroll- und Bearbeitungsvermerken sowie deren Inhalt feststellen zu können (so auch *Zwank* Der Mikrofilm im Steuer- und Handelsrecht BB 1984, 1246). Allein mittels Aufbewahrung von Archivierungs-CD, die anhand der Daten von Lieferanten erstellt wurden, erfüllen belieferte Kunden ihre Aufbewahrungspflichten daher nicht (s *OFD* Frankfurt am Main v. 24. 5. 2002, DStR 2002, 1094).

Bei den übrigen Unterlagen genügt die **inhaltliche Übereinstimmung,** dh die Wiedergaben müssen vollständig und inhaltlich richtig sein. Vollständigkeit ist zB bei empfangenen Handelsbriefen nur gegeben, wenn auch die mitübersandten Allgemeinen Geschäftsbedingungen reproduziert werden; glA *ADS*[6] § 257 Anm 58 Abs 6. Bei abgesandten Handelsbriefen dürfte jedoch ein Verweis – ggf unter genauer Bezeichnung der Fassung – auf die eigenen Geschäftsbedingungen genügen (so auch *ADS*[6] § 257 Anm 58 Abs 6 mwN).

Für die Wiedergabe von Bildträgern hat der AWV „Mikrofilm-Grundsätze“ formuliert, auf deren Fassung auch der BdF Bezug nimmt (*BdF*-Schreiben 1. 2. 1984 BStBl I, 155). Die Grundsätze beziehen sich auf die Verfahrensbeschreibung, das Ordnungsprinzip, die Verfahrens- und Filmkontrollen, die Aufbewahrung und Wiedergabe sowie die Vernichtung des verfilmten Schriftguts. Zur farblichen Übereinstimmung mit dem Original s IDW ERS FAIT 3.41 und *ADS*[6] § 257 Anm 58 Abs 4.

Bei den **Mikroverfilmungen** (analoge optische Archivierung) kann es sich um bildliche und/oder inhaltliche Aufzeichnungen handeln (letztere zB als sog COM-Verfahren). Bildliche und/oder inhaltliche Übereinstimmung kann auch mittels elektronischer oder digital optischer Archivierung erreicht werden (s *IDW RS FAIT* 1.64f). Für die Beurteilung der handelsrechtlichen Zulässigkeit dieser Verfahren ist die Unterscheidung zwischen Brutto- und Netto-Imaging relevant. Vom Netto-Imaging ist im Fall von nichtstandardisiertem Schriftgut beim heutigen Stand der Technik abzuraten (s *Zepf* WPg 1999, 572; *AWV-Schrift* Nr 09 155, 28f). Die **Verpflichtung zur Wiedergabe** nach § 261 stellt das notwendige Korrelat zur Zulässigkeit der Datenspeicherung nach Abs 3 dar. Obwohl mikroverfilmt, sollten **Urkunden,** Wertpapiere, Fahrzeugscheine und ähnliche Dokumente nicht vernichtet werden. Zum Begriff der Urkunde § 258 Anm 4.

Zu den **anderen Datenträgern** iSd Abs 3 zählen zB Magnetband, Magnetplatte, Bildplatte, Diskette, CD-Rom und Festspeicher. Auch diese müssen den GoB bzw. den GoBS entsprechen. Der Begriffsinhalt des Datenträgers ist so gefasst, dass er für neuere technische Entwicklungen offen ist (*ADS*[6] § 257 Anm 61f mwN).

Neuere Entwicklungen (zB optische Speicherverfahren, s *AWV-Schrift* Nr 09 440, 28) sind regelmäßig der EDV zuzuordnen und wie auch das COM-Verfahren nach den GoBS (hierzu § 239 Anm 13ff) zu beurteilen. Nach Abs 3 S 2 können die auf Datenträgern hergestellten Unterlagen auch als Ausdrucke dieser Daten aufbewahrt werden. Zur Aufbewahrung auf optischen Speicherplatten wie zB CD-ROM *vom Westphalen* DB 1989, 742; wegen der Abgrenzung zu Bildträgern *ADS*[6] § 257 Anm 63. Allgemein s auch IDW ERS FAIT 3.

Für **steuerrechtliche Zwecke** müssen originär digitale Unterlagen (zB elektronische Rechnungen und im DV-System erzeugte Daten) auf maschinell verwertbaren Datenträgern aufbewahrt werden; eine Aufbewahrung im COM-Verfahren reicht nicht (Einzelheiten s *BMF*-Schreiben 16. 7. 2001 BStBl I, 417).

Genehmigung oder vorab Anerkennung des Archivierungssystems durch FinVerw ist nicht vorgesehen (s *OFD* Düsseldorf v 22. 2. 2002 DB 2002, 610f).

D. Aufbewahrungsfristen (Abs 4 und 5)

Handelsbücher, Inventare, JA, IFRS-EA, Lagebericht, EB, KA, Konzernlagebericht und zugehörige Arbeitsanweisungen und Organisationsunterlagen sowie Buchungsbelege sind **zehn Jahre,** Handelsbriefe **sechs Jahre** aufzubewahren; Entspr gilt für Bild- und Datenträger. Die Aufbewahrungsfrist **beginnt** nach Abs 5 idR mit dem auf die **letzte** Eintragung in den Büchern, die Erstellung des Inventars, die Versendung/den Erhalt von Handelsbriefen oder die Feststellung des JA und der EB *folgenden* **Schluss** des **Kalender**jahrs. Es kommt also nicht auf das – ggf abweichende – Gj an. Bei Ekfl, OHG und GbR ergibt sich die Feststellung der EB konkludent durch Unterzeichnung (s *Förschle/Kropp* in Sonderbilanzen[3] B Anm 141 und C Anm 143), bei KapGes sowie analog bei KG und KGaA spätestens konkludent mit der Feststellung des ersten nachfolgenden JA (s dazu *Förschle/Kropp* aaO D Anm 253 u C Anm 143, 145). 25

Die Anpassung der HB an die Ergebnisse einer steuerlichen **Betriebsprüfung** erfolgt im Allgemeinen im lfd Gj und berührt die Aufbewahrungsfrist nicht. Werden jedoch in Vj festgestellte HB geändert, sind alle die Änderungen betr Unterlagen (Buchungsbelege, Handelsbücher, JA usw) entspr Abs 4 und 5 aufzubewahren; die Fristen beginnen mit der nunmehr letzten Eintragung; weitergehend *ADS*[6] § 257 Anm 71 mwN; Neubeginn der Frist für alle – nicht nur die geänderten – Handelsbücher.

Für die **Aufbewahrung nach Steuerrecht** gelten nach der AO grds die **gleichen Fristen,** sofern nicht in anderen Gesetzen kürzere Fristen zugelassen sind. Jedoch läuft die Aufbewahrungsfrist nicht ab, soweit und solange die Unterlagen für Steuern von Bedeutung sind, für welche die Festsetzungsfrist noch nicht abgelaufen ist (§ 147 Abs 3 AO). Zudem konstituiert § 171 AO mehrere Fälle, in denen die Festsetzungsfrist infolge Ablaufhemmung ruht, hierzu ist das BMF-Schreiben vom 25. 10. 1977 BStBl I, 487 ergangen. 26

Aufbewahrungsfristen für einzelne Unterlagen 27

	Aufbewahrungsfrist in Jahren
Abhängigkeitsberichte	10
Anlagezu- und -abgangsmeldungen	10
Anlagevermögenskarteien und -bücher	10
Arbeits- und Organisationsabläufe (EDV)	10
Auftrags- und Bestellunterlagen	6
Ausfuhrunterlagen	6
Ausfuhrvergütungsanträge, -bescheide, -nachweise und sonstige Unterlagen	6
BAB mit Belegen (soweit Unterlagen zur Inventurbewertung)	10
Bankauszüge	10
Baubücher	10
Beitragsabrechnungen zu Sozialversicherungen	6
Belege, Beleglisten, Belegzusammenstellungen, Sammelbelege (soweit Buchungsunterlagen)	10
Beteiligungsunterlagen	6
Betriebskrankenkasse (Buchungs- und Abrechnungsunterlagen)	10
Bewertungsunterlagen	6
Bilanzen, Anhänge	10
Buchungsanweisungen	10
Buchungsbelege	10
Buchungsprotokoll (EDV)	10

	Aufbewahrungsfrist in Jahren
Datenträger, soweit Grundbuch- oder Kontenfunktion	10
soweit Buchungsbeleg	6
Darlehensunterlagen	6
Dauerauftragsunterlagen	6
Depotauszüge, -bestätigungen (soweit nicht Inventare)	6
Depotbücher	10
Devisenunterlagen, allgemeine	6
EDV-Journal	10
Einfuhrunterlagen	6
Einheitswertbescheide	6
Einzelabschlüsse nach § 325 Abs 2a	10
Eröffnungsbilanzen	10
Fahrtberichte, -bücher (soweit Werkverkehrsunterlagen)	6
Fahrtenbücher (der Güterkraftverkehrsunternehmen)	5
Frachtunterlagen	6
Gebäude- und Grundstücksunterlagen (Bauakten, Bauplan, Genehmigungen)	6
Gebäude- und Grundstücksunterlagen (soweit Inventare)	10
Gebrauchsmusterunterlagen	6
Gehaltslisten und -konten	10
Grundbücher	10
Güterkraftverkehr (Beförderungspapiere, Vermittlungsgeschäfte)	5
Güterkraftverkehr (Fahrtenbücher)	10
GuV	10
Handelsregister- und Grundbuchauszüge (Bilanzunterlagen)	6
Handels- und Geschäftsbriefe	6
Hauptbücher (Hauptbuchkonten)	10
Hauptversammlungen, Protokolle über HV des eigenen Unt	10
Hilfsbücher (soweit Buchungsunterlagen)	10
Inventare und Inventarnachweise	10
Inventurreinschriften	10
Jahresabschlusslisten und -bogen	10
Journale	10
Kassenbelege	10
Kassenbücher und -blätter	10
Kommissionslisten	6

	Aufbewahrungsfrist in Jahren
Konsignationslager-Unterlagen (soweit Buchungsunterlagen)	10
Konsolidierungs-Unterlagen	10
Konten	10
Kontenplan/-register	10
Kontokorrentbücher und -konten	10
Kontroll-Journal (EDV)	10
Konzernabschlüsse einschl der zu ihrer Ableitung erforderlichen Unterlagen (zB HB II), Konzernlageberichte	10
Kostenträgerrechnungen	10
Kreditunterlagen	6
Lageberichte	10
Lieferscheine	6
Lizenzabrechnungen und -unterlagen	6
Lohnbelege*)	10
Lohnkonten*)	10
Lohnlisten*)	10
Mahnvorgänge	6
Nebenbücher	10
OP-Liste (EDV)	10
Patente und Unterlagen	6
Portokassenbücher	10
Postbankauszüge	10
Preislisten (soweit Bewertungsunterlagen)	10
Provisionsabrechnungen mit Unterlagen	10
Prüfungsberichte des Abschlussprüfers	10
Quittungen (soweit Buchungsbelege)	10
Rechnungen	10
Rechtsstreitfälle mit allen Unterlagen	6
Reisekostenabrechnungen	10
Repräsentationsaufwand (Unterlagen)	10
Saldenbestätigungen	6
Saldenlisten am Schluss des Wj	10
während des Wj	**)
Schadenunterlagen	6
Scheckbelege (soweit Buchungsunterlagen)	10
Schecks	6

	Aufbewahrungsfrist in Jahren
Schuldtitel	6
Steuerunterlagen	10
Überstundenlisten (soweit Lohnbelege)	10
Versandunterlagen (soweit Buchungsunterlagen)	6
Verträge, Vertragsunterlagen (soweit handels- und steuerrechtlich bedeutsam)	6
Warenabgangsscheine	6
Warenausgangsbücher	10
Wareneingangsbücher	10
Wareneingangsscheine	6
Warenzeichenunterlagen	6
Wechsel, soweit Buchungsbelege wegen Wechselsteuer	10
Werkstattabrechnungen (soweit Buchungsunterlagen)	10
Zahlungsanweisungen	6
Zahlungs- und Vollstreckungsbefehle	6
Zinsrechnungen	6
Zollbelege	6

*) Die am 31. Dezember 1991 im Beitrittsgebiet vorhandenen Lohnunterlagen sind mind bis zum 31. Dezember 2006 aufzubewahren.

**) Keine, jedoch innerbetrieblich möglich.

E. Längere Aufbewahrung nach Liquidationsende usw

30 Das AktG (§ 273 Abs 2) und das GmbHG (§ 74 Abs 2) schreiben vor, dass nach Löschung der KapGes im HR „die Bücher und Schriften der Gesellschaft" **für 10 Jahre** in Verwahrung zu geben sind; bei AG/KGaA bestimmt das Registergericht den „sicheren Ort"; für GmbH gilt der GesVertrag, notfalls beschließt das Registergericht. Der Fristlauf beginnt mit dem auf die Hinterlegung folgenden Tag (§ 187 Abs 1 BGB).

Hieraus folgt, dass für KapGes ab diesem Zeitpunkt die Regeln in Abs 4, 5 durch die genannten Bestimmungen im AktG/GmbHG ersetzt werden.

Auf die ausführliche Darstellung bei *Förschle/Deubert* in Sonderbilanzen[3] R Anm 295 ff wird verwiesen.

31 Für PersGes gilt § 157 Abs 2: „Die Bücher und Papiere der aufgelösten Gesellschaft" werden einem Gester oder Dritten „in Verwahrung gegeben"; notfalls bestimmt das Registergericht den Verwahrer. *ADS*[6] § 257 Anm 12 schließen aus dem Fehlen einer weiteren Frist im HGB, dass es für PersGes bei den Regeln in Abs 4, 5 bleibt.

Dies würde dann auch für Ekfl gelten, wenn sie den letzten ihrer Betriebe einstellen. Bei Betriebsveräußerungen kann jedoch Gesamt-Rechtsnachfolge eintreten (hier Anm 1).

F. Sanktionen

35 Das **Handelsrecht** kennt **keine** Zwangsmaßnahmen zur Sicherung der Aufbewahrungspflicht; glA *ADS*[6] § 257 Anm 78. Diese ist jedoch Bestandteil einer ordnungsmäßigen Buchführung. Bei gravierenden Verstößen wird der AP daher zu erwägen haben, ob Konsequenzen für den BVm zu ziehen sind (ebenso *WPH*[12] I Q 511). Die Vorlage von Handelsbüchern ist allerdings auch von Bedeutung für die Beweisführung im Rechtsstreit (§ 258), bei Auseinandersetzungen (§ 260) sowie bei Wirtschafts- und Insolvenzstraftaten (§§ 283 ff StGB).

Im **Steuerrecht** hat ein Verstoß gegen die Aufbewahrungspflichten, der zugleich ein Verstoß gegen Buchführungs- und Aufzeichnungspflichten ist, uU die **Schätzung** der Besteuerungsgrundlagen nach § 162 AO zur Folge. Im Einzelfall kann die Verletzung der Aufbewahrungspflicht als **Steuerhinterziehung** oder fahrlässige **Steuerverkürzung** strafbar oder ordnungswidrig sein (*Tipke/Kruse* § 147 Anm 64 a).

Die **Vernichtung,** Beschädigung oder das Beiseiteschaffen von Handelsbüchern **vor Ablauf** der Aufbewahrungspflicht kann nach §§ 283 Abs 1 Nr 6 und 283 b Abs 1 Nr 2 StGB strafbar sein. Außerdem kommt Strafbarkeit wegen Urkundenunterdrückung (§ 274 Abs 1 Nr 1 StGB) bei Vorlagepflicht des Kfm im Prozess in Betracht (*Cramer* in Schönke/Schröder[26] Strafgesetzbuch: Kommentar, München 2001 § 274 Anm 6 ff).

§ 258 Vorlegung im Rechtsstreit

(1) **Im Laufe eines Rechtsstreits kann das Gericht auf Antrag oder von Amts wegen die Vorlegung der Handelsbücher einer Partei anordnen.**

(2) **Die Vorschriften der Zivilprozeßordnung über die Verpflichtung des Prozeßgegners zur Vorlegung von Urkunden bleiben unberührt.**

Übersicht

Schrifttum: *Baumbach/Lauterbach/Albers/Hartmann*[63] Zivilprozessordnung, München 2005.

A. Allgemeines

1 Abs 1 bildet eine selbstständige Rechtsgrundlage zur Vorlegung von Handelsbüchern in Zivil- und Arbeitsgerichtsprozessen (auch Schiedsverfahren), mit der ihre Heranziehung zu Beweiszwecken erleichtert werden soll (wegen der Vorlage von Unterlagen auf Bild- oder Datenträgern s § 261). Ergänzend wird in Abs 2 auf die ZPO Bezug genommen. Urkunden sind im Original bei Gericht vorzulegen. Im Strafprozess gilt § 258 nicht; glA *ADS*[6] § 258 Anm 2.

B. Anordnung des Gerichts zur Vorlegung von Handelsbüchern (Abs 1)

2 Diese Regelung gilt im Falle eines schwebenden zivilen Rechtsstreits: Das zuständige Gericht kann auf Antrag oder von Amts wegen die Vorlage anordnen. Ob die Parteien ihre Behauptungen durch Vorlage eigener oder gegnerischer Handelsbücher iSv § 257 Abs 1 Nr 1 beweisen wollen und welche Partei die Beweislast trägt, ist dabei unerheblich. Voraussetzung ist die Überzeugung

des Gerichts, dass die Vorlage zur Aufklärung vorgetragener Sachverhalte dienen kann (glA *ADS*[6] § 258 Anm 7).

Soweit es im Rechtsstreit auf den Inhalt von Handelsbüchern Dritter ankommt, können diese nicht zur Vorlage verpflichtet, sondern lediglich als Zeugen über den fraglichen Inhalt vernommen werden (so *Weber* in HdR[5] § 258 Anm 5). Der Rechtsstreit braucht sich **nicht** auf **Handelssachen** zu beziehen; es kann sich vielmehr **auch** um **sonstige Zivil-Parteienprozesse** handeln. Die gerichtliche Anordnung kann gem Abs 1 allerdings nur eigene oder gegnerische **Handelsbücher** betreffen, also zB nicht Inventuren, Bilanz und Handelskorrespondenz. Die Vorlage von Handelsbüchern darf infolge § 259 nicht zur allgemeinen Ausforschung einer Partei, sondern nur so weit angeordnet werden, wie dies zur Verifizierung **bestimmter strittiger Angaben** erforderlich ist (glA *ADS*[6] § 258 Anm 7 u § 259 Anm 1); der jeweilige Streitpunkt ist in der gerichtlichen Vorlegungsanordnung anzugeben.

Das **Gericht** hat bei seinen Anordnungen das berechtigte Interesse des Kfm an der Geheimhaltung zu beachten. Eine Vorlage scheidet aus, wenn die Handelsbücher nach Ablauf der Aufbewahrungsfrist (§ 257 Abs 4) tatsächlich vernichtet wurden. Eine Vernichtung sollte bei Relevanz für ein schwebendes Verfahren unterbleiben (*BayOLG* 1. 4. 1993 DB, 1028). Leistet die zur Vorlage verpflichtete Partei der gerichtlichen Anordnung **keine Folge,** können die dem Antrag zugrundeliegenden Auszüge und Behauptungen gem § 427 ZPO als richtig angesehen werden.

C. Vorschriften der ZPO zur Vorlegung von Urkunden (Abs 2)

Die in Abs 2 angesprochenen Vorschriften finden sich in §§ 415 ff ZPO. Sie 3
beziehen sich auf **alle Urkunden,** auf die im Rechtsstreit Bezug genommen wird, dh nicht nur auf Handelsbücher.

Urkunde iSd ZPO ist die schriftliche Verkörperung eines Gedankens. Uner- 4
heblich ist, in welchen Schrift- oder Druckzeichen die Urkunde abgefasst ist, worauf sie geschrieben oder gedruckt wurde, ob sie unterschrieben ist, welche Bedeutung sie hat und welchem Zweck sie dient. Auch Fotokopien, Computerausdrucke und ähnliche technische Aufzeichnungen können Urkunden sein (*Baumbach/Lauterbach/Albers/Hartmann*[63] Übersicht vor § 415 ZPO Anm 4). Das Gericht wird jedoch zunächst die Vorlage der *Originale* von Urkunden verlangen, glA *ADS*[6] § 258 Anm 13.

§ 423 ZPO verlangt die Vorlage solcher Urkunden, auf die der Gegner im 5
Zivil-Prozess zur Beweisführung Bezug genommen hat. § 422 ZPO sieht vor, dass der **Gegner zur Vorlage** der Urkunde **verpflichtet** ist, wenn der Beweisführer nach bürgerlichem Recht die Herausgabe oder Vorlage verlangen kann.

Für die **Vorlegung** von Urkunden sind insb die Vorschriften der §§ 809 und 810 BGB maßgebend. § 809 regelt die Besichtigung einer Sache, um sich Gewissheit über die darauf bezogenen Ansprüche zu schaffen. § 810 regelt die Fälle, in denen bzgl des die Vorlegung Verlangenden

- eine Urkunde im Interesse des Verlangenden errichtet wurde, wie dies zB bei der Gütergemeinschaft zutreffen kann;
- Rechtsverhältnisse beurkundet wurden. Hier können Bürgschafts-, Ges-, Organverhältnisse (Vorstand, AR) in Betracht kommen. Die Interessen des Antragstellers sind ggf auch hier (Anm 2) gegen berechtigte Interessen an der Geheimhaltung abzuwägen; zur Geheimhaltung s *ADS*[6] § 259 Anm 1.

– Verhandlungen über ein Rechtsgeschäft geführt wurden, über die Korrespondenzen und Aufzeichnungen Aufschluss geben können.

Die Verpflichtung zur Vorlage kann sich auch aus § 87c Abs 4 HGB (Handelsvertreter) sowie aus den Einsichts- oder Kontrollrechten eines Gesters (zB nach §§ 118 Abs 1, 166 Abs 1 HGB, § 51a Abs 1 GmbHG) ergeben. § 258 ist auch im Spruchstellenverfahren gem § 306 AktG anwendbar (*BayOLG* 1. 4. 1993 DB, 1027ff).

Bei Nichtvorlage gilt § 427 ZPO (Anm 2).

6 Die **Herausgabe** von Urkunden gründet sich auf besondere Rechtsverhältnisse, zB Eigentum, Abtretung, Kauf, Auftrag.

Bzgl der **Beweiskraft** der vorgelegten Handelsbücher gilt § 286 ZPO. *Ordnungsgemäß* geführte Bücher begründen für den Nachweis der Existenz eines Vorgangs eine erhebliche Wahrscheinlichkeit der Richtigkeit.

D. Steuerrechtliche Vorschriften

7 Auch das Steuerrecht kennt eine Pflicht zur Vorlegung von Urkunden. Sie **besteht** gegenüber der Finanzbehörde und umfasst Bücher, Aufzeichnungen, Geschäftspapiere und andere Urkunden. Diesbzgl **Regelungen** finden sich in § 97 AO sowie in § 60 EStDV. Die Vorlagepflicht gegenüber den FG folgt aus § 76 Abs 1 S 3 FGO.

§ 259 Auszug bei Vorlegung im Rechtsstreit

[1]Werden in einem Rechtsstreit Handelsbücher vorgelegt, so ist von ihrem Inhalt, soweit er den Streitpunkt betrifft, unter Zuziehung der Parteien Einsicht zu nehmen und geeignetenfalls ein Auszug zu fertigen. [2]Der übrige Inhalt der Bücher ist dem Gericht insoweit offenzulegen, als es zur Prüfung ihrer ordnungsmäßigen Führung notwendig ist.

Übersicht

A. Überblick über die Vorschrift

1 § 259 regelt die Modalitäten der Erstellung und der Vorlegung eines **Auszugs** im Rechtsstreit **(Zivilrechtsstreit),** betr jedoch nicht nur die vom Gericht oder von Amts wegen angeordnete Vorlegung. Besondere, unberührt bleibende Einsichtsrechte sind bei PersGes in §§ 118 und 166 HGB (Gester einer OHG sowie KG), § 233 HGB (stille Gester), § 51a GmbHG (Gester einer GmbH) geregelt. Wegen der Vorlegung im Rechtsstreit s § 258 und wegen der Vorlegung von Unterlagen auf Bild- oder Datenträgern § 261.

B. Einsichtnahme (S 1)

Der Einblick **beschränkt** sich **auf** die für den Rechtsstreit **relevanten Sachverhalte,** die vom Beweisführer daher möglichst genau zu bezeichnen sind, so dass sie von dem Kfm aufgefunden (festgestellt) und dem Gericht vorgelegt werden können. Das Einblicksrecht darf nicht zu einer umfassenden Ausforschung führen; s § 258 Anm 2. Die Einsicht ist stets durch das Gericht, ggf mit Hilfe eines geeigneten Sachverständigen, unter Zuziehung beider Parteien zu nehmen (glA *ADS*[6] § 259 Anm 4, 6; *Wiedmann*[2] § 259 Anm 2). 2

C. Offenlegung (S 2)

Die in S 2 angesprochene „Offenlegung" des übrigen Inhalts der Bücher dient lediglich der Feststellung der Ordnungsmäßigkeit *durch das Gericht* oder eines von ihm beauftragten Sachverständigen; sie begründet **kein Einsichtsrecht oder Prüfungsrecht** der Partei (Datenschutz). Das in S 2 gebrauchte Wort „Offenlegung" ist gerichtsintern gemeint, nicht iSv § 325. 3

D. Einblick auf Grund besonderer Rechtsverhältnisse

Ein **weiterer Einblick** ergibt sich ggf auf Grund **besonderer Vereinbarungen,** zB für einen ausgeschiedenen Gester oder bei vereinbarter Gewinnbeteiligung. 4

E. Beweisaufnahme

Die Beweisaufnahme erfolgt gem § 355 ZPO vor dem **Prozessgericht,** ggf nach § 434 ZPO vor einem Mitglied des Prozessgerichts oder einem anderen Gericht. 5

Steuerlich gelten die zu § 258 Anm 7 genannten Vorschriften, ggf auch die BPO (externe Betriebsprüfung).

§ 260 Vorlegung bei Auseinandersetzungen

Bei Vermögensauseinandersetzungen, insbesondere in Erbschafts-, Gütergemeinschafts- und Gesellschaftsteilungssachen, kann das Gericht die Vorlegung der Handelsbücher zur Kenntnisnahme von ihrem ganzen Inhalt anordnen.

Übersicht

A. Die Vorlegung nach § 260

§ 260 trifft eine **Ausnahmeregelung** für Vermögensauseinandersetzungen, bei denen ein Kfm involviert ist. Die in § 260 aufgeführten Fälle der Erbschafts-, 1

Gütergemeinschafts- und Gesteilungssachen stellen lediglich („insbesondere") eine beispielhafte, keine abschließende Aufzählung dar; näher *Hüffer* in Großkomm HGB[4] § 260 Anm 3. Betroffen sein können eine PersGes oder der Besitz sämtlicher Anteile einer PersGes. Bei geringeren Beteiligungen kommen die §§ 118, 166, 233, § 51a GmbHG zur Anwendung (§ 259); glA *ADS*[6] § 260 Anm 2.

2 Die Ausnahmen bestehen darin, dass bei den Vermögensauseinandersetzungen die Auswertung entgegen der Beschränkung in § 258 auch **außerhalb eines Rechtsstreits** in Betracht kommt (in Verfahren der freiwilligen Gerichtsbarkeit, zB gem §§ 86ff FGG bei Nachlassauseinandersetzung, gem § 99 FGG bei Auseinandersetzung einer Gütergemeinschaft); so auch *Weber* in HdR[5] § 260 Anm 2, *ADS*[6] § 260 Anm 4, aA *Hüffer* in Großkomm HGB[4] § 260 Anm 2 (Ableitung aus § 12 FGG). Die Vorlegung nach § 260 bezieht sich wie § 258 (dort Anm 2) nur auf die **Handelsbücher,** nicht aber auf andere Unterlagen. Gegenüber § 259 beschränkt sich die Vorlegung nicht auf die einen Streitpunkt betr Stellen, sondern bezieht sich auf den **ganzen Inhalt** der Handelsbücher, da bei Vermögensauseinandersetzungen idR die gesamten Vermögensverhältnisse relevant sind. Wegen der Vorlage von Unterlagen auf Bild- oder Datenträgern s § 261.

B. Ermessen des Gerichts und Verweis auf Steuerrecht

3 Die Vorlegung ist in das Ermessen des Gerichts gestellt, kann also **von Amts wegen** auch ohne Antrag eines Beteiligten angeordnet werden.

4 Zur Vorlegung im **Steuerrecht** s § 258 Anm 7.

§ 261 Vorlegung von Unterlagen auf Bild- oder Datenträgern

Wer aufzubewahrende Unterlagen nur in der Form einer Wiedergabe auf einem Bildträger oder auf anderen Datenträgern vorlegen kann, ist verpflichtet, auf seine Kosten diejenigen Hilfsmittel zur Verfügung zu stellen, die erforderlich sind, um die Unterlagen lesbar zu machen; soweit erforderlich, hat er die Unterlagen auf seine Kosten auszudrucken oder ohne Hilfsmittel lesbare Reproduktionen beizubringen.

Übersicht

A. Hauptanwendungsgebiet

1 Das Hauptanwendungsgebiet ist für **Bildträger** die Mikroverfilmung (dazu § 257 Anm 20) und – in der Praxis häufiger – für **Datenträger** die Erfassung der Unterlagen (Handelsbücher, Belege usw) auf Speichermedien (zB Magnetplatten/-bänder, Disketten, ggf CD-Platten, Bildplatten).

B. Die Vorlegung nach § 261

Dem Kfm ist gestattet, Kopien der **abgesandten Handelsbriefe** auf einem Schrift-, Bild- oder Datenträger zurückzubehalten (§ 238 Abs 2) und die **Handelsbücher** und sonstigen Aufzeichnungen **auf Datenträgern** zu führen (§ 239 Abs 4) und aufzubewahren (§ 257 Abs 3). In Anbetracht dieser Erleichterungen hat der Kfm andererseits die sachlichen und personellen Hilfsmittel zur Verfügung zu stellen und die **Kosten** zu tragen, um die Unterlagen lesbar zu machen bzw ausdruck- oder lesbar zu reproduzieren. Damit wird eine Mitwirkungspflicht des Kfm bei Verwendung fortschrittlicher Speichermedien konstituiert. Die Kostenregelung für die Herausgabe von Unterlagen im Rahmen **strafrechtlicher** Ermittlungsverfahren gegen Dritte, zB durch Kreditinstitute, ist str (s *ADS*[6] § 261 Anm 7 ff mwN). 2

Die Frage der Überprüfung der bildlichen bzw inhaltlichen Übereinstimmung von Reproduktion und Original ist nicht ausdrücklich geregelt. Dennoch lassen sich diesbezügliche Anforderungen aus den GoB, den GoBS (§ 239 Anm 21) und bzgl der Mikroverfilmungen auch aus den sog „Mikrofilm-Grundsätzen" der *AWV* (§ 257 Anm 20) ableiten; glA auch *ADS*[6] § 261 Anm 5 mwN.

Der technische Fortschritt hat zur Entwicklung **weiterer Speichermedien** als der Mikroverfilmung, zB von Bildplatten geführt, auf die die Vorschrift des § 261 ebenfalls anzuwenden ist. Es ist jedoch erforderlich, die früheren Speichermedien mind bis zum jeweiligen Ende der Aufbewahrungsfristen bereitzuhalten.

C. Weitergehende Bedeutung der Vorschrift

Die hier geregelte **Vorlegung** beschränkt sich nicht auf Rechtsstreitigkeiten (§§ 258, 259) oder Auseinandersetzungen (§ 260), sondern bezieht sich auch auf die Vorlegung **außerhalb** eines **Gerichtsverfahrens.** Für Strafverfahren findet § 261 indessen keine Anwendung (*Sannwald* NJW 1984, 2495). 3

D. Steuerrechtliche Vorschriften

Entsprechende steuerrechtliche Regelungen enthalten die §§ 147 Abs 5 und 97 Abs 3 AO und § 85 FGO. Das FA kann Erleichterungen auf Antrag des Stpfl nach § 148 AO gewähren. 4

Vierter Unterabschnitt. Landesrecht

§ 262 *(aufgehoben)*

§ 263 Vorbehalt landesrechtlicher Vorschriften

Unberührt bleiben bei Unternehmen ohne eigene Rechtspersönlichkeit einer Gemeinde, eines Gemeindeverbands oder eines Zweckverbands landesrechtliche Vorschriften, die von den Vorschriften dieses Abschnitts abweichen.

Übersicht

A. Die landesrechtlichen Vorschriften

1 Die Vorschrift räumt bei Unt ohne Rechtspersönlichkeit den einschlägigen landesrechtlichen Vorschriften ggf den Vorrang vor §§ 238 bis 262 ein. Eine entspr Bestimmung enthält auch § 3 Abs 2 Nr 1 a PublG. Rechtlich selbstständige oder unselbstständige (zB Bundesdruckerei) Unt des Bunds und der Länder werden, unabhängig von ihrer Rechtsform, von der Befreiung des § 263 nicht erfasst (dazu § 53 HGrG, § 65 BHO und *ADS*[6] § 263 Anm 3 ff; hier ist nach allgemeinen Regeln die Kfm-Eigenschaft festzustellen).

Das **Hauptanwendungsgebiet** liegt bei den **kommunalen Eigenbetrieben** sowie bei den Brutto- und Netto-Regiebetrieben (näheres in *ADS*[6] § 263 Anm 6), aber auch bei den wirtschaftlichen Unt ohne eigene Rechtspersönlichkeit von **Landesverbänden, Wohlfahrts- oder Umlandverbänden.** Gegenüber **Regiebetrieben** besteht bei Eigenbetrieben eine weitgehende organisatorische und finanzielle Verselbständigung.

2 Das **Eigenbetriebsrecht** fällt nach dem GG (Art 30) in die Gesetzgebungskompetenz der Länder. Davon haben – mit Ausnahme von Hamburg – alle Bundesländer Gebrauch gemacht und Eigenbetriebsgesetze oder -verordnungen erlassen (s dazu *WPH*[12] I L 3).

B. Grundstruktur der Rechnungs- und Rechenschaftslegung

3 Die Regelungen des Eigenbetriebsrechts der einzelnen Länder lassen für Versorgungs- und Verkehrsbetriebe folgende Grundstruktur erkennen (s zB §§ 15 ff EigBGes des Landes Hessen sowie *WPH*[12] I L 7 ff):

Die Eigenbetriebe haben einen Wirtschaftsplan, Erfolgsplan, Vermögensplan sowie einen Stellenplan aufzustellen. Die **Rechnung** (= Buchführung) ist grds nach den Regeln der kfm doppelten Buchführung zu führen. Der JA, bestehend aus Bilanz, GuV (nach dem Gesamtkostenverfahren) und Anhang, ist innerhalb von 3 Monaten (ggf nach der Satzung innerhalb von 6 Monaten) und nach allgemeinen handelsrechtlichen Grundsätzen (§§ 238 ff, 264 ff) unter Verwendung vorgeschriebener Formblätter aufzustellen (bei Versorgungsbetrieben mit Angaben zur Verbrauchsablesung und zu empfangenen Ertragszuschüssen).

Die Rechnungslegung ist um einen – nach Betriebszweigen untergliederten – **Anlagennachweis** und eine ebenso untergliederte Erfolgsübersicht zu ergänzen. Außerdem ist ein Lagebericht mit über § 289 hinausgehenden Angaben zu Grundstücken, Anlagen, Bauvorhaben, EK, Umsatzerlösen und Personalaufwand aufzustellen.

4 Die **Prüfungsvorschriften** sind ebenfalls durch Landesrecht geregelt und sehen – wie in § 53 HGrG – eine Prüfung der Ordnungsmäßigkeit der Geschäftsführung und der bedeutsamen wirtschaftlichen Verhältnisse vor (s dazu *WPH*[12] I L 51 ff sowie *IDW PS 720* WPg 2000, 326).

Die derzeit geltenden Prüfungsvorschriften sind im *WPH*[12] I (L 2ff) genannt. Besonders hinzuweisen ist auf das Gesetz zur Regelung der überörtlichen Prüfung kommunaler Körperschaften in Hessen (vom 22. 12. 1993 GVBl I, 708), das sich darauf richtet, ob die Verwaltung rechtmäßig, sachgerecht und wirtschaftlich geführt wird.

Auch **Krankenhäuser** können als Eigenbetriebe geführt werden. Sie müssen 5 die Krankenhaus-Buchführungs-VO vom 4. 3. 1987, BGBl I, 1045 mit Änderungen in 1994, 1997, 1998 und 2003 (s dazu *WPH*[12] I Q 904ff sowie § 330 Anm 20) beachten, die gleichfalls Formblätter vorsieht. Zu Zweifelsfragen äußert sich der KHFA des IDW (s zB *IDW RS KHFA* 1 WPg 2005, 524). Die Prüfungsvorschriften sind in den Krankenhaus-Gesetzen der Länder geregelt (s *WPH*[12] I unter D 13).

C. Steuerrechtliche Vorschriften

Auch bei Unt ohne eigene Rechtspersönlichkeit sind für die wesentlichen 6 Steuern die Vorschriften der AO maßgebend (§ 1 AO). Wirtschaftsbetriebe unterliegen der KSt und der GewSt (§§ 1 Abs 1 Nr 6 KStG, 2 Abs 1 GewStDV).

D. Abweichungen der IFRS

Die IFRS enhalten keine analoge Vorschrift. Auf Basis der IFRS erarbeitet 7 das Public Sector Committee (PSC) der International Federation of Accountants (IFAC) international einheitliche Bilanzierungsstandards für den öffentlichen Sektor (International Public Sector Accounting Standards, IPSAS). Diese sollen indes originär von Gebietskörperschaften und nicht von deren Unt ohne eigene Rechtspersönlichkeit angewendet werden.

Zweiter Abschnitt. Ergänzende Vorschriften für Kapitalgesellschaften (Aktiengesellschaften, Kommanditgesellschaften auf Aktien und Gesellschaften mit beschränkter Haftung) sowie bestimmte Personenhandelsgesellschaften

Erster Unterabschnitt. Jahresabschluss der Kapitalgesellschaft und Lagebericht

Erster Titel. Allgemeine Vorschriften

§ 264 Pflicht zur Aufstellung

(1) [1]Die gesetzlichen Vertreter einer Kapitalgesellschaft haben den Jahresabschluss (§ 242) um einen Anhang zu erweitern, der mit der Bilanz und der Gewinn- und Verlustrechnung eine Einheit bildet, sowie einen Lagebericht aufzustellen. [2]Der Jahresabschluss und der Lagebericht sind von den gesetzlichen Vertretern in den ersten drei Monaten des Geschäftsjahrs für das vergangene Geschäftsjahr aufzustellen. [3]Kleine Kapitalgesellschaften (§ 267 Abs. 1) brauchen den Lagebericht nicht aufzustellen; sie dürfen den Jahresabschluss auch später aufstellen, wenn dies einem ordnungsgemäßen Geschäftsgang entspricht, jedoch innerhalb der ersten sechs Monate des Geschäftsjahres.

(2) [1]Der Jahresabschluss der Kapitalgesellschaft hat unter Beachtung der Grundsätze ordnungsmäßiger Buchführung ein den tatsächlichen Verhältnissen entsprechendes Bild der Vermögens-, Finanz- und Ertragslage der Kapitalgesellschaft zu vermitteln. [2]Führen besondere Umstände dazu, dass der Jahresabschluss ein den tatsächlichen Verhältnissen entsprechendes Bild im Sinne des Satzes 1 nicht vermittelt, so sind im Anhang zusätzliche Angaben zu machen.

(3) Eine Kapitalgesellschaft, die Tochterunternehmen eines nach § 290 zur Aufstellung eines Konzernabschlusses verpflichteten Mutterunternehmens ist, braucht die Vorschriften dieses Unterabschnitts und des Dritten und Vierten Unterabschnitts dieses Abschnitts nicht anzuwenden, wenn

1. alle Gesellschafter des Tochterunternehmens der Befreiung für das jeweilige Geschäftsjahr zugestimmt haben und der Beschluss nach § 325 offengelegt worden ist,
2. das Mutterunternehmen zur Verlustübernahme nach § 302 des Aktiengesetzes verpflichtet ist oder eine solche Verpflichtung freiwillig übernommen hat und diese Erklärung nach § 325 offengelegt worden ist,
3. das Tochterunternehmen in den Konzernabschluss nach den Vorschriften dieses Abschnitts einbezogen worden ist,
4. die Befreiung des Tochterunternehmens im Anhang des von dem Mutterunternehmen aufgestellten Konzernabschlusses angegeben wird und
5. die von dem Mutterunternehmen nach den Vorschriften über die Konzernrechnungslegung gemäß § 325 offenzulegenden Unterlagen auch zum Handelsregister des Sitzes der die Befreiung in Anspruch nehmenden Kapitalgesellschaft eingereicht worden sind.

(4) Absatz 3 ist auf Kapitalgesellschaften, die Tochterunternehmen eines nach § 11 des Publizitätsgesetzes zur Aufstellung eines Konzernabschlusses verpflichteten Mutterunternehmens sind, entsprechend anzuwenden, soweit in diesem Konzernabschluss von dem Wahlrecht des § 13 Abs. 3 Satz 1 des Publizitätsgesetzes nicht Gebrauch gemacht worden ist.

Übersicht

Schrifttum: *Budde/Förschle* Das Verhältnis des „True and Fair View" zu den Grundsätzen ordnungsmäßiger Buchführung und zu den Einzelrechnungslegungsvorschriften in Mellwig/Moxter/Ordelheide, Einzelabschluss und Konzernabschluss, Bd 1 Wiesbaden 1988, 27; *Clemm* Bilanzpolitik und Ehrlichkeits- („true and fair view"-)Gebot WPg 1989, 357; *Beine* Scheinkonflikte mit dem True and Fair View WPg 1995, 467; *Hoffmann* Jahresabschlusspolitik und die Generalnorm des § 264 Abs. 2 HGB DB 1996, 1821; *de Weerth* Bilanzrecht und Europarecht RIW 1996, 763; *Weber-Grellet* Bilanzrecht im Lichte, Bilanzsteuerrecht im Schatten des EuGH DB 1996, 2089; *Budde/Steuber* Rechnungslegung im Spannungsfeld zwischen Gläubigerschutz und Information der Gesellschafter AG 1996, 542; *Großfeld* Internationales Bilanzrecht/Internationale Rechnungslegung AG 1997, 433; *Müller* Der Europäische Gerichtshof und die Grundsätze ordnungsmäßiger Buchführung in Herzig, Europäisierung des Bilanzrechts, Köln 1997, 87; *Weber-Grellet* Europäisierung des deutschen Bilanzrechts in Herzig, Europäisierung des Bilanzrechts, Köln 1997, 95; *Klinke* Europäisches Unternehmensrecht und EuGH ZGR 1998, 212; *Kessler* Das Vorabentscheidungsersuchen des FG Hamburg vom 22. April 1999 in Sachen Bilanzierung von Kreditrisiken: Paradebeispiel für einen misslungenen Vorlagebeschluss IStR 2000, 531; *Schellhorn* Die Bildung von Rückstellungen für ungewisse Verbindlichkeiten nach dem Urteil des BFH vom 27. Juni 2001 im Kontext der Europäisierung und Internationalisierung der Rechnungslegung BFuP 2003, 306; *Scheffler* Europäisierung des Bilanzsteuerrechts StuB 2004, 776

A. Vorbemerkungen zum Zweiten Abschnitt

1 Der Zweite Abschn gilt ausschließlich für KapGes iS dieser Überschrift, dh nur für AG, KGaA und GmbH deutschen Rechts. Eine **analoge Anwendung** dieses Abschn auf andere Personen kommt daher prinzipiell nur dann in Betracht, wenn dies ausdrücklich gesetzlich angeordnet ist (glA *ADS*[6] § 264 Anm 6). Die Vorschriften des Ersten bis Fünften Unterabschnitts des Zweiten Abschn sind gem § 264 a auch auf **KapCoGes** anzuwenden. Der Zweite Abschn gilt zB nicht für inländische Zweigniederlassungen von KapGes ausländischen Rechts. Eine analoge Anwendung des Zweiten Abschn oder einzelner seiner Bestimmungen schreiben jedoch ua § 5 PublG für bestimmte GroßUnt, § 340 a für bestimmte Kreditinstitute, § 341 a für bestimmte VersicherungsUnt und § 336 für eG vor. Die im Zweiten Abschn enthaltenen **Wahlrechte** können aber von allen Unt in Anspruch genommen werden (jedoch nur einschließlich der jeweils zugehörigen rechtlichen Konsequenzen, s zB § 269 Anm 20). Auch eine **freiwillige Anwendung** des Zweiten Abschn ist zulässig, sofern keine branchenbedingten Beschränkungen (wie zB gem § 340 a Abs 2) bestehen.

2 Für die genannten KapGes/KapCoGes deutschen Rechts enthält der Zweite Abschn **ergänzende Vorschriften,** die von diesen KapGes/KapCoGes zusätzlich zu den Normen des Ersten Abschn zu beachten sind. Soweit der Erste und der Zweite Abschn des Dritten Buchs des HGB unterschiedliche Regelungen

treffen, gelten für KapGes/KapCoGes jedoch ausschließlich die **spezielleren** Vorschriften des Zweiten Abschn (Anm 33).

Unter den Voraussetzungen des Abs 3 und des Abs 4 des § 264 (s dazu Anm 62 ff) entfällt die Verpflichtung zur Anwendung des Zweiten Abschn allerdings, so dass dann im JA der KapGes nur die Normen des Ersten Abschn beachtet zu werden brauchen. Ähnliches gilt für bestimmte KapCoGes gem § 264 b (s Erl zu § 264 b).

B. Der erweiterte Jahresabschluss der Kapitalgesellschaften (Abs 1)

I. Die Bestandteile

Nach § 242 müssen auch KapGes/KapCoGes zum Zwecke des JA eine **Bilanz** und **eine GuV** aufstellen. Abs 1 S 1 bestimmt, dass der JA von KapGes/KapCoGes um einen **Anhang** zu erweitern ist. Der JA von KapGes/KapCoGes hat damit insgesamt drei unverzichtbare Bestandteile, nämlich die Bilanz, die GuV und den Anhang. 5

Dass der Anhang bei KapGes/KapCoGes eigenständiger und gleichwertiger Bestandteil des JA ist, hebt die **große Bedeutung** hervor, die der Gesetzgeber dem Anhang beimisst. Da die im Anhang zu gebenden Erl grds in die für die Bilanz und die GuV bestehende Publizität einbezogen werden, konnte der Gesetzgeber ohne Informationsverlust Angaben in den Anhang übernehmen, die sonst in der Bilanz oder in der GuV zu machen wären; diese Teile des JA werden somit durch den Anhang entlastet. 6

Freiwillige Zusatzteile (wie zB eine KFR oder ein Fünf-Jahres-Rückblick) werden als solche nicht zu eigenständigen Bestandteilen des JA iS des HGB, dürfen aber uU in den Anhang integriert werden. Hinsichtlich der Zulässigkeit derartiger Zusatzteile und sonstiger freiwilliger Zusatzangaben im Anhang s die Erl zu § 284. 7

II. Bildung einer Einheit

Die drei gesetzlichen Bestandteile des JA einer KapGes/KapCoGes bilden gemäß Abs 1 S 1 eine Einheit. Dies bedeutet, dass ein JA iSd Gesetzes noch gar nicht vorliegt, solange auch nur einer der drei Bestandteile fehlt. Dementsprechend ist eine Verpflichtung zur Aufstellung, zur Prüfung, zur Unterzeichnung, zur Feststellung oder zur Offenlegung des JA nur und erst dann **erfüllt,** wenn die betr Handlung bzgl **aller** seiner **Bestandteile** erfolgt ist. Außerdem ergibt sich aus der Bildung einer Einheit, dass der AP sein Testat nur zum JA im Ganzen (und nicht etwa zu dessen einzelnen Bestandteilen) erteilen darf, dass eine Unterzeichnung des JA durch die gesetzlichen Vertreter der KapGes/KapCoGes nur einheitlich iS ihrer Verantwortlichkeit für sämtliche Bestandteile des JA erfolgen kann und dass die drei Bestandteile des JA gleichzeitig und gemeinsam (dh in unmittelbarem räumlichen Zusammenhang miteinander) offenzulegen sind. 8

Die Bildung einer Einheit bedeutet aber auch noch etwas anderes: Nur „der Jahresabschluss" (also nur die aus seinen drei Bestandteilen gebildete Gesamtheit) muss ein den tatsächlichen Verhältnissen entspr Bild iSd Abs 2 S 1 vermitteln. Es wird daher hingenommen, dass **einzelne Bestandteile** desselben (nämlich insb 9 die Bilanz oder die GuV) für sich genommen die tatsächlichen Verhältnisse (zB infolge einer bestimmten Ausübung von Wahlrechten) **nicht immer exakt widerspiegeln,** sofern die notwendigen zusätzlichen Informationen in einem anderen Teil des JA – nämlich insb im Anhang – gegeben werden (s Abs 2 S 2). Die Möglichkeit, im Anhang klarstellende Angaben zu machen, entbindet jedoch nicht von der Verpflichtung, die Einzelvorschriften zur Bilanz und zur GuV stets zu beachten (Anm 52).

III. Der Lagebericht

10 Nach Abs 1 S 1 müssen KapGes/KapCoGes (die nicht kleine Ges iSd § 267 Abs 1 sind – Abs 1 S 3 – und auch nicht nach Abs 3, 4 befreit sind) zusätzlich zum erweiterten JA einen Lagebericht aufstellen. Der Lagebericht gehört nicht zu den Bestandteilen des JA, sondern steht eigenständig neben dem JA. Zum Lagebericht s die Erl zu § 289.

IV. Die Aufstellung von Jahresabschluss und Lagebericht

1. Die zur Aufstellung verpflichteten Personen

11 Nach Abs 1 S 1 sind der JA und der Lagebericht von den *gesetzlichen Vertretern* der KapGes/KapCoGes aufzustellen. Grds sind dies bei einer AG die Vorstandsmitglieder, bei einer KGaA die phG und bei einer GmbH die Geschäftsführer. Bei KapCoGes sind dies gem § 264a Abs 2 die Mitglieder des vertretungsberechtigten Organs der vertretungsberechtigten Ges (idR die Geschäftsführer der Komplementär-GmbH, s Erl zu § 264a Abs 2). Im Liquidationsstadium sind es die Abwickler bzw Liquidatoren (s §§ 269, 270 AktG und 70, 71 GmbHG; ausführlich dazu *Förschle/Deubert* in Sonderbilanzen[3] R Anm 35 ff). In der Insolvenz hat der Insolvenzverwalter die Pflicht zur Aufstellung zu erfüllen (§ 155 Abs 1 InsO). AR-Mitglieder, Generalbevollmächtigte, Prokuristen, sonstige rechtsgeschäftlich oder satzungsmäßig bestellte Vertreter gehören dagegen nicht zu den gesetzlichen Vertretern iSd § 264.

12 Die **Aufstellung** hat durch „die" gesetzlichen Vertreter zu erfolgen. Die Verpflichtung trifft somit *sämtliche* Mitglieder des zur gesetzlichen Vertretung berufenen Organs. Eine abw Regelung in der Satzung oder im GesVertrag ist nicht zulässig (glA *ADS*[6] § 264 Anm 20). Jedoch braucht die Aufstellung nicht durch sämtliche gesetzlichen Vertreter höchstpersönlich zu erfolgen. Eine interne Geschäftsverteilung, wonach die Aufstellung von JA und Lagebericht nur von einem bestimmten Mitglied des betr Organs durchgeführt wird, ist deshalb zulässig (und üblich). Sie entbindet die übrigen Organmitglieder jedoch nicht von ihrer Verantwortlichkeit ggü den Gestern und im Außenverhältnis. Die Entscheidungen über den Inhalt von JA und Lagebericht sind von den Organmitgliedern einstimmig zu treffen, soweit nicht durch die Satzung, den GesVertrag oder zB eine Geschäftsordnung etwas anderes bestimmt ist (*ADS*[6] § 264 Anm 21).

2. Aufstellung und Unterzeichnung

13 Bzgl der für die Aufstellung des JA erforderlichen Handlungen s §§ 242 ff sowie die Erl dazu.

Die **Unterzeichnung** des JA hat bei KapGes/KapCoGes durch *sämtliche* gesetzlichen Vertreter, die im Zeitpunkt der Unterzeichnung des JA dieses Amt innehaben, eigenhändig zu erfolgen (§ 245). 14

Zu weiteren Einzelheiten der Unterzeichnung s Erl zu § 245 insb Anm 1–3. 15

Der **Lagebericht** braucht nach hM nicht unterzeichnet zu werden (*ADS*[6] § 245 Anm 3; *Ellerich/Swart* in HdR[5] § 245 Anm 7; *Ballwieser* in MünchKomm HGB § 245 Anm 4; *Hennrichs* in Bilanzrecht § 245 Anm 22; *Hüffer* in Großkomm Bilanzrecht § 245 Anm 4; *Wiedmann* in Ebenroth/Boujong/Joost § 245 Anm 3; aA *Woltmann/Uecker* in BoHdR[2] § 245 Anm 14; *Strieder* DB 1998, 1679; *Walz* in Heymann[2] § 245 Anm 3, 4) Wegen der zunehmenden Bedeutung des Lageberichts (zuletzt durch BilReG) sind an dieser Meinung aber berechtigte Zweifel angebracht (*Schulze-Osterloh* in Baumbach/Hueck[17] § 41 Anm 55 (Regelungslücke, die wegen Bedeutung des Lageberichts iSe Unterzeichnungspflicht zu schließen ist)). Die Unterzeichnung mit Datumsangabe, die von der des JA ggf abweichen kann, ist unabhängig von dem Vorliegen einer Unterzeichnungspflicht jedoch sinnvoll, um den Zeitpunkt der Beendigung der Aufstellung (und damit das zeitliche Ende der Informationserfassung) festzuhalten und zur Dokumentation, dass die gesetzlichen Vertreter die Verantwortung für den Lagebericht übernehmen. 16

3. Zeitliche Anforderungen

Der JA und der Lagebericht sind von allen KapGes/KapCoGes, die **nicht kleine Gesellschaften** iSd § 267 Abs 1 sind, gem Abs 1 S 2 in den ersten drei Monaten des folgenden Gj aufzustellen. 17

Bei **kleinen KapGes/KapCoGes** iSd § 267 Abs 1 verlängert sich diese Frist für den JA (den Lagebericht brauchen sie nicht aufzustellen, Anm 10) gem Abs 1 S 3, 2. Hs auf bis zu sechs Monate, wenn dies einem ordnungsgemäßen Geschäftsgang entspricht. Letzteres bedeutet, dass die Beendigung der Abschlussarbeiten nicht willkürlich bis zum Ende des 6. Monats aufgeschoben werden darf, wenn eine frühere Aufstellung ohne Schwierigkeiten möglich ist. Dabei ist insb zu beachten, dass sich in Krisensituationen im Hinblick auf die §§ 283 Abs 1 Nr 7b und 283b Abs 1 Nr 3b StGB und die diesbezügliche Rspr (*BVerfG* 15. 3. 1978 DB, 1393) die Verpflichtung ergeben kann, den JA „vordringlich" (dh bereits „alsbald nach dem Ende des Geschäftsjahres") aufzustellen. Für mittelgroße und große KapGes/KapCoGes hat dieser Aspekt angesichts der ohnehin kürzeren Fristbestimmung des Abs 1 S 2 und des umfangreicheren Bearbeitungsvolumens derartiger Ges idR keine praktische Bedeutung.

Die Fristen des Abs 1 sind **zwingend** und können nicht durch Bestimmungen der Satzung oder des GesVertrags verlängert werden. Die Satzung einer kleinen KapGes (und wohl auch KapCoGes) ist deshalb unwirksam, soweit sie die Frist für die Aufstellung des JA allgemein auf den Ablauf des sechsten Monats des folgenden Gj festlegt (*BayOLG* 5. 3. 1987 BB, 869). Eine satzungsmäßige Verkürzung der Frist ist zulässig (ebenso *Baetge/Commandeur* in HdR[5] § 264 Anm 5; aA *ADS*[6] § 264 Anm 33), hat aber nur gesellschaftsinterne Bedeutung. Sie kann daher zB keinen Grund für die Festsetzung eines Zwangsgelds iSd § 335 S 1 Nr 1 bilden.

Besondere Fristenregelungen für die Aufstellung von JA und Lagebericht bestehen ua für **Kreditinstitute** (§ 26 KWG) und für **Versicherungsunternehmen** (§ 341a Abs 1, 2. Hs). 18

Die **zeitlichen Anforderungen** bzgl der Aufstellung sind nur dann erfüllt, wenn der JA und der Lagebericht zum Ende der betr Frist so weit fertiggestellt sind, dass diese Unterlagen entspr dem jeweiligen gesetzlichen Ablaufplan bei 19 prüfungspflichtigen KapGes/KapCoGes an den AP (§ 320) und bei anderen KapGes an den AR (§ 170 Abs 1 S 1 AktG) bzw an die Gester (§ 42 a Abs 1 S 1 GmbHG) übergeben werden können. Eine spätere Änderung oder Ergänzung auf Grund neuer Erkenntnisse (dazu *ADS*[6] § 264 Anm 31 f) steht der Wahrung der Fristen des Abs 1 nicht entgegen.

V. Rechtsfolgen einer Verletzung des Abs 1

20 Eine Verletzung des § 264 Abs 1 (dh eine nicht rechtzeitige Aufstellung des vollständigen JA und des Lageberichts) ist mit **keinen speziellen Sanktionen** bedroht. Im Falle einer Fristüberschreitung können die gesetzlichen Vertreter der KapGes/KapCoGes jedoch auf Antrag vom Registergericht durch die Festsetzung von Zwangsgeldern zur unverzüglichen Aufstellung angehalten werden (§ 335 Anm 30 ff). Außerdem kommen die allgemeinen zivilrechtlichen Rechtsfolgen einer jeden **schuldhaften Pflichtverletzung** seitens der gesetzlichen Vertreter in Betracht (s hierzu insb die §§ 84 Abs 3 und 93 Abs 2 AktG sowie die §§ 30 und 43 Abs 2 GmbH).

C. Grundsätzliche Überlegungen zu Abs 2 S 1

I. Entstehungsgeschichte des Abs 2 S 1

21 Abs 2 S 1, der die Vermittlung eines den tatsächlichen Verhältnissen entspr Bilds der VFE-Lage der KapGes/KapCoGes vorschreibt, wird vielfach als die *zentrale Vorschrift des BiRiLiG* bezeichnet. Er – bzw der ihm zugrunde liegende Art 2 der 4. EG-Richtl – beruht entstehungsgeschichtlich auf einem Kompromiss zwischen den deutschen Vorstellungen, die von dem Wortlaut des § 149 AktG aF geprägt waren, und den englischen Wünschen, die auf eine Verankerung des Prinzips des true and fair view in der 4. EG-Richtl zielten (Nachweise bei *ADS*[6] § 264 Anm 50; dazu und zum Begriff des true and fair view s auch *Streim* in BoHdR[2] § 264 Anm 10–16).

II. Einfluss des Prinzips des true and fair view auf die Auslegung des Abs 2 S 1

24 Trotz der Entstehungsgeschichte des Abs 2 S 1 hatte das *englische* Prinzip des true and fair view *keine konkrete* Bedeutung für die Auslegung dieser Vorschrift. Denn hierbei sind primär die *deutschen* Grundsätze über die Auslegung von Gesetzen zugrunde zu legen. Danach steht der Gesetzeswortlaut im Vordergrund, und die Entstehungsgeschichte einer Norm kommt nur insoweit als Auslegungskriterium in Betracht, als sich aus dem Gesetzeswortlaut, aus dem Sinnzusammenhang der Norm, aus dem Gesetzeszweck und aus dem – im Gesetzestext hinreichend zum Ausdruck gekommenen – Willen des Gesetzgebers keine ausreichende Antwort ergibt (so schon *BVerfG* 21. 5. 1952 Bd 1, 312; 17. 5. 1960 Bd 11, 130).

Wichtiger als die Vergangenheitsbetrachtung ist jedoch, dass faktisch zu berücksichtigen ist, dass der EuGH die letzte Entscheidung bzgl der Auslegung der EG-Richtl zur Rechnungslegung hat und dass diese ein entscheidender Maßstab für die Auslegung der deutschen Rechnungslegungsvorschriften sind. Denn gem dem zu unterstellenden Willen des deutschen Gesetzgebers sollen bzw müssen letztere natürlich „richtlinienkonform" sein. Deshalb wird das deutsche Bilanzrecht in zunehmendem Maße über EuGH-Entscheidungen (wie zB das „Tomberger-Urteil" zur phasengleichen Dividendenvereinnahmung vom 27. 6. 1996 bzw vom 10. 7. 1997 DB 1996, 1400 bzw 1997, 1513; vgl *BGH* 12. 1. 1998 DB, 567) von „europäischem Gedankengut" beeinflusst werden (s auch Anm 30 f), was quasi „durch die Hintertür" zu einer Annäherung von deutschen und angelsächsischen Vorstellungen über die Vermittlung des Bilds der VFE-Lage durch die Rechnungslegung führen dürfte. Zur diesbezüglichen Funktion und Kompetenz des EuGH *de Weerth* RIW 1996, 763; *Weber-Grellet* DB 1996, 2089.

III. Verhältnis des Abs 2 S 1 zu den Einzelvorschriften

25 Hinsichtlich der Generalnorm und den Einzelnormen stellt sich die Frage, ob die Generalnorm den Einzelnormen (Primärfunktion) oder umgekehrt die Einzelnorm der Generalnorm vorgeht (Subsidiärfunktion). Der Wortlaut des Abs 2 S 1 gibt zur Frage der **Primär- oder Subsidiärfunktion** allerdings nichts Entscheidendes her. Denn aus der Einfügung, dass die Vermittlung eines den tatsächlichen Verhältnissen entspr Bilds „unter Beachtung" der GoB zu erfolgen habe, ist nicht zu entnehmen, ob die Vermittlung eines tatsächlichen Bilds oder die Beachtung der GoB vorrangig ist. Auch der Sinnzusammenhang der Vorschrift und ihre Stellung im Gesetz lassen keine eindeutige Antwort zu.

Gegen eine **Primärfunktion** spricht formal die Existenz des Abs 2 S 2. Denn wenn Abs 2 S 1 allen anderen Rechnungslegungsvorschriften vorginge und diese im Wege einer rechtsgestaltenden Auslegung in seinem Sinne umformen würde, wäre es logischerweise nicht möglich, einen JA in gesetzmäßiger Weise aufzustellen, der nicht von vornherein ein den tatsächlichen Verhältnissen entspr Bild vermittelt. Es wäre folglich kein Fall denkbar, in dem dieses Bild erst durch (gem Abs 2 S 2 erfolgende) zusätzliche Angaben im Anhang herbeigeführt werden kann. Im Fall einer Primärfunktion der Generalnorm wäre Abs 2 S 2 somit nicht nur überflüssig, sondern sogar sinnlos.

26 **Argumente für** eine **Subsidiärfunktion** können sich auch aus dem Sinn und Zweck des BiRiLiG ergeben. Denn dieses ist – trotz seiner Verursachung durch eine verbindliche EG-Richtl – ein *deutsches* Gesetz. Es ist daher verfassungskonform und iSd deutschen Rechtssystems auszulegen. Unter diesem Blickwinkel der bisherigen deutschen Auffassung ist zu berücksichtigen, dass auf Grund des Verfassungsauftrages des Art 20 Abs 3 GG bei jeder Gesetzgebung die Grundsätze der Normenklarheit (iSv Rechtssicherheit und Vorhersehbarkeit) und der Justiziabilität zu beachten sind. Sinn und Zweck des BiRiLiG ist es aber, die Normen der 4. EG-Richtl in deutsches Recht zu transformieren. Um die Verfassungskonformität zu gewährleisten, muss es diesem Sinn und Zweck immanent sein, die Transformation in einer Weise zu erreichen, welche die Normenklarheit und Justiziabilität iSd deutschen Rechtssystems sicherstellt. Letzteres ließe sich durch eine übergeordnete Generalnorm von der Art und der Tragweite des angelsächsischen Prinzips des true and fair view kaum erreichen.

27 Der deutsche Gesetzgeber hat auch auf die ausdrückliche Übernahme von Art 2 Abs 5 der 4. EG-Richtl (wonach von Einzelvorschriften abzuweichen ist, wenn bei ihrer Beachtung kein den tatsächlichen Verhältnissen entspr Bild vermittelt würde) verzichtet, um die Anwendung der gesetzlichen Einzelvorschriften nicht in Frage zu stellen (*Begr RegE,* 77). Zur Zulässigkeit dieses Verzichts s *ADS*[6] § 264 Anm 49 mwN.

28 Die angenommene Subsidiarität der Generalnorm gilt auch bzgl derjenigen gesetzlichen Einzelvorschriften, die **Wahlrechte** eröffnen. Das Unt ist bei der Ausübung eines Wahlrechts somit grds nicht verpflichtet, von den zur Wahl stehenden Möglichkeiten ausschließlich diejenige auszuwählen, welche die tatsächlichen Verhältnisse am besten widerspiegelt (*Beisse* in FS Döllerer, 42; *ADS*[6] § 264 Anm 107; *Streim* in BoHdR[2] § 264 Anm 30; eine starke Einschränkung von Wahlrechten befürwortet *Claussen,* 89). Denn es kann nicht ernsthaft angenommen werden, dass der Gesetzgeber einerseits nach Gesetzeswortlaut und Gesetzeszweck eindeutige Wahlmöglichkeiten – wie sie zB in den §§ 254 S 1 (iVm 279 Abs 2), 268 Abs 1, 269 S 1, 274 Abs 2 S 1 und 280 Abs 2 enthalten sind – zwar in das HGB eingefügt hat, andererseits aber zugleich gewollt hat, dass das Unt in den betr Fällen stets denjenigen Wert bzw diejenige Darstellung „wählen" *muss,* der bzw die im konkreten Fall den objektiv besten Einblick vermittelt. Letzteres würde – insb auch im Hinblick auf die Strafandrohungen der §§ 331 ff und eine evtl Nichtigkeit des JA (s Anm 57 ff) – zu einer unerträglichen Rechtsunsicherheit führen.

Dabei ist aber zu beachten, dass nicht alle Einzelvorschriften, in denen die Worte „dürfen" oder „können" oder ähnliche Formulierungen vorkommen, dadurch automatisch Wahlrechte eröffnen. Es ist vielmehr bei jeder derartigen Norm durch Auslegung abstrakt (dh losgelöst vom Einzelfall der Anwendung) zu ermitteln, wie sie zu verstehen ist und ob sie nach dem Willen des Gesetzgebers tatsächlich eine echte Wahlmöglichkeit schaffen soll. Bei dieser Auslegung ist Abs 2 S 1 maßgeblich zu berücksichtigen (auch *Baetge/Commandeur* in HdR[5] § 264 Anm 34 ff).

29 Eine **Begrenzung der Wahlmöglichkeiten** ergibt sich aber dadurch, dass eine *missbräuchliche* Ausübung der Wahlrechte unzulässig ist (s Anm 34) und dass das Gebot der Ausweis- und Bewertungsstetigkeit zu beachten ist (s *Budde/Förschle* in Moxter/Mellwig/Ordelheide, 35). Eine einmal getroffene Wahl entfaltet daher Bindungswirkungen für die nachfolgenden JA (dazu § 252 Anm 55 ff). Sie ist im Anhang anzugeben (s insb § 284 Abs 2 Nr 1).

Das **Verbot einer missbräuchlichen Ausübung der Wahlrechte** bedeutet insb, dass die Wahl *willkürfrei* zu treffen ist (*Claussen,* 91). Eine willkürliche Wahlrechtsausübung läge vor, wenn die Wahl entscheidend von Erwägungen bestimmt wäre, die in Bezug auf die Zwecke der Rechnungslegung als sachfremd bezeichnet werden müssten (glA *Baetge/Commandeur* in HdR[5] § 264 Anm 36 aE). Dabei ist uE zu berücksichtigen, dass der vom Gesetz mit den Wahlrechten eröffnete Ermessensspielraum automatisch durch die Funktionen des JA (Anm 35) begrenzt wird. Da diese Funktionen teilweise gegenläufig sind und eine eindeutige Rangfolge der Funktionen nicht besteht, ist es dem Bilanzierenden allerdings möglich, einer bestimmten Funktion mehr Gewicht beizulegen. Eine derartige Gewichtung der Funktionen muss sich aber durch die Umstände des betr Einzelfalls sinnvoll begründen lassen. Die Vermutung einer ermessensfehlerfreien Wahlrechtsausübung ist insb dann gegeben, wenn mit der Art der Wahl eine Steueroptimierung bezweckt wird, dh wenn steuerrechtlich begründete Wahlrechte iSe Steuerersparnis ausgeübt werden.

30 Die angenommene Subsidiärfunktion des Abs 2 S 1 hat aber eine *besondere Qualität,* da diese Norm im Falle eines Konflikts mit einer eindeutigen – dh nicht auslegungsbedürftigen – Einzelvorschrift **nicht** etwa **ersatzlos und endgültig hinter die betreffende Einzelvorschrift** zurücktritt, sondern bewirkt, dass in derartigen Fällen im Anhang zusätzliche Informationen zu geben sind (§ 264 Abs 2 S 2 sowie Anm 48 ff). Sie tritt damit quasi nur vorläufig (nämlich nur bzgl der Bilanz und/oder der GuV) hinter die widerstreitende eindeutige Einzelvorschrift zurück, um dann aber die Gesamtaussage des JA (iSd aus

seinen drei gesetzlichen Bestandteilen gebildeten Einheit) mittels der im Anhang zu gebenden zusätzlichen Informationen im Ergebnis doch entscheidend zu bestimmen.

Durch dieses Erfordernis zusätzlicher Angaben im Anhang wird sichergestellt, dass jeder in gesetzmäßiger Weise aufgestellte JA *insgesamt* die Generalnorm erfüllt. Materiell wird somit das von der 4. EG-Richtl geforderte Resultat vollinhaltlich verwirklicht, obwohl deren Art 2 Abs 5 nicht in das deutsche Recht übernommen worden ist (dazu Anm 27).

Außerdem spielt Abs 2 S 1 als eine **Normierung** des **gesetzgeberischen Willens,** der hinter allen für KapGes geltenden Rechnungslegungsvorschriften steht, sowohl bei der Auslegung der Einzelvorschriften als auch bei der Ausfüllung von Gesetzeslücken eine wesentliche Rolle. Es geht daher zu weit, Abs 2 S 1 „vor allem als Generalnorm für den Anhang" (so *ADS*[6] § 264 Anm 104; ähnlich *Beisse* in FS Döllerer, 43) zu sehen. Die sog Abkoppelungsthese (Abs 2 ist nur für den Anhang relevant; vgl *Moxter* in FS Budde, 419; *Beisse* in FS Moxter, 3, 6) ist mit der Bedeutung der Vorschrift spätestens seit dem Tomberger-Urteil (s Anm 24) unvereinbar (*Merkt* in Baumbach/Hopt[31] § 264 Anm 9; s auch *Herrmann* in Heymann[2] § 264 Anm 8; *Beater* in MünchKomm HGB § 264 Anm 18, 19).

Zusammenfassend lässt sich feststellen, dass Abs 2 S 1 nach bisheriger hM *keine vorrangige Generalnorm* ist, welche die für die Rechnungslegung von KapGes/ KapCoGes geltenden Einzelvorschriften im Konfliktfall aus deren Regelungsbereich verdrängt. Er hat vielmehr die Aufgabe, Lücken zu schließen und Zweifelsfragen zu klären, welche die Einzelvorschriften offen lassen (ähnlich *ADS*[6] § 264 Anm 45 ff). Er ist damit – als die allgemeinere Norm – ggü den Einzelvorschriften – als den spezielleren Normen – *subsidiär* (glA *Baetge/Commandeur* in HdR[5] § 264 Anm 10 und 32). Allerdings mehren sich seit dem „Tomberger-Urteil" (Anm 24) die Stimmen, die darauf hindeuten, dass diese Interpretation nicht richtlinienkonform ist, sondern Abs 2 S 1 eine vorrangige Norm darstellt (*Weber-Grellet* 1997, 99; auch *Müller,* 90; *Beater* in MünchKomm HGB § 264 Anm 18, 19; Klinke ZGR 1998, 231; *Luttermann* in MünchKomm AktG[2] § 245 Anm 88). Praktische Auswirkungen dürfte dies aber nicht haben. 31

Auch in dem neueren bilanzrechtlichen Urteil („BIAO") des *EuGH* (EuGH 7. 1. 2003, IStR, 95 ff), das im Übrigen einen Fall einer Nicht-KapGes mit bilanz*steuer*rechtlichem Hintergrund betraf, betont der EuGH erneut die fundamentale Bedeutung des true-and-fair-view-Grundsatzes. Außerdem hält der EuGH in Ermangelung entspr Detailregelungen der 4. EG-Richtl auch die Heranziehung der detaillierteren IFRS-Regelungen zur Auslegung der EG-Richtl für möglich (vgl *Schellhorn* BFuP 2003, 316 ff (mit dem Beispiel, dass wegen der Unbestimmtheit der Generalnorm bei Rückstellungsbildung die Detailregelungen der IFRS herangezogen werden, da auch diese Abbildungsregeln einen true and fair view geben sollen); *Scheffler* StuB 2004, 776 ff; kritsch zur Anwendung der IFRS *Kessler* IStR 2000, 535 ff).

IV. Beachtung der GoB und Reihenfolge der Rechtsanwendung

Die in Abs 2 S 1 enthaltenen Worte „unter Beachtung der Grundsätze ordnungsmäßiger Buchführung" verweisen nicht etwa nur auf die **nicht kodifizierten Prinzipien der Rechnungslegung,** sondern zugleich auch auf die gesetzlichen Rechnungslegungsvorschriften. Denn auch diese sind „für ihren Geltungsbereich Grundsätze ordnungsmäßiger Buchführung" (*Begr RegE,* 76). Sie verdrängen deshalb insoweit auch sonstige (nämlich nicht kodifizierte) GoB, 32 sofern sich zu diesen ein Konflikt ergibt. Damit ist das durch Abs 2 S 1 angestrebte Bild letztlich unter Beachtung der einschlägigen gesetzlichen Einzelvorschriften sowie hilfsweise der sonstigen – nicht kodifizierten – GoB (dazu § 243 Anm 11f) zu vermitteln.

33 Da das gesetzte Recht den (sonstigen) GoB und speziellere Vorschriften den allgemeineren vorgehen und da die Generalnorm des Abs 2 S 1 in diesem Sinne nach hM nur subsidiären Charakter hat, ergibt sich für die Aufstellung des JA von KapGes/KapCoGes insgesamt folgende grds **Reihenfolge der Rechtsanwendung:**

1. Spezialnormen für bestimmte Geschäftszweige (zB Formblattverordnung für Kreditinstitute);
2. Spezialnormen für bestimmte Rechtsformen (zB §§ 150ff AktG);
3. §§ 264 bis 288 (mit Ausnahme des Abs 2);
4. §§ 242 bis 256;
5. nicht kodifizierte GoB (als spezielle Konkretisierungen der Generalnorm);
6. die Generalnorm des Abs 2 S 1 (ggf in Form der Angabepflicht gem S 2 sowie interpretiert iSd Art 2 der 4. EG-Richtl).

Zum Verhältnis zwischen der Generalnorm und den nicht kodifizierten GoB *Budde/Förschle* in Moxter/Mellwig/Ordelheide, 36.

34 Die Generalnorm des Abs 2 S 1 ist aber auch bei der **Auslegung** aller Einzelvorschriften als der direkte Ausdruck des gesetzgeberischen Willens, der hinter allen Rechnungslegungsvorschriften für KapGes/KapCoGes steht, heranzuziehen (Anm 30). Außerdem ist sie zur **Verhinderung einer missbräuchlichen Anwendung** von Einzelvorschriften anzuwenden (Anm 29). Bzgl der Annahme eines Missbrauchs ist allerdings Zurückhaltung geboten, da der Konflikt idR gem Abs 2 S 2 durch zusätzliche Angaben im Anhang zu lösen ist und auch gelöst werden kann (Anm 48ff).

D. Die Vermittlung eines den tatsächlichen Verhältnissen entsprechenden Bilds der Vermögens-, Finanz- und Ertragslage (Abs 2)

I. Aufgaben und Adressaten des Jahresabschlusses

35 Der JA der KapGes/KapCoGes gem HGB folgt **keiner bestimmten Bilanzauffassung,** sondern enthält Komponenten sowohl der neostatischen als auch der neodynamischen Bilanztheorien, ohne dass insgesamt gesehen der einen oder der anderen Auffassung Vorrang eingeräumt worden ist.

Zu den grundlegenden **Aufgaben des Jahresabschlusses** gehören die Rechenschafts-, die Gewinnermittlungs-, die Ausschüttungsbemessungs-, die Gläubigerschutz- und die Informationsfunktion. Hierbei ist der Informations- und der Rechenschaftsfunktion durch das in Abs 2 enthaltene Erfordernis, ein den tatsächlichen Verhältnissen entspr Bild der VFE-Lage zu vermitteln, großes Gewicht gegeben worden. Die **Gläubigerschutzfunktion** ist jedoch **dominierend** (kritisch dazu *Budde/Steuber* AG 1996, 542). Insgesamt versucht das HGB, einen Kompromiss zwischen den vielfältigen Funktionen des JA zu erreichen.

36 Als **Adressaten** des JA (dazu zB *Clemm* WPg 1989, 359) sind in erster Linie die Gester und die Gläubiger anzusehen, daneben aber auch zuständige staatliche Verwaltungen (insb die FinVerw und die Aufsichtsbehörden), die Arbeitnehmer und deren Organisationen, Geschäftsfreunde und die interessierte Öffentlichkeit (allgemeiner *Begr RegE,* 63, wo die Rechnungslegungsvorschriften als „Schutz-

vorschriften im Interesse der Gesellschafter sowie Dritter" bezeichnet werden). Das Interesse dieser Adressaten bzgl des JA kann sehr unterschiedlich sein.

II. Vermögens-, Finanz- und Ertragslage

Gegenstand der durch den JA einer KapGes/KapCoGes zu gebenden Darstellung sind die Vermögenslage, die Finanzlage und die Ertragslage des Unt (s ausführlich zu den einzelnen Lagen *ADS*[6] § 264 Anm 60–85; *Baetge/Commandeur* in HdR[5] § 264 Anm 13–28; *Streim* in BoHdR[2] § 264 Anm 31–49). 37

Eine Darstellung der **Vermögenslage** soll darüber informieren, wie „reich" oder „arm" das Unt ist, dh wie groß der Saldo zwischen den ihm gehörenden Vermögensposten und seinen Verbindlichkeiten im weitesten Sinne ist. Die richtige Ermittlung der Vermögenslage hängt sowohl von der vollständigen Erfassung aller VG, Schulden und RAP des Unt als auch von einer zutreffenden Bewertung ab. Das zentrale Instrument zur Darstellung der Vermögenslage ist die – stichtagsbezogene – Bilanz. Daneben kommt aber auch dem Anhang eine wichtige Funktion zu, da er wesentliche zusätzliche Angaben insb zur Bewertung der in der Bilanz ausgewiesenen Posten enthält.

Eine Darstellung der **Finanzlage** (dazu *SABI 3/1986* WPg, 670) soll über die Herkunft und die Verwendung der im Unt eingesetzten Mittel sowie über deren Fristigkeiten Auskunft geben. Sie soll besagen, wie liquide das Unt ist und ob bzw in welchem Maße es seinen Verpflichtungen in der überschaubaren Zukunft voraussichtlich nachkommen kann. Das wichtigste Instrument zur Darstellung der Finanzlage ist wiederum die Bilanz nebst den diesbezüglichen ergänzenden Angaben im Anhang. Doch auch die GuV kann für die Beurteilung der – notwendigerweise dynamisch zu sehenden – Finanzlage bedeutsam sein, da sie idR Rückschlüsse auf die bevorstehenden zeitablaufbedingten Veränderungen der Bilanzposten zulässt.

Eine Darstellung der **Ertragslage** soll darüber informieren, in welchem Umfang und aus welchen Gründen sich das Reinvermögen (EK) des Unt innerhalb eines bestimmten Zeitraums unter Berücksichtigung von Anschaffungen, Einlagen, Entnahmen verändert hat. Das zentrale Instrument zur Darstellung der Ertragslage ist die – zeitraumbezogene – GuV. Daneben enthält aber auch der Anhang regelmäßig zahlreiche Angaben, die für die Beurteilung der Ertragslage wichtig sind.

Zur Frage, inwieweit der JA iSd HGB die ihm hiernach obliegenden Informationsaufgaben überhaupt zu erfüllen vermag, s aber Anm 44f.

Ein allgemein gültiges **Rangverhältnis** hinsichtlich ihrer Bedeutung gibt es zwischen der VFE-Lage nicht (glA *Baetge/Commandeur* in HdR[5] § 264 Anm 14; *ADS*[6] § 264 Anm 60). Je nach der Branche des Unt, seiner augenblicklichen wirtschaftlichen Situation oder auch der individuellen Blickrichtung des Adressaten kann mal der einen und mal der anderen Lage größeres Gewicht zukommen. In der Regel dürfte allerdings die Ertragslage im Vordergrund des Interesses stehen, da sich aus ihr am meisten Rückschlüsse auf die künftige Entwicklung des Unt ableiten lassen. In zweiter Linie wird im Allgemeinen die Finanzlage interessieren, da eine schlechte Finanzlage die Fortführung des Unt – vor allem bei Zahlungsstockungen – besonders schnell in Frage stellen kann. 38

Hieraus kann aber **nicht** etwa gefolgert werden, dass bei der Aufstellung des JA je nach den Verhältnissen des Einzelfalls die Darstellung der einen oder der anderen der drei „Lagen" vernachlässigt werden dürfe. Denn aus Abs 2 S 1, der die *drei Lagen gleichrangig* nebeneinander stellt, ergibt sich, dass das Bild aller drei Lagen gleichermaßen in einer den tatsächlichen Verhältnissen entspr Weise (und damit vollständig) zu vermitteln ist. Soweit es dabei (zB anlässlich der Ausübung von Bewertungswahlrechten) zu **Konflikten** kommt, müssen – und können – diese durch geeignete Angaben im Anhang gelöst werden (Abs 2 S 2). Eine anzuerkennende Notwendigkeit, die Darstellung einer Lage zugunsten der beiden anderen zu vernachlässigen, ist daher nicht ersichtlich.

III. Ermittlung der maßgebenden tatsächlichen Verhältnisse

39 Um ein den tatsächlichen Verhältnissen entspr Bild der VFE-Lage des Unt vermitteln zu können, sind zunächst die diesbezüglichen „tatsächlichen Verhältnisse" des Unt zu *ermitteln.* Dies ist vermutlich die bei weitem schwierigste Aufgabe, die § 264 den Unt (und ihren AP) stellt. Denn das Unt soll grds hinsichtlich *aller seiner ökonomischen Belange* erfasst werden, die für die Beurteilung der VFE-Lage von Bedeutung sind (s aber Anm 45). Hieraus ergibt sich das Problem, wie der den JA Erstellende (und wie erst recht der AP) in den Besitz ausreichender Informationen bzgl aller im vorliegenden Rahmen relevanten Belange des Unt kommen kann. Die üblichen Buchführungsunterlagen sind dafür prinzipiell nicht ausreichend, da das HGB – zu Recht – davon ausgeht, dass deren den GoB entspr Verarbeitung im JA in vielen Fällen noch kein den tatsächlichen Verhältnissen entspr Bild herbeiführt. Es sind daher auch das nicht (oder noch nicht) zu konkreten Geschäftsvorfällen führende wirtschaftliche Gebaren des Unt (und der in seinem Namen Handelnden) sowie äußere Einflüsse aller Art zu berücksichtigen, die aus dem wirtschaftlichen Umfeld im weitesten Sinne auf das Unt einwirken.

40 Dabei ist zu beachten, dass bei der Frage, welche tatsächlichen Verhältnisse für den JA relevant sind, ein **objektiver Maßstab** anzuwenden ist (Anm 42). Hiernach muss sich die Intensität der Ermittlungsbemühungen richten.

Allgemeingültige Lösungshinweise für die Ermittlung der relevanten tatsächlichen Verhältnisse lassen sich **nicht** geben. Es kommt vielmehr stets auf den konkreten Einzelfall an, in dem letztlich nur eine umfassende Kenntnis des betr Unt in allen seinen Belangen und seinen Verknüpfungen zur Umwelt hilft. Zur Umwelt gehören nicht nur andere Unt, sondern auch der Staat in allen seinen Erscheinungsformen, die Gewerkschaften, das Konsumverhalten der Bevölkerung, politische und ökonomische Entwicklungen im In- und Ausland und vieles mehr.

IV. Vermittlung eines entsprechenden Bilds

1. Anzuwendender Beurteilungsmaßstab

41 Das **Gesetz** gibt **keine** näheren **Anweisungen** bzgl der zur Vermittlung eines entspr Bilds der VFE-Lage vorzunehmenden Gewichtung und Wertung des zur Verfügung stehenden Tatsachenmaterials. Jede Darstellung erfordert aber eine Entscheidung darüber, von welchem Standpunkt aus bzw für welche Adressaten sie zu erfolgen hat. Denn eine absolute Richtigkeit gibt es hinsichtlich der hier in Frage stehenden ökonomischen Probleme nicht.

Mangels näherer Hinweise im Gesetz ist eine Beurteilung anzuwenden, die im Hinblick auf sämtliche in Betracht kommenden Adressaten des JA (Anm 36) möglichst *ausgewogen* und damit insgesamt *„fair"* ist. Dies bedeutet aber, dass vor allem der vom JA (einschl des Anhangs) vermittelte **Gesamteindruck** vom Zustand und den Entwicklungstendenzen des Unt zutreffend sein muss (glA *ADS*[6] § 264 Anm 100).

Dabei ist ein *objektiver Maßstab* anzulegen. Eine nur subjektive Richtigkeit des JA genügt grds nicht, zumal die einschlägigen Nichtigkeitsvorschriften bei Überbewertungen kein Verschulden voraussetzen (Anm 57). 42

In der **Praxis** wird diese **Problematik** allerdings regelmäßig dadurch **entschärft,** dass dann, wenn der JA in Übereinstimmung mit den (kodifizierten und nicht kodifizierten) GoB erstellt wurde, quasi ein **Beweis des ersten Anscheins** dafür spricht, dass er auch ein den tatsächlichen Verhältnissen entsprechendes Bild vermittelt. Es müssen „besondere Umstände" iSd Abs 2 S 2 (dazu Anm 48 ff) vorliegen, um diesen Beweis des ersten Anscheins aufzuheben (ähnlich die Protokollerklärung anlässlich der EG-Ratstagung vom 25. 7. 1978 zu Art 2 Abs 4 der 4. EG-Richtl, wonach „es normalerweise ausreicht, die Richtlinie anzuwenden, damit das gewünschte den tatsächlichen Verhältnissen entsprechende Bild entsteht"). 43

2. Behandlung „gesetzlicher Zwangsreserven"

Aufgrund des gesetzlichen Aktivierungsverbots für bestimmte immaterielle VG (§ 248 Abs 2) sowie der gesetzlichen Bewertungsgrenzen, nach denen Aktivwerte nicht höher als mit ihren AK oder HK (bzw dem ggf nach Vornahme zwingender Mindestabschreibungen verbleibenden Restwert) und Verbindlichkeiten nicht niedriger als mit ihrem Rückzahlungsbetrag angesetzt werden dürfen (§ 253 Abs 1), bilden sich zwangsläufig in vielen Fällen erhebliche stille Reserven **(„gesetzliche Zwangsreserven").** Die in der Bilanz ausgewiesenen Werte entsprechen dann nicht mehr den tatsächlichen Verhältnissen, und auch die Ertragslage ist objektiv nicht richtig dargestellt, wenn sie durch eine nicht offengelegte Bildung oder Auflösung derartiger stiller Reserven beeinflusst wird. 44

Da der deutsche Gesetzgeber aber Normen – von § 54 RechVersV abgesehen – über die Aufdeckung stiller Reserven nicht geschaffen hat, kann nicht angenommen werden, dass er Angaben über stille Reserven gewollt hat (glA *ADS*[6] § 264 Anm 93 f).

Dies hat zur Folge, dass das Postulat des Abs 2 S 1, ein den tatsächlichen Verhältnissen entspr Bild der VFE-Lage zu vermitteln, **nur eingeschränkt** erfüllt zu werden braucht, soweit es die genannten gesetzlichen Zwangsreserven betrifft. Denn unter den „tatsächlichen Verhältnissen" iS dieser Vorschrift sind nicht die absolut bestehenden tatsächlichen Verhältnisse, sondern nur die gem den Bestimmungen des HGB **relevanten tatsächlichen Verhältnisse** zu verstehen. Hierzu gehören die nicht aktivierungsfähigen VG und die jenseits der absoluten Bewertungsobergrenzen liegenden Wertreserven auf Grund der Konventionen des deutschen Rechts der Rechnungslegung aus den genannten Gründen aber *nicht.* 45

V. Angabepflicht bei Diskrepanz zwischen dem Jahresabschluss und den tatsächlichen Verhältnissen

1. Erfordernis einer relevanten Diskrepanz

Abs 2 S 2 schreibt zusätzliche Angaben im Anhang für den Fall vor, dass der JA auf Grund besonderer Umstände ein den tatsächlichen Verhältnissen entspr Bild der VFE-Lage des Unt *nicht* vermittelt. Dies ist gegeben, wenn der JA trotz Anwendung der gesetzlichen Vorschriften ohne zusätzliche Angaben im Anhang nicht diejenige Aussagekraft erreichen würde, die „ein ordentlicher Kaufmann" 48 von einem gesetzmäßigen JA eines durchschnittlichen Unt, für das die gleichen Rechnungslegungsvorschriften gelten, erwartet. Ein derart abstrakter Maßstab ist allerdings wenig praktikabel. Einen konkreteren gibt es aber nicht.

49 Aus dem Erfordernis „besonderer Umstände" ist hierbei zu folgern, dass die Diskrepanz zwischen dem Ergebnis der Anwendung der Einzelvorschriften und den (iSd Anm 45 relevanten) tatsächlichen Verhältnissen *erheblich* sein muss, und zwar erheblich für die Gesamteinschätzung der VFE-Lage des Unt. Eine nur **unerhebliche Abweichung** von dem gedachten abstrakten Leitbild ist dagegen **„system-immanent"** und deshalb hinzunehmen. Dies gilt umso mehr, als es sich bei dieser Frage immer um einen JA handelt (bzw handeln sollte), der ansonsten voll den gesetzlichen Einzelvorschriften und den GoB entspricht.

2. Beispiele relevanter Diskrepanzen

50 Angesichts der in zahlreichen Einzelvorschriften ohnehin enthaltenen Verpflichtung, im Anhang bestimmte Angaben zu machen, sind **praktische Fälle,** in denen auch bei Erfüllung aller dieser Angabepflichten noch eine Diskrepanz zwischen dem JA und den relevanten tatsächlichen Verhältnissen besteht, relativ **selten.** Es kommt hinzu, dass Hinweise auf Umstände, welche die Ertragsaussichten künftiger Gj erheblich beeinflussen, nicht in den Anhang, sondern in den Lagebericht gehören. Dazu zählen zB das Auslaufen eines wichtigen selbstgeschaffenen Patents und die Insolvenz wichtiger Zulieferer oder Kunden.

Gem Abs 2 S 2 im Anhang zu erläutern wäre jedoch, wenn das Jahresergebnis durch ungewöhnliche bilanzpolitische Maßnahmen (zB ein Sale-and-lease-back-Verfahren allein zum Zwecke der „Bilanzkosmetik"), durch Scheingewinne oder durch aperiodische Gewinnrealisierungen (zB bei langfristiger Fertigung) in so erheblichem Ausmaß beeinflusst ist, dass ohne zusätzliche Angaben ein falsches Bild der Ertragslage entstünde (*ADS*[6] § 264 Anm 117, 119, 122; *WPH*[12] I F 776f). Andere Beispiele sind kumulierte Auswirkungen des Realisations-, Imparitäts- und Vorsichtsprinzips und wenn Entwicklungstendenzen verborgen oder gar umgekehrt werden, etwa durch verstärkte Bildung bzw Auflösung stiller Reserven (*ADS*[6] § 264 Anm 99, 121, 123). Erl sind ebenfalls notwendig, wenn aufgrund des Kriteriums der wirtschaftlichen Verursachung nicht die volle Verpflichtung bei der Rückstellungsbemessung zurückgestellt wird (s dazu etwa *Matschke/Schellhorn* Gibt es einen neuen Verbindlichkeitsbegriff in FS Sieben, insb 454) und Anhangangaben zum Differenzbetrag etwa aufgrund einer Sachleistungsverpflichtung nicht gem § 285 S 1 Nr 3 zu erfolgen brauchen. Wird bei KapCoGes der (Gewerbe-)Steueraufwand wesentlich (positiv oder negativ) durch Sonder- oder Ergänzungsbilanzen beeinflusst, sind hier wegen des Einflusses auf die Ertragslage ebenfalls zusätzliche Anhangangaben erforderlich (s auch *Rose* in FS Moxter, 1107). Es sind jedoch nicht nur negative, sondern ebenso auch positive Umstände angabepflichtig, wenn andernfalls das durch den JA zu vermittelnde Bild (zB wegen hinausgeschobener Gewinnrealisierung bei langfristiger Fertigung oder aber wegen alleiniger Berichterstattung über nicht bilanzierungsfähige Risiken nach § 285 S 1 Nr 3 ohne gleichzeitige Nennung vorhandener Chancen) insgesamt stark verfälscht würde.

51 **Kein Anwendungsfall** des Abs 2 S 2 liegt dagegen vor, wenn aus steuerrechtlichen Gründen *zulässigerweise* (§§ 254, 280 Abs 2) von den handelsrechtlichen Vorschriften abgewichen wird. Denn hier ergibt sich die Pflicht zu entspr Angaben im Anhang grds bereits aus § 285 S 1 Nr 5. Kein Anwendungsfall des § 264 Abs 2 S 2 liegt ferner dann vor, wenn aus der Bilanz nicht ersichtliche stille Reserven der in Anm 44 genannten Art („gesetzliche Zwangsreserven") vorhanden sind (Anm 45).

Wird aus steuerrechtlichen oder anderen Gründen *unzulässigerweise* von den handelsrechtlichen Vorschriften **abgewichen** (zB weil eine handelsrechtlich notwendige Rückstellung – etwa für „Drohverluste" – steuerrechtlich nicht anerkannt würde), ist ebenfalls grds kein Fall des Abs 2 S 2 gegeben (sondern eine auch durch zusätzliche Angaben im Anhang nicht zu heilende Fehlerhaftigkeit des JA). Denn die Anwendung dieser Vorschrift setzt unausgesprochen voraus, dass alle Einzelvorschriften zur Rechnungslegung und die sonstigen GoB beachtet worden sind. Die Möglichkeit, im Anhang klarstellende Angaben zu machen, erlaubt es daher nicht etwa, die gesetzlichen Einzelvorschriften und die sonstigen GoB zu missachten. Insb berechtigt die Zugehörigkeit des Anhangs zum JA nicht dazu, Posten, die in der Bilanz oder in der GuV anzusetzen sind, nur im Anhang darzustellen. Zu Ausnahmen s aber § 265 Abs 7 (dort Anm 17). 52

Nur wenn es – zB bei **sich wandelnder Rechtsprechung** oder bei **neuen Bilanzierungsproblemen** (wie zB im Falle eines abgegoltenen negativen GFW) – **objektiv zweifelhaft** ist, ob ein Ansatz in der Bilanz bzw in der GuV erfolgen muss oder aber ein Wahlrecht (oder gar ein Ansatzverbot) besteht, ist es zulässig, sich auf Angaben im Anhang zu beschränken. Diese sind in derartigen Fällen andererseits aber auch unerlässlich (aA *Merkt* in Baumbach/Hopt[31] § 264 Anm 20). 53

3. Art der zusätzlichen Angaben

Liegen die Voraussetzungen des Abs 2 S 2 vor, müssen im Anhang „zusätzliche Angaben" gemacht werden. Hierfür genügt es nicht, lediglich darauf hinzuweisen, dass der JA in bestimmten Punkten oder insgesamt kein den tatsächlichen Verhältnissen entspr Bild vermittelt. Es sind vielmehr **alle** diejenigen **Informationen** zu geben, die zur Vermittlung des von Abs 2 S 1 geforderten Bilds **notwendig** sind. 54

Welche Angaben im Einzelnen zu machen sind, hängt ganz von den **Umständen** des **betreffenden Falls** ab (s die Beispiele bei *Schulze-Osterloh* in Baumbach/Hueck GmbHG[17] § 42 Anm 33 mwN). Allgemein gilt gem § 243 Abs 2 lediglich, dass sich die verbalen Ausführungen auf das Wesentliche beschränken und in ihrer Formulierung präzise sein müssen. Entspr gilt auch für Zahlenangaben, die zur Quantifizierung der verbalen Aussagen idR erforderlich sind. Alle Angaben im Anhang unterliegen außerdem den Anforderungen des Abs 2 S 1. 55

VI. Rechtsfolgen einer Verletzung des Abs 2

Eine Verletzung der Generalklausel des Abs 2 S 1 ist als solche mit keinen speziellen **zivilrechtlichen Sanktionen** bedroht. Sie führt aber bei einer AG, einer KGaA und – in analoger Anwendung des § 256 Abs 5 AktG – auch bei einer GmbH dann zur **Nichtigkeit** des gesamten JA (und damit je nach Einfluss auf die Gesamtaussage der Rechnungslegung – s *WPH*[12] I Q Anm 573 – zur Einschränkung oder Versagung des BVm), wenn die Verletzung in einer (weder Vorsatz noch Fahrlässigkeit erfordernden) Überbewertung oder in einer vorsätzlichen Unterbewertung iSd § 256 Abs 5 AktG (dh in einem Verstoß gegen die betr Einzelvorschriften zur Bewertung) besteht. 56

Angesichts der Schwere der Nichtigkeitsfolge darf man hierbei allerdings *nicht* bereits *jede geringfügige* Über- oder Unterbewertung als ausreichend erachten. Die Abweichung von der gesetzlichen Norm muss vielmehr *wesentlich* (ähnlich *LG Düsseldorf* 26. 2. 1988 AG 1989, 140 rkr: „nicht unbedeutend"; *BGH* 12. 1. 1998 DB, 569: „ihrem Umfang nach nicht bedeutungslos") sein. Im Allgemei- 57 nen werden **Abweichungen** dann als **wesentlich** bezeichnet werden können, wenn dadurch insgesamt (evtl durch mehrere Bewertungsfehler zusammen)

a) der Jahresüberschuss bzw -fehlbetrag um mind 10% und außerdem um mind 0,25% der Bilanzsumme verändert wird oder
b) die Bilanzsumme um mind 5% verändert wird oder
c) für die Beurteilung des Unt oder seiner Organe besonders wichtige sonstige Einzelposten des JA um mind 10% verändert werden oder
d) eine Überschreitung gesellschaftsrechtlich relevanter Grenzen (zB betr die Größenklasseneinteilung der Unt, Verlust von 50% des Grundkapitals iSv § 92 AktG oder Überschuldung) vereitelt wird.

Es können aber auch andere Kriterien oder auch andere Grenzwerte relevant sein. Denn letztlich ist die Entscheidung über die Wesentlichkeit eines Bewertungsfehlers unter Berücksichtigung aller Umstände des Einzelfalls zu treffen. Die zur „materiality" entwickelten anglo-amerikanischen Grundsätze (s zB *Arens/Loebbecke*[8] Auditing, New Jersey 2000, 249 ff) können dabei hilfreich sein; zur Wesentlichkeit im Rahmen der JAP s § 317 Anm 103 ff.

58 Außerdem kann eine Verletzung der Generalklausel eine **Nichtigkeit des Jahresabschlusses** gem § 256 Abs 1 Nr 1 AktG begründen (glA *ADS*[6] § 264 Anm 137 ff). Denn Abs 2 S 1 ist eine Vorschrift, die wesentlich auch im Interesse der Gläubiger und im öffentlichen Interesse geschaffen worden ist (Anm 36).

59 Bei einer sonstigen (dh nicht zur Nichtigkeit führenden) Verletzung des Abs 2 kommt eine **Einschränkung des Bestätigungsvermerks** in Betracht (§ 322 Abs 4). Außerdem kann eine Verletzung der Generalklausel bei einer AG zu einer **Sonderprüfung** iSd § 258 AktG führen. Für die handelnden Personen können sich persönliche **Regresspflichten** insb aus § 823 Abs 2 BGB ergeben, da Abs 2 S 1 als Schutzgesetz iS dieser Vorschrift anzusehen ist (aA *ADS*[6] § 264 Anm 141). Denn für die Annahme eines Schutzgesetzes genügt es, dass die Norm auch die Interessen des Einzelnen schützen soll, selbst wenn sie in erster Linie die Interessen der Allgemeinheit im Auge hat (*BGH* 11. 7. 1988 DB, 1890). Abs 2 S 1 bezweckt aber ua den Schutz jedes einzelnen Gesters (Anm 36).

60 Wegen möglicher **strafrechtlicher Folgen** einer Verletzung der Generalklausel s die Erl zu den §§ 331 und 334.

E. Erleichterungen für Tochter-Kapitalgesellschaften

Schrifttum: *Dörner/Wirth* Die Befreiung von Tochter-Kapitalgesellschaften nach § 264 Abs. 3 HGB idF des KapAEG hinsichtlich Inhalt, Prüfung und Offenlegung des Jahresabschlusses DB 1998, 1525 ff; *Arbeitskreis Externe Unternehmensrechnung der Schmalenbach-Gesellschaft* (AK-Schmalenbach) Interpretation des mit dem Kapitalaufnahmeerleichterungsgesetz (KapAEG) neu in das HGB aufgenommenen § 264 Abs. 3 HGB DB 1999, 493 ff; *IDW PH 9.200.1* Pflichten des Abschlussprüfers des Tochterunternehmens und des Konzernabschlussprüfers in Zusammenhang mit § 264 Absatz 3 HGB WPg 2000, 283 ff; *Giese/Rabenhorst/Schindler* Erleichterungen bei Rechnungslegung, Prüfung und Offenlegung von Konzerngesellschaften BB 2001, 511 ff; *Kraft* Die Mitwirkung der Gesellschafter bei der Befreiung nach § 264 Abs. 3 HGB in FS W. Müller, 463 ff.

I. Grundlagen

61 KapGes, die TU eines gem § 290 bzw § 11 PublG zur Konzernrechnungslegung verpflichteten MU sind, dürfen gem Abs 3 bzw Abs 4 unter bestimmten Voraussetzungen (Anm 70 ff) Erleichterungen hinsichtlich der Aufstellung, Prü-

fung und Offenlegung ihres JA sowie ggf des Lageberichts dergestalt in Anspruch nehmen, dass sie bzgl ihres JA im Ergebnis lediglich diejenigen Regeln beachten müssen, die für alle Kfl gelten (§§ 238–256). Die Beachtung der handelsrechtlichen Konzernrechnungslegungsvorschriften (§§ 290 ff) wird dagegen – im Unterschied zur Regelung des § 5 Abs 6 PublG (dazu § 264 b Anm 71) – nicht aufgehoben.

Durch die Vorschriften werden den KapGes-TU erhebliche Erleichterungen in Bezug auf ihre externe Publizität eröffnet. Damit dies nicht zu Lasten der (schutzwürdigen) Vermögens- und Informationsinteressen etwaiger (Minderheits-)Gester sowie der Gläubiger der KapGes geht, besteht der Preis für die Inanspruchnahme der Erleichterungen in einer Haftungsübernahme des MU für Verluste des TU sowie der Publizität des (befreienden) KA (*Kraft* in FS W. Müller, 464).

62 **Abs 3** geht dabei auf Art 5 des **KapAEG** (BGBl I 1998, 707) zurück und dient der Transformation von Art 57 der 4. EG-Richtl, auf dessen Umsetzung der Gesetzgeber im Rahmen des BiRiLiG verzichtet hatte. **Abs 4,** durch den klargestellt wird, dass die Erleichterungen auch für KapGes gelten, deren MU einen KA nach den Bestimmungen des PublG aufstellen, wurde durch das **KapCoRiLiG** (BGBl I 2000, 154 ff) eingefügt.

Wegen der vergleichbaren Regelungen für KapCoGes (§ 264 b) sowie dem PublG unterliegenden Unt (§ 5 Abs 6 PublG) s § 264 b Anm 10 ff, 70 ff.

II. Umfang der Erleichterungen

65 Vorbehaltlich gesellschaftsvertraglicher Sonderregelungen entfallen bei Vorliegen der Voraussetzungen gem Abs 3 (dazu Anm 70 ff) die Verpflichtung zur:
- Aufstellung eines **Anhangs** (§§ 284–288), dh der JA besteht nur aus Bilanz und GuV,
- Aufstellung eines **Lageberichts** (§ 289),
- Beachtung der ergänzenden **Ansatz-, Bewertungs-** sowie **Gliederungs- und Ausweisvorschriften** für KapGes (§§ 264–283),
- **Prüfung** (§§ 316–324) und **Offenlegung** (§§ 325–329) des JA und Lageberichts.

66 Die KapGes bzw deren gesetzliche Vertreter sind grds **frei in** ihrer **Entscheidung** darüber, ob sie nur einzelne oder alle Erleichterungen in Anspruch nehmen (hM zB *ADS*[6] (ErgBd) § 264 Anm 4; *WPH*[12] I F Anm 15 mwN; *Giese/Rabenhorst/Schindler* BB 2001, 511). Insofern besteht ein Unterschied zur Regelung des § 264 b für KapCoGes, die wegen der absolut formulierten Befreiungsregelung bei Vorliegen der Voraussetzungen immer, dh ohne besonderes Zutun der Gester oder der Organe der KapGes zu einer vollumfänglichen Befreiung führt (dazu § 264 b Anm 11).

Die Entscheidungsfreiheit bzgl des Umfangs der Inanspruchnahme der Befreiungen kann allerdings aufgrund von **satzungs**- bzw **gesellschaftsvertraglichen Vereinbarungen** oder im Rahmen des gem Nr 1 erforderlichen Zustimmungsbeschlusses der Gester (Anm 77) eingeschränkt werden; zB, weil zum Schutz von Minderheiten vereinbart ist, dass – unabhängig von der Größe der KapGes – eine Prüfung des JA stattfinden muss oder ein Lagebericht aufgestellt wird. Derartige Einschränkungen des Begünstigungsumfangs sind bis zur ihrer rechtswirksamen Beseitigung zu beachten (glA *Dörner/Wirth* DB 1998, 1530). Etwas anderes dürfte nur dann gelten, wenn im Zustimmungsbeschluss der Gester für das betr Gj ausdrücklich erklärt wird, dass auf die Beachtung der fraglichen Regelung verzichtet werden darf (weitergehend *Giese/Rabenhorst/Schindler* BB 2001, 512: wonach bereits die grds Zustimmung der Gester zur Inanspruchnahme der Befreiung genügt, um eine punktuelle Satzungsdurchbrechung anzunehmen).

67 Einschränkungen bzgl der Inanspruchnahme der Erleichterungen gelten für **Kreditinstitute** und **Versicherungsunternehmen,** die aus aufsichtsrechtlichen Gründen bei Vorliegen der Befreiungsvoraussetzungen lediglich auf die Offenlegung ihrer JA verzichten dürfen (§ 340 a Abs 2 S 4; § 341 a Abs 2 S 4). Gleiches gilt wegen § 65 Abs 1 Nr 4 BHO bzw entspr Regelungen in den LHO, wenn **Gebietskörperschaften** an KapGes beteiligt sind (*WPH*[12] I F Anm 16). Mangels Verweis in § 336 Abs 2 auf Abs 3 dürfen **eG** von den Erleichterungen überhaupt keinen Gebrauch machen (*Baetge/Commandeur* in HdR[5] § 264 Anm 42).

Nach § 10 Abs 1 EnWG (BGBl I 2005, 1970 ff) sind **Energieversorgungsunternehmen** (EVU) für Gj, die nach dem 13. 7. 2005 beginnen, unabhängig von ihrer Rechtsform verpflichtet, einen JA nach den für KapGes geltenden Vorschriften des HGB aufzustellen, prüfen zu lassen und offen zu legen. Die spezialgesetzlichen Regelungen des EnWG zur Rechnungslegung von EVU gehen den allgemeinen handelsrechtlichen Regelungen vor, dh die Inanspruchnahme von Erleichterungen nach Abs 3 bzw Abs 4 ist für diese Unt für den JA ausgeschlossen. Dies entspr auch dem Sinn und Zweck der Spezialregelung, nämlich den Adressaten mehr Informationen über diesen Kreis von Unt zur Verfügung zu stellen. Für den Lagebericht kann dagegen von der Befreiungsmöglichkeit Gebrauch gemacht werden.

68 Einschränkungen bzgl der Inanspruchnahme der Erleichterungen ergeben sich schließlich auch in den Fällen, in denen die JA bzw deren Bilanzen als **Sonderbilanzen** zur Vorbereitung gesellschaftsrechtlicher Veränderungen oder sonstiger Maßnahmen verwendet werden sollen.

Soll die Jahresbilanz als Beschlussgrundlage für eine **Kapitalerhöhung aus Gesellschaftsmitteln** gem §§ 57 c bis 57 o GmbHG bzw §§ 207 bis 200 AktG dienen, darf auf eine Prüfung derselben nicht verzichtet werden, weil hier zwecks Dokumentation und Kontrolle der Kapitalaufbringung eine *spezifische gesetzliche Prüfungspflicht* (§ 57 e Abs 1 GmbHG, § 209 Abs 1 AktG) besteht (ausführlich s *Förschle/Kropp* in Sonderbilanzen[3] E Anm 121 ff), die insofern den allgemeinen handelsrechtlichen Vorschriften vorgeht. Die Inanspruchnahme von Bilanzierungs- und Bewertungserleichterungen bei der Aufstellung steht dem Sinn und Zweck dieser Sonderbilanz jedoch nicht entgegen und ist deshalb zulässig. Für eine auf einen besonderen, vom regulären Bilanzstichtag abweichenden Stichtag erstellte Kapitalerhöhungs-Sonderbilanz (s *Förschle/Kropp* in Sonderbilanzen[3] E Anm 23) dürfen die Erleichterungen dagegen nicht in Anspruch genommen werden, weil es zu diesem Zeitpunkt an einer Einbeziehung in einen KA (Nr 3) mangelt.

Sofern die Jahresbilanz als **Schlussbilanz bei Umwandlungsvorgängen** verwendet werden soll, darf lediglich auf deren Offenlegung im BAnz verzichtet werden. Auch hier geht die, durch die spezialgesetzliche Regelung in § 17 Abs 2 S 2 UmwG angeordnete, entspr Beachtung der Vorschriften über die Bilanz und deren Prüfung (ausführlich dazu *Budde/Zerwas* in Sonderbilanzen[3] F Anm 77 ff; *HFA 2/1997,* Zweifelsfragen der Rechnungslegung bei Verschmelzungen, WPg 1997, 235 f) den allgemeinen handelsrechtlichen Vorschriften vor. Sofern Schlussbilanzen übertragender Rechtsträger auf vom JA-Stichtag abweichende Stichtage aufgestellt werden, sind die Befreiungsvoraussetzungen nach Nr 3 und uU auch nach Nr 2 nicht erfüllt und kommt deshalb die Inanspruchnahme von Erleichterungen nicht in Betracht.

Wegen der Auswirkung auf den **Abhängigkeitsbericht** bei abhängigen AG s Voraufl § 289 Anm 68.

Der Effekt der durch Abs 3 bzw Abs 4 eröffneten Erleichterungsmöglichkeiten für den JA wird jedoch indirekt dadurch aufgehoben, dass die JA der KapGes in den KA des MU einbezogen werden müssen. Voraussetzung dafür ist wiederum, dass Ansatz, Bewertung und Ausweis den für KapGes geltenden (strengeren) Vorschriften entsprechen (dazu § 300 Anm 14ff; § 308 Anm 4ff; für dem PublG unterliegende MU s Anm 115ff). Werden bspw für den JA die Bewertungserleichterungen des § 253 Abs 4 und das Beibehaltungswahlrecht des § 253 Abs 5 genutzt, müssen diese Wahlrechtsausübungen im Wege der Aufstellung einer sog **„Handelsbilanz II"** zurückgenommen werden, so dass sich die Erleichterungen im Ergebnis auf den den Gestern vorzulegenden JA beschränken. Außerdem müssen die TU dem MU – soweit dies für die Erstellung von Konzernanhang und -lagebericht erforderlich ist – ergänzende Information bereitstellen. 69

Sofern bei mittelgroßen und großen KapGes von der Möglichkeit zur Befreiung von der Pflicht zur Prüfung des JA Gebrauch gemacht wird, ist schließlich zu berücksichtigen, dass für diese ungeprüften JA dann im Rahmen der Einbeziehung in den KA eine gesonderte Prüfungspflicht gem § 317 Abs 3 durch den AP des KA (s dort Anm 38) besteht. Im Ergebnis entfällt damit nicht die Prüfung des JA, sondern lediglich die Wahl und Beauftragung des AP, die Erstellung eines Prüfungsberichts sowie die Erteilung eines BVm für den JA der KapGes. Außerdem braucht der JA nicht offengelegt zu werden.

III. Voraussetzungen gem Abs 3

Die Erleichterungen des Abs 3 dürfen nur in Anspruch genommen werden, wenn sämtliche Voraussetzungen dieser Norm *kumulativ* erfüllt sind, wobei bei *mehrstufigen Konzernverhältnissen* zusätzlich zu beachten ist, dass sich die Verlustübernahmepflicht (Nr 2) sowie die Einbeziehungspflicht (Nr 3) jeweils auf das gleiche MU beziehen müssen (dazu Anm 90). 70

1. Mutter-Tochterverhältnis

Voraussetzung für eine Befreiung gem Abs 3 ist zunächst, dass die KapGes TU eines nach § 290 zur Aufstellung eines KA verpflichteten MU ist. 71

Ein nach § 290 zur Aufstellung eines KA verpflichtetes **Mutterunternehmen** kann grds nur eine KapGes bzw KapCoGes **mit Sitz im Inland** sein. KA, die von Unt mit Sitz in einem Mitgliedsstaat der EU, einem EWR-Vertragsstaat oder mit Sitz im sonstigen Ausland aufgestellt werden und die KapGes von einer ggf bestehenden Verpflichtung zur Konzernrechnungslegung gem §§ 291 bzw 292 iVm §§ 1–4 KonBefrV befreien können, kommen für eine Befreiung nach Abs 3 nicht in Betracht (aA *Luttermann* in MünchKomm AktG[2] § 264 HGB Anm 175f; zur abweichenden Regelung für KapCoGes s § 264b Anm 22).

Kreditinstitute oder Versicherungsunternehmen, die formal durch § 340i oder § 341i zur Aufstellung eines KA verpflichtet werden, werden von der Erleichterungsvorschrift nach ihrem Wortlaut („... *nach § 290 HGB* zur Aufstellung verpflichtet ...") nicht erfasst. Nach Sinn und Zweck ist die Norm aber anwendbar, weil der KA eines Kreditinstituts oder eines VersicherungsUnt aufgrund eines Verweises in § 340i Abs 1 bzw § 341i Abs 1 ebenfalls nach den Vorschriften des zweiten Unterabschnitts des ersten Abschnitts, dh den §§ 290ff aufzustellen ist. Es ist daher kein Grund ersichtlich, warum dem Informationsbedürfnis der Abschlussadressaten nicht auch durch einen solchen KA in gleicher Weise gedient ist (glA *Dörner/Wirth* DB 1998, 1526; *ADS*[6] (ErgBd) § 264 Anm 18; *WPH*[12] I F Anm 22). 72

73 Grundvoraussetzung für die Inanspruchnahme der Erleichterungen gem Abs 3 ist, dass die KapGes als **Tochterunternehmen** zu qualifizieren ist, dh es muss ein Mutter-Tochterverhältnis zu einem anderen (Mutter-)Unt bestehen, wodurch bei diesem zugleich die Verpflichtung zur Konzernrechnungslegung an sich ausgelöst wird. Es spielt deshalb auch keine Rolle, ob der KA des MU aufgrund einer expliziten Verpflichtung oder freiwillig, zB weil das MU von der größenabhängigen Befreiung gem § 293 keinen Gebrauch macht, erstellt wird (glA *ADS*[6] (ErgBd) § 264 Anm 13).

Ein **Mutter-Tochterverhältnis** kann entweder durch das Vorliegen *konzerntypischer Rechtsbeziehungen* gem § 290 Abs 2 (Stimmrechtsmehrheit, Organbestellungsrechte, vertragliche Beherrschungsrechte) oder die (tatsächliche) *Ausübung einheitlicher Leitung* (§ 290 Abs 1) begründet werden (ausführlich dazu § 290 Anm 20ff, 40ff; *Kölner Komm*[2] § 290 HGB Anm 19ff, 55ff). Das Mutter-Tochterverhältnis zu der die Befreiung in Anspruch nehmenden TU-KapGes muss bis zum Stichtag des KA entstanden sein, weil andernfalls die für die Befreiung erforderliche Einbeziehung in den KA (Anm 95) nicht gegeben ist (glA *ADS*[6] (ErgBd) § 264 Anm 11).

2. Zustimmung der Gesellschafter zur Befreiung (Nr 1)

76 Weiter setzt eine Inanspruchnahme von Erleichterungen gem Nr 1 voraus, dass alle Gester der KapGes der Befreiung für das jeweilige Gj zugestimmt haben. Hintergrund für dieses Zustimmungserfordernis ist der Schutz der Informations- sowie insb der Gewinnbezugsrechte der Gester, die durch die Befreiungsmöglichkeiten uU eine erhebliche Einschränkung erfahren können (*ADS*[6] (ErgBd) § 264 Anm 30; *Kraft* in FS W. Müller, 466; *Hüttemann* in Großkomm HGB[4] § 264 Anm 64).

77 Die Zustimmung hat grds durch einen, entspr den für die jeweilige Rechtsform maßgeblichen gesetzlichen Bestimmungen und der sie ergänzenden gesellschaftsvertraglichen Regelungen zustande gekommenen, dh idR in einer GesV gefassten, **Beschluss** der Gester zu erfolgen. Sofern nach Satzung bzw Gesellschaftsvertrag eine Beschlussfassung im schriftlichen Verfahren oder in anderer Weise ohne Abhaltung einer GesV zulässig ist, genügt auch eine derartige vereinfachte Beschlussfassung. Eine Delegation der Zuständigkeit für die Zustimmungserklärung an ein (anderes) Organ der KapGes (insb den AR) ist nicht zulässig (*Kraft* in FS W. Müller, 467). Neben einem förmlichen Beschluss reicht es aber auch aus, wenn die Gester ihre Zustimmung *auf andere Weise* (eindeutig) ggü der KapGes erklärt haben und dies entspr dokumentiert wird (glA *ADS*[6] (ErgBd) § 264 Anm 43).

An den *Inhalt* des Zustimmungsbeschlusses stellt das Gesetz keine Anforderungen, dh es genügt, wenn die Gester der Inanspruchnahme von Erleichterungen an sich zustimmen. In diesem Fall steht es zunächst im Ermessen der gesetzlichen Vertreter der KapGes, ob und in welchem Umfang von den Befreiungsmöglichkeiten Gebrauch gemacht wird. Die endgültige Entscheidung hierüber erfolgt dann erst im Rahmen der Feststellung des JA durch die Gester, wofür dann idR ein Mehrheitsbeschluss ausreicht. Wird der Umfang der Erleichterungsinanspruchnahme nach Abs 3 dagegen durch den Zustimmungsbeschluss eingeschränkt, sind die gesetzlichen Vertreter bei der Aufstellung des JA daran gebunden (*ADS*[6] (ErgBd) § 264 Anm 41; *Kraft* in FS W. Müller, 470f).

78 Nach dem eindeutigen Wortlaut der Nr 1 müssen „... **alle Gesellschafter** ...“ zustimmen, dh eine Inanspruchnahme von Erleichterungen ist ausgeschlossen, wenn auch nur ein einziger Gester nicht an der betr Beschlussfassung teilgenommen, sich der Stimme enthalten oder mit „nein“ gestimmt hat. Insb für

Publikums-Ges ist die Inanspruchnahme der Erleichterungen des Abs 3 damit praktisch so gut wie ausgeschlossen.

Eine Zustimmung aller Gester liegt auch dann vor, wenn Gester, die in der GesV abwesend waren oder sich der Stimme enthalten bzw mit „nein" gestimmt hatten, ihre Zustimmung später noch fristgerecht (Anm 81) erteilen. Einer erneuten Beschlussfassung aller Gester bedarf es in diesen Fällen nicht, weil diejenigen Gester, die ihre Zustimmung ursprünglich bereits erteilt hatten, hieran gebunden sind, dh einzelne Gester dürfen ihre Zustimmung nicht einseitig widerrufen. Dieses Recht steht den Gestern nur gemeinschaftlich zu, dh die einmal (einstimmig) erteilte Zustimmung kann durch einen entsprechenden Mehrheitsbeschluss der Gester aufgehoben werden (hM *ADS*[6] (ErgBd) § 264 Anm 34f; ausführlich dazu *Kraft* in FS W. Müller, 469f).

Kommt es im Verlauf des Gj bzw spätestens bis zum Zeitpunkt der Feststel- 79
lung des JA zu einem **Gesellschafterwechsel,** ist der neue Gester an die bis zu seinem Eintritt vom Veräußerer erteilte Zustimmung zur Inanspruchnahme der Befreiungen gebunden (glA *ADS*[6] (ErgBd) § 264 Anm 37f). Nach aA (*Kraft* in FS W. Müller, 474f) gilt dies nur bei einem Erwerb nach Ende des Gj, weil sich das Zustimmungsrecht mit Ablauf des Gj verbraucht. Bei einem Erwerb im Verlauf des Gj soll der Erwerber dagegen an ein entspr Votum seines Vorgängers ebensowenig gebunden sein, wie an einen von diesem im voraus gefassten Gewinnverwendungsbeschluss. Eine vom Veräußerer erteilte Zustimmung kann aus Sicht des Erwerbers zB dann indirekt eine vorweggenommene Entscheidung über die Ergebnisverwendung darstellen, wenn daraufhin im JA des betr TU Abschreibungen im Rahmen vernünftiger kfm Beurteilung (§ 253 Abs 4) vorgenommen werden. In diesem Zusammenhang ist jedoch zu beachten, dass sofern der hinzutretende Gester, in dem auf seinen Beitritt folgenden Gj seine Zustimmung nach Nr 1 verweigert und damit die Inanspruchnahme der Befreiung gem Abs 3 verhindert, in diesem JA derartige „ergebnisverkürzenden Bilanzierungs- und Bewertungsentscheidungen" der Vergangenheit rückgängig zu machen sind, dh das Ergebnis des Folgejahrs, über dessen Verwendung der hinzutretende Gester mit entscheidet, entspr erhöhen. Angesichts dessen besteht uE keine Veranlassung dafür, danach zu differenzieren, wann ein Gester-Wechsel stattgefunden hat, sondern der Erwerber der Anteile ist immer an die zuvor vom Veräußerer erteilte Zustimmung zur Inanspruchnahme der Befreiungen gebunden.

Unzweifelhaft ist jedoch, dass der Erwerber – auch bei einem Eintritt nach Ende des Gj – seine Zustimmung zur Inanspruchnahme der Erleichterungen auch dann nachträglich erteilen kann, wenn der Verkäufer diese verweigert hatte (dazu *Kraft* in FS W. Müller, 477).

Sofern es bis zum Ende des Gj durch eine **Kapitalerhöhung** zu einer Erwei- 80
terung des Gester-Kreises kommt, muss die Zustimmung dieser neuen Gester zur Inanspruchnahme der Erleichterungen auch dann eingeholt werden, wenn alle Alt-Gester zuvor bereits zugestimmt haben. Bei einer Kapitalerhöhung nach dem Ende des Gj aber vor Feststellung des JA, für den von den Erleichterungen Gebrauch gemacht werden soll, ist die Zustimmung der neuen Gester nicht geboten, weil sie nicht am Ergebnis des abgelaufenen Gj teilnehmen (*ADS*[6] (ErgBd) § 264 Anm 39; aA *Kraft* in FS W. Müller, 478, die fehlende Teilhabe am Jahresergebnis schließt die Berechtigung zur Zustimmung nicht aus).

Die Zustimmung muss „... **für das jeweilige Geschäftsjahr** ..." erteilt 81
werden. Damit ist zum einen gemeint, dass die Zustimmung immer nur für ein Gj erteilt werden kann und folglich Vorratsbeschlüsse für mehrere Gj daher – ebenso wie inhaltlich dem Zustimmungsbeschluss entspr Regelungen in Satzung oder Gesellschaftsvertrag – nicht zulässig sind. Zum anderen bedeutet dies, dass

sich die Zustimmung nur auf dasjenige Gj beziehen kann, dessen JA noch nicht erstellt wurde (Vj) bzw dessen JA als nächster zu erstellen ist (lfd JA). Der Zustimmungsbeschluss kann somit schon vor Ablauf des betroffenen Gj (Regelfall), jedoch auch noch danach, nicht aber vor dessen Beginn, gefasst werden (hM zB *Kraft* in FS W. Müller, 471 ff mwN).

Eine konkrete **Frist für die Beschlussfassung** ist nicht bestimmt. Ungeachtet dessen sollte der Zustimmungsbeschluss so frühzeitig wie möglich, jeweils noch im lfd Gj, zB iZm der Feststellung des VjAbschlusses gefasst werden. Auch eine Beschlussfassung nach Ablauf des Gj ist grds zulässig. Ist dies beabsichtigt, ist jedoch zu beachten, dass das zur Aufstellung des JA und ggf Lageberichts verpflichtete Organ, solange kein Beschluss vorliegt, die notwendigen Vorkehrungen treffen muss, damit es die ihm obliegenden Verpflichtungen fristgerecht, dh innerhalb der normalen Aufstellungsfrist von drei Monaten, erfüllen kann. Dazu gehört dann zB auch, dass – soweit kein AP von den Gestern gewählt wurde – ggf Vorkehrungen gem § 318 Abs 4 zur Bestellung eines AP getroffen werden (zum Verfahren s dort Anm 26 ff).

Der späteste zulässige Zeitpunkt, bis zu dem die Zustimmung vorliegen muss, ist – sofern von inhaltlichen Erleichterungen Gebrauch gemacht werden soll – die Feststellung des JA. Bezieht sich die Befreiung dagegen nur auf die Offenlegung des JA, ist es nach hM (zB *Giese/Rabenhorst/Schindler* DB 2001, 512 mwN) ausreichend, wenn die Zustimmung bis zum Ende der Offenlegungsfrist erteilt wird.

82 Der Zustimmungsbeschluss ist nach § 325 **offen zu legen.** Große KapGes haben den Beschluss somit zunächst im BAnz zu veröffentlichen und ihn anschließend zusammen mit dem Nachweis der Veröffentlichung (Belegexemplar des BAnz) zum HR einzureichen. Mittelgroße und kleine KapGes müssen den Beschluss zum HR einreichen und die Tatsache der Einreichung anschließend im BAnz bekannt machen. *Zuständig* dafür sind die gesetzlichen Vertreter der KapGes.

Der Gesetzeswortlaut spricht dabei grds dafür, den Befreiungsbeschluss im *Wortlaut* offen zu legen. Sofern die Zustimmung durch isolierte Erklärungen der Gester zustande gekommen ist (dazu Anm 77), reicht es aber auch aus, wenn die Tatsache, dass die Gester der Inanspruchnahme der Befreiungsmöglichkeiten nach Abs 3 für ein genau zu bezeichnendes Gj zugestimmt haben, offengelegt wird (glA *ADS*[6] (ErgBd) § 264 Anm 43).

83 Die Offenlegung hat grds *unverzüglich* nach dem Vorliegen der Zustimmung, *spätestens* aber bis zum Ablauf der zwölfmonatigen Offenlegungsfrist für den JA zu erfolgen (glA *Dörner/Wirth* DB 1998, 1528). Soweit dagegen bei der Aufstellung des JA von inhaltlichen Erleichterungen Gebrauch gemacht werden soll (Anm 65), muss, weil die Offenlegung Teil der Befreiungsvoraussetzungen ist, diese spätestens bis zur Feststellung des JA erfolgt sein (ebenso *ADS*[6] (ErgBd) § 264 Anm 45).

Eine verspätete Veröffentlichung ist deswegen jedoch nicht etwa unwirksam, sondern führt die Erleichterungswirkungen quasi rückwirkend herbei. Soweit dagegen bei der Aufstellung des JA von inhaltlichen Erleichterungen Gebrauch gemacht werden soll, zB Verzicht auf die Aufstellung eines Anhangs (Anm 65), muss die Offenlegung, weil sie Teil der Befreiungsvoraussetzungen ist, spätestens bis zur Feststellung des JA erfolgt sein (ebenso *ADS*[6] (ErgBd) § 264 Anm 45; *Kraft* in FS W. Müller, 474 f). Soll der JA, in dem von den Erleichterungen nach Abs 3 Gebrauch gemacht wird, geprüft werden, muss die Offenlegung spätestens bis zum Testatsdatum erfolgt sein, weil sonst – mangels Vorliegen der Befreiungsvoraussetzungen – kein uneingeschränkter BVm erteilt werden kann (dazu Anm 121 sowie IDW PH 9.200.1 Tz 7 ff).

3. Verpflichtung zur Verlustübernahme (Nr 2)

Die nach Nr 2 erforderliche Verpflichtung des MU zur **Verlustübernahme nach § 302 AktG** besteht *kraft Gesetzes* dann, wenn zwischen dem MU und einer KapGes in der Rechtsform der AG ein Beherrschungs- oder ein Gewinnabführungsvertrag iSd § 291 Abs 1 S 1 AktG besteht (ausführlich zur Verlustübernahme für die AG: *Hüffer*[6] § 302 Anm 10ff). *Kraft Vertrags* liegt eine solche Verpflichtung idR aber auch bei Beherrschungs- und/oder Gewinnabführungsverträgen mit TU in der Rechtsform der GmbH vor, weil eine dem § 302 AktG entspr Verlustübernahmeverpflichtung nach § 17 S 2 Nr 2 KStG Voraussetzung für die Anerkennung einer körperschaftsteuerlichen Organschaft ist (ausführlich dazu § 271 Anm 130ff). 86

Die Eingliederungshaftung sowie die gesamtschuldnerische Haftung der Haupt-Ges für die eingegliederte Ges bei Vorliegen einer gesetzlichen *Eingliederung* sind der gesetzlichen Verlustübernahmepflicht nach § 302 AktG ebenfalls gleichwertig (ausführlich dazu *Giese/Rabenhorst/Schindler* BB 2001, 514f; *ADS*[6] (ErgBd) § 264 Anm 51).

Der UntVertrag, aus dem sich die Verpflichtung zur Verlustübernahme ergibt, muss wirksam abgeschlossen sein. Fraglich ist, zu welchem *Zeitpunkt* und für welchen *Zeitraum* er wirksam sein muss, damit die Erleichterungen in Anspruch genommen werden können. Aus Sinn und Zweck des Abs 3 ergibt sich, dass sich die potentiellen Gläubiger statt auf den entfallenden JA auf den KA iVm der Verlustübernahmeverpflichtung verlassen können müssen. Hieraus folgt, dass die Verlustübernahmeverpflichtung dasjenige Gj betreffen muss, das auf das Gj folgt, für dessen JA erstmals von den Erleichterungen Gebrauch gemacht wird. Da die Verlustübernahmeverpflichtung nur dann besteht, wenn der UntVertrag im HR eingetragen worden ist, muss dessen Eintragung spätestens bis zum Ablauf der Offenlegungsfrist bzw soweit auch inhaltliche Erleichterungen in Anspruch genommen werden, im Zeitpunkt der Feststellung (Anm 81) erfolgt sein (glA *ADS*[6] (ErgBd) § 264 HGB Anm 58). Alternativ kann das MU in dieser Konstellation auch eine einmalige Verlustübernahme für den Fall erklären, dass es nicht zur Eintragung des UntVertrags kommt (glA *Baetge/Commandeur* in HdR[5] § 264 Anm 57). 87

Wenn also zB ein EAV im März 20X2 mit Rückwirkung auf den 1. 1. 20X2 abgeschlossen wird, greifen die Befreiungen für den JA zum 31. 12. 20X1 ein, sofern der EAV innerhalb der zwölfmonatigen Offenlegungsfrist bzgl dieses JA in das HR eingetragen worden ist. Eine Rückbeziehung der Verlustübernahmepflicht auf das Gj, für dessen JA die Erleichterungen in Anspruch genommen werden sollen (hier auf den 1. 1. 20X1), ist nicht erforderlich (*Dörner/Wirth* DB 1998, 1528).

Der EAV muss mind bis zum Ende desjenigen Gj abgeschlossen sein, in dem für den Vj-JA von den Befreiungen Gebrauch gemacht wird (glA *WPH*[12] I F Anm 28). Eine vorzeitige – aber erst nach der Einreichung der Konzernrechnungslegungsunterlagen zum HR (s Anm 110) erfolgende – Beendigung des Vertrags durch Verschmelzung oä, lässt die Zulässigkeit der Inanspruchnahme der Erleichterungen allerdings nicht rückwirkend entfallen (glA *ADS*[6] (ErgBd) § 264 Anm 60).

Fraglich ist, ob auch das Bestehen der gesetzlichen Verlustübernahmeverpflichtung aus § 302 AktG „... nach § 325 offengelegt ...“ werden muss. Der Wortlaut („... die Erklärung ...“) spricht dafür, dass sich die **Offenlegungspflicht** nur auf eine *freiwillige* Verlustübernahmeerklärung bezieht. Im Übrigen ergibt sich das Bestehen des UntVertrags und damit automatisch auch die Verpflichtung zur Verlustübernahme gem § 302 AktG bereits aus dem HR, so dass 88 den Informationsinteressen der Öffentlichkeit auch ohne gesonderte Offenlegung der Verpflichtung ausreichend Rechnung getragen ist. Dies gilt auch für Unternehmensverträge mit einer GmbH, da das Bestehen des Vertrags – als einer materiell satzungsändernden Maßnahme – auch in diesem Fall gem § 54 Abs 3 GmbHG im HR eingetragen sein muss (wie hier *ADS*[6] (ErgBd) § 264 Anm 61; *WPH*[12] I F Anm 29: eine zusätzliche Bekanntmachung der Verlustübernahmeverpflichtung im BAnz dürfte sich aus Vorsichtsgründen empfehlen).

Eine gesonderte Offenlegung der Verlustübernahmeverpflichtung ist uE aber dann geboten, wenn die Verlustübernahme für das die Befreiungen nach Abs 3 in Anspruch nehmende (untere) TU bei mehrstufigen Konzernverhältnissen durch eine geschlossene Kette von Beherrschungs- und/oder Gewinnabführungsverträgen gewährleistet wird. Abgesehen davon, dass die Zugehörigkeit eines Unt zu einem übergeordneten Konzernverbund nicht ohne weiteres als bekannt vorausgesetzt werden kann, ließe sich in diesen Fällen sonst die Verpflichtung zur Verlustübernahme durch das den KA aufstellende (obere) MU – auch bei einer isolierten Publizität des einzelnen UntVertrags – für die Öffentlichkeit auf kaum zumutbare Art und Weise, nämlich nur durch Einsicht in das HR sämtlicher Unt dieser Kette überprüfen.

89 Alternativ zur gesetzlichen Verlustübernahmeverpflichtung kann die Voraussetzung der Nr 2 auch dadurch erfüllt werden, dass das MU „... eine solche Verpflichtung freiwillig übernommen hat ...“. Mit dieser Formulierung dürften nicht primär UntVerträge zwischen GmbH gemeint sein, weil hierbei die Verlustausgleichspflicht zum regelmäßigen Vertragsinhalt gehört bzw in analoger Anwendung des § 302 AktG kraft Vertrags entsteht (s Anm 86). Gemeint sind vermutlich vielmehr Fälle, in denen sich das MU außerhalb eines UntVertrags zur isolierten Verlustübernahme für bestimmte Gj der KapGes ggü dieser verpflichtet. Derartige Verträge können ohne Einhaltung der besonderen Wirksamkeitsvoraussetzungen für UntVerträge abgeschlossen werden (s *Hüffer*[6] § 291 Anm 28). Auch hier muss der Vertrag vor Inanspruchnahme der Erleichterungen wirksam geworden sein.

Inhaltlich muss die **freiwillige Verlustübernahmeverpflichtung** derjenigen aus § 302 AktG entsprechen. Daher muss sie sich auf den Ausgleich eines ohne die Verpflichtung entstehenden Jahresfehlbetrags beziehen und einen entspr Zahlungsanspruch der KapGes begründen (glA *ADS*[6] (ErgBd) § 264 Anm 53, 55). Die Vereinbarung einer Anrechnung von Entnahmen aus Rücklagen würde dabei aber jedenfalls dann einer Anwendung des Abs 3 entgegenstehen, wenn sich die Verlustübernahme nur auf einen einzigen Stichtag bezieht, da die betr Beträge hier – abweichend von § 302 Abs 1 zweiter Halbsatz AktG – nicht „... während der Vertragsdauer in die Rücklagen eingestellt worden ...“ sein können. In einer derartigen Konstellation wäre es aber zulässig, wenn die Gester – unter Beachtung der gesetzlichen und gesellschaftsvertraglichen Bestimmungen – gesondert eine Ausschüttung aus verfügbaren Eigenkapitalteilen des die Befreiung in Anspruch nehmenden TU beschließen würden. In diesem Fall könnten die Aufwendungen aus Verlustübernahmen dann auf Ebene des MU ganz oder teilweise durch entspr Beteiligungserträge kompensiert werden.

Die Erklärung über die *freiwillige* Verlustübernahme muss nach § 325 offengelegt werden. Dies bedeutet – wie bei der Offenlegung des Gester-Beschlusses (s Anm 82) – je nach Größenklasse die Anwendung von HR- oder BAnz-Publizität. Bzgl des Zeitpunkts der Offenlegung gilt Anm 83 entspr. Die Wiedergabe des Wortlauts der Erklärung ist nicht geboten; erforderlich und ausreichend ist vielmehr eine sinngemäße Wiedergabe der maßgeblichen Regelungen (hM *ADS*[6] (ErgBd) § 264 Anm 61).

Sinn und Zweck der Verlustübernahmepflicht nach Nr 2 ist, dass der KA, den die Gläubiger der die Befreiung in Anspruch nehmenden KapGes statt deren JA erhalten, dasjenige Reinvermögen ausweist, das auch zur Deckung der Verbindlichkeiten des zu befreienden TU zur Verfügung steht (*ADS*[6] (ErgBd) § 264 HGB Anm 47). Auch wenn das Gesetz ausdrücklich nur die Verlustübernahme (= Ausgleichspflicht für entstehende Jahresfehlbeträge) nennt, sind auch sonstige vertragliche oder gesetzliche (Haftungs-) Verhältnisse dem gleichwertig (*ADS*[6] (ErgBd) § 264 HGB Anm 51). Als **gleichwertig** wird insb die **gesamtschuldnerische Haftung** angesehen (*ADS*[6] (ErgBd) § 264 HGB Anm 54 mwN; *Dörner/Wirth* DB 1998, 1528). Hierzu gehört die Eingliederungshaftung (§ 321 AktG) sowie die gesamtschuldnerische Haftung der Hauptgesellschaft (§ 322 AktG) für die eingegliederte Ges bei Vorliegen einer gesetzlichen Eingliederung (dazu *AK-Schmalenbach* DB 1999, 495 f; *Giese/Rabenhorst/Schindler* BB 2001, 514 f). Gleiches gilt aber für auch die gesamtschuldnerische Haftung der Gester einer OHG gem § 128 HGB des Kompl einer KG gem § 128 iVm § 161 Abs 2 HGB; dies kann insb in mehrstufigen Konzernverhältnissen relevant sein. 90

Sowohl im Fall des § 302 AktG als auch bei freiwilliger Verlustübernahme dürfen die Erleichterungen nur dann in Anspruch genommen werden, wenn das den befreienden KA aufstellende MU zugleich auch das zur Verlustübernahme verpflichtete Unt ist. Bei **mehrstufigen Konzernen** genügt es daher nicht, wenn ein MU unterer Stufe, das wegen der Befreiung des § 291 selbst keinen KA aufstellt, die Verlustübernahme erklärt hat, diese Einstandspflicht – mangels entspr Erklärung – aber nicht auf das MU oberer Stufe, das den KA gem § 290 erstellt, durchschlägt. Andererseits muss die Verlustübernahme durch das MU oberer Stufe nicht unmittelbar erfolgen. Es genügt vielmehr, wenn das den KA aufstellende MU durch eine geschlossene Kette von Verlustübernahmen (mittelbar) zur Verlustübernahme gegenüber der die Befreiung gem Abs 3 in Anspruch nehmenden KapGes verpflichtet ist (hM zB *WPH*[12] I F Anm 31; *ADS*[6] (ErgBd) § 264 Anm 48; *Giese/Rabenhorst/Schindler* BB 2001, 514; aA *Dörner/Wirth* DB 1998, 1529). 91

Denkbar ist auch, dass sich eine **(isolierte) Verlustübernahme auf Zwischenstufe** nur auf Verluste erstreckt, die dort aufgrund einer gegenüber einem TU bestehenden Verlustübernahmeverpflichtung entstehen. Dies wäre zB der Fall, wenn im Wege einer Erfüllungsübernahme (§ 329 BGB) mit einem TU vereinbart wird, dass das MU die Verlustübernahmeverpflichtung übernimmt, die beim TU aus einem Beherrschungs- oder Gewinnabführungsvertrag mit einem Enkelunternehmen (des MU) resultiert. In dieser Konstellation wäre aus Sicht des untersten (Enkel-)Unt eine geschlossene Kette von Verlustübernahmen gegeben, jedoch nicht aus Sicht des TU. 92

4. Einbeziehung des Tochterunternehmens in den Konzernabschluss (Nr 3)

Die Inanspruchnahme der Erleichterungen setzt gem Nr 3 ferner voraus, dass die KapGes **als Tochterunternehmen** *tatsächlich* in den befreienden KA des nach § 290 verpflichteten MU (Anm 71) **einbezogen** worden ist. Dies ist nur der Fall, wenn die die Befreiung in Anspruch nehmende KapGes nach den Vorschriften über die **Vollkonsolidierung** (§§ 300 ff) in den befreienden KA einbezogen wird. Insofern besteht ein Unterschied zur vergleichbaren Regelung für KapCoGes gem § 264 b Nr 1 (s dort Anm 33), wo lediglich die Einbeziehung in einen KA gefordert wird, was nicht notwendigerweise ein Unterordnungsverhältnis (Mutter-Tochterverhältnis) voraussetzt, weil auch das MU selbst 95 in den KA einbezogen wird. Der Wortlaut der Regelung in Nr 3 indes ist eindeutig und lässt eine erweiternde Auslegung im vorstehenden Sinn nicht zu.

Erfolgt die Einbeziehung der KapGes in den KA im Wege der QuoKons oder durch die Equity-Kons ist die Voraussetzung der Nr 3 dagegen nicht erfüllt, weil es in diesen Fällen idR an der Qualifizierung dieser Unt als TU fehlt (ebenso *ADS*[6] (ErgBd) § 264 Anm 70; *Giese/Rabenhorst/Schindler* BB 2001, 513).

96 Nicht ausdrücklich geregelt ist der Fall, dass die Einbeziehung auf Grund eines **Konsolidierungswahlrechts** gem § 296 unterbleibt. Da der Gesetzgeber jedoch an anderer Stelle (zB in § 291 Abs 2 Nr 1: „... unbeschadet des § 296 einbezogen ...") für vergleichbare Fälle ausdrücklich geregelt hat, dass die Befreiung auch dann gelten soll, wenn es wegen eines Wahlrechts nicht zu einer Einbeziehung gekommen ist, ist aus dem Fehlen einer entspr Formulierung in Nr 3 zu schließen, dass der Gesetzgeber hier eine tatsächliche Einbeziehung verlangt (glA *ADS*[6] (ErgBd) § 264 Anm 71; *Dörner/Wirth* DB 1998, 1529; *AK-Schmalenbach* DB 1999, 494).

97 Der befreiende KA, in den die zu befreiende KapGes einbezogen wird, muss „... nach den Vorschriften dieses Abschnitts ...", dh des zweiten Unterabschnitt des dritten Buchs des HGB (§§ 290 ff), und somit grds nach den **deutschen handelsrechtlichen Vorschriften** aufgestellt werden. Auch ein gem Art 4 EU-VO bzw § 315 a nach **internationalen Rechnungslegungsstandards** (IFRS) aufzustellender bzw freiwillig aufgestellter KA genügt der Anforderung nach Nr 3 (bereits bisher hM für befreiende KA nach § 292 a: *WPH*[12] I F Anm 20; *ADS*[6] (ErgBd) § 264 Anm 64 ff; *Giese/Rabenhorst/Schindler* BB 2001, 513). Ausschlaggebend hierfür ist, dass auch in diesem Fall die grds Verpflichtung zur Konzernrechnungslegung auf § 290 beruht.

98 Sofern sich der JA, für den die Erleichterungen nach Abs 3 in Anspruch genommen werden sollen, und der KA, in den die Einbeziehung erfolgt, nicht ohnehin auf das gleiche Gj beziehen (Regelfall), sind die Voraussetzungen der Nr 3 in **zeitlicher Hinsicht** auch dann erfüllt, wenn die KapGes nach § 299 Abs 2 S 2 auf der Grundlage eines bis zu drei Monate zurückliegenden JA in den KA einbezogen wird. Wird die KapGes dagegen auf Grund eines auf den KA-Stichtag aufgestellten Zwischenabschlusses einbezogen, ist auf den letzten KA abzustellen, dh zB: Ist der Stichtag des JA der 30. 6. 20X2, muss die KapGes in den KA zum 31. 12. 20X1 einbezogen sein. Eine beabsichtigte Einbeziehung in einen KA zu einem künftigen Stichtag (im Beispiel: 31. 12. 20X2) reicht nicht aus (glA *ADS*[6] (ErgBd) § 264 Anm 68).

Die Voraussetzung der Nr 3 ist im Übrigen auch in den Fällen erfüllt, in denen das Mutter-Tochterverhältnis iSv § 290 erst im Verlauf des Gj entstanden ist und folglich gem § 300 Abs 2 die Erträge und Aufwendungen des zu befreienden TU erst ab diesem Zeitpunkt im (befreienden) KA des MU enthalten sind.

99 In der Formulierung der Nrn 3 bis 5 des Abs 3 überrascht, dass die Voraussetzungen der Nrn 3 und 5 in einer Vergangenheitsform *(„worden sind")* stehen, während Nr 4 in der Gegenwartsform *(„wird")* formuliert ist. Ein sachlicher Grund für diese Differenzierung ist nicht ersichtlich, weshalb auch die Nrn 3 und 5 mit *„wird"* bzw *„werden"* zu lesen sind (glA *ADS*[6] (ErgBd) § 264 Anm 69).

Dies hat zur Folge, dass die Einbeziehung in den KA (Nr 3) und die Einreichung der Konzernrechnungslegungsunterlagen bei dem genannten HR (Nr 5) zeitlich *nicht* vor der Anwendung der Befreiung des Abs 3 liegen müssen, sondern dieser – unter Wahrung der Fristen des § 325 – nachfolgen dürfen. Eine gegenteilige (wörtliche) Interpretation hätte sonst zur Konsequenz, dass der KA des MU idR bereits innerhalb der 3-Monats-Frist des § 264 Abs 1 S 2 aufgestellt und publiziert worden sein müsste, damit das TU die Erleichterungen des Abs 3 in Anspruch nehmen könnte, was praktisch jedoch so gut wie ausgeschlossen sein dürfte.

Nicht ausdrücklich geregelt ist, ob der KA durch einen AP **geprüft sein muss.** Da es sich um einen KA „nach den Vorschriften *dieses Abschnitts*", nämlich des Abschnitts „Ergänzende Vorschriften für Kapitalgesellschaften" (§§ 264 bis 335), handelt, der auch die Prüfungsvorschriften einschließt, wird eine Prüfung offenbar als selbstverständlich vorausgesetzt. Dies ergibt sich mittelbar auch aus dem Wortlaut des Art 57 lit g der 4. EG-Richtl, der auch die Offenlegung des Prüfungsergebnisses als Befreiungsvoraussetzung nennt. Wegen Konsequenzen aus Einschränkungen oder Versagungen des hierzu erteilten BVm für das Vorliegen der Befreiungsvoraussetzungen s § 264b Anm 46. 100

5. Angabe der Befreiung im Konzernanhang (Nr 4)

Die **Tatsache** der Inanspruchnahme **der Befreiung** muss im Anhang des von dem MU aufgestellten KA angegeben werden (Nr 4). In welchem Ausmaß (Anm 65f) die namentlich *(Firma, Sitz)* zu bezeichnende KapGes von den Erleichterungen Gebrauch gemacht hat, braucht nicht angegeben zu werden (hM zB *ADS*[6] (ErgBd) § 264 Anm 72; *WPH*[12] I F Anm 35; *Giese/Rabenhorst/Schindler* BB 2001, 513). 105

Zuständig für die Angabe sind die gesetzlichen Vertreter des MU, in deren Verantwortung die Aufstellung (Vollständigkeit) des Konzernanhangs liegt. Die Angabe kann *nur* im Konzernanhang des vom MU aufgestellten KA erfolgen, dh die Befreiungsvoraussetzung nach Nr 4 kann nicht dadurch erfüllt werden, dass bei einem Fehlen der Angaben, die gesetzlichen Vertreter der die Befreiung in Anspruch nehmenden KapGes, den von ihnen aufgestellten JA bzw ggf KA oder aber die gem Nr 5 (Anm 110) zum HR einzureichenden Unterlagen um eine entsprechende Angabe ergänzen (dazu auch § 264b Anm 61). 106

An welcher Stelle des Konzernanhangs die Angabe nach Nr 4 zu erfolgen hat, ist nicht geregelt. Sie darf zB zusammen mit denjenigen zu den in den KA als TU einbezogenen Unt (§ 313 Abs 2 Nr 1) kombiniert werden, sei es durch Einfügung einer entspr Zwischenüberschrift („Unternehmen, die von der Befreiung gemäß § 264 Abs 3 oder Abs 4 Gebrauch machen") oder eines Fußnotenverweises (wegen des Wortlauts s auch § 264b Anm 60). Soweit das MU eine *Anteilsliste* gem § 313 Abs 4 erstellt, kann die Angabe nach Nr 4 auch darin aufgenommen werden. 107

Wird für das die Befreiung in Anspruch nehmende TU die *Schutzklausel* gem § 313 Abs 3 in Anspruch genommen, weil dem MU oder einem seiner TU bei vernünftiger kfm Beurteilung erhebliche Nachteile aus dem Bekanntwerden der UntVerbindung entstehen können (§ 313 Anm 219), darf auch die Angabe nach Nr 4 entfallen (§ 264b Anm 62). Die Verpflichtung gem der Nr 5, die vom MU gem § 325 offenzulegenden Unterlagen, zum HR der KapGes einzureichen, bleibt davon aber unberührt. 108

6. Einreichung von Unterlagen zum Handelsregister (Nr 5)

Die Inanspruchnahme der Erleichterungen setzt schließlich gem Nr 5 voraus, dass die vom MU gem § 325 Abs 3 offenzulegenden **Unterlagen** (KA, ggf die gesonderte Aufstellung des Anteilsbesitzes, und Konzern-Lagebericht sowie der dazu erteilte BVm oder Versagungsvermerk) auch zum HR des Sitzes der die Befreiung in Anspruch nehmenden KapGes eingereicht worden sind. Die Bekanntmachung dieser Unterlagen im BAnz, mit der gegenüber dem HR des 110

MU der Nachweis über die Offenlegung geführt wird, braucht nicht eingereicht zu werden (*ADS*[6] (ErgBd) § 264 Anm 74; *Dörner/Wirth* DB 1998, 1529; aA *Giese/Rabenhorst/Schindler* BB 2001, 513).

Durch die Einreichung dieser Unterlagen wird sichergestellt, dass sich die Adressaten des von der Inanspruchnahme der Erleichterungen betroffenen JA über die wirtschaftlichen Verhältnisse des Konzerns informieren können, ohne den BAnz einsehen oder das HR des MU aufsuchen zu müssen.

Im Unterschied zu den Regelungen in den Nrn 1 und 2 müssen die Konzernrechnungslegungsunterlagen von der TU-KapGes nicht in Anwendung des § 325 offengelegt werden. Ausreichend (und erforderlich) ist vielmehr die Einreichung zum HR der KapGes. Auch eine Bekanntmachung der Einreichung nach Nr 5 im BAnz ist danach nicht notwendig.

111 Über die **Form** der Einreichung ist nichts bestimmt. Nach den Grundsätzen des § 328 müssen die Unterlagen mit den offengelegten Originalunterlagen übereinstimmen. Die Einreichung von Originalen (Mehrausfertigungen) ist nicht erforderlich. Eine Beglaubigung der Übereinstimmung mit dem Original ist ebenfalls nicht vorgeschrieben (*WPH*[12] I F Anm 36).

112 Eine **Frist,** innerhalb derer die Unterlagen zum HR einzureichen sind, wird in der Nr 5 nicht bestimmt. Entgegen dem Wortlaut der Vorschrift *„... eingereicht worden sind ..."* müssen der KA und die übrigen Unterlagen nicht bereits im Zeitpunkt der Beurteilung des Vorliegens der Befreiungsvoraussetzungen (dazu Anm 81) zum HR eingereicht sein, was im übrigen tatsächlich so gut wie unmöglich wäre. Vielmehr reicht es nach hM (*ADS*[6] (ErgBd) § 264 Anm 69) aus, wenn die zur Rede stehenden Unterlagen dem HR spätestens bis zum Ende der Offenlegungsfrist für den KA des MU, dh innerhalb von zwölf Monaten nach Ablauf des Konzern-Gj (§ 325 Abs 3 S 1), vorliegen. Eine Überschreitung dieser Frist führt allerdings nicht dazu, dass bei TU, die für dasjenige Gj, für das der KA aufgestellt wurde, von der Befreiung gem Abs 3 Gebrauch gemacht haben, die Befreiungsvoraussetzungen nicht mehr erfüllt werden können. Die Offenlegungsfrist stellt somit für die Anwendung der Befreiungsregelungen *keine Ausschlussfrist* dar. Die zur Rede stehenden KA dürfen auch noch zu Beginn des Folgejahrs zum HR eingereicht werden. In diesem Zusammenhang ist dann aber zu berücksichtigen, dass im Rahmen der Folgeprüfung des KA die nicht fristgerechte Offenlegung des Vj-KA eine Redepflicht (§ 321 Abs 1 S 3) auslöst (s dort Anm 20 ff). Falls der KA des Vj nicht innerhalb des Aufstellungszeitraums für den Folge-KA offengelegt wird, wäre im Rahmen der Redepflicht außerdem darüber zu berichten, dass die Befreiungsvoraussetzungen gem Abs 3 Nr 5 für die unteren TU nicht vorliegen.

113 Ob die Einreichung der Unterlagen in die **Zuständigkeit** der gesetzlichen Vertreter des MU oder der TU-KapGes fällt, ist – anders als in § 264b Nr 3, wo ausdrücklich bestimmt wird, dass das den KA aufstellende MU bzw der phG die Unterlagen einreichen muss – nicht geregelt. Für die primäre Zuständigkeit der Vertreter des MU spricht, dass diesen die einzureichenden Unterlagen zeitlich früher vorliegen. Die gesetzlichen Vertreter der TU-KapGes müssten dagegen in Ermangelung eines Anspruchs gegen das MU auf Überlassung einer Kopie der zur Rede stehenden Unterlagen zwecks HR-Einreichung – uU die Offenlegung des (befreienden) KA im BAnz abwarten.

Unabhängig davon dürfte es sich aber empfehlen, insb weil das die Erleichterungen in Anspruch nehmende TU das Vorliegen aller Voraussetzungen zu verantworten hat, wenn sich die gesetzlichen Vertreter der TU-KapGes über die Einreichung der Unterlagen vergewissern, um ggf selbst – sobald ihnen die zur Rede stehenden Unterlagen vorliegen – diese zum HR einzureichen (so auch *Dörner/Wirth* DB 1998, 1529, nach deren Auffassung die Einreichung der Unterlagen allerdings allein in der Zuständigkeit der gesetzlichen Vertreter der TU-KapGes steht).

IV. Zusätzliche Voraussetzungen gem Abs 4

KapGes, die TU eines gem § 11 PublG zur Aufstellung eines KA verpflichteten MU sind, können ebenfalls von den Befreiungsmöglichkeiten des Abs 3 Gebrauch machen. Neben dem Vorliegen sämtlicher Voraussetzungen nach Abs 3 Nrn 1 bis 5 (Anm 71 ff) ist in diesen Fällen zusätzlich erforderlich, dass in dem befreienden KA gem §§ 11 ff PublG **das Wahlrecht des § 13 Abs 3 S 1 PublG nicht in Anspruch genommen wird.** Im Einzelnen bedeutet dies, dass von der Möglichkeit zur Nichtanwendung folgender Vorschriften kein Gebrauch gemacht werden darf: 115

- **§ 279 Abs 1:** Abschreibungen im Rahmen vernünftiger kfm Beurteilung gem § 253 Abs 4 dürfen nicht vorgenommen werden; ferner dürfen Abschreibungen aufgrund von vorübergehenden Wertminderungen gem § 253 Abs 2 S 3 nur bei Finanzanlagen (§ 266 Abs 2 lit A III) vorgenommen werden;
- **§ 280:** Pflicht zur Zuschreibung, wenn die Gründe für bestimmte in der Vergangenheit vorgenommene außerplanmäßige Abschreibungen weggefallen sind (Wertaufholungsgebot);
- **§ 314 Abs 1 Nr 6:** Gesamtbezüge etc für aktive und ehemalige Organmitglieder des MU und für deren Hinterbliebene.

Soll der KA gem §§ 11 ff PublG die TU-KapGes zugleich nach § 291 von der ihr ggf obliegenden Verpflichtung zur Aufstellung eines Teil-KA gem §§ 290 ff befreien, ist zu beachten, dass dann darüber hinaus die Regelung des § 5 Abs 5 PublG (insb Aufstellung der Konzern-GuV nach den für das MU geltenden Bestimmungen) auch *nicht* angewendet werden darf (§ 13 Abs 3 S 3 PublG). 116

Nach dem Wortlaut des Abs 4 („... nach § 11 PublG zur Aufstellung eines Konzernabschlusses *verpflichtet* ...") sind die Erleichterungen des Abs 3 – anders als dies bei einer KapGes als MU der Fall wäre (Anm 73) – formal nicht anwendbar, wenn ein KA freiwillig gem §§ 11 ff PublG aufgestellt wird, zB weil das MU die in § 11 Abs 1 Nr 1–3 PublG genannten Größenkriterien nicht überschreitet. 117

Bei einer wörtlichen Auslegung des Abs 4 würden KapGes, die TU in ansonsten gleich großen Konzernen sind, allein aufgrund der Rechtsform ihres MU benachteiligt. Für eine derartige Ungleichbehandlung ist kein Grund ersichtlich, dies insb auch deshalb, weil Art 57 der 4. EG-Richtl, auf den die Regelung des Abs 4 zurückgeht (Begr RegE KapCoRiLiG BR-Drs 458/99, 32), die Befreiung nicht von der KA-Pflicht des MU, sondern dem Umstand der Erstellung eines KA an sich abhängig macht (so zutreffend *ADS*[6] (ErgBd) § 264 Anm 19; *Giese/Rabenhorst/Schindler* BB 2001, 515 unter Verweis auf die Begr RegE zum KapAEG BR-Drs 967/96, 16, wonach auch mittelständische Unternehmensgruppen zur Zielgruppe für die Erleichterungen gehören). Sofern im Übrigen die sonstigen Voraussetzungen des Abs 3 erfüllt sind, berechtigt deshalb uE auch ein **freiwilliger (geprüfter) Konzernabschluss gemäß §§ 11 ff PublG** die TU-KapGes zur Inanspruchnahme der Befreiungsmöglichkeiten gem Abs 4 iVm Abs 3.

V. Jahresabschlussprüfung

120 Wird trotz Vorliegen der Befreiungsvoraussetzungen gem Abs 3 bzw Abs 4 ein Prüfungsauftrag erteilt, ist – sofern die Wahl und Beauftragung des AP nach § 318 erfolgt ist und auch nicht *ausdrücklich* nur eine freiwillige Prüfung vereinbart wird – grds davon auszugehen, dass das TU die Prüfungsbefreiung für den JA nicht in Anspruch nimmt und es sich mithin um eine **Pflichtprüfung** gem §§ 316ff handelt (hM zB *ADS*[6] (ErgBd) § 264 Anm 75; *IDW PH 9.200.1* Tz 4). Dieser Grundsatz gilt auch dann, wenn das TU gleichzeitig andere (inhaltliche) Erleichterungen gem Abs 3 bzw Abs 4 (Anm 65ff) in Anspruch nimmt.

121 Soweit eine Beurteilung der Befreiungsvoraussetzungen nach den Verhältnissen bis zur Beendigung der APr möglich ist (*IDW PH 9.200.1* Tz 5), hat der **Abschlussprüfer** grds auch die Rechtmäßigkeit der Inanspruchnahme der Erleichterungen gem Abs 3 bzw Abs 4 zu beurteilen. Wegen der vom **Konzernabschlussprüfer** vorzunehmenden Prüfungshandlungen s § 264b Anm 80.

Weil ein Teil der Erleichterungsvoraussetzungen, namentlich die Voraussetzungen gem Abs 3 Nrn 3 bis 5, aufgrund der zeitlichen Abfolge regelmäßig erst nach der Bildung des Prüfungsurteils erfüllt werden können, ist eine **abschließende Beurteilung sämtlicher Voraussetzungen** des Abs 3 bzw Abs 4 **nicht Gegenstand der Abschlussprüfung** des Gj (glA *ADS*[6] (ErgBd) § 264 Anm 78). Dies setzt allerdings voraus, dass keine Anhaltspunkte dafür bestehen, dass diese Voraussetzungen voraussichtlich nicht erfüllt werden (*IDW PH 9.200.1* Tz 7). Im Rahmen der APr ist vielmehr nur zu beurteilen, ob sich die in Anspruch genommenen Erleichterungen inhaltlich in den Grenzen des Abs 3 bzw Abs 4 halten.

Ist dies der Fall, kann zu dem JA ein uneingeschränkter BVm erteilt werden; insb bedarf es insoweit auch keiner aufschiebenden Bedingung (Vorbehalt) zum BVm (hM zB *Dörner/Wirth* DB 1998, 1530; *Giese/Rabenhorst/Schindler* BB 2001, 518). Im **Bestätigungsvermerk** muss jedoch darauf hingewiesen werden, dass das Vorliegen der Befreiungsvoraussetzungen nach Abs 3 bzw Abs 4 nicht abschließend beurteilt werden konnte. Hierfür kommt folgender **hinweisender Zusatz** in Betracht:

„Im Zeitpunkt der Beendigung unserer Prüfung konnte nicht abschließend beurteilt werden, ob die Befreiungen nach § 264 Abs 3 HGB *[ggf: § 264 Abs 3 iVm Abs 4 HGB bzw § 264b HGB]* zu Recht in Anspruch genommen worden sind, weil die Voraussetzungen der Nr 3, Nr 4 und Nr 5 ihrer Art nach erst zu einem späteren Zeitpunkt erfüllt werden können."

Soweit die formalen Voraussetzungen bei Prüfungsende bereits erfüllt waren, sollten sie in die Prüfung einbezogen werden; der hinweisende Zusatz hat sich dann auf die nicht geprüften Voraussetzungen zu beschränken.

122 Darüber hinaus können in Abhängigkeit vom Umfang, in dem von den Erleichterungen nach Abs 3 bzw Abs 4 Gebrauch gemacht wird, zusätzliche Anpassungen des BVm erforderlich werden. Hierfür gelten dann die allgemeinen Grundsätze (dazu § 322 Anm 41ff, 57ff; *IDW PS 400* Tz 41ff).

Wird bspw auf die Anwendung der (sämtlichen) ergänzenden Vorschriften für KapGes verzichtet, ist im einleitenden Abschnitt des BVm hierauf hinzuweisen (glA *Giese/Rabenhorst/Schindler* BB 2001, 518). Ferner sind Anpassungen im beschreibenden Abschnitt erforderlich. Hierfür kommt folgender Wortlaut in Betracht:

„... Die Buchführung und die Aufstellung des Jahresabschlusses, *die unter Inanspruchnahme der Erleichterungen des § 264 Abs 3 HGB nach den deutschen handelsrechtlichen Vorschriften des ersten Abschnitts des dritten Buchs des HGB erfolgt ist,* liegen in der Verantwortung des Vorstands/der Geschäftsführer der Gesellschaft. ...

... Danach ist die Prüfung so zu planen und durchzuführen, dass Unrichtigkeiten und Verstöße, die sich auf *die Darstellung des Jahresabschlusses* wesentlich auswirken, mit hinreichender Sicherheit erkannt werden. ..."

Im Prüfungsergebnis entfällt dann außerdem die Aussage zur Vermittlung eines den tatsächlichen Verhältnissen entsprechenden Bilds der VFE-Lage. Etwas anderes gilt hier nur dann, wenn der JA um die für die Vermittlung eines den tatsächlichen Verhältnissen entsprechenden Bilds erforderlichen Angaben ergänzt wird (glA *IDW PH 9.200.1* Tz 10; *ADS*[6] (ErgBd) § 264 Anm 79). Zu diesen Angaben gehören zumindest die angewandten Bilanzierungs- und Bewertungsmethoden sowie andere für den Einzelfall bedeutsame Sachverhalte (dazu *ADS*[6] § 322 Anm 149, 157). Das Prüfungsergebnis kann dann wie folgt lauten:

„... Nach unserer Überzeugung vermittelt der Jahresabschluss unter Beachtung der Grundsätze ordnungsmäßiger Buchführung ein den tatsächlichen Verhältnissen entsprechendes Bild der Vermögens-, Finanz- und Ertragslage der Gesellschaft; hierbei sind ergänzend die Erläuterungen zu den Bilanzierungs- und Bewertungsmethoden sowie deren Auswirkungen auf die Vermögens-, Finanz- und Ertragslage der Gesellschaft zu berücksichtigen, die in einer Ergänzung zum Jahresabschluss dargestellt sind. ..."

Der AP hat sich die spätere Erfüllung der bei Erteilung des BVm noch aus- 123
stehenden Befreiungsvoraussetzungen nachweisen zu lassen (*IDW PH 9.200.1* Tz 7) bzw wird mit der KapGes bei Auftragsannahme zumindest vereinbaren, dass diese den AP sofort unterrichtet, wenn die Befreiungsvoraussetzungen nicht mehr erfüllt werden können. Wird dem AP danach bekannt, dass die noch ausstehenden **Voraussetzungen nicht eingetreten** sind, hat er uU den BVm zu widerrufen (zu den Voraussetzungen § 322 Anm 170 ff; *IDW PS 400* Tz 111 ff), sofern die KapGes nicht bereit ist, die notwendigen Schritte zur Änderung des geprüften Abschlusses sowie zur Information derjenigen zu unternehmen, die von dem geprüften Abschluss Kenntnis erlangt haben (so *IDW PH 9.200.1* Tz 13). IdR wird der AP aber vor einem Widerruf des BVm – auch mit Rücksicht auf seine Treuepflicht – zunächst nochmals versuchen, auf die Erfüllung der sonstigen Voraussetzungen hinzuwirken, zB wenn ausschließlich die Einreichung der Konzernrechnungslegungsunterlagen des MU zum HR des TU gem Abs 3 Nr 5 (Anm 110) unterblieben ist.

VI. Sanktionen

Da es sich bei Abs 3 bzw Abs 4 um eine Befreiungsvorschrift handelt, die 125
KapGes unter bestimmten Voraussetzungen (Anm 71 ff) Erleichterungen bzgl Inhalt, Prüfung und Offenlegung ihrer JA (Anm 65) eröffnet, ohne eigenständige Pflichten zu begründen, ist ein Verstoß gegen diese Vorschrift nicht möglich. Liegen nicht sämtliche Voraussetzungen für die Befreiung gem Abs 3 bzw Abs 4 vor, ergeben sich die Rechtsfolgen für die KapGes aus den §§ 334 ff. Schließlich können sich auch bei Vorliegen der Befreiungsvoraussetzungen gem Abs 3 bzw Abs 4 Sanktionen für die KapGes dann ergeben, wenn sie gegen die auch weiterhin von ihr zu beachtenden Bestimmungen der §§ 238 bis 261, dh gegen die für alle Kfl geltenden Buchführungs- und JA-Pflichten, verstößt.

F. Steuerrechtliche Bedeutung

127 Alle KapGes sind gem Abs 1 S 1 verpflichtet, ihren JA um einen **Anhang** zu erweitern und große und mittelgroße KapGes müssen zusätzlich zum JA einen **Lagebericht** erstellen (Abs 1 S 3). Dies ist für steuerliche Zwecke insofern von Bedeutung, als diese Unterlagen **und** – sofern eine JAP stattgefunden hat – auch der **Prüfungsbericht** gem § 60 Abs 3 EStDV der **Steuerklärung beizufügen** sind. Dadurch wird sichergestellt, dass die dem Verständnis von Bilanz und GuV dienenden Erläuterungen, Darstellungen und Begründungen im Anhang, die zusätzlichen Informationen allgemeiner Art im Lagebericht sowie die im Prüfungsbericht getroffenen Feststellungen auch der FinVerw zur Kenntnis gelangen.

128 Macht die KapGes bei Vorliegen der Voraussetzungen von den Erleichterungen gem Abs 3 bzw Abs 4 Gebrauch und verzichtet auf die Aufstellung eines Anhangs, ggf eines Lageberichts sowie ggf auf eine JAP, entfällt die Verpflichtung gem § 60 Abs 3 EStDV. Abgesehen davon haben Abs 3 bzw Abs 4 keine steuerrechtliche Bedeutung. Insb kann im Rahmen einer Inanspruchnahme von Erleichterungen nach Abs 3 bzw 4, zB durch einen Verzicht auf die Anwendung der ergänzenden Bewertungsvorschriften für KapGes (Anm 65) und hier namentlich die Nichtanwendung des § 279 Abs 1, die steuerrechtliche Bemessungsgrundlage der KapGes nicht beeinflusst werden. Maßgeblich hierfür ist, dass auch für EKfl und reine PersGes faktisch in der Steuerbilanz ein Zuschreibungs-/Wertaufholungsgebot gilt bzw Abschreibungen nach vernünftiger kfm Beurteilung gem § 253 Abs 4 für die Steuerbilanz ohnehin nicht zulässig sind (§ 253 Anm 651). Ferner kann es in seltenen Fällen auf Grund der Beachtung der Generalnorm (Abs 2 S 1) zu abw Ansätzen oder Bewertungen in der HB kommen, die dann auch für die Steuerbilanz maßgeblich sind (dazu § 243 Anm 111 f).

G. Publizitätsgesetz

129 Nach § 3 Abs 1 PublG haben Unt, die die Größenkriterien des § 1 PublG erfüllen, grds einen JA, bestehend aus Bilanz und GuV, gem § 242 aufzustellen (§ 5 Abs 1 S 1 PublG). Mit Ausnahme der in der Rechtsform einer „reinen" PersGes sowie des EKfm geführten Unt, ist dieser JA – ebenso wie bei KapGes (Anm 5 ff) – um einen Anhang zu erweitern und zusätzlich ein Lagebericht aufzustellen (§ 5 Abs 2 S 1 PublG). Wegen der Möglichkeit des § 5 Abs 6 PublG zur Befreiung von der Rechnungslegung nach dem PublG bei Einbeziehung in einen KA s Erl zu § 264 b Anm 70 ff.

130 Zur Aufstellung des JA und ggf des Lageberichts sind jeweils sämtliche **gesetzlichen Vertreter** des Unt verpflichtet (§ 5 Abs 1 S 1 PublG). Es sind dies die Mitglieder des kraft Gesetzes zur allgemeinen Vertretung des Unt berufenen Organs, also insb der EKfm selbst, bei einer OHG die nicht durch Gesellschaftsvertrag von der Vertretung ausgeschlossenen Gester und bei einer KG die nicht durch Gesellschaftsvertrag von der Vertretung ausgeschlossenen Komplementäre (ausführlich *ADS*[6] § 5 PublG Anm 5 ff).

131 Die **Frist zur Aufstellung** des JA beträgt bei Unt, die dem PublG unterliegen, drei Monate ab dem Bilanzstichtag (§ 5 Abs 1 S 1 PublG). Diese Frist kann durch Gesellschaftsvertrag oder Satzung weder verkürzt noch verlängert werden (*ADS*[6] § 5 PublG Anm 10 ff). Im Fall einer Fristüberschreitung ergeben sich die in Anm 20 genannten Rechtsfolgen auch hier (s insb § 21 S 1 Nr 2 PublG).

132 Die **Generalnorm** gem **Abs 2 S 1,** wonach der JA ein den tatsächlichen Verhältnissen entsprechendes Bild der VFE-Lage zu vermitteln hat, **gilt** für die

nach dem PublG aufzustellenden JA **nicht** (glA *ADS*[6] § 264 Anm 7 ff). Es verbleibt somit bei den Aufstellungsgrundsätzen für alle Kfl gem § 243 Abs 1 und 2, dh der JA ist nach den GoB aufzustellen und er muss klar und übersichtlich sein (zu Einzelheiten s § 243 Anm 31 ff, 51 ff).

H. Abweichungen der IFRS

Schrifttum: IASB Framework for the Preparation and Presentation of Financial Statements; IAS 1 (rev 2003) Presentation of Financial Statements; *Baetge/Lienau* Änderungen der Berufsaufsicht der Wirtschaftsprüfer DB 2004, 2277.

I. Vorbemerkung zum Anwendungsumfang

Abw von den handelsrechtlichen Bestimmungen ist die Anwendung der IFRS grds weder rechtsform- noch größenabhängig. Im Framework wird auf deren Allgemeingültigkeit explizit (F. 8) hingewiesen. Soweit die einzelnen Standards nicht selbst ihren Anwendungsbereich zB rechtsform-, größen-, branchenabhängig oder sachverhaltsbezogen einschränken (s zB IAS 14 *Segment Reporting* hinsichtlich eines Publizitätskriteriums oder IAS 30 *Disclosures in the Financial Statements of Banks and Similar Financial Institutions* hinsichtlich eines Branchenkriteriums), gelten sie sowohl für den JA als auch den KA aller Unt. **135**

Werden die IFRS auch von Unt angewendet, deren Unternehmensaktivitäten grds nicht marktwirtschaftlich ausgerichtet sind (zB non-profit-Unt, wie Vereine, Stiftungen oder karitative Einrichtungen sowie öffentliche Haushalte) ist deren Rechnungslegungszweck durch die Wahl angemessener Darstellungsformate Rechnung zu tragen (s IAS 1.5). **136**

II. Umfang des Jahresabschlusses (Abs 1)

1. Bestandteile

Ein IFRS-Abschluss *(financial statements)* besteht – unabhängig von der Rechtsform – aus **Bilanz, GuV, Kapitalfluss- bzw Finanzierungsrechnung, Eigenkapitalveränderungsrechnung** sowie einem dem Anhang vergleichbaren **Erläuterungsteil** *(notes),* der ua die Beschreibung der angewandten Bilanzierungs- und Bewertungsmethoden sowie weitere ergänzende Erl und Darstellungen, wie etwa die SegBerE enthält (F. 7; IAS 1.8; IAS 7.1; IAS 14.1 f). Eine Überfrachtung des IFRS-Abschlusses hingegen, die die Gefahr birgt, die Abschlussadressaten zu verwirren oder von entscheidungsrelevanten Informationen abzulenken, ist unzulässig. **137**

Die **Kapitalflussrechnung** ist – im Gegensatz zum Einzelabschluss nach HGB – zwingender Bestandteil eines jeden IFRS-Abschlusses (IAS 7.1; IAS 1.8(d)) (zum KA s § 297 Anm 50 ff, 230 ff). **138**

Unverzichtbarer Bestandteil des IFRS-Abschlusses ist ferner eine **Eigenkapitalveränderungsrechnung** (IAS 1.8(c), 96 ff). Diese hat zwingend das (Konzern-)Periodenergebnis (*profit or loss;* vgl § 275 Anm 330 ff), die mit dem EK (erfolgsneutral) verrechneten Beträge sowie die Auswirkungen eines Wechsels der Bilanzierungs- und Bewertungsmethode(n) und der Korrektur von Bilanzierungs- und Bewertungsfehlern zu enthalten. Die Summe aus (Konzern-)Periodenergebnis und mit dem EK (erfolgsneutral) verrechneter Beträge ist getrennt nach dem auf die EK-Geber des MU und dem auf die MinderheitsGester ent- **139** fallenden Anteil auszuweisen. Die Darstellung der Veränderung des EK durch Transaktionen mit den EK-Gebern (zB Einlagen, Kapitalrückzahlungen, Gewinnausschüttungen etc; IAS 1.8 (c)(ii)), die Entwicklung der Gewinnrücklagen sowie der anderen EK-Bestandteile kann dagegen alternativ auch im Anhang erfolgen.

141 Die **Segmentberichterstattung** iSd IAS 14 gehört zu den weiteren ergänzenden Erl *(supplementary information bzw explanatory notes)* (vgl § 297 Anm 150ff, 250ff).

142 Aus Gründen der Vergleichbarkeit sind zu allen publizierten Informationen, seien sie numerisch oder deskriptiv, **Vj-Angaben** erforderlich (F. 39, 42; IAS 1.36). Kann dieser Anforderung nicht entsprochen werden, da zB bestimmte Informationen in der Vergangenheit nicht erhoben wurden, ist dieser Umstand offen zu legen (IAS 1.38f; hierzu näher § 265 Anm 6).

143 Daneben ist es jedem Unt freigestellt, über die Aufstellung des IFRS-Abschlusses hinaus, seine Berichterstattung freiwillig iSe verbesserten Information zu erweitern (zB Umweltberichterstattung; IAS 1.10; zum Lagebericht siehe Anm 145). Das IASB unterstellt grds, dass solche Berichte und **Zusatzinformationen** außerhalb des IFRS-Abschlusses veröffentlicht werden und insofern nicht zum IFRS-Abschluss gehören. Werden sie ausdrücklich als zum IFRS-Abschluss gehörend gekennzeichnet, sind die IFRS auch für diese zu beachten, dh zB dass die in Framework und den IFRS niedergelegten Grundsätze gelten oder das veröffentlichte Zahlenmaterial nach den IFRS ermittelt bzw bewertet sein muss.

2. Lagebericht

145 IAS 1.9 weist lediglich darauf hin, dass Unt ihre Rechenschaftslegung teilweise durch eine eigenständige Finanzberichterstattung *(financial review)* ergänzen, ohne – wie noch im IAS 1.8 (alt) – eine solche Berichterstattung ausdrücklich zu begrüßen. Sollte das Unt einen Lagebericht veröffentlichen, ist dieser im Allgemeinen nicht Bestandteil des IFRS-Abschlusses (vgl Anm 143).

III. Generalnorm (Abs 2)

146 Die Anwendung der IFRS (und der SIC bzw IFRIC) gewährleistet eine getreue Darstellung der VFE-Lage. IVm IAS 1.17 wird der Grundsatz der *fair presentation* (IAS 1.13; bzw im angelsächsischen: *true and fair view)* – vergleichbar dem S 2 der Generalnorm – zum (allerdings sehr restriktiven) ***overriding principle*** erhoben.

147 IAS 1.17 gestattet dem IFRS-Anwender in Ausnahmefällen, von den Einzelregelungen der IFRS abzuweichen, wenn nur so eine *fair presentation* sichergestellt werden kann. Dieser sanktionierte *„true and fair override"* dürfte für die Praxis jedoch eine nur unbedeutende Rolle spielen und möglicherweise nur für „neue", bisher nicht oder nicht eindeutig geregelte Bilanzierungsfragen Relevanz haben. Dies vor allem deshalb, weil mit der Abkehr von Einzelregelungen eine Vielzahl von detaillierten Offenlegungspflichten einhergehen, die den Abweichungstatbestand als unternehmensspezifischen Sonderfall exponieren und insoweit eine kritische Diskussion seitens der Abschlussadressaten, einschl der Analysten, gewährleisten. Darüber hinaus ist auch damit zu rechnen, dass sich das IASB selbst vorbehält, solche „Vorkommnisse" zu beurteilen oder die privatrechtlich organisierte Deutsche Prüfstelle für Rechnungslegung im Rahmen des deutschen Enforcement-Systems solche Abweichungen zum Anlass nimmt, den IFRS-Abschluss einer Überprüfung zu unterziehen (vgl § 342b Anm 8ff).

IV. Folgen einer Nichtbefolgung von IFRS

Ein JA darf nur dann als mit den IFRS im Einklang stehend bezeichnet (und „testiert") werden, wenn das gesamte Regelwerk, dh die bestehenden Einzelvorschriften einschließlich der dazu verabschiedeten SIC bzw IFRIC angewendet wurden. Auf die Anwendung der IFRS ist ausdrücklich hinzuweisen (IAS 1.14). **148**

Die Nichtbefolgung der IFRS-Regeln kann nicht durch eine entspr Offenlegung der abw angewandten Bilanzierungs- und/oder Bewertungsmethoden geheilt werden (IAS 1.16). In diesen Fällen ist das Testat entspr zu ergänzen, einzuschränken oder in schwerwiegenden Fällen zu versagen. **149**

Ferner wird zukünftig die Einhaltung der IFRS in erster Instanz durch die Prüfstelle (vgl Anm 147) überprüft und Verstöße geahndet werden. Eine gezielte Überprüfung aufgrund konkreter Anhaltspunkte für Verstöße, auf Veranlassung der BaFin oder im Rahmen von Stichproben wird bei Unt vorgenommen, die einen testierten IFRS-KA zu veröffentlichen haben (vgl *Baetge/Lienau,* 2278). **150**

§ 264 a Anwendung auf bestimmte offene Handelsgesellschaften und Kommanditgesellschaften

(1) **Die Vorschriften des Ersten bis Fünften Unterabschnitts des Zweiten Abschnitts sind auch anzuwenden auf offene Handelsgesellschaften und Kommanditgesellschaften, bei denen nicht wenigstens ein persönlich haftender Gesellschafter**

1. eine natürliche Person oder
2. eine offene Handelsgesellschaft, Kommanditgesellschaft oder andere Personengesellschaft mit einer natürlichen Person als persönlich haftendem Gesellschafter

ist oder sich die Verbindung von Gesellschaften in dieser Art fortsetzt.

(2) **In den Vorschriften dieses Abschnitts gelten als gesetzliche Vertreter einer offenen Handelsgesellschaft und Kommanditgesellschaft nach Absatz 1 die Mitglieder des vertretungsberechtigten Organs der vertretungsberechtigten Gesellschaften.**

Übersicht

Schrifttum zu §§ 264 a–c und Art 48 EGHGB: *Lanfermann* Die Bilanzierung des Eigenkapitals der GmbH & Co KG de lege ferenda – Überlegungen zur Transformation der GmbH & Co-Richtlinie in FS Ludewig, 549; *Dörner/Wirth* Die Befreiung von Tochter-Kapitalgesellschaften nach § 264 Abs 3 idF des KapAEG hinsichtlich Inhalt, Prüfung und Offenlegung des Jahresabschlusses DB 1998, 1525; *Arbeitskreis Externe Unternehmensrechnung der Schmalenbach-Gesellschaft* (AK-Schmalenbach) Interpretation des mit dem Kapitalaufnahmeerleichterungsgesetz (KapAEG neu in das HGB aufgenommenen § 246 Abs 3 HGB DB 1999, 493; *Bömelburg* Kapitalgesellschaften- und Co-Richtlinien-Gesetz, BuW 1999, 841; *Ernst,* Die Grundzüge des Referentenentwurfs zum Kapitalgesellschaften- & Co-Richtlinie-Gesetz DStR 1999, 903; *IDW* IDW-Stellungnahme zum KapCoRiLiG WPg 1999, 433 und 936; *Strobel* Die neuen EU-Bilanzpflichten für Kapitalgesellschaften & Co im Rahmen neuer Schwellenwerte und Offenlegungssanktionen DB 1999, 1025; *Strobel* Die GmbH & CoKG als Bilanzkonzern nach dem Regierungsentwurf des „KapCoRiLiG" GmbHR 1999, 1117; *Wiechmann,* Der Jahres- und Konzernabschluss der GmbH & Co KG WPg 1999, 916; *IDW-Arbeitskreis* „Personengesellschaften", Zweifelsfragen des Kapitalgesellschaften & Co-Richtlinie-Gesetzes (KapCoRiLiG) FN IDW 2000, 604; *Bitter/Grashoff* Anwendungsprobleme des Kapitalgesellschaften- und Co-Richtlinie-Gesetzes DB 2000, 833; *Bitter/Grashoff* Das Publizitätsgesetz nach Inkrafttreten des KapCoRiLiG – unterschiedliche Anforderungen der Rechnungslegung DB 2000, 2285; *Dorozala/Söffing* Zur Vermeidung handelsrechtlicher Offenlegungspflichten durch alternative Rechtsformen DStR 2000, 1567; *Hempe* Eigenkapitalausweis der GmbH & Co KG nach dem KapCoRiLiG DB 2000, 1293; *Hoffmann* Eigenkapitalausweis und Ergebnisverteilung bei Personenhandelsgesellschaften nach Maßgabe des KapCoRiLiG DStR 2000, 837; *Kusterer/Kirnberger/Fleischmann* Der Jahresabschluss der GmbH & Co KG nach dem Kapitalgesellschaften- und Co-Richtlinie-Gesetz DStR 2000, 606; *Luttermann* Das Kapitalgesellschaften- und Co-Richtlinie-Gesetz ZIP 2000, 517; *Pawelzik/Theile* Konzernrechnungslegungspflicht und Ausweis der Anteile anderer Gesellschafter im Konzernabschluss der GmbH & Co KG DStR 2000, 2145 f; *Salgert* Praxishinweise zum Kapitalgesellschaften- und Co-Richtlinie-Gesetz (KapCoRiLiG) WPK-Mitt 2000, 86; *Strobel* Die Neuerungen des KapCoRiLiG für den Einzel- und Konzernabschluss DB 2000, 53; *Theile* Ausweisfragen beim Jahresabschluss der GmbH & Co KG nach neuem Recht BB 2000, 555; *Theile* Publizität des Einzel- oder Konzernabschlusses bei der GmbH & Co KG nach neuem Recht? GmbHR 2000, 215; *Winkeljohann/Schindhelm* Das KapCoRiLiG: ein Praxisleitfaden zum Kapitalgesellschaften- und Co-Richtlinie-Gesetz, Herne 2000; *Herrmann* Zur Rechnungslegung der GmbH & Co KG im Rahmen des KapCoRiLiG WPg 2001, 271; *IDW RS HFA* 7 Zur Rechnungslegung bei Personenhandelsgesellschaften WPg 2002, 1259; *Schiedermair/Maul* Bilanzierungs-, Prüfungs- und Offenlegungspflichten von haftungsbeschränkten & Co-Gesellschaften nach Inkrafttreten des Kapitalgesellschaften- und Co-Richtlinien-Gesetzes in FS W. Müller, 502; *Keller* Befreiender Konzernabschluss und das Publizitätsgesetz nach Umsetzung des KapCoRiLiG StuB 2001, 212; *Kraft* Die Mitwirkung der Gesellschafter bei der Befreiung nach § 264 Abs. 3 HGB in FS W. Müller, 463; *Grüter/Mitsch* Beitritt einer natürlichen Person als persönlich haftender Gesellschafter einer GmbH & Co KG, Teil I und II Inf 2001, 142 und 174; *Zwirner* Auswirkungen des KapCoRiLiG auf die Konzernrechnungslegung in Deutschland BuW 2002, 89; *Schulze-Osterloh* Befreiung der Kapitalgesellschaft & Co. von der Rechnungslegungspflicht für Kapitalgesellschaften durch Einbeziehung in den „Konzernabschluß" ihres persönlich haftenden Gesellschafters BB 2002, 1307; *Waßmer* Die GmbH & Stroh KG als Publizitäts-Vermeidungsmodell GmbHR 2002, 412; *Küting/Weber/Pilhofer* Zur Frage der Einbeziehung einer GmbH & Co. KG in den Konzernabschluss eines übergeordneten Mutterunternehmens im Rahmen der Abgrenzung des Konsolidierungskreises WPg 2003, 793; *von Kanitz* Rechnungslegung bei Personenhandelsgesellschaften – Anmerkungen zu IDW RS HFA 7 – WPg 2003, 324; *Kiesel/Grimm* Die Offenlegungsverpflichtung bei Kapitalgesellschaften & Co. nach dem Beschluss des EuGH vom 23. 9. 2004 DStR 2004, 2210

A. Grundlagen

1 Die §§ 264 a–c wurden auf Grund der verpflichtenden Transformation der sog GmbH & Co-Richtlinie (8. 11. 1990, 90/605/EWG, ABl EG L 317/1990, 60 ff) im Rahmen des **KapCoRiLiG** (24. 2. 2000 BGBl I, 154) in deutsches Recht eingefügt.

Hiernach werden die für KapGes geltenden Vorschriften zwecks Gleichbehandlung auch auf solche PersGes ausgedehnt, deren Haftungsstrukturen mangels einer vollhaftenden natürlichen Person denen von KapGes vergleichbar sind (nachfolgend KapCoGes). Dies entspricht der Devise, dass eine Ausweitung der Rechnungslegungsvorschriften sowie die Publizität einen Ausgleich für die **Haftungsbeschränkung** darstellt (Begr RegE, BT-Drucks 14/1806, 18). Zur Anwendung gelangen somit die Vorschriften zur Erstellung von JA bzw KA sowie -lageberichten (§§ 264 ff), zur Prüfung (§§ 316 ff), zur Publizität (§§ 325 ff), zur Verordnungsermächtigung für Formblätter und andere Vorschriften (§ 330) sowie die Sanktionsvorschriften bei Verstoß gegen Offenlegungspflichten (§§ 331 ff). 2

Auf Grund der sich aus der Rechtsform der PersGes ergebenden bilanz- und gesellschaftsrechtlichen Besonderheiten enthält § 264 c zudem **explizite Sondervorschriften.**

§ 264 b enthält eine **Befreiungsvorschrift,** wonach in Fällen, in denen die KapCoGes in einen dieser Vorschrift entspr befreienden KA einbezogen wird, für ihren JA von der Anwendung der §§ 264 a–c befreit ist.

§§ 264 a–c waren verpflichtend auf Abschlüsse und Lageberichte für Gj anzuwenden, die nach dem **31. Dezember 1999** begannen (Art 48 Abs 1 Satz 1 EGHGB). Für die erstmalige Anwendung bestehen gem Art 48 EGHGB gewisse Erleichterungen. Diese können uE auch solche Unt beanspruchen, bei denen die Erfüllung der Tatbestandsmerkmale des § 264 a und folglich die entspr Bilanzierungsänderung erst zu einem späteren als dem og Zeitpunkt eintritt – bspw PersGes, die durch Änderung der GesterZusammensetzung erstmals zu KapCoGes werden (s zu Art 48 EGHGB Anm 1 ff). 3

Im Zuge der Einfügung der §§ 264 a–c wurden die davon betroffenen KapCoGes für nach dem 31. Dezember 1999 beginnende Gj vom Anwendungsbereich des **PublG** ausgeschlossen (§ 3 Abs 1 Nr 1 iVm § 23 Abs 4 PublG). 5

B. Anwendungsbereich (Abs 1)

I. Überblick

Die Anwendung der Vorschriften für KapGes (§§ 264 ff) sowie der §§ 264 b–c erstreckt sich auf OHG (§§ 105 ff) und KG (§§ 161 ff), „bei denen nicht wenigstens ein phG 10

1. eine natürliche Person oder
2. eine offene Handelsgesellschaft, Kommanditgesellschaft oder andere Personengesellschaft mit einer natürlichen Person als persönlich haftendem Gesellschafter ist oder sich die Verbindung von Gesellschaften in dieser Art fortsetzt."

Der Anwendungsbereich ist insofern zum einen begrenzt auf Ges in der Rechtsform der OHG oder KG **(Personenhandelsgesellschaften).** Zum anderen werden letztlich nur solche gesrechtlichen Konstruktionen erfasst, bei denen weder unmittelbar noch mittelbar (dh über eine oder mehrere zwischengeschaltete Ges) eine natürliche Person die Vollhaftung für die betr OHG bzw KG übernimmt. Betroffen sind somit diejenigen Ges, bei denen ausschließlich KapGes (Regelfall, möglicherweise aber auch bspw Stiftungen, eG, wirtschaftliche Vereine) als Vollhafter fungieren (KapCoGes). 11

Eine **mittelbare Vollhaftung** einer natürlichen Person liegt vor, wenn zwischen die betreffende OHG bzw KG und die natürliche Person eine (oder mehrere) Ges in der Rechtsform einer OHG, KG oder sonstigen PersGes ge- 12 schaltet ist (sind), so dass letztlich haftungsrechtlich ein Durchgriff auf den phG der ZwischenGes erfolgt.

II. Personenhandelsgesellschaften (OHG, KG)

15 Als **offene Handelsgesellschaft** (OHG) gilt eine Ges, deren Zweck auf den Betrieb eines Handelsgewerbes unter gemeinschaftlicher Firma gerichtet ist und bei keinem ihrer Gester die Haftung ggü den GesGläubigern beschränkt ist (§ 105 Abs 1). Als Handelsgewerbe gilt dabei jeder Gewerbebetrieb, es sei denn, dass das Unt einen nach Art oder Umfang in kfm Weise eingerichteten Geschäftsbetrieb nicht erfordert (§ 1 Abs 2).

16 Darüber hinaus gilt eine Ges auch dann als OHG, wenn sich ihre Geschäftstätigkeit auf die Verwaltung eigenen Vermögens beschränkt oder ein in kfm Weise eingerichteter Geschäftsbetrieb nicht erforderlich ist, jedoch ihre Firma ins HR eingetragen ist (§ 105 Abs 2).

17 Als **Kommanditgesellschaft** (KG) gilt eine Ges, deren Zweck auf den Betrieb eines Handelsgewerbes unter gemeinschaftlicher Firma gerichtet ist und bei einigen ihrer Gester (Kommanditisten) die Haftung ggü den GesGläubigern auf den Betrag einer bestimmten Vermögenseinlage beschränkt ist, während bei den übrigen Gestern (Komplementäre) keine Haftungsbeschränkung besteht (§ 161 Abs 1). Hinsichtlich der sonstigen Kriterien für die Qualifizierung als KG gilt § 105 Abs 2 analog (§ 161 Abs 2).

18 Eine Qualifizierung als OHG bzw KG setzte nach bisher hM voraus, dass die Ges ihren **Verwaltungssitz** in Deutschland hat, wobei hierbei der Sitz der tatsächlichen Verwaltung, nicht etwa ein ggf davon abw im GesVertrag festgelegter Sitz maßgebend ist (Sitztheorie); ob man an dieser Auffassung allerdings – zumindest ggü EU-Staaten – weiterhin festhalten kann, ist im Hinblick auf die jüngeren *EuGH*-Urteile zugunsten der Gründungstheorie (Centros, Überseering) fraglich (s hierzu *Baumbach/Hopt*[31] Einl v § 105 Rn 29).

III. Persönlich haftende Gesellschafter

20 Der Gesetzgeber stellt grds darauf ab, ob (mind) eine natürliche Person unbegrenzt mit ihrem Privatvermögen für etwaige Verpflichtungen der Ges haftet. Insofern erfordert die Stellung als phG eine mit einer unbeschränkten Haftungsübernahme ausgestalteten **rechtswirksamen Beteiligung** an der Ges. Die Beteiligung muss sowohl auf Namen als auch auf Rechnung der natürlichen Person gehalten werden; eine treuhänderische Verwaltung genügt indes nicht (glA *ADS*[6] (ErgBd) § 264 a Anm 31).

21 Die **Haftungsübernahme** tritt ein, wenn der Eintritt des phG in das HR eingetragen wird oder – durch analoge Anwendung von § 123 – die Geschäfte der Ges mit dessen Zustimmung und für seine Rechnung fortgesetzt werden (vgl *Baumbach/Hopt*[31] § 123 Rdnr 4); im letztgenannten Fall kommt es auf die HR-Eintragung aufgrund ihres lediglich deklaratorischen Charakters nicht an (so *IDW RS HFA* 7 Anm 6).

22 Der Nachweis, ob am Abschlussstichtag (mind) eine natürliche Person phG war, kann grds durch entspr Einsichtnahme in das HR festgestellt werden.

23 Für deutsche Staatsangehörige setzt ein rechtlich wirksamer Beitritt in die Ges grds die unbeschränkte Geschäftsfähigkeit (Vollendung des 18. Lebensjahrs) voraus (§ 2 BGB); im Falle einer beschränkten Geschäftsfähigkeit (Vollendung des 7. Lebensjahrs; § 106 BGB) bedarf es neben der Zustimmung des gesetzlichen

Vertreters (§ 107 BGB) auch der Genehmigung des Vormundschaftsgerichts (§ 1643 Abs 1 BGB mit Verweis auf § 1822 BGB). Für ausländische Staatsangehörige gilt das jeweilige ausländische Recht.

Eine über die Funktion als phG hinausgehende Befugnis oder Tätigkeit in der Ges ist nicht erforderlich (glA *Winkeljohann/Schindhelm,* 263); zur gesellschaftsvertraglich möglichen Einschränkung der nach dem gesetzlichen Leitbild vorgesehenen Rechtsstellung des phG s *Grüter/Mitsch* Inf 2001, 143ff. 24

In diesem Zusammenhang könnte es fraglich sein, ob auch durch entspr **schuldrechtliche Vereinbarungen** (zB Bürgschaft, Verlustübernahmeerklärung oä) mit einer dritten natürlichen Person eine Befreiung von § 264a erreicht werden kann. Dies dürfte sowohl im Hinblick auf den Gesetzeswortlaut als auch die Tatsache, dass sich die das Außenverhältnis betr gesellschafts- und registerrechtlichen Schutzvorschriften zunächst auf die im HR eingetragenen phG beziehen, zu verneinen sein (glA *ADS*[6] (ErgBd) § 264a Anm 33). 25

Gleichermaßen ist fraglich, ob im umgekehrten Fall, in dem zwar eine als phG fungierende natürliche Person existiert, diese jedoch seitens eines anderen (ggf nur begrenzt haftenden) Gesters oder Dritten von ihrer **Haftung freigestellt** wird, nicht unter den Anwendungsbereich von § 264a fällt. Dies dürfte uE solange zu verneinen sein, wie diese Freistellung das Fortbestehen der rechtlichen Haftung des Gesters im Außenverhältnis nicht berührt (kritisch *ADS*[6] (ErgBd) § 264a Anm 30). 26

Der Gesetzgeber fordert hinsichtlich der Haftungsverpflichtung lediglich ihren rechtlichen Bestand, nicht jedoch auch deren Werthaltigkeit. Insofern sind die **wirtschaftlichen Verhältnisse** der natürlichen Person für ihre Funktion als Vollhafter grds ohne Belang (glA *Herrmann* WPg 2001, 273; *Winkeljohann/Schindhelm,* 7 und 265; *ADS*[6] (ErgBd) § 264a Anm 29; im Ergebnis auch *Schiedermair/Maul* in FS W. Müller, 520ff; strenger *WPH I*[12] F Anm 13, das für vermögenslose Vollhafter zumindest deren Erwerbsfähigkeit für erforderlich hält). 27

Die **Nationalität** sowie der Wohnsitz der als phG fungierenden natürlichen Person sind grds unmaßgeblich. 28

Nicht explizit geregelt ist die Frage, zu welchem **Zeitpunkt** bzw über welche Zeitdauer die Stellung als phG für eine Befreiung des § 264a vorliegen muss. Im Hinblick darauf, dass die generelle gesetzliche Verpflichtung zur Erstellung von JA bzw KA an den Ablauf des Gj knüpft, wonach eine Dokumentation der bis bzw am Abschlussstichtag herrschenden Verhältnisse zu erfolgen hat, dürfte es ausreichend sein, wenn das GesVerhältnis zumindest am Abschlussstichtag vorliegt. Ein unmittelbares Ausscheiden des Vollhafters nach dem Abschlussstichtag ist im Hinblick auf die geltenden Nachhaftungsvorschriften (§§ 130, 160ff) nicht schädlich (glA *IDW RS HFA* 7 Anm 6; *Thiele/Sickmann* in *Baetge/Kirsch/Thiele* Bilanzrecht § 264a Anm 51ff; *Bitter/Grashoff* DB 2000, 838; aA *ADS*[6] (ErgBd) § 264a Anm 36, die die Vollhafterfunktion zumindest bis zu dem Zeitpunkt als notwendig erachten, an dem die Ges ihre Rechnungslegungspflichten (Aufstellung des JA, ggf Prüfung und Offenlegung) erfüllt hat). 29

IV. Mittelbare Haftung bei mehrstöckigen Gesellschaften

Für die Befreiung des § 264a kommt es darauf an, dass (mind) eine natürliche Person unbegrenzt mit ihrem Privatvermögen für Verpflichtungen der Ges haftet. Dabei ist es unerheblich, ob sich die Haftung unmittelbar, dh auf Grund einer direkten Beteiligung an der betr Ges, oder mittelbar, dh indirekt über die Beteiligung an einer (oder mehreren) zwischengeschalteten Ges ergibt. 35

36 Eine solche **Durchgriffshaftung** über eine (oder mehrere) ZwischenGes setzt zunächst voraus, dass die jeweilige ZwischenGes in der Rechtsform der OHG bzw KG oder einer anderen PersGes geführt wird.

37 Darüber hinaus ist es erforderlich, dass diese ZwischenGes phG der betreffenden OHG bzw KG ist und der phG Gester der ZwischenGes wiederum entweder eine natürliche Person oder eine weitere ZwischenGes ist, deren phG eine natürliche Person ist. Letztlich ist es somit für eine Befreiung von § 264 a erforderlich, dass sämtliche ZwischenGes phG der darunterliegenden (Zwischen-)Ges sind und der phG der spätestens am Ende dieser Beteiligungskette stehenden ZwischenGes eine natürliche Person ist. Insofern genügt es bspw, wenn bei einer mehrstöckigen Ges erst auf der dritten Stufe eine als phG fungierende natürliche Person steht. Eine Interpretation von § 264 a dahingehend, dass auf jeder GesEbene eine natürliche Person als phG stehen muss, dürfte dem Sinn und Zweck der Regelung zuwiderlaufen (so aber *Luttermann* ZIP 2000, 519).

38 Die Qualifizierung als OHG oder KG bestimmt sich nach deutschem GesRecht (vgl Anm 11 ff).

39 Neben PersGes lässt der Gesetzgeber aber auch **„andere Personengesellschaften"** als ZwischenGes zu. Als Rechtsformen wären zunächst bspw die GbR oder PartGes in Betracht zu ziehen. Ob eine GbR Gester einer PersGes sein kann, war bislang umstritten; die Stellung als Kommanditist einer KG wurde inzwischen durch den *BGH* (16. 7. 2001 BB 2001, 2338) für zulässig erklärt (s hierzu ausführlich *Baumbach/Hopt*[31] § 105 Rn 29, § 162 Rn 2). Darüber hinaus dürften aber auch ausländische Rechtsformen zulässig sein, sofern deren Rechtscharakter einer PersGes iS des deutschen GesRechts vergleichbar ist. Entspr dem Sinn und Zweck der Vorschrift wird dabei insb darauf abzustellen sein, ob diese Rechtsform noch einen haftungsrechtlichen Durchgriff auf die als phG fungierende natürliche Person gewährleistet.

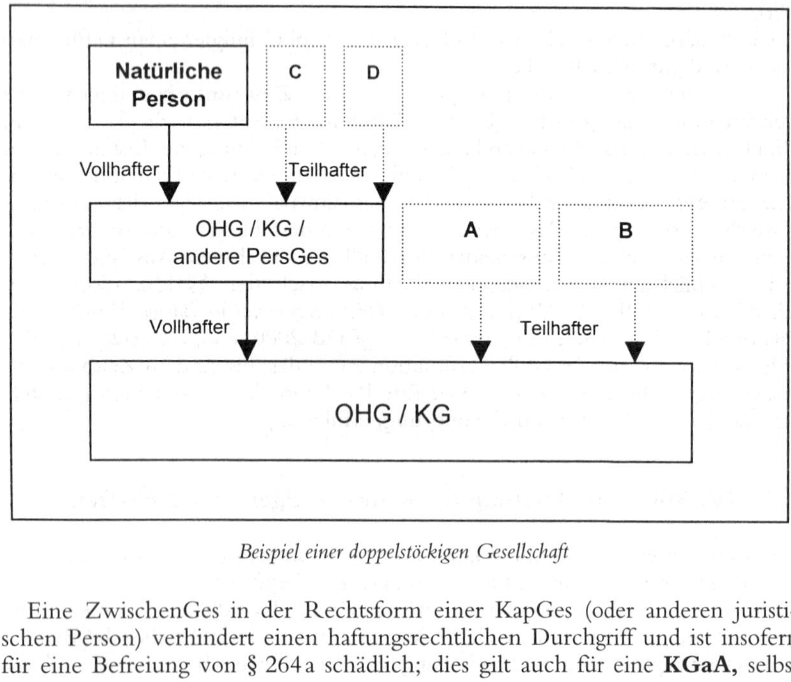

Beispiel einer doppelstöckigen Gesellschaft

40 Eine ZwischenGes in der Rechtsform einer KapGes (oder anderen juristischen Person) verhindert einen haftungsrechtlichen Durchgriff und ist insofern für eine Befreiung von § 264 a schädlich; dies gilt auch für eine **KGaA,** selbst

wenn deren Komplementär eine natürliche Person ist (*Begr RegE,* BT-Drucks 14/1806, 18).

V. Rechtsfolgen des § 264 a

Die Erfüllung der Anwendungsvoraussetzungen des § 264 a führt zu der Verpflichtung, neben den allgemeinen, für alle Kfl geltenden, Vorschriften die folgenden – bisher handelsrechtlich nur für KapGes verpflichtenden – Vorschriften zu beachten: **45**

- §§ 264 bis 289 JA der KapGes und Lagebericht (Erster Unterabschnitt)
- §§ 290 bis 315 a KA und Konzernlagebericht (Zweiter Unterabschnitt)
- §§ 316 bis 324 Prüfung (Dritter Unterabschnitt)
- §§ 325 bis 329 Offenlegung (Einreichung zu einem Register, Bekanntmachung im BAnz). Veröffentlichung und Vervielfältigung. Prüfung durch das Registergericht (Vierter Unterabschnitt). (Die Offenlegungspflicht auch ohne schutzbedürftiges Interesse der Einsichtnehmenden bejahend: EuGH-Beschluss v 23. 9. 2004 ZIP 2004, V)
- § 330 Verordnungsermächtigung für Formblätter und andere Vorschriften (Fünfter Unterabschnitt)
- §§ 331 bis 335 a Straf- und Bußgeldvorschriften. Zwangsgelder (Sechster Unterabschnitt)

Die Anwendbarkeit der Straf- und Bußgeld-, Zwangs- und Ordnungsgeldvorschriften für OHG und KG iSd § 264 a Abs 1 regelt § 335 b.

Darüber hinaus entfalten die in **§ 264 c** neu aufgenommenen Vorschriften Geltung, die den sich durch die Rechtsform der PersGes ergebenden Besonderheiten Rechnung tragen. Im Falle etwaiger Konflikte mit den übrigen Vorschriften des Ersten bis Fünften Unterabschnitts sind diesen als **Spezialnorm** Vorrang einzuräumen. **46**

Die – bislang nur für KapGes geltenden – Einschränkungen bestimmter, für alle Kfl geltenden Vorschriften (§§ 238 ff) entfalten nun auch für KapCoGes Wirkung. Betroffen hiervon sind bspw der **Wegfall der Abschreibungen im Rahmen vernünftiger kaufmännischer Beurteilung** (§ 279 Abs 1 iVm § 253 Abs 4), des Wahlrechts zur **außerplanmäßigen Abschreibungen auf Anlagevermögen** bei nur vorübergehender Wertminderung, sofern es sich nicht um Finanzanlagen handelt (§ 279 Abs 1 iVm § 253 Abs 2 S 3) sowie des Wahlrechts zur **Wertaufholung** (§ 280 Abs 1 iVm § 253 Abs 5). Gleichermaßen gelten **größenabhängige Erleichterungen** entspr den in §§ 267, 293 genannten Schwellenwerten. **47**

Zu den **Übergangsvorschriften** wird auf die Kommentierung zu Art 48 EGHGB verwiesen. **48**

Wird die betr KapCoGes allerdings in einen **befreienden KA** iS § 264 b einbezogen, genügt für ihren JA die Beachtung der allgemeinen, für alle Kfl geltenden Vorschriften (§§ 238–263); eine Verpflichtung zu dessen Prüfung und Offenlegung besteht nicht. Die diesbzgl Prüfungsnotwendigkeit im Rahmen der KA-Prüfung iSd § 317 Abs 3 bleibt hiervon allerdings unberührt. **49**

Die ergänzenden Vorschriften für **Kreditinstitute und Finanzdienstleistungsinstitute** sowie **VersicherungsUnt** (§§ 340 ff) galten bereits nach bisheriger Rechtslage auch für diesem Geschäftszweig angehörende PersGes; Änderungen durch § 264 a ergeben sich insofern nicht. **50**

Für die vom Geltungsbereich des **PublG** ausgenommenen KapCoGes entfallen formal ua auch die §§ 7, 8 und 10 PublG. Im Hinblick darauf, dass Ges etwaige individuelle Sonderregelungen nur insoweit in den jeweiligen GesVertrag **51** aufgenommen haben dürften, als dies nicht (oder abw) gesetzlich geregelt war bzw ist, ergibt sich durch die Rechtsänderung ggf eine von den betr Ges bislang nicht absehbare Regelungslücke. Ob aus diesen Gründen für diejenigen Ges, die mangels abw gesvertraglicher Sonderregelungen nach bisheriger Rechtslage zur Anwendung der betr publizitätsrechtlichen Vorschriften verpflichtet waren, diese Verpflichtung auch weiterhin iSe analogen Anwendung anzunehmen ist, ist offen (befürwortend *ADS*[6] (ErgBd) § 264 a Anm 52 ff).

C. Gesetzliche Vertreter (Abs 2)

55 Der durch § 264 a normierte Verweis auf die – ursprünglich nur für KapGes konzipierten – Vorschriften (§§ 264 ff) machte eine Klarstellung dahingehend erforderlich, welche Personen oder Gremien einer PersGes die Funktion des gesetzlichen Vertreters der KapCoGes übernehmen und somit für die Erfüllung der handelsrechtlichen Pflichten zuständig und verantwortlich sind. Betroffen hiervon sind insb die Pflichten zur

- Aufstellung des JA und Lageberichts (§ 264 Abs 1),
- Aufstellung des KA und Konzernlageberichts (§ 290 Abs 1),
- Beauftragung des AP (§ 318),
- Vorlage des Abschlusses und Lageberichts sowie zur Erteilung von Auskünften ggü dem AP (§ 320) und zur
- Offenlegung (§§ 330 ff).

56 Nach Abs 2 gelten als gesetzliche Vertreter einer KapCoGes die Mitglieder des vertretungsberechtigten Organs der vertretungsberechtigten Ges.

57 Die Vorschrift beschränkt sich auf den Fall, dass es sich bei dem Vertretungsberechtigten der betr KapCoGes um eine (oder mehrere) Ges handelt. Dies ist insofern systemgerecht, als dass die Fälle, in denen eine natürliche Person für die betr KapCoGes iSe phG vertretungsberechtigt ist, ohnehin nicht unter den Anwendungsbereich des § 264 a fallen.

58 Als **vertretungsberechtigte Ges** gelten insofern sämtliche Ges, die als Gester einer OHG bzw Kompl einer KG gem GesVertrag zur Geschäftsführung berechtigt (und folglich auch verpflichtet) sind. Die **Mitglieder des vertretungsberechtigten Organs** sind die gesetzlichen Vertreter der betr KapCoGes iSd Vorschrift; dabei handelt es sich im Falle einer AG um den Vorstand, bei einer GmbH um den/die Geschäftsführer.

59 Wird die betr KapCoGes von mehreren vertretungsberechtigten Ges geführt, gelten sämtliche Mitglieder der jeweiligen vertretungsberechtigten Organe als ihr gesetzlicher Vertreter.

D. Sanktionen

65 Die Nichtbeachtung der §§ 264 a–c führt durch entspr Verweis in § 335 b zur Anwendung der §§ 331 bis 335 a **(Straf- und Bußgeldvorschriften. Zwangsgelder).**

§ 264b Befreiung von der Pflicht zur Aufstellung eines Jahresabschlusses nach den für Kapitalgesellschaften geltenden Vorschriften

Eine Personenhandelsgesellschaft im Sinne des § 264a Abs. 1 ist von der Verpflichtung befreit, einen Jahresabschluss und einen Lagebericht nach den Vorschriften dieses Abschnitts aufzustellen, prüfen zu lassen und offen zu legen, wenn

1. **sie in den Konzernabschluss eines Mutterunternehmens mit Sitz in einem Mitgliedstaat der Europäischen Union oder einem anderen Vertragsstaat des Abkommens über den Europäischen Wirtschaftsraum oder in den Konzernabschluss eines anderen Unternehmens, das persönlich haftender Gesellschafter dieser Personenhandelsgesellschaft ist, einbezogen ist;**
2. **der Konzernabschluss sowie der Konzernlagebericht im Einklang mit der Richtlinie 83/349/EWG des Rates vom 13. Juni 1983 auf Grund von Artikel 54 Abs. 3 Buchstabe g des Vertrages über den konsolidierten Abschluss (ABl. EG Nr. L 193 S. 1) und der Richtlinie 84/253/EWG des Rates vom 10. April 1984 über die Zulassung der mit der Pflichtprüfung der Rechnungslegungsunterlagen beauftragten Personen (ABl. EG Nr. L 126 S. 20) in ihren jeweils geltenden Fassungen nach dem für das den Konzernabschluss aufstellende Unternehmen maßgeblichen Recht aufgestellt, von einem zugelassenen Abschlussprüfer geprüft und offen gelegt worden ist;**
3. **das den Konzernabschluss aufstellende Unternehmen die offen zu legenden Unterlagen in deutscher Sprache auch zum Handelsregister des Sitzes der Personenhandelsgesellschaft eingereicht hat und**
4. **die Befreiung der Personenhandelsgesellschaft im Anhang des Konzernabschlusses angegeben ist.**

Übersicht

Schrifttum: Siehe zu § 264a.

A. Grundlagen

1 Gem § 264b sind PersGes iSv § 264a (KapCoGes), dh solche PersGes (OHG oder KG), bei denen nicht wenigstens eine natürliche Person als phG beteiligt ist (zum Anwendungsbereich s § 264a Anm 10ff), unter bestimmten Voraussetzungen von der ihnen obliegenden Verpflichtung zur Beachtung der für KapGes geltenden ergänzenden Vorschriften (§§ 264ff) bezüglich Inhalt, Prüfung und Offenlegung von JA und Lagebericht befreit.

Die Beachtung der Vorschriften zur Konzernrechnungslegung (§§ 290ff) wird – im Unterschied zur Regelung des § 5 Abs 6 PublG (Anm 71) – durch eine Befreiung gem § 264b nicht suspendiert.

2 Die Regelung wurde durch das KapCoRiLiG (BGBl I 2000, 154ff) eingefügt und dient der Transformation des Art 57a Abs 2 S 1 lit b der 4. EG-Richtl, der seinerseits auf die Änderungen der Bilanzrichtline durch die sog GmbH & Co-Richtl (Richtl 90/605/EWG) zurückgeht. Rechtssystematisch entspricht § 264b grds der durch das KapAEG (BGBl I 1998, 707ff) eingefügten Befreiungsmöglichkeiten für KapGes in § 264 Abs 3.

3 Die Regelung für KapCoGes geht aber insofern weiter, als der befreiende KA für Zwecke des § 264b nicht notwendigerweise von einem MU aufgestellt werden muss (Anm 24). Auch wurden die einschränkenden Voraussetzungen des § 264 Abs 3 Nr 1 (Gester-Zustimmung) und Nr 2 (Verlustübernahme) nicht für erforderlich gehalten (RegE KapCoRiLiG BT-Drs 14/1806, 19).

Auf die Aufnahme der *Zustimmung aller Gester* der KapCoGes als Befreiungsvoraussetzung in § 264b konnte verzichtet werden, weil den Gestern der PersGes im Vergleich zur KapGes mit Rücksicht auf die Rechtsprechung des *BGH* (U vom 29. 3. 1996 DB, 926ff) ohnehin umfangreichere Rechte in Bezug auf den JA zustehen (dazu § 247 Anm 195). So müssen Bilanzierungsentscheidungen, wie zB die Vornahme von Abschreibungen gem § 253 Abs 4, die indirekt die Ergebnisverwendung beeinflussen, gemeinschaftlich von allen Gestern (phG und Kommanditisten) getroffen werden. Kommt es in dem von den phG – aufgrund des Vorliegens der Befreiung nach § 264b – nur nach den Vorschriften für alle Kfl aufgestellten JA der KapCoGes durch derartige Bilanzierungsentscheidungen zu einem erheblichen Eingriff in die Gewinnbezugsrechte der übrigen Gester, können diese ihre Zustimmung zur Feststellung des JA verweigern und eine Änderung desselben herbeiführen. Insofern konnte bei KapCoGes auf zusätzliche Regelungen (Zustimmung aller Gester) zum Schutz der Individualinteressen der Gester verzichtet werden (*ADS*[6] (ErgBd) § 264b HGB Anm 6; *Giese/Rabenhorst/Schindler* BB 2001, 516; *Keller* StuB 2001, 214).

4 Schließlich besteht auch für Unt iSd § 3 Abs 1 **PublG,** dh insb OHG und KG, bei denen natürliche Personen mit ihrem Vermögen haften, aufgrund des im Zuge des KapCoRiLiG eingefügten § 5 Abs 6 PublG die Möglichkeit einer Befreiung von den Rechnungslegungsvorschriften des PublG. Im Vergleich zur Befreiung gem § 264b sind die Anforderungen für eine Befreiung nach § 5 Abs 6 PublG allerdings strenger, nachdem – neben der Einbeziehung in den (befreienden) KA eines MU – auch die entspr geltenden Voraussetzungen des § 264 Abs 3 erfüllt sein müssen (Anm 74f). Für diesen Kreis von Unt ist somit sowohl eine Gester-Zustimmung als auch eine Verlustübernahme seitens des MU für eine Befreiung von den besonderen Anforderungen des PublG erforderlich. Eine hiervon abweichende Auslegung, dh ein Abstellen auf die Befreiungsvoraussetzungen gem § 264b (so *Bitter/Grashoff* DB 2000, 2287f, die insofern von einem „Redaktionsversehen" ausgehen; denen

folgend *Keller* StuB 2001, 213), ist mit Rücksicht auf den eindeutigen Wortlaut des § 5 Abs 6 PublG nicht zulässig (glA *IDW-AK PersGes* FN-IDW 2000, 609).

Die **Ergänzung** in Nr 2 durch das **BilReG** stellt – anlässlich der Änderung 5
der Konzernbilanz-Richtl durch die sog Modernisierungs-Richtl – klar, dass die Verweise auf die beiden dort genannten Richtl sich jeweils auf deren aktuelle und nicht eine ursprüngliche Fassung beziehen, (Begr RegE BilReG, BT-Drs 15/3419, 29).

B. Befreiungsumfang

Das Vorliegen der Voraussetzungen gem der Nrn 1–4 befreit die KapCoGes 10
größenunabhängig im Einzelnen von ihrer Verpflichtung zur:

- Anwendung der ergänzenden **Ansatz-, Bewertungs- sowie Gliederungs- und Ausweisvorschriften für Kapitalgesellschaften** (§§ 264–283);
- Aufstellung eines **Anhangs** (§§ 284–288);
- Aufstellung eines **Lageberichts** (§ 289);
- **Prüfung** (§§ 316–324) und **Offenlegung** (§§ 325–329) des JA und Lageberichts.

Die absolut formulierte Befreiungsregelung in § 264b („... ist von der Ver- 11
pflichtung befreit ...“) spricht zwar dafür, dass es bei Vorliegen der kumulativ zu erfüllenden Voraussetzungen automatisch, insb ohne ein weiteres Zutun der Gester der KapCoGes bzw der Organe der KapCoGes, zu einer vollumfänglichen Befreiung von den Pflichten nach § 264a kommt und für die KapCoGes allein die Pflicht zur Aufstellung eines Jahresabschlusses nach den Vorschriften für alle Kaufleute (§§ 242–256) sowie unter den Voraussetzungen des § 290 ggf auch die Verpflichtung zur Aufstellung eines KA verbleibt (Anm 90). Dies stünde dann aber im Widerspruch zur korrespondierenden Regelung in § 264 Abs 3, die allg als Wahlrecht aufgefasst wird. Dh die KapGes kann – sofern die Befreiungsvoraussetzungen im Einzelnen erfüllt sind - frei darüber entscheiden, ob sie nur einzelne oder alle Erleichterungen in Anspruch nimmt (dazu § 264 Anm 66; *ADS*[6] (ErgBd) § 264 HGB Anm 4; *WPH*[12] I F Anm 15).

Nach Sinn und Zweck kann in den Fällen des § 264b nicht anderes gelten, nachdem dieser rechtssystematisch der Möglichkeit nach § 264 Abs 3 entspr (glA *ADS*[6] (ErgBd) § 264b HGB Anm 7; *Ischebeck* in HdR[5] § 264b Anm 3).

Tatsächlich kommen die durch § 264b gewährten Begünstigungen der Kap- 12
CoGes aber nur stark eingeschränkt zu Gute, weil deren Inanspruchnahme insb davon abhängt, dass die KapCoGes in einen befreienden und in Einklang mit der 7. EG-Richtl stehenden KA einbezogen wird. Dies wiederum setzt voraus, dass der einzubeziehende JA der KapCoGes nach den konzerneinheitlichen Ansatz-, Bewertungs- sowie Gliederungs- und Ausweisvorschriften aufgestellt ist, die – im Hinblick auf das Einklangserfordernis gem Nr 2 – regelmäßig den für KapGes geltenden (strengeren) Vorschriften entsprechen werden (Anm 42).

Soweit insb Ansatz und Bewertung in dem gem § 264b zulässigerweise nach den Vorschriften für alle Kfl aufgestellten JA der KapCoGes hiervon abweichen, also zB Abschreibungen nach vernünftiger kfm Beurteilung gem § 253 Abs 4 vorgenommen wurden oder vom Beibehaltungswahlrecht gem § 253 Abs 5 Gebrauch gemacht wurde, müssen die ausgeübten Wahlrechte in einer sog HB II rückgängig gemacht werden (*WPH*[12] I F Anm 17). Darüber hinaus müssen die KapCoGes zusätzliche Informationen, soweit diese für die Aufstellung des Konzernanhangs und Konzernlageberichts benötigt werden, bereitstellen. Schließlich ist zu berücksichtigen, dass bei mittelgroßen und großen KapCoGes an die Stelle der Pflichtprüfung des JA eine gesonderte Prüfungspflicht gem § 317 Abs 3 iVm Abs 1 im Rahmen ihrer Einbeziehung in den KA tritt (§ 264 Anm 67).

Im Ergebnis entfällt damit nicht die Prüfung des JA, sondern lediglich die Wahl und Auftragserteilung an den AP, die Erstellung eines Prüfungsberichts sowie die Erteilung eines BVm zum JA der KapCoGes (*WPH*[12] I F Anm 18; *AK-Schmalenbach* DB 1999, 493).

13 Ob für KapCoGes die Befreiungsvoraussetzungen gem § 264b Nr 1–4 vorliegen und deshalb die Pflicht zur Aufstellung, Prüfung und Offenlegung eines JA und Lageberichts nach den für KapGes geltenden Vorschriften entfällt, ist grds von den **gesetzlichen Vertretern** der KapCoGes iSv § 264a Abs 2, dh idR den Geschäftsführern der Komplementär-GmbH, zu beurteilen.

14 Fraglich ist, welche Konsequenzen sich in diesem Zusammenhang aus etwaigen Regelungen im Gesellschaftsvertrag oder der Satzung ergeben, die eine teilweise oder vollständige Beachtung der ergänzenden Vorschriften für KapGes vorschreiben. Für KapGes ist in vergleichbaren Fällen nach hM (§ 264 Anm 66) eine Inanspruchnahme der genannten Erleichterungen – trotz des Vorliegens der Befreiungsvoraussetzungen – ausgeschlossen. Für KapCoGes, die bei Vorliegen der Voraussetzungen des § 264b nicht mehr über eine Inanspruchnahme der Erleichterungen entscheiden können, sondern unmittelbar hiervon befreit sind, bedeutet dies, dass die ergänzenden Vorschriften für KapGes aufgrund der gesellschaftsvertraglichen Regelung freiwillig im JA anzuwenden sind.

15 Besonderheiten gelten im übrigen für KapCoGes, die **Kreditinstitute** und **Versicherungsunternehmen** sind. Für diese wird die Befreiung nach § 264b aus aufsichtsrechtlichen Gründen gem § 340a Abs 2 S 4 bzw § 341a Abs 2 S 4 ausdrücklich dahingehend eingeschränkt, dass diese bei Vorliegen der Voraussetzungen nur die Vorschriften über die Offenlegung nicht anzuwenden brauchen.

16 Wegen der Inanspruchnahme der Erleichterungen durch **Energieversorgungsunternehmen** s § 264 Anm 67 und für **Sonderbilanzen** s § 264 Anm 68.

C. Voraussetzungen

I. Einbeziehung in einen befreienden Konzernabschluss (Nr 1)

1. Befreiender Konzernabschluss eines Mutterunternehmens

20 Voraussetzung für die Befreiung gem § 264b ist zunächst die Einbeziehung der KapCoGes in den KA eines MU (1. Alternative). Hierfür ist es zum einen ausreichend, wenn die zu befreiende KapCoGes selbst das MU ist, das diesen befreienden KA aufstellt (dazu Anm 33). Zum anderen genügt es, wenn zwischen dem den KA aufstellenden Unt *beliebiger Rechtsform* und der KapCoGes ein **Mutter-Tochterverhältnis** besteht. Ein Mutter-Tochterverhältnis kann entweder durch die (tatsächliche) *Ausübung einheitlicher Leitung* (§ 290 Abs 1) oder durch das *Vorliegen konzern-typischer Rechtsbeziehungen,* insb Mehrheit der Stimmrechte, (Control-Konzept gem § 290 Abs 2) begründet werden (ausführlich § 290 Anm 20ff, 40ff; *ADS*[6] § 290 HGB Anm 12ff, 27ff).

21 Darüber hinaus werden keine zusätzlichen Anforderungen an das Verhältnis von MU und KapCoGes-TU gestellt, insb ist *keine persönliche Haftung seitens des MU* im Verhältnis zur KapCoGes *erforderlich,* weil sich das Tatbestandsmerkmal „... das persönlich haftender Gesellschafter der Personenhandelsgesellschaft ist ...“ nur auf die 2. Alternative der Nr 1 (anderes Unt; Anm 24) bezieht (glA

ADS[6] (ErgBd) § 264b HGB Anm 13, *IDW-AK PersGes* FN-IDW 2000, 609 unter Verweis auf RegE KapCoRiLiG BT-Drs 14/1806, 19, wonach auch der KA eines indirekten MU, das nicht phG ist, die KapCoGes befreien kann; aA *Strobel* DB 2000, 56). Zur Frage, ob bei den typischen GmbH & Co-Gestaltungen der phG als MU qualifiziert Anm 26ff.

Bei KapGes setzt die Inanspruchnahme der Erleichterungen gem § 264 Abs 3 bzw Abs 4 die Einbeziehung in einen befreienden *inländischen* KA voraus (§ 264 Anm 71). Demgegenüber ist es für KapCoGes ausreichend, wenn der befreiende KA entweder von MU mit **Sitz im Inland oder in einem Mitgliedstaat der EU oder einem EWR-Vertragsstaat** (Island, Liechtenstein und Norwegen) aufgestellt wird. Lediglich KA von MU im sonstigen Ausland scheiden mit Rücksicht auf die abschließende Aufzählung in der Nr 1 für eine Befreiung der KapCoGes von ihren Pflichten nach § 264a aus. **22**

Für Zwecke des § 264b kommt es ausschließlich darauf an, dass die KapCoGes in einen tatsächlich aufgestellten KA des MU einbezogen wird, weshalb sowohl ein aufgrund gesetzlicher Verpflichtung als auch ein **freiwillig aufgestellter Konzernabschluss** des MU die Befreiungsvoraussetzung der Nr 1 erfüllt (*Salgert* WPK-Mitt 2000, 87; *ADS*[6] (ErgBd) § 264b HGB Anm 14; *Bitter/Grashoff* DB 2000, 836; *Schulze-Osterloh* BB 2002, 1308). **23**

2. Befreiender Konzernabschluss eines persönlich haftenden Gesellschafters

Neben einem MU kann der befreiende KA aber auch von einem anderen Unt, das **persönlich haftender Gesellschafter** der KapCoGes ist, aufgestellt werden (2. Alternative). Ausweislich der Begr zum RegE KapCoRiLiG (BT-Drs 14/1806, 19) soll auf diese Weise Komplementär-Ges, die *nicht MU* der KapCoGes sind, ein Wahlrecht zur Aufstellung eines befreienden KA eingeräumt werden. Auch ist eine originäre Konzernrechnungslegungspflicht seitens des phG, dh ein Mutter-Tochterverhältnis des phG zu einem fremden dritten Unt, nicht für die Aufstellung eines befreienden KA durch den phG erforderlich, nachdem die 7. EG-Richtl die Aufstellung von KA durch solche Unt, die nicht zum Kreis der verpflichteten Unt gehören, nicht explizit ausschließt (so RegE KapCoRiLiG BT-Drs 14/1806, 19). Dh es reicht aus, wenn die KapCoGes in einen *freiwilligen konsolidierten Abschluss* (Gruppenabschluss) des phG einbezogen wird, sofern dieser den inhaltlichen Anforderungen der Nr 2 (Anm 41ff) entspricht (glA *ADS*[6] (ErgBd) § 264b HGB Anm 17). **24**

Für diesen konsolidierten Abschluss kommt es im Übrigen auch nicht darauf an, in welcher *Rechtsform* der phG sein Unt betreibt (glA *WPH*[12] I F Anm 41). Weil sich die Beschränkung des Sitzes nur auf die 1. Alternative der Nr 1, dh den von MU aufgestellten befreienden KA (Anm 20) bezieht, ist der *Sitzstaat* des phG ebenfalls unerheblich und kann somit auch außerhalb der EU bzw des EWR liegen (*ADS*[6] (ErgBd) § 264b HGB Anm 18; *Theile* GmbHR 2000, 220).

Eine Einschränkung gegenüber dem von MU aufgestellten befreienden KA ergibt sich jedoch mit Rücksicht auf den ausdrücklichen Wortlaut der Nr 1 insofern, als die Stellung als phG immer eine *unmittelbare Beziehung* zur KapCoGes erfordert („... anderes Unternehmen, das persönlich haftender Gesellschafter *dieser* Personenhandelsgesellschaft ist ...“). Dh es werden nur einstufige Beteiligungsverhältnisse erfasst, während für die Befeiung nach der 1. Alternative der Nr 1 auch die Einbeziehung in den KA eines übergeordneten, dh nur mittelbar an der KapCoGes beteiligten, MU ausreicht (*ADS*[6] (ErgBd) § 264b HGB Anm 19). **25**

26 Die Einfügung der 2. Alternative der Nr 1 macht deutlich, dass die Stellung als phG einer KapCoGes nach der Auffassung des Gesetzgebers alleine nicht notwendigerweise zur Begründung eines **Mutter-Tochterverhältnis** zwischen diesen Unt ausreicht (Anm 20) und damit zu einer Konzernrechnungslegungspflicht seitens des phG (idR Komplementär-KapGes der KapCoGes) führt.

27 Dagegen wird an anderer Stelle (RegE KapCoRiLiG BT-Drs 14/1806, 22) unter Hinweis auf die hM (*ADS*[6] § 290 HGB Anm 119ff; *WPH*[12] I M Anm 29) ausgeführt, dass bei den klassischen KapCoGes-Gestaltungen (GmbH & CoKG) der phG MU iSv § 290 Abs 1 der KapCoGes ist. Begründet wird dies damit, dass bei einer typischen, nach dem gesetzlichen Normalstatut organisierten KapCoGes, wenn die Komplementär-KapGes deren alleinige Geschäftsführerin und Vertreterin ist (§§ 164, 114 Abs 1), die Komplementär-KapGes (phG) die *einheitliche Leitung* ausübt und im Übrigen – selbst wenn keine Kapitaleinlage erbracht wurde – aufgrund der persönlichen Haftung des Komplementärs eine Beteiligung iSv § 271 Abs 1 vorliegt.

Die Ausübung der einheitlichen Leitung durch die Komplementär-KapGes (phG) und damit das Vorliegen eines Mutter-Tochterverhältnisses ist nach dieser Auffassung dann ausgeschlossen, wenn die Anteile an der Komplementär-KapGes auf die KapCoGes übertragen werden, dh eine sog *Einheitsgesellschaft* entsteht. Entsprechendes gilt, wenn die Geschäftsführungsbefugnisse und Weisungsrechte mittels gesellschaftsvertraglicher Vereinbarungen auf die Kommanditisten verlagert werden und dadurch die Komplementär-KapGes im Innenverhältnis zum weisungsgebundenen Vertreter degradiert wird (*IDW RS HFA* 7.54).

28 Davon unabhängig wird für die klassischen KapCoGes-Gestaltungen das Mutter-Tochterverhältnis zwischen Komplementär-KapGes (phG) und KapCoGes auch auf das Vorliegen des *Control-Konzepts,* namentlich das Organbestellungsrecht nach § 290 Abs 2 Nr 2, gestützt. Hintergrund dafür ist, dass – zumindest soweit die KapCoGes nach dem gesetzlichen Normalstatut organisiert ist – die Stellung der Komplementär-KapGes (phG) als Leitungsorgan der KapCoGes einem Organbestellungsrecht iSv § 290 Abs 2 Nr 2 gleichgesetzt werden kann bzw – da dieses Recht kraft Gesetzes begründet wird – sogar darüber hinaus geht und die Gester-Stellung – auch wenn keine Kapitalbeteiligung der Komplementär-KapGes (phG) besteht – ebenfalls vorliegt (mwN *ADS*[6] § 290 HGB Anm 119ff; *IDW RS HFA* 7.56; kritisch hierzu: *von Kanitz* WPg 2003, 343).

29 Die bisher vorgetragenen Argumente lassen ein **wirtschaftliches Eigeninteresse** der Komplementär-KapGes (phG) bei der Beurteilung, ob sie als MU der KapCoGes qualifiziert, unberücksichtigt. Dies erscheint zumindest in Fällen, in denen die Komplementär-KapGes (phG) nicht oder nur geringfügig (unter 5%) am Kapital der KapCoGes beteiligt ist, fraglich (dazu ausführlich iZm der Beurteilung der Konzernzugehörigkeit von Leasing-Objektgesellschaften *Gelhausen/Weiblen* HdJ I/5 Anm 187ff).

30 Wenn die Komplementär-KapGes (phG) am Kapital nicht oder nur geringfügig beteiligt ist, richtet sich ihr primäres Interesse auf den Erhalt einer Geschäftsführungs-/Haftungsvergütung, darüber hinaus werden von ihr keine Ziele verfolgt bzw ist sie von den Chancen aus der Geschäftstätigkeit der KapCoGes ausgeschlossen. Sofern außerdem die Kapitalbeteiligung des Kommanditisten ausreichend groß ist und dadurch gleichzeitig das Risiko einer Haftungsinanspruchnahme des Komplementärs (phG) so gut wie ausgeschlossen ist, sind die der Komplementär-KapGes (phG) zustehenden Rechte (Anm 27f mangels eigenen wirtschaftlichen Interesses gem § 290 Abs 3 S 2 dem Kommanditisten zuzurechnen, so dass dieser – Unt-Eigenschaft vorausgesetzt – als MU der KapCoGes qualifiziert (im Ergebnis so auch *Küting/Weber/Pilhofer* WPg 2003, 796 und 798; dazu auch *ADS*[6] § 290 HGB Anm 139).

31 Aus dem gleichen Grund – mangelndes wirtschaftliches Eigeninteresse – liegt unter den genannten Voraussetzungen auch keine einheitliche Leitung gem § 290 Abs 1 vor. Einheitliche Leitung im Sinn einer Abstimmung der Geschäftspolitik sowie von grds Fragen der Geschäftsführung liegt nur dann vor, wenn demjenigen, der diese Leitung ausübt, daraus direkt oder indirekt auch ökonomische Vorteile erwachsen. Dies ist indes in den hier zur Rede stehenden Fällen nicht gegeben, denn wegen der fehlenden oder nur geringfügigen Kapitalbeteiligung fließen der Komplementär-KapGes (phG) wirtschaftliche Vorteile weder in Form von Ausschüttungen zu, noch kommen sie ihm indirekt über eine Steigerung des Unternehmenswerts der KapCoGes zugute. Darüber hinaus erschließen sich der Komplementär-KapGes (phG) aus ihrer Geschäftsführungstätigkeit bei der KapCoGes – mangels eigener Teilnahme am wirtschaftlichen Geschäftsverkehr – idR auch keine sonstigen, den wirtschaftlichen Gester-Interessen vergleichbare, Vorteile (sonstige Synergieeffekte).

32 Vor diesem Hintergrund handelt es sich somit bei den typischen KapCoGes-Gestaltungen, bei denen die Komplementär-KapGes (phG) am Vermögen nicht oder nur geringfügig beteiligt ist sowie auch sonst kein ausreichendes wirtschaftliches Eigeninteresse hat und infolgedessen kein Mutter-Tochterverhältnis iSv § 290 vorliegt, um einen Anwendungsfall der 2. Alternative der Nr 1, Einbeziehung in den KA eines anderen (nicht) MU, das phG der KapCoGes ist (so auch *ADS*[6] (ErgBd) § 264 b HGB Anm 16).

3. Erfordernis der Vollkonsolidierung

33 Um die Voraussetzungen der Nr 1 zu erfüllen, muss die KapCoGes schließlich tatsächlich in den befreienden KA des MU oder des phG **einbezogen** sein.

KapGes, die die entspr Erleichterungen in Anspruch nehmen wollen, müssen gem § 264 Abs 3 Nr 3 als TU, dh nach den Vorschriften über die VollKons gem §§ 300 ff, in den KA des MU einbezogen sein. Für die Befreiung von KapCoGes ist dies nach dem ausdrücklichen Wortlaut der Nr 1 indes nicht erforderlich; es kommt vielmehr allein darauf an, dass die KapCoGes in den KA eines MU einbezogen wird. Diese Voraussetzung ist eindeutig auch für das den KA aufstellende MU selbst erfüllt, wie sich zB aus § 294 Abs 1 ergibt. Danach sind in den KA das MU und alle TU ohne Rücksicht auf ihren Sitz einzubeziehen. Dementsprechend ist uE die Bedingung der Einbeziehung in den befreienden KA **sowohl** dann erfüllt, wenn die KapCoGes selbst das den KA gem §§ 290 ff aufstellende **Mutterunternehmen** ist, **als auch** dann, wenn die KapCoGes als **Tochterunternehmen** gem §§ 300 ff vollkons wird (glA *ADS*[6] (ErgBd) § 264 b HGB Anm 13, 21; *Pawelzik/Theile* DStR 2000, 2146 f; *WPH*[12] I F Anm 42; *Ischebeck* in HdR[5] § 264 b Anm 8; jetzt auch *IDW RS HFA* 7.7; aA *Thiele/Sickmann* in Bilanzrecht § 264 b Anm 32).

Art 57 a Abs 2 lit b der 4. EG-Richtl steht dieser Auslegung im Übrigen ebenfalls nicht entgegen, denn dort wird lediglich statuiert, dass „... die betroffene Gesellschaft ... in den konsolidierten Abschluss einer größeren Gesamtheit von Unternehmen einbezogen wird“, dass die Einbeziehung auf Basis eines Unterordnungsverhältnisses, dh als TU, erfolgen muss, ist der Vorschrift nicht zu entnehmen.

Wird das **Mutter-Tochterverhältnis** zur KapCoGes **unterjährig begründet** und werden deshalb deren Erträge und Aufwendungen nicht vollständig, sondern erst ab diesem Zeitpunkt gem § 300 Abs 2 in den befreienden KA einbezogen (dazu § 300 Anm 44 ff), steht dies der Inanspruchnahme der Befreiung nach § 264 b nicht entgegen (*von Kanitz* WPg 2003, 327). Entscheidend ist, dass die VG und Schulden der KapCoGes im befreienden KA enthalten sind. Eine befreiende Einbeziehung iSd Nr 1 ist deshalb nicht mehr gegeben, wenn die VG und Schulden der KapCoGes bis zum Konzernbilanzstichtag endkonsolidiert wurden (§ 301 Anm 250f).

34 Unterbleibt eine VollKons als TU weil eines der KonsWahlrechte des § 296 ausgeübt wird bzw entspr ausländische Vorschriften in Anspruch genommen werden, ist die Voraussetzung nach Nr 1 nicht erfüllt (glA *ADS*[6] (ErgBd) § 264b HGB Anm 22). Diese Auslegung ist deshalb geboten, weil ein klarstellender Hinweis, dass eine Anwendung der vorgenannten Regelungen für den Befreiungstatbestand unschädlich ist – so wie dies in vergleichbaren Fällen, zB in § 291 Abs 2 Nr 1 („... unbeschadet des § 296 einbezogen ..."), ausdrücklich erfolgt – in der Nr 1 fehlt.

35 Ebenfalls nicht ausreichend zur Erfüllung der Befreiungsvoraussetzungen nach Nr 1 ist es, wenn die KapCoGes als GemUnt gem § 310 im Wege der QuoKons in den KA einbezogen wird, weil das den KA aufstellende Unt im Verhältnis zum GemUnt nicht den Status MU hat, sondern nur als Gester- oder PartnerUnt qualifiziert. Entspr gilt im Verhältnis zu assozUnt iSv § 311, die im KA nach der Equity-Methode (§ 312) konsolidiert werden und zwar auch dann, wenn es sich hierbei um ein gem § 296 nicht vollkons TU handelt (glA *ADS*[6] (ErgBd) § 264b HGB Anm 21; jetz auch *IDW RS HFA* 7.9; aA Einbeziehung im Wege der QuoKons reicht für eine Befreiung aus *IDW-AK PersGes* FN-IDW 2000, 609 sowie *Bitter/Grashoff* DB 2000, 836, die darüber hinaus auch eine Equity-Kons für ausreichend halten).

36 Fraglich ist, ob sich eine andere Beurteilung ergibt, wenn der **persönlich haftende Gesellschafter** der KapCoGes den befreienden KA aufstellt. Wie in den Materialien zum KapCoRiLiG (RegE KapCoRiLiG BT-Drs 14/1806, 19) ausdrücklich hervorgehoben wird, soll die 2. Alternative der Nr 1 den Komplementär-Ges gerade dann, wenn sie nicht als MU der zu befreienden KapCoGes qualifizieren, die Aufstellung eines iSv § 264b befreienden KA ermöglichen. Weil das Vorliegen eines Mutter-Tochterverhältnisses nicht erforderlich ist, könnte daraus geschlossen werden, dass die Einbeziehung in den KA des phG – soweit dieser nicht MU ist (dazu Anm 24) – nicht nach den Regeln über die VollKons (§§ 300ff) erfolgen muss.

In diesem Zusammenhang ist jedoch zu beachten, dass zB in den Fällen der typischen KapCoGes, dh wenn der phG nicht am Kapital der KapCoGes beteiligt ist, eine quotale Einbeziehung (§ 310) oder eine Kons *at-equity* (§ 312) ausgeschlossen ist, weil bei Anwendung dieser KonsMethoden mangels Kapitalbeteiligung keine Abschlussposten in den KA übernommen werden, dh eine Einbeziehung von vornherein nicht vorliegen kann. Eine Einbeziehung kann in dieser Konstellation ausschließlich nach den Vorschriften über die VollKons mit Minderheitenausweis (§ 307) erfolgen. Wenn aber bereits für diesen extremen Fall (*keine* Beteiligung des phG am Kapital) eine Einbeziehung in den KA des phG, der nicht MU der KapCoGes ist, nach den Vorschriften über die VollKons erfolgen muss, kann uE in den Fällen einer geringfügigen Beteiligung des phG an der KapCoGes nichts anderes gelten.

Mangels Mutter-Tochterverhältnis zu dem den KA aufstellenden phG ist die Regelung des § 300 Abs 2 nicht anwendbar. Daher sind die VG und Schulden sowie die damit korrespondierenden Erträge und Aufwendungen der KapCoGes, auch wenn die phG-Stellung erst unterjährig begründet wurde, stets vollständig, dh ab dem Beginn des Gj in den KA einzubeziehen (glA *von Kanitz* WPg 2003, 328).

II. Inhaltliche Anforderungen an einen befreienden Konzernabschluss (Nr 2)

Die in Nr 2 an den befreienden KA iSd § 264b gestellten inhaltlichen Anforderungen entsprechen denen, die an den KA eines übergeordneten MU nach § 291 Abs 2 S 1 Nr 2 gestellt werden, damit dieser ein nachgeordnetes Teil-Konzern-MU von der Verpflichtung zur Aufstellung eines KA und Konzernlageberichts gem §§ 290ff befreit (ebenso *WPH*[12] I F Anm 43; ausführlich zu diesen Anforderungen § 291 Anm 21ff). 40

Der für Zwecke des § 264b HGB befreiend wirkende KA und Konzernlagebericht muss zunächst nach dem für das den KA aufstellende Unt **maßgeblichen Recht,** dh dem jeweiligen Landesrecht dem das MU oder der phG unterliegt, aufgestellt sein und im **Einklang mit der** Richtl 83/349/EWG **(7. EG-Richtlinie)** stehen. 41

Das Einklangserfordernis ist automatisch erfüllt, wenn der KA nach den deutschen handelsrechtlichen Vorschriften (§§ 290ff) aufgestellt wird (aA *Schulze-Osterloh* BB 2002, 1310, sofern der KA von einem phG, der nicht MU ist, aufgestellt wird). Wird der befreiende KA gem §§ 11ff PublG aufgestellt, zB weil eine PersGes Kommanditist der KapCoGes ist und diese einheitlich leitet, nachdem der Komplementär im Innenverhältnis aufgrund einer gesellschaftsvertraglichen Regelung zum weisungsgebundenen Vertreter degradiert wurde (Anm 27), gilt dies entspr, soweit in diesem KA – analog zur Regelung in § 264 Abs 4 – vom Wahlrecht gem § 13 Abs 3 S 1 PublG (Nichtanwendung der §§ 279 Abs 1, 280, 314 Abs 1 Nr 5 und 6) kein Gebrauch gemacht worden ist. Die Anwendung von § 13 Abs 3 S 2 PublG, wonach § 5 Abs 5 PublG auch für den KA gilt, ist damit im befreienden KA iSv § 264b – anders als für Zwecke einer Befreiung gem § 291 (Anm 94) – *nicht* ausgeschlossen. Danach darf die (Konzern-)GuV nach den für das Unt geltenden Vorschriften, dh den Vorschriften für alle Kfl, aufgestellt werden bzw – sofern die GuV-Gliederung gem § 275 angewandt wird – dürfen die von der PersGes gezahlten Steuern (GewSt) unter den sonstigen Aufwendungen ausgewiesen werden. 42

Das Einklangserfordernis ist – sofern die 7. EG-Richtl in nationales Recht umgesetzt wurde – immer auch für KA, die nach dem Recht eines anderen Mitgliedstaats der EU oder eines Vertragsstaats des EWR aufgestellt werden, erfüllt (*WPH*[12] I F Anm 43). Übrigenfalls sowie in den Fällen, in denen der KA von einem phG mit Sitz außerhalb der EU bzw des EWR (zur Zulässigkeit Anm 24) aufgestellt wurde, ist eine gesonderte Einklangsprüfung erforderlich. 43

Im Rahmen der **Einklangsprüfung** kommt es nicht auf den Wortlaut jedes einzelnen Rechtssatzes der EG-Richtl an, sondern es sind alle einschlägigen Regeln insgesamt zu betrachten, wobei es entscheidend ist, dass der nach den betreffenden nationalen Vorschriften aufgestellte KA den Zweck der Richtl erfüllt, dh ein den tatsächlichen Verhältnissen entsprechendes Bild der VFE-Lage des Konzerns vermittelt. Im Übrigen bezieht sich das Einklangserfordernis nicht auf die in Deutschland übliche Auslegung der EG-Richtl, sondern auf die Umsetzung und deren anerkannte Anwendung in allen EU-Mitgliedstaaten. Bei der Beurteilung des Einklangs sind deshalb auch solche Bilanzierungsregeln heranzuziehen, die in anderen europäischen Ländern als mit den EG-Richtl im Einklang stehend angewandt werden, auch wenn diese gegen die deutschen handelsrechtlichen Vorschriften verstoßen (s der zwischenzeitlich durch das DRSC aufgehobene *DRS* 1 Befreiender Konzernabschluss nach § 292a HGB, Beil zum BAnz v 22. 7. 2000, 11ff dort Tz 17ff). 44

45 Als befreiende KA iSd § 264b kommen grds auch nach international anerkannten Rechnungslegungsstandards (insb IFRS und US-GAAP) aufgestellte KA in Betracht, wenn das für das MU oder den phG *maßgebliche Recht* es gebietet bzw zumindest gestattet, dass solch ein **internationaler Konzernabschluss** an die Stelle eines sonst nach den nationalen Rechnungslegungsvorschriften zu erstellenden KA tritt (sog Öffnungsklausel) und dieser im *Einklang* mit den EG-Richtl steht.

Für MU oder phG mit Sitz im Inland, die nicht ohnehin bereits nach Art 4 der EU-VO zur Konzernrechnungslegung nach IRFS verpflichtet sind (dazu § 315a Anm 3f), enthält § 315a Abs 3 idF BilReG für Gj, die nach dem 31. Dezember 2004 beginnen (Art 58 Abs 3 S 1 EGHGB idF BilReg), eine entsprechende Öffnungsklausel, dh auch ein gem § 315a nach **IFRS** aufgestellter KA erfüllt die Voraussetzungen der Nr 2 (*IDW RS HFA* 7.10 WPg 2005, 669; so bereits bisher für Unt im Anwendungsbereich des § 292a (letztmalige Anwendung für Konzern-Gj, die vor dem 1. Januar 2005 beginnen; Art 58 Abs 3 S 4 EGHGB idF BilReg): *WPH*[12] I F Anm 44; *ADS*[6] (ErgBd) § 246b HGB Anm 26; *Bitter/Grashoff* DB 2000, 836; *Giese/Rabenhorst/Schindler* BB 2001, 516).

46 Der befreiende KA und Konzernlagebericht müssen außerdem von einem iSd Richtl 84/253/EWG (8. EG-Richtl) zugelassenen AP geprüft worden sein. Die **Prüfung** ist Teil der Befreiungsvoraussetzung nach Nr 2 und muss daher auch bei einem freiwillig erstellten KA erfolgen (*ADS*[6] (ErgBd) § 246b HGB Anm 28).

Bei KA von phG mit Sitz außerhalb der EU bzw EWR muss der (lokale) AP – analog zur Regelung in § 292 Abs 3 iVm § 2 Abs 1 S 1 Nr 3 KonBefrV – zumindest eine den Anforderungen der 8. EG-Richtl gleichwertige Befähigung (glA *WPH*[12] I M Anm 112) haben und der KA in einer den Anforderungen des HGB entsprechenden Weise, dh insb unter Beachtung der §§ 316, 317, 319, 320 und 322, geprüft worden sein (glA *WPH*[12] I F Anm 45).

Die Prüfung des (befreienden) KA und Konzernlageberichts muss nicht mit einem uneingeschränkten BVm abgeschlossen werden. *Einschränkungen* des BVm oder dessen *Versagung* stehen der Erfüllung der Voraussetzung nach Nr 2 jedoch entgegen, wenn sie sich auf das Einklangserfordernis beziehen (§ 291 Anm 25 mwN; *Ischebeck* in HdR[5] § 264b Anm 20).

47 Der befreiende KA und Konzernlagebericht müssen schließlich nach den jeweiligen landesrechtlichen Vorschriften **offengelegt** werden (wegen fehlender Offenlegung s Anm 52).

III. Einreichung von Unterlagen zum Handelsregister (Nr 3)

50 Zu den Befreiungsvoraussetzungen gehört ferner, dass das den KA aufstellende MU bzw der phG die offen zu legenden Unterlagen in deutscher Sprache auch zum HR am Sitz der die Befreiung in Anspruch nehmenden KapCoGes eingereicht hat (Nr 3). Sofern der KapCoGes die einzureichenden Unterlagen zur Verfügung stehen, kann diese die formal dem MU bzw dem phG obliegende Verpflichtung auch selbst bewirken (*WPH*[12] I F Anm 47).

Die Befreiungsvoraussetzung der Nr 3 geht nicht auf die Anforderungen aus Art 57a Abs 2 S 1 lit b der 4. EG-Richtl zurück, sondern wurde im Hinblick auf die Einheitlichkeit des nationalen Rechts (Rechtsgedanke des § 264 Abs 3 Nr 5) für erforderlich gehalten (RegE KapCoRiLiG BT-Drs 14/1806, 19).

51 Bei den **offen zu legenden Unterlagen** handelt es sich um den mit Bestätigungs- oder Versagungsvermerk versehenen KA und Konzernlagebericht sowie ggf die Aufstellung des Anteilsbesitzes gem § 313 Abs 4. Die eingereichten

Unterlagen müssen mit den offen zu legenden Originalunterlagen übereinstimmen (§ 328). Ein Nachweis über die erfolgte Offenlegung des KA, dh für MU oder phG im Geltungsbereich des HGB über die Veröffentlichung im BAnz (§ 325 Abs 3 S 1), gehört nicht hierzu (*ADS*[6] (ErgBd) § 264 HGB Anm 74). Die Einreichung von Originalen (Mehrfachausfertigungen) oder eine Beglaubigung der Übereinstimmung mit dem Original ist aber nicht geboten (§ 264 Anm 111f).

Eine Bekanntmachung dieser Einreichung im BAnz ist ebenfalls nicht erforderlich (*WPH*[12] I F Anm 36 mwN).

Entfällt die Offenlegung des befreienden KA, zB weil für Zwecke des § 264b ein freiwilliger KA aufgestellt wird (zur Zulässigkeit Anm 23) oder weil das maßgebliche Recht bei ausländischen KA eine Offenlegung nicht vorsieht, steht dies einer Befreiung nicht entgegen. Für das Vorliegen der Voraussetzung nach Nr 3 ist die Einreichung der Unterlagen zum HR am Sitz der KapCoGes und nicht deren Offenlegung entscheidend (so *ADS*[6] (ErgBd) § 264b HGB Anm 30; *Theile* GmbHR 2000, 218; aA möglicherweise *Bitter/Grashoff* DB 2000, 836, die von einem publizierten KA ausgehen). Dafür spricht auch der Vergleich zB zur Regelung über befreiende KA übergeordneter MU gem § 291 Abs 1 S 1, bei denen die Offenlegung nach den für den entfallenden Abschluss maßgeblichen Vorschriften eine ausdrückliche Befreiungsvoraussetzung bildet. 52

Für die von MU mit Sitz im EU- oder EWR-Ausland bzw von ausländischen phG aufgestellten KA ist – ebenso wie in den Fällen des § 291 Abs 1 S 1 – weder die Beglaubigung der Übersetzung in die **deutsche Sprache** noch eine Umrechnung der ausländischen Währung in Euro erforderlich (*ADS*[6] (ErgBd) § 264 HGB Anm 74). 53

Das Vorliegen der Befreiungsvoraussetzungen nach § 264b muss spätestens bis zum Ende der Aufstellungsfrist für den JA der KapCoGes gem § 264 Abs 1 S 2, 3 beurteilt werden. Aus dem Wortlaut der Nr 3 *„... eingereicht hat ...“* könnte geschlossen werden, dass der KA und die übrigen Unterlagen bereits dem HR übermittelt sein müssen, um die Erleichterungen des § 264b in Anspruch nehmen zu können. Eine am Wortlaut orientierte Auslegung hätte daher zur Folge, dass der befreiende KA und Konzernlagebericht idR innerhalb der ersten drei Monate des Gj aufgestellt, geprüft und offengelegt werden müssten, was in der Praxis in der weitaus überwiegenden Zahl der Fälle ausgeschlossen sein dürfte. Die hM (§ 264 Anm 99; *ADS*[6] (ErgBd) § 264 HGB Anm 45, 69; *Ischebeck* in HdR[5] § 264b Anm 22) geht daher davon aus, dass die Einreichung der Unterlagen der Anwendung der Befreiung auch nachfolgen darf, dabei aber das Ende der Offenlegungsfrist für den JA gem § 325 Abs 1 S 1 (**innerhalb von zwölf Monaten** nach Ablauf des Gj) nicht überschritten werden soll. 54

IV. Angabe der Befreiung im Konzernanhang (Nr 4)

Schließlich muss die Befreiung der KapCoGes von der Verpflichtung zur Aufstellung eines JA nach den für KapGes geltenden Vorschriften nach Nr 4 im Anhang des vom MU oder dem phG aufgestellten KA angegeben werden. Die Angabe nach Nr 4 geht unmittelbar zurück auf Art 57a Abs 2 S 2 der 4. EG-Richtl. Angabepflichtig ist dabei lediglich die **Tatsache der Befreiung** nach § 264b unter Angabe des Namens und Sitzes der KapCoGes (glA *WPH*[12] I F Anm 35, 48). Es empfiehlt sich, die Angabe nach Nr 4 mit den Angaben gem § 313 Abs 2 Nr 1 zu den in den KA einbezogenen Unt zu verbinden, zB in Form einer Fußnote, und zwar auch dann, wenn die Angaben nach § 313 Abs 2 statt im Konzernanhang in einer gesonderten Aufstellung des Konzernanteilsbe- 60 sitzes nach § 313 Abs 4 gemacht werden (glA *ADS*[6] (ErgBd) § 264b HGB Anm 34). Hierfür kommt zB folgender Wortlaut in Betracht:

„Die X-GmbH & CoKG, A-Stadt, ist gemäß § 264b HGB von ihrer Verpflichtung befreit, einen Jahresabschluss und einen Lagebericht nach den für Kapitalgesellschaften geltenden Vorschriften aufzustellen, prüfen zu lassen und offen zu legen."

61 Inhaltlich stellt die Angabe der Befreiung im Konzernanhang eine Erklärung der KapCoGes dar, die vom MU in den KA und über dessen Einreichung nach Nr 3 in das HR der KapCoGes übernommen wird, damit die Adressaten des JA der KapCoGes über die Befreiung informiert werden (*IDW PH* 9200.1 FN-IDW 2000, 54). Die Konzernanhangangabe ist jedoch ausdrücklich als Pflicht des den KA aufstellenden MU bzw phG formuliert, dh sie kann nur von ihm selbst erfüllt werden. Folglich sind die Voraussetzungen der Nr 4 nicht erfüllt, wenn die KapCoGes – bei einem Fehlen der Angaben im Konzernanhang – diesen bzw die deutsche Übersetzung der einzureichenden Unterlagen entspr ergänzt.

62 Fraglich ist in diesem Zusammenhang, ob die **Schutzklausel** des § 313 Abs 3, wonach die Angaben zum KonsKreis und zum Konzernanteilsbesitz gem § 313 Abs 2 Nr 1–4 unterbleiben können, wenn dem MU oder einem seiner TU bei vernünftiger kfm Beurteilung daraus erhebliche Nachteile entstehen können (ausführlich § 313 Anm 219f), auch auf die Angabe nach Nr 4 ausgedehnt werden kann.

Die Angabe nach Nr 4 erfordert die *namentliche Bezeichnung (Firma, Sitz)* der KapCoGes (*ADS*[6] (ErgBd) § 264b HGB Anm 34), wodurch eine gleichzeitige Inanspruchnahme der Schutzklausel, für die Gesellschaften zwecklos würde. Deshalb ist es uE zulässig, bei Vorliegen der Voraussetzungen des § 313 Abs 3, dh wenn erhebliche Nachteile für eines der KonzernUnt durch das Bekanntwerden der UntVerbindung zu befürchten sind, die Schutzklausel auch auf die Angaben nach Nr 4 auszudehnen, ohne dass dadurch die Befreiung nach § 264b entfällt. Allerdings ist in diesem Zusammenhang zu beachten, dass der befreiende KA – auch bei Unterlassen der Angaben nach Nr 4 – nach Nr 3 zum HR der KapCoGes einzureichen ist (dazu Anm 50ff), dh eine indirekte „Offenlegung" der Beziehungen der KapCoGes zum betr Konzernverbund lässt sich somit letztlich nicht vermeiden.

D. Publizitätsgesetz

70 Nach § 5 Abs 6 PublG Unt iSv § 3 Abs 1 PublG, sind **von der Beachtung der besonderen Vorschriften des PublG befreit,** dh müssen ebenfalls nur einen JA (Bilanz und GuV) nach den Vorschriften für alle Kfl §§ 242ff aufstellen, wenn sie
- in den KA eines MU iSd § 11 PublG bzw § 290 einbezogen (Anm 73) sind und
- im Übrigen die entspr geltenden Voraussetzungen des § 264 Abs 3 erfüllt (dazu Anm 74ff) sind.

71 Bei Vorliegen der einzelnen Voraussetzungen *sind* die Unt „... von den Anforderungen dieses Gesetzes befreit ...", dh es entfällt sowohl die Beachtung der besonderen Vorschriften für den JA und Lagebericht (§ 5 Abs 1–5 PublG), dessen Prüfung durch den AP (§ 6 PublG) und den AR (§ 7 PublG), seine Feststellung (§ 8 PublG) sowie Offenlegung (§ 9 PublG) als auch – soweit es sich um die MU von Teilkonzernen handelt – von der Konzernrechnungslegungspflicht gem §§ 11ff PublG (glA *ADS*[6] (ErgBd) § 5 PublG Anm 12ff). Insofern geht der **Befreiungsumfang** nach § 5 Abs 6 über denjenigen der § 264 Abs 3 und 4 für KapGes bzw des § 264 b für KapCoGes hinaus, der die Verpflichtung zur Konzernrechnungslegung unberührt lässt (Anm 1).

Nachdem PersGes iSd § 264 a vom **Geltungsbereich** des PublG ausgenommen sind (§ 3 Abs 1 Nr 1 PublG), erstreckt sich die Befreiungsmöglichkeit des § 5 Abs 6 PublG somit zunächst auf alle **OHG und KG,** deren phG entweder eine natürliche Person oder aber eine weitere PersGes oder sonstige PersGes (zB GbR) mit einer natürlichen Person als phG ist. Zum Kreis der durch § 5 Abs 6 PublG begünstigen Unt gehören formal außerdem auch **Einzelkaufleute, Vereine** mit wirtschaftlichem Geschäftsbetrieb sowie rechtsfähige **Stiftungen** und **Körperschaften oder Anstalten des öffentlichen Rechts,** (§ 3 Abs 1 Nr 2–4 PublG). 72

Allerdings dürfte es für die zuletzt genannten Unt regelmäßig an der Einbeziehung in den KA eines MU fehlen (*WPH*[12] I H Anm 31, 37). Hintergrund dafür ist, dass es für Zwecke des § 5 Abs 6 PublG – im Unterschied zu § 264 b (Anm 33) – nicht ausreicht, wenn das zu befreiende Unt selbst als MU einen KA aufstellt (so *ADS*[6] (ErgBd) § 5 PublG Anm 10 f), weil es nicht nur auf die Einbeziehung (hier des MU) in den KA eines MU ankommt, sondern außerdem die entspr geltenden Voraussetzungen des § 264 Abs 3 zu beachten sind, namentlich eine Verlustübernahme seitens des MU erforderlich ist (§ 264 Abs 3 Nr 2). Eine Verlustübernahme durch das den befreienden KA aufstellenden MU gegenüber sich selbst ist indes ausgeschlossen, weil das Vermögen des MU bereits für dessen eigene Verbindlichkeiten haftet (*ADS*[6] § 5 PublG Anm 26).

Der befreiende KA iSd § 5 Abs 6 PublG darf ausschließlich von *inländischen* **Mutterunternehmen** aufgestellt werden, weil nur diese gem § 11 PublG bzw § 290 zur Konzernrechnungslegung verpflichtet sind (im Einzelnen zu den Voraussetzungen: § 290 Anm 12 ff, 101 ff). 73

Neben der Einbeziehung in den befreienden KA eines MU müssen die **entsprechend geltenden Voraussetzungen** gem **§ 264 Abs 3** erfüllt sein (dazu auch § 264 Anm 71 ff), dh: 74

1. alle Gester, dh phG und ggf Kommanditisten, des Unt müssen der Befreiung für das jeweilige Gj zugestimmt haben und dieser Beschluss muss nach § 9 Abs 1 PublG iVm § 325 offengelegt worden sein (§ 264 Anm 76 ff).
2. Das MU muss zur Verlustübernahme nach § 302 AktG verpflichtet sein oder eine solche Verpflichtung freiwillig übernommen haben. Die Erklärung hierüber muss ebenfalls nach § 9 Abs 1 PublG iVm § 325 offengelegt worden sein (§ 264 Anm 86 ff).
3. Die Befreiung des Unt muss im Anhang des befreienden KA angegeben sein (Anm 60 ff).
4. Die offen zu legenden Konzernrechnungslegungsunterlagen müssen zum HR des Sitzes des Unt eingereicht worden sein (Anm 50 ff).

Für das Vorliegen einer Verlustübernahmeverpflichtung seitens des MU (§ 264 Abs 3 Nr 2 iVm § 5 Abs 6 PublG) reicht dessen gesetzliche Haftung als phG der betreffenden OHG, KG (§ 128, § 161 Abs 2) aus, weil der Bestand der Ges durch die Haftung ggü den Gläubigern der PersGes im Ergebnis in gleichwertiger Weise wie bei einem Ausgleich von sonst entstehenden Jahresfehlbeträgen geschützt ist (hM *ADS*[6] (ErgBd) § 5 PublG Anm 24 f; *WPH*[12] I F Anm 41). Dafür spricht im Übrigen, dass nach dem Wortlaut von Art 57 lit c 4. EG-Richtl, auf den die Regelung in § 264 Abs 3 Nr 2 zurückgeht, das Einstehen des MU für die von dem zu befreienden Unt eingegangenen Verbindlichkeiten erforderlich ist. 75

Somit ist die Abgabe einer besonderen Verlustübernahmeerklärung für Zwecke des § 5 Abs 6 PublG nur in den Fällen erforderlich, in denen das den befreienden KA aufstellende MU nicht zugleich phG ist (*WPH*[12] I F Anm 43).

E. Prüfung

80 Der **Konzernabschlussprüfer** hat festzustellen, ob für alle KapCoGes, die unter Hinweis auf ihre Befreiung gem § 264b von der Aufstellung eines JA etc nach den für KapGes geltenden Vorschriften Gebrauch gemacht haben, auch die hierfür erforderliche Angabe im Konzernanhang (dazu Anm 60ff) enthalten ist. Eine inhaltliche Überprüfung, ob sämtliche Befreiungsvoraussetzungen erfüllt werden oder nicht, ist jedoch nicht geboten, weil die Ordnungsmäßigkeit des KA hiervon nicht beeinträchtigt wird (so *IDW* PH 9200.1 FN-IDW 2000, 54; *ADS*[6] (ErgBd) § 264b HGB Anm 81).

Sofern der Konzernabschlussprüfer jedoch positive Erkenntnisse darüber hat, dass die Voraussetzungen für eine Befreiung nach § 264b nicht gegeben sind, weil zB die betreffende KapCoGes nicht in den (befreienden) KA einbezogen ist (dazu 33ff), hat er darüber im Konzernprüfungsbericht separat im Anschluss an das Prüfungsergebnis zu berichten (strenger *Giese/Rabenhorst/Schindler* BB 2001, 517: Hinweis im Anschluss an das Prüfungsurteil im BVm).

81 Besonderheiten für den **Bestätigungsvermerk** ergeben sich dann, wenn der für Zwecke des § 264b befreiende konsolidierte Abschluss von einem phG, der nicht MU der KapCoGes ist, aufgestellt wird. Hierbei ist grds danach zu unterscheiden, ob der phG im Übrigen im Verhältnis zu einem dritten Unt als MU qualifiziert, dh grds konzernrechnungslegungspflichtig ist, oder nicht.

82 Im ersten Fall ist zu beachten, dass der KonsKreis des KA bei der Einbeziehung eines Nicht-TU (hier der KapCoGes) nicht den gesetzlichen Vorschriften, zB § 290 iVm § 294 Abs 1, entspricht, was zum einen eine Anpassung der Angabe der Rechnungslegungsvorschriften, nach denen der KA aufgestellt wurde, im einleitenden Abschnitt des BVm erforderlich macht. Zum anderen führt dieser Gesetzesverstoß – Wesentlichkeit vorausgesetzt – zu einer **Einschränkung** des BVm. Außerdem ist zu beachten, dass der KA aufgrund der in ihn übernommenen VG und Schulden sowie damit korrespondierende Erträge und Aufwendungen eines Nicht-TU (KapCoGes) idR kein den tatsächlichen Verhältnissen entsprechendes Bild der VFE-Lage des Konzerns vermittelt und insofern ebenfalls eine Einschränkung des BVm uU sogar dessen Versagung geboten ist.

Wird die Einbeziehung von Nicht-TU im Konzernanhang, zB iZm den Angaben zum KonsKreis gem § 313 Abs 2, erläutert, kommt folgender Wortlaut für den BVm in Betracht:

„... Die Aufstellung des Konzernabschlusses und Konzernlageberichts, die hinsichtlich des Konsolidierungskreises nach den im Konzernanhang beschriebenen Grundsätzen und im Übrigen nach den deutschen handelsrechtlichen Vorschriften erfolgt ist, liegt in der Verantwortung der Geschäftsführer der Gesellschaft. ...

Meine/Unsere Prüfung hat mit Ausnahme der folgenden Einschränkung zu keinen Einwendungen geführt: In den Konzernabschluss wurden auch Personenhandelsgesellschaften iSd § 264a HGB einbezogen, die nicht Tochterunternehmen der ... Gesellschaft sind. Als Folge hiervon ist in der Konzernbilanz insbesondere der Ausweis der Sachanlagen um ..., der Forderungen um ... sowie der Schulden um ... und in der Konzern-Gewinn- und Verlustrechnung insbesondere der Ausweis der Umsatzerlöse um ... sowie des Materialaufwands um ..., des Personalaufwands um ... und der Abschreibungen um ... zu hoch.

Mit dieser Einschränkung vermittelt der Konzernabschluss ....“

Die Einschränkung des BVm zum KA steht dessen befreiender Wirkung für Zwecke des § 264b nicht entgegen (Anm 46).

83 Im zweiten Fall, wenn der phG entweder kein MU ist oder zwar als MU qualifiziert, aber wegen Unterschreitens der Größenkriterien des § 293 von der Pflicht zur Aufstellung eines KA und Konzernlageberichts befreit ist, handelt es

sich bei dem vom phG aufgestellten konsolidierten Abschluss um einen **freiwilligen Gruppenabschluss.** Eine Einschränkung des BVm bezüglich der fehlerhaften Abgrenzung des KonsKreises ist in diesem Fall nicht geboten, sofern die Einbeziehung der Nicht-TU (KapCoGes) in den konsolidierten Abschluss im Konzernanhang erläutert wird.

Wegen Besonderheiten bei einer freiwilligen Prüfung von Jahresabschlüssen der gem § 264b befreiten KapCoGes s § 264 Anm 120ff sowie *ADS*[6] (ErgBd) § 264 HGB Anm 75ff. 84

F. Besonderheiten für befreiende Konzernabschlüsse oberer Mutterunternehmen

Unabhängig vom Vorliegen der Befreiungsvoraussetzungen nach § 264b ist eine KapCoGes, die MU iSv § 290 ist, zur Aufstellung eines KA und Konzernlageberichts verpflichtet. Diese Pflicht entfällt, wenn der Konzern der KapCoGes die in § 293 genannten Größenkriterien unterschreitet. Ist dies nicht der Fall braucht die KapCoGes keinen KA und Konzernlagebericht aufzustellen, wenn sie gem § 291 bzw § 292 iVm §§ 1–3 KonBefrV in den befreienden KA eines oberen MU einbezogen wird. 90

Ein iSd §§ 291, 292 befreiender KA kann nur von einem (übergeordneten) MU der KapCoGes aufgestellt werden. Damit ist ein **vom persönlich haftenden Gesellschafter,** der *nicht* MU der KapCoGes ist (Anm 24), für Zwecke des § 264b **aufgestellter Konzernabschluss** und Konzernlagebericht **nicht geeignet,** ein KapCoGes-MU gem §§ 291, 292 von seiner originären Konzernrechnungslegungspflicht zu befreien (aA *Winkeljohann/Schindhelm,* 173f). 91

Umgekehrt kann der KA und Konzernlagebericht eines MU mit Sitz in einem Drittstaat, dh außerhalb der EU bzw des EWR, das KapCoGes-MU zwar grds von der Aufstellung eines KA befreien (§ 292 iVm §§ 1–3 KonBefrV), ist andererseits aber ungeeignet für eine Befreiung nach § 264b (Anm 22).

Zu den Voraussetzungen für eine Befreiung von der Pflicht zur Aufstellung eines (Teil-)KA durch den KA eines oberen MU gehört nach § 291 Abs 2 Nr 3 lit a–c, dass folgende **Angaben im Anhang des Jahresabschlusses** des zu befreienden Teilkonzern MU (KapCoGes) enthalten sind: 92

- Name und Sitz des MU, das den befreienden KA und Konzernlagebericht aufstellt,
- Hinweis auf die Befreiung von der Verpflichtung, einen KA und Konzernlagebericht aufzustellen und
- Erläuterung der im befreienden KA vom deutschen Recht abweichend angewandten Bilanzierungs-, Bewertungs- und Konsolidierungsmethoden.

Wenn die gem § 264b befreite KapCoGes lediglich einen JA (Bilanz und GuV) nach den Vorschriften für alle Kfl aufgestellt und diesen auch nicht freiwillig um einen Anhang gem §§ 284ff ergänzt hat, können die Voraussetzungen gem § 291 Abs 2 Nr 3 lit a–c nicht erfüllt werden, womit eine Inanspruchnahme der Befreiungsmöglichkeit nach § 291 ausgeschlossen wäre, dh das Teil-Konzern-MU (KapCoGes) müsste einen KA und Konzernlagebericht gem §§ 290ff aufstellen.

Mit Rücksicht auf den Sinn und Zweck der Angabevorschrift, nämlich die Adressaten des entfallenden KA über die Befreiung zu unterrichten (§ 291 Anm 28), erscheint es uE jedoch auch **ausreichend,** wenn die KapCoGes die geforderten Angaben (§ 291 Abs 2 Nr 3 lit a–c) in eine Anlage zum JA gem § 242 Abs 3 aufnimmt und diese offen legt, dh zumindest zum HR einreicht. Eine Offenlegung nach den für den entfallenden JA und Lagebericht geltenden 93

Vorschriften, dh Veröffentlichung im BAnz (große KapCoGes) bzw Hinterlegungsbekanntmachung im BAnz (mittelgroße KapCoGes) ist nicht erforderlich, weil die Befreiung gem § 264b insoweit vor geht.

Daneben besteht uE die Möglichkeit, die zur Rede stehenden Angaben in den Konzernanhang des iSv § 264b befreienden KA des MU aufzunehmen und dort mit der Angabe gem Nr 4 zu verbinden. Die Angabe von Name und Sitz des MU, das den befreienden KA und Konzernlagebericht aufstellt, ist dann allerdings nicht erforderlich.

94 Ein gem § 291 befreiender KA darf auch von einem MU iSd § 11 PublG aufgestellt werden. In diesem Zusammenhang ist zu beachten, dass ein gem §§ 13ff PublG aufgestellter KA für Zwecke des § 264b bereits dann befreiende Wirkung hat, wenn in ihm das Wahlrecht gem § 13 Abs 3 S 1 PublG nicht in Anspruch genommen wurde (Anm 42). Im Unterschied dazu ist eine Befreiung iSd § 291 nur dann gegeben, wenn zusätzlich auch auf die Anwendung von § 13 Abs 3 S 2 PublG, wonach § 5 Abs 5 PublG auch für den KA gilt, verzichtet wird (§ 13 Abs 3 S 3), nachdem das zu befreiende TU, dh das KapCoGes-MU, diese Erleichterungen für seinen KA nicht in Anspruch nehmen könnte (glA *Winkeljohann/Schindhelm*, 270f).

G. Sanktionen

100 Eine Verletzung des § 264b als solchem ist nicht möglich, da die Vorschrift die KapCoGes lediglich von den ihr gem § 264a obliegenden Pflichten befreit, ohne eigenständige Verpflichtungen zu begründen.

Dessen ungeachtet können sich Rechtsfolgen dann ergeben, wenn die gesetzlichen Vertreter der KapCoGes bei Vorliegen der Befreiung gem § 264b die ihnen gem § 242 Abs 1 obliegende Pflicht zur Aufstellung eines JA nach den Vorschriften für alle Kfl nicht befolgen (§§ 335 S 1 Nr 1 iVm 335b).

Sind nicht sämtliche Voraussetzungen für eine Befreiung gem § 264b gegeben, bleibt die Aufstellungspflicht nach § 264a bestehen. Wegen der hier geltenden Sanktionen (§ 264a Anm 65).

§ 264c Besondere Bestimmungen für offene Handelsgesellschaften und Kommanditgesellschaften im Sinne des § 264a

(1) [1]**Ausleihungen, Forderungen und Verbindlichkeiten gegenüber Gesellschaftern sind in der Regel als solche jeweils gesondert auszuweisen oder im Anhang anzugeben.** [2]**Werden sie unter anderen Posten ausgewiesen, so muss diese Eigenschaft vermerkt werden.**

(2) [1]**§ 266 Abs. 3 Buchstabe A ist mit der Maßgabe anzuwenden, dass als Eigenkapital die folgenden Posten gesondert auszuweisen sind:**

I. Kapitalanteile
II. Rücklagen
III. Gewinnvortrag/Verlustvortrag
IV. Jahresüberschuss/Jahresfehlbetrag.

[2]**Anstelle des Postens „Gezeichnetes Kapital" sind die Kapitalanteile der persönlich haftenden Gesellschafter auszuweisen; sie dürfen auch zusammengefasst ausgewiesen werden.** [3]**Der auf den Kapitalanteil eines persönlich haftenden Gesellschafters für das Geschäftsjahr entfallende Verlust ist von dem Kapitalanteil abzuschreiben.** [4]**Soweit der Verlust den Kapitalanteil übersteigt, ist er auf der Aktivseite unter der Bezeichnung „Einzahlungsverpflichtungen persönlich haftender Gesellschafter" unter den Forderungen gesondert auszuweisen, soweit**

eine Zahlungsverpflichtung besteht. [5]Besteht keine Zahlungsverpflichtung, so ist der Betrag als „Nicht durch Vermögenseinlagen gedeckter Verlustanteil persönlich haftender Gesellschafter“ zu bezeichnen und gemäß § 268 Abs. 3 auszuweisen. [6]Die Sätze 2 bis 5 sind auf die Einlagen von Kommanditisten entsprechend anzuwenden, wobei diese insgesamt gesondert gegenüber den Kapitalanteilen der persönlich haftenden Gesellschafter auszuweisen sind. [7]Eine Forderung darf jedoch nur ausgewiesen werden, soweit eine Einzahlungsverpflichtung besteht; dasselbe gilt, wenn ein Kommanditist Gewinnanteile entnimmt, während sein Kapitalanteil durch Verlust unter den Betrag der geleisteten Einlage herabgemindert ist, oder soweit durch die Entnahme der Kapitalanteil unter den bezeichneten Betrag herabgemindert wird. [8]Als Rücklagen sind nur solche Beträge auszuweisen, die auf Grund einer gesellschaftsrechtlichen Vereinbarung gebildet worden sind. [9]Im Anhang ist der Betrag der im Handelsregister gemäß § 172 Abs. 1 eingetragenen Einlagen anzugeben, soweit diese nicht geleistet sind.

(3) **[1]Das sonstige Vermögen der Gesellschafter (Privatvermögen) darf nicht in die Bilanz und die auf das Privatvermögen entfallenden Aufwendungen und Erträge dürfen nicht in die Gewinn- und Verlustrechnung aufgenommen werden. [2]In der Gewinn- und Verlustrechnung darf jedoch nach dem Posten „Jahresüberschuss/Jahresfehlbetrag“ ein dem Steuersatz der Komplementärgesellschaft entsprechender Steueraufwand der Gesellschafter offen abgesetzt oder hinzugerechnet werden.**

(4) **[1]Anteile an Komplementärgesellschaften sind in der Bilanz auf der Aktivseite unter den Posten A.III.1 oder A.III.3 auszuweisen. [2]§ 272 Abs. 4 ist mit der Maßgabe anzuwenden, dass für diese Anteile in Höhe des aktivierten Betrags nach dem Posten „Eigenkapital“ ein Sonderposten unter der Bezeichnung „Ausgleichsposten für aktivierte eigene Anteile“ zu bilden ist. [3]§§ 269, 274 Abs. 2 sind mit der Maßgabe anzuwenden, dass nach dem Posten „Eigenkapital“ ein Sonderposten in Höhe der aktivierten Bilanzierungshilfen anzusetzen ist.**

Übersicht

Schrifttum: Siehe § 264 a.

A. Anwendungsbereich

1 Die rechtsformspezifische Vorschrift des § 264 c ist von OHG und KG zu beachten, die durch § 264 a zur Rechnungslegung nach den Regeln für bestimmte PersGes verpflichtet sind (siehe dazu unter § 264 a).

Bis auf die Regelungen in Abs 4 dürfte es sich bei den Regelungen um GoB für PersGes handeln, so dass ihre Beachtung auch durch PersGes mit einer natürlichen Person als phG geboten ist. Dies gilt insb für die Regelungen zum Ausweis des EK nach Abs 2 und die Abgrenzung zum Privatvermögen und den entspr Aufwendungen in Abs 3. Die Regelungen in Abs 4 zur Bildung von Sonderposten in bestimmten Fällen brauchen von PersGes außerhalb des Anwendungsbereichs des § 264 a dagegen nicht beachtet zu werden. Für den Fall der Inanspruchnahme von Bilanzierungshilfen nach §§ 269 oder 274 sind jedoch bei Entnahmen aus Kommanditanteilen entspr Wirkungen beim Wiederaufleben der Haftung zu beachten (s Anm 101).

B. Ausweis von Ansprüchen und Verbindlichkeiten gegenüber Gesellschaftern (Abs 1)

5 Die Regelung entspricht sinngleich der Regelung nach § 42 Abs 3 GmbHG zum gesonderten Ausweis von Ansprüchen und Verbindlichkeiten ggü Gestern der GmbH und bezweckt die Verhältnisse zwischen der Ges und ihren Gestern für die Adressaten des JA transparent zu machen. Sie gilt sowohl für die Ansprüche und Verbindlichkeiten ggü phG (Komplementären) als auch ggü haftungsbeschränkten Gestern (Kommanditisten). Die Höhe der Beteiligung spielt dabei keine Rolle. Die Verpflichtung zum gesonderten Ausweis besteht auch dann, wenn der Gester nicht am Kapital und Ergebnis der Ges beteiligt ist (wie häufig die typische Komplementär-GmbH).

6 Die Vorschrift ist insofern formal auszulegen, als sie nur Ansprüche oder Verbindlichkeiten ggü Gestern im formalrechtlichen Sinne erfasst. Ansprüche oder Verbindlichkeiten ggü herrschenden Gestern von Gestern der Ges (mittelbare Gester) fallen nicht unter diese Regelung. Hier kann ggf der Sonderausweis ggü *„verbundenen Unternehmen"* oder *„Unternehmen mit denen ein Beteiligungsverhältnis besteht"* einschlägig sein.

7 Wird ein Ges-Anteil treuhänderisch gehalten, dürfte es aber dem Sinn der Regelung entsprechen, nicht nur die Forderungen und Verbindlichkeiten ggü dem treuhänderischen Gester, sondern auch solche ggü dem Treugeber in den Sonderausweis einzubeziehen (ebenso *ADS*[6] § 42 GmbHG Anm 41).

8 **Stille Gesellschafter** sind als solche nicht Gester der Ges. Dies gilt auch, wenn der stille Gester einem Kommanditisten vergleichbare Rechte oder sogar noch weitergehende Mitwirkungsrechte innehat. Zu einem gesonderten Ausweis iSd Vorschrift kann es daher nur kommen, wenn der stille Gester zugleich auch Gester (Komplementär oder Kommanditist) der Ges ist (ebenso *ADS*[6] § 42 GmbHG, Anm 37).

9 Das Gesetz gestattet für die Kenntlichmachung der Forderungen und Verbindlichkeiten ggü Gestern zwei verschiedene Methoden. Die eine Methode besteht darin, gesonderte Posten in der Bilanz auszuweisen: Ausleihungen an Gester, Forderungen gegen Gester bzw Verbindlichkeiten ggü Gestern. Durch einen davon-Vermerk ist zudem jeweils kenntlich zu machen, welche Beträge Gester betreffen, die als verbundenes Unt oder als Unt, mit denen ein Beteili-

gungsverhältnis besteht, zu qualifizieren sind. Die Qualifizierung als verbundenes Unt geht dabei der Qualifizierung als Unt, mit dem ein Beteiligungsverhältnis besteht, vor.

Die andere zulässige Methode besteht darin, im Anhang die Beträge der Ausleihungen, Forderungen und Verbindlichkeiten ggü Gestern anzugeben. In der Bilanz muss dann allerdings bei jedem Posten, der Ausleihungen, Forderungen oder Verbindlichkeiten ggü Gestern enthält, ein entspr davon-Vermerk gemacht werden. Statt eines davon-Vermerks in der Bilanz ist es auch zulässig, bei der Erläuterung des jeweiligen Bilanzpostens im Anhang anzugeben, inwieweit der Posten Ausleihungen, Forderungen bzw Verbindlichkeiten ggü Gestern enthält oder im Rahmen der Anhangangabe zur Höhe der Ausleihungen, Forderungen bzw Verbindlichkeiten ggü Gestern zu vermerken, in welchen Bilanzposten welche Beträge enthalten sind (glA *Thiele/Sickmann* in Bilanzrecht § 264c Anm 27). **10**

Bei beiden Methoden ist zu beachten, dass die Sonderausweise für die ausstehenden Einlagen nach § 272 Abs 1 S 2, bzw der Forderung auf eingeforderte Einlagen nach § 272 Abs 1 S 3, sowie der *„Einzahlungsverpflichtungen persönlich haftender Gesellschafter/von Kommanditisten"* nach § 264c Abs 2 S 4 davon nicht berührt werden. Diese Sonderausweise gehen der Regelung in Abs 1 vor. **11**

Die Pflicht zur Kennzeichnung der Ausleihungen, Forderungen und Verbindlichkeiten ggü Gestern besteht auch für kleine OHG und KG iSd § 267 Abs 1. Nur die zusätzliche Angabe der verbundenen Unt bzw Unt, mit denen ein Beteiligungsverhältnis besteht, ist für kleine Ges nicht verpflichtend. **12**

C. Ausweis des Eigenkapitals (Abs 2)

I. Allgemeines

Die Vorschrift regelt die Gliederung des EK für OHG und für KG und substituiert insoweit die Gliederungsregelung des § 266 Abs 3. Für den EK-Ausweis sind des Weiteren die Regelung zur Aufstellung der Bilanz unter Berücksichtigung der teilweisen oder vollständigen Ergebnisverwendung (§ 268 Abs 1), die Regelungen zum Ausweis noch ausstehender Einlagen nach § 272 Abs 1 sinngemäß, sowie die Regelungen des Ges-Vertrags zu beachten. Enthält der Ges-Vertrag keine oder nicht abschließende Regelungen sind für die OHG die Regelungen in §§ 120–122 zur Gewinnverteilung und Entnahme und für KG die entspr Regelungen in §§ 167–169 zu beachten. **15**

Für die Abgrenzung zwischen EK und FK bei OHG und KG gelten die dazu entwickelten Regeln unverändert (s dazu § 247 Anm 160; zur EK-Problematik bei PersGes nach IFRS s § 247 Anm 165). **16**

II. Ausweis einbezahlter Eigenkapitalteile

1. Kapitalanteile der persönlich haftenden Gesellschafter

Bei der OHG und für die Komplementäre der KG ist die **bedungene Einlage** im Kapitalanteil auszuweisen. Soweit die bedungene Einlage noch nicht eingezahlt ist, gilt die Regelung des § 272 Abs 1 S 2 und 3 entspr. Danach kann die **ausstehende Einlage** als gesonderter Posten *„Ausstehende Einlagen"* vor dem Anlagevermögen auf der Aktivseite ausgewiesen werden. Der Betrag der davon bereits eingeforderten Einlage ist zu vermerken. Es ist alternativ auch zu- **20** lässig, den Betrag der noch nicht eingezahlten bedungenen Einlagen, soweit er auch noch nicht eingefordert ist, offen auf der Passivseite von den Kapitalanteilen abzusetzen. Die eingeforderten, aber noch nicht eingezahlten Einlagen sind dann unter den Forderungen gesondert auszuweisen (ebenso *WPH*[12] *I* F 141). Bei der zweiten Alternative wird bei KapGes verlangt, dass der nach der offenen Absetzung verbleibende Betrag als *„Eingefordertes Kapital"* zu bezeichnen ist. Da der Kapitalanteil aber auch Gewinn- und Verlustanteile umfassen kann (s Anm 40), ist es sachgerecht, den Posten als *„Kapitalanteil abzüglich nicht eingeforderter bedungener Einlage"* oder ähnlich zu bezeichnen (glA *Thiele/Sickmann* in Bilanzrecht § 264c Anm 37).

21 Die Kapitalanteile der einzelnen Gester der OHG oder bei mehreren Komplementären einer KG dürfen gesondert oder zusammengefasst ausgewiesen werden. Negative Kapitalanteile (s dazu Anm 26, 43) dürfen jedoch nicht mit positiven Kapitalanteilen zusammengefasst werden (ebenso *IDW RS HFA 7.33* WPg 2002, 1259; *WPH*[12] *I* F 224, 257; *ADS*[6] (ErgB) § 264c Anm 22; aA *Bitter/Grasshoff* DB 2000, 835; *Hoffmann* DStR 2000, 841).

22 Ist in einer OHG zwischen den Gestern vereinbart, dass neben einem Festkapitalkonto, das die Anteilsverhältnisse der Gester untereinander widerspiegeln soll, weitere Einzahlungen ins EK zu leisten sind, ist es je nach Vereinbarung im Ges-Vertrag zulässig, dass diese zusätzlichen Einzahlungen in der externen Rechnungslegung in die Kapitalanteile einbezogen werden oder aber als Rücklage ausgewiesen werden (zur Verrechnung von Verlusten mit Rücklagen s Anm 42). Eine solche Konstellation könnte bspw auftreten, wenn ein **neuer Gesellschafter in eine bestehende OHG eintritt** und auf Grund vorhandener stiller Reserven und/oder eines GFW seine Einlage höher vereinbart wird, als es dem Kapitalkonto entspricht, das für ihn in der Ges eingerichtet wird. Je nach Vereinbarung zwischen den Gestern könnte der übersteigende Betrag der Einlage als Rücklage ausgewiesen werden oder direkt beteiligungsproportional den Kapitalanteilen aller Gester zugeschrieben werden (glA *Thiele/Sickmann* in Bilanzrecht § 264c Anm 55). Für externe Bilanzadressaten ist die Differenzierung zwischen Kapitalanteil und Rücklage allerdings ohne besondere Aussagekraft, da ohne Kenntnis des Ges-Vertrags daraus keine Schlüsse, etwa über die zwischen den Gestern vereinbarte Entnahmefähigkeit, gezogen werden können.

23 Wird ein **ausscheidender Gesellschafter** auf Grund stiller Reserven und/oder eines GFW aus der Ges heraus mit einem Betrag abgefunden, der höher ist, als es seinem Kapitalanteil entspricht, dürfen in Höhe des übersteigenden Betrags anteilige stille Reserven in den VG zugeschrieben und ggf ein GFW aktiviert werden (nach *IDW RS HFA 7.48* WPg 2002, 1259 soll dafür eine Pflicht bestehen).

Wird diese Möglichkeit nicht genutzt, ist der Unterschiedsbetrag mit den Kapitalanteilen der verbleibenden Gester oder mit ggf ausgewiesenen Rücklagen zu verrechnen. Eine Berührung der GuV ist nicht erforderlich, da bei OHG, anders als bei KapGes, selbst negative Kapitalanteile auch ohne dass Verluste eingetreten sind, zB durch Entnahme, möglich sind (zur entspr Frage bei Kommanditisten s Anm 35).

24 Tätigt ein phG **Entnahmen,** wodurch sein Kapitalanteil unter die (bisherige) bedungene Einlage absinkt, ist für die Bilanzierung zu differenzieren. Handelt es sich um eine **unzulässige** Entnahme, entsteht eine Forderung der Ges ggü dem Gester, die als eingeforderte Einlage auszuweisen ist. Handelt es sich um eine **zulässige** Entnahme (s zum Entnahmerecht nach § 122 auch Anm 44) und vereinbaren die Gester, dass die bedungene Einlage herabgesetzt sein soll, reduziert die Entnahme den Kapitalanteil des Gesters. Soll die bedungene Einlage nicht als herabgesetzt gelten, ist der entspr Betrag wie eine ausstehende Einlage zu be-

handeln. Entweder ist das Aktivum *„Ausstehende Einlagen“* nach § 272 Abs 1 S 2 zu erhöhen, falls der Betrag eingefordert ist, ist das entspr zu vermerken, oder der Betrag ist, soweit er nicht eingefordert ist, nach § 272 Abs 1 S 3 offen von den Kapitalanteilen abzusetzen. Soweit er eingefordert ist, ist er bei dieser Ausweisvariante als eingeforderte Einlage gesondert unter den Forderungen ggü Gestern auszuweisen.

Erzielt die OHG Kapitalerträge, bei denen der Schuldner der Kapitalerträge verpflichtet ist, KapESt einzubehalten, hat die OHG den Gesamtbetrag (Auszahlungsbetrag zuzüglich vom Auszahler abgeführter KapESt) als Ertrag in der GuV auszuweisen, der Anspruch gegen das Finanzamt auf Erstattung der KapESt gilt als von den Gestern entnommen (ebenso *IDW RS HFA 7.24* WPg 2002, 1259). Je nach Vereinbarung der Gester, ob diese Entnahme die bedungene Einlage mindern soll oder nicht, ist entspr Anm 24 zu verfahren. **25**

Wird ein Kapitalanteil durch gesellschaftsvertraglich **zulässige** Entnahmen, die nicht zur Entstehung einer Forderung ggü dem Gester führen, negativ, ist er als letzter Posten der Aktivseite gesondert auszuweisen. Der Posten könnte die Bezeichnung *„Nicht durch Vermögenseinlagen gedeckte Entnahmen persönlich haftender Gesellschafter“* erhalten. Wenn sowohl auf Grund von Entnahmen als auch auf Grund von Verlusten negative Kapitalanteile vorhanden sind, dürfen diese auch zusammengefasst als *„Nicht durch Vermögenseinlagen gedeckte Verlustanteile und Entnahmen persönlich haftender Gesellschafter“* ausgewiesen werden (ebenso *Ischebeck* in HdR[5] § 264c Anm 15; aA *IDW RS HFA 7.41* WPg 2002, 1259, das einen getrennten Ausweis verlangt). **26**

2. Kapitalanteile der Kommanditisten

Bei der KG sind die Kapitalanteile der Kommanditisten gesondert von den Kapitalanteilen der Komplementäre auszuweisen (zu den Kapitalanteilen der Komplementäre siehe Anm 20–26). Die Definition für das gezeichnete Kapital in § 272 Abs 1 S 1, wonach das gezeichnete Kapital der Betrag ist, auf den die Haftung der Gester für die Verbindlichkeiten der Ges ggü den Gläubigern beschränkt ist, ließe es nahe liegend erscheinen, dass als Kapitalanteil der Kommanditisten die Hafteinlage gem §§ 171 Abs 1, 172 Abs 1 auszuweisen ist. Der Wortlaut der Regelung verweist jedoch für den Ausweis der Kapitalanteile der Kommanditisten auf die Regelung für die phG. Dies und die nach Abs 2 S 9 verlangte Anhangangabe über die Differenz zwischen geleisteter Einlage und Hafteinlage nach § 171 Abs 1 (siehe dazu Anm 60) machen deutlich, dass im Kapitalanteil der Kommanditisten die bedungene Einlage (Pflichteinlage) auszuweisen ist (so auch explizit die Regierungsbegründung zum Gesetzentwurf, in *IDW (Hrsg)* Textausgabe KapCoRiLiG, 62; ebenso *WPH*[12] I F 140; *ADS*[6] (ErgBd) § 264c Anm 16). **30**

Soweit die bedungene Einlage noch nicht eingezahlt ist, gilt die Regelung des § 272 Abs 1 S 2 und 3 entspr (s Anm 20). Bestehen sowohl für Komplementäre als auch für Kommanditisten **ausstehende Einlagen,** sind die entspr Aktivposten getrennt voneinander auszuweisen (ebenso *WPH*[12] I F 141). **31**

Auch bei den Kommanditisten können neben einem Festkapitalkonto, das die Anteilsverhältnisse der Gester untereinander widerspiegeln soll, weitere Einzahlungen vereinbart sein. Je nach den Vereinbarungen im Ges-Vertrag können diese weiteren Einzahlungen als Teil der Kapitalanteile oder aber als Rücklagen ausgewiesen werden. Wenn die Hafteinlage nach § 172 Abs 1 dem vereinbarten Festkapitalkonto entspricht, hat ein Ausweis einer darüber hinaus gehenden bedungenen Einlage innerhalb des Kapitalanteils uE nicht zur Folge, dass diese Bilanzierung als handelsübliche Kundmachung einer höheren Hafteinlage iSd **32**

§ 172 Abs 2 mit der Folge gedeutet werden könnte, dass sich Gläubiger auf die höhere Einlage berufen könnten und damit auch der übersteigende Betrag zB den Mechanismen des Wiederauflebens der persönlichen Haftung nach § 172 Abs 4 unterliegt. Der Ausweis als Rücklage hindert nicht daran, dass die Beträge im Innenverhältnis der Gester zueinander einzelnen Gestern zugeordnet sind.

33 Tritt ein neuer Gester in eine bestehende KG ein und zahlt dieser auf Grund stiller Reserven und/oder eines GFW eine Einlage, die den Betrag des auf ihn entfallenden Kapitalkontos übersteigt, besteht je nach Vereinbarung die Möglichkeit, den übersteigenden Betrag entweder beteiligungsproportional den Kapitalanteilen aller Gester zuzuschreiben oder den Betrag in eine Rücklage einzustellen.

34 Während für die Kapitalanteile explizit geregelt ist, dass diese getrennt für Komplementäre und Kommanditisten auszuweisen sind, ist dies für die Rücklagen nicht vorgeschrieben. Soweit es sich um Rücklagen aus Einlagen handelt, sollte jedoch ebenfalls zwischen den auf die Kommanditisten und die Komplementäre entfallenden Rücklagen differenziert werden.

35 Wird bei einer KG ein ausscheidender Gester aus der Ges heraus mit einem Betrag abgefunden, der sein Kapitalkonto übersteigt, gelten die Ausführungen zur OHG entspr (s Anm 23). Für die Kommanditisten stellt sich dabei für den Fall, dass der übersteigende Betrag nicht aktiviert, sondern den Kapitalkonten der verbliebenen Gester belastet wird, die Frage, ob diese Minderung ihres Kapitalkontos als eine die Haftung ggf wieder aufleben lassende Entnahme oder lediglich vergleichbar einem Verlustanteil zu werten ist, der lediglich bis zur Wiederauffüllung der bedungenen Einlage eine Gewinnentnahme ohne Wiederaufleben der Haftung hindert.

36 Bzgl von Entnahmen der Kommanditisten, durch die ihr Kapitalanteil unter die bisher bedungene Einlage absinkt, gelten die Ausführungen zu den Komplementären entspr (s Anm 24–26). Die Auswirkungen derartiger Entnahmen im Verhältnis zur ins HR eingetragenen Hafteinlage sind im Rahmen der Angabe zur verbliebenen persönlichen Haftung der Kommanditisten nach Abs 2 S 9 zu beachten (s Anm 60).

III. Gewinn- und Verlusterfassung

1. Für die persönlich haftenden Gesellschafter

40 In § 264c Abs 2 S 1 wird für den Ausweis des EK eine Aufgliederung in Kapitalanteile, Rücklagen, Ergebnisvortrag und Jahresergebnis vorgeschrieben. Der Begriff der Kapitalanteile wird auch in den §§ 120–122 für die OHG verwendet, so dass mit den nach S 1 auszuweisenden Kapitalanteilen die Kapitalanteile gem dieser Vorschriften gemeint sein dürften (ebenso *Hempe* DB 2000, 1293). Nach § 120 Abs 2 ist der einem Gester zukommende Gewinn seinem Kapitalanteil zuzuschreiben; der auf einen Gester entfallende Verlust ist vom Kapitalanteil abzuschreiben. Diese Regelung findet sich nur bzgl des Verlusts explizit in S 3 wieder. Zumindest der nach S 1 grds vorgesehene Ausweis eines Jahresfehlbetrags oder eines Verlustvortrags ist nach S 3 demnach nicht zulässig (ebenso *IDW RS HFA 7.39* WPg 2002, 1259; *WPH*[12] I F 106). Aber auch der Ausweis eines Jahresüberschusses, Gewinnvortrags und Rücklagen ist nicht möglich, wenn der in der Bilanz ausgewiesene Kapitalanteil dem Kapitalanteil nach § 120 entsprechen soll. Besteht keine abw Regelung im Ges-Vertrag (s Anm 41), wird das EK einer OHG nur aus dem Posten Kapitalanteile bestehen. Das entspricht einer Bilanzierung nach vollständiger Ergebnisverwendung iSd § 268 Abs 1 (ebenso *IDW RS HFA 7.36* WPg 2002, 1259; *WPH*[12] I F 104). Möchte die OHG – wie eine KapGes – die von den Gestern eingezahlten Eigenkapitalteile ggü den durch Verluste verminderten oder durch Gewinnthesaurierung erhöhten Teilen der Kapitalanteile kenntlich machen, darf sie dies, indem sie den Posten Kapitalanteile entspr untergliedert. Dies darf in einer Vorspalte der Bilanz oder in einer Erläuterung der Kapitalanteile im Anhang erfolgen. Eine Verpflichtung dazu besteht aber nicht.

Nur wenn der Ges-Vertrag von den §§ 120ff abw Regelungen enthält, ist ein **41** Ausweis von Jahresüberschuss, Ergebnisvortrag oder Rücklagen zulässig. Das ist etwa der Fall, wenn der Ges-Vertrag bestimmt, dass über die Verwendung eines Jahresüberschusses in einer GesV Beschluss zu fassen ist und für diese Beschlussfassung mehrere Alternativen (Ausschüttung, Zuweisung zu den Kapitalanteilen, Zuweisung zu einer Rücklage oder Vortrag auf neue Rechnung) bestehen (ebenso *Ischebeck* in HdR[5] § 264c Anm 25; *Graf v Kanitz* WPg 2003, 334). Haben während des Gj Entnahmen stattgefunden (zB auf Grund von erzielten, der KapESt unterliegenden Kapitalerträgen der PersGes, s Anm 25) und regelt der GesVertrag, dass die Kapitalkonten aus dem Jahresergebnis in Höhe dieser Entnahmen wieder aufzufüllen sind, wäre, statt eines Jahresüberschusses, ein entspr verminderter Bilanzgewinn auszuweisen, denn nur noch über dessen Verwendung könnte beschlossen werden.

Für Verluste ist unabhängig von gesellschaftsvertraglichen Regelungen explizit **42** vorgeschrieben, dass sie von den Kapitalanteilen abzuschreiben sind. Werden gesamthänderisch gebundene Rücklagen ausgewiesen, sind Verluste, jedoch zuerst von diesen abzuschreiben, es sei denn, dies widerspräche dem gesellschaftsvertraglichen Zweck der Rücklage (ebenso *IDW RS* HFA 7.40 WPg 2002, 1259).

Übersteigen die Verluste, die einem Gester zuzurechnen sind, seinen Kapital- **43** anteil, ist entspr § 268 Abs 3 ein Posten am Ende der Aktivseite der Bilanz mit der Bezeichnung *„Nicht durch Vermögenseinlagen gedeckter Verlustanteil persönlich haftender Gesellschafter"* auszuweisen. Nur soweit eine Verpflichtung des Gesters besteht, das negative Kapitalkonto durch eine Einzahlung auszugleichen, ist eine Forderung gesondert als *„Einzahlungsverpflichtungen persönlich haftender Gesellschafter"* auszuweisen. Eine solche Verpflichtung bedürfte jedoch einer gesonderten gesellschaftsvertraglichen Regelung und besteht keinesfalls nur deshalb, weil der Gester für die Schulden der Ges persönlich haftet.

Bei OHG hat der Gester nach § 122, vorbehaltlich einer abw Regelung im **44** Ges-Vertrag, ein **Entnahmerecht** für 4% seines Kapitalanteils (unabhängig davon, ob ein Gewinn entstanden ist oder nicht) und auf den darüber hinaus auf ihn entfallenden Gewinnanteil. Obwohl der Gester ohne Gester-Beschluss über die Entnahme entscheiden darf, stellt auch dieser entnahmefähige Betrag bis zur Entnahme EK der Ges dar, denn der Betrag bleibt bis dahin Teil des Kapitalanteils des Gesters. Der Betrag bleibt ggü allen Gläubigern der Ges nachrangig. Allenfalls im Innenverhältnis der Gester untereinander mag der nicht entnommene entnehmbare Betrag im Liquidationsfall einen Vorrang vor den anderen Kapitalanteilen haben.

2. Für die Kommanditisten

Für die Erfassung der Gewinne und Verluste, die auf die Kommanditisten **50** entfallen, gelten die Ausführungen zu den phG (Anm 40–43) entspr. Nach § 167 werden auch für den Kommanditisten die Verluste am Kapitalanteil abgeschrieben und Gewinne dem Kapitalanteil zugeschrieben. Für die Gewinnanteile gilt allerdings, dass sie nur solange dem Kapitalanteil gutgeschrieben werden, solange dieser noch nicht den Betrag der bedungenen Einlage erreicht hat.

Auf übersteigende Gewinnanteile hat der Kommanditist nach § 169 Abs 1 einen Entnahmeanspruch. Entspr entsteht insoweit zum Ende des Gj eine **Verbindlichkeit** der Ges. Ohne abw Regelung im Ges-Vertrag ist somit auch bei der KG nur eine Eigenkapitaldarstellung nach vollständiger Ergebnisverwendung iSd § 168 Abs 1 zulässig (ebenso *ADS*[6] (ErgBd) § 264 c Anm 24).

51 Nur wenn der Ges-Vertrag die Gewinnverteilung von einem Gester-Beschluss abhängig macht und dabei mehrere Alternativen bestehen (Ausschüttung, Zuweisung zu Ergebnisvortrag oder Rücklagen), ist eine Bilanzierung des EK unter Ausweis eines Jahresüberschusses oder Bilanzgewinns in der Bilanz zulässig.

52 Sind auf Grund von Verlusten oder durch Entnahmen (s dazu Anm 26, 36) **Kapitalanteile** von Kommanditisten **negativ,** ist ein Posten *„Nicht durch Vermögenseinlagen gedeckte Verlustanteile/Entnahmen von Kommanditisten“* als letzter Posten auf der Aktivseite auszuweisen. Ein saldierter Ausweis mit eventuell bestehenden positiven Kapitalanteilen anderer Kommanditisten und phG ist nicht zulässig (ebenso *ADS*[6] (ErgBd) § 264 c Anm 22). Besteht gleichzeitig auch ein entspr Aktivposten für Komplementäre, müssen beide Posten gesondert ausgewiesen werden.

IV. Anhangangabe zur nicht geleisteten Hafteinlage

60 Mit der Anhangangabe nach § 264 c Abs 2 S 9 wird der Betrag offengelegt, mit dem die Kommanditisten noch persönlich für die Schulden der KG haften. Die Angabe kommt dann in Betracht, wenn die bedungene Einlage der Kommanditisten niedriger als die Hafteinlage vereinbart ist. Des Weiteren ist sie geboten, wenn die bedungenen Einlagen noch nicht (vollständig) erbracht sind und die erbrachten Einlagen noch nicht der Hafteinlage entsprechen. In diesem Fall umfasst die Anhangangabe ggf einen Teilbetrag eines bilanzierten Aktivums, wenn die ausstehenden Einlagen insgesamt aktiviert sind (§ 272 Abs 1 S 2) oder als eingeforderte Einlagen unter den Forderungen (§ 272 Abs 1 S 3) ausgewiesen sind (glA *Hüttemann* in Großkomm HGB § 264 c Anm 17; *Thiele/Sickmann* in Bilanzrecht § 264 c Anm 62; aA *WPH*[12] I F 254: hier wird sich dafür ausgesprochen, den bereits als EK ausgewiesenen Teil nicht in die Anhangangabe einzubeziehen; so auch *ADS*[6] (ErgBd) § 264 c Anm 17; *Ischebeck* in HdR[5] § 264 c Anm 20). Die Anhangangabe soll erkennbar machen, in welchem Umfang der angegebene *„verbliebene persönliche Haftbetrag“* bereits aktiviert bzw als EK ausgewiesen ist (*Graf v Kanitz* WPg 2003, 341 schlägt bspw vor: „Über die aus der Bilanz ersichtlichen ausstehenden Pflichteinlagen von x € hinaus sind Hafteinlagen der Kommanditisten in Höhe von y € noch nicht geleistet.“). Schließlich kann eine Angabe dadurch notwendig werden, dass Kommanditisten Entnahmen tätigen, durch die ihre geleistete Einlage unter die Hafteinlage absinkt.

61 Maßgeblich für die Angabe ist die am Bilanzstichtag im HR eingetragene Hafteinlage. Wird die eingetragene Hafteinlage herabgesetzt, ist die Angabe auf der Grundlage der herabgesetzten Hafteinlage vorzunehmen, wenn diese am Bilanzstichtag in das HR eingetragen ist. Dass ggü Alt-Gläubigern der Ges, deren Ansprüche vor der Eintragung der Herabsetzung der Hafteinlage begründet worden sind, gem § 174 noch die höhere Hafteinlage gilt und somit ggf ein höherer Betrag der verbliebenen persönlichen Haftung der Kommanditisten besteht, als es sich in Bezug auf die herabgesetzte Hafteinlage ergibt, ist nicht angabepflichtig (glA *Thiele/Sickmann* in Bilanzrecht § 264 c Anm 63).

V. Eigenkapitalausweis im Konzernabschluss

Die Regelung des § 264c Abs 2 gilt uE auch für den KA einer unter § 264a fallenden OHG oder KG. Zwar verweist § 298 Abs 1 (im KA anzuwendende Vorschriften) nicht auf § 264c, doch gehört der § 266 zu den Vorschriften, auf die verwiesen wird. Nach § 264c Abs 2 ist § 266 Abs 3 von KapCoGes mit den dort genannten Abweichungen anzuwenden. Diese Anweisung wirkt uE auch auf den KA (im Ergebnis ebenso *Herrmann* WPg 2001, 281; DRS 7.9). **65**

Im (gesetzlichen) Regelfall gilt für die Kapitalanteile der phG im JA, dass Verluste und Gewinne unmittelbar den Kapitalanteilen zu- oder abzuschreiben sind; für die Kommanditisten gilt abw, dass Gewinnanteile unmittelbar zu Verbindlichkeiten der Ges werden, soweit ihre Zuschreibung zum Kapitalanteil zu einem Betrag über der bedungenen Einlage führen würde. Fraglich ist, wie im KA das vom JA abw Ergebnis auszuweisen ist. **66**

Die Zuweisung von Gewinnen und Verlusten zu den Kapitalanteilen und ggf zu Verbindlichkeiten (Kommanditisten) beruht auf den für die Ges geltenden gesellschaftsvertraglichen Regelungen. UE kommt eine fiktive Zuweisung des Ergebnisses des KA zu den Kapitalanteilen und zu den Verbindlichkeiten nicht in Betracht. Die Kapitalanteile der Gester sind im KA in gleicher Höhe auszuweisen, wie sie auch im JA des MU ausgewiesen werden. Weist der Konzern ein höheres EK aus als es der Summe der Kapitalanteile im JA des MU entspricht, wird der Differenzbetrag als Gewinnrücklage im Konzernabschluss ausgewiesen. Ist das Konzerneigenkapital auf Grund niedrigerer Konzernergebnisse niedriger als die Summe der Kapitalanteile des MU, muss ein passiver AusglPo im Konzerneigenkapital ausgewiesen werden. Die Bezeichnung dieses Posten könnte bspw *„Ausgleichsposten für gegenüber dem Mutterunternehmen niedrigere Konzernergebnisse"* lauten (ähnlich *Graf v Kanitz* WPg 2003, 344). Die Bezeichnung als „Verlustvortrag" könnte irreführend sein, da der AusglPo nicht auf Verlusten im Konzern beruhen muss, sondern auch auf niedrigere Gewinne zurückzuführen sein kann. **67**

Eine Verrechnung des GFW nach § 309 Abs 1 S 3 darf nicht gegen die Kapitalanteile vorgenommen werden. Dafür können auch im KA einer OHG oder KG gem dem Wortlaut der Regelung nur die Rücklagen verwendet werden. Eine erfolgsneutrale Verrechnung ist aber im Hinblick auf das Verrechnungsverbot nach DRS 4.28 ohnehin nicht zu empfehlen. **68**

D. Privatvermögen, fiktiver Steueraufwand (Abs 3)

Die Regelung in Abs 3 stellt klar, dass als Vermögen der Ges nur das im wirtschaftlichen Eigentum der Ges stehende Vermögen auszuweisen ist. Das Privatvermögen der Gester gehört nicht zum Vermögen der Ges. Das gilt auch für Bestandteile des Privatvermögens des Gesters, die steuerrechtlich als notwendiges Betriebsvermögen einzustufen sind (s hierzu § 246 Anm 51, 52). **70**

Entspr sind Erträge und Aufwendungen, die aus dem Privatvermögen der Gester resultieren, ebenfalls nicht bei der Ges zu erfassen. Dies gilt insb auch für die Ertragsteuern (KSt oder ESt), die die Gester auf ihre steuerrechtlichen Gewinne aus der OHG oder KG schulden. Die OHG oder KG ist nur bzgl der GewESt Steuersubjekt und hat daher nur diese als Ertragsteueraufwand zu erfassen. **71**

Um KapCoGes jedoch die Möglichkeit zu eröffnen, ihren Jahresüberschuss mit dem Jahresüberschuss einer KapGes, die als Steueraufwand auch die KSt- **72**

Belastung auszuweisen hat, im Hinblick auf die Steuerbelastung vergleichbar zu machen, gestattet Abs 3 S 2 nach dem Jahresüberschuss einen dem Steuersatz der KomplementärGes entspr Steueraufwand der Gester offen abzusetzen oder hinzuzurechnen (*Begr des RegE* in IDW (Hrsg) Textausgabe KapCoRiLiG, 64).

73 Die Regelung lässt offen, was unter dem Steuersatz der KomplementärGes zu verstehen ist. Fraglich ist, welcher Steuersatz maßgeblich ist, wenn es mehrere KomplementärGes gibt (OHG), wenn die KomplementärGes eine ausländische Ges ist oder wenn auch die KomplementärGes ihrerseits GewESt zahlt. Dem Sinn und Zweck der Regelung nach dürfte völlig unabhängig davon, wer Komplementär ist, der jeweils geltende deutsche KSt-Satz ggf nebst deutschen Ergänzungsabgaben (zZ Solidaritätszuschlag) gemeint sein, denn nur dieser Steuersatz macht die OHG oder KG insoweit einer deutschen KapGes vergleichbar. Im Anhang ist der gewählte Satz anzugeben (*WPH*[12] I F 291).

74 Die Regelung enthält auch keine explizite Aussage zur Bemessungsgrundlage, auf die der Steuersatz anzuwenden ist. Aus dem Sinn der Regelung heraus dürfte dies der Betrag sein, der der KSt unterlegen hätte, wenn die OHG oder KG eine KapGes wäre. Bei der Ermittlung der Bemessungsgrundlage werden grobe Schätzungen genügen, da es sich ohnehin nur um einen fiktiven Steueraufwand handelt (glA *Ischebeck* in HdR[5] § 264 c Anm 31; *Thiele/Sickmann* in Bilanzrecht § 264 c Anm 74).

75 Der ermittelte fiktive Steueraufwand ist in einem gesonderten Posten nach dem Jahresüberschuss auszuweisen. Die Bezeichnung des Postens muss erkennen lassen, dass es sich um einen fiktiven Betrag handelt. Als mögliche Bezeichnung kommt bspw *„Fiktive Körperschaftsteuerbelastung"* in Betracht. Der sich nach Abzug des Postens ergebende verbleibende Jahresüberschuss könnte als *„Jahresüberschuss nach fiktiver Körperschaftsteuerbelastung"* bezeichnet werden.

E. Anteile an Komplementärgesellschaften (Abs 4 S 1 und 2)

80 In Abs 4 S 1 wird geregelt, dass die Anteile, die die OHG oder KG an ihren phG hält, je nach Höhe der Beteiligung, entweder unter den Anteilen an verbundenen Unt oder unter den Beteiligungen im Anlagevermögen auszuweisen sind. Aus der RegBegr zu dieser Regelung (nicht aus dem Wortlaut des Gesetzes) ergibt sich, dass ein gesonderter Ausweis verlangt wird (RegBegr in *IDW (Hrsg)* Textausgabe KapCoRiLiG, 64). Dies darf durch Untergliederung des Postens, durch Davon-Vermerk oder durch Erläuterung des Postens im Anhang geschehen.

81 In Höhe der aktivierten Beteiligung an den phG muss die KapCoGes gem Abs 4 S 2 nach dem Posten „Eigenkapital" einen Sonderposten mit der Bezeichnung **„Ausgleichsposten für aktivierte eigene Anteile"** bilden.

82 Für die **Bildung** und **Auflösung** dieses Sonderpostens wird auf die Regelung in § 272 Abs 4 verwiesen. Danach ist der Sonderposten bereits bei Aufstellung der Bilanz zu bilden. Bei KapGes stehen dafür nach § 272 Abs 4 die frei verfügbaren (Gewinn-)Rücklagen, der Ergebnisvortrag und der Jahresüberschuss zur Verfügung. Reichen diese Posten nicht aus, muss nach hM ein Bilanzverlust ausgewiesen werden (s § 272 Anm 119f). Das EK von OHG oder KG besteht jedoch häufig nur aus den Kapitalanteilen (s Anm 40, 50). Der Sonderposten kann daher in diesen Fällen nur zu Lasten der Kapitalanteile gebildet werden. Fraglich ist dabei, wessen Kapitalanteil damit belastet werden soll und welche Folgen sich daraus für den betroffenen Gester ergeben.

Nach der RegBegr sollte durch den Sonderposten eine **Kapitalaufblähung** vermieden werden, die dadurch zustande kommt, dass die OHG oder KG die Einlage ihres Komplementärs bei sich letztlich selbst finanziert (RegBegr in *IDW (Hrsg)* Textausgabe KapCoRiLiG, 64). Vor diesem Hintergrund ist es nicht verständlich, weshalb die Regelung nicht auch für den Fall einer Beteiligung an einem Kommanditisten gilt, denn auch hierdurch entsteht ggf eine Kapitalaufblähung. UE ist die Regelung daher auch auf Beteiligungen an Kommanditisten anzuwenden, soweit die Beteiligung tatsächlich zu einer Kapitalaufblähung führt. Entspr gelten die folgenden Ausführungen auch für Beteiligungen der KG an einem Kommanditisten der KG (ebenso *Ischebeck* in HdR[5] § 264 c Anm 37). 83

Wenn der Beteiligungsbuchwert an der KomplementärGes tatsächlich nur der anteiligen Einlage der KomplementärGes in die OHG oder KG entspricht, erscheint es nahe liegend, den Sonderposten zu Lasten des Kapitalanteils des Gesters zu bilden, an dem die OHG oder KG die Anteile hält (ebenso *WPH*[12] I F 310; *Ischebeck* in HdR[5] § 264 c Anm 34). Dadurch wird dieser Kapitalanteil um die durch die OHG oder KG selbst geleistete Einlage gekürzt und somit der „aufgeblähte" Kapitalanteil korrigiert. Die anderen Gester werden von der Bildung des Sonderpostens nicht tangiert (aA *IDW RS HFA 7.17* WPg 2002, 1259 das wohl davon ausgeht, dass der Sonderposten anteilig zu Lasten aller Kapitalanteile zu bilden ist). 84

Wenn die KomplementärGes im Erwerbszeitpunkt durch die KapCoGes **nur die Anteile an dieser besitzt,** also ansonsten kein (wesentliches) Vermögen hat, ist der Vorgang eine mittelbare Abfindung des Gesters aus der Ges heraus. Entspr liegt es nahe, den Sonderposten zu Lasten des (anteiligen) Kapitalanteils der KomplementärGes zu bilden. Übersteigen die AK der Anteile an der KomplementärGes den (anteiligen) Kapitalanteil, ist der restliche Sonderposten zu Lasten der Kapitalanteile aller verbleibenden Gester zu bilden. Auch im Falle der unmittelbaren Abfindung des Gesters wird zunächst dessen Kapitalanteil ausgebucht und ggf die übersteigende Abfindung (für stille Reserven und GFW) an den verbleibenden Kapitalanteilen gekürzt (s Anm 23). Soweit die Kürzung die Kapitalanteile der Kommanditisten betrifft und diese dadurch unter den Betrag der Hafteinlage sinken, ist damit insoweit zumindest eine Hinderung der Gewinnentnahme ohne Wiederaufleben der persönlichen Haftung verbunden (s Anm 35). 85

Soweit die KomplementärGes neben den Anteilen an der OHG oder KG **weiteres (wesentliches) Vermögen besitzt,** also die Anteile an der KomplementärGes nicht nur „mittelbare eigene Anteile" darstellen, entspricht es (soweit die Anteile sonstiges Vermögen der KomplementärGes repräsentieren) nicht mehr dem in der Regierungsbegründung angegebenen Sinn, den Sonderposten zu bilden. Der Wortlaut der Regelung nimmt allerdings keine entspr Differenzierung vor und erfasst dadurch auch Fälle, die nach dem Sinn der Regelung nicht zu erfassen wären. 86

Zumindest in dem eindeutigen Fall, dass die KomplementärGes **keine Einlage in die OHG oder KG geleistet hat** und auch nicht am Ergebnis der OHG oder KG beteiligt ist, kann uE entgegen dem Wortlaut der Regelung auf die Bildung des Sonderpostens verzichtet werden (ebenso *Ischebeck* in HdR[5] § 264 c Anm 36). Wenn dennoch der Sonderposten im Hinblick auf den Wortlaut gebildet wird, ist er gegen den Kapitalanteil der KomplementärGes, der dadurch in Höhe des Sonderpostens negativ wird und dementspr gesondert am Ende der Aktivseite der Bilanz auszuweisen ist, zu bilden (Zulässigkeit der Bildung zu Lasten eines negativen Kapitalanteils befürwortend *ADS*[6] (ErgBd) § 264 c Anm 30). Dadurch wird zumindest verhindert, dass die anderen Gester 87 in ihren Rechten durch die Bildung des (überflüssigen) Sonderpostens beeinträchtigt werden.

88 Werden die Anteile an der KomplementärGes **mittelbar über eine abhängige Gesellschaft** der OHG oder KG gehalten, stellt sich die Frage, ob für die Anteile an der die Anteile an der KomplementärGes haltenden Ges ebenfalls ein Sonderposten zu bilden ist. Nach dem Wortlaut der Regelung ist dies nicht gefordert. Soweit jedoch die Anteile an der Beteiligung tatsächlich mittelbar einen Anteil an einem der Kapitalanteile der OHG oder KG darstellen, ist der Sonderposten entspr zu bilden (aA *IDW RS HFA 7.18* WPg 2002, 1259, danach soll die abhängige Ges den Sonderposten bilden).

89 Gehen die Anteile an der KomplementärGes ab, ist der Sonderposten zugunsten der Kapitalanteile, zu deren Lasten er gebildet wurde, aufzulösen. Dies gilt auch, wenn die Anteile abgeschrieben werden müssen. Im Falle einer nachfolgenden Zuschreibung auf die Anteile ist der Sonderposten wieder zu Lasten der Kapitalanteile aufzustocken.

F. Sonderposten wegen Bilanzierungshilfen (Abs 4 S 3)

95 Wenn die KapCoGes von dem Wahlrecht Gebrauch macht, Kosten der Ingangsetzung oder Erweiterung des Geschäftsbetriebs (§ 269) oder aktive latente Steuern (§ 274 Abs 2) anzusetzen, muss sie in Höhe dieser angesetzten Bilanzierungshilfen einen Sonderposten nach dem EK bilden. Er könnte die Bezeichnung *„Sonderposten wegen aktivierte Bilanzierungshilfen"* erhalten.

96 Sinn der Regelung ist es, die **Entnahmemöglichkeiten der Gesellschafter** auf den Betrag zu beschränken, der sich ohne Inanspruchnahme der Bilanzierungshilfen ergeben hätte. Für die phG berührt diese Regelung lediglich das Innenverhältnis der Gester untereinander, da sie im Außenverhältnis in ihren Entnahmemöglichkeiten ohnehin keinen Beschränkungen unterliegen. Für die Kommanditisten hat die Regelung dagegen auch im Außenverhältnis der Ges Bedeutung, da die Bildung des Sonderpostens ihre Möglichkeit, Entnahmen ohne Wiederaufleben der persönlichen Haftung zu tätigen, auf den Betrag beschränkt, der auch ohne den Ansatz der Bilanzierungshilfe entnehmbar wäre.

97 **Vereinbarungen im Gesellschaftsvertrag,** wonach der Sonderposten ausschließlich zu Lasten des Kapitalanteils des Komplementärs zu bilden ist, dürften im Außenverhältnis im Hinblick auf ein eventuelles Wiederaufleben der persönlichen Kommanditistenhaftung durch Entnahmen keine Wirkung entfalten.

98 Gem dem Sinn der Regelung ist der Sonderposten zu Lasten der Kapitalanteile der Gester zu **bilden** und entspr der Abschreibung der Ingangsetzungs oder Erweiterungskosten oder der Abschreibung der aktivierten latenten Steuern auch wieder zu Gunsten der Kapitalanteile der Gester **aufzulösen.** Die Verteilung der Be- oder Entlastung auf die einzelnen Kapitalanteile hat dabei so zu erfolgen, dass die Kapitalanteile danach genau in der Höhe ausgewiesen werden, in der sie auch bestehen würden, wenn die Bilanzierungshilfe nicht angesetzt worden wäre. Die Bildung und Auflösung des Sonderpostens erfolgt ohne Berührung der GuV (Begr Rechtsausschuss in *IDW (Hrsg)* Textausgabe KapCoRiLiG, 65).

G. Publizitätsgesetz

100 In § 5 Abs 1 PublG (anzuwendende Vorschriften) wird nicht auf § 264 c sondern auf §§ 266 und 272 verwiesen. Daher dürften die Vorschriften des § 264 c für OHG oder KG, die eine natürliche Person als phG haben (reine PersGes)

und unter das PublG fallen, nicht verpflichtend sein. Was die **Gliederung des Eigenkapitals** angeht (hier verweist § 5 Abs 1 PublG auf § 266), liegt es allerdings nahe, die Regelungen des § 264 c Abs 2 als GoB zu verstehen und für alle OHG und KG anzuwenden (s Anm 1). Bei der Offenlegung (nicht bei der Aufstellung) des JA darf die reine PersGes allerdings gem § 9 Abs 3 PublG das EK in einem Posten *„Eigenkapital"* zusammenfassen. Eine entspr Erleichterung ist in § 15 PublG für die Offenlegung des KA nicht vorgesehen. Da die Zusammenfassung des EK jedoch dem Schutz der Gester der reinen PersGes dient, ist die Erleichterung für die Offenlegung analog auch auf den KA anzuwenden, wobei allerdings konzernspezifische EK-Posten, wie etwa der AusglPo für Anteile anderer Gester oder erfolgsneutral erfasste Unterschiedsbeträge aus der Währungsumrechnung auch bei der Offenlegung gesondert auszuweisen sind (ebenso *ADS*[6] (ErgBd) § 15 PublG Anm 14 f).

Macht die OHG oder KG mit einer natürlichen Person als phG von der Möglichkeit Gebrauch, **Bilanzierungshilfen** für Aufwendungen für die Ingangsetzung oder Erweiterung des Geschäftsbetriebs (§ 269) oder für aktive latente Steuern (§ 274 Abs 2) anzusetzen, bildet aber nicht den in Abs 4 verlangten passiven Sonderposten nach dem EK, dürfte dies nicht zu beanstanden sein. Werden allerdings bei einer KG von den Kommanditisten Entnahmen vorgenommen, die bei einem Ansatz des passiven Sonderpostens zu einem Absinken des Kapitalanteils unter die im HR eingetragene Hafteinlage führen würden, lebt insoweit die persönliche Haftung des Kommanditisten für die Schulden der KG wieder auf (schon zur Rechtslage vor dem KapCoRiLiG für eine Entnahmesperre § 269 Anm 21). 101

§ 265 Allgemeine Grundsätze für die Gliederung

(1) [1]**Die Form der Darstellung, insbesondere die Gliederung der aufeinanderfolgenden Bilanzen und Gewinn- und Verlustrechnungen, ist beizubehalten, soweit nicht in Ausnahmefällen wegen besonderer Umstände Abweichungen erforderlich sind.** [2]**Die Abweichungen sind im Anhang anzugeben und zu begründen.**

(2) [1]**In der Bilanz sowie in der Gewinn- und Verlustrechnung ist zu jedem Posten der entsprechende Betrag des vorhergehenden Geschäftsjahrs anzugeben.** [2]**Sind die Beträge nicht vergleichbar, so ist dies im Anhang anzugeben und zu erläutern.** [3]**Wird der Vorjahresbetrag angepaßt, so ist auch dies im Anhang anzugeben und zu erläutern.**

(3) [1]**Fällt ein Vermögensgegenstand oder eine Schuld unter mehrere Posten der Bilanz, so ist die Mitzugehörigkeit zu anderen Posten bei dem Posten, unter dem der Ausweis erfolgt ist, zu vermerken oder im Anhang anzugeben, wenn dies zur Aufstellung eines klaren und übersichtlichen Jahresabschlusses erforderlich ist.** [2]**Eigene Anteile dürfen unabhängig von ihrer Zweckbestimmung nur unter dem dafür vorgesehenen Posten im Umlaufvermögen ausgewiesen werden.**

(4) [1]**Sind mehrere Geschäftszweige vorhanden und bedingt dies die Gliederung des Jahresabschlusses nach verschiedenen Gliederungsvorschriften, so ist der Jahresabschluß nach der für einen Geschäftszweig vorgeschriebenen Gliederung aufzustellen und nach der für die anderen Geschäftszweige vorgeschriebenen Gliederung zu ergänzen.** [2]**Die Ergänzung ist im Anhang anzugeben und zu begründen.**

(5) [1]**Eine weitere Untergliederung der Posten ist zulässig; dabei ist jedoch die vorgeschriebene Gliederung zu beachten.** [2]**Neue Posten dürfen hinzugefügt werden, wenn ihr Inhalt nicht von einem vorgeschriebenen Posten gedeckt wird.**

(6) **Gliederung und Bezeichnung der mit arabischen Zahlen versehenen Posten der Bilanz und der Gewinn- und Verlustrechnung sind zu ändern, wenn dies wegen Besonderheiten der Kapitalgesellschaft zur Aufstellung eines klaren und übersichtlichen Jahresabschlusses erforderlich ist.**

(7) **Die mit arabischen Zahlen versehenen Posten der Bilanz und der Gewinn- und Verlustrechnung können, wenn nicht besondere Formblätter vorgeschrieben sind, zusammengefaßt ausgewiesen werden, wenn**

1. **sie einen Betrag enthalten, der für die Vermittlung eines den tatsächlichen Verhältnissen entsprechenden Bildes im Sinne des § 264 Abs. 2 nicht erheblich ist, oder**
2. **dadurch die Klarheit der Darstellung vergrößert wird; in diesem Falle müssen die zusammengefaßten Posten jedoch im Anhang gesondert ausgewiesen werden.**

(8) **Ein Posten der Bilanz oder der Gewinn- und Verlustrechnung, der keinen Betrag ausweist, braucht nicht aufgeführt zu werden, es sei denn, daß im vorhergehenden Geschäftsjahr unter diesem Posten ein Betrag ausgewiesen wurde.**

Übersicht

Schrifttum: *Gessler* in FS Goerdeler, 127 ff; *IDW PS 318* Prüfung von Vergleichsangaben über Vorjahre WPg 2001, 909; *St HFA 1988/5* Vergleichszahlen im Jahresabschluss und im Konzernabschluss sowie ihre Prüfung WPg 1989, 42; s auch das Schrifttum zu § 266 Abs 1.

A. Allgemeines

1 § 265 enthält **allgemeine Grundsätze für die Gliederung** von JA und Lagebericht der KapGes/KapCoGes. Zu beachten ist, dass der Grundsatz der Stetigkeit des Abs 1 für die Form der Darstellung und **analog** insb Abs 8 der Verzicht auf „Fehlanzeigen" auch für den **Anhang** (ebenso *Castan* in Beck HdR B 141 Anm 27) und den **Lagebericht** gelten; s hierzu die Erl zu §§ 284, 289.

Mangels einer gesetzlichen Verpflichtung, überhaupt eine Steuerbilanz aufzustellen, kann handelsrechtlichen Gliederungsvorschriften für die **Steuerbilanz** keine Wirkung zukommen.

B. Grundsatz der formellen Stetigkeit der Jahresabschlüsse einschließlich Lagebericht (Abs 1)

Die Vorschrift des Abs 1 S 1, „die Form der Darstellung, insb die Gliederung der aufeinander folgenden Bilanzen und Gewinn- und Verlustrechnungen" beizubehalten, soll dem Bilanzleser den **Vergleich der Jahresabschlüsse** (und ggf auch mit einer **Eröffnungsbilanz**) erleichtern, und zwar auch hinsichtlich der Veränderungen der VFE-Lage. Dazu wird zusätzlich zur Stetigkeit der Bewertungsmethoden (§ 252 Abs 1 Nr 6) die formelle Stetigkeit gesetzlich vorgeschrieben. Demselben Zweck dient auch die Vorschrift des Abs 8 über den Ausweis von **Leerposten,** s Anm 18. 2

Der Anwendungsbereich des Stetigkeitsgebots wird vom HGB mit dem Oberbegriff „Form der Darstellung" definiert und nur beispielhaft durch „Gliederung der aufeinander folgenden Bilanzen und Gewinn- und Verlustrechnungen" konkretisiert. Der Oberbegriff umfasst damit auch Bezeichnung, Inhalt und Reihenfolge der Einzelposten und Bildung von Zwischensummen sowie die Aufteilung der Darstellung zwischen Bilanz oder Erfolgsrechnung und Anhang. Für den Anhang betrifft die Stetigkeit dessen Strukturierung, nicht aber die Einzeldarstellung im Anhang selbst (so auch grds *ADS*[6] § 265 Anm 3 und 13, weitergehend *Hütten/Lorson* in HdR[5] § 265 Anm 10). Bei der Definition des Anwendungsbereichs ist weiterhin zu beachten, dass Abs 1 nur dort einen eigenständigen Regelungsbereich hat, wo eine Regelung bestimmter Sachverhalte fehlt oder zB Ausweiswahlrechte bestehen.

Dagegen sind die Gliederungsvorschriften der §§ 266, 268 und 275, 277 gesetzlicher Ausdruck des Stetigkeitsgebots, so dass die formelle Stetigkeit der Bilanz und GuV von KapGes/KapCoGes generell gewahrt ist, wenn die gesetzlichen Gliederungsschemen angewandt und andere Sonderposten (zB nach § 42 Abs 2 GmbHG) fortgeführt werden. Da diese Vorschriften den gesetzlichen Maßstab für Klarheit und Übersichtlichkeit des JA bilden, sind die durch § 265 geforderten Abweichungen (Abs 4 und 6) und die zugelassenen Abweichungen (Abs 5, 7 und 8) jeweils eng auszulegen.

Die Form der Darstellung muss geändert werden, „soweit in Ausnahmefällen wegen besonderer Umstände Abweichungen erforderlich sind". Dann ist die Abweichung in der Darstellungsform zwingend, da nur **erforderliche** Abweichungen in Betracht kommen. **Besondere Umstände** können sowohl aus der bisherigen Form der Darstellung als auch aus sonstigen Entwicklungen im Bereich der KapGes/KapCoGes herrühren. **Beispiele:** Die Beibehaltung der bisherigen Darstellung führt dazu, dass der JA nicht mehr klar und übersichtlich ist (§ 243 Abs 2) oder der Anforderung des § 264 Abs 2 S 1 nicht genügt. Oder: Ein neuer Haupt-Gester wünscht eine Darstellung, die der in seinem Unt angepasst ist (zB den Wechsel vom Gesamtkosten- zum Umsatzkosten-Verfahren der GuV). Oder: durch Ausgliederung des operativen Geschäfts entsteht eine geschäftsleitende Holding. Die **Aufnahme neuer,** bisher nicht vorhandener **Gliederungsposten** oder der getrennte Ausweis bisher zusammengefasster Posten ist **keine Durchbrechung** der formellen Stetigkeit des Abs 1. 3

Eine Änderung der Darstellungsform ist auch dann zulässig, wenn dadurch die Klarheit und Übersichtlichkeit der Darstellung (§ 243 Abs 2) vergrößert wird (s auch DRS 13.22 iVm .8c)). Änderungen sind zulässig, wenn die Schwellenwerte nach § 267 unterschritten und damit verbundene Erleichterungen in Anspruch genommen werden; sie sind gesetzlich vorgeschrieben, wenn durch Überschreiten von Schwellenwerten bisher in Anspruch genommene Erleichterungen wegfallen.

4 Die Pflicht zur **Angabe der Abweichungen im Anhang** (Abs 1 S 2) wird durch eine Bezeichnung der abw ausgewiesenen Bilanzposten zusammen mit hinreichenden **Begründungen** erfüllt. Letztere müssen erkennen lassen, weshalb es erforderlich war, von der bisherigen unternehmensbezogenen Darstellungsform der gesetzlichen Gliederungen abzuweichen. Bei einer jetzt für klarer gehaltenen Darstellung ist anzugeben, worin die Verbesserung zu sehen ist; eine pauschale Begr durch Wiedergabe des Gesetzeswortlauts genügt nicht. Nicht gefordert ist die Angabe von Beträgen. Grds sind bei jeder notwendigen (Anm 3) Abweichung vom letzten JA oder einer EB Angabe und Begr im Anhang erforderlich. Jedoch dürfte bei unwesentlichen Abweichungen hierauf verzichtet werden können, da dann auch ohne Erläuterung die Vergleichbarkeit nicht beeinträchtigt ist (ebenso *Hütten/Lorson* in HdR[5] § 265 Anm 25).

C. Angabe der Vorjahresbeträge (Abs 2)

5 Die Angabe der Vj-Beträge soll dem Leser der **Bilanz** und der **GuV** den Vergleich mit den Vj-Angaben erleichtern; ähnlich *Castan* in Beck HdR B 141 Anm 30. Vergleichbar sind auch die Zahlen einer EB mit der folgenden Jahresbilanz, weshalb am Ende des ersten (Rumpf-)GJ nach Gründung die Werte der EB als Vj-Zahlen anzugeben sind.

Die Angabepflicht führt dazu, dass die Vj-Zahlen Bestandteil des JA werden und somit Gegenstand der JAP nach §§ 316ff sind (vgl *IDW PS 318* Tz 2). Sie besteht für jeden Posten der Bilanz und GuV, also auch für gesetzlich geforderte oder freiwillige Vermerke sowie für zusätzliche Untergliederungen (so auch *HFA 5/1988* Tz 1 und *Hütten/Lorson* in HdR[5] § 265 Anm. 31; dagegen Angabepflicht nur für im Gliederungsschema vorgeschriebene „davon"-Vermerke: *WPH*[12] I F 61). Daher besteht auch bei der Zusammenfassung von Posten und ihrem gesonderten Ausweis im Anhang gem Abs 7 Nr 2 die Pflicht zur Angabe der Vj-Beträge im Anhang (ebenso *ADS*[6] § 265 Anm 28). Zur Rundung der Vj-Beträge wird auf § 243 Anm 64 verwiesen. Maßgebend ist der festgestellte, notfalls der aufgestellte Vj-Abschluss (*HFA 5/1988* Tz 2).

Für den Fall, dass der ausschließlich zahlenmäßige Vergleich eines Postens mit der Vj-Angabe zu einem nicht den tatsächlichen Verhältnissen entspr Bild über die Entwicklung dieses Postens führen würde, sieht das HGB **zwei Wege** vor:

Die in **Satz 2** erwähnte Möglichkeit lässt es genügen, wenn im Anhang auf die Ausweisänderung (nicht Bewertungsänderungen, *ADS*[6] § 265 Anm 30) hingewiesen und erläutert wird, dass und weshalb die Beträge nicht vergleichbar sind, wobei Zahlenangaben nicht gefordert werden. Dies kann zB der Fall sein, wenn sich die tatsächlichen oder rechtlichen Verhältnisse von VG oder Schulden geändert haben und der Ausweis an anderer Stelle erfolgt. *Beispiel:* Verbindlichkeiten gegenüber Kreditinstituten sind weggefallen, da ein verbundenes Unt diese Schulden übernommen hat und dafür jetzt Verbindlichkeiten gegenüber verbundene Unt ausgewiesen werden.

Die andere in **Satz 3** angesprochene Möglichkeit geht von einer Anpassung der Vj-Beträge aus. Jedoch ist zusätzlich ebenfalls ein Hinweis und eine **Begründung** im Anhang erforderlich, nämlich die Angabe der Gründe für die abweichende Ermittlung. Bei der erstmaligen Aufstellung des JA in € ist eine Umrechnung der Vj-Beträge in € durchzuführen (Art 42 Abs 2 EGHGB) (so auch *Castan* in Beck HdR B 141 Anm 34).

6 Für **Anhang** und **Lagebericht** kann Abs 2 angewandt werden; für Zahlenaufstellungen sollte das – entspr bisheriger, ebenfalls freiwilliger Übung – geschehen (differenzierend *Hütten/Lorson* in HdR[5] § 265 Anm 31). Nach *HFA*

5/1988 Tz 4 sind Zahlen eines Rumpf-Vj nicht vergleichbar; ihre Gegenüberstellung muss daher stets gekennzeichnet werden; die dort erwähnte Umrechnung ist uE nicht zielführend. Die Vergleichbarkeit gem Abs 2 wird weder durch Änderung der Rechtsform, Umstrukturierungen oder Fusionen noch durch Änderungen im Ansatz und/oder der Bewertung berührt (*HFA 5/1988* Tz 3, zweifelnd für Verschmelzungen und Spaltungen *ADS*[6] § 265 Anm 30a).

D. Mehrfache Zuordnung eines Vermögensgegenstandes oder einer Schuld (Abs 3)

Der Grundsatz der **Bilanzklarheit** (§ 243 Abs 2) verlangt den Ausweis der VG und Schulden bei demjenigen Posten der gesetzlichen Gliederungs-Schemen – ggf unternehmensindividuell angepasst (Abs 4, 5 und 6) –, zu dem der einzelne VG bzw die Schuld dem Charakter nach überwiegend gehört. Zur weiteren Verbesserung der Klarheit und Übersichtlichkeit des JA sieht Abs 3 **Satz 1** für bestimmte Fälle eine zusätzliche Vermerk- bzw Angabepflicht vor, wobei ein Wahlrecht zwischen einem **Davon-Vermerk** in der Bilanz oder gleichberechtigt einer **Angabe im Anhang** besteht (ebenso *Hütten/Lorson* in HdR[5] § 265 Anm 51). Auch dieses Wahlrecht unterliegt dem Stetigkeitsgrundsatz des Abs 1; so erfordert zB ein Wechsel vom Bilanzvermerk zur Anhangangabe einen besonderen Grund. 7

VG und Schulden lassen sich häufiger mehreren Posten zuordnen. Die Verpflichtung aus Abs 3 S 1 hängt davon ab, ob die Zuordnung zu einem bestimmten Bilanzposten der Bilanzklarheit dient. Erfolgt der Ausweis unter mehreren Posten, ist eine Verpflichtung aus Abs 3 S 1 gegeben, sofern ein mehrfach zuordenbarer VG oder Schuldposten für das Volumen der betr Bilanzposten nicht unerheblich ist. Maßstab ist das materielle Gewicht der entspr Teilbeträge zum Gesamtbetrag jedes der betr Bilanzposten. Ein solcher Fall liegt zB vor, wenn ein FertigungsUnt die gleichen Zwischen-Erzeugnisse einerseits selbst herstellt und andererseits auch bezieht (Kakao-Butter in der Schokoladenindustrie, Einzelteile zur Computer-Herstellung usw) oder aber auch, wenn eine Verbindlichkeit ggü Kreditinstituten durch Hingabe von Wechseln unterlegt ist. 8

Forderungen und Verbindlichkeiten gegen **verbundene Unternehmen** dürfen uE in dem jeweiligen sachbezogenen Bilanzposten (zB Forderungen aus Lieferungen und Leistungen) ausgewiesen werden, wenn in einem Davon-Vermerk auf die Mitzugehörigkeit zum Posten „Forderungen gegen verbundene Unternehmen" unter Angabe des entspr Teilbetrags hingewiesen wird. Ein sachbezogenen Bilanzausweis mit Davon-Vermerk ist uE auch für Forderungen oder Verbindlichkeiten gegen **Beteiligungsunternehmen** zulässig. In der Praxis werden diese Posten jedoch oft nicht aufgegliedert; auch der Inhalt beider Posten (Lieferverkehr, Darlehen ua) wird nur zT im Anhang verbal umschrieben.

Bei einer **GmbH**/KapCoGes ist dieses Ausweis-Wahlrecht für Ausleihungen, Forderungen und Verbindlichkeiten ggü **Gesellschaftern** gem § 264c Abs 1 bzw § 42 Abs 3 GmbHG insofern eingeschränkt, als regelmäßig ein gesonderter Ausweis oder eine Angabe im Anhang erforderlich ist. Für den Ausnahmefall (Ausweis unter einem anderen Posten mit entspr Vermerk) ist im Anhang wegen der Worte „in der Regel" in § 42 Abs 3 GmbHG ein besonderer Grund zu nennen. Im übrigen wird bei der Erl derjenigen Bilanzposten, deren sachbezogener Inhalt typischerweise auch anderen Bilanzposten zugeordnet werden kann, zugleich die Abgrenzung zu anderen Bilanzposten dargestellt (zB Wertpapiere des Anlagevermögens).

9 Nach seinem Wortlaut erstreckt sich Abs 3 S 1 im Gegensatz zu allen übrigen Bestimmungen dieses Paragraphen nur auf die **Bilanz** und nicht auch auf die Erfolgsrechnung. Trotzdem gibt es ähnliche Fragen des Mitzugehörigkeitsausweises auch in der Erfolgsrechnung, insb zwischen Umsatzerlösen und sonstigen betrieblichen Erträgen sowie zwischen Material- oder Personalaufwendungen einerseits und sonstigen betrieblichen Aufwendungen andererseits. Diesbezüglich wird auf § 275 Anm 15ff, verwiesen.

In Fällen von erheblicher Auswirkung des Mitzugehörigkeitsausweises bestimmter Teilbeträge zu den Einzelposten der Bilanz oder der GuV muss im **Anhang** der tatsächliche Inhalt der entspr Posten erläutert werden; das gilt auch für den Inhalt der Posten Forderungen/Verbindlichkeiten gegen verbundene Unt und gegen BetUnt (s Anm 8).

10 Der **ausschließliche** Ausweis **eigener Anteile** unter dem dafür vorgesehenen Posten des Umlaufvermögens (B III 2 der Aktivseite) wird durch Abs 3 **Satz 2** vorgeschrieben. Zum Ausweis und zum Umfang „eigener Anteile" s § 266 Anm 138ff.

E. Gliederung bei mehreren Geschäftszweigen (Abs 4)

11 Abs 4 bezieht sich auf den Fall, dass ein Unt in **mehreren Geschäftszweigen** tätig ist und deshalb dem Grunde nach verschiedene Gliederungen, die an die einzelnen Geschäftszweige anknüpfen, anzuwenden wären.

Gliederungsvorschriften iSd Abs 4 sind die gesetzlichen Gliederungen, dh die für alle KapGes/KapCoGes geltenden Vorschriften der §§ 266, 268 und 275, 277 mit den ergänzenden Vorschriften der §§ 152 und 158 AktG, § 42 GmbHG sowie die für einzelne Branchen durch RVO vorgeschriebenen Formblätter (Kreditinstitute, VersicherungsUnt, WohnungsUnt sowie Krankenhäuser ua). Die Ermächtigung zum Erlass von RVO, die für KapGes und andere Rechtsformen Formblätter vorschreiben, findet sich jetzt nur noch in § 330. Zur Abgrenzung von Abs 4 zu § 330s dort Anm 14f.

Durch Landesrecht sind Gliederungen für Versorgungsbetriebe und zT für Verkehrsbetriebe vorgeschrieben (§ 263 Anm 1ff).

12 Das Vorhandensein mehrerer Geschäftszweige bedingt die Gliederung nach unterschiedlichen Gliederungsvorschriften dann, wenn für mind einen Geschäftszweig andere als die allgemeinen Gliederungsvorschriften des HGB gebräuchlich sind oder wenn neben einem Formblatt-Gliederungsschema das allgemeine Gliederungsschema für den zweiten Geschäftszweig anzuwenden wäre und die Zusammenfassung in einem Gliederungsschema der Anforderung des § 243 Abs 2 (Klarheit) nicht genügt. Im letzten Fall sollte der JA nach der Gliederung des Formblatts erstellt und um die Posten ergänzt werden, die zur Darstellung des anderen Geschäftszweigs erforderlich sind; Abs 4 lässt jedoch auch ein umgekehrtes Vorgehen zu, da das Wort „Geschäftszweig" nicht auf Formblatt-Branchen beschränkt ist (ähnlich § 330 Anm 12ff).

Die ergänzenden Angaben für den anderen Geschäftszweig sind uE auch dann erforderlich, wenn durch die zusätzlichen Posten Klarheit und Übersichtlichkeit des JA beeinträchtigt werden. Denn Ergänzungen nach Abs 4 dürfen nicht zu Lasten der vom HGB zwingend vorgesehenen Information gehen.

Sind bei der Gliederung des JA **mehrere Industrie-Gliederungen** (Abs 6) zu beachten, lässt Abs 4 die Wahl, welchem Geschäftszweig das Haupt-Gliederungsgerippe entnommen wird, solange die Gliederung nach der einen oder der anderen Vorschrift den Anforderungen an den JA in gleicher Weise gerecht wird. Überwiegt jedoch ein Geschäftszweig über die übrigen Bereiche, ist idR das Gliederungsschema des Hauptgeschäfts als Maßstab anzusehen (so auch *ADS*[6] § 265 Anm 49). Die fehlerhafte Wahl des Hauptschemas führt bei AG gem § 256 Abs 4 AktG aber nur dann zur Nichtigkeit des JA, wenn seine Klarheit und Übersichtlichkeit dadurch **wesentlich** beeinträchtigt sind. Aufgrund der analogen Anwendung des § 256 Abs 4 AktG gilt dies auch für die GmbH (*ADS*[6] § 265 Anm 98; *Gessler* in FS Goerdeler, 140).

Die **Angabe- und Begründungspflicht** aus Abs 4 S 2 **im Anhang** wird erfüllt durch die Nennung der miteinander kombinierten Gliederungsschemen sowie der hierdurch bedingten **Ergänzungen** des JA; die **Begründung** sollte sich darauf erstrecken, **warum welches Schema** als Hauptschema gewählt wurde. 13

F. Weitere Untergliederung und neue Posten (Abs 5)

Um den KapGes/KapCoGes zu ermöglichen, durch den JA weitergehende Informationen – als gesetzlich im HGB oder in Formblättern gefordert – zu geben oder um den JA den individuellen Verhältnissen anzupassen, sieht Abs 5 zwei Möglichkeiten vor: Die weitere Untergliederung und die Hinzufügung neuer Posten. 14

Die **Untergliederung** unter Beachtung der vorgeschriebenen Gliederung umfasst die **Aufgliederung** eines Postens in seine wesentlichen Bestandteile, die **Ausgliederung** einzelner Bestandteile und den **Davon-Vermerk.** Diese Untergliederung ist zweifach begrenzt:

Die Anordnung, dass die vorgeschriebene Gliederung auch bei weiterer Untergliederung einzuhalten ist, soll **verhindern,** dass die vorgeschriebene Gliederung durch weitere Untergliederungen **umgangen** wird. Eine weitere Untergliederung kommt nur in Betracht, wenn das gesetzliche Gliederungsschema selbst keine weiteren Untergliederungen fordert (so auch *ADS*[6] § 265 Anm 60; *Hütten/Lorson* in HdR[5] § 265 Anm 71). Eine zweite Grenze für die Zulässigkeit weiterer Untergliederungen ist die **Klarheit und Übersichtlichkeit** der Bilanz gem § 243 Abs 2, die zB durch zu viele Untergliederungen unerheblicher Posten beeinträchtigt werden kann. Eine Pflicht zu weiterer Untergliederung besteht aber dann, wenn nur auf diese Weise ein ausreichender Einblick in die VFE-Lage gegeben werden kann (ebenso *ADS*[6] § 265 Anm 53).

Die Zulässigkeit weiterer Untergliederungen erlaubt auch in der Bilanz und der GuV zusätzliche **Davon-Vermerke** bei solchen Posten, bei denen dies im HGB oder in Formblättern nicht vorgesehen ist. Zulässig ist ein solcher Vermerk grds bei jedem einzelnen Posten; im Hinblick auf die erwähnte Klarheit des JA sollte von dieser Möglichkeit jedoch nur dann Gebrauch gemacht werden, wenn dadurch der Einblick in die VFE-Lage verbessert wird. Dies kann zB der Fall sein, wenn bei den sonstigen **Ausleihungen** erhaltene **Sicherheiten** und deren Höhe angegeben werden.

Die **Hinzufügung neuer Posten** zum gesetzlichen Gliederungsschema ist erforderlich, wenn VG oder Schulden, Aufwendungen oder Erträge inhaltlich von gesetzlich vorgesehenen Posten nicht erfasst werden; dies ist bei allen, also nicht nur bei den mit arabischen Zahlen versehenen Posten möglich (so auch *ADS*[6] § 265 Anm 65). Üblich ist zB der gesonderte Ausweis für Schiffe, Flugzeuge, Tankstellenanlagen, Bergwerksgerechtsame, Abraumvorrat, Filmvermögen, bei LeasingUnt der gesonderte Ausweis des Leasing-Vermögens und – bei Finanzierung des Leasing-Vermögens durch Verkauf der zukünftigen Leasing-Forderungen – eines passiven RAP „Noch zu erbringende Nutzungsüberlassung". Auch Genussscheine und Gester-Darlehen sollten stets gesondert aus- 15 gewiesen werden, statt sie als „Sonstige" zu bilanzieren. Allerdings setzt der Grundsatz der Übersichtlichkeit Grenzen (*Castan* in Beck HdR B 141 Anm 8). Eine Erl im Anhang muss uE daher gegeben werden.

Eine **Pflicht** zur Einordnung neuer Posten ist auch dann gegeben, wenn nur so ein sachgerechter Einblick in die VFE-Lage möglich ist, zB bei absolut und relativ wesentlichen Beträgen, wenn deren Ausweis unter einem Posten des gesetzlichen Gliederungsschemas inhaltlich nicht zutreffend wäre (zB nicht abgerechnete Aufträge – statt Vorräte – bei DienstleistungsUnt).

G. Abweichende Gliederung und Bezeichnung (Abs 6)

16 Die gesetzlichen Schemen der §§ 266 und 275 sind auf Industrie- und HandelsUnt ausgerichtet. Bei Unt mit branchenspezifischen Besonderheiten sind sie aber nicht geeignet, die Forderung nach Klarheit und Übersichtlichkeit des JA zu erfüllen.

Der Anwendungsbereich des Abs 6 ist – auch im Hinblick auf dem Abs 6 vorgehende (weil nicht auf Posten mit arabischen Zahlen beschränkte) Vorschriften über die Gliederung des JA nach Formblättern (Abs 4, Anm 11) – auf wenige Wirtschaftsbereiche beschränkt. Im Wesentlichen kommen Änderungen für Unt der Bauindustrie, Reedereien, MineralölGes, Bergbaubetriebe, Brauereien und Dienstleistungsbetriebe in Betracht. Zu Versorgungsbetrieben s Anm 11 und § 263 Anm 1 ff.

Abs 6 schreibt **zwingend eine begrenzte Abweichung** von den gesetzlichen Schemen vor, um die Gliederung den Besonderheiten der Branche anzupassen. Vor der Abweichung ist stets zu prüfen, ob nicht bereits die gesetzliche Gliederung trotz der Besonderheiten die Forderung nach Klarheit und Übersichtlichkeit erfüllt.

Die nach Abs 6 ausschließlich für die mit arabischen Zahlen versehenen Bilanzposten zulässigen Änderungen können entweder die Gliederung oder die Postenbezeichnung betreffen. Letztere sind häufiger; es kann zB eine gesetzliche Postenbezeichnung durch einen engeren Unterbegriff ersetzt oder eine mehrgliederige Postenbezeichnung auf den gegebenen Sachverhalt reduziert werden (zB „Biervorräte" statt Halb- und Fertigerzeugnisse, ähnlich *ADS*[6] § 265 Anm 73). Auch die Verkürzung ist eine Änderung der Postenbezeichnung und damit unter den Voraussetzungen des Abs 6 zwingend. Die Änderung der Postenbezeichnung kann auch als Ergänzung vorgenommen werden (zB sonstige Wertpapiere des Umlaufvermögens: a. börsengängige, b. sonstige). In der GuV nach § 275 gibt es nur „mit arabischen Zahlen versehene Posten" (s § 275 Abs 2, 3).

Kurzbezeichnungen von Bilanz- und Erfolgsposten halten wir unter den vorstehenden Voraussetzungen für zulässig (differenzierend *ADS*[6] § 265 Anm 79 ff).

H. Zusammenfassung mehrerer Posten (Abs 7)

17 Abs 7 lässt unter zwei alternativen Voraussetzungen die **Zusammenfassung** der mit **arabischen Zahlen** versehenen Posten der Bilanz und der Erfolgsrechnung zu. In der **Bilanz** dürfen aber nur Einzelbeträge innerhalb jeder der durch römische Ziffern überschriebenen Bilanzgruppen oder Zusatzposten (s §§ 266, 268) zusammengefasst werden. Eine Zusammenfassung iSd Abs 7 erfordert, dass ein auszuweisender Posten **vollständig an anderer Stelle mitausgewiesen**

wird. Dies folgt aus der Formulierung, dass **„Posten“ zusammengefasst ausgewiesen werden können** und dem Zweck der Vorschrift, den Ausweis von Bagatellbeträgen zu vermeiden.

Beispiele für eine Zusammenfassung wegen Geringfügigkeit: Auf der Aktivseite A II 2 oder 3, B I 3 mit eigentlich jeweils in Nr 4 auszuweisenden Anzahlungen auf VG dieser Posten; auf der Passivseite Zusammenfassungen innerhalb der Gruppe Verbindlichkeiten.

In der **GuV** beziehen sich diese Wahlrechte auch auf die mit kleinen Buchstaben versehenen Posten, da es sich bei diesen um eine Untergliederung der arabischen Zahlen handelt (ebenso: *Hütten/Lorson* in HdR[5] § 265 Anm 110; *ADS*[6] § 265 Anm 86, 90). Nicht geregelt ist, zu welchen Postengruppen die mit arabischen Zahlen versehenen Posten zusammengefasst werden können: Für sinnvoll halten wir nur eine Zusammenfassung zu Teil-Summen (so auch *ADS*[6] § 265 Anm 86). Näheres hierzu § 275 Anm 18.

Die **Zusammenfassung wegen Geringfügigkeit** nach Nr 1 entspricht dem Gebot der Wesentlichkeit des JA. Die Straffung der Bilanz und der GuV durch Zusammenfassung unerheblicher Posten mit anderen Posten verbessert die Übersichtlichkeit und beeinträchtigt die Aussagekraft nicht. Die Grenze der Zusammenfassung wegen Geringfügigkeit ergibt sich aus der Verweisung auf § 264 Abs 2 (dort Anm 41 ff; vgl im Einzelnen *Hütten/Lorson* in HdR[5] § 265 Anm 116).

Die **Zusammenfassung zur Vergrößerung der Klarheit** nach Nr 2 entspricht gleichfalls einem praktischen Bedürfnis. Den KapGes/KapCoGes soll es ermöglicht werden, die Bilanz und die GuV zugunsten besserer Aussagen bei bestimmten Einzelposten zusammenzufassen (so auch *Begr RegE,* 77).

Diese Zusammenfassung muss zu einer größeren Klarheit der Darstellung in Bilanz und GuV selbst führen. Die zusammengefassten Posten müssen jedoch im **Anhang** entsprechend den Gliederungsschemen der §§ 266, 268 oder 275, 277 jeweils gesondert dargestellt werden. Dabei sind jeweils Vj-Beträge anzugeben; außerdem ist der Stetigkeitsgrundsatz zu beachten, um die Gleichwertigkeit mit dem sonst vorgeschriebenen Ausweis in der Bilanz oder GuV zu erhalten.

Als eines von vielen möglichen **Beispielen** sei die Zusammenfassung kleinerer Ausleihungen in der Bilanz einer KapGes/KapCoGes erwähnt: Hier sollten diese Ausleihungen nicht nochmals nach Ausleihungen an verbundene Unt, an BeteiligungsGes und an sonstige (Aktivposten A III 2, 4, 6) aufgespalten werden, sondern die Aufgliederung der gesamten Ausleihungen sollte lediglich im Anlagengitter oder im Anhang dargestellt werden.

Bei der Beurteilung der Zulässigkeit einer Zusammenfassung von Posten in Bilanz und GuV brauchen **keine strengen Maßstäbe** angelegt zu werden, weil durch die Angaben im Anhang, der in gleicher Weise wie Bilanz und GuV offenzulegen ist, ein Informationsverlust nicht eintritt.

Die Übernahme von Einzelangaben in den Anhang darf jedoch nicht dazu führen, gesetzlich vorgeschriebene (zB Abs 4) oder notwendige (zB Abs 6) Einfügungen neuer Posten nicht in die Bilanz oder die GuV selbst aufzunehmen.

Die zulässige Zusammenfassung von Bilanzposten (oder Erfolgsposten) bedeutet aber **nicht,** dass zB die Bilanzgliederung einer großen KapGes generell auf das **Mindest-Bilanzschema** einer kleinen KapGes reduziert werden darf; denn dieses Gliederungsschema geht gem § 266 Abs 1 S 2 als Spezialnorm dem Abs 7 Nr 2 vor. In der Praxis ist jedoch auch eine weitgehende Zusammenfassung anzutreffen.

I. Ausweis von Leerposten (Abs 8)

18 Auf den Ausweis von Leerposten wird dann verzichtet, wenn auch im Vj-Abschluss unter diesem Posten kein Betrag ausgewiesen wurde. Diese Vorschrift dient der Klarheit der Darstellung gem § 243 Abs 1 und gilt analog auch für den Anhang (Anm 1). Handelt es sich bei der Vj-Zahl um einen unwesentlichen Betrag und könnte dieser gem Abs 7 Nr 1 mit anderen Posten zusammengefasst werden, darf auf den Leerposten unter Anpassung der Vj-Zahl verzichtet werden (ebenso *ADS*[6] § 265 Anm 95; *Hütten/Lorson* in HdR[5] § 265 Anm 129).

Nicht ausdrücklich genannt sind in Abs 8 die Davon-Vermerke. Da es sich bei diesen stets um einen Teil eines Bilanz-Postens oder eines GuV-Postens handelt, kann auch bei ihnen eine Fehlanzeige entfallen.

J. Geltung für Kaufleute, die nicht Kapitalgesellschaften/KapCoGes sind

19 § 265 gilt auch für **alle** unter das PublG fallende Unt, ebenso wie §§ 266, 268 und 275 mit 277 (§ 5 Abs 1 PublG); außerdem für eG. Für FormblattUnt gilt er nur im Rahmen der VO gem § 330.

Entfällt jedoch wie bei publizitätspflichtigen Ekfl oder reinen PersGes der **Anhang** (§ 5 Abs 2 S 1 PublG), darf zB Abs 7 Nr 2 nicht angewandt werden (Anm 17). Änderungen in der Darstellung (Abs 1, Abs 2) sind dann zB in der Bilanz selbst zu vermerken. Hingegen entfällt uE die Anhangangabe bei Kombinationen mit FormblattUnt (Abs 4).

Die allgemeinen Grundsätze für die Gliederung sind jedoch nicht unmittelbar auf den JA aller übrigen Kfl anzuwenden, die nicht KapGes/KapCoGes sind. Dies ergibt sich aus der Stellung des § 265 im zweiten Abschnitt des Dritten Buchs des HGB, der die ergänzenden Vorschriften für KapGes/KapCoGes enthält. Der größte Teil dieser Kfl sind Ekfl oder reine PersGes. Ebenfalls nicht unmittelbar vom zweiten Abschnitt gebunden sind zB auch inländische Zweigniederlassungen ausländischer Industrie-KapGes. Die allgemeinen Grundsätze des § 265 sind hier – mit Ausnahme des Grundsatzes der Darstellungsstetigkeit aus Abs 1 – jedoch nur eingeschränkt über § 243 Abs 2 zu beachten, weil die Gliederungsgrundsätze des § 265 Abs 2 bis 8 nur teilweise zu den GoB zählen. **Nicht publizitätspflichtige** Kfl, die nicht KapGes/KapCoGes sind, haben daher nur § 243 zu berücksichtigen. Zur Gliederung des JA dieser Kfl außerdem § 247 Anm 4ff und 670ff.

K. Rechtsfolgen einer Verletzung des § 265

20 Als **Vergehen** könnte ein Verstoß gegen die allgemeinen Grundsätze des § 265 durch ein Mitglied eines vertretungsberechtigten Organs oder des AR einer KapGes/KapCoGes oder eines publizitätspflichtigen Unt mit Geldstrafe bestraft werden, wenn dadurch die Verhältnisse im JA unrichtig wiedergegeben oder verschleiert werden. Das würde uE eine weitgehende Missachtung der Gliederungsschemen in §§ 266 und 275 voraussetzen; s § 331 Abs 1 Nr 1, § 17 Nr 1 PublG.

21 Als **Ordnungswidrigkeit** sanktioniert ist jedoch ausdrücklich ein Zuwiderhandeln gegen Abs 2, 3, 4 oder 6 bei der Aufstellung oder Feststellung des JA

durch ein Mitglied des vertretungsberechtigten Organs oder des AR einer KapGes/KapCoGes oder eines publizitätspflichtigen Unt durch § 334 Abs 1 Nr 1 c, 335 b oder § 20 Abs 1 Nr 1 d PublG.

Bei AG, KGaA (und GmbH) führt ein Verstoß gegen § 265 zur Nichtigkeit des JA gem § 256 Abs 4 AktG, wenn seine Klarheit und Übersichtlichkeit dadurch **wesentlich** beeinträchtigt sind. Auch dies kann bei § 265 nur in schwerwiegenden Ausnahmefällen angenommen werden. 22

L. Abweichungen der IFRS

Die IFRS sehen keine dem Handelsrecht vergleichbaren, derart detaillierten Gliederungsvorschriften vor. Zu den Vorschriften zur Mindestgliederung nach IFRS s § 266 Anm 280 ff (zur Bilanz) und § 275 Anm 330 ff (zur GuV). 23

Zweiter Titel. Bilanz

§ 266 Gliederung der Bilanz

(1) [1]**Die Bilanz ist in Kontoform aufzustellen.** [2]**Dabei haben große und mittelgroße Kapitalgesellschaften (§ 267 Abs. 3, 2) auf der Aktivseite die in Absatz 2 und auf der Passivseite die in Absatz 3 bezeichneten Posten gesondert und in der vorgeschriebenen Reihenfolge auszuweisen.** [3]**Kleine Kapitalgesellschaften (§ 267 Abs. 1) brauchen nur eine verkürzte Bilanz aufzustellen, in die nur die in den Absätzen 2 und 3 mit Buchstaben und römischen Zahlen bezeichneten Posten gesondert und in der vorgeschriebenen Reihenfolge aufgenommen werden.**

(2) **Aktivseite**

A. Anlagevermögen:
- **I. Immaterielle Vermögensgegenstände:**
  - **1. Konzessionen, gewerbliche Schutzrechte und ähnliche Rechte und Werte sowie Lizenzen an solchen Rechten und Werten;**
  - **2. Geschäfts- oder Firmenwert;**
  - **3. geleistete Anzahlungen;**
- **II. Sachanlagen:**
  - **1. Grundstücke, grundstücksgleiche Rechte und Bauten einschließlich der Bauten auf fremden Grundstücken;**
  - **2. technische Anlagen und Maschinen;**
  - **3. andere Anlagen, Betriebs- und Geschäftsausstattung;**
  - **4. geleistete Anzahlungen und Anlagen im Bau;**
- **III. Finanzanlagen:**
  - **1. Anteile an verbundenen Unternehmen;**
  - **2. Ausleihungen an verbundene Unternehmen;**
  - **3. Beteiligungen;**
  - **4. Ausleihungen an Unternehmen, mit denen ein Beteiligungsverhältnis besteht;**
  - **5. Wertpapiere des Anlagevermögens;**
  - **6. sonstige Ausleihungen.**

B. Umlaufvermögen:
- **I. Vorräte:**
  - **1. Roh-, Hilfs- und Betriebsstoffe;**
  - **2. unfertige Erzeugnisse, unfertige Leistungen;**
  - **3. fertige Erzeugnisse und Waren;**
  - **4. geleistete Anzahlungen;**

II. Forderungen und sonstige Vermögensgegenstände:
1. Forderungen aus Lieferungen und Leistungen;
2. Forderungen gegen verbundene Unternehmen;
3. Forderungen gegen Unternehmen, mit denen ein Beteiligungsverhältnis besteht;
4. sonstige Vermögensgegenstände;
III. Wertpapiere:
1. Anteile an verbundenen Unternehmen;
2. eigene Anteile;
3. sonstige Wertpapiere;
IV. Kassenbestand, Bundesbankguthaben, Guthaben bei Kreditinstituten und Schecks.
C. Rechnungsabgrenzungsposten.

(3) **Passivseite**

A. Eigenkapital:
I. Gezeichnetes Kapital;
II. Kapitalrücklage;
III. Gewinnrücklagen:
1. gesetzliche Rücklage;
2. Rücklage für eigene Anteile;
3. satzungsmäßige Rücklagen;
4. andere Gewinnrücklagen;
IV. Gewinnvortrag/Verlustvortrag;
V. Jahresüberschuß/Jahresfehlbetrag.
B. Rückstellungen:
1. Rückstellungen für Pensionen und ähnliche Verpflichtungen;
2. Steuerrückstellungen;
3. sonstige Rückstellungen.
C. Verbindlichkeiten:
1. Anleihen,
davon konvertibel;
2. Verbindlichkeiten gegenüber Kreditinstituten;
3. erhaltene Anzahlungen auf Bestellungen;
4. Verbindlichkeiten aus Lieferungen und Leistungen;
5. Verbindlichkeiten aus der Annahme gezogener Wechsel und der Ausstellung eigener Wechsel;
6. Verbindlichkeiten gegenüber verbundenen Unternehmen;
7. Verbindlichkeiten gegenüber Unternehmen, mit denen ein Beteiligungsverhältnis besteht;
8. sonstige Verbindlichkeiten,
davon aus Steuern,
davon im Rahmen der sozialen Sicherheit.
D. Rechnungsabgrenzungsposten.

Übersicht

Bilanzformate für Kapitalgesellschaften (Abs 1)

Schrifttum: *Knop* Die Gliederungs-Konzeption des Bilanz-Richtlinie-Gesetzes, DB 1984, 569; *Weirich/Zimmermann* Aufstellung und Offenlegung des Jahresabschlusses kleiner Aktiengesellschaften, AG 1986, 265; *Budde/Forster* D-Mark-Bilanzgesetz, München 1991. Ferner Schrifttum *zu § 267; von Kanitz* Rechnungslegung bei Personenhandelsgesellschaften, WPg 2003, 324.

A. Überblick über die Vorschrift

Für alle KapGes ist ausschließlich die Gliederung in **Kontoform** vorgeschrieben (Abs 1 S 1). 1

Das Bilanzschema (Abs 2 u 3) entspricht in seinem **Aufbau** iw **früheren Gliederungsschemen.** Kleine KapGes (§ 267 Abs 1) brauchen nur eine **verkürzte Bilanz** aufzustellen.

Das Gliederungsschema mit seinen Größenklassen gilt auch für **Genossenschaften** (§ 336 Abs 2 S 1); für das EK durch § 337 ergänzt. 2

Das ungekürzte Schema haben ferner **dem PublG unterfallende Unternehmen** (Anm 30) anzuwenden sowie alle Unt, die **Konzernabschlüsse** aufstellen müssen oder dies freiwillig tun; § 298 Abs 1 und 2 erlauben Einschränkungen. Das auf Industrie- und HandelsUnt ausgerichtete Schema gilt nur subsidiär für die Bilanz von Unt (aller Rechtsformen), die **Formblätter** gem § 330 zu beachten haben oder für die gem § 265 Abs 4 mehrere gesetzliche Gliederungsvorschriften bestehen; dazu § 265 Anm 11 ff und § 330 Anm 14, 15.

Das Gliederungsschema erstreckt sich samt Größenklassen auch auf **PersGes iSd § 264 a,** falls keine Befreiungsgründe gem § 264 b vorliegen; für die rechtsformspezifische EK-Gliederung wird es durch § 264 c Abs 2 S 1 ergänzt.

§ 266 gilt namentlich für die Bilanzaufstellung im Rahmen des JA. Das Schema hat jedoch auch Bedeutung (*ADS*[6] § 266 Anm 14 „eignet sich grundsätzlich“) für **andere Bilanzen,** die nicht JA sind, wie insb 3

- Eröffnungsbilanzen (§ 242 Abs 1, entspr Anwendung der JA-Vorschriften),
- Abwicklungsbilanzen (§ 270 Abs 2 AktG; § 71 Abs 2 GmbHG); s aber § 283 Anm 6,
- die einer Kapitalerhöhung aus GesMitteln zugrundegelegte Bilanz (§ 209 Abs 2 AktG; § 57 f GmbHG),

- Verschmelzungs-Bilanz (§ 17 Abs 2 UmwG), Spaltungs-Bilanz (§ 125 UmwG), Vermögensübertragungs-Bilanz (§ 176 UmwG),
- Vermögens-Bilanz anlässlich eines Formwechsels (§ 192 Abs 2 UmwG); glA *ADS*[6] § 266 Anm 17.
- **§ 266 gilt nicht** für Tochter-KapGes, die alle Voraussetzungen des § 264 Abs 3 erfüllen, § 264 Anm 62ff; s aber hier Anm 15.
- **§ 266 gilt nicht** für Tochter-KapCoGes, die alle Voraussetzungen des § 264b erfüllen, § 264b Anm 10.

B. Gliederung der Bilanz (Abs 1 S 1)

5 Die Bilanz ist in **Kontoform** aufzustellen (Abs 1 S 1). Eine Gliederung in **Staffelform ist nicht zulässig;** das nationale Wahlrecht der 4. EG-Richtl wurde nicht ausgeübt. Das Gliederungsschema konkretisiert die Generalnorm des § 264 Abs 2 S 1 (ebenso *ADS*[6] § 266 Anm 2).

Die Gliederungsvorschriften sind grds zwingend. **Abweichungen** vom Gliederungsschema der Abs 2u 3 sind nur in gesetzlich geregelten Fällen zulässig oder vorgeschrieben (s Anm 6, 10, 11). Die **Verletzung** der Gliederungsvorschriften wird **sanktioniert** (Anm 265).

Die Posten des gesetzlichen Bilanzschemas sind **getrennt auszuweisen.** Es ist verboten, einzelne Posten zusammenzuziehen, unabhängig davon, ob eine Zusammenfassung eindeutig aus der Bezeichnung des Bilanzpostens erkennbar wäre. Die Posten sind ferner in der **vorgeschriebenen Reihenfolge** unter ihrer gesetzlichen Bezeichnung mit dem auf sie entfallenden Betrag anzugeben (Abs 1 S 2). Siehe dazu auch § 243 Anm 54 bis 65.

Das HGB lässt zwar offen, ob Aktiva (Abs 2) und Passiva (Abs 3) **gegenüberzustellen** sind – so die übliche Praxis bei der Aufstellung in Kontoform – es ist aber auch als zulässig anzusehen, die Passiva als Aneinanderreihung nacheinander unterhalb der Aktiva aufzuführen; glA *ADS*[6] § 266 Anm 1.

6 Das Gliederungsschema ist eine **Mindestnorm** (Anm 20) für die **Vorlage** der Bilanz an die Gester. Es kann durch Satzung oder GesVertrag erweitert, aber nicht eingeschränkt werden. Für die **Offenlegung** der Bilanz an Dritte gelten gesetzliche Erleichterungen gem §§ 326u 327; hierzu Anm 18, 25f.

7 Zum Bilanzschema gehören auch die **Vermerke** in Vorspalten zur Bilanz gem §§ 266 Abs 2 und 3, 268 Abs 2, 4 und 5, die Vermerke unterhalb der Bilanz gem §§ 251, 268 Abs 7 (§ 268 Anm 120) und die Vermerke in Bilanz oder im Anhang gem § 285 Nrn 1 und 2. Für AG/KGaA schreiben §§ 152 und 286 AktG, für GmbH § 42 GmbHG und für KapCoGes § 264c weitere Vermerke in der Bilanz vor (Anm 12). Ausführlich hierzu die Anm zu den entspr Vorschriften in § 272 sowie die Auflistung bei *ADS*[6] § 266 Anm 5.

C. Große und mittelgroße Kapitalgesellschaften sowie Personenhandelsgesellschaften iSd § 264a

I. Bilanzschema für die Aufstellung (Abs 1 S 2)

8 Mittelgroße bzw große KapGes und KapCoGes (§ 267 Abs 2u 3) haben für die Aufstellung der Bilanz die **Normalgliederung mit allen** in Abs 2 und Abs 3 **bezeichneten Posten** zugrunde zu legen. Das ungekürzte Schema gilt auch für kleine AG/KGaA, sofern deren Aktien oder andere Wertpapiere gem § 267 Abs 3 S 2 börsennotiert sind.

Das Bilanzschema ist zur Erleichterung von Periodenvergleichen **stetig anzuwenden** (§ 265 Abs 1 und dort Anm 2ff). Nach *ADS*[6] § 266 Anm 2 soll das Gliederungsschema auch Betriebsvergleiche erleichtern, welche angesichts nicht unwesentlicher Abweichungen in der Auslegung mehrerer Einzelvorschriften und ihres Verhältnisses zueinander problematisch erscheinen. 9

Abweichungen von der Normalgliederung gem Abs 1 S 2 sind lt HGB geboten oder zulässig: 10

- gem **§ 264 c Abs 2 S 1:** abweichende EK-Gliederung bei PersGes iSd § 264 a
- gem **§ 265;** s dort Anm 11 bis 18;
  Abs 4: Kombination mehrerer gesetzlicher Gliederungen bei divergierenden Geschäftszweigen;
  Abs 5: Untergliederungen gesetzlicher Posten; Hinzufügen neuer Posten;
  Abs 6: Bezeichnungsänderungen zwecks größerer Klarheit der Darstellung;
  Abs 7: Zusammenfassung gesetzlicher Posten;
  Abs 8: Wegfall von Leerposten, falls auch für das Vj kein Ausweis;
- durch **Einzelvorschriften** im HGB, AktG oder GmbHG (Einzelheiten hier in Anm 11 bis 13);
- durch **Übernahme** von Einzelposten **in den Anhang** gem § 265 Abs 7 Nr 2; soweit gesetzlich zugelassen auch für Vorspalten- und Bilanzvermerke;
- nach **Landesrecht;** hierzu § 263 und dort Anm 3.

Viele **Großunternehmen** fassen die mit arabischen Zahlen bezeichneten Posten in der Bilanz zusammen und gliedern sie gem § 265 Abs 7 im Anhang auf, um die Übersichtlichkeit der Bilanz ua in Geschäftsberichten zu erhöhen.

Zusätzliche Posten im Gliederungsschema (ausführlich hierzu Dusemond/Heusinger/*Knop* in HdR[5] § 266 Anm 7) sind vorgesehen durch: 11

- **§ 268** (Änderung von Eigenkapitalposten gem Abs 1; Anlagengitter für große und mittelgroße KapGes gem Abs 2, Nicht durch EK gedeckter Fehlbetrag gem Abs 3;
- **§ 269** Wahlrecht für die Aktivierung von Aufwendungen für Ingangsetzung und Erweiterung;
- **§ 272** Abs 1: Ausweisregeln für ausstehende Einlagen auf das gezeichnete Kapital und für Kapitalrückzahlungen; Definition der Kapitalrücklage, der Gewinnrücklagen und der Rücklage für eigene Aktien gem Abs 2 bis 4;
- **§ 273:** Einschränkung für Sonderposten mit Rücklageanteil durch Bindung an das Ertragsteuerrecht;
- **§ 274:** Sonderausweis und/oder Anhang-Angabe für die Steuerabgrenzung in der HB;
- **§ 281** Abs 1: Einstellung von steuerrechtlichen Mehrabschreibungen in den Sonderposten mit Rücklageanteil (Anm 13).

Großunternehmen zeigen auch diese Posten überwiegend nur im Anhang und gruppieren sie in der Bilanz in die zuständigen Hauptposten ein (Anm 10).

Sondervorschriften im **AktG** regeln die Pflichtangaben in Bilanz oder Anhang zum gezeichneten Kapital, zum bedingten Kapital und zu Vermerken für Mehrstimmrechts-Aktien (**§ 152** Abs 1). Die Entwicklung der Kapitalrücklage und sämtlicher einzelnen Gewinnrücklagen sind gem **§ 152** Abs 2 und 3 entweder in der Bilanz oder im Anhang darzustellen; hierzu bestehen Sondervorschriften bei Kapitalherabsetzungen gem **§ 240.** Die Eigenkapital-Darstellung bei **KGaA** ist in **§ 286** Abs 2 AktG normiert. 12

Das **GmbHG** enthält in § 42 Abs 2 Ausweisvorschriften für eingeforderte Nachschüsse sowie in Abs 3 die Vermerkpflicht in Bilanz oder Anhang für Ausleihungen, Forderungen und Verbindlichkeiten gegen Gester; das können auch MU und damit verbundene Unt sein. Für **PersGes iSd § 264 a** regelt § 264 c Abs 2 S 1 die EK-Darstellung; § 264 c Abs 1 normiert die gesonderte Ausweispflicht bzw Anhangangabe für Ausleihungen, Forderungen und Verbindlichkeiten ggü Gestern sowie deren Vermerkpflicht bei Ausweis in anderen Posten.

13 KapGes dürfen nach § 281 Abs 1 auch Abschreibungen gem § 254 als Sonderposten mit Rücklageanteil ausweisen und **Wertaufholungen** bei Aktivposten gem § 280 iVm § 58 Abs 2a AktG oder § 29 Abs 4 GmbHG unter Angabe des Betrags in der Bilanz oder im Anhang mit ihrem EK-Anteil in Gewinnrücklagen einstellen.

II. Freiwillige Anwendung des Bilanzschemas für andere Kaufleute

15 Alle Kfl, die nicht gesetzlich verpflichtet sind, die Gliederungsvorschriften des § 266 oder Formblattvorschriften einzuhalten, dürfen freiwillig die Bestimmungen des § 266 und die in Anm 10 bis 13 erwähnten zusätzlichen Einzelvorschriften anwenden. Dies kommt insb für nach § 264 Abs 3 befreite TU-KapGes bzw nach § 264b befreite TU-KapCoGes infrage, da sie idR für den KA ihres MU ihre Bilanz nach § 266 vorlegen müssen. Die Anwendung von EDV-Programmen in den Unt oder durch Datenverarbeitungs-Zentren bewirkte, dass das Schema des § 266 häufig auch von Nicht-KapGes und reinen PersGes verwendet wird (§ 247 Anm 5 und ähnlich *ADS*[6] § 266 Anm 12).

Aus dem GoB-Grundsatz der **Klarheit** und **Übersichtlichkeit** ergibt sich aber, dass die Postenbezeichnungen der Abs 2 und 3 in den Bilanzen anderer Unt nicht in einem von § 266 abw Sinn verwendet werden dürfen. Im PublG (Anm 30) gelten Abs 2, 3 „sinngemäß“.

16 **Holding-Gesellschaften** sind idR kleine KapGes oder „andere Kfl“. Fallen sie nicht unter § 267 Abs 3 S 2 („börsennotiert“), gilt nur für ihren KA das große Schema; Holding-Ges von Banken oder VersicherungsUnt gelten stets als große KapGes.

Bei einer **Zusammenfassung** des Anhangs und des Lageberichts dieser Holding-Ges mit dem Konzernanhang (§ 298 Abs 3) und Konzernlagebericht (§ 315 Abs 3) empfiehlt es sich jedoch, freiwillig bereits bei der Vorlage an die Gester die Gliederungsnormen für große KapGes anzuwenden – zumal für Zwecke des KA ohnehin die weitergehende Aufgliederung benötigt wird; s hierzu § 298 Anm 2.

III. Erleichterungen für Zwecke der Offenlegung für mittelgroße Kapitalgesellschaften

18 Auch mittelgroße KapGes und KapCoGes müssen bei der Bilanzaufstellung und der **Vorlage der Bilanz an die Aktionäre bzw Gesellschafter** das große Bilanzschema (Abs 2 und 3) zugrundelegen. Lediglich bei der Offenlegung dürfen sie sich darauf beschränken, eine **verkürzte Bilanz** iSd Abs 1 S 3 zum HR einzureichen, wobei jedoch dann im Anhang einzelne Posten gesondert zu nennen sind (§ 327 Nr 1). Die betr Einzelposten dürfen jedoch auch in der offenzulegenden Bilanz zusätzlich und gesondert angegeben werden (mittelgroßes Bilanzschema). Aufgrund dieser zusätzlichen Angabepflichten bei mittelgroßen KapGes ist der Informationsgehalt der Bilanz von großen und mittelgroßen KapGes nicht wesentlich verschieden. **Abweichungen** bestehen zB bei der Detaillierung der immateriellen VG, der Gliederungstiefe des Vorratsvermögens, der Forderungen und sonstigen VG sowie der Aufgliederung des EK, der Rückstellungen und einiger Verbindlichkeiten.

D. Kleine Kapitalgesellschaften (Abs 1 S 3)

I. Aufstellung

Kleine KapGes und KapCoGes (§ 267 Abs 1) haben ein Wahlrecht in Abweichung von Abs 1 S 2 eine **verkürzte Bilanz** aufzustellen, die nur die in Abs 2 und 3 mit Buchstaben und römischen Zahlen bezeichneten Posten umfasst (Abs 1 S 3). Dadurch ist ein „Übersoll nach außen" vermieden worden. 20

Die **Erleichterung** des Abs 1 S 3 kann in der Praxis **für die kleine AG** und **kleine KGaA** aber **ohne Bedeutung** sein, da jeder Aktionär nach § 131 Abs 1 S 3 AktG verlangen kann, dass ihm in der HV der JA, somit auch die Bilanz, in der nicht-verkürzten Form vorgelegt wird. Vorsorglich ist deshalb die Aufstellung einer nach dem großen Bilanzschema (Abs 2 und 3) gegliederten Bilanz zu empfehlen.

Das entspr individuelle Auskunfts- und Einsichtsrecht des GmbH-Gesters nach § 51a GmbHG geht zwar einerseits mit seinem Büchereinsichtsrecht weiter als § 131 Abs 1 S 3 AktG, umfasst aber andererseits vom Wortlaut her nicht die Vorlage einer nach Abs 2 und 3 gegliederten Bilanz; jedoch sind bei den häufiger vorkommenden **kleinen GmbH** dem AktG entspr Regelungen im GesVertrag wegen des Feststellungsrechts der Gester sinnvoll (ähnlich *ADS*[6] § 266 Anm 19). Die weitergehenden gesetzlichen (Mittelstands-) Erleichterungen gem § 274a fallen nicht unter die Rechte gem § 131 Abs 1 S 3 AktG; dazu § 274a Anm 1.

Die formell nur auf Abs 2 und Abs 3 bezogenen Erleichterungen sind für die in Anm 10ff genannten **weiteren Ausweisvorschriften** zur Bilanz **eng auszulegen,** da Abs 1 S 3 eine Ausnahmevorschrift darstellt. Hierbei ist auch zu bedenken, dass die Generalnorm des § 264 Abs 2 S 1 gilt und die allgemeinen Vorschriften zur Bilanz in § 265 beachtet werden müssen. 21

Allgemein kann jedoch gesagt werden, dass die **Einzelvorschriften** in § 268 zur Bilanz – mit Ausnahme des Anlagengitters – sowie die weiteren Einzelvorschriften gem Anm 10ff bei kleinen KapGes ggf **auch** auf die mit Buchstaben oder römischen Zahlen bezeichneten Posten **anzuwenden** sind. Das betrifft insb die Restlaufzeit-Vermerke gem § 268 Abs 4 und 5. Soweit jedoch durch Einzelvorschriften (Anm 11 bis 13) zusätzliche Hauptposten eingefügt werden (zB § 269 Ingangsetzungsaufwendungen; § 274 Abs 2 aktive Steuerabgrenzung), sind auch kleine KapGes zum **Sonderausweis** verpflichtet. Welche Verkürzungen oder Verdichtungen kleine KapGes in Bilanz oder Anhang vornehmen dürfen, wird in den jeweiligen Einzelvorschriften zur Bilanz behandelt.

Nach § 265 Abs 3 ist die **Mitzugehörigkeit** zu anderen Posten in der Bilanz zu vermerken oder im Anhang anzugeben. Die für KapGes/KapCoGes wesentlichen Angaben von Ausleihungen, Forderungen oder Verbindlichkeiten an **verbundene Unternehmen,** an Unt mit denen ein **Beteiligungsverhältnis** besteht, oder ggü **GmbH-Gesellschaftern** (§ 42 Abs 3 GmbHG), sind in der Normalgliederung jeweils nur als mit arabischen Ziffern versehene Unterposten enthalten; in ähnlicher Weise sind auch die **eigenen Anteile** (§ 265 Abs 3 S 2) als Unterposten zu den Wertpapieren genannt. Wegen der Bedeutung eines Beteiligungsverhältnisses oder sogar einer (Konzern-)Verbundenheit für den externen Bilanzleser dürfen uE aber auch bei kleinen KapGes/KapCoGes diese Angaben nicht entfallen. Diese Auffassung stützen wir auch darauf, dass für die Anteilsliste gem § 285 Nr 11/11a (oder die gesonderte Aufstellung des Anteilsbesitzes gem § 287) keine Aufstellungs-Erleichterungen vorgesehen sind. 22

Das gleiche gilt für KapCoGes, da ebenfalls ein gesonderter Ausweis oder eine Anhangangabe von Ausleihungen, Forderungen und Verbindlichkeiten ggü Gestern gem § 264c Abs 1 S 1 oder nach § 264c Abs 1 S 2 ein Mitzugehörigkeitsvermerk verlangt wird.

II. Offenlegung

25 Die kleine KapGes und die ihr gleichgestellten Unt brauchen nur die verkürzte Bilanz und die zu dieser Bilanz gehörenden Anhangangaben (hierzu § 326 Anm 9ff) dem HR einzureichen (§ 326 S 1 und 2). Bei dieser „eingeschränkten Offenlegung" dürfen, wie sich aus § 328 Abs 1 Nr 1 ergibt, Aufstellungserleichterungen nachgeholt werden; ebenso § 328 Anm 7.

Die **Anteilsliste** ist auch von kleinen KapGes ungekürzt an das HR einzureichen, denn diese Anhangangabe gehört zur Bilanz (Anm 22).

Freiwillig darf auch alternativ wie folgt verfahren werden:

a) Aufstellung nach dem großen Bilanzschema des § 266 (Anm 8ff) und Offenlegung der Bilanz nach dem kleinen Bilanzschema (Anm 20 Abs 1) oder
b) Aufstellung nach dem großen Bilanzschema und Offenlegung nach dem mittelgroßen Bilanzschema (Anm 18).

26 Zur **Zusammenfassung** von Anhang und Lagebericht eines kleinen MU und des Konzern s Anm 16. In solchen Fällen gelten die jeweils kürzeren **Fristen** für Aufstellung und Offenlegung (ebenso *Weirich/Zimmermann,* 267). Praktisch bedeutet das sowohl für das kleine MU als auch ggf für kleine TU die Verkürzung der längeren Fristen für kleine KapGes.

E. Gliederung nach dem Publizitätsgesetz

30 Unt, die nach PublG zur Rechnungslegung verpflichtet sind, haben ihre Bilanz nach dem großen Bilanzschema **entsprechend § 266 Abs 2 und Abs 3** aufzustellen (§ 5 Abs 1 S 2 PublG). Dies gilt sinngemäß auch für die Aufstellung einer Konzernbilanz (§ 13 Abs 2 PublG iVm § 298 Abs 1).

Die Größen-Merkmale des § 1 PublG liegen jedoch mit mindestens mehr als
65 Mio Euro Bilanzsumme
130 Mio Euro Umsatzerlöse in 12 Monaten und/oder
5000 Arbeitnehmern im Durchschnitt von 12 Monaten
wesentlich über den Untergrenzen der großen KapGes gem § 267 Abs 3.

Auch für das PublG genügt das Überschreiten von zwei Merkmalen. Die Pflichten nach PublG beginnen oder enden jeweils im dritten Jahr des Überschreitens oder Unterschreitens (§ 2 Abs 1 PublG).

Werden diese Grenzwerte nicht erreicht, besteht für alle in § 3 Abs 1 PublG genannten Unt keine Pflicht, das Bilanzschema des § 266 anzuwenden.

F. Steuerrechtliche Bedeutung des § 266

35 KapGes, die den Gewinn nach § 5 Abs 1 EStG ermitteln, müssen den Grundsatz der Maßgeblichkeit der HB für die Steuerbilanz beachten; dazu § 243 Anm 111ff. Dieser **Maßgeblichkeitsgrundsatz** erstreckt sich jedoch nur auf die Ansatzwahlrechte und die Bewertung; in jüngerer Zeit wird die Maßgeblichkeit immer stärker eingeschränkt (Steuerentlastungsgesetz 1999ff).

Infolgedessen ist das Bilanzschema des § 266 (Ausweis, Reihenfolge und Bezeichnung der einzelnen Bilanzposten) an sich steuerrechtlich ohne Belang. Abweichungen zwischen HB und Steuerbilanz müssen daher *nicht* in die jeweiligen Posten des Bilanzschemas eingeordnet sein, sondern werden (auch zur Erleichterung der Überleitung zwischen beiden Bilanzen) oft einzeln nach Ausweis der Aktivposten und Passivposten der HB in der Steuerbilanz gesondert aufgeführt.

Aktivseite (Abs 2)

Vor A. Anlagevermögen

I. Ausstehende Einlagen auf das gezeichnete Kapital

S hierzu § 272 Anm 12ff. Nach § 272 Abs 1 Hs 1 sind sie auf der Aktivseite **50** vor dem Anlagevermögen gesondert auszuweisen und entspr zu bezeichnen. Sie sollten als erster Posten der Aktivseite gezeigt werden; dies entspricht ihrem Charakter als **Korrekturposten** zum EK, das an erster Stelle auf der Passivseite auszuweisen ist. Entspr gilt für KapCoGes, soweit Gesellschafter ihre bedungene Einlage (gem GesVertrag) noch nicht eingezahlt haben (§ 264c Anm 20, 31). Bestehen sowohl für Komplementäre als auch für Kommanditisten ausstehende Einlagen, so sind die entspr Aktivposten getrennt voneinander auszuweisen. Die Darstellung der Entwicklung dieses Postens wird nicht verlangt und ist auch nicht üblich.

Die von den ausstehenden Einlagen eingeforderten Einlagen sind in der Bi- **51** lanz gesondert zu vermerken (§ 272 Abs 1 Hs 2). Wegen des Wahlrechts, die noch *nicht eingeforderten* ausstehenden Einlagen vom gezeichneten Kapital offen abzusetzen, s § 272 Anm 15, § 264c Anm 20.

II. Bilanzierungshilfen

Soweit von den Bilanzierungshilfen gem § 269 („Aufwendungen für die In- **53** gangsetzung und Erweiterung des Geschäftsbetriebs"), gem Art 44 EGHGB („Aufwendungen für die Währungsumstellung auf den Euro") oder gem Art 53 Abs 2 EGHGB („Ausgleichsbetrag nach dem Altfahrzeug-Gesetz") Gebrauch gemacht wird, sind diese Aufwendungen unter der jeweiligen Bezeichung vor dem Anlagevermögen gesondert auszuweisen. Das gilt auch für kleine KapGes/KapCoGes.

Zum Ansatz vgl § 269 Anm 7ff bzw Art 53 EGHGB Anm 20; zur Abschreibung der aktivierten Aufwendungen vgl § 282 bzw Art 53 EGHGB Anm 20. Die mit dem Ansatz verbundene Ausschüttungssperre ist in § 269 S 2 bzw Art 44 S 4 und 5, Art 53 Abs 2 S 4 EGHGB geregelt.

Die Darstellung der Entwicklung dieser Posten in der Bilanz oder im Anhang ist in gleicher Weise wie für die einzelnen Posten des Anlagevermögens vorgeschrieben (§ 268 Abs 2, dort Anm 21).

A. Anlagevermögen

I. Immaterielle Vermögensgegenstände

1. Konzessionen, gewerbliche Schutzrechte und ähnliche Rechte und Werte sowie Lizenzen an solchen Rechten und Werten

59 Nach § 246 Abs 1 (Vollständigkeitsgrundsatz) besteht wie im Steuerrecht (in Anlehnung an *BFH* GrS 3. 2. 1969, BStBl II, 291) **Aktivierungspflicht** für sämtliche entgeltlich erworbenen immateriellen VG. Für selbst geschaffene und nicht entgeltlich erworbene immaterielle VG des Anlagevermögens besteht dagegen ein **Aktivierungsverbot** (§ 248 Abs 2).

60 Der Posten ist inhaltlich weit gefasst. Neben **rechtlich abgesicherten Positionen** wie Konzessionen und Schutzrechten (zB befristete behördliche Genehmigungen zur Ausübung eines bestimmten Gewerbes, Patenten, Lizenzen, und Urheber-, Verlagsrechten, seit 1995 auch Warenzeichen (Marken), umfasst er **ähnliche Rechte,** zB Nutzungs-, Vertriebs- und Belieferungsrechte, Wettbewerbsverbote, EDV-Software sowie Optionsrechte zum Aktien- oder Beteiligungserwerb. Mit **ähnlichen Werten** werden auch nur faktische Positionen von wirtschaftlichem Wert erfasst, wie zB ungeschützte Erfindungen, Know-how, Kundenkarteien und Archive (s *ADS*[6] § 266 Anm 28). Zu weiteren Einzelheiten s § 247 Anm 375 ff.

2. Geschäfts- oder Firmenwert

61 Falls von dem Aktivierungswahlrecht Gebrauch gemacht wird, ist hier der *derivative* GFW gesondert auszuweisen. Zum Begriff und den Voraussetzungen für die Aktivierung vgl § 247 Anm 405 ff sowie § 255 Anm 511 ff.

62 Kommt es im Rahmen des § 24 UmwG zu einer Aufstockung der übergehenden VG beim übernehmenden Rechtsträger bis hin zur Aktivierung eines GFW als Restgröße (s § 255 Anm 44), handelt es sich um einen unmittelbaren Anwendungsfall von § 255 Abs 4 S 1, wobei die Gegenleistung für die Übernahme des Unt im Buchwert der untergehenden und/oder der neu auszugebenden Ges-Rechte besteht (im Ergebnis ebenso *ADS*[6] § 266 Anm 30).

3. Geleistete Anzahlungen

64 Das Gliederungsschema des § 266 sieht den gesonderten Ausweis von geleisteten Anzahlungen für immaterielle VG vor. Eine Anzahlung ist gegeben bei einer Vorauszahlung auf den Kaufpreis, dh wenn vor der Verschaffung des (wirtschaftlichen) Eigentums am immateriellen VG bereits Zahlungen erfolgten. Vorauszahlungen auf **wiederkehrende Entgelte** für die Nutzung eines im Vermögen eines Dritten verbleibenden Anlageguts (für Nutzungsüberlassung auf Zeit) sind keine Anzahlungen, sondern ggf aktive RAP (s auch § 247 Anm 392; *ADS*[6] § 266 Anm 31).

II. Sachanlagen

1. Grundstücke, grundstücksgleiche Rechte und Bauten einschließlich der Bauten auf fremden Grundstücken

65 In diesem Posten werden vier Posten zusammengefasst. Ein gesonderter Ausweis von bebauten und unbebauten Grundstücken und grundstücksgleichen

Rechten sowie die Unterscheidung von Geschäfts-, Fabrik- und anderen Bauten ggü Wohnbauten und Bauten auf fremden Grundstücken ist nicht vorgeschrieben. Vgl aber § 265 Anm 14 zur freiwilligen weiteren Untergliederung.

Wegen der hier auszuweisenden VG s § 247 Anm 450ff. Zur Abgrenzung von Gebäuden und technischen Anlagen, anderen Anlagen und Betriebsvorrichtungen s § 247 Anm 461 und § 253 Anm 352ff.

2. Technische Anlagen und Maschinen

Der Begriff der technischen Anlagen umschreibt die der Produktion unmit- 66
telbar dienenden Anlagen (*ADS*[6] § 266 Anm 49) wie zB Lagerbehälter, Rohrleitungen oder Apparate der chemischen Industrie und außerdem die sog Betriebsvorrichtungen. Einzelheiten bei § 247 Anm 480ff. Zur Abgrenzung von Gebäuden § 247 Anm 461 und § 253 Anm 352ff.

3. Andere Anlagen, Betriebs- und Geschäftsausstattung

Gemeint sind hier Anlagen, die anders als die technischen Anlagen nicht un- 67
mittelbar der Produktion dienen. Es handelt sich um einen Sammelposten für alle Sachanlagen, die nicht unter den vorhergehenden Unterposten erfasst werden (*ADS*[6] § 266 Anm 58). Zum Inhalt dieses Postens § 247 Anm 500f und zur Abgrenzung ggü Gebäuden § 247 Anm 461 und § 253 Anm 358ff.

4. Geleistete Anzahlungen und Anlagen im Bau

Unter diesem Posten sind Anzahlungen (zum Begriff s § 247 Anm 545ff) auf 68
Sachanlagen (§ 266 II Ziff 1–3, Anm 65–67) auszuweisen sowie Anlagen im Bau. Zum Posteninhalt s § 247 Anm 561.

III. Finanzanlagen

Zum Begriff des Anlagevermögens im Hinblick auf Finanzanlagen § 247 69
Anm 356f. Von den immateriellen VG und den Sachanlagen unterscheiden sich Finanzanlagen insb dadurch, dass mit dem darin investierten Kapital nicht im eigenen Unt, sondern in fremden Unt gearbeitet wird. Das Gliederungsschema des § 266 sieht folgende **Untergliederung der Finanzanlagen** vor:
- Anteile an verbundenen Unt,
- Ausleihungen an verbundene Unt,
- Beteiligungen,
- Ausleihungen an Unt, mit denen ein Beteiligungsverhältnis besteht,
- Wertpapiere des Anlagevermögens,
- sonstige Ausleihungen.

Bei **GmbH** ist darüber hinaus § 42 Abs 3 GmbHG zu beachten, wonach 70
Ausleihungen an unmittelbare Gesellschafter idR als solche gesondert auszuweisen oder im Anhang anzugeben sind; bei Ausweis unter einem anderen Posten ist der (Teil-)Posten durch einen Vermerk kenntlich zu machen (hierzu Anm 126). Entspr gilt für KapCoGes (§ 264c Abs 1).

1. Anteile an verbundenen Unternehmen

Der Begriff der verbundenen Unt ist in § 271 Abs 2 definiert. Nur die dort 72
gegebene Definition (§ 271 Anm 33ff), nicht hingegen diejenige des § 15 AktG ist für Bilanz-Zwecke anzuwenden. Zum Anteilsbegriff § 271 Anm 13. Hauptinhalt dieses Postens sind Anteile an TU.

Anteile an verbundenen Unternehmen sind in Abs 2 auch zum Ausweis im Umlaufvermögen (B III 1) vorgesehen. Während der Ausweis von **eigenen Anteilen** nach § 265 Abs 3 S 2 unter dem dafür vorgesehenen Posten im Umlaufvermögen zwingend vorgeschrieben ist, kommt bei Anteilen an einem verbundenen Unt ein Ausweis als Posten im Umlaufvermögen nur in Betracht, wenn diese nicht Anlagevermögen, also *nicht* dazu bestimmt sind, dauernd dem Geschäftsbetrieb zu dienen (dazu § 247 Anm 350ff). Im Bereich des Anlagevermögens sind die an verbundenen Unt bestehenden Anteile stets als solche auszuweisen; dies gilt auch dann, wenn sie (wie Aktien) in Wertpapieren verbrieft sind.

73 **Bei Aktien** einer **herrschenden** oder mit **Mehrheit beteiligten** AG ist zu berücksichtigen, dass diese von dem TU nur unter den Beschränkungen des § 71d AktG erworben werden dürfen und jederzeit auf Verlangen der herrschenden Ges auf diese zu übertragen sind. Es erscheint daher (von Sonderfällen abgesehen) ausgeschlossen, dass Aktien einer herrschenden oder mit Mehrheit beteiligten AG auf Dauer dem Geschäftsbetrieb der TU dienen können. Im Regelfall liegen deshalb die Voraussetzungen des Anlagevermögens (hierzu § 271 Anm 20ff) nicht vor, so dass ein Ausweis dieser Aktien im Umlaufvermögen als Anteile an verbundenen Unt (B III 1) oder als sonstige Wertpapiere (B III 3) in Betracht kommt. Nur wenn die Annahme gerechtfertigt ist, dass die herrschende AG *auf Dauer* von ihrem Erwerbsrecht keinen Gebrauch machen wird (und auch kein Veräußerungsgebot nach § 71c iVm § 71d S 4 AktG besteht), können Aktien einer herrschenden oder mit Mehrheit beteiligten AG Anlagevermögen sein. Sie sind dann bei der fast immer vorliegenden Verbundenheit iSv § 271 Abs 2 als Anteile an verbundenen Unt, andernfalls als Beteiligung (A III 3) oder als Wertpapiere des Anlagevermögens (A III 5) auszuweisen (*ADS*[6] § 266 Anm 74).

74 **Aktien von Schwestergesellschaften** unterliegen hingegen vorgenannten Beschränkungen des § 71d AktG nicht, so dass ihr Ausweis unter den allgemeinen Voraussetzungen des § 247 Abs 2 als Anlagevermögen, sonst als Umlaufvermögen zu erfolgen hat.

75 **Anteile** an einer **herrschenden** oder mit **Mehrheit beteiligten GmbH** unterliegen grds nicht den Beschränkungen des § 71d AktG (wohl aber den Erwerbsbeschränkungen des § 33 Abs 2 GmbHG, *Hueck/Fastrich* in Baumbach-Hueck[17] § 33 GmbHG Rn 16). Ihr Ausweis im Anlagevermögen hat daher zu erfolgen, wenn sie dauernd dem Geschäftsbetrieb dienen sollen. Handelt es sich weder um eine Beteiligung (§ 271 Abs 1) noch um ein verbundenes Unt (§ 271 Abs 2), sind diese Anteile trotz fehlender Wertpapier-Eigenschaft vorzugsweise bei den Wertpapieren des Anlagevermögens auszuweisen. Gehören die Anteile zum Umlaufvermögen, kommt ein Ausweis als sonstige VG oder als Anteile an verbundenen Unt in Betracht (Anm 128ff und Anm 135ff). Bei **KapCoGes** sind Anteile an KomplementärGes bei den Anteilen an verbundenen Unt oder bei den Beteiligungen auszuweisen (§ 264c Abs 4 S 1)

76 Für Anteile an herrschenden oder mit Mehrheit beteiligten Unt (sowohl AG als auch GmbH) sind (ebenso wie für eigene Anteile und für Anteile an KomplementärGes einer KapCoGes) Rücklagen nach § 272 Abs 4 zu bilden; hierzu § 272 Anm 117ff.

2. Ausleihungen an verbundene Unternehmen

77 Unter **Ausleihungen** werden ausschließlich Forderungen verstanden, welche gegen Hingabe von Kapital erworben wurden. Eine Ausleihung kann allerdings auch dadurch entstehen, dass eine andere Forderung im Wege der Novation in

eine Darlehens- und damit in eine Kapitalforderung umgewandelt wird. Auch partiarische Darlehen sowie stille Beteiligungen, soweit diese am Verlust nicht teilnehmen, (hierzu § 271 Anm 15) zählen zu den Ausleihungen. Nicht hierzu gehören jedoch Forderungen aus Lfgen und Leistungen. Kapitalforderungen, die als Anlagevermögen zu beurteilen sind (hierzu § 247 Anm 357), werden stets als Ausleihungen ausgewiesen, während auch langfristige Forderungen aus Lfgen und Leistungen nicht als Ausleihungen anzusehen sind.

Soweit der Schuldner ein verbundenes Unt iSv § 271 Abs 2 ist, müssen die Kapitalforderungen als Ausleihungen an verbundene Unt ausgewiesen werden.

3. Beteiligungen

78 Als Beteiligungen sind Anteile an anderen Unt auszuweisen, wenn die Voraussetzungen des § 271 Abs 1 (dort Anm 8ff), nicht jedoch die Verbundenheitsmerkmale des § 271 Abs 2 (dort Anm 33ff) erfüllt sind. Anders als im KA (§ 311) ist im JA ein Sonderausweis von Beteiligungen an assoz Unt nicht geboten, aber zulässig (§ 265 Abs. 5 S 1) Der Frage, ob eine Beteiligung auf Grund eines wirksamen oder aber eines nichtigen bzw schwebend unwirksamen Anschaffungsgeschäfts erworben wurde, kommt für deren Ausweis keine Bedeutung zu, sofern dem Grunde nach die Aktivierungsfähigkeit zu bejahen ist. Für den Ausweis geleisteter Anzahlungen auf Beteiligungen sieht das Gesetz keine ausdrückliche Regelung vor; hier erscheint die Hinzufügung eines neuen Postens (A.III.7) angezeigt (§ 265 Abs 5 S 2); *ADS*[6] § 266 Anm 94 hält auch Ausweis unter den sonstigen VG für zulässig.

Ausleihungen (Schuldscheine, Darlehen) oder andere Forderungen an ein BetUnt sind nicht bei den Beteiligungen, sondern als „Ausleihungen an Beteiligungsunternehmen" (Anm 79) – bzw im Umlaufvermögen bei „Forderungen gegen Unt, mit denen ein Beteiligungsverhältnis besteht" (Anm 122) – auszuweisen; dies gilt auch für Forderungen an PersGes. Auch dann, wenn eine Ausleihung oder Forderung haftungsrechtlich als (eigen)kapitalersetzend (hierzu *Förschle/Heinz* in Sonderbilanzen[3] O Anm 61ff) zu beurteilen ist, ist sie (abw von der Vorauf) als Ausleihung bzw Forderung und nicht als Beteiligung auszuweisen (*BFH* 6. 11. 2003, DStR 2004, 593).

4. Ausleihungen an Unternehmen, mit denen ein Beteiligungsverhältnis besteht

79 Ausleihungen (Anm 77, 82) an Unt, mit denen ein Beteiligungsverhältnis besteht, können sowohl beim beteiligten Unt als auch bei einem BetUnt vorkommen. Ob ein Beteiligungsverhältnis vorliegt, bestimmt sich nach § 271 Abs 1 (§ 271 Anm 8ff). Liegen zugleich auch die Voraussetzungen des § 271 Abs 2 vor, hat der Ausweis unter Ausleihungen an verbundene Unt Vorrang. Im JA ist ein Sonderausweis von Ausleihungen an assoz Unt nicht geboten, aber zulässig (§ 265 Abs. 5 S 1).

5. Wertpapiere des Anlagevermögens

80 Als Wertpapiere des Anlagevermögens kommen **Inhaber- und Orderpapiere** in Betracht, welche nach Art und Ausstattung übertragbar und im Bedarfsfall verwertbar sind. Gesetzliche oder vertragliche Einschränkungen der Fungibilität sind insoweit ohne Belang; in solchen Fällen können Angaben im Anhang geboten sein (ebenso *ADS*[6] § 266 Anm 87). Um als Finanzanlagen ausgewiesen zu werden, müssen die Papiere jedoch der **längerfristigen Kapitalanlage** dienen. Dies ist idR nicht der Fall bei Wertpapieren, die dem Zahlungs-

verkehr (zB Banknoten, Schecks), der kurzfristigen Finanzierung (zB Wechsel, Euro-Notes, Commercial Papers) oder der Abwicklung des Warenverkehrs (zB Konnossemente, Ladescheine, Lagerscheine, Transportversicherungspolicen) dienen, wohl aber bei den sog **Kapitalmarktpapieren** (vgl § 2 Abs 1 WpHG), zB:

- Aktien
- Pfandbriefe,
- Kommunalobligationen,
- Industrie- bzw Bankobligationen, Asset-backed Securities
- Investmentanteile,
- Anteile an offenen Immobilienfonds,
- Genussscheine
- Wandelschuldverschreibungen,
- Optionsscheine
- Gewinnschuldverschreibungen,
- Certificates of Deposit.

Darüber hinaus dürfen auch die im Wertpapiergeschäft der Banken den Effekten gleichgestellten und sammelverwahrungsfähigen **Wertrechte,** namentlich Bundesschatzbriefe, Finanzierungsschätze, Bundesobligationen und -anleihen trotz fehlender Wertpapiereigenschaft als Wertpapiere des Anlagevermögens ausgewiesen werden.

81 Da **GmbH-Geschäftsanteile** nicht verbrieft sind, dürfen sie auch dann, wenn sie ausnahmsweise nicht Beteiligungen oder Anteile an verbundenen Unt darstellen, nicht unter den Wertpapieren ausgewiesen werden. Hierfür kommen – wie auch für Mitgliedschaften in eG – ein den Finanzanlagen hinzuzufügender Unterposten (§ 265 Abs 5) oder der Ausweis unter „Sonstige Ausleihungen" (A III 6) in Betracht (so auch *WPH*[12] I F 181; *ADS*[6] § 266 Anm 93). Im zweiten Fall ist jedoch die Postenbezeichnung entspr anzupassen (§ 265 Abs 6).

Nicht um Wertpapiere handelt es sich bei den sog. qualifizierten **Legitimationspapieren** (§ 808 BGB, zB **Sparbücher**) und bei Beweisurkunden (zB Schuldscheine oder Schuldanerkenntnisse), deren Übertragung zum Übergang der in ihnen bezeichneten Rechte nicht genügt. Hier kommt es für den Ausweis (idR unter sonstigen Ausleihungen) auf die Art der in der Urkunde versprochenen Leistung an.

6. Sonstige Ausleihungen

82 Ausleihungen an nicht verbundene und auch nicht in einem Beteiligungsverhältnis stehende Unt sowie Ausleihungen an sonstige Schuldner sind bei vereinbarter Langfristigkeit (vgl § 247 Anm 357) als **sonstige Ausleihungen** auszuweisen, soweit sie nicht in Wertpapieren verbrieft sind. Hierzu können auch Vorauszahlungen auf Grund längerfristiger Miet- oder Pachtverträge sowie Organkredite (§§ 89, 115, 286 Abs 2 S 4 AktG, § 43a S 1 GmbHG) gehören (*ADS*[6] § 266 HGB Anm 89); ferner Genussrechte, wenn sie nicht oder durch Namenspapiere verbrieft sind (*HFA 1/1994* Abschn 3.1.).

B. Umlaufvermögen

Schrifttum: Siehe die bei § 247 vor Anm 51 angegebene Literatur.

I. Vorräte

1. Roh-, Hilfs- und Betriebsstoffe

Rohstoffe gehen bei ProduktionsUnt als Hauptbestandteile und **Hilfsstoffe** 90 (zB Schrauben) als Bestandteile von untergeordneter Bedeutung in die Fertigung ein. **Betriebsstoffe** dienen als Verbrauchsgüter nicht nur der Fertigung, sondern auch den übrigen betrieblichen Bereichen. Selbsterstellte RHB sind nicht hier, sondern unter Unfertige Erzeugnisse auszuweisen.

Rohstoffe können auch Fertigerzeugnisse vorgelagerter Produktionsstufen sein, die vom bilanzierenden Unt zur weiteren Be- oder Verarbeitung erworben wurden (zB Stahl beim Maschinenbau, Zement, Kalk und Gips in der Bauwirtschaft). Das gilt auch für Produkte, die nur noch in Erzeugnisse eingebaut werden sollen („Einbauteile" wie zB Reifen, Pumpen, Batterien, Ventile, Elektro-Motoren; so auch *Matschke* in BoHdR § 266 Anm 81).

Zu den **Hilfs- und Betriebsstoffen** gehören auch Bestände an Verpackungs- 91 mitteln; bei Fertigungsbetrieben fallen hierunter insb solche **Verpackungsmittel,** durch die die Erzeugnisse verkaufsfähig gemacht werden, zB Flaschen und ähnliche Behälter, die Hilfsstoffe darstellen (*ADS*[6] § 266 Anm 104). **Betriebsstoffe** sind auch (noch nicht ausgegebenes) Büromaterial, Werbemittel, Heizungsmaterial, Treibstoffe für Transportmittel und Vorräte der Werksküchen (*ADS*[6] § 266 Anm 105). Ferner fallen unter Betriebsstoffe **Reparaturmaterialien** und **Ersatzteile** für Maschinen usw, die dem Umlaufvermögen zugerechnet werden. Neuerdings auch Emissionsrechte, die im Produktionsprozess des Unt verwendet werden und wie Verbrauchsgüter zu behandeln sind (*IDW ERS HFA* 15, Tz. 5ff). In § 275 Anm 115 gibt es weitere Bspe. Zur Abgrenzung der Zuordnung von Werkzeugen, Ersatzteilen und Reparaturmaterialien für eigengenutzte Sachanlagen zum Anlage- oder Umlaufvermögen s § 247 Anm 352.

Roh-, Hilfs- und Betriebsstoffe unterscheiden sich von den unfertigen und 92 fertigen Erzeugnissen dadurch, dass sie fremdbezogen und am Bilanzstichtag noch nicht be- oder verarbeitet sind; sie sind im Unterschied zu Waren auch nicht dazu bestimmt, ohne Be- oder Verarbeitung veräußert zu werden. Dennoch können in der Praxis Abgrenzungsfragen entstehen (hierzu Anm 98f).

2. Unfertige Erzeugnisse, unfertige Leistungen

Bei **unfertigen Erzeugnissen** sind im Unterschied zu Roh-, Hilfs- und Be- 93 triebsstoffen sowie Waren am Bilanzstichtag HK, insb Fertigungslöhne, aber auch Materialkosten für die eingesetzten Rohstoffe angefallen. Sie sind aber – anders als fertige Erzeugnisse – noch nicht in dem Zustand, in dem sie verkauft werden sollen. Daher gehören auch Erzeugnisse, die diesen Zustand nur noch durch Lagerung erreichen, zu den unfertigen Erzeugnissen (so auch *Dusemond/Heusinger/Knop* im HdR[5] § 266 Anm 73 und *ADS*[6] § 266 Anm 107 mit den Beispielen von Holz, Wein, Spirituosen und Käse). Ist in den unfertigen Erzeugnissen *nur ein* Produkt enthalten, darf die Postenbezeichnung auch zB „Wein" lauten. Zu den unfertigen Leistungen s Anm 100ff.

Abfälle, die in der Produktion entstanden sind, können unfertige Erzeugnisse sein, wenn sie anderweitig in der Fertigung (zB als Beimischung) verwendet werden; sie sind fertige Erzeugnisse, wenn sie als Abfälle/Schrott verkauft werden (*ADS*[6] § 266 Anm 108).

94 In Fällen der **Veredelung** werden die dem Veredeler zur Verfügung gestellten Rohstoffe beim Auftraggeber aktiviert. Der Veredeler weist unfertige Leistungen aus oder unfertige Erzeugnisse, wenn er bei der Veredelung auch selbst beschafftes Material in wesentlichem Umfang eingesetzt hat. Etwas anderes gilt nur, wenn dem Veredeler das wirtschaftliche Eigentum an dem zu bearbeitenden Material zugerechnet wird (weil er statt des erhaltenen Materials auch eigenes verwendet oder verwenden darf und das beigestellte mit dem eigenen Material vermischt ist); dann aktiviert der Veredeler das Material als Rohstoff oder bei den unfertigen Erzeugnissen und passiviert eine Lieferverpflichtung in gleicher Höhe. Entspr aktiviert der Auftraggeber statt des Materials eine Forderung in Höhe des Herausgabeanspruchs (hierzu *Schmidt* in Beck HdR B 214 Anm 16).

95 Auch **immaterielle Vermögensgegenstände** können zu den unfertigen (oder fertigen) Erzeugnissen gehören (das Aktivierungsverbot des § 248 Abs 2 gilt nur für Anlagevermögen). Dabei kommen zB zur Veräußerung bestimmte EDV-Software und Patente in Betracht. Dasselbe gilt für Filme, die in echter Auftragsproduktion hergestellt wurden (*BFH* 20. 9. 1995, BStBl 1997 II, 320).

96 Auch **unfertige Bauten** bei BauUnt gehören zu den unfertigen Erzeugnissen (nähere Einzelheiten s § 247 Anm 65 und *ADS*[6] § 266 Anm 109).

98 Wenngleich die **Abgrenzung der einzelnen Arten** des Vorratsvermögens zunächst eindeutig erscheint, kann es in der Praxis zu erheblichen Abgrenzungsfragen kommen. So können zB bestimmte VG sowohl als Rohstoffe in die Produktion eingehen oder aber auch ohne Be- oder Verarbeitung verkauft werden (dann Waren). Erzeugnisse können sowohl fertiggestellt aber auch in unfertigem Zustand verkauft werden (dann dennoch fertige Erzeugnisse). Schließlich können sich auch die Bestände an verkaufsbereiten Erzeugnissen aus (selbst hergestellten) fertigen Erzeugnissen und aus hinzugekaufter Ware zusammensetzen (hierzu *Schmidt* in Beck HdR B 214 Anm 8 und *Dusemond/Heusinger/Knop im HdR*[5] § 266 Anm 74). Das Problem besteht darin, dass es bei gleichen VG schwierig sein kann, die Herkunft zu identifizieren (als selbst hergestellt oder als hinzugekauft). In manchen Fällen dürfte es nahezu unmöglich sein, bereits bei der Inventur (bei gleicher Artikelnummer) Erkenntnisse darüber zu haben, welche VG als Rohstoffe oder unfertige Erzeugnisse weiterverarbeitet und welche ohne (weitere) Be- oder Verarbeitung (als Ware oder als fertige Erzeugnisse) verkauft werden.

99 Es muss daher zulässig sein, solche Vorräte nur unter einem der in Frage kommenden Posten auszuweisen, wobei der Posten vorzuziehen ist, der am weitesten von der Umsatzrealisierung entfernt ist (*Dusemond/Heusinger/Knop* in HdR[5] § 266 Anm 65 präferieren den Ausweis unter jeweils eigenständigen Posten, wenn die zusammen auszuweisenden VG von erheblicher Bedeutung sind). Auch die Zusammenfassung zu einem Posten mit eigener Bezeichnung, zB unfertige und fertige Erzeugnisse als „Erzeugnisse" kann in Betracht kommen (s *ADS*[6] § 266 Anm 100).

Derartige Lösungen müssen sich aber auf Fälle beschränken, in denen es für den Ausweis unter den vorgesehenen Posten keine Anhaltspunkte gibt (s auch *ADS*[6] § 266 Anm 100), die Zuordnung also nur willkürlich erfolgen könnte; solche Fälle lassen sich weder nach § 265 Abs 5 (Hinzufügen *neuer* Posten) noch nach § 265 Abs 7 Nr 2 (Zusammenfassung erfordert Anhangangabe) lösen. Bei einer Zusammenfassung ist eine entspr Anhangangabe erforderlich und das Stetigkeitsgebot zu beachten (§ 265 Anm 2, s auch *Dusemond/Heusinger/Knop* in HdR[5] § 266 Anm 65).

Die Postenbezeichnung schließt **unfertige Leistungen** ein, die grds zusammen mit den unfertigen Erzeugnissen ausgewiesen werden (s *ADS*[6] § 266 Anm 98 und 109; aA *Dusemond/Heusinger/Knop* in HdR[5] § 266 Anm 72, die eine Anpassung der Formulierung zur Kennzeichnung des Posteninhalts sowie einen getrennten Ausweis unfertiger Leistungen und unfertiger Erzeugnisse fordern). Zu den unfertigen Leistungen gehören die in Ausführung befindlichen Aufträge von DienstleistungsUnt (zB BeratungsUnt) wie auch die von BauUnt auf fremdem Grund und Boden errichteten unfertigen Bauten (dazu auch § 247 Anm 64 ff). 100

Bei BauUnt und DienstleistungsUnt kann eine **abweichende Postenbezeichnung** zur Klarstellung geboten sein (§ 265 Anm 16). Für BauUnt kommen zB „in Ausführung befindliche Bauaufträge“ oder „unfertige Bauten und Leistungen“ in Betracht. DienstleistungsUnt dürfen ihre unfertigen Leistungen etwa mit „in Ausführung befindliche Aufträge“ oder „unfertige Arbeiten“ bezeichnen (weitere Einzelheiten s § 247 Anm 65 f). 103

3. Fertige Erzeugnisse und Waren

Fertige Erzeugnisse sind selbsthergestellte, verkaufsfertige VG. Zu den fertigen Erzeugnissen gehören auch selbst erzeugte **Ersatzteile** für Verkaufsprodukte. Bspw sind eigenerstellte **Geschenkartikel** den fertigen Erzeugnissen und fremdbezogene Geschenkartikel den Betriebsstoffen oder Waren zuzurechnen. 104

Leihemballagen gehören idR zum Anlagevermögen. Haben die Abnehmer die Wahl zwischen Kauf und Rückgabe, dürfen selbst hergestellte VG dieser Art als fertige Erzeugnisse oder als Waren (wenn fremdbezogen) ausgewiesen werden (glA *WPH*[12] I, F Anm 186 und *Schmidt* in Beck HdR B 214 Anm 9). Bei Pfandberechnung treten an die Stelle der Erfassung unter den Vorräten die entspr Forderungen; zu diesen sind idR Rückstellungen zu bilden. 105

Waren sind angeschaffte Gegenstände, die ohne oder nur nach geringfügiger Be- oder Verarbeitung verkauft werden sollen (hM, zB *Dusemond/Heusinger/Knop* in HdR[5] § 266 Anm 74). VG, die nicht zur planmäßigen Handelstätigkeit des Unt gehören (zB zu verwertendes Sicherungsgut), sind nicht als Waren, sondern als sonstige VG auszuweisen (ebenso *ADS*[6] § 266 Anm 114; *Matschke* in BoHdR § 266 Anm 91). Ob letzteres auch für Waren gilt, die im Rahmen von **Kompensationsgeschäften** erworben wurden (so *ADS*[6] und *Matschke* aaO), erscheint zweifelhaft, wenn der Erwerb und die Verwertung derartiger Waren regelmäßig erfolgt; sie sollten dann als Waren unter den Vorräten bilanziert werden. 106

Zur Abgrenzung ggü anderen Arten von Vorräten s Anm 98 f und ggü Forderungen § 247 Anm 80 ff.

Fertige und abgenommene Leistungen sind als Forderungen auszuweisen, auch wenn sie noch nicht abgerechnet sind (ebenso *ADS*[6] § 266 Anm 118; aA *Dusemond/Heusinger/Knop* in HdR[5] § 266 Anm 77, die für den Fall noch nicht abgerechneter Dienstleistungen auch den Ausweis als Vorratsvermögen für zulässig halten und hierfür einen gesonderten Posten empfehlen). 107

Noch **nicht** iSv § 640 BGB **abgenommene Leistungen** sind nicht fertiggestellt, weil erst nach Abnahme damit gerechnet werden kann, dass der Besteller keine Nachbesserungen verlangt. Sie dürfen schon deswegen nicht als „fertige Erzeugnisse und Waren“ ausgewiesen werden (so aber *Matschke* aaO § 266 Anm 92 mit dem Vorschlag einer entspr Anpassung der Postenbezeichnung). Als „abgenommen“ gelten auch Leistungen, wenn der Abnahme nur noch geringfügige Nacharbeiten entgegenstehen oder wenn der Abnehmer in Verzug gesetzt worden ist. 108

4. Geleistete Anzahlungen

109 Bei diesem Posten muss es sich um Anzahlungen auf Lfg von VG des **Vorratsvermögens** handeln. Hierzu gehören auch die an Unterlieferanten weitergeleiteten erhaltenen Anzahlungen auf Vorräte ohne gesonderten Ausweis. Im Übrigen entspricht der Begriff den geleisteten Anzahlungen auf Sachanlagen; hierzu § 247 Anm 545 ff.

110 Geleistete Anzahlungen, die nicht das Vorratsvermögen betreffen, sind nach § 266 nur gesondert auszuweisen, soweit es sich um Anzahlungen auf immaterielle VG (Anm 64) oder Anzahlungen auf Sachanlagen (Anm 68) handelt. Für geleistete Anzahlungen auf **nicht aktivierungsfähige Vermögensgegenstände** oder auf Dienstleistungen, zB Beratungsleistungen, ist hingegen kein gesonderter Bilanzausweis vorgesehen; solche Anzahlungen sind daher unter den **sonstigen Vermögensgegenständen** zu erfassen (dazu auch § 247 Anm 122), soweit es sich nicht um Forderungen gegen verbundene oder gegen Unt, mit denen ein Beteiligungsverhältnis besteht, handelt.

111 **Erhaltene Anzahlungen auf Bestellungen** von VG des Vorratsvermögens (s auch Anm 225) dürfen nach § 268 Abs 5 S 2 **wahlweise** auf der Aktivseite offen von dem Posten „Vorräte" abgesetzt werden. Dies verstößt nicht gegen das Saldierungsverbot des § 246 Abs 2. Eine Saldierung mit geleisteten Anzahlungen ist jedoch nach § 246 Abs 2 unzulässig. Das gilt auch, wenn es sich um weiterzuleitende Zahlungseingänge handelt.

II. Forderungen und sonstige Vermögensgegenstände

1. Forderungen aus Lieferungen und Leistungen

112 Zum **Begriff** der Forderungen aus Lfg und Leistungen § 247 Anm 75 ff; zum Zeitpunkt ihrer Realisierung (Bilanzierung) und zum Abgang von Forderungen § 247 Anm 80 ff und Anm 110 ff.

113 Als Forderungen aus Lfg und Leistungen sind die Forderungen aus Verträgen auszuweisen, die die **Haupttätigkeit** des Unt betreffen (*ADS*[6] § 266 Anm 120); solche Forderungen entsprechen den Geschäftsvorfällen, die in der GuV unter **Umsatzerlöse** (dazu § 275 Anm 47 ff) auszuweisen sind.

Forderungen aus Umsatzgeschäften, die *nicht* die gewöhnliche Geschäftstätigkeit des Unt betreffen, oder Forderungen, denen kein Umsatzgeschäft zugrunde liegt, dürfen hier nicht ausgewiesen werden. Dazu gehören zB Miet- oder Pachtforderungen eines IndustrieUnt (*Bolsenkötter* in HdJ Abt II/6 Anm 79) Forderungen aus dem Verkauf von Anlagevermögen und von VG des Umlaufvermögens außer Vorratsvermögen (*Matschke* inBoHdR § 266 Anm 100) oder Darlehens- oder Schadensersatzforderungen (*Dusemond/Heusinger/Knop* in HdR[5] § 266 Anm 83).

Auch **gestundete Forderungen** aus Lfg und Leistungen sind weiter hier auszuweisen; erst wenn die Forderung in ein **Darlehen** mit Tilgung und Verzinsung **umgewandelt** wird, erfolgt ab diesem Zeitpunkt ein Ausweis unter den sonstigen Ausleihungen (Anm 82) oder unter den sonstigen VG (§ 247 Anm 120). Zur Bewertung der Forderungen, insb im Hinblick auf Preisnachlässe, Rabatte und Bonusgewährung § 253 Anm 582 ff.

114 Bei **Energie- und Wasserversorgungsunternehmen** ist es zulässig, den abgegrenzten Verbrauch zwischen Ablese- und Bilanzstichtag auch dann unter den Forderungen aus Lfg und Leistungen auszuweisen, wenn die **Abrechnung** noch aussteht; hierauf ist im Anhang hinzuweisen; hierzu *KFA* 1/1983, WPg 1984, 18.

Besitzwechsel sind unter den zugrundeliegenden Forderungen, zB Forderungen aus Lfg und Leistungen, auszuweisen. Sie gehören nicht zu den flüssigen Mitteln. 115

Auch auf Lfg und Leistungen beruhende Forderungen gegen **verbundene Unternehmen** oder gegen Unt, mit denen ein **Beteiligungsverhältnis** besteht, dürfen hier ausgewiesen werden. Das gleiche gilt für Forderungen an die **Gester einer GmbH oder KapCoGes.** Wegen des dann erforderlichen **Davon-Vermerks** oder der Angaben im **Anhang** hier Anm 119 und 126 sowie § 265 Anm 8. 117

Beispiel: Ist ein Unt (A) zu 40% an einem anderen Unt (B) beteiligt und hat dieses andere Unt wiederum eine 100% Beteiligung an einem dritten Unt (C), sind Forderungen des Unt A an das Unt C als Forderungen aus Lfg und Leistungen und nicht als Forderungen an verbundene Unt auszuweisen.

2. Forderungen gegen verbundene Unternehmen

Zum **Begriff der verbundenen Unternehmen** § 271 Anm 33 ff. **Verbundenheit** besteht zu allen MU, aber auch zu *deren* TU, zB auch zu Schwester-Unt. **Ausleihungen** an verbundene Unt sind unter Finanzanlagen auszuweisen (Anm 77). Unter den **Forderungen** gegen verbundene Unt im Umlaufvermögen sind daher stets alle übrigen Forderungen zu erfassen, also insb solche aus Lfg und Leistungen, aus dem sonstigen Verrechnungs- und Finanzverkehr sowie aus Beteiligungserträgen und Unternehmensverträgen (§§ 291, 292 AktG). Für den Ausweis als Forderung gegen verbundene Unt kommt es nur darauf an, dass der Schuldner am Bilanzstichtag ein verbundenes Unt ist und nicht, dass auch bei Entstehung der Forderung Verbundenheit bestanden hat (s *ADS*[6] § 266 Anm 129). 118

Forderungen an verbundene Unt – abgesehen von Ausleihungen – dürfen auch unter **anderen Posten** ausgewiesen und die Zugehörigkeit zu den Forderungen gegen verbundene Unt vermerkt werden. Der Vorrang für einen bestimmten Ausweis ist nicht gegeben (ebenso *Bolsenkötter* HdJ Abt II/6 Anm 84; hM für den vorrangigen Ausweis als Forderungen gegen verbundene Unt *ADS*[6] § 266 Anm 124; *Dusemond/Heusinger/Knop* in HdR[5] § 266 Anm 85). 119

Werden Forderungen gegen verbundene Unt sachbezogen zB unter Forderungen aus Lfg und Leistungen oder Guthaben bei Kreditinstituten ausgewiesen, ist auf ihre **Mitzugehörigkeit** zu dem Posten „Forderungen gegen verbundene Unt" durch einen Davon-Vermerk mit Angabe des entspr Teilbetrags hinzuweisen. Entspr schreibt § 265 Abs 3 S 1 den Vermerk der Mitzugehörigkeit zu den betr sachbezogenen Posten vor, wenn die Forderungen gegen verbundene Unt als solche ausgewiesen werden. In diesem Fall wird allerdings die Vermerk- oder Angabepflicht in der Praxis oft nicht beachtet.

Enthalten bei **GmbH** und **KapCoGes** die Forderungen gegen verbundene Unt auch **Forderungen an Gester,** sind diese Forderungen zusätzlich zu vermerken.

Der Anspruch auf **Beteiligungserträge** entsteht rechtlich mit dem Gewinnverwendungsbeschluss der UnterGes (TU). Nach den Entscheidungen des *EUGH* (27. 6. 1996 WPg, 524 f) und des *BGH* (12. 1. 1998 DB, 567 ff) *muss* die Dividende bei der OberGes *phasengleich* bilanziert werden, wenn die folgenden Voraussetzungen erfüllt sind: das MU ist zu 100% an einer GmbH/AG beteiligt; die Tochter-GmbH/AG ist abhängiges Konzern-Unt iSv §§ 17 Abs 2, 18 Abs 1 S 3 AktG; die GesV der abhängigen Tochter-GmbH bzw die Verwaltung der AG ggf die HV haben die Feststellung des JA und die Gewinnverwendung für das abgelaufene Gj beschlossen, bevor die Prüfung des JA des MU beendet ist; 120

MU und TU haben ein übereinstimmendes Gj und der JA des TU vermittelt ein den tatsächlichen Verhältnissen entsprechendes Bild der VFE-Lage.

Bei einer Mehrheitsbeteiligung unter 100% ist ebenfalls von einer Bilanzierungspflicht auszugehen, wenn das Gj des TU nicht nach dem des MU endet und das herrschende MU allein in der Lage ist, den entspr Gewinnverwendungsbeschluss durchzusetzen (s auch § 275 Anm 177; ebenso siehe Auflistung bei *Borchert/Budde* in HdR[5] § 275 Anm 79). In anderen Fällen besteht nach *BGH* 3. 11. 1975 (WPg 1976, 80) weiterhin **Aktivierungswahlrecht.**

121 Für die **Steuerbilanz** gilt nach dem Beschluss des Großen Senats des *BFH* vom 7. 8. 2000 (DStR, 1682ff), dass bei Vorliegen der vom *EUGH/BGH* aufgestellten Voraussetzungen, eine phasengleiche Bilanzierung von Gewinnansprüchen zwischen KapGes nicht mehr zulässig ist bzw laut *BFH* nur mehr in äußerst seltenen Ausnahmefällen (s § 275 Anm 177). Die vom BFH zur Begründung dieser RsprÄnderung vorgebrachten Argumente (ua Qualifizierung des handelsrechtlichen Wahlrechts als steuerrechtlich unbeachtliche Bilanzierungshilfe; Interpretation des Wertaufhellungsprinzips; s DStR 2000, 1686f) vermögen jedoch nicht zu überzeugen. Im Ergebnis führt dies zu einer Durchbrechung des Maßgeblichkeitsgrundsatzes nach § 5 Abs 1 EStG und infolge einer nunmehr abweichenden Rspr oberster Gerichte zu einem Verstoß gegen die Einheitlichkeit der Rechtsordnung (*Henze* DB 2003, 2162).

3. Forderungen gegen Unternehmen, mit denen ein Beteiligungsverhältnis besteht

122 Der **Begriff der Beteiligung** ist in § 271 Abs 1 umschrieben (hierzu § 271 Anm 8ff). Die Forderungen an Unt, mit denen ein Beteiligungsverhältnis besteht, umfassen nicht nur die Forderungen gegen ein Unt, an dem eine Beteiligung gehalten wird, sondern auch Forderungen gegen Gester, die eine Beteiligung halten. Es muss aber ein unmittelbares Beteiligungsverhältnis bestehen (*WPH*[12] I, F Anm 195, *ADS*[6] § 266 Anm 132). Handelt es sich bei den Unt um verbundene Unt, hat der Ausweis als Forderung gegen verbundene Unt Vorrang.

Ausleihungen an Unt, mit denen ein Beteiligungsverhältnis besteht, sind unter den Finanzanlagen auszuweisen (Anm 79), ebenso die Beteiligung als solche (Anm 78).

Für **Inhalt und Abgrenzung** der hier auszuweisenden Forderungen gelten die Ausführungen zu den Forderungen gegen verbundene Unt entspr (Anm 118ff). Es ist auch zulässig, Forderungen gegen Unt, mit denen ein Beteiligungsverhältnis besteht, sachbezogen unter **anderen** Posten mit Davon-Vermerken auszuweisen (näheres Anm 119).

Enthalten bei **GmbH** und **KapCoGes** die Forderungen gegen Unt, mit denen ein Beteiligungsverhältnis besteht, auch **Forderungen an Gester,** sind diese Forderungen zusätzlich zu vermerken.

4. Sonderposten bei den Forderungen

123 **Eingeforderte, noch nicht eingezahlte ausstehende Einlagen:** Werden nach dem **Ausweiswahlrecht** gem § 272 Abs 1 S 3 die nicht eingeforderten ausstehenden Einlagen auf der Passivseite offen von dem **gezeichneten Kapital** abgesetzt, ist nach § 272 Abs 1 S 3 der eingeforderte, aber noch nicht eingezahlte Betrag unter den Forderungen *gesondert* auszuweisen und entspr zu bezeichnen (Anm 171 und § 272 Anm 15).

124 **Einzahlungsverpflichtungen persönlich haftender Gesellschafter (KGaA und KapCoGes):** Übersteigt der auf den Kapitalanteil eines phG ent-

fallende Verlust den Kapitalanteil, ist nach § 286 Abs 2 S 3 AktG der den Kapitalanteil übersteigende Betrag auf der Aktivseite unter der Bezeichnung **„Einzahlungsverpflichtungen persönlich haftender Gesellschafter"** unter den Forderungen gesondert auszuweisen. Dieser Ausweis setzt voraus, dass in dieser Höhe eine Zahlungsverpflichtung des Komplementärs vorliegt (§ 286 Abs 2 S 3 AktG). Gleiches gilt für KapCoGes gem § 264c Abs 1. Bestehen solche Forderungen gegen **mehrere Komplementäre,** darf ein zusammengefasster Ausweis erfolgen (§ 272 Anm 133). Gleiches gilt für KapCoGes gem § 264c Abs 2 S 4. Die Forderungen werden zweckmäßigerweise vor den sonstigen VG ausgewiesen.

Zu dem aktiven **Korrekturposten bei der KGaA** „Nicht durch Vermögenseinlagen gedeckter Verlustanteil persönlich haftender Gesellschafter" s § 268 Anm 84 und für phG/Kommanditisten bei **KapCoGes** gem § 264c Abs 2 S 5 und 6 s dort Anm 26 bzw 36.

Ausleihungen und Forderungen gegen GmbH-Gester/Ausleihungen und Forderungen gegen Gester von KapCoGes: Nach § 42 Abs 3 GmbHG sind Ausleihungen und Forderungen – ebenso wie Verbindlichkeiten – gegen Gester als solche jeweils **gesondert** auszuweisen oder **im Anhang** anzugeben, das Gleiche für KapCoGes (§ 264c Abs 1). Werden diese Forderungen nicht gesondert, sondern unter **anderen Posten** ausgewiesen, ist ein entspr **Vermerk** bei diesen Posten erforderlich. Anders als bei Forderungen und Verbindlichkeiten gegen verbundene Unt (Anm 118f) ist § 42 Abs 3 GmbHG bzw § 264c Abs 1 zu entnehmen, dass dem Ausweis als Sonderposten Vorrang gebührt („... sind in der Regel ..."). 126

„Eingeforderte Nachschüsse" sind nach § 42 Abs 2 S 2 GmbHG unter § 266 Abs 2 B II gesondert auszuweisen (§ 272 Anm 75ff). Die Restlaufzeit ist nach § 268 Abs 4 S 1 zu vermerken.

5. Sonstige Vermögensgegenstände

Zum **Inhalt** und zur **Abgrenzung** dieses Sammelpostens von Ansprüchen unterschiedlichster Art s § 247 Anm 120ff. 128

Hier werden auch Forderungen nach **§§ 89 (Vorstand, Prokuristen) und 115 AktG (Aufsichtsrat)** ausgewiesen, sofern es sich nicht um sonstige Ausleihungen handelt. Das gleiche gilt für Forderungen an Geschäftsführer einer GmbH (§ 43a GmbHG) und bei KapCoGes an die Geschäftsführer der Komplementär-GmbH. Zu den hierzu erforderlichen Angaben im Anhang § 285 Anm 190ff. Für Kredite gem § 89 AktG an phG von KGaA (einschließlich Ehegatten, minderjährige Kinder und auf fremde Rechnung handelnde Dritte) ist außerdem ein **Davon-Vermerk** bei dem entspr Bilanzposten vorgeschrieben (§ 286 Abs 2 S 4 AktG). Wegen des Ausweises von Forderungen an **Gester einer GmbH und KapCoGes** s Anm 126. Zum Ausweis von Forderungen gegen verbundene Unt Anm 118ff und zu Forderungen gegen Unt, mit denen ein Beteiligungsverhältnis besteht, Anm 122.

Zu den sonstigen VG gehören auch Anteile an Unt, die Umlaufvermögen, aber nicht Anteile an verbundenen Unt (B. III. 1) und nicht sonstige Wertpapiere (B. III. 3) sind. Hierunter können (ausnahmsweise) zum Umlaufvermögen zählende **GmbH-Anteile** fallen (so zB *Maul* HdJ Abt. II/7 Anm 37, 39; *WPH*[12] I, F Anm 204). Wegen der Ausnahme für GmbH-Anteile an einem herrschenden oder mit Mehrheit beteiligten Unt s Anm 136).

Genossenschaftsanteile sind idR zum Anlagevermögen zu rechnende Beteiligungen; sie dürfen aber dort nicht ausgewiesen werden, weil § 271 Abs 1 S 5 dem Ausweis als Beteiligung entgegensteht. Zum Ausweis als Anlagever- 129 mögen Anm 81. Gehören sie zum Umlaufvermögen, sind sie hier auszuweisen.

Nach § 268 Abs 4 S 2 sind bei den sonstigen VG Beträge, die erst **nach dem Abschlussstichtag rechtlich entstehen,** soweit sie größeren Umfang haben, im **Anhang** zu erläutern (vgl § 268 Anm 93ff).

130 Wegen des Ausweises von sonstigen VG, die aus Finanzierungsgeschäften resultieren, wird auf die Erl in § 246 Anm 150ff verwiesen.

III. Wertpapiere

1. Anteile an verbundenen Unternehmen

135 Zum **Begriff** der Anteile an verbundenen Unt § 271 Anm 33ff und zum Kreis der verbundenen Unt hier Anm 118. Hier sind zur Veräußerung bestimmte Anteile auszuweisen, die das Unt **zusätzlich zu den die Verbundenheit begründenden** und im Anlagevermögen ausgewiesenen **Anteilen** an einem verbundenen Unt hält (*Jünemann/Scheffler* in Beck HdR B 216 Anm 47). Es kann sich auch um Aktien einer **herrschenden oder mit Mehrheit beteiligten Ges** handeln, die das Unt in Übereinstimmung oder unter Mißachtung der Beschränkungen nach § 71d AktG erworben hat. Auch hier müssen sowohl die Merkmale des Umlaufvermögens (§ 247 Anm 350ff) als auch die der Verbundenheit iSv § 271 Abs 2 gegeben sein (dazu auch Anm 72ff).

Ebenfalls sind hier **Vorratsaktien** zu zeigen, die das Unt (uU auf Veranlassung eines anderen verbundenen Unt) zur Vorbereitung einer Verschmelzung, des Abschlusses eines UntVertrags (§§ 291ff AktG) oder einer Eingliederung (§§ 319ff AktG) erworben hat (*Dusemond/Heusinger/Knop* in HdR[5] § 266 Anm 91).

136 **Nicht** durch Wertpapiere **verbriefte Anteile** an einem herrschenden oder mit Mehrheit beteiligten Unt (zB GmbH) sollten (unter den Voraussetzungen des Umlaufvermögens und der Verbundenheit) hier ausgewiesen werden. Dies widerspricht zwar der Postenbezeichnung „B. III. Wertpapiere", trägt aber dem Charakter solcher Anteile im Verhältnis zu anderen Ausweismöglichkeiten im Umlaufvermögen (sonstige VG und sonstige Wertpapiere) weitgehend Rechnung (im Ergebnis ebenso *Dusemond/Heusinger/Knop* in HdR[5] § 266 Anm 89 und *ADS*[6] § 266 Anm 138, letztere mit der zutreffenden Forderung, in wesentlichen Fällen auf die Einbeziehung solcher Anteile im Anhang hinzuweisen).

137 Die Rücklage nach § 272 Abs 4 S 4 für Anteile eines herrschenden oder mit Mehrheit beteiligten Unt ist auch zu bilden, wenn die **Anteile im Umlaufvermögen** ausgewiesen werden.

2. Eigene Anteile

138 Zu den eigenen Anteilen gehören außer **Aktien** entgegen der Bezeichnung des Hauptpostens („Wertpapiere") aber in Übereinstimmung mit der Bezeichnung des Unterpostens („Anteile ...") auch die nicht verbrieften **Anteile einer GmbH** (hM zB *ADS*[6] § 266 Anm 139; *Matschke* in BoHdR § 266 Anm 114). Der Ausweis unter diesem Posten ist zwingend; eigene Anteile dürfen auch nicht unter Angabe der Mitzugehörigkeit zu diesem Posten unter einem anderen Posten ausgewiesen werden (§ 265 Abs 3 S 2). Es kann im Interesse der zutreffenden Darstellung der VFE-Lage geboten sein, etwa auf die Absicht, die Anteile auf Dauer zu halten, im **Anhang** hinzuweisen. AG und KGaA haben die Angaben nach § 160 Abs 1 Nr 2 AktG in den Anhang aufzunehmen (dazu § 284 Anm 42); derartige Angaben sind für den Anhang einer GmbH nicht vorgeschrieben, bei größeren Beständen aber geboten (§ 264 Abs 2 S 2).

Eigene Anteile sind auch dann als solche auszuweisen, wenn das schuldrechtliche **Anschaffungsgeschäft** wegen Verstoßes gegen Erwerbsbeschränkungen (§§ 71 und 56 AktG, § 33 GmbHG) **nichtig** ist (§ 71 Abs 4 S 2 AktG, § 33 Abs 2 S 3 GmbHG), der dingliche Erwerb aber wirksam bleibt (hM, zB *ADS*[6] § 266 Anm 140; *WPH*[12] I, F Anm 207; *Dusemond/Heusinger/Knop* in HdR[5] § 266 Anm 94). Das ist beim Erwerb eigener Aktien immer (§ 71 Abs 4 S 1 und § 56 Abs 2 S 2 AktG) und beim Erwerb eigener GmbH-Anteile nur dann nicht der Fall, wenn die Einlagen auf die erworbenen Anteile noch nicht vollständig geleistet sind (§ 33 Abs 2 S 3 Hs 2 GmbHG bezieht sich nicht auf solche Geschäftsanteile). In diesem Fall können der KapGes Ansprüche aus ungerechtfertigter Bereicherung (§ 812 BGB) und Schadensersatzansprüche gegen die Geschäftsführer (§ 43 GmbHG) zustehen, die als sonstige VG auszuweisen sind (ebenso *Dusemond/Heusinger/Knop* in HdR[5] § 266 Anm 94). 139

Verstößt der **Erwerb eines Dritten,** des abhängigen oder des in Mehrheitsbesitz der AG/KGaA stehenden Unt gegen § 71 d AktG (oder gegen § 56 Abs 2 AktG), liegt wegen § 71 a Abs 2 AktG kein Erwerb „für Rechnung der Gesellschaft" vor (Einzelheiten dazu *Hüffer* AktG[5], § 71 d Anm 8 ff). In diesem Fall sind die Aktien, sofern die AG/KGaA nicht aus faktischen Gründen als wirtschaftlicher Eigentümer anzusehen ist, nicht bei ihr, sondern beim **Erwerber** zu bilanzieren (ebenso *ADS*[6] § 266 Anm 140; *WPH*[12] I, F Anm 208). 140

Nicht als eigene Anteile auszuweisen sind solche, die die KapGes zur Einziehung erworben hat (§ 272 Abs 1 S 4). Diese sind in Höhe des Nennbetrags bzw des rechnerischen Werts offen vom gezeichneten Kapital abzusetzen. Der Unterschiedsbetrag zwischen dem Nennbetrag bzw dem rechnerischen Wert und dem Kaufpreis ist mit den anderen Gewinnrücklagen zu verrechnen. 141

3. Sonstige Wertpapiere

Zum **Begriff** der Wertpapiere Anm 80 f. Die Voraussetzungen der Zuordnung von Wertpapieren zum Anlage- oder Umlaufvermögen sind unter § 247 Anm 350 ff behandelt. 142

Nicht verbriefte Anteile sind, soweit nicht Anlagevermögen, unter den sonstigen VG (Anm 128) auszuweisen. Handelt es sich um Anteile an verbundenen Unt, sind sie unter den entspr Posten unter den Wertpapieren zu zeigen.

Zu der Zuordnung von **Wechseln** vgl § 247 Anm 126 (Ausweis als Wertpapiere, wenn Geldanlage) und hier Anm 115. Als Wertpapiere sind auch **Schatzwechsel** des Bunds, der Länder und der Sondervermögen des Bunds auszuweisen, soweit sie nicht als Daueranlagen zu den Wertpapieren des Anlagevermögens gehören; [ebenso vergleichbare, Titel wie **Euronotes** und **Certificates of Deposit**]. 143

Als sonstige Wertpapiere sind auch **Aktien einer herrschenden oder mit Mehrheit beteiligten Ges** auszuweisen, wenn diese Aktien zum Umlaufvermögen gehören und die AG ausnahmsweise nicht verbundenes Unt iSv § 271 Abs 2 ist (dazu auch Anm 73 und 75). 144

Abgetrennte **Zins- und Dividendenscheine** dürfen unter den Wertpapieren des Umlaufvermögens erfasst oder unter den sonstigen VG ausgewiesen werden (ebenso *ADS*[6] § 266 Anm 145). Zu einem Vermerk bei beschränkter Veräußerbarkeit von Wertpapieren § 247 Anm 128. 145

IV. Kassenbestand, Bundesbankguthaben, Guthaben bei Kreditinstituten und Schecks

150 Statt dieser gesetzlich vorgeschriebenen Postenbezeichnung wird in der Praxis überwiegend die **Bezeichnung „flüssige Mittel“** verwendet. Obwohl der Posten grds nicht aufzugliedern ist (Ausnahme Anm 156), entsteht durch diese Handhabung kein Informationsverlust. Sie wird zwar nur auf Praktikabilitätserwägungen gestützt, jedoch sind gegen die abweichende Postenbezeichnung keine Einwendungen zu erheben.

151 Zum **Kassenbestand** gehören alle €-Noten und Sorten sowie die kurrenten in- und ausländischen Münzen. Zu erfassen sind auch Bestände in Nebenkassen und in Automaten befindliche Münzen (aA *Scheffler/Jünemann* in Beck HdR B 217 Anm 31f, die Rückgabegeld in Automaten dem Fertigwarenbestand zuschlagen).

152 Als flüssige Mittel (Kassenbestand) werden nach hM auch **Wertzeichen** wie Postwertzeichen und ähnliche Werte wie die noch verfügbaren Frankiermöglichkeiten einschlägiger Geräte beurteilt (§ 247 Anm 131).

153 Kurrente **Edelmetallmünzen** gehören zwar grds zum Kassenbestand; für Unt, die mit solchen Münzen handeln (oder sie herstellen), gelten jedoch Besonderheiten. Hier sind sie als fertige Erzeugnisse und Waren oder (bei Kreditinstituten) als sonstige VG auszuweisen. Auszahlungen, die durch in der Kasse befindliche **Quittungen** belegt sind, vermindern in jedem Fall den Kassenbestand und sind als Forderungen oder Aufwand (zB Frachten) einzuordnen.

154 Die Erwähnung von **Bundesbankguthaben** in der Postenbezeichnung ist überflüssig, weil der ebenfalls in der Postenbezeichnung enthaltene Begriff der **Guthaben bei Kreditinstituten** so weit auszulegen ist, dass auch die Bundesbankguthaben erfasst werden. Hierunter fallen nämlich nicht nur Guthaben bei Kreditinstituten iSv § 1 KWG, sondern auch bei vergleichbaren ausländischen Banken, Sparkassen und Zentralbanken (hM, zB *Scheffler/Jünnemann* in Beck HdR B 217 Anm 37). Die Guthaben können auf € oder auf Fremdwährung lauten. Sie sind um gezogene Schecks zu kürzen, auch wenn noch keine Belastung erfolgt ist (vgl *Maul* in HdJ Abt II/7 Anm 128).

155 Bankguthaben sind auch **Akkreditivdeckungskonten.** Diese sind jedoch nicht frei verfügbar, weil sie der Deckung von Zahlungsverpflichtungen aus schwebenden Beschaffungsgeschäften dienen. Deshalb wird vorgeschlagen, diese Guthaben gesondert auszuweisen (so *ADS*[6] § 266 Anm 151). Für einen gesonderten Ausweis oder einen Vermerk im Anhang kommen auch **gesperrte** und bei Eintritt eines bestimmten Ereignisses freiwerdende **Guthaben** in Betracht, zB wenn ein Kunde Vorauszahlungen geleistet hat, über die erst bei Lfg der bestellten VG verfügt werden darf (ebenso *ADS*[6] aaO). Ist jedoch ein Konto durch die Bankenaufsicht eingefroren, ein (ausländisches) Konto aus politischen Gründen gesperrt oder kann über ein Währungskonto mangels **Konvertierbarkeit** nicht verfügt werden, ist das Guthaben unter den sonstigen VG auszuweisen (hM, zB *ADS*[6] § 266 Anm 152 und *Maul* in HdJ Abt II/7 Anm 136).

156 Zu den flüssigen Mitteln gehören auch **Festgelder,** wenn sie jederzeit (gegen Zinsbelastung) vorzeitig freigegeben werden. Andernfalls sind sie ebenso wie andere nicht disponible Guthaben (zB **Bausparkassenguthaben**) als sonstige VG, meistens als sonstige Ausleihungen im Anlagevermögen auszuweisen (zB *Maul* in HdJ Abt II/7 Anm 134 für Bausparguthaben, nicht aber für Termingelder; wie hier bei Termineinlagen *Dusemond/Heusinger/Knop* in HdR[5] § 266 Anm 101. Bausparguthaben sind als Bankguthaben auszuweisen nach *ADS*[6]

§ 266 Anm 154; für den gesonderten Ausweis nicht disponibler Termineinlagen oder für einen Hinweis im Anhang: *ADS*[6] § 266 Anm 150 und *WPH*[12] I, F Anm 213).

Ist das Kreditinstitut ein verbundenes Unt oder ein Unt, zu dem ein Beteiligungsverhältnis besteht, ist die **Mitzugehörigkeit** der flüssigen Mittel zu den Forderungen gegen diese Unt nach § 265 Abs 3 zu vermerken. Das Gleiche gilt, wenn das Kreditinstitut (Mit-)Gester einer GmbH/KapCoGes ist.

157 Unzulässig ist es, einen **nicht in Anspruch genommenen Kredit** als Bankguthaben (und gleichzeitig als Verbindlichkeit) auszuweisen (*ADS*[6] § 266 Anm 152). Für Bankguthaben und -verbindlichkeiten gilt das **Saldierungsverbot** (§ 246 Abs 2). Forderungen und Verbindlichkeiten ggü demselben Kreditinstitut (auch ggü mehreren Filialen) sind jedoch zu saldieren, wenn sie sich aufrechenbar gegenüberstehen (§ 387 BGB), dh insb, wenn für Forderung und Verbindlichkeit die gleiche Frist gilt (*ADS*[6] § 266 Anm 153 und *WPH*[12] I, F Anm 213).

158 Zu den **Schecks** gehören alle Arten von Bar- und Verrechnungsschecks – auch Postbankschecks und Reiseschecks –, über die das Unt für eigene Rechnung verfügen kann. Diese Voraussetzung ist bei **vordatierten Schecks,** die nach Art 28 Abs 2 SchG am Tag der Vorlage fällig werden, erfüllt. Dem Aussteller oder Einreicher **zurückgesandte** sowie die mit **Protestvermerk** versehene Schecks gehören nicht zu den flüssigen Mitteln; stattdessen sind die entspr Forderungen zu bilanzieren.

Ist der Aussteller ein verbundenes Unt, ein Unt, mit dem ein Beteiligungsverhältnis besteht, oder ein Gester ist die **Mitzugehörigkeit** zu diesen Forderungen zu vermerken (§ 265 Abs 3; § 264 c Abs 1; § 42 Abs 3 GmbHG).

C. Aktive Rechnungsabgrenzungsposten

160 Zu den RAP s § 250 Anm 1 ff.

Nach C. Sonderposten auf der Aktivseite

163 Die folgenden Sonderposten werden in anderem Zusammenhang erläutert, und zwar:

	Fundstellen	
Ausstehende Einlagen auf	§ 266 Anm 50 f	
das gezeichnete Kapital	§ 272 Anm 12 ff	
davon eingeforderte Beträge	§ 272 Anm 15	
die Hafteinlage von phG bei KGaA	§ 272 Anm 133	
die Hafteinlage von phG/Kommanditisten bei KapCoGes	§ 264 c Anm 20	
Bilanzierungshilfen		**164**
Ingangsetzungs- und Erweiterungs-	§ 269 Anm 1 ff	
aufwendungen	§ 266 Anm 53	
Aktive Steuerabgrenzung	§ 274 Anm 8, 40 ff	
Euro-Umstellungskosten	Art 44 EGHGB Anm 1 ff	
Ausgleichsbetrag nach dem AltfahrzeugG	Art 53 Abs 2 EGHGB Anm 20 ff	
Forderungen an GmbH-Gesellschafter	§ 266 Anm 126	**165**
Eingeforderte Nachschüsse (GmbH)	§ 272 Anm 75 ff	

Einzahlungsverpflichtungen	§ 266 Anm 124
von phG bei **KGaA**	§ 272 Anm 133
Nicht durch Eigenkapitel gedeckter Fehlbetrag	§ 268 Anm 75 ff
dto Verlustausgleich von phG bei KGaA	§ 268 Anm 84
Nicht durch Vermögenseinlagen gedeckter Verlustanteil	
phG	§ 264 c Anm 26
Kommanditisten bei KapCoGes	§ 264 c Anm 52

166 **Ehemaliger Verschmelzungs-Mehrwert** § 266 Anm 62

167 Für Einzelheiten zu den aktiven Sonderposten gem DMBilG s *Budde/Forster* D-Markbilanzgesetz, München 1991/ErgBd 1992.

Passivseite (Abs 3)

A. Eigenkapital

I. Gezeichnetes Kapital

170 Als gezeichnetes Kapital sind bei AG und KGaA das Grundkapital (§§ 152 Abs 1 S 1, 286 Abs 2 S 1 AktG) und bei GmbH das Stammkapital (§ 42 Abs 1 GmbHG) auszuweisen. Zum Begriff s § 272 Anm 4. Bei KapCoGes sind anstelle des Gezeichneten Kapitals die Kapitalanteile der phG und Kommanditisten getrennt darzustellen (§ 264 c Abs 2 S 2 und 5).

171 **Ausstehende Einlagen** auf das gezeichnete Kapital sind auf der Aktivseite gesondert auszuweisen (Anm 50 f). Nicht eingeforderte ausstehende Einlagen dürfen wahlweise (aber nur insgesamt) auch von dem Posten „Gezeichnetes Kapital" **offen abgesetzt** werden (§ 272 Abs 1 S 3). Näheres dort Anm 15. Ebenfalls **offen abzusetzen** (§ 272 Abs 1 S 4) sind ggf Kapitalherabsetzungen, dazu dort Anm 11. Wegen ausstehender Hafteinlagen bei KapCoGes und der rechtsformspezifischen Besonderheiten s § 264 c Abs 2 S 9 (gesonderte Anhangsangabe für nicht geleistete Einlagen).

172 Beim **Grundkapital der AG/KGaA** als gezeichnetem Kapital sind in der Bilanz *gesondert* anzugeben oder zu vermerken:
- Bestehen **verschiedene Aktiengattungen,** ist der auf die jeweilige Aktiengattung entfallende Betrag des Grundkapitals gesondert anzugeben (§ 152 Abs 1 S 2 AktG); ergänzende Angaben sind im Anhang zu machen (dazu § 284 Anm 74).
- Bestehen bis zum grds Erlöschenszeitpunkt am 1. Juni 2003 noch ältere **Mehrstimmrechtsaktien,** sind beim gezeichneten Kapital die Gesamtstimmenzahl der Mehrstimmrechtsaktien und die der übrigen Aktien zu vermerken (§ 152 Abs 1 S 4 AktG).
- **Bedingtes Kapital** (§ 192 Abs 1 AktG) ist nach § 152 Abs 1 S 3 AktG mit dem Nennbetrag zu vermerken. Weitere Einzelheiten s § 272 Anm 25 f. Im Anhang sind Angaben erforderlich (dazu § 272 Anm 26 und § 284 Anm 74).
- Über ein **genehmigtes Kapital** (§§ 202–206 AktG) sind nur im Anhang Angaben zu machen; dazu § 272 Anm 27 und § 284 Anm 43.

Angabe- oder Vermerkpflichten zum gezeichneten Kapital bestehen für **GmbH** nicht. Dies gilt auch bei etwaigen Mehrstimmrechten. 173

Bei **KapCoGes** sind die Kapitalanteile der phG und der Kommanditisten getrennt auszuweisen.

Der Ausweis des **gezeichneten Kapitals** in der Bilanz bestimmt sich idR nach der **Höhe** der am Bilanzstichtag maßgebenden **Eintragung im Handelsregister,** dazu im Einzelnen § 272 Anm 8. 174

Sind für eine Kapitalerhöhung, die am Bilanzstichtag noch nicht in das HR eingetragen ist, bereits Bar- oder Sacheinlagen geleistet, ist nach dem EK ein Sonderposten **„Zur Durchführung der beschlossenen Kapitalerhöhung geleistete Einlagen"** auszuweisen (ausführlich dazu *ADS*[6] § 272 Anm 19) s hier Anm 185. Näheres unter § 272 Anm 20. 175

II. Kapitalrücklage

Der Begriff der Kapitalrücklage ist in § 272 Abs 2 umschrieben (hierzu § 272 Anm 56). Nach § 152 Abs 2 **AktG** sind zu der Kapitalrücklage in der Bilanz oder im Anhang mindestens der Betrag, der während des Gj eingestellt wurde, und der Betrag der Entnahme für das Gj gesondert anzugeben. Eine entspr Vorschrift fehlt im **GmbHG.** Bei **KapCoGes** werden Einzahlungen auf die Kapitalkonten den Kapitalanteilen des Gester zugeschlagen oder als Rücklage ausgewiesen s § 264c Anm 22 je nach den Bestimmungen des GesVertrags. 176

III. Gewinnrücklagen 177

Gesetzliche Rücklage

Die Verpflichtung zur Bildung einer gesetzlichen Rücklage besteht nur für AG und KGaA (§ 150 Abs 1 AktG). Zu den Einstellungen in die gesetzliche Rücklage und den Entnahmemöglichkeiten s § 272 Anm 87ff.

Rücklage für eigene Anteile

Siehe § 272 Anm 117ff und § 264c Anm 80ff.

Satzungsmäßige Rücklagen

Siehe § 272 Anm 95f.

Andere Gewinnrücklagen

Siehe § 272 Anm 97ff.

Rücklagen bei **KapCoGes dürfen** gem § 264c Abs 2 S 8 nur aufgrund einer gesrechtlichen Vereinbarung gebildet werden und sind infolge fehlender Kapitalerhaltungsvorschriften nur als Gewinnrücklagen denkbar (*ADS*[6] § 264c Anm 26)

IV. Gewinnvortrag/Verlustvortrag

Die **Höhe** des **Gewinnvortrags** ergibt sich bei **AG/KGaA** als Restgröße aus der Gewinnverwendung gem Beschluss der HV oder GesV über die Verwendung des Bilanzgewinns des *Vorjahrs* (§ 174 Abs 2 Nr 4 AktG, § 29 Abs 2 GmbHG). 181

Der **Verlustvortrag** stellt den Bilanzverlust des Vorjahrs dar. Ein Sonderfall des Gewinnvortrags kann sich bei Umstellung des Gj einer AG dadurch ergeben, dass *vor* dem Gewinnverwendungsbeschluss durch die HV – Feststellung durch Vorstand/AR unterstellt – ein Abschluss für das anschließende Rumpf-Gj aufzustellen ist. In der Praxis wird dann meistens in derselben HV die Gewinnverwendung für das volle und für das RumpfGj (jeweils gesondert) beschlossen.

In solchen Fällen kann der Bilanzgewinn des vollen Gj nur als Gewinnvortrag in der Bilanz und in der GuV (§ 158 Abs 1 S 1 AktG) des nachfolgenden Rumpf-Gj ausgewiesen werden. Zu diesem Vortrag muss in der Bilanz durch Klammerzusatz (zB „vorläufig" oder „noch nicht beschlossen") darauf hingewiesen werden, dass die Beschlussfassung noch aussteht. Ausführungen hierzu sind in den Anhang für beide Abschlüsse aufzunehmen. Zur Feststellung des JA und zur Beschlussfassung der HV über die Gewinnverwendung s Vor § 325 Anm 70ff.

Im Falle der **GmbH,** bei der idR die GesV den JA feststellt (§ 46 Nr 1 GmbHG; s Vor § 325 Anm 130ff), ergibt sich grds keine andere Beurteilung.

Die Frage, ob ein Verlustvortrag aus wesentlich höheren Kapital- oder Gewinnrücklagen gedeckt werden *muss* (oder nur *darf*), ist uE allein von den Beschlüssen der Gester abhängig. Auch § 150 Abs 3, 4 AktG („dürfen nur") *zwingt* nicht, einen Verlustvortrag durch Rücklagenauflösung zu decken. Bei **KapCoGes** gilt § 264c Abs 2 S 1 III (s dort Anm 42f).

V. Jahresüberschuss/Jahresfehlbetrag

182 Der **Jahresüberschuss** und der **Jahresfehlbetrag** werden in der GuV ausgewiesen (§ 275 Abs 2 Nr 20 bzw Abs 3 Nr 19). Der gemeinsame Oberbegriff ist Jahresergebnis (vgl § 268 Abs 1 S 1). Nach § 158 Abs 1 AktG ist bei **AG/KGaA** die GuV *nach* dem Posten „Jahresüberschuss/Jahresfehlbetrag" um die Posten „Gewinnvortrag/Verlustvortrag aus dem Vorjahr", „Entnahmen aus der Kapitalrücklage", „Entnahmen aus Gewinnrücklagen" (mit weiterer Unterteilung) und „Einstellungen in Gewinnrücklagen" (ebenfalls unterteilt) zu ergänzen, so dass dann der **„Bilanzgewinn/Bilanzverlust"** ausgewiesen wird. Diese Angaben (Gewinnverwendungsrechnung) dürfen auch im Anhang gemacht werden. Für **GmbH** besteht keine entspr Vorschrift; s aber das *Wahlrecht* gem § 275 Abs 4 und dort Anm 310ff. Bei **KapCoGes** erfolgt idR eine unmittelbare Zu-/Abschreibung der Gewinn- oder Verlustanteile auf die Kapitalkonten der Gester mit der Folge, dass in der Bilanz das Jahresergebnis aufgrund der Darstellung nach vollständiger Ergebnisverwendung nicht ersichtlich ist.

VI. Bilanzgewinn/Bilanzverlust

183 Wird die Bilanz bei teilweiser Verwendung des Jahresergebnisses aufgestellt, tritt nach § 268 Abs 1 S 2 an die Stelle der Posten „Jahresüberschuss/Jahresfehlbetrag" und „Gewinnvortrag/Verlustvortrag" der Posten **„Bilanzgewinn/Bilanzverlust".** Dabei ist ein Gewinn- oder Verlustvortrag aus dem Vj in der Bilanz oder im Anhang gesondert anzugeben (§ 268 Abs 1 S 2 und dort Anm 4ff). Zur **Ableitung** des Postens „Bilanzgewinn/Bilanzverlust" s Anm 182.

VII. Passive Sonderposten nach dem DMBilG 1990

184 In den JA, insb von Unt in den neuen Bundesländern, sind von AG und GmbH – oft nur zur Verlustdeckung verfügbare – Sonderrücklagen auszuweisen.

Nach A. Eigenkapitalähnliche Posten

I. Einlagen zur Kapitalerhöhung

Dieser Posten betrifft geleistete Einlagen von Gestern, die in Erwartung von weiteren Mitgliedschaftsrechten geleistet werden. Bis zur Eintragung der Kapitalerhöhung im HR begründen sie Gläubigerrechte, durch die Nähe zum EK ist ein gesonderter Posten jedoch sachgerecht. Diese Beurteilung verändert sich auch nicht bei Eintragung der Kapitalerhöhung bis zur Bilanzaufstellung (dazu § 272 Anm 20 und hier Anm 175). *ADS*[6] machen den Ausweis im EK, nach dem EK oder – selten – als Schuldposten noch vom Sachstand gegen Ende der Aufstellung des JA abhängig (aaO § 272 Anm 19). 185

Zahlungen von Gestern zur Stärkung der Rücklagen – also nicht zwecks Erhöhung des gezeichneten Kapitals – fließen in die **Kapitalrücklage** (Näheres § 272 Anm 67).

II. Genussscheinkapital

An KapGes überlassene Genussschein-Gelder beruhen auf schuldrechtlichen Verträgen. Sie gehören daher zu den Verbindlichkeiten, obwohl das Schema des § 266 Abs 3 C keinen Posten dafür vorsieht. 186

Unter bestimmten Voraussetzungen sind Zahlungen von Gestern oder Dritten für Genussscheine oder Genussrechte innerhalb des EK oder als dessen letzter Posten gesondert aufzuführen (*WPH*[12] I, F 259).

Voraussetzungen für die Behandlung von Genussrechten oder Genussscheinen als bilanzielles EK sind uE kumulativ:

- Die Vergütung für die Kapitalüberlassung ist erfolgsabhängig,
- Das Genussscheinkapital nimmt an Bilanzverlusten (nach Aufzehrung der Rücklagen) wie das gezeichnete Kapital teil,
- Im Insolvenzfall entsteht ein Rückzahlungsanspruch für das Genussscheinkapital erst nach Befriedigung aller anderen Gläubiger (weitgehend glA *HFA* 1/1994 WPg, 419 und § 247 Anm 228) und
- das Genussscheinkapital muss der KapGes für einen längeren Zeitraum (zB 15 bis 25 Jahre) überlassen werden – lt *HFA* 1/1994 lediglich „längerfristig“ ohne spezifische Vorgabe eines Zeitraums.

Auch die Regelungen im KWG und VAG sehen zum Genussscheinkapital mehrjährige unwiderrufliche Kündigungsfristen vor, innerhalb derer lediglich die Umwandlung in haftendes Kapital zulässig ist.

Ein **Agio** bei der Ausgabe von Genussscheinen ist gesondert zu bilanzieren, vorzugsweise beim EK-Sonderposten Genussscheinkapital oder als Davon-Vermerk bei der Kapitalrücklage.

Ein **Disagio** ist vom Nennbetrag des Genussscheinkapitals zu kürzen, diesem aber während der jeweiligen Laufzeiten ratierlich zuzuschreiben; glA *WPH*[12] I, F 259, *ADS*[6] § 266 Anm 197 und *HFA* 1/1994.

Groh lehnt aus steuerrechtlicher Sicht die Einordnung von Genussrechtskapital in das EK und die Auffassung von *HFA* 1/1994 ab (*Groh* Genussrechtskapital und Maßgeblichkeitsgrundsatz, BB 1995, 559).

Ausführlich wird das Genussschein-(Genussrechts-)Kapital in § 247 Anm 227 ff behandelt. S außerdem *Emmerich/Naumann* Zur Behandlung von Genussrechten in den JA von KapGes in WPg 1994, 677 sowie *Küting/Kessler.* Eigenkapitalähnliche Mittel in der HB und im Überschuldungsstatus, BB 1994, 2103.

III. Einlagen stiller Gesellschafter

187 Angesichts der weitgehend dispositiven Regelungen in §§ 230ff sind Einlagen stiller Gester oft FK und damit als „sonstige Verbindlichkeiten" zu bilanzieren, jedenfalls wenn die Verträge sich nach dem Konzept des HGB ausrichten.

Entsprechen jedoch die Vereinbarungen mit stillen Gestern den vorstehend dargestellten Kriterien für Genussscheine (Genussrechte), sind sie uE dann *gesondert* unmittelbar *nach* dem EK oder nach dem gezeichneten Kapital auszuweisen, wenn auch die Rückzahlung nur durch Kündigung des Unt möglich und sonst nur bei Liquidation oder Insolvenz – nachrangig – zulässig ist. Ähnlich § 247 Anm 233f. Auch das KWG (§ 10 Abs 5) lässt dann die Behandlung wie EK zu – sogar wenn die stille Einlage nur längerfristig, aber für mindestens fünf Jahre zur Verfügung steht.

IV. Kapitalersetzende Darlehen

188 Sie sind stets als FK auszuweisen. Näheres hierzu in Anm 255.

Vor B. Sonderposten mit Rücklageanteil

190 Sonderposten mit Rücklageanteil sind nach § 247 Abs 3 gesondert auszuweisen. Für KapGes und diesen gleichgestellte Unt ist der Ausweis vor den Rückstellungen vorgeschrieben. Das gilt auch für kleine KapGes und KapCoGes.

Wegen der in Betracht kommenden Sonderposten s § 247 Abs 3; wegen der Angabe der zugrunde liegenden steuerrechtlichen Vorschriften in der Bilanz oder im Anhang vgl § 273 S 2.

191 Zu dem Ausweis von Wertberichtigungen als Sonderposten mit Rücklageanteil in Höhe des Unterschieds zwischen der nach § 253 iVm § 279 und der nach § 254 zulässigen Bewertung s § 281 Abs 1 S 1 (dort Anm 1ff); zur Angabe steuerrechtlicher Vorschriften in der Bilanz oder im Anhang s § 281 Abs 1 S 2 (dort Anm 4); zur Angabe und Begr von allein nach steuerrechtlichen Vorschriften vorgenommenen Wertberichtigungen als Sonderposten mit Rücklageanteil § 281 Abs 2 (dort Anm 6ff).

B. Rückstellungen

200 **Große und mittelgroße Kapitalgesellschaften** und **KapCoGes** (§ 267 Abs 3, 2) haben die **folgenden Rückstellungsposten** gesondert und in der angegebenen Reihenfolge auszuweisen:

(1) Rückstellungen für Pensionen und ähnliche Verpflichtungen,
(2) Steuerrückstellungen,
(3) Sonstige Rückstellungen.

Zum Ausweis der Rückstellungen für Pensionen und ähnliche Verpflichtungen s § 249 Anm 151ff.

201 Die **Steuerrückstellungen** umfassen alle ungewissen Steuerschulden der KapGes/KapCoGes einschl latenter Steuern. Zum steuerrechtlichen Schuldverhältnis gehören auch Haftungsschulden (§§ 37 Abs 1, 69ff AO). Daher sind unter den Steuerrückstellungen zB auch ungewisse Lohnsteuerhaftungsschulden auszuweisen (glA *Matschke* in BoHdR § 266 Anm 159; aA *ADS*[6] § 266 Anm 206). Ungewissheit besteht bis zur Festsetzung der Steuer. Danach erfolgt,

ggf unter Berücksichtigung eines Differenzbetrags, eine Umgliederung in die sonstigen Verbindlichkeiten mit dem Vermerk „Davon aus Steuern" (dazu Anm 250f). Als Steuerrückstellungen sind außerdem zu erwartende Nachzahlungen auf Grund steuerrechtlicher Bp auszuweisen (glA *ADS*[6] § 266 Anm 207; aA *WPH* I[12] F 322: sonstige Rückstellungen). Hier tritt die zum Ausweis unter den sonstigen Verbindlichkeiten führende Gewissheit auch vor der Änderung der Steuerbescheide ein, wenn die Nachforderungen von der KapGes/KapCoGes anerkannt wurden oder ein (Muster-)Prozess rechtskrg zum Nachteil des Stpfl entschieden ist. Bei der USt steht die Steueranmeldung einer Festsetzung unter dem Vorbehalt der Nachprüfung gleich (§ 168 AO). Daher ist eine nach Abzug der Vorsteuerbeträge verbleibende USt-Schuld von vornherein unter den sonstigen Verbindlichkeiten auszuweisen. Gleiches gilt für nicht lfd veranlagte Steuern, wenn keine Zweifel über Grund und Höhe der Steuerschuld bestehen (zB GrESt).

Nach § 274 Abs 1 S 1 ist eine **Rückstellung für Steuerabgrenzung** in der Bilanz oder im Anhang gesondert anzugeben. Die Angabe in der Bilanz kann in Form eines eigenen Postens „Rückstellung für Steuerabgrenzung" zwischen den Steuerrückstellungen und den sonstigen Rückstellungen oder als Vermerk „Davon für Steuerabgrenzung" bei den Steuerrückstellungen erfolgen. 202

Eine weitere Untergliederung ist zulässig (§ 265 Abs 5). Zu einer abw geschäftszweigbedingten Gliederung s § 265 Anm 11ff. Zur Zulässigkeit der Postenzusammenfassung s § 265 Anm 17. 203

Von großen und mittelgroßen KapGes/KapCoGes sind Rückstellungen, die unter dem Posten „sonstige Rückstellungen" nicht gesondert ausgewiesen werden, im **Anhang** zu erläutern, wenn sie einen nicht unerheblichen Umfang haben (§ 285 S 1 Nr 12); dazu § 285 Anm 240. 204

Kleine KapGes/KapCoGes (§ 267 Abs 1) brauchen nur eine verkürzte Bilanz aufzustellen, in der der Posten „Rückstellungen" nicht aufgegliedert wird (§ 266 Abs 1 S 3). Kleine KapGes/KapCoGes sind nicht ausdrücklich von der Verpflichtung zur gesonderten Angabe einer Rückstellung für Steuerabgrenzung nach § 274 Abs 1 S 1 ausgenommen. Nachdem kleine KapGes/KapCoGes aber im Übrigen von jeder Aufgliederung und Erl der Rückstellungen befreit sind, ist es vertretbar, die Erleichterung nach § 266 Abs 1 S 3 auch auf Rückstellungen für Steuerabgrenzung anzuwenden. 205

C. Verbindlichkeiten

I. Die Gliederung der Verbindlichkeiten nach Größenklassen

Große und **mittelgroße KapGes/KapCoGes** haben die in Abs 3 Buchstabe C bezeichneten Posten gem Abs 1 S 2 gesondert und in der vorgeschriebenen Reihenfolge auszuweisen. Kleine KapGes/KapCoGes brauchen nach Abs 1 S 3 in einer verkürzten Bilanz nur den Posten „Verbindlichkeiten" auszuweisen. Zur Gliederung der Verbindlichkeiten bei EKfl und reinen PersGes § 247 Anm 241f. 210

Große und mittelgroße KapGes/KapCoGes dürfen die in § 266 Abs 3 Buchstabe C bezeichneten Posten zusammengefasst ausweisen, wenn sie entweder einen für die Vermittlung eines den tatsächlichen Verhältnissen entspr Bildes der VFE-Lage iSd § 264 Abs 2 nicht erheblichen Betrag enthalten oder dadurch die Klarheit der Darstellung vergrößert wird. Im zweiten Fall müssen die zusammengefassten Posten jedoch im Anhang gesondert ausgewiesen werden (§ 265 Abs 7, dazu § 265 Anm 17). 211

II. Zusammensetzung der Verbindlichkeiten

1. Anleihen

212 Anleihen sind langfristige, am öffentlichen Kapitalmarkt aufgenommene Verbindlichkeiten. Hierunter fallen nach deutschem Recht (für im Ausland begebene Anleihen gilt entspre):

(1) Schuldverschreibungen (Obligationen),
(2) Wandelschuldverschreibungen,
(3) Optionsschuldverschreibungen,
(4) Gewinnschuldverschreibungen,
(5) Genussscheine, sofern das Genussrechtskapital Fremdkapital darstellt.

213 **Schuldverschreibungen** sind verbriefte Anleihen. **Wandelschuldverschreibungen** sind mit einem Umtauschrecht und **Optionsschuldverschreibungen** mit einem Bezugsrecht auf Aktien einer AG ausgestattet (§ 221 AktG). Zu den Angaben über Wandel- und Optionsschuldverschreibungen im Anhang der AG und KGaA gem § 160 Abs 1 Nr 5 AktG s § 284 Anm 44. **Gewinnschuldverschreibungen** gewähren neben einem festen Zins eine Gewinnbeteiligung.

214 **Genussscheine** sind als Wertpapier verbriefte Genussrechte. Zum Begriff Genussrecht s § 247 Anm 227.

215 Zu der Frage, wann bei Genussrechten, die wegen der Überlassung von Kapital begründet wurden, EK oder FK vorliegt, s § 247 Anm 228.

216 Sofern das gegen Genussscheine beschaffte Kapital als FK zu qualifizieren ist, liegt eine Anleihe iSv § 266 Abs 3 vor. Da FK darstellendes Genussrechtskapital regelmäßig als EK-Surrogat anzusehen ist, ist dem gesonderten Ausweis gem § 265 Abs 5 S 2 in einen neuen Posten unter „C. Verbindlichkeiten" etwa mit der Bezeichnung „Genussscheinkapital" der Vorzug zu geben. Alternativ kann auch eine Untergliederung des Postens „Anleihen" nach § 265 Abs 5 S 1 oder ein Davon-Vermerk beim Posten „Anleihen" gewählt werden (hierzu *IDW* HFA 1/1994, WPg, 421). Zur Berichterstattung über Genussrechte im Anhang von AG und KGaA gem § 160 Abs 1 Nr 6 AktG s § 284 Anm 45.

217 Zur Passivierung der Ausschüttungsverpflichtung aus Genussrechten s § 247 Anm 229.

219 Von der KapGes/KapCoGes **zurückgekaufte** oder anderweitig zurückerworbene **Anleihestücke** sind vom Anleihebetrag abzusetzen, wenn ein Wiederinverkehrbringen (zB infolge Vernichtung oder Entwertung) endgültig ausgeschlossen ist. Noch nicht endgültig aus dem Verkehr gezogene Anleihestücke sind dagegen unter den Wertpapieren des Anlage- oder Umlaufvermögens auszuweisen (ebenso *ADS*[6] § 266 Anm 219).

220 **Schuldscheindarlehen** wurden nicht am Kapitalmarkt aufgenommen und gehören daher nicht zu den Anleihen, sondern zu den sonstigen Verbindlichkeiten (Anm 246) oder den Verbindlichkeiten ggü Kreditinstituten (Anm 221).

2. Verbindlichkeiten gegenüber Kreditinstituten

221 Hierunter fallen sämtliche Verbindlichkeiten ggü inländischen Banken und Sparkassen sowie vergleichbaren ausländischen Kreditinstituten. Maßgebend ist die Definition der Kreditinstitute in § 1 Abs 1 KWG. Auch Bausparkassen sind Kreditinstitute (§ 1 Bausparkassengesetz). Unter den Verbindlichkeiten ggü Kreditinstituten sind auch an diese zu leistende Zinsen einschl der sog antizipativen Zinsabgrenzung auszuweisen.

Durch Solawechsel unterlegte und zusätzlich durch Forderungsabtretung gesicherte Kredite sind vom Kreditnehmer als Verbindlichkeiten ggü Kreditinstituten zu bilanzieren, wenn nicht ein gesonderter Ausweis vorgezogen wird (*ADS*[6] § 266 Anm 232 halten auch den Ausweis als Wechselverbindlichkeiten für zulässig). Die Mitzugehörigkeit zu den Wechselverbindlichkeiten ist zu vermerken (zB „Davon gegen Hingabe von Wechseln") oder im Anhang anzugeben, wenn dies zur Aufstellung eines klaren und übersichtlichen JA erforderlich ist (§ 265 Abs 3). 222

3. Erhaltene Anzahlungen auf Bestellungen

Erhaltene Anzahlungen sind Vorleistungen auf eine dem anderen Vertragsteil 223 zu erbringende Lfg oder Leistung, dh Vorleistungen im Rahmen eines schwebenden Geschäfts. Zur näheren Erl des Begriffs der Anzahlungen s § 247 Anm 545 ff.

Dem Zusatz „auf Bestellungen" kann nicht entnommen werden, dass erhalte- 224 ne Anzahlungen nur dann vorliegen, wenn der Vertrag bürgerlich-rechtlich zustande gekommen ist (wie hier *ADS*[6] § 266 Anm 223; aA *Hüttemann* in HdJ Abt III/8 Anm 98). Sofern jedoch weder ein Vorvertrag abgeschlossen ist, noch ein bindendes Vertragsangebot abgegeben wurde, mit dessen Annahme ernsthaft zu rechnen ist, liegt noch kein schwebendes Geschäft vor (§ 249 Anm 57), so dass keine erhaltene Anzahlung, sondern eine sonstige Verbindlichkeit auszuweisen ist. Der Zusatz „auf Bestellungen" ist so zu verstehen, dass hier nur Anzahlungen auszuweisen sind, die sich auf den Umsatzerlösen entspr Lfg und Leistungen beziehen (*ADS*[6] § 266 Anm 223). Andere erhaltene Anzahlungen sind unter den sonstigen Verbindlichkeiten auszuweisen.

Eine Saldierung mit Vorräten, die für den Auftrag, für den die Anzahlung 225 geleistet wurde, angeschafft oder hergestellt wurden, ist nicht zulässig, da hier das Saldierungsverbot (§ 246 Abs 2) eingreift. Nach § 268 Abs 5 S 2 dürfen aber Anzahlungen auf Vorräte von dem Posten „Vorräte" **offen abgesetzt** werden. Für die Zulässigkeit der offenen Absetzung ist nicht zu fordern, dass unter den Vorräten dem einzelnen Auftrag, für den die Anzahlung erhalten wurde, zurechenbare Bestände ausgewiesen werden (*ADS*[6] § 266 Anm 99 mwN). Durch die offene Absetzung darf lediglich die Darstellung der VFE-Lage nicht beeinträchtigt, sowie die Summe der Aktivposten B I 1 bis 4 nicht negativ werden (*WPH* I[12] F 189). Sofern für einen bestimmten Auftrag erhaltene Anzahlungen an Unterlieferanten (Subunternehmer) weitergeleitet wurden, dürfen die erhaltenen Anzahlungen ebenfalls von dem die geleisteten Anzahlungen umfassenden Posten „Vorräte" offen abgesetzt werden.

Umsatzsteuer auf erhaltene Anzahlungen (§ 13 Abs 1 Nr 1 a UStG) ist wie 226 die erhaltene Anzahlung selbst erfolgsneutral zu behandeln. Hierzu bestehen **zwei Möglichkeiten:**

- **Nettomethode:** Die erhaltenen Anzahlungen werden netto, dh ohne USt-Anteil, ausgewiesen. Die USt wird wie beim Umsatzgeschäft bis zu ihrer Abführung unter den sonstigen Verbindlichkeiten passiviert.
- **Bruttomethode:** Die erhaltenen Anzahlungen werden brutto, dh einschl USt, ausgewiesen. Die abgeführte USt wird unter den RAP (§ 250 Abs 1 Nr 2) aktiviert.

Der Nettomethode gebührt grds der Vorzug, da die erhaltenen Anzahlungen dabei den Umfang der von den Auftraggebern erbrachten Vorleistungen anzeigen. Unter dem Gesichtspunkt einer möglichen Rückgängigmachung des Geschäfts bestehen auch gegen die Bruttomethode keine Bedenken (dazu *HFA* 1/1985, WPg, 258).

227 Wenn die Lfg oder Leistung erbracht und die Forderung eingebucht ist, wird die erhaltene Anzahlung mit der Forderung verrechnet. Erhaltene Anzahlungen sind in sonstige Verbindlichkeiten umzugliedern, wenn zB auf Grund von Leistungsstörungen mit der Rückforderung zu rechnen ist.

Bis zum Bilanz-Stichtag entstandene **Zinsverbindlichkeiten** für ausnahmsweise verzinsliche erhaltene Anzahlungen stellen sonstige Verbindlichkeiten dar (dazu Anm 246).

4. Verbindlichkeiten aus Lieferungen und Leistungen

228 Unter diesem Posten sind sämtliche Verpflichtungen aus vom Vertragspartner **bereits erfüllten Umsatzgeschäften** auszuweisen, bei denen die eigene Gegenleistung noch aussteht. Umsatzgeschäfte sind Kauf- und Werkverträge, Dienstleistungsverträge, Miet- und Pachtverträge (einschl Leasing-Verträge) und ähnliche Verträge. Somit sind zB auch Provisionsverbindlichkeiten hier auszuweisen. Keine Verpflichtungen aus Umsatzgeschäften sind etwa Schadenersatz-, Darlehens- und Gewinnverbindlichkeiten.

229 **Forderungen an Lieferanten** (zB auf Grund von Überzahlungen, Gutschriften) dürfen nicht mit den Verbindlichkeiten aus Lfg und Leistungen saldiert werden (§ 246 Abs 2). Sie sind als sog **debitorische Kreditoren** unter den sonstigen VG auszuweisen.

230 Verbindlichkeiten aus Lfg und Leistungen behalten ihren Charakter auch bei **langfristiger Stundung.** Dies gilt auch dann, wenn die Stundung über das ursprünglich vereinbarte Zahlungsziel hinausgeht (*ADS*[6] § 266 Anm 228; aA *Hüttemann* HdJ Abt III/8 Anm 113: Ausweis unter sonstige Verbindlichkeiten). Ein Ausweiswechsel erfolgt nur bei Novation (§ 247 Anm 235).

231 Die Verbindlichkeiten ggü Lieferanten umfassen auch die in Rechnung gestellte **Vorsteuer.** Die Verbindlichkeiten sind weiterhin auch dann brutto auszuweisen, wenn eine Rechnung noch nicht vorliegt oder USt zu Unrecht nicht in Rechnung gestellt wurde. In diesen Fällen sind die noch nicht abziehbaren Vorsteuerbeträge unter den sonstigen VG zu erfassen.

5. Verbindlichkeiten aus der Annahme gezogener Wechsel und der Ausstellung eigener Wechsel

240 Beim **Warenwechsel** zieht der Lieferant einen Wechsel auf den Abnehmer in Höhe des gewöhnlich auf drei Monate gestundeten Rechnungsbetrages, den dieser annimmt und damit verspricht, bei Verfall zu zahlen. Durch die Hingabe des Wechsels erlischt die ursprüngliche Verbindlichkeit (zB Kaufpreisschuld) nicht, § 364 Abs 2 BGB. Die Wechselverbindlichkeit tritt vielmehr rechtlich selbständig neben die ursprüngliche Verbindlichkeit. Durch die Hereinnahme des Wechsels verpflichtet sich der Gläubiger, *zuerst* aus dem Wechsel Befriedigung zu suchen. Erst wenn die Befriedigung aus dem Wechsel misslingt, kann der Gläubiger auf die ursprüngliche Forderung zurückgreifen. Daher ist nicht mehr die ursprüngliche Verbindlichkeit, sondern die Wechselverbindlichkeit auszuweisen.

241 Beim **Finanzwechsel** gibt der Akzeptant sein Akzept nicht, um selbst Kredit (zB in Form der Stundung einer Kaufpreisschuld) zu erhalten, sondern um dem Auftraggeber Kredit zu verschaffen **(Bankakzept, Gefälligkeitsakzept).** Der Geschäftspartner kann den Wechsel zum Ausgleich eigener Schulden in Zahlung geben, diskontieren lassen oder bis zum Verfalltag aufbewahren und dann zur Einlösung vorlegen. Der Akzeptant hat eine echte Wechselverbindlichkeit, die als solche auszuweisen ist (*ADS*[6] § 266 Anm 229). Der Ausgleichsanspruch ge-

gen den Auftraggeber (Rembours- oder Schadensersatzanspruch) ist unter den sonstigen VG zu aktivieren.

Unter einem **Kautions-, Sicherungs- oder Depotwechsel** versteht man einen Wechsel (Akzept oder Solawechsel), den der Schuldner einem Gläubiger nur zur Sicherheit gibt. Der Gläubiger darf sich aus dem Wechsel *erst* befriedigen, wenn die gesicherte Forderung fällig geworden ist und er nicht anderweitig befriedigt wird. Eine Wechselverbindlichkeit ist hier *erst dann* anzusetzen, wenn der Sicherungsfall eingetreten ist und der Gläubiger den Wechsel in Umlauf bringen darf, zB wenn der Akzeptant mit einer Lieferverpflichtung in Verzug geraten ist und dadurch eine durch Hinterlegung des Wechsels gesicherte Vertragsstrafe fällig geworden ist oder der Akzeptant mit einer passivierten Verbindlichkeit in Zahlungsverzug geraten ist und der Gläubiger deshalb den Wechsel in Umlauf bringen darf. In diesem Fall ist nicht mehr die zugrunde liegende Verbindlichkeit, sondern die Wechselverbindlichkeit auszuweisen. 242

Zum Ausweis von durch Solawechsel unterlegten Krediten s Anm 222. 243

6. Verbindlichkeiten gegenüber verbundenen Unternehmen

Zum Begriff „verbundene Unt“ s § 271 Anm 33 ff. Bei den Verbindlichkeiten ggü verbundenen Unt handelt es sich der Sache nach meist um Verbindlichkeiten der Posten C 3 bis 5 und 8. Der Ausweis sollte unter dem Posten C 6 erfolgen. Die Vorrangigkeit des Postens C 6 ergibt sich aus dem Gliederungsschema (dazu *ADS*[6] § 265 Anm 44). Sofern Verbindlichkeiten ggü verbundenen Unt ausnahmsweise unter den anderen Posten ausgewiesen werden, ist bei wesentlichen Beträgen die Mitzugehörigkeit zum Posten C 6 zu vermerken oder im Anhang anzugeben (§ 265 Abs 3 S 1). Zu ausstehenden Einlagen s Anm 246. 244

7. Verbindlichkeiten gegenüber Unternehmen, mit denen ein Beteiligungsverhältnis besteht

Zum Beteiligungsbegriff s § 271 Anm 8 ff. Ein Beteiligungsverhältnis iSd Gliederungsschemas besteht sowohl ggü Unt, an denen eine Beteiligung gehalten wird, als auch ggü Unt, die eine Beteiligung an der bilanzierenden KapGes/KapCoGes halten. Im übrigen gelten die Ausführungen in Anm 122 entspr. Zu ausstehenden Einlagen s Anm 246. 245

8. Sonstige Verbindlichkeiten

Die sonstigen Verbindlichkeiten sind ein Auffangposten für die nicht unter einem vorhergehenden Posten gesondert auszuweisenden Verbindlichkeiten. Wenn, wie dies für große und mittelgroße KapGes/KapCoGes Pflicht ist, die in Anm 212 bis 245 aufgeführten Verbindlichkeiten gesondert ausgewiesen werden, gehören zu den sonstigen Verbindlichkeiten insbesondere: 246

- Steuerverbindlichkeiten der KapGes/KapCoGes (zB KSt, USt, GewESt),
- einbehaltene und noch abzuführende Steuern (zB LSt, KapESt),
- rückständige Löhne, Gehälter, Tantiemen, Gratifikationen, Auslagenerstattungen,
- einbehaltene und noch abzuführende sowie von der KapGes/KapCoGes selbst zu tragende Sozialabgaben, Versicherungsprämien,
- Verbindlichkeiten aus Zusagen im Rahmen der betrieblichen Altersversorgung ggü Arbeitnehmern und Pensionären (zB Renten an gewerbliche Arbeitnehmer, Angestelltenpensionen) sowie ggü betrieblichen Unterstützungseinrichtungen (zB Unterstützungskassen), die keine verbundenen Unt sind, einschließlich Darlehen von Unterstützungseinrichtungen,

– Beiträge an den Pensionssicherungsverein VVaG (PSVaG),
– antizipative Zinsabgrenzungen auf Verbindlichkeiten (außer Bankschulden) sowie nicht abgehobene Dividenden,
– Verbindlichkeiten ggü Kunden **(„kreditorische Debitoren“),**
– Schuldscheindarlehen und andere Darlehensverbindlichkeiten (sofern nicht ggü Kreditinstituten),
– Einlagen stiller Gester, die FK darstellen (dazu § 247 Anm 233f), sofern nicht nach § 265 Abs 5 S 2 ein neuer Posten (etwa „Einlagen stiller Gester“) unter den Verbindlichkeiten gewählt wird,
– antizipativ abgegrenzte Miet- und Pachtzinsen,
– AR- und Beiratsvergütungen,
– erhaltene Optionsprämien (dazu § 249 Anm 100 „Devisenoptionsgeschäfte“),
– gesellschaftsrecht Einlageverpflichtungen, sobald die Einlage eingefordert wurde, soweit sie nicht unter „Verbindlichkeiten ggü verbundenen Unt“ oder „Verbindlichkeiten ggü Unt, mit denen ein Beteiligungsverhältnis besteht“ fallen,
– nicht rückzahlbare Zuschüsse zur Deckung zukünftiger Aufwendungen, sofern nicht als passive RAP auszuweisen (dazu HFA 1/1984 Abschn 2.12, WPg, 614).

247 Sofern hier aufgezählte Verpflichtungen bei Bilanz-Aufstellung noch nicht exakt quantifizierbar sind, hat ihr Ausweis unter den Rückstellungen zu erfolgen. Zur **Ausgleichsverbindlichkeit** nach § 25 Abs 1 DMBilG s 3. Aufl.

III. Vermerk- und Erläuterungspflichten

1. Konvertible Anleihen

248 Bei den von großen und mittelgroßen KapGes gesondert auszuweisenden Anleihen ist der Betrag der konvertiblen Anleihen zu vermerken (§ 266 Abs 3 Buchstabe C Nr 1). Dabei handelt es sich um Anleihen, bei denen den Gläubigern ein Umtausch- oder Bezugsrecht auf Anteile einer AG oder KGaA zusteht, insb um Wandelschuldverschreibungen gem § 221 Abs 1 AktG.

2. Restlaufzeiten

249 S § 268 Anm 101.

3. Steuerverbindlichkeiten und Verbindlichkeiten im Rahmen der sozialen Sicherheit

250 **Große** und **mittelgroße KapGes/KapCoGes** müssen in der Bilanz die in den sonstigen Verbindlichkeiten enthaltenen Steuerverbindlichkeiten und Verbindlichkeiten im Rahmen der sozialen Sicherheit jeweils gesondert vermerken (§ 266 Abs 3 Buchstabe C Nr 8).

251 **Steuerverbindlichkeiten** sind Steuerschulden der KapGes/KapCoGes (zB KSt, GewESt, USt, Zölle) sowie einbehaltene und noch abzuführende Steuern (zB LSt, KapESt).

252 **Verbindlichkeiten im Rahmen der sozialen Sicherheit** sind im Wesentlichen von den Arbeitnehmern einbehaltene und noch abzuführende sowie von der KapGes/KapCoGes selbst zu tragende Sozialabgaben und Versicherungsprämien (zB Beiträge zur Renten-, Kranken-, Pflege- und Arbeitslosenversicherung, Berufsgenossenschafts- und Knappschaftsbeiträge), Verbindlichkeiten aus Zusagen im Rahmen der betrieblichen Altersversorgung (mit Ausnahme der Direktzusage einer Pensionsverpflichtung, für die eine Pensionsrückstellung zu bilden ist) so-

wie ggü betrieblichen Unterstützungseinrichtungen (zB Unterstützungskassen), die keine verbundenen Unt sind und Beiträge an den PSVaG. Weitere können hinzukommen, wie etwa Verpflichtungen aus einem Sozialplan, aus der Übernahme von Arzt-, Kur- oder Krankenhauskosten, Unterstützungszusagen oder Altersteilzeitverpflichtungen (dazu § 249 Anm 100).

4. Rechtlich noch nicht entstandene Verbindlichkeiten

S § 268 Anm 107ff. Kleine KapGes/KapCoGes sind nach § 274a Nr 3 von 253 der Angabe rechtlich noch nicht entstandener Verbindlichkeiten im Anhang befreit.

5. Verbindlichkeiten gegenüber Gesellschaftern

Nach § 264c Abs 1 (KapCoGes) und § 42 Abs 3 GmbHG (GmbH) sind Ver- 254 bindlichkeiten ggü Gestern idR als solche gesondert auszuweisen oder im Anhang anzugeben. Der Betrag mit einer Restlaufzeit bis zu einem Jahr ist stets zu vermerken (§ 268 Abs 5 S 1, vgl § 268 Anm 101). Werden diese Verbindlichkeiten unter anderen Posten ausgewiesen, muss die Mitzugehörigkeit zu den Verbindlichkeiten ggü Gestern vermerkt werden.

Gesellschafterdarlehen mit Rangrücktrittsvereinbarung und **kapital-** 255 **ersetzende Gesellschafterdarlehen** sind als Verbindlichkeiten auszuweisen (dazu § 247 Anm 231f) und fallen daher unter die Verbindlichkeiten ggü Gestern iSv § 42 Abs 3 GmbHG bzw § 264c Abs 1. Die Frage, ob **kapitalersetzende (Gesellschafter-)Darlehen** iSd §§ 32a, b GmbHG oder der Rspr zu §§ 30, 31 GmbHG in der Bilanz (etwa in Form eines Davon-Vermerks) oder mit einer Angabe im Anhang als solche kenntlich zu machen sind, ist umstritten (Diskussionsstand s bei *Schulze-Osterloh* in Baumbach/Hueck GmbHG[17] § 42 Anm 226). Eine wesentliche Bedeutung des Kapitalersatzes für die VFE-Lage der KapGes/KapCoGes ist nicht abzustreiten. Eine Angabepflicht scheitert aber an der schwierigen Beurteilungsmöglichkeit der Erfüllung der Voraussetzungen des Kapitalersatzes im Einzelfall. Deshalb kann uE eine Kennzeichnung mutmaßlich kapitalersetzender Darlehen nicht verlangt werden, wiewohl sie wünschenswert wäre (wohl auch BGH 6. 12. 1993, DB 1994, 570). Im Falle einer **Rangrücktrittsvereinbarung** besteht keine vergleichbare Rechtsunsicherheit (§§ 247 Anm 232). Deshalb sind die betr Verbindlichkeiten in der Bilanz kenntlich zu machen (etwa in Form des Vermerks „Davon durch Rangrücktrittsvereinbarung nachrangig") oder im Anhang entspr anzugeben (*Bordt* in HdJ Abt III/1 (1990), Anm 233; *Fleck* GmbHR 1989, 318).

6. Sicherheiten

S § 285 Anm 9ff. 258

D. Passive Rechnungsabgrenzungsposten

In die passive Rechnungsabgrenzung kann auch ein **Unterschiedsbetrag** 260 eingestellt werden, der sich aus einem höheren Rückzahlungsbetrag von Ausleihungen ggü dem Auszahlungsbetrag ergibt. IdR wird dabei die **Forderung** mit dem Nominalbetrag bewertet und der Unterschied zum niedrigeren Auszahlungsbetrag passiv abgegrenzt (s § 255 Anm 250 zu den AK bei Forderungen). Das betrifft hauptsächlich Hypothekenbanken und Versicherungs-Unt.

Ein **gesonderter Ausweis** dieses Disagios ist *nicht* vorgesehen. Der ge- 261 sonderte Ausweis ist zu empfehlen bei wesentlichen Beträgen, insb wenn diese höher sind als die üblichen passiven RAP; ersatzweise kommt auch eine entsprechende Angabe im Anhang in Frage.

E. Haftungsverhältnisse

262 Wegen des Vermerks von Haftungsverhältnissen unter der Bilanz s die Erl zu § 251 u § 268 Anm 120ff.

F. Rechtsfolgen einer Verletzung des § 266

265 Die Verletzung der zwingenden Bilanz-Gliederungsvorschriften ist auf unterschiedliche Weise sanktioniert. Ein Gliederungsverstoß führt zur **Nichtigkeit** des JA, wenn dessen Klarheit und Übersichtlichkeit *wesentlich* beeinträchtigt werden (§ 256 Abs 4 S 1 AktG, für die GmbH analog). Die Nichtigkeit muss jedoch innerhalb von 6 Monaten seit der Bekanntmachung des JA nach § 325 Abs 4 S 2, § 325 Abs 2 S 1 oder § 9 PublG geltend gemacht werden (§ 256 Abs 6 AktG).

Eine wesentliche Beeinträchtigung der Klarheit und Übersichtlichkeit liegt insb vor, wenn

- die Bilanz dergestalt in Staffelform aufgestellt wird, dass Aktivposten und Passivposten vermischt werden;
- große KapGes/KapCoGes stets nur die verdichtete Gliederung für kleine KapGes/KapCoGes verwenden und die mit arabischen Zahlen versehenen Posten auch nicht im Anhang zeigen;
- über § 265 Abs 4 bis 7 hinausgehend für wesentliche Posten andere Bezeichnungen gewählt werden, obwohl letztere nicht branchenüblich sind.

Ähnlich *ADS*[6] § 266 Anm 21, § 256 AktG Anm 37. Weitere Bsp enthalten die Erl zu § 243 Anm 55ff.

Geringere Verstöße gegen die zwingenden Gliederungsvorschriften des Abs 2 oder 3 sowie deren Ergänzungen (Anm 11ff) stellen mit Bußgeld zu ahndende **Ordnungswidrigkeiten** dar (§ 334 Abs 1 Nr 1c; vgl dort Anm 10f).

Stellt der **Abschlussprüfer** fest, dass die Gliederungsvorschriften nicht eingehalten werden (§ 317 Abs 1 S 2), kann je nach der Schwere des Verstoßes eine **Einschränkung des Bestätigungsvermerks** die Folge sein (§ 322 Abs 4).

Die **Mitglieder** des Vorstandes bzw der **Geschäftsführung** oder des AR einer KapGes können bei einem der KapGes auf Grund einer schuldhaften Verletzung der Gliederungsvorschriften entstehenden Schaden (zB infolge der Nichtigkeit des JA) **schadensersatzpflichtig** werden (§§ 93 Abs 2, 116 AktG; §§ 43, 52 GmbHG).

Strafrechtlich können die Mitglieder des vertretungsberechtigten Organs oder des AR einer KapGes/KapCoGes nach § 331 Nr 1 bzw § 335b nur zur Verantwortung gezogen werden, wenn durch den Gliederungsverstoß die Verhältnisse der KapGes/KapCoGes unrichtig wiedergegeben oder verschleiert werden. Bsp hierfür enthalten die Erl zu § 331 Anm 10ff.

G. Abweichungen der IFRS

Schriftum: *Haller/Eierle* Accounting Standards for Small and Medium-sized Entities – erste Weichenstellungen durch das IASB BB 2004, 1838; *Lüdenbach/Hoffmann* Verbindliches Gliederungsschema für die IFRS-Bilanz KoR 2004, 89; *Pellens/Fülbier/Gassen* Internationale Rechnungslegung, Stuttgart 2004.

I. Allgemein

280 Trotz der Fokussierung auf kapmarktUnt, sind – sofern ein IFRS-Abschluss erstellt wird – die IFRS für Unt aller Rechtsformen und Größenklassen anzuwenden (zustimmend *ADS Int* Abschnitt 7 Anm 8). Daher wird in den folgenden Ausführungen zu den IFRS nicht wie in den Ausführungen zum HGB zwischen Unt unterschiedlicher Rechtsform oder Größe differenziert. Derzeit gibt es beim IASB Überlegungen, besondere Regeln für kleinere und mittlere Unt zu schaffen (zum aktuellen Stand vgl *Haller/Eierle* in BB 2004, 1838).

II. Gliederung der Vermögenswerte

1. Die Unterscheidung in kurzfristige (current) und langfristige (non-current) Vermögenswerte

281 Während das HGB die Einteilung der VG in Anlage- und Umlaufvermögen vorschreibt, erfordern die IFRS eine fristigkeitsspezifische Einteilung der Vermögenswerte in die beiden Kategorien „current und non-current assets" (zur Definition der Begriffe vgl Anm 282). Alternative Bezeichnungen dürfen verwendet werden, sofern deren Bedeutung klar verständlich ist (IAS 1.58). Gemäß IAS 1 (Darstellung des Abschlusses) sind in der Bilanz die current und non-current assets getrennt voneinander auszuweisen (IAS 1.51). Von dieser Einteilung darf nur abgewichen werden, wenn eine Gliederung nach dem Grad der Liquidität verlässliche und entscheidungsnützlichere Informationen liefert. Ist dies der Fall, sind alle Bilanzposten nach Liquiditätsgesichtspunkten (auf- oder absteigend) zu gliedern. Gemäß IAS 1.55 ist auch eine Vermischung der current/non-current bzw liquiditätsorientierten Gliederung von Vermögenswerten innerhalb der Bilanz zulässig, sofern die dadurch entstehende Information zuverlässig und entscheidungsnützlicher ist. Dies kann beispielsweise bei Unt mit verschiedenen Geschäftsaktivitäten der Fall sein (IAS 1.55).

Unabhängig davon, welche Methode der Darstellung anzuwenden ist, fordert IAS 1.52 gesonderte fristigkeitsspezifische Angaben: vom Unt ist für jeden Bilanzposten der Betrag in der Bilanz oder den Notes anzugeben, von dem erwartet wird, dass er nach mehr als zwölf Monaten realisiert wird, sofern ein solcher Betrag darin enthalten ist.

2. Die Definition von „current asset" und „non-current asset"

282 Ein Vermögenswert ist unter den current assets auszuweisen, wenn er eines der folgenden Kriterien erfüllt (IAS 1.57):

- seine Realisation wird innerhalb des normalen Geschäftszyklus des Unt erwartet oder er wird zum Verkauf oder Verbrauch innerhalb dieses Zeitraums gehalten;
- er wird in erster Linie zu Handelszwecken gehalten;
- seine Realisation wird innerhalb von zwölf Monaten nach dem Bilanzstichtag erwartet;
- es handelt sich um Zahlungsmittel oder Zahlungsmitteläquivalente iSv IAS 7, es sei denn, sie sind nicht frei handelbar oder sind zur Begleichung einer Schuld außerhalb eines Zeitraums von 12 Monaten nach dem Bilanzstichtag bestimmt.

Unter dem normalen Geschäftszyklus ist der Zeitraum zwischen dem Erwerb von Vermögenswerten, die in den Geschäftsprozess eingehen, und deren Realisation in Zahlungsmitteln oder Zahlungsmitteläquivalenten zu verstehen (zustimmend *ADS Int* Abschnitt 7 Anm 88). Ist der normale Geschäftszyklus nicht eindeutig bestimmbar, wird seine Dauer mit zwölf Monaten angenommen (IAS 1.59).

Latente Steueransprüche (deferred tax assets) dürfen gemäß IAS 1.70 nicht als current assets ausgewiesen werden.

Sämtliche Vermögenswerte, die als nicht current eingestuft werden, sind nach IAS 1.57 als non-current assets auszuweisen.

3. Die weitere Untergliederung der kurz- und langfristigen Vermögenswerte

283 Innerhalb der current/non-current assets sind weitere Untergliederungen vorzunehmen. IAS 1.68 gibt Mindestangaben für die Bilanz vor, ohne hierfür eine bestimmte Reihenfolge oder Formate festzulegen (IAS 1.71).

Die Mindestgliederung für das Vermögen umfasst (IAS 1.68):

- Sachanlagen (property, plant and equipment)
- als Finanzinvestition gehaltene Immobilien (investment property iSv IAS 40.5)
- Immaterielle Vermögenswerte (intangible assets)
- Finanzanlagen (financial assets), außer Beteiligungen, die nach der Equity-Methode bewertet werden, Forderungen aus Lfg und Leistungen, sonstigen Vermögenswerten und flüssigen Mitteln
- Beteiligungen, die nach der Equity-Methode bewertet werden (vgl. § 312 Anm 130 ff)
- lebende Pflanzen und Tiere (biological assets iSv IAS 41.5)
- Vorräte (inventories)
- Forderungen aus Lfg und Leistungen und sonstige Vermögenswerte (trade and other receivables)
- flüssige Mittel (cash and cash equivalents)
- aktuelle und latente Steueransprüche (current and deferred tax assets iSv IAS 12).

Ferner ist die Summe der Vermögenswerte, die iSv IFRS 5 zum Verkauf bestimmt sind, in der Bilanz anzugeben (IAS 1.68A(a)).

Hinzu kommen weitere Posten, Überschriften und Zwischensummen in der Bilanz, sofern diese für das Verständnis der Vermögens- und Finanzlage eines Unt wichtig sind (IAS 1.69). Die Entscheidung, ob zusätzliche Posten gesondert ausgewiesen werden, basiert gem IAS 1.72 auf einer Einschätzung der Art und Liquidität der Vermögenswerte sowie ihrer Funktion innerhalb des Unt. Vermögenswerte, die sich nach Art oder Funktion unterscheiden, unterliegen manchmal unterschiedlichen Bewertungsgrundlagen. Bspw dürfen bestimmte Gruppen von Sachanlagen zu fortgeführten AK/HK oder nach IAS 16.31 mit einem Neubewertungsbetrag angesetzt werden. Die Anwendung unterschiedlicher Bewertungsgrundlagen für verschiedene Gruppen von Vermögenswerten lässt im Umkehrschluss vermuten, dass sie sich in ihrer Art und Funktion unterscheiden und sie deshalb als gesonderte Posten auszuweisen sind (IAS 1.73).

Bei der weiteren Untergliederung der current/non-current assets ist insb die Art der Geschäftstätigkeit des Unt zu berücksichtigen. Für die Gliederung der Bilanzen von Kreditinstituten verweist IAS 1.71(b) bspw auf die Spezialvorschriften des IAS 30. Sofern andere IFRS dies vorschreiben, sind die Vermögenswerte entweder in der Bilanz oder in den Notes weiter zu untergliedern (IAS 1.75).

4. Begriffsbestimmungen der Untergliederungspunkte von current/non-current assets

Als Gliederungsvorschrift enthält IAS 1 keine Begriffsbestimmung der Posten. 284
Diese werden vorausgesetzt und sind idR den einschlägigen postenbezogenen Standards zu entnehmen, die neben Bewertungsfragen regelmäßig auch eine Definition der verwendeten Begriffe enthalten.

IAS 16.6 definiert die **Sachanlagen** als materielle Vermögenswerte, die ein Unt für Zwecke der Herstellung oder der Lfg von Gütern und Dienstleistungen, zur Vermietung an Dritte oder für Verwaltungszwecke besitzt und die erwartungsgemäß länger als eine Periode genutzt werden. Diese Definition deckt sich mit Ausnahme der geleisteten Anzahlungen und der grundstücksgleichen Rechte mit § 247 Abs 2 und § 266 Abs 2 A. II.

Gemäß IAS 1.75(a) sind die Sachanlagen in Übereinstimmung mit IAS 16 in verschiedene Klassen einzuteilen. Eine Klasse setzt sich dabei aus Vermögenswerten zusammen, die sich in ihrer Beschaffenheit und ihrer Verwendung im Unt ähneln (IAS 16.37). In IAS 16.37 werden beispielhaft die folgenden möglichen Klassen genannt:
- Grundstücke (land)
- Bebaute Grundstücke (land and buildings)
- technische Anlagen und Maschinen (machinery)
- Schiffe (ships)
- Flugzeuge (aircraft)
- Fuhrpark (motor vehicles)
- Betriebs- und Geschäftsausstattung (furniture and fixtures)
- Betriebs- und Geschäftseinrichtung (office equipment).

Investment property wird in IAS 40.5 definiert als Grundstücke, Gebäude oder Gebäudeteile, die vom Eigentümer oder vom Finanzierungsleasingnehmer gehalten werden, um Mieteinnahmen und/oder Wertsteigerungen zu generieren. Investment property dient nicht der Produktion von Waren, der Bereitstellung von Dienstleistungen und darf auch nicht für Verwaltungszwecke genutzt werden. Ferner ist investment property nicht dazu bestimmt, im Rahmen der gewöhnlichen Geschäftstätigkeit verkauft zu werden.

IAS 38.8 definiert einen **immateriellen Vermögenswert** als einen identifizierbaren nichtmonetären unkörperlichen Vermögenswert. Ein immaterieller Vermögenswert ist dann anzusetzen, wenn ein zukünftiger Nutzenzufluss wahrscheinlich ist und die AK/HK zuverlässig bemessen werden können (IAS 38.21). Damit ist der Umfang der nach IFRS aktivierbaren Vermögenswerte weitergehend als der nach HGB. So sind unter bestimmten Voraussetzungen (IAS 38.51 ff) auch selbst geschaffene immaterielle Vermögenswerte zu aktivieren. Ausnahmen hierzu werden in IAS 38.63 aufgeführt.

Als **Finanzanlagen** (current bzw non-current financial assets) sind solche finanziellen Vermögenswerte auszuweisen, die den Kriterien eines current bzw non-current (vgl hierzu Anm 282) assets entsprechen. Hierzu gehören die entspr Teile von Ausleihungen, Darlehen und Forderungen.

Abweichungen im Vergleich zum HGB ergeben sich auch daraus, dass IFRS einen gesonderten Ausweis von Anteilen an assozUnt verlangen; insoweit sind die spezifischen Kriterien von IAS 28 zu beachten, welche insb hinsichtlich der Einflussnahme auf das BeteiligungsUnt (IFRS: Möglichkeit maßgeblichen Einflusses ausreichend; HGB: tatsächliche Einflussnahme erforderlich) und hinsichtlich der Widerlegbarkeit der Assoziierungs- bzw Beteiligungsvermutung vom HGB abweichen.

Biological assets werden definiert als lebende Tiere und Pflanzen (IAS 41.5). Der Ansatz eines biological assets setzt voraus, dass das Unt über den Vermögenswert Kontrolle ausübt, es wahrscheinlich ist, dass dem Unt auf Grund des Vermögenswerts zukünftige wirtschaftliche Vorteile *(economic benefits)* zufliessen und dass der fair value bzw die AK/HK zuverlässig bestimmt werden können (IAS 41.10). Biological assets sind in Gruppen einzuteilen, deren Zusammensetzung nach IAS 41.41 näher zu beschreiben ist. Innerhalb der Gruppen sollen die biological assets nach ihrem Reifegrad (mature oder immature; zu den Unterscheidungskriterien vgl IAS 41.45) untergliedert werden (IAS 41.43).

Die Aufgliederung des **Vorratsvermögens** nach IAS 2.37 bzw IAS 1.75 (c) entspricht annähernd den Vorschriften des HGB. Vorgeschlagen wird der separate Ausweis von Handelswaren (merchandise), Hilfs- und Betriebsstoffen (production supplies), Rohstoffen (materials), unfertigen Erzeugnissen und Leistungen (work in progress) und fertigen Erzeugnissen (finished goods).

Die **Forderungen aus Lfg und Leistungen** und **Sonstigen Vermögenswerte** sollen gemäß IAS 1.75 (b) nach Forderungen gegen Dritte (trade customers), gegen verbundene Unt (related parties) sowie nach RAP/Anzahlungen (prepayments) und sonstigen Forderungen (other amounts) untergliedert werden. Diese Aufteilungen dürfen entweder in der Bilanz oder in den Notes erfolgen (IAS 1.74). Forderungen, die innerhalb des normalen Geschäftszyklus fällig sind, dürfen selbst dann als current assets ausgewiesen werden, wenn sie nicht innerhalb von zwölf Monaten nach dem Bilanzstichtag fällig sind (IAS 1.59).

Für **Wertpapiere** des HGB-Umlaufvermögens ist bei den IFRS kein eigener Bilanzposten vorgesehen. Sie werden entweder unter trade and other receivables oder unter cash and cash equivalents ausgewiesen. Ein Wertpapier ist ein cash equivalent, wenn es innerhalb von drei Monaten nach Ausgabe fällig wird (IAS 7.7). Daneben unterscheidet IAS 39.9 zwischen zu Handelszwecken gehaltenen Wertpapieren (held for trading financial assets), bis zur Endfälligkeit zu haltende Wertpapiere (held-to-maturity financial assets) und zur Veräußerung verfügbaren Wertpapieren (available-for-sale financial assets). Wertpapiere, die länger als zwölf Monate gehalten werden, sind als non-current assets zu bilanzieren. Die Unterscheidung nach Anteilen an verbundenen Unt oder Dritten darf entweder in der Bilanz oder in den Notes gemacht werden.

Rechnungsabgrenzungsposten iSd HGB dürfen nach IAS 1.26 nur dann aktiviert werden, wenn sie die im Rahmenkonzept festgelegten Kriterien eines assets erfüllen. Ist dies der Fall, werden die RAP (prepayments) unter den Forderungen und sonstigen Vermögenswerten (receivables) ausgewiesen (IAS 1.75(b)).

III. Gliederung der Schulden

1. Die Unterscheidung in kurzfristige (current) und langfristige (non-current) Schulden

285 Rückstellungen, Verbindlichkeiten und RAP (iSd HGB), die die Kriterien einer Schuld (liability) nach den IFRS erfüllen, sind gem IAS 1.51 im JA fristigkeitsspezifisch getrennt nach current und non-current liabilities darzustellen. Von dieser Einteilung darf nur abgewichen werden, wenn eine Gliederung nach dem Grad der Liquidität verlässliche und entscheidungsnützlichere Informationen liefert. Ist dies der Fall, sind alle Bilanzposten nach Liquiditätsgesichtspunkten (auf- oder absteigend) zu gliedern. Gemäß IAS 1.55 ist eine Vermischung der current/non-current bzw liquiditätsorientierten Gliederung von Schulden innerhalb der Bilanz zulässig, sofern die dadurch entstehende Information zu-

verlässig und entscheidungsnützlicher ist. Dies kann beispielsweise bei Unt mit verschiedenen Geschäftsaktivitäten der Fall sein (IAS 1.55).

Unabhängig davon, welche Methode der Darstellung zutreffender ist, fordert IAS 1.52 gesonderte fristigkeitsspezifische Angaben: vom Unt ist für jeden Schuldposten der Betrag anzugeben, von dem erwartet wird, dass er nach mehr als zwölf Monaten erfüllt wird, sofern ein solcher Betrag darin enthalten ist.

2. Die Definition von „current liability" und „non-current liability"

Eine liability ist als current einzustufen, wenn sie eines der folgenden Kriterien erfüllt (IAS 1.60): 286
- es wird erwartet, dass sie innerhalb des gewöhnlichen Verlaufs des Geschäftszyklus des Unt getilgt wird;
- sie wird überwiegend zu Handelszwecken gehalten;
- ihre Tilgung ist innerhalb von zwölf Monaten nach dem Bilanzstichtag fällig;
- das Unt hat kein uneingeschränktes Recht, die Tilgung der Schuld um mindestens zwölf Monate, gerechnet ab dem Bilanzstichtag, zu verschieben.

Alle anderen Schulden sind als non-current einzustufen.

Der für die Kategorisierung der Schuld zu bestimmende normale Geschäftszyklus entspricht nach IAS 1.61 dem normalen Geschäftszyklus, der auch für die Klassifizierung der Vermögenswerte zu Grunde gelegt wurde (vgl hierzu Anm 282).

Einige Schuldarten sind Teil des kurzfristigen und im normalen Geschäftszyklus des Unt gebrauchten Betriebskapitals *(working capital)*. Hierzu zählen zB Verbindlichkeiten aus Lfg und Leistungen (trade payables), bestimmte Rückstellungen für personalbezogene Aufwendungen (accruals for employee costs) und andere betriebliche Aufwendungen (other operating costs). Diese werden selbst dann als current klassifiziert, wenn sie später als zwölf Monate nach dem Bilanzstichtag fällig werden (IAS 1.61).

Ferner gibt es kurzfristige Schulden, die nicht im Rahmen des normalen Geschäftszyklus beglichen werden, aber deren Tilgung innerhalb von zwölf Monaten nach dem Bilanzstichtag fällig ist oder die überwiegend zu Handelszwecken gehalten werden. Als Beispiele nennt IAS 1.62 Finanzschulden (financial liabilities), die iSv IAS 39 als „zu Handelszwecken gehalten" klassifiziert werden, sowie Kontokorrentkredite, die kurzfristigen Bestandteile von non-current financial liabilities, Dividendenverbindlichkeiten, Ertragsteuern und andere Verbindlichkeiten, die nicht aus Lfg und Leistungen resultieren.

Finanzschulden, die der langfristigen Finanzierung des Umlaufvermögens dienen (dh nicht Teil des working capitals sind) und deren Tilgung nicht innerhalb von zwölf Monaten nach dem Bilanzstichtag fällig ist, werden als non-current eingestuft (1.62).

Finanzschulden, die innerhalb von zwölf Monaten nach dem Bilanzstichtag fällig werden, sind selbst dann als current zu klassifizieren, wenn (IAS 1.63):
- die ursprüngliche Laufzeit einen Zeitraum von mehr als zwölf Monaten umfasst und
- nach dem Bilanzstichtag und bevor der Abschluss zur Veröffentlichung freigegeben wird, eine langfristige Umschuldungs- oder Refinanzierungsvereinbarung abgeschlossen wird.

Unabhängig von der Fälligkeit werden Schulden als non-current eingestuft, wenn ein Unt die Möglichkeit und die Absicht hat, in einem bestehenden Kreditverhältnis die Rückzahlung auf einen Zeitpunkt später als zwölf Monate nach dem Bilanzstichtag zu verschieben. Liegt die Refinanzierung bzw Zahlungsverschiebung nicht im Ermessen des Unt, wird die Schuld als current eingestuft (IAS 1.64).

Verletzt das Unt zum oder vor dem Bilanzstichtag bestimmte Darlehensbedingungen, wodurch die Rückzahlungsverpflichtung sofort eintritt *(payable on demand)*, wird die Schuld grds als current klassifiziert (IAS 1.65). Die Schuld darf nur dann weiterhin als non-current ausgewiesen werden, wenn der Kreditgeber bereits am Bilanzstichtag einer Schonfrist zugestimmt hat, die später als zwölf Monate nach dem Bilanzstichtag endet (IAS 1.65).

Latente Steuerschulden (deferred tax liabilities) dürfen nach IAS 1.70 nicht als current liabilities ausgewiesen werden.

3. Die weitere Untergliederung der kurz- und langfristigen Schulden

287 Innerhalb der oben dargestellten Gliederung der Schulden in current/non-current liabilities gibt IAS 1.68 Mindestangaben für die Bilanz vor, ohne hierfür eine bestimmte Reihenfolge oder Formate festzulegen (IAS 1.71). Demnach sind in der Bilanz mindestens die *Verbindlichkeiten aus Lfg und Leistungen* und *sonstige Verbindlichkeiten* (trade and other payables), die *verzinslichen Schulden* (financial liabilities), *Rückstellungen* (provisions) und *aktuelle* sowie *latente Steuerschulden* iSv IAS 12 (liabilities for current tax and deferred tax liabilities) separat auszuweisen.

Rückstellungen iSd § 249 *(provisions)* dürfen nach den IFRS nur dann passiviert werden, wenn sie die Kriterien einer liability erfüllen (vgl *Bohr* in Beck IFRS § 1 Anm 47). Ist dies der Fall, sind sie nach IAS 1.51 in der Bilanz grundsätzlich in current und non-current liabilities zu untergliedern. Zusätzlich sind nach IAS 1.75(d) entweder in der Bilanz oder in den Notes die personalbezogenen Rückstellungen getrennt von den übrigen Rückstellungen auszuweisen.

Ferner ist die Summe der Schulden anzugeben, die Geschäftseinheiten zuzurechnen sind, welche iSv IFRS 5 als zum Verkauf bestimmt anzusehen sind.

Hinzu kommen weitere Posten, Überschriften und Zwischensummen in der Bilanz, sofern diese für ein Verständnis der Vermögens- und Finanzlage eines Unt wesentlich sind (IAS 1.69). Die Entscheidung, ob zusätzliche Posten gesondert ausgewiesen werden, ist gem IAS 1.72(c) auf Basis der Beträge, der Art und der Fälligkeit der Schulden zu beurteilen.

Bei der weiteren Untergliederung der Schulden ist insb die Art der Geschäftstätigkeit des Unt zu berücksichtigen. Für die Gliederung der Bilanzen von Banken verweist IAS 1.71(b) bspw auf die Spezialvorschriften des IAS 30.

Sofern andere IFRS dies vorschreiben, sind die Schulden entweder in der Bilanz oder in den Notes weiter zu untergliedern (IAS 1.75).

Rechnungsabgrenzungsposten im Sinne des § 250 dürfen nach IAS 1.26 nur dann passiviert werden, wenn sie die im Rahmenkonzept festgelegten Kriterien einer liability erfüllen. Ist dies der Fall, werden sie je nach Fristigkeit unter den current bzw. non-current liabilities gezeigt.

IV. Gliederung des Eigenkapitals

288 Das EK ist nach IAS 1.75(e) aufzugliedern in eingezahltes Kapital (paid-in capital), Aktienagio (share premium) und Rücklagen (reserves). Die Untergliederung darf entweder in der Bilanz oder in den Notes erfolgen. Zusätzlich ist entweder in der Bilanz oder in den Notes für jede Klasse von Anteilen anzugeben (IAS 76(a)):

– Anzahl der genehmigten Anteile

- Anzahl der ausgegebenen und voll eingezahlten Anteile und die Anzahl der ausgegebenen und nicht voll eingezahlten Anteile
- Nennwert der Anteile bzw Hinweis, dass die Anteile keinen Nennwert besitzen
- Überleitungsrechnung der Anzahl der sich im Umlauf befindenden Anteile am Anfang und am Ende der Periode
- Rechte, Vorzugsrechte und Beschränkungen, die auf die jeweilige Anteilsklasse zutreffen, einschließlich Beschränkungen betr Dividendenausschüttung und Kapitalrückzahlung
- Anteile am Unt, die vom Unt selbst, von TU oder von assozUnt gehalten werden
- Anteile, die für eine Ausgabe auf Grund von Optionen und Verkaufsverträgen vorgehalten werden, unter Angabe der Modalitäten und Beträge.

Ferner sind entweder in der Bilanz oder in den Notes die Rücklagen nach Art und Zweck zu beschreiben (IAS 1.76(b)).

Minderheitsanteile (minority interest) sind nach IAS 1.68(o) innerhalb des in der Bilanz dargestellten EK zu zeigen. Ebenfalls in der Bilanz darzustellen sind gemäss IAS 1.68(p) das gezeichnete Kapital und die Rücklagen, die den Eigentümern des MU zuzurechnen sind.

Für Ges, die kein gezeichnetes Kapital aufweisen (zB Persges), verlangt IAS 1.77 die Angabe von gleichwertigen Informationen. Dabei sind für jede Klasse von Anteilsrechten anzugeben:
- Bewegungen während der Periode
- Rechte, Vorzugsrechte und Beschränkungen, die für die jeweilige Klasse von Anteilsrechten zutreffen.

§ 267 Umschreibung der Größenklassen

(1) **Kleine Kapitalgesellschaften sind solche, die mindestens zwei der drei nachstehenden Merkmale nicht überschreiten:**

1. 4 015 000 Euro Bilanzsumme nach Abzug eines auf der Aktivseite ausgewiesenen Fehlbetrags (§ 268 Abs. 3).
2. 8 030 000 Euro Umsatzerlöse in den zwölf Monaten vor dem Abschlußstichtag.
3. Im Jahresdurchschnitt fünfzig Arbeitnehmer.

(2) **Mittelgroße Kapitalgesellschaften sind solche, die mindestens zwei der drei in Absatz 1 bezeichneten Merkmale überschreiten und jeweils mindestens zwei der drei nachstehenden Merkmale nicht überschreiten:**

1. 16 060 000 Euro Bilanzsumme nach Abzug eines auf der Aktivseite ausgewiesenen Fehlbetrags (§ 268 Abs. 3).
2. 32 120 000 Euro Umsatzerlöse in den zwölf Monaten vor dem Abschlußstichtag.
3. Im Jahresdurchschnitt zweihundertfünfzig Arbeitnehmer.

(3) [1]**Große Kapitalgesellschaften sind solche, die mindestens zwei der drei in Absatz 2 bezeichneten Merkmale überschreiten.** [2]**Eine Kapitalgesellschaft gilt stets als große, wenn sie einen organisierten Markt im Sinne des § 2 Abs. 5 des Wertpapierhandelsgesetzes durch von ihr ausgegebene Wertpapiere im Sinne des § 2 Abs. 1 Satz 1 des Wertpapierhandelsgesetzes in Anspruch nimmt oder die Zulassung zum Handel an einem organisierten Markt beantragt worden ist.**

(4) [1]**Die Rechtsfolgen der Merkmale nach den Absätzen 1 bis 3 Satz 1 treten nur ein, wenn sie an den Abschlußstichtagen von zwei aufeinanderfolgenden Geschäftsjahren über- oder unterschritten werden.** [2]**Im Falle der Umwandlung**

oder Neugründung treten die Rechtsfolgen schon ein, wenn die Voraussetzungen des Absatzes 1, 2 oder 3 am ersten Abschlußstichtag nach der Umwandlung oder Neugründung vorliegen.

(5) **Als durchschnittliche Zahl der Arbeitnehmer gilt der vierte Teil der Summe aus den Zahlen der jeweils am 31. März, 30. Juni, 30. September und 31. Dezember beschäftigten Arbeitnehmer einschließlich der im Ausland beschäftigten Arbeitnehmer, jedoch ohne die zu ihrer Berufsausbildung Beschäftigten.**

(6) **Informations- und Auskunftsrechte der Arbeitnehmervertretungen nach anderen Gesetzen bleiben unberührt.**

Übersicht

Schrifttum: *Farr* Der Jahresabschluß der kleinen GmbH. Darstellung der größenabhängigen Erleichterungen ... sowie deren Grenzen GmbHR 1996, 92, 185; *ders* Der Jahresabschluß der mittelgroßen und der kleinen AG. Die größenabhängigen Erleichterungen ... sowie deren Grenzen AG 1996, 145; *Göhner* Neue Größenklassenkriterien der §§ 267 und 293 Abs 1 HGB: Besteht die Möglichkeit der Rückwirkung?, BB 2005, 207.

A. Allgemeines zu § 267

1 Die Abs 1 bis 3 definieren die Größenklassen der KapGes, die insb für die größenabhängigen Erleichterungen maßgebend sind, die hinsichtlich der Bilanz (§§ 266 Abs 1 S 3, 274 a), der GuV (§ 276), des Anhangs (§ 288), des Lagebe-

richts (Befreiung, § 264 Abs 1 S 3), der JAP (§ 316 Abs 1) und der Offenlegung (s §§ 325 ff) gewährt werden. Für den KA ist § 293 einschlägig.

Die derzeitigen Schwellenwerte bzgl der Bilanzsumme und der Umsatzerlöse (Anm 2–4) beruhen auf den Anhebungen durch das BilReG v 9. 12. 2004 (BGBl I, 3166). Sie sind auf nach dem 31. Dezember 2003 beginnende Gj **anzuwenden,** Art 58 Abs 1 EGHGB. Im Hinblick auf das dynamische Element in § 267 (zwei Jahre) sind die neuen Schwellenwerte für die Frage, ob sie an zwei aufeinanderfolgenden Stichtagen über- oder unterschritten sind, bereits für die Ermittlung des Vj maßgeblich (BT-Drs 15/3419, 57; *Pfitzer/Oser/Orth* Offene Fragen und Systemwidrigkeiten des Bilanzrechtsreformgesetzes (BilReG), DB 2004, 2594). Durch die Anpassung der Schwellenwerte kann folglich (im Jahr des Wechsels der Rechtsvorschriften) der Fall eintreten, dass eine Ges für dasselbe Gj nach unterschiedlichen Schwellenwerten zu beurteilen ist. Bspw kann die Ges zum Zeitpunkt der Beurteilung im Vj (auf den 31. 12. 2003) nach alter Rechtslage eine mittelgroße Ges gewesen sein und für das Gj 2004 (zu beurteilende Gj 2003 und 2004) unter Geltung der neuen Schwellenwerte an zwei aufeinander folgenden Gj zu den kleinen Ges zählen. Die Änderung erfolgt zur Umsetzung der Richtlinie 2003/38/EG des Rats v 13. 5. 2003 zur Änderung der Richtlinie 78/660/EWG über den Jahresabschluss von Gesellschaften bestimmter Rechtsformen hinsichtlich der in Euro ausgedrückten Beträge (Abl EU Nr. L 120 S. 22). Zur Frage, ob die Anhebung der Schwellenwerte um mehr als 10% mit EU-Recht vereinbar ist; vgl *Arbeitskreis Bilanzrecht der Hochschullehrer Rechtswissenschaft* Stellungnahme zum Referentenentwurf eines Bilanzrechtsreformgesetzes, BB 2004, 547.

§ 267 ist auch auf eG (§ 336 Abs 2 S 1) und KapCoGes (§ 264 a) anzuwenden. Für Kreditinstitute gelten Sondervorschriften (§ 340 a Abs 2), ebenso für VersicherungsUnt (§ 341 a Abs 2).

B. Die Größenklassen

I. Kleine Kapitalgesellschaften

Eine Klassifizierung als kleine KapGes/KapCoGes iSd Abs 1 erfordert, dass die Ges an bestimmten Stichtagen (s Anm 14 ff) **kumulativ** folgende beiden Bedingungen erfüllt: 2

1. Sie **überschreitet** mindestens zwei der drei nachfolgenden Schwellenwerte **nicht:**
   - Bilanzsumme (dazu Anm 6): € 4 015 000;
   - Umsatzerlöse (dazu Anm 7 f): € 8 030 000;
   - durchschnittliche Arbeitnehmerzahl (dazu Anm 9 ff): 50.
2. Sie **gilt nicht** gem Abs 3 S 2 **als große Kapitalgesellschaft.**

II. Mittelgroße Kapitalgesellschaften

Eine Klassifizierung als mittelgroße KapGes/KapCoGes iSd Abs 2 erfordert, dass die Ges an bestimmten Stichtagen (s Anm 14 ff) **kumulativ** folgende drei Bedingungen erfüllt: 3

1. Sie **überschreitet** mindestens zwei der drei nachfolgenden Schwellenwerte:
   - Bilanzsumme: € 4 015 000;
   - Umsatzerlöse: € 8 030 000;
   - durchschnittliche Arbeitnehmerzahl: 50.

2. Sie **überschreitet** mindestens zwei der drei nachfolgenden Schwellenwerte **nicht:**
   – Bilanzsumme: € 16 060 000;
   – Umsatzerlöse: € 32 120 000;
   – durchschnittliche Arbeitnehmerzahl: 250.
3. Sie **gilt nicht** gem Abs 3 S 2 **als große Kapitalgesellschaft.**

Es ist jedoch nicht erforderlich, dass mindestens zwei der drei Größenmerkmale innerhalb der genannten Schwellenwerte liegen. Eine mittelgroße KapGes/KapCoGes kann daher auch dann gegeben sein, wenn nur ein Größenmerkmal innerhalb der genannten Schwellenwerte liegt und ein anderes Größenmerkmal die Schwellenwerte überschreitet (Beispiel: Bilanzsumme: € 10 000 000, Umsatzerlöse: € 35 000 000, Zahl der im Jahresdurchschnitt beschäftigten Arbeitnehmer: 40).

III. Große Kapitalgesellschaften

4 Eine Klassifizierung als große KapGes/KapCoGes iSd Abs 3 S 1 erfordert, dass die Ges an bestimmten Stichtagen (s Anm 14 ff) **alternativ** eine der folgenden beiden Bedingungen erfüllt:

1. Sie **überschreitet** mindestens zwei der drei nachfolgenden Schwellenwerte:
   – Bilanzsumme: € 16 060 000;
   – Umsatzerlöse: € 32 120 000;
   – durchschnittliche Arbeitnehmerzahl: 250.
2. Sie **gilt** gem Abs 3 S 2 **als große Kapitalgesellschaft.** Dies ist stets (dh unabhängig von den tatsächlichen Größenmerkmalen der Ges) dann der Fall, wenn sie einen organisierten Markt (§ 2 Abs 5 WpHG) durch von ihr ausgegebene Wertpapiere (§ 2 Abs 1 S 1 WpHG: Aktien; Zertifikate, die Aktien vertreten; Schuldverschreibungen; Genussscheine; Optionsscheine und mit Aktien bzw Schuldverschreibungen vergleichbare Wertpapiere) in Anspruch genommen hat, wobei der Antrag auf Zulassung zum Handel reicht. Es besteht keine Beschränkung auf eine Börse in der EU. Der organisierte Markt umfasst in Deutschland den Amtlichen Markt (§§ 30 ff BörsG), den Geregelten Markt (§§ 49 ff BörsG) und den ehemaligen, zwischenzeitlich aber abgeschafften Neuen Markt (*Assmann* in Assmann/Schneider WpHG[3] § 2 Anm 96), obwohl nicht unmittelbar im BörsG geregelt (*Matschke/Schellhorn* in BoHdR § 267 Anm 35.3). Nicht zu einem organisierten Markt iSd WpHG zählt der Freiverkehr (§ 57 BörsG).

IV. Zur Bedeutung der Schwellenwerte

5 Die einzelnen Schwellenwerte einer Schwelle (= Grenze einer Größenklasse) sind **ranggleich.** Es ist somit stets unerheblich, welche der Schwellenwerte einer Schwelle überschritten werden. Allein die Tatsache des Überschreitens bzw Nicht-Überschreitens eines bestimmten Schwellenwerts ist entscheidend. Auf das Ausmaß des Über- oder Unterschreitens des Schwellenwerts kommt es nicht an. Eine nur geringfügige Überschreitung zweier Schwellenwerte einer Schwelle kann daher nicht etwa durch ein erhebliches Unterschreiten des dritten Schwellenwerts „ausgeglichen“ werden.

Wird ein Schwellenwert **genau erreicht,** liegt noch kein Überschreiten vor. Ein Überschreiten nur eines Schwellenwerts einer Schwelle ist stets bedeutungslos. Es ist gleichfalls unerheblich, ob nur zwei oder aber alle drei Schwellenwerte einer Schwelle überschritten werden.

C. Die Größenmerkmale

I. Bilanzsumme

Die maßgebliche Bilanzsumme iSd in den Anm 2–4 genannten Größenmerkmalen ist die Summe der **Aktivseite** der gem den §§ 264 ff auf den betreffenden Abschlussstichtag aufgestellten Bilanz, vermindert um einen ggf auf der Aktivseite ausgewiesenen Fehlbetrag iSd § 268 Abs 3. Zu vermindern ist die Bilanzsumme einer KapCoGes um den gem § 264 c Abs 2 S 5 auszuweisenden Betrag. Gleiches gilt bei der KGaA für einen nicht durch Vermögenseinlagen gedeckten Verlustanteil der phG iSv 286 Abs 2 S 3 Halbsatz 2 AktG, sofern keine Verpflichtung besteht, einen den Kapitalanteil übersteigenden Verlustanteil auszugleichen. Im Falle einer Verlustausgleichsverpflichtung stellt der nach § 286 Abs 2 S 3 Halbsatz 1 AktG auszuweisende Betrag (Einzahlungsverpflichtung pHG) keinen Korrekturposten dar. Bilanzvermerke (Angaben „unter dem Strich") sind nicht zu berücksichtigen. 6

Eine zulässige Ausübung von Wahlrechten (Bilanzierungswahlrechte: § 269, § 255 Abs 4, § 250 Abs 1 S 2, § 250 Abs 3, § 274 Abs 2 S 1; Bewertungswahlrechte: § 255 Abs 2, 3, § 253 Abs 5 und § 254 S 2 iVm § 280 Abs 2; Ausweiswahlrechte: § 272 Abs 1 S 3, § 268 Abs 5 S 2, § 254 iVm § 281 Abs 1 S 1) darf für die Ermittlung der Bilanzsumme iSd § 267 nicht korrigiert werden. Es sind daher zB in Anspruch genommene Bilanzierungshilfen ebenso wenig zu eliminieren wie steuerrechtliche Sonderabschreibungen, die gem § 281 Abs 1 S 1 in den Sonderposten mit Rücklagenanteil eingestellt worden sind. Auch Sonderposten iSd § 17 Abs 4 DMBilG (Sonderverlustkonten) und des § 24 Abs 5 DMBilG (Beteiligungsentwertungskonten) dürfen nicht eliminiert werden. Umgekehrt sind zB Absetzungen gem § 268 Abs 5 S 2 oder gem § 272 Abs 1 S 3 nicht wieder hinzuzurechnen. Nachdem auch keine (begründete) Ausnahme iSv § 252 Abs 2 vorliegt, ist es wegen des Stetigkeitsgebots (§ 252 Abs 1 Nr 2) nicht zulässig, zum Zwecke der Ermittlung des Größenmerkmals „Bilanzsumme" eine – zB durch eine andere Ausübung von Bewertungswahlrechten – von der HB abweichende Bilanz aufzustellen. Durch die Art der Ausübung von Bilanzierungs- und Bewertungswahlrechten in der HB lässt sich jedoch auch die Bilanzsumme iSd § 267 beeinflussen, sofern diese Wahlrechte für die Aktivseite der Bilanz von Bedeutung sind. Angesichts des eindeutigen Wortlauts darf die Bilanzsumme auch nicht bei (kurzfristigen) Sachverhaltsgestaltungen um den Bilanzstichtag (zB kurzfristige Pensionsgeschäfte) verändert werden.

II. Umsatzerlöse

Die maßgeblichen Umsatzerlöse iSd Größenmerkmale sind ihrer Art nach die **Umsatzerlöse iSd § 277 Abs 1,** dh die Erlöse aus dem Verkauf und der Vermietung oder Verpachtung von für die gewöhnliche Geschäftstätigkeit der KapGes/KapCoGes typischen Erzeugnissen und Waren sowie aus für die gewöhnliche Geschäftstätigkeit der Ges typischen Dienstleistungen nach Abzug von Erlösschmälerungen und der USt. Das Größenmerkmal Umsatzerlöse umfasst also nur diejenigen Umsätze, die eine betriebstypische Leistung an Dritte darstellen. Maßgeblich ist hierbei das tatsächliche Erscheinungsbild des betr Unt. Nicht betriebstypische Nebengeschäfte und Innenumsätze sind zu eliminieren. Zu den vielfältigen Abgrenzungsfragen s § 275 Anm 54. 7

Erlöse, die in der GuV der KapGes/KapCoGes nicht als Umsatzerlöse iSd § 277 Abs 1 auszuweisen sind, dürfen bei der Ermittlung des Größenmerkmals Umsatzerlöse nicht berücksichtigt werden. Daher sind zB die Erträge einer **Holdinggesellschaft** aus Beteiligungen oder aus Wertpapieren des Finanzanlagevermögens sowie sonstige Zinsen und ähnliche Erträge im Rahmen des § 267 ohne Bedeutung, obwohl sie typische Erträge einer Holdinggesellschaft sind.

8 Für die Größenkriterien können aber nicht immer die in der GuV ausgewiesenen Umsatzerlöse verwendet werden. Denn im Rahmen des § 267 sind stets die Umsatzerlöse der letzten **zwölf Monate** vor dem maßgebenden Abschlussstichtag zugrunde zu legen. Im Fall eines **Rumpf-Gj** sind daher die Umsätze der entspr letzten Monate des vorangegangenen Gj der KapGes/KapCoGes mit heranzuziehen. Diese Vorjahresumsätze werden dadurch bei der Ermittlung der Größenmerkmale für zwei verschiedene Bilanzstichtage (dh doppelt) berücksichtigt.

Die betr Monatsumsätze des Vj sind grds mit den effektiven Monatszahlen anzusetzen, was idR anhand der monatlichen USt-Voranmeldungen ohne Schwierigkeiten möglich ist. Eine Ermittlung durch Proportionalisierung des gesamten Vjumsatzes darf nur erfolgen, wenn eine Einzelermittlung der Monatsumsätze ausnahmsweise nicht möglich ist und auch die betr Quartalsumsätze nicht für eine Proportionalisierung zur Verfügung stehen (*Knop* in HdR[5] § 267 Anm 13).

Eine Kompensation der bei einem Rumpf-Gj fehlenden Monate durch eine **Hochrechnung** der Umsätze der vorhandenen Monate ist nach hM **nicht zulässig.** Dies gilt auch bei Neugründungen, die mit einem Rumpf-Gj beginnen; hier ist nur der effektive Umsatz des Rumpf-Gj zu berücksichtigen (glA *Knop* in HdR[5] § 267 Anm 29; aA *ADS*[6] § 267 Anm 19). S aber Anm 23 bzgl der VorGes.

III. Zahl der Arbeitnehmer (Abs 5)

9 Der **Begriff des Arbeitnehmers** iSd Größenmerkmale bestimmt sich nach den allgemeinen Grundsätzen des Arbeitsrechts (*ADS*[6] § 267 Anm 13; *Matschke/Schellhorn* in BoHdR § 267 Anm 23). Arbeitnehmer ist danach jede natürliche Person, die auf Grund eines privatrechtlichen Vertrags einem anderen zur Leistung fremdbestimmter Arbeit in persönlicher Abhängigkeit verpflichtet ist (*BAG* 8. 6. 1967 DB, 1374). Auf die Rechtswirksamkeit des Vertrags kommt es nicht an, solange er tatsächlich durchgeführt wird (*BAG* 25. 4. 1963 DB, 933). Die begrifflichen Bestimmungen anderer Gesetze (zB § 5 ArbGG; § 1 LStDV) sind nicht maßgebend, können aber hilfsweise herangezogen werden. Auslandstätigkeit beeinflusst die Arbeitnehmereigenschaft nicht (Abs 5). Gleichfalls ist die Staatsangehörigkeit eines Arbeitnehmers ohne Bedeutung.

10 **Arbeitnehmer** iSd Größenmerkmale **sind auch:** Heimarbeiter; Schwerbehinderte; wegen Mutterschaftsurlaubs Abwesende; in einem Probearbeitsverhältnis Befindliche; unselbständige Handelsvertreter (Reisende); wegen Wehrübungen kurzfristig abwesende Arbeitnehmer; Teilzeitbeschäftigte, auch wenn ihre Tätigkeit nur geringfügig ist; Aushilfskräfte.

11 **Keine Arbeitnehmer** iSd Größenmerkmale sind dagegen zB:

- gesetzliche Vertreter der KapGes (Vorstandsmitglieder, phG einer KGaA, soweit sie nicht durch GesVertrag von der Vertretung ausgeschlossen sind, Geschäftsführer);
- Mitglieder eines gesrechtlichen Aufsichtsorgans (AR, Verwaltungsrat, Beirat sofern mit Aufsichts- und nicht bloß Beratungsfunktion), sofern es sich nicht um Arbeitnehmervertreter handelt;

- mitarbeitende Familienangehörige eines Gesters, sofern mit diesen Personen kein Arbeitsvertrag abgeschlossen wurde;
- Personen, die nicht in den Betrieb eingeordnet sind, zB weil sie ihre Arbeitszeit selbst bestimmen können (wie zB vertraglich verpflichtete Rechtsanwälte, andere Freiberufler oder Künstler);
- Leiharbeitnehmer iSd AÜG, soweit sie arbeitsrechtlich keine Arbeitnehmer der KapGes/KapCoGes sind (sie sind idR Arbeitnehmer des Verleihers);
- die im Rahmen eines öffentlich-rechtlichen Verhältnisses Tätigen, zB Beamte;
- den Grundwehrdienst leistende Wehrpflichtige, auch wenn das Arbeitsverhältnis durch die Einberufung nicht aufgelöst wird; gleiches gilt für den Ersatzdienst Leistende;
- zur Arbeitsleistung zugewiesene Strafgefangene;
- Personen, deren Beschäftigung auf einem anderen privatrechtlichen Verhältnis als einem Dienstvertrag (nämlich zB auf einem Werkvertrag oder einem GesVertrag) beruht;
- auf Grund einer Vorruhestands- oder Altersfreizeitregelung ausgeschiedene Arbeitnehmer, bei denen die Hauptpflichten aus dem Arbeitsverhältnis ruhen;
- die zu ihrer Berufsausbildung Beschäftigten (Abs 5), also Auszubildende iSd Berufsbildungs-Gesetzes, Anlernlinge, Umschüler, Volontäre und Praktikanten;
- Arbeitnehmer im Erziehungsurlaub, da das Arbeitsverhältnis ruht (BAG v. 15. 2. 94 – 3 AZR 708/93, AP BetrAVG § 1 Gleichberechtigung Nr. 12).

Für die Größeneinteilung der KapGes/KapCoGes ist der **Jahresdurchschnitt** 12
der bei ihr beschäftigten Arbeitnehmer maßgeblich. Er ist nach Abs 5 gleich dem vierten Teil der Summe aus den Zahlen der jeweils am 31. März, 30. Juni, 30. September und 31. Dezember des betr Gj beschäftigten Arbeitnehmer. Wie lange die Beschäftigung vor dem jeweiligen Quartalsende schon bestanden hat und wie lange sie nach dem Quartalsende noch fortdauert, ist unerheblich. Entscheidend sind vielmehr allein die arbeitsrechtlichen Verhältnisse an dem letzten Arbeitstag des Quartals. Einzubeziehen in die jeweilige Quartalszahl sind daher auch noch diejenigen Arbeitnehmer, deren Arbeitsverhältnis am letzten Arbeitstag des betr Quartals endet.

Teilzeitbeschäftigte sind voll und nicht etwa nur pro rata temporis ihrer vereinbarten durchschnittlichen täglichen Arbeitszeit zu erfassen. Ebenso sind außerplanmäßige, ihrer Art nach vorübergehende Leistungsunterbrechungen bzw -verkürzungen, wie sie zB durch Krankheit oder sonstige Fehlzeiten des Arbeitnehmers, durch Streiks oder durch Kurzarbeit verursacht werden, bei der Ermittlung der relevanten Arbeitnehmerzahl nicht mindernd zu berücksichtigen (glA *Matschke/Schellhorn* in BoHdR § 267 Anm 29).

Bei **Rumpf-Gj** sind die fehlenden entspr Quartalszahlen des vorangegangenen 13
Gj der KapGes/KapCoGes mit heranzuziehen. Ist das erste Gj ein Rumpf-Gj, sind lediglich dessen Quartalszahlen für die Durchschnittsberechnung zu berücksichtigen; der „Jahresdurchschnitt" wird dabei durch das arithmetische Mittel dieser Quartalszahlen gebildet (glA *Knop* in HdR[5] § 267 Anm 16; *ADS*[6] § 267 Anm 15). Fällt in das erste Rumpf-Gj kein Quartalsende, ist die Arbeitnehmerzahl am Bilanzstichtag maßgebend (glA *ADS*[6] aaO).

D. Die zeitlichen Voraussetzungen der Klassifizierung

I. Die grundsätzliche Regelung

14 Nach Abs 4 S 1 setzt eine Klassifizierung einer KapGes (oder eG bzw KapCoGes, Anm 1) als kleine, mittelgroße oder große Ges voraus, dass die für die jeweilige Klassifizierung maßgebenden **Schwellenwerte** nicht nur einmalig, sondern an den Abschlussstichtagen von **zwei aufeinander folgenden Geschäftsjahren** über- oder unterschritten worden sind. Rumpf-Gj zählen hierbei als volle Gj (s aber Anm 8 und 13 wegen der Berechnung der Umsatzerlöse und der Arbeitnehmerzahl bei Rumpf-Gj).

Eine KapGes/KapCoGes ist daher nur dann als kleine, mittelgroße oder große Ges zu behandeln, wenn sie die erforderlichen Merkmale auch schon am Bilanzstichtag des vorangegangenen Gj aufgewiesen hat. Die jeweiligen Größenmerkmale müssen dabei sowohl am Abschlussstichtag als auch an dem vorangegangenen Bilanzstichtag gem § 267 ermittelt worden sein. Es ist jedoch nicht notwendig, dass es an beiden Stichtagen dieselben Schwellenwerte sind, die überschritten bzw nicht überschritten werden. So ist eine KapGes/KapCoGes zB auch dann als große Ges zu klassifizieren, wenn am Abschlussstichtag nur die betr Schwellenwerte bzgl der Bilanzsumme und der Umsatzerlöse und am vorhergegangenen Abschlussstichtag nur die Schwellenwerte betr der Bilanzsumme und der Arbeitnehmerzahl überschritten worden sind.

Ein **erstmaliges** oder **einmaliges Überschreiten** bzw Nicht-Mehr-Überschreiten der Schwellenwerte ist daher grds **unbeachtlich.** So verliert eine kleine KapGes/KapCoGes diesen Status nicht, wenn sich zB infolge einer nur vorübergehenden Geschäftsausweitung ihre Bilanzsumme und ihre Umsatzerlöse in einem Jahr über die in Anm 2 genannten Schwellenwerte hinaus ausweiten, aber im folgenden Jahr diese Schwellenwerte nicht überschreiten. S hierzu die Tabelle zu Anm 20.

15 Schwierigkeiten bzgl der Klassifizierung ergeben sich allerdings dann, wenn sich eine KapGes/KapCoGes **in ständigem Wechsel** zwischen zwei oder gar allen drei Größenklassen hin- und herbewegt. In derartigen Fällen sind folgende Regeln zu beachten:

16 **a)** Hat eine Ges in **zwei aufeinander folgenden** Gj die **Merkmale derselben Größenklasse** aufgewiesen, ist sie dieser Größenklasse zuzuordnen. Die in früheren Gj gegebenen Merkmale spielen in dieser Fallgruppe für die jetzige und für die zukünftige Klassifizierung keine Rolle mehr.

17 **b)** Weist eine Ges, die in einem bestimmten Jahr (zB im Jahr 1) eindeutig (zB als mittelgroße KapGes) klassifiziert worden ist, in den **jeweils übernächsten** Gj (im Beispiel also in den Jahren 3, 5, 7 usw) stets die **Merkmale derselben Größenklasse** auf (im Beispiel also diejenigen einer mittelgroßen Ges), ist sie auch in den dazwischenliegenden Jahren (im Beispiel also in den Jahren 2, 4, 6 usw) stets unverändert (im Beispiel also als mittelgroße Ges) zu klassifizieren. Es ist hierbei völlig unerheblich, welche Merkmale sie in den dazwischenliegenden Jahren aufweist, da in diesen Jahren jeweils nur ein einmaliges (und damit unbeachtliches) Über- oder Unterschreiten der betreffenden Schwellenwerte vorliegt.

18 **c)** Weist eine Ges in **drei aufeinander folgenden** Gj in auf- oder absteigender Reihenfolge nacheinander die **Merkmale aller drei Größenklassen** auf (also zB im Jahr 1 die der kleinen, im Jahr 2 die der mittelgroßen und im Jahr 3 die der großen KapGes), ist sie am Ende des dritten Gj als mittelgroße Ges zu klassifi-

zieren. Denn eine Klassifizierung als kleine Ges kommt im Beispiel deshalb nicht mehr in Betracht, weil im Jahr 2 und im Jahr 3 die Schwellenwerte zur mittelgroßen Ges überschritten worden sind. Eine Klassifizierung als große Ges ist im Beispiel aber ebenfalls nicht zulässig, weil die Schwellenwerte zur großen Ges im Jahr 3 erstmalig überschritten worden sind. Es bleibt daher nur eine Klassifizierung als mittelgroße Ges, obwohl die Ges möglicherweise niemals in zwei aufeinander folgenden Gj die Merkmale einer mittelgroßen Ges aufgewiesen hat.

d) Die größten Schwierigkeiten bzgl der Klassifizierung bestehen dann, wenn 19
sich die **Merkmale der großen und der kleinen Gesellschaft** in zwei aufeinander folgenden Gj – egal in welcher Reihenfolge – **unmittelbar ablösen** und im Jahr davor die Merkmale der mittelgroßen Ges gegeben waren (Beispiel: Im Jahr 4 liegen die Merkmale der mittelgroßen, im Jahr 5 die der kleinen und im Jahr 6 die der großen Ges vor). Hier hängt die Klassifizierung des letzten Jahres (im Beispiel: des Jahres 6) von derjenigen Klassifizierung ab, die sich auf Grund der Merkmale noch früherer Jahre (im Beispiel: der Jahre 1–3) für das vorletzte Jahr (im Beispiel: das Jahr 5) bzw für das drittletzte Jahr (im Beispiel: das Jahr 4) ergab. Die in derartigen Fällen vorzunehmende jeweilige konkrete Klassifizierung ist aus der tabellarischen Übersicht in Anm 20 zu ersehen (s dort insb die lfd Nrn 8–13 und 40–45).

In der nachfolgenden **tabellarischen Übersicht** sind die wichtigsten in Be- 20
tracht kommenden **Fallkombinationen** zusammengestellt. Dabei wurde unterstellt, dass die KapGes/KapCoGes im Jahr 1 gegründet worden ist und dass ihre Klassifizierung zum Ende des 6. Gj ermittelt werden soll. Die Gliederung der Fälle wurde daher aus der Sicht des 6. Jahrs (also zurückblickend) vorgenommen.

Laufende Nr	Isolierte Beurteilung am jeweiligen Jahresende						Klassifizierung im 6. Jahr gem § 267 Abs 4
	1. Jahr	2. Jahr	3. Jahr	4. Jahr	5. Jahr	6. Jahr	
1	..	..	..	..	K	K	K
2	..	..	K	K	..	K	K
3	K	K	..	K	..	K	K
4	..	..	..	M	M	K	M
5	..	M	M	..	M	K	M
6	M	..	M	..	M	K	M
7	..	..	..	G	M	K	M
8	..	..	K	M	G	K	M
9	..	..	M	M	G	K	M
10	K	M	G	M	G	K	M
11	M	K	G	M	G	K	M
12	G	..	G	..	G	K	G
13	..	G	G	..	G	K	G
14	..	..	..	G	G	K	G
15	..	..	..	..	M	M	M
16	..	..	M	M	..	M	M
17	M	M	..	M	..	M	M
18	..	..	..	K	K	M	K
19	..	K	K	..	K	M	K
20	K	..	K	..	K	M	K
21	G	M	K	M	K	M	M
22	M	G	K	M	K	M	M
23	..	..	G	M	K	M	M
24	G	M	K	G	K	M	M
25	M	G	K	G	K	M	M
26	..	..	M	G	K	M	M

Laufende Nr	Isolierte Beurteilung am jeweiligen Jahresende						Klassifizierung im 6. Jahr gem § 267 Abs 4
	1. Jahr	2. Jahr	3. Jahr	4. Jahr	5. Jahr	6. Jahr	
27	..	..	G	G	K	M	M
28	..	..	K	K	G	M	M
29	..	..	M	K	G	M	M
30	M	K	G	K	G	M	M
31	K	M	G	K	G	M	M
32	..	..	K	M	G	M	M
33	G	..	G	..	G	M	G
34	..	G	G	..	G	M	G
35	..	..	..	G	G	M	G
36	..	..	..	..	G	G	G
37	..	..	G	G	..	G	G
38	G	G	..	G	..	G	G
39	..	..	..	K	K	G	K
40	K	..	K	..	K	G	K
41	..	K	K	..	K	G	K
42	G	M	K	M	K	G	M
43	M	G	K	M	K	G	M
44	..	..	M	M	K	G	M
45	..	..	G	M	K	G	M
46	..	..	..	K	M	G	M
47	..	..	..	M	M	G	M
48	..	M	M	..	M	G	M
49	M	..	M	..	M	G	M

Die in der Tabelle in Anm 20 verwendeten Symbole bedeuten:

K = klein,
M = mittelgroß,
G = groß,
.. = die Größenmerkmale des betr Jahrs sind für die Klassifizierung zum Ende des 6. Jahrs unerheblich (hier kann also jedes der 3 anderen Symbole eingesetzt werden, ohne das Ergebnis zu beeinflussen).

II. Besonderheiten bei Neugründung und Umwandlung

21 In Fällen der Neugründung oder einer Umw iSd UmwG treten die Rechtsfolgen des Vorliegens der Größenklassenmerkmale gem Abs 4 S 2 bereits dann ein, wenn die betr Merkmale **am ersten Abschlussstichtag** nach der Umw oder Neugründung gegeben sind. Es bedarf hier nicht des Vorliegens dieser Merkmale an zwei aufeinander folgenden Bilanzstichtagen. Vielmehr ergibt sich die Klassifizierung in den genannten Fällen (einmalig) allein aus denjenigen Größenmerkmalen, die am ersten Bilanzstichtag nach dem rechtlichen Wirksamwerden der betr gesrechtlichen Maßnahme gegeben sind. (Für die darauf folgenden Bilanzstichtage ist dann wieder die Regelung des Abs 4 S 1 zu beachten; s Anm 14 ff).

22 Die Größenmerkmale von Unt, aus denen die Ges durch Neugründung oder Umw hervorgegangen ist, haben somit grds keinerlei Bedeutung für die Klassifizierung der zu beurteilenden Ges. Aber auch die bisherigen Größenmerkmale und die bisherige Klassifizierung einer fortbestehenden Ges, die ein anderes Unt mittels einer Verschmelzung oder einer Spaltung zur Aufnahme in sich integriert hat, verlieren grds jede Relevanz für die nach der Umw vorzunehmende Klassifizierung (aA *Bethmann* Zur Prüfungspflicht einer kleinen Kapitalgesellschaft nach erfolgter Verschmelzung DB 1992, 797). Hiervon ist die Frage zu trennen,

ob für die Ermittlung der **neuen** Größenmerkmale auch vor der Umw liegende Zeiträume zu berücksichtigen sein können (dazu Anm 27 f).

Eine **Neugründung** einer Ges iSd Abs 4 S 2 kann sowohl eine Bargründung als auch eine Sachgründung (zB auch durch Sacheinlage des vollständigen Betriebs einer anderen Ges) sein. Es muss sich nicht immer um eine Gründung im Rechtssinne handeln; auch eine nur wirtschaftliche Wiederbelebung (zB einer ruhenden Ges nach einem sog „Mantelkauf") stellt eine wirtschaftliche Neugründung iSd Abs 4 dar. **23**

Eine Neugründung ist erst vollzogen, wenn die neu errichtete Ges im HR eingetragen worden ist. Das erste (Rumpf-)Gj beginnt daher – streng genommen – auch erst zu diesem Zeitpunkt. Wenn eine KapGes ihren Geschäftsbetrieb aber als sog **Vorgesellschaft** bereits vor diesem Zeitpunkt aufgenommen hatte, ist die vor der Eintragung der GesGründung liegende Zeit der Geschäftstätigkeit bei der Berechnung sowohl der maßgeblichen Umsatzerlöse als auch der Zahl der durchschnittlich beschäftigten Arbeitnehmer insoweit zu berücksichtigen, als das erste (Rumpf-)Gj weniger als 12 Monate hat (Anm 8 und 13). Denn der Tag der Registereintragung ist aus der Sicht der KapGes ein völlig willkürliches Datum ohne betriebliche Relevanz und bildet daher in derartigen Fällen keinen dem Gesetzeszweck entspr Startpunkt für die Ermittlung der Größenmerkmale (glA *ADS*[6] § 267 Anm 19). Gleiches gilt bei KapCoGes, die ihren Geschäftsbetrieb vor der Eintragung im HR aufgenommen haben (§§ 123 Abs 2, 161 Abs 2).

Eine **Umwandlung** iSd Abs 4 S 2 kann eine Verschmelzung iSd § 2 UmwG, eine Spaltung iSd § 123 UmwG, eine Vermögensübertragung iSd §§ 180 ff UmwG oder ein Formwechsel iSd § 190 UmwG sein, da der Wortlaut des Abs 4 S 2 keinerlei Einschränkungen bzgl der Art der Umw enthält. Stets muss es aber – entspr dem persönlichen Geltungsbereich des § 267 (§ 264 Anm 1 und hier Anm 1) – eine KapGes oder eine KapCoGes sein, die entweder durch die betr Umw entsteht oder aber die aufnehmende Ges ist. **25**

Abs 4 S 2 gilt auch für den übertragenden Rechtsträger, wenn er nach einer Umw fortbesteht (bspw bei einer Abspaltung oder Ausgliederung). Hätte der Gesetzgeber eine unterschiedliche Behandlung von übertragendem und aufnehmendem Rechtsträger gewollt, bedürfte es einer ausdrücklichen Regelung wie bspw in § 2 Abs 1 S 2 PublG (vgl *ADS*[6] § 2 PublG Anm 19).

Es überrascht, dass Formwechsel einer KapGes in eine andere KapGes iSd §§ 238 bis 250 UmwG nicht ausgenommen worden sind. Denn bei dieser Art der Umw wird weder die rechtliche Identität der juristischen Person berührt, noch entsteht hier – im Gegensatz zum Formwechsel zB einer Körperschaft des öffentlichen Rechts in eine AG gem § 301 UmwG – erstmals eine den §§ 264 ff unterworfene KapGes. Auch aus wirtschaftlicher Sicht wird keine neue, vergrößerte Einheit geschaffen, da das Vermögen, der Umsatz und die Zahl der Arbeitnehmer bei einem Formwechsel in keiner Weise verändert werden. Die Anwendung des Abs 4 S 2 auf derartige Umw ergibt daher wenig Sinn. Andererseits sind aber auch keine zwingenden Gründe ersichtlich, die Anwendung dieser Vorschrift auf formwechselnde Umw einer KapGes in eine andere entgegen dem Gesetzeswortlaut mittels einschränkender Auslegung der Norm auszuschließen (aA *ADS*[6] § 267 Anm 24). **26**

Bei vielen Umw ist es zulässig und üblich, die Maßnahme mit schuldrechtlicher und steuerrechtlicher **Rückwirkung** zu beschließen (s zB §§ 5 Abs 1 Nr 6 UmwG, 2 Abs 1 UmwStG). Dabei wird der dem Umw-Stichtag folgende Tag in der Praxis regelmäßig bereits als Beginn des ersten Gj der neu entstandenen KapGes/KapCoGes (bzw als Zeitpunkt der Integration der übertragenden in die aufnehmende Ges) behandelt (und zwar insb bzgl der Rechnungslegung), ob- **27** wohl die Entstehung der neuen Ges bzw der Vermögensübergang rechtlich erst mit der Eintragung der Maßnahme im HR stattfindet. In derartigen Fällen ist der so gewählte Beginn des betreffenden Gj (bzw der unterstellte Integrationszeitpunkt) konsequenterweise auch für die Ermittlung der Größenmerkmale Umsatzerlöse und Arbeitnehmerzahl zugrunde zu legen, zumal der Tag der HR-Eintragung auch hier ein willkürliches Datum ohne betriebliche Relevanz ist (Anm 23 aE; glA *ADS*[6] § 267 Anm 21).

28 Fällt bei einer Umw zur Aufnahme der gewählte Stichtag der Maßnahme *nicht* mit einem Gj-Ende der aufnehmenden KapGes/KapCoGes zusammen, sind die Daten des übertragenden Rechtsträgers für die Größeneinstufung der aufnehmenden Ges heranzuziehen (*Förschle/Kropp* in Sonderbilanzen[3] D Anm 110; *ADS*[6] § 267 Anm 22, *Matschke/Schellhorn* in BoHdR § 267 Anm 42). Dies folgt im Wesentlichen aus der Gesamtrechtsnachfolge im Rahmen von Umw, die nicht vollständig greifen würde, wenn sie nicht auch in diesem tatsächlichen Bereich anzuwenden wäre. Insgesamt wird damit der wirtschaftlichen Betrachtungsweise gefolgt (*ADS*[6] § 267 Anm 21), deren Anwendung im Rahmen des § 267 zu mit Sinn und Zweck der Vorschrift angemessenen Ergebnissen kommt.

Entspr gilt, wenn am Stichtag einer Umw zur Neugründung oder zur Aufnahme ein **Rumpf-Gj** der neuen bzw der aufnehmenden Ges **beginnt.** Auch hier sind für die an einem vollen Kj fehlenden Zeiträume die entspr Zahlen der übertragenden Unt heranzuziehen.

29 Abs 4 S 2 gilt aus vergleichbaren Gründen auch für schlichte **Anwachsungen** wie zB infolge des Austritts des letzten Kommanditisten aus einer GmbH & Co KG.

E. Informationsrechte der Arbeitnehmervertretungen (Abs 6)

30 Gem Abs 6 bleiben die nach anderen Gesetzen (wie zB nach § 108 Abs 5 BetrVG) bestehenden Informations- und Auskunftsrechte der Arbeitnehmervertretungen (dh insb der Betriebsräte, der Wirtschaftsausschüsse iSd § 106 BetrVG und der Arbeitnehmervertreter im AR) von den Rechtsfolgen, die sich aus der Größenklasseneinteilung iSd § 267 ergeben, **unberührt.** Dies bedeutet, dass die für kleine und für mittelgroße KapGes/KapCoGes geltenden Erleichterungen bzgl der Offenlegung (§§ 325 ff), die nach dem Betriebsverfassungsrecht bestehenden Rechte der Arbeitnehmer auf Erl des JA nicht beeinträchtigen. Nicht offenzulegende Teile des JA (wie zB die GuV einer kleinen KapGes/KapCoGes, § 326) sind daher den zuständigen Arbeitnehmervertretungen dennoch in dem betriebsverfassungsrechtlich gebotenen Ausmaß vorzulegen.

F. Rechtsfolgen einer Verletzung des § 267

31 Da § 267 praktisch nur Definitionen enthält, ist eine Verletzung dieser Vorschrift selbst nicht möglich.

G. Zur steuerrechtlichen Bedeutung des § 267

32 Die Größenklasseneinteilung des § 267 hat keine steuerrechtliche Bedeutung.

H. Zur Bedeutung des § 267 im Rahmen des Publizitätsgesetzes

§ 1 Abs 1 PublG enthält eine eigene Größenklasseneinteilung mit Schwellenwerten von € 65 Millionen Bilanzsumme, € 130 Millionen Umsatzerlösen und einer Arbeitnehmerzahl von 5000 (s § 293 Anm 40ff). Außerdem gibt § 1 Abs 2 PublG zum Teil abweichende Regelungen zur Bestimmung der Größenmerkmale. Aufgrund dieser Spezialregelungen ist § 267 nicht auf Unt anwendbar, die dem PublG unterliegen (§ 5 PublG). 33

I. Abweichungen der IFRS

Die IFRS selbst kennen keine Unterscheidung nach Größenmerkmalen. Für das Ergebnis je Aktie *(earnings per share)* wird in IAS 33 und für die Segmentberichterstattung in IAS 14 zwischen (vereinfacht) börsen- und nicht börsennotierten Unt unterschieden. Die *Working Group on NPAEs* soll zudem Standards für *non-publicly accountable entities* (NPAEs) ermitteln und löst die Arbeitsgruppe für *small and medium sized entities* (SMEs) ab. 34

§ 268 Vorschriften zu einzelnen Posten der Bilanz. Bilanzvermerke

(1) [1]**Die Bilanz darf auch unter Berücksichtigung der vollständigen oder teilweisen Verwendung des Jahresergebnisses aufgestellt werden.** [2]**Wird die Bilanz unter Berücksichtigung der teilweisen Verwendung des Jahresergebnisses aufgestellt, so tritt an die Stelle der Posten „Jahresüberschuß/Jahresfehlbetrag" und „Gewinnvortrag/Verlustvortrag" der Posten „Bilanzgewinn/Bilanzverlust"; ein vorhandener Gewinn- oder Verlustvortrag ist in den Posten „Bilanzgewinn/Bilanzverlust" einzubeziehen und in der Bilanz oder im Anhang gesondert anzugeben.**

(2) [1]**In der Bilanz oder im Anhang ist die Entwicklung der einzelnen Posten des Anlagevermögens und des Postens „Aufwendungen für die Ingangsetzung und Erweiterung des Geschäftsbetriebs" darzustellen.** [2]**Dabei sind, ausgehend von den gesamten Anschaffungs- und Herstellungskosten, die Zugänge, Abgänge, Umbuchungen und Zuschreibungen des Geschäftsjahrs sowie die Abschreibungen in ihrer gesamten Höhe gesondert aufzuführen.** [3]**Die Abschreibungen des Geschäftsjahrs sind entweder in der Bilanz bei dem betreffenden Posten zu vermerken oder im Anhang in einer der Gliederung des Anlagevermögens entsprechenden Aufgliederung anzugeben.**

(3) **Ist das Eigenkapital durch Verluste aufgebraucht und ergibt sich ein Überschuß der Passivposten über die Aktivposten, so ist dieser Betrag am Schluß der Bilanz auf der Aktivseite gesondert unter der Bezeichnung „Nicht durch Eigenkapital gedeckter Fehlbetrag" auszuweisen.**

(4) [1]**Der Betrag der Forderungen mit einer Restlaufzeit von mehr als einem Jahr ist bei jedem gesondert ausgewiesenen Posten zu vermerken.** [2]**Werden unter dem Posten „sonstige Vermögensgegenstände" Beträge für Vermögensgegenstände ausgewiesen, die erst nach dem Abschlußstichtag rechtlich entstehen, so müssen Beträge, die einen größeren Umfang haben, im Anhang erläutert werden.**

(5) [1]**Der Betrag der Verbindlichkeiten mit einer Restlaufzeit bis zu einem Jahr ist bei jedem gesondert ausgewiesenen Posten zu vermerken.** [2]**Erhaltene Anzahlungen auf Bestellungen sind, soweit Anzahlungen auf Vorräte nicht von**

dem Posten „Vorräte" offen abgesetzt werden, unter den Verbindlichkeiten gesondert auszuweisen. [3]Sind unter dem Posten „Verbindlichkeiten" Beträge für Verbindlichkeiten ausgewiesen, die erst nach dem Abschlußstichtag rechtlich entstehen, so müssen Beträge, die einen größeren Umfang haben, im Anhang erläutert werden.

(6) **Ein nach § 250 Abs. 3 in den Rechnungsabgrenzungsposten auf der Aktivseite aufgenommener Unterschiedsbetrag ist in der Bilanz gesondert auszuweisen oder im Anhang anzugeben.**

(7) **Die in § 251 bezeichneten Haftungsverhältnisse sind jeweils gesondert unter der Bilanz oder im Anhang unter Angabe der gewährten Pfandrechte und sonstigen Sicherheiten anzugeben; bestehen solche Verpflichtungen gegenüber verbundenen Unternehmen, so sind sie gesondert anzugeben.**

Übersicht

A. Bilanzaufstellung nach Ergebnisverwendung (Abs 1)

Schrifttum: *IDW RS HFA* 7 Zur Rechnungslegung bei Personenhandelsgesellschaften, WPg 2002, 1259; *von Kanitz* Rechnungslegung bei Personenhandelsgesellschaften – Anmerkungen zu IDW RS HFA 7, WPg 2003, 324.

I. Grundlagen

Abs 1 gibt KapGes, KapCoGes und publizitätspflichtigen Unt (§ 5 Abs 1 S 1 PublG) ein **Wahlrecht,** die *Bilanz* unter Berücksichtigung der vollständigen oder teilweisen Verwendung des Jahresergebnisses aufzustellen. Die Vorschrift wird ergänzt durch § 270 Abs 2, durch die die Organzuständigkeit geregelt ist. 1

Die Bilanz darf grds aufgestellt werden

– **vor** Verwendung des Jahresergebnisses
– **nach teilweiser** Verwendung des Jahresergebnisses (Anm 4) oder
– **nach vollständiger** Verwendung des Jahresergebnisses (Anm 8).

Ggf bestehende Vorschriften zur Darstellung der (teilweisen) Ergebnisverwendung in der GuV bleiben davon unberührt.

Abs 1 erweitert das nach § 266 Abs 3 Buchstabe A bzw. § 264c Abs 2 anzuwendende Grundschema für die EK-Gliederung von KapGes und KapCoGes. Während danach die EK-Posten mit dem Posten „Jahresüberschuss/-fehlbetrag"
– somit **vor Ergebnisverwendung** – enden, tritt gem Abs 1 bei Berücksichtigung der vollständigen oder teilweisen Ergebnisverwendung an die Stelle der zwei Posten „Jahresüberschuss/Jahresfehlbetrag" und „Gewinnvortrag/Verlustvortrag" der Posten „Bilanzgewinn/Bilanzverlust".

2 Das HGB erläutert den **Begriff Ergebnisverwendung** iSv Abs 1 nicht. Es bedarf deshalb einer Definition, welche Maßnahmen der Organe bei der Bilanzaufstellung nach geltenden gesetzlichen oder satzungsmäßigen Vorgaben (Verpflichtungen, Ermächtigungen) **Ergebnisverwendung** iSd Vorschrift darstellen oder andererseits dem Bereich der **Ergebnisermittlung** zuzurechnen sind. Maßnahmen der Ergebnisverwendung sind grds die **Ausschüttung** des Gewinns an die Anteilseigner (ggf auch in Form von Vorabausschüttungen, s aber Anm 7), die Einstellung in und Auflösung von **Gewinnrücklagen, die Auflösung von Sonderrücklagen nach DMBilG,** die Auflösung der **Kapitalrücklage** sowie der idR aus diesen Maßnahmen resultierende **Gewinnvortrag.**

Daraus folgt, dass entspr der Systematik des Gesetzes immer dann eine Ergebnisverwendung iSd Rechnungslegung vorliegt, wenn Maßnahmen getroffen werden, die die Entwicklung vom Jahresüberschuss/-fehlbetrag zum Bilanzgewinn/-verlust berühren (ebenso *ADS*[6] § 268 Anm 15; *Matschke* in BoHdR § 268 Anm 2 bis 9). Auch die Auflösung von Kapital- oder Gewinnrücklagen zum Ausgleich eines Jahresfehlbetrags oder (soweit zulässig) zur Ausschüttung gehören demnach zur Ergebnisverwendung; ebenso der Vortrag eines Jahresfehlbetrags auf neue Rechnung (weiterführend *ADS*[6] § 268 Anm 15, die darauf hinweisen, dass vorstehende Auslegung aus den §§ 158 Abs 1 AktG, 275 Abs 4 hergeleitet werden kann).

Nicht zur Ergebnisverwendung gehört die Ergebnisübernahme auf Grund eines EAV oder entspr Regelungen in Satzung oder GesVertrag. Derartige Ansprüche oder Verpflichtungen sind Aufwand oder Ertrag (§ 277 Abs 3 S 2 und dort Anm 12ff).

Dass eine Entscheidung in der HV über den bereits ausgewiesenen Bilanzgewinn **nach Feststellung** des JA keine Ergebnisverwendung iSd Abs 1 sein kann, ergibt sich aus Vorstehendem und aus § 174 Abs 3 AktG. Eine beabsichtigte, aber noch nicht beschlossene Ergebnisverwendung darf bei *Aufstellung* der Bilanz iSe Ergebnisverwendung nicht berücksichtigt werden (so auch *ADS*[6] § 268 Anm 15 aE). Sämtliche **ergebnisabhängigen Aufwendungen** (Tantiemen, Verpflichtungen aus Genuss- oder Besserungsscheinen, partiarischen Darlehen oder stillen Beteiligungen, ebenso bestimmte Steuern) gehören in die entspr Aufwandsposten, also zum Bereich der Ergebnisermittlung, da sich der entspr Anspruch aus einem Schuldverhältnis mit der Ges und nicht aus dem Ges-Verhältnis ergibt (ebenso *ADS*[6] § 268 Anm 16).

3 Die Berücksichtigung der Ergebnisverwendung *darf* gem § 275 Abs 4 auch in der **GuV** durch eine entspr Erweiterung der Gliederung erfolgen. Insoweit darf dort die Entwicklung vom „Jahresüberschuss" zum „Bilanzgewinn" dargestellt werden. Eine solche Verfahrensweise ist jedoch zB für GmbH nicht zwingend vorgeschrieben, erscheint aus Gründen der Klarheit jedoch sachgerecht (s § 275 Anm 310ff).

Bei **AG** ist allerdings § 158 Abs 1 AktG zu beachten, der zwingend festlegt, dass Maßnahmen der Ergebnisverwendung in der **GuV** oder im **Anhang** darzustellen sind.

Gleichartige Angaben sind *freiwillig* bei allen Ges zulässig und aus Gründen der Klarheit idR geboten. Wegen der Besonderheiten bei **KapCoGes** s Anm 5. Ist die Geschäftsführung einer **GmbH** zB zur Rücklagendotierung **ermächtigt,** darf in der Bilanz ein entspr geminderter Bilanzgewinn ausgewiesen werden. Eine korrespondierende Ausweispflicht in der GuV ergibt sich nicht; diese darf mit dem „Jahresüberschuss" enden. Es empfiehlt sich jedoch ein Hinweis im Anhang (so auch *ADS*[6] § 268 Anm 14). Bei Einstellung eines Teils des Jahresüberschusses in die Gewinnrücklagen sind bei AG/KGaA aber Zahlenangaben in der Bilanz oder im Anhang gem § 152 Abs 3 Nr 2 AktG erforderlich.

Die gesetzliche oder satzungsmäßige *Ermächtigung* zur Rücklagenbildung oder -auflösung bei AG, eine entspr gesvertragliche Ermächtigung an die Geschäftsführung oder ein entspr Beschluss der Gester bei GmbH beseitigen das Wahlrecht gem Abs 1 nicht; andererseits schließen gesetzliche, satzungsmäßige oder durch Gester-Beschluss für den Zeitpunkt der Aufstellung *zwingend* festgelegte Ergebnisverwendungsmaßnahmen das **Wahlrecht** gem Abs 1 grds **aus** (dazu § 270 sowie hier Anm 6, 7).

II. Anwendungsbereich

1. Teilweise Ergebnisverwendung

Bei Aufstellung der Bilanz mit **teilweiser Verwendung** des Jahresergebnisses werden gem Abs 1 im EK-Ausweis der Bilanz die Posten „Jahresüberschuss/Jahresfehlbetrag" sowie „Gewinnvortrag/Verlustvortrag" durch den Posten **„Bilanzgewinn/Bilanzverlust"** ersetzt. Hinsichtlich des Ausweises für den Fall, dass das EK durch Verluste aufgebraucht ist s Anm 75 ff. 4

Eine teilweise Ergebnisverwendung im Rahmen der Bilanzaufstellung kann auf Grund gesetzlicher oder satzungsmäßiger Regelungen, die zwingend oder lediglich ermächtigend sein können, zustande kommen. So können zB Regelungen über die Einstellung in Gewinnrücklagen bestehen, die nur einen Teil des Jahresergebnisses erfassen. Gesetzliche Vorschriften, die eine teilweise Verwendung vorsehen oder vorschreiben, sind zB § 58 Abs 2, 2a, § 150 Abs 1 bis 4 AktG und § 29 Abs 4 GmbHG.

Bei **GmbH** bestehen keine zwingenden gesetzlichen Vorschriften für die Ergebnisverwendung. Verpflichtungen oder Ermächtigungen können sich jedoch aus dem GesVertrag oder einem entspr Gester-Beschluss ergeben, der alle Gester und die Geschäftsführung bindet. 5

Die Gester einer GmbH haben grds Anspruch auf den Jahresüberschuss zzgl Gewinnvortrag und abzgl Verlustvortrag. Wird die Bilanz in Übereinstimmung mit dem GesVertrag unter Berücksichtigung der teilweisen Ergebnisverwendung aufgestellt oder werden Rücklagen aufgelöst, haben die Gester gem § 29 Abs 1 S 2 GmbHG Anspruch auf den Bilanzgewinn; s dazu auch § 270 Anm 25 ff und Vor § 325 Anm 121 ff. Soweit es sich um eine gesrechtliche Verpflichtung zur Rücklagenbildung oder -auflösung handelt, ist das Wahlrecht gem Abs 1 aufgehoben.

Nach hM (*Knop* in HdR[5] § 268 Anm 33; *ADS*[6] § 268 Anm 21) ist die Bilanz **zwingend** unter Berücksichtigung der teilweisen Ergebnisverwendung aufzustellen, wenn Gesetz, GesVertrag oder ein Gester-Beschluss (ggf vor Bilanzaufstellung, Anm 4) **bindend** die Einstellung in (oder Auflösung von) Gewinnrücklagen vorschreiben.

Satzungsmäßige oder gesvertragliche **Ermächtigungen** berühren zwar das Wahlrecht nach Abs 1 nicht, doch ist anzustreben, aus Gründen der Klarheit entspr Rücklagenbildungen bereits in der aufgestellten Bilanz zu berücksichtigen.

Das **Wahlrecht** nach Abs 1 ist immer dann **ausgeübt,** wenn Einstellungen in gesetzliche oder satzungsmäßige Rücklagen vorzunehmen *sind.* Alle weiteren Rücklagenbildungen (zB durch Ermächtigungsregelungen) sind ebenfalls schon bei Bilanzaufstellung zu berücksichtigen. Zwar ergibt sich dies nicht eindeutig aus § 270 Abs 2. Jedoch wird die Regelung in § 270 Abs 2 erst dann sinnvoll, wenn sie so ausgelegt wird, dass bei zwingender Berücksichtigung einzelner Gewinnverwendungsmaßnahmen alle anderen Maßnahmen ebenfalls schon bei Bilanzaufstellung zu berücksichtigen sind (näher dazu *ADS*[6] § 268 Anm 30; *Knop* in HdR[5] § 270 Anm 8 ff; *Matschke* in BoHdR § 270 Anm 14 f).

Bei **PersGes** iSd § 264a sind gem § 264c Abs 2 S 3 und 6 sowie §§ 120 Abs 2 iVm 161 Abs 2, 167 Abs 1, die auf die phG und Kommanditisten entfallenden Gewinne oder Verluste den jeweiligen Kapitalanteilen zuzuschreiben. Als Ergebnis resultiert eine Aufstellung der Bilanz unter vollständiger Verwendung des Jahresergebnisses unter Nicht-Anwendung des EK-Gliederungsschemas in § 264c Abs 2 (ADS[6] § 264c Anm 23ff; *IDW RS HFA* 7 Anm 36, 37). Eine Bilanzaufstellung mit teilweiser Verwendung des Jahresergebnisses kommt deshalb nur in Betracht, wenn die Gewinnverwendung gemäß GesVertrag eines Gester-Beschlusses bedarf, der zum Zeitpunkt der Bilanzaufstellung noch nicht erfolgt ist oder wenn bestimmt wird, dass ein Teil des Gewinns unverwendet bleibt oder vorgetragen wird.

6 Ein Wahlrecht ist uE in jedem Fall ausgeschlossen, wenn bei **AG** eine gesetzliche Rücklage gem §§ 150 Abs 2, 300 AktG zu bilden ist. Bei zwingenden *Satzungs*bestimmungen ist § 58 Abs 2 S 1 AktG zu beachten.

Bei der **Rücklagenbildung für eigene Anteile** gem § 272 Abs 4 bzw § 264c Abs 4 besteht eine Pflicht zur Berücksichtigung bereits bei Bilanzaufstellung, gleichgültig, ob die Rücklage aus anderen, frei verfügbaren Gewinnrücklagen oder dem Jahresüberschuss gebildet wird. Wird diese Rücklage nicht durch Rücklagen-Umgliederung innerhalb der Bilanz, sondern aus dem Jahresergebnis gebildet, sind alle weiteren Rücklagenbildungen oder Rücklagenauflösungen bei Bilanzaufstellung zwingend zu berücksichtigen (*ADS*[6] § 268 Anm 22, 30).

Die Rücklagenbewegungen nach § 58 Abs 2a AktG, § 29 Abs 4 GmbHG (EK-Anteil für Wertaufholungen bei VG des Anlage- und Umlaufvermögens) sind ebenfalls Maßnahmen der Ergebnisverwendung. Sie sind daher *nach* dem Jahresüberschuss/-fehlbetrag zu verrechnen. In der Bilanz sind die Beträge gesondert auszuweisen, wenn sie nicht im Anhang angegeben werden. Es ergibt sich aus Überschrift und Systematik des § 58 AktG, dass sie im Jahr der Bildung bei der Bilanzaufstellung zu berücksichtigen sind (vgl § 58 Abs 3 AktG „weitere Beträge"). Zum Ausweis des EK bei teilweiser Gewinnverwendung s die Beispiele bei *ADS*[6] § 268 Anm 27.

Soll das Wahlrecht zur teilweisen Ergebnisverwendung in der Bilanz hinsichtlich verschiedener Verwendungszwecke unterschiedlich ausgeübt werden – was die Gesetze nicht ausdrücklich ausschließen –, sollten klarstellende Erl im Anhang erfolgen.

7 **Vorabausschüttungen** bei **AG** stellen keine Ergebnisverwendung dar (*Lutter* in Kölner Komm[2] § 59 Anm 10ff; ebenso *ADS*[6] § 268 Anm 24). Bei **GmbH** entfällt das Wahlrecht in Abs 1 dann, wenn die Vorabausschüttung zum Bilanzstichtag bereits vollzogen wurde, so dass die Bilanz zwingend unter Berücksichtigung dieser teilweisen Ergebnisverwendung aufgestellt werden muss. Bei Ausschüttung nach dem Bilanzstichtag besteht das Wahlrecht, den vollen Jahresüberschuss auszuweisen und den Betrag der Vorabausschüttung kenntlich zu machen oder die Bilanz unter Berücksichtigung der teilweisen Gewinnverwendung aufzustellen und in Höhe der Vorabausschüttungen entspr Verbindlichkeiten auszuweisen (so *ADS*[6] § 268 Anm 25, s auch Anm 8).

2. Vollständige Ergebnisverwendung

8 Eine Bilanzaufstellung unter Berücksichtigung der vollständigen Ergebnisverwendung kommt in Betracht, wenn im Rahmen der Ergebnisverwendung weder ein Bilanzgewinn noch ein Bilanzverlust verbleibt. Gründe dafür können im Rahmen der Ergebnisermittlung Gewinnabführungen, Erträge aus Verlustausgleich oder als Maßnahmen der Ergebnisverwendung der Ausgleich eines Jah-

resfehlbetrags durch Auflösung von Rücklagen, die Deckung eines Verlustvortrags durch einen Jahresüberschuss sowie satzungsmäßige Ermächtigungen zur Einstellung in Gewinnrücklagen sein (ähnlich *ADS*[6] § 268 Anm 31).

Bei **GmbH** besteht die Möglichkeit, bereits *vor* Aufstellung und Feststellung des JA über die Gewinnverwendung Beschluss zu fassen, so dass auf der Grundlage dieser Beschlussfassung das gesamte Jahresergebnis als verwendet *gilt* (dazu § 278 Anm 12). Wie bei der Vorabausschüttung (Anm 7) darf bei der Aufstellung des JA eine entspr Verbindlichkeit ggü den Gestern ausgewiesen oder die Bilanz ohne Berücksichtigung dieser Ergebnisverwendung aufgestellt werden. Der Ausweis ist im Einzelnen nicht geregelt; im Anhang sind deshalb nähere Erl erforderlich.

Voraussetzung für die Aufstellung der Bilanz unter Berücksichtigung der vollständigen Ergebnisverwendung ist stets, dass spätestens bei Aufstellung der Bilanz eine **endgültige** Ergebnisverwendung beschlossen ist; das ergibt sich aus entspr Gester-Beschlüssen, satzungsmäßigen/gesvertraglich bindenden Vorgaben oder Verpflichtungen für das den JA feststellende Organ. Insb bei erwarteten Jahresfehlbeträgen wird zuweilen vorher über ihre Deckung entschieden. Vorab-Verfügungen über einen Jahresüberschuss kommen zB bei LebensversicherungsUnt vor.

Führen entspr satzungsmäßige oder gesvertragliche *Verpflichtungen* (zB bei Vorab-Beschlüssen) bereits für die Bilanzaufstellung zu einer endgültigen Ergebnisverwendung, gilt das gesetzliche Wahlrecht des Abs 1 nicht mehr. Die Bilanz ist dann unter vollständiger Ergebnisverwendung aufzustellen (glA *ADS*[6] § 268 Anm 31). Liegt aber lediglich eine *Ermächtigung* der Gester über eine (vorgesehene) Gewinnausschüttung vor – ohne entspr Vorgabe für die Bilanzaufstellung – verbleibt es bei dem Wahlrecht nach Abs 1.

Ergibt sich im Rahmen der Bilanzaufstellung unter vollständiger Gewinnverwendung ein auf das nächste Gj vorzutragender Restgewinn, ist dieser als Bilanzgewinn auszuweisen. Nicht zulässig ist ein Ausweis als „Gewinnvortrag/Verlustvortrag", da sich dieser ausschließlich auf das Vj bezieht (ebenso *Matschke* in BoHdR § 268 Anm 18). IdR wird aus Gründen der Klarheit eine entspr Erl im Anhang erforderlich sein.

Bei Gegenüberstellung der **Vorjahreszahlen** ist die Ergebnisverwendung nach den vorstehenden Kriterien zu behandeln, und zwar nach den Beschlüssen, die am jeweiligen Bilanzstichtag vorgelegen haben. Eine Umgliederung der Vj-Zahlen wegen der im Gj für das Vj gefassten Beschlüsse ist daher nicht zulässig (vgl *ADS*[6] § 268 Anm 36).

Bei **PersGes** iSd § 264a ist die Bilanzaufstellung unter vollständiger Verwendung des Jahresergebnisses der gesetzlich vorgesehene Regelfall. Einzelheiten hierzu s Anm 5.

B. Entwicklung des Anlagevermögens (Abs 2)

I. Anlagengitter nach Bruttoprinzip

„Ausgehend von den gesamten **Anschaffungs- oder Herstellungskosten**" 10
ist die Entwicklung der einzelnen Posten des Anlagevermögens hin zu den Buchwerten der Jahresbilanz in horizontaler Gliederung darzustellen (sog **direkte Bruttomethode;** s *ADS*[6] § 268 Anm 39). Diese Entwicklung der einzelnen Posten des Anlagevermögens – **Anlagengitter,** auch Anlagenspiegel genannt – ist entweder in der **Bilanz** oder im **Anhang** darzustellen (Abs 2 S 1).

Dies gilt auch für KapCoGes und für dem PublG unterliegende Unt (§ 5 Abs 1 PublG) und für eG (§ 336 Anm 16).

11 **Kleine KapGes/KapCoGes** sind von der Erstellung eines Anlagengitters befreit (§ 274a Nr 1). Für **Kreditinstitute** u **Versicherungsunternehmen** gelten an Stelle von § 268 Abs 2 die Sondervorschriften der §§ 340a, 341a.

Die Angabe der historischen AK/HK des dem Unt dienenden gesamten Anlagevermögens soll zu einem besseren Einblick in die Vermögenslage führen, weil die Bruttowerte zumindest tendenziell eine Aussage über die Altersstruktur des Anlagevermögens ermöglichen (so auch *Knop* DB 1984, 574). Dies wird allerdings dadurch wieder eingeschränkt, dass unter den kumuliert zu zeigenden Abschreibungen nicht nur die betrieblich erforderlichen, sondern auch steuerrechtliche Sonderabschreibungen verrechnet werden dürfen (Anm 55).

12 Korrespondierend zu den gesamten (historischen) AK/HK sind auch die gesamten **(kumulierten) Abschreibungen** in das Anlagengitter aufzunehmen. Außer den kumulierten Abschreibungen sind auch die **Geschäftsjahresabschreibungen** entweder in der Bilanz bei dem betr Posten zu vermerken oder im Anhang in einer der jeweiligen Gliederung des Anlagevermögens entspr Aufgliederung anzugeben (Abs 2 S 3).

13 Die übrigen vorgeschriebenen Spalten des Anlagengitters (Zugänge, Umbuchungen, Abgänge und Zuschreibungen) sind **auf das Geschäftsjahr bezogen** aufzuführen. Unter Berücksichtigung der zusätzlich angabepflichtigen Gj-Abschreibungen (Abs 2 S 3) und der in der Bilanz vorgeschriebenen Angabe des Vj-Buchwerts (§ 265 Abs 2) ergibt sich eine **neunspaltige Darstellung** (so auch *ADS*[6] § 268 Anm 45):

(1) Anschaffungs- oder Herstellungskosten (historisch)	(2) Zugänge + (Geschäftsjahr)	(3) Umbuchungen +/. /. (Geschäftsjahr)

(4) Zuschreibungen + (Geschäftsjahr)	(5) Abgänge . /. (Geschäftsjahr)	(6) Abschreibungen . /. (kumuliert)

(7) Stand 31. 12. (Buchwert)	(8) Stand Vorjahr (Buchwert)	(9) Abschreibungen des Geschäftsjahrs (Geschäftsjahr)

Dieses Anlagengitter lässt sich um die Spalte 9 verkürzen, wenn die Gj-Abschreibungen bei den Gesamtabschreibungen (Spalte 6) vermerkt werden (s aber Anm 16). Es besteht auch die Möglichkeit, anstelle der Angabe der Gj-Abschreibungen in Spalte 9 freiwillig eine Entwicklung der Wertberichtigungen in Form eines „Abschreibungsspiegels" darzustellen (s Anm 17).

Die **Reihenfolge** der einzelnen Spalten ist gesetzlich nicht festgelegt. In der Praxis ist es üblich, zunächst die Zunahme und anschließend die Verminderung des Anlagevermögens zu zeigen. Denkbar ist auch, zunächst die mengenmäßigen u dann die wertmäßigen Veränderungen zu zeigen (*ADS*[6] § 268 Anm 43). Auch die **Anzahl** der zu bildenden Spalten schreibt das Gesetz nicht vor. Bei entspr Kennzeichnung dürfen zB Umbuchungen je nach Vorzeichen in der Abgangs- oder Zugangsspalte gezeigt oder Zuschreibungen in der Zugangsspalte mit aufgenommen werden. Erforderlich ist jedoch eine getrennte vertikale Addition, damit die Summe jeder Kategorie („gesondert aufzuführen") unmittelbar abgelesen werden kann (*ADS*[6] § 268 Anm 46). 14

Da der Vortrag des Anlagengitters (Spalte 1) die historischen AK/HK enthält, müssen sowohl die **Zugänge** (Spalte 2) als auch die **Abgänge** (Spalte 5) zu ihren **historischen Bruttowerten** (AK/HK) gezeigt werden. Dies folgt aus dem System des Anlagengitters nach dem Bruttoprinzip, welches die Darstellung der mengenmäßigen Entwicklung des Anlagevermögens zu Bruttowerten verlangt und die Zu- und Abschreibungen als (aktivische) Wertberichtigungen des am Bilanzstichtag zu Bruttowerten ausgewiesenen Vermögens versteht. Aus diesem Grund sind mit dem Abgang auch die in Vj verrechneten Wertberichtigungen aus den kumulierten Abschreibungen zu eliminieren. Anteilige in der GuV des Gj verrechnete Abschreibungen auf abgegangene Anlagewerte sind ebenfalls nicht in den (kumulierten) Abschreibungen des Anlagengitters enthalten (s *ADS*[6] § 268 Anm 56; *Lorson* in HdR[5] § 268 Anm 110). 15

Bei den **Abschreibungen des Geschäftsjahrs** handelt es sich um die **in der GuV verrechneten Abschreibungen** des Gj (hM und Bilanzierungspraxis; so zB *WPH*[12] I, F Anm 99 ; *ADS*[6] § 268 Anm 68, *Lorson* in HdR[5] § 268 Anm 113; *Richter,* in HdJ Abt II/1 Anm 134; *Nordmeyer* in Beck HdR B 212 Anm 101). 16

Die davon abw (stichtagsbezogene) Auffassung definiert die im Anlagengitter zu vermerkenden Abschreibungen des Gj als Teilmenge (iSe davon-Vermerks) der kumulierten Abschreibungen aE des Gj (*Küting/Haeger/Zündorf,* 1952). Die Abschreibungen des Gj auf VG, die im Berichtsjahr abgegangen sind (einschl der Abschreibungen auf GWG, s Anm 54) wären nach dieser Interpretation nicht in der Angabe nach Abs 2 Satz 3 enthalten. Die in der Voraufl vertretene Meinung der Zulässigkeit beider Auffassungen wird nicht aufrechterhalten.

Die Abschreibungen des Gj in dem Bsp eines Anlagengitters von Anm 13 (Spalte 9) sind auf Grund ihrer isolierten Stellung aE des Anlagengitters als Abschreibungen laut GuV erkennbar; sie wären als Teilmengen aufzufassen, wenn sie nach Spalte 6 gezeigt (so *ADS*[6] § 268 Anm 44) oder als Vermerk in Klammern zu Spalte 6 aufgeführt würden.

In der Praxis wird häufig von der Möglichkeit Gebrauch gemacht, die Entwicklung der einzelnen Posten im **Anhang** zu zeigen. Dabei werden meist die Entwicklung der (Brutto-) AK/HK und der Abschreibungen in zwei getrennten „Spiegeln" dargestellt (*ADS*[6] § 268 Anm 66; *Nordmeyer* in BeckHdR B 212 Anm 61). Die Bilanz enthält dann nur die Netto-Buchwerte. Ein **Abschreibungsspiegel** darf aber auch dann in den Anhang aufgenommen werden, wenn die Entwicklung der AK/HK in der Bilanz gezeigt wird. Soweit derartige Angaben in der Bilanz und/oder dem Anhang mehr als die 9 Spalten des Bsp von Anm 13 zeigen, sind es freiwillige Angaben (die allerdings sonst erforderliche Erl, s Anm 15 und Anm 20 ersetzen können). 17

Das folgende **Beispiel** erläutert die Spalten eines ausführlichen Abschreibungsgitters:

(1)	(2)	(3)
Kummulierte Abschreibungen	Zugänge +	Zuschreibungen +
(Vortrag zu Beginn des Gj)	(Abschreibungen des Gj lt GuV)	(Wertaufholungen des Gj)

(4)	(5)	(6)
Umbuchungen +/. /.	Abgänge . /.	Kummulierte Abschreibungen
(Abschreibungen auf Umbuchungen des Gj)	(Kum. Abschreibungen auf Abgänge des Gj)	(Stand am Ende des Gj)

In diesem Bsp werden die Zuschreibungen des Gj (soweit es sich um Wertaufholungen handelt) in einer eigenen Spalte als Kürzung der kumulierten Abschreibungen gezeigt (s hierzu Anm 18 und 19), einschl der Zuschreibungen auf VG, die im Gj abgegangen sind.

18 Die **Zuschreibungen** (zum Begriff s. Anm 45 ff) sind nicht kumulativ, sondern nur für das Gj in das Anlagengitter gem Anm 13 aufzunehmen.

Zuschreibungen **auf im Geschäftsjahr abgegangene VG** können in einem Anlagengitter der in Anm 13 dargestellten Form nicht gezeigt werden. Da sich beim Abgang von VG die Netto-Buchwerte um den Saldo von Brutto-AK/HK und kumulierten Abschreibungen vermindern, würden im Anlagengitter gezeigte Zuschreibungen auf diese VG dazu führen, dass die rechnerische Entwicklung der Netto-Buchwerte aus den AK/HK zu Beginn des Gj (Queraddition) nicht möglich ist. In solchen Fällen stimmen die in der GuV verrechneten (meist in den sonstigen betrieblichen Erträgen enthaltenen, § 275 Anm 98) Zuschreibungen nur mit den Angaben in der Bilanz (oder im Anhang) überein, wenn entweder ein gesonderter Spiegel der Brutto-AK/HK erstellt wird, das Anlagengitter um eine die kumulierten Abschreibungen korrigierende Spalte erweitert wird (s *ADS*[6] Anm 268 Anm 62 zu ähnlich gelagerten Behandlung von Zuschreibungen in Vj), ein Zuschreibungsgitter erstellt wird (s Anm 20) oder die Zuschreibungen als Korrektur der Abschreibungen in einem Abschreibungsgitter gezeigt werden (s Anm 17 Spalte 4 „Verminderung wegen Zuschreibungen").

19 Bei der rechnerischen horizontalen Entwicklung des Anlagengitters (s Anm 13) erhöhen Zuschreibungen zwar die Netto-Buchwerte am Jahresende, fraglich ist aber, wie sie sich im **Anlagengitter des Folgejahrs** auswirken, wenn in diesem die Zuschreibungen der Vj nicht gezeigt werden und dennoch die rechnerische Entwicklung von den (Brutto-)AK/HK bis zu den Netto-Buchwerten möglich sein soll.

Bei **Wertaufholungen** (einschl der Anpassungen an die Steuerbilanz wegen der dort nicht anerkannten Abschreibungen, s Anm 45), wird vorgeschlagen, die im Gj gezeigten Zuschreibungen im Folgejahr von den kumulierten Abschreibungen abzusetzen (hM zB *ADS*[6] § 268 Anm 62). Bei **Nachaktivierungen** muss differenziert werden. Vertritt man wie hier (Anm 46) die Auffassung, dass erfolgswirksame Nachaktivierungen (zB Anpassung an die Bp bei Herstellungsaufwand, der zunächst als Erhaltungsaufwand behandelt wurde) **Zuschreibun-**

gen sind, werden im Folgejahr die AK/HK zu Beginn des Gj erhöht. Diese lassen sich dann nicht aus dem Anlagengitter des Vj errechnen. Die Kürzung der kumulierten Abschreibungen des Vj scheidet aus, weil die erfolgswirksame Zuschreibung keine Korrektur früherer Abschreibungen ist (*ADS*[6] § 268 Anm 55).

Folgt man jedoch der (hier abgelehnten) Auffassung, derartige erfolgswirksame Nachaktivierungen seien als **Zugang** zu behandeln (s Anm 45 aE), ergeben sich die AK/HK zu Beginn des Folgejahrs auch rechnerisch aus dem Anlagenspiegel des Zugangsjahrs. Die AK/HK erhöhen sich um den Brutto-Wert der zunächst nicht erfolgten Aktivierung; inzwischen zu berücksichtigende Abschreibungen erhöhen die kumulierten Abschreibungen. In der GuV wird jedoch nur die Erhöhung des Netto-Buchwerts verrechnet (s § 275 Anm 98; aA *Nordmeyer* in BeckHdR B 212 Anm 73, der die erfolgswirksame Nachaktivierung – als Zugang – auch in der GuV brutto verrechnen will, und zwar die Erhöhung der (Brutto-)AK/HK als sonstige betriebliche Erträge und die Erhöhung der kumulierten Abschreibungen als außerplanmäßige Abschreibungen).

Die Beschränkung auf Zuschreibungen des Gj (Anm 18 und 19) kann zur 20
Folge haben, dass wesentliche Informationen nicht aus dem JA ersichtlich sind. In **Fällen von Bedeutung** sind daher der Ausweis von Zuschreibungen im Anlagengitter sowie die Korrekturen von AK/HK und von kumulierten Abschreibungen im **Anhang** zu erläutern (so auch *ADS*[6] § 268 Anm 55).

Zur besseren Darstellung der Zuschreibungen ist es auch zulässig, freiwillig einen **Zuschreibungsspiegel** (Zuschreibungsgitter) in den Anhang aufzunehmen. Hier werden in der Spalte „Zugänge" die Zuschreibungen des Gj und in der Spalte „Abgänge" die Zuschreibungen auf abgegangene Anlagewerte ausgewiesen (*ADS*[6] § 268 Anm 63).

Zusätzliche Informationen können ferner durch eine freiwillige **Erweiterung des Anlagengitters** mit einer Spalte „kumulierte Zuschreibungen" (als Korrektur der kumulierten Abschreibungen, *ADS*[6] § 268 aaO) gegeben werden.

Auch in einem **Abschreibungsgitter** können Zuschreibungen als Korrektur der kumulierten Abschreibungen gezeigt werden (s das Beispiel in Anm 17). Damit werden die kumulierten Abschreibungen entspr dem Charakter von Wertaufholungen bereits im Jahr der Zuschreibung korrigiert. Ein Abschreibungsgitter kann jedoch nicht die Zuschreibungen enthalten, die im Folgejahr den AK/HK hinzuzurechnen sind.

II. Bilanzierungshilfen

Nach Abs 2 S 1 gelten die Vorschriften über die Darstellung des Anlagevermö- 21
gens ausdrücklich auch für die Bilanzierungshilfe **„Aufwendungen für die Ingangsetzung und Erweiterung des Geschäftsbetriebs"**, die bei Aktivierung vor dem Anlagevermögen auszuweisen ist. Zu- und Abgänge wie bei VG sind für Bilanzierungshilfen begrifflich nicht vorstellbar (es gibt keine Übertragungen; auch ein Abgang als Untergang, Vernichtung oder Verschrottung ist nicht denkbar). Deshalb ist es erforderlich, von Annahmen auszugehen. Als Zugang kommen die im betr Gj tatsächlich erbrachten Aufwendungen in Betracht, die in jedem folgenden Gj zu mindestens einem Viertel durch Abschreibungen zu tilgen sind (§ 282). Nach voller Abschreibung ist Abgang anzunehmen, weil dann der Zweck der Bilanzierungshilfe (günstigere Darstellung der VFE-Lage) entfallen ist (ebenso *ADS*[6] § 262 Anm 71). Vorstehendes gilt entspr für die Bilanzierungshilfen **„Aufwendungen für die Währungsumstellung auf den Euro"** gem Art 44 EGHGB und **„Ausgleichsbetrag nach dem AltfahrzeugG"** gem Art 53 Abs 2 EGHGB. Die Bilanzierungshilfe nach § 274 Abs 2 gehört nicht analog zu § 269

und ist deshalb nicht hier, sondern ihrem Charakter nach unter den RAP auszuweisen.

III. Immaterielle Vermögensgegenstände

1. Zugänge

22 Der Zeitpunkt des Zugangs (der mengenmäßigen Ausweitung des Anlagevermögens) bestimmt sich nach der Erlangung der tatsächlichen Verfügungsgewalt, dh der Auswertungsmöglichkeit (ebenso *ADS*[6] § 268 Anm 74; *Lorson* in HdR[5] § 268 Anm 131). Wie auch bei den übrigen Anlagegütern (Anm 30) ist der Zugangszeitpunkt nicht primär nach formalrechtlichen, sondern nach wirtschaftlichen Gesichtspunkten zu bestimmen.

Bei immateriellen Werten, die mit körperlichen Sachen verbunden sind (zB Ton-, Film- oder Datenträger) oder solchen, deren Nutzung körperliche Sachen als Zubehör erfordern (zB Modelle, Pläne, Beschreibungen, EDV-Programme) wird die Auswertungsmöglichkeit erst dann eintreten können, wenn die körperlichen VG übergeben worden sind. Das Gleiche gilt bei Nutzungsrechten an Sachen (zB Mietrecht, Wohn- und Belegungsrecht, Nießbrauch); Zugangszeitpunkt ist der Zeitpunkt der Übergabe bzw Einweisung in den körperlichen VG (s *ADS*[6] § 268 aaO; *Lorson* in HdR[5] § 268 Anm 132). Bei den übrigen immateriellen Werten, die nicht mit körperlichen Sachen verbunden sind (Rechte, Rechtspositionen sowie Nutzungsrechte hieran) entscheidet über den Zugang der Zeitpunkt des Wirksamwerdens der rechtlichen Übertragung der Auswertungsbefugnis. Ist nach den idR vorliegenden schriftlichen Vereinbarungen für das Wirksamwerden ein nach Vertragsabschluss liegender Zeitpunkt bestimmt, ist dieser maßgebend.

23 Beim Zugang des erworbenen **Geschäfts- oder Firmenwerts,** der nach § 266 Abs 2 A I 2 als „Unterschiedsbetrag" gem § 255 Abs 4 gesondert unter den immateriellen VG auszuweisen ist (sofern und soweit von dem Aktivierungswahlrecht Gebrauch gemacht wird), kommt es auf den Zeitpunkt der Übernahme der VG (abzüglich der Schulden) des Unt an, für dessen Erwerb ein Entgelt gezahlt wurde oder zu zahlen ist.

2. Abgänge

25 Sie sind zu AK zu zeigen. Abgang als die **mengenmäßige Verminderung** des Anlagevermögens (zB *ADS*[6] § 268 Anm 56) tritt bei immateriellen Anlagewerten durch Veräußerung, Untergang oder mit Erlöschen ihres Werts ein, weil ein für das Unt endgültig wertloser VG diesem nicht mehr als Anlagevermögen dienen kann (s auch Anm 51). Ein Abgang durch **Veräußerung** als die Kehrseite des Zugangs ist bei Übertragung der Auswertungsmöglichkeit auf den Erwerber anzunehmen (s Anm 21). **Untergang** des erworbenen VG kann entweder durch rechtliche Disposition (Verzicht, Vertrag über die vorzeitige Aufhebung des Rechts oder der rechtsähnlichen Position) oder durch faktische Ereignisse eintreten, so wenn durch eine neue patentierte Erfindung der erworbene Patentschutz obsolet wird oder wenn – etwa auf Grund schlechter Ertragslage des erworbenen Unt – dessen **Geschäfts- oder Firmenwert** nicht mehr vorhanden ist. Dies gilt auch, wenn eine formale Rechtsposition bestehenbleibt (zB Patenteintragung und Schutzfrist), aber wirtschaftlich nicht mehr genutzt werden kann, weil diese allein dem Unt nicht mehr dienen kann (ebenso *Lorson* in HdR[5] § 268 Anm 132).

26 Ein **Abgang durch Werterschöpfung** tritt bei zeitlich befristet zur Verfügung stehenden immateriellen Werten (zB Konzessionen mit zeitlicher Befris-

tung, Lizenzen) im Zweifel mit Ablauf der Befristung, meist aber wesentlich früher ein. Das gilt auch für zeitlich unbefristet zur Verfügung stehende immaterielle VG; sie verflüchtigen sich nach einem annähernd bestimmbaren Zeitraum, der idR der planmäßigen Abschreibungsdauer entspricht. Sie scheiden deswegen **regelmäßig zum Zeitpunkt der Vollabschreibung** aus dem Vermögen aus. Dabei hat außer Betracht zu bleiben, dass ein erworbener immaterieller VG oder GFW durch einen funktionsgleichen, selbst geschaffenen nichtbilanzierungsfähigen Wert nach und nach ersetzt werden kann.

Mit **Vollabschreibung** des immateriellen VG ist im Zweifel Abgang anzu- 27
nehmen (ebenso *ADS*[6] § 268 HGB Anm 75; *Lorson* in HdR[5] § 268 Anm 133). Etwas anderes gilt nur, wenn der immaterielle Anlagegegenstand **nachweislich** noch einen objektiven Wert verkörpert, der durch weitere Nutzung dem Unt dient oder durch eine Veräußerung realisiert werden kann.

Nach Abgang/Vollabschreibung (Anm 25–27) sind aus dem **Anlagegitter** 28
sowohl die Bruttowerte der VG als auch der Betrag der Vollabschreibung zu entfernen.

IV. Sachanlagen

1. Zugänge

Zugang bedeutet die **mengenmäßige Ausweitung** (zB *ADS*[6] § 268 30
Anm 50) des Anlagevermögens, die bei angeschafften körperlichen VG (Sachen) im Zugangszeitpunkt (Anschaffungszeitpunkt s § 255 Anm 31) eintritt. Dies ist der Zeitpunkt, zu dem nach dem Willen der Vertragsparteien der Erwerber über den VG **wirtschaftlich verfügen** kann, auch wenn der zivilrechtliche Eigentumsübergang noch aussteht. Änderung wirtschaftlichen Eigentums und damit Zugang einer (gekauften) Sache tritt idR ein, wenn Eigenbesitz, Gefahr, Nutzen und Lasten auf den Erwerber übergehen (*BFH* 28. 7. 1977, BStBl II, 553 u seitdem ständige Rspr zB *BFH* 25. 1. 1996, BStBl II 1997, 382, 383). Dies entspricht dem Anschaffungszeitpunkt (s § 255 Anm 31).

Auch **Grundstücke** und **grundstücksgleiche Rechte** sind angeschafft, 31
wenn der Erwerber *wirtschaftlich* über sie verfügen kann und der Eintragung keine Hindernisse mehr im Wege stehen. Letzteres beruht auf der beim Grundstückserwerb bestehenden rechtlichen Besonderheit, dass nicht schon mit dinglicher Einigung (Auflassung, Auflassungsvormerkung) und Besitzübergang, sondern erst mit der Grundbucheintragung das Eigentum übergeht. Der Zugang ist auch hier erfolgt, wenn der Erwerber das wirtschaftliche Eigentum (s Anm 30 u § 246 Anm 4 ff) erlangt hat.

Zugang verlangt ein **rechtswirksames Grundgeschäft** (Kaufvertrag), das 32
die erlangte **Verfügungsgewalt** absichert. Sind sich die Verhandlungspartner über den Übergang eines Grundstücks zwar einig, ist aber ein Kaufvertrag noch nicht abgeschlossen, darf noch kein Grundstückszugang gezeigt werden. Das Gleiche gilt, wenn lediglich ein – sei es formnichtiger oder auch formgültiger – **Vorvertrag (Anwärtervertrag)** abgeschlossen worden ist (so *BFH* 5. 5. 1976, BStBl II, 541); zum Ausnahmefall eines jederzeit heilbaren Formmangels s *BFH* 29. 11. 1973, BStBl II 1974, 202 betr Gewinnrealisierung aus dem Verkauf schlüsselfertiger Reihenhäuser).

Zugang verlangt **tatsächliche Sachherrschaft** (Besitz-, Lasten- und Nut- 33
zungsübertragung). Eine vertraglich (schuldrechtlich) vereinbarte Rückbeziehung begründet idR keinen Zugang mit Rückwirkung; zu den Ausnahmen bei Anschaffungsvorgängen nach dem UmwG s Anm 39.

34 Anlage-VG mit **Anschaffungskosten** bis **zu 50 Euro** dürfen kfm Übung entspr aus Vereinfachungsgründen (hM zB *WPH*[12] I F Anm 91) ohne Aufnahme in das Anlagengitter (weder Zu- noch Abgang) sofort als Aufwand verrechnet werden. Zur Behandlung der in den Zugang aufzunehmenden GWG s Anm 54.

35 Hergestellte Gebäude, Maschinen und Anlagen sind mit der **Fertigstellung** als Zugang zu zeigen (und zuvor als Anlagen im Bau). Sie sind fertiggestellt, sobald sie bestimmungsgemäß genutzt werden können (zum Zeitpunkt der Fertigstellung § 255 Anm 367).

36 Auch **Umgliederungen aus dem Umlauf- in das Anlagevermögen** können als **Zugang** verstanden werden (ebenso umgekehrt Umgliederungen aus dem Anlage- in das Umlaufvermögen als Abgang), wenn man meint, die Darstellung im Anlagengitter bezwecke allein die Entwicklung des dem Unt gewidmeten Anlagevermögens (formelle Bedeutung). Stellt man jedoch darauf ab, mit den Zu- und Abgängen solle eine Vorstellung von der Investitions- und Desinvestitionstätigkeit des Unt im Gj vermittelt werden (materielle Bedeutung), ist ein Ausweis solcher Widmungsänderungen unter den **Umbuchungen** vorzuziehen. Beide Methoden sind vertretbar (so *ADS*[6] § 268 Anm 51).

Bei Aufnahme in die Umbuchungsspalte ergibt sich ein erklärungsbedürftiger positiver oder negativer Saldo, der im Interesse der Bilanzklarheit durch einen entspr **Vermerk** „Davon Übertragung in das (aus dem) Umlaufvermögen" zu kennzeichnen ist. Entspr Erl im Anhang können geboten sein, wenn *wesentliche* Umgliederungen zwischen Anlage- und Umlaufvermögen als Zu- oder Abgang gezeigt werden. Bei Umgliederungen in das Anlagevermögen sind die AK/HK grds als Bruttowerte und die bisherigen Abschreibungen als solche im Anlagengitter zu zeigen. Nur in Ausnahmefällen kommt eine Umgliederung des Nettowerts in Betracht (Anm 10ff und Art 24 Abs 5 EGHGB).

37 **Nachträgliche Anschaffungskosten** (§ 255 Anm 60) sind im Entstehungsjahr als Zugang zu zeigen, auch wenn damit eine mengenmäßige Ausweitung des Anlagevermögens nicht verbunden ist. Ein Ausweis als (ergebniswirksame) Zuschreibung scheidet aus, weil nachträgliche AK die GuV zu keinem Zeitpunkt berühren (ebenso *Lorson* in HdR[5] § 268 Anm 78ff; im Ergebnis auch *ADS*[6] § 268 Anm 53). Gleiches gilt für nachträglich anfallende Anschaffungs*nebenkosten*.

Bei **nachträglichen Herstellungskosten,** wie zB bei Wiederherstellung, Erweiterung und wesentlicher Verbesserung (§ 255 Anm 375) liegen Ausweitungen des Anlagevermögens und damit Zugänge vor (ebenso *ADS*[6] § 268 Anm 54; *Matschke* in BoHdR § 268 Anm 34). Wegen **Nachaktivierungen** iZm steuerrechtlichen Außenprüfungen s Anm 46.

38 Ein für VG des Sachanlagevermögens gebildeter **Festwert** (§ 240 Abs 3) wird **über mehrere Bilanzstichtage hinweg** in unveränderter Höhe fortgeführt. Damit entfallen Veränderungen in der horizontalen Entwicklung des Anlagevermögens solange der Festwert beibehalten wird.

Da der Festwert im Rahmen der Inventur eine besondere Form der AK/HK darstellt, ist es auch gerechtfertigt, im Anlagengitter diesen Wert als Bruttoanschaffungswert anzusetzen (s *ADS*[6] § 268 HGB Anm 78; aA *Richter* in HdJ II/1 Anm 314; *Lorson* in HdR[5] § 268 Anm 149); für Ansatz der ursprünglichen tatsächlichen AK und Erfassung der Abschläge als Abschreibung *Nordmeyer* in Beck HdR B 212 Anm 108). Solange der Festwert beibehalten wird, sind Aufwendungen zur Erhaltung und **Ergänzung** der im Festwert zusammengefassten VG Aufwand des jeweiligen Gj. Kommt es zur **Anpassung** des Festwerts anlässlich einer idR alle drei Jahre durchzuführenden Bestandsaufnahme (§ 240 Abs 3 S 3), sind **Erhöhungen** des Festwertansatzes **Zugang** dieses Gj, soweit die Erhöhung auf Gj-Zugängen beruht; im Übrigen handelt es sich um eine **Zuschreibung,** da in vergangenen Perioden verrechnete Aufwendungen aktiviert werden (*ADS* § 268 Anm 78; *Lorson* in HdR[5] § 268 Anm 151). Aus Vereinfachungsgründen muss es jedoch auch zulässig sein, die Erhöhung des Festwertes voll als Zugang (und sonstiger betrieblicher Ertrag iSv § 275 Abs 2 Nr 4) zu behandeln (ebenso *Lorson* aaO u ohne Einschränkung *Nordmeyer* aaO Anm 110). Entspr gilt bei Verminderungen des Festwertansatzes. Die in EStR 31 Abs 4 genannte Fortschreibungsgrenze von 10% kann auch für die HB gelten.

Bei übertragenden Umwandlungen **(Verschmelzung, Spaltung)** nach UmwG wird abw von allgemeinen Grundsätzen (Erlangung tatsächlicher wirtschaftlicher Verfügungsbefugnis s Anm 22, 33) der Zugangszeitpunkt für Zwecke des JA durch den **Verschmelzungsstichtag** bestimmt. Dies beruht auf dem Zusammenwirken der Vorschriften §§ 5 Abs 1 Nr 6, 17 Abs 2 und 24 UmwG, wodurch letztlich aus Praktikabilitätsgründen ein nahtloser Anschluss an die Rechenschaftslegung des übertragenden Rechtsträgers ermöglicht werden soll. Nach § 5 Abs 1 Nr 6 UmwG ist im Verschmelzungsvertrag der *Zeitpunkt* festzulegen, *ab welchem* Handlungen des übertragenden Rechtsträgers als für Rechnung des Übernehmenden vorgenommen gelten *(Verschmelzungsstichtag).* Hiermit in unmittelbarem Zusammenhang steht die der Anmeldung der Verschmelzung zum HR durch den übertragenden Rechtsträger beizufügende **Schlussbilanz,** die auf einen höchstens 8 Monate zurückliegenden Zeitpunkt aufgestellt sein muss (§ 17 Abs 2 UmwG). Wird zB die Jahresbilanz zum 31. 12. 05 – 24.00 Uhr – als Schlussbilanz zugrunde gelegt, ist der Verschmelzungsstichtag der 1. 1. 06 – 0.00 Uhr – (s *HFA* 2/1997, WPg, 235 Tz 1.1.1). Beim übernehmenden Rechtsträger wird der Zugang aus Verschmelzung als erster Geschäftsvorfall des neuen Jahrs eingebucht. Bei Buchwertfortführung nach § 24 UmwG (s § 255 Anm 44) werden neben dem Mengengerüst auch die Schlussbilanz-Werte des übertragenden Rechtsträgers übernommen, auch wenn die Anmeldung der Verschmelzung zum HR und die Eintragung und damit der zivilrechtliche Vermögens- und Schuldenübergang erst zu einem späteren Zeitpunkt erfolgen (s *HFA* 2/1997 aaO, 238 Tz 3). 39

Steuerrechtlich gilt das Vermögen *mit Ablauf* des Stichtags der Bilanz, die dem Vermögensübergang zugrunde liegt, als übergegangen (steuerrechtlicher Übertragungsstichtag; § 2 Abs 1 UmwStG). Dies ist die zum HR einzureichende Schlussbilanz nach § 17 Abs 2 UmwG (s BMF vom 25. 3. 1998, BStBl I, 268 ff Tz. 2.03), so dass steuerrechtlich der Vermögensübergang im Beispiel in Anm 39 bereits am 31. 12. 05 – 24.00 – Uhr erfolgt. 40

2. Zuschreibungen

Zuschreibungen sind **Wertzuschreibungen** des im Mengengerüst unveränderten Anlagevermögens. Wegen der Behandlung im Anlagengitter s Anm 17 ff. Da nach § 253 die AK/HK nicht überschritten werden dürfen, ist die Zuschreibung materiell auf die **Aufhebung früherer Abschreibungen** begrenzt. Zuschreibungen können sich aus dem **Wertaufholungsgebot** (§ 280 Abs 1) ergeben sowie zur **Anpassung der Handels- an die Steuerbilanz** als Folge einer steuerrechtlichen Bp (s hierzu *IDW RS HFA* 6 Abschn 5) vorgenommen werden. 45

Ein den handelsrechtlichen Wertansatz übersteigender steuerlicher Wert eines VG im Anschluss an eine Außenprüfung kann entweder auf einer Abschreibungskorrektur beruhen (materiell Zuschreibung); er kann seine Ursache aber auch darin haben, dass in früheren Jahren angefallene, in der HB bisher nicht aktivierte AK/HK **nachaktiviert** werden (materiell Zugang). Da es sich bei solchen Anpassungen jedoch nicht um einen Gj-Zugang handelt und im steuerrechtlichen Wertansatz zum Zuschreibungszeitpunkt fast immer bereits Abschreibungen verrechnet sind, ist es berechtigt, auch in diesen Fall den Nettowert nach zwischenzeitlicher Afa als Zuschreibung zu zeigen (ebenso *ADS*[6] § 268 Anm 55; aA Zugang *Lorson* in HdR[5] § 268 Anm 81; *WPH*[12] I F Anm 96).

46 Für einen Ausweis als Zuschreibung spricht auch, dass ein in früheren Gj zu hoch ausgewiesener Aufwand korrigiert und ein Zuschreibungsertrag ausgewiesen wird. Eine Differenzierung danach, ob in der HB bisher eine teilweise oder noch keine Aktivierung eines VG stattgefunden hat (so *ADS*[6] § 268 Anm 55 aE), ist nicht berechtigt. Soweit es sich bei derartigen Nachaktivierungen nicht um die Korrektur von in Vj zu hoch vorgenommenen Abschreibungen (Wertberichtigungen auf zu Bruttowerten ausgewiesene VG), sondern um die nachträgliche Aktivierung von Aufwand (zB Erhaltungsaufwand) handelt, sind diese Zuschreibungen zu Beginn des nächsten Gj nicht mit den kumulierten Abschreibungen zu verrechnen (dazu Anm 19), sondern den AK/HK hinzuzurechnen (glA *ADS*[6] § 268 Anm 55).

Regelmäßig betreffen derartige Zuschreibungen ein früheres Gj, weil die HB erst später an die Steuerbilanz angepasst wird. In solchen Fällen sind zu Beginn des nächsten Gj die Bruttobeträge den AK/HK hinzuzurechnen und die auf die abgelaufenen Gj entfallenden Abschreibungen den kumulierten Abschreibungen am Ende des Gj hinzuzurechnen.

3. Umbuchungen

50 Umbuchungen sind weder Mengen- noch Wertänderungen; sie sind nur **Ausweisänderungen** (ebenso *ADS*[6] § 268 Anm 59). Sie ergeben sich regelmäßig vom Posten „Geleistete Anzahlungen und Anlagen im Bau" (§ 266 Abs 2 A II Nr 4) auf die entspr Einzelposten der (fertigen) Sachanlagen. Darüber hinaus sind sie innerhalb der Sachanlagen selten. Sofern auf den umgebuchten Anlage-VG bereits Abschreibungen verrechnet waren, sind Bruttowerte und bisherige Abschreibungen umzubuchen (*ADS*[6] § 268 aaO). Zum möglichen Ausweis von Umgliederungen unter den Umbuchungen s Anm 36.

Bei mehrjähriger Herstellung sollten die im Jahr der Fertigstellung anfallenden HK direkt als Zugang bei den betr Posten gezeigt werden (so auch *ADS*[6] § 268 Anm 79). Es ist jedoch auch zulässig, diesen Zugang zunächst bei „Anlagen im Bau" zu zeigen und die gesamten HK im Jahr der Fertigstellung umzubuchen (*Lorson* in HdR[5] § 268 Anm 159).

4. Abgänge

51 Abgang ist das Gegenteil des Zugangs und bedeutet **mengenmäßige Verminderung** des Anlagevermögens (glA *ADS*[6] § 268 Anm 56), also Veräußerung, Ausbau oder Vernichtung (zB Brand, Zerstörung, Verschrottung). VG, die zwar noch körperlich vorhanden, für das Unt aber ohne Nutzen sind, sind als abgegangen zu behandeln. Im Anlagengitter sind die **Bruttowerte** des Anlagevermögens zu zeigen. **Wertlose Gegenstände,** die tatsächlich nicht mehr genutzt werden (auch nicht als Reserve-VG) oder alsbald veräußert werden sollen, sind nicht mehr dazu bestimmt, dauernd dem Geschäftsbetrieb zu dienen und deswegen als **Abgang** zu behandeln (*Lorson* in HdR[5] § 268 Anm 85). Ist die Zeitspanne zwischen dem Bilanzstichtag und der voraussichtlichen Veräußerung gering, dürfen sie vereinfachend solange noch im Anlagevermögen bleiben (§ 247 Anm 20).

52 **Nachträgliche Anschaffungskostenminderungen** (s § 255 Anm 61) sind im Jahr ihrer Entstehung als Abgang und nicht als Abschreibung auszuweisen (s Anm 37 zu nachträglichen AK-Erhöhungen).

Ein Wechsel der Vermögensart, dh eine **Umgliederung vom Anlage- in das Umlaufvermögen,** darf entweder als Abgang oder als Umbuchung gezeigt werden (Anm 36). 53

Geringwertige Wirtschaftsgüter des Anlagevermögens iSv § 6 Abs 2 EStG mit AK ab Euro 50 (Anm 34) bis zu 410 Euro dürfen im Zugangsjahr voll abgeschrieben werden. Das ist eine den GoB entspr **handelsrechtliche Vereinfachungsregelung** (§ 253 Anm 275). Da eine inventurmäßige Erfassung oder die Aufnahme in ein Bestandsverzeichnis unterbleibt, kann nicht festgestellt werden, welche dieser VG am Bilanzstichtag noch vorhanden sind und welche ggf mit welchen AK/HK aus dem Vermögen ausgeschieden sind. 54

Im Hinblick auf die gesetzlich vorgeschriebene Bruttomethode (Anm 10) ist vorgeschlagen worden, die GWG im Jahr des Zugangs auch als Abgang zu behandeln (so *IdW/WPK* WPg 1984, 612). Das HGB hat eine Sonderregelung für entbehrlich gehalten. Dementsprechend darf für den *Regelfall* **im Zugangsjahr** auch der **Abgang unterstellt** werden (ebenso *ADS*[6] § 268 Anm 77; *Lorson* in HdR[5] § 268 Anm 143; *WPH*[12] F 91; *Nordmeyer* in Beck HdR B 212 Anm 106). Sofern jedoch die dem Unt dienenden GWG im Verhältnis zu den übrigen Anlagegegenständen wesentlich sind (zB bei Brauereien, Hotels), kann es aus sachlichen Gründen geboten sein anstelle des buchmäßigen Sofortabgangs eine **andere,** den gegebenen Verhältnissen besser gerecht werdende **Abgangsfiktion** zu verwenden, zB einen Abgang jeweils im 5. Jahr zu unterstellen. In diesem Fall sind im Vortrag jeweils die AK/HK der letzten 4 Jahre zu zeigen und neben den Zugängen die Bruttowerte des ältesten Jahres als Abgang aus den kumulierten Abschreibungen darzustellen; es dürfen auch revolvierend die Zugänge der jeweils letzten fünf Gj in den Beständen zu AK und in gleicher Höhe in den kumulierten Abschreibungen belassen werden.

5. Abschreibungen

Unter den Abschreibungen dürfen **wahlweise** entweder die (nur) **betrieblich bedingten** Abschreibungen nach § 253 oder aber außerdem die nach § 254 **nur steuerrechtlich zulässigen** Abschreibungen ausgewiesen werden (s hierzu § 253 Anm 253). Im letzteren Fall sind auch diese in die Entwicklung des Anlagengitters aufzunehmen (so auch *ADS*[6] § 268 Anm 64; *Rosenbach* BFuP 1986, 137). Zur Zulässigkeit des Ausweises der allein steuerrechtlich zulässigen Abschreibungen (§§ 254, 279 Abs 2) als Wertberichtigung unter den Sonderposten mit Rücklageanteil und Verrechnung der Zuführung unter „sonstige betriebliche Aufwendungen" s § 281 Anm 1. 55

V. Finanzanlagen

Die Verpflichtung zur Darstellung der Entwicklung des Anlagevermögens und die hierfür geltenden Grundsätze (Anm 10–55) beziehen sich auch auf die Finanzanlagen. Besondere Fragen ergeben sich hierbei hinsichtlich der in den Spalten Zugänge, Zuschreibungen, Abgänge sowie Abschreibungen darzustellenden Vorgänge. 60

1. Zugänge und Zuschreibungen

Als **Zugänge** sind grds nur Bestandserhöhungen bei den Finanzanlagen aufzuführen, welche auf einer Anschaffung bzw Herstellung (§ 255 Anm 141 ff) oder auf einer Umgliederung aus dem Umlaufvermögen beruhen. Im letztgenannten Fall ist eine erlbedürftige Darstellung in der Umbuchungsspalte zulässig 61

(Anm 36). Im Übrigen sind als Zugänge insb aufzuführen die AK/HK der erworbenen Finanzanlagen sowie nachträgliche AK/HK bei vorhandenen Finanzanlagen. **Nicht als Zugänge** zu erfassen sind **Gratisanteile** auf Grund einer Kapitalerhöhung aus Gesellschaftsmitteln, soweit diese nach den Bestimmungen der §§ 207 ff AktG bzw § 57 c GmbHG durchgeführt wurde (§ 57 o S 2 GmbHG; *ADS*[6] § 268 Anm 82). Aber auch Anteile, welche abw von diesen Bestimmungen (zB von einer ausländischen Ges) auf Grund einer Umwandlung von Gewinnvorträgen oder Jahresüberschüssen in Nennkapital ausgegeben wurden (zB als Stock-Dividenden), stellen keinen Zugang dar, weil hierfür keine AK/HK aufgewendet wurden (aA *BFH* 5. 4. 1978, BStBl II, 414 sowie FinVerw – BMF 25. 10. 2004, BStBl I, 1034, Anm 23: Doppelmaßnahme). Zugänge sind jedoch Anteile, welche dem Gester nach dessen Wahl **an Stelle einer Dividende** zugeteilt wurden (*Beater* in MünchKommHGB § 268 Anm 15).

62 Bei Anteilen, welche im Rahmen einer **Kapitalerhöhung gegen Zuzahlung** gezeichnet werden, sind als Zugang der Ausgabebetrag und die AK hinzuerworbener Bezugsrechte auszuweisen. Auch der Wert der bei den vorhandenen Altanteilen abgehenden Bezugsrechte (Anm 65) kann als Zugang bei den neuen Anteilen aufgefasst werden. Auf den Ausweis dieses Zugangs (und des entspr Abgangs bei den Altanteilen) kann verzichtet werden (so auch *ADS*[6] § 268 Anm 81).

63 Der dem Gester einer **PersGes** zustehende **Gewinnanteil** darf nach *HFA 1/1991* Abschn. 3 idR nicht unmittelbar als Beteiligungszugang behandelt werden. Ein Beteiligungszugang sei jedoch dann zu buchen,

- wenn die bilanzierte Gester-Forderung auf den Gewinnanteil wieder in das gesamthänderisch gebundene Ges-Vermögen eingelegt wird oder – bei vollhaftenden Gestern – als durch Zeitablauf eingelegt gilt;
- oder wenn ein Gewinnanteil, über den der Gester noch kein individuelles Verfügungsrecht hatte, durch Beschlussfassung zur Einlageerhöhung verwendet wird.

64 **Zinslose** oder **niedrig verzinsliche Ausleihungen** sind mit ihrem Auszahlungsbetrag als Zugang anzusetzen (§ 255 Anm 180, 257; *Scheffler* in Beck HdR B 213 Anm 176; aA – Barwert –: *ADS*[6] § 268 Anm 84; *WPH* I[12] E 425). Die Abzinsung auf den Barwert wird als Abschreibung dargestellt. Erworbene bestehende Forderungen sind unabhängig von ihrem Nominalbetrag mit den AK unter den Zugängen zu zeigen (s § 255 Anm 255).

Erhöhungen des Barwerts (zB auf Grund einer Laufzeitverkürzung oder Verminderung des Marktzinsniveaus nach vorangegangener Abschreibung, § 253 Anm 411) sind in der **Zuschreibungsspalte** (dort auch sonstige Wertaufholungen nach § 280 Abs 1 sowie Anpassungen der HB an Steuerbilanz nach Bp, Anm 45 f) zu zeigen. Bei **Zero-Bonds** erfolgt hingegen die Darstellung der als realisiert geltenden Zinsen (§ 255 Anm 176) in der Zugangsspalte (*ADS*[6] § 268 Anm 85).

2. Abgänge

65 Bei den Abgängen sind **Bestandsminderungen** der Finanzanlagen aufzuführen, welche nicht ausschließlich auf einer Wertminderung beruhen, dh Minderungen auf Grund einer **Übertragung** auf Dritte oder auf Grund rechtlichen Erlöschens (zB infolge **Tilgung** von Ausleihungen; Verrechnung – langfristiger – Vorauszahlungen mit den vereinbarten Jahresmieten, **Kapitalherabsetzungen** oder **Liquidation** eines BetUnt). Zu den Abgängen gehören auch Wertminderungen vorhandener Anteile, welche sich durch die **Verwertung von Bezugsrechten** iZm einer Kapitalerhöhung bei einer BeteiligungsGes ergeben

(*WPH* I[12] E 396). Ein Abgang wird in der Praxis nicht angenommen, wenn das Bezugsrecht durch Erwerb junger Anteile selbst ausgeübt wird (Anm 62). Der als Abgang zu berücksichtigende Wert veräußerter Bezugsrechte ist anhand der sog **Gesamtwertmethode** zu berechnen (*BFH* 6. 12. 1968, BStBl II 1969, 105; 21. 1. 1999, BStBl II, 638; 22. 5. 2003, BStBl II 712; *Scheffler* in Beck HdR B 213 Anm 123; *ADS*[6] § 253 Anm 50; *WPH* I[12] E 396). Hiernach ist als Abgang derjenige Teil des Kurswerts des Bezugsrechts zu erfassen, welcher dem Verhältnis des Buchwerts der alten Anteile zu deren Kurswert vor Kapitalerhöhung entspricht. Der Kurswert des Bezugsrechts ist hierfür entweder entspr Börsennotierungen zu entnehmen oder bei deren Fehlen rechnerisch zu ermitteln.

3. Abschreibungen

Art, Umfang und Zeitpunkt von Abschreibungen auf Finanzanlagen bestimmen sich nach §§ 253 Abs 2, 254, 279 (s jeweils dort). Auch Verluste einer PersGes rechtfertigen beim Gester eine Abschreibung nur nach Maßgabe dieser Bestimmungen (*HFA 1/1991* Abschn. 4; § 253 Anm 405). 66

C. Nicht durch Eigenkapital gedeckter Fehlbetrag (Abs 3)

Schrifttum: *Harms/Küting* Ermittlung und Ausweis des Eigenkapitals nach dem Bilanzrichtlinie-Gesetz, DB 1983, 1449; *Hoffmann* Eigenkapitalausweis und Ergebnisverteilung nach Maßgabe des KapCoRiLiG, DStR 2000, 837.

I. Allgemeines

Der nach Abs 3 von KapGes aller Größenklassen ggf gesondert auszuweisende Aktivposten **„Nicht durch Eigenkapital gedeckter Fehlbetrag"** stellt einen rechnerischen Gegenposten zum bilanziellen EK dar. Denn nach der Grundkonzeption des § 266 Abs 3 sind sämtliche Posten des EK auf der Passivseite als „A. Eigenkapital" in entspr Untergliederung vollständig auszuweisen (§ 266 Anm 170ff, *ADS*[6] § 268 Anm 95). Daher bleiben das gezeichnete Kapital und andere EK-Posten wie Kapitalrücklage, Gewinnrücklagen, Gewinnvortrag/Verlustvortrag und Jahresüberschuss/Jahresfehlbetrag auch dann bestehen und sind gesondert auszuweisen, wenn durch Kürzung eines Verlustvortrags und/oder Jahresfehlbetrags bzw eines Bilanzverlusts (hierzu Anm 4) das EK „aufgebraucht" wird (ebenso *ADS*[6] § 268 Anm 86, 95). Übersteigt ein Jahresfehlbetrag, ein Verlustvortrag oder ein Bilanzverlust die Summe der übrigen EK-Posten, tritt an die Stelle eines Minuspostens bei der EK-Gliederung der Aktivposten „Nicht durch Eigenkapital gedeckter Fehlbetrag". Damit soll der Ausweis eines Negativpostens auf der Passivseite – unter „Eigenkapital" – vermieden werden. Der Fehlbetrag ist nach Abs 3 „am Schluss der Bilanz", also als letzter Posten der Aktivseite auszuweisen. 75

Bei **PersGes iSd § 264a** ergibt sich für den Fall, dass für die phG und Kommanditisten keine Zahlungsverpflichtung besteht, gem § 264c Abs 2 S 5 und 6 (s § 264c Anm 43, 52; *IDW RS HFA* 7 Anm 39) ein entspr Posten „Nicht durch Vermögenseinlagen gedeckter Verlustanteil der phG/der Kommanditisten. Der Ausweis dieses Sonderpostens erfolgt analog Abs 3. Zu den weiteren Spezialvorschriften für KapCoGes s § 264c Anm 15ff.

Der Fehlbetrag nach Abs 3 drückt eine **buchmäßige Überschuldung** des Unt aus. Inwieweit dann auch eine Überschuldung iSd §§ 92 Abs 2 S 2 AktG 76 oder 64 Abs 1 S 2 GmbHG besteht, bedarf jeweils besonderer Untersuchungen und anderer Wertansätze. Zur Ermittlung der Überschuldung iSd Insolvenzrechts s *Förschle/Hoffmann* in Sonderbilanzen[3], N Anm 60ff und *WPH*[12] I, VAnm 11ff mwN.

77 Eine gesetzliche Verpflichtung zur **Erläuterung des Fehlbetrags im Anhang** besteht zwar nicht; sie ist jedoch vor dem Hintergrund der allgemeinen Grundsätze und der Existenzgefährdung, insb zur Abgrenzung zwischen buchmäßiger und insolvenzrechtlicher Überschuldung (so auch *Knop* in HdR[5] § 268 Anm 195; *ADS*[6] § 268 Anm 89; nach *Matschke/Schellhorn* in BoHdR§ 268 Anm 91 ist idR eine Erl notwendig) angebracht. S *OLG Frankfurt* (NZG 2004, 1157ff) zu den subjektiven Voraussetzungen der Pflichtverletzung des Vorstands aus § 92 II, III AktG.

78 Abs 3 gilt sinngemäß für publizitätspflichtige PersGes und für die KGaA (dazu § 272 Anm 133).

II. Beispiele

80 **Beispiel Nr 1:**

Die EK-Posten umfassen bei einer GmbH nur das Stammkapital mit Euro 500 000 und einen Jahresfehlbetrag des letzten Geschäftsjahrs von Euro 600 000. Ausweis in der Bilanz:

Aktivseite (letzter Aktivposten)			Euro
Nicht durch Eigenkapital gedeckter Fehlbetrag			100 000
Passivseite	Euro	Euro	
A. Eigenkapital:			
I. Gezeichnetes Kapital		500 000	
II. Jahresfehlbetrag	600 000		
davon nicht gedeckt	100 000	./. 500 000	
Buchmäßiges Eigenkapital			–,–

81 **Beispiel Nr 2:**

Wie Beispiel 1, es bestehen jedoch nicht aufgelöste satzungsmäßige Rücklagen in Höhe von 50 000 Euro.

Ausweis in der Bilanz:

Aktivseite (letzter Aktivposten)			Euro
Nicht durch Eigenkapital gedeckter Fehlbetrag			50 000
Passivseite			
A. Eigenkapital:	Euro	Euro	
I. Gezeichnetes Kapital		500 000	
II. Gewinnrücklagen			
Satzungsmäßige Rücklagen		50 000	
III. Jahresfehlbetrag	600 000		
davon nicht gedeckt	50 000	./. 550 000	
Buchmäßiges Eigenkapital			–,–

Die Beispiele und Abs 3 setzen voraus, dass ein Teilbetrag des Jahresfehlbetrags die Summe der EK-Posten übersteigt.

82 Die Höhe des auf der Aktivseite auszuweisenden Postens „Nicht durch Eigenkapital gedeckter Fehlbetrag" kann jedoch durch **nicht eingeforderte Einlagen** auf das gezeichnete Kapital beeinflusst werden, wenn diese (wie es § 272 Abs 1 S 3 als Wahlrecht erlaubt) vom gezeichneten Kapital offen abgesetzt werden. Bestehen in den Beispielen Nr 1 und 2 zusätzlich nicht eingeforderte Einlagen mit zB 100 000 Euro, die vom gezeichneten Kapital gekürzt werden, erhöht sich der aktivisch anzusetzende Fehlbetrag um jeweils 100 000 Euro, weil das bilanzielle EK dann um diesen Betrag vermindert ausgewiesen wird. Werden diese „nicht eingeforderten Einlagen" dagegen gesondert vor dem Anlagever-

mögen ausgewiesen, bleibt es bei den in den Beispielen 1 und 2 dargestellten Fehlbeträgen.

Das Wahlrecht zur Verrechnung der nicht eingeforderten Einlagen wird durch die Erhöhung des Fehlbetrags nicht eingeschränkt (so auch *ADS*[6] § 268 Anm 93 mit dem Zusatz „unbefriedigend"; ebenso *Knop* in HdR[5] § 268 Anm 192). Auch bei Absetzung der nicht eingeforderten Einlagen vom gezeichneten Kapital ist die Bruttodarstellung aller EK-Posten auf der Passivseite der Bilanz (Anm 75, 80f) zwingend. Daher ist der Auffassung von *Schulze-Osterloh* in Baumbach/Hueck[17] § 42 GmbHG Anm 163 nicht zuzustimmen, dieses Wahlrecht werde unzulässig, wenn dadurch der aktive Fehlbetrag „entstünde oder erhöht werden würde".

Die Höhe des Fehlbetrags wird durch Bestände an **eigenen Anteilen** oder **83**
herrschenden Anteilen *nicht* berührt, da deren jeweilige Bilanzwerte stets durch die Rücklage für eigene Anteile (§ 272 Abs 4, dort Anm 117ff) voll kompensiert sein müssen.

Wird *durch Verluste* der Kapitalanteil eines phG von **KGaA** negativ, lautet der **84**
Fehlbetrag hierfür „Nicht durch Vermögenseinlagen gedeckter Verlustanteil persönlich haftender Gesellschafter", § 286 Abs 2 S 3 zweiter Halbsatz AktG, *ADS*[6] § 266 Anm 177.

Entfallen die Verlustanteile auf **mehrere** phG von KGaA, dürfen mehrere Posten dieser Art zusammengefasst werden. Bei positiven und negativen Kapitalkonten mehrerer phG ist eine Saldierung *nicht* zulässig (§ 272 Anm 133).

Der Sonderposten setzt voraus, dass **keine Einzahlungsverpflichtung** des phG von KGaA besteht. Ein Anspruch auf Einzahlung ist unter den Forderungen oder vor den sonstigen VG zu erfassen (§ 272 Anm 133, ebenso *ADS*[6] § 266 Anm 171).

D. Vermerk und Angaben zu Forderungen (Abs 4)

I. Vermerk der Restlaufzeit bei Forderungen (S 1)

Abs 4 S 1 regelt für KapGes/KapCoGes und dem PublG unterliegende Unt **90**
die **Vermerkpflicht** von Forderungen mit einer Restlaufzeit von mehr als einem Jahr. Durch diesen Bilanzvermerk soll der Einblick in die Liquiditäts- und Finanzlage verbessert werden. Dem Anlagevermögen zuzuordnende Forderungen fallen dagegen nicht unter die Vermerkpflicht (*ADS*[6] § 268 Anm 96).

Bei den Forderungen ist der Betrag mit einer Restlaufzeit von mehr als einem **91**
Jahr zu vermerken („davon mit einer Restlaufzeit von mehr als einem Jahr: „Euro"). Die Vermerkpflicht gilt für folgende **Unterposten:** Forderungen aus Lfg und Leistungen, Forderungen gegen verbundene Unt und Forderungen gegen Unt, mit denen ein Beteiligungsverhältnis besteht, sowie sonstige VG, soweit dieser Posten sonstige Forderungen umfasst. Der Vermerk ist auch bei den in anderen Vorschriften des HGB, AktG oder des GmbHG geregelten Sonderposten vorzunehmen (ebenso § 266 Anm 123). Bei Ausübung des Wahlrechts nach § 265 Abs 7 Nr 2 (Aufgliederung der Hauptposten nur im Anhang), sind auch die in der Bilanz zusammengefassten Posten gesondert im Anhang auszuweisen (s *ADS*[6] § 268 Anm 103). Die Angabe der Vj-Beträge ist nicht zwingend vorgeschrieben.

Werden bei **kleinen KapGes/KapCoGes** nach § 266 Abs 1 S 3 „Forderungen und sonstige Vermögensgegenstände" (§ 266 Abs 2 B II) ohne Unterteilung ausgewiesen, ist nur der Gesamtbetrag aller Forderungen mit Restlaufzeiten über einem Jahr zu vermerken (glA *ADS*[6] § 268 Anm 100; *Matschke/Schellhorn* in BoHdR § 268 Anm 98).

92 Die Restlaufzeit bestimmt sich aus dem Zeitraum zwischen dem Bilanzstichtag und dem erwarteten Eingang der Forderung. Diese Schätzung ist immer dann maßgeblich, wenn zB wegen Zahlungsschwierigkeiten des Schuldners nicht mit einem Zahlungseingang zum vertraglich vereinbarten Termin zu rechnen ist (ebenso *ADS*[6] § 268 Anm 101; *WPH*[12] I, F 194). Die Restlaufzeiten sind an jedem Bilanzstichtag neu zu beurteilen (*ADS*[6] § 268 Anm 101). Bei **Ratenzahlungen** umfasst der Vermerk nur den Teil der Raten, die nach 12 Monaten geleistet werden (*ADS*[6] § 268 Anm 101). Der Vermerk richtet sich nach dem anteiligen **Bilanzwert** der entspr Einzelforderung, nicht nach den Nennwerten. Einzel- oder Pauschalabwertungen sind somit auch bei diesem Vermerk (ggf anteilig) zu kürzen (*ADS*[6] § 268 Anm 102).

II. Angaben zu antizipativen Forderungen (S 2)

93 Nach § 268 Abs 4 S 2 sind die unter dem Posten **„sonstige Vermögensgegenstände"** ausgewiesenen größeren Beträge, die erst nach dem Abschlussstichtag *rechtlich entstehen,* im Anhang von mittelgroßen und großen KapGes/KapCoGes (vgl § 274a Anm 3) zu erläutern.

94 IdR handelt es sich bei antizipativen Posten um am Abschlussstichtag entstandene, noch nicht fällige Forderungen, die aber von der Erl-Pflicht *nicht betroffen* sind. Hierzu gehören zB bis zum Bilanzstichtag entstandene Zinserträge, Ansprüche aus Miet- oder Pachtverträgen auf anteiligen Miet- oder Pachtzins, anteilige Ansprüche aus Versorgungsverträgen (Strom, Gas, Wasser, Fernwärme); für Einbeziehung auch solcher antizipativer Forderungen *ADS*[6] § 268 Anm 106. UE kann dahinstehen, ob es sich um ein Dauerschuldverhältnis oder einen Sukzessivlieferungsvertrag handelt; in jedem Fall ist in Höhe der bis zum Bilanzstichtag erbrachten **Versorgungsleistung** auch eine Forderung rechtlich entstanden, deren Fälligkeit bis zum Ablesetermin der Messgeräte hinausgeschoben ist.

95 Antizipative Forderungen, die zum Abschlussstichtag rechtlich noch nicht entstanden sind und daher bei größerem Umfang im Anhang erläutert werden müssen, sind selten. Sie sind auch nur dann erlpflichtig, wenn sie zutreffend als sonstige VG ausgewiesen werden (und nicht zB als Forderungen gegen verbundene Unt; so zB *ADS*[6] § 268 Anm 105). Hierunter fallen **Steuererstattungsansprüche,** die bei bestimmten Steuerarten (KSt, GewSt) erst mit Ablauf des Kj entstehen, obwohl die Bemessungsgrundlage schon bei Ablauf eines davor endenden abw Wj verwirklicht ist. Die Höhe des Anspruchs steht hier außerdem erst nach Abgabe der Steuererklärung fest. Entspr gilt für Vorsteueransprüche, für die noch keine Rechnungen vorliegen (*BFH* 12. 5. 1993 BStBl II, 786) und Investitionszulagen sowie Rückzahlungsansprüche aus der Steuerminderung des § 37 Abs 2 S 2 KStG. Vermerkpflichtig sind auch zu erwartende **Umsatzprämien ohne Rechtsanspruch** („faktische Forderungen"). Ferner fallen hierunter (ggf mit Vermerk der Mitzugehörigkeit) als sonstige VG aktivierte **Dividendenansprüche,** für die der Ausschüttungsbeschluss am Bilanzstichtag noch aussteht. Derartige Ansprüche werden allerdings idR unter den Forderungen gegen verbundene Unt ausgewiesen.

E. Vorschriften zu Verbindlichkeiten (Abs. 5)

I. Vermerk der Beträge mit einer Restlaufzeit bis zu einem Jahr (S 1)

Nach Abs 5 S 1 ist der Betrag der Verbindlichkeiten mit einer **Restlaufzeit bis zu einem Jahr** bei jedem gesondert ausgewiesenen Posten zu vermerken. Die Vorschrift dient der Vermittlung eines Bildes der Finanz-(Liquiditäts-)Lage der KapGes/KapCoGes (§ 264 Abs 2 S 1). Eine entspr Vorschrift besteht für Forderungen s Anm 90 ff. Erhaltene Anzahlungen fallen nicht unter die Angabepflicht, da diese nicht zu Auszahlungen führen. Fassen kleine KapGes/KapCoGes die Verbindlichkeiten zu einem Sammelposten zusammen (§ 266 Abs 1 S 3), bezieht sich die Angabepflicht auf diesen Sammelposten. 101

Der Restlaufzeitvermerk in der Bilanz wird ergänzt durch die Angabe des Gesamtbetrags der Verbindlichkeiten mit einer **Restlaufzeit von mehr als fünf Jahren** im Anhang gem § 285 S 1 Nr 1a (dazu § 285 Anm 5f). Mittelgroße und große KapGes/KapCoGes müssen diesen Gesamtbetrag zudem für jeden davon betroffenen Posten der Verbindlichkeiten nach dem vorgeschriebenen Gliederungsschema aufgliedern, sofern die Beträge mit einer Restlaufzeit von mehr als fünf Jahren nicht bei jedem davon betroffenen Posten in der Bilanz vermerkt werden (§ 285 S 1 Nr 2, § 288 S 1; dazu § 285 Anm 16f). 102

Für die Beurteilung der Liquiditätslage des Unt ist entscheidend, wann die aufgenommenen Mittel endgültig zurückgezahlt werden müssen. Das gilt auch für **Roll-over-Kredite.** Unerheblich dafür ist, über welchen Zeitraum der Kreditnehmer jeweils einen Kredit in Anspruch nehmen will (ähnlich *ADS*[6] § 268 HGB Anm 111). Daher kommt es für die Bestimmung der Restlaufzeit der am Bilanztag beanspruchten Kreditmittel auf die Gesamtlaufzeit des Roll-over-Kredits an. Entspr gilt für **Revolving Underwriting Facilities (RUF's)** und **Note-Issuance Facilities (NIF's),** die beide eine Mittelbeschaffung innerhalb eines Kreditrahmens über die revolvierende (sich wiederholende) Plazierung von Euronotes ermöglichen. Voraussetzung für die Anerkennung eines späteren Fälligkeitstermins als den Fälligkeitstermin der aktuellen Mittelaufnahme ist aber generell, dass es zur anschließenden Mittelaufnahme keiner weiteren Vereinbarung (zB Prolongation) mehr bedarf. Für Kreditinstitute und VersicherungsUnt (§§ 340a, 341a) ist Abs 5 S 1 *nicht* anwendbar. 103

Der Vermerk der Restlaufzeiten bis zu einem Jahr gem Abs 5 S 1 und die Angabe der Restlaufzeiten von mehr als fünf Jahren gemäß § 285 S 1 Nr 2 können in einem sog **Verbindlichkeitenspiegel** zusammengefasst werden, der entweder in der Bilanz oder im Anhang gezeigt wird (dazu § 285 Anm 18). 104

Wenn bei einem Unterposten der Verbindlichkeiten (zB Verbindlichkeiten aus Lfg und Leistungen, Wechselverbindlichkeiten, sonstige Verbindlichkeiten) der jeweilige gesamte Bilanzbetrag *innerhalb eines Jahres* fällig wird, genügt ein Vorspalten-Vermerk etwa folgenden Inhalts: „sämtlich bis Ende 20.. fällig“ oder „alle bis Ende Juni 20.. fällig“.

Auf die Erl zum Restlaufzeitvermerk bei den Forderungen – dort aber nur für Einzelposten mit (Teil-)Fälligkeiten *über einem Jahr* (Anm 91) – in Anm 92 und die Ausführungen in § 285 Anm 6 zu einzelnen Ermittlungsfragen wird verwiesen. 105

II. Gesonderter Ausweis der erhaltenen Anzahlungen auf Bestellungen (S 2)

106 Für erhaltene Anzahlungen besteht das Wahlrecht, sie gesondert unter den Verbindlichkeiten auszuweisen oder offen von den Vorräten abzusetzen (§ 266 Anm 225). Kleine KapGes/KapCoGes können erhaltene Anzahlungen mit den übrigen Posten iSv § 266 Abs 3 C 1 bis 8 zusammenfassen (§ 266 Abs 1 S 3). Sofern sie die erhaltenen Anzahlungen von den Vorräten absetzen, muss dies stets „offen" geschehen (*ADS*[6] § 268 Anm 115). S 2 ist *nicht* auf Kreditinstitute und VersicherungsUnt anwendbar.

III. Erläuterung rechtlich noch nicht entstandener Verbindlichkeiten (S 3)

107 Nach Abs 5 S 3 sind innerhalb der Bilanzgruppe „Verbindlichkeiten" ausgewiesene Beträge für erst nach dem Abschlussstichtag rechtlich entstehende Verbindlichkeiten im Anhang zu erläutern, sofern sie einen größeren Umfang haben. Laut *Begr RegE* (BT-Drs 10/317, 79) sind damit die antizipativen passiven RAP gemeint; für solche Posten enthält die 4. EG-Richtl in Art 21 das Mitgliedstaatenwahlrecht, den Ausweis von „Aufwendungen vor dem Abschlussstichtag, welche erst nach diesem Tag zu Ausgaben führen", als passive RAP oder unter den Verbindlichkeiten mit Erl im Anhang vorzusehen.

108 Abs 5 S 3 stellt indes eine mißglückte Transformation von Art 21 der 4. EG-Richtl dar. Antizipative passive RAP iSv Art 21 der 4. EG-Richtl sind regelmäßig rechtlich entstandene Schulden, die nur noch nicht fällig sind. Antizipative passive RAP fallen also regelmäßig nicht unter die Erläuterungspflicht nach Abs 5 S 3 (*Hüttemann* in HdJ Abt III/8 Anm 214; *ADS*[6] § 268 Anm 118). In Frage kommt etwa eine nicht auf Vertrag beruhende Verlustübernahme, wenn ein faktischer Übernahmezwang gegeben ist (zu nur faktischen Verbindlichkeiten s § 247 Anm 204) und der Betrag des zu übernehmenden Verlustes feststeht.

F. Ausweis oder Angabe des Unterschiedsbetrags (Abs 6)

Schrifttum: s bei § 250.

I. Allgemeines

110 Nach Abs 6 ist ein in den aktiven RAP aufgenommenes **Disagio** gem § 250 Abs 3 in der Bilanz gesondert auszuweisen oder im Anhang anzugeben. Die Vorschrift gilt auch für eG (§ 336 Abs 2) und für dem PublG unterliegende Unt (§ 5 Abs 1 PublG). Bei Kreditinstituten und VersicherungsUnt gelten gleichartige, ausführlich formulierte Regelungen (§ 340 e Abs 2, § 341 c Abs 2). Kleine KapGes/KapCoGes sind in § 274 a Nr 4 von dieser Vorschrift befreit.

II. Gesonderter Ausweis in der Bilanz

111 Als Postenbezeichnung kommen „Disagio", „Damnum" oder „Unterschiedsbetrag nach § 250 Abs 3 HGB" in Betracht (ebenso *ADS*[6] § 268 Anm 122 und

Hayn in HdR[5] § 268 Anm 220). Der gesonderte Ausweis darf durch einen Davon-Vermerk zu den aktiven RAP oder durch deren Aufgliederung (auch in der Vorspalte) erfolgen (so zB auch *ADS*[6] § 268 Anm 121; *WPH*[12] I, F 215; *Hayn* in HdR[5] § 268 Anm 220).

Wählt ein Unt den gesonderten Ausweis in der Bilanz, sind Angaben im **Anhang** über die Ausübung des Ansatzwahlrechts im Erstjahr nicht erforderlich (§ 284 Anm 89). Werden in einem der Folgejahre bei wesentlichen Beträgen freiwillige außerplanmäßige Abschreibungen vorgenommen (§ 250 Anm 76), sind hierüber im Anhang Angaben zu machen, da es sich um eine Änderung der Bilanzierungsmethode handelt.

Werden Unterschiedsbeträge für **mehrere Verbindlichkeiten** aktiv abgegrenzt, dürfen sie in der Bilanz zusammengefasst gesondert ausgewiesen werden (hM, vgl *ADS*[6] § 268 Anm 123). Für dem PublG unterliegende Unt ist der gesonderte Ausweis des Disagios in der Bilanz nicht zwingend, soweit ein Anhang aufgestellt werden muss. Wird jedoch ein Anhang nicht aufgestellt, ist der gesonderte Ausweis des Unterschiedsbetrags für dem PublG unterliegende Unt obligatorisch (folgt aus § 5 Abs 2 PublG iVm § 284 Abs 1). 112

III. Nur Angabe im Anhang

Wird für aktive Disagiobeträge die Angabe im **Anhang** gewählt, ist dort die Höhe des abgegrenzten Unterschiedsbetrags mit Hinweis auf § 250 Abs 3 anzugeben (§ 284 Anm 89) und in den Folgejahren zu wiederholen. Weiterhin ist im Erstjahr der Abgrenzung auf die Ausübung des Ansatzwahlrechts hinzuweisen, wenn es sich hierbei um eine Änderung der Bilanzierungsmethode handelt (hierzu § 284 Anm 146). Die Angaben sind auch vorzunehmen, wenn im Erstjahr nur ein Teilbetrag des Unterschiedsbetrags aktiviert wird. Ferner ist über außerplanmäßige Abschreibungen in den Folgejahren zu berichten (Anm 111). 113

G. Ausweis oder Angabe von Haftungsverhältnissen (Abs 7)

Schrifttum: S. § 251.

I. Allgemeines

Abs 7 verlangt bei KapGes/KapCoGes, dass die in § 251 bezeichneten Haftungsverhältnisse unter der Bilanz oder im Anhang unter Angabe der gewährten Pfandrechte und sonstigen Sicherheiten jeweils gesondert anzugeben sind. 120

Auch von dem **PublG** unterliegenden **Unternehmen** (§ 1 Abs 1, § 3 Abs 1 PublG) ist die Vorschrift sinngemäß anzuwenden (§ 5 Abs 1 S 2 PublG). Für dem PublG unterliegende Ekfl und reine PersGes gilt das Wahlrecht für den JA, die Haftungsverhältnisse auch im Anhang angeben zu können, nicht, da sie gem § 5 Abs 2 S 1 PublG keinen Anhang zum JA aufzustellen haben; sie müssen die Haftungsverhältnisse nach § 251 unter der Bilanz vermerken. Für die übrigen dem Publ unterliegenden Unt gilt Abs 7 uneingeschränkt sowie für Kreditinstitute (§ 340a) und VersicherungsUnt (§ 341a).

II. Angabe unter der Bilanz oder im Anhang

121 Es besteht ein Ausweiswahlrecht; dabei ist Stetigkeit zu wahren (Anm 124). Bzgl des Vermerks unter der Bilanz s § 251 Anm 7 und im Anhang s § 284 Anm 56.

III. Gesonderter Ausweis

123 Abs 7 verlangt die Angabe der vier Haftungsverhältnisse des § 251 „jeweils gesondert". Für jede der folgenden Gruppen der Haftungsverhältnisse ist der Betrag einzeln anzugeben. Es ist hierbei die Reihenfolge des Gesetzes einzuhalten (glA *Fey,* 205):

- Verbindlichkeiten aus der Begebung und Übertragung von Wechseln,
- Verbindlichkeiten aus Bürgschaften, Wechsel- und Scheckbürgschaften,
- Verbindlichkeiten aus Gewährleistungsverträgen,
- Haftungsverhältnisse aus der Bestellung von Sicherheiten für fremde Verbindlichkeiten.

Nach dem Wortlaut des HGB gilt die Pflicht zur gesonderten Angabe der einzelnen Haftungsverhältnisse auch für **kleine Kapitalgesellschaften/KapCo Ges.** Im Hinblick darauf, dass kleine KapGes/KapCoGes ihre Verbindlichkeiten nicht nach Maßgabe des § 266 Abs 3 C 1 bis 8 aufgliedern müssen (§ 266 Abs 1 S 3), wird man von ihnen eine Anwendung des Abs 7 nicht fordern können (*ADS*[6] § 268 Anm 125; *Dörner/Wirth* in HdR[5] § 268 Anm 249).

124 Die allgemeinen Grundsätze des § 265 für die Gliederung der Bilanz sind grds auch auf den Vermerk (die Darstellung) der Haftungsverhältnisse der KapGes/KapCoGes anzuwenden, unabhängig davon, ob die Angaben unter der Bilanz oder im Anhang gemacht werden.

Für die Haftungsverhältnisse kommen insb **folgende Vorschriften** in Frage:

- **Formelle Stetigkeit** (§ 265 Abs 1 Anm 2),
- Vermerk einer eventuellen **Mitzugehörigkeit** zu einem anderen Haftungsverhältnis (zB ein Haftungsverhältnis aus der Bestellung von Sicherheiten für fremde Verbindlichkeiten ist zusätzlich durch eine Bürgschaft gesichert; § 265 Abs 3 S 1 Anm 7f.),
- **Weitere Untergliederung** der Haftungsverhältnisse (§ 265 Abs 5 S 1 Anm 14),
- **Hinzufügung neuer Posten,** wenn ihr Inhalt nicht von einem vorgeschriebenen Posten gedeckt wird (§ 265 Abs 5 S 2 Anm 15),
- **Anpassung der Bezeichnung** der Posten der Haftungsverhältnisse an die Besonderheiten der KapGes/KapCoGes (§ 265 Abs 6 Anm 16),
- **Zusammenfassung von Haftungsverhältnissen,** wenn sie einen Betrag enthalten, der für die Vermittlung eines den tatsächlichen Verhältnissen entsprechenden Bilds nicht erheblich ist (§ 265 Abs 7 Nr 1 Anm 17),
- Weglassen von **Leerposten** (§ 265 Abs 8 Anm 18).

Werden die Haftungsverhältnisse unter der Bilanz vermerkt, sind nach § 265 Abs 2 die entspr VjZahlen anzugeben. Obwohl VjZahlen im Anhang nicht angegeben zu werden brauchen (§ 284 Anm 21), ist dies beim Vermerk der Haftungsverhältnisse zu fordern (so auch *HFA* 5/1988 idF 1998 I.1.; aA *Dörner/Wirth* in HdR[5] § 268 Anm 229; *Fey,* 202; für zweckmäßig haltend *ADS*[6] § 268 Anm 128), um die Veränderungen des Haftungsvolumens, das die Vorstufe zur Passivierung darstellt, zu zeigen, unabhängig von dem Ort der Darstellung (Bilanzvermerk oder Anhang).

Nach § 285 S 1 Nr 9 c (dort Anm 193) müssen KapGes/KapCoGes über bestimmte Haftungsverhältnisse **zusätzlich im Anhang** berichten, obwohl die Angaben bereits im Vermerk nach Abs 7 enthalten sind. Es handelt sich um die Berichterstattung über Haftungsverhältnisse, die die KapGes/KapCoGes zugunsten der Mitglieder des Geschäftsführungsorgans, eines AR, eines Beirats oder einer ähnlichen Einrichtung eingegangen ist. Die **Doppelangabe** der in Betracht kommenden Haftungsverhältnisse ist zwingend, da eine Kürzung der Beträge gemäß Abs 7 nicht zulässig ist und § 285 S 1 Nr 9 c die Berichterstattung ausdrücklich fordert. Die Berichterstattungspflicht kann dadurch erfüllt werden, dass **125**

a) bei den entspr Posten der Haftungsverhältnisse durch einen **Davon-Vermerk** auf die Haftung zugunsten von Mitgliedern dieser Organe hingewiesen wird oder
b) ein Zusatz „ohne die bei den Organbezügen gesondert genannten Haftungsverhältnisse" hinzugefügt wird.

IV. Angabe der gewährten Pfandrechte und sonstigen Sicherheiten

Abs 7 schreibt vor, dass die Haftungsverhältnisse unter Angabe der gewährten Pfandrechte und sonstigen Sicherheiten anzugeben sind. Bezugsgröße für die Angabepflicht sind zwar alle Haftungsverhältnisse des § 251. In Frage kommen praktisch jedoch nur die Haftungsverhältnisse aus der Bestellung von **Sicherheiten für fremde Verbindlichkeiten** (§ 251 Anm 45). Die anderen angabepflichtigen Haftungsverhältnisse können keine Gewährung von Pfandrechten und sonstigen Sicherheiten enthalten, wohl aber im Falle von doppelten Haftungsverhältnissen, die dann entspr mit einem „Davon-Vermerk" anzugeben sind (Anm 125). **126**

Die Art der Angabe besteht in einem betragsmäßigen Vermerk des einzelnen Pfandrechts oder der einzelnen Sicherheit bei den Haftungsverhältnissen aus der Bestellung von Sicherheiten für fremde Verbindlichkeiten (*ADS*[6] § 268 Anm 126). Eine Aufteilung des Betrags der anzugebenden Haftungsverhältnisse nach den einzelnen Sicherheiten ist vom HGB nicht gefordert, aber als weitergehende Untergliederung zulässig. Ist kein Pfandrecht oder keine sonstige Sicherheit gewährt worden, ist ein Negativvermerk nicht erforderlich.

Folgende Sicherheiten kommen für die Angabepflicht in Frage:

- **Grundpfandrechte** (Hypotheken, Grund- und Rentenschulden, Schiffshypotheken, Reallasten),
- **Pfandrechte an beweglichen Sachen,**
- **Pfandrechte an Rechten** (Forderungen, Ausleihungen, Wertpapieren, GesterRechten, Urheber- und Patentrechten, Bankguthaben),
- **Sicherungsübereignung** (Warenlager, bewegliche Sachanlagen),
- **Sicherungsabtretung** von Forderungen und Rechten,
- **Eigentumsvorbehalt.**

Der Umfang der Angabepflicht ist nach dem Gesetzeswortlaut zwar nicht eingeschränkt. Für die Angabe- und Vermerkpflichten der Haftungsverhältnisse gilt jedoch der Grundsatz, dass bei Betriebs-, Branchen- und Verkehrsüblichkeit eine Einbeziehung in die Angabe regelmäßig entfallen kann. Danach sind zB **Eigentumsvorbehalte** oder Pflichten auf Grund Allgemeiner Geschäftsbedingungen (hierzu § 251 Anm 5) nicht anzugeben, da jeder Kfm mit ihnen rechnet.

Der Angabepflicht wird genügt, wenn zu den Haftungsverhältnissen in einem **Davon-Vermerk** die Art der Pfandrechte und Sicherheiten und der Betrag angegeben werden.

V. Verpflichtungen gegenüber verbundenen Unternehmen

127 Bestehen Haftungsverhältnisse ggü verbundenen Unt iSd § 271 Abs 2, sind diese gesondert anzugeben. Danach sind jeweils bei den vier Gruppen von Haftungsverhältnissen (Anm 123) die Haftungsverhältnisse, die ggü verbundenen Unt bestehen, unter Angabe des Betrags bei *jeder* Gruppe gesondert anzugeben. Außerdem ist die Angabe etwaiger Sicherheiten (die hier allerdings oft fehlen dürften) bei jedem Haftungsverhältnis ggü verbundenen Unt erforderlich (*ADS*[6] § 268 Anm 127; *Dörner/Wirth* in HdR[5] § 268 Anm 246). Diese Vorschrift gilt auch für dem PublG unterliegende Unt (§ 5 Abs 1 PublG, vgl Anm 120).

Nach dem Wortlaut des HGB gilt die Pflicht zur gesonderten Angabe der einzelnen Haftungsverhältnisse ggü verbundenen Unt auch für **kleine Kapitalgesellschaften/KapCoGes.** Im Hinblick darauf, dass kleine KapGes/KapCoGes ihre Verbindlichkeiten ggü verbundenen Unt unter den Verbindlichkeiten nicht gesondert ausweisen müssen (§ 266 Abs 1 S 3), wird man von ihnen eine Anwendung des Abs 7 nicht verlangen können (*ADS*[6] § 268 Anm 125; *Dörner/Wirth* in HdR[5] § 268 Anm 249).

Von den ggü verbundenen Unt bestehenden Haftungsverhältnissen sind die *zugunsten* von verbundenen Unt eingegangenen Haftungsverhältnisse zu unterscheiden. Letztere sind nach dem Wortlaut des HGB nicht angabepflichtig (ebenso *Fey,* 212). Zu einer freiwilligen Angabe dieser Haftungsverhältnisse s § 251 Anm 13.

Wo die Haftungsverhältnisse ggü verbundenen Unt gesondert **anzugeben sind,** sagt das HGB nicht. Das bestehende Wahlrecht der KapGes/KapCoGes, die Haftungsverhältnisse unter der Bilanz oder im Anhang anzugeben, ist auch auf diese Angabepflicht anzuwenden. Die Verpflichtungen ggü verbundenen Unt dürfen demnach bei den Hauptverpflichtungen unter der Bilanz oder im Anhang ausgewiesen werden. Es ist auch zulässig, sie im Anhang anzugeben, wenn die Hauptverpflichtungen unter der Bilanz vermerkt sind, da das Gesetz nicht verlangt, sie bei den Haftungsverhältnissen anzugeben (§ 265 Abs 7; glA *Fey,* 216). Ein solches Auseinanderfallen wird aber nicht praktiziert.

128 Die **Form der Darstellung** der gesonderten Angabe ist nicht geregelt. Zulässig ist zB folgende Darstellung:

Verbindlichkeiten aus Bürgschaften, Wechsel- und Scheckbürgschaften davon gegenüber verbundenen Unt.

Oder es darf eine additive Darstellung gewählt werden, zB:

Verbindlichkeiten aus Bürgschaften, Wechsel- und Scheckbürgschaften:
gegenüber verbundenen Unt
  davon durch Sicherungsübereignung gesichert
gegenüber Dritten
  davon durch Grundschulden gesichert

Auch bei den Verpflichtungen ggü verbundenen Unt sind in jedem Fall die **Vorjahreszahlen** mit anzugeben (Anm 124; *HFA* 5/1988 idF 1998 I 1).

VI. Verpflichtungen gegenüber Gesellschaftern

129 **KapCoGes** haben gem § 264 c Abs 1 ua ihre Verbindlichkeiten ggü Gestern als solche jeweils gesondert auszuweisen oder im Anhang anzugeben. Diese Vorschrift ist auch auf die Haftungsverhältnisse des § 251 anzuwenden, da § 251 von Verbindlichkeiten spricht; das Gleiche gilt für **GmbH** gem § 42 Abs 3 GmbHG (wie hier *Fey,* 230). Die für die Darstellung der Verpflichtungen ggü verbundenen Unt entwickelten Grundsätze (Anm 127) gelten entspr.

Ein verbundenes Unt ist oft auch (unmittelbarer) Gester. In diesen Fällen kommt es zu einem Mitzugehörigkeitsvermerk (s auch § 284 Anm 59). 130

H. Rechtsfolgen einer Verletzung des § 268

Die Verletzung der Vorschriften des § 268 ist auf unterschiedliche Weise sanktioniert. Wer als Mitglied des Geschäftsführungsorgans oder des AR vorsätzlich oder leichtfertig die Verhältnisse der KapGes/KapCoGes in der Bilanz oder im Anhang unrichtig wiedergibt oder verschleiert, wird mit Freiheitsstrafe oder mit Geldstrafe bestraft (§ 331 Nr 1). Außerdem stellt die vorsätzliche oder leichtfertige Zuwiderhandlung gegen Abs 2, 7 eine Ordnungswidrigkeit dar, die mit einer Geldbuße geahndet werden kann (§ 334 Abs 1 Nr 1c). Stellt der AP fest, dass bei der Aufstellung des JA die gesetzlichen Vorschriften und die sie ergänzenden Bestimmungen der GesVertrag (Satzung) nicht beachtet wurden (§ 317 Abs 1 S 2), kann je nach Schwere des Verstoßes eine Einschränkung des BVm die Folge sein (§ 322 Abs 4). 135

I. Abweichungen der IFRS

I. Bilanzaufstellung nach Ergebnisverwendung

Eine analoge Vorschrift zu § 268 Abs 1 HGB kennen IFRS nicht. Bei der Bilanzerstellung dürfen Beschlüsse, die nach dem Bilanzstichtag getroffen werden, nicht berücksichtigt werden (IAS 10.10). 140

II. Entwicklung des Anlagevermögens

Während das HGB für große und mittlere KapGes/KapCoGes eine zwingende Postengliederung iSv Formaten vorsieht (s § 266 Anm 8) und hieran anknüpfend in Abs 2 auch die **Entwicklung** der einzelnen Posten des Anlagevermögens **zwingend** vorschreibt – **Anlagengitter** –, finden sich Angabepflichten zur Bilanz in IAS 16. Nach IAS 16.73 ist für jede gebildete Gruppe (Posten) des **Sachanlagevermögens** (jeweils mit VjAngaben) ua gesondert anzugeben 141

- der Bruttobuchwert und die kumulierten Abschreibungen zu Beginn und Ende der Periode (IAS 16.73d)
- eine Überleitung des Buchwerts von Anfang bis Ende der Periode mit Ausweis der Zugänge, Abgänge, Erwerbe durch Unterzusammenschlüsse, Verminderung des Buchwerts durch außerplanmäßige Abschreibungen, Zuschreibungen, Abschreibungen sowie schließlich sonstige Bewegungen (IAS 16.73 e).

Die Angabe des Bruttobuchwerts und der kumulierten Abschreibungen entspricht den in Abs 2 geforderten Angaben (Anm 13) ebenso wie die Überleitung der Buchwerte von der Anfangs- zur Schlussbilanz mit jeweils auf die Periode bezogenem Ausweis von Zugängen und Abgängen. Auch die Zu- und Abschreibungen des Gj sind anzugeben, wobei IFRS eine Trennung von außerplanmäßiger und planmäßiger Abschreibung vorsieht. Die sonstigen Bewegungen betr Umbuchungen.

Die in IAS 16.73e vorgesehene Überleitung des Buchwerts von der Anfangs- zur Schlussbilanz entspricht einem Anlagespiegel nach der direkten Nettomethode. Da jedoch auch das Anlagengitter nach Abs 2 letztlich die nach IFRS vorgesehenen Angaben enthält, darf für einen IFRS-Abschluss auch diese Form gewählt werden.

Wird nach IFRS die Neubewertung zu Marktwerten gewählt (§ 255 Anm 570), sind postenbezogen auch die Veränderungen aus der Neubewertung anzugeben.

142 Für **andere langfristige Vermögenswerte,** wie zB Finanzanlagen, GFW oder immaterielle Anlagenwerte (s § 266 Anm 69ff, 61f, 59ff) verlangen die IFRS kein dem Abs 2 entspr Anlagengitter.

III. Nicht durch Eigenkapital gedeckter Fehlbetrag

143 Die Bestimmungen zu Ausweis und zur Gliederung des EK sind in IAS 1.68p iVm IAS 1.96ff dargestellt. Sie enthalten keine Sonderregelungen für den Fall, dass das EK negativ ist. Dem zu Folge ist ein negatives EK mit entspr Vorzeichen auf der Passivseite auszuweisen.

IV. Vermerke und Angabe zu Forderungen

144 Eine Angabe der Forderungen mit einer Restlaufzeit von mehr als einem Jahr entfällt grds, da gemäß IAS 1.51 ein Unt kurzfristige und langfristige Vermögenswerte als getrennte Gliederungsgruppen in der Bilanz darzustellen hat. Sofern ein Vermögensposten Beträge zusammenfasst, von denen erwartet wird, dass sie (a) innerhalb eines Zeitraums von 12 Monaten nach dem Bilanzstichtag und (b) außerhalb eines Zeitraums von 12 Monaten nach dem Bilanzstichtag realisiert werden, ist der Betrag anzugeben, von dem erwartet wird, dass er nach mehr als 12 Monaten realisiert wird. Antizipative Forderungen sind nach IFRS nicht vermerkpflichtig.

V. Vorschriften zu Verbindlichkeiten

145

1. Vermerk der Beträge mit einer Restlaufzeit bis zu einem Jahr

Eine Angabe der Verbindlichkeiten mit einer Restlaufzeit von mehr als einem Jahr entfällt grds, da gemäß IAS 1.51 ein Unt kurzfristige und langfristige Schulden als getrennte Gliederungsgruppen in der Bilanz darzustellen hat. Sofern ein Schuldposten Beträge zusammenfasst, von denen erwartet wird, dass sie (a) innerhalb eines Zeitraums von 12 Monaten nach dem Bilanzstichtag und (b) außerhalb eines Zeitraums von 12 Monaten nach dem Bilanzstichtag erfüllt werden, ist der Betrag anzugeben, von dem erwartet wird, dass er nach mehr als 12 Monaten erfüllt wird.

2. Gesonderter Ausweis der erhaltenen Anzahlungen

Gem IAS 1.32 dürfen Vermögenswerte und Schulden nicht miteinander saldiert werden und somit erhaltene Anzahlungen nicht von den Vorräten abgesetzt werden. Sofern ein Unt jedoch Fertigungsaufträge gem IAS 11 als Forderung ausweist, ist es berechtigt, erhaltene Anzahlungen nicht offen abzusetzen (IAS 1.33). Der Betrag der erhaltenen Anzahlungen ist anzugeben (IAS 11.40b).

3. Erläuterung rechtlich noch nicht entstandener Verbindlichkeiten

Antizipative Verbindlichkeiten sind nach IFRS nicht vermerkpflichtig.

VI. Ausweis oder Angabe des Unterschiedsbetrags

Ein Unterschiedsbetrag iSv § 250 Abs 3 darf gem IFRS aktivisch nicht ausgewiesen werden, da Verbindlichkeiten mit dem beizulegenden Zeitwert (IAS 39.43) zu bewerten sind; dieser entspricht der erhaltenen Gegenleistung nach Abzug der Transaktionskosten. **146**

VII. Ausweis und Angabe von Haftungsverhältnissen

Nach IAS 37.86 ff sind contingent liabilities (die entspr Haftungsverhältnisse des § 251) stets gesondert im Anhang anzugeben (s § 251 Anm 60). **147**

§ 269 Aufwendungen für die Ingangsetzung und Erweiterung des Geschäftsbetriebs

[1]Die Aufwendungen für die Ingangsetzung des Geschäftsbetriebs und dessen Erweiterung dürfen, soweit sie nicht bilanzierungsfähig sind, als Bilanzierungshilfe aktiviert werden; der Posten ist in der Bilanz unter der Bezeichnung „Aufwendungen für die Ingangsetzung und Erweiterung des Geschäftsbetriebs" vor dem Anlagevermögen auszuweisen und im Anhang zu erläutern. [2]Werden solche Aufwendungen in der Bilanz ausgewiesen, so dürfen Gewinne nur ausgeschüttet werden, wenn die nach der Ausschüttung verbleibenden jederzeit auflösbaren Gewinnrücklagen zuzüglich eines Gewinnvortrags und abzüglich eines Verlustvortrags dem angesetzten Betrag mindestens entsprechen.

Übersicht

Schrifttum: *Selchert* Der Bilanzansatz von Aufwendungen für die Erweiterung des Geschäftsbetriebs DB 1986, 977; *Commandeur* Die Bilanzierung der Aufwendungen für die Ingangsetzung und Erweiterung des Geschäftsbetriebs, Berlin 1986; *Schildbach* Ingangsetzungsaufwendungen und latente Steuern DB 1988, 57; *Watermeyer* Bilanzierungshilfen in Handels- und Steuerrecht, Frankfurt am Main 1991; *Veit* Die Funktionen von Bilanzierungshilfen DB 1992, 101; *Kudert* Offene Fragen bei den Aufwendungen … iS des § 269 HGB DB 1992, 437; *Littkemann* Ingangsetzungs- und Erweiterungsaufwendungen – aus bilanzpolitischer Perspektive WPg 1994, 207; *Veit* Die Inanspruchnahme von Bilanzierungshilfen DB 1995, 2129; *Köhler* Aufwendungen für die Ingangsetzung und Erweiterung des Geschäftsbetriebs gemäß § 269 HGB StBP 1996, 253; *Langenbeck* Bilanzierungshilfen BBK 30, 1345.

A. Vorbemerkungen

1 § 269 gilt für KapGes, KapCoGes, dem PublG unterworfene Unt (Anm 19 ff), eG (§ 336 Abs 2), Kreditinstitute (§ 340 a Abs 1) und VersicherungsUnt (§ 341 a Abs 1). Eine freiwillige Anwendung auch durch sonstige Kfl ist zulässig (glA *ADS*[6] § 269 Anm 7 mwN; *Selchert* DB 1986, 982 f; aA: *Döllerer* Handelsbilanz und Steuerbilanz BB Beilage 12/1987, 4; *Commandeur,* 29), sofern die Ausschüttungssperre des S 2 (Anm 20 f) und die Abschreibungsvorschrift des § 282 (§ 282 Anm 1) beachtet werden.

B. Zum Inhalt des § 269

I. Aufwendungen für die Ingangsetzung des Geschäftsbetriebs

2 Ingangsetzungsaufwendungen iSd § 269 sind alle Aufwendungen, die während der Anlaufphase des Betriebs durch den **erstmaligen Aufbau** der Innen- und Außenorganisation und durch die Bereitmachung des Betriebs für die Aufnahme einer geregelten Leistungserbringung ausgelöst werden *und* die weder AK oder HK von aktivierungsfähigen VG darstellen, noch als RAP bilanzierungsfähig sind. Zu den Ingangsetzungsaufwendungen **gehören** also nicht nur die Betriebsaufwendungen ieS, sondern auch die Aufwendungen der Organisation des Betriebs und seiner Verwaltung. Zu denken ist insb an die Aufwendungen, die durch eine Organisationsberatung, durch Marktstudien und durch andere Planungskosten, durch die Beschaffung von Arbeitskräften oder durch Probeläufe von Produktionsanlagen verursacht werden, sowie an Abschreibungen, Mieten, Zinsen und Personalaufwendungen während der Anlaufphase. Auch die Kosten der in der Anlaufphase vorgenommenen Werbung sind Ingangsetzungsaufwendungen. Soweit in der Anlaufphase immaterielle VG des Anlagevermögens (wie zB das EDV-Programm für die Datei einer Auskunftei) selbst hergestellt werden, stellen die diesbezüglichen Aufwendungen ebenfalls Ingangsetzungsaufwendungen dar, da diese VG gem § 248 Abs 2 nicht aktiviert werden dürfen (glA *ADS*[6] § 269 Anm 12).

Die Kosten einer **Wieder-Ingangsetzung** eines zwischenzeitlich stillgelegten Betriebs sind ebenfalls als Ingangsetzungsaufwendungen anzusehen, da die wirtschaftliche Existenz des früheren Betriebs mit seiner Stilllegung faktisch beendet worden war.

Nicht zu den Ingangsetzungsaufwendungen gehören dagegen die **Aufwendungen für die Gründung** des Unt und für die **Beschaffung des Eigenkapitals** (s § 248 Anm 2 f). Für sie besteht gem § 248 Abs 1 ein Aktivierungsverbot. Kosten der Beschaffung von Fremdkapital können dagegen zu den Ingangsetzungsaufwendungen gehören (§ 248 Anm 4; *ADS*[6] § 269 Anm 12).

3 Die **Anlaufphase** beginnt durch Handlungen, die das Ziel haben, die wirtschaftlichen Voraussetzungen des Geschäftsbetriebs zu schaffen. Wegen Zufälligkeiten der Registereintragung kann es dabei nicht auf die rechtliche Gründung ankommen, so dass bspw auch Aufwendungen der VorGes unter § 269 fallen (aA wohl *Kudert* DB 1992, 440). Sie endet im Allgemeinen mit der Aufnahme einer geregelten Leistungserbringung iSd betriebsindividuellen Planungen und der Aufnahme des laufenden Geschäftsbetriebs (Umsatzrealisierung). Sie kann sich – insb bei der Errichtung komplizierter Fertigungsanlagen wie zB einer chemischen Fabrik – über mehr als ein Kj erstrecken (ebenso *Commandeur* in

HdR[5] § 269 Anm 40). Bei einem Unt mit verschiedenartigen Geschäftsbereichen kann sie für die einzelnen Bereiche unterschiedlich lang sein.

II. Aufwendungen für die Erweiterung des Geschäftsbetriebs

Erweiterungsaufwendungen sind alle Aufwendungen, die zu einem beliebigen Zeitpunkt nach dem Ende der Anlaufphase getätigt werden und durch eine räumliche oder sonstige Erweiterung des Betriebs (Anm 6) ausgelöst werden und die weder AK oder HK von aktivierungsfähigen VG darstellen, noch als RAP bilanzierungsfähig sind (ähnlich *Selchert* DB 1986, 979). Es handelt sich somit grds um Aufwendungen, die ihrer Art nach Ingangsetzungsaufwendungen wären, wenn es den bisherigen Betrieb noch nicht gäbe, und durch eine Betriebserweiterung verursacht sind. 4

Der Begriff „Erweiterung des Geschäftsbetriebs" ist dabei allerdings im Zweifelsfall **eng auszulegen.** Denn nur so kann verhindert werden, dass die vom HGB beabsichtigte gelegentliche Bilanzierungshilfe praktisch ständig in Anspruch genommen werden könnte. Die Forderung von *Matschke* in BoHdR § 269 Anm 29, dass die Anwendung der Bilanzierungshilfe zur Gefahrenabwehr notwendig sein müsse und die Ausschöpfung aller anderen Bilanz-Wahlrechte voraussetze, ist jedoch abzulehnen. 5

Als Erweiterungen des Geschäftsbetriebs können daher **nur Maßnahmen** anerkannt werden, die zeitlich abgrenzbar, **von außerordentlicher Art** sowie **von wesentlicher Bedeutung** sind und die nicht nur der Rationalisierung, Umstrukturierung, Verlagerung oder Intensivierung eines vorhandenen Betriebs dienen. **Typische** Betriebserweiterungen idS liegen insb bei der Aufnahme eines neuen Geschäftszweigs (wie zB der Herstellung von Gaststättenmobiliar durch eine Brauerei), bei einer erheblichen Erweiterung einer Produktionsstätte (zB durch den Bau einer zusätzlichen Fabrikhalle), bei der Errichtung einer neuen Betriebsstätte (zB in Form eines neuen Restaurants einer Restaurantkette) oder auch bei der Erschließung neuer Märkte (*Selchert* DB 1986, 981) vor.

Die Erweiterung muss aber **nicht notwendigerweise räumlicher Natur** sein. Daher kann zB auch eine wesentliche Erweiterung der Produktpalette oder des Sortiments (wie zB die Aufnahme medizinischer Geräte in das Angebot eines Bürogerätehändlers, der dafür spezielle Fachberater ausbilden muss) die Voraussetzungen des § 269 erfüllen. Auch Personalerweiterungen zB im Dienstleistungsgewerbe können unter § 269 fallen. Die Modifikation einer bestehenden Produktgruppe reicht dagegen nicht aus (ebenso *ADS*[6] § 269 Anm 15 aE). 6

III. Behandlung im Jahresabschluss

Eine Aktivierung von Aufwendungen für die Ingangsetzung oder Erweiterung des Geschäftsbetriebs setzt nicht voraus, dass sie der Vermeidung eines Verlustausweises dient (glA *ADS*[6] § 269 Anm 16; aA wohl *Commandeur* in HdR[5] § 269 Anm 41 f unter Hinweis auf die Zwecke der Bilanzierungshilfe). Sie ist vielmehr in das **freie Ermessen** gestellt. Unter keinen Umständen besteht eine Aktivierungspflicht. Es ist daher zulässig, nur **einen Teil** dieser Aufwendungen zu aktivieren. Die Aktivierung darf aber nur im *Geschäftsjahr des Entstehens* der jeweiligen Aufwendungen erfolgen. Dies gilt auch dann, wenn derartige Aufwendungen über mehrere Jahre verteilt entstehen, weil sich zB die Anlaufphase über mehr als ein Jahr erstreckt (glA *Matschke* in BoHdR § 269 Anm 18). 7

8 Eine Aktivierung solcher Aufwendungen setzt **nicht** voraus, dass in den Folgejahren mit **entsprechenden Erträgen** zu rechnen ist (glA *Kudert* DB 1992, 438; aA *Selchert* DB 1986, 980; *WPH I*[12] F 59; *ADS*[6] § 269 Anm 16, falls *feststeht,* dass entspr Erträge nicht anfallen). Eine derartige Voraussetzung wäre uE wenig praktikabel, da ein neu aufgenommener Geschäftsbetrieb oder eine wesentliche Erweiterung desselben im Zweifel wohl immer optimistisch beurteilt würden. Außerdem verhindert S 2, dass Ingangsetzungs- oder Erweiterungsaufwendungen zur Ermöglichung einer entspr höheren Gewinnausschüttung aktiviert werden (Anm 13 ff). Eine missbräuchliche Aktivierung dieser Aufwendungen braucht daher nicht befürchtet zu werden.

9 Trotz ihrer Aktivierungsfähigkeit handelt es sich bei den Ingangsetzungs- bzw Erweiterungsaufwendungen **nicht** um **Vermögensgegenstände.** 269 gewährt – wie das HGB ausdrücklich sagt – lediglich **Bilanzierungshilfen.** Dies ist insb bei der Überschuldungsfrage (Anm 16) sowie steuerrechtlich (Anm 18) von Bedeutung.

10 Ingangsetzungs- und Erweiterungsaufwendungen sind im Falle ihrer Aktivierung gem S 1 grds als „Aufwendungen für die Ingangsetzung und Erweiterung des Geschäftsbetriebs" zu **bezeichnen.** Die Postenbezeichnung darf jedoch im Interesse der Bilanzklarheit entspr abgekürzt werden, wenn nur Ingangsetzungs- oder nur Erweiterungsaufwendungen vorliegen (*WPH I*[12] F 58; *ADS*[6] § 269 Anm 18). Der Posten ist *vor* dem Anlagevermögen – und ggf *nach* einem Posten „Ausstehende Einlagen" (glA *ADS*[6] § 269 Anm 17) – auszuweisen und mit einem Großbuchstaben zu versehen (hM). Dadurch wird die Inanspruchnahme der Bilanzierungshilfe deutlich herausgestellt. Auch ist die Entwicklung des Postens gem § 268 Abs 2 im sog **„Anlagengitter"** darzustellen.

Zur **Abschreibung** der aktivierten Ingangsetzungs- bzw Erweiterungsaufwendungen s § 282.

11 Außerdem ist grds (außer in Verlustsituationen, s Anm 14 aE) zugleich eine **Steuerabgrenzung** gem § 274 Abs 1 vorzunehmen (dh eine Steuerrückstellung zu bilden). Da Bilanzierungshilfen in der Steuerbilanz nicht angesetzt werden dürfen (Anm 18), ist ein steuerrechtlicher Gewinn des betr Jahrs durch die Ingangsetzungs- bzw Erweiterungsaufwendungen belastet und deshalb prinzipiell niedriger als das handelsrechtliche Ergebnis (s die Erl zu § 274, insb Anm 29; *Schulze-Osterloh* in Baumbach/Hueck GmbHG[17] § 42 Anm 99, 206 mwN; aA *Weyand* Die Bilanzierung latenter Steuern nach § 274 HGB DB 1986, 1187; *Schildbach* DB 1988, 57; *Kudert* DB 1992, 443).

12 Aktivierte Aufwendungen für die Ingangsetzung oder Erweiterung des Geschäftsbetriebs sind – außer bei kleinen KapGes/KapCoGes (§ 274 a Nr 5) – gem S 1 (2. Halbsatz) **im Anhang zu erläutern.** Dabei ist grds **anzugeben,** durch welche Maßnahmen die betreffenden Aufwendungen ausgelöst worden sind, welcher Art (zB Personalkosten, Zinsen usw) die Aufwendungen sind, wie sich der aktivierte Gesamtbetrag ungefähr auf diese Kostenarten verteilt, ob alle oder nur ein Teil der Aufwendungen aktiviert wurden und wie ggf eine Abschreibung bemessen worden ist (für eine nur freiwillige Angabe der Kostenarten *ADS*[6] § 269 Anm 20).

IV. Die Ausschüttungssperre des § 269 S 2

13 Sind Ingangsetzungs- oder Erweiterungsaufwendungen aktiviert, dürfen Gewinne gem S 2 nur insoweit ausgeschüttet werden, als nach der Ausschüttung **jederzeit auflösbare Gewinnrücklagen** (idR also „andere Gewinnrücklagen" iSd § 266 Abs 3 (A III 4)) – zzgl eines Gewinn- und abzüglich eines Verlust-

vortrags – in einer Höhe übrig bleiben, die mindestens dem noch aktivierten Betrag jener Aufwendungen entspricht; eine Aktivierung der Ingangsetzungs- bzw Erweiterungsaufwendungen setzt jedoch keinen derartigen Rücklagenausweis voraus; ebenso *ADS*[6] § 269 Anm 21. Die Ausschüttungssperre dient in erster Linie dem **Gläubigerschutz** und soll eine Ausschüttung verhindern, durch die das bilanzielle Vermögen der KapGes unter die Summe aus dem gezeichneten Kapital und den gesetzlich oder satzungsmäßig gebundenen Rücklagen vermindert würde. Sie soll somit bewirken, dass keine höheren Gewinnausschüttungen als diejenigen zulässig sind, die auch ***ohne*** die Aktivierung der Ingangsetzungs- bzw Erweiterungsaufwendungen möglich gewesen wären.

Zu den „jederzeit auflösbaren Gewinnrücklagen" zählen die Rücklagen, deren Ausschüttung weder gesetzliche noch gesvertragliche Vorschriften entgegenstehen. Daher kommen die „gesetzliche Rücklage" und die „Rücklage für eigene Anteile" zur Erfüllung der Ausschüttungssperre nicht in Betracht (*ADS*[6] § 269 Anm 21). Es spricht jedoch auch vieles dafür, über den Wortlaut des § 269 S 2 hinaus eine frei auflösbare Kapitalrücklage iSv § 272 Abs 2 Nr 4 zur Erfüllung der Ausschüttungssperre heranzuziehen. Bei Ges in der Rechtsform der GmbH gilt dies auch für Kapitalrücklagen nach § 272 Abs 2 Nr 1–3. Insoweit ist der Schutzgedanke bei § 269 S 2 ähnlich wie derjenige des § 272 Abs 4 S 3, wonach die Rücklage für eigene Anteile aus vorhandenen Gewinnrücklagen gebildet werden darf, soweit diese frei verfügbar sind. Dort geht das Schrifttum davon aus, dass der Gesetzeswortlaut zu eng gefasst ist und darüber hinausgehend auch die frei verfügbare Kapitalrücklage nach § 272 Abs 2 Nr 4 herangezogen werden darf (*ADS*[6] § 272 Anm 191; *WPH*[12] I F 288 mwN).

Auch für **KapCoGes** gilt die Ausschüttungssperre (*Schellhorn* in BoHdR § 282 Anm 4): Gem § 264c Abs 4 S 3 ist nach dem Posten „Eigenkapital" ein Sonderposten in Höhe der aktivierten Bilanzierungshilfe zu Lasten des Ergebnisses anzusetzen.

Die **effektive Sperrwirkung** des S 2 geht jedoch **beträchtlich weiter.** 14
Denn in allen Fällen, in denen wegen der Inanspruchnahme der Bilanzierungshilfen des S 1 zugleich gem § 274 Abs 1 eine Steuerabgrenzung in Form einer Rückstellung zu bilden ist, besteht insoweit **quasi** eine **doppelte** Ausschüttungssperre, nämlich erstens infolge dieser – das handelsrechtliche Ergebnis mindernden – Rückstellungsbildung und zweitens durch S 2, der das nach der Rückstellungsbildung verbleibende Ausschüttungspotential um den *vollen* – und nicht etwa nur um den um die Steuerabgrenzung gekürzten – Betrag der aktivierten Aufwendungen vermindert. Die **Inanspruchnahme** der Bilanzierungshilfe **verringert** somit im Ergebnis das **Ausschüttungspotential** um denjenigen Betrag, der infolge der Bilanzierungshilfe als Steuerabgrenzung zu passivieren ist (glA *ADS*[6] § 269 Anm 23).

Es ist zweifelhaft, ob der Gesetzgeber dies gesehen und gewollt hat. **Sachlich gerechtfertigt** ist die doppelte Ausschüttungssperre jedenfalls **nicht.** Angesichts des klaren Gesetzeswortlauts ist es **dennoch nicht zulässig,** den S 2 dahingehend auszulegen, dass der dort genannte Sperrbetrag stets um den Betrag der zugehörigen Steuerabgrenzung zu mindern sei. Dabei ist zu berücksichtigen, dass die vorliegende Problematik gerade in denjenigen Fällen, für welche die Bilanzierungshilfe hauptsächlich gedacht ist (nämlich dann, wenn sie zur Vermeidung oder Reduzierung eines **Verlustausweises** in Anspruch genommen wird), grds gar nicht relevant wird. Denn in solchen Fällen ist im Allgemeinen **keine Steuerabgrenzung** erforderlich (da regelmäßig ein steuerrechtlicher Verlustvortrag in Höhe der Bilanzierungshilfe besteht), und es fehlt hier vor allem an einem auch ohne die Inanspruchnahme der Bilanzierungshilfe vorhandenen Ausschüttungspotential. In Fällen aber, in denen die Bilanzierungshilfe nur der Erhöhung eines ohnehin positiven handelsrechtlichen Ergebnisses dient, kann die doppelte Sperrwirkung hingenommen werden, da kein Zwang zur Aktivierung der Bilanzierungshilfe besteht und die gewünschte Ausschüttung problemlos durch einen Verzicht auf die Bilanzierungshilfe oder durch deren (vorzeitige) Abschreibung (§ 282 Anm 3) ermöglicht werden kann.

15 Eine im Rahmen eines **Ergebnisabführungsvertrags** erfolgende *Abführung* des sich durch die Aktivierung von Ingangsetzungs- oder Erweiterungsaufwendungen ergebenden Gewinns wird durch S 2 nicht eingeschränkt (aA *ADS*[6] § 269 Anm 22a unter Hinweis auf eine ähnliche Regelung in § 300 AktG: Für die Zeit der Sperre gem S 2 seien Gewinne in Höhe der noch aktivierten Bilanzierungshilfe vorzutragen und nicht abzuführen). Auch sind aktivierte derartige Aufwendungen uE bei der Berechnung eines Verlustübernahmebetrags auf Grund eines EAV nicht zu eliminieren. Denn S 2 verbietet nur eine Gewinnausschüttung (dh eine gesrechtlich bedingte Zahlung an einen Gester), während eine Gewinnabführung auf schuldrechtlicher Basis beruht und – jedenfalls handelsrechtlich – nicht notwendigerweise an einen Gester erfolgt. Außerdem ist der Gläubigerschutz durch die §§ 302 (Verlustausgleichsverpflichtung des anderen Vertragsteils) und 303 AktG (Verpflichtung des anderen Vertragsteils zur Sicherheitsleistung ggü Gläubigern bei Beendigung des EAV), die analog auch für GmbH gelten, – zumindest theoretisch – in ausreichendem Maße gegeben. Aber auch bei dem anderen Vertragsteil, der dementsprechend erhöhte Erträge hat, entsteht keine diesbezügliche Ausschüttungssperre, da das HGB keinerlei Hinweise auf eine so weitgehende analoge Anwendung des S 2 enthält (s auch § 274 Anm 70f).

C. Bilanzierungshilfen und Überschuldung

16 Der Tatbestand der **Überschuldung** kann durch die Inanspruchnahme einer Bilanzierungshilfe nicht vermieden werden. Denn die Überschuldung ist anhand einer besonderen Überschuldungsbilanz und nicht anhand der HB zu ermitteln. In dieser Überschuldungsbilanz darf eine Bilanzierungshilfe aber **nicht angesetzt** werden, da sie kein VG und deshalb auch nicht realisierbar ist (glA *ADS*[6] Anm 8 mwN).

D. Rechtsfolgen einer Verletzung des § 269

17 Bzgl der Rechtsfolgen einer Verletzung der in S 1 enthaltenen Ausweis- und ErlPflichten s die entspr Erl zu den §§ 266 und 284f. Ein **Verstoß** gegen S 2 macht den betr **Gewinnausschüttungsbeschluss** in vollem Umfang **nichtig** (§§ 134 BGB und 241 Nr 3 AktG). Denn S 2 ist eine überwiegend zum **Schutz der Gläubiger** erlassene Vorschrift. Für die verantwortlichen Personen können sich zudem persönliche Regresspflichten (insb aus § 823 Abs 2 BGB) ergeben.

E. Zur steuerrechtlichen Bedeutung des § 269

18 Da handelsrechtliche Bilanzierungshilfen keine WG iSd Steuerrechts sind, dürfen sie in der Steuerbilanz **nicht angesetzt** werden (glA *Weber-Grellet* in Schmidt EStG[23] § 5 Anm 32 mwN). Die Wahlrechte des § 269 haben daher keine steuerrechtliche Bedeutung. Zur Steuerabgrenzung s Anm 11.

F. Zur Rechtslage nach dem Publizitätsgesetz

§ 269 **gilt** nach § 5 Abs 1 S 2 PublG für alle dem PublG unterworfenen Unt sinngemäß. Die Pflicht zur Erl der Bilanzierungshilfe im Anhang besteht aber nur bei Unt, die zur Aufstellung eines Anhangs verpflichtet sind. 19

Die Ausschüttungssperre des S 2 ist auch von Nicht-KapGes zu beachten, welche die Bilanzierungshilfen des S 1 in Anspruch nehmen. Für Ekfl und PersGes, bei denen es idR zu keinen Gewinnausschüttungen im eigentlichen Sinne kommt, bedeutet dies, dass hier in derartigen Fällen eine entspr **gesetzliche Entnahmesperre** besteht. Dies hat konsequenterweise auch für **nicht dem PublG unterworfene** Kfl und PersGes zu gelten, die S 1 wahlweise anwenden; s § 274 Anm 78. 20

Wegen ihrer ohnehin bestehenden unbeschränkten persönlichen Haftung für alle Schulden des Unt hat diese Entnahmesperre allerdings für Entnahmen von Ekfl, von Gestern einer OHG und von Komplementären einer KG – jedenfalls im Außenverhältnis – keine **praktischen Konsequenzen.** Für Kommanditisten kann sie jedoch eine Verpflichtung zur Rückgewähr der entgegen der Entnahmesperre entnommenen Gewinnanteile begründen (zweifelnd *ADS*[6] § 269 Anm 7). Bei einer KG empfiehlt es sich daher, die betr Gewinnanteile zunächst auf nicht entnahmefähigen Sonderkonten der Gester zu buchen, die entspr der Abschreibung des Postens „Aufwendungen für die Ingangsetzung und Erweiterung des Geschäftsbetriebs" aufgelöst werden dürften. Die Bildung und Auflösung solcher Sonderkonten wäre im GesVertrag zu regeln. Die Bildung eines **Sonderpostens** nach dem Posten „Eigenkapital" in Höhe der aktivierten Bilanzierungshilfe gem **§ 264c Abs 4 S 3** ist nicht notwendig. § 264c ist auf KapCoGes beschränkt, zeigt aber, dass eine Ausschüttungssperre auch gilt, wenn nicht eine KapGes die Bilanzierungshilfe in Anspruch nimmt. 21

G. Abweichungen der IFRS

Die IFRS enthalten keine spezielle Regelung für die bilanzielle Behandlung der Aufwendungen für die Ingangsetzung oder Erweiterung eines Geschäftsbetriebs. Entspr Aufwendungen, die keinen wirtschaftlichen Nutzen erbringen, dürfen nicht aktiviert werden. Sie sind im gleichen Jahr ergebniswirksam zu verrechnen (*Kußmaul* Internationale Rechnungslegungssysteme im Vergleich – Aktiva –, StB 2000, 424f mwN). Nur wenn die Voraussetzungen für einen Vermögenswert erfüllt sind, besteht eine Bilanzierungspflicht. Dies ist der Fall, wenn der Aktivierung ein zukünftiger wirtschaftlicher Nutzen mit einer bestimmten Wahrscheinlichkeit zugerechnet werden kann und die Anschaffungskosten des Vermögenswerts zuverlässig ermittelt werden können (*Kußmaul* aaO). 22

§ 270 Bildung bestimmter Posten

(1) [1]**Einstellungen in die Kapitalrücklage und deren Auflösung sind bereits bei der Aufstellung der Bilanz vorzunehmen.** [2]**Satz 1 ist auf Einstellungen in den Sonderposten mit Rücklageanteil und dessen Auflösung anzuwenden.**

(2) **Wird die Bilanz unter Berücksichtigung der vollständigen oder teilweisen Verwendung des Jahresergebnisses aufgestellt, so sind Entnahmen aus Gewinnrücklagen sowie Einstellungen in Gewinnrücklagen, die nach Gesetz, Gesell-**

schaftsvertrag oder Satzung vorzunehmen sind oder auf Grund solcher Vorschriften beschlossen worden sind, bereits bei der Aufstellung der Bilanz zu berücksichtigen.

Übersicht

Schrifttum: *Dieterlein/Haun* Gewinnmindernde Rücklagen nach den Übergangsregelungen des Steuerentlastungsgesetzes 1999/2000/2002 BB 1999, 2020; *Freidank* Eigenkapital und Ergebnisverwendung der GmbH und der AG Stb 2000, 44 (I), 84 (II), 128 (III); *Gelhausen/Heinz* Verwendung der Rücklagen nach §§ 17 Abs 4, 27 Abs 2 DMBilG nach neuem Recht DB 1994, 2245 ff; *IDW RS HFA* 7 Zur Rechnungslegung bei Personenhandelsgesellschaften WPg 2002, 1259. S auch das Schrifttum zu § 272 und zu § 268 Abs 1.

A. Regelungszweck, Inhalt

1 § 270 dient dem Zweck, den **Zeitpunkt** der Bildung und Auflösung bestimmter Posten festzulegen. Gleichzeitig wird geregelt, **wer** für die Bildung und Auflösung dieser Passivposten **zuständig** sein soll. Die Zuständigkeiten für die Kapitalrücklage sind in Abs 1 S 1, für die Sonderposten (gem §§ 247 Abs 3, 273) in Abs 1 S 2 und für die Gewinnrücklagen in Abs 2 geregelt.

2 Durch die *zwingende* Regelung des Abs 1 liegt die **Zuständigkeit** für Einstellungen in oder Auflösungen aus einer Kapitalrücklage allein bei der Geschäftsführung von KapGes/KapCoGes. Wegen des Mitwirkungsrechts von AR oder der GesV/HV bei der *Feststellung* des JA finden hier in der Praxis jedoch stets Abstimmungen zwischen der Geschäftsführung und dem Feststellungsorgan statt. Das Gleiche gilt für Einstellungen in oder Entnahmen aus Sonderposten mit Rücklageanteil.

Hinsichtlich des **Zeitpunktes** bestimmt Abs 1, dass Einstellungen in die Kapitalrücklage oder deren Auflösung bereits bei *Aufstellung* der Bilanz vorzunehmen sind. *Knop* in HdR[5] § 270 Anm 34 stellt auf die Feststellung ab, was aber im Ergebnis keinen Unterschied bedeutet.

3 Soweit **Einstellungen** und **Auflösungen durch Gesetz** oder **Gesellschaftsvertrag** (Satzung) festgelegt wurden, sind diese bereits bei der **Aufstellung** des JA durch das dafür zuständige Organ (Vorstand der AG, phG der KGaA, Geschäftsführung der GmbH, phG der KapCoGes) zu berücksichtigen. Verwendungsvorschriften für die Kapitalrücklage bei der **GmbH** sind nach dem Vorbild von § 150 Abs 3 und 4 AktG im GesVertrag zulässig und namentlich zugunsten von MinderheitsGestern erwünscht. Vor dem Bilanzstichtag gefasste GesterBeschlüsse (zB zur Deckung eines erwarteten Jahresfehlbetrags) sind gleichfalls bereits bei Bilanzerstellung zu beachten.

Der betriebswirtschaftliche Begriff **„Auflösung"** bezieht sich sowohl auf die in der GuV darzustellenden, auf den Bilanzgewinn oder Bilanzverlust sich auswirkenden, also **ergebniswirksamen** Entnahmen (zB bei Verwendung zum Ausgleich eines Jahresfehlbetrages) wie auch auf **ergebnisneutrale** Entnahmen (zB Umsetzungen in der Bilanz bei Kapitalerhöhung aus Gesellschaftsmitteln). Entnahmen iSd § 158 Abs 1 Nr 2 AktG betreffen somit nur die ergebniswirksamen Entnahmen, welche erst **nach** dem Posten Jahresüberschuss/Jahresfehlbetrag in der GuV darzustellen sind.

Eine **Gewinnverwendungsrechnung** (ausgehend vom Bilanzgewinn; gem §§ 170 Abs 2 und 174 Abs 2 AktG) ist jedoch auch bei **GmbH** und bei **KapCoGes** (*IDW RS HFA* 7 Anm 45) sachgerecht.

Für die Kapitalrücklage enthält Abs 1 eine **Sonderregelung** zu § 268 Abs 1. 4
Diese Rücklage muss bei Aufstellung des JA gebildet oder gem § 150 AktG aufgelöst werden. Ein Wahlrecht, dies erst im Rahmen der Gewinnverwendung vorzunehmen, besteht grds nicht. Die *Bildung* einer Kapitalrücklage ist fast immer erfolgsneutral (s Anm 7). Wenn die Satzung eine andere Verwendung des Bilanzgewinns als die Einstellung in Gewinnrücklagen für *möglich* ansieht (§ 58 Abs 3 S 2 AktG), kann die HV uE anlässlich einer Kapitalerhöhung aus GesMitteln beschließen, die gesetzliche Rücklage aus dem Bilanzgewinn sofort auf den neuen Höchstbetrag zu stellen. GmbH und KapGoGes müssen keine gesetzliche Rücklage bilden.

Zur **Anwendung** auf JA nach dem PublG s Anm 30 ff. Die Regeln in § 270 5
gelten auch für eG (§ 336 Abs 2), für Kreditinstitute (§ 340 a Abs 1) und für VersicherungsUnt (§ 341 a Abs 1).

B. Einstellungen und Auflösungen bei der Kapitalrücklage (Abs 1 S 1)

Die Kapitalrücklage wird im Unterschied zu den Gewinnrücklagen grds nicht 7
durch Zuführungen **aus dem erwirtschafteten Ergebnis** gespeist, sondern **durch Zuführungen von außen.** Die nachstehenden Regeln im HGB, AktG und GmbHG sind zwingend und abschließend.

Welche Beträge in die Kapitalrücklage **einzustellen** sind, bestimmt § 272 Abs 2 für den Normalfall. Sondervorschriften enthalten für die **AG** § 229 AktG (vereinfachte Kapitalherabsetzung) und § 237 Abs 5 AktG (Einziehung von Aktien ohne Entgelt). Diese Vorschriften sind bei § 272 unter Anm 31 ff, 40 ff erläutert. Einen Sonderfall regelt § 232 AktG. Gem § 240 S 1 AktG ist der Ertrag aus der Kapitalherabsetzung in der GuV nach dem Posten „Entnahmen aus Rücklagen" auszuweisen. Die Einstellung in die Kapitalrücklage ist entspr bereits bei Aufstellung des JA zu berücksichtigen.

Für **GmbH** bestehen Sondervorschriften in den §§ 26 ff und 42 Abs 2 GmbHG hinsichtlich der Nachschüsse. Hierzu und zum Abandonrecht der Gester in diesem Zusammenhang s § 272 Anm 75 ff. Auch für die GmbH ist die vereinfachte Kapitalherabsetzung zugelassen (§§ 58 a, 58 b GmbHG); dazu § 272 Anm 31 ff, 74.

Ob **Sanierungszuschüsse** von Anteilseignern bei AG oder GmbH zur Stär- 8
kung des EK oder zur sofortigen Verlustdeckung (als Ertrag) verwendet werden sollen, hängt von der Zweckbestimmung der den Zuschuss gewährenden Gester ab; s dazu § 272 Anm 67.

Einstellungen in die Kapitalrücklage sind bei Erhalt des Gegenwerts (oft 9
Flüssige Mittel) in der Buchführung als Zugang zur Kapitalrücklage zu erfassen

und von **AG/KGaA** in der Bilanz oder dem Anhang anzugeben (§ 152 Abs 2 AktG); das gilt auch für in der HB zu erfassende verdeckte Einlagen (§ 272 Anm 201). Für GmbH ist diese Angabe nicht erforderlich, aber zulässig. Eine erfolgswirksame Buchung der Mittel-Zugänge als Ertrag und ihre Zuführung zur Rücklage als Aufwand oder Ergebnisverwendung ist nicht zugelassen (dies folgt aus § 275 Abs 4, so auch *ADS*[6] § 270 Anm 4); ausgenommen sind die in § 232 AktG oder § 58c GmbHG geregelten Fälle.

10 **Entnahmen** aus der Kapitalrücklage sind – abgesehen vom Sonderfall der Kapitalerhöhung aus GesMitteln (Anm 13) – als Ergebnisverwendung anzusehen (s § 268 Anm 2). Wurden Beträge aus der Kapitalrücklage entnommen, ist die Bilanz zwingend unter Berücksichtigung der vollständigen oder teilweisen Verwendung des Jahresergebnisses aufzustellen (s § 268 Anm 5).

11 Die Entnahmen aus der Kapitalrücklage sind gem § 275 Abs 4 und § 158 Abs 1 S 1 Nr 2 AktG in der Ergebnisverwendungsrechnung nach § 158 Abs 1 AktG entweder in der GuV nach dem Posten „Jahresüberschuss/Jahresfehlbetrag" oder bei AG/KGaA im Anhang darzustellen (§ 158 Abs 1 S 2 AktG). Außerdem ist der für das Gj aus der Kapitalrücklage entnommene Betrag zu dem Posten „Kapitalrücklage" in der Bilanz oder im Anhang gesondert anzugeben (§ 152 Abs 2 Nr 2 AktG). Zur Darstellung der Kapitalrücklage im Konzernabschluss s § 297 Anm 105 sowie DRS 7 Konzerneigenkapital und Konzerngesamtergebnis.

12 Bei **AG** darf eine Kapitalrücklage nur im Rahmen des § 150 Abs 3 oder 4 AktG zum Ausgleich eines Jahresfehlbetrags oder eines Verlustvortrags aus dem Vj **aufgelöst** werden. Dies gilt allerdings nicht für sonstige Zuzahlungen der Gester in das EK gem § 272 Abs 2 Nr 4. Oberhalb des Mindestbetrags gemäß § 150 Abs 3 AktG dürfen die Kapitalrücklage und die gesetzliche Rücklage auch zur Kapitalerhöhung aus GesMitteln gem §§ 207 bis 220 AktG herangezogen werden; dazu § 272 Anm 21 ff.

Für **GmbH** bestehen idR keine Beschränkungen der Auflösung einer Kapitalrücklage; diese kann – sollte aber nicht – bereits im Jahr ihrer Zuführung wieder zur Gewinnausschüttung im Rahmen von Abs 2 verwendet werden; s dazu hier Anm 13 sowie § 272 Anm 73. Auch eine in organschaftlicher Zeit gebildete und aufgelöste Kapitalrücklage kann an die Gester ausgeschüttet werden; sie unterliegt nicht der Gewinnabführung (*BFH* 8. 8. 2001, GmbHR 2002, 274). Eine Verwendung der Kapitalrücklage zur Kapitalerhöhung aus GesMitteln ist bei GmbH in den §§ 55 bis 57b GmbHG geregelt; vgl hierzu § 272 Anm 21 ff. Zur Behandlung **rückzahlbarer Nachschüsse** gem § 30 GmbHG s § 272 Anm 75 ff sowie *Heymann* in Beck HdR B 231 Anm 91, 146.

13 Im Sonderfall der **Kapitalerhöhung aus Gesellschaftsmitteln** (zB durch Entnahmen aus dem gem § 150 Abs 4 AktG freien Teil der Kapitalrücklage) sind gem § 57i Abs 4 GmbHG (oder §§ 208 Abs 1, 210 AktG (AG)) eintragungspflichtige Änderungen des GesVertrags infolge dieser Kapitalerhöhung erforderlich (vgl das Formerfordernis gem § 53 Abs 2 GmbHG). Bei einer derartigen erfolgsneutralen Umwandlung liegt keine Auflösung iSd Abs 1 S 1 vor (glA *ADS*[6] § 270 Anm 9). Die Kapitalerhöhung aus GesMitteln wird deshalb stets nur als Umbuchung gezeigt, ohne die GuV zu berühren (glA *Heymann* in Beck HdR B 231 Anm 145, 149).

14 **Umbuchungen** (Übertragungen innerhalb der Rücklagen) werden in § 270 nicht ausdrücklich erwähnt. Zuweilen ergeben sie sich zwangsläufig, insb wenn die gesetzlich notwendige Rücklage für eigene Anteile aus dem nicht durch § 150 Abs 3, 4 AktG gesperrten Spitzenbetrag einer Kapitalrücklage (oder aus Gewinnrücklagen) gebildet werden muss. Für KapCoGes, die die besonderen Vorschriften des § 264c zu beachten haben, ist eine Aufteilung der Rück-

lagen in Kapitalrücklagen und Gewinnrücklagen nicht vorgeschrieben (*IDW RS HFA* 7 Anm 35).

C. Einstellungen und Auflösungen bei Sonderposten mit Rücklageanteil (Abs 1 S 2)

Die Regeln in Abs 1 S 2 beziehen sich *ausschließlich* auf die eigentlichen Sonderposten mit Rücklageanteil gem § 247 Abs 3 und § 273. Steuerliche Mehrabschreibungen ggü denjenigen in der HB, die nach § 281 Abs 1 S 1 innerhalb der Sonderposten mit Rücklageanteil ausgewiesen werden, sind von § 270 Abs 1 S 2 nicht angesprochen, obwohl ihre Auswirkung auf das Jahresergebnis oftmals erheblich ist. Über das Ausweis-Wahlrecht für diese steuerlichen Mehrabschreibungen („Wertberichtigungen") zu Aktivposten entscheidet allein die Geschäftsführung im Rahmen der Aufstellung des JA. Näheres hierzu ist bei § 281 Anm 1 ff dargestellt. 18

Bildung und Auflösung der eigentlichen Sonderposten mit Rücklageanteil richten sich nach den steuerrechtlichen Vorschriften; in Krisenfällen können sie vorzeitig aufgelöst werden (Anm 22). Hierzu allgemein § 247 Anm 601 ff.

Die **Entscheidung** darüber, welche Sonderposten mit Rücklageanteil im Einzelfall (ggf teilweise) gebildet und aufgelöst werden, obliegt allein der **Geschäftsführung** im Rahmen der **Aufstellung** des JA. Eine Verpflichtung zur Auflösung ergibt sich regelmäßig (Anm 18, 22) nach Steuerrecht. Es ist nicht zulässig, solche Sonderposten in der HB fortzuführen, wenn sie steuerrechtlich nicht mehr beibehalten werden dürfen (§ 273 Anm 9). 19

Werden bestimmte Sonderposten mit Rücklageanteil in Ausnahmefällen auf Grund fehlender umgekehrter Maßgeblichkeit (§ 273 Anm 1) zulässigerweise **nur** in der **Steuerbilanz** bilanziert (dazu Anm 35), darf der EK-Anteil solcher Sonderposten gem § 58 Abs 2a AktG oder § 29 Abs 4 GmbHG im Rahmen der Ergebnisverwendung den Gewinnrücklagen zugeführt werden, wenn gleichzeitig die Steuerabgrenzung zurückgestellt wird (§ 274 Abs 1). Im Unterschied zu den in Anm 18, 19 genannten Sonderposten dürfen die **Eigenkapitalanteile** im Rahmen der Gewinnrücklagen jedoch ganz oder teilweise **beibehalten** werden, obwohl für die Steuerbilanz ein Auflösungszwang bestand oder besteht (glA *ADS*[6] § 272 Anm 128). Zuständig für diese Entscheidungen ist aber das jeweils für die **Feststellung** zuständige Organ (s Vor § 325 Anm 51 (AG) und 127 (GmbH); ausführlich zu dieser „Sonderrücklage" § 280 Anm 38 ff). 20

Einstellungen in oder Auflösungen von Sonderposten mit Rücklageanteil gem §§ 247 Abs 2 und 273 müssen von KapGes/KapCoGes im **Anhang** angegeben werden (§ 281 Abs 2 S 2, s dort Anm 12 ff). Außerdem muss von diesen Unt gem § 285 Nr 5 ggf die zusammengefasste Auswirkung von steuerlichen Mehrabschreibungen und von Sonderposten-Bildungen auf das Jahresergebnis im Anhang offengelegt werden; dazu § 285 Anm 85 ff. 21

In der HB bewirkt die Bildung von Sonderposten eine Ergebnisminderung, so dass *insoweit* die Ausschüttung von Ergebnissen solange ausgeschlossen ist, als die Steuervergünstigungen in Anspruch genommen werden. Dies gilt für alle Fälle, in denen umgekehrte Maßgeblichkeit besteht (glA *ADS*[6] § 270 Anm 8 mwN).

Für den Fall **vorzeitiger Auflösung** zugunsten des Jahresergebnisses liegt die Entscheidungskompetenz – als Folge der Ausweisregelung in der GuV – bei dem für die Bilanz-Aufstellung zuständigen Organ (Anm 2). Durch eine vorzeitige Auflösung von Sonderposten können wiederum die bisherigen Bilanzie- 22 rungs- und Bewertungsmethoden geändert werden; eine Erläuterungspflicht im Anhang (Anm 21) ist dann erneut gegeben.

Sofern Sonderposten jedoch **nach Maßgabe des Steuerrechts** zum vorgesehenen Zeitpunkt aufgelöst werden, liegt ein **Gesetzeszwang** vor, so dass eine Änderung der Bewertungsmethoden und damit eine Darstellung im Anhang entfällt. Bei GmbH, KGaA und PersGes ist es möglich, dass durch **Gesellschafterbeschluss** hier die Geschäftsführung in der Freistellungskompetenz **eingeschränkt** wird (§§ 278 Abs 2 AktG, 37 Abs 1 GmbHG, 116 und 164 HGB). Für AG gilt das wegen der **Eigenverantwortlichkeit** des Vorstands gem § 76 Abs 1 AktG nicht.

D. Einstellungen in und Entnahmen aus Gewinnrücklagen (Abs 2)

25 In die Gewinnrücklagen werden nur diejenigen Beträge eingestellt, die im Gj oder in vorangegangenen Gj erwirtschaftet wurden. Ihre Bildung mindert den an die Gester ausschüttungsfähigen Gewinn. Deshalb besteht für die Einstellung in diese Gewinnrücklagen (anders als bei den Entnahmen) eine Limitierung, die auch im Gesetzeswortlaut „die nach Gesetz, GesVertrag oder Satzung **vorzunehmen sind**" (zB Zuführung zur gesetzlichen Rücklage) hervorgeht; ebenso *Knop* in HdR[5] § 270 Anm 8f.

Auch für **freiwillige** Einstellungen in oder Auflösungen von Gewinnrücklagen gilt Abs 2. Denn § 58 Abs 2 und 2a **AktG** gewähren der Geschäftsleitung als Aufstellungsorgan zusammen mit dem jeweiligen Feststellungsorgan (AR oder GesV/HV) ein **Dispositionsrecht** (oft 50% des Jahresüberschusses). Denn durch solche Einstellungen oder Auflösungen wird gleichfalls das Ausschüttungs-Volumen an die Anteilseigner beeinflusst. Auf dieses Dispositionsrecht beziehen sich die Worte in Abs 2 „aufgrund solcher Vorschriften **beschlossen** worden sind".

Bei **GmbH** richtet sich dieses Dispositionsrecht der Aufstellungs- und Feststellungsorgane nach § 29 Abs 2 bis 4 GmbHG. Auch der Inhalt dieser Vorschriften ist im Abschn Vor § 325 unter Anm 121 ff, 130 f näher erläutert.

26 Sinn des Abs 2 ist es festzulegen, dass bei **zwingenden Einstellungen** in die Gewinnrücklagen (insb nach §§ 150 Abs 2 und 300 AktG) diese wiederum zwingend bereits bei Aufstellung des JA und damit unter Berücksichtigung einer zumindest teilweisen Gewinnverwendung vorgenommen werden. Insoweit schließt Abs 2 das Wahlrecht nach § 268 Abs 1 aus, wenn entweder Gewinnverwendungen bei Aufstellung der Bilanz zwingend berücksichtigt werden müssen oder wenn im Rahmen **zulässiger Dotierungen** (s Anm 25) das Wahlrecht des § 268 Abs 1 ausgeübt wurde (ebenso *ADS*[6] § 270 Anm 9f).

27 Soweit die **Auflösung** von Gewinnrücklagen **gesetzlich festgelegt** ist, muss das bereits bei der Bilanzerstellung beachtet werden; es bleibt kein Entscheidungsspielraum für Geschäftsführung oder Gester. Dann sind auch alle anderen Maßnahmen der Ergebnisverwendung, die vorher beschlossen und wirksam sind, bereits bei der Bilanzaufstellung vorzunehmen (Anm 26).

Das Gleiche gilt auch für Einstellungen in oder Entnahmen aus Gewinnrücklagen, sofern zwingende **Vorschriften im Gesellschaftsvertrag** oder in der Satzung bestehen; bei KapGes gelten solche Bestimmungen, sobald und solange sie im HR eingetragen sind. Im Übrigen entscheiden die Gester bzw die HV. Zu weiteren Einzelheiten, auch zu EAV, s § 272 Anm 104 ff, 111 ff.

Die **Rücklage für eigene Anteile** muss immer gleich hoch sein wie die Bilanzwerte der eigenen Anteile und/oder der Anteile an einem herrschenden

Unt. Alle Veränderungen dieser Bilanzwerte erfordern *zwingend* entspr Änderungen der Rücklage – obwohl diese in § 270 nicht besonders erwähnt wird. Einstellungen aus dem Jahresüberschuss in die Rücklage für eigene Anteile und Entnahmen aus dieser sind nach § 152 Abs 3 Nr 2 und Nr 3 AktG in der Bilanz oder im Anhang der AG gesondert anzugeben. Näheres zu dieser Rücklage in § 272 Anm 117 ff.

KapCoGes haben für Anteile an ihren Komplementärgesellschaften in Höhe des aktivierten Betrags einen Sonderposten mit der Bezeichnung „Ausgleichsposten für aktivierte eigene Anteile" zu bilden; dazu § 264c Anm 80 ff.

Zur Möglichkeit, die Bilanz von KapGes/KapCoGes gem § 268 Abs 1 **nach vollständiger oder teilweiser Gewinnverwendung** aufzustellen s § 268 Anm 4 ff. Einstellungen oder Entnahmen gem § 270 sind jedoch bereits bei Aufstellung des JA zu berücksichtigen. 28

Das DMBilG 1990 sieht *zwingend* die erfolgsneutrale Einstellung von Beträgen aus gesetzlich bestimmten Gründen in **Sonderrücklagen der DMEB** von Unt in den neuen Bundesländern vor, bei AG teilweise in die gesetzliche Rücklage. Diese Sachverhalte sind auch bei Aufstellung des JA zu berücksichtigen (Anm 26). Erweisen sich diese (Sonder-)Rücklagen wegen Wegfall ihrer Gegenposten später als ganz oder teilweise (die Rücklage gem § 27 Abs 2 DMBilG zB mit dem das Anlagevermögen in den späteren JA übersteigenden Betrag) nicht mehr erforderlich, sind sie „frei verfügbar" und können in freie Gewinnrücklagen (Sonderrücklagen gem §§ 17 Abs 4, 24 Abs 5 DMBilG) oder (freie) Kapitalrücklagen (Sonderrücklage gem § 27 Abs 2 DMBilG) umgegliedert werden (dazu *Gelhausen/Heinz* DB 1994, 2245 ff). 29

Zu Offenlegungserleichterungen bei GmbH mit natürlichen Personen als Gester s § 325 Anm 21.

E. Geltung für Unternehmen, die unter das PublG fallen

Die in § 270 geregelten Sachverhalte betreffen nach der Stellung im HGB nur KapGes/KapCoGes. Gem § 5 Abs 1 PublG ist § 270 aber **sinngemäß für Unternehmen,** die unter das PublG fallen, anzuwenden. Ekfl und *reine* PersGes, dh PersGes, die nicht unter § 264a fallen, brauchen zwar **keinen Anhang** zu erstellen, sollten aber bei Nicht-Offenlegung der GuV gleichwohl die Bilanzierungsmethoden und deren Änderung (zB für Sonderposten mit Rücklageanteil) offen legen (§ 5 Abs 5 S 3 PublG). 30

Bei Ekfl wird allgemein das EK als **Gesamtposten** in der Bilanz ausgewiesen (§ 247 Anm 155). Bei *reinen* PersGes können gem § 9 Abs 3 PublG bei der *Offenlegung* die Kapitalanteile der Gester, die Rücklagen, ein Gewinnvortrag und ein Gewinn unter Abzug der nicht durch Vermögenseinlagen gedeckten Verlustanteile von Gestern, eines Verlustvortrags und eines Verlusts in einem Posten „Eigenkapital" ausgewiesen werden. Einstellungen und Auflösungen etwaiger Rücklagen vollziehen sich somit in der Bilanz unsichtbar. Zur Abgrenzung von EK und FK bei PersGes s *IDW RS HFA* 7 Anm 14 ff. 31

Der Ausweis von Einstellungen und Auflösungen von **Sonderposten mit Rücklageanteil** in der GuV ist für publizitätspflichtige Ekfl und reine PersGes insoweit nicht eindeutig geregelt, als das Gliederungsschema des § 275 für diese Unt nur fakultativ gilt (§ 5 Abs 5 S 1 PublG). Wegen des für alle Kfl geltenden Gebots des gesonderten Ausweises von Sonderposten mit Rücklageanteil in der Bilanz (§ 247 Abs 3, dort Anm 603) und der Geltung des § 273 im PublG scheint es sinnvoll, Einstellungen und Auflösungen dieser Posten auch in der GuV **gesondert** auszuweisen. Gemäß § 9 Abs 2 PublG brauchen allerdings Ekfl 32 und reine PersGes die GuV und den Beschluss über die Verwendung des Ergebnisses *nicht offen zu legen,* wenn in eine Anlage zur Bilanz bestimmte zusätzliche Angaben aufgenommen werden (§ 5 Abs 5 S 3 PublG, Anm 30).

F. Besonderheiten bei der Steuerbilanz

35 Das in den Abschnitten B bis E Dargestellte gilt grds auch für die StB der KapGes/KapCoGes. Zu Besonderheiten bei **verdeckten Einlagen** und bei **Sacheinlagen** s § 272. Verdeckte Einlagen werden regelmäßig erst dann in die HB übernommen, wenn sie – zB aufgrund einer steuerlichen Außenprüfung – erkannt werden und ihre Übernahme in die HB gewollt oder aufgrund ihrer Bedeutung geboten ist, dazu *WPH*[12] I F 268. Aus wichtigem Grund kann auch eine Berücksichtigung verdeckter Einlagen durch Änderung festgestellter JA in Betracht kommen; s dazu § 253 Anm 835f.

Wegen der abweichenden **steuerlichen Zurechnung** des **Leistungsverkehrs** zwischen Gestern und PersGes s § 247 Anm 845ff.

In der StB sind **Rücklagen,** bei denen das Steuerrecht die Anerkennung des Wertansatzes bei der steuerrechtlichen Gewinnermittlung **nicht** vom Ausweis in der HB **abhängig macht,** als solche stets getrennt auszuweisen, ein Steuerabgrenzungsposten ist ggf zu kürzen; s Anm 20.

G. Strafvorschriften und Bußgelder

38 Straf- und Bußgeldvorschriften sowie die Bestimmungen über Zwangsgelder gem §§ 331 bis 335b HGB, 17 bis 21 PublG enthalten keine Sanktionen für die Nicht-Einhaltung von § 270. Denn es wird nur die Kompetenz-Verteilung (und damit zusammenhängend) der Zeitpunkt der Bildung oder Auflösung von Rücklagen und Sonderposten geregelt.

Zur evtl Nichtigkeit des JA nach § 256 Abs 1 Nr 4 AktG s § 272 Anm 180.

§ 271 Beteiligungen. Verbundene Unternehmen

(1) [1]**Beteiligungen sind Anteile an anderen Unternehmen, die bestimmt sind, dem eigenen Geschäftsbetrieb durch Herstellung einer dauernden Verbindung zu jenen Unternehmen zu dienen.** [2]**Dabei ist es unerheblich, ob die Anteile in Wertpapieren verbrieft sind oder nicht.** [3]**Als Beteiligung gelten im Zweifel Anteile an einer Kapitalgesellschaft, die insgesamt den fünften Teil des Nennkapitals dieser Gesellschaft überschreiten.** [4]**Auf die Berechnung ist § 16 Abs. 2 und 4 des Aktiengesetzes entsprechend anzuwenden.** [5]**Die Mitgliedschaft in einer eingetragenen Genossenschaft gilt nicht als Beteiligung im Sinne dieses Buches.**

(2) **Verbundene Unternehmen im Sinne dieses Buches sind solche Unternehmen, die als Mutter- oder Tochterunternehmen (§ 290) in den Konzernabschluß eines Mutterunternehmens nach den Vorschriften über die Vollkonsolidierung einzubeziehen sind, das als oberstes Mutterunternehmen den am weitestgehenden Konzernabschluß nach dem Zweiten Unterabschnitt aufzustellen hat, auch wenn die Aufstellung unterbleibt, oder das einen befreienden Konzernabschluß nach § 291 oder nach einer nach § 292 erlassenen Rechtsverordnung aufstellt oder aufstellen könnte; Tochterunternehmen, die nach § 296 nicht einbezogen werden, sind ebenfalls verbundene Unternehmen.**

Übersicht

Schrifttum: *Kropff* „Verbundene Unternehmen“ im Aktiengesetz und im Bilanzrichtlinien-Gesetz DB 1986, 364; *Ulmer* Begriffsvielfalt im Recht der verbundenen Unternehmen als Folge des Bilanzrichtlinien-Gesetzes – Eine systematische Analyse – FS Goerdeler, 623; *HFA* 1/1993 Zur Bilanzierung von Joint Ventures WPg, 441; *Früh/Klar* Joint Ventures – Bilanzielle Behandlung und Berichterstattung WPg 1993, 493; *Nordmeyer* Die Einbeziehung von Joint Ventures in den Konzernabschluß WPg 1994, 301; *HFA 1/1994*

Zur Behandlung von Genussrechten im Jahresabschluss von Kapitalgesellschaften WPg, 419; *Schulze-Osterloh* Ausweis und Bewertung von Beteiligungen an Kapitalgesellschaften im Jahresabschluss des Gesellschafters, FS Kropff, 605; *Kropff* Wie lange noch: Verbundene Unternehmen im Bilanzrecht, FS Ulmer Berlin 2003, 847.

A. Allgemeines

1 Für **Beteiligungen** sieht das Schema des § 266 für große und mittelgroße KapGes/KapCoGes einen gesonderten Ausweis vor. Außerdem verwendet das HGB den Beteiligungsbegriff in einer Reihe weiterer Bestimmungen (Anm 4). Die entspr gesetzliche Definition des Beteiligungsbegriffs ergibt sich aus Abs 1 S 1 u 2. Hiernach sind Beteiligungen verbriefte oder nicht verbriefte Anteile an anderen Unt, die bestimmt sind, dem eigenen Geschäftsbetrieb durch Herstellung einer dauernden Verbindung zu dienen. Darüber hinaus enthält Abs 1 S 3 u 4 eine – widerlegbare – gesetzliche Vermutung, wonach unter bestimmten Voraussetzungen ungeachtet der Definitionsmerkmale des S 1 vom Vorliegen einer Beteiligung auszugehen ist.

2 Der Begriff der **verbundenen Unternehmen** ist in § 15 AktG dahingehend definiert, dass er die im Verhältnis zueinander in Mehrheitsbesitz stehenden und mit Mehrheit beteiligten Unt (§ 16 AktG), abhängige und herrschende Unt (§ 17 AktG), Konzern-Unt (§ 18 AktG), wechselseitig beteiligte Unt (§ 19 AktG) sowie Vertragsteile eines Unt-Vertrags (§§ 291, 292 AktG) umfasst. Durch Abs 2 sind in Transformation des Art 41 der 7. EG-Richtl ausschließlich für den Bereich des Dritten Buchs des HGB (§§ 238–339) verbundene Unt eigenständig und abw von § 15 AktG definiert, so dass derselbe Ausdruck je nach Anwendungsbereich unterschiedliche Begriffsinhalte aufweist. So richtet sich zB der Begriff des verbundenen Unt für Zwecke des Berichts an den AR über Beziehungen zu verbundenen Unt (§ 90 Abs 3 AktG) nach § 15 AktG, während es sich bei den einschlägigen Bilanzposten – auch einer AG – (zB Anteile an verbundenen Unt oder Verbindlichkeiten ggü verbundenen Unt) um verbundene Unt iSv Abs 2 handeln muss. § 271 gilt insb auch für den **Anhang** (§§ 284–288) und den **Lagebericht** (§ 289). Für den **Abhängigkeitsbericht** (§§ 311–318 AktG) sind hingegen die Begriffsbestimmungen des § 271 ohne Bedeutung (s Voraufl § 289 Anm 112).

3 Ein sachlicher **Zusammenhang zwischen den Abs 1 und 2** ergibt sich daraus, dass Abs 2 ua auf § 290 Bezug nimmt, in dessen Abs 1 wiederum das Verhältnis zwischen MU und TU auch durch das Bestehen einer Beteiligung nach Abs 1 gekennzeichnet wird. Ein verbundenes Unt iSd Abs 2 muss deshalb idR (Ausnahmen kommen nach Abs 2 iVm § 290 Abs 2 in Betracht) entweder als MU beteiligtes Unt oder als TU BetUnt sein. Dies bedeutet jedoch nicht, dass regelmäßig ein Beteiligungsverhältnis zwischen zwei verbundenen Unt vorliegen muss; vielmehr sind unter den übrigen Voraussetzungen des Abs 2 auch mehrere TU iSd § 290 im Verhältnis zueinander verbundene Unt, ohne dass zwischen ihnen ein unmittelbares Beteiligungsverhältnis bestehen müsste. Die Verbundenheit von Unt iSd Abs 2 kennzeichnet somit nicht etwa generell eine besonders qualifizierte Art des Beteiligungsverhältnisses. Eine andere Beurteilung ist allerdings dann geboten, wenn es um die konkurrierende Anwendung beider Kennzeichnungen von Unt-Verbindungen geht, dh in den zahlreichen Fällen, in welchen die Beziehung zweier Unt zueinander sowohl die Kriterien der Beteiligung nach Abs 1 als auch diejenigen der Verbundenheit nach Abs 2 erfüllt. Hier erweist sich die Verbundenheit, da sie mehr als nur eine kapitalmäßige Beziehung verlangt, als **spezielle Erscheinungsform der Beteiligung.** Dementsprechend sehen bspw die GuV-Gliederungsschemata des § 275 Abs 2 und 3

in den Posten 9 bzw 8 vor, dass bei den Erträgen aus Beteiligungen die darin enthaltenen Erträge aus verbundenen Unt gesondert zu vermerken sind. Das Bilanzgliederungsschema des § 266 Abs 2 und 3 bringt dies weniger deutlich dadurch zum Ausdruck, dass die die verbundenen Unt betreffenden Unterposten jeweils gesondert vor denjenigen auszuweisen sind, welche auf Beteiligungsverhältnisse Bezug nehmen.

B. Beteiligungen (Abs 1)

I. Anwendungsbereich des Begriffs „Beteiligungen"

Der in Abs 1 definierte Begriff „Beteiligung" findet Verwendung in folgenden Bestimmungen des Dritten Buchs des HGB: 4
§ 266 Abs 2 A III 3 und 4, B II 3 und Abs 3 C VII (Bilanzgliederung),
§ 275 Abs 2 Nr 9 (GuV – Gesamtkostenverfahren),
§ 275 Abs 3 Nr 8 (GuV – Umsatzkostenverfahren),
§ 285 S 1 Nr 11 S 4 (Zusatzangaben börsennotierter KapGes),
§ 290 Abs 1 (Pflicht zur Aufstellung eines KA),
§ 311 Abs 1 und 2 (assoz Unt),
§ 312 Abs 1, 3 und 4 (Wertansatz von Beteiligungen an assoz Unt),
§ 313 Abs 2 Nr 4 S 2 (Zusatzangaben im Konzernanhang),
§ 327 Nr 1 A III 3 und 4, B II 3 und C 7 (größenabhängige Erleichterungen bei der Offenlegung).

Durch Verweisungen nimmt auch das PublG auf Abs 1 Bezug (§ 5 Abs 1 PublG – sinngemäße Anwendung des § 271 – und § 5 Abs 5 Nr 2 PublG – offenlegungspflichtige GuV-Angaben bei reinen PersGes und Ekfl –). Der Begriff gilt ferner für Kreditinstitute und VersicherungsUnt, auch wenn sie nicht in der Rechtsform einer KapGes organisiert sind (§§ 340a Abs 1, 341 Abs 1). Darüber hinaus kann der Beteiligungsbegriff des Abs 1 für alle Kfl Bedeutung haben, sofern hier ein gesonderter Ausweis erfolgt (hierzu § 247 Anm 8, 600).

II. Bedeutung der Abgrenzung von Beteiligungen gegenüber sonstigen Anteilen

Zunächst bedeutet der Beteiligungscharakter von Anteilen an anderen Unt, dass diese Anteile **Anlagevermögen** darstellen und in der Bilanz als **Finanzanlagen** auszuweisen sind; bei großen und mittelgroßen KapGes/KapCoGes ist für Beteiligungen ein gesonderter Unterposten der Finanzanlagen vorgesehen (§ 266 Abs 2 A III 3). Demzufolge unterliegen sie den für VG des Anlagevermögens geltenden Regeln bezüglich Abschreibungen (§§ 253 Abs 2, 279 Abs 1) und Entwicklungsdarstellung in der Bilanz oder im Anhang (§ 268 Abs 2). Weiter folgt aus der Zuordnung von Anteilen zu den Beteiligungen, dass Ausleihungen an das betr Unt, Forderungen gegen dieses sowie ihm ggü bestehende Verbindlichkeiten bei großen und mittelgroßen KapGes/KapCoGes unter den entspr Unterposten der Bilanz gesondert auszuweisen sind (§ 266 Abs 2 A III 4, B II 3 bzw Abs 3 C 7); umgekehrt hat auch ein BetUnt, sofern es große oder mittelgroße KapGes/KapCoGes ist, Ausleihungen, Forderungen und Verbindlichkeiten an bzw ggü den beteiligten Unt unter den erwähnten Unterposten auszuweisen. In diesem Zusammenhang ist von Bedeutung, dass auch die von einem abhängigen Unt gehaltenen Anteile an einem dritten Unt ein Beteili- 5 gungsverhältnis iSd genannten Bestimmungen vermitteln können (Anm 26). Für Erträge aus Beteiligungen sind in der GuV – auch bei kleinen KapGes/KapCoGes (arg ex § 276) – gesonderte Posten vorgeschrieben (§ 275 Abs 2 Nr 9 bzw Abs 3 Nr 8).

6 An anderen Unt bestehende Anteile, welche nicht die Beteiligungskriterien erfüllen und auch nicht zum Anlagevermögen gehören, stellen **Umlaufvermögen** dar; für ihren Bilanzausweis kommen die Posten „Sonstige Vermögensgegenstände" (§ 266 Abs 2 B II 4) bzw „Sonstige Wertpapiere" (§ 266 Abs 2 B III 3) in Betracht.

7 Sofern es sich bei einem **Beteiligungsunternehmen zugleich** auch um ein **verbundenes Unternehmen** iSd Abs 2 handelt, sind bei großen und mittelgroßen KapGes/KapCoGes die entspr Anteile unter dem gesonderten Unterposten „Anteile an verbundenen Unternehmen" (§ 266 Abs 2 A III 1) auszuweisen. Ebenso haben bei Ausleihungen, Forderungen und Verbindlichkeiten ggü einem BetUnt, welches die Voraussetzungen des Abs 2 erfüllt, die Unterposten „Ausleihungen an verbundene Unternehmen", „Forderungen gegen verbundene Unternehmen" bzw „Verbindlichkeiten gegenüber verbundenen Unternehmen" auch hier Vorrang.

III. Beteiligungsdefinition (S 1, 2 und 5)

8 Die in Abs 1 S 1 formulierte Beteiligungsdefinition weist **objektive und subjektive Merkmale** auf. In objektiver Hinsicht beschränkt sich die Definition darauf, dass es sich bei Beteiligungen um **Anteile an anderen Unternehmen** handeln muss. Subjektiv, dh aus der Sicht des Anteilseigners, wird eine bestimmte **Zweckbestimmung** vorausgesetzt, welche darauf gerichtet sein muss, dass die betr Anteile **dem eigenen Geschäftsbetrieb durch Herstellung einer dauernden Verbindung dienen.** Auf eine bestimmte Anteilsquote kommt es dabei nicht an (anders die Vermutung bei mehr als 20%-iger Beteiligung in Abs 1 S 3; hierzu Anm 24 ff).

1. Unternehmen

9 Mit Ausnahme von eigenen Anteilen kommen grds jegliche Anteile an einem in- oder ausländischen **Unternehmen** als Beteiligungen in Betracht. Insb ist nach der Legaldefinition in S 1 die Rechtsform des anderen Unt ohne Bedeutung für die Beurteilung, ob eine Beteiligung vorliegt. Beteiligungen können hiernach bestehen an Unt, welche betrieben werden von
- KapGes (AG, KGaA, GmbH),
- sonstigen juristischen Personen (zB Stiftung, bergrechtliche Gewerkschaft, Körperschaft des öffentlichen Rechts, Anstalt des öffentlichen Rechts),
- PersGes (zB OHG, KG, GbR, EWIV),
- EKfl,
- Unt ausländischer Rechtsformen.

10 Eine Ausnahmeregelung zur Begriffsbestimmung des Abs 1 S 1 besteht nach Abs 1 S 5, wonach die Mitgliedschaft in einer eG nicht als Beteiligung gilt.

11 Wesentlich ist, dass überhaupt ein **Unternehmen** vorliegt. Allerdings enthält das HGB keine Definition des Unt, so dass insoweit auf die in Literatur und Praxis verwendeten Unt-Begriffe Bezug zu nehmen ist. Hiernach stellen zumindest Gewerbebetriebe, welche gem §§ 1 oder 2 als Handelsgewerbe gelten, Unt dar. Ebenso liegt bei Eintragung im HR (§§ 5 und 6) unabhängig von der im Einzelfall ausgeübten Tätigkeit stets ein Unt vor (so auch *ADS*[6] § 271 Anm 11 unter dem Gesichtspunkt der Buchführungspflicht). Darüber hinaus werden aber auch alle

nicht den Gewerbebegriff des HGB oder der GewO erfüllenden Wirtschaftseinheiten als Unt angesehen, wenn sie eigenständige Interessen kfm oder gewerblicher Art mittels einer nach außen in Erscheinung tretenden Organisation verfolgen (vgl *Kropff* in MünchKomm AktG[2] § 271 HGB Anm 13), zB land- und forstwirtschaftliche Betriebe, Arge oder freiberufliche Praxen. Nicht als Unt gilt demgegenüber die lediglich vermögensverwaltende Tätigkeit.

Problematisch sind in diesem Zusammenhang insb die in verschiedensten Varianten auftretenden **GbR.** Diese sind jedenfalls dann nicht als Unt einzustufen, wenn sie lediglich ideelle Zwecke verfolgen. Hingegen können sie dann Unt darstellen, wenn ihre Zwecke wirtschaftlicher Natur sind. Als Objekt einer Beteiligung kommen aber auch solche GbR nur dann in Frage, wenn ein Gesamthandsvermögen besteht, da andernfalls eine kapitalmäßige Beteiligung nicht denkbar ist. Außerdem muss eine GbR, um Unt zu sein, als solche im wirtschaftlichen Verkehr in Erscheinung treten. Teilnahme am wirtschaftlichen Verkehr kann auch gegeben sein, wenn die GbR Aufgaben der Konzernleitung wahrnimmt. **Bruchteilsgemeinschaften** (zB Gemeinschaft von Grundstücks-Miteigentümern) verfügen als solche nicht über eine nach außen in Erscheinung tretende Organisation und sind deshalb regelmäßig nicht als Unt anzusehen. 12

Zur Behandlung von Mitgliedschaften in **Joint Ventures** *HFA 1/1993* (hierzu *Früh/Klar* WPg 1993, 493; *Nordmeyer* WPg 1994, 301). Soweit das Joint Venture als KapGes oder als PersGes ausgestaltet ist, steht seine Unt-Eigenschaft außer Frage. Demgegenüber sind Joint Ventures in der Form von Bruchteilsgemeinschaften grds nicht als Unt anzusehen. Eine differenzierende Beurteilung ist bei Joint Ventures in der Rechtsform der GbR geboten. Nach *HFA 1/1993* liegt bei diesen Unt-Eigenschaft vor, wenn das Vermögen des Joint Venture ganz oder teilweise gesamthänderisch gebunden ist, erwerbswirtschaftliche – nicht nur vermögensverwaltende – Interessen verfolgt werden, das Joint Venture mittels einer Organisation nach außen in Erscheinung tritt und Rechtsbeziehungen zu Dritten oder zu den Partner-Unt unterhält. Unerheblich sind die Dauer und die Anzahl der vom Joint Venture abzuwickelnden Projekte. **Investmentfonds** unterliegen als Sondervermögen der Verwaltung durch Kapitalanlagegesellschaften. Die Fonds sind deshalb als Sondervermögen nur Objekte und nicht Subjekte gewerblicher Betätigung und damit keine Unt.

2. Anteile

Anteile an einem anderen Unt müssen, wie Abs 1 S 2 klarstellt, nicht in Wertpapieren verbrieft sein. **GmbH-Geschäftsanteile** kommen deshalb als Beteiligungen ebenso in Betracht wie **Aktien,** darüber hinaus aber auch **alle anderen Anteilsrechte,** welche wirtschaftlich eine Teilhabe am Vermögen eines anderen Unt zum Gegenstand haben, zB die Anteile von phG oder von Kommandisten an PersGes (OHG, KG; hierzu HFA *1/1991*), aber auch Gesamthandsanteile bei GbR (zB Joint Ventures) sowie stille Beteiligungen (zu letzteren Anm 15). In jedem Fall setzt die Annahme von Anteilen voraus, dass dem anderen Unt Kapital mit der Maßgabe überlassen oder verbindlich zugesagt worden ist, dieses ohne betragsmäßig festgelegte Rückzahlungsverpflichtung verwenden zu dürfen. Hierdurch unterscheiden sich Anteile an einem anderen Unt insb von **Forderungen,** welchen auf Seiten des Kapitalempfängers konkrete Rückerstattungsverpflichtungen gegenüberstehen. 13

Soweit **phG** einer PersGes an deren Kapital nicht beteiligt und zur Erbringung von Einlagen auch nicht verpflichtet sind, verfügen sie nicht über Anteile iSd Abs 1 und *insoweit* nicht über eine Beteiligung. Haftungsrechtlich unterliegen sie aber idR mit ihrem eigenen Vermögen einem gleichen Risiko wie die 14 kapitalmäßig beteiligten Gester mit ihren Einlagen; zudem ist ihr Haftungsrisiko betragsmäßig unbeschränkt. Unter diesem Gesichtspunkt ist trotz fehlender Anteile die Beziehung zu der Ges als Beteiligungsverhältnis zu werten (ebenso *ADS*[6] § 271 Anm 8, *Matschke/Schellhorn* in BoHdR[2] § 271 Anm 13). Im Übrigen besteht unter den Voraussetzungen des § 285 S 1 Nr 3 Pflicht zur Angabe der finanziellen Verpflichtungen *(HFA 1/1991)*. Nach § 285 S 1 Nr 11a sind im Anhang auch Name, Sitz und Rechtsform der PersGes anzugeben.

15 **Stille Beteiligungen** (§§ 230ff) sind idR keine Beteiligungen iSd Abs 1. Soweit auf Grund GesVertrag (§ 231 Abs 2) der stille Gester an einem Verlust des anderen Unt nicht teilnimmt, bleibt ihm grds sein Anspruch auf Rückgewähr der Einlage betragsmäßig erhalten; seine Stellung gleicht somit mehr der eines Forderungsgläubigers als der eines Anteilseigners. Aber auch dann, wenn der stille Gester entspr dem gesetzlichen Regelfalle Verluste des anderen Unt mitzutragen hat, ist seine Einlage nicht ohne weiteres als Unt-Anteil zu werten. Hinzukommen müssen vielmehr Kontroll- und Mitspracherechte, welche die Stellung des stillen Gesters an diejenige eines Kommanditisten annähern (*ADS*[6] § 271 Anm 7; *Matschke/Schellhorn* in BoHdR[2] § 271 Anm 15; *Schulze-Osterloh* in Baumbach/Hueck GmbHG[17] § 42 Anm 125 und *Kropff* in MünchKomm AktG[2] § 271 HGB Anm 19 mit zutreffendem Hinweis darauf, dass § 236 nicht anwendbar sein sollte; vgl auch § 247 Anm 233f).

Genussrechte (bei Verbriefung: Genussscheine) begründen idR keine mitgliedschaftsrechtliche Stellung und vermitteln deshalb keinen Anteil am Unt, sondern lediglich Gläubigerrechte (zu Ausnahmen vgl. § 247 Anm 228). Ihr Ausweis als Beteiligung ist daher nicht zulässig (so auch *HFA 1/1994* Abschn 3.1).

3. Zweckbestimmung

16 Anteile an anderen Unt sind nur dann Beteiligungen, wenn sie dazu bestimmt sind, dem eigenen Geschäftsbetrieb durch Herstellung einer dauernden Verbindung zu den anderen Unt zu dienen. Es genügt hiernach nicht, dass die Anteile in irgendeiner Weise dem eigenen Geschäftsbetrieb dienen sollen; erforderlich ist vielmehr, dass dieser Zweck in bestimmter Weise, nämlich durch **Herstellung einer dauernden Verbindung** zu den anderen Unt herbeigeführt werden soll. Diese dauernde Verbindung muss **mit Hilfe der Anteile** angestrebt werden und deshalb über die bereits zur Herstellung der Anteile selbst erforderliche Kapitalüberlassung hinausgehen. Ausschließlich zur Kapitalanlage dienende Anteile an anderen Unt erfüllen somit idR nicht den Beteiligungsbegriff (ebenso *ADS*[6] § 271 Anm 17; *Matschke/Schellhorn* in BoHdR[2] § 271 Anm 22; aA *Bieg* in HdR[2] § 271 Anm 14ff). Anderes gilt nur dann, wenn die Kapitalanlage als solche (zB bei Vermögsverwaltungs-Ges) wesentlicher Bestandteil des Unt-Gegenstands des Anteilseigners ist (so auch *Kropff* in MünchKomm AktG[2] § 271 HGB Anm 26).

17 Andererseits fordert das HGB nicht eine Verbindung, welche eine **Einflussnahme auf die Geschäftsführung** des anderen Unt ermöglicht (so auch *ADS*[6] § 271 Anm 18; *Scheffler* in Beck HdR B 213 Anm 69). Wenngleich daher die Absicht, mittels der Anteile die Geschäftsführung des anderen Unt beeinflussen zu können, regelmäßig für das Vorliegen einer Beteiligung spricht, können doch auch andere Formen einer angestrebten Dauerverbindung ausreichen. Hierfür kommen zB in Betracht (dazu auch *ADS*[6] § 271 Anm 19):

– längerfristige Lfg- oder Leistungsbeziehungen,
– Kooperation von Unt-Bereichen (zB Forschung, Entwicklung, Einkauf, Produktion, Vertrieb),

– gemeinsame Personalschulung,
– Personalaustausch,
– Finanzierungsvereinbarung.

18 Maßgebend ist aber in jedem Fall, dass die Anteile als Mittel zur Herstellung der verbindenden Beziehung Verwendung finden sollen. Es genügt deshalb zur Annahme einer Beteiligung nicht, wenn bei Vorliegen einer ohnehin bestehenden Verbindung zum anderen Unt Anteile an diesem lediglich zur Kapitalanlage erworben worden sind. Entspr der für den HK-Begriff geltenden Legaldefinition des § 255 Abs 1 S 1 wird vielmehr eine durch die Anteile herbeizuführende Erweiterung oder über den ursprünglichen Zustand hinausgehende wesentliche Verbesserung der dauernden Verbindung beabsichtigt sein müssen. Eine Beteiligung liegt hiernach nicht schon dann vor, wenn – unabhängig von der Höhe der Anteilsquote – offensichtlich kein nennenswerter Einfluss zB auf bestehende oder angestrebte Lieferbeziehungen durch die Anteile vermittelt wird.

19 Die angestrebte Dauerverbindung muss nicht unmittelbar zwischen dem eigenen Geschäftsbetrieb und dem anderen Unt bestehen (*ADS*[6] § 271 Anm 19); es genügt vielmehr auch eine **mittelbare Verbindung** (zB zwischen Konzern-Unt), sofern diese bestimmungsgemäß dem eigenen Geschäftsbetrieb zu dienen vermag. Eine Beteiligung ist hingegen nicht anzunehmen, wenn der Anteilsbesitz zwar dem eigenen Geschäftsbetrieb dient, ohne jedoch hierfür bestimmt zu sein (glA *ADS*[6] § 271 Anm 20). Dies kann ausnahmsweise – etwa bei Banken – dann der Fall sein, wenn konkrete Umstände darauf schließen lassen, dass die Anteile ausschließlich oder weitaus überwiegend im Interesse Dritter (zB des anderen Unt) oder aus volkswirtschaftlichen Erwägungen gehalten werden (Einzelheiten bei *Spieth* Ausgewählte Fragen zur Jahresabschlussprüfung von Kreditinstituten, in Bankbilanzierung und Bankprüfung, Wiesbaden 1988).

20 Eine **Einschränkung** des Kreises der als Beteiligungen zu wertenden Anteile ergibt sich dadurch, dass sie als **Anlagevermögen** (hierzu § 247 Anm 350 ff) „dauernd dem Geschäftsbetrieb ... dienen" müssen. Hierbei und bei dem in Abs 1 S 1 genannten Merkmal „durch Herstellung einer ... Verbindung" kommt es (wie auch nach § 247 Abs 2) darauf an, dass die Anteile zu den genannten Zwecken „bestimmt sind", dh beim Bilanzierenden muss eine entspr **Absicht** bestehen. Die Anwendung dieses Kriteriums auf Anteilsrechte macht es jedoch erforderlich, die besonderen Eigenschaften dieser VG zu berücksichtigen. Dies gilt insb für die Frage, wieweit für die Beurteilung der Dauerhaftigkeit des Verbleibs der Anteile der Wille des Bilanzierenden einerseits und objektive Umstände andererseits maßgebend sind. Hierbei wird man davon auszugehen haben, dass der Zweckbestimmung seitens des Bilanzierenden entscheidendes Gewicht zukommt. Dies kann allerdings nur dann gelten, wenn diese subjektive Zwecksetzung unter Berücksichtigung der rechtlichen, wirtschaftlichen und tatsächlichen Umstände plausibel erscheint (ähnlich *ADS*[6] § 271 Anm 20; *Matschke/Schellhorn* in BoHdR[2] § 271 Anm 25 ff), zB bei Branchenverwandtschaft.

21 Insb bei **unverbrieften Anteilen** (zB Anteile an PersGes, GmbH-Geschäftsanteile) ist eine Veräußerung vielfach durch Zustimmungserfordernisse erschwert; im Übrigen besteht für derartige Anteile regelmäßig kein Markt, so dass auch unter diesem Gesichtspunkt eine kurzfristige Veräußerungsabsicht im allgemeinen nicht zu verwirklichen ist. Im Normalfall haben deshalb unverbriefte Anteile stets – und zwar unabhängig vom Anteilsumfang – Anlagecharakter. Dies gilt insb auch bei Anteilen an Joint Venture – GbR, wenn diese auf unbestimmte Dauer vereinbart oder auf die wiederholte Abwicklung von Projekten angelegt sind (so *HFA 1/1993* zu 3.1.(3)). Eine andere Beurteilung kommt dann in Betracht, wenn nach den konkreten Umständen des Einzelfalls bereits

bei Erwerb der unverbrieften Anteile die objektiv realisierbare Absicht bestand, diese kurzfristig weiter zu veräußern, wie dies insb bei Anteilen an Publikums-PersGes der Fall sein kann (so auch *ADS*[6] § 271 Anm 23).

Anteile an PersGes werden meist nicht nur als Anlagevermögen zu beurteilen sein, sondern auch die in Abs 1 zusätzlich geforderte Verbindung zum eigenen Geschäftsbetrieb vermitteln. Anteile an PersGes können aber – wie zB ausschließlich der Kapitalanlage dienende Anteile an einem geschlossenen Immobilienfonds – Anlagevermögen sein, ohne den Beteiligungsbegriff zu erfüllen (so wohl auch *ADS*[6] § 271 Anm 17).

22 Bei **verbrieften Anteilen,** insb bei börsengängigen Aktien, kann zwar grds von kurzfristiger Veräußerbarkeit ausgegangen werden. Gleichwohl sprechen auch hier vielfach objektive Umstände gegen eine Absicht zu kurzfristiger Veräußerung. Unabhängig von der gesetzlichen Vermutung des Abs 1 S 3 (über 20% Anteilsbesitz, Anm 24 ff) gilt dies insb dann, wenn die fraglichen Anteile auf Grund ihres Umfangs nach Gesetz oder GesVertrag Sonderrechte (zB Sperrminoritäten) vermitteln und deshalb nur als Paket sinnvoll veräußerbar erscheinen. Ähnliches gilt, wenn zwischen dem Anteilseigner und dem anderen Unt betriebsnotwendige Leistungsbeziehungen bestehen, welche bei einer Anteilsveräußerung gefährdet wären. Erst recht erscheint eine kurzfristige Veräußerung unwahrscheinlich, wenn sich der Anteilseigner für das andere Unt verbürgt oder in anderer Weise (zB durch Patronatserklärung) eine Haftung für dieses übernommen hat. Unter den genannten Umständen müssen deshalb auch verbriefte Anteile als Beteiligungen behandelt werden.

23 Bestehen keine Zweifel an der kurzfristigen Veräußerbarkeit von Anteilen, so bleibt die **Absicht des Bilanzierenden** maßgebend, die Anteile längerfristig zu halten (Folge: Anlagevermögen) bzw kurzfristig zu veräußern (Folge: Umlaufvermögen). Steht allerdings bereits bei Erwerb der Anteile fest, dass diese aus zwingenden Gründen nicht gehalten und tatsächlich veräußert werden können, kommt ungeachtet der Absicht des Anteilseigners eine Zuordnung zum Anlagevermögen und damit zu den Beteiligungen nicht in Betracht, wie zB bei eigenen Anteilen und den nicht mehr gesondert auszuweisenden Aktien eines herrschenden Unt (s aber § 266 Anm 73 für den Fall, dass Aktien einer herrschenden oder mit Mehrheit beteiligten Ges ausnahmsweise doch Anteile an einem BetUnt oder an einem verbundenen Unt sein können, sowie zu eigenen Aktien gem § 71 Abs 1 Nr 8 AktG).

IV. Beteiligungsvermutung (S 3 und 4)

24 Nach Abs 1 S 3 gelten **im Zweifel** Anteile an einer KapGes als Beteiligung, wenn ihre Nennbeträge insgesamt den fünften Teil des Nennkapitals dieser Ges überschreiten.

25 Da die beteiligungsbegründende Zweckbestimmung nicht darauf gerichtet sein muss, auf die Geschäftsführung des anderen Unt Einfluss zu nehmen (Anm 17), genügt es zur Widerlegung der Vermutung nicht, lediglich eine beabsichtigte Einflussnahme auf die Geschäftsführung auszuschließen. Hierzu muss vielmehr auch ausgeschlossen sein, dass die Anteile zur Herstellung einer *sonstigen* **dauernden Verbindung zum anderen Unternehmen** Verwendung finden sollen. Dabei wiederum reicht es aus, wenn wenigstens eines dieser Merkmale (Herstellung, Verbindung, Dauer) ausgeschlossen wird (aA *Bieg* in HdR[5] § 271 Anm 55, der den Nachweis einer kurzfristig realisierbaren Veräußerungsabsicht verlangt; wie hier auch *Matschke/Schellhorn* in BoHdR[2] § 271 Anm 43).

Trotz bestehender oder zu erwartender Dauerverbindung zu dem anderen Unt kann deshalb die Vermutung als **widerlegt** angesehen werden, wenn im konkreten Fall die Anteile nicht geeignet erscheinen, diese oder andere Dauerverbindungen herbeizuführen, zu erweitern oder wesentlich zu verbessern. Dies ist zB dann denkbar, wenn bestehende Geschäftsbeziehungen für beide Unt von untergeordneter Bedeutung sind (zB Stromlieferungen eines Versorgungs-Unt an ein Dienstleistungs-Unt, das Anteile am Versorgungs-Unt hält). Andererseits können bei Vorliegen einer durch die Anteile geförderten Verbindung zur Widerlegung der Vermutung Umstände ausreichen, welche es ausgeschlossen erscheinen lassen, dass die Verbindung eine dauernde ist (zB einmalige Veräußerung eines Grundstücks oder auch eines Unt-Teils an das andere Unt).

Sachlich knüpft die Vermutungsregel an die **Anteilsquote,** bezogen auf das Nennkapital der KapGes, an. Für die Vermutungswirkung ist es ausreichend, wenn der **fünfte Teil des Nennkapitals** überschritten ist. In Abs 1 S 4 wird hierzu ergänzend angeordnet, dass für die Berechnung der Anteilsquote § 16 Abs 2 und 4 AktG entspr anzuwenden ist. Das gilt hier auch für GmbH. Aus der entspr Anwendung des **§ 16 Abs 2 AktG** folgt, dass für die Ermittlung der vermutungsbegründenden Anteilsquote das Nennkapital der KapGes um den Nennbetrag der von dieser selbst gehaltenen eigenen Anteile zu vermindern ist; ebenso sind Anteile abzuziehen, welche einem anderen für Rechnung der KapGes gehören. 26

Entspr **§ 16 Abs 4 AktG** sind auf Seiten des beteiligten Unt die ihm selbst gehörenden Anteile, aber auch solche Anteile zu berücksichtigen, welche einem von ihm abhängigen Unt (§ 17 AktG) gehören. Von besonderer Bedeutung ist in diesem Zusammenhang, dass nach § 17 Abs 2 AktG von einem in Mehrheitsbesitz stehenden Unt (auch GmbH) vermutet wird, es sei von dem an ihm mit Mehrheit beteiligten Unt abhängig. Sofern diese Abhängigkeitsvermutung nicht widerlegt wird, sind daher die von einem in Mehrheitsbesitz stehenden Unt gehaltenen Anteile an einem dritten Unt bei Anwendung der Beteiligungsvermutung dem mit Mehrheit beteiligten Unt zuzurechnen. Unabhängig von der Höhe der Beteiligung an dem vermittelnden Unt sind dabei die von diesem gehaltenen Anteile in vollem Umfange zuzurechnen (§ 285 Anm 209). Außerdem sind infolge der entspr Anwendung des § 16 Abs 4 AktG auch diejenigen Anteile in die vermutungsbegründende Anteilsquote einzubeziehen, welche einem anderen für Rechnung des beteiligten Unt selbst oder eines von diesem abhängigen Unt gehören. Schließlich sind bei einem Unt eines EKfm auch die in dessen sonstigem Vermögen gehaltenen Anteile in die Quotenberechnung aufzunehmen.

Soweit es nur durch die entspr Anwendung des § 16 Abs 2 und 4 AktG zur Vermutung einer Beteiligung kommt, hat dies für große und mittelgroße KapGes/KapCoGes insb **Folgen beim bilanziellen Ausweis** von Schuldverhältnissen zwischen dem als beteiligt geltenden Unt und der BeteiligungsGes, da jeweils diejenigen Unterposten der Bilanzgliederung (§ 266) zu verwenden sind, welche „Unternehmen, mit denen ein Beteiligungsverhältnis besteht" betreffen (oder es kommt ein Mitzugehörigkeitsvermerk nach § 265 Abs 3 in Betracht). 27

Zum gesonderten Ausweis von Ausleihungen, Forderungen und Verbindlichkeiten gegenüber Gestern von GmbH **(§ 42 Abs 3 GmbHG)** und von KapCoGes **(§ 264 c Abs 1)** sowie zur Konkurrenz dieser Ausweisregelung mit den Bestimmungen des HGB § 284 Anm 58 f. 28

C. Verbundene Unternehmen (Abs 2)

I. Anwendungsbereich des Begriffs „verbundene Unternehmen“

30 Der in Abs 2 definierte Begriff „verbundene Unternehmen“ wird in folgenden Bestimmungen des Dritten Buchs des HGB verwendet:
§ 266 Abs 2 A III 1 und 2, B II 2, B III 1 und Abs 3 C 6 (Gliederung der Bilanz),
§ 268 Abs 7 (gesonderte Angabe bei Haftungsverhältnissen),
§ 275 Abs 2 Nr 9, 10, 11 und 13 (GuV – Gesamtkostenverfahren),
§ 275 Abs 3 Nr 8, 9, 10 und 12 (GuV – Umsatzkostenverfahren),
§ 285 S 1 Nr 3 (Pflichtangaben im Anhang),
§ 319 Abs 3 Nr 1 und 2, Abs 4 nF (AP – Ausschlussgründe),
§ 323 Abs 1 (Schadenersatzpflicht des AP),
§ 327 Nr 1 A III 1, A III 2, B II 2, B III 1 und C 6 (größenabhängige Erleichterungen bei der Offenlegung) und
§ 331 Nr 4 (Strafvorschriften).
Durch Verweisung ordnet auch das PublG in § 5 Abs 1 die sinngemäße Anwendung des Abs 2 für seinen Geltungsbereich an.

II. Bedeutung der Abgrenzung von verbundenen gegenüber nicht verbundenen Unternehmen

31 Das für große und mittelgroße KapGes/KapCoGes geltende **Bilanzgliederungsschema** des § 266 Abs 2 und 3 sieht für Beziehungen zu verbundenen Unt gesonderte Ausweise bei den Finanzanlagen (Anteile und Ausleihungen), bei den Forderungen, bei den Wertpapieren des Umlaufvermögens und bei den Verbindlichkeiten vor. Soweit mittelgroße KapGes/KapCoGes von dem Wahlrecht des § 327 Nr 1 S 1 Gebrauch machen, ihre Bilanz in verkürzter Form zum HR einzureichen, sind sie zu entspr Angaben in der Bilanz oder im **Anhang** verpflichtet (§ 327 Nr 1 S 2). Verpflichtungen aus **Haftungsverhältnissen** iSd § 251 ggü verbundenen Unt sind **unter der Bilanz** oder im **Anhang** gesondert anzugeben (§ 268 Abs 7). Kleine KapGes/KapCoGes brauchen diese Bestimmungen nicht anzuwenden (§ 266 Abs 1 S 3; arg ex § 327; § 268 Anm 123).

In der **GuV** – auch bei kleinen KapGes/KapCoGes (arg ex § 276) – sind bei den Erträgen aus Beteiligungen, bei den Erträgen aus anderen Wertpapieren und Ausleihungen des Finanzanlagevermögens, bei den sonstigen Zinsen und ähnlichen Erträgen sowie bei den Zinsen und ähnlichen Aufwendungen jeweils **Vermerke** über die darin enthaltenen Erträge aus oder Aufwendungen an verbundene Unt anzubringen (§ 275 Abs 2 Nr 9, 10, 11 und 13 bzw Abs 3 Nr 8, 9, 10 und 12).

Schließlich verlangt § 285 S 1 Nr 3 die gesonderte Angabe der weder in noch unter der Bilanz anzugebenden **finanziellen Verpflichtungen** ggü verbundenen Unt im **Anhang.** Dies gilt nicht für kleine KapGes/KapCoGes (§ 288).

32 Der Begriff der verbundenen Unt dient somit dem **Zweck,** im JA die wirtschaftlichen Beziehungen zwischen den so gekennzeichneten Unt transparenter zu machen. Hierfür wiederum besteht deshalb ein Bedürfnis, weil die betr TU grds wirtschaftlich unselbstständig sind und die VFE-Lage verbundener Unt durch konzerninterne Umstände beeinflusst sein kann (ebenso *ADS*[6] § 271

Anm 34). Die in Abs 2 enthaltene Definition verbundener Unt ist zudem auch maßgebend für das Verbundenheitskriterium in den Tatbeständen der §§ 319 Abs 3 (Unabhängigkeit des AP; *BGH* 3. 9. 2004, DB 1605) und 323 Abs 1 S 3 (Haftung des AP).

III. Definition der verbundenen Unternehmen

Zur begrifflichen Abgrenzung der verbundenen Unt nimmt Abs 2 auf §§ 290 ff 33 Bezug und bezeichnet iw diejenigen Unt als verbunden, welche als **MU oder TU** nach den Vorschriften über die **Voll-Kons** (§§ 300 bis 307) in einen KA einzubeziehen sind. Darüber hinaus umfasst der Kreis der verbundenen Unt aber auch diejenigen TU, welche nach § 296 in den KA nicht einbezogen werden müssen.

1. Am Wortlaut orientierte Interpretation des Abs 2

Nach dem Wortlaut des Abs 2 und der dort in Bezug genommenen Rege- 34 lungen der §§ 290 ff liegt in vielen typischen Fällen enger Beziehungen zwischen Unt keine Verbundenheit vor. Dies gilt zB (zu Einzelheiten vgl Voraufl § 271 Anm 33 ff sowie Beispiele in Anm 60) in folgenden Fällen:
- Das Unt gehört zu einem Konzern, für den wegen Unterschreitens der Größenmerkmale des § 293 ein KA nicht aufzustellen ist.
- Das Unt (KapGes/KapCoGes) gehört zu einem Konzern, für den ein KA von einem MU aufzustellen ist, das nicht die Rechtsform einer KapGes/KapCoGes aufweist.
- Die KA-Pflicht besteht ausschließlich nach ausländischem Recht.
- Das Unt selbst hat nicht die Rechtsform einer KapGes/KapCoGes.

2. Abweichende Anwendung des Abs 2

Die aus dem Wortlaut des Abs 2 resultierenden Einschränkungen (Anm 34) 35 sind im Hinblick auf die Transparenzfunktion (Anm 32) des Begriffs „Verbundene Unternehmen“ weder zweckmäßig noch systematisch verständlich. In der Literatur ist deshalb schon seit Einführung der Bestimmung die Ansicht verbreitet, es komme für die Verbundenheit von Unt entgegen dem Wortlaut des Abs 2 nicht darauf an, ob KA-Pflicht nach dem Zweiten Unterabschn bestehe. Dabei stützt man sich iw darauf, dass die durch Abs 2 transformierten Vorschriften des Art 41 der 7. EG-Richtl ausschließlich auf die in Art 1 der 7. EG-Richtl umschriebenen Beziehungen zwischen MU und TU, nicht aber zusätzlich auf eine KA-Pflicht abstellen. Da der deutsche Gesetzgeber zweifellos seiner Verpflichtung habe nachkommen wollen, ein inhaltlich den EG-Richtl entspr nationales Recht zu schaffen, müsse Art 41 der 7. EG-Richtl zur Auslegung des Abs 2 herangezogen werden (*Kropff* DB 1986, 366, und FS Ulmer, 863; *Ulmer* FS Goerdeler, 633; *ADS*[6] § 271 Anm 56 ff). Auch den aus dem Wortlaut des § 290 resultierenden Einschränkungen hinsichtlich des Kreises der als verbunden anzusehenden MU und TU traten Teile der Literatur mit erweiternden Interpretationen entgegen.

Wie in Voraufl (Anm 39 ff) näher ausgeführt vermögen die Versuche, den Kreis der verbundenen Unt über den Wortlaut des Abs 2 (und der dort in Bezug genommenen Bestimmungen) hinaus zu erweitern, rechtlich nicht zu überzeugen. Andererseits ist nicht zu verkennen, dass die JA-Praxis – sei es in der Annahme enspr rechtlicher Verpflichtung oder auch nur in Ausübung des in Voraufl (Anm 53) erläuterten und befürworteten Wahlrechts – von einem erweiterten Kreis verbundener Unt ausgeht (*Kropff* in MünchKomm AktG[2] § 271 Anm 55). Sie folgt im Ergebnis der von *Kropff* (aaO) vorgeschlagenen Lesart des Abs 2:

„Verbundene Unternehmen sind unabhängig von ihrer Rechtsform und ihrem Sitz

1. ein Unternehmen, das andere Unternehmen einheitlich leitet, und alle von ihm einheitlich geleiteten Unternehmen, an denen es beteiligt ist;
2. ein Unternehmen, dem unmittelbar oder mittelbar bei einem anderen Unternehmen die Mehrheit der Stimmrechte oder ein Recht nach § 290 Abs. 2 Nr. 2 oder 3 zusteht, und dieses Unternehmen.

Alle mit demselben übergeordneten Unternehmen verbundenen Unternehmen sind auch untereinander verbundene Unternehmen."

Zu beachten ist indessen, dass sich dieser erweiterte Begriff der Verbundenheit ausschließlich im Bereich der Rechnungslegung durchgesetzt hat. Soweit in §§ 319, 323 Verbundenheit vorausgesetzt wird, bleibt uE der Wortlaut des Abs 2 und der Bezugsregelungen der §§ 290 ff maßgebend.

D. Rechtsfolgen einer Verletzung des § 271

40 Als reine Definitionsvorschrift ist § 271 nicht unmittelbar verletzbar und deshalb bspw in der Bußgeldbestimmung des § 334 (vgl dort Anm 18, 25) nicht aufgeführt. Eine unzutreffende Anwendung von Abs 1 oder 2 kann jedoch zu Verstößen gegen Bestimmungen (Anm 4, 30) führen, die ihrerseits auf die Begriffe „Beteiligung" bzw „verbundenes Unt" Bezug nehmen, und damit mittelbar Folgen in Gestalt der Nichtigkeit des JA (§ 256 AktG), einer Einschränkung oder Versagung des BVm (§ 322 Abs 4), einer Freiheits- oder Geldstrafe (§ 331) oder eines Bußgelds (§ 334) nach sich ziehen.

E. Abweichungen der IFRS

I. Allgemeines

45 UntAnteile stellen finanzielle Vermögenswerte iSv IAS 39.8 (rev 2004) iVm 32.11 (rev 2004) dar. Für Anteile an verbundenen und assozUnt sowie an Joint Ventures bestehen eigenständige Regelungen in IAS 27, 28 und 31, die überwiegend Vorschriften zum KA enthalten. Daneben finden sich aber auch Regelungen für den JA: So sind Anteile an verbundenen, assoz oder GemUnt im JA entweder zu AK oder nach den Vorschriften von IAS 39 zu bewerten (IAS 27.37 (rev 2004), IAS 28.35 (rev 2004), IAS 31.46 (rev 2004)). Die Anwendung der Equity-Methode im JA ist nach den Änderungen durch das IFRS-Improvements Project, welche ab 1. Januar 2005 verpflichtend anzuwenden sind, nicht mehr zulässig.

II. Beteiligungen (Abs 1)

46 Der Begriff der Beteiligung wird in den IFRS nicht explizit definiert. Aus der Systematik des IAS 27, 28, 31 und 39 kann aber zwischen einfachen Beteiligungen, Beteiligungen, auf die ein maßgeblicher Einfluss ausgeübt wird, und Beteiligungen an Joint Ventures unterschieden werden.

Die Regelungen des Abs 1 hinsichtlich des Haltens von Anteilen an einem anderen Unt stimmen mit den IFRS überein. So verlangt IAS 28 für die Definition eines assozUnt zwar nicht ausdrücklich, dass eine Beteiligung in einem mit Abs 1 vergleichbaren Sinn vorliegen muss. Der Begriff „investment" stellt indes klar (IAS 28.11 (rev 2004)), dass ein assozUnt iSv IAS 28 nur bei einer Beteiligungsbeziehung vorliegen kann.

Eine einfache Beteiligung wird bei einem Stimmenanteil von weniger als 20% vermutet, diese ist nach IAS 39 zu behandeln (IAS 39.2 (rev 2004)). IAS 39 regelt die Bilanzierung und Bewertung von finanziellen Vermögenswerten. Diese können grds sowohl langfristigen als auch kurzfristigen UntZwecken dienen. Die Dauer der Zugehörigkeit regelt lediglich den Bilanzausweis, eine begriffliche Unterscheidung wie im HGB ergibt sich hieraus für die IFRS nicht.

Bei Beteiligungen von mehr als 20%, aber weniger als 50% wird ein maßgeblicher Einfluss vermutet; diese sind als assozUnt nach IAS 28 zu bilanzieren. Der Begriff maßgeblicher Einfluss beschreibt die *Möglichkeit,* an den finanz- und geschäftspolitischen Entscheidungsprozessen teilzuhaben, ohne diese Entscheidungsprozesse beherrschen zu können (IAS 28.2 (rev 2004)). Bei Vorliegen von wenigstens einem der nachfolgenden Kriterien kann regelmäßig auf das Bestehen eines maßgeblichen Einflusses geschlossen werden:
- die Zugehörigkeit zu einem Leitungs- oder Aufsichtsorgan;
- die Beteiligung an den Entscheidungsprozessen;
- wesentliche Geschäftsbeziehungen;
- Entsendung/Austausch von Führungskräften;
- technologische Abhängigkeit.

Hinsichtlich der Dauerhaftigkeit der Beteiligungsabsicht bestehen begriffliche Unterschiede: Wird die Beteiligung zum Zwecke der Weiterveräußerung erworben, liegt nach IAS 28.2 (rev 2004) ein assozUnt vor; da die Beteiligungsabsicht nach Abs 1 nicht dauerhaft ist, liegt nach handelsrechtlichen Vorschriften kein assozUnt vor. Entscheidet sich der Bilanzierende dagegen, Anteile an einem BetUnt zu veräußern, liegt sowohl nach IFRS als auch nach HGB ein assozUnt vor.

Daneben gibt es Beteiligungen an Joint Ventures. Joint Venture ist definiert als vertragliche Vereinbarung, in der zwei oder mehr Parteien eine wirtschaftliche Tätigkeit durchführen, die einer gemeinschaftlichen Führung unterliegt (IAS 31.3 (rev 2004)). Ein Joint Venture wird grds bei einem Anteil von 50% vermutet. Auch hier ergeben sich bei einer bestehenden Weiterveräußerungsabsicht begriffliche Unterschiede zwischen IFRS und HGB.

III. Verbundene Unternehmen (Abs 2)

IAS 27.4 (rev 2004) zieht zur Definition eines verbundenen Unt ausschließ- 47
lich das **Control**-Konzept heran. Das Konzept der einheitlichen Leitung wie in § 290 Abs 1 manifestiert, ist nach IAS 27 nicht relevant. Somit ist nach IAS 27 nur die *Möglichkeit* der Beherrschung entscheidend, nicht deren tatsächliche Ausübung. Dies führt aber nur ausnahmsweise in der Praxis zu Unterschieden in der Definition eines Mutter-Tochter-Verhältnisses. Kontrolle wird in IAS 27.4 (rev 2004) als die Möglichkeit definiert, die Finanz- und Geschäftspolitik eines Unt zu bestimmen, um aus dessen Tätigkeit Nutzen zu ziehen. Der Begriff Control wird in IAS 27.13 (rev 2004) weiter konkretisiert und operationalisiert (s § 290 Anm 152). Daneben besteht die widerlegbare Vermutung der Kontrolle, wenn das MU direkt oder indirekt über die Mehrheit der Stimmrechte verfügt (IAS 27.13 (rev 2004)).

F. Exkurs: Verbundene Unternehmen im Steuerrecht (Organschaft)

Schrifttum: *Wichmann* Bilanzierung bei verunglückter Organschaft, BB 1992, 394; *Grewer* Rückwirkung von Ergebnisabführungsverträgen, DStR 1997, 745; *Streck* Kommentar zum KStG[6]; *Dötsch/Pung* Steuersenkungsgesetz: Die Änderungen bei der Körperschaftsteuer und bei der Anteilseignerbesteuerung, DB Beilage Nr 10/2000, 12 ff; *Herlinghaus* StSenkG: Änderung der Eingliederungsvoraussetzungen bei Organschaften (§ 14 KStG und § 2 Abs 2 S 2 GewStG), FR 2000, 1105; *Romani/Maier* Vororganschaftlich verursachte handelsrechtliche Mehrabführungen: Behandlung der Körperschaftsteuer-Änderung in Steuer- und Handelsbilanz, DStR 2000, 1944; *Prinz* Unternehmenssteuerreform 2001: Organschaftsbesteuerung im Wandel, FR 2000, 1255; *Orth* Schritte in Richtung einer „Grenzüberschreitenden Organschaft“, IStR Beihefter zu Heft 9/2002; *Hohenlohe/Gründig* Auswirkung der Änderungen des § 15 Nr 2 KStG bei nach DBA steuerbefreiten Auslandsdividenden von Organgesellschaften, DB 2002, 1073; *Rödder/Schumacher* Keine Anwendung des § 3c Abs 1 EStG bei Organschaft, DStR 2002, 1163; *Meilicke* Die Neuregelung der Organschaft über die Grenze, DB 2002, 911; *Linklaters Oppenhoff & Rädler* Steueränderungen zum 1. 1. 2002 im Unternehmensbereich, DB 2002 Beilage 1/2002 zu Heft 7, S 51 ff; *Schmidt/Müller/Stöcker* Die Organschaft, 6. Aufl 2003; *Erle/Sauter* Körperschaftsteuergesetz, 1. Aufl 2003; *Heurung/Wehrheim/Adrian* Vorteilshaftigkeitsanalyse der ertragsteuerlichen Organschaft vor dem Hintergrund der Gesetzesänderungen zum 1. 1. 2004, StuB 2004, 200 ff; *Frotscher/Maas* Kommentar zum KStG 1996 Stand Juni 2004; *Dötsch/Eversberg/Jost/Pung/Witt* Kommentar zum KSt, 1. Aufl 1983 Stand Oktober 2004; *Dötsch* Ausgewählte Einzelfragen zur körperschaft- und gewerbesteuerlichen Organschaft, Der Konzern 2004, 531; *Heurung/Wehrheim/Adrian* Die Bruttomethode des § 15 Satz 1 Nr 2 KStG in der Fassung des Korb II-Gesetzes, BB 2004, 465; *Erle/Sauter* Gesellschafter-Fremdfinanzierung, 2004; *Gosch* Körperschaftsteuergesetz, 1. Aufl 2005.

I. Allgemeines

100 Unter Organschaft versteht man im Steuerrecht eine besonders enge Verflechtung einer oder mehrerer KapGes (Organgesellschaften) mit ihrem Träger-Unt (Organträger – auch als PersGes, Anm 104).

101 Zu den **Voraussetzungen der Organschaft** gehörten bislang einheitlich die finanzielle, wirtschaftliche und organisatorische Eingliederung der OrganGes in das Unt des Organträgers (§ 14 Nr 1 und 2 KStG idF der Bekanntmachung vom 22. 4. 1999 (BGBl I S 817), § 2 Abs 2 S 2 GewStG, § 2 Abs 2 Nr 2 UStG), wobei lediglich für die körperschaftsteuerliche Organschaft überdies zwischen dem Organträger und der OrganGes der Abschluss und die Durchführung eines Gewinnabführungsvertrags (EAV) iSd § 291 AktG (§ 14 Nr 3 KStG) notwendig war.

Die Regelungen zur ertragsteuerlichen Organschaft wurden einschneidend durch das UntStFG (BGBl I 2001, 3858) und das StVBG (BGBl I 2001, 3922; 2002, 32) geändert.

Wesentliche Änderungen sind:

- Zulässigkeit bestimmter grenzüberschreitender Organschaften (Anm 106)
- erstmalige gesetzliche Regelung der Mehrmütterorganschaft (Anm 105)
- Sonderregeln zur Ermittlung des Einkommens: Einführung der Bruttomethode (Anm 142)
- Vereinheitlichung der Voraussetzungen der Organschaft im Ertragsteuerrecht (Anm 101)
- Ausschluss von Lebens- und Krankenversicherungen als OrganGes (Anm 108).

Ab VZ 2001 (bei abw Wj erstmals für den VZ 2002, wenn das erste, im VZ 2001 endende Wj vor dem 1. 1. 2001 beginnt, § 34 Abs 2 KStG) fordert das

KStG für die **körperschaftsteuerliche** Organschaft (neben dem Abschluss eines EAV, s Anm 130ff) nur noch die **finanzielle Eingliederung** des Organs (Mehrheit der Stimmrechte), § 14 Nr 1 KStG; das Erfordernis der wirtschaftlichen und organisatorischen Eingliederung (§ 14 Nr 2 KStG aF) ist ersatzlos entfallen. Ab Erhebungszeitraum 2002 gelten für die gewerbesteuerliche Organschaft die **gleichen Voraussetzungen** wie für die körperschaftsteuerliche Organschaft (Anm 153ff). Für die **umsatzsteuerliche** Organschaft bleibt es bei der finanziellen, wirtschaftlichen und organisatorischen Eingliederung; ein EAV ist hier nicht erforderlich.

Durch das StVergAbG (BGBl I 2003, 660) wurden mit Wirkung ab VZ 2003 folgende Regelungsbereiche geändert:

- Abschaffung der rückwirkenden Begründbarkeit der Organschaft; Rückwirkungsverbot (Anm 133),
- Abschaffung der Mehrmütterorganschaft (Anm 105),
- Organträger in der Rechtsform einer PersGes müssen iSv § 15 I Nr 1 EStG originär gewerblich tätig sein (Anm 104),
- Das finanzielle Eingliederungserfordernis muss bei Organträgern in der Rechtsform einer PersGes im Verhältnis zur PersGes selbst erfüllt sein (Anm 115).
- Ausdehnung der Bruttomethode des § 15 KStG auf Umwandlungsgewinne und steuerfreie DBA-Schachteldividenden (Anm 142)

Die letzten maßgeblichen Änderungen erfuhr die ertragsteuerliche Organschaft durch folgende Gesetze:

- Änderungsgesetz zum GewStG und anderer Gesetze (BGBl I 2003, 2922): Angleichung der Regelungen zu vororganschaftlichen Verlusten mit Wirkung zum 1. 1. 2004 (Anm 156),
- Richtlinien-Umsetzungsgesetz, EURLUmsG (BGBl I 2004, 3310): Gesetzliche Regelung von vororganschaftlichen Mehr- und Minderabführungen in § 14 Abs 3 KStG für Wj, die nach dem 31. 12. 2003 enden.

Die **Rechtsfolge der Organschaft** besteht darin, dass das Einkommen (mit 102
Ausnahme der Ausgleichszahlungen, § 16 KStG) sowie der Gewerbeertrag der OrganGes dem Organträger zugerechnet werden (§ 14 Abs 1 S 1 KStG; für die GewSt wird dies dadurch erreicht, dass die OrganGes als Betriebsstätte des Organträgers fingiert wird, § 2 Abs 2 S 2 GewStG). Durch diese Zurechnung verliert die OrganGes körperschaftsteuerrechtlich ihre Selbstständigkeit als Steuersubjekt nicht. Anders ist es für die GewSt und USt. Während aber Gewerbeertrag dennoch für OrganGes und Organträger jeweils getrennt ermittelt werden (danach erst werden die Ergebnisse der OrganGes dem Organträger zugerechnet), erfolgt die Ermittlung der Besteuerungsgrundlagen und die Festsetzung der USt nur für den Organkreis (wegen Besonderheiten für die GewSt Anm 155).

Durch den infolge des StSenkG bewirkten **Systemwechsel** vom Anrech- 103
nungsverfahren zu einer **definitiven 25%-igen Körperschaftsteuerbelastung („Halb-/Nulleinkünfteverfahren")** mit Beteiligungsertragsbefreiungen für KapGes (§ 8b KStG) ergeben sich grundlegende Änderungen für die Organschaftsbesteuerung.

Dies ist insb für die **Steuerplanung** von Bedeutung: Durch den geänderten Wirkungsmechanismus zielt die körperschaftsteuerliche Organschaft nunmehr neben dem innerkonzernlichen Verlustausgleich auch verstärkt auf die Vermeidung finanzierungsbedingter Abzugsbeschränkungen (§ 3c EStG, § 8b Abs 5 KStG; zur Mindestbesteuerung und zu Finanzierungsaufwendungen s *Heurung/Wehrheim/Adrian* Vorteilshaftigkeitsanalyse der ertragsteuerlichen Organschaft vor dem Hintergrund der Gesetzesänderungen zum 1. 1. 2004, StuB 2004, 200ff).

II. Die Organschaft im Körperschaftsteuerrecht

1. Voraussetzungen der Organschaft im Körperschaftsteuerrecht

a) Der Organträger

104 Nach § 14 Abs 1 S 1 KStG kann jedes gewerbliche Unt Organträger sein. § 14 Abs 1 Nr 2 S 1 KStG ergänzt diese Aussage dahin, dass der Organträger eine unbeschränkt stpfl natürliche Person oder eine nicht steuerbefreite Körperschaft, Personenvereinigung oder Vermögensmasse iSd § 1 KStG sein muss, deren Geschäftsleitung sich im Inland befindet; ab VZ 2001 ist es nicht mehr erforderlich, dass auch der Sitz im Inland liegt (Aufgabe des „doppelten Inlandsbezugs"). Vor VZ 2003 durften, soweit Organträger eine **Personengesellschaft** ist, an dieser nur Gester beteiligt sein, die mit ihrem Anteil der Einkünfte der deutschen ESt bzw KSt unterlagen, § 14 Abs 1 Nr 2 S 2 KStG aF. Jedoch regelten § 14 Abs 1 Nr 2 S 3 und S 4 KStG aF weitere Besonderheiten, wenn Organträger eine PersGes war, an der auch beschränkt Stpfl beteiligt waren. Diese Bestimmungen machten deutlich, dass im Falle einer PersGes nach der Vorstellung des Gesetzgebers nicht diese, sondern ihre Gester in ihrer Gesamtheit als Organträger anzusehen waren. Im Falle der PersGes iSd § 15 Abs 1 Nr 2 EStG waren also auch die Verhältnisse der Gester des Organträgers von Bedeutung (*HHR* § 14 KStG Anm 152, 157). Nunmehr bestimmt § 14 Abs 1 S 1 KStG, dass Organträger ein „einziges" Unt ist. Auf Voraussetzungen bei den Gestern kommt es damit nicht mehr an. § 14 Abs 1 Nr 2 S 2 KStG idF des StVergAbG erweitert den Kreis der möglichen Organträger um PersGes mit inländischer Geschäftsleitung, wenn die PersGes eine originär gewerbliche Tätigkeit iSd § 15 Abs 1 Nr 1 EStG ausübt. Eine gewerblich geprägte PersGes (§ 15 Abs 3 Nr 2 EStG) kann somit seit VZ 2003 nicht mehr Organträger sein. Gem Auffassung der FinVerw darf die eigene gewerbliche Tätigkeit der Organträger-PersGes nicht nur geringfügig sein, um die Voraussetzungen des § 14 Abs 1 Nr 2 S 2 KStG zu erfüllen (Entwurf BMF-Schreiben 25. 1. 2005 Rn 17, kritisch dazu *Rautenstrauch/Adrian* DB 2005, 1018 mwN, s auch zur Übergangsproblematik *Gosch* § 14 KStG, Anm 80f).

105 Ob ein **inländisches gewerbliches Unt** vorliegt, ist nach den Kriterien des § 2 GewStG zu bestimmen (BMF 26. 8. 2003, BStBl I S 437). Die Beschränkung auf gewerbliche Unt als mögliche Organträger soll vermeiden, dass die stets gewerblichen Einkünfte der OrganGes (Anm 108) durch die Zurechnung beim Organträger in eine andere Einkunftsart umqualifiziert werden. Das Kriterium „gewerblich" ist in folgenden Fällen, in denen Organträger eine natürliche Person oder eine PersGes ist, problematisch:

– **Mehrmütterorganschaft,** dh wenn sich mehrere selbst gewerbliche Unt lediglich zu dem Zweck der gemeinsamen Willensausübung ggü einer OrganGes zu einer GbR zusammen geschlossen haben (§ 14 Abs 2 KStG idF des UntStFG).
  Für die VZ 2001 bis 2002 (zum verfassungsrechtlich bedenklichen Rückwirkungsmechanismus in VZ 2000 und früher s. *Linklaters Oppenhoff & Rädler* Steueränderungen zum 1. 1. 2002 im Unternehmensbereich, DB 2002, Beil Nr 1/2002 zu Heft 7) war die Mehrmütterorganschaft gesetzlich geregelt (§ 14 Abs 2 KStG idF des UntStFG).
  Die PersGes (GbR) galt als gewerbliches Unt und ihr war das Einkommen (vorbehaltlich § 16 KStG) des OrganGes zuzurechnen, sofern folgende **Voraussetzungen** erfüllt waren:

• jeder Gester der PersGes unterhält ein gewerbliches Unt
• jeder Gester ist an der PersGes vom Beginn ihres Wj ununterbrochen beteiligt, und den Gestern steht die Mehrheit der Stimmrechte an der OrganGes zu
• die PersGes besteht vom Beginn des Wj der OrganGes an ununterbrochen

- der EAV ist mit der PersGes abgeschlossen, und im Verhältnis zu dieser sind die Voraussetzungen des § 14 Abs 1 Nr 3 KStG erfüllt
- durch die PersGes ist gewährleistet, dass der koordinierte Wille der Gester in der Geschäftsführung der OrganGes tatsächlich durchgesetzt wird.

Für die GewSt wurde die Mehrmütterorganschaft in § 2 Abs 2 S 3 GewStG aF anerkannt; der Organkreis endete (entgegen der bisherigen Rspr des BFH) auf Ebene der PersGes. Organschaft mit mehreren Organträgern ist durch Einfügung des Worts „einziges" in § 14 Abs 1 S 1 KStG ausgeschlossen. Str ist, ob Rechtsform des Mehrmütterorganträgers auf reine InnenGes beschränkt war oder jede Form der PersGes in Betracht kam (s *Herlinghaus* GmbHR 2001, 962). Mit Wirkung zum VZ 2003 wurde § 14 Abs 2 KStG und damit die Mehrmütterorganschaft ersatzlos gestrichen (Zu den Auswirkungen des Wegfalls und Ausweichmöglichkeiten s *Erle/Sauter* § 14 KStG, Anm 286 ff). Zur Möglichkeit, gewerbesteuerliche Verlustvorträge auf die bisherige OrganGes zu übertragen s Entwurf BMF-Schreiben 25. 1. 2005 Rn 10.

- Bei **Holdinggesellschaften,** die nicht Gewerbebetrieb kraft Rechtsreform sind, ist nach wie vor zwischen vermögensverwaltenden und geschäftsleitenden HoldingGes zu differenzieren. Bei einer **geschäftsleitenden Holding,** die mind eine OrganGes in äußerlich erkennbarer Form zusammen mit ihrem eigenen gewerblichen Unt einheitlich leitet oder (ohne über ein eigenes gewerbliches Unt zu verfügen) mind zwei OrganGes einheitlich leitet, wurde die Gewerblichkeit ihrer Tätigkeit bereits bislang anerkannt (s *Gosch* § 14 KStG, Anm 110 ff). Im Falle der **vermögensverwaltenden Holding** ohne sonstige gewerbliche Tätigkeit wird die Gewerblichkeit unabhängig davon, wie viele Ges verwaltet werden, verneint.
- **Zwischenholdinggesellschaften,** die mit der unmittelbaren Geschäftsleitung betraut sind, können der eigentlichen HoldingGes nachgeschaltet sein. Die Tätigkeit der Holding beschränkt sich dann darauf, die Geschäfte der Zwischenholding, aber mittelbar oder sogar unmittelbar auch diejenigen der von der Zwischenholding gehaltenen Unt, zu leiten. Auch hier gilt das zu den HoldingGes Gesagte entspr.
- **Besitz-(personen-)gesellschaften,** deren Tätigkeit sich im Rahmen einer „echten" oder „unechten" Betriebsaufspaltung darauf beschränkt, Produktionsanlagen an das BetriebsUnt zu vermieten oder zu verpachten, wird die gewerbliche Tätigkeit iSd § 15 Abs 1 Nr 1 EStG der BetriebsGes zugerechnet. Hier kommt es nach Wegfall des Erfordernisses der wirtschaftlichen Eingliederung auf die Rechtsform der BesitzGes als Organträger nicht mehr an.
- Bei einer **umgekehrten Betriebsaufspaltung,** dh wenn BesitzUnt eine KapGes und das BetriebsUnt eine PersGes ist, kann das originär gewerblich tätige BetriebsUnt Organträger sein (*Streck*[6] § 14 Anm 6).
- **Innengesellschaften** sind wegen der typischen Nichtteilnahme am allgemeinen Wirtschaftsverkehr nicht gewerblich tätig und scheiden deshalb als Organträger aus (*Döllerer* DStR 1985, 301; anders uU bei früher bestehender Mehrmütterorganschaft, s oben).
- **Liquidationsgesellschaften** verfolgen keine gewerbliche Tätigkeit mehr, da sie am allgemeinen Wirtschaftsverkehr nicht mehr werbend, sondern nur noch zur Abwicklung der Ges teilnehmen. Sie können daher nicht Organträger sein (*FG* Hamburg 25. 1. 1989 EFG, 428; vom *BFH* mit U 27. 6. 1990 BStBl II, 992, eingeschränkt bestätigt für den Fall, dass der Organträger keiner Tätigkeit mehr nachgeht, die von der OrganGes gefördert wird).

Ausländische gewerbliche Unternehmen können Organträger sein, wenn 106
der EAV unter Firma der Zweigniederlassung abgeschlossen ist und die Beteiligung zum Betriebsvermögen der Zweigniederlassung gehört (§ 18 KStG). Ein ausländisches Unt mit **Geschäftsleitung im Inland** kann Organträger sein; auf den Sitz im Inland kommt es nicht mehr an, § 14 Abs 1 Nr 2 S 1 KStG. Damit sind auch doppelt ansässige Ges organträgerfähig. Für diese Fälle enthält § 14 Abs 1 Nr 5 KStG eine **Missbrauchsvorschrift,** die eine doppelte Verlustnutzung im In- und Ausland verhindern soll (*Heurung/Oblau/Röker* Neufassung der Tatbestandsvoraussetzungen der ertragsteuerlichen Organschaft durch das UntStFG und das StVBG, GmbHR 2002, 620).

107 Der Organträger darf **nicht steuerbefreit** iSd § 5 KStG sein, § 14 Abs 1 Nr 2 S 1 KStG. Sachliche Befreiung einzelner Einkünfte ist unschädlich (*HHR* § 14 KStG Anm 155). Umgekehrt können sogar Ausnahmen von der subjektiven Steuerbefreiung, zB wenn eine gemeinnützige Körperschaft einen wirtschaftlichen Geschäftsbetrieb unterhält, die Eignung als Organträger begründen, wenn das Organschaftsverhältnis diesem stpfl Bereich zuzurechnen ist und deshalb das Einkommen der OrganGes der KSt nicht entzogen wird (*Schmidt/Müller/Stöcker*[6], 55).

b) Die Organgesellschaft

108 OrganGes kann nach § 14 Abs 1 S 1 KStG eine **AG** und **KGaA** und unter den Voraussetzungen des § 17 eine **GmbH sowie eine Europäische AG (Societas Europaea),** jeweils mit Geschäftsleitung und Sitz im Inland, sein (*Erle/Sauter* § 14 KStG Anm 8). Auch **Vorgesellschaften** von KapGes, zB bei einer GmbH-Gründung die Ges in der Zeit zwischen Abschluss des GesVertrags und Eintragung im HR, können OrganGes sein, sofern es zur Entstehung der in Gründung befindlichen KapGes kommt. Für diese Gleichstellung mit der späteren KapGes spricht, dass bereits die VorGes eine körperschaftliche Struktur hat. In der steuerrechtlichen Literatur ist die Qualifikation der VorGes einer KapGes als KSt-Subjekt daher nahezu unstreitig (*HHR* § 1 KStG Anm 77 und § 17 KStG Anm 21). Die Vor-GmbH ist als eine andere KapGes iSd § 17 KStG anzusehen (*Streck*[6] § 17 Anm 3). Eine **Vorgründungsgesellschaft,** dh eine Ges nach Beschluss der Gester zur Ges-Gründung aber vor Beurkundung der Satzung, kann hingegen nicht OrganGes sein, da die Rechte und Pflichten der VorgründungsGes – anders als bei der **Vorgesellschaft** – nicht automatisch auf die spätere KapGes übergehen (*BFH* 8. 11. 1989 BStBl II 1990, 91). Eine ins HR eingetragene **Zweigniederlassung** kann nicht OrganGes sein, ebenso wenig **Personengesellschaften,** selbst nicht in der Form einer KapCoGes. Eine gewerbliche Tätigkeit der OrganGes ist nicht erforderlich.

Ab VZ 2002 sind gem § 14 Abs 3 KStG aF (bzw ab VZ 2003 gem § 14 Abs 2 KStG) Lebens- und KrankenversicherungsUnt als OrganGes ausgeschlossen; Gesetzesänderung ist iw fiskalisch motiviert und verfassungsrechtlich bedenklich (insb nach weitgehender Aufhebung des Halbeinkünfteverfahrens für Lebens- und KrankenversicherungsUnt, *Erle/Sauter* Gesellschafterfremdfinanzierung § 14 Anm 2); Ziel ist, die Verlustverrechnung eines Versicherungsbereichs mit Gewinnen aus anderen Bereichen durch Begr einer Organschaft zu unterbinden.

c) Die Eingliederung

109 Die **finanzielle Eingliederung** ist (neben dem Gewinnabführungsvertrag) nunmehr die einzige verbliebene Voraussetzung für die körperschaft- und gewerbesteuerliche Organschaft. Der Organträger muss an der OrganGes vom Beginn ihres Wj an ununterbrochen in einem solchen Maße beteiligt sein, dass ihm die Mehrheit der Stimmrechte aus den Anteilen an der OrganGes zusteht. Eine mittelbare Beteiligung genügt (Anm 112).

110 Ob dem Organträger die Mehrheit der Stimmrechte „zusteht", ist nach der für das Stimmrecht maßgeblichen **wirtschaftlichen Betrachtungsweise** zu beurteilen (KStR 57 S 1). Die wirtschaftliche Zuordnung der Stimmrechte kann bspw in folgenden Fallgruppen unklar sein:

– Bei **Nießbrauchsbestellung** an Ges-Anteilen ist zivilrechtlich nicht ohne weiteres klar, ob die Stimmrechte dem Nießbraucher zustehen. Eine Zurechnung setzt daher eine klare Vereinbarung über die Stimmrechte zugunsten des Nießbrauchers voraus

(*Streck*[6] § 14 Anm 14). Der Nießbrauchsbelastete scheidet als Organträger ohnehin aus, da er auf Grund der Nießbrauchsbelastung keinen EAV zu seinen Gunsten abschließen kann.
- Die **Sicherungsübereignung** lässt wirtschaftlich die Eigentumslage unberührt. Dies ist vor allem dann der Fall, wenn sich der Sicherungsgeber und Organträger die Stimmrechte vorbehält. Gleiches gilt für die **Verpfändung** (*HHR* § 14 KStG Anm 113) oder **Pfändung** (*Streck*[6] § 14 Anm 14).
- Bei **Pensionsgeschäften** hängt die wirtschaftliche Zurechnung der Anteile von der Ausgestaltung des Pensionsvertrags im Einzelfall ab (*BFH* GrS 29. 11. 1982 BStBl II 1983, 272). Es sollte deshalb eine eindeutige Abrede über die Ausübung der Stimmrechte getroffen sein.
- Ein **schuldrechtlicher Anspruch** auf Übertragung von Anteilen genügt jedoch nicht, um wirtschaftliches Eigentum zu begründen (*BFH* 25. 9. 1968 BStBl II 1969, 18).

Die dem Organträger zuzurechnenden Anteile müssen die **Mehrheit der Stimmrechte** gewähren. Auch wenn für einzelne Entscheidungen eine größere Stimmenzahl nötig ist, genügt grds die einfache Mehrheit der Stimmen. Schreibt die Satzung (der GesVertrag) jedoch generell eine höhere Mehrheit vor, kann von Mehrheit der Stimmen iSd § 14 Abs 1 Nr 1 S 1 KStG nur die Rede sein, wenn sich aus der Beteiligung diese höhere Mehrheit an Stimmen ergibt (*Streck*[6] § 14 Anm 13; *BFH* 22. 11. 2001 BStBl II 2002, 167). Die Beteiligung am Kapital ist nicht notwendig identisch mit dem Anteil der sich hieraus ergebenden Stimmen. Divergenzen können sich zB auf Grund von Mehrfachstimmrechten, stimmrechtslosen Anteilen oder eigenen Anteilen ergeben. Die Stimmrechte des Organträgers müssen aus den ihm zuzurechnenden Anteilen herrühren; maßgeblich für die Zurechnung ist § 39 Abs 2 Nr 1 AO. Die Beteiligung eines MinderheitsGesters kann dem MehrheitsGester nur bei **wirksamer Stimmrechtsbindung** zugerechnet werden (*BFH* 22. 11. 2001, BStBl II 2002, 167). **111**

Die Stimmrechtsmehrheit soll sicherstellen, dass der Organträger bei der OrganGes seinen Willen bei Beschlussfassungen durchsetzen kann. Eine vertragliche Vereinbarung, dass die Stimmrechtsmehrheit nicht ausgeübt wird (Entherrschungsvertrag) steht somit dem Zweck der finanziellen Eingliederung entgegen. Es genügt zudem nicht, wenn die Durchsetzung des Willens des Organträgers nur auf Grund faktischer Machtverhältnisse zu bejahen ist, da das „Gesamtbild der Verhältnisse“ bei der Beurteilung der finanziellen Eingliederung keine Rolle spielt. Mehrheit der Stimmen meint somit „bestimmende Mehrheit“ (*HHR* § 14 Anm 117).

Die bestimmende Mehrheit konnte bis VZ 2000 entweder nur auf einer unmittelbaren oder nur auf einer **mittelbaren Beteiligung** beruhen (§ 14 Nr 1 KStG aF). Das Recht ab VZ 2001 führt zu einem eingeschränkten **Wegfall des Additionsverbotes.** Nunmehr ist gem § 14 Abs 1 Nr 1 KStG die Addition von unmittelbaren und mittelbaren Beteiligungen zulässig, jedenfalls sofern eine Mehrheit der Stimmrechte an der vermittelnden Ges besteht. **112**

Beispiel: M ist an T zu 50 + x vH, T an E zu 65 vH und M an E zu 35 vH beteiligt. Finanzielle Eingliederung von E in M wäre, entgegen der alten Rechtslage, auch zu bejahen, wenn M an T zu 75 vH, T an E zu 20 vH und M an E zu 49 vH beteiligt ist. Addition der unmittelbaren und mittelbaren Beteiligung führt zu Mehrheitsbeteiligung an E.

Erforderlich ist nicht, dass die unterste Ges einer Beteiligungskette an der OrganGes mehrheitlich beteiligt ist. Auch muss der Organträger durchgerechnet nicht mehr mehrheitlich an der OrganGes beteiligt sein.

Auch wenn das „übersprungene Zwischenglied“ einer Beteiligungskette eine PersGes oder eine ausländische KapGes ist, also eine Ges, zu der kein Organ- **113** schaftsverhältnis begründet werden kann, ist eine **mittelbare Beteiligung** möglich (*BFH* 2. 11. 1977, BStBl II 1978, 74).

115 Bei einer **PersGes als Organträger** durften bis VZ 2002 die Anteile der Gester mit den von der Ges gehaltenen Anteilen addiert werden, wenn die Gester die rechtliche und tatsächliche Stellung aus den von ihnen gehaltenen Anteilen der PersGes überlassen hatten, KStR (1995) 52 Abs 2 S 1 bis 3. Die Anteile an der KapGes waren in diesem Fall als Sonderbetriebsvermögen der Gester Bestandteil der Steuerbilanz der PersGes. Daraus ergab sich aber zugleich auch, dass die Anteile eines typisch stillen Gesters im Gegensatz zum atypisch stillen Gester außer Betracht blieben. Seit VZ 2003 muss die Voraussetzung der finanziellen Eingliederung gem § 14 Abs 1 Nr 2 S 3 KStG im Verhältnis zur PersGes selbst erfüllt sein. Die Anteile an der OrganGes müssen daher Gesamthandsvermögen bei der PersGes sein; Sonderbetriebsvermögen der Ges ist nicht ausreichend; GesterWechsel haben nunmehr keine Auswirkungen auf die finanzielle Eingliederung (*Erle/Sauter* § 14 KStG Anm 56a).

116 Bei **Mehrmütterorganschaft** (Anm 105) galten die allgemeinen Grundsätze. Hier wurde bereits in der Vergangenheit die Addition der unmittelbaren und mittelbaren Beteiligungen zugelassen. Nur in seltenen Fällen besaß die GbR eigene Anteile oder betrieb ein eigenes gewerbliches Unt, dem die Beteiligung an der OrganGes zugerechnet werden konnte. **Weitere Einschränkungen** ergaben sich für PersGes bis VZ 2002 aus § 14 Abs 1 Nr 2 S 3 und 4 KStG aF. Waren ein oder mehrere Gester der PersGes (mit der Stellung eines Mitunternehmers) nur beschränkt stpfl (§ 14 Abs 1 Nr 2 S 3 KStG aF; bei fehlender Steuerpflicht Anm 104), oder hatte eine beteiligte Körperschaft Geschäftsleitung nicht im Inland (§ 14 Abs 1 Nr 2 S 4 KStG aF), mussten sich die Anteile, aus denen sich die Mehrheit der Stimmrechte ergab, im Gesamthandsvermögen der PersGes befinden. Es genügte aber, wenn ein beschränkt stpfl Gester mit seiner im Inland ins **Handelsregister eingetragenen Zweigniederlassung** an der PersGes beteiligt war. Dieser Gester ist nämlich nach dem Zweck des § 18 KStG (Anm 106) einem unbeschränkt stpfl Gester gleichzustellen, KStR (1995) 52 Abs 5 und 7). Nunmehr müssen die Anteile, unabhängig von der Steuerpflicht der Gester, im Gesamthandsvermögen gehalten werden.

119 Ist Organträger des inländischen gewerblichen Unt iSd § 14 Abs 1 S 1 KStG eine **natürliche Person,** gelten für die Frage der finanziellen Eingliederung grds die gleichen Regeln wie bei einer PersGes. Maßgeblich ist allein, ob sie Betriebsvermögen sind. Genauso kann auch ein beschränkt stpfl EKfm Organträger sein, wenn die Voraussetzungen des § 18 KStG erfüllt sind.

126 **Die zeitlichen Eingliederungsvoraussetzungen.** Die Eingliederungsmerkmale müssen vom Beginn des (Rumpf-)Wj der OrganGes an bis zu dessen Ende ununterbrochen vorliegen (KStR 59 Abs 1). Schuldrechtlich rückwirkende Verträge können die Eingliederungsvoraussetzungen nicht im Nachhinein schaffen.

127 Von erheblicher praktischer Bedeutung ist die Frage, ab wann ein Organschaftsverhältnis erstmalig bei Ausgliederung eines Teilbetriebs zur Einbringung in eine im Zuge der Ausgliederung neu gegründete Tochter-(Organ-)Ges begründet werden kann (§§ 123ff UmwG).

Nach Auffassung der FinVerw (BMF 26. 8. 2003, BStBl I 2003, 437) ist die **Rückbeziehung** der finanziellen Eingliederung und damit die rückwirkende Begründung einer Organschaft nicht zulässig. Gem BMF (24. 5. 2004, BStBl I 2004, 549) ist eine rückwirkende Errichtung einer Organschaft, die aus einem Formwechsel einer GmbH & Co KG in eine GmbH (OrganGes) resultiert, jedoch anzuerkennen (s auch *BFH* 17. 9. 2003 BStBl II 2004, 534). Gleichwohl sei eine Rückwirkung nicht zulässig, wenn ein Teilbetrieb auf eine neu gegründete Tochter-(Organ-)Ges abgespalten, ausgegliedert oder in die Ges eingebracht wird (s *Dötsch,* Ausgewählte Einzelfragen zur körperschaft- und gewerbesteuerlichen Organschaft, Der Konzern 2004, 533).

Bei **Veräußerung der Beteiligung** zum Ende des (ggf zuvor umgestellten) Wj der OrganGes und einem damit verbundenen Wechsel der OrganGes zu einem anderen Organträger im folgenden Wj können die zeitlichen Eingliederungsvoraussetzungen sowohl beim Veräußerer als auch beim Erwerber erfüllt werden (KStR 59 Abs 2).

Eine auch nur **kurzfristige Unterbrechung** der Eingliederung ist schädlich. 128
Keine Unterbrechung der Eingliederungsvoraussetzungen folgt aus einem Wechsel von unmittelbarer zu mittelbarer Beteiligung – oder umgekehrt –, wenn nur die Voraussetzungen der finanziellen Eingliederung insgesamt während des ganzen Wj bestanden haben.

Geht das Vermögen des Organträgers durch **Verschmelzung** oder **Umwandlung** auf ein anderes gewerbliches Unt über, tritt Gesamtrechtsnachfolge auch hinsichtlich der Organschaft ein (*Erle/Sauter* § 14 KStG Anm 390). Diese besteht dann zur Übernehmerin fort und zwar ggf auch mit Rückwirkung auf den Stichtag der Umw. Eine zeitanteilige Aufteilung erfolgt also nicht. Ob diese Vorgänge nach dem UmwStG begünstigt sind, ist unerheblich (differenzierend und bei Einzeleinbringung aA *Schmidt/Müller/Stöcker*[6], 184, 443). Rechte und Pflichten aus EAV **gehen** auf den übernehmenden Rechtsträger **über** (hM; *Schmitt/Hörtnagl/Stratz* UmwG[3], § 20 Anm 45).

Ist die OrganGes von der UmwMaßnahme betroffen, kommt es auf eine wertende Betrachtung des Einzelfalls an; in Betracht kommen automatische Beendigung (so wohl die hM) als auch ein ao Kündigungsrecht (*Schmitt/Hörtnagl/Stratz* aaO; Anm 44); Einzelheiten sind noch unklar.

Im Falle des Übergangs des Organträger-Unt durch **Erbfolge** gilt nichts anderes, wenn der Erbe das Unt fortführt. Gleiches soll auch bei Rechtsnachfolge auf Grund **Schenkung** gelten (*Schmidt/Müller/Stöcker*[6], 185, 447).

Ist **Organträger eine Personengesellschaft** und sind die Eingliederungs- 129
voraussetzungen zu dieser selbst erfüllt, bleibt ein GesterWechsel ohne jede Auswirkung. Dies galt (bis VZ 2002) auch dann, wenn die Eingliederung im Verhältnis zu Gestern bestand (Anm 123) und die Voraussetzungen nach einem GesterWechsel im notwendigen Umfang fortbestanden.

d) Der Gewinnabführungsvertrag (EAV)

Ist **OrganGes eine AG oder KGaA,** muss es sich bei einem steuerrechtlich 130
anzuerkennenden EAV um einen **Unternehmensvertrag** iSd § 291 Abs 1 AktG handeln (§ 14 Abs 1 S 1 KStG). Ein Betriebsführungsvertrag iSd § 291 Abs 1 S 2 AktG steht insoweit einem EAV gleich. In beiden Fällen verpflichtet der Vertrag jedoch nicht nur zur **Gewinnabführung,** sondern grds zugleich den Berechtigten zur **Verlustübernahme** (§ 302 AktG). Verträge iSd § 291 Abs 1 AktG werden erst mit Eintragung im **Handelsregister** wirksam (§ 294 Abs 2 AktG), bei eingegliederten Ges (§ 319 AktG) genügt die Schriftform, § 324 Abs 2 AktG. Zu Beginn des EAV bestehende Rücklagen (vorvertragliche Rücklagen) dürfen nicht aufgelöst und an den Organträger abgeführt werden (§§ 301, 302 Abs 1 AktG). Zur Frage, ob Kapitalrücklagen, die in organschaftlicher Zeit gebildet wurden, unter die Abführungspflicht fallen, s *BFH* 8. 8. 2001, GmbHR 2002, 274 mit Anm *Breuninger/Krüger.*

In diesem Urt hat der BFH das **„Leg-ein-Hol-zurück"**-Verfahren zur Mobilisierung von KSt-Guthaben auch im Organkreis anerkannt und seine Entscheidung mit dem Wortlaut des § 301 S 2 AktG begründet, wonach Kapitalrücklagen iSd § 272 Abs 2 Nr 4, die während der Organschaft gebildet wurden, nicht unter den Begriff „andere Gewinnrücklagen" fallen und deshalb dem nach §§ 17 S 1, 14 Abs 1 S 1 KStG iVm 301 S 1 AktG abzuführenden Gewinn nicht hinzuzurechnen sind, sondern nur als **Gewinn ausgeschüttet** werden können (entgegen BMF 11. 10. 1990, DB 1990, 2142; mittlerweile hat sich die FinVerw dieser Auffassung angeschlossen: BMF 27. 11. 2003, BStBl II 2003, 924). Konsequenz hieraus ist, dass eine während der Organschaft gebildete Kapitalrücklage auch nicht zum Ausgleich eines sonst entstehenden Jahresfehlbetrags verwendet werden darf, sondern die Verlustausgleichspflicht des Organträgers in voller Höhe fortbestehen lässt. Deshalb sollte bei Zuzahlungen in die OrganGes geprüft werden, ob diese nicht ertragswirksam erfolgen sollten, um sie dann in eine Gewinnrücklage einzustellen. Dies hält die Option offen, den Betrag später zum Verlustausgleich zu nutzen oder an den Organträger abzuführen.

131 Für den **Gewinnabführungsvertrag einer GmbH** hat der *BGH* (24. 10. 1988, NJW 1989, 295) entschieden, dass zu seiner Wirksamkeit beide GesV zustimmen müssen und dass der notariell zu beurkundende Zustimmungsbeschluss der beherrschten Ges sowie Art und Abschluss des Vertrags im HR dieser Ges einzutragen sind. Nach dem Beschluss des *BGH* vom 30. 1. 1992 muss dem Zustimmungsbeschluss der GesV der herrschenden Ges der Unt-Vertrag als Anlage beigefügt werden; Zustimmungsbeschluss und Unt-Vertrag sind bei der Anmeldung zum HR mit einzureichen. Wird ein mangels Eintragung im HR nichtiger EAV von den beteiligten Ges tatsächlich durchgeführt, ist er nach den Grundsätzen über die fehlerhafte Ges als wirksam zu behandeln (*BHG* 5. 11. 2001, DB 2002, 87). Der EAV endet erst, wenn sich einer der Vertragspartner auf die Nichtigkeit beruft, stets aber nur mit Wirkung für die Zukunft. Eine rückwirkende Aufhebung ist auch für die GmbH unzulässig, § 296 Abs 1 S 2 AktG.

Handelsrechtlich unwirksame Verträge werden auch **steuerrechtlich nicht anerkannt** (*BFH* 8. 8. 2001, DB 2002, 408). Der Vertrag muss insb auch Bestimmungen zur Übernahme des Verlusts der OrganGes vorsehen, die den Vorschriften des § 302 AktG entsprechen (wegen der außerdem erforderlichen Zustimmung der Gester der OrganGes und dem Ausschluss der Abführung vorvertraglicher Rücklagen vgl KStR 66 Abs 3 u 4).

132 Zu den steuerrechtlichen Anforderungen gehört, dass der EAV auf **mindestens fünf Jahre** abgeschlossen und während dieser Zeit auch tatsächlich durchgeführt wird (§ 14 Abs 1 Nr 3 S 1 KStG). Die Gewinnabführungsverpflichtung muss sich auf den **ganzen Gewinn (oder Verlust)** erstrecken. Teil-EAV und Verträge über Gewinngemeinschaften (§ 292 Nr 1 AktG) werden steuerrechtlich nicht anerkannt.

133 Die 5 Jahre sind Zeitjahre, so dass ein **Rumpf-Wj** nicht als volles Jahr zählt (*Erle/Sauter* § 14 KStG Anm 103). Es genügt nicht, wenn der Vertrag ohne ausdrückliche Vereinbarung nur tatsächlich über die vorgenannte Laufzeit hinweg praktiziert wird. Auch Formulierungen wie „bis auf Weiteres" oder „auf bestimmte Zeit" führen zur steuerrechtlichen Nichtanerkennung. Für Verlängerungen nach Ablauf der ersten fünf Jahre genügen auch kürzere Vertragslaufzeiten oder automatische Verlängerungsklauseln im Falle der Nichtkündigung.

Bis VZ 2002 musste der EAV nach § 14 Abs 1 Nr 3 S 1 KStG aF bis zum Ende des Wj der OrganGes, für das er erstmals gelten soll, abgeschlossen werden und bis zum Ende des folgenden Wj wirksam werden, also im HR eingetragen sein (BMF 4. 2. 1994 DB, 506; *Grewer* DStR 1997, 745). Ab VZ 2003 wird die körperschaftsteuerliche Organschaft frühestens im Wj der Eintragung des EAV ins HR anerkannt (§ 14 Abs 1 S 2 KStG).

134 Folgende Maßnahmen sind für die steuerrechtliche Anerkennung der Durchführung des Gewinnabführungsvertrags **unschädlich:**

- Auflösung und Abführung **nachvertraglicher Rücklagen,** § 301 S 2 AktG (*Frotscher/Maas,* § 14 Anm 211).
- Bildung und Auflösung von **Rücklagen für eigene Anteile** (s *Schmidt/Müller/Stöcker*[6], 227 f).
- Auflösung von vertraglichen und vorvertraglichen **Sonderposten mit Rücklageanteil** iSd § 273.
- Zuführungen zu **Sonderposten mit Rücklageanteil** (KStR 60 Abs 5 Nr 3 S 4).
- **Ausschüttung vorvertraglicher,** versteuerter (thesaurierter) **Gewinne** (KStR 60 Abs 4 S 4). Es besteht kein Ausschüttungszwang (*HHR* § 14 KStG Anm 233).
- Auflösung und ‚Abführung der **vorvertraglichen „stillen Reserven",** da stille Rücklagen keine Gewinnrücklagen sind; mit demselben Argument die
- **Bildung stiller Rücklagen** (KStR 60 Abs 5 Nr 3 S 4).
- **Verdeckte Gewinnausschüttungen** an den Organträger sind als vorweggenommene Gewinnabführungen anzusehen, KStR 61 Abs 4 S 1. Dies gilt auch dann, wenn Organträger eine PersGes ist. Zur Vermeidung einer Doppelbelastung sind vGA aus dem Einkommen auszuscheiden (KStR 62 Abs 2).
- **Ausgleichszahlungen** iSd § 16 KStG dürfen zu Lasten des handelsrechtlich abzuführenden Gewinns geleistet werden (KStR 65 Abs 2, zu Ausgleichszahlungen s auch Anm 142).
- VGA an **außenstehende Gester** sind als verdeckte Ausgleichszahlungen anzusehen (KStR 61 Abs 4 S 4).
- Verwendung **vorvertraglicher Rücklagen** zur Bildung der gesetzlichen (Gewinn-) Rücklage oder für eine Umw in Nennkapital.
- Zuführung zu den **gesetzlichen Rücklagen;** § 14 Abs 1 Nr 4 KStG schränkt nur die Bildung freier Rücklagen ein (*HHR* § 14 KStG Anm 219).
- Ebenso ist es zulässig (und handelsrechtlich nach § 301 S 1 AktG geboten bzw bei einer GmbH als OrganGes idR gem § 30 Abs 1 GmbHG zwingend), dass ein bei Beginn der Organschaft **vorhandener Verlustvortrag** die erste(n) Gewinnabführung(en) an den Organträger mindert (KStR 60 Abs 5 Nr 1). § 15 S 1 Nr 1 KStG schließt die steuerrechtliche Berücksichtigung eines derartigen Verlustvortrags allerdings aus, da § 10d EStG bei der OrganGes während des Bestehens der Organschaft nicht anwendbar ist.
- **Ständige Verluste** der OrganGes gefährden die Anerkennung der Durchführung eines EAV nicht (KStR 60 Abs 5 Nr 4). Zulässig ist es auch, Verluste durch Auflösung von nach Beginn des EAV gebildeten (Gewinn-)Rücklagen auszugleichen.

Die Durchführung des EAV wird hingegen steuerrechtlich **nicht anerkannt** bei: 135

- **Nichtübernahme von** (ggf nicht nach § 302 Abs 1 AktG ausgeglichenen) **Verlusten.**
- **Vorzeitige Beendigung der Vertragsdurchführung.** Wird der Vertrag – wenn auch nur in einem der fünf Jahre der Mindestdauer – nicht durchgeführt, sind grds die §§ 14 bis 19 KStG nicht anzuwenden und rückwirkend alle Steuerfestsetzungen, soweit bestandskräftig, gem § 175 Abs 1 S 1 Nr 2 AO zu ändern und die OrganGes nach den allgemeinen Regeln zu veranlagen (KStR 60 Abs 8). Ist der EAV für länger als 5 Jahre abgeschlossen und wurde er bereits 5 Jahre durchgeführt, bleibt er für diese Jahre steuerrechtlich wirksam (KStR 60 Abs 7). Wird der EAV während der Mindestlaufzeit aus wichtigem Grund (dazu KStR 60 Abs 6 S 2) gekündigt, einvernehmlich aufgehoben oder sonst beendet oder – nach Verlängerung – in einem späteren Jahr nicht durchgeführt, entfällt die Einkommenszurechnung nur für das Jahr, in das das Ereignis fällt und die Folgejahre. Es ist zulässig und meist zweckmäßig, bei Beendigung des EAV ein Rumpf-Wj zu bilden.
- **Freie vorvertragliche Rücklagen und Gewinnvorträge** dürfen nicht abgeführt werden. Hier gilt das handelsrechtliche Verbot (§§ 301, 302 Abs 1 AktG), das wegen § 17 S 2 Nr 1 KStG für alle KapGes anzuwenden ist. Eine Ausschüttung dieser Rücklagen ist allerdings ohne weiteres zulässig und auch steuerrechtlich wie eine vororganschaftliche Gewinnausschüttung zu behandeln (KStR 60 Abs 4 S 4; vgl Anm 134). Gleiches gilt für vororganschaftliche gesetzliche Rücklagen, die durch Überdotierung ausschüttungsfähig werden können (*Frotscher/Maas* § 14 Anm 212 f).

- Es ist auch nicht zulässig, **vorvertragliche Rücklagen** und Gewinnvorträge ganz oder teilweise zum Ausgleich eines vom Organträger zu übernehmenden Verlusts zu verwenden (KStR 60 Abs 4 S 2).
- Unzulässig ist die **Nichtabführung von Gewinn** oder ein teilweiser Verzicht oder Vergleich. Auch die Stundung der Gewinnabführungsverpflichtung ist als Nichtdurchführung des Vertrags anzusehen, soweit keine angemessene Verzinsung vorgesehen ist (*Streck*[6] § 14 Anm 74).
- **Zuführungen zu den Gewinnrücklagen** (außer gesetzlichen Rücklagen) sind nur in dem durch § 14 Abs 1 Nr 4 KStG beschränkten Umfang zulässig (und dies auch nur, wenn der Wortlaut des EAV nicht die Bildung freier Rücklagen ausschließt). Nach § 14 Abs 1 Nr 4 KStG ist die Bildung von Gewinnrücklagen bei der OrganGes nur insoweit zulässig, als dies bei vernünftiger kfm Beurteilung wirtschaftlich begründet ist (zB auch für eine geplante Betriebsverlegung, Werkserneuerung, Kapazitätserweiterung, KStR 60 Abs 5 Nr 3).

136 Bei **verunglückter Organschaft,** dh in Fällen, in denen ein wirksamer EAV abgeschlossen und durchgeführt worden ist, aber die übrigen Voraussetzungen für die Anerkennung der Organschaft nicht erfüllt sind, liegt in Höhe der Gewinnabführungen eine vGA vor. Hierbei kann der vollzogene EAV nicht in einen gesellschaftsrechtlichen Beschluss über die Gewinnverwendung umgedeutet werden. Eine Verlustübernahme ist bei verunglückter Organschaft als verdeckte Einlage zu beurteilen, die beim Organträger zu nachträglichen AK der Beteiligung an der OrganGes führt (*BFH* 16. 5. 1992 BStBl II, 797).

Die Gewinnabführungsverpflichtung erstreckt sich nicht auf den **Gewinn während des Abwicklungszeitraums** einer aufgelösten OrganGes (auch, wenn ein förmlicher Auflösungsbeschluss nicht gefasst wurde, KStR (1995) 56 Abs 2). Derartige Gewinne sind von der OrganGes zu versteuern (vgl KStR (1995) 56 Abs 1).

2. Steuerrechtliche Folgen

a) Einkommenszurechnung

137 Bei Organschaft mit EAV ist das Einkommen der OrganGes vorbehaltlich § 16 KStG (Ausgleichszahlungen an Minderheitsgester der OrganGes) dem Organträger zuzurechnen, § 14 Abs 1 S 1 KStG.

138 Obwohl die **Zurechnung beim Organträger** steuerrechtlich außerhalb der Bilanz erfolgen soll (*Streck*[6] § 14 Anm 90), geschieht dies **in der Praxis meist innerhalb der Bilanz.** In diesen Fällen werden nur die nichtabziehbaren Ausgaben und die steuerfreien Einnahmen, die in der Steuerbilanz der OrganGes wie abziehbare Ausgaben und stpfl Einnahmen behandelt werden, außerhalb der Bilanz bei der Einkommensermittlung der OrganGes berücksichtigt. Im Übrigen wird die Gewinn- oder Verlustübernahme laut HB in die Steuerbilanz übernommen und werden die steuerrechtlichen Abweichungen als sog **Ausgleichsposten** in die Steuerbilanz des Organträgers eingestellt. Dabei kann man unterscheiden zwischen einem **Ausgleichsposten I** für Abweichungen zwischen HB und Steuerbilanz der OrganGes und einem **Ausgleichsposten II** für Einstellungen in die Rücklagen der OrganGes (so auch KStR (1995) 59 mit dem Hinweis in Abs 4, dass AusglPo für Folgewirkungen aus der vorvertraglichen Zeit nicht gebildet werden dürfen). Gesetzlich geregelt ist der organschaftliche AusglPo nicht.

Die AusglPo korrigieren im Ergebnis den Buchwert der Beteiligung. Sie verändern sich in gleichem Maße wie die kumulierten Abweichungen zwischen HB und Steuerbilanz der OrganGes und deren nachvertragliche Rücklagen. Bei Veräußerung von Anteilen der OrganGes entfallen die AusglPo entspr dem Abgang der Beteiligung. Die steuerrechtliche Behandlung der Mehr- und Minderabführungen ist in § 27 Abs 6 KStG für die **OrganGes** geregelt (*Linklaters Oppenhoff & Rädler* Steueränderungen zum 1. 1. 2002 im Unternehmensbereich, S 51 ff).

Danach erhöhen Minderabführungen bzw mindern Mehrabführungen das **steuerliche Einlagenkonto** einer OrganGes, wenn sie ihre Ursache in der organschaftlichen Zeit haben, zB liegt Minderabführung bei Einstellung aus dem Jahresüberschuss in die Rücklagen vor; Auflösung führt zu Mehrabführung. Für Wj der OrganGes, die nach dem 31. 12. 2003 enden, ist der neu angefügte § 14 Abs 3 KStG idF EURLUmsG (BGBl I 2004, 3310) anzuwenden, der im Kern dem Regelungsinhalt von KStR (1995) 59 Abs 4 S 3 ff entspricht (*Hohenlohe/Heurung/Oblau* RIW 2004, 836): vororganschaftliche Mehrabführungen der OrganGes gelten, entgegen *BFH* (18. 12. 2002, NZG 2003, 398), als Gewinnausschüttungen an den Organträger; vororganschaftliche Minderabführungen sind hingegen als Einlage des Organträgers in die OrganGes zu behandeln (sa *Dötsch* aaO 531 ff).

Soweit **Organträger eine Personengesellschaft** ist, ist das Organeinkom- 139
men der PersGes zuzurechnen und dann auf die Gester zu verteilen. Das Einkommen der OrganGes ist somit dem steuerbilanziellen Gewinn des Organträgers, nicht dem Einkommen außerbilanziell zuzurechnen, damit das zugerechnete Einkommen in den Gewerbeertrag der PersGes eingeht (*Gosch* § 14 KStG, Anm 505); die Betriebsvermögensmehrung/-minderung aufgrund des EAV wird zur Vermeidung einer Doppelbelastung eliminiert. Bis VZ 2002 konnten die Anteile an der OrganGes noch im Sonderbetriebsvermögen gehalten werden: Korrespondierten die Beteiligungsverhältnisse der Gester an der OrganGes nicht mit dem Gewinnverteilungsschlüssel, ist dessen Anwendung als Zurechnungsschlüssel problematisch. Insoweit sollte vorrangig ein besonderer vertraglich von den Gestern festgelegter Verteilungsschlüssel maßgeblich sein (aA wohl *BFH* 31. 3. 1976, BStBl II, 510; ebenso *Schmidt/Müller/Stöcker*[6] 506; *Döllerer* BB 1975, 1076).

b) Einkommensermittlung

Es ist zwischen dem **Organeinkommen** (einschl der Ausgleichszahlungen), 140
dem **Organträgereinkommen** und dem **Gesamteinkommen** zu trennen. Letzteres ergibt sich als Summe aus dem zugerechneten Einkommen der OrganGes und dem Einkommen des Organträgers und wird durch den Organträger versteuert (sog „Nettomethode"; zu den Ausnahmen s Anm 142). Die Steuerart (KSt oder ESt) bestimmt sich nach der Rechtsform des Organträgers.

aa) Organeinkommen. Die OrganGes bleibt selbstständiges Steuersubjekt 141
(Anm 102) und ihr Einkommen wird unabhängig von demjenigen des Organträgers ermittelt. Dies bedeutet:

- **Steuerumlagen** des Organträgers für die OrganGes betr Steuern, für die aber wegen umsatzsteuerlicher oder gewerbesteuerlicher Organschaft der Organträger Steuerschuldner ist, dürfen das Einkommen der OrganGes mindern, soweit es sich um *abziehbare Steuern* handelt (zur gewerbesteuerlichen Organschaft Anm 153 ff). Derartige Umlagen sind ohnehin ohne Einfluss auf das Gesamteinkommen von OrganGes und Organträger. Auswirkungen ergeben sich zB auf die Bemessungsgrundlage des Spendenabzugs (*Erle/Sauter* § 14 KStG Anm 202).
- Gewinne aus der **Auflösung** vertraglicher oder vorvertraglicher **stiller Reserven** oder der Auflösung von **Sonderposten mit Rücklageanteil** gehören zu dem nach § 14 KStG zuzurechnenden Einkommen (Anm 134).
- **Bei der Ermittlung des zuzurechnenden Einkommens ist die Freistellungsregelung für Veräußerungsgewinne** nach § 16 Abs 4 EStG zu berücksichtigen, KStR (1995) 57 Abs 2. Die Vergünstigung des § 16 Abs I Nr 2 iVm § 34 EStG (iVm § 3

Nr 40 lit b) EStG) steht allerdings dem Organträger auch in der Rechtsform einer PersGes nicht zu (*BFH* 14. 4. 1992 BStBl II, 817). Der Spendenabzug ist bei der OrganGes und der OrganträgerGes jeweils getrennt durchzuführen. Nicht ausgenutzte Höchstbeträge dürfen nicht übertragen werden (*Erle/Sauter* § 14 KStG Anm 196). Zu den Auswirkungen der **Ausgleichszahlungen** iSd § 16 KStG s Anm 142.

- **Steuerrechtliche Wahlrechte** können von der OrganGes unabhängig vom Organträger ausgeübt werden.
- **§ 6 b EStG** ist ohne Einschränkung anwendbar. Die maßgebenden Rechtspositionen dürfen nicht auf den Organträger übertragen werden, da nur das Einkommen, nicht aber die steuerliche Rechtstellung der OrganGes dem Organträger zugerechnet wird.

142 **Besonderheiten bei der Einkommensermittlung** der OrganGes ergeben sich aus §§ 15, 16 KStG:

- § 15 S 1 Nr 1 KStG schließt den **Verlustabzug iSd § 10 d EStG** bei der Ermittlung des Einkommens der OrganGes mit Beginn der Organschaft aus. Ein Verlustrücktrag in vorvertragliche Zeit ist ebenso ausgeschlossen wie ein Rücktrag nachorganschaftlicher Verluste in die organschaftliche Zeit (*Streck*[6] § 15 Anm 16). Vom Organträger übernommene Verluste dürfen von diesem jedoch ohne weiteres nach § 10 d EStG selbst in vororganschaftlichen Jahren abgezogen werden.
- § 15 Nr 2 KStG wurde im Rahmen des UntStFG neu gefasst und durch das StVergAbG und Korb II-Gesetz geändert: Demnach sind § 8 b Abs 1 bis 6 KStG sowie § 4 Abs 7 UmwStG auf Ebene der OrganGes nicht anzuwenden. Zudem versagt § 15 S 2 KStG der OrganGes die Anwendung von DBA-Regeln, die Gewinnanteile von ausländischen Ges steuerfrei stellen. Im zuzurechnenden Einkommen ist die Steuerfreiheit der Bezüge bzw Abzugsverbote der Aufwendungen somit nicht berücksichtigt (s *Heurung/Wehrheim/Adrian* BB 2004, 465). Die Anwendungen von § 8 b KStG, § 4 Abs 7 UmwStG, §§ 3 Nr 40 und 3 c Abs 2 EStG erfolgt erst auf Ebene des Organträgers nach Maßgabe der dortigen Verhältnisse **(„Bruttomethode“).**
  Damit gilt:
  - Ist der Organträger eine KapGes, waren inländische Dividenden und Veräußerungsgewinne aus Inlands- oder Auslandsbeteiligungen der OrganGes grds in voller Höhe und ausländische Dividenden in Höhe von 95% (§ 8 b Abs 5 KStG aF) steuerfrei. Ab VZ 2004 sind Dividenden und Veräußerungsgewinne aus in- und ausländischen Anteilen an KapGes im Ergebnis zu 95% steuerfrei (§ 8 b Abs 3 und 5 KStG).
  - Ist der Organträger eine natürliche Person, greift das Halbeinkünfteverfahren, § 3 Nr 40 EStG. Entspr gilt der hälftige Betriebsausgabenabzug des § 3 c Abs 2 EStG, ohne Unterscheidung in Einnahmen aus in- oder ausländischen Beteiligungen.
  - Ist der Organträger eine PersGes, sind die Steuerbefreiungen der § 3 Nr 40 EStG bzw § 8 b KStG bei der Ermittlung des Gewinns der Gester der PersGes insoweit anzuwenden, als die Einnahmen auf entspr privilegierte Gester entfallen.
- **Ausgleichszahlungen** (§ 16 KStG), dh Zahlungen an außenstehende Gester zum Ausgleich für den Wegfall des Gewinnbezugsrechts, sind handelsrechtlich Aufwand, werden aber steuerrechtlich wie Gewinnausschüttungen der OrganGes behandelt und sind von der OrganGes zu versteuern (*HHR* § 14 Anm 42, 46). § 16 KStG wurde im StSenkG an den Wegfall des Anrechnungsverfahrens angepasst. Dadurch soll auch künftig sichergestellt werden, dass Ausgleichszahlungen trotz körperschaftsteuerlicher Ergebnisabführung stets durch die OrganGes zu versteuern sind. Die vier Drittel-Hinzurechnung der geleisteten Ausgleichszahlung leitet sich aus dem KSt-Satz von 25% ab.

  Die Ausgleichszahlungen sind unabhängig davon, ob sie vom Organträger oder der OrganGes geleistet werden, in jedem Fall durch die OrganGes zu versteuern. Dies gilt auch dann, wenn das Einkommen der OrganGes negativ ist (*Erle/Sauter* § 16 KStG Anm 84). Der Aufwand für die Ausgleichszahlungen (einschl Steueraufwand), die von der OrganGes selbst geleistet wurden, mindert auch steuerrechtlich den abzuführenden Gewinn bzw erhöht einen zu übernehmenden Verlust, da es sonst zu einer nochmaligen Besteuerung beim Organträger käme (KStR 65 Abs 2 S 1, 2).

  KSt-Minderungen aus der Übergangsregelung dürfen bei der Ausgleichszahlung nicht berücksichtigt werden und stellen Gewinnabführung an den Organträger dar; anderenfalls droht Verstoß gegen das „Vollabführungsgebot" des § 14 Abs 1 S 1 KStG, s *Prinz* FR 2000, 1255.

Zur steuerrechtlichen Behandlung beim Übergang zum neuen KSt-System s BMF 22. 11. 2001, DB 2001, 2524.

bb) Organträgereinkommen. Zuzurechnendes Einkommen ist das um die Auswirkungen des EAV bereinigte Einkommen der OrganGes. Ebenso wie bei der OrganGes soll das Einkommen des Organträgers ohne die Auswirkungen des EAV berechnet werden und die Korrektur außerhalb der Bilanz erfolgen (*HHR* § 14 KStG Anm 72). Die in Anm 138 geschilderte Handhabung in der Praxis führt zum gleichen Ergebnis. Gewinne und Verluste aus der Veräußerung der Organbeteiligung bleiben außer Ansatz, § 8b Abs 2, 3 KStG, soweit nicht in der Vergangenheit eine steuerwirksame Teilwertabschreibung vorgenommen wurde, wenn der Organträger eine KapGes ist. Ab VZ 2004 besteht im Ergebnis eine 95%ige Steuerfreistellung (§ 8b Abs 3 S 1 KStG). Ist der Organträger Einkommensteuersubjekt, gilt das Halbeinkünfteverfahren, §§ 3 Nr 40, 3c Abs 2 EStG. 143

Das Einkommen der OrganGes ist dem Organträger für das Kj **zuzurechnen,** in dem es bei der OrganGes entstanden ist. Handelsrechtlich bezieht der Organträger die Gewinnabführung in dem Wj, in dem das Wj der OrganGes endet. Enden die Wj von OrganGes und Organträger gleichzeitig, gilt die Gewinnabführung noch als im abgelaufenen Wj bezogen. Wegen des nunmehr grds Verbots der phasengleichen Dividendenvereinnahmung (*BFH* GrS 7. 8. 2000, BStBl II, 632; sa BMF v 1. 11. 2000, BStBl I, 1510) gewinnt die Organschaft dadurch zusätzliche Bedeutung im Rahmen der Steuerplanung. Eine Abweichung zwischen handelsrechtlicher und steuerrechtlicher Zurechnung tritt ein, wenn das Gj der OrganGes mit dem Kj übereinstimmt, das Gj des Organträgers jedoch vom Kj abweicht. In diesem Fall erfolgt die Zurechnung des Organ-Einkommens stets im Gj vor dem Gj, in dem das Gj des Organträgers endet. Im Gj des handelsrechtlichen Zuflusses erfolgt dann bei der Einkommensermittlung des Organträgers eine Abrechnung (bei Gewinnübernahme) oder eine Zurechnung (bei Verlustübernahme) außerhalb der Bilanz. 144

Ist **Organträger eine Personengesellschaft,** sind die ggf divergierenden Wj der Gester zu berücksichtigen. Die Zurechnung des Einkommens des Organträgers bei den Gestern erfolgt dann in dem Wj, das bei Beendigung des Wj der PersGes beim Gester lief. 145

Steuerermäßigungen, wie zB die Anrechnung ausländischer Steuern nach § 26 Abs 1 KStG, und Steuerbefreiungen wirken sich bereits auf die Höhe der festzusetzenden Steuer aus, während **Steuerabzüge** (zB § 19 KStG) zu einer Reduzierung der festgesetzten Steuer, ggf auch zu Erstattungsforderungen führen. 146

Sind bei der OrganGes die Voraussetzungen für Steuerermäßigungen oder -abzüge gegeben, ist deren Nutzung hier mangels eigenem Einkommen nicht möglich. Bei Steuerermäßigungen und -abzügen ermöglicht **§ 19 KStG** grds, die Steuervorteile auf den Organträger zu übertragen. Die Steuervergünstigungen und -abzüge sind auch dann an den Organträger weiterzuleiten, wenn die OrganGes eigenes zu versteuerndes Einkommen aufgrund von Ausgleichszahlungen hat (s *Erle/Sauter* § 19 KStG Anm 25). Im Grundsatz dürfen jedoch nur solche Steuervorteile auf den Organträger weitergeleitet werden, deren Tatbestand der Organträger auch selbst hätte erfüllen können.

§ 19 Abs 1 KStG betr die Überleitung auf einen **Organträger,** welcher der KSt unterliegt. Danach dürfen insb folgende **Tarifvorschriften,** die eine Ermäßigung der KSt vorsehen, an den Organträger weitergeben werden: 147

- Anrechnung ausländischer Steuer nach § 26 Abs 1 KStG,
- Steueranrechnung nach § 12 AStG,
- Steueranrechnung nach § 34c EStG.

Ist die Steuerermäßigung auf einen bestimmten Höchstbetrag begrenzt, richtet sich dieser nach den steuerrechtlichen Verhältnissen beim Organträger. Ein solcher Höchstbetrag darf dann insgesamt nur einmal durch den Organträger geltend gemacht werden. Die Steuerermäßigungen gehen ins Leere, wenn der Organträger kein zu versteuerndes Einkommen hat. Ob die OrganGes ohne die Organschaft Einkommen zu versteuern hätte, ist unerheblich (*Streck*[6] § 19 Anm 3).

148 § 19 **Abs 2** KStG regelt die Überleitung auf einen der **Einkommensteuer unterliegenden Organträger.** Hiernach gilt § 19 Abs 1 KStG entspr, soweit gleichartige Tarifvorschriften mit Wirkung für die ESt gelten.

149 § 19 Abs 3 KStG ergänzt § 19 Abs 2 KStG, wenn **Organträger eine Personengesellschaft** ist, soweit deren Gester unbeschränkt stpfl sind, und ordnet an, dass die Steuerermäßigungen im Verhältnis des zugerechneten Organeinkommens auf die Gester zu verteilen sind.

150 Für **beschränkt steuerpflichtige Gesellschafter** gelten § 19 Abs 1 bis 3 KStG entspr, soweit die vorstehenden Tarifvorschriften bei diesen anwendbar sind.

151 § 19 Abs 4 KStG lässt die Weitergabe der Steuerermäßigungen an **ausländische Organträger** iSd § 18 KStG (Anm 106) zu, soweit die Tarifvorschriften bei beschränkt Stpfl anwendbar sind.

152 Nach § 19 Abs 5 KStG erfolgt die **Anrechnung von Steuerabzugsbeträgen,** zB von einbehaltener KapESt, auf die Steuerschuld des Organträgers. Ist Organträger eine PersGes, erfolgt die Anrechnung anteilig bei den Gestern entspr dem Anteil der zugerechneten Organeinkünfte (Anm 149). Soweit keine Steuer zur Anrechnung zur Verfügung steht, werden die Abzugsbeträge erstattet. Beim Solidaritätszuschlag bezieht sich die Minderung nach § 3 Abs 1 Nr 1 SolZG auf die KSt/ESt des Organträgers.

III. Organschaft im Gewerbesteuerrecht

1. Allgemeines

153 Trotz Aufgabe des Erfordernisses der wirtschaftlichen und organisatorischen Eingliederung für die körperschaftsteuerliche Organschaft durch das StSenkG blieben für VZ 2001 die Voraussetzungen der gewerbesteuerlichen Organschaft (finanzielle, wirtschaftliche und organisatorische Eingliederung, kein EAV erforderlich) ohne sachliche Rechtfertigung unverändert, § 36 Abs 2 S 1 GewStG.

Ab VZ 2002 wird eine gewerbesteuerliche Organschaft nur noch dann anerkannt, wenn auch ein körperschaftsteuerliches Organschaftsverhältnis iSd §§ 14ff KStG vorliegt. Die wirtschaftliche und organisatorische Eingliederung und das sog Additionsverbot sind damit zwar weggefallen, allerdings ist nunmehr der Abschluss eines EAV zwingend.

154 Die OrganGes wird als **Betriebsstätte des Organträgers** angesehen, § 2 Abs 2 S 2 GewStG. Dennoch erfolgt die Gewerbeertragsermittlung nach §§ 7ff GewStG für OrganGes und Organträger jeweils getrennt und erst die Ergebnisse werden – unter Berücksichtigung einiger Besonderheiten (Anm 155) – beim Organträger zusammengerechnet (GewStR 41 Abs 1 S 4). Im Fall der Mehrmütterorganschaft war die PersGes Organträger, § 2 Abs 2 S 3 GewStG aF.

Die gewerbesteuerliche Organschaft bietet primär – wie die körperschaftsteuerliche Organschaft – den Vorteil des **Verlustausgleichs im Konzern.** Da der Steuermessbetrag nach der Lohnsumme zerlegt wird, § 29 Abs 1 GewStG, können sich bei Betriebsstätten bzw OrganGes in **verschiedenen Gemeinden** durch **unterschiedliche Hebesätze** auch materielle Auswirkungen ergeben.

Im Übrigen unterbleiben grds Hinzurechnungen bei der OrganGes oder beim Organträger, soweit sich die in Betracht kommenden Beträge bereits gewerbesteuerrechtlich bei der jeweils anderen Ges ausgewirkt haben (Anm 155; GewStR 41 Abs 1 S 5).

Bei Unt, die bislang keinen EAV abgeschlossen haben, führt die Gesetzesänderung ab VZ 2002 zur **Zwangsbeendigung** der gewerbesteuerlichen Organschaft (*Erle/Sauter* § 14 KStG Anm 358). Dies trifft die Fälle besonders gravierend, in denen in der Vergangenheit gewerbesteuerliche Verluste der OrganGes dem Organträger zugerechnet wurden, dort zu einem gewerbesteuerlichen Verlustvortrag geführt haben und in denen dieser Verlustvortrag des (bisherigen) Organträgers de facto nur durch Zurechnung positiver Gewerbeerträge der OrganGes hätte verrechnet werden können.

Dauerschuldzinsen aus konzerninternen Refinanzierungen, die bisher aufgrund der Organschaft nicht der GewSt unterlagen, unterliegen zukünftig der hälftigen gewerbesteuerlichen Zurechnung.

Zur Fortsetzung der Organschaft über VZ 2001 hinaus muss bis Ende des Wj 2002 ein EAV geschlossen worden sein, sofern Organträger und OrganGes Wj gleich Kj haben oder nur der Organträger ein abw Wj hat.

Hat nur die OrganGes ein abw Wj, muss vor Ablauf des Wj 2001/2002 ein EAV abgeschlossen worden sein.

2. Die Ermittlung des Gewerbeertrags

Die Addition der Gewerbeerträge darf nicht zu einer Doppelbe- oder -ent- 155
lastung führen. Der ertragsteuerliche Gewinn ist auch nach den Modifikationen der §§ 7 ff GewStG nicht unbedingt maßgeblich. Im Einzelnen:

- **Dividendenausschüttungen** – wie auch vGA – der OrganGes dürfen den Gewerbeertrag des Organträgers nicht erhöhen, soweit der zur Ausschüttung kommende Ertrag bereits beim Organträger im Wege der Zurechnung infolge der gewerbesteuerlichen Organschaft berücksichtigt ist. Dies wird jedoch bereits allein schon auf Grund der Beteiligung infolge der finanziellen Eingliederung durch die Kürzung nach § 9 Nr 2a GewStG (Schachtelprivileg) vermieden.
- **Gewinn aus der Veräußerung** einer Organbeteiligung fällt ab VZ 2002 unter das Halbeinkünfteverfahren (§ 3 Nr 40 S 1 lit a), b), EStG) bzw unter die Freistellung nach § 8b Abs 2 KStG; dies gilt gem § 7 S 1 GewStG auch für die GewSt.
- zur Auswirkung der **Bruttomethode“** gem § 15 Nr 2 KStG (Anm 142) auf die GewSt, s *BMF* 26. 8. 2003, BStBl I 2003, 437; *Linklaters Oppenhoff & Rädler,* aaO, 49 ff; *Heurung/Möbus* BB 2003, 770 f.
- **Mieten und Zinsen** sind insoweit nicht nach § 8 GewStG hinzuzurechnen, als sie sich bereits in einem der beiden Gewerbeerträge ausgewirkt haben (GewStR 41 Abs 1).
- Gemäß dem **Grundsatz der getrennten Ermittlung** des Gewerbeertrags für OrganGes und Organträger steht einer erweiterten Kürzung nach § 9 Nr 1 S 2 GewStG beim Organträger im Falle der Verwaltung von Grundbesitz eine schädliche Tätigkeit der OrganGes nicht entgegen.
- Gewerbeertrag der OrganGes wird durch den **Organträger versteuert.** Die aufgrund des EAV abgeführten Gewinne erhöhen den Steuerbilanzgewinn des Organträgers, der Grundlage für die Ermittlung des Gewerbeertrags ist. Um eine Doppelerfassung zu vermeiden, ist die Gewinnerhöhung aufgrund des EAV abzurechnen (s *Schmidt/Müller/Stöcker*[6], 1000). Zum steuerlichen AusglPo s *Erle/Sauter* § 14 KStG Anm 168 ff: Dieser AusglPo ist erfolgswirksam aufzulösen, wenn die Organbeteiligung veräußert oder umgewandelt wird, da der Gewerbeertrag, der zur Erhöhung des Substanzwerts der OrganGes führte, bereits vom Organträger versteuert wurde und nicht nochmals als Veräußerungserlös oder Übernahmegewinn besteuert werden soll (*BFH* 17. 2. 1972 BStBl II, 582).

Der *BGH* hat mit U 22. 10. 1992 GmbHR 1993, 92 entschieden, dass zwischen Organträger und OrganGes gesamtschuldnerische Haftung für die GewSt besteht.

3. Negative Gewerbeerträge

a) Vororganschaftliche Verluste der Organgesellschaft

156 Ein Gewinn oder Verlust der OrganGes ist selbstständig zu ermitteln. Die Wirkungen eines etwaigen EAV sind rückgängig zu machen (Anm 138). Von dem so ermittelten Gewerbeertrag war ein **Gewerbeverlust aus der vororganschaftlichen Zeit** unter den Voraussetzungen des § 10a GewStG abzusetzen (GewStR 68 Abs 5 S 1). Vororganschaftliche Verlustvorträge der OrganGes iSd § 10a GewStG durften bei Begr eines gewerbesteuerlichen Organschaftsverhältnisses – anders als bei der körperschaftsteuerlichen Organschaft – genutzt werden (wenn auch nur bei der OrganGes). Ein Übertrag dieser Verlustabzugsmöglichkeit der OrganGes auf den Organträger war hingegen auch bislang nicht zulässig.

Durch das Änderungsgesetz zum GewStG und anderer Gesetze (BGBl I 2003, 2922) ist mWv 1. 1. 2004 ein gewerbesteuerliches Abzugsverbot für vororganschaftliche Verluste der OrganGes eingeführt worden. § 10a S 3 GewStG versagt die Minderung des Gewerbeertrags um Verluste, die sich „vor dem rechtswirksamen Abschluss" des EAV ergeben haben (dieser Gesetzeswortlaut kann dazu führen, dass ein vororganschaftlicher, aber nach Abschluss des EAV entstandener Verlust nicht unter die Abzugsbeschränkung fällt, s *Heurung/Wehrheim/Adrian* StuB 2004, S 202). Die von § 10a S 3 GewStG erfassten Verluste unterliegen einem Einschlusseffekt; die Verluste können erst mit Beendigung der Organschaft steuermindernd genutzt werden.

b) Verluste während der Organschaft

157 Verluste der OrganGes, die während der Organschaft entstehen, wirken sich unabhängig vom Bestehen eines EAV bei der Addition des Gewerbeertrags beider Ges aus. Diese Verluste können keinen Verlust iSd § 10a GewStG für die OrganGes begründen, da negative Gewerbeerträge während der Organschaft allein beim Organträger entstehen können.

c) Nachorganschaftliche Verluste der Organgesellschaft

158 Nachorganschaftliche Verluste der OrganGes sind für eine Zurechnung beim *Organträger* ohne Bedeutung, weil § 10a GewStG keinen Verlustrücktrag vorsieht.

§ 272 Eigenkapital

(1) [1]**Gezeichnetes Kapital ist das Kapital, auf das die Haftung der Gesellschafter für die Verbindlichkeiten der Kapitalgesellschaft gegenüber den Gläubigern beschränkt ist.** [2]**Die ausstehenden Einlagen auf das gezeichnete Kapital sind auf der Aktivseite vor dem Anlagevermögen gesondert auszuweisen und entsprechend zu bezeichnen; die davon eingeforderten Einlagen sind zu vermerken.** [3]**Die nicht eingeforderten ausstehenden Einlagen dürfen auch von dem Posten „Gezeichnetes Kapital" offen abgesetzt werden; in diesem Falle ist der verbleibende Betrag als Posten „Eingefordertes Kapital" in der Hauptspalte der Passivseite auszuweisen und ist außerdem der eingeforderte, aber noch nicht eingezahlte Betrag unter den Forderungen gesondert auszuweisen und entsprechend zu bezeichnen.** [4]**Der Nennbetrag oder, falls ein solcher nicht vorhanden ist, der rechnerische Wert von nach § 71 Abs. 1 Nr. 6 oder 8 des Aktiengesetzes**

zur Einziehung erworbenen Aktien ist in der Vorspalte offen von dem Posten „Gezeichnetes Kapital" als Kapitalrückzahlung abzusetzen. [5]Ist der Erwerb der Aktien nicht zur Einziehung erfolgt, ist Satz 4 auch anzuwenden, soweit in dem Beschluß über den Rückkauf die spätere Veräußerung von einem Beschluß der Hauptversammlung in entsprechender Anwendung des § 182 Abs. 1 Satz 1 des Aktiengesetzes abhängig gemacht worden ist. [6]Wird der Nennbetrag oder der rechnerische Wert von Aktien nach Satz 4 abgesetzt, ist der Unterschiedsbetrag dieser Aktien zwischen ihrem Nennbetrag oder dem rechnerischen Wert und ihrem Kaufpreis mit den anderen Gewinnrücklagen (§ 266 Abs. 3 A.III.4.) zu verrechnen; weitergehende Anschaffungskosten sind als Aufwand des Geschäftsjahres zu berücksichtigen.

(2) **Als Kapitalrücklage sind auszuweisen**

1. **der Betrag, der bei der Ausgabe von Anteilen einschließlich von Bezugsanteilen über den Nennbetrag oder, falls ein Nennbetrag nicht vorhanden ist, über den rechnerischen Wert hinaus erzielt wird;**
2. **der Betrag, der bei der Ausgabe von Schuldverschreibungen für Wandlungsrechte und Optionsrechte zum Erwerb von Anteilen erzielt wird;**
3. **der Betrag von Zuzahlungen, die Gesellschafter gegen Gewährung eines Vorzugs für ihre Anteile leisten;**
4. **der Betrag von anderen Zuzahlungen, die Gesellschafter in das Eigenkapital leisten.**

(3) **[1]Als Gewinnrücklagen dürfen nur Beträge ausgewiesen werden, die im Geschäftsjahr oder in einem früheren Geschäftsjahr aus dem Ergebnis gebildet worden sind. [2]Dazu gehören aus dem Ergebnis zu bildende gesetzliche oder auf Gesellschaftsvertrag oder Satzung beruhende Rücklagen und andere Gewinnrücklagen.**

(4) **[1]In eine Rücklage für eigene Anteile ist ein Betrag einzustellen, der dem auf der Aktivseite der Bilanz für die eigenen Anteile anzusetzenden Betrag entspricht. [2]Die Rücklage darf nur aufgelöst werden, soweit die eigenen Anteile ausgegeben, veräußert oder eingezogen werden oder soweit nach § 253 Abs. 3 auf der Aktivseite ein niedrigerer Betrag angesetzt wird. [3]Die Rücklage, die bereits bei der Aufstellung der Bilanz vorzunehmen ist, darf aus vorhandenen Gewinnrücklagen gebildet werden, soweit diese frei verfügbar sind. [4]Die Rücklage nach Satz 1 ist auch für Anteile eines herrschenden oder eines mit Mehrheit beteiligten Unternehmens zu bilden.**

Übersicht

Schrifttum: Eigenkapital iSv § 272: *Börner* Verbindung von Kapitalerhöhung aus Gesellschaftsmitteln und Kapitalerhöhung gegen Bareinlagen bei AG, DB 1988, 1254; *Ebeling* Die Verwendung der Kapitalrücklage der AG gemäß § 150 Abs 3 und 4 AktG, WPg 1988, 502; *Jünger* Zur Stellung des persönlich haftenden Gesellschafters einer KGaA im Steuerrecht, DB 1988, 1969; *Loos* Steuerrechtliche und handelsrechtliche Einstufung von Aufgeld und Unterverzinslichkeit bei Optionsanleihen, BB 1988, 369; *Niemann* Zu dem Aufrechnungsverbot nach § 19 Abs 5 GmbHG und zu dem Problem der verdeckten Sacheinlage, DB 1988, 1531; *Priester* Die Erhöhung des Stammkapitals mit kapitalersetzenden Gesellschafterdarlehen, FS Döllerer, 475; *Küting/Kessler* Die Problematik der „anderen Zuzahlungen" gem § 272 Abs 2 Nr 4 HGB, BB 1989, 25; *Theissen* Die Besteuerung der KGaA, DB 1989, 2191; *HFA* 2/1994 Zum Ausweis des Genussschein-Kapitals, WPg, 419 ff; *Küting/Kessler* Eigenkapitalähnliche Mittel in der Handelsbilanz und im Überschuldungsstatus, BB 1994, 2103; *Elke* Vorausgezahlte Stammeinlagen – ein Fall fehlerhafter Kapitalaufbringung in der GmbH?, ZGR 1995, 426; *Karollus* Voreinzahlungen auf künftige Kapitalerhöhungen, DStR 1995, 1065; *Maser/Sommer* Die Neufassung der sanierenden Kapitalherabsetzung bei der GmbH, GmbHR 1996, 22; *Martens* Erwerb und Veräußerung eigener Aktien im Börsenhandel, AG 1996, 337; *HFA* 1/1996 – Zweifelsfragen beim Formwechsel, WPg 507; *HFA* 2/1997 Zweifelsfragen der Rechnungslegung bei Verschmelzungen, WPg 235; *Sethe* Die Besonderheiten der Rechnungslegung bei der KGaA, DB 1998, 1044; *Klingberg* Der Aktienrückkauf nach dem KonTraG aus bilanzieller und steuerlicher Sicht, BB 1998, 1575; *Thiel* Bilanzielle und steuerliche Behandlung eigener Aktien nach der Neuregelung des Aktienerwerbs durch das KonTraG, DB 1998, 1583; *Häuselmann* Wandelanleihen in der Handels- und Steuerbilanz des Emittenten BB 2000, 139; *Baldamus* Forderungsverzicht als Kapitalrücklage gemäß § 272 Abs 2 Nr 4 HGB DStR 2003, 852.

A. Anwendungsbereich, Ergänzungsposten

1 § 272 bezieht sich unmittelbar und ausschließlich auf die entspr EK-Posten bei *AG, KGaA,* und *GmbH.* Formal gelten sie auch für KapCoGes iSv § 264 a, jedoch kommen die Regelungen wegen der grds Unterschiede zwischen dem EK von PersGes und KapGes praktisch nicht zur Anwendung (s § 264 c Anm 15 ff). Wegen (eingeschränkter) sinngemäßer Anwendung des § 272 nach § 5 Abs 1 PublG s § 264 c Anm 100. Für *Genossenschaften* (eG) enthält § 337 Sondervorschriften und zwar in Abs 1 zum gezeichneten Kapital und in Abs 2 zu den Rücklagen: dazu § 337 Anm 2 ff und Anh 7 ff.

Soweit **Genussscheinkapital** bilanzielles EK darstellt, ist es in der Gliederung des EK als besonderer Posten zB nach dem gezeichneten Kapital oder nach den Gewinnrücklagen auszuweisen (näher § 266 Anm 186). Der Ausweis als EK setzt voraus, dass das Genussrecht durch eine Einlage begründet worden ist, die nur aus dem Liquidationserlös zu tilgen und im Insolvenzfall verloren ist; dazu ausführlich HFA 1/1994 WPg 419. Zur Zuordnung des Genussscheinkapitals zum EK oder zum FK s § 247 Anm 227 ff.

Ein weiterer, in § 272 nicht geregelter Ergänzungsposten sind die **Einzahlungen für Kapitalerhöhungen,** da diese erst nach Eintragung der Kapitalerhöhung im HR zum gezeichneten Kapital gehören (Näheres in Anm 20).

Abgrenzungs- und Zuordnungsfragen, die sich aus den einzelnen **Arten von Umwandlungen** auf KapGes nach dem UmwG ergeben, werden unter Anm 140 ff dargestellt.

Die EK-Darstellung bei **Kreditinstituten** und **VersicherungsUnt** ist in enger Anlehnung an § 272 durch die jeweiligen Formblätter vorgeschrieben.

B. Mindestgliederung, korrespondierende Aktivposten

Von den Einzelposten des EK, die in der Bilanz nach § 266 Abs 3 A. auszuweisen sind (§ 266 Anm 170 ff), werden in § 272 das gezeichnete Kapital mit dem Ausweis der ausstehenden Einlagen, einer Kapitalrückzahlung, die Kapitalrücklage, die Gewinnrücklagen und die Rücklage für eigene Anteile inhaltlich umschrieben. Eine Vorschrift zum Kapitalausweis ist bei KGaA ergänzend in § 286 Abs 2 AktG enthalten. 2

Kleine KapGes müssen die Gliederung des § 266 Abs 3 A wie große KapGes einhalten, da sie alle mit Buchstaben oder römischen Zahlen bezeichneten Posten getrennt darzustellen haben; lediglich die einzelnen Gewinnrücklagen können zusammengefasst werden. Letzteres ist uE aber für gesetzliche Gewinnrücklagen (wie die gesetzliche Rücklage von AG und KGaA) nicht zu empfehlen.

Tochter-KapGes, die alle Voraussetzungen des **§ 264 Abs 3** erfüllen (dort Anm 70 ff) brauchen *an sich* § 272 nicht zu beachten. Nach § 247 Abs 1 müssen sie jedoch das gezeichnete Kapital, ausstehende Einlagen darauf, die Kapitalrücklage und die Gewinnrücklagen getrennt bilanzieren – sonst ist die dort geforderte „hinreichende Aufgliederung" nicht erfüllt. Im Übrigen dürften die Regelungen des § 272 als GoB für alle KapGes anzusehen sein.

Ges, die einen KA erstellen, haben die Bewegungen der EK-Posten nach § 297 Abs 1 S 1 im KA in einem EK-Spiegel darzustellen (hierzu § 297 Anm 100 ff und DRS 7). Eine vergleichbare Regelung für den JA besteht nicht.

Auf der **Aktivseite** der Bilanz sind folgende mit dem EK korrespondierende 3
Posten *jeweils gesondert* auszuweisen:

Vor dem Anlagevermögen (als erster Posten):

- **Ausstehende Einlagen auf das gezeichnete Kapital** – mit Vermerk der eingeforderten Beträge – Bei wahlweiser Kürzung der noch nicht eingeforderten Beträge der ausstehenden Einlagen beim gezeichneten Kapital sind die eingeforderten, noch nicht eingezahlten Beträge im Umlaufvermögen als Forderungen gesondert auszuweisen (Anm 15)

Umlaufvermögen:

- Unter Forderungen und sonstige VG
- • Eingeforderte **ausstehende Einlagen** auf das gezeichnete Kapital (Anm 15)
- • **Eingeforderte Nachschüsse** (nur GmbH betreffend, Anm 75, 78)
- Unter Wertpapiere
- • **Eigene Anteile** (§ 266 Anm 138 ff) – sofern nicht in einer Vorspalte vom gezeichneten Kapital *offen* abzusetzen (Anm 9)

Letzter Bilanzposten (nach Posten C Rechnungsabgrenzungsposten):

- • **Nicht durch Eigenkapital gedeckter Fehlbetrag** (§ 268 Anm 75 ff).
- Bei **KGaA** kommen in Bezug auf die *negativen Kapitalkonten* der persönlich haftenden Gester (phG) hinzu:

Umlaufvermögen:

– Unter Forderungen und sonstige VG:

- **Einzahlungsverpflichtungen persönlich haftender Gester** (Anm 133)

Ggf ferner (nach Posten C Rechnungsabgrenzungsposten):

- **Nicht durch Vermögenseinlagen gedeckter Verlustanteil persönlich haftender Gester** (Anm 133).

Auf der **Passivseite** der Bilanz sind folgende EK-Posten gesondert zu zeigen:

– **Gezeichnetes Kapital,** ggf Eingefordertes Kapital (Anm 14), *ggf offene* Absetzung einer Kapitalrückzahlung (Anm 9)
– **Kapitalrücklage** (Anm 56 ff)
– **Gewinnrücklagen,** wie folgt zu untergliedern
  1. gesetzliche Rücklage (Anm 87 ff)
  2. Rücklage für eigene Anteile (Anm 117 ff)
  3. satzungsmäßige Rücklagen (Anm 95 f)
  4. andere Gewinnrücklagen (Anm 97 ff)
– **Gewinnvortrag/Verlustvortrag** (dazu § 268 Anm 1 ff)
– **Jahresüberschuss/Jahresfehlbetrag** (ebenfalls § 268 Anm 1 ff) *oder* anstelle der beiden letzten Posten
– **Bilanzgewinn/Bilanzverlust,** falls die Bilanz unter (teilweiser) Ergebnisverwendung erstellt wurde; näheres in § 268 Anm 1 ff

Bei der **KGaA** sind zusätzlich die **Kapitalkonten** der phG nach dem gezeichneten Kapital gesondert auszuweisen (Anm 132).

Ergänzende Regelungen im **AktG** oder **GmbHG** werden in den nachstehenden Erl behandelt. Für die Erl der fortgeltenden EK-Posten und zugehörigen Aktivposten des **DMBilG** verweisen wir auf die 4. Aufl § 272 Anm 150 ff.

C. Gezeichnetes Kapital und ausstehende Einlagen (Abs 1)

I. Gezeichnetes Kapital

1. Begriff, Abgrenzungen

4 Als gezeichnetes Kapital sind bei AG und KGaA das **Grundkapital** (§ 152 Abs 1 S 1 AktG) und bei GmbH das **Stammkapital** (§ 42 Abs 1 GmbHG) in der Bilanz darzustellen. Wenn **ausstehende Einlagen** bestehen, dürfen wahlweise die nicht eingeforderten Einlagen durch offene Absetzung vom gezeichneten Kapital gekürzt werden mit der Wirkung, dass nur das **„Eingeforderte Kapital"** in der Hauptspalte des EK gezeigt wird (Abs 1 S 3, dazu Anm 14).

Bei **AG** gilt der besondere Grundsatz der **Erhaltung des Grundkapitals.** An die Aktionäre dürfen die Einlagen, dh das Grundkapital und ein in die Kapitalrücklage eingestelltes Agio, nicht zurückgewährt werden (§ 57 Abs 1 S 1 AktG), da vor Auflösung der AG/KGaA nur der Bilanzgewinn verteilt werden darf (§ 57 Abs 3 AktG).

Auch das **GmbHG** sichert die **Erhaltung des Stammkapitals** durch ein Rückzahlungsverbot (§ 30 Abs 1 GmbHG, Erstattungspflicht gem § 31 GmbHG). Außerdem wird hier ggf sogar die Rückzahlung bestimmter, als FK auszuweisender Gester-Darlehen in Krisensituationen eingeschränkt (§§ 32 a, 32 b GmbHG), dazu § 266 Anm 255.

Nicht zum gezeichneten Kapital gehören die Kapitalanteile der phG bei KGaA, deren Kapitalanteile gem § 286 Abs 2 S 1 AktG nach dem Posten „Gezeichnetes Kapital“ gesondert auszuweisen sind (Anm 132f).

2. Einzelfragen zum Ausweis

a) Aktiengesellschaft (AG)

Das **Grundkapital** der AG ist in Aktien zerlegt (§ 1 Abs 2 AktG); sein Nennbetrag muss, ebenso wie ggf der Nennbetrag der Aktien, auf Euro lauten (§ 6 AktG). Der Mindestnennbetrag des Grundkapitals beträgt 50 000 Euro (§ 7 AktG), der Mindestnennbetrag der Aktien ist 1 Euro (§ 8 Abs 2 S 1 AktG). Der Nennbetrag des Grundkapitals kann nur durch einen Beschluss über eine Kapitalerhöhung (§§ 182–220 AktG) oder über eine Kapitalherabsetzung (§§ 222–240 AktG) mit anschließender Eintragung in das HR **geändert** werden. 5

Nennwertlose Stückaktien sind zulässig, jedoch nur anstelle, nicht neben Nennbetrags-Aktien (§ 8 Abs 1 AktG). § 8 Abs 3 und 4 AktG bestimmt, dass alle Stückaktien am Grundkapital in gleichem Umfang beteiligt sind; der Anteil am Grundkapital bestimmt sich hier nicht nach dem Verhältnis der Aktien-Nennbeträge, sondern nach der Zahl der Stückaktien zum Grundkapital (sog **„rechnerischer Wert“,** BT-Drs 13/9573, 12). Jedoch darf gem § 8 Abs 3 S 3 AktG der auf die einzelne Stückaktie entfallende anteilige Betrag des Grundkapitals 1 Euro nicht unterschreiten.

Auf der Passivseite der Bilanz muss das im HR am Bilanzstichtag eingetragene Grundkapital jeweils in voller Höhe ausgewiesen werden (§ 152 Abs 1 S 1 AktG, hier Anm 8ff). Ggf ist eine Kapitalrückzahlung durch Erwerb eigener Aktien *offen* abzusetzen (Anm 9) oder es sind noch nicht eingeforderte ausstehende Einlagen ebenfalls *offen* abzusetzen (Anm 14).

Sind durch Bilanzverluste sämtliche Rücklagen und außerdem mehr als die Hälfte des gezeichneten Kapitals verbraucht, bestehen Informationspflichten an die Anteilseigner gem § 92 Abs 1 AktG. Ergibt sich bilanziell ein „Nicht durch EK gedeckter Fehlbetrag“ gem § 268 Abs 3, muss geprüft werden, ob zu *Verkehrswerten* eine Überschuldung und damit ein Insolvenzgrund vorliegt; dann bestehen Anzeigepflichten an das Amtsgericht. Näheres bei *Förschle/Hoffmann* in Sonderbilanzen[3], N Anm 60ff.

Für das Grundkapital als **gezeichnetes Kapital** bestehen folgende **Vermerk- oder Angabepflichten** in der Bilanz: 6

- Bestehen **mehrere Aktiengattungen,** ist der Anteil der Aktien jeder Gattung am Grundkapital gesondert anzugeben (§ 152 Abs 1 S 2 AktG, zu den ergänzenden Angaben im Anhang (§ 160 Abs 1 Nr 3 AktG) s § 284 Anm 74.
- Bei vor 1966 ausgegebenen und noch bestehenden **Mehrstimmrechtsaktien** sind beim gezeichneten Kapital die Gesamtstimmenzahl dieser Mehrstimmrechtsaktien und die der übrigen Aktien zu vermerken (§ 152 Abs 1 S 4 AktG).
- Bedingtes **Kapital** ist mit dem Nennbetrag zu vermerken (§ 152 Abs 1 S 3 AktG); dazu Anm 26).

Über das **genehmigte Kapital** (§§ 202–206 AktG) sind im Anhang Angaben zu machen (§ 160 Abs 1 Nr 4 AktG).

b) Gesellschaft mit beschränkter Haftung (GmbH)

Das **Stammkapital** der GmbH ist in Stammeinlagen zerlegt (§ 5 Abs 1 und 3 GmbHG); der Nennbetrag des Stammkapitals wie der Stammeinlagen muss auf Euro lauten (§ 5 Abs 1 GmbHG), der Mindestbetrag des Stammkapitals beträgt 25 000 Euro; der Mindestbetrag der Stammeinlagen ist 100 Euro (§ 5 Abs 1 GmbHG). Auch der Nennbetrag des Stammkapitals kann nur durch einen Ka- 7 pitalerhöhungsbeschluss §§ 55–57 o GmbHG) oder einen Kapitalherabsetzungsbeschluss (§§ 58, 58 a–58 f GmbHG) mit Eintragung in das HR **geändert** werden. Nach § 5 Abs 3 S 3 GmbHG muss der Gesamtbetrag der Stammeinlagen bei der Gründung und bei einer Kapitalerhöhung mit dem Stammkapital übereinstimmen. Nach einer Einziehung (Amortisation) von Geschäftsanteilen nach § 34 GmbHG ändert sich ohne wirksame Kapitalherabsetzung nicht der Nennbetrag des Stammkapitals. Es vergrößern sich zB die verbleibenden Geschäftsanteile im Verhältnis zueinander oder es wird ein neuer Geschäftsanteil gebildet; durch einen Aufstockungsbeschluss (*ohne* Satzungsänderung) können die Nennwerte dem unveränderten Stammkapital angeglichen werden. *Hueck/Fastrich* in Baumbach/Hueck GmbHG[17] § 34 Anm 17 f zeigt den derzeitigen, zT streitigen Meinungsstand. Zur Kapitalerhaltung bestimmt § 30 Abs 1 GmbHG, dass das dafür erforderliche Vermögen der GmbH nicht an die Gester ausgezahlt werden darf. Mit diesem Auszahlungsverbot wird schwächer als bei AG nur das zur Erhaltung des Stammkapitals erforderliche Vermögen gebunden (dazu *Goerdeler/Müller in Hachenburg*[8] § 30 Anm 13 ff; *Hueck/Fastrich* in Baumbach/Hueck GmbHG[17] § 30 Anm 1).

Besondere **Angabe- oder Vermerkpflichten** im Rahmen der Bilanzierung des gezeichneten Kapitals bestehen für **GmbH** grds nicht, damit auch nicht bei etwaigen Mehrstimmrechten.

Sind durch Bilanzverluste sämtliche Rücklagen und außerdem mehr als 50% des Stammkapitals verzehrt, bestehen Informationspflichten an die Gester, § 49 Abs 3 GmbHG.

c) Maßgeblichkeit der Handelsregistereintragung

8 Der Ausweis des gezeichneten Kapitals bestimmt sich idR nach der Höhe des am Bilanzstichtag geltenden **Handelsregistereintrags** des Grund- oder Stammkapitals (zum Ansatz § 283 Anm 3). Die Festsetzung des Grund- oder Stammkapitals ist Bestandteil der Satzung bzw des GesVertrags. Ebenso wie bei Gründung einer KapGes wirkt auch bei den meisten Kapitalveränderungen (Kapitalerhöhung oder Kapitalherabsetzung) die Eintragung im HR konstitutiv. Für den Bilanzierungsgrundsatz der Maßgeblichkeit der HR-Eintragung ist dann entscheidend, dass die rechtliche Wirksamkeit der Kapitalveränderung von der Eintragung abhängt (Anm 5).

Abweichend hiervon darf die vereinfachte Kapitalherabsetzung nach § 234 Abs 1 AktG oder § 58 e Abs 1 GmbHG, ggf iVm einer gleichzeitigen Kapitalerhöhung (§ 235 Abs 1 AktG oder § 58 f Abs 1 GmbHG), ***vor*** Wirksamkeit der Eintragung rückwirkend im vorherigen JA ausgewiesen werden. Außerdem ist die bedingte Kapitalerhöhung gem § 200 AktG ***vor*** Eintragung bereits mit Ausgabe der Bezugsaktien wirksam und als solche zu bilanzieren. Die Kapitalherabsetzung durch Einziehung von Aktien ist, wenn die Einziehung der Eintragung des Beschlusses nachfolgt, erst mit der Einziehung wirksam (§ 238 S 1 AktG). Für GmbH gelten strengere Regeln gem § 34 GmbHG.

In der folgenden Übersicht sind für die einzelnen Kapitalmaßnahmen der Zeitpunkt ihrer rechtlichen Wirksamkeit sowie – bei Abweichung – der Zeitpunkt ihrer bilanziellen Erfassung zusammengestellt:

Kapitalerhöhung gegen Einlagen (Bar- oder Sacheinlagen; Anm 19)
Eintragung der *Durchführung* der Kapitalerhöhung in das HR (§ 189 AktG; § 54 Abs 3 GmbHG).

Kapitalerhöhung aus Gesellschaftsmitteln (Anm 21)
Eintragung des Beschlusses über die Erhöhung des Grund- oder Stammkapitals (§ 211 Abs 1 AktG, § 57 i Abs 4 GmbHG).

Bedingte Kapitalerhöhung (nur AG, KGaA; Anm 25)
Ausgabe der Bezugsaktien (§ 200 AktG). Für die konstitutive Wirkung ist **nicht** die Eintragung der Anmeldung des Ausgabebeschlusses (§§ 195 Abs 1 AktG) und auch nicht die nach dem Ende eines jeden Gj erfolgende Eintragung der während des Gj ausgegebenen Bezugsaktien (§ 201 AktG), sondern der tatsächliche Akt der Ausgabe von Bezugsaktien während des Gj (§ 200 AktG) maßgebend.

Genehmigtes Kapital (nur AG, KGaA; Anm 27)
Eintragung der Durchführung der Kapitalerhöhung (§ 203 Abs 1 iVm § 189 AktG).

Ordentliche Kapitalherabsetzung (Anm 29)
Eintragung des Beschlusses über die Kapitalherabsetzung (§ 224 AktG, §§ 54 Abs 3, 58 Abs 1 GmbHG). Bei GmbH ist die Anmeldung und Eintragung der Änderung des GesVertrags in das HR erst nach Gläubigeraufruf, Sperrjahr usw (§ 58 GmbHG) zulässig.

Vereinfachte Kapitalherabsetzung (Anm 31)
a) Die Kapitalherabsetzung ohne und mit Rückbeziehung wird mit der Eintragung im HR wirksam (§ 229 Abs 3 iVm § 224 AktG, § 58a Abs 3 iVm § 54 Abs 3 GmbHG). Die Bilanzierung der Kapitalherabsetzung darf wahlweise auf die vorangehende Bilanz zurückbezogen werden (§ 234 Abs 1 AktG, § 58e GmbHG und hier Anm 33).
b) In Verbindung mit einer rückwirkenden Kapitalherabsetzung kann nach § 235 Abs 1 AktG oder § 58f Abs 1 GmbHG eine dann ebenfalls bilanziell rückwirkende Kapitalerhöhung beschlossen werden. Sie wird mit deren Durchführung wirksam (§§ 235 Abs 2 AktG, 58f Abs 2 GmbHG).

Kapitalherabsetzung durch Einziehung von Anteilen
a) **AG, KGaA** (Anm 40)
   – Die Kapitalherabsetzung wird mit Eintragung des Beschlusses bei vorangegangener Einziehung wirksam oder bei nachfolgender Einziehung mit Einziehung der Aktien (§ 238 S 1 AktG).
   – Bei durch die Satzung angeordneter Einziehung ohne notwendige Beschlussfassung durch die HV ist das Grundkapital mit der Zwangseinziehung nach vorheriger Vernichtung der Rechte aus diesen Aktien herabgesetzt (§ 238 S 2 und 3 AktG).
b) **GmbH** (Anm 41)
   Die Einziehung nach § 34 GmbHG selbst berührt die Höhe des Stammkapitals nicht. Für die Kapitalherabsetzung bedarf es eines gesonderten Beschlusses der GesV. Sie vollzieht sich abhängig vom Beschluss nach den Grds der ordentlichen oder vereinfachten Kapitalherabsetzung.

3. Offene Absetzung vom gezeichneten Kapital als „Kapitalrückzahlung“ (Abs 1 S 4 bis 6)

Für bestimmte Fälle des Erwerbs eigener Aktien – die Regelung gilt nur für AG und KGaA – ist eine offene Absetzung des Nennbetrags oder des rechnerischen Werts der Anteile vom gezeichneten Kapital vorgesehen: 9
– für Aktienerwerbe **aufgrund eines HV-Beschlusses zur Einziehung** von Aktien nach § 237 AktG (§ 71 Abs 1 Nr 6 AktG)
  • nach den Regeln für die ordentliche Kapitalherabsetzung (§ 237 Abs 2 AktG)
  • vereinfachte Einziehung (§ 237 Abs 3 AktG)
– für Aktienerwerbe **aufgrund einer Ermächtigung** nach § 71 Abs 1 Nr 8 AktG, wenn
  • der Ermächtigungsbeschluss nur Erwerbe zum Zweck der Einziehung vorsieht, unabhängig davon, ob die Einziehung dann noch von einem weite-

ren Einziehungsbeschluss der HV abhängig ist oder bereits im Ermächtigungsbeschluss dem Vorstand die Ermächtigung zur Einziehung ohne weiteren HV-Beschluss gegeben wurde.

- der Ermächtigungsbeschluss mehrere Zwecke vorsieht, darunter auch den Zweck der Einziehung und der Vorstand den Erwerb mit der Absicht vornimmt, die Aktien auf der Grundlage einer bereits erteilten Einzugsermächtigung einzuziehen bzw. auf einen entspr Einziehungsbeschluss der HV hinzuwirken.
- der Ermächtigungsbeschluss zwar keine Zwecke benennt, der Vorstand aber den Erwerb mit der Absicht vornimmt, die Aktien einzuziehen und deshalb auf einen entspr HV-Beschluss hinzuwirken beabsichtigt.
- der Ermächtigungsbeschluss die Wiederveräußerung erworbener Aktien von einem mit satzungsändernder Mehrheit zu fassenden Beschluss der HV (entspr § 182 Abs 1 S 1 AktG) abhängig macht.

Die Regelung des Abs 1 S 4–6 ist in allen genannten Fällen, in denen der Erwerb in eine Einziehung der Aktien mündet, für die bilanzielle Abbildung des Vorgangs nur dann von Bedeutung, wenn zwischen Erwerb der Aktien und Vollzug der Einziehung ein Bilanzstichtag liegt. Ist dies nicht der Fall, richtet sich die bilanzielle Abbildung unmittelbar nach den Regeln der §§ 237 Abs 5, 238, 240 AktG (s dazu Anm 44ff).

In den Fällen, in denen die Ermächtigung zum Aktienerwerb nach § 71 Abs 1 Nr 8 AktG mehrere Zwecke zulässt oder keine Einschränkungen durch Zweckbestimmungen enthält, sind die Regeln nach Abs 1 S 4–6 nur anzuwenden, wenn der Vorstand den Erwerb zum Zwecke der Einziehung vornimmt. Dies muss durch einen entspr Beschluss des Vorstands dokumentiert sein. Im Zweifel, wenn die Absicht, zum Zwecke der Einziehung zu erwerben, nicht deutlich wird, geht die Behandlung nach Abs 4 vor, also Aktivierung als eigene Anteile und Bildung der Rücklage für eigene Anteile, da diese Regelung im Hinblick auf die Sperrung von Vermögen eindeutiger ist als die Regelung nach Abs 1 (aA *ADS*[6] ErgBd § 272 Anm 25, wonach im Zweifel die Regelung nach Abs 1 S 4–6 vorgehen soll; zu den Unklarheiten der Regelung nach Abs 1 s Anm 10).

Werden Aktien nicht mit der Absicht der Einziehung erworben und daher als eigene Anteile aktiviert und eine entspr Rücklage nach Abs 4 gebildet, ist diese Bilanzierung beizubehalten, auch wenn später eine Einziehungsabsicht besteht. Erst mit der Durchführung der Einziehung sind dann die dafür geltenden Regeln (s. Anm 44ff) anzuwenden (ebenso *ADS*[6] ErgBd § 272 Anm 28).

Werden Aktien zur Einziehung erworben, die Einziehung aber bis zum Abschlussstichtag noch nicht vollzogen, oder ist die Wiederveräußerung von im Rahmen einer Ermächtigung nach § 71 Abs 1 Nr 8 AktG erworbenen Aktien laut Ermächtigungsbeschluss nur durch späteren HV-Beschluss mit satzungsändernder Mehrheit zulässig, ist nach Abs 1 S 4–6 wie folgt **zu bilanzieren:**

Der Nennbetrag bzw der rechnerische Wert der zur Einziehung erworbenen Aktien ist in einer Vorspalte offen vom gezeichneten Kapital als Kapitalrückzahlung abzusetzen (für den Fall der Einziehung nach § 237 Abs 3 Nr 3 AktG s Anm 10 Abs 3). Der Vorspaltenposten könnte als „Nennbeträge/rechnerischer Wert zur Einziehung erworbener Aktien" oder im Falle der Wiederveräußerungsrestriktion als „Nennbeträge/rechnerischer Wert eigener Anteile, die nur nach HV-Beschluss wiederveräußert werden dürfen" bezeichnet werden. Der verbleibende Betrag in der Hauptspalte könnte als „Ausgegebenes Kapital" bezeichnet werden.

Die Differenz zwischen dem vom gezeichneten Kapital abzusetzenden Betrag und dem reinen Kaufpreis der Aktien (dh ohne Anschaffungsnebenkosten) ist

(Pflicht) mit den anderen Gewinnrücklagen (§ 266 Abs 3 A.III.4.) zu verrechnen. Ist der Kaufpreis niedriger als der vom gezeichneten Kapital abzusetzende Betrag, erhöht sich die Gewinnrücklage entspr (im Falle der Einziehung nach den Regeln der Kapitalherabsetzung aA *Bordt* in HdJ Abt III/1 Anm 229, wonach dann der Betrag in die Kapitalrücklage eingestellt werden soll), ist der Kaufpreis höher, vermindert sich die Gewinnrücklage.

Anschaffungsnebenkosten für die Aktien sind nach Abs 1 S 6 zweiter Hs in jedem Fall als Aufwand in der GuV zu erfassen (ebenso *ADS*[6] ErgBd § 272 Anm 19).

Zur Verrechnung eines höheren Kaufpreises dürfen nur freie Gewinnrücklagen verwendet werden. Satzungsmäßige Rücklagen dürfen nicht verwendet werden, es sei denn, dies entspräche dem satzungsmäßigen Zweck. Die gesetzliche Rücklage und die Kapitalrücklage nach Abs 2 Nr 1–3 dürfen nicht zur Verrechnung herangezogen werden, denn die gesetzlich normierten Verwendungszwecke (Verlustdeckung, ggf. Kapitalerhöhung aus Gesellschaftsmitteln) umfassen nicht die Deckung einer Vermögensminderung aus Einziehung von Aktien. Die frei verwendbare Kapitalrücklage nach Abs 2 Nr 4 darf hingegen in die Verrechnung einbezogen werden, es sei denn, es bestünde eine dem entgegenstehende Satzungsbestimmung (ebenso *ADS*[6] ErgBd § 272 Anm 18).

Reichen die für die Verrechnung zugelassenen Gewinnrücklagen und die Kapitalrücklage nach Abs 2 Nr 4 für die Abdeckung des übersteigenden Kaufpreises nicht aus, mindert der übersteigende Betrag des Kaufpreises das Bilanzergebnis.

In der Überleitungsrechnung vom Jahresüberschuss zum Bilanzgewinn sind einerseits die Auflösungen der Gewinnrücklagen (ggf der Kapitalrücklage) und andererseits der „Aufwand aus den zur Einziehung erworbenen Aktien" in Höhe des Kaufpreises (ohne Anschaffungsnebenkosten) abzüglich des Nennbetrags bzw des rechnerischen Werts der Aktien auszuweisen (ebenso *ADS*[6] ErgBd § 272 Anm 15f, die aber diesen Ausweis in der Überleitungsrechnung nicht für zwingend ansehen).

Wird im **Folgejahr** die Einziehung der Anteile vollzogen, ist in Höhe des Nennbetrags bzw rechnerischen Werts der eingezogenen Anteile gemäß § 240 AktG in der Überleitungsrechnung ein „Ertrag aus der Kapitalherabsetzung" gesondert auszuweisen. Da aber gleichzeitig der bisherige Vorspaltenabzug vom gezeichneten Kapital entfällt, entsteht in gleicher Höhe ein ebenfalls in der Überleitungsrechnung auszuweisender „Aufwand aus der Einziehung von Aktien" (im Vj war als Aufwand nur der Kaufpreis abzüglich des Nennbetrags bzw des rechnerischen Werts ausgewiesen worden).

Handelt es sich um eine **vereinfachte Einziehung** nach § 237 Abs 3 Nr 1 10
oder Nr 2 AktG muss zusätzlich zu den Maßnahmen nach Anm 9 vorletzter Abs nach § 237 Abs 5 AktG uE bereits im Jahr des Erwerbs der Aktien ein Betrag in Höhe des auf die eingezogenen Aktien entfallenden Betrags des Grundkapitals in die Kapitalrücklage eingestellt werden. Dies muss ebenfalls im Rahmen der Ergebnisverwendungsrechnung zu Lasten des Bilanzgewinns erfolgen. Dadurch wird erreicht, dass die Einziehung vollständig zu Lasten der Gewinnrücklagen oder des Bilanzgewinns vollzogen wird (§ 237 Abs 3 Nr 2 AktG). Soll die Einziehung zu Lasten der Gewinnrücklage erfolgen, wäre noch eine entspr Auflösung der Gewinnrücklage vorzunehmen. Würde die Kapitalrücklage erst im Jahr der Einziehung dotiert, würde entgegen § 237 Abs 3 AktG ein um den Nennbetrag der zur Einziehung bestimmten Aktien überhöhter ausschüttungsfähiger Betrag verbleiben.

Fraglich ist, ob bei Erwerb von **Aktien, deren Wiederverkauf von einem HV-Beschluss abhängig ist,** ebenfalls analog § 237 Abs 5 AktG ein Betrag in die Kapitalrücklage einzustellen ist. UE ist das zu bejahen, da kein Grund ersichtlich ist, weshalb in dieser Konstellation im Vergleich zu allen anderen Erwerben eigener Aktien ein höheres Ausschüttungspotential verbleiben sollte.

Handelt es sich um eine Einziehung von **Stückaktien** nach **§ 237 Abs 3 Nr 3 AktG,** bei der er es nicht zu einer Herabsetzung des Grundkapitals kommt, und liegt zwischen dem Erwerb der Anteile und dem Vollzug der Einziehung ein Bilanzstichtag, ist Abs 1 S 4–6 nach seinem Wortlaut ebenfalls anzuwenden. Da es bei dieser Form der Einziehung aber nicht zu einer Kapitalherabsetzung kommt, wäre ein Vorspaltenabzug vom gezeichneten Kapital nicht sachgerecht. In diesem Fall ist der gesamte Kaufpreis der Aktien (ohne AK-Nebenkosten) mit den anderen Gewinnrücklagen zu verrechnen. Im Jahr des Vollzugs der Einziehung erfolgt keine Buchung mehr, allerdings ist im Anhang eine niedrigere Anzahl von Aktien nach § 160 Abs 1 Nr 3 AktG anzugeben.

Liegt am ersten Bilanzstichtag nach dem Erwerb von Stückaktien zur Einziehung auf der Grundlage einer Ermächtigung nach § 71 Abs 1 Nr 8 AktG ein Beschluss der HV über die Art der Einziehung (mit oder ohne Kapitalherabsetzung) noch nicht vor, sollte die Bilanzierung so erfolgen, als ob die Einziehung ohne Kapitalherabsetzung erfolgen wird, da dieses Vorgehen (vollständige Verrechnung des Kaufpreises mit der Gewinnrücklage) stärker ausschüttungssperrend wirkt. Wird im Folgejahr eine Einziehung mit Kapitalherabsetzung beschlossen und vollzogen, ist in der Überleitungsrechnung ein „Ertrag aus Kapitalherabsetzung" einerseits (§ 240 AktG) und andererseits eine „Zuführung zur Kapitalrücklage nach § 237 Abs 5 AktG" auszuweisen.

11 Werden Aktien aufgrund einer Ermächtigung nach § 71 Abs 1 Nr 8 AktG mit der Absicht der Einziehung seitens des Vorstands erworben, bedarf die Einziehung jedoch noch eines entspr HV-Beschlusses, stellt sich die Frage, wie zu verfahren ist, wenn dieser **HV-Beschluss nicht zustande kommt.** Das Gesetz enthält dazu keine Regelung.

Denkbar wäre, von der Bilanzierung nach Abs 1 S 4–6 auf die „normale Bilanzierung" für eigene Anteile (Aktivierung mit AK und Rücklage für eigene Anteile) überzugehen. Dabei wird man auf die „Re-Aktivierung" der zuvor im Aufwand erfassten Anschaffungsnebenkosten der Anteile verzichten dürfen. Ist der Wert der Anteile zwischenzeitlich unter die AK gesunken, ist einerseits ein entspr Abschreibungsaufwand zu buchen, andererseits ist die Rücklage für eigene Anteile entspr aufzulösen. Bei Veräußerung der Anteile ist der Ertrag in der GuV zu erfassen. Die Rücklage für eigene Anteile ist aufzulösen. Für diese Rückkehr zum „Normalverfahren" spricht, dass durch das Nichtzustandekommen des Einziehungsbeschlusses die erworbenen Aktien zu „normalen" eigenen Anteilen werden, und es daher nahe liegt, dass die dafür vorgesehene Ausschüttungssperre in vollem Umfang wirksam wird.

Im Jahr des Übergangs auf die „normale" Bilanzierung von eigenen Anteilen ist in der Überleitungsrechnung vom Jahresüberschuss zum Bilanzgewinn ein „Ertrag aus der Re-Aktivierung eigener Anteile" in Höhe der ursprünglichen AK abzüglich Nennbetrag bzw rechnerischem Wert der Anteile und abzüglich Anschaffungsnebenkosten zu erfassen. Gleichzeitig ist ein entspr Betrag als Zuführung zur Gewinnrücklage zu zeigen. Auch die ggf vorgenommene Zuführung zur Kapitalrücklage nach § 237 Abs 5 AktG (Anm 10) ist durch eine entspr Entnahme umzukehren. Sind die eigenen Anteile am Bilanzstichtag noch vorhanden, muss eine dem Aktivposten entspr Rücklage für eigene Anteile gebildet werden (s dazu Anm 119 ff).

Es wäre auch denkbar, die Bilanzierung nach Abs 1 S 4–6 bis zur Wiederveräußerung der Anteile beizubehalten. Die Bezeichnung des entspr Vorspaltenabzugs sollte dann aber so angepasst werden, dass ersichtlich wird, dass die Anteile zur Wiederveräußerung zur Verfügung stehen. Fraglich ist dann allerdings, wie bei Wiederveräußerung zu verfahren ist (s dazu unten).

Werden Aktien aufgrund einer Ermächtigung nach § 71 Abs 1 Nr 8 AktG erworben, deren Wiederveräußerung gemäß Ermächtigungsbeschlusses eines mit satzungsändernder Mehrheit zu fassenden HV-Beschlusses gemäß § 182 Abs 1 S 1 AktG bedarf, stellt sich die Frage, wie zu verfahren ist, wenn dieser **HV-Beschluss gefasst** wird. Auch hierzu enthält das Gesetz keine Regelung.

Denkbar wäre auch in diesem Fall bei Beschlussfassung auf die „normale Bilanzierung" für eigene Anteile (Aktivierung mit AK und Rücklage für eigene Anteile) überzugehen und dadurch die für normale eigene Anteile vorgesehene Ausschüttungssperre in vollem Umfange herzustellen (s dazu oben).

Es wäre aber auch in diesem Fall denkbar, die Bilanzierung nach § 272 Abs 1 S 4–6 bis zur Wiederveräußerung der Anteile beizubehalten (für dieses Vorgehen *ADS*[6] ErgBd § 272 Anm 29; *Klingberg*, BB 1998, 1577). Die Bezeichnung des entspr Vorspaltenabzugs sollte dann so angepasst werden, dass ersichtlich wird, dass die Anteile zur Wiederveräußerung zur Verfügung stehen. Fraglich ist dann allerdings wiederum, wie bei Wiederveräußerung zu verfahren ist.

Bei **Durchführung der Wiederveräußerung** stellt sich im Falle, dass nicht entspr bereits vor Wiederveräußerung zur „normalen" Bilanzierung für eigene Anteile übergegangen worden ist, die Frage, wie der Erlös daraus zu erfassen ist. Man könnte aus der bisherigen Bilanzierung „wie bei einer tatsächlichen Einziehung" den Schluss ziehen, dass es konsequent sei, die Wiederveräußerung der Anteile entspr „wie bei tatsächlicher Ausgabe neuer Anteile" zu behandeln. Dies würde bedeuten, dass bei Wiederveräußerung der entspr Vorspaltenabzug entfällt und der über den anteiligen Grundkapitalbetrag hinaus erzielte Erlös in die Kapitalrücklage nach Abs 2 Nr 1 einzustellen ist (so *Bordt* in HdJ Abt III/1 Anm 229; *Klingberg*, BB 1998, 1577). Kosten der Ausgabe der Anteile sind als Aufwand zu erfassen. Sollte der Veräußerungserlös der Anteile geringer als ihr anteiliger Grundkapitalbetrag sein, wäre die Differenz als Minderung der Gewinnrücklage oder als Aufwand zu erfassen. Eine ggf vorgenommene Zuführung zur Kapitalrücklage nach § 237 Abs 5 AktG wäre nicht umzukehren.

Nach aA soll es jedoch genügen, wenn die Differenz zwischen dem Veräußerungserlös und dem anteiligen Grundkapitalbetrag in der Gewinnrücklage erfasst wird, also das Verfahren bei Erwerb der Anteile sozusagen „umgekehrt" angewandt wird. Falls der Erlös die früheren AK übersteigt, soll der übersteigende Betrag als Ertrag in der GuV, wie bei der Veräußerung eigener Anteile, erfasst werden (so *ADS*[6] ErgBd § 272 Anm 32, 33). Diese Behandlung wirkt im Zeitpunkt der Veräußerung der Anteile im Ergebnis wie die Rückkehr zur „normalen Bilanzierung" eigener Anteile. Es ist dann aber konsequent, bereits bei Vorliegen des Veräußerungsbeschlusses zur „normalen Bilanzierung" (Aktivierung mit AK und Rücklage für eigene Anteile) überzugehen (s oben).

II. Ausstehende Einlagen auf das gezeichnete Kapital

1. Rechtslage

Bei **Bareinlage** muss das gezeichnete Kapital nur teilweise vor Eintragung aufgebracht werden: Sofern die nicht voll eingezahlten Anteile auf den Namen des Inhabers lauten (§ 10 Abs 2 AktG) und in das Aktienbuch der **AG/KGaA** eingetragen werden (§ 67 Abs 1 AktG), ist nach § 36a Abs 1 AktG die Einforderung eines Viertels des geringsten Ausgabebetrags (Anm 5) je Aktie zuzüglich des *vollen* Agios ausreichend. Bei **GmbH** muss nach § 7 Abs 2 S 1 GmbHG auf jede übernommene Stammeinlage ein Viertel eingezahlt sein, insgesamt aber 12 mindestens „die Hälfte des Mindest-Stammkapitals gemäß § 5 Abs 1" GmbHG, also 12 500 *Euro*. Die bei **Bareinlage** nicht eingezahlten Beträge werden als „Ausstehende Einlagen auf das gezeichnete Kapital" bilanziert.

Sacheinlagen sind nach dem Wortlaut der §§ 36 a Abs 2 S 1 AktG, § 7 Abs 3 GmbHG bis zur Eintragung **vollständig** zu leisten, so dass hier keine ausstehenden Einlagen auftreten können. UE kann § 36 a Abs 2 AktG als Schutzvorschrift nur so sinnvoll ausgelegt werden, dass die Sacheinlage stets vor Anmeldung bzw vor Eintragung auf die AG/KGaA übertragen werden muss.

Auch bei GmbH ist bei Sacheinlagen, insb bei Einräumung schuldrechtlicher Ansprüche zur Sicherung der realen Kapitalaufbringung, jeweils die Einlagefähigkeit und deren Beschränkungen zu beachten; dazu grds *Hueck/Fastrich* in Baumbach/Hueck GmbHG[17] § 5 Anm 14 ff mit Beispielen ab Anm 25.

Ausstehende Einlagen auf Agio-Beträge können bei **AG/KGaA** nicht entstehen, da § 36 a AktG stets die Einzahlung des vollen Agios fordert. Zur Ausnahme im Fall der Rückbeziehung einer Kapitalerhöhung nach § 235 AktG s Anm 34.

Bei **GmbH** fehlt eine gesetzliche Regelung, so dass Festsetzungen im GesVertrag erforderlich sind. Agio-Beträge sind dann Nebenleistungen iSv § 3 Abs 2 GmbHG; Näheres bei *Hueck/Fastrich* in Baumbach/Hueck GmbHG[17] § 5 Anm 9, § 3 Anm 32 ff mwN.

Alle ausstehenden Agiobeträge sind nach hM als gesonderter Posten unter den Forderungen auszuweisen und entspr zu bezeichnen, da es sich *nicht* um ausstehende *Einlagen auf das gezeichnete Kapital* handelt (*ADS*[6] § 272 Anm 107 mwN). Das Ausweis-Wahlrecht des § 272 Abs 1 für noch nicht eingeforderte *Einlagen* ist uE für ausstehende Agio-Beträge nicht anzuwenden.

13 Die **ausstehenden Einlagen** (Grundkapital) werden **fällig,** wenn sie der *Vorstand* (die phG) nach § 63 Abs 1 AktG einfordert; dann sind sie auch zu verzinsen. Bei GmbH werden Einzahlungen auf die **Stammeinlagen** von den *Gestern* eingefordert (§ 46 Nr 2 GmbHG); sie sind gem § 20 GmbHG grds (GesVertrag!) ebenfalls ab Fälligkeit zu verzinsen. Die Verzinsung ausstehender **Agio-Beträge** muss im GesVertrag vereinbart werden; § 20 GmbHG gilt hierfür nicht.

2. Ausweiswahlrecht und Bewertung

14 Der Charakter des Postens **Ausstehende Einlagen auf das gezeichnete Kapital** ist nicht eindeutig (*ADS*[6] § 272 Anm 58):

– **Rechtlich** stellen aussteshende Einlagen auf das gezeichnete Kapital eine Forderung der KapGes an die Gester dar. Dies gilt unabhängig davon, ob die Einlagen bereits eingefordert sind oder nicht.

– **Wirtschaftlich** betrachtet bilden die ausstehenden Einlagen, soweit sie *noch nicht eingefordert* sind, einen Korrekturposten zum gezeichneten Kapital; zu einer Forderung im *wirtschaftlichen* Sinne werden sie erst durch Einforderung.

Dieser Besonderheit trägt das Ausweiswahlrecht des Abs 1 S 2 und 3 Rechnung, nach dem **noch nicht eingeforderte ausstehende Einlagen** entweder auf der Aktivseite vor dem Anlagevermögen (und ggf zB vor gem § 269 aktivierten Ingangsetzungskosten) gesondert auszuweisen und zu bezeichnen sind (Abs 1 S 2) *oder* aber auf der Passivseite vom Posten „Gezeichnetes Kapital" *offen* abgesetzt werden dürfen (Abs 1 S 3), was zu einem Nettoausweis des „eingeforderten Kapitals" führt.

15 Da **eingeforderte ausstehende Einlagen** Forderungscharakter haben, müssen sie stets auf der Aktivseite bilanziert werden. Im Falle des aktivischen Ausweises der ausstehenden Einlagen nach Abs 1 S 2 geschieht dies durch einen

Vermerk „davon eingeforderte Einlagen". Andernfalls müssen diese unter den Forderungen gesondert ausgewiesen und entspr bezeichnet werden (§ 272 Abs 1 S 3). Sie können dann ggf auch als Unterposten der Forderungen an verbundene bzw BeteiligungsUnt oder (bei GmbH) gegen Gester gezeigt werden (*WPH*[12] I F Anm 198).

Eingeforderte ausstehende Einlagen müssen hinsichtlich ihrer **Werthaltigkeit** geprüft und unter Berücksichtigung der Zahlungsfähigkeit des Gesters bzw des Ersatzverpflichteten (§§ 65 AktG, 22, 24 GmbHG) und der Möglichkeit des Ausschlusses säumiger Aktionäre (§ 64 AktG) oder Gester (§ 21 GmbHG) bewertet werden (*WPH*[12] I F Anm 54; ausführlich *ADS*[6] § 272 Anm 66 ff).

Für **noch nicht eingeforderte ausstehende Einlagen** entfällt eine Verzinsung bis zur Einforderung. Da sie wirtschaftlich betrachtet keine Forderung darstellen (Anm 14), kommt nach *Küting* eine Abwertung nicht in Betracht (*Küting* in HdR[5] § 272 Anm 46; ebenso *Hüttemann* in Großkomm HGB § 272 Anm 18; *Beater* in MünchKomm HGB § 272 Anm 12; *Thiele* in Bilanzrecht § 272 Anm 71). Wir meinen, dass auch die noch nicht eingeforderten ausstehenden Einlagen allerdings nur im Hinblick auf ihre Einbringlichkeit einer Bewertung unterliegen. (ähnlich *ADS*[6] § 272 Anm 66 ff; *Heymann* in Beck HdR B 231 Anm 57). Durch die Abschreibung der nicht mehr einbringlich erscheinenden ausstehenden Einlagen, wird ein entspr Betrag von der Ausschüttung gesperrt. Ist die Einbringlichkeit der ausstehenden Einlagen nicht mehr gesichert, muss ggf vom Ausweis als passive Absetzung vom EK auf den aktivischen Ausweis gewechselt werden (ebenso *ADS*[6] § 272 Anm 71).

III. Steuerrechtliche Besonderheiten bei Einlagen

Die von den Gestern **geleisteten Einlagen** auf das gezeichnete Kapital sind 16
als gesellschaftsrechtliche Einlagen Vermögensmehrungen, **die nicht** unter den **steuerrechtlichen Einkommensbegriff** (§ 8 Abs 1 KStG iVm § 4 Abs 1 S 1 EStG) fallen. Aus dem Bereich des gezeichneten Kapitals gehören hierzu die Leistungen auf den Nennbetrag des Grundkapitals oder Stammkapitals und auch auf das Aufgeld; dies gilt für Gründung (Bar- und Sachgründung) einschl Nachgründung ebenso wie für Kapitalerhöhung gegen Einlagen (Bar- und Sacheinlagen). Die über den Nennbetrag erzielten Beträge werden auf einem steuerrechtlichen Einlagenkonto ausgewiesen (§ 27 Abs 1 KStG).

Ausstehende Einlagen auf das Grund- oder Stammkapital sind in der Steu- 17
erbilanz als Forderungen der KapGes auszuweisen, unabhängig davon, ob sie eingefordert sind oder nicht. Nach Handelsrecht besteht eine Verpflichtung zur **Verzinsung** von *eingeforderten* Bareinlagen, wenn sie nicht rechtzeitig eingezahlt werden (§ 63 Abs 2 AktG, § 20 GmbHG, Anm 13). Die Verzinsungspflicht gilt dagegen nicht bei der rückständigen Leistung von Sacheinlagen (*Hueck/Fastrich* in Baumbach/Hueck[17] § 20 GmbHG Anm 2 mwN: nur Verzugsschaden nach BGB).

Die **Nichtverzinsung** ausstehender Stammeinlagen, die *noch nicht eingefordert* 18
sind, stellt keine vGA dar (*BFH* 14. 8. 1985, BStBl II 1986, 86). Unterlässt die KapGes die Einforderung des noch ausstehenden Grund- oder Stammkapitals, obwohl ein Geldbedarf besteht, liegt darin auch dann keine vGA, wenn sie für die Kreditaufnahme Zinsen aufwendet (*BFH* 29. 5. 1968, BStBl II 1969, 11, GmbH betr). Den Gründen dieses Urteils ist zu entnehmen, dass der BFH die handelsrechtliche Regelung, nach der die Verzinslichkeit ausstehender Einlagen erst mit ihrer Einforderung beginnt, auch steuerrechtlich anerkennt; anders für Verzugszinsen nach Einforderung, *Streck* KStG[6] § 8 Anm 150 „Einlagen".

IV. Veränderungen beim gezeichneten Kapital

1. Kapitalerhöhung

a) Kapitalerhöhung gegen Einlagen

19 Für AG und KGaA ist die Kapitalerhöhung gegen Einlagen in den §§ 182 bis 191 AktG geregelt und oft an die Voraussetzung gebunden, dass keine ausstehenden Einlagen auf das Grundkapital mehr erlangt werden können (§ 182 Abs 4 AktG, ausgenommen VersicherungsUnt). Die Kapitalerhöhung gegen Einlagen der GmbH regeln die §§ 55 bis 57b GmbHG.

Die Kapitalerhöhung kann gegen Bar- oder Sacheinlagen erfolgen (zur Einlagefähigkeit von VG § 247 Anm 172), wobei bei Sacheinlagen zur Sicherstellung ihrer Werthaltigkeit Formvorschriften bestehen und die Erstellung eines Sachgründungsberichts (§§ 32 AktG, 5 Abs 4 S 2 GmbHG) vorgeschrieben ist (§ 183 iVm §§ 33ff AktG, § 56 iVm § 9 GmbHG).

Eine **verdeckte Sacheinlage** liegt vor, wenn eine Kapitalerhöhung als Bar-Kapitalerhöhung vorgenommen wird, aber zB durch Aufrechnung einer Forderung eine Sacheinlage erfolgt. Nach Eintragung gilt das gezeichnete Kapital dennoch als wirksam erhöht mit der Folge, dass die KapGes den Anspruch auf die weiterhin **ausstehende (Bar-)Einlage** aktivieren, bewerten und gleichzeitig die Verpflichtung zur Rückgewähr der Sacheinlage (§ 812 BGB, ungerechtfertigte Bereicherung) passivieren muss (§ 183 Abs 2 AktG; hierzu ausführlicher *Förschle/Heinz* in Sonderbilanzen[3] O Anm 158, 160 Abs 2 sowie *ADS*[6] § 272 Anm 21 mwN).

Die Kapitalerhöhung wird erst mit der Eintragung der Durchführung der Erhöhung des Grundkapitals in das HR **wirksam** (§ 189 AktG, § 54 Abs 3 GmbHG).

20 Nach der Beschlussfassung über die Kapitalerhöhung liegt, solange weder die Einlage geleistet (selbst wenn sie eingefordert wurde) noch die (Durchführung der) Kapitalerhöhung in das HR eingetragen wurde, ein schwebendes Geschäft vor, das nicht bilanziert wird. Liegt in diesem Zeitraum ein Bilanzstichtag, ist über die schwebende Kapitalerhöhung lediglich im Anhang zu berichten (ebenso *Thiele* in Bilanzrecht § 272 Anm 27).

Geleistete Einlagen sind bis zur Eintragung der (Durchführung der) Kapitalerhöhung – vergleichbar erhaltenen Anzahlungen – Schulden der Ges und noch kein EK. Wegen der dennoch vorhandenen „Eigenkapitalnähe" dieser Schuld, die sich bei planmäßigem Verlauf der Kapitalerhöhung in EK wandeln wird, erscheint ein gesonderter Posten direkt *nach* dem EK mit der Bezeichnung **„Zur Durchführung der beschlossenen Kapitalerhöhung geleistete Einlagen"** sachgerecht (*ADS*[6] § 272 Anm 19; *Küting* in HdR[5] § 272 Anm 12). An der Auffassung, dass bei Eintragung der (Durchführung der) Kapitalerhöhung bis zur Bilanzaufstellung der Sonderposten mit Vermerk des Eintragungsdatums auch nach dem gezeichneten Kapital innerhalb des EK ausgewiesen werden dürfe, wird nicht mehr festgehalten (so aber noch *ADS*[6] § 272 Anm 19; *Beater* in MünchKomm HGB § 272 Anm 19). Zum Bilanzstichtag bestand eine Schuld. Die Wandlung in EK ist ein Ereignis nach dem Stichtag, über das im Anhang berichtet werden sollte (ebenso *Küting* in HdR[5] § 272 Anm 13; *Thiele* in Bilanzrecht § 272 Anm 29).

Erklären die Übernehmer/Zeichner der Anteile/Aktien, dass der eingezahlte Betrag auch im Falle der endgültigen Nicht-Eintragung der Kapitalerhöhung zur Stärkung des EK bei der Ges verbleiben soll, darf der Sonderposten bereits vor dem Zeitpunkt der Eintragung der Durchführung der Kapitalerhöhung innerhalb des EK ausgewiesen werden (ebenso *ADS*[6] § 272 HGB Anm 19).

Der Sonderposten bemisst sich nach der Höhe der tatsächlichen Gesamteinlagen, dh der Posten bezieht uE auch ein gezahltes **Agio** ein, das ebenfalls erst mit Eintragung der Kapitalerhöhung in der Kapitalrücklage ausgewiesen werden darf (*ADS* plädieren hier entweder für den einstweiligen Ausweis als Sonderposten – also zusammen mit den Einlagen – oder für das Agio sogar als Verbindlichkeit, vgl *ADS*[6] § 272 Anm 93).

Werden bei AG/KGaA die vor Anmeldung der *Durchführung* der Kapitalerhöhung eingeforderten Bareinlagen von Aktionären in Fremdwährung oder mittels Scheck erbracht, ist wirksam geleistet nur der Betrag in Euro, der als Gutschrift auf einem Konto der KapGes oder des Vorstands im Inland (Kreditinstitut, Postbank) zur freien Verfügung eingezahlt wurde (§ 54 Abs 3 AktG). Ausländische Zahlungsmittel stellen somit noch keine rechtlich wirksame Leistung der eingeforderten Bareinlagen dar (glA *Hüffer*[6] § 54 AktG Anm 13 ff). Entspr gilt für GmbH (*Hueck/Fastrich* in Baumbach/Hueck GmbHG[17] § 7 Anm 5 mwN). Kursverluste dürfen nicht der AG oder GmbH belastet werden.

b) Kapitalerhöhung aus Gesellschaftsmitteln

Die Kapitalerhöhung aus GesMitteln vollzieht sich durch **Umwandlung** der 21
Kapitalrücklage oder von Gewinnrücklagen in Grund- oder Stammkapital. Diese Kapitalerhöhung ist für AG und KGaA in §§ 207 bis 220 AktG und für GmbH in §§ 57 c bis 57 o GmbHG geregelt. Die Kapitalerhöhung aus GesMitteln wird mit Eintragung des Beschlusses über die Erhöhung in das HR wirksam (§ 211 AktG, §§ 57 i Abs 4 iVm 54 Abs 3 GmbHG). In der Bilanz wird der Vorgang der Kapitalerhöhung aus GesMitteln durch eine Umgliederung von Kapitalrücklage und/oder Gewinnrücklagen auf das Grund- oder Stammkapital durchgeführt, die jedoch nur bei AG/KGaA und dort bei den Rücklagen offen dargestellt werden muss (§ 152 Abs 2, 3 AktG). Bei Ges, die einen KA aufstellen, ist der Vorgang gem § 297 Abs 1 im KA zudem im EK-Spiegel darzustellen (zum EK-Spiegel DRS 7 und § 297 Anm 100 ff).

Umwandlungsfähig sind Kapital- und Gewinnrücklagen (§ 208 AktG, 22
§ 57 d Abs 1 GmbHG). Bei AG und KGaA dürfen die Kapitalrücklage nach Abs 2 Nr 1–3 und die gesetzliche Rücklage – sowie deren Zuführungen – nur insoweit in Grundkapital umgewandelt werden, als sie zusammen den zehnten Teil oder den in der Satzung bestimmten höheren Teil des bisherigen Grundkapitals übersteigen (§ 208 Abs 1 S 2 AktG). Da für GmbH grds keine gesetzliche Rücklage besteht, darf die Kapitalrücklage hier unbeschränkt in Stammkapital umgewandelt werden, so auch die Kapitalrücklage aus einer Nachschusspflicht (Anm 77). Auch Zuführungen zu den Gewinnrücklagen, die im letzten Beschluss über die Verwendung des Jahresüberschusses oder des Bilanzgewinns als solche bezeichnet sind, sind umwandlungsfähig (§ 208 Abs 1 S 1 AktG; § 57 d Abs 1 GmbHG).

Wird in der Bilanz, die der Beschlussfassung zugrunde gelegt wird, ein **Ver-** 23
lust einschließlich eines **Verlustvortrags** ausgewiesen, dürfen bis zu deren Höhe die Kapitalrücklage und die Gewinnrücklagen – ohne gesetzliche Rücklage – nicht umgewandelt werden. Umwandlungsfähig ist also nur der **positive Saldo** der in Frage stehenden Rücklagen nach Kürzung eines Verlusts und eines Verlustvortrags (§ 208 Abs 2 S 1 AktG, § 57 d Abs 2 GmbHG). **Zweckgebundene** Gewinnrücklagen und deren Zuführungen, also Rücklagen, die für einen bestimmten Zweck gebildet wurden, sind nur umwandlungsfähig, soweit dies

mit der Zweckbestimmung vereinbar ist (§ 208 Abs 2 S 2 AktG, § 57d Abs 3 GmbHG), ggf kann eine Aufhebung der Zweckbestimmung vor dem Kapitalerhöhungsbeschluss vorgenommen werden. So sind insb Rücklagen für eigene Anteile oder für Anteile an herrschenden Unt nur insoweit umwandlungsfähig, als sich die entspr Aktivposten ermäßigt haben.

24 Allgemeine Voraussetzung für die Umwandlungsfähigkeit der Kapitalrücklage und der erwähnten Gewinnrücklagen ist der Ausweis in der der **Beschlussfassung** zu Grunde gelegten Bilanz; hinzu kommt noch die **Zuführung** zu Gewinnrücklagen auf Grund der letzten Beschlussfassung (§ 208 Abs 1 S 1 AktG; § 57d Abs 1 GmbHG). Die für die Beschlussfassung notwendige Bilanz kann eine **Jahresbilanz** oder eine **Zwischenbilanz** sein; jedoch dürfen deren **Stichtage** höchstens acht Monate vor Anmeldung des Beschlusses zur Eintragung in das HR liegen (§ 209 Abs 1 und 2 AktG; §§ 57e Abs 1, 57f Abs 1 S 2 GmbHG). Die zugrunde gelegte **Jahresbilanz** muss bei allen – auch kleinen – KapGes *geprüft,* mit einem uneingeschränkten **Bestätigungsvermerk** versehen und **festgestellt** sein (§ 209 Abs 1 AktG); auch eine zugrunde gelegte **Zwischenbilanz** muss geprüft und mit uneingeschränkten BVm versehen sein (§ 209 Abs 3 AktG). Die gleichen Voraussetzungen gelten für **GmbH** (§§ 57e Abs 1, 57f Abs 2 S 2 GmbHG).

Eine Kapitalerhöhung aus GesMitteln und eine Kapitalerhöhung gegen Bareinlagen mit *getrennten* Gester-Beschlüssen dürfen zeitlich miteinander verbunden werden (dazu im Einzelnen *Börner* DB 1988, 1254; *OLG Düsseldorf,* 25. 10. 1985 zu GmbH: Verbindung in einem einheitlichen Beschluss BB 1986, 1732).

Die Kapitalerhöhung mittels des **„Schütt-aus/Hol-zurück-Verfahrens"** ist nach *BGH* 26. 5. 1997 (DB, 1610) nicht mehr nach den Grundsätzen einer verdeckten Sacheinlage – also als Doppelmaßnahme – zu behandeln. Vielmehr sind die Voraussetzungen ihrer Eintragung in das HR an den Regeln für die Kapitalerhöhung aus GesMitteln auszurichten (Änderung der Rspr).

c) Bedingte Kapitalerhöhung (AG/KGaA)

25 Beschließt die HV eine Erhöhung des Grundkapitals, die nur soweit durchgeführt werden soll, wie von einem Umtausch- oder Bezugsrecht Gebrauch gemacht wird, das die Ges auf die neuen Aktien (Bezugsaktien) einräumt, handelt es sich um eine bedingte Kapitalerhöhung (§ 192 Abs 1 AktG). Sie soll nur für **bestimmte,** in § 192 Abs 2 AktG genannte **Zwecke,** zB Aktien für Mitarbeiter oder Vorstand (stock options), beschlossen werden, dazu hier Anm 300 ff. Der Nennbetrag des bedingten Kapitals ist auf die Hälfte des bis dahin eingetragenen Grundkapitals beschränkt (§ 192 Abs 3 AktG). Eine bedingte Kapitalerhöhung mit **Sacheinlagen** ist in § 194 AktG geregelt.

Die Bezugsaktien dürfen erst ausgegeben werden, wenn der **Beschluss** über die bedingte Kapitalerhöhung in das HR *eingetragen* ist (§ 197 S 1 AktG); vorher ausgegebene Bezugsaktien sind nichtig (§ 197 S 3 AktG). Mit Ausgabe der Bezugsaktien ist das Grundkapital erhöht (§ 200 AktG). Der Umfang der in jedem Gj ausgegebenen Bezugsaktien (Nennbetrag oder Stückzahl) ist gesondert zum HR anzumelden (§ 201 Abs 1 AktG), Anm 26. Diese spätere Eintragung des erhöhten Grundkapitals ist ausnahmsweise nur deklaratorisch.

26 Für die **Bilanzierung der bedingten Kapitalerhöhung** gilt folgendes:
- Nach **Beschlussfassung** der HV (Anm 25) ist der Nennbetrag des bedingten Kapitals beim gezeichneten Kapital in der Bilanz zu **vermerken** (§ 152 Abs 1 S 3 AktG).
- Nach Eintragung des Beschlusses **und** Ausgabe von Bezugsaktien erhöht sich das **gezeichnete Kapital** um den Nennbetrag oder bei Stückaktien um den

rechnerischen Wert der *ausgegebenen* Aktien. Insoweit ist gleichzeitig der Betrag des Vermerks des Nennbetrags des bedingten Kapitals zu kürzen (*ADS*[6] § 272 Anm 25).
- Im **Anhang** sind Angaben über Aktien, die aus einer bedingten Kapitalerhöhung im Gj gezeichnet wurden, gesondert zu machen (§ 160 Abs 1 Nr 3 AktG); hierzu gehören ua Angaben zum Nennbetrag und zur Stückzahl (dazu auch § 284 Anm 74).
- **Bezugsaktien** gegen Wandelschuldverschreibungen dürfen nur ausgegeben werden, wenn der Unterschied zwischen dem Ausgabebetrag der zum Umtausch eingereichten Schuldverschreibungen und dem höheren Nennbetrag (Ausgabebetrag bei Stückaktien) der Bezugsaktien aus einer anderen Gewinnrücklage, soweit sie für diesen Zweck verwandt werden darf, oder durch Zuzahlung des Umtauschberechtigten gedeckt ist (§ 199 Abs 2 AktG); das entfällt, wenn die Wandelschuldverschreibungen bereits mit ausreichendem Aufgeld ausgegeben wurden. Eine Zuzahlung ist in die Kapitalrücklage einzustellen. Deckung durch nicht gebundene andere Gewinnrücklagen als Alternative bedeutet Entnahme des Differenzbetrags aus diesen Rücklagen zugunsten des gezeichneten Kapitals (Anm 62, *Hüffer*[6] § 199 Anm 12f).

Für **GmbH** besteht keine Möglichkeit einer bedingten Kapitalerhöhung, da im GmbHG eine entspr Regelung fehlt.

d) Genehmigtes Kapital (AG/KGaA)

Hier besteht eine satzungsmäßige Ermächtigung, für die Dauer von höchs- 27
tens fünf Jahren nach Eintragung der Satzungsänderung ins HR das Grundkapital bis zu einem bestimmten Nennbetrag durch Ausgabe neuer Aktien gegen Bar- oder Sacheinlagen zu erhöhen (§ 202 Abs 1 und 2, § 205 AktG). Der Nennbetrag des genehmigten Kapitals darf die Hälfte des Grundkapitals, das im Zeitpunkt der Ermächtigung vorhanden ist, nicht übersteigen (§ 202 Abs 3 AktG). Dadurch erhält der Vorstand die Möglichkeit, künftig nach Maßgabe des tatsächlichen Kapitalbedarfs der AG/KGaA und anhand aktueller Kapitalmarkt-Situationen das Grundkapital zu erhöhen. Dabei darf gem §§ 203 Abs 1 S 1 iVm 186 Abs 3 S 4 AktG teilweise das Bezugsrecht der Alt-Aktionäre ausgeschlossen werden.

§ 160 Abs 1 Nr 4 AktG verpflichtet zur Angabe des Nennbetrags des genehmigten Kapitals und des Inhalts des Ermächtigungsbeschlusses im Anhang (*Hüffer*[6] § 160 Anm 11; § 284 Anm 43). Erhöht ist das Grundkapital erst durch Ausgabe der neuen Aktien und Eintragung der Durchführung der Kapitalerhöhung im HR (§§ 203 Abs 1 iVm 189 AktG). Sind die Einlagen am Bilanzstichtag geleistet und fehlt die Eintragung in das HR, gilt Anm 20 entspr.

Das genehmigte Kapital darf auch zur Gewinnbeteiligung der Arbeitnehmer der AG/KGaA verwendet werden (§§ 202 Abs 4, 204 Abs 3 AktG). Dabei dürfen unter bestimmten Voraussetzungen nach § 204 Abs 3 AktG die neuen Aktien unentgeltlich an die Arbeitnehmer abgegeben werden, wenn die auf sie zu leistende Einlage aus dem Teil des Jahresüberschusses gedeckt wird, den Vorstand und Aufsichtsrat in andere Gewinnrücklagen einstellen dürfen. In der Überleitungsrechnung vom Jahresüberschuss zum Bilanzgewinn ist dann ein entspr gesonderter Verwendungsposten, in der Bilanz ein entspr Sonderposten im EK auszuweisen (*ADS*[6] § 272 Anm 29). Die entspr Zunahme des gezeichneten Kapitals darf erst ausgewiesen werden, wenn die Kapitalerhöhung in das HR eingetragen ist. Dies geschieht jedoch erst im Folgejahr, denn der Anmeldung ist der entspr JA beizufügen.

Das **GmbHG** enthält keine Regelung für ein genehmigtes Kapital.

2. Kapitalherabsetzung

a) Ordentliche Kapitalherabsetzung

29 Für **AG und KGaA** ist die ordentliche Kapitalherabsetzung in §§ 222 bis 228 AktG geregelt. Das Grundkapital kann durch **Herabsetzung** des Nennbetrags oder zwecks Einhaltung des Mindest-Nennbetrags oder geringsten Ausgabebetrags (Anm 5) der Aktien, auch durch **Zusammenlegung** von Nennwert- oder Stückaktien vermindert werden (§ 222 Abs 4 AktG). Eine Kapitalherabsetzung unter den Mindestnennbetrag nach § 7 AktG von 50000 Euro ist nur zulässig, wenn gleichzeitig eine Barkapitalerhöhung beschlossen wird, durch die dieser Mindestbetrag wieder erreicht wird (§ 228 Abs 1 AktG). Im Beschluss über die ordentliche Kapitalherabsetzung ist deren Zweck festzulegen, insb, ob sie der Rückzahlung von Teilen des Grundkapitals an die Aktionäre dienen soll (§ 222 Abs 3 AktG). Aus dieser Möglichkeit folgt, dass die ordentliche Kapitalherabsetzung nur unter Beachtung der Gläubigerschutzvorschriften des § 225 AktG (Sicherheitsleistungen, Sperrfrist für Auszahlungen) durchgeführt werden darf.

Die Kapitalherabsetzung wird mit Eintragung des entspr **Beschlusses** in das HR **wirksam** (§ 224 AktG) – nicht erst mit der Eintragung der Durchführung der Herabsetzung, die ebenfalls zum HR anzumelden ist (§ 227 Abs 1 AktG). Entspr ist bereits zu diesem Zeitpunkt der Betrag des gezeichneten Kapitals in der Bilanz zu reduzieren. Soweit eine Rückzahlung an die Aktionäre vorgesehen ist, ist eine Verbindlichkeit zu buchen. Diese ist aber „gesperrt" (*Hüffer*[6] § 224 AktG Anm 7) und wird erst nach Gläubiger-Befriedigung fällig. Zeitgleich zum HR-Eintrag aktiviert der bilanzierende Aktionär eine entspr Forderung, die ebenfalls später fällig wird. Zum Ausweis der Kapitalherabsetzung in der GuV s Anm 43.

30 Das **GmbHG** regelt die ordentliche Kapitalherabsetzung in § 58 GmbHG. Die Gläubiger schützt das **Sperrjahr;** es beginnt mit dem Tag, an welchem die **Aufforderung an die Gläubiger,** sich bei der GmbH zu melden und ggf Sicherheiten zu fordern, in den öffentlichen Blättern des § 30 Abs 2 GmbHG zum dritten Mal bekanntgegeben wurde. Erst nach Ablauf des Sperrjahrs darf der Herabsetzungsbeschluss zur **Eintragung** in das HR angemeldet werden (§ 58 Abs 1 Nr 3 GmbHG). Bei der Kapitalherabsetzung darf der Mindestbetrag des Stammkapitals nach § 5 Abs 1 GmbHG (Anm 8) nicht unterschritten werden (§ 58 Abs 2 S 1 GmbHG). Die Kapitalherabsetzung wird mit der Eintragung im HR **wirksam** (§ 54 Abs 3 GmbHG). Dieser Zeitpunkt ist maßgeblich für den Ausweis des herabgesetzten Stammkapitals in der Bilanz. Soweit eine Rückzahlung an die Gester vorgesehen ist, ist eine entspr Verbindlichkeit zu buchen. Soweit eine Rückzahlung nicht vorgesehen ist, sollte der Betrag in die Kapitalrücklage eingestellt werden, wenn er nicht unmittelbar zum Ausgleich eines Bilanzverlusts verwendet wird. Wurden bereits vor Eintragung der Kapitalherabsetzung Zahlungen an die *Gesellschafter* geleistet, besteht ein zu aktivierender Rückzahlungsanspruch der GmbH (§ 31 GmbHG).

b) Vereinfachte Kapitalherabsetzung

31 Die Zulässigkeit der vereinfachten Kapitalherabsetzung besteht für AG/KGaA (§§ 229 bis 236 AktG) und für GmbH (§§ 58a bis 58f GmbHG). Die vereinfachte Kapitalherabsetzung dient der Buchsanierung (Ausgleich von Bilanzverlusten im Rahmen des § 229 Abs 2 AktG oder § 58a Abs 2 GmbHG, Anm 32) und stellt iVm einer Kapitalerhöhung gegen Bareinlagen die Vorstufe für eine Gesamtsanierung dar. Diesem Sanierungszweck dient auch die Zulässig-

keit der Rückbeziehung beider Maßnahmen (Kapitalschnitt) auf den letzten JA (Anm 33).

Zur vereinfachten Kapitalherabsetzung ausführlich *Förschle/Heinz* in Sonderbilanzen[3] O Anm 101 ff.

Eine **vereinfachte Kapitalherabsetzung** nach diesen Vorschriften ist nur in einer Höhe zulässig, soweit die daraus gewonnenen Beträge nur für folgende **Zwecke** genutzt werden können: 32

a) Deckung eines (nach Auflösung bestimmter noch vorhandener Rücklagen verbleibenden) Verlusts,
b) begrenzte Einstellung von Beträgen in die Kapitalrücklage, bis diese zusammen mit der gesetzlichen Rücklage maximal 10% des herabgesetzten gezeichneten Kapitals beträgt (§§ 229 Abs 1, 231 AktG, § 58b Abs 1 und 2 GmbHG).

Die Kapitalherabsetzung in vereinfachter Form ist des weiteren nur **zulässig,** nachdem *vorweg* der Teilbetrag einer gesetzlichen Rücklage (bei GmbH der Gewinnrücklagen) und der Kapitalrücklage, um den diese zusammen über zehn vH des nach der Herabsetzung verbleibenden gezeichneten Kapitals hinausgehen, sowie die freien und zweckgebundenen Rücklagen und ggf ein Gewinnvortrag aufgelöst worden sind (§ 229 Abs 2 AktG; § 58a Abs 2 GmbHG).

Die aus der Kapitalherabsetzung und den ggf notwendigen Auflösungen von Rücklagen und Gewinnvortrag gewonnenen Beträge dürfen, wenn der Beschluss dies vorsieht, in begrenztem Umfang in die Kapitalrücklage eingestellt werden. Der übersteigende Betrag muss für die Verlustdeckung verwendet werden (§ 230 S 2 AktG; § 58b Abs 1 und 2 GmbHG). Soweit Letzteres nicht möglich ist, weil die am ersten Bilanzstichtag nach der Beschlussfassung tatsächlich angefallenen Verluste geringer sind, als bei der Beschlussfassung angenommen wurde, ist auch dieser Teil der gewonnenen Beträge ohne Begrenzung in die Kapitalrücklage einzustellen. Auch wenn sich in einem der zwei folgenden Gj ergibt, dass Wertminderungen oder sonstige Verluste tatsächlich nicht eingetreten waren (und daher zB entspr Erträge aus Zuschreibungen oder der Auflösung von Rückstellungen anfallen), müssen entspr Beträge in die Kapitalrücklage eingestellt werden (§ 232 AktG; § 58c GmbHG). Zum Ausweis der vereinfachten Kapitalherabsetzung in der Verlängerung der GuV s Anm 43.

Diese aus der vereinfachten Kapitalherabsetzung resultierende Kapitalrücklage (Rücklage gem Beschluß und Rücklage wegen zu hoch angenommener Verluste) unterliegt bei AG der Verwendungsrestriktion nach § 150 AktG. Bei GmbH darf diese Kapitalrücklage ebenfalls für 5 Jahre nach Beschlussfassung über die vereinfachte Kapitalherabsetzung nur zur Verlustdeckung und zur Kapitalerhöhung aus GesMitteln verwandt werden (§§ 58b Abs 3, 58c S 2 GmbHG; zum Ausweis der Rücklage s Anm 57).

Nach einer vereinfachten Kapitalherabsetzung dürfen (bei GmbH bis zum Ablauf des 5. Jahrs nach der Beschlussfassung über die vereinfachte Kapitalherabsetzung) Gewinne nur ausgeschüttet werden, wenn die Kapitalrücklage und die gesetzliche Rücklage (bei GmbH Gewinnrücklage) zusammen wieder mindestens den Betrag von 10% des herabgesetzten gezeichneten Kapitals betragen (§ 233 Abs 1 S 1 AktG, § 58d Abs 1 GmbHG). Gewinnausschüttungen von mehr als 4% des herabgesetzten gezeichneten Kapitals sind außerdem für die ersten zwei Gj nach Beschlussfassung nur zulässig, soweit der Gläubigerschutz beachtet wurde (§ 233 Abs 2 AktG, § 58d Abs 2 GmbHG).

Die vereinfachte Kapitalherabsetzung darf mit einer gleichzeitigen **Kapitalerhöhung** gegen Bareinlagen verbunden werden (§ 235 Abs 1 AktG; § 58f GmbHG; Anm 34 ff).

33 Im Interesse einer rechtzeitigen bilanziellen Sanierung darf die vereinfachte Kapitalherabsetzung gem § 234 AktG bzw § 58e GmbHG auf den JA des letzten, vor Beschlussfassung einer Kapitalherabsetzung abgelaufenen Gj **zurückbezogen** werden. Hier darf im JA bereits so ausgewiesen werden, als ob die Kapitalherabsetzung vor dem Bilanzstichtag wirksam durchgeführt worden wäre, obwohl auch die rückwirkende vereinfachte Kapitalherabsetzung erst mit der späteren Eintragung in das HR wirksam wird (§ 229 Abs 3 iVm § 224 AktG, § 58a Abs 5 iVm § 54 Abs 3 GmbHG). Werden die Beschlüsse nicht innerhalb von drei Monaten – abgesehen von Fristhemmnissen – eingetragen, sind sie nichtig (§ 234 Abs 3 AktG, § 58e Abs 3 GmbHG). Der JA muss dann entspr geändert, dh ohne die Kapitalherabsetzung aufgestellt werden.

Die Möglichkeit der Rückwirkung der vereinfachten Kapitalherabsetzung auf den letzten JA bedeutet die Rückbeziehung der Durchführung der Kapitalherabsetzung einschließlich Auflösungen von Rücklagen, Einstellungen in die Kapitalrücklage und entspr Verlängerung der GuV gem § 240 AktG (Anm 43).

34 Wird gleichzeitig mit der Kapitalherabsetzung eine **Kapitalerhöhung** gegen Bareinlagen beschlossen, darf auch diese unter bestimmten Voraussetzungen in dem letzten JA als vollzogen bilanziert werden (§ 235 Abs 1 AktG, § 58f Abs 1 GmbHG); diese Erleichterung gilt nicht für eine Kapitalerhöhung mit Sacheinlagen. Die Rückbeziehung bedeutet hier also, dass das gezeichnete Kapital in der Höhe **nach Kapitalherabsetzung und gleichzeitiger Kapitalerhöhung** ausgewiesen werden darf (ausführlich zur rückwirkenden Kapitalerhöhung *Förschle/Heinz* in Sonderbilanzen[3], O Anm 173ff).

Auch die Rückbeziehung der Kapitalerhöhung bewirkt für die Bilanz wiederum, dass so verfahren werden darf, als wäre diese am zurückliegenden Bilanzstichtag bereits durchgeführt. Das gezeichnete Kapital und ggf die Kapitalrücklage werden bereits in der Höhe ausgewiesen, wie sich sich nach der Eintragung der Durchführung der Kapitalerhöhung ergeben. Da am Bilanzstichtag die Einlage noch nicht geleistet ist, ist in Höhe des ausstehenden gezeichneten Kapitals ein Ausweis als ausstehende Einlage auf das gezeichnete Kapital zu aktivieren, wobei dieses als eingefordert zu vermerken ist (*ADS*[6] § 272 Anm 42). Es ist auch zulässig iSd Abs 1 S 3, den Betrag gesondert unter den Forderungen auszuweisen. Der Betrag des noch nicht geleisteten Agios ist immer (uE gesondert) unter den Forderungen auszuweisen (*ADS*[6] § 272 Anm 105).

35 Wird von der Rückbeziehung beider Maßnahmen (Anm 34) Gebrauch gemacht, muss auch die Kapitalerhöhung und bei AG/KGaA ihre Durchführung innerhalb von drei Monaten – abgesehen von Fristhemmnissen – in das HR eingetragen worden sein, andernfalls sind die Beschlüsse nichtig (§ 235 Abs 2 AktG, § 58f Abs 2 GmbHG). Der JA muss dann entspr geändert werden.

36 Bei einer Kombination von vereinfachter Kapitalherabsetzung und Bar-Kapitalerhöhung darf die bilanzierende KapGes zwischen folgenden **Gestaltungsmöglichkeiten** wählen (so *Zöllner* in Baumbach/Hueck GmbHG[17] § 58f Anm 3):
- keine Rückbeziehung beider Maßnahmen,
- nur Rückbeziehung der Auswirkungen der vereinfachten Kapitalherabsetzung,
- Rückbeziehung beider Maßnahmen.

Ausgeschlossen ist hingegen, die Rückbeziehung *nur* für die Kapitalerhöhung zu wählen.

37 Die Rückbeziehung der vereinfachten Kapitalherabsetzung setzt im Übrigen voraus, dass der letzte JA durch die **Hauptversammlung/Gesellschafterversammlung** festgestellt wird; der Feststellungsbeschluss soll mit dem Beschluss über die Kapitalherabsetzung verbunden werden (§ 234 Abs 2 AktG, § 58e Abs 2 GmbHG). Die Feststellung hat bei mittelgroßen und großen KapGes zur Voraussetzung, dass der JA durch Abschlussprüfer (AP) geprüft worden ist (zum Testat bei Rückbeziehung s § 322 Anm 181). Auch die Rückbeziehung der Kapitalerhöhung, die iVm der Kapitalherabsetzung zu beschließen ist, setzt die Feststellung des JA voraus (arg ex § 235 Abs 1 S 1 AktG oder § 58f Abs 1 S 1 GmbHG). Werden die Beschlüsse über die vereinfachte Kapitalherabsetzung und die Kapitalerhöhung durch Fristablauf **nichtig** (Anm 33, 35), bezieht sich die Nichtigkeit auch auf den Beschluss der Feststellung der diese Kapitalmaßnahmen enthaltenden JA durch die HV/GesV; ebenso bedarf der dann zu berichtigende und prüfungspflichtige JA einer Nachtragsprüfung (§ 316 Abs 3).

c) Kapitalherabsetzung durch Einziehung von Anteilen

Die Voraussetzungen der zwangsweisen Einziehung von **Aktien** oder die Einziehung nach Erwerb der Aktien ergeben sich aus § 237 AktG. Die Kapitalherabsetzung kann hier in zwei Formen durchgeführt werden: 40

- Die Einziehung erfolgt gegen Zahlung eines **Entgelts** an die abgebenden Aktionäre. In diesem Fall gelten die Vorschriften über die ordentliche Kapitalherabsetzung und damit auch der Gläubigerschutz vor Zahlungen an die Aktionäre (§ 237 Abs 2, § 225 Abs 2 AktG).
- Die Aktien, auf die der Ausgabebetrag voll geleistet sein muss, werden der AG/KGaA **unentgeltlich** zur Verfügung gestellt, **oder** die Aktien werden **zu Lasten** des Bilanzgewinns oder einer anderen Gewinnrücklage, soweit sie zu diesem Zweck verwandt werden darf, eingezogen (§ 237 Abs 3 AktG). In beiden Fällen ist in die **Kapitalrücklage** ein Betrag einzustellen, der dem auf die eingezogenen Aktien entfallenden (Teil-)Betrag des Grundkapitals entspricht (§ 237 Abs 5 AktG). Ausführlicher hierzu *Förschle/Heinz* in Sonderbilanzen[3], O Anm 90ff.

Mit Eintragung des Einziehungsbeschlusses oder, wenn die Einziehung nachfolgt, mit der Einziehungshandlung ist das Grundkapital herabgesetzt. Bedarf es für die Einziehung keines HV-Beschlusses (satzungsmäßig angeordnete Zwangseinziehung), ist die Herabsetzung bewirkt, wenn die Einziehung durch eine auf die Vernichtung der Rechte gezielte Handlung der AG vollzogen ist (§ 238 AktG). Die Einziehungsentscheidung des Vorstands ist diese Handlung (*Hüffer*[6] § 237 Anm 41; *Förschle/Heinz* in Sonderbilanzen[3] O Anm 93). Die **Durchführung** der Einziehung bedarf auch als Zwangseinziehung der Eintragung in das HR (§ 239 Abs 1 AktG). Zum Ausweis der Kapitalherabsetzung durch Einziehung in der Verlängerung der GuV s Anm 44ff. Zum Fall der Einziehung von Anteilen ohne Kapitalherabsetzung nach § 237 Abs 3 Nr 3 AktG s Anm 46.

Für **GmbH** ist die Kapitalherabsetzung durch Einziehung von Anteilen gesetzlich nicht geregelt; Vereinbarungen im GesVertrag zur Einziehung von *Geschäftsanteilen* sind zulässig (§ 34 GmbHG). Grds sind Einziehung und Kapitalherabsetzung hier **als getrennte Vorgänge** zu beurteilen (so *Zöllner* § 58 Anm 9, *Hueck/Fastrich* § 34 Anm 17, beide in Baumbach/Hueck GmbHG[17]). 41

Die Einziehung eines Geschäftsanteils bewirkt keine Veränderung der Höhe des Stammkapitals, es erhöht sich lediglich der Nennbetrag der verbleibenden Geschäftsanteile (hierzu Anm 8). Die Kapitalherabsetzung kann anschließend durch gesonderten Beschluss erfolgen.

d) Ausweis der Kapitalherabsetzung in der GuV

Der aus der Kapitalherabsetzung gewonnene Betrag ist in der GuV in der 43
Überleitung vom Jahresüberschuss zum Bilanzgewinn (Ergebnisverwendungs-

rechnung) als **„Ertrag aus der Kapitalherabsetzung"** nach dem Posten „Entnahmen aus Gewinnrücklagen" gesondert aufzuführen (§ 240 S 1 AktG). Diese Ausweisvorschrift betrifft jede Form der Kapitalherabsetzung (zB nach §§ 222, 237 AktG; so auch *ADS*[6] § 240 AktG Anm 1, 5 ff) nicht nur die vereinfachte Kapitalherabsetzung (§ 229 AktG, § 58 a GmbHG).

Ist bei der ordentlichen Kapitalherabsetzung eine Kapitalrückzahlung an die Aktionäre vorgesehen, ist als Gegenposten zu der entstehenden Verbindlichkeit (Anm 29) in der Ergebnisverwendungsrechnung ein gesonderter Posten, etwa mit der Bezeichnung „Aufwand aus Kapitalrückzahlung" auszuweisen (ebenso *Thiele* in Bilanzrecht § 272 Anm 45).

Bei der vereinfachten Kapitalherabsetzung sind Einstellungen in die **Kapitalrücklage** nach § 229 Abs 1 AktG (Kapitalrücklage aus Herabsetzung), § 232 AktG (Kapitalrücklage wegen überschätzter Verluste) in der Ergebnisverwendungsrechnung als „Einstellung in die Kapitalrücklage nach den Vorschriften über die vereinfachte Kapitalherabsetzung" gesondert auszuweisen (§ 240 S 2 AktG). Ferner ist im **Anhang** (s § 284 Anm 48) nach § 240 S 3 AktG zu erläutern, ob und in welcher Höhe die aus der Kapitalherabsetzung und aus der Auflösung von Kapital- und Gewinnrücklagen gewonnenen Beträge verwandt werden

- zum Ausgleich von Wertminderungen,
- zur Deckung von sonstigen Verlusten oder
- zur Einstellung in die Kapitalrücklage.

Bei *KGaA* beschränkt sich die Kapitalherabsetzung nach dem AktG auf das Grundkapital der Kommanditaktionäre. Für die Kapitalanteile der phG verbleibt es bei den Regeln der §§ 286 Abs 2, 288 AktG (Anm 127) und dem ergänzenden Inhalt der Satzung.

44 Bei der Bilanzierung der **Einziehung** von Aktien nach den Regeln der **ordentlichen Kapitalherabsetzung** (§ 237 Abs 2 AktG) ist bei Erwerb und Einziehung innerhalb des gleichen Gj (für den Fall, dass zwischen Erwerb und Einziehung ein Bilanzstichtag fällt, siehe für bestimmte Fälle Anm 9) wie folgt zu bilanzieren:

Werden die Aktien entgeltlich erworben, bewirkt die Einziehung eine Vermögensminderung der Ges in Höhe der AK inkl Anschaffungsnebenkosten. Aus Abs 1 S 6 zweiter Hs könnte man ableiten, dass die Vermögensminderung auf Grund der Anschaffungsnebenkosten auf jeden Fall als Aufwand, also vor dem Jahresüberschuss zu berücksichtigen ist. Die Vermögensminderung auf Grund des eigentlichen Kaufpreises für die Aktien sollte dagegen vorzugsweise als „Aufwand aus der Einziehung von Aktien" in einem Posten innerhalb der Ergebnisverwendungsrechnung ausgewiesen werden, da dieser Vorgang wirtschaftlich eher einer Entnahmehandlung vergleichbar ist (im Ergebnis ebenso *Förschle/Heinz* in Sonderbilanzen[3] O Anm 95).

Die Herabsetzung des gezeichneten Kapitals ist durch einen entspr verringerten Ausweis dieses Postens darzustellen. Der entspr Gegenposten ist der „Ertrag aus Kapitalherabsetzung" nach § 240 AktG, der ebenfalls in die Ergebnisverwendungsrechnung gehört.

45 Bei der Bilanzierung bei **vereinfachter Einziehung** (§ 237 Abs 3 AktG) ergibt sich ggü dem obigen Vorgehen (Anm 44) kein Unterschied, wenn die Einziehung mit einer Kapitalherabsetzung verbunden ist. Es ist lediglich die Regelung nach § 237 Abs 5 AktG zusätzlich zu beachten, wonach in die Kapitalrücklage ein Betrag einzustellen ist, der dem auf die eingezogenen Aktien entfallenden Grundkapital gleichkommt. Die Gegenbuchung erfolgt bei dem Posten „Einstellung in die Kapitalrücklage nach § 237 Abs 5 AktG", der ein Posten in der Ergebnisverwendungsrechnung ist (vgl *ADS*[6] § 158 AktG

Anm 27; *Hüffer*[6] § 240 Anm 5). Der Betrag gehört zu den gebundenen Kapitalrücklagen nach § 272 Abs 2 Nr 1–3 HGB (*Förschle/Heinz* in Sonderbilanzen[3] O Anm 94).

Betrifft die Einziehung Aktien, die bisher als eigene Anteile aktiviert waren, gelten die Ausführungen entspr, denn dieser Vorgang gilt als vereinfachte Einziehung (vgl *Lutter* in Kölner Komm[2] § 237 Anm 106). Die Rücklage für eigene Anteile ist bei Einziehung aufzulösen.

In § 237 Abs 3 Nr 3 AktG ist geregelt, dass im Fall von **Stückaktien** eine 46
vereinfachte Einziehung auch erfolgen darf, wenn der Einziehungsbeschluss der HV bestimmt, dass sich durch die Einziehung der Anteil der übrigen Aktien am Grundkapital gemäß § 8 Abs 3 AktG erhöht, also insofern keine Kapitalherabsetzung stattfindet. Obwohl der Wortlaut dies nicht verlangt, ist wohl davon auszugehen, dass dies in vereinfachter Form nur geschehen darf, wenn eine entgeltliche Einziehung zu Lasten des (im letzten JA ausgewiesenen) Bilanzgewinns oder freier anderer Gewinnrücklagen erfolgt (§ 237 Abs 3 Nr 2 AktG).

Nach dem Wortlaut müsste auch in diesem Fall nach § 237 Abs 5 AktG ein Betrag in die Kapitalrücklage eingestellt werden, der dem auf die eingezogenen Aktien entfallenden Betrag des Grundkapitals gleichkommt. Da in diesem Fall jedoch keine Minderung des Grundkapitals eintritt, wäre dies nicht sachgerecht. Durch die Zunahme des anteiligen Grundkapitals, das auf die verbleibenden Aktien entfällt, entfällt auf die eingezogenen Aktien kein Betrag des Grundkapitals und daher ist auch kein Betrag der Kapitalrücklage zuzuführen.

Im Fall des § 237 Abs 3 Nr 3 AktG entfällt daher sowohl die Herabsetzung des gezeichneten Kapitals als auch die Zuführung zur Kapitalrücklage. Die bei entgeltlichem Erwerb der Aktien eingetretene Vermögensminderung wird wie in den anderen Fällen als „Aufwand aus der Einziehung von Aktien" in der Ergebnisverwendungsrechnung ausgewiesen.

Für **GmbH** gibt es keine vergleichbaren Vorschriften für den Ausweis des 47
Ertrags aus einer Kapitalherabsetzung in der GuV bzw der Ergebnisverwendungsrechnung; § 275 Abs 4 sollte daher analog zu § 240 AktG erweiternd auch auf Erträge aus dem Stammkapital erstreckt werden. Eine Pflichtangabe im Anhang ist nicht vorgeschrieben. Es ist zu empfehlen, im Anhang der GmbH freiwillig Angaben zu machen, wie sie für AG vorgeschrieben sind.

3. Steuerrechtliche Besonderheiten (Kapitalveränderungen)

a) Kapitalerhöhung

Gesellschaftsrechtliche **Einlagen für Kapitalerhöhungen** fallen nicht unter 48
den steuerrechtlichen Einkommensbegriff (§ 8 Abs 1 KStG iVm § 4 Abs 1 S 1 EStG). Dasselbe gilt für die Leistung eines vereinbarten Aufgelds (zum Begriff s Anm 58).

Sind die Einlagen bis zum Bilanzstichtag geleistet, aber die Kapitalerhöhung 49
noch nicht in das HR eingetragen, wird der Passivposten **„Zur Durchführung der beschlossenen Kapitalerhöhung geleistete Einlagen"** (Anm 20) auch in die Steuerbilanz übernommen: Dabei ist die Frage, ob es sich hierbei in der Steuerbilanz um bilanzielles EK iSv § 27 ff KStG handelt, nicht von Bedeutung. Nach *BFH* vom 2. 10. 1981 (BStBl II 1982, 13) sind diese Einzahlungen noch Schuldposten.

Die **Kapitalerhöhung aus Gesellschaftsmitteln** hat für die KapGes keine 50
steuerrechtlichen Auswirkungen. Sie führt lediglich zur Umschichtung zwischen den verschiedenen steuerlbilanziellen EK-Posten. Zuerst gilt der Bestand des steuerrechtlichen Einlagenkontos nach § 27 KStG als umgewandelt. Reicht

dieses nicht aus, gelten auch sonstige Rücklagen als umgewandelt. Dieser aus sonstigen Rücklagen resultierende Teil des Nennkapitals ist gesondert festzustellen (Sonderausweis nach § 28 Abs 1 KStG). Wenn nachfolgend positive Beträge auf dem steuerrechtlichen Einlagenkonto entstehen, gelten diese als in Nennkapital umgewandelt und der Sonderausweis einerseits und das steuerrechtliche Einlagenkonto entspr vermindert (§ 28 Abs 3 KStG).

51 Für die **bedingte Kapitalerhöhung** nach §§ 192 bis 201 AktG gelten, sobald sie *durchgeführt* wird, hinsichtlich des Einlagecharakters keine Besonderheiten. Beim **Umtausch von Wandelschuldverschreibungen** stellen Ausgabe der Schuldverschreibungen und der spätere Umtausch in Aktien aus der bedingten Kapitalerhöhung keinen einheitlichen Vorgang dar (*BFH* 21. 2. 1973, BStBl II, 460).

52 Für die *Durchführung* der Ermächtigung aus dem **genehmigten Kapital** nach §§ 202 bis 206 AktG gelten hinsichtlich der steuerrechtlichen Behandlung als Einlagen ebenfalls keine Besonderheiten.

53 Die **Kosten der Ausgabe von Geschäftsanteilen** sind bei allen KapGes als **Betriebsausgaben** abzugsfähig. Dieser Betriebsausgabenabzug gilt bei der Gründung von KapGes und für Kapitalerhöhungen. Zu den **abzugsfähigen Ausgabekosten** gehören etwaige Steuern bei Gründung oder Kapitalerhöhung, Kosten der Herstellung der Aktien, Notariats- und Gerichtskosten, Provisionen an Kreditinstitute und andere Mitwirkende, Prüfungskosten iVm der Gründungsprüfung einschl Sachgründungen und Sachkapitalerhöhung, Kosten der Börseneinführung von Aktien unter bestimmten Voraussetzungen, Kosten für Veröffentlichungen im BAnz (im Einzelnen § 248 Anm 5, *Heinicke* in Schmidt[24] § 4 Anm 520 „Anlaufkosten", „Finanzierungskosten" mwN). **Nicht** zu den Ausgabekosten rechnet die **Grunderwerbsteuer** beim Übergang von Grundstücken im Rahmen von Sachgründungen oder Sachkapitalerhöhung; diese Steuer ist aktivierungspflichtig. Die iVm der Ausgabe von **Wandelschuldverschreibungen** entstehenden Kosten sind Betriebsausgaben für die Beschaffung von FK (*BFH* vom 21. 2. 1973, BStBl II, 460, Anm 49).

b) Kapitalherabsetzung

54 Die gesellschaftsrechtlich wirksame Kapitalherabsetzung mit **Rückzahlung** an die Gester **(effektive Kapitalherabsetzung)** stellt bei der KapGes stets einen gewinnneutralen Vorgang im Vermögensbereich dar (*BFH* BStBl II 1993, 369).

Wenn vor der Kapitalherabsetzung eine Kapitalerhöhung aus GesMitteln stattgefunden hatte, und dabei der Betrag des steuerrechtlichen Einlagenkontos für die Umwandlung nicht ausreichte, also auch sonstige steuerrechtliche Rücklagen umgewandelt wurden (Sonderausweis nach § 28 Abs 1 KStG, Anm 50), und dieser im Zeitpunkt der Kapitalherabsetzung (teilweise) noch vorhanden ist, gilt die Kapitalherabsetzung zuerst als aus dem (verbliebenen) Sonderausweis vorgenommen. Die Rückzahlung an die Gester gilt insoweit als Gewinnausschüttung (§ 28 Abs 2 KStG).

55 Erfolgt die Kapitalherabsetzung – ordentliche oder vereinfachte – **ohne Rückzahlung** an die Gester (§§ 222 Abs 3, 229, 237 AktG, §§ 58, 58a GmbHG, sog **nominelle Kapitalherabsetzung**), unterliegt der Buchgewinn bei der KapGes nicht der KSt (§ 8 Abs 1 KStG iVm § 4 Abs 1 S 1 EStG); die Herabsetzungsbeträge werden dem steuerrechtlichen Einlagenkonto gutgeschrieben, es sei denn, die Beträge haben einen Sonderausweis nach § 28 Abs 1 KStG gemindert (s Anm 54).

Die Kapitalherabsetzung darf bei der KapGes auch steuerrechtlich zum Ausgleich von Wertminderungen oder zur Deckung sonstiger Verluste (Beseitigung einer Unterbilanz) oder zur Einstellung in Rücklagen erfolgen, jeweils bezogen auf den Verwendungszweck für die HB. Erfolgt die Kapitalherabsetzung zur Beseitigung ausstehender Einlagen (§ 225 Abs 2 S 2 AktG § 58 Abs 2 S 2 GmbHG), handelt es sich bei der KapGes ebenfalls um einen steuerneutralen Vorgang.

D. Kapitalrücklage (Abs 2)

I. Inhalt

Die Kapitalrücklage umfasst hauptsächlich solche Kapitalbeträge, die der KapGes von außen zugeführt werden und nicht aus dem erwirtschafteten Ergebnis gebildet werden (Ausnahme §§ 229ff AktG oder §§ 58aff GmbHG, Anm 57). Es handelt sich um (1) das Agio bei Ausgabe von Anteilen einschl von Bezugsanteilen, Anm 57 bis 61, (2) das Agio bei der Ausgabe von Schuldverschreibungen für Wandlungsrechte und Optionsrechte, Anm 62, (3) Zuzahlungen der Gester gegen Gewährung eines Vorzugs für ihre Anteile, Anm 66 und (4) andere Zuzahlungen der Gester in das EK, Anm 67. 56

Abs 2 gilt – sofern rechtlich zulässig – auch für GmbH, insb für die Sachverhalte (1) und (4). Bei GmbH gehören auch Nachschüsse zu der Kapitalrücklage (Anm 75ff).

II. Einstellungen

Einzustellen sind die in Anm 56 aufgeführten vier Agio- oder agioähnlichen und sonstige Zuzahlungen der Gester „in das Eigenkapital". Weiterhin sind nach §§ 229, 230, 232 AktG oder §§ 58aff GmbHG bei der vereinfachten Kapitalherabsetzung gewonnene Beträge in die Kapitalrücklage einzustellen (Anm 31f). Zur Kapitalrücklage gehört ferner die „Sonderrücklage" für bedingtes Kapital nach einer Kapitalerhöhung aus GesMitteln (§ 218 S 2 AktG, Anm 68) und die Kapitalrücklage aus vereinfachter Einziehung von Aktien nach § 237 Abs 5 AktG. 57

Ein **gesonderter Ausweis** oder eine Aufgliederung im Anhang für unterschiedliche Teilbeträge der Kapitalrücklage ist insb zu empfehlen, soweit die Teilbeträge unterschiedlichen Verwendungsrestriktionen unterliegen:

Bei **AG/KGaA** betrifft das insb

- die Beträge nach Abs 2 Nr 1 bis 3 (Verwendung nur zum Verlustausgleich und ggf zur Kapitalerhöhung aus GesMitteln nach § 150 AktG) von dem Betrag gem Nr 4 (in der Verwendung frei); ebenso *ADS*[6] § 272 Anm 86, *WPH*[12] I F Anm 168
- die Sonderrücklage gem § 218 AktG (Anm 68), die für die Umbuchung ins gezeichnete Kapital reserviert ist, wenn von einem Wandlungs- oder Optionsrecht Gebrauch gemacht wird (*ADS*[6] § 272 Anm 88)
- die Kapitalrücklage aus der vereinfachten Kapitalherabsetzung nach § 229 Abs 1 AktG (Einstellung aus der Herabsetzung) oder § 232 AktG (Einstellung wegen zu hoch angenommener Verluste) (Anm 31f): Sonderausweis oder Zusammenfassung mit den Beträgen nach Abs 2 Nr 1 bis 3, da diese Beträge den gleichen Verwendungsrestriktionen unterliegen (*ADS*[6] § 272 Anm 87, *WPH*[12] I F Anm 169)
- die Kapitalrücklage aus der vereinfachten Einziehung von Aktien nach § 237 Abs 5 AktG (Anm 40, 45): Sonderausweis oder Zusammenfassung mit den

Beträgen nach Abs 2 Nr 1 bis 3, da diese Beträge den gleichen Verwendungsrestriktionen unterliegen.

Bei **GmbH** betrifft das insb

- den gesonderten Ausweis der Kapitalrücklagen aus vereinfachter Kapitalherabsetzung (§ 58 b Abs 2 GmbH Einstellung aus Herabsetzung; § 58 c GmbH Einstellung bei zu hoch angenommenen Verlusten), solange gem § 58 b Abs 3 GmbHG (5 Jahre nach Beschluss der vereinfachten Kapitalherabsetzung) nur für Verlustausgleich oder Kapitalerhöhung aus GesMitteln verwendbar (*Schulze-Osterloh* in Baumbach/Hueck GmbHG[17] § 42 Anm 171 a)
- den voraussichtlich realisierbaren Betrag aus Nachschüssen der GmbH-Gester gem gesetzlichem Gebot des § 42 Abs 2 S 3 GmbHG als Kapitalrücklage.

1. Kapitalrücklage aus Ausgabe von Anteilen (Abs 2 Nr 1)

58 Das **Aufgeld aus der Ausgabe von Anteilen** umfasst bei **AG/KGaA** *vereinbarte* Agiobeträge aus der Ausgabe von Aktien bei Gründung oder Kapitalerhöhung (Bar- und Sacheinlagen), bei mittelbarem Bezugsrecht, bei Verschmelzung, bei Vorratsaktien und beim Umtausch von Wandelschuldverschreibungen (oder von Optionsanleihen) in Aktien (glA *ADS*[6] § 272 Anm 90 bis 107).

Für **GmbH** kommen hiervon in Frage: Agio aus der Übernahme von Stammeinlagen bei Gründung und bei Kapitalerhöhung (Bar- und Sacheinlagen), Agio bei Verschmelzung. Nicht gesetzlich geregelt sind hingegen Agio bei mittelbarem Bezugsrecht, Agio bei Vorratsgeschäftsanteilen und Agio beim Umtausch von Wandelschuldverschreibungen in Geschäftsanteile.

Aufgeld (Agio) ist der Betrag, der bei Ausgabe von Anteilen einschl von Bezugsanteilen über den Nennbetrag hinaus *erzielt* wird.

Bei **Stückaktien** ist deren *rechnerischer Wert* maßgebend. Für Nennbetragsaktien und für Stückaktien beträgt der Mindestausgabebetrag 1 Euro (§ 9 Abs 1 AktG). Während Nennbetragsaktien auf 1 Euro oder ein Mehrfaches davon lauten müssen (§ 8 Abs 2 AktG), bestehen für Stückaktien im Wert von mehr als 1 Euro „keine Betragsstufen" (Begr RegE BTDrs 13/9573, 11). „Rechnerischer Wert" einer Stückaktie ist ihr prozentuales Verhältnis zum Grundkapital; er muss für alle Stückaktien einer AG/KGaA gleich sein (§ 8 Abs 3 S 1 AktG).

Beispiel: Die Erstausstattung/Kapitalerhöhung einer AG betrage 10 Mio € Grundkapital, eingeteilt in 2 Mio Stückaktien. Der rechnerische Wert je Stückaktie ist 5 €. Der Ausgabepreis für **je 10 Stückaktien** wird auf 125 € festgesetzt. Vom Gesamtbetrag der Emission = 25 Mio € entfallen 10 Mio € auf das gezeichnete Kapital und 15 Mio € auf das in die Kapitalrücklage einzustellende Agio.

59 **Bezugsanteile** sind, nur bei AG/KGaA, die Bezugsaktien nach § 192 AktG zB für Arbeitnehmer oder Vorstand (oft mit Zuzahlung der Berechtigten nach § 199 Abs 2 AktG). Allgemeine Zuschüsse eines Gesters von KapGes, so zB auch Erlass von Forderungen oder Zuschüsse in Geld oder Sachwerten, stellen kein Aufgeld dar (näher Anm 67).

60 **Kosten der Ausgabe von Anteilen** dürfen nicht von dem einzustellenden Agio-Betrag gekürzt werden; hM, zB *WPH*[12] I F Anm 170, *ADS*[6] § 272 Anm 93. Die Ausgabekosten entstehen bei Gründung einer KapGes und bei Kapitalerhöhung (zum Begriff und Inhalt Anm 53). Das Abzugsverbot der Ausgabekosten folgt aus dem Wortlaut des Abs 2 Nr 1 auch für GmbH, da Abs 2 Nr 1 für alle KapGes anzuwenden ist; sonst Nichtigkeit des JA (Anm 180). Zur steuerrechtlichen Abzugsfähigkeit der Ausgabekosten s Anm 51. In der HB sind die Ausgabekosten als Aufwand zu behandeln, ebenso etwaige Verzugszinsen oder Vertragsstrafen gem § 63 AktG oder § 20 GmbHG als Ertrag; hierzu § 275

Anm 171 (glA *ADS*[6] § 272 Anm 94). Zum Bilanzierungsverbot von Gründungskosten s § 248 Anm 1 ff.

Das **Agio bei mittelbarem Bezugsrecht** entsteht bei Übernahme der Ak- 61
tien aus einer Kapitalerhöhung durch ein Bankenkonsortium mit der Maßgabe, diese den Aktionären zum Bezug anzubieten (§ 186 Abs 5 AktG), ausführlich *ADS*[6] § 272 Anm 96 ff.

Das **Agio bei Vorratsaktien** betrifft die Übernahme von Aktien für Rechnung der AG/KGaA (selten) glA *ADS*[6] § 272 Anm 101 ff.

Das **Agio bei Sacheinlagen** ergibt sich aus ihrer Bewertung. Sie müssen bei satzungsmäßig vereinbartem Agio *und* entspr hohem Zeitwert so bewertet werden, dass der Nennbetrag der Aktien (GmbH-Anteile) bzw Ausgabebetrag der Stückaktien und der Agio-Betrag dargestellt werden. Falls der Zeitwert des eingelegten VG den Wertansatz (Nennbetrag oder rechnerischer Wert der Anteile zzgl des in die Kapitalrücklage einzustellenden Agios) übersteigt, entsteht insoweit ein „stilles Aufgeld", dessen Bilanzierung als Kapitalrücklage strittig ist. Nach wohl noch hM ist die Unterbewertung von Sacheinlagen durch die Abfassung entspr Kapitalerhöhungsbeschlüsse zulässig (*HFA 2/97* Abschnitt 32211, WPg 1997, 235; *ADS*[6] § 272 Anm 95). Es gibt aber schon lange auch die Auffassung, dass Sacheinlagen zu ihrem Zeitwert anzusetzen seien, eine Unterbewertung nicht zulässig sei (dazu *Förschle/Kropp* in Sonderbilanzen[3], D Anm 197 f). Nach DRS 4.13 bemessen sich die AK eines erworbenen Unt im Falle des Erwerbs im Rahmen einer Kapitalerhöhung mit Sacheinlage nach dem Zeitwert der dafür hingegebenen Anteile. Ob sich hieraus auch im Hinblick auf die international übliche Bewertung von Sacheinlagen zum Zeitwert ein entspr GoB auch für HGB entwickeln wird, bleibt abzuwarten.

Das **Agio bei Verschmelzung mit Kapitalerhöhung** richtet sich bei Bilanzierung der Verschmelzung zu *AK nach allgemeinen Grds* nach den Regeln für das Agio bei Sacheinlage. Bei Verschmelzung mit *Buchwertfortführung* ist ein den Ausgabebetrag (Nennbetrag zzgl vereinbartes Agio) der Anteile übersteigender Betrag des übernommenen Vermögens ebenfalls in die Kapitalrücklage einzustellen. Ist das übernommene Vermögen zu Buchwerten geringer als der Ausgabebetrag der Anteile (zu Zeitwerten erreicht es den Ausgabebetrag), ist trotzdem die Kapitalrücklage entspr dem vereinbarten Agio zu dotieren. Der entstehende Buchverlust ist in der GuV zu erfassen (s Anm 151; dazu auch *Förschle/Hoffmann* in Sonderbilanzen[3], I Anm 44, 92 f; *HFA* 2/1997 Abschnitt 331).

Vor HR-Eintragung einer Kapitalerhöhung gezahlte Agio-Beträge dürfen noch nicht als Kapitalrücklage ausgewiesen werden. Sie sind im Sonderposten „Zur Durchführung der beschlossenen Kapitalerhöhung geleistete Einlagen" auszuweisen (s Anm 20).

Nach HR-Eintragung der Kapitalerhöhung ist die Kapitalrücklage um das vereinbarte Agio zu erhöhen, auch wenn dieses noch nicht eingezahlt sein sollte. Es ist dann eine entspr Forderung zu aktivieren (Anm 12 aE). Entspr ist auch bei rückwirkender Bilanzierung einer Kapitalerhöhung vor HR-Eintragung nach § 235 Abs 1 AktG/§ 58 f GmbHG zu verfahren (s Anm 34).

2. Kapitalrücklage aus Ausgabe von Wandlungs-/Optionsrechten (Abs 2 Nr 2)

Der Betrag, der bei **Ausgabe von Schuldverschreibungen** für Wand- 62
lungsrechte oder Optionsrechte erzielt wird und in die Kapitalrücklage einzustellen ist, ist die Differenz zwischen dem Ausgabebetrag der Schuldverschreibung mit Wandlungs-/Optionsrecht und dem (geschätzten) Ausgabebetrag/Marktpreis der gleichen Schuldverschreibung ohne Wandlungs-/Optionsrecht.

Ausgabekosten dürfen auch hier nicht gekürzt werden (hM, zB *ADS*[6] § 272 Anm 113 aE).

Oftmals werden zB **Optionsanleihen** zu pari begeben und im Hinblick auf die mitbegebenen Optionsrechte mit einem niedrigeren als marktüblichen Nominalzins ausgestattet. Der Anleihegläubiger gewährt dem Schuldner neben dem Darlehensbetrag ein Entgelt (in Form der Unterverzinslichkeit) für das Recht zum Aktienbezug, ausführlich *ADS*[6] § 272 Anm 118 ff. Der auf die Optionsrechte geleistete Betrag ist wegen seines Charakters als mitgliedschaftsrechtlich bedingte Vermögensmehrung der Kapitalrücklage gem Abs 2 Nr 2 zuzuführen.

Bei Ermittlung des in die Kapitalrücklage einzustellenden Betrags entsteht ein Schätzproblem. So können für den *Bewertungszeitpunkt* unterschiedliche Bezugszeitpunkte in Betracht kommen, zB die Entscheidung über die Konditionen der Optionsanleihen oder die Veröffentlichung des Angebots der Optionsanleihe. Die Berechnung kann gleichfalls nach mehreren Methoden erfolgen. Insb können laufende Zinszahlungen und der Rückzahlungsbetrag der Optionsanleihe mit dem frist- und risikoadäquaten Marktzinssatz *abgezinst* werden, um so den Ausgabekurs der Schuldverschreibung ohne Wandlungs-/Optionsrecht zu berechnen; in Frage kommt auch die Aufteilung des Ausgabebetrags mit Hilfe *effektiver Marktpreise,* wobei es allerdings problematisch ist, ein passendes Vergleichsobjekt (gleiche Konditionen im Detail, aber auch gleiche Risikoklasse) zu finden (s ähnliche Überlegungen bei *ADS*[6] § 272 Anm 123).

Der Betrag muss der AG/KGaA als solcher zugeflossen („erzielt") sein. Ausreichend dürfte es insoweit jedoch sein, dass zB in einem Vertrag zwischen der die Anleihe begebenden AG/KGaA und der übernehmenden Bank die Anleihekonditionen festgelegt werden. Mit einer solchen Abrede ist eine hinreichende Konkretisierung erreicht, die im Hinblick auf die mit einer Verletzung des § 272 verbundenen Sanktionen (Anm 180 ff) auch erforderlich ist. Im Übrigen ist insoweit eine Vereinbarung zwischen der Emittentin und ihrer (zumeist ausländischen) Finanzierungs-TochterGes denkbar, die dann Maßstab der Zuführung ist (glA *ADS*[6] § 272 Anm 127 f).

Der Unterschied zwischen der zum *Rückzahlungs*betrag zu passivierenden Anleihe und dem Ausgabeentgelt für die reine Anleihe hat Zinscharakter und darf dementspr als **Disagio** aktiviert werden (§ 250 Abs 3 S 1). Bei Nichtausübung des Wahlrechts ist der Unterschied zwischen Ausgabeentgelt und Rückzahlungsbetrag Aufwand (s hierzu das Zahlenbeispiel bei *ADS*[6] § 272 Anm 124 f). In diesem Fall sind zusätzliche Angaben im Anhang notwendig, da sonst kein den tatsächlichen Verhältnissen entspr Bild der Vermögenslage vermittelt werden kann (so *Küting* in HdR[5] § 272 Anm 87). Ein aktiviertes Disagio ist über den Zeitraum bis zur frühesten Möglichkeit für den Gläubiger, die Rückzahlung zu verlangen, abzuschreiben; der hieraus resultierende Aufwand entspricht zusammen mit der anfallenden Zinsbelastung einer marktüblichen Verzinsung (so auch *ADS*[6] § 272 Anm 126). Ein vorzeitiges Wandlungsrecht, ohne dass zugleich auch ein Rückzahlungsanspruch besteht, verkürzt den Zeitraum der planmäßigen Abschreibung des Disagios hingegen nicht. AA *Küting* in HdR[5] § 272 Anm 90, wonach schon bei der Ermittlung des auf die Schuld entfallenden Anteils am Emissionserlös nur auf Frist zwischen Emissionszeitpunkt und frühest möglichem Wandlungszeitpunkt abzustellen sei. Dies ist jedoch uE nicht zutreffend. Für die Ermittlung des auf die reine Schuld entfallenden Erlösanteils kommt es allein auf den frühest möglichen Zeitpunkt an, zu dem der Gläubiger die Rückzahlung verlangen kann. Die vorzeitige Wandlungsmöglichkeit hat keinen Einfluss auf den Wert der Schuldkomponente. Sie bedeutet lediglich, dass der aus der späteren Wandlung resultierende Erlös für die Ges nicht zu jedem Wandlungszeitpunkt identisch ist, sondern im Zeitablauf zunimmt (ursprünglich vom Gläubiger eingezahlter Betrag für die reine Schuldkomponente zuzüglich im Zeitablauf „verdiente" Differenz zum höheren Rückzahlungsbetrag).

Die aus der Ausgabe von Wandlungs-/Optionsrechten erzielten Beträge verbleiben in der Kapitalrücklage nach Abs 2 Nr 2 unabhängig davon, ob die Wandlungs-/Optionsrechte ausgeübt werden oder nicht (ebenso *ADS*[6] § 272 Anm 129).

Werden Wandelschuldverschreibungen oder Optionsanleihen (§ 221 AktG) 63
in Bezugsaktien umgetauscht, kann durch Zuzahlung des Umtauschberechtigten *nochmals* ein diese Aktien betr Aufgeld anfallen (s dazu § 199 Abs 2 S 1 AktG), das nach Abs 2 **Nr 1** in die Kapitalrücklage einzustellen ist (Anm 58; glA auch *ADS*[6] § 272 Anm 92). Im Falle von Wandelschuldverschreibungen ist auch die Differenz zwischen dem höheren Buchwert der bei Wandlung erlöschenden Verbindlichkeit (abzügl eines ggf noch nicht abgeschriebenen Restbetrags eines aktivierten Disagios zu dieser Anleihe) und dem Nennbetrag bzw rechnerischen Wert der dafür gewährten neuen Aktien in die Kapitalrücklage nach Abs 2 Nr 1 einzustellen. Gestattet die Wandelschuldverschreibung eine Wandlung vor Fälligkeit der Schuldverschreibung, aber keine vorzeitige Rückzahlung, erzielt die Ges für die Ausgabe der neuen Anteile nur einen Erlös in Höhe des Rückzahlungsbetrags der Schuldverschreibung abzüglich des im Wandlungszeitpunkt noch nicht amortisierten Disagios (aA *Häuselmann* BB 2000, 145, wonach der Restbetrag des Disagios als Aufwand zu erfassen sei). Wurde das Disagio nicht aktiviert, sondern sofort als Aufwand erfasst, entsteht im Wandlungszeitpunkt ein entspr in der GuV zu erfassender Ertrag, der den zuvor überhöht erfassten Aufwand kompensiert.

In die Kapitalrücklage nach Abs 2 **Nr 2** ist auch das bei Ausgabe von **Wan-** 64
del- und Optionsgenussscheinen für die Wandlungs- und Optionsrechte zum Erwerb von Anteilen erzielte Entgelt einzustellen. Dafür ist der Gesamtausgabebetrag gleichfalls aufzuspalten in den Ausgabebetrag für die Genussrechte und für die Wandlungs- und Optionsrechte (*HFA* 1/1994, WPg, 419).

Ein Agio, das der Genussrechtsemittent bei der Ausgabe von **Genussrechten** mit EK-Charakter zu einem über dem Nennwert liegenden Kurs erzielt, erfüllt zwar nicht die (gesetzlichen) Voraussetzungen einer Kapitalrücklage, da es sich jedoch um eine EK-Zuführung von außen handelt, wird ein Ausweis als Kapitalrücklage für zulässig gehalten. In diesem Fall hat ein Davon-Vermerk oder eine weitere Untergliederung der Kapitalrücklage zu erfolgen, ebenso *WPH*[12] I F Anm 164. Vorzuziehen ist aber ein Ausweis des Agios beim Posten „Genussrechtskapital" im EK (*HFA* 1/1994, WPg, 421; zum Genussrechtskapital auch § 266 Anm 186).

Zur Frage, ob bei der Gewährung von **Aktienoptionen an Mitarbeiter,** die 65
aus bedingtem Kapital bedient werden sollen, bilanzrechtlich ein in der Kapitalrücklage zu erfassendes Entgelt seitens der Ges erzielt wird, s Anm 300 ff.

3. Kapitalrücklage aus Zuzahlung für Vorzüge (Abs 2 Nr 3)

Der Betrag der **Zuzahlungen,** die Gester gegen Gewährung eines (gesell- 66
schaftsrechtlichen) **Vorzugs für ihre Anteile** leisten oder vereinbaren, ist nach Abs 2 **Nr 3** ebenfalls in die Kapitalrücklage einzustellen. Zuzahlungen sind Barzahlungen oder Sachleistungen. Mit ihrer Einstellung in die Kapitalrücklage soll verhindert werden, dass sie als Bestandteil des Jahresüberschusses zur Verteilung kommen. Bei der Vorzugsgewährung muss es sich nicht um mitgliedschaftsrechtliche Vorzüge iSv § 11 S 1 AktG (Vorzugsaktien) oder § 29 Abs 3 S 2

GmbHG (Gewinn-Voraus) handeln; es genügt vielmehr jeder gesellschaftsrechtliche Vorteil (so *ADS*[6] § 272 Anm 130 mit Beispielen).

4. Kapitalrücklage aus anderen Zuzahlungen (Abs 2 Nr 4)

67 In die Kapitalrücklage sind nach Abs 2 **Nr 4 andere Zuzahlungen** der Gester **„in das Eigenkapital"** einzustellen. Hierunter sind **freiwillige Leistungen** zu verstehen, die Gester *ohne* Gewährung von Vorzügen seitens der KapGes (Anm 66) erbringen, wie zB Zuschüsse als Bar- oder Sachleistungen, auch Erlass von Forderungen (ähnlich *ADS*[6] § 272 Anm 132f mwN). Wenn der Gester die Einstellung seiner freiwilligen sonstigen Leistung in das EK *gewollt* hat, ist sie in der Kapitalrücklage zu erfassen. Beabsichtigte der Gester mit der Leistung an die Ges den Ausgleich von Verlusten oder einen Ertragszuschuss, darf diese Leistung direkt in der GuV als ao Ertrag (§ 275 Anm 215ff) erfasst werden. Bleibt die Zwecksetzung des Gesters offen, ist die Zuzahlung im Zweifel als Kapitalrücklage zu erfassen (ebenso *ADS*[6] § 272 Anm 137; aA *HFA* 2/1996 Abschn 22, WPg, 713, wonach es einer ausdrücklichen Erklärung des Gesters bedarf).

Auch Beträge, die der KapGes im sog „Schütt-aus-hol-zurück-Verfahren" ohne Kapitalerhöhung, aber für das EK bestimmt zufließen, sind als Kapitalrücklage nach Abs 2 Nr 4 auszuweisen (ebenso *ADS*[6] § 272 Anm 132, *Küting/Kessler* BB 1989, 36).

Wird im Rahmen eines **down-stream-mergers** (Verschmelzung des MU auf TU) buchmäßig ein positives Reinvermögen übernommen, ist diese Vermögensmehrung als sonstige Zuzahlung der Gester in der Kapitalrücklage zu erfassen (s Anm 150).

Bei einem **Forderungserlass** kann der Gester, auch wenn ein **Besserungsschein** vereinbart ist, die Zuzahlung in die Kapitalrücklage bestimmen. Wird der Besserungsschein später werthaltig, ist die entspr Verbindlichkeit jedoch erfolgswirksam einzubuchen. Ggf darf parallel dazu die Kapitalrücklage zur Erhöhung des Bilanzgewinns aufgelöst werden. Eine direkte Umbuchung von der Kapitalrücklage in Verbindlichkeiten ist uE hingegen nicht zulässig (so aber *Küting/Kessler* in HdR[5] § 272 Anm 225).

Auch wenn sich ein Gester vertraglich verpflichtet, zB einen Geldbetrag zu einem bestimmten zukünftigen Zeitpunkt als Zuzahlung in das EK der Ges zu zahlen, ist bereits bei Entstehen dieser Forderung in Höhe des Werts dieser Forderung (insb unter Berücksichtigung der Bonität des Gesters) die Kapitalrücklage erhöht (ebenso wohl *ADS*[6] § 272 Anm 135). Der Ges ist in Form der **Forderung gegen den Gester** ein bilanzierungsfähiger Vorteil zugewendet worden. Dies genügt für die Erfassung einer Kapitalrücklage aus sonstigen Zuzahlungen. Die strengeren Regeln für die Aufbringung des Grund-/Stammkapitals gelten hier nicht.

5. Andere Kapitalrücklagen; Zeitpunkt der Bilanzierung

68 Besteht bereits ein **bedingtes Kapital** (§§ 192ff AktG, Anm 25f) und folgt eine Kapitalerhöhung aus GesMitteln, sind die Rechte der Gläubiger zum Umtausch ihrer Wandelschuldverschreibungen in Aktien zu sichern. Dazu dient die gesondert auszuweisende (Anm 57) **Sonderrücklage** gem § 218 AktG, die den Unterschied zwischen dem bisherigen und dem durch die Kapitalerhöhung aus GesMitteln (im gleichen Verhältnis) erhöhten bedingten Kapital deckt – sofern dazu die vereinbarten Zuzahlungen der Umtausch-Berechtigten nicht ausreichen. Ausführlich dargestellt sind die damit zusammenhängenden Fragen bei *Förschle/Kropp* in Sonderbilanzen[3], E Anm 63ff, s dazu auch *ADS*[6] § 272 Anm 88. Die Sonderrücklage gem § 218 AktG ist aus den in Nennkapital um-

zuwandelnden Rücklagen anlässlich der Kapitalerhöhung aus GesMitteln zu decken (ebenso *ADS*[6] § 272 Anm 88 mwN).

Zu den Kapitalrücklagen aus **vereinfachter Kapitalherabsetzung** s Anm 31f und aus **vereinfachter Einziehung** von Aktien s Anm 40, 45.

Da die nach Abs 2 Nr 1 bis 4 in die Kapitalrücklage einzustellenden Beträge 69
einlageähnlichen Charakter haben, erfolgt die **Einstellung** bei allen KapGes ohne Berührung der Überleitung vom Jahresüberschuss zum Bilanzgewinn (Ergebnisverwendungsrechnung). Eine Ausnahme sind die „Einstellungen in die Kapitalrücklage nach den Vorschriften über die vereinfachte Kapitalherabsetzung“, die nach § 240 S 2 AktG in der Ergebnisverwendungsrechnung auszuweisen sind (s Anm 43). Für GmbH sollte mangels Regelung in Fällen der vereinfachten Kapitalherabsetzung nach §§ 58a–f GmbHG ebenso verfahren werden (Anm 47). Eine weitere Ausnahme gilt für Einstellungen nach § 237 Abs 5 AktG bei vereinfachter Einziehung von Aktien. Diese Einstellung erfolgt ebenfalls im Rahmen der Ergebnisverwendungsrechnung und gleicht den Ertrag aus der Kapitalherabsetzung aus (s Anm 45).

Alle Einstellungen in die Kapitalrücklage sind nach § 270 Abs 1 S 1 bereits bei Aufstellung der Bilanz vorzunehmen (§ 270 Anm 7ff).

III. Entnahmen

Die **Verwendungsmöglichkeit** der Kapitalrücklage ist für **AG/KGaA** in 72
§ 150 AktG geregelt. Für **GmbH** besteht keine gesetzliche Vorschrift zur Verwendung mit Ausnahme der vereinfachten Kapitalherabsetzung (Anm 73) oder der Kapitalrücklage für Nachschusspflicht (Anm 75 bis 78). Die beschränkte Verwendungsmöglichkeit nach § 150 Abs 3 und 4 AktG bezieht sich auf die gesetzliche Rücklage und die Kapitalrücklage iS von Abs 2 Nr 1 bis 3 gemeinsam, wobei unterschieden wird, ob beide Rücklagen *zusammen* den zehnten oder den in der Satzung bestimmten höheren Teil des Grundkapitals nicht überschreiten oder ob sie diese Grenze überschreiten (Näheres Anm 91).

Die nach Abs 2 Nr 4 in die Kapitalrücklage eingestellten Beträge dürfen dagegen jederzeit aufgelöst werden (*ADS* § 272 Anm 137).

Entnahmen aus der Kapitalrücklage (und aus der gesetzlichen Rücklage) sind 73
nach § 158 Abs 1 AktG oder § 275 Abs 4 im Anschluss an den Posten „Jahresüberschuss/Jahresfehlbetrag“ gesondert auszuweisen (§ 275 Anm 311), die Angaben dürfen auch im Anhang gemacht werden (§ 158 Abs 1 S 2 AktG; § 284 Anm 73).

Bei **GmbH** darf die Kapitalrücklage, die nicht anlässlich einer vereinfachten Kapitalherabsetzung *gebildet* wird bzw die nicht die Nachschusspflicht (Anm 75ff) betrifft, jederzeit nach freiem Ermessen im Rahmen der Organzuständigkeit nach dem GesVertrag aufgelöst werden.

Nach einer **vereinfachten Kapitalherabsetzung** bei GmbH (Anm 32) unterliegen

– die hierbei gem § 58b Abs 2 oder 58c GmbHG gebildete Kapitalrücklage *für fünf Geschäftsjahre* **Entnahmebeschränkungen** ähnlich § 150 Abs 4 AktG (§§ 58b Abs 3, 58c S 2 GmbHG),
– bestehende Kapital- (und Gewinn-)Rücklagen bis zu 10% des neuen Stammkapitals ebenfalls *für fünf Geschäftsjahre* einer **Ausschüttungssperre** (§ 58d Abs 1 GmbHG).

Zum Ausweis s Anm 57.

Die Auflösung der Kapitalrücklage – soweit bei **AG/KGaA** zulässig (Anm 91) – 74
ist nach § 270 Abs 1 S 1 bereits bei Aufstellung der Bilanz vorzunehmen. Ergän-

zend hierzu sind nach § 152 Abs 2 AktG zu dem Posten „Kapitalrücklage" in der Bilanz *oder* im Anhang der Betrag, der während des Gj eingestellt wurde, und der Betrag, der für das Gj entnommen wird, gesondert **anzugeben** (s § 284 Anm 71). Dadurch wird die Veränderung der Kapitalrücklage im abgelaufenen Gj offengelegt.

Eine solche Offenlegung der Veränderungen in Bilanz oder Anhang ist für **GmbH** an sich nicht vorgeschrieben. Da die Bewegung der Kapitalrücklage auch nicht unmittelbar über den Gewinnverteilungsvorschlag oder -beschluss nachvollzogen werden kann, ist aber zu empfehlen, die Veränderungen der Kapitalrücklage freiwillig in der Bilanz oder im Anhang darzustellen.

Zur Obergrenze der Kapitalrücklage bei der Dotierungspflicht der gesetzlichen Rücklage im Rahmen von Gewinnabführungsverträgen Anm 113.

IV. Kapitalrücklage aus Nachschusspflicht (GmbH)

75 Nach § 42 Abs 2 GmbHG sind von den Gestern eingeforderte Nachschüsse in der Bilanz unter den Forderungen mit der Bezeichnung **„Eingeforderte Nachschüsse"** gesondert auszuweisen. In diesem Fall ist unter der Kapitalrücklage ein der bewerteten Forderung entspr Betrag ebenfalls gesondert auszuweisen (Anm 57). *ADS*[6] halten auch einen Davon-Vermerk für zulässig, § 272 Anm 89 und § 42 GmbHG Anm 22. Voraussetzungen der Aktivierung der Forderung sind die in einer GesV beschlossenen Einforderungen und kein Abandonrecht der Gester nach § 27 GmbHG; ferner muss in Höhe des Wertansatzes der Forderung mit Zahlung gerechnet werden können. Diese Forderungen richten sich an die Gester und sind daher zusätzlich als solche zu bezeichnen oder im Anhang anzugeben (§ 42 Abs 3 GmbHG; s § 284 Anm 58). Der in gleicher Höhe unter den Kapitalrücklagen anzusetzende Sonderposten sollte als **„Nachschuss-Kapital"** bezeichnet werden.

Bei der Offenlegung müssen auch kleine und mittelgroße GmbH einerseits alle Forderungen an Gester und andererseits das Nachschusskapital gesondert darstellen (glA *ADS*[6] § 326 Anm 23, § 327 Anm 9).

76 Die **Nachschusspflicht** bestimmt sich nach dem GesVertrag (§ 26 GmbHG). Sie kann als unbeschränkte Nachschusspflicht (§ 27 GmbHG) und als beschränkte Nachschusspflicht (§ 28 GmbHG) ausgestaltet sein. Bei unbeschränkter Nachschusspflicht besteht das durch den GesV nicht zu beseitigende Recht des Gesters, sich von der Zahlung des eingeforderten Nachschusses zu befreien, indem er innerhalb eines Monats nach Aufforderung zur Einzahlung des Nachschusses seinen Geschäftsanteil der GmbH zur Befriedigung zur Verfügung stellt (§ 27 Abs 1 S 1 GmbHG). Leistet der Gester die Einzahlung nicht und macht er auch nicht von dem Recht der Zurverfügungstellung (Abandonrecht) Gebrauch, kann die GmbH erklären, dass sie den Geschäftsanteil als zur Verfügung gestellt betrachtet (§ 27 Abs 1 S 2 GmbHG; dazu auch *Förschle/Heinz* in Sonderbilanzen[3], O Anm 123ff). Dieses Preisgaberecht des Gesters darf im GesV dahingehend beschränkt werden, dass die eingeforderten Nachschüsse einen bestimmten Betrag überschreiten (§ 27 Abs 4 GmbHG).

77 Haben die Gester die Nachschüsse gezahlt, muss das Nachschusskapital soweit nicht sofort verwendet, wegen der dafür weiter bestehenden Verfügungsbeschränkungen uE als gesonderter Posten fortgeführt werden. Die Auffassung zB von *Küting* in HdR[5] § 272 Anm 129, dass nach Einzahlung des Nachschusses durch die Gester das Nachschusskapital als „andere Zuzahlungen" gem § 272 Abs 2 Nr 4 zu behandeln und dorthin umzugliedern sei, teilen wir nicht; ablehnend auch *ADS*[6] § 42 GmbHG Anm 25 mwN.

Entnahmen aus dem Nachschusskapital *müssen* vorgenommen werden, wenn eine Verrechnung mit Verlusten erfolgt oder das Nachschusskapital als umwandlungsfähige Rücklage iVm einer Kapitalerhöhung aus GesMitteln verwendet wird (hierzu *ADS*[6] § 42 GmbHG Anm 26, *Zöllner* in Baumbach/Hueck[17] § 57d GmbHG Anm 2).

Es *dürfen* eingezahlte Nachschüsse, soweit sie nicht (mehr) zur Deckung eines Verlusts am voll eingezahlten Stammkapital notwendig sind, zurückgezahlt werden. Das ist öffentlich bekanntzumachen und drei Monate abzuwarten (§ 30 Abs 2 S 2 GmbHG).

Für die Einstellung in das Nachschusskapital und für dessen Auflösung zur **78** Verlustdeckung gilt § 270 Abs 1 S 1 (dort Anm 10).

V. Steuerrechtliche Besonderheiten

Die in die Kapitalrücklage einzustellenden Beträge stellen bei KapGes auch **82** steuerrechtlich gesellschaftsrechtliche Einlagen dar, sofern sie von Gestern geleistet werden. Dies gilt für das Ausgabe-Agio bei Anteilen (Abs 2 Nr 1, Anm 58), für sonstige Zuzahlungen der Gester (Abs 2 Nr 3 und 4, Anm 66 und 67) und für die Leistung von Nachschüssen von GmbH-Gestern (Anm 75). Bei anderen freiwilligen Zuzahlungen der Gester (Anm 67) ist der Einlagecharakter steuerrechtlich unabhängig davon, ob sie handelsrechtlich in die Kapitalrücklage einzustellen sind oder als laufender Ertrag vereinnahmt werden. Alle diese Beträge werden auf dem steuerrechtlichen Einlagenkonto (§ 27 Abs 1 KStG) erfasst. Bei Zuzahlungen in Form eines Erlasses von Verbindlichkeiten ist aber steuerrechtlich eine Einlage nur in Höhe des werthaltigen Teils der Verbindlichkeit gegeben. Der übersteigende Betrag der erlöschenden Verbindlichkeit führt steuerrechtlich zu einem Ertrag (*Glanegger* in Schmidt[24] § 6 EStG Anm 440 „Forderungsverzicht")

Auch die Beträge, die bei Ausgabe von Schuldverschreibungen für Wandlungs- und Optionsrechte zum Erwerb von Anteilen erzielt werden und die nach Abs 2 Nr 2 in die Kapitalrücklage einzustellen sind (Anm 62), werden **steuerrechtlich** als **Einlage** behandelt, da sie auf einem mitgliedschaftsrechtlichen Vermögensaustausch beruhen.

Einlagecharakter hat uE bei Optionsanleihen auch das Ausgabeaufgeld bei **83** marktüblichem Zinssatz, bei einem Aufgeld in Form eines Zinsverzichts (Gestaltung ohne marktüblichen Zinssatz, Anm 62) und bei Begebung der Optionsanleihe durch ein TU (Optionsrecht auf Aktien des MU, Anm 62) mit Weitergabe des Aufgelds an diese (dazu auch *Döllerer* AG 1986, 240ff; *Koch/Vogel* BB Beilage 1/1986, 7ff). Werden die Wandlungsrechte/Optionsrechte nicht ausgeübt, ist streitig ob die dafür erzielten Beträge steuerrechtlich – entgegen der handelsrechtlichen Handhabung (s Anm 62aE) – nachträglich als Ertrag erfasst werden müssen (*Frotscher* in Frotscher/Maas § 8 Anm 81; *Weber-Grellet* in Schmidt[24] § 5 Anm 270 „Anleihen" und § 253 Anm 93 zum streitigen Meinungsstand).

Die **Sonderrücklage** gem § 218 AktG (Anm 68) stammt nicht aus Einlagen, sondern aus einer Umgliederung von für Kapitalerhöhung aus GesMitteln verwendungsfähigen Rücklagen innerhalb des EK. Der bisherige steuerrechtliche Status dieser Rücklagen bleibt unverändert.

Für das Agio bei der Ausgabe von Anteilen (Abs 2 Nr 1, Anm 58f) kann **84** sich die Besonderheit ergeben, dass in der **Steuerbilanz** ein **höheres Agio** ausgewiesen wird als in der HB. Dieser Fall kann eintreten, wenn in der Steuerbilanz für Sacheinlagen höhere Werte angesetzt sind als in der HB. Ein solches höheres steuerrechtliches Agio hat ebenfalls für die Gewinnermittlung Einlagecharakter.

Grds ist jedoch davon auszugehen, dass sich der Begriff des Agios nach Handelsrecht bestimmt. Ausführungen zum Begriff des Ausgabeaufgelds enthält *BFH* 12. 12. 1982 (BStBl II 1983, 339).

85 Werden in der HB Kapitalrücklagen *aufgelöst* (Anm 72ff), ist bei der **steuerrechtlichen Gewinnermittlung** eine entspr Kürzung vorzunehmen, da die Auflösung das steuerliche Gewinn- oder Verlustergebnis nicht berührt, und sie *nach* dem Jahresergebnis auszuweisen sind (Anm 73 Abs 1).

Werden bei GmbH von den Gestern geleistete **Nachschüsse** ganz oder teilweise zurückgezahlt, handelt es sich um eine Kapitalrückzahlung, also um Einlagenrückgewähr. Dabei gilt dieser Betrag immer als aus dem steuerrechtlichen Einlagenkonto entnommen, abw vom Wortlaut der ansonsten geltenden Verwendungsreihenfolge nach § 27 Abs 1 S 3 KStG (*Frotscher* in Frotscher/Maas KStG § 41 Anm 27). Eine **Umgliederung** von Rücklagen ändert deren steuerrechtlichen Status nicht (s dazu zB Anm 83 Abs 2).

E. Gewinnrücklagen (Abs 3)

I. Merkmale

86 Das wesentliche Merkmal – und damit auch die Abgrenzung zu der Kapitalrücklage – ist die Bildung (Herkunft) aus dem **Jahresüberschuss** (vgl Abs 3 S 1). Die Gewinnrücklagen umfassen die gesetzliche Rücklage (Anm 87ff), die satzungsmäßigen Rücklagen (Anm 95f), andere Rücklagen (Anm 97ff), die Wertaufholungsrücklage (Anm 100f) und die Rücklage für eigene Anteile (Anm 117ff; vgl. Abs 3 Satz 2 iVm. § 266 Abs 3 A III.).

Nicht zu den Gewinnrücklagen gehören die Sonderposten mit Rücklageanteil, für die bei KapGes gem § 273 ergänzende Vorschriften zu § 247 Abs 3 gelten und außerdem ein gesonderter Ausweis vorgesehen ist; als Mischposten (EK- und FK-Anteil) werden sie nicht dem EK zugerechnet.

II. Arten

1. Gesetzliche Rücklage (AG/KGaA)

87 Eine **Verpflichtung** zur Bildung einer gesetzlichen Rücklage besteht nur für AG und KGaA (allgemein § 150 Abs 1 und 2, Sonderfall § 300 AktG). Die gesetzliche Rücklage ist als Zuführung aus dem Jahresüberschuss oder durch Gewinnverwendungsbeschluss der HV zu bilden.

Auf eingegliederte AG sind die Vorschriften über Bildung und Verwendung einer gesetzlichen Rücklage nicht anzuwenden (§ 324 Abs 1 AktG).

88 § 150 AktG, der dem Schutz der Gläubiger dient, hat zwingenden Charakter; dies gilt auch für die gesetzlichen Entnahmemöglichkeiten (Anm 91ff). Wird die Vorschrift nicht beachtet, ist **Nichtigkeit** des JA nach § 256 Abs 1 Nr 4 AktG gegeben. Das gilt auch, wenn von Vorstand und AR mehr als 5 vH der Bezugsgröße eingestellt werden (zur Nichtigkeit näher Anm 180).

89 In die gesetzliche Rücklage sind nach § 150 Abs 2 AktG **5 vH des** um einen Verlustvortrag aus dem Vj gekürzten **Jahresüberschusses einzustellen,** bis die gesetzliche und die Kapitalrücklage (Abs 2 Nr 1 bis 3, Anm 56, 57 Abs 1) *zusammen* den zehnten oder den in der Satzung bestimmten höheren Teil des Grundkapitals erreichen.

Der als **Berechnungsgrundlage** maßgebende Jahresüberschuss ergibt sich aus dem Gliederungsschema des § 275. Der zu kürzende **Verlustvortrag** aus dem Vj stammt aus der Aufgliederung des EK in der Bilanz (§ 266 Anm 181 bis 183, s auch § 268 Anm 3). Ein **Gewinnvortrag** ist nicht Bestandteil der Berechnungsgrundlage (so auch *WPH*[12] I F Anm 279). Das für die **Obergrenze** maßgebende Grundkapital ist das im EK der Bilanz ausgewiesene gezeichnete Kapital; es entspricht regelmäßig der HR-Eintragung am Bilanzstichtag (Näheres in Anm 8, 20). Eine bedingte oder genehmigte Kapitalerhöhung bleibt bis zur Aktienausgabe und Einzahlung des Mindestbetrags unberücksichtigt. Werden ausstehende Einlagen nach Abs 1 S 3 oder die Nennbeträge bestimmter erworbener Aktien nach Abs 1 S 4 und 5 offen vom gezeichneten Kapital als Kapitalrückzahlung abgesetzt, verringert dies die Bemessungsgrundlage für die Obergrenze der gesetzlichen Rücklage nicht.

Aufrundungen der Zuweisung halten wir auf volle T-€ für zulässig (so auch für einen vergleichbaren Fall *WPH*[12] I U Anm 195, 204f).

Über die Zuführung von 5 vH des Jahresüberschusses – abzüglich Verlust- 90
vortrag – ggf nach Aufrundung **hinausgehende Zuweisungen** aus dem Jahresüberschuss dürfen gem § 58 Abs 3 S 1 AktG nur von der HV und in den Grenzen des § 254 Abs 1 AktG im Rahmen des Gewinnverwendungsbeschlusses vorgenommen werden (hierzu *ADS*[6] § 150 AktG Anm 43ff).

Beim Bestehen von UntVerträgen ergeben sich für das TU die Zuführungen zur gesetzlichen Rücklage aus § 300 AktG (Gewinnabführungsvertrag); dazu Anm 113; sie sehen eine *schnellere* Ansammlung vor.

Für die **Verwendung** (Entnahmen) der Rücklage sind für den Normalfall 91
gem § 150 AktG zwei Varianten zu unterscheiden:

- die gesetzliche Rücklage und die Kapitalrücklage (Abs 2 Nr 1 bis 3) lt Jahresbilanz zusammen übersteigen *nicht* den zehnten oder den in der Satzung bestimmten höheren Teil des Grundkapitals *(Variante 1);*
- die gesetzliche Rücklage und die Kapitalrücklage zusammen übersteigen in der Jahresbilanz den zehnten oder den in der Satzung bestimmten höheren Teil des Grundkapitals *(Variante 2).*

Bei **Variante 1** (§ 150 Abs 3 AktG) darf die gesetzliche Rücklage nur zum 92
Ausgleich eines Jahresfehlbetrags und eines **Verlustvortrags** aus dem Vj aufgelöst werden. Zum Ausgleich eines Jahresfehlbetrags ist außerdem Voraussetzung, dass dieser nicht durch einen Gewinnvortrag aus dem Vj und *nicht durch Auflösung von anderen Gewinnrücklagen* ausgeglichen werden kann (ausführlich *ADS*[6] § 150 AktG Anm 52ff). Letztere müssen daher vorweg aufgelöst werden. Der Begriff des Jahresfehlbetrags bestimmt sich nach § 275 (GuV-Schema). Zum Begriff der anderen Gewinnrücklagen s Anm 97. Die Höhe des Verlustvortrags folgt aus dem entspr Posten in der EK-Gliederung der Bilanz (Anm 89).

Bei **Variante 2** (§ 150 Abs 4 AktG) darf der 10% (oder höher lt Satzung) des 93
Grundkapitals *übersteigende* Betrag wie in Variante 1, aber auch zur Kapitalerhöhung aus GesMitteln nach den §§ 207 bis 220 AktG verwendet werden. Im Gegensatz zu Variante 1 entfällt für den übersteigenden Betrag (Spitzenbetrag) zwar die Voraussetzung der vorherigen Auflösung aller anderen Gewinnrücklagen, jedoch dürfen hier nicht gleichzeitig (Teile der) Gewinnrücklagen zur Gewinn*ausschüttung* aufgelöst werden (§ 150 Abs 4 S 2 AktG).

Namentlich **börsennotierte AG oder KGaA** erzielen durch Aktienverkäufe erhebliche Agio-Beträge (Anm 58f), die häufig ein Mehrfaches der Aktien-Nennbeträge ausmachen; die daraus resultierende Kapitalrücklage bleibt zusammen mit der gesetzlichen Rücklage oft *langfristig erhalten,* wenn nicht die Agio-Beträge zur Kapitalerhöhung aus GesMitteln herangezogen werden. Sonst dürfen diese Beträge nur zur Deckung von Bilanzverlusten verwendet werden. Andere Entnahmen, insb zu Ausschüttungen, sind nicht zugelassen.

94 Bei **GmbH** in den alten Bundesländern bestehen solche Beschränkungen nur in Sonderfällen (Anm 73, 77); im Übrigen sind auch Agio-Beträge frei verfügbar.

In den **neuen Bundesländern** werden AG und GmbH gleichbehandelt. Die **Sonderrücklagen** nach den §§ 27 oder 36 DMBilG **aus der Währungsumstellung** 1990 dienen nur der Verlustdeckung – abgesehen von dem Fall, dass sie im Verwendungszeitpunkt das *gesamte* Sach- und Finanz-Anlagevermögen überdecken (dazu 4. Aufl § 272 Anm 153). Für *spätere* Einstellungen in die gesetzliche oder die Kapitalrücklage gelten die allgemeinen Regeln (bei AG Sperren gem Anm 91 bis 93, bei GmbH freie Verfügbarkeit wie hier in Abs 1).

2. Satzungsmäßige Rücklagen

95 Es handelt sich um *Gewinnrücklagen,* die auf GesVertrag bzw Satzung beruhen, also nach *zwingenden* Bestimmungen in diesen Statuten gebildet werden *müssen* (hM, zB *ADS*[6] § 272 Anm 151, 156; *Küting* in HdR[5] § 272 Anm 158). Daher sind satzungsmäßige Rücklagen *nicht* solche Rücklagen, die bei **AG/KGaA** auf Grund einer Ermächtigung in der Satzung (zB § 58 Abs 2 S 2 AktG für Vorstand und AR) gebildet werden *dürfen.* Satzungsmäßige Rücklagen sind bei *AG/KGaA* auch nicht solche, die bei Feststellung des JA durch die HV nach § 58 Abs 1 AktG in der Satzung ihre Grundlage haben; hier handelt es sich gem dem Wortlaut von § 58 Abs 1 S 2 AktG um andere Gewinnrücklagen – so auch *ADS*[6] § 272 Anm 153 und hier Vor § 325 Anm 47.

Bei **GmbH** kann der GesVertrag die Bildung von Gewinnrücklagen zwingend vorschreiben (so *Hueck/Fastrich* in Baumbach/Hueck GmbHG[17] § 29 Anm 3ff); hierdurch wird die Geschäftsführung oder die Gester-Versammlung bei Feststellung des JA – als Regelfall der Organzuständigkeit bei GmbH – gebunden. Die bindende Verpflichtung führt zu „satzungsmäßigen Rücklagen" (so auch *ADS*[6] § 272 Anm 156). Der GesVertrag kann aber auch nur die Rücklagenbildung *zulassen* und damit der Gester-Versammlung die Ermächtigung zu einem entspr Gewinnverwendungsbeschluss geben; dann gilt § 29 Abs 1 und 2 GmbHG (hierzu *Hueck/Fastrich* in Baumbach/Hueck GmbHG[17] § 29 Anm 23, 28 und hier Vor § 325 Anm 121ff). Einstellungen in die Gewinnrücklagen aufgrund einer derartigen Ermächtigung führen zu „anderen Gewinnrücklagen".

96 Die **Zweckbestimmung** von satzungsmäßigen Rücklagen kann verschiedener Art sein; es kann aber auch eine Bindung an einen bestimmten Zweck fehlen. Zweckgebundene Rücklagen sind zB die Substanzerhaltungsrücklage, Werkerneuerungsrücklage, Rücklage für Rationalisierungsarbeiten oder die Rücklage für Währungsrisiken. Von der Größenordnung nicht unerhebliche einzelne zweckgebundene Rücklagen sollten insb bei großen KapGes gesondert in einem Davon-Vermerk oder besser im Anhang genannt werden (ähnlich *Küting* in HdR[5] § 272 Anm 166).

Die (zwingende) **Bildung** oder **Zweckbindung** von Rücklagen gem GesVertrag oder Satzung darf später **aufgehoben** werden. Das setzt einen entspr *vorherigen* Beschluss zur Aufhebung oder Änderung der entspr Bestimmung des Statuts voraus, das die dafür erforderlichen dort bereits vorgesehenen – notfalls gesetzlichen – Mehrheiten erfordert. Das kann ggf unmittelbar vor Feststellung des JA durch das gleiche Organ geschehen; bis zur Eintragung des Beschlusses im HR ist – nur bei satzungsgemäßen Rücklagen – aber die Feststellung des JA uE unwirksam.

Werden steuerbefreite **Unterstützungskassen** iSv § 5 Abs 1 Nr 3 KStG als GmbH geführt, ist der das Stammkapital übersteigende Mehrbetrag des Kassenvermögens uE den satzungsmäßigen Rücklagen zuzuordnen. Die satzungsmäßige Bindung dieser Rücklagen ergibt sich aus der Zwecksetzung solcher GmbH,

Betriebsangehörigen des TrägerUnt laufende Leistungen (Alters-, Invaliditätsrenten, ggf mit Witwen- und Waisenversorgung sowie Sterbegeld) und Leistungen von Fall zu Fall, jeweils ohne Rechtsanspruch der Leistungsempfänger, zu gewähren. Daher kommt hierfür ein Ausweis als Schuldposten nicht in Betracht (Näheres zur Unterstützungskasse § 249 Anm 206 und *HFA 2/1988,* WPg 403).

3. Andere Gewinnrücklagen

Zu den anderen Gewinnrücklagen gehören alle **übrigen (sog „freien") Gewinnrücklagen,** soweit sie weder gesetzliche Rücklagen, satzungsmäßige Rücklagen noch Rücklage für eigene Anteile (Anm 117) darstellen. Hier sind somit insb einzustellen Rücklagenzuweisungen, die auf Grund einer **Ermächtigung** in der Satzung (zB § 58 Abs 2 S 2 AktG) oder durch die HV gem § 58 Abs 1 S 2 AktG vorgenommen werden. Für KGaA (HV und phG) ist str, ob § 58 Abs 1 oder Abs 2 anwendbar sind: *ADS*[6] § 286 AktG Anm 65 ff. Ebenso können sich die Einstellungen unmittelbar aus dem Gewinnverwendungsbeschluss der HV oder GesV ergeben (§ 58 Abs 3 AktG, § 29 Abs 1 und 2 GmbHG, Anm 104 ff). **97**

Wenn bei **AG** Vorstand und AR den JA feststellen (Normalfall), dürfen sie einen Teil des Jahresüberschusses, höchstens jedoch die Hälfte, in freie Rücklagen einstellen (§ 58 Abs 2 AktG). Die Satzung kann Vorstand und AR zur Einstellung eines höheren Betrags als der Hälfte des Jahresüberschusses ermächtigen, also auch zu 100% (*BGH* 1. 3. 1971, BB 367); hierfür gelten nach § 58 Abs 2 S 3 AktG Begrenzungen im Verhältnis zum Grundkapital. **98**

Für **GmbH** gelten die Regeln in § 29 GmbHG: Sofern gesetzliche Vorschriften nicht vorgehen, ist der GesVertrag oder ein Gester-Beschluss maßgebend. Die Mehrheit könnte jede Ausschüttung verhindern, jedoch besteht nach der Rspr ein gewisser Minderheitenschutz (str, näheres bei *Hueck/Fastrich* in Baumbach/Hueck GmbHG[17] § 29 Anm 30 ff). **99**

§ 58 Abs 2 a AktG sieht bei **AG/KGaA** eine Ermächtigung für Vorstand (bzw phG bei KGaA) und AR zur Einstellung des **Eigenkapitalanteils** in andere Gewinnrücklagen vor a) von **Wertaufholungen** bei VG des Anlage- und Umlaufvermögens (§ 280 Abs 1) und b) des EK-Anteils von bei der steuerrechtlichen Gewinnermittlung gebildeten Passivposten, die nicht im Sonderposten mit Rücklageanteil ausgewiesen werden dürfen. Der zweite Fall (Passivposten nur in der Steuerbilanz) ist zZ selten; dazu § 247 Anm 601 ff, § 274 Anm 21 ff. Zum EK-Anteil von Wertaufholungen gem § 280 Abs 1 dort Anm 38 ff. **100**

Zum **Ausweis** solcher Rücklagen bestimmt § 58 Abs 2 a AktG, dass sie entweder in der Bilanz gesondert (Vermerk oder eigener Unterposten) auszuweisen oder im Anhang anzugeben sind. Bei Beschränkung auf die Angabe im Anhang sind diese Rücklagen in die anderen Gewinnrücklagen einzubeziehen.

Bei **GmbH** dürfen die Geschäftsführer die EK-Anteile aus dem in Anm 100 erwähnten Wertaufholungsgebot und ggf eines steuerrechtlichen Passivpostens mit Zustimmung des AR oder der Gester in andere Gewinnrücklagen einstellen (§ 29 Abs 4 S 1 GmbHG). Dieser Rücklagenbetrag ist wie bei AG gesondert auszuweisen oder im Anhang anzugeben (§ 29 Abs 4 S 2 GmbHG und Vor § 325 Anm 121 ff, 130 ff). **101**

III. Einstellungen

Für die **gesetzliche Rücklage** der AG/KGaA sind Einstellungen in Höhe der Normalzuweisung (Anm 89) zwingend bereits bei Aufstellung des JA vor- **104** zunehmen (§ 270 Anm 27). Auch für die Einstellungen in **satzungsmäßige Rücklagen** gilt § 270 Abs 2.

105 Die übliche **Feststellung** des JA durch **Vorstand und Aufsichtsrat** bedingt bei AG, dass Einstellungen in die **anderen Gewinnrücklagen** im Rahmen der gesetzlichen oder satzungsmäßigen Ermächtigung (§ 58 Abs 2 AktG) stets bei der Aufstellung des JA vorzunehmen sind (§ 270 Abs 2). Weitere Zuweisungen zu den Gewinnrücklagen, die von der HV im Rahmen der Gewinnverwendung beschlossen werden (§ 58 Abs 3 AktG), sind erst in der folgenden Bilanz unter den Rücklagen auszuweisen (§ 174 Abs 3 AktG). Bei Aufstellung der Bilanz ist auch, soweit in Frage kommend, der EK-Anteil von nicht in der HB ausweisfähigen Sonderposten auszuweisen (Anm 100); die Organzuständigkeit ergibt sich aus § 58 Abs 2a AktG. Bei **Feststellung** des JA **durch die Hauptversammlung** kann der Gewinnverwendungsbeschluss zur Einstellung von Beträgen in die anderen Gewinnrücklagen erst im nächsten JA berücksichtigt werden (hierzu Vor § 325 Anm 97). Bei **KGaA** sollte die Satzung die Einstellungen regeln (*ADS*[6] § 286 AktG Anm 68f).

106 Bei **GmbH** obliegt die Feststellung des JA grds der GesV (§ 46 Nr 1 GmbHG). Der GesVertrag kann eine andere Zuständigkeit regeln (§ 45 Abs 2 GmbHG). Nach § 29 Abs 2 GmbHG dürfen die Gester im Beschluss über die Gewinnverwendung, wenn der GesVertrag nichts anderes bestimmt, Beträge in Gewinnrücklagen einstellen oder als Gewinn vortragen. Werden Einstellungen in Gewinnrücklagen durch die GesV bei Feststellung des JA beschlossen, *können* die Einstellungen noch in dem der Beschlussfassung zugrundeliegenden JA berücksichtigt werden (so *WPH*[12] I F Anm 206, aber str). *ADS*[6] § 268 Anm 31 Abs 2 lässt für GmbH den Gewinnverwendungsbeschluss vor Feststellung des JA zu oder die Verbindung von Feststellung des JA und Gewinnverwendung in einem Beschluss (dazu *ADS*[6] § 42a GmbHG Anm 32).

IV. Entnahmen, Angabepflichten

107 Zulässige **Entnahmen** aus der **gesetzlichen Rücklage** der **AG/KGaA** (Anm 91ff) werden bei Aufstellung des JA vorgenommen (§ 270 Abs 2). Dasselbe gilt für **satzungsmäßige Rücklagen** bei AG/KGaA und GmbH, wenn der Verwendungszweck der Rücklage entspr eindeutig bestimmt ist (Anm 96).

Für Entnahmen aus **anderen Gewinnrücklagen** (Anm 97ff) liegt bei AG/KGaA die Organzuständigkeit im Regelfall bei Vorstand (phG) und AR. Bei Feststellung des JA (AG) dürfen sie hier über Entnahmen nach freiem Ermessen entscheiden (glA *ADS*[6] § 58 AktG Anm 142ff) – es sei denn, dass über die Rücklagen-Verwendung satzungsmäßige oder durch HV-Beschluss bei der Bildung oder später (Anm 96) geschaffene Bindungen bestehen. Bei freier Entscheidungsmöglichkeit werden die Gewinnrücklagen in der vorgesehenen Höhe bei Aufstellung des JA aufgelöst (§ 270 Abs 2, dort Anm 25ff); das gilt auch für satzungsmäßige Rücklagen, die nicht (mehr) zweckgebunden sind (glA *ADS*[6] § 58 AktG Anm 144). Auch bei Feststellung durch die HV (insb bei KGaA) dürfen solche Entnahmen aus „freien" Gewinnrücklagen im JA noch als Auflösung behandelt werden.

Über die Auflösung von Gewinnrücklagen entscheidet bei **GmbH** die Gester-Versammlung, sofern der GesVertrag keine andere Regelung enthält. Die Entnahmen dürfen bereits im JA berücksichtigt werden (Anm 106).

108 Die Auflösung der **sog Wertaufholungs-Rücklage** (§ 58 Abs 2a AktG, § 29 Abs 4 GmbHG) ist nicht an die Entwicklung der für ihre Bildung maßgebenden Aktiv- oder Passivposten gebunden (Anm 100). Für sie gelten die all-

gemeinen Regeln für die anderen Gewinnrücklagen (ebenso wie hier § 280 Anm 48) oder etwaige Bestimmungen im GesVertrag oder der Satzung (so auch *ADS*[6] § 272 Anm 158).

Bei **AG/KGaA** sind zu den einzelnen Arten (Posten) der Gewinnrücklagen in der Bilanz oder im Anhang gem § 152 Abs 3 AktG die Einstellung aus dem Bilanzgewinn des Vj durch die HV, die Einstellungen aus dem Jahresüberschuss des Gj und die Entnahmen für das Gj, aber auch alle anderen Veränderungen (zB Umgliederungen, Entnahmen zur Kapitalerhöhung aus GesMitteln) jeweils **gesondert anzugeben** (s auch § 284 Anm 72). 109

Diese Angaben über die Veränderungen der Gewinnrücklagen brauchen bei **GmbH** nicht gemacht zu werden, da eine entspr Vorschrift (Pflicht) nicht besteht. Es empfiehlt sich aber auch hier, freiwillig entspr Angaben in der Bilanz oder im Anhang zu machen.

Die für die **vereinfachte Kapitalherabsetzung** in § 240 AktG geforderten Ausweise und Angaben (dazu Anm 43 aE) gelten auch für aufgelöste Gewinnrücklagen.

Zur Änderung der Gewinnrücklagen wegen des **Erwerbs eigener** ***Aktien*** 110
zur Einziehung für die Fälle in § 272 Abs 1 S 4–6 s Anm 9.

Für andere Fälle des Erwerbs eigener Aktien gemäß § 71 AktG oder des Erwerbs eigener GmbH-Anteile ist § 272 Abs 4 und die dort erläuterten Vorschriften, Regeln und Ausweise maßgebend (Anm 117 ff).

V. Besonderheiten bei Unternehmensverträgen

Nach § 301 AktG ist der Höchstbetrag der Ergebnisabführung einer 111
AG/KGaA als OrganGes bei einem **Gewinnabführungsvertrag** beschränkt auf den ohne die Ergebnisabführung entstehenden Jahresüberschuss, vermindert um die in Anm 113 genannten Beträge einschl des Betrags, der nach § 300 AktG in die gesetzliche Rücklage einzustellen ist. Beträge, die *während der Dauer des Gewinnabführungsvertrags* in andere Gewinnrücklagen eingestellt worden sind, dürfen diesen Rücklagen entnommen und als Gewinn abgeführt werden (§ 301 S 2 AktG). **Vororganschaftliche** Gewinnrücklagen dürfen dagegen *nur im Rahmen einer Ausschüttung* (R60 Abs 4 S 4 KStR) an den Organträger abgeführt werden. Dies gilt auch für eine Verlustübernahme, die nicht durch Auflösung vorvertraglicher anderer Gewinnrücklagen vermindert werden darf (§ 302 Abs 1 AktG). Diese Abführungssperre gilt hingegen nicht mehr nach Eingliederung einer AG (§ 324 Abs 2 S 3 AktG).

Bei **GmbH** als OrganGes sind im Hinblick auf die steuerrechtliche Anerken- 112
nung des Gewinnabführungsvertrags die aktienrechtlichen Regelungen für die Abführungssperre ohne Pflicht zur Bildung einer gesetzlichen Rücklage sinngemäß anzuwenden (§ 17 KStG). Zur Bildung von Gewinnrücklagen einschl gesetzlicher Rücklage während des Bestehens des Gewinnabführungsvertrags unter Berücksichtigung der steuerrechtlichen Regelung in §§ 14 Nr 5, 17 KStG und zu Fragen der Organschaft im Steuerrecht s auch § 271 Anm 134 f.

Im Rahmen der aktienrechtlichen Bestimmungen für **Unternehmensver-** 113
träge (hier Beherrschungs-, Gewinnabführungs- und Teilgewinnabführungsverträge, §§ 291 Abs 1 S 1; 292 Abs 1 Nr 2 AktG) regelt § 300 die schnellere Dotierungspflicht für die *gesetzliche Rücklage* bei der durch den Vertrag verpflichteten **AG/KGaA** (OrganGes). Rechnerische Ausgangsgröße ist der *fiktive Jahresüberschuss vor* Kürzung einer Gewinnabführung und *nach* Kürzung eines (vororganschaftlichen) Verlustvortrags. Die absolute Obergrenze der gesetzlichen Rücklage mit Kapitalrücklage von 10 vH des Grundkapitals oder eines hö-

heren satzungsmäßigen Teils entspricht § 150 Abs 2 AktG. Nach dem jeweiligen Vertragstyp ist die Zuweisung zur gesetzlichen Rücklage (teilweise abw von § 150 Abs 2 AktG) wie folgt vorzunehmen:

– **Gewinnabführungsvertrag:** Aus dem fiktiven Jahresüberschuss (s oben) ist der Betrag zuzuweisen, der erforderlich ist, um die gesetzliche Rücklage „unter Hinzurechnung einer Kapitalrücklage" innerhalb der *ersten fünf Jahre* nach Vertragsbeginn gleichmäßig auf den zehnten oder satzungsmäßigen höheren Teil des Grundkapitals aufzufüllen (§ 300 Nr 1 AktG). Eine entspr Dotierungsverpflichtung besteht auch nach einer Kapitalerhöhung, aber mit neuem Beginn für den Erhöhungsbetrag (glA *ADS*[6] § 272 Anm 162). Die *Mindestzuweisung* beträgt 5% der fiktiven Bemessungsgrundlage.
– **Teilgewinnabführungsvertrag:** Der Zuweisungsbetrag beträgt nach den Regeln des § 150 Abs 2 AktG 5% aus dem fiktiven Jahresüberschuss *vor* Kürzung der Abführung (§ 300 Nr 2 AktG), ebenso *ADS*[6] § 300 AktG Anm 43.
– **Beherrschungsvertrag:**
  a) *ohne* Gewinnabführungsverpflichtung: gleichmäßige Auffüllung auf den zehnten oder satzungsmäßig höheren Teil des Grundkapitals innerhalb der ersten fünf Jahre nach Vertragsbeginn unabhängig vom Vorliegen eines Jahresüberschusses (§ 300 Nr 3 AktG – erste Alternative). Die *Mindestzuweisung* beträgt 5% der Bemessungsgrundlage nach § 150 Abs 2 AktG.
  b) *mit* Teilgewinnabführungsverpflichtung: Zuweisung ebenfalls wie im Fall ohne Gewinnabführungsverpflichtung. Die Mindestzuweisung beträgt 5% der fiktiven Bemessungsgrundlage nach § 300 Nr 2 AktG (§ 300 Nr 3 AktG – zweite Alternative).

Die Auslegung der Regelung ist in zwei Punkten strittig. Für den Fall ohne Gewinnabführungsverpflichtung wird auch die Ansicht vertreten, die Regelung verlange eine Dotierung nur aus einem Jahresüberschuss (*Godin/Wilhelmi* AktG § 300 Anm 5; *Koppensteiner* in Kölner Komm[2] § 300 Anm 19; wie hier *ADS*[6] § 300 AktG Anm 52f; *Altmeppen* in MünchKomm AktG[2] § 300 Anm 29ff; *Hüffer*[6] § 300 Anm 13).

Für den Fall mit Teilgewinnabführung wird der Wortlaut der Regelung auch so gelesen, dass bei Beherrschungsvertrag mit Teilgewinnabführungsverpflichtung nur eine Zuweisungspflicht wie bei einem Teilgewinnabführungsvertrag bestehe (so *ADS*[6] § 300 AktG Anm 55; *Altmeppen* in MünchKomm AktG[2] § 300 Anm 36ff; wie hier *Koppensteiner* in Kölner Komm[2] § 300 Anm 18; *Hüffer*[6] § 300 Anm 15). Es ist jedoch uE nicht ersichtlich, warum bei einem Beherrschungsvertrag mit Teilgewinnabführung eine schwächere Dotierungspflicht bestehen sollte als bei einem Beherrschungsvertrag ohne Gewinnabführungsverpflichtung. Für den Fall der Kombination von Beherrschungs- und Gewinnabführungsvertrag richtet sich die Dotierungspflicht allerdings allein nach der Regelung zum Gewinnabführungsvertrag, ist also schwächer als im Fall des reinen Beherrschungsvertrags (ebenso *ADS*[6] § 300 AktG Anm 48).

Reicht in einem oder mehreren Jahren des 5-Jahreszeitraums der erzielte (fiktive) Jahres(Roh-)Überschuss zu einer Dotierung in Höhe des § 300 Nr 1 AktG nicht aus, sind diese uE – nach Möglichkeit – innerhalb des Fünfjahres-Zeitraums zusätzlich nachzuholen. Falls die Auffüllung des gesetzlichen Reservefonds nicht innerhalb des 5-Jahreszeitraums gelingt, ist die restliche Dotierung in voller Höhe aus dem nächsten (fiktiven) Jahresüberschuss vorzunehmen (ähnlich *ADS*[6] § 300 AktG Anm 24, 25; *WPH*[12] I R Anm 297).

114 Für die Obergrenze der Dotierung kann sich eine *Zweifelsfrage* aus dem Wortlaut in § 300 Nr 1 AktG („unter Hinzurechnung einer Kapitalrücklage") insoweit ergeben, als nach § 150 Abs 2 AktG eine Zusammenrechnung nur mit der Kapitalrücklage *nach* § 272 Abs 2 *Nr 1 bis 3* erfolgt. Es ist kein Grund erkennbar, dass die Obergrenze der Dotierungspflicht nach § 300 Nr 1 AktG (ggf Nr 3) von § 150 Abs 2 AktG abweichen sollte, vielmehr sind nur die Bestandteile nach § 272 Abs 2 Nr **1 bis 3** gemeint (hM, zB *ADS*[6] § 272 Anm 161 und § 300 AktG Anm 34). Einstellungen nach § 272 Abs 2 Nr 4 bleiben daher uE in allen Fällen des § 300 AktG außer Betracht.

Für **GmbH** gilt Anm 113 nicht, da sie keine gesetzliche Rücklage bilden müssen. Es sind aber wegen § 17 KStG das Verbot der *Abführung* – nicht aber der *Ausschüttung* – vororganschaftlicher Rücklagen und die Heranziehung von in der Organzeit gebildeten Gewinnrücklagen zur Verlustdeckung zu beachten; hierzu *ADS*[6] § 272 Anm 170 und *Zöllner* in Baumbach/Hueck GmbHG[17] Schlussanhang I Anm 77 ff mwN (Gläubigerschutz).

F. Rücklage für eigene Anteile (Abs 4)

I. Zweck, Veränderungen

Abs 4 regelt für alle KapGes Bildung und Höhe der Rücklage für eigene Anteile. Zu den Erwerbsbeschränkungen für eigene Aktien s § 266 Anm 138 ff. Bei GmbH bestehen weniger strenge Regelungen für den Erwerb eigener Anteile, sofern die Stammeinlagen voll geleistet sind (§ 33 Abs 2 und 3 GmbHG). **117**

Werden von AG/KGaA eigene *Aktien* gem § 71 Abs 1 **Nr 6** oder nach den Maßgaben von § 71 Abs 1 **Nr 8** AktG zwecks *Einziehung* erworben, entfällt die Bildung einer Rücklage für eigene Anteile. Anstelle der nachstehend erläuterten Bestimmungen, Regeln und Ausweise gelten dann die Sondervorschriften des Abs 1 S 4–6 (s Anm 9).

Der Zweck der Rücklage für eigene Anteile ist eine **Ausschüttungssperre.** Es soll sichergestellt werden, dass der Erwerb eigener Anteile nicht zur Rückzahlung von Grund- oder Stammkapital oder solcher offener Rücklagen führt, für die satzungsmäßige Bindungen bzw Zweckbestimmungen gelten *(Begr RegE,* 110). Die Bildung der Rücklage für eigene Anteile dient dem Gläubiger- und dem Aktionärsschutz. Die eigenen Anteile können als Korrekturposten zum EK oder als echte Vermögenswerte beurteilt werden (zur Doppelnatur der eigenen Aktien s auch *ADS*[6] § 266 Anm 139 und zur Bewertung als VG des Umlaufvermögens hier § 253 Anm 612 f). **118**

Die Bildung der Rücklage mindert das Bilanzergebnis der Erwerbsperiode der eigenen Anteile. Sie darf aber auch **aus frei verfügbaren Gewinnrücklagen gebildet** werden. Soweit dies geschieht, darf dies auch bei AG/KGaA durch eine Umbuchung zwischen den jeweiligen Rücklagen innerhalb der Bilanz vorgenommen werden (ebenso *Küting* in HdR[5] § 272 Anm 147). Nur ein nicht durch Umbuchung abgedeckter Restbetrag ist dann über die Überleitungsrechnung vom Jahresüberschuss zum Bilanzgewinn zu bilden (§ 158 Abs 1 AktG/§ 275 Abs 4). **119**

Nicht zulässig ist die Bildung aus Beträgen aus satzungsmäßigen oder zweckgebundenen anderen Gewinnrücklagen, weil diese nicht „frei verfügbar sind". Bei AG/KGaA ebenfalls nicht zulässig ist die Bildung aus Kapitalrücklage nach Abs 2 Nr 1–3. Obwohl in Abs 4 nur eine Bildung aus frei verfügbaren *Gewinn*rücklagen gestattet wird, ist uE jedoch auch eine Bildung aus *Kapital*rücklage nach Abs 2 Nr 4 zulässig, da diese Kapitalrücklage, wenn nicht satzungsmäßige Beschränkungen bestehen, wie eine freie Gewinnrücklage verfügbar ist (ebenso *ADS*[6] § 272 Anm 191; *Küting* in HdR[5] § 272 Anm 148). Aus diesem Grunde ist bei GmbH idR die Bildung aus der gesamten Kapitalrücklage zulässig. Nur die Verwendung der Kapitalrücklage nach einer vereinfachten Kapitalherabsetzung (Anm 73) oder aus Nachschusskapital (Anm 75 ff) ist bei GmbH nicht zulässig – solange die Beträge gesetzlich gebunden sind.

Werden zulässigerweise Kapitalrücklagen für die Bildung der Rücklage für eigene Anteile umgewidmet, sollte dies im Anhang erläutert werden, da die Rücklage für eigene Anteile nach der gesetzlichen Gliederung unter den Gewinnrücklagen steht und somit der unzutreffende Eindruck entsteht, sie sei aus (früheren) Ergebnissen gebildet worden.

120 Der **Zeitpunkt** der Bildung ist der JA für das Gj, in dem die eigenen Aktien (Anteile) zugegangen sind. Die Einstellung ist bereits bei Aufstellung der Bilanz vorzunehmen (Abs 4 S 3). Stehen keine verfügbaren (= nicht zweckgebundenen) Rücklagen zur Verfügung, muss infolge der Zuführung ggf ein Bilanz-Verlust ausgewiesen werden (hM zB *WPH*[12] I F Anm 288, *ADS*[6] § 272 Anm 197 f; s auch Anm 124). Strittig ist, ob es eine Verpflichtung gibt, die Rücklage für eigene Anteile vorrangig aus frei verfügbaren Rücklagen zu bilden, bevor die Bildung das Bilanzergebnis mindert (dafür: *Küting* in HdR[5] § 272 Anm 151). Dem Gesetzeswortlaut ist eine derartige Priorität jedoch nicht zu entnehmen (ebenso *ADS*[6] § 272 Anm 189).

121 Die **Rücklage** ist gem Abs 4 S 4 auch für **Anteile eines herrschenden** oder eines mit **Mehrheit beteiligten Unternehmens** zu bilden. Empfehlenswert ist es, den Bilanzposten durch einen Davon-Vermerk (davon Rücklage für Anteile eines herrschenden bzw mit Mehrheit beteiligten Unt) zu untergliedern, wenn daneben auch noch eine Rücklage für eigene Anteile zu bilanzieren ist. Eine Erl darf aber auch im Anhang erfolgen (ähnlich *ADS*[6] § 272 Anm 204; *Küting* in HdR[5] § 272 Anm 143; für einen getrennten Ausweis *Schulze-Osterloh* in Baumbach/Hueck GmbHG[17] § 42 Anm 173 mwN).

122 Die Berichterstattungspflicht für AG/KGaA im **Anhang** zum Erwerb eigener Aktien ist in § 160 Abs 1 Nr 2 AktG geregelt; Näheres § 284 Anm 42. Für GmbH sind Pflichtangaben zu eigenen oder „herrschenden" Anteilen im Anhang nicht vorgeschrieben, aber zwecks Angabe ihrer Art und der Gründe anzuraten.

123 Die **Höhe** der Rücklage bestimmt sich ausschließlich nach dem Bilanzansatz der eigenen Anteile auf der Aktivseite der Bilanz (Abs 4 S 1). Werden die eigenen Anteile im Zugangsjahr am Bilanzstichtag zu AK bewertet, *ist* somit eine Rücklage in dieser Höhe zu bilden. Erfolgte der Zugang der eigenen Anteile hingegen unentgeltlich und werden sie daher ohne Bilanzwert angesetzt, entfällt die Rücklagenbildung (wie hier *ADS*[6] § 272 Anm 189; *Küting* in HdR[5] § 272 Anm 139).

124 Wird die Rücklage im Erstjahr nicht oder nicht in voller Höhe gebildet oder später vorzeitig aufgelöst, ist der **Jahresabschluss nichtig** (§ 256 Abs 1 Nr 4 AktG), für GmbH s Anm 181. Die Rücklage für eigene Anteile ist auch deswegen im Erstjahr des Erwerbs der Anteile zwingend zu bilden; so auch *ADS*[6] § 272 Anm 196 ff.

125 Die Rücklage für eigene Anteile *ist* insoweit **aufzulösen,** als eigene Anteile oder Anteile eines herrschenden oder mit Mehrheit beteiligten Unt veräußert oder eingezogen werden. Gleiches gilt für AG/KGaA bei Ausgabe von eigenen Aktien an Belegschaftsmitglieder oder für Umwandlungsvorgänge (§ 71 Abs 1 Nrn 2, 3, 5 AktG). Werden eigene Aktien oder Anteile gem § 253 Abs 3 (Niederstwertprinzip) oder auf Grund zukünftiger Wertschwankungen (§ 253 Abs 3 S 3) abgewertet, ist in Höhe der Abwertung die Rücklage aufzulösen, bei Wertaufholungen gem § 280 Abs 1 wieder aufzufüllen. Liegt einer der aufgezählten Auflösungsgründe vor, muss die Rücklage aufgelöst werden, da der

Grund für die Ausschüttungssperre weggefallen ist (so auch *ADS*[6] § 272 Anm 201 f).

Die Auflösung der Rücklage sollte uE entspr ihrer Bildung vorgenommen werden. Wurde die Rücklage über die Ergebnisverwendungsrechnung zu Lasten des Bilanzergebnisses gebildet, erfolgt auch die Auflösung über die Ergebnisverwendungsrechnung zugunsten des Bilanzergebnisses. Ansonsten dürfen die Beträge ohne Berührung der Überleitungsrechnung in diejenigen Rücklagen zurückgeführt werden, aus denen sie bei Bildung entnommen wurden. Dabei empfiehlt sich ein entspr Vermerk, glA *Küting* in HdR[5] § 272 Anm 157 und *Schulze-Osterloh* in Baumbach/Hueck GmbHG[17] § 42 Anm 173. *ADS*[6] § 272 Anm 203 und *WPH*[12] I F Anm 385 sehen auch bei erfolgsneutraler Rücklagenbildung die Pflicht, *alle* Auflösungsbeträge über die GuV zu führen – analog zum Ausweis bei Aktien-Einziehung gem §§ 237, 240 AktG. Auch bei GmbH liegt die Auflösungskompetenz bei der Geschäftsführung anlässlich der Aufstellung des JA (§ 270, glA *Schulze-Osterloh* in Baumbach/Hueck GmbHG[17] § 42 Anm 173).

II. Steuerrechtliche Besonderheiten

Die Zweckbindung der Rücklage für eigene oder „herrschende" Anteile **126** berührt die steuerrechtliche Gewinnermittlung nicht. Diese Rücklage ist, *wenn* sie zu Lasten des Jahresüberschusses gebildet wird, steuerrechtlich wie eine Gewinnrücklage zu behandeln. Wird sie aus vorhandenen Gewinnrücklagen oder aus dem Gewinnvortrag lt HB gebildet, stellt sich der Vorgang in der Steuerbilanz als Umgliederung von Rücklagen dar, die deren steuerrechtlichen Status nicht berührt. Das BMF gibt in BStBl I 1998, 1509 allerdings noch zum alten KStG Hinweise zu den eigenen Anteilen einschl der „Kapitalrückzahlung".

G. Besonderheiten des Eigenkapitals der KGaA

I. Rechtsverhältnisse, Jahresabschluss

Die Mischform der KGaA, die neben den Kommanditaktionären mind einen **127** phG voraussetzt (§ 278 Abs 1 AktG) und damit zwingend für das Rechtsverhältnis der phG untereinander und zur Gesamtheit der Kommanditaktionäre sowie zu Dritten die Anwendung der Vorschriften des HGB über die KG einbezieht (§ 278 Abs 2 AktG), weist einige **Besonderheiten** auf.

Der JA ist durch die phG aufzustellen (§ 283 Nr 9 AktG), deren Rechtsstellung über die eines Vorstands einer AG hinausgeht. Die phG („Geschäftsinhaber") nehmen anstelle des Vorstands auch dessen Aufgaben wahr, § 282 AktG. Der *BGH* entschied am 24. 2. 1997 (DB, 1219 ff) die lange strittige Frage, dass (alleinige) phG auch juristische Personen sein dürfen – das muss aber auch in der Firma zum Ausdruck kommen (zB GmbH & Co KGaA). Die phG können zugleich auch Kommanditaktionäre sein (so auch §§ 280 Abs 2 S 2, 285 Abs 1 S 1 AktG und *Semler/Perlitt* in MünchKomm AktG[2] § 280 Anm 14).

Für die KGaA gelten, soweit nicht Sondervorschriften in den §§ 278 bis 290 AktG enthalten sind, die Vorschriften des Ersten Buchs über die AG sinngemäß (§ 278 Abs 3 AktG). Im Dritten und Vierten Buch des AktG wird jeweils ausgeführt, welche Vorschriften für KGaA gelten.

Vermögenseinlagen der phG sind „Kapitalanteile", die nicht zum Grundkapital gehören. Die Leistung von Vermögenseinlagen ist nicht zwingend; werden sie vereinbart, müssen sie nach Höhe und Art in der Satzung festgesetzt werden, wenn sie nicht auf das Grundkapital geleistet werden (§ 281 Abs 2 AktG). Auf den Kapitalanteil der phG entfallende Verlustanteile müssen von dem Kapitalanteil abgeschrieben werden (§ 286 Abs 2 S 2 AktG). Bei negativem Kapitalkonto besteht eine Entnahmesperre für spätere Gewinnanteile in bestimmtem Umfang (§ 288 Abs 1 AktG); nicht hierunter fallen vom Gewinn unabhängige und angemessene Tätigkeitsvergütungen (§ 288 Abs 3 AktG).

128 Die **Feststellung des Jahresabschlusses** obliegt zwingend der HV; der Beschluss bedarf der Zustimmung aller phG (§ 286 Abs 1 AktG). Der im JA ausgewiesene Bilanzgewinn steht ausschließlich im Verfügungsbereich der Kommanditaktionäre, da die Gewinnanteile der phG vorab als Aufwand gebucht werden (§ 286 Abs 3 AktG, Anm 130).

129 Die **Vergütungen an die Komplementäre** (phG) können in Tantiemen (als vom Jahresüberschuss abhängige Vergütungen), Festbezügen, wie zB Gehalt, und Gewinnanteilen (als Haftungsvergütung) bestehen. Die Festsetzung von Gewinnanteilen erfolgt zeitlich vorgeschaltet in *internen* Rechnungen, wobei in der älteren Literatur auch die Meinung vertreten wird, dass dabei die nach §§ 161 Abs 2, 120 HGB maßgebenden Grds zugrundezulegen sind (dazu *Hüffer*[6] § 288 Anm 1, 2). *Hüffer* (aaO Anm 2 mwN) lehnt zutreffend für die Ermittlung dieser Vergütungen das Bilanzrecht der KG(§ 278 Abs 2 AktG) ab und fordert auch hierfür das strengere Bilanzrecht der KapGes gem § 278 Abs 3 AktG. Das KG-Recht gilt also nur für die Gewinnverteilung.

130 In der externen GuV braucht der auf die phG entfallende **Gewinn- oder Verlustanteil** nicht gesondert ausgewiesen zu werden; ferner brauchen (uE sollen) in die Angaben im Anhang nach § 285 Nr 9 Buchstabe a und b alle auf die Kapitalanteile der phG entfallenden Gewinnanteile *nicht* einbezogen zu werden, sondern nur Tätigkeitsvergütungen, Abfindungen usw (§ 286 Abs 4 AktG; so auch *Hüffer*[6] § 286 Anm 7). In der GuV sind daher die Gewinnanteile als Aufwendungen und Verlustanteile als Erträge zu erfassen (§ 275 Abs 2 Nr 8 oder Nr 4; Abs 3 Nr 7 oder Nr 6).

II. Gezeichnetes Kapital und ausstehende Einlagen, Kapitalveränderungen

131 **Gezeichnetes Kapital** ist wie bei AG das (Kommandit-)Grundkapital (§ 286 Abs 2 AktG). Für die **ausstehenden Einlagen** auf das gezeichnete Kapital gelten die Erl unter Anm 12ff. Inwieweit bei KGaA daneben ausstehende Einlagen auf **die Kapitalanteile der Geschäftsinhaber** auszuweisen sind, bestimmt sich nach den allgemeinen Grundsätzen für den Kapitalausweis bei PersGes (dazu § 264c Anm 20). Für die Kapitalveränderungen beim gezeichneten Kapital der KGaA gelten die Vorschriften der §§ 179 bis 240 AktG entspr (Anm 8ff, 19 bis 46 und steuerrechtlich Anm 48 bis 55).

III. Ausweis der Kapitalanteile der persönlich haftenden Geschäftsinhaber

132 Die Kapitalanteile der phG sind gem § 286 Abs 2 S 1 AktG in der Bilanz *nach* dem Posten „Gezeichnetes Kapital" gesondert auszuweisen. Die Gliederung des EK in der HB (§ 266 Abs 3 A) erweitert sich also bei KGaA, soweit solche Kapitalanteile in der Satzung vereinbart sind, um diesen Posten. Dabei dürfen die

Kapitalanteile sämtlicher phG zusammengefasst (glA *Semler/Perlitt* in MünchKomm AktG² § 286 Anm 83), aber nicht positive und negative Kapitalanteile saldiert werden (*Hüffer*⁶ § 286 Anm 3 mwN).

Soweit der Verlust den Kapitalanteil übersteigt, ist der Mehrbetrag auf der **Aktivseite** unter der Bezeichnung „Einzahlungsverpflichtungen persönlich haftender Gesellschafter" auszuweisen (§ 286 Abs 2 S 3 AktG). Das setzt voraus, dass eine Zahlungsverpflichtung seitens des jeweiligen phG besteht. Der Posten ist dann unter den Forderungen oder vor den sonstigen VG (§ 266 Abs 2 B II nach Nr 1 oder vor Nr 4) gesondert auszuweisen, glA *Hüffer*⁶ § 286 Anm 4. Entfallen die Einzahlungsverpflichtungen auf mehrere phG, dürfen diese Forderungen zusammengefasst werden. Der Umstand, dass die phG für die Schulden der KGaA persönlich haften, begründet allein jedoch keine Zahlungsverpflichtung der phG. 133

Bestehen *keine* Einzahlungsverpflichtungen, ist der Mehrbetrag als „Nicht durch Vermögenseinlagen gedeckter Verlustanteil persönlich haftender Gesellschafter" zu bezeichnen und auf der Aktivseite der Bilanz gem § 268 Abs 3 HGB iVm § 286 Abs 2 S 3 AktG gesondert als letzter Posten aufzuführen (zum Ausweis und Inhalt § 268 Anm 75). Auch hier sind mehrere Posten dieser Art zu einem Posten zusammenzufassen. Bei positiven und negativen Kapitalkonten mehrerer phG ist eine **Saldierung nicht zulässig** (ebenso *Semler/Perlitt* in MünchKomm AktG² § 286 Anm 89).

Der **weitere aktive Sonderposten** „nicht durch Eigenkapital gedeckter Fehlbetrag" (§ 268 Abs 3) bezieht sich bei KGaA nur auf das (übrige) EK der Kommanditaktionäre *ohne* Einbeziehung ggf ebenfalls negativer Kapitalanteile der hier in Abs 2 genannten phG.

IV. Kapitalrücklage

Einstellungen und Entnahmen bei der Kapitalrücklage sind *auch* bei KGaA nach § 270 Abs 1 bei Aufstellung der Bilanz durch die phG vorzunehmen. Die Organzuständigkeit der HV der KGaA für die Feststellung des JA schränkt diese Zuständigkeit der phG nicht ein (§ 283 Nr 9 AktG). Zum Begriff und Umfang der Kapitalrücklage s Anm 56. 134

V. Gewinnrücklagen

Bei der **gesetzlichen Rücklage** (§ 150 AktG) müssen Einstellungen und Entnahmen ebenfalls bereits bei Aufstellung des JA gebucht werden. Für die Begrenzung und die Verwendung gilt § 150 AktG (Anm 87 bis 94). Für die Kapitalanteile der phG ist keine anteilige gesetzliche Rücklage zu dotieren (ebenso *Semler/Perlitt* in MünchKomm AktG² § 286 Anm 8). 135

Für Bildung und Auflösung **der „anderen Gewinnrücklagen"** liegt die Organzuständigkeit nur bei HV und phG (§ 286 Abs 1 AktG). Enthält die Satzung keine *Verpflichtung* (Anm 95) für die HV nach § 58 Abs 1 AktG, bestimmte Beträge aus dem Jahresüberschuss vor Feststellung des JA in die Gewinnrücklagen einzustellen, dürfen die Einstellungen nur im Rahmen des Beschlusses über die Gewinnverwendung vorgenommen werden (zur Problematik der Anwendung von § 58 Abs 1 und Abs 2 AktG auch *ADS*⁶ § 286 AktG Anm 65 ff). Ohne Satzungsverpflichtung dürfen Zuweisungen zu den Gewinnrücklagen nicht schon bei Aufstellung des JA gebucht werden. Die Zuweisungen im Rahmen des Gewinnverwendungsbeschlusses sind wie bei AG im Folgejahr einzustellen (Anm 105). 136

Satzungsmäßige Rücklagen können sich bei KGaA gleichfalls nur durch eine verpflichtende Bestimmung in der Satzung nach § 58 Abs 1, ggf Abs 2 AktG ergeben; ausführlich zu § 58 AktG *ADS*[6] aaO Anm 69ff.

137 Die **Rücklage für eigene Anteile** nach § 272 Abs 4 (Anm 117ff) muss auch bei KGaA auf Grund gesetzlicher Verpflichtung zu ihrer Bildung bereits bei Aufstellung des JA dotiert werden. Für Auflösungen gilt auch für KGaA Anm 125.

Erwirkt die KGaA den Kapitalanteil einer phG, bestimmt sich die bilanzielle Behandlung nach den Regeln für PersGes (s § 264c Anm 23).

H. Eigenkapital-Änderungen durch Umwandlungen

I. Grundsätze, Begriffe

140 Soweit das UmwG – dort insb § 24 – für die HB mehrere Wertansätze für VG zulässt (außer Buchwert auch Zeit- oder Verkehrswerte), wird die Höhe des Agios beeinflusst. Das UmwStG kann (– namentlich für Sacheinlagen –) in der Steuerbilanz zu einem höheren Agio führen (ähnlich wie in Anm 84).

Als Reinvermögen bezeichnen wir den Saldo aus den jeweiligen Wertansätzen für VG und andererseits für Rückstellungen und Verbindlichkeiten, jeweils zuzüglich der RAP und Sonderposten.

Der Ausdruck **„erfolgswirksam"** bedeutet, dass sich Vorgänge als Ertrag oder Aufwand auf das *Jahresergebnis* auswirken. Erfolgs*un*wirksam sind Ansätze, die entweder nur Bilanz-Posten betreffen, oder die in der GuV nach dem Jahresergebnis als Rücklagen- oder als Nennkapital-Veränderungen dargestellt werden (§§ 158 Abs 1 AktG, 275 Abs 4 HGB).

Die nachstehend erläuterten Umwandlungen sind wesentlich ausführlicher im Ergänzungsband „Sonderbilanzen[3]" dargestellt, und zwar insb auch deren steuerrechtliche Auswirkungen.

II. Formwechsel

141 Unabhängig von der alten und zugelassenen neuen Rechtsform bleibt die Identität des Unt (Rechtsträger) bestehen, §§ 190, 202 UmwG. Da keine Vermögensübertragung stattfindet, *müssen* die Buchwerte des bisherigen Rechtsträgers fortgeführt werden, *HFA* 1/1996 unter 1 Abs 4. Daher dürfen auch keine gesonderten HB aufgestellt werden. Es sind aber ggf die Vorschriften zum Mindest-Nennkapital einzuhalten.

142 Beim Formwechsel einer **KapGes** in eine andere **KapGes** bleibt das Nennkapital unverändert (§ 247 Abs 1 UmwG), das gilt nach *HFA* 1/1996 unter 2.2.2. auch für die Rücklagen; für die gesetzliche Rücklage gilt das AktG, falls der neue Rechtsträger eine AG/KGaA ist. Das betrifft die im Umwandlungszeitpunkt vorhandenen Kapitalrücklagen nach Abs 2 Nr 1–3. Es ist allerdings nicht vorgeschrieben, dass ein Teil der Gewinnrücklagen der ehemaligen GmbH nach dem Formwechsel in die AG der gesetzlichen Gewinnrücklage zuzuordnen ist. Erst für den ersten JA nach dem Formwechsel in eine AG ist die Dotierung der gesetzlichen Rücklage nach § 150 Abs 2 AktG zu beachten. Wird beim Formwechsel von GmbH in AG zur Einhaltung des Mindestgrundkapitals der AG eine Kapitalerhöhung notwendig, sind entweder Rücklagen in Nennkapital umzuwandeln oder Gester-Einlagen zu leisten, *HFA* 1/1996 unter 2.2.2.

Wird eine **PersGes** in eine **KapGes** umgewandelt, muss das gezeichnete Kapital der KapGes durch das Reinvermögen zu Zeitwerten der PersGes gedeckt sein, § 220 Abs 1 UmwG. Mit dieser Begrenzung und unter Beachtung der Mindestkapitalanforderungen für die entspr Rechtsform sind die Gester in der Festlegung des Betrags des Grund-/Stammkapitals frei. Eine Bindung zB an die bisherigen Hafteinlagen der Kommanditisten der PersGes besteht nicht (ausführlich *Förschle/Hoffmann* in Sonderbilanzen[3] J Anm 45ff). 143

Ist das Reinvermögen zu Buchwerten größer als das gezeichnete Kapital der KapGes, ist der Mehrbetrag Agio gem § 272 Abs 2 Nr 1, soweit er sich aus bedungenen Einlagen der PerGes ergibt. Ergibt sich der Mehrbetrag aus darüber hinausgehenden Einlagen in die PersGes, handelt es sich um Kapitalrücklagen nach § 272 Abs 2 Nr 4. Sollte der Mehrbetrag teilweise aus nach dem GesVertrag gesamthänderisch *gebundenen* Gewinnrücklagen der PersGes stammen, entstehen insoweit Gewinnrücklagen. Wird das gezeichnete Kapital der KapGes durch die zwingende Buchwert-Fortführung nicht erreicht, ist der Fehlbetrag ähnlich einem Verlustvortrag zu behandeln (ausführlich *HFA* 1/1996 unter 2.2.1.; *Förschle/Hoffmann* in Sonderbilanzen[3] J Anm 53).

Erst mit der HR-Eintragung der Umwandlung einer **KapGes** in eine **PersGes** (dazu *HFA* 1/1996 unter 4) entfallen die Regeln des § 272. Die Aufteilung des EK der PersGes richtet sich nach deren GesVertrag. Gewinnrücklagen der KapGes dürfen dabei als gesamthänderisch gebundene Gewinnrücklagen in der PersGes ausgewiesen werden. Sie dürfen aber auch direkt in die Kapitalkonten der Gester einbezogen werden. 144

Der GesVertrag einer KG ist nicht an das EK der KapGes gebunden, die Gester sind also in der Einlagen-Festsetzung frei (§ 234 Nr 2 UmwG). Für OHG-Gester sind Einlagen nicht vorgeschrieben.

HFA 1/1996 unter 3.2 weist außerdem darauf hin, dass
- Bilanzierungshilfen zB gem §§ 269, 274 fortgeführt werden dürfen,
- eigene Anteile der KapGes die Kapitalkonten der PersGes mindern müssen, da diese mit dem Formwechsel entfallen, und
- Steuerschulden der KapGes in der PersGes fortzuführen sind bis zur Tilgung oder Wegfall.

Das EK der PersGes ist in § 264c Anm 15ff kommentiert.

III. Verschmelzungen auf eine Kapitalgesellschaft

1. Ohne Kapitalerhöhung

Hält der Aufnehmende alle Anteile des Übertragenden, ist eine **Kapitalerhöhung** beim Aufnehmenden weder erforderlich noch zulässig (für GmbH § 54 Abs 1, 2, für AG § 68 Abs 1, 2 UmwG). Im Fall der Verschmelzung eines TU auf das MU dürfen als Gesamt-AK für das übernommene Reinvermögen des TU nach den *allgemeinen Grundsätzen* entweder der Buchwert oder der Zeitwert **der untergehenden Anteile des TU** gewählt werden (Tauschgrundsätze). Beim Ansatz des übernommenen Reinvermögens in der Summe zu Zeitwerten der untergehenden Anteile ergibt sich ein Gewinn, wenn dieser Zeitwert höher als der Buchwert der untergehenden Anteile ist. Wird das Reinvermögen zu Buchwerten des übertragenden Rechtsträgers gem *§ 24 UmwG* übernommen, ergibt sich aus der Differenz zwischen den übernommenen Buchwerten und dem abgehenden Buchwert der untergehenden Anteile ein Gewinn oder ein Verlust, die erfolgswirksam zu erfassen sind (s *HFA* 2/1997 unter 32212 und 332). 150

Im Fall der Verschmelzung des MU auf das TU **(down-stream merger)** erhalten die Gester des MU die Anteile des MU am TU; sie sind dann am TU statt am MU beteiligt. Als AK des aufnehmenden TU nach allg Grundsätzen dürfen die übergehenden Aktiva des untergehenden MU in Höhe des Zeitwerts ihrer übergehenden Schulden bemessen werden (wenn dadurch der Zeitwert der Aktiva nicht überschritten wird) oder es dürfen Aktiva und Schulden zu Zeitwerten angesetzt werden. Zulässig ist nach § 24 UmwG auch eine Fortführung der Buchwerte des MU durch das TU. Setzt das TU das vom MU übernommene Reinvermögen per Saldo mit einem positiven Wert an, ist diese Vermögensmehrung als sonstige Zuzahlung der Gester (die Gester des MU, die jetzt die Gester des TU sind, haben Vermögen in das TU eingezahlt) in die Kapitalrücklage einzustellen. Da diese Zuzahlung nicht mit einer Kapitalerhöhung beim TU verbunden ist, handelt es sich nicht um eine Kapitalrücklage nach Abs 2 Nr 1, sondern nach Nr 4 (Änderung *HFA* 2/1997, WPg 2000, 440). Wird im Rahmen der Buchwertübernahme das übernommene Reinvermögen per Saldo mit einem negativen Wert angesetzt, ist die Differenz als Aufwand erfolgswirksam zu erfassen. Gleiches gilt, wenn sich bei einer Bewertung des übernommenen Vermögens zu Zeitwerten ein negativer Saldo ergibt. Ob bei Gestaltungen, die zu einem zu Zeitwerten negativen Vermögensübernahme führen, eine gesellschaftsrechtlich unzulässige Einlagenrückgewähr vorliegt, ist im Einzelfall zu prüfen.

2. Mit Kapitalerhöhung

151 Hält der Aufnehmende weniger als 100% der Anteile und erwirbt er den von Fremden gehaltenen Anteil am Vermögen des übertragenden Rechtsträgers durch Hingabe neuer Anteile aus einer Kapitalerhöhung, stellt sich der Vermögensübergang vom bisherigen Rechtsträger auf ihn insoweit als Sacheinlage dar (§§ 55, 69 UmwG; *HFA* 2/1997 unter 32211). Die Kapitalerhöhungsvorschriften des GmbHG und des AktG sind für diese Umwandlungen vereinfacht.

Wird das übertragene **Reinvermögen,** soweit es durch Ausgabe neuer Anteile erworben wird, im Rahmen der **allg Bewertungsregeln für Sacheinlagen** zum Ausgabepreis der neuen Anteile bewertet und ist dieser **höher** als die Anteils-Nennwerte (der rechnerische Wert der ausgegebenen Stückaktien), ist das festgesetzte bzw sich im Auslegungswege entspr ergebende Agio in die Kapitalrücklage gem Abs 2 Nr 1 einzustellen (s Anm 61; *ADS*[6] § 272 Anm 45 Abs 1 und *HFA* 2/1997 unter 32211). Nach *HFA* 2/1997 unter 3211 sind bei Übernahmebewertung nach allgemeinen Grundsätzen Bilanzierungshilfen nicht anzusetzen; Pensionsverpflichtungen des übertragenden Rechtsträgers müssen passiviert werden, auch wenn der übertragende Rechtsträger aufgrund Art 28 Abs 1 EGHGB darauf verzichten durfte.

Bei **Buchwert-Fortführung** (§ 24 UmwG) ist der Aufnehmende an die Schlussbilanz des Übertragenden gebunden. Das gilt auch für die zuvor genannten Bilanzierungshilfen auf der Aktiv- und Passivseite der Schlussbilanz. Es entfällt auch eine Aktivierung der vom bisherigen Rechtsträger selbsterstellten immateriellen VG des Anlagevermögens sowie die Aktivierung von Verschmelzungskosten als Anschaffungsnebenkosten (*HFA* 2/1997 unter 33).

Ist der Ausgabebetrag der **Anteile höher als das übergehende Reinvermögen zu Buchwerten,** ist der Verschmelzungsverlust Aufwand; weder der Ansatz eines GFW noch Rücklagenkürzungen sind im Rahmen der Buchwertfortführung zulässig (s Anm 61; *HFA* 2/1997 unter 331).

In **Mischfällen** (nur teilweise Kapitalerhöhung, sonst Untergang der Alt-Anteile) ist aufzuteilen: Ein positiver Unterschiedsbetrag wird in Höhe der bisherigen Beteiligungsquote erfolgswirksam, im übrigen Agio. Der negative

Unterschiedsbetrag ist Verschmelzungsverlust und damit Aufwand (ausführlich dazu *Förschle/Hoffmann* in Sonderbilanzen[3] I Anm 65f, 100; *HFA* 2/1997 unter 333).

IV. Spaltungen von Kapitalgesellschaften

1. Aufspaltung

Der Übertragende wird ohne Abwicklung aufgelöst, § 123 Abs 1 UmwG. **160**
Sein Reinvermögen geht nach Spaltplan oder Spaltvertrag auf mehrere (neue) Rechtsträger über; dafür erhalten die Gester des Übertragenden Anteile an den Übernehmenden. Wenn der Aufnehmende eine Kapitalerhöhung vornimmt, sind die Grundsätze gem Anm 151 anzuwenden. Wird vom Aufnehmenden keine Kapitalerhöhung durchgeführt, zB beim MU, sind die Regeln der Anm 150 Abs 2 maßgebend (*ADS*[6] § 272 Anm 50). In beiden Fällen ist sowohl die Fortführung der Buchwerte des aufgelösten Rechtsträgers als auch der Ansatz von AK nach allgemeinen Grds zulässig.

2. Abspaltung

Hier gibt der Übertragende Teile seines Reinvermögens an einen oder mehrere Aufnehmende ab, bleibt aber mit dem Restvermögen bestehen (§§ 123 Abs 2 UmwG). Die Gester des Übertragenden erhalten Anteile an den aufnehmenden Rechtsträgern. Die *Aufnehmenden* verfahren wie bei der Aufspaltung nach Verschmelzungsregeln (Anm 160, *ADS*[6] § 272 Anm 51). **161**

Wurden zu Buchwerten mehr Schulden als VG abgespalten, ist der abgespaltene „Schulden-Überhang" beim *übertragenden Rechtsträger* als Gester-Leistung gem § 272 Abs 2 Nr 4 erfolgsneutral der Kapitalrücklage zuzuführen, sofern nicht die Gester ausdrücklich einen Ertragszuschuss erklären, *HFA* 1/1998 unter 122.

Wurden zu Buchwerten mehr VG als Schulden abgespalten, wird die Abspaltung das EK des Übertragenden zu Buchwerten mindern. Diese Vermögensminderung ist erfolgsneutral in der Überleitungsrechnung vom Jahresüberschuss zum Bilanzgewinn als „Vermögensminderung durch Abspaltung" auszuweisen. Zur Deckung dieses EK-Abgangs stehen zunächst Kapital- und Gewinnrücklagen, dabei bei AG die gesetzliche Rücklage unbeschränkt, zur Verfügung – jedoch keine Pflichtrücklagen lt Satzung/GesVertrag und auch nicht die Rücklage für eigene Anteile. Ist die EK-Minderung höher, darf der verbleibende Unterschied durch vereinfachte Kapitalherabsetzung gedeckt werden, §§ 139 oder 145 UmwG. Bei allen KapGes ist die Rücklagen-Auflösung und ggf der Ertrag aus der Kapitalherabsetzung in der GuV nach dem Jahresergebnis darzustellen (*HFA* 1/1998 unter 122). AG müssen ferner die Bewegung der einzelnen Kapital- und Gewinnrücklagen gem § 152 AktG in der Bilanz oder im Anhang zeigen (s § 284 Anm 72).

3. Ausgliederung

Hier tauscht der übertragende Rechtsträger einen oder mehrere Teile seines Reinvermögens gem § 123 Abs 3 UmwG – oft Teilbetriebe – gegen Anteile an dem/den Übernehmenden. Im Regelfall hat dieser Tausch keine Auswirkung auf das EK des Übertragenden. Werden die erhaltenen Anteile aber nicht zu Buchwerten des hingegebenen Reinvermögen bilanziert, sondern zu Zeitwerten des hingegebenen Reinvermögens angesetzt, hat der Übertragende erfolgswirksame Erträge. Bei dem/den Übernehmenden ist idR eine Kapitalerhöhung mittels Sacheinlagen und bei AG auch deren Prüfung gem § 183 AktG notwendig. **162**

V. Ergänzende Hinweise

170 Bei Verschmelzungen und allen Arten der Spaltung können Übernehmende auch **neu gegründete Gesellschaften** sein (zB §§ 36ff, 56ff, 123 Abs 4 UmwG). Die bisherige **Firma** darf bei Verschmelzung und bei Formwechsel nach Maßgabe von §§ 18, 200 UmwG **fortgeführt** werden; bei Spaltungen gilt das nicht, § 125 UmwG. Alle Umwandlungsverträge müssen **notariell beurkundet** werden; §§ 6, 125, 193 Abs 3 UmwG.

Für die **Gründungsprüfung** und das **Mindestkapital** gelten die Vorschriften der aufnehmenden Ges; bei GmbH muss auf Verlangen eines Gesters gem § 48 iVm §§ 9 bis 12 oder 138, 197 UmwG geprüft werden. Nimmt eine AG auf, muss geprüft werden, §§ 60, 144 oder 220 UmwG.

Die **Stichtage** für Verschmelzung und für alle Spaltungen (§§ 5 Abs 1 Nr 6, 126 Abs 1 Nr 6 UmwG) dürfen mit Rückwirkung vereinbart werden, regelmäßig auf den Bilanzstichtag der übertragenden Ges – ab diesem Zeitpunkt gelten dann die Geschäfte des Übertragenden für Rechnung der Aufnehmenden geführt. Wird (auch) ein künftiger Stichtag für die Vermögensübergänge vereinbart, geschieht das im Hinblick auf etwaige Verzögerungen bei den HR-Eintragungen. Für Formwechsel sind solche Vereinbarungen nicht zulässig.

Zur **HR-Anmeldung** ist bei Verschmelzung die übernehmende Ges befugt (§ 52 Abs 2 UmwG). Bei Spaltungen sind diese Anmeldungen von den übertragenden und den übernehmenden Ges zu bewirken; §§ 129, 137 und ggf 140, 146 UmwG. Der Formwechsel wird beim bisherigen HR angemeldet (§ 198 UmwG).

Die **HR-Eintragung** wird bei Verschmelzung zunächst bei der übertragenden Ges und danach bei den übernehmenden Ges durchgeführt (§§ 19, ggf 53 oder 56 UmwG), bei Spaltungen umgekehrt: zunächst übernehmende, dann übertragende Ges, §§ 130, 137, ggf auch 140, 146 UmwG. Bei Formwechsel ist das HR für die neue Rechtsform zuständig, § 201 UmwG. Die **Wirkungen** der Verschmelzung oder des Formwechsels treten mit Eintragung bei den neuen Ges, bei Spaltungen bei der bisherigen Ges ein; die Einzelheiten dieser Rechtsfolgen sind aus den §§ 20, 202 oder 131 UmwG zu entnehmen.

171 Regelungen zur **Abfindung** ausscheidender Gester enthalten die §§ 29ff UmwG für Verschmelzung, Aufspaltung und Abspaltung; für Ausgliederungen gelten diese Vorschriften nicht. Für Abfindungen anlässlich von Formwechseln s §§ 207ff UmwG.

Der **Gläubigerschutz** wird zentral durch §§ 22f UmwG gewahrt, auf die in den §§ 204 und 133 UmwG verwiesen wird. Für Spaltungen enthalten § 133f UmwG zusätzliche Bestimmungen.

Schadenersatz-Ansprüche sind in erster Linie an die bisherige Verwaltung zu richten, §§ 25ff UmwG – ergänzt durch §§ 70f (Verschmelzung, Spaltungen) oder 205f UmwG (Formwechsel). Die Nachhaftung von phG für 5 Jahre ergibt sich aus den §§ 45 (Verschmelzung, Spaltungen) oder 224 (Formwechsel) UmwG – bei Spaltungen sind in § 133 zusätzlich zu §§ 25ff UmwG auch Haftungen der „beteiligten“ Rechtsträger vorgesehen.

I. Rechtsfolgen einer Verletzung des § 272

180 **AG/KGaA:** Wird das **gezeichnete Kapital** – ggf einschl der offenen Absetzungen – in der Bilanz nicht zutreffend angesetzt (§ 283 HGB), verstößt ein festgestellter JA gegen § 256 Abs 5 AktG; die Bilanzierung von Kapitalerhöhung, Kapitalherabsetzung für das *Nennkapital* und für Einzahlungen auf das ge-

zeichnete Kapital könnte (auch) unter § 256 Abs 4 AktG – Gliederungsverstoß – fallen. Beide Vorschriften verdrängen § 256 Abs 1 Nr 1 AktG (hM, so *ADS*[6] § 256 AktG Anm 7 mwN, *WPH*[12] I U Anm 165; aA *Zöllner* in Kölner Komm § 256 AktG Anm 14: Abs 4 und 5 seien zu § 256 Abs 1 Nr 1 AktG nur klarstellend und einschränkend). Der Verstoß bewirkt **Nichtigkeit** des JA. Die Nichtigkeit des § 256 Abs 4 AktG ist für KGaA auch bei Verstoß gegen den Ausweis der Kapitalanteile der phG nach § 286 Abs 2 AktG gegeben (glA *ADS*[6] § 256 AktG Anm 35).

Liegt bei *Einstellungen* von Beträgen in **Kapital- oder Gewinnrücklagen** oder bei *Entnahmen* von Beträgen aus diesen Rücklagen ein Verstoß gegen die einzelnen Normen im HGB oder AktG vor, fällt der Verstoß unter die Spezialnorm des § 256 Abs 1 Nr 4 AktG (Gläubigerschutz); das gilt auch für Rücklagen-Veränderungen anlässlich von Kapitalmaßnahmen, ebenso *ADS*[6] 256 AktG Anm 33 und *Hüffer*[6] § 256 Anm 15.

Wird zB die Rücklage für eigene Anteile nicht oder nicht ausreichend *gebildet* (§ 272 Abs 4), ist Nichtigkeit der JA nach § 256 Abs 1 Nr 4 AktG gegeben (so auch *ADS*[6] § 272 Anm 211; dazu *LG Mainz* DB 1990, 2363). *Einstellungen* in offene Rücklagen, die von der HV im Rahmen des Gewinnverwendungsbeschlusses (§ 58 AktG) vorgenommen werden, fallen ebenfalls unter § 256 Abs 1 Nr 4 AktG; glA *ADS*[6] § 256 AktG Anm 33, *WPH*[12] U Anm 181.

Werden Kapital- oder Gewinnrücklagen hinsichtlich der *Aufgliederung und Entwicklung* (§ 266 mit Angabepflichten nach § 152 Abs 2 und 3 AktG) nicht richtig *ausgewiesen,* ist das jedoch als ein Verstoß gegen Gliederungsvorschriften nach § 256 Abs 4 AktG zu beurteilen. Hier muss nach dem Wortlaut außerdem ein *wesentlicher Verstoß* gegen den Grundsatz der Klarheit und Übersichtlichkeit vorliegen, was von der Höhe der nicht offengelegten Beträge abhängt, zB fehlende Aufgliederung des EK bei kleinen KapGes.

GmbH: Das Problem der analogen Anwendung des § 256 Abs 1 und Abs 4 AktG wurde bisher in der Literatur nicht einheitlich beantwortet (dazu *ADS*[6] § 256 AktG Anm 96ff, *Schulze-Osterloh* in Baumbach/Hueck GmbHG[17] § 42a Anm 22ff); sie ist jedoch für die JA-Vorschriften (§ 256 Abs 4 und 5 AktG) praktisch geboten (*ADS*[6] aaO Anm 101). **181**

Die analoge Anwendung des § 256 Abs 5 AktG wird für den fehlerhaften Ausweis des **gezeichneten Kapitals** wie bei AG zu beurteilen sein; im Übrigen schreibt § 42 Abs 1 GmbHG ausdrücklich den Ausweis des Stammkapitals vor (*ADS*[6] § 256 AktG Anm 101).

Bei den **Rücklagen** (§ 256 Abs 1 Nr 4 AktG) liegt ein Verstoß bei Feststellung des JA durch die GesterVersammlung gegen die Gesetze vor, wenn bei Einstellungen in die Kapitalrücklage § 272 Abs 2 oder § 42 Abs 2 GmbHG (Nachschüsse) nicht beachtet wurden (nicht bei Auflösungen der Kapitalrücklage geltend, soweit jetzt nicht eingeschränkt, Anm 74).

Bei den Rücklagen mit Gläubigerschutz-Charakter, zB der Rücklage für eigene Anteile, sind Zuführungen (Berichtigungen) und Auflösungen nur nach Maßgabe des HGB zulässig (glA *ADS*[6] § 272 Anm 211). *Schulze-Osterloh* in Baumbach/Hueck GmbHG[17] § 42a Anm 26 beschränkt die Nichtigkeit für Rücklagen von GmbH „soweit die gesetzliche Regelung reicht"; im Übrigen sei Anfechtbarkeit gegeben, da letztere für den JA gem § 257 Abs 1 S 2 AktG nur für AG/KGaA ausgeschlossen ist.

Bei allen übrigen Gewinnrücklagen der GmbH bewirken Verstöße gegen die Regeln des § 29 GmbHG und ihrer Ausformungen im GesVertrag daher keine Nichtigkeit, sondern nur deren Anfechtbarkeit. Hinzu treten ggf Schadenersatzansprüche benachteiligter Gester.

182 Abgesehen von den zivilrechtlichen Nichtigkeits- oder Anfechtungs-Folgen fällt ein Verstoß gegen § 272 unter die **Bußgeldvorschriften.** Hiernach handelt ordnungswidrig, wer als Mitglied des vertretungsberechtigten Organs oder des AR einer KapGes bei der Aufstellung oder Feststellung des JA ua dem § 272 zuwiderhandelt (§ 334 Abs 1 Nr 1 c), bei Kreditinstituten aller Rechtsformen § 340 n Abs 1 Nr 1 c) und bei VersicherungsUnt § 341 n Abs 1 Nr 1 c).

J. Exkurs 1: Verdeckte Einlagen

Schrifttum: *Döllerer* Verdeckte Einlagen bei Kapitalgesellschaften – das Spiegelbild der verdeckten Gewinnausschüttung? in FS von Wallis, 293; *Raupach* Die verdeckte Nutzungseinlage in Kapitalgesellschaften, ein unbewältigtes Problem bei der Besteuerung nationaler und internationaler Konzerne? in FS von Wallis, 309; *Döllerer*[2] Verdeckte Gewinnausschüttungen und verdeckte Einlagen bei Kapitalgesellschaften, Heidelberg 1990; *Marx* Verdeckte Einlagen als Problemfälle der Rechnungslegung und Besteuerung FR 1995, 453; *W. D. Hoffmann* Der Verzicht des Gesellschafters auf Forderungen gegen die Kapitalgesellschaft DStR 1995, 77; *Groh* Ist die verdeckte Einlage ein Tauschgeschäft? – Anmerkungen zum BFH-Beschluss vom 9. 6. 1997 GrS 1/94 DB 1997, 1683; *Weber-Grellet* Die verdeckte Einlage DB 1998, 1532; *Kussmaul/Klein* Maßgeblichkeitsprinzip verdeckter Einlage und verdeckter Gewinnausschüttung? DStR 2001, 189; *Sosnitza* Die Einlagefähigkeit von Domain-Namen bei der Gesellschaftsgründung GmbHR 2002, 821; *Hoffmann* Steuerpflicht der Ausschüttung aus dem Einlagekonto GmbH-StB 2003, 210.

I. Begriff

201 Es handelt sich um einen durch das Steuerrecht entwickelten Begriff. Die Steuer-Rspr (zB *BFH* 9. 3. 1983, BStBl II, 744; *BFH* 26. 10. 1987, BStBl II 1988, 348; *BFH* 12. 12. 2000, BStBl 2001 II, 234) versteht unter einer verdeckten Einlage **Zuwendungen eines Gesellschafters** (oder einer dem Gester nahestehenden Person, *GrS* 9. 6. 1997, BStBl II 1998, 307) an seine KapGes, die ein Nicht-Gester bei Anwendung der Sorgfalt eines ordentlichen Kfm der Ges nicht einräumen würde (dazu grundlegend *Kussmaul/Klein* DStR 2001, 189 und *Streck*[6] § 8 Anm 40 ff). Zweck der Begriffsbildung der verdeckten Einlage ist die zutreffende Abgrenzung zwischen Ges und Gester und damit die zutreffende Gewinnermittlung; im Gegensatz zur vGA wird die verdeckte Einlage als rechtmäßiges Gestaltungsinstrument angesehen (*Weber-Grellet* DB 1998, 1532).

Handelsrechtlich gibt es den Begriff der Zuzahlungen, die Gester in das EK leisten (§ 272 Abs 2 Nr 4). Diese Zuzahlungen können auch durch Übertragung von Sachwerten erfolgen. Nicht jede verdeckte Einlage stellt eine solche Zuzahlung dar (Anm 206).

Keine verdeckten Einlagen sind sog **kapitalersetzende Darlehen,** selbst wenn mit einer Rangrücktrittsklausel versehen. Derartige Darlehen stellen für die KapGes eine Verbindlichkeit dar und haben nur bzgl der Gläubigerhaftung, aber nicht in jeder Hinsicht EK-Qualität, solange nicht auf sie verzichtet wird (*BFH* 16. 5. 2001, BStBl II, 436).

Mit Rücksicht auf das Ges-Verhältnis gewährte Leistungen zwischen Gester und KapGes stellen **keine Schenkung** dar (*Heuer* in HHR § 6 Anm 822; *Streck*[6] § 8 Anm 150 „Schenkung"; *Troll* ErbStG § 7 Anm 182). Das KStG behandelt Zuwendungen eines Gester an seine KapGes, die zivilrechtlich als Schenkung anzusehen sind, **als Einlagen.** Dies gilt selbst für freigebige Zuwendungen auf Grund letztwilliger Verfügung (*BFH* 24. 3. 1993 BStBl II, 799). Die Tatsache, dass weitere Gester vorhanden sind, die ihrerseits keine Einlagen machen, steht der Annahme der verdeckten Einlage nicht entgegen (*BFH* 18. 7.

1985 BStBl II, 635). Derartige Einlagen können jedoch gleichzeitig Schenkungen der Gester untereinander darstellen.

Anders als bei der vGA (dazu § 278 Anm 101 ff) erfüllt nach der Steuer-Rspr nicht jede Art der Vorteilsgewährung den Tatbestand der verdeckten Einlage. Bloße Gewinnerhöhungen als Folge einer Vorteilszuwendung reichen nicht aus; vielmehr verlangt die Rspr eine **unmittelbare Vermögensmehrung** dergestalt, dass wegen Neuzugangs oder Verbesserung eines WG ein Aktivposten angesetzt oder erhöht werden muss bzw ein Passivposten ganz oder teilweise wegfällt (Verzicht, Teilverzicht auf eine Forderung). Danach genügen zB die **Überlassung von Gegenständen zur Nutzung** oder die Erbringung einer **Dienstleistung** ohne oder gegen verbilligtes Entgelt nicht, da sie nur mittelbar (geringere Kosten der KapGes) über die Gewinnerhöhung oder Verlustminderung zu einer Vermögensmehrung führen (so zB *GrS* 26. 10. 1987, BStBl II 1988, 348; *BFH* 14. 3. 1989, BStBl II, 633).

II. Einlagefähige Vermögensgegenstände

1. Handelsrecht

Als verdeckte Einlage kommen uE zunächst alle VG in Betracht, die Gegenstand einer gesrechtlichen **Bar- oder Sacheinlage** sein können. 202

Zu den einlagefähigen VG gehören *Sachen* (bewegliche wie unbewegliche) und Rechte. Einlagefähige *Rechte* sind zB Forderungen (auch Forderungen gegen die KapGes selbst) und andere dingliche Rechte (Erbbaurechte etc) wie auch sonstige absolute Rechte (Patente etc) einschließlich Teilrechten daran (zB Lizenzrechte an einem Patent). Die Rechte brauchen nicht bereits zu bestehen, sondern sie können auch zu Einlagezwecken neu begründet werden (*Hachenburg*[8] § 5 GmbHG Anm 46; *Hueck* in Baumbach/Hueck GmbHG[17] § 5 Anm 23 ff; *Hüffer*[5] § 27 Anm 22 ff, § 183 Anm 2). Als Gegenstand einer verdeckten Sacheinlage kommt auch die **Überlassung von Know-how** in Betracht (*Kölner Komm*[2] § 27 Anm 38, § 183 Anm 13). Allerdings muss es sich um eine fassbare Vermögensposition handeln, dh sie muss Zugriffsobjekt für die Gläubiger der KapGes sein können (*Hachenburg*[8] § 5 GmbHG Anm 33; *Kölner Komm*[2] § 27 Anm 20–38, § 183 Anm 9–16; *Hueck* in Baumbach/Hueck GmbHG[17] § 5 Anm 23, *Hüffer*[5] § 27 Anm 23, 26, § 183 Anm 2).

Ob auch **Nutzungsüberlassungen** und die Erbringung kostenloser Dienstleistungen einlagefähig sind, war str. Aufgrund des § 27 Abs 2 AktG können nach hM *Dienstleistungen* des Erbringenden oder Ansprüche auf Dienstleistungen Dritter nicht Gegenstand von Sacheinlagen sein. Daher wird auch bei der GmbH die Verpflichtung des Gester zur eigenen Dienstleistung ebenso wie ein Anspruch auf Dienstleistung gegenüber Dritten nicht als einlagefähig angesehen (*Hueck/Fastrich* in Baumbach/Hueck GmbHG[17] § 5 Anm 24; *Kallmeyer* in GmbH-Handbuch I Rz 286). Auch ein **obligatorisches Nutzungsrecht** gegen den Gester wird als nicht sacheinlagefähig angesehen. Nutzungsrechte des Gester ggü Dritten, sofern sie eine gesicherte Rechtsposition darstellen (selbst wenn unentgeltlich erworben), sind einlagefähig (*Hüffer*[5] § 27 Anm 26 (22) mwN, *Hueck* in Baumbach/Hueck GmbHG[17] § 5 Anm 25 f). Auch der *Domain-Name* eines Unt soll Gegenstand einer verdeckten Einlage sein können (vgl. *Sosnitza* GmbHR 2002, 821). 203

Ein **Goodwill** ist nicht isoliert einlagefähig, sondern nur iZm der Übertragung eines Handelsgeschäfts (*Winter* in Scholz[9] § 5 Anm 50; *Hachenburg*[8] § 5 GmbHG Anm 56; *Hueck* in Baumbach/Hueck GmbHG[17] § 5 Anm 26; *Hüffer*[5] § 27 Anm 21, 24).

2. Steuerrecht

204 Der *GrS* (BStBl II 1988, 348, Anm 201 aE) verlangt als **Voraussetzung** einer verdeckten Einlage den Ansatz oder die Erhöhung **eines Aktiv-** bzw den Fortfall oder die **Verminderung eines Passivpostens.** Als **Aktivposten** kommen grds auch immaterielle Rechte in Betracht. Der Erfassung eines verdeckt eingelegten GFW – regelmäßig nur iZm der Übertragung eines Betriebs oder Teilbetriebs – steht dabei auch § 5 Abs 2 EStG nicht entgegen (*BFH* 20. 8. 1986, BStBl II 1987, 455).

Dennoch hält der *GrS* aaO weiterhin daran fest, dass die unentgeltliche Zuführung von **Nutzungen** bzw von Dienstleistungen nicht einlagefähig sei, selbst wenn sie dinglich gesichert sind. Dies begründet er ergebnisbezogen damit, dass der Ansatz des Nutzungswertes als Einlage dazu führen würde, „dass der auf der Nutzung beruhende und im Betrieb erwirtschaftete Gewinn der Besteuerung entzogen wird, obwohl selbst im Privatvermögen gezogene Nutzungen regelmäßig zu Einkünften aus Kapitalvermögen oder aus Vermietung und Verpachtung führen und der Besteuerung unterliegen."

Auch insoweit, als der Gester **eigene Aufwendungen für eine Nutzungsüberlassung** tätigt, liegt **keine Einlage vor** (*BFH-GrS* aaO Abschn C I d).

III. Erfassung und Bewertung einer verdeckten Einlage beim Empfänger

1. Handelsrecht

206 Das Vollständigkeitsgebot nach § 246 verlangt die Erfassung sämtlicher VG, also auch solcher Aktiva, die ohne oder für eine zu geringe Gegenleistung von einem Gester auf die KapGes übertragen werden.

Bei Einlagen, die auf Grund gesrechtlicher Verpflichtungen geleistet werden, ist die Bewertung im AktG oder GmbHG nicht ausdrücklich geregelt. Der Wert der Sacheinlage muss **mindestens** dem Nennbetrag der hierauf zu gewährenden Ges-Rechte entsprechen. Anderenfalls liegt eine Überbewertung der Sacheinlage und damit eine verbotene Unterpariemission vor (§ 9 AktG, § 9 GmbHG). Übersteigt der Wert der Sacheinlage den Nennbetrag (ggf zuzüglich eines gesrechtlich festgelegten Mehrwerts) der zu gewährenden Ges-Rechte, ist der **Wert der Sacheinlage** maßgeblich, den die Beteiligten festsetzen (so *Hueck* in Baumbach/Hueck GmbHG[17] § 5 Anm 33 mwN; aA *Hüffer*[5] § 27 Anm 27: ggf Buchwert-Fortführung).

Bei Erwerb von VG, die nicht auf Grund gesrechtlicher Verpflichtungen geleistet werden, richtet sich der Ansatz nach den effektiven **Anschaffungskosten** (§§ 253, 255), was bei Unentgeltlichkeit des Erwerbs bzw bei zu geringen AK zu einem Ansatz von Null bzw in Höhe der effektiven Gegenleistung und bei einer Veräußerung der VG zu einem betrieblichen Ertrag führt. Unter Berufung auf die GoB wird es jedoch nach hM für *zulässig* erachtet, die unentgeltlich erworbenen VG stattdessen mit den Kosten zu aktivieren, die die KapGes bei entgeltlichem Erwerb für sie aufgewandt hätte **(Verkehrswert),** sog „fiktive Anschaffungskosten" (*ADS*[6] § 255 Anm 97; *Schulze-Osterloh* in Baumbach/Hueck GmbHG[17] § 42 Anm 281; *Röhricht* in Großkomm AktG[4] § 27 Anm 88). Ein Ansatz zum Verkehrswert hat nach § 272 Abs 2 Nr 4 auf der Passivseite eine Einstellung des Differenzbetrags in die Kapitalrücklage zur Folge. Nach dem *Ber Helmrich,* 107 sind nur „gewollte" Leistungen in das EK einzustellen, so dass eine Aktivierung zu einem über den AK liegenden

Betrag nur in Betracht kommt, wenn der Gester diesen Willen auch kundgetan und darüber hinaus diesen Betrag beziffert hat (ebenso *Groh* DB 1997, 1686 mwN).

2. Steuerrecht

Der Ansatz eingelegter WG (offen oder verdeckt) geschieht unter Aufgabe des Maßgeblichkeitsgrundsatzes auf Grund steuerrechtlicher Sonderbestimmungen zum Teilwert: § 6 Abs 1 Nr 5 EStG iVm § 8 Abs 1 KStG (*BFH* 26. 10. 1987, BStBl II, 348; *BFH-GrS* 9. 6. 1997, BStBl II 1998, 307). Dies gilt auch beim Forderungsverzicht eines Gester oder einer diesem nahe stehenden Person (so *BFH-GrS* 9. 6. 1997, aaO). Der Verzicht auf eine wertlose Forderung führt also in Höhe des Nominalbetrags zu einem steuerpflichtigen Ertrag – weil hier der Teilwert der Einlage „Null“ ist. Die Einschränkungen der Buchstabe a) und b) in § 6 Abs 1 Nr 5 EStG, wonach die Einlagen bei innerhalb der letzten 3 Jahre vor dem Zeitpunkt der Einlage erworbenen WG höchstens mit den AK oder HK anzusetzen sind, gelten nach *BFH* (*GrS* 9. 6. 1997, aaO sowie 11. 2. 1998, BStBl II, 691) auch für KapGes, aber nur, wenn die Einlage aus dem Privatvermögen stammt (gem Wortlaut und Teleologie des § 6 Abs 1 Nr 5 S 1 Buchst b, vgl *BFH* 11. 21998 BStBl II, 691; *BMF* 2. 11. 1998, BStBl I 1227). Die verdeckte Einlage wesentlicher Beteiligungen steht einer Veräußerung gleich (§ 17 Abs 1 S 2 EStG) und ist mit dem gemeinen Wert bei der KapGes anzusetzen (*BMF* 2. 11. 1998, aaO; *BFH* 11. 2. 1998 aaO). § 6 Abs 6 S 2 EStG ergänzt dies um die verdeckte Einlage in KapGes. **207**

IV. Erfassung und Bewertung einer verdeckten Einlage beim bilanzierenden Gesellschafter

1. Handelsrecht

S § 255 Anm 144 ff. **208**

2. Steuerrecht

S § 255 Anm 162 ff.

V. Vorteilsausgleich

1. Handelsrecht

Nach § 311 AktG (für die GmbH gilt keine entspr gesetzliche Regelung) darf ein herrschendes Unt, wenn kein Beherrschungsvertrag besteht, seinen Einfluss nicht dazu benutzen, eine abhängige AG oder KGaA zu veranlassen, ein für sie **nachteiliges Rechtsgeschäft** vorzunehmen oder Maßnahmen zu ihrem Nachteil zu treffen (ausführlich zum AbhBer s Voraufl § 289 Anm 61 ff). Von einer Schadenersatzpflicht des herrschenden Unt wird abgesehen, sofern bis zum Ende des Gj ein **Nachteilsausgleich** stattfindet. Der Nachteilsausgleich stellt keine Zuzahlung des Gester nach § 272 Abs 2 Nr 4 dar, er ist wie die vorangegangene Zuwendung der KapGes ergebniswirksam. Ein solcher Nachteilsausgleich ist auch im GmbH-Konzernrecht geboten (*Zöllner* in Baumbach/Hueck GmbHG[17] Anhang I Anm 55). Hier werden jedoch insofern strengere Maßstäbe angelegt, als der Ausgleich nicht bis zum Ende des Gj hinausgeschoben werden darf, sondern sofort bei Einflussnahme erfolgen muss (*Emmerich* in Scholz[9] Anhang KonzRecht Anm 75). Der Schadensausgleich ist **209** hier grds durch Rückgängigmachung des Eingriffs zu leisten (*Zöllner* in Baumbach/Hueck GmbHG[17] Anhang I Anm 55).

2. Steuerrecht

210 Unter **Vorteilsausgleich** wird die Saldierung von vorteilhaften mit nachteiligen Geschäften verstanden (*BFH* 8. 6. 1977, BStBl II, 704). Vor- und nachteiliges Geschäft werden gesondert bilanziert (zB Unter-Preis-Verkauf einer Ware einerseits und Zuzahlung auf der anderen Seite). Soweit sich vor- und nachteilige Geschäfte ausgleichen, liegt steuerrechtlich weder eine vGA noch eine verdeckte Einlage vor (*BFH* 10. 3. 1993, BStBl II, 635). Als Kompensation einer vGA kommen uE nicht nur verdeckte Einlagen, sondern auch nicht einlagefähige unentgeltliche Nutzungsüberlassungen in Betracht, weil die KapGes auch in diesen Fällen tatsächlich keinen Vorteil gewährt.

Anerkennung des Vorteilsausgleichs: Leistung und Gegenleistung aus einem **gegenseitigen Vertrag** sind immer zu verrechnen. Das gleiche gilt für Leistungen und Gegenleistungen aus Rechtsgeschäften, die so eng zusammenhängen, dass sie wirtschaftlich als **einheitliches Geschäft** anzusehen sind. Mangelt es an der Gegenseitigkeit oder der Einheitlichkeit des Geschäfts, bedarf es zwischen KapGes und Gester einer im Voraus getroffenen klaren und eindeutigen **Vereinbarung** (*BFH* 8. 6. 1977, aaO; *BFH* 10. 3. 1993, aaO), derzufolge ein Nachteil wegen des an anderer Stelle gewährten Vorteils in Kauf genommen wird. Nach neuer Rspr dürfte ständige Übung zur Verknüpfung ausreichen (glA *Streck*[6] § 8 Anm 93 mwN).

Die FinVerw erkennt auch einen Vorteilsausgleich an, wenn nicht im Voraus, aber spätestens **zum Ende des Wirtschaftsjahres bestimmt** ist, wann und durch welche Vorteile die Nachteile ausgeglichen werden. Darüber hinaus müssen die Nachteile innerhalb der drei folgenden Wj tatsächlich ausgeglichen oder aktiviert sein (Verwaltungsgrundsätze, BStBl I 1983, 218 Tz 2.3.3). Diese Auslegung ist zu eng und wird durch die Rspr nicht gestützt (*Katterbe* DB 1983, 365).

Die Begriffe des handelsrechtlichen Nachteilsausgleichs und des steuerrechtlichen Vorteilsausgleichs decken sich damit nur teilweise.

VI. Rückgewähr verdeckter Einlagen

1. Auswirkungen bei der Kapitalgesellschaft

a) Handelsrecht

211 Werden Einlagen nichtgesrechtlicher Art ergebniswirksam erfasst (Anm 206 Abs 2), unterliegt umgekehrt ihre **Rückgewähr** den gesetzlichen Bestimmungen über die Verwendung des Bilanzgewinns. Erfolgt auch die Rückgewähr der Einlage in verdeckter Form, besteht handelsrechtlich **kein Zwang zur Realisierung stiller Reserven.** Jedoch sind auf diesen Vorgang die gesetzlichen Bestimmungen anzuwenden, die der Erhaltung des Vermögens der KapGes dienen (§§ 57 AktG, 30, 31 GmbHG).

b) Steuerrecht

212 Die **Rückgewähr** einer verdeckten Einlage kann im Wege einer **offenen Gewinnausschüttung** oder aber in verdeckter Form erfolgen. Die **verdeckte Einlagenrückgewähr** ist eine Vorteilsgewährung iSe vGA (*BFH* 17. 10. 1984 BStBl II 1985, 69). Im 18-jährigen Übergangszeitraum des körperschaftssteuerrechtlichen Systemwechsels lösen allein die offene Gewinnausschüttung sowie die Vorabausschüttung eine **Minderung der KSt** nach § 37 KStG aus. Eine

KSt-Erhöhung nach § 38 KStG stellt sich hingegen auch bei vGA ein, für die das Alt-EK_{02} nach der in § 38 Abs 1 S 5 KStG festgelegten Verwendungsfiktion als verwendet gilt.

Mit der getrennten Erfassung der verdeckten Einlage und ihrer Rückgewähr geht die Steuerneutralität des Gesamtvorgangs verloren. Zwar wird die Einlage im steuerlichen Einlagenkonto gem § 27 KStG (BMF 4. 6. 2003 BStBl I, 366) erfasst, die Rückgewähr erfolgt jedoch wegen der gesetzlich vorgeschriebenen **Ausschüttungsfolge** der §§ 27 Abs 1 S 3, 38 Abs 1 S 5 KStG wie folgt: Zunächst aus Alt-Rücklagen (Konsequenz: KSt-Minderung gem § 37 KStG, sofern KSt-Guthaben vorhanden), dann aus Alt-EK_{02} (definitive KSt-Zusatzbelastung) und dann erst aus dem durch die Einlage begründeten steuerlichen Einlagenkonto (§ 27 KStG, keine Minderung oder Erhöhung der KSt, keine KapESt). 213

Diese Rechtsfolgen können insb dann für Gester und KapGes sehr nachteilig sein, wenn die Rückgewähr an einen ausländischen Gester (zB auf Grund von Beanstandungen ausländischer Steuerverwaltungen) der KapESt unterliegt (*BFH* 13. 11. 1985, BStBl II 1986, 193). Der Weg der schlichten Ergebnisberichtigung nach § 1 AStG wäre sachgerecht (über das Verhältnis verdeckte Einlage zu § 1 AStG s Anm 221).

Bei der Rückgewähr verdeckter Einlagen liegt uE auch steuerrechtlich weder eine Einlage noch eine Ausschüttung vor, wenn die Einlage erst gar nicht in das Vermögen der KapGes übergegangen ist, weil von Anfang an ein (zunächst nicht bekannter) **Anspruch auf Rückgewähr** bestand. Nach Ansicht des *BFH* reicht jedoch ein dinglicher Rückgewähranspruch nicht aus, weil erst weitere Umstände hinzukommen müssten, damit sich der Rückgewähranspruch wirtschaftlich manifestiere, nämlich durch Kenntniserlangen des Anspruchsberechtigten und Kundgabe seines Willens, die Rückgewähr zu verlangen (*BFH* 23. 5. 1984 BStBl II, 723ff). Deshalb behandelt der *BFH* auch in diesem Fall die verdeckte Einlage und deren Rückgewähr als zwei getrennte, nicht miteinander saldierbare Vorgänge (*BFH* 4. 7. 1984 BStBl II, 842); eine ex-tunc-Wirkung würde danach mit dem steuerrechtlichen Grundsatz kollidieren, dass der Gester seine Rechtsbeziehungen zur KapGes von vornherein klar und eindeutig zu gestalten habe und dass Unklarheiten steuerrechtlich zu Lasten der KapGes bzw des Gester gehen. Keine vGA liegt aber vor, wenn die Rückgewähr auf Grund eines Besserungsscheins erfolgt (*BFH* 3. 12. 1996, BFH/NV 1997, 265). 214

Auch die Wirkung von **Steuer- und Satzungsklauseln** ist in diesem Zusammenhang umstritten: Problem der Rückwirkung (§ 278 Anm 127ff, ggf vGA). FinVerw und BFH stehen auf dem Standpunkt, dass eine solche Klausel der steuerrechtlichen Annahme eines Doppelvorgangs (vGA mit nachfolgender verdeckter Einlage) nicht entgegenstehe (*BMF* 6. 8. 1981, BStBl I, 599; *BFH* 25. 5. 1999, BFHE 188, 569, *BFH* 29. 8. 2000, BStBl II 2001, 173). 215

2. Auswirkungen beim bilanzierenden Gesellschafter

a) Handelsrecht

Die Rückgewähr einer als Ertrag ausgewiesenen verdeckten Einlage im Wege der offenen Gewinnausschüttung ist untrennbarer Bestandteil der Dividende und damit normaler Beteiligungsertrag. Eine dadurch bewirkte Wertminderung der Beteiligung des Gester ist durch eine außerplanmäßige Abschreibung zu berücksichtigen. Sie dürfte aber wegen der Vielzahl wertbildender Faktoren die Ausnahme sein, auch wenn die verdeckte Einlage zuvor zu einer Erhöhung des Beteiligungswerts geführt hat (dazu § 255 Anm 144ff, 162ff). 216

Eine Rückgewähr in verdeckter Form unterliegt den gleichen Grundsätzen wie die verdeckte Einlage selbst. UE darf wegen des AK-Prinzips nicht über den tatsächlichen Rückerwerbspreis hinausgegangen werden. Der Tauschgedanke (§ 255 Anm 130 ff) scheidet aus, da auf keine Ges-Rechte verzichtet wird.

b) Steuerrecht

217 Die unmittelbaren Rechtsfolgen einer Einlagenrückgewähr beim Gester richten sich danach, ob nach der in Anm 213 dargestellten Verwendungsreihenfolge das steuerliche Einlagekonto gem § 27 KStG für eine Ausschüttung als verwendet gilt. Sämtliche Ausschüttungen, für die das steuerliche Einlagekonto nicht als verwendet gilt, führen zu grds steuerpflichtigen Einkünften beim Gester, die bei diesem nach der Freistellungsmethode (KapGes als Anteilseigner einer KapGes, § 8b Abs 1 KStG) oder dem Halbeinkünfteverfahren (natürliche Personen als unmittelbare oder mittelbar über eine PersGes beteiligte Anteilseigner einer KapGes, § 3 Nr 40 EStG) gänzlich oder zur Hälfte von der Besteuerung ausgenommen werden. Ausschüttungen aus dem steuerlichen Einlagekonto stellen gem § 20 Abs 1 Nr 1 S 2 EStG steuerrechtlich keine Einkünfte dar, sondern Kapitalrückzahlungen. Der Beteiligungsbuchwert ist entspr zu mindern (*BFH* 16. 3. 1994, BStBl II, 527). Diese Ausschüttungen führen bzgl des Beteiligungsbuchwerts zu einer Abweichung zwischen HB und Steuerbilanz. Die Minderung des steuerlichen Beteiligungsbuchwerts beruht nicht auf einer einkommensmindernden Abschreibung, sondern nach *BFH* vom 16. 3. 1994 darauf, dass es sich bei der Dividende um eine nicht steuerbare Einnahme handelt, deren Nichtsteuerbarkeit dadurch vollzogen wird, dass der Beteiligungsbuchwert in der Steuerbilanz um den Dividendenbetrag gemindert wird. Damit sind die Voraussetzungen für eine Abschreibung nach den §§ 279 Abs 2, 254 nicht erfüllt (so auch *BFH* 16. 3. 1994, BStBl II, 527). Eine Anpassung an die Steuerbilanz durch außerplanmäßige Abschreibungen wegen Wertminderung der Beteiligung ist denkbar. Übersteigt die Ausschüttung aus dem steuerlichen Einlagekonto den Beteiligungsbuchwert, behandelt die FinVerw den übersteigenden Betrag als stpfl Betriebseinnahme (*BMF* 28. 4. 2003, BStBl I, 292; so auch *BFH* 16. 3. 1994, BStBl II, 527, kritisch dazu *Hoffmann* Steuerpflicht der Ausschüttung aus dem Einlagekonto, GmbH-StB 2003, 210).

VII. Verdeckte Einlage und Sanierung

1. Handelsrecht

218 Die Sanierung unterscheidet sich begrifflich von der verdeckten Einlage dadurch, dass der Gester dabei wie ein **fremder Dritter** gehandelt hat, dh auch ohne gesrechtliche Beziehungen den Vorteil zugewendet hätte, um sonst drohenden größeren Schaden abzuwenden.

Diese begriffliche Abgrenzung wurde durch das Steuerrecht geschaffen (*Streck*[6] § 8 Anm 50). Sie hat auch handelsrechtlich Relevanz: zu Sanierungszwecken gegebene Zuschüsse oder Forderungsverzichte führen anders als Zahlungen in das EK iSv § 272 Abs 2 Nr 4 zu **außerordentlichen Erträgen,** weil der Gester hier wie ein fremder Dritter handelt (§ 275 Anm 215 ff).

Nicht selten ist die Sanierungsleistung an eine Rückgewährverpflichtung für den Fall künftiger Gewinne oder eines Liquidationsüberschusses geknüpft **(Besserungsschein).** Die Tatsache des Besserungsscheins ändert nichts daran, dass der Sanierungsvorteil uneingeschränkt in das Vermögen der KapGes übergangen ist, also die Passivierung einer Verbindlichkeit für die Zwischenzeit entfällt (zur Angabepflicht im Anhang gem § 160 Abs 1 Nr 6 AktG, § 284 Anm 45 und § 285 Anm 65).

2. Steuerrecht

219 Sanierung und verdeckte Einlage sind zu unterscheiden. Handelt der Gester wie ein fremder Dritter, führt der **Sanierungsbeitrag** zu steuerpflichtigen Erträgen. Spätere Rückzahlungen auf Grund eines Besserungsscheins mindern das Einkommen, da sie iZm steuerpflichtigen Sanierungsgewinnen stehen.

Für den *BFH* (30. 4. 1968, BStBl II, 720) ist es ein Indiz gesrechtlichen und nicht betrieblichen Handelns, wenn nur der Gester und nicht auch fremde Kapitalgeber wesentliche Sanierungsbeiträge leisten. Handelt der Gester nicht wie ein fremder Dritter (zB weil er alleine Beiträge leistet oder sein Beitrag erheblich höher als der der Fremden ist), liegt eine verdeckte Einlage vor, die im steuerlichen Einlagekonto auszuweisen ist.

Bei Bedienung des Besserungsscheins nach vorheriger verdeckter Einlage liegt keine vGA vor. Der Abgang des EK erfolgt unmittelbar beim steuerlichen Einlagekonto, nicht nach der gesetzlichen Ausschüttungsfolge (*BFH* 30. 5. 1990, BStBl II 1991, 588, *BMF* 2. 12. 2003, BStBl I, 648). Führt der Forderungsverzicht zu einem steuerpflichtigen Ertrag, muss das Wiederaufleben der Forderung steuerlich abzugsfähig sein.

VIII. Verdeckte Einlage und körperschaftsteuerrechtliche Organschaft

220 Die Organschaft nach KStG (hierzu ausführlich § 271 Anm 104ff) hebt *nicht* die steuerrechtliche Selbständigkeit der Einzelnen zum Organkreis gehörenden Ges auf (*BFH* 1. 8. 1984, BStBl II 1985, 18). Entspr führen auch in Organschaftsfällen verdeckte Einlagen zur Aktivierung auf dem Beteiligungskonto und Einlagen von Sachwerten zur **Auflösung stiller Reserven beim Gesellschafter** und zur Einstellung in das steuerliche Einlagekonto bei der KapGes.

Auch die **Verlustübernahme** durch den Organträger auf Grund eines EAV stellt an sich eine verdeckte Einlage dar. Sie darf jedoch nicht auf dem Beteiligungskonto aktiviert werden; eine Aktivierung des Aufwands für den Verlustausgleich in der Steuerbilanz des Organträgers könnte sonst dazu führen, dass sich der Verlust über die Teilwertabschreibung auf die Organbeteiligung ein weiteres Mal gewinnmindernd auswirkt (*BFH* 17. 9. 1969, BStBl II 1970, 48 und R 64 KStR).

Eine während der Geltung des EAV zulässigerweise (§ 14 Nr 4 KStG) bei der OrganGes gebildete Rücklage ist, obwohl aus eigenem Vermögen stammend, kraft Gesetzes (§ 27 Abs 6 KStG) dem steuerlichen Einlagekonto der OrganGes zuzuordnen, dh der in die Rücklage eingestellte Betrag gilt als an den Organträger abgeführt und wiedereingelegt. Dementsprechend bildet der Organträger zusätzlich zum Beteiligungsbuchwert in der Steuerbilanz einen aktiven Ausgleichsposten, der seiner Beteiligungsquote an dieser Rücklage entspricht R 59 KStR. Dadurch erhöht sich das Betriebsvermögen des Organträgers in der Steuerbilanz (*BMF* 10. 1. 1981, BStBl I, 44).

IX. Verhältnis zu § 1 AStG

221 Diese Vorschrift schreibt eine **Gewinnkorrektur** vor, wenn ein Stpfl aus Geschäftsbeziehungen mit einer ihm nahe stehenden Person seine Einkünfte dadurch mindert, dass er im Rahmen solcher Geschäftsbeziehungen zum Ausland Bedingungen vereinbart, die voneinander unabhängige Dritte unter entspr Verhältnissen nicht vereinbart hätten.

Die Grundsätze zur verdeckten Einlage und § 1 AStG sind nicht deckungsgleich. § 1 AStG erfasst nur Vorteilszuführungen ins Ausland, nicht auch Zuführungen aus dem Ausland ins Inland. Nach Auffassung der FinVerw geht die verdeckte Einlage § 1 AStG (Verw-Grds, BStBl I 1983, 1.1.3.) vor. Damit konzentriert sich der Anwendungsbereich des AStG bei ausländischen TochterKapGes auf **nicht oder nur teilweise entgeltliche Nutzungsüberlassungen** und **Dienstleistungen** (*Woerner* BB 1983, 849; *BFH* 19. 5. 1982 BStBl II, 632; *BFH* 24. 5. 1984 BStBl II, 747).

Beim Vorteilsausgleich nach § 1 AStG sind im Gegensatz zum Ausgleich von vGA und verdeckten Einlagen auch **Vorteile und Nachteile** aus mehreren Rechtsgeschäften saldierbar. Man spricht von einem **erweiterten Vorteilsausgleich** nach § 1 AStG (*Brezing* Verrechnungsentgelte und Umlagen zwischen Kapitalgesellschaften und ihren Gestern im Steuerrecht, Köln 1975, 104, 135 f).

K. Abweichungen der IFRS

Schrifttum: *Arbeitskreis „Externe Unternehmensrechnung" der Schmalenbach-Gesellschaft* Behandlung „eigener Aktien" nach deutschem Recht und US-GAAP unter besonderer Berücksichtigung der Änderungen des KonTraG, DB 1998, 1673; *Günther/Muche/White* Bilanzrechtliche und steuerrechtliche Behandlung des Rückkaufs eigener Anteile in den U.S.A. und in Deutschland, WPg 1998, 574; *Lüdenbach/Hoffmann* Kein Eigenkapital in der IAS/IFRS-Bilanz von Personengesellschaften und Genossenschaften, BB 2004, 1042; *Lüdenbach/Hoffmann* IFRS-Rechnungslegung für Personengesellschaften als Theater des Absurden, DB 2004, 404.

I. Allgemeines

230 Was nach den IFRS als EK gilt, bestimmt sich rein nach der wirtschaftlichen Betrachtungsweise, nicht hingegen nach der rechtlichen Eingruppierung. F. 49(c) definiert das EK eines Unt als Residualanspruch der Anteilseigner am Nettovermögen (s auch IAS 32.11 zur Definition von *equity instruments*). Die Definition gilt grds rechtsformunabhängig (F. 68). Nach IAS 32.16 ff handelt es sich allerdings nur dann um EK, wenn das Unt – der Emittent – keine bedingte oder unbedingte Verpflichtung zur Lieferung von Zahlungsmitteln oder anderen Vermögenswerten hat. Gem IAS 32.18 (b) sind Finanzinstrumente, die dem Halter sozusagen ein „Rückgaberecht" ggü dem Emittenten gewähren *(puttable instrument),* als Schulden zu qualifizieren. Als Folge dieser Vorschrift ist das handelsrechtliche EK von PersGes und Genossenschaften in deren IFRS-Abschluss als Schuld auszuweisen (vgl § 247 Anm 165 ff; aA *Lüdenbach/Hoffmann,* 1047).

Das EK ist neben den Vermögenswerten und Schulden das dritte Hauptelement der Bilanz (F. 47). In F. 48 iVm F. 65 wird klargestellt, dass eine entscheidungsorientierte Darstellung die Aufteilung dieser Hauptelemente in sachgerechte Untergruppen bedingt. IVm IAS 1.74 werden diese „Mindestanforderungen" an eine Gliederung verbindlicher Rechnungslegungsgrundsatz und sind Ausdruck des *true and fair view* bzw der *fair presentation* **(„Grundsatz der angemessenen Darstellung").** Die notwendige Untergliederung ist jedoch nicht zwangsläufig in der Bilanz vorzunehmen; sie darf gleichwertig auch im Anhang erfolgen.

231 IAS 1.76 enthält demggü eine Fülle von nicht zwangsläufig gliederungsrelevanten Offenlegungserfordernissen das EK betreffend, denen ebenfalls entweder in der Bilanz oder im Anhang nachzukommen ist. Zu veröffentlichen ist zB die Zahl der Aktien/Anteilsrechte, die das genehmigte *(authorised)* Kapital repräsen-

tieren, der Nennwert der einzelnen Aktiengattungen oder die Tatsache, dass die Aktien/Anteilsrechte keinen Nennwert haben.

Im Unterschied zum HGB verlangen die IFRS die Aufstellung einer „Eigenkapitalveränderungsrechnung“ *(Statement of Stockholders' Equity/Statement of Recognised Gains and Losses)* als eigenständige Abschlusskomponente auch für den JA (vgl IAS 1.96 iVm .8 (c) sowie *ADS Int* Abschn 22. **232**

II. Bestandteile des Eigenkapitals

Eine verbindliche Darstellung und Beschreibung des EK und seiner einzelnen Bestandteile unter IFRS existiert nicht. Soweit sich nicht aus einzelnen Standards (vgl zB IAS 27.33 bzgl des Ausweises des Anteils der MinderheitsGester am Konzern-EK) oder Interpretationen bestimmte Erfordernisse ausdrücklich ergeben oder aber ableiten lassen, bleibt es grds dem IFRS-Anwender überlassen, Darstellungslücken zu schließen. Dabei kann den nationalen, insb gesrechtlichen Vorschriften Rechnung getragen werden (vgl *ADS Int* Abschn 22, Anm 26). **240**

1. Gezeichnetes Kapital

Den unterschiedlichen nationalen Rahmenbedingungen Rechnung tragend, ist nach IFRS die Emission nennwertloser Aktien/Anteilsrechte vorgesehen (Schlussfolgerung aus Formulierung in IAS 1.76 (a) (iii)). Das gezeichnete Kapital *(issued share capital)* kann sich demzufolge aus Aktien/Anteilsrechten mit oder ohne Nennwert (*par value;* § 8 AktG) sowie aus Vorzugsaktien zusammensetzen. **245**

a) Noch nicht eingezahltes Kapital

Ein Ausweis **ausstehender Einlagen** auf das gezeichnete Kapital *(capital not yet paid in)* als finanzieller Vermögenswert auf der Aktivseite ist uE aus den IFRS nicht ableitbar. Es liegt vielmehr nahe, die noch nicht eingeforderten Einlagen, entspr Abs 1 S 3, „offen“ vom gezeichneten Kapital abzusetzen (eine Aktivierung befürwortend *ADS Int* Abschn 22, Anm 31). Die Formulierung in IAS 1.76 (a) (ii) fordert lediglich eine zahlenmäßige Angabe sowohl der emittierten Aktien, bei denen der „Ausgabebetrag“ (nicht das darauf entfallende Grundkapital) bereits vollständig eingezahlt ist, als auch der emittierten Aktien, bei denen dies noch nicht erfüllt ist. Die Vorschriften des Abs 1 über das gezeichnete Kapital sind demzufolge detaillierter, was aber auf die spezifisch deutschen Belange zurückzuführen ist. **246**

b) Vorzugsaktien

Vorzugsaktien *(preferred shares)* gehören als Anteilsrechte nicht zwangsläufig zum EK des Unt. Abhängig von den verbrieften Rechten können sie auch unter den Schulden *(liabilities)* auszuweisen sein. **247**

Gem IAS 32.18 (a) iVm IAS 32 AG 25 sind **„rückzahlbare“ Vorzugsaktien** *(redeemable preferred shares),* bei denen der Inhaber zu einem festgelegten oder frei bestimmbaren Zeitpunkt von dem Emittenten die Herausgabe von finanziellen Vermögenswerten (idR Geldzahlung) fordern kann, den Schulden/Verpflichtungen zuzuordnen. Gleiches gilt, wenn die Option auf Herausgabe vom Eintritt eines zukünftigen Ereignisses abhängt und der Eintritt dieses Ereignisses zum Bilanzstichtag absehbar bzw sehr wahrscheinlich *(highly likely)* ist. Ein Ausweis unter den Schulden ist ferner dann vorgeschrieben, wenn zwar keine vertragliche Verpflichtung zur Herausgabe besteht oder der Inhaber eine entspr **248**

Option hat, die zukünftig zu zahlenden Vorzugsdividenden aber eine solche Höhe annehmen werden, dass aus wirtschaftlichen Erwägungen für den Emittenten keine andere Möglichkeit als die Ablösung der besonderen Anteilsrechte verbleibt.

2. Kapitalrücklage

250 Der Posten Kapitalrücklage wird in den IFRS weder definiert noch genannt. Dennoch verlangt der „Grundsatz der angemessenen Darstellung" (s Anm 230) eine Unterscheidung zwischen Rücklagen, die aus dem Ergebnis gebildet wurden (*revenue reserves;* vgl F. 66 sowie Anm 260 ff), und Rücklagen, die niemals Ergebnisbestandteil waren ***(capital reserves).***

251 Aktienaufgelder sind auch nach den IFRS als gesonderter Posten des EK auszuweisen, da sie weder gezeichnetes Kapital noch Gewinnrücklagen darstellen. Nach US-GAAP wird hierbei von **„additional paid-in capital"**, im angelsächsischen Rechtskreis von **„share premium"** gesprochen. In manchen Rechtskreisen (wie zB im US-Bundesstaat Kalifornien) ist es erlaubt, Aktien unter dem Nennwert zu emittieren. In diesen Fällen ist die Bezeichnung dieser Rücklage entspr zu ändern (zB „share discount") oder soweit beide Sachverhalte nebeneinander anzutreffen sind, eine zusätzliche Rücklage auszuweisen.

252 Unter den EK-Posten der *capital reserves* fallen auch die Beträge der anderen Zuzahlungen iSv Abs 2 Nr 4 sowie die in das EK geleisteten Beträge zur Erlangung von Vorzügen (Abs 2 Nr 3).

253 Für die **Ausgabe neuer Aktien** regelt IAS 32.35, dass Transaktionskosten, die einer EKTransaktion direkt zurechenbar sind und die ohne die EKTransaktion vermieden worden wären, vom EK abzuziehen sind. Der Abzug (nach Ertragsteuern) gilt nur für Transaktionskosten, die iZm der Schaffung neuen Kapitals anfallen (idR eine einen **Börsengang (IPO)** vorbereitende Kapitalerhöhung), nicht hingegen für die Notierung bereits bestehenden Aktienkapitals *(secondary offering).* Bei einem zeitlichen Zusammentreffen der Platzierung bereits bestehender sowie neuer Aktien, sind die Transaktionskosten in einem angemessenen Verhältnis aufzuteilen.

254 Als vom EK abziehbare Ausgaben sind zB Gebühren für die Registrierung neuer Aktien an einer Börse oder andere Gebühren; Ausgaben, die für juristische, bilanzrechtliche oder ähnliche Beratungsleistungen angefallen sind; Bank- und Notariatsgebühren oder Druckkosten für Aktienurkunden und Börsenprospekte zu nennen. Ausgaben für Werbung iVm dem Börsengang sind nur dann abzugsfähig, wenn sie die genannten Voraussetzungen erfüllen. Dazu gehören zB externe Ausgaben für Roadshows oder Marketingmaßnahmen, die ausschließlich durch den Börsengang verursacht sind. Maßnahmen, die eher der allgemeinen Steigerung des Bekanntheitsgrads etc des Unt dienen, sind als Aufwand zu erfassen. Soweit Personalkosten betroffen sind, ist ein Abzug auch insoweit zulässig, als es sich um Ausgaben handelt, die unter Außerachtlassung des Börsengangs nicht entstanden wären. Diese Anforderung ist restriktiv auszulegen, dh werden freie Personalressourcen zur Vorbereitung, Organisation und Durchführung eines Börsengangs eingesetzt, handelt es sich bei den hierfür gezahlten Gehältern um Personalaufwand und nicht um Transaktionskosten iSd IAS 32.

Soweit Transaktionskosten im laufenden Gj für einen erst im darauffolgenden Gj abgeschlossenen Börsengang anfallen, stellt sich unmittelbar die Frage nach deren Abgrenzung in der abgelaufenen Periode. Diese Frage stellt sich vor allem iZm Zwischenabschlüssen. Eine Nicht-Abgrenzbarkeit würde die Abzugsmöglichkeit vom zeitlichen Anfall der Transaktionskosten abhängig machen und insoweit einer gewissen Willkür Vorschub leisten. Die (Perioden-)Abgrenzung sollte zum jeweiligen Abschlussstichtag derart erfolgen, dass die bis dahin angefallenen Transaktionskosten in einem separaten Posten offen vom EK abgesetzt und im Anhang (Notes) erläutert werden. Eine Saldierung mit einer bereits vorhandenen Kapitalrücklage ist uE abzulehnen, da der Abzug uU noch nicht endgültig gerechtfertigt ist. Abgrenzungsfähig sind alle abzugsfähigen Transaktionskosten, unabhängig davon, ob es zum jeweiligen Abschlussstichtag bereits zur Auszahlung gekommen ist. Maßgeblich ist der Verpflichtungscharakter iSv IAS 37. Darüber hinaus bedarf es zu jedem Abschlussstichtag, zu dem eine Abgrenzung von Transaktionskosten in Frage kommt, einer realistischen Beurteilung, ob der Börsengang – so wie geplant – durchgeführt wird. Wird dieser zB auf einen späteren Zeitpunkt verschoben, sind zum Abschlussstichtag Transaktionskosten uU unnötig verursacht, da sie nicht mehr dem aufgeschobenen Börsengang dienen werden (zB Druckkosten für Börsenprospekt). Solche Transaktionskosten sind in ihrer Gesamtheit unmittelbar und unumkehrbar als Aufwand zu verrechnen. Gleiches gilt, wenn der Börsengang endgültig abgesagt wird.

In dem Maße, wie vorstehend beschriebene Transaktionskosten mit dem EK 255
verrechnet werden, sind daraus resultierende Steuereffekte gem IAS 32.35 iVm IAS 12.61 gleichfalls im EK zu berücksichtigen, da im deutschen Steuerrecht die Transaktionskosten abzugsfähige Betriebsausgaben darstellen und insoweit das zu versteuernde Einkommen auch für den Teil mindern, der im IFRS-Abschluss mit dem EK verrechnet wurde.

Für „echte" Wandelschuldverschreibungen (**Wandelanleihen;** *warrants*) 256
schreibt IAS 32 eine Aufteilung in Rückzahlungsverpflichtung und Umwandlungsrecht *(call option)* vor. Das Wandlungsrecht ist EK-Bestandteil (vgl IAS 32.29). Die beispielhafte Ermittlung der Aufteilung des dem Unt zugeflossenen Betrags in EK und Schulden in IAS 32 IE34 – IE36 unterstellt eine Unterverzinslichkeit der Anleihe. Dh der Inhaber der Wandelanleihe erhält als Ausgleich für die nicht marktgerechte Verzinsung die Chance, den Rückzahlungsanspruch in Anteilsrechte des Anleiheemittenten zu wandeln und damit selbst Anteilseigner zu werden. Die Vorgehensweise gem IAS 32 ist insoweit eindeutig, als der Vorgang streng erfolgsneutral zu behandeln ist (vgl IAS 32.31). Er führt aber auf der anderen Seite zu einem Ansatz der Verbindlichkeit unter dem Rückzahlungsbetrag. Nach HGB verbietet sich ein Ansatz der Verbindlichkeit unter ihrem Rückzahlungsbetrag nach § 253 Abs 1 S 2. In der handelsrechtlichen Literatur wird deshalb für unterverzinsliche Wandelanleihen der Nichtansatz bzw Ansatz eines Disagios vorgeschlagen (vgl *ADS*[6] § 272 Anm 124 ff). Die sofortige Aufwandsverrechnung des Unterschiedsbetrags aus Rückzahlungsbetrag und Barwert in Folge des Nichtansatzes eines Disagios widerspricht der Feststellung in IAS 32.31, der Vorgang sei erfolgsneutral. Der Ansatz eines Disagios in Ausübung des Wahlrechts nach § 250 Abs 3 erscheint hingegen nicht IFRS-konform, obwohl die Aufwandsverrechnung aus der Auflösung des Disagios (Zinsaufwand) nach HGB in den Folgejahren zur gleichen Ergebnisbelastung führen kann, wie die Aufzinsung der Verbindlichkeit nach IFRS.

Erwirbt das Unt Güter und/oder Dienstleistungen gegen Hingabe eigener Ak- 257
tien oder gewährt das Unt seinen Mitarbeitern Aktien für deren Arbeitsleistung, wird der beizulegende Zeitwert der empfangenen Leistungen gem IFRS 2.10 ff ebenfalls unter diesem Posten ausgewiesen (vgl hierzu ausführlich Anm 300 ff).

3. Gewinnrücklagen

Diese Rücklagenart wird als ***revenue reserves*** bezeichnet, da ihre Dotierung 260
aus den Gj-Ergebnissen erfolgt.

Der Posten Gewinnrücklagen ***(retained earnings)*** setzt sich grds aus den **the-** 261
saurierten Vorjahresergebnissen *(accumulated profits/(losses))* sowie dem **Ge-**

schäftsjahresergebnis *(net profit/(loss) for the period)* zusammen; er repräsentiert insoweit das Ausschüttungspotential des Unt.

262 Aus dem Umstand, dass neue Standards oder Interpretationen grds retrospektiv anzuwenden sind – die neuen Vorschriften sind mit ihrer erstmaligen Anwendung im Abschluss so darzustellen, als wären sie bereits in der Vergangenheit in gleicher Weise angewendet worden –, ergibt sich regelmäßig ein Anpassungsbedarf in der Eröffnungsbilanz des (ersten) im Abschluss dargestellten Vergleichsjahres (vgl zB IAS 8.19(b) sowie § 275 Anm 359). Gleiches gilt für die Berichtigung von fehlerhaften Vorjahreabschlüssen (vgl IAS 8.42(b) sowie § 275 Anm 365). Soweit sich die Anpassungen auf erfolgswirksame Geschäftsvorfälle beziehen, sind diese gegen die Gewinnrücklagen vorzunehmen (s beispielhafte Darstellung in Anm 267).

IFRS 1 unterstellt iZm der erstmaligen Aufstellung eines IFRS-Abschlusses gleichfalls eine Anpassung der Gewinnrücklagen, soweit die Anpassung nicht vorzugsweise gegen eine andere EK-Komponente vorzunehmen ist.

263 Nach den IFRS ist das Gj-Ergebnis Teil der *retained earnings*. Die IFRS kennen **keine Gewinnverwendungsrechnung** in Fortführung der GuV iSd § 158 AktG, um den zur Ausschüttung vorgeschlagenen (Bilanz-)Gewinn (bzw Bilanzverlust) zu ermitteln. In der IFRS-GuV oder alternativ in der EK-Veränderungsrechnung oder im Anhang ist die im Gj insgesamt und pro Aktie ausgeschüttete Dividende zu nennen (IAS 1.95). Soweit am Bilanzstichtag noch kein Beschluss über eine Gewinnverwendung gefasst ist, stellt die zur Ausschüttung vorgeschlagene Dividende keine passivierungsfähige Verbindlichkeit des Unt dar (IAS 10.12).

264 Nicht den IFRS entspricht ferner die deutsche Praxis der **Überleitung** des Konzern-Ergebnisses auf den Bilanzgewinn des MU, da diese Größe nur unzulänglich Auskunft über den Konzernerfolg gibt. Des Weiteren beruht die Höhe des Bilanzgewinns ausschließlich auf landesrechtlichen (deutschen) Rechnungslegungs- und Steuervorschriften. Es fehlt dieser Ergebnisgröße jeder Bezug zu den IFRS. Das Gj-Ergebnis, sowohl der einzelnen Konzern-Unt als auch des Konzerns, muss aber gerade unter vollständiger Anwendung der IFRS ermittelt werden.

265 Soweit ein **TU** Vorzugsaktien ausgegeben hat und das MU weder Anteilseignerin dieser Vorzüge ist, noch ihr die **Dividendenzahlungen** daraus zustehen, hat das MU seinen Anteil am Ergebnis des TU um die **Ansprüche Dritter** aus den Vorzugsaktien zu kürzen. Diese Ergebniskorrektur hat unabhängig davon zu erfolgen, ob die Ansprüche auf die Vorzugsdividenden bereits entstanden sind oder nicht (IAS 27.36). Eine analoge Vorgehensweise ergibt sich iZm **assoziierten Unt** (IAS 28.28).

266 Für die Rechnungslegung nach den IFRS ist die steuerrechtliche Gewinnermittlung weitestgehend unmaßgeblich (Ausnahme: Bilanzierung latenter Ertragsteuern). Das Gj-Ergebnis ist ausschließlich nach den Vorschriften der IFRS zu ermitteln mit der Folge, dass der **Sonderposten mit Rücklageanteil** iSv § 281 Abs 1 S 1 nicht bilanziert werden darf. Entspr dem anzuwendenden Ertragsteuersatz *(applicable tax rate)* wird dieser Sonderposten in Konzern-EK und latente Steuerverbindlichkeit *(deferred tax liability)* aufgespalten. Der EK-Anteil ist den Gewinnrücklagen zuzuordnen, da er aus dem Konzern-Ergebnis stammt.

267 Die Entwicklung der Gewinnrücklagen – wie sie zB innerhalb der EK-Veränderungsrechnung erfolgen könnte - lässt sich an nachfolgendem vereinfachtem Schema beispielhaft zeigen:

Gewinnrücklagen zum 31. Dezember 2003

Korrektur eines Fehlers (nach Ertragsteuern iHv X Mio Euro)

Auswirkung der Änderung von Bilanzierungs- und Bewertungsmethoden (nach Ertragsteuern iHv X Mio Euro)
Erstmalige Anwendung von IFRS YZ (nach Ertragsteuern iHv X Mio Euro)
(korrigierte) Gewinnrücklagen zum 31. Dezember 2003
(korrigierter) Jahresüberschuss/-fehlbetrag
(Dividendenzahlungen/Verbindlichkeiten aus noch nicht gezahlten Dividenden auf ...)
- ordentliche Aktien
- Vorzugsaktien

Einstellung aus/(Zuführung zu) anderen Rücklagen
Zuführung/(Entnahme) auf Grund Erwerb/Verkauf eigener Aktien
Gewinnrücklagen zum 31. Dezember 2004
Jahresüberschuss/-fehlbetrag
(Dividendenzahlungen/Verbindlichkeiten aus noch nicht gezahlten Dividenden auf ...)
- ordentliche Aktien
- Vorzugsaktien

Einstellung aus/(Zuführung zu) anderen Rücklagen
Zuführung/(Entnahme) auf Grund Erwerb/Verkauf eigener Aktien
Gewinnrücklagen zum 31. Dezember 2005

Als ***legal and statutory reserves*** wird ua der Teil des EK bezeichnet (F. 66), der **268** sich aus einem Gesetz ableitet (zB **gesetzliche Rücklage** nach § 150 AktG oder (Sonder-)Rücklagen nach dem **DMBilG** und auch nach IAS 32 dem EK zuzuordnen ist; vgl Anm 230) oder auf vertraglichen Bestimmungen beruht (zB **statutarische Rücklagen**). Die Zuführung zu solchen Rücklagen kann sich auch auf Grund steuerrechtlicher Bestimmungen ergeben (*tax reserves;* zB gesonderter Ausweis steuerfreier Rücklagen nach § 6 EStG). Bei steuerrechtlich bedingten Rücklagen ist jedoch zu beachten, dass diese nicht darauf basieren, steuer- und handelsrechtlich abw Wertansätze auf Grund unterschiedlicher Bewertungsmethoden auszugleichen, wie dies zB für den oben behandelten Sonderposten mit Rücklageanteil gilt (s Anm 266).

Eine Zuführung zu den *legal and statutory reserves* ergibt sich als Minderung der **269** Gewinnrücklagen und umgekehrt.

In die Kategorie der gesetzlich begründeten Rücklagen gehört grds auch die **270** Kapitalrücklage nach Abs 2 (s Anm 56ff), da auch sie (qua Gesetz) zwingend zu bilden ist, wenn bestimmte Voraussetzungen vorliegen. Da die Zuführungen zur Kapitalrücklage ergebnisneutral erfolgen, dh niemals Ergebnisbestandteil sind, scheidet ein Ausweis innerhalb der hier behandelten Rücklagenart *(revenue reserves)* aus.

Verglichen mit dem Gliederungsschema des § 266 entsprechen die *revenue* **271** *reserves* den EK-Posten „gesetzliche Rücklage" (A.III.1.), „satzungsmäßige Rücklage" (A.III.3.) und „andere Gewinnrücklagen" (A.III.4.).

4. Andere Rücklagen

a) Währungsumrechnungsdifferenzen

Die Konzernzugehörigkeit von „wirtschaftlich selbständigen" TU mit abw **275** Landeswährung führt nach dem Konzept der Funktionalwährung zwangsläufig zum separaten Ausweis von Umrechnungsdifferenzen *(translation adjustments)* als **Bestandteil des Konzern-EK.** Gem IAS 21.32 iVm .48 wird dieser Posten grundsätzlich solange im Konzern-EK fortgeführt, bis das TU aus dem KonsKreis ausscheidet. Zu diesem Zeitpunkt ist der Posten erfolgswirksam aufzulösen. Handelt es sich lediglich um eine Reduzierung der Beteiligungsquote, ohne dass die Mutter-/Tochter-Beziehung aufgegeben wird, erfolgt die Realisierung entspr anteilig.

Eine Ausnahme regelt IAS 21.45. Danach sind in JA ausgewiesene Währungsgewinne/-verluste aus konzerninternen Leistungsbeziehungen (zB Darlehensgewährungen) im KA nicht zu eliminieren; sie gelten auch aus Konzernsicht als realisiert. Dies gilt nur dann nicht, wenn eine Rückzahlung zeitlich nicht bestimmbar ist und die Transaktion einem sog Net Investment gleichkommt (vgl IAS 21.33). DRS 14 Währungsumrechnung enthält hierzu keine Regelung (vgl § 303 Anm 17).

276 In der Regel resultieren aus solchen Umrechnungsdifferenzen *temporary differences*. Gem IAS 12.61 sind die anteiligen Ertragsteuern direkt bei diesem Posten zu kürzen *(deferred tax liability)* bzw hinzuzurechnen *(deferred tax asset)*. Der Posten wird demzufolge nach Ertragsteuern ausgewiesen *(net of tax)*.

b) Neubewertungsrücklage

277 Die IFRS gewähren für das Anlagevermögen die Möglichkeit einer Neubewertung (IAS 16.31; IAS 38.75, IAS 40.33). Soweit ein Unt von dieser Möglichkeit Gebrauch macht, sind die Aufwertungsbeträge (Differenz zwischen Marktwert/beizulegendem Zeitwert und Buchwert) iZm der Neubewertung von Sachanlagen – die nicht als Investment Property klassifiziert sind – sowie immateriellen Vermögenswerten in eine Neubewertungsrücklage *(revaluation surplus)* einzustellen (vgl IAS 16.39, IAS 38.85; für Investment Property gelten Besonderheiten, vgl IAS 40.35). Die Einstellungen in diese Rücklage erfolgen erfolgsneutral. Dies gilt auch grds für die Auflösung, die sich als Umbuchung in die *retained earnings* darstellt (IAS 16.41, IAS 38.87).

278 Soweit diese Aufwertungsbeträge zu *temporary differences* führen, sind die anteiligen (laufenden und latenten) Ertragsteuern zu berücksichtigen (IAS 16.42 iVm IAS 12.61). Die Neubewertungsrücklage ergibt sich somit nach Ertragsteuern *(net of tax)*.

279 Unt, die in einem hochinflationären Umfeld operieren, dürfen – idR aufgrund besonderer landesrechtlicher Vorschriften – eine „inflationsbereinigte" (indexierte) Rechnungslegung anwenden. In diesen Fällen wird die Aufwertung der nicht-monetären Bilanzposten meist in einer sog Neubewertungsrücklage erfasst. Vgl auch IAS 29 zur Rechnungslegung in Hochinflationsländern.

280 Der Inhalt der Neubewertungsrücklage unterscheidet sich grundlegend von der Rücklage, die nach **§ 58 Abs 2a AktG** oder **§ 29 Abs 4 GmbHG** gebildet werden darf **(Sonderrücklage).** Zum einen handelt es sich bei der Dotierung dieser Sonderrücklage um Wertaufholungen (nach § 280) und nicht um Neubewertungen. Zum anderen erfolgt die Wertaufholung/Zuschreibung zwingend erfolgswirksam, dh der EK-Anteil der Wertaufholung ist unter besonderer Bezeichnung in die Gewinnrücklagen einzustellen (vgl im Detail *ADS*[6] § 58 AktG Anm 89ff). Die Neubewertungsrücklage nach IFRS wird hingegen erfolgsneutral gebildet.

c) Kumulierte Gewinne/Verluste aus der Bewertung von Finanzinstrumenten (Marktbewertungsrücklage)

281 Hauptanwendungsfall für diese Rücklage ist die (fortgesetzte) Bewertung von zur Veräußerung verfügbaren Wertpapieren ***(available-for-sale investments)*** mit deren beizulegendem Zeitwert (vgl IAS 39.55 (b)). Ein weiterer Anwendungsfall ergibt sich bzgl des „effektiven" Teils von Cashflow-Hedges (vgl IAS 39.95 (a)).

282 Der Bewertungsvorgang stellt keine „klassische" Neubewertung dar, insb da die Anpassung an den aktuellen Marktpreis *(fair value)* zu jedem Bilanzstichtag

(dh auch für unterjährige Abschlüsse) und nicht, wie beim Anlagevermögen oder den immateriellen Vermögenswerten, erst bei wesentlichen Wertentwicklungen zu erfolgen hat (vgl ua IAS 16.31, IAS 38.75).

d) Eigene Aktien

Erwirbt ein Unt eigene Aktien bzw Anteilsrechte *(treasury shares)* zum Zwecke der Kapitalherabsetzung oder zum späteren Wiederverkauf oder der Wiederausgabe zB iZm der Gewährung von Aktienoptionen (vgl hierzu Anm 315), ist der Erwerbspreis gem IAS 32.33 vom EK abzusetzen. Eigene Aktien stellen iSd IFRS keinen aktivierungsfähigen Vermögenswert dar (vgl IAS 32 AG36). **285**

Der Abzugsbetrag ist gem IAS 32.34 entweder direkt in der Bilanz oder alternativ im Anhang offen zu legen. Die IFRS enthalten hingegen keine Regelungen darüber, in welcher Weise der Abzugsbetrag innerhalb des EK darzustellen ist. Für die Verrechnung des Abzugsbetrags innerhalb der einzelnen EK-Posten bestehen uE nachfolgende drei Möglichkeiten: **286**

(1) Der (Rück-)Kaufpreis wird in einer Summe vom EK abgesetzt (sog *cost method).*

(2) Entspr der Behandlung bei (Erst-)Emission wird der (Rück-)Kaufpreis den einzelnen EK-Kategorien zugeordnet (sog *par value method).* Dh ein ehemals in die Kapitalrücklage eingestelltes Agio wird beim Rückkauf an dieser gekürzt. Liegt der (Rück-)Kaufpreis über dem ehemaligen Ausgabekurs, wäre der überschießende Betrag bei den Gewinnrücklagen zu kürzen (vgl *AK „externe Unternehmensrechnung" der Schmalenbach-Gesellschaft* 1998, 1673).

(3) Der Nennbetrag wird, wie bei der *par value method,* vom gezeichneten Kapital abgesetzt. Die Zuordnung des Differenzbetrags zwischen Ausgabepreis und (Rück-)Kaufpreis zu den anderen EK-Kategorien ist dem Unt freigestellt. Welcher EK-Kategorie welcher Teil des (Rück-)Kaufpreises zugeordnet wird, ist in der Bilanz oder im Anhang offen zu legen.

Für eine einmal gewählte Methode besteht in den Folgejahren Methodenstetigkeit.

Unabhängig von dem Zweck des Erwerbs und der späteren Verwendung, bleibt ein solcher Vorgang generell ergebnisneutral. Der Verkauf der eigenen Aktien darf folglich nicht das laufende Ergebnis ent- oder belasten, sondern wird als Änderung des Konzern-EK behandelt. UE sollte der Ausweis des Verkaufs innerhalb des EK in gleicher Weise wie der Rückkauf erfolgen. **287**

In IAS 32.22 wird klargestellt, dass die AK einer Kaufoption *(purchased call)* auf eine feste Anzahl eigener Aktien im Austausch gegen Zahlungsmittel oder andere finanzielle Vermögenswerte keinen aktivierungsfähigen Vermögenswert darstellen, sondern im Erwerbszeitpunkt beim EK (ia von der Kapitalrücklage) zu subtrahieren sind. Umgekehrt führt der Verkauf einer Verkaufsoption *(written put)* zu einer EK-Mehrung in Höhe des Verkaufserlöses, wenn das Unt lediglich dazu verpflichtet wird/ist, einen festen Anspruch des Vertragspartners ausschließlich mit einer festen Anzahl eigener Aktien zu erfüllen. Kann die Erfüllung der Verpflichtung in Ausübung eines Wahlrechts oder aufgrund vertraglicher Vereinbarung dagegen auch in Geld oder anderen finanziellen Aktiva erfolgen, handelt es sich um eine bilanzierungspflichtige Verpflichtung (vgl IAS 32.19, .26), die nach IAS 39 zu bilanzieren bzw bewerten ist. **288**

5. Zusammenfassende Darstellung

Unter Berücksichtigung der im Framework und den einzelnen Standards verwendeten Begriffe für einzelne EK-Posten und den obigen Ausführungen, **290** lässt sich nachfolgendes allgemeines IFRS-Gliederungsschema (ohne Berücksichtigung von Minderheiten) beispielhaft entwickeln:

Eigenkapital	**Shareholder's Equity**
• Gezeichnetes Kapital	• Issued capital
ordentliche Aktien	Ordinary shares
Vorzugsaktien	Preferred shares
• Kapitalrücklagen	• Capital reserves
aus Aktienaufgeld	Share premium/Share discount
Einzahlungen von/(Auszahlungen an) Anteilseigner	Transfers from/(to) owners' other than dividends
andere Kapitalrücklagen	Other capital reserves
• Gewinnrücklagen	• Revenue reserves
Ergebnisvortrag	Retained earnings
– thesaurierte Gewinne/Verluste	– Accumulated profits/(losses)
– Jahresüberschuss/-fehlbetrag	– Net profit/(loss) for the period
gesetzliche/satzungsmäßige Rücklagen	Legal and statutory reserves
andere Gewinnrücklagen	Other revenue reserves
• Währungsumrechnungsdifferenzen	• Cumulative translation adjustments
• Neubewertungsrücklage	• Revaluation surplus
• Kumulierte Gewinne/Verluste aus der Bewertung von Finanzinstrumenten	• Cumulative gains/losses on specified financial instruments
abzgl eigene Aktien zu AK	*Less:* treasury shares at cost

Soweit die nach IAS 1.76 obligatorischen Angabepflichten nicht bereits im Gliederungsschema berücksichtigt werden, sind sie im Anhang zu machen.

L. Exkurs 2: Aktienoptionspläne

Schrifttum: *Pellens/Crasselt* Aktienkursorientierte Entlohnungssysteme im Jahresabschluss in Pellens aaO, 125; *Pellens/Crasselt* Bilanzierung von Stock Options DB 1998, 217; *Naumann* Zur Bilanzierung von Stock Options DB 1998, 1428 mit Replik *Pellens/Crasselt* DB 1998, 1431; *Rammert* Die Bilanzierung von Aktienoptionen für Manager – Überlegungen zur Anwendung von US-GAAP im handelsrechtlichen Jahresabschluss WPg 1998, 766; *Haarmann* Stock Options und ähnliche Mitarbeiterbeteiligungsmodelle im deutschen Steuer-, Gesellschafts-, Bilanz- und Arbeitsrecht JbFStR 1998/99, 545; *Herzig* Steuerliche und bilanzielle Probleme bei Stock Options und Stock Appreciation Rights DB 1999, 1; *Esterer/Härteis* Die Bilanzierung von Stock Options in der Handels- und Steuerbilanz DB 1999, 2073; *Neyer* Arbeitnehmer-Aktienoptionen: Betriebsausgabenabzug beim Arbeitgeber BB 1999, 1142; *Eisolt* Bilanzierung von Stock Options nach US-GAAP und IAS IStR 1999, 759; *Schruff/Hasenburg* Stock Option-Programme im handelsrechtlichen Jahresabschluss BFuP 1999, 616; *Haarmann* Steuer- und Bilanzierungsfragen bei der Vergütung durch Stock Options in Deutschland in FS Rädler, München 1999, 229; *Pellens/Crasselt* Virtuelle Aktienoptionsprogramme im Jahresabschluß WPg 1999, 765; *IDW* Bilanzierung von Aktienoptionsplänen und ähnlichen Entlohnungsformen WPg 2000, 1079; *Lorenz* Rückstellungsbildung bei Stock Options DStR 2000, 1579; *Schmidbauer* Virtuelle Aktienoptionsprogramme im deutschen Handels- und Steuerrecht sowie nach US-GAAP und IAS DStR 2000, 1487; *Siddiqui* Einfaches Modell zur Bewertung von Aktienoptionen mit Ausübungshürden BB 2000, 296; *Sigloch/Egner* Bilanzierung von Aktienoptionen und ähnlichen Entlohnungsformen BB 2000, 1878; *Vater* Bilanzielle und körperschaftsteuerliche Behandlung von Stock Options DB 2000, 2177; *Vater* Benachteiligung deutscher Unternehmen durch den Vorschlag der DRSC zur Bilanzierung von Stock Options BuW 2000, 1033; *Djanani/Hartmann* Die Ausgabe von Stock-Options zur Mitarbeiterentlohnung: Personalaufwand im Ausgabezeitpunkt? StuB 2000, 359; *Schruff* Zur Bilanzierung von Stock Options nach HGB – Übernahme internationaler Rechnungslegungsgrundsätze in FS W. Müller 2001, 219; *Gelhausen/Hönsch* Bilanzierung aktienkursabhängiger Entlohnungsformen WPg 2001, 69; *Herzig/Lochmann* Bilanzierung von Aktienoptionsplänen und ähnlichen Entlohnungsformen – Stellungnahme zum Positionspapier des DRSC WPg 2001, 82; *Simons* Erfolgsneutrale oder erfolgswirksame Buchung von Aktienoptionsprogrammen? – Eine gegenüberstellende Bewertung anhand eines Beispiels WPg 2001, 90; *IDW* Bilanzierung von Aktienoptionsplänen und ähnlichen Entlohnungsformen (E-DRS 11) WPg 2001, 1342; *Vater* Das „Passauer Modell" zur bilanziellen Abbildung von Stock Options im handelsrechtlichen Jahresabschluss (Teil I, II) BuW 2001, 441, 488; *Fischer* Zulässigkeit und Grenzen des Betriebsausgabenabzugs der inländischen Tochtergesellschaft bei der Umsetzung internationaler Stock Option-Pläne in Deutschland DB 2001, 1003; *Oser/Vater* Bilanzierung von Stock Options nach US-GAAP und IAS DB 2001, 1261; *Eschbach* Anmerkungen zum DRSC-Positionspapier „Bilanzierung von Aktienoptionsplänen und ähnlichen Entlohnungsformen" DB 2001, 1373; *Ackermann/Strnad* Betriebsausgabenabzug des Arbeitgebers bei Stock Options DStR 2001, 477; *Adam-Müller/Wangler* Das Positionspapier der Arbeitsgruppe Stock Options des Deutschen Standardisierungsrates: Implikationen für Bilanzierung und Besteuerung KoR 2001, 1; *Siegel* Bilanzierung von Aktienoptionen und der Charakter eigener Aktien in FS Loitlsberger, Berlin 2001, 345; *Siegel* E-DRS 11: Ersparter (fiktiver) Aufwand als tatsächlicher Aufwand? BB 2001, 1995; *DVFA-Methodenkommission* Info 8/2000 – Zum Ergebnis nach DVFA: Behandlung von Stock Options und Wandelschuldverschreibungen im Ergebnis nach DVFA/SG FB 2001, 394; *Bernhardt* Stock Options – Modalitäten der Besteuerung, Bewertung und Offenlegung im internationalen Kontext FB 2001, 427; *Knoll* Zweck, Bewertung und Verbuchung von Stock Options StuB 2001, 1116; *Lange* Rückstellungen für Stock Options in Handels- und Steuerbilanz StuW 2001, 137; *Kussmaul/Weißmann* Zur handelsrechtlichen Bilanzierung von Stock Options – Aktuelle Überlegungen (Teil I, II) StB 2001, 382, 418; *Herzig/Lochmann* Steuerbilanz und Betriebsausgabenabzug bei Stock Options WPg 2002, 325; *Lange* Bilanzierung von Stock Options – Kritische Anmerkungen zu ausgewählten Aspekten von E-DRS 11 WPg 2002, 354; *Roß/Pommerening* Angabepflichten zu Aktienoptionsplänen im Anhang und Lagebericht – Bestandsaufnahme und Regierungsentwurf des TransPuG WPg 2002, 371; *Eschbach* Stock Option-Programme und das Steuersenkungsgesetz FB 2002, 376.

Die Bilanzierung von Aktienoptionsplänen für Mitarbeiter und Organmitglieder ist im HGB nicht explizit geregelt. IFRS 2 enthält für Gj ab 2005 verpflichtend anzuwendende Regeln für „share based payments". Hier wird umfassend die Behandlung des Erwerbs von Waren und Dienstleistungen (auch Arbeitsleistungen durch Arbeitnehmer) gegen die Hingabe von EK-Instrumenten (zB eigene Aktien oder Optionen auf eigene Aktien) oder gegen Barzahlungen, deren Höhe auf dem Wertverlauf von EK-Instrumenten des Unt basieren (zB stock appreciation rights), geregelt. Ausgenommen von den Regelungen des IFRS 2 sind allerdings insb Unt-Erwerbe gegen die Ausgabe von EK-Instrumenten. Im Folgenden wird nur die Bilanzierung verschiedener „share based payments" für Mitarbeiter und Organmitglieder nach HGB und die ggf abweichende Regelung nach IFRS dargestellt. **300**

I. Aktienoptionspläne mit Erfüllung aus bedingtem Kapital

Bei Aktienoptionsplänen an Mitarbeiter, die aus einer Kapitalerhöhung bedient werden (aus bedingtem Kapital nach § 192 ff AktG), ist nach HGB unstrittig, dass bei Ausübung der Optionen durch den Mitarbeiter, der vom Mitarbeiter zu zahlende Ausübungspreis bis zur Höhe des Nennwerts (bzw rechnerischen Werts) der ausgegebenen Aktien dem gezeichneten Kapital und der übersteigende Betrag der Kapitalrücklage nach Abs 2 Nr 1 gutzuschreiben ist (E-DRS 11.19). Dies gilt auch nach IFRS. **301**

Ungeklärt und strittig ist jedoch zur geltenden Rechtslage nach HGB, ob bei der Gewährung von Aktienoptionen an Mitarbeiter, die aus bedingtem Kapital bedient werden sollen, bilanzrechtlich ein in der Kapitalrücklage nach Abs 2 Nr 2 zu erfassendes Entgelt seitens der Ges erzielt wird. **302**

303 Es wird die Meinung vertreten und dies entsprach im Ergebnis wohl auch der bisher vorherrschenden Bilanzierungspraxis, dass für diese Optionen bilanzrechtlich kein Entgelt erzielt wird und somit weder die Kapitalrücklage nach Abs 2 Nr 2 zu dotieren, noch ein Aufwand zu erfassen sei. Es handele sich ausschließlich um einen Vorgang auf Gester-Ebene. Zum anderen wird § 27 Abs 2 AktG angeführt, wonach die Verpflichtung zu Dienstleistungen nicht Gegenstand einer Sacheinlage und entspr auch nicht Entgelt für die Gewährung von Optionsrechten sein können (vgl *Hüttemann* in Großkomm HGB § 272 Anm 50; *Herzig* DB 1999, 7; *Rammert* WPg 1998, 773). Für dieses Bilanzierungsergebnis könnte man auch anführen, dass eine Unterbewertung von Sacheinlagen nach bisher hM im HGB zulässig ist (Anm 61). Gegen diese Auffassung spricht, dass die strengen Regeln für die Kapitalaufbringung (keine noch ausstehenden Dienstleistungsverpflichtungen als Einlage) nicht zwingend analog auch auf die Erlöse aus Wandlungsrechten anwendbar sind. Des Weiteren ist zu beachten, dass die Wandlungsrechte erst ausgeübt werden dürfen (es also zu einer Kapitalaufbringung im engeren Sinn kommen kann), wenn keine ausstehenden Dienstleistungsverpflichtungen mehr bestehen, sondern bereits Ansprüche aus erbrachten Diensten (vgl *Gelhausen/Hönsch* WPg 2001, 78). Entspr wird die Kapitalrücklage nach E-DRS 11.15 auch erst im Hinblick auf tatsächlich bereits erbrachte Arbeitsleistung dotiert.

304 Eine weitere Meinung besagt, dass die Optionen selbst nicht das für die Arbeitsleistung gewährte Entgelt sind, sondern letztlich der innere Wert der Option im Ausübungszeitpunkt das Entgelt für die Arbeitsleistung ist. Entspr sei auch in dieser Höhe letztlich Personalaufwand zu erfassen. Gegenposten ist eine Rückstellung. Bei Ausübung der Option ist die dann bestehende Schuld zusammen mit dem Ausgabepreis der Aktien in gezeichnetes Kapital und Kapitalrücklage nach Abs 2 Nr 1 umzubuchen. Einen Erlös für das Optionsrecht erzielt die Ges nach dieser Auffassung bilanzrechtlich nicht (Vorauﬂ § 266 Anm 285 ff). Diese Auffassung wird zugunsten der Auffassung des E-DRS 11 aufgegeben, weil Aktienoptionen, die gegen zu erbringende Arbeitsleistung ausgegeben werden, im Hinblick auf die Wertentwicklung der Optionen nach Ausgabe grds nicht anders behandelt werden sollten als gegen Geld ausgegebene Aktienoptionen.

305 Nach anderer Auffassung (insb E-DRS 11.7), bedeutet die Gewährung eines derartigen Optionsrechts, dass für vergangene bzw typischerweise für zukünftig zu erbringende Arbeitsleistung ein um den Gesamtwert der Option (innerer Wert + Zeitwert) im Zusagezeitpunkt erhöhtes Arbeitsentgelt vereinbart ist. Mit der Erbringung der Arbeitsleistung, für die das erhöhte Entgelt vereinbart ist, erzielt die Ges das Entgelt für die Optionsrechte. Im ersten Fall (Option wird für bereits erbrachte Arbeitsleistung gewährt) ist die Kapitalrücklage sofort in voller Höhe zu dotieren, Gegenposten ist der Personalaufwand. Im zweiten Fall (Option wird für noch zu erbringende Arbeitsleistung gewährt) ist die Kapitalrücklage ratierlich über den Zeitraum, in dem die Mitarbeiter die Arbeitsleistung (Entgelt) erbringen, aufzubauen. Gegenposten ist auch hier der Personalaufwand. Dies entspricht grds auch der Regelung nach IFRS 2 (und SFAS 123 revised 2004).

306 UE ist der Auffassung des E-DRS 11 zuzustimmen. Insgesamt zeichnet sich auch für das HGB eine Entwicklung zur Aufwandserfassung in Höhe des Werts der Optionen zum Zeitpunkt der Gewährung ab, die – trotz einiger offener Fragen im Detail – im Grundsatz den Regelungen nach IFRS entspricht.

Innerhalb der nunmehr vertretenen Bilanzierungsweise verbleiben allerdings eine Reihe problematischer Punkte, die von E-DRS 11 nicht angesprochen werden. Insb stellt sich die Frage nach dem Gesamtwert der Optionen im Zeitpunkt der Gewährung. Für die Bewertung „normaler“ Optionen auf Aktien gibt es Bewertungsmodelle (zB Black-Schooles, Binomialmodell). In diese Modelle fließen auch Schätzgrößen ein, wie etwa die erwartete Dividendenrendite der Aktie und die erwartete Volatilität. Hierdurch ergibt sich ein gewisser Ermessensspielraum für den Bilanzierenden. Normalerweise geht in die Bewertung auch die vertragliche Laufzeit des Optionsrechts ein. Da Mitarbeiteroptionen idR nicht handelbar sind, ist nach IFRS 2.B16ff stattdessen die Laufzeit bis zur erwarteten Optionsausübung in das Bewertungsmodell aufzunehmen. Dem wird man sich für HGB anschließen können. Nach IFRS 2.19–22 werden nur kursorientierte Ausübungshürden (Ausübung wird vom Erreichen eines bestimmten Kurses oder davon abhängig gemacht, dass sich die eigene Aktie im Verhältnis zu einem Vergleichsindex in bestimmter Weise entwickelt) in den Gesamtwert der Option einbezogen. Andere Ausübungshürden, insb das Verbleiben im Unt oder bspw das Erreichen von Marktanteilen, Umsatzzuwächsen, Gewinnzuwächsen, Kostenersparnissen etc, werden dagegen nicht in die Bewertung der Option einbezogen. Stattdessen werden der Personalaufwand und die Dotierung der Rücklage storniert, wenn Optionen wegen Verfehlens dieser Hürden verfallen. E-DRS 11.17 sieht explizit für den Fall, dass Optionen aufgrund vorzeitigen Ausscheidens des Mitarbeiters verfallen, vor, dass die bis dahin in der Kapitalrücklage angesammelten Beträge dort verbleiben und lediglich (mangels weiterer Arbeitsleistung) keine weitere Zuführung mehr stattfindet. Auch wenn Optionen wegen Nicht-Erreichens anderer Erfolgshürden verfallen, dürfte dementspr keine Stornierung der angesammelten Kapitalrücklage und entspr des Personalaufwands stattfinden. Dies verlangt jedoch, dass diese Hürden ebenfalls in die Bewertung der Optionen einbezogen werden. Die Erfolgshürden wirken grds wertmindernd im Vergleich zu einer Option ohne derartige Ausübungsrestriktionen. Man wird hier eine Wahrscheinlichkeit schätzen müssen, mit der die Hürden erreicht/nicht erreicht werden. Dies bedeutet einen weiteren Ermessensspielraum in der Bewertung. Die Verbleibenshürde hat zwei Seiten. Zum einen ist der Mitarbeiter nicht verpflichtet, die einzelnen Raten des Optionspreises zu entrichten. Im Lichte der späteren Wertentwicklung der Option kann er (theoretisch) entscheiden, dass er unter Aufgabe der Anwartschaft die noch ausstehenden Kaufpreisraten nicht leistet. Dieser Aspekt wirkt werterhöhend. Andererseits besteht die Gefahr, dass er aus sonstigen (zB familiären) Gründen einen Teil seines Entgelts für bereits erbrachte Arbeit verliert. Dieser Aspekt wirkt wertmindernd. ED 2, der abweichend vom gültigen IFRS 2 auch die Verbleibenshürde in die Bewertung der Optionen einbezieht, hat dafür ebenfalls die Schätzung einer Wahrscheinlichkeit für das Verbleiben/Nicht-Verbleiben als eine Möglichkeit der Berücksichtigung gesehen.

Zu erwägen wäre aber stattdessen, auch für HGB der internationalen Übung (IFRS/US-GAAP) zu folgen, und diese Faktoren nicht in die Bewertung der Optionen einzubeziehen und entspr bei Nicht-Erreichen dieser Ausübungshürden eine Stornierung der Zuführung zur Kapitalrücklage und des entspr Personalaufwands vorzusehen. Das ist zwar konzeptionell nicht stimmig, erscheint aber im Hinblick darauf, dass es wohl keine anerkannten Bewertungsmethoden für derartige Restriktionen gibt, akzeptabel, um den Ermessensspielraum der Bilanzierenden bei der Bewertung der Optionen einzuschränken.

II. Aktienoptionspläne mit Barausgleich (stock appreciation rights)

Werden Arbeitnehmern als Gegenleistung für ihre Arbeitsleistung Zusagen **310**
auf Aktienoptionen gemacht, die vom Unt nur durch entspr Barzahlungen in Höhe des inneren Werts der Optionen am Ausübungstag erfüllt werden (stock

appreciation rights), bemisst sich der Aufwand daraus sowohl nach HGB als auch nach IFRS letztlich nach der tatsächlich geleisteten Zahlung.

311 Sind die stock appreciation rights sofort nach Gewährung unverfallbar, gelten sie als für bereits erbrachte Arbeitsleistung gewährt. Es ist dann in Höhe des Gesamtwerts dieser Rechte (innerer Wert + Zeitwert) sofort erfolgswirksam eine Rückstellung anzusetzen. Zu jedem Bilanzstichtag ist die Rückstellung an den dann geltenden Gesamtwert anzupassen (E-DRS 11.33; IFRS 2.30). Für HGB darf jedoch uE die Rückstellung vor Erfüllung oder Verfall der stock appreciation rights nicht unter dem ursprünglichen Zugangswert angesetzt werden. Wie auch für andere Stillhaltergeschäfte gilt hier uE, dass die Prämie (hier die empfangene Arbeitsleistung gemessen am Gesamtwert der Option im Zeitpunkt der Gewährung) erst bei Erfüllung oder Verfall der Option erfolgswirksam vereinnahmt werden darf.

312 Werden die stock appreciation rights erst unverfallbar, wenn der Mitarbeiter noch einen bestimmten Zeitraum im Unt verbleibt, gelten die Rechte als für zukünftig zu erbringende Arbeitsleistung gewährt. Bis zur Unverfallbarkeit ist dann nach E-DRS 11.33 die Rückstellung an jedem Bilanzstichtag nur anteilig im Verhältnis der abgelaufenen Wartezeit zur Gesamtwartezeit anzusetzen. Nach Eintritt der Unverfallbarkeit ist die Rückstellung vollständig anzusetzen. Bemessungsgrundlage ist auch hier immer der aktuelle Gesamtwert der Option am jeweiligen Bilanzstichtag. Dies entspricht der Regelung nach IFRS 2.33. Für HGB ist uE aber ein anderes Vorgehen sachgerecht. In Höhe des Gesamtwerts der Optionsrechte im Zeitpunkt der Gewährung ist die Rückstellung zeitanteilig über die Wartezeit aufzubauen. Dieser Teil entspricht der erhaltenen Prämie für das Eingehen der Stillhalterposition. Da die Prämie erst sukzessive im Zeitablauf durch die empfangene Arbeitsleistung vereinnahmt wird, ist auch die Rückstellung entspr sukzessive aufzubauen. Steigt der Gesamtwert der Option an einem Bilanzstichtag über den Gesamtwert der Option im Zeitpunkt der Gewährung, ist der übersteigende Betrag stets (also auch während der Wartezeit) vollständig zu passivieren. Dieser Teil der Verpflichtung ist nicht Ausfluss der noch zu erwartenden Arbeitsleistung, sondern des Bestehens einer Stillhalterverpflichtung, auf deren rechtliche Vollentstehung (Ablauf der Wartezeit) das Unt keinen Einfluss hat. Sinkt der Wert der stock appreciation rights unter den Gesamtwert im Zeitpunkt der Gewährung, darf uE die Rückstellung nicht vermindert werden. Dieser Teil der Rückstellung darf – wie bei anderen Stillhaltergeschäften nach HGB – erst bei Erfüllung oder Verfall der Rechte ausgebucht werden.

Beispiel: Ein Unt gewährt seinen Mitarbeitern stock appreciation rights mit einem Gesamtwert im Zeitpunkt der Gewährung von 3000 GE. Die Wartezeit beträgt 3 Jahre. Am ersten Bilanzstichtag beträgt der Gesamtwert der Rechte 2700 GE, am zweiten Bilanzstichtag 4500 und am dritten Bilanzstichtag 6000 GE.

Nach E-DRS 11.33 und IFRS 2.33 beträgt die Rückstellung für die Verpflichtungen des Unt aus diesen Rechten am ersten Bilanzstichtag ($1/3 \times 2700 =$) 900 GE, am zweiten Bilanzstichtag ($2/3 \times 4500 =$) 3000 GE und am dritten Bilanzstichtag ($3/3 \times 6000 =$) 6000 GE.

UE beträgt die Rückstellung nach HGB zum ersten Bilanzstichtag ($1/3 \times 3000 =$) 1000 GE, zum zweiten Bilanzstichtag ($2/3 \times 3000 + (4500–3000) =$) 3500 GE und zum dritten Bilanzstichtag ($3/3 \times 3000 + (6000–3000) =$) 6000 GE. Dass der Zeitwert der Rechte am ersten Bilanzstichtag unter den Zeitwert zum Zeitpunkt der Gewährung gefallen war, ist uE bei der Bewertung der Rückstellung nicht zu berücksichtigen.

Es ist uE auch akzeptabel, wenn in obigem Beispiel nur jeweils 1000 GE in den drei Perioden, in denen die Mitarbeiter die Arbeitsleistung erbringen, als Personalaufwand ausgewiesen werden. Die darüber hinausgehenden Aufwendungen in den Perioden 2 und 3 resultieren aus einer (nicht geschlossenen)

Stillhalterposition und dürfen als sonstiger betrieblicher Aufwand ausgewiesen werden.

313 Schließt das Unt ein **Gegengeschäft** zu seinen Verpflichtungen aus den stock appreciation rights ab (zB eine entspr Kaufoption auf eigene Anteile), darf es die beiden Geschäfte im **HGB**-Abschluss nach den Grundsätzen für eine geschlossene Position behandeln. Eine Erhöhung der Rückstellung aus der Stillhalterposition darf insoweit unterbleiben als sie durch eine entspr stille Reserve im Gegengeschäft gedeckt ist. Umgekehrt darf eine Abschreibung auf das Recht aus dem Gegengeschäft unterbleiben, soweit die Rückstellung aus der Stillhalterposition eine stille Reserve aufweist, wobei diese Reserve in der Wartezeit, in der die Rückstellung nur anteilig angesetzt ist, uE auf den vollen Betrag hochgerechnet werden darf, denn im Zeitablauf wird die Rückstellung ungeachtet des Umstands, dass die Verpflichtung zwischenzeitlich einen niedrigeren Wert hat, auf den vollen Betrag des Zeitwerts im Zeitpunkt der Gewährung aufgestockt.

Nach **IFRS** gibt es ein derartiges „hedge accounting“ nicht. Beide Geschäfte werden grds zum Zeitwert bilanziert und die Veränderungen berühren die GuV. Lediglich in der Wartezeit ergibt sich eine Asymmetrie, weil die Rückstellung für die Verpflichtung aus dem stock appreciation right nur anteilig angesetzt wird. UE kann der nicht bilanzierte Teil der Schuld aus dem stock appreciation right während der Wartezeit als „highly probable forecast transaction“ im Rahmen eines *cash flow hedges* nach IAS 39.86 b) als *hedged item* designiert werden, wenn die entspr Dokumentation und die notwendige Effektivität nach IAS 39.88 nachgewiesen werden kann. Dabei muss es „highly probable“ sein, dass die ausstehende Arbeitsleistung erbracht wird und es somit zur Bilanzierung der Schuld aus dem *stock appreciation right* kommen wird. Andere Erfolgshürden des *stock appreciation rights* haben nachteiligen Einfluss auf die Effektivität des *Hedges,* wenn das Gegengeschäft nicht vergleichbare Beschränkungen hat.

Eine Behandlung des nicht bilanzierten Teil der Schuld als „unrecognised firm commitment“ im Rahmen eines *fair value hedge* nach IAS 39.86 a), könnte daran scheitern, dass es sich insofern nicht um ein *firm commitment* handelt, als der Mitarbeiter nicht verpflichtet ist, die Arbeitsleistung zu erbringen, und somit kein *binding agreement* vorliegen könnte *(*IAS 39.9 Definition *firm commitment),* obwohl das Unt jedenfalls einseitig gebunden ist.

Nach IFRS muss allerdings insgesamt beachtet werden, dass die gegenläufigen GuV-Wirkungen oder gar ein „hedge accounting“ nur möglich sind, wenn das Gegengeschäft kein „equity instrument“ ist. Dazu genügt es aber, wenn bspw die gegenläufige Kaufoption auf eigene Anteile auch ein Wahlrecht zum Barausgleich enthält (IAS 32.26). Der Erwerb eigener Anteile zB ist hingegen nach IFRS im bilanziellen Sinne kein Ausgleich, da der Erwerb/Verkauf dieser „equity instruments“ direkt als Reduktion/Erhöhung des EK erfasst wird, also Wertänderungen dieser Anteile zu keinem Zeitpunkt die GuV berühren (IAS 32.33).

III. Aktienoptionspläne mit Erfüllung aus zurückzuerwerbenden Aktien

315 Aktienoptionen, die nicht aus einer Kapitalerhöhung, sondern aus zu erwerbenden Aktien bedient werden sollen, sind nach **HGB** grds wie stock appreciation rights zu behandeln, also eine entspr Rückstellung zu bilden (s Anm 312). Soweit bereits eigene Aktien im Bestand sind, darf die Bilanzie-

rung nach den Grundsätzen für geschlossene Positionen erfolgen. Nach E-DRS 11.27 soll es im Falle des Besitzes der entspr eigenen Anteile genügen, wenn über die Wartezeit eine Rückstellung in Höhe der Differenz zwischen Buchwert der Anteile und Bezugskurs aufgebaut wird. UE muss innerhalb der Wartezeit auf jeden Fall mindestens eine Rückstellung in Höhe des Zeitwerts der Optionen im Zeitpunkt der Gewährung aufgebaut werden (zur Begründung s. Anm 312). Nach **IFRS** sind diese Aktienoptionen wie solche zu behandeln, deren Bedienung mit neuen Aktien aus einer Kapitalerhöhung erfolgt (s Anm 305). Der Ankauf/die Abgabe der eigenen Anteile wird direkt als Minderung/Erhöhung des EK erfasst und berührt die GuV nicht (IAS 32.33). Dies gilt auch, wenn Ankauf und Abgabe der eigenen Anteile im Kontext eines „share based payment" steht (IFRS 2.BC333). Erwirbt das Unt eine Kaufoption auf eigene Anteile, um die wirtschaftliche offene Position aus den Aktienoptionen für Mitarbeiter zu schließen, bleibt dies unter IFRS nur GuV-neutral, wenn auch diese Kaufoption auf eigene Anteile ein EK-Instrument ist. Dazu darf sie nach IAS 32.26 kein Wahlrecht enthalten, das es entweder dem Unt (Halter) oder dem Stillhalter gestattet, die Erfüllung der Option zB durch Barausgleich statt durch Lieferung der Aktien gegen den vereinbarten Geldbetrag vorzunehmen.

IV. Aktienoptionspläne mit Wahlrecht zwischen Erfüllung in Aktien und Barausgleich

320 Gewähren die Aktienoptionen dem Unt oder dem Mitarbeiter ein Wahlrecht zwischen dem Bezug der Aktien und einem entspr Barausgleich, ist nach E-DRS 11.36f in jedem Fall eine Rückstellung anzusetzen. Die Bewertung dieser Rückstellung soll sich danach richten, welche Form der Erfüllung für wahrscheinlich gehalten wird. Wird die Bedienung mit neuen Aktien aus einer bedingten Kapitalerhöhung für wahrscheinlich gehalten, ist über die vereinbarte Wartezeit zeitanteilig eine Rückstellung in Höhe des Gesamtwerts der Optionen im Zeitpunkt der Gewährung aufzubauen. Wird dagegen ein Barausgleich für wahrscheinlich erachtet, ist die Rückstellung entspr den Regeln für stock appreciation rights (s Anm 312) aufzubauen. Werden die Aktienoptionen später tatsächlich mit neuen Aktien aus einer bedingten Kapitalerhöhung erfüllt, wird die Rückstellung in die Kapitalrücklage umgebucht. Dabei muss die Rückstellung zuvor ggf erfolgswirksam auf den Betrag erhöht/vermindert werden, der dem Gesamtwert der Optionen im Zeitpunkt der Gewährung entsprach. E-DRS 11 enthält keine Aussage dazu, wie zu verfahren ist, wenn die Optionen zB wegen Nicht-Erfüllung der Verbleibensvoraussetzungen verfallen oder zwar unverfallbar geworden sind, aber wegen ungünstiger Kursentwicklung von den Mitarbeitern nicht ausgeübt werden.

321 UE sollte man sich auch für die Bilanzierung nach **HGB** grds an der IFRS-Lösung Anm 322 orientieren. Liegt das Wahlrecht beim Mitarbeiter, hat das Unt eine Schuld und sollte dafür eine Rückstellung nach den Grundsätzen für stock appreciation rights erfassen. Im Erfüllungszeitpunkt ist die Rückstellung mit ihrem Gesamtwert anzusetzen (vor dem Erfüllungszeitpunkt war sie uE mindestens mit dem Gesamtwert zum Zeitpunkt der Gewährung anzusetzen, s Anm 312). Wird letztlich tatsächlich mit neuen Aktien aus bedingtem Kapital erfüllt, ist die Rückstellung in voller Höhe in das EK umzubuchen.

Liegt das Wahlrecht beim Unt und kann das Unt die Optionen mit neuen Aktien aus bedingtem Kapital bedienen, wäre es konsequent, entspr zu bilanzieren (Erfassung einer entspr Kapitalrücklage über die Wartezeit). Würde dann später tatsächlich ein Barausgleich vorgenommen, ändert dies nichts an der bis dahin erfassten Kapitalrücklage; in Höhe des Barausgleichs entstünde dann ein Aufwand. Es liegt der Rückkauf eines EK-Instruments vor. Da es jedoch für das Unt keinen Wert hat, weil es nicht wieder ausgegeben werden kann, führt dies zu Aufwand. Diese konsequente Sichtweise führt beim Barausgleich zu einer „unnötigen Härte". Daher erscheint es vertretbar, dem Vorschlag des E-DRS 11.36ff insoweit zu folgen, zunächst statt der Kapitalrücklage eine Rückstellung zu bilden. Verfallen die Optionen oder werden bei Ausübung neue Aktien aus einer bedingten Kapitalerhöhung geliefert, ist die Rückstellung in das EK umzugliedern. Wird der Barausgleich vorgenommen, wird die Rückstellung entspr verbraucht. Wird sie nicht vollständig verbraucht, ist der Restbetrag in das EK umzugliedern.

Nach **IFRS** 2.34–43 ist zu unterscheiden: Hat der Mitarbeiter das Wahlrecht, liegt ein „compound financial instrument" vor, das grds aus einer FK- und einer EK-Komponente besteht. Es ist entspr zu zerlegen. Dies bedeutet, dass der Zeitwert der EK-Komponente im Zeitpunkt der Gewährung nach den Regeln für EK-Instrumente (s Anm 305) zu behandeln ist. Der Wert dieser Komponente im Zeitpunkt der Gewährung ergibt sich aus der Differenz zwischen dem Wert der Option, wenn diese nur Barausgleich vorsehen würde und dem Wert der Option, wenn diese nur Aktienlieferung kennen würde (IFRS 2.37). Der EK-Komponente ist daher nur ein Wert zuzuordnen, wenn es nach den Bedingungen des Instruments Umstände gibt, in denen der Barausgleich weniger Wert ist als die Erfüllung mit Aktien. Dies wäre bspw der Fall, wenn der Barausgleich auf einen Höchstbetrag beschränkt wäre. Die FK-Komponente der Option (Wert der Option, als ob nur Barausgleich möglich wäre) ist nach den Regeln für stock appreciation rights zu behandeln. Am Erfüllungszeitpunkt ist sie auf den Gesamtwert der Option zu diesem Zeitpunkt zu bewerten. Werden dann tatsächlich Aktien ausgegeben, ist die gesamte Rückstellung in das EK umzubuchen (IFRS 2.39). Wird ein Barausgleich vorgenommen, berührt dies ggf. aus der EK-Komponente direkt im EK erfasste Positionen nicht. 322

Hat nur das Unt das Wahlrecht, sind die Optionen grds wie EK-Instrumente zu behandeln (s Anm 305). Wird tatsächlich dann ein Barausgleich vorgenommen, ist dies erfolgsneutral als Rückkauf eines EK-Instruments zu behandeln (IFRS 2. 43). Nur wenn das Wahlrecht, die Optionen durch die Bedienung mit Aktien zu erfüllen, keine wirtschaftliche Substanz hat (zB weil das Unt nicht berechtigt ist, Aktien an die Mitarbeiter auszugeben) oder das Unt eine Praxis in der Vergangenheit oder eine erklärte Politik hat den Barausgleich vorzunehmen oder generell auf Wunsch der Mitarbeiter den Barausgleich vornimmt, sind die Optionen wie stock appreciation rights zu bilanzieren (IFRS 2.41; s Anm 312).

§ 273 Sonderposten mit Rücklageanteil

[1]Der Sonderposten mit Rücklageanteil (§ 247 Abs. 3) darf nur insoweit gebildet werden, als das Steuerrecht die Anerkennung des Wertansatzes bei der steuerrechtlichen Gewinnermittlung davon abhängig macht, daß der Sonderposten in der Bilanz gebildet wird. [2]Er ist auf der Passivseite vor den Rückstellungen auszuweisen; die Vorschriften, nach denen er gebildet worden ist, sind in der Bilanz oder im Anhang anzugeben.

Übersicht

A. Bildung von Sonderposten (Satz 1)

1 Die nicht unter den Zweiten Abschn (§§ 264–335) des Dritten Buchs des HGB fallenden Unt dürfen nach § 247 Abs 3 Sonderposten mit Rücklageanteil auch dann bilden, wenn die Anerkennung eines entspr Passivpostens in der Steuerbilanz hiervon nicht abhängt (§ 247 Anm 601). Demgegenüber lässt S 1 die Bildung solcher Sonderposten mit Rücklageanteil in der HB von KapGes/KapCoGes nur insoweit zu, als hiervon die steuerrechtliche Anerkennung entspr Passivposten abhängig ist. Gleiches gilt für Unt, welche den Bestimmungen des PublG unterliegen (§ 5 Abs 1 S 2 PublG) sowie für Kreditinstitute (§ 340 a) und für VersicherungsUnt (§ 341 a).

2 Anders als bei den übrigen Unt kommt es bei § 273 für die Zulässigkeit von Sonderposten mit Rücklageanteil iSd § 247 Abs 3 darauf an, dass **für die Bildung einer den steuerrechtlichen Gewinn mindernden Rücklage** (sog steuerfreie Rücklage oder besser: steuerbegünstigte Rücklage) die **Handelsbilanz maßgeblich** ist. Diese Voraussetzung ist aufgrund § 5 Abs 1 S 2 EStG regelmäßig erfüllt. S 1 steht einem Sonderposten mit Rücklageanteil in der HB von KapGes/KapCoGes und gleichgestellten Unt deshalb nur dann entgegen, wenn – in zZt nur selten vorkommenden Fällen – deren Bildung steuerrechtlich auch ohne Ansatz in der HB *ausdrücklich* (als Ausnahme von § 5 Abs 1 S 2 EStG) zugelassen ist. Das ist derzeit noch für die Rücklage nach § 3 des Gesetzes über steuerliche Maßnahmen bei der **Stilllegung von Steinkohlenbergwerken** (BStBl I 1967, 204) der Fall. Damit dürfen praktisch alle gem § 247 Abs 3 als Sonderposten mit Rücklageanteil zugelassenen „steuerfreien Rücklagen" (hierzu § 247 Anm 601 ff) auch von KapGes/KapCoGes und ihnen gleichgestellten Unt bilanziert werden.

3 Nicht unter § 273 fallen allein steuerrechtlich zulässige **(Mehr-)Abschreibungen** auf Gegenstände des Anlage- oder Umlaufvermögens, die nach § 281 Abs 1 S 1 innerhalb des Passivpostens „Sonderposten mit Rücklageanteil" ausgewiesen werden dürfen. Für diese kommen jedoch die Beschränkungen des § 279 in Betracht (§ 281 Anm 2).

B. Ausweis und Angabe der Vorschriften (Satz 2)

7 Soweit Sonderposten mit Rücklageanteil iSd § 247 Abs 3 nach S 1 zulässig sind, müssen sie nach S 2 in der Bilanz (§ 266) vor den Rückstellungen ausgewiesen werden.

8 Die Vorschriften, nach denen Sonderposten mit Rücklageanteil gebildet wurden, sind wahlweise in der Bilanz oder im Anhang anzugeben. Mehrere Sonderposten dürfen unter aufzählender Benennung der zugrunde liegenden steuerrechtlichen Bestimmungen zusammengefasst ausgewiesen werden (*ADS*[6] § 273 Anm 20; *WPH* I[12] F Anm 317; *Siegel* HdJ III/4 Anm 2); § 265 Abs 7 steht dem

nicht entgegen, weil § 273 keine Untergliederung des Sonderpostens verlangt. Ein zusammengefasster Ausweis in der Bilanz mit Einzelangaben im Anhang erscheint im Interesse der Klarheit des JA bei größeren Sonderposten angezeigt.

C. Auflösung

Die Sonderposten müssen nach § 247 Abs 3 S 2 auch bei KapGes/KapCoGes nach Maßgabe des Steuerrechts aufgelöst werden; eine vorzeitige Auflösung ist zulässig; sie hat regelmäßig auch steuerrechtlich Wirkung. Soweit umgekehrt für Zwecke der steuerrechtlichen Gewinnermittlung eine vorzeitige Auflösung erfolgen soll, darf der Sonderposten in der HB nicht mehr fortgeführt werden (*ADS*[6] § 273 Anm 26). 9

D. Rechtsfolgen einer Verletzung des § 274

Die Nichtbeachtung der Beschränkungen des § 247 Abs 3 durch S 1 kann nach § 334 Abs 1 Nr 1 a), ein Verstoß gegen S 2 (Gliederung) nach § 334 Abs 1 Nr 1 c) als Ordnungswidrigkeit mit einer Geldbuße geahndet werden. 10

E. Abweichungen der IFRS

Nach IFRS ist eine Rückwirkung steuerrechtlicher Sonderregelungen auf den handelsrechtlichen Abschluss nicht zulässig (*Ballwieser* in Komm IAS 16 Anm 64). Daher kommt ein Ansatz des ausschließlich steuerrechtlich begründeten Sonderpostens mit Rücklageanteil iSd § 273 im IFRS-Abschluss nicht in Betracht. IdR besteht hier aber eine *temporary difference* zwischen den Wertansätzen in IFRS-Abschluss einerseits und Steuerbilanz andererseits und damit Anlass zur Bilanzierung latenter Steuern (IAS 12, hierzu § 274 Anm 85ff). 11

§ 274 Steuerabgrenzung

(1) [1]**Ist der dem Geschäftsjahr und früheren Geschäftsjahren zuzurechnende Steueraufwand zu niedrig, weil der nach den steuerrechtlichen Vorschriften zu versteuernde Gewinn niedriger als das handelsrechtliche Ergebnis ist, und gleicht sich der zu niedrige Steueraufwand des Geschäftsjahrs und früherer Geschäftsjahre in späteren Geschäftsjahren voraussichtlich aus, so ist in Höhe der voraussichtlichen Steuerbelastung nachfolgender Geschäftsjahre eine Rückstellung nach § 249 Abs. 1 Satz 1 zu bilden und in der Bilanz oder im Anhang gesondert anzugeben.** [2]**Die Rückstellung ist aufzulösen, sobald die höhere Steuerbelastung eintritt oder mit ihr voraussichtlich nicht mehr zu rechnen ist.**

(2) [1]**Ist der dem Geschäftsjahr und früheren Geschäftsjahren zuzurechnende Steueraufwand zu hoch, weil der nach den steuerrechtlichen Vorschriften zu versteuernde Gewinn höher als das handelsrechtliche Ergebnis ist, und gleicht sich der zu hohe Steueraufwand des Geschäftsjahrs und früherer Geschäftsjahre in späteren Geschäftsjahren voraussichtlich aus, so darf in Höhe der voraussichtlichen Steuerentlastung nachfolgender Geschäftsjahre ein Abgrenzungsposten als Bilanzierungshilfe auf der Aktivseite der Bilanz gebildet werden.** [2]**Dieser Posten ist unter entsprechender Bezeichnung gesondert auszuweisen und im Anhang zu erläutern.** [3]**Wird ein solcher Posten ausgewiesen, so dürfen Gewinne nur ausgeschüttet werden, wenn die nach der Ausschüttung verblei-**

benden jederzeit auflösbaren Gewinnrücklagen zuzüglich eines Gewinnvortrags und abzüglich eines Verlustvortrags dem angesetzten Betrag mindestens entsprechen. [4]Der Betrag ist aufzulösen, sobald die Steuerentlastung eintritt oder mit ihr voraussichtlich nicht mehr zu rechnen ist.

Übersicht

Schrifttum: *Ordelheide* Aktivische latente Steuern bei Verlustvorträgen im Einzel- und Konzernabschluss – HGB, SFAS und IAS – in FS Havermann, 601 ff; *Schildbach* Latente Steuern auf permanente Differenzen und andere Kuriositäten – Ein Bilck in das gelobte Land jenseits der Maßgeblichkeit, WPg 1998, 939 ff; *Feld* Auswirkungen des neuen steuerlichen Wertaufholungs- und Abzinsungsgebots auf die Handelsbilanz, WPg 1999, 861 ff; *Arbeitskreis Externe Unternehmensrechnung der Schmalenbach-Gesellschaft für Betriebswirtschaft* Einfluss ausgewählter steuerrechtlicher Änderungen auf die handelsrechtliche Bilanzierung, DB 2000, 681 ff; *Fuchs* Anwendungshinweis zu IAS 12 „Income Taxes", DB 2000, 1925 ff; *Wendtlandt/Vogler* Latente Steuern nach E-DRS 12 im Vergleich mit IAS, US-GAAP und bisherige Bilanzierung nach HGB sowie Kritik an E-DRS 12, Finanzbetrieb

2001, 244 ff; *Schmidbauer* Die Bilanzierung latenter Steuern nach HGB unter Berücksichtigung von E-DRS 12 sowie nach IAS auf Basis der Änderungen der Steuergesetze, DB 2001, 1569 ff; *Sauter* Erfassung von latenten Steuern im Konzernabschluß nach E-DRS 12, BB 2001, 1785; *IDW* Stellungnahme E-DRS 12 Latente Steuern im Konzernabschluß, WPg 2001, 1087; *Rödder/Schumacher* Keine Anwendung des § 3 c Abs 1 EStG bei Organschaft, DStR 2002, 1163 ff; *Bischof* Erfassung der ausschüttungsbedingten Änderung des Körperschaftsteueraufwands nach Handelsrecht und nach International Accounting Standards im Licht der §§ 37 und 38 KStG, DB 2002, 1565 ff; *Dötsch/Pung* Die Neuregelungen bei der Körperschaftsteuer und der Gewerbesteuer durch das Steuergesetzgebungspaket vom Dezember 2003, DB 2004, 151 ff; *Küting/Zwirner* Latente Steuern in der Unternehmenspraxis: Bedeutung für die Bilanzpolitik und Unternehmensanalyse, WPg 2003, 301 ff; *Marten/Weiser/Köhler* Aktive latente Steuern auf steuerliche Verlustvorträge: zunehmende Tendenz zur Aktivierung, BB 2003, 2335 ff; *Dötsch/Pung* Die Neuregelungen bei der Körperschaftsteuer und der Gewerbesteuer durch das Steuergesetzgebungspaket vom Dezember 2003, DB 2004, 151 ff; *Zülch/Clausthal-Zellerfeld/Lienau* Die Bedeutung der Steuerabgrenzung für die fair-value-Bilanzierung nicht-finanzieller Vermögenswerte nach den Rechnungslegungsvorschriften des IASB, WPg 2004, 565 ff.

A. Konzept der Steuerabgrenzung

I. Allgemeines

1 Das Konzept der Steuerabgrenzung hatte für den JA in der Bilanzierungspraxis lange Zeit keine große Bedeutung erlangt, da es nur bei einer Durchbrechung des (umgekehrten) Maßgeblichkeitsprinzips zur Anwendung kommt und aktive latente Steuern wegen des Aktivierungswahlrechts idR nicht angesetzt wurden. Die Regelungen des Steuerentlastungsgesetz 1999 ff und die damit vom Gesetzgeber mit einigen Neuerungen bewusst vorgenommene Abwendung vom Grundsatz der Maßgeblichkeit führten zu einer Ausweitung der Abweichungen zwischen HB und Steuerbilanz und somit zur möglichen Abgrenzung aktiver Steuerlatenzen (ebenso *Arbeitskreis Externe Unternehmensrechnung der Schmalenbach-Gesellschaft für Betriebswirtschaft e. V.*, 681). Die Verabschiedung des BilReG hat die seit einigen Jahren zu beobachtende Entwicklung hin zu einer durch internationale Standards geprägten Rechnungslegungskultur weiter gefördert und die Bereitschaft zur Darstellung von aktiven latenten Steuern im JA erhöht.

2 Seit Bekanntmachung des DRS 10 Latente Steuern im Konzernabschluss im Jahre 2002 und der im Juli 2004 veröffentlichten nur unwesentlich veränderten Fassung hat die Bereitschaft zur Aktivierung latenter Steuern im JA weiter zugenommen (*Küting/Zwirner* WPg 2003, 301). Wenngleich dieser Standard nur die Vermutung für GoB zur Steuerabgrenzung im KA bewirkt, lassen sich Ausstrahlungswirkungen auf den JA, anders als bei der Einführung des § 342 beabsichtigt, kaum vermeiden, da ein erheblicher Teil der Steuerabgrenzungen im KA aus den JA zu übernehmen ist. Ausstrahlungswirkungen gibt es in all den Fällen, in denen DRS 10 das HGB interpretiert und Gesetzeslücken schließt, da unterschiedliche Auslegungen derselben Vorschriften des HGB für JA und KA grds nicht zu rechtfertigen sind. Ausgenommen sind die Fälle, in denen die mit JA und KA verbundenen Zwecke (zB Gläubigerschutz- und Ausschüttungsbemessungsfunktion bzw Informationsfunktion) andere Regeln verlangen. Dies ist in jedem konkreten Einzelfall zu prüfen. Gesetzliche Wahlrechte oder Gebote können durch den DRS jedoch nicht beseitigt werden.

3 Zumindest fraglich ist, ob DRS 10 an die Steuerabgrenzung im KA, zB hinsichtlich der Erl im Anhang, zusätzliche Anforderungen stellen kann (*Wendlandt/Vogler* Zeitschrift für kapitalmarktorientierte Rechnungslegung 2001, 250).

Ohne Zweifel gibt es in dieser Hinsicht keine Ausstrahlungswirkung auf den JA (zum KA § 306 Anm 38). Zur grundsätzlichen Problematik der Bindungswirkung der DRS siehe § 342 Anm 4, 7. In der nachfolgenden Kommentierung wird DRS 10, soweit er sich auf § 274 bezieht, mitbesprochen. Gegenstand des § 274 und des DRS 10 sind nur betriebliche Gewinnsteuern.

II. Grundsatzfragen

1. Charakter der Steuerabgrenzung

4 Die Weiterentwicklung der GoB unter dem Einfluss der internationalen Harmonisierung der Rechnungslegung hin zu einer Bilanzierung, die größeren Wert legt auf eine Abbildung der tatsächlichen wirtschaftlichen Verhältnisse, führt auch hinsichtlich der Steuerabgrenzung zu einem Wandel in den Auffassungen, wie durch DRS 10 deutlich wird.

Die Steuerabgrenzung dient zum einen der periodengerechten Erfolgsermittlung und zum anderen dem zutreffenden Ausweis der Vermögenslage. Zur Ermittlung eines **„richtigen" Periodenerfolgs** gehört demzufolge die Berücksichtigung eines **„richtigen"** Steueraufwands. „Richtig" idS ist grds der mit dem handelsrechtlichen Ergebnis korrespondierende und nicht der nach steuerrechtlichen Vorschriften berechnete Steueraufwand. Der Steueraufwand wird durch Bildung von Steuerabgrenzungsposten in der Bilanz korrigiert, die ihrerseits dazu beitragen sollen, einen **zutreffenden Einblick in die Vermögenslage** der Ges zu vermitteln. Unterschiedliche Wertansätze von VG in HB und Steuerbilanz führen im Rahmen der künftigen Nutzung zu unterschiedlichen steuerrechtlichen Be- oder Entlastungen. Wird zB ein VG in der HB schneller abgeschrieben als in der Steuerbilanz, reflektiert der zu bildende aktive Steuerabgrenzungsposten eine künftige Steuerentlastung, vorausgesetzt es liegen in den künftigen Jahren der höheren steuerrechtlichen Abschreibungen in ausreichendem Maße zu versteuernde Einkünfte vor. Dem VG kommt bei gegebenen Wertansatz in der HB je nach steuerrechtlichem Abschreibungspotential wirtschaftlich ein höherer oder niedriger Wert zu. Nach HGB werden VG und Schulden in der Bilanz aber grds nicht „net-of-tax", sondern vor E+E-Steuern bilanziert. Durch die Steuerabgrenzung werden den handelsrechtlichen Ansätzen der VG und Schulden die mit diesen Wertansätzen verbundenen steuerrechtlichen Be- und Entlastungen durch korrespondierende latente Steuerforderungen und -verbindlichkeiten gegenüber gestellt. Während passive Steuerabgrenzungsposten von Ausnahmen abgesehen, zB solche auf Ingangsetzungs- und Erweiterungsaufwendungen, Schuldcharakter haben, erfüllen die aktiven nicht die handelsrechtlichen Kriterien eines VG und stellen Bilanzierungshilfen dar (*ADS*[6] § 274 Anm 12). DRS 10 führt in Anlehnung an den asset-Begriff der IFRS den Begriff des Vermögenswerts ein, zu dem er auch die aktiven latenten Steuern rechnet (DRS 10.3). Der asset-Begriff nach IFRS umfasst die aktiven Steuerabgrenzungsposten, aber nicht die als Bilanzierungshilfen auszuweisenden Ingangsetzungs- und Erweiterungsaufwendungen.

2. Timing und temporary concept

5 § 274 geht von einem Konzept aus, das in der Literatur als **timing concept** bezeichnet wird und den früheren internationalen Standards zugrunde lag.

Zu vergleichen sind die Jahresergebnisse nach Handels- und nach Steuerrecht. Unterscheiden sie sich wegen *zeitlicher* Bilanzierungs- und Bewertungsunterschiede, ist der Steueraufwand entspr zu korrigieren: Ist dadurch das HB-Ergebnis vor Ertragsteuern höher als das Ergebnis lt steuerrechtlicher Gewinnermittlung, ist der Steueraufwand entspr zu erhöhen und eine Rückstellung für künftige Steuerbelastungen auszuweisen (Abs 1 S 1). Ist umgekehrt das HB-Ergebnis niedriger als der zu versteuernde Gewinn, darf der Steueraufwand entspr vermindert und ein aktiver Abgrenzungsposten für künftige Steuerentlastungen gebildet werden (Abs 2 S 1).

Es sollen nur diejenigen Bilanzierungs- und Bewertungsunterschiede zwischen HB und Steuerbilanz in die Steuerabgrenzung einbezogen werden, die sich sowohl bei ihrer Entstehung als auch bei ihrer Umkehrung in der GuV niederschlagen. 6

Die Steuerbelastung(-entlastung) tritt grds ein, sobald sich die zeitlichen Ergebnisunterschiede in künftigen Gj umkehren, dann ist ceteris paribus das HB-Ergebnis niedriger (höher) als das nach Steuerrecht. Der Abgrenzungsposten wird dann den handelsrechtlichen Steueraufwand mindernd (erhöhend) aufgelöst (*Coenenberg/Hille* HdJ I/13 Anm 39).

Nach bisher hM zu § 274, die sich an dem Schrifttum zum timing concept orientierte, sind bei diesem Vergleich diejenigen Ergebnisunterschiede, mit deren Umkehrung nicht (sog permanente Abweichungen) oder nicht in absehbarer Zeit (sog quasi-permanente Abweichungen) zu rechnen ist, auszuklammern. Die internationalen Standards in den derzeitigen Fassungen (IAS 12 rev 2000 und SFAS 109) beruhen nicht auf dem timing concept, sondern auf dem bilanzorientierten temporary concept und verlangen eine Einbeziehung der quasipermanenten Abweichungen in die Steuerabgrenzung. Dem folgt DRS 10.5, der Elemente des timing concepts mit solchen des temporary concepts verbindet.

Nach dem **temporary concept** des IAS 12 sind grds alle Bilanzierungs- und Bewertungsdifferenzen zwischen HB und Steuerbilanz in die Ermittlung latenter Steuern einzubeziehen (zu den Ausnahmen Anm 89). Jedem handelsrechtlichen Vermögenswert bzw jedem Schuldposten wird der nach den maßgeblichen steuerrechtlichen Vorschriften zu bestimmende Wertansatz (Steuerwert) gegenübergestellt. Weicht der Ansatz in der HB von dem Steuerwert ab und lösen sich die Bewertungsunterschiede im Zeitablauf durch Veräußerung, Ge- oder Verbrauch eines Vermögenswerts bzw die Abgeltung eines Schuldpostens steuerbe- oder entlastend auf, sind grds latente Steuern abzugrenzen. Ist der handelsrechtliche Wertansatz eines Vermögenswerts (Schuldpostens) höher (niedriger) als der steuerrechtliche, ist auf diese sog **zu versteuernde zeitliche Differenz** (taxable temporary difference) ein passiver Abgrenzungsposten für künftige Steuerbelastungen zu bilden. Ist umgekehrt der handelsrechtliche Wertansatz eines Vermögenswerts (Schuldpostens) niedriger (höher) als der Steuerwert, ist auf diese sog **abzugsfähige zeitliche Differenz** (deductible temporary difference) ein aktiver Abgrenzungsposten für künftige Steuerentlastungen zu bilden. 7

Es handelt sich bei den temporary differences also um Unterschiede im Bilanzwertansatz, die sich zu einem späteren Zeitpunkt ausgleichen und dann zu einer steuerrechtlichen Be- oder Entlastung führen, aber es spielt grds keine Rolle, ob diese ergebnisneutral entstanden sind oder nicht. Sie sind in die Steuerabgrenzung nach dem temporary concept einzubeziehen, während nach § 274 die ergebnisneutral entstandenen Differenzen (permanente Differenzen iwS, *Schildbach* WPg 1998, 939, Anm 44) nicht einbezogen werden dürfen, da ein Ergebnisausgleich nicht möglich ist (aber § 306 Anm 11). Permanente Differenzen ieS (steuerfreie Erträge und nicht abziehbare Betriebsausgaben) hingegen sind weder nach dem temporary concept des IAS 12 noch nach § 274 in die Steuerabgrenzung einzubeziehen, da der Steueraufwand anderer Gj nicht beeinflusst wird.

Auf Unterschiede im Bilanzwertansatz, die auch bei einem späteren Ausgleich nicht zu einer Steuerbelastung oder -entlastung führen, werden weder nach IAS 12 noch nach § 274 latente Steuern ermittelt (Anm 44). Es mag dahingestellt bleiben, ob eine permanente Differenz vorliegt, jedenfalls liegt keine zeitliche Differenz iSd Definition von IAS 12 oder DRS 10 vor, da die Auflösung nicht zu einer steuerrechtlichen Be- oder Entlastung führt.

8 Die wesentlichen Unterschiede zwischen temporary und timing concept betreffen also zum einen die erfolgsneutral entstandenen Bilanzierungs- und Bewertungsunterschiede und zum anderen die quasi-permanenten Differenzen. Erfolgsneutral entstandene Differenzen sind im deutschen Bilanzrecht nur im Rahmen des KA von Bedeutung und werden dort besprochen (§ 306 Anm 11). Sollten diese aufgrund künftiger Gesetzesänderungen auch im JA an Bedeutung gewinnen (siehe zB fair value Richtl der EU), halten wir eine Steuerabgrenzung auch in diesen Fällen grds für erforderlich, sie sollten dann ebenfalls grds erfolgsneutral gebildet werden.

3. Quasi-permanente Differenzen

9 Nach dem timing concept werden quasi-permanente Differenzen in die Steuerabgrenzung nicht einbezogen, da in diesen Fällen der „voraussichtliche Ausgleich“ um die voraussichtliche Steuerbelastung oder -entlastung nicht mehr zuverlässig beurteilt werden könne. Die Nicht-Einbeziehung ergibt sich aber nicht zwingend aus der GuV-orientierten Steuerabgrenzung. § 274 geht vielmehr von einer umfassenden Steuerabgrenzung aus, unterscheidet also nicht zwischen kurz- und langfristigen zeitlichen Abweichungen. Dem Vorsichtsprinzip und insbesondere der Unsicherheit bezüglich des künftigen Ausgleichs kann im Rahmen der Prognose und Bewertung der latenten Steuern Rechnung getragen werden (Anm 61, 63). So sehen DRS 10.8 und IAS 12.24 eine Aktivierung latenter Steuern nur soweit vor, wie ihre Realisierung hinreichend wahrscheinlich ist. Die internationalen Rechnungslegungsstandards und diesen folgend DRS 10.4 verlangen eine umfassendere Steuerabgrenzung. Danach, aber entgegen der bisher hM, sind quasi-permanente Abweichungen nunmehr in die Steuerabgrenzung einzubeziehen. DRS 10.5 definiert diese als Differenzen, die sich infolge unternehmerischer Disposition umkehren, zB steuerrechtlich nicht anerkannte Abschreibungen auf nicht zum Verkauf bestimmten Grund und Boden. Die Regeln des DRS gelten zwar nur für den KA, die Ausstrahlungswirkung auf den JA ergibt sich aber, da DRS 10.5 mit den Zielen und dem Wortlaut des § 274 vereinbar ist und da auch die unterschiedlichen Rechnungslegungszwecke von JA und KA keine unterschiedliche Definition des Umfangs der Steuerabgrenzung verlangen.

Obwohl § 274 von einer GuV-orientierten Steuerabgrenzung ausgeht, erfolgt die Steuerabgrenzung in der Praxis idR bilanzorientiert. Beide Vorgehensweisen führen bei entspr Anwendung zu gleichen Ergebnissen.

4. Saldierung aktiver mit passiver Steuerabgrenzung

10 § 274 geht von einer Gesamtbetrachtung aus und definiert den Inhalt *eines* Bilanzpostens. Der Ermittlung liegen Einzelsachverhalte zugrunde, die isoliert gesehen je eine aktive oder passive Steuerabgrenzung erforderlich machen würden. Abzugrenzen ist die „Abrechnungsspitze“ aus den gesamten Steuerbe- und -entlastungseffekten. Das Saldierungsverbot des § 246 Abs 2 steht dieser „Saldierung“ nicht entgegen. Nach dem Wortlaut des § 274 ist es nicht nur zulässig, sondern sogar geboten, nur den „Saldo“ zwischen aktiven und passiven latenten Steuern in der Bilanz auszuweisen (*WPH* I[12], F 136).

Im Interesse einer besseren Aussagefähigkeit wurde aber schon bisher ein gesonderter Ausweis der aktiven und passiven latenten Steuern für zulässig gehalten. Nach DRS 10.36 sind latente Steuern in der Konzernbilanz grds unsaldiert auszuweisen. Eine Saldierung ist danach nur dann gestattet, wenn die aktiven und passiven latenten Steuern ggü derselben Steuerbehörde bestehen, die gleiche Steuerart betreffen und sich voraussichtlich im selben Gj umkehren werden. Im Interesse der internationalen Vergleichbarkeit ist der unsaldierte Ausweis idS empfehlenswert. Die Verpflichtung des DRS zum unsaldierten Ausweis im KA hat aber, da sie dem Wortlaut des § 274 entgegensteht, keine Ausstrahlungswirkung auf den JA, die zu einem Saldierungsverbot führen würde. Ein Unt darf auch künftig die latenten Steuern im JA entspr dem Wortlaut des § 274 saldieren oder grds unsaldiert ausweisen. Soweit hierbei die aktive die passive Steuerabgrenzung nicht übersteigt, besteht für den aktiven Abgrenzungsposten Aktivierungspflicht; das für einen aktiven Steuerabgrenzungsposten gem Abs 2 geregelte Ansatzwahlrecht erstreckt sich auch bei „unsaldiertem" Ausweis nur auf den Betrag, um den die voraussichtliche Steuerentlastung die voraussichtliche Steuerbelastung übersteigt (*ADS*[6] § 274 Anm 22). **11**

5. Berücksichtigung des Gläubigerschutzgedankens

Die unterschiedlichen Fälligkeiten von Steuerbe- und -entlastungen sind nach dem Wortlaut des § 274 für Zwecke der Steuerabgrenzung unbeachtlich. Das HGB hat hier dem Gläubigerschutz nur insoweit Rechnung getragen, als es beim Ansatz der **Bilanzierungshilfe** für künftige Steuerentlastungen eine ausdrückliche **Ausschüttungssperre** vorschreibt (Abs 2 S 3). Gewinne dürfen demnach nur ausgeschüttet werden, wenn die nach der Ausschüttung verbleibenden, jederzeit auflösbaren Gewinnrücklagen zzgl eines Gewinnvortrags und abzgl eines Verlustvortrags dem aktivierten Betrag mindestens entsprechen. Die geforderte Ausschüttungssperre umfasst somit die aktiven Steuerabgrenzungen, soweit sie zu einer Aktivierung, nicht jedoch soweit sie zu einer Saldierung der passiven Steuerabgrenzung geführt haben. Sie stellt damit nur teilweise sicher, dass die mit der Steuerabgrenzung verbundene Ergebnisverbesserung nicht zu einer Gewinnausschüttung führt. **13**

Diskutiert wird die Frage, ob eine Rückstellung für ungewisse Steuerverbindlichkeiten nach § 249 Abs 1 S 1 zu bilden sei, falls die („saldierte") Steuerabgrenzung nicht hinreichend Vorsorge für kurzfristig zu erwartende Steuerbelastungen getroffen hat. Das *WPH I*[12] (F 324) verneint diese Frage, hält aber eine Passivierung der kurzfristigen Steuerbelastungen für zulässig. Allerdings sind gem § 264 Abs 2 S 2 und § 285 Nr 3 zusätzliche Angaben im Anhang erforderlich, falls die Nichtpassivierung einer wesentlichen kurzfristigen Steuerbelastung zu einem nicht den tatsächlichen Verhältnissen entspr Bild der VFE-Lage führt (*Coenenberg/Hille* HdJ I/13 Anm 46; *WPH I*[12], F 324). Auch aus diesem Grund ist ein unsaldierter Ausweis iSd DRS 10.36 empfehlenswert, der die **Saldierung** nur zulässt, wenn sich die latenten Steuern voraussichtlich im selben Gj umkehren werden. **14**

Eine weitere Folge des Gläubigerschutzgedankens ist das in Abs 2 S 1 vorgesehene Aktivierungswahlrecht für latente Steuern. Die Erreichung des Ziels der Steuerabgrenzung, die „richtige" Steuerbelastung auszuweisen und zu einem besseren Einblick in die Vermögenslage beizutragen, wird somit von dem tatsächlichen Ansatz der aktiven latenten Steuern abhängig gemacht. Nach DRS 10.4 sind aktiv latente Steuern im KA anzusetzen. Da dieser Aktivierungspflicht in § 274 ein ausdrückliches Aktivierungswahlrecht gegenübersteht, kommt es nicht zu einer Ausstrahlungswirkung auf den JA. Der Gläubigerschutzgedanke **15** ist ferner im Rahmen der Prognose des voraussichtlichen Ausgleichs und der voraussichtlichen Steuerbe- und -entlastung zu beachten (Anm 64).

6. Abzinsung

17 Eine **Abzinsung** der künftigen Steuerbe- und -entlastungen scheidet aus, da das HGB den Ausweis der („voraussichtlichen") Steuerbe- oder -entlastung der folgenden Gj vorsieht und nicht die Belastung des abgelaufenen Gj mit dem derzeitigen Wert des künftigen Steueraufwands. Da § 274 primär der periodengerechten Erfolgsermittlung dient, kann auch keine *Pflicht* zur Abzinsung aus dem Vorsichtsprinzip (§ 252 Abs 1 Nr 4) oder dem Niederstwertprinzip (§ 253 Abs 3 S 2) abgeleitet werden (so aber *WPH* I[12], F 220; wie hier *ADS*[6] § 274 Anm 33).

7. Latente Steuern auf Verlustvorträge

18 Die bisher hM (*ADS*[6] § 274 Anm 28; *Sauter* BB 2001, 1785) hält eine Aktivierung des ökonomischen Vorteils aus steuerrechtlichen Verlustvorträgen nach HGB für unzulässig. Wohl einheitlich wird festgestellt, dass eine Aktivierung als **Vermögensgegenstand** ausscheidet. Eine Mindermeinung (*Ordelheide* 604 mwN) vertritt allerdings die Auffassung, dass eine Aktivierung in Form einer Bilanzierungshilfe zulässig sei. Ordelheide hält eine nur am Wortsinn des § 274 orientierte Auslegung und ein darauf basierendes Aktivierungsverbot für latente Steuern bei Verlustvorträgen für unbefriedigend. Seines Erachtens ist der Wortsinn des § 274 nicht eindeutig, auch in anderen Fällen würde davon abgewichen und außerdem fehle ein ausdrückliches Verbot, für andere Fälle aktivische latente Steuern zu bilden (in Analogie zu § 249 Abs 3).

19 Nach DRS 10.11 sind latente Steuern im KA auf steuerrechtliche Verlustvorträge anzusetzen, wenn der Steuervorteil aus dem Verlustvortrag mit hinreichender Wahrscheinlichkeit realisiert werden kann. Der DSR geht, indem er ein Aktivierungsgebot vorsieht, noch einen Schritt weiter als die bisherige Mindermeinung und stellt ausdrücklich fest, dass nach seiner Auffassung die Regelungen des DRS 10 mit den geltenden Bilanzierungs- und Bewertungsvorschriften des HGB vereinbar sind. Der DSR ist grds bemüht, durch die Auslegung der handelsrechtlichen Vorschriften eine möglichst weitgehende Harmonisierung mit den internationalen Standards zu erreichen. Die Aktivierung latenter Steuern auf Verlustvorträge wurde aber auch bei der Entwicklung der internationalen Standards weder mit dem, dem HGB zugrundeliegenden timing concept, noch mit dem, den IFRS zugrundeliegenden temporary concept (Anm 7) begründet, vielmehr wurde die Aktivierungspflicht in IAS 12.34f als unabhängige, ergänzende Regelung aufgenommen. Auch DRS 10 folgt dieser Unterscheidung zwischen latenten Steuern auf zeitliche Differenzen (timing differences) und solchen auf Verlustvorträge. Nur Erstere sind aber in § 274 geregelt.

Die Bildung und spätere Auflösung aktiver latenter Steuern auf Verlustvorträge trägt ebenso wie die auf zeitliche Abweichungen zu einem iSd Steuerabgrenzung „richtigen" Steuerausweis und damit zutreffenden Periodenabgrenzung bei. Des Weiteren wird durch den Ansatz eines Abgrenzungspostens auch die Vermögenslage des Unt besser den tatsächlichen Verhältnissen entspr dargestellt, wenn man zum Vermögen nicht nur die VG zählt, sondern wie der DSR, auch die sonstigen Werte, hier den ökonomischen Wert eines steuerrechtlichen Verlustvortrags, in Form von latenten künftigen Steuerentlastungen.

Da das HGB weder die Begriffe Vermögen noch VG abschließend definiert und mit der umfassenderen Definition des Vermögensbegriffs ein Beitrag geleistet wird zur besseren Erreichung von allgemeinen (Einblick in die tatsächlichen Verhältnisse) und speziellen Zielen (Steuerabgrenzung), kann in der Gesetzesauslegung des DSR, der die Aktivierung von latenten Steuern auf Verlustvorträge verlangt, zumindest kein Verstoß gegen das HGB gesehen werden.

Dem Vorsichtsprinzip wird Genüge getan, da an den Nachweis der Realisierbarkeit der latenten Steuerentlastungen hohe Anforderungen gestellt werden, insb wenn ihre Aktivierung mit einer hinreichend hohen Wahrscheinlichkeit künftiger steuerrechtlicher Gewinne begründet wird (Anm 64).

Fraglich ist, ob sich aus dem Aktivierungsgebot im KA eine Ausstrahlungswirkung auf den JA ergibt. DRS 10 interpretiert die Vorschriften des HGB und sofern dies eine zulässige Auslegung ist, wovon wir ausgehen, kann sie auch im JA als Wahlrecht zur Anwendung gelangen. In der Literatur seit Erscheinen des DRS 10 finden sich vermehrt Meinungen, die die Aktivierung latenter Steuern auf Verlustvorträge auch im JA für zulässig erachten (*Marten/Weiser/Köhler* BB 2003, 2341 mwN). Sollte ein Unt von dieser Möglichkeit im JA Gebrauch machen, ist der Betrag im Anhang anzugeben und ggf zu begründen (DRS 10.40). Des Weiteren ist in Analogie zu Abs 2 S 3 eine Ausschüttungssperre vorzusehen.

Bei der Einschätzung der Nutzbarkeit ist die eingeschränkte Verrechenbarkeit des Verlustvortrags gemäß § 10d Abs 2 EStG zu beachten.

B. Einzelheiten

I. Passive Steuerabgrenzung (Abs 1)

Die **Notwendigkeit passiver Steuerabgrenzung** kann im JA auf Grund folgender Sachverhalte entstehen: 20

- Erträge werden handelsrechtlich eher erfasst, als sie steuerrechtlich als Gewinn zu versteuern sind;
- Aufwendungen mindern das handelsrechtliche Ergebnis später als den steuerrechtlichen Gewinn.

Es handelt sich also um Fälle, in denen weder das Maßgeblichkeitsprinzip noch das umgekehrte Maßgeblichkeitsprinzip verhindern, dass das HB-Ergebnis dem steuerrechtlichen Ergebnis zeitlich vorgelagert ist (hierzu Anm 21, 25). Die ausgewiesenen Ertragsteuern erscheinen dann im Verhältnis zum HB-Ergebnis zu niedrig. Hierbei kann zwischen Vorgängen auf der Passivseite und solchen auf der Aktivseite der Bilanz getrennt werden.

1. Verursachung durch unterschiedliche Bilanzierung/Bewertung auf der Passivseite der Bilanz

Eine passive Steuerabgrenzung kann ihre Ursache darin haben, dass in der Steuerbilanz ein zusätzlicher Passivposten aufgenommen wird oder ein Passivposten höher als in der HB anzusetzen ist, obwohl die handelsrechtlichen Voraussetzungen für eine Passivierung nicht erfüllt sind. Eine derartige Konstellation ist jedoch in der Praxis nur von geringfügiger Bedeutung. 21

Beispiel: § 4d Abs 2 S 2 EStG, der die Bildung einer Rückstellung für **Zuwendungen eines TrägerUnt an eine Unterstützungskasse** zulässt, die spätestens einen Monat nach Aufstellung oder Feststellung der HB des TrägerUnt gutgeschrieben werden.

Die Bildung von **Sonderposten mit Rücklageanteil** erfordert keine Steuerabgrenzung, da sich HB und Steuerbilanz wegen des Maßgeblichkeitsgrundsatzes entsprechen müssen (§§ 247 Abs 3, 273). 22

2. Verursachung durch unterschiedliche Bilanzierung/Bewertung auf der Aktivseite der Bilanz

25 Werden Aktivposten in der HB mit einem höheren Betrag angesetzt als in der Steuerbilanz, ist der zu versteuernde Gewinn (isoliert betrachtet) niedriger als das handelsrechtliche Ergebnis. Dies erfordert eine passive Steuerabgrenzung.

Beispiele:

26 – Steuerrechtlich im Rahmen der einheitlichen und gesonderten Feststellung (§§ 179, 180 AO) zugerechnete Verluste aus einer **Beteiligung an einer PersGes** führen beim beteiligten Unt zu einer vergleichsweise zu niedrigen Besteuerung des handelsrechtlichen Ergebnisses, wenn die Verluste nicht in der HB durch entspr Abschreibung berücksichtigt werden (oder nicht mehr berücksichtigt werden können). Hierdurch kann eine Rückstellung für künftige Steuerbelastungen nach Abs 1 verursacht werden (*HFA* 2/1993, WPg 1994, 22), wenn eine höhere künftige Ertragsteuerbelastung zu erwarten ist, ohne dass in der Bilanz des Gesters entspr Gewinne aus der Beteiligung realisiert werden können.

27 – Zu **höheren Wertansätzen in der HB** können auch steuerrechtlich zwingende Abschreibungen führen, die handelsrechtlich nicht vorgenommen werden, weil sie dort nicht in gleicher Höhe geboten sind und die Voraussetzungen für steuerrechtlich begründete Abschreibungen nach § 279 Abs 2 nicht vorliegen. Ein Bsp ist hier § 7 Abs 4 S 1 Nr 1 EStG, der für **Wirtschaftsgebäude** steuerrechtlich zwingend jährliche AfA in Höhe von 3 vH unabhängig von den HB-Wertansätzen vorschreibt. (Wird in der HB eine längere Nutzungsdauer angesetzt, wird diese abweichende Handhabung nicht von dem Maßgeblichkeitsgrundsatz des § 5 Abs 1 S 2 EStG erfasst, da es sich weder um erhöhte noch um Sonderabschreibungen handelt.)

29 – Als handelsrechtliche **Bilanzierungshilfe** lässt § 269 S 1 die Aktivierung von **Ingangsetzungs- und Erweiterungsaufwendungen** zu, die mangels aktivierungsfähigen WG steuerrechtlich unzulässig ist. Die hierdurch entstehende vorübergehende Divergenz zwischen HB und Steuerbilanz macht eine passive Steuerabgrenzung nach § 274 Abs 1 erforderlich (§ 269 Anm 11).

30 – Die Bewertung von Vorräten nach der **Fifo-Methode** in der HB (§ 256), die bei steigender Preisentwicklung zu höheren Vorratswerten führt als nach dem steuerrechtlich gebotenen Durchschnittsverfahren (EStR 36 Abs 3), kann ebenfalls eine passive Steuerabgrenzung erforderlich machen.

33 Fraglich ist, ob eine **Steuerrückstellung** nach § 249 Abs 1 S 1 **für künftigen Steueraufwand** geboten sein kann, wenn die Notwendigkeit einer passiven Steuerabgrenzung nach Abs 1 zu verneinen ist. Ein Beispiel für diese Fragestellung ergibt sich aus § 20 Abs 2 S 2 UmwStG für die übernehmende KapGes. Nach dieser Vorschrift dürfen bei bestimmten Sacheinlagen gegen Anteile an einer KapGes die bisherigen Buchwerte von der übernehmenden KapGes steuerrechtlich selbst dann fortgeführt werden, wenn nach handelsrechtlichen Vorschriften ein höherer Wert anzusetzen ist. Dies kann vorkommen, um eine handelsrechtlich unzulässige Ausgabe der neuen Ges-Anteile unter dem Nennwert zu vermeiden. § 254 oder § 279 Abs 2 führen hier nicht zu einem niedrigeren Ansatz in der HB, weil dieser in solchen Fällen nicht Voraussetzung für die steuerrechtliche Zulassung der Buchwertfortführung ist (hierzu auch *Widmann/Mayer* Umwandlungsrecht § 20 UmwStG Anm 485 ff, 1194 ff). Durch die nur handelsrechtlich wirksamen Abschreibungen auf den höheren Buchwert der Sacheinlagen ergibt sich in den nachfolgenden Jahren ein im Verhältnis zum handelsrechtlichen Ergebnis zu hoher Steueraufwand. Eine Steuerabgrenzung nach Abs 1 ist jedoch nicht zulässig, weil die Sacheinlage bei der KapGes handels- und steuerrechtlich erfolgsneutral zu behandeln ist, so dass im Jahr der Sacheinlage hierdurch kein zu niedriger Steueraufwand entsteht, der durch die künftige höhere Steuerbelastung ausgeglichen werden könnte.

II. Aktive Steuerabgrenzung (Abs 2)

Ursachen für aktive Steuerabgrenzung können folgende Sachverhalte sein: 40

- Erträge fallen handelsrechtlich später als steuerrechtlich an;
- Aufwendungen mindern das handelsrechtliche Ergebnis früher als den steuerrechtlichen Gewinn.

1. Verursachung durch unterschiedliche Bilanzierung/Bewertung auf der Aktivseite der Bilanz

Beispiele:

- Ursache für eine aktive Steuerabgrenzung sind **handelsrechtliche Abschreibungen,** die nach steuerrechtlichen Vorschriften nicht oder nicht in dieser Höhe vorgenommen werden und daher zu höheren Wertansätzen in der Steuerbilanz führen (zB Abschreibungen auf Vorräte wegen zukünftiger Wertschwankungen). Das EStG gestattet in diesem Zusammenhang eine Abschreibung auf den niedrigeren **Teilwert** nur in solchen Fällen, in denen es sich um eine voraussichtlich dauernde Wertminderung handelt (§ 6 Abs 1 Nr 1 S 2 EStG bzw § 6 Abs 1 Nr 2 EStG). Ferner gilt steuerrechtlich ein generelles Wertaufholungsgebot (§ 6 Abs 1 Nr 1 S 4 EStG bzw § 6 Abs 1 Nr 2 S 3 EStG; BStBl I 2000 S 372). Gem § 7 Abs 1 S 7 EStG greift das **strikte Wertaufholungsgebot** auch für den Fall, dass die Gründe für eine in früheren Gj vorgenommene Absetzung für außergewöhnliche technische oder wirtschaftliche Abnutzung entfallen sind. Dies führt für reine PersGes und Kfl, die nach den Allgemeinen Vorschriften des HGB unter besonderer Berücksichtigung des § 253 Rechnung legen, zu möglichen Abweichungen (timing differences) zwischen HB und Steuerbilanz (ebenso *Arbeitskreis Externe Unternehmensrechnung der Schmalenbach-Gesellschaft für Betriebswirtschaft,* DB 2000, 681 ff). 41
- Eine Steuerabgrenzung kommt des Weiteren grds bei außerplanmäßigen Abschreibungen auf Finanzanlagen aufgrund vorübergehender Wertminderungen nach § 253 Abs 2 S 3 iVm § 279 Abs 2 S 2 in Betracht, da Teilwertabschreibungen nach § 6 Abs 1 Nr 2 EStG auf Fälle einer voraussichtlich dauernden Wertminderung beschränkt sind (aber Anm 44).
- Ferner kann es zu einer aktiven Steuerabgrenzung kommen, wenn Forderungen in der HB mit einem **höheren Zinssatz abgezinst** werden als in der Steuerbilanz oder ebenso, wenn handelsrechtlich geringere HK angesetzt werden (§ 255 Abs 2) als steuerrechtlich gem EStR 33 zulässig. 42
- In der Nichtausübung des handelsrechtlichen Aktivierungswahlrechts für einen derivativ erworbenen **Geschäfts- oder Firmenwert** (§ 255 Abs 4 S 1) liegt die Ursache einer aktiven Steuerabgrenzung, wenn sich der hierdurch entstehende steuerrechtliche Mehraufwand in den Folgejahren durch die Abschreibung des nur in der Steuerbilanz zu aktivierenden derivativen GFW ausgleicht. Gleiches gilt bei Ausübung des Aktivierungswahlrechts, solange auf Grund der ggü den steuerrechtlichen Vorschriften (§ 7 Abs 1 S 3 EStG) kürzeren handelsrechtlichen Abschreibungsdauer für GFW (§ 255 Abs 4 S 2 und 3), bezogen auf das handelsrechtliche Ergebnis, steuerrechtlicher Mehraufwand entsteht.
- **Disagiobeträge,** die handelsrechtlich sofort als Aufwand behandelt wurden, die aber in der Steuerbilanz zu aktivieren und planmäßig abzuschreiben sind, sind ebenfalls Grund für eine aktive Steuerabgrenzung.
- Während in der HB die AK Obergrenze auch für die **Bewertung von Anteilen an PersGes** sind, ist steuerrechtlich im Rahmen der „spiegelbildli- 43

chen Bilanzierung“ bzw der „einheitlichen und gesonderten Feststellung“ uU auch ein darüber liegender Wert zulässig und damit eine aktive Steuerabgrenzung.

– Bei Tausch **von abnutzbaren Anlagegegenständen** kommt es zu einer zeitlichen Differenz, wenn von dem handelsrechtlichen Wahlrecht der erfolgsneutralen Behandlung (§ 255 Anm 131) Gebrauch gemacht wird, während steuerrechtlich grds eine Gewinnrealisierung erfolgen muss. Zu beachten ist in diesem Zusammenhang die Anwendbarkeit des § 6b EStG, da der Tausch von WG steuerrechtlich eine Veräußerung darstellt (EStR 41a Abs 1).

44 Eine mögliche Ursache zur Steuerabgrenzung könnte in den durch das Steuersenkungsgesetz eingeführten Regelungen des § 8b KStG gesehen werden. Teilwertabschreibungen, Wertaufholungen auf Beteiligungen an KapGes sowie damit verbundene Veräußerungsgewinne und -verluste werden bei der Ermittlung der Besteuerungsgrundlage (zu versteuerndes Einkommen) grds nicht mehr berücksichtigt. Auch in- und ausländische Gewinnausschüttungen bleiben steuerrechtlich grds außer Ansatz (§ 8b Abs 1 KStG) und sind für die Steuerabgrenzung daher unbeachtlich. Soweit in der Vergangenheit allerdings Teilwertabschreibungen vorgenommen wurden, sind Wertaufholungen und Veräußerungsgewinne zu versteuern (*Fuchs* DB 2000, 1927, *Ernsting* WPg 2001, 18ff). Technisch geschieht dies durch außerbilanzielle Ergebniskorrekturen bei der Ermittlung des zu versteuernden Einkommens. Darüber hinaus führen die Regelungen des § 8b Abs 3, 5 KStG in ihrer wirtschaftlichen Wirkung zu einer Reduktion der og Steuerfreiheit auf 95% (*Dötsch/Pung* DB 2004, 153f) und damit zu einer Besteuerung von 5% (ebenfalls außerbilanzielle, steuerrechtliche Ergebniskorrekturen). Deshalb sind nach der hier vertretenden Auffassung auf die sich aus unterschiedlicher Bilanzierung in HB und Steuerbilanz ergebenden Ergebnisdifferenzen, die bei einem möglichen späteren Ausgleich (Verkauf) zu einer Steuerbelastung und -entlastung führen, entspr latente Steuern abzugrenzen. Kreditinstitute und VersicherungsUnt haben des Weiteren die Regelungen des § 8b Abs 7, 8 KStG zu befolgen. Bei ausländischen Gewinnausschüttungen ist eine mögliche Hinzurechnungsbesteuerung nach § 10 Abs 1 iVm § 7 Abs 1 AStG zu beachten.

2. Verursachung durch unterschiedliche Bilanzierung/Bewertung auf der Passivseite der Bilanz

45 Die Ursachen für eine aktive Steuerabgrenzung können auch darin liegen, dass Posten auf der Passivseite der HB mit einem höheren Betrag angesetzt werden, als dies steuerrechtlich zulässig ist.

Beispiele:

– Für Jubiläumsaufwendungen sind in der HB Rückstellungen zu bilden, sofern die Leistungen rechtsverbindlich zugesagt wurden. Steuerrechtlich ist eine Passivierung nur in eingeschränktem Umfang zulässig (§ 249 Anm 100).
– Unterschiedliche Bewertung von Pensionsrückstellungen (§ 249 Anm 151ff).
– Unterschiedliche Bewertung von Urlaubsrückstellungen (§ 249 Anm 100).
– In der HB erfolgt die Bewertung von Rückstellungen für Sachleistungsverpflichtungen mit Vollkosten (§ 253 Anm 158f), in der Steuerbilanz mit den Einzelkosten und den angemessenen Anteilen der notwendigen Gemeinkosten (§ 6 Abs 1 Nr 3a Buchstabe b EStG).
– Rückstellungen für Verpflichtungen, für deren Entstehung im wirtschaftlichen Sinne der laufende Betrieb ursächlich ist, sind nach § 6 Abs 1 Nr. 3a Buchstabe d EStG zeitanteilig anzusammeln, während in der HB die Rück-

stellung entspr dem Produktionsprozess zugeführt wird (*Schmidbauer* DB 2001, 1571).

- Gem Art 53 EGHGB Abs 1 besteht eine Verpflichtung zur Rücknahme und Verwertung von Altfahrzeugen. Handelsrechtlich ist eine Rückstellung in voller Höhe zu bilden, wogegen steuerrechtlich eine Ansammlungsrückstellung zu bilden ist. Zur Minderung der Ergebnisbelastung darf in der HB eine Bilanzierungshilfe aktiviert werden. Bei Inanspruchnahme der Bilanzierungshilfe in voller Höhe besteht kein Bewertungsunterschied zwischen handels- und steuerrechtlichem Rückstellungsbetrag. Zu zeitlichen Bewertungsunterschieden und einer aktiven Steuerabgrenzung kommt es, wenn die Bilanzierungshilfe nur mit einem Teilbetrag oder gar nicht aktiviert wird.
- In der Steuerbilanz gilt für Rückstellungen und Verbindlichkeiten grds ein generelles Abzinsungsgebot mit einem Zinssatz von 5,5% (§ 6 Abs 1 Nr 3a Buchstabe e EStG). Eine Abzinsung ist dann nicht geboten, wenn deren Laufzeit weniger als zwölf Monate umfasst, diese auf einer erhaltenen Anzahlung oder einer Vorausleistung beruhen oder die Verbindlichkeit selbst verzinslich ist. Die sich aus dem Abzinsungsgebot und der damit verbundenen Bewertung im Übergangsjahr ergebenden Auflösungsbeträge können über einen Zeitraum von zehn Jahren verteilt werden (auch *Feld* WPg 1999, 866ff). Handelsrechtlich sind Verbindlichkeiten mit ihrem Rückzahlungsbetrag anzusetzen (§ 253 Abs 1 S 2). Eine Abzinsung ist regelmäßig nicht vorzunehmen (hierzu § 253 Anm 161). Rückstellungen sind in der HB nach vernünftiger kaufmännischer Beurteilung zu bewerten und eine Abzinsung kommt lediglich dann in Betracht, wenn die zugrundeliegende Verbindlichkeit einen Zinsanteil enthält (§ 253 Abs 1 S 2).

Außerdem gibt es Posten, die nur in der HB gebildet werden dürfen und somit eine aktive Steuerabgrenzung begründen. 46

Beispiele:

- Das in § 5 Abs 4a EStG kodifizierte Verbot der Bildung von Rückstellungen für drohende Verluste aus schwebenden Geschäften führt zu einer aktiven Steuerabgrenzung, da handelsrechtlich eine Passivierungspflicht besteht.
- Rückstellungen für unterlassene Instandhaltung, die nicht innerhalb von drei Monaten im Folgejahr nachgeholt wird (§ 249 Anm 101ff).
- Das handelsrechtliche Passivierungswahlrecht von Aufwandsrückstellungen iSd § 249 Abs 2 führt zu einem Ansatzverbot in der Steuerbilanz zB bei Kosten für freiwillige Jahresabschlussprüfung (§ 249 Anm 100).
- Liegt bei einer Unterstützungskasse eine Deckungslücke (Kassenfehlbetrag) vor, handelt es sich um eine mittelbare Verpflichtung, die nach Art 28 Abs 1 S 2 EGHGB ein Passivierungswahlrecht nach sich zieht. Steuerrechtlich besteht ein Passivierungsverbot (*ADS*[6] § 249 Anm 105, 109).
- Die Rückstellungsbildung für künftige Ausgleichsansprüche von Handelsvertretern ist lediglich in der HB zulässig. Steuerrechtlich gilt vor Beendigung des Vertretervertrags ein Rückstellungsverbot (§ 249 Anm 100).
- Für zu erwartende Kosten einer HV dürfen in der Steuerbilanz keine Rückstellungen gebildet werden (§ 249 Anm 100).
- Steuerrechtliches Passivierungsverbot für radioaktive Verwertungsverpflichtungen bei Nichtvorliegen bestimmter Tatbestandsmerkmale (§ 5 Abs 4b S 2 EStG), während in der HB Passivierungspflicht besteht (§ 249 Abs 1 S 1).

Rückstellungen für **nicht abziehbare Aufwendungen,** zB die Hälfte der ARvergütung, müssen außer Betracht bleiben, da diese allenfalls zu permanenten Differenzen führen. 47

48 Besonderheiten gelten für Rückstellungen, die für **künftige Steuernachforderungen** auf Grund zu erwartender Bp gebildet werden.

– Sofern das BpRisiko darin besteht, dass bis dahin bestehende vorübergehende Abweichungen zwischen HB und Steuerbilanz ganz oder zum Teil beseitigt werden und sich hieraus ein steuerrechtlicher Mehraufwand ergeben kann (weil zB in der Steuerbilanz Aktivposten, die bislang in der Steuerbilanz niedriger als in der HB angesetzt waren, höher angesetzt werden; Anm 26f), ist dieses Risiko bereits durch die Steuerabgrenzung abgedeckt. Das BpRisiko besteht in diesen Fällen darin, dass künftige Steuerbelastungen eintreten auf Grund von Sachverhalten, die bereits im Rahmen der Steuerabgrenzung vorweggenommen wurden. Die Bildung einer **(zusätzlichen) Steuerrückstellung** ist insoweit ausgeschlossen. Gleiches gilt, wenn Passivposten, die bislang allein in der Steuerbilanz angesetzt waren (Anm 21), niedriger angesetzt werden oder entfallen.

49 – Besteht das BpRisiko jedoch darin, dass Aktivposten höher und Passivposten niedriger als bisher in der HB *und* Steuerbilanz angesetzt werden, ist diese Rückstellung *zusätzlich* zur Steuerabgrenzung zu bilden; sie ist in die Überlegungen zur Ermittlung der Steuerabgrenzung einzubeziehen. Ist nämlich zu erwarten, dass sich die auf Grund der Bp festgestellten Ansätze in der Steuerbilanz in späteren Gj wieder denjenigen in der HB angleichen, führt diese Angleichung zu steuerrechtlichen Entlastungen späterer Gj und damit zu einer aktiven Steuerabgrenzung.

III. Berechnung der Steuerabgrenzung

1. Ansatz- und Berechnungsmethode

54 Die durch § 274 vorgeschriebene Berechnungsmethode für die Steuerabgrenzung ist eine Berechnung durch Vergleich des handelsrechtlichen Ergebnisses mit dem zu versteuernden Gewinn (timing concept).

Bei dieser Vergleichsrechnung sind die sog permanenten Abweichungen auszuklammern. Bei **permanenten Abweichungen** gleichen sich die Unterschiede zwischen handels- und steuerrechtlichem Ergebnis auch in späteren Gj nicht aus. Zu den engeren Differenzen ieS zählen zB die steuerrechtlichen Korrekturen des handelsrechtlichen Ergebnisses um die steuerrechtlich nicht abziehbaren Aufwendungen und die steuerfreien Erträge (auch gewerbesteuerliche Hinzurechnungen und Kürzungen). Beispiel für permanente Differenzen iwS sind ergebnisneutral entstandene Abweichungen, die sich aus einer in der HB ggü der Steuerbilanz höheren Abschreibungsmasse ergeben, also sofern die handelsrechtlich höheren Wertansätze zu keiner Gewinnerhöhung führten (hierzu Anm 33 mit Erl zu § 20 Abs 2 S 2 UmwStG).

55 Aus dem Wortlaut des § 274 lässt sich folgendes **Berechnungsschema** ableiten (so auch *Runge* BB 1988, 441):

HB-Ergebnis des abgelaufenen Gj vor Steuern	
+	steuerrechtlich nichtabziehbare Aufwendungen
–	steuerfreie Erträge
+/–	Aufwendungen (+) und Erträge (–), die zu permanenten Abweichungen der HB von der Steuerbilanz führen
=	Bereinigtes HB-Ergebnis
–	zu versteuernder Gewinn
=	zeitliche Abweichung
×	Steuersatz

=	Abgrenzungsbedarf des abgelaufenen Gj
+/–	kumulierte Steuerabgrenzung der früheren Gj
=	rechnerische Steuerabgrenzung (vorläufiger Betrag)
+/–	Folgen der prognostischen Beurteilung (Anm 60 ff)
=	Steuerabgrenzung des Gj

56 Es ist eine jährliche Analyse der einzelnen Unterschiede zwischen handels- und steuerrechtlicher Gewinnermittlung vorzunehmen. Vorgeschlagen wird die Erfassung der zeitlichen Abweichungen in einem **Differenzenspiegel** (*ADS*[6] § 274 Anm 45). Dadurch kann sichergestellt werden, dass die Abgrenzungsposten im richtigen Zeitpunkt und bei Änderungen des Steuersatzes in der richtigen Höhe aufgelöst oder erhöht werden.

57 Obwohl § 274 von einer GuV-orientierten Steuerabgrenzung und einer Gesamtbetrachtung ausgeht, erfolgt die Steuerabgrenzung in der Praxis idR aufgrund einer **Einzelbetrachtung** (je zeitliche Differenz) und bilanzorientiert nach folgendem Berechnungsschema:

	VG bzw Schuldposten laut HB
+/–	VG bzw Schuldposten laut Steuerbilanz
=	Ansatz- und Bewertungsdifferenzen zwischen HB und Steuerbilanz
+/–	permanente Differenzen (sofern sie zu einem Unterschied zwischen HB und Steuerbilanz geführt haben)
=	abzugsfähige bzw zu versteuernde zeitliche Differenzen
×	Steuersatz
=	aktive bzw passive Steuerabgrenzungsposten
+/–	aktive und passive Steuerabgrenzungsposten des Vj
=	rechnerische Steuerabgrenzung (vorläufiger Betrag)
+/–	Folgen der prognostischen Beurteilung (Anm 60 ff)
=	Steuerabgrenzungen des Gj

58 Beide Verfahren kommen bei entspr Ausgestaltung zu den gleichen Ergebnissen. Sofern ein Unt den saldierten Ausweis wählt, werden die nach dem Berechnungsschema ermittelten Steuerabgrenzungen für die einzelnen Differenzen zusammengefasst und der verbleibende idR aktive Steuerabgrenzungsposten gesondert ausgewiesen. Im JA kann im Falle eines verbleibenden aktiven Steuerabgrenzungsposten auf den Ansatz eines Abgrenzungsposten aufgrund des Aktivierungswahlrechts verzichtet werden.

59 Will ein Unt auch im JA DRS 10.36 folgen und die Steuerabgrenzung grds unsaldiert vornehmen, werden die nach dem Berechnungsschema ermittelten einzelnen Steuerabgrenzungen und deren planmäßigen Auflösungen in einem Differenzenspiegel erfasst und die im gleichen Gj ggü derselben Steuerbehörde bestehenden Abgrenzungen saldiert. Die verbleibenden Steuerabgrenzungsposten werden unsaldiert ausgewiesen.

2. Bewertung und Prognose

a) Steuersatz

60 Grds werden zwei aus der angloamerikanischen Bilanzierungspraxis stammende Methoden zur Steuerabgrenzung unterschieden, die deferred method und die liability method (*ADS*[6] § 274 Anm 14 ff). Beide Methoden streben eine zutreffende Periodisierung des Steueraufwands an. Während die **deferred**

method den zutreffenden Steuerausweis für das betreffende Gj – also die GuV – in den Vordergrund stellt, versucht die **liability method** der richtigen zeitlichen Zuordnung Rechnung zu tragen und gleichzeitig einen zutreffenden EK-Ausweis zu erreichen. Bei der deferred method wird daher mit aktuellen Steuersätzen der Periode der Ergebnisabweichung gerechnet und auf eine Anpassung der Abgrenzungsposten bei Steuersatzänderungen verzichtet. Bei Anwendung der liability method hingegen wird mit den Steuersätzen gerechnet, die im späteren Gj der Umkehrung der zeitlichen Bewertungsunterschiede gültig sein werden, vorausgesetzt, die künftigen Steuersätze sind bereits bekannt. Dementsprechend sind bei Steuersatzänderungen die kumulierten zeitlichen Ergebnisunterschiede zu untersuchen und Anpassungen der Steuerabgrenzung vorzunehmen.

61 Die Steuerabgrenzung gem § 274 entspricht grds den Zielen der liability method, denn das HGB sieht eine Abgrenzung vor in Höhe der voraussichtlichen Steuerbelastung oder -entlastung künftiger Gj und die Auflösung des Abgrenzungspostens, sobald die Steuerbelastung oder -entlastung eintritt oder mit ihr nicht mehr zu rechnen ist. Der Steuerabgrenzung ist also die im Zeitpunkt der Umkehrung der zeitlichen Ergebnisunterschiede **effektive Steuerbelastung** zugrunde zu legen:

- Dazu bedarf es relativ genauer Erkenntnisse über ggf längere Zeiträume, in denen sich zeitliche Bewertungsunterschiede umkehren, und über künftige Steuersatzänderungen.
- Zu entscheiden ist ferner, welche Hebesätze für die Berücksichtigung der GewESt anzuwenden sind.
- Auch das geplante Ausschüttungsverhalten ist in diesem Zusammenhang, trotz der körperschaftlichen Definitivbesteuerung von 25%, grds zu berücksichtigen, sofern innerhalb der 15-jährigen Übergangsfrist noch bestehende KSt-Minderungspotenziale geltend gemacht werden können (*Bischof* DB 2002, 1567). Diese werden im Rahmen der Ausschüttung realisiert und als Minderung des laufenden Steueraufwands erfasst, beeinflussen also grds den anzuwendenden Steuersatz.

Die damit verbundenen, kaum lösbaren Schwierigkeiten machen pragmatische Lösungsansätze erforderlich. Die Steuerabgrenzung kann daher unter Zugrundelegung folgender **Steuersätze** erfolgen (*Bischof* DB 2002, 1567):

- Zusammengesetzter Steuersatz, derzeit bestehend aus der Definitivbesteuerung mit dem einheitlichen KSt-Satz von 25% ohne Berücksichtigung der KSt-Minderungspotenziale, zuzüglich Solidaritätszuschlag von 5,5% und den je nach Hebesatz variierenden Gewerbesteuern.
- Durchschnittlicher Steuersatz auf Basis des zusammengesetzten Steuersatzes, aber unter Berücksichtigung des vorhandenen KSt-Guthabens, dem geplanten Ausschüttungsverhalten und der erwarteten zeitlichen Umkehrung der Ergebnisdifferenzen.

63 Laut DRS 10.25 sind **Änderungen der Steuersätze** zu berücksichtigen, sobald die maßgebliche gesetzgebende Körperschaft die Änderung verabschiedet hat und führen zu einer ergebniswirksamen Anpassung der Steuerabgrenzung.

b) Regelmäßige Überprüfung der Steuerabgrenzung

64 § 274 stellt auf den voraussichtlichen Ausgleich eines zunächst zu hohen oder zu niedrigen Steueraufwands sowie auf die voraussichtliche Steuerbelastung oder -entlastung nachfolgender Gj ab. An die Berechnung der aus den Bewertungsabweichungen sich ergebenden Korrekturen des Steueraufwands (Anm 55 ff) hat sich daher noch eine **Prognose** dahingehend anzuschließen, ob die errechnete Steuerabgrenzung unter Berücksichtigung der erwarteten Entwicklung in

den nachfolgenden Gj wahrscheinlich ist. Dabei ist das Vorsichtsprinzip zu beachten. Insb ist bei Aktivierung eines Steuerabgrenzungspostens zu beachten, dass ggü derselben Steuerbehörde entweder in ausreichender Höhe zu versteuernde zeitliche Differenzen bestehen, die sich in den entspr Gj voraussichtlich auflösen werden oder dass mit hinreichender Wahrscheinlichkeit ausreichend hohe steuerpflichtige Gewinne anfallen. An den Nachweis einer hinreichend hohen Wahrscheinlichkeit sind insb dann hohe Anforderungen zu stellen, wenn das Unt in der Vergangenheit nicht über ausreichend hohe nachhaltige Gewinne verfügte. Ggf ist eine „Wertberichtigung“ auf die aktive Steuerabgrenzung zu bilden. Je länger der Zeitraum bis zum voraussichtlichen Ausgleich ist, umso vorsichtiger ist die Steuerabgrenzung zu bewerten. Ggf ist die Steuerabgrenzung in einem späteren Gj nachzuholen, was § 274 zulässt. Eine Abzinsung kommt jedoch trotz Einbeziehung der quasi-permanenten Abweichungen nicht in Betracht (Anm 17).

c) Steuerabgrenzung in Verlustjahren

Die Steuerabgrenzung in Verlustjahren unterscheidet sich grundsätzlich nicht 66
von der Vorgehensweise in Gewinnjahren, allerdings kann es im Rahmen der Bewertung und Prognose zu Anpassungen der ermittelten Beträge kommen.

Entsteht in einem Verlustjahr eine zeitliche Abweichung, die sich in künftigen Gewinnjahren umkehrt, ist die Steuerabgrenzung nach den allgemeinen Grundsätzen zu ermitteln, und zwar auch dann, wenn der Steueraufwand auf Grund eines Verlustrücktrags und des damit verbundenen Erstattungsanspruchs bereits Null oder negativ ist. Denn auch eine Ertragsteuer von Null oder ein Steuerertrag kann bei verrechnungsorientierter Betrachtung ein zu hoher Steueraufwand sein (ebenso *Baumann* aaO § 274 Anm 39f; aA *Coenenberg/Hille* HdJ I/13 Anm 61; *Langermeier* DStR 1992, 769, die allerdings eine Nachholung der Steuerabgrenzung für notwendig halten, wenn vor Auflösung der zeitlichen Abweichung Gewinn entsteht).

Die planmäßige Auflösung von Steuerabgrenzungen in einem Verlustjahr er- 67
höht (aktive Abgrenzung) oder mindert (passive Abgrenzung) den Steueraufwand in der HB dieses Gj unabhängig davon, ob dieser möglicherweise auf Grund eines **Verlustrücktrags** bereits Null oder negativ ist. Auf diese Weise wird erreicht, dass in Verlustsituationen der buchmäßige und nicht der steuerrechtliche Rücktragseffekt gezeigt wird und der Steuerabgrenzungsposten auch im Verlustjahr dem kumulierten Betrag der zeitlichen Abweichungen entspricht (*Baumann* in HdR[4] § 274 Anm 40).

Eine zeitliche Abweichung, die sich voraussichtlich in künftigen Verlustjahren 68
umkehrt, führt im GJ der Umkehr ceteris paribus zu einer Erhöhung bzw Verminderung des steuerrechtlichen Verlustvortrags. Daher ist die Nutzungsmöglichkeit dieser Verlustvorträge in die Prognose einzubeziehen. Stellt sich im Rahmen der Prognose heraus, dass aktive latente Steuern auf abzugsfähige zeitliche Differenzen oder Verlustvorträge wertzuberichten sind, führt dies im Ergebnis zu einer teilweisen oder vollständigen Auflösung der latenten Steuern für die GJ, in denen nicht in hinreichendem Maße zu versteuernde Ergebnisse (aus sich umkehrenden zu versteuernden zeitlichen Differenzen oder aus künftigen Gewinnen) vorliegen. Sind Wertberichtigungen allerdings nicht erforderlich, weil nach einer Phase von Verlustjahren mit hinreichenden zu versteuernden Ergebnissen gerechnet werden kann, ist die Steuerabgrenzung auch für die Verlustjahre beizubehalten. Auf diese Weise wird über die Jahre ein mit den handelsrechtlichen Ergebnissen korrespondierender Steueraufwand ausgewiesen, der vorübergehend durchaus auch negativ sein kann.

IV. Ausweis

70 Der *passive* Steuerabgrenzungsposten (Abs 1) ist als Rückstellung nach § 249 Abs 1 S 1 entweder gesondert in der Bilanz auszuweisen oder im Anhang (Abs 1 S 1 aE) anzugeben. Nach § 265 Abs 5 ist auch die weitere Untergliederung der Bilanz oder die Einfügung eines „Davon-Vermerks" bei den Steuerrückstellungen zulässig.

71 Ergibt sich bei der Steuerabgrenzung ein *aktiver Saldo* (Abs 2), darf ein aktiver Abgrenzungsposten gebildet werden. Dieser ist unter entspr Bezeichnung gesondert auszuweisen und im Anhang zu erläutern (Abs 2 S 2; § 266 Anm 163). Für diesen Fall tritt eine ausdrückliche **Ausschüttungssperre** hinzu (Anm 15). Da es sich bei dem aktiven Abgrenzungsposten um eine Bilanzierungshilfe handelt, erscheint ein Ausweis nach den RAP zweckmäßig, § 266 Anm 163.

72 Zum Ausweis der Bildung und Auflösung der Steuerabgrenzungsposten in der GuV s § 275 Anm 244ff.

V. Steuerabgrenzung bei Organschaftsverhältnissen

75 Soweit **Organschaftsverhältnisse** bestehen, sind die Verhältnisse bei der OrganGes in die Steuerabgrenzung des Organträgers einzubeziehen. Abweichungen der HB von der Steuerbilanz bei der OrganGes wirken sich beim Organträger unmittelbar aus, weil die handelsrechtliche Ergebnisübernahme vom steuerrechtlich zugerechneten Organeinkommen abweicht. Die Einbeziehung kann deshalb technisch in der Weise erfolgen, dass zunächst ungeachtet des bestehenden Organschaftsverhältnisses die Steuerabgrenzung nach § 274 isoliert für die einzelne OrganGes errechnet wird. Der sich ergebende Saldo ist der rechnerischen Steuerabgrenzung des Organträgers hinzuzurechnen oder zu kürzen (glA *ADS*[6] § 274 Anm 31). Im Rahmen der prognostischen Beurteilung des so ermittelten Steuerabgrenzungsbetrags des Organträgers sind künftig zu übernehmende Verluste der OrganGes zu berücksichtigen.

Im Einzelfall kann zu prüfen sein, ob mit der Beendigung oder Fortsetzung der Organschaft zu rechnen ist. Bei zu erwartender Beendigung ergibt sich auch bei der OrganGes die Notwendigkeit einer Steuerabgrenzung nach § 274 bereits vor der tatsächlichen Beendigung des Organschaftsverhältnisses, ebenso *ADS*[6] § 274 Anm 31 aE. In diesem Falle ist sowohl in der HB der OrganGes als auch in derjenigen des Organträgers eine Steuerabgrenzung nach § 274 vorzunehmen. Bei der OrganGes ist die Steuerabgrenzung dann unter Berücksichtigung der beim Organträger vorzunehmenden Steuerabgrenzung und entspr der Verhältnisse nach Auflösung des Organschaftsverhältnisses zu bilden.

Einstellungen in die Gewinnrücklagen nach § 14 Abs 1 Nr 4 KStG durch die OrganGes führen zu einer aktiven Steuerabgrenzung. Durch die steuerrechtliche Zurechnung des Einkommens beim Organträger entsteht eine zeitliche Differenz, die sich erst ausgleicht, wenn die Gewinnrücklagen in einem späteren Gj aufgelöst und ausgeschüttet werden.

VI. Geltungsbereich

78 § 274 gilt unmittelbar grds für KapGes und iVm § 264a auch für KapCoGes. Des Weiteren ist für Kfl, die nach dem PublG Rechnung zu legen haben, § 274 sinngemäß anzuwenden (§ 5 Abs 1 S 2 PublG). Hieraus wird gefolgert, dass

auch für alle übrigen Unt die Grundsätze des § 274 sinngemäß angewendet werden dürfen (*ADS*[6] § 274 Anm 7 ff).

Bei Gestern von reinen PersGes, die keine Einlagen zu erbringen haben, und bei Ekfl bedeutet „Ausschüttungssperre", dass Entnahmen nur getätigt werden dürfen, wenn die Privatkonten dieser Personen nach der Entnahme mindestens die gleichen Beträge wie die aktive Steuerabgrenzung ausweisen. Soweit Gester Pflichteinlagen zu erbringen haben, bedeutet die sinngemäße Anwendung der Ausschüttungssperre, dass dem aktiven Steuerabgrenzungsposten trotz Entnahme neben den Pflichteinlagen frei verfügbare und daher beim EK auszuweisende Privatkonten gegenüberstehen müssen. Es bestehen jedoch Zweifel, ob bei reinen PersGes entspr Regelungen im Ges-Vertrag auch durchsetzbar sind (ähnlich *ADS*[6] § 274 Anm 8).

C. Rechtsfolgen einer Verletzung des § 274

Eine Verletzung des § 274 kann gem § 283 b Abs 1 Nr 3 a StGB strafrechtliche Konsequenzen haben, wenn ein Unt – unabhängig von der Rechtsform – die Zahlungen einstellt oder über sein Vermögen das Insolvenzverfahren eröffnet oder es mangels Masse abgelehnt wird. **80**

Das HGB sieht bei Verletzungen des § 274 für KapGes/KapCoGes in § 331 Freiheitsstrafe bis zu drei Jahren oder Geldstrafe vor, wenn ein Mitglied des Geschäftsführungsorgans oder des AR einer KapGes/KapCoGes im JA die Verhältnisse der KapGes/KapCoGes unrichtig wiedergibt oder verschleiert. Nach der Bußgeldvorschrift des § 334 Abs 1 Nr 1 c handelt derjenige ordnungswidrig, der bei der Aufstellung des JA einer KapGes/KapCoGes den Vorschriften des § 274 Abs 1 zuwider handelt. Weiterhin hat der AP einer KapGes/KapCoGes bei der Feststellung, dass im JA die gesetzlichen Vorschriften oder die sie ergänzenden Bestimmungen des Ges-Vertrages oder der Satzung nicht beachtet wurden (§ 317 Abs 1 S 2), uU den BVm einzuschränken oder zu versagen (§ 322 Abs 4).

Für den PublG unterliegende Unt sind darüber hinaus dessen Vorschriften zu beachten. Gem § 17 Abs 1 Nr 1 PublG wird mit Freiheitsstrafe bis zu drei Jahren oder mit Geldstrafe bestraft, wer als gesetzlicher Vertreter (§ 4 Abs 1 S 1 PublG) eines Unt oder beim Ekfm als Inhaber oder dessen gesetzlicher Vertreter die Verhältnisse des Unt im JA unrichtig wiedergibt oder verschleiert. Nach § 20 Abs 1 Nr 1 d PublG handelt ordnungswidrig, wer als gesetzlicher Vertreter (§ 4 Abs 1 S 1 PublG) eines Unt oder beim Ekfm als Inhaber oder dessen gesetzlicher Vertreter, einer Vorschrift des § 274 zuwider handelt.

D. Abweichungen der IFRS

Schrifttum: *Förschle/Kroner* International Accounting Standards: Offene Fragen zur künftigen Steuerabgrenzung, DB 1996, 1633 ff; *Coenenberg/Hille* Latente Steuern nach der neugefassten Richtlinie IAS 12, DB 1997, 537 ff; *Gröner/Marten/Schmid* Latente Steuern im internationalen Vergleich, WPg 1997, 479 ff; *Coenenberg/Hille* IAS 12 Bilanzierung von Ertragsteuern (Accounting for Texas on Income), in Rechnungslegung nach International Accounting Standards (IAS) 1997, hrsg von Baetge/Dörner/Kleekämper/Wollmert 397 ff; *Fuchs* Anwendungshinweise zu IAS 12 „Income Taxes" DB 2000, 1925 ff; *Heurung* Latente Steuerabgrenzung im Konzernabschluss im Vergleich zwischen HGB, IAS und US-GAAP, AG 2000, 538 ff; *Ernsting* Auswirkungen des Steuersenkungsgesetzes auf die Steuerabgrenzung in Konzernabschlüssen nach US-GAAP und IAS, WPg 2001, 11 ff;

Schmidbauer Die Bilanzierung latenter Steuern nach HGB unter Berücksichtigung von E-DRS 12 sowie nach IAS auf Basis der Änderungen der Steuergesetze, DB 2001, 1569 ff; *Heurung* Latente Steuern nach dem Temporary Differences-Konzept: Ausgewählte Problembereiche, BB 2000, 1775 ff. *Herzig/Lochmann* Steuerbilanz und Betriebsausgabenabzug bei Stock Options, WPg 2002, 325 ff; *Wotschofsky/Heller* Latente Steuern im Konzernabschluss, IStR 2002, 819 ff; *Kirsch* Steuerliche Berichterstattung im Jahresabschluss nach IAS/IFRS, DStR 2003, 703 ff; *Küting/Wirth* Latente Steuern und Kapitalkonsolidierung nach IAS/IFRS, BB 2003, 627 ff; *Loitz* Latente Steuern und steuerliche Überleitungsrechnung – Unterschiede zwischen IAS/IFRS und US-GAAP, WPg 2004, 1177 ff.

I. Vorbemerkung

85 IAS 12 regelt die Bilanzierung von Ertragsteuern und damit verbunden auch die Abgrenzung latenter Steuern. Die nachfolgenden Ausführungen basieren auf **IAS 12 Income Taxes** in der Form, die zum 1. Januar 2005 in Kraft getreten ist.

II. Konzept und Methodik der Steuerabgrenzung

86 Während die Steuerabgrenzung nach HGB auf dem GuV-basierten timing-Konzept beruht (Anm 5), orientiert sich IAS 12 an dem aus SFAS 109 übernommenen **temporary-Konzept** (IAS 12.15). Das temporary-Konzept ist bilanzorientiert und bezieht demnach grds jede Bilanzierungs- oder Bewertungsdifferenz zwischen HB und Steuerbilanz in die Ermittlung latenter Steuern ein (Anm 7). Als Abgrenzungsmethode ist wie nach § 274 die **liability method** anzuwenden. Neben den temporary differences sind nach IAS 12.34 ff auch **Verlustvorträge** und Steuergutschriften in die Steuerabgrenzung einzubeziehen.

III. Ansatz, Bewertung und Ausweis

88 Im Gegensatz zu Abs 2 besteht für latente Steuern auf abzugsfähige zeitliche Differenzen sowie auf steuerrechtliche Verlustvorträge und Steuergutschriften ein generelles Aktivierungsgebot (IAS 12.24 und 12.34). Latente Steuern auf zu versteuernde zeitliche Differenzen sind sowohl nach Abs 1 als auch nach IAS 12.15 **passivierungspflichtig.**

89 Eine **Ausnahme vom Aktivierungsgebot** ergibt sich nach IAS 12.24 für abzugsfähige zeitliche Differenzen aus dem erstmaligen Ansatz eines Vermögenswerts oder Schuldpostens, sofern der Geschäftsvorfall weder das handelsrechtliche noch das zu versteuernde Ergebnis beeinflusst und es sich dabei nicht um einen UntZusammenschluss („business combination") handelt. Steuerfreie **Investitionszulagen** stellen eine solche Ausnahme dar und dürfen nicht zum Ansatz latenter Steuern führen (IAS 12.24 (b); *Wotschofsky/Heller* IStR 2002, 819 f). Nach IAS 20.24 können Investitionszulagen beim erstmaligen Ansatz *(initial recognition)* eines Vermögenswerts von dessen Anschaffungskosten abgezogen werden. Ertragsteuerrechtlich darf eine Investitionszulage weder zu Einkünften, noch zu einer Minderung der AK/HK führen (§ 9 InvZulG 1999; § 8 InvZulG 2005; § 255 Anm 120 f). Hierdurch entsteht eine temporäre Differenz zur Steuerbilanz, wobei weder das IFRS-Ergebnis noch das Steuerergebnis beeinflusst werden (*Loitz* WPg 2004, 1185).

Ein Aktivierungsverbot ergibt sich darüber hinaus aus IAS 12.44 für latente Steuern auf abzugsfähige zeitliche Differenzen aus Anteilen an einem TU, einem assozUnt oder einem GemUnt, sofern es unwahrscheinlich ist, dass sich die temporären Differenzen in absehbarer Zukunft umkehren werden, oder voraussichtlich keine ausreichenden zu versteuernden Ergebnisse zur Verfügung stehen.

Eine **Ausnahme vom Passivierungsgebot** ergibt sich nach IAS 12.15 im Fall zu versteuernder zeitlicher Differenzen aus der erstmaligen Erfassung eines Goodwill, der nicht steuerwirksam abgeschrieben werden darf und aus der Ersterfassung eines Vermögenswerts oder Schuldpostens, der bei der erstmaligen Erfassung weder das handelsrechtliche noch das zu versteuernde Ergebnis berührt. Handelt es sich bei letzterem allerdings um einen UntZusammenschluss, gilt gem IAS 12.15 (c) die og Ausnahme nicht, dh ergebnisneutral entstandene abzugsfähige Differenzen im Rahmen der Abbildung eines UntZusammenschlusses sind in die Steuerabgrenzung einzubeziehen.

Werden bspw im Rahmen eines *asset deals* Pensionsrückstellungen nach IAS 19 höher als nach § 6a EStG ausgewiesen, ist auf diese abzugsfähige zeitliche Differenz ein aktiver Steuerabgrenzungsposten zu bilden. Diese unterschiedliche Bilanzierung und Bewertung von Vermögenswerten und Schulden in HB und Steuerbilanz führt zu einem entspr Unterschied in der Höhe des Goodwill, der für die weitere bilanzielle Behandlung aufzuspalten ist in einen Teil, der nicht steuerwirksam abgeschrieben werden darf und auf den auch künftig keine latente Steuern abgegrenzt werden, und einen Teil der steuerrechtlich abzugsfähig ist und der der Steuerabgrenzung unterliegt. Eine solche Abgrenzung wird regelmäßig erforderlich, da der Goodwill nach IFRS 3.55 nicht mehr planmäßig abgeschrieben wird.

Wegen der jährlichen Werthaltigkeitsprüfung des Goodwill (IFRS 3.54/55 iVm IAS 36.88) können darüber hinaus in zwei Fällen steuerabgrenzungsfähige temporäre Differenzen entstehen. Erstens, wenn das Goodwill-Impairment nach IFRS geringer oder höher ausfällt als die nach deutschem Steuerrecht vorzunehmende planmäßige Abschreibung (IAS 12.21B). Zweitens, wenn die über den Wert des Goodwill hinausgehende Abschreibung eine Abstockung der Vermögenswerte bedingt, die der jeweiligen zahlungsmittelgenerierenden Einheit zugeordnet sind und steuerrechtlich keine entspr Abschreibung erfolgt (IAS 36.15ff; *Küting/Wirth* BB 2003, 627f).

Ein Passivierungsverbot ergibt sich des Weiteren aus IAS 12.15 iVm 12.39 für latente Steuern auf zu versteuernde temporäre Differenzen aus **Anteilen an einem TU, einem assozUnt oder einem GemUnt,** sofern der Investor den Zeitpunkt des Ausgleichs der Differenz steuern kann und der Ausgleich in absehbarer Zeit unwahrscheinlich ist (§ 306 Anm 47).

Die **Aktivierung latenter Steuern** wird nach IAS 12.24 von der Wahrscheinlichkeit eines wirtschaftlichen Nutzens in der Form verminderter Steuerzahlungen abhängig gemacht und ist daher nur insoweit zulässig, als es wahrscheinlich ist, dass in den entspr GJ ausreichende zu versteuernde Ergebnisse erzielt werden, gegen welche die abzugsfähigen latenten Steuern verwendet werden können.

Grds ist es dabei unbeachtlich, ob das zu versteuernde Ergebnis aus sich umkehrenden zu versteuernden zeitlichen Differenzen besteht oder aus künftigen Gewinnen. Allerdings kann bereits die Tatsache eines bestehenden Verlustvortrags Zweifel an zukünftigen Gewinnen entstehen lassen (IAS 12.35). In diesem Fall sind deshalb besonders hohe Anforderungen an die Zuverlässigkeit der Steuerplanung der Unt zu stellen (*Heurung* AG 2000, 547).

Basierend auf dem Grundgedanken der liability method wird grds wie nach 90
§ 274 der für den voraussichtlichen Umkehrzeitpunkt gültige Steuersatz auf der Basis der zum Bilanzstichtag geltenden bzw angekündigten Steuergesetzgebung herangezogen (IAS 12.46ff).

91 Der Buchwert der latenten Steuern ist zu jedem Bilanzstichtag sowohl dem Grunde als auch der Höhe nach zu überprüfen (IAS 12.56). Dabei sind Gesetzesänderungen zB der Steuersätze ebenso zu berücksichtigen, wie Änderungen der Ertragslage und unternehmenspolitische Einflüsse. So können bspw die Voraussetzungen für die Nichtaktivierung von aktiven latenten Steuern entfallen mit der Folge, dass die Aktivierung nachzuholen ist. Die Korrekturen im Rahmen der Anpassung sind grds erfolgswirksam vorzunehmen, es sei denn die ursprüngliche Erfassung erfolgte erfolgsneutral (IAS 12.60).

92 Wie nach § 274 kommt auch nach IAS 12.53 eine **Abzinsung** der latenten Steuern nicht in Betracht.

93 Der Ausweis latenter Steuern erfolgt nach IAS 12 gem dem Konzept der Einzelbetrachtung in Form eines **Bruttoausweises** und getrennt von tatsächlichen Steuern. Eine Saldierung von aktiven und passiven latenten Steuern ist grds nicht zulässig (IAS 12.69). Als einzige Ausnahme ist die Saldierung von latenten Steuerforderungen und -verbindlichkeiten (IAS 12.71) dann erforderlich, wenn aktive und passive latente Steuern ggü derselben Steuerbehörde innerhalb eines Unt bestehen (IAS 12.74). Eine Gesamtdifferenzenbetrachtung wie im HGB ist nicht zulässig (s Anm 10). Latente Steuern dürfen nicht als kurzfristige Vermögenswerte oder Schulden ausgewiesen werden, sofern das Unt in seiner Bilanz zwischen kurzfristigen und langfristigen Vermögenswerten unterscheidet (1.70).

IAS 12 sieht umfangreiche **Angabe- und Offenlegungspflichten** vor, nach denen alle wesentlichen Bestandteile sowie entspr Hintergrundinformationen zu den gebildeten latenten Steuern darzustellen sind (IAS 12.79 ff). Im IFRS-Abschluss ist zB zwischen laufenden Ertragsteuern und latenten Ertragsteuern zu unterscheiden (*Kirsch* DStR 2003, 703 ff).

§ 274 a Größenabhängige Erleichterungen

Kleine Kapitalgesellschaften sind von der Anwendung der folgenden Vorschriften befreit:

1. **§ 268 Abs. 2 über die Aufstellung eines Anlagengitters,**
2. **§ 268 Abs. 4 Satz 2 über die Pflicht zur Erläuterung bestimmter Forderungen im Anhang,**
3. **§ 268 Abs. 5 Satz 3 über die Erläuterung bestimmter Verbindlichkeiten im Anhang,**
4. **§ 268 Abs. 6 über den Rechnungsabgrenzungsposten nach § 250 Abs. 3,**
5. **§ 269 Satz 1 insoweit, als die Aufwendungen für die Ingangsetzung und Erweiterung des Geschäftsbetriebs im Anhang erläutert werden müssen.**

Schrifttum: *Schellein* Neue EG-Vorschläge für Mittelstand und Kapitalgesellschaft & Co., WPg 1990, 529; *Niessen* Zu den jüngsten Entwicklungen des Bilanzrechts der Europäischen Gemeinschaft, WPg 1991, 193; *Biener* Die Transformation der Mittelstands- und der GmbH & Co.-Richtlinie, WPg 1993, 707; *Pfitzer/Wirth* Die Änderungen des Handelsgesetzbuchs, DB 1994, 1937.

Übersicht

A. Allgemeines

Diese Vorschrift regelt Erleichterungen für die kleine KapGes/KapCoGes (§ 267 Abs 1) bei der Aufstellung ihrer Bilanz. Es handelt sich ausschließlich um Befreiungen von gesonderten Ausweisen in der Bilanz oder entspr Erl im Anhang; die zugrundeliegenden materiellen Sachverhalte bleiben unberührt. § 274 a ergänzt und erweitert die größenabhängigen Erleichterungen für kleine KapGes/KapCoGes gem § 288 S 1. 1

Kleine KapGes/KapCoGes haben das Wahlrecht, von den Erleichterungen Gebrauch zu machen oder nicht; das gilt für jede einzelne Vorschrift. Werden gem § 274 a Angaben gem Anm 2 ff weggelassen, ist **Ausweis-Stetigkeit** zu wahren (§ 265 Abs 1), solange die KapGes/KapCoGes die Grenzwerte gem § 267 Abs 1 nicht überschreitet. Kleine AG können die Erleichterungen des § 274 a auch bei dem gem § 131 Abs 1 S 3 AktG zur Vorlage in der HV vorgesehenen JA in Anspruch nehmen, solange diese aktienrechtliche Vorschrift nicht angepasst wird. Die Informationsrechte der Gester der kleinen GmbH gem § 51 a GmbHG bleiben von § 274 a unberührt. Die Erleichterungen gem § 274 a gelten auch für die Vj-Vergleichszahlen gem § 265 Abs 2. Die Erleichterungen entfallen, sobald eine KapGes/KapCoGes iSv § 267 als mittelgroß oder groß einzustufen ist – einschl der Vj-Vergleichszahlen.

Kreditinstitute und VersicherungsUnt dürfen § 274 a nicht anwenden, da sie stets wie große KapGes bilanzieren müssen (§§ 340 a Abs 1, 341 a Abs 1).

B. Die Erleichterungen im Einzelnen

I. Anlagengitter (Nr 1)

Die nach § 268 Abs 2 (dort Anm 10 ff) für die Bilanz oder den Anhang vorgeschriebene Darstellung des Anlagengitters nach dem Bruttoprinzip brauchen kleine KapGes/KapCoGes nicht zu geben. Da zum Anlagengitter die Angabe der Abschreibungen des Gj und ggf die Entwicklung der aktivierten „Aufwendungen für die Ingangsetzung und Erweiterung des Geschäftsbetriebs" gehören, dürfen kleine KapGes/KapCoGes auch diese Angaben weglassen (wie hier *Dörner/Wirth* in HdR[5] § 274 a Anm 2). Wird eine kleine KapGes/KapCoGes mittelgroß oder groß (Anm 1), ist das Anlagengitter wieder zu erstellen; allerdings dürfen dabei in entspr Anwendung von Art 24 Abs 6 EGHGB (für KapGes) und Art 48 Abs 5 EGHGB (für KapCoGes) die Buchwerte dieser VG aus dem JA des vorhergehenden Gj als ursprüngliche AK/HK übernommen werden (s auch Art 48 EGHGB Anm 40). Von der Regelung darf jedoch kein Gebrauch gemacht werden, soweit die AK/HK aus Gründen des Steuerrechts ermittelt werden müssen. 2

II. Erläuterungen rechtlich noch nicht entstandener Forderungen (Nr 2)

3 In § 268 Abs 4 S 2 ist vorgeschrieben, dass Forderungen, die rechtlich erst nach dem Abschlussstichtag entstehen, einen größeren Umfang haben und unter den „sonstigen Vermögensgegenständen" ausgewiesen werden, im Anhang zu erläutern sind (dort Anm 95). Kleine KapGes/KapCoGes sind von dieser ErlPflicht befreit, unabhängig vom Umfang dieses Postens.

III. Erläuterungen rechtlich noch nicht entstandener Verbindlichkeiten (Nr 3)

4 Gemäß § 268 Abs 5 S 3 (dort Anm 107) sind innerhalb der Bilanzgruppe „Verbindlichkeiten" ausgewiesene Beträge für erst nach dem Abschlussstichtag rechtlich entstehende Verbindlichkeiten im Anhang zu erläutern, sofern sie einen größeren Umfang haben. Von dieser – seltenen – ErlPflicht sind kleine KapGes/KapCoGes ebenfalls befreit, unabhängig vom Umfang dieses Postens.

IV. Ausweis oder Angabe des Unterschiedsbetrags nach § 250 Abs 3 (Nr 4)

5 Der nach § 268 Abs 6 (dort Anm 110) für ein aktiviertes Disagio vorgeschriebene gesonderte Ausweis in der Bilanz oder die Angabe im Anhang entfällt für kleine KapGes/KapCoGes. Damit ist seine Behandlung gemäß § 250 Abs 3 wie beim Ekfm und bei reinen PersGes zulässig.

V. Erläuterungen zu aktivierten Aufwendungen für die Ingangsetzung und Erweiterung des Geschäftsbetriebs (Nr 5)

6 Wird diese Bilanzierungshilfe in Anspruch genommen, brauchen die Aktivierungen von kleinen KapGes/KapCoGes im Anhang nicht erläutert zu werden (dazu § 269 Anm 12). Obwohl Art 44 EGHGB das nicht ausdrücklich vorsieht, sollte uE die Erleichterung gem Nr 5 auch für den „Ausgleichsbetrag nach dem AltfahrzeugG" gem Art 53 Abs 2 EGHGB gelten.

Dritter Titel. Gewinn- und Verlustrechnung

§ 275 Gliederung

(1) [1]**Die Gewinn- und Verlustrechnung ist in Staffelform nach dem Gesamtkostenverfahren oder dem Umsatzkostenverfahren aufzustellen.** [2]**Dabei sind die in Absatz 2 oder 3 bezeichneten Posten in der angegebenen Reihenfolge gesondert auszuweisen.**

(2) **Bei Anwendung des Gesamtkostenverfahrens sind auszuweisen:**

1. **Umsatzerlöse**
2. **Erhöhung oder Verminderung des Bestands an fertigen und unfertigen Erzeugnissen**
3. **andere aktivierte Eigenleistungen**
4. **sonstige betriebliche Erträge**

5. Materialaufwand:
   a) Aufwendungen für Roh-, Hilfs- und Betriebsstoffe und für bezogene Waren
   b) Aufwendungen für bezogene Leistungen
6. Personalaufwand:
   a) Löhne und Gehälter
   b) soziale Abgaben und Aufwendungen für Altersversorgung und für Unterstützung,
      davon für Altersversorgung
7. Abschreibungen:
   a) auf immaterielle Vermögensgegenstände des Anlagevermögens und Sachanlagen sowie auf aktivierte Aufwendungen für die Ingangsetzung und Erweiterung des Geschäftsbetriebs
   b) auf Vermögensgegenstände des Umlaufvermögens, soweit diese die in der Kapitalgesellschaft üblichen Abschreibungen überschreiten
8. sonstige betriebliche Aufwendungen
9. Erträge aus Beteiligungen,
   davon aus verbundenen Unternehmen
10. Erträge aus anderen Wertpapieren und Ausleihungen des Finanzanlagevermögens,
    davon aus verbundenen Unternehmen
11. sonstige Zinsen und ähnliche Erträge,
    davon aus verbundenen Unternehmen
12. Abschreibungen auf Finanzanlagen und auf Wertpapiere des Umlaufvermögens
13. Zinsen und ähnliche Aufwendungen,
    davon an verbundene Unternehmen
14. Ergebnis der gewöhnlichen Geschäftstätigkeit
15. außerordentliche Erträge
16. außerordentliche Aufwendungen
17. außerordentliches Ergebnis
18. Steuern vom Einkommen und vom Ertrag
19. sonstige Steuern
20. Jahresüberschuß/Jahresfehlbetrag.

(3) Bei Anwendung des Umsatzkostenverfahrens sind auszuweisen:

1. Umsatzerlöse
2. Herstellungskosten der zur Erzielung der Umsatzerlöse erbrachten Leistungen
3. Bruttoergebnis vom Umsatz
4. Vertriebskosten
5. allgemeine Verwaltungskosten
6. sonstige betriebliche Erträge
7. sonstige betriebliche Aufwendungen
8. Erträge aus Beteiligungen,
   davon aus verbundenen Unternehmen
9. Erträge aus anderen Wertpapieren und Ausleihungen des Finanzanlagevermögens,
   davon aus verbundenen Unternehmen
10. sonstige Zinsen und ähnliche Erträge,
    davon aus verbundenen Unternehmen
11. Abschreibungen auf Finanzanlagen und auf Wertpapiere des Umlaufvermögens
12. Zinsen und ähnliche Aufwendungen,
    davon an verbundene Unternehmen
13. Ergebnis der gewöhnlichen Geschäftstätigkeit

14. außerordentliche Erträge
15. außerordentliche Aufwendungen
16. außerordentliches Ergebnis
17. Steuern vom Einkommen und vom Ertrag
18. sonstige Steuern
19. Jahresüberschuß/Jahresfehlbetrag.

(4) **Veränderungen der Kapital- und Gewinnrücklagen dürfen in der Gewinn- und Verlustrechnung erst nach dem Posten „Jahresüberschuß/Jahresfehlbetrag" ausgewiesen werden.**

Übersicht

Schrifttum: Zur Literatur bis 1990 s Voraufl; *Baetge/Stibi* Die Gewinn- und Verlustrechnung, I. Grundlagen und Gesamtkostenverfahren BuW 1992, 273; *Baetge/Herrmann* Die Gewinn- und Verlustrechnung, II. Umsatzkostenverfahren und Verfahrensvergleich BuW 1992, 373; *Rogler* Vermittelt das Umsatzkostenverfahren ein besseres Bild der Ertragslage als das Gesamtkostenverfahren? DB 1992, 749; *Rogler* Herstellungskosten beim Umsatzkostenverfahren BB 1992, 1459; *HFA 1/1994* Zur Behandlung von Genussrechten im Jahresabschluss von Kapitalgesellschaften WPg 1994, 419; *Marx* „Außerordentliche Erträge" und „außerordentliche Aufwendungen" iS der §§ 275 Abs 2 Nr 15 und 16, 227 Abs 4 HGB WPg 1995, 476; *HFA 2/1996* Zur Bilanzierung privater Zuschüsse WPg 1996, 709; *Weismüller/Kürten* Bilanzielle Behandlung von Zinsen aus Pensionsverpflichtungen in der Praxis WPg 1996, 721; *HFA 2/1997* Zweifelsfragen der Rechnungslegung bei Verschmelzungen WPg 1997, 235; *Küting* Die handelsbilanzielle Erfolgsspaltungs-Konzeption auf dem Prüfstand WPg 1997, 693; *Neumann* Gesamtkosten- versus Umsatzkostenverfahren bei der Aufstellung der Gewinn- und Verlustrechnung BuW 1997, 681; *Fischer* Zur Diskussion um das Umsatzkostenverfahren: Grundsatzfragen und praktische Umsetzung in FS Baetge, 333; *Schruff* Zum Ausweis des Zinsanteils bei der Zuführung zur Pensionsrückstellung in FS Baetge, 401; *Brakensiek/Hütten* Gliederung von Bilanz und GuV in einem befreienden Konzernabschluss BB 1999, 1108; *Müller* Ausschüttungen aus der Kapitalrücklage: Beteiligungsabgang oder Ertrag aus Beteiligung? DB 2000, 533; *Streim* Die Vermittlung von entscheidungsnützlichen Informationen durch Bilanz und GuV – Ein nicht lösbares Versprechen der internationalen Standardsetter BFuP 2000, 111; *Lind/Faulmann* Die Bilanzierung von Eigenkapitalbeschaffungskosten nach IAS, US-GAAP und HGB DB 2001, 601; *Marten/Köhler/Neubeck* Gesonderter Ausweis von Zinsen für das operative Geschäft in der Gewinn- und Verlustrechnung BB 2001, 1572; *Rödder/Simon* Folgen der Änderung der gewerbesteuerlichen Organschaftsvoraussetzungen für die steuerrechtliche Beurteilung von Steuerumlagen im Konzern DB 2002, 496; *Groh* Verluste in der stillen Gesellschaft DB 2004, 668.

A. Vorbemerkung

1 § 264 Abs 1 definiert den JA von KapGes und KapCoGes (vgl zur Abgrenzung § 264a Anm 10ff) als Einheit, bestehend aus Bilanz, GuV und Anhang. Damit wird eine beabsichtigte Gleichrangigkeit der einzelnen Bestandteile des JA für die Erfüllung der gesetzlichen Rechnungslegungsziele zum Ausdruck gebracht.

Die Gliederungsschemata des § 275 folgen in der Postenvorgabe den Gliederungen nach Art 23 und 25 der 4. EG-Richtl, wobei die Postenbezeichnungen zT geringfügig geändert wurden. 2

Die GuV ist zwingend in Staffelform (Anm 11) aufzustellen. Die Gliederung kann nach dem Gesamtkostenverfahren (Anm 45 ff) oder nach dem Umsatzkostenverfahren (Anm 265 ff) vorgenommen werden.

B. Inhalt und Form der Gewinn- und Verlustrechnung

I. Inhalt der Gewinn- und Verlustrechnung

Die GuV hat die Funktion, die Entstehung des Jahresergebnisses *(Gewinnermittlungsfunktion)* aus den einzelnen Erfolgsquellen zu zeigen, um einen Einblick in die Ertragslage des Unt zu ermöglichen *(Informationsfunktion).* Sie ermittelt das Ergebnis des abgelaufenen Gj durch Gegenüberstellung aller Aufwendungen und Erträge. Zur Abgrenzung und zum Inhalt der Begriffe Aufwendungen und Erträge § 247 Anm 650 ff. 7

In der GuV sind sämtliche Aufwendungen und Erträge vollständig *(Vollständigkeitsgebot)* und unsaldiert *(Verrechnungsverbot)* auszuweisen, soweit das HGB nichts anderes bestimmt (§§ 246, 275 Abs 1 S 2, 277 Abs 1). Eine Ausnahme besteht auch im Falle des zusätzlichen Aufwands im Rahmen des Gewinnverwendungsbeschlusses (§ 174 Abs 2 AktG); zur Besonderheit bei „Steuern" Anm 254. Auf den Zeitpunkt der Zahlung kommt es nicht an (§ 252 Abs 1 Nr 5). 8

Für den Bereich der GuV ergeben sich **Ausnahmen vom Verrechnungsverbot** ferner aufgrund 9

- gesetzlicher Vorschriften (§ 277 Abs 1: Abzug von Erlösschmälerungen),
- von Erleichterungen (§ 276 S 1: kleine und mittelgroße Ges dürfen die Posten Abs 2 Nr 1 bis 5 oder Abs 3 Nr 1 bis 3, 6 zum Rohergebnis zusammenfassen),
- des Sinns und Zwecks (Zusammenfassung der Steueraufwendungen mit Steuererstattungen).

Der Geltungsbereich der §§ 275 bis 277 erstreckt sich auf AG, KGaA, GmbH und KapCoGes mit Sitz im Inland. Ausnahmen bestehen für diejenigen KapGes/KapCoGes, für die gem § 330 besondere **Formblätter** vorgeschrieben sind und für die § 276 nicht gilt. So haben bspw **Kreditinstitute** gem § 340 a Abs 2 anstelle von § 275 die durch Rechtsverordnung erlassenen Formblätter und andere Vorschriften anzuwenden. Gleiches gilt für **Versicherungsunternehmen** (§ 341 a Abs 2). Daneben gilt § 277 Abs 1, 2, 3 S 1 nicht für Kreditinstitute; für VersicherungsUnt sind die Abs 1 und 2 des § 277 nicht anzuwenden. 10

Genossenschaften haben gem § 336 die §§ 275 bis 277 auf den JA entspr anzuwenden; für § 277 Abs 3 S 1 besteht ein Wahlrecht.

Zum Anwendungsbereich der §§ 275 bis 277 für Ekfl und *reine* PersGes, dh PersGes, die nicht unter § 264 a fallen, s § 247 Anm 641 ff sowie für Unt, die dem PublG unterliegen, Anm 317.

II. Gliederung der Gewinn- und Verlustrechnung

1. Gewinn- und Verlustrechnung in Staffelform

Für die GuV gelten die allgemeinen Gliederungsgrundsätze des § 265 Abs 1, 2, 4 bis 8. Abs 1 schreibt für die GuV-Gliederung von KapGes/KapCoGes zwingend die **Staffelform** vor. 11

Ggü der **Kontoform** hat die Staffelform den Vorteil größerer Übersichtlichkeit, da sie es erlaubt, Erfolgskomponenten der gewöhnlichen Geschäftstätigkeit und ao Erfolgskomponenten augenfällig voneinander zu trennen. Auch die Staffelform steht unter dem grds Vorbehalt, dass Besonderheiten der KapGes/KapCoGes keine abw Gliederung bedingen. In Ausnahmefällen könnte daher möglicherweise auch eine Gliederung in Kontoform gerechtfertigt oder gar erforderlich sein, zB bei Formblättern gem § 330.

2. Gebot einer Mindestgliederung

13 Die Notwendigkeit einer Mindestgliederung der GuV ergibt sich bereits aus der Generalnorm für den JA (§ 264 Abs 2). Abs 1 stellt daher für KapGes/KapCoGes lediglich klar, dass die einzelnen GuV-Posten gesondert und in der angegebenen Reihenfolge auszuweisen sind. Die Gliederungsschemata der Abs 2 und 3 sind als Mindestgliederungen grds von allen großen KapGes/KapCoGes anzuwenden. Nur wenn andere Gliederungen vorgeschrieben sind (gem § 330, zB für Banken, VersicherungsUnt) oder wenn Erleichterungen bestehen (§ 276), kann hiervon abgewichen werden.

3. Zulässigkeit einer weitergehenden oder abweichenden Gliederung

15 Das gesetzliche Gliederungsschema ist in erster Linie auf Produktions- und HandelsUnt abgestellt und kann deshalb den Besonderheiten anderer Geschäftszweige in vielen Fällen nicht in ausreichendem Maße Rechnung tragen (Anm 16).

Die Gliederung und Bezeichnung der mit arabischen Zahlen versehenen Posten der GuV sind zu ändern, „wenn dies wegen Besonderheiten der Kapitalgesellschaft zur Aufstellung eines klaren und übersichtlichen Jahresabschlusses erforderlich ist" (§ 265 Abs 6). Damit bleibt die Grundstruktur – das Gerüst – der GuV verbindlich, während die Aufteilung im Einzelnen individuellen Charakter aufweisen kann. Die GuV kann somit an spezifische Besonderheiten **des bilanzierenden Unternehmens** angepasst werden. Hierdurch soll eine unternehmensspezifische Aussage im JA ermöglicht werden, die in der Freiheit der Darstellung der entspr Posten nur von dem Gebot der Klarheit und Übersichtlichkeit (§ 243 Abs 2) und der Stetigkeit (§ 265 Abs 1 S 1) beschränkt wird. Die gewählte Darstellung muss zumindest gleichwertig sein oder sogar einen besseren Einblick gewähren. Sie braucht dazu jedoch nicht unbedingt umfassender und ausführlicher zu sein.

16 Eine **abweichende Untergliederung** der GuV wird in erster Linie für solche Unt in Frage kommen, die *nicht* Produktions- und HandelsUnt sind, also insb für Unt aus dem Dienstleistungsbereich (hierzu zB *Mohr/Krumb* Jahresabschluss und Jahresabschlussprüfung des Börsenmaklers WPg 1992, 491 ff). Demgegenüber müssen für Produktions- und HandelsUnt besondere Gründe vorliegen, die das betreffende Unt von dem Grundtyp solcher Unt unterscheiden, so dass eine Abweichung von dem Normalschema gerechtfertigt erscheint. Durch die Vorgabe des GuV-Gliederungsschemas in Abs 2 oder 3 und den Ergänzungen in § 277 Abs 3 hat das HGB zum Ausdruck gebracht, welche besonderen Anforderungen es an die Aussagefähigkeit der GuV von KapGes/KapCoGes stellt. Im Vordergrund steht dabei die Hervorhebung des Ergebnisses der gewöhnlichen Geschäftstätigkeit und die Abgrenzung ggü dem ao Ergebnis sowie der gesonderte Ausweis der Steuern. Hieran hat sich auch eine abw GuV-Gliederung zu orientieren, wenn sie der gesetzlichen Zielsetzung entsprechen soll. Näheres in den Erl zu § 265 Abs 5 bis 7. Ist ein Unt in mehreren Ge-

schäftszweigen tätig, für die verschiedene Gliederungsvorschriften gelten, ist die gewählte GuV-Gliederung um die für andere Geschäftszweige vorgeschriebene Gliederung zu ergänzen (§ 265 Abs 4). Wegen Angaben im Anhang s § 265 Anm 13.

Eine **weitergehende** Gliederung ist den KapGes/KapCoGes jedoch gestattet 17 (§ 265 Anm 14), wenn dadurch die Klarheit und Übersichtlichkeit und der geforderte Einblick in die VFE-Lage verbessert oder zumindest nicht beeinträchtigt wird. Aus Gründen der Klarheit und Übersichtlichkeit kann es geboten sein, gewünschte **zusätzliche Aufgliederungen** nicht in der GuV, sondern im Anhang vorzunehmen.

§ 265 Abs 7 Nr 1 räumt überdies KapGes/KapCoGes die Möglichkeit ein, 18 **einzelne Posten** des Gliederungsschemas (mit arabischen Zahlen) **zusammenzufassen,** wenn die Beträge für das den tatsächlichen Verhältnissen entspr Bild der UntLage nicht erheblich sind (zur Wesentlichkeit s auch *Ossadnik* WPg 1993, 622f; ferner *Ossadnik* WPg 1995, 33ff).

Daneben ist die Zusammenfassung einzelner Posten gem § 265 Abs 7 Nr 2 zulässig, wenn hierdurch die Klarheit der Darstellung vergrößert wird; in diesem Fall müssen die zusammengefassten Posten im Anhang gesondert ausgewiesen werden. Die Zusammenfassungen können dann nicht in Anspruch genommen werden, wenn besondere Formblätter für die Gliederung der GuV vorgeschrieben sind und diese Zusammenfassungen weder vorschreiben noch zulassen.

Abs 1 schreibt einen gesonderten Ausweis der GuV-Posten „in der angegebenen Reihenfolge" ausdrücklich vor. Überdies sind bzgl des gesetzlichen Gliederungsschemas eine Reihe von Erweiterungen und Zusammenfassungen zulässig bzw bei unternehmensspezifischen Besonderheiten geboten (oben Anm 16ff). Für Produktions- und HandelsUnt ergibt sich aber eine verstärkte **Begründungspflicht** für eine abw Gliederung. 19

Andere KapGes/KapCoGes haben sich bei einer abw Gliederung in erster 20 Linie an der Anordnung der gesetzlichen **Zwischensummen** zu orientieren, sofern weder die Formblätter noch andere Vorschriften zur Gliederung der GuV entgegenstehen (§ 330).

Die Anordnung der zu bildenden Zwischensummen muss bei **allen** Unt von einer ggf abw Gliederung, Postenbezeichnung oder -reihenfolge unberührt bleiben, denn die Aufteilung des Periodenerfolgs in ein Ergebnis aus der gewöhnlichen Geschäftstätigkeit, in ein ao Ergebnis und die Steuern wird durch unternehmensspezifische Besonderheiten grds nicht beeinflusst. Besonderheiten einer KapGes/KapCoGes können nicht als Begr für die Weglassung der geforderten Zwischensummen angegeben werden.

Gliederungsposten, die keinen Betrag ausweisen **(Leerposten),** brauchen 21 nicht aufgeführt zu werden. Dies gilt jedoch nicht, wenn unter diesem Posten im Vj ein Betrag ausgewiesen wurde (§ 265 Abs 8), da für alle Posten der Bilanz und der GuV einer KapGes/KapCoGes die Angabe der Vj-Zahlen zwingend vorgeschrieben ist.

Mitunter können die gesetzlichen Postenbezeichnungen aus Vereinfachungs- 22 gründen durch **Kurzbezeichnungen** ersetzt werden. Dagegen sind grds keine Einwendungen zu erheben, wenn durch die Wahl der Kurzbezeichnung der vom Gesetzgeber beabsichtigte Inhalt nicht verändert wird. Somit ist es zB zulässig, den Posten Nr 7a des Gliederungsschemas des Gesamtkostenverfahrens (Abschreibungen auf immaterielle VG des Anlagevermögens und Sachanlagen sowie auf aktivierte Aufwendungen für die Ingangsetzung und Erweiterung des Geschäftsbetriebs) kurz mit „Abschreibungen auf Sachanlagen" zu bezeichnen, wenn darunter – auch im Vj – nur Abschreibungen auf Sachanlagen ausgewiesen werden. Voraussetzung ist jedoch, dass andere unter Posten Nr 7a auszuweisende Abschreibungen nicht angefallen sind. Die Kurzbezeichnung des Postens enthält dann die zusätzliche Information, dass andere Abschreibungen fehlen; sie dient damit der Verbesserung der Darstellung. Im Hinblick auf den Grundsatz der Klarheit wäre in diesem Fall sogar eine Kurzbezeichnung geboten; gefordert werden kann sie aber nicht, denn das Gliederungsschema geht als Spezialvorschrift dem Grundsatz der Klarheit vor.

Das Gleiche gilt für alle übrigen Postenbezeichnungen, die mehrere Sachverhalte umfassen (zB Posten Nrn 10 und 12 Gesamtkostenverfahren bzw Nrn 9 und 11 Umsatzkostenverfahren; zB „Erträge aus anderen Wertpapieren", „Abschreibungen auf Finanzanlagen").

23 Für KapGes/KapCoGes ergibt sich aus § 265 Abs 1 die Verpflichtung, die Form der Darstellung der GuV beizubehalten, soweit nicht in **Ausnahmefällen** (Anm 26) wegen besonderer Umstände Abweichungen erforderlich sind. Dieses (formale) **Stetigkeitsprinzip** der Gliederung und des Ausweises der Posten der GuV, das die bessere Vergleichbarkeit der GuV bezweckt, gilt auch für die einmal getroffene Wahl zwischen Gesamtkosten- und Umsatzkostenverfahren.

III. Gesamtkosten- und Umsatzkostenverfahren (Abs 1)

26 Bei der Entscheidung zwischen Umsatz- und Gesamtkostenverfahren ist zu beachten, dass infolge des Grundsatzes der **Stetigkeit** (§ 265 Abs 1 S 1) eine Abweichung von dem gewählten Gliederungsschema nur in Ausnahmefällen zulässig ist. Solche Ausnahmefälle liegen zB vor bei wesentlichen Änderungen der Geschäftstätigkeit des Unt, bei Wechsel der Konzernzugehörigkeit sowie bei Verschmelzung und anderen Umw (§ 1 UmwG). Der Wechsel im Gliederungsschema ist im Anhang anzugeben und zu begründen (§ 265 Abs 1 S 2). Die Vj-Beträge sind anzupassen, damit die Vergleichbarkeit hergestellt ist (§ 265 Abs 2).

27 Nach dem für beide Verfahren einheitlich definierten Begriff „Umsatzerlöse" weichen insb die folgenden Posten voneinander ab:

Gesamtkostenverfahren	Umsatzkostenverfahren
(1. Umsatzerlöse)	(1. Umsatzerlöse)
2. Erhöhung oder Verminderung des Bestands an fertigen und unfertigen Erzeugnissen	2. Herstellungskosten der zur Erzielung der Umsatzerlöse erbrachten Leistungen
3. andere aktivierte Eigenleistungen	3. Bruttoergebnis vom Umsatz
4. sonstige betriebliche Erträge	4. Vertriebskosten
5. Materialaufwand: a) Aufwendungen für Roh-, Hilfs- und Betriebsstoffe und für bezogene Waren b) Aufwendungen für bezogene Leistungen	5. allgemeine Verwaltungskosten
6. Personalaufwand: a) Löhne und Gehälter b) soziale Abgaben und Aufwendungen für Altersversorgung und für Unterstützung, davon für Altersversorgung	6. sonstige betriebliche Erträge
7. Abschreibungen: a) auf immaterielle VG des Anlagevermögens und Sachanlagen so-	7. sonstige betriebliche Aufwendungen

Gesamtkostenverfahren	Umsatzkostenverfahren
wie auf aktivierte Aufwendungen für die Ingangsetzung und Erweiterung des Geschäftsbetriebs b) auf VG des Umlaufvermögens, soweit diese die in der KapGes/KapCoGes üblichen Abschreibungen überschreiten 8. sonstige betriebliche Aufwendungen	

Das Ergebnis der gewöhnlichen Geschäftstätigkeit kann über die Wahl des einen oder des anderen Verfahrens nur wenig (Anm 31) und das Jahresergebnis gar nicht beeinflusst werden. Bei beiden Verfahren sollen innerhalb der jeweils gewählten Abgrenzung möglichst homogene Aufwands- und Ertragskomponenten ausgewiesen werden. Sowohl das Umsatzkosten- als auch das Gesamtkostenverfahren zeigen die Ergebnisbeiträge aus gewöhnlicher und ggf der ao Geschäftstätigkeit getrennt und in (fast) gleicher Höhe. 28

Beide Verfahren unterscheiden sich in ihren **Bezugsgrößen** beim betrieblichen Ergebnis. Im Rahmen des Gesamtkostenverfahrens werden die Erträge an die Aufwendungen der in der Rechnungsperiode produzierten Mengen angepasst (durch den Ausweis der Bestandsveränderung und der aktivierten Eigenleistungen), während beim Umsatzkostenverfahren die Aufwendungen an den Umsatz (Ertrag) angepasst werden (durch den Ausweis der HK der verkauften Erzeugnisse statt der in der Periode angefallenen HK). Das Gesamtkostenverfahren zeigt die gesamte betriebliche Leistung der Periode, während sich das Umsatzkostenverfahren auf die durch den Umsatzakt am Markt realisierte Leistung beschränkt. Deshalb sind die Posten Nrn 2 und 3 des Gesamtkostenverfahrens (die Bestandsveränderung und die anderen aktivierten Eigenleistungen) im Umsatzkostenverfahren nicht auszuweisen. 29

Die Summe der Posten 1 bis 4 umfasst im **Gesamtkostenverfahren** die Gesamtleistung (aus der gewöhnlichen Geschäftstätigkeit) mit der Einschränkung, dass der Posten „sonstige betriebliche Erträge“ auch Erträge enthalten kann, die nicht zur Gesamtleistung gehören. Diesem Betrag werden die gesamten in der Rechnungsperiode angefallenen Aufwendungen nach Arten gegliedert gegenübergestellt. Nur so ist es möglich, die Aufwandsarten in der Periode, in der sie durch die gesamte erbrachte Betriebsleistung entstehen, möglichst vollständig auszuweisen. Das ist der primäre Zweck, der mit dem Aufwandsausweis im Gesamtkostenverfahren verfolgt wird. Bei der Gliederung nach Aufwandsarten wird erkennbar, welche Produktionsfaktoren den Aufwand verursacht haben. Dabei unterscheidet diese so charakterisierte **Produktionserfolgsrechnung** nicht danach, ob diese Aufwendungen auf die in der Berichtsperiode umgesetzten Produkte (angesetzt zu Erlösen), auf Lagerbestandserhöhungen oder auf aktivierte Eigenleistungen (jeweils angesetzt zu HK) entfallen. Die Aufwands- und Ertragsperiodisierung wird durch den GuV-Ausweis nicht beeinflusst. Deshalb wird der Aufwandsausweis durch die in der Bilanz aktivierten Leistungen korrigiert. 30

Demgegenüber werden im **Umsatzkostenverfahren** den Umsatzerlösen – neben den zeitlich abzugrenzenden Aufwendungen – die für die verkauften Leistungen entstandenen HK gegenübergestellt. Wenn in einer vorangegangenen Periode hergestellte Erzeugnisse verkauft werden, enthalten die zur Erzielung der Umsatzerlöse ausgewiesenen HK daher auch die auf diese Produkte entfallenden HK, die bereits in den Vorperioden angefallen sind. Die Aufwen- 31 dungen werden vorrangig den betrieblichen Bereichen Herstellung, Vertrieb und allgemeine Verwaltung (Posten Nrn 2, 4 und 5) zugeordnet. Nur die Aufwendungen, die nicht diesen Funktionsbereichen zugerechnet werden können, sind in den übrigen – wie beim Gesamtkostenverfahren – nach Aufwandsarten gegliederten GuV-Posten auszuweisen. Beim Umsatzkostenverfahren geht die Gliederung nach den betrieblichen Funktionsbereichen (Sekundärprinzip) dem Ausweis nach der Artengliederung (Primärprinzip) vor. Deswegen können auch bei gleich bezeichneten Aufwandsarten inhaltliche Abweichungen ggü dem Gesamtkostenverfahren auftreten. Werden aktivierungsfähige Steuern und Zinsen in die HK einbezogen, stimmen beide Verfahren noch nicht im Ergebnis der gewöhnlichen Geschäftstätigkeit, sondern erst im Jahresüberschuss oder Jahresfehlbetrag überein.

In der funktionalen Gliederung drückt sich die anders gelagerte Zielsetzung des Umsatzkostenverfahrens aus, nämlich aufzuzeigen, wofür das Unt die Kosten aufgewendet hat.

Wird das Umsatzkostenverfahren angewendet, sind im **Anhang** der Material- und der Personalaufwand des Gj – von kleinen KapGes/KapCoGes nur der Personalaufwand – zusätzlich anzugeben (§ 285 S 1 Nr 8). Die Bestandsveränderung der fertigen und unfertigen Erzeugnisse kann man der Bilanz nur entnehmen, wenn keine Waren unter den Vorräten und keine Abwertungen unter dem Posten Nr 7b ausgewiesen werden; über die Abschreibungen des Gj im Anlagevermögen gibt das Anlagengitter oder die entspr Angabe im Anhang Auskunft.

32 Im Gegensatz zum Gesamtkostenverfahren kann die GuV nach dem Umsatzkostenverfahren nicht direkt aus der Finanzbuchhaltung abgeleitet werden. Die Aufwendungen sind weitgehend auf die betrieblichen Funktionsbereiche Herstellung, Vertrieb und allgemeine Verwaltung aufzuteilen. Nicht aufwandsgleiche Kostenarten sind herauszurechnen. Eine Betriebsabrechnung ist aber nicht zwingend erforderlich für das Umsatzkostenverfahren. Sie bleibt eine Hilfsrechnung, auf der das Unt aufbauen kann, wenn sie den Grundsätzen des Umsatzkostenverfahrens entspricht.

33 Die **Ermittlung der HK** stellte insb für die Steuerbilanz (Vollkosten) bisher schon ähnliche Anforderungen. Die kalkulatorischen Kosten sind jeweils aus den HK herauszurechnen. Für die Ermittlung der HK der GuV dürfte es auch zulässig sein, die Gemeinkosten mit Hilfe von (glaubwürdig geschätzten) globalen Zurechnungsschlüsseln und Zu- und Abschlägen zu ermitteln.

34 Im Folgenden werden die wichtigsten Vorteile des Gesamtkosten- und des Umsatzkostenverfahrens dargestellt, wobei jeweils die Vorteile der einen Methode als Nachteile der anderen angesehen werden können.

Vorteile des Gesamtkostenverfahrens

- Es zeigt die Gesamtleistung einer Rechnungsperiode (wenn auch mit Einschränkungen, weil Bestandsveränderungen und andere aktivierte Eigenleistungen nur mit (Teil-)HK angesetzt werden).
- Es werden die Entwicklung des Materialaufwands, der Abschreibungen und des Personalaufwands im Vergleich zur Gesamtleistung des Unt erkennbar.
- Die Periodenbezogenheit als Abgrenzungskriterium von Aufwendungen und Erträgen kommt besser zum Ausdruck.
- Es ist bei langfristiger Fertigung, zB Schiffs-, Brücken- oder Großanlagen-Bauten aussagefähiger, da hierbei die jährliche Gesamtleistung (allerdings ohne Gewinnrealisierung) gezeigt wird.
- Es ist für Unt ohne weitreichende Funktionsgliederung oder mit nur wenigen Kostenträgern deutlich überlegen.

- Es gibt keine Zurechnungsprobleme der betrieblichen Aufwendungen nach Funktionsbereichen.
- Die Gliederung nach Aufwandsarten erfordert idR keine Betriebsabrechnung; allerdings ist meist eine Betriebsabrechnung zur Bewertung der Bestände an unfertigen und fertigen Erzeugnissen erforderlich.

Vorteile des Umsatzkostenverfahrens

- Es zeigt die Beziehung zwischen Kosten und Verkaufsleistung des Unt. 35
- Die Gliederung entspricht besser dem Kalkulationsschema des Unt, da die Entstehung des Aufwands nach Funktionsbereichen gezeigt wird.
- Es ist insb für Industriebetriebe mit vorwiegender Serienfertigung sowie für Handelsbetriebe geeignet.
- Es ermöglicht eher eine internationale Vergleichbarkeit der Ergebnisrechnung und erspart deutschen Unt, die international ausgerichtet sind, eine zweifache Aufstellung (beide GuV-Arten). Allerdings ist zu berücksichtigen, dass die Vergleichbarkeit entscheidend davon abhängt, welche Kostenrechnungssysteme und individuellen Zurechnungsmethoden der originären Aufwandsarten verwendet werden – wobei gewisse Abweichungen nicht zu vermeiden sind.

Gleichwertigkeit beider Verfahren

Es kann festgestellt werden, dass keine überzeugenden Gründe für die Überlegenheit des einen oder anderen Verfahrens angeführt werden können und dafür, dass eines der beiden Verfahren seinen spezifischen Informationszweck besser erfüllt als das andere. *ADS*[6] (§ 275 Anm 34) halten eher das Umsatzkostenverfahren für aussagekräftiger, weil bei dessen Anwendung zusätzliche Angaben im Anhang erforderlich sind (§ 285 S 1 Nr 8). Die Entscheidung für oder gegen das eine oder andere Verfahren hängt von verschiedenen Faktoren ab, wie zB internes Rechnungswesen, Adressatenkreis, internationale Verbundenheit (ebenso *ADS*[6] § 275 Anm 35). 36

Selbst beim Vergleich von JA großer KapGes/KapCoGes dürfte es ohne organisatorische Vorkehrungen kaum möglich sein, eine GuV nach dem Umsatzkostenverfahren in eine GuV nach dem Gesamtkostenverfahren (oder umgekehrt) überzuleiten. Eine ganze Reihe von notwendigen Informationen fehlt. Diese werden auch nicht im Anhang gegeben. 37

Um so bedeutender ist, dass Gliederung und Ausweis in aufeinander folgenden GuV **beizubehalten** sind; § 265 Abs 1 S 1. Abweichungen von diesem Grundsatz müssen im Anhang angegeben und begründet werden (§§ 265 Abs 1 S 2, 284 Abs 2 Nr 3). 38

IV. Möglichkeiten einer Erfolgsspaltung

Nach den Gliederungsschemata ist der Jahresüberschuss/-fehlbetrag in die Erfolgskomponenten bzw Zwischensummen „Ergebnis der gewöhnlichen Geschäftstätigkeit“ (Posten Nrn 14 bzw 13) und „außerordentliches Ergebnis“ (Posten Nrn 17 und 16) sowie die Steuern (Posten Nrn 18, 19 oder Nrn 17, 18) aufzuspalten. Dabei setzt sich das Ergebnis der gewöhnlichen Geschäftstätigkeit aus dem Betriebsergebnis und dem Finanzergebnis zusammen. 40

Dieser gestaffelte Erfolgsausweis bildet die Grundlage einer Erfolgsspaltung für Zwecke der Bilanzanalyse. Einer solchen Erfolgsspaltung sind jedoch wegen der Abgrenzungsproblematik und infolge von Bewertungsfragen Grenzen gesetzt. So lassen sich zB innerhalb einer Aufwandsartenrechnung das Betriebsergebnis und das außerbetriebliche Ergebnis nicht theoretisch sauber trennen, insb wenn einige Aufwands- und Ertragsarten teils betrieblicher, teils außerbetrieblicher 41

Natur sind (zB Personalaufwand, Zinsaufwand, Steuern); überwiegend wird im Schrifttum die Auffassung vertreten, dass das Erfolgsspaltungskonzept dringend ergänzt und erweitert werden müsste (*Küting* WPg 1997, 694).

42 Sieht man das Ziel der Erfolgsspaltung darin, „das nachhaltig erzielbare Ergebnis aus der eigentlichen Unternehmenstätigkeit zu ermitteln", müssen Ergebniskomponenten, die einmalig, dh nicht regelmäßig, auftreten bzw Geschäftsvorfälle, die nicht zum gewöhnlichen Geschäftsbetrieb des jeweiligen Unt gehören (*Küting* WPg 1997, 699), aus dem ordentlichen Ergebnis ausgesondert werden. Zu jenen Komponenten, von denen regelmäßig nicht vermutet werden kann, dass sie in folgenden Gj in gleicher oder ähnlicher Weise anfallen, gehören zB Liquidations- und Bewertungserfolge (ebenso *Küting* WPg 1997, 700). Aus diesem Grund wird von Teilen der Literatur vorgeschlagen, die ansonsten unter den sonstigen betrieblichen Erträgen (Posten Nrn 4 bzw 6) auszuweisenden Erträge aus dem Abgang von VG des Anlage- und Umlaufvermögens und Erträge aus der Auflösung von Rückstellungen – wenn wesentlich – im Anhang zu erläutern, da beide Ertragskategorien idR zum außergewöhnlichen Ergebnis einer Erfolgsspaltung nach betriebswirtschaftlichen Gesichtspunkten gehören (so *Küting* WPg 1997, 702).

43 In der Praxis werden zT Kennzahlen (zB EBIT, EBITDA), die auch für die Steuerung des Unt bzw des Konzerns von Bedeutung sind, in der GuV als Zwischensumme ausgewiesen. Gegen diese Handhabung sind dann keine Einwendungen zu erheben, wenn dadurch der Informationsgehalt der in den Gliederungen der Abs 2 u 3 vorgesehenen Zwischensummen (insb Ergebnis der gewöhnlichen Geschäftstätigkeit) nicht verringert bzw verfälscht wird.

C. Inhalt der einzelnen Posten der Gewinn- und Verlustrechnung

I. Gesamtkostenverfahren (Abs 2)

Bei unserer Bezeichnung der Postennummern beziehen sich die ersten Angaben auf die Gliederung der GuV nach dem Gesamtkostenverfahren, während ab Posten 9 die zweiten Nrn die Stellung des betr Postens im Rahmen des Umsatzkostenverfahrens zeigen.

1. Umsatzerlöse (Nr 1)

a) Allgemeines

45 Der Inhalt des Postens Umsatzerlöse ist im Gesamt- und Umsatzkostenverfahren identisch (*ADS*[6] § 277 Anm 4; *Isele/Urner-Hemmeter* in HdR[5] § 277 Anm 2). Die Umsatzerlöse sind die Ausgangsgröße für die GuV nach der **Staffelform** und zugleich sowohl als absolute Zahl als auch in Beziehung zu anderen Posten eine der wichtigsten Kennziffern. Von Bedeutung ist die Bestimmung der Umsatzerlöse im Hinblick auf die Größenklassen gem §§ 267, 293 HGB und §§ 1, 11 PublG. Der Vergleich mit den in Vj erzielten Umsatzerlösen lässt überdies einen Rückschluss auf die Entwicklung des Unt zu (interner Vergleich, Zeitvergleich). Durch einen Vergleich mit den Umsatzerlösen anderer Unt derselben Branche wird die Stellung des Unt im Verhältnis zu seinen Konkurrenten sichtbar (externer Vergleich, Betriebsvergleich), sofern dieser Posten auch dort nach annähernd gleichen Kriterien ermittelt wird. Da die Umsatzerlöse zwar von Auslieferungs-Dispositionen und Preisverhandlungen abhängig,

aber idR von Bewertungsänderungen unabhängig sind, bieten sie einen einigermaßen sicheren Ausgangspunkt für den internen und ggf für einen externen Vergleich sowie für die Ermittlung der Ertragslage des Unt. Bei Störungen der Vergleichbarkeit (zB bei Unt mit langfristiger Fertigung) ist darüber im Anhang zu berichten (§ 265 Abs 2).

Die **Abgrenzung** der Umsatzerlöse von den sonstigen betrieblichen Erträgen kann im Einzelfall umstritten sein (dazu Anm 54 und 90ff). Im Hinblick auf die in § 265 Abs 1 geforderte Darstellungsstetigkeit ist in Zweifelsfällen und unter sonst gleichen Bedingungen eine einmal gewählte, zulässige Zuordnung im Interesse der Vergleichbarkeit beizubehalten. Wird in Fällen von Belang jedoch die Ausweisart geändert, ist die Abweichung im Anhang anzugeben und zu begründen (§ 265 Abs 1).

Kleine und mittelgroße KapGes/KapCoGes dürfen nach § 276 S 1 die 46
Posten Umsatzerlöse, Bestandsveränderungen an fertigen und unfertigen Erzeugnissen, andere aktivierte Eigenleistungen, sonstige betriebliche Erträge und Materialaufwand zu dem Posten „Rohergebnis“ zusammenfassen.

b) Begriff der Umsatzerlöse (§ 277 Abs 1)

Der Begriff der Umsatzerlöse ist in § 277 Abs 1 definiert. Die im Wesentli- 47
chen von Art 28 der 4. EG-Richtl vorgegebene Definition wurde mit geringfügigen sprachlichen Abweichungen übernommen, so dass von einer inhaltlichen Übereinstimmung mit dieser Richtl ausgegangen werden kann.

Erlösschmälerungen in Form von Preisnachlässen und zurückgewährten Entgelten sind von den Umsatzerlösen abzusetzen.

Für die Zuordnung zu den Umsatzerlösen ist allein entscheidend, ob die 48
Umsätze im Rahmen der für die **gewöhnliche Geschäftstätigkeit** eines Unt **typischen Leistungsangebote** ausgeführt werden. Dem Umsatzbegriff für Zwecke der Rechnungslegung liegt demnach nicht die umfassende Umsatzdefinition des Umsatzsteuerrechts zugrunde, das sämtliche entgeltlichen Lieferungen oder Leistungen, gleichgültig auf welche Weise sie erbracht werden und worauf sie sich beziehen, zu den Umsätzen rechnet. Umsatzerlöse iSd § 277 Abs 1 sind demgegenüber nur bei solchen Lieferungen und Leistungen gegeben, die das Unt im Rahmen seiner üblichen Geschäftstätigkeiten erbringt und bei denen es aufgrund seiner tatsächlichen Absatz- bzw Dienstleistungsangebote regelmäßig als Mitbewerber am Markt auftritt. Es muss sich um planmäßig erbrachte Leistungen, nicht um Gelegenheitsgeschäfte handeln. Umsatzerlöse liegen demnach nicht vor, wenn Vorräte im Rahmen des Verkaufs einer Unternehmung oder eines Betriebsteils übertragen werden. Im Gegensatz dazu ist jedoch von Umsatzerlösen auszugehen, wenn im Rahmen von **Kompensationsgeschäften** erhaltene Waren und Erzeugnisse veräußert werden. Soweit die bezogenen Produkte noch nicht veräußert wurden, sind deren beizulegende Werte als Umsatzerlöse zu erfassen.

Welche Erlöse im Einzelnen zu den Umsatzerlösen zählen, richtet sich nicht 49
allein nach den Vertriebsangeboten, sondern vielmehr nach den tatsächlichen Verhältnissen im Unt. In Betracht kommt hierbei die Produkt- bzw Dienstleistungspalette, die ein Unt nicht nur gelegentlich seinen Marktpartnern anbietet. Dabei ist der Rahmen der Produktion und der Dienstleistung sehr weit zu spannen. Eine allgemein gültige, für alle Branchen gleichermaßen geltende Klassifizierung kann es nicht geben. Der Gegenstand des Unt lt Satzung oder Ges-Vertrag kann für die Abgrenzung *hilfreich,* allerdings *nicht entscheidend* sein. Erlöse, die für ein Unt Umsatzerlöse darstellen, können für ein anderes Unt als sonstige betriebliche Erträge (Posten Nrn 4 bzw 6) zu qualifizieren sein.

Eine genaue Abgrenzung der Umsatzerlöse **von den sonstigen betrieblichen Erträgen** ist von Bedeutung, weil die Erfüllung bestimmter abgestufter Rechnungslegungspflichten von den Größenmerkmalen des § 267 Abs 1 bis 3, ua den Umsatzerlösen, abhängig ist. Allgemein gilt aber:

50 In **Handelsunternehmen** werden zB die Verkäufe von Waren, mit denen das Unt üblicherweise am Markt konkurriert, als Umsatzerlöse ausgewiesen. Andere Umsätze, wie zB der Verkauf von Grundstücken oder die Vermietung von Gebäuden, sind idR unter den sonstigen betrieblichen Erträgen auszuweisen – es sei denn, dies ist der Hauptzweck des Unt.

51 Bei **Produktionsunternehmen** sind alle Umsätze von Erzeugnissen und Handelsumsätze, die mit der gewöhnlichen Geschäftstätigkeit zusammenhängen und für diese typisch sind, als Umsatzerlöse zu erfassen. Ferner gehören hierher auch Erlöse aus dem Verkauf von Zwischenprodukten und Halbfabrikaten, die das Unt teils veräußert, teils weiterverarbeitet, sowie von Verpackungserlösen oder von Nebenprodukten, wenn das Unt damit regelmäßig am Markt auftritt. Erlöse aus dem Verkauf von Anlagegegenständen, Mieterträge aus Werkswohnungen oder aus der gelegentlichen Überlassung von Verwaltungseinrichtungen sowie Kantinenerlöse hängen dagegen auch hier (Anm 50) nicht mit der gewöhnlichen Geschäftstätigkeit zusammen und sind auch nicht typisch für diese, so dass die genannten Erlöse *nicht* unter den Umsatzerlösen ausgewiesen werden dürfen.

52 Auch bei **Dienstleistungsunternehmen** gehören nur die Erlöse aus der gewöhnlichen Geschäftstätigkeit zu den Umsatzerlösen. Dabei ist außerdem zu beachten, dass zT weitergehende branchenspezifische Gliederungsvorschriften bestehen (Formblätter gem § 330 zB für Banken, VersicherungsUnt), die eigens zu dem Zweck erlassen wurden, den geschäftsspezifischen Besonderheiten dieser Unt Rechnung zu tragen. Die Postenbezeichnungen der Formblätter treten in diesen speziellen Fällen an die Stelle der Umsatzerlöse.

53 Erlöse aus Dienstleistungen, die ein Unt normalerweise *nicht* am Markt anbietet, sind unter den sonstigen betrieblichen Erträgen zu erfassen. Dies gilt allerdings nicht für Leistungen, die nicht über den Markt, sondern direkt an *Mutterunternehmen* oder *Konzernunternehmen* erbracht werden; solche Leistungen sind regelmäßig als *Umsatzerlöse* auszuweisen, wenn die og (Anm 48 ff) Voraussetzungen vorliegen.

Als sonstige betriebliche Erträge anzusehen sind idR auch Kostenerstattungen für **Nebenleistungen** und **Umlagen,** sofern diese nicht als „betriebstypisch" (dann Umsatzerlöse, glA *ADS*[6] § 277 Anm 14) oder als (erfolgsneutrale) durchlaufende Posten (zB Umlagen für Heizung, Beleuchtung usw) anzusehen sind. In Zweifelsfällen sollte zur Abgrenzung auch festgestellt werden, ob die jeweiligen Einstandskosten in das Rohergebnis einfließen oder nicht.

Nach *HFA 2/1996* Abschn 2111 und 212 sind auch erfolgswirksam gewordene Teile von **Investitionszuschüssen** sowie von **Aufwands- und Ertragszuschüssen** nach Maßgabe von § 277 Abs 1 *je nach ihrem Charakter* als Umsatzerlöse oder als sonstige betriebliche Erträge (Posten Nrn 4 bzw 6) auszuweisen.

Trotz des gesetzlichen Grundprinzips, nur Erlöse aus dem *eigentlichen* unternehmensspezifischen Leistungsangebot den Umsatzerlösen zuzurechnen, werden sich aber in Einzelfällen Abgrenzungsprobleme nicht immer vermeiden lassen. In derartigen Fällen kommt dem Grundsatz der **Ausweisstetigkeit** (§ 265 Abs 1) besondere Bedeutung zu. Eine einmal gewählte Postenzuordnung ist nach Möglichkeit beizubehalten und darf nur in Ausnahmefällen wegen besonderer Umstände (Änderung des UntZwecks, Konzernwechsel, ähnlich *ADS*[6] § 277 Anm 6), aber keinesfalls willkürlich, geändert werden. Die Abweichungen sind im Anhang anzugeben und zu begründen.

c) Abgrenzung der Umsatzerlöse in Einzelfällen

Folgende Sachverhalte dürften idR **nicht zu den Umsatzerlösen gerechnet werden,** es sei denn, es handelt sich bei dem einzelnen Unt um typische Erlöse aus der gewöhnlichen Geschäftstätigkeit (ebenso *ADS*[6] § 277 Anm 7 ff): 54

- **Erlöse aus Kantinenverkäufen, Werksküchen und Erholungsheimen.** Das Unt tritt insoweit nicht am Markt als Wettbewerber auf, es sei denn, es handelt sich um Catering-Unt.
- **Verkäufe nicht mehr benötigter Roh-, Hilfs- und Betriebsstoffe** *(Magazinverkäufe),* soweit derartige Verkäufe nicht geschäftszweigtypisch sind. Aus Vereinfachungsgründen wird aber auch in diesen Fällen ein Ausweis unter den Umsatzerlösen vertretbar sein, um die ansonsten ebenfalls notwendige, aber schwierige Aussonderung aus den Materialaufwendungen beim Gesamtkostenverfahren (Posten Nr 5a) zu vermeiden. Voraussetzung dafür ist aber, dass es sich *nicht* um größere einmalige Magazinverkäufe handelt. Nebenerlöse aus dem **Verkauf von Schrott** (außer gesondert erfassbarem Anlagenschrott), Abfall- und Kuppelprodukten sind dagegen regelmäßig unter den Umsatzerlösen zu erfassen, zumal auch die zugehörigen Aufwendungen als Materialaufwand (Gesamtkostenverfahren) oder HK (Umsatzkostenverfahren) in das Rohergebnis einfließen. Eine Saldierung mit dem Materialaufwand ist nicht zulässig.
- **Miet- und Pachteinnahmen,** es sei denn, sie fallen bei einem WohnungsUnt oder einer Leasing-Ges an (glA *Isele/Paffrath* in HdR[5], § 277 Anm 55). Demgegenüber sind Erlöse aus der Vermietung oder Verpachtung von Anlagen zu den Umsatzerlösen zu rechnen, wenn die Erträge hieraus nicht nur vorübergehender Natur sind, da das Unt insoweit am Markt als regelmäßiger Anbieter auftritt. Dementsprechend müssen hierdurch verursachte Instandhaltungsaufwendungen oder Fremdleistungen als leistungsbezogener Aufwand in den Posten Nr 5 (bzw Nr 2) einbezogen werden.
- **Mieteinnahmen aus Werkswohnungen** stellen regelmäßig keine Umsatzerlöse dar, dagegen bestehen keine Bedenken, die Pachteinnahmen der *Brauereien* den Umsatzerlösen zu subsumieren (glA *ADS*[6] § 277 Anm 12).
- **Patent- und Lizenzeinnahmen,** wenn die Vergabe nicht zu den typischen Leistungen des Unt gehört. Sie sind jedoch dann unter den Umsatzerlösen auszuweisen, wenn die gewöhnliche Geschäftstätigkeit des Unt in der Forschung und Entwicklung von Projekten für andere besteht. Dies gilt auch dann, wenn dem Patent- oder Lizenznehmer ermöglicht wird, die von dem Unt selbst vertriebenen Erzeugnisse ebenfalls anzubieten, da in diesem Fall die Einnahmen an die Stelle von eigenen Umsatzerlösen treten.
- **Versicherungsentschädigungen** mit Ausnahme der Entschädigung für bereits verkaufte Waren und Erzeugnisse, soweit dadurch nicht berechnungsfähige Umsätze ersetzt werden.
- **Gelegentliche Dienstleistungen,** zB aus der vorübergehenden Überlassung eigener, nicht voll beschäftigter Arbeitnehmer bzw Maschinen an andere. Sofern derartige Leistungen regelmäßig oder zumindest mit einer gewissen Nachhaltigkeit erbracht werden, gehören die Erlöse jedoch zu den Umsatzerlösen.
- **Von Konzerngesellschaften erhobene Gestionsgebühren (Konzernumlagen).** Diese gehören nur dann zu den Umsatzerlösen, wenn die den Umlagen zugrundeliegenden Leistungen an Konzern-Unt für die gewöhnliche Geschäftstätigkeit der Holding-Ges *typisch* sind (zB Vermittlungen, Beratungen).
- **Subventionen.** Sie sind kein am Markt erzieltes Leistungsentgelt; dies dürfte unstreitig für alle Subventionen gelten, die nur Betriebskosten abdecken sollen oder nur an einzelne Unt gezahlt werden.

– Als Umsatzerlöse können dagegen **Ertragszuschüsse (Bauzuschüsse) bei Energieversorgungsanlagen** betrachtet werden. Nach den eigenbetriebsrechtlichen Regelungen der Länder (zB § 23 Abs 4 des hessischen Eigenbetriebsgesetzes) sind passivierte Ertragszuschüsse jährlich mit einem Zwanzigstel aufzulösen und als Ertrag zu vereinnahmen (so auch *WPH*[12] I L 18, 37). Auf ähnlich gelagerte Fälle darf diese Spezialregelung jedoch nicht übertragen werden. So sind zB Zuschüsse aus öffentlichen Mitteln zur Milderung von Härten infolge Betriebseinschränkungen uE sonstige betriebliche Erträge (Anm 91).
– **Holding-Gesellschaften** können Leistungen für ihre Beteiligungs-Ges erbringen, zB Marktforschung, Geschäftsanbahnung, Bereitstellung von Mieträumen usw; insoweit ist das Entgelt für diese Leistungen als Umsatzerlöse auszuweisen.
– **Erlöse für Leistungen bei Unterstützungskassen-GmbH** (Aufwandsersatz, Zuwendungen). Sie treten mit ihrem Leistungsplan nicht als Mitbewerber am Markt auf (was nach Anm 48 Voraussetzung für den Ausweis als Umsatzerlöse ist).
– **Ertragswirksam auszuweisende Spendenaufkommen** bei spendensammelnden Organisationen, weil ein Leistungsaustausch fehlt. Nach *HFA 4/1995* (WPg, 701 Abschn B.1.6) erfolgt der GuV-Ausweis *idR* in einem gesonderten Posten vor den Umsatzerlösen; ein Ausweis als Umsatzerlöse ist nicht zulässig.

55 Dagegen kommt in den folgenden Fällen ein **Ausweis bei den Umsatzerlösen** in Betracht:
– **Speditionserträge.** Die Rechnungen enthalten oftmals weiterberechnete Fremdleistungen (zB von Lagerhaltern) und vorgelegte **Auslagen** (zB Zölle). Die Fremd- und Subunternehmerleistungen sind unter den Umsatzerlösen auszuweisen, während die vorgelegten Auslagen als durchlaufende Posten nicht in der GuV zu erfassen sind.
– **Vermittlungs- und Kommissionsgeschäft.** In diesen Fällen ist das Entgelt für die erbrachte Leistung die Provision. Es ist wirtschaftlich gerechtfertigt, nur die Provision unter den Umsatzerlösen auszuweisen, auch wenn zB der Kommissionär nach außen in eigenem Namen auftritt (*ADS*[6] § 277 Anm 27). Ähnliches kann auch bei anderen Geschäften gelten, bei denen die Vermittlungsleistung im Vordergrund steht. Abgrenzungskriterien sind letztlich die Verteilung der Chancen und Risiken aus dem Gesamtgeschäft.
– Erhaltene Beträge aus **Syndikatsabrechnungen** und **Gewinnpoolungen** aus einem einzelnen Geschäft sind unter den Umsatzerlösen auszuweisen (§ 277 Anm 11).

d) Besonderheiten bei Arbeitsgemeinschaften

56 Insb im Baugewerbe schließen sich Unt häufig zu Arbeitsgemeinschaften (sog Arge als GbR) zur gemeinsamen Durchführung eines oder mehrerer Objekte zusammen. Nach den rechtlichen Beziehungen der Arge und der Unt zu dem Auftraggeber sind folgende Grundtypen zu unterscheiden.

Die **einzelnen Mitglieder** der Arge **schließen** mit dem Auftraggeber **direkt Verträge** über die Ausführungen von Teilabschnitten des Bauvorhabens ab. Da hier unmittelbare Rechtsbeziehungen zwischen dem einzelnen Mitglied der Arge und dem Auftraggeber bestehen, sind die dem Auftraggeber in Rechnung gestellten Beträge als Umsatzerlöse zu erfassen und die zugehörigen Aufwendungen unter den entspr Aufwandsposten auszuweisen.

57 Der Auftraggeber schließt den Vertrag über die Ausführung des Bauvorhabens mit *einem* Unt der Arge (= Konsortialführer) ab. Dieses Unt vergibt dann

Teile des Bauvorhabens **im Namen des Auftraggebers** an die einzelnen Mitglieder. Auch in diesem Fall haben die Unt der Arge *ihre* Leistungen als Umsatzerlöse, ihre Aufwendungen unter den entspr Aufwandsposten auszuweisen. Vergibt der Konsortialführer die Aufträge **im eigenen Namen,** handelt es sich nicht um Arge im herkömmlichen Sinne, sondern um Subunternehmerverträge. In diesem Fall gelten die allgemeinen Grundsätze, dh der Generalunternehmer weist den gesamten Auftragswert unter den Umsatzerlösen und die Subunternehmerleistung unter Posten Nr 5 bzw Nr 2 aus. Das Gleiche gilt für die SubUnt bzgl der von ihnen erbrachten vertraglichen Leistungen.

Der Auftraggeber schließt den Vertrag über das gesamte Bauvorhaben **mit** 58
der Arge ab. Soweit deren Mitglieder ggü der Arge Lieferungen und Leistungen erbringen, ist das Entgelt hierfür unter den Umsatzerlösen zu erfassen, die Aufwendungen unter den entspr Aufwandsposten.

Problematisch ist dagegen die Behandlung der Umsätze, die die **Arbeitsgemeinschaft selbst erzielt** und deren Ergebnis anschließend nach einem vorher bestimmten Schlüssel **auf die einzelnen Mitglieder** der Arge verteilt wird. Dabei gilt folgendes (*HFA 1/1993* Zur Bilanzierung von Joint Ventures WPg, 441 ff): Handelt es sich um eine Arge mit UntEigenschaft, sind die Anteile entweder als Beteiligung (unabhängig von der Beteiligungsquote) oder als Anteile an verbundenen Unt auszuweisen. Bei fehlender UntEigenschaft sind die Anteile als „sonstige Ausleihungen“ anzusehen. Die von der Arge vereinnahmten Ergebnisse sind dann entspr unter Posten Nr 9 („Erträge aus Beteiligungen“) oder Posten Nr 10 („Erträge aus anderen Wertpapieren und Ausleihungen des Finanzanlagevermögens“) auszuweisen. Dabei dürfen positive und negative Ergebnisse aus Anteilen an verschiedenen Arge in der GuV *nicht* saldiert werden.

Ein Ausweis der **Anteile im Umlaufvermögen** kommt gem *HFA 1/1993* in Betracht, wenn die Arge nur für einen zuvor festgelegten Zeitraum gegründet wurde und wenn sich die voraussichtliche Dauer über nicht mehr als zwei Bilanzstichtage erstreckt. Die Erträge sollten dann unter „sonstige Zinsen und ähnliche Erträge“ erfasst werden. Zulässig ist auch ein Ausweis unter den „sonstigen betrieblichen Erträgen“ (*Früh/Klar* WPg 1993, 499; *Fey* BuW 1993, 796). Soweit ein Unt in Einzelfällen lediglich am Ergebnis einer Arge beteiligt ist, ohne eigene (Bau-)Leistungen zu erbringen (zB Vermittler), kommt ein Ausweis nur als „sonstige betriebliche Erträge“ in Betracht (Posten Nrn 4 bzw 6). Der Ergebnisanteil aus **Anteilen** an Arge, die dem **Umlaufvermögen** zugeordnet werden, kann unter den *Umsatzerlösen* ausgewiesen werden, wenn ein Teil der gewöhnlichen Geschäftstätigkeit rechtlich in die Arge ausgelagert wurde, keine Einlagen geleistet wurden (typische Form der Bau-Arge) und eine Erl im Anhang erfolgt. Dabei ist der Anteil dieser Aufträge am gesamten im Gj abgewickelten Auftragsvolumen anzugeben (*HFA 1/1993* Abschn 3.4).

e) Abzug von Erlösschmälerungen

Durch den Wortlaut von § 277 Abs 1 (sind ... nach Abzug von Erlösschmä- 62
lerungen ... auszuweisen) wird klar eine Abzugspflicht für Erlösschmälerungen zum Ausdruck gebracht, weil Umsatzerlöse wirtschaftlich nur in Höhe des Betrags vorliegen, den das Unt von dem Abnehmer letztlich erhalten hat. Dies ergibt sich schon aus dem allgemeinen Grundsatz, dass alle unter den einzelnen Posten der GuV auszuweisenden Beträge nur in ihrer tatsächlich angefallenen Höhe angesetzt werden dürfen (so auch *ADS*[6] § 277 Anm 29). Dies gilt für Umsatzerlöse selbst dann, wenn die Umsatzminderung noch nicht eingetreten ist, aber mit ihrem Eintritt in der nächsten Zukunft zu rechnen ist. In diesem Fall ist in der bis zum Bilanzaufstellungstag noch zu erwartenden Höhe der Erlösschmälerung eine Rückstel-

lung zu bilden; der Ausweis dieses Aufwands wird allgemein unter „Umsatzerlöse" erfolgen, damit die Umsatzerlöse periodengerecht in ihrer zutreffenden Höhe ausgewiesen werden (so auch *ADS*[6] § 277 Anm 33).

63 Dies gilt jedenfalls für nachträglich zu gewährende **Boni und Treuerabatte** (Anm 64). Periodenfremde Erlösschmälerungen sind dagegen unter den sonstigen betrieblichen Aufwendungen auszuweisen, es sei denn, es handelt sich um „Spitzen" infolge unzureichender Rückstellungsbildung für Vj-Umsätze betr Erlösschmälerungen (*WPH*[12] I F 393, *ADS*[6] § 277 Anm 34). Problematisch ist die Behandlung bei notwendigen Zuführungen zu Garantierückstellungen. **Gewährleistungsaufwendungen** werden zT verursacht durch Kaufpreisminderungen aufgrund mangelhafter Lieferungen oder Leistungen; hierbei handelt es sich unzweifelhaft um Erlösschmälerungen, die grds von den Bruttoerlösen abzusetzen sind. Ein erheblicher Teil der Gewährleistungsaufwendungen wird jedoch auch auf Nachbesserungen zurückzuführen sein. Die hierdurch verursachten Aufwendungen sollten im *Gesamtkostenverfahren* unter Posten Nr 8 (sonstige betriebliche Aufwendungen) ausgewiesen werden, soweit nicht von vornherein bekannt ist, welche Primäraufwandsarten künftig in welcher Höhe anfallen werden.

Im *Umsatzkostenverfahren* kommt ein Ausweis unter den HK der zur Erzielung der Umsatzerlöse erbrachten Leistungen (Posten Nr 2) oder bei den sonstigen betrieblichen Aufwendungen (Posten Nr 7) in Betracht. Aus Vereinfachungsgründen dürfte es nicht zu beanstanden sein, wenn mit den Zusatzkosten in einer Summe auch die durch Garantiefälle zu erwartenden Erlösschmälerungen unter Posten Nr 2 ausgewiesen werden.

Eine Saldierung der für das Gj notwendigen Zuführung mit *ermittelbaren* Auflösungen nicht mehr benötigter Rückstellungen für Vj wird dagegen nicht für zulässig gehalten (§ 246 Abs 2). Es dürfte auch nicht angehen, erkennbar für **Vorjahres**umsätze zurückgewährte wesentliche Entgelte, für die keine Rückstellung gebildet wurde, von den Umsatzerlösen des Gj abzusetzen, vielmehr handelt es sich dabei um als sonstige betriebliche Aufwendungen auszuweisende Beträge.

64 Als Erlösschmälerungen im Sinne des § 277 Abs 1 kommen **Preisnachlässe** und zurückgewährte Entgelte in jeder Form in Betracht. Dazu zählen **Nachlässe** (Barzahlungs-, Mengen- und Sonderrabatte) und **Umsatzvergütungen, Treuerabatte und -prämien** ebenso wie die verschiedenen Formen von Gutschriften an Abnehmer für Rückwaren, Gewichtsmängel, Preisdifferenzen sowie Fracht- und Verpackungskosten. Dies gilt auch für Zuführungen zu Rückstellungen für derartige Preisnachlässe und zurückzugewährende Entgelte. Nicht hierzu gehören *an Dritte* geleistete Provisionen, Listungsgelder (Listing Fees) und Ausgangsfrachten (Posten Nr 8).

Die Erteilung einer **Gutschrift für Freimengen** kann einen Abzug und eine Rückstellung erforderlich machen, wenn die Freimengen erst im folgenden Gj ausgeliefert werden. Soweit allerdings die Freimengen zur Absatzförderung auch von der Erzielung eines bestimmten Mindestumsatzes im Folgejahr abhängen, ist eine Aufteilung auf beide Perioden notwendig.

65 **Kundenskonti** werden bei tatsächlicher Inanspruchnahme als Umsatzminderung behandelt (*ADS*[6] § 277 Anm 30; *Isele/Paffrath* in HdR[5] § 277 Anm 68), obwohl dadurch die Umsatzerlöse in ihrer Höhe beeinflusst werden, je nachdem, ob der Abnehmer die Finanzierungsleistung (Zahlungsziel) beansprucht oder nicht. Die an sich grds gebotene Trennung zwischen Barzahlungspreis (Umsatzerlös) und Mehrpreis für Zahlungsziel (Zinsertrag) wird jedoch im Hinblick auf die damit verbundene Mehrarbeit nicht verlangt werden können. Dies gilt aber dann nicht, wenn das Entgelt von vornherein über das übliche Zahlungsziel hinaus unverzinslich oder minderverzinslich gestundet wird. Bei unverzinslicher Stundung ist uE von einer Zeitgrenze von etwa einem Jahr auszu-

gehen, bei minderverzinslichen Forderungen hat eine Abzinsung stets zu erfolgen. Die **Abzinsung** auf den Gegenwartswert der Forderung ist zu Lasten der Umsatzerlöse vorzunehmen (ebenso *ADS*[6] § 277 Anm 35).

Eine Erlösschmälerung liegt dagegen *nicht* vor, wenn die Forderung *nachträglich* (nach dem nächsten Bilanzstichtag) als uneinbringlich abgeschrieben oder im Rahmen eines Vergleichs ermäßigt oder längerfristig gestundet werden muss. Dann handelt es sich um sonstige betriebliche Aufwendungen (so auch *ADS*[6] § 277 Anm 31).

Obwohl das HGB den Begriff der Erlösschmälerungen nicht näher umschreibt, könnte der fehlende Hinweis, dass „andere Beträge“ nicht abgesetzt werden dürfen, als Möglichkeit angesehen werden, umsatzbezogene Verbrauchsteuern von den Umsatzerlösen abzusetzen, wenn man sie nicht als Erlösschmälerungen ansieht. Art 28 der 4. EG-Richtl verlangt sogar den Abzug „anderer unmittelbar auf den Umsatz bezogener Steuern“. In § 277 Abs 1 ist allerdings neben den Erlösschmälerungen nur die USt abzugspflichtig, doch dürfte es – auch aus Gründen der internationalen Vergleichbarkeit zulässig (und notwendig) sein, die auf dem Produkt lastenden **Verbrauch- bzw Verkehrsteuern** (zB Tabaksteuer, Biersteuer, Mineralölsteuer, Sektsteuer, Stromsteuer) sowie **Monopolabgaben** aus den Umsatzerlösen herauszurechnen und *offen* in einer Vorspalte von diesen abzusetzen (*ADS*[6] halten nur die offene Absetzung der Mineralölsteuer für zulässig, § 275 Anm 204). Aus der Sicht des Unt handelt es sich hierbei um durchlaufende Posten, die wirtschaftlich den „Erlös des Unt“ schmälern. Ihre Einbeziehung bei gleichzeitigem Ausweis der Steuerschuld unter den sonstigen Steuern oder unter Materialaufwand/HK würde das Rohergebnis in unnötiger Weise verfälschen. 66

Die Formulierung in § 1 Abs 2 S 3 PublG, wonach für die Bestimmung der maßgebenden Umsatzgrenze „auch die in den Umsatzerlösen enthaltenen Verbrauchsteuern oder Monopolabgaben abzusetzen sind“, hat insoweit nur klarstellende Bedeutung. Ihr Zweck ist nicht, eine von § 277 Abs 1 abw Umsatzdefinition zu schaffen, sondern sie dient lediglich der Rechtssicherheit. Da nach den GoB eine je nach Rechtsform unterschiedliche Begriffsbestimmung der Umsatzerlöse nicht zulässig ist, darf § 1 PublG sogar als Auslegungshilfe für den Begriff der Erlösschmälerungen iSv § 277 Abs 1 aufgefasst werden. 67

Dieselben Grundsätze, die für die genannten Abgaben gelten, bei denen das Unt als Abgabeschuldner für *eigene* Rechnung anzusehen ist, müssen erst recht für solche Beträge gelten, die für *fremde* Rechnung verauslagt oder abgeführt werden. Dabei ist unerheblich, ob das Unt rechtlich in eigenem oder in fremdem Namen handelt. Entscheidend für die Erfassung der eigenen Betriebsleistung ist lediglich, für wessen Rechnung die Leistung ausgeführt wird. 68

2. Erhöhung oder Verminderung des Bestands an fertigen und unfertigen Erzeugnissen (Nr 2 und § 277 Abs 2)

Der Posten **Bestandsveränderung** wird beim Gesamtkostenverfahren erforderlich, weil dort nicht nur die den Umsatzerlösen entspr Aufwendungen der Leistungserstellung erfasst werden, sondern alle Aufwendungen einer Periode, unabhängig von den erzielten Umsatzerlösen. Dieser Posten stellt eine Ergänzung (bei Erhöhung) oder eine Korrektur (bei Verminderung) zu den Umsatzerlösen dar, obwohl diese nicht mit demselben Wertniveau erfolgt. Das nimmt das HGB in Kauf. Er ergibt sich regelmäßig aus dem *Wert*unterschied zwischen den Beträgen, die in der zum Ende des Gj aufgestellten Bilanz und der Vj-Bilanz für unfertige und fertige Erzeugnisse ausgewiesen sind; dies gilt nicht, wenn zwischenzeitlich eine Verschmelzung oder ein Teilbetriebsverkauf stattgefunden 75 hat. Bestandserhöhungen können ein Hinweis darauf sein, dass das Unt nicht die gesamte Produktion des Gj hat absetzen können (möglicherweise nicht nachfragegerecht produziert hat) oder dass bewusst „auf Vorrat" produziert wurde. Eine Bestandserhöhung zeigt, dass im Vergleich zum Vj ein höheres Potential für den Umsatz (die Realisation zu Verkaufspreisen) bereitsteht. Bestandsminderungen zeigen, dass das Unt mehr Erzeugnisse abgesetzt hat, als im Gj hergestellt wurden. Durch die Bestandsminderung werden den Umsatzerlösen gebündelte Fertigungs-Aufwendungen früherer Perioden gegenübergestellt. Im Posten 2 wirken sich ferner alle **Bewertungsänderungen** bei halbfertigen und fertigen Erzeugnissen aus; dazu Anm 77.

Die Bestandsveränderung ist in der GuV als gesonderter Posten auszuweisen und darf nicht mit den Umsatzerlösen verrechnet werden.

Bei **langfristiger Fertigung** hat dieser Posten besondere Bedeutung, weil die Umsatzerlöse je nach der Höhe der abgerechneten Anlagen von Jahr zu Jahr sehr stark schwanken. Erst die Korrektur durch den Posten Nr 2 kann in diesen Fällen ein einigermaßen zutreffendes Bild der im Gj erbrachten Leistung geben. Es erscheint zweckmäßig, diesen Sachverhalt bei der Bezeichnung des Postens Nr 2 zum Ausdruck zu bringen (ähnlich *ADS*[6] § 275 Anm 57).

Zulässige Teil*gewinnrealisierungen* (Näheres § 255 Anm 457 ff) sind unter Posten Nr 2 und nicht unter den Umsatzerlösen auszuweisen; Teil*abrechnungen* sind jedoch unter den Umsatzerlösen auszuweisen (§ 255 Anm 461).

76 Unter dem Posten Nr 2 sind nur die Veränderungen bei fertigen und unfertigen Erzeugnissen auszuweisen. Es muss sich dabei um Erzeugnisse handeln, die in dem bilanzierenden Unt Gegenstand einer Fertigung (Be- oder Verarbeitung) waren oder es noch sind. Die Bestandsveränderungen der fremdbezogenen Roh-, Hilfs- und Betriebsstoffe und die Bestandsveränderungen der Waren (= Handelswaren) gehören mangels Be- oder Verarbeitung nicht unter diesen Posten. Derartige Bestandszugänge erhöhen somit insb bei Handelsbetrieben unmittelbar die entspr Vorratskonten. Bestandsminderungen sind als „Waren-/Stoffeinsatz" unter Posten Nr 5 a zu erfassen.

77 Bestandsveränderungen ergeben sich sowohl aus **Mengenänderungen** (einschließl Inventurdifferenzen) als auch aus **Bewertungsänderungen** (Qualitätsabschläge, Bewertungsabschläge auf Lagerhüter, Bestandsumbewertungen, Bewertungsdifferenzen aus Verrechnungspreisen, Fremdwährungsunterschiede, Abschreibung nach dem Niederstwertprinzip, verlustfreie Bewertung).

Unter den **Abschreibungen** gem § 277 Abs 2 sind aus dem Sinnzusammenhang, aus dem Verhältnis der Posten Nr 2 zu Nr 7 b sowie aus dem Umfang der HK nach § 255 Abs 2 nur Abschreibungen auf VG des *Umlaufvermögens* zu verstehen. Demnach sind Abschreibungen auf die fertigen und unfertigen Erzeugnisse unter dem Posten Nr 2 auszuweisen, soweit sie die in der KapGes/KapCoGes sonst üblichen Abschreibungen *nicht* überschreiten (zur Abgrenzung der „üblichen" Abschreibungen s Anm 145 ff). Für die unter Posten Nr 2 zu erfassenden „üblichen" Abschreibungen kommen in erster Linie pauschale Abschreibungen (wie Lagerhüter- und Schwundabschreibungen) in Betracht.

Wertminderungen, die über die in dem Unt üblicherweise anfallenden Beträge erheblich hinausgehen, sind nicht als Bestandsveränderungen unter Posten Nr 2, sondern als Abschreibungen auf VG des Umlaufvermögens unter Posten Nr 7 b auszuweisen. In diesem Fall ist die Bestandsveränderung nicht gleich dem Unterschied zwischen den Bilanz*werten* zu Beginn und am Ende des Gj. Sind in den hier zu erfassenden üblichen Abschreibungen außerdem solche gem § 253 Abs 3 S 3 enthalten, ist der Betrag der letztgenannten Abschreibungen gesondert auszuweisen oder im Anhang anzugeben (§ 277 Anm 3 ff).

Für die Frage der Üblichkeit spielt es keine Rolle, ob Abschreibungen aufgrund zwingender Vorschriften (zB Niederstwertabschreibung) oder aufgrund steuerlicher Vorschriften (zB Teilwertabschreibung) vorgenommen wurden; entscheidend ist allein, ob im Hinblick auf die Verbesserung des Einblicks in die Ertragslage die Abschreibungen im internen Zeitvergleich ihrer Höhe nach ungewöhnlich sind.

Die Bestandsveränderungen an **fertigen und unfertigen Erzeugnissen** sind **zusammengefasst** unter dem Posten Nr 2 wiederzugeben. Eine Trennung nach fertigen und unfertigen Erzeugnissen ist auch bei gegenläufiger Entwicklung beider Postenbestandteile nicht erforderlich, da es in erster Linie darauf ankommt, ob *per saldo* eine Erhöhung oder eine Verminderung der Bilanzwerte der Bestände eingetreten ist. Danach richtet sich auch die jeweilige Bezeichnung dieses Postens. 78

Bestandsveränderungen bei **selbsterzeugten Roh-, Hilfs- und Betriebsstoffen** sollten nicht unter den anderen aktivierten Eigenleistungen (Posten Nr 3) ausgewiesen werden (*ADS*[6] § 275 Anm 58), da sie regelmäßig einer Be- oder Verarbeitung unterlegen haben; sie gehören zu den fertigen und unfertigen Erzeugnissen. Zurechnungsprobleme treten auf, wenn für die selbsterzeugten und fremdbezogenen Roh-, Hilfs- und Betriebsstoffe keine gesonderten Bestandskonten geführt werden. Häufig werden sie dann in der Praxis zusammengefasst als Roh-, Hilfs- und Betriebsstoffe ausgewiesen. Ist es nicht möglich, beide Gruppen von Rohstoffen zu trennen, sollte *diese* Bestandsveränderung mit dem Materialaufwand verrechnet werden.

Dienstleistungsbetriebe oder **Bauunternehmen** weisen Leistungen, die noch nicht abrechnungsfähig sind, häufig als separaten Posten unter den Vorräten aus. Die Bestandsveränderungen an diesen nicht abgerechneten Dienst- oder Bauleistungen sind auch unter Posten Nr 2 – ggf mit anderen Bestandsveränderungen zusammengefasst – einzuordnen. Die Bezeichnung des Postens ist dann dem tatsächlichen Inhalt anzupassen (§ 265 Abs 6), zB „Erhöhung oder Verminderung des Bestands an fertigen und unfertigen Erzeugnissen sowie an nicht abgerechneten Leistungen“ (glA *ADS*[6] § 275 Anm 57). 79

3. Andere aktivierte Eigenleistungen (Nr 3)

Der Posten umfasst aktivierte Leistungen, die nicht unter Posten Nr 2 auszuweisen sind; dies kommt durch die Postenbezeichnung „Andere …“ zum Ausdruck. Hierunter werden die im **Anlagevermögen** zu aktivierenden Eigenleistungen erfasst, wie zB aktivierte Großreparaturen, selbst erstellte Gebäude, Maschinen, Anlagen, Werkzeuge usw. Danach können eigene Leistungen, die nicht zu einer Aktivierung führen (zB Beseitigung von Schäden, selbsterstellte immaterielle VG des Anlagevermögens, Reparaturen oder wegen bestehender Rückstellungen), nicht hier erfasst werden. Dieser Posten ist erforderlich, weil die Aufwendungen für die Herstellung der selbst erstellten Ausstattungen, Maschinen usw unter den jeweiligen Primär-Aufwandsposten der GuV, zB Nr 5 Materialaufwand und Nr 6 Personalaufwand, ausgewiesen sind. Es handelt sich mithin nach Maßgabe von Anm 81 um einen Gegenposten für im Gj aufgewendete Personal- und Materialkosten; mit der Aktivierung wird – spätestens im Rahmen der JA-Erstellung – die Ertragswirksamkeit und damit die Erfolgsneutralität sichergestellt. 80

Die „aktivierten Eigenleistungen“ dürfen keine **Zulieferungen Dritter** von erheblicher Bedeutung, die keiner eigenen Bearbeitung unterlagen, enthalten (zB bezogene Maschinen, für die nur interne Aufstell- und Montagekosten anfielen). In diesem Falle müssen außerdem die Gemeinkostenzuschläge für solche 81

Groß-Zulieferungen außer Ansatz bleiben (§ 255 Anm 70). „Eigenleistung" bedeutet aber nicht, dass es sich *ausschließlich* um eine Selbstherstellung – aus eigenem Material und mit eigenem Lohnaufwand – handeln müsste. Es können zB fremde Arbeitskräfte unter der Regie eigener Werkstätten für die Erstellung von Anlagen eingesetzt und eigene sowie fremde Arbeitskräfte mit einheitlichen Werkstattverrechnungssätzen abgerechnet werden. Einer differenzierten Betrachtung bedarf es, ob die in den aktivierten Eigenleistungen enthaltenen Fremdlieferungen und -leistungen entweder direkt als Zugänge auf den Anlagekonten zu erfassen sind, so dass im Posten Nr 3 nur die eigene Leistung erscheint *(Netto-Methode)*, oder ob sie in den Ausweis der Eigenleistungen unter Nr 3 einbezogen werden müssen mit der Folge, dass sie dann andererseits auch unter dem Posten Nr 5 als Fremdbezüge erscheinen *(Brutto-Methode)*. Aus der 4. EG-Richtl lässt sich entnehmen, dass dort der Brutto-Methode grds Vorrang eingeräumt wird. Dies ergibt sich aus der Postenbezeichnung gem der 4. EG-Richtl „Sonstige externe Aufwendungen" (s auch Anm 122).

Sind in den aktivierten Eigenleistungen fremdbezogene Leistungen und Materialien von *erheblichem Umfang* im Vergleich zur eigenen Leistung enthalten, ist es angebracht, die fremdbezogenen Leistungsteile direkt als Zugang auf den Anlagekonten zu buchen (Netto-Methode). Ansonsten entsteht in diesen Fällen ein falsches Bild von der Eigenleistung des Unt (ähnlich *ADS*[6] § 275 Anm 63; *Borchert/Budde* in HdR[5] § 275 Anm 36). Durch Gemeinkosten-Zuschläge auf *erhebliche* Fremdleistungen wird auch das Ergebnis verbessert. Am Bilanzstichtag noch nicht abgeschlossene Eigenleistungen sind mit den bis dahin angefallenen Beträgen als „Anlagen im Bau" zu aktivieren.

82 Werden **Eigenleistungen eines früheren Geschäftsjahres nachträglich,** zB aufgrund einer steuerlichen Betriebsprüfung, aktiviert, handelt es sich nicht um Eigenleistungen iSd Postens Nr 3, sondern um Erträge aus Zuschreibungen (oder nachträgliche Zugänge) zu VG des Anlagevermögens, die unter dem Posten Nr 4 – selten Posten Nr 15 – zu erfassen sind (ebenso *ADS*[6] § 275 Anm 60).

Fällt dagegen die Herstellung in zwei Gj und ist erst im zweiten Jahr zu erkennen, dass die Aufwendungen zu einem aktivierbaren Zugang führen, *dürfen* auch die Aufwendungen des ersten Jahres im zweiten Jahr als aktivierte Eigenleistungen erfasst werden. Diese Möglichkeit wird insb bei größeren Reparaturen in Betracht kommen.

Unter den anderen aktivierten Eigenleistungen iSd Postens Nr 3 dürfen uE die Bestandsveränderungen **selbsterzeugter Roh-, Hilfs- und Betriebsstoffe** nicht erfasst werden, selbst wenn der Ausweis in der Bilanz unter Roh-, Hilfs- und Betriebsstoffe erfolgt (dazu auch Anm 78 sowie *ADS*[6] § 275 Anm 66f; *Lachnit* in BoHdR[2] § 275 Anm 75; *WPH*[12] I F 397; aA *Borchert/Budde* in HdR[5] § 275 Anm 37: Ausweis unter Posten Nr 3, weil sämtliche Voraussetzungen für aktivierte Eigenleistungen vorlägen).

83 In den Posten Nr 3 sind bei Vorliegen eines **Ansatzwahlrechts** nur Eigenleistungen einzubeziehen, die auch tatsächlich zunächst aktiviert worden sind. So dürfen **Aufwendungen für die Ingangsetzung und Erweiterung des Geschäftsbetriebs** hier erfasst werden, wenn von der Bilanzierungshilfe nach § 269 Gebrauch gemacht wurde (ebenso *ADS*[6] § 275 Anm 61; *Commandeur* in HdR[5] § 269 Anm 56). Es handelt sich hierbei nicht um „Eigenleistungen", sondern lediglich um als aktivierbar angesehene Aufwendungen. Durch den Ausweis unter Posten Nr 3 wird gezeigt, inwieweit das Jahresergebnis durch diese Aktivierung beeinflusst ist. Das käme durch eine Kürzung bei den entspr Aufwendungen oder bei einem Ausweis unter „sonstige betriebliche Erträge" (so die Handhabung beim Umsatzkostenverfahren) nicht zum Ausdruck. Für die Einbeziehung unter Posten Nr 3 kommt es nicht darauf an, „ob nach der Akti-

vierung eine sofortige Vollabschreibung (etwa für GWG) erfolgt oder nicht" (*ADS*[6] § 275 Anm 62). Andere nicht aktivierbare Eigenleistungen, wie zB eigene FuE-Kosten, freiwillige Sozialleistungen an Arbeitnehmer oder eigene Reparaturen dürfen hier nicht erfasst werden.

4. Sonstige betriebliche Erträge (Nr 4)

Zu den sonstigen betrieblichen Erträgen gehören alle Erträge aus der gewöhnlichen Geschäftstätigkeit, soweit sie nicht in den vorhergehenden Posten enthalten sind oder in nachfolgenden „Finanz"-Ertragsposten als Erträge aus Beteiligungen, Erträge aus Wertpapieren, Ausleihungen und sonstigen Finanzanlagen sowie als sonstige Zinsen und ähnliche Erträge auszuweisen sind. Das Wort „betriebliche" deutet darauf hin, dass die Erträge im Rahmen der gewöhnlichen Geschäftstätigkeit angefallen sind und somit nicht zu den ao Erträgen gehören. 90

Unter den sonstigen betrieblichen Erträgen sind alle Erträge auszuweisen, die *im Rahmen der gewöhnlichen Geschäftstätigkeit* anfallen und anderen Einzelposten nicht zuzuordnen sind (zur Abgrenzung Anm 54). Es handelt sich *insb* um die folgenden **Einzelposten:** 91

- Erträge aus dem Abgang von VG des Anlagevermögens,
- Erträge aus der Herabsetzung der Pauschalabwertung,
- Erträge aus der Auflösung von Rückstellungen,
- Erträge aus der Auflösung des Sonderpostens mit Rücklageanteil,
- Erlöse aus Umsätzen, soweit sie nicht unter Nr 1 zu erfassen sind, zB
- Miet- und Pachteinnahmen, Patent- und Lizenzgebühren sowie nicht für die gewöhnliche Geschäftstätigkeit des Unt typische Verkäufe von überzähligen Roh-, Hilfs- und Betriebsstoffen oder Verkäufe an Personal, Kantinenerlöse, Mieteinnahmen aus Werkswohnungen und ähnliche Erträge, Entgelt für die Überlassung von Personal,
- Schuldnachlässe; bei endgültigem Schulderlass oder verjährten Schulden liegt ggf ao Ertrag vor (Anm 222),
- Kostenerstattungen sowie Rückvergütungen und Gutschriften für frühere Jahre; Verwaltungskostenumlagen bei Konzernen,
- Ausgleichsposten bei der Inanspruchnahme von Rückstellungen, die über sonstige betriebliche Aufwendungen gebildet werden mussten (Anm 103),
- Schadenersatzleistungen (soweit nicht ein Abgangsverlust oder -gewinn auszuweisen ist oder die Ersatzleistungen sich auf verkaufte Erzeugnisse beziehen),
- Erträge aus Sozialeinrichtungen,
- Dividenden aus Genossenschaftsanteilen, die weder Beteiligungen noch Anteile an verbundenen Unt darstellen (Anm 187),
- Weiterbelastungen an TU, insb für Personalkosten, Altersversorgung, Materialkosten, Abschreibungen. Weiterbelastete Zinsen gehören jedoch zu den Zinserträgen (Anm 191). Solche Weiterbelastungen können im JA einer Holding – oder anderer MU – einen erheblichen Anteil dieses Ertragspostens erreichen,
- Erträge aus Dienstleistungen für Fremde oder für Beteiligungs- und verbundene Unt, zB Übernahme der persönlichen Haftung einer KapCoGes (es sei denn, Dienstleistungen sind Gegenstand des Unt; Anm 48 bis 53),
- Erträge aus dem Verkauf von Wertpapieren des Umlaufvermögens oder von Bezugsrechten dieser Wertpapiere; Kursgewinne aus Währungen,
- Zahlungseingänge auf in früheren Jahren abgeschriebene Forderungen und – soweit erforderlich – Minderungen bzw Auflösungen von früher gebildeten Einzelabwertungen,

- Erträge aus Zuschreibungen zu VG des Anlage- oder des Umlaufvermögens, Wertaufholungen gem § 280 Abs 1,
- Erträge aus der Heraufsetzung von Festwerten (Anm 119),
- Erträge aus der Aktivierung von Bilanzierungshilfen,
- Erträge aus Ausgleichsansprüchen, die einer AG/KGaA nach § 311 Abs 2 AktG eingeräumt worden sind,
- Gewinnausschüttungen auf im Umlaufvermögen bilanzierte GmbH-Anteile (§ 266 Anm 128) und Erträge aus der Veräußerung solcher Anteile,
- Aktivierung unentgeltlich erworbener VG (höchstens zum Zeitwert),
- Erträge aus Bewertungseinheiten (Posten mit gegenläufigen (Kurs-)Risiken, die zu geschlossenen Positionen zusammengefasst werden; hierzu *Benne* BB 1992, 1172 ff); grds wird nur der Saldo ausgewiesen (s auch Anm 108),
- Erträge aus erfolgswirksam gewordenen *Zuschussteilen,* soweit sie nicht als Umsatzerlöse (Anm 45 ff) auszuweisen sind (*HFA 2/1996* Abschn 2111 und 212), sondern als Aufwandsvergütung betrachtet werden können, wie zB Zuschüsse aus öffentlichen Kassen für Abfindungen bei Betriebsstilllegungen. Leistet ein Gester Zuschüsse, liegt ein ao Ertrag vor (Anm 222).

95 Nachstehend werden Erl zu häufig unter den „sonstigen betrieblichen Erträgen" auszuweisenden Posten gegeben.

Bei **Erträgen aus dem Abgang von Gegenständen des Anlagevermögens** ist trotz des Verrechnungsverbots (§ 246 Abs 2) – gem der Postenbezeichnung – lediglich der Ertrag (Verlust) als Saldo unter den sonstigen betrieblichen Erträgen (Aufwendungen) zu zeigen. Es bestehen daher keine Bedenken, den **Abgang einer Sachgesamtheit** (Teilbetrieb) – bestehend aus Anlagevermögen, Forderungen, Vorräten und Schulden – entweder zu einem sonstigen betrieblichen Ertrag oder zu einem sonstigen betrieblichen Aufwand zusammenzufassen (sofern wegen der Größenordnung nicht ein ao Ertrag auszuweisen ist, Anm 97, 222).

Erträge aus dem Abgang von VG des Anlagevermögens ergeben sich dann, wenn die Veräußerungserlöse (zu denen grds auch die Schrotterlöse gehören) über dem Buchwert jeweils zum Zeitpunkt des Ausscheidens der *jeweiligen* Anlagegegenstände liegen.

96 Der Veräußerungserlös ist um **Erlösschmälerungen** wie Skonti, Gutschriften, Nachlässe und ähnliches – soweit sie das lfd Gj betreffen – zu kürzen. Ob auch die Kosten des Abgangs abzusetzen sind, wie zB die Kosten des Ausbaus verkaufter Maschinen, des Abbruchs verschrotteter Anlagen sowie Frachtkosten und Provisionen, ist str: Eine solche Absetzung wird im Hinblick auf das Verrechnungsverbot (§ 246 Abs 2) handelsrechtlich für unzulässig gehalten, aber von § 6b Abs 2 EStG gefordert.

97 Liegt die **Versicherungsentschädigung** für *einzelne* untergegangene VG über deren Buchwert, ist der Unterschiedsbetrag als sonstiger betrieblicher Ertrag auszuweisen; der Entschädigungsbetrag tritt an die Stelle des Verkaufserlöses (*ADS*[6] § 275 Anm 73). Der Ertrag aus dem Abgang ist auch dann hierunter auszuweisen, wenn der Ertrag zB in eine Rücklage für Ersatzbeschaffung eingestellt wird. Wird dagegen eine Versicherungsentschädigung für den Untergang ganzer Betriebe oder Teilbetriebe gewährt, sollte der Ausweis unter den ao Erträgen erfolgen. Versicherungsentschädigungen für Maschinen- oder *Produktionsausfälle* sowie für die *Entgelt-Fortzahlungen* wegen Unfallverletzung von Arbeitnehmern sind (ohne Abzug der Personalkosten) ebenso wie Zahlungen aus **Rückdeckungsversicherungen** (s Anm 135) sonstige betriebliche Erträge.

98 Erträge aus der **Zuschreibung** zu VG des Anlagevermögens entstehen insb dann, wenn die Gründe für eine außerplanmäßige Abschreibung in einem späteren Gj nicht mehr bestehen, so dass (für KapGes/KapCoGes) eine Werterhö-

hung vorgenommen werden muss (§ 280 Abs 1). Daneben werden Zuschreibungen vorgenommen, wenn (nach einer steuerlichen Betriebsprüfung) die HB an die Steuerbilanz angepasst wird. Die Zuschreibung entspricht dem Betrag, um den die ursprüngliche (außerplanmäßige) Abschreibung zu hoch war, abzgl ggf zwischenzeitlich erforderlicher Vj-Abschreibungen. Um die Jahresabschreibung in zutreffender Höhe auszuweisen, erfolgt die Zuschreibung zum Beginn des Gj.

Auch **Nachaktivierungen** aus Zugängen, die in Vj als Aufwand gebucht wurden, sind hier zu erfassen (Anm 82).

Bei den **Zuschreibungen zu Gegenständen des Finanzanlagevermögens** ergibt sich das Problem, dass das „Finanzergebnis" einen Posten für Abschreibungen Nr 12 (Nr 11) vorsieht, nicht dagegen einen Posten für Zuschreibungen. IdR wird deshalb der Zuschreibungsertrag – ebenso wie der korrespondierende Abschreibungsaufwand – als zum Ergebnis der gewöhnlichen Geschäftstätigkeit gehörend angesehen werden müssen, so dass ersterer unter „sonstige betriebliche Erträge" auszuweisen ist (*ADS*[6] § 275 Anm 71). Das trifft auch auf Buchgewinne aus der Veräußerung von Finanzanlagen zu. In beiden Fällen wird der Einblick in die Ertragslage verbessert, wenn erhebliche Erträge dieser Art innerhalb des Postens Nr 4 durch einen Vorspaltenvermerk gesondert gezeigt oder im Anhang erläutert werden. Indes folgt ein Ausweis von Erträgen aus der Zuschreibung von Finanzanlagevermögen als sonstige *betriebliche* Erträge nicht der Erfolgsspaltungskonzeption der GuV-Gliederung. Deshalb kommt auch ein Ausweis im Finanzergebnis (entweder unter einem eigenständigen GuV-Posten oder unter Erträgen aus Beteiligungen mit entspr Anpassung der Postenbezeichnung) in Betracht.

Die **Erträge aus der Auflösung nicht in Anspruch genommener** 102
Rückstellungen sind hier auszuweisen mit Ausnahme der (seltenen) Fälle, in denen eine Rückstellung *erfolgsneutral* (meistens als Gegenposten zu Anlagevermögen) gebildet wurde, so dass sie erfolgsneutral aufzulösen ist. Bei bestimmungsgemäßem Verbrauch einer Rückstellung wird die tatsächliche Zahlung direkt zu Lasten der Rückstellung gebucht, so dass die GuV durch den Verbrauch nicht berührt wird.

Wegen des **Verrechnungsverbots** dürfen Auflösungen erfolgswirksam gebildeter Rückstellungen auch nicht mit denjenigen Aufwandsposten des lfd Jahres verrechnet werden, zu deren Lasten die Rückstellungen ursprünglich gebildet wurden. Aus den gleichen Gründen ist es auch unzulässig, eine für einen bestimmten Zweck gebildete Rückstellung nach ihrem Freiwerden für einen anderen Zweck zu verwenden, ohne den Ertrag aus ihrer Auflösung auszuweisen. In diesen Fällen ist der Aufwand des lfd Gj in den entspr Aufwandsposten einzustellen, während die nicht mehr benötigte Rückstellung als Ertrag ausgewiesen werden muss. Einen Sonderfall bilden die Steuerrückstellungen, dazu Anm 253 f.

Bestimmte Rückstellungen, zB für Garantieleistungen oder Reparaturen, bei 103
deren Bildung die Zuordnung zu den einzelnen Aufwandsarten (zB Materialaufwand, Personalaufwand) nicht von vornherein feststeht, werden im Allgemeinen zu Lasten der sonstigen betrieblichen Aufwendungen gebildet. Bei dem späteren tatsächlichen Eintritt des betr Geschäftsvorfalls (zB Reparaturen) ist der Primäraufwand – weil ohnehin nicht gesondert erfassbar – als solcher auszuweisen, zB Löhne und Gehälter, soziale Abgaben und Roh-, Hilfs- und Betriebsstoffe. Um den Aufwand nicht doppelt ergebniswirksam werden zu lassen, wird gleichzeitig die Einstellung eines **Ausgleichspostens,** der dem Verbrauch der Rückstellungen entspricht, in die sonstigen betrieblichen Erträge erforderlich. Es wird jedoch für zulässig erachtet und von uns bevorzugt, diesen Ausgleichsposten gegen die sonstigen betrieblichen Aufwendungen, soweit sie die Neubildung

von Garantierückstellungen für künftige Garantiefälle betreffen, zu saldieren (so *ADS*[6] § 275 Anm 78); denn in diesem Fall wird kein Primäraufwand saldiert, ein ggf übersteigender Betrag ist unter „sonstige betriebliche Erträge" auszuweisen.

105 **Erträge aus der Auflösung von Sonderposten mit Rücklageanteil,** die nach §§ 247 Abs 3, 273 gebildet wurden (zB eine Rücklage nach § 6b EStG), sind unabhängig von ihrer Höhe gem § 281 Abs 2 S 2 beim Posten sonstige betriebliche Erträge *gesondert* auszuweisen (zB „davon Erträge aus der Auflösung von Sonderposten mit Rücklageanteil € ...") oder im Anhang anzugeben. Ein Ausweis unter ao Erträge mit entspr Bezeichnung ist allerdings dann vorzuziehen, wenn die korrespondierenden Aufwendungen als ao Aufwand ausgewiesen werden. Die auf den Auflösungsertrag entfallenden Ertragsteuern sind in dem Steueraufwand (Posten Nrn 18/17) auszuweisen (Bruttoausweis; ebenso *ADS*[6] § 275 Anm 80; *WPH*[12] I F 403).

Herabsetzungen des Sonderpostens mit Rücklageanteil müssen immer zu einem gesondert ausweispflichtigen Ertrag führen, gleichgültig ob der Posten das Anlage- oder Umlaufvermögen betrifft. Eine direkte Verrechnung des Ertrags mit den AK oder HK von VG des Anlage- oder Umlaufvermögens ist nicht zulässig.

Da Sonderposten mit Rücklageanteil nach verschiedenen steuerlichen Vorschriften mit unterschiedlich langen Auflösungszeiträumen gebildet werden können, ist eine Saldierung von Einstellungen und Auflösungen generell nicht zulässig. Unzulässig ist es auch, Bildung und Auflösung von nach der *gleichen* steuerlichen Vorschrift zugelassenen Sonderposten zu saldieren; denn die Auflösung bezieht sich im Gegensatz zur Bildung auf in früheren Jahren bilanzierte Sonderposten (glA *Mundt* DStR 1993, 1796).

106 In den Sonderposten mit Rücklageanteil *darf* von KapGes/KapCoGes und diesen gleichgestellten Unt (Anm 10) auch der Unterschiedsbetrag zwischen steuerrechtlicher (§ 254) und handelsrechtlicher (§§ 253, 279) Bewertung – insb Abschreibung – eingestellt werden. Dieser Posten hat den Charakter einer **Wertberichtigung** – allerdings infolge einer steuerrechtlich zulässigen Abschreibung, § 281 Abs 1 S 1.

107 Die reguläre Auflösung hat entspr der jeweiligen steuerrechtlichen Vorschrift zu erfolgen (zB bei bestimmten Sonderabschreibungen linear über die Restnutzungsdauer). Die Auflösung muss in Relation zur Wertminderung des aktivierten VG vorgenommen werden (§ 281 Abs 1 S 3). Dabei ist der gesonderte Ausweis unter den sonstigen betrieblichen Erträgen gem § 281 Abs 2 zwingend vorgeschrieben; wenngleich in diesem Fall ein gesonderter Ausweis beim Posten Nr 7 „Abschreibungen" aussagefähiger wäre.

Bei notwendigen Auflösungen infolge ao Ereignissen (zB Brand, Diebstahl) kommt ein Ausweis unter den ao Erträgen aufgrund des § 281 Abs 2 S 2 nur in Betracht, wenn ein entspr (Davon-)Vermerk auf die Auflösung hinweist (glA *ADS*[6] § 275 Anm 80).

108 Folgende **Erträge aus dem Einsatz von derivativen Finanzinstrumenten** in Industrie-, Handels- und DienstleistungsUnt (zu Einzelheiten s § 246 Anm 150ff) sind als sonstige betriebliche Erträge auszuweisen: Erträge aus Glattstellung, Veräußerung oder Verfall von Optionen. Erträge des Verkäufers einer Zinsbegrenzungsvereinbarung aus der Auflösung abgelaufener Teiloptionen und des Käufers aufgrund erhaltener Ausgleichszahlungen, soweit diese Beträge nicht Teil einer Bewertungseinheit sind, da in diesem Fall ein Ausweis innerhalb des Zinsergebnisses vorzuziehen ist. Erträge aus der Vereinnahmung von *variation margins* bei Glattstellung von *Financial Futures* vor deren Fälligkeit. Erträge aus dem *Settlement* von *Forward Rate Agreements,* soweit sich das Zinstermingeschäft nicht

auf ein Grundgeschäft bezieht, dessen Verzinsung durch den *Swap* verändert wird, da der Ausweis innerhalb des Zinsergebnisses dann vorzuziehen ist, s auch Anm 194, 210. Erträge aus der Auflösung von Zinsswapgeschäften vor der Fälligkeit bei fehlendem Einbezug in eine Bewertungseinheit.

Die **Erträge aus Steuererstattungen** und aus der Weiterbelastung von Steuern an Organ-Ges oder von Erträgen aufgrund eines Verlustrücktrags (§ 10d EStG) sind gegen den Steueraufwand zu saldieren, dazu Anm 253f. Erstattete **Stromsteuer** wird häufig mit dem Materialaufwand saldiert; anderenfalls kommt der Ausweis unter Posten Nr 4 in Betracht. Das Gleiche gilt auch für die **Mineralölsteuer** (s aber Anm 251: Absetzen von den Umsatzerlösen). 111

Das HGB schreibt zwar für das Gesamtkostenverfahren bis Posten Nr 14 keine **Zwischensummen** vor; dennoch könnte im Interesse der Klarheit und Übersichtlichkeit nach dem Posten Nr 4 eine Zwischensumme gezogen werden, die als „betrieblicher Roh-Ertrag" zu bezeichnen wäre. 112

5. Materialaufwand (Nr 5)

a) Aufwendungen für Roh-, Hilfs- und Betriebsstoffe und für bezogene Waren

b) Aufwendungen für bezogene Leistungen

Unter dem Posten Nr 5a ist in erster Linie der gesamte **Materialverbrauch aus dem Fertigungsbereich** des Unt zu erfassen, insb alle Fertigungsstoffe, Brenn- und Heizungsstoffe, Reinigungsmaterialien, Reparaturstoffe, Baumaterialien, Kleinmaterialien, Reserveteile und Werksgeräte sowie bestimmte Verpackungs- und Versandmaterialien. Materialaufwendungen des Verwaltungs- und Vertriebsbereichs (zB Büromaterial, Papier, Verpackungsmaterial) sollten, weil nicht unmittelbar zur Produktion gehörend, grds unter den sonstigen betrieblichen Aufwendungen ausgewiesen werden. Zulässig ist aber auch ein Ausweis unter Posten Nr 5a (glA *WPH*[12] I F 406). 115

Wichtig erscheint die Beibehaltung des einmal gewählten Ausweises **(Ausweisstetigkeit)** sowie die Notwendigkeit, Abweichungen von Belang in späteren Gj im Anhang anzugeben und zu begründen.

Bei Roh-, Hilfs- und Betriebsstoffen, für die ein **Festwert** gebildet wird, sind die AK aller Zukäufe im Gj unter Posten Nr 5a auszuweisen; glA *ADS*[6] § 275 Anm 86. Bei Anlage-VG, die als Festwert geführt werden, ist der Ausweis der Aufwendungen für Zukäufe sowohl unter Nr 5a als auch unter Nr 8 (sonstige betriebliche Aufwendungen) zulässig (ebenso *WPH*[12] I F 407), unter Kürzung der jeweils aktivierten Zukäufe. Auch die Abstockungen vom Festwert sind unter Posten Nr 5a oder Posten Nr 8 (sonstige betriebliche Aufwendungen) auszuweisen. 119

Die Aufwendungen für Roh-, Hilfs- und Betriebsstoffe werden ihrer Höhe nach durch die **Formel** „Anfangsbestand plus Zugänge minus Endbestand" berechnet, wobei Anfangs- und Endbestände durch Inventur ermittelt und aus den entspr Bestandskonten entnommen werden können. Aufgrund dieser bilanztechnischen Ermittlung der Aufwendungen für Roh-, Hilfs- und Betriebsstoffe gehen neben Mengenunterschieden auch Bewertungsunterschiede, wie zB Inventurdifferenzen und Bewertungsabschläge und -änderungen, in den Posten Nr 5a ein. Da Abschreibungen auf VG des Umlaufvermögens in dem Posten Nr 7b zu erfassen sind, soweit sie die in dem Unt *üblichen* Abschreibungen *überschreiten* (Anm 144ff), dürfen unübliche (außergewöhnlich hohe) Beträge bei der Ermittlung der Aufwendungen für Roh-, Hilfs- und Betriebsstoffe *nicht* einbezogen werden. Als hierunter zu erfassende **übliche Wertminderungen** sind 120

Abwertungen aufgrund von Schwund, von geringeren Verkaufserlösen oder der Produktqualität anzusehen. Dabei ist der Betrag der außerplanmäßigen Abschreibungen nach § 253 Abs 3 S 3 stets gesondert auszuweisen oder im Anhang anzugeben (§ 277 Anm 3ff). Demgegenüber sind *beträchtliche* Verluste von Roh-, Hilfs- und Betriebsstoffen, die zB durch Diebstahl oder Feuer entstehen, nicht unter Posten Nr 5a, sondern unter ao Aufwendungen (Posten Nrn 16 bzw 15) auszuweisen, da sie dann außerhalb der gewöhnlichen Geschäftstätigkeit anfallen – wenn dort auch der Schadensersatz der Versicherung (dazu Anm 97) eingruppiert wird. Zum Ausweis nicht abzugsfähiger Vorsteuern unter Posten Nr 5a *HFA 1/1985* idF 1990 WPg, 57f. Unzulässig ist auch die V*errechnung* von Materialaufwand mit höheren (Sonder-)Gutschriften, die ao Ertrag darstellen (hierzu *LG Stuttgart* 11. 4. 1994 DB, 928f).

121 Aufwendungen für **bezogene Waren** sind nur dann unter Posten Nr 5a zu erfassen, wenn die Waren verkauft wurden oder infolge von Inventurdifferenzen oder einer Abwertung nach § 253 Abs 3 nicht mehr mit ihren AK bilanziert werden. Soweit bezogene Waren in dem Bestand der Vorräte enthalten und nicht abgewertet sind, haben sie (noch) zu keinem Aufwand geführt.

122 Aufwendungen für **bezogene Leistungen (Posten Nr 5b)** stehen den Roh-, Hilfs- und Betriebsstoffen gleich, sie sind gesondert auszuweisen. Es muss sich dabei um externe Vorleistungen für die Herstellung bzw (in der Industrie) Be- oder Verarbeitung eigener Erzeugnisse im weitesten Sinne handeln. Ausschlaggebend für die **Abgrenzung der bezogenen Leistungen** ist, dass sie gem der Untergliederung im HGB Stoffeinsatz sein sollen (ähnlich *ADS*[6] § 275 Anm 93; *Borchert/Budde* in HdR[5] § 275 Anm 50, 53; *WPH*[12] I F 409). Hier sind die Aufwendungen für sämtliche bezogenen Leistungen auszuweisen, die dem Stoffeinsatz zugeordnet werden können; dazu gehört auch der Bezug von *Energie* (zB Strom, Gas), glA *WPH*[12] I F 406, *ADS*[6] § 275 Anm 85, 97; aA (für die Einbeziehung von Energieaufwendungen unter Posten Nr 5a) *Borchert/Budde* in HdR[5] § 275 Anm 53. Soweit nicht Formblätter vorgehen, weisen Verkehrsbetriebe zT den Fahrstrom unter Posten 5a aus, um diesen Aufwand im gleichen (Unter-)Posten ausweisen zu können wie die Treibstoffe (zB für den Busverkehr). Gleiches gilt für den Energiebezug durch Versorgungsbetriebe.

Zum Ausweis von **Syndikatsabrechnungen** s Anm 55. Die Auffassung (*Rürup* in HdJ 1995 IV/1 Anm 240, 246), dass grds sämtliche Aufwendungen für Fremdleistungen in den Posten Nr 5b einzuordnen sind, wird nicht für sachgerecht gehalten.

123 In Posten Nr 5b sind somit in erster Linie die in die **Fertigung** eingehenden Fremdleistungen auszuweisen. Zweifelsfrei zählen die Lohnbe- und -verarbeitung von kostenfrei beigestellten Fertigungsstoffen und unfertigen Erzeugnissen (zB Umschmelzen von Metallen, Lackieren von Teilen, Stanzarbeiten) zu dem Posten Nr 5b. Problematisch kann die Einordnung in den Posten Nr 5a oder Nr 5b werden, wenn bei Werklieferungen neben der Verarbeitungsleistung auch Material in nicht bekannter Höhe bezogen worden ist. Generell sollte der Aufwand als bezogene Leistung ausgewiesen werden, wenn der Leistungsanteil eindeutig überwiegt (so auch *Rürup* in HdJ 1995 IV/1 Anm 241). Dies wird regelmäßig der Fall sein, wenn der Fremdunternehmer nur Hilfs- oder Betriebsstoffe als Einsatzmaterialien verwendet. Praktikabel scheint es auch zu sein, nur die nicht lagerfähigen Fremdleistungen im Posten Nr 5b zu erfassen, wenn sie als Stoffeinsatz anzusehen sind.

Die Kosten für an Fremde vergebene Entwicklungsarbeiten können in den Posten Nr 5b einbezogen werden, wenn sie für die eigene Fertigung erforderlich sind. Alle anderen Fremdleistungen, die nicht in die betriebliche Leistung eingehen bzw für die Leistungserstellung/-bringung erforderlich werden, sind nicht hier, sondern unter den sonstigen betrieblichen Aufwendungen (Posten Nr 8) auszuweisen.

Die Behandlung von **Fremdreparaturen** ist str. So wird zT befürwortet, sie in den Posten Nr 5b einzubeziehen, da auch der Materialaufwand für Eigenreparaturen unter diesem Posten auszuweisen sei bzw bei Großanlagen durch den ständig hohen Aufwand die Fremdreparaturen dem Materialeinsatz wirtschaftlich nahe stehen. Es dürfte sachgerecht sein, die Reparaturaufwendungen ebenso wie die Wartungsaufwendungen dann in die sonstigen betrieblichen Aufwendungen (Posten Nr 8) einzubeziehen, wenn deren Lohnanteil im Vergleich zum Materialanteil überwiegt (ebenso *ADS*[6] § 275 Anm 96).

Wenn Mieterträge als Umsatzerlöse auszuweisen sind (Anm 50), sollten die *entsprechenden* **Mietaufwendungen** unter Nr 5b einbezogen werden (*WPH*[12] I F 411).

6. Personalaufwand (Nr 6)

a) Löhne und Gehälter

b) Soziale Abgaben und Aufwendungen für Altersversorgung und für Unterstützung,

davon für Altersversorgung

Posten Nr 6 umfasst sämtliche Personalaufwendungen (Geld- und Sachleistungen), die für gewerbliche Arbeitnehmer, Angestellte sowie für Vorstände oder Geschäftsführer des Unt (einschl Komplementär von KGaA) anfallen. Hierbei ist unerheblich, für welche Arbeit, in welcher Form und unter welcher Bezeichnung sie geleistet wurden (Anm 127). **125**

Unter Posten Nr 6a **„Löhne und Gehälter“** sind alle im Gj angefallenen Einzelbeträge zu erfassen, und zwar unabhängig davon, wann die Auszahlung erfolgt. Es sind jeweils die Bruttobeträge der Löhne und Gehälter auszuweisen, dh die Beträge *vor Abzug* der Steuern und der vom Arbeitnehmer zu tragenden Sozialabgaben. Die am Jahresende noch nicht ausbezahlten, das Gj betr Löhne und Gehälter werden unter den Verbindlichkeiten, Tantiemen oft als Rückstellungen erfasst. Sie werden in neuer Rechnung ohne Berührung der GuV ausgezahlt. Auszahlungen von Löhnen und Gehältern für frühere Gj, für die keine ausreichenden Beträge zurückgestellt waren (zB Tantiemen), belasten insoweit das lfd Gj und sind ebenfalls unter dem Posten Nr 6a zu erfassen. **126**

Vorschüsse auf Löhne und Gehälter sind kein Aufwand, sondern stellen bis zur Verrechnung oder Rückzahlung aktivierungspflichtige Forderungen dar.

Der Posten Löhne und Gehälter umfasst **alle Formen des Arbeitsentgelts,** das aufgrund vertraglicher (Einzel-, Tarifvertrag) oder freiwilliger Basis an Arbeitnehmer oder Geschäftsleiter des Unt gewährt wird. Die Form oder Bezeichnung der Leistungen ist dabei unerheblich. Nicht hierunter fallen allerdings Vergütungen, die im Rahmen der Gewinnverwendung beschlossen werden (Anm 129). In Nr 6a sind einzubeziehen: Trennungs- und Aufwandsentschädigungen, Dienstalterszulagen, Lohnfortzahlung im Krankheitsfall, Altersteilzeitvergütungen, Erfindervergütungen, Vergütungen für Verbesserungsvorschläge, Überstundenzuschläge, Gefahrenzulagen, Weihnachtsgelder, Erfolgsprämien, Urlaubsgelder und Urlaubsabgeltungen, Jubiläumsgelder, aber auch Arbeitgeberleistungen zur Anlage nach dem VermBG, vom Arbeitgeber freiwillig übernommene Arbeitnehmer-Beiträge an gesetzliche soziale Versicherungen sowie Zuschüsse zu Versicherungen, die zur Befreiung von der gesetzlichen Pflichtversicherung abgeschlossen worden sind, Erfolgsbeteiligungen. Rückstellungszuführungen zB für Urlaub, Vorarbeit, Altersteilzeit (s Anm 132), Jubiläen **127** ua gehören auch hierher; frei werdende Rückstellungen sind nicht zu saldieren, sondern als Auflösung zu Rückstellungen zu behandeln (Anm 102). Vom Unt übernommene Lohn- und Kirchensteuern werden grds ebenfalls unter Posten Nr 6a auszuweisen sein. Das gilt auch für die pauschalierte Lohnsteuer (Anm 248).

128 In **Sachwerten** geleistete Bezüge (zB Dienstwagen, Deputate, Aktien(-optionen), mietfrei oder mietgünstig überlassene Dienstwohnungen usw) sind grds ebenfalls unter den Löhnen und Gehältern zu erfassen. Da die Aufwendungen des Arbeitgebers für die Beschaffung der gewährten Sachbezüge von den übrigen betrieblichen Aufwendungen oft nicht einwandfrei getrennt ermittelt werden können, werden in der Praxis häufig die lohnsteuerlichen Sachbezugswerte unter Posten Nr 6a erfasst (bei gleichzeitiger Neutralisierung über den Posten Nr 4 „sonstige betriebliche Erträge“).

129 Bezüge der **Vorstandsmitglieder** und Geschäftsführer einschl Naturalbezüge, Provisionen oder Tantiemen sind auch unter Nr 6a auszuweisen. Das Gleiche gilt für die Gewinnbeteiligungen und die anteilige Entgeltkomponente aus Eigenkapitalinstrumenten (s § 272 Anm 305) der Vorstandsmitglieder. Eine Gewinnbeteiligung der Vorstandsmitglieder fällt nur dann nicht unter den Posten Nr 6a, wenn in Ausnahmefällen die HV selbst über die Gewinnbeteiligung des Vorstands entscheiden soll oder sie (teilweise) dividendenabhängig ist. Dann ist der die garantierte Mindest-Tantieme übersteigende Betrag in den Gewinnverwendungsvorschlag nach § 170 Abs 2 AktG aufzunehmen.

130 **Aufsichtsratsbezüge** sind nicht unter Nr 6a, sondern unter Nr 8 „sonstige betriebliche Aufwendungen“ zu erfassen, da die Mitglieder des AR im Gegensatz zu Vorständen (§ 84 AktG) in keinem Anstellungsverhältnis zu der KapGes stehen (glA *WPH*[12] I F 412). Gleiches gilt für einen (freiwilligen) Beirat.

131 **Nicht** unter den Löhnen und Gehältern erfasst werden die Entgelte für von **anderen Unternehmen gestellte** Arbeitskräfte, freiberuflich tätige Mitarbeiter, Rückerstattungen barer Auslagen und Aufwendungsersatz einschl pauschalierter Spesen für Reisen, Verpflegung und Übernachtung an Arbeitnehmer sowie an Geschäftsleiter. Diese Aufwendungen gehören zu Nr 8 (sonstige betriebliche Aufwendungen). Löhne und Gehälter für Arbeitskräfte fremder Unt **(Personalleasing)** sind unter Nr 5b oder Nr 8 auszuweisen, auch wenn die Entgelte vom bilanzierenden Unt berechnet und ausgezahlt werden (*WPH*[12] I F 414).

Der Ausweis von **Leistungen aufgrund eines Sozialplans** sowie von **Abfindungen** an ausscheidende Arbeitnehmer kann unter dem Gesichtspunkt, dass Abfindungszahlungen letztlich ihren Ursprung im Dienstverhältnis haben (so *ADS*[6] § 275 Anm 109; Heymann in Beck HdR B333 Anm 15) unter Posten Nr 6a erfolgen. Hat die Abfindung jedoch nicht den Charakter einer *Nach*zahlung für geleistete Dienste oder soll durch sie ein lästiger Arbeitnehmer zum Ausscheiden veranlasst werden, ist der Ausweis unter Nr 8 vorzuziehen (ähnlich *Borchert/Budde* in HdR[5] § 275 Anm 56, bei erheblichen Beträgen). Dementsprechend sind Abfindungen und Leistungen aufgrund eines Sozialplans nicht hier, sondern idR unter Posten Nr 8 zu erfassen, soweit nicht für erhebliche Beträge (zB Stilllegung von Teilbetrieben) ein Ausweis unter ao Aufwendungen in Betracht kommt. Die gleiche Betrachtung gilt für **Ausgleichszahlungen nach** § 128 Abs 1 **AFG** und ggf für Vorruhestandszahlungen. Beide Sachverhalte haben Abfindungscharakter.

132 Die Bildung der im Rahmen des sog **„Blockmodells“ für Altersteilzeit** zu passivierenden Rückstellungen wegen *Erfüllungsrückstands* des Arbeitgebers erfolgt über den GuV-Posten „Löhne und Gehälter“, da der Arbeitnehmer vorgeleistet hat. Die vom Arbeitgeber zu leistenden *Aufstockungszahlungen* haben

demgegenüber Abfindungscharakter (Anm 131) und nicht den Charakter einer Nachzahlung für geleistete Dienste. Die entspr Rückstellungszuführung kann über Posten Nr 6a erfolgen, vorzuziehen ist allerdings Posten Nr 8 (s *Förschle/Naumann* Bilanzielle Behandlung der Altersteilzeitarbeit nach deutschem Handelsrecht und nach den International Accounting Standards DB 1999, 160).

Zu den **sozialen Abgaben (Posten Nr 6b)** gehören, entspr dem Wortsinn des Begriffs „Abgaben", die **Arbeitgeberanteile** zu den gesetzlich vorgeschriebenen Sozialabgaben, wie Arbeiterrenten-, Angestellten-, Arbeitslosen-, Krankenversicherung, Pflegeversicherung, Knappschaftsbeiträge, Beiträge zur Berufsgenossenschaft, Ausgleichsabgabe nach dem Schwerbehinderten-Gesetz (für letztere Ausweis auch unter sonstige betriebliche Aufwendungen zulässig so *ADS*[6] § 275 Anm 116). Unter den sozialen Abgaben sind auch *Firmenbeiträge* zur befreienden Lebensversicherung auszuweisen, wenn sie an die Stelle der sonst zu zahlenden Pflichtabgaben treten. *Freiwillige* Sozialleistungen wie etwa Fort- und Ausbildungskosten sowie Aufwendungen für Betriebsfeiern gehören dagegen nicht zu den sozialen Abgaben, sondern zu den „sonstigen betrieblichen Aufwendungen" (Posten Nr 8). 133

Die **Aufwendungen für Altersversorgung (Posten Nr 6b)** sind zwangsläufig nicht nur auf die Arbeitnehmer beschränkt, sondern schließen außerdem die Rentner und die Hinterbliebenen ehemaliger Arbeitnehmer und ggf auch Freiberufler mit ein. Der Ausweis umfasst insb 135

- sämtliche Zuführungen zur Pensionsrückstellung (Anm 138),
- Pensions- und Deputatleistungen mit und ohne Rechtsanspruch des Empfängers, soweit sie nicht zu Lasten von Pensionsrückstellungen geleistet werden,
- Zuweisungen an rechtlich selbständige Versorgungseinrichtungen (Unterstützungs- und Pensionskassen),
- Beiträge an den Pensionssicherungsverein (einschl Zuführung zur Rückstellung).

Andere vom Unt übernommene Aufwendungen für die künftige Altersversorgung von Mitarbeitern (zB **Lebensversicherungsprämien**) sind ebenfalls hier auszuweisen, soweit es sich nicht um gesetzliche Sozialabgaben handelt und die Begünstigten einen unmittelbaren Anspruch auf die Altersversorgungsleistungen erwerben. Auch sog **Überbrückungsgelder und Gnadengehälter** sind idR als Altersversorgungsaufwand auszuweisen. Dagegen fallen Prämien für eine betriebliche **Rückdeckungsversicherung** nicht unter Nr 6b; insoweit handelt es sich um sonstige betriebliche Aufwendungen, da das Unt bezugsberechtigt ist (glA *ADS*[6] § 275 Anm 19).

Aufwendungen für **Direktversicherungsprämien** sind unter Posten Nr 6b auszuweisen, wenn im Versicherungsfall auf Seiten des Arbeitnehmers ein unmittelbarer Leistungsanspruch gegeben ist. Resultieren die Aufwendungen aber eindeutig aus der Umwandlung von Lohn- oder Gehaltsteilen, ist ein Ausweis unter 6a vorzuziehen (ähnlich *Borchert/Budde* in HdR[5] § 275 Anm 59, 61; *WPH*[12] I F 416).

Bei den **Aufwendungen für Unterstützung** handelt es sich um Zahlungen (oder Verbindlichkeiten) an aktive und ehemalige Betriebsangehörige sowie deren Hinterbliebene, die ohne konkrete Gegenleistung und ohne Rechtsanspruch den Empfängern – ggf über eine Unterstützungskasse-GmbH – gewährt werden. In Betracht kommen hier insb Leistungen, die den Empfängern unmittelbar zur Milderung besonderer Belastungen aus sozialen Gründen zugewendet werden, zB Unterstützungszahlungen bei Krankheit oder Unfall, Erholungs-, Kur-, Krankenhaus- und Arztkostenbeihilfen, Heirats- und Geburtsbeihilfen und ähnliche (meist) lohnsteuerfreie Zuwendungen sowie Zuweisungen zum Zwecke der Unterstützung an rechtlich selbständige Sozialkassen und Un- 136 terstützungseinrichtungen des Arbeitgebers. Derartige Zuwendungen an *betriebsfremde* Personen oder Wohlfahrtseinrichtungen sind dagegen als sonstige betriebliche Aufwendungen, selten als nicht betrieblich veranlasste Aufwendungen unter Posten Nr 16 (ao Aufwendungen) auszuweisen.

137 Die **Aufwendungen für Altersversorgung** sind in dem Posten Nr 6b gesondert mit dem Vermerk „davon für Altersversorgung" anzugeben. Dem gesonderten Vermerk kann durch Untergliederung des Postens 6b entsprochen werden, so auch *ADS*[6] § 275 Anm 123. Hierunter sind nicht nur die Pensionszahlungen, sondern der gesamte Altersversorgungsaufwand des Gj auszuweisen. Hierunter fallen sowohl unmittelbare als auch mittelbare (iSd Art 28 Abs 1 EGHGB) Zahlungen und Verpflichtungen.

138 Der Zuführungsbetrag zur Pensionsrückstellung entspricht überwiegend der jährlichen Annuität (Sparprämie des lfd Jahres zzgl nachgeholter Sparprämien) zzgl Jahreszins auf den jeweiligen Bestand. Nach hM wird es jetzt für zulässig und sachgerecht gehalten, den Zinsanteil aus der Rückstellungsveränderung in der (primären) Aufwandsart Zinsen (Nr 13) auszuweisen (*ADS*[6] § 275 Anm 121; *WPH*[12] I F 420b). Angesichts des vielfach hohen Zinsanteils an dem Pensionsaufwand könnte die Aufwandsstruktur verfälscht werden, wenn der Zinsanteil als Sozialaufwand ausgewiesen wird. Wird von dem getrennten Ausweis Gebrauch gemacht, ist darauf im Anhang hinzuweisen.

Es wird **nicht** gegen das **Saldierungsverbot** des § 246 Abs 2 verstoßen, wenn Auflösungen (zB durch das Ausscheiden eines Anwärters ohne oder mit unverfallbare(r) Anwartschaft oder Ableben eines Rentners) und Zuführungen zu den einzelnen Pensionsrückstellungen saldiert als „Zuführungen" unter Nr 6b ausgewiesen werden – denn es handelt sich um eine nach mathematischen Grundsätzen geschätzte „Gesamtlast" (glA *Borchert/Budde* in HdR[5] § 275 Anm 61). Ein hoher Zuführungsbetrag darf in der Steuerbilanz gem § 6a Abs 4 S 3 EStG auf drei Jahre gleichmäßig verteilt werden, für die HB ist diese Verteilung gem *HFA 2/1988* Abschn 4 (WPg 1988, 404) nicht zulässig. Zur Verteilung des Mehraufwands, der sich beim Übergang auf die Richttafeln von K. Heubeck von 1998 ergab, s § 249 Anm 202, 208.

7. Abschreibungen (Nr 7)

a) auf immaterielle Vermögensgegenstände des Anlagevermögens und Sachanlagen sowie auf aktivierte Aufwendungen für die Ingangsetzung und Erweiterung des Geschäftsbetriebs

b) auf Vermögensgegenstände des Umlaufvermögens, soweit diese die in der Kapitalgesellschaft üblichen Abschreibungen überschreiten

140 In Posten Nr 7 wird eine Differenzierung des Abschreibungsausweises gefordert, je nachdem, ob die Abschreibung das Anlagevermögen oder das Umlaufvermögen betrifft. Zusätzliche Bedingung für den Ausweis unter Posten Nr 7b ist, dass die Abschreibung bei VG des Umlaufvermögens die **üblichen Abschreibungen übersteigt.**

Zunächst sind unter diesem Posten diejenigen Abschreibungen auszuweisen, die aufgrund *handelsrechtlicher Vorschriften* (§§ 253, 279 und 282) vorgenommen werden. Für den Ausweis von Abschreibungen, die auf *steuerrechtlichen* Vorschriften beruhen und infolge der Maßgeblichkeit der HB für die Steuerbilanz auch dort vorgenommen werden müssen, besteht ein Wahlrecht. Entweder sind diese Abschreibungen unter Nr 7 zu erfassen oder es ist der Unterschiedsbetrag zwischen der handelsrechtlichen und steuerrechtlichen Bewertung in einen Sonderposten mit Rücklageanteil einzustellen (§ 281 Abs 1 S 1). Die Einstellung erfolgt in der

GuV über Posten Nr 8 „Sonstige betriebliche Aufwendungen“. Auch wenn sich der Betrag der im Gj nach steuerrechtlichen Vorschriften vorgenommenen Abschreibungen, Wertberichtigungen und Sonder-Rücklagen aus der Bilanz oder aus der GuV ergibt, ist er im Anhang hinreichend zu begründen (§ 281 Abs 2); daher kann auch die Betragsangabe in den Anhang verlegt werden.

Unter dem **Posten Nr 7 a** sind alle **planmäßigen und außerplanmäßigen Abschreibungen** auf immaterielle VG des Anlagevermögens (zB EDV-Software, Praxiswerte, Kundenkarteien, Know-how und derivativer GFW), auf das Sachanlagevermögen und auf aktivierte Aufwendungen für die Ingangsetzung und Erweiterung des Geschäftsbetriebs auszuweisen sowie alle steuerlichen Sonderabschreibungen nach § 254 auf die genannten Bilanzposten. 141

In dem Posten Nr 7a sind auch Abschreibungen (zu mind jeweils einem Viertel) der Bilanzierungshilfe gem Art 44 EGHGB für aus der Währungsumstellung selbstgeschaffene immaterielle VG des Anlagevermögens auszuweisen.

KapGes/KapCoGes müssen alle bisher aufgelaufenen Abschreibungen sowie die Abschreibungen des Gj in der Bilanz **(Anlagengitter)** bei den betr Posten zeigen oder im Anhang angeben. Der Abschreibungsbetrag lt Anlagengitter muss mit der Summe der gem § 268 Abs 2 S 3 in der Bilanz oder im Anhang vermerkten Abschreibungen des Gj übereinstimmen; hierzu ausführlicher § 268 Anm 16 mwN. Die Vorschrift verlangt aber keine Unterscheidung in planmäßige und außerplanmäßige Abschreibungen. Die **außerplanmäßigen Abschreibungen** auf das Anlagevermögen sind gemäß § 277 Abs 3 stets (auch kleine KapGes/KapCoGes) gesondert in einer Summe in der GuV auszuweisen oder im Anhang anzugeben (§ 277 Anm 3 ff). **Außerplanmäßig** sind alle Abschreibungen auf Sachanlagen und immaterielle VG, die zusätzlich vorgenommen werden, um den niedrigeren beizulegenden Wert (§ 253 Abs 2 S 3) zu bilanzieren. 142

Unter dem **Posten Nr 7 b** sind *nur* solche **Abschreibungen auf Vermögensgegenstände des Umlaufvermögens** auszuweisen, die die im Unt üblichen Abschreibungen *überschreiten.* Nach § 266 Abs 2 umfasst das Umlaufvermögen 143

1. Vorräte,
2. Forderungen und sonstige VG,
3. Wertpapiere und
4. Kassenbestand, Bundesbankguthaben, Guthaben bei Kreditinstituten und Schecks,

so dass grds die Abschreibungen auf *alle* darin enthaltenen VG im Hinblick auf den Ausweis unter Posten Nr 7b in Betracht kommen; idR wird es sich um erhebliche Abschreibungen auf Forderungen (einschl Forderungs- und Darlehens-Erlasse) handeln. Jedoch gehören sämtliche Abschreibungen auf **Wertpapiere** in den Posten Nr 12 „Abschreibungen … auf Wertpapiere des Umlaufvermögens“; s Anm 201. Ähnlich *ADS*[6] (§ 275 Anm 169), die im Hinblick auf das Umsatzkostenverfahren, das den Posten Nr 7b nicht enthält, diesen Ausweis präferieren.

Die zu Posten Nr 7b korrespondierenden *üblichen* Abschreibungen werden unter Posten Nr 2 (Bestandsveränderungen), Nr 5 a (Materialaufwand) und Nr 8 (sonstige betriebliche Aufwendungen) ausgewiesen. 144

Was unter **„üblichen Abschreibungen“** zu verstehen ist, lässt sich weder aus dem HGB noch aus den Begr entnehmen. Naheliegend ist eine Interpretation, die an den Wortlaut und den Sinnzusammenhang dieser Vorschrift anknüpft. Hiernach ist unter „üblich“ das Vorliegen ähnlicher Sachverhalte in mehreren vergleichbaren Fällen zu verstehen. Das bedeutet, dass die Erkenntnisse, was als üblich oder nicht üblich zu bezeichnen ist, entweder durch inter- 145 nen Zeitvergleich (*Lachnit* in BoHdR § 275 Anm 114) oder hilfsweise durch externen Branchenvergleich gewonnen werden können. *ADS*[6] § 275 Anm 133 meinen, dass bei internen Zeitvergleichen Schwankungen des Mengengerüsts und des Preisgefüges an Märkten nicht ausreichend berücksichtigt werden könnten. Der Wortlaut „in der Kapitalgesellschaft üblichen Abschreibungen" stellt zwar auf den internen Vergleich ab, dennoch muss in besonderen Fällen (zB Gründung, Spartenerweiterung) auf Branchenvergleiche zurückgegriffen werden. So können bestimmte Wertabschläge zB auf Roh-, Hilfs- und Betriebsstoffe als branchenüblich bezeichnet werden. Das Gleiche gilt für den Abschlag für Forderungsausfälle im Zeitvergleich, womit diese „Normalposten" zu Nr 8 gehören. Unter Posten Nr 7b sind nur *wesentliche* Abweichungen (ähnlich *Borchert/Budde* in HdR[5] § 275 Anm 69) von diesen „geglätteten", durchschnittlichen Aufwendungen im Zeitvergleich zu erfassen. Dabei sollten Durchschnittswerte für die letzten drei bis fünf Jahre berücksichtigt werden. Die über die Üblichkeit hinausgehenden Beträge (Posten Nr 7b) müssen *deutlich* höher sein als diese Durchschnittswerte; aus dem Wort „soweit" ergibt sich aber, dass nur der Spitzenbetrag zum Posten Nr 7b zählt (glA *WPH*[12] I F 428).

146 In Anwendung vorstehender Überlegungen sind zu dem Spitzenbetrag der „*unüblichen* Abschreibungen" nicht zwangsläufig diejenigen Abschreibungen zu zählen, die aufgrund des strengen Niederstwertprinzips bei Wertminderungen von VG des Umlaufvermögens am Bilanzstichtag vorzunehmen sind, wenngleich *unregelmäßig* auftretende *wesentliche* Niederstwert-Abschreibungen unter Posten Nr 7b auszuweisen sein dürften (ähnlich *WPH*[12] I F 430).

147 Auch Abschreibungen iSd Abwertungswahlrechts nach § 253 Abs 3 S 3 können sowohl als „übliche Abschreibungen" als auch für den Spitzenbetrag als „unübliche Abschreibungen" in Betracht kommen: Die Charakterisierung dieser Aufwendungen als „üblich" bzw „unüblich" ist entspr den individuellen Gegebenheiten des bilanzierenden Kfm jeweils im Einzelfall vorzunehmen. Sind die aufgrund der Änderung einer Abschreibungsmethode entstandenen Spitzenbeträge wesentlich, dann sind generell auch sie in den Posten Nr 7b einzustellen (glA *ADS*[6] § 275 Anm 132, 135).

148 Bei Posten Nr 7b können unter Berücksichtigung der genannten Grundsätze folgende **wesentliche Spitzenbeträge von Wertberichtigungen** ausgewiesen werden: Abwertungen auf Vorräte und nicht abgerechnete Leistungen (zB aufgrund von minderer Qualität, von Neuentwicklungen (zB Elektronik-Markt), aufgrund Preisverfalls oder notleidend gewordener Anzahlungen), Abwertungen von uneinbringlichen Forderungen und Darlehen, Verluste von Bankguthaben, Fremdwährungsverluste – jeweils bei erheblichen Beträgen.

149 *Nicht* hierunter, sondern unter Posten Nr 8 sind die Verluste aus dem Abgang von VG des Umlaufvermögens (ohne Vorräte) auszuweisen. Abzinsungen sowie die Änderung der Pauschalabschreibung auf VG des Umlaufvermögens werden idR als „üblich" zu bezeichnen sein.

150 Unübliche Abschreibungen sind als *ao Aufwendungen* (Nr 16) auszuweisen, wenn sie iZm einem Ereignis anfallen, das außerhalb der gewöhnlichen Geschäftstätigkeit liegt (zB Verkauf eines Teilbetriebs). In diesem Fall sind diese Abschreibungen in den Posten Nr 16 einzustellen (glA *Borchert/Budde* in HdR[5] § 275 Anm 67). Die Trennung in das Ergebnis der gewöhnlichen Geschäftstätigkeit und das ao Ergebnis ist vorrangig ggü der sachlichen Postenzuordnung. Insoweit dürften bei den von *ADS*[6] (§ 275 Anm 136 und *WPH*[12] I F 430) als selten angesehenen Abschreibungsfällen (zB bei Sanierung, Produktionsaufgabe, Brand, Enteignung) eher ao Aufwendungen vorliegen.

Der in diesem Posten enthaltene Betrag der Abschreibungen nach § 253 Abs 3 S 3 ist gesondert auszuweisen oder im Anhang anzugeben (§ 277

Anm 3 ff). Allein *steuerrechtlich zulässige* (Mehr-)Abschreibungen gem § 254 S 1 sind getrennt nach Anlage- und Umlaufvermögen im Anhang zu vermerken, soweit sie sich nicht aus der Bilanz oder der GuV selbst ergeben (§ 281 Abs 2 S 1, dazu auch Anm 140).

8. Sonstige betriebliche Aufwendungen (Nr 8)

Der Posten „Sonstige betriebliche Aufwendungen" bildet das Gegenstück zu dem Posten Nr 4 „Sonstige betriebliche Erträge". Es handelt sich auch hier um einen Sammelposten, in dem alle Aufwendungen zu erfassen sind, die Aufwendungen der gewöhnlichen Geschäftstätigkeit darstellen und keinem anderen Aufwandsposten (Nrn 5 bis 7 und 12 bis 13 des Gesamtkostenverfahrens bzw Nrn 2, 4, 5 und 11 bis 12 des Umsatzkostenverfahrens) zugeordnet werden können. Daraus ergibt sich, dass die aus der gewöhnlichen Geschäftstätigkeit resultierenden sonstigen betrieblichen Aufwendungen ggü den ao Aufwendungen (Posten Nrn 16 oder 15) abgegrenzt werden müssen. 155

Als sonstige betriebliche Aufwendungen **(Einzelfälle)** kommen in Betracht: 156
- Verluste aus dem Abgang von VG des Anlagevermögens,
- Verluste aus dem Abgang von VG des Umlaufvermögens (ohne Vorräte),
- Abschreibungen auf Forderungen des Umlaufvermögens, soweit diese den üblichen Rahmen nicht überschreiten,
- Einstellungen in den Sonderposten mit Rücklageanteil nach § 281 Abs 2 S 2,
- Zuführungen zu den Rückstellungen gem § 249 Abs 2 (Anm 164),
- Aufwendungen iZm dem Einsatz derivativer Finanzinstrumente (Anm 168),
- die „übrigen betrieblichen Aufwendungen" stellen in der Praxis die wesentlichen Beträge dieses Sammelpostens dar (Anm 171).

Nachstehend werden Erl zu unter den sonstigen betrieblichen Aufwendungen auszuweisenden Posten gegeben.

Die **Verluste aus dem Abgang von Gegenständen des Anlagevermögens** betreffen Sachanlagen, immaterielle VG und Finanzanlagen. Es spielt keine Rolle, ob die Kosten aus dem Abgang des Anlagegegenstands (zB Abbruchkosten, Veräußerungskosten, Provisionen) als Abgangsverluste angesehen werden oder nicht (vgl Anm 96); anders aber § 6 b Abs 2 EStG. 157

Eine Saldierung der Verluste aus dem Abgang von VG des Anlagevermögens mit entspr Abgangserträgen oder mit Schadensersatzleistungen für andere Gegenstände ist aufgrund des Verrechnungsverbots des § 246 Abs 2 unzulässig (hierzu auch Anm 91). 158

Bei den **Verlusten aus dem Abgang von Gegenständen des Umlaufvermögens** handelt es sich insb um Kursverluste aus der Veräußerung von Wertpapieren oder Devisenbeständen und um Verluste aus der Übertragung von Forderungen unter ihrem Buchwert (zB beim *Factoring*). Verluste aus der Veräußerung von Vorräten wirken sich im Rahmen der Umsatzerlöse (Nr 1) aus. Dagegen sind Abgänge von Vorräten ohne Gegenleistung (zB Diebstahl, Brand) idR unter Posten Nr 8 auszuweisen, wenn sie keinen größeren Umfang haben. 159

Nicht unter die sonstigen betrieblichen Aufwendungen fallen im Gesamtkostenverfahren folgende „übliche" Verluste aufgrund von **Wertminderungen** (Abschreibungen) bei VG des Umlaufvermögens: Wertminderungen von Roh-, Hilfs- und Betriebsstoffen werden als Materialaufwendungen (Nr 5) und Wertminderungen von fertigen und unfertigen Erzeugnissen bei den Bestandsveränderungen (Nr 2) erfasst. Abschreibungen, die die in dem Unt üblichen Abschreibungen *überschreiten,* sind stets gesondert im Posten 7 b der GuV auszuweisen (Anm 145 ff). 160

Beim Umsatzkostenverfahren sind übliche/nicht übliche Wertminderungen innerhalb der entspr Funktionsbereiche (Herstellung, Verwaltung, Vertrieb) einzuordnen. Falls sie den einzelnen Funktionsbereichen weder direkt noch geschlüsselt zugeordnet werden können, müssen sie als sonstige betriebliche Aufwendungen ausgewiesen werden.

Eine separate Ausweispflicht besteht sowohl beim Umsatzkostenverfahren als auch beim Gesamtkostenverfahren für Abschreibungen auf Wertpapiere des Umlaufvermögens (Nr 12 bzw 11), Anm 200ff.

161 Zu den **Abschreibungen auf Forderungen des Umlaufvermögens** zählen diejenigen (Pauschal-)Abschreibungen, die aufgrund des allgemeinen Kreditrisikos auf den Forderungsbestand des Umlaufvermögens vorgenommen wurden. Weitere Einzelheiten in Anm 147, 150.

162 Sonderposten mit Rücklageanteil nach §§ 247 Abs 3, 273 dürfen nur gebildet werden, wenn die KapGes/KapCoGes *steuerpflichtig* ist (zB § 6b Abs 4 Nr 4 EStG). Die Aufwendungen aus **Einstellungen in den Sonderposten** sind innerhalb der sonstigen betrieblichen Aufwendungen gesondert auszuweisen oder im Anhang zu nennen (§ 281 Abs 2). Für den GuV-Ausweis ist es unerheblich, nach welchen steuerlichen Vorschriften der Sonderposten mit Rücklageanteil gebildet wurde, die gesonderte Ausweispflicht oder Anhangangabe bezieht sich auf den Gesamtbetrag aller Einstellungen in den Sonderposten im Gj.

Die gem § 281 Abs 1 unter Sonderposten mit Rücklageanteil ausgewiesenen Beträge werden nach S 2 als **Wertberichtigungen** bezeichnet, wenngleich sie im Zeitpunkt der Bildung oftmals dem Charakter nach (stille) Reserven sind.

Bei etwaigen ao Erträgen (Anm 222), die in den Sonderposten mit Rücklageanteil eingestellt werden, sollte auch die Einstellung in den Sonderposten als *ao Aufwand* mit entspr Mitzugehörigkeits-Vermerk ausgewiesen werden (ebenso *Mundt* DStR 1993, 1796).

163 Eine **Saldierung** von Auflösungen und Einstellungen kommt bei Sonderposten im Hinblick auf den getrennten Ausweis in § 281 Abs 2 und das **Verrechnungsverbot** gem § 246 Abs 2 nicht in Betracht.

164 Die **Zuführungen zu den (Aufwands-)Rückstellungen** gem § 249 Abs 2 erfolgen stets über die sonstigen betrieblichen Aufwendungen. Dies gilt insb für Instandhaltungen und Überholungsarbeiten sowie für Großreparaturen. Dabei ist es gleichgültig, ob es sich um künftige Reparaturen durch fremdes oder eigenes Personal handelt. Die künftigen tatsächlichen Aufwendungen sind dann in der späteren Periode als Primäraufwand auszuweisen; die Ertragsneutralisierung erfolgt über sonstige betriebliche Erträge (Anm 103).

167 **Betriebssteuern** sind nach dem Gliederungsschema unter Posten Nr 19 (sonstige Steuern) auszuweisen. Dennoch erfolgt in der Praxis der Ausweis dieser Steuern oft hier. Betriebswirtschaftliche Gründe und die internationale Praxis sprechen für den Ausweis der Betriebssteuern im Ergebnis der gewöhnlichen Geschäftstätigkeit (ähnlich *Borchert/Budde* in HdR[5] § 275 Anm 99). Man wird daher den Ausweis unter Nr 8 akzeptieren können, wenn der Betrag der hierunter ausgewiesenen Betriebssteuern im Anhang genannt wird, so auch *ADS*[6] § 275 Anm 143.

168 Als sonstige betriebliche Aufwendungen auszuweisen sind außerdem Aufwendungen von Industrie- und HandelsUnt, die iZm **derivativen Finanzinstrumenten** entstehen: Zuführungsbeträge zu Drohverlustrückstellungen (weil zB bei einem gekauften (verkauften) *Financial Future* der Stichtagskurs unter (über) dem Einstandskurs liegt oder weil für *Forward Rate Agreements,* gemessen an den Zinsverhältnissen des Bilanzstichtags mit einer im Fälligkeitszeitpunkt zu leistenden Ausgleichszahlung gerechnet werden muss), Aufwendungen aus

Glattstellung, Veräußerung oder Verfall von Optionen sowie Aufwendungen aufgrund eines zu leistenden Barausgleichs bei Beendigung des Schwebezustands von Optionen auf nicht lieferbare *Underlyings,* Abschreibungen gem Niederstwertprinzip von Prämien, die für *Zinsbegrenzungsvereinbarungen* geleistet wurden, geleistete Ausgleichszahlungen im Rahmen von Zinsbegrenzungsvereinbarungen für abgeschlossene Teilkontrakte, soweit das Geschäft nicht Teil einer Bewertungseinheit ist, dann Ausweis innerhalb des Zinsergebnisses, s auch Anm 194, 210, Abschreibung der geleisteten *variation margins* bei Glattstellung von *Financial Futures* vor deren Fälligkeit, Aufwendungen aus der Auflösung von Zinsswapgeschäften vor deren Fälligkeit.

Für die **übrigen betrieblichen Aufwendungen** spielt es keine Rolle, ob 171
der Aufwand betriebsfremd, aperiodisch oder diskontinuierlich anfällt. Im Einzelnen fallen hierunter insb folgende Aufwendungen:

Abschlag für Forderungsausfälle, Abzinsungsbeträge auf langfristige Ausleihungen zum Zeitpunkt des Zugangs (Näheres in Anm 200), Abfindungen (soweit nicht früher geleistete Dienste abgeltend), Abwertungen von den „sonstigen Vermögensgegenständen" des Umlaufvermögens zugeordneten Genussscheinen, Abwertungsverluste bei Valuta-Posten, Anschaffungsnebenkosten (insb Provisionen gem § 272 Abs 1 S 6, s § 272 Anm 9), Anwaltskosten, Ausbildungskosten, Ausgangsfrachten, Kosten des AR (einschließlich Tantiemen und Reisespesen), Bankgebühren, Beiträge an Berufsvertretungen, Beratungskosten, Bewirtungs- und Betreuungskosten, Bücher, Bürgschaftsentgelte, Bürobedarf und -material, Datenübertragungskosten, Demontagekosten für Anlagen, Druckkosten, Kosten für EDV-Nutzung, Einstellungen in den Sonderposten mit Rücklagenanteil, Emissionskosten, Erbbauzinsen, gemietete Erholungsanlagen, Fremdreparaturen, Gebühren, Gerätemieten, Gründungskosten (ohne Steuern), Hausverwaltungskosten, Internet-Anschlusskosten, Kantinenzuschüsse, Konventionalstrafen, Konzessionsabgaben, Kopierkosten, Kosten für die Beschaffung des EK, Kosten der HV oder der GesV, Kosten für Kapitalerhöhung und Ausgabe von Belegschaftsaktien (soweit nicht Steuern), Kraftfahrzeugkosten (ohne AfA), Lagerkosten, Leasingaufwendungen, Listungsgelder (Listing Fees) im Handel, Lizenzgebühren, Messekosten, Mieten und Maschinen-Unterhaltung, Nebenkosten des Geldverkehrs, Pachten, Personaleinstellungskosten, Postgebühren, Prämien für eine betriebliche Rückdeckungsversicherung, Provisionen, Prüfungskosten, Raumkosten, Rechtsberatungskosten, Reisespesen, Reparaturmaterial, Rückstellungen für Wechselobligo, Schutzkleidung, Schwerbehindertenausgleichsabgabe, Softwarekosten (soweit nicht zu aktivieren), Software-Beratungskosten (zB Customizing), Spenden, Aufwendungen für Sportaktivitäten, Steuerberatungskosten, Stillegekosten, Telefon- und Telefaxkosten, Transportkosten, Umlagen der Ober-Ges (ohne Steuern, Anm 255 ff), Umsatzprovisionen (Anm 208), Verluste aus Arbeitsgemeinschaften, Verluste aus Schadensfällen, Verluste aus Syndikats- oder Verbandsabrechnungen (soweit nicht *vertraglich* in den Stoffeinsatz einzubeziehen), Versicherungsprämien (Anm 135), Vorfrachten zu Außenlägern, Wartungskosten, Währungskursverluste, Werbeaufwendungen, Zeitschriften, Kosten des Zahlungsverkehrs, Zugänge zu Festwerten, uU Zuschüsse an Organ-Ges ua.

Die **Verrechnung von Währungskursverlusten mit Währungskursgewinnen** ist aufgrund des Saldierungsverbots des § 246 Abs 2 außerhalb von Deckungsgeschäften (dazu § 253 Anm 77) nicht zulässig. In der Praxis werden jedoch oft wegen unterjähriger Erfassungsschwierigkeiten je Währung entweder ein Verlust oder ein Gewinn ausgewiesen.

Unter den sonstigen betrieblichen Aufwendungen ist auch der Aufwand aus der Nichtaktivierung eines **Geschäftswerts** auszuweisen, der entspr Betrag sollte in einem Davon-Vermerk gezeigt oder im Anhang erläutert werden (ebenso *Mujkanovic* BB 1994, 898).

172 Das HGB verlangt am Ende aller betrieblichen Erträge und Aufwendungen im Gliederungsschema keinen „Zwischen-Saldo" (dazu Anm 40 ff).

9. Erträge aus Beteiligungen, davon aus verbundenen Unternehmen (Nr 9/Nr 8)

175 Hierunter sind alle Erträge aus Beteiligungen und Anteilen an verbundenen Unt auszuweisen, sofern es sich nicht um Erträge aufgrund eines Gewinnabführungsvertrags, eines Teilgewinnabführungsvertrags oder einer Gewinngemeinschaft handelt, wofür ein gesonderter Ausweis erforderlich ist (§ 277 Abs 3 S 2, dort Anm 6 ff). Die Brutto-Erträge aus Beteiligungen an verbundenen Unt sind in einem *Davon-Vermerk* gesondert auszuweisen. Hierfür ist es ausschlaggebend, dass die Voraussetzungen für das Vorliegen einer UntVerbindung iSd § 271 Abs 2 zum Zeitpunkt der Vereinnahmung des Beteiligungsertrags erfüllt sind (vgl *ADS*[6] § 275 Anm 144). Bei einer unterjährigen Statusänderung sind als Davon-Vermerk nur die auf den Zeitraum der Klassifizierung der Beteiligungs-Ges als verbundenes Unt entfallenden Beteiligungserträge auszuweisen.

Zum Begriff einer Beteiligung s die Erl zu § 271 Anm 4 bis 28. Eine Beteiligung iSd Posten Nr 9/Nr 8 liegt nur insoweit vor, als der Anteilsbesitz als Beteiligung oder als Anteile an verbundenen Unt in der Bilanz ausgewiesen ist oder war. Nur diese Beteiligungen bilden die Grundlage für die hier zu erfassenden Beträge.

176 Im Posten Nr 9/Nr 8 sind die lfd Erträge aus einer Beteiligung auszuweisen. Zu diesen Erträgen gehören insb Dividenden von KapGes, Gewinnanteile von OHG, KG, stillen Ges und Parten-Reedereien, Erträge aus Beherrschungsverträgen (§ 291 Abs 1 AktG), soweit nicht eine Gewinnabführung vereinbart ist, sowie sonstige ausgeschüttete Gewinne, zB Zinsen auf beteiligungsähnliche Darlehen, sofern diese unter den Beteiligungen bilanziert sind.

177 Bei Beteiligungen an **Personengesellschaften** entsteht der Gewinnanteil mit Ablauf des Gj der PersGes und gilt zu diesem Zeitpunkt als realisiert, es sei denn, dass gesetzliche oder gesellschaftsvertragliche Bestimmungen der Verfügung über den Gewinn entgegenstehen. Auf eine Ausschüttung kommt es insofern nicht an, dh auch Gewinnthesaurierungen auf Ebene der PersGes führen zum Ausweis von Beteiligungserträgen.

Bei Beteiligungen an **Kapitalgesellschaften** entsteht ein aktivierungspflichtiger Gewinnanspruch grds erst im Zeitpunkt des Gewinnverwendungsbeschlusses der HV oder GesV (§ 174 AktG bzw §§ 29, 46 Nr 1 GmbHG). Die steuerliche Rspr, die eine phasengleiche Aktivierung von Dividendenansprüchen bei Vorliegen eines Mutter-Tochter-Verhältnisses auch bereits mit einem entspr Gewinnverwendungsvorschlag gestattete, wurde vom GrS in seinem Beschluss (*BFH* 7. 8. 2000 DStR, 1682 ff) weitgehend aufgegeben. Zu einer steuerlichen Aktivierung soll es nach Ansicht des GrS nur noch kommen, wenn den Gestern der mind ausschüttungsfähige Bilanzgewinn der Ges am Bilanzstichtag bekannt ist und wenn für diesen Zeitpunkt anhand objektivierter Anhaltspunkte nachgewiesen ist, dass die Gester endgültig entschlossen sind, eine bestimmte Gewinnverwendung künftig zu beschließen. Diese Entscheidung bezieht sich nach dem Wortlaut und der Begr des Beschlusses ausschließlich auf die Behandlung in der Steuerbilanz. Die Entscheidungen des *EuGH* (27. 6. 1996 WPg, 524) und des *BGH* (12. 1. 1998 WPg, 635) zum handelsrechtlichen Wahlrecht bzw zur Pflicht der phasengleichen Vereinnahmung derartiger Dividenden bleiben unberührt. Am bisherigen handelsrechtlichen Aktivierungszeitpunkt ändert sich daher durch den BFH-Beschluss nichts. Zur Gewinnvereinnahmung s auch § 266 Anm 120 ff.

Abschlagszahlungen auf den Bilanzgewinn bzw Vorabausschüttungen sind bei Vorliegen der Voraussetzungen (§ 59 AktG/§ 30 GmbHG, aber auch nach ausländischem Recht) als Beteiligungsertrag zu erfassen (dazu *ADS*[6] § 246 Anm 223).

Im Posten Nr 9/Nr 8 sind auch Erträge aus Joint Ventures auszuweisen, sofern die Voraussetzungen für die Bilanzierung der Anteile an Joint Ventures in der Bilanz unter den Beteiligungen gegeben sind (vgl hierzu *HFA 1/1993* WPg, 442 Abschn 3.1).

Auszuweisen sind stets die **Bruttoerträge,** so dass auch die einbehaltene KapESt nicht von den Erträgen abgesetzt werden darf im Falle von PersGes ist die einbehaltene KapESt gem *IDW RS HFA* 7 WPg 2002, 1259 Anm 24 bei Einbuchung des Beteiligunsertrags als von den Gestern entnommen zu betrachten). Im Übrigen ist eine anrechnungsfähige, einbehaltene KapESt als Steueraufwand bei den Steuern vom Einkommen und vom Ertrag (Posten Nrn 18 bzw 17) auszuweisen. **178**

Der Bruttoausweis gilt jedoch nicht für steuerfreie Ober-Ges und auch nicht für steuerfreie Unterstützungskassen oder Pensionskassen, soweit kein Erstattungsanspruch besteht.

Vorteile, die dem die Beteiligung haltenden Unt *neben* den beschlossenen Gewinnausschüttungen der Beteiligungs-Ges zugehen, sind grds nicht als Erträge aus Beteiligungen zu erfassen. Sie entstehen insb durch eine entspr Gestaltung der Verrechnungspreise zwischen den Unt, durch Zuschüsse oder Übernahme von Verlusten, durch Umlegung von Kosten der Zentralverwaltung sowie infolge von Pacht- und Lizenzeinnahmen oder aus Dienstleistungsverträgen von den Beteiligungs-Ges. Derartige Gewinnverlagerungen, die steuerrechtlich teilweise als vGA angesehen werden, sind idR nicht eindeutig zu erfassen und zu beziffern. Nur soweit sich diese Vorteile in Einzelfällen sicher abgrenzen und konkretisieren lassen und darüber hinaus in mehreren aufeinander folgenden Gj gleichartig anfallen (Prinzip der Stetigkeit), können sie als Erträge aus Beteiligungen ausgewiesen werden (ähnlich und nur für einen ausnahmsweisen Ausweis *ADS*[6] § 275 Anm 147). **179**

Für **Gewinne aus der Veräußerung** von Beteiligungen sieht das Gliederungsschema explizit keinen Posten vor. War mit der Beteiligung eine Nähe zum operativen Geschäft verbunden oder der Veräußerungsgewinn nicht wesentlich, ist der Ausweis als Erträge aus dem Abgang von VG des Anlagevermögens unter Nr 4 vorzuziehen. Stand dagegen die Finanzanlage im Vordergrund oder ist der Veräußerungsgewinn wesentlich, ist der Ausweis unter Nr 9 zu präferieren. Nicht zulässig ist eine Verrechnung von Erträgen aus Beteiligungen mit etwaigen Aufwendungen aus Beteiligungen wie Abgangsverlusten (Nr 8) oder mit Abschreibungen (Nr 12). **180**

10. Erträge aus anderen Wertpapieren und Ausleihungen des Finanzanlagevermögens, davon aus verbundenen Unternehmen (Nr 10/Nr 9)

In diesem Posten sind alle *übrigen* Erträge aus Finanzanlagen zu erfassen, sofern nicht die Ausweise unter Nr 9/Nr 8 (Beteiligungserträge) oder für EAV nach § 277 Abs 3 S 2 vorgehen. Die Erträge ergeben sich im Einzelnen aus den VG, die als Finanzanlagen (§ 266 Abs 2 A III) ausgewiesen sind. **185**

Stammen die Erträge aus Finanzanlagen bei **verbundenen Unternehmen** (zB Zinsen für im Anlagevermögen ausgewiesene Darlehensforderungen an verbundene Unt), sind diese Erträge gesondert in einer Summe als *Davon-Vermerk* anzugeben; zu den Auswirkungen einer unterjährigen Statusänderung der Beteiligungs-Ges vgl Anm 175.

186 Nach der Postenbezeichnung („des Finanzanlagevermögens") ist hier nur auf die Erträge aus Wertpapieren des Anlagevermögens (§ 266 Abs 2 A III 5) abzustellen. Erträge aus Wertpapieren des Umlaufvermögens und aus Bankguthaben einschl der Festgelder sind bei den „sonstigen Zinsen" (Posten Nrn 11 bzw 10) auszuweisen.

187 Zu den Erträgen aus Wertpapieren und Ausleihungen des Finanzanlagevermögens zählen insb **Zinserträge, Dividendenerträge** und ähnliche **Ausschüttungen auf Wertpapiere** des Anlagevermögens (zB Aktien, Kuxe, Obligationen, Pfandbriefe, inländische und ausländische Anleihen von Gebietskörperschaften) sowie Zinserträge aus Ausleihungen (zB langfristige Darlehen wie Hypotheken, Grund- und Rentenschulden). Hierunter können auch die Erträge aus periodischen Aufzinsungen langfristiger Ausleihungen ausgewiesen werden, die wegen Un- oder Minderverzinslichkeit abgezinst bilanziert werden (so *ADS*[6] § 275 Anm 155), wenngleich es sich hierbei nicht um einen Ertrag für die Kapitalüberlassung handelt. Aus diesem Grund kommt auch ein Ausweis unter Posten Nr 4 „sonstige betriebliche Erträge" in Betracht. Dagegen sind Zuschreibungen zu den AK bei Zero-Bonds Zinserträge und – falls Finanzanlagen – hier auszuweisen.

Unter diesem Posten sind auch erhaltene oder vereinbarte **Ausgleichszahlungen** nach § 304 AktG (dazu § 277 Anm 13) zu erfassen. **Bezugsrechtserlöse** sind nicht hier, sondern unter dem Posten Nr 4 auszuweisen (*ADS*[6] § 275 Anm 155). **Genossenschaftsanteile,** die weder Beteiligungen noch Anteile an verbundenen Unt darstellen, werden meist als „sonstige Vermögensgegenstände" ausgewiesen. Diese Anteile fallen idR nicht unter den Wertpapierbegriff (§ 271 Anm 5ff), so dass Erträge aus diesen Anteilen als sonstige betriebliche Erträge auszuweisen sind. Werden *GmbH-Anteile* als Finanzanlagen ausgewiesen, gehören deren Erträge hierher, glA *ADS*[6] § 275 Anm 154.

188 Die Erträge sind brutto, dh ggf einschl der anrechenbaren einbehaltenen KapESt bzw der Zinsabschlagsteuer zu erfassen (Näheres in Anm 178). Eine Saldierung dieser Erträge mit Aufwendungen für Finanzanlagen ist nicht zulässig.

11. Sonstige Zinsen und ähnliche Erträge, davon aus verbundenen Unternehmen (Nr 11/Nr 10)

190 Durch die Beschränkung auf „sonstige" Zinsen wird zum Ausdruck gebracht, dass hier nur diejenigen Zinserträge zu erfassen sind, die *nicht* unter den Posten Nr 9 (Nr 8) oder Nr 10 (Nr 9) auszuweisen sind.

Sonstige Zinsen und ähnliche Erträge, die aus **verbundenen Unternehmen** stammen, sind gesondert in einer Summe als *Davon-Vermerk vor* der Hauptspalte anzugeben. Wenn ein verbundenes Unt während des Gj aus dem UntVerbund ausscheidet, sind die aus einem Kreditverhältnis mit diesem Unt resultierenden Zinserträge nur für die Zeit der Klassifizierung als verbundenes Unt als Davon-Vermerk auszuweisen (vgl Anm 175).

191 Als Zinsertrag ist jedes auf das abgelaufene Gj entfallende Entgelt für die Hingabe von Kapital zu verstehen. Demnach kommen als **Zinserträge** aus dem Umlaufvermögen insb in Betracht:

- Zinsen auf Einlagen bei Kreditinstituten und auf Forderungen an Dritte (zB aus Bankguthaben, Darlehen und Hypotheken, Wechselforderungen, andere Außenstände),
- Zinsen und Dividenden auf Wertpapiere des Umlaufvermögens,

- Aufzinsungsbeträge für unverzinsliche und niedrig verzinsliche Forderungen einschließlich Forderungen aus Lieferungen und Leistungen,
- Verzugszinsen von Kunden,
- Vorfälligkeitsentschädigungen (ggf Erl als aperiodischer Posten),
- weiterberechnete Diskonte auf Kundenwechsel,
- Zinsen auf Darlehen, Vorschüsse oder call-money von verbundenen Unt/BeteiligungsUnt (zentrale Finanzdisposition),
- Erträge, die der Darlehens*nehmer* im Rahmen von Wertpapier-Leihgeschäften aus den geliehenen Wertpapieren erzielt, und der vom Darlehens*geber* erzielte „Darlehenszins" sowie etwaige Zins- oder Dividendenausgleichszahlungen,
- Erträge aus verpensionierten Wertpapieren. Obwohl für die Abwicklung idR lediglich ein Ausgleich des Unterschieds zwischen Erträgen und Aufwendungen aus dem Pensionsgeschäft vereinbart wird, sind die Erträge und Aufwendungen wegen des Saldierungsverbots (§ 246 Abs 2) grds getrennt zu erfassen (s *Häuselmann* Bilanzsteuerrechtliche Aspekte des Wertpapierhandels, C & L Deutsche Revision (Hrsg), Frankfurt a. M. 1997, 33).

Die Behandlung des **Skontos** sollte generell erfolgsneutral erfolgen. Dem Bilanzierenden eingeräumte und von diesem ausgenutzte **Lieferantenskonti** mindern die AK der erworbenen VG und stellen keine (Zins-)Erträge dar. 192

Auch steuerlich sind Lieferantenskonti als AK-Minderung zu betrachten. Lässt sich im Einzelfall der Skontoabzug nur unter Schwierigkeiten ermitteln, ist es vertretbar, einen Pauschalabschlag von der AK vorzunehmen.

Eine andere Betrachtungsweise wird vertreten, wenn die von dem bilanzierenden Kfm seinen Abnehmern eingeräumten **Kundenskonti** nicht in Anspruch genommen werden, dh wenn der Kunde den VG auf Ziel erwirbt. In diesem Fall wird idR der volle Betrag einschließlich des Teils, der auf den nicht ausgenutzten Skonto entfällt, unter den Umsatzerlösen ausgewiesen (Anm 65).

Auszuweisen sind stets die **Bruttoerträge.** Die einbehaltene Zinsabschlag- 193
steuer darf nicht von den Zinserträgen abgesetzt werden (vgl *WPH*[12] I F 452). Dies gilt auch für PersGes; dh eine PersGes, die Festgelder etc bei einem Kreditinstitut im Inland unterhält, muss die vollen Zinserträge hierauf in der GuV ausweisen (einschl der KapESt), auch wenn die KapESt bzw Zinsabschlagsteuer analog *IDW RS HFA* 7 WPg 2002, 1259 Anm 24 gleichzeitig als entnommen gilt. Der Gester einer PersGes hat die „entnommene" Zinsabschlagsteuer als Beteiligungsertrag auszuweisen, auch wenn bei der PersGes überhaupt kein Gewinn entsteht.

Sonstige Zinsen und ähnliche Erträge sind entspr dem **Verrechnungsverbot** des § 246 Abs 2 unsaldiert auszuweisen. Die Verrechnung von Soll- und Habenzinsen eines Bankkontos ist daher ebenso unzulässig wie eine Saldierung von Zinserträgen und -aufwendungen auf verschiedenen Konten desselben Kreditinstituts oder von Soll- und Habenzinsen bei verschiedenen Kreditinstituten. Führt allerdings eine Bank lediglich aus buchungstechnischen Gründen zwei Konten und überträgt den Gegenwert eines Kreditkontos auf ein laufendes Konto, ist dem Unt in wirtschaftlicher Sicht FK nur in Höhe des Saldos beider Konten zugeflossen, so dass eine Saldierung der Zinserträge und -aufwendungen sinnvoll erscheint (*ADS*[6] § 275 Anm 164). Liegen **durchlaufende Posten** vor, wie zB innerhalb eines Konzerns durchgereichte Kredite, für die der Kreditgeber (MU) sich gegenüber dem Kreditinstitut zur Zahlung der Zinsen verpflichtet hat, ist eine Verrechnung von Zinsaufwendungen und -erträgen gleichfalls zulässig (ähnlich *Borchert/Budde* in HdR[5] § 275 Anm 81).

Unzulässig ist die Verrechnung von **Diskonterträgen mit Diskontaufwendungen.** Dagegen wird es zulässig sein, vom Diskontertrag eines hereingenommenen Wechsels den bei der Weitergabe entstehenden Diskontaufwand zu kürzen, da nur in Höhe der Differenz „Ertrag" vorliegt (ebenso *ADS*[6] § 275 Anm 161).

194 Bei den Zinsen **„ähnlichen Erträgen"** handelt es sich um Erträge, die wirtschaftlich – ohne Zinsertrag zu sein – mit dem Kredit oder der Kreditbeschaffung anfallen, zB Agio, Disagio oder Damnum, Kreditprovisionen, Kreditgebühren, Kreditgarantien, Teilzahlungszuschläge ua. Hierunter fallen auch Erträge aus der Abgrenzung zu empfangender und zu leistender Zinszahlungen (Nettoausweis) im Rahmen eines *Zinsswaps,* wenn dieser sich auf ein Grundgeschäft bezieht, dessen Verzinsung durch den Swap modifiziert wird (glA *ADS*[6] § 275 Anm 176a) Der Verkäufer einer Zinsbegrenzungsvereinbarung erfasst hier die Erträge aus den jeweils abgelaufenen Teiloptionen; ebenfalls hier auszuweisen sind Ausgleichszahlungen im Rahmen von *Zinsbegrenzungsvereinbarungen* oder von *Zinstermingeschäften* (insb *Forward Rate Agreements),* die zur Absicherung von bilanzwirksamen Kapitalbeschaffungen oder -anlagen abgeschlossen wurden; s hierzu auch Anm 108 und 210. Dagegen zählen Einnahmen aus Dienstleistungen, die iZm Krediten erbracht werden, zB Spesen, Mahnkosten und Bearbeitungsgebühren, nicht zu den ähnlichen Erträgen; diese sind vielmehr „sonstige betriebliche Erträge".

Zinszuschüsse, zB der öffentlichen Hand, sind unter Posten Nr 4 auszuweisen, wenn nicht – bei periodengerechter Vereinnahmung – eine Verrechnung mit Zinsaufwendungen in Betracht kommt (Anm 205).

12. Abschreibungen auf Finanzanlagen und Wertpapiere des Umlaufvermögens (Nr 12/Nr 11)

200 Im Einzelnen umfasst dieser Posten insb die folgenden Aufwendungen aus Wertminderungen:
- Abschreibungen auf Anteile, Ausleihungen, Beteiligungen und Wertpapiere des Anlagevermögens, soweit die Wertminderungen bei Posten eingetreten sind, die unter § 266 Abs 2 A III ausgewiesen werden,
- Abzinsungsbeträge auf langfristige Ausleihungen; aber nur dann, wenn die Abzinsung erst nach dem Zugangszeitpunkt erfolgt und demnach in der Bilanz der gesamte Zugang erfasst wurde. Bestand die Abzinsungsnotwendigkeit bereits zum Zeitpunkt des Zugangs der Ausleihungen (Bilanzierung zum Barwert), sind die Abzinsungsbeträge unter die sonstigen betrieblichen Aufwendungen (Posten Nrn 8 bzw 7) aufzunehmen (glA *ADS*[6] § 275 Anm 171),
- Abschreibungen auf Wechsel (Anm 203),
- pauschale Abschreibungen auf Ausleihungen,
- Abschreibungen auf Wertpapiere des Umlaufvermögens, soweit sie unter § 266 Abs 2 B III zu erfassen sind, also auch auf eigene Anteile und ggf auf Anteile an herrschenden Unt,
- Abschreibungen auf Sachdarlehensforderungen (der Betrag sollte gesondert ausgewiesen oder im Anhang angegeben werden) und Abschreibungen auf entliehene Wertpapierbestände,
- Abschreibungen auf Anteile an KomplementärGes (§ 264c Abs 4) bei KapCoGes.

201 Nach dem Gesetzeswortlaut sind Abschreibungen auf Wertpapiere des „Umlaufvermögens, soweit diese die ... üblichen Abschreibungen überschreiten", im Posten Nr 7b auszuweisen. Zwar werden Betriebs- und Finanzergebnis im Gesamtkostenverfahren nicht separat ausgewiesen – aber die Reihenfolge der GuV-Gliederung des § 275 legt es nahe, die Erträge und Aufwendungen des Finanzbereichs gesondert und in sich geschlossen darzustellen. Deshalb sollten auch *unübliche* Abschreibungen auf Wertpapiere im Posten Nr 12 ausgewiesen werden.

Die (außerplanmäßigen) Abschreibungen auf das Finanzanlagevermögen nach § 253 Abs 2 S 3 einerseits sowie Abschreibungen nach § 253 Abs 3 S 3 auf Wertpapiere des Umlaufvermögens andererseits sind jeweils in die ao Abschreibungen für Anlage- und Umlaufvermögen einzubeziehen oder im Anhang anzugeben (§ 277 Abs 3 und dort Anm 3 bis 5). Die Beträge der Abschreibungen des Gj, die auf die einzelnen Posten der Finanzanlagen entfallen, müssen mit dem in Posten Nr 12 (Nr 11) der GuV enthaltenen Betrag übereinstimmen; ausführlicher § 268 Anm 16 mwN. **202**

Unter Posten Nr 12 ist auch die Abschreibung infolge Uneinbringlichkeit eines **Wechsels** zu erfassen. Enthält jedoch der Wechselbetrag den Wechseldiskont, ist es zulässig, den Abzinsungsbetrag mit dem Diskontertrag zu verrechnen, denn insoweit liegen keine unter das Verrechnungsverbot fallende Aufwendungen und Erträge vor (Anm 193). **203**

13. Zinsen und ähnliche Aufwendungen, davon an verbundene Unternehmen (Nr 13/Nr 12)

Der Posten enthält alle Beträge, die vom Unt für das aufgenommene FK zu entrichten sind. Hierbei sind die Aufwendungen der Beschaffung, die Aufwendungen während der Laufzeit und nach der Rückzahlung des Kredits zu berücksichtigen. Es sind auch einmalige Zahlungen für die Aufnahme eines Kredits wie zB Bankprovisionen und Kreditgebühren hier zu erfassen. **204**

In diesem Posten sind ferner etwaige **Ausschüttungen auf Genussscheine** auszuweisen, wenn nach den Genussscheinbedingungen der *Fremdkapital*charakter im Vordergrund steht. Dies ist dann der Fall, wenn die für einen Ausweis des Genussscheinkapitals als bilanzielles EK zu erfüllenden Kriterien nicht kumulativ vorliegen (s *HFA 1/1994* Abschn 2.2.1.a), § 247 Anm 227 ff und § 266 Anm 186). Die Ausschüttungen auf als FK qualifizierte Genussrechte stellen wirtschaftlich Zinsen dar (Posten Nr 13/Nr 12), wobei der besondere Charakter und die Angabe des entspr Betrags im Anhang oder als Davon-Vermerk erfolgen sollte (zB „davon Vergütung für Genussscheinkapital"). **205**

Hat das Genussrecht *Eigenkapital*charakter (hierzu auch Anm 311), stellen die Ausschüttungen wegen ihres schuldrechtlichen Charakters in erster Linie Aufwand der Ges und nur formal Gewinnverwendung dar. Im Interesse der Klarheit der GuV hat ein *gesonderter* Ausweis als „Vergütung für Genussrechtskapital" innerhalb des Zinsergebnisses zu erfolgen (*HFA 1/1994* Abschn 2.2.2.a); glA *Wollmert* BB 1992, 2106), auch wenn die Vergütungsverpflichtung als Teilgewinnabführungsvertrag iSv § 277 Abs 3 S 2 anzusehen ist. Falls im JA Vergütungsverpflichtungen *sowohl* für als EK *als auch* für als FK zu qualifizierendes Genussrechtskapital auszuweisen sind, sollte eine besondere Bezeichnung die jeweilige Zugehörigkeit kenntlich machen („Vergütungen für Genussrechtskapital mit Eigenkapitalcharakter" und „Vergütungen für Genussrechtskapital mit Fremdkapitalcharakter").

Entspr dem **Verrechnungsverbot** des § 246 Abs 2 ist eine Saldierung der Zinsaufwendungen mit den Zinserträgen nicht zulässig. **Zinszuschüsse** der öffentlichen Hand dürfen periodengerecht vereinnahmt werden, wenn sie mit den ihnen zugeordneten Zinsaufwendungen verrechnet werden (*HFA 1/1984* Abschn 2.d2).

Im Einzelnen kommen für den Ausweis folgende Aufwendungen in Betracht (ähnlich *ADS*[6] § 275 Anm 174): **206**

- Zinsen für aufgenommene Kredite jedweder Art, wie zB Zinsen für Bankkredite, für Hypotheken, für Schuldverschreibungen, für Schuldscheindarlehen, für Darlehen, für Lieferantenkredite und für Genussscheine (Anm 205),

– Diskontbeträge für Wechsel und Schecks,
– Verzugszinsen, zB nach § 233 a AO,
– Kreditprovisionen, Überziehungsprovisionen, Bereitstellungsprovisionen, Bürgschafts- und Avalprovisionen, Kreditbereitstellungsgebühren, Verwaltungskostenbeiträge, Vermittlungsprovisionen und Frachtenstundungsgebühren, Besicherungskosten und andere Nebenkosten,
– Abschreibungen auf ein aktiviertes Agio, Disagio oder Damnum,
– Zinsanteil der Zuführungen zur Pensionsrückstellung (Anm 138) sowie Zinsanteil aus der Veränderung des Deckungskapitals (Anm 135), bei wesentlichen Beträgen sollte innerhalb des Postens Nr 13/Nr 12 ein gesonderter Ausweis oder eine Erl im Anhang erfolgen,
– zu entrichtende „Darlehenszinsen" und etwaige Zins- oder Dividendenausgleichszahlungen an den Verleiher im Rahmen von Wertpapier-Leihgeschäften (s auch § 246 Anm 176).

Wird ein gem § 250 Abs 3 aktiviertes **Disagio** durch jährliche Abschreibungen auf die Laufzeit der Verbindlichkeit verteilt, sind die Tilgungsbeträge als zinsähnlich zu betrachten und hier auszuweisen. Ein Disagio sollte aber auch dann hier einbezogen werden, wenn der Unterschiedsbetrag sofort als Aufwand verrechnet wird. Bei wirtschaftlicher Betrachtungsweise handelt es sich ebenfalls um Zinsen auf FK; so auch *ADS*[6] § 275 Anm 174; *Borchert/Budde* in HdR[5] § 275 Anm 84.

207 Sofern für eine **stille Beteiligung** eine *feste* jährliche Vergütung zu entrichten ist, die wirtschaftlich einem Zins entspricht, wird sich der Ausweis unter Posten Nr 13 (Nr 12) rechtfertigen lassen. Meist wird es sich in diesen Fällen jedoch um gewinnabhängige Vergütungen handeln, so dass der Ausweis unter „aufgrund eines Teilgewinnabführungsvertrags abgeführte Gewinne" in Betracht kommt; dazu § 277 Anm 23.

208 **Nicht** unter diesen Posten fallen Bankspesen, Einlösungsprovisionen für Schuldverschreibungen, Kontoführungsgebühren, Kosten des Zahlungsverkehrs sowie alle mit der Überwachung von Krediten im Zusammenhang stehende Kosten (Einordnung in Posten Nr 8/Nr 7 „sonstige betriebliche Aufwendungen").

Bei **Leasingaufwendungen** für nicht im wirtschaftlichen Eigentum des Unt stehende VG (Mietleasing) ist idR unbekannt, wie hoch der in den Leasingraten enthaltene Zinsanteil ist, so dass der gesamte Aufwand unter Posten Nr 8 (Nr 7) „sonstige betriebliche Aufwendungen" ausgewiesen werden muss. Ist dagegen das Unt wirtschaftlicher Eigentümer (Finanzierungsleasing), müssen die Finanzierungskosten ermittelt werden. In diesen Fällen ist der jährliche Zinsaufwand von der Tilgungsrate (notfalls näherungsweise) zu trennen und unter Posten Nr 13 (Nr 12) auszuweisen (glA *ADS*[6] § 275 Anm 176).

Die an Banken zu entrichtenden **Umsatzprovisionen,** bei denen es sich um Entgelte für Dienstleistungen der Banken im Zahlungsverkehr handelt, zählen ebenso wie gewährte und von den **Kunden** in Anspruch genommene **Skonti** nicht zu den Zinsen und Aufwendungen iS dieses Postens. Letztere sind als Erlösschmälerungen bei den Umsatzerlösen zu berücksichtigen (Anm 65); erstere gehören zum Posten Nr 8 „sonstige betriebliche Aufwendungen".

209 Nimmt das Unt anstelle von **Lieferantenskonti** das Zahlungsziel in Anspruch, stellt das Skonto wirtschaftlich Aufwand (Zins) für die Kreditgewährung dar, so dass gegen die Erfassung dieser Skonti unter diesem Posten uE keine Bedenken erhoben werden können, wenngleich dieser Ausweis idR aus Praktikabilitätsgründen unterbleibt, aA *ADS*[6] § 275 Anm 176: kein Wahlrecht, da es sich um einen Teil der AK handele.

210 Zu den Zinsen und ähnlichen Aufwendungen gehören auch die Aufwendungen aus **Zinsswaps** oder aus **Zinstermin- und Zinsoptionsgeschäften.**

Swapgeschäfte sind bei Industrie- und HandelsUnt idR wirtschaftlich darauf ausgerichtet, die Mittelaufnahme aus einem bestimmten Grundgeschäft (zB Kreditaufnahme) in eine Mittelaufnahme mit anderer Zinsgestaltung (zB fest statt variabel) und/oder Währung zu transformieren. Bei Zinstermingeschäften ist zB die Absicherung einer Anschlussfinanzierung oder einer variabel verzinslichen Mittelanlage gegen steigende bzw fallende Zinsen beabsichtigt, während Zinsoptionsgeschäfte zB auf eine Sollzins-Begrenzung gerichtet sind oder ein Recht auf Abschluss einer Zinsswapvereinbarung zu festgelegten Bedingungen gewähren sollen.

Die Vereinbarungen haben eine zeitlich begrenzte Laufzeit. Daher steht bei den vereinbarten Entgelten der Zinscharakter im Vordergrund. Die Aufwendungen sollten deshalb hier erfasst werden. Da in der Praxis insb bei Zinsswaps nur der Ausgleich von Differenzbeträgen erfolgt, dürfte dem Nettoausweis, dh dem Ausweis des Unterschieds zwischen den zu zahlenden und den zu beanspruchenden Beträgen der Vorzug zu geben sein (glA *ADS*[6] § 275 Anm 176a; *Clemm/Nonnenmacher* in FS Döllerer, 72). Zum Ausweis der entspr Erträge s Anm 194.

Kreditinstitute haben Aufwendungen und Erträge aus Geschäften mit Finanzinstrumenten saldiert als Nettoaufwand bzw Nettoertrag aus Finanzgeschäften auszuweisen (§ 340c Abs 1).

Zinsen und ähnliche Aufwendungen, die **verbundene Unternehmen** betreffen, sind als Davon-Vermerk anzugeben (vgl Anm 175). **211**

Um den Informationsbedürfnissen der JA-Adressaten ausreichend Rechnung zu tragen wird diskutiert, zwischen Zinsen mit Bezug zur operativen Geschäftstätigkeit und Zinsen, die iZm der Kapitalstruktur des Unt stehen, zu unterscheiden (vgl *Marten/Köhler/Neubeck* BB 2001, 1572ff). Es wird daher angeregt, über die Mindestgliederung des § 275 hinaus einen freiwilligen Posten „Zinsergebnis für das operative Geschäft" in die GuV einzuführen und darin Zinsen mit direktem Bezug zum operativen Geschäft des Unt auszuweisen. Eine derartige Zurechnung ist Aufgabe der Kostenrechnung; der Ausweis des Zinsaufwands in einem Posten ist uE beizubehalten. **212**

14. Ergebnis der gewöhnlichen Geschäftstätigkeit (Nr 14/Nr 13)

Das Ergebnis der gewöhnlichen Geschäftstätigkeit ist als Zwischensumme der Saldo der Posten Nrn 1 bis 13 (Nrn 1 bis 12) und enthält den Jahreserfolg vor Berücksichtigung des ao Ergebnisses und des Steueraufwands. Es umfasst das Betriebs- und das Finanzergebnis des Unt vor Steuern. **213**

Es empfiehlt sich, durch +, – oder durch entspr Bezeichnung (Überschuss bzw Fehlbetrag) auf das Ergebnis dieser Zwischensumme hinzuweisen. Von Bedeutung wird das Ergebnis der gewöhnlichen Geschäftstätigkeit im Rahmen der Analyse der JA, insb bei zwischenbetrieblichen Vergleichen und Zeitvergleichen, sein. Zusammen mit dem ao Ergebnis (Posten Nr 17 bzw Nr 16) bildet es eine verbesserte Grundlage für eine Erfolgsspaltung. Dieser gestaffelte Erfolgsausweis der GuV nähert sich einer gesonderten nach betriebswirtschaftlichen Gesichtspunkten durchgeführten Erfolgsspaltung an (vgl Anm 40f). **214**

15. Außerordentliche Erträge und Aufwendungen (Nr 15/Nr 14 und Nr 16/Nr 15; § 277 Abs 4)

a) Allgemeines

Alle ao Erträge und alle ao Aufwendungen werden jeweils gemeinsam in gesonderten Posten der GuV erfasst. Eine gesetzliche Umschreibung der Begriffe „außerordentliche Erträge" und „außerordentliche Aufwendungen" ist in § 277 **215**

Abs 4 enthalten, der auch für große und mittelgroße KapGes/KapCoGes ergänzende Angabepflichten für den Anhang vorschreibt, soweit die Beträge nicht von untergeordneter Bedeutung für die Beurteilung der Ertragslage sind.

b) Allgemeine Definition des außerordentlichen Charakters gemäß § 277 Abs 4

217 Nach dem Wortlaut des § 277 Abs 4 S 1 sind Erträge und Aufwendungen ao, wenn sie **außerhalb der gewöhnlichen Geschäftstätigkeit** anfallen. Dabei ist bei dem Begriff Geschäftstätigkeit nicht auf den GesZweck laut GesVertrag und nicht auf die Trennung in betriebliche/betriebsfremde Posten abzustellen; die „Geschäftstätigkeit" bezieht sich in diesem Zusammenhang auf das gesamte Unt.

Beträge sind immer dann als ao auszuweisen, wenn sie iZm einer **bedeutenden** Änderung der Geschäftstätigkeit oder einer **wesentlichen** Änderung der Geschäftsgrundlagen stehen – sei es, dass zB Sparten, Werke oder Teilbetriebe geschlossen wurden oder dass Aufwendungen iZm einer wesentlichen Erweiterung, zB mit der Planung neuer „Geschäftstätigkeiten" (zB umfangreiche Marktstudien und -forschungen) anfallen und diese, obwohl als Bilanzierungshilfe zulässig, nicht aktiviert werden.

Für die Frage, was als „außerhalb der gewöhnlichen Geschäftstätigkeit" liegend zu betrachten ist, kommt es jeweils auch auf den Einzelfall an, denn die „gewöhnliche Geschäftstätigkeit" kann von Unt zu Unt – auch der gleichen Branche – variieren.

218 **Periodenfremde** Aufwendungen und Erträge sind wegen ihrer Aperiodizität regelmäßig nicht als „außerordentlich" einzustufen; sie sind unter den GuV-Posten auszuweisen, denen sie sachlich zugeordnet werden müssen. Ferner sind nur solche *unternehmens*fremde Posten als ao anzusehen, die nicht mit einer gewissen Regelmäßigkeit anfallen, bei denen also nicht mit einer Wiederholung in absehbarer Zeit zu rechnen ist.

219 Bei der Auslegung des § 277 Abs 4 ist weiter von Bedeutung, dass die ao Erträge und Aufwendungen sowie deren Saldo, das ao Ergebnis, *gesondert* ausgewiesen werden. Da dieser Ausweis der ao Erträge und Aufwendungen auf den angelsächsischen bzw den amerikanischen Rechtskreis zurückgeht, kann auch die Behandlung der ao Posten *(„extraordinary items")* nach US-Grundsätzen für die Auslegung des § 277 Abs 4 herangezogen werden. Nach Accounting Principles Board 30.20 sind Aufwendungen, die sowohl *ungewöhnlich* als auch *selten* anfallen, als *„extraordinary item"* zu betrachten. Ungewöhnlich sind Transaktionen oder Ereignisse, wenn sie einen hohen Grad an Abnormität *(high degree of abnormality)* und keinen eindeutigen Bezug zur gewöhnlichen Geschäftstätigkeit besitzen. Zur Abgrenzung der gewöhnlichen von der ungewöhnlichen Geschäftstätigkeit ist auf Charakteristika von Unt und Branchen, geographische Märkte, Produktpaletten sowie die Geschäftspolitik abzustellen. Um die Voraussetzung der Seltenheit *(infrequency of occurrence)* zu erfüllen, dürfen die Erträge oder Aufwendungen unter sonst gleichen Bedingungen in absehbarer Zukunft wahrscheinlich nicht anfallen. Dabei orientiert sich die Beurteilung der Wahrscheinlichkeit des Wiederkehrens an der vergangenen UntEntwicklung.

220 Für die Auslegung des § 277 Abs 4 kommt es neben den Merkmalen „unregelmäßigem bzw seltenem Anfall" dagegen *nicht* zusätzlich auf eine besondere Wesentlichkeit (*Materiality;* hierzu *Ossadnik* WPg 1993, 617 ff) der ao Aufwendungen und Erträge an (wie in den anglo-amerikanischen Rechtskreisen); ebenso *Rürup* in HdJ 1995 IV/1 Anm 380 f; *Westermann* in Beck HdR B 337 Anm 2, *WPH*[12] I F 376 und *ADS*[6] § 277 Anm 79 ff, die „einige materielle Bedeutung" verlangen. Da nach § 277 Abs 4 nur dann Erl (hinsichtlich des Betrags und

der Art) im Anhang zu geben sind, wenn die ao Erträge und Aufwendungen für die Beurteilung der Ertragslage *nicht* von *untergeordneter* Bedeutung sind, ist der Rückschluss geboten, dass *zunächst alle außergewöhnlichen* Posten unter § 277 Abs 4 fallen.

Somit sind Aufwendungen und Erträge nur dann außerordentlich iSd § 277 Abs 4, wenn sie außerhalb der bisherigen gewöhnlichen Geschäftstätigkeit des Unt *und* unregelmäßig (selten) anfallen. Dabei sind die jeweiligen individuellen Besonderheiten zu beachten. Zur Einordnung von Geschäftsvorfällen als ao Aufwand/ao Ertrag in der Praxis s *Marx* WPg 1995, 476ff. 221

c) Beispiele

Nachfolgend werden unter Berücksichtigung der hier vertretenen Auslegung des § 277 Abs 4 Beispiele für ein typisches Produktions- oder HandelsUnt dargestellt:

Außerordentliche Aufwendungen und Erträge gemäß § 277 Abs 4: 222

- Verluste/Gewinne aus dem Verkauf von bedeutenden Grundstücken und Beteiligungen,
- Verluste/Gewinne aus dem Verkauf eines Betriebs oder eines wesentlichen Betriebsteils,
- Verluste aus der Stilllegung von Betriebsteilen oder größerer Objekte insb aufgrund von Enteignungen,
- Verluste/Gewinne aus außergewöhnlichen Schadensfällen,
- Erträge aus erhaltenen Zuschüssen ohne Gegenleistungsverpflichtung, insb von Gestern (zB Forderungsverzicht nach § 397 BGB, soweit nicht in die Kapitalrücklage gem § 272 Abs 2 Nr 4 einzustellen), s *HFA 2/1996,* WPg 709ff, Abschn 22,
- Aufwendungen aus der Gewährung von Zuschüssen ohne Gegenleistungsverpflichtung. Beim Gester liegt ao Aufwand nur im Sanierungsfall vor (ansonsten nachträgliche AK der Beteiligung), s *HFA 2/1996,* WPg 709ff, Abschn 32, § 272 Anm 218,
- ao Aufwendungen entstehen auch, sobald bei einem Schulderlass mit Besserungsschein die Bedingung (Gewinnerzielung) eintritt und wenn im Zeitpunkt des Schulderlasses die Verbindlichkeit als ao Ertrag ausgebucht wurde,
- Gewinne/Verluste aus einer **Verschmelzung** oder anderen Umwandlung (*Borchert/Budde* in HdR[5]§ 275 Anm 88). Hiervon zu unterscheiden sind Aufwendungen und Erträge, die beim übernehmenden Rechtsträger originär entstehen, weil ihm das Vermögen (einschl der Verbindlichkeiten) des übertragenden Rechtsträgers am Bilanzstichtag *wirtschaftlich zuzurechnen* ist (zu den Voraussetzungen s *HFA 2/1997* WPg 235ff).
- Kosten iZm einem (fest vereinbarten) Börsengang (glA *Lind/Faulmann* DB 603); selbst wenn der Börsengang kurzfristig abgesagt wurde,

Nicht unter § 277 Abs 4 fallende Erträge und Aufwendungen (mit 223
Hinweis auf den betr Posten im Gesamtkostenverfahren):

- Verluste/Gewinne aus dem Abgang von VG des Anlagevermögens (ohne die Abgänge gem Anm 222); Nr 8 oder Nr 4,
- Verluste/Gewinne aus dem Verkauf von Wertpapieren des Umlaufvermögens (Nr 8 oder Nr 4; von der Praxis wird eine Zuordnung zum Beteiligungsergebnis für sachgerecht gehalten),
- Verluste/Gewinne aus dem Verkauf eigener Anteile (Nr 8 oder Nr 4) sowie weitergehende AK eigener Anteile (Nr 8),
- Währungs-Kursgewinne/-verluste (Nr 4 oder Nr 8),
- Aufwand/Ertrag aus Inventur-Differenzen, Einzelabwertungen auf Vorräte (Nrn 2, 5 oder 7b),

- außerplanmäßige Abschreibungen auf das Anlagevermögen (Nr 7a),
- Zuschreibungen auf VG des Anlagevermögens (Nr 4, Anm 98),
- Abschreibungen auf Forderungen und Wertpapiere (Nrn 8, 7b oder 12),
- Aufwendungen und Erträge aus Kantinenumsätzen (Nr 8 oder Nr 4),
- Steuernachzahlungen oder Steuererstattungen (Nr 18 oder Nr 19),
- (Groß-)Reparaturen (Nr 8),
- Erträge aus der Herabsetzung der Pauschalabsetzung zu Forderungen (Nr 4),
- Erträge aus der Auflösung von Rückstellungen (Nr 4),
- Erträge aus der Auflösung von Sonderposten mit Rücklageanteil (Nr 4, mit Sonderausweis oder Angabe im Anhang),
- Ausgleichszahlungen anstelle eines entgangenen Gewinns aus einem Vorgang der gewöhnlichen Geschäftstätigkeit (*BGH* 21. 1. 2004, NZG, 518),
- Aufwendungen für die Einstellung in Sonderposten mit Rücklageanteil (Nr 8, mit Sonderausweis oder Angabe im Anhang); s aber Anm 162 aE,
- Kosten einer wesentlichen Unterbeschäftigung (= betrieblich).

d) Erläuterungspflicht im Anhang

224 Ao Erträge und ao Aufwendungen sind im Anhang zu erläutern, soweit diese für die Beurteilung der Ertragslage nicht von untergeordneter Bedeutung sind (§ 277 Abs 4 S 2). Bei *kleinen KapGes/KapCoGes* darf diese Erl unterbleiben (§ 276 S 2, s dort Anm 5).

Die Ertragslage eines Unt kann sinnvoll nur über das Kriterium der Zukunftsbezogenheit interpretiert werden (zum Begriff der Ertragslage s auch § 264 Anm 37). Für die Adressaten des JA sind weniger die bereits realisierten Aufwendungen und Erträge von Interesse als vielmehr die zu erwartenden (Rein-)Erträge. Allein an Letzteren werden sie ihre Entscheidungen, zB Anteilskauf oder -verkauf, ausrichten. In diesem Zusammenhang ist auch die ErlPflicht der ao Aufwendungen und Erträge zu sehen. Zur alleinigen Beurteilung der Erfolgsquellen des **abgelaufenen** Gj ist eine detaillierte Aufgliederung der ao Posten nicht zwingend erforderlich. Durch die gesonderte Erfassung der ao Aufwendungen und Erträge können die gewünschten Informationen direkt aus der GuV abgelesen werden.

225 Nach dem Grundsatz der Wesentlichkeit (und der Wirtschaftlichkeit; dazu § 297 Anm 195ff) sollen alle Informationen, die für die Beurteilung der Ertragslage durch die vorgesehenen Empfänger von Bedeutung sind, im JA enthalten sein – gleichzeitig können aber hierfür unwesentliche Informationen vernachlässigt werden. Nicht alle Informationen, die „nicht wesentlich" sind, haben aber zugleich untergeordnete Bedeutung. Es gibt noch einen Zwischenbereich, der nur im Einzelfall konkretisiert werden kann. Seine Existenz weist darauf hin, dass das Kriterium der „untergeordneten Bedeutung" eher eng auszulegen ist, dh niedriger anzusetzen ist als die Wesentlichkeits-(Materiality-)Grenze.

226 Die **ao Posten,** die **nicht von untergeordneter Bedeutung** sind, hat das Unt hinsichtlich ihres Betrags und ihrer Art im Anhang zu **erläutern** (§ 277 Abs 4 S 2). Das bedeutet, die wesentlichen in einem Posten enthaltenen Einzelposten sind zu beschreiben – nicht dagegen aufzugliedern. Da idR nur wenige Einzelbeträge unter den ao Posten zu subsumieren sein werden, wird – wie die Beispiele in Anm 222 zeigen – auch schon aufgrund der „Art" des Postens offensichtlich, welcher Sachverhalt zugrunde liegt. Dieselbe Betrachtungsweise ergibt sich für die Erl des Betrags. Auch hier wird man nicht die Angabe von Beträgen fordern können; es wird grds genügen, wenn die Relationen der Teilposten zum Gesamtposten *verbal* beschrieben werden (zB jeweils unter

10 vH, 20 vH, 30 vH, nahezu die Hälfte, (ganz) überwiegend, fast vollständig; ähnlich *ADS*[6] § 277 Anm 85).

Wenn **aperiodische** Aufwendungen und Erträge nicht als ao Aufwendungen oder Erträge auszuweisen sind, sollen sie wenigstens, soweit nicht von untergeordneter Bedeutung, im Anhang erläutert werden. Näheres in § 277 Anm 25. **227**

16. Außerordentliches Ergebnis (Nr 17/Nr 16)

Das ao Ergebnis des Postens Nr 17 (Nr 16) ist die zweite Zwischensumme der GuV, die sich als Saldo der ao Erträge und der ao Aufwendungen ergibt, so dass als Ergebnis ein ao Gewinn oder ein ao Verlust entsteht. Dieses ao Ergebnis wird *vor* Steuern dargestellt und bildet mit dem Ergebnis der gewöhnlichen Geschäftstätigkeit (Posten Nr 14 bzw Nr 13) das vom Unt erzielte Jahresergebnis *vor* Steuern, aber *nach* anderen ergebnisabhängigen Posten – wie zB Tantiemen. Zur Verdeutlichung sollte der Posten als „Überschuss" oder „Fehlbetrag" aus den ao Posten kenntlich gemacht werden (so auch *WPH*[12] I F 467). **230**

17. Steuern (Nr 18/Nr 17 und Nr 19/Nr 18)

a) Begriff

Der Begriff „Steuern" wird im HGB nicht definiert. Zur Begriffsbestimmung (auch für ausländische Steuern) bietet sich an, auf die Legaldefinition des § 3 Abs 1 AO zurückzugreifen. Danach zählen zu den Steuern zB alle Geldleistungen, die nicht eine Gegenleistung für eine besondere Leistung darstellen und von einem öffentlich-rechtlichen Gemeinwesen nach Maßgabe von entspr Gesetzen den Steuersubjekten auferlegt werden. Es sind also vor allem diejenigen Beträge unter den Steuern auszuweisen, die KapGes oder andere Unt selbst als Steuerschuldner nach den Steuergesetzen zu entrichten haben – auch wenn sie von einem Dritten für ihre Rechnung gezahlt werden. Dazu gehören auch andere Abgaben (zB Ausfuhrzölle). **235**

Als Steueraufwand zu erfassen sind auch die nach § 26 Abs 1 und 6 KStG iVm § 34 Abs 2 EStG anrechenbaren bzw von der Bemessungsgrundlage abziehbaren ausländischen Steuern, die der deutschen KSt entsprechen, wenn sie zB im Rahmen der Beteiligungserträge vereinnahmt wurden und die **inländische** Steuerschuld infolge Anrechnung mindern, s *Bullinger* in Beck HdR B 338 Anm 19f. Wegen der Einbeziehung der Aufwendungen und Erträge aus der Steuerabgrenzung nach § 274 s Anm 244 ff.

Dagegen fallen die sog **Abzugssteuern** (zB LSt, Kirchensteuer, KapESt, AR-Steuer uä), die eine KapGes/KapCoGes für Rechnung Dritter an den Fiskus abzuführen hat, sowie Steuerstrafen, Buß- und Zwangsgelder und steuerliche Nebenleistungen (Zinsen, Verspätungs- und Säumniszuschläge) **nicht** darunter (Anm 249). Dasselbe gilt grds für aus Haftungsgründen für Steuerschulden Dritter zu zahlende Beträge. Wegen des Sonderfalls der Steuerumlagen bei Organschaft Anm 255 ff.

Zu den Steuern, die eine KapGes oder andere dem KStG unterliegende Unt als Steuerschuldner zu entrichten bzw zu übernehmen haben, gehört zB auch die pauschalierte LSt (hierzu Anm 248), die USt auf den Eigenverbrauch nach § 1 Abs 1 Nr 2 UStG und andere aufwandswirksame Umsatzsteuerbeträge (zB für Überlassung von Pkw an Arbeitnehmer), die Pauschalsteuer gem § 5 Abs 2 KapErhStG. Wegen weiterer Einzelheiten s Anm 248. **236**

Im Rahmen der Gliederung der GuV wird ein separater Ausweis der erfolgsabhängigen Steuern vorgeschrieben. Die Steuern vom Einkommen und vom **237**

Ertrag (Posten Nr 18 bzw Nr 17) sind getrennt von den sonstigen Steuern (Posten Nr 19 bzw Nr 18) auszuweisen; letztere werden oft in die sonstigen betrieblichen Aufwendungen einbezogen und im Anhang genannt (Anm 167).

Der getrennte Ausweis der „Steuern vom Einkommen und Ertrag" und der „sonstigen Steuern" erleichtert es, von dem ausgewiesenen Gewinnsteueraufwand Rückschlüsse auf den versteuerten Gewinn zu ziehen. Eine genaue Ermittlung des tatsächlich erzielten Gewinns vor Ertragsteuern ist indes aufgrund verschiedener Faktoren (zB steuerfreie Einnahmen, nicht abzugsfähige Ausgaben oder Nachzahlungen für frühere Jahre) nicht möglich.

b) Steuern vom Einkommen und vom Ertrag (Nr 18/Nr 17)

238 Unter die Steuern vom Einkommen und vom Ertrag fallen die KSt (ggf einschl KapESt und anrechenbarer KSt), die Zinsabschlagsteuer gem § 43 Abs 1 Nr 7 EStG, der anrechenbare Solidaritätszuschlag und die GewESt sowie die entspr ausländischen Steuern, für welche Steueranrechnung oder Abzug von der Bemessungsgrundlage gewährt wird (§§ 34c EStG, 26 KStG). Hier sind auch die Aufwendungen oder Erträge aus der Steuerabgrenzung (Anm 244 bis 246) auszuweisen. Anlage 8 zu EStR 212a enthält ein Verzeichnis ausländischer Steuern, die der deutschen ESt entsprechen sowie einzelne der deutschen KSt entspr ausländische Steuern. Ob eine nicht aufgeführte ausländische Steuer der deutschen ESt oder KSt entspricht, wird ggf vom BdF festgestellt.

Im Anhang sind ggf Angaben über die Zuordnung der Steuern vom Einkommen und vom Ertrag zum Ergebnis der gewöhnlichen Geschäftstätigkeit und zum ao Ergebnis zu machen; hierzu § 285 Anm 120ff.

Zu den Besonderheiten des Ausweises des Steueraufwands der Gester von KapCoGes vgl § 264c Anm 70ff.

Im Wesentlichen enthält dieser Posten:

Gewerbeertragsteuer

239 Ausgangsgröße ist hier der nach den Vorschriften des EStG oder KStG ermittelte Gewinn (§ 7 GewStG) zzgl gewerbesteuerlicher Hinzurechnungen gem § 8 GewStG (zB 50% der Dauerschuldzinsen) und abzgl gewerbesteuerlicher Kürzungen gem § 9 GewStG (zB 1,2% der Grundstückseinheitswerte, alle Schachtelerträge usw) sowie eines evtl vorhandenen Verlustvortrags. Gewerbeerträge von Organ-Ges werden dem Gewerbeertrag des Organträgers hinzugerechnet, wenn ein Organschaftsverhältnis vorliegt (Anm 255ff).

240 Bei buchführenden Gewerbetreibenden mit vom Kj **abweichendem Wj** wird für die GewESt der im (abweichenden) Wj erzielte Gewerbeertrag zugrunde gelegt. Es besteht außerdem ein Wahlrecht, die GewESt für den Erhebungszeitraum (Kalenderjahr), der am Ende des abw Wj noch läuft, in voller Höhe zu Lasten dieses Wj zu berücksichtigen; s hierzu *Bullinger* in Beck HdR B 338 Anm 46.

241 Die GewESt ist steuerlich Betriebsausgabe und mindert ihre eigene Bemessungsgrundlage. Für KapGes ist bei der **Aufwandsberechnung** der vorläufige Gewerbeertrag vor Abzug der GewESt mit dem Faktor

$$\frac{5 \times \text{Hebesatz}}{100 + 5 \times \text{Hebesatz}}$$

zu multiplizieren, um die Bemessungsgrundlage der GewESt zu erhalten.

Bei PersGes mit niedrigem Gewerbeertrag sind wegen gestaffelter Messzahlen (§ 11 Abs 2 Nr 1 GewStG) nur Näherungsrechnungen möglich; im Übrigen gilt auch hier der vorstehende Faktor.

Körperschaftsteuer

242 Berechnungsbasis ist jeweils das zu versteuernde Einkommen nach Berücksichtigung von Verlustvor- bzw -rückträgen und ggf unter Einbezug des zuzurechnenden Einkommens von Organ-Ges – sofern ein EAV besteht. Die KSt ist gem § 278 auf der Grundlage des Beschlusses über die Verwendung des Ergebnisses zu berechnen. Liegt ein Beschluss nicht vor, ist vom Ergebnisverwendungsvorschlag auszugehen (hierzu § 278 Anm 11 ff, 26 ff).

243 Das zu versteuernde Einkommen unterliegt einer **Tarifbelastung** von einheitlich 25% – für ausgeschüttete und thesaurierte Gewinne –, soweit es nicht steuerfrei ist. Aufgrund der für 15 Jahre geltenden Übergangsregelung des § 37 Abs 2 S 2 KStG 2003 iZm dem Systemwechsel vom Anrechnungsverfahren zum Halbeinkünfteverfahren kann es bei der Dividendenbesteuerung von KapGes weiterhin zu einer Minderung oder Erhöhung der KSt kommen. Für den Übergangszeitraum ist nunmehr in § 37 Abs 2 S 2 KStG 2003 geregelt, dass sich die KSt des Veranlagungszeitraums ändert, in dem das Wirtschaftsjahr endet, in dem die Gewinnausschüttung erfolgt. Zu der Frage, in welchem JA die ausschütungsbedingte KSt-Minderung *handelsrechtlich* zu berücksichtigen ist, wird vom HFA die Auffassung vertreten, dass analog § 278 die Steuerminderung weiterhin in dem Abschluss zu berücksichtigen ist, an dessen Ergebnis sie anknüpft; entspr gilt für eine aus dem Ergebnisverwendungsvorschlag resultierende Steuererhöhung (*HFA* Auswirkungen des Steuersenkungsgesetzes auf den handelsrechtlichen Jahresabschluss FN IDW 2001, 688).

Steuerabgrenzung

244 Unter den Gewinnsteuern sind auch die Zuführungen zur Rückstellung für Steuerabgrenzung (§ 274) auszuweisen, obgleich in diesen Fällen noch keine Steueraufwendungen iS einer rechtlich entstandenen Steuerschuld vorliegen. Der Abgrenzungsaufwand wird für die GewESt und für die KSt erforderlich, wenn der zu versteuernde Gewinn niedriger ist als das handelsrechtliche Ergebnis *und* sich diese Abweichung in späteren Jahren voraussichtlich wieder ausgleicht (zur Berechnung § 274 Anm 50 ff).

245 Der Ertrag aus der Bildung eines **aktiven Steuerabgrenzungspostens** gem § 274 Abs 2, zB aufgrund handelsrechtlich höherer Abschreibungen, ist ebenfalls unter dem Posten Nr 18 zu erfassen (dazu *ADS*[6] § 275 Anm 190). Die Zusammenfassung dient einerseits der Klarheit des Ausweises der tatsächlichen Steuerbelastung und entspricht andererseits dem Grundsatz der Aufwands- (und Ertrags-)Periodisierung gem § 252 Abs 1 Nr 5. Dementsprechend erscheint es nach dem Gesetzeswortlaut gerechtfertigt, in der GuV ebenso wie in der Bilanz eine Gesamtbetrachtung anzustellen und lediglich den jährlichen **Saldo aus Steuerabgrenzungen** als zusätzlichen Steueraufwand zu erfassen oder als Minderaufwand mit den effektiv für das Gj festzusetzenden Steuern zu verrechnen. Ein Verstoß gegen das Verrechnungsverbot gem § 246 Abs 2 liegt nicht vor, da es sich bei der aktiven Steuerabgrenzung um eine Minderung der effektiven Steuerbelastung handelt; hierzu auch Anm 253 f.

246 Aufgrund der erforderlichen Gesamtbetrachtung werden für den Bilanzausweis und den GuV-Ausweis die jeweiligen Beträge durch Fortschreibung ermittelt, so dass nicht nur Aufwendungen mit Erträgen, sondern auch Auflösungen mit Neubildungen von Abgrenzungsposten verrechnet werden. Der Ausweis der Auflösung einer Rückstellung für Steuerabgrenzung sollte daher nicht – wie die übrigen Rückstellungsauflösungen – unter „sonstige betriebliche Erträge" erfolgen, da aufgrund der im Gj eingetretenen Ereignisse eine andere Einschätzung der künftigen Steuerwirksamkeit erforderlich war. Insoweit haben

die veränderten Verhältnisse – unter Berücksichtigung der Steuerabgrenzung – einen korrigierten handelsrechtlichen Steueraufwand verursacht.

c) Sonstige Steuern (Nr 19/Nr 18)

248 Zu den sonstigen Steuern zählen alle nicht unter Posten Nr 18 (Nr 17) fallende Steuern wie **Verbrauchsteuern** (zB Biersteuer, Getränkesteuer, Tabaksteuer, Branntweinsteuer, Mineralölsteuer, Sektsteuer, Hundesteuer, Kfz-Steuer, Stromsteuer), **Verkehrsteuern** (zB Rennwett- und Lotteriesteuer, Versicherungssteuer sowie andere Steuern und uU Ausfuhrzölle. Soweit es sich um Kleinbeträge handelt (zB Bier-/Sektsteuer aus Kantinenumsätzen) werden Verbrauchsteuern nicht ausgesondert (Anm 251). Auch die selbst zu tragende USt (insb USt auf den Eigenverbrauch) gehört hierher. Dagegen ist die pauschalierte LSt nicht hierunter auszuweisen, sondern gehört zu den Löhnen und Gehältern (Posten Nr 6 a), da es sich nicht um eine Kostensteuer eigener Art handelt (glA *ADS*[6] § 275 Anm 200). Nicht zu den sonstigen Steuern gehören vom Arbeitgeber für den Arbeitnehmer als Steuerschuldner übernommene Lohn- und Kirchensteuern (Anm 127).

249 Unter den sonstigen Steuern dürfen **keine Abgaben anderer Art** wie zB Grundstücksabgaben, IHK-Beiträge usw ausgewiesen werden. **Steuerstrafen** und **Bußgelder** sowie **Verspätungszuschläge** oder **Zwangsgelder** sind entweder unter „sonstige betriebliche Aufwendungen" (Nr 8 bzw Nr 7) oder ggf unter „außerordentliche Aufwendungen" (Nr 16 bzw Nr 15) auszuweisen; Säumniszuschläge und Zinsen gehören zu den Zinsaufwendungen (Nr 13 bzw Nr 12), ebenso *Marx* Steuerliche Nebenleistungen im handelsrechtlichen Jahresabschluss DB 1996, 1149 ff. **Steuerstrafen** gehören zu den Posten Nrn 8 bzw 7; glA *ADS*[6] § 275 Anm 200.

250 Soweit Steuern zu den **Anschaffungsnebenkosten** gehören (zB GrESt, Eingangszölle) müssen sie aktiviert werden. Nur in Sonderfällen, in denen zB der angeschaffte VG zum Zeitpunkt der Steuerentstehung nicht mehr vorhanden ist oder nicht mehr dem Unt gehört, sind sie unter den sonstigen Steuern zu erfassen. Nicht zu den sonstigen Steuern rechnet regelmäßig die USt, da sie wie ein durchlaufender Posten zu behandeln ist und die GuV nicht berührt (Ausnahmen gem § 1 Abs 1 Nr 2 und Nr 3 UStG).

251 **Abweichender Steuerausweis:** Unt, die *branchentypisch* Steuerschuldner von Verbrauchsteuern (zB Mineralöl-, Bier-, Tabak-, Branntweinsteuer) sind, müssten diese Steuern streng genommen unter den sonstigen Steuern ausweisen. Entspr bisheriger Praxis wird es zulässig und üblich sein, dass branchentypische Verbrauchsteuern, soweit nicht HK, offen von den Umsatzerlösen abgesetzt werden; s Anm 66 f. *ADS*[6] (§ 275 Anm 204) präferieren nur bei der Mineralölsteuer das offene Absetzen von den Umsatzerlösen.

d) Saldierter Steuerausweis

253 Da die „Steuern vom Einkommen und vom Ertrag" nach dem „Ergebnis der gewöhnlichen Geschäftstätigkeit" (Nr 14 bzw Nr 13) und auch nach dem „außerordentlichen Ergebnis" (Nr 17 bzw Nr 18) ausgewiesen werden, lässt sich der Schluss ziehen, dass es sich bei diesen Posten um Ergebnis-Größen **vor Ertragsteuern** handelt. Dafür spricht auch die Angabepflicht nach § 285 S 1 Nr 6 über den Umfang, der auf diesen beiden Ergebnis-Größen jeweils lastenden Ertragsteuern; sie dürfen mithin nicht ihrerseits durch irgendwelche Steuerbe- oder -entlastungen beeinflusst sein.

254 Unter den „Steuern" sind neben den Aufwendungen des lfd Gj jeweils auch alle Nachzahlungen und alle Erstattungen und Veränderungen von Steuerrück-

stellungen für Vj zu erfassen und ggf zu saldieren. Diese Auffassung hat sich als herrschend durchgesetzt (ebenso *Bullinger* in Beck HdR B 338 Anm 83 ff; *ADS*[6] § 275 Anm 187). Ein Verstoß gegen das Verbot der Verrechnung von Aufwendungen mit Erträgen (§ 246 Abs 2) wird hierin nicht gesehen, weil keine Saldierung mit Erträgen, sondern eine Korrektur zu hoch verrechneter Aufwendungen vorliegt. Im Übrigen könnte man die „Steuern" auch ihrerseits als *Ergebnis(Saldo-)Größen* interpretieren, für die das Saldierungsverbot von vornherein nicht anwendbar ist. Bei nennenswerten Nachzahlungen oder Erstattungen handelt es sich um aperiodische Posten, die gem § 277 Abs 4 S 3 im Anhang anzugeben sind. Nach *ADS*[6] (§ 275 Anm 189) sollte dies durch Untergliederung oder Davon-Vermerk bereits innerhalb des Postens „Ertragsteuern" verdeutlicht werden.

Übersteigt bei **Steuererstattungen,** zB aufgrund eines **Verlustrücktrags,** die Erstattung den Steueraufwand, entsteht ein Steuerertrag. Dies sollte durch Postenuntergliederung oder durch eine Änderung der Postenbezeichnung zum Ausdruck gebracht werden (glA *ADS*[6] § 275 Anm 187; aA *Bullinger* in Beck HdR B 338 Anm 86, weil der Posten „Steuern" lautet). Andernfalls ist eine Erl im Anhang erforderlich.

e) Steuerausweis bei Organschaft

Im Falle der Organschaft (zum Begriff s § 271 Anm 100 ff) ist der Organträger Steuerschuldner der GewESt und der KSt, soweit ihm das Ergebnis der Organ-Ges zuzurechnen ist und außerdem eine Ergebnisübernahmevereinbarung besteht (durch das UntStFG, BStBl I 2001, 3858 wurde in § 2 Abs 2 S 2 GewStG nF eine vollständige Angleichung der gewerbesteuerlichen Organschaft an die Voraussetzungen der körperschaftsteuerlichen Organschaft erreicht; Näheres *Rödder/Simon* DB 2002, 496 ff). Der Organträger ist außerdem Steuerschuldner der USt für die Umsätze der Organ-Ges. Die Organ-Ges haftet jedoch gesamtschuldnerisch für diese Steuern (§ 73 AO). Die Organ-Ges kann direkt nur Steuerschuldner sein, soweit sie Ausgleichszahlungen als eigenes Einkommen zu versteuern hat. Diese eigenen Steuern auf das Einkommen von MU (ggf TU) werden unter dem Posten Nr 18 bzw Nr 17 ausgewiesen. 255

Werden Steuern vom Organträger an die Organ-Ges weiterbelastet (zur steuerlichen Zulässigkeit von **Steuerumlagen** *Streck* KStG[6] § 14 Anm 84; zum Anspruch auf GewSt-Erstattung *BGH* 22. 10. 1992 BB 1993, 22, zur Ausschüttungssperre nach § 274 Abs 2 S 3 im Fall der Bilanzierung aktiver latenter Steuern *BMF* 16. 7. 2004 – IV A2 – S 2770 – 9/04 II), sollen die Steuerumlagen die durch die steuerliche Einkommenszurechnung infolge der Organschaft eintretenden „Verzerrungen" des ausgewiesenen Jahresergebnisses beim Organträger und bei der Organ-Ges möglichst ausgleichen und die steuerliche Belastung verursachungsgerecht auf die Unt des Organkreises verteilen (glA *Bullinger* in Beck HdR B 338 Anm 97). 256

Ausweis bei der Organgesellschaft: Steuern, die sich nach dem Ergebnis der gewöhnlichen Geschäftstätigkeit bemessen, dürfen in dieses Ergebnis nicht selbst eingehen (Anm 253). Dasselbe muss schon aus Gründen der Vergleichbarkeit mit Nicht-Organ-Ges auch für Steuerumlagen gelten. Mithin kommt regelmäßig nur eine Berücksichtigung im Rahmen der Steuern in Betracht, aber unter entspr Anpassung der Postenbezeichnung. Neben evtl vorhandenen originären Steuern der Organ-Ges (Anm 255) sollte auch der gesonderte Ausweis mit Davon-Vermerk (zB „davon Steuerumlagen ...") unter dem Posten „Steuern vom Einkommen und vom Ertrag" erfolgen (*Bullinger* in Beck HdR B 338 Anm 101; *ADS*[6] § 275 Anm 194 mit Beispiel). 257

Bei Bestehen eines **Gewinnabführungsvertrags** (EAV) ist statt dessen auch die Einbeziehung der Steuer-Umlagen in den unmittelbar vor dem Jahresergebnis auszuweisenden Posten „aufgrund von Gewinnabführungsverträgen abgeführte Gewinne" oder „Erträge aus Verlustübernahme" (§ 277 Abs 3 S 2, dort Anm 6ff) von gleicher Aussagefähigkeit und daher ebenfalls zulässig. Die gesonderte Angabe (Untergliederung oder Davon-Vermerk) wäre im Hinblick auf einen Vergleich mit dem korrespondierenden Ausweis beim Organträger informativ, ist aber nicht zwingend.

Während bei der ersten Alternative („Steuerumlagen") der Ausweis der zugehörigen Steuerbelastung im Vordergrund steht, wird im zweiten Fall (bei EAV) das abgeführte Ergebnis in seiner tatsächlichen Höhe (*vor* Steuern) herausgestellt. Entscheidend ist daher nur, dass die gewählte Darstellungsform beibehalten wird (§ 265 Abs 1). Ein Ausweis von Steuerumlagen unter „sonstige betriebliche Aufwendungen" ist nicht sachgerecht; glA *ADS*[6] § 275 Anm 194.

258 **Ausweis beim Organträger:** Ausgehend von der Rechtslage, dass das Ergebnis der gewöhnlichen Geschäftstätigkeit und das ao Ergebnis jeweils *vor* Steuern auszuweisen ist, sollten bei Organschaften **ohne Ergebnisabführungen** die Erträge aus Steuerumlagen vom Ertragsteueraufwand des Organträgers abgesetzt werden. Dadurch wird erreicht, dass der durch das zugerechnete Einkommen der Organ-Ges erhöhte oder verminderte Steueraufwand des Organträgers so ausgewiesen wird, wie es dem eigenen Ergebnis des Organträgers entspricht. Weil dabei die tatsächliche Steuerbelastung aber nicht mehr erkennbar wäre, ist es aus Gründen der Klarheit erforderlich, die Verrechnung *offen* durchzuführen – durch Aufgliederung des Postens „Steuern" in Steueraufwand und weiterbelastete Steuerumlagen oder durch offenes Absetzen in einer Vorspalte. Das gilt jedoch nur, soweit Steuerumlagen *auf den Teil* des steuerlich zugerechneten Einkommens erhoben werden, der bei der Organ-Ges thesauriert wird und den folglich der Organträger *nicht* zugleich auch handelsrechtlich als Gewinnausschüttung oder Ergebnisübernahme vereinnahmt. In Höhe der handelsrechtlich vereinnahmten Beträge liegt *eigenes* Einkommen des Organträgers vor, das bei diesem selbst mit Steuern belastet ist (§ 271 Anm 144).

Anders zu beurteilen ist der Ausweis von Steuerumlagen im Falle einer Organschaft **mit Ergebnisabführung.** Hier wäre bei Verrechnung der Erträge aus Steuerumlagen mit dem tatsächlich anfallenden Steueraufwand die verbleibende Steuerbelastung des Organträgers im Verhältnis zu seinem Jahresergebnis (vor Steuern) zu niedrig ausgewiesen, und zwar um den auf das von der Organ-Ges übernommene Ergebnis entfallenden Teil. In diesen Fällen ist die erhobene Steuerumlage wirtschaftlich als „Vorweg-Gewinnabführung" (ebenso *BGH* 1. 12. 2003, WM 2004, 288) zu betrachten und daher im Rahmen des Finanzergebnisses *gesondert* unter dem Posten „Ertrag aufgrund von Gewinnabführungsverträgen" (*Bullinger* in Beck HdR B 338 Anm 102) oder als gesonderter Gliederungsposten „Erträge aus von Organ-Ges abgeführten Steuerumlagen" auszuweisen (im Ergebnis ebenso *ADS*[6] § 275 Anm 192f). Aufwendungen aus Verlustübernahmen (Posten Nr 12a bzw Nr 11a) wären dementsprechend um evtl gewährte Steuergutschriften an die Organ-Ges zu erhöhen.

259 Die in der Praxis generell anzutreffende offene Absetzung bei dem Posten Nr 18 bzw 17 entspricht einer wirtschaftlichen Betrachtungsweise. Dabei wird aber oft nicht berücksichtigt, dass der auf das in der handelsrechtlichen GuV ausgewiesene Betriebs- und Finanzergebnis entfallende Steueraufwand **ungekürzt** ausgewiesen werden muss, um die (eigene) Ertragslage des Organträgers zutreffend darzustellen. Auch in diesen Fällen wird durch die offene Absetzung die Handhabung offengelegt; die Systematik des HGB spricht jedoch gegen diese Darstellungsweise.

Ein Ausweis der Steuerumlagen unter „sonstige betriebliche Erträge" (bzw „... Aufwendungen" bei Steuergutschriften) kommt dagegen uE auch hier nicht in Betracht, da der Vorgang das Finanzergebnis, nicht aber das betriebliche Ergebnis berührt (aA *ADS*[6] § 275 Anm 192: „sonstige betriebliche Erträge" mit Hinweis auf die Behandlung der KapESt bei Beteiligungserträgen; *Bullinger* in Beck HdR B 338 Anm 102).

Belastet in Sonderfällen der Organträger die auf seine Organ-Ges entfallende USt-Zahllast *nicht* an diese weiter, gehört dieser Betrag (obwohl wirtschaftlich nicht das MU betreffend) zu den sonstigen Steuern des Organträgers. Dementsprechend entsteht gem *HFA 1/1985* idF 1990, bei den TU ein Ertrag („sonstige betriebliche Erträge"). 260

18. Jahresüberschuss/Jahresfehlbetrag (Nr 20/Nr 19)

Dieser Posten ist der Saldo aller in der GuV ausgewiesenen Erträge und Aufwendungen und der Steuern. Als Ergebnis der Erfolgsrechnung stellt er stets den letzten Posten der Ergebnis*entstehung* in der GuV und zugleich der Schemata des Abs 2, 3 dar. Das bedeutet, dass alle – auch die in § 277 Abs 3 genannten – Sonderposten vorher einzuordnen sind. Ein Jahresüberschuss liegt vor, wenn der Unterschied aller Erträge und Aufwendungen positiv ist. Sind die Aufwendungen des Gj dagegen höher als die Erträge, handelt es sich um einen Jahresfehlbetrag. Die Höhe des Jahresüberschusses/Jahresfehlbetrags wird vielfach im Rahmen der Analyse des JA verwendet; sein betriebswirtschaftlicher Aussagewert ist wegen der mannigfachen Einflussfaktoren allerdings für die Beurteilung der Ertragskraft unzureichend. 261

Die Bedeutung des Postens Jahresüberschuss/Jahresfehlbetrag liegt insb darin, dass mehrere materiellrechtliche Vorschriften an ihn anknüpfen. Zunächst bildet der Jahresüberschuss/Jahresfehlbetrag den Ausgangspunkt der **Ergebnisverwendung.** Regelungen zur Darstellung der Ergebnisverwendungen finden sich in Abs 4 sowie im AktG. Durch Abs 4 wird bestimmt, dass Veränderungen der Kapital- und Gewinnrücklagen erst *nach* dem Posten Jahresüberschuss/Jahresfehlbetrag ausgewiesen werden dürfen (Anm 310ff). Außerdem stellt der Jahresüberschuss die Grundlage für die Dotierung der gesetzlichen Rücklage der AG und KGaA dar (§ 150 Abs 2 AktG), während der Jahresfehlbetrag eine wesentliche Ursache für die Verwendung dieser Rücklage ist (§ 150 Abs 3, 4 AktG). Auch die Höhe der Beträge, die von der HV einerseits oder vom Vorstand und AR andererseits in die Gewinnrücklagen eingestellt werden können, ist vom Jahresüberschuss abhängig (§ 58 Abs 1, 2 AktG). Daneben ist der Posten Jahresüberschuss/Jahresfehlbetrag bei der Ermittlung einer Abschlagszahlung an die Aktionäre auf den Bilanzgewinn (§ 59 Abs 2 AktG), einer Gewinnbeteiligung der Vorstandsmitglieder (§ 86 Abs 2 AktG) sowie im Rahmen von Sonderprüfungen wegen unzulässiger Unterbewertung (§ 259 Abs 2 Nr 2, Abs 4 S 2 AktG) heranzuziehen. 262

Ferner spielt die Höhe des Jahresüberschusses/Jahresfehlbetrags eine Rolle bei Bestehen aktienrechtlicher **Unternehmensverträge.** Die Zuführung zur gesetzlichen Rücklage nach § 300 AktG, der Höchstbetrag der Gewinnabführung (§ 301 AktG) sowie die Übernahme der bei dem TU entstandenen Verluste sind an der Höhe des Jahresüberschusses bzw -fehlbetrags zu orientieren.

Bei **Gewinnabführungsverträgen** entsteht normalerweise kein Jahresüberschuss. Ausnahmsweise kann in diesem Fall ein Jahresüberschuss ausgewiesen werden, wenn die gesetzliche Rücklage noch nicht voll dotiert (§ 300 AktG) oder das abführende TU berechtigt ist, in angemessenem Umfang andere Rücklagen zu bilden. Umgekehrt entsteht ein Jahresfehlbetrag, wenn während der Dauer des Vertrags gebildete Rücklagen zulässigerweise wieder aufgelöst und an den Organträger abgeführt werden (Anm 315).

263 Bei **GmbH** dient der Jahresüberschuss als Grundlage für die Verteilung des Bilanzgewinns (§ 29 Abs 1 GmbHG), während ein Jahresfehlbetrag für eine evtl Nachschusspflicht der Gester von Bedeutung ist (§§ 27, 30 GmbHG). Auch für Ges anderer Rechtsformen (zB PersGes) stellt Posten Nr 20 (Nr 19) regelmäßig die Ausgangsbasis für die Verwendung des Ergebnisses dar.

Für die Darstellung der Entwicklung vom Jahresergebnis zum Bilanzergebnis vgl auch die Erl zu § 270 und Vor § 325.

II. Umsatzkostenverfahren (Abs 3)

265 In diesem Abschn werden nur Posten erläutert, die sich inhaltlich von denen des Gesamtkostenverfahrens unterscheiden. Hiervon betroffen sind insb die Posten Nr 2 bis 7. Die nachfolgenden Posten (ab Nr 8 „Erträge aus Beteiligungen") stimmen in ihrem materiellen Inhalt mit den gleichnamigen Posten des Gesamtkostenverfahrens überein, sofern keine aktivierungsfähigen Steuern oder Zinsen in die HK einbezogen werden (Anm 31, 308, 309).

1. Herstellungskosten der zur Erzielung der Umsatzerlöse erbrachten Leistungen (Nr 2)

266 Den zur Erzielung der Umsatzerlöse erbrachten Leistungen werden die auf sie entfallenden HK gegenübergestellt. Dabei spielt es keine Rolle, in welchem Gj die HK entstanden sind. Unter diesem Posten sind alle Aufwendungen auszuweisen, die aus der Herstellung der in einer Rechnungsperiode abgesetzten Leistungen resultieren. **Bestandsminderungen** werden nicht wie im Gesamtkostenverfahren neben den Umsatzerlösen berücksichtigt; sie sind Teil der „Herstellungskosten des Umsatzes". **Bestandserhöhungen** sind bei Anwendung des Umsatzkostenverfahrens aus der GuV grds nicht ersichtlich, da sie (noch) nicht zu einem Umsatzakt geführt haben (Anm 31). Die aktivierten Aufwendungen der im Gj hergestellten Leistungen mindern die „Herstellungskosten des Umsatzes" (Anm 29).

267 Die AK *(Einstandskosten)* der verkauften **Handelswaren** werden in Abs 3 nicht ausdrücklich erwähnt; bei HandelsUnt sollten sie deshalb in die Postenbezeichnung aufgenommen werden (glA *WPH*[12] I F 519). Die Bezeichnung des GuV-Postens ist dann gem § 265 Abs 6 anzupassen (zB „Anschaffungskosten der verkauften Waren").

268 Umstritten ist, ob für die „Herstellungskosten" im Sinne des Abs 3 Nr 2 der HK-Begriff gem § 255 Abs 2 gilt. Die Diskussion betrifft sowohl die Wert- als auch die Mengenkomponente. Zum einen ist fraglich, welche Kostenarten in die **„Herstellungskosten des Umsatzes"** einbezogen werden dürfen und zum anderen wird kontrovers diskutiert, ob auch die aufgrund von Wahlrechten nicht aktivierten HK-Bestandteile der in der Rechnungsperiode hergestellten und noch vorhandenen Bestände an VG und/oder noch nicht abgerechneten Leistungen unter Nr 2 auszuweisen sind.

Der Wortlaut des Abs 3 Nr 2 ist nicht eindeutig und stützt mehrere Interpretationen. Deshalb ist im Anhang anzugeben, welchen Umfang die HK haben. Hierzu auch Anm 270.

a) Gleicher Umfang der Herstellungskosten

269 Bei enger Auslegung und unter Berücksichtigung des Grundsatzes der Einheitlichkeit der Bewertung (§ 252 Abs 1 Nr 6) sind Bewertungswahlrechte für

die Bilanz und die GuV in gleicher Weise (einheitlich) auszuüben, so dass in Bilanz und GuV übereinstimmend entweder ein Ansatz zu *vollen* HK oder zu *Teil*herstellungskosten (hierzu § 255 Anm 330ff) erfolgt (so auch *Lachnit* in BoHdR[2] § 275 Anm 132). Auch im Hinblick auf den Einblick in die Ertragslage wird man davon ausgehen können, dass grds der Umfang der HK in Bilanz und GuV übereinstimmen soll. Der HK-Begriff wird dementspr entweder durch die Bewertung der Vorräte zum Jahresende nach § 255 Abs 2 oder durch den Umfang in der GuV festgelegt.

Danach sind im Posten Nr 2 des Umsatzkostenverfahrens lediglich folgende Beträge als HK (auf Teil- oder Vollkostenbasis) auszuweisen:

- Bei erzeugten und abgesetzten Leistungen innerhalb einer Rechnungsperiode: Die nach denselben Grundsätzen wie für die Bilanzierung ermittelten HK dieser Leistungen (oder umgekehrt: Maßgeblichkeit der HK der GuV für die Bilanz).
- Bei Bestandsminderung von in Vj produzierten Leistungen: die (bisher) aktivierten HK ggf zzgl im Gj noch angefallener HK.

Im Rahmen einer Bewertung zu *Teil*herstellungskosten wird der Unterschied zu den vollen HK in den allgemeinen Verwaltungskosten, dem Zinsaufwand und/oder den sonstigen betrieblichen Aufwendungen ausgewiesen (Anm 305). Unterbeschäftigungs-(Leer-)kosten (§ 255 Anm 439f) und außerplanmäßige Abschreibungen sind in diesem Fall stets als sonstige betriebliche Aufwendungen (Nr 7) auszuweisen.

b) Abweichender Umfang der Herstellungskosten

In Praxis und Literatur hat sich immer mehr die Auffassung durchgesetzt, dass der Inhalt des Begriffs der HK des Umsatzes *nicht* durch den HK-Begriff der Bilanz (§ 255 Abs 2 und 3) bestimmt wird (so *Borchert/Budde* in HdR[5] § 275 Anm 126, 129; *Stobbe* in Beck HdR B 361 Anm 9ff; *WPH*[12] I F 515; aA *ADS*[6] § 275 Anm 216). **270**

Die **Abgrenzung der umsatzbezogenen Herstellungskosten** ist ein Zuordnungsproblem innerhalb der GuV, das nach den für die GuV geltenden Grundsätzen zu beurteilen ist, und kein Bewertungsproblem, das sich im Hinblick auf eine vorsichtige Gewinnermittlung bestimmt. Aus Vorsichtsgründen dürfen bei der Bewertung selbsterstellter VG in der Bilanz zB Unterbeschäftigungskosten nicht in die HK der Bestände eingerechnet werden. Gleichwohl sind sie jedoch durch die (zu geringen) Leistungen veranlasst und damit periodenbezogene „Herstellungskosten“.

Obwohl beim Umsatzkostenverfahren grds auch eine Kostenartengliederung möglich ist (so bei den Posten des Finanzergebnisses und den Steuern), sieht Abs 3 in Bezug auf den Ausweis des „betrieblichen“ Ergebnisses eine Gliederung nach betrieblichen Funktionsbereichen vor; Anm 31. Deshalb sind stets die gesamten (periodenbezogenen) HK im Posten Nr 2 auszuweisen; glA *ADS*[6] § 275 Anm 221; *WPH*[12] I F 517. Diese Abgrenzung orientiert sich grds an dem HK-Begriff der **Vollkostenrechnung.** Dieser HK-Begriff ist international üblich und entspricht einem der mit dem Umsatzkostenverfahren verfolgten Ziele, nämlich die GuV in einer international vergleichbaren Form darzustellen. Ein Wahlrecht, nur Teile der HK (Teilkostenrechnung) hier anzusetzen, besteht daher nicht. **271**

c) Posteninhalt

Zu den HK der abgesetzten Leistungen zählen alle Aufwendungen des Herstellungsbereichs im Gj, soweit sie nicht aktiviert werden (Bestandserhöhungen), zzgl der Aufwendungen, mit denen bisher aktivierte und im Gj abgesetzte Leistungen im Vj bilanziert waren (Bestandsminderungen). Andererseits zählen nicht **273** alle in § 255 Abs 2 und 3 aufgeführten HK-Bestandteile zu den umsatzbezogenen HK (Anm 270f), denn in der GuV nach Abs 3 sind Verwaltungskosten, Zinsen und sonstigen Steuern an sich gesondert auszuweisen.

Unterbeschäftigungs- und andere Gemeinkosten sind, soweit sie auf den Herstellungsbereich entfallen, im Posten Nr 2 auszuweisen (Anm 270). Durch die Verteilung der fixen Kosten auf die einzelnen produzierten Leistungen wirken sich die Veränderungen in der Kapazitätsauslastung auf die periodenbezogenen HK des Umsatzes aus. Da es unsicher ist, ob die Unterbeschäftigungskosten durch künftige Umsatzerlöse voll getragen werden, werden sie den HK der Abrechnungsperiode „angelastet" (hierzu *Moxter*[5], 199f).

274 In den HK der GuV sind sowohl die planmäßigen und außerplanmäßigen als auch die steuerrechtlichen **Abschreibungen,** soweit sie den Herstellungsbereich betreffen, auszuweisen. In den HK enthaltene *außerplanmäßige* Abschreibungen auf das Anlagevermögen sowie Abschreibungen nach § 253 Abs 3 S 3 auf das Umlaufvermögen sind jeweils gesondert auszuweisen oder im Anhang anzugeben (§ 277 Anm 3 bis 5). Dies gilt auch für die allein nach steuerrechtlichen Vorschriften zulässigen (Mehr-)Abschreibungen nach § 254, die als Sonderposten mit Rücklageanteil dargestellt werden können. Sie sind, *soweit* sie den Herstellungsbereich betreffen, in den Posten Nr 2 einzubeziehen, und im Übrigen unter den sonstigen betrieblichen Aufwendungen (Nr 7) auszuweisen. In beiden Fällen kann zwischen einem gesonderten Davon-Vermerk oder der Angabe des gesamten Betrags im Anhang gewählt werden (§ 281 Abs 2 S 2).

Handelsunternehmen haben Abschreibungen auf Handelswaren im Posten Nr 2 zu erfassen, sofern die betreffenden Waren dem „Herstellungs"-(Veredelungs-) und nicht dem Vertriebsbereich zuzurechnen sind. **Fremdkapitalzinsen** und **sonstige Steuern** können, soweit sie den Herstellungsbereich betreffen, unter Nr 2 ausgewiesen werden.

275 Der Herstellungsbereich umfasst auch die **„herstellungsbezogene" Verwaltung.** Dagegen sind die allgemeinen Verwaltungskosten grds unter Posten Nr 5 auszuweisen und nicht in die HK einzubeziehen; so auch *Borchert/Budde* in HdR[5] § 275 Anm 129. Bei Veräußerung von Produkten kann eine Umgliederung dieser Kosten nicht verlangt werden, da es sich ohnehin idR um unwesentliche Beträge handelt (so *ADS*[6] § 275 Anm 225). Das Umsatzkostenverfahren soll einen groben Einblick in die Aufwendungen innerhalb der Funktionsbereiche und damit in die Gesamtheit der Kalkulationsstrukturen des Unt geben (Anm 31). Deshalb sind die Vertriebs- und die allgemeinen Verwaltungskosten gesondert auszuweisen.

276 Bei im *Geschäftsjahr* hergestellten, **noch nicht abgesetzten Produkten/Leistungen** werden die entspr HK in der GuV beim Umsatzkostenverfahren nicht einbezogen (Anm 266). Werden Zugänge an Erzeugnissen und an aktivierten Eigenleistungen in der Bilanz zu *Teil*herstellungskosten bewertet, sind die darüber hinausgehenden Aufwendungen, soweit sie auf den Herstellungsbereich entfallen, bereits im Gj der Herstellung entweder unter Posten Nr 2 (so hier Anm 271; *ADS*[6] § 275 Anm 223; *Stobbe* in Beck HdR B 361 Anm 24ff) oder als sonstige betriebliche Aufwendungen auszuweisen (*Borchert/Budde* in HdR[5] § 275 Anm 127 halten einen solchen Ausweis unter Hinweis auf die Gesetzesbegr für zulässig, allerdings mit entspr Erl im Anhang). Die Einordnung unter dem Posten Nr 2 ist vorzuziehen. Bestandsveränderungen werden im internationalen Bereich üblicherweise zu Vollkosten bewertet; eines Auffangpostens „sonstige betriebliche Aufwendungen" bedarf es dann nicht.

Ein Ausweis der über die Bilanzbewertung hinausgehenden HK der noch nicht abgesetzten Produkte oder Leistungen unter dem Posten Nr 2 entspricht zwar nicht dem Grundsatz der Periodenabgrenzung – muss aber angesichts der geringeren Aussagefähigkeit bei einem Ausweis unter den „sonstigen betrieblichen Aufwendungen" toleriert werden. Diesen oft nicht erheblichen Teil der HK im späteren Jahr des Umsatzes unter Posten Nr 2 (nochmals) zu erfassen (mit Gegenposten unter Posten Nr 6 oder Absetzung von Posten Nr 7), erscheint nicht sachgerecht.

Nach den dargestellten Grundsätzen können unter Posten Nr 2 auch die dem Herstellungsbereich iwS zuzurechnenden Aufwendungen (ohne allgemeine Verwaltung) erfasst werden (*WPH*[12] I F 515), zB nicht aktivierungsfähige Gemeinkosten, FuE-Kosten, Gewährleistungskosten. **277**

2. Bruttoergebnis vom Umsatz (Nr 3)

Das Bruttoergebnis vom Umsatz bildet den Saldo der Umsatzerlöse (Nr 1) **280**
und der auf diese entfallenden HK (Nr 2). Ebenso wie beim Inhalt des Postens Nr 2 hängt sein Ergebnis von den bei der Ermittlung der HK einbezogenen Aufwendungen ab. Die betriebswirtschaftliche Bedeutung dieser Zwischensumme wird überwiegend im Rahmen von zeitlichen Vergleichen (bei JA-Analysen) liegen. Dann kann das Bruttoergebnis vom Umsatz gewisse Informationen über die Wirtschaftlichkeit eines Unt vermitteln. Voraussetzung ist, dass der Umfang der in die HK einzubeziehenden Aufwendungen im Zeitablauf konstant bleibt (Stetigkeitsgebot).

Zwischenbetriebliche Vergleiche werden erschwert, da die „Herstellungskosten der zur Erzielung der Umsatzerlöse erbrachten Leistungen" in ihrem Umfang unterschiedlich bemessen sein können (Anm 269 ff). Zudem wird der Aussagewert eines Vergleichs durch die unterschiedlichen in der Literatur für zulässig gehaltenen Verfahren, bestimmte Betriebsbereiche abzugrenzen und Kostenarten auszuweisen, beeinträchtigt (Anm 37 und 266 ff); obwohl diese Abgrenzungen verbal im Anhang zu nennen sind.

Kleine und mittelgroße KapGes/KapCoGes dürfen die Posten Nrn 1 bis 3 und 6 zu einem Posten Rohergebnis zusammenfassen (§ 276 Anm 1 ff).

3. Vertriebskosten (Nr 4)

Vertriebskosten erhöhen nicht den Wert der hergestellten Erzeugnisse, son- **281**
dern unterstützen oder gewährleisten den Absatz der Produkte. Gem § 255 Abs 2 S 6 dürfen Vertriebskosten nicht in die HK einbezogen werden. Dies gilt grds auch für den Ausweis in der GuV. Unter Posten Nr 4 sind alle Aufwendungen des Vertriebsbereichs des Gj auszuweisen. Dazu rechnen auch die Vertriebskosten, die für bereits aktivierte Leistungen entstanden sind.

Vertriebskosten sind die Aufwendungen des Funktionsbereichs Vertrieb. **282**
Hierzu zählen vor allem die Aufwendungen der Verkaufs-, Werbe- und Marketingabteilungen sowie des Vertreternetzes und der Vertriebsläger. Sie sind für die Bilanz und in der GuV nach denselben Grundsätzen zu beurteilen. Damit gilt die zu § 255 getroffene Abgrenzung ggü den HK und allgemeinen Verwaltungskosten auch hier (§ 255 Anm 442 bis 453). Insb bei HandelsUnt kann aber die Zurechnung einzelner Kostenarten zu den betrieblichen Funktionsbereichen Probleme bereiten.

Vertriebskosten sind zum einen die dem Produkt direkt zurechenbaren Kos- **283**
ten **(Vertriebseinzelkosten).** Dazu zählen Kosten für Verpackungsmaterial, Frachten, Provisionen, auftragsbezogene Werbekosten, Versandkosten einschl der Lagerkosten ua. Bei den **Versandkosten** sind auch die Abschreibungen auf Gebäude, insb Lagerhäuser, und auf Einrichtungen zu erfassen.

Bzgl einzelner **Sondereinzelkosten des Vertriebs** hat sich noch keine abschließende Meinung gebildet, zB ob Auftragserlangungskosten bei langfristiger

Fertigung in die HK einbezogen werden dürfen oder nicht (§ 255 Anm 454 ff). Im Falle einer (zulässigen) Einbeziehung in die HK sollten diese Sondereinzelkosten unter Posten Nr 2 ausgewiesen oder aktiviert werden.

284 Zu den Vertriebskosten zählen auch die dem Produkt nicht direkt zurechenbaren Kosten des Vertriebs **(Vertriebsgemeinkosten).** Diese Kosten müssen dabei mind in mittelbarer Beziehung zur Vertriebsleistung stehen. Solche allgemeinen Vertriebskosten sind Löhne und Gehälter, sonstige Personalkosten (einschl Altersversorgung), Reise-, Bewirtungs- und Kfz-Kosten sowie andere Kosten der Verkaufs- und Versandabteilungen einschl ihrer Außenstellen, Messe- und Ausstellungskosten, Kosten der Kundenberatung, der nicht auftragsbezogenen Werbung und der Marktforschung, allgemeine Kosten der Spedition, der Rechnungserstellung und der Datenverarbeitung im Vertriebsbereich.

Die **Verwaltungskosten des Vertriebs** sind ebenfalls unter den Vertriebskosten zu erfassen. Zu ihnen rechnen insb die Kosten der Leitung des Vertriebs, der Verwaltung der Auslieferungsläger und der Lohnbüros für diesen Bereich.

285 In den Vertriebskosten sind auch die planmäßigen und außerplanmäßigen **Abschreibungen** auf das **Anlagevermögen** sowie Abschreibungen nach § 253 Abs 3 S 3 auf das **Umlaufvermögen** zu erfassen, soweit sie auf den Vertriebsbereich entfallen (zB Bestände an Verpackungsmaterial). Sie sind jeweils gesondert auszuweisen oder im Anhang anzugeben (§ 277 Anm 3 bis 5). Produkte in Auslieferungslägern zählen zu der Vertriebssphäre. Dagegen gehören die Produkte in Fertigungszwischen- und -endlägern regelmäßig noch dem Herstellungsbereich an. Wir meinen, dass auch die **Abschreibungen auf Kundenforderungen** und Erhöhungen der Pauschalabsetzungen für diese zum Vertriebsbereich gehören (glA *Borchert/Budde* in HdR[5] § 275 Anm 137).

286 Wird der Vertrieb durch andere (eigene und fremde) Ges wahrgenommen, sind die dafür geleisteten Entgelte auch dem Vertriebsbereich zuzuordnen (ähnlich *ADS*[6] § 275 Anm 236 – dort begrenzt auf TU).

4. Allgemeine Verwaltungskosten (Nr 5)

290 Der Posteninhalt besagt, dass hierunter nur solche Verwaltungskosten einzuordnen sind, die nicht anderen Bereichen zuzurechnen sind. Unter Posten Nr 5 sind also nur die Verwaltungskosten auszuweisen, die weder zu den HK noch zu den Vertriebskosten zählen (Anm 275, 281; ebenso *WPH*[12] I F 523). Dabei kann der herstellungsbezogene Verwaltungskostenbereich weiter gezogen werden, als dies nach § 255 Abs 2 zulässig ist; s auch Anm 275.

291 Zu den allgemeinen Verwaltungskosten zählen alle Material- und Personalaufwendungen (einschl Altersversorgung) sowie Abschreibungen aus dem Verwaltungsbereich. Dies sind insb die Aufwendungen für die Geschäftsleitung (einschl Sekretariat), das Rechnungswesen, das Rechenzentrum, die Personal-, Finanz-, Rechts-, Steuer- und Planungsabteilung, die Werksfeuerwehr, den Werkschutz und den Betriebsrat. Ferner sind hierunter die Aufwendungen für JA-Erstellung und -Prüfung, sowie Steuerberatung, Aufwendungen für einen AR oder Beirat, für die GesV und allgemeine Aufwendungen für Sozialeinrichtungen und Ausbildung oder Fortbildung (Schulung) einzuordnen. Auch Beiträge, Spenden und die Kosten der unternehmenseigenen Bibliotheken fallen grds unter die allgemeinen Verwaltungskosten. Zur weiteren Abgrenzung s auch § 255 Anm 431.

Eine Untergliederung der allgemeinen Verwaltungskosten nach einzelnen Bereichen ist nicht vorzunehmen. Zu FuE-Kosten s Anm 307.

292 Zu den **außerplanmäßigen Abschreibungen** auf das Anlagevermögen sowie *etwaige* Abschreibungen nach § 253 Abs 3 S 3s Anm 285.

5. Sonstige betriebliche Erträge (Nr 6)

300 Grds entspricht dieser Posten inhaltlich dem des Gesamtkostenverfahrens. Es wird insoweit auf die Erl zu Posten Nr 4 der Gliederung der GuV nach dem Gesamtkostenverfahren verwiesen (Anm 90ff). Dabei ist aber Folgendes zu beachten:

Es wird als zulässig angesehen, für Aufwendungen, die als **Eigenleistungen** oder **Bestandserhöhungen** aktiviert wurden, in der GuV einen entspr Ertrag im Posten Nr 6 auszuweisen (so *ADS*[6] § 275 Anm 242 und *WPH*[12] I F 525 für Eigenleistungen). Diese Verfahrensweise widerspricht jedoch der Konzeption des Umsatzkostenverfahrens (ebenso *Borchert/Budde* in HdR[5] § 275 Anm 114). Danach sollen aktivierte Aufwendungen nicht im Entstehungsjahr, sondern erst in der Umsatzperiode in der GuV ausgewiesen werden (Anm 29). Die Aufwendungen für **mengenmäßige** Zugänge an aktivierten Eigenleistungen und an Beständen sollten direkt von den Aufwands- auf die Bestandskonten umgebucht werden (Anm 276; *ADS*[6] § 275 Anm 242 und *WPH*[12] I F 525 präferieren *diese* Vorgehensweise). Das gilt auch für aktivierte Ingangsetzungs- und Erweiterungsaufwendungen (glA *Commandeur* in HdR[5] § 269 Anm 56f).

301 Dagegen sind bestimmte **Wertänderungen,** wie Zuschreibungen (zB nach einer Bp) zu aktivierten Eigenleistungen und Beständen, weil nicht erfolgsneutral, unter dem Posten Nr 6 zu erfassen. *Insoweit* unterscheidet sich der Inhalt des GuV-Postens nicht von dem im Gesamtkostenverfahren.

302 **Kleine** und **mittelgroße** KapGes/KapCoGes dürfen die Posten Nr 1 bis 3 und 6 zu einem Posten „Rohergebnis" zusammenfassen (hierzu § 276 Anm 1).

6. Sonstige betriebliche Aufwendungen (Nr 7)

305 Die sonstigen betrieblichen Aufwendungen im Umsatzkostenverfahren umfassen alle Aufwendungen, die nicht aufgrund des spezielleren Ausweises den Funktionsbereichen Herstellung, Verwaltung oder Vertrieb zugeordnet werden oder darüber hinaus freiwillig gesondert ausgewiesen werden. Ferner sind in den sonstigen betrieblichen Aufwendungen im Umsatzkostenverfahren Material- und Personalaufwendungen sowie (außerplanmäßige) Abschreibungen enthalten, die *nicht* den einzelnen Funktionsbereichen zugeordnet werden können und auch nicht aktiviert sind (Anm 306).

306 Der Inhalt des Sammelpostens „sonstige betriebliche Aufwendungen" hängt entscheidend von dem **Umfang der Herstellungskosten** der umgesetzten Leistung (Posten Nr 2) ab (Anm 270ff).

Zu den Aufwendungen, die sich keinem der drei Funktionsbereiche *allein* zuordnen lassen, zählen: die **Abschreibungen** auf bestimmte Posten des **Anlagevermögens,** zB GFW (hierzu *Mujkanovic* BB 1994, 897f), Praxiswerte, aktivierte Kosten der Ingangsetzung und Erweiterung des Geschäftsbetriebs, falls die Abschreibungen mangels einwandfreier Zuordnungsmöglichkeit nicht anteilig bei den Aufwandsposten ausgewiesen werden können, unter die sie im Jahr des Anfalls bei einer Nichtaktivierung als Bilanzierungshilfe gefallen wären, sowie die Abschreibungen auf VG des **Umlaufvermögens,** soweit diese die in der KapGes/KapCoGes üblichen Abschreibungen überschreiten (Abs 2 Nr 7b). UE ist es sachgerecht, den Aufwand aus der Abschreibung des GFW bzw aus der Auflösung des Unterschiedsbetrags aus KapKons anstatt als betrieblichen Aufwand als separaten Posten innerhalb des operativen/betrieblichen Ergebnisses auszuweisen. Es wird auch die Meinung vertreten (*ADS*[6] § 275 Anm 246), dass außergewöhnliche Abschreibungen, aperiodische Posten, Verluste aus Anlagenabgängen und Rückstellungsdotierungen (*ADS*[6] § 275 Anm 246) (wahlweise) hier eingeordnet werden können (dazu Anm 274).

307 **Forschungs- und Entwicklungskosten** sind dann in diesen Posten einzuordnen, wenn sie keinem der Funktionsbereiche zugerechnet werden können. Als Sondereinzelkosten der Fertigung sind sie dem Herstellungsbereich zuzurechnen, wenn es sich um *auftragsbezogene* Entwicklungs-, Versuchs- und Konstruktionskosten handelt. Sind die FuE-Aufwendungen außerordentlich hoch, wird der Einblick in die wirtschaftliche Lage des Unt klarer dargestellt, wenn diese Aufwendungen in einem gesonderten Posten oder als Untergliederungsposten nach § 265 Abs 5 gezeigt werden (ebenso *ADS*[6] § 275 Anm 234; *Stobbe* in Beck HdR B 361 Anm 48).

7. Zinsen und ähnliche Aufwendungen (Nr 12)

308 Zinsen, auch für Pensionsrückstellungen, die unter den HK erfasst werden, sind in der Umsatzperiode als HK (Nr 2) auszuweisen. Dies muss im Anhang entspr § 284 Abs 2 Nr 5 angegeben werden (§ 284 Anm 190). Einen Doppelausweis von Zinsen in einer Periode in Nr 2 und 12 und einem Ertrags-Ausgleichsposten (so *WPH*[12] I F 530) halten wir nicht für sachgerecht. Der Zinsaufwand muss dann in Nr 12 um die Zinsen des Herstellungsbereichs gekürzt werden (glA *Borchert/Budde* in HdR[5] § 275 Anm 118, die sogar die offene Absetzung der Zinsen vom Posten Nr 12 fordern).

8. Sonstige Steuern (Nr 18)

309 Die Erl zu Anm 308 gelten hier entspr. Nach Wegfall der GewKapSt und der Vermögensteuer betrifft das noch die Grundsteuer, die Kfz-Steuer und ggf die Versicherungssteuer oder Einfuhrabgaben. Auch nach der 4. EG-Richtl sind hier nur die sonstigen Steuern auszuweisen, soweit sie nicht in den im Gliederungsschema vorangehenden Posten enthalten sind. Die Art des Ausweises ist im Anhang anzugeben, wenn die Beträge nicht geringfügig sind.

D. Ausweis der Veränderungen der Kapital- und Gewinnrücklagen (Abs 4)

I. Grundlagen

310 Rücklagenveränderungen dürfen in der GuV erst *nach* dem Jahresergebnis ausgewiesen werden (Abs 4), da es sich insoweit um Ergebnis*verwendung* handelt, die den Bereich der Ergebnis*entstehung* nicht beeinflussen darf. Alternativ besteht ein Wahlrecht, die Ergebnisverwendung gesondert im Anhang oder (nur für GmbH) sogar in einer gesonderten Unterlage außerhalb des JA (zB im Vorschlag über die Gewinnverwendung) darzustellen. Denn § 325 Abs 1 S 1 verlangt eine gesonderte Offenlegung des Gewinnverwendungsvorschlags, soweit er im eingereichten JA nicht enthalten ist (und ferner der Datenschutz natürlicher GmbH-Gester nicht berührt wird). Eine Darstellung erst im Protokoll über den Gewinnverwendungsbeschluss der Gester ist dagegen nicht ausreichend, da bereits der Gewinnverwendungsvorschlag nach §§ 325 Abs 1 S 1, 326 S 1 offenzulegen ist.

311 Für **AG** und **KGaA** besteht mit § 158 Abs 1 AktG eine Spezialvorschrift. Danach ist die GuV nach den Posten „Jahresüberschuss“ oder „Jahres-

fehlbetrag“ in Fortführung der Nummerierung um die folgenden Posten zu ergänzen:

1. Gewinnvortrag/Verlustvortrag aus dem Vorjahr
2. Entnahmen aus der Kapitalrücklage
3. Entnahmen aus Gewinnrücklagen
   a) aus der gesetzlichen Rücklage
   b) aus der Rücklage für eigene Aktien
   c) aus satzungsmäßigen Rücklagen
   d) aus anderen Gewinnrücklagen
4. Einstellung in Gewinnrücklagen
   a) in die gesetzliche Rücklage
   b) in die Rücklage für eigene Aktien
   c) in satzungsmäßige Rücklagen
   d) in andere Gewinnrücklagen
5. Bilanzgewinn/Bilanzverlust.

Einstellungen in die **Kapitalrücklage** sind erfolgsneutral vorzunehmen und daher im Schema des § 158 AktG nicht enthalten. Sollten ausnahmsweise *erfolgswirksame* Einstellungen in diese Rücklage vorkommen (zB bei überhöhter Kapitalherabsetzung gem § 232 AktG oder § 58c GmbHG, muss dieses Schema gem § 265 Abs 5 entspr ergänzt werden).

Nach dem Jahresüberschuss auszuweisen sind auch Veränderungen von als EK qualifiziertem **Genussrechtskapital** (hierzu auch Anm 205). Die entspr Veränderungen sollten als „Entnahme aus Genussrechtskapital“ bzw als „Wiederauffüllung des Genussrechtskapitals“ bezeichnet werden (*HFA 1/1994* Abschn 2.2.2.b).

Die vorgenannten Angaben können wahlweise auch im Anhang gemacht werden. Bei **AG** und **KGaA** muss die Darstellung aus Gründen der Klarheit mit dem Posten „Jahresüberschuss“ oder „Jahresfehlbetrag“ beginnen, selbst wenn das Jahresergebnis ausgeglichen ist. Dies ergibt sich auch aus den Offenlegungsvorschriften der §§ 325 Abs 1 S 1, 326 S 2.

Eine weitere Untergliederung dieses Schemas, zB um die Beträge nach § 58 Abs 2a AktG (sog Wertaufholungsrücklage), dürfte nach § 265 Abs 5 zulässig sein. Dabei handelt es sich jedoch nur um Entnahmen aus oder Einstellungen in die Wertaufholungsrücklage. Unabhängig davon ist der am jeweiligen JA-Stichtag noch vorhandene Betrag dieser Rücklagen zusätzlich entweder in der Bilanz gesondert auszuweisen oder im Anhang anzugeben (§ 58 Abs 2a S 2 AktG). Dasselbe gilt für GmbH (§ 29 Abs 4 S 2 GmbHG).

Wenngleich für **GmbH** eine Form der Darstellung der Ergebnisverwendung nicht vorgeschrieben ist, erscheint eine **gleichartige Gliederung** sachgerecht. Ggf könnte eine Verkürzung der Untergliederung bei den Veränderungen der Gewinnrücklagen in Betracht kommen. Bei der **Offenlegung** des Gewinnverwendungsbeschlusses gem §§ 325 Abs 1 S 1, 326 S 2 sind auch für GmbH gewisse Mindestanforderungen notwendig. Auch für **KapCoGes** wird die Darstellung der Ergebnisverwendung für sachgerecht gehalten (*IDW RS HFA* 7, 45f). Es sind jedoch nur diejenigen in § 158 Abs 1 AktG genannten Posten darzustellen, die einen Betrag enthalten (§ 265 Abs 8). Dies gilt auch für die Posten, die im Vj einen Betrag auswiesen.

Die Darstellungen gem Abs 4 oder gem § 158 Abs 1 AktG (Überleitung vom **312**
Jahresergebnis zum Bilanzgewinn als dem ausschüttungsfähigen Betrag) enthalten die von der Geschäftsleitung (§ 270) oder den Gestern (§ 278) **vorgesehene Ergebnisverwendung.** Die spätere tatsächliche Gewinnverwendung kann hiervon abweichen, sofern nicht gesetzliche Vorschriften (§ 272 Abs 4; § 58 Abs 2, 2a; § 150 Abs 1, 2 AktG) dem entgegenstehen. Für **AG** und **KGaA** ist

daher (über die genannte Darstellung des Ergebnisverwendungs*vorschlags* in der GuV oder im Anhang hinaus) vorgeschrieben, in dem Beschluss der HV die tatsächliche Verwendung des Bilanzgewinns darzulegen. Nach § 174 Abs 2 AktG sind dabei namentlich anzugeben:

1. der Bilanzgewinn;
2. der an die Aktionäre auszuschüttende Betrag;
3. die in Gewinnrücklagen einzustellenden Beträge;
4. ein Gewinnvortrag (in das folgende Jahr);
5. der zusätzliche Aufwand aufgrund des Beschlusses.

Der Posten 3 kann dabei vom Posten 4d des Vorschlags (Anm 311) abweichen; insoweit wird oft in Posten 5 ein Betrag (Aufwand) gezeigt. Ein zusätzlicher Ertrag aufgrund des Beschlusses (zB infolge zusätzlicher Einstellung steuerfreier Erträge in Gewinnrücklagen) ist im Folgejahr erfolgswirksam zu erfassen (s hierzu § 278 Anm 27), weil es andernfalls in einer Mehrperiodenbetrachtung zum Ausweis eines zu hohen Steueraufwands in der GuV käme.

Gem § 286 Abs 3 AktG braucht der auf die Kapitalanteile der phG einer KGaA entfallende Gewinn oder Verlust nicht gesondert in der GuV ausgewiesen werden.

II. Rücklagenveränderung bei Organschaft mit Ergebnisabführungsvertrag

1. Einstellung in Gewinnrücklagen

313 Die Einstellung von Teilen des Ergebnisses in die Gewinnrücklagen kann handelsrechtlich im Rahmen eines EAV vereinbart werden. Voraussetzung für eine steuerliche Anerkennung solcher Klauseln ist nach § 14 Abs 1 Nr 4 KStG, dass die Organ-Ges aus dem Jahresüberschuss nur insoweit Beträge in frei verfügbare Rücklagen einstellen darf, als dies bei vernünftiger kfm Beurteilung wirtschaftlich begründet ist (Näheres in § 271 Anm 130ff). Derartige Rücklagenzuführungen sind (aufgrund der Einkommenszurechnung beim Organträger) bei der Organ-Ges *nicht* mit Steuern belastet. Auch für diese Rücklagenzuführungen kommt nur ein Ausweis nach dem Posten „Jahresüberschuss" in Betracht. Dementsprechend ist der Aufwand aus Gewinnabführung (zum Ausweis § 277 Anm 23) um den Betrag zu vermindern, der in Gewinnrücklagen eingestellt werden soll oder bei unzureichender gesetzlicher Rücklage (§ 300 AktG) eingestellt werden muss.

2. Entnahmen aus Gewinnrücklagen

314 Unabhängig von etwaigen Vereinbarungen über die Berechnung des abzuführenden Überschusses darf nach § 301 AktG eine **AG** oder **KGaA** „als ihren Gewinn höchstens den ohne die Gewinnabführung entstehenden Jahresüberschuss ..." (nach Abzug eines Verlustvortrags und der nach § 300 AktG erforderlichen Einstellung in die gesetzliche Rücklage) abführen. Darüber hinaus dürfen nur solche Beträge aus anderen Gewinnrücklagen entnommen und als Gewinn abgeführt werden, die während der Dauer des Vertrags in andere Gewinnrücklagen eingestellt worden sind (§ 301 S 2 AktG). Damit soll eine Fixierung des bei Inkrafttreten des EAV vorhandenen gesamten EK der AG/KGaA für den gesamten Zeitraum der Organschaft erreicht werden. Für *vororganschaftliche* Rücklagen kommt mithin nur eine förmliche Ausschüttung im Rahmen eines entspr HV-Beschlusses in Betracht (ebenso *Kölner Komm*[2] § 301 Anm 17; s auch KStR 55 Abs 4 S 4 und KStR 57 Abs 5). In vielen Fällen wird außerdem das Verbot, vororganschaftliche Rücklagen abzuführen, im Hinblick auf § 17 S 2 Nr 1 KStG idR auch in den EAV selbst geregelt sein.

Das GmbHG kennt wegen der stärkeren Personenbezogenheit dieser Rechtsform keine entspr Regelung; im Schrifttum wird aber für die **GmbH** eine analoge Anwendung des § 301 AktG vertreten (*Zöllner* in Baumbach/Hueck GmbHG[16]-KonzRecht Anm 20, 36ff mwN). Mithin können auch bei der GmbH vororganschaftliche Rücklagen nicht abgeführt, sondern lediglich ausgeschüttet werden.

Die Entnahme aus Gewinnrücklagen stellt bei zulässiger Abführung von *während* des Organschaftsverhältnisses gebildeten Rücklagen (§ 301 S 2 AktG) im Rahmen eines EAV stets eine Verwendung von Vj-Gewinnen dar, insoweit kommt nur der Ausweis *nach* dem Jahresergebnis in Betracht. Dies führt dazu, dass der Aufwand aufgrund einer Gewinnabführung (§ 277 Abs 3 S 2) um den Betrag der Rücklagenauflösung zu erhöhen (bzw ein Ertrag aus Verlustübernahme entspr zu vermindern) ist. Dann entsteht ein Jahresfehlbetrag in dieser Höhe, der durch die Entnahme aus der Rücklage ausgeglichen wird. Dadurch wird der ursprünglich bei Bildung der Rücklage ausgewiesene Jahresüberschuss (Anm 313) nachträglich neutralisiert, so dass das insgesamt übernommene Ergebnis durch die zwischenzeitliche Rücklagenveränderung nicht beeinflusst wird. 315

Steuerlich gilt, dass bei der Einkommensermittlung des TU sowohl eine Auflösung organschaftlicher Rücklagen zu erhöhter Gewinnabführung als auch ein Verlustausgleich außer Betracht bleiben, KStR 57 Abs 1; das wird beim MU berücksichtigt (s *Streck* KStG[6] § 14 Anm 60, 73). Das MU hat die seit Bestehen der Organschaft beim TU gebildeten Rücklagen im Gj der Bildung zu versteuern; dasselbe gilt für die Bildung steuerlich nicht anerkannter stiller Reserven beim TU. Für den Teil der nicht an das MU abgeführten, aber von ihm versteuerten Vermögensmehrung des TU ist in der Steuerbilanz des MU ein aktiver Ausgleichsposten in Höhe der Beteiligungsquote des MU an dem TU zu bilden (KStR 59 Abs 1).

Der Ertrag aus der Auflösung **vororganschaftlicher Rücklagen** erhöht den Bilanzgewinn, der nach allgemeinen Vorschriften über die Gewinnverwendung (§ 174 AktG, § 29 GmbHG) ausgeschüttet wird. Davon wird der an das MU abzuführende – ansonsten entstehende – Jahresüberschuss nicht berührt. Bei gleichzeitiger Auflösung von während der Organschaft gebildeten und vororganschaftlichen Rücklagen sollte aus Gründen der Klarheit für den Betrag der vororganschaftlichen Rücklagen ein Davon-Vermerk oder eine Erl im Anhang erfolgen. – Zur **Herstellung der Ausschüttungsbelastung** iZm der Ausschüttung vororganschaftlicher Rücklagen vgl Voraufl. 316

E. Vorschriften des Publizitätsgesetzes zur Gliederung der Gewinn- und Verlustrechnung

Unt, die dem PublG unterliegen, haben die Vorschriften über die Gliederung und zu den einzelnen Posten der GuV gem §§ 275 und 277 sinngemäß anzuwenden (§ 5 Abs 1 S 2 PublG). Eine sinngemäße Anwendung liegt vor, wenn Geschäftsvorfälle, die in gleicher Weise auch bei KapGes/KapCoGes auftreten oder mit diesen vergleichbar sind, genauso behandelt werden wie bei einer KapGes/KapCoGes. Als Maßstab sind dabei die für große KapGes/KapCoGes geltenden Kriterien zugrunde zu legen. 317

Reine **PersGes** und **Ekfl** können nach § 5 Abs 5 S 1 PublG jedoch wahlweise die GuV nach den für ihre Unt geltenden Bestimmungen aufstellen, also meistens nach den Kriterien der §§ 242 ff (anders bei FormblattUnt). Wegen der dabei für die Vorlage an die Gester zu beachtenden Anforderungen s § 247 Anm 641 ff.

318 Bei Ekfl und reinen PersGes dürfen gem § 5 Abs 4 PublG die auf das Privatvermögen entfallenden Aufwendungen und Erträge nicht in die GuV aufgenommen werden. Wenden Ekfl und PersGes für die GuV bei **Aufstellung** eine Gliederung nach § 275 an, können die **Steuern,** die der Betrieb als Steuerschuldner zu entrichten hat, unter den sonstigen betrieblichen Aufwendungen ausgewiesen werden. Zur Frage, inwieweit persönliche Steuern (insb ESt), die durch das Unt verursacht sind, unter Steuern oder als sonstige betriebliche Aufwendungen – jeweils mit entspr Hinweis – ausgewiesen werden können s § 247 Anm 675 ff.

319 Ferner brauchen reine PersGes und Ekfl die GuV (und den Beschluss über die Verwendung des Ergebnisses) gem § 9 Abs 2 PublG nicht **offenzulegen,** wenn sie in einer **Anlage zur Bilanz** mind folgende Angaben machen (§ 5 Abs 5 PublG):

1. die Umsatzerlöse iSd § 277 Abs 1 (erläutert in Anm 45 ff);
2. die Ertäge aus Beteiligungen (erläutert in Anm 175 ff);
3. die Löhne, Gehälter, sozialen Abgaben sowie Aufwendungen für Altersversorgung und Unterstützung (erläutert in Anm 125 ff);
4. die Bewertungs- und Abschreibungsmethoden einschließlich wesentlicher Änderungen (erläutert in § 284 Anm 100 ff).
   Die zu 4. erforderlichen Angaben weichen von denen nach § 284 Abs 2 Nr 1, 3 ab. Nach dem PublG wird nur auf die Bewertungs-, nicht aber auf die Bilanzierungsmethoden abgestellt. Darüber hinaus sind Änderungen (Abweichungen) nicht zu begründen und deren Einfluss auf die VFE-Lage nicht darzustellen;
5. die Zahl der Beschäftigten.
   Nach PublG ist im Gegensatz zu § 285 S 1 Nr 7 nur auf die Beschäftigtenzahl am Bilanzstichtag abzustellen.

F. Rechtsfolgen einer Verletzung des § 275

320 Rechtsfolgen eines Verstoßes gegen Gliederungsvorschriften ergeben sich aus §§ 334, 334b oder § 20 PublG. Danach handeln Mitglieder der Geschäftsführungs- und/oder die Aufsichtsorgane einer KapGes/KapCoGes, die Inhaber oder gesetzliche Vertreter eines dem PublG unterliegenden Unt ordnungswidrig, wenn sie bei der Aufstellung oder Feststellung des JA einer Vorschrift des § 275 zuwiderhandeln. Die Ordnungswidrigkeit kann mit einer Geldbuße bis zu 25 000 € geahndet werden; s hierzu die Erl zu § 334.

321 Für AG und KGaA können Gliederungsverstöße über das Vorliegen einer Ordnungswidrigkeit hinaus uU auch die Nichtigkeit des JA bei den nachstehend genannten Verstößen zur Folge haben (§ 256 Abs 1 Nr 1 oder Abs 4 AktG); für GmbH ist das entspr anwendbar (glA *Geßler* in FS Goerdeler, 140). Ein Verstoß gegen Gläubigerschutzvorschriften ist auch gegeben, wenn (Gliederungs-) Vorschriften für die GuV nicht beachtet werden und dadurch die Klarheit und Übersichtlichkeit *wesentlich* beeinträchtigt wird (hierzu *LG Stuttgart* 11. 4. 1994 DB, 928 f; s auch Anm 120 aE).

322 Unabhängig davon kann die Nichtbeachtung von nicht unwesentlichen Gliederungsvorschriften bei *allen* Unt, die pflichtgemäß oder freiwillig geprüft werden, auch Auswirkungen auf den BVm haben.

G. Abweichungen der IFRS

Schrifttum: IAS 1 (rev 2003) Presentation of Financial Statements; IAS 8 (rev 2003) Accounting Policies, Changes in Accounting Estimates and Errors; IAS 33 (rev 2003) Earnings per Share; IFRS 5 Non-current Assets Held for Sale and Discontinued Operations; *Förschle* Earnings Per Share in FS Baetge, 500; *Brakensiek/Hütten* Gliederung von Bilanz und GuV in einem befreienden Konzernabschluss BB 1999, 1108; *Busse von Colbe*[2] ua (Hrsg) Ergebnis je Aktie nach DVFA/SG, Gemeinsame Empfehlung, Stuttgart 2000; *Zülich* Das IASB Improvement Project KoR 5/2004, 153;.

I. Anforderungen an die Gliederung der GuV nach IFRS

Die **Mindestgliederung** für die GuV gem IAS 1 ist, verglichen mit der Vorschrift des § 275, auf wenige Ergebniskomponenten beschränkt (IAS 1.81). Die geforderte Mindestgliederung umfasst auf den ersten Blick folgende Posten/Ergebnisse: Umsatzerlöse, Finanzaufwendungen, Ergebnisbeitrag von nach der Equity-Methode einbezogener Unt, Ertragsteuern, Ergebnis nach Steuern aus nicht-fortgesetzter Geschäftstätigkeit und das (Konzern-)Periodenergebnis. Allerdings fordert IAS 1.83 gleichzeitig, dass die Mindestgliederung um Posten, Überschriften und Zwischensummen zu ergänzen ist, wenn dies für das Verständnis der Ertragskraft des Unt erforderlich ist (vgl idZ auch IFRS 5.30). 330

Ist es folglich im Gj zu Erlösen oder Aufwendungen aufgrund von Geschäftsvorfällen gekommen, die für das Verständnis im vorerwähnten Sinne von besonderer Bedeutung sind, kann auch hieraus die Darstellung in einem gesonderten GuV-Posten erforderlich werden (vgl IAS 1.86). IAS 1.87 nennt beispielhaft Sachverhalte, die solch einen gesonderten Ausweis erfordern mögen, wie außerplanmäßige Abschreibungen *(impairment losses)* oder entspr Wertaufholungen in späteren Perioden; die im Rahmen von umfangreichen Restrukturierungsmaßnahmen verrechneten Aufwendungen bzw eine etwaige spätere Auflösung nicht verbrauchter Rückstellungen; der Abgang von Vermögenswerten; Vermögensbelastungen aus der Beilegung von Rechtsstreitigkeiten oder generell die Auflösung nicht verbrauchter Rückstellungen. Daneben kann sich der separate Ausweis eines GuV-Postens auch aus speziellen Regelungen einzelner Standards ergeben (zB IAS 12.79 ff; IAS 16.73 (e)(v)-(vii); IAS 32.94 (h); IAS 38 118 (e)(iv)-(vi)). Gemeinsam ist den vorstehenden Sachverhalten, dass ein separater Ausweis auch alternativ im Anhang (zB Anlagespiegel) gestattet ist. Innerhalb der GuV besteht damit grundsätzlich die Möglichkeit, die Sachverhalte unter entspr Hauptgliederungsposten, wie zB den sonstigen betrieblichen Aufwendungen, zusammenzufassen und erst im Anhang eine detaillierte Aufgliederung vorzunehmen. Für den Ausweis unter den entspr Hauptgliederungsposten und Zwischensummen gilt darüber hinaus gem IAS 1.32 der allgemeine Grundsatz, dass Aufwendungen und Erträge nicht miteinander verrechnet werden dürfen es sei denn, eine Saldierung würde durch einen entspr Standard (oder eine Interpretation) gefordert oder durch diesen gestattet (vgl hierzu allgemein IAS 1.34 f und ua zum Einzelfall der öffentlichen Zuwendungen IAS 20.29 ff sowie Anm 342 bzgl der Zusammenfassung von Aufwendungen und Erträgen innerhalb eines GuV-Postens).

Bei der Wahl des Darstellungsformats wird der international üblichen **Staffelform** der Vorzug gegeben.

II. Ermittlung des (Konzern-)Periodenergebnisses nach dem Gesamtkosten- oder Umsatzkostenverfahren

1. Umsatzerlöse

331 IAS 1.81(a) verwendet den Begriff *„revenue"* als ersten Posten in der GuV-Mindestgliederung, ohne diesen selbst zu erläutern. In F. 74 wird darunter allgemein der Einkommenszuwachs aus gewöhnlicher Geschäftstätigkeit verstanden. Gem IAS 18.7 handelt es sich um den das Nettovermögen des Gj erhöhenden Bruttozufluss wirtschaftlichen Nutzens aus der gewöhnlichen Geschäftstätigkeit des Unt. Ausgenommen davon sind Kapitaleinlagen der Gester. Die allgemeine Verwendung des Begriffs in IAS 1 ist idS zu verstehen und entspricht inhaltlich weitgehend dem in § 277 Abs 1 definierten Begriff der Umsatzerlöse. Für die Bestimmung, was im konkreten Einzelfall als *revenue* zu gelten hat und wie deren Größe zu ermitteln ist, existieren, im Gegensatz zum HGB, zahlreiche Einzelfallregelungen (IAS 2, 11, 17, 18). Unter den Umsatzerlösen sind gem IAS 11 auch die jeweils dem Projektfortschritt entspr Erlöse/Verluste aus der Anwendung der Percentage-of-Completion-Methode auszuweisen (vgl hierzu insb § 255 Anm 600ff).

2. Die zur Erstellung der betrieblichen Leistung angefallenen Aufwendungen und Erträge

332 Bzgl der Frage, ob die zur Erstellung der betrieblichen Leistung angefallenen Aufwendungen iSd **Gesamtkostenverfahrens** (nach Art der Aufwendungen – *nature of expense method*) oder iSd **Umsatzkostenverfahrens** (nach der Zugehörigkeit der Aufwendungen zu den Funktionsbereichen – *cost of sales method*) zu erfolgen hat, lässt sich aus IAS 1 keine Präferenz ableiten. Zu wählen ist das Verfahren, welches die entscheidungsrelevanten Informationen am besten widerspiegelt (vgl IAS 1.88 und .94).

Unt, die bereits nach den internationalen Rechnungslegungsvorschriften bilanzieren und verstärkt im internationalen Wettbewerb stehen, haben in der Vergangenheit zunehmend auf eine Berichterstattung nach dem Umsatzkostenverfahren umgestellt. Da ein solcher Schritt regelmäßig Veränderungen im internen Rechnungswesen notwendig werden lässt, darf davon ausgegangen werden, dass die mittelständischen Unt, die derzeit das Gesamtkostenverfahren verwenden, beim Übergang auf IFRS an dieser Praxis zunächst festhalten werden und folglich bei diesen Unt eine Umstellung auf das Umsatzkostenverfahren nicht auf breiter Basis zu erwarten ist.

333 Unabhängig von der Entscheidung für das eine oder andere Verfahren, sind die für die Erstellung der betrieblichen Leistung angefallenen Aufwendungen nach den für das jeweilige Verfahren typischen Aufwandsarten aufzugliedern. Die **Aufgliederung** ähnelt in ihren Grundzügen den Gliederungsschemata des Abs 2 und 3. Obwohl IAS 1.89 eine Aufgliederung der Aufwandsarten nicht unmittelbar in der GuV vorschreibt, dürfte die Alternative, eine Darstellung im Anhang, nur kleineren Unt offen stehen. Da es sich bei der GuV um einen Pflichtbestandteil des IFRS-Abschlusses handelt, der entscheidungsrelevante Informationen über die Ertragskraft des Unt liefern soll, würde eine auf die Mindestgliederung des IAS 1.81 beschränkte Darstellung diesem Primärzweck zuwider laufen.

334 Ein separater Ausweis eines GuV-Postens **„andere aktivierte Eigenleistungen"** iSd Abs 2 Nr 3 oder mit ähnlicher Bezeichnung ergibt sich aus den Ausführungen des IAS 1.81ff zur GuV nicht. Innerhalb des Gesamtkostenverfahrens

handelt es sich um einen Korrekturposten, der vor allem die im Personal- und Materialaufwand enthaltenen Aufwendungen korrigiert, die im lfd Gj iZm der Erstellung eigengenutzter Vermögenswerte angefallen sind und deren Aktivierung erst in Zukunft das (Konzern-)Periodenergebnis in Form von plan- und uU außerplanmäßigen Abschreibungen belasten wird (vgl Anm 80). Der separate Ausweis eines solchen Postens oder mit ähnlicher Bezeichnung ergibt sich verpflichtend nur dann, wenn er von wesentlicher Bedeutung ist (IAS 1.29 sowie .86). Untergeordnete Beträge dürfen folglich – in Abweichung zum HGB – einem anderen geeigneten GuV-Posten zugeordnet werden.

Nach dem **Umsatzkostenverfahren** bilanzierende Unt haben nach IAS 1.93 335 im Anhang im Vergleich zum § 285 S 1 Nr 8 weitergehende Erläuterungen bzgl der Art der Aufwendungen zu machen. Hierzu gehören neben dem Material- und Personalaufwand wie nach HGB auch betragsmäßige Angaben zu den plan- und außerplanmäßigen Abschreibungen auf materielle und immaterielle Vermögenswerte.

3. Sonstige betriebliche Erträge und sonstige betriebliche Aufwendungen

Anders als nach HGB, lassen sich die Posten „Sonstige betriebliche Erträge" 336 *(other operating income)* bzw „Sonstige betriebliche Aufwendungen" *(other operating expenses)* nach IFRS inhaltlich weniger exakt abgrenzen. In der Praxis mag die Vorgehensweise der Wettbewerber bzw der „Peer Group", mit denen sich das bilanzierende Unt am Markt vergleicht, eine wesentliche Rolle für die Abgrenzung spielen.

Gewinne oder Verluste aus der Bewertung von **Derivaten** zum beizulegen- 337 den Zeitwert iZm Warentermingeschäften oder sonstigen, nicht der Finanzierungstätigkeit zurechenbaren Sicherungsgeschäften sind unter den sonstigen betrieblichen Erträgen bzw sonstigen betrieblichen Aufwendungen auszuweisen.

Sind die Voraussetzungen für die Aktivierung eines **steuerlichen Verlust-** 338 **vortrages** oder eines **aktiven Steuerabgrenzungspostens** erst zu einem der Kaufpreisallokation *(purchase price allocation)* nachfolgenden Zeitpunkt erfüllt, ist die Aktivierung zu diesem Zeitpunkt unter gleichzeitiger Verminderung des bis dahin zu hoch ausgewiesenen Goodwill nachzuholen. Die Anpassungsbuchungen sind erfolgswirksam vorzunehmen, wobei die Verminderung des Goodwill einen Aufwand darstellt (vgl IFRS 3.65 sowie IAS 12.68). Im Rahmen des Umsatzkostenverfahrens ist es uE nicht zu beanstanden, die „besondere" Abschreibung als sonstigen betrieblichen Aufwand auszuweisen. Innerhalb des Gesamtkostenverfahrens handelt es sich um die Aufwandsart „Abschreibungen". Die Beträge sind jeweils im Anhang zu erläutern.

4. Materialaufwand, Personalaufwand und Abschreibungen nach dem Gesamtkostenverfahren sowie Funktionskosten nach dem Umsatzkostenverfahren

IAS 19.119 stellt es dem JA-Aufsteller grds, dh soweit wirtschaftlich nachvoll- 339 ziehbar, frei, ob er die Kostenkomponenten der Altersversorgung (ua lfd und aperiodischer (Dienstzeit-)Aufwand, Zinsaufwand, Verzinsung des Planvermögens) unter einem oder unter mehreren GuV-Posten ausweist. Wird demzufolge von der Möglichkeit Gebrauch gemacht, die GuV nach Art der Aufwendungen (iSd Gesamtkostenverfahrens) zu gliedern (IAS 1.88), kann zB der Zinsanteil (Zinsaufwand aus der Aufzinsung der Pensionsverpflichtung *(interest cost)* sowie Zinsertrag aus der Anlage der für die Altersversorgung bestimmten Vermögenswerte *(expected return on plan assets)*) entweder unter dem Posten Personalaufwand *(staff costs)* oder innerhalb der Finanzierungsaufwendungen (netto) (vgl Anm 342) ausgewiesen werden. Kommt das Umsatzkostenverfahren zur Anwendung, kann der Ausweis des Zinsanteils – analog der weiteren Komponenten des Zuführungsbetrags – unter den **Aufwendungen der einzelnen Funktionsbereiche** *(cost of sales, distribution costs, administrative expenses)* oder separat innerhalb der Finanzierungsaufwendungen (netto) erfolgen.

Der gesamte Zuführungsbetrag des Gj ist gem IAS 19.120 (f) im Anhang, untergliedert nach seinen einzelnen Kostenkomponenten, offenzulegen. Ferner sind die GuV-Posten zu nennen, unter denen die einzelnen Kostenkomponenten verrechnet sind.

340 Unter diesem Posten sind auch die nach IFRS 2 als **Personalaufwand** erfolgswirksam zu erfassenden Entgelte aus aktienbasierten Entlohnungsformen auszuweisen (vgl zu Einzelheiten § 272 Anm 300 ff).

Nach IAS 36 vorgenommene **außerplanmäßige Abschreibungen** sind nach dem Gesamtkostenverfahren unter dem Posten „Abschreibungen" auszuweisen. Gleiches gilt für die „besondere" Abschreibung im Rahmen der Anpassung der erstmaligen Kaufpreisallokation (vgl Anm 338).

5. Betriebsergebnis

341 Als Ergebnis der Gegenüberstellung von Umsatzerlösen, sonstigen betrieblichen Erträgen und der Aufwendungen iZm der Erstellung der betrieblichen Leistung resultiert das Betriebsergebnis *(operating profit* oder *result of operating activities)*, welches der Summe der Posten des Abs 2 Nr 1 bis 8 für das Gesamtkostenverfahren bzw der Summe der Posten des Abs 3 Nr 1 bis 7 für das Umsatzkostenverfahren vergleichbar ist. Eine Verpflichtung zum Ausweis einer solchen Zwischensumme ergibt sich aus IAS 1.83.

6. Finanzierungserträge/Finanzierungsaufwendungen (netto)

342 IAS 1.81 (b) verlangt den Ausweis eines Postens **Finanzierungsaufwendungen** ***(finance costs)*.** Unter Hinweis auf den in IAS 1.32 niedergelegten allgemeinen Grundsatz des Saldierungsverbots von Aufwendungen und Erträgen, hat das IFRIC in einer Sitzung im Oktober 2004 klargestellt, dass im Falle des Vorliegens von entspr Erträgen aus der Finanzierungstätigkeit des Unt *(finance revenues)* es nicht sachgerecht ist, wenn diese innerhalb der GuV gemeinsam mit den entspr Aufwendungen lediglich unter einem Saldoposten, zB mit der Bezeichnung „**Finanzierungserträge/-aufwendungen (netto)**" ausgewiesen würden. Hat das Unt folglich Geschäftsvorfälle, aus denen entspr Finanzierungserträge resultieren, sind diese in einem separaten Posten auszuweisen und können mit den Finanzierungsaufwendungen anschließend in einem Saldoposten zusammengefasst ausgewiesen werden.

343 Zinsaufwendungen für aufgenommene Bankkredite oder aus finance lease-Verhältnissen, Dividenden auf Vorzugsaktien, Verluste aus der Bewertung zum beizulegenden Zeitwert von zu Handelzwecken gehaltenen Wertpapieren oder Zinsderivaten (vgl IAS 39.55 (a)) oder Währungsverluste (vgl IAS 21.52 (a)) sowie allgemein Geschäftsvorfälle, die nach HGB zu einem Ausweis unter den Zinsen und ähnlichen Aufwendungen (Abs 2 Nr 13, Abs 3 Nr 12) wie auch den Abschreibungen auf Finanzanlagen und auf Wertpapiere des Umlaufvermögens (Abs 2 Nr 12, Abs 3 Nr 11) fallen, wären uE unter dem Posten Finanzierungsaufwendungen auszuweisen. Demgegenüber gehören Gewinne aus der Bewertung zum beizulegenden Zeitwert von zu Handelzwecken gehaltenen Wertpapieren oder Zinsderivaten (vgl IAS 39.55 (a)), Währungsgewinne (vgl IAS 21.52 (a)), die Erträge aus Beteiligungen (Abs 2 Nr 9, Abs 3 Nr 8), die Er-

träge aus anderen Wertpapieren und Ausleihungen des Finanzanlagevermögens (Abs 2 Nr 10, Abs 3 Nr 9) sowie die sonstigen Zinsen und ähnlichen Erträge (Abs 2 Nr 11, Abs 3 Nr 10) unter den Posten Finanzierungserträge ausgewiesen. Etwas anderes müsste nur dann gelten, wenn es sich bei einzelnen dieser Erträge und Aufwendungen um zum Kerngeschäft des Unt gehörende Geschäftsvorfälle handelt (vgl *ADS Int* Abschnitt 7 Anm 178); für diesen Fall stellten sie Betriebsergebnis dar.

Während nach HGB für bestimmte Beteiligungserträge eine **phasengleiche** 344
Vereinnahmung vorgeschrieben ist (vgl § 266 Anm 120), erfolgt eine Realisierung der Dividendenansprüche nach IAS 18.30 (c) stets erst mit der rechtlichen Entstehung und damit nicht vor dem entspr Gewinnverwendungsbeschluss (vgl *ADS Int* Abschnitt 2 Anm 118).

7. Ergebnisse von im KA nach der Equity-Methode einbezogene Beteiligungen

IAS 1.81 (c) iVm IAS 28.38 verlangt den separaten Ausweis der Ergebnisbei- 345
träge von nach der Equity-Methode einbezogenen Unt. Ein Unterschied kann sich für diesen Posten ua dadurch ergeben, dass nach IFRS ein Ausweis des Ergebnisbeitrages nach Berücksichtigung der Ertragsteuern zu erfolgen hat (Nettoausweis, vgl IAS 1 IG 4), während unter HGB auch ein Bruttoausweis in Frage kommt (s § 312 Anm 66 ff).

8. Außerordentliches Ergebnis

Eine wesentliche, im Rahmen des Improvements Project umgesetzte Abwei- 346
chung zum HGB stellt die Tatsache dar, dass es unter IFRS keine Erträge und Aufwendungen außerhalb „der gewöhnlichen Geschäftstätigkeit" des Unt mehr gibt (vgl IAS 1.85). Um einen Sachverhalt außerhalb „der gewöhnlichen Geschäftstätigkeit" handelt es sich auch nicht bei einer sog *discontinued operation* (vgl Anm 351 ff). In den IFRS wird lediglich zwischen Ergebnissen aus „fortgesetzter" Geschäftstätigkeit und „nicht-fortgesetzter" Geschäftstätigkeit unterschieden (vgl ua IFRS 5.37).

9. Steuern vom Einkommen und vom Ertrag

Der Posten „Steueraufwendungen" des IAS 1.81 (d) ist vergleichbar zum 347
HGB eine Saldogröße. Er erfasst sowohl Steuerbe- und -entlastungen aus laufenden Steuern wie auch die Steuerwirkungen aus der (erfolgswirksamen) Aktivierung, Passivierung und Auflösung von Steuerlatenzen. Darüber hinaus werden hier auch die Steuerwirkungen aus der Auflösung ursprünglich – zB im Rahmen der Erstkonsolidierung – erfolgsneutral gebildeter Steuerlatenzen abgebildet. Eine Aufteilung des Steuerpostens in laufende Steuern und Steuerlatenzen erfolgt regelmäßig im Anhang (vgl IAS 12.79).

Sind die Voraussetzungen für die Aktivierung eines steuerlichen Verlustvor- 348
trags oder eines aktiven Steuerabgrenzungspostens erst zu einem der Kaufpreisallokation *(purchase price allocation)* nachfolgenden Zeitpunkt erfüllt, ist die Aktivierung zu diesem Zeitpunkt unter gleichzeitiger Verminderung des bis dahin zu hoch ausgewiesenen Goodwill nachzuholen. Die Anpassungsbuchungen sind erfolgswirksam vorzunehmen, wobei die Bilanzierung des Steueraktivums einen entsprechenden Steuerertrag bzw eine Minderung des latenten Steueraufwands darstellt.

Die IFRS kennen keinen separaten Ausweis für **sonstige Steuern.** Diese 349
werden entweder unter den zugehörigen Aufwandsposten, oder soweit eine individuelle Zuordnung nicht möglich ist, unter den sonstigen betrieblichen Er-

trägen/Aufwendungen ausgewiesen. Handelt es sich bei den sonstigen Steuern insgesamt um einen wesentlichen Betrag, ist nach IAS 1.86 eine Offenlegung im Anhang angezeigt. Eine offene Absetzung branchentypischer Verbrauchsteuern vom Umsatz (dazu Anm 251) dürfte sich nach den IFRS verbieten.

10. Ergebnis aus fortgesetzter Geschäftstätigkeit

350 Haben sich im Gj und/oder Vj Sachverhalte ergeben, die in der GuV zum Ausweis eines „Ergebnisses aus nicht-fortgesetzter Geschäftstätigkeit" führen (vgl Anm 351 ff), hat das Unt gleichfalls als Zwischensumme den Posten „Ergebnis aus fortgesetzter Geschäftstätigkeit" auszuweisen. Dies ergibt sich uE zwingend für Unt, die in der GuV die Kennziffern Basic-EPS und Diluted EPS für das (Konzern-)Periodenergebnis aus fortgesetzter Geschäftstätigkeit darzustellen haben (vgl IAS 33.66 iVm IAS 33.68 sowie Anm 382). Andernfalls würde das Unt Kennziffern zu einem nicht ausgewiesenen GuV-Posten bzw einer Zwischensumme darzustellen haben.

11. Ergebnis aus nicht-fortgesetzter Geschäftstätigkeit (Discontinued Operation)

351 Während sich in der Vergangenheit ein Ausweis des Ergebnisses aus der Nicht-Fortführung einer oder mehrerer Geschäftstätigkeiten, sog ***discontinued operations*** in der GuV nicht unmittelbar aus der geforderten Mindestgliederung des IAS 1 ablesen ließ, wurde im Rahmen des Improvements Project dieser Posten nunmehr in die Mindestgliederung aufgenommen. Sofern folglich ein solcher Sachverhalt im Gj vorliegt, ist das daraus resultierende Ergebnis unmittelbar, wenn auch in Form einer Saldogröße, in der GuV separat auszuweisen. Detailinformationen über die Zusammensetzung des Postens und insb über die einzelnen Beträge können im Anhang gemacht werden. Letzteres dürfte sich sogar aufgrund der Übersichtlichkeit und iSd der Verständlichkeit notwendiger entscheidungsrelevanter Informationen empfehlen. Nach HGB dürften solche Geschäftsvorfälle, vor allem im Falle größeren Ausmaßes, als „außerordentliches Ergebnis" iSd Abs 2 Nrn 15 bis 17, bzw Abs 3 Nrn 14 bis 16 interpretiert werden (vgl Anm 222).

352 Eine *discontinued operation* ist in IFRS 5.32 definiert als eine einzelne oder Gruppe von Cash Generating Units (CGU), die entweder bereits im Gj veräußert wurde oder die am Bilanzstichtag zum unmittelbaren Verkauf steht und eine der nachfolgenden Bedingungen erfüllt:

(1) Die CGU gilt für sich genommen als wesentliches Geschäftsfeld *(major line of business)* oder wesentliche geographisch abgegrenzte UntAktivität.

(2) Der Verkauf des wesentlichen Geschäftsfelds oder der wesentlichen geographisch abgegrenzten UntAktivität ist Teil eines konkret ausgearbeiteten Plans.

(3) Die CGU wurde als TU mit der Absicht der unmittelbaren Wiederveräußerung erworben.

Damit dürfte es sich regelmäßig bei einem veräußerten oder zum Verkauf stehenden – nach IAS 14 *Segment Reporting* abgegrenzten Segment – um eine *discontinued operation* handeln. Der für die Praxis typische Fall unter vorstehend (3) ist der Erwerb eines Konzerns oder Teilkonzerns, wobei der Erwerber nur an bestimmten erworbenen UntAktivitäten interessiert ist, der Erwerb in Teilen aber nicht möglich ist und insoweit die außerhalb des Interesses liegenden UntAktivitäten sofort zur Weiterveräußerung bestimmt sind. Als Anwendungsfall für eine *discontinued operation* qualifizieren ferner die Schließung sämtlicher Betriebstätten in einem Land oder Erdteil (zB Rückzug der operativen Tätigkeit aus Asien) oder die Aufgabe aller Standorte für eine bestimmte Produktsparte.

Eine *discontinued operation* liegt auf der anderen Seite aber nicht bereits bei einer Änderung der UntAktivität, wie zB dem Wechsel der Produktpalette, Kapazitätsreduktionen oder der Neustrukturierung von Zuständigkeiten oder Verantwortungsbereichen vor. Ebenso stellt die räumliche Verlagerung von Produktions- oder Vertriebsaktivitäten eines wesentlichen Geschäftsfelds oder einer wesentlichen geographisch abgegrenzten UntAktivität keine *discontinued operation* dar, selbst wenn es in diesem Zusammenhang zu umfangreichen Veräußerungen von Betriebsvermögen kommt.

Als Verkauf iSd IFRS 5 dürfte neben der gewöhnlichen rechtlichen Veräu- 353
ßerung auch die Aufspaltung sowie die Abspaltung *(spin-off)* iSv § 123 UmwG gelten; nicht hingegen die Ausgliederung *(carve-out)* iSv § 123 UmwG, da hier der übertragende Rechtsträger Empfänger der Anteilsrechte ist und insoweit die endgültige Trennung von dieser UntAktivität nicht vollzogen wird.

Liegt eine *discontinued operation* gem IFRS 5 vor, ergeben sich hieraus um- 354
fangreiche Offenlegungserfordernisse für die GuV und den Anhang (vgl ferner IAS 28.38). Die gem Mindestgliederung IAS 1.81 (e) und IFRS 5.33 (a) in der GuV auszuweisende Saldogröße umfasst:

(a) Das Nachsteuerergebnis sämtlicher *discontinued operations* des laufenden Gj,
(b) das Nachsteuerergebnis aus der Bewertung der zur *discontinued operation* gehörenden Vermögenswerte oder -gruppen zum Nettoveräußerungswert *(fair value less costs to sell)* sowie
(c) das Nachsteuerergebnis aus dem Verkauf der zur *discontinued operation* gehörenden Vermögenswerte oder -gruppen.

Die Saldogröße ist gleichfalls in der GuV oder alternativ im Anhang in weitere Einzelkomponenten aufzugliedern. Hierzu zählen gem IFRS 5.33 (b):

(a) Die Umsatzerlöse, Aufwendungen, das (Konzern-)Periodenergebnis vor Steuern sowie der Steueraufwand gem IAS 12.81 (h),
(b) das Vorsteuerergebnis aus der Bewertung der zur *discontinued operation* gehörenden Vermögenswerte oder -gruppen zum Nettoveräußerungswert *(fair value less costs to sell)* sowie das Vorsteuerergebnis aus dem Verkauf der zur *discontinued operation* gehörenden Vermögenswerte oder -gruppen und der jeweils zugehörige Steueraufwand gem IAS 12.81 (h).

Alle vorstehend aufgeführten Informationen sind ebenfalls für die Vorperiode 355
darzustellen. Gab es in der Vorperiode keine *discontinued operation,* ist die für das Vj veröffentlichte GuV-Gliederung anzupassen. Darüber hinaus können sich entspr Anpassungen für die Vorperioden ergeben, wenn sich die ursprünglich für die Vj unterstellten Daten für die Ermittlung der ausgewiesenen Ergebnisse der *discontinued operation* in der laufenden Periode ändern, zB weil der tatsächlich erlöste Kaufpreis, der in die Ermittlung des Nettoveräußerungswertes eingeflossen ist, von den ursprünglichen Erwartungen abweicht.

12. (Konzern-)Periodenergebnis

Das (Konzern-)Periodenergebnis ist das auf die Gesellschafter des bilanzieren- 356
den Unt entfallende Nettoergebnis *(profit or loss).* Das (Konzern-)Periodenergebnis nach IAS 1.81 (f) entspricht dem Posten „Jahresüberschuss/Jahresfehlbetrag" (Abs 2 Nr 20, Abs 3 Nr 19) nach HGB.

13. Beispielhafte Darstellung einer Konzern-GuV nach dem Umsatzkostenverfahren

Nach vorstehenden Ausführungen lässt sich die GuV nach dem Umsatzkos- 357
tenverfahren im IFRS-KA und unter Berücksichtigung von im Allgemeinen als wesentlich anzusehender Geschäftsvorfälle beispielhaft wie folgt darstellen:

	2005	2004
Umsatz	X	X
Kosten der umgesetzten Leistung	(X)	(X)
Bruttoergebnis	X	X
Sonstige betriebliche Erträge	X	X
Vertriebskosten	(X)	(X)
Sonstige Verwaltungskosten	(X)	(X)
Sonstige betriebliche Aufwendungen	(X)	(X)
Betriebsergebnis	**X**	**X**
Finanzierungserträge	(X)	(X)
Finanzierungsaufwendungen	(X)	(X)
Finanzierungserträge/-aufwendungen (netto)	**X**	**X**
Ergebnisse von nach der Equity-Methode einbezogenen Unternehmen	X	X
Ertragsteuern	(X)	(X)
Konzernergebnis aus fortgesetzter Geschäftstätigkeit (soweit erforderlich; s Anm 350)	X	X
Konzernergebnis aus nicht-fortgesetzter Geschäftstätigkeit (soweit erforderlich; s Anm 351 ff)	X	X
Konzern(perioden)ergebnis	**X**	**X**
davon entfallend auf		
– die Minderheitsgesellschafter	X	X
– das Mutterunternehmen	X	X

14. Änderung von Bilanzierungs- und Bewertungsmethoden, Änderung von Bilanzierungs- und Bewertungsannahmen, Korrektur von Bilanzierungs- und Bewertungsfehlern

358 IAS 8 enthält explizite Regelungen für die erstmalige Anwendung von Standards, soweit diese selbst nicht eigene Übergangsvorschriften enthalten. Ferner enthält IAS 8 Regelungen für den Wechsel der Bilanzierungs- und Bewertungsmethode, die Behandlung von geänderten Schätzungen und die Korrektur fehlerhafter bereits veröffentlichter Abschlüsse.

359 Für die bilanzielle Abbildung von Sachverhalten bzw Geschäftsvorfällen des rechnungslegenden Unt gilt der Grundsatz der Stetigkeit. Ein **Wechsel der Bilanzierungs- und Bewertungsmethode(n)** *(change in accounting policies)* ist nur dann zulässig, wenn gesellschaftsrechtliche oder gesetzliche Normen oder die Verabschiedung eines neuen Rechnungslegungsstandards oder einer Interpretation dies erfordern. Gleiches gilt, wenn der Wechsel der verbesserten Darstellung (iSe *fair presentation*) im JA dient (vgl IAS 8.14). Basiert der Wechsel auf der Verabschiedung eines neuen Rechnungslegungsstandards, hat der Übergang auf die neuen Regelungen nach dessen speziellen Übergangsvorschriften zu erfolgen. Enthält der neue Rechnungslegungsstandard hingegen keine eigenen Übergangsvorschriften und für alle anderen Fälle, bei denen es sich um einen Wechsel der Bilanzierungs- und Bewertungsmethode handelt, ist IAS 8 einschlägig. Gem IAS 8.19 (b) ist ein solcher Wechsel stets so abzubilden, als wäre die neue Methode bereits im Zeitpunkt der erstmaligen bilanziellen Erfassung des betreffenden Sachverhalts oder Postens angewendet worden ***(retrospective application).*** Diese Vorgehensweise macht es erforderlich, dass die von dem Wechsel betroffenen EK-Posten (idR handelt es sich hierbei um die Gewinnrücklagen) zu Beginn des ersten im Abschluss dargestellten Vj anzupassen sind (vgl Example 2 IAS 8 BC). Ferner sind alle sonstigen Posten der Vj entsprechend auf die neue Methode anzupassen.

Von dem Grundsatz der vollständigen retrospektiven Anwendung ist nur dann abzuweichen, wenn die Ermittlung der kumulierten Anpassungsbeträge oder die jeweiligen Effekte der einzelnen Vorperioden nicht ermittelbar sind *(impracticability)*, ohne dass dafür Erkenntnisse oder Tatsachen herangezogen werden müssten, die zum jeweiligen Aufstellungszeitpunkt der Vj-Abschlüsse nicht verfügbar waren. Die retrospektive Anwendung des IAS 8 führt damit nicht zu einer Ausdehnung des Wertaufhellungszeitraums. 360

DRS 13.11 schreibt bzgl des Wechsels der Bilanzierungs- und Bewertungsmethode(n) für den KA eine Verfahrenweise vor, die dem bisherigen Allowed Alternative Treatment des IAS 8.54 (alte Fassung) entspricht, dh der kumulierte Anpassungsbetrag aus Vorperioden ist in der GuV unter einem separaten Posten mit entsprechender Bezeichnung nach dem Ergebnis der gewöhnlichen Geschäftstätigkeit auszuweisen. Das DRSC spricht sich des weiteren dafür aus, dass diese Methode auch für den JA verbindlich vorgeschrieben werden soll (vgl DRS 13 Anhang A3.). 361

Für die Erstellung von JA sind Annahmen und **Prognosen bzw Schätzungen** unverzichtbar, wie zB über die Abschreibungsmethode (vgl IAS 16.61) sowie über die betriebsgewöhnliche Nutzungsdauer von Vermögenswerten oder deren zukünftige beizulegenden Zeitwerte, Delkredererisiken, Grad des Leistungsfortschritts, der Ausgang von Rechtsstreitigkeiten, die Entwicklung des Personalstands bzgl Fluktuation oder Gehaltsniveau. Sollten sich in einer nachfolgenden Periode die Erwartungen ändern *(changes in accounting estimates)*, führt dies in diesem Gj zu einer Veränderung des (Konzern-)Periodenergebnisses und uU zu einer Anpassung des von der geänderten Schätzung betroffenen Bilanzpostens. Die **Änderung von Bilanzierungsannahmen** kann sich sowohl auf das laufende wie auch zukünftige Gj auswirken. Eine Regelung nach der die Anpassung bei dem GuV-Posten auszuweisen ist, bei dem auch die ursprüngliche Schätzung erfasst wurde (vgl IAS 8.28 alte Fassung), enthält IAS 8 in der im Rahmen des Improvements Project überarbeiteten Fassung nicht mehr. Auch findet sich in der Introduction zu IAS 8 kein Hinweis darauf, dass das IASB seine bisherige Auffassung aufgegeben hat. UE kann das Fehlen eines entspr Hinweises jedoch nicht dahingehend interpretiert werden, dass die bisherige Regelung des IAS 8 implizit fortbesteht. Damit dürfte es zukünftig nicht zu beanstanden sein, zB einen ursprünglich in den sonstigen betrieblichen Aufwendungen verrechneten Aufwand aus der Zuführung zu einer Rückstellung in späteren Perioden über die sonstigen betrieblichen Erträge aufzulösen, wenn sich der ursprünglich zurückgestellte Betrag als zu hoch erwiesen hat. Die Verpflichtung, nicht verbrauchte Rückstellungen zB im Anhang bei der Erläuterung des Postens „sonstige betriebliche Erträge" anzugeben, bleibt davon unberührt. 362

Wurde hingegen die Bewertungsbasis verändert *(change in the measurement basis)*, wie zB für den Fall, dass auf eine Aktivierung von Fremdkapitalkosten nach IAS 23 übergegangen oder umgekehrt eine solche Bilanzierung nicht fortgesetzt wird, handelt es sich um einen **Methodenwechsel** (vgl Anm 359 ff) und nicht um Änderungen der Bilanzierungsannahmen. Sollte eine Unterscheidung zwischen Methodenwechsel und Änderungen der Bilanzierungsannahmen im Einzelfall nicht zweifelsfrei festgestellt werden können, sind die Regelungen für Änderungen der Bilanzierungsannahmen anzuwenden (vgl IAS 8.35). 363

DRS 13.20 schreibt bzgl der Änderung von Bilanzierungsannahmen für den KA eine zu IAS 8 identische Verfahrenweise vor. 364

Werden im Gj **Bilanzierungs- und Bewertungsfehler** aus vorangegangenen Gj *(prior period errors)* festgestellt, die so wesentlich sind, dass die darauf basierenden JA als nicht mehr zuverlässig angesehen werden müssen, hat eine retrospektive Fehlerbeseitigung ***(retrospective restatement)*** zu erfolgen. Um einen 365 berichtigungspflichtigen Fehler handelt es sich stets, wenn in der Vergangenheit Tatsachen oder Erkenntnisse, die bei Abschlusserstellung hätten bekannt sein müssen, bewusst ignoriert wurden oder ein Standard oder eine Interpretation auf einen Sachverhalt vorsätzlich falsch angewandt wurde, jeweils mit dem Ziel, eine bestimmte Bilanzierung bzw Ergebnisdarstellung *(performance)* zu erreichen. Der Grundsatz der Wesentlichkeit ist für solche Tatbestände außer Kraft gesetzt. Enthält ein in der Vergangenheit veröffentlichter JA einen Fehler, handelt es sich bei dem JA nicht um einen IFRS-Abschluss (vgl IAS 8.41). Der JA hätte nicht „als mit den IFRS in Einklang stehend" testiert werden dürfen.

Ein berichtigungspflichtiger Fehler kann sich auch aus einer iZm einem Unternehmenszusammenschluss *(business combination)* stehenden Anpassung der Kaufpreisallokation ergeben, wenn die Erstkonsolidierung *(initial accounting)* mehr als 12 Monate zurückliegt (vgl IFRS 3.63 f).

366 **DRS** 13.25 f schreibt bzgl der Berichtigung von Fehlern für den KA eine zu IAS 8 identische Verfahrenweise vor.

III. (Konzern-)Ergebnisverwendungsrechnung

370 Im Rahmen des Improvements Project wurde die bisherige Auffassung, dass es sich bei den MinderheitsGestern nicht um EK-Geber des TU handele, geändert. Nunmehr wird der Begriff der MinderheitsGester definiert als der den Konzerneigenkapitalgebern zustehende Teil am Konzernergebnis (und am Nettovermögen), der nicht auf das MU entfällt (vgl IFRS 3 Appendix A sowie IAS 27.4). Diesem geänderten Verständnis folgend, ist der Posten der MinderheitsGester innerhalb der Konzern-GuV nicht weiter Teil der (Konzern-) **Ergebnisermittlung.** Gem IAS 1.82 ist das (Konzern-)Periodenergebnis auf einen dem MU zuzurechnenden und den auf die MinderheitsGester entfallenden Anteil aufzuteilen (vgl auch IAS 1 IN18). Die (Konzern-)Ergebnisverwendung hat unmittelbar in der Konzern-GuV zu erfolgen und darf nicht alternativ im Anhang dargestellt werden.

IV. Ausweis der Veränderung der Kapital- und Gewinnrücklagen

375 Die IFRS kennen keine Ergebnisverwendungsrechnung iSd § 158 AktG. Demgegenüber sieht IAS 1.96 ff für *alle* Unt eine „Eigenkapitalveränderungsrechnung" als eigenständigen Bestandteil des JA vor, innerhalb dessen die Veränderungen zum EK gehörender Posten im Gj und iVm IAS 1.36 im Vj darzustellen sind (s § 297 Anm 240 ff). Für einige EK-Posten räumt IAS 1.97 dem Unt die Option ein, deren Veränderungen an geeigneter Stelle im Anhang darzustellen.

V. Gewinn je Aktie (Earnings per Share)

1. Allgemeines

380 Die Kennzahl Earnings Per Share (EPS) findet im HGB keine Entsprechung; lediglich im Börsenzulassungsverfahren wird die Angabe verlangt, ohne dass explizite Vorschriften über deren Ermittlung existieren. Dennoch ermitteln und publizieren einige deutsche Unt zur Beurteilung ihrer Ertrags- und Ausschüttungskraft zB das DVFA/SG-Ergebnis je Aktie.

Zur Ermittlung der EPS nach IAS 33 sind nur solche Unt verpflichtet, deren Anteile bereits öffentlich gehandelt werden oder die sich gerade im Prozess einer Börsennotierung befinden. Werden JA und KA nebeneinander veröffentlicht, ist die Ermittlung und Angabe der EPS-Kennziffern nur auf Basis konsolidierter Daten verpflichtend. Eine freiwillige Veröffentlichung dieser Kennzahl innerhalb eines IFRS-Abschlusses entbindet das Unt nicht von der Befolgung der Regelungen des Standards.

2. Ermittlung der EPS

IAS 33 unterscheidet zwei EPS-Kennziffern. Die **Basic-EPS** als Verhältnis des den „ordentlichen“ Aktionären des MU *(ordinary equity holder of the parent)* zuzurechnenden (Konzern-)Periodenergebnisses zu dem gewichteten Durchschnitt der im Gj umlaufenden „ordentlichen“ Aktien sowie die **Diluted-EPS** bei deren Berechnung im Nenner zusätzlich sämtliche Wandlungs- und Optionsrechte auf „ordentliche“ Aktien *(dilutive potential ordinary shares)* berücksichtigt werden. Beide Kennziffern sind zwingend in der GuV getrennt für jede Aktiengattung anzugeben (IAS 33.66). 381

Wird in der (Konzern-)GuV neben dem (Konzern-)Periodenergebnis nach IAS 1.81 (f) auch die Ergebnisgröße „Ergebnis aus fortgesetzter Geschäftstätigkeit“ ausgewiesen (vgl Anm 350), sind entspr zwei Basic-EPS zu ermitteln und auszuweisen. Ausgangsgröße im Zähler für die **Basic-EPS** ist folglich das auf das MU entfallende (Konzern-)Periodenergebnis (IAS 33.12 (b) *profit or loss* iSv IAS 1.82 (b)) und, soweit ausgewiesen, das auf das MU entfallende Ergebnis aus fortgesetzter Geschäftstätigkeit (IAS 33.12 (a) *profit or loss from continuing operations attributable for the parent entity).* Bei dem den Aktionären des MU zuzurechnenden (Konzern-)Periodenergebnis handelt es sich generell um das auf die „ordentlichen“ Aktien entfallende (Konzern-)Periodenergebnis *(ordinary equity holders of the parent),* so dass der Zähler jeweils um den auf die **Vorzugsaktionäre** entfallenden Gewinnanteil zu kürzen bzw im Falle eines negativen (Konzern-) Periodenergebnisses um die ggf an die Vorzugsaktionäre ausgeschütteten (Garantie-)Dividenden zu erhöhen ist. Diese Korrektur erfolgt unabhängig von der Frage, ob der so auf die ordentlichen Aktien entfallende Gj-Erfolg auch tatsächlich ausschüttungsfähig ist. 382

Obwohl IAS 33.9 lediglich das auf „ordentliche“ Aktionäre entfallende (Konzern-)Periodenergebnis der Ermittlung der EPS zugrunde legt, mag das generelle Ausklammern von Vorzugsaktien *(preference shares)* ohne Berücksichtigung deren rechtlicher Ausgestaltung fragwürdig sein. Vorzugsaktien, die bzgl der Nachrangigkeit der Gewinnansprüche sowie der Verlustbeteiligung den ordentlichen Aktien gleichen, müssen demzufolge in die Ermittlung der EPS – wie „ordentliche“ Aktien – einbezogen werden. So zählen zu den „ordentlichen“ Aktien iSv IAS 33.5 auch stimmrechtslose Vorzugsaktien iSv § 139 AktG (*IDW RS HFA 2* WPg 2002, 387 Anm 103). Diese stellen allerdings aufgrund der unterschiedlichen Verteilung der (Stimm-)Rechte eine eigene Gattung von „ordentlichen“ Aktien iSv IAS 33.66 dar.

Da sich die Anzahl der im Gj außenstehenden „ordentlichen“ Aktien durch Neuemissionen (zB auch im Rahmen eines Unternehmenserwerbs), Kapitalrückzahlungen oder den Erwerb eigener Aktien ändern kann, ist gem IAS 33.19 das auf die „ordentlichen“ Aktien entfallende (Konzern-)Periodenergebnis in Beziehung zu den im Jahresdurchschnitt *(weighted average)* umlaufenden „ordentlichen“ Aktien zu setzen. Dieser Jahresdurchschnitt wird ermittelt, indem der Aktienbestand zu Beginn des Gj um die mit einem Zeitfaktor gewichtete Anzahl der zusätzlich ausgegebenen bzw der eingezogenen Aktien angepasst wird (IAS 33.20). 383

384 Für die Ermittlung der **Diluted EPS** ist die Überlegung entscheidend, dass sich durch die Ausübung der Erwerbs- und/oder Umwandlungsrechte *(dilutive potential ordinary shares)* zukünftig das (Konzern-)Periodenergebnis auf mehr Aktien verteilt und sich damit die Ergebnis-Kapital-Relation verschiebt. Dem Anleger wird damit die Einsicht gewährt („Als-ob-Rechnung"), wie sich die Rendite (je Aktie) geändert hätte, wenn alle potentiellen Eigenkapitalgeber ihren Gewinnanspruch verwirklicht hätten (vgl zu weiteren Einzelheiten auch *Pellens/Gassen* in Komm IAS, IAS 33). Für die Berechnung der Diluted-EPS wird die Zählergröße der Basic-EPS um bei Umwandlung (ersparte) Dividenden bzw Zinsaufwand auf potentielle „ordentliche" Aktien sowie sonstige Auswirkungen der Umwandlung auf das (Konzern-)Periodenergebnis korrigiert. Die Nennergröße wird um die potentiellen „ordentlichen" Aktien korrigiert (zum Zeitpunkt der Einbeziehung potentieller Aktien vgl *IDW RS HFA 2* WPg 2002, 387 Anm 108).

385 Hat sich der Aktienbestand im Vergleich zum Vj verändert, ohne dass sich dies auf das eingesetzte Aktienkapital ausgewirkt hat (zB durch Ausgabe von Gratisaktien oder einer Umwandlung von Gewinnrücklagen in Aktien), ist für die Vj-Angabe zu unterstellen, dass die Erhöhung oder Verringerung des Aktienbestandes bereits in der Vorperiode stattgefunden hat (IAS 33.64). Diese Anpassung gewährleistet die Vergleichbarkeit der Rentabilität des eingesetzten Aktienkapitals je Aktie im Gj zum Vj. Solange der JA bzw KA noch nicht von der Untleitung zur Veröffentlichung freigegeben *(authorized for issue)* ist, sind das Gj und das Vj auch für den Fall anzupassen, dass sich die Veränderung des Aktienbestands erst nach dem Bilanzstichtag ergeben hat.

Basic-EPS und Diluted EPS des Gj sowie der Vj sind stets dann anzupassen, wenn sich das (Konzern-)Periodenergebnis aufgrund des Wechsels der Bilanzierungs- und Bewertungsmethode(n) (vgl Anm 359) oder der Korrektur eines Fehlers (vgl Anm 365) geändert hat.

3. Konzeptionelle Unterschiede zur EPS nach DVFA/SG

386 Konzeptionell sind die Vorschriften von IAS 33 und dem in Deutschland verbreiteten **DVFA/SG-Ergebnis je Aktie** (sowie FAS 128) vergleichbar. Vorsicht ist hingegen bei einem direkten (Unt)Vergleich beider Kennziffern geboten, wenn zwei Unt ihren Gewinn je Aktie nicht einheitlich nach dem gleichen Konzept ermitteln. Während die Ergebnisgröße bei der DVFA/SG-EPS um „ungewöhnliche und dispositionsbedingte" (*Busse von Colbe* Ergebnis nach DVFA/SG, 17f; dh einschließlich der GFW-Abschreibung) Einflüsse bereinigt wird, ist nach IAS 33 das (Konzern-)Periodenergebnis zugrunde zu legen, das mit den im Jahresdurchschnitt eingesetzten („ordentlichen") Aktien erwirtschaftet wurde.

§ 276 Größenabhängige Erleichterungen

[1] Kleine und mittelgroße Kapitalgesellschaften (§ 267 Abs. 1, 2) dürfen die Posten § 275 Abs. 2 Nr. 1 bis 5 oder Abs. 3 Nr. 1 bis 3 und 6 zu einem Posten unter der Bezeichnung „Rohergebnis" zusammenfassen. [2] Kleine Kapitalgesellschaften brauchen außerdem die in § 277 Abs. 4 Satz 2 und 3 verlangten Erläuterungen zu den Posten „außerordentliche Erträge" und „außerordentliche Aufwendungen" nicht zu machen.

Übersicht

Schrifttum: S § 275.

A. Rohergebnis nach dem Gesamtkosten- und dem Umsatzkostenverfahren

S 1 gewährt kleinen und mittelgroßen KapGes/KapCoGes (§ 267) oder eG Erleichterungen für die **Aufstellung** der GuV. Diese Unt dürfen die Posten Nr 1 bis Nr 5 (Gesamtkostenverfahren) bzw Nr 1 bis Nr 3 und Nr 6 (Umsatzkostenverfahren) zu einem Posten unter der Bezeichnung **„Rohergebnis"** zusammenfassen, also aus den nachstehend genannten Posten *einen* Saldo bilden: 1

Gesamtkostenverfahren:	**Umsatzkostenverfahren:**
+ Umsatzerlöse	+ Umsatzerlöse
+/– Erhöhung oder Verminderung des Bestands an fertigen und unfertigen Erzeugnissen	– Herstellungskosten der zur Erzielung der Umsatzerlöse erbrachten Leistungen
+ andere aktivierte Eigenleistungen	= Bruttoergebnis vom Umsatz
+ sonstige betriebliche Erträge	+ sonstige betriebliche Erträge
– Materialaufwand	
= Rohergebnis	= Rohergebnis

Von Bedeutung ist, dass das Rohergebnis nach den beiden Verfahren idR voneinander abweicht und daher miteinander nicht vergleichbar ist; s dazu § 275 Anm 26–38 und *ADS*[6] § 276 Anm 9.

Für publizitätspflichtige Unt gelten die besonderen Regeln in § 5 Abs 5 PublG; dazu § 247 Anm 641 ff.

B. Zielsetzung und Bedeutung des Postens „Rohergebnis" (S 1)

Bei Inanspruchnahme des Aufstellungswahlrechts (S 1) werden entgegen dem grds Verrechnungsverbot des § 246 Abs 2 Saldierungen von Aufwendungen und Erträgen zugelassen. Insoweit wird die Aussagefähigkeit einer solchen GuV erheblich eingeschränkt. Mit § 276 wird dem möglicherweise bestehenden Interesse von KapGes/KapCoGes oder eG Rechnung getragen, die Umsatzerlöse nicht angeben zu müssen. Unt, deren Umsatztätigkeit nicht oder nur in geringem Maße auf mehrere Produkte gerichtet ist und/oder die ggf nur für einen Abnehmer arbeiten, können sich so vor den entstehenden Wettbewerbsnachteilen schützen (*Borchert/Budde* in HdR[5] § 276 Anm 2). 2

Die verkürzte GuV beginnt mit dem Rohergebnis als Posten Nr 1. Die folgende Nummerierung ändert sich entspr. Die in § 281 Abs 2 verlangten Angaben zu den Sonderposten mit Rücklageanteil innerhalb der sonstigen betrieblichen Erträge sind ggf beim Rohergebnis darzustellen; glA *ADS*[6] § 276 Anm 10 mwN.

3 Zur Ermittlung der Größe „Rohergebnis" wird es erforderlich sein, im internen Rechnungswesen dennoch eine Abgrenzung nach den einzelnen im Rohergebnis enthaltenen Posten vorzunehmen. Auch für Zwecke der Selbstinformation des Bilanzierenden sowie zur Information externer Rechnungslegungsadressaten, zB Kreditgeber, kommt eine entspr Aufteilung in Betracht; meist wird jedoch eine vollständige GuV erforderlich sein. Gem § 131 Abs 1 S 3 AktG kann jeder Aktionär verlangen, dass ihm in der den JA betreffenden HV ein vollständiger JA vorgelegt wird. Ähnliches gilt auch bei GmbH; s das Auskunfts- und Einsichtsrecht der Gester gem § 51a Abs 1 GmbHG oder Bestimmungen hierzu im GesV.

4 Die betriebswirtschaftliche Bedeutung dieses Saldos ist nicht eindeutig. Das Rohergebnis zeigt beim Gesamtkostenverfahren in etwa die Gesamtleistung innerhalb einer Rechnungsperiode abzgl der fremdbezogenen Einsatzstoffe und Leistungen, dh die Wertschöpfung des Unt. Beim Umsatzkostenverfahren sind im Rohergebnis auch die Personalkosten des HK-Bereichs einbezogen.

C. Vereinfachungen für kleine Kapitalgesellschaften (S 2)

5 Kleine KapGes/KapCoGes dürfen nach S 2 darüber hinaus auf die Erl von ao Posten und von Posten, die einem anderen Gj zuzurechnen sind (aperiodische Posten), verzichten. Diese Erleichterung ist vor dem Hintergrund des bei kleinen KapGes/KapCoGes oft begrenzten Gester-Kreises zu sehen. Hierzu auch § 275 Anm 224 und § 277 Anm 25.

§ 277 Vorschriften zu einzelnen Posten der Gewinn- und Verlustrechnung

(1) **Als Umsatzerlöse sind die Erlöse aus dem Verkauf und der Vermietung oder Verpachtung von für die gewöhnliche Geschäftstätigkeit der Kapitalgesellschaft typischen Erzeugnissen und Waren sowie aus von für die gewöhnliche Geschäftstätigkeit der Kapitalgesellschaft typischen Dienstleistungen nach Abzug von Erlösschmälerungen und der Umsatzsteuer auszuweisen.**

(2) **Als Bestandsveränderungen sind sowohl Änderungen der Menge als auch solche des Wertes zu berücksichtigen; Abschreibungen jedoch nur, soweit diese die in der Kapitalgesellschaft sonst üblichen Abschreibungen nicht überschreiten.**

(3) **[1] Außerplanmäßige Abschreibungen nach § 253 Abs. 2 Satz 3 sowie Abschreibungen nach § 253 Abs. 3 Satz 3 sind jeweils gesondert auszuweisen oder im Anhang anzugeben. [2] Erträge und Aufwendungen aus Verlustübernahme und auf Grund einer Gewinngemeinschaft, eines Gewinnabführungs- oder eines Teilgewinnabführungsvertrags erhaltene oder abgeführte Gewinne sind jeweils gesondert unter entsprechender Bezeichnung auszuweisen.**

(4) **[1] Unter den Posten „außerordentliche Erträge" und „außerordentliche Aufwendungen" sind Erträge und Aufwendungen auszuweisen, die außerhalb der gewöhnlichen Geschäftstätigkeit der Kapitalgesellschaft anfallen. [2] Die Posten sind hinsichtlich ihres Betrags und ihrer Art im Anhang zu erläutern, soweit die ausgewiesenen Beträge für die Beurteilung der Ertragslage nicht von untergeordneter Bedeutung sind. [3] Satz 2 gilt auch für Erträge und Aufwendungen, die einem anderen Geschäftsjahr zuzurechnen sind.**

Übersicht

Schrifttum: s § 275.

A. Umsatzerlöse (Abs 1)

Erläutert in § 275 Anm 45 ff. 1

B. Bestandsveränderungen (Abs 2)

S hierzu die Erl zu § 275 Anm 75 ff. 2

C. Gesonderter Ausweis bestimmter Abschreibungen (Abs 3 S 1)

Außerplanmäßige Abschreibungen auf VG des **Anlagevermögens** gem § 253 Abs 2 S 3 sowie bestimmte Abschreibungen nach § 253 Abs 3 S 3 auf VG des **Umlaufvermögens** sind jeweils in der GuV gesondert auszuweisen oder im Anhang anzugeben. Bei einem Ausweis im Rahmen der GuV sollten die Be- 3 träge jeweils als **Unterposten** oder **Vorspalten-Vermerk** erfasst werden. Ein gesonderter Ausweis ist ebenfalls zulässig; er hat sich aber in der Praxis nicht durchgesetzt. Erfolgt – wie meistens – die Angabe im Anhang, ist einerseits zwischen Abschreibungen nach § 253 Abs 2 S 3 (beizulegender Wert) und § 253 Abs 3 S 3 (Wertschwankungen) und andererseits nach den betr Posten der GuV zu differenzieren, dh je GuV-Posten sind ggf die außerplanmäßigen Abschreibungen auf das Anlagevermögen und das Umlaufvermögen anzugeben.

4 Für den Ausweis dieser außerplanmäßigen Abschreibungen auf VG des Anlagevermögens (§ 253 Abs 2 S 3) kommen beim **Gesamtkostenverfahren** ggf insb die Posten Nr 7a (Abschreibungen), Nr 12 (Abschreibungen auf Finanzanlagen und auf Wertpapiere des Umlaufvermögens) und Nr 16 (ao Aufwendungen) in Betracht.

Aufgrund der Auslegung des Begriffs der „üblichen Abschreibungen" (§ 275 Anm 144ff) kann auch der Posten Nr 7b Abschreibungen iSd § 253 Abs 3 S 3 enthalten. Folglich sind im *Gesamt*kostenverfahren ggf die Beträge derartiger Abschreibungen innerhalb der Posten Nr 2 (Bestandsveränderungen an fertigen und unfertigen Erzeugnissen), Nr 5a (Aufwendungen für Roh-, Hilfs- und Betriebsstoffe und für bezogene Waren), Nr 7b (Abschreibungen auf VG des Umlaufvermögens, soweit diese die in der KapGes/KapCoGes üblichen überschreiten), Nr 8 (sonstige betriebliche Aufwendungen), Nr 12 (Abschreibungen auf Finanzanlagen und auf Wertpapiere des Umlaufvermögens) und Nr 16 (ao Aufwendungen) enthalten.

5 Beim **Umsatzkostenverfahren** können diese Abschreibungen ggf die Posten Nr 2 (Herstellungskosten der zur Erzielung der Umsatzerlöse erbrachten Leistungen), Nr 4 (Vertriebskosten), Nr 5 (allgemeine Verwaltungskosten), Nr 7 (sonstige betriebliche Aufwendungen), Nr 11 (Abschreibungen auf Finanzanlagen und auf Wertpapiere des Umlaufvermögens) sowie Nr 15 (ao Aufwendungen) betreffen. Dabei sind die außerplanmäßigen Abschreibungen auf VG des Anlagevermögens jeweils getrennt von den Abschreibungen auf VG des Umlaufvermögens nach § 253 Abs 3 S 3 anzugeben.

D. Ausweis der Erträge und Aufwendungen aus Ergebnisausgleichsverträgen (Abs 3 S 2)

I. Allgemeines

6 In der GuV sind die Erträge und Aufwendungen aus Verlustübernahmen und auf Grund einer Gewinngemeinschaft, eines Gewinnabführungs- oder eines Teilgewinnabführungsvertrags erhaltene oder abgeführte Gewinne jeweils *gesondert* unter entspr Bezeichnung auszuweisen (zu den einzelnen Vertragstypen s Anm 8ff). Gewinne und Verluste aus OHG/KG fallen nicht unter diesen GuV-Posten. Im HGB wird nicht ausdrücklich festgelegt, *wo* die gesondert auszuweisenden Posten jeweils *einzuordnen* sind. Dies bleibt dem pflichtgemäßen Ermessen der Unternehmen überlassen.

7 Abs 3 S 2 lässt auch offen, ob die jeweiligen Beträge alternativ entweder als Unterposten zu vorhandenen GuV-Posten gesondert ausgewiesen werden sollen, das Gliederungsschema erweitert werden soll oder ob beides zulässig ist: Eine einheitliche Behandlung dieser Aufwendungen und Erträge sowie ihre Einordnung als eigenständige Gliederungsposten auf Grund ihres besonderen Charakters ist uE geboten; das wird meistens auch so praktiziert. Posten, die das Finanzergebnis betreffen, sollten dabei in diesem Bereich ausgewiesen werden. Außerdem unterliegt die gewählte Darstellungsform dem Stetigkeitsgebot des § 265 Abs 1.

II. Gewinngemeinschaften, Gewinnabführungs- und Teilgewinnabführungsverträge

1. Vertragsformen

Im Rahmen einer **Gewinngemeinschaft (Interessengemeinschaft)** legen die daran beteiligten Unt ihre Gewinne, ggf auch ihre Verluste, ganz oder teilweise zum Zweck der Aufteilung des gemeinschaftlichen Gesamtgewinns (entspr einem festgelegten Verteilungsschlüssel) zusammen (§ 292 Abs 1 Nr 1 AktG). Sie stehen zueinander in einem gleichberechtigten Verhältnis; es entsteht eine BGB-Ges. Im Gegensatz zu Gewinnabführungs- und Teilgewinnabführungsverträgen wird bei der Gewinngemeinschaft ein Unter- bzw Überordnungsverhältnis zwischen den Beteiligten nicht begründet. 8

Gelegenheits-Ges mit Gewinnpoolung sind idR nicht als Gewinngemeinschaft anzusehen (Anm 11).

Ein **Gewinnabführungsvertrag** (EAV) liegt vor, wenn eine KapGes sich verpflichtet, ihren *ganzen* Gewinn an ein anderes Unt abzuführen. Der Abführung des gesamten Gewinns ist aktienrechtlich ein Vertrag gleichgestellt, durch den eine KapGes es übernimmt, ihr Unt für Rechnung eines anderen Unt zu führen (§ 291 Abs 1 AktG). 9

Zum „ganzen Gewinn" gehören auch etwaige Erträge aus der Aktivierung von Ingangsetzungs- und Erweiterungsaufwendungen. Ob das mit der gesetzlichen Ausschüttungssperre gem § 269 S 2 vereinbar ist, halten wir für zweifelhaft; Näheres dazu in § 269 Anm 15.

Der EAV wird meist zusammen mit einem Beherrschungsvertrag (selten unter Eingliederung des anderen Unt) abgeschlossen; denn nur dann erfüllt er die Voraussetzung für die steuerliche Anerkennung eines Organschaftsvertrags (§ 14 KStG und § 2 Abs 2 S 2 GewStG).

Bei einem **Teilgewinnabführungsvertrag** verpflichtet sich eine KapGes, **einen Teil** ihres Gewinns oder den Gewinn einzelner ihrer Betriebe ganz oder zT an einen anderen abzuführen (§ 292 Abs 1 Nr 2 AktG). 10

Nicht hierunter fallen Verträge über Gewinnbeteiligungen mit Vorständen oder von (leitenden) Arbeitnehmern sowie Verträge über Gewinnbeteiligungen im Rahmen des üblichen Geschäftsverkehrs.

Dagegen wird bei einer typischen **stillen Gesellschaft** iSv §§ 230 ff – sofern nicht lediglich das eingesetzte Kapital verzinst wird – das Vorliegen eines Teil-EAV angenommen werden können (glA *ADS*[6] § 277 Anm 58).

EAV und Teil-EAV schließen jedenfalls bei AG/KGaA (§ 302 AktG) die Übernahme von **Verlusten** ein (Anm 20 ff). Verlustübernahmepflichten können sich auch aus anderen Verträgen ergeben (dazu Anm 21). Die Beträge, die dem übergeordneten Unt auf Grund derartiger Verträge zustehen, stellen effektive Finanzerträge dar und unterscheiden sich insoweit von erhaltenen Erträgen aus **Arbeitsgemeinschaften, Syndikatsabrechnungen** und **Gewinnpoolungen.** Letztere sind als Umsatzerlöse anzusehen und folglich unter Posten Nr 1 der GuV zu erfassen (§ 275 Anm 56 bis 58). 11

2. Geltungsbereich der Vertragsformen

Alle drei Arten von **Unternehmensverträgen** sind im AktG in der dargestellten Weise definiert. Wegen näherer Einzelheiten zum Inhalt und zur Ausgestaltung derartiger Verträge wird auf die Kommentare zu §§ 291, 292 AktG verwiesen. Die Definition der Vertragsformen ist allgemeingültig bei allen KapGes zugrunde zu legen (gem der BGH-Rspr gelten die aktienrecht- 12 lichen Regelungen auch für GmbH, s dazu *Gessler* in FS Goerdeler, 127), so dass in der GuV die Erträge aus derartigen Verträgen in gleicher Weise ausgewiesen werden. Nur eine solche Auslegung entspricht dem Sinn und Zweck des Sonderausweises nach § 277 Abs 3 S 2. Das gleiche gilt für Gewinnabführungen, die lediglich auf Grund einer **Satzung** oder eines **GesV** vorzunehmen sind.

Grds wird man bei diesen Vertragsformen davon ausgehen können, dass im Rahmen dieser Verträge auch Vereinbarungen über die Berechnungsgrundlagen für die Ermittlung des Gewinns getroffen werden können (*W. Müller* in FS Goerdeler, 385 ff).

Die Wirksamkeit von **Unternehmensverträgen** nach §§ 291 ff AktG ist von mehreren Voraussetzungen abhängig: Zunächst bedarf es häufig (Ausnahme § 293 b AktG) eines extern zu prüfenden „Berichtes über den Unternehmensvertrag". EAV-Vertrag und Prüfungsbericht sind der HV vorzulegen; die Zustimmung der HV der Tochter-KapGes erfordert eine Dreiviertel-Mehrheit. Handelt es sich bei dem Vertragspartner gleichfalls um eine AG/KGaA, ist auch die Zustimmung der HV des MU mit gleicher Mehrheit notwendig. Der UntVertrag wird nur wirksam, wenn er im HR der Tochter-KapGes eingetragen ist. Nach dem *BGH*-Beschluss vom 24. 10. 1988 (DB, 2623) gelten die Eintragungs-Voraussetzungen für GmbH analog und sogar rückwirkend für alle früher abgeschlossenen Verträge. – **Zu den steuerlichen** Voraussetzungen für das Wirksamwerden von EAV vgl § 14 KStG.

3. Ausgleichszahlung an Minderheiten

13 Die vom MU übernommenen Gewinne stimmen betragsmäßig zB (Anm 9) dann nicht mit den von der Tochter-KapGes erzielten Gewinnen überein, wenn an Letzterer Minderheits-Gester beteiligt sind, denen vertraglich ein angemessener Ausgleich zu zahlen ist (§ 304 AktG). Bei dieser Dividendengarantie ist von AG und KGaA § 158 Abs 2 AktG zu beachten (dazu Anm 26 bis 28). Bei GmbH kommt eine sinngemäße Anwendung dieser Vorschrift in Betracht (§ 265 Abs 5 und 6).

4. Verrechnungsverbot

14 Beim Ausweis der Aufwendungen und Erträge aus diesen UntVerträgen ist das Verrechnungsverbot zu beachten. Es ist unzulässig, die von einzelnen Tochter-KapGes erhaltenen Gewinne sowie die Erträge aus Verlustübernahme mit den von anderen KapGes übernommenen Verlusten oder den eigenen abgeführten Gewinnen zu verrechnen. Die Erträge und Aufwendungen dieser einzelnen Vertragsverhältnisse sind jeweils gesondert für sich zu betrachten, jedoch sind Ausgleichszahlungen an Minderheiten jeweils zu kürzen (Anm 27, 28). Es ist **nicht erforderlich,** die beteiligten Tochter-KapGes in der GuV aufzuführen; zur Angabe im Anhang s § 285 Anm 225 f.

15 Ferner ist es **nicht gestattet,** bei Bestehen eines Organschaftsverhältnisses nach §§ 14 ff KStG, bei dem der Organträger Steuerschuldner ist, den auf die Organ-KapGes entfallenden, *nicht weiterbelasteten* Steueranteil von dem von ihr abgeführten Gewinn abzusetzen. Entspr gilt für Verwaltungsaufwendungen des MU, die diese den Tochter-KapGes nicht weiterbelastet. Verpflichtet dagegen der Organträger die Organ-KapGes zur anteiligen Erstattung der von ihm geleisteten Steuer- und/oder Verwaltungsaufwendungen – nach dem *BGH*-U vom 22. 10. 1992 (DB 1993, 22) besteht für die Organ-KapGes eine Verpflichtung zur Erstattung der in ihrem Betrieb angefallenen GewSt an den Organträger –, belasten diese **Umlagen** die GuV der betreffenden Organ-KapGes und

mindern auf diese Weise deren abzuführenden Gewinn; hM s *ADS*[6] § 277 Anm 70. Zu den Steuerumlagen s § 275 Anm 255 ff.

5. Vertragsdauer

Für die Ermittlung und den Ausweis der Erträge aus Gewinngemeinschaften, Gewinnabführungsverträgen und Teilgewinnabführungsverträgen spielt für die HB die Dauer der Verträge keine Rolle, glA *ADS*[6] § 277 Anm 59. Zwar werden solche Verträge idR für mehrere Jahre abgeschlossen – zur Anerkennung eines Organschaftsverhältnisses nach KStG ist eine Mindestdauer von fünf Jahren vorgeschrieben (§ 14 Abs 1 Nr 3 KStG) –, doch sind handelsrechtlich auch Verträge über die Dauer nur eines (Rumpf-)Gj und sogar nur einmalige Übernahmen der Erträge zu berücksichtigen; bei Wechsel der Konzernzugehörigkeit sind uE auch steuerlich Ausnahmen von der Mindestdauer möglich. 16

Für den Fall der Beendigung eines Beherrschungsvertrags oder EAV enthält § 303 AktG Gläubigerschutzvorschriften. Diese gelten zunächst zwar nur für AG/KGaA, nach hM sinngemäß jedoch auch für GmbH (s hierzu zB *Zöllner* in Baumbach/Hueck[17] GmbHG Anm 28). Zugunsten der Gläubiger hat das MU auf Verlangen Sicherheiten zu leisten, wenn sich diese innerhalb von sechs Monaten nach Bekanntmachung der Eintragung der Beendigung des UntVertrags dort zu diesem Zweck melden.

6. Zeitpunkt der Vereinnahmung

Es besteht eine Ausweispflicht für *alle* dem MU bereits zugeflossenen Gewinne (und für übernommene Verluste). Bei noch nicht zugeflossenen Gewinnen ist der Zeitpunkt des Bilanzstichtags der Tochter-KapGes ausschlaggebend. Ein Gewinnverteilungsbeschluss ist nicht zwingend erforderlich, da der Gewinnanspruch des MU *auf Grund des Vertrags* schon mit dem Ende des Gj der abführenden KapGes entsteht. Erträge aus Gewinnabführungsverträgen sind daher ergebniswirksam stets zu vereinnahmen, wenn der Bilanzstichtag der abführenden KapGes *nicht nach* dem Bilanzstichtag des empfangenden MU liegt, zu den weiteren Voraussetzungen § 266 Anm 120; s auch § 275 Anm 177. 17

Endet das Gj der Tochter-KapGes erst *nach* dem Stichtag des MU dürfen die **Gewinne** aus diesem Gj nicht ausgewiesen werden; anderenfalls läge ein Verstoß gegen das Realisationsprinzip vor. Dagegen sind entspr dem Imparitätsprinzip **drohende Verlustübernahmen** des noch lfd, abw Gj bei dem MU zu passivieren, soweit bis zur Feststellung des JA des MU erkennbar ist, dass diese einen Verlust der Tochter-KapGes übernehmen muss. Die erforderlichen Aufwendungen sind unter Hinweis auf ihre Vorläufigkeit im Rahmen der Erl der Bilanzierungsmethode (§ 284 Abs 2 Nr 1) bereits zu diesem Zeitpunkt als Aufwendungen aus Verlustübernahme auszuweisen (so auch *ADS*[6] § 277 Anm 72, die jedoch den Ausweis unter den sonstigen betrieblichen Aufwendungen vorziehen, da als „Aufwand aus Verlustübernahme" nur tatsächlich getragene Verluste auszuweisen seien). Hat sich der erwartete Verlust im nachfolgenden Gj bei der Tochter-KapGes konkretisiert, ist ein evtl Spitzenbetrag als aperiodischer Aufwand/Ertrag ggf zusammen mit weiteren Verlustübernahmen im folgenden Gj zu erfassen. Dafür besteht uE (Anm 20) eine Erl-Pflicht nach § 277 Abs 4 S 3 im Anhang – bei kleinen KapGes freiwillig (§ 276 S 2). 18

7. Ausweis der Erträge im Gliederungsschema

Die Einordnung der Erträge eines MU aus Gewinngemeinschaften, aus Gewinnabführungsverträgen und aus Teilgewinnabführungsverträgen in das Gliederungsschema der GuV wird im HGB nicht festgelegt, Anm 7. 19

Das Erfordernis eines gesonderten Ausweises dieser Beteiligungserträge wird dadurch erfüllt, dass sie entspr § 265 Abs 5 S 2 in einen zusätzlichen Posten eingestellt werden (so auch *WPH*[12] I F 369). Es ist nicht erforderlich, für Erträge aus Gewinngemeinschaften, Gewinnabführungs- und Teilgewinnabführungsverträgen jeweils gesonderte Posten zu bilden (so auch *ADS*[6] § 277 Anm 66). Der notwendige Zusatzposten (Anm 7) sollte zwischen die Posten Nr 9 bis Nr 11 (Nr 8 bis Nr 10), möglichst nach Posten Nr 9 (Nr 8) des Gliederungsschemas, eingeordnet werden. Damit bliebe gewährleistet, dass entspr der Intention der 4. EG-Richtl das *Finanzergebnis* von den übrigen Aufwendungen und Erträgen abgegrenzt werden kann.

III. Aufwendungen aus Verlustübernahme

20 Aufwendungen aus Verlustübernahme sind die zu den Erträgen aus Gewinngemeinschaften, Gewinnabführungs- und Teilgewinnabführungsverträgen korrespondierenden Aufwendungen eines MU (Anm 19). Sie umfassen insb die bei Vorliegen eines (aktienrechtlichen) Gewinnabführungsvertrags gesetzlich zu übernehmenden Verluste nach §§ 302 und 324 AktG. Sie entsprechen dem „sonst entstehenden Jahresfehlbetrag" einer Tochter-KapGes. Zu den Aufwendungen aus Verlustübernahme zählen ggf auch die Aufwendungen für Dividendengarantien eines MU, sofern diese die von derselben Tochter-KapGes abgeführten Erträge übersteigen (dazu Anm 27).

21 Unter die „Verlustübernahmen" fallen grds auch alle weiteren Aufwendungen für Verluste, die das MU auf Grund sonstiger Verträge oder Vereinbarungen mit dem Ziel der Verlustfreistellung übernommen hat (ebenso *ADS*[6] § 277 Anm 62). Problematisch kann dagegen die Behandlung von freiwilligen Zuschüssen, Sonderprovisionen oder Forderungsverzichten zur Vermeidung einer sonst erforderlichen Verlustübernahme sein – insb dann, wenn ein unmittelbarer zeitlicher und sachlicher Zusammenhang zwischen Zuschussgewährung und dieser Verlustübernahme besteht. Da jedoch in diesen Fällen davon ausgegangen werden kann, dass in gewissen Grenzen Gestaltungsmöglichkeiten nicht auszuschließen sind und außerdem derartige Maßnahmen – sofern betragsmäßig von Gewicht – im ao Ergebnis auszuweisen sind, wird eine Korrektur des zu übernehmenden Ergebnisses grds nicht erforderlich sein.

22 Da die Aufwendungen aus Verlustübernahme inhaltlich keinem Posten des Gliederungsschemas sinnvoll zuzuordnen sind, ist für sie ein **gesonderter Posten** in die Gliederung der GuV einzufügen. Wie bei dem **Ausweis** von Erträgen aus Gewinngemeinschaften, Gewinnabführungsverträgen und Teilgewinnabführungsverträgen (Anm 19) empfiehlt es sich, diesen Posten im Rahmen des Finanzergebnisses, zB vor oder hinter Posten Nr 13 (Nr 12) „Zinsen und ähnliche Aufwendungen" auszuweisen, da sie das Betriebsergebnis nicht berühren (so auch *ADS*[6] § 277 Anm 65).

IV. Auf Grund einer Gewinngemeinschaft, eines Gewinnabführungs- oder eines Teilgewinnabführungsvertrags abgeführte Gewinne und Erträge aus Verlustübernahme

23 Für die Tochter-KapGes kommt bei Vorliegen solcher aktienrechtlicher UntVerträge (Anm 8 ff) – analog für GmbH – oder sonstiger freiwilliger Vereinbarungen je nach Vorzeichen des Saldos der **Ausweis** als „auf Grund einer Gewinngemeinschaft, eines Gewinnabführungs- oder eines Teilgewinnabführungsvertrags abgeführte Gewinne" oder als „Erträge aus Verlustübernahme" in

Betracht. Sowohl die an das MU abgeführten Gewinne als auch die Erträge aus der Verlustübernahme durch das MU stellen in Bezug auf den UntZweck keine in das Gliederungsschema passenden Aufwendungen bzw Erträge dar; ein Ausweis dieser Beträge als Unterposten eines vom HGB vorgesehenen Gliederungspostens der GuV ist daher nicht sinnvoll (Anm 7). Es bietet sich an, die Posten jeweils *unmittelbar vor* Posten Nr 20/19 einzufügen, denn ein darüber hinaus zu verwendender Jahresüberschuss/Jahresfehlbetrag kann bei diesen Verträgen nur selten vorkommen (insb bei nicht voll dotierter gesetzlicher Rücklage).

Die für eine **stille Beteiligung** iSv §§ 230 ff typische gewinnabhängige Vergütung wird als ein „auf Grund eines Teilgewinnabführungsvertrags abgeführter Gewinn" auszuweisen sein; dazu hier Anm 10 und § 275 Anm 207.

E. Außerordentliche Aufwendungen und Erträge (Abs 4 S 1 und 2)

Siehe die Erl zu § 275 Anm 215, 217 ff. Kleine KapGes/KapCoGes brauchen die Anhangangaben gem S 2 nicht zu machen, § 276 S 2. 24

F. Erläuterungspflicht über einem anderen Geschäftsjahr zuzurechnende Erträge und Aufwendungen (Abs 4 S 3)

Nicht dem Gj (Rumpf-Gj) zuzurechnende Erträge und Aufwendungen (sog *aperiodische Posten*) sind hinsichtlich ihres Betrags und ihrer Art im Anhang zu erläutern, soweit die ausgewiesenen Beträge für die Beurteilung der Ertragslage *nicht von untergeordneter* Bedeutung sind (Abs 4 S 3). Diese Angaben gem Abs 4 S 3 brauchen *kleine* KapGes/KapCoGes nicht zu machen (§ 276 S 2). 25

Aperiodische Aufwendungen und Erträge resultieren idR aus Fehleinschätzungen der Vergangenheit, die in der lfd Periode korrigiert werden. Zu diesen Erträgen und Aufwendungen, die nicht ao sind, zählen insb Zuschreibungen, Abschreibungsnachholungen, Erträge aus der Auflösung nicht mehr benötigter Rückstellungen, Buchgewinne und Buchverluste aus der Veräußerung von VG des Sachanlagevermögens, Steuererstattungen bzw -nachzahlungen. So ist zB der Ertrag aus einer Zuschreibung dem Gj zuzurechnen, in dem die überhöhte Abschreibung erfolgte. Die Auflösung einer Rückstellung ist immer dann periodenfremd, wenn sie auf ein werterhellendes Ereignis zurückgeht; dies gilt nicht, wenn ein wertbegründendes Ereignis ursächlich ist. Diese aperiodischen Erträge und Aufwendungen werden in der GuV unter dem sachlich zutreffenden Posten ausgewiesen – unabhängig davon, welcher Periode sie zuzurechnen sind.

Diese Erträge und Aufwendungen können – wenn wesentlich – nicht den Leistungen des Gj ursächlich zugerechnet werden; sie würden somit wegen ihres periodenfremden Charakters den Zeitvergleich der Ertragslage stören und möglicherweise zu falschen Schlüssen über die Ertragsentwicklung des Unt führen.

Die Erl-Pflicht gilt auch für solche aperiodischen Posten, die nicht ao iSv Abs 4 S 1 sind, zB für Steuernachzahlungen. Für wesentliche aperiodische Aufwendungen und Erträge, die gleichzeitig ao Natur sind, besteht nämlich eine Erl-Pflicht schon nach Abs 4 S 2. Wollte das HGB nur für derartige aperiodische Aufwendungen und Erträge eine Erl-Pflicht im Anhang schaffen, dann wäre Abs 4 S 3 überflüssig (s dazu *WPH*[12] I F 377). Wenn schon aperiodische

Aufwendungen und Erträge nicht allein wegen dieses Charakters als ao Aufwendungen oder Erträge auszuweisen sind, sollen sie wenigstens, soweit wesentlich, im Anhang erläutert werden.

Zum Begriff „Wesentlichkeit" s § 275 Anm 225. Viele der in der § 275 Anm 223 genannten als nicht zu den ao Posten gehörenden Sachverhalte sind aperiodisch.

Ab welcher Grenze die Erträge und Aufwendungen nicht von untergeordneter Bedeutung sind, wird in § 275 Anm 224ff erläutert. Strengere Anforderungen (so *ADS*[6] § 277 Anm 88, weil die ao Posten bereits gesondert in der GuV ausgewiesen sind, die periodenfremden Erträge und Aufwendungen aber als solche nicht erkennbar in den eingehenden GuV-Posten enthalten sind) als an die Erl der ao Erträge und ao Aufwendungen wird man nicht fordern können; oben Abs 1. In beiden Fällen geht es darum, die das „Geschäftsjahresergebnis" störenden Einflüsse für Beträge offen zu legen, die für die Beurteilung der Ertragslage nicht von untergeordneter Bedeutung sind.

G. Erläuterungen zu § 158 Abs 2 AktG (Ausgleichsleistungen)

26 Von dem Ertrag aus einem (Teil-)Gewinnabführungsvertrag ist ein vertraglich zu leistender Ausgleich für außenstehende Gester abzusetzen (§ 158 Abs 2 S 1 1. Halbsatz AktG). Für die Verrechnung einer solchen **Dividendengarantie** sind zwei Gestaltungsmöglichkeiten zu unterscheiden:

27 1. Der **Organträger** (MU) ist zur Zahlung der Dividende verpflichtet. Hier sind die von der betr Tochter-KapGes erhaltenen Erträge aus (Teil-)Gewinnabführungsverträgen (Anm 19) um diese Ausgleichszahlung zu kürzen (Anm 20). § 158 Abs 2 S 2 AktG legt ausdrücklich fest, dass andere Beträge nicht abgesetzt werden dürfen. Ist die Ausgleichszahlung höher als die vereinnahmten Erträge, muss der übersteigende Betrag beim MU unter den Aufwendungen aus Verlustübernahme ausgewiesen werden; § 158 Abs 2 S 1 2. Halbsatz AktG und hier Anm 20.

28 2. Die **Tochter-KapGes** ist zur Zahlung der Dividende verpflichtet. In diesem Fall hat sie nur den um die Ausgleichszahlung verminderten Gewinn an das MU abzuführen (Anm 23), das die Abführung als Erträge aus (Teil-)Gewinnabführungsverträgen erfasst (Anm 19). Reicht der Gewinn der Tochter-KapGes zum Ausgleich der Dividendenverpflichtung nicht aus, muss das MU den Unterschiedsbetrag übernehmen oder die Tochter-KapGes so stellen, dass sie die Dividende abführen kann.

In diesen Fällen sind diese Beträge als Ertrag (beim MU als Aufwand) aus Verlustübernahme auszuweisen, denn die Tochter-KapGes hat die Ausgleichszahlung als Verpflichtung zu passivieren. Der Aufwand für die Ausgleichszahlung ist – obwohl eine entspr gesetzliche Vorschrift fehlt – als *eigenständiger* Gliederungsposten vor Posten Nr 20/19 zu erfassen (so auch *ADS*[6] § 277 Anm 69). Die aktienrechtlichen Regelungen gelten für GmbH analog.

H. Rechtsfolgen einer Verletzung des § 277

29 S hierzu die Erl zu § 275 Anm 320ff.

§ 278 Steuern

[1]Die Steuern vom Einkommen und vom Ertrag sind auf der Grundlage des Beschlusses über die Verwendung des Ergebnisses zu berechnen; liegt ein solcher Beschluß im Zeitpunkt der Feststellung des Jahresabschlusses nicht vor, so ist vom Vorschlag über die Verwendung des Ergebnisses auszugehen. [2]Weicht der Beschluß über die Verwendung des Ergebnisses vom Vorschlag ab, so braucht der Jahresabschluß nicht geändert zu werden.

Übersicht

Schrifttum: *Hommelhoff* Die Ergebnisverwendung in der GmbH nach dem Bilanzrichtliniengesetz, ZGR 1986, 418; *Siegel* Gewinnverwendungsvorschlag und Körperschaftsteueraufwand in der Aktiengesellschaft, DB 1990, 1980; *Sender* Jahresabschluss der GmbH und Berechnung des Körperschaftsteueraufwands, BB 1990, 2799; *IDW sfH*

2001/9 Auswirkungen des Steuersenkungsgesetzes auf den handelsrechtlichen Jahresabschluß FN IDW 2001, 688; *Bischof* Erfassung der ausschüttungsbedingten Änderung des Körperschaftsteueraufwands nach Handelsrecht und nach International Accounting Standarts im Lichte der §§ 37 und 38 KStG, DB 2002, 1565.

A. Allgemeines

1 Der **Ausweis des Steueraufwands** in der GuV richtet sich nach § 275. Dort sind gesonderte Hauptposten für die „Steuern vom Einkommen und Ertrag" (KSt, GewESt) und für die „sonstigen Steuern" vorgesehen. Im Gesamtkostenverfahren nach § 275 Abs 2 sind das die Posten 18 und 19, erläutert zu § 275 in Anm 238 bis 246 und in Anm 248 bis 251. Im Umsatzkostenverfahren gem § 275 Abs 3 sind es die Posten 17 und 18; sie haben *regelmäßig* den gleichen Inhalt; s aber § 275 Anm 309.

2 § 278 regelt lediglich, welche **Annahmen** hinsichtlich der **Ergebnisverwendung** bei der **Berechnung der Steuern vom Einkommen und vom Ertrag** (Anm 1) zu machen sind. In der Überschrift wird dieser eingeschränkte Regelungsinhalt des § 278 nicht genügend deutlich erkennbar.

3 Für **Kapitalgesellschaften** ist in § 268 Abs 1 bestimmt, dass die Bilanz auch nach teilweiser oder vollständiger Gewinnverwendung aufgestellt werden darf; dazu § 268 Anm 1 ff und die Erl zu § 270 Abs 2. Für nach dem 1. 1. 2001 gegründete Gesellschaften ist § 278 ohne Bedeutung.

5 Diese Regelung zur Gewinnverwendung in § 278 gilt nach § 5 Abs 1 PublG auch bei dem PublG unterliegenden Unt. Für **große Einzelkaufleute** und **reine Personengesellschaften** hebt § 5 Abs 5 S 1 PublG für die Aufstellung ihrer GuV die Bindung an das Gliederungsschema des § 275 wieder auf. Außerdem ist für sie bei der **Offenlegung** der GuV eine Beschränkung auf bestimmte Angaben in einer „Anlage zur Bilanz" zugelassen (§ 5 Abs 5 S 3 PublG).

§ 278 beschränkt sich hier auf die GewESt, da die ESt der Gester in der Bilanz der PersGes nicht bilanziert wird. Für die GewESt ist § 278 jedoch ohne Auswirkung; s Anm 25.

6 Für eG, Banken und Versicherer gilt § 278 ebenfalls (§§ 336 Abs 2, 340 a Abs 1, 341 a Abs 1).

7 Die Worte „Verwendung des *Ergebnisses*" schließen eine *Verlust*-(„Fehlbetrags"-)Verwendung ein; dazu § 268 Anm 8. Das GmbHG spricht gleichfalls von Ergebnisverwendung (§§ 42 a Abs 2, 46 Nr 2), während das AktG nur den Begriff „Verwendung des Bilanzgewinns" (§§ 174, 175) benutzt.

B. Inhalt des § 278

11 § 278 legt fest:

a) **Liegt** ein **Beschluss** über die Gewinnverwendung bereits vor, ist dieser für die Berechnung der E+E-Steuern maßgebend (S 1 1. Halbsatz).

b) **Liegt** dieser **Beschluss noch nicht vor,** ist von dem Vorschlag des Geschäftsführungsorgans auszugehen (S 1 2. Halbsatz).

Eine spätere abw Beschlussfassung des für die Gewinnverwendung zuständigen Organs braucht nicht mehr im JA berücksichtigt zu werden; sie kann es aber (S 2 und Anm 26).

12 Als **maßgebenden Zeitpunkt** für die Berechnungsgrundlage (Beschluss oder Vorschlag) sieht § 278 den Zeitpunkt der **Feststellung** des JA an.

Bei **GmbH** (und großen PersGes) fallen regelmäßig die Feststellung des JA und der Gewinnverwendungsbeschluss zeitlich zusammen (§ 46 Nr 1 GmbHG). Jedoch lässt § 29 Abs 1 und 4 GmbHG vorherige Absprachen zwischen den Gestern zu; hierzu auch Vor § 325 Anm 121 ff.

Bei **AG** wird im Regelfall der JA durch gemeinsamen Beschluss von Vorstand und AR festgestellt und nur in Sonderfällen durch die HV (§ 172 Abs 1 AktG). Bei **KGaA** ist wiederum für die Feststellung allein die HV zuständig (§ 286 Abs 1 AktG).

In der Praxis wird bereits bei **Aufstellung** des JA und Vorlage an den AP eine 13
mögliche Gewinnverwendung bei der Berechnung der E+E-Steuern zugrundegelegt und gegen Ende der JAP erneut ihre „Realität" überdacht.

Es wird daher davon auszugehen sein, dass fast immer die Gewinnverwendungsvorschläge im Zeitpunkt des Endes der JAP und im späteren Zeitpunkt der **Feststellung des Jahresabschlusses** identisch sind und somit für die Berechnung der E+E-Steuern maßgebend bleiben. Das gilt grds auch für Banken, VersicherungsUnt und eG. Vgl aber Anm 15. Hierfür spricht außerdem Folgendes:

Bei **GmbH** ist eine Bindung der GesV an den aufgestellten JA nicht vorgesehen 14
(*ADS*[6] § 278 Anm 20, *Schulze-Osterloh* in Baumbach/Hueck GmbHG[17] § 42 a Anm 16). Deshalb darf hier auf den Verwendungsvorschlag der Geschäftsführung abgestellt werden, soweit dieser die Vorschriften des GesVertrags sowie die Regeln des § 29 GmbHG beachtet. Auf diesen Gewinnverwendungsvorschlag der Geschäftsführung kann nicht verzichtet werden; anderenfalls kann die KSt nicht gem § 278 berechnet werden; s Anm 21; s *ADS*[6] § 278 Anm 23 ff.

Bei **AG** ist die HV an den aufgestellten JA nicht nur für den Regelfall der Feststellung durch Vorstand und AR, sondern auch im Sonderfall der Feststellung des JA durch sie selbst hinsichtlich der Gewinn-Verwendung gebunden (s zB *Hüffer*[5] AktG § 174 Anm 3; *ADS*[6] § 278 Anm 19).

Bei AG und KGaA ist – auch wegen der Rechte von Vorstand und AR gem § 58 Abs 2 und 2 a AktG – die GuV um eine **Gewinnverwendungsrechnung** gem § 158 Abs 1 AktG nach dem Jahresüberschuss (durch Entnahmen aus Gewinnrücklagen und aus der Kapitalrücklage sowie durch Einstellung in Gewinnrücklagen) bis zum Bilanzgewinn fortzuführen.

Wird ausnahmsweise in der Feststellungssitzung des AR (oder anlässlich der 15
Feststellung durch die GesV/HV) das Zahlenwerk des JA einer AG oder GmbH geändert, muss eine **Nachtragsprüfung** gem § 316 Abs 3 stattfinden, die oft auch andere Posten sowie die Höhe der E+E-Steuern (und ggf auch die Angaben im Anhang nach § 285 Nrn 5 und 6) verändert. Zur Nachtragsprüfung § 316 Anm 42 ff und hier Anm 26.

C. Berechnungsgrundlagen für die Gewinnsteuern (S 1)

S 1 trug in erster Linie den bei kalenderjahrgleichem Wj bis zum 31. 12. 2000 19
gültigen Vorschriften der §§ 27 bis 29 KStG aF über die **Ausschüttungsbe- oder entlastung** und dem durch sie beeinflussten **Solidaritätszuschlag** Rechnung (vgl hierzu Vorauflage).

Nach § 23 Abs 1 KStG beträgt die KSt einheitlich 25% (VZ 2003 nach § 34 20
Abs 11 a KStG 26,5%) des zu versteuernden Einkommens. Minderungen oder Erhöhungen können sich nur noch während des **18-jährigen Übergangszeitraums** (§ 37 Abs 2 S 2 und § 38 Abs 2 S 3 KStG) durch Verwendung des nach § 37 Abs 1 KStG ermittelten KSt-Guthabens bzw durch Verwendung eines aus dem Teilbetrag iSd § 30 Abs 2 Nr 2 KStG aF (EK_{02}) gebildeten Endbetrags iSd § 36 Abs 7 KStG ergeben. Diese nach § 37 Abs. 2 a begrenzten Min-

derungen bzw Erhöhungen treten dabei jeweils für den Veranlagungszeitraum ein, *in dem* das Wj endet, in dem die Ausschüttung erfolgt. Im Gegensatz zum Anrechnungsverfahren findet unter Geltung des neuen Rechts somit keine Änderung der KSt des Jahres statt, *für das* die Ausschüttung erfolgt. Ungeachtet dessen wird es weiterhin für zulässig erachtet, die Steueränderung handelsrechtlich in dem Abschluss zu berücksichtigen, an dessen Ergebnis sie anknüpft (*IDW sfH 2001/9* FN IDW 2001, 688f; *HFA* FN IDW 2003, 22; aA unter Verweis auf § 252 Abs 1 Nr 4 *Bott* in Körperschaftsteuergesetz (Loseblatt), hrsg von Arthur Andersen, Bonn § 37 nF Anm 98).

21 UE spricht einiges für diese Ansicht, denn selbst wenn die KSt-Minderung erst mit Beschlussfassung und Abfluss rechtlich entsteht, kommt auch nach dem Realisationsprinzip eine Aktivierung des KSt-Minderungsanspruchs erst dann in Betracht, wenn die Forderung wirtschaftlich verursacht und ihre rechtliche Entstehung sicher oder so gut wie sicher ist (*ADS*[6] § 246 Anm 180). Im vergleichbaren Fall der phasengleichen Gewinnvereinnahmung kann zB ein MU unter bestimmten Voraussetzungen einen rechtlich noch nicht entstandenen Gewinnanspruch gegen ihr TU aktivieren, obgleich dieser nicht rückwirkend, sondern erst mit Fassung des Gewinnverteilungsbeschlusses rechtlich entsteht (*ADS*[6] § 246 Anm 214). Voraussetzung für eine Berücksichtigung der KSt-Minderung wäre mithin das Vorliegen einer vergleichbaren Sicherheit für die Entstehung der KSt-Minderung in Form eines entspr Gewinnverwendungsvorschlags. § 278 vermag dabei die Unsicherheit, ob der Gewinnverwendungsvorschlag später auch tatsächlich in einem gleichlautenden Gewinnverwendungsbeschluss umgesetzt wird, überwinden. Diese Unsicherheit und die Problematik der Rückbeziehung des Gewinnverwendungsbeschlusses auf den vorangegangenen Abschlussstichtag waren auch unter Geltung des Anrechnungsverfahrens vorhanden und fallen daher in den Geltungsbereich des § 278. Der Umstand, dass es steuerrechtlich nach neuem Recht keine Rückbeziehung in diesem Sinne mehr gibt, vermag daran nichts ändern. Da aber der Ursachenzusammenhang zwischen Gewinnerzielung und -verwendung weiterhin auf das abgelaufene Gj verweist, ist die KSt-Änderung handelsrechtlich auch in diesem Abschluss zu berücksichtigen. Im Gegensatz zum alten Recht ist die KSt-Änderung dann jedoch nicht mehr ein Steueraufwand/-ertrag des lfd Jahres sondern ein periodenfremder KSt-Aufwand/Ertrag, der allerdings weiterhin unter den „Steuern vom Einkommen und Ertrag" auszuweisen ist. Soweit der nicht dem lfd Jahr zuzuordnende KSt-Aufwand/Ertrag für die Beurteilung der Ertragslage nicht von untergeordneter Bedeutung ist, besteht gem § 277 Abs 4 S 3 eine Verpflichtung, ihn hinsichtlich Art und Höhe im Anhang zu erläutern (s § 275 Anm 254; aA *Oser/Bischof* in HdR[5] § 278 Anm. 7). Für kleine KapGes entfällt diese Verpflichtung (§ 276 S 2). Die KSt-Minderung ist unter dem Posten „sonstige Vermögensgegenstände" (§ 266 Abs 2 B II 4) auszuweisen, da die KSt-Minderung nicht mehr – wie unter Geltung des alten Rechtes – für den VZ erfolgt, für den die Ausschüttung erfolgt und eine Saldierung mit der entspr Rückstellung daher unzulässig ist. Da es sich um einen am Abschlussstichtag rechtlich noch nicht entstandenen Anspruch handelt, besteht bei größerem Umfang Pflicht zur Anhangsangabe nach § 268 Abs 4 S 2. KSt-Erhöhungen sind nach wie vor unter dem Posten „Steuerrückstellungen" (§ 266 Abs 3 B 2) auszuweisen (glA *Oser/Bischof* in HdR[5] § 278 Anm 7). Im Anhang sollte hierauf nach § 284 Abs 2 Nr 1 hingewiesen werden, da die KSt-Erhöhung für das Jahr der Ausschüttung erfolgt und die Rückstellung somit nicht die für das abgelaufene Wj voraussichtlich zu veranlagende KSt widerspiegelt.

22 Die Berücksichtigung einer möglichen **Minderung des Solidaritätszuschlags** auf die KSt des Veranlagungszeitraums, in dem die Ausschüttung erfolgt,

darf im Gegensatz zur KSt-Minderung uE im abgelaufenen Jahr noch nicht erfolgen. Die Solidaritätszuschlag-Minderung setzt nämlich über § 3 Abs 1 Nr 1 SolZG voraus, dass in dem Veranlagungszeitraum, in dem ausgeschüttet wird, eine positive KSt in mind der Höhe der KSt-Minderung eintritt. Dies ist jedoch noch unsicher und nicht hinreichend konkretisiert. Demgegenüber führt eine KSt-Erhöhung unabhängig vom zu versteuernden Einkommen stets zu einer Solidaritätszuschlag-Erhöhung des Veranlagungszeitraums, in dem die Ausschüttung erfolgt. Da diese Solidaritätszuschlag-Erhöhung ebenso sicher wie die zugrunde liegende KSt-Erhöhung ist, ist eine Solidaritätszuschlag-Erhöhung zusammen mit der KSt-Erhöhung bereits im abgelaufenen Jahr zu passivieren.

Die Frage nach der **Behandlung in der Steuerbilanz** ist davon abhängig, 23
ob angesichts der handelsrechtlichen Aktivierungs-/Passivierungspflicht der Maßgeblichkeitsgrundsatz des § 5 Abs 1 S 1 KStG gilt, oder ob die Vorschriften der §§ 37 Abs 2 S 2 und 38 Abs 2 S 1 KStG als steuerrechtliche Sonderregelungen anzusehen sind. Ebenso wie der *BFH* der phasengleichen Gewinnvereinnahmung steuerrechtlich die Anerkennung versagt hat (*BFH* 7. 8. 2000, BStBl II, 632), vertritt die FinVerw zum neuen Recht die Auffassung, dass das Anknüpfen an eine Ausschüttung rein technischer Natur ist und keinen Einfluss mehr auf die Höhe der KSt des Jahres hat, für das ausgeschüttet wird (*BMF* 16. 5. 2002 BB, 1417). Eine Erfassung im Abschluss des Wj, für das die Ausschüttung erfolgt, wäre demnach für steuerrechtliche Zwecke unzulässig. Die KSt-Änderung verändert somit nicht das steuerrechtliche Betriebsvermögen und auch nicht das steuerrechtliche Rücklagenvolumen zum Ende des Vj, welches zur Finanzierung von Ausschüttungen zur Verfügung steht. Dies kann insb für die anhand einer Differenzrechnung zu beantwortende Frage, ob EK_{02} als für die Ausschüttung verwendet gilt, von Bedeutung sein (§ 38 Abs 1 S 4, 5 iVm § 27 Abs 1 S 4 KStG). Steuerrechtlich ist die KSt-Änderung somit erst im Jahr des Abflusses zu erfassen und wird dort Teil des neutralen Vermögens.

Spätestens mit Ablauf des Veranlagungszeitraums, in dem das 18. Wj endet, das auf das Wj folgt, auf dessen Schluss nach § 37 Abs 1 KStG das KSt-Guthaben ermittelt wird, verliert § 278 seine Bedeutung, denn nach Ablauf des Übergangszeitraums kann es nicht mehr zu einer KSt-Änderung kommen. Dies ist bei kalenderjahrgleichem Wj spätestens das Wj 2019, ansonsten das Wj 2019/20. Für die Dauer dieses Übergangszeitraums ergibt sich bei Berücksichtigung der KSt-Änderung in der HB aufgrund deren steuerrechtlichen Nichtberücksichtigung eine Abweichung von der Steuerbilanz. Für nach dem 1. 1. 2001 gegründete Ges ist § 278 ohne Bedeutung s Anm 3.

Evtl anrechenbare ausländische Gewinnsteuern sowie inländische und auslän- 24
dische **Quellensteuern** sind weiterhin insoweit als Vorauszahlungen auf die KSt zu behandeln, als sie nach dem KStG oder EStG berücksichtigungs- oder erstattungsfähig sind.

Für die **Gewerbeertragsteuer** ist § 278 stets ohne Belang, da ihre Höhe 25
ausschüttungsunabhängig ist.

D. Abweichung des Beschlusses über die Ergebnisverwendung vom Ergebnisverwendungsvorschlag (S 2)

In diesen Fällen steht eine Änderung des JA im Ermessen der Organe der 26
GmbH (S 2). Für **AG/KGaA** geht die zwingende Vorschrift des § 174 Abs 3 AktG vor (*ADS*[6] § 278 Anm 26, 32).

Wird der Abschluss nach S 2 geändert, muss bei GmbH eine **Nachtragsprüfung** nach § 316 Abs 3 stattfinden. Daher wird diese nachträgliche Änderung wie bisher selten sein.

Aus § 173 Abs 3 AktG ergibt sich ferner, dass bei einer Änderung des (gesetzlich geprüften) JA einer **AG** im seltenen Fall seiner Feststellung durch die HV sowie bei Feststellung des JA durch die HV einer KGaA (§ 286 Abs 1 AktG) auch der sich anschließende Ergebnisverwendungsbeschluss schwebend unwirksam ist, solange nicht innerhalb von zwei Wochen ein hinsichtlich der Änderungen uneingeschränkter neuer BVm erteilt worden ist. Auch bei freiwilligen Prüfungen von kleinen AG/KGaA sollte der AP dann die Änderungen und auch das folgende Schema kontrollieren. Zu weiteren Einzelheiten s Vor § 325 Anm 80 bis 85.

27 Bei AG und KGaA ist, falls der JA **nicht** geändert wird, die Abweichung vom Ergebnisverwendungsvorschlag durch Vorstand und AR im Folgenden, durch § 174 Abs 2 AktG der HV vorgegebenen – nach hM (s *ADS*[6] § 278 Anm 29, *Hüffer*[5] § 174 Anm 5, 6) aber erweiterungsfähigen – Schema zu dokumentieren:

	€	€
1. Bilanzgewinn		......
2. an die Aktionäre auszuschüttender Betrag	......	
3. in die Gewinnrücklagen einzustellende Beträge	......	
4. Gewinnvortrag	......	
5. zusätzlicher Aufwand auf Grund des Beschlusses	......	......

Posten 1 umfasst auch einen Gewinnvortrag aus dem Vj (§ 158 Abs 1 AktG); Posten 4 meint den Vortrag auf das nächste Jahr. Die Posten 2 und 3 müssen ggf aufgegliedert werden (Stammaktien und Vorzugsaktien, alte und junge Aktien; Einstellungen in mehrere Gewinnrücklagen usw). Der zusätzliche Aufwand kann in Ausnahmefällen ein zusätzlicher Ertrag sein. Der **zusätzliche Aufwand** (Posten 5) enthält in der Hauptsache den KSt-Unterschied (nebst Solidaritätszuschlag), aber auch andere vom Bilanzgewinn abhängige Posten, insb Tantiemen.

Soweit sich unter Geltung des Anrechnungsverfahrens ein zusätzlicher Ertrag auf Grund zusätzlicher Thesaurierung (zB durch Weniger-Ausschüttung von $EK_{02,\ 03}$) ergab, sollte dieser Ertrag (oder besser diese Steuerminderung) dem Gewinnvortrag (Posten 4) oder den durch Beschluss der HV zusätzlich gebildeten Rücklagen zugeordnet werden HFA 2/1977 idF 1990. Während des 18-jährigen Übergangszeitraums kann ein solcher Ertrag auf Grund zusätzlicher Thesaurierung durch Weniger-Ausschüttung eines aus dem Teilbetrag iSd § 30 Abs 2 Nr 2 KStG aF (EK_{02}) gebildeten Endbetrags iSd § 36 Abs 7 KStG entstehen. UE stellt die dargestellte Vorgehensweise einen Verstoß gegen das Vollständigkeitsprinzip des § 246 Abs 1 S 1 dar, da sie zu einem in der Totalperiode zu hohen Steueraufwand führt. Während des Übergangszeitraums würde diese Vorgehensweise überdies zu dem Ergebnis führen, dass der der KSt des Wj, *in dem* die Ausschüttung erfolgt, zuzuordnende Ertrag dem Gewinnvortrag oder den durch die HV zusätzlich gebildeten Rücklagen zum Schluss des Vj zugeordnet würde.

Resultiert die Steuerminderung aus einem zusätzlichen Verbrauch von KSt-Guthaben, würde eine zusätzliche Ausschüttung des Minderungsbetrags gegen § 57 Abs 3 AktG verstoßen, wonach vor Auflösung der AG/KGaA nur der Bilanzgewinn unter die Aktionäre verteilt werden darf. Der zusätzliche Ertrag darf aber auch nicht den Gewinnvortrag (Posten 4) erhöhen, weil dieser Ertrag nicht gesetzlicher Bestandteil der Gewinnverteilung ist (glA *ADS*[6] § 278 Anm 31). Der zusätzliche Aufwand oder Ertrag aufgrund des Beschlusses muss daher uE in jedem Fall zwingend über die GuV erfolgen (aA *ADS*[6] § 174 AktG Anm 45, die, der hM folgend, einem zusätzlichen Aufwand erfolgsneutral mit den Gewinnrücklagen oder dem Gewinnvortrag verrechnen wollen).

Wir halten eine dem Schema des § 174 Abs 2 AktG entspr Handhabung auch bei der **GmbH** für geboten, da hier gleichfalls ein zusätzlicher Aufwand das Ausschüttungspotential nach § 29 Abs 1 GmbHG verkürzt (soweit hM). Ein zusätzlicher Ertrag kann durch (die hier zulässige) Änderung des JA (Anm 26) dann noch im alten Gj berücksichtigt werden (glA *ADS*[6] § 278 Anm 32). Wird der JA von GmbH nicht geändert, sei nach *ADS*[6] (aaO) wie bei AG zu verfahren, also ein zusätzlicher Aufwand zB in den Gewinnvortrag zum nächsten Gj einzubeziehen (Anm 27). Wir meinen, dass in diesem Fall sowohl ein zusätzlicher Aufwand als auch ein zusätzlicher Ertrag in der GuV des Jahres gezeigt werden muß, *in dem* die Ausschüttung erfolgt. 28

E. Nachträgliche Änderung des Gewinnverwendungsbeschlusses

Bei **AG/KGaA** ist nach beschlossener Gewinnverwendung eine ergebnismindernde Bilanzänderung regelmäßig nur zulässig, wenn durch Verwendung des Gewinnvortrags oder Auflösung der offenen Rücklagen der an die Aktionäre auszuschüttende Betrag unverändert bleibt (*ADS*[6] § 172 AktG Anm 34b, 63f). Bei **GmbH** ist eine Bilanzänderung auch mit gewinnmindernder Wirkung nach einer Ausschüttung zulässig, sofern alle Gester auf die bisher erhaltenen Gewinne ganz oder teilweise verzichten (*ADS*[6] § 42a GmbHG Anm 51 mwN, ausführlicher *Schulze-Osterloh* in Baumbach/Hueck GmbHG[17] § 42 Anm 466ff – auch für Nichtigkeit und zu Berichtigungen). Bei **PersGes** darf eine solche Bilanzänderung auch dann vorgenommen werden, wenn zwar nicht alle Gester zustimmen, aber die zustimmungswilligen Gester bereit sind, die Gewinnkürzung allein zu übernehmen (ähnlich für GmbH *Schulze-Osterloh* in Baumbach/Hueck GmbHG[17] § 42 Anm 468). 30

Ansprüche Dritter, die an Beiträgen des JA anknüpfen, stehen einer Bilanzänderung nicht entgegen, wenn sie in dem geänderten JA in der sich aus dem ursprünglichen JA ergebenden Höhe berücksichtigt werden. Denn auch aus wichtigem Grund ist eine Änderung dann unzulässig, wenn sie in bestehende Rechte der Gester oder Dritter, zB Gewinn- oder Tantiemeansprüche, eingreift (*ADS*[6] § 172 AktG Anm 63f; *Schulze-Osterloh* in Baumbach/Hueck GmbHG[17] § 42 Anm 468).

F. Wirkung des Beschlusses über die Ergebnisverwendung

I. Körperschaftsteuer

Für die KSt wirkte der **Ausschüttungsbeschluss** unter Geltung des Anrechnungsverfahrens **zurück,** indem die durch ihn bewirkte KSt-Minderung oder -Erhöhung (nebst Solidaritätszuschlag) gesetzlich bereits *für* den Veranlagungszeitraum eintrat, in dem das Wj endete, für das die Ausschüttung erfolgte (§ 27 Abs 3 KStG aF). Abschlagsdividenden führten erst im Folgejahr zur Herstellung der Ausschüttungsbe- oder -entlastung (*BFH* 22. 10. 1998, DStR 1999, 320). 31

Besonderheiten ergaben sich in den Fällen, in denen eine **Ausschüttung verspätet** erfolgte. Für die HB hat eine Überschreitung der gesetzlich vorgesehenen Fristen über die Ergebnisverwendung (§§ 175 Abs 1 AktG, 42a Abs 2 32

GmbHG) nicht die rechtliche Unwirksamkeit des Verwendungsbeschlusses zur Folge, nicht einmal seine Anfechtbarkeit (*ADS*[6] § 175 AktG Anm 11; *Schulze-Osterloh* in Baumbach/Hueck GmbHG[17] § 42a Anm 41f). Außerdem sei darauf hingewiesen, dass gesetzliche Fristen im HGB (§§ 243 Abs 3, 264 Abs 1) für die Aufstellung des JA vorgesehen sind und in den Spezialgesetzen auch für den Gewinnverwendungsbeschluss (§§ 175 Abs 1 AktG, 42a Abs 2 GmbHG, 48 Abs 1 GenG). Außerdem begrenzen die Offenlegungsfristen gem §§ 325 diesen Spielraum insoweit, dass dann fristgerecht der Gewinnverwendungsvorschlag zu publizieren ist (§ 325 Abs 1 S 3).

33 Auch steuerrechtlich konnte eine Gewinnausschüttung noch längere Zeit nach Ende des Wj, dessen Gewinn ausgeschüttet wurde, beschlossen werden (*BFH* 11. 4. 1990, BStBl II, 998), da unter Geltung des Anrechnungsverfahrens jeder mit 40% belastete Gewinn die Möglichkeit der Steuerminderung in sich trug, gleichgültig zu welchem Zeitpunkt die Ausschüttung erfolgte (*Streck*[6] § 27 aF Anm 29).

34 Die **Rückbeziehung** auf das Wj, für das die Ausschüttung beschlossen wurde, wirkte nach dem insofern eindeutigen Gesetzeswortlaut (§ 28 Abs 2 KStG aF) jedoch **nur zeitlich.** Das Ausmaß der Steuerbe- oder -entlastung bestimmte sich hingegen nach dem vorhandenen vEK zum Schluss des letzten vor dem Gewinnausschüttungsbeschluss liegenden Wj (kritisch dazu *Streck*[6] § 28 aF Anm 4).

35 Im Zuge des **körperschaftsteuerrechtlichen Systemwechsels** wurde gem § 37 Abs 1 S 1 KStG das KSt-Guthaben auf Grundlage der gem § 36 KStG aF festgestellten Endbestände ermittelt. Dieses KSt-Guthaben mindert sich innerhalb des 18-jährigen Übergangszeitraums um jeweils 1/6 der Gewinnausschüttung. Eine KSt-Minderung wird allerdings nur für Gewinnausschüttungen gewährt, die auf einem den gesrechtlichen Vorschriften entspr Gewinnverteilungsbeschluss beruhen (§ 37 Abs 2 S 1); für verdeckte Gewinnausschüttungen wird somit kein KSt-Guthaben verwendet (kritisch dazu *Hey* in HHR KStG vor § 36 nF Anm R 31; *Dötsch* in Dötsch/Eversberg/Jost/Witt § 37 KStG nF Anm 4, 14ff mit weiteren Beispielen).

36 Im Rahmen des mit dem Steuervergünstigungsabbaugesetzes vom 16. 5. 2003 (BGBl. I 660) eingeführten Moratoriums wurde die KSt-Minderung der Höhe nach begrenzt: Für Gewinnausschüttungen, die nach dem 22. 11. 2002 beschlossen wurden und zwischen dem 11. 4. 2003 und dem 31. 12. 2005 erfolgen, gibt es keine KSt-Minderung. Insoweit ist § 278 S 1 während der Geltung des Moratoriums wirkungslos. Bei Gewinnausschüttungen, die nach dem 31. 12. 2005 und vor Ablauf des Übergangszeitraums erfolgen, ist die KSt-Minderung für das Wj der Ausschüttung auf den Betrag begrenzt, der sich bei einer gleichmäßigen Verteilung des auf den Schluss des der Ausschüttung vorangehenden Wj festgestellten KSt-Guthabens über den verbleibenden Übergangszeitraum einschließlich des Wj der Ausschüttung ergibt (§§ 37 Abs 2a iVm § 34 Abs 13b KStG; (*Dötsch* in Dötsch/Eversberg/Jost/Witt § 37 KStG nF Anm 50ff). Zum Ausgleich für das 3-jährige Moratorium wurde der Übergangszeitraum von 15 auf 18 Jahre verlängert

37 Das KSt-Guthaben ist während des Übergangszeitraums zum Schluss eines jeden Wj fortzuschreiben und gesondert festzustellen (§ 38 Abs 2 S 4 KStG). Die letztmalige Feststellung erfolgt auf den Schluss des 17. Wj das auf das Wj folgt, auf den das KSt-Guthaben nach § 37 Abs 1 KStG ermittelt wird und somit bei kalenderjahrgleichem Wj auf den 31. 12. 2018.

38 Ein positiver, aus dem EK_{02} gebildeter Endbetrag iSd § 36 Abs 7 KStG, ist ebenfalls während des Übergangszeitraums auf den Schluss eines jeden Wj fortzuschreiben und gesondert festzustellen. Er gilt als verwendet und ist entspr zu vermindern, soweit die Summe der im Wj erbrachten Leistungen den um den fortgeschriebenen Bestand an EK_{02} verminderten ausschüttbaren Gewinn iSd § 27 KStG übersteigt (§ 38 Abs 1 S 4 KStG). Maßgebend sind dabei stets die Bestände zum Schluss des vorangegangenen Wj.

Soweit das festgestellte KSt-Guthaben verwendet wird, mindert sich die KSt um diesen Betrag. Bei einer Verwendung von EK_{02} erhöht sich die KSt um $^3/_7$ des Teils der Leistung, für den EK_{02} als verwendet gilt. Im Gegensatz zum Anrechnungsverfahren, bei dem die KSt-Änderung für den VZ eintrat, *für* den die Ausschüttung erfolgte, tritt die KSt-Änderung unter Geltung des Halbeinkünfteverfahrens jeweils für den Veranlagungszeitraum ein, in dem das Wj endet, *in* dem die Ausschüttung erfolgt (§ 37 Abs 2 S 2 KStG, § 38 Abs 2 S 1 KStG nF; s auch Anm 20). Es findet mithin unter Geltung des neuen Rechts keine Rückwirkung mehr für das Jahr statt, für das die Ausschüttung erfolgt. Da eine KSt-Minderung bei kalenderjahrgleichem Wj die zum 31. 12. 2001 erfolgende Feststellung des KSt-Guthabens voraussetzt, ist diese grds erstmals im Veranlagungszeitraum 2002 für ordentliche Gewinnausschüttungen für 2001 möglich. Abweichend hiervon kann sich eine Erhöhung der KSt erstmals im Veranlagungszeitraum 2001 ergeben, da § 38 Abs 2 S 1 KStG nicht an die Feststellung des KSt-Guthabens, sondern an die bei kalenderjahrgleichem Wj zum 31. 12. 2000 erfolgende Feststellung der zusammengefassten EK-Töpfe anknüpft (*Dötsch* in Dötsch/Eversberg/Jost/Witt § 38 KStG nF Anm 43). 39

Nach Ablauf des Veranlagungszeitraums, in dem das 18. Wj endet, das auf das Wj folgt, auf dessen Schluss nach § 37 Abs 1 KStG das KSt-Guthaben ermittelt wird, kann es nicht mehr zu einer KSt-Änderung kommen. Dies ist bei kalenderjahrgleichem Wj das Wj 2019 ansonsten das Wj 20196/20. Die Rücklagen, die dem zu diesem Zeitpunkt nicht verbrauchten KSt-Guthaben entsprechen bzw der zu diesem Zeitpunkt nicht verbrauchte Bestand an EK_{02} wachsen mit Ablauf des Übergangszeitraums dem sog neutralen Vermögen zu (*Dötsch* in Dötsch/Eversberg/Jost/Witt § 37 KStG nF Anm 45, § 38 KStG nF Anm 46). 40

II. Gewerbeertragsteuer

Die Höhe dieser Steuer ist nicht von einer Ausschüttung abhängig, sondern nur von dem aus HB und Steuerbilanz abgeleiteten Gewerbeertrag (Anm 24). 42

G. Exkurs 1: Verdeckte Gewinnausschüttungen

Schrifttum: *Wassermeyer* Die Auswirkungen der verdeckten Gewinnausschüttung auf die Steuerbilanz DStR 1987, 484 *Döllerer*[2] Verdeckte Gewinnausschüttungen und verdeckte Einlagen bei Kapitalgesellschaften, Heidelberg 1990; *Wichmann* Probleme bei Rückforderung von verdeckten Gewinnausschüttungen GmbHR 1993, 337; *Ahrenkiel/Peters* Wende bei der Beurteilung von verdeckten Gewinnausschüttungen nach der neueren BFH-Rechtsprechung DStR 1997, 1349; *Fischer* Fremdvergleich und Üblichkeit DStZ 1997, 357; *bdvb-Arbeitskreis „Steuern und Revision" im Bundesverband Deutscher Volks- und Betriebswirte e. V.* Grundlegende Aspekte zur verdeckten Gewinnausschüttung DStR 1997, 562; *Wassermeyer* Verdeckte Gewinnausschüttung: Veranlassung, Fremdvergleich und Beweisrisikoverteilung DB 2001, 2465, *ders* Verdeckte Gewinnausschüttung – Bundesfinanzhof versus Finanzverwaltung, GmbHR 2002, 1; *ders* Korrektur verdeckter Gewinnausschüttungen außerhalb der Steuerbilanz, GmbHR 2002, 617; *Schnorr* Die Rückabwicklung verdeckter Gewinnausschüttungen nach Einführung des Halbeinkünfteverfahrens, GmbHR 2003, 861.

I. Begriff

101 **Gesellschaftsrechtlich** kennt man den Begriff der Verteilung von Ges-Vermögen an die Gester außerhalb der Gewinnverteilung (*Hueck* in Baumbach/Hueck GmbHG[17] § 29 Anm 68), der mit der vGA iSv § 8 Abs 3 S 2 KStG nicht identisch ist. So muss gesrechtlich objektiv eine Vermögensänderung stattgefunden haben, während dies nach der Steuer-Rspr keineswegs zwingende Voraussetzung ist (s *BFH*-Rspr zu unüblichen Vertragsgestaltungen in Anm 102). Abw zum Steuerrecht ist auch auf den Gester-Bestand im Zeitpunkt der Erbringung der Leistung und nicht der zugrundeliegenden Vertragsabschlüsse abzustellen (*BGH* 13. 11. 1995, DStR 1996, 271). Außerdem wird der subjektiven Komponente handelsrechtlich eine stärkere Bedeutung beigemessen als dies im Steuerrecht geschieht. Ferner gelten handelsrechtlich weder das steuerrechtliche Rückwirkungsverbot noch andere formale Erfordernisse, die die Steuer-Rspr zur Vermeidung von Steuermanipulationen aufgestellt hat. Zum Begriff s auch *BGH* 7. 11. 1988, AG 1989, 324.

102 Das **Steuerrecht** versteht unter vGA eine durch das GesVerhältnis veranlasste Vermögensminderung oder verhinderte Vermögensmehrung, die sich auf die Höhe des Einkommens auswirkt und nicht mit einer offenen Gewinnausschüttung im Zusammenhang steht (*BFH* 22. 2. 1989, BStBl II, 475, 631). In einigen neueren Entscheidungen stellt der *BFH* nunmehr auch auf die Üblichkeit einer Gestaltung ab (so *BFH* 18. 12. 2003, BFH/NV 2003, 946; *BFH* 27. 4. 2000, BFH/NV 2001, 342). Er sieht zwar in der Üblichkeit kein Tatbestandsmerkmal der vGA, sondern nur ein „als Indiz wirkendes Kriterium" bei der Prüfung, ob eine Vereinbarung dem Fremdvergleich standhält (*BFH* 19. 3. 1997 BStBl II, 577, 579). Dennoch können danach im Ergebnis selbst für die KapGes vorteilhafte Gestaltungen zu einer vGA führen, wenn sie unter Fremdvergleichsgesichtspunkten unüblich sind (ausführlich dazu *Fischer* DStZ 1997, 357; ferner *Hofmann* DStR 1996, 729 u 735; *Wassermeyer* DStR 1996, 733).

Nach *BFH* (14. 10. 1992, BStBl II 1993, 352) setzt eine solche Zuwendung keine Rechtshandlung der Organe der KapGes voraus, auch rein tatsächliche Handlungen können den Tatbestand der vGA erfüllen.

Eine vGA kann auch an einen **zukünftigen Gester** einer KapGes erfolgen, wenn die Leistung in engem zeitlichem Zusammenhang mit der Begr eines Ges-Verhältnisses steht und der Empfänger der Leistung auch Gester wird (*BFH* 24. 1. 1989, BStBl II, 419).

Auch Vorteilszuwendungen an **ausgeschiedene Gester** können als vGA zu behandeln sein. Ein wesentlicher Anwendungsfall sind unwirksame oder überhöhte Pensionszahlungen an ausgeschiedene Gester-Gesellschaftsführer (*BFH* 22. 06. 1977, BStBl II 1978, 33; *FG Baden-Württemberg,* DStrE 2002, 501).

103 Bei Annahme einer vGA kommt es begrifflich auf die **Höhe der Beteiligungsquote** des begünstigten Gesters **nicht** an, jedoch ist sie keineswegs bedeutungslos. Bei einer beherrschenden Stellung des Gesters (unmittelbare und/oder mittelbare Beteiligung von insgesamt mehr als 50%) hat die Rspr im Rechtsverkehr zwischen KapGes und Gester strengere Formerfordernisse aufgestellt, als sie gemeinhin zwischen fremden Dritten üblich sind. **Verträge** mit einem beherrschenden Gester müssen im Vorhinein, **klar und eindeutig** zivilrechtlich wirksam vereinbart sein und auch **tatsächlich durchgeführt** werden (so zuletzt *BFH* 22. 10. 2003, BFH/NV 2004, 444 mwN). Dies gilt selbst dann, wenn ohne eine solche Vereinbarung ein gesetzlicher Anspruch auf eine Gegenleistung besteht, zB auf Zinsen (*BFH* 2. 3. 1988, BStBl II, 590; *BFH* 12. 10. 1995, BFH/NV 1996, 266). **Mündliche Vereinbarungen** erfüllen nach Auf-

fassung des *BFH* (29. 7. 1992, BStBl II 1993, 139) diese Voraussetzungen nicht, ausgenommen bei Dauerschuldverhältnissen (*BFH* 25. 10. 1995, BStBl II 1997, 703); dort kann der Nachweis einer mündlichen Vereinbarung über einen Rückschluss aus der regelmäßigen Leistungsabwicklung gezogen werden. In neueren Entscheidungen lässt der BFH jedoch eine Tendenz zur Abkehr von der streng formalistischen Betrachtung erkennen (*BFH* 8. 4. 1997, BFH/NV, 902; *BFH* 29. 10. 1997, BStBl II 1998, 573 mwN; *Ahrenkiel/Peters* DStR 1997, 1349). **Eindeutigkeit** setzt überdies nicht eine exakte zahlenmäßige Festlegung der Gegenleistung voraus. Es sind auch Vereinbarungen anzuerkennen, die lediglich eine Vergütungsformel enthalten; diese darf jedoch keinen Ermessensspielraum offen lassen, es darf nur noch um die rechnerische Ermittlung gehen (*BFH* 30. 1. 1985, BStBl II, 345; *BFH* 26. 4. 1989, BFH/NV 1990, 63; *BFH* 17. 12. 1997, BStBl II 1998, 545). Aus dem Fehlen oder der Unvollständigkeit einer Detailvereinbarung über eine vertragliche Nebenpflicht kann allerdings nicht eine vGA auch bzgl einer vertraglich vereinbarten Hauptpflicht abgeleitet werden (*BFH* 28. 10. 1987, BStBl II 1988, 301; *BFH* 29. 10. 1997, IStR 1998, 277).

Bei Gestern, die über *keine Sperrminorität* (mehr als 25%) verfügen, gilt die – allerdings widerlegbare – Vermutung der betrieblichen Veranlassung eines Rechtsgeschäfts oder einer Maßnahme (so *Lange* in Mössner/Seeger Körperschaftsteuergesetz § 8 Anm 209 f und *Streck*[6] § 8 Anm 144). Nach der Rspr zum Betriebsausgabenabzug bei PerGes (*BFH* 15. 12. 1988, DB 1989, 806) sollte eine vGA an *nicht* beherrschende Gester nur in Zweifelsfällen vom Ergebnis eines Fremdvergleichs abhängig gemacht werden, zB bei Zusammenwirken mehrerer Gester. 104

Eine **Vermögensminderung** setzt begrifflich Unausgewogenheit der Leistung zu Lasten der KapGes voraus. Zinsen auf ein Gester-Darlehen, das zu banküblichen Bedingungen gewährt worden ist, können nicht als vGA qualifiziert werden, gleichgültig wie hoch die EK-Basis einer KapGes ist. Dementspr kann dem Umstand übermäßiger Fremdfinanzierung auslandsbeherrschter KapGes nicht durch Anwendung der Grundsätze der vGA begegnet werden. Das Problem ist deshalb gesetzlich (§ 8a KStG) geregelt worden (dazu *BMF* 15. 7. 2004, BStBl I 2004, 593). 105

Auch **Zuwendungen gegenüber Dritten** sind als vGA zu charakterisieren, sofern sie ihren rechtlichen oder wirtschaftlichen Grund im Verhältnis zwischen KapGes und Gester haben. Es handelt sich um **dem Gester nahe stehende** natürliche oder juristische Personen (zB *BFH* 23. 10. 1985, BStBl II 1986, 195; *BFH* 18. 10. 1996, BStBl II 1997, 301). Zur Begr des Nahestehens reicht jede Beziehung eines Gesters der KapGes zu einer anderen Person aus, die den Schluss zulässt, sie haben die Vorteilszuwendung an die andere Person beeinflusst, sei sie familienrechtlicher, gesrechtlicher, schuldrechtlicher oder auch nur rein tatsächlicher Art, auch wenn der Gester selbst keinen Vorteil hat (*BFH* 18. 12. 1996, BStBl II 1997, 301). Zuwendungen an KapGes, an der die zuwendende KapGes ganz oder teilweise beteiligt ist, sind solche der KapGes und nicht dem Gester nahe stehende Personen und deshalb unter dem Aspekt der verdeckten Einlage und nicht der vGA zu beurteilen. 106

Bei nur **unentgeltlicher Nutzungsüberlassung bzw unentgeltlicher Dienstleistung** zwischen Schwester-Ges hätte es nahegelegen, mangels Einlagefähigkeit des Nutzungsrechts bei der begünstigten KapGes lediglich eine Einkommenshinzurechnung bei der benachteiligten KapGes vorzunehmen und weder eine Ausschüttungsbelastung herzustellen, noch der gemeinsamen MutterGes eine Steueranrechnung zu gewähren. Dieses hat der GrS (*BFH* 26. 10. 1987, BStBl II 1988, 348) jedoch nicht getan. Der dadurch drohenden steuerrechtlichen

Doppelerfassung (Einkommenserhöhung letztlich bei der Mutter-Ges, keine Einkommensminderung bei der begünstigten KapGes) ist er dadurch begegnet, dass er den dem MU zugeordneten Vorteil als „für Zwecke ihrer Beteiligung verbraucht" angesehen und diesen Verbrauch steuerrechtlich zum Abzug zugelassen hat.

Bei Nutzungszuwendungen zwischen Schwester-Ges einer *ausländischen* Mutter-Ges bleibt es somit bei einer steuerrechtlichen Doppelerfassung. *Groh* (DB 1988, 575) stellt die Frage, ob nicht in diesen Fällen bei der begünstigten KapGes doch eine Einlage (finaler Einlagebegriff) angesetzt werden könne.

II. Erfassung der verdeckten Gewinnausschüttung bei der Kapitalgesellschaft

1. Handelsrecht

109 Der **Grundsatz der Erhaltung des Gesellschaftsvermögens** ist bei den einzelnen Rechtsformen unterschiedlich ausgeprägt. Bei der **Aktiengesellschaft** gilt das absolute Verbot der Einlagenrückgewähr (nach § 57 Abs 3 AktG darf vor ihrer Auflösung nur der Bilanzgewinn an die Aktionäre verteilt werden). Bei Missachtung des Verbots hat dies Nichtigkeit des Rechtsgeschäfts zur Folge (*Hüffer*[5] § 57 Anm 22f).

110 Bei **GmbH** besteht dieser absolute Bestandsschutz nicht. Eine Verteilung des Ges-Vermögens außerhalb der Gewinnverteilung ist im Einvernehmen aller Gester zulässig (*Hueck* in Baumbach/Hueck GmbHG[17] § 30 Anm 3 mwN). Hier gelten als absolut unzulässige Einlagerückgewähr nur diejenigen Zuwendungen, durch die das nominelle Stammkapital angegriffen würde (§§ 30, 31 GmbHG; *Hueck* in Baumbach/Hueck GmbHG[17] § 30 Anm 3). Ein Verstoß gegen dieses Verbot hat nicht Nichtigkeit des Rechtsgeschäfts zur Folge, sondern nur einen Ausgleichsanspruch gegen den begünstigten Gester (*Hueck* in Baumbach/Hueck GmbHG[17] § 30 Anm 21 mwN).

111 In Umkehrung der Grundsätze zur verdeckten Einlage ergibt sich bei **Übertragung von Gegenständen** von der KapGes **auf den Gester** nur in Höhe des Unterschiedsbetrags zwischen Buchwert der VG und effektivem Veräußerungserlös ein Verlust oder Gewinn. Der Gewinn, der bei einem angemessenen Entgelt entstanden wäre, wird nicht bilanziert. Das ist schon deshalb nicht möglich, weil dieser Gewinn nicht Gegenstand des Gewinnverwendungsbeschlusses der GesV gewesen ist, noch dies sein kann. Umgekehrt ist bei **Übertragung von Gegenständen auf die Kapitalgesellschaft** ein überhöhter Kaufpreis als AK zu behandeln, so dass die Abwertung auf den angemessenen Preis als außer planmäßige Abschreibung ausgewiesen werden muss. Vorteilszuwendungen, die lediglich im Verzicht auf Einnahmen bestehen, finden somit in der Ergebnisrechnung der KapGes keine enstpr Berücksichtigung.

2. Steuerrecht

112 **Einkommenserhöhung.** VGA dürfen das steuerrechtliche Einkommen der KapGes nicht mindern (§ 8 Abs 3 S 2 KStG); sie müssen bei der Veranlagung zur KSt außerhalb der Bilanz (*BMF* 28. 5. 2002 BStBl I, 550) wieder hinzugerechnet werden. § 8 Abs 3 S 2 KStG ist demnach eine Gewinnermittlungsvorschrift, die außerhalb der Steuerbilanz ansetzt (*Wassermeyer* DStR 1987, 484, GmbHR 2002, 1, 617). Bei Sachzuwendungen der KapGes ist der Unterschied zwischen steuerrechtlichem Buchwert und gemeinem (Teil-)Wert hinzuzurechnen, zzgl USt hierauf.

Ausschüttungsbe- oder -entlastung. Gleichzeitig hatte eine vGA nach § 27 Abs 3 KStG aF Konsequenzen der Steuerminderung oder -erhöhung. Die Ausschüttungskonsequenzen richteten sich nach dem vEK, das sich zum Schluss des Wj ergab, in dem die vGA erfolgte. Letztere unterschied sich von der offenen Ausschüttung insb dadurch, dass der Betrag der Einkommens-Hinzurechnung **als ausgeschüttet galt** und nicht der um 30% verminderte Betrag. Hierin lag eine zusätzliche Ausschüttungsbe- oder -entlastungsfolge. Die Ausschüttungsbelastung (§§ 27 ff KStG aF) war allerdings erst herzustellen, wenn der Vermögensabfluss tatsächlich stattfand (*BFH* 28. 6. 1989 BStBl II, 854; BFH 14. 7. 2004, BFH/NV, 1601). Nach neuem Recht kann durch eine vGA kein KSt-Guthaben realisiert werden (§ 37 Abs 2 Nr 1 KStG), während jedoch eine KSt-Erhöhung gem § 38 Abs 2 S 1 KStG auch durch eine vGA ausgelöst werden kann. 113

III. Erfassung der verdeckten Gewinnausschüttung beim bilanzierenden Gesellschafter

1. Handelsrecht

Der **Erwerb** von VG von der KapGes **unter Wert** oder der **Verkauf** an die 115
KapGes **über Wert** erfolgt nach dem AK- bzw Realisationsprinzip (s die Legaldefinition des Begriffs „Anschaffungskosten" in § 255 Abs 1) wie bei der KapGes regelmäßig zum vereinbarten Preis und nicht zum angemessenen Wert (so auch § 255 Anm 91). Bei Weiterveräußerung unter Wert erworbener VG durch den Gester entstehen daher bei ihm Gewinne, die ebenso wie Gewinne aus Einnahmeverzichten der KapGes als eigene Gewinne des Gesters und nicht als Beteiligungserträge behandelt werden (weitere Beispiele bei *Hueck* in Baumbach/Hueck GmbHG[17] § 29 Anm 69).

2. Steuerrecht

VGA begründen beim bilanzierenden Gester **steuerpflichtige Einkünfte,** 116
ausgenommen Ausschüttungen aus dem steuerlichen Einlagenkonto iSd § 27 KStG (vormals EK_{04}) nach § 20 Abs 1 Nr 1 EStG (*BFH* 7. 11. 1990, BStBl II 1991, 177; *BFH* 16. 3. 1994, BStBl II, 527 und *BFH* 19. 7. 1994, BStBl II 1995, 362). Bei einem bilanzierenden Gester führen auch Ausschüttungen aus dem steuerlichen Einlagenkonto iSd § 27 KStG zu steuerpflichtigen Einkünften, wenn eine Verrechnung gegen den Beteiligungsbuchwert zu einem Negativwert führen würde (*BFH* 20. 4. 1999, BStBl II, 647 zum KStG aF).

Der Betrag der vGA muss nicht in jedem Fall mit der Einkommenserhöhung des Gesters korrespondieren; es kann sich auch nur um eine Umschichtung von Erträgen handeln, zB bei Veräußerung von Waren zu überhöhten Preisen an die KapGes von dem Ertragsposten Umsatzerlöse auf den Ertragsposten Beteiligungsertrag (*BFH* 24. 3. 1987, BStBl II, 508).

IV. Vorteilsausgleich

Vgl hierzu die Ausführungen unter § 272 Verdeckte Einlagen (Exkurs) 118
Anm 209 f.

V. Rückgewähr verdeckter Gewinnausschüttungen

1. Rechtsgrundlagen

119 **Ansprüche** einer KapGes **auf Rückgewähr** einer Vorteilszuwendung an den Gester können gesellschafts- oder schuldrechtlicher Natur sein. Ein gesrechtlicher Anspruch ergibt sich aus §§ 62, 57 AktG oder aus §§ 30, 31 GmbHG (s Anm 110) wegen Nichtigkeit des die Vorteilszuwendung bewirkenden Rechtsgeschäfts (§ 134 BGB).

120 Ein Anspruch auf Rückgewähr ergibt sich ferner bei GmbH aus einer **Verletzung des Gleichbehandlungsgrundsatzes.** Der Anspruch kann allerdings nicht durch die GmbH selbst geltend gemacht werden, sondern nur durch die von der Vorteilszuwendung benachteiligten MitGester; dieser Anspruch richtet sich auf eine Rückgewähr an die GmbH: sog „actio pro socio" (*Hueck* in Baumbach/Hueck GmbHG[17] § 29 Anm 73, 77).

121 Ein gesrechtlicher Rückgewähranspruch kann sich auch aus einer sog **Satzungsklausel** ergeben, dh einer Bestimmung im GesVertrag, der zufolge der Gester zur Rückgewähr von der KapGes erhaltener Leistungen verpflichtet ist, wenn bei Rechtsgeschäften zwischen KapGes und Gester zum Nachteil der KapGes ein objektives Missverhältnis von Leistung und Gegenleistung vorliegt – durch wen dieses Missverhältnis auch immer aufgedeckt wird (meist durch eine steuerliche Betriebsprüfung).

122 Als Grundlage für schuldrechtliche Rückgewähransprüche ist insb die sog **Steuerklausel** zu nennen, die inhaltlich mit der vorerwähnten Satzungsklausel übereinstimmt, jedoch in schuldrechtlichen Verträgen zwischen KapGes und Gester enthalten ist.

123 Bei Satzungs- und Steuerklauseln war ursprünglich die Frage offen, ob sie einen Rückgewähranspruch von Anfang an (ex-tunc) bewirken. Das Rechtsinstitut der rückwirkenden sog unechten Gegenwartsbedingung, die nicht auf den Eintritt eines noch ungewissen zukünftigen Ereignisses iSd §§ 158, 159 BGB abstellt, sondern auf eine von Anfang an bestehende Tatbestandsverwirklichung, über die sich die Beteiligten lediglich subjektiv im Unklaren waren, dürfte sich aber inzwischen durchgesetzt haben (so *Theisen* GmbHR 1980, 132; *Gassner* DStZ 1985, 204ff).

124 Schließlich können sich Rückgewähransprüche nach Bereicherungsrecht (§§ 812ff BGB) oder der Geschäftsführung ohne Auftrag (§§ 677ff BGB) ergeben. Hier ist die ex-tunc-Wirkung unmittelbar aus dem BGB abzuleiten (dazu auch *Hueck* in Baumbach/Hueck GmbHG[17] § 29 Anm 76 aE).

2. Auswirkungen bei der Kapitalgesellschaft

a) Handelsrecht

125 **Bei Vorhandensein eines Rückgewähranspruchs** von Anfang an findet objektiv insoweit erst gar keine Vermögensminderung statt. Dennoch stellt sich der Gesamtvorgang bilanziell nicht stets als bloßer **Aktivtausch** dar. In vielen Fällen wird das für die Bilanzfeststellung zuständige Organ die Unausgewogenheit von Leistung und Gegenleistung nicht von Anfang an erkennen, so dass Vermögensminderung und Vermögenserhöhung trotz rechtlicher ex-tunc-Wirkung bilanziell zeitlich auseinanderfallen. Dies könnte zwar grds durch eine Änderung der Bilanz des betreffenden Gj sowie der Bilanzen der Folgejahre behoben werden. Voraussetzung für die Zulässigkeit einer Bilanzänderung ist hierbei jedoch entweder im Falle eines fehlerfreien JA das Vorliegen gewichtiger

rechtlicher, wirtschaftlicher oder steuerrechtlicher Gründe oder aber ein fehlerhafter JA (s *HFA RS 6* Änderung von Jahresabschlüssen und Anpassung der Handelsbilanz an die Steuerbilanz FN IDW 2001, 521 ff). Im Falle eines fehlerhaften JA ist der Fehler selbst ausreichender Grund, die Bilanz zu berichtigen, sofern der Fehler von einigem Gewicht ist. Ein fehlerhafter JA liegt allerdings nur dann vor, wenn die Ges den Fehler bei pflichtgemäßer Prüfung spätestens im Zeitpunkt der Feststellung erkennen konnte, was bei vGA nur im Ausnahmefall erfüllt sein dürfte. Sofern von einem fehlerfreien JA auszugehen ist, kann in der steuerrechtlichen Auswirkung der vGA zwar ein wichtiger Grund für die Änderung zu sehen sein. Da eine Änderung der Bilanzen der Vj jedoch stets eine Nachtragsprüfung gem § 316 Abs 3 erforderlich macht, wird, sofern die Nichtbilanzierung des Rückgewähranspruchs nicht zur Nichtigkeit der Bilanz führt, der Rückgewähranspruch daher im Regelfall in lfd Rechnung einzubuchen sein.

Erfolgsneutralität des Vorgangs kann auch dann nicht erreicht werden, wenn eine Naturalrestitution nicht mehr möglich ist (der Gester hat zB einen ihm unter Wert unentgeltlich übertragenen VG bereits weiterveräußert) und nur ein Ausgleich in Geld geleistet werden kann.

b) Steuerrecht

Nach Auffassung der FinVerw (*BMF* 6. 8. 1981, BStBl I, 599) stehen die zi- **126**
vilrechtliche Nichtigkeit der Vorteilszuwendung oder ein ex-tunc wirkender **Anspruch auf Rückgewähr dem Vollzug einer verdeckten Gewinnausschüttung nicht entgegen.** Diese Auffassung ist durch die Rspr wiederholt bestätigt worden (zB *BFH* 29. 4. 1987, BStBl II, 733; *BFH* 29. 5. 1996, BStBl II 1997, 92; *BFH* 13. 10. 1999, BFH/NV 2000, 749, *BFH* 29. 10. 2000, BStBl II 2001, 173). Eine vGA wird auch nicht dadurch ganz oder teilweise rückgängig gemacht, dass der mit der Zuwendung verbundene Aufwand andere gewinnabhängige Ansprüche der Gester mindert (*BFH* 10. 3. 1993, BStBl II, 635). Die *BFH*-Rspr ist durch das *BVerfG* bestätigt (8. 12. 1992, HFR 1993, 201). Der Rückgewährspruch ist gliederungsrechtlich erst im Zeitpunkt seiner Erfüllung im steuerlichen Einlagekonto (vormals EK_{04}) zu erfassen (*BFH* 29. 5. 1996, BStBl II 1997, 92).

Gegen diese Rspr wird berechtigte Kritik erhoben. Im U vom 17. 10. 1984 beschränkt sich der *BFH* auf die Feststellung, er habe bereits mehrfach in früheren U zum Ausdruck gebracht, dass auch eine handelsrechtlich unzulässige Leistung der KapGes an ihre Gester eine vGA sei. Die Begr dazu mag in der Auffassung liegen, dass der Steueranspruch nach § 38 AO mit der, wenn auch rechtlich unwirksamen, Zuwendung verwirklicht sei und der entstandene Anspruch durch rückwirkende Veränderung des verwirklichten Tatbestands nicht mehr beeinträchtigt werden könne. § 38 AO ist jedoch eine Blankettnorm (*Tipke/Kruse* § 38 Anm 1); sie bestimmt nicht, *wann* der Steuertatbestand verwirklicht ist. Dieses kann nur aus dem materiellen Recht abgeleitet werden. Die vGA ist **untrennbarer Teil des einheitlichen Einkommens** der KapGes und hat uE für sich keinen originär steuerbegründenden Charakter (s auch *Hoffmann* Das Telos der verdeckten Gewinnausschüttung und die Rechtsprechung des Bundesfinanzhofs DStR 1998, 313).

Der **Vollzug** der vGA ist uE bei bestehenden Rückgewähransprüchen erst **127**
definitiv, wenn die Beteiligten an der Zuwendung festhalten, obwohl sie nachweislich bei Vollzug oder später Kenntnis der Unausgewogenheit von Leistung und Gegenleistung hatten. **Generell** aber von der **Willkür der Beteiligten** auszugehen (so *BFH* 23. 5. 1984, BStBl II, 723), ist nicht zulässig.

Der offenbar vom BFH unter der Geltung des Anrechnungsverfahrens verfolgte Gesichtspunkt der Strafbesteuerung steht tendenziell in Widerspruch zu den Absichten des Gesetzgebers, der die Rechtsfolgen einer in der Praxis oft schwer auszumachenden vGA an die Rechtsfolgen einer offenen Ausschüttung annähern wollte (ebenso *bdvb* DStR 1997, 563; s auch *Streck*[6] § 8 Anm 115).

128 Im U vom 29. 5. 1996 (BStBl II 1997, 92) stützt sich der BFH darauf, dass der Rückgewähranspruch erst durch das Vorliegen eines als vGA anzusehenden Sachverhalts entsteht, so dass er keine andere Veranlassung als der als vGA anzusehende Vorgang haben könne. Dass dessen Beurteilung als vGA eine gesrechtliche Veranlassung voraussetzt, könne auch der Rückgewähranspruch nur gesrechtlich veranlasst sein. Somit sei er als Einlageforderung anzusehen, die das Einkommen der Ges nicht erhöhe und somit der Annahme einer Vermögensminderung nicht entgegenstehen könne. Dieser actus-contrarius-Begr des BFH wird in der Literatur zu recht entgegengehalten, dass eine Behandlung mit umgekehrtem Vorzeichen beim Gester, der aus der vGA Einnahmen aus Kapitalvermögen erzielt, das Vorliegen negativer Einnahmen bedingen würde. Hierfür spricht auch, dass sich der Wert der Beteiligung durch die Rückgewähr nicht über den Stand vor der vGA erhöht. Dann aber würde sich die zur Vermeidung einer **Doppelbelastung** auf Ebene der Ges erforderliche Erfolgsneutralität der Rückzahlung konsequenterweise nicht durch die Behandlung als Einlage, sondern durch die spiegelbildliche Anwendung von § 8 Abs 3 S 2 KStG ergeben (*Schnorr* GmbHR 2003, 861, 868).

129 Besteht kein Anspruch auf Rückgewähr, gleicht der Gester jedoch freiwillig den Nachteil wieder aus, handelt es sich um eine verdeckte Einlage.

130 Zu den Problemen der Rückforderung von verdeckten Gewinnausschüttungen *Wichmann* GmbHR 1993, 337 und *Schnorr* GmbHR 2003, 861.

3. Auswirkungen beim bilanzierenden Gesellschafter

a) Handelsrecht

131 Über den Weg der handelsrechtlichen **Bilanzänderung** ist es möglich (wenn auch bei Publikums-KapGes nicht opportun), Rückgewährverpflichtungen auf das Jahr der Zuwendung zurückzubeziehen.

b) Steuerrecht

132 Nach dem *BFH*-U vom 4. 7. 1984 (BStBl II, 842) sind Rückgewährverpflichtungen auf Seiten des Gesters als von der Vorteilszuwendung getrennte Vorgänge zu erfassen. Sie haben nach der ständigen Rspr des *BFH* aus Sicht der KapGes den Charakter von Einlageforderungen (*BFH* 25. 5. 1999, BFHE 188, 569). Nach der neueren Rspr ist eine Rückzahlung auch aus Sicht des Gesters als Einlage zu behandeln, wenn sie durch das GesVerhältnis veranlasst ist. Da ein Rückgewähranspruch erst durch die Verwirklichung der vGA entstehen kann, kann nach Ansicht des *BFH* die Veranlassung des Rückgewähranspruchs keine andere als die der zugrunde liegenden vGA sein (*BFH* 29. 5. 1996, BStBl II 1997, 92). Ausgehend davon, dass eine vGA stets gesrechtlich veranlasst ist (KStR 36 Abs 1 S 1), folgt hieraus unmittelbar die gesrechtliche Veranlassung des Rückgewähranspruchs. Eine Rückgewähr der vGA führt somit auf Seiten des Gesters nicht zu negativen Einnahmen, sondern unabhängig davon, ob sich durch die Rückzahlung auch der Wert der Beteiligung erhöht, zu nachträglichen AK auf die Beteiligung (*BFH* 29. 8. 2000, BStBl II 2001, 173). Auch hier gelten die obigen Einwendungen und Quellen (Anm 126–128).

VI. Verdeckte Gewinnausschüttung und körperschaftsteuerrechtliche Organschaft

Eine vGA an den Organträger wird bei der KSt als eine **Vorableistung auf die Gewinnabführung** bzw als eine **Kürzung der Verlustübernahme** behandelt (KStR 61 Abs 4; zur Organschaft s ausführlich § 271 Anm 100ff). Sie beeinträchtigt die steuerrechtlich verlangte Durchführung des EAV nicht, da das Steuerrecht hinsichtlich der tatsächlichen Durchführung an die Gewinnermittlungsvorschriften des Handelsrechts anknüpft (*Streck*[6] § 14 Anm 59), nach denen vGA wie auch in der Regel verdeckte Einlagen unmittelbar ergebniswirksam sind. Die Organschaft gem KStG hebt im Übrigen nicht die Selbständigkeit der einzelnen zum Organkreis gehörenden Ges auf (*BFH* 28. 1. 2004, BStBl II, 539; BFH 22. 4. 1998, BStBl II, 749 mwN). Entspr führen Vorteilszuwendungen im Organkreis in Form von Sachwerten zur Auflösung stiller Reserven bei der zuwendenden Ges. 133

VII. Verhältnis zu § 1 AStG

Ebenso wenig wie im Verhältnis zur verdeckten Einlage besteht auch im Verhältnis zur vGA Deckungsgleichheit, wobei nach Auffassung der FinVerw **§ 1 AStG als subsidiäre Vorschrift** anzusehen ist (hierzu § 272 „Verdeckte Einlagen (Exkurs)" Anm 221). Der Unterschied zwischen § 1 AStG und § 8 Abs 3 KStG besteht insb darin, dass der *BFH* im Rahmen des § 8 Abs 3 KStG von einer Vermutung ausgeht, die vom Gester durch schlüssige Argumentation widerlegt werden kann, während § 1 AStG bei einer Abweichung vom Fremdvergleich zwingend eine Einkünftekorrektur vorsieht (*Wassermeyer* DB 2001, 2465). 134

H. Exkurs 2: Sachdividenden

Schrifttum: *Leinekugel* Die Sachdividende im deutschen und europäischen Gesellschaftsrecht, Köln 2001; *Lutter/Leinekugel/Rödder* ZGR 2002, 204; *Müller* Die Änderungen im HGB und die Neuregelung der Sachdividende durch das Transparenz und Publizitätsgesetz, NZG 2002, 752; *Ihrig/Wagner* Die Reform geht weiter: Das Transparenz- und Publizitätsgesetz kommt, BB 2002, 789; *Waclawik* Die neue Sachdividende und die Kapitalertragsteuer – Realteilung mit dem Finanzamt?, BB 2003, 1408; *ders* Die neue Sachdividende: Was ist sie wert?, WM 2003, *2266; Orth* Sachdividenden, WPg 2004, 777 und 841.

I. Allgemeines

Nach der durch das TransPuG eingefügten Regelung des § 58 Abs 5 AktG kann die HV einer AG mit einfacher Mehrheit auch eine Sachdividende beschließen, wenn in der Satzung eine entspr Ermächtigung enthalten ist. Dementsprechend ist im Gewinnausschüttungsbeschluss nunmehr nach § 174 Abs 2 Nr 2 AktG „der an die Aktionäre auszuschüttende Betrag oder Sachwert" anzugeben. Für die GmbH fehlt eine entspr gesetzliche Regelung. Gleichwohl ist die Möglichkeit einer Sachdividende bei einer entspr gesellschaftsvertraglichen Regelung allgemein anerkannt *(Hueck/Fastrich* in Baumbach/Hueck GmbHG[17] § 29 Rn 55 mwN). 135

Mischdividenden, dh die Kombination einer Sachausschüttung mit einer Barausschüttung, sind ebenfalls zulässig und aufgrund der grds Verpflichtung der KapGes auch bei Sachdividenden KapESt einzubehalten zumindest bei Inhaberaktien unverzichtbar *(Orth* WPg 2004, 780; *Waclawik* BB 2003, 1410f). Darüber hinaus dürfte nach der Regierungsbegründung zum TransPuG (BR-Drs 109/02 vom 8. 2. 2002, 26f) aufgrund des primären Interesses des Anteilseigners am Erhalt einer Barzahlung bei der Ausschüttung nicht fungibler Gegenständen eine zusätzliche „auskömmliche Bardividende" erforderlich sein.

136 Gegenstand von Sachausschüttungen können, sofern die Satzung keine Einschränkungen vorsieht, grds sämtliche Sachen sein, wobei die Gesetzesbegründung deutlich macht, dass für eine Sachdividende grds nur solche Gegenstände in Betracht kommen, die an einem leistungsfähigen Markt iSd § 3 Abs. 2 AktG gehandelt werden *(Orth* WPg 2004, 779). Primär wird es sich dabei um Anteile börsennotierter Unternehmen handeln, es kommen aber bspw auch eigene Produkte der AG in Betracht *(Waclawik* BB 2003, 1409), die dann als Sachdividende – ggf neben einer Bardividende (s Anm 135) – ausgeschüttet werden.

II. Bewertung von Sachdividenden

137 Die Frage nach der Bewertung von Sachdividenden hat der Gesetzgeber bewusst offen gelassen (BT-Drs 14/8769, 13) um sie ua der Klärung durch die Literatur zu überlassen. Diese bietet derzeit jedoch kein einheitliches Bild.

Zum einen wird der Buchwert als zu bevorzugender Wert angesehen, da die Sachauskehrung eine gesellschaftsinterne Angelegenheit und kein Umsatzgeschäft sei, welches eine Realisierung der stillen Reserven nach sich ziehe. Auch würden die Kapitalerhaltungsvorschriften der §§ 57f AktG dem Nominalwertprinzip folgen und nicht die im Verkehrswert ggf enthaltenen stillen Reserven umfassen, so dass es nur erforderlich sei, dass der Buchwert der ausgeschütteten Gegenstände den Bilanzgewinn nicht übersteigt *(Leinekugel* Die Sachdividende im deutschen und europäischen Aktienrecht 2001, 147ff und 165). Mangels einer entgegenstehenden Regelung sei es aber auch möglich, den Verkehrswert anzusetzen, so dass de facto ein Bewertungswahlrecht bestehe *(Leinekugel* aaO, 166; *Kropff* in MünchKomm AktG[2] § 170 Anm 55).

UE zutreffend ist die Auffassung, die die Sachausschüttung als umsatzähnliche Transaktion ansieht, denn die Erfüllung des in Geld ausgedrückten Anspruches der Gester durch eine Sachausschüttung ist nicht nur buchhalterisch sondern auch gesellschaftsrechtlich als Umsatzakt anzusehen, so dass die ausgekehrten VG zwingend zum Markt- bzw (beizulegenden) Zeitwert zu bewerten sind *(WPH I*[13] im Manuskript Abschn F Tz 321; *Müller* NZG 2002, 758f; *Waclawik* WM 2003, 2071f). Für diese Sichtweise spricht auch, dass den Gestern nach § 57 Abs 3 AktG vor Auflösung der Ges nur der Bilanzgewinn zugewendet werden darf. Wenn aber VG ausgeschüttet werden, deren Buchwerte die entspr Zeitwerte übersteigen, so birgt eine Verrechnung der Buchwerte mit dem Bilanzgewinn die Gefahr, dass den Gestern aufgrund der Ausschüttung von VG mit den Bilanzgewinn übersteigenden Verkehrswerten mehr zugewendet wird, als dies gesellschaftsrechtlich zulässig, ist. Den Gläubigern der Ges würde somit Haftungssubstrat entzogen. Es ist daher gesellschaftsrechtlich nicht zulässig, „stille Reserven still auszuschütten" *(Ihrig/Wagner* BB 2002, 796; *Orth* WPg 2004, 853).

Die FinVerw sieht in einer Sachausschüttung ebenfalls einen Realisationstatbestand, der zur Aufdeckung der stillen Reserven führt *(WPH I*[13] im Manuskript Abschn F Tz 321; *Orth* WPg 2004, 842f). Die Aufdeckung der stillen Reserven führt auf Ebene der ausschüttenden Ges mithin zu einem steuerpflichtigen Ertrag und damit zu einer ausschüttungsbedingten Mehrsteuer. Würde die Sachausschüttung bilanziell nur mit dem Buchwert verrechnet werden, wäre steuerlich in Höhe der übertragenen stillen Reserven von einer vGA auszugehen, die ebenfalls zu eine Belastung der Ges mit E+E-Steuern führen würde *(Prinz/Schürner* DStR 2003, 183; *Orth* WPg 2004, 843).

III. Zeitpunkt der Erfassung der Wertänderung und der steuerlichen Auswirkungen

Um die sich aus der vorgesehenen Gewinnverwendung ergebenden Ertragsauswirkungen bereits in dem Jahr zu berücksichtigen, in dem der zur Ausschüttung vorgesehene Gewinn erzielt worden ist, sind Minderungen oder Erhöhungen der KSt aufgrund einer Barausschüttung bei Vorliegen eines entspr Gewinnverwendungsbeschlusses nach § 278 HGB in dem Jahr zu berücksichtigen, für das die Ausschüttung erfolgt (s Anm 21). **138**

Wenn nun statt einer Barausschüttung eine Sachausschüttung vorgenommen wird, so kann diese zunächst ebenfalls eine KSt-Minderung oder KSt-Erhöhung auslösen, die nach § 278 HGB zu berücksichtigen ist. Maßgebend hierfür ist der Verkehrswert der ausgeschütteten VG *(Orth,* WPg 2004, 846). Wenn nun Sachwerte mit einem den Buchwert übersteigenden Zeitwert ausgeschüttet werden, so ist eine sich daraus ergebende steuerliche Belastung mit E+E-Steuern bei Vorlage eines entspr Gewinnverwendungsvorschlages ebenfalls in dem Jahr zu berücksichtigen, für das die Ausschüttung erfolgt *(WPH I*[13] im Manuskript Abschn F Tz 321). Bei abweichendem Beschluss durch die HV ist der zusätzliche Aufwand aufgrund des Beschlusses nach § 174 Abs 1 Nr 5 AktG im Beschluss anzugeben, und als zusätzlicher Aufwand oder Ertrag des Jahres zu erfassen, in dem die Ausschüttung erfolgt (s Anm 27f).

Neben der Frage nach dem Zeitpunkt der Erfassung der steuerlichen Konsequenzen stellt sich bei Sachausschüttungen die Frage nach dem Zeitpunkt der bilanziellen Erfassung der stillen Reserven. **139**

Das in § 252 Abs 1 Nr 4 HGB kodifizierte Realisationsprinzip verlangt, dass nur ein realisierter, dh so gut wie sicherer Gewinn ausgewiesen werden darf. Demzufolge geht die bislang hM davon aus, dass die Gewinnrealisation erst in dem Zeitpunkt erfolgt, in dem der Vermögensgegenstand abgeht und die bestehende Ausschüttungsverbindlichkeit erlischt *(Müller* NZG 2002, 759; *Prinz/Schürner* DStR 2003, 183; *Waclawik* WM 2003, 2271).

Dies würde aber dazu führen, dass der Gewinn des Jahres, für das ausgeschüttet wird, nicht um die vorhandenen stillen Reserven erhöht wird. Wenn nun aber die Sachausschüttung zutreffend mit dem Zeitwert angesetzt wird, folgt aus der in § 57 Abs 3 AktG enthaltenen Beschränkung der Ausschüttung auf den Bilanzgewinn eine sachlich nicht gerechtfertigte Einschränkung der Ausschüttungsmöglichkeit, obwohl die Ausschüttung gerade zu einem entspr Ertrag führt.

Darüber hinaus werden die auf die stillen Reserven entfallenden ausschüttungsbedingten E+E-Steuern bei Vorliegen eines, entspr Gewinnverwendungsbeschlusses ebenfalls in dem Jahr einkommensmindernd berücksichtigt, für das die Ausschüttung erfolgt. Dies würde bei hohen stillen Reserven mitunter dazu führen, dass der Bilanzgewinn durch die ausschüttungsbedingten E+E-Steuern aufgezehrt wird, und die Ausschüttung, deren steuerliche Konsequenzen zurückgestellt wurden, durch eben diese Steuerlast gem § 57 Abs 3 AktG vereitelt wird.

Um nun ein zeitliches Auseinanderfallen der steuerlichen Belastung und der zugehörigen Einkommenserhöhung zu verhindern und einen widerspruchsfreien Vollzug der Sachausschüttung unter Berücksichtigung der Regelungen zur Kapitalerhaltung zu ermöglichen, sind die in den zur Ausschüttung bestimmten VG liegenden stillen Reserven mittels einer zum Bilanzstichtag erfolgenden Neubewertung noch im alten Jahr aufzudecken und der sich ergebende Gewinn unter den „sonstigen betrieblichen Erträgen“ auszuweisen *(WPH I*[13] im Manuskript Abschn F Tz 322; *Orth* WPg 2004, 791; *Kropff* in MünchKomm AktG[2] § 170 Anm 57).

140 Neben der Frage nach der zeitlichen Erfassung der stillen Reserven und der darauf entfallenden E+E-Steuern ist noch zu klären, welcher Zeitpunkt für die Ermittlung des Verkehrswertes maßgeblich ist.

Nach der bisherigen Auffassung ist dies der Zeitpunkt, an dem der Vermögensgegenstand abgeht und die Ausschüttungsverbindlichkeit erlischt *(Müller* NZG 2002, 759). Vor dem Hintergrund, dass die Angemessenheit der Leistung bei ihrer Begründung zu beurteilen ist und spätere Wertänderungen diese Beurteilung nicht mehr beeinflussen, ist uE auf den Zeitpunkt des Gewinnverwendungsbeschlusses der HV abzustellen, durch den die Ausschüttungsverbindlichkeit entsteht *(WPH I*[13] im Manuskript Abschn F Tz 323).

Problematisch ist hierbei, dass dieser Wert bei Auf- und Feststellung des Jahresabschlusses noch nicht bekannt ist. Aus diesem Grund sollte im Hinblick auf das Stichtagsprinzip zunächst auf den Zeitwert zum Bilanzstichtag abgestellt werden, wobei Wertänderungen bis zur Bilanzaufstellung als wertaufhellende Ereignisse nach § 252 Abs 1 Nr 4 HGB zu berücksichtigen sind (glA *Orth* WPg 2004, 792).

Wertsteigerungen nach diesem Zeitpunkt sind nach *Orth* (WPg 2004, 792) gem § 174 Abs 2 Nr 5 AktG in dem Gewinnverwendungsbeschluss als zusätzlicher Aufwand aufgrund des Beschlusses zu erfassen. *Ellrott* (vor § 325 Anm 95) hingegen will vor dem Hintergrund des Zwecks der Vorschrift des § 174 Abs 2 Nr 5 AktG einen zusätzlichen Aufwand aufgrund des Beschlusses dann nicht berücksichtigen, wenn die HV dem Gewinnverwendungsvorschlag des Vorstandes folgt und es trotzdem zu einem abweichenden Steueraufwand kommt. Werterhöhungen zwischen Bilanzaufstellung und Beschlussfassung wären damit bei übereinstimmender Beschlussfassung nicht im Beschluss anzugeben und würden den ausschüttbaren Bilanzgewinn nicht vermindern. Dem kann uE gefolgt werden, unter Gläubigerschutzgesichtspunkten sollte die der Steuerberechnung zugrunde gelegte Schätzung des Marktwertes dann aber am Bilanzfeststellungszeitpunkt absehbare weitere Wertsteigerungen berücksichtigen, um den Ausweis eines zu geringen Steueraufwandes und eines damit korrespondierenden überhöhten Bilanzgewinnes zu vermeiden. Die steuerlichen Auswirkungen von im JA nicht berücksichtigten Wertschwankungen sind in der GuV des Jahres zu erfassen, in dem die Ausschüttung erfolgt.

Bei abweichender Beschlussfassung durch die HV sind die steuerlichen Auswirkungen unter Berücksichtigung der Wertverhältnisse zum Beschlusszeitpunkt zu ermitteln und ein sich ergebender zusätzlicher Aufwand ist gem. § 174 Abs 2 Nr 5 AktG in dem Gewinnverwendungsbeschluss als zusätzlicher Aufwand aufgrund des Beschlusses zu erfassen. In einem solchen Fall kann die Sachausschüttung nur dann in voller Höhe geleistet werden, wenn auch der zusätzliche Steueraufwand durch den ausgewiesenen Bilanzgewinn gedeckt ist. Um dem Vollständigkeitsprinzip Rechnung zu tragen, sind die steuerlichen Auswirkungen in jedem Fall in der GuV des Jahres zu erfassen, in dem die Ausschüttung erfolgt (vgl Anm 27 f).

I. Abweichungen der IFRS

Gem IAS 12.52(b) sind ertragsteuerrechtliche Auswirkungen von Dividenden in dem Gj zu erfassen, in dem die Dividendenverpflichtung zu bilanzieren ist. Seit Einführung des neuen KSt-Rechtes mit einem einheitlichen KSt-Satz von 25% (VZ 2003 26,5%) können Dividenden nur noch während des 18-jährigen Übergangszeitraums zu steuerrechtlichen Auswirkungen in Form von Minderungen oder Erhöhungen von KSt und SolZ führen (s Anm 20). Diese sind nach IAS 12.52(b) abw von der handelsrechtlichen Regelung (s Anm 20f; *IDW* sfH 2001/9 FN IDW 2001, 688f; *HFA* FN IDW 2003, 22) und in Übereinstimmung mit der Behandlung in der Steuerbilanz (*BMF* 16. 5. 2002 BB, 1417) bilanziell nicht im Gjs für das die Ausschüttung erfolgt, sondern erst in dem Gj zu erfassen, in dem der Ausschüttungsbeschluss vorliegt (RH HFA 1002 Rz 4). 150

Steuerrechtliche Konsequenzen aus einem zwischen dem Abschlussstichtag und dem Aufstellungsstichtag getroffenen Ausschüttungsbeschluss sind nach IAS 12.81(i) im Anhang darzustellen (vgl auch *Schulz-Danso* in Beck IFRS § 7 Anm 19). Art und Umfang potentieller ertragsteuerrechtlicher Auswirkungen von Dividenden, dh der Gesamtbetrag der fortgeschriebenen KSt/SolZ-Minderungsguthaben bzw -Erhöhungsbeträge (s Anm 20f) sowie die Bestimmungsfaktoren für deren Realisation (zB Auflösungszeitraum und Ermittlungsmodus), sind nach IAS 12.82(a)ff im Anhang anzugeben (vgl auch *Oser/Bischof* in HdR[5] § 278 Anm 19). 151

Vierter Titel. Bewertungsvorschriften

§ 279 Nichtanwendung von Vorschriften. Abschreibungen

(1) [1] **§ 253 Abs. 4 ist nicht anzuwenden.** [2] **§ 253 Abs. 2 Satz 3 darf, wenn es sich nicht um eine voraussichtlich dauernde Wertminderung handelt, nur auf Vermögensgegenstände, die Finanzanlagen sind, angewendet werden.**

(2) **Abschreibungen nach § 254 dürfen nur insoweit vorgenommen werden, als das Steuerrecht ihre Anerkennung bei der steuerrechtlichen Gewinnermittlung davon abhängig macht, daß sie sich aus der Bilanz ergeben.**

Übersicht

A. Anwendungsbereich

Für KapGes/KapCoGes gelten grds die allgemeinen Bewertungsvorschriften 1 der §§ 252 bis 256. Sie gelten nicht, soweit die besonderen Bewertungsvorschriften für KapGes/KapCoGes eingreifen. § 279 schließt in Abs 1 die Vornahme bestimmter **Abschreibungen** bei Gegenständen des Anlage- und Umlaufvermögens für KapGes/KapCoGes aus (Anm 3 und 4) und schränkt in Abs 2 die Zulässigkeit von allein steuerrechtlich zulässigen Abschreibungen nach § 254 ein (hierzu Anm 6 sowie die Übersicht nach § 253 Anm 3, in der abw Regelungen für KapGes/KapCoGes kenntlich gemacht sind).

2 Das **PublG** (§ 5 Abs 1) enthält für den JA keine Verweisung auf § 279; die dem PublG unterliegenden Unt dürfen daher die §§ 253 und 254 uneingeschränkt anwenden. Für **Kreditinstitute** und für **Versicherungsunternehmen** jeder Rechtsform gelten Sonderbestimmungen (Anm 3, 4).

B. Eingeschränkte Anwendbarkeit von § 253 für Kapitalgesellschaften (Abs 1)

Nach Abs 1 gelten für KapGes/KapCoGes **folgende Besonderheiten:**

3 Abschreibungen „im Rahmen vernünftiger kaufmännischer Beurteilung" iSv **§ 253 Abs 4**, die über die nach § 253 Abs 2 und 3 für VG des Anlage- und Umlaufvermögens vorgeschriebenen oder zugelassenen Abschreibungen hinausgehen (§ 253 Anm 651 ff), sind nicht zulässig. **Kreditinstitute** dürfen jedoch im Rahmen des § 340 f Abs 1, 2 Vorsorgen für allgemeine Bankrisiken bilden (und ggf beibehalten). Für **Versicherungsunternehmen** gilt das *nicht* (§ 341 b bis 341 d).

4 Abschreibungen wegen nur **vorübergehender Wertminderungen** von immateriellen Anlagegütern und Sachanlagen, die bei den übrigen Kfl nach **§ 253 Abs 2 S 3** wahlweise vorgenommen werden dürfen, sind bei KapGes/KapCoGes unzulässig (Abs 1 S 2). Das gilt nicht für **Finanzanlagen,** die auch von KapGes/KapCoGes bei nur vorübergehender Wertminderung abgeschrieben werden dürfen; damit wird aber das Wahlrecht für Abschreibungen bei nur vorübergehender Wertminderung in den praktisch wichtigsten Fällen für KapGes/KapCoGes aufrecht erhalten. Wird von dem Wahlrecht nicht Gebrauch gemacht, sind nach § 285 S 1 Nr 19 bestimmte Anhangangaben zu machen (s § 285 Anm 300 ff).

Für **Kreditinstitute** und für **Versicherungsunternehmen** jeder Rechtsform gilt § 279 Abs 1 S 2 *nicht* (§ 340 a Abs 2 S 1; § 341 a Abs 2 S 1); diese Unt haben jedoch zT abw Einzelvorschriften (§§ 340 e bis 340 g für Kreditinstitute; §§ 341 b bis 341 g für VersicherungsUnt) zu beachten.

5 Wegen des **Wertaufholungsgebots** für den Fall, dass die Gründe für Abschreibungen in einem folgenden Gj weggefallen sind, § 280 Anm 5 bis 11.

C. Eingeschränkte Anwendbarkeit von § 254 für Kapitalgesellschaften (Abs 2)

6 Beim Anlage- und Umlaufvermögen sind Abschreibungen über § 253 Abs 2 und 3 hinaus nach § 254 zulässig, soweit es sich um allein **steuerrechtlich zulässige Abschreibungen** handelt. Dies gilt für KapGes/KapCoGes nach Abs 2 nur, wenn die steuerrechtliche Anerkennung solcher Abschreibungen davon abhängig ist, dass sie in der HB vorgenommen werden (§ 243 Anm 121 f und § 254 Anm 10).

7 Nach § 5 Abs 1 S 2 EStG (anders bei steuerrechtlichem Bewertungsvorbehalt gem § 5 Abs 6 EStG: zB § 7 Abs 4 Nr 1 EStG) ist die steuerrechtliche Anerkennung von Abschreibungen stets davon abhängig, dass sie auch in der HB vorgenommen werden. Die Bestimmung des Abs 2 führt insoweit deshalb zu keiner

nennenswerten Einschränkung von Abschreibungsmöglichkeiten bei KapGes/KapCoGes.

Andererseits lassen § 6 Abs 1 Nr 1 und 2 EStG ähnlich wie Abs 1 Teilwertabschreibungen nur bei voraussichtlich dauernder Wertminderung zu. Insoweit ergibt sich aus Abs 2 iVm § 254 keine Erweiterung der handelsrechtlichen Abschreibungsmöglichkeiten. 8

D. Rechtsfolgen einer Verletzung des § 279

Ein Verstoß gegen **Abs 1 S 2** (s Anm 4) ist durch § 334 Nr 1b) als Ordnungswidrigkeit mit *Bußgeld* bedroht. Verstöße gegen **Abs 2** (Anm 6) oder gegen die sehr wesentliche Abwertungsbeschränkung des **Abs 1 S 1** (Anm 3) stellen hingegen *keine Ordnungswidrigkeiten* dar. 9

E. Abweichungen der IFRS

Schrifttum: International Accounting Standards Board (Hrsg) International Financial Reporting Standards 2004: Englische Ausgabe, London 2004.

I. Dauerhaftigkeit der Wertminderung

Nach IFRS kommt es bei einer außerplanmäßigen Abschreibung nicht auf die Dauer der Wertminderung an. So ist nach IAS 36.59 (rev 2004) zwingend eine Abschreibung vorzunehmen, wenn der **erzielbare Betrag** (recoverable amount) den Buchwert des Vermögenswerts unterschreitet. Es ist dabei unerheblich, ob diese Wertminderung vorübergehend oder dauerhaft ist und um welche Rechtsform es sich bei dem Unt handelt. 10

II. Abschreibungen nach steuerrechtlichen Vorschriften

Abschreibungen, die auf **steuerrechtl** Vorschriften beruhen, finden in IFRS **keinen** Eingang. Nach IAS 16.60 (rev 2004) muss die gewählte Abschreibungsmethode in einem Abschluss nach IFRS zwingend den Nutzenverbrauch des Vermögenswerts widerspiegeln. Diese Voraussetzung ist insbesondere bei ausschließich auf steuerrechtl Vorschriften beruhenden Abschreibungen nicht erfüllt. Eine Maßgeblichkeit der Steuerbilanz für IFRS und umgekehrt besteht somit nicht. Gegen eine Übernahme der Regelung über GWG (§ 6 Abs 2 EStG) bestehen jedoch keine Bedenken, da diese Vorgehensweise mit Wesentlichkeits- und Kosten-Nutzenerwägungen (F 29, 44) begründet werden kann. 11

§ 280 Wertaufholungsgebot

(1) [1]**Wird bei einem Vermögensgegenstand eine Abschreibung nach § 253 Abs. 2 Satz 3 oder Abs. 3 oder § 254 Satz 1 vorgenommen und stellt sich in einem späteren Geschäftsjahr heraus, daß die Gründe dafür nicht mehr bestehen, so ist der Betrag dieser Abschreibung im Umfang der Werterhöhung unter Berücksichtigung der Abschreibungen, die inzwischen vorzunehmen gewesen wären, zuzuschreiben.** [2]**§ 253 Abs. 5, § 254 Satz 2 sind insoweit nicht anzuwenden.**

(2) **Von der Zuschreibung nach Absatz 1 kann abgesehen werden, wenn der niedrigere Wertansatz bei der steuerrechtlichen Gewinnermittlung beibehalten werden kann und wenn Voraussetzung für die Beibehaltung ist, daß der niedrigere Wertansatz auch in der Bilanz beibehalten wird.**

(3) **Im Anhang ist der Betrag der im Geschäftsjahr aus steuerrechtlichen Gründen unterlassenen Zuschreibungen anzugeben und hinreichend zu begründen.**

Übersicht

Schrifttum: *Harms* Die Wertaufholungskonzeption des neuen Bilanzrechts DB 1986, 653; *Niehus* Wertaufholung und umgekehrte Maßgeblichkeit BB 1987, 1353; *Mayer-Wegelin/Tietze* Einflüsse steuerlicher Entscheidungen auf das Wertaufholungsgebot DB 1988, 509; *Fluri* Wertaufholungsgebot: Voraussetzungen und Anwendungen in der buchhalterischen Praxis BB 1988, 1146; *Haeger* Zur Berichterstattung über unterlassene Zuschreibungen iSd § 280 Abs. 2 HGB BB 1989, 386; *Haeger* Zur Aufhebung des strengen Wertzusammenhangs im Steuerrecht DB 1990, 541; *Müller-Dott* Zur Maßgeblichkeit von Handels- und Steuerbilanz bei der Wertaufholung BB 1990, 2075; *Siegel* Wertaufholung in Beck HdR B 169; *Sarrazin* Zwang zur Wertaufholung auf Grund werterhöhenden Aufwands in FS Moxter, 379; *Groh* Steuerentlastungsgesetz 1999/2000/2002: Imparitätsprinzip und Teilwertabschreibung DB 1999, 978; *Herzig/Rieck* Bilanzsteuerliche Aspekte des Wertaufholungsgebotes im Steuerentlastungsgesetz WPg 1999, 305; *Küting* Die Wertaufholung in der Handels- und Steuerbilanz in FS Brönner, 227; *Küting/Harth* Die Übergangsregelungen des § 52 Abs. 16 EStG und die Folgen für die Handelsbilanz DStR 2000, 214, *Baetge/Kirsch/Thiele* Bilanzen[7], Düsseldorf 2003.

A. Vorbemerkungen

Abs 1 sieht unter bestimmten Voraussetzungen eine **Pflicht zur Zuschreibung** auf der Aktivseite der Bilanz bis maximal zu den AK/HK vor, wenn die Gründe für bestimmte in der Vergangenheit vorgenommene nicht planmäßige Abschreibungen weggefallen sind. Dieses sog „Wertaufholungsgebot" bezweckt, die Vermögenslage iSd GoB zutreffend darzustellen. Die Regelungen der Abs 2 und 3, wonach im Falle einer nach Abs 2 unterlassenen Wertaufholung Angaben im Anhang zu machen sind, sind wegen des steuerrechtlichen Wertaufholungsgebots praktisch gegenstandslos (Anm 21 ff und 34 f). Das Wertaufholungsgebot ist auf Verbindlichkeiten analog anwendbar (glA *Siegel* in Beck HdR B 169 Anm 9; aA *ADS*[6] § 280 Anm 12). Dabei ist allerdings zu beachten, dass der ursprünglich eingebuchte Erfüllungsbetrag nicht unterschritten werden darf (vgl *Baetge*[7], 238). 1

§ 280 gilt für KapGes, KapCoGes (§ 264 a), Kreditinstitute (§ 340 a Abs 1) und VersicherungsUnt (§ 341 a Abs 1), für eG besteht ein Wahlrecht (§ 336 Abs 2).

Das **UmwStG gestattet** bei Vermögensübertragungen nach dem UmwG ua auch **Höherbewertungen** von VG bis zum Teilwert im Zeitpunkt des Vermögensübergangs, zB in § 3 UmwStG. Diese Wertaufstockungen setzen entgegen § 280 weder voraus, dass vorher Wertminderungen bilanziert waren, noch sind sie durch die früheren AK/HK abzgl Normal-AfA begrenzt. Derartige steuerrechtlich motivierte Höherbewertungen dürfen nach – allerdings umstrittener – Ansicht der FinVerw wegen der Maßgeblichkeit der HB für die Steuerbilanz auch steuerrechtlich nur nach den Regeln und in den Grenzen des § 280 Abs 1 durchgeführt werden (A 03.01 UmwStG-Erl).

B. Das Wertaufholungsgebot (Abs 1)

I. Die Voraussetzungen des Gebots

Abs 1 enthält **drei Voraussetzungen,** die **kumulativ** erfüllt sein müssen: 2

a) Es müssen bei bestimmten VG bestimmte Abschreibungen vorgenommen worden sein.
b) Die Gründe dafür müssen später weggefallen sein.
c) Der Wegfall der Abschreibungsgründe muss festgestellt worden sein.

Sind diese Voraussetzungen erfüllt, ist grds in bestimmtem Umfang (Anm 13 f) eine Wertaufholung vorzunehmen. Abs 1 S 2 stellt zu diesem Zweck klar, dass Abs 1 S 1 den allgemeinen Wertbeibehaltungswahlrechten der §§ 253 Abs 5 und 254 S 2 vorgeht.

1. Vorliegen bestimmter Abschreibungen

Das Unt muss in einem früheren Gj 3

a) entweder bei einem VG des Anlagevermögens eine außerplanmäßige Abschreibung nach § 253 Abs 2 S 3 auf den am Abschlussstichtag beizulegenden niedrigeren Wert

b) oder bei einem VG des Umlaufvermögens eine Abschreibung nach § 253 Abs 3 auf den niedrigeren Börsen- oder Marktpreis bzw den aus anderen Gründen beizulegenden niedrigeren Wert

vorgenommen haben.

Das Wertaufholungsgebot gilt jedoch nicht für den **Geschäfts- oder Firmenwert,** da dieser nach § 255 Abs 4 sofort voll abgeschrieben werden darf (glA *ADS*[6] § 280 Anm 10f). Darüber hinaus ist das Wertaufholungsgebot nicht anwendbar auf aktivische latente Steuern, aktivische RAP einschließlich eines aktivierten Disagios sowie Aufwendungen für die Ingangsetzung und Erweiterung des Geschäftsbetriebs (glA *ADS*[6] § 280 Anm 10f).

4 Vom Wertaufholungsgebot sind nur solche Abschreibungen betroffen, die in richtiger Anwendung der genannten Vorschriften erfolgt sind. Abschreibungen sonstiger Art (wie zB planmäßige Abschreibungen iSd § 253 Abs 2 S 1 oder Korrekturen unrichtig vorgenommener Abschreibungen) erfüllen die Voraussetzungen des Abs 1 dagegen nicht. Sie führen daher auch nicht dessen Rechtsfolgen herbei (glA *ADS*[6] § 280 Anm 22).

2. Wegfall der Abschreibungsgründe

5 Abs 1 setzt ferner voraus, dass die Gründe für eine Abschreibung der in Anm 3 genannten Art in einem späteren Gj nicht mehr bestehen. Dies erfordert, dass sich der betr VG (bzw ein – zB infolge einer Verbrauchsfolgefiktion iSd § 256 – als mit ihm identisch geltender VG) nachweislich noch im Vermögen des Unt befindet (zur Wertaufholung von VG, die gem § 256 bewertet werden, vgl *ADS*[6] § 280 Anm 19; *Küting/Zündorf* in HdR[5] § 280 Anm 37f) und dass die seinerzeit als wertmindernd berücksichtigten Umstände inzwischen fortgefallen sind (was nicht mit dem Fall identisch ist, dass von Anfang an keine die Abschreibung rechtfertigenden Gründe vorlagen; dazu Anm 18ff).

6 Ob die Abschreibungsgründe weggefallen sind, lässt sich relativ leicht beurteilen, wenn für die Abschreibung nur ein **einziger Grund** (zB das Sinken des Börsenkurses einer Aktie) maßgebend war. Deshalb lässt sich hier meistens auch problemlos feststellen, ob ein wertsteigerndes Ereignis (zB das Wiederansteigen des Börsenkurses) als ein Wegfall der Abschreibungsgründe iSd Abs 1 anzusehen ist.

In vielen Fällen beruht eine Abschreibung jedoch auf **mehreren Umständen.** Eine Darlehensforderung wurde zB erheblich abgeschrieben, weil der Schuldner zunehmend schleppender gezahlt hatte, sein Unt einer krisenbehafteten Branche angehört, er außerdem in einen bedeutenden Produkthaftungsfall verwickelt war und der Wert des als Sicherheit verpfändeten Grundstücks wesentlich unter dem Betrag der Forderung lag. In einem solchen Fall hat eine Wertaufholung nicht erst dann zu erfolgen, wenn **sämtliche** wertmindernden Umstände weggefallen sind, sondern es genügt, dass **nur einige** (oder gar nur einer) der Abschreibungsgründe nicht mehr bestehen, sofern sich dadurch bereits ein höherer Wert des VG (im Beispiel: der Forderung) ergibt (so auch *ADS*[6] § 280 Anm 13ff).

Dies gilt, obwohl der Gesetzeswortlaut verlangt, dass „die“ (dh alle) Gründe für die Abschreibung nicht mehr bestehen. Denn nach dem Sinn und Zweck des Wertaufholungsgebots, die Vermögenslage iSd GoB zutreffend darzustellen, ist es unerheblich, warum es zur Wertaufholung gekommen ist. Entscheidend ist allein, dass dem abgeschriebenen VG bei einer Gesamtbetrachtung inzwischen wieder ein höherer Wert beizumessen ist. So muss es im Beispielsfall genügen, dass der Wert des verpfändeten Grundstücks (zB weil es jüngst zu Bauland erklärt worden ist) über den Forderungsbetrag hinaus angestiegen ist. Dass andere seinerzeitige Abschreibungsgründe als potenziell wertmindernde Umstände fortbestehen, spielt keine Rolle, wenn der Gesamtwert des VG hierdurch nicht mehr berührt wird. Dies gilt umso mehr, als die Gründe, die für eine Abschreibung maßgebend sind, idR gar nicht detailliert in den Buchhaltungsunterlagen festgehalten werden. Es wäre deshalb zumeist auch praktisch gar nicht möglich, das Fortbestehen der einzelnen Abschreibungsgründe in späteren Jahren zu verfolgen (glA *ADS*[6] § 280 Anm 14).

Da die Ursachen der Werterholung für die Anwendung des Abs 1 ohne Bedeutung sind, kann auch eine allein auf der **Geldentwertung** beruhende, nur nominelle Werterholung, die sachlichen Voraussetzungen dieser Vorschrift erfüllen (glA *ADS*[6] § 280 Anm 13; *Küting/Zündorf* in HdR[5] § 280 Anm 29). Es wäre in der Praxis meistens auch gar nicht möglich, reale Wertsteigerungen von den regelmäßig gleichzeitig eintretenden inflatorischen Nominalwertsteigerungen abzugrenzen. Das wird besonders deutlich, wenn Gegenstände des Umlaufvermögens gem § 253 Abs 3 auf den niedrigeren Börsen- oder Marktpreis abgeschrieben wurden und dieser Preis in einem späteren Gj seinen alten Stand wieder erreicht. Hier eine „Inflationskomponente“ aus dem Zuschreibungsbetrag herauszunehmen, ist weder nach Abs 1 erforderlich noch zur Wahrung des AK-Prinzips notwendig, da das maximale Volumen der Zuschreibung durch Abs 1 selbst ausreichend begrenzt wird (Anm 13). 7

Es ist nicht erforderlich, dass die Werterholung so umfangreich ist, dass der vor der außerplanmäßigen Abschreibung vorhandene (ggf um zwischenzeitliche planmäßige Abschreibungen zu vermindernde) Buchwert wieder *voll* erreicht wird. Auch eine **teilweise Werterholung** erfüllt die Voraussetzungen des Abs 1 (glA *ADS*[6] § 280 Anm 16), da „im Umfang der Werterhöhung“ zuzuschreiben ist. Auch dem Sinn und Zweck des Abs 1, die Vermögenslage iSd GoB möglichst zutreffend darzustellen, dient die Berücksichtigung einer nur teilweisen Werterholung wesentlich besser, als mit der Wertzuschreibung bis zu einer vollen Werterholung zu warten (glA *ADS*[6] § 280 Anm 16 mwN). 8

Hinsichtlich der Zuschreibung einer steuerrechtlichen Sonderabschreibung iSd § 254 ist zwischen einer freiwilligen und einer zwingenden Zuschreibung zu differenzieren. Eine freiwillige Zuschreibung kommt dann in Betracht, wenn sich nach Vornahme einer **rein steuerrechtlich motivierten Sonderabschreibung** die steuerrechtliche Gesamtsituation der Ges erheblich geändert hat und daher eine Rückgängigmachung der Sonderabschreibung steuerrechtlich vorteilhaft wäre. Hier liegt jedoch kein Wegfall der Abschreibungsgründe iSd Abs 1 vor. Demnach ist hier keine Wertaufholung vorzunehmen (glA *Siegel* in Beck HdR B 169 Anm 45; aA *ADS*[6] § 280 Anm 26). Eine zwingende Zuschreibung ist in zwei Fällen vorzunehmen. Erstens kann sich in einem späteren Jahr herausstellen, dass die Voraussetzungen für die steuerrechtliche Sonderabschreibung von Anfang an nicht erfüllt wurden. In diesem Fall lag zu keinem Zeitpunkt ein die Abschreibung rechtfertigender Grund vor (Anm 20). Zweitens können die Voraussetzungen, die zu der steuerrechtlichen Abschreibung geführt haben, nachträglich entfallen (zB durch einen Verstoß gegen die Bindefrist gem § 2 Nr 2 FörderGG). Dann ist eine Wertaufholung iSd § 280 Abs 1 vorzunehmen (glA *ADS*[6] § 280 Anm 23). Da steuerrechtlich motivierte Abschreibungen iSd § 254 nie auf einem tatsächlichen, sondern auf einem fiktiven Wertverfall beruhen, ist diese Wertaufholung ebenfalls fiktiv (vgl *Küting/Zündorf* in HdR[5] § 280 Anm 50). 9

3. Feststellung des Wegfalls der Abschreibungsgründe

Abs 1 verlangt schließlich, dass sich in einem späteren Gj „herausstellt“, dass die Gründe für die außerplanmäßige Abschreibung nicht mehr bestehen. Dies 10 bedeutet nicht etwa, dass die zuständigen Personen warten dürfen, bis ihnen zufällig zur Kenntnis kommt, dass ein VG, bei dem früher einmal eine außerplanmäßige Abschreibung vorgenommen worden ist, inzwischen wieder werthaltiger geworden ist. Es ist im Hinblick auf die Generalnorm des § 264 Abs 2 vielmehr grds zu jedem Bilanzstichtag **zu prüfen,** ob bei VG der in Betracht kommenden Art relevante Wertsteigerungen eingetreten sind. Die Intensität der diesbezüglichen jährlichen Prüfungshandlungen muss sich nach der Bedeutung des betr VG für das Unt und nach dem Umfang und der Wahrscheinlichkeit denkbarer Wertsteigerungen richten. Im Allgemeinen sind dabei aber keine strengen Anforderungen zu stellen, wie der – etwas vagen – Gesetzesformulierung („stellt sich heraus", Anm 12) entnommen werden kann.

11 Die regelmäßige **Prüfung darf** aber bzgl solcher VG des Anlagevermögens **unterbleiben,** die auch ohne Berücksichtigung der außerplanmäßigen Abschreibung inzwischen infolge planmäßiger Abschreibung voll oder auf einen Erinnerungswert abgeschrieben wären.

II. Durchführung der Wertaufholung

1. Zeitliche Anforderungen

12 Die gesetzliche Forderung, dass sich die Werterholung in einem späteren Gj „herausgestellt" haben müsse, ist auch für die Frage von Bedeutung, **in welchem Geschäftsjahr** eine gem Abs 1 gebotene Wertaufholung vorzunehmen ist. Aus ihr ergibt sich nämlich, dass es nicht auf den objektiven Zeitpunkt der Werterholung ankommt, sondern darauf, wann die betr Ges von der Werterholung Kenntnis erlangt. Dies bedeutet insb, dass die Ges dann, wenn sie von einer objektiv schon mehrere Jahre bestehenden Werterholung Kenntnis erhält, weder berechtigt noch verpflichtet ist, bereits festgestellte JA früherer Gj entsprechend zu ändern. Wird jedoch die Kenntnis von einer im letzten Gj erfolgten Werterholung zwischen dem Ende dieses Gj und der Feststellung des diesbezüglichen JA erlangt, ist sie in diesem JA noch zu berücksichtigen (wobei ggf eine Nachtragsprüfung nach § 316 Abs 3 zu erfolgen hat). Andernfalls wäre die Vermögenslage falsch dargestellt. Die Zuschreibung darf aus dem gleichen Grunde auch nicht beliebig (quasi als „Gewinnrealisierungsreserve") in die Zukunft verschoben werden, sondern sie ist vorzunehmen, *sobald* die gesetzlichen Voraussetzungen erfüllt sind (glA *ADS*[6] § 280 Anm 17 mwN).

2. Umfang der Wertaufholung

13 Die auf Grund einer Werterholung vorzunehmende **Zuschreibung** ist kumulativ **in zweifacher Weise begrenzt.** Sie darf erstens maximal in Höhe des Betrags der seinerzeitigen außerplanmäßigen Abschreibung erfolgen. Dieser Höchstbetrag vermindert sich bei abnutzbaren VG des Anlagevermögens noch dadurch, dass von dem Betrag der außerplanmäßigen Abschreibung diejenigen planmäßigen Abschreibungen zu kürzen sind, die – hätte es keine außerplanmäßige Abschreibung gegeben – inzwischen von der seinerzeitigen Abschreibungsbasis zusätzlich vorzunehmen gewesen wären.

Die zweite absolute Höchstgrenze besteht darin, dass bei allen VG keinesfalls mehr zugeschrieben werden darf, als der eingetretenen Werterholung (dh der Differenz zwischen dem jetzigen Verkehrswert oder beizulegenden Wert und dem jetzigen Buchwert des VG) entspricht. Es kann daher bei nur allmählicher Werterholung zu mehreren aufeinander folgenden Zuschreibungen kommen.

Der sich bei Beachtung dieser Höchstgrenzen ergebende Betrag ist andererseits aber auch der **Mindestbetrag der Zuschreibung.** Eine Zuschreibung mit einem geringeren Betrag stellt daher grds eine Verletzung des Wertaufholungsgebots dar. 14

3. Zur buchmäßigen Behandlung

Die **Wertaufholung** hat **in der Bilanz** durch eine Zuschreibung zum Buchwert des betr VG zu erfolgen. Werden steuerrechtliche Sonderabschreibungen gem § 281 Abs 1 S 1 allerdings durch Einstellung eines entspr Betrags in den Sonderposten mit Rücklageanteil vorgenommen, darf eine Zuschreibung nur in Form einer Verminderung des Sonderpostens erfolgen. 15

Die **Zuschreibung** ist stets auch **in der GuV** auszuweisen, und zwar auch dann, wenn gleichzeitig eine **Wertaufholungsrücklage** (Anm 38ff) gebildet wird. Grds sind Zuschreibungen unter den „sonstigen betrieblichen Erträgen" (§ 275 Abs 2 Nr 4 bzw Abs 3 Nr 6) zu erfassen (§ 275 Anm 98). Ausnahmen bestehen für Erzeugnisse (dann Berücksichtigung unter § 275 Abs 2 Nr 2 bzw Abs 3 idR unter Nr 2) sowie für Roh-, Hilfs- und Betriebsstoffe und Waren (dann Berücksichtigung unter § 275 Abs 2 Nr 5a bzw Abs 3 idR unter Nr 2) (glA *ADS*[6] § 280 Anm 38). Insb bei Beteiligungen kann auch ein Ausweis unter den „außerordentlichen Erträgen" (§ 275 Abs 2 Nr 15 bzw Abs 3 Nr 14) in Frage kommen (glA *ADS*[6] § 280 Anm 38). 16

Bei abnutzbaren VG des Anlagevermögens ist nach erfolgter Zuschreibung idR eine **Änderung des Abschreibungsplans** erforderlich (§ 253 Anm 258ff). Bei voller Wertaufholung (die hier nur unter Abzug der planmäßigen Abschreibung von den außerplanmäßigen Abschreibungen erfolgen darf, Anm 13) kann der ursprüngliche Abschreibungsplan wieder benutzt werden. Bei nur teilweiser Wertaufholung ist ein neuer Abschreibungsplan aufzustellen. Die planmäßigen Abschreibungen im Jahr der Zuschreibung selbst sollten bereits von der durch die Zuschreibung erhöhten Wertbasis errechnet werden, da dies die Ertragslage des Unt zutreffend wiedergibt; wird weiterhin der ursprüngliche Abschreibungsplan zugrunde gelegt, fällt der Zuschreibungsbetrag entsprechend höher aus, was die Aussagekraft des JA ebenfalls verbessert (glA *ADS*[6] § 280 Anm 32ff). 17

III. Wertaufholung und Bilanzberichtigung

Abs 1 darf angesichts seiner systematischen Stellung und als rechtsformspezifische Spezialregelung gegenüber dem in § 253 Abs 5 enthaltenen allgemeinen Wertbeibehaltungswahlrecht nicht entspr auf andere als die in ihm ausdrücklich genannten Fälle der Abschreibung angewendet werden. Eine analoge Anwendung verbietet sich daher nicht nur für planmäßige Abschreibungen iSd § 253 Abs 2 S 1, sondern auch für fehlerhafte Abschreibungen aller Art. Denn Abs 1 dient nicht der Korrektur von Bilanzierungsfehlern früherer Jahre, sondern er soll es ausschließlich ermöglichen, die – zunächst richtige – Bewertung an bestimmte spätere Wertveränderungen anzupassen. Eine Korrektur von Bilanzierungsfehlern hat deshalb ausschließlich gem den Regeln über die Änderung von JA (§ 253 Anm 802ff, *IDW RS HFA 6,* Anm 15f) zu erfolgen (glA *ADS*[6] § 280 Anm 22; *Siegel* in Beck HdR B 169 Anm 5). Dies ist insb deshalb zu beachten, weil eine Bilanzberichtigung – im Gegensatz zu einer Wertaufholung iSd § 280 – nicht zur Bildung einer (die Zuschreibung im Ergebnis wieder neutralisierenden) Wertaufholungsrücklage iS der §§ 58 Abs 2a AktG, 29 Abs 4 GmbHG (Anm 38ff) berechtigt; glA *ADS*[6] § 280 Anm 22. 18

19 Die **Abgrenzung** zwischen einer echten Wertaufholung und einer Bilanzberichtigung wird allerdings nicht immer einfach durchzuführen sein, da die subjektive Werteinschätzung des Bilanzierenden bei der Durchführung der vorangegangenen außerplanmäßigen Abschreibung für die Qualifizierung dieser Maßnahme erheblich sein kann, aber oft nicht nachweisbar ist. Im Zweifelsfall sollte eine Behandlung als Wertaufholung nicht beanstandet werden.

20 Ein Fall einer (nicht nach Abs 1 zu behandelnden) Bilanzberichtigung liegt aber stets dann vor, wenn Sonderabschreibungen, die unter Berufung auf steuerrechtliche Vorschriften vorgenommen wurden, von der FinVerw wegen Fehlens der erforderlichen tatsächlichen Voraussetzungen nicht anerkannt worden sind und daraufhin auch in der HB rückgängig gemacht werden. Denn hier wird lediglich eine von Anfang an unzulässige Abschreibung nachträglich korrigiert (Anm 9). Es ist daher auch hier allein nach den Regeln über die Bilanzberichtigung vorzugehen (aA *Schulze-Osterloh* FR 1986, 553; *ADS*[6] § 280 Anm 23). Die Gegenmeinung, die Abs 1 auch in derartigen Fällen anwenden möchte, übersieht, dass dadurch eine das Steuerrecht verletzende Ges infolge dieser Steuerrechtsverletzung eine Möglichkeit zur Bildung einer Wertaufholungsrücklage (Anm 38 ff) erhielte, die sie bei Befolgung bzw zutreffender Auslegung der betr steuerrechtlichen Vorschriften nicht hätte. Außerdem muss in derartigen Fällen auch bei nicht dem § 280 unterliegenden Ges eine Korrektur erfolgen, die dort jedoch nur auf die allgemeinen Regeln der Änderung von JA und keinesfalls auf § 280 gestützt werden kann, da diese Norm grds nur auf bestimmte Ges anwendbar ist (Anm 1).

C. Das Wertbeibehaltungswahlrecht (Abs 2)

I. Historische Einschränkung des Wertaufholungsgebots

21 Eine Wertaufholung, die nach Abs 1 grds geboten ist, darf gem Abs 2 unterbleiben, wenn **zwei Bedingungen kumulativ** gegeben sind:

a) Es muss steuerrechtlich prinzipiell die Wahl zwischen Wertbeibehaltung und Zuschreibung zulässig sein, und
b) die Beibehaltung des steuerrechtlichen Wertansatzes muss dabei zur Voraussetzung haben, dass auch handelsrechtlich keine Zuschreibung erfolgt.

22 Aufgrund des strikten **steuerrechtlichen Wertaufholungsgebots** wird der Grundsatz der Maßgeblichkeit der HB für die Steuerbilanz (§ 243 Anm 111 ff) an dieser Stelle durchbrochen. Der steuerrechtliche Buchwert bleibt insoweit von einer handelsrechtlichen Zuschreibung unberührt.

23 Die Voraussetzungen des Abs 2 können praktisch nicht mehr erfüllt werden (Anm 26). Die Anwendung des handelsrechtlichen und des steuerrechtlichen Wertaufholungsgebots ist der Grundfall; Abs 2 könnte somit gestrichen werden. Bzgl der im Inland ertragsteuerrechtlich nicht relevanten WG steuerbefreiter Unt oder ausländischer Betriebsstätten s *ADS*[6] § 280 Anm 47 f.

II. Pflicht zur Zuschreibung

25 Das in Abs 2 formulierte Wahlrecht ist nach Einführung des steuerrechtlichen Wertaufholungsgebots praktisch gegenstandslos geworden (*WPH I*[12] F 82). Gem § 6 Abs 1 Nr 1 S 1 u Nr 2 S 1 EStG sind die WG des Anlage- und Umlaufvermögens grds zu AK/HK ggf vermindert um Abzüge nach § 6 b EStG oder ähnliche Abzüge anzusetzen. Bei abnutzbaren WG sind zusätzlich planmäßige

AfA sowie erhöhte Absetzungen und Sonderabschreibungen zu berücksichtigen. Sofern der Teilwert auf Grund einer dauerhaften Wertminderung niedriger ist, darf dieser angesetzt werden (§ 6 Abs 1 Nr 1 S 2 und Nr 2 S 2 EStG). Zur Definition der dauerhaften Wertminderung in der Steuerbilanz s *BMF* 25. 2. 2000 BStBl I, 372 sowie § 253 Anm 14ff. Der niedrigere Teilwert wird bezogen auf den jeweiligen Bilanzstichtag ermittelt. Ergibt sich in späteren Perioden ein höherer Teilwert, ist dieser anzusetzen, wobei die (ggf fortgeführten) AK/HK aber nicht überschritten werden dürfen.

Dieses indirekte steuerrechtliche Zuschreibungsgebot wirkt bei KapGes und KapCoGes auf die HB zurück, weil dadurch die Ausnahmeregelung des Abs 2 ins Leere geht, da eine ihrer notwendigen Anwendungsvoraussetzungen (Wahlrecht zur Beibehaltung des niedrigeren Wertansatzes für Zwecke der steuerrechtlichen Gewinnermittlung; Anm 21) nicht erfüllt werden kann. Somit besteht für KapGes und KapCoGes wegen des Abs 1 – mit den in Tz 50 genannten Ausnahmen – stets eine **Pflicht zur Zuschreibung,** wenn die Gründe für eine vorausgegangene außerplanmäßige Abschreibung zu einem späteren Zeitpunkt entfallen. Für freiwillige Zuschreibungen besteht kein Raum. 26

III. Abweichende Zuschreibungspflicht in Handels- und Steuerbilanz

Aus der Zuschreibungspflicht in der HB kann nicht ohne Weiteres gefolgert werden, dass sich diese unmittelbar aus der Steuerbilanz ergibt. Denn während in der HB durch Abs 1 der ganze oder teilweise Wegfall der Abschreibungsgründe (Anm 5ff) für die Wertaufholung maßgeblich ist, stellt die Steuerbilanz alleine auf den Anstieg des Teilwerts – aus welchen Gründen auch immer – ab (*Küting* in FS Brönner, 231; *Herzig/Rieck* WPg 1999, 311). Lediglich in den Fällen einer zuvor erfolgten AfaA gem § 7 Abs 1 S 6 EStG in der Steuerbilanz wird ein Wegfall der ursächlichen Gründe für die Zuschreibung gefordert. Zur Abgrenzung von AfaA und Teilwertabschreibung und insb der unterschiedlichen Nachweispflichten vgl *Herzig/Rieck* WPg 1999, 313 sowie *Prinz* Bilanzpolitik DStR 2000, 668. 29

Daneben sieht § 6 Abs 1 Nr 1 S 4 für die Steuerbilanz vor, dass der Stpfl einen niedrigeren Teilwert jedes Jahr erneut nachweisen muss, um der Zuschreibungspflicht zu entgehen (*Groh* DB 1999, 983). In der HB hingegen genügt der weniger strenge Nachweis (Anm 10), dass die Gründe für die ursprüngliche außerplanmäßige Abschreibung noch bestehen.

Unterschiedliche Ansätze können sich ferner durch die verschiedenen Qualitäten der geforderten Wertminderungen in HB und Steuerbilanz ergeben (§ 253 Anm 15; *Loitz/Winnacker* Die dauernde Wertminderung im Umlaufvermögen vor dem Hintergrund der handelsrechtlichen und steuerlichen Bilanzierung DB 2000, 2229 mwN). So genügt in der HB einer KapGes/KapCoGes bei VG des Finanzanlagevermögens bereits eine nur vorübergehende Wertminderung für die Vornahme einer außerplanmäßigen Abschreibung gem § 253 Abs 2 S 3; in der entspr Steuerbilanz kommt die Teilwertabschreibung hingegen nur bei einer dauerhaften Wertminderung in Betracht. Gleiches gilt bei einer nur vorübergehenden Wertminderung von VG des Umlaufvermögens, die eine handelsrechtliche Abwertungspflicht gem § 253 Abs 3 S 2 und zugleich ein steuerrechtliches Abschreibungsverbot auslöst. 30

Die unvollständige Maßgeblichkeit der steuerrechtlichen für die handelsrechtliche Zuschreibungspflicht wird insb dann deutlich, wenn die Gründe für eine am vorangegangenen Bilanzstichtag dauerhafte Wertminderung (bei VG 31 des Finanzanlagevermögens von KapGes/KapCoGes oder VG des Umlaufvermögens) am folgenden Bilanzstichtag zwar vorhanden, aber nur noch von vorübergehender Natur sind: Der niedrigere Wert darf in der HB beibehalten werden (keine Anwendung des Abs 1) und in der Steuerbilanz besteht Zuschreibungspflicht (*Küting* in FS Brönner, 241). Ein weiteres Beispiel für die unvollständige Maßgeblichkeit sind Ges, die nicht unter § 280 fallen. Für sie gilt zwar ebenfalls das Zuschreibungsgebot in der Steuerbilanz, handelsrechtlich bleibt es aber bei dem Wertaufholungswahlrecht gem § 253 Abs 5 (dazu § 253 Anm 655 ff). Das Auseinanderfallen von HB und Steuerbilanz – Durchbrechung des Maßgeblichkeitsgrundsatzes – ist insoweit vom Gesetzgeber gewollt (BT-Drs 14/23, 237).

32 Auch im Anschluss an eine **Verschmelzung** werden sich regelmäßig weitere Abweichungen zwischen HB und Steuerbilanz ergeben: Wird handelsrechtlich die Verschmelzung als Anschaffungsvorgang bei der aufnehmenden Ges gewertet (§ 255 Anm 44 Abs 2), werden mit der getroffenen Entscheidung über die Buchwertfortführung oder ergebnisneutrale Bilanzierung die Wertansätze des übernommenen Vermögens für die Folgezeit verbindlich festgelegt; es erfolgt somit eine Neufestlegung der AK in der Handelsbilanz (*Küting/Harth* DStR 2000, 216). Da die übernehmende Ges steuerrechtlich im Wege der Gesamtrechtsnachfolge die historischen bzw fortgeführten AK/HK der übertragenden Ges übernimmt (§ 12 Abs 3 und 4 UmwStG), führt im Falle einer vorangegangenen Teilwertabschreibung eines VG bei der untergehenden Ges eine Werterholung des entspr VG bei der übernehmenden Ges zu einer steuerrechtlichen Zuschreibungspflicht. In der HB bilden die gewählten Wertansätze hingegen die Obergrenze (*Küting/Harth* DStR 2000, S 216).

33 Die Ausweitung der möglichen Abweichungen zwischen HB und Steuerbilanz (Anm 29 ff) hat Einfluss auf die Bedeutung latenter Steuern. Da sich eine Zuschreibungspflicht in der Steuerbilanz stets strenger als in der HB darstellt, und in der Folge das Ergebnis der Steuerbilanz größer als das der HB sein wird, besteht ein Wahlrecht zur Bildung aktiver latenter Steuern (s § 274 Anm 41).

D. Die Angabepflichten im Anhang (Abs 3)

34 Gem Abs 3 sind im Anhang besondere Angaben zu machen, wenn Zuschreibungen, die nach Abs 1 grds erforderlich sind, auf Grund des Abs 2 unterlassen werden. Es ist hierbei der Betrag der im Gj aus steuerrechtlichen Gründen unterlassenen Zuschreibungen zu nennen und hinreichend zu begründen.

35 Da Abs 2 praktisch nicht mehr zur Anwendung kommt (Anm 25 f), ist Abs 3 ebenfalls obsolet geworden. Abs 3 könnte daher auch gestrichen werden.

E. Die Wertaufholungsrücklage

I. Funktion der Rücklage

38 Gem den §§ 58 Abs 2 a AktG, 29 Abs 4 GmbHG dürfen alle KapGes den EK-Anteil von Wertaufholungen in den Posten „andere Gewinnrücklagen" einstellen. Hierdurch soll den von dem Wertaufholungsgebot des Abs 1 betroffenen KapGes die Möglichkeit eingeräumt werden, die aus einer Wertaufholung resultierende Erhöhung des Jahresergebnisses im Unt zu halten. Die Bildung einer Wertaufho-

lungsrücklage ist somit materiell als ein Akt der Gewinnverwendung anzusehen, der jedoch bereits bei der Bilanzaufstellung berücksichtigt werden darf.

II. Höhe der Rücklage

Die Bildung einer Wertaufholungsrücklage darf maximal in Höhe des EK-Anteils der aus der Wertaufholung herrührenden Zuschreibungen erfolgen. Eine geringere Zuführung zur Rücklage ist jedoch zulässig. Der nicht ausgeschöpfte Teil der maximalen Zuführung darf aber später nicht nachgeholt werden (Anm 46). 39

Der **EK-Anteil der Zuschreibung** ist grds gleich der Differenz zwischen dem Betrag der Zuschreibung und der durch sie verursachten Steuerbelastung. 40

Der Generalnorm des § 264 Abs 2 wird grds nur eine Vorgehensweise gerecht, die die effektive Steuerbelastung (insb unter Berücksichtigung von steuerrechtlichen Verlustvorträgen) heranzieht. 41

Bei einer Zuschreibung gem Abs 1, die **nur in der Handelsbilanz** erfolgte, braucht bei der Bemessung der Wertaufholungsrücklage **kein Abzug für latente Ertragsteuern** vorgenommen zu werden, da hier lediglich eine nur handelsrechtliche Abschreibung rückgängig gemacht wird, so dass diese Zuschreibung keinen Steueraufwand begründen kann; dies ist nicht gegeben bei einer aktiven Steuerlatenz in Bezug auf die Vornahme der allein handelsrechtlichen Abschreibung (*Siegel* in Beck HdR B 169 Anm 87). 42

III. Bildung der Rücklage

In zeitlicher Hinsicht darf uE die Wertaufholungsrücklage nur in demjenigen JA gebildet werden, in dem auch die Wertaufholung vorgenommen wird. Eine **Nachholung** in späteren Jahren ist nicht zulässig (ebenso *Siegel* in Beck HdR B 169 Anm 86; *ADS*[6] § 58 AktG Anm 104, die eine spätere Nachholung jedoch zulassen, falls eine Wertaufholungsrücklage wegen Fehlens eines Jahresüberschusses nicht gebildet wurde; *ADS*[6] § 58 AktG Anm 98). 46

Buchtechnisch hat die Bildung der Rücklage – wie auch die Wertaufholung selbst (Anm 16) – über die GuV zu erfolgen, jedoch – weil materiell Gewinnverwendung – im Gegensatz zur Wertaufholung erst *nach* dem Jahresergebnis (Anm 38 aE). Eine unmittelbare Buchung „Wertaufholung Vermögensgegenstand an andere Gewinnrücklagen" ist nicht zulässig (glA *ADS*[6] § 58 AktG Anm 107). 47

Die Bildung der Rücklage hat **nicht** zur Voraussetzung, dass ein **ausreichend hoher Jahresüberschuss** vorhanden ist, denn eine Bildung der Rücklage „aus dem Jahresüberschuss" wird – im Gegensatz zu § 58 Abs 1 und 2 AktG – nach dem Gesetzestext nicht verlangt und ist auch zur Erhaltung der gesetzlichen Rücklage und der Kapitalrücklage nicht erforderlich (*ADS*[6] § 58 AktG Anm 95). Der Betrag der Wertaufholungsrücklage ist entweder gesondert in der Bilanz auszuweisen oder im Anhang anzugeben (§ 58 Abs 2a S 2 AktG).

IV. Auflösung der Rücklage

Die Wertaufholungsrücklage ist materiell kein Gegenposten zum Buchwert des werterholten VG. Ihre Bildung ist vielmehr eine vom weiteren Schicksal dieses VG unabhängige, allein bilanzpolitisch zu verstehende Gewinnverwendungsmaßnahme. Die Rücklage braucht daher beim Abgang oder bei einem er- 48 neuten Wertverfall des betr VG nicht aufgelöst zu werden, und umgekehrt wird ihre Auflösung in keiner Weise durch den Verbleib dieses VG im Ges-Vermögen und durch seine Wertentwicklung behindert (aA *Siegel* in Beck HdR B 169 Anm 88). Die Auflösung einer Wertaufholungsrücklage richtet sich vielmehr ausschließlich nach den allgemeinen Regeln für die Auflösung des Bilanzpostens „andere Gewinnrücklagen" (§ 272 Anm 108).

V. Steuerrechtliche Bedeutung der Rücklage

49 Da die Bildung der Wertaufholungsrücklage ein Akt der Gewinnverwendung und nicht der Gewinnermittlung ist (Anm 38 aE), mindert sie das steuerrechtliche Einkommen nicht. Dementsprechend ist auch eine spätere Auflösung der Rücklage als solche ohne steuerrechtliche Bedeutung.

F. Übergangsvorschriften

50 Zu den Übergangsvorschriften zum BiRiLiG sowie zum KapCoRiLiG vgl Art 24 bzw Art 48 EGHGB.

G. Rechtsfolgen einer Verletzung des § 280

51 Spezielle **zivilrechtliche Rechtsfolgen** einer Verletzung des Abs 1 sieht das HGB nicht vor. Wird eine gebotene Wertaufholung unterlassen, liegt jedoch eine Unterbewertung vor, die bei Wesentlichkeit und vorsätzlicher Begehung uU zur Nichtigkeit des JA führen kann (s § 264 Anm 57f). In weniger schwerwiegenden Fällen kommt eine Einschränkung des BVm in Betracht (§ 264 Anm 59). Bei einer AG/KGaA kann eine Verletzung des Abs 1 außerdem zu einer Sonderprüfung iSd § 258 AktG führen.

Hinsichtlich **straf- und bußgeldrechtlicher Konsequenzen** einer Verletzung des § 280s die Erl zu den §§ 331 und 334.

H. Zur steuerrechtlichen Bedeutung des § 280

52 Aufgrund des steuerrechtlichen Wertaufholungsgebots (Anm 22f) hat § 280 keine steuerrechtliche Bedeutung mehr, da die Maßgeblichkeit des § 5 Abs 1 S 1 EStG aufgrund der steuerrechtlichen Spezialregelung in § 6 Abs 1 Nr 1 S 1u Nr 2 S 1 EStG durchbrochen wird.

I. Zur Bedeutung des § 280 im Rahmen des Publizitätsgesetzes

53 § 280 gilt *nicht* für die dem PublG unterliegenden Unt (§ 5 Abs 1 S 2 PublG).

J. Abweichungen der IFRS

54 Gem IAS 36.110 hat ein Unt an jedem Bilanzstichtag zu überprüfen, ob es Anhaltspunkte dafür gibt, dass eine früher vorgenommene Wertminderung nicht mehr besteht oder sich vermindert hat. Haben sich die Schätzungen, die bei der

Ermittlung des erzielbaren Betrags zugrunde gelegt wurden, geändert, besteht eine **Wertaufholungspflicht** (IAS 36.114) bis zu den fortgeführten AK/HK (IAS 36.117). Im Gegensatz zum HGB enthalten die IFRS keine Ausnahmen von dieser Pflicht (vgl *Ballwieser* in Bilanzrecht Anm 521). Zur Durchführung einer Wertaufholung nach einer außerplanmäßigen Abschreibung vgl im Einzelnen § 253 Anm 677, 686, 692 sowie 696.

Sowohl bei einer Wertminderung als auch bei einer Wertaufholung sind umfassende Angaben im Anhang vorzunehmen (IAS 36 126–137).

§ 281 Berücksichtigung steuerrechtlicher Vorschriften

(1) [1]**Die nach § 254 zulässigen Abschreibungen dürfen auch in der Weise vorgenommen werden, daß der Unterschiedsbetrag zwischen der nach § 253 in Verbindung mit § 279 und der nach § 254 zulässigen Bewertung in den Sonderposten mit Rücklageanteil eingestellt wird. [2]In der Bilanz oder im Anhang sind die Vorschriften anzugeben, nach denen die Wertberichtigung gebildet worden ist. [3]Unbeschadet steuerrechtlicher Vorschriften über die Auflösung ist die Wertberichtigung insoweit aufzulösen, als die Vermögensgegenstände, für die sie gebildet worden ist, aus dem Vermögen ausscheiden oder die steuerrechtliche Wertberichtigung durch handelsrechtliche Abschreibungen ersetzt wird.**

(2) [1]**Im Anhang ist der Betrag der im Geschäftsjahr allein nach steuerrechtlichen Vorschriften vorgenommenen Abschreibungen, getrennt nach Anlage- und Umlaufvermögen, anzugeben, soweit er sich nicht aus der Bilanz oder der Gewinn- und Verlustrechnung ergibt, und hinreichend zu begründen. [2]Erträge aus der Auflösung des Sonderpostens mit Rücklageanteil sind in dem Posten „sonstige betriebliche Erträge", Einstellungen in den Sonderposten mit Rücklageanteil sind in dem Posten „sonstige betriebliche Aufwendungen" der Gewinn- und Verlustrechnung gesondert auszuweisen oder im Anhang anzugeben.**

Übersicht

A. Wertberichtigungen als Sonderposten mit Rücklageanteil (Abs 1)

I. Allgemeines

Aus Abs 1 S 1 ergibt sich für KapGes/KapCoGes ein Wahlrecht, die ausschließlich **auf steuerrechtlichen Bestimmungen beruhenden Abschreibungen** (§§ 254, 279) auf der Aktivseite der Bilanz vorzunehmen oder aber diese als Wertberichtigungen in den **Sonderposten mit Rücklageanteil** ein- 1 zustellen. Gleiches gilt auf Grund der Verweisung in § 5 Abs 1 S 2 PublG auch für die dem PublG unterliegenden Unt. Da jedoch § 5 Abs 1 PublG nicht auch auf § 279 verweist, dürfen diese Unt auch solche Abschreibungen als Sonderposten ausweisen, die für KapGes/KapCoGes unzulässig sind (weil sie nur § 254, aber nicht § 279 Abs 2 entsprechen; letzteres ist *derzeit nur selten* der Fall, § 279 Anm 7). Alle Kreditinstitute und VersicherungsUnt sind hingegen den KapGes gleichgestellt (§§ 340 a, 341 a).

Mit Ausübung dieses Wahlrechts wird zwar die vielfach beklagte, aus der umgekehrten Maßgeblichkeit (§ 243 Anm 121 f) resultierende Verfälschung der HB gemildert, andererseits erfordert aber die Erfassung der in dem Sonderposten (als Wertberichtigungen, Abs 1 S 2) zu verrechnenden Abschreibungen und insb die Kontrolle der vorzunehmenden Auflösungen zusätzlichen Verwaltungsaufwand; dazu näher Anm 2. Bei mittelgroßen und großen KapGes/KapCoGes sind entspr Unterlagen allerdings auch notwendig, um die durch § 285 S 1 Nr 5 geforderten Angaben im Anhang machen zu können (*ADS*[6] § 281 Anm 20).

Zu den steuerrechtlichen Abschreibungen, welche (soweit sie die handelsrechtlichen Abschreibungen übersteigen) für einen Ausweis als Wertberichtigungen innerhalb des Sonderpostens mit Rücklageanteil in Betracht kommen, s § 254 Anm 30 ff. Nicht unter §§ 254, 281 fallen die dem steuerrechtlichen Bewertungsvorbehalt unterliegenden Pflichtabschreibungen, zB nach § 7 Abs 4 Nr 1 EStG.

II. Bildung, Entwicklung und Ausweis in der Bilanz (Abs 1)

2 Der **Unterschiedsbetrag,** welcher nach § 281 Abs 1 als „Wertberichtigung“ in den Sonderposten mit Rücklageanteil eingestellt werden darf, ergibt sich aus der Gegenüberstellung der Bewertungen nach §§ 253, 279 **(handelsrechtlich zulässige Wertansätze)** einerseits und nach § 254 **(steuerrechtlich zulässige Minder-Ansätze)** andererseits. Dabei ist § 254 unter Berücksichtigung der für KapGes/KapCoGes geltenden – derzeit aber seltenen (§ 279 Anm 7) – Einschränkungen nach § 279 Abs 2 anzuwenden. Der Unterschiedsbetrag entspricht somit idR (s aber Anm 3) den unter Berufung auf steuerrechtliche Sonderregelungen gerechneten Abschreibungen, soweit diese die nach §§ 253, 279 handelsrechtlich zulässigen Abschreibungen übersteigen.

3 *Nicht* in den Sonderposten einzustellen, sondern auf der Aktivseite zu berücksichtigen sind hingegen steuerrechtlich zulässige Abschreibungen, soweit sie sich betragsmäßig mit handelsrechtlich zulässigen Abschreibungen decken. Die Anwendung des Abs 1 macht es hiernach erforderlich, für jeden einzelnen VG (§ 252 Abs 1 Nr 3), soweit er unter Berufung auf steuerrechtliche Bestimmungen höher abgeschrieben wird, eine **zweifache Bewertung** vorzunehmen: Zum einen ist der nach der betreffenden steuerrechtlichen Vorschrift zugelassene geringere Ansatz und zum anderen der zulässige handelsrechtliche Wert (hierzu § 254 Anm 4) zu ermitteln. Der letzte Wert ist auf der Aktivseite zu erfassen, während der Unterschiedsbetrag zu dem geringeren steuerrechtlichen Ansatz in den Sonderposten mit Rücklageanteil einzustellen ist. Zu den folgenden Bilanzstichtagen ist der Sonderposten dem jeweils in gleicher Weise neu zu ermittelnden Unterschiedsbetrag je VG anzupassen. Verringert sich der Unterschiedsbetrag ggü dem Vj, ist der Sonderposten insoweit **aufzulösen,** weil die steuerrechtliche Wertberichtigung in diesem Umfang durch handelsrechtliche Abschreibungen ersetzt wird (§ 281 Abs 1 S 3; so auch *ADS*[6] § 281 Anm 40).

4 Die Wertberichtigungen gem Abs 1 sind innerhalb des Passivpostens „Sonderposten mit Rücklageanteil“ **auszuweisen** (Abs 1 S 1). Sie bilden mit den Beträgen nach §§ 247 Abs 3, 273 hinsichtlich ihres Bilanzausweises eine Einheit.

Dementsprechend besteht – wie nach § 273 S 2 – auch nach Abs 1 S 2 die Pflicht, die zugrunde liegenden steuerrechtlichen **Vorschriften** in der Bilanz oder im Anhang **anzugeben.** Hierfür dürfen die zu § 273 Anm 8 genannten Darstellungsweisen angewandt werden. Wegen der Angabe der im Gj allein nach steuerrechtlichen Vorschriften vorgenommenen (Zusatz-)Abschreibungen im Anhang Anm 6ff.

Entspr dem strikten Zusammenhang zwischen dem einzelnen VG und dem für ihn als Wertberichtigung gebildeten Sonderposten ist dieser spätestens dann **aufzulösen,** wenn der abgewertete VG als Abgang zu erfassen ist (Abs 1 S 3). 5

B. Betrag der steuerrechtlichen Abschreibungen im Anhang (Abs 2 S 1)

6 Nach Abs 2 S 1 ist im Anhang der KapGes/KapCoGes der Betrag der im Gj allein nach steuerrechtlichen Vorschriften vorgenommenen Abschreibungen nach § 254, getrennt nach Anlage- und Umlaufvermögen, anzugeben und hinreichend zu begründen. Die Angabe dieser Beträge im Anhang kann entfallen, wenn sie sich aus der Bilanz oder der GuV ergeben. Die Pflicht zur Begründung im Anhang entfällt hierbei nicht (Anm 11). Wegen der Angabe der steuerrechtlichen Vorschriften vgl Anm 4 und § 273 Anm 8. Zweck der Regelung ist es, den Einfluss der Anwendung steuerrechtlicher Bewertungsvorschriften auf das Jahresergebnis anzugeben.

7 Das HGB spricht von **Abschreibungen.** Gemeint sind nicht nur die aktiv abgesetzten Abschreibungen nach steuerrechtlichen Vorschriften (§ 254), sondern auch die Beträge, die nach Abs 1 als Wertberichtigung in **Sonderposten mit Rücklageanteil** eingestellt werden (glA *Tietze* in HdR[5] § 281 Anm 84; *ADS*[6] § 281 Anm 5). Hierbei handelt es sich nämlich auch um Abschreibungen nach § 254, deren Besonderheit lediglich darin besteht, dass sie passiv ausgewiesen werden. In diesem Fall dürfen wegen des Saldierungsverbots in § 246 Abs 2 keine Saldierungen mit Auflösungen von Wertberichtigungen vorgenommen werden. Die Wertberichtigungen nach Abs 1 sind jedoch nicht mit Einstellungen in die eigentlichen Sonderposten mit Rücklageanteil iSd § 273 identisch. Letztere sind somit nicht in den angabepflichtigen Betrag der Abschreibungen einzubeziehen, da § 281 sich ausschließlich auf Abschreibungen auf das Anlage- und Umlaufvermögen bezieht, was bei den eigentlichen Sonderposten mit Rücklageanteil (§ 273) nicht der Fall ist.

8 Der angabepflichtige Betrag hat die allein nach **steuerrechtlichen** Vorschriften vorgenommenen **Zusatz-Abschreibungen** zu umfassen. Welche steuerrechtlichen Abschreibungen für § 281 in Frage kommen, ergibt sich aus § 254 Anm 10ff. Sie müssen *allein* nach steuerrechtlichen Vorschriften vorgenommen worden sein. Damit scheiden Abschreibungen aus, die sowohl nach § 253 als auch nach steuerrechtlichen Vorschriften vorgenommen wurden, da der Ansatz dann zu einem nach § 253 zulässigen und von der KapGes/KapCoGes angesetzten Wert führt. Das ist zB der Fall bei der Abschreibung nach § 253 Abs 3 S 1 (Niederstwertansatz im Umlaufvermögen) und der Abschreibung auf den niedrigeren Teilwert nach § 6 Abs 1 Nr 1 und 2 EStG oder bei der degressiven Abschreibung gemäß § 253 im Anlagevermögen, wenn die Abschreibungen nach steuerrechtlichen Vorschriften mit den Abschreibungen nach § 253 übereinstimmen.

Das Wort „allein“, das zu einem angabepflichtigen Betrag führt, bedeutet stets einen niedrigeren steuerrechtlichen Wertansatz, als er für KapGes/KapCoGes nach § 253 zulässig ist. Angabepflichtig ist mithin nur der **Mehrabschrei-**

bungsbetrag. Dieser errechnet sich als Differenz zwischen dem niedrigeren steuerrechtlichen Wertansatz und dem höheren handelsrechtlich möglichen bzw zulässigen Wertansatz. Probleme ergeben sich hinsichtlich der Bestimmung des höheren handelsrechtlichen Wertansatzes. Nach dem Wortlaut des Gesetzes „*allein* nach steuerrechtlichen Vorschriften vorgenommene Abschreibungen" käme der niedrigst zulässige handelsrechtliche Wert zum Ansatz, da nur dann die allein steuerrechtliche Abschreibung nicht auch zugleich handelsrechtlich *mögliche* Abschreibung ist. In Anbetracht der eingeräumten Bewertungsmethodenwahlrechte muss es auch zulässig sein, die handelsrechtliche Wertuntergrenze jeweils unternehmensindividuell zu definieren, so dass für die Ermittlung der Mehrabschreibung Ausgangsgrundlage auch die nach § 253 tatsächlich vorgenommene Abschreibung sein kann, dh die handelsrechtliche Abschreibung, die gebucht worden wäre, wenn die steuerrechtlichen Bewertungspräferenzen nicht in Anspruch genommen worden wären. Insoweit besteht ein Wahlrecht bei der Errechnung der Mehrabschreibungen (§ 254 Anm 4).

9 Der angabepflichtige Betrag hat die **Mehrabschreibung des Geschäftsjahres** zu umfassen. In jedem Jahr ist dieser Betrag durch Gegenüberstellung der möglichen oder der tatsächlichen Abschreibungsbeträge nach § 253 (Anm 3) mit den höheren Abschreibungsbeträgen nach steuerrechtlichen Vorschriften zu ermitteln. Dabei ist der Grundsatz der Einzelbewertung zu beachten. Der Betrag ist auch nicht mit den steuerrechtlichen Minderabschreibungen, die sich auf Grund der steuerrechtlichen Mehrabschreibungen in Vj ergeben, zu saldieren (glA *ADS*[6] § 281 Anm 69). Angabepflichtige Beträge ergeben sich nur in den Fällen und solange, wie nach steuerrechtlichen Vorschriften mit höheren Beträgen abgeschrieben wird als nach § 253. Die Angabepflicht der Mehrabschreibungen ist von der Angabepflicht nach § 285 S 1 Nr 5 zu unterscheiden, die auf die Auswirkungen der Inanspruchnahme von steuerrechtlichen Vergünstigungsvorschriften auf das Jahresergebnis nach Ertragsteuern abstellt.

10 Die allein nach steuerrechtlichen Vorschriften vorgenommenen Mehrabschreibungen sind nach Anlage- und Umlaufvermögen getrennt anzugeben. Eine weitere **Aufgliederung,** zB nach Art der VG oder nach steuerrechtlichen Vorschriften, ist nicht vorgeschrieben, aber zulässig.

11 Nach dem Gesetzeswortlaut ist der angabepflichtige Betrag hinreichend zu begründen. Die Angabe im Anhang kann zwar unterbleiben (soweit der Betrag sich aus Bilanz oder GuV ergibt), er ist aber in jedem Falle zu begründen. Was unter „Begründung" zu verstehen ist, sagt das HGB nicht. Eine **Begründung** für die steuerrechtlichen Abschreibungen dahingehend, dass eine Steuerverschiebung bzw Steuerstundung bezweckt wird, dürfte nicht gemeint sein, da sie zu selbstverständlich ist, als dass sie angabepflichtig sein müsste. Vielmehr sind die steuerrechtlichen Grundlagen für die vorgenommenen Abschreibungen, dh die steuerrechtlichen Vorschriften, anzugeben (ebenso *WPH*[12] I, F 682; *ADS*[6] § 281 Anm 71). Die steuerpolitischen Zielsetzungen der Abschreibungsvergünstigungen sind nicht anzugeben. Werden die steuerrechtlichen Vorschriften in der Bilanz oder GuV selbst genannt (Anm 10), entfällt die Begründungspflicht im Anhang (ebenso *Tietze* in HdR[5] § 281 Anm 88).

C. Ausweis der Bildung und Auflösung von Sonderposten mit Rücklageanteil in der GuV (Abs 2 S 2)

12 Nach Abs 2 S 2 sind die Erträge aus der **Auflösung** aller Sonderposten mit Rücklageanteil (§§ 273, 281) in dem Posten „sonstige betriebliche Erträge" und die **Einstellungen** in die Sonderposten mit Rücklageanteil in dem Posten

„sonstige betriebliche Aufwendungen" auszuweisen. Damit ist klargestellt, dass diese Posten zum Ergebnis aus der gewöhnlichen Geschäftstätigkeit und **nicht zum außerordentlichen Ergebnis** gehören (Ausnahme Anm 16). Sämtliche Einstellungen oder Auflösungen sind bei den vorgenannten GuV-Posten gesondert jeweils in einem Betrag auszuweisen oder im Anhang anzugeben. Nach dem Wortlaut des HGB ist an sich eine entspr Angabe oder Vermerk in der Bilanz bei den passivierten Sonderposten ausgeschlossen. Es dürfte jedoch zulässig sein, die Entwicklung der Sonderposten im Rahmen eines sog Sonderpostenspiegels auch in der Bilanz zu erfüllen (Bsp bei *ADS*[6] § 281 Anm 58); das ersetzt aber die Angabepflicht in der GuV nicht. Der Vorschrift wird genügt, wenn in der GuV die jeweiligen Beträge in einem **Davon-Vermerk** zu den GuV-Posten angegeben werden oder wenn die sonstigen betrieblichen Erträge bzw Aufwendungen jeweils in zwei Beträge mit entspr Bezeichnung aufgegliedert werden, zB sonstige betriebliche Erträge, Erträge aus der Auflösung des Sonderpostens mit Rücklageanteil, übrige Erträge.

Eine **weitere Aufgliederung** der Erträge aus der Auflösung des Sonderpos- 13
tens mit Rücklageanteil (zB vorzeitige, planmäßige) und der Einstellungen in den Sonderposten mit Rücklageanteil nach steuerrechtlichen Vorschriften oder nach Sonderposten des § 273 iVm § 247 Abs 3 und des Abs 1 S 1 ist nicht vorgeschrieben. Es dürfte auch der Klarheit dienen, eine solche Aufgliederung in der GuV *nicht* vorzunehmen und statt dessen die entspr Angaben in den Anhang aufzunehmen. Diese Möglichkeit haben jedoch nur anhangpflichtige Unt, nicht jedoch reine PersGes und Ekfl.

Das **Saldierungsverbot** des § 246 Abs 2 gilt auch für die Auflösungserträge 14
und die Einstellungsaufwendungen. Es ist nicht zulässig, die Veränderung des gesamten Sonderpostens mit Rücklageanteil laut Bilanzausweis ggü dem Vj saldiert als Aufwand oder Ertrag zu zeigen. Das Saldierungsverbot gilt auch für den einzelnen nach einer steuerrechtlichen Vorschrift gebildeten Sonderposten (glA *ADS*[6] § 281 Anm 36). So darf zB die Auflösung eines in früheren Jahren gebildeten Sonderpostens nach § 6b EStG nicht mit einer Einstellung, die aus einem Veräußerungsgewinn des Gj resultiert, saldiert werden.

Zum Ausweis der Bildung und Auflösung von Wertberichtigungen als Son- 15
derposten mit Rücklageanteil vgl im Übrigen § 275 Anm 106 und 140.

Eine Ausnahme vom Grundsatz, dass Bildung und Auflösung von Sonder- 16
posten mit Rücklageanteil nicht zum ao Ergebnis gehören, kann dann gegeben sein, wenn der Gewinn aus der Veräußerung von Grundbesitz oder Beteiligungen als ao Ergebnis gezeigt wird und in eine Rücklage nach § 6b EStG eingestellt wird. In diesem Fall sollte die Einstellung ebenfalls im ao Ergebnis ausgewiesen werden, weil dadurch ein besserer Einblick in die Ertragslage gewährt ist (folgt aus § 277 Abs 4; aA *Tietze* in HdR[5] § 281 Anm 89).

D. Rechtsfolgen einer Verletzung des § 281

Die Verletzung der Vorschriften des § 281 ist auf unterschiedliche Weise 17
sanktioniert. Wer als Mitglied des Geschäftsführungsorgans oder des AR vorsätzlich oder leichtfertig die Verhältnisse der KapGes/KapCoGes in der Bilanz oder im Anhang unrichtig wiedergibt oder verschleiert, wird mit Freiheitsstrafe oder mit Geldstrafe bestraft (§ 331 Nr 1). Außerdem stellt die vorsätzliche oder leichtfertige Zuwiderhandlung gegen Abs 1 S 2 oder 3 und Abs 2 S 1 eine Ordnungswidrigkeit dar, die mit einer Geldbuße geahndet werden kann (§ 334 Abs 1 Nr 1d). Abs 2 S 2 ist über § 284 Abs 1 sanktioniert (§ 334 Anm 25). Stellt der AP fest, dass bei der Aufstellung des JA die gesetzlichen Vorschriften und die

sie ergänzenden Bestimmungen des GesVertrag (Satzung) nicht beachtet wurden (§ 317 Abs 1 S 2), kann je nach Schwere des Verstoßes eine Einschränkung des BVm die Folge sein (§ 322 Abs 4).

§ 282 Abschreibung der Aufwendungen für die Ingangsetzung und Erweiterung des Geschäftsbetriebs

Für die Ingangsetzung und Erweiterung des Geschäftsbetriebs ausgewiesene Beträge sind in jedem folgenden Geschäftsjahr zu mindestens einem Viertel durch Abschreibungen zu tilgen.

Übersicht

Schrifttum: S das Schrifttum zu § 269.

A. Geltungsbereich

1 § 282 gilt für KapGes, KapCoGes, dem PublG unterworfene Unt (§ 5 Abs 1 S 2 PublG), eG (§ 336 Abs 2), Kreditinstitute (§ 340 a Abs 1) und VersicherungsUnt (§ 341 a Abs 1). Wird die Bilanzierungshilfe des § 269 von sonstigen Unt in Anspruch genommen (§ 269 Anm 1), muss § 282 konsequenterweise auch von ihnen beachtet werden (*Schellhorn* in BoHdR § 282 Anm 4; aA *ADS*[6] § 282 Anm 3: im Rahmen der GoB auch längere Abschreibung zulässig).

B. Zum Inhalt des § 282

2 Ingangsetzungs- und Erweiterungsaufwendungen sind – soweit sie überhaupt aktiviert wurden (Wahlrecht, § 269 Anm 7) – in den ersten vier Gj nach dem Gj ihrer Aktivierung vollständig **abzuschreiben.** Rumpf-Gj zählen hierbei als volle Gj. Im Jahr der Aktivierung braucht jedoch noch keine Abschreibung zu erfolgen (glA *ADS*[6] § 282 Anm 5; *Commandeur* in HdR[5] § 282 Anm 4).

3 Die **Abschreibung** muss in jedem **folgenden** Gj in Höhe von mindestens 25% der ursprünglich aktivierten Beträge vorgenommen werden. Dies gilt auch für Rumpf-Gj (glA *ADS*[6] § 282 Anm 14). Eine höhere Abschreibung ist in jedem Gj zulässig, wobei der über 25% hinausgehende Teil der Abschreibung jeweils – zB je nach dem Ergebnis des betr Gj – frei gewählt werden darf (glA *ADS*[6] § 282 Anm 9). Eine gleichmäßige höhere Abschreibung ist nicht notwendig, da § 282 – im Gegensatz insb zu § 253 Abs 2 – eine planmäßige Abschreibung nicht vorschreibt (glA *Commandeur* in HdR[5] § 282 Anm 3). Außerdem erfordert die durch § 269 S 2 bewirkte „doppelte Ausschüttungssperre" (§ 269 Anm 14) eine maximale **Freiheit bezüglich der Wahl des Betrags** der jährlichen Mehrabschreibung. Der über 25% hinausgehende Teil der Abschreibung darf aber nicht von der Mindestabschreibung der Folgejahre gekürzt werden, sondern vermindert erst die Abschreibung des letzten Gj, in dem noch eine Abschreibung vorzunehmen ist. Es

sind daher zB folgende Abschreibungszyklen zulässig: 25% – 30% – 35% – 10% oder 60% – 40% – 0% – 0%. Dagegen wäre der Zyklus 50% – 30% – 10% – 10% unzulässig (glA *ADS*[6] § 282 Anm 9 ff).

Wenn Ingangsetzungs- und Erweiterungsaufwendungen über mehrere Jahre **verteilt** anfallen, entsteht im Falle ihrer Aktivierung in jedem Gj eine **gesonderte Abschreibungsbasis** (dazu § 269 Anm 7), mit deren Abschreibung im jeweiligen Folgejahr zu beginnen ist. Es ist angesichts des eindeutigen Wortlauts von § 282 nicht zulässig, zB bei einer zweijährigen Anlaufphase mit der Abschreibung auch der am Ende des ersten Gj aktivierten Ingangsetzungsaufwendungen dieses Jahres erst im 3. Gj anzufangen (glA *Commandeur* in HdR[5] § 282 Anm 6 mwN; aA unter Hinweis auf den Sinn der Bilanzierungshilfe *ADS*[6] § 282 Anm 6 mwN und *Schellhorn* in BoHdR § 282 Anm 10 ff mit Hinweisen auf die Entstehungsgeschichte). 4

Erweist sich die Ingangsetzung oder Erweiterung als **Fehlmaßnahme,** ist nach dem Imparitätsprinzip eine vollständige Abschreibung erforderlich (glA *WPH I*[12] F 59; ähnlich *ADS*[6] § 282 Anm 15 mwN). Dabei handelt es sich nicht um eine außerplanmäßige Abschreibung. Der Bilanzierungshilfe kann kein niedrigerer Wert (§ 253 Abs 2 S 3, Abs 3 S 2) beigelegt werden. Zudem ist sie kein VG.

Eine Rückgängigmachung von Abschreibungen nach § 282 durch spätere Zuschreibung zu dem aktivierten Betrag ist in keinem Fall zulässig (glA *ADS*[6] § 282 Anm 16).

C. Rechtsfolgen einer Verletzung des § 282

Wird die erforderliche Mindestabschreibung nicht vorgenommen, liegt grds eine **Überbewertung** eines Postens der Bilanz iSd § 256 Abs 5 AktG vor. Zu den sich daraus ergebenden Rechtsfolgen s § 264 Anm 57 ff. 5

D. Zur steuerrechtlichen Bedeutung des § 282

Da die Bilanzierungshilfen iSd § 269 *keine* steuerrechtliche Bedeutung haben (§ 269 Anm 18), gilt dies auch für § 282. 6

E. Abweichungen der IFRS

Sofern eine Pflicht zur Bilanzierung der Aufwendungen für die Ingangsetzung und die Erweiterung des Geschäftsbetriebs nach IFRS bestünde (§ 269 Anm 22), müsste der Vermögenswert planmäßig über die Nutzungsdauer abgeschrieben werden (*Kußmaul* Internationale Rechnungssysteme im Vergleich – Aktiva –, StB 2000, 425). 7

§ 283 Wertansatz des Eigenkapitals

Das gezeichnete Kapital ist zum Nennbetrag anzusetzen.

Schrifttum: S zu § 272

§ 283 betrifft – entgegen seiner Überschrift – nur den Ansatz des **gezeichneten Kapitals.** Das ist bei der AG und KGaA das Grundkapital (§ 152 Abs 1 S 1 AktG) und bei der GmbH das Stammkapital (§ 42 Abs 1 GmbHG). 1

2 § 283 gilt nicht für die **Kapitalanteile** der phG von **KGaA.** Deren Ansatz richtet sich nach den allgemeinen Grundsätzen für das EK von PersGes (ADS[6] § 283 Anm 15). Gleiches gilt für das EK von KapCoGes (s § 264c).

3 Gezeichnetes Kapital ist grds (Ausnahme §§ 234f AktG) der Betrag des Grund- oder Stammkapitals, der *am* Abschlussstichtag im HR eingetragen ist.

4 Die mit dem gezeichneten Kapital zusammenhängenden Fragen werden in den Erl zu **§ 272** behandelt, insb
- Kapitalerhöhungen (dort Anm 19ff), Kapitalherabsetzungen (Anm 29ff)
- Einzahlungen vor Eintragung einer Kapitalerhöhung (Anm 20)
- Kapitalherabsetzung gem § 272 Abs 1 S 4 (Anm 11),
- Bilanzvermerke bei Aktien mehrerer Gattungen, Mehrstimmrechtsaktien, bedingtes Kapital bei AG/KGaA (Anm 6)
- Bilanzierung von eingeforderten Nachschüssen bei GmbH (Anm 75ff)
- Fragen der Nichtigkeit beim Ansatz des gezeichneten Kapitals (Anm 180ff).

5 Im Gegensatz zu § 152 Abs 2, 3 AktG (Rücklagenbewegung) ist für das gezeichnete Kapital keine Bewegung im Gj zu zeigen. Im KA dagegen muss die Veränderung des gezeichneten Kapitals im EK-Spiegel nach § 297 Abs 1 dargestellt werden.

6 Während des **Liquidationszeitraums** sind Ausschüttungen aus dem EK unzulässig (§§ 271f AktG, 72f GmbHG), bei AG ist auch die Einforderung ausstehender Einlagen beschränkt (§ 271 Abs 3 S 2 AktG). Dennoch ist die bisherige Gliederung des EK nach § 266 Abs 3 A gem § 270 Abs 2 S 2 AktG beizubehalten (ebenso mit ausführlicher Stellungnahme zum Meinungsstand *Förschle/Deubert* in Sonderbilanzen[3] Anm R 235ff; glA auch *ADS*[6] § 283 Anm 14ff, die wahlweise auch eine Zusammenfassung aller EK-Posten zum „Abwicklungskapital" zulassen).

Fünfter Titel. Anhang

§ 284 Erläuterung der Bilanz und der Gewinn- und Verlustrechnung

(1) **In den Anhang sind diejenigen Angaben aufzunehmen, die zu den einzelnen Posten der Bilanz oder der Gewinn- und Verlustrechnung vorgeschrieben oder die im Anhang zu machen sind, weil sie in Ausübung eines Wahlrechts nicht in die Bilanz oder in die Gewinn- und Verlustrechnung aufgenommen wurden.**

(2) **Im Anhang müssen**

1. **die auf die Posten der Bilanz und der Gewinn- und Verlustrechnung angewandten Bilanzierungs- und Bewertungsmethoden angegeben werden;**
2. **die Grundlagen für die Umrechnung in Euro angegeben werden, soweit der Jahresabschluß Posten enthält, denen Beträge zugrunde liegen, die auf fremde Währung lauten oder ursprünglich auf fremde Währung lauteten;**
3. **Abweichungen von Bilanzierungs- und Bewertungsmethoden angegeben und begründet werden; deren Einfluß auf die Vermögens-, Finanz- und Ertragslage ist gesondert darzustellen;**
4. **bei Anwendung einer Bewertungsmethode nach § 240 Abs. 4, § 256 Satz 1 die Unterschiedsbeträge pauschal für die jeweilige Gruppe ausgewiesen werden, wenn die Bewertung im Vergleich zu einer Bewertung auf der Grundlage des letzten vor dem Abschlußstichtag bekannten Börsenkurses oder Marktpreises einen erheblichen Unterschied aufweist;**
5. **Angaben über die Einbeziehung von Zinsen für Fremdkapital in die Herstellungskosten gemacht werden.**

Übersicht

Schrifttum: *Armeloh* Die Berichterstattung im Anhang Düsseldorf 1998; *Biener* Das neue HGB-Bilanzrecht Köln 2000; *Farr* Checkliste für die Aufstellung und Prüfung des Anhangs der Kapitalgesellschaft und Co/GmbH & Co KG, 2001; *Farr* Checkliste für die Aufstellung und Prüfung des Anhangs der GmbH, 2001; *Farr* Checkliste für die Aufstellung und Prüfung des Anhangs der kleinen GmbH, 2001; *PriceWaterhouseCoopers* Understanding IAS[3] London 2002; *Farr* Checkliste für die Aufstellung und Prüfung des Anhangs der AG/KGaA, 2003; *KPMG Deutsche Treuhand-Gesellschaft* (Hrsg) International Financial Reporting Standards[3] Stuttgart 2004.

A. Allgemeines

1 Gem § 264 Abs 1 haben **alle KapGes und KapCoGes** den JA um einen Anhang zu erweitern, wenn sie als TU nicht nach § 264 Abs 3, Abs 4 oder § 264b befreit sind. Dieser muss die Pflichtangaben nach §§ 284 bis 286 enthalten. Für kleine (§ 267 Abs 1) und mittelgroße (§ 267 Abs 2) KapGes/KapCoGes bestehen gem §§ 274a, 276 S 2, 288 Erleichterungen, nach denen bestimmte Einzelangaben weggelassen werden dürfen (Wahlrecht).

Kreditinstitute und VersicherungsUnt haben stets einen Anhang wie große KapGes aufzustellen (§ 340a Abs 1 bzw § 341a Abs 1). Für Kreditinstitute ergibt sich aus § 340a, dass § 284 Abs 2 Nr 4 nicht anzuwenden ist. Für VersicherungsUnt gilt § 284 gem § 341a ohne Einschränkungen.

2 Auch einige **dem PublG unterliegende Unternehmen** (§ 1 Abs 1, § 3 Abs 1 PublG) haben einen Anhang sinngemäß nach den §§ 284, 285 S 1 Nr 1 bis 5, 7 bis 13, 17 bis 19, 286, 287 aufzustellen (s § 5 Abs 2 PublG; § 288 Anm 6). Es sind dies Vereine, deren Zweck auf einen wirtschaftlichen Geschäftsbetrieb gerichtet ist, rechtsfähige Stiftungen des bürgerlichen Rechts, wenn sie ein Gewerbe betreiben, und Körperschaften, Stiftungen oder Anstalten des öffentlichen Rechts, die Kfm nach § 1 HGB sind oder als Kfm im HR eingetragen sind. Ekfl und reine PersGes brauchen keinen Anhang aufzustellen.

3 Unt, die nicht, auch nicht sinngemäß, nach §§ 264 bis 288 ihren JA aufzustellen haben, können **freiwillig** einen Anhang erstellen. In diesem Fall sind die Vorschriften über den Mindestinhalt einzuhalten, sofern die Angaben als Anhang gekennzeichnet sind (*Schülen* in BeckHdR B 400 Anm 24; *Kupsch* in HdJ Abt IV/4 Anm 9).

Insoweit, als es für das Wohl der Bundesrepublik Deutschland oder eines ihrer Länder erforderlich ist, hat die **Berichterstattung** im Anhang gem § 286 Abs 1 zu **unterbleiben** (§ 286 Anm 2). 4

I. Zweck des Anhangs

Der Anhang ist ebenso wie Bilanz und GuV ein **gleichwertiger Bestandteil** des JA einer KapGes/KapCoGes und der ihnen gleichgestellten Unt (Banken, VersicherungsUnt, dem PublG unterliegende Unt). Auch der Anhang hat wie Bilanz und GuV unter Beachung der GoB ein den tatsächlichen Verhältnissen entspr Bild der VFE-Lage der KapGes/KapCoGes zu vermitteln. Daraus ergibt sich seine Bedeutung im Rahmen der Rechenschaftslegung einer KapGes/KapCoGes für die verschiedenen Adressaten (Gester, Gläubiger, Arbeitnehmer, Fiskus, Öffentlichkeit). Dabei sind die Informationsinteressen dieser Adressaten selbst nicht gleichgerichtet und das Informationsbedürfnis der KapGes/KapCoGes deckt sich nicht immer mit den Interessen der Adressaten. 6

Aufgabe des Anhangs ist die Vermittlung von Informationen über die VFE-Lage der KapGes/KapCoGes neben und zusätzlich zur Bilanz und GuV, außerdem von Informationen, die keinen unmittelbaren Zusammenhang mit dem JA haben. Ferner soll der Anhang Bilanz und GuV entlasten. Die Gleichstellung des Anhangs mit der Bilanz und der GuV erlaubt es, ohne Informationsverlust, Angaben in den Anhang zu übernehmen, die sonst in der Bilanz oder GuV zu machen wären (*Begr RegE,* 75). Entspr diesen Aufgaben enthält der Anhang Erl, Angaben, Darstellungen, Aufgliederungen, Begründungen (Anm 36), die teils verbal, teils mittels Zahlenangaben zu erfolgen haben, wobei diese Begriffe im HGB selbst nicht definiert sind und Überschneidungen und Unschärfen nicht zu vermeiden sind.

II. Anforderungen an die Berichterstattung

Da der Anhang mit Bilanz und GuV gleichgestellt ist, sind an ihn grundsätzlich die gleichen Anforderungen zu stellen wie an die übrigen Teile des JA. Nach der Generalnorm des § 264 Abs 2 S 1 (§ 264 Anm 35) hat der JA der KapGes/KapCoGes, also auch der Anhang, unter Beachtung der GoB ein **den tatsächlichen Verhältnissen entsprechendes Bild der Vermögens-, Finanz- und Ertragslage** zu vermitteln. Die Berichterstattung im Anhang unterliegt den allgemeinen **Grundsätzen einer gewissenhaften und getreuen Rechenschaftslegung** (*ADS*[6] § 284 Anm 16). Zudem fordert das HGB in § 264 die Beachtung der **GoB auch für den Anhang** (glA *ADS*[6] § 285 Anm 16). Mithin hat die Berichterstattung im Anhang nach den Grundsätzen der Wahrheit und Vollständigkeit sowie der Klarheit und Übersichtlichkeit zu erfolgen. 10

Die Erl und Angaben im Anhang müssen **wahr** sein, dh den tatsächlichen Verhältnissen entsprechen. Unwahre Angaben dürfen nicht gemacht werden (§ 331). Der Anhang muss **vollständig** sein, dh alle gesetzlich vorgeschriebenen Erl und Einzelangaben sind in den Anhang aufzunehmen. **Ausnahmen** schreibt die Schutzklausel des § 286 Abs 1 vor. Für bestimmte einzelne Angaben greifen Ausnahmeregelungen Platz (§ 286 Abs 2 bis 5). Die Berichterstattung muss **klar und deutlich** sein. Die verbalen Erl müssen so verständlich sein, dass ein Sachverständiger sie verstehen kann. Zahlenangaben müssen in den zugehörigen Erlrahmen gestellt werden. 11

Ein **den tatsächlichen Verhältnissen entsprechendes Bild** wird in den allgemeinen Erl dadurch vermittelt, dass sowohl die gewöhnlichen als auch die 12 außergewöhnlichen Verhältnisse dargestellt werden. Ferner gehören zu dem Bild die Erl der tatsächlichen Verhältnisse im Einzelnen wie auch insgesamt. Die im HGB vorgeschriebenen speziellen Angabepflichten zu bestimmten Posten der Bilanz und GuV sind kein Ersatz für die allgemeinen Erl. Aus der Generalnorm der Vermittlung eines den tatsächlichen Verhältnissen entspr Bilds lässt sich der Umfang der Angabepflicht dahingehend ableiten: bestimmte Posten der Bilanz und GuV sind so ausreichend zu erläutern, wie es zum Verständnis der Posten und zum Erkennen der tatsächlichen Verhältnisse notwendig ist. Eine bloße Wiederholung des Gesetzestextes reicht nicht aus. Unzulässig ist auch lediglich ein Paragraphenverweis, zB die Verpflichtungen gem § 285 S 1 Nr 3 betragen Euro …

13 Dabei finden die allgemeinen Angaben ihre Grenze durch den **Grundsatz der Wesentlichkeit** (hM zB *WPH*[12] I F Anm 542 mwN). Es kann nicht darauf ankommen, alle Einzelheiten im Detail zu erläutern, dadurch würde in den meisten Fällen das Bild nur verschleiert. Erst durch die Beschränkung auf das Wesentliche wird ein klares Bild vermittelt. Bei den Einzelangaben sind solche Beschränkungen nur dort zulässig, wo im HGB ausdrücklich auf die Wesentlichkeit oder Erheblichkeit hingewiesen wird.

14 Die Erl sind **in jedem Jahr** zu machen. Ein Verweis auf einen früheren Anhang ist nicht zulässig.

III. Umfang des Anhangs

20 Nach HGB ist für den Anhang der Umfang nur in Form eines **Mindestumfangs** vorgeschrieben. Das entspricht auch dem Willen des Gesetzgebers, nach dem auf eine Regelung der **freiwilligen Angaben** und eine Begrenzung des Inhalts des Anhangs verzichtet wurde. Der Anhang darf mithin über seinen Mindestumfang hinaus freiwillig erweitert werden (Anm 80). Da er beim HR hinterlegt und ggf im BAnz bekanntgemacht werden muss sowie in vollem Umfang vom AP zu prüfen ist, halten sich die freiwilligen Erweiterungen des Anhang in der Praxis in Schranken. Die freiwillige Erweiterungsmöglichkeit des Anhangs bedeutet aber nicht, dass generell Angaben, die in der Bilanz oder der GuV zu machen sind, in den Anhang übernommen werden dürfen. Das ist nur bei den gesetzlich vorgesehenen Einzelangaben (Anm 55 ff) zulässig, die im Anhang oder an anderer Stelle im JA zu machen sind und deren Aufzählung abschließenden Charakter hat. Das umgekehrte Vorgehen, Angaben statt im Anhang in der Bilanz oder GuV zu machen, ist ebenfalls nicht zulässig, wenn nach dem Wortlaut des Gesetzes „sind im Anhang anzugeben …“ und „im Anhang müssen angegeben werden …“ der Ort der Angaben eindeutig festgelegt ist.

21 Die Angabe von **Vergleichszahlen des Vorjahrs** im Anhang ist an sich nicht vorgeschrieben; § 265 Abs 2 regelt nur die Angabe der Vj-Zahlen in der Bilanz und GuV. Nach dem Grundsatz, dass die gesetzliche Regelung für den Anhang nur eine Mindestregelung darstellt, ist die Angabe von Vjzahlen im Anhang zulässig und inzwischen üblich geworden; für eine Angabepflicht *HFA* 5/1988 idF 1998 I 1. Werden jedoch in Anwendung des § 265 Abs 7 Nr 2 zur Vergrößerung der Klarheit der Darstellung einzelne Posten in der Bilanz oder GuV zusammengefasst und die Untergliederung in den Anhang übernommen, sind in jedem Fall die Vj-Zahlen anzugeben (hM, zB *ADS*[6] § 284 Anm 20). Das gilt gleichermaßen für in den Anhang übernommene Vermerkangaben. Vergleichszahlen des Vj sind auch bei den Betragsangaben geboten, die in Ausübung eines Wahlrechts anstatt in der Bilanz bzw GuV im Anhang gemacht werden. Zu den in Frage kommenden Pflichtangaben s Anm 55.

In der Bilanz und GuV braucht ein Posten, der keinen Betrag aufweist, nicht aufgeführt zu werden (§ 265 Abs 8). Dies ist auch auf den Anhang anzuwenden, da im HGB die Angabe von **Leerposten** nicht ausdrücklich vorgeschrieben ist und deshalb nicht zu seinem Mindestinhalt gehört (glA *ADS*[6] § 284 Anm 21). 22

IV. Form des Anhangs

Über die Form des Anhangs sagt das HGB nichts aus; es besteht damit Gestaltungsfreiheit, wobei jedoch der **Grundsatz der Klarheit und Übersichtlichkeit** zu beachten ist. Aus diesem Grundsatz ist zu folgern, dass eine einfache Befolgung der Gliederung der gesetzlichen Vorschriften zur Darstellung des Anhangs nicht ausreicht, da hierbei keine irgendwie gearteten Einteilungskriterien erkennbar sind. Eine **Strukturierung** des Anhangs **nach sachlichen Gesichtspunkten** ist daher geboten. Das folgt aus dem Gebot der Klarheit und Übersichtlichkeit. 25

Für den Anhang wie den gesamten JA ist ferner der Grundsatz der **formellen Stetigkeit** zu beachten (hM *Krawitz* in BoHdR § 284 Anm 15; *Kupsch* in HdJ IV/4 Anm 45; aA *WPH*[12] I F 551 mwN; weniger streng *ADS*[6] § 284 Anm 27). Das ergibt sich aus § 265 Abs 1, der die allgemeinen Grundsätze für die Gliederung des JA und des Lageberichts normiert. Der Grundsatz der Stetigkeit ist einmal hinsichtlich der Pflichtangaben, die wahlweise im Anhang oder an anderer Stelle im JA zu machen sind (s Anm 55), und zum anderen hinsichtlich der Plazierung der einzelnen Angaben innerhalb der Anhang-Abschnitte anzuwenden, um dem Adressaten ein zeitraubendes Suchen zu ersparen. Zur Durchbrechung der Stetigkeit vgl § 265 Anm 3. 26

Der Anhang muss als solcher **gekennzeichnet** sein, damit er vom Lagebericht und von einer eventuellen anderen Berichterstattung unterschieden werden kann. Nur so kann der Leser feststellen, welche Informationen als vom AP im Rahmen des § 317 Abs 1 S 2, 3 geprüft anzusehen sind. Wo der Anhang im Rahmen der jährlichen schriftlichen Rechenschaftslegung plaziert sein muss, sagt das HGB nicht. Wegen der Ergänzungs- und Erlfunktion des Anhangs empfiehlt sich seine Wiedergabe hinter Bilanz und GuV. Auf jeden Fall muss er mit Bilanz und GuV so verbunden sein, dass seine Zugehörigkeit zum JA unmißverständlich erkennbar ist. Der Anhang wie der gesamte JA brauchen nicht in gedruckter Form vorgelegt zu werden; Schreibmaschinen- oder Handschrift genügen. Gem § 245 hat der Kfm den JA zu **unterzeichnen.** Bei einer KapGes/KapCoGes und den ihnen gleichgestellten Unt muss die Unterschrift den Anhang mit umfassen. Das bedeutet nicht, dass der Anhang getrennt von den übrigen Teilen des JA zu unterzeichnen ist. Wird der Anhang hinter Bilanz und GuV plaziert, erfolgt die Unterzeichnung zweckmäßigerweise am Ende des Anhangs (§ 264 Anm 14). 27

Als Bestandteil des JA des Kfm (§ 244) ist der Anhang **in deutscher Sprache** und **in Euro** aufzustellen. Zusätze in Fremdwährungen sind jedoch zulässig und bei der Liste des Anteilsbesitzes sogar geboten. Zahlenangaben können ggf gerundet werden, wenn dadurch der Einblick in die tatsächlichen Verhältnisse nicht beeinträchtigt wird. Rundungen im Anhang sind an sich jedoch nur insoweit zulässig, als sie in gleicher Weise in Bilanz und GuV vorgenommen werden, da der Anhang mit Bilanz und GuV eine Einheit bildet. Es wird jedoch nicht zu beanstanden sein, wenn im Anhang großzügiger gerundet wird (zB Bilanz und GuV in Euro, Anhang in Tausend Euro). 28

Bezüglich **Struktur und Gestaltung des Anhangs** wird in der Praxis ganz überwiegend folgende Gliederung vorgenommen: 30

- Allgemeine Angaben:
- Bilanzierungs- und Bewertungsmethoden, Währungsumrechnung;
- Erläuterungen der Bilanz } mit ziffernmäßiger Verknüpfung mit Bilanz und GuV;
- Erläuterungen der GuV
- Sonstige Angaben;
- Organmitglieder;

B. Inhalt des Anhangs (Abs 1)

35 Gem Abs 1 sind diejenigen Angaben, die zu den einzelnen Posten der Bilanz oder GuV nur im Anhang vorgeschrieben sind, und solche Angaben, die in Ausübung eines Wahlrechts nicht in die Bilanz oder in die GuV aufgenommen wurden, in den Anhang aufzunehmen. In beiden Fällen handelt es sich um **Pflichtangaben.** Die erste Kategorie umfasst die Pflichtangaben, die stets in den Anhang gehören (Pflichtangaben des Anhangs); die Angaben der zweiten Kategorie sind wahlweise im Anhang oder in der Bilanz und/oder GuV zu machen. Wegen der gleichen Publizität der drei Bestandteile des JA ist den KapGes/KapCoGes ein Wahlrecht eingeräumt für den Ort der Angaben der zweiten Kategorie, bei denen es sich idR um betragsmäßige Angaben handelt; ein Informationsverlust ist damit nicht verbunden. Die gesetzlichen Grundlagen für diese Pflichtangaben sind in den §§ 284 bis 288 und in anderen Vorschriften des HGB, EGHGB, GmbHG, AktG und PublG enthalten. Außerdem kann der Anhang **freiwillige (Zusatz-)Angaben** enthalten.

36 Die **Berichterstattungspflichten** im Anhang umfassen Angaben, Darstellungen, Erl, Begründungen, Aufgliederungen und Ausweise. Unter **„Angabe"** ist die Nennung der Tatsache als solcher zu verstehen. Die **„Darstellung"** eines Sachverhalts macht diesen anschaulich. Eine **„Erläuterung"** umfasst eine Erklärung, Kommentierung und Verdeutlichung eines Sachverhalts, geht also über die Darstellung hinaus. Bei einer **Begründungspflicht** sind die Gründe anzugeben, die zu einem Vorgang geführt haben. Bei einer **Aufgliederung** ist die Einheit in Teile aufzuteilen. Unter einem **Ausweis** ist eine gesonderte Nennung unter Angabe von Beträgen zu verstehen.

I. Pflichtangaben des Anhangs

1. Liste der Pflichtangaben des Anhangs nach HGB und EGHGB

40 Folgende Pflichtangaben sind erforderlichenfalls im Anhang zu machen:

§ 264 Abs 2 S 2 (dort Anm 48): Zusätzliche Angaben, falls der JA wegen besonderer Umstände trotz Anwendung der GoB **kein den tatsächlichen Verhältnissen entspr Bild** vermittelt;

§ 264 c Abs 2 S 9 (dort Anm 60): Bei KapCoGes Angabe des Betrags der im HR eingetragenen **Haftungseinlagen,** soweit sie nicht geleistet sind;

§ 265 Abs 1 S 2 (dort Anm 4): Angabe und Begründung von **Abweichungen** in der Form **der Darstellung und Gliederung** in Bilanz oder GuV **im Vergleich zum Vorjahr;**

§ 265 Abs 2 S 2 (dort Anm 5): Angabe und Erl von **nicht vergleichbaren Vorjahreszahlen** in Bilanz oder GuV;

§ 265 Abs 2 S 3 (dort Anm 5): Angabe und Erl von zu Vergleichszwecken vorgenommenen **Anpassungen von Vorjahreszahlen** in Bilanz oder GuV;

§ 265 Abs 4 S 2 (dort Anm 13): Angabe und Begründung der **Ergänzung des Jahresabschlusses** nach der für die anderen Geschäftszweige vorgeschriebenen Gliederung;

§ **265** Abs 7 Nr 2 (dort Anm 17): Gesonderter Ausweis der Einzelposten, falls zur Vergrößerung der Klarheit der Darstellung in Bilanz oder GuV **Posten zulässigerweise zusammengefasst** ausgewiesen werden;

§ **268** Abs 4 S 2 (dort Anm 93): Erl von größeren Posten in den **sonstigen Vermögensgegenständen, die erst nach dem Abschlussstichtag rechtlich entstehen;**

§ **268** Abs 5 S 3 (dort Anm 107): Erl von größeren Posten in den **Verbindlichkeiten, die erst nach dem Abschlussstichtag rechtlich entstehen;**

§ **269** S 1 2. Hs: (dort Anm 12): Erl **aktivierter Aufwendungen für die Ingangsetzung und Erweiterung des Geschäftsbetriebs;**

§ **274** Abs 2 S 2 (dort Anm 71): Erl eines **aktivierten Postens zur Steuerabgrenzung;**

§ **277** Abs 4 S 2 (dort Anm 24): Erl der **betriebsfremden außerordentlichen Erträge und Aufwendungen** hinsichtlich Betrag und Art, soweit nicht von untergeordneter Bedeutung;

§ **277** Abs 4 S 3 (dort Anm 25): Erl der **periodenfremden Erträge und Aufwendungen** hinsichtlich Betrag und Art, soweit nicht von untergeordneter Bedeutung;

§ **280** Abs 3 (dort Anm 34): Angabe des Betrags der im Gj aus steuerrechtlichen Gründen **unterlassenen Zuschreibungen** und hinreichende Begründung; die Vorschrift geht wegen §§ 6 Abs 1 Nr 1 S 4, Nr 2 S 3 und 7 Abs 1 S 6 2. Hs EStG ins Leere.

§ **284** Abs 2 Nr 1 (Anm 86): Angabe der auf die Posten der Bilanz und GuV angewandten **Bilanzierungs- und Bewertungsmethoden;**

§ **284** Abs 2 Nr 2 (Anm 135): Angabe der **Grundlagen der Währungsumrechnung** in Euro;

§ **284** Abs 2 Nr 3 (Anm 140): Angabe und Begründung von **Abweichungen von Bilanzierungs- und Bewertungsmethoden** und gesonderte Darstellung von **deren Einfluss auf die Vermögens-, Finanz- und Ertragslage;**

§ **284** Abs 2 Nr 4 (Anm 180): Ausweis von **Unterschiedsbeträgen** bei Anwendung des Gruppenbewertungsverfahrens mit Durchschnittswerten (§ 240 Abs 4) oder eines Verbrauchsfolgeverfahrens (§ 256 S 1), wenn die Bewertung im Vergleich zu einer Bewertung auf der Grundlage des Börsenkurses oder Marktpreises einen erheblichen Unterschied aufweist;

§ **284** Abs 2 Nr 5 (Anm 190): Angaben über die **Einbeziehung von Zinsen für Fremdkapital in die Herstellungskosten;**

§ **285** S 1 Nr 1 (dort Anm 5): Angabe des Gesamtbetrags der **Verbindlichkeiten mit einer Restlaufzeit von mehr als fünf Jahren** und der **gesicherten Verbindlichkeiten;**

§ **285** S 1 Nr 3 (dort Anm 21): Angabe des Gesamtbetrags der **sonstigen finanziellen Verpflichtungen;**

§ **285** S 1 Nr 4 (dort Anm 70): **Aufgliederung der Umsatzerlöse** nach Tätigkeitsbereichen sowie nach geographisch bestimmten Märkten;

§ **285** S 1 Nr 5 (dort Anm 85): Angabe des Ausmaßes der **Beeinflussung des Jahresergebnisses** und erheblicher künftiger Belastungen **durch die Anwendung steuerrechtlicher Vergünstigungsvorschriften;**

§ **285** S 1 Nr 6 (dort Anm 120): Angabe des Umfangs der **Belastung des Ergebnisses der gewöhnlichen Geschäftstätigkeit und des außerordentlichen Ergebnisses durch die Steuern** vom Einkommen und vom Ertrag;

§ **285** S 1 Nr 7 (dort Anm 140): Angabe der **durchschnittlichen Zahl der** während des Gj beschäftigten **Arbeitnehmer** getrennt nach Gruppen;

§ **285** S 1 Nr 8 (dort Anm 150): Angabe des **Material- und Personalaufwands** bei Anwendung des Umsatzkostenverfahrens;

§ **285** S 1 Nr 9 (dort Anm 160): Angabe der **Aufwendungen, Anzahl der ausgegebenen Aktienbezugsrechte uä, Vorschüsse, Kredite, Haftungsverhältnisse für Organmitglieder** und der **Aufwendungen sowie der gebildeten und nicht gebildeten Pensionsrückstellungen für ehemalige Organmitglieder** und deren Hinterbliebene; Aufwendungen (Bezüge) sind nur in den Grenzen des § 286 Abs 4 anzugeben; Zusatzangaben für börsennotierte AG über die individualisierten Vorstandsbezüge;

§ 285 S 1 Nr 10 (dort Anm 200): Angabe aller **Mitglieder des Geschäftsführungsorgans** und **eines Aufsichtsrats** und Zusatzangaben für börsennotierte Ges;

§ 285 S 1 Nr 11 (dort Anm 205): Angaben über den **Anteilsbesitz** (vgl § 287 S 2);

§ 285 S 1 Nr 11 a (dort Anm 235): Angaben der **Komplementär-KapGes** zu Beteiligungen an KapCoGes;

§ 285 S 1 Nr 12 (dort Anm 240): Erl von nicht gesondert ausgewiesenen **sonstigen Rückstellungen;**

§ 285 S 1 Nr 13 (dort Anm 245): Angabe der Gründe für die **planmäßige Abschreibung des Geschäfts- oder Firmenwerts;**

§ 285 S 1 Nr 14 (dort Anm 250): Angabe von Name und Sitz des **MutterUnt,** das den größten KA aufstellt, und des MU, das den kleinsten KA aufstellt, sowie Angabe des Orts, wo diese KA erhältlich sind;

§ 285 S 1 Nr 15 (dort Anm 260): Angaben zu **Komplementär-KapGes** im Anhang der KapCoGes;

§ 285 S 1 Nr 16 (dort Anm 261): Zusatzangaben für börsennotierte AG über die **Entsprechenserklärung** gem § 161 AktG zum Corporate Governance Kodex;

§ 285 S 1 Nr 17 (dort Anm 265): Zusatzangaben für kapmarktUnt über das im Gj erfasste **Honorar des Abschlussprüfers;**

§ 285 S 1 Nr 18 (dort Anm 280): Angabe von Art, Umfang, Zeitwert, Buchwert für jede Kategorie **derivativer Finanzinstrumente;**

§ 285 S 1 Nr 19 (dort Anm 300): Angaben über zu den Finanzanlagen gehörende **Finanzinstrumente, die über ihrem beizulegenden Zeitwert ausgewiesen werden;**

§ 285 S 5 (dort Anm 310): Angabe der tragenden **Annahmen bei der Bestimmung des beizulegenden Zeitwerts;**

§ 285 S 6 (dort Anm 320): Angabe der **Gründe bei fehlender Bestimmbarkeit des beizulegenden Zeitwerts;**

§ 286 Abs 3 S 4 (dort Anm 9): Angabe von nicht börsennotierten Unt über die Inanspruchnahme der **Ausnahmeregelung bei Weglassen von Angaben über den Anteilsbesitz** (§ 285 S 1 Nr 11 und Nr 11 a), die nach vernünftiger kaufmännischer Beurteilung einen erheblichen Nachteil zufügen können;

§ 287 S 3 (dort Anm 4): Hinweis auf die gesonderte **Aufstellung des Anteilsbesitzes** und den Ort ihrer Hinterlegung (vgl § 285 S 1 Nr 11 und Nr 11 a);

§ 291 Abs 2 Nr 3 (dort Anm 28): Angabe von Name und Sitz des MU, das den **befreienden Konzernabschluss** und Konzern-Lagebericht aufstellt, Hinweis auf die Befreiung von der Verpflichtung, einen KA und Konzern-Lagebericht aufzustellen, und Erl der im befreienden KA vom deutschen Recht abweichend angewandten Bilanzierungs-, Bewertungs- und Konsmethoden;

Art. 28 Abs 2 EGHGB (§ 249 Anm 274): Angabe des **Fehlbetrags bei den Rückstellungen für laufende Pensionen, Anwartschaften auf Pensionen und ähnliche Verpflichtungen** iSd Art 28 Abs 1 EGHGB;

Art. 48 Abs 5 EGHGB (dort Anm 40): Angabe bei KapCoGes, wenn bei erstmaliger Anwendung des § 268 Abs 2 die **Buchwerte des Anlagevermögens** und der Aufwendungen für die Ingangsetzung usw. als ursprüngliche Anschaffungs- und Herstellungskosten **fortgeführt werden;**

Art. 48 Abs 6 EGHGB (dort Anm 50): bei KapCoGes Angabe des **Fehlbetrags** bei den **Rückstellungen** für laufende **Pensionen, Anwartschaften auf Pensionen und ähnliche Verpflichtungen** iSd Art. 28 Abs 1 EGHGB;

Art. 53 Abs 2 EGHGB (dort Anm 20) iVm Art 44 Abs 1 S 4 EGHGB: Erl der aktivierten Bilanzierungshilfe **„Ausgleichsbetrag nach dem AltfahrzeugG";**

§ 2 Abs 1 Nr 4 KonBefrV (§ 292 Anm 35): Angabe von Name und Sitz des MU, das den befreienden KA und Konzern-Lagebericht aufstellt, Hinweis auf die Befreiung von der Verpflichtung, einen KA und Konzern-Lagebericht aufzustellen, und Erl der im befreienden KA vom deutschen Recht abweichend angewandten Bilanzierungs-, Bewertungs- und Konsolidierungsmethoden.

2. Weitere Pflichtangaben des Anhangs für Aktiengesellschaften

AG und KGaA, ob börsennotiert (§ 3 Abs 2 AktG) oder nicht (Ausnahmen s Anm 47) haben weitere Pflichtangaben im Anhang zu machen: 41

Nach § 160 Abs 1 Nr 1 AktG hat die AG im Anhang über den Bestand und den Zugang an Aktien **(Vorratsaktien)** zu berichten, die

- ein Aktionär für Rechnung der AG,
- ein Aktionär für Rechnung eines abhängigen Unt,
- ein Aktionär für Rechnung eines im Mehrheitsbesitz der AG stehenden Unt,
- ein abhängiges Unt oder
- ein im Mehrheitsbesitz der AG stehendes Unt

als

- Gründer (§ 28 AktG) oder
- Zeichner (§ 185 AktG) oder
- in Ausübung eines bei einer bedingten Kapitalerhöhung eingeräumten Umtausch- oder Bezugsrechts (§ 198 AktG)

übernommen hat.

Eine AG darf zwar keine eigenen Aktien zeichnen (§ 56 Abs 1 AktG), wohl aber ein Dritter für ihre Rechnung oder für Rechnung eines abhängigen oder im Mehrheitsbesitz der AG stehenden Unt. Eine Berichterstattung ist erforderlich, weil die Rechte aus solchen Vorratsaktien ruhen (§§ 56 Abs 3 S 3, 71b AktG). Ein von der AG abhängiges oder im Mehrheitsbesitz der AG stehendes Unt darf gem § 56 Abs 2 AktG keine Aktien der AG zeichnen. Auch im Falle des Verstoßes ist über solche Vorratsaktien zu berichten, weil die Übernahme nicht unwirksam ist. Es ist jedoch nur dann zu berichten, wenn das zeichnende Unt zum Zeitpunkt der Zeichnung abhängig ist oder im Mehrheitsbesitz steht (*ADS*[6] § 160 AktG Anm 17).

Anzugeben sind **Zahl,** bei Nennbetragsaktien **Gesamtnennbetrag** und **Gattung** der Vorratsaktien jeweils für jede Art der Aktienübernahme; vgl Anm 42. Der Zugang im Gj ist kenntlich zu machen. Nicht angabepflichtig ist der Name des verfügungsberechtigten Übernehmers (*ADS*[6] § 160 AktG Anm 20; *Kölner Komm*[2] §§ 284–288 HGB, § 160 AktG Anm 147; aA *Kessler* in Münch Kom AktG[2] § 285 HGB § 160 AktG Anm 249).

Nach dem Wortlaut des AktG ist über die **Übernahmebedingungen** sowie den Inhalt und Zweck der Vereinbarung über die Übernahme für Rechnung der AG nicht zu berichten (*ADS*[6] § 160 AktG Anm 20), jedoch über den Anlass der Aktienausgabe.

Sind solche Vorratsaktien im Gj verwertet worden, ist auch über die **Verwertung** unter Angabe des Erlöses und seine Verwendung zu berichten. Als Verwertung ist auch die von der AG verlangte Übernahme für eigene Rechnung des Zeichners anzusehen (*WPH*[12] I, F Anm 755). Über sonstige anderweitige Verwertung durch Verkauf, Umtausch, bei Verschmelzungen usw ist ebenfalls zu berichten (*WPH*[12] I, aaO). Die Höhe und die Art des Erlöses sowie seine bilanzmäßige Behandlung sind anzugeben.

Zu berichten ist über den Bestand an **eigenen Aktien,** die 42

- die AG selbst,
- ein von der AG abhängiges Unt,
- ein im Mehrheitsbesitz der AG stehendes Unt
  oder
- ein Dritter für Rechnung der AG, eines von ihr abhängigen oder eines in ihrem Mehrheitsbesitz bestehenden Unt

erworben oder als Pfand genommen hat (§ 160 Abs 1 Nr 2 AktG). Wo die eigenen Aktien bilanziert sind, ob bei der AG selbst oder bei den anderen genannten Unt, ob auf der Aktivseite gem §§ 265 Abs 3 S 2, 266 Abs 2 B III Nr 2 oder auf der Passivseite gem § 272 Abs 1 S 4, 5 in der Vorspalte, spielt für die Berichterstattung keine Rolle (ebenso *ADS*[6] § 160 AktG Anm 31). Es ist auch gleichgültig, ob ihr Erwerb nach § 71 AktG erlaubt war oder nicht (ebenso *ADS*[6] § 160 AktG Anm 30).

Für den Bestand an solchen Aktien am Abschlussstichtag ist anzugeben: Zahl dieser Aktien, der auf sie entfallende Betrag des Grundkapitals, Anteil am Grundkapital (in Prozent), Zeitpunkt des Erwerbs, auch wenn er in früheren Gj liegt, und Gründe für den Erwerb (§ 71 Abs 1 AktG). Das bedeutet, dass im Anhang eine **chronologische Auflistung** der Erwerbszeitpunkte dieser Aktien im Endbestand gegeben werden muss.

Nach dem Wortlaut des AktG ist als **Erwerbszeitpunkt** der Erwerbstag anzusehen. Bei umfangreichen Erwerbsvorgängen und bei Erwerbsvorgängen aus verschiedenen Gründen sind monatsweise Zusammenfassungen zulässig (so auch *ADS*[6] § 160 AktG Anm 33). Das gilt entspr für Veräußerungen. Der *BFH* (9. 2. 1987, WM, 1069) hat eine wochenweise Zusammenfassung nicht beanstandet.

Bei der Berichterstattung über die **Gründe des Erwerbs** reicht ein alleiniger Hinweis auf § 71 Abs 1 Nrn 1 bis 8 nicht aus. Vielmehr sind zu den einzelnen bzw zusammengefassten Erwerbsvorgängen die Erwerbsgründe so darzulegen, dass der Aktionär die Einhaltung der gesetzlichen Vorschrift nachprüfen und selbstständig beurteilen kann (*BFH* 9. 2. 1987, WM, 1069). Zu berichten ist ferner über die **Bestandsbewegung** (Erwerb und Veräußerung) im Gj, auch wenn Erwerb und Veräußerung im selben Gj erfolgen (*ADS*[6] § 160 AktG Anm 33). Dabei sind anzugeben, jeweils getrennt nach Erwerbs- und Veräußerungsvorgang: Zahl dieser Aktien, der auf sie entfallende Betrag des Grundkapitals, Anteil am Grundkapital, Erwerbspreis/Veräußerungspreis und die Verwendung des Veräußerungserlöses. Nicht angabepflichtig ist der Erwerb in Ausführung einer **Einkaufskommission,** die nur Kreditinstituten gestattet ist (§ 71 Abs 1 Nr 4 AktG; ebenso *ADS*[6] § 160 AktG Anm 38; *Kessler* in Münch Komm AktG[2] § 285 HGB § 160 AktG Anm 264), ferner nicht der Erwerb in Verwaltungstreuhandschaft, Legitimationsübertragung (*ADS*[6] § 160 AktG Anm 36) und bei Kaduzierung (*ADS*[6] § 160 AktG Anm 37).

Zu berichten ist auch in dem Fall, in dem eine abhängige oder im Mehrheitsbesitz stehende AG Aktien der herrschenden oder mit Mehrheit beteiligten AG erworben hat, da nach § 71d AktG die Folgen aus dem Erwerb von **„herrschenden" Aktien** denen aus dem Erwerb eigener Aktien gleichgestellt sind. Der Umfang der Berichterstattung entspricht dem für eigene Aktien.

43 Anzugeben ist nach § 160 Abs 1 Nr 4 AktG das am Abschlussstichtag noch bestehende **genehmigte Kapital** mit dem Nennbetrag, um den der Vorstand das Grundkapital durch Ausgabe neuer Aktien innerhalb von höchstens fünf Jahren zu erhöhen ermächtigt wurde (§ 202 AktG). Ferner ist über den Inhalt und das Datum des Ermächtigungsbeschlusses und die Bedingungen der Aktienausgabe zu berichten (*ADS*[6] § 160 AktG Anm 49; *Kölner Komm*[2] §§ 284–288 HGB, § 160 AktG Anm 156). War im Gj von der Ermächtigung Gebrauch gemacht worden, ist darüber unter Angabe des Anlasses der Kapitalerhöhung, des Gesamtnennbetrags, des Ausgabebetrags, der Aktiengattung, des Bezugsrechts und der bilanzmäßigen Behandlung zu berichten (glA *ADS*[6] § 160 AktG Anm 50). Ferner ist anzugeben, ob es sich um Bar- oder Sacheinlagen (§ 205 AktG) handelt oder wenn Aktien an Arbeitnehmer gegen Deckung aus dem Jahresüberschuss (§ 204 Abs 3 AktG) ausgegeben wurden. Die Angaben müssen erkennen

lassen, ob sich die Ausgabe im Rahmen der satzungsgemäßen Ermächtigung hält (ebenso *ADS*[6] § 160 AktG Anm 50).

Nach § 160 Abs 1 Nr 5 AktG ist über **Aktienbezugsrechte** für Arbeitneh- 44
mer und Vorstandsmitglieder, **Wandelschuldverschreibungen** und **vergleichbare Wertpapiere** unter Angabe der verbrieften Rechte zu berichten. Gem § 192 Abs 2 Nr 3 AktG ist die Gewährung von Aktienbezugsrechten als Vergütung für Arbeitnehmer und Mitglieder der Geschäftsführung der AG oder eines verbundenen Unt im Wege des Zustimmungs- oder Ermächtigungsbeschlusses der HV zulässig. Wandelschuldverschreibungen sind nach § 221 Abs 1 AktG Schuldverschreibungen, die mit einem **Umtauschrecht** in Aktien oder einem **Bezugsrecht** auf Aktien verbunden sind. Sie verbriefen einen Zahlungsanspruch und das Recht, diese Titel mit oder ohne bare Zuzahlung in Aktien umzutauschen. Als vergleichbare Wertpapiere sind alle diejenigen anzusehen, die ein Umtausch- oder Bezugsrecht auf Aktien gewähren. Hierzu gehören die sog **Optionsanleihen** (*Kölner Komm*[2] §§ 284–288 HGB, § 160 AktG Anm 158), die außer dem Zahlungsanspruch das Recht verbriefen, Aktien gegen bar oder auch gegen Hingabe der Schuldverschreibungen zu beziehen, ferner **Gewinnschuldverschreibungen,** die zugleich ein Umtauschrecht oder Bezugsrecht vermitteln. Es spielt keine Rolle, ob die Wertpapiere an der Börse notiert oder privat gehandelt werden. Unter die Angabepflicht fallen auch solche Wandelschuldverschreibungen und vergleichbare Wertpapiere, bei denen die AG selbst nicht Anleiheschuldnerin (sondern zB ein TU), aber zur Aktienausgabe verpflichtet ist (*ADS*[6] § 160 AktG Anm 52).

Anzugeben ist bezüglich der am Abschlussstichtag bestehenden, noch nicht ausgeübten Bezugsrechte ihre Zahl, ihre Aufteilung auf die Geschäftsführungen und Arbeitnehmer, ihre Erwerbszeiträume, Kursziele, Wartezeit für die erstmalige Ausübung und Ausübungszeiträume (§ 193 Abs 2 Nr 4 AktG), bei **Schuldverschreibungen** – jeweils gesondert für jede Art – die Zahl der am Abschlussstichtag in Umlauf befindlichen Stücke, die Wertpapierart, ob es sich um Namens-, Order- oder Inhaberpapiere handelt, das Wandel- oder Bezugsrecht mit den Bedingungen (Umtauschverhältnis, Zuzahlungsbetrag) und wo diese Schuldverschreibungen oder Wertpapiere passiviert sind. Der Nennbetrag des bedingten Kapitals (§ 192 AktG) ist in der Bilanz zu vermerken (§ 152 Abs 1 S 3 AktG).

Nach § 160 Abs 1 Nr 6 AktG ist über **Genussrechte, Rechte aus Bes-** 45
serungsscheinen und **ähnliche Rechte** unter Angabe der Art und Zahl der jeweiligen Rechte sowie der im Gj neu entstandenen Rechte zu berichten. Genussrechte (§ 247 Anm 227) gewähren Gläubigerrechte am Bilanzgewinn, an Vermögensteilen oder am Liquidationserlös der AG. Besserungsscheine (§ 247 Anm 237) verbriefen das Zahlungsversprechen, Gläubigern, die auf ihre Forderungen an die AG verzichtet haben, die erlassenen Schulden aus dem zukünftigen Gewinn oder Liquidationserlös zurückzuzahlen. Ähnliche Rechte iSd Vorschrift sind obligatorische Ansprüche, die auf Zahlungen aus dem Gewinn oder Liquidationserlös oder die auf Zahlungen nach Maßgabe des Gewinns oder des Liquidationserlöses gerichtet sind (*ADS*[6] § 160 Anm 56), zB begebene Genussscheine. Werden solche Rechte passiviert, ist ebenfalls zu berichten (*ADS*[6] § 160 Anm 58).

Für die Berichterstattung nach § 160 Abs 1 Nr 6 AktG kommen in Betracht: **Genussrechte, Genussscheine, Gewinnschuldverschreibungen** (§ 221 Abs 1 AktG), **Besserungsscheine** und **ähnliche Rechte** (wie bedingt rückzahlbare Zuwendungen), sofern sie aus künftigen Gewinnen der AG zurückzuzahlen sind (*HFA* 1/1984 idF 1990 Bilanzierungsfragen bei Zuwendungen, dargestellt am Beispiel finanzieller Zuwendungen der öffentlichen Hand, IDW-FN 136; glA *ADS*[6] § 160 AktG Anm 54 ff).

Anzugeben ist die Art und Zahl sowie der Nennbetrag der einzelnen Rechte, die am Abschlussstichtag bestehen. Zur Berichterstattung gehört die Entstehung, der Inhalt und Zweck der einzelnen Rechte (*ADS*[6] § 160 Anm 58) sowie ggf die Änderung der Bedingungen. Die im Gj neu entstandenen Rechte sind besonders anzugeben (glA *ADS*[6] § 160 AktG Anm 61).

46 Nach § 160 Abs 1 Nr 7 AktG ist über das Bestehen einer **wechselseitigen Beteiligung** unter Angabe des Unt zu berichten. Gem § 19 AktG sind wechselseitig beteiligte Unt KapGes mit Sitz im Inland, die dadurch verbunden sind, dass *jedem* Unt *mehr als der vierte Teil* der Anteile des anderen Unt gehört. Für die Höhe der Beteiligungsquote ist das Verhältnis des Gesamtnennbetrags der der KapGes gehörenden Anteile am Nennkapital der anderen KapGes, bei Ges mit Stückaktien die Zahl der Aktien (§ 8 Abs 4 AktG) maßgebend; dabei ist die Zurechnungsvorschrift des § 16 Abs 4 AktG über mittelbaren Anteilsbesitz zu beachten. Ist das andere Unt keine KapGes, muss nicht berichtet werden (glA *ADS*[6] § 160 AktG Anm 62). Anzugeben ist das Bestehen einer wechselseitigen Beteiligung am Abschlussstichtag (glA *ADS*[6] § 160 AktG Anm 65) und die andere KapGes. Die Angabe der Höhe der jeweiligen gegenseitigen Beteiligungen und von Veränderungen im Gj ist nicht erforderlich (*ADS*[6] § 160 Anm 64; *Kölner Komm*[2] §§ 284 bis 288 HGB, § 160 AktG Anm 165). Die Angabepflichten nach § 285 S 1 Nr 11 sind außerdem zu erfüllen. Entsteht eine wechselseitige Beteiligung oder entfällt eine bestehende wechselseitige Beteiligung (zB durch Rückführung auf 25% Anteilsbesitz bei einer KapGes) nach dem Abschlussstichtag, soll darüber im **Lagebericht** berichtet werden (§ 289 Abs 2 Nr 1 Anm 62; ebenso *ADS*[6] § 160 Anm 65).

Oft wird es zu einer Überschneidung mit der Angabepflicht nach § 160 Abs 1 Nr 8 AktG (Anm 47) kommen. Dann ist es zulässig, beide Angaben im Anhang zusammenzufassen (so auch *ADS*[6] § 160 AktG Anm 66).

47 § 160 Abs 1 Nr 8 AktG regelt die Angabepflichten für börsennotierte AG iSv § 21 Abs 2 WpHG (Zulassung zum amtlichen Handel an in- und ausländischen Börsen) getrennt (§ 20 Abs 8 AktG) von den Angabepflichten aller übrigen AG/KGaA. Jede AG/KGaA, deren Aktien nicht börsennotiert oder aber am geregelten Markt zugelassen sind, hat über das Bestehen einer **Beteiligung** am Grundkapital, die ihr nach § 20 Abs 1 oder 4 AktG mitgeteilt worden ist, zu berichten. Anzugeben sind Beteiligungen von mehr als 25% am Grundkapital der AG. Dabei ist nur anzugeben, *wem* die Beteiligung gehört und ob sie den vierten Teil aller Aktien übersteigt oder eine Mehrheitsbeteiligung (§ 16 Abs 1 AktG) ist. Wegen der Zurechnungsvorschriften des § 16 Abs 4 AktG ist bei mehrstufigen UntVerbindungen die Angabe mehrerer direkt oder nicht direkt beteiligter Unt für die Beteiligung am Grundkapital der berichtenden AG notwendig (*BGH* 24. 7. 2000, DB, 1954). Die Angaben folgen daraus, dass der AG eine solche Beteiligung nach § 20 Abs 1 oder 4 mitgeteilt worden ist. Sie sind in jedem Anhang solange zu machen, bis nach § 20 Abs 5 mitgeteilt wird, dass eine Beteiligung in mitteilungspflichtiger Höhe *nicht mehr* besteht.

Voraussetzung ist an sich die schriftliche Mitteilung nach § 20 AktG (*KG* 20. 4. 1999, AG 2000, 228); auch die anderweitig erlangte Kenntnis der AG sollte nach der Generalnorm des § 264 Abs 2 zur Angabe führen (glA *Reiß* in BoHdR § 160 AktG Anm 29; ähnlich *Diekmann* Deutsche Zeitschrift für Wirtschaftsrecht 1994, 16; aA *ADS*[6] § 160 AktG Anm 69; *WPH*[12] I, F Anm 768; *Kölner Komm*[2] §§ 284–288 HGB, § 160 AktG Anm 167; *Dörner/Wirth* in HdR[5] §§ 284–288 Anm 380); jedoch schließt eine solche Angabe die Sanktionen nach § 20 Abs 7 AktG nicht aus (*Emmerich/Habersack* Aktien- und GmbH-Konzernrecht[3], § 20 Anm 37). Veränderungen bei solchen Beteiligungen nach dem Abschlussstichtag der bilanzierenden AG sollen im **Lagebericht** angegeben werden (§ 289 Abs 2 Nr 1 Anm 62; für eine Angabe im Anhang *ADS*[6] § 160 Anm 70).

Wegen Überschneidungen mit der Angabepflicht über wechselseitige Beteiligungen vgl Anm 46.

AG/KGaA, deren Aktien zum amtlichen Handel an in- und ausländischen Börsen zugelassen sind (§ 21 Abs 2 WpHG), haben über die ihnen nach § 21 Abs 1WpHG zugegangene Mitteilung über den Erwerb, das Bestehen oder die Veräußerung von 5%, 10%, 25%, 50% oder 75% der Stimmrechte ihrer Aktien zu berichten. Der Inhalt der Anhangangabe umfasst nach § 160 Abs 1 2. Hs AktG iVm § 25 Abs 1 WpHG die Angabe über das Erreichen, Überschreiten oder Unterschreiten der genannten Schwellen sowie die Höhe des Stimmrechtsanteils (nicht Kapitalanteils) in Prozent und als absolute Zahl der Stimmrechte (*Assmann/Schneider* WpHG[3] § 21 Anm 78), Name/Firma des Aktionärs, seinen Wohnort/Sitz, (falls im Ausland Angabe des Staates) (*Assmann/Schneider* WpHG[3] § 25 Anm 9) und Tag des Erreichens, Überschreitens oder Unterschreitens. Für die Angaben sind die Zurechnungsvorschriften des § 22 Abs 1 Nr 1 bis 7 WpHG zu beachten. Gem § 22 Abs 2 WpHG sind die zuzurechnenden Stimmrechte für jede der Nrn in § 22 Abs 1 WpHG getrennt anzugeben.

Nach § 240 S 3 AktG ist im Falle der **Kapitalherabsetzung** iSd § 229 AktG im Anhang zu erläutern, ob und in welcher Höhe die aus der Kapitalherabsetzung und aus der Auflösung von Gewinnrücklagen gewonnenen Beträge 48

- zum Ausgleich von Wertminderungen
- zur Deckung von sonstigen Verlusten oder
- zur Einstellung in die Kapitalrücklage

verwandt werden. Es ist anzugeben, zu welchen der drei Zwecke die Beträge verwandt wurden, ggf sind bei Verwendung zu mehr als einem Zweck die Beträge entspr den Verwendungszwecken aufzuteilen. Diese Vorschrift schließt auch die Berichterstattung über die Auflösung der Sonderrücklagen nach §§ 7 Abs 6 S 2; 17 Abs 4 S 3; 24 Abs 5 S 3; 27 Abs 2 S 3 DMBilG zum Ausgleich eines Jahresfehlbetrags ein.

Nach § 150 Abs 3 und 4 AktG können Verluste auch aus der Kapitalrücklage gedeckt werden. Nach dem Gesetzeswortlaut des § 240 AktG braucht darüber im Anhang nicht berichtet zu werden.

Wenn im Falle einer **Sonderprüfung wegen unzulässiger Unterbewertung** (§ 258 AktG) die von den Sonderprüfern festgestellten Werte oder Beträge im späteren JA insoweit nicht mehr anzusetzen sind, da auf Grund veränderter Verhältnisse nach §§ 253 bis 256 iVm §§ 279 bis 283 oder nach den GoB für Aktivposten ein niedrigerer Wert oder für Passivposten ein höherer Betrag anzusetzen ist, sind im Anhang **Gründe** anzugeben, die zu diesen Abweichungen geführt haben. Ferner ist in einer **Sonderrechnung** die Entwicklung der von den Sonderprüfern festgestellten Werte oder Beträge auf die in der Bilanz tatsächlich angesetzten Werte und Beträge darzustellen (§ 261 Abs 1 S 3 AktG). Sind die unterbewerteten Gegenstände nicht mehr vorhanden, ist über diesen Vorgang und über die Verwendung des Ertrags aus dem **Abgang der Gegenstände** im Anhang ebenfalls zu berichten (§ 261 Abs 1 S 4 AktG). 49

II. Pflichtangaben, die wahlweise im Anhang oder an anderer Stelle im Jahresabschluss zu machen sind

Folgende Angaben müssen im Anhang gemacht werden, wenn sie in Ausübung eines Wahlrechts nicht in die Bilanz oder GuV aufgenommen werden. Nach dem Grundsatz der Stetigkeit ist ein einmal gewählter Ausweis in Bilanz 55 oder GuV oder eine Angabe im Anhang beizubehalten. Dem PublG unterliegende Ekfl und reine PersGes, die nach § 5 Abs 2 PublG keinen Anhang aufzustellen brauchen, müssen die folgenden Angabepflichten in der Bilanz oder GuV erfüllen (glA *WPH*[12] I, H Anm 64). Obwohl für den Anhang keine Pflicht zur Angabe von Vj-Zahlen besteht, gilt dies für die Angaben, die anstatt in der Bilanz oder GuV im Anhang gemacht werden, nicht (*HFA* 5/1988 idF 1998 I 1 s auch Anm 21).

1. Liste der Pflichtangaben nach HGB und EGHGB in Bilanz, Gewinn- und Verlustrechnung oder im Anhang

56 **§ 264 c** Abs 1 (dort Anm 5): Bei **KapCoGes** gesonderter Ausweis der **Ausleihungen, Forderungen** und **Verbindlichkeiten ggü Gestern** oder Vermerk der Mitzugehörigkeit dieser Posten zu einem anderen;

§ 265 Abs 3 S 1 (dort Anm 7): Angabe der **Mitzugehörigkeit** von einem Bilanzposten zu einem anderen, wenn dies zur Aufstellung eines klaren und übersichtlichen JA erforderlich ist;

§ 268 Abs 1 S 2 2. Hs (dort Anm 4): Gesonderte Angabe des **Gewinn- oder Verlustvortrags,** wenn die Bilanz unter Berücksichtigung der teilweisen Verwendung des Jahresergebnisses aufgestellt wird und der Gewinnvortrag/Verlustvortrag in den Bilanzgewinn/Bilanzverlust einbezogen ist;

§ 268 Abs 2 S 1 (dort Anm 10): Darstellung des **Brutto-Anlagengitters** einschließlich der Aufwendungen für die Ingangsetzung und Erweiterung des Geschäftsbetriebs;

§ 268 Abs 2 S 3 (dort Anm 12, 16): Angabe der **Abschreibungen des Geschäftsjahrs;**

§ 268 Abs 6 (dort Anm 110): Gesonderter Ausweis eines **aktivierten Disagios;**

§ 268 Abs 7 1. Hs (dort Anm 123): Gesonderter Ausweis der in § 251 bezeichneten **Haftungsverhältnisse** unter Angabe der gewährten **Pfandrechte** und sonstigen **Sicherheiten;**

§ 268 Abs 7 2. Hs (dort Anm 127): Gesonderter Ausweis der **Haftungsverhältnisse gegenüber verbundenen Unternehmen;**

§ 273 S 2 2. Hs (dort Anm 8): Angabe der Vorschriften, nach denen **Sonderposten mit Rücklageanteil** gebildet worden sind;

§ 274 Abs 1 S 1 (dort Anm 70): Gesonderte Angabe der **Rückstellung für Steuerabgrenzung;**

§ 277 Abs 3 S 1 (dort Anm 3): Angabe von **außerplanmäßigen Abschreibungen im Anlagevermögen** nach § 253 Abs 2 S 3 und von **Abschreibungen im Umlaufvermögen zur Berücksichtigung zukünftiger Wertschwankungen** nach § 253 Abs 3 S 3;

§ 281 Abs 1 S 2 (dort Anm 4): Angabe der Vorschriften, nach denen **Wertberichtigungen nach steuerrechtlichen Vorschriften** gebildet worden sind, die in den Sonderposten mit Rücklageanteil eingestellt sind;

§ 281 Abs 2 S 1 (dort Anm 6): Angabe des Betrags der im Gj **allein nach steuerrechtlichen Vorschriften vorgenommenen Abschreibungen,** getrennt nach Anlage- und Umlaufvermögen, und hinreichende Begr;

§ 281 Abs 2 S 2 (dort Anm 12): Gesonderte Angabe der Erträge aus der **Auflösung** des Sonderpostens mit Rücklageanteil und der **Einstellungen** in den **Sonderposten mit Rücklageanteil;**

§ 285 S 1 Nr 2 (dort Anm 16): Aufgliederung des Gesamtbetrags der **Verbindlichkeiten mit einer Restlaufzeit von mehr als fünf Jahren** und der **gesicherten Verbindlichkeiten** nach dem vorgeschriebenen Gliederungsschema;

§ 327 Nr 1 S 2 (dort Anm 8): Gesonderte Angabe von **bestimmten Bilanzposten,** wenn **mittelgroße Kapitalgesellschaften/KapCoGes** die Bilanz nur in der für kleine KapGes/KapCoGes vorgeschriebenen Form zum HR einreichen.

2. Weitere Pflichtangaben für GmbH in Bilanz, Gewinn- und Verlustrechnung oder im Anhang

Nach § 29 Abs 4 S 1 GmbHG dürfen GmbH mit Zustimmung des AR oder der Gester den **Eigenkapitalanteil von Wertaufholungen** bei VG des Anlage- und Umlaufvermögens in die anderen Gewinnrücklagen gem § 266 Abs 3 A III Nr 4 einstellen. Der Betrag dieser Rücklagen **(Wertaufholungsrücklagen)** ist (nur) im Jahr der Bildung (zweifelnd *WPH*[12] I F Anm 294) zu nennen (§ 29 Abs 4 S 2 GmbHG). Bei freiwilliger Unterteilung oder Ergänzung der anderen Gewinnrücklagen ist eine genaue Postenbezeichnung erforderlich; das gilt auch für die Sonderrücklagen nach §§ 7 Abs 6 S 2; 17 Abs 4 S 3; 24 Abs 5 S 3; 27 Abs 2 S 3 DMBilG. 57

GmbH haben unabhängig von ihrer Größe bei den **Ausleihungen, Forderungen** und **Verbindlichkeiten** die Beträge, die **gegenüber Gesellschaftern** bestehen, jeweils gesondert anzugeben (§ 42 Abs 3 GmbHG). Hierzu gehören auch Erstattungsansprüche nach § 31 Abs 1 GmbHG. Zweck der Vorschrift ist, die Beziehungen zu Gestern (nicht auch zu ihnen nahe stehenden Personen oder Ges, mit denen auch geschäftliche Verbindungen bestehen) erkennbar zu machen. Die Angabepflichten beziehen sich jeweils auf die für die betreffende Größenklasse der GmbH vorgeschriebene Mindestform des Bilanzschemas und sind unabhängig vom Umfang des Anteilsbesitzes des Gesters (glA *Bohl/Schamburg-Dickstein* in HdR[5] § 42 GmbHG Anm 57). Es spielt auch keine Rolle, ob der Gester zugleich Geschäftsführer ist. Demnach fallen auch Kredite gem § 43a GmbHG an Geschäftsführer, die gleichzeitig Gester sind, unter § 42 Abs 3 GmbHG. Insoweit kommt es zu einer Doppelangabe mit § 285 S 1 Nr 9c (vgl § 285 Anm 190). Eine Aufgliederung nach einzelnen Gestern ist nicht erforderlich. Entscheidend für die Angabe ist die Gesterstellung am Abschlussstichtag (*Bohl/Schamburg-Dickstein* aaO Anm 59). Während des Gj ausgeschiedene Gester sind nicht mehr in die Angabe aufzunehmen; bei neu eintretenden Gestern sind auch die früher entstandenen Forderungen und Verbindlichkeiten in die Angabe einzubeziehen. 58

Nach dem Wortlaut des HGB sind in der GuV enthaltene Erträge und Aufwendungen aus Beziehungen mit Gestern nicht gesondert anzugeben. Ferner sind Guthaben bei Gester-Kreditinstituten (aA *Bohl/Schamburg-Dickstein* aaO Anm 65) und Rückstellungen gegenüber Gestern (glA *Bohl/Schamburg-Dickstein* Anm 67) nicht gesondert ausweispflichtig, wohl aber die Haftungsverhältnisse (§ 268 Abs 7 Anm 129 iVm § 251) gegenüber Gestern, da sowohl § 251 als auch § 42 Abs 3 GmbHG von Verbindlichkeiten sprechen; das Gleiche gilt für die Angabe der sonstigen finanziellen Verpflichtungen gegenüber Gestern (s § 285 Anm 37).

Die Angaben können in Form eines gesonderten Ausweises in der Bilanz erfolgen, indem dem Bilanzschema ein jeweils neuer Posten mit arabischer Nr unter entspr Bezeichnung hinzugefügt wird (vgl § 265 Abs 5 S 2), zB Forderungen an Gester. Dann entfällt ein Mitzugehörigkeitsvermerk nach § 265 Abs 3. Oder es kann bei den Bilanzposten, in denen GesterPosten enthalten sind, durch **Davon-Vermerke** („davon gegenüber Gesellschaftern“) auf die Gesterbeziehung hingewiesen werden (aA *Bohl/Schamburg-Dickstein* aaO Anm 61). Diese Angaben können auch im Anhang gemacht werden. Unabhängig von der Art des Bilanzausweises oder der Anhangangabe sind auch von mittelgroßen und großen GmbH die Aufgliederungen der Verbindlichkeiten gegenüber Gestern nach Restlaufzeiten und Sicherheiten (§ 285 Anm 17) zu machen.

Bei dem gesonderten Ausweis von Ausleihungen, Forderungen und Verbindlichkeiten ggü Gestern kann es zu Überschneidungen mit den vorgeschriebenen Sonderausweisen kommen, wenn der Gester zugleich verbundenes Unt iSv 59

§ 271 Abs 2 ist oder zwischen ihm und der GmbH ein Beteiligungsverhältnis besteht (§ 271 Abs 1). In diesen Fällen ist die Mitzugehörigkeit entspr zu vermerken (§ 265 Abs 3 S 1) (glA *Bohl/Schamburg-Dickstein* in HdR[5] § 42 GmbHG Anm 58), was durch einen Davon-Vermerk (in Bilanz oder Anhang) zu den Ausleihungen, Forderungen und Verbindlichkeiten ggü verbundenen Unt oder ggü Unt, mit denen ein Beteiligungsverhältnis besteht, zu erfolgen hat (zB Verbindlichkeiten ggü Unt, mit denen ein Beteiligungsverhältnis besteht, davon ggü Gestern). Die **Einlage eines stillen Gesellschafters** (§ 230 HGB) in die GmbH fällt, sofern es sich um FK handelt (vgl dazu *Paulick/Blaurock* Handbuch der stillen Gesellschaft[4], 252), nicht unter die Ausweis- bzw Angabevorschrift des § 42 GmbHG (glA *Bohl/Schamburg-Dickstein* in HdR[5] § 42 GmbHG Anm 69). Der stille Gester ist nicht an der GmbH beteiligt, sondern er ist Gester der stillen Ges, die eine besondere Form der GbR darstellt (*Post/Hoffmann* Die stille Beteiligung am Unt der Kapitalgesellschaft – GmbH und Still – Recht, Steuer, Betriebswirtschaft[2], 22) und selbst nicht nach § 264 rechnungslegungs- und offenlegungspflichtig ist. Ist der stille Gester gleichzeitig Gester der GmbH, ist Ausweis- bzw Angabepflicht gegeben (*Bohl/Schamburg-Dickstein* Anm 70; *Crezelius* in Scholz GmbHG[9] § 42 Anm 27).

Kapitalersetzende Gesellschafterdarlehen (s auch § 266 Anm 255) nach § 32a GmbHG sind als solche kenntlich zu machen (*K.Schmidt* in Scholz GmbHG[8] § 32a Anm 94 mwN), wenn nicht § 32a Abs 3 S 2 GmbHG greift. Das Gleiche gilt für **Genussscheinkapital,** soweit es als FK ausgewiesen wird und von Gestern gehalten wird.

Sog **mittelbare Gesellschafterdarlehen** sind nach § 42 Abs 3 GmbH nicht angabepflichtig. Ein solches mittelbares GesterDarlehen liegt dann vor, wenn ein Dritter der GmbH ein Darlehen gegen Gewährung von Sicherheiten des Gesters oder aus Mitteln des Gesters gewährt. Mittelbare GesterDarlehen unterliegen nur in den Fällen des § 32a Abs 2 und 3 S 1 GmbHG einer Sonderbehandlung (*Rowedder/Schmidt-Leithoff* GmbH[4] § 32a Anm 12).

3. Weitere Pflichtangaben für AG in Bilanz, Gewinn- und Verlustrechnung oder im Anhang

70 Nach § 58 Abs 2a S 2 AktG ist im Jahr der Bildung der Teilbetrag der anderen Gewinnrücklagen gem § 266 Abs 3 A III Nr 4 gesondert anzugeben, in die nach § 58 Abs 2a S 1 AktG der **Eigenkapitalanteil von Wertaufholungen** eingestellt worden ist. Bei freiwilliger Unterteilung der anderen Gewinnrücklagen ist eine genaue Postenbezeichnung erforderlich.

71 Bei der **Kapitalrücklage** (vgl § 272 Anm 56) sind gesondert anzugeben

- der Betrag, der während des Gj in die Kapitalrücklage eingestellt wurde (§ 152 Abs 2 Nr 1 AktG) und
- der Betrag, der für das Gj der Kapitalrücklage entnommen wird (§ 152 Abs 2 Nr 2 AktG)
- alle übrigen Veränderungen (unsaldiert und bezeichnet).

Nach dem Wortlaut des AktG sind die Einstellungen und Entnahmen jeweils in einem Betrag anzugeben und nicht nach den Gründen (§§ 272 Abs 2 HGB, 150 Abs 2 bis 4 AktG) aufzugliedern. Aufrechnungen zwischen Einstellungen und Entnahmen in einem Gj sind nicht zulässig.

72 Zu den **einzelnen** Posten der **Gewinnrücklagen** (§ 272 Anm 86) sind jeweils gesondert anzugeben

- die Beträge, die die HV aus dem Bilanzgewinn des Vj eingestellt hat (§ 152 Abs 3 Nr 1 AktG);
- die Beträge, die aus dem Jahresüberschuss des Gj eingestellt werden (§ 152 Abs 3 Nr 2 AktG) und

– die Beträge, die für das Gj entnommen werden (§ 152 Abs 3 Nr 3 AktG)
– alle übrigen Veränderungen (unsaldiert und bezeichnet, zB zur Kapitalerhöhung aus Gesellschaftsmitteln; Verrechnung des Unterschiedsbetrags zwischen dem Nennwert eigener Aktien und ihrem Kaufpreis nach § 272 Abs 1 S 6).

Gewinnrücklagen sind alle Rücklagen, die in der Bilanz auf der Passivseite unter dem Posten A III. der Gliederung nach § 266 Abs 3 auszuweisen oder tatsächlich ausgewiesen sind. Die entspr Beträge sind bei allen Arten von Gewinnrücklagen gesondert aufzuführen. Werden die anderen Gewinnrücklagen freiwillig unter Angabe des Zwecks, für den sie gebildet worden sind, oder auf Grund von gesetzlichen Vorschriften (zB Wertaufholungsrücklage nach § 58 Abs 2a AktG, vgl Anm 70; Sonderrücklagen nach DMBilG) weiter untergliedert oder um weitere Posten ergänzt, sind die Beträge auch für diese Rücklagenposten gesondert anzugeben. Aufrechnungen von Einstellungen und Entnahmen in einem Gj sind nicht zulässig.

Die Vorschrift zur Untergliederung der Kapital- und Gewinnrücklagen ist für kleine AG (§ 267 Abs 1) nicht anzuwenden; die Erleichterungsvorschrift für kleine KapGes (§ 266 Abs 1 S 3) gilt als lex specialis auch für kleine AG. Zur Darstellung der Bewegung, wenn die Einstellung in die Rücklage für eigene Aktien aus vorhandenen Gewinnrücklagen erfolgt, s § 272 Anm 119.

Die **Verwendung des Jahresüberschusses/Jahresfehlbetrags** ist gem 73
§ 158 Abs 1 AktG wie folgt darzustellen:

1. Gewinnvortrag/Verlustvortrag aus dem Vorjahr
2. Entnahmen aus der Kapitalrücklage
3. Entnahmen aus Gewinnrücklagen
   a) aus der gesetzlichen Rücklage
   b) aus der Rücklage für eigene Aktien
   c) aus satzungsmäßigen Rücklagen
   d) aus anderen Gewinnrücklagen
   Entnahmen aus den Sonderrücklagen nach DMBilG sind einzeln darzustellen.
4. Einstellungen in Gewinnrücklagen
   a) in die gesetzliche Rücklage
   b) in die Rücklage für eigene Aktien
   c) in satzungsmäßige Rücklagen
   d) in andere Gewinnrücklagen
5. Bilanzgewinn/Bilanzverlust.

Werden diese Posten statt im Anhang in der GuV ausgewiesen, ist nach dem Posten Jahresüberschuss/Jahresfehlbetrag die Nummerierung entspr fortzuführen.

Verrechnungen zwischen den einzelnen vorgeschriebenen Posten sind nicht zulässig. Bezüglich einer weiteren Unterteilung der anderen Gewinnrücklagen s Anm 72.

Einstellungen in die Kapitalrücklage sind fast immer erfolgsneutral; das gilt auch für verdeckte Einlagen (§ 272 Anm 201).

Nach § 160 Abs 1 Nr 3 AktG ist über **Aktien jeder Gattung** zu berichten. 74
Die Angabepflicht ist im Zusammenhang mit der Vermerkpflicht nach § 152 Abs 1 S 2 AktG zu sehen, nach der der auf jede Aktiengattung entfallende Betrag des Grundkapitals in der Bilanz gesondert anzugeben ist. § 160 Abs 1 Nr 3 1. Hs AktG verlangt, dass zusätzlich Zahl und bei Nennbetragsaktien der Nennbetrag der Aktien jeder Gattung anzugeben sind. Maßgebend sind die Verhältnisse am Abschlussstichtag laut den Eintragungen im HR (glA *ADS*[6] § 160 AktG Anm 42). Die Angaben ergeben sich aus der Satzung, in der nach § 23 Abs 3 Nr 4 AktG die Zerlegung des Grundkapitals entweder in Nennbetragsaktien oder in Stückaktien, bei Nennbetragsaktien deren Nennbeträge und die

Zahl der Aktien jeden Nennbetrags, bei Stückaktien deren Zahl sowie, wenn mehrere Gattungen bestehen, die Gattung der Aktien und die Zahl der Aktien jeder Gattung bestimmt werden müssen. Besteht nur eine Aktiengattung, sind die Angaben auch zu machen, zB das Grundkapital ist zerlegt in 500 000 Nennbetragsaktien zu je 1 Euro (§ 8 Abs 2 AktG). Diese Einzelangaben sind auch für Aktien, die bei einer bedingten Kapitalerhöhung (§ 192 AktG) oder einem genehmigten Kapital (§ 202 AktG) im Gj gezeichnet wurden, jeweils gesondert zu machen (§ 160 Abs 1 Nr 3 2. Hs AktG). Es dient sicherlich nicht der Klarheit und Übersichtlichkeit, wenn sich ergänzende und zusammengehörende Angaben im JA an verschiedenen Stellen gemacht werden. Es muss daher in analoger Anwendung zu § 265 Abs 7 Nr 2 zulässig sein, die Angaben nach § 160 Abs 1 Nr 3 AktG mit der Angabe der auf jede Aktiengattung entfallenden Beträge des Grundkapitals (§ 152 Abs 1 S 2 AktG) zusammenzufassen und im Anhang zu machen, obwohl die Angabe des auf jede Aktiengattung entfallenden Betrags des Grundkapitals nur für die Bilanz vorgeschrieben ist (ebenso *ADS*[6] § 160 AktG Anm 41; *WPH*[12] I, F Anm 759). Die Zusammenfassung aller Angaben zu den Aktiengattungen erhöht die Klarheit der Aussage.

III. Freiwillige Angaben

80 Über die Pflichtangaben hinaus kann der Anhang um freiwillige Angaben erweitert werden. Diese Angaben unterliegen wie die übrigen Angaben des Anhangs der Offenlegungspflicht und bei mittelgroßen und großen KapGes/KapCoGes der Prüfungspflicht des AP.

Welche Angaben freiwillig in den Anhang aufgenommen werden dürfen, sagen HGB und Nebengesetze nicht. Es kommen in Betracht: Weitere Ausführungen zu den nicht nach § 285 erläuterungspflichtigen Posten der Bilanz und GuV, Angaben über die Arbeitnehmerschaft, Arbeitsbedigungen und die sozialen Verhältnisse, Berichterstattung über Beziehungen zu nahestehenden Personen (DRS 11), Substanzerhaltungsrechnung und Kapitalerhaltungsrechnung (vgl hierzu *HFA* 2/1975 Zur Berücksichtigung der Substanzerhaltung bei der Ermittlung des Jahresergebnisses, WPg 614); Gewinn pro Aktie (*Busse von Colbe ua* (Hrsg) Ergebnis je Aktie nach DVFA/SG[3]); Angaben gem den Empfehlungen des Deutschen Corp Gov Kodex. Infrage kommen auch KFR (DRS 2), EK-Spiegel (DRS 7) und Segmentberichterstattung (DRS 3), wie sie für den KA nach § 297 Abs 1 nF vorgeschrieben oder zulässig sind. Weiterhin können Zusatzangaben im Hinblick auf die internationale Vergleichbarkeit deutscher JA gemacht werden (zB Angaben zu Zeitwerten von VG, zu nicht realisierten Gewinnen).

81 Diese freiwilligen Angaben müssen im Rahmen der zur Veröffentlichung bestimmten Unterlagen, sofern diese mehr als den JA und Lagebericht umfassen (zB Geschäftsbericht) eindeutig und erkennbar als dem Anhang zugehörig gekennzeichnet sein.

Der Umfang der freiwilligen Angaben im Anhang findet dort seine Grenze, wo **Klarheit** und **Übersichtlichkeit** der Darstellung beeinträchtigt werden oder kein sachlicher Zusammenhang mit dem JA besteht. Freiwillige Angaben liegen auch vor, wenn kleine und mittelgroße KapGes/KapCoGes von den größenabhängigen Erleichterungen der §§ 274a, 276 S 2 und 288 nicht oder nur teilweise Gebrauch machen.

Die im Anhang zulässigen freiwilligen Angaben können auch im **Lagebericht** (§ 289) gemacht werden (einschränkend *ADS*[6] § 289 Anm 13).

82 Sollen freiwillige Angaben weder im Anhang noch im Lagebericht gemacht, gleichwohl aber im Rahmen einer allgemeinen Berichterstattung an die Öffent-

lichkeit gerichtet werden, besteht die Möglichkeit, in einem **Geschäftsbericht** getrennte Sonderabschnitte einzurichten, die selbst keinen gesetzlichen Vorschriften unterliegen und auch nicht prüfungspflichtig sind (*ADS*[6] § 284 Anm 35), zB Tabellen, Graphiken, Glossare, aber einem Review durch kritisches Lesen des AP nach IDW PS 202 zu unterziehen sind.

C. Angaben zur Bilanz und Gewinn- und Verlustrechnung (Abs 2 Nr 1)

Nach Abs 2 Nr 1 müssen die auf die Posten der Bilanz und GuV angewandten **Bilanzierungs- und Bewertungsmethoden** angegeben werden. Nach Sinn und Zweck dürfen sich diese Angaben nicht allein auf die Wiedergabe des Wortlauts der gesetzlichen Bilanzierungs- und Bewertungsvorschriften beschränken, sondern es ist darzustellen, wie im konkreten Fall Wahlrechte ausgeübt und Ermessensspielräume ausgefüllt wurden. Da sich die Angabepflicht auf Methoden bezieht, fallen Angaben und Erl über den Inhalt, die Zusammensetzung, die Veränderungen der einzelnen Posten gegenüber dem Vorjahr nicht unter diese Vorschrift (hM *ADS*[6] § 284 Anm 53). Sie dürfen als freiwillige Angaben in den Anhang (Anm 80) aufgenommen werden. 85

Unter die Angabepflicht fällt auch die Angabe der Anwendung von steuerrechtlichen Vorschriften zur Bilanzierung und Bewertung.

I. Angabe der Bilanzierungsmethoden

Das HGB definiert den Begriff der Bilanzierungsmethode nicht. Es stellt ihn neben die Bewertungsmethoden. Ist nach hM unter einer Bewertungsmethode ein planmäßiges Verfahren zur Ermittlung eines Wertansatzes zu verstehen, ist als Bilanzierungsmethode das planmäßige Vorgehen anzusehen, um einen Posten in der Bilanz anzusetzen. Dieses Vorgehen umfasst mithin die Entscheidung über die **Bilanzierung dem Grund nach** (Anm 87) und im Rahmen der GoB in bestimmten Fällen auch hinsichtlich des **Zeitpunkts** der Bilanzierung (Anm 91; glA *ADS*[6] § 284 Anm 55). Die Bilanzierungsmethoden bestehen mithin in der Ausübung von Ansatzvorschriften und von Bilanzierungswahlrechten. Dazu gehört auch die Inanspruchnahme von Bilanzierungshilfen (Anm 90). 86

Die **Bilanzierungswahlrechte dem Grund nach** entsprechen den **Ansatzwahlrechten,** wonach bestimmte Aktiv- und Passivposten bilanziert werden dürfen, aber nicht müssen. Im HGB sind in folgenden Fällen Ansatzwahlrechte vorgesehen: 87

- RAP für als Aufwand berücksichtigte Zölle und Verbrauchsteuern, soweit sie auf am Abschlussstichtag auszuweisende VG des Vorratsvermögens entfallen (§ 250 Abs 1 S 2 Nr 1);
- RAP für als Aufwand berücksichtigte USt auf am Abschlussstichtag auszuweisende oder von den Vorräten offen abgesetzte Anzahlungen (§ 250 Abs 1 S 2 Nr 2);
- Disagio (§ 250 Abs 3 S 1);
- erworbener GFW (§ 255 Abs 4 S 1);
- Rückstellungen für laufende Pensionen oder Anwartschaften mit vor 1987 entstandenem Rechtsanspruch (Altzusagen) sowie für mittelbare Pensionsverpflichtungen und ähnliche Verpflichtungen (Art 28 Abs 1, Art 48 Abs 6 EGHGB);
- Rückstellungen für unterlassene Instandhaltung, die ab dem vierten Monat bis zum Ende des folgenden Gj nachgeholt werden (§ 249 Abs 1 S 3);
- Aufwandsrückstellungen (§ 249 Abs 2);
- Sonderposten mit Rücklageanteil (§§ 247 Abs 3, 273).

88 Zu den Bilanzierungsmethoden gehört auch die Art der Aufstellung der Bilanz, dh vor oder nach vollständiger oder teilweiser Verwendung des Jahresergebnisses gem § 268 Abs 1 (*WPH*[12] I, F Anm 572).

89 Über die Ausübung dieser Bilanzierungswahlrechte ist stets zu berichten, um die bilanzpolitischen Maßnahmen erkennbar zu machen. Ist jedoch für die Posten ein **gesonderter Ausweis** in der Bilanz oder Angaben im Anhang gesetzlich vorgeschrieben (Disagio nach § 268 Abs 6; GFW nach § 266 Abs 2 A I Nr 2; Sonderposten mit Rücklageanteil nach § 247 Abs 3 S 2, Fehlbetrag bei den Pensionsrückstellungen nach Art 28 Abs 2 EGHGB, teilweise Ergebnisverwendung nach § 268 Abs 1), braucht nicht berichtet zu werden, da der Bilanzposten als solcher erkennbar ist (aA *Kupsch* in HdJ IV/4 Anm 78). Ist ein Bilanzierungswahlrecht nicht unmittelbar erkennbar, muss hingegen die Ausübung eines Ansatzwahlrechts jährlich erwähnt werden. Handelt es sich um unwesentliche Beträge, kann eine Angabe entfallen, wenn dadurch die Vermittlung eines den tatsächlichen Verhältnissen entspr Bilds der VFE-Lage (§ 264 Anm 35) nicht beeinträchtigt wird (wie hier *ADS*[6] § 284 Anm 56). Eine **Begründung** für die Inanspruchnahme der Bilanzierungswahlrechte ist nicht gefordert.

90 Neben den Bilanzierungswahlrechten ieS sieht das HGB **Bilanzierungshilfen** vor, die als solche bilanziert werden dürfen, ohne aktivierungsfähige VG zu sein:

– Aufwendungen für die Ingangsetzung und Erweiterung des Geschäftsbetriebs (§ 269);
– aktiver Posten zur Steuerabgrenzung (§ 274 Abs 2 S 1);
– Ausgleichsbetrag nach dem AltfahrzeugG (Art 53 Abs 2 EGHGB).

91 Unter die Bilanzierungsmethoden fällt auch das nur durch die GoB begrenzte planmäßige Vorgehen bei der Festlegung des **Zeitpunkts der Bilanzierung.** Wann ein VG zu aktivieren oder eine Schuld zu passivieren ist, ist im Rahmen der GoB von nicht immer eindeutigen Voraussetzungen abhängig. In diesen Fällen müssen die Grundsätze angegeben werden, nach denen die Voraussetzungen für die Bilanzierung als erfüllt angesehen werden (glA *Kupsch* in HdJ Abt IV/4 Anm 79).

Beispiele hierfür sind:
– Bilanzierung von Zu- und Abgängen bei Grundstücken im Zeitpunkt des Übergangs des wirtschaftlichen oder rechtlichen Eigentums (§ 247 Anm 451);
– Bilanzierung des Zugangs von unterwegs befindlicher Ware im Zeitpunkt des Gefahrenübergangs oder des späteren Eigentumsübergangs (§ 240 Anm 58);
– Bilanzierung der Forderungen aus Lieferungen und Leistungen und damit Gewinnrealisierung (bei langfristiger Fertigung) im Zeitpunkt der Erfüllung von Teilleistungen oder der Gesamtleistung (§ 255 Anm 457);
– Bilanzierung von Zulagen im Zeitpunkt der Erfüllung der wirtschaftlichen Voraussetzungen oder des rechtlichen Entstehens des Anspruchs (§ 247 Anm 120; HFA 1/1984 idF 1990 Bilanzierungsfragen bei Zuwendungen, dargestellt am Beispiel finanzieller Zuwendungen der öffentlichen Hand, IDW-FN 136);
– Bilanzierung von Rückstellungen für künftige Ausgleichsansprüche der Handelsvertreter im Zeitpunkt vor oder bei Beendigung des Vertretervertrags (§ 249 Anm 100).

Für diese und ähnliche Fälle ist die Angabepflicht nur bei **wesentlichen Posten** geboten. Bei KapGes/KapCoGes mit langfristiger Fertigung (§ 255 Anm 457) wird stets über die Grundsätze der Umsatz- und Gewinnrealisierung nach § 284 Abs 2 Nr 1 zu berichten sein (so auch *Kupsch* in HdJ IV/4 Anm 80).

II. Angabe der Bewertungsmethoden

1. Allgemeines

Die Bewertungsmethoden sind in jedem Anhang zu erläutern. Ein Verweis auf einen früheren Anhang ist nicht zulässig. Die Angaben können für mehrere Posten der Bilanz zusammengefasst werden, um Wiederholungen zu vermeiden. Beträge brauchen dabei im Allgemeinen nicht angegeben zu werden. Es genügt eine **verbale Berichterstattung.** Was unter Bewertungsmethode zu verstehen ist, regelt das HGB nicht. Es handelt sich dabei um jedes planmäßige Verfahren zur Ermittlung eines Wertansatzes. Sowohl hinsichtlich der **Höhe des Wertansatzes** als auch der **Wahl des Verfahrens zur Ermittlung des Wertansatzes** können Wahlrechte bestehen. Die Angabepflicht der Bewertungsmethoden erstreckt sich auf beides (glA *ADS*[6] § 284 Anm 60). 100

Folgende **Bewertungswahlrechte** sind gesetzlich ausdrücklich eingeräumt: 101

- Festwertbewertung bei Sachanlagen und Roh-, Hilfs- und Betriebsstoffen unter bestimmten Voraussetzungen (§ 240 Abs 3);
- Abschreibungen auf Finanzanlagen bei nur vorübergehender Wertminderung (§ 279 Abs 1 S 2 iVm § 253 Abs 2 S 3);
- Planmäßige Abschreibung des GFW nach Maßgabe der voraussichtlichen Nutzungsdauer (§ 255 Abs 4 S 3);
- Steuerrechtliche Abschreibungen im Anlage- und Umlaufvermögen (§ 279 Abs 2 iVm § 254 S 1 und § 281 Abs 2 S 1);
- Beibehaltung steuerrechtlicher Abschreibungen im Anlage- und Umlaufvermögen (§ 280 Abs 2) (entfällt wegen §§ 6 Abs 1 Nr 1 S 4, 6 Abs 1 Nr 2 S 3, 7 Abs 1 S 6 2. HS EStG);
- Gruppenbewertung im Vorratsvermögen und bei anderen beweglichen VG und Schulden (§ 240 Abs 4);
- Verbrauchsfolgeverfahren im Vorratsvermögen, zB Fifo, Lifo (§ 256);
- Bemessung der HK (§ 255 Abs 2);
- Einbeziehung von Fremdkapitalzinsen in die HK (§ 255 Abs 3);
- Abschreibungen im Umlaufvermögen zur Verlustantizipation bei zukünftigen Wertschwankungen (§ 253 Abs 3 S 3);
- Wertbeibehaltung im Anlagevermögen nach Art 24 Abs 1 EGHGB;
- Wertbeibehaltung im Anlagevermögen nach Art. 48 Abs 2 EGHGB.

Nach den GoB bestehen weitere **Bewertungsmethodenwahlrechte,** deren Ausübung im Ermessen der KapGes/KapCoGes steht, zB Abschreibungsmethoden bei VG des Anlagevermögens (§ 253 Abs 2 S 1 und 2, s hierzu auch Anm 238), Ermittlungsmethoden für HK (§ 255 Abs 2, Anm 340), Methoden der Ermittlung des beizulegenden Werts (§ 253 Abs 3 S 2 Anm 501). 102

Über die Vornahme von **Abschreibungen nach steuerrechtlichen Vorschriften** nach § 254 ist gem § 281 Abs 2 S 1 im Anhang gesondert zu berichten. 103

2. Angabe der Bewertungsmethoden für Gegenstände des Anlagevermögens

Bei der Erl der **Anschaffungskosten** im Anlagevermögen wird idR keine besondere Darstellung der Methode erforderlich sein (glA *ADS*[6] § 284 Anm 65). Nach der Definition der AK in § 255 Abs 1 ist ihr Umfang klar abgegrenzt, und ihr Inhalt braucht nicht erläutert zu werden. Jedoch ist über die Behandlung von Zuschüssen und Subventionen zu berichten, wenn sie wesentlich sind (*ADS*[6] § 284 Anm 65), da hierfür ein Wahlrecht besteht (*HFA* 1/1984 idF 1990 Bilanzierungsfragen bei Zuwendungen, dargestellt am Beispiel finanzieller Zu- 106 wendungen der öffentlichen Hand, IDW-FN, *136).* Zu beachten ist, dass bei Inanspruchnahme des Wertbeibehaltungswahlrechts im Anlagevermögen nach Art 24 Abs 1 EGHGB bzw Art 48 Abs 2 EGHGB dies anzugeben ist.

107 Bei den **planmäßigen Abschreibungen** ist anzugeben, welche **Methode** angewandt wird: linear, degressiv (geometrisch oder arithmetisch), progressiv, nach Maßgabe der Inanspruchnahme oder nach Maßgabe der Ausbeute (hierzu § 253 Abs 2 Anm 238). Bei der degressiven Abschreibung ist auf den Übergang auf die lineare Methode nicht besonders hinzuweisen, *wenn* der Wechsel im Plan vorgesehen ist (glA *ADS*[6] § 284 Anm 71). Im Zusammenhang mit der Abschreibungsmethode stehen die **Abschreibungssätze** bzw die **Nutzungsdauern.** Sie sind für die einzelnen Gruppen der Anlagegegenstände stets anzugeben (*ADS*[6] § 284 Anm 70; *Kupsch* in HdJ IV/4 Anm 87). Aus Vereinfachungsgründen kann – falls zutreffend – auf die von der Finanzverwaltung veröffentlichten **AfA-Tabellen** oder andere branchenübliche Tabellen verwiesen werden. Jedoch muss erkennbar sein, ob es sich jeweils um die zulässigen Höchstsätze (= die kürzesten zulässigen Nutzungsdauern) oder die Mindestsätze handelt. Eine Angabe, dass über die betriebsgewöhnliche Nutzungsdauer abgeschrieben wird, ist nicht aussagefähig genug.

Die Vollabschreibung der **geringwertigen Wirtschaftsgüter** im Zugangsjahr (§ 6 Abs 2 EStG) gehört zu den planmäßigen Abschreibungen (§ 253 Abs 2 S 2); somit ist über sie im Rahmen der Erl über die planmäßigen Abschreibungen zu berichten, weshalb keine Betragsangaben erforderlich sind (glA *ADS*[6] § 284 Anm 76). Eine Berichterstattungspflicht besteht auch, wenn solche Anlage-VG über eine Nutzungsdauer von mehr als einem Jahr abgeschrieben werden.

108 Ferner ist die Behandlung der planmäßigen **Abschreibungen im Jahr des Zugangs** zum Anlagevermögen anzugeben (ebenso *ADS*[6] § 284 Anm 72), wenn die zeitanteilige Abschreibung nicht, sondern eine andere nach den GoB zulässige Methode angewandt wird.

109 **Außerplanmäßige Abschreibungen** wegen nur vorübergehender und wegen dauernder Wertminderung (§ 253 Abs 2 S 3) sind gem § 277 Abs 3 S. 1 in der GuV gesondert auszuweisen oder im Anhang anzugeben. Zusätzlich ist anzugeben, bei welchen Anlage-VG oder Gruppen von Anlage-VG solche Abschreibungen vorgenommen wurden, ob es sich um eine außerplanmäßige Abschreibung wegen einer nur vorübergehenden oder wegen einer voraussichtlich dauernden Wertminderung handelt (bei Finanzanlagen) und welchen Charakter der angesetzte niedrigere Wert hat. Über steuerrechtliche Sonderabschreibungen ist nach § 281 Abs 2 S 1 zu berichten.

110 Über **Wertaufholungen** und **Zuschreibungen** im Anlagevermögen, die im Anlagengitter (§ 268 Abs 2 Anm 18) gesondert auszuweisen sind, ist im Rahmen der allgemeinen Angabepflichten zu den Bewertungsmethoden dann nicht zu berichten, wenn es sich um einen zwingenden Bewertungsvorgang nach § 280 Abs 1 iVm §§ 6 Abs 1 Nr 1 S 4, 6 Abs 1 Nr 2 S 3, 7 Abs 1 S 6 2. Hs EStG handelt (wie hier *Krawitz* in BoHdR § 284 Anm 54; aA *WPH*[12] I F 580 mwN).

Über einen **Festwert** nach § 240 Abs 3 ist nicht zu berichten, da er ua nur bei nachrangiger Bedeutung (§ 240 Anm 86) gebildet werden darf. Insoweit greift hier für die Berichterstattung der Grundsatz der Wesentlichkeit (Anm 13) ebenfalls (*ADS*[6] § 284 Anm 78).

111 Bei der Erl der **Herstellungskosten** der aktivierten Eigenleistungen ist Inhalt und Umfang der aktivierten HK anzugeben. Nach § 255 Abs 2 und 3 besteht ein weiter Bewertungsrahmen für den Ansatz einzelner Kostenarten. Das Ausmaß der Ausübung dieser **Bewertungswahlrechte** ist erkennbar zu machen; es genügt ein Hinweis auf die unfertigen und fertigen Erzeugnisse (wenn ebenso bewertet, Anm 116). Andererseits sind die wesentlichen aktivierten Kostenarten und die einbezogenen Kostenstellen anzugeben.

Die Angabepflicht bezüglich des Umfangs der HK besteht auch hinsichtlich der wahlweisen Einbeziehung der **Fremdkapitalzinsen** in die HK (s Anm 190) und des zugrunde gelegten **Beschäftigungsgrades** (s Anm 116).

3. Angabe der Bewertungsmethoden für Gegenstände des Umlaufvermögens

Den Angaben der Bewertungsmethoden beim **Vorratsvermögen** kommt 116
besondere Bedeutung zu, da idR nicht nur die Unterposten der Vorräte nach mehreren Bewertungsmethoden angesetzt werden, sondern auch innerhalb dieser Posten für die **Vorratsgruppen** unterschiedliche Methoden angewandt werden können. Es sollten für alle wesentlichen Vorratsgruppen die jeweiligen Bewertungsmethoden erkennbar sein.

Bei den **Roh-, Hilfs- und Betriebsstoffen** und **Waren** ist die Methode der Ermittlung der **Anschaffungskosten** zu erläutern. In Frage kommen: Einzelfeststellung der AK, Durchschnittsverfahren, Gruppenbewertungsverfahren (§ 240 Abs 4), Festwertverfahren (§ 240 Abs 3), Fifo-, Lifo- oder ein ähnliches Verbrauchsfolgeverfahren (§ 256).

Bei der Erl der **Herstellungskosten der unfertigen und fertigen Erzeugnisse** (Leistungen) kommt es zunächst darauf an, den Inhalt und Umfang der aktivierten HK anzugeben. Nach § 255 Abs 2 und 3 besteht ein weiter Bewertungsrahmen für die Einbeziehung einzelner Kostenarten und Kostenstellen. Das Ausmaß der Ausübung dieser **Bewertungswahlrechte** ist erkennbar zu machen. Dabei sind die wesentlichen aktivierten Kostenarten und die einbezogenen Kostenstellen anzugeben. Ein Verweis auf steuerliche Rspr und auf steuerrechtliche Verwaltungsanweisungen ist – falls zutreffend – zulässig. Jedoch muss dann angegeben werden, in welcher Weise die auch in EStR 33 genannten Wahlrechte in Anspruch genommen werden. Es ist deshalb zu berichten, ob *nur* die steuerrechtlich **aktivierungspflichtigen** Kostenbestandteile angesetzt werden oder welche steuerlich **aktivierungsfähigen** Kosten in die HK einbezogen werden. Die Angabe der Bewertung „zu steuerlichen Herstellungskosten" ist unzureichend (glA *Schülen* in BeckHdR B 420 Anm 16), da eine solche Angabe kein den tatsächlichen Verhältnissen entspr Bild vermittelt. Die Angabepflicht bezüglich des Umfangs der HK besteht auch hinsichtlich der wahlweisen Einbeziehung der **Fremdkapitalzinsen** in die HK (s Anm 190).

Zur Erläuterungspflicht bei den HK gehört an sich die Angabe des zugrunde gelegten **Beschäftigungsgrads,** da für dessen Berücksichtigung ein gesetzlich nicht geregeltes Methodenwahlrecht besteht (vgl *ADS*[6] § 284 Anm 68). Es genügt aber, nur dann zu berichten, wenn die HK **nicht** auf der Basis der **tatsächlich angefallenen Kosten** bei Normalbeschäftigung angesetzt werden (*ADS*[6] § 284 Anm 68). Auch hinsichtlich der Erzeugnisbewertung ist ggf über die Anwendung der Verfahren zu berichten: Gruppenbewertung, Durchschnittsbewertung, Bewertung nach Maßgabe einer Verbrauchsfolge.

Ferner ist anzugeben, bei welchen Vorratsgruppen **Abschreibungen auf einen niedrigeren Wert** (§ 253 Abs 3) vorzunehmen waren und welcher Art 117
der niedrigere Wert ist, zB der aus dem Börsen- oder Marktpreis sich ergebende Wert, der beizulegende Wert (ähnlich *ADS*[6] § 284 Anm 81). Dazu gehören auch Angaben über Abschreibungen auf Grund von **Lagerrisiken** (verminderte Verwertbarkeit, technische Veralterung, geringe Umschlaghäufigkeit, sinkende Verkaufspreise). Angegeben werden sollte auch das Verfahren, nach dem der

beizulegende Wert ermittelt wurde (insb bei Pauschalverfahren, retrograder Bewertung vom Verkaufserlös).

Es muss ggf angegeben werden, bei welchen Vorratsgruppen von dem Wahlrecht des § 253 Abs 3 S 3 Gebrauch gemacht wurde, Vorräte abzuschreiben, um zu verhindern, dass in der nächsten Zukunft der Wertansatz auf Grund von **Wertschwankungen** geändert werden muss (glA *ADS*[6] § 284 Anm 81). Hier ist außerdem eine Betragsangabe nach § 277 Abs 3 S 1 (dort Anm 3 ff) für die GuV oder den Anhang vorgeschrieben.

118 Über **Wertaufholungen** nach § 280 Abs 1 ist nicht zu berichten. Denn sowohl **Zuschreibungen** zur Rückgängigmachung von Abschreibungen nach dem Niederstwertprinzip (§ 253 Abs 3 S 1 und 2) als auch Zuschreibungen bei solchen Vorräten, die in früheren Gj in Ausübung des Wahlrechts nach § 253 Abs 3 S 3 abgeschrieben worden waren, sind gesetzlich vorgeschrieben. Es handelt sich also um eine Bewertungspflicht, die mit dem Steuerrecht (§ 6 Abs 1 Nr 2 S 3 EStG) übereinstimmt, während sich die Angabepflichten nach § 284 Abs 2 Nr 1 nur auf Bewertungswahlrechte beziehen (Anm 100; wie hier *Krawitz* in BoHdR § 284 Anm 51; für eine Berichtspflicht *WPH*[12] I F Anm 580; *ADS*[6] § 280 Anm 39).

119 Auch bei den **Forderungen, Wertpapieren und flüssigen Mitteln** sind nur solche Abschreibungen vom Nennwert oder von den AK anzugeben, die in Ausübung eines **Bewertungswahlrechts** (zB Abschreibungen zur Verlustantizipation bei zukünftigen Wertschwankungen nach § 253 Abs 3 S 3) und eines Bewertungsmethodenwahlrechts (zB bei Einzel- und/oder Pauschalabwertungen) vorgenommen werden. Bei flüssigen Mitteln kommt dies nur bei Schecks und Guthaben in ausländischer Währung sowie im Fall von Devisenbeständen in Betracht. Bei unentgeltlich erworbenen **Schadstoffemissionensrechten iSd TEHG** ist anzugeben, ob sie zum Zeitwert oder zum Erinnerungswert angesetzt worden sind. Im letzteren Fall ist zusätzlich ihr Zeitwert einzugeben (*IDW ERS HFA* 15 Anm 26 WPg 2005, 467).

120 Besteht ein aktiver Posten zur **Steuerabgrenzung** (gem § 274 Abs 2 S 1), sind hier Erl notwendig (Anm 129). Angaben sind insb erforderlich, wenn der Posten eine Steuerabgrenzung für vortragsfähige Verluste enthält, da hier ein Wahlrecht besteht (s § 274 Anm 18 f); anders im KA nach DRS 10.11.

121 Eine Berichterstattung bei aktiven **Rechnungsabgrenzungsposten** entfällt, weil sie einer Bewertung nicht zugänglich sind (glA *ADS*[6] § 284 Anm 85).

4. Angabe der Bewertungsmethoden für Passivposten

125 Über das **Eigenkapital** und die **passiven Rechnungsabgrenzungsposten** ist nicht zu berichten, da sie Rechengrößen darstellen.

Hier kommen vor allem Angaben der Bewertungsmethoden bei den Sonderposten mit Rücklageanteil und Rückstellungen in Betracht.

126 Bei den **Sonderposten mit Rücklageanteil,** die nicht mit dem nach steuerrechtlichen Vorschriften zulässigen vollen Betrag gebildet zu werden brauchen, ist über einen Teilansatz des Passivpostens zu berichten, da in diesem Fall von einem Bewertungswahlrecht Gebrauch gemacht wurde (glA *ADS*[6] § 284 Anm 87).

127 Die Bewertungsmethoden der **Pensionsrückstellungen** sind in jedem Fall zu erläutern. Dabei reicht aus, anzugeben, dass sie nach den versicherungsmathematischen Grundsätzen, mit welchem Zinssatz (glA *ADS*[6] § 284 Anm 88), nach welchen Sterbetafeln und welcher Berechnungsmethode (*WPH*[12] *I* F Anm 585) sie ermittelt wurden. Als Berechnungsmethoden kommen infrage: Barwert-, Teilwert- und Gegenwartswertmethode, Unit-credit-Methode, DBO/PBO und andere nach internationalen Rechnungslegungsstandards zulässige

Methoden (s § 249 Anm 204, 292). Wurden ausschließlich die steuerrechtlichen Vorschriften angewandt, ist dies anzugeben (glA *HFA* 2/1988 Pensionsverpflichtungen im Jahresabschluss, WPg, 405). Die Angabe des zugrunde gelegten Pensionierungsalters ist nicht erforderlich, da es sich hierbei um einen Parameter handelt. Anzugeben ist auch, wenn von steuerrechtlich zulässigen Verteilungsmöglichkeiten des Zuführungsbetrags, sofern sie auch handelsrechtlich zulässig sind, Gebrauch gemacht wird (glA *WPH*[12] I, 585; *ADS*[6] § 284 Anm 89). Das Gleiche gilt bei Anpassung aufgrund geänderter Sterbetafeln.

Für den **Fehlbetrag** bei den Pensionsrückstellungen nach Art 28 Abs 2 EGHGB ist nach dem Gesetzeswortlaut nur die Angabe des Betrags für Altzusagen im Anhang vorgeschrieben. Nach dem Sinn des Gesetzes, dass auch der Anhang ein den tatsächlichen Verhältnissen entspr Bild der VFE-Lage zu geben hat, ist von einer ErlPflicht wie bei den Pensionsrückstellungen auszugehen, zumal die Angabe des Fehlbetrags eine Korrektur des falschen Schuldenausweises in der Bilanz bewirkt, soweit es sich um unmittelbare Altzusagen handelt (§ 264 Anm 54). Für die ErlPflicht sind zwei Fälle zu unterscheiden: Werden Pensionsrückstellungen bilanziert, besteht jedoch ein Fehlbetrag, dürfte es ausreichen, die Darstellung der Bewertungsmethoden nur einmal zu den Pensionsrückstellungen vorzunehmen, soweit sie den nach gleichen Methoden bewerteten Fehlbetrag miterfassen. Weist die Bilanz für bestehende Pensionsverpflichtungen keine Rückstellungen aus, sind die Bewertungsmethoden für den Fehlbetrag anzugeben (*HFA* 2/1988 Pensionsverpflichtungen im Jahresabschluss, WPg, 405). 128

Eine Unterstützungskasse in der Rechtsform einer GmbH braucht dagegen ihren Fehlbetrag nicht anzugeben, da ihre Leistungspflicht auf ihr Kassenvermögen beschränkt ist und deshalb keine Unterdeckung aus Sicht der Unterstützungskasse besteht (§ 249 Anm 272). Über die Angabe des Werts einer bestehenden Unterdeckung im Fall von mittelbaren Pensionsverpflichtungen vgl § 249 Anm 256.

Eine gesonderte Erl der Bewertungsmethoden des Fehlbetrags von **mittelbaren Pensionsverpflichtungen** ist idR nicht geboten, da diese nach dem Grundsatz der einheitlichen Bewertung (*HFA* 2/1988 WPg, 404) wie die unmittelbaren Pensionsverpflichtungen bewertet werden. Allerdings ist eine Angabe der Bewertung des ggf vorhandenen Kassenvermögens (Zeitwert, AK, Buchwert) erforderlich, da nur der Saldo den Fehlbetrag ergibt.

Bei den **Steuerrückstellungen** sind vor allem die gewählten Methoden bei der Rückstellung für Steuerabgrenzung (§ 274) darzustellen: Höhe des Steuersatzes, Bilanzierung nach der Verbindlichkeitsmethode (liability method) oder Abgrenzungsmethode (deferral method); vgl hierzu auch § 274 Anm 4. 129

Eine Erl der Bewertungsmethoden bei den **sonstigen Rückstellungen** ist ebenfalls für wesentliche Posten erforderlich. Es kommen Einzelbewertung und Gruppenbewertung nach der Durchschnittsmethode (§ 240 Anm 138) in Frage. Rückstellungen müssen stets nach vernünftiger kfm Beurteilung geschätzt werden; hier ist ein Ermessensspielraum bereits gesetzlich vorgegeben; dies gilt insb bei Rückstellungen für einzelne Risiken **(Einzelrückstellungen).** Für **Sammelrückstellungen** gilt Ähnliches. Es müssen die zugrunde gelegten Parameter geschätzt werden (zB Garantierückstellungen in Höhe von 2% der Umsatzerlöse oder in Höhe des durchschnittlichen Aufwands bestimmter Jahre), so dass sich die Schätzungsproblematik nur verlagert. Es wird der Angabepflicht genügt, wenn für wesentliche Rückstellungen die Schätzungsverfahren erkennbar gemacht werden (glA *ADS*[6] § 284 Anm 91). Das gilt auch für Rückstellungen für aktienkursorientierte Barvergütungen (stock appreciation rights) hinsichtlich der Ermittlung des Zeitwerts (fair value). Werden Rückstellungen abgezinst (§ 253 Abs 1 S 2 2. Hs), ist dies unter Angabe des Zinssatzes anzugeben. 130

Bei den Rückstellungen für **drohende Verluste aus schwebenden Geschäften** (§ 253 Anm 169) ist nach *IDW RS HFA* 4 ein Vollkostenansatz geboten. Sollte gleichwohl auf Teilkostenbasis bewertet worden sein, ist dies unter Angabe der wichtigsten einbezogenen Kostenarten klar darzustellen. Bei schwebenden Finanzgeschäften (Devisentermingeschäfte, Handel mit Finanzinnovationen) ist über die Bewertungsmethoden zu berichten.

Für Rückstellungen, für die ein **Bilanzierungswahlrecht** besteht, ist über das *Ausmaß* der Inanspruchnahme zu berichten. Es kommen außer Pensionsrückstellungen für Altzusagen (Anm 127) die Rückstellungen für **unterlassene Instandhaltung,** soweit diese im folgenden Gj ab dem 4. Monat nachgeholt werden (§ 249 Abs 1 S 3), und die **Aufwandsrückstellungen** (§ 249 Abs 2) in Frage.

131 Eine Erl der Bewertungsmethoden bei den **Verbindlichkeiten** entfällt idR (zu Sonderfällen s § 253 Anm 51; insb zur Behandlung von Lieferantenskonti § 253 Anm 99), da bei der Bewertung keine Wahlrechte eingeräumt sind und zur Ermittlung der Rückzahlungsbeträge (bzw. der Beschaffungskosten bei Sachleistungsverbindlichkeiten) keine Methoden notwendig sind. Jedoch ist bei Rentenverpflichtungen die Methode der Ermittlung des Barwerts und der angewandte Zinssatz anzugeben (Anm 127).

D. Angabe der Grundlagen der Fremdwährungsumrechnung (Abs 2 Nr 2)

135 Es sind die Grundlagen der Umrechnung von Fremdwährungen in Euro anzugeben, soweit der JA Posten enthält, denen Beträge zugrunde liegen, die auf fremde Währung lauten oder ursprünglich auf fremde Währung lauteten. Da das HGB die Umrechnung von Fremdwährungen *neben* die Bewertungsmethoden stellt, bringt es zum Ausdruck, dass die Bewertungsgrundsätze der §§ 252 bis 256, 279 hierfür nicht gelten, sondern nur die GoB.

136 Daher besteht die ErlPflicht in einer **verbalen Umschreibung** der angewandten Methoden und nicht etwa in der Angabe von Währungskursen. Die Angaben müssen sich auf alle wesentlichen Posten im JA beziehen, denen Beträge zugrunde liegen, die auf fremde Währung lauten (zB eine Valutaforderung) oder ursprünglich auf fremde Währung lauteten (zB in Fremdwährung gekaufte Anlage-VG, Beteiligungen oder Rohstoffe). Dabei können gleiche Methoden, die bei mehreren Posten der Bilanz und GuV angewandt werden, zusammengefasst erläutert werden. Die Berichterstattung hat sich sowohl auf die Bilanz- als auch auf die GuV-Posten zu beziehen, sofern hierin umgerechnete Valuten enthalten sind, denn oft werden für die GuV andere Verfahren angewendet als für die Bilanz. Da sich die Nr 2 auch auf den Anhang als Bestandteil des JA bezieht, sind Angaben zur Umrechnung von in Fremdwährung bestehenden sonstigen finanziellen Verpflichtungen (§ 285 S 1 Nr 3), in der Anteilsliste (§ 285 S 1 Nr 11) auch Angaben zur Umrechnung von EK und Ergebnis bei AuslandsGes zu machen bzw bei Angabe der Kurse auf die Art des Kurses hinzuweisen.

137 Zu den Grundlagen der Fremdwährungsumrechnung gehört an sich die **Art des Kurses** (Anschaffungs-, Tages-, Rückzahlungs-, Terminkurs, Kurs zur Vermeidung künftiger Wertschwankungen, voraussichtlich dauerhaft höherer (Passiva), niedrigerer (Aktiva) Kurs iSv § 6 Abs 1 Nr 2, Abs 1 Nr 3 EStG oä) und die **Bewertungsgrundsätze** (Niederstwertprinzip, Stichtagsprinzip); vgl auch DRS 14 für den KA. Da eine erfolgsneutrale **Kompensation** von Kursverlusten bei Forderungen und Kursgewinnen bei Verbindlichkeiten (und umgekehrt)

unter bestimmten Voraussetzungen (geschlossene Devisenpositionen aus deckungsfähigen Aktiv- und Passivposten einschließlich schwebender Geschäfte) für zulässig angesehen wird, ist auch ggf über die Berücksichtigung von Deckungsgeschäften bei der Umrechnung von Fremdwährungen und die Bildung von **Bewertungseinheiten** (*WPH*[12] I F 588) zu berichten. Über die Umrechnung von Devisentermingeschäften muss grds auch berichtet werden, da sie zu den sonstigen finanziellen Verpflichtungen (§ 285 Anm 45) gehören. Sind Rückstellungen für drohende Verluste aus Devisentermingeschäften gebildet worden, ist auch hier über die Grundlagen der Umrechnung, ggf unter Angabe der Inanspruchnahme von Kompensationen von Kursgewinnen und -verlusten, zu berichten (glA *ADS*[6] § 284 Anm 96). Werden Rückstellungen für Währungsrisiken gebildet, falls durch Umrechnung zu Stichtagskursen ein Überhang der Umrechnungserträge über die Umrechnungsaufwendungen entsteht, ist ebenfalls die Ermittlungsmethode anzugeben.

E. Angabe und Begründung von Abweichungen von Bilanzierungs- und Bewertungsmethoden (Abs 2 Nr 3)

I. Allgemeines

Abs 2 Nr 3 schreibt im Anschluss an die Angabepflicht der im JA angewandten Bilanzierungs- und Bewertungsmethoden (Nr 1) die Angabe und Begründung von Abweichungen von diesen Methoden zwingend vor. Die Angaben nach Nr 3 umfassen im Einzelnen **140**

- Angabe und Begründung von Abweichungen von Bilanzierungsmethoden (Anm 143),
- Angabe und Begründung von Abweichungen von Bewertungsmethoden (Anm 151) und die
- gesonderte Darstellung des Einflusses von solchen Abweichungen auf die VFE-Lage (Anm 170).

Diese Pflichten sind von allen KapGes/KapCoGes zu erfüllen. Sie sind bewusst allgemein gehalten, um eine umfassende Berichterstattung zu gewährleisten. Das kommt auch darin zum Ausdruck, dass Abweichungen von **Bewertungsmethoden** mit Abweichungen von **Bewertungsgrundsätzen** gleichgesetzt werden. Hinzu kommt, dass Abs 2 Nr 3 im Gegensatz zu Nr 1 und 2 auf die Verwendung der bestimmten Artikel bei den Wörtern „Abweichungen" und „Methoden" verzichtet. Darzustellen sind demnach alle Abweichungen vom Regelfall, ob gesetzlich vorgeschrieben (aA *ADS*[6] § 284 Anm 118) oder gesetzlich zulässig oder ob aus sonstigen Gründen vorgenommen. Das gilt gleichermaßen für die Bilanzierungs- und Bewertungsmethoden und -grundsätze. Die Angabepflicht findet ihre Grenze durch den Grundsatz der Wesentlichkeit. Abweichungen von insgesamt untergeordneter Bedeutung brauchen nicht angegeben zu werden.

Der **Zweck** der Vorschrift liegt darin, insb eine **Vergleichbarkeit** des JA mit dem Regelfall und dem JA des Vj herzustellen (ebenso *ADS*[6] § 284 Anm 103) und dadurch die Aussagefähigkeit zu erhöhen. Allerdings fallen Abweichungen auf Grund veränderter Verhältnisse nicht unter die Berichtspflicht (*HFA* 3/1997 Zum Grundsatz der Bewertungsstetigkeit WPg, 540).

Die Berichterstattungspflichten nach Nr 3 umfassen *nicht* die Angaben über Änderungen und Abweichungen bei der Anwendung **steuerrechtlicher Vorschriften** (glA *HFA* 3/1997 WPg, 541). Die Angabe dieser Sachverhalte wird von §§ 254, 273, 277 Abs 3, 280 Abs 3, 281 Abs 2 S 1 und 285 S 1 Nr 5 gesondert erfasst, darf aber mit den Angaben nach Abs 2 Nr 3 zusammengefasst werden.

II. Die einzelnen Angaben

1. Angaben zu Abweichungen

143 **Abweichungen** liegen vor, wenn die Grundsätze des Regelfalls nicht eingehalten werden oder wenn im zeitlichen Ablauf bisher angewandte Methoden und Grundsätze nicht mehr beibehalten werden (wie hier *ADS*[6] § 284 Anm 103; *Kupsch* in HdJ Abt IV/4 Anm 101). Auf die **Gründe** für die Abweichungen kommt es nicht an; über diese *muss* dann berichtet werden, wenn das HGB es vorschreibt. Es muss grds über **alle Abweichungen** berichtet werden. Eine Beschränkung auf wesentliche ist zulässig und praktisch notwendig (glA *Kupsch* in HdJ Abt IV/4 Anm 102); das ergibt sich aus dem Wortlaut des HGB und aus seiner weiteren Forderung, den Einfluss der Abweichungen auf die VFE-Lage gesondert darzustellen (glA *HFA* 3/1997 WPg, 541). Denn damit wird die Wesentlichkeit vorausgesetzt. Zahlenmäßige Angaben brauchen nicht gemacht zu werden. Eine **verbale Berichterstattung** genügt (aA *ADS*[6] § 284 Anm 106; *Kupsch* in HdJ Abt IV/4 Anm 102, die die Gleichheit des Wortlauts mit Nr 1 „müssen … angegeben werden" übersehen; aus der Pflicht zur Begründung kann keine Quantifizierung abgeleitet werden). Liegen keine Abweichungen vor, braucht eine Fehlanzeige nicht abgegeben zu werden.

Die Angabepflicht erstreckt sich auf die Darstellung der **Abweichung vom Regelfall** der Bilanzierungs- und Bewertungsgrundsätze als solche, wobei erkennbar sein muss, von welchem Grundsatz abgewichen wird. Hierzu gehören auch angemessene Erl, wenn Unrichtigkeiten in früheren JA durch eine Fehlerkorrektur im Berichtsjahr behoben werden (*IDW RS HFA* 6 Abschn 3.3, WPg 2001, 1085). Da eine Begründung vorgeschrieben ist, sind die Abweichungen von dem im Vj-JA angewandten Bilanzierungs- und Bewertungsmethoden anzugeben. Die Gegenüberstellung auch der **Vorjahresmethode** ist notwendig, um kenntlich zu machen, worin die Änderung besteht. Ferner muss angegeben werden, auf welchen Einzelposten sich die Abweichung bezieht (glA *HFA* 3/1997 WPg, 541).

Die Abweichungen von Bilanzierungs- und Bewertungsmethoden sind nicht nur anzugeben, sondern auch zu begründen. Das HGB fordert hier keine Erl, sondern Begründungen, die verbal gemacht werden dürfen. Darunter ist zu verstehen, dass die Gründe anzugeben sind, die zur Abweichung geführt haben oder aus denen die KapGes/KapCoGes den Wechsel der Bilanzierungs- und Bewertungsmethode vorgenommen hat. Die Gründe können sehr vielfältig sein, zB bessere Vermittlung des den tatsächlichen Verhältnissen entspr Bilds, höhere Praktikabilität, Änderung der tatsächlichen Verhältnisse, Herstellung einer besseren Periodenerfolgsvergleichbarkeit. IdR wird es sich um sachliche Gründe handeln. Die BegrPflicht will auf der anderen Seite willkürliche oder sachfremde Abweichungen verhindern.

a) Angaben zu Abweichungen von Bilanzierungsmethoden

146 Eine Abweichung von Bilanzierungsmethoden kann im Rahmen der **Ansatzwahlrechte** erfolgen (Anm 86 ff). Diese unterliegen nicht dem Stetigkeitsgebot (ebenso *ADS*[6] § 284 Anm 110; *HFA* 3/1997 WPg, 541), so dass ein Wechsel der Bilanzierungsmethoden keinen Beschränkungen unterliegt. Über

den Wechsel einer Bilanzierungsmethode ist dann zu berichten, wenn ein Ansatzwahlrecht im Vergleich zum vorjährigen JA in anderer Weise ausgeübt wird, zB wenn dort eine Rückstellung für Großreparaturen gebildet worden ist und jetzt auf eine Bildung verzichtet wurde, obwohl die Voraussetzungen bei einem anderen, aber gleichen Sachverhalt dafür gegeben sind (glA *ADS*[6] § 284 Anm 111; *Kupsch* in HdJ IV/4 Anm 104).

Entspr Angaben sind erforderlich, wenn **Bilanzierungshilfen** (Anm 90) anders als im Vj (zB voll bzw teilweise) in Anspruch genommen werden.

Es wird auch zu berichten sein, wenn die Grundsätze und damit zusammenhän- **147**
gend der Zeitpunkt der **Realisierung des Umsatzes und Gewinns** von (Teil-) Lieferungen und -leistungen (insb bei langfristiger Fertigung) geändert wird.

Andere wesentliche zulässige Abweichungen vom **Vollständigkeitsgrund-** **148**
satz (§ 246 Abs 1 Anm 64) und **Verrechnungsverbot** (§ 246 Abs 2 Anm 79) sind stets anzugeben, da es sich um eine Abweichung vom Regelfall handelt. Ein solcher Fall ist zB gegeben, wenn trotz Vorliegens von Verpflichtungen eine Rückstellung für Ausgleichsansprüche von Handelsvertretern, Umweltlasten, Patentverletzungen nicht gebildet wurde (§ 249 Anm 100). Die Durchbrechung des Vollständigkeitsgrundsatzes im Hinblick auf eine unterlassene Passivierung von Pensionsverpflichtungen ist nach Art 28 Abs 2 EGHGB bzw Art 48 Abs 6 EGHGB (§ 249 Anm 256) gesondert angabepflichtig.

b) Angaben zu Abweichungen von Bewertungsmethoden

Hierzu gehören die Abweichungen von den **allgemeinen Bewertungs-** **151**
grundsätzen des § 252 Abs 1 (*WPH*[12] I F Anm 591; *ADS*[6] § 284 Anm 115). Die Angabe- und Begründungspflichten beziehen sich auf die Ausnahmefälle nach § 252 Abs 2 (dort Anm 72). Abgewichen werden darf nur, wenn die Abweichung im Anhang angegeben und außerdem begründet wird (so auch *ADS*[6] § 252 Anm 111).

Beim **Grundsatz der Wertidentität** (§ 252 Abs 1 Nr 1) können kaum Aus- **152**
nahmefälle vorkommen (§ 252 Anm 72).

Bei Abweichungen vom **Grundsatz der Unternehmensfortführung** (dazu **153**
IDW PS 270 Die Beurteilung der Fortführung der UntTätigkeit im Rahmen der Abschlussprüfung, WPg 2003, 775) ist über die tatsächlichen oder rechtlichen Gegebenheiten zu berichten. Anzugeben ist auch, ob es sich um eine freiwillige UntEinstellung handelt (§ 252 Anm 19). Nicht berichterstattungspflichtig ist der Fall, dass die Fortführung der UntTätigkeit lediglich in Frage gestellt ist. Berichtspflicht besteht noch nicht bei nur formeller Überschuldung. Über die Auswirkungen der UntEinstellung auf die Bewertung ist im Rahmen der Angaben über Abweichungen vom Gebot der Bewertungsstetigkeit (Anm 157) zu berichten (vgl *IDW ERS HFA* 17 Auswirkungen einer Abkehr von der Going Concern-Prämisse auf den handelsrechtlichen Jahresabschluß, WPg 2005, 46).

Abweichungen vom **Grundsatz der Einzelbewertung** sind ausdrücklich im **154**
HGB zugelassen, und zwar als Bewertungsvereinfachung nach Maßgabe der Verbrauchsfolgeverfahren (Lifo, Fifo uä) gem § 256 S 1, Festwertbewertung gem § 240 Abs 3 und Gruppenbewertung gem § 240 Abs 4 für bestimmte VG und Schulden. Sie können auch nach den GoB zulässig sein, zB Pauschalabwertung (§ 253 Anm 576), oder Pauschalbewertung bei Rückstellungen (§ 253 Anm 162).

Über alle Ausnahmefälle vom Grundsatz der Einzelbewertung ist stets zu berichten; das gilt auch für die Bildung von **Bewertungseinheiten,** hier ist im Rahmen der Erl zu den Bewertungsmethoden anzugeben, bei welchen Bilanzposten, in welchem Umfang und nach welchen Kriterien diese gebildet wurden.

155 Abweichungen vom **Vorsichtsprinzip** können nach den GoB nicht auftreten. Werden im Rahmen des Realisationsprinzips (§ 252 Anm 43 ff) im Zusammenhang mit der Gewinnrealisation bei langfristiger Fertigung (§ 255 Anm 457) Gewinne vorzeitig erfaßt, ist darüber stets zu berichten.

156 Abweichungen vom **Grundsatz der Aufwands- und Ertragsperiodisierung** (§ 252 Abs 1 Nr 5) sind äußerst selten (§ 252 Anm 72).

157 Abweichungen vom Gebot der **Bewertungsstetigkeit** (§ 252 Abs 1 Nr 6) sind erheblich eingeschränkt (vgl dazu § 252 Anm 58). Sie sind nur in begründeten Ausnahmefällen (s dazu *HFA* 3/1997 WPg, 540) zulässig und dann begründungspflichtig. Wegen ihres Ausnahmecharakters sind sie so detailliert und ausführlich zu begründen, dass erkennbar wird, aus welchen Gründen und bei welchen Posten die Stetigkeit unterbrochen und damit auch die Vergleichbarkeit des JA mit dem Vorhergehenden gestört ist.

In Frage kommen Angaben über andere Inanspruchnahmen von **Bewertungswahlrechten** (s Anm 101), zB Aufgabe der **Festwertbewertung,** Wechsel von der **Durchschnittsbewertung** zum Lifo-Verfahren, erstmalige **Abschreibung von Vorräten** auf einen niedrigeren, wertschwankungsfreien Wert (§ 253 Abs 3 S 3). Außerdem sind Änderungen in den **Bewertungsmethodenwahlrechten** (Anm 102) angabepflichtig, und zwar im Wesentlichen: Wechsel der **Abschreibungsmethoden,** Änderung der Nutzungsdauern (glA *ADS*[6] § 284 Anm 131), Änderung des Prozentsatzes bei der degressiven Abschreibung unter Beibehaltung der Nutzungsdauer (*HFA* 3/1997 WPg, 540), Änderungen in der **Einbeziehung von Kostenarten** in die HK, Übergang vom Verfahren der **Einzelwertfeststellung** zu einem **Pauschalverfahren** und umgekehrt. Auch über den Wechsel von einem Pauschalverfahren zu einem anderen ist zu berichten, jedoch nicht über andere Pauschalsätze, wenn sich das Risiko geändert hat. Zu denken ist hier zB an die Veränderungen bei der Bemessung von Lagerrisiken (Alter statt Umschlagshäufigkeit), der **pauschalen Garantierückstellungen** (prozentual vom Umsatz statt nach Maßgabe des Garantieanfalls).

Es muss sich also immer um Verfahrensänderungen handeln. Die Änderung von Parametern oder Bewertungsmaßstäben in einem Verfahren auf Grund **geänderter Verhältnisse** gehört nicht zu den Methodenänderungen (glA *Dörner/Wirth* in HdR[5] §§ 284–288 Anm 113; *ADS*[6] § 284 Anm 119) und ist deshalb auch nicht angabepflichtig, da es sich um die Anpassung von Schätzungsgrößen handelt, die selbst nicht Bestandteil einer Methode sind. Änderungen in den Methoden der **Fremdwährungsumrechnung** sind ebenfalls angabepflichtig, zB bei unveränderten tatsächlichen Verhältnissen Aufgabe der Berücksichtigung der Kompensationsmöglichkeiten von Kursgewinnen und -verlusten; Änderung der Bildung von Bewertungseinheiten.

Bei den Zuschreibungen auf Grund des **Wertaufholungsgebots** ist nicht zu berichten, außer wenn eine Wertaufholung aus steuerrechtlichen Gründen (§ 280 Abs 2) unterbleiben könnte, was nach Maßgabe der §§ 6 Abs 1 Nr 1 S 4, 6 Abs 1 Nr 2 S 3, 7 Abs 1 S 6 2. Hs EStG nicht mehr der Fall sein kann.

Auch die Änderungen in der Inanspruchnahme **steuerrechtlicher Sonderabschreibungen** werden gesondert nach § 281 Abs 2 und § 285 S 1 Nr 5 erfasst.

2. Gesonderte Darstellung des Einflusses von solchen Abweichungen auf die Vermögens-, Finanz- und Ertragslage

170 Bei Abweichungen von Bilanzierungs- und Bewertungsmethoden ist nach Abs 2 Nr 3 Hs 2 auch deren Einfluss auf die VFE-Lage (§ 264 Abs 2 S 1) im Anhang **gesondert** darzustellen. Es ist also über den Saldo der Auswirkungen

aller Abweichungen zu berichten (glA *Kupsch* in HdJ IV/4 Anm 114; *WPH*[12] I F Anm 594; aA *ADS*[6] § 284 Anm 149, die nur eine Zusammenfassung zu Einflussgruppen für zulässig halten). Dabei ist darzustellen, ob die Abweichung zu einer Erhöhung oder Verminderung des Gesamtvermögens oder der Schulden geführt hat und wie sie sich auf das Jahresergebnis vor Gewinnsteuern ausgewirkt hat. Es kommt dabei auf die Angabe der **Richtung des Einflusses** auf die VFE-Lage an. IdR wird bei entspr Darstellung die Richtung der Auswirkung erkennbar sein, gleichwohl fordert die Vorschrift einen klarstellenden Hinweis, damit die Feststellung der Richtung der Auswirkung nicht dem Leser des Anhangs überlassen bleibt.

Zur Darstellung gehört ferner die Angabe des **Umfangs des Einflusses.** Eine **verbale Darstellung** reicht auch hier aus (glA *Dörner/Wirth* in HdR[5] §§ 284–288 Anm 121; aA *ADS*[6] § 284 Anm 157; *HFA* 3/1997 WPg, 542, die zwar keine genaue Quantifizierung der Auswirkungen, wohl aber zahlenmäßige Angaben über die Größenordnung der jeweiligen Änderung verlangen; für eine Betragsangabe *Schülen* BB 1994, 2313). Die Erl soll die Bedeutung des Einflusses auf die VFE-Lage darstellen, wie zB durch die Wortwahl „wesentlich", „per Saldo unbedeutend", „überwiegend", oder „größerer" oder „per Saldo kleinerer Einfluss". Nach dem Wortlaut besteht an sich keine Beschränkung auf wesentliche Auswirkungen. Die verbale Darstellung auch unbedeutender Einflüsse von Abweichungen würde aber den Abschlussleser nicht informieren, sondern verwirren. Nach dem Stetigkeitsgebot werden sich Methodenänderungen meistens auf wesentliche Abweichungen beschränken.

F. Ausweis von Unterschiedsbeträgen (Abs 2 Nr 4)

Im Anhang sind grds von allen mittelgroßen und großen KapGes/KapCoGes 180
bei Anwendung einer **Gruppenbewertung** mit gewogenem Durchschnittswert (§ 240 Abs 4 Anm 130) und der **Bewertungsvereinfachungsverfahren** (Fifo, Lifo uä) des § 256 S 1 Unterschiedsbeträge pauschal für jede Gruppe zu nennen, wenn die Bewertung im Vergleich zu einer Bewertung auf der Grundlage des letzten bekannten Börsenkurses oder Marktpreises einen *erheblichen* Unterschied aufweist. Kleine KapGes/KapCoGes brauchen diese Angaben gem § 288 S 1 nicht zu machen.

Zweck der Angabepflicht ist es, die durch die Anwendung der Bewertungsvereinfachungsverfahren ermittelten Werte im Vergleich zur Tagespreisbewertung erkennbar zu machen. Eine Offenlegung stiller Reserven ist nicht bezweckt, da hier auch Unterschiede zu Werten angabepflichtig sind, die über den AK liegen, und daher ohne freiwillige Zusätze den Leser nicht informieren. Nach dem Wortlaut kommt ein Abzug von Ertragsteuern von den Unterschiedsbeträgen nicht in Frage. Die Vorschrift ist anzuwenden, sofern gleichartige VG des Vorratsvermögens mittels Gruppenbewertung (nicht jedoch mit Festwerten) oder einem Verbrauchsfolgeverfahren angesetzt werden und andere gleichartige oder annähernd gleichwertige bewegliche VG des Anlagevermögens oder des Umlaufvermögens einer Gruppenbewertung unterzogen werden. Letzteres wird selten der Fall sein; allenfalls wird eine Gruppenbewertung bei Wertpapieren in der Praxis häufiger vorkommen. Für die Gruppenbewertung von Rückstellungen (§ 240 Anm 134) ist die Vorschrift nicht anzuwenden, da es hier keine Börsen-/Marktpreise gibt.

Die Ermittlung der Unterschiedsbeträge setzt einen Börsen-/Marktpreis vo- 181
raus (Anm 184). Nur dann ist eine Angabe notwendig, die **doppelte Rechnungen** erforderlich macht. Die nach den Vereinfachungsverfahren bewerteten

Vorratsgruppen sind alternativ mit den letzten vor dem Abschlussstichtag bekannten Börsenkursen oder Marktpreisen zu bewerten, um den Unterschied quantifizieren zu können.

182 Die Angabe nach Abs 2 Nr 4 ist nur dann notwendig, wenn es sich um einen **erheblichen Bewertungsunterschied** handelt (zum Grundsatz der Wesentlichkeit s § 252 Anm 70). Als Kriterien zur Beurteilung der Wesentlichkeit kommen in Betracht: der Anteil der vereinfacht bewerteten VG am entspr Bilanzposten oder die Höhe der Unterschiedsbeträge im Vergleich zum Wert der vereinfacht bewerteten VG. Die letzte Alternative ist vorzuziehen, da die Unterschiedsbeträge erheblich sein müssen, nicht die Differenzen zwischen den nach den Vereinfachungsverfahren angesetzten Preisen und den letztbekannten Börsen- oder Marktpreisen.

183 Auszuweisen sind nur *pauschale Gesamt*-Unterschiedsbeträge. Die jeweilige Gruppe umfasst alle als gleichartig zusammengefassten Vorräte (§§ 240 Anm 135, 256 Anm 21) bzw alle als annähernd gleichwertig zusammengefassten beweglichen VG (§ 240 Anm 137). Für jede dieser Gruppen ist der Unterschiedsbetrag jeweils **in einem Betrag** anzugeben (glA *Krawitz* in BoHdR § 284 Anm 99). Dabei ist erkennbar zu machen, bei welchen dieser Gruppen Vereinfachungen angewendet wurden.

184 Die Angabepflicht von Unterschiedsbeträgen iSv Abs 2 Nr 4 setzt ferner voraus, dass für die betreffenden VG ein **Börsenkurs oder Marktpreis** vor dem Abschlussstichtag bekannt ist. Zum Begriff des für die Bewertung maßgebenden Börsenkurses oder Marktpreises s § 253 Anm 510. Die Alternativbewertung nach Abs 2 Nr 4 für Zwecke der Angabe im Anhang stimmt nicht mit den Grundsätzen der Bewertung nach § 253 Abs 3 überein. Für die Alternativbewertung nach Abs 2 Nr 4 ist auch nicht der abgeleitete Wert (§ 253 Anm 513), dh der ggf um Anschaffungsnebenkosten oder Verkaufsspesen korrigierte Börsen- oder Marktpreis maßgebend, sondern allein der Börsenkurs oder Marktpreis, auch wenn er über den AK liegt. Aus der Zweckbestimmung der Vorschrift ist zu folgern, dass Zufallspreise (-kurse) (s § 253 Anm 514) nicht anzusetzen sind, da die Offenlegung von auf einer Zufallsbewertung beruhenden Unterschieden kein den tatsächlichen Verhältnissen entspr Bild der Vermögenslage vermitteln würde. Dann sollte (insoweit) die Angabe entfallen.

185 Nach dem Gesetzeswortlaut ist der Börsenkurs bzw Marktpreis (also der Verkaufspreis am Absatzmarkt) auch für die Ermittlung der Unterschiedsbeträge bei unfertigen und fertigen Erzeugnissen heranzuziehen (aA *Dörner/Wirth* in HdR[5] §§ 284–288 Anm 134). Da es in diesem Fall zur uU Angabe unrealisierter Gewinne kommen würde, sind die Absatzmarktpreise um die darin enthaltenen kalkulatorischen Gewinnzuschläge und die noch anfallenden Aufwendungen zu kürzen (glA *Kupsch* in HdJ IV/4 Anm 119).

186 Der zur Alternativbewertung heranzuziehende letzte Börsenkurs oder Marktpreis muss **vor dem Abschlussstichtag bekannt** sein. Damit sind Erkenntnisse und Preisbewegungen nach dem Abschlussstichtag hier ausgeschlossen. Es wird oft der *am* Abschlussstichtag bekannte Preis infrage kommen, zumal das Gj um Mitternacht, also nach der letzten Börsennotiz endet. Die Kenntnis der Börsen- und Marktpreise kann durch tatsächliche Ein- oder Verkäufe oder auch schon durch Angebote oder auf andere Weise erlangt sein.

Damit es zu einem Unterschiedsbetrag kommt, muss der Börsenkurs oder Marktpreis höher liegen als der gewogene Durchschnittspreis nach § 240 Abs 4 oder der nach § 256 S 1 angesetzte Preis. Liegt der Börsen- oder Marktpreis niedriger, kommt nach § 253 Abs 3 bei Vorräten das Niederstwertprinzip zur

Anwendung, und es ergibt sich kein Unterschiedsbetrag, da § 240 Abs 4 als Regelung zu einem AKVerfahren in diesem Falle nicht Platz greift.

G. Angaben über die Einbeziehung von Fremdkapitalzinsen in die Herstellungskosten (Abs 2 Nr 5)

Nach § 255 Abs 3 besteht unter bestimmten Voraussetzungen eine Bewer- 190
tungshilfe, FK-Zinsen anzusetzen. Die Inanspruchnahme dieser Bewertungshilfe (§ 255 Anm 502) ist von allen KapGes/KapCoGes anzugeben. Anzugeben ist ferner, ob **alle** aktivierungsfähigen FK-Zinsen aktiviert wurden oder nur ein Teil. Der Angabepflicht wird genügt, wenn im Rahmen der **Angaben der Bewertungsmethoden** im Vorratsvermögen (seltener für Sachanlagen) bei der Darstellung des Inhalts der aktivierten HK (Anm 111) auf die Einbeziehung von FK-Zinsen und auf ihren Umfang hingewiesen wird. Nach *ADS*[6] § 284 Anm 156 gilt Nr 5 nur für FK-Zinsen von Belang. Werden FK-Zinsen nicht aktiviert, braucht darüber nicht berichtet zu werden. **Zahlenangaben** sind nicht erforderlich.

H. Rechtsfolgen einer Verletzung des § 284

Die **Verletzung der zwingenden Vorschriften über den Anhang** ist auf 195
unterschiedliche Weise sanktioniert. Fehlt dem JA der Anhang, ist er nichtig (*OLG* Stuttgart 11. 2. 2004, ZIP, 909). Auf Antrag kann das Registergericht hier gegen die Mitglieder des vertretungsberechtigten Organs ein **Zwangsgeld** (§ 335 Abs 1 Nr 1, § 335b) festsetzen. Wer als Mitglied des Geschäftsführungsorgans oder des AR vorsätzlich oder leichtfertig die Verhältnisse der KapGes/KapCoGes im Anhang unrichtig wiedergibt oder verschleiert, wird mit **Freiheitsstrafe** oder mit **Geldstrafe** bestraft (§ 331 Anm 10). Außerdem stellt die vorsätzliche oder leichtfertige Zuwiderhandlung gegen Einzelvorschriften zum Anhang eine Ordnungswidrigkeit dar, die mit einer **Geldbuße** geahndet werden kann (§ 334 Anm 11). Stellt der AP fest, dass bei der Aufstellung des Anhangs die gesetzlichen Vorschriften und die sie ergänzenden Bestimmungen des GesVertrags (Satzung) nicht beachtet wurden (§ 317 Anm 10), kann je nach Schwere des Verstoßes eine **Einschränkung des Bestätigungsvermerks** die Folge sein (§ 322 Anm 39). Bei Fehlen der Entsprechenserklärung (§ 161 AktG) gem § 285 Nr 16 ist eine Einschränkung zwingend (Begr RegE zum TransPuG, BT Drucksache 14/8769 S 25). Sie kann auch in anderen Fällen (§ 322 Anm 67) in Frage kommen.

J. Abweichungen der IFRS

Schrifttum: *Achleitner/Kleekämper* Presentation of Financial Statements – Das Reformprojekt des IASC und seine Auswirkungen, WPg 1997, 117; *Förschle/Holland/Kroner* Internationale Rechnungslegung: US-GAAP, HGB und IAS[5] Bonn 2001; *Farr/Keitz* Checkliste für die Aufstellung und Prüfung des Anhangs nach IAS/IFRS (notes) Düsseldorf 2003; *Kirsch* Steuerliche Berichterstattung im Jahresabschluss nach IAS/IFRS, DStR 2003, 703; *Diekmann/Heering* Die wesentlichen Änderungen hinsichtlich der Anhangangaben (notes) nach IAS/IFRS durch das Improvement Project des IASB vom 18. 12. 2003, StuB 2004, 640; International Accounting Standards Board, International Financial Reporting Standards London 2004; *Heering/Heering* Die Anhangsangaben (notes) nach IAS/IFRS, StuB 2004, 149; *KPMG Deutsche Treuhand-Gesellschaft* (Hrsg) IFRS aktuell Stuttgart 2004; *Pellens/Fülbier/Gassen* Internationale Rechnungslegung[5] Stuttgart 2004.

I. Vorbemerkung

200 Nach IFRS wie nach HGB kommt dem Anhang eine Erl-, Ergänzungs- und Entlastungsfunktion ggü den anderen JA-Bestandteilen zu. Da die IFRS aber insb darauf abstellen, einen wertorientierten Einblick in die VFE-Lage zu vermitteln sowie deren Veränderungen im Zeitablauf aufzuzeigen, haben die Angabepflichten nach IFRS iSe Informationsübermittlung an den JA-Adressaten eine ungleich höhere Bedeutung als nach deutschem Bilanzrecht. Dementspr stellen die Angabepflichten nach IFRS darauf ab, Informationen bereitzustellen, die bilanzpolitische Maßnahmen der Geschäftsführung transparent machen, wirtschaftliche und anlageorientierte Entscheidungen fördern und unternehmensübergreifende Vergleiche ermöglichen. Anders als nach den Regelungen des HGB, wonach die wesentlichen Anhangangaben in den §§ 284 und 285 geregelt sind und durch die §§ 264, 265, 268, 269, 273, 274, 277, 280, 281, 286, 287, 291, 326, 327, Art 28, 48, 53 EGHGB ergänzt werden, verteilen sich die Angabepflichten nach IFRS auf die einzelnen Standards der IFRS und IAS sowie Interpretationen des IFRIC und des früheren SIC (IAS 1.11).

Maßgeblich für die grds Regelungen den Anhang betreffend ist IAS 1 (2004): Darstellung des Abschlusses.

II. Gegenüberstellung Pflichtangaben HGB – entsprechende IFRS-Angaben

1. Pflichtangaben nach HGB im Anhang und entsprechende IFRS-Angaben

Die Pflichtangaben des Anhangs nach HGB (vgl § 284 Anm 40) haben folgende Entsprechungen in den IFRS:

201

HGB §	IAS (IFRS besonders gekennzeichnet)	Anmerkungen zu den IFRS-Regelungen
264 II, 2	1.15 c; 1.18; 1103 c	
264 c II, 9	keine entspr Regelung	
265 I, 2	1.38	
265 II, 2	1.39	
265 II, 3	1.38	
265 IV, 2	1.74; 1.75	
265 VII Nr 2	1.30	
268 IV, 2 268 V, 3	keine entspr Regelung	
269, 1, 2. Hs	keine entspr Regelung	
274 II, 2	12.82 iVm 12.79 ff	
277 IV, 2	1.86; 1.87	
277 IV, 3	keine entspr Regelung	
280 III	keine entspr Regelung	
284 II Nr 1	1108 und nach den Einzelstandards	

HGB §	IAS (IFRS besonders gekennzeichnet)	Anmerkungen zu den IFRS-Regelungen
284 II Nr 2	21.52	
284 II Nr 3	8.29	
284 II Nr 4	keine entspr Regelung	
284 II Nr 5	23.11; 23.29	
285 S 1 Nr 1 a	1.52	für Posten der Aktiv- und Passivseite ist jeweils der Betrag mit einer Restlaufzeit von mehr als 12 Monaten gesondert anzugeben.
285 S 1 Nr 1 b	2.36 h; 16.74 a	Buchwert der Vorräte, die als Sicherheit für Verbindlichkeiten verpfändet sind Buchwert der Sachanlagen, die als Sicherheit für Verbindlichkeiten verpfändet sind
285 S 1 Nr 3	37.86 16.74 c 17.31 b; 17.35 a	jedoch nicht deckungsgleich Bestellobligo Leasing
285 S 1 Nr 4	14.51; 14,69; 14,70	
285 S 1 Nr 5	keine entspr Regelung	
285 S 1 Nr 6	12.77	Ausweis der Steuern auf das Ergebnis der gewöhnlichen Geschäftstätigkeit in der GuV
285 S 1 Nr 7	keine entspr Regelung	
285 S 1 Nr 8	2.36 d	
285 S 1 Nr 9	24.16; 24.17 iVm 24.18; IFRS 2.45 b ii	
285 S 1 Nr 10	keine entspr Regelung	
285 S 1 Nr 11	27.41 b; 31.56	
285 S 1 Nr 11 a	keine entspr Regelung	
285 S 1 Nr 12	37.85	
285 S 1 Nr 13	IFRS 3.75	
285 S 1 Nr 14	1126; 24.12; 24.15	keine Differenzierung größter – kleinster KA
285 S 1 Nr 15	keine entspr Regelung	
285 S 1 Nr 16	keine entspr Regelung	
285 S 1 Nr 17	keine entspr Regelung	
285 S 1 Nr 18	39.14; 32.60; 32.63; 32.86	Bilanzausweis
285 S 1 Nr 19	keine entspr Regelung	
285 S 5	32.92 b iVm 39.AG 74 ff	
285 S 6	32.90; 32.91	
286 III, 3	keine entspr Regelung	

HGB §	IAS (IFRS besonders gekennzeichnet)	Anmerkungen zu den IFRS-Regelungen
287 S 3	keine entspr Regelung	
291 II Nr 3	27.41 a	
Art 28 II EGHGB	keine entspr Regelung	
Art 48 V EGHGB	keine entspr Regelung	
Art 48 VI EGHGB	keine entspr Regelung	
Art 53 II EGHGB	keine entspr Regelung	
2 Abs 1 Nr 4 Kon BefrV	27.41 a	

2. Pflichtangaben nach HGB in Bilanz, GuV oder im Anhang und entsprechende IFRS-Angaben

Die Pflichtangaben nach HGB mit wahlweisem Ausweis haben folgende Entsprechungen in den IFRS:

202

HGB §	IAS (IFRS besonders gekennzeichnet)	Anmerkungen zu den IFRS-Regelungen
264 c I	keine entspr Regelung	
265 III, 1	keine entspr Regelung	freiwillige Angaben nach IAS 1
268, I, 2 2. Hs	keine entspr Regelung	
268 II, 1	16.73	
268 II, 3	1.93; 16.73 e; 36 126 a; 38 118 e; IFRS 3.75	
268 VI	keine entspr Regelung	
268 VII 1. Hs	28.40; 37.86;	
268 VII 2. Hs	keine entspr Regelung	aber: obligatorischer Ausweis wie unter § 268 VII 1. Hs
273 II 2. Hs	keine entspr Regelung	
274 I, 1	12.81 g	
277 III, 1	36 126 a; 36 130b+d; 38 118 e	
281 I, 2	keine entspr Regelung	
281 II, 1	keine entspr Regelung	
281 II, 2	keine entspr Regelung	
285 S 1 Nr 2	1.52	für Posten der Aktiv- und Passivseite ist jeweils der Betrag mit einer Restlaufzeit von mehr als 12 Monaten gesondert anzugeben
327 Nr 1	keine entspr Regelung	

III. Anforderungen an den Anhang nach IFRS

Ein **JA nach IAS 1** (2004) besteht aus 5 Bestandteilen: Bilanz (balance sheet), GuV (income statement), EK-Veränderungsrechnung (statement of changes in equity), Kapitalflussrechnung (cash flow statement), Anhang (notes). Somit ist der Anhang ein **gleichwertiger Bestandteil** des JA nach IFRS, auf den alle Grundsätze, die für den JA nach IFRS gelten, gleichermaßen anzuwenden sind. Im Rahmen des JA ist der Anhang als solcher zu kennzeichnen (1.46). Der Anhang umfasst nach 1103 Informationen über die Grundlagen der Aufstellung des JA und die besonderen Bilanzierungs- und Bewertungsmethoden, die von den IFRS vorgeschriebenen Angaben, die nicht in anderen Bestandteilen des JA gemacht werden, und zusätzliche Informationen, die nicht in anderen Bestandteilen des JA enthalten, aber für das Verständnis jedes dieser Bestandteile sachdienlich sind. 203

Der Anhang enthält verbale Beschreibungen, Aufgliederung von Beträgen sowie Informationen über Geschäftsvorfälle und Ereignisse, die nicht in den anderen Bestandteilen des JA zu erfassen sind. Die Anhangsangaben sollen ein den tatsächlichen Verhältnissen entspr Bild der VFE-Lage des Unt darstellen. Ihre qualitativen Merkmale entsprechen nach 1.11 b den Anforderungen der **Relevanz** (F 26–28), **Verlässlichkeit** (F 31–38), **Vergleichbarkeit** (F 39–42) und **Verständlichkeit** (F 25). Die weiteren Anforderungen betreffen die **Stetigkeit** der Darstellung (1.27), **Wesentlichkeit** (1.31 iVm F 29 u 30), **Zusammenfassung von Posten** (1.29) und die **Vollständigkeit** (1103b). Anders als im HGB sind im Anhang nach IFRS zu jeder Betragsangabe die **Vj-Zahlen** sowie zu jeder verbalen Angabe die **verbale Vj-Angabe** zu machen, wenn letztere für das Verständnis des JA sachdienlich ist. 204

Der Anhang muß eine **systematische Darstellung** der Angaben und Informationen geben (1104), was durch einen **Querverweis** von jedem Posten in den anderen Bestandteilen des JA zur betreffenden Angabe/Information im Anhang geschieht (1104).

Für den Normalfall schreibt 1105 die **Struktur** des Anhangs wie folgt vor:

a) Aussage zur Übereinstimmung mit den IFRS
b) Darstellung der wesentlichen angewandten Bilanzierungs- und Bewertungsmethoden,
c) ergänzende Informationen zu den in den JA-Bestandteilen dargestellten Posten in der Reihenfolge, in der jeder JA-Bestandteil und jeder Posten dargestellt werden, und
d) andere Angaben, einschl Eventualverbindlichkeiten (IAS 37) und im JA nicht erfasste vertragliche Verpflichtungen und nicht-finanzielle Angaben, zB Risikomanagementziele und -politik (IAS 32).

Da der Umfang des Anhangs nach IFRS weit größer ist als nach HGB, kommen freiwillige Angaben kaum in Betracht; allerdings geben einzelne IFRS Empfehlungen zu weiteren Angaben.

IV. Angabepflichten nach IFRS

IAS 1.43 (2004) unterscheidet Angaben (disclosures), die im Anhang (notes) oder in den anderen Bestandteilen des JA zu machen sind. Dabei kennen die IFRS wie das HGB auch Pflichtangaben, die wahlweise im Anhang oder an anderer Stelle im JA gemacht werden dürfen. Vorschriften über Anhangsangaben befinden sich in den IAS 1 (2004), aber auch in anderen IFRS/IAS sowie in den Interpretationen. 205

1. Pflichtangaben im Anhang nach IAS 1 (2004)

206 IAS 1 (2004) enthält Anhangsangaben allgemeiner und übergreifender Art. Zum allgemeinen Inhalt des Anhangs zählen nach IAS 1103 a (2004) die Darstellung der

- Grundlagen der Aufstellung des JA und der
- besonderen Rechnungslegungsmethoden,

wobei diese Darstellung auch in einem separaten Bestandteil des JA erfolgen kann (IAS 1107 2004).

Zu den Grundlagen der Aufstellung des JA gehören Angaben zu folgenden Sachverhalten (s auch *Driesch* in Beck IFRS § 12 Anm 27; *ADS* Int Abschn 24 Anm 16):

- bei Übereinstimmung des JA mit den IFRS (IAS 1.14 2004) eine deutliche Aussage,
- wenn die Anwendung einzelner IFRS-Vorschriften nicht ausreicht, um den Einfluß eines bestimmten Geschäftsvorfalls oder Ereignisses auf die VFE-Lage des Unt zu verstehen (IAS 1.15 c 2004),
- bei zulässigem Abweichen von einer IFRS-Vorschrift (IAS 1.18 a–d 2004),
- bei zulässigem Abweichen in früheren Gj mit Auswirkungen auf das Berichtsjahr (IAS 1.19 iVm IAS 1.18 c u d 2004),
- im Falle eines an sich notwendigen, aber nach dem F unzulässigen Abweichens von einem IFRS (IAS 1.21 a u b 2004),
- bei Relevanz für das Verständnis jedes einzelnen Bestandteils des JA, sofern dort nicht dargestellt (IAS 1103 c 2004),
- bei Zweifel an der Fortführungsprämisse (IAS 1.23 2004),
- bei Anpassung von Vj-Zahlen (IAS 1.38 a–c 2004), auch sofern diese nicht praktikabel ist (IAS 1.39 a u b 2004).

Ferner ist eine Angabe notwendig, wenn ein Standard zulässigerweise angewendet wird, ehe er pflichtmäßig anzuwenden ist (IFRS 1.47 2004).

207 In der Zusammenstellung der wesentlichen Rechnungslegungsmethoden (IAS 1108 2004) sind darzustellen:

a) die Bewertungsgrundlagen, die bei der Aufstellung des JA angewandt werden (zB historische AK/HK, Wiederbeschaffungskosten, Veräußerungswert, beizulegender Wert, erzielbarer Zeitwert) und
b) die anderen Rechnungslegungsmethoden, die für ein Verständnis des JA sachdienlich sind.

Hierunter fällt nach IAS 1113 2004 auch die Darstellung der Ermessensentscheidungen durch die Untleitung bei der Anwendung der Rechnungslegungsmethoden, die den größten Einfluss auf die Abschlussposten haben (abgesehen von den damit zusammenhängenden Schätzungen).

Ferner sind nach IAS 1116 2004 Angaben zu machen über die Hauptannahmen bzgl der Zukunft und anderer Hauptquellen von Schätzunsicherheiten am Abschlussstichtag, die ein signifikantes Risiko in sich bergen, das zu einer wesentlichen Anpassung der Buchwerte von Vermögenswerten und Schulden im nächsten Gj führen kann. Hierbei sind die Art der Vermögenswerte und Schulden und deren Buchwert am Abschlussstichtag anzugeben.

208 Im Anhangsabschnitt „Andere Angaben“ sind anzugeben:

- der Betrag der Gewinnausschüttungen, die vorgeschlagen oder vor Feststellung des JA angekündigt, aber noch nicht als solche im Berichtszeitraum gebucht wurden, sowie der entspr Betrag je Anteil (IAS 1125 a 2004) und
- der Betrag jeglicher nicht gebuchter kumulativer Vorzugsdividende (IAS 1125 b 2004).

Wird der Abschlussstichtag geändert und umfasst das betreffende Gj mehr oder weniger als ein Jahr, sind zusätzlich zur Angabe der Berichtsperiode des JA (IAS 1.49 2004) die Angaben des Grunds für ein längeres oder kürzeres Gj und der nicht vollen Vergleichbarkeit der Vj-Zahlen notwendig.

2. Weitergehende Pflichtangaben nach anderen IFRS im Anhang

Die hier erfassten Pflichtangaben sind idR im Anhangsabschnitt „Ergänzende Informationen zu den einzelnen Abschlussposten“ darzustellen: 210

IAS Standard	Fundstellen für Angabepflichten
IFRS 1: Erstmalige Anwendung der IFRS	IFRS 1.36a u c, 1.37b, 1.43, 1.44, 1.47
IFRS 2: Anteilsbasierte Vergütungen	IFRS 2.44–47, 2.50, 2.51, 2.60
IFRS 3: Unternehmenszusammenschlüsse	IFRS 3.66–77
IFRS 5: Langfristige Vermögenswerte zum Verkauf und Aufgabe von Geschäftsbereichen	IFRS 5.30, 5.33b u c, 5.38, 5.41, und 5.42, 5.44
2: Vorräte	2.36–2.39
7: Kapitalflussrechnungen	7.43, 7.46, 7.48–7.52
8: Bilanzierungs- und Bewertungsmethoden, Änderungen von Schätzungen und Fehlern	8.28- 8.31, 8.39, 8.40, 8.49
10: Ereignisse nach dem Bilanzstichtag	10.16; 10.17; 10.19; 10.20–10.22
11: Langfristige Fertigungsaufträge	11.39–11.45
12: Ertragsteuern	12.79–12.88
14: Segmentberichterstattung	14.49–14.83
16: Sachanlagen	16.73–16.79
17: Leasingverhältnisse	17.31, 17.32, 17.35, 17.47, 17.56, 17.65; 17.66; SIC 27.10; 27.11
18: Erträge	18.35, 18.36
19: Leistungen an Arbeitnehmer	19.23, 19.30, 19.32, 19.35, 19.46, 19.47, 19.60, 19.120–19.125, 19.131, 19.141–19.143, 19.155
20: Bilanzierung und Darstellung von Zuwendungen der öffentlichen Hand	20.31, 20.39
21: Auswirkungen von Änderungen der Wechselkurse	21.51–21.57
23: Fremdkapitalkosten	23.9, 23.29
24: Angaben über Beziehungen zu nahe stehenden Unt und Personen	24.12–24.22
26: Bilanzierung und Berichterstattung von Altersversorgungsplänen	26.17, 26.18, 26.26–26.28, 26.30, 26.31–26.36
27: Konzern- und Einzelabschluss	27.40–27.42
28: Bilanzierung von Anteilen an assozUnt	28.37 bis 28.40
29: Rechnungslegung in Hochinflationsländern	29.9, 29.34, 29.39, 29.40
31: Rechnungslegung über Anteile an Joint Ventures	31.54–31.57
32: Finanzinstrumente: Angaben und Darstellung	32.51; 32.52; 32.58–32.95
33: Ergebnis je Aktie	33.64, 33.68, 33.70–33.73
34: Zwischenberichterstattung	34.16, 34.17, 34.19, 34.23, 34.25- 34.27, 34.41
36: Wertminderung von Vermögenswerten	36.126, 36.129–36.137
37: Rückstellungen, Eventualschulden und Eventualforderungen	37.28, 37.34, 37.75, 37.84–37.92
38: Immaterielle Vermögenswerte	38 118–38 128
39: Finanzinstrumente: Ansatz und Bewertung	s IAS 32

IAS Standard	Fundstellen für Angabepflichten
40: Als Finanzinvestition gehaltene Immobilien	40.74–40.79
41: Landwirtschaft	41.40–41.43; 41.46–41.51; 41.53–41.57
SIC 29: Konzessionen	SIC 29.6 und 7

3. Weitere Pflichtangaben nach IAS 1 (2004) wahlweise im Anhang oder an anderer Stelle im Jahresabschluss

Auch die IFRS kennen wie das HGB Pflichtangaben, die wahlweise im Anhang oder in den anderen Bestandteilen des JA zu machen sind:

211 Bilanz oder Anhang:

- weitere Untergliederung von Bilanzposten, sofern sie für die Geschäftstätigkeit angemessen sind (IAS 1.74 2004)
- für jede Art von Geschäftsanteilen/Aktien (IAS 1.74 2004)
  - die Anzahl der genehmigten Anteile,
  - die Anzahl der ausgegebenen voll und nicht voll eingezahlten Anteile,
  - der Nennbetrag oder, dass die Anteile keinen Nennbetrag haben,
  - eine Überleitungsrechnung der Anzahl der in Umlauf befindlichen Anteile zu Beginn und am Ende der Periode,
  - die Rechte, Vorzugsrechte und Beschränkungen je Anteilsgattung, einschl Beschränkungen bei Gewinnausschüttungen und Kapitalrückzahlungen,
  - Anteile am Unt, die vom Unt selbst oder von TU oder assozUnt gehalten werden,
  - Anteile, die für eine Ausgabe aufgrund von Optionen und Verkaufsverträgen vorgehalten werden, unter Angabe der Modalitäten und Beträge,
- eine Beschreibung von Art und Zweck jeder Rücklage innerhalb des EK (IAS 1.76b 2004),
- bei Unt ohne gezeichnetes Kapital (zB PersGes) gleichwertige Informationen und für jede EK-Kategorie die Bewegungen in der Periode sowie Rechte, Vorzugsrechte und Beschränkungen (IAS 1.77 2004).

212 GuV oder Anhang:

- Art und Betrag wesentlicher Ertrags- und Aufwandsposten (IAS 1.86 2004),
- Analyse der Aufwendungen, basierend auf Aufwandsart (Gesamtkostenverfahren) oder Funktion (Umsatzkostenverfahren),
- im Falle des Umsatzkostenverfahrens Zusatzangaben über die Art der Aufwendungen einschl planmäßiger Abschreibungen und Personalaufwand (IAS 1.93 2004),
- gebuchte Gewinnausschüttungen in der Periode und der entspr Betrag je Anteil (diese Angabe darf auch in der EK-Veränderungsrechnung gemacht werden, IAS 1.95 2004).

213 EK-Veränderungsrechnung oder Anhang:

- Beträge von Kapitaltransaktionen mit Anteilseignern mit getrennter Angabe der Gewinnausschüttungen (IAS 1.97 a 2004),
- Betrag der einbehaltenen Ergebnisse zu Beginn und am Abschlussstichtag sowie die Bewegungen in der Periode (IAS 1.97 b 2004),
- Überleitungsrechnung der Buchwerte jeder Kategorie des gezeichneten Kapitals, des Agios und sämtlicher Rücklagen zu Beginn und am Ende der Periode, unter getrennter Angabe jeder Bewegung (IAS 1.97 c 2004).

214 Andere zusammen mit dem JA veröffentlichte Informationen oder Anhang (IAS 1126 2004):

- Sitz und Rechtsform des Unt, Land, in dem es registriert ist, und die Anschrift des eingetragenen Sitzes (oder des Hauptsitzes der Geschäftstätigkeit, falls nicht identisch),
- Beschreibung der Art der Geschäftstätigkeit und die Hauptaktivitäten,
- Name des MU und des obersten MU des Konzerns.

§ 285 Sonstige Pflichtangaben

[1]Ferner sind im Anhang anzugeben:

1. zu den in der Bilanz ausgewiesenen Verbindlichkeiten
   a) der Gesamtbetrag der Verbindlichkeiten mit einer Restlaufzeit von mehr als fünf Jahren,
   b) der Gesamtbetrag der Verbindlichkeiten, die durch Pfandrechte oder ähnliche Rechte gesichert sind, unter Angabe von Art und Form der Sicherheiten;
2. die Aufgliederung der in Nummer 1 verlangten Angaben für jeden Posten der Verbindlichkeiten nach dem vorgeschriebenen Gliederungsschema, sofern sich diese Angaben nicht aus der Bilanz ergeben;
3. der Gesamtbetrag der sonstigen finanziellen Verpflichtungen, die nicht in der Bilanz erscheinen und auch nicht nach § 251 anzugeben sind, sofern diese Angabe für die Beurteilung der Finanzlage von Bedeutung ist; davon sind Verpflichtungen gegenüber verbundenen Unternehmen gesondert anzugeen;
4. die Aufgliederung der Umsatzerlöse nach Tätigkeitsbereichen sowie nach geographisch bestimmten Märkten, soweit sich, unter Berücksichtigung der Organisation des Verkaufs von für die gewöhnliche Geschäftstätigkeit der Kapitalgesellschaft typischen Erzeugnissen und der für die gewöhnliche Geschäftstätigkeit der Kapitalgesellschaft typischen Dienstleistungen, die Tätigkeitsbereiche und geographisch bestimmten Märkte untereinander erheblich unterscheiden;
5. das Ausmaß, in dem das Jahresergebnis dadurch beeinflußt wurde, daß bei Vermögensgegenständen im Geschäftsjahr oder in früheren Geschäftsjahren Abschreibungen nach §§ 254, 280 Abs. 2 auf Grund steuerrechtlicher Vorschriften vorgenommen oder beibehalten wurden oder ein Sonderposten nach § 273 gebildet wurde; ferner das Ausmaß erheblicher künftiger Belastungen, die sich aus einer solchen Bewertung ergeben;
6. in welchem Umfang die Steuern vom Einkommen und vom Ertrag das Ergebnis der gewöhnlichen Geschäftstätigkeit und das außerordentliche Ergebnis belasten;
7. die durchschnittliche Zahl der während des Geschäftsjahrs beschäftigten Arbeitnehmer getrennt nach Gruppen;
8. bei Anwendung des Umsatzkostenverfahrens (§ 275 Abs. 3)
   a) der Materialaufwand des Geschäftsjahrs, gegliedert nach § 275 Abs. 2 Nr. 5,
   b) der Personalaufwand des Geschäftsjahrs, gegliedert nach § 275 Abs. 2 Nr. 6;
9. für die Mitglieder des Geschäftsführungsorgans, eines Aufsichtsrats, eines Beirats oder einer ähnlichen Einrichtung jeweils für jede Personengruppe
   a) die für die Tätigkeit im Geschäftsjahr gewährten Gesamtbezüge (Gehälter, Gewinnbeteiligungen, Bezugsrechte und sonstige aktienbasierte Vergütungen, Aufwandsentschädigungen, Versicherungsentgelte, Provisionen und Nebenleistungen jeder Art). [2]In die Gesamtbezüge sind auch Bezüge einzurechnen, die nicht ausgezahlt, sondern in Ansprüche anderer Art umgewandelt oder zur Erhöhung anderer Ansprüche verwendet werden. [3]Außer den Bezügen für das Geschäftsjahr sind die weiteren Bezüge anzugeben, die im Geschäftsjahr gewährt, bisher aber in keinem Jahresabschluss angegeben worden sind. [4]Bezugsrechte und sonstige aktienbasierte Vergütungen sind mit ihrer Anzahl und dem beizulegenden Zeitwert zum Zeitpunkt ihrer Gewährung anzugeben; spätere Wertveränderungen, die auf einer Änderung der Ausübungsbedingungen beruhen, sind zu berücksichtigen. [5]Bei einer börsennotierten Aktiengesellschaft

sind zusätzlich unter Namensnennung die Bezüge jedes einzelnen Vorstandsmitglieds, aufgeteilt nach erfolgsunabhängigen und erfolgsbezogenen Komponenten sowie Komponenten mit langfristiger Anreizwirkung, gesondert anzugeben. [6]Dies gilt auch für Leistungen, die dem Vorstandsmitglied für den Fall der Beendigung seiner Tätigkeit zugesagt worden sind. [7]Hierbei ist der wesentliche Inhalt der Zusagen darzustellen, wenn sie in ihrer rechtlichen Ausgestaltung von den den Arbeitnehmern erteilten Zusagen nicht unerheblich abweichen. [8]Leistungen, die dem einzelnen Vorstandsmitglied von einem Dritten im Hinblick auf seine Tätigkeit als Vorstandsmitglied zugesagt oder im Geschäftsjahr gewährt worden sind, sind ebenfalls anzugeben. [9]Enthält der Jahresabschluss weitergehende Angaben zu bestimmten Bezügen, sind auch diese zusätzlich einzeln anzugeben;

b) die Gesamtbezüge (Abfindungen, Ruhegehälter, Hinterbliebenenbezüge und Leistungen verwandter Art) der früheren Mitglieder der bezeichneten Organe und ihrer Hinterbliebenen. [2]Buchstabe a Satz 2 und 3 ist entsprechend anzuwenden. [3]Ferner ist der Betrag der für diese Personengruppe gebildeten Rückstellungen für laufende Pensionen und Anwartschaften auf Pensionen und der Betrag der für diese Verpflichtungen nicht gebildeten Rückstellungen anzugeben;

c) die gewährten Vorschüsse und Kredite unter Angabe der Zinssätze, der wesentlichen Bedingungen und der gegebenenfalls im Geschäftsjahr zurückgezahlten Beträge sowie die zugunsten dieser Personen eingegangenen Haftungsverhältnisse;

10. alle Mitglieder des Geschäftsführungsorgans und eines Aufsichtsrats, auch wenn sie im Geschäftsjahr oder später ausgeschieden sind, mit dem Familiennamen und mindestens einem ausgeschriebenen Vornamen, einschließlich des ausgeübten Berufs und bei börsennotierten Gesellschaften auch der Mitgliedschaft in Aufsichtsräten und anderen Kontrollgremien im Sinne des § 125 Abs. 1 Satz 3 des Aktiengesetzes. [2]Der Vorsitzende eines Aufsichtsrats, seine Stellvertreter und ein etwaiger Vorsitzender des Geschäftsführungsorgans sind als solche zu bezeichnen;

11. Name und Sitz anderer Unternehmen, von denen die Kapitalgesellschaft oder eine für Rechnung der Kapitalgesellschaft handelnde Person mindestens den fünften Teil der Anteile besitzt; außerdem sind die Höhe des Anteils am Kapital, das Eigenkapital und das Ergebnis des letzten Geschäftsjahrs dieser Unternehmen anzugeben, für das ein Jahresabschluß vorliegt; auf die Berechnung der Anteile ist § 16 Abs. 2 und 4 des Aktiengesetzes entsprechend anzuwenden; ferner sind von börsennotierten Kapitalgesellschaften zusätzlich alle Beteiligungen an großen Kapitalgesellschaften anzugeben, die fünf vom Hundert der Stimmrechte überschreiten;

11a. Name, Sitz und Rechtsform der Unternehmen, deren unbeschränkt haftender Gesellschafter die Kapitalgesellschaft ist;

12. Rückstellungen, die in der Bilanz unter dem Posten „sonstige Rückstellungen" nicht gesondert ausgewiesen werden, sind zu erläutern, wenn sie einen nicht unerheblichen Umfang haben;

13. bei Anwendung des § 255 Abs. 4 Satz 3 die Gründe für die planmäßige Abschreibung des Geschäfts- oder Firmenwerts;

14. Name und Sitz des Mutterunternehmens der Kapitalgesellschaft, das den Konzernabschluss für den größten Kreis von Unternehmen aufstellt, und ihres Mutterunternehmens, das den Konzernabschluß für den kleinsten Kreis von Unternehmen aufstellt, sowie im Falle der Offenlegung der von diesen Mutterunternehmen aufgestellten Konzernabschlüsse der Ort, wo diese erhältlich sind;

15. soweit es sich um den Anhang des Jahresabschlusses einer Personenhandelsgesellschaft im Sinne des § 264a Abs. 1 handelt, Name und Sitz der Gesell-

schaften, die persönlich haftende Gesellschafter sind, sowie deren gezeichnetes Kapital;
16. **dass die nach § 161 des Aktiengesetzes vorgeschriebene Erklärung abgegeben und den Aktionären zugänglich gemacht worden ist;**
17. **soweit es sich um ein Unternehmen handelt, das einen organisierten Markt im Sinne des § 2 Abs. 5 des Wertpapierhandelsgesetzes in Anspruch nimmt, für den Abschlussprüfer im Sinne des § 319 Abs. 1 Satz 1, 2 das im Geschäftsjahr als Aufwand erfasste Honorar für**
    a) **die Abschlussprüfung,**
    b) **sonstige Bestätigungs- oder Bewertungsleistungen,**
    c) **Steuerberatungsleistungen,**
    d) **sonstige Leistungen;**
18. **für jede Kategorie derivativer Finanzinstrumente**
    a) **Art und Umfang der Finanzinstrumente,**
    b) **der beizulegende Zeitwert der betreffenden Finanzinstrumente, soweit sich dieser gemäß den Sätzen 3 bis 5 verlässlich ermitteln lässt, unter Angabe der angewandten Bewertungsmethode sowie eines gegebenenfalls vorhandenen Buchwerts und des Bilanzpostens, in welchem der Buchwert erfasst ist;**
19. **für zu den Finanzanlagen (§ 266 Abs. 2 A. III) gehörende Finanzinstrumente, die über ihrem beizulegenden Zeitwert ausgewiesen werden, da insoweit eine außerplanmäßige Abschreibung gemäß § 253 Abs. 2 Satz 3 unterblieben ist:**
    a) **der Buchwert und der beizulegende Zeitwert der einzelnen Vermögensgegenstände oder angemessener Gruppierungen sowie**
    b) **die Gründe für das Unterlassen einer Abschreibung gemäß § 253 Abs. 2 Satz 3 einschließlich der Anhaltspunkte, die darauf hindeuten, dass die Wertminderung voraussichtlich nicht von Dauer ist.**

[2] Als derivative Finanzinstrumente im Sinne des Satzes 1 Nr. 18 gelten auch Verträge über den Erwerb oder die Veräußerung von Waren, bei denen jede der Vertragsparteien zur Abgeltung in bar oder durch ein anderes Finanzinstrument berechtigt ist, es sei denn, der Vertrag wurde geschlossen, um einen für den Erwerb, die Veräußerung oder den eigenen Gebrauch erwarteten Bedarf abzusichern, sofern diese Zweckwidmung von Anfang an bestand und nach wie vor besteht und der Vertrag mit der Lieferung der Ware als erfüllt gilt. [3] Der beizulegende Zeitwert im Sinne des Satzes 1 Nr. 18 Buchstabe b, Nr. 19 entspricht dem Marktwert, sofern ein solcher ohne weiteres verlässlich feststellbar ist. [4] Ist dies nicht der Fall, so ist der beizulegende Zeitwert, sofern dies möglich ist, aus den Marktwerten der einzelnen Bestandteile des Finanzinstruments oder aus dem Marktwert eines gleichwertigen Finanzinstruments abzuleiten, anderenfalls mit Hilfe allgemein anerkannter Bewertungsmodelle und -methoden zu bestimmen, sofern diese eine angemessene Annäherung an den Marktwert gewährleisten. [5] Bei der Anwendung allgemein anerkannter Bewertungsmodelle und -methoden sind die tragenden Annahmen anzugeben, die jeweils der Bestimmung des beizulegenden Zeitwerts zugrunde gelegt wurden. [6] Kann der beizulegende Zeitwert nicht bestimmt werden, sind die Gründe dafür anzugeben.

Übersicht

Schrifttum: *Russ* Der Anhang als dritter Teil des Jahresabschlusses, 2. überarbeitete Aufl. Bergisch-Gladbach 1986; *Kortmann* Zur Darlegung von Haftungsverhältnissen im Jahresabschluss, DB 1987, 2577; *Ulmer* Begriffsvielfalt im Recht der verbundenen Unternehmen als Folge des Bilanzrichtlinien-Gesetzes – Eine systematische Analyse –, FS Goerdeler 1987, 623; *Fey* Grundsätze ordnungsmäßiger Bilanzierung für Haftungsverhältnisse, Düsseldorf 1989; *Kortmann* Die Berichterstattung über die sonstigen finanziellen Verpflichtungen i. S. von § 285 Nr 3 HGB, Hamburg 1989; *Karrenbrock* Angaben im Anhang bei steuerrechtlich begründeten Bilanzierungsmaßnahmen, BB 1993, 534; *Ossadnik* Wesentlichkeit als Bestimmungsfaktor für Angabepflichten in Jahresabschluss und Lagebericht, BB 1993, 1763; *Haller/Park* Grundsätze ordnungsmäßiger Segmentberichterstattung, ZfbF 1994, 499; *Krawitz* Zur Erweiterung der deutschen Segmentberichterstattung unter Berücksichtigung internationaler Entwicklungen, FS Baetge 1997, 552; *Schröer* Angabe von Aufsichtsmandaten im Anhang des Jahresabschlusses nach dem KonTraG, ZIP 1999, 1163; *Löw/Roggenbuck* Neue Publizitätsanforderungen zu Anteilsbesitzverhältnissen für den Jahresabschluß 1999, DB, 2481; *Ihrig/Wagner* Corporate Governance: Kodex-Erklärung und ihre unterjährige Korrektur, BB 2002, 2509; *Gelhausen/Hönsch* Folgen der Änderung des Deutschen Corporate Governance Kodex für die Entsprechenserklärung, AG 2003, 367; *Hoffmann/Lüdenbach* Bilanzrechtsreformgesetz – Bedeutung für den Einzel- und Konzernabschluß GmbHR 2004, 145; *Pfitzer/Oser/Orth* Offene Fragen und Systemwidrigkeiten des Bilanzrechtsreformgesetzes (BilReG) DB 2004, 2593; *IDW RH HFA 1.005* Anhangangaben nach § 285 Satz 1 Nr. 18 und 19 HGB sowie Lageberichterstattung nach § 289 Abs. 2 Nr. 2 HGB in der Fassung des Bilanzrechtsreformgesetzes, WPg 2005, 531; *Böcking* Zum Verhältnis von neuem Lagebericht, Anhang und IFRS – Ein Beitrag zur Berichterstattung über die Finanzinstrumente und die Finanzlage nach Bilanzrechtsreformgesetz BB 2005, 5; *Pfitzer/Oser/Orth* Reform des Aktien-, Bilanz- und Aufsichtsrechts BilReG, BilKoG, APAG, AnSVG, UMAG sowie weitere Reformgesetze, Stuttgart 2005.

A. Allgemeines

Neben den allgemeinen Angaben über Bilanzierungs- und Bewertungsmethoden in Bilanz und GuV verlangt das HGB von KapGes/KapCoGes und diesen gleichgestellten Unt bestimmte Einzelangaben, die teils ebenfalls Erl der Bilanz und GuV, teils zusätzliche Informationen enthalten. Die vorgeschriebenen Angaben betreffen teils Zahlenangaben, teils verbale Ausführungen. Bei allen Einzelangaben nach § 285 handelt es sich um Pflichtangaben, die jedes Jahr im Anhang zu machen sind. Neben den Pflichtangaben des § 285 bestehen Einzelvorschriften zu weiteren Pflichtangaben an anderen Stellen des HGB (dazu § 284 Anm 35). Sind Sachverhalte nicht vorhanden, braucht darüber nicht berichtet bzw keine Fehlanzeige vermerkt zu werden. Vj-Zahlen sind für die Sachverhalte des § 285 nicht anzugeben. Ein Verweis auf die Berichterstattung in früheren Anhängen ist nicht gestattet. Obwohl das HGB die **Einzelangaben** hintereinanderstellt, ist daraus weder die Reihenfolge noch der Ort der Angabe im Anhang abzuleiten, wohl aber die Pflicht zur gesonderten Darstellung aller 1 einzelnen Pflichtangaben. Zur Formfreiheit und zur Stetigkeit des Anhangs vgl § 284 Anm 25–31. Stets muss die **Schutzklausel** gem § 286 Abs 1 in Anspruch genommen werden, soweit es für das Wohl der Bundesrepublik Deutschland oder eines ihrer Länder erforderlich ist. Ausnahmen von der Berichterstattungspflicht bestehen unter bestimmten Voraussetzungen für die Aufgliederung der Umsatzerlöse (Nr 4), für die Angaben über den Anteilsbesitz (Nr 11 und 11a) und über die Organbezüge (Nr 9); vgl § 286; hier darf freiwillig berichtet werden.

Der **Geltungsbereich** der Berichterstattungspflichten über die Nrn 1–19 ist unterschiedlich. Nur börsennotierte/kapmarkt Unt/AG haben Nr 9a S 5–9, Nr 10 S 1 letzter Teilsatz, Nr 11 2. Hs, Nr 16 und Nr 17 anzuwenden. Für kleine KapGes/KapCoGes (§ 267 Abs 1 Anm 2) und für mittelgroße KapGes/KapCoGes (§ 267 Abs 2 Anm 3) bestehen gem §§ 274a, 276 S 2 und 288 bestimmte Erleichterungen in den Angabepflichten. Angabeerleichterungen bestehen auch für dem PublG unterliegende Unt, wenn sie einen Anhang aufstellen müssen (§ 5 Abs 2 PublG). Kreditinstitute und VersicherungsUnt haben stets einen Anhang wie große KapGes aufzustellen (§ 340a Abs 1 bzw § 341a Abs 1). Für Kreditinstitute gilt ferner, dass sie § 285 S 1 Nr 8 und 12 nicht anzuwenden haben. An Stelle von § 285 S 1 Nr 1, 2, 4 und 9 Buchstabe c sind die durch RVO erlassenen Formblätter und andere Vorschriften anzuwenden (§ 340a Abs 2). Für VersicherungsUnt gilt ferner, dass sie die Vorschrift des § 285 S 1 Nr 8 Buchstabe a nicht anzuwenden haben. An Stelle von § 285 S 1 Nr 4 und 8 Buchstabe b sind die durch RVO erlassenen Formblätter und andere Vorschriften anzuwenden (§ 341a Abs 2).

B. Gesamtbetrag der Verbindlichkeiten mit einer Restlaufzeit von mehr als fünf Jahren sowie der gesicherten Verbindlichkeiten (S 1 Nr 1)

I. Allgemeines

5 Zu den Verbindlichkeiten gem § 266 Abs 3 Buchstabe C müssen zwei Angaben gemacht werden: der Gesamtbetrag der Verbindlichkeiten mit einer Restlaufzeit von mehr als fünf Jahren (Nr 1a) und der Gesamtbetrag der Verbindlichkeiten, die durch Pfandrechte oder ähnliche Rechte gesichert sind (Nr 1b). Die Angabepflicht ist für alle KapGes/KapCoGes verbindlich.

Bezüglich der Angabe des Gesamtbetrags der **langfristigen** Verbindlichkeiten ist die Vorschrift im Zusammenhang mit § 268 Abs 5 (dort Anm 101) zu sehen, nach der bei jedem gesondert ausgewiesenen Verbindlichkeitsposten in der Bilanz der Betrag der Verbindlichkeiten mit einer Restlaufzeit bis zu einem Jahr zu vermerken ist. Damit ergibt sich aus der Bilanz und dem Anhang zusammen eine fristigkeitsbezogene Aufteilung der Verbindlichkeiten mit Restlaufzeiten bis zu einem Jahr, von einem bis zu fünf Jahren und von mehr als fünf Jahren). Die Angabe des Gesamtbetrags kann sich erübrigen, wenn zB schon die Bilanz alle Verbindlichkeiten als vor Ablauf eines Jahres fällig ausweist.

Die Angabe des Gesamtbetrags der **gesicherten** Verbindlichkeiten erstreckt sich auf alle in der Bilanz ausgewiesenen Verbindlichkeiten ohne Ansehen der Fristigkeit. Die Art und Form der geleisteten Sicherheiten ist ebenfalls anzugeben. Liegen keine gewährten Sicherheiten vor, braucht nichts angegeben zu werden.

Nach dem Wortlaut der Nr 1 beziehen sich die Angaben auf die in der Bilanz ausgewiesenen Verbindlichkeiten gem § 266 Abs 3 Buchstabe C. Damit schließen sie nicht die Rückstellungen und auch nicht die Haftungsverhältnisse gem § 251 ein, wohl aber Genussrechtskapital/Genussscheinkapital, sofern es Fremdkapitalcharakter hat. Die gem § 268 Abs 5 S 2 von den Vorräten offen abgesetzten erhaltenen Anzahlungen auf Bestellungen sind nicht in die Erl einzubeziehen, da ein Vermerk der Restlaufzeiten nicht dem Einblick in die Finanzlage (hier Zeitpunkt des Liquiditätsabflusses) dient, weil der Verbindlichkeitscharakter der offen von den Vorräten abgesetzten erhaltenen Anzahlungen in den Hintergrund tritt; ihr Schicksal ist nicht die Rückzahlung, sondern die Verrechnung bei Erbringung der Lieferung und Leistung (aA mit formaler Betrachtung *ADS*[6] § 285 Anm 8; *Kupsch* in HdJ Abt IV/4 Anm 157). Werden erhaltene Anzahlungen unter den Verbindlichkeiten ausgewiesen, unterliegen sie der ErlPflicht, obwohl auch hier die Verrechnung mit einer künftigen Leistung vorherrscht.

II. Die Einzelangaben

1. Restlaufzeit (Nr 1 a)

Die Angabepflicht stellt streng fristigkeitsorientiert auf die Restlaufzeit der Verbindlichkeit ab. Als langfristig gilt ein Zeitraum von mehr als fünf Jahren. Liegt der Fälligkeitstermin später als 60 Monate nach dem Bilanzstichtag, ist die Verbindlichkeit langfristig im Sinne dieser Angabepflicht. Die vereinbarte Gesamtlaufzeit ist nicht Abgrenzungskriterium. Allein maßgeblich ist die **tatsächliche Fälligkeit.** Es ist darauf abzustellen, zu welchem Termin die jeweilige Verbindlichkeit nach den bestehenden Vereinbarungen zu tilgen ist; dabei sind die objektiven Verpflichtungen maßgeblich, die subjektive Bereitschaft oder die voraussichtliche Zahlungsfähigkeit der KapGes/KapCoGes sind nicht zu berücksichtigen. Ist eine einseitige Verlängerungsmöglichkeit durch den Schuldner vereinbart, ist diese bei der Restlaufzeitberechnung nicht zu berücksichtigen. Ist eine Verlängerung rechtlich vor dem Bilanzstichtag bereits vereinbart, ist die Restlaufzeit dementspr zu berechnen. Besteht ein einseitiges vorzeitiges Kündigungsrecht der KapGes/KapCoGes, hängt eine Verkürzung der Restlaufzeit davon ab, ob sie tatsächlich eine vorzeitige Kündigung beabsichtigt. Liegt keine Laufzeitvereinbarung vor, was bei Darlehen von verbundenen Unt oder Gestern oft der Fall ist, ist von dem voraussichtlichen Rückzahlungszeitpunkt auszugehen. In Einzelfällen kann es erforderlich sein, die voraussichtliche Fälligkeit – auch in Teilbeträgen – zu schätzen; so zB wenn eine Verbindlichkeit in Abhängigkeit von zukünftigen, noch unbestimmten Verbrauchs- oder Bezugsmengen zu tilgen ist, auf unbestimmte Zeit gestundet wurde oder wenn für die Verbindlichkeit ein Rangrücktritt eingeräumt wurde. Maßgebend ist dann nach allgemeinen Grundsätzen der wahrscheinliche Zeitpunkt, bei mehreren wahrscheinlichen Zeitpunkten ist nach dem Vorsichtsprinzip die frühere Fälligkeit anzunehmen, um eine zu günstige Darstellung der Finanzlage zu vermeiden (*ADS*[6] § 285 Anm 11). 6

Ratenweise fällige Verbindlichkeiten (zB Darlehen) sind in Teilbeträge aufzuteilen. Nur die Teilbeträge mit Fälligkeiten nach 5 Jahren sind anzugeben. Bei **Rentenverbindlichkeiten,** die zum Barwert passiviert sind, entspricht der angabepflichtige Betrag dem Barwert nach 5 Jahren, der ggf höher als der Bilanzbetrag sein kann.

Für die Berechnung der Restlaufzeit eines **sog Roll-over-Kredits,** bei dem sich die Konditionen, Währungen und auch die Kredithöhe ändern können, kommt es auf den Zeitpunkt an, an dem der Gläubiger den Kredit frühestens fällig stellen kann; unbeachtlich ist, über welchen Zeitraum die kreditnehmende KapGes/KapCoGes jeweils einen Teilkredit in Anspruch nehmen will.

2. Sicherheiten (Nr 1 b)

9 Die Besicherung von Verbindlichkeiten durch Pfandrechte und ähnliche Rechte ist durch die Angabe von Art und Form der Sicherheiten zu erläutern, dh die gewährten Sicherungsarten und -formen sind explizit anzugeben. Als Sicherheitenart ist die Gattung des Rechts (zB Hypothek, Sicherungsabtretung) anzugeben. Unter der Sicherungsform ist die Art und Weise der Verbriefung zu verstehen. Es ist der *Gesamtbetrag* der gesicherten Verbindlichkeiten anzugeben.

Zu erläutern sind hier nur von der KapGes/KapCoGes gewährte Sicherheiten für eigene Verbindlichkeiten, da sich die Angaben auf die in der Bilanz ausgewiesenen Verbindlichkeiten beziehen. Zu den Sicherheiten für fremde Verbindlichkeiten s § 251 Anm 45. Sicherheiten von Dritten zugunsten der KapGes/ KapCoGes fallen ebenfalls nicht unter diese Vorschrift. Auch eine Rangrücktrittserklärung zugunsten von Verbindlichkeiten der KapGes/KapCoGes ist nicht anzugeben, da sie keine eigene Sicherheitenstellung darstellt (ähnlich *ADS*[6] § 285 Anm 14).

a) Pfandrechte

10 Der Begriff der Pfandrechte bestimmt sich nach bürgerlichem Recht als beschränktes dingliches Recht an fremder beweglicher Sache oder fremdem Recht, das den Pfandgläubiger berechtigt, sich wegen einer Forderung gegen den Verpfänder oder einen Dritten durch Verwertung des Pfands zu befriedigen (*Bassenge* in Palandt BGB[63] § 1204 Anm 1). Es ist zu unterscheiden nach Grundpfandrechten – Hypothek, Grundschuld, Rentenschuld –, Reallasten, Pfandrechten an beweglichen Sachen und Pfandrechten an Forderungen und Rechten; zu den Pfandrechten zählt auch die Schiffshypothek nach §§ 24 SchiffsG. Pfandrechte können rechtsgeschäftlich eingeräumt, kraft Gesetzes begründet oder durch Zwangsvollstreckung – Pfändungspfandrecht – erwirkt werden.

b) Ähnliche Rechte

11 Der Begriff der den Pfandrechten ähnlichen Rechte ist abzuleiten aus der dinglichen Rechtsnatur der Pfandrechte (vgl *ADS*[6] § 285 Anm 16). Andere **dingliche Sicherungsrechte** sind der Nießbrauch an Grundstücken und anderen VG, die Sicherungsübereignung, Sicherungsabtretung von Forderungen und der Eigentumsvorbehalt. Hierzu gehören auch die Fälle, in denen nach den Grundsätzen des Übergangs des wirtschaftlichen Eigentums von VG nur das rechtliche Eigentum übergegangen ist (*IDW ERS HFA 13* Ziff 44).

Kautions-, Depot- und Mobilisierungswechsel und Zurückbehaltungsrechte gehören nicht zu den ähnlichen Pfandrechten.

c) Umfang der Angabepflicht

12 Der Umfang der Angabepflicht ist nach dem Gesetzeswortlaut nicht eingeschränkt. Gleichwohl ergeben sich **Einschränkungen** aus dem Zweck der Angabepflicht, den Adressaten des JA die Besicherungen anzugeben, mit denen der Verkehr nicht schon selbstverständlich rechnet (wie hier *Dörner/Wirth* in HdR[5] §§ 284–288 Anm 148; *Kupsch* in HdJ IV/4 Anm 156; aA *ADS*[6] § 285 Anm 17). Entsteht das **Pfandrecht kraft Gesetzes** (zB Vermieterpfandrecht), entfällt regelmäßig eine Angabepflicht (glA *ADS*[6] § 285 Anm 17); anders liegt der Fall bei **Bestellung auf Grund gesetzlicher Pflicht,** da hier die Gewährung der Sicherheit auf einem Rechtsgeschäft beruht.

Größere Bedeutung gewinnt die Frage nach dem Umfang der Angabepflicht bei den nicht pfandrechtlichen ähnlichen Sicherungen. Zu detaillierte Informationen sind aus dem Gesichtspunkt der Informationsklarheit nicht sachgerecht. In Extremfällen kann sich auch die Frage stellen, inwieweit der für die Datenbeschaffung erforderliche Aufwand noch in einem vertretbaren Verhältnis zum Informationsgewinn steht. Die Grenze wird so zu ziehen sein, dass branchenübliche und für die Lage der KapGes/KapCoGes nicht bedeutsame Besicherungen nicht unter die Angabepflicht fallen. Dies trifft vor allem für die Erl von Eigentumsvorbehalten, die über allgemeine Geschäftsbedingungen vereinbart sind, zu (glA *Kupsch* in HdJ IV/4 Anm 156; aA *ADS*[6] § 285 Anm 18, die einen verbalen Hinweis auf das Bestehen von Eigentumsvorbehalten fordern). Eigentumsvorbehalte sind aber im Zweifel immer dann anzugeben, wenn der Verkehr nicht mit ihnen zu rechnen braucht.

Eine Auslegung nach dem Sinn der Erlpflicht lässt es zu, die Angaben über solche nicht pfandrechtlichen Sicherheiten in der Weise zu beschränken, dass ggf angefügt wird: „Darüber hinaus bestehen für die Verbindlichkeiten im üblichen Umfang branchenübliche bzw kraft Gesetzes entstehende Sicherheiten."

C. Aufgliederung des Gesamtbetrags der Verbindlichkeiten mit einer Restlaufzeit von mehr als fünf Jahren sowie der gesicherten Verbindlichkeiten (S 1 Nr 2)

I. Allgemeines

Die Vorschrift verlangt eine Aufgliederung der nach Nr 1 erforderlichen Angaben für die einzelnen in der Bilanz ausgewiesenen Posten der Verbindlichkeiten für mittelgroße (§ 267 Abs 2) und große (§ 267 Abs 3) KapGes/Kap CoGes. Mittelgroße KapGes/KapCoGes dürfen gem § 327 Nr 2 den Anhang ohne diese Angaben dem HR einreichen. Für kleine (§ 267 Abs 1) KapGes/KapCoGes entfällt die Angabepflicht (§ 288), da sie die Verbindlichkeiten nicht aufgliedern müssen (§ 266 Abs 1 S 3); vgl aber die Pflichten einer kleinen AG in der HV gem § 131 Abs 1 S 3 AktG bei Inanspruchnahme dieser Erleichterung (§ 288 Anm 1). 16

Die Angaben sind im Anhang nur zu machen, sofern sie sich nicht aus der Bilanz ergeben. Nach diesem Ausweiswahlrecht können die Pflichtangaben in der Bilanz bei den Einzelposten der Verbindlichkeiten vermerkt oder im Anhang zusammen mit den Angaben nach Nr 1 angegeben werden.

II. Aufgliederung

Aufzugliedern sind die zwei Gesamtbeträge der Nr 1 nach den in der Bilanz ausgewiesenen Posten. Bei mittelgroßen und großen KapGes/KapCoGes richtet sich die Aufgliederung nach der Gliederung der Bilanz gem § 266 Abs 3 C Nr 1 bis Nr 8. Erforderlich ist mithin eine Unterteilung des Gesamtbetrags (Nr 1) nach Maßgabe der Posten laut den arabischen Ziffern. GmbH haben zusätzlich § 42 Abs 3 GmbHG, KapCoGes § 264c Abs 1 zu beachten, nach dem Verbindlichkeiten ggü Gestern als solche jeweils gesondert auszuweisen oder im Anhang anzugeben sind. Auf diese Angabe ist Nr 2 entspr anzuwenden. 17

Soweit eine freiwillige weitere Untergliederung nach § 265 Abs 5 S 1 erfolgt, um die Aussagefähigkeit der Bilanz zu verbessern, ist eine Beschränkung auf die für das Unt vorgesehene Mindestgliederung zulässig, da sich Nr 2 auf das vorgeschriebene Gliederungsschema bezieht. Erfolgt die freiwillige Erweiterung um neue Posten nach § 265 Abs 5 S 2, ist sie insoweit auch auf die Angaben nach Nr 2 anzuwenden. Da sich Nr 2 ausdrücklich auf die Angaben nach Nr 1 bezieht, ist bei der Aufgliederung des Gesamtbetrags der gesicherten Verbindlichkeiten zu jedem Unterposten die Angabe der Art der Besicherung notwendig. Eine betragsmäßige Aufteilung der einzelnen Unterposten nach Maßgabe der Sicherungsart und -form ist im HGB jedoch nicht vorgesehen.

Eine Darstellungsform, die die Angaben nach Nr 2 mit der Angabe des Gesamtbetrags nach Nr 1 zusammenfaßt, ist zulässig und idR zu empfehlen; bei Mehrfachangaben bietet sich die Darstellung in einer Tabelle im Anhang an.

18 Neben der Angabe der Restlaufzeiten von mehr als fünf Jahren im Anhang besteht die **Vermerkpflicht** der Restlaufzeiten bis zu einem Jahr in der Bilanz gem § 268 Abs 5 (§ 268 Anm 101). Es dient sicherlich nicht der Klarheit und Übersichtlichkeit, wenn sich ergänzende und zusammengehörende Angaben an verschiedenen Stellen des JA dargestellt werden. Es muss daher zulässig sein, die Angaben in einem sog **Verbindlichkeitenspiegel** zusammenzufassen (*Russ*, 186), der folgenden Aufbau hat:

- Art der Verbindlichkeit (= Unterposten)
- Restlaufzeit bis zu einem Jahr
- Restlaufzeit zwischen einem und fünf Jahren
- Restlaufzeit von mehr als fünf Jahren
- Summe
- davon durch Pfandrecht uä Rechte gesichert
- Art und Form der Sicherheit

Dieser Verbindlichkeitenspiegel kann entweder in der Bilanz oder im Anhang gezeigt werden. Zwar bezieht sich nach dem Wortlaut des HGB das Ausweiswahlrecht nur auf die Betragsangaben der langfristigen und gesicherten Verbindlichkeiten, während die Angabe der Verbindlichkeiten mit einer Restlaufzeit bis zu einem Jahr gem § 268 Abs 5 S 1 nur in der Bilanz zu vermerken ist. Die Zusammenfassung aller Betragsangaben zu den Fristigkeiten erhöht jedoch die Klarheit der Aussage (§ 265 Abs 7 Nr 2).

D. Gesamtbetrag der sonstigen finanziellen Verpflichtungen (S 1 Nr 3)

I. Allgemeines

21 Die Angabe des Gesamtbetrags der sonstigen finanziellen Verpflichtungen ist von mittelgroßen (§ 267 Abs 2) und großen (§ 267 Abs 3) KapGes/KapCoGes im Anhang zu machen. Kleine KapGes/KapCoGes (§ 267 Abs 1) sind nach § 288 von der Berichterstattungspflicht ausgenommen.

II. Begriff

22 Der Begriff der sonstigen finanziellen Verpflichtungen ist in HGB nicht definiert; er ist deshalb nach den allgemeinen Regeln auszulegen. Unter Verpflichtungen sind idR **künftige Zahlungsansprüche Dritter** zum Bilanzstichtag zu verstehen, denen die KapGes/KapCoGes sich nicht entziehen kann. Sie können auf privatrechtlichen Schuldverhältnissen und öffentlich-rechtlichen Verpflichtungen beruhen, auf Grund gesetzlicher Bestimmungen entstanden sein, oder es

besteht ein faktischer Zwang, der die Leistungspflicht auslöst. Insoweit deckt sich die Definition mit der von Verbindlichkeiten (§ 247 Anm 201). Der Inhalt geht aber darüber hinaus, da das HGB nicht von Verbindlichkeiten spricht. Es gehören hierher somit auch nicht passivierte Aufwandsrückstellungen, dh zukünftige Verbindlichkeiten gegen sich selbst (glA *ADS*[6] § 285 Anm 33). Die Verpflichtungen sind nur anzugeben, sofern sie **finanzieller Natur** sind, dh zu künftigen **Ausgaben** führen. **Sachwertschulden,** wie sie zB im Rahmen von Tauschgeschäften oder Schenkungen auftreten, sind nicht in den Gesamtbetrag aufzunehmen (*ADS*[6] § 285 Anm 49), auch keine Verpflichtungen aus Liefer- und Leistungsverträgen, da es sich um **Sachleistungen** handelt.

Der Begriff „Sonstige" stellt einen Auffangtatbestand dar für alle solchen finanziellen Verpflichtungen, die nicht zu passivieren und auch nicht als Haftungsverhältnisse des § 251 auszuweisen sind. Da der Ausweis in der Bilanz oder der Vermerk unter der Bilanz vorgehen, ist stets zu prüfen, ob die Verpflichtung nicht zu passivieren oder als Haftungsverhältnis zu vermerken ist. Danach kommen grds Verpflichtungen aus schwebenden Geschäften und künftige Ausgaben, für die eine Rückstellung nicht gebildet werden darf oder in Ausübung eines Wahlrechts nicht gebildet wurde, in Frage. Ferner deckt die Vorschrift auch die sonstigen nicht nach § 251 erfassten Haftungsverhältnisse ab, sofern nicht die Bilanzvermerke erweitert werden (dazu § 251 Anm 50). Damit ist eine sehr weite Auslegung geboten. Sie informiert nur bei freiwilliger Untergliederung, nicht aber zB bei Zusammenfassung von Resteinzahlungsverpflichtungen und Bestellobligo.

Im Einzelnen kommen in Betracht aus Vereinbarungen bis zum Bilanzstichtag:

1. Nicht bilanzierungsfähige Zahlungsverpflichtungen

Hierzu gehören abgeschlossene, beiderseits noch nicht erfüllte Verträge, Dau- 23
erschuldverhältnisse (zB Leasing-, Miet-, Pachtverträge), Verlustübernahmen (zB § 302 AktG, § 264 Abs 3 Nr 2), öffentlich-rechtliche Zahlungsverpflichtungen, begonnene Investitionsvorhaben, künftige Zahlungen aus Rücknahmeverpflichtungen bei Pensionsgeschäften, unwiderrufliche Verpflichtungen zur Einräumung von Krediten, Vorkäufe von Wertpapieren, Waren etc.

2. Bilanzierungsfähige, aber nicht bilanzierte Zahlungsverpflichtungen

Sie umfassen Ausgaben für unterlassene Instandhaltung, die nach dem dritten 24
Monat des folgenden Gj nachgeholt werden (§ 249 Anm 104) und andere Ausgabeverpflichtungen (§ 249 Abs 2 Anm 300), zB zukünftige Ausgaben für Großreparaturen. Hierzu gehören systematisch auch nicht passivierte Pensionsverpflichtungen; diesbezügliche Angabenpflichten sind jedoch gesondert in Art 28 Abs 2 bzw Art 48 Abs 6 EGHGB geregelt; die Fehlbeträge dürfen nicht in den Gesamtbetrag der sonstigen finanziellen Verpflichtungen einbezogen werden; vgl § 249 Anm 279.

3. Sonstige Haftungsverhältnisse

Hierzu zählen Resteinzahlungsverpflichtungen, Nachschusspflichten, Gester- 25
haftung im qualifiziert faktischen Konzern (analog § 302 AktG nach ständiger Rspr), Vertragsstrafen, gesetzliche Haftungen, Mithaftungen, gesamtschuldnerische Haftungen, Konsortialhaftungen, bedingte Verbindlichkeiten. Nach *SABI* 3/1986 (WPg, 671) können zB für die Angabepflicht in Betracht kommen:

– mehrjährige Verpflichtungen aus Miet- und Leasingverträgen, insb auch aus sale-and-lease-back-Verträgen;
– Verpflichtungen aus langfristigen Abnahmeverträgen;
– Verpflichtungen zum Erwerb von Sachanlagen (schwebende Bestellungen);
– Verpflichtungen zur Übernahme von Beteiligungen;
– Verpflichtungen zur Abführung von Liquiditätsüberschüssen;
– Verpflichtungen zur Verlustabdeckung bei Beteiligungsgesellschaften;
– Verpflichtungen zur Einräumung von Krediten gegen Dritte;
– uU auch Verpflichtungen und Belastungen aus drohenden Großreparaturen.

III. Umfang der Angabepflicht

26 Der Gesamtbetrag der sonstigen finanziellen Verpflichtungen muss nur dann angegeben werden, wenn diese Angabe für die Beurteilung der Finanzlage von Bedeutung ist. Zum Begriff der Finanzlage s § 264 Anm 37. Nach dem Wortlaut des HGB ist der Maßstab der **Wesentlichkeit** auf diese Angabe, dh den Gesamtbetrag aller angabepflichtigen finanziellen Verpflichtungen, anzuwenden (wie hier *Fey*, 132). Danach würde es auf die Bedeutung der einzelnen finanziellen Verpflichtung nicht ankommen. Eine solche enge Wortauslegung steht mit dem Sinn und Zweck der Vorschrift, wonach durch die Angabe der Einblick in die Finanzlage verbessert werden soll, nicht im Einklang. Die Beurteilung der Finanzlage wird nur verbessert, wenn der Gesamtbetrag nur solche künftige Zahlungsverpflichtungen enthält, die wesentlich sind. Unbedeutend können finanzielle Verpflichtungen uU dann sein, wenn ihre Fälligkeiten sich über einen längeren Zeitraum erstrecken und die einzelne Jahresangabe für die Beurteilung der Finanzlage nicht ins Gewicht fällt. Für die Beurteilung der Finanzlage von Bedeutung sind alle die finanziellen Verpflichtungen, die außerhalb des üblichen Rahmens liegen (*Russ*, 204; *Kupsch* in HdJ Abt IV/4 Anm 223). Regelmäßig nicht angabepflichtig sind daher kurzfristige finanzielle Verpflichtungen, die kontinuierlich im Rahmen der Tätigkeit der KapGes/KapCoGes abgedeckt werden, wie zB die laufenden Verpflichtungen zu Lohn- und Gehaltszahlungen, zur Zahlung von Mieten und Pachten, zum laufenden Bezug von Material, Energie, Instandhaltungen.

27 Bestehen finanzielle Verpflichtungen **außerhalb des laufenden Geschäftsbetriebs** oder **des geschäftsüblichen Rahmens,** handelt es sich bei entspr Höhe regelmäßig um Sachverhalte, die für die Finanzlage von Bedeutung und deshalb in den Gesamtbetrag einzubeziehen sind (*Kupsch* in HdJ Abt IV/4 Anm 223). Kriterium ist hier ua, inwieweit der finanzielle Spielraum des Unt für die Zukunft durch solche Verpflichtungen eingeschränkt wird. Steht die KapGes/KapCoGes in einer krisenhaften Situation oder bestehen finanzielle Engpässe, wird der Rahmen der Wesentlichkeit eng gefasst werden müssen, um das den tatsächlichen (finanziell angespannten) Verhältnissen entspr Bild der Finanzlage zu vermitteln.

28 Für die Erfassung der Verpflichtungen ist zeitlich der **Bilanzstichtag** maßgebend. Die künftigen Zahlungsverpflichtungen müssen entweder am Bilanzstichtag bereits bestehen oder mit ihrem Entstehen aus vor dem Abschlussstichtag verursachten Sachverhalten muss mit Sicherheit oder großer Wahrscheinlichkeit gerechnet werden.

29 Die sonstigen finanziellen Verpflichtungen sind **in einem Gesamtbetrag** anzugeben. Fehlanzeige ist nicht erforderlich. Die zusätzliche betragsmäßige Angabe einzelner finanzieller Verpflichtungen ist als weitergehende Untergliederung iSv § 265 Abs 5 S 1 (dort Anm 14) zulässig und hier uE geboten. Bei heterogener Zusammensetzung des Gesamtbetrags ist eine Aufgliederung gebo-

ten, um ein den tatsächlichen Verhältnissen entspr Bild der Finanzlage zu vermitteln. Eine Angabe von Fälligkeiten des Gesamtbetrags ist nicht erforderlich, da das HGB dies nicht vorschreibt; sie kann geboten sein, wenn dadurch die Beurteilung der Finanzlage verbessert wird.

Der Angabepflicht unterliegen alle diese Verpflichtungen jeweils in ihrer vollen Höhe. Eine **Saldierung** mit gegenüberstehenden Ansprüchen, die nicht in Geld bestehen (zB bei Verpflichtungen aus schwebenden Geschäften), ist nicht zulässig (*Selchert* DB 1987, 547), da der Gesamtbetrag alle künftigen Ausgaben zeigen soll. Mit der Verpflichtung in Zusammenhang stehende zu erwartende **Zuschüsse** oder **Versicherungsleistungen** sind von der Verpflichtung abzusetzen, da insoweit keine finanzielle Belastung eintritt.

IV. Bewertung

Die Bewertung der finanziellen Verpflichtungen hat der von Verbindlichkeiten (§ 253 Anm 51) und Rückstellungen (§ 253 Anm 151) zu entsprechen. Stehen die Verpflichtungen in Höhe und Fälligkeit in Verträgen fest, ist die Summe der **Erfüllungsbeträge** anzusetzen. Eine **Abzinsung** der Verpflichtungen ist nicht zulässig (§ 253 Anm 63; glA *Dörner/Wirth* in HdR[5] §§ 284–288 Anm 171; aA ohne Begründung *ADS*[6] § 285 Anm 78). Das folgt auch aus dem Zweck der Berichtspflicht, künftige Ausgaben anzugeben. Bei einer Abzinsung würden die tatsächlichen Ausgabebeträge um nicht realisierte Zinserträge gekürzt. 30

Dem Zweck der Angabe entspricht es auch nicht, bei mehrjährigen Verpflichtungen nur die Verpflichtung innerhalb des nächsten Jahres anzugeben; vgl aber Anm 27. Bei langfristigen Verpflichtungen, bei denen ein oder mehrere Kriterien variabel sind, ist die Höhe der Verpflichtungen zu **schätzen.** Im Gegensatz zur Rückstellung zB für drohende Verluste aus schwebenden Geschäften ist bei finanziellen Verpflichtungen aus schwebenden Geschäften der Gesamtbetrag der Verpflichtung und nicht nur der Verlustbetrag anzusetzen. Ist für die finanzielle Verpflichtung eine (Netto-)Rückstellung gebildet, entfällt die Angabe.

Bei der Bewertung unbefristeter finanzieller Verpflichtungen (zB Mieten, Pachten, Leasing; vgl Anm 40) ist als **Laufzeit** entweder der Zeitraum bis zur frühestmöglichen Kündigung oder der Zeitraum heranzuziehen, den die KapGes/KapCoGes ernsthaft zur Erfüllung der Verpflichtung in Aussicht nimmt. Ist eine Schätzung des Zeitraums oder der Höhe der Verpflichtung nicht möglich, ist ein Merkposten von Euro 1,– in den Gesamtbetrag aufzunehmen und ggf verbal zu erläutern, damit der Adressat des Anhangs über die Tragweite der finanziellen Verpflichtungen informiert wird. 31

Bestehen die Verpflichtungen in **fremder Währung,** sind sie mit dem Geldkurs des Bilanzstichtags umzurechnen. 32

V. Verpflichtungen gegenüber verbundenen Unternehmen

Bestehen finanzielle Verpflichtungen **gegenüber** verbundenen Unt, sind diese gesondert anzugeben (Nr 3 2. Hs). Die Angabe hat in einem Betrag zu erfolgen. Der Betrag kann als Davon-Vermerk zum Gesamtbetrag vermerkt oder in der Weise angegeben werden, dass der Gesamtbetrag in finanzielle Verpflichtungen ggü Fremden und solche ggü verbundenen Unt aufgeteilt wird. Sofern keine Verpflichtungen ggü verbundenen Unt im Gesamtbetrag der finanziellen Verpflichtungen enthalten sind, ist die Zusatzangabe nicht erforderlich. Verpflichtungen **zugunsten** verbundener Unt sind nicht angabepflichtig. 36

VI. Verpflichtungen gegenüber Gesellschaftern von GmbH und KapCoGes

37 Gem § 42 Abs 3 GmbHG bzw § 264c Abs 1 haben GmbH bzw KapCoGes ua Verbindlichkeiten ggü Gestern als solche jeweils gesondert auszuweisen oder im Anhang anzugeben. Diese Vorschrift ist auch auf die sonstigen finanziellen Verpflichtungen des § 285 S 1 Nr 3 anzuwenden, die ebenfalls Verbindlichkeiten darstellen. Ist der Gester zugleich verbundenes Unt, s § 284 Anm 59.

VII. Einzelne finanzielle Verpflichtungen

Folgende finanzielle Verpflichtungen kommen unter bestimmten Voraussetzungen für eine Angabepflicht in Betracht:

1. Mehrjährige Verpflichtungen aus Miet- und Leasingverträgen

40 Diese Dauerschuldverhältnisse (§ 249 Anm 76), zu denen auch die Pachtverträge zu zählen sind, begründen idR eine Angabepflicht, sofern sie für die Finanzlage von Bedeutung sind. Stets ist der einzelne Vertrag zu betrachten. Es sind regelmäßig langfristige Verträge über Objekte größeren Ausmaßes, wie Grundstücke, Gebäude, Schiffe, Großanlagen, Sachgesamtheiten (Maschinenparks), sale- und lease-back-Verträge usw, aber auch über Betriebspachten und -überlassungen oder über das gesamte Anlagevermögen bei einer Betriebsaufspaltung. Ebenso sind VG der Betriebs- und Geschäftsausstattung, wie Büromöbel, PC, Telefonanlagen, EDV-Anlagen, Kraftfahrzeuge usw hiervon erfasst (*ADS*[6] § 285 Anm 43). Die tatsächliche Bedeutung dieser Verträge für die Finanzlage wird an dem Wert der einzelnen Verpflichtung gemessen, der dann Eingang in die Angabe des Gesamtbetrags der finanziellen Verpflichtungen findet. Nicht maßgeblich ist die Art des Miet- oder Leasing-Vertrags (Operating bzw Financial Leasing; glA *Dörner/Wirth* in HdR[5] §§ 284–288 Anm 157).

Die Angabepflicht von Leasing-Verpflichtungen entfällt, wenn die Leasing-VG als Eigentum (§ 246 Anm 37) bereits in der Bilanz aktiviert und die Zahlungsverpflichtungen passiviert sind. Unter die in den Gesamtbetrag aufzunehmenden Miet-, Pacht- und Leasing-Verträge fallen nur solche, die am **Bilanzstichtag bereits abgeschlossen sind** (glA *ADS*[6] § 285 Anm 45). Auf die Laufzeit kommt es nicht an. Ggf sind auch kurzfristige Verträge einzubeziehen, wenn sie von erheblicher Bedeutung sind. Geplante Verträge sind nicht angabepflichtig. Es ist immer die nach dem Bilanzstichtag fällige Zahlungsverpflichtung aus den Verträgen anzugeben, die sich aus einer Vielzahl von Einzelzahlungen ergeben kann. Da die Bewertung grds den Vorschriften zu Verbindlichkeiten und Rückstellungen folgt (Anm 30), ist eine Abzinsung der Zahlungen nicht zulässig. Die Grundsätze für die Bewertung der Leasing-VG und der Leasing-Verpflichtungen bei Aufnahme in die Bilanz, die eine Abzinsung vorsehen (§ 253 Anm 90), sind jedoch auf die Angabe der finanziellen Verpflichtungen nicht anzuwenden, da deren Zweckbestimmung nicht mit dem Zweck der Angabe des Gesamtbetrags der finanziellen Verpflichtungen, den Einblick in die *Finanz*lage zu verbessern, übereinstimmt.

Der Angabepflicht bei Dauerschuldverhältnissen wird genügt, wenn die jährlich zu zahlenden Beträge und die Dauer der Verpflichtungen genannt werden. Ferner können noch zu zahlende Mietvorauszahlungen unter den genannten Voraussetzungen angabepflichtig sein.

2. Verpflichtungen aus begonnenen Investitionsvorhaben

Die Angabepflicht nach Nr 3 ist dann gegeben, wenn Aufträge für Investitionen zum Bilanzstichtag vergeben worden sind, die die KapGes/KapCoGes zu zukünftigen Zahlungen verpflichten. Die Investitionen dürfen noch nicht durchgeführt sein. Im Sinne dieser Vorschrift sind nur solche Investitionen zu erfassen, die sich auf die **Beschaffung von Gegenständen des Anlagevermögens** (immaterielle AnlageVG, Sachanlagen und Finanzanlagen) beziehen. 41

Angabepflichtig sind nur solche Investititionsvorhaben, die sich am **Abschlussstichtag** in einem schwebenden Geschäft (Vertrag) konkretisiert haben. Nicht anzugeben ist der Gesamtbetrag, den ein begonnenes Investitionsprogramm erfordern wird, sondern nur die Verpflichtungen aus bereits erteilten Aufträgen (glA *ADS*[6] § 285 Anm 46). Dies entspricht dem Zweck der Vorschrift, die Einschränkung des zukünftigen finanziellen Spielraums der KapGes/KapCoGes durch solche Verpflichtungen darzustellen. Sind Teile der bestellten Investitionen bereits geliefert, dürfen die daraus resultierenden Zahlungsverpflichtungen nicht in den Angabebetrag einbezogen werden, da sie zu passivieren sind. Nur das **Bestellobligo** am Bilanzstichtag muss beziffert werden. Wurde bei einem schwebenden Vertrag eine Rückstellung wegen drohender Verluste gebildet, muss der hierauf entfallende Betrag vom Angabebetrag abgesetzt werden. In Einzelfällen kann bei wirtschaftlichem Zwang zur Durchführung des Investitionsvorhabens eine Einbeziehung aller Verpflichtungen aus dem Vorhaben in den Angabebetrag notwendig sein, auch wenn die Aufträge noch nicht erteilt sind.

Der Betrag eines einzelnen Investitionsvorhabens wird ohne USt anhand der im Vertrag vereinbarten Auftragssumme ermittelt. Sofern der Vertrag diesen Betrag nicht exakt aufführt, muss die Verpflichtung zum wahrscheinlichen Betrag ermittelt werden.

Angabepflichtig ist das Bestellobligo nur, wenn es für die Beurteilung der Finanzlage von Bedeutung ist. Das ist immer dann der Fall, wenn es das bei der KapGes/KapCoGes übliche Investitionsvolumen wesentlich übersteigt.

3. Verpflichtungen aus künftigen Großreparaturen

In den Gesamtbetrag der sonstigen finanziellen Verpflichtungen sind auch die Verpflichtungen aus künftigen Großreparaturen aufzunehmen, sofern diese für die Finanzlage von Bedeutung sind. 42

Unter Großreparaturen sind **Instandhaltungs- und Instandsetzungsmaßnahmen an eigenen Anlagegegenständen** zu verstehen, die routinemäßig bzw auf Grund eines Wartungsplans erfolgen, um einen VG funktionsfähig zu halten, oder die auf Grund eines Schadenfalls notwendig werden, um den VG wieder in einen gebrauchsfähigen Zustand zu bringen. Hierzu gehören auch **Generalüberholungen** im größeren Stil. Die Reparaturen können durch das Unt selbst und/oder durch Dritte durchgeführt werden. Zu denken ist zB an Großreparaturen bei Hochöfen, Flugzeugen, Werksanlagen, Maschinen und Gebäuden usw. Hier ist in regelmäßigen Zeitabständen – teils sogar auf Grund gesetzlicher Bestimmungen – eine Überholung mit erheblichem finanziellem Aufwand und Ausgaben erforderlich, um ua Schadensfälle zu verhindern. Aus diesem Grund ist es zielführend, neben der Instandsetzung auch die Instandhaltung unter den Begriff zu subsumieren. Die Angabe ist unabhängig von der künftigen Aktivierungspflicht. Für die Vermerkpflicht ist es unerheblich, ob die Reparaturbedürftigkeit zu einer außergewöhnlichen Abschreibung geführt hat oder nicht.

Es muss sich um vereinbarte oder vorgeschriebene Großreparaturen handeln, die **nach dem Bilanzstichtag** liegen. Wurde mit einer Großreparatur im abgelaufenen Gj bereits begonnen, muss der Betrag der zukünftigen, für die Reparatur noch zu erwartenden finanziellen Verpflichtungen angegeben werden, sofern sie von Bedeutung sind. Die zukünftigen Verpflichtungen sind aber dann nur insoweit anzugeben, als nach § 249 Abs 2 hierfür keine Rückstellungen für dem Gj oder einem früheren Gj zuzuordnende Reparaturaufwendungen gebildet wurden (§ 249 Anm 316). Der Unterschied zu den Aufwandsrückstellungen ist darin zu sehen, dass der Aufwand für die finanzielle Verpflichtung nicht der Vergangenheit zuzurechnen ist. So ist im Einzelfall ggf nur der Differenzbetrag zwischen Rückstellung und Gesamtaufwand aus der Großreparatur als künftige finanzielle Verpflichtung in den Vermerkbetrag aufzunehmen.

Die **Verpflichtungen zu künftigen Reparaturen** können auf mehreren Gründen beruhen. Eine Verpflichtung liegt zB dann vor, wenn mit einem Dritten ein schwebender Vertrag über die auszuführende Reparatur abgeschlossen ist. Eine Verpflichtung kann auch aus behördlichen oder berufsgenossenschaftlichen Instandhaltungspflichten und Auflagen resultieren, wie sie zB für Flugzeuge bestehen. Von einer Verpflichtung zu Großreparaturen muss auch dann ausgegangen werden, wenn die Unterlassung zwangsläufig zu einer Einschränkung des Geschäftsbetriebs führen würde, und eine Behebung dieses Umstands aus unternehmenspolitischer Sicht unbedingt erforderlich ist. Die Großreparatur muss jeweils ernsthaft geplant sein, dh andere Alternativen, deren Realisierung wahrscheinlicher ist, dürfen nicht bestehen. In Zweifelsfällen kann statt oder zusätzlich zur Anhangangabe eine Berichterstattung im Lagebericht in Betracht kommen. Anzugeben ist jeweils nur die nächste anstehende Reparatur und nicht etwa alle zukünftigen zu erwartenden Reparaturen für ein Anlagegut. Die **Bedeutung für die Finanzlage** ist am Betrag der künftigen Großreparatur zu messen.

Soll die Großreparatur von Dritten ausgeführt werden, liegt ggf ein Vertrag oder ein Kostenvoranschlag vor. Soll die Reparatur durch die KapGes/KapCoGes selbst durchgeführt werden, sind die Kosten im Rahmen einer Kalkulation zu ermitteln (in die alle Kostenbestandteile einzubeziehen sind), um den wahrscheinlichsten Wert zu ermitteln. Kann das finanzielle Ausmaß nicht genau ermittelt werden, ist ein Merkposten anzusetzen.

4. Verpflichtungen aus notwendig werdenden Umweltschutzmaßnahmen

43 Der **Begriff** Umweltschutzmaßnahmen ist **weit** zu fassen, also alle Aktivitäten iZm der Verhinderung und Entsorgung von Abfall, Abluft, Abwasser usw. Nach dem Zweck der Angabe im Anhang muss es sich um Umweltschutzmaßnahmen handeln, die **notwendig** werden. Das setzt voraus, dass eine bestehende oder zukünftige öffentlich-rechtliche Verpflichtung die Maßnahme in der Zukunft erfordert, wobei die Verpflichtung noch keine zeitliche Konkretisierung enthalten bzw die Frist für die Erfüllung der Verpflichtung noch nicht abgelaufen sein muss; ist dies der Fall, ist eine Rückstellungsbildung geboten (*Philipps* Umweltschutzverpflichtungen im handelsrechtlichen Jahresabschluss, FS Ludewig, 788; § 249 Anm 100 „Umweltschutzverpflichtungen"; EStR 31 c Abs 3 S 2). Zukünftige Umweltschutzmaßnahmen auf **freiwilliger** Basis sind hier nicht einzureihen, da ihnen der faktische Verpflichtungscharakter fehlt. Wenn jedoch für freiwillige Umweltschutzmaßnahmen Investitionsaufträge bereits abgeschlossen sind, ist bei entspr Bedeutung die Aufnahme in den Gesamtbetrag der finanziellen Verpflichtungen erforderlich, da eine Verpflichtung aus einem schwebenden Geschäft entstanden ist (Anm 41). Laufende Verpflichtungen für den Umweltschutz, wie die Zahlungen der Abwasserabgabe, werden zu passivieren sein, sofern sie entstanden, aber noch nicht bezahlt sind. Die zukünftigen, bei Weiterführung des bisherigen

Geschäftsbetriebs und -zwecks anfallenden laufenden Zahlungen sind nicht anzugeben, da es sich um Umlagen handelt.

In den Vermerkbetrag sind Verpflichtungen aus notwendig werdenden Umweltschutzmaßnahmen nur dann aufzunehmen, sofern sie für die Finanzlage von Bedeutung sind.

5. Andere finanzielle Verpflichtungen

a) Verpflichtungen aus schwebenden Geschäften

Langfristige Abnahmeverpflichtungen für VG des Umlaufvermögens (zB Rohstoffe) können die Angabepflicht auslösen, wenn sie für die Beurteilung der Finanzlage von Bedeutung sind (*ADS*[6] § 285 Anm 46). Dasselbe gilt für derivative Finanzinstrumente und **Warentermingeschäfte** (glA *ADS*[6]. § 285 Anm 47). Über derivative Finanzinstrumente ist ab Gj, die nach dem 31. 12. 2003 beginnen, nach S 1 Nr 18 gesondert zu berichten (s § 285 Anm 280). Ferner fallen hierunter der **Verkauf von Forderungen** mit fest vereinbarter Rückkaufverpflichtung oder **Pensionsgeschäfte** (vgl § 340b, § 246 Anm 20). Finanzielle Verpflichtungen aus **Optionsverträgen** zB über Wertpapiere, Schuldscheine, Devisen, Financial Futures etc werden nunmehr in den Angaben nach § 285 S 1 Nr 18 erfasst. Auch unwiderrufliche Darlehenszusagen sind anzugeben, solange sie noch nicht erfüllt sind. Aus **Devisentermingeschäften** kann keine Angabepflicht resultieren, da bei offenen Positionen ggf eine Rückstellung zu bilden ist (§ 249 Anm 100). 45

Da das Motiv eines schwebenden Geschäfts für die Berichtspflicht grds unerheblich ist, müssen auch ggf spekulative Waren- oder Devisentermingeschäfte im Vermerk berücksichtigt werden.

Unter die schwebenden Geschäfte lassen sich auch die **Unternehmensverträge** subsumieren (vgl hierzu § 291 AktG; wie hier *ADS*[6] § 285 Anm 48). Besteht ein solcher Vertrag und entstehen hieraus wahrscheinliche Zahlungsverpflichtungen, ist, sofern sie nicht passiviert werden müssen, eine Berichtspflicht unter den sonstigen finanziellen Verpflichtungen gegeben (zB bei der Verlustübernahmeverpflichtung nach § 302 AktG, sofern die Inanspruchnahme für zukünftige Verluste bis zum Ende der Vertragszeit wahrscheinlich ist). Die neue Rspr des *BGH* (BGHZ 149, 10, NJW 2001, 3622) hat die Haftung aus Treuepflichtverletzung auf einen beherrschenden UnternehmerGester einer GmbH (qualifiziert faktischer GmbH-Konzern) unter bestimmten Voraussetzungen erweitert (*Habersack* in Habersack/Emmerich Aktien- und GmbH-Konzernrecht[3] Anh § 318 Anm 37), so dass auch hier eine Berichtspflicht in Frage kommen kann. Stets muss eine feste Verpflichtung aus einem von beiden Seiten nicht erfüllten Vertrag vorliegen, die über den lfd Geschäftsbetrieb hinausgeht. 46

b) Verpflichtungen aus Dauerschuldverhältnissen

Solche Verpflichtungen können für die Angabepflicht in Frage kommen (zB Lizenz-und Konzessionsverträge), wenn sie mit einer mehrjährigen, unter normalen Umständen unkündbaren Vertragsdauer abgeschlossen sind und für die Beurteilung der Finanzlage insgesamt von Bedeutung sind. 47

c) Verpflichtungen zu künftigen Aufwendungen

Steht spätestens bis zur Bilanzaufstellung fest, dass in den vergangenen Gj Aufwendungen unterlassen wurden, jedoch in Zukunft anfallen müssen, weil es sonst zu einer Einschränkung des Geschäftsbetriebs käme, liegt eine finanzielle Verpflichtung vor, die bei entspr Bedeutung in den Gesamtbetrag aufzunehmen 50 ist (*ADS*[6] § 285 Anm 57). Es muss sich um eine tatsächliche Verpflichtung der KapGes/KapCoGes ggü anderen handeln. Der Ausweis unter den sonstigen finanziellen Verpflichtungen ist nur geboten, wenn für die Aufwendungen nicht bereits eine Aufwandsrückstellung gem § 249 Abs 2 gebildet wurde (§ 249 Anm 300). Wird keine Rückstellung nach § 249 Abs 2 gebildet, liegen aber die Voraussetzungen dafür vor, sind die Beträge, wenn sie von Bedeutung sind, in den Gesamtbetrag der finanziellen Verpflichtungen einzubeziehen.

d) Verpflichtungen aus öffentlich-rechtlichen Auflagen

53 Bestehen außer den bereits zum Umweltschutz genannten Verpflichtungen (Anm 43) andere öffentlich-rechtliche Verpflichtungen finanzieller Art, die nicht bilanziert sind oder nicht an anderer Stelle im Anhang genannt werden, sind sie in den Gesamtbetrag aufzunehmen, wenn sie von Bedeutung sind.

6. Sonstige Haftungsverhältnisse

55 Zu den sonstigen finanziellen Verpflichtungen gehören ferner die „sonstigen Haftungsverhältnisse" (*ADS*[6] § 285 Anm 32; *Kupsch* in HdJ IV/4 Anm 218; *Fey,* 128). Hier sind nur Haftungsverhältnisse zu erfassen, die nicht den Vermerkposten des § 251 zugeordnet werden müssen. Es handelt sich um einen Auffangtatbestand; der Vermerk unter den anderen Posten des § 251 geht vor.

Es kommen Haftungsverhältnisse für eigene und für fremde Verbindlichkeiten in Betracht. Sie müssen bezifferbar sein, da das HGB einen betragsmäßigen Vermerk verlangt. Eine Einbeziehung der sonstigen Haftungsverhältnisse in den Gesamtbetrag der finanziellen Verpflichtungen entfällt, sofern die Haftungsverhältnisse selbst oder die ihnen zugrunde liegenden Verbindlichkeiten passiviert sind.

Es fragt sich, ob die nach den in § 251 Anm 42 dargelegten Grundsätzen nicht vermerkpflichtigen **„weichen" Patronatserklärungen** als sonstige finanzielle Verpflichtungen zu qualifizieren sind. Ergibt sich aus einer solchen Erklärung eine mögliche Zahlungspflicht, ist sie in die Angabe nach Nr 3 einzubeziehen, wenn sie nicht nach § 251 vermerkpflichtig ist. Die Rspr leitet finanzielle Verpflichtungen aus **allen** Patronatserklärungen ab und legt zT sogar Durchgriffshaftungen fest.

a) Sonstige Haftungsverhältnisse für eigene Verbindlichkeiten

56 Hierzu gehören persönliche Haftungsverhältnisse, sofern sie für die Finanzlage insgesamt von Bedeutung sind.

Einzahlungsverpflichtungen. Verpflichtung zur Leistung noch ausstehender Einlagen auf Aktien (§§ 54, 66 AktG), Geschäftsanteile an einer GmbH (§§ 19, 21 GmbHG), Genossenschaftsanteile (§ 15a GenG), Kommanditeinlagen (§§ 171, 172 Abs 4, 174 HGB), die im Eigentum der KapGes/KapCoGes sind, und ähnliche Verpflichtungen nach ausländischem Recht. Eine Angabepflicht besteht nur, soweit die Verpflichtungen nicht passiviert sind.

57 **Nachschusspflichten** des GmbH-Gesters gem § 26 GmbHG und bei Genossenschaftsanteilen gem § 15a GenG.

58 **Vertragsstrafen.** Verpflichtungen zur Leistung von Vertragsstrafen für den Fall der Nichterfüllung (§ 340 BGB) oder nicht gehörigen Erfüllung (§ 341 BGB) sind grds Haftungsverhältnisse. Ihre Vermerkpflicht hängt davon ab, ob eine besondere zusätzliche Belastung (Risiko) vorliegt (*ADS*[6] § 285 Anm 69). Ein zusätzliches Risiko liegt vor, wenn die Vertragsstrafe der Höhe nach so bemessen ist, dass sie wesentlich über dem möglichen Schadensersatz wegen Nichterfüllung liegt, oder wenn die KapGes/KapCoGes verpflichtet ist, Strafe zusätzlich zur Erfüllung zu leisten. Die Vermerkpflicht unterliegt aber der Ein-

schränkung, dass es sich um Vereinbarungen handeln muss, die **nicht betriebs- und branchenüblich** sind (glA *ADS*[6] § 285 Anm 67). Nicht vermerkpflichtig sind die Vertragsstrafen dann, wenn die KapGes/KapCoGes frei entscheiden kann, ob sie es zur Vertragsstrafe kommen lassen will oder nicht (wie hier *ADS*[6] § 285 Anm 68; *Dörner/Wirth* in HdR[5] §§ 284–288 Anm 166). Bei Inanspruchnahme bzw drohender Inanspruchnahme ist die Verbindlichkeit aus der Vertragsstrafe zu passivieren, damit entfällt eine Aufnahme in den Anhang.

b) Sonstige Haftungsverhältnisse für fremde Verbindlichkeiten

Hier ist eine Vermerkpflicht nur geboten, wenn es sich um außergewöhn- 61
liche Sachverhalte handelt.

In solchen Fällen fallen unter Nr 3 vor allem gesetzliche Haftungen oder Mithaftungen für Verbindlichkeiten Dritter, und zwar:

- Haftung der Vormänner für Einzahlungsverpflichtungen bei KapGes gem § 65 AktG, § 22 GmbHG;
- Haftung des GmbH-Gesters für die Einzahlung auf die Stammeinlage eines Mit-Gesters gem § 24 GmbHG;
- Haftung des Genossen für die vor seinem Eintritt entstandenen Verbindlichkeiten der eG (§ 23 GenG);
- Haftung des Vermögensübernehmers gem § 419 BGB sowie des Erwerbers eines Unt oder eines gesondert geführten Betriebs gem § 75 AO;
- Nachhaftung eines phG einer PersGes bei Ausscheiden aus der Ges gem § 160 Abs 1 oder nach Auflösung der Ges (HFA 1/1991)
- Nachhaftung eines phG einer PersGes, der Kommanditist wird, gem § 160 Abs 3;
- Delkredere-Haftung des Kommissionärs (§ 394 HGB), nach der der Kommissionär dem Kommittenten unter bestimmten Voraussetzungen für die Erfüllung des Geschäfts haftet.

Ferner sind hier **gesetzliche Gesamtschuldverhältnisse** zu erfassen, sofern 62
sie nicht zu passivieren sind und wirtschaftlich nur den Charakter einer Sicherheit haben. In Frage kommt:

- gesamtschuldnerische Haftung der HauptGes für die Verbindlichkeiten der eingegliederten Ges gem § 322 AktG.
- Die gesamtschuldnerische Haftung des phG einer KapCoGes ist nach § 285 S 1 Nr 11 a (s Anm 235) anzugeben.

Konsortialhaftungen. Ist bei einem Konsortium (BGB-Gesellschaft oder 63
Arge) allen Mitgliedern der Gesamtauftrag erteilt worden, haften die Konsortialmitglieder als Gesamtschuldner für die Durchführung des Gesamtauftrags, dh jeder Konsorte haftet für die Vertrags- sowie Liefer- und Leistungserfüllung der anderen Konsorten. Ihre Vermerkpflicht ist jedoch nicht generell geboten. In bestimmten Branchen (zB Bauindustrie, Großanlagenbau) gehören Beteiligungen an Arge zum üblichen Geschäft, mit denen der Verkehr rechnet. Eine Vermerkpflicht kommt deshalb nur für die Konsortialhaftungen in Betracht, die vom betrieblichen Normalfall abweichen.

c) Bedingte Verbindlichkeiten

Aufschiebend bedingte Verbindlichkeiten sind nicht zu passivieren (vgl § 247 64
Anm 224). Die Angabe im Anhang ist erforderlich, da es sich bei den bedingten Verbindlichkeiten um einen Unterfall der Haftungsverhältnisse handelt (wie hier mit anderer Begr *Uhlig* Grundsätze ordnungsmäßiger Bilanzierung für Zuschüsse, Düsseldorf 1989, 386). Haftungsverhältnisse sind grds aufschiebend bedingte Verbindlichkeiten (*Hüttemann* Grundsätze ordnungsmäßiger Buchführung für Verbindlichkeiten[2], 23), bei denen der Eintritt der Bedingung unwahrscheinlich

ist. Bilanziell werden die Haftungsverhältnisse und die aufschiebend bedingten Verbindlichkeiten gleichbehandelt; sie werden erst passiviert, wenn mit Wahrscheinlichkeit mit dem Eintritt der Subsidiärhaftung bzw der Bedingung zu rechnen ist.

65 Zu den aufschiebend bedingten Verbindlichkeiten gehören auch die Verpflichtungen aus **Besserungsscheinen,** da sich mit diesen die KapGes/KapCoGes zu Zahlungen verpflichtet hat, sofern die aufschiebende Bedingung (Erzielung von Jahresüberschüssen, Bilanzgewinnen, Liquidationsüberschüssen uä) erfüllt ist (*WPH*[12] I, F 635; *ADS*[6] § 285 Anm 50; *Ott/Sehmsdorf* in Beck HdR B 431 Anm 32; für Ausweis unter § 251 *Dusemond/Heusinger/Knop* in HdR[5] § 266 Anm 175). Für AG ergibt sich die Pflicht zur gesonderten Angabe im Anhang nach § 160 Abs 1 Nr 6 AktG (s § 284 Anm 45). **Bedingt rückzahlbare Zuwendungen/Zuschüsse** der öffentlichen Hand oder Dritter, deren Rückzahlung an einen künftigen Erlös, Einnahme oder Erfolg aus dem geförderten Vorhaben geknüpft ist, stellen ebenfalls aufschiebend bedingte Verbindlichkeiten dar, die nach § 285 S 1 Nr 3 im Anhang anzugeben sind, sofern sie nicht passiviert werden.

66 Unter einer **auflösenden** Bedingung stehende Verbindlichkeiten sind zu passivieren (§ 247 Anm 225). Erst wenn der Eintritt der auflösenden Bedingung wahrscheinlich ist, hat eine Passivierung zu unterbleiben oder es ist ein niedrigerer Wert anzusetzen. In diesem Fall ist bis zum rechtlichen Eintritt der Bedingung die Verbindlichkeit bzw der Differenzbetrag unter den sonstigen finanziellen Verpflichtungen zu erfassen.

7. ABC der möglichen sonstigen finanziellen Verpflichtungen

68

Abnahmeverpflichtungen	Anm 45
Abwasserabgabe	Anm 43
Bedingt rückzahlbare Zuwendungen/Zuschüsse	Anm 65
Bedingte Verbindlichkeiten	Anm 64
Besserungsscheine	Anm 65
Bestellobligo für Anlagevermögen	Anm 41
Bestellobligo für Vorräte	Anm 45
Dauerschuldverhältnisse	Anm 47
Delkredere-Haftung des Kommissionärs	Anm 61
Devisentermingeschäfte	Anm 45
Einzahlungsverpflichtungen	Anm 56
Generalüberholungen	Anm 42
Großreparaturen	Anm 42
Haftung der Vormänner für Einzahlungsverpflichtungen	Anm 61
Haftung des phG einer PersGes	Anm 62
Haftung des beherrschenden Gesters eines qualifiziert faktischen Konzerns	Anm 46
Haftung für die Verbindlichkeiten der eingegliederten AG	Anm 62
Haftung gem § 24 GmbHG	Anm 61
Haftungsverhältnisse	Anm 55
Instandhaltungsmaßnahmen	Anm 42
Instandsetzungsmaßnahmen	Anm 42
Investitionsvorhaben	Anm 41
Konsortialhaftungen	Anm 63
künftige Aufwendungen	Anm 50
künftige Reparaturen	Anm 42
Leasing-Verträge	Anm 40
Lizenzverträge	Anm 47
Mietverträge	Anm 40
Nachrangige Verbindlichkeiten	Anm 65
Nachschusspflichten	Anm 57
öffentlich-rechtliche Auflagen	Anm 53

E. Aufgliederung der Umsatzerlöse nach Tätigkeitsbereichen sowie nach geographisch bestimmten Märkten (S 1 Nr 4)

I. Allgemeines

Die Aufgliederung bezieht sich auf die **Nettoumsatzerlöse der GuV** (§ 275 Abs 2 Nr 1 bzw § 275 Abs 3 Nr 1 iV mit § 277 Abs 1). Bei der Angabe handelt es sich also um eine JA-Erl. Die Aufgliederung kann durch Angabe der absoluten Teile der Umsatzzahlen oder auch der relativen Anteile am Gesamtumsatz (Prozentzahlen) erfolgen. Die Angabe ist auch in Form einer graphischen Darstellung zulässig. 70

Die Angabepflicht betrifft **nur große KapGes/KapCoGes.** Eine freiwillige Angabe im Anhang ist bei allen anderen KapGes/KapCoGes zulässig. Kleine und mittelgroße AG müssen die Aufgliederung auf Verlangen eines Aktionärs in der HV vorlegen. Dem PublG unterliegende reine PersGes oder Ekfm, die nach § 5 Abs 5 S 3 PublG, anstelle ihrer GuV eine Anlage zur Bilanz offenlegen, brauchen die darin anzugebenden Umsatzerlöse nicht nach § 285 S 1 Nr 4 aufzugliedern (*WPH*[12] I, H 74). Andere Aufgliederungen, zB nach Kundengruppen, verbundenen Unt, Gestern und BeteiligungsGes, oder nach Mengen, sind im Rahmen des Anhangs neben den vorgeschriebenen Untergliederungen als freiwillige Angaben zulässig; sie ersetzen die vorgeschriebenen Angaben aber nicht. Gem § 286 Abs 2 darf unter weiteren Voraussetzungen (Nachteilszufügung) die Aufgliederung der Umsatzerlöse nach Tätigkeitsbereichen und geographisch bestimmten Märkten unterbleiben (§ 286 Anm 5). Sofern MU, die freiwilllig nach § 297 Abs 1 S 2 ihren KA um eine SegBerE erweitern und deshalb von der Konzernumsatzaufgliederung (§ 314 Abs 1 Nr 3) gem § 314 Abs 2 befreit sind, freiwillig in ihrem JA einc SegBerE vornehmen, sollten sie in Analogie zum Konzernanhang auch von der Umsatzaufgliederung nach § 285 S 1 Nr 4 befreit sein.

Bei der Form der Darstellung und der Anwendung der Aufgliederungskriterien ist **Stetigkeit** zu wahren oder eine Abweichung zu begründen (§ 265 Abs 1). Dies gilt nicht, wenn bisher Prozentzahlen genannt wurden und diese durch graphische Darstellungen mit Prozentzahlen ersetzt werden.

II. Aufgliederung nach Tätigkeitsbereichen

Unter **Tätigkeitsbereichen** ist eine sich deutlich abhebende Organisationseinheit zu verstehen. Als Unterscheidungskriterien können in Frage kommen: 71

– Art des Produkts (Produkte für gleiche oder verwandte Zwecke/Endverbraucher);
– Art des Produktionsprozesses (gleiche oder ähnliche Produktionsverfahren, -anlagen, ähnliche Rohstoffe);
– Produktionsstandort;
– Volkswirtschaftliche Abgrenzungen (zB Wirtschaftszweig);
– Betriebsorganisatorische Aufgliederungen (UntBereich, Sparte, „profit center").

Allerdings ist zu beachten, dass nach dem Gesetzeswortlaut bei der Auswahl der Unterscheidungskriterien die Verkaufsorganisation zu berücksichten ist, so dass vor allem eine Unterscheidung nach produktorientierten Merkmalen oder dem Abnehmerkreis in Frage kommt (vgl auch DRS 3).

72 Die Pflicht zur Umsatzaufgliederung besteht nur für die Fälle, in denen sich die Tätigkeitsbereiche **untereinander erheblich unterscheiden.** Ein erheblicher Unterschied liegt vor, wenn ein Aufgliederungskriterium den Gesamtbetrag der Umsatzerlöse in größere Gruppen, die annähernd gleiche oder unterschiedlich große Umsatzwerte umfassen, unterteilt. Der Unterschied muss auch sachlich begründet sein, dh nach deutlich sich unterscheidenden Produktgruppen, Kundengruppen oder Vertriebswegen (zB Produktion, Dienstleistung, Handel; Pkw, Lkw; Düngemittel, Pflanzenschutz, Kunststoffe; dazu *ADS*[6] § 285 Anm 88; *Dörner/Wirth* in HdR[5] §§ 284–288 Anm 175).

73 Die Abgrenzung nach Maßgabe des Vorliegens eines erheblichen Unterschieds muss unter **Berücksichtigung der Verkaufsorganisation** der KapGes/KapCoGes erfolgen. Eine Aufteilung der Umsatzerlöse ist dann nur vorzunehmen, wenn auf Grund der Verkaufsorganisation verschiedene Tätigkeitsbereiche gegeneinander abgegrenzt werden können. Besteht eine einheitliche Verkaufsorganisation, braucht eine Umsatzaufgliederung nicht vorgenommen zu werden. Das Gleiche gilt für EinproduktUnt oder KapGes/KapCoGes mit nur einem Abnehmer.

74 Die Aufteilung der Umsatzerlöse hat nach Nr 4 für die typischen Lieferungen und Leistungen aus der gewöhnlichen Geschäftstätigkeit zu erfolgen. Danach entspricht eine Aufteilung des Umsatzes lediglich in Haupterlöse und Nebenerlöse nicht dem Gesetzeszweck.

III. Aufgliederung nach geographisch bestimmten Märkten

75 Als ein geographisch bestimmter Markt ist aus internationaler Sicht eine Ländergruppe (auch Subkontinent) oder ein einzelnes Land, aus nationaler Sicht eine Region (Bundesland) anzusehen. Wenngleich nach dem Gesetzeswortlaut die Bestimmung des Markts nach geographischen Gesichtspunkten erfolgen soll, dürften auch staatliche Kriterien gemeint sein (wie zB EU, Schwellenländer). Zulässig ist aber auch eine Aufteilung nach Vertriebsgebieten.

76 Eine Aufgliederung kommt nur in Frage, wenn sich die Märkte untereinander erheblich unterscheiden. Das ist zB zwischen Inland und Ausland der Fall. Ob in jedem Fall eine Aufgliederung in In- und Auslandsumsätze ausreicht, erscheint fraglich. Sie kann genügen, wenn der Auslandsumsatz nur einen im Vergleich zum Inlandsumsatz geringen Anteil am Gesamtumsatz ausmacht. Sonst ist eine Untergliederung in Ländergruppen oder wesentliche Einzelländer erforderlich (*ADS*[6] § 285 Anm 92). Bei weltweit liefernden KapGes/KapCoGes kann folgende Aufteilung sinnvoll sein: Bundesrepublik Deutschland, andere EU-Länder, Nordamerika, Südamerika, Afrika, Nahost, Fernost usw oder Industrieländer, Schwellenländer, Entwicklungsländer. Überwiegend nach Europa liefernde KapGes/KapCoGes können aufteilen: Bundesrepublik Deutschland, andere EU-Länder, übriges Europa.

Werden nur Inlandsumsätze getätigt, kann uU eine Angabe, dass kein Auslandsgeschäft besteht, die Angabepflicht erfüllen. Die Angabe von Umsätzen nach Regionen Deutschlands kann nicht gefordert werden (*ADS*[6] § 285 Anm 92; *Kupsch* in HdJ IV/4 Anm 163; aA für besonders gelagerte Einzelfälle *Dörner/Wirth* in HdR[5] §§ 284–288 Anm 181). 77

F. Ausmaß der Beeinflussung des Jahresergebnisses und erheblicher künftiger Belastungen durch Anwendung steuerrechtlicher Vergünstigungsvorschriften (S 1 Nr 5)

I. Allgemeines

Im Anhang sind Angaben zu machen: 85

- über das Ausmaß, in dem das Jahresergebnis dadurch beeinflusst wurde, dass bei VG im Gj oder in früheren Gj Abschreibungen nach §§ 254, 280 Abs 2 auf Grund steuerrechtlicher Vorschriften vorgenommen oder beibehalten wurden oder ein Sonderposten nach § 273 gebildet wurde;
- ferner über das Ausmaß erheblicher künftiger Belastungen, die sich aus einer solchen Bewertung ergeben.

Gem § 288 entfällt die Angabepflicht für kleine (§ 267 Abs 1) KapGes/KapCoGes, so dass **nur mittelgroße und große Kapitalgesellschaften/KapCoGes** nach Nr 5 berichten müssen. Mittelgroße KapGes/KapCoGes dürfen den Anhang ohne diese Angabe zum HR einreichen (§ 327 Nr 2). Kleine AG müssen auf Verlangen eines Aktionärs diese Angaben in der HV vorlegen; kleine GmbH müssen auf Verlangen eines Gesters hierüber Auskunft geben (§ 51 a GmbHG).

Zweck der Vorschrift ist es, den sich im Rahmen des Grundsatzes der umgekehrten Maßgeblichkeit (§ 243 Anm 121) aus der Anwendung steuerrechtlicher Bilanzierungs- und Bewertungsvorschriften ergebenden Einfluss (idR Belastung) auf das Jahresergebnis und die auf den daraus resultierenden künftigen Ergebnisentlastungen ruhenden Belastungen erkennbar zu machen. Hat die KapGes einen **Gewinnabführungsvertrag** abgeschlossen, entfällt die Angabepflicht, da die Anwendung dieser Vorschriften zwar das abgeführte Ergebnis beeinflusst hat, nicht jedoch das Jahresergebnis, da ein solches insoweit nicht entstehen kann (wie hier *ADS*[6] § 285 Anm 104).

Die **Berichterstattungspflicht wird ausgelöst,** wenn **steuerrechtliche Abschreibungen** nach § 254 im Gj oder in früheren Gj vorgenommen worden sind, oder wenn Sonderposten mit Rücklageanteil nach steuerrechtlichen Vorschriften im Gj oder in früheren Gj gebildet worden sind (§ 273). 86

Als steuerrechtliche Abschreibungen kommen in Frage (s im Einzelnen § 254): 87

- erhöhte Absetzungen (zB § 7 i EStG);
- Sonderabschreibungen (zB § 7 g EStG);
- Abzüge von den AK/HK (zB § 6 b Abs 1 EStG, EStR 41 a–41 c).

Die Sofortabschreibung geringwertiger WG gehört nicht zu den steuerrechtlichen Abschreibungen (§ 254 Anm 32; *ADS*[6] § 285 Anm 110). Das Gleiche gilt für die degressive Abschreibung beweglicher WG nach § 7 Abs 2 EStG, da sie nach § 253 (s dort Anm 242) zulässig ist.

Nach Wegfall des steuerrechtlichen Wertbeibehaltungswahlrechts entfallen unterlassene Zuschreibungen nach § 280 Abs 2. Zu den in Frage kommenden Sonderposten s §§ 254, 273. Entgegen dem Gesetzeswortlaut, der nur von Bildung von Sonderposten mit Rücklageanteil spricht, ist auch ihre Auflösung in die Angabe einzubeziehen. Das ergibt sich aus dem Zweck der Vorschrift, da es auf die Auswirkungen einer steuerrechtlichen Bilanzierung und Bewertung insgesamt ankommt (glA *ADS*[6] § 285 Anm 115).

88 Die **Angabepflicht** tritt **nicht** ein, wenn

a) sich Steuervorteile und damit auch Auswirkungen auf das Jahresergebnis aus der Anwendung der handelsrechtlichen Bewertungsvorschriften, insb bei Ausübung handelsrechtlicher Bewertungswahlrechte ergeben, weil diese Bewertung nicht von handelsrechtlichen Grundsätzen abweicht

b) steuerrechtliche Sonderregelungen nur bei der steuerlichen Gewinnermittlung und nicht im JA berücksichtigt werden, wie zB die frühere Preissteigerungsrücklage, dh wenn die umgekehrte Maßgeblichkeit der Steuerbilanz für die HB nicht Platz greift. Jedoch werden ggf Angaben über eine passive Steuerabgrenzung erforderlich (§ 274 Anm 70), die aber gleichfalls nicht unter diese Vorschrift fallen.

Die Berichterstattungspflicht bezieht sich nur auf die Darstellung der Steuer*erleichterungen;* steuerliche **Erschwernisse,** so zB die steuerrechtliche Nichtanerkennung handelsrechtlich zulässiger Rückstellungen (zB Rückstellungen für drohende Verluste aus schwebenden Geschäften, § 5 Abs 4a EStG; Rückstellung für Patentverletzungen, § 5 Abs 3 S 1 EStG), dürfen daher nicht einbezogen werden.

89 Mit den Angaben über die gegenwärtigen und zukünftigen Auswirkungen der Inanspruchnahme von steuerrechtlichen Vorschriften soll keine Wiederholung der Erl der Bewertung einzelner Bilanzposten erfolgen, denn hier geht es nicht um einzelne Bilanzposten, sondern um die **kumulierte Netto-Auswirkung** (Saldo) aller im Hinblick auf eine Steuerverschiebung vollzogenen Bewertungsmaßnahmen auf das Jahresergebnis.

90 Zu berichten ist auch bei Vorliegen eines ausgeglichenen Jahresergebnisses oder bei einem Verlustausweis (*Dörner/Wirth* in HdR[5] §§ 284–288 Anm 197f). Die Angabepflichten nach Nr 5 sind von den Angabepflichten nach § 281 Abs 2 S 1 (Betrag der im Gj allein nach steuerrechtlichen Vorschriften vorgenommenen Abschreibungen) zu unterscheiden, die unabhängig voneinander zu erfüllen sind. Aus dem Gesetzeswortlaut lässt sich schließen, dass ein Betrag nicht genannt zu werden braucht. § 281 Abs 1 S 1 sieht nur ein Ausweiswahlrecht vor, und die Angabepflicht nach Nr 5 kann nicht als Ergänzung der aktivischen Absetzung betrachtet werden, vielmehr handelt es sich um eine eigenständige Erlpflicht. Regelmäßig wird eine verbale, aber die Größenordnung erkennenlassende Erl ausreichen; *Dörner/Wirth* in HdR[5] §§ 284–288 Anm 196; *WPH*[12] I, F 678; *ADS*[6] § 285 Anm 102). Auch dann, wenn das Jahresergebnis durch die Vornahme steuerrechtlicher Abschreibungen und die Bildung steuerrechtlicher Sonderposten eine wesentliche Veränderung erfahren hat, tritt nach dem Gesetzeswortlaut keine Verpflichtung zur Angabe von Beträgen ein (wie hier *ADS*[6] § 285 Anm 104). Zweckmäßig sind natürlich auch prozentuale Angaben bezogen auf das ausgewiesene Jahresergebnis.

Die Berichterstattung über die Auswirkungen der Bewertung und Bilanzierung nach steuerrechtlichen Vorschriften erfordert ferner, dass offengelegt wird, durch welche Bewertungs- und Bilanzierungsmaßnahmen im Saldo der Einfluss eingetreten ist. Es ist also ein globaler Hinweis auf Sonderabschreibungen, erhöhte Absetzungen, Bildung und Auflösung von Sonderposten mit Rücklageanteil sowie ggf deren Übertragung geboten.

Die Angaben nach § 285 S 1 Nr 5 sind in jedem JA erneut zu machen, unabhängig davon, ob sie bereits in vorangegangenen Anhängen ihren Niederschlag gefunden haben. Sie dürfen sich aber nur auf die Auswirkungen im Gj beziehen.

II. Angabe des Ausmaßes des Einflusses auf das Jahresergebnis

Es ist der Einfluss auf das **Jahresergebnis** anzugeben. Jahresergebnis ist der Oberbegriff für Jahresüberschuss und Jahresfehlbetrag. Damit handelt es sich um das **Ergebnis nach Steuern,** bei dem der Einfluss aus der Bilanzierung und Bewertung nach steuerrechtlichen Vorschriften gemessen wird. Unter der Beeinflussung des Jahresergebnisses ist die Kumulation der Auswirkungen im Gj zu verstehen. Der Einfluss ergibt sich nicht nur durch die Anwendung von steuerrechtlichen Vorschriften im Gj, sondern ggf aus den Auswirkungen von in früheren Gj durchgeführten steuerrechtlichen Bilanzierungs- und Bewertungsmaßnahmen. Das folgt aus dem Wortlaut. Das ist zB der Fall, wenn in einem früheren Gj steuerrechtliche Sonderabschreibungen bei Maschinen vorgenommen wurden und im Berichtsjahr das Jahresergebnis wegen im Vergleich zu den planmäßigen Abschreibungen des § 253 Abs 2 S 1 niedrigerer Abschreibungen entspr höher ist. Bleiben Sonderposten mit Rücklageanteil im Gj unverändert, ergibt sich insoweit kein Einfluss auf das Jahresergebnis. 95

Um die geforderten Angaben im Anhang machen zu können, ist es erforderlich, ein um die nach steuerrechtlichen Vorschriften vorgenommenen Bilanzierungs- und Bewertungsmaßnahmen bereinigtes Jahresergebnis zu ermitteln. Es muss festgestellt werden, wie hoch das Jahresergebnis gewesen wäre, wenn keine Abschreibungen nach steuerrechtlichen Vorschriften vorgenommen und Zuführungen zu bzw Auflösungen von steuerrechtlichen Sonderposten mit Rücklageanteil unterlassen worden wären. Dazu ist eine **Doppelrechnung** des Jahresergebnisses nach § 253 Abs 1 bis 3 iVm § 279 Abs 1 S 2 einerseits und nach den §§ 254, 273 iVm §§ 247 Abs 3 andererseits erforderlich. 96

Da über den Einfluss auf das Ergebnis **nach Steuern** zu berichten ist, hat die Rechnung jeweils auch eine zweite Berechnung der E+E-Steuern zu umfassen. Diese **fiktive Steuerberechnung** für das Alternativergebnis hat sich nach den handelsrechtlichen Bewertungsvorschriften zu richten. Zu den Ertragsteuern gehört bei KapGes die GewESt, die KSt von 25% und der Solidaritätszuschlag, bei KapCoGes nur die GewESt ohne die nach § 264c Abs 3 S 2 in ihrer GuV zulässige Berücksichtigung eines dem Steuersatz der Komplementärgesellschaft entspr Steueraufwands/-ertrags. 97

Es ist immer mit dem Steuersatz des betr Gj zu rechnen, da es auf die Beurteilung des Jahresergebnisses, über das berichtet wird, ankommt.

Die Aussagen über die Auswirkungen von Abschreibungen und Sonderposten nach steuerrechtlichen Vorschriften auf das Jahresergebnis sind in jedem Anhang zu machen, wenn sie wesentlich sind (*WPH*[12] I F 674; *ADS*[6] § 285 Anm 107). 98

Ob es ausreicht, die vorgeschriebenen Angaben auf das Jahresergebnis vor Ertragsteuern zu beziehen, ist nach dem Wortlaut fraglich. Eine solche Berichterstattung sollte zulässig sein, wenn sie der Klarheit der Darstellung dient und ein entspr Hinweis gegeben wird.

III. Angabe des Ausmaßes erheblicher künftiger Belastungen

Die Vorschrift verlangt als weitere Angabe eine Aussage über das Ausmaß *erheblicher* künftiger Belastungen, die sich aus einer solchen Bewertung ergeben. **Welche Belastungen** bei der Angabe zu berücksichtigen sind, sagt das HGB nicht. Nach der Sachlage kommen steuerliche und andere gewinnabhängige Belastungen (wie zB gewinnabhängige Tantiemen, AR-Vergütungen uä) in Frage. Im Gegensatz zum 1. Hs der Vorschrift spricht das HGB nicht von Beeinflussung, sondern von Belastungen. Daraus ist zu folgern, dass nur negative Ergebnis- 105 belastungen der Angabe zugrunde zu legen sind. Ein Saldierung von Entlastungen und Vergünstigungen ist damit nicht zulässig (*ADS*[6] § 285 Anm 118).

106 Die angabepflichtigen Belastungen sind nach ihrem Wesensgehalt nicht gleichzusetzen mit der Bildung einer Rückstellung für Steuerabgrenzung (§ 274). Eine solche ist für den Fall zu bilden, dass der nach steuerrechtlichen Vorschriften zu versteuernde Gewinn niedriger als der handelsrechtliche Gewinn ist. Gerade dieser Fall stellt jedoch das Gegenteil zur Inanspruchnahme von steuerrechtlichen Vergünstigungsvorschriften im JA dar.

107 Die Belastungen müssen sich aus einer solchen Bewertung ergeben. Wenn das HGB auch nur von Bewertung spricht, sind auf Grund der Bezugnahme auf den 1. Hs auch die Bildung und Auflösung der steuerrechtlichen Sonderposten einzubeziehen. Die Belastungen müssen sich also aus der Bewertung und Bilanzierung nach steuerrechtlichen Vorschriften gem 1. Hs (Anm 86–89) ergeben. Es ist zu zeigen, welche Belastungswirkungen die in der gesamten Vergangenheit steuermindernden Bewertungen und Bilanzierungen auf die Jahresergebnisse der Zukunft haben. Als Vergleichsmaßstab ist eine Alternativbewertung nach den handelsrechtlichen Vorschriften zum Bilanzstichtag heranzuziehen, die ohne Anwendung aller entspr steuerrechtlichen Vorschriften durchgeführt werden muss (§ 254 Anm 2). Der Unterschied zwischen dem Jahresergebnis vor Ertragsteuern gem der Alternativbewertung und dem ausgewiesenen Jahresergebnis vor Ertragsteuern gibt die Basis für die künftigen Belastungen ab.

108 Nach der Gesetzesvorschrift sind die **künftigen Belastungen** anzugeben. Der Betrachtungszeitraum wird grds durch den Wirkungszeitraum der Bilanzierungs- und Bewertungsmaßnahmen bestimmt. Bei abnutzbaren VG des Anlagevermögens ist dies der Zeitraum der Restnutzungsdauer. Bei VG des Umlaufvermögens kommt idR nur das folgende Gj in Betracht, sofern von einem schnellen Umschlag dieser VG auszugehen ist. Bei nicht abnutzbaren VG des Anlagevermögens führt eine niedrigere Bewertung nach steuerrechtlichen Vorschriften zu keiner zukünftigen Belastung, da idR von einer dauernden Zugehörigkeit zur KapGes/KapCoGes ausgegangen werden kann (ebenso *ADS*[6] § 285 Anm 122). Bei den Sonderposten richtet sich der Wirkungszeitraum nach den bei JAErstellung bekannten steuerrechtlichen Vorschriften. Dabei muss unberücksichtigt bleiben, dass in den folgenden Gj neue VG nach denselben Vorschriften bewertet oder Sonderposten gebildet werden sollen und damit die künftigen Belastungen dadurch kompensiert werden, da die Gesetzesvorschrift allein an die Bewertungs- und Bilanzierungsmaßnahmen im Gj oder in früheren Gj anknüpft.

109 Es bleibt offen, wie nach HGB das **Ausmaß** der künftigen Belastungen in Anbetracht ihres zeitlich unterschiedlichen Anfalls zu ermitteln ist. Danach ist die Bestimmung des Ausmaßes sowohl anhand der Nominalbeträge als auch anhand der Barwerte zulässig, wobei allerdings die Methode im Anhang angegeben werden sollte. Auch hier ist eine Gesamtbetrachtung im Saldo aller Bilanzierungs- und Bewertungsmaßnahmen geboten, da diese Angabe im Zusammenhang mit der Angabepflicht nach dem 1. Hs zu sehen ist.

Für die Angabe des Ausmaßes der künftigen Ergebnisbelastungen ist die Prognose der künftigen Jahresergebnisse notwendig. Zu erwartende Verlustsituationen, in denen keine Ertragsteuern anfallen, sind zu berücksichtigen. Für die Möglichkeit der Übertragung aufgelöster stiller Reserven (§ 6b EStG) ist die Investitionsplanung einzubeziehen. In Anbetracht der Unsicherheit von Prognosen ist die Genauigkeit der Angabe des Ausmaßes künftiger Belastungen eingeschränkt. Daher kann nur verbal eine Tendenz dargestellt werden.

110 Voraussetzung für die Angabepflicht ist, dass es sich um **erhebliche** künftige Belastungen handelt. Die Erheblichkeit ist an der Summe der voraussichtlichen zukünftigen Belastungen, aber auch an der Ertragslage zu messen. Als weiterer

Maßstab kann auch die Vermögens- und die Finanzlage im Gj oder das ausgewiesene Jahresergebnis (*Harms/Küting* DB 1983, 2320) herangezogen werden (aA *ADS*[6] § 285 Anm 124, die nur auf die Vermögens- und Finanzlage abstellen).

Bei der Folge-Berichterstattung aus der Angabe über das Ausmaß nach dem 1. Hs ist eine Beschreibung des zeitlichen Anfalls der Belastungen nicht gefordert; sie ist wegen der Unsicherheit der Zukunftsaussagen auch nicht sinnvoll. Anzugeben ist in jedem Fall die Art der Belastung. Die Angabe könnte zB lauten: „Aufgrund der Anwendung von steuerrechtlichen Bewertungsvorschriften, insbesondere der Bildung von Sonderposten mit Rücklageanteil gemäß …, erwarten wir in den nächsten Jahren bei positiven Jahresergebnissen eine starke Zunahme der jährlichen Ertragsteuerbelastungen.“ **111**

G. Ertragsteuerspaltung (S 1 Nr 6)

I. Allgemeines

In § 285 S 1 Nr 6 wird für **alle mittelgroßen und großen Kapitalgesellschaften/KapCoGes** und ihnen gleichgestellte Unt die Berichterstattung darüber gefordert, in welchem Umfang die E+E-Steuern das Ergebnis der gewöhnlichen Geschäftstätigkeit und das ao Ergebnis belasten. Die Unt des § 3 Abs 1 PublG brauchen diese Angabe nicht zu machen (§ 5 Abs 2 S 2 PublG). **120**

Da eine Berichterstattungspflicht nach Nr 6 nur gegeben ist, wenn ein positives ao Ergebnis ausgewiesen wird, stellt sich die Frage, welche Aufwendungen und Erträge zum ao Ergebnis gehören. Das sind die ao Posten gem § 275 Abs 2 oder 3 (glA *ADS*[6] § 285 Anm 128; *WPH*[12] I F 685). Damit sind Inhalt und Umfang (unternehmensfremd, selten gem § 275 Anm 215) des ao Ergebnisses stark reduziert. Für die Angabepflichten bedeutet dies, dass sie praktisch selten sind.

Auch bei Bestehen eines **Gewinnabführungsvertrags** ist die Angabe nicht erforderlich, da idR kein Ertragsteueraufwand ausgewiesen wird (glA *ADS*[6] § 285 Anm 139). Steuerumlagen des Organträgers sind deshalb ebenfalls nicht aufzugliedern, auch wenn sie gesondert als E+E-Steuern ausgewiesen werden, da sie keine Steuern darstellen. Bei der für diese Angaben erforderlichen Ertragsteuerspaltung müssen die Steuern dem positiven Ergebnis der gewöhnlichen Geschäftstätigkeit und dem positiven ao Ergebnis zugeordnet werden. Beide Teilergebnisse sind in der GuV als eigenständige Salden genannt (§ 275), die für die Aufteilung des Steueraufwands maßgeblich sind.

Die zu erläuternden E+E-Steuern sind die **in der GuV** unter gleicher Bezeichnung **ausgewiesenen Steuern.** Die Aussagen zur Belastung des gewöhnlichen und ao Ergebnisses durch die Ertragsteuern müssen sich auf den in der GuV ausgewiesenen positiven Steuerbetrag beziehen (§§ 275 Abs 2 Nr 18 oder 275 Abs 3 Nr 17). Der Steueraufwand umfasst die Einkommen- und Ertragsteuerbelastungen (einschl Solidaritätszuschlag) für die laufende Periode, unabhängig davon, ob sie gezahlt oder zurückgestellt sind. Die im Steueraufwand enthaltenen Nachzahlungen für Vj sind ebenfalls bei der Erl einzubeziehen; gleiches gilt für Steuererstattungen für frühere Jahre, die im Steueraufwand saldiert wurden (zB Verlustrücktrag). Auch die im Steueraufwand enthaltenen latenten Steuern gehören dazu (§ 275 Anm 238, *ADS*[6] § 275 Anm 190).

Wird kein Steueraufwand ausgewiesen, kommt eine Berichterstattung nach dem Wortlaut nicht in Betracht. Wird ein negativer Steueraufwand (Ertrag) ausgewiesen, ist keine Berichterstattung erforderlich, da Nr 6 von „Belastung" spricht. Für den Fall, dass das Jahresergebnis nur aus dem Ergebnis aus der gewöhnlichen Geschäftstätigkeit besteht, ist die Angabe über die Steueraufteilung nicht erforderlich, da der Sachverhalt aus der GuV erkennbar ist. Das Gleiche gilt in dem Fall, wenn ein Teilergebnis negativ ist, aber insgesamt ein positives Jahresergebnis vor Ertragsteuern ausgewiesen wird und Ertragsteuern anfallen; denn nach dem Wortlaut ist über steuerliche Entlastungen von positiven Ergebnisteilen durch Verluste im anderen Teilergebnis nicht zu berichten (aA *Kupsch* in HdJ Abt IV/4 Anm 188).

II. Die Berechnung der Ertragsteuerspaltung

130 Die Ermittlung der Steuerteilbeträge muss idR durch eine Steuerrechnung erfolgen. Die Durchführung einer sehr detaillierten Steuerrechnung ist nicht notwendig, da eine betragsmäßige Berichterstattung nicht erforderlich ist. Auch wenn nicht nach Steuerarten differenziert zu berichten ist, wird bei KapGes bei der Berechnung getrennt nach den Steuerarten KSt mit Solidaritätszuschlag und GewESt vorgegangen werden müssen, um eine aussagefähige Grundlage für die Berichterstattung zu liefern. Regelmäßig kann die Ertragsteuerspaltung ersatzweise durch Schätzung vorgenommen werden.

Sind im Jahresergebnis Erträge aus Beteiligungen oder Erträge (Aufwendungen) auf Grund eines Gewinnabführungs- bzw Teilgewinnabführungsvertrags ausgewiesen und enthalten diese Ergebnisse ao Posten, sind diese bei der Ertragssteueraufspaltung nicht dem ao Ergebnis der KapGes zuzurechnen (*ADS*[6] § 285 Anm 139), denn es kommt nur auf die GuV-Zahlen „gewöhnliche Geschäftstätigkeit" und „außerordentliches Ergebnis" an.

1. Aufspaltung der Körperschaftsteuer

131 Die KSt (mit Solidaritätszuschlag) ist auf die zwei Ergebnisbereiche in deren Verhältnis zueinander aufzuteilen. Die Zuordnung der nicht abziehbaren Betriebsausgaben muss verursachungsgerecht erfolgen; ersatzweise ist eine proportionale Verteilung zulässig.

Hat sich die KSt im Berichtsjahr in Folge der Übergangsregelung des § 37 Abs 2 S 2 KStG vermindert, ist der Minderungsbetrag ebenfalls proportional den beiden Ergebnisbereichen zuzuordnen. Kommt es auf Grund eines **Verlustvortrags** zu einer Steuerminderung, ist ebenfalls vereinfachend der verbliebene KSt-Aufwand nach dem Verhältnis des positiven „gewöhnlichen" und positiven „außerordentlichen" Ergebnisses aufzuteilen.

Ausländische KSt ist verursachungsgerecht den beiden Teilergebnissen zuzuordnen.

Sind im außerordentlichen Ergebnis steuerfreie Gewinne (zB aus dem Verkauf einer Beteiligung gem § 8b Abs 2 KSt) oder nicht abzugsfähige Aufwendungen (zB Bildung einer Aufwandsrückstellung) enthalten, ist das bei der Aufteilung zu berücksichtigen.

2. Aufspaltung der Gewerbeertragsteuer

132 Auch die GewESt ist im Grundsatz auf die zwei Ergebnisbereiche in deren Verhältnis zueinander aufzuteilen. Dabei sind jedoch die Hinzurechnungen und Kürzungen (§§ 8 und 9 GewStG) verursachungsgerecht beiden Ergebnisbereichen zuzuordnen (glA *ADS*[6] § 285 Anm 134; aA *Kupsch* in HdJ Abt IV/4 Anm 184). IdR wird jedoch eine Zuordnung der gesamten GewESt zum Ergebnis aus der gewöhnlichen Geschäftstätigkeit dem Aufteilungserfordernis genüge tun.

3. Aufspaltung der Kapitalertragsteuer

Eine KapESt-Spaltung ist im Fall der Anrechnung von KapESt auf die KSt der berichtspflichtigen KapGes weder erforderlich noch zulässig. Wenn die KapGes/KapCoGes steuerpflichtige Einnahmen hat, die dem Steuerabzug unterliegen, handelt es sich im Ergebnis nur um im Voraus geleistete KSt (mit Solidaritätszuschlag). **133**

Für nicht anrechenbare KapESt, die idR nur einen im Verhältnis zum gesamten Ertragsteueraufwand unerheblichen Anteil ausmachen wird, ist maßgeblich, in welchem Ergebnisteil in der GuV der zur KapESt korrespondierende Ertragsposten ausgewiesen wird.

Eine Aufspaltung der KapESt iSd § 43 EStG ist idR nicht erforderlich, da eine aufteilungspflichtige KapESt nur bei KapGes anfallen kann, die gem § 2 Nr 1 KStG mit ihren Einkünften gem § 49 EStG beschränkt steuerpflichtig sind und als Industrie- und HandelsUnt somit nicht den Rechnungslegungsvorschriften des HGB unterliegen (Geschäftsleitung und Sitz im Ausland).

III. Die Berichterstattung über die Spaltung

Das HGB sagt nichts, wie die Angabe des Belastungsumfangs zu erfolgen hat. Es bleibt den KapGes/KapCoGes überlassen, ob sie Beträge angeben oder die Erl in allgemeiner Form machen wollen. Daraus ist zu schließen, dass eine lediglich verbale Umschreibung zur Erfüllung der Berichterstattungspflicht genügt (*WPH*[12] I, F 686; *ADS*[6] § 285 Anm 129; *Dörner/Wirth* in HdR[5] §§ 284–288 Anm 225). Es ist jedoch zulässig, eine betragsmäßige Aufteilung zu geben. Eine Differenzierung nach Steuerarten ist nicht erforderlich (*WPH*[12] I F 686). **134**

Die Berichterstattung ist auch durch prozentuale Angaben über den Umfang der Steuerbelastung der Teilergebnisse möglich. Die **verbalen Angaben** müssen erkennbar machen, in welchem Verhältnis sich die E+E-Steuern auf die Ergebnisse aufteilen. Formulierungen wie „vom Ertragsteueraufwand entfällt nur ein geringer Teil auf den außerordentlichen Gewinn" oder „die Steuern vom Einkommen und vom Ertrag betreffen zum weit überwiegenden Teil das Ergebnis der gewöhnlichen Geschäftstätigkeit" stellen eine hinreichend genaue Berichterstattung dar. Diese Ansicht wird auch durch die Tatsache gestützt, dass eine verursachungsgerechte Aufteilung auf Grund der Besonderheiten des deutschen Steuerrechts kaum möglich ist (*Dörner/Wirth* in HdR[5] §§ 284–288 Anm 225).

H. Durchschnittliche Zahl der während des Geschäftsjahres beschäftigten Arbeitnehmer, getrennt nach Gruppen (S 1 Nr 7)

I. Allgemeines

Die Angaben sind von großen (§ 267 Abs 3) und mittelgroßen (§ 267 Abs 2) KapGes/KapCoGes zu machen; kleine (§ 267 Abs 1) KapGes/KapCoGes sind von der Angabepflicht durch § 288 S 1 befreit. Ein freiwillig offen gelegter IFRS-EA gem § 325 Abs 2a hat diese Angabe im Anhang ebenfalls zu enthalten. Die Zahl der Arbeitnehmer verleiht der Angabe über die Personalaufwendungen stärkere **140**

Aussagekraft und ermöglicht eine Beurteilung der Bedeutung der KapGes/KapCoGes als Arbeitgeber.

Reine PersGes oder Ekfl, die nach § 5 Abs 5 S 3 PublG anstelle ihrer GuV eine Anlage zur Bilanz offenlegen, brauchen die darin anzugebende Zahl der Beschäftigten nicht gem Nr 7 nach Gruppen aufzugliedern. Für andere dem PublG unterliegende Unt gilt eine andere Berechnungsweise (Anm 142).

II. Die Arbeitnehmereigenschaft

141 Bezüglich der Arbeitnehmereigenschaft s § 267 Anm 9.

III. Die durchschnittliche Zahl der Arbeitnehmer während des Geschäftsjahres

142 In § 267 Abs 5 (Anm 12) wird zur Umschreibung der Größenklasse eine quartalsweise Berechnung festgelegt, die hier ebenfalls übernommen werden kann, aber nicht muss. Danach ergibt sich der **Durchschnitt** als vierter Teil der Summe aus den Zahlen der jeweils am 31. März, 30. Juni, 30. September und 31. Dezember beschäftigten Arbeitnehmer. Die Ermittlungsmethode ist nicht festgelegt. Aus Gründen der Einheitlichkeit im JA ist die quartalsweise Methode vorzuziehen. Neben der in § 267 Abs 5 festgelegten Berechnungsmethode bietet sich als zweite Möglichkeit an, wie im PublG den Durchschnitt als zwölften Teil der Summe aus den Zahlen der am Ende eines jeden Monats des Gj beschäftigen Arbeitnehmer zu ermitteln, wenn nur dadurch ein den tatsächlichen Verhältnissen entspr Bild vermittelt wird (*ADS*[6] § 285 Anm 145). Bei der Anwendung der Berechnungsmethode ist der Grundsatz der Stetigkeit zu wahren.

143 Bei **Rumpfgeschäftsjahren** sind so viele Monate des vorangegangenen Gj hinzuzuzählen, wie das RumpfGj weniger als ein Kalenderjahr hat. Steht das Unt am Ende seines ersten (Rumpf-)Gj, sind lediglich die Monate dieses RumpfGj zu berücksichtigen. Das Gleiche gilt für die quartalsweise Ermittlung gem § 267 (dort Anm 13). Einzubeziehen sind auch diejenigen Arbeitnehmer, die per Monats- oder Quartalsende ausscheiden, soweit das Arbeitsverhältnis am letzten Arbeitstag des Monats noch bestand.

IV. Gruppenbildung

144 Das HGB legt nicht fest, welche Gruppen zu bilden sind und wie die Belegschaft zu unterteilen ist. Immerhin ist aus der Vorschrift zu schließen, dass mehrere Gruppen darzustellen sind. Im Anhang sollten mindestens die wichtigsten **arbeitsrechtlichen** Gruppierungen angegeben werden, ggf unterteilt nach dem **Geschlecht.** Es bietet sich eine Aufteilung nach BetrVG in gewerbliche Arbeitnehmer, Angestellte, leitende Angestellte an. Es kann sich ggf eine Zusatzangabe von Kurzarbeitern und Teilzeitkräften anbieten.

Bei den Aufgliederungskriterien ist Stetigkeit zu wahren.

Die Aufteilung muss mit der durchschnittlichen Beschäftigtenzahl korrespondieren, die Angabe zB der Zahl der Leiharbeitnehmer oder Zahl der Auszubildenden kann zusätzlich gemacht werden. Die Aufgliederung der durchschnittlichen Zahl kann nach Köpfen oder prozentual vorgenommen werden, wobei Rundungen zulässig sind.

I. Material- und Personalaufwand bei Anwendung des Umsatzkostenverfahrens (S 1 Nr 8)

I. Allgemeines

Bei Anwendung des Umsatzkostenverfahrens nach § 275 Abs 3 müssen im Anhang der Materialaufwand des Gj (Nr 8 a) und der Personalaufwand des Gj (Nr 8 b) angegeben werden. Mit diesen Angaben wird die Vergleichbarkeit zwischen dem Gesamtkostenverfahren und dem Umsatzkostenverfahren bezüglich der Aufwandsarten erhöht. 150

Für kleine KapGes/KapCoGes entfällt die Angabe nach Nr 8 a (Materialaufwand). Mittelgroße KapGes/KapCoGes (§ 267 Abs 2) müssen zwar den Materialaufwand im Anhang angeben, brauchen ihn aber nicht offenzulegen (§ 327 Nr 2). Die Offenlegung des Materialaufwands ist somit nur für große KapGes/KapCoGes (§ 267 Abs 3) vorgeschrieben. Die Angabe über den Personalaufwand nach Nr 8 b muss von allen KapGes/KapCoGes unabhängig von ihrer Größe gemacht werden. Ein freiwillig offen gelegter IFRS-EA gem § 325 Abs 2 a hat diese Angabe (Nr 8 b) im Anhang ebenfalls zu enthalten. Kleine KapGes/KapCoGes brauchen sie gem § 326 S 2 nicht offenlegen. Kleine AG müssen auf Verlangen eines Aktionärs die Angaben in der HV vorlegen; kleine GmbH müssen auf Verlangen eines Gesters hierüber Auskunft geben (§ 51 a GmbHG).

Die Vorschrift verlangt die Angabe des **Material- und Personalaufwands des Geschäftsjahres.** Nach dem Wortlaut bedeutet dies, dass der gesamte Aufwand des Gj anzugeben ist. Der Inhalt der angabepflichtigen Aufwandsposten richtet sich nach dem Gesamtkostenverfahren, was aus der ausdrücklichen Bezugnahme auf § 275 Abs 2 folgt. Es kommt also nicht darauf an, unter welchen Posten der GuV des Umsatzkostenverfahrens und in welcher Höhe er ausgewiesen ist.

II. Die Angabe des Materialaufwands

Der Materialaufwand des Gj ist gesondert und in der § 275 Abs 2 Nr 5 entspr Gliederung anzugeben. Zum Inhalt und Umfang des Postens s § 275 Anm 115. Der gesamte Materialaufwand ist a) nach Aufwendungen für Roh-, Hilfs- und Betriebsstoffe und für bezogene Waren und b) nach Aufwendungen für bezogene Leistungen zu untergliedern. 151

III. Die Angabe des Personalaufwands

Der Personalaufwand des Gj ist ebenfalls gesondert und in der § 275 Abs 2 Nr 6 entspr Gliederung anzugeben. Inhalt und Umfang richten sich nach § 275 Anm 125. Der Personalaufwand ist wie folgt aufzugliedern: 152

a) Löhne und Gehälter, b) soziale Abgaben und Aufwendungen für Altersversorgung und für Unterstützung, davon für Altersversorgung *oder* b) soziale Abgaben und Unterstützungen und c) Aufwendungen für Altersversorgung (ähnlich *ADS*[6] § 285 Anm 158).

J. Gesamtbezüge etc. für aktive und ehemalige Organmitglieder und deren Hinterbliebene (S 1 Nr 9)

I. Allgemeines

160 Nr 9 bestimmt, dass für die Mitglieder des Geschäftsführungsorgans, eines AR, eines Beirats oder einer ähnlichen Einrichtung

a) die Gesamtbezüge im Geschäftsjahr (Nr 9a) und die Anzahl der ausgegebenen Bezugsrechte uä
b) die Gesamtbezüge (einschl Abfindungen) der früheren Mitglieder dieser Organe und ihrer Hinterbliebenen sowie der Betrag der gebildeten und der nicht gebildeten Pensionsrückstellungen (Nr 9b)
c) die Vorschüsse, Kredite und Haftungsverhältnisse (Nr 9c) anzugeben sind.

Bei KapCoGes gelten gem § 264a Abs 2 als ihre gesetzlichen Vertreter die Mitglieder des Geschäftsführungsorgans der vertretungsberechtigten KapGes. Daraus folgt die unmittelbare Angabepflicht für die KapCoGes in ihrem Anhang (*IDW RS HFA* 7 Ziff 27), obwohl keine unmittelbaren Vertragsbeziehungen zwischen der KapCoGes und den Mitgliedern der Geschäftsführung der Komplementär-GmbH bestehen.

Börsennotierte AG haben nach Nr 9a S 5–7 idF der VorstOG zusätzlich unter Namensnennung die Bezüge jedes einzelnen Vorstandsmitglieds, aufgeteilt nach erfolgsunabhängigen und erfolgsbezogenen Komponenten sowie Komponenten mit langfristiger Anreizwirkung, gesondert anzugeben.

Die Angabe der Vorschüsse, Kredite und Haftungsverhältnisse (Nr 9c) ist Pflicht für alle KapGes/KapCoGes. Kleine KapGes/KapCoGes sind von der Pflicht zur Angabe der Bezüge nach Nr 9a S 1–4 und b **befreit** (§ 288 S 1). Bei Vorliegen der Voraussetzungen des § 286 Abs 4 sind auch mittelgroße und große KapGes/KapCoGes von der Pflicht zur Angabe der Bezüge nach Nr 9a S 1–4 und b befreit (s dazu § 286 Abs 4, Anm 15 ff; *WPH*[12] I F 599–601. Die Praxis bevorzugt eine weite Auslegung des § 286 Abs 4). Die Zusatzangaben für börsennotierte AG dürfen unterbleiben, wenn die HV dies beschlossen hat (§ 286 Abs 5). Ein freiwillig offen gelegter IFRS-EA gem § 325 Abs 2a hat die Angaben der Nr 9 im Anhang ebenfalls zu enthalten. Die gesetzlichen Informationsrechte der Aktionäre und Gester nach vertraglichen oder anderen gesetzlichen Grundlagen (§§ 131 f AktG bzw 51a GmbHG) bleiben unberührt. Im Folgenden wird von einer bestehenden Auskunftspflicht ausgegangen.

II. Die Personengruppen

161 Die Angaben sind für die Mitglieder folgender Personengruppen (Gremien) zu machen: Geschäftsführung, AR, Beirat oder einer ähnlichen Einrichtung. Die Organe **Geschäftsführung** und **Aufsichtsrat** sind für KapGes gesetzlich definiert (vgl §§ 6, 35, 52 GmbHG, §§ 76, 95 AktG). Für KapCoGes gilt die Fiktion des § 264a Abs 2, nach der als Geschäftsführungsorgan der KapCoGes das der Komplementär-KapGes gilt. Die Angabepflichten gelten auch für einen fakultativen AR sowie für AR-Mitglieder, die gleichzeitig Arbeitnehmer der

KapGes/KapCoGes sind. Es spielt auch keine Rolle, ob Arbeitnehmer-AR-Mitglieder ihre Bezüge an Dritte weitergeben (müssen).

Der Begriff **Beirat** ist im HGB nicht definiert. Der gesetzliche Hinweis auf **ähnliche Einrichtungen** lässt erkennen, dass eine möglichst weitgehende Erfassung der Verwaltungsgremien der KapGes/KapCoGes erfolgen soll, um Umgehungen der Angabepflicht auszuschließen. Auf die Benennung des Gremiums kommt es nicht an (zB Gester-Ausschuss, Verwaltungsrat; wie hier *ADS*[6] § 285 Anm 165). 162

Bei einem Beirat handelt es sich um eine Einrichtung, bestehend aus mehreren Personen, die durch Satzung oder GesVertrag bestimmt ist oder von den Gesorganen (Geschäftsführung, Vorstand, GesV, HV) beschlossen oder ins Leben gerufen worden ist und in seiner Ausgestaltung (Berufung, Abberufung, Vergütung der Mitglieder) einem AR ähnelt. Die gleichgewichtige Aufzählung des Beirats mit Geschäftsführung und AR zeigt an, dass ein Beirat dadurch gekennzeichnet ist, dass er Verwaltungsfunktionen (Beratung, Überwachung, Weisung, Einflussnahme) wie diese Gremien ausübt. Dabei muss sich die Zuständigkeit immer auf das GesamtUnt beziehen (wie hier *ADS*[6] § 285 Anm 165). Eine beratende oder unterstützende Tätigkeit für einzelne Geschäftsvorgänge oder spezielle (technische, finanzielle, kundenspezifische ua) Fragen reicht nicht aus (ähnlich *ADS*[6] § 285 Anm 166; *Dörner/Wirth* in HdR[5] §§ 284–288 Anm 265). Hat die KapGes/KapCoGes einen AR und daneben einen Beirat oder eine ähnliche Einrichtung, dürfte eine solche zusätzliche Einrichtung nicht unter die Angabepflicht fallen, sofern die funktionstypischen Aufgaben (Beratung, Kontrolle) bereits vom AR ausgeübt werden, was bei einer AG stets der Fall sein wird. Dagegen kann ein Beirat einer GmbH oder KapCoGes zusätzliche Beratungs- und Kontrollaufgaben wahrnehmen, da die Gester neben dem AR ein Überwachungsrecht haben.

Die **Gesellschafterversammlung,** obwohl Organ der GmbH, gehört nach dem Gesetzeswortlaut nicht zu den berichtspflichtigen Personengruppen, ebenso wenig die HV einer AG, die durch GesVertrag einer KapCoGes konstituierte GesV und die Generalversammlung einer eG.

Die **Mitgliedschaft** in einem der genannten Gremien reicht von der Bestellung des Mitglieds bis zu seiner Abberufung bzw seinem Rücktritt. Es kommt immer auf die Mitgliedschaft im Gremium bei der berichtenden KapGes/KapCoGes bzw ihres Rechtsvorgängers an. Die Angabepflichten für die Mitglieder des Geschäftsführungsorgans bestehen unabhängig davon, ob es sich um Geschäftsführer (Vorstände) handelt, die gleichzeitig Gester (Aktionäre) sind (Gester-Geschäftsführer). Zum Geschäftsführungsorgan gehören auch seine stellvertretenden Mitglieder (§ 44 GmbHG, § 94 AktG). Ein AR kann keine stellvertretenden Mitglieder haben (§ 101 Abs 3 S 1 AktG). Ersatzmitglieder gehören erst zum AR, wenn das AR-Mitglied vor Ablauf seiner Amtszeit wegfällt oder zurücktritt (§ 101 Abs 3 S 2 AktG). 163

Nach dem Gesetzeswortlaut sind die **Angaben für jede Personengruppe** jeweils **gesondert** in einer Summe zu machen. Das bedeutet, dass für jede Personengruppe getrennt der angabepflichtige Betrag zu nennen ist. Dabei muss klar ersichtlich sein, welches Gremium die Angaben betreffen. Eine weitere freiwillige Untergliederung (zB nach Untergruppen innerhalb der Gremien) ist zulässig. S 5–9 verpflichten börsennotierte AG (parallel zur Empfehlung des Deutschen CorpGovKodex Ziff 4.2.4) zur Angabe der Bezüge je Vorstandsmitglied unterteilt nach Fixum, erfolgsbezogenen Komponenten und Komponenten mit langfristiger Anreizwirkung. Die Vj-Zahl ist nicht anzugeben. 164

III. Angaben für tätige Organmitglieder (Nr 9 a)

1. Angabe der Gesamtbezüge (S 1–3)

Die Gesamtbezüge der Mitglieder des Geschäftsführungsorgans sind **in einer Summe** anzugeben. Eine Aufgliederung in erfolgsunabhängige, erfolgsabhängige Komponenten und Komponenten mit langfristiger Anreizwirkung, wie sie für die individualisierten Vorstandsbezüge einer börsennotierten AG verlangt wird (s Anm 172 ff) ist nicht erforderlich.

167 Die **Gesamtbezüge** umfassen nach der Klammerdefinition des HGB: Gehälter, Gewinnbeteiligungen, Bezugsrechte und sonstige aktienbasierte Vergütungen, Aufwandsentschädigungen, Versicherungsentgelte, Provisionen und Nebenleistungen jeder Art. Der Inhalt ist für jede Personengruppe gleich. Grds gehören hierzu alle Bezüge, die als **Gegenleistungen für die Tätigkeit** als Mitglied des Gremiums dienen. Beim Geschäftsführungsorgan gilt idR die gesamte Tätigkeit als für die KapGes/KapCoGes geleistet (ebenso *WPH*[12] I, F 702). Eine Ausnahme kann zB in der Avalprovision bestehen, die ein Gester-Geschäftsführer für eine Bürgschaft zugunsten der KapGes/KapCoGes von dieser erhält. Bei AG richten sich die Bezüge nach §§ 87, 113 AktG. Bei KGaA gehören die auf den Kapitalanteil eines phG entfallenden Gewinne nicht zu den Gesamtbezügen (§ 286 Abs 4 AktG). Bei den anderen Gremien sind Bezüge für Leistungen, die nicht durch die Mitgliedschaft veranlasst sind (zB Beratung, Vermittlung uä), nicht in die Angabe einzubeziehen (*ADS*[6] § 285 Anm 175). Das sind bei **AR**-Mitgliedern stets Leistungen auf Grund von Verträgen nach § 114 AktG, zu denen nach *BGH* (25. 3. 1991 ZIP, 65) nur Dienste auf Grund eines besonderen Fachgebiets außerhalb der laufenden Beratung gehören (zu Abgrenzungsfragen s *Hoffmann/Kirchhoff* Beratungsverträge mit Aufsichtsratsmitgliedern WPg 1991, 592; *Lutter/Kremer* Die Beratung der Gesellschaft durch Aufsichtsratsmitglieder ZGR 1992, 87). Aktienoptionsprogramme zugunsten von AR-Mitgliedern sind unzulässig (*BGH* 16. 2. 2004 DB, 696). Die von Arbeitnehmervertretern im AR regelmäßig abzuführenden Beträge schmälern nicht die angabepflichtigen Bezüge (Bruttoausweis).

Zu den Gesamtbezügen gehören alle Zahlungen für die Dauer der Organstellung, die auf dem Anstellungs-(Dienst-)vertrag, Satzung, GesVertrag oder Gester-Beschlüssen (bei GmbH oder dem ersten AR einer AG) beruhen, ferner alle freiwillig gewährten Zahlungen, sei es wiederkehrender oder einmaliger Art, sei es anlässlich eines bestimmten Anlasses (zB Jubiläum). Nach der gesetzlichen Aufzählung gehören auch Provisionen und Nebenleistungen jeder Art zu den angabepflichtigen Bezügen. Daraus ist ersichtlich, dass der Umfang der Angabepflicht sehr weit gezogen ist. Es spielt keine Rolle, ob es sich um Geld-, Natural- oder Sachbezüge oder um Gewährung von Rechtsansprüchen oder anderen geldwerten Vorteilen handelt. Es sind auch Bezüge einzurechnen, die nicht ausgezahlt, sondern in Ansprüche anderer Art umgewandelt oder zur Erhöhung anderer Ansprüche verwandt werden (Nr 9 a S 2), wie zB Umwandlung von Tantiemeteilen in Altersversorgungsansprüche. Der Aufwand aus der Bildung von Pensionsrückstellungen gehört nicht zu den Gesamtbezügen (*ADS*[6] § 285 Anm 180; *WPH*[12] I, F 703). Die Übertragung der Pensionsrückstellung auf ein anderes Unt ist nicht in die Bezüge einzurechnen, da es sich nicht um eine Auszahlung an den Begünstigten handelt. Es spielt auch keine Rolle, dass Bezüge nicht ausgezahlt, sondern mit Verbindlichkeiten des Organmitglieds verrechnet werden oder ob für zugesagte Bezüge (zB Tantiemen) Rückstellungen gebildet wurden.

Einzubeziehen sind die Bezüge für die Tätigkeit im Gj. Dh die Bezüge sind hierunter nur so lange anzugeben, wie das Organmitglied tätig ist. Bei vorzeitigem Ausscheiden und Weiterbezahlung der Bezüge liegt keine Tätigkeit mehr vor, und diese Bezüge sind unter Nr 9b (vgl Anm 181) anzugeben. Verzichtet das Organmitglied auf Teile seiner Bezüge, ohne hinsichtlich der freiwerdenden Mittel eine Gehaltsverwendungsabrede zu treffen, stellt der Kürzungsbetrag keinen Bezug dar (*BFH* 30. 7. 1993, BB 1994, 554). Nicht um einen Gehaltsverzicht handelt es sich bei einer Gehaltsumwandlungsabrede, sofern die Voraussetzungen des BMF-Schreibens v 4. 2. 2000 (IV C5 – S 2332 – 11/00) iVm *OFD* Hannover Vfg v 1. 2. 2002 (WPg, 424) erfüllt sind, da es sich um eine Änderung der Vergütungsvereinbarung über einen künftigen Bezug handelt.

Auszuweisen sind die **Bezüge für das Geschäftsjahr.** Hinzu kommen die 168
weiteren Bezüge, die im Gj gewährt, aber bisher in keinem JA angegeben worden sind (Nr 9a S 3). Damit ist gewährleistet, dass alle Bezüge, unabhängig von ihrer Entstehung, in der zeitlichen Abfolge erfasst werden. Ändern sich Bezüge oder Teile davon nachträglich aus irgendeinem Grunde, sind die Korrekturen im Folgejahr bei der Angabe der Gesamtbezüge zu berücksichtigen: Nachzahlungen sind hinzuzufügen, Auflösungen von Rückstellungen sind abzuziehen (wie hier *Dörner/Wirth* in HdR[5] §§ 284–288 Anm 259). Wesentliche Korrekturen je Personenkreis erfordern einen Hinweis.

Es muss sich immer um unmittelbare **Leistungen der Kapitalgesellschaft** 169
an das Organmitglied handeln (Ausnahme kraft gesetzlicher Fiktion bei **KapCoGes** s Anm 160). Mittelbare Bezüge, die von verbundenen Unt, MU, TU oder SchwesterUnt bezahlt werden und ggf an die KapGes als solche oder im Rahmen von Verwaltungskostenumlagen ohne weitere Spezifikation weiterbelastet werden, fallen nicht unter die Angabepflicht (aA *ADS*[6] § 285 Anm 172). Es muss sich immer um Bezüge auf Grund des Anstellungs(Dienst-)vertrags zwischen der berichtenden KapGes/KapCoGes und dem Organmitglied handeln. Das ergibt sich aus dem Gesetzeszusammenhang. Werden jedoch Bezüge von verbundenen Unt auf die Bezüge gem dem Dienstvertrag angerechnet, gehören sie zu den angabepflichtigen Vergütungen bei der KapGes/KapCoGes.

Zu den Leistungen der Ges gehören im Falle der **Gesamtrechtsnachfolge** (zB Umwandlung oder Verschmelzung) auch die Bezüge der Organmitglieder des übertragenden Rechtsträgers für das Gj, in dem die Gesamtrechtsnachfolge wirksam wird, sofern das Organmitglied seine Organstellung beim übernehmenden Rechtsträger beibehält. Verliert er seine Organstellung, sind die vom übertragenden Rechtsträger bis zum Wirksamwerden der Gesamtrechtsnachfolge gezahlten Bezüge unter Nr 9a, die weiteren Bezüge unter Nr 9b auszuweisen.

Da für **KapCoGes** gem § 264a Abs 2 als ihr Geschäftsführungsorgan dasjenige der Komplementär-KapGes gilt, gelten hier als angabepflichtige Bezüge die Leistungen der Komplementär-KapGes, unabhängig davon, ob sie aus der Haftungsvergütung von der KapCoGes, aus Einlagen der KapGes-Gester oder aus Umlagen an die KapCoGes resultieren. Bei doppel- oder mehrstöckigen KapCoGes iSv § 264a Abs 1 Nr 2 sind entspr die Bezüge der Mitglieder der Geschäftsführung der höchsten Komplementär-KapGes anzugeben. Gewährt die Komplementär-KapGes keine Bezüge, da diese von anderen verbundenen Unt bezahlt werden, entfällt eine Angabe, außer bei unmittelbaren Leistungen der KapCoGes (*Herrmann* WPg 2001, 278).

Im Einzelnen umfassen die Gesamtbezüge (vgl auch Anm 167): 170

- **Gehälter,** feste laufende Vergütungen, feste jährliche Einmalzahlungen (Urlaubs-, Weihnachtsgeld);
- **Gewinnbeteiligungen,** gewinnabhängige Tantiemen, Gratifikationen, Jubiläumsgelder, Sondervergütungen jeder Art, zB Entschädigungen für die Nichtausübung (bei weiterbestehender Organstellung) einer Tätigkeit, für den Verzicht auf eine Gewinnbeteiligung oder eine Anwartschaft;

- **Bezugsrechte,** Gewährung von idR unentgeltlichen Optionen auf den Erwerb von Anteilen der KapGes, Stock options; dh das Recht des Organmitglieds, innerhalb eines bestimmten Zeitraums Anteile der KapGes zu einem im Voraus festgelegten Ausübungspreis zu erwerben. Nr 9 a S 4 1. Hs idF des VorstOG stellt nunmehr klar, daß die Bezugsrechte mit ihrem beizulegenden Wert zum Zeitpunkt ihrer Gewährung in die Gesamtbezüge einzubeziehen sind, unabhängig davon, ob der Aufwand hierfür tatsächlich im JA gebucht wird oder nicht (so IDW Stellungnahme zum Entwurf eines TransPuG, WPg 2002, 147). Eine Verteilung über den Ausübungszeitraum ist damit ausgeschlossen.
  Durch Bezugnahme auf IFRS 2 in der *Begr RegE VorstOG* BT-Drs 15/5577, 7 ergibt sich, dass für die Bestimmung des beizulegenden Zeitwerts – fair value – die einschlägigen Regeln des IFRS 2.16 ff zur Anwendung kommen. Grds ist der beizulegende Zeitwert der Marktwert unter Berücksichtigung der speziellen Ausübungsbedingungen. Bei börsennotierten Aktien ist dies der Börsenpreis. Kann ein solcher nicht festgestellt werden, kommen anerkannte Bewertungsmodelle und -methoden infrage. Dies ist insb bei der Gewährung von Aktienopitionen der Fall (im Einzelnen s *Kirnberger* in Beck IFRS § 19 Anm 20 f).
  Werden nach dem Gewährungszeitpunkt die Ausübungsbedingungen geändert, bestimmt Nr 9 a S 4 2. HS, dass die daraus resultierenden Wertveränderungen im Jahr der Änderung „zu berücksichtigen", dh in die Gesamtbezüge einzubeziehen sind. ZB erhöht sich bei Herabsetzung des Ausübungspreises der beizulegende Zeitwert (*Begr RegE VorstOG* aaO, 7). In jedem Änderungsfall ist eine Neubewertung vorzunehmen, die Differenz zum vorherigen beizulegenden Wert festzustellen und anzugeben (*Begr RegE VorstOG* aaO, 7 iVm IFRS 2.47 (b) (iii)). Hierunter dürfte auch der Fall zu erfassen sein, wenn eine Ges ihren bisherigen Aktienoptionsplan durch einen Neuen ersetzt (vgl IFRS 2.28 (c)).
- **Sonstige aktienbasierte Vergütungen,** Barabgeltungen der erzielten Aktienkurssteigerungen, virtuelle Aktienoptionen, stock appreciation rights sind wie variable Vergütungen zu behandeln.
- **Aufwandsentschädigungen,** soweit sie als fester Betrag ohne Abrechnung gewährt werden (zB Sitzungsgeld oder Tagespauschale des AR); nicht angabepflichtig ist der Auslagenersatz nach Einzelabrechnung (Reisekosten; Ausgaben im Interesse der KapGes/KapCoGes; dienstliche Benutzung des eigenen Kfz) auch in Form einer Pauschalvergütung (*ADS*[6] § 285 Anm 179), soweit sie die einkommensteuerlichen Freigrenzen nicht übersteigen; ferner sind solche Ausgaben nicht angabepflichtig, die das Organmitglied auf Anordnung der KapGes/KapCoGes tätigt und die nur im Interesse der KapGes/KapCoGes liegen; Straf-, Buß-, Zwangsgelder, die ad personam des Organmitglieds verhängt sind, aber von der KapGes/KapCoGes gezahlt werden, sind angabepflichtig;
- **Zuschüsse zu Versicherungsbeiträgen.** Grundlage sind die einkommensteuerlichen Regelungen über den steuerpflichtigen Arbeitslohn. Hierzu gehören Zuschüsse der KapGes/KapCoGes, zu Beiträgen des Organmitglieds für eine Lebensversicherung, für die freiwillige Versicherung in der gesetzlichen Rentenversicherung oder für eine öffentlich-rechtliche Versicherungs- oder Vermögenseinrichtung (BMF-Schreiben 22. 2. 1996 DB, 553). Das Gleiche gilt für von der KapGes/KapCoGes übernommene Beiträge oder Zuschüsse zu Beiträgen für eine Unfallversicherung des Organmitglieds, ohne jedoch die Beitragsteile – idR 40% des beruflichen Anteils –, die das Unfallrisiko auf Dienstreisen abdecken (BMF-Schreiben 18. 2. 1997 DB, 503), sofern das Organmitglied den Versicherungsanspruch unmittelbar geltend machen kann. Ferner gehören hierzu die Prämien, die die KapGes/KapCoGes für auf den Namen des Organmitglieds lautende Lebens- oder Pensionsversicherungen (Direktversicherungen, Pensionskassen) zahlt, sofern dem Mitglied der Anspruch aus dem Versicherungsvertrag unmittelbar aus dem Vertrag oder durch Abtretung seitens der KapGes/KapCoGes zusteht. Prämien für eigene Rückdeckungsversicherungen der KapGes/KapCoGes gehören nicht zu den Gesamtbezügen. Arbeitgeberzuschüsse zur Kranken- und Pflegeversicherung gehören ebenfalls nicht dazu; in den Fällen, in denen die KapGes/KapCoGes ausschließlich die Rechte aus einem Versicherungsvertrag geltend machen kann, sind die späteren Versicherungsleistungen (bei Unfallversicherungen, soweit sie einen privaten Schaden ausgleichen) angabepflichtig; zu den angabepflichtigen Bezügen gehören auch die Prämien für eine Vermögensschadenhaftpflichtversicherung (D & O Versicherung), die die KapGes/KapCoGes für ihre Organe abschließt (*Kästner* AG 2000, 113; *Hüffer* AktG[6] § 84 Anm 16, § 113 Anm 2; aA *Mertens* AG 2000, 447; *Dreher* ZHR 2001, 293; *Dörner/Wirth* in HdR[5]

§§ 284–288 Anm 255), soweit die Prämienzahlungen nicht in überwiegend eigenbetrieblichem Interesse der Ges erfolgen, was unter den kumulativen Voraussetzungen der Vfg v 12. 4. 2002 der OFD München/Nürnberg (WPg, 780) der Fall ist (s auch *Lange* D&O-Versicherung: Innenhaftung und Selbstbehalt, DB 2003, 1833);

- **Provisionen** für die Vermittlung von Geschäften sind immer dann in die Gesamtbezüge einzubeziehen, wenn die Vermittlungsleistung des Organmitglieds zu seinen Pflichten im Rahmen seiner Tätigkeit für die KapGes/KapCoGes zählt. Das ist bei Mitgliedern des Geschäftsführungsorgans idR der Fall. Bei AR- oder Beiratsmitgliedern kommt es auf die Gesamtumstände an;
- **Erfindervergütungen** gehören grds zu den Gesamtbezügen außer in dem Fall, wenn vor der Berufung in das Geschäftsführungsorgan ein unbedingter, zahlenmäßig konkretisierter Anspruch auf Erfindervergütung entstanden war und dieser nicht auf die Bezüge angerechnet werden soll;
- **Nebenleistungen** jeder Art sind Natural- und Sachbezüge in Form von Zurverfügungstellung von Wohnraum, Personal (insb Fahrer), Kfz, Energie, Sicherheiten (zB Bürgschaften) und andere geldwerte Vorteile, wie die Gewährung von zinslosen oder zinsgünstigen Krediten, von Vorkaufsrechten, der Kauf von VG von der KapGes/KapCoGes unter Verkehrswert, das Eingehen von Haftungsverhältnissen (zu letzteren s auch Anm 193). Ferner gehören von der KapGes/KapCoGes übernommene LSt, ESt (auch ausländische Steuern), USt (bei AR-Vergütungen), AR-Steuer nach § 50 a EStG hierzu.

Bezüglich der Höhe der angabepflichtigen Gesamtbezüge ergeben sich bei Geldleistungen keine Probleme. Bei **Sachbezügen** und **geldwerten Leistungen** ist der Zeitwert anzusetzen. IdR ist auf die einkommensteuerpflichtigen Werte zurückzugreifen.

2. Angabe der Anzahl der ausgegebenen Bezugsrechte uä (S 4)

Durch das VorstOG wurde im neuen S 4 der Nr 9 a auch bestimmt, dass **171** die Anzahl der ausgegebenen Bezugsrechte anzugeben ist. Zur Angabepflicht gehören nicht nur die Bezugsrechte auf Aktien der Ges, sondern auch Optionen darauf sowie virtuelle Aktienoptionen. Diese Angaben sind erstmals im JA für das nach dem 31. 12. 2005 beginnende Gj zu machen (Art 59 EGHGB). Nach dem Wortlaut des Gesetzes ist nur die Anzahl der Bezugsrechte uä zum Zeitpunkt ihrer Gewährung anzugeben, dh der im Gj ausgegebenen Bezugsrechte uä, nicht jedoch die im Gj ausgeübten, verfallenen oder die zu Beginn und am Ende des Gj bestehenden Bezugsrechte (so aber IFRS 2.45 b). Diese Angaben stehen neben denen des § 160 Abs 1 Nr 5 AktG bzgl der bedingten Kapitalerhöhung (vgl § 284 Anm 44).

IV. Zusatzangaben für börsennotierte Aktiengesellschaften über die individualisierten Vorstandsbezüge (Nr 9 a S 5–9)

1. Allgemeines

Diese Vorschrift ist durch Art 1 VorstOG v 10. 8. 2005 in Nr 9 a eingefügt **172** worden, um insb den potentiellen und tatsächlichen Anteilseignern mehr Transparenz in Bezug auf deren Beurteilung der Angemessenheit der Gesamtbezüge jedes einzelnen Vorstandsmitglieds zu seinen Aufgaben und zur Lage der Ges (§ 87 Abs 1 AktG) und zur Kontrolle in der nachgeordneten Vergütungsebene zu gewähren.

Diese Angaben sind von börsennotierten AG iSv § 3 Abs 2 AktG in jedem Anhang zu machen, erstmals im Anhang des JA für das Gj, das nach dem 31. 12. 2005 beginnt (Art 59 EGHGB). Dies gilt auch für den Anhang einer börsennotierten AG, die freiwillig einen IFRS-EA gem § 325 Abs 2 a offen legt. Die Regelung orientiert sich an entspr Anregungen der „Empfehlung der EU-Kommission vom 12. 12. 2004 zur Einführung einer angemessenen Regelung für die Vergütung von Mitgliedern der Unternehmensleitung börsennotierter Gesellschaften" (ABI EU Nr L 385,55), dort insb Abschn III: Offenlegung der individuellen Vergütung. Sie steht neben den parallelen Angabepflichten nach dem Deutschen CorpGovKodex Ziff 4.2.4 für den KA (s § 313 Anm 50):

Nr 9a S 5–9 bestimmt, dass börsennotierte AG, also solche, deren Aktien am geregelten Markt zugelassen sind, im Anhang die Bezüge jedes einzelnen Vorstandmitglieds, aufgegliedert nach erfolgsunabhängigen, erfolgsbezogenen Komponenten und Komponenten mit langfristiger Anreizwirkung, zusätzlich zur Angabe der Gesamtbezüge des Vorstandsgremiums nach Nr 9a S 1 angeben müssen. Gegenstand der Angabe ist jeweils der Gesamtbezug des einzelnen namentlich genannten Vorstandsmitglieds, aufgeteilt in die drei Komponenten. Die Angabe von Vj-Zahlen ist nicht vorgeschrieben.

Der Gesetzgeber hat darauf verzichtet, die Pflicht zur Angabe der individualisierten Bezüge auch auf die Mitglieder des AR zu erstrecken, da die AR-Vergütung von der HV selbst beschlossen wird *(Begr RegE VorstOG* aaO, 6). Die entspr Empfehlung des CorpGovKodex in Ziff 5.4.5 Abs 3 für diese Angabe im Konzernanhang bleibt jedoch bestehen.

Diese für den Anhang vorgeschriebenen Angaben dürfen auch im sog Vergütungsbericht des Lageberichts gemacht werden, der durch § 289 Abs 2 Nr 5 idF des VorstOG nunmehr für börsennotierte AG vorgeschrieben ist (s hierzu § 289 Anm 93ff). Die Angaben dürfen **unterbleiben,** wenn die HV dies mit einer Mehrheit von mind drei Viertel des bei der Beschlussfassung vertretenen Grundkapitals beschließt (s § 286 Anm 25f).

2. Umfang der angabepflichtigen Bezüge

173 Der Umfang der Bezüge richtet sich zunächst grds nach der Klammerdefinition der Nr 9a S 1: Gehälter, Gewinnbeteiligungen, Bezugsrechte und sonstige aktienbasierte Vergütungen, Aufwandsentschädigungen, Versicherungsentgelte, Provisionen und Nebenleistungen jeder Art einschl der Sachbezüge (im Einzelnen s Anm 170). Insoweit stimmt die Summe der Bezüge jedes einzelnen Vorstandsmitglieds mit der nach Nr 9a S 1 anzugebenden Gesamtsumme für das Vorstandsgremium überein.

174 Darüber hinaus bestimmt S 6, dass auch Leistungen, die dem Vorstandsmitglied für den Fall der **Beendigung seiner Tätigkeit** zugesagt worden sind, der individualisierten Angabepflicht unterliegen. Hiermit sollen sowohl Versorgungs- als auch Abfindungszusagen erfasst werden, die zwar bereits erteilt worden sind, aber erst zu einem späteren Zeitpunkt zu konkreten Leistungen führen (so *Begr RegE VorstOG* aaO, 7). Es kommen alle Zusagen für den Fall der Beendigung der Vorstandstätigkeit infrage, unabhängig davon, ob sie für die reguläre oder eine vorzeitige Beendigung gegeben werden oder es sich um wiederkehrende Leistungen oder Einmalzahlungen einschl Abfindungen handelt *(Begr zur Beschlussempfehlung des Rechtssausschusses zum RegEVorstOG* BT-Drs 15/5860, 9). Die individualisierte Angabe ist im Gj der Zusage im Anhang zu machen. Nach der *Begr zur Beschlussempfehlung des Rechtsausschusses zum RegEVorstOG* aaO, 9 sind hierbei die Basisdaten der Zusage, nicht aber der versicherungsmathematische Barwert anzugeben. Es handelt sich insoweit eher um eine verbale Darstellung der Zusagevereinbarung, die auch die Bedingungen für den Eintritt der Leistungen und deren Höhe zu umfassen hat, damit die Aktionäre in die Lage versetzt werden, die Gesamtvergütung des einzelnen Vorstandsmitglieds zu beurteilen. Da die tatsächlichen Zahlungen aus solchen Versorgungs- und Abfindungszusagen im Jahr der Zahlung unter die Angabepflichten nach Nr 9b für die früheren Mitglieder des Vorstands – jedoch nicht individualisiert – fallen, kommt es insoweit zu einer Doppelangabe im Laufe der Zeit. In früheren Gj gegebene Zusagen sind bei der erstmaligen Angabe nicht anzugeben. Werden im Rahmen bestehender Versorgungszusagen die Ruhegehälter erhöht, ist dies anzugeben.

Die Angabepflicht für diese Versorgungs- und Abfindungszusagen wird durch S 7 auf eine verbale Darstellung des wesentlichen Inhalts der Zusagevereinbarungen erweitert, wenn sie in ihrer rechtlichen Ausgestaltung von den den Arbeitnehmern erteilten Zusagen nicht unerheblich abweichen. Bezugsgrundlage für die Abweichungen sind nach der *Begr zur Beschlussempfehlung des Rechtsausschusses zum RegEVorstOG* (aaO, 10) die Regelungen des BetrAVG (zB Unverfallbarkeit der Leistungen, Quotelung nach der Betriebszugehörigkeit). Alle dem Vorstandsmitglied zugesagten wesentlichen Regelungen, die über den Standard des BetrAVG hinausgehen, sind demnach darzustellen.

In die Angaben über die individualisierten Bezüge jedes einzelnen Vor- **175**
standsmitglieds sind über S 5–7 hinaus auch die **Leistungen** einzubeziehen, die dem Vorstandsmitglied **von einem Dritten** im Hinblick auf seine Tätigkeit als Vorstandsmitglied zugesagt oder im Gj gewährt worden sind (S 8). Zweck der Angabepflicht ist, mögliche Interessenkonflikte deutlich zu machen *(Begr zur Beschlussempfehlung des Rechtsausschusses zum RegVorstOG* (aaO, 10). Als Dritter kommt jede natürliche oder juristische Person außer der börsennotierten AG infrage, vor allem TU, GemUnt, assozUnt und andere Unt, mit denen ein Beteiligungsverhältnis besteht, nahe stehende Personen iSv DRS 11, aber auch fremde Unt und Personen im In- und Ausland.

Dem Gesetzeszweck „Offenlegung möglicher Interessenskonflikte" entspricht, dass die Zusagen/Leistungen von Dritten nicht in die Gesamtbezüge des einzelnen Vorstandsmitglieds einbezogen werden, da sie nicht die AG belasten, sondern unter Angabe oder Herkunft (z.B. EUR ...von GemUnt, nahe stehenden Personen usw) getrennt unter der zutreffenden Komponente von S 6 angegeben werden oder bei Einbezug in die Gesamtbezüge mit einem „Davon-Vermerk" kenntlich gemacht werden. Eine Namensnennung des Dritten ist vom Gesetz und den Gesetzesbegr nicht gefordert.

Es muss sich um Zusagen oder Leistungen handeln, die dem Vorstandsmitglied „im Hinblick auf seine Tätigkeit als Vorstandsmitglied" gewährt wurden. Damit sollen Leistungen auf privater oder verwandtschaftlicher Basis ausgeschlossen werden. Die Zusage auf eine Leistung oder die Leistung selbst muss iZm geschäftlichen Interessen des Dritten stehen, wobei das sehr weit zu sehen ist.

Auf eine greifbare Gegenleistung iSv Vermittlung von Geschäften und Geschäftsbeziehungen, Funktionsausübung als Mitglied in Leitungs-, Verwaltungs- und Aufsichtsorganen oder als Angestellter, Handlungen, Maßnahmen, Unterlassungen des Vorstandsmitglieds kommt es dabei nicht an, genauso wenig darauf, ob der AG ein Vorteil oder Nachteil entstanden ist. Entscheidend ist die Zusage/Leistung an das Vorstandsmitglied in seiner diesbezüglichen Stellung.

Als Leistungen des Dritten kommen alle Leistungen iSd Klammerdefinition in S 1 sowie von S 2 u 3 infrage, unabhängig davon, ob sie vom AR gebilligt wurden (vgl § 88 Abs 1 AktG: bestimmte Tätigkeitsverbote für Vorstandsmitglieder ohne Einwilligung des AR), im Rahmen des Vorstandsvertrags zulässig oder unzulässig waren, in Form von Geld-, Natural-, Sachleistungen oder Rechtsansprüchen gewährt wurden. Auf die Art des geschäftlichen Zwecks, den der Dritte mit der Leistung verfolgt, kommt es ebenso wenig an. Zu solchen Drittleistungen können auch die in §§ 11 Abs 2 S 3 Nr 3, 33 Abs 3 WpÜG geregelten Fälle (Sonderleistungen an Organe der ZielGes; Vorteilsgewährung durch den Bieter; im Einzelnen s *Seydel* in KölnerKomm zum WpÜG § 11

Anm 75f und *Hirte* aaO § 33 Anm 183ff) gehören, wobei auch unzulässige Drittleistungen angabepflichtig sind.

In den Fällen, in denen Zusage und tatsächliche Leistung in verschiedene Gj fallen, ist nur einmal zu berichten. Werden Zusagen oder Leistungen erst nach ihrer Gewährung gemeldet, sind sie im Gj der Meldung anzugeben. Deshalb haben die Organe dafür Sorge zu tragen, dass sich die einzelnen Vorstandsmitglieder intern verpflichten, Drittzahlungen zu melden *(Begr zur Beschlussempfehlung des Rechtsausschusses zum RegVorstOG* (aaO, 10).

176 Ferner verpflichtet S 9 bezüglich des Umfangs der Angabepflichten iSv S 5–8, dass weitergehende Angaben im JA zu bestimmten Bezügen zusätzlich auch individualisiert anzugeben sind. Diese Regelung bezieht sich einmal auf die Angabe der Anzahl der **gewährten Bezugsrechte und sonstiger aktienbasierter Vergütungen** nach S 4 (s Anm 171), die somit für jedes Vorstandsmitglied einzeln anzugeben sind.

Des Weiteren stellt S 9 sicher, dass im Falle der freiwilligen Offenlegung eines IFRS-EA nach § 325 Abs 2a die umfangreichen Angabepflichten des IFRS 2.44–52 in Bezug auf die Gewährung von Aktienoptionen und ähnliche Gestaltungen für jedes einzelne Vorstandsmitglied zu erfüllen sind (so *Begr RegEVorstOG* aaO, 7).

3. Aufgliederung der angabepflichtigen Bezüge

177 Nr 9a S 5 schreibt vor, dass die Bezüge jedes einzelnen Vorstandsmitglieds in drei verschiedene Bestandteile zu untergliedern sind: erfolgsunabhängige Komponenten, erfolgsbezogene Komponenten und Komponenten mit langfristiger Anreizwirkung. Hierbei folgt die Regelung der Empfehlung des CorpGov-Kodex unter 4.2.4 *(Begr RegE VorstOG* aaO, 6). Eine weitere Aufteilung dieser Komponenten ist nicht gefordert.

Die drei Komponenten umfassen unter Beachtung der Klammerdefinition des S 1 sowie von S 2–9 im Einzelnen folgende Bezüge und Leistungen:

Erfolgsunabhängige Komponenten: Hierzu gehören iSv Anm 170: Gehälter, feste laufende Vergütungen, feste jährliche Einmalzahlungen (Urlaubs-, Weihnachtsgeld), Jubiläumsgelder, Aufwandsentschädigungen, Versicherungsentgelte sowie, sofern erfolgsunabhängig, Nebenleistungen jeder Art, Sachbezüge, ferner Versorgungszusagen, Abfindungszusagen, die direkt mit der Vergütung zusammenhängen, gem S 6 u 7 (s Anm 174) sowie erfolgsunabhängige Zusagen/Leistungen Dritter iSv S 8 (s Anm 175).

178 **Erfolgsbezogene Komponenten:** Es kommen infrage: Gewinnbeteiligungen, Gewinn- oder dividendenabhängige Tantiemen, Gratifikationen, Provisionen aus der Vermittlung von Geschäften oder anderen Leistungen, Prämien, Sonder- und Zusatzvergütungen für besondere Leistungen außerhalb der üblichen Aufgaben (EU-Empfehlung Ziff 5.3d, aaO); somit auch Erfindervergütungen, Abfindungszusagen aus besonderem Anlass (zB Übernahmeangebot; *Begr RegE VorstOG* aaO, 7), für ein bestimmtes Verhalten oder für einzelne Geschäfte, Zusagen/Leistungen Dritter iSv S 8 (s Anm 175), soweit sie erfolgsbezogen sind. Es kann sich um zugesagte oder nachträglich gewährte Zahlungen für einen besonderen Erfolg handeln.

Die Erfolgsbezogenheit richtet sich nicht nur auf das Unt- oder Geschäftsergebnis (Jahresüberschuss, Dividende oä), sondern auch auf den Erfolg des von dem jeweiligen Vorstandsmitglied zu verantwortenden Geschäftsbereichs *(Binz/Sorg* BB 2002, 1273f) und auf andere variable geschäftliche, vorab festgelegte Kennzahlen (Umsatz, einzelne Geschäfte wie bspw bestimmte Akquisitionen oder Desinvestitionen (vgl *Ringleb* in Ringleb/Kremer/Lutter/v. Werder Kodex-

Kommentar München 2003 Anm 522). Es gehören hierzu sowohl einmalige als auch jährlich wiederkehrende Vergütungselemente.

Komponenten mit langfristiger Anreizwirkung: Hierbei kommen infrage: Bezugsrechte auf Aktien iSv § 192 Abs 2 Ziff 3 AktG, Aktienoptionen, sonstige aktienbasierte Vergütungen (in Abhängigkeit vom Aktienkurs) und vergleichbare Gestaltungen. „Langfristige Anreizwirkung" bedeutet, dass diese Vergütungskomponente eine langfristige Anreizwirkung auszuüben geeignet sein muss. Sie darf nicht so gestaltet sein, dass die variable Komponente auch ohne ein entspr Engagement des Vorstandsmitglieds fällig wird, mithin eine Anreizwirkung von ihr überhaupt nicht ausgeht (*Ringleb* aaO Anm 527). Aktienoptionen und vergleichbare Gestaltungen sollen deshalb auf anspruchsvolle, relevante Vergleichsparameter bezogen sein (CorpGovKodex Ziff 4.2.3 Abs 2 S 2), wozu sowohl relative Vergleichsparameter wie zB die Wertentwicklung der Aktie, als auch absolute Erfolgsziele wie das Erreichen bestimmter Kursziele zu zählen sind (*Ringleb* aaO Anm 530). Nach dem CorpGovKodex Ziff 4.2.3 Abs 2 S 1 orientiert sich die Langfristigkeit der Anreizwirkung an einer mehrjährigen Veräußerungssperre. Infrage kommt aber auch eine mehrjährige Wartezeit (mindestens 2 Jahre nach § 193 Abs 2 Nr 4 AktG). Für Zusagen/Leistungen Dritter iSv S 8 gilt Entsprechendes. 179

V. Angaben für ehemalige Organmitglieder und deren Hinterbliebene (Nr 9 b)

Die Angaben sind für die ehemaligen Organmitglieder und deren Hinterbliebene (Witwen und Waisen) von folgenden Personengruppen zu machen: Geschäftsführung, AR, Beirat oder einer ähnlichen Einrichtung. Bezüglich der **zeitlichen** Abgrenzung gilt das zu den aktiven Mitgliedern der betreffenden Organe Gesagte (Anm 163, 168). Für ehemalige AR-Mitglieder, die Arbeitnehmer der KapGes/KapCoGes waren, sind Ruhegehälter nur dann anzugeben, wenn diese an den Arbeitnehmer in seiner Eigenschaft als AR-Mitglied gewährt wurden bzw ihm während seiner AR-Mitgliedschaftszeit zugesagt wurden. 180

War ein Geschäftsführer zuvor Arbeitnehmer, sind jedoch sämtliche Ruhegeldbezüge anzugeben; das folgt aus dem Prinzip der Einheit der Versorgungszusage (vgl *Höfer* Gesetz zur Verbesserung der betrieblichen Altersversorgung Kom[7] Anm 2785). Eine Aufteilung entfällt sogar dann, wenn der Geschäftsführer nur eine *zusätzliche* Ruhegeldzusage erhielt.

1. Angabe der Gesamtbezüge

Anzugeben sind die Gesamtbezüge dieser Personen in einer Summe. Der sachliche Umfang der Berichterstattung entspricht dem der aktiven Organmitglieder (Anm 167). Nach der Klammerdefinition gehören dazu: Abfindungen, Ruhegehälter, (einschl Ruhegehaltszahlungen, die aus Umwandlung von aktiven Bezügen, s Anm 167, stammen; s *ADS*[6] § 285 Anm 191; *Dörner/Wirth* in HdR[5] §§ 284–288 Anm 237), Hinterbliebenenbezüge und Leistungen verwandter Art. Hierzu gehören bei börsennotierten AG auch Leistungen aus Zusagen, die gem § 285 S 1 Nr 9 a S 5–9 (s Anm 174) bereits in früheren Gj angabepflichtig waren. Die Berichtspflicht beginnt mit dem Ausscheiden aus dem aktiven Gremium. Nach dem Wortlaut („Gesamt"bezüge) sind immer die gesamten Ruhegeldbezüge etc anzugeben. Eine Angabe nur der in der Zeit der Organmitgliedschaft erdienten Bezüge ist nicht zulässig (s Anm 180). Auch eine zeitlich begrenzte Gehaltsfortzahlung nach Aufgabe der Tätigkeit im Gremium (Anm 163) oder Eintritt des Versorgungsfalls gehört zu den Gesamtbezügen. 181

182 Im Falle von **Doppelfunktionen** (zB ehemaliger Geschäftsführer und gleichzeitig aktives Mitglied des AR) sind die Bezüge auf beide Positionen entspr aufzuteilen. Ist ein ehemaliges Organmitglied sowohl Mitglied des Geschäftsführungsorgans als auch des AR (Beirats) gewesen, richtet sich der Ausweis der Bezüge danach, für welche Mitgliedschaft die Ruhegehälter geleistet werden, im Zweifel für die Geschäftsführungstätigkeit. Bezüge eines ausgeschiedenen Organmitglieds auf Grund eines Beratervertrags sind anzugeben, wenn es sich um ein verdecktes Ruhegehalt handelt, dh keine nennenswerte Gegenleistung erfolgt.

Angabepflichtig sind auch Zahlungen von Versicherungen (Lebens-, Unfallversicherungen), sofern die berichtende KapGes/KapCoGes einen unmittelbaren Anspruch auf die Auszahlungen hat und die Zahlungen weiterleitet oder die Ansprüche an die ehemaligen Organmitglieder abgetreten werden. Bei Pensionskassen und Unterstützungskassen kommen solche Weiterleitungen/Abtretungen kaum vor. Direktzahlungen von Pensionskassen sind nicht einzubeziehen, da zuvor die Beitragszahlung genannt wurde. Jedoch sind Zahlungen von Unterstützungskassen angabepflichtig, da die Beitragszahlungen mangels Abgrenzbarkeit nicht angegeben wurden.

183 **Abfindungen** für ein ausgeschiedenes Mitglied gehören nach dem Wortlaut stets zu den Bezügen nach Nr 9b. In Bezug auf Abfindungs*zusagen* an Vorstandsmitglieder börsennotierter AG s Anm 174. Scheidet ein Organmitglied mit Ablauf des Gj und dem Anspruch auf Fortzahlung seiner Bezüge noch für eine gewisse Zeit (mit oder ohne Anrechnung seiner Ruhegehaltsansprüche) aus, handelt es sich ebenfalls um eine Abfindung, die nach Nr 9b voll (unabhängig vom Zufluss beim Berechtigten) im Jahr der Passivierung anzugeben ist (ähnlich *ADS*[6] § 285 Anm 188), da auch Bezüge, die nicht ausgezahlt, sondern in Ansprüche anderer Art umgewandelt werden, anzugeben sind. Zu den Abfindungen zählt auch die ratenweise Auszahlung einer kapitalisierten Rente (*ADS*[6] § 285 Anm 188) sowie die Entschädigung für ein Wettbewerbsverbot oder für die Beendigung der Organtätigkeit.

184 Zu den früheren Mitgliedern des Geschäftsführungsorgans gehören auch solche von **Rechtsvorgängern,** die auf die berichtende KapGes/KapCoGes durch Gesamtrechtsnachfolge, zB Umwandlung oder Verschmelzung, übergegangen sind, unabhängig davon, ob die Bezüge bei der VorgängerGes ausweispflichtig waren oder nicht; das folgt aus dem Grundsatz der Einheit der Versorgungszusage (vgl Anm 179; aA *ADS*[6] § 285 Anm 187, wenn für die frühere Rechtsform Ausweispflicht bestand).

185 Es muss sich immer um **Leistungen der Kapitalgesellschaft/KapCoGes** oder ihrer Koplementär-KapGes handeln. Bezüge von TU sind im Falle eines MU nach § 314 Abs 1 Nr 6b im Konzern-Anhang anzugeben. Werden Bezüge von verbundenen Unt oder Dritten (zB Unterstützungskasse eV) auf die vertragsgemäßen Bezüge von der KapGes/KapCoGes oder ihrer Komplementär-KapGes angerechnet, gehören sie zu den angabepflichtigen Vergütungen (Anm 168).

2. Angabe der gebildeten und der nicht gebildeten Pensionsrückstellungen

186 Nach Nr 9b ist auch der Betrag der für diese Personengruppe gebildeten Rückstellungen für laufende Pensionen und Anwartschaften auf Pensionen und der Betrag der für diese Verpflichtungen nicht gebildeten Rückstellungen anzugeben. Pensionsähnliche Verpflichtungen gehören nach dem Wortlaut nicht hierzu. Wenn sie vorkommen, sollten sie einbezogen werden. Nach dem Wortlaut („für diese Personengruppe") beziehen sich die Betragsangaben auf die

früheren Mitglieder der bezeichneten Gremien und ihre Hinterbliebenen, soweit sie bereits Ruhegehälter beziehen, dh im Ruhestand befindliche ehemalige Mitglieder und Hinterbliebene ehemaliger Mitglieder der bezeichneten Gremien (aA *ADS*[6] § 285 Anm 192, die den Umfang auf alle ehemalige Organmitglieder ausdehnen). Rückstellungen für Anwartschaften vorzeitig ausgeschiedener Mitglieder, auch wenn unverfallbar, gehören mithin nicht hierzu (aA *Dörner/Wirth* in HdR[5] §§ 284–288 Anm 268). Die Angabe ist für jede der in Nr 9 genannten Personengruppe getrennt zu machen (*ADS*[6] § 285 Anm 193; *WPH*[12] I, F 717). Anzugeben sind mithin ggf für jedes Gremium zwei Beträge, einer für die gebildeten Pensionsrückstellungen und einer für die ggf nicht gebildeten Pensionsrückstellungen.

Fraglich ist, inwieweit etwaige Pensionsrückstellungen für ehemalige Arbeit- **187**
nehmer-AR-Mitglieder einzubeziehen sind. Eine Angabepflicht ist zu bejahen, wenn die Pensionszusage dem Arbeitnehmer als AR-Mitglied und nicht als Arbeitnehmer gewährt wurde. Bei AG sowie bei GmbH, die nach Gesetz Arbeitnehmer in den AR aufnehmen, ergeben sich die Vergütungen und somit auch die Ruhegeldbezüge durch die Satzung, Beschlüsse der HV (§ 133 AktG) oder Gesellschaftsvertrag.

Nach dem Wortlaut des HGB unterliegt jeweils der gesamte gebildete bzw nicht gebildete Rückstellungsbetrag der Angabepflicht. Ein Weglassen der anteiligen Beträge, die in der Zeit vor der Organmitgliedschaft erdient wurden, ist nicht zulässig (s Anm 180).

Anzugeben ist der auf die bezeichnete Personengruppe entfallende Teilbetrag **188**
der zum Bilanzstichtag von der KapGes/KapCoGes oder ihrer Komplementär-KapGes passivierten Pensionsrückstellungen. Bei anderen Unt oder Einrichtungen für diese Personengruppe bestehende Pensionsrückstellungen sind nicht einzubeziehen, – es sei denn, sie werden als solche weiterbelastet. Nach dem Gesetzeswortlaut ist der Betrag der Pensionsrückstellungen ungekürzt um ggf bestehende Ansprüche aus Rückdeckungsversicherungen anzugeben.

Bei dem angabepflichtigen Betrag der für die ehemaligen Organmitglieder und ihre Hinterbliebenen *nicht* gebildeten Pensionsrückstellungen handelt es sich um einen Teilbetrag der nach Art 28 Abs 2 bzw Art 48 Abs 6 EGHGB im Anhang ebenfalls anzugebenden Betrags der in der Bilanz nicht ausgewiesenen Rückstellungen für laufende Pensionen, Anwartschaften auf Pensionen und ähnliche Verpflichtungen. Zur Ermittlung des Fehlbetrags s § 249 Anm 279. Der Fehlbetrag hat sich auf die Pensionsverpflichtungen der KapGes/KapCoGes oder ihrer Komplementär-KapGes gegenüber den bezeichneten Personen zu beziehen, ist wie die bilanzierten Pensionsrückstellungen zu ermitteln und ungekürzt anzugeben.

VI. Angabe der Vorschüsse und Kredite einschließlich der Haftungsverhältnisse (Nr 9c)

1. Allgemeines

Nr 9c regelt die detaillierte Angabe der finanziellen Verflechtungen der Kap- **190**
Ges/KapCoGes mit den Mitgliedern der Geschäftsführung, eines AR, eines Beirats oder einer ähnlichen Einrichtung. Von **allen Kapitalgesellschaften/ KapCoGes** anzugeben sind die Vorschüsse und Kredite unter Angabe der Zinssätze, der wesentlichen Bedingungen, der im Gj zurückgezahlten Beträge sowie die zugunsten dieser Personen eingegangenen Haftungsverhältnisse. Nr 9c ist auch auf Kredite anzuwenden, die eine KGaA ihren phG gewährt, unbeschadet der Vermerkpflichten in der Bilanz nach § 286 Abs 2 S 4 AktG. Das Gleiche

gilt für Kredite der KapCoGes an Mitglieder der Geschäftsführung ihrer Komplementär-KapGes. Die Erleichterung des § 286 Abs 4 gilt hier nicht.

Dem PublG unterliegende Unt mit Anhangpflicht haben Nr 9c ebenfalls zu beachten. Für eG ist Nr 9c ersetzt durch die Angabe der *Forderungen* an Vorstände und AR, § 338 Abs 3. Für VersicherungsUnt gilt Nr 9c in gleichem Wortlaut (§ 51 Abs 1 S 1 RechVersV); für Banken entfällt bei Nr 9c lediglich die Angabe der Zinssätze, der wesentlichen Bedingungen und der Tilgungen (§ 34 Abs 2 Nr 2 RechKredV).

Aus dem Wortlaut geht nicht eindeutig hervor, ob sich die Angaben nur auf die **Verhältnisse** am Bilanzstichtag oder **des ganzen Geschäftsjahrs** beziehen sollen. Da die Vorschrift die finanziellen Verflechtungen der KapGes/KapCoGes mit ihren Gremien offenlegen will, ist eine umfassende Berichterstattung zu folgern. Das heißt im Ergebnis, dass eine Entwicklung der Vorschüsse und Kredite im Gj, bestehend aus Vortrag, Zugang, Rückzahlung und Endstand zum Bilanzstichtag, anzugeben ist. Hierzu gehören mithin auch solche Vorschüsse und Kredite, die im Laufe desselben Jahres gewährt und zurückgezahlt wurden (so auch *WPH*[12] I, F 719; *ADS*[6] § 285 Anm 196) bzw die auf Grund eines Aufrechnungsvertrags gem § 387 BGB mit Zustimmung des AR bzw der Gester mit Forderungen des Organmitglieds aufgerechnet wurden. Aus dem Grundsatz der Berichterstattung über die finanziellen Verflechtungen mit den Verwaltungsgremien folgt auch, dass nur die **Nominalbeträge** anzugeben sind, nicht eventuell niedrigere Bilanzbeträge, da Bewertungsmaßnahmen den Einblick in die finanziellen Transaktionen beeinträchtigen (glA *ADS*[6] § 285 Anm 198). Nicht hierher gehören Vorschüsse und Kredite, die ein anderer im Auftrag der KapGes/KapCoGes an ein Organmitglied gewährt hat.

Anzugeben sind die finanziellen Verflechtungen jeweils getrennt für folgende Personengruppen: Geschäftsführung, AR, Beirat oder eine ähnliche Einrichtung (Anm 161, 162). Dagegen sind keine Angaben für die Personengruppe ehemaliger Organmitglieder und ihrer Hinterbliebenen zu machen (wie hier *ADS*[6] § 285 Anm 197; *WPH*[12] I F 723). Maßgebend für die Angabepflicht ist die Mitgliedschaft zum betreffenden Gremium am Bilanzstichtag. Das folgt daraus, dass Vorschüsse und Kredite an frühere Organmitglieder nicht anzugeben sind. Bei Ausscheiden aus dem Gremium entfällt die Angabepflicht, sowie sie bei Berufung in das Gremium beginnt. Auf die Mitgliedschaft im Zeitpunkt der Kreditgewährung kommt es nicht an. Für eine Angabepflicht der Kreditgewährung oder eines Haftungsverhältnisses zugunsten von Arbeitnehmer-AR-Mitgliedern kommt es darauf an, ob diese Rechtsgeschäfte mit dem Mitglied in seiner Eigenschaft als Arbeitnehmer oder als AR-Mitglied (nach § 115 AktG) vorgenommen wurden. Die Angaben sind auch zu machen, wenn die Organmitglieder zugleich Gester sind. Dann kommt es bei GmbH zu einer Doppelangabe mit § 42 Abs 3 GmbHG (§ 284 Anm 58). Das ist auch bei KapCoGes wegen § 264c Abs 1 der Fall. Die Angaben können zusammengefasst werden.

Die Angabepflicht ist unabhängig davon, ob der Kredit entgegen § 43a Abs 1 S 1 GmbHG oder §§ 89 Abs 1 S 1, 115 Abs 1 AktG gewährt wurde.

2. Die einzelnen Angaben

Der Angabepflicht unterliegen Vorschüsse, Kredite und Haftungsverhältnisse. Im Einzelnen:

a) Vorschüsse

191 Hierunter sind Vorauszahlungen auf den Organmitgliedern zustehende Vergütungen vor ihrer Entstehung bzw Fälligkeit zu verstehen, zB auf Gehälter,

Tantiemen, Gewinnbeteiligungen usw, kurzum Vorschüsse auf deren Bezüge (Anm 167), die mit diesen bei deren Auszahlung verrechnet werden. Grds sind alle Vorschüsse, auch wenn sie im Gj bereits wieder verrechnet worden sind, anzugeben. Die Vorschüsse sind auch dann angabepflichtig, wenn für die betreffenden Bezüge eine Rückstellung gebildet worden ist. Bei AG spielt es keine Rolle, ob die Beschlüsse nach §§ 89 Abs 1 S 4, 115 Abs 1 AktG vorliegen. Eine Saldierung ist nicht zulässig. Vorschüsse auf Aufwandsentschädigungen (Reisekosten, Auslagenersatz uä) gehören nicht hierzu. Das ergibt sich aus dem Sinnzusammenhang durch die gleichwertige Nebeneinanderstellung des Begriffs Vorschüsse mit den Krediten. Bei Vorschüssen auf Aufwandsentschädigungen handelt es sich nicht um Finanzierungsvorgänge, sondern um Regelungen, die aus Praktikabilitätsgesichtspunkten für Ausgaben, die die Organmitglieder im Auftrag und im Interesse der KapGes/KaoCoGes tätigen, getroffen werden.

b) Kredite

Unter Kredit versteht man die Zurverfügungstellung von Geldmitteln auf Zeit. Grds sind auch kurzfristige Kredite anzugeben. Auch sachlich und der Höhe nach besteht keine Beschränkung, so dass jede Art von Kredit in Frage kommt, zB Wechsel- und Scheckkredit, Kontokorrentkredit, Darlehen aller Art, Teilzahlungskredit. Waren- und Stundungskredite sind in die Berichterstattung nur einzubeziehen, wenn die Kreditdauer über das ggü Dritten oder anderen Mitarbeitern übliche Maß hinausreicht. Eine Saldierung mit Verbindlichkeiten der KapGes/KapCoGes ggü dem Organmitglied (zB Habensaldo auf dem Vorschusskonto oder erhaltene Darlehen) ist nicht zulässig. **192**

c) Haftungsverhältnisse

Was unter den Haftungsverhältnissen zu verstehen ist, ergibt sich aus §§ 251, 268 Abs 7. Nach dem Wortlaut ist keine Angabe von Beträgen erforderlich; es genügen daher verbale Angaben über die zugunsten der einzelnen Personengruppen eingegangenen Haftungsverhältnisse (glA *ADS*[6] § 285 Anm 203; *WPH*[12] I, F 722). Andererseits sind Betragsangaben zulässig. Die Angabepflicht besteht unabhängig davon, ob die KapGes/KapCoGes eine Avalprovision erhält oder nicht. Die Haftungsverhältnisse sind ggf in den Angaben nach § 268 Abs 7 (Anm 125) enthalten, dann kommt es zu einer doppelten Berichterstattung; jedoch mit unterschiedlicher Zielsetzung. Zu berichten ist auch, wenn die Haftungsverhältnisse passiviert sind (*Fey,* 151). **193**

d) Zinssätze

Unter die Angabepflicht fallen bei den Krediten und ggf auch Vorschüssen die Zinssätze, dh die Vom-Hundert-Sätze der vereinbarten Verzinsungen. Ist ein Kredit unverzinslich, ist auch dies anzugeben. Nicht anzugeben sind die Zinsbeträge. Die besondere Hervorhebung der Angabe der Zinssätze neben der Angabe der wesentlichen Bedingungen zeigt die Bedeutung, die das Gesetz dieser Angabepflicht beimißt. Aus dem Plural „Zinssätze“ ist zu folgern, dass an sich der einzelne Zinssatz je Kredit genannt werden muss. Gleiche oder ähnliche Zinssätze für verschiedene Kredite dürfen zusammengefasst dargestellt werden. Allerdings ist es zulässig, für jede Personengruppe, wenn keine einheitlichen Zinssätze vereinbart sind, die Bandbreite anzugeben, oder den überwiegend vereinbarten Zinssatz unter Hinweis auf die Ausnahmen. **194**

e) Wesentliche Bedingungen

195 Angabepflichtig sind die wesentlichen Kreditbedingungen. Hierunter fällt die Angabe der wesentlichen gewöhnlichen Bedingungen wie **Laufzeit, Tilgungsmodalitäten** und **erhaltene Sicherheiten** und ggf von ao Kreditbedingungen, die ausnahmslos als wesentlich anzusehen sind, wie zB **Stundungen** und **Erlasse.** Zahlungsstörungen sind nicht anzugeben. Ein allgemeiner Hinweis auf die Marktüblichkeit der Bedingungen genügt idR nicht, da nicht erkennbar ist, auf welchen Zeitpunkt sich die Marktüblichkeit bezieht. Bei den Erl sollte das Prinzip der Wesentlichkeit beachtet und die Kreditkonditionen für jede Personengruppe zusammengefaßt werden.

f) Tilgungen

196 Die im Gj auf die Kredite **zurückgezahlten Beträge** sind ebenfalls anzugeben. Hierunter sind die tatsächlich der KapGes/KapCoGes zugeflossenen Tilgungen zu verstehen (zeitliche Buchungsunterschiede können einbezogen werden). Auch Rückzahlungen auf im Gj gewährte kurzfristige Kredite sind zu erfassen, da die gesamten finanziellen Bewegungen zwischen KapGes/KapCoGes und den aktiven Mitgliedern der Gremien erfasst werden sollen. Verrechnungen der Vorschüsse fallen ebenfalls hierunter.

K. Mitglieder des Geschäftsführungsorgans und eines Aufsichtsrats (S 1 Nr 10)

200 Im Anhang sind alle Mitglieder des Geschäftsführungsorgans (einschl der stellvertretenden Mitglieder nach § 44 GmbHG, § 94 AktG) und eines gesetzlichen AR **namentlich** und **mit ihrem ausgeübten Beruf** anzugeben, auch wenn sie im Gj oder später ausgeschieden sind. Die Berichtspflicht ist von allen KapGes und den dem PublG unterliegenden Unt, die einen Anhang aufzustellen haben, zu erfüllen, ebenso Kreditinstitute und VersicherungsUnt. Ein freiwillig offen gelegter IFRS-EA gem § 325 Abs 2a hat diese Angaben im Anhang ebenfalls zu enthalten. Bei **KapCoGes** sind gem § 264a Abs 2 die Geschäftsführungsmitglieder der unbeschränkt haftenden KapGes zu nennen. Für eG entfällt die Angabe des Berufs, § 338 Abs 2 Nr 2. Bei **KGaA** sind die phG, soweit sie gem Satzung zur Geschäftsführung und Vertretung berechtigt sind, zu nennen. **Börsennotierte KapGes,** auch Banken und VersicherungsUnt, haben zusätzlich die Mitgliedschaft in Aufsichtsräten und anderen Kontrollgremien iSd § 125 Abs 1 S 3 AktG anzugeben.

Die Berichterstattung erstreckt sich auf alle Mitglieder dieser Organe, die während des Gj und bis zum Bilanzaufstellungstag (für das Geschäftsführungsorgan) bzw bis zum Tag der Beschlussfassung über den JA (für den AR) dem Organ angehören und die in diesem Zeitraum in das Gremium berufen wurden oder aus dem Gremium ausgeschieden sind. IdR werden die in diesem Zeitraum berufenen oder ausgeschiedenen Mitglieder bezeichnet, was auch durch Angabe des Tages des Beginns oder Endes der Organzugehörigkeit geschehen kann. Obwohl die Angaben teilweise die Verhältnisse des Folgejahrs mitumfassen, sind sie insoweit auch in den Anhang des folgenden Gj aufzunehmen, als sie dieses Gj betreffen, über das dann zu berichten ist. Ersatzmitglieder des AR (§ 101 Abs 3 AktG) sind erst zu nennen, wenn sie in den AR nachgerückt sind.

201 Anzugeben ist der Familienname und mindestens ein ausgeschriebener Vorname sowie der **ausgeübte Beruf.** Unter letzterem ist die tatsächlich ausgeübte

hauptberufliche Tätigkeit (*RegBegr,* 26), nicht der erlernte Beruf, zu verstehen. Allgemeine Beschreibungen, wie Kfm, Apotheker, reichen nicht aus. Vielmehr ist die die tatsächlichen Arbeitsaufgaben umfassende Tätigkeit zu nennen, beim Geschäftsführungsorgan zB Finanzvorstand, Controlling- oder Vertriebsgeschäftsführer, beim Mitglied des AR ist zusätzlich das jeweilige Unt, in dem der Hauptberuf ausgeübt wird, anzugeben, zB Finanzvorstand der X AG, Gewerkschaftssekretär bei der Y Gewerkschaft, aber ggf auch Dreher, Monteur, Abgeordneter, Rentner oder Tätigkeit in mehreren AR. Die bloße Angabe der Zugehörigkeit zum Vorstandsgremium einer AG reicht nach der *RegBegr* nicht aus. Es muss sich immer um den ausgeübten Hauptberuf im eigenen Unt, im Konzern-Unt oder in anderen Unt/Organisationen handeln. Liegt eine Berufshäufung (zB Vorstand beim MU und gleichzeitig Vertriebsvorstand beim TU) vor, ist nach dem Gesamtbild der Verhältnisse zu entscheiden, welche Berufstätigkeit den hauptberuflichen Umfang aufweist. Maßgeblicher Zeitpunkt für die Berufsangabe ist die Berufstätigkeit zum Zeitpunkt der Anhangerstellung.

Börsennotierte Gesellschaften haben außerdem bei allen Mitgliedern ihres **202**
Vorstands und AR für die Zeit ihrer Zugehörigkeit zum betreffenden Organ die Mitgliedschaft in weiteren *gesetzlichen* AR und anderen Kontrollgremien iSd § 125 Abs 1 S 3 AktG anzugeben. Zweck dieser Angabe ist die Offenlegung der beruflichen Belastungssituation des Organmitglieds und möglicher Interessenkonflikte. Es sind alle Mandate in gesetzlich zu bildenden AR (§ 100 Abs 2 Nr 1 AktG) unter Angabe der jeweiligen Unt (auch verbundene Unt) und der Funktion anzugeben. Zu den anderen Kontrollgremien gehören dem gesetzlichen AR vergleichbare gesetzliche Gremien in- und ausländischer Wirtschaftsunt (nicht karitativer, wissenschaftlicher uä Institutionen), zB Verwaltungsrat öffentlich-rechtlicher Unt, Beirat Gesterausschuss, member eines Boards (Berichterstattung über die 171. Sitzung des *HFA,* FN-IDW 2000, 174). Zum Kriterium der Vergleichbarkeit s *Schröer* ZIP 1999, 1165. Die Angaben haben unabhängig davon zu erfolgen, ob für das Mandat eine Vergütung bezahlt wird oder nicht. Beginnt oder endet die Mitgliedschaft in diesen Gremien während des Berichtsjahrs, enspricht es dem Gesetzeszweck, das jeweilige Datum hinzuzufügen.

Der Vorsitzende eines AR und seine Stellvertreter sind als solche zu be- **203**
zeichnen. Ist ein Vorsitzender des Geschäftsführungsorgans bestellt, ist auch dieser als solcher zu bezeichnen. Stellvertretende Mitglieder des Geschäftsführungsorgans brauchen nach dem Wortlaut des HGB an sich *nicht als solche* bezeichnet zu werden; in der Praxis wird die Stellvertreter-Stellung aber genannt (*Dörner/Wirth* in HdR[5] §§ 284–288 Anm 290; aA für Angabepflicht *ADS*[6] § 285 Anm 209). Das Gleiche gilt für einen Sprecher des Geschäftsführungsorgans, da dessen Funktion nicht mit der eines Vorsitzenden übereinstimmt.

Hat die KapGes/KapCoGes einen **freiwilligen Aufsichtsrat,** dessen Aufga- **204**
ben denen der gesetzlichen Regelungen enspricht, ist dieser in die Berichterstattung einzubeziehen. Das Gleiche gilt für einen **Beirat** oder eine ähnliche Einrichtung, wenn er allein die Aufgaben eines AR wahrnimmt (*ADS*[6] § 285 Anm 207). Die Angabepflichten sind auch zu erfüllen, wenn gleichzeitig eine Gester- oder Aktionärseigenschaft gegeben ist. In diesem Fall ist jedoch ein Hinweis hierauf nicht erforderlich.

L. Anteilsbesitz (S 1 Nr 11)

I. Allgemeines

205 Nr 11 bestimmt, dass für Unt, von denen die berichtende KapGes/KapCoGes mindestens 20% der Anteile hält, eine Reihe von Angaben (Name, Sitz und wirtschaftliche Kennzahlen) gemacht werden müssen. Börsennotierte KapGes müssen zusätzlich ihre Beteiligungen an großen KapGes mit mehr als 5% der Stimmrechte angeben, ebenso Banken (§ 34 Abs 1 S 1 RechKredV), VersicherungsUnt (§ 51 Abs 1 S 1 RechVersV), dem PublG unterliegende Unt (§ 5 Abs 1 S 1 PublG) und eG (§ 336 Abs 2 S 1). Ein freiwillig offen gelegter IFRS-EA gem § 325 Abs 2a hat die Angaben der Nr 11 im Anhang ebenfalls zu enthalten. Diese Vorschrift hat den Zweck, den Adressaten des JA Einblick in die kapitalmäßigen Verflechtungen der Ges und Möglichkeiten zur Beurteilung der Engagements bei den Unt im Anteilsbesitz und Stimmrechtsbesitz der berichtenden KapGes/KapCoGes zu gewähren.

Die Angabepflicht besteht für jeden JA. Ein Vergleich mit Vj-Angaben ist nicht erforderlich und nicht üblich. Die Berichtspflicht ist von allen KapGes/KapCoGes zu erfüllen. Nur unter bestimmten Voraussetzungen dürfen Angaben zum Anteilsbesitz und Stimmrechtsbesitz unterbleiben (§ 286 Abs 3 Anm 7).

Die Form der Angaben regelt das HGB nicht. Da es sich vorwiegend um Zahlenangaben handelt, dürfte es zweckmäßig sein, die Angaben im Rahmen einer Aufstellung zu machen, insb wenn über mehrere Unt (sowohl inländische als auch ausländische) zu berichten ist.

Bei einer umfangreichen Aufstellung empfehlen sich zum Zwecke der Übersichtlichkeit Untergliederungen, für die mehrere Kriterien in Frage kommen können, zB Art der Tätigkeit (Produktions-, Vertriebs-, FinanzierungsGes), Art der UntVerbindung nach §§ 271, 311 HGB, 15 AktG), Land oder Region des Unt-Sitzes.

Die vorgesehenen Angaben über den Anteilsbesitz dürfen statt im Anhang auch (ggf teilweise, § 287 Anm 2) in einer besonderen Aufstellung des Anteilsbesitzes gemacht werden, für die die Vorschriften über den Anhang gleichfalls gelten, die aber nicht im BAnz bekannt gemacht zu werden braucht, sondern nur zum HR einzureichen ist. Im veröffentlichten Anhang muss dann auf diesen Ort der Hinterlegung hingewiesen werden (§§ 287, 325 Abs 2 S 2). In der HV (GesV) ist die Anteilsliste jedoch vollständig vorzulegen, da nur die Offenlegung erleichtert ist.

II. Der Kreis der Unternehmen, über die zu berichten ist

206 Die Angabepflicht erstreckt sich auf alle Unt, von denen die berichtende KapGes/KapCoGes 20% oder mehr der Anteile direkt besitzt. *Börsennotierte* KapGes haben – unabhängig von der Höhe des Anteilsbesitzes – auch zu berichten, wenn sie mehr als 5% der Stimmrechte an großen KapGes ausüben. Bei einer Beteiligung an einem **Fonds** sind die Anteile im Sondervermögen nicht anzugeben

Auf die **Rechtsform** der anzugebenden Unt kommt es nicht an, ebensowenig auf die wirtschaftlichen Verhältnisse (auch Unt in der Insolvenz sind anzugeben, ohne jedoch auf diesen Umstand hinweisen zu müssen). Unerheblich ist, ob sich der **Sitz** des Unt im In- oder Ausland befindet. Es fallen hierunter vor allem KapGes und PersGes. GbR kommen für die Angabepflicht idR nicht in Betracht, außer wenn sie einen wirtschaftlichen Zweck verfolgen, über ein Gesamthandsvermögen verfügen und als solche im wirtschaftlichen Verkehr in Erscheinung treten (§ 271 Anm 12) und am Rechtsverkehr teilnehmen (*Ulmer* ZIP 2001, 585). Das dürfte bei **Arbeitsgemeinschaften** weitgehend der Fall sein, auch wenn diese nicht auf Dauer angelegt sind, ebenso bei Joint Ventures mit UntEigenschaft (so *HFA* 1/1993 zur Bilanzierung von Joint Ventures, WPg, 443). Eine **stille Gesellschaft** gehört nicht zu den angabepflichtigen Unt, da es sich hierbei um eine Innengesellschaft meist auf schuldrechtlicher Basis handelt, die selbst nicht offenlegungspflichtig ist (*ADS*[6] § 285 Anm 226; aA *Krawitz* in BoHdR § 285 Anm 182). Die Angabepflicht setzt voraus, dass die KapGes/KapCoGes **mindestens 20%** der Anteile besitzt. Es sind also alle Unt mit Beteiligungsquoten von 20% bis 100% aufzuführen.

Das Gesetz stellt auf die **Anteile,** dh Kapitalanteile ab; mithin kommt es auf 207
die Stimmrechte nicht an, anders bei börsennotierten KapGes (s Anm 227). Unter Anteilen sind die Mitgliedschaftsrechte zu verstehen, die Vermögens- und Verwaltungsrechte (wie Teilnahme am Gewinn und Verlust, am Liquidationserlös, Bezugsrechte, Mitsprache- und Kontrollrechte) umfassen. Unerheblich ist, ob die Anteile in Wertpapieren verbrieft sind oder nicht.

Sind keine Kapitalanteile vorhanden, wie es bei Beteiligungen ohne Kapitaleinzahlung (zB bei einer Komplementär-GmbH in einer KapCoGes) der Fall ist, entfällt eine Angabepflicht nach Nr 11 unbeschadet anderer Berichtspflichten nach Nr 11a (s Anm 235). Die Angabepflicht beschränkt sich nicht auf die BeteiligungsUnt, die unter dem betreffenden Bilanzposten (§ 266 Abs 2 A. III Nr 1, Nr 3, Nr 5 iVm § 271) ausgewiesen werden. Mangels Verweises auf § 271 kommt es weder auf die Beteiligungsabsicht, Beteiligungsvermutung, noch auf die beabsichtigte Dauer der Beteiligung, noch auf die Art der Verbriefung oder Mitgliedschaft an. Entscheidend allein ist der quotale Anteilsbesitz oder ggf die Höhe der Stimmrechte an dem Unt.

Das HGB spricht zwar vom Besitz der Anteile. Nach hM ist darunter das rechtliche oder wirtschaftliche **Eigentum an den Anteilen** zu verstehen.

Über treuhänderisch gehaltene Anteile an anderen Unt ist nicht zu berichten (§ 246 Anm 9). Nach wirtschaftlicher Betrachtungsweise sind solche Anteile allein dem Treugeber zuzurechnen (*Dörner/Wirth* in HdR[5] §§ 284–288 Anm 295).

Zur **Berechnung der Beteiligungsquote** verweist das HGB auf die aktien- 208
rechtlichen Vorschriften (§ 16 Abs 2 und 4 AktG), die hier auf alle Unt anzuwenden sind. Diese Zu- und Berechnungsvorschriften sind nicht widerlegbar. Basis für die Berechnung der Quote ist bei KapGes der Gesamtnennbetrag des Nennkapitals, bei Ges mit Stückaktien die Gesamtstückzahl (§ 16 Abs 2 Satz 1 AktG). Bei anderen Unt ist die Vorschrift analog anzuwenden, wobei es auf die kapitalmäßigen Anteile (Kapitalanteile) ankommt. Nach dem Wortlaut macht es keinen Unterschied, ob das Kapital voll einbezahlt ist oder nicht. Es kommt also auf den bei dem Unt ausgewiesenen Kapitalbetrag an.

Hält das Unt **eigene Anteile,** sind diese vom Gesamtbetrag zu kürzen (§ 16 Abs 2 S 2 AktG). Maßgebend ist in diesem Fall die Beteiligungsquote am Nettokapital. Den eigenen Anteilen des Unt stehen solche Anteile gleich, die einem anderen Unt für Rechnung des BeteiligungsUnt gehören (§ 16 Abs 2 S 3 AktG). Analog wird der Fall zu behandeln sein, in dem Anteile des Unt von diesem eingezogen worden sind. Hält das Unt selbst oder ein verbundenes Unt Anteile an der berichtenden KapGes/KapCoGes, dürfen diese **wechselseitigen Beteiligungen** nicht aufgerechnet werden.

Bei der Berechnung der Beteiligungsquote sind nicht nur die unmittelbar ge- 209
haltenen Anteile zugrunde zu legen, sondern auch gem der Fiktion des § 16 Abs 4

AktG mittelbar gehaltene Anteile. Hierzu zählen die Anteile, die einem von der KapGes/KapCoGes abh Unt (vgl § 17 AktG) oder einem anderen Unt für Rechnung der KapGes/KapCoGes oder des abh Unt gehören. Voraussetzung ist nicht, dass die berichtende KapGes/KapCoGes selbst auch Anteile hält (hM *Bayer* in MünchKomm AktG[2] § 16 Anm 44 mwN). Die Anteilsquote ergibt sich durch Addition der direkt und indirekt gehaltenen Anteile. Das gilt für alle Beteiligungsstufen, da gem § 16 Abs 4 AktG die Anteile dem MU voll und nicht quotal gehören. Die Zurechnung des mittelbaren Anteilsbesitzes hat auch unabhängig davon zu erfolgen, ob das abh Unt selbst seinen Anteilsbesitz im JA angeben muss. Mithin werden keine Anteile, die von SchwesterUnt oder vom eigenen MU gehalten werden, zugerechnet.

Während § 16 Abs 4 1. Hs AktG die Zurechnung von Anteilen, die anderen Unt gehören, regelt, erfasst Nr 11 selbst auch die Fälle, in denen eine andere Person, insb eine natürliche Person, Anteile an einem Unt für Rechnung der KapGes/KapCoGes hält. Diese von Dritten für die KapGes/KapCoGes treuhänderisch gehaltenen Anteile werden der KapGes/KapCoGes ebenfalls zugerechnet.

Ebenso werden, wenn der Inhaber einer KapGes Ekfm ist und Anteile an einem Unt in seinem sonstigen Vermögen (= Privatvermögen) hält, diese Anteile als der KapGes gehörig bei der Errechnung der Beteiligungsquote behandelt (*Bayer* in MünchKomm AktG § 16 Anm 49). Diese Zurechnung setzt auch hier nicht voraus, dass die KapGes selbst auch an dem Unt kapitalmäßig beteiligt ist (*Bayer* in MünchKomm AktG § 16 Anm 44). Diese Vorschrift ist nicht anzuwenden, wenn die KapGes im Besitz mehrerer Inhaber steht (dazu *Bayer* in MünchKomm AktG § 16 Anm 51). Dies gilt auch für KapCoGes und reine PersGes mit mehreren Gestern (*ADS*[6] § 16 AktG Anm 32).

210 Für die Angabepflichten einer Komplementär-KapGes einer **KapCoGes** gelten grds die gleichen Regelungen. Die Angabe ist allein davon abhängig, ob die KapGes am (haftenden) Kapital (s hierzu Anm 222) der KapCoGes mit mindestens 20% beteiligt ist. Besteht keine Kapitalbeteiligung der KapGes an der KapCoGes, liegt die Kapitalbeteiligung unter 20% oder gehören die Anteile der KapGes der KapCoGGes selbst, greift die Angabepflicht nach Nr 11 a (vgl Anm 235). Bei Berechnung der 20%-Quote ist § 16 Abs 4 AktG zu berücksichtigen, wonach auch Anteile als der KapGes gehörend gelten, die sonstiges Vermögen eines Ekfm-Alleingesters sind.

Eine Zurechnung des Anteilsbesitzes einer Komplementär-KapGes setzt voraus, dass die KapCoGes ein von der Komplementär-KapGes abh Unt iSd § 17 AktG ist. Das ist dann nicht der Fall, wenn die Komplementär-KapGes außerhalb der KapCoGes keine anderweitigen unternehmerischen Interessen verfolgt und damit kein Unt iSv § 15 ff AktG (*ADS*[6] Vorb §§ 15–18 Anm 48 mwN), sondern als Organ der KapCoGes zu qualifizieren ist, ferner, wenn die Kommanditisten (auch als Unt) über eine starke Rechtsstellung (Stimmrechtsmehrheit laut GesVertrag oder über einen AR) verfügen (*ADS*[6] § 17 AktG Anm 81). Eine **Kapitalgesellschaft & Co KGaA** (*BGH* 23. 2. 1998) ist stets eine KapGes; hier gelten die Anm 206–209. Diese KGaA kann börsennotiert sein.

211 Über den **Zeitpunkt,** in welchem der Anteilsbesitz bestehen muss, um die Berichterstattungspflicht auszulösen, sagt das HGB expressis verbis nichts. Nach hM bezieht sich die Angabepflicht auf die Anteilsbesitzverhältnisse am Bilanzstichtag der KapGes/KapCoGes (*ADS*[6] § 285 Anm 227). Danach ist über alle Zugänge bis zum Bilanzstichtag zu berichten, nicht mehr jedoch über Abgänge bis zum Bilanzstichtag. Gehen Anteile an einem Unt im selben Gj zu und ab, ist ebenfalls nicht zu berichten. Auch die Zurechnung von Anteilen, die von an-

deren Personen oder Unt gehalten werden (Anm 209) richtet sich nach den Verhältnissen am Bilanzstichtag der KapGes/KapCoGes. Da die Angabepflicht nach Nr 11 stets eine kapitalmäßige Beteiligung voraussetzt, kommt es auf den Zeitpunkt an, an dem die **Kapitalerhöhung** tatsächlich wirksam geworden ist und nicht auf den Zeitpunkt der Beschlussfassung. Das ist bei KapGes die Eintragung ins HR. Bei PersGes kommt es auf die tatsächliche Kapitaleinzahlung an. Werden ausstehende Einlagen, auch soweit sie noch nicht eingefordert sind, in der Bilanz des Unt aktiviert, ist in Analogie zur Handhabung bei KapGes die Anteilsquote vom passivierten Kapital zu berechnen (Anm 208). Schwierigkeiten bei der Berechnung der Quote können bei variablem Kapital auftreten. Auch hier ist auf die tatsächliche kapitalmäßige Quote abzustellen, auch wenn sie durch Kapitaleinlagen und -entnahmen leicht verändert werden kann.

III. Die Einzelangaben

1. Allgemeines

Anzugeben sind Name, Sitz, die Höhe des Anteils am Kapital, das EK und das Ergebnis des letzten Gj, für das ein JA vorliegt. Die geforderten Zahlenangaben sind in Euro zu machen (§ 244), das Gleiche gilt auch für ausländische Unt, wobei auch eine Angabe in der jeweiligen Währung unter Angabe des Umrechnungskurses zulässig ist. Die Zahlenangaben in 1000 Währungseinheiten dürften genügen, weil damit kein Informationsverlust in Anbetracht der Größenordnung der KapGes/KapCoGes verbunden ist. **215**

Nach dem Wortlaut haben sich die Angaben zu den Unt auf das letzte Gj, für das ein JA vorliegt, zu beziehen. Der JA muss der KapGes/KapCoGes vorliegen. Der Bilanzstichtag des der KapGes/KapCoGes vorliegenden JA ist dann ohne Belang; er muss in keiner Beziehung zum Bilanzstichtag der KapGes/KapCoGes stehen. Es kommt also im Einzelfall ein Bilanzstichtag in Frage, der nach dem Bilanzstichtag, aber vor dem Abschlusserstellungszeitpunkt der KapGes/KapCoGes liegt oder der vor dem Bilanzstichtag der KapGes/KapCoGes liegt. Es kann der Fall eintreten, dass das Gj des Unt über das zu berichten ist, mehr als ein Jahr vor dem letzten Bilanzstichtag der KapGes/KapCoGes liegt. Durch diese Regelung wird Rücksicht auf individuelle Abschlusserstellungszeiträume und Übermittlungszeiten genommen und das Erfordernis der Aktualität der Angaben weniger gewichtet. Das kann in den Fällen, in denen die berichtende KapGes/KapCoGes Anteile an einem Unt in berichtspflichtiger Höhe erworben hat und ein JA noch nicht vorliegt, dazu führen, dass es an einer aktuellen Information über den Zugang der Anteile fehlt, da dann ein früherer (vor Anteilserwerb datierender Abschluss) dieses Unt herangezogen werden muss. **216**

Das HGB bestimmt, dass die Angaben aus dem der berichtenden KapGes/KapCoGes vorliegenden **letzten Jahresabschluss** zu entnehmen sind. Es lässt offen, welche Qualität der JA haben muss. Grds sollte der festgestellte JA zur Berichterstattung herangezogen werden. Zum Zwecke einer aktuelleren Berichterstattung kann auch auf einen vorläufigen oder auch noch nicht geprüften JA abgestellt werden. Aus der flexiblen Gesetzesregelung wird man auch folgern können, dass es sich nicht unbedingt um den offiziellen (publizitätspflichtigen) JA handeln muss, sondern dass auch ein JA in Frage kommen kann, der nach einheitlichen Konzerngrundsätzen zum Zwecke der Kons aufgestellt worden ist (§ 308), oder ein JA, der nach den Vorschriften für assoz Unt (§ 312) erstellt worden ist (wie hier *Dörner/Wirth* in HdR[5] §§ 284–288 Anm 299; aA *ADS*[6] § 285 Anm 237, die vorzugsweise den offiziellen JA als Grundlage der Angaben fordern). Die berichtende KapGes/KapCoGes hat dafür zu sorgen, dass der JA **217** des Unt bei ihr vorliegt. Es bleibt ihr überlassen, wie sie sich diesen verschafft, sei es über die Geschäftsführung, den AR, sei es durch die GesV oder auf andere Weise. Schwierig dürfte die Verschaffung der Unterlagen im Falle eines mittelbaren Anteilsbesitzes sein.

218 Ist das Unt selbst MU eines (Teil-)Konzerns, stellt sich die Frage, ob das anzugebende EK sich aus dem JA des MU ergeben muß oder der Konzernbilanz ergeben darf. Nach dem Wortlaut der Nr 11 ist über „Unternehmen" zu berichten. Nach dem Zweck der Vorschrift, Einblick in die kapitalmäßigen Verflechtungen der Wirtschaft zu gewähren, ist es wirtschaftlich sinnvoll und damit zulässig, das EK einer (Teil-)Konzernbilanz anzugeben (glA *Dörner/Wirth* in HdR[5] §§ 284–288 Anm 299), wenn ausdrücklich darauf hingewiesen wird.

219 Ist über mehrere Unt zu berichten, ist es nicht erforderlich, dass für alle Ges die Art und das Gj des JA, der zur Grundlage der Berichterstattung herangezogen wird, einheitlich sein müssen. Das folgt ebenfalls aus der gesetzlichen Voraussetzung des „Vorliegens". Jedoch ist hierbei der Grundsatz der Ausweisstetigkeit einzuhalten. Wenngleich im Anhang keine Vj-Zahlen anzugeben sind, gilt der Grundsatz der Ausweisstetigkeit gem § 265 Abs 1 auch hier, um eine Vergleichbarkeit der Angaben zu gewährleisten. Dies bedeutet, dass für jedes einzelne Unt die einmal für die Berichterstattung zugrunde gelegte Art des JA – wenn vorliegend – auch in Zukunft beizubehalten ist. In der zeitlichen Abfolge muss jedes Gj des Unt einmal in die Berichterstattung einbezogen werden. Ein Wechsel der Berichterstattungsgrundlage wäre anzugeben (§ 265 Abs 1 S 2).

2. Name und Sitz

220 Anzugeben sind Name und Sitz des Unt. Es kommen die Angaben nach Maßgabe der **Eintragungen im Handelsregister** in Frage. Da die Rechtsform Bestandteil des Namens ist, ist auch diese mitanzugeben. Das gilt auch für eine ausländische Rechtsform. Hat das Unt einen Doppelsitz, sind beide Sitze gem HR-Eintragungen zu nennen. Ein abweichender Verwaltungssitz braucht nicht angegeben zu werden, da es nur auf die HR-Eintragung ankommt. Deshalb ist auch die Angabe der postalischen Anschrift nicht erforderlich, ebenso wenig der HR-Nummer. Ist das Unt nicht in einem HR eingetragen (zB bei ausländischen Ges), sind Name und Sitz gem dem GesVertrag zu nennen (wie hier *Gschrei* BB 1990, 1588). Steht die Eintragung noch aus, ist „in Gründung" anzugeben.

3. Höhe des Anteils am Kapital

221 Ferner ist die Höhe des Anteils am Kapital zu nennen. Als Kapital ist das gezeichnete Kapital zu verstehen (§ 272 Anm 4). Die Art der Kapitalanteile (Aktien, Geschäftsanteile, Kommanditanteile) ist nicht anzugeben; sie ergibt sich idR aus der Kenntnis der Rechtsform des Unt. Bei Joint Ventures mit UntEigenschaft ohne Kapitaleinlagen ist für die Angabe die Beteiligungsquote am gesamthänderisch gebundenen *Vermögen* maßgeblich (*HFA* 1/1993 zur Bilanzierung von Joint Ventures, WPg, 443). Die Quote ist aus den gesvertraglichen Abreden abzuleiten. „Die Höhe des Anteils" bedeutet die Angabe der Anteilsquote in Prozent. Bei vollen Prozentsätzen ergeben sich keine Schwierigkeiten. Im Normalfall dürfte die Angabe des auf- oder abgerundeten vollen Prozentsatzes unter Hinweis auf die Rundung (rd oder ca) genügen. Ergibt sich aber durch die Rundung ein falsches Bild von der Höhe der Beteiligungsquote, ist mindestens eine Kommastelle anzugeben. ZB darf bei einer Beteiligungsquote von 50,2% nicht auf 50% abgerundet werden, da dadurch die Kenntnis des Mehrheitsverhältnisses verloren ginge. Nicht ausreichend ist die Angabe: mehr als 20%, 25%, 50% oder 75%, da eine solche dem Gesetzeswortlaut widerspricht.

So wie für die Errechnung der Mindestbeteiligungsquote von 20%, die die allgemeine Berichterstattungspflicht auslöst (Anm 206), die Zurechnung mittelbarer Anteile gem § 16 Abs 4 AktG und die Behandlung eigener Anteile des Unt gem § 16 Abs 2 AktG gesetzlich vorgeschrieben ist, gilt dies auch für die Berechnung der Beteiligungsquote schlechthin (Anm 208; glA *ADS*[6] § 285 Anm 232). Das ergibt sich aus der Stellung des Verweises zur Berechnung der Anteile in Nr 11, nämlich als 3. Hs, der mithin die ersten beiden Hs ergänzt. Da gem § 16 Abs 4 AktG die Zurechnung der von abh Unt gehaltenen Anteile *voll* zu erfolgen hat, ergibt sich die Anteilsquote bei mittelbarem Anteilsbesitz aus der Addition der mittelbaren und unmittelbaren Anteilsquote. Hält zB ein MU 70% der Anteile eines TU und dieses wiederum 60% einer EnkelGes, beträgt die für die EnkelGes anzugebende Anteilsquote 60%. Eine Angabe des durchgerechneten quotalen Anteilsbesitzes (hier 42%) entspricht nicht dem Gesetz. Im Fall eines vollen oder teilweise mittelbaren Anteilsbesitzes ist ein entspr Hinweis (zB „indirekt“) wünschenswert, um ein den tatsächlichen Verhältnissen entspr Bild der Vermögenslage der berichtenden KapGes/KapCoGes zu vermitteln, so dass die Höhe des von der KapGes/KapCoGes unmittelbar gehaltenen Anteils am Kapital ersichtlich ist. Dies entspricht auch der Zielsetzung, nach der der Abschlussleser durch die Angaben über den Anteilsbesitz ein besseres Bild über den Umfang wesentlicher VG erhalten soll.

Angabepflichtig ist die Höhe des Anteils am Kapital zum Bilanzstichtag der berichtenden KapGes/KapCoGes (Anm 211).

4. Eigenkapital

Der Inhalt der Angabe des EK richtet sich nach § 266 Abs 3 Buchstabe A **222**
iVm § 272. Das EK ist in einem Betrag zu nennen. Das Gleiche gilt für eine Unterbilanz nach § 268 Abs 3. Das EK ist in voller Höhe und nicht anteilig nach Maßgabe der Beteiligungsquote anzugeben. Nach der Definition in § 266 Abs 3 Buchstabe A gehört zum EK auch der Jahresüberschuss/Jahresfehlbetrag unbeschadet der gesonderten Angabe des Jahresergebnisses, nicht jedoch eigenkapitalähnliche Posten (dazu § 266 Anm 185). Da nach § 268 Abs 1 S 1 die Bilanz sowohl unter als auch ohne Berücksichtigung der vollständigen oder teilweisen Verwendung des Jahresergebnisses aufgestellt werden darf, besteht in der Liste des Anteilsbesitzes für diese Angabe ein Wahlrecht. Bei Ausübung ist allerdings der Grundsatz der Stetigkeit (s § 265 Anm 2) zu beachten; ein Wechsel darf nur in begründeten Ausnahmefällen vorgenommen werden und ist dann im Anhang anzugeben. Eine Angabe, wie das Wahlrecht ausgeübt wurde, dient der Klarheit der Darstellung. Nach Möglichkeit sollte das Wahlrecht für die gesamte Anteilsliste einheitlich ausgeübt werden.

Ebenso ist offen, ob das EK um ausstehende Einlagen gekürzt anzugeben ist. Da für die noch nicht eingeforderten ausstehenden Einlagen ein Ausweiswahlrecht auch hier besteht, sollte möglichst einheitlich verfahren werden. Gem dem auch hier anzuwendenden § 16 Abs 2 AktG sind eigene Anteile vom EK zu kürzen; die Rücklage für eigene Anteile bleibt dagegen Bestandteil des EK (§ 272 Abs 4). Das Gleiche gilt für die Kapitalrückzahlung nach § 272 Abs 1 S 4, 6.

Kapitalersetzende Darlehen gehören solange nicht zum EK, wie von der UntFortführung ausgegangen werden kann, da diese Darlehen nur im Falle eines Insolvenzverfahrens wie EK behandelt werden (§ 32a GmbHG); §§ 129a, 172a HGB für KapCoGes.

Bei **KapCoGes** richtet sich die Angabe des EK nach § 264c Abs 2 (s dort Anm 15ff). Dabei dürfen die einzelnen EK-Bestandteile zusammengefasst werden. Bei Unt, die nicht nach § 266 zu bilanzieren haben (zB reine PersGes, ausländische Unt) ist als „Eigenkapital" das haftende Kapital unter Einbezug des unverteilten Jahresergebnisses zu verstehen (dh das Kapital, das durch Verluste aufgezehrt werden kann, was nach Maßgabe des GesVertrags usw zu ermitteln ist). Bei PersGes spielt es für die Angabe keine Rolle, ob das EK durch berechtigte Entnahmen (s § 247 Anm 174) gemindert ist.

5. Ergebnis des Geschäftsjahres

225 Ferner ist das Ergebnis des Gj anzugeben, und zwar in voller Höhe und nicht anteilig nach Maßgabe der Beteiligungsquote. Darunter ist der Jahresüberschuss/Jahresfehlbetrag gem § 275 Abs 2 Nr 20 bzw Abs 3 Nr 19 zu verstehen (glA *ADS*[6] § 285 Anm 235). Es handelt sich also um das Gesamtergebnis laut GuV vor Ergebnisverwendung. Bei Ges, die ihre GuV nicht nach § 275 aufzustellen haben (reine PersGes, ausländische Unt), ist ein dem Jahresergebnis gleichartiger Betrag zu nennen (glA *ADS*[6] § 285 Anm 235). Ist das letzte Gj, über das zu berichten ist, ein **Rumpfgeschäftsjahr,** ist das Ergebnis des RumpfGj anzugeben; eine Hochrechnung auf 12 Monate ist nicht zulässig, da der Anhang ein den tatsächlichen Verhältnissen entspr Bild vermitteln muss. Allerdings ist ein Hinweis erforderlich, da eine Abweichung vom Normalfall eines 12-Monats-Ergebnisses vorliegt. Das Gleiche gilt für die Fälle, in denen – wie bei AuslandsGes möglich – das Gj mehr als 12 Monate umfasst.

226 Im Falle eines **Gewinnabführungsvertrags** entfällt eine Betragsangabe, da der Jahresüberschuss/Jahresfehlbetrag regelmäßig Null ist. Allerdings ist ein entspr Hinweis auf ein solches Rechtsverhältnis geboten, da ohne diese Angabe ein falsches Bild der Ertragslage des Unt im Anteilsbesitz vermittelt wird (§ 264 Abs 2 S 2).

IV. Zusatzangaben börsennotierter Kapitalgesellschaften

227 Die Pflicht zu einer zusätzlichen Angabe im Rahmen der Angaben über den Anteilsbesitz besteht nur für börsennotierte KapGes iSv § 267 Abs 3 S 2. Bei börsennotierten AG gilt der weitergehende Begriff des § 3 Abs 2 AktG. Die Angabepflicht besteht unabhängig davon, ob die KapGes als Meldepflichtiger iSd § 21 WpHG die Beteiligung mitgeteilt hat oder nicht. Unter bestimmten Voraussetzungen darf diese Zusatzangabe unterbleiben (§ 286 Abs 1 und 3 Nr 1). Sie darf auch in einer besonderen Aufstellung des Anteilsbesitzes (§ 287) gemacht werden. Die Form der Angabe regelt das HGB nicht. Wenn über mehrere Unt zu berichten ist, empfiehlt sich eine Aufstellung zusammen mit der Anteilsliste nach Nr 11 1. Teilsatz; es dürfen aber die Klarheit und Übersichtlichkeit der Darstellung sowie die Vollständigkeit der Angaben nicht beeinträchtigt werden.

Gegenstand der Angabe sind alle Beteiligungen an großen KapGes, die 5% der Stimmrechte überschreiten und am Bilanzstichtag der berichtenden börsennotierten KapGes bestehen. Anzugeben sind nur große KapGes (AG, KGaA, GmbH) gem § 267 Abs 3, die selbst nicht börsennotiert sein müssen. Unerheblich ist, ob sich der Sitz im In- oder Ausland befindet.

228 Die Angabepflicht setzt voraus, dass der börsennotierten KapGes mehr als 5% der **Stimmrechte** zustehen. Anders als im 3. Teilsatz kommt es auf die Kapitalanteile nicht an. Der Besitz von stimmrechtslosen Anteilen führt deshalb nicht zu einer Angabepflicht. Entspr dem Verweis im 3. Teilsatz auf die aktienrechtlichen Vorschriften zur Berechnung der Anteilsquoten ist hier iSe teleologischen und systematischen Auslegung zur Berechnung der Stimmrechtsquote § 16 Abs 3 AktG anzuwenden. Basis für die Berechnung der Quote ist die Gesamt-

zahl aller Stimmrechte (§ 16 Abs 3 S 1 AktG). Noch bestehende Mehrstimmrechte sind zu berücksichtigen. Von der Gesamtzahl aller Stimmrechte sind die Stimmrechte aus eigenen Anteilen zu kürzen. Den eigenen Anteilen der anzugebenden KapGes stehen solche Anteile gleich, die einem anderen Unt für Rechnung der anzugebenden KapGes gehören (§ 16 Abs 3 S 2 iVm Abs 2 S 3 AktG). Analog wird der Fall zu behandeln sein, in dem Anteile mit Stimmrecht eingezogen worden sind (§§ 71 Abs 1 Nr 6, 8; 237 AktG). Auch hier ist die Gesamtzahl der Stimmrechte um die eingezogenen Stimmrechte zu kürzen, um die Gesamtzahl aller Stimmrechte zu errechnen.

Welche Stimmrechte der börsennotierten KapGes zustehen, bestimmt sich nach § 16 Abs 4 iVm Abs 3 S 1 AktG. Die Zahl der ihr zustehenden Stimmrechte ergibt sich aus den Stimmrechten, die sie aus den ihr gehörenden Anteilen ausüben kann, wobei ihr neben den ihr unmittelbar gehörenden Anteilen auch die Anteile, die einem von ihr abhUnt oder einem anderen für ihre Rechnung oder für Rechnung eines abhUnt gehören, zuzurechnen sind. Bei der Ermittlung der ausübbaren Stimmrechte sind Stimmrechte nicht anzusetzen, die die börsennotierte KapGes kraft Gesetzes (§§ 20 Abs 7, 21 Abs 4 AktG) oder Satzung/Gesellschaftsvertrag (§ 134 Abs 1 S 2 AktG) nicht ausüben darf (*ADS*[6] § 16 AktG Anm 20). Stimmrechtsbeschränkungen aus schuldrechtlichen Verträgen (Stimmbindungsvertrag, Entherrschungsvertrag) vermindern die Stimmrechtsquote nicht (*ADS* aaO).

Die Vorschrift stellt auf **Beteiligungen** ab, anders als der 1. Teilsatz, der allgemein von Unt spricht; sie zieht damit den Kreis der angabepflichtigen Unt enger. Was unter einer Beteiligung zu verstehen ist, ergibt sich aus § 271 Abs 1. Entscheidend ist die Zweckbestimmung des Anteilsbesitzes zur Herstellung einer dauernden Verbindung (§ 271 Anm 16). Auf die Art der Verbriefung kommt es nicht an mit der Folge des Ausweises dieser Anteile unter dem Posten Beteiligungen nach § 266 Abs 2 A III 3. Anzugeben sind Name und Sitz der großen KapGes nach Maßgabe der Eintragungen im HR (bei ausländischen KapGes im vergleichbaren Register). Nach dem Gesetzeswortlaut sind die übrigen nach 2. Teilsatz angabepflichtigen Daten nicht angabepflichtig, insb nicht die Zahl der Stimmrechte oder die Stimmrechtsquote. Es genügt der Hinweis, dass der berichtenden börsennotierten KapGes mehr als 5% der Stimmrechte zustehen. Da der Kreis der Unt, die nach Nr 11 1. und 4. Teilsatz anzugeben sind, unterschiedlich ist, stellt sich die Frage des Verhältnisses beider Vorschriften zueinander. Aus dem Gesetzeswortlaut des 4. Teilsatzes „zusätzlich" ist zu folgern, dass Beteiligungen an großen KapGes, die nach dem 1. Teilsatz angegeben werden, nicht mehr angabepflichtig sind. Das führt dazu, dass gem 4. Teilsatz nur solche Beteiligungen an großen KapGes anzugeben sind, bei denen die berichtende börsennotierte KapGes über 5% bis unter 20% der Stimmrechte hat, sofern Anteils- und Stimmrechtsquote übereinstimmen. Stimmen Anteils- und Stimmrechtsquote nicht überein, überschneiden sich beide Angabepflichten. 229

V. Zusatzangaben persönlich haftender Kapitalgesellschaften (S 1 Nr 11 a)

Die Angabe von Beteiligungen als phG an anderen Unt im In- oder Ausland ist von KapGes und KapCoGes, wenn sie phG einer anderen KapCoGes sind (§ 264 a Abs 1 Nr 2), unabhängig von der Größenordnung im Rahmen der Angaben über den Anteilsbesitz zu machen. Dies gilt auch für den freiwillig offen gelegten IFRS-EA gem § 325 Abs 2 a in dessen Anhang. Voraussetzung für die Angabe ist 235 die unbeschränkte Haftung der berichtenden Ges für die Verbindlichkeiten der anderen Ges.

Diese Zusatzangabe kann auch in einer besonderen Aufstellung des Anteilsbesitzes (§ 287) gemacht werden und mit den Angaben nach Nr 11 zusammen dargestellt werden. Unter bestimmten Voraussetzungen kann sie unterbleiben (§ 286 Abs 1 und 3 S 2).

Gegenstand der Angabe ist die Tatsache der Komplementärstellung zum Bilanzstichtag der berichtenden Ges sowie Name, Sitz und Rechtsform der KapCoGes (s hierzu Anm 220). Damit überschneidet sich diese Angabepflicht mit der nach Nr 11 (vgl Anm 210). Sofern die Angabe bereits nach Nr 11 erfolgt, ist zusätzlich die Tatsache der unbeschränkten Haftung bei den betreffenden Unt anzugeben, um die Berichtspflicht nach Nr 11 a zu erfüllen. In diesem Fall verbleiben nach Nr 11 a die Angaben über Komplementärbeteiligungen von 0 bis 20% mit den geforderten Einzelangaben. Ist die berichtende Ges zum Bilanzstichtag nicht mehr phG, entfällt die Angabe; die Nachhaftung gem § 160 Abs 1 ist ggf unter den sonstigen finanziellen Verpflichtungen (s § 285 Anm 62) anzugeben (aA *WPH*[12] I F 741)

Voraussetzung für die Angabepflicht ist, dass die berichtende Ges zum Bilanzstichtag als phG wirksam der KapCoGes beigetreten ist; wenn die Geschäfte der KapCoGes auch für Rechnung des phG geführt werden, hat er diese Stellung erlangt; eine Eintragung in das HR ist dafür dann nicht erforderlich (*IDW RS HFA* 7 Ziff 6).

M. Nicht gesondert ausgewiesene sonstige Rückstellungen (S 1 Nr 12)

240 Gegenstand der ErlPflicht sind die in der Bilanz auf der Passivseite unter B Nr 3 ausgewiesenen sonstigen Rückstellungen, sofern sie einen nicht unerheblichen Umfang haben. Die Erl sind von mittelgroßen (§ 267 Abs 2) und großen (§ 267 Abs 3) KapGes/KapCoGes im Anhang zu machen (§§ 288, 327 Nr 2), ebenso publizitätspflichtige Körperschaften (§ 5 Abs 2 S 2 PublG), mittelgroße und große eG (§ 336 Abs 2 S 1) sowie VersicherungsUnt (§ 51 Abs 1 S 1 RechVersV), nicht jedoch Banken (§ 34 Abs 1 S 1 RechKredV). Allerdings können mittelgroße KapGes/KapCoGes den Anhang ohne diese Angaben zum HR einreichen (§ 327 Nr 2). Die ErlPflicht erstreckt sich auf solche Rückstellungen, die in der Bilanz unter dem Posten „sonstige Rückstellungen" zusammengefasst ausgewiesen werden. Ein gesonderter Ausweis kann in Ausübung des Wahlrechts nach § 265 Abs 5 (Anm 14) durch eine weitere Untergliederung des Postens „sonstige Rückstellungen" erfolgen. In diesem Fall brauchen sie im Anhang nicht erläutert zu werden.

241 Die Erl muss mindestens die Angabe der Art der Rückstellung umfassen. Zahlenangaben sind nicht erforderlich, jedoch Aussagen zur Größenordnung, da es sich um erhebliche Posten handeln muss. Hierbei genügt eine verbale Umschreibung (glA *Dörner/Wirth* in HdR[5] §§ 284–288 Anm 318). Für eine Erlpflicht kommen alle Rückstellungsposten des § 249 jedoch ohne die Pensionsrückstellungen und die Steuerrückstellungen in Frage, wenn sie einen erheblichen Umfang haben. Der Umfang ist stets relativ zur KapGes/KapCoGes zu bestimmen. Vergleichskriterium ist für einzelne Rückstellungen der Gesamtbetrag der sonstigen Rückstellungen sowie ggf die Belastung des Jahresergebnisses durch die Rückstellungsbildung (für die Bilanzsumme als Maßstab *Kupsch* in HdJ IV/4 Anm 207).

N. Gründe für die planmäßige Abschreibung des Geschäfts- oder Firmenwerts (S 1 Nr 13)

Die Angabepflicht über die Gründe für die planmäßige Abschreibung des GFW ist auf die Anwendung des § 255 Abs 4 S 3 (§ 255 Anm 520) beschränkt. Diese Vorschrift gestattet, den GFW planmäßig in den Gj, in denen er voraussichtlich genutzt wird, abzuschreiben. Die Berichterstattungspflicht, die von allen KapGes/KapCoGes unabhängig von ihrer Größe, von dem PublG unterliegenden Körperschaften (§ 5 Abs 2 S 2 PublG), eG (§ 336 Abs 2 S 1), Kreditinstitute (§ 34 Abs 1 S 1 RechKredV), VersicherungsUnt (§ 51 Abs 1 S 1 RechKredV) bei Vorliegen der Voraussetzungen zu erfüllen ist, setzt demnach voraus, dass in Ausübung des Bilanzierungswahlrechts (§ 255 Abs 4 S 1 Anm 517) der GFW aktiviert und nicht mit der Regelabschreibung in den 4 Folgejahren, sondern planmäßig nach Maßgabe der voraussichtlichen Nutzungsdauer abgeschrieben wird. In diesem Falle sind die Gründe für die Abschreibung anzugeben. Unter Gründen ist die voraussichtliche Nutzungsdauer und die Abschreibungsmethode zu verstehen. Eine Begründung für die den Regelfall übersteigende Nutzungsdauer ist nicht gefordert, da bereits § 255 Abs 4 S 3 vorschreibt, dass bei Ausübung des Wahlrechts die voraussichtliche Nutzungsdauer anzusetzen ist. Stimmt die Nutzungsdauer mit der in § 7 Abs 1 S 3 EStG fingierten von 15 Jahren überein, wird die Angabepflicht durch Hinweis auf die steuerrechtlichen Vorschriften erfüllt (wie hier *ADS*[6] § 285 Anm 245; aA *Dörner/Wirth* in HdR[5] §§ 284–288 Anm 327). Die ErlPflichten beziehen sich auch auf einen in Ausübung des Wahlrechts nach § 24 UmwG aktivierten GFW (*HFA* 2/1997 Zweifelsfragen der Rechnungslegung bei Verschmelzungen WPg, 240) sowie auf den früheren **Verschmelzungsmehrwert** einer AG (§ 348 Abs 2 AktG aF). 245

O. Mutterunternehmen (S 1 Nr 14)

Es sind folgende Angaben über bestimmte MU (§ 271) der KapGes/KapCoGes im Anhang zu machen: 250
- Name und Sitz des MU, das den KA für den größten Kreis von Unt aufstellt,
- Name und Sitz des MU, das den KA für den kleinsten Kreis von Unt aufstellt,
- Ort, wo diese KA hinterlegt sind, falls sie offengelegt werden.

Die Angaben sind von **allen KapGes/KapCoGes,** auch im Anhang ihres freiwillig offen gelegten IFRS-EA gem § 325 Abs 2a, zu machen, sofern die Voraussetzungen erfüllt sind, ebenso von eG (§ 336 Abs 2 S 1), Kreditinstitute (§ 34 Abs 1 S 1 RechKredV), VersicherungsUnt (§ 51 Abs 1 S 1 RechVersV), nicht jedoch von den nach § 3 Abs 1 PublG publizitätspflichtigen Unt (§ 5 Abs 2 S 2 PublG).

Zweck der Regelung ist die Offenlegung bestimmter MU, zu denen die KapGes/KapCoGes als TU in besonderen Beziehungen und Verbindungen steht und die einen KA aufstellen. Diese Offenlegung ist immer dann für die Beurteilung der Lage der KapGes/KapCoGes notwendig, wenn die KapGes/KapCoGes nicht als einzelne Ges am Wirtschaftsleben teilnimmt, sondern trotz ihrer rechtlichen Selbständigkeit auf Grund solcher besonderer Verbindungen in eine fremdbestimmte Interessensphäre eingebunden ist.

Anzugeben ist **Name und Sitz** von bestimmten MU. Zum Inhalt dieser Angaben vgl Anm 220. Besteht zwischen der berichtenden KapGes/KapCoGes 251 und dem MU ein **Ergebnisabführungsvertrag,** ist ein Hinweis darauf wünschenswert, kann aber nicht gefordert werden.

252 Die Angaben müssen sich auf **Mutterunternehmen** beziehen. Voraussetzung ist somit, dass es sich um ein Unt handelt. Ein Unt liegt vor, wenn mittels einer nach außen in Erscheinung tretenden Organisation Interessen kfm oder gewerblicher Art verfolgt werden (§ 271 Anm 11; *ADS*[6] § 271 Anm 12).

Eine nur vermögensverwaltende Tätigkeit reicht nicht aus. Danach sind Privatpersonen keine Unt, sofern sie nicht Kfl sind. GbR können dann Unt darstellen, wenn ihr Zweck wirtschaftlicher und nicht ideeller Natur ist (§ 271 Anm 12). Gebietskörperschaften wie Bund, Länder und Gemeinden sind Unt iSd HGB (*BGHZ* 69, BB 1977, 1665; *OLG* Braunschweig Vorlagebeschluss vom 27. 2. 1996 ZIP, 875).

Ob ein Unt *Mutter*unternehmen ist, ergibt sich aus den UntBeziehungen des § 290 Abs 1 und 2 (einheitliche Leitung oder Control-Beziehung). Auf die Pflicht, die Möglichkeit oder die Befreiung von der Aufstellung eines KA kommt es zunächst nicht an (*Ulmer* FS Goerdeler, 633). Obwohl § 290 von den MU nur in der Rechtsform der KapGes spricht, ist wegen §§ 291, 292 davon auszugehen, dass der Begriff des MU rechtsformneutral zu verwenden ist (*Ulmer* FS Goerdeler, 631; *Schulze-Osterloh* FS Fleck, 318). Die Angabepflicht erstreckt sich mithin auf MU in der Rechtsform des Ekfm, OHG, KG (KapCoGes, Stiftung & Co KG), GmbH, AG, KGaA sowie auf MU des § 11 PublG und ggf Gebietskörperschaften (hier Abs 1). Auf die Größe des MU kommt es ebenfalls nicht an (*Schulze-Osterloh* FS Fleck, 318; *Ulmer* FS Goerdeler, 631). Wegen §§ 291, 292 ist die Angabepflicht nicht auf inländische MU beschränkt, sondern MU sowohl in EU/EWR-Staaten als auch in Drittländern kommen für die Angabepflicht in Frage.

Stellt bei **KapCoGes** der phG gem § 264b Nr 1 2. Alt einen KA auf, entfällt eine Angabe, da es sich nicht um ein MU handelt (s § 264b Anm 24), unbeschadet der Angabepflicht nach Nr 15.

253 Ist die berichtende KapGes/KapCoGes ein GemUnt (§ 310), das unter der *gemeinschaftlichen einheitlichen Leitung* durch mehrere MU (*Hoffmann-Becking/Rellermeyer* GemeinschaftsUnt im neuen Recht der Konzernrechnungslegung, FS Goerdeler, 207; *Schulze-Osterloh* FS Fleck, 319) steht, sind alle MU anzugeben.

254 Voraussetzung für die Angabe ist, dass das MU einen KA im Inland oder Ausland aufstellt (§§ 290, 291, 292, 293). Dabei kann es sich um einen freiwilligen oder einen gesetzlich vorgeschriebenen KA handeln. Das HGB knüpft dabei an die tatsächliche Aufstellung eines KA an. Unterbleibt die Aufstellung eines KA trotz der Pflicht nach deutschem oder EU-Recht, ist das MU gleichwohl anzugeben (*WPH*[12] I, F 745).

255 Der vom MU aufgestellte KA muss die KapGes/KapCoGes nicht enthalten. Das ergibt sich zwar nicht aus dem Wortlaut der Nr 14, wohl aber aus dem Zweck der Vorschrift (Anm 250; *ADS*[6] § 285 Anm 252), Konzernverbindungen offenzulegen.

256 Nach dem Wortlaut müssen von der KapGes/KapCoGes zwei MU mit Name und Sitz genannt werden: das MU, das den KA für den größten Kreis von Unt aufstellt, und das MU, das den KA für den kleinsten Kreis von Unt aufstellt. Eine zweifache Angabe wird jedoch nicht immer erforderlich sein. Gibt es nur ein MU, ist es zugleich das unterste und oberste (häufiger Fall). Wenn die Voraussetzungen für die Aufstellung eines KA für den kleinsten Kreis von Unt nicht erfüllt sind (§ 293) und auch freiwillig kein solcher KA aufgestellt wird, sind größter und kleinster Untkreis deckungsgleich, und es ist nur das oberste MU zu nennen. Das kann auch vorkommen, wenn auf den unteren Konzernstufen keine Minderheitsgester an den MU der berichtenden KapGes/KapCoGes beteiligt sind, die nach § 291 Abs 3 die Aufstellung eines Teil-KA verlangen.

Zusätzlich zu Name und Sitz der anzugebenden MU ist der **Ort** zu nennen, wo die KA im Falle ihrer **Offenlegung** erhältlich sind. Als Ort ist anzusehen, bei welchem Register und in welcher Nr des BAnz die Offenlegung erfolgt ist; daher muss die Register-Nummer und der Ort des Registers oder die entspr Nummer des BAnz angegeben werden. Erfolgt die Offenlegung zeitlich später als bei der berichtenden KapGes/KapCoGes, ist anzugeben, dass der KA beim HR hinterlegt und gleichzeitig im BAnz bekanntgemacht werden wird. Unter Offenlegung ist nach § 325 die Einreichung zu einem Register (§ 13e Abs 2 S 4 Nr 1) und die Bekanntmachung im BAnz, mit dem vergleichbar jedes ausländische Amtsblatt anzusehen ist, zu verstehen. Hierzu zählt bei KapGes/KapCoGes nicht die Veröffentlichung in anderer Form auf Grund des GesVertrag oder der Satzung oder auf freiwilliger Basis. Der Ort, wo der KA erhältlich ist, ist nur anzugeben, wenn der KA offengelegt wird. Liegt keine Offenlegung iSd Gesetzes vor, braucht der Ort nicht angegeben zu werden, aber es muss auf die Nicht-Offenlegung hingewiesen werden. **257**

P. Zusatzangaben für KapCoGes (S 1 Nr 15)

Nach Nr 15 haben alle KapCoGes ihre phG zum Bilanzstichtag mit Name, Firma und Sitz sowie deren gezeichnetes Kapital anzugeben. Das gilt auch für den Anhang des freiwillig offen gelegten IFRS-EA gem § 325 Abs 2a. Zum Kreis der angabepflichtigen phG gehören KapGes und KapCoGes (§ 264a Abs 1 Nr 2), nicht jedoch Privatpersonen, unabhängig von ihrer Beteiligungsquote. Zu Name und Sitz siehe Anm 220. Die Angabe des gezeichneten Kapitals ergibt sich bei KapGes nach § 272 Abs 1 S 1 und umfasst das am Bilanzstichtag im HR eingetragene Stamm- bzw. Grundkapital. **260**

Ist der phG selbst eine KapCoGes, sind als gezeichnetes Kapital die zusammengefassten Kapitalanteile der phG (§ 264c Abs 2 S 2; § 264c Anm 40ff) und die zusammengefassten Kapitalanteile der Kommanditisten (§ 264c Abs 2 S 6; § 264c Anm 50ff) jeweils gesondert und unter Berücksichtigung von § 264c Abs 2 S 3, 5, 6 anzugeben (für eine weitergehende Angabe bei mehrstöckigen KapCoGes von Namen und Sitz der phG auf den einzelnen Stufen sowie des gezeichneten Kapitals der unbeschränkt haftenden KapGes auf oberster Stufe *ADS*[6] (ErgBd) § 285 HGB Anm 56).

Die Angabe entfällt auch nicht, wenn die berichtende KapCoGes ihrerseits (alle) Anteile an ihrer Komplementär-Ges hält. Dann kommt es je nach Beteiligungsquote zu einer Doppelangabe mit Nr 11, die unter Hinweis auf die phG-Stellung zusammengefasst werden darf (*ADS*[6] (ErgBd) § 285 HGB Anm 57).

Unter der Voraussetzung der Schutzklausel des § 286 Abs 1 kann diese Zusatzangabe unterbleiben. Die Angabepflicht unterfällt *nicht* der Ausnahmeregelung des § 286 Abs 3 S 1 für die Anteilsliste, die Angaben sind auch nicht in die Anteilsliste (§ 287) einzubeziehen, da es sich nicht um eine Berichterstattung über Beteiligungen handelt, sondern über Gester (aA *Farr* GmbHR 2000, 547, der diesen Unterschied verkennt).

Q. Zusatzangabe für börsennotierte AG über die Entsprechenserklärung zum Corporate Governance Kodex (S 1 Nr 16)

261 Diese Angabe ist von börsennotierten AG iSd § 3 Abs 2 AktG in jedem Anhang zu machen. Dies gilt auch für den Anhang der Ges, die freiwillig einen IFRS-EA gem § 325 Abs 2a offen legen. Die Angabe soll die JA-Adressaten darüber informieren, dass die nach § 161 AktG vorgeschriebene Erklärung abgegeben und den Aktionären **dauerhaft zugänglich** gemacht worden ist. Hierfür reicht bereits eine Veröffentlichung auf der Webseite der AG aus (Begr RefE TransPuG v 26. 11. 2001, 44). Die Offenlegung gem § 325 Abs 1 S 1 im HR und ggf BAnz genügt nicht (*IDW PS 345* Ziff 28). Hat die AG keine Webseite, kann die Bekanntmachung im Geschäftsbericht neben JA und Lagebericht (*IDW* Stellungnahme WPg 2002, 1379) oder in den Geschäftsblättern (§ 25 AktG) mit Verfügbarkeit der Erklärung am Ort der HV (*Hüffer* AktG[6] § 161 Anm 23) erfolgen.

Die Erklärung nach § 161 AktG zum CorpGov-Kodex (Entsprechenserklärung) hat zum Inhalt, dass Vorstand und AR jährlich erklären, dass den vom BMJ im amtlichen Teil des elektronischen BAnz bekannt gemachten Empfehlungen der „Regierungskommission Deutscher Corporate Governance Kodex" entsprochen wurde und wird oder welche Empfehlungen nicht angewendet wurden oder werden.

Zur Erfüllung der Anforderungen der Entsprechenserklärung nach § 161 AktG ist mindestens erforderlich:

- Erklärung seitens Vorstand und AR;
- Abgabe turnusmäßig einmal im Kj;
- Erklärung über die Anwendung der CorpGovKodex-Empfehlungen (hierzu gehören allein die Soll-Empfehlungen des Kodex; die jeweils aktuelle Fassung des Kodex ist zu beziehen über *www.ebundesanzeiger.de Link Amtlicher Teil*);
- Erklärung über die Nichtanwendung von im Einzelnen zu nennenden Soll-Verhaltensempfehlungen;
- vergangenheits- und zukunftsbezogene Aussage über die Anwendung und Nichtanwendung; hierbei muss die vergangenheitsbezogene Aussage den Zeitraum von der Abgabe der vorigen Erklärung bis zur Abgabe der aktuellen Erklärung umfassen, damit keine Erklärungslücke entsteht. Der Zeitraum der zukunftsbezogenen Aussage ist str. *LG Schweinfurt* (1. 12. 2003, WPg 2004, 339) hält eine Beschränkung auf das laufende Gj für ausreichend. Demgegenüber verlangt die wohl hM eine Reichweite vom Zeitpunkt der gegenwärtigen Abgabe bis zur geplanten Abgabe der Folgeerklärung (*IDW PS 345* Ziff 25; *Seibert* Anmerkungen zu oa U, WPg 2004, 341), so dass ein kontinuierliches Bild der Befolgung oder Nichtbefolgung des Kodex entsteht.

Der Inhalt der nach § 161 AktG vorgeschriebenen Erklärung selbst ist nicht in den Anhang aufzunehmen (*Begr RegE TransPuG,* BT-Drs 14/8769, 25), auch nicht in den Lagebericht (*Semler* in MünchKom AktG § 16 Anm 164). Stattdessen ist die Angabe über das Zugänglichmachen der Erklärung vorgeschrieben.

Umfasst die Erklärung nicht alle genannten Anforderungen, liegt keine gesetzmäßige Erklärung nach § 161 AktG vor (*IDW PS 345* Ziff 25); sie gilt als nicht abgegeben. Es kommt dabei nicht auf die inhaltliche Richtigkeit an, sondern auf das Vorhandensein der wesensnotwendigen Mindestbestandteile in der Erklärung.

Wird die Fassung des Kodex geändert und im BAnz bekannt gemacht, ergibt sich hieraus keine Pflicht, vor Ablauf des 12-Monatszeitraums eine neue Entsprechenserklärung abzugeben (*IDW PS 345* Ziff 10; *Gelhausen/Hönsch,* AG 2003, 367). Das ergibt sich daraus, dass sich die Entsprechenserklärung naturgemäß immer nur auf den im BAnz bekannt gemachten aktuellen Kodex in der zum Zeitpunkt ihrer Abgabe geltenden Fassung beziehen kann. Es empfiehlt sich deshalb, die Erklärung mit einem Datum zu versehen. Eine freiwillige neue zukunftsbezogene Erklärung ist jedoch zulässig. 262

Ändert die AG die Befolgung der Kodex-Empfehlungen, ist sie verpflichtet, die Entsprechenserklärung unverzüglich zu aktualisieren (*Semler* in MünchKom AktG § 161 Anm 121) und diese in Abkehr von ihrem Abgabeturnus bekannt zu machen.

Wird im Anhang angegeben, dass keine Entsprechenserklärung nach § 161 AktG abgegeben wurde, enspricht dies nicht der geforderten Anhangangabe mit den entspr Folgen für den BVm (*IDW PS 345* Ziff 31; aA *Dörner/Wirth* in HdR[5] §§ 284–288 Anm 387 mit Hinweis auf die wahrheitsgemäße Berichterstattung; *Ringleb* in Ringleb/Kremer/Lutter/v. Werder, Kodex-Kommentar 2003, Anm 1011).

R. Zusatzangaben für kapitalmarktorientierte Unternehmen über das im Geschäftsjahr erfasste Honorar des Abschlussprüfers (S 1 Nr 17)

I. Allgemeines

Diese Vorschrift ist durch Art 1 Nr 5 lit a BilReG eingeführt worden, um die JA-Adressaten über die Vergütungen des AP zu informieren. Diese Angabe ist von kapmarktUnt iSv § 267 Abs 3 S 2 (also auch von kleinen Ges) in jedem Anhang zu machen, erstmals im Anhang des JA für das Gj, das nach dem 31. Dezember 2004 beginnt (Art 58 Abs 3 S 1 EGHGB). Dies gilt auch für entspr Unt, die unter das PublG fallen (§ 3 Abs 1 Nr 3–5, § 5 Abs 2 S 2 idF des BilReG), für Kreditinstitute und Finanzdienstleistungsinstitute (§ 340 a Abs 1), VersicherungsUnt (§ 341 a Abs 1) und für den Anhang eines freiwillig offen gelegten IFRS-EA gem § 325 Abs 2a. Die Regelung orientiert sich weitestgehend an der Empfehlung zur Unabhängigkeit des AP in der EU sowie am Vorschlag der Kommission für eine Richtl des Europäischen Parlaments und des Rates über die Prüfung des JA und des KA und zur Änderung der Richtl 78/660/EWG und 83/349/EWG (Novellierung der Abschlussprüfer-Richtl v 16. 3. 2004 RegE BilReG BR-Drs 326/04 v 30. 4. 2004, 60). Sie geht über die Empfehlung des Deutschen CorpGovKodex in Ziff 7.2.1 hinaus, nach der Informationspflicht nur ggü dem AR besteht. 265

Die Vorschrift bezweckt die Gewährleistung und Stärkung der Unabhängigkeit und Objektivität des AP (Beschlussempfehlung und Bericht des Rechtsausschusses BT-Drs 15/4054 v 27. 10. 2004, 72) und die mögliche Vermeidung der Besorgnis der Befangenheit im Rahmen des Transparenzgebotes. Sie steht iZm den §§ 319, 319 a idF des BilReG bezüglich der Vereinbarkeit bzw Nichtvereinbarkeit von bestimmten Beratungsleistungen mit der Tätigkeit des AP.

Nr 17 bestimmt deshalb, dass kapmarktUnt im Anhang das im Gj als Aufwand für den AP erfasste Honorar für a) die Abschlussprüfung, b) sonstige Bestätigungs- oder Bewertungsleistungen, c) Steuerberatungsleistungen und d) sonstige Leistungen angeben müssen.

Gegenstand der Angabe ist jeweils das **Gesamthonorar des AP** in €, ggf T€ oder Mio€, aufgegliedert nach seinen Vergütungsbestandteilen für die einzelnen genannten Tätigkeitsbereiche, nicht die ggf vereinbarten Stunden/Tagewerke und Stundensätze. Vj-Zahlen sind nicht angabepflichtig.

II. Das im Geschäftsjahr als Aufwand erfasste Honorar für den Abschlussprüfer

266 Unter **Honorar** ist die Gesamtvergütung für die Tätigkeit des AP für die berichtende Ges (Leistungen für TU werden durch § 314 Abs 1 Nr 9 nF Anm 92 erfasst) zu verstehen. Es spielt dabei keine Rolle, ob sie auf einem Werkvertrag (§ 631 BGB), Dienstvertrag (§§ 611ff BGB) oder Dauerauftragsverhältnis basiert, ob es sich um ein Pauschalhonorar (wobei seine Zulässigkeit nicht unbedenklich ist, s *WPH*[12] *I* A Anm 515), um eine Vergütung auf Stundenbasis (Zeitgebühr) oder eine Wertgebühr handelt. Es gehören sowohl Vergütungen für einmalige, nicht wiederkehrende als auch wiederkehrende Leistungen dazu. In Anbetracht dieser verschiedenartigen Vergütungsarten kann das Gesamthonorar des AP im Zeitvergleich starken Schwankungen unterliegen. Ferner spielt die Art der Abrechnung (Vorschüsse, Teil-, Abschlags-, Schlussrechnung) keine Rolle.

Das Honorar schließt den berechneten Auslagenersatz (Tage- und Übernachtungsgelder, Fahrt- und Nebenkosten, Berichts- und Schreibkosten usw) mit ein (vgl die WPK-Mitt zur letzten Gebührenordnung in *WPH*[9] *I*, 137; die Gebührenerl der Bundesländer für die Pflichtprüfung des JA gemeindlicher Betriebe, *WPH*[12] *I* A Anm 516ff sowie § 1 Abs 1 StBGebV), nicht jedoch die USt. Schadensersatzansprüche ggü dem AP mindern das anzugebende Honorar nicht.

267 Bezüglich des Zeitraums, auf den sich das Honorar bezieht, und des Zeitpunkts, zu dem das Honorar von der Angabepflicht erfasst wird, bestimmt Nr 17, dass die Angabe **das im Gj** (ggf RumpfGj) **als Aufwand erfasste Honorar** umfasst. Es kommt nicht auf den Zeitpunkt der Honorarvereinbarung oder -zahlung an, sondern auf die Aufwandserfassung im Gj, über das berichtet wird (Beschlussempfehlung und Bericht des Rechtsausschusses BT-Drs 15/4054 v 27. 10. 2004, 73). In Anbetracht der verschiedenen Vergütungsarten stellt die Honorarangabe somit keinen homogenen leistungszeitgleichen Betrag dar. Da für die Vergütung für die APr (Nr 17a) im Gj, das zu prüfen ist, eine Rückstellung zu bilden ist (§ 249 Anm 16 und 100), ist dieser Betrag anzugeben. Für die Vergütungen der übrigen Leistungen wird auf den Zeitpunkt der Leistungserbringung abzustellen sein, da dann der Aufwand zu buchen ist. Im Rahmen der Rückstellungsbildung stellt sich die Frage, wie nachträgliche Abweichungen zu behandeln sind. Liegt das Honorar über dem Rückstellungsbetrag, ist nach dem Wortlaut der Vorschrift der Abweichungsbetrag im folgenden Gj zu erfassen und anzugeben. Ist ein Teil der Rückstellung aufzulösen, dürfen diese Beträge im folgenden Gj nicht mit dem Aufwand verrechnet werden (s § 275 Anm 102). Handelt es sich in diesem Fall idR um unwesentliche Schätzdifferenzen, wird es nicht zu beanstanden sein, wenn der Auflösungsbetrag gegen die Honorarangabe im folgenden Gj verrechnet wird.

Enthält im Falle eines Wechsels des AP der vom neuen AP zu prüfende Abschluß noch Honorare des vorhergehenden AP, sind diese unter der entspr Kategorie getrennt anzugeben, damit die Honorarangabe für den neuen AP nicht überhöht ausgewiesen wird.

268 Anzugeben ist das **Honorar für den AP** iSd § 319 Abs 1 S 1, 2 (WP u WPG), der gewählt und beauftragt wurde, nicht allein für die APr, denn die

Angabepflicht umfasst auch das Honorar für weitere zulässige Tätigkeiten des AP (Nr 17 b–d).

Als AP iSd Nr 17 können auch **mehrere AP** gewählt und beauftragt werden mit der Maßgabe, entweder eine gemeinsame oder eine voneinander unabhängige Prüfung durchzuführen (§ 318 Anm 12). Anzugeben sind in diesem Falle alle Vergütungen, die die gesetzlichen AP für ihre Tätigkeiten der Nr 17 a–d erhalten. Fraglich ist, ob diese Honorare zusammengefasst werden dürfen. Im Hinblick auf den Sinn und Zweck der Vorschrift, die Unabhängigkeit des AP zu stärken und die Besorgnis der Befangenheit zu vermeiden, ist diese Frage zu verneinen (so auch ohne Begr *Pfitzer/Oser/Orth*, 44), da sich hiernach die Beurteilung des Gesamthonorars und seiner Bestandteile nach Nr 17 a–d durch die JA-Adressaten auf den jeweiligen *AP* und nicht auf die Ges zu beziehen hat.

Eine **Sozietät** selbst kann nicht AP sein, sondern nur die einzelnen WP-Sozien (§ 319 Anm 11). Die Angabepflichten richten sich nach den Grundsätzen für die Gemeinschaftsprüfung.

Im Falle einer **gerichtlichen Ersetzung** des gewählten AP durch einen neuen gem § 318 Abs 3 nF Anm 17 ist das Honorar des ersteren nicht anzugeben, da er nicht mehr der wirksam bestellte AP ist. Bleibt er im Rahmen seiner Beauftragung für Tätigkeiten nach Nr 17 b–d weiterhin tätig, sind die entspr Vergütungsbeträge ebenfalls nicht in die Angabe einzubeziehen. Das Gleiche gilt bei **nachträglichem Wegfall des gewählten und bestellten AP** (durch Tod, Erlöschen, Rücknahme oder Widerruf der Bestellung als WP sowie Kündigung nach § 318 Abs 6 Anm 34) und gerichtlicher Bestellung eines anderen AP gem § 318 Abs 5 Anm 26. Die Angabepflichten (a–d) sind für den neuen AP zu erfüllen. Fällt der gewählte AP wegen schädlicher Leistungen iSv §§ 319 Abs 2–5, 319 a weg, verliert er seinen Anspruch auf Vergütung der Prüfungsleistung; eine entspr Angabepflicht entfällt.

Hinsichtlich der Abgrenzung des Personenkreises des gesetzlichen AP stellt **269** sich die Frage, ob ihm Vergütungen für zulässige Nicht-Abschlussprüfungsleistungen (Nr 17 b–d), die von **verbundenen Unternehmen** (§ 271 Abs 2) oder anderen ihm **nahe stehenden Personen** erbracht werden, zuzurechnen sind und mithin unter die Angabepflicht fallen. Gem dem klaren Wortlaut der Vorschrift ist dies nicht der Fall. Anzugeben sind nur die Honorare des gesetzlichen AP.

III. Die anzugebenden Tätigkeitsbereiche des Abschlussprüfers

Zum anzugebenden Honorar gehören die Vergütungen für Leistungen des **270** AP in folgender Aufgliederung, wobei eine weitere Aufgliederung der Beträge pro Kategorie nicht vorgeschrieben ist:

a) Abschlussprüfung

Hierzu gehört der gesamte Aufwand für die gesetzliche APr nach § 316 Abs 1 **271** und 2 (JA und KA), ggf einschl der Nachtragsprüfung nach § 316 Abs 3, der Prüfung eines offenzulegenden IFRS-EA (s § 324 a Anm 5) und ggf der gesetzlichen Prüfung des Risikofrüherkennungssystems iSv § 317 Abs 4 sowie der Prüfung iSv § 53 HGrG. Die ggf den kapmarktUnt von der BaFin belasteten Kosten gem § 17 c FinDAG sind nicht anzugeben, da sie nicht für den gesetzlichen AP bestimmt sind. Es muß sich immer um Prüfungsleistungen handeln, die im Rahmen der JAP anfallen *(s IDW PS 201).* Hat der AR seinen Prüfungsauftrag um weitere Leistungen (auch nachträglich) erweitert, gehört deren Vergütung gleichfalls dazu, ebenso wie die Vergütungen für durch den Prüfungsauftrag nicht gedeckte, aber vom AP für notwendig erachtete Arbeiten/Leistungen im Rahmen der APr.

b) Sonstige Bestätigungs- oder Bewertungsleistungen

272 Hierzu gehören insb andere berufstypische Prüfungsleistungen außerhalb der JAP: Gründungs-, Verschmelzungs-, Spaltungsprüfung, Prüfung des UntVertrags nach § 293 AktG, Prüfung des Abhängigkeitsberichts nach § 313 AktG, Prüfungen nach § 16 MaBV, Sonderprüfungen nach §§ 142, 315 AktG, Prüfungen von Quartals-/Zwischenabschlüssen (aA *Pfitzer/Oser/Orth* DB 2004, 2595, die sie für zu a) gehörig halten; *Heuser/Theile* in GmbH-Handbuch II Anm 885.1), Prüfungen von Bilanzen bei Kapitalerhöhungen aus GesMitteln (*IDW PH* 9.400.6), Web-Trust-Prüfungen (*IDW PS* 890), freiwillige Sonderprüfungen des IKS, des Risikomanagementsystems und von CorpGov-Angelegenheiten außerhalb der JAP, alle Arten von betriebswirtschaftlichen Prüfungen, Kreditwürdigkeits- und Unterschlagungsprüfungen, due diligence, Reviews (*IDW PS* 900; aA *Pfitzer, Oser, Orth*, 45; *Heuser/Theile* aaO, die sie für zu a) gehörig halten), Comfort Letter (*IDW PS* 910), Umweltaudit, (*IDW PS* 820). Wegen § 319a Abs 1 Ziff 2 nF werden Bewertungsleistungen vom AP kaum noch erbracht werden dürfen. In Frage kommen Verkaufspreisermittlungen, Schadensberechnungen.

Es handelt sich insb um hin und wieder erbrachte Leistungen, aber auch zT um Leistungen, die auch von Nicht-WP erbracht werden können.

c) Steuerberatungsleistungen

273 Soweit sie zulässig sind (s § 319a Anm 11), kommen in Frage: Beratung iZm der Abgabe von Steuererklärungen, Aufzeigen von Gestaltungsinitiativen und -alternativen, Beratung in Steuergestaltungsfragen, Hinweise auf eine bestehende Steuerrechtslage zu bestimmten Situationen.

d) Sonstige Leistungen

274 Hier handelt es sich um einen Auffangtatbestand für alle weiteren zulässigen Leistungen des AP, wie zB prüfungsnahe Beratung: Hinweise und Vorschläge zur Beseitigung von Fehlern oder Lücken im JA (*Begr RegE BilReG* BR-Drs 326/04, 90), Beratung in Buchhaltungsangelegenheiten, soweit sie nicht iZm der JAP stehen.

S. Angaben zu derivativen Finanzinstrumenten (S 1 Nr 18)

I. Allgemeines

280 Mit S 1 Nr 18 iVm S 2–4 wurde aufgrund der teilweise verpflichtenden Transformation die Berichterstattungspflicht, wie sie sich aus Art 43 Abs 1 Nr 14a, Art 42a Abs 2 und Art 42b Abs 1 der Bilanzrichtl 78/660/EWG idF der Fair-Value-Richtl ergibt (Richtl 2001/65 EG des Europäischen Parlaments und des Rats v 27. 9. 2001, ABl EG Nr L 283, 28), im Rahmen des BilReG in die Anhangvorschriften des § 285 eingefügt.

Hiernach sind im Anhang verschiedene Angaben (Art, Umfang und beizulegender Zeitwert – fair value –) über derivative Finanzinstrumente zu machen.

Die neuen Vorschriften bezwecken die Stärkung der Informationsfunktion des Anhangs im Hinblick auf die Vergleichbarkeit des JA auf internationalem Niveau (*Begr RegE BilReG* BR-Drs 326/04 v 30. 4. 2004, 61) und sollen den JA-Adressaten Informationen über den Umfang und Zeitwert derivativer Finanzinstrumente geben, da diese erhebliche Auswirkungen auf die finanzielle Lage einer Ges haben können (Richtl 2001/65 EU des Europäischen Parlaments und des Rates, Präambel (14) aaO, 29).

Die Angaben der Nr 18 sind von allen **großen und mittelgroßen KapGes/KapCoGes** sowie von den unter das PublG fallenden Unt (§ 3 Abs 1 iVm § 5 Abs 2 S 2 PublG nF), von Kredit- und Finanzdienstleistungsinstituten (§ 340a Abs 1) und VersicherungsUnt (§ 341a Abs 1) in jedem Anhang unabhängig von ihrer Wesentlichkeit für das Unt (aA *Hoffmann/Lüdenbach* GmbHR 2004, 147) zu machen. Die Angabe von Vj-Zahlen ist nicht vorgeschrieben (s aber § 284 Anm 21). Für kleine KapGes/KapCoGes entfällt die Angabepflicht (§ 288 S 1 nF). Zu berichten ist erstmals für Gj, die nach dem 31. 12. 2003 beginnen (Art 58 Abs 2 S 1 EGHGB).

Die Angabepflichten nach Nr 18 umfassen für jede Kategorie von derivativen Finanzinstrumenten (nicht für alle Finanzinstrumente) Art, Umfang und beizulegenden Zeitwert unter Angabe der angewandten Bewertungsmethode, eines ggf vorhandenen Buchwerts und des diesen enthaltenden Bilanzpostens. Die Vorschrift ersetzt evtl Angabepflichten nach § 285 S 1 Nr 3 Anm 45. Die **Form** dieser verschiedenen Angaben regelt die Vorschrift nicht. Da es sich teils um Zahlenangaben, teils um Beschreibungen und Erl handelt, empfiehlt sich bei umfangreicher Berichterstattung eine 7-spaltige Aufstellung folgender Art: **281**

Kategorie/Art/Umfang/beizulegender Zeitwert/Buchwert/Bilanzposten /Erl zu den angewandten Bewertungsmodellen oder -methoden.

Sind Derivate Gegenstand eines Sicherungsgeschäfts, sind sie ohne Saldierung mit dem Grundgeschäft (Bildung einer Bewertungseinheit) zu erfassen; das folgt aus dem Zweck der Vorschrift, die Bedeutung für und mögliche Auswirkungen auf die Finanzlage der Ges aufzuzeigen.

II. Die derivativen Finanzinstrumente

Derivative Finanzinstrumente sind unbestimmte Rechtsbegriffe, die auch die europäischen Richtl offen lassen (BR-Drs 326/04, 61). § 1 Abs 11 S 4 KWG und § 2 Abs 2 WpHG verwenden den Begriff Derivate. Auch hierfür gibt es keine exakte Definition (*Reischauer/Kleinhaus* KWG-Kommentar 2004 § 1 Anm 346a). Im Sinne dieser Gesetze handelt es sich idR um Verträge, die auf den künftigen Kauf/Verkauf bzw über Rechte zum künftigen Kauf/Verkauf originärer Finanzinstrumente abzielen, also bedingte oder unbedingte Termingeschäfte (§ 246 Anm 150ff) in der Form eines Fest- oder Optionsgeschäfts, bei denen der Erfüllungszeitpunkt hinausgeschoben ist und deren Preis sich in einem bestimmten Verhältnis zur Entwicklung ihres Basiswerts bewegt. Als Basiswerte kommen Wertpapierkurse, Devisenkurse, Zinssätze, Börsen- oder Marktpreise von Geldmarktinstrumenten, Indizes, Börsen- oder Marktpreise von Rohstoffen und anderen Waren in Frage. Bsp für Derivate finden sich in *Reischauer/Kleinhaus* aaO § 1 Anm 349. Nach *IDW RH HFA 1.005* Anm 5 gilt die KWG-/WpHG-Begriffsbestimmung auch für Nr 18. Ihr Zweck kann Absicherung eines risikobehafteten Geschäfts gegen Wertverlust oder Spekulation sein. **282**

Nach S 2 gehören ausdrücklich auch solche Warenkontrakte dazu, bei denen jede Vertragspartei zur Abgeltung in bar oder durch ein anderes Finanzinstrument berechtigt ist, nicht jedoch Warenkontrakte, die zur Absicherung/Abdeckung eines erwarteten physischen Bedarfs für Erwerb/Veräußerung/Eigengebrauch dienen, sofern dieser Zweck bei Vertragsabschluss bestand und am Bilanzstichtag noch besteht, und bei denen mit der Lieferung der Ware der Vertrag als erfüllt gilt. Diese Regelung wurde von IAS 39.5 (rev 2004) übernommen. Infrage kommen zB Strom- sowie Erz-/Edelmetallgeschäfte.

283 Nach den GoB handelt es sich bei den Derivaten um schwebende Geschäfte, die außer bei Vorleistungen oder drohenden Verlusten nicht in der Bilanz zu erfassen, nunmehr aber im Anhang anzugeben sind. Die Angaben sind für jede **Kategorie** der Derivate zu machen. Der Begriff „Kategorie" in diesem Zusammenhang wurde aus IAS 39.9 entnommen. Danach sind die Finanzinstrumente in vier Kategorien eingeteilt: held for trading, held to maturity, loans and receivables, available for sale. Da Derivate nur zur Kategorie "held for trading" gehören, führt die IAS-Definition hier nicht weiter. Maßgebend für die Bildung und Abgrenzung einer Kategorie ist die Gleichartigkeit der dem Derivate-Vertrag zugrunde liegenden Basiswerte iSv § 1 Abs 11 Nr 2 S 4 KWG, mithin nach *IDW RH HFA 1.005* Anm 12: zinsbezogene Geschäfte, währungsbezogene Geschäfte, aktien-/indexbezogene Geschäfte und sonstige Geschäfte. Sind derivative Finanzinstrumente mehreren Kategorien zuzuordnen (zB cross-currency-Zinsswaps), sind sie unter einer eigenständigen Kategorie oder gesondert unter den sonstigen Geschäften zu erfassen (*IDW RH HFA 1.005* Anm 13). Eine Einzelangabe wesentlicher Verträge ist nicht erforderlich.

III. Die Einzelangaben

1. Allgemeines

284 Anzugeben sind für jede Kategorie der derivativen Finanzinstrumente Art, Umfang, beizulegender Zeitwert, dessen angewandte Bewertungsmethode, ein ggf vorhandener Buchwert und der Bilanzposten, in dem der Buchwert erfasst ist. Die geforderten Zahlenangaben sind in € zu machen (§ 244), wobei auch eine Angabe in der jeweiligen Währung unter Angabe des Kurses am Bilanzstichtag zulässig ist.

285 Über den Zeitpunkt, zu welchem die Angaben über die Derivate-Verträge zu machen sind, sagt die Vorschrift expressis verbis nichts. Aus dem Gesetzeszusammenhang ist zu folgern, dass die Angabepflicht sich auf die schwebenden Vertragsverhältnisse **am Bilanzstichtag** bezieht (*IDW RH HFA 1.005* Anm 11).

2. Angaben zu Art und Umfang

286 Anzugeben sind Art und Umfang der derivativen Finanzinstrumente. Zu den **Arten** derivativer Finanzinstrumente zählen nach *IDW RH HFA 1.005* Anm 14 Optionen, Futures, Swaps und Forwards. Die Angabe des **Umfangs** bedeutet die Angabe des Ausmaßes der derivativen Finanzinstrumente, das ist nach *IDW RH HFA 1.005* Anm 15 der Nominalwert.

3. Angabe des beizulegenden Zeitwerts

287 Nr 18b verlangt die Angabe des beizulegenden Zeitwerts der betreffenden derivativen Finanzinstrumente. Der Betriff „beizulegender Zeitwert" ist durch das BilReG durch Übersetzung des Begriffs „Fair Value" aus IAS 32.11 (rev 2004) in das HGB eingeführt worden. Er unterscheidet sich vom „beizulegenden Wert" des HGB (s § 253 Abs 2 S 3, Abs 3 S 1). Unter beizulegendem

Zeitwert ist der Betrag zu verstehen, zu dem zwischen sachverständigen, vertragswilligen und voneinander unabhängigen Geschäftspartnern ein VG getauscht oder eine Verbindlichkeit beglichen werden könnte (*IDW PS* 315, Ziff 7); er entspricht demnach iw dem Einzelveräußerungspreis des VG bzw der Schuld.

Anzugeben ist jeweils der beizulegende Zeitwert zum **Bilanzstichtag** (Anm 285). *IDW RH HFA 1.005* Anm 16 empfiehlt, derivative Finanzinstrumente mit positiven beizulegenden Zeitwerten getrennt von solchen mit negativen beizulegenden Zeitwerten darzustellen.

Der beizulegende Zeitwert kann grds auf unterschiedliche Weise ermittelt **288** werden. Dabei ist der Grundsatz der Bewertungsmethodenstetigkeit des § 252 Abs 1 Nr 6 zu beachten. Ziel ist iSd Gesetzes eine möglichst marktnahe und damit objektivierte Bewertung. Hierzu geben § 285 S 3–4 iVm Nr 18b Erl mit Präferenzreihenfolge vor. S 3 bestimmt, dass der beizulegende Zeitwert dem **Marktwert** entspricht, sofern dieser ohne weiteres verlässlich feststellbar ist. Auf einem aktiven Markt ist dies immer der Fall, zB Börse, OTC-Markt, ggf (wenn verlässlich) ein Markt zwischen Brokern. Hier ist der öffentlich notierte Marktpreis direkt beobachtbar und zwingend anzusetzen.

Ist kein Marktpreis zum Bilanzstichtag feststellbar, ist im Rahmen der nächs- **289** ten Wertfindungsstufe nach S 4 ein **aus den Marktwerten der einzelnen Bestandteile** des Derivats **abgeleiteter Zeitwert** zu ermitteln, sofern dies möglich ist und ein verlässlicher (= aktiver) Markt für die einzelnen Bestandteile besteht. Als einzelne Bestandteile kommen ua in Frage: Referenzzinssatz, aktueller Zinssatz am Bilanzstichtag, Volatilität, Basispreis, Kassakurs am Bilanzstichtag). Diese Methode ist nur anzuwenden, wenn sie eine angemessene Annäherung an den beizulegenden Zeitwert gewährleistet.

Ist dies nicht der Fall, ist der beizulegende Zeitwert aus dem **Marktwert** **290** **eines gleichwertigen Derivats** abzuleiten. Das Gesetz spricht von einem „gleichwertigen" Finanzinstrument. Hier handelt es sich um eine verunglückte Transformation des Art 42b Abs 1a der Richtl 2001/65/EG v 27. 9. 2001, 30, der von einem „gleichartigen" Finanzinstrument spricht. Die Gleichwertigkeit des Finanzinstruments als Voraussetzung für die Ableitung macht keinen Sinn, da ja gerade ein Wert, nämlich der beizulegende Zeitwert, zu ermitteln ist.

Bei der Wertfindung aus den Marktwerten gleichartiger Derivate können aktuelle Marktwerte oder solche der Vergangenheit (maximal 12 Monate) unter entspr Anpassung an den Bilanzstichtag herangezogen werden. Unter dem Gesichtspunkt einer marktnahen Zeitwertermittlung sollte die Gleichartigkeit nicht zu eng abgegrenzt werden, sondern auch *vergleichbare* Derivate in die Wertfindung einbezogen werden, wobei ggf Besonderheiten, die die Vergleichbarkeit beeinträchtigen, zu bereinigen sind.

Sofern ein beizulegender Zeitwert nach den vorstehenden Methoden nicht **291** verlässlich feststellbar ist, ist dieser mit Hilfe **allgemein anerkannter Bewertungsmodelle und -methoden** zu bestimmen, sofern diese eine angemessene Annäherung an den Marktwert gewährleisten. Zur Anwendung können Optionspreismodelle (Black-Scholes-Merton-Modell oder ein anerkanntes Binominalmodell) kommen. Gem S 5 sind die tragenden Annahmen des angewandten Modells oder der angewandten Methode anzugeben (s hierzu Anm 310).

Liegen für alle in S 3 und 4 genannten Wertfindungsmethoden die Vorausset- **292** zungen nicht vor und **kann der beizulegende Zeitwert nicht bestimmt werden,** entfällt die Angabe des beizulegenden Zeitwerts unter Nennung der hierfür bestehenden Gründe (s Anm 320). Die anderen Angabepflichten der Nr 18a und b bleiben jedoch bestehen.

4. Angabe der angewandten Bewertungsmethode

293 Die Vorschrift der Nr 18b verlangt eine Berichterstattung über die angewandte Bewertungsmethode bei der Ermittlung des beizulegenden Zeitwerts. Im Falle der Marktbewertung genügt ein entspr Hinweis. Bei einer marktnahen Bewertung iSd S 4 (Anm 289f) sind die einzelnen Bestandteile bzw die gleichartigen/vergleichbaren Finanzinstrumente anzugeben, aus denen der beizulegende Zeitwert abgeleitet wurde. Bei Anwendung allgemein anerkannter Bewertungsmodelle und -methoden ist das benutzte Modell und die benutzte Methode zu nennen; die Vorschrift wird ergänzt durch S 5, der bestimmt, dass die tragenden Annahmen anzugeben sind, die jeweils der Bestimmung des beizulegenden Zeitwerts zugrunde gelegt wurden (s Anm 310).

Bei der Bewertung nach S 4 ist in jedem Falle die Ermittlungsmethode offenzulegen; ein Hinweis auf die Herkunft der beizulegenden Zeitwerte (zB Bankauskünfte über die Preise gleichartiger Derivate) oder seiner Bestandteile reicht nicht aus. Deshalb müssen die Auskünfte der Geschäftspartner Angaben über die Ermittlungsmethode der mitgeteilten Werte umfassen (*IDW RH HFA 1.005* Anm 20).

5. Angabe jeweils des Buchwerts und des Bilanzpostens

294 Anzugeben sind ferner ein ggf vorhandener Buchwert, mit dem das derivative Finanzinstrument zum Bilanzstichtag bilanziert ist, und der Bilanzposten, in welchem der Buchwert erfasst ist. Nach HGB handelt es sich bei den Derivaten um schwebende Geschäfte, die anders als nach IAS 39 idR nicht bilanziert werden, außer es sind beim Käufer AK angefallen oder es drohen Verluste aus der Abwicklung (*Flintrop* in Beck IFRS § 18 Anm 70) bzw der Verkäufer hat empfangene Zahlungen zu passivieren. Nicht zu den AK gehören iZm Futures gezahlte Sicherheitsleistungen (initial margins, variation margins), da sie eigene VG darstellen (vgl auch IAS 39 I G B.10 – rev 2004).

Buchwert und Bilanzposten nach Maßgabe von § 266 Abs 2 und 3 sind in jedem Fall anzugeben, um dem JA-Adressaten ein vollständiges Bild der Vertragssituation über Derivate zu geben, da der Grundsatz der Wesentlichkeit hier nicht greift.

T. Angaben zu bestimmten Finanzinstrumenten in den Finanzanlagen (S 1 Nr 19)

I. Allgemeines

300 Mit S 1 Nr 19 iVm S 2–4 wurden Art 43 Abs 1 Nr 14b, Art 42b Abs 1 der Bilanzrichtl 78/660/EWG idF der Fair-Value-Richtl (Richtl 2001/65/EG des Europäischen Parlaments und des Rates v 27. 9. 2001 Abl EG Nr L 283, 28) transformiert. Hiernach sind für unter den Finanzanlagen iSd § 266 Abs 2 A. III ausgewiesene Finanzinstrumente, die in Ausübung des Wahlrechts nach § 253 Abs 2 S 3 iVm § 279 Abs 1 in Anbetracht nur vorübergehender Wertminderung nicht auf den niedrigeren beizulegenden Wert am Abschlussstichtag außerplanmäßig abgeschrieben wurden, verschiedene Angaben (Buchwert, beizulegender Zeitwert, Gründe für das Unterlassen der außerplanmäßigen Abschreibung) zu machen. Zweck der Vorschrift ist wie bei Nr 18 die Stärkung der Informationsfunktion des Anhangs im Hinblick auf die Vergleichbarkeit des JA auf internationalem Niveau (*Begr RegE BilReG* BR-Drs 326/04v 30. 4. 2004, 61).

Die Angabepflicht betrifft **alle Kap/KapCoGes** sowie unter das **PublG** fallende Unt (§ 5 Abs 2 S 2 PublG idF des BilReG), Kredit- und Finanzdienstleistungsinstitute (§ 340a Abs 1) sowie VersicherungsUnt (§ 341a Abs 1) und besteht für jeden Anhang. Ein Vergleich mit Vj-Angaben ist nicht erforderlich (s aber § 284 Anm 21). Die Vorschrift ist erstmals für Gj, die nach dem 31. 12. 2003 beginnen, anzuwenden (Art 58 Abs 2 S 1 EGHGB). **301**

Die **Form** dieser verschiedenen Angaben regelt die Vorschrift nicht. Bei umfangreicher Berichterstattung empfiehlt sich eine Aufstellung, in der die einzelnen Finanzinstrumente zu angemessenen **Gruppierungen** zusammengefasst werden dürfen. Nach *IDW RH HFA 1.005* Anm 26 ist dies der Fall, wenn gleichartige Gründe für das Unterlassen von Abschreibungen vorgelegen haben. Die geforderten Zahlenangaben sind in Euro zu machen.

II. Die zu den Finanzanlagen gehörenden Finanzinstrumente

Der Begriff „Finanzinstrument" ist im HGB und in der EU-Richtl nicht definiert. Auch § 1 Abs 11 KWG gibt keine Definition, zählt aber eine Reihe von Finanzinstrumenten auf. Nach *Böcking* (BB 2005, 7) sind für den Rechtsbegriff „Finanzinstrument" die IFRS als Anlegungsmaßstab zugrunde zu legen. Nach IAS 32.11 (rev 2004) stellt ein Finanzinstrument einen Vertrag dar, der gleichzeitig bei dem einen Unt zu einem finanziellen Vermögenswert und bei dem anderen Unt zu einer finanziellen Verbindlichkeit oder einem Eigenkapitalinstrument führt. Finanzielle Vermögenswerte sind dabei: **302**

flüssige Mittel; EK-Instrumente anderer Unt; das Recht, flüssige Mittel oder andere finanzielle Vermögenswerte eines anderen Unt zu erhalten; das Recht, finanzielle Vermögenswerte oder finanzielle Schulden mit einem anderen Unt unter potenziell vorteilhaften Bedingungen tauschen zu können; Verträge, die mit eigenen EK-Instrumenten erfüllt werden oder werden dürfen.

Nach *IDW RH HFA 1.005* Anm 4 fallen unter den Begriff der Finanzinstrumente iSd Nr 18 und 19:

die von § 1 Abs 11 KWG bzw § 2 Abs 2b WpHG erfassten Instrumente (Wertpapiere, Rechte auf Zeichnung von Wertpapieren, Geldmarktinstrumente, Devisen oder Rechnungseinheiten sowie Derivate); Finanzanlagen iSd § 266 Abs 2 A. III; Forderungen iSd § 266 Abs 2 B. II Nr 1.3 und Verbindlichkeiten iSd § 266 Abs 3 C. Nr 1–2, 4–8.

Mithin sind alle Finanzanlagen iSd § 266 Abs 2 A. III Finanzinstrumente iSd Nr 19 (*IDW RH HFA 1.005* Anm 24). Zu ihnen gehören, sofern sie bestimmt sind, dauernd dem Geschäftsbetrieb zu dienen (§ 247 Abs 2):

Aktien, Aktienzertifikate, Anleihen, Geschäftsanteile an TU und assozUnt, Ausleihungen, Beteiligungen an Joint Ventures, sonstige Beteiligungen, Commercial Papers, Darlehen, Genußscheine, Investmentanteile, Optionsscheine, Rentenpapiere, Schuldscheine, Schuldverschreibungen, Wandel- und Optionsanleihen, sonstige Wertpapiere (vgl auch *Bohl/Scheinpflug* in Beck IFRS § 3 Anm 11 u 19).

Eine Berichterstattungspflicht über Finanzinstrumente unter den Finanzanlagen wird nur dann ausgelöst, wenn sie über ihrem zum Bilanzstichtag beizulegendem Zeitwert ausgewiesen werden. Das ist dann der Fall, wenn von dem Wahlrecht gem § 253 Abs 2 S 3 ganz oder teilweise Gebrauch gemacht wurde, die Finanzinstrumente nicht auf den niedrigeren beizulegenden Wert außerplanmäßig abzuschreiben, da der niedrigere beizulegende Wert nicht als dauerhaft angesehen wird (vgl § 253 Anm 295). Zu den Voraussetzungen für diese Beurteilung s § 253 Anm 401 ff. **303**

III. Die Einzelangaben

1. Angabe jeweils des Buchwerts und des beizulegenden Zeitwerts

305 Voraussetzung für die Angabepflichten ist, dass der Buchwert über dem beizulegenden Zeitwert des einzelnen Finanzinstruments liegt. Ist dies der Fall, sind der **Buchwert** und der beizulegende Zeitwert des einzelnen Finanzinstruments zum Abschlussstichtag anzugeben. Betrifft die Angabepflicht eine Mehrzahl unterschiedlicher Finanzinstrumente, dürfen diese mit ihren Buchwerten und beizulegenden Zeitwerten nach dem Gesetzeswortlaut zu **angemessenen Gruppierungen** zusammengefasst werden. Als Grobgliederung kommt die Untergliederung nach § 266 Abs 2 A III in Frage, ggf mit einer weiteren Untergliederung größerer Gruppen wie zB der Wertpapiere. Nach *IDW RH HFA 1.005* Anm 25 ist die Gruppenbildung danach auszurichten, dass jeweils vergleichbare Gründe für das Unterlassen der Abschreibung vorgelegen haben.

Die Ermittlung des anzugebenden beizulegenden **Zeitwerts** erfolgt gem Verweis in § 285 S 3 nach Maßgabe der für die Derivate geltenden Regeln des stufenweisen Vorgehens iSd S 3 und 4 (s Anm 287ff). Für Anteile an anderen Unt und Beteiligungen können als Bewertungsmodelle auch das Ertragswertverfahren oder das Discounted-Cash-Flow-Verfahren (vgl *IDW ES 1* nF, WPg 2005, 28) in Frage kommen.

306 Bei Anwendung allgemein anerkannter Bewertungsmodelle und -methoden wird die Vorschrift ergänzt durch S 5, der bestimmt, dass die tragenden Annahmen anzugeben sind, die jeweils der Ermittlung des beizulegenden Zeitwerts zugrunde gelegt wurden (s Anm 310). Das ergibt sich zwar nicht aus dem Gesetz (fehlender Verweis), aber aus der *Begr RegE BilReG* BR-Drs 326/04 v 30. 4. 2004, 61. Für die vergleichbaren Angabepflichten im Konzernanhang nimmt § 314 Abs 1 Nr 11 eindeutig auch Bezug auf § 285 S 5.

Das Gleiche gilt für die Angabepflicht nach S 6, nach der bei fehlender Bestimmbarkeit des beizulegenden Zeitwerts die Gründe dafür anzugeben sind (s Anm 320f).

2. Angabe der Gründe für das Unterlassen einer außerplanmäßigen Abschreibung gemäß § 253 Abs 2 S 3

308 Die Vorschrift der Nr 19b verlangt die Angabe der Gründe für das Unterlassen der außerplanmäßigen Abschreibung für jedes einzelne Finanzinstrument. Bei der Bildung von Gruppen gleichartiger Fälle darf auch diese Angabe zusammengefasst werden. Der Hauptgrund ist nach § 253 Abs 2 S 3, dass die Wertminderung nicht als dauerhaft angesehen wird. Eine bloße Wiederholung dieser gesetzlichen Voraussetzung als Erfüllung der Berichterstattungspflicht reicht jedoch nicht aus, da Nr 19b zusätzlich die Angabe von Anhaltspunkten verlangt, die darauf hindeuten, dass die Wertminderung voraussichtlich nicht von Dauer ist. Das bedeutet, dass zusätzliche Angaben zu machen sind zB über feststellbare Werterhöhungen zwischen Abschlussstichtag und Erstellung des JA, über fundierte nachvollziehbare Erwartungen und Chancen hinsichtlich weiterer Werterhöhungen (zB in Anbetracht vorliegender Anlaufverluste), über die Kurzfristigkeit von Ergebnisschwankungen bei Beteiligungen und Anteilen an anderen Unt, über eingeleitete bzw geplante Maßnahmen, die voraussichtlich eine Zeitwerterhöhung bewirken werden (*IDW RH HFA 1.005* Anm 28, 29).

U. Angabe der Annahmen bei der Bestimmung des beizulegenden Zeitwerts (S 5)

S 5 bestimmt, dass bei der Anwendung allgemein anerkannter Bewertungsmodelle und -methoden die tragenden Annahmen anzugeben sind, die jeweils der Bestimmung des beizulegenden Zeitwerts zugrunde gelegt wurden. Hiermit geht das BilReG über die Fair-Value-Richtl hinaus (*Begr RegE BilReG* BR-Drs 326/04 v 30. 4. 2004, 61). 310

Die Vorschrift ergänzt durch entspr Verweis die Angabepflichten der Nr 18b für den Fall, dass der beizulegende Zeitwert derivativer Finanzinstrumente mit Hilfe von allgemein anerkannten Bewertungsmodellen und -methoden erstellt worden ist (vgl Anm 291). Daraus ist zu schließen, dass hier eine umfassende und detaillierte Berichterstattung über die angewandten Modelle und Methoden erforderlich ist und ein Hinweis auf die Anwendung zB des Black-Scholes-Merton-Modells nicht ausreicht. Vielmehr ist über die einzelnen Parameter (risikoadäquate Zinssätze, Preise des Basiswertes, Restlaufzeiten, Volatilitäten usw) zu berichten, ohne jedoch auf Sensitivitäten, Bandbreiten und Ermessensspielräume einzugehen. Nach dem Wortlaut sind nur die „tragenden" Annahmen anzugeben; dementspr ist nur über die wesentlichen Annahmen zu berichten, nicht jedoch über Schätzunsicherheiten oder -risiken.

S 5 ist auch auf Nr 19 anzuwenden (s Anm 306). 311

V. Angabe der Gründe bei fehlender Bestimmbarkeit des beizulegenden Zeitwerts (S 6)

S 6 schreibt vor, dass die Gründe anzugeben sind, wenn der beizulegende Zeitwert nicht nach den Wertfindungsverfahren der S 3 und 4 verlässlich bestimmt werden kann. Diese Bestimmung geht über die Fair-Value-Richtl hinaus (*Begr RegE BilReG* BR-Drs 326/04 v 30. 4. 2004, 61), stammt aber wohl aus IAS 32.90 (rev 2004). 320

Sie kommt als Zusatzangabe für Nr 18b (Derivative Finanzinstrumente) in Betracht, obwohl es an einem Verweis dort sowie vice versa in S 6 fehlt.

Für Nr 19a (zu den Finanzanlagen gehörende Finanzinstrumente, die über ihrem beizulegenden Zeitwert ausgewiesen werden) ist S 6 nicht einschlägig, da ein beizulegender Zeitwert bei den Finanzanlagen schon nach § 253 Abs 2 S 3 2. HS ermittelt werden muss, um bei einer voraussichtlich dauernden Wertminderung eine außerplanmäßige Abschreibung vornehmen zu können.

Bei fehlender Bestimmbarkeit des beizulegenden Zeitwerts der derivativen Finanzinstrumente verlangt die Vorschrift die Erl der Gründe für die Unmöglichkeit. Dementspr sind nach Maßgabe der Wertfindungsverfahren der S 3–4 anzugeben: das Fehlen eines Marktwerts des Derivats selbst oder seiner Bestandteile, das Fehlen gleichartiger oder vergleichbarer Derivate oder dass anerkannte Modelle und Methoden keine Annäherung des beizulegenden Zeitwerts gewährleisten, weil der Anteil der Schätzungen und Annahmen sehr groß ist, oder dass keine anerkannten Modelle und Methoden zur Bestimmung eines angenäherten beizulegenden Zeitwerts zur Verfügung stehen. 321

§ 286 Unterlassen von Angaben

(1) **Die Berichterstattung hat insoweit zu unterbleiben, als es für das Wohl der Bundesrepublik Deutschland oder eines ihrer Länder erforderlich ist.**

(2) **Die Aufgliederung der Umsatzerlöse nach § 285 Satz 1 Nr. 4 kann unterbleiben, soweit die Aufgliederung nach vernünftiger kaufmännischer Beurteilung geeignet ist, der Kapitalgesellschaft oder einem Unternehmen, von dem die Kapitalgesellschaft mindestens den fünften Teil der Anteile besitzt, einen erheblichen Nachteil zuzufügen.**

(3) [1] **Die Angaben nach § 285 Satz 1 Nr. 11 und 11 a können unterbleiben, soweit sie**

1. **für die Darstellung der Vermögens-, Finanz- und Ertragslage der Kapitalgesellschaft nach § 264 Abs. 2 von untergeordneter Bedeutung sind oder**
2. **nach vernünftiger kaufmännischer Beurteilung geeignet sind, der Kapitalgesellschaft oder dem anderen Unternehmen einen erheblichen Nachteil zuzufügen.**

[2] **Die Angabe des Eigenkapitals und des Jahresergebnisses kann unterbleiben, wenn das Unternehmen, über das zu berichten ist, seinen Jahresabschluß nicht offenzulegen hat und die berichtende Kapitalgesellschaft weniger als die Hälfte der Anteile besitzt.** [3] **Satz 1 Nr. 2 findet keine Anwendung, wenn eine Kapitalgesellschaft einen organisierten Markt im Sinne des § 2 Abs. 5 des Wertpapierhandelsgesetzes durch von ihr oder einem ihrer Tochterunternehmen (§ 290 Abs. 1, 2) ausgegebene Wertpapiere im Sinne des § 2 Abs. 1 Satz 1 des Wertpapierhandelsgesetzes in Anspruch nimmt oder wenn die Zulassung solcher Wertpapiere zum Handel an einem organisierten Markt beantragt worden ist.** [4] **Im Übrigen ist die Anwendung der Ausnahmeregelung nach Satz 1 Nr. 2 im Anhang anzugeben.**

(4) **Bei Gesellschaften, die keine börsennotierten Aktiengesellschaften sind, können die in § 285 Satz 1 Nr. 9 Buchstabe a und b verlangten Angaben über die Gesamtbezüge der dort bezeichneten Personen unterbleiben, wenn sich anhand dieser Angaben die Bezüge eines Mitglieds dieser Organe feststellen lassen.**

(5) [1] **Die in § 285 Satz 1 Nr. 9 Buchstabe a Satz 5 bis 9 verlangten Angaben unterbleiben, wenn die Hauptversammlung dies beschlossen hat.** [2] **Ein Beschluss, der höchstens für fünf Jahre gefasst werden kann, bedarf einer Mehrheit, die mindestens drei Viertel des bei der Beschlussfassung vertretenen Grundkapitals umfasst.** [3] **§ 136 Abs. 1 des Aktiengesetzes gilt für einen Aktionär, dessen Bezüge als Vorstandsmitglied von der Beschlussfassung betroffen sind, entsprechend.**

Übersicht

Schrifttum: *Flämig* Erhebliche Nachteile, HURB, 141; *Bleckmann* Wohl der Bundesrepublik Deutschland oder eines ihrer Länder, HURB, 461; *Pfitzer/Wirth* Die Änderungen des Handelsgesetzbuches, DB 1994, 1937; *Klatte* Möglichkeiten des Verzichts auf Angaben von Organbezügen und Ergebnisverwendung, BB 1995, 35; *Kempter* Zum Recht des Vorstands, keine Angaben über die Gesamtbezüge von Organen der Gesellschaft zu machen BB 1996, 419.

A. Allgemeines

1 § 286 bestimmt, dass unter bestimmten Voraussetzungen Angaben im Anhang (§§ 284, 285) unterlassen werden müssen oder dürfen. Nach der Gesetzessystematik gilt diese Regelung nur für den Anhang, ggf auch für die gesonderte Aufstellung des Anteilsbesitzes nach § 287 und nicht für Bilanz, GuV und Lagebericht. Dabei spielt es keine Rolle, ob die Pflichtangaben in den §§ 284 und 285 oder an anderen Stellen kodifiziert sind (§ 284 Abs 1). Für die unter B. erörterte Schutzklausel des Abs 1 kommen alle Pflichtangaben in Frage, auch diejenigen, die wahlweise statt in der Bilanz bzw GuV im Anhang gemacht werden (§ 284 Anm 55; aA *Kupsch* in HdJ IV/4 Anm 54), sowie auch freiwillige Angaben. Unter die Schutzklausel des Abs 1 fallen jedoch idR nur einzelne und sektoriell begrenzte Angaben, so dass dieser Unterscheidung kaum praktische Bedeutung zukommt.

Das HGB unterscheidet zwischen der für alle Angaben im Anhang geltenden allgemeinen **Schutzklausel** als einer Pflicht zur Geheimhaltung im öffentlichen Interesse (Abs 1) und **Ausnahmeregelungen** für die Aufgliederung der Umsatzerlöse nach § 285 S 1 Nr 4 (Abs 2), für bestimmte Angaben über den Anteilsbesitz nach § 285 S 1 Nr 11 und 11a (Abs 3), für das Weglassen der Angabe der Organbezüge bei Gesellschaften, die keine börsennotierte AG sind (Abs 4) oder bei börsennotierten AG für das Weglassen der individualisierten Vorstandsbezüge nach § 285 S 1 Nr 9a S 5 (Abs 5). § 286 ist für **alle KapGes/KapCoGes,** eG, Kreditinstitute und VersicherungsUnt und gem § 5 Abs 2 S 2 PublG für dem PublG unterliegende Unt sowie auch für einen freiwilligen Anhang anwendbar.

Die in § 286 genannten Angaben dürfen auch nicht ggü einem Gester, in der HV oder GesV gemacht werden (§§ 131 Abs 3 AktG; 51a Abs 2 GmbHG).

B. Schutzklausel (Abs 1)

2 Die Berichterstattung im Anhang hat insoweit zu unterbleiben, als es für das Wohl der Bundesrepublik Deutschland oder eines ihrer Länder erforderlich ist.

Es besteht eine Pflicht zur Unterlassung der Berichterstattung, sofern dies im öffentlichen Interesse deutscher Gebietskörperschaften erforderlich ist; vom Wortlaut der Vorschrift werden die Gemeinden nicht erfasst (*Lange* MünchKomm HGB § 286 Anm 20; aA Voraufl). Ein Interesse der Finanzverwaltung reicht nicht aus (differenzierter *Bleckmann* HURB, 464). Die Schutzklausel hat Gebotscharakter. Die Vorschrift gilt auch für einen freiwillig offen zu legenden IFRS-EA gem § 325 Abs 2a. Allerdings entfällt das Wahlrecht nach § 325 Abs 2a S 1, wenn die Standards bezüglich des Anhangs nicht vollständig eingehalten werden.

3 **Abs 1** bezieht sich auf **alle einzelnen Angaben** im Anhang, gleich nach welchen Vorschriften sie zu machen sind. Die Aufstellung des Anhangs insgesamt darf hiernach nicht unterbleiben. Die Geschäftsführung hat nach pflichtgemäßem Ermessen und nach objektiven Kriterien (*ADS*[6] § 286 Anm 11) zu entscheiden, ob die Voraussetzungen der Anm 2 vorliegen. Diese Regelung steht im Einklang mit den §§ 93ff StGB, um Landesverrat und die Offenbarung von Staatsgeheimnissen zu verhindern. Darunter fallen vertragliche Verschwiegenheitspflichten, sofern sie hoheitliche Interessen berühren, bei Rechtsgeschäften mit der öffentlichen Hand sowie die Verletzung militärischer oder staatspolitischer Interessen. So darf zB der Anhang eines RüstungsUnt nur etwa den Hinweis enthalten, dass „das Werk … öffentliche Aufträge im Bereich der Luftfahrt ausführt", aber keine weiteren Einzelheiten. Im Interesse der mit dem Anhang verfolgten Rechenschaftslegung ist eine **enge Auslegung** der Schutzklausel geboten (wie hier *ADS*[6] § 286 Anm 8).

4 Über die Inanspruchnahme dieser Schutzklausel darf nicht berichtet werden. Dies ist als Umkehrschluss aus Abs 3 S 3 zu schließen, weil dort nur über die Anwendung von Nr 2 des Abs 2 ausdrücklich zu berichten ist (Anm 9). Dies ist auch deshalb gerechtfertigt, da die Erwähnung der Anwendung der Schutzklausel die Geheimhaltung gefährden würde (*ADS*[6] § 286 Anm 17; aA *Bleckmann* HURB, 468, der einen Hinweis auf das Unterlassen von Angaben im Interesse des öffentlichen Wohls fordert).

C. Einzelne Ausnahmeregelungen

I. Unterlassen der Aufgliederung der Umsatzerlöse nach § 285 S 1 Nr 4 (Abs 2)

5 Die nach § 285 S 1 Nr 4 nur für große KapGes/KapCoGes und diesen gleichgestellte Ges vorgeschriebene Aufgliederung der Umsatzerlöse nach Tätigkeitsbereichen sowie nach geographisch bestimmten Märkten (§ 285 Anm 70) kann unter bestimmten Voraussetzungen unterbleiben. Die Ausnahmeregelung greift Platz, soweit die Umsatzaufgliederung nach vernünftiger kfm Beurteilung geeignet ist, der KapGes/KapCoGes (oder einem Unt, an dem die KapGes/KapCoGes mindestens 20% der Anteile besitzt) einen erheblichen Nachteil zuzufügen. Eine *Eignung* zur Nachteilszufügung reicht aus; sie muss jedoch mit großer Wahrscheinlichkeit gegeben oder mindestens plausibel sein. Hierbei kommt es auf die vernünftige kfm Beurteilung an; vgl § 253 Anm 154. Der Nachteil muss der berichtenden KapGes/KapCoGes oder einem BeteiligungsUnt des § 285 S 1 Nr 11 1. Teilsatz (vgl § 285 Anm 206) entstehen. Zu diesen Unt gehören auch ohne ausdrückliche Verweisung auf die Anteilsberechnung nach § 16 Abs 2 und 4 AktG die in mittelbarem Anteilsbesitz stehenden Unt (*ADS*[6] § 286 Anm 27 mwN). Diesen Unt muss durch die Umsatzaufgliederung nachweisbar ein fühlbarer, konkreter geschäftlicher Schaden zugefügt werden können. Ein solcher kann zB in einer nachhaltigen Schwächung der Marktposition ggü Lieferanten und Kunden, der Wettbewerbsfähigkeit oder in einem negativen öffentlichen Ansehen der KapGes/KapCoGes (*Fläming* HURB, 150) be-

stehen. Voraussetzung ist nicht, dass sich der größere Schaden auch quantifizieren lässt. Geringe Nachteile sind in Kauf zu nehmen und dürfen nicht zu einem Weglassen der Umsatzaufgliederung führen.

Wegen Fehlens einer Abs 3 S 4 entspr Vorschrift braucht über die Anwendung der Ausnahmeregelung nicht **berichtet** zu werden. Hier handelt es sich jedoch offenbar um ein Versehen (aA *ADS*[6] § 286 Anm 3). Art 45 Abs 2 S 1 der 4. EG-Richtl sieht einen solchen Hinweis vor ebenso wie Art 35 Abs 2 der 7. EG-Richtl für die Angabe im Konzern-Anhang bei Unterlassen der Aufgliederung der Konzernumsatzerlöse, der in § 314 Abs 2 S 2 übernommen wurde. Eine unterschiedliche Behandlung desselben Sachverhalts im Anhang und Konzern-Anhang entspricht nicht dem gleichgerichteten Gesetzeszweck (wie hier *Zimmermann* DStR 1998, 1974); die in Abs 2 fehlende Verweisung auf Abs 3 S 4 ist daher durch richtlinienkonforme Auslegung zu ersetzen. 6

Es ist notwendig, die Inanspruchnahme dieser Ausnahmeregelung für jede der beiden angabepflichtigen Umsatzaufgliederungen (Tätigkeitsgebiete, geographische Märkte) getrennt zu untersuchen. Sind die Voraussetzungen für das Weglassen der einen Aufgliederung (Tätigkeitsbereiche) gegeben, muss gleichwohl die andere Aufgliederung (Märkte) im Anhang angegeben werden, sofern nicht hierfür auch die Ausnahme-Voraussetzungen (Anm 5) erfüllt sind.

II. Unterlassen von Angaben über den Anteilsbesitz nach § 285 S 1 Nr 11 und 11a (Abs 3)

Jede KapGes/KapCoGes hat im Anhang von Unt, an denen sie mindestens 20% Anteile besitzt (§ 285 Anm 206), den Namen, den Sitz, die Höhe des Anteils am Kapital, das EK und das Ergebnis des letzten Gj anzugeben. Börsennotierte KapGes haben zusätzlich alle Beteiligungen an großen KapGes anzugeben, die 5% der Stimmrechte überschreiten (§ 285 Anm 227ff). Ist die KapGes phG einer KapCoGes, hat sie dies anzugeben (§ 285 Anm 235). 7

Unter bestimmten Voraussetzungen können diese Angaben weggelassen werden (Abs 3 S 1). Das gilt auch für den Anhang eines freiwillig offen gelegten IFRS-EA gem § 325 Abs 2. Ferner kann jedoch lediglich die Angabe des EK und des Jahresergebnisses von Unt unterbleiben, die ihren JA nicht offenzulegen haben (reine PersGes, ggf AuslandsUnt) und von denen die KapGes/KapCoGes weniger als 50% Anteile besitzt (Abs 3 S 2).

Abs 3 gilt auch für den Fall, dass die für den Anhang nach § 285 S 1 Nr 11 und 11a verlangten Angaben in einer gesonderten Aufstellung des Anteilsbesitzes gemacht werden (s § 287 Anm 3).

a) Anteilsbesitz von untergeordneter Bedeutung (S 1 Nr 1)

Voraussetzung für das Weglassen von in § 285 S 1 Nr 11 und 11a vorgeschriebenen Angaben kann sein, dass diese insgesamt oder einzeln für die Darstellung der VFE-Lage der KapGes/KapCoGes nach § 264 Abs 2 von **untergeordneter Bedeutung** sind (Abs 3 Nr 1). Das ist immer dann der Fall, wenn die Angaben den Informationsempfänger bei seinen Entscheidungen nicht beeinflussen können. 8

Die **Bedeutung eines Anteilsbesitzes** für die berichtende KapGes/KapCoGes ist an den wirtschaftlich relevanten Kriterien wie Umsatzerlöse, EK, Bilanzsumme, Jahresergebnis zu messen. Die überwiegende Zahl dieser Kriterien muss im Verhältnis zu den entspr Daten der KapGes/KapCoGes von untergeordneter Bedeutung sein. Die untergeordnete Bedeutung kann nicht prozentual, sondern nur von Fall zu Fall nach dem Gesamtbild der tatsächlichen Verhältnisse beurteilt werden. Die Grenzen für das Unterlassen der Berichterstattung sind eng zu ziehen (glA *ADS*[6] § 286 Anm 33). Im Urteil des *KG* Berlin 26. 8. 1993 (BB, 2036) wurde für die Auskunftserteilung nach § 131 Abs 1 AktG als Kriterium die Bilanzsumme und der betreffende Bilanzposten herangezogen, wobei sich Schwellenwerte von 0,2% bzw 8,7% ergaben. Infrage kommen vor allem Ges ohne Geschäftsbetrieb, MantelGes oder Ges mit sehr geringem Geschäftsvolumen im Vergleich zu dem der berichtenden KapGes/KapCoGes.

Besteht Anteilsbesitz an **mehreren** Unt von **untergeordneter** Bedeutung, so kann uU gleichwohl eine Berichterstattung geboten sein, da eine Vielzahl solcher Unt insgesamt durchaus von erheblicher Bedeutung für die Darstellung der VFE-Lage der berichtenden KapGes/KapCoGes sein kann (zB 250 örtliche Kleinverteiler im Bundesgebiet). Durch das Fehlen der Berichterstattung über (insgesamt) unwesentliche BeteiligungsGes darf kein falsches Bild von der VFE-Lage der KapGes/KapCoGes entstehen.

b) Erhebliche Nachteile (S 1 Nr 2)

9 Die Angaben nach § 285 S 1 Nr 11 und 11a dürfen auch unterbleiben, soweit diese nach vernünftiger kfm Beurteilung geeignet sind, der berichtenden KapGes/KapCoGes oder dem anderen Unt einen **erheblichen Nachteil** zuzufügen (Abs 3 Nr 2). **Kapitalmarktorientierte Unternehmen,** die einen organisierten Markt iSd § 2 Abs 5 WpHG in Anspruch nehmen oder die die Zulassung beantragt haben, dürfen diese Ausnahmeregelung nicht anwenden (Abs 3 S 3). Eine *Eignung* zur Nachteilszufügung reicht aus; sie muss jedoch mit großer Wahrscheinlichkeit gegeben oder zumindest plausibel sein. Hierbei kommt es auf die vernünftige kaufmännische Beurteilung an. Zum Begriff der vernünftigen kfm Beurteilung vgl § 253 Anm 154. Die Angaben, insb über das Bestehen eines Anteilsbesitzverhältnisses oder über das Verfügen von mehr als 5% der Stimmrechte, müssen für **eine der beiden Gesellschaften** nachweisbar von erheblichem Nachteil sein und mindestens einer von ihnen einen fühlbaren, konkreten geschäftlichen Schaden zufügen können. Es ist nicht erforderlich, dass der Schaden bezifferbar ist. Es kommen aber auch immaterielle Nachteile in Betracht (*Fläming* HURB, 150). Geringe Nachteile sind in Kauf zu nehmen. Ein erheblicher Nachteil liegt zB dann vor, wenn durch das Bekanntwerden des Anteilsbesitzverhältnisses oder der Stimmrechte erhebliche Umsatzeinbußen oder Wettbewerbsnachteile zu erwarten sind oder bei Unt im Ausland aus politischen Gründen mit erheblichen wirtschaftlichen Nachteilen gerechnet werden muss.

Bei Anwendung dieser Ausnahme nach Nr 2 besteht die Pflicht zur Offenlegung der Inanspruchnahme im Anhang (unter Angabe dieser Vorschrift). Eine Begründung für das Unterlassen der Angaben oder die erwarteten Nachteile sind nicht anzugeben. Sie würde auch dem Schutzcharakter der Vorschrift widersprechen.

c) Nicht offenlegungspflichtige Unternehmen (S 2)

10 Für bestimmte Unt im Anteilsbesitz darf die Angabe des EK und des Jahresergebnisses unterbleiben (§ 286 Abs 3 S 2). Die Inanspruchnahme dieser Ausnahmeregelung liegt im Ermessen der KapGes/KapCoGes; es dürfen beide Angaben oder auch nur eine weggelassen werden. Andererseits ist auch hier der Grundsatz der Ausweisstetigkeit (§ 265 Anm 2) zu beachten. Diesem Stetigkeitsgrundsatz und dem Interesse der Informationsempfänger widerspricht es, zB über Verlustsituationen bei einem Unt nicht zu berichten und Gewinne anderer Unt anzugeben. Name, Sitz und Beteiligungsquote dieser schutzwürdigen Unt müssen in jedem Falle angegeben werden. Die Ausnahme des Abs 3 S 2 darf nur für

die Unt angewendet werden, an denen die KapGes/KapCoGes mittelbar und unmittelbar mit Quoten von 20% bis unter 50% beteiligt ist und die ihren JA *nicht* offenlegen müssen. Nicht geschützt werden danach und somit sind angabepflichtig die mittelgroßen (§ 267 Abs 2) und großen (§ 267 Abs 3) KapGes/KapCoGes, an denen die berichtende KapGes/KapCoGes beteiligt ist, sowie die PersGes, an denen die KapGes/KapCoGes mit mindestens 50% am Kapital beteiligt ist (glA *ADS*[6] § 286 Anm 49 mwN). Dabei sind die Zurechnungsvorschriften des § 16 Abs 2 und 4 AktG iVm § 285 S 1 Nr 11 (s § 285 Anm 208) zu berücksichtigen. Bei ausländischen Unt kommt es auf die Offenlegungspflicht nach dem Recht des betreffenden Lands an, wobei als HR ein entspr öffentliches Register anzusehen ist. Schutzwürdig sind demnach bei Beteiligungsquoten unter 50% alle reinen PersGes. Dazu gehören auch solche dem PublG unterliegenden PersGes, die gem § 9 Abs 2 PublG keinen vollständigen JA, sondern nur die Bilanz mit einer Anlage offenlegen, welche die Angaben nach § 5 Abs 5 S 3 PublG enthalten muss (glA *Dörner/Wirth* in HdR[5] §§ 284–288 Anm 309; aA *WPH*[12] I, F 736; *ADS*[6] § 286 Anm 47). Für kleine KapGes/KapCoGes im Anteilsbesitz von weniger als 50% brauchen keine Angaben gemacht zu werden, da diese nicht ihren gesamten JA zum HR bekannt zu machen haben (aA *ADS*[6] § 286 Anm 48).

Die Angaben gem Anm 7 dürfen unter **bestimmten Voraussetzungen** unterbleiben. Es ist festzustellen, ob alle Angaben insgesamt weggelassen werden müssen oder nur einzelne Angaben für ein Unt, zB Angabe von Name und Sitz und Weglassen der übrigen Daten oder nur des Jahresergebnisses, zB dass eine Mehrheitsbeteiligung an einem Unt gehalten wird. **Falsche Angaben** dürfen nicht gemacht werden. 11

III. Unterlassen der Angabe der Gesamtbezüge der Organmitglieder sowie der ehemaligen Organmitglieder und deren Hinterbliebenen nach § 285 Satz 1 Nr 9a und b für Gesellschaften, die keine börsennotierte Aktiengesellschaften sind (Abs 4)

Die nach § 285 S 1 Nr 9a und b für mittelgroße und große KapGes/KapCoGes vorgeschriebenen Angaben dürfen unterbleiben, wenn sich anhand der Angaben die *Bezüge eines Mitglieds* dieser Organe feststellen lassen. Diese Vorschrift gilt auch für anhangpflichtige dem PublG unterliegende Unt (§ 5 Abs 2 S 2 PublG), außerdem für Kreditinstitute (§ 340a Abs 2) und für VersicherungsUnt (§ 341a Abs 2); sie entfällt für eG (§ 338 Abs 3), die keine Kredit-eG sind. Dies gilt nicht für börsennotierte AG, die zur Offenlegung der Bezüge für jedes einzelne Vorstandsmitglied verpflichtet sind, wenn die HV nichts anderes beschlossen hat (Abs 5). Zweck der Ausnahmeregelung ist der Schutz der persönlichen Daten von Organmitgliedern (*Niessen* WPg 1991, 199). 15

Abs 4 befreit *alle* KapGes/KapCoGes, nicht jedoch börsennotierte AG, unabhängig von ihrer Größe von der Angabe der Gesamt*bezüge* nach § 285 S 1 Nr 9a und b, wenn die Voraussetzungen (Anm 17) vorliegen, unbeschadet des Auskunftsanspruchs des Aktionärs gem § 131 Abs 1 AktG in der HV (*OLG* Düsseldorf 26. 6. 1997, DB 1609).

Aus dem Gesetzeswortlaut ergibt sich, dass – entgegen Art 4 der Mittelstandsrichtl – der Betrag der gebildeten und der nicht gebildeten Pensionsrückstellungen für ehemalige Organmitglieder und deren Hinterbliebene (§ 285 S 1 Nr 9b S 3, dort Anm 185) von mittelgroßen und großen KapGes/KapCoGes sowie die gewährten Vorschüsse und Kredite einschl der Haftungsverhältnisse für

Organmitglieder (§ 285 S 1 Nr 9c, dort Anm 190) ausnahmslos von allen KapGes/-KapCoGes im Anhang angegeben werden müssen.

16 Aus dem Zweck des Abs 4, ein bestimmtes Organmitglied vor dem Bekanntwerden seiner Einkommensverhältnisse aus der KapGes/KapCoGes zu schützen, ergibt sich, dass der Name des einzelnen Organmitglieds dem Abschlussadressaten bekannt sein muss. Das trifft nach § 285 S 1 Nr 10 für die Mitglieder des Geschäftsführungsorgans und des AR zu, selten jedoch für die ehemaligen Organmitglieder und deren Hinterbliebene und die Mitglieder eines Beirats oder einer ähnlichen Einrichtung, die im Anhang nicht genannt zu werden brauchen (§ 285 Anm 200).

17 Die Ausnahmeregelung greift Platz, wenn sich anhand der Angaben die Bezüge eines Mitglieds dieser Organe *feststellen* lassen. Das ist immer der Fall, wenn das betreffende Organ nur aus einem Mitglied besteht, das ist zulässig bei AG und KGaA für den Vorstand/phG, §§ 77 Abs 1 S 1, 278 Abs 1 AktG, bei GmbH gem § 6 Abs 1 GmbHG und nicht zulässig für den AR, § 95 S 1 AktG, § 52 Abs 1 GmbHG. Wechselt jedoch innerhalb eines Gj das alleinige Organmitglied, tritt die Angabepflicht für dieses Gj dann ein, wenn die Bezüge eines Organmitglieds nicht erkennbar sind.

Nach dem Wortlaut und der Entstehungsgeschichte der EG-Mittelstandsrichtl kann die Regelung auch auf Organe mit mehreren – insb mit zwei – Mitgliedern Anwendung finden (*Schellein* WPg 1990, 533; *Niessen* WPg 1991, 199). Schutzwürdig sind auch die Bezüge eines Organmitglieds ggü den anderen Organmitgliedern. Sollen bei zwei Organmitgliedern die Bezüge untereinander unbekannt bleiben, ist die Angabe wegzulassen. Dem steht nicht entgegen, dass die umfassende Geschäftsführungsbefugnis die Kenntnis der Bezüge aller Organmitglieder notwendig macht, denn für die Vereinbarung der Bezüge sind bei AG/KGaA der AR und bei GmbH die Gester zuständig, und die Verantwortung für die Bezüge ist insoweit dem Geschäftsführungsorgan entzogen.

18 Wann sich die Bezüge eines bestimmten Mitglieds eines mehrköpfigen Organs feststellen lassen, hängt nicht nur von der Größe des Gremiums ab, sondern auch von der Kenntnis über die Vergütungsregeln bzw über das Verhältnis der einzelnen Bezüge zueinander (Verteilungsschlüssel). Lässt sich die Höhe der Bezüge eines einzelnen Mitglieds in Unkenntnis der Vergütungsregeln nur annähernd verlässlich schätzen oder im Wege der Durchschnittsbildung ermitteln, kann von der Ausnahmeregelung Gebrauch gemacht werden (so *OLG* Düsseldorf 26. 6. 1997, DB, 1609), wenn die tatsächlichen Bezüge von dem so ermittelten Betrag nur unwesentlich abweichen. Darauf muss der AP achten (*ADS*[6] § 286 Anm 57; *WPH*[12] I F 712).

19 Bestehen andere Vergütungsregeln und sind diese bekannt (zB die in der Satzung festgelegte oder von der HV beschlossene Vergütung der AR-Mitglieder einer AG, § 113 AktG), lassen sich die Bezüge eines einzelnen Organmitglieds ebenfalls leicht ermitteln und die Angabepflicht entfällt (im Ergebnis ebenso *Biener* WPg 1993, 708; *Pfitzer/Wirth* DB 1994, 1939).

20 Es ist notwendig, die Inanspruchnahme der Ausnahmeregelung für jedes Gremium der KapGes/KapCoGes und für jedes Gj getrennt zu untersuchen. Sind die Voraussetzungen für das Weglassen der Angabe der Gesamtbezüge des einen Organs gegeben, muss gleichwohl die Angabe für das andere Organ im Anhang erfolgen, sofern nicht hierfür auch die Ausnahmevoraussetzungen erfüllt sind. Auf die Inanspruchnahme braucht im Anhang nicht hingewiesen zu werden.

21 Die Vorschrift des Abs 4 ist entgegen dem Gesetzeswortlaut auch auf MU, die einen KA aufstellen, anzuwenden; s § 314 Anm 52.

IV. Unterlassen der Angaben der individualisierten Vorstandsbezüge börsennotierter Aktiengesellschaften (Abs 5)

Die nach § 285 S 1 Nr 9a S 5–9 für börsennotierte AG vorgeschriebenen Angaben dürfen unterbleiben, wenn die HV dies beschlossen hat. Ein solcher HV-Beschluss, der in der Tagesordnung bekannt zu machen ist, darf sich nur auf das Unterlassen der Offenlegung der Bezüge für jedes einzelne Vorstandsmitglied nach § 285 S 1 Nr 9a S 5–9, beziehen. Die Pflicht zur Angabe der Gesamtbezüge des Vorstandsgremiums, nach § 285 S 1 Nr 9a S 1 bleibt weiterhin bestehen *(Begr RegE VorstOG* aaO, 6) und kann durch die HV nicht abbedungen werden; ebenso wenig die Angabepflichten im Rahmen der Entsprechenserklärung nach § 161 AktG und die Berichterstattung über die Grundzüge des Vergütungssystems für die in § 285 S 1 Nr 9 genannten Gesamtbezüge im Lagebericht nach § 289 Abs 2 Nr 5 idF des VorstOG. 25

Ein **Befreiungsbeschluss der HV** nach S 1 bedarf einer satzungsändernden Mehrheit von mind drei Viertel des bei der Beschlussfassung vertretenen Grundkapitals (S 2). In Analogie zu § 179 Abs 2 S 1 AktG ist Bezugsgröße das bei der konkreten Beschlussfassung mit ja oder nein stimmende Kapital. Stimmenthaltungen zählen nicht mit *(Hüffer* AktG[6] § 179 Anm 14 mwN). Hierzu bestimmt S 3 die entspr Anwendung von § 136 Abs 1 AktG, dass ein Vorstandsmitglied, das zugleich Aktionär ist, bei dieser Beschlussfassung nicht abstimmen darf, wenn seine Bezüge von der Offenlegung betroffen sind *(Begr RegE VorstOG* aaO, 8). Gehören seine Aktien zum gemeinschaftlichen Vermögen einer Gütergemeinschaft von Ehegatten (§§ 1415ff BGB) ist das gegen das Vorstandsmitglied gerichtete Stimmverbot nicht ohne weiteres gegen die Gütergemeinschaft zu erstrecken (hM *Hüffer* AktG[6] § 136 Anm 15 mwN). Eine andere Beurteilung ist geboten, wenn das Vorstandsmitglied die Stimmabgabe maßgeblich beeinflussen kann wie zB, wenn dem Vorstandsmitglied die Verwaltung der Aktien übertragen worden ist. Unter dieser Prämisse darf auch der Ehegatte nicht abstimmen *(Hüffer* aaO).

Der Befreiungsbeschluss darf für höchstens **fünf Jahre** und mit **Wirkung für den nächsten JA** gefasst werden *(Begr RegE VorstOG* aaO, 8). Eine Wiederholung ist zulässig. Da die Offenlegungspflicht für die individualisierten Vorstandsbezüge erstmals für Gj, die nach dem 31. 12. 2005 beginnen, besteht, muss die HV deren Befreiung bereits in 2005 oder in 2006 beschließen. Der erstmalige Befreiungsbeschluss darf sich auf die JA beziehen, die noch nicht erstellt wurden. Wird ein Befreiungsbeschluss gefasst, ist in der Entsprechenserklärung des § 161 AktG anzugeben, dass der Empfehlung des CorpGovKodex zur Offenlegung und Aufgliederung der Bezüge jedes einzelnen Vorstandsmitglieds (Ziff 4.2.4) nicht gefolgt wurde und wird *(Begr RegE VostOG* aaO, 8). Ferner ist im Rahmen des Vergütungsberichts iSd § 289 Abs 2 Nr 5 idF des VorstOG auf den HV-Beschluss hinzuweisen. 26

§ 287 Aufstellung des Anteilsbesitzes

¹Die in § 285 Satz 1 Nr. 11 und 11a verlangten Angaben dürfen statt im Anhang auch in einer Aufstellung des Anteilsbesitzes gesondert gemacht werden. ²Die Aufstellung ist Bestandteil des Anhangs. ³Auf die besondere Aufstellung nach Satz 1 und den Ort ihrer Hinterlegung ist im Anhang hinzuweisen.

Übersicht

A. Allgemeines

1 Die Angaben über den Anteilsbesitz und bei börsennotierten KapGes über Stimmrechte von mehr als 5% an großen KapGes (§ 285 S 1 Nr 11 letzter Teilsatz) dürfen statt im Anhang auch in einer gesonderten **Aufstellung des Anteilsbesitzes** gemacht werden. Die Regelung kann von **allen KapGes/KapCoGes** und gem § 5 Abs 2 S 2 PublG auch von den dem PublG unterliegenden Körperschaften sowie von eG in Anspruch genommen werden. § 287 gilt uneingeschränkt auch für Kreditinstitute und VersicherungsUnt und für den Anhang eines freiwillig offen gelegten IFRS-EA gem § 325 Abs 2a. Gegenstand der Aufstellung sind nur die Angaben gem § 285 S 1 Nr 11 und 11a. Damit ist keine materielle Änderung der Angabepflichten verbunden, sondern nur ein **Wahlrecht über den Ort der Angaben** kodifiziert. Bei der Inanspruchnahme dieser Vorschrift ist der Grundsatz der formellen Stetigkeit zu wahren (glA *ADS*[6] § 287 Anm 5). Es ist auch zulässig, die Liste des Anteilsbesitzes im gedruckten Geschäftsbericht aufzuführen, gleichwohl aber für die Bekanntmachung im BAnz darauf zu verzichten und statt dessen die gesonderte Aufstellung des Anteilsbesitzes zum HR einzureichen und hierauf im Anhang hinzuweisen (*WPH*[12] I, F 739).

Die Angaben nach § 285 S 1 Nr 15 (s dort Anm 260) sind nach Wortlaut und Sinn der Vorschrift nicht in dieser Aufstellung zu machen, da es sich um Gester-Angaben handelt.

B. Einzelheiten

2 § 287 lässt offen, ob dieses Wahlrecht auch **teilweise** genutzt werden darf. Wir halten es für zulässig, die Angaben zu den **wichtigsten** Unt im Anteilsbesitz und die Zusatzangaben börsennotierter KapGes – abhängig von ihrer Größe, vom Umfang des Anteilsbesitzes oder zB beschränkt auf kons Unt – im Anhang zu machen und die Angaben für alle übrigen, also die „kleineren" Unt in der gesonderten Aufstellung des Anteilsbesitzes (glA *ADS*[6] § 287 Anm 5). Hierfür spricht auch die auf 20% Anteilsbesitz (einschl Zurechnungen nach § 16 AktG für alle KapGes/KapCoGes) bzw auf über 5% Stimmrechte reduzierte Untergrenze für die Pflichtangaben gem § 285 S 1 Nr 11. In diesem Fall muss jeweils auf die Unvollständigkeit der Angaben im Anhang und in der gesonderten Aufstellung hingewiesen werden. Es ist auch zulässig, nur bestimmte Angaben zum Anteilsbesitz im Anhang zu machen und die vollständige Aufstellung des Anteilsbesitzes, der unbeschränkten Haftung (Nr 11a) und Stimmrechtsbesitzes im HR zu veröffentlichen (*ADS*[6] § 287 Anm 5); insoweit sind die Anhanangaben als freiwillige Angaben anzusehen.

3 Die gesonderte Aufstellung **bleibt Bestandteil des Anhangs** (S 2) und unterliegt deshalb den für den Anhang sonst geltenden Anforderungen und Sanktionen (§§ 331 Nr 1, 334 Abs 1 Nr 1 d; dazu auch § 284 Anm 1 und 2). Insb gelten die Ausnahmen des § 286 Abs 3 (Anm 7) sowie die Schutzklausel (§ 286 Abs 1 Anm 2). Wird von der Ausnahmeregelung des § 286 Abs 3 Nr 2 für die

gesonderte Aufstellung des Anteilsbesitzes Gebrauch gemacht, ist die Anwendung der Ausnahmeregelung nach § 286 Abs 3 S 3 im „Anhang" anzugeben. Diese Vorschrift kann nur so verstanden werden, dass diese Angabe in der **gesonderten Anteilsliste** und nicht im eigentlichen Anhang, der ohne Anteilsliste veröffentlicht wird, zu erfolgen hat. Die gesonderte Anteilsliste selbst muss in sich vollständig sein; dem Leser des Anhangs (ohne Anteilsliste) nützt ein Hinweis auf unterlassene Angaben über Anteilsbesitz bzw Stimmrechtsbesitz wenig. Bei mittelgroßen (§ 267 Abs 2) und großen (§ 267 Abs 3) KapGes/KapCoGes ist die gesonderte Aufstellung durch den AP zu prüfen.

Wird von der Möglichkeit der Aufstellung einer gesonderten Liste über den 4
Anteils- und ggf Stimmrechtsbesitz Gebrauch gemacht, muss nach S 3 im Anhang an geeigneter Stelle hierauf hingewiesen und der Ort der Hinterlegung (Ort und Nr des HR) angegeben werden.

Die Aufstellung des Anteilsbesitzes ist – wie der Anhang – in jedem Falle grö- 5
ßenunabhängig zum HR einzureichen. Erleichterungen treten für große (§ 267 Abs 3) KapGes/KapCoGes ein. Sie sind von der nach § 325 Abs 2 S 2 vorgeschriebenen Pflicht zur Bekanntmachung dieser gesonderten Aufstellung im BAnz befreit, was bei umfangreichem Anteilsbesitz kostengünstig ist.

AG/KGaA jeder Größe haben die besondere Aufstellung des Anteils- und ggf 6
Stimmrechtsbesitzes und Komplementärstellung (Nr 11 a) außerdem der HV vorzulegen (§ 176 Abs 1 S 1 AktG; *ADS*[6] § 287 Anm 8; aA Voraufl). Als Bestandteil des JA ist die besondere Aufstellung des Anteilsbesitzes bzw Stimmrechtsbesitzes und Komplementärstellung (Nr 11 a) gem § 42 a Abs 1 S 1 GmbHG den Gestern einer GmbH unabhängig von ihrer Größe vorzulegen.

§ 288 Größenabhängige Erleichterungen

[1] Kleine Kapitalgesellschaften im Sinne des § 267 Abs. 1 brauchen die Angaben nach § 284 Abs. 2 Nr. 4, § 285 Satz 1 Nr. 2 bis 8 Buchstabe a, Nr. 9 Buchstabe a und b sowie Nr. 12, 17 und 18 nicht zu machen. [2] Mittelgroße Kapitalgesellschaften im Sinne des § 267 Abs. 2 brauchen die Angaben nach § 285 Satz 1 Nr. 4 nicht zu machen.

Übersicht

A. Allgemeines

Diese Vorschrift regelt Erleichterungen für kleine KapGes/KapCoGes (§ 267 1
Abs 1) und mittelgroße KapGes/KapCoGes (§ 267 Abs 2) bei der **Aufstellung** ihres Anhangs im Vergleich zu den für große (§ 267 Abs 3) KapGes/KapCoGes vorgeschriebenen Pflichtangaben im Anhang. § 288 wird ergänzt und erweitert durch §§ 274a und 276 S 2. Die begünstigten KapGes/KapCoGes haben das Wahlrecht, von den Erleichterungen Gebrauch zu machen oder nicht; das folgt aus dem Gesetzeswortlaut („brauchen … nicht") und gilt für **jede einzelne** Vorschrift; dabei ist der Grundsatz der formellen Darstellungsstetigkeit analog § 265 Abs 1 S 1 zu wahren. § 288 begünstigt alle kleinen und mittelgroßen

KapGes/KapCoGes, also auch die kleine und mittelgroße AG. Jedoch ist zu beachten, dass nach § 131 Abs 1 S 3 AktG jeder Aktionär auf der HV die Vorlage des Anhangs in dem für große KapGes/KapCoGes vorgeschriebenen Umfang verlangen kann. Bei GmbH haben die Gester gem § 51a Abs 1 GmbHG mindestens die gleichen, ggf sogar weitergehende Auskunftsrechte. Kommanditisten haben die eingeschränkten Rechte des § 166. § 288 ist auf Kreditinstitute und VersicherungsUnt gem § 340a Abs 2 bzw § 341a Abs 2 nicht anzuwenden.

Außerhalb der §§ 288/274a/276 S 2 gibt es keine Erleichterungen für kleine/mittelgroße KapGes/KapCoGes.

B. Der verkürzte Anhang der kleinen Kapitalgesellschaft/KapCoGes (S. 1)

2 Kleine KapGes/KapCoGes (§ 267 Abs 1) können einen um **folgende Pflichtangaben** verkürzten Anhang aufstellen:

§ 268 Abs 2:	Aufstellung eines Anlagespiegels (einschl Angabe der Abschreibungen des Gj
§ 268 Abs 4 S 2:	Erl bestimmter rechtlich noch nicht entstandener Forderungen
§ 268 Abs 5 S 3:	Erl bestimmter rechtlich noch nicht entstandener Verbindlichkeiten
§ 268 Abs 6:	Angabe eines nach § 250 Abs 3 in den aktiven RAP aufgenommenen Disagios
§ 269 S 1:	Erl der aktivierten Aufwendungen für die Ingangsetzung und Erweiterung des Geschäftsbetriebs
§ 277 Abs 4 S 2 und 3:	Erl zu den ao Erträgen und ao Aufwendungen
§ 284 Abs 2 Nr 4:	Ausweis der Unterschiedsbeträge bei Anwendung einer Bewertungsmethode nach §§ 240 Abs 4, 256 S 1, pauschal für die jeweilige Gruppe, wenn am Abschlussstichtag erhebliche Bewertungsunterschiede auftreten
§ 285 S 1 Nr 2:	Aufgliederung des Gesamtbetrags der Verbindlichkeiten mit einer Restlaufzeit von mehr als fünf Jahren und der gesicherten Verbindlichkeiten nach dem vorgeschriebenen Gliederungsschema
§ 285 S 1 Nr 3:	Angabe des Gesamtbetrags der sonstigen finanziellen Verpflichtungen
§ 285 S 1 Nr 4:	Aufgliederung der Umsatzerlöse nach Tätigkeitsbereichen sowie nach geographisch bestimmten Märkten
§ 285 S 1 Nr 5:	Angabe des Ausmaßes der Beeinflussung des Jahresergebnisses und erheblicher künftiger Belastungen durch die Anwendung steuerrechtlicher Vergünstigungsvorschriften
§ 285 S 1 Nr 6:	Angabe des Umfangs der Belastung des Ergebnisses der gewöhnlichen Geschäftstätigkeit und des ao Ergebnisses durch die Steuern vom Einkommen und vom Ertrag (vgl auch Anm 4)
§ 285 S 1 Nr 7:	Angabe der durchschnittlichen Zahl der während des Gj beschäftigten Arbeitnehmer getrennt nach Gruppen
§ 285 S 1 Nr 8a:	Angabe des Materialaufwands bei Anwendung des Umsatzkostenverfahrens
§ 285 S 1 Nr 9a:	Angabe der Gesamtbezüge der Organmitglieder
§ 285 S 1 Nr 9b:	Angabe der Gesamtbezüge sowie der gebildeten und nicht gebildeten Pensionsrückstellungen für ehemalige Organmitglieder und deren Hinterbliebene
§ 285 S 1 Nr 12:	Erl von nicht gesondert ausgewiesenen sonstigen Rückstellungen
§ 285 S 1 Nr 17:	Zusatzangaben für kapmarktUnt über das im Gj erfasste Honorar des AP (diese Befreiungsvorschrift geht ins Leere, da kapmarktUnt jeder Größenordnung stets als große KapGes gelten (§ 267 Abs 3 S 2)
§ 285 S 1 Nr 18:	Angaben zu derivativen Finanzinstrumenten.

Mithin muss ein verkürzter Anhang der kleinen KapGes/KapCoGes die übrigen Pflichtangaben nach § 284 mit Ausnahme des § 284 Abs 2 Nr 4 (s § 284 Anm 40) enthalten. 3

Bei der **Offenlegung** (Einreichung zum HR nach § 325 Abs 1 S 1) des verkürzten Anhangs können ggf Aufstellungserleichterungen nachgeholt und außerdem alle die GuV betreffenden Angaben weggelassen werden (§ 326 S 2). Weggelassen werden können unter Wahrung der Darstellungsstetigkeit (Anm 1) und zusätzlich zu §§ 274a, 276 S 2 und 288 S 1: 4

§ 264 Abs 2 S 2:	Zusätzliche Angaben zur Ertragslage zur Vermittlung des in § 264 Abs 2 S 1 geforderten Bilds
§ 265 Abs 1 S 2:	Angabe und Begründung der Abweichungen von der Gliederungsstetigkeit der GuV
§ 265 Abs 2 S 2 und 3:	Angabe und Erl nicht vergleichbarer oder angepasster Vj-Beträge der GuV
§ 265 Abs 4 S 2:	Angabe und Begründung einer durch mehrere Geschäftszweige bedingten Ergänzung der Gliederung der GuV
§ 265 Abs 7 Nr 2:	Gesonderter Ausweis von in der GuV zusammengefassten Posten
§ 277 Abs 3 S 1:	Angabe des Betrags der außerplanmäßigen Abschreibungen auf den niedrigeren beizulegenden Wert von Anlagevermögen (§ 253 Abs 2 S 3) und Angabe des Betrags der Abschreibungen auf das Umlaufvermögen wegen zukünftiger Wertschwankungen (§ 253 Abs 3 S 3)
§ 281 Abs 2 S 2:	Angabe der Erträge aus der Auflösung von und der Aufwendungen aus der Einstellung in Sonderposten mit Rücklageanteil
§ 284 Abs 2 Nr 2:	Angaben über die Fremdwährungsumrechnung für die Posten der GuV
§ 285 S 1 Nr 8b:	Angabe des Personalaufwands bei Anwendung des Umsatzkostenverfahrens.

Die Angabepflichten nach § 281 Abs 1 S 2 über die Vorschriften, nach denen steuerrechtliche Wertberichtigungen gebildet worden sind, nach § 281 Abs 2 S 1 über Betrag und Begründung der im Gj allein nach steuerrechtlichen Vorschriften vorgenommenen Abschreibungen im Anlage- und Umlaufvermögen und nach § 285 S 1 Nr 13 über die Gründe für die planmäßige Abschreibung des GFW fallen dagegen nicht unter diese Erleichterungen, denn die betreffenden Vorschriften gehören nach der Gesetzessystematik zu den Bewertungsvorschriften und damit zur Bilanz.

C. Der Anhang der mittelgroßen Kapitalgesellschaft/KapCoGes (S 2)

Der Anhang von mittelgroßen KapGes/KapCoGes (§ 267 Abs 2) ist stets nach den für große KapGes/KapCoGes (§ 267 Abs 3) geltenden Vorschriften aufzustellen und den Gestern so vorzulegen; lediglich die Aufgliederung der Umsatzerlöse nach Tätigkeitsbereichen sowie nach geographisch bestimmten Märkten (§ 285 S 1 Nr 4) kann bei Vorlage an Dritte weggelassen werden. 5

Bei der Einreichung des Anhangs zum **Handelsregister** dürfen mittelgroße KapGes/KapCoGes außerdem noch folgende Angaben im Anhang weglassen (§ 327 Nr 2):

§ 285 S 1 Nr 2:	Aufgliederung des Gesamtbetrags der Verbindlichkeiten mit einer Restlaufzeit von mehr als fünf Jahren und der gesicherten Verbindlichkeiten nach dem vorgeschriebenen Gliederungsschema;

§ 285 S 1 Nr 5: Angabe des Ausmaßes der Beeinflussung des Jahresergebnisses und erheblicher künftiger Belastungen durch die Anwendung steuerrechtlicher Vergünstigungsvorschriften;

§ 285 S 1 Nr 8a: Angabe des Materialaufwands bei Anwendung des Umsatzkostenverfahrens;

§ 285 S 1 Nr 12: Erl von nicht gesondert ausgewiesenen sonstigen Rückstellungen.

D. Der Anhang bei anderen Unternehmen

6 Dem PublG unterliegende Unt (§ 1 Abs 1, § 3 PublG), die **nicht PersGes oder Einzelkaufleute** oder nach § 5 Abs 6 PublG befreit sind, haben gem § 5 Abs 2 PublG einen Anhang nach den Vorschriften für große (§ 267 Abs 3) KapGes aufzustellen. Jedoch dürfen gem § 5 Abs 2 S 2 PublG von den publizitätspflichtigen Körperschaften die Angaben des Umfangs der Belastung des Ergebnisses der gewöhnlichen Geschäftstätigkeit und des ao Ergebnisses durch die E+E-Steuern (§ 285 S 1 Nr 6), sowie Name und Sitz des einen KA aufstellenden MU (§ 285 S 1 Nr 14), Angabe über das im Gj erfasste Honorar des AP (§ 285 S 1 Nr 17), Angaben zu derivativen Finanzinstrumenten (§ 285 S 1 Nr 18) sowie Angaben zu bestimmten Finanzinstrumenten in den Finanzanlagen (§ 285 S 1 Nr 19) entfallen. Die Inanspruchnahme dieses Wahlrechts kann auch auf eine der beiden Vorschriften beschränkt werden. Ferner entfallen gem § 5 Abs 1 S 2 PublG aus der Liste in § 284 Anm 40 die Angabepflichten nach § 264 Abs 2 S 2 (zusätzliche Angaben, falls der JA wegen besonderer Umstände trotz Anwendung der GoB kein den tatsächlichen Verhältnissen entspr Bild vermittelt). Für die **Offenlegung** des Anhangs bestehen keine weiteren Erleichterungen, § 9 Abs 1 PublG. Zum Anhang des JA von eG vgl § 336 Anm 10 und § 338 Anm 1.

Sechster Titel. Lagebericht

§ 289 [Lagebericht]

(1) **[1]Im Lagebericht sind der Geschäftsverlauf einschließlich des Geschäftsergebnisses und die Lage der Kapitalgesellschaft so darzustellen, dass ein den tatsächlichen Verhältnissen entsprechendes Bild vermittelt wird. [2]Er hat eine ausgewogene und umfassende, dem Umfang und der Komplexität der Geschäftstätigkeit entsprechende Analyse des Geschäftsverlaufs und der Lage der Gesellschaft zu enthalten. [3]In die Analyse sind die für die Geschäftstätigkeit bedeutsamsten finanziellen Leistungsindikatoren einzubeziehen und unter Bezugnahme auf die im Jahresabschluss ausgewiesenen Beträge und Angaben zu erläutern. [4]Ferner ist im Lagebericht die voraussichtliche Entwicklung mit ihren wesentlichen Chancen und Risiken zu beurteilen und zu erläutern; zugrunde liegende Annahmen sind anzugeben.**

(2) **Der Lagebericht soll auch eingehen auf:**

1. Vorgänge von besonderer Bedeutung, die nach dem Schluß des Geschäftsjahrs eingetreten sind;

2. a) die Risikomanagementziele und -methoden der Gesellschaft einschließlich ihrer Methoden zur Absicherung aller wichtigen Arten von Transaktionen, die im Rahmen der Bilanzierung von Sicherungsgeschäften erfasst werden, sowie

b) die Preisänderungs-, Ausfall- und Liquiditätsrisiken sowie die Risiken aus Zahlungsstromschwankungen, denen die Gesellschaft ausgesetzt ist,

jeweils in Bezug auf die Verwendung von Finanzinstrumenten durch die Gesellschaft und sofern dies für die Beurteilung der Lage oder der voraussichtlichen Entwicklung von Belang ist;

3. den Bereich Forschung und Entwicklung;

4. bestehende Zweigniederlassungen der Gesellschaft;

5. [1]die Grundzüge des Vergütungssystems der Gesellschaft für die in § 285 Satz 1 Nr. 9 genannten Gesamtbezüge, soweit es sich um eine börsennotierte Aktiengesellschaft handelt. [2]Werden dabei auch Angaben entsprechend § 285 Satz 1 Nr. 9 Buchstabe a Satz 5 bis 9 gemacht, können diese im Anhang unterbleiben.

(3) **Bei einer großen Kapitalgesellschaft (§ 267 Abs. 3) gilt Absatz 1 Satz 3 entsprechend für nichtfinanzielle Leistungsindikatoren, wie Informationen über Umwelt- und Arbeitnehmerbelange, soweit sie für das Verständnis des Geschäftsverlaufs oder der Lage von Bedeutung sind.**

Übersicht

Schrifttum: *Baetge/Fischer/Paskert* Der Lagebericht: Aufstellung, Prüfung und Offenlegung, Stuttgart 1989; *Kuhn* Die Berichterstattung über Forschung und Entwicklung im Lagebericht, DStR 1993, 491; *Kuhn* Forschung und Entwicklung im Lagebericht – Eine theoretische und empirische Untersuchung, Hamburg 1992; *Fey* Die Angabe bestehender Zweigniederlassungen im Lagebericht nach § 289 Abs 2 Nr 4 HGB, DB 1994, 485; *Veit* Funktion und Aufbau des Berichts zu Zweigniederlassungen BB 1997, 461; *Küting/Hütten* Die Lageberichterstattung über Risiken der künftigen Entwicklung AG 1997, 250; *Ballwieser* Die Lageberichte der DAX-Gesellschaften im Lichte der Grundsätze ordnungsmäßiger Lageberichterstattung FS Baetge, 153; *Baetge/Schulze* Möglichkeiten der Objektivierung der Lageberichterstattung über „Risiken der künftigen Entwicklung" DB 1998, 937; *IDW RS HFA 1* Aufstellung des Lageberichts WPg 1998, 653 mit Ergänzung WPg 2002, 146 (inzwischen vom IDW aufgehoben, FN-IDW 2005, 530); *Dörner/Bischof* Aufstellung des Lageberichts und Konzernlageberichts in Dörner/Menold/Pfitzer, 369; *Dörner/Bischof* Zweifelsfragen zur Berichterstattung über die Risiken der künftigen Entwicklung im Lagebericht WPg 1999, 445; *Lange* Grundsätzliche und unbegrenzte Pflicht zur Berichterstattung im Lagebericht? BB 1999, 2447; *Selchert ua* Prüfung des Lageberichts, Bielefeld 2000; *Selch* Die Entwicklung der gesetzlichen Regelungen zum Lagebericht seit dem Aktiengesetz von 1965 bis zum KapCoRiLiG von 2000 WPg 2000, 357; *Schulze,* Die Berichterstattung über Risiken der künftigen Entwicklung im Lagebericht nach dem KonTraG, Aachen 2001; *Farr* Checkliste für die Aufstellung und Prüfung des Lageberichts bzw. Konzernlageberichts, 2002; *Küting/Heiden* Zur Informationsqualität der Lageberichterstattung in deutschen Geschäftsberichten – Branchenangaben, Risikobericht, Prognosebericht –, StuB 2002, 933; *Arbeitskreis „Immaterielle Werte im Rechnungswesen" der Schmalenbach-Gesellschaft für Betriebswirtschaft e. V.* Freiwillige externe Berichterstattung über immaterielle Werte, DB 2003, 1233; *Kirsch/Scheele* Die Auswirkungen der Modernisierungsrichtlinie auf die (Konzern-)Lageberichterstattung unter Berücksichtigung von E-DRS 20 und des Entwurfs eines Bilanzrechtsreformgesetzes vom 15. 12. 2003, WPg 2004, 1; *Böcking/Herold/Wiederhold* Modernisierung des HGB in Richung IAS/IFRS, Der Konzern 2003, 394; *Krawitz/Hartmann* Internationalisierung der Lageberichterstattung FS Lück, 289; *Hoffmann/Lüdenbach* Bilanzrechtsreformgesetz – Bedeutung für den Einzel- und Konzernabschluß, GmbHR 2004, 145; *Kajüter* Der Lagebericht als Instrument einer kapitalmarktorientierten Rechnungslegung, DB 2004, 197; *Lange* Berichterstattung im Lagebericht und Konzernlagebericht nach dem geplanten Bilanzrechtsreformgesetz, ZIP 2004, 981; *Kajüter/Winkler* Praxis der Risikoberichterstattung deutscher Konzerne, WPg 2004, 249; *Greinert* Weitergehende Anforderungen an den Konzernlagebericht durch E-DRS 20 sowie das Bilanzrechtsreformgesetz, KoR 2004, 57; *Kajüter* Berichterstattung über Chancen und Risiken im Lagebericht – Auswirkungen des Referentenentwurfs für das Bilanzrechtsreformgesetz, BB 2004, 427; *IDW RH HFA 1.005* Anhangangaben nach § 285 Satz 1 Nr 18 und 19 HGB sowie Lageberichterstattung nach § 289 Abs. 2 Nr 2

HGB in der Fassung Bilanzrechtsreformgesetz, WPg 2005, 531; *Kaiser* Erweiterung der zukunftsorientierten Lageberichterstattung: Folgen des Bilanzrechtsreformgesetzes für Unternehmen, DB 2005, 345; *Wolf* Neuerungen im (Konzern-) Lagebericht durch das Bilanzrechtsreformgesetz (BilReG) – Anforderungen und ihre praktische Umsetzung DStR 2005, 438; *Kaiser* Auswirkungen des Bilanzrechtsreformgesetzes auf die zukunftsorientierte Lageberichterstattung WPg 2005, 405; *Pfitzer/Oser/Orth* Reform des Aktien-, Bilanz- und Aufsichtsrechts BilReG, BilKoG, APAG, AnSVG, UMAG sowie weitere Reformgesetze, Stuttgart 2005.

A. Allgemeines

Gem § 264 Abs 1 haben **mittelgroße** und **große Kapitalgesellschaften** sowie **mittelgroße** und **große Personenhandelsgesellschaften iSd § 264a Abs 1,** wenn sie als TU nicht nach § 264 Abs 3 bzw § 264b befreit sind, einen Lagebericht **aufzustellen.** Kleine KapGes/KapCoGes brauchen gem § 264 Abs 1 S 3 1. Hs den Lagebericht nicht aufzustellen. 1

Bei der **Offenlegung eines IFRS-EA** anstelle des HGB-JA muß der Lagebericht gem § 325 Abs 2a im erforderlichen Umfang auf den IFRS-EA Bezug nehmen.

Dem PublG unterliegende Unternehmen (§ 1 Abs 1, § 3 PublG), die nicht Ekfm oder reine PersGes sind, haben ebenfalls einen Lagebericht sinngemäß nach § 289 aufzustellen (§ 5 Abs 2 S 2 PublG). Zum Lagebericht der eG s § 336 Anm 10, Banken s § 340a Abs 1, VersicherungsUnt s § 341a Abs 1. 2

Im Rahmen des BilReG wurden die Vorschriften zum Lagebericht wesentlich geändert. Sein Inhalt wurde deutlich erweitert. Hierbei wurden obligatorische Bestimmungen der Fair-Value-Richtl (Richtl 2001/65/EG des Europäischen Parlaments und des Rates v 27. 9. 2001) und der Modernisierungsrichtl (Richtl 2003/51/EG des Europäischen Parlaments und des Rates v 18. 6. 2003) transformiert. Zweck der neuen Vorschrift ist, die Qualität und die Aussagekraft der Lageberichterstattung zu erhöhen im Hinblick auf seine Funktion der Vermittlung eines den tatsächlichen Verhältnissen entspr Bilds. 3

Durch das VorstOG werden börsennotierte AG für Gj, die nach dem 31. 12. 2005 beginnen, verpflichtet, den Lagebericht um einen Vergütungsbericht zu erweitern (Abs 2 Nr 5).

Abs 1 und 3 nF sind erstmals auf Gj, die nach dem 31. Dezember 2004 beginnen, anzuwenden, Abs 2 Nr 2 nF erstmals für Gj, die nach dem 31. Dezember 2003 beginnen.

Die Vorschriften über den Inhalt des Lageberichts sind nunmehr viergeteilt:
- Darstellung von Geschäftsverlauf, Geschäftsergebnis und Lage der Ges mit deren umfassender Analyse unter Einbeziehung der bedeutsamsten finanziellen Leistungsindikatoren,
- Beurteilung und Erl der voraussichtlichen Entwicklung mit ihren wesentlichen Chancen und Risiken,
- Spezielle Berichterstattung (Abs 2) über
  - Vorgänge von besonderer Bedeutung nach Schluss des Gj,
  - Finanzinstrumente,
  - Forschung und Entwicklung
  - Zweigniederlassungen
  - Vergütungsbericht für börsennotierte AG
- Zusatzangaben für große KapGes/KapCoGes über nichtfinanzielle Leistungsindikatoren (Abs 3).

Die Berichterstattung im Lagebericht hat verschiedenen Zwecken zu dienen: Gem § 289 ist der Lagebericht ein **eigenständiger Teil** im Rahmen der jähr- 4 lichen Rechenschaftslegung, der neben dem JA einer KapGes/KapCoGes steht. Er hat sowohl eine **Informations-** als auch eine **Rechenschaftsfunktion** (glA *ADS*[6] § 289 Anm 19; *Reittinger* in HdJ IV/3 Anm 4). Die tatsächliche Bedeutung dieser Aufgaben und damit des Lageberichts als Publizitätsinstrument wird insb dadurch sichtbar, dass der Lagebericht den JA der KapGes/KapCoGes ergänzen soll (*Reittinger* in HdJ IV/3 Anm 4; *ADS*[6] § 289 Anm 20). Denn der JA einschließlich der Erl im Anhang ermöglicht den Adressaten nur begrenzt, die tatsächliche Lage der Ges zu erkennen. Das gilt umso stärker, als keine Erlpflicht aller wesentlichen Einzelposten des JA besteht (§ 284 Anm 85). Die **Ergänzungsfunktion** wird nunmehr betont durch Abs 1 S 3 2. HS nF „unter Bezugnahme auf die im JA ausgewiesenen Beträge und Angaben" sowie durch § 325 Abs 2a S 4 in Bezug auf den IFRS-EA. Nach der *Begr RegE BilReG* BR-Drs 326/04, 63 dient der JA eher der Darstellung, der Lagebericht dagegen mehr der Analyse und Kommentierung relevanter Kennzahlen und Sachverhalte.

Grds sind im Lagebericht alle Vorgänge anzugeben, die die **wirtschaftliche Gesamtbeurteilung** der Ges berühren. Im Lagebericht geben die gesetzlichen Vertreter auch ihr persönliches Urteil über den Geschäftsverlauf, das Geschäftsergebnis, die Lage und voraussichtliche Entwicklung der Ges ab, das betriebswirtschaftliche, technische, rechtliche, sozialpolitische und volkswirtschaftliche Aspekte gleichermaßen umfasst.

Im Lagebericht sind der Geschäftsverlauf einschl des Geschäftsergebnisses und die Lage der KapGes/KapCoGes so darzustellen, dass ein den **tatsächlichen Verhältnissen** entspr Bild vermittelt wird. Hiermit wird das für den JA vorgeschriebene Konzept des **„true and fair view"** auf den Lagebericht übertragen, wonach der JA gem § 264 ein den tatsächlichen Verhältnissen entspr Bild der VFE-Lage vermitteln soll. Es handelt sich um eine heraushebende Aufgabenstellung für den Lagebericht, alle Vorgänge so darzulegen, dass die wirtschaftliche Gesamtbeurteilung der Ges, insb im Zusammenhang mit dem JA, möglich wird. Während für die Berichterstattung im JA die Bezugnahme auf die GoB (§ 264 Abs 2 S 1) relevant ist, fehlt diese für den Lagebericht; **Maßgröße** sind die tatsächlichen Verhältnisse.

5 Der Inhalt des Lageberichts ist nicht begrenzt. Trotz Wegfalls des Worts „zumindest" in Abs 1 S 1 aF gibt § 289 nur den **Mindestumfang** an (*Lange* ZIP 2004, 983; *Kajüter* DB 2004, 197); nach der *Begr RegE BilReG* BR-Drs 326/04, 62 handelt es sich um eine Vereinfachung, zumal Art 46 Abs 1a der Bilanzrichtl idF der Modernisierungsrichtl das Wort „zumindest" enthält. Demzufolge kann er um freiwillige Angaben erweitert werden (Anm 112).

Die Angaben im Lagebericht sind **jedes Jahr** erneut zu machen. Ausdrückliche oder indirekte Verweise auf frühere Gj stellen einen Verstoß gegen die Berichterstattungspflicht des Abs 1 dar und sind daher nicht zulässig.

6 Der Lagebericht muss als solcher **gekennzeichnet** sein, damit er vom JA, und hier insb vom Anhang sowie von einer evtl anderen Berichterstattung, unterschieden werden kann. Nur so kann der Leser feststellen, welche Informationen als vom AP im Rahmen des § 317 Abs 2 (dort Anm 55) geprüft anzusehen sind. Sollen freiwillige Angaben und Darstellungen weder im Lagebericht noch im Anhang gemacht, gleichwohl aber im Rahmen einer allgemeinen Berichterstattung an die Öffentlichkeit gerichtet werden, besteht die Möglichkeit, in einem **Geschäftsbericht** getrennte Sonderabschnitte einzurichten, die selbst keinen gesetzlichen Vorschriften unterliegen und auch nicht nach § 317 Abs 2 prüfungspflichtig sind (ebenso *WPH*[12] I, F 784; *ADS*[6] § 289 Anm 14), wohl aber vom AP kritisch zu lesen sind (*IDW PS* 202, WPg 2001, 121).

Wo der Lagebericht im Rahmen der jährlichen schriftlichen Rechenschaftslegung platziert sein muss, sagt das HGB nicht. Gem der Reihenfolge des Gesetzes wäre der Lagebericht hinter Bilanz, GuV und Anhang zu platzieren. In der Praxis ist es vielfach üblich, den Lagebericht an den Anfang der schriftlichen Berichterstattung zu stellen. Beide Wege sind zulässig.

Der Lagebericht braucht nicht in gedruckter **Form** vorgelegt zu werden; 7
Schreibmaschinen- oder Handschrift genügen. Wie der JA ist der Lagebericht in **deutscher Sprache** und in **Euro** aufzustellen. Anders als der JA braucht der Lagebericht **nicht** vom Geschäftsführungsorgan **unterzeichnet** zu werden (§ 264 Anm 16; *WPH*[12] I, F 785; *ADS*[6] § 289 Anm 31).

Stellt ein Unt **freiwillig** einen Lagebericht auf, unterliegt dieser nicht den Anforderungen des § 289, außer wenn der JA des Unt einen BVm einschl seines Abs 6 (§ 322 Anm 106) zum Lagebericht erhalten soll (*ADS*[6] § 289 Anm 6; aA *Dörner/Bischof,* 378).

B. Grundsätze der Berichterstattung im Lagebericht

Die Berichterstattungspflichten im Lagebericht umfassen Angaben, Darstel- 8
lungen, Erl, Analysen und Beurteilungen. Unter **„Angabe“** ist die Nennung der Tatsache als solcher zu verstehen. Die **„Darstellung“** eines Sachverhalts macht diesen anschaulich. Eine **„Erläuterung“** umfasst eine Erklärung, Kommentierung und Verdeutlichung eines Sachverhalts, geht also über die Darstellung hinaus. Eine **„Analyse“** ist eine systematische Untersuchung/Zerlegung eines Sachverhalts im Hinblick auf alle einzelnen Komponenten, die ihn bestimmen. Unter **„Beurteilung“** ist die Bewertung eines Sachverhalts zu verstehen (s auch die Definitionen in DRS 15.8).

Die Berichterstattungsgrundsätze ergeben sich aus den allgemeinen Grundsätzen der Rechenschaftslegung und besagen, dass der Lagebericht vollständig, wahr (richtig) und klar (übersichtlich) sein soll (wie hier *ADS*[6] § 289 Anm 39; *Reittinger* in HdJ IV/3 Anm 8; *Lück* in HdR[5] § 289 Anm 16).

Die Berichterstattung muss **vollständig** sein. Der Lagebericht muss somit alle 9
Angaben enthalten, die für die *Gesamtbeurteilung* der wirtschaftlichen Lage und des Geschäftsverlaufs einschließlich des Geschäftsergebnisses sowie der voraussichtlichen Entwicklung mit ihren Chancen und Risiken erforderlich sind. Das Vollständigkeitsgebot bedeutet *nicht,* dass über alle Geschäftsvorfälle sowie Chancen und Risiken der künftigen Entwicklung umfassend und lückenlos berichtet werden müsste (*ADS*[6] § 289 Anm 40). Der Grundsatz der Vollständigkeit ist **qualitativ** zu interpretieren. Im Gegensatz zur **quantitativen** Vollständigkeit des JA wird die wirtschaftliche Lage einer KapGes/KapCoGes durch eine zu große Anzahl von Faktoren bestimmt, um sie lückenlos im Detail angeben zu können. Der Umfang der Berichterstattung richtet sich nach dem Grundsatz der **Wesentlichkeit** (wie hier *Lück* in HdR[5] § 289 Anm 19; *ADS*[6] § 289 Anm 40) und hat sich mithin an den Interessen der Adressaten des Lageberichts zu orientieren. Das bedeutet, dass über alles informiert werden muss, was für einen AR oder die GesV bei der Feststellung des JA oder für den Entlastungs- oder Gewinnverteilungsbeschluss der GesV/HV, für die Gläubiger hinsichtlich ihrer Ansprüche und für die Belegschaft allgemein von berechtigtem Interesse ist. Bei Großunt oder börsennotierten AG ist auch das Interesse der Öffentlichkeit an den wirtschaftlichen Verhältnissen der Ges zu berücksichtigen (*Steuber* in MünchKomAktG[2] § 289 Anm 27). Eine Berichterstattung darf jedoch nicht unterbleiben, weil die jeweiligen Tatsachen den Gestern oder der Öffentlichkeit durch andere Bekanntmachungen (Presse, §§ 44b BörsenG, 15 WpHG) bekannt sind.

10 Der **Vollständigkeitsgrundsatz** ist im Zusammenhang mit dem Grundsatz der **Wesentlichkeit** zu sehen (vgl § 252 Anm 70; *ADS*[6] § 289 Anm 40). Die Berichterstattung über einen bestimmten betrieblichen Sachverhalt muss sich somit nach dessen quantitativer und qualitativer Bedeutung richten. Die Bedeutung eines Sachverhalts schwankt mit den jeweiligen Verhältnissen des Unt. Zu den Verhältnissen gehört zunächst die Größe des Unt, aber auch die jeweilige Branche, dh je nach Größe und Branchenzugehörigkeit variiert zu bestimmten Sachverhalten das Adressateninteresse. Schließlich hängt die Bedeutung eines Sachverhalts auch von der wirtschaftlichen Lage des berichtenden Unt ab.

Sowohl in Zeiten allgemeiner angespannter wirtschaftlicher Lage als auch in Krisensituationen einer KapGes/KapCoGes ist eine umfangreichere Berichterstattung neben der Darstellung der Risiken der zukünftigen Entwicklung geboten. Der Grundsatz der Vollständigkeit sagt nichts über die Art der Berichterstattung, sondern nur, dass Angaben zu machen sind, die oft in verbaler Form ausreichen (Anm 9).

11 Der Lagebericht muss **wahr** sein, er darf keine unwahren Angaben enthalten. Objektiv falsche Angaben, die im Einzelnen oder insgesamt keinen zutreffenden Eindruck vermitteln, dürfen nicht gemacht werden. Das gilt auch für die Berichterstattung über Geschäftsverlauf, Geschäftsergebnis und Lage, wenn sich die KapGes/KapCoGes in einer Krise befindet und ihre Fortführung gefährdet ist (s im Einzelnen Anm 54). Hier ist ein Verschweigen oder eine Schönung der Situation mit dem Wortlaut und Sinn der Publizitätspflicht nicht vereinbar; die zweifellos berechtigten Interessen und Hoffnungen der Geschäftsführung müssen zurücktreten. Die KapGes/KapCoGes darf nicht gegen ihr subjektiv vorhandenes Wissen bzw gegen ein objektives, dh ein im Umfang als angemessen geltendes Wissen berichten. Die Berichterstattung muss mit der Realität übereinstimmen. Dies gilt insb für **Verlaufs- und Zustandsangaben (sog Tatsachenangaben).** Die Übereinstimmung mit der Realität muss nicht dokumentarisch exakt sein, vielmehr reicht eine Übereinstimmung in der Tendenz aus. Es genügt aber nicht, wenn eine ungünstige Liquiditätslage nur durch die Beschreibung eines negativen Trends ausgedrückt wird; hier muss der Sachverhalt als solcher angesprochen und über Gegenmaßnahmen berichtet werden. Bei **Beurteilungsangaben** hat die Geschäftsführung mit der Sorgfalt eines gewissenhaften und ordentlichen Geschäftsführers für deren Willkürfreiheit Sorge zu tragen. Es muss Übereinstimmung der Beurteilung mit der Überzeugung des Berichterstattenden bestehen. Die Wertungen müssen entweder Schlussfolgerungen auf Grund von Denkgesetzen sein oder auf Erfahrungswissen basieren.

12 Der Lagebericht muss **klar** und **deutlich** sein, sonst kann ggf trotz vollständiger und richtiger Angabe ein falscher Eindruck von der Lage der KapGes/KapCoGes vermittelt werden. Von einem Lagebericht ist auch zu erwarten, dass er verständlich ist. Ferner müssen die Ausführungen eindeutig sein; schließlich sollte der Bericht **übersichtlich** sein. Die Angaben dürfen weder vage, noch weitschweifig sein. Dazu gehört auch, dass an sich eindeutige Aussagen nicht an anderer Stelle wieder aufgehoben oder erheblich relativiert werden. Der Klarheitsgrundsatz fordert für die einzelne Angabe außerdem, kein falsches Bild von der wirtschaftlichen Lage durch Verharmlosung, Rechtfertigung bestimmter oder Übertreibung anderer Aussagen entstehen zu lassen. So darf nicht durch die Formulierung oder den Umfang einer Angabe die tatsächliche Bedeutung verschleiert werden. Auch dürfen untspezifische Angaben nicht durch umfangreiche Ausführungen zur allgemeinen Lage der Volkswirtschaft, durch Nachrufe, Werbung und Selbstverständlichkeiten verdeckt werden.

13 Die Gliederungsgrundsätze des § 265 gelten auch für den Lagebericht, da die Bezeichnung des 1. Unterabschn des 2. Abschn auch den Titel „Lagebericht“

umfasst. Mithin ist in der Form der Darstellung im Lagebericht **Stetigkeit** gem § 265 Abs 1 zu wahren (glA *ADS*[6] § 289 Anm 32; *Reittinger* in HdJ IV/3 Anm 21; *Lück* in HdR[5] § 289 Anm 27). Außerdem sind folgende Vorschriften sinngem auf die Lageberichterstattung anzuwenden:

Gliederung des Lageberichts nach **Geschäftsbereichen** der KapGes/KapCoGes (§ 265 Abs 4),
Anpassung der Darstellung an **branchentypische Besonderheiten** der KapGes/KapCoGes einschl von nicht allgemein bekannten Fachausdrücken (§ 265 Abs 6),
Mögliche **Zusammenfassungen,** um deutlicher darzustellen oder andererseits um kleinere Sachverhalte summarisch darzustellen (§ 265 Abs 7),
Fehlanzeigen für vorgesehene Berichterstattungen sind nicht erforderlich (§ 265 Abs 8).

Nach dem Wortlaut des HGB bestehen für die Berichterstattung im Lagebericht keine bestimmten Grenzen. Die **Begrenzung der Berichterstattung,** wie sie für den Anhang gilt, nämlich wenn durch die Berichterstattung das Wohl der Bundesrepublik Deutschland oder eines ihrer Länder beeinträchtigt ist (§ 286 Abs 1) oder wenn hierdurch der KapGes/KapCoGes oder einem bestimmten anderen Unt ein erheblicher Nachteil zugefügt werden kann (§ 286 Abs 2 und 3), sind auf den Lagebericht nicht anzuwenden (aA *Baetge/Fischer/Paskert,* 14; *Wiedmann* § 289 Anm 11); allerdings hätte eine Schutzklausel auch keine Bedeutung, da ihr Ziel durch eine entspr Gestaltung der Lagedarstellung erreicht werden kann. **14**

C. Der Inhalt des Lageberichts

I. Angaben zum Geschäftsverlauf einschließlich des Geschäftsergebnisses und zur Lage der Kapitalgesellschaft (Abs 1 S 1)

Die Begriffe „Geschäftsverlauf", „Geschäftsergebnis" und „Lage" werden im HGB nicht definiert. Diese Teile der Berichterstattung lassen sich nur schwer voneinander abgrenzen, da sie sehr eng miteinander verknüpft sind. Der zeitraumbezogene vergangenheitsorientierte Geschäftsverlauf mit Geschäftsergebnis bestimmt im Wesentlichen die zeitpunktbezogene, gegenwartsorientierte Lage der KapGes/KapCoGes. Mit der getrennten Regelung der Berichterstattung über die voraussichtliche Entwicklung der KapGes/KapCoGes und Vorgänge von besonderer Bedeutung nach Schluss des Gj wird klargestellt, dass die Lage der KapGes/KapCoGes nicht zukunftsorientiert zu interpretieren ist. Durch das BilReG in Transformation von Art 46 Abs 1 a der Bilanzrichtl idF der Modernisierungsrichtl wurde die Vorschrift um die Darstellung des **Geschäftsergebnisses** erweitert. Hierbei handelt es sich eher um eine Hervorhebung, da über das Geschäftsergebnis als Element des Geschäftsverlaufs bisher schon zu berichten war. Nunmehr ist auf das Geschäftsergebnis in gleichrangigem Umfang zwingend einzugehen (*Böcking/Herold/Wiederhold* Der Konzern 2003, 403). Unter dem Geschäftsergebnis dürfte das „Ergebnis der gewöhnlichen Geschäftstätigkeit" zu verstehen sein. **15**

Unter der „Lage" der KapGes/KapCoGes sind die **Vermögens-, Finanz- und Ertragslage** nach § 264 Abs 2 zu verstehen (§ 264 Anm 37; weitergehend *Lück* in HdR[5] § 289 Anm 45, der die Struktur der KapGes/KapCoGes und die Absatzlage mit einschließt; aA *ADS*[6] § 289 Anm 81, die nur dem JA die Funktion der Vermittlung der VFE-Lage zuteilen und hier unter der Lage der KapGes/KapCoGes die Gesamtheit der rechtlichen und wirtschaftlichen Beziehun- **16** gen – also die Geschäftslage – verstehen). Zu berichten ist uE mithin über jede einzelne der drei Lagen gleichermaßen, da es zwischen ihnen kein Rangverhältnis gibt (§ 264 Anm 38) und diese drei Lagen durchaus unterschiedlich oder gar gegensätzlich sein können.

17 Aus den Angaben zum Geschäftsverlauf, dem Geschäftsergebnis und zur Lage der KapGes/KapCoGes muss ersichtlich sein, wie das (Rumpf-)**Geschäftsjahr** aus der Sicht der KapGes/KapCoGes verlaufen ist und wie sich die Situation am **Abschlussstichtag** darstellt. Hierzu ist eine Darlegung der wirtschaftlichen Verhältnisse am Bilanzstichtag und ihrer Entwicklung im Laufe des Gj erforderlich. Dabei geht es stets um Angaben, die die wirtschaftliche Gesamtsituation der KapGes/KapCoGes und wichtiger Fertigungs-/Vertriebsbereiche wesentlich betreffen und nicht um einzelne Posten des JA. Eine Darstellung nach Segmenten ist nicht vorgeschrieben, kann aber im Rahmen einer freiwilligen SegBerE sinnvoll sein.

Im Einzelnen ist ein Überblick über die gesamtwirtschaftlichen und branchenspezifischen **Rahmenbedingungen** zu geben (ebenso *ADS*[6] § 289 Anm 68). Hierbei können Angaben über wirtschaftspolitische Maßnahmen und Entwicklungen, die die KapGes/KapCoGes ggf auch erst in der Zukunft beeinflussen, erforderlich sein.

Gegenstand der Berichterstattung können die einzelnen Funktionsbereiche des Unt sein (wie hier *ADS*[6] § 289 Anm 66; *Lück* in HdR[5] § 289 Anm 37; sa *IDW RS HFA* 1 Anlage, inzwischen aufgehoben):

18 In bezug auf den **Beschaffungsbereich** der KapGes/KapCoGes sollte über wichtige Entwicklungen der Versorgungslage und der Kosten für Roh-, Hilfs- und Betriebsstoffe sowie der Energiekosten berichtet werden, einschl ggf von Angaben über die Vorratspolitik oder die Lagerhaltung sowie über wesentliche langfristige Dispositionen.

19 Hinsichtlich des **Produktionsbereichs** wird insbes über wesentliche Änderungen des Produktionsprogramms oder der Anlagen auf Grund von Investitionen oder Verkauf bzw eingestellter Fertigungen, Stilllegungen von Betriebsstätten oder -abteilungen zu berichten sein. Sinnvoll sind bei entspr Bedeutung ferner Aussagen zum Beschäftigungsgrad, zu Rationalisierungen, zur Produktivität und zur Kurzarbeit größeren Ausmaßes.

20 Bei den Aussagen zum **Absatzbereich** ist zu berücksichtigen, dass die Aufgliederung des Umsatzes nach Tätigkeitsbereichen und nach geographisch bestimmten Märkten bereits im Anhang gem § 285 S 1 Nr 4 anzugeben ist, so dass hier kommentierende und mit dem Vj vergleichende Angaben in Frage kommen: Absatzmengen, andere Umsatzaufgliederungen sowie Marktanteile, Veränderungen der Wechselkurse, Verlust von Absatzmärkten, Exportbeschränkungen.

Angaben zum **Auftragseingang** und zum **Auftragsbestand** gehören auch zur Darstellung des Geschäftsverlaufs, des Geschäftsergebnisses und der Lage der KapGes/KapCoGes (glA *ADS*[6] § 289 Anm 70).

21 Angaben zu den Bereichen **Finanzierung** und **Investitionen** sind idR notwendig, um ein zutreffendes Bild von den wirtschaftlichen Verhältnissen einer KapGes/KapCoGes zu geben. Schwerpunkte der Investitionen sind zu nennen. Zur Darstellung der Finanzlage kann eine **KFR** oder **Cash-Flow-Rechnung** hilfreich sein.

Ferner können in Frage kommen: **Gewinnanalyse** nach einem Verbandsschema; **Aufgliederung des Rohgewinns** nach Personal, Fiskus und Anteilseignern (Wertschöpfungsrechnung); **Finanzplanung,** insb auch für geplante Investitionen.

22 Zu zulässigen und erwünschten weiteren Berichterstattungen (Sozial- oder Umweltberichterstattung ua) s Anm 93 ff.

Ferner kommen Angaben über **wichtige Ereignisse im Geschäftsjahr** in Frage, wenn sie für den Geschäftsverlauf einschl des Geschäftsergebnisses und die Lage der KapGes/KapCoGes von Bedeutung sind (*ADS*[6] § 289 Anm 79; *Lück* in HdR[5] § 289 Anm 43): Erwerb oder Veräußerung von Beteiligungen und von Kerngeschäftsfeldern, Abschluss oder Beendigung bedeutender Verträge (zB Gewinnabführung, Beherrschung, Eingliederung, Betriebspacht- und -überlassung, Geschäftsbesorgung), Beginn oder Abschluss wichtiger Prozesse und Kartellverfahren, Kooperationsvorhaben, schwere Unglücksfälle im Betrieb, Brandschäden, Computerdelikte, Änderung der Rechtsform (Formwechsel), Änderungen in der Gester-Struktur, Verschmelzungen, Spaltungen, Ausgliederungen, Vermögensübertragungen, Umweltauflagen. 23

II. Analyse des Geschäftsverlaufs und der Lage der Gesellschaft (Abs 1 S 2)

Die Darstellung von Geschäftsverlauf, Geschäftsergebnis und Lage der Ges gem S 1 ist nach S 2 um eine Analyse zu erweitern, die über die reine Darstellung hinausgeht. Hiermit wurde Art 46 Abs 1 S 2 der Bilanzrichtl idF der Modernisierungsrichtl transformiert. 25

Hierunter ist eine **systematische Untersuchung** von Geschäftsverlauf, Geschäftsergebnis (so die Modernisierungsrichtl) und Lage hinsichtlich aller einzelnen Komponenten und Faktoren, die sie bestimmen, zu verstehen. Nach dem Gesetzeswortlaut muss die Analyse ausgewogen und umfassend sein, dh sie muss einerseits alle Funktionsbereiche des Unt enthalten und andererseits alle einzelnen Komponenten und Faktoren hierzu herausstellen und untersuchen. Ausgewogen bedeutet dabei, dass diese Komponenten und Faktoren in sich abgestimmt und ausgeglichen dargestellt werden müssen. Inhaltsleere oder stereotype Aussagen sind somit nicht mehr zulässig, vielmehr ist eine aussagekräftige und entscheidungsrelevante Analyse gefordert. Damit ist eine Erweiterung des Inhalts des Berichts ggü dem bisher Üblichen bezweckt.

Die Breite und Tiefe der Analyse findet ihre Grenze im Umfang und in der Komplexität der Geschäftstätigkeit der Ges. Hiermit wird zum Ausdruck gebracht, dass kleinere und mittlere Unt im Gegensatz zu GroßUnt oder EinproduktUnt im Gegensatz zu MehrproduktUnt ihre Analyse weniger detailliert und ohne Eingehen auf Einzelheiten darstellen dürfen. Der Detaillierungsgrad darf sich an die UntGröße und den Charakter der Geschäftstätigkeit anpassen (*Begr RegE BilReG* BR-Drs 326/04, 63).

Als **Faktoren,** die auf Geschäftsverlauf, Geschäftsergebnis und Lage der Ges eingewirkt haben, kommen sowohl externe Faktoren wie sämtliche Rahmenbedingungen von Umfeld und Umwelt des Unt, von Markt und Wettbewerb als auch interne Faktoren wie Bilanzpolitik, Ausnutzung von Ermessensspielräumen, Sachverhaltsgestaltung in Frage (ähnlich *Böcking/Herold/Wiederhold* Der Konzern 2003, 404). Hierbei sind auch die Auswirkungen auf Verlauf und Lage zu untersuchen. 26

Fraglich ist, ob zB eine Jahresabschlussanalyse mittels **Kennzahlen** der Vorschrift genügt. Schon gem S 1 aF war nach *IDW RS HFA* 1, 26 (inzwischen aufgehoben) eine Bilanzanalyse gefordert. Deshalb muss eine Analyse nach S 2 mehr darstellen, als ein UntExterner ohnehin aus den veröffentlichten JA-Daten ableiten kann (*Kirsch/Scheele* WPg 2004, 8). Entspr sollten die Kennzahlen zur Bilanzstruktur (Vermögens- und Kapitalstrukturkennzahlen) und Liquidität nicht die reinen JA-Zahlen, sondern um Verzerrungen, Nichtvergleichbarkeit oder bilanzpolitische Maßnahmen bereinigte Beträge verwenden. Hinzukommen 27 muss eine Investitionsanalyse nach Zusammensetzung des Vermögens und der Dauer der Vermögensbindung sowie eine Finanzierungsanalyse nach Art, Sicherheit und Fristigkeit und Aussagen zur finanziellen Stabilität des Unt, zur Innenfinanzierungskraft und Verschuldungsfähigkeit.

Die Analyse der Ertragslage bzw des Geschäftsergebnisses (uU anhand der GuV) muss Höhe, Struktur und Quellen der erzielten Erfolge bzw der Erträge und Aufwendungen sowie deren wesentliche Veränderungen transparent machen und insb auf nachhaltige und nichtnachhaltige Erfolgsquellen oder wiederkehrende und nicht wiederkehrende Posten hinweisen, um eine möglichst aussagekräftige Ergebnisprojektion zu gestatten. Eine kennzahlenbasierte Analyse ist durch eine qualitative Analyse zu ergänzen.

III. Angabe der bedeutsamsten finanziellen Leistungsindikatoren und ihre Erläuterung unter Bezugnahme auf die im Jahresabschluss ausgewiesenen Beträge und Angaben (Abs 1 S 3)

30 Diese Vorschrift steht iZm mit S 2 und wurde mit ihm aus der Modernisierungsrichtl umgesetzt. Sie gibt weiteren Aufschluss über den Umfang der Analyse von Geschäftsverlauf, Geschäftsergebnis und Lage der Ges. Hiernach sind die für die Geschäftstätigkeit bedeutsamsten finanziellen Leistungsindikatoren einzubeziehen und unter Bezugnahme auf die im JA ausgewiesenen Beträge und Angaben zu erläutern.

31 Was unter finanziellen **Leistungsindikatoren** zu verstehen ist, sagt das Gesetz nicht. Es unterscheidet „finanzielle" und „nichtfinanzielle" Leistungsindikatoren (Abs 3), zu denen es Informationen über Umwelt- und Arbeitnehmerbelange zählt. Die *Begr RegE BilReG* (BR-Drs 326/04, 63) spricht von Leistungsmerkmalen, wie etwa Ergebnisentwicklung und Ergebniskomponenten, Liquidität und Kapitalausstattung. Aus dem Gesetzeszusammenhang ist zu schließen, dass es sich bei den finanziellen Leistungsindikatoren um Merkmale und Umstände handelt, die als Hinweis auf und Grundlage für die im Gj erbrachte Leistung dienen. Dabei bedeutet „finanziell" iSd angloamerikanischen Sprachgebrauchs „sich in der Rechnungslegung unmittelbar betragsmäßig niederschlagen" („wertmäßig" nach *Greinert* KoR 2004, 53), im Unterschied zu den „nichtfinanziellen" des Abs 3 (Anm 101 ff). Mit S 3 wird einmal mehr eine erweiternde Konkretisierung der geforderten Analyse und ihrer Einzelbestandteile durch Informationen über vom Markt geforderte Schlüsselgrößen (*Böcking/Herold/Wiederhold* Der Konzern 2003, 404) gegeben.

32 Die Berichterstattung erfährt eine Einschränkung dahingehend, dass nur die für die Geschäftstätigkeit **bedeutsamsten** Leistungsindikatoren darzustellen und zu erläutern sind.

33 Die Erl der finanziellen Leistungsindikatoren hat unter Bezugnahme auf die im JA ausgewiesenen Beträge und Angaben zu erfolgen (S 3 2. Hs). Diese Vorschrift stellt das Bindeglied zwischen Lagebericht und JA dar, was aus der Modernisierungsrichtl deutlicher hervorgeht als aus der Transformation: Im Rahmen der Analyse enthält der Lagebericht – soweit angebracht – auch Hinweise auf im JA ausgewiesene Beträge und zusätzliche Erl dazu (Art 46 Abs 1c 4. EG-Richtl idF der Modernisierungsrichtl). Eine Beschränkung der Erl auf die in die Analyse einzubeziehenden finanziellen Leistungsindikatoren ist vom Gesetzgeber nicht beabsichtigt. Vielmehr hat der Lagebericht in der geforderten Analyse ergänzende Hinweise zum JA zu enthalten, soweit dies dem Verständnis dient, wobei eine Verdoppelung von Angaben im JA einerseits, im Lagebericht andererseits vermieden werden kann, wenn eine eindeutige Bezugnahme des Lageberichts auf den JA zur Information des Adressaten ausreicht (so *Begr RegE BilReG,* BR-Drs 326/04, 63). Mithin sind die im JA enthaltenen Beträge und Angaben in die Analyse einzubeziehen (*Krawitz/Hartmann* FS Lück, 298).

IV. Beurteilung und Erläuterung der voraussichtlichen Entwicklung mit ihren wesentlichen Chancen und Risiken unter Angabe der zugrunde liegenden Annahmen (Abs 1 S 4)

1. Allgemeines

Die Neufassung des § 289 Abs 1 S4 durch das BilReG fasst Abs 2 Nr 2 aF 35 (voraussichtliche Entwicklung der KapGes) mit Abs 1 S 1 2. HS aF (Risiken der künftigen Entwicklung) in Transformation der Modernisierungsrichtl (Art 46 Abs 1a Unterabs 1 2. HS Bilanzrichtl nF) zusammen und erweitert diese Vorschrift darüber hinausgehend um die Berichterstattung über die Chancen der voraussichtlichen Entwicklung. Zweck der Vorschrift ist, den Gehalt des Lageberichts an entscheidungsrelevanten Informationen zu erhöhen und dem Investor Soll-Ist-Vergleich zu ermöglichen (so *Begr RegE BilReG* BR-Drs 326/04, 62).

Nunmehr schließt sich auch gesetzestechnisch die Berichterstattung über die voraussichtliche Entwicklung (Prognosebericht) unmittelbar an die Darstellung von Geschäftsverlauf einschl Geschäftsergebnis und Lage der Ges sowie ihre Analyse unter Einbeziehung der bedeutsamsten finanziellen Leistungsindikatoren an und ist mithin ein Pflichtbestandteil des Lageberichts.

2. Berichterstattung über die voraussichtliche Entwicklung

Im Gegensatz zur aF präzisiert das BilReG den Umfang der Berichterstattung 36 über die voraussichtliche Entwicklung der Ges nunmehr dahingehend, dass sie zu beurteilen und zu erläutern ist. Damit reicht ein „Eingehen" nicht mehr aus, vielmehr ist eine umfangreichere und aussagekräftigere Berichterstattung gefordert, um dem Gesetzeszweck gerecht zu werden, dem Investor einen Soll-Ist-Vergleich zu gestatten, zumal auch die zugrunde liegenden Annahmen anzugeben sind.

Bezüglich des **zeitlichen Umfangs** der Prognose hat das BilReG keine Än- 37 derung im Hinblick auf die hM (*WPH*[12] *I,* F 817 mwN) gebracht (*Kaiser* WPg 2005, 412), nach der eine Bezugsperiode von idR 2 Jahren als sinnvoll angesehen wird. Ein einjähriger Prognosezeitraum ist zu kurz bemessen, zumal bei Veröffentlichung des Lageberichts bereits mehrere Monate seit dem Abschlussstichtag vergangen sind. Bei längeren Prognosezeiträumen (3–5 Jahre) ist zu beachten, dass mit zunehmender Länge die Zuverlässigkeit der Prognose abnimmt. Daher sollte stets der Zeitraum angegeben werden, auf den sich die Prognose bezieht.

Was über die voraussichtliche Entwicklung der Ges zu berichten ist, sagt das 38 HGB nicht, es hält sich bewusst allgemein. Durch die Einbindung der Vorschrift zum Prognosebericht in den neuen Abs 1 macht der Gesetzgeber deutlich, dass die wesentlich erweiterten Berichterstattungspflichten über Geschäftsverlauf, Geschäftsergebnis und Lage der Ges konkretisierende Hinweise auch auf S 4 geben können, da hiermit eine Aufwertung des Prognoseberichts verbunden ist und insb dieser Teil des Lageberichts entscheidungsrelevante Informationen enthält. Das bedeutet, dass die voraussichtliche Entwicklung der **einzelnen VFE-Lagen** sowie der **wesentlichen Eckdaten** zu erläutern ist: Beschäftigung, Investitionen und ihre Finanzierung, Belegschaft, Umsatz, Kosten, Erträge, Geschäftsergebnis. Neben die Erl über die wesentlichen geplanten Maßnahmen und deren

Auswirkungen auf die Ges treten Aussagen über die **Erwartungen** der Geschäftsführung hinsichtlich der allgemeinen wirtschaftlichen Entwicklung im Branchen- oder ggf auch globalen Umfeld, seiner Dynamik mit seinen ökonomischen, technologischen und politisch-rechtlichen Faktoren.

39 **Wie** über die voraussichtliche Entwicklung zu berichten ist, ergibt sich nunmehr aus dem Gesetzeswortlaut: beurteilen und erläutern. Das bedeutet, dass eine verbale Darstellung als ausreichend betrachtet werden kann. Die Berichterstattung hat über eine reine Darstellung der voraussichtlichen Entwicklung hinauszugehen und Erklärungen und Verdeutlichungen der Zusammenhänge, Sachverhalte und Umstände zu umfassen. Ferner ist die voraussichtliche Entwicklung aus der Sicht der Geschäftsführung zu beurteilen und zu kommentieren, mithin ein Urteil über die voraussichtliche Entwicklung mit ihren Komponenten abzugeben (zB gut, mäßig, schlecht, unzureichend). Hier ist der Maßstab die Einschätzung der Geschäftsführung. Die Beurteilung kann sich aber auch in vergleichenden Aussagen niederschlagen (zB steigen, zurückgehen, stagnieren, größer, kleiner), wobei Maßstab die Verhältnisse des abgelaufenen Gj sind. Hier hat die Geschäftsführung ihre eigene Meinung über die voraussichtliche Entwicklung der Ges abzugeben (zB zufrieden, unzufrieden). Verstärkt wird die Pflicht zu beurteilen und zu erläutern durch die Vorschrift des S 4 2. HS, dass auch die zugrunde liegenden Annahmen anzugeben sind. Hiernach sind die wesentlichen Prämissen, die den Zukunftsaussagen der Untleitung zugrunde liegen, transparent zu machen (*Begr RegE BilReG* BR-Drs 326/04, 62). Es kommen „wenn … dann"-Aussagen in Betracht, um die Zusammenhänge und Abhängigkeiten deutlich zu machen.

40 Aus dem allgemeinen Berichterstattungsgrundsatz einer **gewissenhaften und getreuen Rechenschaft** (Anm 6) ergibt sich, dass sich die Erl und Beurteilungen der voraussichtlichen Entwicklung der Ges an realistischen Erwartungen orientieren müssen. Zielvorstellungen aus internen Planungsvorgaben sind nicht in die Berichterstattung einzubeziehen. So verbietet es sich auch, die zukünftige Entwicklung in einem zu günstigen Licht darzustellen. Der Prognosebericht darf nicht als Mittel der UntPolitik eingesetzt werden. Der **Grundsatz der Wahrheit** ist hierbei besonders zu beachten.

3. Berichterstattung über die wesentlichen Chancen und Risiken

43 Verbunden mit der Berichterstattung über die voraussichtliche Entwicklung ist die Berichtspflicht über deren wesentliche Chancen und Risiken. War bisher nur auf die Risiken der künftigen Entwicklung einzugehen, sind nunmehr auch die wesentlichen Chancen zu beschreiben. S 4 geht somit über die Vorgaben der Modernisierungsrichtl hinaus, die in diesem Zusammenhang von Risiken und Ungewissheiten spricht, und erweitert die Berichterstattungspflicht. Bisher war die Chancenberichterstattung bereits zulässig (DRS 5.27); sie wurde aber wenig in Anspruch genommen (*Kirsch/Scheele* WPg 2004, 6 mwN).

Die gesetzestechnische Zusammenfassung der Berichterstattung über die voraussichtliche Entwicklung *mit ihren wesentlichen Chancen und Risiken* bedeutet nicht, dass die Berichterstattung über die wesentlichen Chancen und Risiken nur ein Teilaspekt der Prognoseberichterstattung ist, sondern dass *gleichermaßen* über die voraussichtliche Entwicklung *und* die wesentlichen Chancen und Risiken zu berichten ist (*Kajüter* BB 2004, 430). Der Chancen- und Risikobericht steht selbständig neben dem Prognosebericht. E-DRÄS 3 Art 8 Ziff 2 Tz 5 iVm DRS 5.30 verlangt aus Gründen der Klarheit und Übersichtlichkeit für beide Berichte jeweils eine geschlossene und voneinander getrennte Darstellung des Risikoberichts und des Prognoseberichts, wobei über die wesentlichen

Chancen der voraussichtlichen Entwicklung im letzteren zu berichten sein soll (für eine Zusammenführung beider Berichte nach der Intention des Gesetzes *Pfitzer/Oser/Orth* DB 2004, 2597; *Wolf* DStR 2005, 439; *Kaiser* WPg 2005, 410).

Das BilReG stellt nunmehr die Chancen **gleichwertig** neben die Risiken der voraussichtlichen Entwicklung, dh dass eine ausgewogene, gleichgewichtige Berichterstattung gefordert ist. Das Vorsichtsprinzip des § 252 Abs 1 Nr 4 greift hier nicht. Damit wird vermieden, dass weder ein zu positives Bild, noch eine zu vorsichtige Darstellung der künftigen Entwicklung der Ges vermittelt wird, zumal die pflichtgemäße Angabe der zugrunde liegenden Annahmen die Abhängigkeiten und Zusammenhänge deutlich macht. 44

Ferner ist jeweils über die Chancen und Risiken getrennt zu berichten. Eine Saldierung der Risiken mit den Chancen und damit eine Darstellung nur der Restchancen oder -risiken entspricht nicht dem Gesetzeszweck (*Lange,* 227; DRS 5.26; DRS 15.12). 45

Eine **Risikokompensation** bei der Beurteilung und Erl ist nicht zulässig, obwohl beachtliche Risikoausgleichseffekte bestehen können. Eine Darstellung wesentlicher Risiken darf auch nicht unterbleiben, wenn die Geschäftsführung Anpassungsmaßnahmen an die Risiken getroffen hat oder in der Ges Ausgleichspotentiale und Sicherheitsreserven vorhanden sind. Sind Risiken jedoch auf Dritte (zB VersicherungsUnt) überwälzt worden, ist über solche Risiken nicht zu berichten (*Dörner/Bischof* in Dörner/Menold/Pfitzer, 390; *Krawitz* in BoHdR § 289 Anm 84; DRS 5.21), außer es verbleibt ein wesentliches Restrisiko, das dann anzugeben ist (DRS 5.21). Das Gleiche gilt für abgeschlossene Deckungsgeschäfte. Sind Chancen durch Verträge mit Dritten (zB Termingeschäfte) begrenzt, entfällt ebenfalls eine Berichtspflicht, außer es verbleibt eine wesentliche Restchance. 46

Über Risiken, die mittels Abschreibungen, Wertberichtigungen und Rückstellungen ihren Niederschlag bereits im JA gefunden haben, ist nicht zu berichten (aA *Dörner/Bischof* in Dörner/Menold/Pfitzer, 390; nach DRS 5.22 ist zu berichten, soweit dies zur Gesamteinschätzung der Risikosituation von Bedeutung ist). Das Gleiche dürfte für im JA vorgenommene Wertaufholungen gelten. 47

Um ein ausgewogenes Bild zu vermitteln, sind jeweils die wesentlichen Chancen und Risiken nicht nur darzustellen, sondern auch zu bewerten und ihre **Bedeutung transparent** zu machen. Eine ausgewogene Darstellung bedeutet nicht, (quantitativ) gleich viele Chancen und Risiken anzugeben, sondern auch Chancen und Risiken nach ihrer Bedeutung (qualitativ) für die voraussichtliche Entwicklung anzugeben und zu klassifizieren. Es ist die sachliche Chancen- und Risikosituation der künftigen Entwicklung der Ges zu erläutern und zu beurteilen unter Angabe der Ursachen, Abhängigkeiten und Auswirkungen sowie der Einschätzung der Eintrittswahrscheinlichkeiten durch die Geschäftsführung (*Küting/Hütten,* 252; *Baetge/Schulze,* 942). Nicht nur die reinen Chancen und Risiken, die zu Gewinnen bzw Verlusten oder Schäden führen, sind zu erläutern, sondern auch die spekulativen Chancen und Risiken, die zu positiven oder negativen Ergebnissen führen können, sofern sie wesentlich sind. Zur Beurteilung der Chancen und Risiken gehört auch eine Bewertung, dh eine verbale Quantifizierung nach Gewinn- und Verlusthöhe sowie Eintrittswahrscheinlichkeit (aA DRS 5.20 für Quantifizierung). Es ist über die *wesentlichen* Chancen und Risiken zu berichten, was nun durch den Gesetzeswortlaut klargestellt wurde (s Anm 53). 48

Hinsichtlich der **Berichterstattungsintensität** stellt das BilReG klar, dass die wesentlichen Chancen und Risiken zu beurteilen und zu erläutern sind. Ei- 49 ne reine Nennung reicht nicht aus (*Kajüter,* BB 2004, 427). Zu Art und Umfang der Beurteilungen und Erl s Anm 39. Ergänzt und verdeutlicht werden diese Pflichten durch die Vorschrift, die zugrunde liegenden Annahmen anzugeben.

50 Wie beim Prognosebericht sollte sich die Berichterstattung (mindestens) auf die beiden dem Bilanzstichtag folgenden Jahre erstrecken.

51 Die Berichterstattung über die wesentlichen Chancen und Risiken findet ihre Grenze in möglichen nachteiligen Wirkungen aus der Offenlegung von einzelnen Chancen und Risiken (*Kajüter,* BB 2004, 430; ähnlich *Kaiser* WPg 2005, 417). Die für den Anhang geltenden Schutzklauseln des § 286 bestehen für den Lagebericht nicht. Mithin sind die Grenzen des Weglassens sehr eng zu ziehen, zumal durch entspr allgemein gehaltene Angaben die Publizitätswirkungen beschränkt werden können.

52 Was unter **Chancen und Risiken** zu verstehen ist, sagt das BilReG nicht. Nach DRS 5.9 und DRS 15.8 ist unter Chance bzw Risiko die Möglichkeit von positiven bzw negativen künftigen Entwicklungen der wirtschaftlichen Lage der Ges zu verstehen. Referenzpunkt ist die wirtschaftliche Lage am Bilanzstichtag sowie die im Prognosebericht dargestellten Erwartungen. *IDW RS HFA 1* Anm 29 (inzwischen aufgehoben) definiert Risiko als die Möglichkeit ungünstiger künftiger Entwicklungen, die mit einer erheblichen, wenn auch nicht notwendigerweise überwiegenden Wahrscheinlichkeit eintreten werden.

Solche Erfolgsmöglichkeiten und Verlustgefahren sind stets mit einer unternehmerischen Tätigkeit verbunden und resultieren aus der Unsicherheit über die Ergebnisse unternehmerischen Handelns und über die Entwicklung der Umweltfaktoren. Die voraussichtliche Entwicklung der Ges ist von der Geschäftsführung im Prognosebericht zwar als einwertiger Verlauf darzustellen; die Pflicht zur Angabe der zugrunde liegenden Annahmen macht jedoch deutlich, dass Abweichungen positiver und negativer Art in Anbetracht der Unsicherheit jeglicher Prognose der künftigen Entwicklung immanent sind, weshalb hierüber im Rahmen des Chancen- und Risikoberichts zu berichten ist.

53 Über **welche wesentlichen Chancen und Risiken** zu berichten ist, sagt das HGB nicht. In Anlehnung an *IDW RS HFA 1* Anm 29 (inzwischen aufgehoben) sind *wesentliche* Chancen und Risiken solche, die einen wesentlichen Einfluss auf die VFE-Lage der Ges haben können, dh die in wesentlichem Umfang positiv oder negativ die künftige Entwicklung der Ges spürbar verändern können. Hier kommen sowohl externe als auch innerbetriebliche Faktoren und Umstände in Betracht: Konjunktur-, Markt-, Branchen-, Zins-, Wechselkurs-, Gesetzes-, Steuer-, Umwelt- und Lohnentwicklungen sowie untspezifische Chancen- und Risikopotentiale im Produktions-, Absatz-, Beschaffungs-, Personal-, Finanzierungs- und Investitionsbereich. Die Chancen und Risiken der Auswirkungen wichtiger Geschäftsführungsmaßnahmen in den Funktionsbereichen sind zu beurteilen und zu erläutern.

54 Zu den wesentlichen Risiken gehören insb auch die **Risiken,** die den **Fortbestand der Ges** gefährden. Eine positive Fortbestandsannahme ergibt sich idR aus der Berichterstattung über die voraussichtliche Entwicklung (Anm 36 ff). Ist der Fortbestand gefährdet oder nicht mehr gesichert, ist darauf deutlich und unter Nennung der Gründe bzw Anhaltspunkte hinzuweisen. Infrage kommen erhebliche dauerhafte Verluste, drohender Kreditentzug, Kürzung von Kreditlinien, Wegfall von Absatzmärkten, riskante Spekulationsgeschäfte, falsche Produktwahl (s auch *IDW PS 270* Die Beurteilung der Fortführung der UntTätigkeit im Rahmen der JAP). In diesem Fall ist als Bezugsperiode ein Zeitraum von 12 Monaten nach dem Bilanzstichtag in Übereinstimmung mit dem Zeitraum der Fortführungsprognose zugrunde zu legen.

V. Einzelangaben (Abs 2)

1. Allgemeines

Gem Abs 2 **soll** der Lagebericht auch auf folgende Tatbestände eingehen: 60

Nr 1: Vorgänge von besonderer Bedeutung, die nach dem Schluss des Gj eingetreten sind;

Nr 2: a: die Risikomanagementziele und -methoden der Ges einschl ihrer Methoden zur Absicherung aller wichtigen Arten von Transaktionen, die im Rahmen der Bilanzierung von Sicherungsgeschäften erfasst werden, sowie

b: die Preisänderungs-, Ausfall- und Liquiditätsrisiken sowie die Risiken aus Zahlungsstromschwankungen, denen die Ges ausgesetzt ist,

jeweils in Bezug auf die Verwendung von Finanzinstrumenten durch die Ges und sofern dies für die Beurteilung der Lage oder der voraussichtlichen Entwicklung von Belang ist;

Nr 3: den Bereich Forschung und Entwicklung;

Nr 4: Zweigniederlassungen;

Nr 5: Grundzüge des Vergütungssystems einer börsennotierten AG für die in § 285 S 1 Nr 9 genannten Gesamtbezüge.

In Anbetracht des Gesetzeswortlauts („soll ... eingehen") stellt sich die Frage nach dem Verpflichtungsgehalt dieser Vorschrift. Im Gegensatz zu einer Mussvorschrift, die zu einem Tun oder Unterlassen unter genau umschriebenen Voraussetzungen verpflichtet, ist nach einheitlicher Rechtsauffassung eine Sollvorschrift eine gesetzliche Bestimmung, die dieses Tun oder Unterlassen zwar für den Regelfall, aber nicht zwingend vorschreibt (*Creifelds* Rechtswörterbuch[18], 1143).

Daher ist die Vorschrift iS eines „ist im Regelfall einzugehen ..." zu interpretieren (im Ergebnis ebenso *WPH*[12] I, F 814; *ADS*[6] § 289 Anm 94; für eine Berichterstattungs*pflicht Lück* in HdR[5] § 289 Anm 80).

Unter welchen Bedingungen vom Regelfall abgewichen werden darf, hat die Geschäftsführung der KapGes/KapCoGes in eigener Verantwortung zu entscheiden, wobei sie in der Ausübung ihres Ermessens weder nach Belieben noch willkürlich verfahren kann, sondern nach den in Anm 8 bis 12 dargestellten allgemeinen Grundsätzen auf Sonder- und Ausnahmefälle beschränkt ist und im Übrigen stetig verfahren muss. Eine Berichterstattung kann unterbleiben, wenn keine Sachverhalte der berichterstattungspflichtigen Art gegeben sind, zB kein Forschungsbereich besteht.

Über den Umfang der Berichterstattung sagt das HGB nichts. Das **„Eingehen"** auf die Einzeltatbestände ist dahingehend zu verstehen, dass die Darlegungen idR allgemein gehalten werden können und Einzelheiten nicht angegeben zu werden brauchen (glA *ADS*[6] § 289 Anm 48). 61

Für eine **vollständige Berichterstattung** über die Tatbestände nach Nr 1 bis 4 und Nr 5 für börsennotierte AG spricht auch, dass für den Lagebericht keine Ausnahmeregelungen bestehen (Anm 14).

Gleichwohl muss davon ausgegangen werden, dass eine ausführliche Berichterstattung über die Einzeltatbestände nach Nr 1 bis 5 nur geboten ist, wenn bei objektiver Abwägung keine Nachteile für die KapGes/KapCoGes zu befürchten sind (vgl aber Anm 14; wie hier *ADS*[6] § 289 Anm 97). In diesem Falle muss das Interesse der Adressaten des Lageberichts an einer ausführlichen Information vor dem Interesse der KapGes/KapCoGes und ihrer Organe an einer Geheimhaltung von *Einzelheiten,* zB im Bereich der Forschung, zurücktreten. Das Gleiche gilt auch für die Berichterstattungspflicht der Nr 5 für börsennotierte AG (*Begr RegE VorstOG* aaO, 8). Die Angabe von Gründen für das Unterlassen der Berichterstattung ist hier nicht erforderlich.

2. Vorgänge von besonderer Bedeutung, die nach dem Schluss des Geschäftsjahrs eingetreten sind (Nr 1)

62 Im Lagebericht soll ferner auf Vorgänge von besonderer Bedeutung, die nach dem Schluss des Gj eingetreten sind, eingegangen werden. Zweck der Vorschrift ist die Unterrichtung über Vorgänge im neuen Gj, deren Kenntnis für die Beurteilung des JA und der VFE-Lage der KapGes/KapCoGes von Bedeutung sind. Ferner dient sie auch der Information der Gester, bevor sie über die Feststellung des JA und über die Gewinnverwendung zu beschließen haben.

Es ist über Vorgänge zu berichten. Darunter sind einmal bedeutsame **Entwicklungen und Tendenzen** im neuen Gj zu verstehen, insb wenn sie von der im JA vorgezeichneten Linie abweichen. Hierzu gehören auch wichtige Einflüsse auf die Geschäftsentwicklung und -lage nach dem Bilanzstichtag. Dabei sind sowohl **positive** als auch **negative Vorgänge** zu berücksichtigen (glA *ADS*[6] § 289 Anm 101), wenngleich beunruhigenden Entwicklungen eine größere Bedeutung bei der Berichterstattung zukommt. Im Einzelnen s Anm 9 ff.

Zum anderen hat die Berichterstattung das Eingehen auf **einzelne** Vorgänge, dh **Geschäftsvorfälle,** zu umfassen; im Einzelnen s Anm 23. Hierzu gehören auch der Beschluss über eine freiwillige Liquidation oder der Insolvenzfall.

63 Die Vorgänge müssen **von besonderer Bedeutung** sein. Sie müssen geeignet sein, das tatsächliche Bild, das der JA zum Bilanzstichtag vermittelt, zu beeinflussen (glA *ADS*[6] § 289 Anm 101; *Lück* in HdR[5] § 289 Anm 84). Ein Weglassen der Berichterstattung über diese späteren Vorgänge würde zu einer wesentlich anderen Beurteilung der Entwicklung nach dem Bilanzstichtag führen.

64 Der **Zeitraum,** über den zu berichten ist, erstreckt sich vom Beginn des neuen Gj bis zur Erteilung des BVm (*IDW* PS 203 Anm 9; aA bis zum Zeitpunkt der Feststellung des JA durch die zuständigen Organe vgl *Lück* in HdR[5] § 289 Anm 85; *Reittinger* in HdJ Abt IV/3 Anm 48, wobei ggf eine Nachtragsprüfung erfolgen muss – s § 316 Anm 42 –; nur bis zum Aufstellungszeitpunkt des Lageberichts *ADS*[6] § 289 Anm 102; bis zum Zeitpunkt der Auslieferung des Lageberichts an die Adressaten *Baetge/Fischer/Paskert* 39). Gerade wegen der in Anm 30 dargestellten Vorgänge und des Fragerechts der Gester ist es vor dem Entlastungsbeschluss für das Geschäftsführungsorgan besonders wichtig, aktuell zu berichten.

3. Risikoberichterstattung über Finanzinstrumente (Nr 2 a und b)

65 **a) Allgemeines**

Die bisherige Vorschrift des § 289 Abs 2 Nr 2 (voraussichtliche Entwicklung der KapGes) wurde durch das BilReG in § 289 Abs 1 S 4 umgesetzt sowie neu gefasst und durch die neuen Vorschriften des Art 46 Abs 2 f der Bilanzrichtl idF der Fair-Value-Richtl 2001/65/EG v 27. 9. 2001 bezüglich der Risikoberichterstattung über Finanzinstrumente ersetzt. Die neue Vorschrift ist erstmals für die Gj, die nach dem 31. Dezember 2003 beginnen, anzuwenden (Art 58 Abs 2 S 1 EGHGB).

Zweck der Vorschrift ist, den Informationsgehalt von Lageberichten sowie deren Vergleichbarkeit zu verbessern (*Begr RegE BilReG* BR-Drs 326/04, 62). Die Berichterstattungspflicht nach Abs 2 Nr 2 entfällt für einen Lagebericht iZm einem IFRS-EA nach § 325 Abs 2 a, da nach IAS 32 (2004) entspr Angaben im

Anhang zu machen sind. Die Berichterstattungspflicht besteht für jeden Lagebericht. Ein Vergleich mit Vj-Angaben ist nicht erforderlich.

Die Form der Berichterstattung regelt das HGB nicht. Das „Eingehen" auf die einzelnen Sachverhalte ist so zu verstehen, dass eine verbale Darstellung als ausreichend betrachtet werden kann. Der Umfang der Berichterstattung ist abhängig von der Risikoexposition des Unt. Liegen berichtspflichtige Sachverhalte nicht vor, ist eine Fehlanzeige nicht erforderlich. Nr 2 nF schreibt vor, dass in Bezug auf die Verwendung von Finanzinstrumenten auf

a) die Risikomanagementziele und -methoden (Nr 2a) sowie
b) die Preisänderungs-, Ausfall- und Liquiditätsrisiken sowie die Risiken aus Zahlungsstromschwankungen (Nr 2b) einzugehen ist,

sofern dies für die Beurteilung der Lage oder der voraussichtlichen Entwicklung von Belang ist.

b) Die berichterstattungspflichtigen Finanzinstrumente

Der Begriff „Finanzinstrument" ist im HGB und in der EU-Richtl nicht definiert. Zu den Einzelheiten der Abgrenzung und des Umfangs s die Erl zu § 285 Anm 302, die hier gleichermaßen gelten. In die Berichterstattung einzubeziehen sind alle diese Finanzinstrumente, dh nicht nur Finanzanlagen, Wertpapiere, Derivate (vgl § 285 S 1 Nr 18) und Darlehensverbindlichkeiten, sondern auch Forderungen und Verbindlichkeiten aus Lieferungen und Leistungen (*IDW RH HFA 1.005* Anm 32), sofern sie von der Ges zum Bilanzstichtag verwendet wurden, unabhängig davon, ob sie in der Bilanz erfasst sind oder nicht. Schwebende Geschäfte sind ebenfalls zu berücksichtigen. 66

Fraglich ist, ob auch die Warentermingeschäfte nach § 285 S 2 2. Teil, die eine Ges für den eigenen Bedarf abschließt, in die Berichterstattung einzubeziehen sind. § 285 S 2 bezieht sich dem Wortlaut nach ausschließlich auf § 285 S 1 Nr 18, steht damit aber in Widerspruch zu Art 42a Abs 2 der Bilanzrichtl idF der Fair-Value-Richtl, der diese Vorschrift auf die gesamte Richtl bezieht. Mithin fallen solche Warentermingeschäfte nicht unter die Berichterstattungspflicht nach § 289 Abs 2 Nr 2.

Die Berichterstattung hat nur zu erfolgen, wenn diese Finanzinstrumente für die Beurteilung der Lage oder der voraussichtlichen Entwicklung der Ges **von Belang** ist. Damit unterliegt die Berichterstattung dem **Wesentlichkeitsgrundsatz** (s Anm 9). Bezugspunkt für die Wesentlichkeit ist die Lage der Ges zum Bilanzstichtag (dies ist die VFE-Lage; so Art 1 Nr 4 der Fair-Value-Richtl) oder die voraussichtliche Entwicklung. Nach dem Gesetzeswortlaut reicht ein Merkmal aus. Werden wesentliche mit Finanzinstrumenten verbundene Risiken zB erst im Prognosezeitraum der voraussichtlichen Entwicklung von 2 Jahren erwartet (s Anm 37), ist zu berichten, auch wenn noch keine Auswirkungen auf die Lage zum Bilanzstichtag festzustellen sind. 67

c) Die Einzelangaben

aa) Risikomanagementziele und -methoden (Nr 2 a). Nr 2a bestimmt, dass auf die Risikomanagementziele und -methoden der Ges einschl ihrer Methoden zur Absicherung aller wichtigen Arten von Transaktionen, die im Rahmen der Bilanzierung von Sicherungsgeschäften erfasst werden, einzugehen ist. Nach dem Gesetzeswortlaut ist die Berichterstattung beschränkt auf das Risikofeld der Finanzinstrumente. Eine Darstellung des Risikomanagements des gesamten Unt, dh aller seiner Ziele und Methoden, ist nicht gefordert. Vielmehr ist über die *konkreten* Risikomanagementziele und -methoden in Bezug auf den Einsatz von Finanzinstrumenten durch die Ges zu berichten. Ein pauschaler Hin- 70 weis auf ein bestehendes Risikomanagementsystem für Finanzinstrumente reicht nicht aus (*Lange* ZIP 2004, 986). Bei der Berichterstattung über Ziele und Methoden dürfen Finanzinstrumente mit ähnlichen Merkmalen zusammengefasst werden.

71 Bei den **Risikomanagementzielen** ist einzugehen auf die Grundeinstellung der Geschäftsführung zum Eingehen von Risiken (Risikoneigung) beim Einsatz von Finanzinstrumenten (Risikofreude, Risikoaversion). Im Rahmen dieser Grundeinstellung ist über das Ziel der vollständigen Erfassung der Risiken oder über die Bestimmung von Wesentlichkeitsgrenzen zu berichten, um die angestrebte Risikoposition deutlich zu machen.

72 Hinsichtlich der **Risikomanagementmethoden** ist über das Vorgehen zur aktiven Beeinflussung der mit dem Einsatz von Finanzinstrumenten verbundenen Risiken und über die Risikosteuerungsmaßnahmen zu berichten. Hierzu gehören Angaben darüber, auf den Einsatz welcher risikobehafteter Finanzinstrumente verzichtet wird, wie unangemessene Risikokonzentrationen vermieden werden, welche mit Finanzinstrumenten verbundene Risiken auf Dritte überwälzt werden und welche verbleibenden Restrisiken akzeptiert werden.

73 Nach der Gesetzesvorschrift gehören zu den Risikomanagementmethoden auch die Methoden zur **Absicherung** aller wichtigen Arten von Transaktionen, die im Rahmen der Bilanzierung von Sicherungsgeschäften erfasst werden, dies sind insb die sog Hedge-Geschäfte in ihren verschiedenen Ausprägungen. Nach der *Begr RegE BilReG* BR-Drs 326/04, 63 ist hier über die beim Abschluss von Hedge-Geschäften verwendete Systematik und Art und Kategorie der verschiedenen Sicherungsgeschäfte zu berichten sowie auch über alle wichtigen Arten *geplanter* Transaktionen.

74 Dies erfordert eine Angabe der **Art der gesicherten Grundgeschäfte** und der Sicherungsinstrumente (einschl Derivate), Art der gehedgten Risiken und das Ausmaß der Kompensation der Risiken des Grundgeschäfts und des Sicherungsgeschäfts (Hedge-Effektivität). Im Hinblick auf den Absicherungszusammenhang ist anzugeben, ob es sich um einen Micro-, Macro oder Portfolio-Hedge handelt. Ferner ist über antizipatives Hedging zu berichten sowie darüber, ob die Hedge-Verträge mit Dritten oder verbundenen Unt abgeschlossen wurden.

Aus der terminologischen Übereinstimmung der Nr 2a bzw von Art 1 Nr 4 der Fair-Value-Richtl mit IAS 32.56 (rev 2004) dürfte sich ergeben, das der Umfang der Berichterstattung sich an diesen Angabepflichten orientieren sollte, wobei Betragsangaben nicht erforderlich sein dürften, was aus der Vorschrift des Abs 2 „Eingehen auf" zu folgern ist (so auch *IDW RH HFA 1.005* Anm 34).

77 **bb) Preisänderungs-, Ausfall- und Liquiditätsrisiken sowie Risiken aus Zahlungsstromschwankungen (Nr 2b).** Nr 2b schreibt vor, dass in Bezug auf die Verwendung von Finanzinstrumenten durch die Ges auf die Preisänderungs-, Ausfall- und Liquiditätsrisiken sowie die Risiken aus Zahlungsstromschwankungen, denen die Ges ausgesetzt ist, einzugehen ist. Der Gesetzeswortlaut beschränkt die Berichterstattung auf diese vier Risikokategorien, soweit diese aus der Verwendung von Finanzinstrumenten resultieren. Solche Risiken aus anderen Bereichen der geschäftlichen Tätigkeit sind nicht in die Berichterstattung einzubeziehen.

Aus der wörtlichen Übereinstimmung der Vorschrift der Nr 2b bzw von Art 1 Nr 4 der Fair-Value-Richtl mit IAS 32.43 a–d (rev 2000), verbunden mit dem Zweck der Vorschrift, die Vergleichbarkeit des deutschen Bilanzrechts mit internationalen Rechnungslegungsstandards zu verbessern (*Begr RegE BilReG* BR-Drs 326/04, 47) ist zu folgern, dass sich die Auslegung an diesen IAS-Offenlegungsregeln zu orientieren hat. Nach der hier vertretenen Auffassung erschließt sich der Zweck der Vorschrift aus IAS 32.42 (rev 2000), wonach die

Informationen das Verständnis für die Bedeutung der verwendeten Finanzinstrumente für die VFE-Lage der Ges vergrößern und die Beurteilung der Risiken der mit den Finanzinstrumenten verbundenen Zahlungsströme unterstützen sollen.

Was unter den vier Risikokategorien, auf die einzugehen ist, zu verstehen ist, 78
ergibt sich mithin aus IAS 32.43 (rev 2000) (s auch *IDW RH HFA 1.005* Anm 36). Das **Preisänderungsrisiko** umfasst nach IAS 32.43 a (rev 2000) drei Arten von Risiken:

- Währungsrisiko aufgrund von Fremdwährungskursschwankungen,
- Zinsrisiko aufgrund von Marktzinssatzschwankungen,
- Marktrisiko aufgrund von Marktpreisschwankungen, unabhängig davon, ob sie von dem einzelnen Finanzinstrument immanenten Faktoren oder von auf den Emittenten zurückzuführenden Faktoren oder von Faktoren, die sich auf alle in dem Markt gehandelte Finanzinstrumente auswirken, verursacht sind.

Das **Ausfallrisiko** (Kreditrisiko) ist nach IAS 32.43 b (rev 2000) das Risiko, dass der Vertragspartner des Finanzinstruments die Verpflichtung zu erfüllen nicht oder nicht fristgerecht in der Lage ist und dem anderen Vertragspartner dadurch einen Verlust zufügt.

Das **Liquiditätsrisiko** ist nach IAS 32.43 c (rev 2000) das Risiko, dass ein Unt auf Schwierigkeiten stößt, liquide Mittel zu beschaffen, um mit Finanzinstrumenten verbundene Verpflichtungen zu erfüllen. Ein Liquiditätsrisiko kann auch aus der Unmöglichkeit resultieren, einen finanziellen Vermögenswert in kurzer Zeit annähernd zum beizulegenden Zeitwert zu veräußern.

Das **Risiko aus Zahlungsstromschwankungen** (cash flow risk) beruht darauf, dass zukünftige Zahlungsströme aus Finanzinstrumenten in ihrer Höhe schwanken können.

Die Art und das Ausmaß jedes dieser Risiken ist anzugeben, soweit sie mit 79
eingesetzten Finanzinstrumenten verbunden sind. Es spielt keine Rolle, ob die Finanzinstrumente bilanziert sind oder nicht.

Der Umfang der Berichterstattung und der Detaillierungsgrad richten sich nach dem Ausmaß der mit den Finanzinstrumenten verbundenen Risiken je Kategorie, der risikoverursachenden Geschäfte oder der Bedeutung der risikobehafteten Finanzinstrumente. Bezugspunkt und Maßstab ist jeweils deren Bedeutung für und Einfluss auf die VFE-Lage der Ges oder die voraussichtliche Entwicklung. Finanzinstrumente mit ähnlichen Merkmalen dürfen zu Gruppen zusammengefasst werden. Nach *IDW RH HFA 1.005* Anm 37 kommen hiernach Ausführungen zB zum Umfang von Währungsrisiken, zur Konzentration von Ausfallrisiken, etwa auf einzelne Großkunden (sog **„Klumpenrisiken“**), oder zu mit der Refinanzierung zusammenhängende Risiken in Frage, wobei nur offene, nicht durch konkrete Sicherungsgeschäfte gedeckte Risiken zu erläutern sind.

4. Der Bereich Forschung und Entwicklung (Nr 3)

Das Gebot der Berichterstattung über den Forschungs- und Entwicklungsbe- 85
reich in *jedem* Lagebericht trifft KapGes/KapCoGes, die **selbst** forschen und entwickeln oder **durch Dritte** für sich forschen und entwickeln lassen (glA *Kuhn,* DStR 1993, 491). Wenn eine KapGes/KapCoGes allerdings die branchenüblich notwendige FuE unterlässt oder aussetzt, hat sie wegen der großen Auswirkung auf ihre wirtschaftliche Lage (Abs 1 S 1) und voraussichtliche Entwicklung (Abs 1 S 4) im Lagebericht darauf hinzuweisen und ihr Verhalten zu begründen (wie hier *ADS*[6] § 289 Anm 112). Ist eine FuE nicht branchenüblich, entfällt eine Berichterstattung (wie hier *Baetge/Fischer/Paskert,* 46).

Zweck der Vorschrift ist die Unterrichtung des Adressaten über den FuE-Bereich, der zunächst das gegenwärtige Ergebnis belastende Vorleistungen erfordert, während die Erträge erst in der Zukunft und nicht zwangsläufig anfallen werden. Eine Berichterstattung zum Aufwand soll mithin eine Beurteilung sowohl des gegenwärtigen Umfangs der FuE als auch ihrer zukünftigen Entwicklung ermöglichen.

86 **Gegenstand** der Berichterstattung ist der FuE-Bereich der KapGes/KapCoGes. Eine Abgrenzung des FuE-Bereichs von anderen Bereichen eines Unt ist nicht eindeutig möglich.

Zur Forschung gehört sowohl die Grundlagenforschung als auch die angewandte Forschung. Entwicklung ist die Umsetzung dieser Forschungsergebnisse oder anderer Erkenntnisse in einen Plan oder in ein Muster vor Beginn einer verkaufsfähigen Produktion. Zu berichten ist über FuE für eigene Zwecke (Anm 30); Auftragsforschung für andere gehört nicht dazu (glA *ADS*[6] § 289 Anm 116). Überschneidungen der FuE-Aktivitäten mit anderen Bereichen (zB Umweltschutz) können gegeben sein. Dann ist bei der Berichterstattung hierauf hinzuweisen.

87 Zum Inhalt und Umfang der Berichterstattung wird ein „Eingehen auf den Forschungs- und Entwicklungsbereich" verlangt. Daraus ist zu folgern, dass sich die Darlegungen auch hier in Grenzen halten können. Stets reicht eine **verbale Berichterstattung** aus (glA *ADS*[6] § 289 Anm 118; *Kuhn* DStR 1993, 492). Jedoch genügt es nicht, nur anzugeben, dass FuE betrieben wird". Vielmehr hat die Berichterstattung insb auf den **Forschungs- und Entwicklungsaufwand** einzugehen und seinen Umfang zu umschreiben. Betrags-Angaben sind nicht erforderlich, außerdem sollte ein verbaler Vergleich der Aufwendungen mit dem Vj gegeben werden. Ferner sind Darlegungen über **Forschungs- und Entwicklungsinvestitionen, bestehende Forschungs- und Entwicklungseinrichtungen,** über die in diesem Bereich tätigen **Mitarbeiter** und über die von Dritten oder staatlichen Stellen **empfangenen größeren Zuwendungen** erforderlich. Auch auf die Ergebnisse wesentlicher FuE (zB Patente, neue Produkte und Verfahren, vgl *Kuhn* DStR 1993, 494) wäre einzugehen. Einzelheiten sollten nicht angegeben werden.

88 Die Berichterstattung findet auch hier ihre Grenze in möglichen Nachteilen für die KapGes/KapCoGes. Ihr **schutzwürdiges Interesse** geht vor; auch dürfen durch die FuE geschaffene Wettbewerbsvorteile durch eine Offenlegung nicht gefährdet werden (*Reittinger* in HdJ IV/3 Anm 56; *Kuhn* DStR 1993, 492).

5. Zweigniederlassungen (Nr 4)

90 Zu berichtigen ist über alle Zweigniederlassungen im In- und Ausland, sofern sie im HR eingetragen sind, jedoch nicht über Bestriebsstätten oder Repräsentanzen; dabei sind anzugeben: Gegenstand und Sitz, ggf Land einer Zweigniederlassung, Errichtung, Zusammenlegung und Auflösung im Berichtsjahr. Bei KapGes/KapCoGes mit vielen Zweigniederlassungen empfiehlt sich eine tabellarische Darstellung, bei der Zusammenfassungen zulässig sind. Nach dem Gesetzeswortlaut „eingehen auf" reicht eine Angabe der Zweigniederlassungen mit Ortsangabe nicht aus. Vielmehr ist eine Berichterstattung über wesentliche wirtschaftliche Eckdaten der einzelnen Zweigniederlassungen geboten. Hierbei können vor allem Angaben über die im abgelaufenen Gj getätigten Umsätze, Vertriebsprogramme, wesentliche Investitionsvorhaben sowie beschäftigte Mitarbeiter in Betracht kommen.

Hat die KapGes/KapCoGes keine Zweigniederlassung, entfällt eine Angabe, ebenso eine Fehlanzeige (*Veit,* 463).

6. Vergütungsbericht für börsennotierte Aktiengesellschaften (Nr 5)

a) Allgemeines

Durch das VorstOG ist in § 289 Abs 2 die neue Nr 5 eingefügt worden, nach der börsennotierte AG iSv § 3 Abs 2 AktG im Lagebericht auf die Grundzüge ihres Vergütungssystems für die in § 285 S 1 Nr 9 genannten Gesamtbezüge eingehen sollen. Die Regelung orientiert sich an entspr Anregungen der „Empfehlung der EU-Kommission vom 12. 12. 2004 zur Einführung einer angemessenen Regelung für die Vergütung von Mitgliedern der Unternehmensleitung börsennotierter Gesellschaften" (ABl EU Nr L 385,55), insb Abschn II Nr. 3.3. Sie steht neben der vergleichbaren Empfehlung des CorpGovKodex Ziff 4.2.3 Abs 3, nach der die Grundzüge des Vergütungssystems für den Vorstand auf der Internetseite der Ges bekannt gemacht und im Geschäftsbericht erläutert werden sollen. 93

Dieser sog **Vergütungsbericht** soll mehr Transparenz ggü den Aktionären schaffen und sie in die Lage versetzen, sich ein Urteil über das Vergütungssystem für den Vorstand zu bilden und sich ggf in der HV zu äußern. Damit soll die Vergütungspolitik auch der Kontrolle durch die Aktionäre unterliegen, weil sie von grds Bedeutung für die Lage der AG ist.

Die Berichterstattungspflicht ist in jedem Lagebericht zu erfüllen, erstmals im Lagebericht für das Gj, das nach dem 31. 12. 2005 beginnt (Art 59 EGHGB). Verweise auf frühere Lageberichte sind nicht zulässig. In die Berichterstattung dürfen die durch das VorstOG vorgeschriebenen Anhangangaben nach § 285 S 1 Nr 9a S 5–9 einbezogen werden.

Über den **Umfang der Berichterstattung** sagt die Vorschrift nichts. Nach der *Begr RegE VorstOG* aaO, 8 ist im Rahmen der „Soll-Vorschrift" keine umfassende Berichterstattung gefordert. Die Grundzüge des Vergütungssystems und der Vergütungspolitik sind idR verbal darzustellen und zu erläutern. Auf Einzelheiten muss nicht eingegangen werden. 94

Angaben zur Vergütungsstruktur dürfen unterbleiben, soweit sie nach vernünftiger kfm Beurteilung geeignet sind, der Ges einen **erheblichen Nachteil zuzufügen** *(Begr RegE VorstOG* aaO, 8). Für die Geschäftspolitik wichtige, aber sensible Informationen brauchen nicht im Lagebericht gegeben zu werden. Das betrifft nach der Gesetzesbegr (aaO, 8) in erster Linie Fälle, in denen Anreize an Ziele der Ges geknüpft sind, die nicht notwendigerweise für die Veröffentlichung bestimmt sind (zB Steigerung des Umsatzes in einem bestimmten Geschäftsfeld oder einem bestimmten regionalen Absatzmarkt), da die Informationen zu Wettbewerbsnachteilen führen können. Nach der Empfehlung der EU-Kommission vom 14. 12. 2004 (Präambel Ziff 5) brauchen keine vertraulichen Geschäftsinformationen offengelegt zu werden, die der strategischen Position der Ges abträglich sein können. Eine Begr für das Unterlassen der Angaben oder die erwarteten Nachteile sind nicht anzugeben. 95

b) Die berichterstattungspflichtigen Grundzüge des Vergütungssystems (S 1)

Gegenstand der Berichterstattung sind die Grundzüge des Vergütungssystems der börsennotierten AG für die in § 285 S 1 Nr 9 genannten Gesamtbezüge. Nach dem klaren Wortlaut der Vorschrift besteht somit der Vergütungsbericht aus der Darstellung der Grundzüge des Vergütungssystems jeweils für die Gesamtbezüge des Vorstands, der früheren Mitglieder des Vorstands und ihrer Hinterbliebenen, des AR, eines Beirats oder einer ähnlichen Einrichtung und 97 der früheren Mitglieder des AR, eines Beirats oder einer ähnlichen Einrichtung und ihrer Hinterbliebenen. Wenngleich die Vergütung des AR in der Satzung festgelegt oder von der HV beschlossen worden ist (§ 113 Abs 1 AktG), ist über die Grundzüge dessen Vergütungssystems hier ebenfalls zu berichten.

Aus der Bezugnahme der Vorschrift auf die Gesamtbezüge für die jeweiligen Gremien bzw für die früheren Mitglieder und ihrer Hinterbliebenen dieser Gremien ist zu schließen, dass das Vergütungssystem für das gesamte jeweilige Gremium darzustellen und zu erläutern ist, nicht jedoch für jedes einzelne (frühere) Mitglied. Ist das Vergütungssystem für das jeweilige Gremium nicht einheitlich, sind entspr Erl notwendig.

98 Bezüglich des Inhalts der Berichterstattung gibt die Gesetzesbegr unter Bezugnahme auf die Empfehlung der EU-Kommission vom 14. 12. 2004 Ziff 3.3 (aaO, 57) Aufschluss. Hierbei geht der Gesetzgeber davon aus, daß die Vorschläge dieser EU-Empfehlung bei der Erstellung des Vergütungsberichts in angemessener Weise berücksichtigt werden (Begr zur Beschlussempfehlung des Rechtsausschusses zum RegE VorstOG; BT-Drs 15/5860, 10). Zu den **Grundzügen des Vergütungssystems gehören** ein Überblick über die Vergütungspolitik und das allgemeine Konzept für die Gestaltung der Organverträge (Dauer, Kündigungsfristen, Regelungen und Leistungen bei vorzeitigem Ausscheiden); ferner Erl über Form (Geldleistungen, Sachbezüge), Struktur (fix, variabel) und Höhe der Vergütung sowie über die Zusammensetzung der Bezüge nach den drei in § 285 S 1 Nr 9 a S 5 genannten Komponenten (erfolgsunabhängig, erfolgsbezogen, mit langfristiger Anreizwirkung) und ihr Verhältnis zueinander. Hierbei sind insb die Parameter der Erfolgsbindung und die langfristig angelegten Anreizsysteme mit ihren Bedingungen für Aktienoptionen, sonstige Bezugsrechte auf Aktien und für ähnliche Gestaltungen darzustellen. Einzugehen ist auch darauf, ob und ggf wie Bezüge von TU oder Dritten (s § 285 S 1 Nr 9 a S 8) im Rahmen der Gesamtbezüge behandelt werden. Zur Darstellung der Grundzüge gehören auch Angaben über das System (Form, Struktur, Höhe) der Versorgungs-, Vorruhestands- und Ruhegehaltsleistungen. Wesentliche Änderungen der Vergütungssysteme ggü dem Vj sind anzugeben.

c) Zusammenfassung mit den Anhangangaben nach § 285 S 1 Nr 9 a S 5–9 (S 2)

99 Abs 5 S 2 gestattet, die Angaben der individualisierten Vorstandsbezüge entspr § 285 S 1 Nr 9 a S 5–9 statt im Anhang zusammen mit dem Vergütungsbericht nach S 1 zu machen. Damit ist den börsennotierten AG die Möglichkeit gegeben, die Pflichtangaben über die individualisierten Vorstandsbezüge im Zusammenhang mit der Darstellung der Grundzüge des Vergütungssystems für den Vorstand an einer Stelle im Lagebericht zu machen. Nach dem Gesetzeswortlaut ist das Wahlrecht hierauf beschränkt. Voraussetzung ist, dass zugleich auch die grundlegenden Angaben zur Vergütungsstruktur gemacht werden *(Begr RegE VorstOG* aaO, 8). Das Wahlrecht will bezwecken, dass zu den Pflichtangaben der individualisierten und in die drei Komponenten aufgegliederten Bezüge des einzelnen Vorstandsmitglieds die zum Verständnis und zur Beurteilung notwendigen Informationen zusammenhängend offengelegt werden. Die Angaben nach § 285 S 1 Nr 9 a S 1–4 dürfen nicht in den Lagebericht übernommen werden, da dem Art 43 Abs 1 Nr 12 der EG-Richtl 78/660/EWG entgegensteht. Auch darf der Vergütungsbericht nicht im Anhang offengelegt werden. Im Falle der Zusammenfassung dürfen die anderen Bestandteile des Vergütungsberichts nicht entfallen.

VI. Zusatzberichterstattung großer Kapitalgesellschaften über nichtfinanzielle Leistungsindikatoren (Abs 3)

Mit dem BilReG wurde die **Pflicht** für große **KapGes/KapCoGes** (§ 267 Abs 3) eingeführt, in die Analyse gem Abs 1 S 2 die für die Geschäftstätigkeit bedeutsamsten nichtfinanziellen Leistungsindikatoren einzubeziehen und unter Bezugnahme auf die im JA ausgewiesenen Beträge und Angaben zu erläutern, soweit sie für das Verständnis des Geschäftsverlaufs einschließlich Geschäftsergebnis oder der Lage von Bedeutung sind. Hiermit wurde Art 46 Abs 1 lit b 2. Hs und Abs 4 der Bilanzrichtl idF der Modernisierungsrichtl umgesetzt. Die Berichterstattungspflicht besteht **erstmals** für Gj, die nach dem 31. 12. 2004 beginnen (Art 58 Abs 3 S 1 EGHGB). 100

Zweck der Vorschrift ist wie für den neugefaßten Abs 1, den Informationsgehalt der Lageberichte sowie deren Vergleichbarkeit zu verbessern, namentlich sollen ökologische und soziale Bezüge der Geschäftstätigkeit stärker als bisher üblich in die Berichterstattung einbezogen werden (*Begr RegE BilReG* BR-Drs 326/04, 62).

Was unter nichtfinanziellen Leistungsindikatoren zu verstehen ist, definiert die Vorschrift nicht, führt aber zwei Beispiele an: Informationen über Umwelt- und Arbeitnehmerbelange, womit allerdings nach der *Begr RegE BilReG* BR-Drs 326/04, 64 keine abschließende Aufzählung und auch keine diesbzgl Schwerpunktbildung bezweckt werde. Vielmehr zählen regelmäßig dazu auch die Entwicklung des Kundenstamms, das Humankapital, der Bereich F+E, uU auch die – zB durch Sponsoring oder karitative Zuwendungen seitens des Unt geförderte – gesellschaftliche Reputation der KapGes (*Begr RegE BilReG* BR-Drs 326/04, 64). Hieraus ist zu folgern, dass der Begriff der nichtfinanziellen Leistungsindikatoren sehr weit gefasst ist und alle Belange, Umstände und Faktoren nichtfinanzieller Art umfasst, die für das Verständnis von Geschäftsverlauf, Geschäftsergebnis oder Lage der großen KapGes/KapCoGes von Bedeutung sind oder die voraussichtliche Unt-Entwicklung wesentlich beeinflussen können (so *Begr RegE BilReG* BR-Drs 326/04, 64). Waren solche Informationen nach § 289 Abs 1 aF bisher schon als freiwillige Berichterstattung zulässig und erwünscht, sind sie nunmehr für große KapGes/KapCoGes verpflichtend. Eine Berichterstattung kommt insb dann infrage, wenn aufgrund der Struktur der Branche oder der Geschäftstätigkeit nichtfinanzielle Leistungsindikatoren für Geschäftsverlauf, -ergebnis und Lage der Ges eine hohe Relevanz haben. 101

Zu berichten ist nur über solche nichtfinanziellen Leistungsindikatoren, die für die Geschäftstätigkeit der Ges von Bedeutung sind. 102

Infrage kommen im Einzelnen:

Umweltbelange

Nach der *Begr RegE BilReG* (BR-Drs 326/04, 64) finden sich Anhaltspunkte hinsichtlich der Berichterstattung über Umweltbelange in der EU-Empfehlung der Kommission v 30. Mai 2001 zur Berücksichtigung von Umweltaspekten in JA und Lagebericht von Unt: Ausweis, Bewertung und Offenlegung (ABl EG Nr L 156, 33). Hiernach ist zu berichten über bedeutsame Umweltschutzaspekte und die entspr Reaktionen der Geschäftsführung, die allgemeine Umweltstrategie der Ges und die beschlossenen Umweltschutzprogramme, die auf wesentlichen Gebieten des Umweltschutzes erzielten Fortschritte, Einhaltung der geltenden Umweltschutzvorschriften, umweltbezogene UntDaten wie Energie-, Material- und Wasserverbrauch, Emissionen, Abfallentsorgung und Hinweis auf einen se- 103 paraten Umweltbericht (vgl auch *IDW RS HFA 1* Anlage A.8.; *Lange/Daldrup* Grundsätze ordnungsmäßiger Umweltschutz-Publizität – vertrauenswürdige Berichterstattung über die ökologische Lage in Umwelterklärungen und Umweltberichten, WPg 2002, 657).

104 **Arbeitnehmerbelange**

Diese sog Sozialberichterstattung umfasst nach *IDW RS HFA 1* Anlage A.7. in Ergänzung zu § 285 S 1 Nr 7 Angaben zur Arbeitnehmerschaft, ua Altersaufbau, Fluktuation, Struktur des Personalaufwands (ua Entlohnungssysteme, Gewinnbeteiligungen, Belegschaftsaktien), betriebliche Sozialleistungen, Aus- und Weiterbildung, Gesundheits- und Arbeitsschutz (s auch DRS 15.119 zu Angabeempfehlungen beim Humankapital).

105 **Immaterielle Werte**

Hierzu gehören nach DRS 15.116 Informationen über Kunden- und Lieferantenbeziehungen, Investor- und Kapitalmarktbeziehungen, Organisations- und Verfahrensvorteile sowie Standortfaktoren (vgl auch für Einzelheiten *AK „Immaterielle Werte im Rechnungswesen" der Schmalenbach-Gesellschaft für Betriebswirtschaft e. V.* Freiwillige externe Berichterstattung über immaterielle Werte, DB 2003, 1233; *Haller/Dietrich* Intellectual Capital Bericht als Teil des Lageberichts, DB 2001, 1047; *PwC/Günther/Beyer* Immaterielle Werte und andere weiche Faktoren in der Unternehmensberichterstattung – eine Bestandsaufnahme, Frankfurt a. M., 2003).

106 **Gesellschaftliche Reputation**

Nach der Gesetzesbegr kommt ggf eine Berichterstattung über Maßnahmen der Förderung der gesellschaftlichen Reputation des Unt durch Sponsoring, karitative Zuwendungen usw infrage. Hierzu gehören auch Angaben über die Wahrnehmung gesellschaftlicher Verantwortung, über ein soziales oder kulturelles Engagement, über die UntKultur (Corporate Identity) mit Informationen über die Grundwerte für eine erfolgreiche UntEntwicklung.

107 Für den **Umfang der Berichterstattung** ist maßgebend, inwieweit die Informationen für das Verständnis des Geschäftsverlaufs, des Geschäftsergebnisses (so die Modernisierungsrichtl) oder der Lage der Ges von Bedeutung sind. Sie sind immer dann für das Verständnis von Bedeutung, wenn sie kapitalmarktrelevant und für die Lageberichtsadressaten entscheidungsrelevant sind.

108 Aus dem Gesetzeszusammenhang ergibt sich – wie bei den finanziellen Leistungsindikatoren (s Anm 33) – dass die nichtfinanziellen Leistungsindikatoren unter Bezugnahme auf die im JA ausgewiesenen Beträge und Angaben zu erläutern sind. Damit ist jedoch eine Beschränkung der Berichterstattung nach Abs 3 auf Komponenten der nichtfinanziellen Leistungsindikatoren, soweit sie sich in Bilanz, GuV oder Anhang des Gj niedergeschlagen haben, nicht bezweckt. Vielmehr hat die Berichterstattung alle nichtfinanziellen Leistungsindikatoren von Bedeutung zu umfassen.

VII. Zusätzliche Angaben von Aktiengesellschaften

110 AG/KGaA haben die **Schlusserklärung des Abhängigkeitsberichts** (§ 312 Abs 3 S 1 und 2 AktG) im Lagebericht anzugeben (§ 312 Abs 3 S 3 AktG). Da kleine AG nach § 264 Abs 1 S 3 keinen Lagebericht aufzustellen haben, würde § 312 Abs 3 S 3 AktG ins Leere laufen. Daher wird empfohlen, die Schlusserklärung des AbhBer bei kleinen AG in den Anhang aufzunehmen. Zu Inhalt und Struktur des AbhBer s 5. Aufl Exkurs zu § 289.

VIII. Freiwillige Berichterstattung

Nach § 289 Abs 1 S 1 aF hatte der Lagebericht **„zumindest“** die Darstellung des Geschäftsverlaufs und der Lage der KapGes/KapCoGes zu enthalten. Durch das BilReG ist das „zumindest“ entgegen dem Wortlaut der Modernisierungsrichtl entfallen. Nach der *Begr RegE BilReG* (BR-Drs 326/04, 62) handelt es sich um eine Vereinfachung. Somit ist eine weitere Berichterstattung zulässig und zuweilen geboten. 112

Der Einblick in die Lage der KapGes/KapCoGes darf zB durch sog Zusatzrechnungen (wie hier *ADS*[6] § 289 Anm 89) ergänzt werden: **Bewegungsbilanz, Substanzerhaltungsrechnung, Wertschöpfungsrechnung, Scheingewinnrechnung.** Entspr § 297 empfiehlt sich eine Erweiterung des JA um eine KFR, SegBerE und um einen EK-Spiegel.

Als freiwillige Erweiterungen des Lageberichts kommen auch die für große KapGes/KapCoGes vorgeschriebenen Informationen über nichtfinanzielle Leistungsindikatoren in Betracht (s Anm 101): Umwelt- und Arbeitnehmerbelange, immaterielle Werte, gesellschaftliche Reputation.

Die freiwilligen Berichte dürfen nicht so umfangreich sein, dass die Gefahr besteht, von den Pflichtangaben abzulenken. In diesen Fällen ist eine gesonderte Darstellung oder Veröffentlichung erforderlich.

D. Rechtsfolgen einer Verletzung des § 289

Die **Verletzung der Vorschriften über den Lagebericht** ist auf unterschiedliche Weise sanktioniert. Wenn im Lagebericht die Verhältnisse der KapGes/KapCoGes unrichtig wiedergegeben oder verschleiert werden, werden die Mitglieder des Geschäftsführungsorgans oder des AR gem § 331 Nr 1 (bei KapCoGes gem § 335b) mit Freiheitsstrafe oder mit Geldstrafe bestraft. Ferner kann als Ordnungswidrigkeit gem § 334 Abs 1 Nr 3 geahndet werden, wenn Mitglieder des Geschäftsführungsorgans oder des AR bei der Aufstellung einer Vorschrift des Abs 1 über den Inhalt des Lageberichts zuwiderhandeln. Stellt der AP fest, dass der Lagebericht mit dem JA sowie den bei der Prüfung gewonnenen Erkenntnissen nicht in Einklang steht, insgesamt keine zutreffende Vorstellung von der Lage der KapGes/KapCoGes vermittelt oder die Chancen und Risiken der künftigen Entwicklung nicht zutreffend darstellt (§ 317 Abs 2), kann je nach Schwere des Verstoßes eine Einschränkung des BVm die Folge sein (§ 322 Abs 4). 115

Ein Verstoß gegen das Berichterstattungsgebot des Abs 2 ist nicht sanktioniert, da bei den Bußgeldvorschriften des § 334 Abs 1 Nr 3 Abs 2 ausgenommen ist. Der AP hat nicht die Vollständigkeit des Lageberichts zu prüfen, was aus § 317 Abs 2 folgt.

Ist ein Lagebericht überhaupt nicht erstellt worden, hat der AP seinen BVm einzuschränken (*IDW* PS 350 Anm 26). Zur fehlenden Schlusserklärung zum AbhBer nach § 312 Abs 3 AktG s 5. Aufl § 289 Anm 194.

E. Abweichungen der IFRS

Die IFRS schreiben einen Lagebericht nicht vor. IAS 1.9 ermutigt jedoch, freiwillig einen Bericht über die UntLage durch das Management außerhalb des JA zu erstellen, der eine Beschreibung und Erl der Grundzüge der VFE-Lage des Unt und seiner wesentlichen Unsicherheiten geben soll. Nach IAS 1.9 kommen 116 für die Berichterstattung in Frage: Die Haupteinflussfaktoren des Geschäftsergebnisses, Veränderungen des Umfeldes sowie die Reaktion des Unt hierauf und ihre Auswirkungen, Investitions- und Dividendenpolitik, Finanzierungsquellen und Finanzierungspolitik, Risikomanagementpolitik, Stärken und Ressourcen des Unt, die in der Bilanz nach IFRS nicht abgebildet sind.

IAS 1.10 empfiehlt ferner eine Umweltberichterstattung und Wertschöpfungsrechnungen (value added).

Bestimmte Angaben des § 289 sind im Anhang (notes) zu machen: Vorgänge von besonderer Bedeutung nach Schluss des Gj (IAS 10, 2004); Aufgabe eines Teilbetriebs oder von größeren Aktivitäten (IFRS 5.41); FuE (IAS 38126, 2004); in Bezug auf die Verwendung von Finanzinstrumenten Risikomanagementziele und -methoden (IAS 32.56, 2004) sowie Preisänderungs-, Ausfall- und Liquiditätsrisiken sowie Risiken aus Zahlungsstromschwankungen (IAS 32.52, 2004).

F. Exkurs: Abhängigkeitsbericht

120 *Benutzerhinweis:* In dieser Auflage nicht mehr enthalten. Es wird insoweit auf die 5. Auflage S 1306 ff verwiesen.

1

Zweiter Unterabschnitt. Konzernabschluß und Konzernlagebericht

Erster Titel. Anwendungsbereich

§ 290 Pflicht zur Aufstellung

(1) **Stehen in einem Konzern die Unternehmen unter der einheitlichen Leitung einer Kapitalgesellschaft (Mutterunternehmen) mit Sitz im Inland und gehört dem Mutterunternehmen eine Beteiligung nach § 271 Abs. 1 an dem oder den anderen unter der einheitlichen Leitung stehenden Unternehmen (Tochterunternehmen), so haben die gesetzlichen Vertreter des Mutterunternehmens in den ersten fünf Monaten des Konzerngeschäftsjahrs für das vergangene Konzerngeschäftsjahr einen Konzernabschluß und einen Konzernlagebericht aufzustellen.**

(2) **Eine Kapitalgesellschaft mit Sitz im Inland ist stets zur Aufstellung eines Konzernabschlusses und eines Konzernlageberichts verpflichtet (Mutterunternehmen), wenn ihr bei einem Unternehmen (Tochterunternehmen)**

1. **die Mehrheit der Stimmrechte der Gesellschafter zusteht,**
2. **das Recht zusteht, die Mehrheit der Mitglieder des Verwaltungs-, Leitungs- oder Aufsichtsorgans zu bestellen oder abzuberufen, und sie gleichzeitig Gesellschafter ist oder**
3. **das Recht zusteht, einen beherrschenden Einfluß auf Grund eines mit diesem Unternehmen geschlossenen Beherrschungsvertrags oder auf Grund einer Satzungsbestimmung dieses Unternehmens auszuüben.**

(3) [1] **Als Rechte, die einem Mutterunternehmen nach Absatz 2 zustehen, gelten auch die einem Tochterunternehmen zustehenden Rechte und die den für Rechnung des Mutterunternehmens oder von Tochterunternehmen handelnden Personen zustehenden Rechte.** [2] **Den einem Mutterunternehmen an einem anderen Unternehmen zustehenden Rechten werden die Rechte hinzugerechnet, über die es oder ein Tochterunternehmen auf Grund einer Vereinbarung mit anderen Gesellschaftern dieses Unternehmens verfügen kann.** [3] **Abzuziehen sind Rechte, die**

1. mit Anteilen verbunden sind, die von dem Mutterunternehmen oder von Tochterunternehmen für Rechnung einer anderen Person gehalten werden, oder

2. mit Anteilen verbunden sind, die als Sicherheit gehalten werden, sofern diese Rechte nach Weisung des Sicherungsgebers oder, wenn ein Kreditinstitut die Anteile als Sicherheit für ein Darlehen hält, im Interesse des Sicherungsgebers ausgeübt werden.

(4) [1]**Welcher Teil der Stimmrechte einem Unternehmen zusteht, bestimmt sich für die Berechnung der Mehrheit nach Absatz 2 Nr. 1 nach dem Verhältnis der Zahl der Stimmrechte, die es aus den ihm gehörenden Anteilen ausüben kann, zur Gesamtzahl aller Stimmrechte.** [2]**Von der Gesamtzahl aller Stimmrechte sind die Stimmrechte aus eigenen Anteilen abzuziehen, die dem Tochterunternehmen selbst, einem seiner Tochterunternehmen oder einer anderen Person für Rechnung dieser Unternehmen gehören.**

Übersicht

Schrifttum: *Ältere Literatur s 5. Aufl.* – *v. Wysocki/Wohlgemuth*[4] Konzernrechnungslegung, Düsseldorf 1996; *Schildbach*[4] Der handelsrechtliche Konzernabschluss, München/Wien 1996; *Ernst/Seibert/Stuckert* KonTraG, KapAEG, StückAG, Euro-EG, Düsseldorf 1998; *Findeisen/Roß* Asset-Backed Securities Transaktionen im Einzel- und Konzernabschluß des Veräußerers nach International Accounting Standards, DB 1999, 2224; *Helmschrott* Einbeziehung einer Leasinggesellschaft in den Konzernabschluss des Leasingnehmers nach HGB, IAS und US-GAAP, DB 1999, 1865; *Claussen* Konzernabschluß versus Einzelabschluß der Muttergesellschaft, ZGR 2000, 604; *Busse von Colbe* Ausbau der Konzernsicherungslegung im Lichte internationaler Entwicklungen, ZGR 2000, 651; *Theile* Publizität des Einzel- oder Konzernabschlusses bei der GmbH & Co KG nach neuem Recht?, GmbHR 2000, 215; *Theisen* Der Konzern?: Betriebswirtschaftlich hat rechtliche Grundlagen der Konzernunternehmung, Stuttgart 2000; *Mellwig* Die Konsolidierung von Leasingobjektgesellschaften im Konzernabschluss, BB 2000 Beilage 5, 25; *Helmschrott* Zum Problem der unterschiedlichen Zurechnung des Leasingobjektes im Einzel- und Konzernabschluß, ZfB 2000, 231; *Hennrichs* Ausbau der Konzernrechnungslegung im Lichte internationaler Entwicklungen, ZGR 2000, 627; *Mellewigt/Matiaske* Strategische Konzernführung: Stand der empirischen betriebswirtschaftlichen Forschung, ZfB 2000, 611; *Görg/Kölschbach* Konzernabschluß des VVaG-Gleichordnungskonzerns – neue Perspektiven nach dem KapCoRiLiG, BB 2000, 607; *Strobel* Die Neuerungen des KapCoRiLiG für den Einzel- und Konzernabschluß, DB 2000, 53; *Busse von Colbe* Geprüfte Konzernabschlüsse als Grundlage des Controllings und der externen Überwachung von Konzernen, FS Coenenberg, 133; *Thiele*[6] Konzernbilanzen, Düsseldorf 2001; *Ebeling/Baumann/Pöller* Konzernrechnungslegung mittelständischer Unternehmen unter besonderer Berücksichtigung der Personenhandelsgesellschaften, DStR 2001, 1131 und 1171; *Ebeling* Aufstellung des Konzernabschlusses und Konsolidierungskreis nach dem E-DRS 10, BB 2001, 1399; *Herrmann* Zur Rechnungslegung der GmbH & Co KG im Rahmen des KapCoRiLiG, WPg 2001, 271; *Küting/Brakensiek* Die Einbeziehung von Leasingobjektgesellschaften in den Konsolidierungskreis nach HGB und US-GAAP. Bestandsaufnahme und neuere Entwicklungen, DStR 2001, 1359; *Küting/Weber*[7] Der Konzernabschluss, Stuttgart 2001; *IDW RS HFA 8*: Zweifelsfragen der Bilanzierung von asset-backed securities-Gestaltungen oder ähnlichen Transaktionen, WPg 2002, 1151 mit Änderung durch den HFA am 9. 12. 2003, WPg 2004, 138; *Kuhn/Schaber* Transparenz bei Spezialfonds durch IAS 39, DB 2001, 2661; *Schruff/Rothenburger* Zur Konsolidierung von Special Purpose Entities im Konzernabschluss nach US-GAAP, IHS und HGB, WPg 2002, 755; *IDW RS HFA 7*: Zur Rechnungslegung bei Personenhandelsgesellschaften, WPg 2002, 1259; *Schmidbauer* Die Konsolidierung von „Special Purpose Entities" nach IAS und HGB – insbesondere unter Berücksichtigung von E-DRS 16, DStR 2002, 1013; *Weber/-Böttcher/Griesemann* Spezialfonds und ihre Behandlung nach deutscher und internationaler Rechnungslegung, WPg 2002, 905; *Busse von Colbe/Ordelheide*[7] Konzernabschlüsse, Wiesbaden 2003; *Baetge/Kirsch/Thiele*[7] Konzernbilanzen, Düsseldorf 2004; *Pfitzer/Oser/Orth* Reform des Aktien-, Bilanz- und Aufsichtsrechts – BilReG, BilKoG, APAG, AnSVG, UMAG sowie weitere Reformgesetze, Stuttgart 2005.; *Göhner* Neue Größenklassenkriterien der §§ 267 und 293 Abs 1 HGB: Besteht die Möglichkeit der Rückwirkung ?, BB 2005, 207; *Bischof/Roß* Qualitative Mindestanforderungen an das Organ nach HGB und IFRS bei einem Mutter-Tochter-Verhältnis durch Organbestellungsrecht, BB 2005, 203.

A. Allgemeines

Primäres **Ziel** der Vorschriften über die Erstellung eines KA ist die Information Außenstehender über die Lage des Konzerns. Einzelabschlüsse ermöglichen bei enger wirtschaftlicher Verflechtung keinen zutreffenden Einblick in die wirtschaftliche Lage des Konzerns (*ADS*[6] Vorbem zu §§ 290–315 Anm 12f; *Claussen* ZGR 2000, insb 604f). Daneben berücksichtigt sinnvollerweise auch das Konzern-Controlling den KA (*Busse von Colbe* ZGR 2000, 651ff). 1

Abs 1 und 2 verpflichten die gesetzlichen Vertreter eines MU mit **Sitz im Inland** zur Aufstellung eines KA und eines Konzernlageberichts, sofern das MU eine **Kapitalgesellschaft** (AG, KGaA, GmbH) bzw eine KapCoGes ist.

Für MU in der Form einer **KapCoGes** folgt die Konzernrechnungslegungspflicht aus dem durch das KapCoRiLiG (BGBl I 8. 3. 2000, 154ff) eingefügten § 264a. § 264a verpflichtet die KapCoGes, die gesonderten Regeln des HGB für KapGes – also auch die §§ 290ff – anzuwenden (vgl auch *Theile* GmbHR, 215ff; *Ebeling/Baumann/Pöller,* 1131).

Eine Konzernrechnungslegungspflicht für MU anderer Rechtsformen kann sich nach §§ 11ff PublG (Anm 100ff) ergeben. Für Kreditinstitute (§ 340i) und VersicherungsUnt (§ 341i) gelten auf Grund der Besonderheiten der Wirtschaftszweige verschärfte Vorschriften.

In einem mehrstufigen Konzern ist jedes TU, das gleichzeitig im Verhältnis zu nachgeordneten Unt ein MU darstellt, verpflichtet, für den ihm nachgeordneten Teil der einzubeziehenden Unt einen **Teil-Konzernabschluss** und Teil-Konzernlagebericht aufzustellen. Dieses „Stufenkonzept" oder „Tannenbaumprinzip" kommt allerdings nicht zum Zuge, wenn das obere MU einheitliche Leitung iSv Abs 1 ausübt (Anm 25). Für die Teil-KA und Teil-Konzernlageberichte nach Abs 2 („Control") sind die Befreiungsmöglichkeiten der §§ 291, 292 von Bedeutung. 2

Die Aufstellung von KA und Konzernlagebericht hat in den ersten fünf Monaten des folgenden KonzernGj zu erfolgen. Zu berücksichtigen sind unabhängig von ihrer Rechtsform TU mit Sitz sowohl im Inland als auch im Ausland **(Weltabschlussprinzip).** 3

B. Konzept der einheitlichen Leitung und Control-Konzept

§ 290 nennt als Kriterien zur Beurteilung des Konzerntatbestands in Abs 1 das Vorliegen **einheitlicher Leitung** der TU durch das MU iSv § 18 AktG sowie in Abs 2 das Vorliegen bestimmter Kontrollrechte des MU entspr dem **Control-Konzept.** 4

Die **einheitliche Leitung** stellt auf die tatsächlichen materiellen Verhältnisse, dh die **tatsächliche Ausübung,** ab. Dem Vorteil der theoretischen Richtigkeit (s *ADS*[6] § 290 Anm 11; *Havermann* in FS Goerdeler, 185ff) steht der Nachteil seiner rechtlichen Unbestimmtheit und schwierigeren Operationalisierbarkeit ggü. 5

Demggü knüpft das **Control-Konzept** des Abs 2 an die **Möglichkeit der Ausübung** formaler Rechtsverhältnisse an. Es ist daher leichter handhabbar. 6

Control-Konzept und einheitliche Leitung stehen im Verhältnis der Alternativität zueinander (*SABI 1/1988,* WPg, 340; aA *Scherrer,* 53f, der die Vorrangstellung des Control-Konzepts aus der 7. EG-Richtl herleitet; diese Ansicht 7 widerspricht aber der Intention des Gesetzgebers). Die Erfüllung nur eines der beiden Kriterien löst also bereits die Konzernrechnungslegungspflicht aus (E-DRS 16.2 listet die Kriterien ebenfalls alternativ auf). IdR wird allerdings, wenn die formalen Voraussetzungen des Abs 2 erfüllt sind, auch einheitliche Leitung der TU durch das MU vorliegen. In Einzelfällen kann die Alternativität der Kriterien dazu führen, dass ein TU in zwei KA einzubeziehen ist (*ADS*[6] § 290 Anm 82ff; *Siebourg* in HdKR[2] § 290 Anm 35/38). Dies mag unbefriedigend erscheinen, muss aber hingenommen werden (ebenso *Schmalenbach Gesellschaft* ZfbF Sonderheft 21/1987, 21).

8 Das HGB regelt nicht, zu welchem **Zeitpunkt** die Voraussetzungen der einheitlichen Leitung oder des Control-Konzepts gegeben sein müssen. Maßgebend kann nur der Konzernbilanzstichtag sein.

9 *E-DRS* 16.2 versucht, einheitliche Leitung und Control-Konzept unter dem **Begriff „Beherrschung“** zusammenzufassen. Danach soll Beherrschung die rechtliche Möglichkeit sein, die Geschäftspolitik eines anderen Unt mittelbar oder unmittelbar zu bestimmen.

C. Einheitliche Leitung (Abs 1)

I. Konzern, Mutter-/Tochterunternehmen

12 Mit dem Begriff **„Konzern“** knüpft der Gesetzgeber an die Konzeption der einheitlichen Leitung des § 18 AktG an. Die beabsichtigte Koordinierung einer Konzerndefinition (Art 1 Abs 2 der 7. EG-Richtl) ist bisher nicht erfolgt.

15 Abs 1 enthält keine Definition des Begriffs **„Unternehmen“.** Der Kreis der in einen KA einzubeziehenden Unt ergibt sich aber beim (einheitlich leitenden) **MU** durch die Rechtsform einer KapGes/KapCoGes und beim **TU** dadurch, dass an ihm eine **Beteiligung** nach § 271 Abs 1 bestehen muss (zu dem hier geltenden UntBegriff § 271 Anm 9ff bzw § 271 Anm 13ff zu den übrigen Merkmalen des Begriffs der Beteiligung; zum UntBegriff nach PublG Anm 103ff). Unbeachtlich ist, ob die Beteiligung unmittelbar oder nur mittelbar besteht (Abs 1 iVm § 271 Abs 1 S 4). Hält zB das MU A die Anteile des Unt B und ist nur B an C iSv § 271 Abs 1 S 1 beteiligt, ist C beim Vorliegen der übrigen Voraussetzungen TU von A. Auch auf die Höhe der Beteiligung kommt es nicht an (E-DRS 16.2).

II. Der Begriff der einheitlichen Leitung

1. Voraussetzungen der einheitlichen Leitung

20 Der Begriff der einheitlichen Leitung in § 290 Abs 1 ist nach hM inhaltlich identisch mit einheitlicher Leitung iSv § 18 AktG und § 11 PublG (*Siebourg* in HdKR[2] § 290 Anm 17; *Busse von Colbe/Ordelheide*[7], 102). Eine gesetzliche Definition des Begriffs ist in keinem dieser Gesetze enthalten. Nach hM ist unter einheitlicher Leitung die **Übernahme originärer Leitungsaufgaben** für den gesamten Konzern durch das MU und damit eine planmäßige Koordinierung der Geschäftspolitik und sonstiger Aspekte der Konzernleitung zu verstehen (*Baetge/Kirsch/Thiele*[7], 92f; *ADS*[6] § 290 Anm 13). Eine gesicherte Rechtsposition ist nicht erforderlich (zB Duldung eines MehrheitsGesters) wird aber regelmäßig vorliegen.

21 Für das Vorliegen der einheitlichen Leitung ist vom Gesamtbild der **tatsächlichen Verhältnisse** auszugehen; sie muss also tatsächlich ausgeübt werden. Die theoretische Möglichkeit der Ausübung ist nicht ausreichend (*Siebourg* in HdKR[2] § 290 Anm 18). Ein Weisungsrecht des MU ggü den TU wird nicht als notwendig vorausgesetzt, weil die Einflussnahme auch durch personelle Verflechtungen (zB gemeinsame Besetzung der Leitungsorgane) vollzogen werden kann. Das entscheidende Kriterium für die einheitliche Leitung ist die tatsächliche Unterordnung der Einzelinteressen des TU unter das Konzerninteresse (*Baetge/Kirsch/Thiele*[6], 92; *Siebourg* in HdKR[2] § 290 Anm 18).

22 Ob die einheitliche Leitung tatsächlich vorliegt, bleibt mangels genauerer Definition durch das HGB eine Frage des **Einzelfalls.** Abzustellen ist dabei zB auf eine einheitliche Festsetzung von UntZielen, Grundzügen der Organisation und Kontrolle, eine einheitliche Finanzpolitik, Personalverflechtung oder auch die Abstimmung geschäftlicher Maßnahmen von wesentlicher Bedeutung (*WPH*[12] I T Anm 157 ff; *Siebourg* in HdKR[2] § 290 Anm 20 f; *Busse von Colbe* in MünchKomm HGB § 290 Anm 13–15). Ferner kann die Besetzung der Leitungsgremien, die Gestaltung der Anstellungsverträge und die Ausübung einer UntKontrolle als Kriterien bei der Frage nach einer einheitlichen Leitung in Betracht gezogen werden.

Bei branchenfremden Unt setzt die einheitliche Leitung zumindest die zweckbestimmte Einordnung in ein Gesamtkonzept voraus (*ADS*[6] § 18 AktG Anm 43). Dieses Kriterium kann auch in besonderen Fällen der Beschränkung des Einflusses herangezogen werden. So darf zB ein übergeordnetes Kreditinstitut das Kollektiv einer Bausparkasse nicht ungünstig beeinflussen (amtliche Begr zum Bausparkassengesetz). Die Bausparkasse ergänzt aber das Gesamtkonzept des übergeordneten Kreditinstituts.

Ein **maßgeblicher Einfluss** iSv § 311 Abs 1 als schwächere Form der Einflussnahme, die sich allerdings nur graduell von der einheitlichen Leitung unterscheidet, muss dabei überschritten sein (zum Begriff des maßgeblichen Einflusses § 311 Anm 15 ff; zur gemeinsamen Führung § 310 Anm 15 ff).

2. Aktienrechtliche Vermutungstatbestände für das Vorliegen einheitlicher Leitung

23 §§ 17, 18 AktG nennen Kriterien, die auf das Bestehen einer durch einheitliche Leitung gekennzeichneten Konzernbeziehung schließen lassen. Bei Bestehen eines **Beherrschungsvertrags** (§ 291 AktG) oder einer **Eingliederung** nach § 319 AktG wird *unwiderlegbar* auf das Vorliegen einheitlicher Leitung geschlossen (§ 18 Abs 1 S 2). In diesen Fällen besteht gleichzeitig die Konzernrechnungslegungspflicht nach Abs 2 Nr 3; einheitliche Leitung und Kontrollrechte können hier also nicht auseinanderfallen (so *Busse von Colbe/Ordelheide*[7], 63).

24 § 17 Abs 1 AktG schließt vom Vorliegen einer Mehrheitsbeteiligung auf ein Abhängigkeitsverhältnis; § 18 Abs 1 S 3 AktG vermutet bei Abhängigkeit eine Konzernbeziehung. Die Anwendbarkeit dieser **Vermutungskette** auf die Feststellung des Vorliegens einheitlicher Leitung iSv Abs 1 wird von hM bejaht (zB *ADS*[6] § 290 Anm 15 mwN; *Siebourg* in HdKR[2] § 290 Anm 29). Da diese Vermutungskette *widerlegbar* ist, wird sich in der Praxis eine Prüfung auf tatsächliches Vorliegen von einheitlicher Leitung nicht erübrigen. Die praktische Relevanz der Frage ihrer Anwendbarkeit ist auch deshalb gering, weil mit einer Mehrheitsbeteiligung idR auch die Mehrheit der Stimmrechte verbunden ist und damit Konzernrechnungslegungspflicht auf Grund Abs 2 Nr 1 besteht (*ADS*[6] § 290 Anm 15).

3. Einheitliche Leitung nur bei einer Konzernspitze

25 Nach hM kann im mehrstufigen Konzern die einheitliche Leitung nur durch die Konzernspitze ausgeübt werden (*Schildbach,* 87; *WPH*[12] I T Anm 186; *ADS*[6] § 290 Anm 73; aA *Würdinger* in Großkomm AktG[4] § 18 Anm 8). Es existiert daher kein **„Konzern im Konzern"**, da die einheitliche Leitung unteilbar (aber delegierbar) ist. Folglich gibt es keine Verpflichtung zur Aufstellung eines Teil-KA, wenn die Konzernrechnungslegungspflicht nur auf Abs 1 beruht. Praktische Bedeutung erlangt dies allerdings nur, wenn ein Teilkonzern nicht ohnehin schon auf Grund des Vorliegens von Kontrollrechten nach Abs 2 rechnungslegungspflichtig ist, so zB bei einer ständigen HV-Präsenzmehrheit der Teilkonzernspitze ohne gleichzeitige Mehrheit der Stimmrechte (*WPH*[12] I M Anm 34).

III. Einzelfragen

1. Gleichordnungskonzern

26 Ein Gleichordnungskonzern liegt nach § 18 Abs 2 AktG dann vor, wenn mehrere rechtlich selbstständige Unt unter einheitlicher Leitung stehen, ohne dass zwischen ihnen ein Abhängigkeitsverhältnis iSv § 17 Abs 1 AktG besteht. Da Abs 2 von Unterordnung ausgeht, könnte sich eine Konzernrechnungslegungspflicht für Gleichordnungskonzerne nach HGB nur aus Abs 1 ergeben, wenn eine einheitliche Leitung auf *freiwilliger Basis,* zB mittels personeller Verflechtung der Geschäftsführungen oder Übertragung der Leitungskompetenz auf ein Gemeinschaftsorgan, praktiziert wird.

Gegen die Anwendbarkeit von Abs 1 spricht, dass im HGB das in Art 12 der 7. EG-Richtl enthaltene Mitgliedstaatenwahlrecht zur Einführung einer Rechnungslegungspflicht für Gleichordnungskonzerne nicht umgesetzt wurde (*ADS*[6] § 290 Anm 89; *Busse von Colbe/Ordelheide*[7], 61). Folglich ist die in Abs 1 beschriebene MU-TU-Beziehung als Unterordnungsverhältnis zu interpretieren (aA *ADS*[6] § 290 Anm 87, *WPH*[12] I M 78). Ferner erscheint es fraglich, ob eine dauerhaft ausgeübte einheitliche Leitung auch auf freiwilliger Basis mit der Unabhängigkeit der geleiteten Unt vereinbar ist.

2. Gemeinschaftsunternehmen

27 Als GemUnt wird ein Unt bezeichnet, das der **gemeinsamen Führung** von mind zwei anderen Unt unterworfen ist, die ihrerseits wirtschaftlich voneinander unabhängig sind. Ein Hauptanwendungsfall von GemUnt sind die Unt mit 50 : 50-Beteiligung, bei denen idR Control gem Abs 2 Nr 1 und 2 nicht vorliegen wird (zu weiteren Einzelheiten § 310 Anm 10 ff).

Hat eines der beteiligten Unt die **einheitliche Leitung** inne, liegt ein Anwendungsfall des Abs 1 vor (*Siebourg* in HdKR[2] § 290 Anm 42). Zu der umstrittenen Frage, ob einheitliche Leitung auch durch mehrere Unt ausgeübt werden kann, ausführlich § 310 Anm 5 ff.

3. Komplementär-Kapitalgesellschaften

28 Für die Komplementär-KapGes einer KapCoGes kann sich eine **Pflicht** zur Aufstellung eines KA grds sowohl nach Abs 1 als auch nach Abs 2 Nr 2 (vgl hierzu Anm 57) ergeben. Eine Komplementär-KapGes, auch wenn sie nur der Geschäftsführung der KapCoGes und der Eingrenzung der Haftung dient und sonst keine Geschäftstätigkeit aufweist, ist immer ein rechtlich selbstständiges

Unt und kann demzufolge bei Vorliegen der übrigen Voraussetzungen ein MU iSv Abs 1 oder 2 sein (*ADS*[6] § 290 Anm 118; *Schildbach,* 85; aA *Siebourg* in HdKR[2] § 290 Anm 11).

Voraussetzungen für eine Konzernrechnungslegungspflicht nach Abs 1 sind das Vorliegen eines Beteiligungsverhältnisses und eine einheitliche Leitung. Das erstere Kriterium erfüllt jede KapCoGes, da nach hM eine Komplementär-KapGes immer eine Beteiligung nach § 271 Abs 1 an der KapCoGes hält, auch wenn die Komplementär-KapGes keine Kapitaleinlage in die KapCoGes eingebracht hat (Anm zu § 271, 14; *Schildbach,* 86f; *ADS*[6] § 290 Anm 122). **29**

Aus der gesetzlichen Standardkonzeption der KapCoGes, bei der die Komplementär-KapGes alleinige Geschäftsführerin der KapCoGes ist, schliesst eine grössere Anzahl von Autoren auf das Vorliegen einer einheitlichen Leitung der KapCoGes durch die Komplementär-KapGes (*ADS*[6] § 290 Anm 121; *WPH*[12] I M Anm 29). Jedoch ist bei der Frage nach der einheitlichen Leitung nicht auf die Ausführung der Tagesgeschäfte abzustellen, sondern auf die Geschäftspolitik und auf Grundsatzfragen der Geschäftsführung (vgl Anm 20; *IDW RS HFA* 7 Anm 54).

Bei der **typischen KapCoGes** (insb GmbH & Co KG) wird die UntStrategie und -planung nicht von den Geschäftsführern der persönlich haftenden KapGes, sondern von den Gestern der KapCoGes bestimmt; diese sind es auch im Regelfall, die die Geschäftsführung überwachen und Aufsichtsgremien der KapCoGes besetzen (*Herrmann* WPg 2001, 279f). Diese Leitungstätigkeiten üben die Gester typischerweise *nicht* über die Komplementär-KapGes, sondern unmittelbar aus. Ferner bestellen die Gester der KapCoGes, da sie regelmässig personenidentisch mit den Gestern der Komplementärin sind, die Geschäftsführer der persönlich haftenden KapGes. **30**

Damit übernimmt im Normalfall die Komplementär-KapGes *nicht* originäre Leitungsaufgaben, sie ist vielmehr zur weisungsabhängigen Angestellten degradiert (vgl auch *ADS*[6] § 290 Anm 119, die hier allerdings nicht den Normalfall, sondern einen Ausnahmefall sehen); die typische KapCoGes erfährt keine **einheitliche Leitung** durch ihre persönlich haftende KapGes, sondern ggf **durch** ihre **Kommanditisten** (*Herrmann* WPg 2001, 280). Das Regel-Ausnahme-Verhältnis, von der die Gesetzesbegr (BT-Drs 14/1806, 22) ausgeht, wird damit umgekehrt (*Herrmann* WPg 2001, 278). Nur in Ausnahmefällen wird die Komplementär-KapGes die einheitliche Leitung ausüben und zur Konzernrechnungslegung nach Abs 1 *verpflichtet* sein (Im Ergebnis so auch *Siebourg* in HdKR[2] § 290 Anm 11).

4. Zweckgesellschaften

ZweckGes können als Unt definiert werden, die eine bestimmte Geschäftsaktivität des MU oder eines seiner TU durchführen. Regelmässig hält das MU/TU alle oder den Grossteil der Kapitalanteile, besitzt aber keine oder nur wenige Stimmrechte an der ZweckGes. Die Stimmrechtsmehrheit wird typischerweise von einem Finanzinstitut gehalten, dessen Interesse entweder in der Finanzierung der ZweckGes oder in der Erbringung von Dienstleistungen für die ZweckGes besteht. In der Praxis sind ZweckGes ua in der Form von Leasing-ObjektGes, die ein Objekt an das MU bzw TU verleasen (vgl zB *Küting/Brakensiek* DStR 2001, 1359; *Mellwig* BB 2000 Beilage 5, 25), und Spezialfonds – als Eigentümer und Verwalter von Wertpapieren des MU/TU (*Weber/Böttcher/Griesemann* WPg 2002, 905ff) – anzutreffen. Asset-Backed Securities-Transaktionen können ebenfalls ZweckGes darstellen (*Findeisen/Roß* DB 1999, 2224; *Schruff/Rothenburger* WPg 2002, 756f; *IDW RS HFA* 8 Anm 43). Ziel der **31**

Errichtung einer ZweckGes ist eine Steueroptimierung oder eine Verbilligung der Finanzierung, zT auch eine (Konzern-)Bilanzpolitik. UE liegt oftmals eine einheitliche Leitung des MU bzgl der ZweckGes vor. Aufgrund der gleichzeitig gegebenen Beteiligung des MU bzw eines seiner TU an der ZweckGes ist die ZweckGes damit häufig nach Abs 1 zu konsolidieren.

32 Im Fall der **Leasing-Objektgesellschaft** kann die einheitliche Leitung daraus folgen, dass alle wesentlichen Grundlagen der Geschäftstätigkeit und -politik vorab in einem, iw durch das MU/TU beeinflussten Vertrag zwischen MU/TU, ZweckGes und Finanzinstitut geregelt sind und damit dem Entscheidungsbereich des Gesters mit Stimmrechtsmehrheit entzogen sind. Die Leasing-ObjektGes funktioniert als „Autopilot" (SIC-12.9; aA *Schruff/Rothenburger,* die bei einem Autopilot-Mechanismus idR keine einheitliche Leitung annehmen wollen, WPg 2002, 763).

IdR dürfte bei Vorliegen einer einheitlichen Leitung auch eine Kons auf Grund des Control-Konzepts (vgl Anm 77) erforderlich sein (*Mellwig* BB 2000 Beilage 5, 26 geht davon aus, dass eine unterschiedliche Behandlung „abwegig" sei). Im Einzelfall kann sich auch ergeben, dass MU und Finanzinstitut gemeinsam ihre Vorstellungen im og Vertrag umgesetzt haben, so dass eine gemeinsame Leitung vorliegt und eine KonsPflicht nach den Regeln für GemUnt gegeben ist; hierfür könnte auch sprechen, dass der Leasingvertrag üblicherweise nur gemeinsam aufgelöst oder geändert werden kann (*Helmschrott* DB 1999, 1868; vgl aber auch Anm 77; *Schmidbauer* DStR 2002, 1016 hält die gemeinsame Leitung für den Regelfall). Aus der ggf durchgeführten Kons der ObjektGes folgt, dass durchaus das Leasingobjekt im KA des MU anders als im JA zugeordnet werden muss (vgl auch *Helmschrott* ZfB 2000, 231).

33 Bei **Spezialfonds** hält das MU bzw eines seiner TU typischerweise alle Kapitalanteile, um an den Erträgen des Spezialfonds zu 100% partizipieren zu können. Anlageentscheidungen bzgl der Wertpapiere des Spezialfonds werden vom Finanzinstitut vorbereitet, jedoch letztlich vom MU/TU getroffen. Auch über die Auflösung des Spezialfonds entscheidet das MU/TU. Der Spezialfonds-Anleger ist regelmäßig wirtschaftlicher Eigentümer (*Kuhn/Schaber* DB 2001, 2662) und eine einheitliche Leitung (und eine KonsPflicht nach Abs 1) des Spezialfonds ist damit grds immer gegeben (aA wohl *Weber/Böttcher/Griesemann* WPg 2002, 907).

D. Control-Konzept (Abs 2)

I. Allgemeines

35 Nach Abs 2 ist ein MU zur Aufstellung eines KA verpflichtet, wenn es die Möglichkeit hat, mind eines der in den Nrn 1 bis 3 aufgezählten Rechte an einem TU auszuüben. Die einzelnen Nrn des Abs 2 stehen alternativ zueinander. Dies ergibt sich auch aus der Aufzählung in Abs 2 und dem Wort „oder" (ebenso *WPH*[12] I M Anm 35).

36 Anders als nach Abs 1 wird in Abs 2 nicht gefordert, dass dem MU eine Beteiligung am TU gehört.

37 Die Rechte aus Nr 1 bis 3 müssen dem MU „zustehen". Dieser juristisch nicht eindeutige Begriff kann als Ausdruck formalrechtlicher Inhaberschaft (so *ADS*[6] § 290 Anm 30) oder wirtschaftlicher Zugehörigkeit (so *WPH*[12] I M Anm 37; *Siebourg* in HdKR[2] § 290 Anm 77 f) interpretiert werden. Der Unterschied in der verbalen Auslegung hat jedoch keine praktische Bedeutung, da

auch bei formalrechtlicher Interpretation infolge der nach Abs 3 vorzunehmenden Hinzurechnungen und Kürzungen letztlich auf die **wirtschaftliche Zurechenbarkeit von Rechten** abgestellt wird (ebenso *WPH*[12] I M Anm 39).

Mehrere Formulierungen in Abs 2 bis 4 sind dem AktG nachgebildet; insoweit kann die Literatur zum AktG für die Auslegung des HGB herangezogen werden (vgl zB *WPH*[12] I T Anm 19ff, *ADS*[6] § 16 AktG).

II. Mehrheit der Stimmrechte (Abs 2 Nr 1)

1. Stimmrechte

Die Mehrheit der Stimmrechte hat idR nur, wer auch Gester des beherrschten Unt ist. Das ist aber wegen der Zurechnungen gem Abs 3 nicht zwingend erforderlich. 40

Der Begriff „Mehrheit der Stimmrechte" bezieht sich auf die GesV/HV. Die Berechnung der Mehrheit der Stimmrechte hat unter Einbeziehung des Abs 4 S 1 zu erfolgen (Anm 80). Sie muss sich aus einer rechtlich gesicherten Grundlage ergeben. Eine **Präsenzmehrheit** in der GesV/HV reicht nicht aus, auch wenn sie dauerhaft vorliegt (*WPH*[12] I M Anm 40; *Siebourg* in HdKR[2] Anm 71 mwN). Wenn bei nachhaltiger Präsenzmehrheit allerdings einheitliche Leitung tatsächlich ausgeübt wird, ergibt sich die Konzernrechnungslegungspflicht nach Abs 1 (*ADS*[6] § 290 Anm 81; *Havermann* Offene Fragen, 44). Lebt bei **stimmrechtslosen Vorzugsaktien** das Stimmrecht wieder auf, liegt keine rechtlich gesicherte Position vor. In diesem Fall darf nur konsolidiert werden, wenn auf Grund besonderer Umstände die einheitliche Leitung tatsächlich gegeben ist. 41

Bei der **Berechnung der Stimmrechte** sind die dispositiven Regelungen für PersGes und GmbH bzw die restriktiven Regeln des § 12 AktG zu beachten. Bei ausländischen Ges ist hierfür das jeweilige Recht des Sitzlandes heranzuziehen. Es kommt auf die tatsächliche Gestaltung der Rechte an. 42

Besteht eine Mehrheit der Stimmrechte nur für bestimmte Arten von Rechtsgeschäften, ist das Gewicht dieser Rechtsgeschäfte maßgebend. Nur wenn sie geeignet sind, die Dispositionen des Unt wesentlich zu beeinflussen, wird man die Mehrheit der Stimmrechte bejahen. Der Stichentscheid eines Gesters begründet nur dann eine Mehrheit der Stimmrechte, wenn der berechtigte Gester (ohne Stichentscheid) über genau 50% der Stimmrechte verfügt. 43

2. Beschränkung der Stimmrechte/Stimmbindungsverträge

Auch wenn die **Satzung** für wesentliche Entscheidungen mehr als die **einfache Stimmenmehrheit** vorsieht, ist diese für die Anwendung von Abs 2 Nr 1 ausreichend, da die Beherrschungsmöglichkeit in Nr 1 nicht explizit verlangt wird (ebenso *WPH*[12] I M Anm 41; *Wiedmann* § 290 Anm 17; *ADS*[6] § 290 Anm 39). Das ist uE auf Grund des Prinzips der formalen Auslegung des Abs 2 (Anm 6) zwingend. Die Gegenmeinung (*Siebourg* in HdKR[2] § 290 Anm 70; *Burbach* WPg 1990, 253ff) interpretiert Abs 2 im Ergebnis als eine widerlegbare Vermutung. Schließlich gewährt § 296 (zur Anwendbarkeit dieser Vorschrift in solchen Fällen bejahend *ADS*[6] § 290 Anm 38) bei Beschränkungen der Einflussmöglichkeit ein Wahlrecht. Das wäre unverständlich, wenn eine Aufstellungspflicht gem Abs 2 schon dem Grunde nach nicht bestünde. 45

Die Stimmrechtsmehrheit besteht aus den gleichen Gründen auch dann, wenn sich ein MU hinsichtlich der Ausübung seiner Stimmrechte durch Abschluss eines **Stimmbindungsvertrags** oder durch die Einräumung einer unwiderruflichen **Stimmrechtsvollmacht** gebunden hat. Zwar spricht Abs 4 S 1 46

(„... ausüben kann ...") zunächst für die Vermutung, derartige schuldrechtliche Ausübungsbeschränkungen müssten auch im Rahmen des Abs 2 berücksichtigt werden. Diese Formulierung entspricht wörtlich § 16 Abs 3 S 1 AktG. Hierzu wurde aber (*Biedenkopf/Koppensteiner* in Kölner Komm² § 16 Anm 11) nachgewiesen, dass derartige Beschränkungen nicht etwa schon die Mehrheit der Stimmrechte in Frage stellen, sondern allein geeignet sein könnten, die Vermutung des § 17 Abs 2 AktG (Abhängigkeit) zu widerlegen (ebenso *ADS*⁶ § 290 Anm 29ff, 38ff). Da aber Abs 2 Nr 1 als unwiderlegbare Vermutung anzusehen ist, müssen Stimmbindungsverträge oder unwiderrufliche Stimmrechtsvollmachten unberücksichtigt bleiben (aA *SABI 1/1988,* WPg, 340ff). Derartige nur **schuldrechtliche Vereinbarungen,** zu denen auch ein **„Entherrschungsvertrag"** zu zählen ist, berühren allein die für Abs 2 irrelevante Ebene der tatsächlichen Ausübung der Rechte (aA *Siebourg* in HdKR² § 290 Anm 73ff, der auf die tatsächliche Beschränkung abstellt). Verpfändungen können ebenfalls eine Stimmrechtsmehrheit nicht aufheben. Zu Beschränkungen durch die Satzung Anm 48.

47 Im Übrigen muss auch auf Abs 3 S 3 verwiesen werden. Dort ist geregelt, wann trotz formaler Rechtsinhaberschaft Rechte abzuziehen sind. Es hätte nahegelegen, auch die durch Stimmbindungsverträge oder andere Beschränkungen gebundenen Rechte an dieser Stelle mit aufzuführen, zumal die Hinzurechnung (nicht aber die Kürzung) von Rechten aus Stimmbindungsverträgen in Abs 3 S 2 ausdrücklich geregelt wurde (ebenso *Ulmer* in FS Goerdeler, 641).

48 Anders zu beurteilen als die schuldrechtlichen Beschränkungen sind uE **dinglich wirkende Ausübungsbeschränkungen** wie etwa eine gesetzliche Beschränkung nach § 328 AktG oder statutarische Beschränkungen zB nach § 134 AktG Abs 1 S 2. Derartige Beschränkungen führen unmittelbar zu einem Verlust des Stimmrechts, da der Inhaber nicht einmal mehr die theoretische Möglichkeit zur Ausübung hat. Daher sind solche Beschränkungen bei der Ermittlung der Stimmrechtszahl zu beachten.

Problematisch zu sehen ist allerdings ein Abzug von Stimmrechten, die auf Grund von §§ 20 Abs 7, 21 Abs 4 AktG nicht ausgeübt werden dürfen (*Siebourg* in HdKR² § 290 Anm 84), da infolgedessen ein MU durch einen Verstoß gegen **aktienrechtliche Meldepflichten** die Konzernrechnungslegungspflicht bewusst vermeiden könnte. Zumindest wenn bis zur Aufstellung des KA der Meldepflicht Genüge getan wird, erscheint ein Stimmrechtsabzug nicht gerechtfertigt. Ein Verstoß gegen die Meldepflichten des § 21 Abs 1 WpHG führt ebenso zu einem Rechtsverlust (*Assmann/Schneider* WpHG³ § 28 Anm 24) und ist gleichermaßen zu behandeln.

3. Wechselseitige Beteiligung

50 Für die AG/KGaA ist die Wirkung wechselseitiger Beteiligungen in § 19 AktG geregelt. Da aber aktienrechtliche Bestimmungen innerhalb des HGB ohne Verweisungsvorschrift nicht ohne weiteres anwendbar sind, ergibt sich die Frage, ob im Falle von wechselseitigen Beteiligungen zB über jeweils 51% wirklich eine Mehrheit der Stimmrechte iSd Abs 2 Nr 1 vorliegt. Diese Frage ist wegen des formalrechtlichen Auslegungsprinzips des Abs 2 (Anm 6) zu bejahen.

III. Bestellungs- und Abberufungsrechte (Abs 2 Nr 2)

1. Der Begriff des Verwaltungs-, Leitungs- oder Aufsichtsorgans

Dem Begriff des Leitungs- oder Aufsichtsorgans liegt das dem deutschen Aktienrecht entspr „dualistische" System zugrunde, also Vorstand (Leitungsorgan) und AR (Aufsichtsorgan). Der Begriff des Verwaltungsorgans ist hingegen dem zB in Großbritannien und den USA vorherrschenden „monistischen" System (board of directors) entnommen. Es ist unbeachtlich, ob das Organ kraft Gesetzes oder fakultativ nach Satzung oder GesVertrag besteht (*v. Wysocki/Wohlgemuth*[4], 36). Die Vorschrift ist rechtsformunabhängig. Organe iSd Abs 2 Nr 2 sind solche, die dem deutschen Leitbild analoge Geschäftsführungs- oder Überwachungsaufgaben wahrnehmen. 52

Für Nr 2 reicht es (im dualistischen System) aus, wenn *entweder* das Leitungs- *oder* das Aufsichtsorgan vom MU besetzt werden kann (*Siebourg* in HdKR[2] § 290 Anm 86). Die Mehrheit in einem AR bezieht sich auf die Gesamtzahl und nicht nur auf die von den Anteilseignern zu wählenden AR-Mitglieder (*ADS*[6] § 290 Anm 46). Bei einem nach Mitbestimmungsgesetz paritätisch besetzten AR steht der Unternehmerseite gleichwohl die Mehrheit iSv Abs 2 Nr 2 zu, weil in diesen Fällen die Stimme des von der Unternehmerseite zu entsendenden AR-Vorsitzers bei Stimmengleichheit entscheidet (*Siebourg* in HdKR[2] § 290 Anm 87; *ADS*[6] § 290 Anm 46). Die Möglichkeit der Bestellung oder Abberufung der Mehrheit der Organmitglieder durch das MU muss rechtlich gesichert sein; die faktische Möglichkeit auf Grund einer HV-Präsenzmehrheit genügt nicht (Anm 41). 53

Personelle Einflussnahme wird regelmäßig mit der Mehrheit der Stimmrechte (Nr 1) zusammenfallen. Abweichungen ergeben sich, sofern einem Gester besondere Entsenderechte eingeräumt werden. Da in der deutschen AG/KGaA der Vorstand zwingend vom AR bestellt wird und Entsendungsrechte in den AR höchstens für ein Drittel der AR-Mitglieder der Aktionäre eingeräumt werden dürfen (§ 101 Abs 2 S 4 AktG), hat Abs 2 Nr 2 in erster Linie für paritätisch mitbestimmte AR oder für GmbH und PersGes mit fakultativem AR oder Beirat Bedeutung. Hier kann einzelnen Gestern das (Sonder-)Recht eingeräumt werden, den Geschäftsführer zu bestellen oder den AR/Beirat mehrheitlich zu besetzen. Bei ausländischen TU richtet sich das Bestellungs- und das Abberufungsrecht des MU nach dem Recht des Sitzstaates des TU. 54

Insbesondere bei **fakultativen Organen** – wie etwa dem Beirat einer PersGes – ist wichtig, welche *„Mindestmachtbefugnisse"* diese Organe haben müssen. Wegen der unterschiedlichen Möglichkeiten der Ausgestaltung muss geprüft werden, ob das fragliche Organ einen Einfluss hat, der diesem gesetzlichen Leitbild, zB dem AR einer AG, mind entspricht. Bei dieser Prüfung muss eine Gesamtbeurteilung erfolgen; es dürfen nicht nur einzelne Aspekte miteinander verglichen werden. Befindet sich das TU innerhalb der EU oder in einem durch RVO anerkannten Drittland iSd § 292, sind die gesetzlich geregelten Leitbilder dem jeweiligen Landesrecht zu entnehmen; das HGB hat – wie in §§ 291, 292 zum Ausdruck gebracht wird – die innerhalb der EU-Staaten und die innerhalb eines anerkannten Staates iSd § 292 herrschenden Rechtsnormen für den Bereich der Konzernrechnungslegung als gleichwertig anerkannt. Falls jedoch das Recht eines ausländischen Sitzstaats derart vom Recht der EU-Staaten abweicht, dass dieser Staat nicht als Sitzstaat iSv § 292 anerkannt werden kann, müssen die dortigen GesOrgane an den Leitbildern des deutschen Rechts gemessen werden. 55

Eine inhaltliche Würdigung des Ausmaßes der Leitungsbefugnis kann allerdings auch bei der Geschäftsführung einer GmbH erforderlich werden, da im Gegensatz zur AG die Rechte des GmbH-Geschäftsführers so eingeschränkt sein können, dass eine Mindestkompetenz, die die Geschäftsführung als Leitungsorgan iSd Abs 2 Nr 2 qualifiziert, nicht mehr gegeben ist. *Bischof/Roß* (BB 2005, 205) fordern hier zumindest diejenigen Kompetenzen, über die auch ein Prokurist nach § 49 Abs 1 verfügt.

2. Gesellschafterstellung

56 Das berechtigte Unt muss „Gesellschafter" sein. Die kapitalmässige Beteiligung ist hierfür nicht zwingend erforderlich (*Siebourg* in HdKR[2] § 290 Anm 89; *ADS*[6] § 290 Anm 49). Wegen der Zurechnung mittelbarer Rechte Anm 70ff.

3. Bestellungs- und Abberufungsrechte einer Komplementär-Kapitalgesellschaft?

57 Im Falle der KapCoGes nach dem gesetzlichen Normalstatut ist Abs 2 Nr 2 nach dem Sinn der Vorschrift auszulegen. Die KomplementärKapGes kann die Mitglieder des Leitungsorgans der KapCoGes zwar nicht bestellen oder abberufen; die sie jedoch selbst Leitungsorgan ist, verfügt sie über ein stärkeres Recht als ein bloßes Bestellungsrecht und ist dementspr als Leitungsorgan iSd Abs 2 Nr 2 anzusehen (*IDW RS HFA* 7 Anm 56). Ist allerdings ihre Leitungsmacht durch gesellschaftsvertragliche Einschränkungen so reduziert, dass die richtungweisenden Entscheidungen von einem Kommanditisten getroffen werden, kann statt ihrer dieser Kommanditist als MU iSd Abs 2 anzusehen sein (*IDW RS HFA* 7 Anm 57).

IV. Beherrschender Einfluss auf Grund von Beherrschungsvertrag oder Satzungsbestimmung (Abs 2 Nr 3)

58 Ein wirksamer **Beherrschungsvertrag** iSd § 291 Abs 1 S 1 AktG (Beherrschung einer AG oder KGaA) ist nach hM auch im Verhältnis zu einer GmbH zulässig und unterliegt den gleichen Regeln (vgl *Zöllner* in Baumbach/Hueck GmbHG[17] Schlussanhang Anm 16). Die Zulässigkeit im Verhältnis zu PersGes ist str (*Emmerich/Sonnenschein*[7], 418f; dagegen *Burbach* WPg 1990, 258).

59 Auch ein **„Mehrmütter-Beherrschungsvertrag"** ist ein Beherrschungsvertrag iSd Abs 2 Nr 3. Unter einem solchen Vertrag sind Beherrschungsverträge mit mehreren Unt, die sich zwecks Bildung eines einheitlichen Leitungswillens zusammenschließen, also koordiniert sind, zu verstehen (*Kölner Komm*[2] § 291 Anm 40). Verfügt eines dieser Unt über die Mehrheit der Stimmrechte, muss das TU in den KA dieses Unt nach Abs 2 Nr 1 einbezogen werden. Andernfalls begründet der „Mehrmütter-Beherrschungsvertrag" ein GemUnt iSv § 310. Zur Einbeziehung solcher Unt in einen KA nach den Grundsätzen der Quoten- oder der VollKons § 310 Anm 5ff.

In **anderen Fällen** muss untersucht werden, ob mind die Beherrschungsrechte des § 291 Abs 1 S 1 AktG gegeben sind. Dies ist für die Eingliederung gem § 319 AktG, die der HauptGes umfassende Leitungsmacht gewährt (§ 323 AktG), zu bejahen, nicht aber für Gewinnabführungsverträge (falls diese ausnahmsweise ohne Beherrschungsvertrag vorkommen) und nicht für Gewinngemeinschaften, Teilgewinnabführungsverträge sowie Betriebsverpachtungs- oder Betriebsüberlassungsverträge (andere UntVerträge iSv oder nach dem Vorbild von § 292 AktG).

Hat das beherrschte Unt seinen **Sitz im Ausland,** ist die Wirksamkeit des Beherrschungsvertrags nach dem Recht seines Sitzlands zu beurteilen (*vgl* auch *WPH*[12] I T Anm 60). Kann die Frage der Wirksamkeit bejaht werden, muss geprüft werden, ob dieser Vertrag – unabhängig von seiner Bezeichnung – die Elemente eines Beherrschungsvertrags iSd § 291 Abs 1 AktG hat. **60**

Satzungsbestimmungen iSd Abs 2 Nr 3 müssen in ihrer Gesamtheit die Beherrschung eines Unt ermöglichen (*WPH*[12] I M Anm 47; *Siebourg* in HdKR[2] § 290 Anm 92). Eine solche Bestimmung, die auch in einem GesVertrag enthalten sein kann, wird in erster Linie für GmbH, ggf auch für eine KapCoGes, Bedeutung haben, weniger aber für AG/KGaA wegen § 23 Abs 5 AktG (Abweichen der Satzung vom AktG nur bei dispositiven Vorschriften). In Betracht kommen insb **Weisungsrechte** sowie **Zustimmungs- und Widerspruchsrechte** in Bezug auf die Geschäftsführung (*Siebourg* in HdKR[2] § 290 Anm 92).

Im Gegensatz zu Abs 1 und Abs 2 Nr 1 und 2 setzt Nr 3 weder das Bestehen einer **Beteiligung** noch eine **Gesellschafterstellung** des Unt voraus, das den beherrschenden Einfluss ausüben kann, auch wenn dies in der Praxis meist bei Vorliegen der Voraussetzungen von Nr 3 ebenfalls gegeben sein wird. **61**

E. Zurechnung von Rechten gemäß Abs 2 (Abs 3)

I. Grundfall

Abs 2 bezieht sich nur auf die dem MU unmittelbar zustehenden Rechte. Abs 3 korrigiert Abs 2 um mittelbar zustehende Rechte und schreibt den Abzug bestimmter, dem MU materiell nicht zustehender Rechte vor. Die Regelung weist Parallelen zu § 16 Abs 4 AktG auf, ist aber eigenständig (*ADS*[6] § 290 Anm 137). Bei mehrstufigen Konzernbeziehungen bewirkt die Zurechnung mittelbarer Rechte, dass auch die TU eines TU des MU als TU des MU iSv Abs 2 („Enkelgesellschaften") anzusehen sind. Die Zurechnung von Rechten des TU auf das MU erfolgt unabhängig davon, ob das TU in den KA des MU einbezogen wird oder nicht (*ADS*[6] § 290 Anm 138; *Siebourg* in HdKR[2] § 290 Anm 96). **70**

Zur **Beurteilung eines Control-Verhältnisses** werden die Rechte wie folgt bestimmt: **71**

Unmittelbare Rechte eines MU (Abs 2),
zzgl (mittelbar) einem TU zustehende Rechte (Abs 3 S 1),
zzgl Rechte für Rechnung des MU oder eines TU (Abs 3 S 1),
zzgl Rechte, die einem MU oder TU auf Grund von Vereinbarungen zustehen (Abs 3 S 2),
abzgl Rechte aus Anteilen, die ein MU oder TU für fremde Rechnung hält (Abs 3 S 3 Nr 1),
abzgl Rechte aus Anteilen, die ein MU oder TU als Sicherheit hält (Abs 3 S 3 Nr 2).

Dem MU sind Rechte eines Dritten gem Abs 3 S 1 zuzurechnen, wenn dieser die **Rechte für Rechnung des MU** oder eines TU hält, dh wenn wirtschaftliche Chancen und Risiken aus diesen Rechten dem MU bzw dem TU zustehen (*WPH*[12] I T Anm 90; *Kölner Komm*[2] § 16 Anm 17; *Hüffer*[6] § 16 Anm 12). Derartige Fälle können zB bei der uneigennützigen Verwaltungstreuhand, der Sicherungstreuhand und bei echten Pensionsgeschäften auftreten (*Siebourg* in HdKR[2] § 290 Anm 99 ff). **72**

73 Aufgrund des Wortlauts von Abs 3 ist zweifelhaft, ob die Hinzurechnung der den TU zustehenden Rechte auch die **Kapitalanteile** erfasst. Diese Frage ist zu bejahen. IdR sind nämlich die Rechte iSd Abs 2 mit einem Kapitalanteil verbunden. Diese Verbundenheit spricht Abs 3 Nr 1 ausdrücklich an. Es wäre nicht einzusehen, wenn daraus entstehende Rechte, nicht aber die Kapitalanteile zuzurechnen wären. Anderenfalls entstünden auch Ungereimtheiten bei der Auslegung der §§ 301, 307.

74 Das Gleiche wie für die Kapitalanteile gilt für die daraus resultierende **Gesellschafterstellung;** auch sie ist hinzuzurechnen. Dies hat Bedeutung für Abs 2 Nr 2 (Bestellungsrechte). Wegen dieser Zurechnungssystematik zum MU liegt bspw ein TU auch dann vor, wenn eine steuerrechtliche Landesholding Gester ist, aber einem anderen TU wegen einer Lines of Business Organisation die Besetzungsrechte zustehen.

75 Die gem Abs 3 S 2 hinzuzurechnenden, **auf Vereinbarungen beruhenden Rechte** sind Rechte aus **Stimmbindungsverträgen, Konsortialverträgen, Poolverträgen** etc. Schuldrechtliche Vereinbarungen sind hier ausreichend. Diese Rechte müssen aber auf Grund einer auf Dauer gerichteten vertraglichen Grundlage bestehen. Ferner darf die Ausübung der Rechte nach Abs 3 S 2 nicht an Weisungen der übrigen Gester gebunden sein; denn nur dann stehen diese Rechte eigenen Rechten gleich.

76 Da eine Vereinbarung nach Abs 3 S 2 mit *anderen Gestern* getroffen werden muss, setzen entspr Hinzurechnungen auch eine **GesterStellung** eines einbezogenen Unt voraus, das auf Grund der Vereinbarung die Rechte ausüben kann (ebenso *ADS*[6] § 290 Anm 144, 49).

II. Zurechnung von Rechten bei Zweckgesellschaften

77 Auch bei **ZweckGes,** wie insb Leasing-ObjektGes, Spezialfonds und Asset-Backed Securities-Transaktionen (vgl Anm 31 ff) sind oftmals dem MU die Stimmrechte zuzurechnen. Eine Zurechnung ist immer dann erforderlich, wenn der Dritte kein eigenes wirtschaftliches GesterInteresse an der betrachteten Ges besitzt (*ADS*[6] § 290 Anm 139; *Gelhausen/Gelhausen* in HdJ Abt I/5 Anm 170; *Küting/Brakensiek* DStR 2001, 1360 f; *Mellwig* BB 2000, 26; *Schruff/Rothenburger* WPg 2002, 764), unabhängig davon, wie viele Stimmrechte er innehat (uU sogar 100%). Üblicherweise hat der Dritte, idR ein Finanzinstitut, nur ein Interesse an der Erfüllung des zwischen MU/TU und ZweckGes geschlossenen Vertrags und nicht am wirtschaftlichen Erfolg der ZweckGes selbst (vgl auch Anm 31 ff).

Die Frage, ab wann ein wirtschaftliches Interesse des Dritten an der ZweckGes angenommen werden kann, ist uE entspr dem risk and reward approach – aus den IFRS abgeleitet – zu beantworten. Danach sind ZweckGes bereits dann zu konsolidieren, wenn die Mehrheit der Chancen und Risiken aus der ZweckGes bei dem MU liegt (vgl *Schruff/Rothenburger* WPg 2002, 764). Die in der älteren Literatur genannten Grenzen von mind 5% an den Ergebnissen der ZweckGes (*Gelhausen/Gelhausen* in HdJ Abt I/5 Anm 198) bzw 10% (*Helmschrott* DB 1999, 1867) sind nicht überzeugend.

78 Die Überlegungen zur ZweckGes sind von der Entwicklung der IFRS mit beeinflußt worden (vgl hierzu Anm 154). Insofern kann die Auslegung der IFRS bei der Beurteilung der KonsPflicht von ZweckGes mit beachtet werden (insb *IDW ERS HFA 2,* WPg 2004, 1333).

F. Berechnung der Stimmrechte gemäß Abs 2 (Abs 4)

Ob eine Stimmrechtsmehrheit gem Abs 2 Nr 1 und unter Berücksichtigung von Abs 3 vorliegt, ergibt sich aus dem Verhältnis der einem MU zustehenden Stimmrechte zur Gesamtzahl aller Stimmrechte. Bei der **Gesamtzahl aller Stimmrechte** (Nenner des die Stimmrechtsmehrheit bestimmenden Bruchs) sind Stimmrechtsbeschränkungen (zB nach § 20 Abs 7 AktG wegen unterlassener Mitteilung) nicht zu berücksichtigen (s Beispiel bei *Siebourg* in HdKR[2] § 290 Anm 82). Demggü stellt Abs 1 S 1 aber bei den **einem Unternehmen gehörenden Anteilen** (Zähler) darauf ab, dass diesem Unt Stimmrechte zuzurechnen sind, und dass es sie auch ausüben kann. Wann dies der Fall ist, ergibt sich nicht aus Abs 4, sondern aus Abs 2 Nr 1 und Abs 3 (hierzu Anm 40 ff, 70 ff; zu Unstimmigkeiten *ADS*[6] § 290 Anm 152). Abs 4 hat daher nur praktische Bedeutung für den Teil der Verhältniszahl, der sich auf die Gesamtzahl aller Stimmrechte bezieht (*Siebourg* in HdKR[2] § 290 Anm 83). Zu Vorzugsaktien s Anm 41. **80**

Stimmrechte aus **eigenen Anteilen von TU** und von deren TU (Rückbeteiligung) sowie Stimmrechte anderer Personen für Rechnung dieser TU sind bei der Ermittlung der Gesamtzahl aller Stimmrechte abzuziehen. **82**

Die Regelung in Abs 4 S 2 entspricht grds der des § 16 Abs 3 AktG; sie geht aber insofern weiter, als sie auch dem TU des entspr TU – also einem Enkel-Unt usw – gehörende Stimmrechte aus eigenen Anteilen erfasst (*Siebourg* in HdKR[2] § 290 Anm 82). **83**

Voraussetzung für den Abzug der Stimmrechte aus eigenen Anteilen ist, dass die Anteile entweder TU, also Unt, denen ggü die Voraussetzungen des Abs 1 oder Abs 2 vorliegen, oder einer anderen Person für Rechnung dieser Unt gehören. Das ist dann der Fall, wenn diese Unt das wirtschaftliche Risiko des Anteilsbesitzers tragen, dh als wirtschaftliche Eigentümer der Anteile anzusehen sind (hierzu § 246 Anm 5 ff). **84**

G. Konzernabschluss nach dem Publizitätsgesetz

I. Regelungskonzept des § 11 PublG

§ 11 PublG Zur Rechnungslegung verpflichtete Mutterunternehmen

(1) Stehen in einem Konzern die Unternehmen unter der einheitlichen Leitung eines Unternehmens mit Sitz (Hauptniederlassung) im Inland, so hat dieses Unternehmen (Mutterunternehmen) nach den folgenden Vorschriften Rechnung zu legen, wenn für drei aufeinanderfolgende Konzernabschlußstichtage jeweils mindestens zwei der drei folgenden Merkmale zutreffen: **100**

1. Die Bilanzsumme einer auf den Konzernabschlußstichtag aufgestellten Konzernbilanz übersteigt fünfundsechzig Millionen Euro.
2. Die Umsatzerlöse einer auf den Konzernabschlußstichtag aufgestellten Konzern-Gewinn- und Verlustrechnung in den zwölf Monaten vor dem Abschlußstichtag übersteigen einhundertdreißig Millionen Euro.
3. Die Konzernunternehmen mit Sitz im Inland haben in den zwölf Monaten vor dem Konzernabschlußstichtag insgesamt durchschnittlich mehr als fünftausend Arbeitnehmer beschäftigt.

(2) [1]Bilanzsumme nach Absatz 1 Nr 1 ist die Bilanzsumme einer nach § 13 Abs 2 aufgestellten Konzernbilanz; § 1 Abs 2 Satz 2 bis 5 gilt sinngemäß. [2]Braucht das Mutterunternehmen einen Jahresabschluß nicht aufzustellen, so ist der Abschlußstichtag des größten Unternehmens mit Sitz im Inland maßgebend.

(3) [1] Stehen in einem Konzern die Unternehmen unter der einheitlichen Leitung eines Unternehmens mit Sitz (Hauptniederlassung) im Ausland und beherrscht dieses Unternehmen über ein oder mehrere zum Konzern gehörende Unternehmen mit Sitz (Hauptniederlassung) im Inland andere Unternehmen, so haben die Unternehmen mit Sitz im Inland, die der Konzernleitung am nächsten stehen (Mutterunternehmen), für ihren Konzernbereich (Teilkonzern) nach diesem Abschnitt Rechnung zu legen, wenn für drei aufeinanderfolgende Abschlußstichtage des Mutterunternehmens mindestens zwei der drei Merkmale des Absatzes 1 für den Teilkonzern zutreffen. [2] Absatz 2 gilt sinngemäß.

(4) *(aufgehoben)*

(5) [1] Dieser Abschnitt ist nicht anzuwenden, wenn das Mutterunternehmen eine Aktiengesellschaft, eine Kommanditgesellschaft auf Aktien, eine Gesellschaft mit beschränkter Haftung, ein Kreditinstitut im Sinne des § 340 des Handelsgesetzbuchs oder eine in § 2 Abs 1 Nr 1, 2 und 4 des Gesetzes über das Kreditwesen genannte Person oder ein Versicherungsunternehmen im Sinne des § 341 des Handelsgesetzbuchs ist oder als Personenhandelsgesellschaft nach § 3 Abs 1 Satz 1 Nr 1 den ersten Abschnitt nicht anzuwenden hat. [2] Weiterhin sind Personenhandelsgesellschaften und Einzelkaufleute zur Aufstellung eines Konzernabschlusses nach diesem Abschnitt nicht verpflichtet, wenn sich ihr Gewerbebetrieb auf die Vermögensverwaltung beschränkt und sie nicht die Aufgaben der Konzernleitung wahrnehmen.

(6) [1] Folgende Bestimmungen des Handelsgesetzbuchs gelten sinngemäß:

1. § 291 über befreiende Konzernabschlüsse und Konzernlageberichte;
2. § 315 a über den Konzernabschluss nach internationalen Rechnungslegungsstandards, Absatz 2 der Vorschrift jedoch nur, wenn das Mutterunternehmen seiner Rechtsform nach in den Anwendungsbereich der Verordnung (EG) Nr. 1606/2002 des Europäischen Parlamentes und des Rates vom 19. Juli 2002 betreffend die Anwendung internationaler Rechnungslegungsstandards (ABl. EG Nr. L 243 S. 1) in ihrer jeweils geltenden Fassung fällt.

[2] Sind die Voraussetzungen des § 315 a des Handelsgesetzbuches erfüllt, so gilt § 13 Ans. 2 Satz 1 und 2, Abs. 3 Satz 1 und 2 in Verbindung mit § 5 Abs. 5 dieses Gesetzes nicht.

101 § 11 PublG konstituiert die Konzernrechnungslegungspflicht für alle **Unternehmen** mit **Sitz im Inland,** die in einem Konzern die **einheitliche Leitung** ausüben und nicht schon nach den §§ 290, 264 a, 340 i, 341 i einen KA/Konzernlagebericht aufstellen müssen (§ 11 Abs 5 PublG). Abs 3 legt diese Pflicht bei Vorliegen einheitlicher Leitung durch ein MU mit Sitz im Ausland auch einem inländischen Teilkonzern auf; die Verpflichtung trifft dann dasjenige inländische TU, das der ausländischen Konzernleitung am nächsten steht.

Das in § 290 Abs 2 umgesetzte angelsächsische Control-Konzept hat keinen Eingang in das PublG gefunden. Die Regelung des § 11 PublG unterscheidet sich darüber hinaus von § 290 Abs 1 dahingehend, dass das Vorliegen eines Beteiligungsverhältnisses nach § 271 Abs 1 nicht zu den notwendigen Voraussetzungen für die Begründung der Konzernrechnungslegungspflicht gehört.

102 Von der Pflicht zur Aufstellung des KA/Konzernlageberichts **befreit** sind gem § 2 KWG ua die Deutsche Bundesbank, die Sozialversicherungsträger und die Bundesanstalt für Arbeit.

II. Aufstellungsvoraussetzungen für Konzernabschlüsse nach PublG

1. Unternehmensbegriff

103 Die einheitliche Leitung muss durch ein Unt ausgeübt werden. Das PublG enthält ebenso wie das HGB keine Definition des Begriffs „Unternehmen". Nach hA existiert auch keine einheitliche Interpretation des UntBegriffs in den Rechtsgebieten des HGB und seiner Nebengesetze. Da das PublG die durch die Rechtsformbezogenheit des HGB entstandene Lücke schließen soll, erscheint es

uE zweckmäßig, das UntVerständnis des Rechts der verbundenen Unt gem HGB heranzuziehen (*Busse von Colbe/Ordelheide*[7], 67). Daher sei grds auf die Erl des UntBegriffs bei § 271 (s dort Anm 9 ff) verwiesen.

Der erste Abschn des PublG bezieht sich zwar grds nicht auf die Konzern- 104
rechnungslegung; dennoch kann die Aufzählung in § 3 Abs 1 PublG als Hinweis auf das UntVerständnis im zweiten Abschn des PublG verstanden werden. **Danach sind Unternehmen**

- PersGes, die nicht unter § 264 a fallen, und EKfl
- Vereine mit einem auf einen wirtschaftlichen Geschäftsbetrieb gerichteten Zweck
- rechtsfähige, gewerbetreibende Stiftungen des bürgerlichen Rechts
- Körperschaften, Stiftungen oder Anstalten des öffentlichen Rechts mit Kfm-Eigenschaft kraft Eintragung ins HR oder Grundhandelsgewerbe.

Ferner wird in § 14 Abs 2 PublG die eG als Unt genannt.

Die **Kaufmannseigenschaft** ist keine notwendige Bedingung für die Exis- 105
tenz eines Unt; zB BGB-Ges mit nach außen gerichtetem Geschäftsbetrieb (*ADS*[6] § 271 Anm 11). Die UntEigenschaft der **Gebietskörperschaften** wird hingegen wegen fehlendem eigenem Geschäftsbetrieb abgelehnt (*Ischebeck* in HdKR[2] § 11 PublG Anm 6; *WPH*[12] I M Anm 83).

Betreibt ein **EKfm** seine Geschäfte unter verschiedenen Firmen und stellen 106
diese nicht Beteiligungen an PersGes oder KapGes dar, sind seine Aktivitäten als *ein* Unt iSd PublG aufzufassen (§ 1 Abs 5 PublG); ein Konzern iSv § 11 PublG besteht in diesem Falle nicht (*WPH*[12] I O Anm 10).

Ist eine **Privatperson an mehreren Kapitalgesellschaften oder Perso-** 107
nenhandelsgesellschaften beteiligt, hängt es von der Art der Einflussnahme (Leitung oder Vermögensverwaltung) ab, ob ein MU iSd PublG vorliegt. Der Auffassung, eine Privatperson betreibe nur dann ein Unt, wenn sie selbst einen Gewerbebetrieb unterhält und nach außen wie ein Kfm in Erscheinung tritt (*WPH*[12] I M Anm 83, O Anm 9; *ADS*[6] § 11 PublG Anm 11), kann nicht gefolgt werden. Sie ermöglicht Manipulationen und konterkariert so das Kernziel der Konzernrechnungslegung. Der JA eines solchen MU enthält als Aktiva die Beteiligungen und als Passiva die mit den Beteiligungen verbundenen Schulden bzw das EK als Residualgröße. Die Kons erfolgt dann nach allgemeinen Regeln.

2. Einheitliche Leitung

Ein Konzern nach PublG muss unter der einheitlichen Leitung durch das 110
oberste MU im Inland stehen. Die einheitliche Leitung nach PublG **entspricht** derjenigen des § 290 Abs 1 (hierzu Anm 20 ff); sie setzt jedoch nicht zusätzlich ein Beteiligungsverhältnis iSd § 271 Abs 1 voraus. Da das Control-Konzept im PublG nicht anzuwenden ist, findet auch das Tannenbaum-Prinzip im PublG keine Anwendung (*WPH*[12] I O Anm 35).

Wie auch nach HGB dürfte die einheitliche Leitung nach PublG keine **Gleichordnungskonzerne** erfassen, weil das Wahlrecht der 7. EG-Richtl nicht transformiert wurde (*WPH*[12] I O Anm 12; zweifelnd *Ischebeck* in HdKR[2] § 11 PublG Anm 17).

Beschränken sich Ekfm und reine PersGes als MU (oder BGB-Ges als MU) 111
ausschließlich auf die Tätigkeit der **Vermögensverwaltung,** liegt keine einheitliche Leitung vor (*WPH*[12] I O Anm 6). § 11 Abs 5 PublG hat daher rein deklaratorischen Charakter (*Ischebeck* in HdKR[2] § 11 PublG Anm 14). Dies gilt nach dem Wortlaut von Abs 5 S 2 nicht für die übrigen in Anm 104 genannten Rechtsformen und auch nicht für Ekfm und reine PersGes (oder BGB-Ges) als geschäftsleitende Holdings.

3. Größenmerkmale

115 Im Gegensatz zum HGB, das die Konzernrechnungslegungspflicht grds von der Rechtsform (§§ 264 a, 290) und erst in zweiter Linie von der Größe (§ 293) abhängig macht, ist der Anknüpfungspunkt für die Verpflichtung nach § 11 PublG die **Konzerngröße.** Eine Verpflichtung zur Aufstellung von KA und Konzernlagebericht setzt nach § 11 Abs 1 Nr 1 bis 3 PublG erst ein, wenn der Konzern an *drei* aufeinander folgenden Konzernabschlussstichtagen *zwei* der drei folgenden Größenmerkmale aufweist:

- Konzernbilanzsumme über 65 Mio. €
- Konzernumsatz über 130 Mio. €
- Mitarbeiter bei inländischen KonzernUnt über 5000

116 Die angegebenen Werte beziehen sich auf Größen nach der Vornahme der Kons. Die Größenmerkmale sind in ihrer Art mit denen des § 293 vergleichbar; die Grenzwerte sind allerdings sehr viel höher angesetzt. Zu den Einzelheiten ihrer Anwendung die Anm 41 ff zu § 293.

III. Inländische Teilkonzerne mit ausländischer Konzernspitze

120 Da im PublG nur das Konzept der einheitlichen Leitung umgesetzt ist, ist eine separate Verpflichtung zur Teilkonzernrechnungslegung notwendig.

Die Aufstellungspflicht betrifft diejenigen Unt im Inland, „welche der Konzernleitung am nächsten stehen" (definiert als MU); damit beschränkt sich auch der Umfang des Teil-KA auf die über ein solches MU mit Sitz im Inland vom Ausland her einheitlich geleiteten TU. Ein Teil-KA setzt somit voraus, dass

- das rechtlich selbstständige MU zugleich TU des ausländischen Konzerns ist (es kann eine Zwischenholding sein, muss es aber nicht) und
- es auch seinerseits TU hat.

Ein Teil-KA entfällt, wenn und soweit in einem Auslands-Konzern entweder *nur ein* Unt mit Sitz im Inland beherrscht wird, dieser Auslands-Konzern seine Inlands-Unt in mehrere *nebeneinander* stehende Zweige gliedert, welche aber ihrerseits keine TU haben, oder wenn das ausländische MU einen befreienden KA aufstellt (§ 11 Abs 6 PublG).

121 Die einheitliche Konzernleitung kann auch von einer **Hauptniederlassung im Ausland** ausgeübt werden; diese ist einem juristischen Sitz gleichgestellt. Das zur Konzernrechnungslegung verpflichtete Unt im Inland muss jedoch rechtlich selbstständig sein. **Inländische Niederlassungen** ausländischer Konzerne haben (weder nach HGB noch nach PublG) keinen Teil-KA aufzustellen – auch wenn diese Niederlassungen als Kfm im HR eingetragen sind und ihrerseits Anteile an TU halten. Haben diese TU allerdings ihrerseits wieder TU, kann für sie eine Aufstellungspflicht nach PublG bzw HGB bestehen.

122 Die **Größenmerkmale** des § 11 Abs 1 PublG sind separat auf jeden Teilkonzern anzuwenden. Eine Zusammenfassung mehrerer Teilkonzerne zur Beurteilung der Konzernrechnungslegungspflicht entspricht nicht der Intention des § 11 Abs 3 PublG (ebenso *Ischebeck* in HdKR[2] § 11 PublG Anm 25).

H. Rechtsfolgen einer Verletzung des § 290

135 Besteht eine Verpflichtung zur Aufstellung eines KA und eines Konzernlageberichts nach § 290 oder § 11 PublG und kommt das Unt dieser Verpflichtung

nicht nach, so hat das Registergericht die gesetzlichen Vertreter oder Inhaber nach § 335 S 1 Nr 2 oder § 21 S 1 Nr 2 PublG durch die Festsetzung von **Zwangsgeld** bis zu jeweils Euro 5000 zur Erfüllung dieser Verpflichtung anzuhalten.

Im Falle der Nichtbefolgung von § 11 PublG muss das Registergericht grds aktiv werden, bei Nichtbefolgung von § 290 dagegen nur auf Antrag. Dieser **Antrag** kann von jedermann eingebracht werden. Für weitere Einzelheiten wird auf die Erläuterungen zu § 335 verwiesen (vgl auch *Quedenfeld* in Münch Komm HGB Vor § 335 und Anm zu § 335).

Ist einer AG oder GmbH ein Schaden daraus entstanden, dass der Verpflich- 136
tung zur Konzernrechnungslegung nicht nachgekommen wurde, haften die gesetzlichen Vertreter der Ges **gesamtschuldnerisch** (vgl § 93 Abs 2 S 1 AktG, § 43 Abs 2 GmbHG).

I. Abweichungen der IFRS

Schrifttum: *Fuchs* Jahresabschlusspolitik und International Accounting Standards, Wiesbaden 1997; *Cairns*[2] A Guide to Applying International Accounting Standards, London 1999; *Wagenhofer* International Accounting Standards, Wien 1999; *PricewaterhouseCoopers* Understanding IAS – Analysis and Interpretation of International Accounting Standards, London 1998; *Epstein/Abbas* Interpretation and Application of International Accounting Standards, New York 1999; *Achleitner/Behr* International Accounting Standards. Ein Lehrbuch zur Internationalen Rechnungslegung, München 2000; *Hahn/Graf Waldersee* IAS/US-GAAP/HGB im Vergleich, Stuttgart 2000; *Alvarez/Wotschofky/Miethig,* Leasingverhältnisse nach IAS 17 – Zurechnung, Bilanzierung, Konsolidierung, WPg 2001, 933; *Knorr/Ebbers* IASC-Group Accounts in Ordelheide/KPMG (Hrsg.) TRANSACC[2] Transnational Accounting Vol 2, New York 2001, 1561; *Pellens*[4] Internationale Rechnungslegung, Stuttgart 2001; *Born*[3] Rechnungslegung international, Stuttgart 2002; *IDW ERS HFA 2* nF: Einzelfragen zur Anwendung von IFRS, WPg 2004, 1333; *Baetge/Kirsch/Thiele*[7] Konzernbilanzen, Düsseldorf 2004 *KPMG*[3] International Financial Reporting Standards – Einführung in die Rechnungslegung nach den Grundsätzen des IASB, Stuttgart 2004;

Die **Pflicht zur Aufstellung** eines KA ist in IAS 27, „Consolidated and Se- 150
parate Financial Statements“, geregelt. Nach IAS 27.9 ist jedes MU, das mind ein von ihr beherrschtes TU hält (IAS 27.4), verpflichtet, einen KA aufzustellen. (Zur Befreiung im mehrstufigen Konzern s § 291 Anm 70f). In diesen KA sind, abgesehen von gewissen Ausnahmen (vgl § 296 Anm 52) alle in- und ausländischen TU einzubeziehen (Weltabschlussprinzip, IAS 27.12). IAS 27 stellt nicht auf die Rechtsform der Unt ab, sondern spricht von „Entity“, umfasst also alle Formen wirtschaftlicher Betätigung.

Zur Definition des Mutter-Tochter-Verhältnisses zieht IAS 27 ausschließlich 151
das **Control-Konzept** heran (*KPMG,* 241). IAS 27.4 definiert *„Control“* als die Möglichkeit, die Finanz- und Geschäftspolitik eines Unt zu bestimmen, um Nutzen aus der Aktivität des TU zu ziehen. Dieser Begriff beruht letztlich auf der Definition des Begriffs „Control“ der Regulation S–X, Rule 1–02 (g) der Securities and Exchange Commission (SEC). Control bedeutet demnach, in der Lage zu sein, direkt oder indirekt die Geschäftsführung und die Geschäftspolitik eines Unt durch Ausübung von Stimmrechten, durch vertragliche Rechte oder auf andere Weise zu übernehmen oder zu beeinflussen (*Born,* 266). Entscheidend ist daher die Einflussmöglichkeit, nicht das tatsächliche Ausüben des herrschenden Einflusses. Zusätzlich muss die Absicht bestehen, Erträge aus der Geschäftstätigkeit des Unt zu ziehen (SIC-12.13)

152 Die generelle Definition des Begriffs *„Control“* wird in IAS 27.13 näher konkretisiert und operationalisiert. Ein Control-Verhältnis **wird vermutet,** wenn das MU, direkt oder indirekt, mehr als die Hälfte der Stimmrechte auf sich vereinigt. Diese Regelung entspricht grds Abs 2 Nr 1 iVm den Zurechnungsvorschriften des Abs 3 (*Baetge/Schulze* in KommIAS², IAS 27 Anm 31, 33). Die Vermutung des Control-Verhältnisses ist widerlegbar. Dazu muss das MU nachweisen, dass es die Geschäftspolitik des TU nicht beeinflussen kann.

153 Nach IAS 27.13 liegt ein Control-Verhältnis unwiderlegbar vor, wenn das MU mehr als die Hälfte der Stimmrechte auf sich vereinigt, sofern nicht eindeutig nachgewiesen wird, dass Control nicht vorliegt.

Bei weniger als der Hälfte der Stimmrechte ist Control gegeben, wenn eine der folgenden Bedingungen vorliegt:

(a) Vertrag mit anderen Anteilseignern, auf Grund dessen das MU mehr als die Hälfte der Stimmrechte besitzt (analog zu Abs 2 Nr 1, vgl Anm 46),
(b) Beherrschungsvertrag oder eine Satzungsbestimmung, der zu einem herrschenden Einfluss auf die Finanz- und Geschäftspolitik führt (entspricht Abs 2 Nr 3, vgl Anm 58),
(c) Möglichkeit, die Mehrheit der Mitglieder der die Kontrolle ausübenden Verwaltungs- oder Leitungsorgane zu bestellen oder abzuberufen (wie Abs 2 Nr 2, vgl Anm 52),
(d) Möglichkeit, bei Versammlungen dieser Verwaltungs- oder Leitungsorgane die Mehrheit der Stimmen abzugeben.

Bedingung (d) hat kein direktes Äquivalent in Abs 2. Sie setzt eine faktisch gesicherte Stimmrechtsmehrheit bei den Leitungsorganen (zB Vorstand, AR) voraus.

154 SIC-12.8 stellt darüber hinaus klar, dass bei der Frage nach der *Control* der Grundsatz des „substance over form“ zu beachten ist. Daraus folgt insb, dass Control auch dann vorliegt, wenn die Geschäfte einer ZweckGes (einer sog **„Special Purpose Enterprise“** oder SPE) durch eine vertragliche Vereinbarung zwischen dem MU (bzw einem seiner TU) und der SPE vorherbestimmt sind und die SPE als „autopilot“ arbeitet (SIC-12.9). SIC-12 zielt vor allem darauf ab, Leasingobjekte, Forschungs- und Entwicklungsaktivitäten sowie Wertpapiere des MU/TU, die in eigenständige Unt ausgelagert worden sind (SIC-12.1), aber gleichwohl unter der Control des MU/TU stehen, zu konsolidieren.

Folgende Umstände zeigen nach SIC-12.10 in Ergänzung zu den Kriterien von IAS 27.13, dass – bei wirtschaftlicher Betrachtung – Control und damit eine Konsolidierungspflicht vorliegt (vgl zusätzlich den Appendix zu SIC-12):

(a) Die Geschäftstätigkeit der SPE erfolgt iW entspr den besonderen Geschäftsbedürfnissen des MU/TU, so dass das MU/TU den Nutzen aus der Geschäftstätigkeit der SPE zieht.
(b) Das MU/TU hat die notwendige Entscheidungsmacht, um die SPE zu beherrschen, oder hat dieses Recht durch einen „autopilot“-Mechanismus institutionalisiert. Beispiele sind die Möglichkeiten, die SPE aufzulösen, die Satzung der SPE zu ändern oder Änderungen der Satzung zu blockieren.
(c) Das MU/TU erhält auf Grund einer Rechtsposition den überwiegenden Teil der Erträge der SPE und ist deshalb Träger der innewohnenden Risiken aus der Geschäftstätigkeit der SPE.
(d) Das MU/TU trägt die Mehrheit der Residual- oder Eigentümerrisiken der SPE oder behält die Mehrheit deren Vermögenswerte. Die Risiken verbleiben insbesondere dann beim MU/TU, wenn die an der SPE beteiligten Dritten einen Rendite- oder einen Delkredereschutz erhalten.

Damit ergibt sich regelmäßig wie auch nach HGB insb für eine Leasing-ObjektGes (*Helmschrott* DB 1999, 1870; aA *Mellwig* BB 2000, 27f; offen: *Alvarez/Wotschofky/Miethig* WPg 2001, 946), Asset-Backed Securities-Transaktionen (*Findeisen/Roß* DB 1999, 2226f) und einen Spezialfonds (*Baetge/Schulze* in Komm IAS[2], IAS 27 Anm 84) eine Konsolidierungspflicht nach IFRS (vgl auch *IDW* WPg 2002, 815ff).

Zusammenfassend ist festzustellen, dass IAS 27 über die Definition des Begriffes Control in § 290 bzw der 7. EG-Richtl hinausgeht. Letztere Regelungen stellen explizit auf das Innehaben von Rechten bzw die Zurechnung von Rechten ab. IAS 27 kennt dagegen keine derartige Bedingung. Daher kann in Grenzfällen, trotz der Annäherung an eine wirtschaftliche Zurechnung von Rechten (vgl Anm 37), der Kreis der TU nach IFRS weiter sein (*Cairns,* 216; *Baetge/Schulze* in Komm IAS[2], IAS 27 Anm 257, 261–266), zB Präsenzmehrheit auf der HV oder bei ZweckGes/SPE. **Abweichungen** können sich außerdem zum KonsKreis nach Abs 1 und § 11 PublG ergeben, der ausschließlich auf das Konzept der „einheitlichen Leitung" abstellt (vgl Anm 110). Schließlich besteht nach IFRS abw vom HGB die Möglichkeit, einen GleichordnungsKA aufzustellen (*Görg/Kölschbach* BB 2000, 610 mwN). **155**

Insgesamt wird sich **in der Praxis** nach HGB/PublG und IAS 27 jedoch regelmäßig der gleiche Kreis der einzubeziehenden TU ergeben. Der oben angesprochene Fall, dass ohne das Innehaben von Rechten bzw ohne Zurechnung von Rechten nach HGB ein Control-Verhältnis nach IFRS vorliegt, sollte nach der hier vertretenen Auslegung des HGB (s Anm 31–33, 77) kaum anzutreffen sein.

§ 291 Befreiende Wirkung von EU/EWR-Konzernabschlüssen

(1) [1]**Ein Mutterunternehmen, das zugleich Tochterunternehmen eines Mutterunternehmens mit Sitz in einem Mitgliedstaat der Europäischen Union oder in einem anderen Vertragsstaat des Abkommens über den Europäischen Wirtschaftsraum ist, braucht einen Konzernabschluß und einen Konzernlagebericht nicht aufzustellen, wenn ein den Anforderungen des Absatzes 2 entsprechender Konzernabschluß und Konzernlagebericht seines Mutterunternehmens einschließlich des Bestätigungsvermerks oder des Vermerks über dessen Versagung nach den für den entfallenden Konzernabschluß und Konzernlagebericht maßgeblichen Vorschriften in deutscher Sprache offengelegt wird.** [2]**Ein befreiender Konzernabschluß und ein befreiender Konzernlagebericht können von jedem Unternehmen unabhängig von seiner Rechtsform und Größe aufgestellt werden, wenn das Unternehmen als Kapitalgesellschaft mit Sitz in einem Mitgliedstaat der Europäischen Union oder in einem anderen Vertragsstaat des Abkommens über den Europäischen Wirtschaftsraum zur Aufstellung eines Konzernabschlusses unter Einbeziehung des zu befreienden Mutterunternehmens und seiner Tochterunternehmen verpflichtet wäre.**

(2) [1]**Der Konzernabschluß und Konzernlagebericht eines Mutterunternehmens mit Sitz in einem Mitgliedstaat der Europäischen Union oder in einem anderen Vertragsstaat des Abkommens über den Europäischen Wirtschaftsraum haben befreiende Wirkung, wenn**

1. **das zu befreiende Mutterunternehmen und seine Tochterunternehmen in den befreienden Konzernabschluß unbeschadet des § 296 einbezogen worden sind,**
2. **der befreiende Konzernabschluß und der befreiende Konzernlagebericht im Einklang mit der Richtlinie 83/349/EWG des Rates vom 13. Juni 1983 über den konsolidierten Abschluß (ABl. EG Nr. L 193 S. 1) und der Richtlinie 84/253/EWG des Rates vom 10. April 1984 über die Zulassung der mit der Pflichtprüfung der Rechnungslegungsunterlagen beauftragten Personen (ABl. EG Nr. L 126 S. 20) in ihren jeweils geltenden Fassungen nach dem für das**

aufstellende Mutterunternehmen maßgeblichen Recht aufgestellt und von einem zugelassenen Abschlußprüfer geprüft worden sind,

3. der Anhang des Jahresabschlusses des zu befreienden Unternehmens folgende Angaben enthält:

a) Name und Sitz des Mutterunternehmens, das den befreienden Konzernabschluß und Konzernlagebericht aufstellt,

b) einen Hinweis auf die Befreiung von der Verpflichtung, einen Konzernabschluß und einen Konzernlagebericht aufzustellen, und

c) eine Erläuterung der im befreienden Konzernabschluß vom deutschen Recht abweichend angewandten Bilanzierungs-, Bewertungs- und Konsolidierungsmethoden.

[2] Satz 1 gilt für Kreditinstitute und Versicherungsunternehmen entsprechend; unbeschadet der übrigen Voraussetzungen in Satz 1 hat die Aufstellung des befreienden Konzernabschlusses und des befreienden Konzernlageberichts bei Kreditinstituten im Einklang mit der Richtlinie 86/635/EWG des Rates vom 8. Dezember 1986 über den Jahresabschluß und den konsolidierten Abschluß von Banken und anderen Finanzinstituten (ABl. EG Nr. L 372 S. 1) und bei Versicherungsunternehmen im Einklang mit der Richtlinie 91/674/EWG des Rates vom 19. Dezember 1991 über den Jahresabschluß und den konsolidierten Jahresabschluß von Versicherungsunternehmen (ABl. EG Nr. L 374 S. 7) in ihren jeweils geltenden Fassungen zu erfolgen.

(3) **[1] Die Befreiung nach Absatz 1 kann trotz Vorliegens der Voraussetzungen nach Absatz 2 von einem Mutterunternehmen nicht in Anspruch genommen werden, wenn**

1. von dem zu befreienden Mutterunternehmen ausgegebene Wertpapiere am Abschlussstichtag in einem Mitgliedstaat der Europäischen Union oder in einem anderen Vertragsstaat des Abkommens über den Europäischen Wirtschaftsraum zum Handel an einem geregelten Markt im Sinne des Artikels 1 Nr. 13 der Richtlinie 93/22/EWG des Rates vom 10. Mai 1993 über Wertpapierdienstleistungen (ABl. EG Nr. L 141 S. 27), die zuletzt durch Richtlinie 2002/87/EG des Europäischen Parlaments und des Rates vom 16. Dezember 2002 (ABl EG 2003 Nr. L 35 S. 1) geändert worden ist, in ihrer jeweiligen Fassung zugelassen sind, oder

2. Gesellschafter, denen bei Aktiengesellschaften und Kommanditgesellschaften auf Aktien mindestens 10 vom Hundert und bei Gesellschaften mit beschränkter Haftung mindestens 20 vom Hundert der Anteile an dem zu befreienden Mutterunternehmen gehören, spätestens sechs Monate vor dem Ablauf des Konzerngeschäftsjahrs die Aufstellung eines Konzernabschlusses und eines Konzernlageberichts beantragt haben. [2] Gehören dem Mutterunternehmen mindestens 90 vom Hundert der Anteile an dem zu befreienden Mutterunternehmen, so kann Absatz 1 nur angewendet werden, wenn die anderen Gesellschafter der Befreiung zugestimmt haben.

Übersicht

Schrifttum: *Schurbohm/Streckenbach* Modernisierung der Konzernrechnungslegung durch das Transparenz- und Publizitätsgesetz, WPg 2002, 845, sowie das zu § 290 nach der Gliederung und unter Abschn I. „Abweichungen der IFRS" angegebene Schrifttum.

A. Allgemeines

Bei Unterordnungs-Konzernen ist grds auf jeder Stufe ein Welt-KA zu erstellen (§ 290 Anm 2). Von dieser Pflicht zu Stufen-Abschlüssen befreit § 291 unter bestimmten Bedingungen, wenn ein **MU mit Sitz in einem Mitgliedstaat der EU/des EWR** (Island, Liechtenstein, Norwegen) auf höherer Stufe einen KA erstellt hat. Das befreiende MU braucht nicht das oberste MU zu sein. 1

Hat das befreiende MU seinen Sitz außerhalb der EU bzw des EWR, richtet sich die Befreiung nach der KonBefrV (§ 292 Anm 5). Jedoch kann eine Befreiung auch durch Gründung einer Zwischen-Holding in einem der EU-Staaten für deren TU erreicht werden.

Hintergrund dieser Erleichterungsregel ist, dass wegen des eingeschränkten Informationsgehaltes von Teil-KA und der erheblichen Mehrarbeit die Kosten der Erstellung den Nutzen eines solchen Teil-KA idR übersteigen (*Schildbach,* 89; *Baetge/Kirsch*/Thiele[7], 108).

In den nachfolgenden Ausführungen wird das befreiende MU als oberes MU, das zu befreiende als unteres MU bezeichnet.

B. Voraussetzungen für die Befreiung (Abs 1)

I. Regelungsinhalt

Nach Abs 1 S 1 braucht ein MU in Deutschland, das zugleich TU eines MU mit Sitz im Inland oder in einem anderen EU-Staat (bzw anderen Vertragsstaat des Abkommens über den Europäischen Wirtschaftsraum) ist, einen Teil-KA dann nicht zu erstellen, wenn die folgenden Voraussetzungen erfüllt sind: 4

- KA und Konzernlagebericht iSd § 291 Abs 2 (Anm 15 ff);
- aufgestellt von einem oberen MU;
- offengelegt in deutscher Sprache (Anm 10);
- vom Minderheitenschutz nach Abs 3 (Anm 35 ff) wird nicht Gebrauch gemacht.

II. Begriff des Mutter-/Tochterunternehmens

6 Nach § 290 knüpft die Aufstellungspflicht eines KA an das Vorliegen eines Mutter-Tochter-Verhältnisses an. MU iSd § 290 sind nur KapGes und KapCoGes sowie ggf Kreditinstitute (über § 340 i) oder VersicherungsUnt (über § 341 i). Einen befreienden KA können nach Abs 1 S 2 dagegen MU **beliebiger Rechtsform** mit Sitz innerhalb der EU oder dem EWR aufstellen, wenn sie die UntEigenschaft in handelsrechtlichem Sinn haben. Daraus ergibt sich, dass auch ein freiwillig aufgestellter KA eines oberen MU befreiende Wirkung haben kann, sofern ein Mutter-Tochter-Verhältnis vorliegt (*WPH*[12] I, M Anm 82–84). Ob eine zu befreiende KapGes/KapCoGes TU ist, richtet sich nach dem für das obere MU jeweils geltenden nationalen Recht. Bei oberen MU mit Sitz im Inland ergibt sich die Eigenschaft als TU aus § 290 bzw § 11 PublG (*ADS*[6] § 291 Anm 13 f). Zum Begriff des TU vgl § 271 Anm 34 ff.

7 Für Inhalt und Gliederung eines befreienden KA gilt grds ebenfalls das für das obere MU geltende nationale Recht.

8 **Zeitpunkt,** zu dem ein MU-TU-Verhältnis vorliegen muss, kann nur der (fiktive) Stichtag des KA des unteren MU sein. Das MU-TU-Verhältnis muss nicht das ganze Gj bestanden haben.

III. Offenlegung

10 Nach Abs 1 S 1 müssen der befreiende KA/Konzernlagebericht und BVm des oberen MU in deutscher Sprache nach den Vorschriften der §§ 325 Abs 3 bis 5, 328 offengelegt werden. Die Beglaubigung der Übersetzung in die deutsche Sprache ist ebenso wenig erforderlich wie die Umrechnung der ausländischen Währung in Euro (*WPH*[12] I, M Anm 99).

11 Das untere MU muss die Offenlegung veranlassen und nachweisen (so auch § 325 Anm 77). Sofern der Abschlussstichtag des unteren MU vor dem des befreienden KA liegt, können sich wegen der Frist von zwölf Monaten des § 325 Abs 3 Terminschwierigkeiten für den Nachweis der Offenlegung ergeben. Hier wäre eine Anpassung der Abschlussstichtage angezeigt.

C. Anforderungen an den befreienden Konzernabschluss (Abs 2)

I. Einbeziehung (Nr 1)

15 Die Befreiung setzt voraus, dass das untere MU und seine TU in den KA des oberen MU einbezogen sind. Die Nichteinbeziehung eines oder mehrerer TU des unteren MU ist nur dann unschädlich, wenn dies mit § 296 vereinbar ist. Die **Abgrenzung des KonsKreises** richtet sich nach den für das obere MU geltenden Vorschriften. Dies ergibt sich unter Heranziehung des Abs 2 Nr 2,

nach dem der befreiende KA dem für das diesen aufstellende MU maßgeblichen und mit der 7. EG-Richtl übereinstimmenden Recht entsprechen muss.

Sofern in einem EU-Mitgliedstaat die 7. EG-Richtl noch nicht umgesetzt wurde (Vertragsstaaten des EWR), sind diese Grundsätze sinngemäß anzuwenden. Es dürfte ausreichend sein, wenn das nationale Recht in wesentlichen Grundzügen den Anforderungen der 7. EG-Richtl entspricht. Sollte das nicht der Fall sein, kann nur ein bzgl der Abgrenzung des KonsKreises und des Inhalts in enger Anlehnung an die 7. EG-Richtl aufgestellter KA ebenfalls Befreiungswirkung haben (ähnlich *ADS*[6] § 291 Anm 3f).

Durch die unterschiedliche Ausübung von Wahlrechten bei der Umsetzung der Vorschriften zur Aufstellungspflicht in den Mitgliedstaaten können sich als Folge unterschiedliche KonsKreise ergeben, zB Präsenzmehrheit auf einer HV.

Der Hinweis in § 291 Abs 2 Nr 1 „unbeschadet des § 296“ drückt aus, dass **16** die Beurteilung der Einbeziehung des unteren MU und seiner TU in den befreienden KA aus der Perspektive des oberen MU neu erfolgen muss (glA *WPH*[12] I, M Anm 88). Bezüglich der Umsetzung der KonsWahlrechte bzw des KonsVerbots bestand kein nationales Wahlrecht (Art 13 und 14 der 7. EG-Richtl). Insofern können sich Unterschiede nur aus einer unterschiedlichen Interpretation der Vorschriften ergeben (*Busse von Colbe/Ordelheide*[6], 56). Derartige Unterschiede führen nicht zu einem Ausschluss der Befreiungswirkung gem § 291.

Dies gilt allerdings nicht für den Fall, dass das obere MU einen KA erstellt, in **17** den das untere MU auf Grund des § 296 Abs 2 nicht einbezogen wird (*ADS*[6] § 291 Anm 35; aA *Odenwald* in Beck HdR, C 200 Anm 89). Die Nichteinbeziehung eines TU des unteren MU ist dagegen unschädlich (*Baetge/Kirsch/Thiele*[7], 111).

Ein KA, in den zwar die GuV des unteren MU, aber auf Grund eines Verkaufs und einer Endkons des unteren MU nicht die Bilanz des unteren MU einbezogen wird, kann keine befreiende Wirkung haben. Erfolgt eine Kons des unteren MU, ohne dass die GuV des unteren MU des gesamten KonzernGj einbezogen wird, kann der KA des oberen MU jedoch befreiende Wirkung haben.

Fraglich ist, ob ein MU die Befreiungsregelung des Abs 1 beanspruchen kann, **18** wenn es aufgrund des Vorliegens von control iSd IAS 27 in dem gemäß § 315a Abs 1 erstellten IFRS-KA eines anderen Unt einbezogen wird, aber keine MU-TU-Beziehung iSd § 290 Abs 1 oder 2 vorliegt und somit eine Voraussetzung für die Anwendung von § 291 formal nicht gegeben ist. Da sich infolge der Einbeziehung des zu befreienden MU in den IFRS-KA des anderen Unt kein Informationsverlust ergibt und Sinn und Zweck der Befreiungsvorschrift somit erfüllt sind, bejaht der HFA des IDW in einem derartigen Fall dennoch den Eintritt der Befreiungswirkung (*HFA* FN IDW 2005, 583).

II. Inhalt des Abschlusses (Nr 2)

1. Maßgebliches Recht

Nach Abs 2 Nr 2 ist für den Inhalt des KA ebenso wie für die Abgrenzung **21** des KonsKreises das **Recht des Sitzes des oberen MU** maßgebend (dazu Anm 15; *Baetge/Kirsch/Thiele*[7], 110). Der befreiende KA/Konzernlagebericht muss mit dem jeweiligen Landesrecht des oberen MU übereinstimmen und dieses hat wiederum der 7. EG-Richtl zu entsprechen. Auf Grund der Mitgliedstaatenwahlrechte kann der befreiende KA in Inhalt und Gliederung vom deutschen Recht abweichen (*WPH*[12] I, M Anm 92). Bei konsequenter Auslegung ist daher auch ein IFRS oder US-GAAP Abschluss eines oberen MU befreiend.

22 In der Literatur wird unter Hinweis auf das Diskriminierungsverbot des Art 8 Abs 2 der 7. EG-Richtl die Auffassung vertreten, dass ein oberes MU mit Sitz außerhalb der EU bzw des EWR aus Billigkeitsgründen **freiwillig deutsches Recht** anwenden dürfe, wenn sich zB das Schwergewicht der wirtschaftlichen Aktivitäten in Deutschland befinde (*WPH*[12] I, M Anm 94). Diese Auffassung ist uE jedoch nicht mit dem Gesetzeswortlaut vereinbar, wenngleich nach Art 8 Abs 2 der 7. EG-Richtl die Befreiung nicht davon abhängig gemacht werden darf, dass das obere MU dem Recht des unteren MU unterliegt.

2. Prüfung durch Abschlussprüfer

25 Der befreiende KA und Konzernlagebericht müssen von einem die Qualifikationserfordernisse der 8. EG-Richtl erfüllenden AP (vgl *ADS*[6] § 318 Anm 285 ff zur Person des AP) nach dem für das obere MU maßgebenden Recht geprüft worden sein. Die APr muss zu einem Ergebnis geführt haben (*Albrecht* in BoHdR § 291 Anm 15; *WPH*[12] I, N Anm 44).

Falls der **Bestätigungsvermerk versagt** wurde, tritt eine Befreiungswirkung nicht ein, wenn der KA die Anforderungen der 7. EG-Richtl nicht erfüllt. Das hängt von der Art und Schwere der Versagungsgründe ab.

Wurde der **BVm eingeschränkt** erteilt, *darf* sich die Geschäftsführung des unteren MU auf die Übereinstimmung mit dem für das obere MU maßgeblichen Recht verlassen (*Heni* in BoHdR § 291 Anm 23).

III. Angaben im Anhang (Nr 3)

28 Nimmt ein unteres MU die Befreiungsmöglichkeit des § 291 in Anspruch, muss es im Anhang zu seinem JA folgende zusätzliche Angaben machen, um die Adressaten von der Befreiung von der Konzernrechnungslegungspflicht zu informieren:
- Name und Sitz des oberen MU, das den befreienden KA und Konzernlagebericht aufstellt,
- Hinweis auf die Befreiung von der Verpflichtung, einen KA und einen Konzernlagebericht aufzustellen,
- Erl der ggf vom deutschen Recht abw Bilanzierungs-, Bewertungs- und Kons-Methoden.

Hieraus ergibt sich die Prüfungspflicht des AP des JA des unteren MU, dass sämtliche Voraussetzungen für die Befreiung vorliegen (mit Ausnahme der Offenlegung gem Abs 1, die in der Praxis regelmäßig mit der Offenlegung des JA verbunden wird). Andernfalls ist der Anhang zum JA unvollständig.

Die Erlpflichten dienen der Information des Lesers. Es reichen verbale Erl der wesentlichen Unterschiede. Quantitative Angaben sind nicht verlangt.

IV. Befreiender Konzernabschluss in Sonderfällen

1. Gemeinschaftsunternehmen

30 GemUnt iSv § 310 sind keine TU (s § 310 Anm 5 ff). Daher kann ein GemUnt nicht befreites MU sein (*ADS*[6] § 291 Anm 15).

2. Gleichordnungskonzern

Der KA eines deutschen Gleichordnungskonzerns **nach HGB** – in dem rechtlich selbstständige Unt unter einheitlicher Leitung zusammengefasst nebeneinanderstehen, ohne voneinander abhängig zu sein – kann keine befreiende Wirkung haben, da die Bestimmungen für einen solchen Gleichordnungs-KA gem Art 12 der 7. EG-Richtl nicht transformiert wurden (nach *Siebourg* in HdKR[2] § 291 Anm 23 und *ADS*[6] § 291 Anm 16 kommt einem inländischen Gleichordnungskonzern befreiende Wirkung zu, wenn die Voraussetzungen des § 290 Abs 1 erfüllt sind). Die Begriffe MU/TU setzen zudem Unterordnungsverhältnisse voraus. Deshalb können sich die oberen MU nicht durch Aufstellen eines gemeinsamen KA von der Aufstellung der jeweiligen Teil-KA befreien (so auch *Görg/Kölschbach,* BB 2000, 609). 31

D. Wegfall der Befreiungsmöglichkeit (Abs 3)

I. Gesetzliche Regelungen

Abs 3 enthält drei Regelungen, die zu einem Wegfall der Befreiungsmöglich- 35
keit nach Abs 1 führen:

Nach Nr 1 darf ein MU die Befreiung nicht in Anspruch nehmen, wenn von ihm ausgegebene Wertpapiere in einem EU/EWR-Staat zum Handel an einem geregelten Markt zugelassen sind.

Nach Nr 2 S 1 können MinderheitsGester bei AG/KGaA mit mind 10% und bei GmbH mit mindestens 20% der Anteile durch eigene Initiative (Antragstellung) die Aufstellung eines Teil-KA/Teilkonzernlageberichts erzwingen. Ohne einen solchen Antrag braucht aber ein Teil-KA/Teilkonzernlagebericht nicht aufgestellt zu werden.

Das Umgekehrte gilt gem Nr 2 S 2, wenn dem MU mindestens 90% der Anteile einer AG/KGaA/GmbH *gehören.* Dann ist grds ein Teil-KA/Teilkonzernlagebericht aufzustellen, es sei denn, sämtliche MinderheitsGester stimmen ausdrücklich der Befreiung zu. Der Begriff „gehören" bezeichnet nicht nur die formalrechtliche Rechtsinhaberschaft, sondern es genügt die wirtschaftliche Zugehörigkeit zu einem Unt (Anm 40; *WPH*[12] I, M Anm 32).

II. Notierung an einem geregelten Markt (Nr 1)

Nr 1 in der geltenden Fassung wurde durch das BilReG eingefügt und dehnt 36
den Wegfall der Befreiungsmöglichkeit auf alle kapmarkt MU aus. Die mit dem TransPuG eingeführte Vorgängervorschrift eliminierte die Befreiungsmöglichkeit lediglich für MU, deren Aktien Gegenstand des amtlichen Handels waren. Die Erweiterung des Geltungsbereichs auf Emittenten von Schuldtiteln und auf geregelte Wertpapiermärkte außerhalb des amtlichen Handels ergibt sich aus der Umsetzung einer Vorgabe der Modernisierungsrichtl 2003/51/EG v 18. Juni 2003 (ABl EU Nr L 178 S 16). Sie führt zu einer Gleichbehandlung aller kapmarkt TeilKA-MU hinsichtlich der für potentielle Anleger verfügbaren Informationen.

Nach Art 58 Abs 3 S 1 EGHGB (s dort Anm 13) gilt diese Ausdehnung des Wegfalls der Befreiungsmöglichkeit erstmals für Gj, die nach dem 31. Dezember 2004 beginnen.

37 Anders als zB § 315a Abs 2, der den relevanten Kapitalmarkt unter Bezug auf § 2 Abs 5 WpHG definiert, stellt § 291 Abs 3 Nr 1 auf den Begriff des geregelten Markts nach Art 1 Nr 13 der Wertpapierdienstleistungsrichtl ab. Die Definitionen in WpHG und Wertpapierdienstleistungsrichtl sind nicht identisch; jedoch kann davon ausgegangen werden, dass alle Unt, die Wertpapiere auf einem organisierten Markt iSd § 2 Abs 5 WpHG emittieren, auch unter die Ausschlussvorschrift des § 291 Abs 3 Nr 1 fallen (*Pfitzer/Oser/Orth,* 51).

III. Minderheitenschutz (Nr 2)

1. Antrag

40 Der Antrag zur Aufstellung eines Teil-KA/Teilkonzernlageberichts muss von Gestern (einzeln oder gemeinsam) gestellt werden, denen zusammen mind 10% der Anteile einer AG/KGaA oder 20% bei einer GmbH gehören; das entspricht den Obergrenzen gem Art 8 Abs 1 S 2 der 7. EG-Richtl. Die Berechnung der **Anteilsquote** des oberen MU hat entspr § 290 Abs 3 S 1 (§ 290 Anm 70 ff) iVm § 271 Abs 1 S 4 zu erfolgen. Bei der Berechnung der Anteilsquote sind eigene Anteile bzw Anteile für Rechnung des unteren MU vom Nennkapital analog § 16 Abs 2 S 2, 3 AktG abzuziehen (*Siebourg* in HdKR² § 291 Anm 41).

Der Antrag ist innerhalb von 6 Monaten ggü den gesetzlichen Vertretern der Ges zu stellen. Für die Berechnung dieser **Sechs-Monatsfrist** ist auf den Stichtag des JA des unteren MU abzustellen, da nur dieses Datum den Minderheits-Gestern idR bekannt ist und nur so ein Unterlaufen des Minderheitenschutzes verhindert wird (*Siebourg* in HdKR² § 291 Anm 39).

41 Entscheidend für S 1 ist, dass ein **Antrag** nur wirksam ist, wenn der Anteilsbesitz von 10% oder 20% erreicht ist. Passivität gilt hier als Zustimmung zur Befreiung. Die Anteile müssen den MinderheitenGestern spätestens zum Zeitpunkt des Ablaufs der Antragsfrist gehören (*ADS*⁶ § 291 Anm 48). Hat ein MinderheitsGester keinen Antrag gem S 1 gestellt und veräußert er nach Ablauf der Sechs-Monatsfrist seine Anteile, darf der Erwerber den Antrag nicht nachholen. Die Sechs-Monatsfrist soll es dem unteren MU ermöglichen, rechtzeitig Dispositionen im Hinblick auf die Aufstellung eines Teil-KA zu treffen. Nach Ablauf der Frist muss es auf die Zulässigkeit eines befreienden KA/Konzernlageberichts vertrauen können.

42 Anders ist die Rechtslage, wenn ein MinderheitsGester den Antrag fristgerecht stellt, nach Ablauf der Frist seinen Anteil veräußert und der Erwerber erklärt, er habe kein Interesse an der Aufstellung eines Teil-KA/Teilkonzernlageberichts. Da S 1 den Schutz des MinderheitsGesters bezweckt, muss dieser oder ein Rechtsnachfolger auch nach Ablauf der Sechs-Monatsfrist den Antrag noch zurückziehen können. Ein Teil-KA/Teilkonzernlagebericht braucht dann ggf nicht aufgestellt zu werden. Letzteres gilt auch, wenn die verbleibenden Anträge dadurch auf unter 10% (20%) absinken (*Siebourg* in HdKR² § 291 Anm 40).

Obwohl nicht ausdrücklich bestimmt, müssen uE die Anträge alljährlich wiederholt werden, da sich in jedem Jahr die Frage neu stellt, ob tatsächlich 10% bzw 20% der MinderheitsGester die Aufstellung eines Teil-KA/Teilkonzernlageberichts verlangen. Durch die jährlichen Anträge wird verhindert, dass ein Teil-KA mit erheblichen Kosten erstellt wird, ohne dass eine Minderheit tatsächliches Interesse hat (*ADS*⁶ § 291 Anm 47).

43 Der Wortlaut des S 1 sagt nicht, welchen Anteil MinderheitsGester bei **KapCoGes** haben müssen, um eine Aufstellung eines Teil-KA/Teilkonzernlagebe-

richts einer KapCoGes, die unteres MU ist, fordern zu können. Sofern keine vorrangig zu beachtenden Bestimmungen im GesVertrag bestehen, erscheint es iSe ausreichenden Minderheitenschutzes sachgerecht, bei der AG/KGaA & Co KG eine Anteilsquote von 10% und bei der GmbH & Co KG eine Anteilsquote von 20% analog den Regelungen in S 1 zu AG/KGaA und GmbH zu verlangen.

2. Zustimmung

Gehören dem oberen MU im Zeitpunkt der Aufstellung des KA mind 90% der Anteile, muss das untere MU von sich aus die **Initiative** ergreifen, um die erforderliche Zustimmung einzuholen. Das untere MU muss handeln, um die Befreiung zu erreichen. 45

Das kann bei **Publikums-KapGes** sehr schwierig, bei teilweise unbekannten Gestern sogar unmöglich sein. Äußern sich nicht alle MinderheitsGester, sind die Voraussetzungen des S 2 grds nicht erfüllt. Das Schweigen der Minderheits-Gester ersetzt nicht die geforderte ausdrückliche Zustimmung (*WPH*[12] I, M Anm 103; *Albrecht* in BoHR § 291 Anm 19). Eine öffentliche Aufforderung mit dem Hinweis, dass Schweigen nicht als Ablehnung gewertet wird, kann hier einen Ausweg bieten (*Siebourg* in HdKR[2] § 291 Anm 37; *ADS*[6] § 291 Anm 52). Denn eine am Wortlaut orientierte Auslegung ist in diesem Falle nicht praktikabel und könnte dazu führen, dass ein befreiender KA/Konzernlagebericht unmöglich gemacht wird.

Eine Zustimmung wird nach BGB als vorherige Einwilligung oder **nachträgliche Genehmigung** erteilt. Da eine Genehmigung der MinderheitsGester des unteren MU rückwirkt und die Sechs-Monatsfrist im Rahmen des S 2 nicht anwendbar ist, kann einem KA/Konzernlagebericht eines oberen MU – das Vorliegen aller sonstigen Voraussetzungen unterstellt – rückwirkend befreiende Wirkung zuerkannt werden. Die Nichtaufstellung eines Teil-KA/Teilkonzernlageberichts wäre mit der Genehmigungserteilung rechtmäßig geworden. 46

Die Genehmigung darf uE bis zum Ablauf der Offenlegungsfrist des Teil-KA (spätestens 12 Monate nach KA-Stichtag) erteilt werden. Jedoch ist zu berücksichtigen, dass das betr Unt frühzeitig wissen muss, ob es einen Teil-KA aufstellen muss, oder ob der Teil-KA in einen befreienden KA einbezogen wird. Das Zustimmungserfordernis ist nach dem Wortlaut des Gesetzes als **Individualrecht** ausgestaltet. Deshalb kann uE die Einzelzustimmung eines jeden MinderheitsGesters nicht durch einen Sonderbeschluss (Mehrheitsbeschluss) ersetzt werden (*ADS*[6] § 291 Anm 52). Ebenfalls ist ein Mehrheitsbeschluss in der Form eines Sonderbeschlusses nach § 138 AktG uE nicht ausreichend, um die Befreiungswirkung zu erreichen (*WPH*[12] I, M Anm 103; aA *Siebourg* in HdKR[2] § 291 Anm 37). 47

Die Zustimmung der Minderheitsgester ist uE jährlich einzuholen; sie kann nicht mit unbestimmter Dauer erteilt werden. Dies folgt aus der Tatsache, dass im umgekehrten Fall des Antrags der Minderheit (Nr 2 S 1) ebenfalls jährlich gehandelt werden muss. 48

E. Regelungen des Publizitätsgesetzes

Nach § 11 Abs 1 PublG gilt für den KA nach PublG nur das Konzept der (unteilbaren) einheitlichen Leitung (§ 290 Anm 20ff). Für die Befreiung von Teil-KA verweist § 11 Abs 6 PublG auf die sinngemäße Geltung des § 291. Sinngemäß, da die Voraussetzungen der Aufstellungspflicht im HGB bzw in an- 50 deren Mitgliedsstaaten der EU/des EWR anders geregelt sind. Die Regelung befreit daher auch, wenn der KA nach dem Control-Konzept abgegrenzt ist (s aber Anm 15). Auf die Rechtsform des befreienden oberen MU kommt es nicht an (vgl auch *ADS*[6] § 11 PublG Anm 35–37).

51 In einem **Inlands-Konzern** unter einheitlicher Leitung eines Unt, das weder KapGes noch KapCoGes ist, dürfen TU iSd § 290 Abs 2, die nicht gleichzeitig unter einheitlicher Leitung stehen, nicht einbezogen werden. Allerdings tritt eine befreiende Wirkung nach § 11 Abs 6 PublG iVm § 291 für den Teil-KA/Teilkonzernlagebericht einer KapGes bzw KapCoGes nur ein, wenn in den befreienden KA auch die unteren Unt einbezogen werden, zu denen nur ein Control-Verhältnis besteht.

Um die Befreiung für das untere MU zu erzielen, dürfen auch TU des unteren MU einbezogen werden, die nicht TU iSd PublG sind. Wenngleich § 13 Abs 3 PublG die Befreiung nur auf die einheitliche Leitung bezieht, entspricht diese Auslegung dem Ziel der Regelung, Teil-KA/Teilkonzernlageberichte von eingeschränkter Aussagekraft zu vermeiden. Allerdings ist eine Erl im Konzernanhang erforderlich (*WPH*[12] I, O Anm 45).

52 Für den befreienden KA eines **ausländischen MU** mit Sitz in einem Mitgliedstaat der EU/des EWR kann, da überwiegend das Control-Prinzip (§ 290 Abs 2) transformiert wurde, der Fall eintreten, in dem unter einheitlicher Leitung des unteren MU (PublG-MU) stehende TU mangels Control vom oberen MU nicht einbezogen werden. Damit ist es grds nicht zulässig, ggf auf eine Bereinigung des KonsKreises für einen befreienden KA zu verzichten (aA *Ischebeck* in HdKR[2] § 11 PublG Anm 31).

Nur wenn es sich bei den unter einheitlicher Leitung stehenden TU um Unt handelt, die in einen Teil-KA des unteren MU nicht einbezogen werden würden – weil nicht das inländische untere MU die einheitliche Leitung ausübt –, oder wenn sich die Nicht-Kons über § 296 erklären lässt (§ 291 Abs 2 Nr 1), darf auf eine Bereinigung des KonsKreises verzichtet werden.

54 Die **Anhangangaben** beim zu befreienden unteren MU im Inland müssen § 291 Abs 2 Nr 3 entsprechen. Das untere MU muss ferner den befreienden KA des oberen/obersten ausländischen MU im Inland gem §§ 325, 328 offenlegen (hierzu Anm 10).

55 Nach § 13 Abs 3 PublG ist der KA nur dann für ein unteres KapGes/KapCoGes-MU befreiend, wenn das obere MU auf die genannten **Erleichterungen bei der Offenlegung** verzichtet.

56 § 11 Abs 6 PublG bezieht sich uE auch auf die Anwendung des in § 291 Abs 3 geregelten **Minderheitenschutzes.** Die Gegenmeinung (zB *Ischebeck* in HdKR[2] § 11 PublG Anm 30) begründet ihre ablehnende Haltung damit, dass dieser von der 7. EG-Richtl verlangte Schutz im PublG aF nicht enthalten war und die Auswirkungen der EG-Richtl auf das PublG auf ein Minimum beschränkt werden sollten (§ 290 Anm 100). Wenn aber der Verzicht auf den Minderheitenschutz Absicht des Gesetzgebers gewesen wäre, hätte der Verweis in § 11 Abs 6 PublG auf § 291 Abs 1 und 2 beschränkt werden müssen.

F. Rechtsfolgen einer Verletzung des § 291

60 Sind nicht sämtliche Voraussetzungen einer Befreiung gem § 291 oder § 11 Abs 6 PublG eingehalten, bleiben die Aufstellungspflichten nach § 290 Abs 1 und Abs 2 oder § 11 Abs 1, Abs 3 PublG bestehen. Wegen der hier geltenden Sanktionen s § 290 Anm 135.

G. Abweichungen der IFRS

IAS 27.9 verpflichtet grds jedes MU zur Aufstellung eines KA. Dies entspricht angelsächsischer Denkweise, die den KA als den aussagekräftigeren Abschluss eines Unt jeder Stufe ansieht und daher keine Befreiungen für untere MU kennt. 70

Allerdings ermöglicht IAS 27.10, die Befreiung von der Aufstellung eines KA unter bestimmten Voraussetzungen.

Die Darstellung der Befreiungsvorschriften des IAS 27.10 ist von der Frage der Befreiung eines deutschen unteren MU nach § 291 zu trennen. Ist ein unteres MU nach § 291 zur Aufstellung des KA verpflichtet, muß oder darf es unter den Bedingungen des § 315a seinen KA nach den IFRS aufstellen. Die Pflicht zur Aufstellung bestimmt sich nach den §§ 291, 292, dh der KA ist selbst dann aufzustellen, wenn nach den IFRS eine Befreiung vorliegen würde.

Ein unteres MU ist nach IAS 27.10 von der Aufstellung eines eigenen KA befreit, wenn es kumulativ die folgenden Bedingungen erfüllt: 71

a) das untere MU ist selbst TU eines oberen MU und seine MinderheitsGester, sofern existent, sind darüber unterrichtet, dass das untere MU keinen KA aufstellt, und erheben keine Einwände dagegen,
b) weder Schuldtitel noch Anteile an dem unteren MU werden an einer Börse oder im Freiverkehr gehandelt,
c) die Einreichung von Abschlüssen des unteren MU bei einer Börsenaufsicht oder sonstigen Aufsichtsbehörde zum Zweck der Emission von Finanzinstrumenten („Filing") ist weder erfolgt noch geplant und
d) ein oberes MU veröffentlicht einen IFRS-KA.

Die IFRS differenzieren auf Grund ihres globalen Geltungsanspruchs nicht nach dem Sitz des MU. Ferner unterscheidet sich die Befreiungsvorschrift von § 291 vor allem durch den Wegfall der Befreiungswirkung auch bei Handel im Freiverkehr und bereits vor Einsetzen des Handels bei erfolgtem oder geplantem „Filing".

Bzgl des Bestehens einer MU-TU-Beziehung iSd IAS 27.4,13 im Gegensatz zu § 290 verweisen wir auf § 290 Anm 153. Die Befreiung nach IAS 27.10 hängt nicht von der Höhe der Beteiligung, sondern von dem **Anteil an den Stimmrechten** ab. Der Prozentsatz der Stimmrechte ist unter Berücksichtigung der wirtschaftlichen Zurechnung der Stimmrechte bzw der Bereinigung um Stimmrechtsbeschränkungen zu ermitteln. 72

Eine weitere Voraussetzung ist, dass die **MinderheitsGester** des unteren MU dem befreienden KA des oberen MU zustimmen. Wie strikt diese Anforderung auszulegen ist, ist umstritten. Die Beantwortung der Frage hängt ua davon ab, welchen Beitrag man dem Teil-KA zum Schutz der MinderheitsGester zumisst. 73

Bei der Publikums-AG muss es ausreichen, wenn die Ges alles Zumutbare unternommen hat, um die Zustimmung aller MinderheitsGester zu erlangen, da sonst die Befreiung faktisch ins Leere laufen würde (*Baetge/Schulze* in Komm IAS², IAS 27 Anm 62).

Mit der Anwendung der Befreiungsvorschrift sind, wie auch in Abs 2 Nr 3, eine Reihe von **Veröffentlichungsvorschriften** (IAS 27.41) verbunden. Das untere MU hat die Tatsache der Inanspruchnahme der Befreiungsvorschrift sowie den Namen und Sitz des oberen MU zu nennen und eine Liste der wesentlichen Anteile an TU, Gemeinschafts- und assoziierten Unternehmen mit Angabe von Name, Sitz, Kapitalanteil und ggf abweichendem Stimmrechtsanteil offenzulegen. Über das HGB hinausgehend ist auch eine Angabe erforderlich, nach welcher Methode TU in ihrem Abschluss bewertet wurden. Diese Angabe ist vor dem Hintergrund der international unterschiedlichen Bewertungsmetho- 74 den für TU zu sehen, zB ist die Bewertung at Equity in einigen Ländern im A zwingend.

75 Wenn ein oberes MU einen KA nach IFRS aufstellt, darf ein unteres MU seinen Teil-KA trotzdem nach HGB aufstellen.

§ 292 Rechtsverordnungsermächtigung für befreiende Konzernabschlüsse und Konzernlageberichte

(1) [1]**Das Bundesministerium der Justiz wird ermächtigt, im Einvernehmen mit dem Bundesministerium der Finanzen und dem Bundesministerium für Wirtschaft und Arbeit durch Rechtsverordnung, die nicht der Zustimmung des Bundesrates bedarf, zu bestimmen, daß § 291 auf Konzernabschlüsse und Konzernlageberichte von Mutterunternehmen mit Sitz in einem Staat, der nicht Mitglied der Europäischen Union und auch nicht Vertragsstaat des Abkommens über den Europäischen Wirtschaftsraum ist, mit der Maßgabe angewendet werden darf, daß der befreiende Konzernabschluß und der befreiende Konzernlagebericht nach dem mit den Anforderungen der Richtlinie 83/349/EWG übereinstimmenden Recht eines Mitgliedstaates der Europäischen Union oder eines anderen Vertragsstaates des Abkommens über den Europäischen Wirtschaftsraum aufgestellt worden oder einem nach diesem Recht eines Mitgliedstaates der Europäischen Union oder eines anderen Vertragsstaates des Abkommens über den Europäischen Wirtschaftsraum aufgestellten Konzernabschluß und Konzernlagebericht gleichwertig sein müssen.** [2]**Das Recht eines anderen Mitgliedstaates der Europäischen Union oder Vertragsstaates des Abkommens über den Europäischen Wirtschaftsraum kann einem befreienden Konzernabschluß und einem befreienden Konzernlagebericht jedoch nur zugrunde gelegt oder für die Herstellung der Gleichwertigkeit herangezogen werden, wenn diese Unterlagen in dem anderen Mitgliedstaat oder Vertragsstaat anstelle eines sonst nach dem Recht dieses Mitgliedstaates oder Vertragsstaates vorgeschriebenen Konzernabschlusses und Konzernlageberichts offengelegt werden.** [3]**Die Anwendung dieser Vorschrift kann in der Rechtsverordnung nach Satz 1 davon abhängig gemacht werden, daß die nach diesem Unterabschnitt aufgestellten Konzernabschlüsse und Konzernlageberichte in dem Staat, in dem das Mutterunternehmen seinen Sitz hat, als gleichwertig mit den dort für Unternehmen mit entsprechender Rechtsform und entsprechendem Geschäftszweig vorgeschriebenen Konzernabschlüssen und Konzernlageberichten angesehen werden.**

(2) **Ist ein nach Absatz 1 zugelassener Konzernabschluß nicht von einem in Übereinstimmung mit den Vorschriften der Richtlinie 84/253/EWG zugelassenen Abschlußprüfer geprüft worden, so kommt ihm befreiende Wirkung nur zu, wenn der Abschlußprüfer eine den Anforderungen dieser Richtlinie gleichwertige Befähigung hat und der Konzernabschluß in einer den Anforderungen des Dritten Unterabschnitts entsprechenden Weise geprüft worden ist.**

(3) [1]**In einer Rechtsverordnung nach Absatz 1 kann außerdem bestimmt werden, welche Voraussetzungen Konzernabschlüsse und Konzernlageberichte von Mutterunternehmen mit Sitz in einem Staat, der nicht Mitglied der Europäischen Union und auch nicht Vertragsstaat des Abkommens über den Europäischen Wirtschaftsraum ist, im einzelnen erfüllen müssen, um nach Absatz 1 gleichwertig zu sein, und wie die Befähigung von Abschlußprüfern beschaffen sein muß, um nach Absatz 2 gleichwertig zu sein.** [2]**In der Rechtsverordnung können zusätzliche Angaben und Erläuterungen zum Konzernabschluß vorgeschrieben werden, soweit diese erforderlich sind, um die Gleichwertigkeit dieser Konzernabschlüsse und Konzernlageberichte mit solchen nach diesem Unterabschnitt oder dem Recht eines anderen Mitgliedstaates der Europäischen Union oder Vertragsstaates des Abkommens über den Europäischen Wirtschaftsraum herzustellen.**

(4) [1]**Die Rechtsverordnung ist vor Verkündung dem Bundestag zuzuleiten. [2]Sie kann durch Beschluß des Bundestages geändert oder abgelehnt werden. [3]Der Beschluß des Bundestages wird dem Bundesministerium der Justiz zugeleitet. [4]Das Bundesministerium der Justiz ist bei der Verkündung der Rechtsverordnung an den Beschluß gebunden. [5]Hat sich der Bundestag nach Ablauf von drei Sitzungswochen seit Eingang einer Rechtsverordnung nicht mit ihr befaßt, so wird die unveränderte Rechtsverordnung dem Bundesministerium der Justiz zur Verkündung zugeleitet. [6]Der Bundestag befaßt sich mit der Rechtsverordnung auf Antrag von so vielen Mitgliedern des Bundestages, wie zur Bildung einer Fraktion erforderlich sind.**

Verordnung über befreiende Konzernabschlüsse und Konzernlageberichte von Mutterunternehmen mit Sitz in einem Drittstaat (Konzernabschlußbefreiungsverordnung – KonBefrV)

Vom 15. November 1991
(BGBl I S 2122)
zuletzt geändert durch Gesetz vom 4. 12. 2004 (BGBl I S 3166)

§ 1 [Befreiender Konzernabschluß und -lagebericht, Voraussetzungen]

(1) [1]Ein Mutterunternehmen, das zugleich Tochterunternehmen eines Mutterunternehmens mit Sitz in einem Staat ist, der nicht Mitglied der Europäischen Union oder eines anderen Vertragsstaates des Abkommens über den Europäischen Wirtschaftsraum ist, braucht einen Konzernabschluß und einen Konzernlagebericht nicht aufzustellen, wenn es einen den Anforderungen des § 2 entsprechenden Konzernabschluß und Konzernlagebericht seines Mutterunternehmens einschließlich des Bestätigungsvermerks oder des Vermerks über dessen Versagung nach den für den entfallenden Konzernab-schluß und Konzernlagebericht maßgeblichen Vorschriften in deutscher Sprache offenlegt. [2]Ein befreiender Konzernabschluß und ein befreiender Konzernlagebericht können von jedem Unternehmen unabhängig von seiner Rechtsform und Größe aufgestellt werden, wenn das Unternehmen als Kapitalgesellschaft mit Sitz in einem Mitgliedstaat der Europäischen Union oder in einem anderen Vertragsstaat des Abkommens über den Europäischen Wirtschaftsraum zur Aufstellung eines Konzernabschlusses unter Einbeziehung des zu befreienden Mutterunternehmens und seiner Tochterunternehmen verpflichtet wäre.

§ 2 [Weitere Voraussetzungen der befreienden Wirkung, Prüfung, Angaben im Anhang]

(1) Der Konzernabschluß und Konzernlagebericht eines Mutterunternehmens mit Sitz in einem Staat, der nicht Mitglied der Europäischen Union oder eines anderen Vertragsstaates des Abkommens über den Europäischen Wirtschaftsraum ist, haben befreiende Wirkung, wenn

1. das zu befreiende Mutterunternehmen und seine Tochterunternehmen in den befreienden Konzernabschluß unbeschadet des § 296 des Handelsgesetzbuchs einbezogen worden sind,
2. der befreiende Konzernabschluß und der befreiende Konzernlagebericht im Einklang mit der Richtlinie 83/349/EWG des Rates vom 13. Juni 1983 über den konsolidierten Abschluß (ABl EG Nr L 193 S 1) in der jeweils geltenden Fassung nach dem Recht eines Mitgliedstaates der Europäischen Union oder eines anderen Vertragsstaates des Abkommens über den Europäischen Wirtschaftsraum aufgestellt worden sind oder einem nach diesem Recht aufgestellten Konzernabschluß und Konzernlagebericht gleichwertig sind,
3. der befreiende Konzernabschluß und der befreiende Konzernlagebericht von einem in Übereinstimmung mit den Vorschriften der Richtlinie 84/253/EWG des Rates vom 10. April 1984 über die Zulassung der mit der Pflichtprüfung der Rechnungslegungsunterlagen beauftragten Personen (ABl EG Nr L 126 S 20) in der jeweils geltenden Fassung zugelassenen Abschlußprüfer geprüft worden ist oder der Abschlußprüfer zu-

mindestens eine den Anforderungen dieser Richtlinie gleichwertige Befähigung hat und der Konzernabschluß sowie der Konzernlagebericht in einer den Anforderungen des Handelsgesetzbuchs entsprechenden Weise geprüft worden ist und

4. der Anhang des Jahresabschlusses des zu befreienden Unternehmens folgende Angaben enthält:
   a) Name und Sitz des Mutterunternehmens, das den befreienden Konzernabschluß aufstellt,
   b) einen Hinweis auf die Befreiung von der Verpflichtung, einen Konzernabschluß und einen Konzernlagebericht aufzustellen, und
   c) eine Erläuterung der im befreienden Konzernabschluß vom deutschen Recht abweichend angewandten Bilanzierungs-, Bewertungs- und Konsolidierungsmethoden.

[2] Satz 1 gilt für Kreditinstitute und Versicherungsunternehmen entsprechend; unbeschadet der übrigen Voraussetzungen in Satz 1 hat die Aufstellung des befreienden Konzernabschlusses und des befreienden Konzernlageberichts bei Kreditinstituten im Einklang mit der Richtlinie 86/635/EWG des Rates vom 8. Dezember 1986 über den Jahresabschluß und den konsolidierten Abschluß von Banken und anderen Finanzinstituten (ABl EG Nr L 372 S 1) und bei Versicherungsunternehmen im Einklang mit der Richtlinie 91/674/EWG des Rats vom 19. Dezember 1991 über den Jahresabschluß und den konsolidierten Jahresabschluß von Versicherungsunternehmen (ABl EG Nr L 374 S 7) in ihren jeweils geltenden Fassungen zu erfolgen.

(2) § 291 Abs 3 des Handelsgesetzbuchs ist entsprechend anzuwenden.

§ 3 [Offenlegung in einem anderen Mitgliedstaat]

[1] In den Fällen des § 2 Nr 2 kann das Recht eines anderen Mitgliedstaates der Europäischen Union oder eines anderen Vertragsstaates des Abkommens über den europäischen Wirtschaftsraum einen befreienden Konzernabschluß und einen befreienden Konzernlagebericht jedoch nur zugrunde gelegt oder für die Bestimmung der Gleichwertigkeit herangezogen werden, wenn diese Unterlagen in dem anderen Mitgliedstaat oder Vertragsstaat anstelle eines sonst nach dem Recht dieses Mitgliedstaates oder Vertragsstaates vorgeschriebenen Konzernabschlusses und Konzernlageberichts offengelegt werden. [2] Dem befreienden Konzernabschluß ist eine Bestätigung über die erfolgte Hinterlegung in dem anderen Mitgliedstaat beizufügen.

§ 4 [Inkrafttreten, Geltungsdauer, erstmalige Anwendung]

(1) Diese Verordnung tritt am Tage nach der Verkündung in Kraft.

(2) (aufgehoben)

Übersicht

Schrifttum: *Maas/Schruff* Befreiende Konzernrechnungslegung von Mutterunternehmen mit Sitz außerhalb der EG WPg 1991, 765; Kommission der Europäischen Gemeinschaften: Stellungnahme zur Gleichwertigkeit von Abschlüssen von Unternehmen aus Drittländern vom 15. 3. 1991, Brüssel, XV/109/90-DE (2. Rev); *Wollmert/Oser* Der IASC-Abschluss eines Drittlandunternehmens als befreiender Konzernabschluss?, DB 1995, 53; das zu § 290 nach der Gliederung und unter Abschn I. „Abweichungen der IFRS" angegebene Schrifttum.

A. Allgemeines

1 Analog zur Befreiung des unteren MU von der Aufstellung von Teil-KA/Teilkonzernlagebericht nach § 291, wenn das obere MU seinen Sitz in einem Mitgliedstaat der EU/des EWR hat, können nach § 292 „durch Rechtsverordnung" die Voraussetzungen für den befreienden KA/Konzernlagebericht durch MU mit Sitz in einem **Drittstaat** geregelt werden.

Auf Basis der Voraussetzungen des § 292 erfolgte mit der am 29. 11. 1991 verkündeten **Konzernabschlussbefreiungsverordnung** (KonBefrV) die Umsetzung des Art 11 der 7. EG-Richtl in deutsches Recht.

2 Wesentliches Kriterium ist die **Gleichwertigkeit** des befreienden KA und Konzernlageberichts mit einem dem Recht eines EU-Mitgliedstaats nach Transformation der 7. EG-Richtl entspr KA/Konzernlagebericht (§ 2 Abs 1 Nr 2 KonBefrV, Anm 23 ff).

Das Erfordernis der Gleichwertigkeit gilt auch für die Qualifikation des **AP.** Sollte der KA mit Konzernlagebericht nicht von einem in Übereinstimmung mit der 8. EG-Richtl zugelassenen AP geprüft worden sein, muss der AP eine der 8. EG-Richtl gleichwertige Qualifikation haben (§ 2 Abs 1 Nr 3 KonBefrV, Anm 29 f; *WPH*[12] I M 857 f).

B. Voraussetzungen für die Befreiung von der Konzernrechnungslegungspflicht (§ 1 KonBefrV)

I. Regelungsinhalt

5 In ihrem Regelungskern entspricht die KonBefrV den Bestimmungen des § 291. Dies wird durch gleichartige Formulierungen verdeutlicht. Nach § 1 S 1 KonBefrV braucht ein MU, das zugleich TU eines MU mit Sitz außerhalb der EU/EWR ist, einen Teil-KA/Teilkonzernlagebericht nicht zu erstellen, wenn folgende **Voraussetzungen** erfüllt sind:

- KA und Konzernlagebericht iSd § 2 KonBefrV (Anm 15 ff);
- aufgestellt von einem MU mit Sitz außerhalb der EU/EWR;
- offengelegt in deutscher Sprache (Anm 10 f);
- kein Verlangen von Minderheiten bzgl Anwendung der Regelungen über den Minderheitenschutz nach § 2 Abs 2 KonBefrV (Anm 40).

Das befreiende obere MU braucht nicht das oberste KonzernUnt (Konzernspitze) zu sein (§ 291 Anm 1). Der AP des *unteren* MU muss feststellen, ob ein befreiender KA/Konzernlagebericht auf höherer Ebene den Vorschriften der 7. EG-Richtl gemäß ihrer Transformation in einem EU- bzw EWR-Staat entspricht.

II. Mutter-Tochter-Verhältnis

6 Für die Befreiungswirkung nach § 1 ist es erforderlich, dass zwischen oberem und unterem MU ein **Mutter-Tochter-Verhältnis** besteht. Der befreiende KA/Konzernlagebericht darf von jedem oberen MU unabhängig von Größe und Rechtsform aufgestellt werden, sofern es als KapGes/KapCoGes in einem Mitgliedstaat der EU/EWR zur Aufstellung eines KA/Konzernlageberichts unter Einbeziehung des unteren MU und seiner TU verpflichtet wäre (§ 1 S 2 KonBefrV). Demnach muss die Beziehung zwischen unterem und oberem MU einem der in Art 1 der 7. EG-Richtl genannten Kriterien entsprechen (zB HV-Präsenzmehrheit) (*ADS*[6] § 292 Anm 15).

7 Die Hinweise in § 1 S 2 KonBefrV auf die **Größen-Unabhängigkeit** des oberen MU sowie seine Konzernrechnungslegungspflicht als KapGes/KapCoGes mit Sitz in einem EU/EWR-Mitgliedstaat dienen lediglich der Umschreibung des UntBegriffs. Es soll verdeutlicht werden, dass Privatpersonen und Gebietskörperschaften keinen KA/Konzernlagebericht mit befreiender Wirkung aufstellen dürfen, und dass nicht nur gesetzlich vorgeschriebene, sondern auch freiwillig aufgestellte KA/Konzernlageberichte Befreiungswirkung entfalten können (§ 291 Anm 6f; *ADS*[6] § 292 Anm 14).

III. Offenlegung

10 Der befreiende KA/Konzernlagebericht muss in deutscher Sprache offengelegt werden. Die Offenlegung ist in § 1 KonBefrV entspr § 291 Abs 1 geregelt (im Einzelnen § 291 Anm 10f).

11 Sofern ein befreiender KA/Konzernlagebericht nach dem Recht eines ausländischen EU/EWR-Mitgliedstaats aufgestellt und in diesem Mitgliedstaat mit befreiender Wirkung offengelegt wurde, ist dem KA/Konzernlagebericht bei der Einreichung zum inländischen HR eine Bestätigung über die Hinterlegung in dem anderen Mitgliedstaat beizufügen (§ 3 S 2 KonBefrV). Dadurch soll dem deutschen Registergericht die Überprüfung der Gleichwertigkeit des befreienden KA/Konzernlageberichts mit dem Recht des ausländischen EU/EWR-Mitgliedstaats erspart werden (*ADS*[6] § 292 Anm 69).

C. Anforderungen an den befreienden Konzernabschluss/Konzernlagebericht (§ 2 Abs 1 KonBefrV)

I. Einbeziehung (Nr 1)

15 Das untere MU und seine TU müssen unbeschadet des § 296 einbezogen worden sein. Einbeziehungswahlrechte (§ 296) sind dabei stets aus der Perspektive des oberen MU zu beurteilen (im Einzelnen § 291 Anm 15f).

Die Abgrenzung des **KonsKreises** richtet sich demnach nach dem von dem oberen MU angewendeten Recht. Das hat entweder Vorschriften eines Mitgliedstaats auf der Grundlage der 7. EG-Richtl zu entsprechen, oder zumindest diesen gleichwertig zu sein (§ 2 Nr 1 iVm Nr 2 KonBefrV, Anm 22f).

Ein KA hat auch dann befreiende Wirkung, wenn ein TU des unteren MU iSd § 290 Abs 1 nicht einbezogen wurde, weil das Konzept der einheitlichen Leitung in dem EU/EWR-Mitgliedstaat, nach dessen Recht der befreiende KA aufgestellt worden ist, nicht umgesetzt wurde. Eine Befreiungswirkung entfällt jedoch bei Nichteinbeziehung von TU des unteren MU iSv § 290 Abs 2, weil das Control-Konzept zwingend umzusetzen war.

Entspricht die Beziehung zwischen zu befreienden MU den Kriterien eines deutschen **Gleichordnungskonzerns,** ist der KA des oberen MU (im Inland oder Ausland) zur Befreiung ungeeignet (§ 291 Anm 31).

II. Inhalt (Nr 2)

1. Formale Voraussetzungen

Das befreiende MU muss einen KA und einen Konzernlagebericht aufstellen. 20
Für ein oberes MU mit Sitz außerhalb der EU/EWR bestehen also keine Erleichterungen bzgl des Umfangs der Konzernrechnungslegung.

2. Maßgebliches Recht

Der KA/Konzernlagebericht muss gem § 2 Abs 1 Nr 2 KonBefrV nach dem 22
Recht eines Mitgliedstaats der EU/des EWR aufgestellt worden sein, das mit den Anforderungen der 7. EG-Richtl übereinstimmt oder einem nach diesem Recht aufgestellten KA gleichwertig sein.

In der Wahl des anzuwendenden Rechts ist das obere MU jedoch nicht frei. Das Recht eines anderen Mitgliedstaates der EU/des EWR darf gem § 3 KonBefrV nur angewendet werden, wenn in diesem ein anderes zu befreiendes MU des Konzerns seinen Sitz hat und der KA/Konzernlagebericht in dem jeweiligen Mitgliedstaat mit befreiender Wirkung offengelegt wird. Es soll dadurch vermieden werden, dass für den befreienden KA/Konzernlagebericht ohne sachlichen Grund das Recht mit den geringsten Anforderungen an die Konzernrechnungslegung gewählt werden kann.

Damit der KA/Konzernlagebericht eines oberen MU mit Sitz außerhalb der EU/des EWR jedoch für einen Teil-KA/Teilkonzernlagebericht tatsächlich befreiend wirken kann, muss in dem betr EU/EWR-Mitgliedsstaat das Mitgliedstaatenwahlrecht des Art 11 der 7. EG-Richtl umgesetzt sein. Anderenfalls ist der KA nicht befreiend.

Für die Befreiung genügt es, wenn der befreiende KA/Konzernlagebericht 23
einem nach den Vorschriften des jeweiligen Mitgliedstaats aufgestellten KA/Konzernlagebericht **gleichwertig** ist. IdR wird der befreiende KA/Konzernlagebericht nach den Vorschriften des oberen MU aufgestellt (was aber in § 2 Abs 1 Nr 2 KonBefrV nicht zwingend verlangt wird) und die Befreiung des deutschen Teil-KA/Teilkonzernlageberichts auf Grundlage der Gleichwertigkeit angestrebt. Einen Maßstab für die Anerkennung der Gleichwertigkeit gibt die KonBefrV nicht. Von der Ermächtigung des Abs 3 wurde *insoweit* bisher kein Gebrauch gemacht.

Nach der Stellungnahme der EG-Kommission zur Auslegung des Begriffs 24
gleichwertig in Art 11 Abs 1b) der 7. EG-Richtl sind diejenigen Vorschriften

des Gemeinschaftsrechts zugrunde zu legen, denen alle innerhalb der EU erstellten KA/Konzernlageberichte entsprechen müssen, und zwar unabhängig von der Ausübung der in der Richtl eingeräumten Mitgliedstaatenwahlrechte (nicht Umsetzungswahlrechte). Nationale Umsetzungswahlrechte sind jeweils in der Form der Transformation in das gemäß § 3 KonBefrV maßgebliche Mitgliedstaatenrecht anzuwenden (Anm 22; *Busse von Colbe/Ordelheide*[7], 61).

Ein befreiender KA/Konzernlagebericht ist als gleichwertig anzuerkennen, wenn er insgesamt den Vorschriften eines oder mehrerer EU-Mitgliedstaaten in Übereinstimmung mit der 7. EG-Richtl entspricht. Verpflichtende Einzelregelungen der Richtl sowie von ihr zugelassene UntWahlrechte gelten danach auch für den befreienden KA/Konzernlagebericht (*Busse von Colbe/Ordelheide*[7], 60).

25 Werden Vorschriften in Übereinstimmung mit der 7. EG-Richtl abw vom jeweils maßgeblichen Mitgliedstaatenrecht angewendet, stellt sich die Frage, ob das mit § 3 KonBefrV vereinbar ist. Hier ist im Einzelfall zu prüfen, welche Abweichung den Tatbestand der Gleichwertigkeit gefährdet (*ADS*[6] § 292 Anm 47). Jedoch sollten bei der Prüfung keine zu hohen Anforderungen an die Übereinstimmung mit den maßgeblichen Vorschriften gestellt werden, wenn sich die Abweichungen im Rahmen des EU-Rechts bewegen. Soweit die Abweichungen im Konzernanhang erläutert werden, ist uE Gleichwertigkeit gegeben. Die Abweichungen sollten soweit wie möglich quantifiziert und ihr Einfluss auf die VFE-Lage dargestellt werden (ebenso *ADS*[6] § 292 Anm 49). Für die Beurteilung kommt es auf die Bilanzierungs-, Bewertungs- und Offenlegungsvorschriften in ihrer Gesamtheit an. Dazu ist das ausländische Recht zu untersuchen. So kennen bspw die US-GAAP keinen (Konzern-)Lagebericht, wesentliche Angaben werden aber in Regulation S–K und den Financial Reporting Releases verlangt.

Wegen der lfd Weiterentwicklung der Rechnungslegungsstandards in vielen Ländern ist eine Aufzählung einzelner Länder, für die die Befreiung gilt, nicht sinnvoll. Die Beurteilung bleibt Frage des Einzelfalls.

Wenn das obere MU abw Vorschriften angewendet hat, die mit den als Vergleichsmaßstab herangezogenen Vorschriften eines EU/EWR-Mitgliedstaats nicht vereinbar sind und nicht mit der 7. EG-Richtl übereinstimmen, ist ebenfalls eine Einzelfallprüfung vorzunehmen. Sind Abweichungen im konkreten KA/Konzernlagebericht von untergeordneter Bedeutung, ist uE Gleichwertigkeit gegeben (ähnlich *Busse von Colbe/Ordelheide*[7], 61).

III. Prüfung durch den Abschlussprüfer (Nr 3)

28 Nach dem Wortlaut von Abs 2 und der KonBefrV bezieht sich die Prüfungspflicht nur auf den KA; nicht aber auf den Konzernlagebericht. Allerdings ist hier ein Redaktionsversehen anzunehmen und vom Sinn des § 292 her eine Prüfungspflicht auch des Konzernlageberichts zu fordern (vgl *Siebourg* in HdKR[2] § 292 Anm 15).

29 Grds kommt einem KA/Konzernlagebericht nach der KonBefrV befreiende Wirkung nur dann zu, wenn er von einem in Übereinstimmung mit den Vorschriften der 8. EG-Richtl zugelassenen AP geprüft worden ist. Es ist also nicht erforderlich, dass der befreiende KA/Konzernlagebericht von einem deutschen AP geprüft wurde. § 2 Nr 3 KonBefrV erweitert den Kreis der AP auf solche mit gleichwertiger Qualifikation.

30 Maßstab für die Beurteilung der **Gleichwertigkeit** sind die Qualifikationsanforderungen der 8. EG-Richtl, zumal diese Anforderungen („Befähigungen") auch von § 291 Abs 2 Nr 2 und von § 317 Abs 2 S 3 verlangt werden. Das setzt entweder die Kenntnis des EU-Bilanzrechts auch in anderen Mitgliedstaaten

durch den AP selbst voraus oder es macht einen eingehenden internationalen Erfahrungsaustausch unter den in den Mitgliedstaaten tätigen Berufsträgern notwendig. AP, die einer Mitgliedsorganisation des IFAC angehören, werden im Allgemeinen die Anforderungen an die Gleichwertigkeit erfüllen (*WPH*[12] I, M 112).

Die Prüfungsdurchführung hat den Anforderungen des HGB zu entsprechen. 31
Dabei sind insbes die Vorschriften der §§ 316 ff zu beachten (*Begr BMJ* zu § 2 KonBefrV, 9). Diese Regierungsbegr bezieht sich nicht auf den Prüfungsbericht (§ 321). Demggü ist § 322 bzgl des BVm zu beachten. Das Urteil des AP ist also in der Form eines BVm abzugeben und dem KA/Konzernlagebericht beizufügen.

IV. Angaben im Anhang (Nr 4)

Der Wortlaut ist identisch mit Abs 2 Nr 3 (zu Einzelheiten § 291 Anm 28). 35

Zu Gegenstand und Umfang der in Anknüpfung an die Angaben im Anhang des JA des unteren MU auf den KA des oberen MU gerichteten Prüfung § 317 Anm 45 ff.

D. Minderheitenschutz (§ 2 Abs 2 KonBefrV)

Gem § 2 Abs 3 KonBefrV ist § 291 Abs 3 entspr anzuwenden. Diese Vor- 40
schrift gebietet dem unteren MU trotz Vorliegens der übrigen Befreiungsvoraussetzungen des § 291 zum Schutz von GesterMinderheiten unter bestimmten Bedingungen die Aufstellung eines Teil-KA/Teilkonzernlageberichts (im Einzelnen § 291 Anm 40 ff).

E. Regelungen im Publizitätsgesetz

Die KonBefrV gilt auch für die Befreiung von nach PublG aufgestellten 45
(Teil-)KA/Konzernlageberichten (§ 13 Abs 4 PublG iVm § 292). Soweit sie § 291 übernommen hat, gilt die sinngemäße Anwendung des § 291 (§ 11 Abs 6 PublG) auch für diese Teil-KA/-Konzernlageberichte (*Busse von Colbe/Ordelheide* Konzernabschlüsse, 73). Insoweit gelten § 291 Anm 50 ff entspr.

F. Rechtsfolgen einer Verletzung des § 292

Sie sind nicht vorgesehen. Werden Einzelvorschriften der KonBefrV nicht 50
eingehalten, tritt die Befreiung nicht ein. Dann verbleibt es bei der Aufstellungspflicht gem HGB oder PublG.

G. Abweichungen der IFRS

Die IFRS kennen wegen ihres globalen Geltungsanspruchs keine nach dem 60
Sitz eines oberen MU differenzierte Befreiungsvorschrift. Bezüglich der Befreiung von der Aufstellung von Teil-KA verweisen wir auf § 291 Anm 70.

1 **§ 292a *Befreiung von der Aufstellungsfrist***

Anmerkung: Aufgehoben durch das Bilanzrechtsreformgesetz v 10. 12. 2004 (BGBl I, 3166). Zur befristeten Weitergeltung s Art 58 EGHGB Anm 17, 18, 25. Zu den Erläuterungen des § 292a s 5. Auflage.

§ 293 Größenabhängige Befreiungen

(1) [1] **Ein Mutterunternehmen ist von der Pflicht, einen Konzernabschluß und einen Konzernlagebericht aufzustellen, befreit, wenn**

1. am Abschlußstichtag seines Jahresabschlusses und am vorhergehenden Abschlußstichtag mindestens zwei der drei nachstehenden Merkmale zutreffen:

a) Die Bilanzsummen in den Bilanzen des Mutterunternehmens und der Tochterunternehmen, die in den Konzernabschluß einzubeziehen wären, übersteigen insgesamt nach Abzug von in den Bilanzen auf der Aktivseite ausgewiesenen Fehlbeträgen nicht 19 272 000 Euro.

b) Die Umsatzerlöse des Mutterunternehmens und der Tochterunternehmen, die in den Konzernabschluß einzubeziehen wären, übersteigen in den zwölf Monaten vor dem Abschlußstichtag insgesamt nicht 38 544 000 Euro.

c) Das Mutterunternehmen und die Tochterunternehmen, die in den Konzernabschluß einzubeziehen wären, haben in den zwölf Monaten vor dem Abschlußstichtag im Jahresdurchschnitt nicht mehr als 250 Arbeitnehmer beschäftigt;

oder

2. am Abschlußstichtag eines von ihm aufzustellenden Konzernabschlusses und am vorhergehenden Abschlußstichtag mindestens zwei der drei nachstehenden Merkmale zutreffen:

a) Die Bilanzsumme übersteigt nach Abzug eines auf der Aktivseite ausgewiesenen Fehlbetrags nicht 16 060 000 Euro.

b) Die Umsatzerlöse in den zwölf Monaten vor dem Abschlußstichtag übersteigen nicht 32 120 000 Euro.

c) Das Mutterunternehmen und die in den Konzernabschluß einbezogenen Tochterunternehmen haben in den zwölf Monaten vor dem Abschlußstichtag im Jahresdurchschnitt nicht mehr als 250 Arbeitnehmer beschäftigt.

[2] **Auf die Ermittlung der durchschnittlichen Zahl der Arbeitnehmer ist § 267 Abs. 5 anzuwenden.**

(2) *(aufgehoben)*

(3) *(aufgehoben)*

(4) **Außer in den Fällen des Absatzes 1 ist ein Mutterunternehmen von der Pflicht zur Aufstellung des Konzernabschlusses und des Konzernlageberichts befreit, wenn die Voraussetzungen des Absatzes 1 nur am Abschlußstichtag oder nur am vorhergehenden Abschlußstichtag erfüllt sind und das Mutterunternehmen am vorhergehenden Abschlußstichtag von der Pflicht zur Aufstellung des Konzernabschlusses und des Konzernlageberichts befreit war.**

(5) **Die Absätze 1 und 4 sind nicht anzuwenden, wenn das Mutterunternehmen oder ein in den Konzernabschluss des Mutterunternehmens einbezogenes Tochterunternehmen am Abschlussstichtag einen organisierten Markt im Sinne des § 2 Abs. 5 des Wertpapierhandelsgesetzes durch von ihm ausgegebene Wertpapiere im Sinne des § 2 Abs. 1 Satz 1 des Wertpapierhandelsgesetzes in Anspruch nimmt oder die Zulassung zum Handel an einem organisierten Markt beantragt worden ist.**

Übersicht

Schrifttum: Siehe die Literatur zu § 290 nach der Gliederung und unter Abschn I. Abweichungen der IFRS.

A. Allgemeines

1 § 293 befreit KapGes und KapCoGes von der Pflicht zur Aufstellung von (Teil-)KA/Konzernlageberichten, solange nicht an zwei aufeinander folgenden Stichtagen jeweils zwei Grenzwerte überschritten sind (Anm 20 ff). Da Abs 1 nur befreit, wenn an zwei aufeinander folgenden Stichtagen die Kriterien unterschritten werden, wurde in Abs 4 eine „Härteklausel" für den Fall des einmaligen Überschreitens der Kriterien eingefügt.

Kreditinstitute und VersicherungsUnt müssen stets, unabhängig von Größe oder Rechtsform, KA und Konzernlagebericht nach HGB aufstellen (§§ 340 i Abs 1, 341 i Abs 1). Die Befreiung kann von wertpapieremittierenden Unt ebenfalls nicht in Anspruch genommen werden (Anm 35).

2 Im Gegensatz zum JA werden jeweils **zwei Gruppen von Größenklassen** als **Schwellenmerkmale** genannt, nämlich die maßgebenden Beträge *vor* Konsolidierung (Forderungen/Schulden, Erträge/Aufwendungen usw) – sog **Bruttomethode** – und *nach* Kons – sog **Nettomethode** –. Da der KA nur Informationsfunktion hat und nicht Grundlage für eine Gewinnverteilung ist (§ 297 Anm 1), soll vermieden werden, dass in Grenzfällen viele Arbeiten zum KA anfallen, um erst danach festzustellen, dass die Grenzwerte nicht überschritten sind. Das MU darf die Berechnungsmethode jedes Jahr neu wählen, weil es sich nicht um eine KonsMethode (Stetigkeitsgebot) handelt. Die Berechnung muss am jeweiligen Stichtag einheitlich für den gesamten KonsKreis angewendet werden (*Siebourg* in HdKR[2] § 293 Anm 8; *WPH*[12] I, M Anm 117).

3 Die Größenklassen für den KA nach HGB sind als Befreiungsregelung ausgestaltet. Der Gesetzgeber hat, trotz der höheren Aussagekraft eines KA, die Möglichkeit der Befreiung nach Art 6 der 7. EG-Richtl voll ausgenutzt, um die Belastung der Wirtschaft mit Rechnungslegungspflichten möglichst gering zu

halten. Dennoch ist es wünschenswert, auch bei Nicht-Erreichen der Grenzwerte **freiwillig** einen KA aufzustellen und offenzulegen. Die Entscheidung für einen KA ist auch aus Sicht des Controlling (um interne Liefer- und Leistungsbeziehungen bereinigte Information des Managements, standardisierte, zeitnahe Berichterstattung der TU) sinnvoll. Der damit verbundene Aufbau von Knowhow bzw der nötigen Infrastruktur vermeidet auch Konflikte mit dem Einhalten von Fristen bei einer späteren KA-Aufstellungspflicht.

4 Die Befreiung gem § 293 steht neben den Befreiungsvorschriften der §§ 291 und 292. Diese Befreiungen sind größenunabhängig und daher im Normalfall einfacher festzustellen. Sie führen dazu, dass das sog **Tannenbaum-Prinzip,** wonach bei einem inländischen mehrstufigen Konzern KA auf mehreren Ebenen aufgestellt werden müssten, nicht erfüllt wird. Ist ein MU bereits nach § 291 oder nach der Rechts-VO zu § 292 von der Pflicht zur Aufstellung eines eigenen KA befreit, weil dieser „auf einer höheren Stufe" aufgestellt werden muss, braucht die Befreiung nach § 293 und auch deren Wegfall bei Zulassung zum Börsenhandel (Abs 5, Anm 35 f) nicht mehr geprüft zu werden. Für das **praktische Vorgehen** ist zunächst der KonsKreis festzulegen. Der KA-Stichtag ist der des MU nach § 299 Abs 1 (Anm 1 ff). Danach sind die Voraussetzungen des Abs 1 (Anm 10 ff) und evtl die Härteklausel zu prüfen. Aus Vereinfachungsgründen beginnt man mit der Bruttomethode.

B. Größenmerkmale des § 293

I. Generelle Regelung (Abs 1)

1. Befreiungsmerkmale und ihre Definitionen

10 Die Relation der Größenmerkmale vor Kons (Nr 1) und nach Kons (Nr 2) beträgt, wie in der 7. EG-Richtl vorgesehen, bei den Größen „Bilanzsumme" sowie „Umsatzerlöse" 1,2 zu 1,0.

Die **Größenmerkmale** für eine *Befreiung* gem S 1 sind, soweit sie monetäre Größen betreffen, mit dem BilReG um rund 17% angehoben worden. Für die Beurteilung der Konzernrechnungslegungspflicht für Gj, die nach dem 31. Dezember 2003 beginnen, gelten folgende Werte (vgl Art 58 Abs 1 EGHGB):

MU und TU zusammen	KA nach § 293	
	Konsolidiert/ Nettomethode (Nr 2)	nicht konsolidiert/ Bruttomethode (Nr 1)
a) Bilanzsumme in TEuro	16 060	19 272
b) Umsatzerlöse in TEuro	32 120	38 544
c) Arbeitnehmer	250	250

Bzgl der Grössenmerkmale nach **PublG** vgl Anm 41, sie wurden durch das BilReG nicht angehoben.

11 Die Größenmerkmale sind in § 293 inhaltsgleich zu § 267 definiert (s dort).

Es gilt die **Bilanzsumme** (§ 267 Anm 6) gem den JA aller tatsächlich einbezogenen TU (Anm 13) und des MU, gekürzt um etwa auf der Aktivseite ausgewiesene EK-Fehlbeträge gem § 268 Abs 3.

Das Merkmal **Umsatzerlöse** (§ 267 Anm 7f) bezieht sich (auch bei RumpfGj) auf die 12 Kalendermonate vor dem Abschlussstichtag des KA.

Die maßgebende **Zahl der Arbeitnehmer** (§ 267 Anm 9ff) ist gem Abs 1 S 2 nach den Regeln des § 267 Abs 5 auch für den KA nach HGB zu ermitteln (Vierteljahres-Endzahlen der letzten vier Kalender-Quartale). Für die Ermittlung nach PublG Anm 42.

Für die Ermittlung der Bilanzsumme bzw der Umsatzerlöse ist danach zu differenzieren, ob sie anhand der **Brutto- oder der Nettomethode** ermittelt werden. Als Grundlage für die Anwendung der Bruttomethode kann die nach dem jeweils massgeblichen (lokalen) Recht erstellte HB I verwendet werden; die Verwendung der HB I ist logisch konsistent mit der Vereinfachungsintention der Bruttomethode. Die Verwendung einer zusätzlich erstellten, nach §§ 300, 308 an konzerneinheitliche Bilanzierungs- und Bewertungsregeln angepassten HB II ist jedoch gleichfalls zulässig und kann in manchen Fällen dazu führen, dass der Eintritt der Konzernrechnungslegungspflicht vermieden wird (*ADS*[6] § 293 Anm 8 mit dem Beispiel eines nach lokalem Recht zu Wiederbeschaffungswerten bilanzierenden TU). 12

Für die Nettomethode fehlt dieser Bezug auf die Einzelbilanzen. Die Konzernbilanz ist nach den §§ 300 und 308 aufzustellen. Dabei dürfen alle bilanzsummenmindernde Wahlrechte ausgeübt werden. Diese Wahlrechtsausübung ist in den Folgejahren allerdings stetig auszuüben.

Die Wahl zwischen Brutto- und Nettomethode darf in jedem Jahr neu ausgeübt werden, da sie keine KonsMethode darstellt und daher das Stetigkeitsgebot des § 97 Abs 3 S 2 nicht greift; sie ist jedoch einheitlich auf den gesamten KonsKreis anzuwenden (*WPH*[12] I, M Anm 117).

2. Implizite Voraussetzungen

Die Größenmerkmale können erst bestimmt werden, wenn der KonsKreis gem §§ 294, 296 festliegt. Dabei dürfen alle Wahlrechte des § 296 ausgeschöpft werden. Dies entspricht dem Ziel der Vorschrift, die Befreiung für den KA zu ermitteln, der ohne die Vorschrift des § 293 aufgestellt würde (*WPH*[12] I, M Anm 120f). Die **einzubeziehenden TU** sind daher zu jedem Stichtag neu festzulegen. 13

Bei der additiven Bruttomethode ist der **Abschlussstichtag** des MU maßgebend (§ 293 Abs 1 Nr 1). Weichen die Stichtage bedeutender TU mehr als drei Monate ab, ist für diese ein Zwischenabschluss zu erstellen (Gedanke des § 299 analog). Für die Nettomethode ist der Stichtag nach § 299 maßgebend (Abs 1 Nr 2). 14

Das MU ist (analog zum KA; § 308 Anm 59ff) in der Wahl der Methode der Umrechnung von Fremdwährungs-JA für ausländische TU grds frei. Der Einfachheit halber empfiehlt sich bei Anwendung der Bruttomethode die reine Stichtagskursmethode (s § 308 Anm 65).

Die Größenmerkmale der Nrn 1 und 2 beziehen sich auf den JA zum Bilanzstichtag und zum vorhergehenden Bilanzstichtag (auch eines RumpfGj); an *beiden* Stichtagen dürfen die Merkmale nicht überschritten sein. Dafür genügen für die Befreiung das Unterschreiten von jeweils zwei der drei in Anm 10 genannten Maximalgrößen. Eine **Pflicht** zur Aufstellung eines KA/Konzernlageberichts nach Abs 1 **entfällt nur** dann, wenn 15

- mind zwei der drei in Anm 10 genannten maximalen Befreiungsgrößen nicht überschritten werden
- und wenn außerdem zwei Maximalgrößen auch an dem vorhergehenden Stichtag nicht erreicht wurden.

Dabei dürfen an beiden Stichtagen jeweils andere Kriterien herangezogen werden (ebenso *Siebourg* in HdKR[2] § 293 Anm 36; *ADS*[6] § 293 Anm 11).

16 Die Nettomethode nimmt auf den KA Bezug. Daher sind für alle KonsMaßnahmen Festlegungen zu treffen, zB Zeitpunkt der KapKons (§ 301 Anm 140 ff), Behandlung des Unterschiedsbetrags (§ 309), Einbezug assozUnt ua.

17 Das HGB enthält im Gegensatz zum PublG auch keine Regelung darüber, welche Grenzwerte bei **Konzernen** gelten, die in **mehreren Wirtschaftszweigen** (Industrie, Kreditinstitute, VersicherungsUnt) tätig sind. Maßgebend sind allein Wirtschaftszweig und Rechtsform **des MU:** Ist dieses ein Kreditinstitut, ein VersicherungsUnt (oder deren Holding, §§ 340 i Abs 3, 341 i Abs 2) *entfällt stets* eine *Größenbefreiung.* Leitet das MU oder ein Holding-MU einen Industrie-Konzern, zu dem als TU *auch* Kreditinstitute oder VersicherungsUnt gehören, bleibt es bei den Grenzwerten gem Abs 1.

II. Härteklausel (Abs 4)

20 Die Befreiung von der Aufstellung eines KA/Konzernlageberichts nach Abs 1 setzt voraus, dass mind zwei der drei generellen Merkmale (Industrie, Handel) am Bilanzstichtag *und* am vorhergehenden Bilanzstichtag des KA – also an zwei Stichtagen – *nicht* überschritten wurden; dabei müssen nicht an beiden Stichtagen die gleichen Merkmale herangezogen werden. Das Unterschreiten an einem Stichtag reicht nach Abs 1 nicht aus.

Abs 4 erweitert Abs 1 insofern, als er das MU auch befreit, wenn die Voraussetzungen des Abs 1 nur an einem der Stichtage erfüllt sind und das MU am vorhergehenden Abschlussstichtag *auf Grund von Abs 1 oder Abs 4* befreit war. Aus Abs 4 ist keine generelle Befreiung von der Aufstellungspflicht abzuleiten für Unt, die im Vj keinen KA/Konzernlagebericht aufstellen mussten (s auch Anm 28). Denn Zweck von Abs 4 ist es, einen Wechsel zwischen Aufstellungspflicht und Aufstellungsfreiheit generell in Fällen zu vermeiden, die jeweils dicht über oder unter den Grenzwerten liegen (*Siebourg* in HdKR[2] § 293 Anm 36).

21 Aus Abs 4 folgt, dass die Konzernrechnungslegungspflicht erst beginnt, wenn an **zwei aufeinander folgenden Stichtagen** jeweils zwei Grenzwerte überschritten sind. Diesen Zusammenhang verdeutlicht folgende Tabelle (in Anlehnung an *Albrecht* in BoHdR § 293 Anm 27):

	Größenmerkmale unterschritten?				
	Fall A	Fall B	Fall C	Fall D	Fall E
Stichtag t1	ja	nein	ja	nein	ja
Stichtag t2	nein	ja	ja	nein	nein
Stichtag t3	ja	ja	nein	ja	ja
Stichtag t4	ja	nein	ja	nein	nein
Befreiung am Stichtag t4?	ja	ja	ja	nein	?

Die Frage, ob am Stichtag t4 Befreiung besteht, ist wie folgt zu beurteilen:

Fall A: Befreiung ist bereits nach Abs 1 gegeben, weil die Größenmerkmale sowohl in t4 wie in t3 unterschritten sind.

Fall B: Befreiung ist nach Abs 4 gegeben, weil die Größenmerkmale in t3 unterschritten waren und in t3 Befreiung bestand.

Fall C: Befreiung ist nach Abs 4 gegeben, weil die Größenmerkmale in t4 unterschritten sind und in t3 Befreiung bestand. (Im Fall C lagen in t3 die gleichen Verhältnisse vor wie im Fall B in t4.)

Fall D: Befreiung ist nicht gegeben, weil die Größenmerkmale in t4 nicht unterschritten sind (Abs 1) und in t3 keine Befreiung bestand (Abs 4).

Fall E: Die Frage ist anhand der angegebenen Daten nicht beantwortbar. Zur Beantwortung muss über den Stichtag t1 soweit zurückgegangen werden, bis an zwei aufeinander folgenden Stichtagen eine übereinstimmende Antwort (ja oder nein) vorliegt und damit entschieden ist, ob eine Aufstellungspflicht an diesen beiden Stichtagen gegeben war oder nicht. Entspr der an diesen beiden Stichtagen übereinstimmenden Antwort ist die Frage für t4 mit ja oder nein zu beantworten.

Infolge der Erhöhung der Größenmerkmale durch das BilReG stellt sich für die Beurteilung des Überschreitens an zwei aufeinander folgenden Stichtagen die Frage der Rückwirkung der Erhöhung. UE ist davon auszugehen, dass die Entlastungswirkung für Konzerne, die unter die neuen Schwellenwerte fallen, für Gj, die nach dem 31. Dezember 2003 beginnen, unmittelbar eintreten soll. Daher sind bei der Beurteilung des ersten der beiden aufeinanderfolgenden Gj (bei Beurteilung der Konzernrechnungslegungspflicht zum 31. Dezember 2004 zB das zum 31. Dezember 2003 endende Gj) bereits die neuen Größenkriterien zugrunde zu legen (ebenso *Pfitzer/Oser/Orth,* 52, *Göhner,* 209; sa Art 58 EGHGB Anm 8).

III. Einzelfragen

Bei **Rumpf-Gj** sind die fehlenden Zeiträume bei den Merkmalen „Umsatzerlöse" und „Arbeitnehmerzahl" den jeweils vorhergehenden Gj zu entnehmen, sofern es diese Zeiträume beim MU oder den TU gibt, s dazu § 267 Anm 8, 13 und 23. Rumpf-Gj können für den KA zusätzlich auch aus Veränderungen im KonsKreis entstehen (§ 299 Abs 1 und 2). Existiert kein vorhergehendes Gj, so sind die Umsatzerlöse des Rumpf-Gj auf 12 Monate hochzurechnen; die Arbeitnehmerdurchschnittzahl ergibt sich aus dem Rumpf-Gj-Durchschnitt. 25

Veränderungen im KonsKreis ändern nichts an der unter Anm 10 ff dargestellten Vorgehensweise. Es sind die Vorschriften über den KonsKreis maßgebend. Für § 293 sind neue TU ab dem Zeitpunkt ihrer Konzernzugehörigkeit einzubeziehen. Dh, dass die „Umsatzerlöse" und „Arbeitnehmer" der neuen TU als zeitraumbezogene Kriterien erst ab dem ErstKonsZeitpunkt der TU einzubeziehen sind (*ADS*[6] § 293 Anm 21). Abgänge sollten für das gesamte Jahr nicht mehr berücksichtigt werden (*ADS*[6] § 293 Anm 20; *Siebourg* in HdKR[2] § 293 Anm 43). 26

Im Gegensatz zu § 267 Abs 4 S 2 fehlt eine Regelung für Formwechsel oder Verschmelzung. Grds muss sich bei einem **Formwechsel** wegen der Gesamtrechtsnachfolge der neue Rechtsträger die unter der alten Rechtsform geltenden Schwellenwerte zurechnen lassen. Dh der Formwechsel ist für § 293 grds ohne Bedeutung. Zu materiellen Auswirkungen kann es nur kommen, wenn sich das anwendbare Recht ändert (HGB bzw PublG). Bei Formwechsel in eine KapGes/KapCoGes kann es daher bereits im ersten Jahr zu einer KA-Pflicht kommen, wenn die Grenzen des § 293 im Vj überschritten wurden, unabhängig davon, ob die höheren Grenzwerte des § 11 PublG erreicht waren oder nicht. Wird eine KapGes/KapCoGes in eine reine PersGes umgewandelt, endet die Pflicht zur Aufstellung eines KA, wenn die Größengrenzen des § 11 Abs 1 PublG nicht erreicht werden. 27

Bei **Verschmelzungen** kommt es grds auf den aufnehmenden Rechtsträger an. Wegen der Gesamtrechtsnachfolge darf sich das aufnehmende MU nicht auf die Befreiungsvorschrift des Abs 4 berufen, wenn der übertragende (die übertragenden) Rechtsträger von einer etwaigen Konzernrechnungslegungspflicht nicht gem § 293 befreit gewesen ist (sind).

28 Bei **erstmaliger Konzernbildung** ist das MU nach Abs 4 befreit, weil es am vorhergehenden Stichtag noch kein Mutter-Tochterverhältnis gab und deshalb kein KA/Konzernlagebericht im Vj aufgestellt werden konnte bzw musste. Dadurch wird ein Unt, das erstmalig MU eines Konzerns wird, nicht schlechter gestellt als ein MU, das durch den Erwerb von TU im Gj zum GjEnde die Grössenkriterien des Abs 1 überschreitet, trotzdem aber gem Abs 4 von einer Aufstellungspflicht befreit ist (vgl auch Anm 21 Fall B).

29 Aus dem Gesetzeszweck geht hervor, dass sich **KapCoGes** nicht grds auf die Befreiungsvorschrift des Abs 4 berufen dürfen. Dies ist nur zulässig, wenn sie auch als KapGes diese Befreiung in Anspruch nehmen dürften.

IV. Wegfall der Befreiung (Abs 5)

35 Die größenabhängigen Befreiungen entfallen *sofort,* wenn am Bilanzstichtag entweder Aktien oder andere Wertpapiere des **MU oder** eines (tatsächlich) *einbezogenen* **TU** an Börsen (amtlicher Handel oder geregelter Markt) eines Mitgliedstaates der EU bzw des EWR (Island, Liechtenstein, Norwegen) gehandelt werden oder dort ihre Börsenzulassung beantragt ist.

36 Bereits aus den Börsenzulassungs-Vorschriften ergibt sich, dass KA vorzulegen und im Zulassungsprospekt wiederzugeben sind, wenn entweder Anteile oder andere Wertpapiere an EU- oder EWR-Börsen gehandelt werden sollen.

C. Größenmerkmale nach Publizitätsgesetz

I. Allgemeines

40 Die Größenmerkmale der zur Konzernrechnungslegung verpflichteten MU ergeben sich nach § 11 Abs 1 PublG. Bzgl der anderen Aufstellungsvoraussetzungen gem § 11 Abs 1 bis 3 sowie Abs 5 PublG s § 290 Anm 100 ff. Bzgl der sachlichen Befreiungen bei Mehrstufen-Konzern §§ 291 und 292.

II. Generelle Regelung (§ 11 Abs 1 und 2 PublG)

1. Mindestgrößen für die Aufstellungspflicht und ihre Definitionen

41 Die **Grenzwerte** sind wie in §§ 267 und 293 von mind zwei der drei folgenden Merkmale abhängig.

KA nach PublG
(ebenso JA nach PublG)

MU und TU zusammen	Grenzwert
a) Bilanzsumme über Mio Euro	65
b) Umsatzerlöse in den letzten 12 Monaten über Mio Euro	130
c) Bei *Inlands*unternehmen tätige Arbeitnehmer im Durchschnitt der letzten 12 Monate mehr als	5000

Die vorstehenden Schwellenwerte beziehen sich dem Wortlaut der Vorschrift entspr auf den bereits **konsolidierten KA.** Da nur die Zahl der inländischen Arbeitnehmer im Konzern durch Addition ermittelt werden kann, die beiden anderen Grenzwerte aber von konzerninternen Vorgängen zu bereinigen sind, müssen zumindest Überschlagsrechnungen auf Basis der Bruttowerte durchgeführt werden(*WPH* I, O Anm 25). In Grenzfällen müssen sogar ProbeKA erstellt werden. 42

Bzgl der **weiteren Aufstellungsvoraussetzungen** vgl § 290 Anm 103–116. Insb ist das Überschreiten von mind zwei Grenzwerten an *drei* aufeinander folgenden Bilanzstichtagen Voraussetzung für eine Konzernrechnungslegungspflicht. Die Aufstellungspflicht endet erst dann, wenn für *drei* aufeinander folgende Abschlussstichtage mind zwei dieser Merkmale nicht mehr zutreffen (§ 12 Abs 1 iVm § 2 Abs 1 S 3 PublG). 43

Bei dem Probe-KA zum Bilanzstichtag des MU nach Ablauf des vorgenannten Zeitraums sind gem § 11 Abs 2 iVm § 1 Abs 2 S 1 bis 5 PublG folgende zusätzliche Regeln zu beachten: 44

- Die **konsolidierte Bilanzsumme** ist zunächst grds nach HGB zu ermitteln (Verweis in § 13 Abs 2 PublG); anschliessend ist diese Bilanzsumme um alle passivierten Verbindlichkeiten oder Rückstellungen für Verbrauchsteuern und Monopolabgaben zu kürzen (*ADS*[6] § 11 PublG Anm 20 spricht von einem Wahlrecht); dieser Abzug ist auch für KA nach PublG sinnvoll (ebenso *Ischebeck* in HdKR[2] § 11 PublG Anm 21, *WPH*[12] I, O Anm 24). Ein nicht durch EK gedeckter Fehlbetrag ist im Gegensatz zu Abs 1 Nr 2a nicht abzuziehen (*ADS*[6] § 11 PublG Anm 19).
- Bei den **Außen-Umsatzerlösen** (§ 275 Anm 66ff) müssen alle darin enthaltenen Verbrauchsteuern und Monopolabgaben gekürzt werden.
- § 1 Abs 2 S 4 PublG schreibt für die Prüfung der Größenkriterien für den JA die **Umrechnung von Fremdwährungsposten** mit dem amtlichen Kurs am Transaktionstag vor (*ADS*[6] § 1 PublG Anm 39). Dies gilt nicht für die Prüfung der Größengrenzen des KA, da keine spezielle Norm zur Währungsumrechnung für den KA nach PublG vorliegt. Das MU darf daher eine der zulässigen Methoden wählen. In der Praxis ergibt sich allerdings kein Unterschied, da meist die GuV auf Basis von Durchschnittskursen einbezogen wird, welche zugleich als geeignete Hilfsgröße für Transaktionskurse gelten.
- Die **Durchschnittszahl der Arbeitnehmer** ist (anders als im HGB) der zwölfte Teil der Summe aus den am jeweiligen Monatsende beschäftigten Arbeitnehmern einschl der Auszubildenden (S 5). Im Gegensatz zum HGB stellt § 11 Abs 1 PublG nur auf die bei „KonzernUnt mit Sitz im Inland“ Beschäftigten einschl der in ausländischen Betriebsstätten (§ 1 Abs 2 S 5 PublG) ab.

2. Teilkonzernabschluss

Abw von dem Konzept der einheitlichen Leitung normiert § 11 Abs 3 PublG die Konzernrechnungslegungspflicht für inländische Teil-KA/Teilkonzernlageberichte. Dabei sind die Größenkriterien für jeden Teil-KA gesondert zu untersuchen (*Ischebeck* in HdKR[2] § 11 PublG Anm 25). 45

III. Kreditinstitute und Versicherungsunternehmen

Sollten Kreditinstitute oder VersicherungsUnt **TU** eines unter das PublG fallenden Unt sein, gelten für diesen Mischkonzern die allgemeinen Schwellenwerte des § 11 Abs 1 PublG. Die Berechnungshinweise in Anm 11 und 17 gelten auch hier. 55

D. Rechtsfolgen einer Verletzung des § 293

58 Weder § 293 noch § 11 PublG sind sanktioniert, weil sie entweder Definitionen oder Wahlrechte enthalten. Die Pflicht zur Aufstellung eines KA/Konzernlageberichts, wenn die Befreiungsgrenzen nach § 293 oder § 11 PublG überschritten sind (oder diese Befreiungsvorschriften falsch ausgelegt wurden), richten sich nach § 290 Abs 1 und 2 oder nach § 13 Abs 1 PublG. Die zuletzt genannten Vorschriften sind durch § 335 S 1 Nr 2 oder § 21 Nr 2 PublG sanktioniert. Näheres bei § 335 Anm 15 und 30 ff.

E. Abweichungen der IFRS

60 IAS 27 kennt keine größenabhängige Befreiung von der Aufstellung von KA. Für die IFRS ist, geprägt durch den angelsächsischen Rechtskreis, der KA der maßgebende Abschluss. Insofern ist der Verzicht auf eine Befreiungsregel konsequent. Auch für die Anwendung des Grundsatzes der Materiality ergibt sich, legt man die angelsächsische Denkweise zugrunde, nur ein begrenzter Spielraum. Die fehlende größenabhängige Befreiung bleibt ohne Bedeutung für ein deutsches MU, welches nicht unter den Pflichtanwenderkreis des § 315 a fällt.

Zweiter Titel. Konsolidierungskreis

§ 294 Einzubeziehende Unternehmen. Vorlage- und Auskunftspflichten

(1) In den Konzernabschluß sind das Mutterunternehmen und alle Tochterunternehmen ohne Rücksicht auf den Sitz der Tochterunternehmen einzubeziehen, sofern die Einbeziehung nicht nach § 296 unterbleibt.

(2) [1] Hat sich die Zusammensetzung der in den Konzernabschluß einbezogenen Unternehmen im Laufe des Geschäftsjahrs wesentlich geändert, so sind in den Konzernabschluß Angaben aufzunehmen, die es ermöglichen, die aufeinanderfolgenden Konzernabschlüsse sinnvoll zu vergleichen. [2] Dieser Verpflichtung kann auch dadurch entsprochen werden, daß die entsprechenden Beträge des vorhergehenden Konzernabschlusses an die Änderung angepaßt werden.

(3) [1] Die Tochterunternehmen haben dem Mutterunternehmen ihre Jahresabschlüsse, Einzelabschlüsse nach § 325 Abs. 2 a, Lageberichte, Konzernabschlüsse, Konzernlageberichte und, wenn eine Abschlussprüfung stattgefunden hat, die Prüfungsberichte sowie, wenn ein Zwischenabschluß aufzustellen ist, einen auf den Stichtag des Konzernabschlusses aufgestellten Abschluß unverzüglich einzureichen. [2] Das Mutterunternehmen kann von jedem Tochterunternehmen alle Aufklärungen und Nachweise verlangen, welche die Aufstellung des Konzernabschlusses und des Konzernlageberichts erfordert.

Übersicht

Schrifttum §§ 294 und 296: *Gelhausen, W.* Konsolidierungskreis, Prüfung in HWRev[2] Sp 1002 ff; *Haeger/Zündorf* Abgrenzung des Konsolidierungskreises nach der wirtschaftlichen Zugehörigkeit DB 1991, 1841 ff; *Heydemann/Koenen* Die Abgrenzung des Konsolidierungskreises in Theorie und Praxis DB 1992, 2253 ff; *Küting/Dusemond* Rechnungslegung im GmbH-Konzern GmbHR 1993, 199 ff und 265 ff; *Selchert/Baukmann* Die untergeordnete Bedeutung von Tochterunternehmen im Konsolidierungskreis BB 1993, 1325 ff; *Eisolt* Konsolidierungskreis deutscher und amerikanischer Konzernabschlüsse BB 1994, 467 ff; *Zwingmann* Zur Einbeziehung von Tochterunternehmen in den Konzernabschluss – Kritik an den Vorschriften der §§ 295 und 296 HGB DStR 1994, 1547 ff; *HFA 3/1995* Konzernrechnungslegung bei Änderungen des Konsolidierungskreises WPg 1995, 697 ff; *Maas/Schruff* Ausgliederungen aus dem Konsolidierungskreis in FS Havermann, 413 ff; *Möhlmann/Diethard* Zur Operationalisierung der „untergeordneten Bedeutung" in der Konzernrechnungslegung BB 1996, 205 ff; *Husmann* Betriebswirtschaftliche Abgrenzung des Konsolidierungskreises zur konzernbilanzanalytischen Untersuchung BB 1997, 2043 ff; *Ruhnke/Schmidt/Seidel* Einbeziehungswahlrechte und -verbote im IAS-Konzernabschluss DB 2001, 657; *IDW* Stellungnahme zu E-DRS 10, WPg 2001, 917 ff; *Leuthier* Konsolidierungskreis in HWRuP[3] Sp 1331 ff; *Baetge/Kirsch/Thiele* Konzernbilanzen, 6. Aufl, Düsseldorf 2002.

A. Grundlagen

Die **§§ 294 und 296** regeln die **Abgrenzung des Konsolidierungskreises,** dh welche Unt im Wege der VollKons (§§ 300–309) in den KA einzubeziehen sind und unter welchen Voraussetzungen eine Kons unterbleiben darf (§ 296). 1

Die Vorschriften über den KonsKreis sind eng mit der Verpflichtung zur Aufstellung eines KA (§ 290) verknüpft. Daher kann sich eine **faktische Befreiung** von der Konzernrechnungslegungspflicht, die neben die unmittelbaren Befreiungen gem §§ 291–293 tritt, auch mittelbar durch die Anwendung der Vorschriften über den KonsKreis ergeben und zwar dann, wenn nach der zutreffenden Ausübung von KonsWahlrechten (§ 296) kein voll*konsolidierungspflichtiges* TU gem § 294 Abs 1 des MU verbleibt (glA *Sahner/Sauermann* in HdKR[2] § 294 Anm 4; *Pfaff* in MünchKomm HGB § 294 Anm 7). 2

IdR wird es dann zu einer faktischen Befreiung von der Konzernrechnungslegungspflicht kommen, wenn neben dem MU **nur *unwesentliche* Tochterunternehmen** iSv § 296 Abs 2 vorhanden sind. Wird die VFE-Lage des Konzerns vom MU dominiert, ist der KA weitgehend mit dem JA des MU identisch, dh die für die Adressaten relevanten Informationen werden bereits durch den JA des MU vermittelt, so dass der KA, dem ausschließlich eine Informationsfunktion zukommt (§ 297 Anm 1), entfallen kann. Damit der JA des MU „befreiende Wirkung" hat, sollte er im Hinblick auf die Anforderungen gem § 297 Abs 1 S 1 – erstmals für Gj, die nach dem 31. 12. 2004 beginnen (Art 58 Abs 3 S 1 EGHGB) – freiwillig um eine KFR und einen EK-Spiegel erweitert werden. Zumindest sollten aber Angaben, zB im Anhang, ergänzt werden, die mit den Informationen, wie sie durch die (zusätzlichen) KA-Bestandteile vermittelt werden, gleichwertig sind. Sofern von der faktischen Befreiung durch den JA des MU Gebrauch gemacht wird, ist dies dort analog § 291 Abs 2 S 1 Nr 3 lit b) im Anhang anzugeben und zu begründen (§ 296 Abs 3 analog).

3 Die faktische Befreiung von der HGB-Konzernrechnungslegung gilt dagegen nicht, wenn außer unwesentlichen TU noch **wesentliche Gemeinschaftsunternehmen** oder **assoziierte Unternehmen** bestehen oder TU, die unter eines der Einbeziehungswahlrechte nach § 296 Abs 1 fallen, nach der Equity-Methode in den KA einzubeziehen sind (dazu § 296 Anm 46). In diesem Fall würde ein Informationsdefizit verbleiben, wenn lediglich ein JA des MU aufgestellt wird und zwar insb dann, wenn die GemUnt oder assozUnt ihrerseits MU eines Konzerns sind. Es muss somit ein KA aufgestellt werden, auch wenn in diesem – im Hinblick auf die bestehenden Einbeziehungswahlrechte – keines der TU vollkonsolidiert werden muss (aA *Kindler* in Großkomm HGB § 294 Anm 2: mindestens *ein* der Vollkons unterworfenes TU erforderlich).

Ferner kommt eine faktische Befreiung nicht in Betracht für **(kapitalmarktorientierte) Mutterunternehmen** iSv § 290, die zur Konzernrechnungslegung nach IFRS verpflichtet sind, da die Anwendung der Ausnahmeregelungen des § 296 in diesen Fällen gem § 315 a Abs 1 ausgeschlossen ist.

4 Sind die **Voraussetzungen erstmals erfüllt,** zB weil nach dem Verkauf des einzigen wesentlichen TU neben dem MU nur unwesentliche TU verbleiben, kommt eine Inanspruchnahme der faktischen Befreiung nur dann in Betracht, wenn davon auszugehen ist, dass die Voraussetzungen hierfür (Anm 2) dauerhaft, dh für mehr als ein Gj, bestehen werden.

Wird der anlässlich des Verkaufs eines wesentlichen TU erzielte Kaufpreis zur Schuldentilgung oder für Ausschüttungen an die Gester des MU verwandt, kommt eine Befreiung deshalb nur dann in Betracht, wenn danach entweder die Größenkriterien gem § 293 nicht mehr überschritten werden oder die verbliebenen TU auch noch nach der Ausschüttung etc des Kaufpreises im Verhältnis zum MU unwesentlich sind. Hintergrund hierfür ist, dass andernfalls in Zukunft wieder KA aufgestellt werden müssen und die Adressaten deshalb durch eine geschlossene Kette von KA über die wirtschaftliche Entwicklung des Konzerns informiert werden müssen. Zudem müssten die Zahlen des „Erstjahrs" spätestens im Folgejahr als Vj-Zahlen angeben werden, dh dann uU nachträglich ermittelt werden.

Wird der Kaufpreis aus dem Verkauf des TU dagegen ganz oder teilweise reinvestiert, kommt es darauf an, ob das MU damit sonstiges (Sach-/Finanz-) Anlagevermögen oder wieder UntBeteiligungen (TU) erwirbt. Im ersten Fall sind die verbliebenen TU im Verhältnis zum MU idR unwesentlich und kann deshalb von der faktischen Befreiung Gebrauch gemacht werden. Im zweiten Fall kommt die Befreiung nicht in Betracht, weil neue (wesentliche) TU bestehen. Auch hier müssen die Adressaten durch eine geschlossene Kette von KA über die Entwicklung (Desinvestition und Investition) informiert werden.

B. Weltabschlussprinzip (Abs 1)

5 Das *MU und alle in- und ausländischen TU müssen* – unabhängig von ihrer Rechtsform – in den KA *einbezogen werden,* soweit nicht ein KonsWahlrecht (§ 296) in Anspruch genommen werden darf. Grundvoraussetzung für eine VollKons ist zunächst das Vorliegen eines **Mutter-Tochterverhältnisses.** Wann dies der Fall ist, ist abschließend in § 290 geregelt (§ 290 Anm 12 ff, 35 ff). Die KonsPflicht gilt dabei nicht nur für **unmittelbare** TU, sondern auf Grund

von § 290 Abs 3 (Zurechnung von Anteilen und Rechten) auch für alle **mittelbaren Tochterunternehmen** (ausführlich dazu § 290 Anm 70ff). Gem Abs 1 sind alle TU *ohne Rücksicht auf ihren Sitz,* dh auch ausländische TU, in den KA einzubeziehen **(Weltabschlussprinzip).**

Die freiwillige VollKons von Unt, die nicht TU iSv § 290 sind, ist jedoch nicht zulässig (glA *ADS*[6] § 294 Anm 9). 6

Hiervon zu unterscheiden ist der Fall, dass der KonsKreis nach wirtschaftlichen Gesichtspunkten abgegrenzt wird, dh in einem konsolidierten Abschluss, eine Gruppe von Unt (zB einer Sparte oder eines Geschäftsfelds) zusammengefasst wird, die ausschließlich für innerkonzernliche Führungs- und Steuerungsentscheidungen als eine Einheit angesehen wird, unabhängig davon ob zwischen diesen Unt ein Mutter-Tochterverhältnis iSv § 290 besteht. Derartige *erweiterte Konzernabschlüsse* oder *Gruppenabschlüsse* besitzen keine rechtliche Relevanz und haben auch keine befreiende Wirkung iSd § 291 (*ADS*[6] § 294 Anm 10; *WPH*[12] I M 148; *Pfaff* in MünchKomm HGB § 294 Anm 10) bzw berechtigen einbezogene TU in der Rechtsform der KapGes/KapCoGes nicht, die Erleichterungen gem § 264 Abs 3 bzw § 264b in Anspruch zu nehmen. Erfolgt eine freiwillige Prüfung eines solchen Gruppenabschlusses ist der BVm entspr anzupassen.

C. Wesentliche Änderungen des Konsolidierungskreises (Abs 2)

I. Begriff

Um die **Vergleichbarkeit** aufeinander folgender KA im Zeitablauf sicherzustellen, bestehen gem Abs 2 bei wesentlichen Änderungen des KonsKreis während des Gj zusätzliche Berichtspflichten. Dabei ist dem MU freigestellt, ob die Vergleichbarkeit durch zusätzliche Angaben im Konzernanhang (Anm 14f) oder durch eine Anpassung der Vj-Zahlen (Anm 17ff) herbeigeführt wird. 8

Eine **Änderung** des KonsKreises liegt vor, wenn sich die Zusammensetzung der in den KA einbezogenen vollkonsolidierten TU durch Zu- oder Abgänge geändert hat (*HFA 3/1995* WPg, 697). Dies gilt entspr bereits im Entstehungsjahr eines Konzerns, wenn also erstmals Mutter-Tochterverhältnisse begründet werden; in diesem Fall muss die Vergleichbarkeit zwischen dem JA des MU und dessen ersten KA gewährleistet werden (zur Angabe von Vj-Zahlen s § 298 Anm 26). 9

Da in Abs 2 allgemein von *einbezogenen* Unt die Rede ist, können auch Änderungen bei quotal in den KA einbezogenen GemUnt (§ 310) zu einer Berichtspflicht führen, nicht dagegen bei assozUnt gem § 311 (*ADS*[6] § 294 Anm 17). Zu den Änderungen des KonsKreises gehört auch der zulässige oder gebotene Wechsel von der Voll- auf die QuotenKons bzw von diesen auf die EquityKons bzw AK-Bewertung und umgekehrt (*HFA 3/1995* WPg, 697; zur ÜbergangsKons s auch § 301 Anm 260ff). Änderungen des KonsKreises können schließlich auch (indirekt) dadurch hervorgerufen werden, dass KonsWahlrechte (dazu § 296 Anm 5ff), anders als bisher ausgeübt werden. Da der Stetigkeitsgrundsatz des § 297 Abs 3 S 2 auch für die Abgrenzung des KonsKreises gilt (§ 297 Anm 200ff), wird dies aber nur ausnahmsweise der Fall sein; bspw wenn sich die relative Bedeutung eines TU für die VFE-Lage des Konzerns gem § 296 Abs 2 ändert.

Wenn eine wesentliche Änderung des KonsKreises während des Gj erfolgte, wird dies idR dazu führen, dass die Beträge in der Konzern-GuV auch im **Fol-**

gejahr nicht mit denen der Vorperiode vergleichbar sind. Die Berichtspflicht zur Herstellung der Vergleichbarkeit aufeinanderfolgender KA ergibt sich in diesem Fall aber nicht aus Abs 2, sondern aus §§ 265 Abs 2 S 2, 3 iVm § 298 Abs 1.

10 Änderungen sind dann **wesentlich,** wenn sie die Vergleichbarkeit aufeinander folgender KA in Bezug auf „die VFE-Lage“ beeinträchtigen, dh wenn die eigentliche Entwicklung des einheitlichen Unt, die sich ohne die Änderung des KonsKreises im Gj ergeben hat, ohne zusätzliche Erl nicht erkennbar ist (*HFA 3/1995* WPg, 697; *Kölner Komm*[2] § 294 Anm 11; *von Keitz* in Bilanzrecht § 294 Anm 35: Beeinflussung einer der Teillagen reicht aus).

Ab welcher Größenordnung der Vergleich von KA im Zeitablauf beeinträchtigt wird, kann nicht mittels starren Verhältniszahlen festgelegt werden (*Sahner/Sauermann* in HdKR[2] § 294 Anm 15). Auch kann nicht allein von der absoluten Zahl der erstmals in den KA einbezogenen bzw der ausgeschiedenen Unt auf eine wesentliche Änderung des KonsKreises geschlossen werden. Es kommt vielmehr auf die Bedeutung der Posten in den JA der jeweiligen zum KonsKreises zu- bzw abgehenden TU im Vergleich zu den entsprechenden Posten des KA an. Auch Zu- oder Abgänge von mehreren TU bzw GemUnt, die jeweils für sich genommen nur von untergeordneter Bedeutung für die VFE-Lage des Konzerns sind, können insgesamt zu einer wesentlichen Änderung des KonsKreises führen (*ADS*[6] § 294 Anm 19).

Die Entscheidung, ab welcher Größenordnung eine Veränderung als wesentlich anzusehen ist, kann nur im Einzelfall unter Abwägung aller Umstände getroffen werden. Als Anhaltspunkt können dabei zB Relationen der Größen Umsatzerlöse, Anlage- bzw Umlaufvermögen, Schulden oder Jahresergebnis sowie der Cashflow aus lfd Geschäfts-, Investitions- bzw Finanzierungstätigkeit im JA des/der betr TU zu den entspr Größen im KA dienen (*ADS*[6] § 294 Anm 18).

11 Zum Umfang der in den KA aufzunehmenden Aufwendungen und Erträge bei unterjährigen Änderungen des KonsKreises (§ 300 Anm 44f; *HFA 3/1995* WPg, 698).

II. Zusätzliche Angaben im Konzernabschluss (Abs 2 S 1)

14 Die zusätzlichen Angaben zur Herstellung der Vergleichbarkeit der aufeinander folgenden KA bei wesentlichen Änderungen in der Zusammensetzung des KonsKreises sind zweckmäßigerweise in den **Konzernanhang** aufzunehmen (ebenso *Sahner/Sauermann* in HdKR[2] § 294 Anm 16). Die zur Vergleichbarkeit der Finanzlage des Konzerns gebotenen Angaben iSd Abs 2 können auch im Anschluss an die KFR, zB gemeinsam mit den Angaben zu den Zahlungsströmen iZm dem Erwerb oder dem Verkauf von Beteiligungen (dazu § 297 Anm 75ff; DRS 2.52e), gemacht werden. Angaben sind aber immer nur insoweit erforderlich, als sie sich nicht ohnehin aus der Berichterstattung gem § 313 Abs 2 Nr 1 und Nr 3 (Aufstellung der in den KA einbezogenen TU und GemUnt) sowie der Anteilsliste gem § 313 Abs 2 Nr 4 ergeben (ausführlich § 313 Anm 189ff).

Üblicherweise wird im Konzernanhang bereits über die Zusammensetzung des KonsKreises berichtet, wobei Angaben zur Anzahl der einbezogenen Unt unterteilt nach in- und ausländischen TU unter Hervorhebung der eingetretenen Veränderungen gemacht werden. Regelmäßig wird die Anzahl der nicht mehr einbezogenen Unt und ggf die durch Verschmelzung eingetretene Verringerung des Kreises der einbezogenen Unt genannt. Diese Berichterstattung erfolgt auch dann, wenn die Veränderungen von untergeordneter Bedeutung iSv Abs 2 sind.

15 Die zusätzlichen Angaben gem Abs 2 S 1 sollen die Auswirkung der Änderung ggü dem vorjährigen KA erkennen lassen. Dazu sind zumindest die wesentlich betroffenen Posten der Konzernbilanz, soweit sie im Gliederungsschema der Bilanz (§ 266 Abs 2 und 3) mit römischen Zahlen gekennzeichnet sind, und/oder der Konzern-GuV (Außenumsatzerlöse, Materialaufwand, Personalaufwand, Abschreibungen, sonstige betriebliche Aufwendungen und Erträge, Finanz- und ao Ergebnis, Steuern vom Einkommen und Ertrag) zu nennen und die Änderungen unter Verwendung von Absolut- oder Prozentzahlen zu quantifizieren (hM *ADS*[6] § 294 Anm 20 mwN). Entspr gilt für die KFR bzgl der Zahlungsströme aus lfd Geschäfts- sowie aus Investitions- bzw Finanzierungstätigkeit. Im EK-Spiegel sind die Reinvermögenseffekte aufgrund von Änderungen des KonsKreises in gesonderten Zeilen zu erfassen (s dazu § 297 Anm 117; *ADS* (Int) Abschn 22 Anm 138), so dass zusätzliche Angaben nach Abs 2 insofern zum Zweck der Vergleichbarkeit nicht erforderlich sind. Ausschließlich verbale Ausführungen reichen keinesfalls aus (*HFA 3/1995* WPg, 698).

III. Anpassung von Vorjahresbeträgen (Abs 2 S 2)

17 Anstelle zusätzlicher Angaben im Konzernanhang darf gem Abs 2 S 2 die Vergleichbarkeit des KA mit dem Vj-Abschluss auch durch die (vollständige) **Angabe der angepassten Vorjahreszahlen** (§ 298 Abs 1 iVm § 265 Abs 2) hergestellt werden.

18 Die Anpassung der Vj-Beträge erfordert eine entspr Spaltenüberschrift oder Angabe im Konzernanhang, die zum Ausdruck bringt, dass es sich nicht um die originären Vj-Beträge handelt (*HFA 3/1995* WPg, 698). Überwiegend wird für die Darstellung im KA die sog **Drei-Spalten-Form** empfohlen, dh neben den angepassten werden zusätzlich auch die originären Vj-Zahlen angegeben (*ADS*[6] § 294 Anm 22; *Sahner/Sauermann* in HdKR[2] § 294 Anm 18); eine Verpflichtung hierzu besteht aber nicht.

19 Für die **Darstellung von Bewegungen** innerhalb des Gj im KA (zB Entwicklung des Anlagevermögens im Anlagengitter oder die Rücklagenentwicklung) ist die Anpassung der Vj-Beträge dagegen unbeachtlich. Es darf nicht zu einer Vermischung von tatsächlichen und fiktiven Bewegungsdaten kommen. Vielmehr empfiehlt es sich in diesen Fällen, die Darstellung um eine zusätzliche Spalte *„Zu- bzw Abgänge aus Veränderungen des KonsKreises“* zu ergänzen. Für den EK-Spiegel gem § 297 Abs 1 S 1 wird dies ausdrücklich durch DRS 7 geregelt (s Anlage zu DRS 7).

20 Eine Anpassung von Vj-Zahlen **empfiehlt sich** uE insb **bei umfangreichen Abgängen** aus dem KonsKreises (glA *ADS*[6] § 294 Anm 23; *Kindler* in Großkomm HGB § 294 Anm 14). Damit die *angepassten* Vj-Zahlen tatsächlich mit den Zahlen des lfd Konzern-Gj vergleichbar sind, müssen die Zahlen so aufbereitet werden, als ob die Änderungen des KonsKreises bereits im Vj erfolgt wären, was auch eine **„statistische Endkonsolidierung“** einschließt (*HFA 3/1995* WPg, 698; *ADS*[6] § 295 Anm 25).

Anders als der Terminus *„statistische Endkonsolidierung“* vermuten lässt, handelt es sich bei der Anpassung aber ausschließlich um eine **andere Art der Darstellung** von im Vj tatsächlich vorhandenen Bestands- und Bewegungsgrößen. Die eigentliche Kons des lfd Konzern-Gj wird dadurch keinesfalls ersetzt, dh es ist nicht zulässig, den die Änderung des KonsKreises bewirkenden Geschäftsvorfall (zB Veräußerung der Anteile an einem TU) bereits bei der statistischen Kons zu berücksichtigen. Dies wäre ein Verstoß gegen den Vollständigkeitsgrundsatz (Erfassung aller Geschäftsvorfälle; § 300 Anm 43) und das Realisationsprinzip (§ 298 Abs 1 iVm § 252 Abs 1 Nr 4) und würde im Übrigen über den eigentlichen Zweck des Abs 2 *Herstellung der Vergleichbarkeit zweier Konzernabschlüsse* deutlich hinausgehen. Daher ist insb die Vorwegnahme der Erfolgs- oder Zahlungswirkungen aus dem den KonsKreises ändernden Geschäftsvorfall, dh zB Aktivierung einer Kaufpreisforderung in der Konzernbilanz und Ausweis eines entspr Erfolgs in der Konzern-GuV, sowie Ausweis eines fiktiven Mittelzuflusses aus Desinvestitionstätigkeit in der KFR nicht zulässig. Die Anpassung der Vj-Zahlen hat uE **erfolgsneutral** bzw zahlungsunwirksam zu erfolgen.

21 In den Fällen, in denen sich der KonsKreises durch den Abgang von bisher vollkonsolidierten TU bzw quotal konsolidierten GemUnt vermindert, sei es durch vollständige Veräußerung der Anteile oder wegen Übergang auf die EquityKons bzw AK-Bewertung nach einer teilweisen Veräußerung (dazu § 301 Anm 260 ff), ist uE wie folgt vorzugehen:

In der **Konzernbilanz** des Vj sind sämtliche VG und Schulden des TU bzw GemUnt mit ihren (fortgeführten) Konzern-AK/HK, also einschließlich noch vorhandener stiller Reserven und Lasten aus der ErstKons und eines noch nicht vollständig abgeschriebenen GFW bzw negativen Unterschiedsbetrags, erfolgsneutral in den Posten *Anteile an verbundenen Unternehmen* umzugliedern. Die Höhe des Ausweises richtet sich nach dem auf das MU entfallenden Anteil am Reinvermögen, deshalb ist beim Abgang von TU ein vorhandener Ausgleichsposten gem § 307 für Anteile, die nicht in die KapKons gem § 301 einbezogen werden, gegen das umgegliederte Gesamt-Reinvermögen zu verrechnen.

Soweit ein bisher vollkonsolidiertes TU nur noch quotal gem § 310 in den KA einbezogen wird, ist nur der Anteil am Reinvermögen bzw dem Saldo aus Aufwendungen und Erträgen umzugliedern, der den beim MU verbleibenden Anteil am Kapital des GemUnt übersteigt, und ggf mit dem AusglPo gem § 307 zu verrechnen.

22 Die Rückgängigmachung der **Schuldenkonsolidierung** (§ 303) im Vj ist uE nur dann erforderlich, wenn zu dem ausgeschiedenen Unt auch nach dem Verlassen des KonsKreises umfangreiche Lieferungs- und Leistungsbeziehungen unterhalten werden. Ist dies der Fall, sind die sich ergebenden Bestandswerte (zB bei einer vollständigen Veräußerung der Anteile) als *Forderungen/Verbindlichkeiten aus Lieferungen und Leistungen* „einzubuchen", wobei die Gegenbuchung jeweils im Posten *Anteile an verbundenen Unternehmen* erfolgt. Auch hieraus werden idR keine Ergebniswirkungen resultieren.

23 In der **Konzern-Gewinn- und Verlustrechnung** ist entspr zu verfahren, dh alle Aufwendungen und Erträge (inklusive Ergebniswirkungen aus der FolgeKons), die auf das ausgeschiedene TU bzw GemUnt entfallen, sind als ein Saldo zB unter dem Posten *Beteiligungserträge* auszuweisen. Dabei ist die Postenbezeichnung entsprechend anzupassen oder dies durch einen Davon-Vermerk, zB „Vorjahr einschl Ergebnis der im Berichtsjahr aus dem KonsKreises ausgeschiedenen TU", kenntlich zu machen. Die Höhe des Konzernergebnisses des Vj wird dadurch ebenfalls nicht beeinflusst. Soweit der Abgang aus dem KonsKreises im Verlauf des Konzern-Gj erfolgt ist, dürfen die Aufwendungen und Erträge aber nur zeitanteilig umgegliedert werden; unterlag der Geschäftsverlauf des TU saisonalen Schwankungen, ist dies bei der Umgliederung zu berücksichtigen (dazu *HFA 3/1995* WPg, 698; § 300 Anm 45).

24 In der **Konzern-Kapitalflussrechnung** besteht die Möglichkeit, die Fondsveränderungen für die Teilbereiche lfd Geschäfts-, Investitions- und Finanzierungstätigkeit für das ausgeschiedene TU bzw GemUnt isoliert, dh auf Basis von

dessen JA, zu ermitteln, wobei wesentliche Zahlungsströme mit verbundenen Unt zu eliminieren wären. Die so ermittelten Zahlungsmittelveränderungen (einschließlich des Finanzmittelbestands des betr Unt) sind dann entweder unter entspr Bezeichnung als Saldo gesondert auszuweisen oder – uE vorzugsweise – durch entspr Davon-Vermerke bei den einzelnen Fondsveränderungen kenntlich zu machen. Dabei ist zu beachten, dass durch diese gem Abs 2 gebotenen Angaben allein die Finanzlage aufeinanderfolgender KA vergleichbar gemacht werden soll. Die Angaben sind unabhängig von der (besonderen) Abbildung der Zahlungsströme iZm der Veräußerung von konsolidierten Unt zur Ermittlung des Cashflow aus Investitionstätigkeit in der KFR der lfd Periode (dazu § 297 Anm 75 f; s dazu auch DRS 2.44 f); insb nicht geeignet, letztere zu ersetzen.

Bei wesentlichen Zugängen zum KonsKreises ist die **Anpassung der** 25
Vorjahresbeträge uE nur sehr bedingt anwendbar, weil der Leitgedanke, dass es hierbei nur um eine andere Darstellung von im vorjährigen KA tatsächlich enthaltenen Bestandswerten und Bewegungsgrößen handelt (dazu Anm 20), gerade nicht angewandt werden kann (im Ergebnis ebenso *HFA 3/1995* WPg, 698: weil es an den notwendigen Informationen fehlt, um eine Kons für das Vj (statistisch) nachzuholen bzw eine solche Nachholung mit einem nicht vertretbaren Aufwand (Anpassungen an konzerneinheitliche Bilanzierung und Bewertung, SchuldenKons und Zwischenergebniseliminierung) verbunden wäre; *von Keitz* in Bilanzrecht § 294 Anm 42: Notwendigkeit von Annahmen zur Durchführung der ErstKons birgt die Gefahr einer vorgetäuschten Scheingenauigkeit). Dies gilt jedoch nicht in den Fällen, in denen bei der KapKons eines TU vom Methodenwahlrecht nach § 302 Gebrauch gemacht wurde (s § 302 Anm 35).

Die Vergleichbarkeit des lfd mit dem vorjährigen KA wird bei Zugängen zum KonsKreises uE besser durch die Angabe der an den KonsKreises des Vj angepassten Beträge des lfd Konzern-Gj hergestellt. Dies erfolgt technisch dadurch, dass die Zahlen der Konzernbilanz und Konzern-GuV, wie sie sich vor der Kons des/der neu erworbenen TU ergeben hätten, in einer zusätzlichen Spalte angegeben werden (**modifizierte Drei-Spalten-Form;** *Sahner/Sauermann* in HdKR[2] § 294 Anm 19).

26 Eine Anpassung von Vj-Zahlen durch eine bloße Addition der VG und Schulden sowie Aufwendungen und Erträge eines im Vj noch nicht zum KonsKreises gehörenden TU kommt uE allenfalls dann in Betracht, wenn die Erweiterung des KonsKreises aus Konzernsicht über die Zuführung von EK finanziert wurde (zB durch eine Kapitalerhöhung des MU oder Einlage der Anteile durch MinderheitsGester). Der Betrag des zu den Vj-Werten addierten Reinvermögens (des zugegangenen TU) ist dann in einem Sonderposten „Zur Durchführung einer Kapitalerhöhung bestimmte Mittel" oder in voller Höhe in den AusglPo für Anteile anderer Gester einzustellen.

27 Von den Vergleichsangaben iSd Abs 2 S 2 zu unterscheiden sind Angaben in sog **Pro-Forma-Abschlüssen** oder **Als-Ob-Abschlüssen** als Teil von Emissionsprospekten. Im Börsenprospekt müssen idR für die letzten drei Gj Angaben über die VFE-Lage des Emittenten in Form einer vergleichenden Darstellung enthalten sein. Für den Fall, dass der Emittent MU eines Unt-Verbunds ist, der entweder erst kurz vor dem Börsengang entstanden oder aber im Vorfeld des Börsengangs wesentlich erweitert wurde, wird diese Verpflichtung idR durch Angabe von Pro-Forma-Zahlen erfüllt (dazu zB *Schindler/Böttcher/Roß* Erstellung von Pro-Forma-Abschlüssen WPg 2001, 22 ff; *von Keitz/Grote* Die Erstellung von Als-ob-Abschlüssen im Sinne des Regelwerks Neuer Markt KoR 2001, 25 ff). Zur Ableitung der Pro-Forma-Zahlen wird – im Unterschied zur Vorgehensweise bei der Anpassung von Vj-Zahlen iSv Abs 2 S 2 (Anm 21) – unterstellt, dass die Transaktion (zB Erwerb eines TU) fiktiv zu einem früheren

Zeitpunkt, idR zu Beginn des im Prospekt darzustellenden 3-Jahres-Zeitraums, stattgefunden hätte. Dh für alle im Verlauf des Berichtszeitraums erworbenen TU wird einheitlich eine ErstKons auf den Beginn dieses Berichtszeitraums durchgeführt und werden aufgedeckte stille Reserven und Lasten sowie sich zu diesem Zeitpunkt ergebende GFW oder negative GFW (ergebniswirksam) fortgeschrieben. Außerdem werden idR die Effekte aus zusätzlich mit den UntErwerben erforderlichen Finanzierungsmaßnahmen ebenfalls bereits in den Pro-Forma-Abschlüssen berücksichtigt.

D. Vorlage- und Auskunftspflichten (Abs 3)

29 Grundlage für die Aufstellung des KA ist die Zusammenfassung des JA des MU mit den JA der TU (§ 300 Abs 1 S 1). Daher erlegt Abs 3 den TU bestimmte (einklagbare) Vorlagepflichten ggü dem MU auf und räumt dem MU außerdem das Recht ein, von den TU für die Aufstellung des KA erforderliche ergänzende Aufklärungen und Nachweise zu verlangen.

Die Vorlage- und Auskunftspflichten bestehen auch für TU, die auf Grund eines Einbeziehungswahlrechts (§ 296) nicht im Wege der VollKons in den KA einbezogen werden (glA *ADS*[6] § 294 Anm 26) und unabhängig von sonstigen Auskunfts- und Einsichtsrechten aufgrund der jeweiligen gesellschaftsrechtlichen Bestimmungen, zB § 131 f AktG, § 51 a GmbHG (*Kindler* in Großkomm HGB § 294 Anm 16). Die Kenntnis der beim MU einzureichenden Unterlagen (Anm 30) ist in diesen Fällen im Übrigen erforderlich, damit beurteilt werden kann, ob die Voraussetzungen für die Inanspruchnahme eines KonsWahlrechts überhaupt vorliegen. GemUnt (§ 310) sind keine TU iSv § 290, so dass die Vorlage- und Auskunftspflichten des Abs 3 für diese Unt nicht gelten. Regelmäßig werden sich die Gester des GemUnt vergleichbare Vorlagepflichten und ggf Auskunftsrechte zB über entspr Bestimmungen in Satzung/Gesellschaftsvertrag des GemUnt sichern.

30 Die Vorlagepflicht der TU ggü dem MU umfasst zunächst den **Jahresabschluss** und den **Lagebericht;** wenn gem § 299 Abs 2 S 2 ein Zwischenabschluss aufzustellen ist, ist dieser einzureichen. Stellt das TU für Offenlegungszwecke einen **IFRS-Einzelabschluss** gem § 325 Abs 2a auf, besteht auch für diesen eine Vorlagepflicht; dies wurde im Rahmen des BilReG durch eine entspr Ergänzung des Abs 3 klargestellt.

Für TU, die ihrerseits MU iSv § 290 sind, umfasst die Vorlagepflicht auch den (Teil-)**Konzernabschluss** und **Konzernlagebericht;** die Einreichung dieser Unterlagen dürfte jedoch – mit Rücksicht auf die Befreiungsmöglichkeiten gem §§ 291 bis 293 – eher selten sein (glA *ADS*[6] § 294 Anm 30).

Wenn eine Prüfung des JA und/oder KA des TU stattgefunden hat, sind dem MU auch die **Prüfungsberichte** vorzulegen. Die Vorlagepflicht ist unabhängig davon, ob es sich um eine Pflichtprüfung gem §§ 316 ff oder um eine freiwillige bzw satzungsmäßig vorgenommene Abschlussprüfung handelt (*Sahner/Sauermann* in HdKR[2] § 294 Anm 21). Wird auf Ebene des TU eine HB II aufgestellt und von dessen (lokalen) AP geprüft, ist auch der abgezeichnete Formblattabschluss *(Package)* dem MU vorzulegen (*ADS*[6] § 294 Anm 31).

31 **Form und Inhalt** der einzureichenden Unterlagen bestimmt sich nach den für das jeweilige TU geltenden gesetzlichen Bestimmungen. Soweit TU zB nicht zur Aufstellung eines Anhangs, Lageberichts oder der Beachtung der Gliederungsvorschriften §§ 266, 275 für Bilanz und GuV verpflichtet sind (zB (reine) PersGes oder KapGes bzw KapCoGes, die § 264 Abs 3 bzw § 264 b in Anspruch nehmen, sowie ggf ausländische TU), darf das MU im Rahmen seiner

Auskunftsrechte gem Abs 3 S 2 jedoch zusätzliche Informationen verlangen, soweit dies für die Aufstellung des KA oder Konzernlageberichts erforderlich ist (hM *ADS*[6] § 294 Anm 29; *Sahner/Sauermann* in HdKR[2] § 294 Anm 21; aA *Kölner Komm*[2] § 294 Anm 19: Inhalt des JA des TU wird von der Einreichungspflicht nicht berührt). Faktisch kann sich daraus für die betroffenen TU zumindest teilweise eine Verpflichtung zur *Aufstellung eines Anhangs und Lageberichts nur für Konzernzwecke* ergeben (s zB § 264 Anm 69).

Auf Ebene des JA des TU besteht aber grds keine Pflicht zur Prüfung oder gar Offenlegung dieser *internen* Unterlagen, die für die Aufstellung des KA und des Konzernlageberichts vom MU benötigt werden. Eine Ausnahme gilt nur in den Fällen, in denen auf Verlangen des MU eine gesetzliche Abschlussprüfung beim TU um die Prüfung der Anpassungen zur Überleitung auf eine HB II (konzerneinheitliche Bilanzierung und Bewertung; § 300 Anm 26ff) erweitert wird bzw der Auftrag für eine entspr freiwillige Abschlussprüfung erteilt wird. In diesen Fällen werden idR auch die im internen Anhang und Lagebericht enthaltenen Informationen in die Prüfung einbezogen (dazu § 317 Anm 38, 51). Andernfalls erfolgt die Prüfung der Unterlagen durch den Konzern-AP (§ 317 Abs 3 S 1).

Die TU haben die Unterlagen dem MU **unverzüglich,** dh ohne schuldhaftes Zögern (§ 121 Abs 1 BGB), einzureichen. Der KA ist gem § 290 Abs 1 innerhalb der ersten fünf Monate des folgenden Konzern-Gj aufzustellen. Damit werden die *für kleine KapGes, KapCoGes und (reine) PersGes,* geltenden *verlängerten Aufstellungsfristen für* deren *JA* (sechs bzw bis zwölf Monate) *faktisch aufgehoben.* ISe reibungslosen Ablaufs bei der Aufstellung des KA empfiehlt es sich deshalb, den TU schon frühzeitig während des Konzern-Gj die Termine für die Einreichung bestimmter Unterlagen mitzuteilen. 32

Das **Auskunftsrecht** des MU gem Abs 3 S 2 umfasst *alle Aufklärungen und Nachweise,* die für die Aufstellung des KA und Konzernlageberichts erforderlich sind. Hierbei handelt es sich zB um ergänzende Angaben (Anpassung des JA an die konzerneinheitliche Bilanzierung, Bewertung und Gliederung; dazu § 300 Anm 26ff), die für die Aufstellung einer HB II des TU benötigt werden, es sei denn die HB II wird vom TU aufgestellt. 33

Außerdem benötigt das MU für die Zwischenergebniseliminierung (§ 304) zB Informationen über die beim TU vorhandenen Vorräte aus konzerninternen Lieferungen und Leistungen oder im Rahmen der SchuldenKons (§ 303) zB über die Bestände an Forderungen/Verbindlichkeiten ggü den in den KA einbezogenen Unt. Üblicherweise werden diese ergänzenden Informationen für die Kons im sog **Formblattabschluss** *(Package)* vom MU abgefragt.

Die durch Abs 3 normierten Ansprüche können vom MU zivilrechtlich durchgesetzt werden; dies gilt allerdings nur für TU mit Sitz im Geltungsbereich des HGB (*Sahner/Sauermann* in HdKR[2] § 294 Anm 22). Soweit nach dem Recht eines ausländischen TU entspr Auskunfts- und Informationsrechte für Gester nicht existieren oder (dauerhaft) nicht geltend gemacht werden können, besteht die Möglichkeit, das KonsWahlrecht des § 296 Abs 1 Nr 1 für diese TU in Anspruch zu nehmen (glA *ADS*[6] § 294 Anm 43; s auch § 296 Anm 11). 34

Die Durchsetzung der Vorlage- und Auskunftsrechte des MU ist uU auch dann problematisch, wenn ein TU im Verlauf oder zum Ende des Konzern-Gj aus dem KonsKreises ausscheidet. Zum Zeitpunkt, zu dem die Pflichten gem Abs 3 wirksam werden, besteht dann häufig nicht nur kein Mutter-Tochterverhältnis, sondern oft überhaupt kein Beteiligungsverhältnis mehr. Das Fortbestehen der Vorlagepflichten erscheint deshalb zweifelhaft (so *ADS*[6] § 294 Anm 37). Sofern sich das MU die Vorlage des JA und der sonst für die Kons 35 erforderlichen Unterlagen nicht auf eine andere Art gesichert hat – zB im Rahmen des Anteilsveräußerungsvertrags –, können in diesen Fällen ggf die Einbeziehungswahlrechte gem § 296 Abs 1 Nr 1 (erhebliche und andauernde Beschränkung) oder Nr 2 (unverhältnismäßig hohe Kosten oder Verzögerungen) in Anspruch genommen werden (dazu § 296 Anm 11).

E. Publizitätsgesetz

36 § 294 gilt sinngemäß auch für KA nach dem PublG (§ 13 Abs 2 S 1 PublG). Der KonsKreises umfasst hier aber nur diejenigen in- und ausländischen Konzern Unt *(Weltabschluss),* die unter der *einheitlichen Leitung* des MU stehen (§ 11 Abs 1 S 1 PublG; zum Regelungskonzept des § 11 PublG s § 290 Anm 100f).

F. Rechtsfolgen einer Verletzung von § 294

38 Gem § 334 Abs 1 Nr 2a bzw § 20 Abs 1 Nr 2a PublG ist die vorsätzliche Verletzung der Vorschrift über den KonsKreises in Abs 1 mit einer *Geldbuße* von bis zu € 25 000 (§ 334 Abs 3) bedroht.

39 Ein Verstoß gegen die Abs 2 und 3 ist als solcher nicht bußgeldbewehrt. Da die Angabepflichten nach Abs 2 aber als Ergänzung und Modifikation des § 298 Abs 1 iVm § 265 Abs 2 gelten, sind sie regelmäßig mittelbar als bußgeldbewehrt anzusehen (dazu § 334 Anm 21, 25).

Vorlagen und Auskünfte nach Abs 3 können nicht im Zwangsgeldverfahren (§ 335) erzwungen werden. Das MU kann seine Ansprüche gegen das TU nach Abs 3 aber zivilrechtlich geltend machen und einklagen, vorausgesetzt das TU hat seinen Sitz im Inland (dazu auch Anm 34).

40 Daneben sieht § 331 Nr 1 bzw Nr 2 eine *Freiheitsstrafe* von bis zu 3 Jahren *oder* eine *Geldstrafe* vor, wenn ein Mitglied des vertretungsberechtigten Organs des MU oder eines TU vorsätzlich falsche Darstellungen oder Nachweise vorlegt bzw falsche Auskünfte gibt.

G. Abweichungen der IFRS

42 Auch für KA nach IFRS gilt das sog **Weltabschlussprinzip,** dh es sind grds alle TU – unabhängig von Sitz oder Rechtsform – in den KA einzubeziehen (IAS 27.12). Die Nichteinbeziehung eines TU in die VollKons kann auch nicht damit gerechtfertigt werden, dass dieses TU eine von den anderen KonzernUnt abw Geschäftstätigkeit ausübt (IAS 27.20), weil der Informationsgehalt des KA bei Einbeziehung des TU iVm zusätzlichen Angaben über dessen abw Geschäftstätigkeit, zB in der SegBerE (§ 297 Anm 150ff), immer höher als bei einer Nichteinbeziehung ist. Nach der Aufhebung des KonsVerbots gem § 295 im Zuge des BilReG, gilt entspr für die HGB-Konzernrechnungslegung. In IAS 27.19 wird außerdem klargestellt, dass eine Wagniskapital-Organisation *(venture capital organisation),* ein Investmentfonds *(mutual fund)* oder ähnliche Unt den Verzicht auf eine Vollkons von TU nicht allein dadurch rechtfertigen können, dass assozUnt und GemUnt, die von den vorgenannten Unt gehalten werden, von der Anwendung der Regelungen in IAS 28 und IAS 31 ausgenommen sind (International GAAP, 317).

Abweichungen bzgl des KonsKreises ergeben sich jedoch dadurch, dass die Voraussetzungen für die Begründung eines Mutter-Tochterverhältnissen nach IFRS (IAS 27.13 ff; SIC 12) teilweise von denjenigen nach § 290 abweichen (dazu § 290 Anm 150 ff) sowie aufgrund von Unterschieden bei den Kons-Wahlrechten (dazu § 296 Anm 52 f).

Auch nach IFRS bestehen bei **Veränderungen des Konsolidierungskreises** besondere Angabepflichten, die es den Adressaten ermöglichen sollen, die hieraus resultierenden finanziellen Auswirkungen einzuschätzen. Für den **Erwerb** von TU ergibt sich dies aus IFRS 3.66 (a) iVm .67, .70. Diese Angaben sind auch bei ÜbergangsKons auf die VollKons aufgrund von sukzessiven Anteilserwerben (*„step acquisition“;* IFRS 3.58 ff s dazu auch § 301 Anm 380 ff) zu machen. Von besonderer Bedeutung für die Herstellung der Vergleichbarkeit aufeinander folgender KA sind dabei zunächst die Angaben nach IFRS 3.70. Danach sind – sofern durchführbar – der Umsatz und das Periodenergebnis des Konzerns so anzugeben, als ob sich sämtliche UntErwerbe des Gj bereits zu Beginn des Gj ereignet hätten. Außerdem wird die Vergleichbarkeit aufeinanderfolgender KA dadurch erleichtert, dass nach IFRS 3.72 ff zusätzlich die finanziellen Auswirkungen von Gewinnen und Verlusten, Fehlerkorrekturen und anderen Anpassungen der lfd Periode anzugeben sind, soweit sie aus UntErwerben des Vj resultieren. 43

Die Einschätzung der finanziellen Auswirkungen, die aus der **Veräußerung** von TU für den Konzern resultieren, wird den Adressaten durch die Ausweis- und Angabepflichten nach IFRS 5 ermöglicht (s dazu § 266 Anm 673, 680 sowie § 275 Anm 351 ff).

§ 295 *(aufgehoben)*

§ 296 Verzicht auf die Einbeziehung

(1) **Ein Tochterunternehmen braucht in den Konzernabschluß nicht einbezogen zu werden, wenn**

1. **erhebliche und andauernde Beschränkungen die Ausübung der Rechte des Mutterunternehmens in bezug auf das Vermögen oder die Geschäftsführung dieses Unternehmens nachhaltig beeinträchtigen,**
2. **die für die Aufstellung des Konzernabschlusses erforderlichen Angaben nicht ohne unverhältnismäßig hohe Kosten oder Verzögerungen zu erhalten sind oder**
3. **die Anteile des Tochterunternehmens ausschließlich zum Zwecke ihrer Weiterveräußerung gehalten werden.**

(2) [1]**Ein Tochterunternehmen braucht in den Konzernabschluß nicht einbezogen zu werden, wenn es für die Verpflichtung, ein den tatsächlichen Verhältnissen entsprechendes Bild der Vermögens-, Finanz- und Ertragslage des Konzerns zu vermitteln, von untergeordneter Bedeutung ist.** [2]**Entsprechen mehrere Tochterunternehmen der Voraussetzung des Satzes 1, so sind diese Unternehmen in den Konzernabschluß einzubeziehen, wenn sie zusammen nicht von untergeordneter Bedeutung sind.**

(3) **Die Anwendung der Absätze 1 und 2 ist im Konzernanhang zu begründen.**

Übersicht

Schrifttum: siehe zu § 294.

A. Grundlagen

1 § 296 gestattet, unter bestimmten Voraussetzungen auf eine Einbeziehung von TU in den KA zu verzichten. Die abschließend in § 296 normierten Einbeziehungswahlrechte können dabei in zwei Gruppen unterteilt werden.

Zunächst die Wahlrechte gem Abs 1 Nr 1 (*Beschränkungen der Rechte;* Anm 5 ff) und Nr 3 (*Weiterveräußerungsabsicht;* Anm 23 ff), mit denen der – infolge der typisierenden Betrachtungsweise des *Control-Konzepts* – weit abgegrenzte KonsKreis (§ 294 Abs 1 iVm § 290 Abs 2), auf diejenigen TU beschränkt wird, die tatsächlich Teil des wirtschaftlich und fiktiv rechtlich einheitlichen Unt sind, dh vom MU auch beherrscht werden.

Die Wahlrechte gem Abs 1 Nr 2 (*unverhältnismäßig hohe Kosten oder Verzögerungen;* Anm 15 ff) bzw Abs 2 (*untergeordnete Bedeutung für die VFE-Lage des Konzerns;* Anm 33 ff) sind Ausfluss des Grundsatzes der Wirtschaftlichkeit der Konzernrechnungslegung bzw des Wesentlichkeitsgrundsatzes.

2 Im Hinblick auf den aus der Verpflichtung, im KA ein den tatsächlichen Verhältnissen entspr Bild der VFE-Lage des einheitlichen Unt Konzern zu vermitteln (§ 297 Abs 2, 3), abgeleiteten Grundsatz der Vollständigkeit des KonsKreises (§ 294 Abs 1) sind die **Einbeziehungswahlrechte des § 296 eng auszulegen.** Dabei sollen die einzelnen Wahlrechte umso restriktiver gehandhabt werden, je größer der subjektive Ermessenspielraum des MU hinsichtlich des Vorliegens der Tatbestandsvoraussetzungen ist (dazu auch *ADS*[6] § 296 Anm 19 mwN; Anm 16).

3 Bei der Ausübung der Einbeziehungswahlrechte ist gem § 297 Abs 3 S 2 außerdem der Grundsatz der KonsMethoden-Stetigkeit **(Stetigkeit des Konsolidierungskreises)** zu beachten. Gleichwohl ist das Vorliegen der Voraussetzungen für die Inanspruchnahme der Wahlrechte für jedes TU und an jedem KA-Stichtag erneut zu prüfen (glA *Sahner/Sauermann* in HdKR[2] § 296 Anm 4).

B. Einbeziehungswahlrechte

I. Beschränkungen in der Ausübung der Rechte (Abs 1 Nr 1)

Von einer Einbeziehung eines TU in den KA darf gem Abs 1 Nr 1 abgesehen werden, wenn *erhebliche und andauernde Beschränkungen* die Ausübung der *Rechte* des MU in Bezug *auf* das *Vermögen oder* die *Geschäftsführung* des TU *nachhaltig beeinträchtigen.* 5

Beschränkungen in der Ausübung der Rechte können tatsächlicher Natur sein (politische, wirtschaftliche oder währungspolitische Restriktionen) oder auf gesellschaftsrechtlicher bzw vertraglicher Grundlage beruhen (zB Einstimmigkeits-, Mehrheits- oder Vetoklauseln oder Bestehen eines Entherrschungsvertrags) und müssen ebenfalls tatsächlich durchgeführt bzw beachtet werden (*WPH*[12] I M 170; *ADS*[6] § 296 Anm 9 ff). Umgekehrt reicht die tatsächliche (freiwillige) Nicht-Ausübung von Rechten für die Inanspruchnahme des Abs 1 Nr 1 nicht aus. Gleiches gilt für Beschränkungen auf Grund gesetzlicher Regelungen, zB Kartellrecht, oder behördliche Aufsicht, zB Versicherungswesen, und behördliche Auflagen, zB Umweltschutz (glA *WPH*[12] I M 169). 6

Die Beschränkungen sind **erheblich,** wenn sie so durchgreifend sind, dass das TU iSd Konzernpolitik nicht mehr sinnvoll geführt wird, dh das MU weitgehend in die Rolle eines Halters von Anteilen gedrängt wird, denn dann müssen dementspr Anteile an verbundenen Unt und nicht VG und Schulden in der Konzernbilanz ausgewiesen werden (*Busse von Colbe/Ordelheide*[7], 117; *v. Wysocki/Wohlgemuth*[4], 53). 7

Die Beschränkungen der Vermögensrechte müssen sich auf das gesamte **Vermögen,** zumindest aber auf wesentliche Teile erstrecken. Verfügungsbeschränkungen über einzelne VG (zB Sicherungsübereignungen) genügen nicht (hM *ADS*[6] § 296 Anm 7 mwN; ausführlich auch *Kölner Komm*[2] § 296 Anm 5). 8

Bzgl der **Geschäftsführung** können die Rechte insb durch das Verbot der Besetzung von Organen des TU mit Repräsentanten des MU sowie eine drohende Enteignung oder staatliche Zwangsverwaltung beschränkt sein (*WPH*[12] I M 172; *ADS*[6] § 296 Anm 8). 9

Ob die Beschränkung der Rechtsausübung **andauernd** ist, ist im Zeitpunkt der (erstmaligen) Inanspruchnahme des Wahlrechts zukunftsgerichtet zu beurteilen, dh eine Aufhebung in mittelbarer Zukunft (bis zum nächsten Konzernbilanzstichtag) darf – bei Würdigung aller bekannten Umstände (zB Restlaufzeit von Be-/Entherrschungsverträgen; Restlaufzeit von Anstellungsverträgen etc) – nicht erkennbar sein (glA *Sahner/Sauermann* in HdKR[2] § 296 Anm 11; *ADS*[6] § 296 Anm 13). In Folgejahren müssen die Beschränkungen jeweils während des gesamten Konzern-Gj und bis zum KA-Stichtag bestanden haben (weitergehend *Pfaff* in MünchKomm HGB § 296 Anm 21: bis zur Aufstellung des KA; glA *Kindler* in Großkomm HGB § 296 Anm 8). Entfallen die Beschränkungen nach dem KA-Stichtag bis zur Aufstellung des KA führt dies nicht dazu, dass das Einbeziehungswahlrecht (rückwirkend) entfällt. 10

Als zulässige **Anwendungsfälle** für das Einbeziehungswahlrecht nach Abs 1 Nr 1 kommen danach in Betracht: 11

- **(Entherrschungsvertrag)** wenn das MU im Rahmen eines Entherrschungsvertrags (dazu *HFA 3/1991* Zur Aufstellung und Prüfung des Berichts über Beziehungen zu verbundenen Unternehmen (Abhängigkeitsbericht nach § 312 AktG) WPg 1992, 91 f) mit dem TU *auf die Ausübung seiner Mehrheitsrechte* in der GesV zumindest bei der Bestellung eines AR und der Beschlussfassung über die Bestellung der Geschäftsführung *verzichtet* hat (*ADS*[6] § 296

Anm 12; aA *Pfaff* in MünchKomm HGB § 296 Anm 18: kein Anwendungsfall des § 296, sondern Einbeziehungsverbot, weil kein Mutter-Tochterverhältnis nach § 290 besteht; *von Keitz* in Bilanzrecht § 296 Anm 27).

– **(Unternehmensvertrag mit einem übergeordneten Mutterunternehmen)** wenn in einem mehrstufigen Konzern auf einer unteren Ebene – zB gem § 291 Abs 3 (s dort Anm 35 ff) – ein Teil-KA aufgestellt werden muss und ein TU des betr Teil-Konzern-MU einen *Beherrschungsvertrag (ggf iVm einem Gewinnabführungsvertrag) mit einem oberen Mutterunternehmen* geschlossen hat. Zwar lässt der Beherrschungsvertrag zu dem oberen MU das Mehrheitsstimmrecht des unmittelbaren MU (Teil-Konzern-MU) als solches unberührt, dh das unmittelbare MU kann über die Besetzung des AR mittelbar Einfluss auf die personelle Zusammensetzung des Geschäftsführungsorgans nehmen, jedoch läuft diese mittelbare Einflussmöglichkeit ins Leere, da dieses Organ wiederum dem rechtlich abgesicherten Weisungsrecht des oberen MU unterliegt. Entspr wird gelten, wenn in einstufigen Konzernen ein Beherrschungsvertrag mit einem MinderheitsGester besteht. Eine andauernde Beschränkung in bezug auf die Geschäftsführung des TU liegt allerdings dann nicht vor, wenn das Teil-Konzern-MU den UntVertrag aufgrund gesetzlicher Regelungen
oder vertraglicher Vereinbarungen jeweils zum Gj-Ende beenden kann. Eine gesetzliche Beendigungsmöglichkeit besteht zB dann, wenn es bei einem Verkauf eines „Zwerganteils" am TU und den dadurch verbundenen erstmaligen Beitritt außenstehender Aktionäre nach § 307 AktG zur Beendigung des UntVertrags kommt.

– ***(substantive participating rights)*** wenn einem MU zwar formal die Mehrheit der Stimmrechte an einem TU (zB 51%) zustehen, gleichzeitig aber aufgrund von satzungsmäßigen Mitwirkungs- oder Zustimmungserfordernissen der MinderheitsGester bzgl der Geschäfts- und/oder Finanzpläne des TU sowie der Budgets für Investitionen oder einzelne Aufwandsarten (zB Personal-, Verwaltungskosten etc) eine Abstimmung und Koordination mit den Plänen des MU nicht möglich ist (*substantive participating rights;* dazu § 290 Anm 45; glA *WPH*[12] M Anm 41 mwN). Regelmäßig wird dies aber nur dann gelten, wenn neben dem MU nur ein weiterer Gester beteiligt ist, wobei dann zu prüfen ist, ob die Voraussetzungen für eine Quoten- bzw EquityKons gem §§ 310, 311 (zu den Voraussetzungen s dort) vorliegen. Eine Inanspruchnahme des Einbeziehungswahlrechts ist dagegen ausgeschlossen, soweit es sich bei den betr Entscheidungen um sog Grundlagengeschäfte, also Rechtshandlungen, die sich außerhalb der gewöhnlichen Geschäftstätigkeit ergeben (zB Satzungsänderungen, Kapitalerhöhungen/-herabsetzungen, UntLiquidation), sowie denen ähnliche Maßnahmen (zB Entwicklung oder Aufnahme neuer Geschäftsfelder) handelt, bei denen bereits kraft Gesetzes höhere Mehrheitserfordernisse (qualifizierte Mehrheit) gelten bzw Minderheits-Gestern im Innenverhältnis typischerweise Mitsprache-, zumindest aber Vetorechte eingeräumt werden *(protective rights)*.

– **(staatliche Zwangsmaßnahmen)** bei *Tochterunternehmen mit Sitz im Ausland,* bei denen erhebliche Beschränkungen auf Grund staatlicher Maßnahmen der Wirtschaftslenkung bestehen (zB Tätigkeitsverbot für Ausländer in den Ges-Organen, Devisenbewirtschaftung oder Zwangsverwaltung etc) und die deshalb (dauerhaft) nicht sinnvoll in die Konzerngeschäftspolitik eingebunden werden können. Beschränkungen der Transferierbarkeit und/oder Konvertierbarkeit von Gewinnen oder von Darlehenstilgungen können zB dann in Einklang mit den Konzerninteressen stehen, wenn danach die Reinvestition dieser Mittel vorgesehen ist, mit der Folge, dass Abs 1 Nr 1 nicht anwendbar ist (*ADS*[6] § 296 Anm 12; *Sahner/Sauermann* in HdKR[2] § 296 Anm 10).

- Bei der **Liquidation eines Tochterunternehmens** (KapGes) werden die Verfügungsrechte des MU in Bezug auf das Vermögen des TU iL durch § 272 AktG, § 73 GmbHG insoweit begrenzt, als nach der Auflösung bis zum Ablauf des Sperrjahrs bzw der späteren Tilgung oder Sicherstellung der Schulden keine Gewinn- bzw Vermögensverteilung vorgenommen werden darf (ausführlich dazu *Förschle/Deubert* in Sonderbilanzen[3] R Anm 70ff). Da das Ende einer Liquidation aber idR abzusehen ist und das MU dann auch wieder über das gesamte (dann versilberte) Reinvermögen des TU verfügen kann, kommt uE eine Inanspruchnahme des Einbeziehungswahlrechts nach Abs 1 Nr 1 idR nicht in Betracht (dazu auch *Förschle/Deubert* in Sonderbilanzen[3] R Anm 382 mwN). Eine Einbeziehung darf uE aber dann unterbleiben, wenn bereits zu Beginn feststeht, dass das MU aE der Liquidation keine (wesentliche) Auskehrung zu erwarten hat (glA *IDW ERS HFA 17* Auswirkungen einer Abkehr von der Going Concern-Prämisse auf den handelsrechtlichen Jahresabschluss WPg 2005, 46ff Anm 45; dagegen für ein uneingeschränktes KonsWahlrecht bei Liquidation *ADS*[6] § 270 AktG Anm 96; Einbeziehung, so lange im JA unter going-concern bewertet wird: *Busse von Colbe/Ordelheide*[7], 118). Die Inanspruchnahme des Einbeziehungswahlrechts erscheint im zuletzt genannten Fall deshalb sachgerecht, weil mit der Auflösung des TU dessen Vermögen den Status eines „Sondervermögens" erlangt, welches ausschließlich zur Befriedigung der Verbindlichkeiten zur Verfügung steht und aufgrund dieses vorrangigen Zwecks, verbunden mit den gesellschaftsrechtlichen Sonderregelungen, in wirtschaftlicher Betrachtungsweise letztlich der Verfügungsmacht des MU (endgültig) entzogen ist. Zudem wird so anlässlich der Ausbuchung der VG und Schulden der „EndKons-Effekt" antizipiert.
- **(Tochterunternehmen im Insolvenzverfahren)** aufgrund der umfassenden Verfügungs- und Verwaltungsbefugnisse des unabhängigen Insolvenzverwalters über das GesVermögen und zwar unabhängig davon, ob sich die Gläubigerversammlung im Insolvenzplan auf ein Zerschlagungs- oder Sanierungskonzept geeinigt hat (glA *IDW ERS HFA 17* aaO Anm 44; ausführlich zur Rechnungslegung im Insolvenzverfahren nach der InsO: *Förschle/Weisang* in Sonderbilanzen[3] P Anm 10ff; zu Abweichungen der IFRS s Anm 55).
- Die **Veräußerung** *der Mehrheit oder aller* **Anteile** *an* einem *Tochterunternehmen* **zu Beginn des folgenden Konzerngeschäftsjahrs,** wenn dadurch die Beschaffung der für die Kons erforderlichen Informationen (zB Vorlage des JA des TU) entweder mangels Einfluss nicht rechtzeitig bzw mangels Gester-Stellung überhaupt nicht mehr möglich ist (dazu auch § 294 Anm 35; glA *ADS*[6] § 296 Anm 12). Bei einer Verzögerung, die auf mangelnden Einfluss nach einer teilweisen Veräußerung zurückzuführen ist, kommt ggf auch die Inanspruchnahme des Einbeziehungswahlrechts gem Abs 1 Nr 2 (unverhältnismäßig hohe Kosten oder Verzögerungen) in Betracht (dazu Anm 15ff).
- rechtlich selbstständige **Unterstützungskassen,** wegen der fehlenden Berechtigung des Konzerns am Vermögen der Unterstützungskasse. Die VG der Unterstützungskasse „gehören" den Unterstützungsberechtigten und nicht dem Konzern (glA *Sahner/Sauermann* in HdKR[2] § 295 Anm 14; *WPH*[12] I M 160; *ADS*[6] § 295 Anm 16). Soweit die UntEigenschaft einer Unterstützungskasse verneint wird (dazu *SABI 1/1988* WPg, 341), ist eine Kons ebenfalls ausgeschlossen, da gem § 290 für das Vorliegen eines Tochter-Mutterverhältnisses die UntEigenschaft des TU erforderlich ist (§ 290 Anm 15).

II. Unverhältnismäßig hohe Kosten oder Verzögerungen (Abs 1 Nr 2)

15 TU brauchen gem Abs 1 Nr 2 nicht in den KA einbezogen zu werden, wenn die für die Aufstellung des KA erforderlichen Angaben nicht ohne *unverhältnismäßig hohe Kosten oder Verzögerungen* zu erhalten sind. Dieses KonsWahlrecht trägt **Wirtschaftlichkeitsüberlegungen** Rechnung und soll die **Einhaltung der Aufstellungsfrist** für den KA (fünf Monate; § 290 Abs 1) unterstützen (*ADS*[6] § 296 Anm 16).

16 Die Bedingungen „unverhältnismäßig hohe Kosten" und „unverhältnismäßige Verzögerungen" des Abs 1 Nr 2 lassen sich aber nur sehr schwer konkretisieren. Dh die Beurteilung der *Unverhältnismäßigkeit* unterliegt in hohem Maße der subjektiven Einschätzung durch das MU und es besteht daher die Gefahr, dass seitens des MU zB versucht wird, die Tatbestandsvoraussetzungen künstlich zu schaffen (glA *ADS*[6] § 296 Anm 19). Um eine missbräuchliche Inanspruchnahme zu verhindern, wird deshalb einhellig eine besonders **restriktive Auslegung** dieses Einbeziehungswahlrechts gefordert (*Sahner/Sauermann* in HdKR[2] § 296 Anm 14; *WPH*[12] I M 176 mwN). Die Anwendung des Abs 1 Nr 2 wird als Ausnahme angesehen, die für außergewöhnliche Fälle und nur an einem KA-Stichtag in Anspruch (Anm 19) genommen werden darf.

17 Die **Kosten** der Einbeziehung sind dann unverhältnismäßig hoch, wenn ein außergewöhnlich krasses Missverhältnis zwischen dem Aufwand, den eine Kons des TU verursachen würde (in Relation zu den Gesamtkosten für die Aufstellung des KA), und dem hieraus zu erwartenden Informationsgewinn besteht (*v. Wysocki/Wohlgemuth*[4], 56; glA *ADS*[6] § 296 Anm 17).

Soweit vorgeschlagen wird, die Kosten für die Einbeziehung eines vergleichbaren TU als Beurteilungsmaßstab zu verwenden (*Sahner/Sauermann* in HdKR[2] § 296 Anm 16; *WPH*[12] I M 177), wird übersehen, dass es einen objektiven Maßstab *„Normalkosten der Konsolidierung"* nicht gibt. Die Kosten für die Beschaffung der zur Kons erforderlichen Informationen hängen ua von der Größe des TU, der Intensität der konzerninternen Kredit- bzw Lieferungs- und Leistungsbeziehungen und dem Sitzland des TU ab (*Zwingmann* DStR 1994, 1549). „Mehrkosten", die aus einer nicht gesetzeskonformen Rechnungslegung eines TU resultieren, berechtigen nicht zur Inanspruchnahme des Einbeziehungswahlrechts (*Pfaff* in MünchKomm HGB § 296 Anm 26).

18 **Zeitliche Verzögerungen** sind dann unverhältnismäßig, wenn wegen der fehlenden Unterlagen eines TU der KA nicht innerhalb der gesetzlichen Frist von fünf Monaten (§ 290 Abs 1) aufgestellt werden könnte (*Sahner/Sauermann* in HdKR[2] § 296 Anm 17). Kein hinreichender Grund für die Inanspruchnahme des Abs 1 Nr 2 wäre demnach, wenn die HV, der der KA vorgelegt werden muss (§ 175 AktG), auf einen späteren (aber noch zulässigen) Termin verlegt werden kann und die dadurch verursachten Kosten unwesentlich sind (*WPH*[12] I M 176).

19 Eine Inanspruchnahme des KonsWahlrechts kommt zB dann in Betracht, wenn ein nicht unbedeutendes TU erst kurz vor dem KA-Stichtag erworben wird und die notwendigen Anpassungen an die Bilanzierungs-, Bewertungs- und KonsGrundsätze bzw Berichtsformate und -termine des (neuen) MU – auch bei normalem Geschäftsgang – nicht mehr möglich war (glA *ADS*[6] § 296 Anm 18; großzügiger *WPH*[12] I M 176; *Sahner/Sauermann* in HdKR[2] § 296 Anm 18: Erwerbe im Laufe des KonzernGj). Die Erfahrungen bei der Aufstellung von Weltabschlüssen haben gezeigt, dass es bei entspr Organisation und Vorbereitung möglich ist, die für die Einbeziehung erforderlichen Unterlagen auch einer großen Zahl von in- und ausländischen TU zeitgerecht zu erhalten. Nach einer *Integrationsphase* von höchstens einem Jahr muss demnach eine Einbeziehung des TU in den KA bzw in ggf zu erstellende Quartalsabschlüsse erfolgen (glA *Busse von Colbe/Ordelheide*[7], 118f; *Zwingmann* DStR 1994, 1549; *von Keitz* in Bilanzrecht § 296 Anm 34). Auf eine *mangelhafte oder ungenügende Vorbereitung bei der Datenbeschaffung* kann die Nichteinbeziehung des TU gem Abs 1 Nr 2 auf Dauer nicht gestützt werden (glA *v. Wysocki/Wohlgemuth*[4], 56; *WPH*[12] I M 176).

In Abhängigkeit von der relativen Bedeutung des kurz vor Ende des Konzern-Gj erworbenen TU ist zudem zu prüfen, ob möglicherweise eine *„Rumpf-Konsolidierung"* bereits im Jahr des Erwerbs zu einem aussagefähigeren KA als bei einer Nichteinbeziehung führt (so zutreffend *Busse von Colbe/Ordelheide*[7], 119). Dies setzt allerdings voraus, dass die Bilanzierungs- und Bewertungsgrundsätze des TU (HB I) nicht gegen die des MU verstoßen (zB Aktivierung selbsterstellter immaterieller VG im lokalen JA); andernfalls wäre zusätzlich die Ableitung einer „HGB-konformen" HB II (dazu § 300 Anm 26ff) erforderlich. Die RumpfKons darf sich dabei uE auf die KapKons und ggf die SchuldenKons beschränken. Eine Zwischenergebniseliminierung oder Aufwands- und Ertrags-Kons dürfte im Hinblick auf die kurze Dauer der Konzernzugehörigkeit des TU idR nicht erforderlich sein. Wird eine solche RumpfKons vorgenommen, sollte dies im Konzernanhang erläutert werden. 20

Als weitere Anwendungsfälle, die eine Nichteinbeziehung nach Abs 1 Nr 2 rechtfertigen, kommen nur Ausnahmesituationen wie zB technische Störfälle, politische Wirren, längere Streiks oder Naturkatastrophen in Betracht (*ADS*[6] § 296 Anm 18 mwN). 21

III. Weiterveräußerungsabsicht (Abs 1 Nr 3)

Ein TU braucht gem Abs 1 Nr 3 nicht in den KA einbezogen zu werden, wenn *die Anteile* des TU *ausschließlich* zum Zweck ihrer *Weiterveräußerung* gehalten werden. Der Veräußerung steht der Tausch gegen Anteile an einem anderen Unt gleich (*ADS*[6] § 296 Anm 20). Aus Sicht des einheitlichen Unt (§ 297 Abs 3 S 1) ist die Weiterveräußerungsabsicht im übrigen auch dann zu bejahen, wenn sie sich statt auf die Anteile am TU auf das (gesamte) hinter den Anteilen stehende Reinvermögen bezieht. Dh sofern beim Erwerb eines TU bereits dessen Liquidation beabsichtigt ist, darf uE ebenfalls vom Wahlrecht der Nr 3 Gebrauch gemacht werden. 23

Dadurch, dass TU, die bereits in naher Zukunft den KonsKreis wieder verlassen werden, nicht in den KA einbezogen werden müssen, wird eine stetige Abgrenzung des KonsKreis (§ 294 Abs 1, § 297 Abs 3 S 2) ermöglicht und damit die Vergleichbarkeit aufeinander folgender KA verbessert (*ADS*[6] § 296 Anm 28). 24

Die Inanspruchnahme des Einbeziehungswahlrechts gem Abs 1 Nr 3 kommt aber grds nur dann in Betracht, wenn das Mutter-Tochterverhältnis gem § 290 Abs 2 durch das Vorliegen konzerntypischer Rechtsbeziehungen (Control-Konzept) begründet wird, da das ausschließliche Halten zwecks Weiterveräußerung mit den Voraussetzungen des § 290 Abs 1 – Vorliegen einer Beteilung iSv § 271 Abs 1 S 1 (Herstellung einer dauerhaften Verbindung) und der Ausübung einheitlicher Leitung (Einbindung in die Konzernstrategie) – nicht vereinbar ist (hM *Busse von Colbe/Ordelheide*[7], 120; *Sahner/Sauermann* in HdKR[2] § 296 Anm 20f; *ADS*[6] § 296 Anm 23). 25

Nach dem Wortlaut des Abs 1 Nr 3 müssen **die Anteile,** dh grds alle Anteile an dem TU, von der Weiterveräußerungsabsicht betroffen sein. Aus der Proto- 26 kollerklärung zu Art 13 Abs 3 lit c der 7. Richtl (s *Biener/Schatzmann* Konzernrechnungslegung, Düsseldorf 1983, 25) geht jedoch hervor, dass *nicht alle Anteile* zur Weiterveräußerung bestimmt sein müssen, um das KonsWahlrecht in Anspruch nehmen zu dürfen. Um dem Sinn der Vorschrift gerecht zu werden, darf sich in diesem Fall die nach der Veräußerung verbleibende Beteiligung aber nicht mehr als TU iSv § 290 qualifizieren (ebenso *ADS*[6] § 296 Anm 21; zustimmend *Kölner Komm*[2] § 296 Anm 17; *von Keitz* in Bilanzrecht § 296 Anm 40). Bleibt die KonsPflicht (§ 294 iVm § 290) bestehen, sind alle – auch die zur Veräußerung bestimmten – Anteile durch VollKons in den KA einzubeziehen. Eine Weiterveräußerungsabsicht für einen Teil der erworbenen Anteile kann uE implizit auch dann angenommen werden, wenn beim Erwerb einer (Mehrheits-)Beteiligung bekannt ist, dass Dritte auf Anteile am betr TU gerichtete Kaufoptionen (Wandlungsrechte) besitzen. Durch die Ausübung dieser Wandlungsrechte kommt es in wirtschaftlicher Betrachtungsweise aus Konzernsicht zu einer teilweisen Anteilsveräußerung (zur Kapitalerhöhung bei TU ohne Beteiligung des MU s § 301 Anm 213f). Voraussetzung ist jedoch, dass beim Erwerb der Anteile ernsthaft mit der Ausübung der Optionen zu rechnen ist, zB weil es sich zu diesem Zeitpunkt bereits um günstige Kaufoptionen handelt.

27 **Weiterveräußerung** iSd Abs 1 Nr 3 bedeutet zunächst, dass der potentielle Erwerber der Anteile ein fremder Dritter außerhalb des KonsKreis sein muss. Der Verkauf an ein anderes einzubeziehendes TU stellt aus Sicht des fiktiv rechtlich einheitlichen Unt (§ 297 Abs 3 S 1) keine Veräußerung, sondern nur eine Übertragung auf eine andere Betriebsstätte dar (glA *Busse von Colbe/Ordelheide*[7], 120). Es genügt die Weiter*veräußerungsabsicht* und dafür ist der *Wille des Bilanzierenden* maßgeblich (§§ 247 Abs 2, 271 Abs 1 S 1 iVm § 298 Abs 1). Die Entscheidung muss aber nachvollziehbar sein (so bereits *SABI 1/1988.* Zur Aufstellungspflicht für einen Konzernabschluss und zur Abgrenzung des Konsolidierungskreises WPg, 340). Die Dokumentation der ernsthaften Weiterveräußerungsabsicht erfolgt im Idealfall durch Vorverträge, es genügen aber auch eingeleitete Verkaufsverhandlungen, die Beauftragung eines Maklers oder das Vorliegen einer AR-Genehmigung zur Veräußerung der Anteile (hM *ADS*[6] § 296 Anm 26 mwN; *Kölner Komm*[2] § 296 Anm 20). Sofern die übrigen Voraussetzungen erfüllt sind, kann die Weiterveräußerungs*absicht* uE auch dadurch belegt werden, dass für alle oder zumindest für einen Teil der Anteile Kaufoptionen Dritter bestehen. Vorausgesetzt die Ausübung der Kaufoptionen kann nicht im Hinblick auf die Höhe des Basispreises als unwahrscheinlich ausgeschlossen werden, oder es ist auch nicht erkennbar, dass der Inhaber weder die Absicht noch die finanziellen Möglichkeiten zur Ausübung der Optionen hat.

Das bloße Vorliegen eines *letter of intent* dürfte – ohne weitere Indizien, die für die tatsächliche Veräußerungsabsicht sprechen, – nicht für eine Inanspruchnahme des KonsWahlrechts ausreichen.

Die Veräußerungsabsicht wird regelmäßig auch durch den *Ausweis* der Anteile *im Umlaufvermögen* zum Ausdruck kommen, da es an der Voraussetzung des § 247 Abs 2 iVm § 298 Abs 1 „dauernd dem Geschäftsbetrieb zu dienen" für eine Zuordnung zum Anlagevermögen fehlt. Der Ausweis der Anteile im Umlaufvermögen stellt jedoch lediglich ein notwendiges, nicht aber ein hinreichendes Kriterium für einen Einbeziehungsverzicht dar.

Nach dem Wortlaut des Abs 1 Nr 3 ist das KonsWahlrecht weder *zeitlich befristet,* noch muss die Veräußerung intensiv betrieben werden (*WPH*[12] I M 178f; *ADS*[6] § 296 Anm 25; aA *Biener/Schatzmann* aaO, 26). Es kann allerdings nur für eine *begrenzte Zeitdauer* Gültigkeit haben, weil je länger die Anteile mit

Veräußerungsabsicht gehalten werden, umso unwahrscheinlicher ist deren Realisierung, sofern fortgesetzte Versuche nicht nachgewiesen werden können (*Busse von Colbe/Ordelheide*[7], 120). In Abhängigkeit von der Dauer während der die Veräußerung bereits erfolglos betrieben wird, gewinnen zudem Alternativstrategien an Gewicht, zB Liquidation des TU. Eine missbräuchliche Anwendung des KonsWahlrechts kann daher nur dadurch wirksam verhindert werden, dass das Vorliegen der Voraussetzungen für die Inanspruchnahme an jedem KA-Stichtag erneut überprüft wird (zustimmend *Kölner Komm*[2] § 296 Anm 23). Gleichwohl ist uE aus Objektivierungsgründen eine zeitliche Befristung der Weiterveräußerungsabsicht geboten. Mit Rücksicht auf die internationalen Rechnungslegungsgrundsätze (s Anm 56) erscheint es dabei sachgerecht, die Ausnahme von der Einbeziehung auf höchstens zwölf Monate gerechnet ab dem Erwerbszeitpunkt zu beschränken (bereits bisher für eine auf drei Jahre nach Erwerb befristete Inanspruchnahme des Wahlrechts nach Nr 3: *v. Wysocki/Wohlgemuth*[4], 57; *Kindler* in Großkomm HGB § 296 Anm 16). Soll der Zeitraum für die Weiterveräußerungsabsicht verlängert werden, kommt es uE auf deren Konkretisierung durch entspr Kaufverträge – zumindest aber Vorverträge – an. Eine Verlängerung kommt außerdem dann in Betracht, wenn das Überschreiten der Frist auf Umständen außerhalb des Einflussbereichs des MU, zB auf ausstehenden behördlichen Genehmigungen beruht (s auch IFRS 5.IG Examples 5–7).

Zu beachten ist ferner, dass die Anteile **ausschließlich** zum Zweck ihrer 28
Weiterveräußerung gehalten werden dürfen, dh seitens des MU darf keine – auch nur vorübergehende – Einflussnahme erfolgen, die auf eine Integration des TU in den Konzernverbund abzielt (so *WPH*[12] I M 178; *Sahner/Sauermann* in HdKR[2] § 296 Anm 25). Kommt es im Verlauf der Nichteinbeziehungsphase zu tatsächlichen oder vertraglichen Geschäftsbeziehungen mit dem zur Veräußerung bestimmten TU, ist die Inanspruchnahme des KonsWahlrechts nach Abs 1 Nr 3 mangels Ausschließlichkeit der Weiterveräußerungsabsicht ebenfalls ausgeschlossen (ähnlich *ADS*[6] § 296 Anm 25: andere Umstände, die der Weiterveräußerungsabsicht entgegenstehen).

Der Verzicht auf die Einbeziehung gem Abs 1 Nr 3 ist im übrigen nach hM 29
(*ADS*[6] § 296 Anm 23; *WPH*[12] I M 178; *Busse von Colbe/Ordelheide*[7], 121; *Pfaff* in MünchKomm HGB § 296 Anm 36) nur zulässig, wenn die **Weiterveräußerungsabsicht** bereits **im Zeitpunkt des Anteilserwerbs** besteht. Soll ein TU, das bereits länger in den KA einbezogen wird, veräußert werden, ist die Anwendung des KonsWahlrecht ausgeschlossen (zu Abweichungen nach IFRS s Anm 56). Die VG und Schulden sowie Aufwendungen und Erträge dieses TU sind vielmehr gem § 300 Abs 2 vollständig bis zum Zeitpunkt seines Ausscheidens aus dem KonsKreis in den KA einzubeziehen (§ 300 Anm 44f; *HFA 3/1995* WPg, 698).

Ein Erwerb mit Weiterveräußerungsabsicht liegt aus Sicht des einheitlichen Unt auch dann *nicht* vor, wenn VG und Schulden zunächst, zB im Wege der *Ausgliederung* (§ 123 Abs 3 UmwG) oder Sacheinlage auf einen neu gegründeten Rechtsträger übertragen und die als Gegenleistung erlangten (erworbenen) Anteile danach veräußert werden sollen (glA *Busse von Colbe/Ordelheide*[7], 121; *Baetge/Kirsch/Thiele,* aaO, 129; aA *Maas/Schruff* FS Havermann, 421f). Gleiches gilt, wenn die Ausgliederung des zur Veräußerung bestimmten Vermögens in zwei getrennte Geschäftsvorfälle (Bargründung eines Rechtsträgers mit anschließender entgeltlicher Veräußerung des Vermögens) zerlegt wird. Zu Auswirkungen auf die KapKons, wenn das eingebrachte Vermögen vom übernehmenden Rechtsträger zu AK (§ 255 Abs 1) angesetzt wird s § 301 Anm 225ff.

30 Damit kommt die **Inanspruchnahme** des Abs 1 Nr 3 vornehmlich für *Kreditinstitute und andere institutionelle Anleger* in Betracht, die Anteile an Industrie- und ggf auch anderen Unt nur vorübergehend erwerben, in der Absicht sie am Kapitalmarkt zu platzieren (*WPH*[12] I M 178; *Sahner/Sauermann* in HdKR[2] § 296 Anm 22). Soweit Kreditinstitute – vorübergehend – zum Zweck finanzieller Stützung zur Sanierung oder Rettung eine Mehrheitsbeteiligung an einem anderen Kreditinstitut erwerben und dafür das KonsWahlrecht gem Abs 1 Nr 3 in Anspruch nehmen wollen, sind sie – in Erweiterung des Abs 3 – gem § 340j Abs 1 zu zusätzlichen Angaben im Konzernanhang und der Beifügung des TU-JA zum KA verpflichtet (Anm 41).

In einem *Industriekonzern* darf das Wahlrecht nach Abs 1 Nr 3 bspw dann in Anspruch genommen werden, wenn im Zuge einer Fusion oder Akquisition (mittelbar) auch Anteile an TU erworben werden, die nicht in die Produkt- oder Serviceline des erwerbenden Konzerns passen und deshalb veräußert werden sollen. Gleiches wird gelten, wenn die Kartellbehörden ihre Zustimmung zu einem Anteilserwerb davon abhängig machen, dass eine bislang vom übernommenen Unt gehaltene Mehrheitsbeteiligung aufgegeben wird. Muss sich dagegen der Erwerber von einer Beteiligung an einem bislang vollkonsolidierten TU trennen, ist das Einbeziehungswahlrecht nicht anwendbar.

IV. Tochterunternehmen von untergeordneter Bedeutung (Abs 2)

33 Gem Abs 2 S 1 braucht ein TU nicht in den KA einbezogen zu werden, wenn es für die Verpflichtung, ein den tatsächlichen Verhältnissen entspr Bild der VFE-Lage des Konzerns zu vermitteln, von untergeordneter Bedeutung ist. Diese Regelung konkretisiert den allgemeinen **Grundsatz der Wesentlichkeit** (Begr RegE BT-Drs 10/3440, 38). Wurde das Einbeziehungswahlrecht in Anspruch genommen, ist das Fortbestehen der Anwendungsvoraussetzungen an den darauf folgenden KA-Stichtagen für jedes der betroffenen TU (Anm 36) erneut zu überprüfen.

34 Die Entscheidung darüber, wann ein TU für den Konzern von untergeordneter Bedeutung ist, ist abhängig von der wirtschaftlichen Tätigkeit (Branche) des Konzerns und seiner Struktur. Dabei kommt es nicht auf einzelne *(starre) Verhältniszahlen,* sondern auf das **Gesamtbild aller Umstände** im jeweiligen Einzelfall an (*SABI 1/1988* WPg, 340; *ADS*[6] § 296 Anm 31 mwN). Maßgebend ist die Einbindung des TU in die wirtschaftliche Tätigkeit des Konzerns und sein relativer Beitrag innerhalb des gesamten Konzernverbunds (*Sahner/Sauermann* in HdKR[2] § 296 Anm 28). Aufgrund des eindeutigen Wortlauts ist dabei zu beachten, dass das TU immer sowohl für die Vermögens-, als auch die Finanz- und die Ertragslage insgesamt von untergeordneter Bedeutung sein muss (glA *Busse von Colbe/Ordelheide*[7], 122; *ADS*[6] § 296 Anm 30).

Die Konzernleitung hat für die aufeinander folgenden KA jeweils über die Gewichtung der Beurteilungskriterien zu befinden und danach die relative Bedeutung des betr TU für die VFE-Lage des Konzerns zu beurteilen (*Selchert/Baukmann* BB 1993, 1331). Verhältniszahlen (Anteil des TU an Konzernbilanzsumme, -umsatzerlösen und -jahresergebnis) können allenfalls für eine erste Vorauswahl der für das Einbeziehungswahlrecht in Betracht kommenden TU verwandt werden. Insb muss dabei darauf geachtet werden, dass die zu einander in Beziehung gesetzten Größen äquivalent sind. So ist es zB nicht sachgerecht bei der Beurteilung einer ObjektGes, die nur eine Immobilie hält, auf deren Anteil an der Konzernbilanzsumme abzustellen; stattdessen wäre zu fragen, wie hoch der relative Anteil des Objekts am Konzernwert des Postens „Grundstücke und Gebäude“ ist.

Trotz vergleichsweise geringer Größe eines TU sprechen folgende Gesichtspunkte für dessen Einbeziehung in den KA im Wege der VollKons: 35

- *Belastung des Konzernergebnisses mit strukturellen Verlusten,* zB bei zentralen Forschungs- und EntwicklungsGes, die ständiger Zuschüsse bedürfen,
- wenn bei einem Verzicht auf die Einbeziehung wesentliche *Zwischenergebnisse nicht eliminiert werden könnten* (hM *WPH*[12] I M 181; *ADS*[6] § 296 Anm 31; *Sahner/Sauermann* in HdKR[2] § 296 Anm 28) oder
- wenn im Fall der Nichteinbeziehung *wesentliche Verpflichtungen oder Risiken* des Konzerns *nicht abgebildet* würden. Dies dürfte insb bei sog Objekt- oder ProjektGes der Fall sein, dh wenn ein TU nur einen VG (idR bebautes oder zur Bebauung vorgesehenes Grundstück) und die dazugehörige Finanzierung durch ein Kreditinstitut verfügt.

Allein aus der *Verlagerung von unternehmenstypischen Funktionen* des Gesamtkonzerns auf das TU, zB Finanzierung, Grundstücksverwaltung oder Transportwesen, kann uE dagegen noch nicht auf die relative Bedeutung dieses TU geschlossen werden, weil die Ausübung spezifischer Leitungs- und Verwaltungsfunktionen als solche nicht im JA zum Ausdruck kommt und auch nicht Gegenstand der Kons sein kann (glA *Selchert/Baukmann* BB 1993, 1330). Entscheidend ist vielmehr immer die relative Bedeutung für *„die Vermögens-, Finanz- und Ertragslage“*. Eine GrundstücksGes, die über kein nennenswertes EK verfügt und aus der Verpachtung ihrer Grundstücke und Gebäude auch kein wesentliches Ergebnis erzielt, muss in den KA einbezogen werden, wenn sonst wesentliche Vermögensteile und idR damit korrespondierende Verbindlichkeiten im KA unberücksichtigt blieben, mit der „Funktion Grundstücksverwaltung“ hat dies indes nichts zu tun.

Durch Abs 2 S 2 wird klargestellt, dass für **mehrere Tochterunternehmen,** 36
die bei einer isolierten Betrachtung jeweils unwesentlich sind, nur dann auf eine Einbeziehung verzichtet werden darf, wenn diese TU **in ihrer Gesamtheit** ebenfalls **von untergeordneter Bedeutung** für die VFE-Lage des Konzerns sind. Soll beurteilt werden, ob ein TU, das selbst MU iSv § 290 ist, nur von untergeordneter Bedeutung ist, sind auch die im Falle einer Nichteinbeziehung dieses Teilkonzerns von der Kons ausgeschlossenen TU (EnkelUnt) mit in die Beurteilung einzubeziehen. Dabei können für diese Gesamtbetrachtung potentiell unbedeutender TU – ebenso wie bei einem einzelnen TU – keine starren Grenzwerte vorgegeben werden (dagegen für eine Beurteilung auf der Grundlage starrer (quantitativer) Kriterien: *Kölner Komm*[2] § 296 Anm 26). Die Anzahl der TU von untergeordneter Bedeutung ist für diese Beurteilung unbeachtlich (*ADS*[6] § 296 Anm 32).

Diese gemeinsame Betrachtung hat sich auf sämtliche unwesentlichen TU als 37
Gesamtheit zu erstrecken (hM *ADS*[6] § 296 Anm 32 mwN). Allerdings nur insoweit, als die unwesentlichen Unt tatsächlich nicht in den KA einbezogen werden sollen (glA *Selchert/Baukmann* BB 1993, 1332). Nach aA (*Sahner/Sauermann* in HdKR[2] § 296 Anm 30) ist es dagegen *nicht* zulässig, wenn die Konzernleitung aus dem Kreis der einzelnen unbedeutenden TU diejenigen auswählt, die nicht in den KA einbezogen werden sollen. Das Wahlrecht nach Abs 2 gewinnt aber gerade durch eine gezielte Ausübung besondere Bedeutung, zB wenn dadurch ein großer Kreis weltweit grds zu konsolidierender TU erheblich reduziert werden kann, ohne die Darstellung der VFE-Lage des Konzerns zu beeinträchtigen (glA *Busse von Colbe/Ordelheide*[7], 122f).

Es gibt auch keinen Grundsatz der Einheitlichkeit bei der Ausübung von KonsWahlrechten. Es ist aber der Grundsatz der **Stetigkeit** des KonsKreis

(§ 297 Anm 200ff) zu beachten, dh es wäre unzulässig, in aufeinander folgenden KA aus einer Mehrzahl unbedeutender TU die Gruppe der nicht einbeziehungspflichtigen TU jeweils neu und unterschiedlich zu bestimmen.

C. Begründung im Konzernanhang (Abs 3)

41 Bei einer Inanspruchnahme der Einbeziehungswahlrechte nach Abs 1 oder Abs 2 ist neben den Angaben nach § 313 Abs 2 Nr 1 außerdem eine Begr im Konzernanhang erforderlich (Abs 3). Kreditinstitute, die ein TU (Kreditinstitut) zwecks finanzieller Stützung erwerben und dieses gem Abs 1 Nr 3 nicht in den KA einbeziehen wollen (Anm 30), sind gem § 340j verpflichtet den JA dieses Tochter-Kreditinstituts dem KA beizufügen. Ferner sind im Konzernanhang zusätzliche Angaben über die Art und Bedingungen der finanziellen Stützungsaktion zu machen.

42 Aus der **Begründung** muss sich ergeben, welches Einbeziehungswahlrecht in Anspruch genommen wird und warum die gesetzlichen Voraussetzungen als erfüllt betrachtet werden (zB: „Folgende TU wurden wegen untergeordneter Bedeutung für die Vermittlung eines den tatsächlichen Verhältnissen entspr Bilds der VFE-Lage nicht in den KA einbezogen, weil ihr Jahresergebnis und/oder ihre Umsatzerlöse weniger als 1% des Konzernergebnisses bzw Konzernumsatzes ausmachten: …“; ausführlich *ADS*[6] § 296 Anm 33). Ein bloßer Verweis auf die gesetzliche Vorschrift genügt nicht (so bereits *SABI 1/1988* WPg, 342). Die Begr muss grds für jedes nicht einbezogene TU gegeben werden, jedoch nicht einzeln (so aber *Sahner/Sauermann* in HdKR[2] § 296 Anm 32), es reicht vielmehr aus, wenn sich die Begr – erkennbar – auf mehrere TU gleichzeitig bezieht und Name und Sitz dieser TU, zB über entspr Zwischenüberschriften in der Aufstellung des Anteilsbesitzes gem § 313 Abs Nr 1–4, ersichtlich sind (ebenso *ADS*[6] § 296 Anm 33).

43 In Einzelfällen kann die Begründungspflicht zu Nachteilen für den Konzern oder ein einbezogenes KonzernUnt führen (zB beim Anteilserwerb zwecks Weiterveräußerung). Die *Schutzklausel* des § 313 Abs 3 S 1 ist allerdings bezogen auf die Begründungspflicht nach Abs 3 nicht anwendbar (hM *ADS*[6] § 296 Anm 33 mwN).

44 Werden durch die Anwendung der Einbeziehungswahlrechte zB nach Abs 1 Nr 1 wesentliche Änderungen des KonsKreis hervorgerufen, bestehen zusätzliche Angabepflichten gem § 294 Abs 2, um die Vergleichbarkeit der aufeinander folgenden KA zu gewährleisten (dazu § 294 Anm 8ff).

D. Anwendung der Equity-Methode

46 Werden TU in Ausübung eines der Einbeziehungswahlrechte nicht im Wege der VollKons in den KA einbezogen, ist unabhängig davon zu prüfen, ob für die betr TU die in § 311 genannten Voraussetzungen (Bestehen einer Beteiligung iSd § 271 Abs 1 und tatsächliche Ausübung eines maßgeblichen Einflusses auf die Geschäfts- und Finanzpolitik des Unt sowie Wesentlichkeit) vorliegen und deshalb eine Einbeziehung nach der Equity-Methode geboten ist. Bislang wurde dies für TU, für die wegen abw Tätigkeit (dazu Voraufl § 295 Anm 5ff) ein KonsVerbot bestand (s dazu Voraufl § 295 Anm 18), ausdrücklich klargestellt und galt – auch ohne entspr Klarstellung – erst recht auch für TU, für die eines der Einbeziehungswahlrechte gem § 296 ausgeübt wurde (glA *ADS*[6] § 296

Anm 34, *WPH*[12] I M 185). Nachdem es sich bei der Regelung in § 295 Abs 1 Halbsatz 2 aF nur um eine Klarstellung gehandelt hat, resultiert aus deren Streichung im Zuge des BilReG (zur letztmaligen Anwendung des § 295 für Gj, die vor dem 1. 1. 2005 begannen, s Art 58 Abs 3 S 4 EGHGB) keine Änderung für die Vorgehensweise, wenn eines der Einbeziehungswahlrechte in Anspruch genommen wird.

Liegen die Voraussetzungen für eine EquityKons nicht vor, zB bei TU die gem Abs 1 Nr 3 (Weiterveräußerungsabsicht) nicht einbezogen werden, sind die betreffenden TU im KA mit (ggf fortgeführten) AK (§ 253 Abs 1 und 2) zu bewerten.

E. Publizitätsgesetz

§ 296 gilt sinngemäß auch für KA nach dem PublG (§ 13 Abs 2 S 1 PublG). 48
In den KA nach PublG dürfen nur KonzernUnt einbezogen werden, die unter einheitlicher Leitung des MU stehen (§ 11 Abs 1 S 1 PublG), hieraus ergeben sich folgende Besonderheiten bzgl der sinngemäßen Anwendung der Kons-Wahlrechte:

- Sofern in den Fällen des **Abs 1 Nr 1** (erhebliche und andauernde *Beschränkung der Rechte*) und **Abs 1 Nr 3** *(Weiterveräußerungsabsicht)* das Vorliegen einheitlicher Leitung zu verneinen ist, besteht automatisch ein KonsVerbot, da die betr Unt sich nicht als KonzernUnt iSd § 11 Abs 1 PublG qualifizieren (*WPH*[12] I O 61).
- In den Fällen des **Abs 1 Nr 2** *(unverhältnismäßig hohe Kosten oder Verzögerungen)* und des **Abs 2** *(Unwesentlichkeit)* können die KonzernUnt gleichwohl unter einheitlicher Leitung stehen und dürfen in den PublG-KA einbezogen werden (*WPH*[12] I O 62).

Wird für diese KonzernUnt von den Einbeziehungswahlrechten Gebrauch gemacht, ist dies im Konzernanhang zu begründen (Abs 2 iVm § 13 Abs 2 S 1 PublG). Weil die tatsächlich ausgeübte einheitliche Leitung die Ausübung eines maßgeblichen Einflusses iSv § 311 Abs 1 einschließt, sind diese KonzernUnt dann nach der Equity-Methode einzubeziehen, sofern nicht die Voraussetzungen des § 311 Abs 2 (untergeordnete Bedeutung) vorliegen.

F. Rechtsfolgen einer Verletzung von § 296

Werden TU, obwohl die Voraussetzungen für die Inanspruchnahme eines 50
KonsWahlrechts gem § 296 *nicht* vorliegen, *vorsätzlich nicht in den KA einbezogen,* liegt ein Verstoß gegen § 294 Abs 1 vor. Diese Ordnungswidrigkeit kann gem § 334 Abs 1 Nr 2a mit einer **Geldbuße bis** zu **€ 25 000** geahndet werden.

Wird bspw ein für die Darstellung der VFE-Lage des Konzerns wesentliches TU vorsätzlich nicht einbezogen, kann auch ein Verstoß gegen § 297 Abs 2 *(Vermittlung eines den tatsächlichen Verhältnissen entsprechenden Bilds)* vorliegen, der gem § 334 Abs 1 Nr 2b ebenfalls bußgeldbewehrt ist. Soweit darin aber zugleich eine unrichtige Wiedergabe oder Verschleierung der Verhältnisse des Konzerns im KA zu sehen ist, kann auch der Straftatbestand des § 331 Nr 2 (**Freiheitsstrafe bis** zu **drei Jahren** oder **Geldstrafe**) vorliegen.

Gleiches gilt für MU, die gem § 11 PublG zur Aufstellung eines KA verpflichtet sind (§ 20 Abs 1 Nr 2 lit a PublG) sowie für KapCoGes-MU (§ 335b).

G. Abweichungen der IFRS

Schrifttum: *Küting/Kessler/Wirth* Die IFRS-Bilanzierung von nur einem temporären Controleinfluss unterliegenden Tochterunternehmen KoR 2003, 533 ff; *Hoffmann/Lüdenbach* IFRS 5 – Bilanzierung bei beabsichtigter Veräußerung von Anlagen und Einstellung von Geschäftsfeldern BB 2004, 2006 ff; *Ruhnke/Schmidt/Seidel* Neuregelungen bei der Abgrenzung des Konsolidierungskreises nach IFRS – Darstellung und kritische Würdigung BB 2004, 2231 ff; *Zülch/Lienau* Bilanzierung zum Verkauf stehender langfristiger Vermögenswerte sowie aufgegebener Geschäftsbereiche nach IFRS 5 KoR 2004, 442 ff; *Zülch/Lienau* Die Bilanzierung von Discontinued Operations (aufgegebene Geschäftsbereiche) nach IFRS DStR 2005, 391 ff; *Schildbach* Was leistet IFRS 5? WPg 2005, 554.

Standards: IAS 27 *Consolidated and Separate Financial Statements,* (rev 2004).

52 Im Unterschied zu den handelsrechtlichen Regelungen enthalten die IFRS keine ausdrücklichen, sondern im Hinblick auf den Grundsatz der Wesentlichkeit *(materiality principle)* in F.12 iVm. 29 f (dazu *ADS* (Int) Abschn 1 Anm 62 ff) nur ein **faktisches Einbeziehungswahlrecht für unwesentliche Tochterunternehmen** (glA *Baetge/Schulze* in Komm IAS² 27 101; *Pfaff* in MünchKomm HGB § 296 Anm 49; *Brune/Senger* in Beck IFRS § 15 Anm 95; *PwC/UK* IFRS Anm 24.160).

Ebenso wie für die Inanspruchnahme des Einbeziehungswahlrechts gem Abs 2 ist für die Entscheidung, ob ein TU unwesentlich ist, das Gesamtbild der Verhältnisse entscheidend (Anm 34 f; glA *Lüdenbach* in Haufe IAS/IFRS³ § 32 Anm 154). Sofern mehrere unwesentliche TU nicht vollkons werden, müssen diese Unt einzeln und insgesamt unwesentlich sein. Das Vorliegen der Voraussetzung für die Nichteinbeziehung ist spätestens an jedem KA-Stichtag zu überprüfen. Während nach HGB die Nichteinbeziehung unwesentlicher TU im Konzernanhang zu begründen ist (s Anm 41 ff), besteht nach IFRS keine derartige Verpflichtung, weil es sich bei dieser Angabe um eine – aus Sicht der Adressaten – nicht relevante Information handeln würde.

53 IAS 27 enthält keine Bestimmungen darüber, wie unwesentliche TU, die aufgrund des faktischen Einbeziehungswahlrechts nicht vollkons werden, stattdessen in den KA einzubeziehen sind. Während nach HGB ggf die Equity-Kons geboten sein kann (s Anm 46), kommt dies nach IFRS nicht in Betracht, weil IAS 28.2 die Anwendung der Equity-Methode auf TU ausdrücklich ausschließt (glA *Baetge/Schulze* in Komm IAS³ 27.103). Es erscheint sachgerecht, in diesen Fällen die Anteile an dem (unwesentlichen) TU in analoger Anwendung von IAS 27.31 nach **IAS 39** zu bilanzieren und zu bewerten (ebenso bereits bisher unter Verweis auf IAS 27.13 (rev 2000) *von Keitz* in Bilanzrecht § 296 Anm 522; *Baetge/Schulze* in Komm IAS² 27.103).

54 Überwiegend wird ein faktisches Einbeziehungswahlrecht nach IFRS auch aus dem Grundsatz der zeitnahen Berichterstattung (*timeliness;* F .43) sowie die Abwägung von Kosten und Nutzen der Berichterstattung (*balance between benefit and cost;* F .33) abgeleitet (generell zB *von Keitz* in Bilanzrecht § 296 Anm 513; *Lüdenbach* in Haufe IAS/IFRS³ § 32 Anm 155 (TU verfügt über kein qualifiziertes Personal und erfüllt deshalb die Berichterstattungspflichten nur mit großer Verzögerung); *Brune/Senger* in Beck IFRS § 15 Anm 95; *Pfaff* in MünchKomm HGB § 296 Anm 32; einschränkend *Baetge/Schulze* in Komm IAS² 27.104 ff: nur in seltenen Ausnahmefällen zB TU ohne funktionierendes Rechnungswesen; Katastrophenfälle; Streiks; Zusammenbruch von Datenverarbeitungsanlagen).

Organisatorische Unzulänglichkeiten bzw Versäumnisse (fehlendes qualifiziertes Personal etc) sind uE nicht geeignet, den Verzicht auf die Einbeziehung eines

TU in den IFRS-KA zu begründen. Soweit es sich um wesentliche TU (Anm 52) handelt, besteht seitens des MU die Verpflichtung dafür zu sorgen, dass das TU über die notwendigen Ressourcen verfügt, um die für die Einbeziehung in den KA notwendigen Informationen richtig und zeitgerecht bereitzustellen. Auch bei solchen Tatbeständen, die auf *Einflüsse durch höhere Gewalt* zurückgehen, darf – zumindest soweit es sich um wesentliche TU handelt – nicht ohne Weiteres auf eine Vollkons verzichtet werden. In diesen Fällen ist die Einbeziehung des betr TU auf Basis vorläufiger Zahlen oder sonst verfügbarer Monats- bzw Quartalsabschlüsse nebst entspr Erl einer Nichteinbeziehung vorzuziehen. Gleiches gilt, wenn der *Erwerb* eines TU zeitlich *kurz vor dem KA-Stichtag* erfolgt. In derartigen Fällen besteht häufig das Problem, dass eine vollständige Anpassung an die konzerneinheitlichen Bilanzierungs- und Bewertungsmethoden innerhalb der vom Erwerber vorgegebenen Berichterstattungsfristen uU nicht möglich ist. Solange die Einbeziehung des TU auf Basis vorläufiger Werte zu keiner Falschdarstellung führt, wird den Adressaten uE dadurch im Vergleich zur Nichteinbeziehung immer die relevantere Information vermittelt; dies ist deshalb vorzuziehen. Etwaige Ungenauigkeiten sind spätestens im Folgejahr zu korrigieren (s § 301 Anm 356). Insofern ist das Einbeziehungswahlrecht gem Abs 1 Nr 2 **(unverhältnismäßig hohe Kosten oder Verzögerungen)** uE ohne Entsprechung in den IFRS.

Erhebliche und andauernde Beschränkungen der Geschäftsführungs-/ 55
Vermögensverfügungsrechte bei einem TU iSv Abs 1 Nr 1 eröffnen nach IFRS kein Einbeziehungswahlrecht, sondern führen uU zu einem Einbeziehungsverbot, wenn sie so gravierend sind, dass keine Beherrschung *(control)* iSv IAS 27.13 für dieses TU besteht und deshalb auch kein Mutter-Tochterverhältnis vorliegt. Dies kann nach IAS 27.21 zB der Fall sein, wenn ein TU unter der Kontrolle von staatlichen Behörden, Gerichten oder Zwangsverwaltern oder sonstigen Aufsichtsbehörden steht.

Ab dem Zeitpunkt, an dem das Mutter-Tochterverhältnis iSv IAS 27.13 endet, sind die Anteile an dem vormaligen TU – sofern sie nicht zu einem assozUnt nach IAS 28 oder einem GemUnt nach IAS 31 werden – nach IAS 39 zu bewerten (IAS 27.31). Sofern sich in seltenen Ausnahmefällen der beizulegende Zeitwert der Anteile nicht zuverlässig ermitteln lässt, kommt nach IAS 39.46 (c) dabei auch die Bewertung mit fortgeführten, ggf um außerplanmäßige Abschreibungen geminderten AK in Betracht (*Ruhnke/Schmidt/Seidel* BB 2004, 2234).

Erhebliche Beschränkungen der Möglichkeiten zum Vermögens-/Finanzmitteltransfer (Zahlung von Bar-/Sachdividenden, Tilgung von Darlehen) alleine begründen allerdings noch kein Einbeziehungsverbot nach IFRS, sondern nur dann wenn sie auch so tiefgreifend sind, dass keine Beherrschung *(control)* mehr besteht (IAS 27IN9; IAS 27BC15; § 290 Anm 151 ff). So wird es für die Beendigung eines Mutter-Tochterverhältnisses nicht ausreichen, wenn im Sitzstaat eines TU eine Devisenbewirtschaftung erfolgt, ohne dass zugleich das Geschäftsführungsorgan des TU von den *staatlichen Zwangsmaßnahmen* betroffen ist, zB eine Zwangsverwaltung erfolgt (*PwC/UK* IFRS Anm 24.165). Wird ein TU durch gerichtlich bestellte bzw beaufsichtigte Verwalter im Gläubigerinteresse geführt, hängt es insb von den Verfügungs- und Verwaltungsbefugnissen dieser Fremdverwalter ab, ob es zu einem Verlust der Beherrschung *(loss of control)* kommt. Bei TU im Inland, über deren Vermögen das Insolvenzverfahren eröffnet wurde, wird dies wegen der weitreichenden Befugnisse eines Insolvenzverwalters regelmäßig der Fall sein (Anm 11). Anders ist hingegen zu beurteilen, wenn zB bei einem TU in den USA ein Vergleichsverfahren nach „Chapter 11“ anhängig ist (International GAAP, 318). Wird ein TU trotz bestehender (erheblicher) Beschränkungen zum Mitteltransfer weiter vollkons (Regelfall), sind Art und Umfang der Beschränkungen im Konzernanhang anzugeben (IAS 27.40 (f)).

Ferner wird in IAS 27.21 klargestellt, dass das Fehlen von Beherrschung *(control)* auch auf *vertraglichen Vereinbarungen mit Dritten,* idR MitGester, beruhen kann. Regelmäßig wird es sich hierbei um Fälle handeln, in denen die Geschäfts- und Finanzpolitik eines BetUnt nicht allein vom MehrheitsGester, sondern nur mit Zustimmung eines MitGester festgelegt werden kann (*substantive participating rights;* s Anm 11). Die Nichteinbeziehung – trotz Mehrheitsbeteiligung – ist nach IAS 27.40 (d) im Konzernanhang zu begründen.

56 Ein wesentlicher Unterschied besteht, wenn – idR anlässlich des Erwerbs eines Teilkonzerns (s § 301 Anm 274 ff) – ein TU mit **Weiterveräußerungsabsicht** erworben wird. Während nach Abs 1 Nr 3 in diesen Fällen auf eine Einbeziehung verzichtet werden darf, besteht nach IFRS eine Einbeziehungspflicht. Sofern das TU nach IFRS 5.6 ff als Veräußerungsgruppe *(disposal group)* zu qualifizieren ist, erfolgt in diesem Fall allerdings im IFRS-KA ein gesonderter Ausweis der Vermögenswerte und Schulden sowie des Ergebnisses des betreffenden TU (dazu s § 266 Anm 673, 680 u § 275 Anm 351 ff).

Dieser Sonderausweis erfolgt nach IFRS außerdem auch in den Fällen, in denen ein bislang bereits vollkons TU später den Status einer Veräußerungsgruppe *(disposal group)* erlangt, weil dessen Verkauf beabsichtigt wird. Auch insofern besteht ein Unterschied zur Vorgehensweise nach HGB, wo es hM entspricht (s Anm 29 mwN), dass in diesen Fällen eine Vollkons zu erfolgen hat, dh die VG und Schulden sowie die damit korrespondierenden Erträge und Aufwendungen werden im handelsrechtlichen KA bis zum endgültigen Ausscheiden des TU aus dem KonsKreis unter den entspr Bilanz- bzw GuV-Posten ausgewiesen.

Die besonderen Regelungen des IFRS 5 sind prospektiv erstmals für Gj, die nach dem 31. 12. 2004 beginnen, anzuwenden (IFRS 5.44).

Dritter Titel. Inhalt und Form des Konzernabschlusses

§ 297 Inhalt

(1) [1]**Der Konzernabschluß besteht aus der Konzernbilanz, der Konzern-Gewinn- und Verlustrechnung, dem Konzernanhang, der Kapitalflussrechnung und dem Eigenkapitalspiegel.** [2]**Er kann um eine Segmentberichterstattung erweitert werden.**

(2) [1]**Der Konzernabschluß ist klar und übersichtlich aufzustellen.** [2]**Er hat unter Beachtung der Grundsätze ordnungsmäßiger Buchführung ein den tatsächlichen Verhältnissen entsprechendes Bild der Vermögens-, Finanz- und Ertragslage des Konzerns zu vermitteln.** [3]**Führen besondere Umstände dazu, daß der Konzernabschluß ein den tatsächlichen Verhältnissen entsprechendes Bild im Sinne des Satzes 2 nicht vermittelt, so sind im Konzernanhang zusätzliche Angaben zu machen.**

(3) [1]**Im Konzernabschluß ist die Vermögens-, Finanz- und Ertragslage der einbezogenen Unternehmen so darzustellen, als ob diese Unternehmen insgesamt ein einziges Unternehmen wären.** [2]**Die auf den vorhergehenden Konzernabschluß angewandten Konsolidierungsmethoden sollen beibehalten werden.** [3]**Abweichungen von Satz 2 sind in Ausnahmefällen zulässig.** [4]**Sie sind im Konzernanhang anzugeben und zu begründen.** [5]**Ihr Einfluß auf die Vermögens-, Finanz- und Ertragslage des Konzerns ist anzugeben.**

Übersicht

Schrifttum: *Gebhardt* Probleme der Aufstellung von Cash Flow Statements für internationale Konzerne in FS Moxter, 551; *Pfuhl* Die moderne Kapitalflussrechnung im internationalen Vergleich RIW 1995, 222; *Bernards* Segmentberichterstattung in den Geschäftsberichten deutscher Unternehmen – theoretische und empirische Ergebnisse DStR 1995, 1363; *Veit/Bernards* Anforderungen an die Segmentberichterstattung im internationalen Vergleich WPg 1995, 493; *Burger/Schellberg* Zur Abhängigkeit der Kapitalflussrechnung und des Cash Flow vom Finanzmittelfonds WPg 1996, 179; *Stahn* Zum praktischen Entwicklungsstand der Konzern-Kapitalflussrechnung in Deutschland WPg 1996, 649; *Wehrheim* Krisenprognose mit Hilfe einer Kapitalflussrechnung DStR 1997, 1699; *Plein* Die Eliminierung von Effekten aus Wechselkursänderungen bei indirekt erstellten Konzernkapitalflussrechnungen WPg 1998, 10; *Husmann* Würdigung der Segmentberichterstattung nach dem Management Approach auf der Basis der deutschen Bilanzierungspraxis WPg 1998, 816; *Fey/Mujkanovic* Segmentberichterstattung im internationalen Umfeld DBW 1999, 261; *v. Wysocki* DRS 2: Neue Regeln zur Aufstellung von Kapitalflußrechnungen DB 1999, 2373; *Coenenberg/Mattner* Segment- und Wertberichterstattung in der Jahresabschlussanalyse – das Beispiel Siemens BB 2000, 1827; *Leuz* The Development of Voluntary Cash Flow Statements in Germany and the Influence of International Reporting Standards Schmalenbach Business Review 2000, 182; *Stahn* Der Deutsche Rechnungslegungsstandard Nr. 2 (DRS 2) zur Kapitalflussrechnung aus praktischer und analytischer Sicht DB 2000, 233; *Betten/Freitas* Die Kapitalflussrechnung nach Deutschem Rechnungslegungs Standard Nr. 2 (DRS 2) Betriebswirtschaft 2001, 147; *Boemle* Geldflussrechnungen unter der Lupe Der Schweizer Treuhänder 2001, 303; *Burger/Buchhardt* Der Cash Flow in einer integrierten Unternehmensrechnung WPg 2001, 801; *Coenenberg* Kapitalflussrechnung als Instrument der Bilanzanalyse Der Schweizer Treuhänder 2001, 311; *Krumbholz* Konzerneigenkapital und Konzerngesamtergebnis nach DRS 7 Steuern und Bilanzen 2001, 1160; *Baetge/Kirsch*/Thiele[6] Konzernbilanzen, Düsseldorf 2002; *Scheffler* Kapitalflussrechnung – Stiefkind in der deutschen Rechnungslegung BB 2002, 295; *Strieder* Eigenkapitalveränderungsrechnung nach DRS 7, KoR 2002, 180; *Alvarez/Fink* Qualität der Segmentberichterstattung in Deutschland, KoR 2003, 275; *Lüdenbach/Hoffmann* IFRS-Rechnungslegung für Personengesellschaften als Theater des Absurden, DB 2004, 404.

A. Allgemeines

1 Die Aufstellung und Veröffentlichung des KA hat in Deutschland in den letzten Jahren zunehmend an Bedeutung gewonnen. Bei börsennotierten Unt steht nicht die Veröffentlichung ihres JA im Blickfeld des öffentlichen Interesses, sondern der KA, gleichwohl diesem in seiner Gesamtheit wie auch bzgl seiner einzelnen Bestandteile in Deutschland ausschließlich eine **Informationsfunktion** zukommt. Die Grundlage für die Ansprüche der Aktionäre bzw Gester auf

eine Beteiligung am Erfolg des fiktiv einheitlichen Unt „Konzern" leitet sich unverändert aus den JA der jeweils rechtlich selbständigen Unt ab. Gleiches gilt außerhalb der steuerrechtlichen Organschaft für die steuerrechtliche Gewinnermittlung und die daraus abgeleiteten Steuerzahlungen. Den gestiegenen Anforderungen an den KA insb der PublikumsGes wurde der Gesetzgeber zunächst dadurch gerecht, dass er diesen Unt iZm dem TransPuG auferlegte, ihren KA um weitere Bestandteile zu ergänzen. Parallel war es diesen Unt nach § 292a – befristet bis zum 31. 12. 2004 – freigestellt, einen befreienden KA nach internationalen RechnungslegungsGrds aufzustellen. Im Rahmen des BilReG hat der Gesetzgeber nunmehr zwar den KA hinsichtlich seiner Bestandteile auch für die Unt erweitert, die nicht einen KA nach IFRS aufgrund des neu ins das HGB eingefügten § 315a aufzustellen haben (vgl § 315a Anm 1f). Gleichzeitig ist die Pflicht zur Aufstellung eines KA nach HGB und damit auch die Anwendung des § 297 auf die nicht dem vorerwähnten § 315a unterliegenden Unt begrenzt worden. Obwohl sich damit die Zahl der Unt, die zukünftig einen HGB-KA aufstellen und veröffentlichen werden grds reduziert, hat der HGB-KA durch seine inhaltliche Erweiterung (vgl Anm 10ff) eine – wenn auch begrenzte – „Internationalisierung" und damit zusätzlich eine qualitative Aufwertung erfahren.

Unverändert bleiben die Vorschriften des AktG, nach denen der Vorstand einer AG den – nach den §§ 290ff oder alternativ nach den IFRS aufgestellten – KA einschl dem Konzernlagebericht nach Aufstellung dem AR vorzulegen hat (§ 170 Abs 1 S 2 AktG) und die HV zur Entgegennahme des KA und Konzernlageberichts einzuberufen ist (§ 175 Abs 1 S 1 AktG). Der KA der AG unterliegt keiner förmlichen Feststellung, er bedarf allerdings der Billigung durch den AR (§ 171 Abs 1 AktG) oder die HV (§§ 173 Abs 1 S 2, 175 Abs 3 S 1 AktG).

§ 42a Abs 4 S 1 GmbHG verlangt eine „entsprechende" Anwendung der Abs 1–3, sofern die GmbH zur Aufstellung eines KA und Konzernlageberichts verpflichtet ist. Gem Abs 1 wären damit die Geschäftsführer der GmbH verpflichtet, deren KA den Gester „zur Feststellung" vorzulegen. UE muss die „entsprechende" Anwendung allerdings dahingehend verstanden werden, dass auch der KA der GmbH ausschließlich einer „Billigung", nicht hingegen einer „Feststellung" bedarf.

Durch eine von den JA abw Ausübung von Bilanzierungs- und Bewertungs- 2
wahlrechten (§ 300 Abs 2 S 2, 3 und § 308 Abs 1 S 1 und 2) kann der Informationsgehalt des KA verbessert werden. Eine solche von dem JA abw Bilanzierung und Bewertung ist aber weiterhin *nicht zwingend.* Keinen Niederschlag im KA finden ausschließlich auf der Steuergesetzgebung beruhende Abschreibungen. Gleichfalls können KapGes in ihrem KA nicht an den steuerlichen Wertansätzen von VG und Schulden festhalten.

§ 297 gilt auf Grund der Überschrift zum Dritten Titel ausschließlich für den 3
KA (mit Konzernanhang) und damit *nicht für den Konzernlagebericht.* Die Aufstellungspflicht für den Konzernlagebericht ist in § 290 geregelt; dessen Inhalt und Form bestimmen sich nach § 315.

Abs 1 spricht von einem KA und nicht von einem konsolidierten Abschluss, 4
obwohl nicht alle KonzernUnt in den KA einzubeziehen sind (dazu § 296 Abs 1 und 2) und auch Nicht-KonzernUnt zumindest beteiligungsproportional konsolidiert werden dürfen (§ 310 Abs 1). Dieser sprachlichen Ungenauigkeit ist jedoch keine Bedeutung beizumessen; unter **„Konzern"** ist die **Gesamtheit aller einbezogenen Unternehmen** zu verstehen.

B. Bestandteile des Konzernabschlusses (Abs 1)

I. Allgemeines

10 Mit Verabschiedung des BilReG wurde der KA – ggü dem JA – um zwei Pflichtbestandteile erweitert. Für alle nach dem 31. Dezember 2004 beginnende Konzern-Gj (vgl Art 58 Abs 3 Anm 13f EGHGB) ist der KA um eine **Konzern-Kapitalflussrechnung** sowie einen **Konzern-Eigenkapitalspiegel** zu erweitern. Darüber hinaus steht es den zur Konzernrechnungslegung Verpflichteten gem S 2 grds frei (zur Ausnahme s Anm 11), dem KA eine **Konzern-Segmentberichterstattung** (Konzern-SegBerE) hinzuzufügen. Bzgl der Freiwilligkeit der Aufstellung einer Konzern-SegBerE hat sich der Gesetzgeber den Usancen der internationalen Rechnungslegung angeschlossen, die gleichfalls eine Pflicht zur Aufstellung nur für kapmarktUnt vorsehen (vgl IAS 14.3 sowie Anm 250 ff).

11 Nach dem Wortlaut des Gesetzes „Er (der Konzernabschluss, d Verf) kann um eine Segmentberichterstattung erweitert werden." handelt es sich bei der Konzern-SegBerE gleichfalls um einen eigenständigen Bestandteil des KA, selbst wenn diese eine freiwillige, ausschließlich der Informationsfunktion dienliche Ergänzung des KA darstellt. Andernfalls hätte der Gesetzgeber formulieren müssen: „Der Konzernanhang kann um eine Segmentberichterstattung erweitert werden." Ein nach S 2 vollständiger KA hat somit sechs einzelne Bestandteile.

12 Für **MU,** von denen lediglich **Schuldtitel zum Handel** in einem geregelten Markt eines Mitgliedstaats der **EU** oder des **EWR zugelassen** sind, ergibt sich die Verpflichtung zur Aufstellung eines IFRS-KA frühestens für alle nach dem 31. Dezember 2006 beginnende Konzern-Gj (vgl Art 57 S 1 Nr 1 EGHGB). Gem Art 58 Abs 5 S 1 Anm 24 EGHGB wird für diese Unt allerdings der neu eingefügte S 2, dh **die Möglichkeit eine Konzern-SegBerE freiwillig aufzustellen, außer Kraft gesetzt.** MU im vorerwähnten Sinne haben binnen des maximal zweijährigen Übergangszeitraums weiterhin Abs 1 S 2 idF des TransPuG anzuwenden und sind folglich zur Aufstellung einer Konzern-SegBerE als eigenständigen Bestandteil des HGB-KA verpflichtet, es sei denn, das MU stellt seinen KA nach dem 31. Dezember 2004 bereits freiwillig gem § 315 Abs 3 nach den IFRS auf. Ein frühzeitiger Übergang auf eine Rechnungslegung nach den IFRS entbindet hingegen nicht von der Pflicht zur Aufstellung einer Konzern-SegBerE, wenngleich dann als Teil des Anhangs (vgl zu den Unterschieden Anm 150 ff sowie Anm 250 ff).

13 **MU in der Rechtsform der reinen PersGes oder des EKfm** sind gem § 13 Abs 3 S 2 PublG nicht verpflichtet, ihren KA um eine Konzern-KFR und einen Konzern-EK-Spiegel zu erweitern. Bei diesen Unt besteht der KA weiterhin aus den drei Bestandteilen Konzernbilanz, Konzern-GuV sowie Konzernanhang. Den Unt steht hingegen eine freiwillige Ergänzung ihres KA um die weiteren Bestandteile offen.

14 Alle erforderlichen KA-Bestandteile bilden eine Einheit, dh bei Fehlen auch nur eines gesetzlich geforderten Bestandteils ist der KA unvollständig und die Aufstellungspflicht (§ 290 Abs 1, 2) nicht erfüllt. Aus dem gleichwertigen Nebeneinander ergibt sich nicht, dass bestimmte Informationen alternativ in einem der fünf bzw sechs Bestandteile aufgenommen werden dürfen; dies gilt nur, sofern Wahlrechte explizit vorgesehen sind, wie zB § 268 Abs 7 iVm § 298 Abs 1 (Haftungsverhältnisse dürfen im Konzernanhang angegeben statt unter der Konzernbilanz vermerkt werden) oder § 306 S 2 (latente Steuern sind in der Kon-

zernbilanz oder im Konzernanhang anzugeben). Als solches Wahlrecht ist auch § 265 Abs 7 Nr 2 iVm § 298 Abs 1 anzusehen. Danach dürfen Posten der Konzernbilanz und der Konzern-GuV bei Verbesserung der Klarheit zusammengefasst werden; sie müssen jedoch dann im Konzernanhang aufgegliedert werden, so dass die gesetzlich geforderten Informationen nicht verloren gehen.

Zwar hat der Gesetzgeber die Anforderungen an die „Vollständigkeit" des KA formuliert, zur inhaltlichen Ausgestaltung der zusätzlichen KA-Bestandteile (Konzern-KFR, Konzern-EK-Spiegel und ggf Konzern-SegBerE) hat er sich jedoch nicht geäußert. Diese Regelungslücken sollen grds durch das DRSC im Rahmen dessen Aufgabenstellung (s § 342 Abs 1 S 1) geschlossen werden. Der DSR – als Exekutive des DRSC – hat 1999 die Deutschen Rechnungslegungsstandards Nr 2 „Kapitalflussrechnung" (DRS 2) und Nr 3 „Segmentberichterstattung" (DRS 3) verabschiedet. Beide Rechnungslegungsstandards wurden durch das BMJ am 31. Mai 2000 bekannt gemacht. 15

Trotz ihrer Konzernbezogenheit sind DRS 2 und DRS 3 für den JA formuliert. Dies ist damit zu begründen, dass der KA – vereinfachend dargestellt – eine Zusammenfassung aller JA der dem KonsKreis zugehörigen Unt ist. Für eine Konzern-KFR und Konzern-SegBerE gilt das Gleiche: sie sind das Ergebnis einer Kons, selbst wenn in der Praxis die Aufstellungstechnik von diesem Grundmuster abweichen mag.

Den Besonderheiten von Kreditinstituten und VersicherungsUnt wurde durch die Verabschiedung eigener Rechnungslegungsstandards zur KFR (s DRS 2–10, 2–20) und SegBerE (s DRS 3–10, 3–20) Rechnung getragen.

2001 folgte die Veröffentlichung des Deutschen Rechnungslegungsstandards Nr 7 „Konzerneigenkapital und Konzerngesamtergebnis" (DRS 7) durch das DRSC und die Bekanntmachung durch das BMJ am 26. April 2001. DRS 2, 3 und 7 wurden in 2003 auf den durch das TransPuG geänderten Wortlaut des Abs 1 S 2 angepasst und am 2. Juli 2004 durch das BMJ bekannt gemacht. Eine Anpassung der Standards an den durch das BilReG geänderten Wortlaut erfolgte durch DRÄS 3 in 2005. Die Änderung wurde am 29. 7. 2005 durch das BMJ bekannt gemacht (Banz Nr 164 a v 31. 8. 2005).

Für alle DRS gilt die Vermutung, dass die in ihnen niedergelegten Regelungen den GoB der Konzernrechnungslegung entsprechen (s § 342 Abs 2).

Da das HGB ua für die Konzern-KFR, den Konzern-EK-Spiegel sowie die Konzern-SegBerE keine eigenen und uU abw Regelungen enthält (s § 301 Anm 45 zur Divergenz zwischen den Vorschriften des HGB und DRS 4), ist grds anzunehmen, dass die der Konzern-Rechnungslegung des HGB unterliegenden Unt die ausweislich gesetzeskonformen DRS ohne Einschränkungen anzuwenden haben. 16

Fraglich ist, ob dessen ungeachtet den Unt auch zukünftig zugestanden werden kann, eine Konzern-KFR, einen Konzern-EK-Spiegel oder eine Konzern-SegBerE in einem gem §§ 290 ff aufgestellten KA alternativ nach den IFRS aufzustellen. Eine solch weite Auslegung der HGB-Normen – wie in der Vergangenheit von uns aus Gründen der zu diesem Zeitpunkt bestehenden Diskriminierung befürwortet – scheint allerdings nicht mehr notwendig und sachgerecht. War es in der Vergangenheit nicht-kapmarktUnt noch verwehrt, einen befreienden KA nach den internationalen RechnungslegungsGrds aufzustellen, hat der Gesetzgeber mit dem neu eingefügten § 315 a Abs 3 nunmehr allen Unt die Möglichkeit zur Aufstellung eines KA nach den IFRS eröffnet.

MU, die zur Aufstellung eines KA verpflichtet sind und sich entscheiden, dieser Aufstellungspflicht durch Anwendung der RechnungslegungsGrds des HGB – zweiter Unterabschn, erster bis achter Titel – nach zu kommen, haben folglich für die Darstellung der Konzern-KFR und den Konzern-EK-Spiegel

DRS 2 und 7 uneingeschränkt zu beachten. Soweit diese Unt den KA um eine Konzern-SegBerE erweitern, entfaltet darüber hinaus DRS 3 eine entspr verbindliche Wirkung. Dies gilt selbst für Unt, die einen KA auf freiwilliger Basis aufstellen, wenn der KA als mit den handelsrechtlichen Konzern-RechnungslegungsGrds in Einklang stehend qualifiziert und entspr testiert werden soll.

17 Unt sind gem § 265 Abs 2 S 1 für Bilanz und GuV ausdrücklich zur Darstellung von Vj-Zahlen verpflichtet. Dies hat uE auch für die anderen obligatorischen Abschlussbestandteile wie die Konzern-KFR und den Konzern-EK-Spiegel zu gelten. DRS 2.56 (wie auch DRS 3.49) gestattet den Unt, die erstmals eine Konzern-KFR (oder Konzern-SegBerE) aufstellen, auf die Angabe von Vj-Zahlen zu verzichten. DRS 7 enthält demgegenüber keine entspr Übergangsvorschrift für die erstmalige Aufstellung eines Konzern-EK-Spiegels. Da allen durch das BMJ bekannt gemachten DRS die GoB-Vermutung zukommt (s Anm 15) darf uE – und in Ermangelung abw gesetzlicher Vorschriften – davon ausgegangen werden, dass Unt, die im Zuge des Inkrafttretens des BilReG folglich erstmals einen Konzern-EK-Spiegel aufzustellen haben, die besondere Übergangsvorschrift in Anspruch nehmen dürfen. Eine Auswirkung auf den BVm im Falle der Unterlassung der Darstellung von Vj-Zahlen bei erstmaliger Aufstellung ist uE nicht angezeigt.

II. Konzern-Kapitalflussrechnung (Abs 1 S 1)

50 DRS 2 „Kapitalflussrechnung" (bzw DRS 2–10 für Kreditinstitute und DRS 2–20 für VersicherungsUnt) war erstmals für alle nach dem 31. Dezember 1998 beginnende Gj (s DRS 2.58) anzuwenden.

1. Begriff und Aufgaben der Kapitalflussrechnung

52 Die KFR wird im internationalen Kontext als **Fondsrechnung** *(cash flow statements)* verstanden. Die Beurteilung der Finanzlage soll demnach durch die Ermittlung der Quelle und der Veränderung eines vorher definierten Fondsvermögens (DRS 2 spricht von „Finanzmittelfonds") erfolgen.

Ein wesentlicher Unterschied zur Bilanz und GuV besteht darin, dass der Grundsatz der Periodenabgrenzung *(matching principle)* des § 252 Abs 1 Nr 5 aufgehoben wird. Für die finanzwirtschaftliche Beurteilung des Unt kommt es demzufolge nicht darauf an, wann ein bestimmter VG angeschafft oder ein bestimmter Umsatz (Ertrag) erzielt wurde, entscheidend ist vielmehr der Zeitpunkt, zu dem dem Unt Liquidität in Form von (Fonds-)Mitteln auf Grund der Anschaffung entzogen (Auszahlung) wurde bzw durch den Verkauf eines Produkts oder die Erbringung einer Dienstleistung zugeflossen (Einzahlung) ist. Bei der KFR handelt es sich insoweit um eine reine **zahlungsstromorientierte Rechnung;** die sog „unbare" Geschäftsvorfälle ausschließt.

53 Folgende **Ziele** sollen mit der KFR erreicht werden:

(1) die Ermittlung des Finanzbedarfs auf Grund der Ausschüttungspolitik des Unt, der Investitionstätigkeit und der Rückzahlung von FK;

(2) die Darstellung der Deckung des Finanzbedarfs vornehmlich durch die Erwirtschaftung von (Fonds-)Mitteln aus der Umsatztätigkeit, dem Rückfluss investierter Mittel und der Aufnahme von Fremdmitteln;

(3) die Darstellung der Investitionstätigkeit sowie der internen und externen Finanzierungstätigkeit;

(4) der Ausweis der Veränderung des (Fonds-)Mittelbestands.

Der KFR kommt somit die Aufgabe zu, zusätzlich zu den bisher obligatorischen Rechnungslegungsinstrumenten, das den tatsächlichen Verhältnissen entspr **Bild der Finanzlage** objektiv, dh unabhängig von einer Periodisierung und Bewertung, zu vermitteln.

2. Aufbau der Kapitalflussrechnung und Ermittlung der (Fonds-)Mittelveränderung/des Cashflows

Die KFR gliedert sich in die Teilbereiche „Laufende Geschäftstätigkeit", „Investitionstätigkeit" und „Finanzierungstätigkeit". Für die Darstellung ist allein die Staffelform zulässig. Zusammengefasst lässt sich die **Gliederung** der KFR – unter Verwendung der in DRS 2 verwendeten Begriffe – wie folgt darstellen: 54

+	Cashflow aus lfd Geschäftstätigkeit
+	Cashflow aus Investitionstätigkeit
+	Cashflow aus Finanzierungstätigkeit
=	Zahlungswirksame Veränderungen des Finanzmittelfonds
+/–	Wechselkurs-, konsolidierungskreis- und bewertungsbedingte Änderungen des Finanzmittelfonds
+	Finanzmittelfonds am Anfang der Periode
=	Finanzmittelfonds am Ende der Periode

Für die Darstellung gilt grds das **Bruttoprinzip** (s DRS 2.15). Eine Saldierung von Ein- und Auszahlungen ist nur ausnahmsweise zulässig, bei hoher Umschlagshäufigkeit oder bei Posten mit großen Beträgen und kurzer Laufzeit, wie dies zB bei Transaktionen mit Wertpapieren gelten kann. Des Weiteren kommt eine Saldierung nur dann in Frage, wenn die Zahlungsströme die Folge von Aktivitäten sind, die das Unt für Rechnung Dritter vornimmt. Neben den in DRS 2.15 genannten „durchlaufenden" Mieten wäre hierbei zB auch an die Inkassofunktion des Unt im Zuge eines Factoring zu denken. 55

Die Grundlage für die Aufstellung jeder KFR sind der Datenbestand des Rechnungswesens sowie in weiten Teilen die daraus abgeleitete Bilanz und GuV. Auch wenn die Konzern-KFR im Einzelfall konzeptionell aus der Konzernbilanz und Konzern-GuV abgeleitet wird, ist dies ohne eine Fülle zusätzlicher Einzelinformationen aus dem Rechnungswesen der einbezogenen TU nicht zu erreichen. 56

a) Abgrenzung des Finanzmittelfonds

Der Finanzmittelfonds umfasst lediglich **Zahlungsmittel und Zahlungsmitteläquivalente.** 57

Zu den *Zahlungsmitteln* zählen die liquiden Mittel ersten Grades, wie Schecks, Kassenbestand sowie jederzeit fällige Bundesbankguthaben und Guthaben bei Kreditinstituten (s § 266 Abs 2 B.IV).

Grundvoraussetzung für den Einbezug von Finanzmitteln als *Zahlungsmitteläquivalente* in den Finanzmittelfonds ist, dass sie der Liquiditätsreserve dienen. Daher müssen sie jederzeit und ohne große Wertabschläge in liquide Mittel umgewandelt werden können und dürfen nur unwesentlichen Wertschwankungen unterliegen. Die **Einlösungsrisiken der Finanzmittel** zB durch Wechselkursänderungen oder die mangelnde Bonität eines Wechselschuldners dürfen demzufolge nur eine untergeordnete Rolle spielen. Ferner ist von Zahlungsmitteläquivalenten nur dann zu sprechen, wenn ihre **Restlaufzeit,** vom Tag der Anschaffung gerechnet, nicht länger als 3 Monate beträgt. Festgeldanlagen mit mehr als dreimonatiger Laufzeit sind demzufolge keine Zahlungsmitteläquivalente, obwohl sie uU keinen nennenswerten Einlösungsrisiken unterliegen.

Auf der anderen Seite erfüllen nicht alle vom Unt als Liquiditätsreserve vorgehaltenen VG die enge Voraussetzung, nur unwesentlichen Wertschwankungen zu unterliegen. Dies trifft vor allem auf im Umlaufvermögen gehaltene Aktien börsennotierter Unt zu, deren Wert börsentäglich neu bestimmt wird. Beteiligungen an Fonds, wie Immobilienfonds oder auch Spezialfonds, erfüllen diese engen Voraussetzungen ebenfalls nicht; unabhängig davon, ob sie börsennotiert sind oder nicht oder eine jederzeitige Kündigungsmöglichkeit eröffnen.

Unter der Zielsetzung einer optimalen Liquiditätssteuerung, bedienen sich viele Konzerne dem Instrument des sog **„Cash-Pooling".** Unt, die am Cash-Pooling teilnehmen, haben danach idR täglich ihre Liquiditätsüberschüsse an das MU (dem Granten) abzuführen, gleichfalls werden Liquiditätsunterdeckungen von dem MU ausgeglichen. Soweit es sich hierbei um nicht konsolidierte TU handelt, stellt sich die Frage, ob die uU beim MU wie auch in den jeweiligen EA dieser Unt aktivierten Darlehensforderungen zum Finanzmittelfonds gehören. UE ist dies abzulehnen. Bei Forderungen im Rahmen eines Cash-Poolings besteht stets ein nicht vernachlässigbares Risiko, dass der Garant des Cash-Pools aufgrund eigener Liquiditätsprobleme zu einem Ausgleich wirtschaftlich nicht in der Lage ist mit der Folge, dass die Forderungen ausfallen würden. Dies ist bei Kassenbeständen oder Guthaben bei Kreditinstituten nicht der Fall.

58 Werden in den Finanzmittelfonds Zahlungsmittel und/oder -äquivalente einbezogen, die aus Sicht des MU einer **Verwendungsbeschränkung** unterliegen, sei es auf Grund von Kreditvereinbarungen, Verpfändungen oder auf Grund von Transferbeschränkungen, ist diese Beschränkung im Konzernanhang offen zu legen und die Höhe der Beschränkung anzugeben. Die beschränkte Verfügbarkeit über (Fonds)-Mittel ist auch bei den **quotenkonsolidierten Gemeinschaftsunternehmen** sowie iZm **Tochterunternehmen aus Hochinflationsländern** zu berücksichtigen.

Der Finanzmittelfonds wird üblicherweise um jederzeit fällige Bankverbindlichkeiten gekürzt, wenn diese in die Disposition der liquiden Mittel einbezogen werden.

b) Cashflow aus laufender Geschäftstätigkeit

59 Die Ermittlung des Cashflow aus lfd Geschäftstätigkeit kann auf zweierlei Weise erfolgen. Zum einen durch **direkte Ermittlung,** dh auf Grund einer differenzierten Erfassung der Geschäftsvorfälle nach ihrer Zahlungswirksamkeit und zum anderen **indirekt** (DRS 2.12. spricht von „derivativer" Ermittlung), dh aus der Ableitung sowohl in der Periode zahlungswirksam wie auch nichtzahlungswirksam gewordener Bilanz- und GuV-Posten. Praktisch relevant dürfte dabei eher die Ermittlung nach der indirekten Methode sein. Dies erklärt sich vor allem mit dem organisatorischen Aufbau der existierenden Buchhaltungssysteme.

Die Darstellung im KA darf gleichfalls nach der direkten oder der indirekten Methode erfolgen. DRS 2.24 ff spricht insoweit keine Präferenz aus.

Direkte Methode

+	Einzahlungen von Kunden für den Verkauf von Erzeugnissen, Waren und Dienstleistungen
–	Auszahlungen an Lieferanten und Beschäftigte
+	Sonstige Einzahlungen, die nicht der Investitions- oder Finanzierungstätigkeit zuzuordnen sind

Indirekte Methode

+	Periodenergebnis vor ao Posten
+/–	Abschreibungen/Zuschreibungen auf Gegenstände des Anlagevermögens
+/–	Sonstige zahlungsunwirksame Aufwendungen/Erträge
–/+	Gewinn/Verlust aus dem Abgang von Gegenständen des Anlagevermögens

Direkte Methode		**Indirekte Methode**	
–	Sonstige Auszahlungen, die nicht der Investitions- oder Finanzierungstätigkeit zuzuordnen sind	–/+	Zunahme/Abnahme der Vorräte, der Forderungen aus Lfg und Leistungen sowie anderer Aktiva, die nicht der Investitions- oder Finanzierungstätigkeit zuzuordnen sind
+/–	Ein- und Auszahlungen aus ao Posten	+/–	Zunahme/Abnahme der Verbindlichkeiten aus Lfg und Leistungen sowie anderer Passiva, die nicht der Investitions- oder Finanzierungstätigkeit zuzuordnen sind
=	**Cashflow aus laufender Geschäftstätigkeit**	+/–	Ein- und Auszahlungen aus ao Posten
		+/–	Wechselkursbedingte Bestandsänderungen (s Anm 74)
		=	**Cashflow aus laufender Geschäftstätigkeit**

Als Ausgangsgröße bei der Darstellung des Cashflow aus lfd Geschäftstätigkeit nach er indirekten Methode verwendet DRS 2 den unbestimmten Rechtsbegriff **„Periodenergebnis“.** Es sollte sich hierbei allerdings regelmäßig um eine Ergebnisgröße iSv § 275, wie zB den (Konzern-)Jahresüberschuss/Jahresfehlbetrag bzw das (Konzern-)Ergebnis der gewöhnlichen Geschäftstätigkeit handeln. Darüber hinaus ist zu beachten, dass die gewählte Ausgangsgröße vor ao Posten zu ermitteln ist und, soweit es sich um die Konzern-KFR handelt, die auf die Minderheiten entfallenden positiven/negativen Ergebnisanteile enthält. Zu eliminieren ist das ao Ergebnis gem GuV-Ausweis; nicht hingegen die auf die ao Geschäftsvorfälle zurückzuführenden Aus- und Einzahlungen. 60

DRS 2.28 gestattet allerdings auch die Wahl einer anderen Ausgangsgröße, wie zB das Analysten besser vertraute EBITDA *(Earnings Before Interest Tax Depreciation and Amortization).* Findet eine solche international akzeptierte oder eine andere unternehmensspezifisch definierte Ergebnisgröße Anwendung, ist eine entspr Überleitung zum Periodenergebnis im Konzernanhang erforderlich. 61

Zinszahlungen, Zahlungen iZm erhaltenen Dividenden und gezahlte Ertragsteuern zählen grds zum Teilbereich „laufende Geschäftstätigkeit“. Soweit die Zuordnung zu einem der anderen Teilbereiche sachgerecht ist, hat der Ausweis dort zu erfolgen. Zahlungen iZm Sicherungsgeschäften (Hedging) sind dem Bereich zuzuordnen, in den das Grundgeschäft fällt. 62

c) Cashflow aus Investitions- und Finanzierungstätigkeit

Die Darstellung der Veränderung des Finanzmittelbestands auf Grund der Investitions- und Finanzierungstätigkeit des Konzerns enthält **ausschließlich fondswirksame Zahlungsströme,** selbst wenn die Ermittlung der darzustellenden Zahlungsströme in der Praxis auf indirektem Wege erfolgt. 63

Zur **Fondsveränderung aus Investitionstätigkeit** gehören vor allem Einzahlungen aus dem Abgang von Gegenständen des Anlagevermögens (Desinvestitionen) sowie Anschaffungsauszahlungen für VG des Anlagevermögens (Investitionen). Wird die Anschaffung von VG durch die öffentliche Hand bezuschusst (Investitionszulagen und -zuschüsse), sind die in den einzelnen Gj erlangten Mittel ebenfalls in diesem Bereich auszuweisen. Eine Saldierung mit den jeweils vom Unt selbst zu tragenden und verauslagten AK ist nicht sachgerecht und widerspricht dem grds Saldierungsverbot des DRS 2.15. Innerhalb dieses Bereichs sind auch die Ein- und Auszahlungen auszuweisen, die iZm 64 einer KonsKreis-Änderung stehen, wie zB dem Verkauf bzw Erwerb eines TU (s Anm 75 ff).

65 Zur **Fondsveränderung aus Finanzierungstätigkeit** zählen iW Ein- und Auszahlungen auf der Gester-Ebene (Kapitalerhöhung, Zuschüsse der Gester, Kapitalrückzahlungen, Ausschüttungen, Transaktionen mit eigenen Aktien, etc) sowie die Aufnahme und Tilgung von (Finanz-)Krediten.

66 **Spesen,** die ein Kreditinstitut dem Kreditnehmer im Rahmen einer Kreditaufnahme in Rechnung stellt, sind uE innerhalb des „Cashflow aus Finanzierungstätigkeit" zu berücksichtigen. Dies gilt unabhängig davon, ob diese separat gezahlt werden oder das Kreditinstitut den auszuzahlenden Kreditbetrag unmittelbar um die Spesen kürzt. Die Ergebnisgröße für den indirekt ermittelten Cashflow aus lfd Geschäftstätigkeit ist demzufolge um die als Aufwand verrechneten Spesen zu erhöhen.

67 Für ein **Disagio,** als vorausbezahlte Zinsen, sehen wir den in DRS 2.39 geforderten sachlich begründeten Ausnahmefall für eine Zuordnung zum Cashflow aus Finanzierungstätigkeit. Auch hier wäre die Ergebnisgröße für den indirekt ermittelten Cashflow aus lfd Geschäftstätigkeit analog der Aufwandsverrechnung des Disagios zu erhöhen.

68 Die im Rahmen von **Einzahlungen aus Kapitalerhöhungen** verauslagten Transaktionskosten sind uE ebenfalls unter dem Cashflow aus der Finanzierungstätigkeit auszuweisen, dh sie sind grds von den Einzahlungen aus Kapitalerhöhungen abzuziehen. Dies gilt unabhängig davon, ob die Einzahlungen aus der Kapitalerhöhung erst zu einem späteren oder bereits zu einem früheren Bilanzstichtag zufließen. Hat das Unt bspw am Bilanzstichtag zwar die Erlöse aus der Aktienemission von der Emissionsbank erhalten, eine Verbindlichkeit über Transaktionskosten hingegen erst nach dem Bilanzstichtag beglichen, ist ein Ausweis unter dem Posten „Einzahlungen aus Eigenkapitalzuführungen" an beiden aufeinanderfolgenden Bilanzstichtagen zwingend. Soweit dies der Klarheit der Information dient, ist die Postenbezeichnung uU zu ergänzen.

Eng verknüpft mit der Zuordnung der Transaktionskosten ist auch die Frage nach der Behandlung der darauf entfallenden Ertragsteuerminderungen. Steuerrechtlich handelt es sich bei den Transaktionskosten um abzugsfähige Betriebsausgaben. Damit entsteht aber für das die Kapitalerhöhung durchführende Unt gleichzeitig ein Anspruch gegenüber dem FA. Nach DRS 2.42 dürfen „gezahlte" Ertragsteuern ausnahmsweise und bei Eindeutigkeit des Zusammenhangs dem Cashflow aus der Finanzierungstätigkeit zugeordnet werden. Fraglich ist, wie dies im Falle **„erhaltener" Ertragsteuern** ist. UE kann für den hier diskutierten Fall grds nichts anderes gelten, auch in dem Bewusstsein, dass es sich in der Praxis um Nettoeinzahlungen handelt und die Steuererstattungen zumeist erst in späteren Perioden erfolgen.

d) Wechselkurs-, konsolidierungskreis- und bewertungsbedingte Änderungen des Finanzmittelfonds

69 Sind Teile des Finanzmittelbestands (zB Fremdwährungsbestand oder Wertpapiere) von zahlungsunwirksamen Wechselkursveränderungen oder sonstigen nicht zahlungswirksamen Wertveränderungen (Zuschreibung/Abschreibung auf im Fondsvermögen enthaltene Wertpapiere) oder KonsKreis-Änderungen betroffen, sind diese Veränderungen nach dem Posten „Zahlungswirksame Veränderungen des Finanzmittelfonds" gesondert auszuweisen. Eine Zusammenfassung in einem einzigen Posten ist nur insoweit zulässig, als die Einzelbeträge aus den unterschiedlichen Änderungsgründen unwesentlich sind (DRS 2.20 f, .45).

3. Konzernspezifische Besonderheiten

a) Allgemeines

Für die Konzern-KFR als Teil des KA gilt gleichfalls die Fiktion der wirtschaftlichen Einheit. In der Praxis werden Konzern-KFR üblicherweise derivativ erstellt. Die Konzern-KFR wird danach entweder aus der Konzernbilanz und Konzern-GuV abgeleitet (Alternative 1) oder es erfolgt eine Aufstellung mittels einer Kons der Einzel-KFR aller vollständig bzw quotal einbezogenen TU bzw GemUnt (Alternative 2). 70

Die Verpflichtung zur Aufstellung einer Konzern-KFR hat auch Auswirkungen auf die Anwendung der Vorschrift des § 296 Abs 2, nach der ein Unt nicht in den KA einbezogen werden muss, wenn es für die Verpflichtung, ein den tatsächlichen Verhältnissen entspr Bild der VFE-Lage des Konzerns zu vermitteln, nur von untergeordneter Bedeutung ist. KonzernUnt, die bislang unter Anwendung dieser Vorschrift nicht in den KA einbezogen wurden, die jedoch über wesentliche Finanzmittelfonds verfügen oder bei denen sich bedeutende Finanzmittelbewegungen ergeben haben, sind demzufolge nunmehr einzubeziehen (*Gebhardt,* 564). 71

b) Währungsumrechnung im Konzern

Konzerne zeichnen sich idR dadurch aus, dass sie ihr operatives Geschäft in einer Vielzahl von Ländern mit unterschiedlichen Währungen ausüben. Für eine Fondsrechnung hat dies zur Folge, dass theoretisch alle Informationen über die Kursrelationen zu den einzelnen Zahlungszeitpunkten verfügbar sein müssten. In der Praxis hieße dies, dass alle Transaktionen, die zu Ein- oder Auszahlungen in Fremdwährung führen, parallel zur Landeswährungs-Buchhaltung taggenau in Konzernwährung erfasst werden müssten. Da die Buchhaltungssysteme idR darauf nicht eingerichtet sind, bedarf es für die Erstellung der Konzern-KFR Vereinfachungen und Näherungslösungen. Eine zulässige Vereinfachung ist die Verwendung von gewogenen Periodendurchschnittskursen für die Umrechnung von Ein- und Auszahlungen der einbezogenen KonzernUnt. 72

Wird vereinfachend unterstellt, dass sich bei den einbezogenen KonzernUnt im Gj keine Veränderung des Finanzmittelbestands in Landeswährung ergeben hat, kommt es in Folge von Wechselkursschwankungen bereits in diesem einfachsten Fall zu Veränderungen des Finanzmittelbestands in Konzernwährung, ohne dass Ein- oder Auszahlungen stattgefunden haben. Es handelt sich hierbei um eine **wechselkursbedingte Fondsänderung,** die gem DRS 2.21 iVm der Anlage zu DRS 2 im allgemeinen einen separaten Ausweis erfordert (s Anm 69). 73

Bei der Herleitung der Konzern-KFR gem Alternative 1 (s Anm 70) werden Fondsänderungen ebenfalls generiert, wenn sich Bestandsposten, wie zB Kundenforderungen, Lieferantenverbindlichkeiten sowie Vorräte (iZm dem Cashflow aus lfd Geschäftstätigkeit) oder Sachanlagevermögen (iZm dem Cashflow aus der Investitionstätigkeit) in Konzernwährung ändern, ohne dass in Landeswährung tatsächlich eine Bestandsveränderung stattgefunden hat. Diese **wechselkursbedingten Bestandsänderungen** gilt es ebenfalls aus den Cashflows aus lfd Geschäfts-, Investitions- und Finanzierungstätigkeit zu eliminieren. 74

Als Folge der vorstehend beschriebenen Eliminierung wechselkursbedingter Bestandsänderungen kann sich ein weiteres Problem ergeben. Wird nämlich der Cashflow aus lfd Geschäftstätigkeit indirekt ermittelt, kann die der Ermittlung zugrundeliegende Ergebnisgröße (zB Konzerngewinn) Währungsgewinne/-verluste enthalten, die gerade auf einer solchen wechselkursbedingten Bestandsänderung basieren. Dieser Sachverhalt ist zB dann anzutreffen, wenn Währungsumrechnungsdifferenzen aus der Umrechnung von JA ausländischer TU im KA erfolgswirksam verrechnet werden.

Beispielhaft mag hier die Umrechnung (als die Einbeziehung in den KA vorbereitende Maßnahme) einer im JA des ausländischen TU ausgewiesenen Kundenforderung von Landeswährung in Konzernwährung genannt werden. Hätte sich die Höhe der Kundenforderung in Landeswährung an zwei aufeinanderfolgenden KA-Stichtagen nicht verändert, würde sich aufgrund einer geänderten Währungsparität (Landeswährung/Konzernwährung) und einer Umrechnung des ausländischen JA nach der Zeitbezugsmethode ein das Konzernergebnis erhöhender bzw mindernder Währungsgewinn bzw -verlustergeben. Zwar wäre in einem ersten Schritt die wechselkursbedingte Bestandsänderung eliminiert worden (s oben) und insoweit würde der Posten „Zunahme/Abnahme der Forderungen" innerhalb des Cashflow aus lfd Geschäftstätigkeit zutreffend mit Null ausgewiesen, der Cashflow aus lfd Geschäftstätigkeit wäre aber unzutreffend, da das Konzernergebnis, aus dem die Cashflowgröße ermittelt würde, den Währungsgewinn bzw -verlust enthielte. Demzufolge ist über die Eliminierung der wechselkursbedingten Bestandsänderung im ersten Schritt eine weitere Korrektur vorzunehmen. Naheliegend erscheint in diesem Fall eine Überleitung der Ergebnisgröße auf eine „Ergebnisgröße nach Berücksichtigung wechselkursbedingter Bestandsänderungen". Von gleicher Aussagekraft erscheint alternativ der Ausweis einer gesonderten Zeile vor dem „Cashflow aus laufender Geschäftstätigkeit" mit entspr Bezeichnung (zB „Wechselkursbedingte Bestandsänderungen" oder „Zahlungsunwirksame Bestandsänderungen"). Zur Wechselkursproblematik im Konzern und zu praktischen Lösungsansätzen s ferner *Plein,* 12f.

c) Änderungen des Konsolidierungskreises

75 Wird ein TU (oder GemUnt) erworben oder scheidet ein KonzernUnt aus dem KonsKreis aus oder wird ein KonzernUnt erstmals voll- bzw quotenkonsolidiert, ist bei der Erstellung der Konzern-KFR darauf zu achten, dass ausschließlich die fondswirksamen Ein- und Auszahlungen dargestellt werden. Bei der Veränderung des KonsKreises durch UntErwerb oder -verkauf ist nur der Kaufpreis abzgl des mit dem Unt oder Unt-Anteil erworbenen oder verkauften Finanzmittelfonds innerhalb des Teilbereichs „Investitionstätigkeit" auszuweisen (DRS 2.44). Zu dem zugehenden oder abgehenden Finanzmittelfonds gehört auch der auf die MinderheitsGester entfallende Anteil. Alle Ein- und Auszahlungen beim TU ab dem Erwerbszeitpunkt sind den jeweiligen Teilbereichen zuzuordnen.

76 In diesem Zusammenhang stellt sich die Frage, in welchem Teilbereich der Konzern-KFR mit dem Erwerb oder Verkauf unmittelbar zusammenhängenden **Auszahlungen** – ua **für Beraterleistungen** – auszuweisen sind. Da es sich bei den Auszahlungen uU nicht um Anschaffungsnebenkosten und damit nicht um Kaufpreisbestandteile handelt, ist ein Ausweis nach dem Wortlaut des DRS 2.44 unter dem Posten „Einzahlungen ..." bzw „Auszahlungen aus dem Erwerb von konsolidierten Unternehmen ...", dh innerhalb des Cashflow aus der Investitionstätigkeit nicht gestattet. Ein Ausweis hätte demzufolge innerhalb des Cashflow aus lfd Geschäftstätigkeit zu erfolgen. Da international solche direkt dem Erwerbsvorgang zurechenbaren Auszahlungen allerdings Teil der AK darstellen, erscheint uns gerade auch vor dem Hintergrund der Entstehungsgeschichte des DRS 2 ein Ausweis innerhalb des Cashflow aus der Investitionstätigkeit angezeigt. Der Besonderheit, dass es sich bei bestimmten Auszahlungen nicht um Anschaffungsnebenkosten handelt, ist über eine entspr Erl im Konzernanhang Rechnung zu tragen.

Für eine **Erstkonsolidierung in** einem **dem Erwerbsjahr folgenden Geschäftsjahr** ist zu überlegen, ob ein Ausweis der Finanzmittelfondsänderung innerhalb des Teilbereichs Investitionstätigkeit in Betracht kommt. Im Zeitpunkt des tatsächlichen Erwerbs der (erst später konsolidierten) Beteiligung wurde die Änderung des Finanzmittelfonds im Posten „Auszahlungen für Investitionen in das Finanzanlagevermögen" ausgewiesen. UE wirkt die spätere ErstKons, zB wegen Überschreitung der Wesentlichkeitsgrenze oder sonstiger Gründe, nicht soweit zurück, als der durch die erstmalige Kons zugehende Finanzmittelfonds als Cashflow aus der Investitionstätigkeit qualifiziert werden könnte. Vielmehr sind die mit der ErstKons erstmals in den Konzern-Finanzmittelfonds aufgenommenen Finanzmittel und Zahlungsmitteläquivalente des TU in den Posten KonsKreisbedingte Änderungen des Finanzmittelfonds aufzunehmen (s DRS 2.45 iVm .20). 77

Bei einem **Unternehmenserwerb durch Ausgabe von Aktien** stellt sich die Frage, wo der erworbene Finanzmittelfonds auszuweisen ist, da es, im Vergleich zum UntErwerb gegen Fondsvermögen, an den Auszahlungen mangelt. UE ist dieser Sachverhalt unter dem Posten „Auszahlungen aus dem Erwerb von konsolidierten Unternehmen ..." auszuweisen, wobei es sich hier um „negative Auszahlungen" bzw Einzahlungen handelt. Soweit dieser UntErwerb der Einzige in der Berichtsperiode darstellt, wäre der Posten in „Einzahlungen aus dem Erwerb von konsolidierten Unternehmen ..." zu benennen. 78

Liegt zwischen **Erstkonsolidierung und Kaufpreiszahlung** ein KA-Stichtag, stellt sich auch hier die Frage nach dem sachgerechten Ausweis in der Konzern-KFR. UE unterscheidet sich diese Fallgestaltung vom Idealfall (ErstKons und Zeitpunkt der Kaufpreiszahlung liegen in einem Gj bzw einer Berichtsperiode) nur insoweit, als der Erwerbsvorgang zwei aufeinanderfolgende Gj bzw Berichtsperioden berührt und deshalb zeitlich aufeinanderfolgend in demselben Posten „Auszahlungen aus dem Erwerb von konsolidierten Unternehmen ..." auszuweisen ist. Abw von dem Sachverhalt der ErstKons in einem dem Erwerbsjahr nachfolgenden Gj (s Anm 77), liegt hier in beiden Gj ein zahlungswirksamer Erwerbsvorgang vor. 79

d) Ein- und Auszahlungen in Zusammenhang mit Minderheitsgesellschaftern

Einzahlungen von und Auszahlungen an MinderheitsGester sind dem Teilbereich Cashflow aus der Finanzierungstätigkeit zuzuordnen. Die Formulierung in DRS 2.51 sowie die Bezeichnung des Postens „Auszahlungen an Unternehmenseigner und Minderheitsgesellschafter" (s DRS 2 Anlage) mag den Schluss nahe legen, dass das die Konzern-KFR aufstellende Unt die Möglichkeit hat, zwischen einem in der Konzern-KFR saldierten Ausweis und einem gesonderten Ausweis an anderer geeigneter Stelle im Konzernanhang zu wählen. Dies erscheint nicht sachgerecht. Auch mit Hinweis auf § 307 sind die Formulierungen in DRS 2.51 nur insoweit sachgerecht interpretiert, als dass die Einzahlungen und Auszahlungen der MinderheitsGester eindeutig identifizierbar sein müssen und folglich ein gesonderter Ausweis unmittelbar in der Konzern-KFR oder alternativ an einer anderen geeigneten Stelle im Konzernanhang zu erfolgen hat. 80

4. Zusätzliche Erläuterungspflichten

Für die entscheidungsorientierte Interpretation und Analyse der in der (schematischen) KFR enthaltenen Daten, bedarf es einer Reihe weiterer Informationen, die ergänzend an einer geeigneten Stelle im Konzernanhang offen zu legen 81 sind. In DRS 2.52ff werden diese ergänzenden Erl aufgeführt. Dazu gehören ua:

(1) die Zusammensetzung bzw Abgrenzung des Finanzmittelfonds;
(2) Angaben bzgl des Erwerbs oder Verkaufs von TU sowie UntTeilen bzw Geschäftseinheiten;
(3) Offenlegung bedeutender nicht fondswirksamer Investitions- und Finanzierungsaktivitäten. Hierzu zählen insb der Abschluss von Finanzierungsleasingverträgen oder der darlehensweise Erwerb von VG, die Umwandlung von FK in EK, der Erwerb von Unt durch Ausgabe von Anteilen oder sonstige Sacheinlagen;
(4) Verwendungsbeschränkungen des Finanzmittelfonds.

III. Konzern-Eigenkapitalspiegel (Abs 1 S 1)

1. Allgemeines

100 DRS 7 ist – anders als DRS 2 und 3 – ausschließlich für die Zwecke der Konzernrechnungslegung konzipiert. Adressaten des Standards sind primär die gem § 290 zur KA-Aufstellung verpflichteten Unt. Nach den ursprünglichen Vorstellungen des DRSC – und abw von der international üblichen Praxis – war die Darstellung der Entwicklung des Konzern-EK und die Darstellung des Konzerngesamtergebnisses innerhalb des Konzernanhangs ausreichend. Der Gesetzgeber hatte dem Konzern-EK-Spiegel bereits mit der Verabschiedung des TransPuG für den KA kapmarktMU einen höheren Stellenwert beigemessen. Nach § 297 Abs 1 idF des BilReG ist der Konzern-EK-Spiegel generell ein eigenständiger KA-Bestandteil (s Anm 10). DRS 7 ist für alle nach dem 30. Juni 2001 beginnende Gj (s DRS 7.18) anzuwenden.

101 Die Notwendigkeit der Aufstellung eines Konzern-EK-Spiegels rechtfertigt das DRSC insb mit der daraus resultierenden Informationsverbesserung. Zwar dürfte es als üblich bezeichnet werden, dass GroßUnt auch schon in der Vergangenheit in ihren Geschäftsberichten über die Entwicklung des EK berichtet haben (iSe *„Benchmarking"*). Der Umfang der Angaben und deren Informationsgehalt, dh in welcher Ausführlichkeit sie Auskunft zu geben geneigt waren, stand jedoch im Ermessen der Aufsteller. Die Informationsverbesserung ergibt sich insb durch die explizite Darstellung der ergebnisneutralen Veränderungen des Konzern-EK (s Anm 106).

2. Darstellung der Entwicklung des Konzerneigenkapitals

102 Für die Darstellung der Veränderung des Konzern-EK gibt DRS 7.7 nachfolgendes Schema vor:

Gezeichnetes Kapital des MU
– Nicht eingeforderte ausstehende Einlagen des MU
+ Kapitalrücklage
+ Erwirtschaftetes Konzern-EK
– Eigene Anteile, die zur Einziehung bestimmt sind
+ Kumuliertes übriges Konzernergebnis, soweit es auf die Gester des MU entfällt
= *Eigenkapital des Mutterunternehmens gemäß Konzernbilanz*
– Eigene Anteile, die nicht zur Einziehung bestimmt sind
= *Eigenkapital des Mutterunternehmens*
+ EK der MinderheitsGester

– davon: Minderheitenkapital
– davon: Kumuliertes übriges Konzernergebnis, soweit es auf Minderheits-Gester entfällt
= *Konzerneigenkapital*

Nicht-KapGes, die einen Konzern-EK-Spiegel nach DRS 7 aufzustellen haben oder dies freiwillig tun, sowie Kreditinstitute haben den Konzern-EK-Spiegel uU entspr ihrer Rechtsform sowie gesetzlichen (zB § 264 c Abs 2), aufsichtsrechtlichen oder branchenspezifischen Anforderungen anzupassen (DRS 7.8 ff). 103

3. Dem Mutterunternehmen zugehörige Posten

a) Nicht eingeforderte ausstehende Einlagen des Mutterunternehmens

Dieser Posten entspricht dem Posten des § 272 Abs 1 S 3. 104

b) Kapitalrücklage

Für den Posten der Kapitalrücklage ergibt sich aus DRS 7 keine Abweichung zu den Vorschriften des Handelsrechts. Hier gelten insb die Vorschrift des § 272 Abs 2 über deren Zusammensetzung sowie die §§ 150 ff AktG oder Sondervorschriften (s § 270 Anm 7 ff). In der Kapitalrücklage werden nur Transaktionen auf der Gester-Ebene erfasst. 105

c) Konzerngesamtergebnis

Das Konzerngesamtergebnis ist ein Periodenergebnis. DRS 7.5 definiert den Begriff Konzerngesamtergebnis als „Gesamtergebnis des Konzerns, das neben dem Konzernjahresüberschuss/-fehlbetrag das übrige Konzernergebnis umfasst." Die US-amerikanischen Rechnungslegungsstandards haben hierfür den Begriff des ***„Comprehensive Income"*** geprägt. Der Sinn und Zweck eine solche Ergebnisgröße zu definieren, ergibt sich aus dem Umstand, dass sich das Konzern-EK aufgrund von Bewertungsvorgängen erhöhen oder vermindern kann, die sich uU niemals in der Konzern-GuV niederschlagen werden. Da die Konzern-GuV also nur über „erfolgswirksam" erfasste Transaktionen Rechenschaft legt, ist es Aufgabe des Konzern-EK-Spiegels, auch Informationen über die „erfolgsneutral" erfassten Transaktionen zu vermitteln (s Anm 109 ff). 106

aa) (Kumuliertes) Erwirtschaftetes Konzerneigenkapital. Das erwirtschaftete Konzern-EK ist gleich der Summe aller auf das MU entfallenden thesaurierten Konzernergebnisse. Es umfasst damit ausschließlich erfolgswirksam erfasste Ergebnisbestandteile der Vj und des lfd Gj einschl der erfolgswirksamen KonsMaßnahmen dieser Perioden. Im internationalen Kontext spricht man von dieser EK-Komponente von den ***„Retained Earnings"***. 107

Bestandteil dieser Ergebnisgröße ist neben den Gewinnrücklagen auch der Gewinn- oder Verlustvortrag (s § 266 Abs 3 IV.) sowie der im lfd Gj erwirtschafte Konzern-Jahresüberschuss bzw -Fehlbetrag (s § 266 Abs 3 V.). Bei Letzterem handelt es sich um den auf das MU entfallenden konsolidierten Ergebnisbeitrag aller konsolidierter KonzernUnt; keinesfalls aber um den Bilanzgewinn des MU. Die Gewinnrücklagen entsprechen – mit Ausnahme der Rücklage für eigene Anteile (s Anm 113 f) – dem Gliederungsposten des § 266 Abs 3 III. 108

Zu einem uE weiteren Bestandteil s Anm 112.

bb) Kumuliertes übriges Konzernergebnis. Dieser Posten enthält all jene Konzern-EK-Veränderungen, die nicht durch die Konzern-GuV (erfolgswirksam) erfasst wurden und auch nicht Grundlage von Transaktionen auf der Gester-Ebene (s Anm 105) sind. Erfasst werden hier folglich ausschließlich er- 109 folgsneutral behandelte Bewertungsvorgänge. Hierzu gehören grds (zur Ausnahme s Anm 112) auch die Sonderbestimmungen zur Erfassung der Auswirkungen aus der Anwendung neuer Gesetze (s EGHGB), Richtl, etc.

110 Ein wesentlicher Posten innerhalb dieser EK-Kategorie ist der **„Ausgleichsposten aus der Währungsumrechnung“.** Unt, die die Umrechnung ausländischer JA ihrer TU allgemein oder partiell (im Allgemeinen aufgrund des Konzepts der funktionalen Währungsumrechnung) nach der modifizierten Stichtagskursmethode vornehmen, verrechnen aus der Umrechnung entstehende Währungsdifferenzen ausschließlich im Konzern-EK. Eine Erfolgswirksamkeit ergibt sich frühestens im Rahmen einer Teilliquidation solcher TU; oftmals jedoch erst bei Verkauf der Mehrheitsbeteiligung, dh mit der EndKons (vgl DRS 14.34).

111 Daneben gehört die Verrechnung eines GFW „mit den Rücklagen“ gem § 309 Abs 1 S 3 oder die Verrechnung eines bei der KapKons nach § 302 entstandenen Unterschiedsbetrags in diese EK-Kategorie. Diese Sachverhalte sind (als erfolgsneutrale Bewertungsvorgänge) unter dem Posten **„andere neutrale Transaktionen“** auszuweisen und gem DRS 7.16 bei entspr Wesentlichkeit im Einzelnen im Konzernanhang anzugeben und zu erläutern.

112 Über die in den Anm 110f geschilderten Sachverhalte hinaus, handelt es sich sowohl nach HGB als auch nach DRS bei den sonstigen erfolgsneutral mit dem Konzern-EK zu verrechnenden Beträgen um „aperiodische Effekte“, deren Erfassung nach den handelsrechtlichen Vorschriften und ohne entspr Sondervorschrift ansonsten erfolgswirksam hätte erfolgen müssen.

Ein beispielhafter Anwendungsfall ist der mit Inkrafttreten des TransPuG ins EGHGB aufgenommene Art 54 Abs 2 (zu Anwendungsfällen iZm den DRS s *ADS Int* Abschn 22 Anm 203). Danach ist zB der Ergebniseffekt aus der erstmaligen Anwendung des danach neu formulierten § 304 zur Zwischenergebniseliminierung erfolgsneutral „in die Gewinnrücklagen einzustellen oder offen mit diesen zu verrechnen“. An diesem Beispiel zeigt sich gleichzeitig die bestehende Disharmonie der Begrifflichkeiten bei den vom Gesetzgeber formulierten Gesetzestexten und den vom DRSC herausgegebenen Standards. So spricht der Gesetzgeber von „erfolgsneutraler Einstellung in die Gewinnrücklagen“, während die Gewinnrücklagen nach der Auffassung des DRSC Teil des kumulierten erwirtschafteten Konzern-EK sind und sich insoweit eine erfolgsneutrale Veränderung für die Darstellung innerhalb des Konzern-EK-Spiegels nach DRS 7 verbietet. Diese vom Gesetzgeber zugestandene erfolgsneutrale Verrechnung mit den Gewinnrücklagen beruht auf dem aperiodischen Effekt der Gesetzesänderung bzw bei den DRS regelmäßig auf deren erstmaliger Anwendung und lässt sich nicht aus den Konzern-GoB ableiten. UE (und in Abkehr einer wörtlichen Auslegung des DRS 7) sollte folglich der Ausweis dieser Effekte ebenfalls unter dem Posten „Erwirtschaftetes Konzerneigenkapital“ (s Anm 108) erfolgen (glA *ADS Int* Abschn 22 Anm 206 d).

d) Eigene Anteile

113 Eigene Anteile sind in Abhängigkeit ihrer Bestimmung in zwei separaten Posten auszuweisen. Diese Aufteilung ist notwendig, da nach geltender Rechtslage (s §§ 266 Abs 2 B.III.2. iVm 272 Abs 1 S 4) eigene Anteile, die nicht zum Einzug bestimmt sind, nicht offen vom gezeichneten Kapital abgesetzt werden dürfen. Demzufolge sind innerhalb des Konzern-EK-Spiegels zunächst die eigenen Anteile, die zur Einziehung bestimmt sind, in Abzug zu bringen. Nach DRS 7.11 hat dies unabhängig davon, um welche Art von eigenen Anteilen es sich handelt, in Höhe der AK zu erfolgen (sog ***„cost method“***), während die

gesetzliche Regelung des § 272 Abs 1 S 4 bestimmt, dass nur der Nennbetrag bzw der rechnerische Wert vom gezeichneten Kapital offen abzusetzen ist und der Unterschiedsbetrag zum Erwerbspreis der eigenen Anteilen mit den anderen Gewinnrücklagen (nach DRS 7.5 dem Posten „Kumuliertes übriges Konzernergebnis, soweit es auf die Gesellschafter des Mutterunternehmens entfällt") zu verrechnen ist (sog ***„par value method"***).

Nach Abzug des Postens „Eigene Anteile, die zur Einziehung bestimmt sind" ergibt sich als erste Saldogröße das EK des MU, wie es den derzeitigen gesetzlichen Regelungen entspricht. Im Anschluss werden die eigenen Anteile, die nicht zur Einziehung bestimmt sind, in Abzug gebracht. Als Saldo ergibt sich das EK des MU, wie es sich nach den international anerkannten Rechnungslegungsstandards ergeben würde (s DRS 7.12).

Der Posten „Eigene Anteile, die nicht zum Einzug bestimmt sind" enthält **114**
auch sog **Rückbeteiligungen,** dh Anteile am MU, die von zum KonsKreis gehörenden TU gehalten werden (s DRS 7.13).

4. Den Minderheiten zugehörige Posten

Bei dem auf die Minderheiten (den „anderen Gesellschaftern" iSd HGB) **115**
entfallenden Konzern-EK wird zwischen dem „Minderheitenkapital" und dem „kumulierten übrigen Konzernergebnis" unterschieden.

a) Minderheitenkapital

Unter diesem Posten werden sämtliche auf die Minderheiten entfallenden **116**
Anteile am Konzern-EK zusammengefasst, die nicht „kumuliertes übriges Konzernergebnis" darstellen (siehe Anm 118f). Hierzu gehören neben den Gewinnthesaurierungen auch EK-Transfers auf der Minderheiten-Gester-Ebene, dh zB von diesen erbrachte Einzahlungen oder an diese geleistete Ausschüttungen.

Soweit KonsKreis-Änderungen auch die Anteile von Minderheiten betreffen, **117**
sind diese Zu- und Abgänge ebenfalls hier abzubilden (s DRS 4.48). Im Falle von ErstKons gilt dies sowohl für die Buchwert- als auch die Neubewertungsmethode.

b) Kumuliertes übriges Konzernergebnis

Für diese EK-Komponente gelten die Ausführungen der Anm 109 und 110 **118**
uneingeschränkt.

Für den Posten **„andere neutrale Transaktionen"** sind die unter Anm 111 **119**
genannten Beispiele nur insoweit einschlägig, wie die betr Beträge auf indirekte Fremdanteile (s dazu § 307 Anm 37f) entfallen. Für direkte Minderheiten darf kein GFW aufgedeckt werden und ist folglich eine Verrechnungsmöglichkeit „mit den Rücklagen" ausgeschlossen. Als Anwendungsfall kommen hier Transaktionen in Frage, die sich auf die Minderheiten auswirken und deren Erfassung auch für das MU unter dem Posten (s Anm 112) erfolgt ist.

5. Zusätzliche Erläuterungspflichten

Zum erwirtschafteten Konzern-EK verlangt DRS 7.15 weitergehende Erl in- **120**
nerhalb des Konzern-EK-Spiegels oder alternativ im Konzernanhang. Anzugeben sind:

(1) der an die Gester (des MU) am KA-Stichtag ausschüttbare Betrag;
(2) der jeweilige Betrag, der sich aufgrund einer (a) gesetzlichen, (b) satzungsmäßigen und/oder (c) gesvertraglichen Ausschüttungssperre ergibt (zB Kapitalerhöhung aus GesMitteln beim TU).

Da es diesen Posten nur für das dem MU zugehörige Konzern-EK gibt, würden die Minderheiten nach dem Wortlaut des Standards keine Auskunft darüber erhalten, welcher Betrag ihres Anteils am Konzern-EK für Ausschüttungen zur Verfügung steht. Halten Minderheiten einen wesentlichen Anteil am Konzern-EK, halten wir dies für eine nicht zu rechtfertigende Benachteiligung. Eine entspr Angabepflicht halten wir auch bei den Minderheiten für geboten.

121 Sofern es während des Gj zu Sachverhalten gekommen ist, die sich nicht unter die in DRS 7.7 iVm DRS 7.19 vorgegebenen vier Sachverhalte (Ausgabe von Anleihen, Erwerb/Einziehung eigener Anteile, Gezahlte Dividenden, Änderungen des KonsKreises) subsumieren lassen (zB die sonstigen Zuzahlungen von Gestern), sind diese in den Posten „übrige Veränderungen" einzubeziehen sowie im Falle der Wesentlichkeit anzugeben und zu erläutern (s DRS 7.16). Wünschenswert wäre es gewesen, das Gliederungsschema nach Vorbild des § 265 Abs 5 flexibel zu gestalten und insoweit die Möglichkeit zu schaffen, wesentliche Posten separat auszuweisen. Dies hätte es dem KA-Leser ermöglicht, alle wesentlichen Informationen unmittelbar aus dem Konzern-EK-Spiegel zu entnehmen. UE kann es nicht dem Sinn und Zweck des DRS 7 oder gar den GoB der Konzernrechnungslegung widersprechen, das Gliederungsschema um weitere Posten zu ergänzen, wenn dies der einzelne Sachverhalt rechtfertigt oder sich der Einzelausweis nach der Generalnorm sogar aufdrängt.

122 Eine zusätzliche Erl-Pflicht ergibt sich im Falle der Wesentlichkeit auch für die Bestandteile des „übrigen Konzernergebnisses". Da es diesen Ergebnisbestandteil sowohl für die Gester des MU (s Anm 109 ff) als auch für die Minderheiten (s Anm 117 f) gibt, dürfte die Angabepflicht beide Posten betreffen.

IV. Konzern-Segmentberichterstattung (Abs 1 S 2)

150 DRS 3 „Segmentberichterstattung" (bzw DRS 3–10 für Kreditinstitute und DRS 3–20 für VersicherungsUnt) ist für alle nach dem 31. Dezember 1998 beginnende Gj (s DRS 3.51) anzuwenden.

151 Nach dem Wortlaut des § 314 Abs 2 idF des BilReG sind Unt, die den KA um eine Konzern-SegBerE nach S 2 (freiwillig) erweitern, von der Angabepflicht gem § 314 Abs 1 Nr 3 „befreit". Dies hat auch für die Unt zu gelten, die für einen Übergangszeitraum weiterhin eine Konzern-SegBerE nach Abs 1 S 2 idF des TransPuG zu erstellen haben (vgl Anm 12).

Unt bleibt es uE hingegen unbenommen, hinsichtlich der Aufgliederung („Segmentierung") der Umsatzerlöse weiterhin die gesetzliche Vorschrift zu befolgen und nur für die darüber hinausgehenden zusätzlichen Angabepflichten, wie zB Segmentierung der VG etc DRS 3 anzuwenden. Umgekehrt, steht es diesen Unt auch frei, DRS 3 vollumfänglich anzuwenden und zusätzlich die in Teilen weitergehenden Angaben des § 314 Abs 1 Nr 3 in die DRS 3-konforme Konzern-SegBerE aufzunehmen.

Die ehemals existierende „Schutzvorschrift" des § 314 Abs 2 – wegen zu erwartender wirtschaftlicher Nachteile auf eine Aufgliederung der Umsatzerlöse gem § 314 Abs 1 Nr 3 zu verzichten – wurde mit Inkrafttreten des TransPuG gestrichen. Damit unterliegen sämtliche zur Aufstellung eines KA verpflichteten Unt zumindest einer Segmentierung im „Minimalformat".

1. Begriff und Aufgaben der Segmentberichterstattung

152 „Segmentieren" heißt „disaggregieren". Die Konzernbilanz, Konzern-GuV sowie die Konzern-KFR enthalten Informationen über den Konzern in seiner Gesamtheit, dh in sehr komprimierter Form. Da sich die Aktivitäten eines Kon-

zerns im Allgemeinen nicht nur auf ein einzelnes Kerngeschäft konzentrieren, sondern eine Vielzahl von uU sehr unterschiedlichen Geschäften betrieben werden, ist es insb für die Anteilseigner aber auch potentiellen Anleger und sonstigen Geldgeber notwendig, weitere entscheidungsrelevante Detailinformationen zu erhalten. Den unterschiedlichen Interessengruppen soll hierdurch ermöglicht werden, das Unt bzw den Konzern in seiner Entwicklung besser beurteilen zu können. Die Segmentierung bestimmter Abschlussdaten dient damit vor allem der Erhöhung der Transparenz des unternehmensspezifischen Chancen- und Risikoprofils.

2. Aufbau der Segmentberichterstattung

a) Abgrenzung der Segmente

Ausgangspunkt der Segmentierung ist die Bestimmung sog **„operativer Segmente“.** Hierbei handelt es sich um UntTeile bzw -aktivitäten, die selbständig Umsatzerlöse erwirtschaften und die bei der unternehmerischen Entscheidungsfindung im Fokus der Geschäftsleitung stehen, dh ua einem regelmäßigen Controlling unterliegen. Für die Belange der Konzern-SegBerE wird unterstellt, dass diese „interne Segmentierung“ auch die Grundlage für die externe Berichterstattung sein soll. Konzeptionell entspricht dies dem aus der SegBerE nach US-GAAP bekannten **„Management-Approach“** (hierzu insb SFAS 131.4). Dies bedeutet: Segmente, die die Geschäftsführung zum Zwecke der internen Steuerung ins Zentrum ihrer Aufmerksamkeit stellt, sind auch die berichtspflichtigen Segmente der Konzern-SegBerE. Über diese betrieblichen Aktivitäten sind bestimmte entscheidungsrelevante Informationen in disaggregierter Form (zB Umsatzerlöse, Segmentvermögen, s Anm 163 ff) zu veröffentlichen. 153

Dieser Grundsatz wird – im Gegensatz zu IAS 14 – auch nicht dadurch durchbrochen, dass für die interne Steuerung eine Segmentierung gewählt wurde, die sich im Einzelfall keineswegs an der Chancen- und Risikostruktur des jeweiligen Geschäftsfelds bzw UntTeils orientiert. Bspw, wenn die UntLeitung eine Segmentierung ausschließlich aufgrund der rechtlichen UntStruktur vornimmt. Nur wenn für die interne Steuerung mehrere Segmentierungen Verwendung finden, verlangt DRS 3.11 für die Konzern-SegBerE die Auswahl derjenigen Segmentierung, die „annahmegemäß die **Chancen- und Risikostruktur des Unternehmens** am besten widerspiegelt.“ 154

„Operative Segmente“ können sowohl produktorientiert sein, als auch durch das regionale Umfeld bestimmt werden (geographische Segmente). DRS 3.8 definiert beispielhaft Abgrenzungsmerkmale für beide Arten von Segmentierungen. 155

Als Abgrenzungsmerkmale für ein **produktorientiertes Segment** gelten vornehmlich:

(1) die Gleichartigkeit der Produkte oder Dienstleistungen;
(2) die Gleichartigkeit der Produktions- oder Dienstleistungsprozesse;
(3) die Gleichartigkeit der Kundengruppen;
(4) die Gleichartigkeit der Methoden des Vertriebs oder der Bereitstellung von Produkten und Dienstleistungen und
(5) geschäftszweigbedingte Besonderheiten, zB für Kreditinstitute, VersicherungsUnt oder für öffentliche Versorgungsbetriebe.

Als Abgrenzungsmerkmale für ein **geographisches Segment** werden

(1) Gleichartigkeit der wirtschaftlichen und politischen Rahmenbedingungen;
(2) Nähe der Beziehungen zwischen Tätigkeiten in unterschiedlichen geographischen Regionen;

(3) räumliche Nähe der Tätigkeiten zueinander;
(4) spezielle Risiken von Tätigkeiten in einem bestimmten Gebiet;
(5) Gleichartigkeit der Außenhandels- und Devisenbestimmungen;
(6) gleichartiges Währungsrisiko;
aufgeführt.

156 Welche Segmente in der Konzern-SegBerE einzeln darzustellen sind (DRS 3.8 spricht von „anzugebenden Segmenten"), ist entweder von der Erreichung eines bestimmten Größenkriteriums abhängig oder davon, welche Geschäftsfelder die UntLeitung im Allgemeinen aufgrund ihrer internen Berichterstattung dazu bestimmt hat.

DRS 3.15 definiert insgesamt drei **Größenkriterien:**

(1) Die Umsatzerlöse eines operativen Segments mit externen Kunden und mit anderen Segmenten erreichen mind 10% der gesamten externen und intersegmentären Umsatzerlöse.
(2) Das Segmentergebnis eines operativen Segments beträgt mind 10% der Summe aller ausschließlich positiven oder negativen Segmentergebnisse. Ist die Summe der positiven Segmentergebnisse absolut größer als die der negativen, ist diese Summe als Nenner der Verhältniszahl zu verwenden und vice versa.
(3) Das Segmentvermögen eines operativen Segments beläuft sich auf mind 10% des gesamten Segmentvermögens aller operativen Segmente.

Beziffern sich die Umsatzerlöse des Segments A mit Konzernfremden bspw auf 7% und die aus konzerninternen Lieferungen und Leistungen auf 3%, handelt es sich bei Segment A um ein berichtspflichtiges Segment iSd DRS 3, da vorstehendes Größenkriterium (1) erfüllt ist.

Weisen die Segmente A (+3), B (+7) und E (+15) positive Segmentergebnisse von insgesamt 25 GE aus, während die Segmente C (–2) und D (–58) beide negative Segmentergebnisse von insgesamt –60 GE ausweisen, bestimmen sich die berichtspflichtigen Segmente gem vorstehendem Größenkriterium (2) nach der Summe der negativen Segmentergebnisse, da diese absolut höher sind als die Summe der positiven Segmentergebnisse ($|60| > |25|$). Mit Ausnahme von A und C, handelt es sich bei allen anderen Segmenten um berichtspflichtige Segmente, denn ihre jeweiligen Segmentergebnisse sind (absolut) größer gleich als 6 GE (= 10% von 60 GE).

157 Um die Klarheit und Übersichtlichkeit des KA zu gewährleisten, ist es für die Konzern-SegBerE gestattet, **operative Segmente zusammenzufassen.** Voraussetzung hierfür ist, dass diese homogene Chancen und Risiken aufweisen, dh hinsichtlich ihrer Abgrenzungsmerkmale nahezu deckungsgleich sind. Dies könnte bezweifelt werden, wenn ein Segment, das stetig Verluste erwirtschaftet mit einem anderen profitablen Segment zusammengefasst werden sollte. Werden von der UntLeitung andere als die in DRS 3.8 aufgeführten Abgrenzungsmerkmale zur Identifikation berichtspflichtiger Segmente herangezogen (s Anm 154), gilt für die Zusammenfassung dieser Segmente gleichfalls die Voraussetzung homogener Chancen und Risiken.

Ist die Zahl der berichtspflichtigen Segmente hingegen gering, können zusätzliche Segmente, die nicht die vorstehend aufgeführten Größenkriterien erreichen als berichtspflichtige Segmente definiert werden, wenn dies die Klarheit und Übersichtlichkeit nicht beeinträchtigt.

158 Führt bei einem operativen Segment keines der drei Größenkriterien zu einer unmittelbaren Berichtspflicht und darf das operative Segment auch nicht mit einem anderen berichtspflichtigen Segment zusammengefasst werden (s Anm 157), handelt es sich um ein **„sonstiges Segment"** (im obigen Beispiel Segment A und C). In der Konzern-SegBerE bilden alle „sonstigen Segmente" wiederum ein eigenes berichtspflichtiges Segment. Dieses (Rest-)Segment zeichnet sich – im Gegensatz zu den anderen berichtspflichtigen Segmenten – idR dadurch aus, dass es eine (sehr) heterogene Chancen- und Risikostruktur aufweist.

Ein in der Vorperiode berichtspflichtiges Segment bleibt auch weiterhin berichtspflichtig, wenn die Geschäftsleitung diesem Segment eine gleichbleibende Bedeutung beimisst. Umgekehrt, wird ein bislang nicht berichtspflichtiges Segment bei einmaliger Überschreitung eines der Größenkriterien nicht unmittelbar zum berichtspflichtigen Segment. **159**

Für eine einmal gewählte Segmentierung gilt der Grundsatz der **Stetigkeit.** Eine Durchbrechung dieses Grundsatzes ist Ausnahmefällen vorbehalten, wobei die Auswechselung der gesamten Geschäftsführung oder allein des zuständigen Finanzvorstands (CFO) einen solchen Sonderfall rechtfertigen kann. Wird die Konzern-SegBerE im Einzelfall geändert, sind die Vj-Posten anzupassen. **160**

b) Anzuwendende Bilanzierungs- und Bewertungsmethoden

Die im KA angewandten Bilanzierungs- und Bewertungsmethoden gelten uneingeschränkt auch für die Konzern-SegBerE. Es ist demzufolge nicht zulässig, zB kalkulatorische Kosten in die einzeln zu segmentierenden KA-Posten (s Anm 166 ff) einzubeziehen. **161**

Konsolidierungsmaßnahmen sind nur innerhalb des jeweiligen berichtspflichtigen Segments vorzunehmen. Hat zB das TU X (Segment A) während des Gj eine Immobilie an TU Y (Segment B) veräußert (Fall 1), dann wird diese Immobilie im Segmentvermögen B mit dem tatsächlichen Kaufpreis (AK) und nicht mit den idR niedrigeren fortgeführten AK des Segments A ausgewiesen. Die Zwischengewinneliminierung bspw erfolgt erst in der „Überleitungsrechnung" (s Anm 175 f). Hat demgegenüber das dem Segment A zugehörige TU X die Immobilie an das ebenfalls dem Segment A zugehörige TU Y veräußert (Fall 2), ist die Zwischengewinneliminierung bereits innerhalb des Segments A durchzuführen. Wäre die Immobilie der einzige VG des Konzerns, wäre im Fall 2 das für A ausgewiesene Segmentvermögen auch ohne besondere Überleitungsrechnung identisch mit dem Vermögen in der Konzernbilanz. **162**

c) Allgemeine Angaben zur Konzern-Segmentberichterstattung

DRS 3.25 verlangt eine Beschreibung der berichtspflichtigen Segmente, wobei die Abgrenzungsmerkmale (s Anm 155), die zur Berichtspflicht geführt und/oder die Zusammenfassung bestimmt haben, zu erläutern sind. **163**

Erfolgt die Segmentierung nach regionalen Aspekten, sind die dem jeweiligen geographischen Segment zuordenbaren Produkte und/oder Dienstleistungen anzugeben. **164**

Ergeben sich aufgrund der Übernahme der untinternen Berichtsstruktur auf die Konzern-SegBerE berichtspflichtige Segmente, die unterschiedliche Risiken und Chancen aufweisen (s Anm 154), verlangt DRS 3.28 hierzu eine entspr Erl. Der Umstand, warum eine Segmentierung gerade ohne Berücksichtigung der bestehenden Risiko- und Chancenstruktur erfolgte, ist zu begründen. **165**

d) Zu segmentierende Konzernabschlussposten

aa) Umsatzerlöse. Der Gesamtumsatz je Segment ist in der Konzern-SegBerE nach Umsatzerlösen mit Konzernfremden (externe Kunden = Außenumsatz) und intersegmentären Umsätzen (Umsätze mit anderen Unt/Segmenten des KonsKreises = Innenumsatz) zu unterteilen. **166**

Erfolgt die Segmentierung nicht produktorientiert, sind zusätzlich die Umsatzerlöse je Produkt- oder Dienstleistungsgruppe in einem Betrag anzugeben. Erfolgt die Segmentierung nicht nach geographischen Gesichtspunkten, sind die Umsatzerlöse der „unternehmensrelevanten" Regionen abgegrenzt nach dem Standort der Kunden anzugeben. „Unternehmensrelevant" bedeutet, dass in dieser Region mind 10% der Konzernumsätze erzielt werden.

167 Übersteigt der Außenumsatz mit einem Kunden 10% des Gesamtumsatzes aller Segmente, verlangt DRS 3.42 eine Angabe über die Größenordnung sowie die Nennung der Segmente, die mit diesem externen Kunden Umsätze erzielen.

Als (externer) Kunde gilt der Konzern des Kunden, dh deutsche MU iSd § 290 und § 11 PublG sowie MU nach dem jeweiligen Landesrecht einschl aller nach § 294 Abs 1 oder nach Landesrecht einbezogenen TU. Erwirtschaftet eine in Frankfurt am Main börsennotierte AG (inländisches MU_I) Umsätze mit einem US-amerikanischen MU (ausländisches MU_A), ist dieses MU_A mit all seinen TU „Kunde" iSd DRS 3.

168 DRS 3.12 verlangt, dass mind 75% der in der Konzern-GuV ausgewiesenen Konzernumsatzerlöse, dh des Außenumsatzes segmentiert werden muss. Solange dies nicht erfüllt ist, müssen weitere operative Segmente als berichtspflichtige Segmente identifiziert werden. Damit kann das (Rest-)Segment „sonstige Segmente" (s Anm 158) maximal 25% des Außenumsatzes aller Segmente umfassen. Von dieser Anforderung unberührt bleibt die Möglichkeit, operative Segmente in berichtspflichtigen Segmenten zusammenzufassen.

169 **bb) Segmentergebnis.** Nach DRS 3.24 ist das Segmentergebnis von der UntLeitung zu definieren. Damit steht es der Geschäftsführung zunächst (s Anm 170) offen, eine uU in der Branche verbreitete oder als besonders aussagekräftig akzeptierte Ergebnisgröße zu segmentieren, die nicht unmittelbar mit den Ergebnisgrößen des § 275 korrespondiert. Nichtsdestotrotz verlangt DRS 3.31 b) und .32 f in Abhängigkeit von der definierten bzw gewählten Ergebnisgröße die Angabe bestimmter zahlungs- sowie nicht zahlungswirksamer Aufwands- und Ertragsposten, die Teil des definierten Segmentergebnisses sein müssen. Hierzu gehören die Angabe der im Segmentergebnis enthaltenen Abschreibungen, die anderen nicht zahlungswirksamen Posten, das Ergebnis aus Beteiligungen an assozUnt sowie die Erträge aus sonstigen Beteiligungen. Wird als Segmentergebnis das Ergebnis der gewöhnlichen Geschäftstätigkeit (§ 275 Abs 2 Nr 14 sowie Abs 3 Nr 13) definiert, verlangt DRS 3.32 darüber hinaus die Angabe des darin enthaltenen Zinsaufwands und -ertrags. Wird demgegenüber das „Periodenergebnis" als Segmentergebnis gewählt, ist auch der Posten Ertragsteuern zu segmentieren. Obwohl es sich bei dem „Periodenergebnis" um einen im HGB nicht genannten Begriff handelt und das DRSC es versäumt hat, diesen näher zu umschreiben, kann es sich uE hierbei nur um den Konzern-Jahresüberschuss iSd § 275 Abs 2 Nr 20 bzw Abs 3 Nr 19 handeln.

170 Die Formulierung des DRS 3.31 b) „... sowie die darin enthaltenen aa) Abschreibungen, ..." usw grenzen die Möglichkeit der Geschäftsführung hinsichtlich der Definition eines Segmentergebnisses allerdings ein. Fraglich ist, welche anderen Ergebnisgrößen außer den beiden vom Standard selbst genannten damit von der Geschäftsleitung als Segmentergebnis definiert werden können. Als aussagefähige Ergebnisgröße dürfte hier die Kennziffer **EBIT** *(Earnings Before Interests and Tax)* gelten.

Die Ergebnisgröße **EBITDA** *(Earnings Before Interests, Tax, Depreciation and Amortization)* hingegen kommt als Segmentergebnis uE nur dann in Betracht, wenn in der SegBerE der Cashflow aus lfd Geschäftstätigkeit je Segment angegeben wird. Zwar spricht DRS 3.36 zur Veröffentlichung dieser Kennzahl nur eine Empfehlung aus, andererseits entfällt nur bei Angabe dieser Kennzahl die

Verpflichtung zur Angabe der Abschreibungen sowie der anderen nicht zahlungswirksamen Posten.

Der Begriff der Abschreibungen ist in einem weiten Wortsinn zu verstehen. Hierunter fallen demzufolge plan- und außerplanmäßige Abschreibungen auf das Anlagevermögen, dh auch die Abschreibungen auf den GFW. Darüber hinaus ggf auch Abschreibungen iSd § 275 auf das Umlaufvermögen (zB Forderungen), soweit diese das übliche Maß übersteigen. 171

cc) Segmentvermögen. Gem DRS 3.31 c) ist das Segmentvermögen einschl der Beteiligungen zu segmentieren. Wird ein VG von mehr als einem Segment genutzt, fordert DRS 3.23 die sachgerechte **Aufschlüsselung** auf die gemeinsamen „Nutzer"-Segmente. Im Falle der Aufschlüsselung (zB nach beanspruchter Nutzfläche, produzierten Einheiten, etc) haben die Aufwendungen und Erträge, die mit diesem VG im Zusammenhang stehen, das Segmentergebnis entspr zu ent- bzw belasten. Werden bspw die Produkte der Segmente A und B auf der gleichen Maschine produziert und die Abschreibungen den jeweiligen Segmentergebnissen nach den Deckungsbeiträgen der Produkte zugeordnet, ist dies auch der Schlüssel für die Aufteilung dieses VG. Die Notwendigkeit zur Aufschlüsselung gilt auch, wenn es sich bei dem VG um eine Beteiligung an einem nicht konsolidierten TU oder nicht beteiligungsproportional konsolidierten GemUnt, einem assozUnt oder einem mit den AK bewerteten BetUnt handelt. 172

Erfolgt die Segmentierung nicht produktorientiert, ist das jeweilige Segmentvermögen sowie die Investitionen in das langfristige Vermögen dieses Segments je Produkt- oder Dienstleistungsgruppe in einem Betrag anzugeben. 173

Erfolgt die Segmentierung nicht nach geographischen Gesichtspunkten, ist das jeweilige Segmentvermögen sowie die Investitionen in das langfristige Vermögen dieses Segments für die „unternehmensrelevanten" Regionen nach dem Standort des Vermögens anzugeben. „Unternehmensrelevant" bedeutet, dass in dieser Region mind 10% des Konzernvermögens belegen ist.

dd) Segmentschulden. DRS 3.31 e) verlangt ferner die Segmentierung der Finanzschulden, dh der im allgemeinen mittel- bis langfristigen Fremdfinanzierung einschl der zugehörigen Zinsaufwendungen. Die externe Segmentierung steht allerdings unter dem Vorbehalt, dass eine entspr interne Segmentierung erfolgt ist. Aufgrund der Ansprüche, die an die Finanzplanungen von Unt zu stellen sind, dürfte es sich auch hinsichtlich dieser Angabe in der Praxis um eine Pflichtangabe handeln. Bzgl der Aufteilung von Schulden, die mehr als einem Segment zuzurechnen sind, s Anm 172 zum Segmentvermögen. 174

e) Die „Überleitungsrechnung"

Gem DRS 3.37 sind die wesentlichen Posten der Segmentierung auf die Beträge der Konzernbilanz und Konzern-GuV überzuleiten. Die Überleitungsrechnung ist ein eigenständiger Bestandteil der SegBerE und nicht Teil des berichtspflichtigen (Rest-)Segments „sonstige Segmente". Eine Zusammenfassung des Postens „sonstige Segmente" und der Überleitungsrechnung in einen einzigen Posten ist nicht zulässig. 175

Die Funktion der Überleitungsrechnung besteht insb darin, die Kons zwischen den einzelnen berichtspflichtigen Segmenten aufzuzeigen und so innerkonzernlichen Verflechtungen mehr Transparenz zu verleihen.

Die Überleitung der einzeln zu segmentierenden KA-Posten kann unmittelbar in der tabellarischen Darstellung der SegBerE erfolgen oder alternativ in Form einer erläuternden Darstellung zur SegBerE. Letzteres ist mit Rücksicht auf die Übersichtlichkeit uE vorzuziehen. Dies hat vor allem dann zu gelten, 176 wenn die Überleitungsrechnung nicht lediglich KonsMaßnahmen enthält, sondern weitere Sachverhalte (zB nicht durch Schlüsselung verteilbare Ergebniskomponenten) hinzutreten.

C. Grundsätze für den Konzernabschluss

I. Klarheit und Übersichtlichkeit (Abs 2 S 1)

180 Abs 2 S 1 deckt sich inhaltlich mit dem für den JA in § 243 Abs 2 geregelten Grundsatz der **Klarheit** und **Übersichtlichkeit.** Deshalb gelten die Ausführungen zu § 243 Abs 2 (Anm 51 ff) analog für den KA. Darüber hinaus ist der Grundsatz der Klarheit und Übersichtlichkeit auch in den Gliederungsvorschriften (§§ 266 und 275) und in anderen Einzelvorschriften zum JA (§§ 244 bis 256) konkretisiert, die – mit Ausnahme der §§ 247 Abs 3 und 254 – alle nach § 298 Abs 1 auch für den KA gelten.

Der Grundsatz der Klarheit und Übersichtlichkeit betrifft die *äußere Form* und die *Art der Darstellung* des KA mit allen Bestandteilen gem Abs 1. Aufgrund der ausdrücklichen Wiederholung dieses Grundsatzes für den KA erübrigte sich ein Verweis in § 298 Abs 1 auf § 243 Abs 2.

181 Der Grundsatz der Klarheit und Übersichtlichkeit ist hinsichtlich der **Konzernbilanz** und der **Konzern-Gewinn- und Verlustrechnung** durch die zwingend vorgeschriebene Anwendung der für *große* KapGes geltenden **Gliederungsvorschriften** grds gewahrt. In diesem Zusammenhang ist besonderes Gewicht auf die Homogenität der JA der in den KA einbezogenen Unt zu legen. Deshalb sollte durch Konzern-Richtl sichergestellt werden, dass gleiche Sachverhalte nur unter gleichen Posten ausgewiesen und Ausweiswahlrechte einheitlich ausgeübt werden. Auch müssen die GuV der einbezogenen Unt zur Kons einheitlich nach dem Gesamtkosten- oder dem Umsatzkostenverfahren sowie stets nach dem Format für große KapGes aufgestellt werden. Die aus Konzernsicht ggf notwendige Umgliederung einzelner Posten ist nicht durch den Grundsatz der Klarheit und Übersichtlichkeit, sondern durch die Fiktion der wirtschaftlichen Einheit des Konzerns bedingt (Anm 190 ff).

Beim KA bezieht sich die Klarheit und Übersichtlichkeit auch und gerade auf **konzernspezifische Posten** (zB Anteile anderer Gester, Unterschiedsbetrag aus KapKons), die sachgerecht und eindeutig zu bezeichnen und an geeigneter Stelle in das Gliederungsschema der Konzernbilanz und Konzern-GuV einzufügen sind. Der Inhalt der Posten muss unmittelbar aus der Bezeichnung hervorgehen, dh eine Bezeichnung wie „Betrag nach § 301 Abs 2 S 1" ist nicht ausreichend (ebenso *ADS*[6] § 297 Anm 11; *Baetge/Kirsch* in HdKR[2] § 297 Anm 18).

Das Erfordernis zur Änderung von **Postenbezeichnungen** in der Konzernbilanz und/oder Konzern-GuV ergibt sich aus § 265 Abs 5 iVm § 298 Abs 1 sowie auch aus dem Gebot der Klarheit. Zum Grundschema einer Konzernbilanz und Konzern-GuV s § 298 Anm 27 und 40.

182 Für die **KFR,** die **SegBerE** und den **EK-Spiegel** bestehen keine gesetzlichen Regelungen über Form und Aufbau. Damit kommt dem Grundsatz der Klarheit und Übersichtlichkeit eine besondere Bedeutung für diese Bestandteile eines KA zu. Die Beachtung der **DRS** (hier DRS 2, DRS 3 bzw. DRS 7) dient dabei auch dem Grundsatz der Klarheit und Übersichtlichkeit.

183 Die Forderung nach Klarheit und Übersichtlichkeit hat auch für den **Konzernanhang** eine besondere Bedeutung, da hier ebenfalls keine spezifischen Vorschriften über dessen Form und Aufbau bestehen (ebenso *ADS*[6] § 297

Anm 2). Sie erfordert eine geordnete Reihenfolge und eine klare Strukturierung von Sachzusammenhängen. Zur Wahrung der Übersichtlichkeit wird darüber hinaus im Regelfall ein **Zahlenverweis** zwischen den Posten der Konzernbilanz bzw Konzern-GuV und den dazugehörenden Erl im Konzernanhang erforderlich sein. Zur Form des Konzernanhangs und zu dem auch hinsichtlich des Konzernanhangs zu beachtenden Grundsatz der Stetigkeit näher § 313 Anm 19f.

Alle Darstellungen im Konzernanhang sind verständlich und eindeutig vorzunehmen. Dies gilt in Bezug auf den KA vor allem für die notwendigen **Erläuterungen zu den Konsolidierungsmethoden** (zB § 301 Abs 1 S 5 oder § 302 Abs 3) und zur **Währungsumrechnung** (§ 313 Abs 1 S 2 Nr 2).

Da die Konzernbilanz und die Konzern-GuV durch konzern-, branchen- und rechtsformspezifische Vorschriften uU stark untergliedert ist, kann zur Wahrung der Klarheit und Übersichtlichkeit ggf eine Verlagerung von Informationen in den Konzernanhang, dh die Ausübung des Wahlrechts nach § 265 Abs 7 iVm § 298 Abs 1, geboten sein. Jedoch wird vom HGB nicht *die* „klarste und übersichtlichste", sondern nur *eine* „klare und übersichtliche" Darstellungsweise verlangt (§ 243 Anm 53). Diese Überlegung hat auch Bedeutung für die Frage, ob für die Beträge im KA eine **Rundung** vorgenommen werden darf. Da auch gerundete Beträge im Regelfall „klar und übersichtlich" sind, bestehen keine Bedenken zur Aufstellung des KA in zB vollen Tausend Euro oder bei GroßUnt in vollen Millionen Euro. Dabei dürfen aber unter Berücksichtigung der Unt-Größe keine wesentlichen Informationen verloren gehen. 184

II. Vermittlung eines den tatsächlichen Verhältnissen entsprechenden Bilds (Abs 2 S 2 und 3)

Nach **S 2** hat der KA (Konzernbilanz, Konzern-GuV, Konzernanhang, KFR, 185
EK-Spiegel und ggf SegBerE) unter Beachtung der GoB ein **den tatsächlichen Verhältnissen entsprechendes Bild** der VFE-Lage des Konzerns (iS der Konzern-Definition gem Anm 13) zu vermitteln. Sollte dieses Bild durch besondere Umstände beeinträchtigt sein, sind ergänzende Angaben im Konzernanhang erforderlich (S 3). Der Wortlaut dieser Bestimmung ist *identisch mit der Vorschrift zum Einzelabschluss* (§ 264 Abs 2), weshalb auf § 264 Anm 21ff verwiesen werden kann.

Die in Abs 2 S 2 enthaltene **Generalnorm** (Vermittlung eines den tatsächli- 186
chen Verhältnissen entspr Bilds) hat nach hM *subsidiären Charakter* hinter den GoB, die für den KA auch die Grundsätze ordnungsmäßiger Kons umfassen. Unter den GoB sind sowohl die *kodifizierten* Grundsätze (= Einzelvorschriften) als auch die *nicht kodifizierten* Grundsätze der Rechnungslegung zu verstehen (dazu insb § 243 Anm 1ff und § 264 Anm 32ff). Ein Konflikt zwischen der Generalnorm und den nicht kodifizierten Rechnungslegungsgrundsätzen ist dabei *nicht* denkbar, da letztere nur die Konkretisierungen der Generalnorm darstellen. Die Bedeutung des subsidiären Charakters der Generalnorm des Abs 2 S 2 beschränkt sich somit auf das Verhältnis zu den für den KA relevanten Einzelvorschriften, wozu auch und gerade die konzernspezifischen Verfahrensregeln (§ 298 Anm 51f) zu rechnen sind.

Für den KA besteht wie für den JA (§ 264 Anm 28ff) keine Verpflichtung, 187
vom HGB gegebene Wahlrechte ausschließlich so auszuüben, dass der KA die tatsächlichen Verhältnisse am besten widerspiegelt. Trotz anderer Funktion des KA (Anm 1) folgt dies aus den wortgleichen Vorschriften von § 264 Abs 2 und § 297 Abs 2 S 2 und 3. Damit besteht grds kein Zwang, nach dem Recht des

MU zulässige Ansatz- und Bewertungsvorschriften im KA ggf neu auszuüben, selbst wenn dies im Einzelfall zur Verbesserung der Information wünschenswert wäre. In diesem Zusammenhang ist jedoch zu berücksichtigen, dass die allein steuerrechtlich bedingten Abschreibungen und Sonderposten für den KA nicht zulässig sind. Dies führt einerseits zu einer Verbesserung des Einblicks in die VFE-Lage; andererseits kann jedoch die **Neuausübung der Ansatz- und Bewertungswahlrechte** nur im Rahmen der für den JA zulässigen Vorschriften erfolgen. Damit gehören zB die aus der Ausschüttungsfunktion abgeleiteten Kapitalerhaltungsgrundsätze des JA auch zu den für den KA geltenden Grundsätzen. Die vom JA abw Funktion des KA führt nicht zu einer größeren Bedeutung der Generalnorm; so auch *Schildbach*[6], 57.

Die Generalnorm ist zu Zwecken der Interpretation von Einzelvorschriften und zur Füllung von Gesetzeslücken heranzuziehen (§ 264 Anm 30f, so auch *ADS*[6] § 297 Anm 28; *Busse von Colbe/Ordelheide*[7], 35 sowie *Baetge/Kirsch/Thiele*[7], 54ff). Dabei ist die Bedeutung der Generalnorm für den KA höher als für den JA, weil für konzernspezifische Ausweis- und Darstellungsfragen (im Gegensatz zum JA) nur wenige und nicht immer eindeutig interpretierbare Einzelvorschriften bestehen. In den auslegungsbedürftigen Fragen, wie *beispielsweise* Wortlaut und Anordnung konzernspezifischer Posten innerhalb des Gliederungsschemas, Erweiterung des Gliederungsschemas durch Einbeziehung sog FormblattUnt oder Behandlung systembedingter Differenzen bei der QuoKons, ist grds auf die Generalnorm (bzw die nicht kodifizierten GoB als spezielle Konkretisierungen der Generalnorm) zurückzugreifen. Dabei ist auch zu berücksichtigen, dass bei der Anwendung der bekannt gemachten Empfehlungen/Standards des DRSC eine Vermutung hinsichtlich einer Übereinstimmung mit den GoB besteht (§ 342 Abs 2). So regelt zB DRS 14 die sich aus der Umrechnung ausländischer Abschlüsse ergebenden Fragen, wie Art der Umrechnungsmethode sowie Behandlung und Darstellung von Ergebnissen der Währungsumrechnung. Auch das Maß notwendiger Erl von KonsVorgängen im Konzernanhang wird letztlich durch die Generalnorm bestimmt.

Ein Beispiel für das Erfordernis der Ausfüllung von Gesetzeslücken mit Hilfe der Generalnorm (bzw deren weitere Konkretisierung in Abs 3, Anm 192) ist der unvollständige Katalog der notwendigen Verrechnungsvorgänge nach § 305 bei der Konzern-GuV. Zur richtigen Darstellung der Ertragslage ist zB eine Verrechnung von Erträgen aus Beteiligungen (von zu konsolidierenden TU) mit dem Jahresergebnis unbestritten notwendig, wird jedoch vom Wortlaut des § 305 nicht gefordert.

188 **S 3** verlangt zusätzliche Angaben im Konzernanhang, wenn der KA (gemeint sind hier die übrigen Bestandteile des KA) auf Grund besonderer Umstände ein **den tatsächlichen Verhältnissen entsprechendes Bild** der VFE-Lage **nicht vermittelt.** Damit werden die Folgen des subsidiären Charakters der Generalnorm letztlich begrenzt auf Ansatz und Ausweis in der Konzernbilanz, in der Konzern-GuV, in der KFR und im EK-Spiegel sowie ggf in der SegBerE; *insgesamt* erfüllt der in gesetzmäßiger Weise aufgestellte KA die Generalnorm (so auch *ADS*[6] § 297 Anm 35 und *Baetge/Kirsch* in HdKR[2] § 297 Anm 28). Bei einem Widerspruch von zwingenden Einzelvorschriften oder Alternativen von eingeräumten Wahlrechten mit der Generalnorm – wobei das HGB davon ausgeht, dass die Anwendung der Einzelvorschriften normalerweise ein den tatsächlichen Verhältnissen entspr Bild der VFE-Lage vermittelt – ergibt sich eine Konfliktlösung ausschließlich durch zusätzliche Angaben im Konzernanhang. In der Literatur werden in diesem Zusammenhang ua folgende, die Konzernrechnungslegung betr *Beispiele* genannt:

- *Verpflichtung* nach § 312 Abs 5 S 3 zur Eliminierung von Zwischenerfolgen bei Anwendung der Equity-Methode: Da die Erfolge aus Geschäften mit assozUnt, dh mit Ges außerhalb des KonsKreises, aus Konzernsicht als realisiert zu betrachten sind, widerspricht die Eliminierung im Hinblick auf die Einheitstheorie der Darstellung der VFE-Lage.
- *Wahlrecht* nach § 309 zur erfolgsunwirksamen Verrechnung des GFW aus der KapKons mit den Rücklagen des Konzerns: Durch die erfolgsunwirksame Behandlung wird der Einblick in die Ertragslage beeinträchtigt.

In beiden Fällen kann, von Unwesentlichem abgesehen, der Generalnorm nur durch zusätzliche Angaben im Konzernanhang entsprochen werden.

Angaben nach S 3 können ferner erforderlich werden bei schwebenden Kartellverfahren, die möglicherweise zu einer teilweisen Auflösung des KonsKreises führen oder bei der Ausübung des Wahlrechts nach § 296 Abs 1, wenn durch nicht einbezogene Unt unter einheitlicher Leitung oder im Control-Verhältnis die Aussagefähigkeit des KA beeinträchtigt wird (ebenso *ADS*[6] § 297 Anm 36). Denkbar wäre ferner eine Hinweispflicht auf wesentliche Vermögensteile, die Transferbeschränkungen unterliegen.

III. Fiktion der wirtschaftlichen Einheit des Konzerns (Abs 3 S 1)

Im KA ist die VFE-Lage so darzustellen, als ob die einbezogenen Unt insgesamt ein einziges Unt wären. Die Konzernrechnungslegung baut damit auf der sog **Einheitstheorie** auf. **190**

Nach der Einheitstheorie stellt der KA einen JA der zu einer *wirtschaftlichen* Einheit zusammengefassten Unt dar. Trotz bestehender rechtlicher Selbstständigkeit der einzelnen Unt sollen diese wie unselbstständige Betriebsabteilungen (Niederlassungen) behandelt werden. Die Fiktion einer *rechtlichen* Einheit der im Konzern zusammengefassten Unt wird im Schrifttum zwar vielfach vertreten (*Heni* in BoHdR § 297 Anm 30; *Busse von Colbe/Ordelheide*[7], 25 und 38), jedoch würde die konsequente Anwendung eines solchen Postulats eine Fusion unterstellen, die auch wirtschaftlich zu anderen Konsequenzen zB hinsichtlich der Ertragsteuerbelastung führen würde. Für die mit der Einheitstheorie begründete Notwendigkeit der Eliminierung konzerninterner Vorgänge ist jedoch die Fiktion der wirtschaftlichen Einheit ausreichend (so auch *ADS*[6] § 297 Anm 40).

Bei einem nach der Einheitstheorie aufgestellten KA werden die MinderheitsGester der TU den Gester des MU gleichgestellt, obwohl sie nur an den jeweiligen TU beteiligt sind. Damit werden ihre Anteile dem EK des Konzerns zugeordnet. Diese Betrachtungsweise unterscheidet sich grundlegend von der sog **Interessentheorie,** bei der die MinderheitsGester der TU aus Sicht des MU wie außenstehende Gläubiger behandelt werden. Ein nach der Interessentheorie aufgestellter KA ist als erweiterter JA des MU zu qualifizieren, der den Anteilseignern des MU (als den aus Konzernsicht alleinigen EK-Gebern) zeigen soll, welche VG und Schulden hinter dem abstrakten Bilanzposten Beteiligungen (im weiteren Sinne) stehen. Auch nach der Interessentheorie wäre eine VollKons (mit Ausweis der Anteile der MinderheitsGester der TU als FK) denkbar, wobei sich jedoch zB Unterschiede hinsichtlich der Zwischenergebniseliminierungen ergeben würden, da die auf die Anteile der MinderheitsGester entfallenden Beträge aus Konzernsicht als realisiert einzustufen wären. Ihre stärkste Ausprägung findet die Interessentheorie in der QuoKons, bei der die VG und Schulden nur mit dem der Beteiligungsquote des MU entspr Teilbetrag in den KA übernommen werden (§ 310 Anm 3 sowie *v. Wysocki/Wohlgemuth*[4], 6; *ADS*[6] Vorbem zu §§ 290 bis 315 Anm 23 ff). **191**

192 Die **Fiktion der wirtschaftlichen Einheit des Konzerns** stellt eine Konkretisierung der Generalnorm des Abs 2 dar und ist somit ein gleichrangiger wesentlicher Grundsatz der Konzernrechnungslegung. Sie ist die Konsequenz aus der Überlegung, dass das gesamte Vermögen der TU der Leitungsmacht durch die Konzernleitung unterliegt, was sich auch aus den Einbeziehungsvorschriften des § 290 (einheitliche Leitung/Control-Verhältnis) ergibt. Daraus folgt, dass Zweifelsfragen grds im Rahmen der Fiktion der wirtschaftlichen Einheit der einbezogenen Unt zu lösen sind. Die Einheitstheorie ist Leitlinie für die Beantwortung aller im Gesetz nicht geregelter Einzelfragen. Aus der besonderen Bedeutung der Fiktion der wirtschaftlichen Einheit des Konzerns für die Konzernrechnungslegung ergibt sich das Gebot der in § 300 Abs 2 beschriebenen Vollständigkeit sowie insb das Prinzip der einheitlichen Bewertung (§ 308). Aus der Fiktion der wirtschaftlichen Einheit des Konzerns leitet sich auch die einheitliche Anwendung der zulässigen Bilanzierungsgrundsätze des MU für die Aufstellung des KA ab. Dies führt jedoch nicht zur einheitlichen Ausübung von Bilanzierungswahlrechten iSv Bilanzierungshilfen und Ansatzwahlrechten, da eine solche Verpflichtung auch für den JA nicht besteht; so auch *Scherrer,* 186.

Die Einheitstheorie findet außerdem in folgenden *Einzelvorschriften* ihren Niederschlag:

- Prinzip des Weltabschlusses (§ 294 Abs 1),
- Einheitlicher Stichtag (§ 299 Abs 1),
- KapKons (§ 301),
- Schuldenkons (§ 303),
- Eliminierung von Zwischengewinnen und -verlusten (§ 304),
- Aufwands- und ErtragsKons (§ 305).

Ferner ergibt sich aus der Einheitstheorie die Notwendigkeit

- einer Umgliederung von aus Konzernsicht anders zu beurteilenden Posten (zB Rohstoffe im JA können unfertige Erzeugnisse im KA sein. Anteile an verbundenen Unt im JA sind eigene Anteile im KA) und
- einer Eliminierung von Anlagenbewegungen zwischen Konzern-Unt aus einem Konzernanlagengitter.

Drittschuldverhältnisse dürfen – wie im JA – bei bestehender Aufrechenbarkeit saldiert werden; sie müssen es aber nicht. Näher dazu § 303 Anm 32f.

193 Eine **Abweichung von der Einheitstheorie** ist die Zulässigkeit der QuoKons nach § 310, die ein Ausfluss der Interessentheorie (Anm 191) darstellt (so *Havermann* in FS Goerdeler, 186ff mit kritischen Anmerkungen zum Einbeziehungsverbot sowie zur QuoKons). Vereinzelt wird auch die Vereinbarkeit der QuoKons mit der Einheitstheorie unterstellt, wenn man von der Fiktion einer Zerlegung des quotal konsolidierten GemUnt in mehrere rechtlich selbstständige Einheiten ausgeht und der konsolidierte Teil als TU angesehen wird, an dem der Konzern zu 100% beteiligt ist (*Kölner Komm*[2] § 297 Anm 99). Mit der partiellen Kons von GemUnt soll dem Umstand einer fehlenden Einflussnahme durch den Konzern Rechnung getragen werden (*Baetge/Kirsch/Thiele*[7], 388ff). Die gesonderte Behandlung einer Einzelfrage steht der Einheitstheorie als Gesamtkonzeption der Rechnungslegungsvorschriften im Konzern nicht entgegen (*WPH* I[12] M 8).

Das bisher bestehende Verbot der Einbeziehung von TU, falls durch die Einbeziehung die Darstellung eines den tatsächlichen Verhältnissen entspr Bildes der VFE-Lage verfälscht würde (§ 295), stellte ebenfalls einen Verstoß gegen die Einheitstheorie dar. Diese Vorschrift wurde aufgehoben und ist letztmals für vor dem 1. Januar 2005 beginnende Konzern-Gj anzuwenden (Art 58 Abs 3 S 4 EGHGB).

Die sich aus dem Grundsatz der Wesentlichkeit und Wirtschaftlichkeit ergebenden Erleichterungen (Anm 195 ff) stellen keine Durchbrechung der Einheitstheorie dar; sie unterstreichen diese Theorie vielmehr dadurch, dass nur bei unwesentlichen Sachverhalten und nur im Falle von Unwirtschaftlichkeit (was jedoch restriktiv auszulegen ist, Anm 196) vom Grundsatz der wirtschaftlichen Einheit abgewichen werden darf.

IV. Wesentlichkeit und Wirtschaftlichkeit

Aufgrund der ausschließlichen Informationsfunktion des KA (Anm 1) hat der **Grundsatz der Wesentlichkeit und Wirtschaftlichkeit** eine hohe Bedeutung für die Konzernrechnungslegung. Unwesentliches beeinträchtigt nicht das den tatsächlichen Verhältnissen entspr Bild der VFE-Lage und darf deshalb vernachlässigt werden. Außerdem soll zwischen den Kosten der Bereitstellung von Informationen und ihrem Nutzen ein angemessenes Verhältnis bestehen. 195

Der Grundsatz der Wesentlichkeit und Wirtschaftlichkeit ergibt sich insb aus folgenden, nur den KA betr Regelungen:

- § 294 Abs 2 (Angabe im KA nur bei wesentlichen Veränderungen des KonsKreises),
- § 296 Abs 1 Nr 2 (keine Einbeziehung bei unverhältnismäßig hohen Kosten oder Verzögerungen),
- § 296 Abs 2 (keine Einbeziehung bei *untergeordneter* Bedeutung),
- § 298 Abs 2 (Vorratszusammenfassung bei *unverhältnismäßigem* Aufwand),
- § 299 Abs 3 (Erl nur von Vorgängen *von besonderer* Bedeutung bei abw Stichtagen und Verzicht auf einen Zwischenabschluss),
- § 301 Abs 3 (Erl nur *wesentlicher* Veränderungen des Unterschiedsbetrags aus der KapKons),
- § 303 Abs 2 (keine SchuldenKons, wenn von *untergeordneter* Bedeutung),
- § 304 Abs 2 (keine Zwischenergebniseliminierung, wenn von *untergeordneter* Bedeutung),
- § 305 Abs 2 (keine Aufwands- und ErtragsKons, wenn von *untergeordneter Bedeutung),*
- § 308 Abs 2 (keine einheitliche Bewertung, wenn Abweichungen von *untergeordneter* Bedeutung),
- § 311 Abs 2 (kein getrennter Ausweis und keine Equity-Bewertung bei assozUnt, wenn von *untergeordneter* Bedeutung),
- § 313 Abs 2 Nr 4 S 3 (keine Angaben in Anteilsliste, falls von *untergeordneter* Bedeutung)
- § 314 Abs 1 Nr 2 (keine Angaben von sonstigen finanziellen Verpflichtungen, falls von *untergeordneter* Bedeutung).

Durch den **Grundsatz der Wesentlichkeit** soll sichergestellt werden, dass zum einen der KA durch eine Fülle von Detail-Angaben nicht mehr dem Grundsatz der Klarheit und Übersichtlichkeit widerspricht und zum anderen nicht bereits bei geringfügigen Verstößen gegen Einzelvorschriften oder die GoB eine gesetzwidrige Rechnungslegung behauptet werden kann. Entscheidend ist, dass alle Informationen, die für die Beurteilung der VFE-Lage (Anm 185 ff) Bedeutung haben, im KA enthalten sind. 196

Der **Grundsatz der Wirtschaftlichkeit** ergibt sich aus den im HGB abschließend genannten Fällen (Anm 195), wonach eine vollständige Informationspflicht (iSd Beachtung aller kodifizierten Normen ohne Anwendung von Erleichterungsvorschriften) nur insoweit besteht, als die durch weitere Angaben zu gewinnenden genaueren Aussagen noch in einem angemessenen Verhältnis zu den entstehenden Mehrarbeiten und Aufwendungen stehen; dieser Grundsatz ist restriktiv anzuwenden. Auch ist darauf zu achten, dass das unangemessene Kosten-/Nutzenverhältnis nicht vom Konzern zu vertreten ist, was eine Anwendung von Erleichterungsmöglichkeiten ausschließen würde (so *Hartle* in Beck HdR C 10 Anm 267).

197 Bei der Frage, ob wegen Unwesentlichkeit bzw Unwirtschaftlichkeit eine Vorschrift nicht beachtet werden muss, ist nicht nur auf den jeweiligen Einzelfall abzustellen, sondern es ist vielmehr die sich für die jeweilige Vorschrift *insgesamt* ergebende mögliche Auswirkung zu berücksichtigen. Nach diesem in § 296 Abs 2 S 2 für den KonsKreis aufgestellten Grundsatz können für sich betrachtet *unbedeutende Einzelfälle insgesamt bedeutend werden* (so auch *Baetge/Kirsch* in HdKR[2] § 297 Anm 68). Dabei sind die einzelnen Vorschriften getrennt zu sehen. Es kann zB eine Eliminierung von Aufwendungen und Erträgen nach § 305 Abs 1 erforderlich sein, obwohl die mit diesen Geschäftsvorfällen im Zusammenhang stehenden Zwischenergebnisse wegen Unwesentlichkeit nach § 304 Abs 2 nicht zu eliminieren sind.

Ein allgemein gültiger Maßstab für den unbestimmten Begriff der Wesentlichkeit gibt es (bisher) nicht; dies gilt auch für den verwandten, im angloamerikanischen Prüfungswesen geltenden Begriff der **„*materiality*"**. PS 250 (WPg 2003, 944 ff) bemisst die Wesentlichkeit danach, ob ein Weglassen oder eine fehlerhafte Darstellung von Informationen Einfluss auf die wirtschaftliche Entscheidung eines Abschlussadressaten hat. Dies gilt sowohl für den Abschluss insgesamt als auch für einzelne Beträge oder Abweichungen im Hinblick auf den absoluten oder relativen Wert. Dabei ist auf die *Art* und *Höhe* des Postens und auf dessen Verhältnis zu Größen wie der *Bilanzsumme,* dem *EK* und dem *Jahresergebnis* bzw der *Gewinnausschüttung* abzustellen. Auf die Ausführungen zum JA hinsichtlich der zulässigen Abweichungen (§ 264 Anm 58) wird verwiesen, wobei die Grenzen der Wesentlichkeit für den KA, der in der Regel ohnehin eine geringere Genauigkeit besitzt und in den darüber hinaus auch keine Gläubigerschutz- oder Ausschüttungsüberlegungen einzufließen brauchen (Anm 1), sicher höher angesetzt werden können als beim JA. *Baetge/Kirsch* (in HdKR[2] § 297 Anm 64 ff) nennen als Maßstab für die Wesentlichkeit neben dem Einfluss auf Verhältniszahlen auch die Auswirkungen auf die Kombination mehrerer Verhältniszahlen, zB in Form einer Diskriminanzfunktion. Auch kann es uU nicht allein auf die absolute Höhe der Auswirkung auf bestimmte Verhältniszahlen ankommen, sondern darauf, dass bestimmte Schwellenwerte nicht überschritten werden.

198 Die Anwendung des Grundsatzes der Wesentlichkeit und Wirtschaftlichkeit löst – sofern keine besondere gesetzliche Regelung getroffen ist, wie zB in § 296 Abs 3 – **keine Angabe- und Erläuterungspflichten im Konzernanhang** aus.

V. Stetigkeit der Konsolidierungsmethoden (Abs 3 S 2 bis 5)

200 Gem Abs 3 S 2 ist die Beibehaltung der auf den vorhergehenden KA angewandten KonsMethoden als Sollvorschrift ausgestaltet. Dies bedeutet, dass der **Methodenstetigkeit** im Regelfall Rechnung zu tragen *ist* und nur ausnahmsweise davon abgewichen werden *darf*. Insofern besteht eine Parallele zu der für den JA festgelegten **Ausweisstetigkeit** (§ 265 Abs 1) und **Bewertungsstetigkeit** (§ 252 Abs 1 Nr 6 und Abs 2), die über § 298 Abs 1 auch für den KA gelten (siehe auch *ADS*[6] § 297 Anm 48). Die Stetigkeit bei der Form der Darstellung bezieht sich auf alle Bestandteile eines KA nach Abs 1.

Zu den Kons*Methoden* zählen alle Maßnahmen zur Entwicklung des KA aus den **JA** (so *Hartle* in Beck HdR C 10 Anm 192). Die **Konsolidierungsmethoden** umfassen damit zunächst die einzelnen Formen der KapKons (Buchwertmethode, Neubewertungsmethode, KapKons in vereinfachter Form, §§ 301 und 302), die SchuldenKons (§ 303), die Eliminierung von Zwischenergebnissen (§ 304), die Aufwands- und ErtragsKons (§ 305), die QuoKons (§ 310) und die unterschiedlichen Möglichkeiten bei der EquityKons (§ 312). Zu den KonsMethoden gehören außerdem alle Techniken, die mangels ausdrücklicher gesetzlicher Regelung nur aus der Generalnorm bzw der Einheitstheorie abzuleiten sind, zB Ergebnisübernahmen innerhalb des KonsKreises, ErlösKons bei Umsatzkostenrechnung (*WPH* I[12] M 713). Außerdem wird auch die Abgrenzung des KonsKreises, soweit Einbeziehungswahlrechte bestehen, vom Stetigkeitsgrundsatz des Abs 3 S 2 erfasst, da nur eine weite Auslegung des Begriffs der KonsMethoden der Zielsetzung des Stetigkeitsgebots gerecht wird (so auch *ADS*[6] § 297 Anm 51; *Busse von Colbe* in MünchKomm HGB § 297 Anm 61).

Nach dem Gesetzeswortlaut ist die vorgeschriebene Methodenstetigkeit zunächst in zeitlicher Hinsicht zu interpretieren **(zeitliche Kontinuität).** Danach sind „in den Folgejahren auf denselben Sachverhalt die Konsolidierungsmethoden unverändert anzuwenden" (*WPH* I[12] M 11). Die Vorschrift dient der Vergleichbarkeit des KA mit den KA des gleichen MU in anderen Jahren. Ein *willkürlicher* Wechsel der KonsMethoden oder der innerhalb dieser Methoden eingeräumten Wahlrechte und Ermessensspielräume könnte zu einer Beeinträchtigung des Einblicks in die den tatsächlichen Verhältnissen entspr VFE-Lage des Konzerns führen. Insofern verbietet sich ein Methodenwechsel bereits aus der Generalnorm. 201

Während der zeitliche Aspekt darauf abstellt, dass zB die für die KapKons eines einbezogenen Unt im Vj gewählte Methode auch im Folgejahr grds angewendet wird, besteht unter sachlicher Hinsicht die Frage, ob für *gleichartige* Sachverhalte nur *einheitliche* KonsMethoden angewandt werden dürfen **(sachliche Kontinuität).** Zur Beantwortung dieser Frage ist die Generalnorm des Abs 2 S 2 iVm dem Grundsatz der wirtschaftlichen Einheit des Konzerns nach Abs 3 S 1 heranzuziehen (hierzu auch *Baetge/Kirsch* in HdKR[2] § 297 Anm 80). Grds wird man davon ausgehen müssen, dass nur eine einheitliche Behandlung von gleichartigen Sachverhalten, sowohl zu einem Zeitpunkt, als auch zu mehreren Zeitpunkten, ein den tatsächlichen Verhältnissen entspr Bild der VFE-Lage des Konzerns vermitteln kann. Sind die Verhältnisse beim TU A mit denen des TU B weitgehend vergleichbar, kommt zB auch nur eine einheitliche KapKons-Methode (Buchwert- *oder* Neubewertungsmethode) bei A und B in Betracht. Gleiches gilt, wenn für mehrere Unt die Voraussetzungen zur Anwendung der QuoKons oder der Equity-Methode zu beurteilen sind. In allen Fällen kommt der Beantwortung der Frage, ob **gleichartige Sachverhalte** gegeben sind, eine besondere Bedeutung zu. Dies ist zB dann *nicht* der Fall, wenn beim TU A alle Anteile im Besitz von einbezogenen Unt liegen, beim TU B dagegen nur eine Mehrheitsbeteiligung gegeben ist (so *ADS*[6] § 297 Anm 50). Ein Nebeneinander verschiedener KonsMethoden in einem KA ist deshalb zulässig (§ 301 Anm 45).

Nach Abs 3 **S 3** darf **vom Stetigkeitsgrundsatz** in Ausnahmefällen **abgewichen werden.** Diese Regelung soll den KA im Hinblick auf mögliche Änderungen flexibel machen, da ein starres Festhalten an einmal gewählten KonsMethoden uU zu einem Widerspruch zur Generalnorm führen kann. DRS 13 (Anm 16 iVm Anm 8) sieht ua bei einer *Verbesserung* der Darstellung der VFE-Lage bei strukturellen Veränderungen im Konzern einen Grund für eine zulässige Änderung der KonsMethoden. Verbesserungen alleine sind noch kein Rechtfertigungsgrund zur Methodenänderung (ebenso *Baetge/Kirsch* in HdKR[2] § 297 Anm 81 ff). Dies bedeutet letztlich, dass einer Abweichung vom Stetigkeitsgrundsatz nur bei einer *wesentlichen* Verbesserung der Darstellung der VFE-Lage zulässig ist. 202

Dagegen wird es immer zulässig sein, einmal gewählte Erleichterungsmöglichkeiten nicht mehr in Anspruch zu nehmen, obwohl am Sachverhalt keine Änderungen eingetreten sind. Wurde zB auf die Eliminierung von Zwischenergebnissen wegen untergeordneter Bedeutung verzichtet (§ 304 Abs 2), darf diese im Folgejahr durchgeführt werden. Die Änderung ist zwingend in den Fällen vorzunehmen, in denen wegen untergeordneter Bedeutung auf KonsMaßnahmen verzichtet wurde (Anm 195) und die geringe Bedeutung zwischenzeitlich entfallen ist. Diese zwingend vorzunehmenden Methodenänderungen erfolgen jedoch nicht auf Grund der Ausnahmeregel des Abs 3 S 3, sondern auf Grund **geänderter Sachverhalte,** die die Beibehaltung der bisherigen KonsMethode nicht mehr rechtfertigen. Eine Abweichung vom Grundsatz der Stetigkeit der KonsMethoden liegt deshalb nicht vor (so *ADS*[6] § 297 Anm 57).

203 Durchbrechungen des Stetigkeitsgrundsatzes sind im **Konzernanhang anzugeben und zu begründen;** ferner ist der Einfluss auf die VFE-Lage des Konzerns anzugeben (Abs 3 **S 4 und 5**). Die Verpflichtung zu dieser Angabe erfordert eine Nennung der bisherigen und der jetzigen Methode. Mit der Begr ist zu belegen, dass keine missbräuchliche Ausnutzung von Methodenwahlrechten vorliegt. Die notwendige Angabe des Einflusses auf die VFE-Lage ist zu quantifizieren, wobei Näherungswerte hinsichtlich der Vermögens- oder Ergebnisbeeinflussung ausreichend sind. Die Erl müssen es dem Leser ermöglichen, „sich ein Bild davon zu machen, wie der Konzernabschluss bei Beibehaltung der Methode ausgesehen hätte" (*WPH* I[12] M 714). Hier gilt, wie generell bei der Verpflichtung zur Angabe über Änderungen der angewandten KonsMethoden, der Grundsatz der Wesentlichkeit und Wirtschaftlichkeit (Anm 195 ff). Die Verpflichtung zur Angabe hinsichtlich einer Änderung der KonsMethoden ist nochmals in § 313 Abs 1 Nr 3 kodifiziert; s dort Anm 117 ff.

D. Verhältnis zum Publizitätsgesetz

210 Für MU (ausgenommen Kreditinstitute und VersicherungsUnt) die nicht die Rechtsform einer AG, KGaA oder GmbH haben und die nach dem **Publizitätsgesetz** (§ 11) zur Konzernrechnungslegung verpflichtet sind, gilt § 297 bei der Aufstellung eines KA analog (§ 13 Abs 2 PublG). Sie haben damit insb auch die Generalnorm des Abs 2 S 2 (Darstellung eines den tatsächlichen Verhältnissen entspr Bilds der VFE-Lage, Anm 185 ff) zu beachten sowie auch als Ekfl und reine PersGes einen Konzernanhang (und Konzernlagebericht) aufzustellen; dazu *WPH* I[12] O 47 ff. Insofern besteht ein *Unterschied zum Jahresabschluss* nach dem PublG (zur Bedeutung der Generalnorm in Bezug auf den JA nach PublGs § 264 Anm 132). Sofern Ekfl und reine PersGes einen KA aufstellen, braucht dieser keine KFR und keinen EK-Spiegel zu umfassen (§ 13 Abs 3 S 2). Kreditinstitute und VersicherungsUnt haben – unabhängig von ihrer Rechtsform (und Größe) – stets einen KA und Konzernlagebericht sowie eine KFR und einen EK-Spiegel nach HGB aufzustellen, § 340 i Abs 1, § 341 i Abs 1. Einzelheiten dazu in § 290 Anm 100 f.

E. Rechtsfolgen einer Verletzung des § 297

215 Die **strafrechtlichen** Folgen einer Verletzung des § 297 sind in § 331 Nrn 2 und 3 (unrichtige Wiedergabe oder Verschleierung der Verhältnisse des Konzerns) und für Industrie- und HandelsUnt in § 334 Abs 1 Nr 2b (Verstoß gegen Abs 2 oder 3) geregelt; für Kreditinstitute und VersicherungsUnt ergeben sich

die Bußgeldvorschriften wegen Verstoßes gegen § 297 Abs 2 und 3 aus den §§ 340n und 341n. §§ 17 Abs 1 Nr 2 und 3 sowie 20 Abs 1 Nr 2b PublG enthalten gleichlautende Vorschriften.

Als Folge seiner eingeschränkten Aufgabe (Anm 1) bestehen für den KA bei Verletzung von Vorschriften über Form und Inhalt keine speziellen **zivilrechtlichen** Rechtsfolgen. Für den KA entfällt insb die Möglichkeit der Nichtigkeit, die für den JA gegeben sein kann (s zB § 256 AktG). Da der KA jedoch der Prüfungspflicht unterliegt, kommt bei einem Verstoß gegen Vorschriften über Form und Inhalt uU eine *Einschränkung* oder eine *Versagung des Bestätigungsvermerks* in Frage. Daraus ergeben sich jedoch unmittelbar keine zivilrechtlichen Konsequenzen; ein KA mit eingeschränktem BVm kann sogar befreiende Wirkung nach den §§ 291, 292 haben; s § 291 Anm 25. 216

Die Mitglieder der Geschäftsführung oder des AR einer KapGes können bei einer schuldhaften Verletzung der Vorschriften über Form und Inhalt des KA (auch hinsichtlich eines KA nach § 292a) *der Gesellschaft gegenüber* grds **schadenersatzpflichtig** werden (§§ 93 Abs 2, 116 AktG; §§ 43, 52 GmbHG), jedoch ist das Eintreten eines materiellen Schadens für diesen Fall kaum vorstellbar. Dies ist in Bezug auf die *Adressaten* des KA (insb Gester, Gläubiger und Arbeitnehmer) anders zu beurteilen. Da die in Anm 215 genannten Vorschriften Schutzgesetze iSv § 823 Abs 2 BGB sind, können sich schuldhaft handelnde Organmitglieder schadenersatzpflichtig machen, wenn die Adressaten des KA sich bei ihren Dispositionen auf die Richtigkeit des KA verlassen haben und ihnen dadurch ein Schaden (zB Ausfall eines gewährten Bankkredits) entstanden ist.

F. Abweichungen der IFRS

Schrifttum: IAS 7 (rev 1997) Cash Flow Statements; IAS 14 (rev 1997) Segment Reporting; *Auer* Kapitalflussrechnung in HWRuP[3], 1292; *Haller* Segmentpublizität in HWRuP[3], 2187; IAS 1 (rev 2004) Presentation of Financial Statements; *Lüdenbach/Hoffmann* Kein Eigenkapital in der IAS/IRFS-Bilanz von Personengesellschaften und Genossenschaften, BB 2004, 1042; *Lüdenbach/Hoffmann* IFRS-Rechnungslegung für Personengesellschaften als Theater des Absurden, DB 2004, 404; *Haaker/Paarz* Die Segmentberichterstattung als Informationsinstrument, KoR 2005, 194; *Gröner* Der Eigenkapitalspiegel, HdJ Abt. III/10; *Kühnberger* Firmenwerte in Bilanz, GuV und Kapitalflussrechnung nach HGB, IFRS und US-GAAP – Abbildung und Aussagekraft, DB 2005, 677.

I. Allgemeines

Ein KA nach IFRS (IFRS-KA) besteht aus **fünf Teilen** (s IAS 1.8): 220
(1) der Konzernbilanz;
(2) der Konzern-GuV;
(3) der Konzern-KFR;
(4) einer Konzern-EK-Veränderungsrechnung und
(5) den mit dem Konzernanhang vergleichbaren Darlegungen der Rechnungslegungsgrundsätze sowie erläuternden Angaben zu den anderen Bestandteilen des KA und uU einschl einer Konzern-SegBerE.

Abweichungen zum HGB ergeben sich materiell insbes dadurch, dass die IFRS hinsichtlich der Anzahl der Bestandteile nicht zwischen JA und KA unterscheiden, dh eine KFR, EK-Veränderungsrechnung und unter bestimmten Umständen (s Anm 250) SegBerE sind gleichfalls für den JA aufzustellen. Ein IFRS-Abschluss zeichnet sich des Weiteren durch im Vergleich zum HGB um- 221 fangreichere Erl- bzw Angabepflichten zu den einzelnen Posten und den im Gj ausgeführten Transaktionen bzw Geschäftsvorfällen aus.

222 Auch ein IFRS-KA dient im deutschen Rechtsraum ausschließlich dem **Informationszweck.** Die Aufstellungspflicht eines IFRS-KA leitet sich aus den §§ 290 iVm 315a ab; die Aufstellung selbst basiert ebenfalls auf der Einheitstheorie, ohne dass dies im aktuellen Regelwerk noch explizit ausgeführt würde.

223 Hinsichtlich der für einen KA spezifischen Rechnungslegungsgrundsätze (im Allgemeinen **Konsolidierungsgrundsätze**) lassen sich keine nennenswerten Unterschiede zwischen IFRS und HGB erkennen. Abweichungen ergeben sich vielmehr aus den Regeln zu Ansatz und Bewertung. Zwar gehört es zur Zielsetzung des DRSC, eine allgemeine Annäherung der handelsrechtlichen KA-Vorschriften an die internationale Rechnungslegung (dh die IFRS) zu erlangen; dies gelingt hingegen nur bedingt. Die IFRS unterliegen weiterhin einem schnelleren Wandlungsprozess als dies für die deutsche Rechnungslegung zu verzeichnen ist.

224 Nach IAS 1.15 wird davon ausgegangen, dass die Einhaltung der IFRS – unter Beachtung des Grundsatzes der Wesentlichkeit – zu einer **getreuen Darstellung** *(fair presentation)* führt. Unterstrichen wird diese Ansicht durch IAS 1.17; danach darf allenfalls in außergewöhnlich seltenen Fällen von einem IFRS abgewichen werden, wenn dessen Anwendung zu einem Verstoß gegen die Generalnorm führen würde. Dies macht jedoch zusätzliche Informationen erforderlich.

225 Auch nach IFRS ist die Bedeutung des Grundsatzes der **Klarheit und Übersichtlichkeit** unbestritten. Dies ergibt sich zum einen aus der geforderten Verständlichkeit (F. 25 iVm IAS 1.46) sowie aus den Mindestgliederungen ua für die Konzernbilanz und Konzern-GuV (IAS 1.68f .81f).

226 Hinsichtlich der **Wesentlichkeit** wird auch durch IAS 1.29 keine Definition gegeben (s auch IAS 14.38). Nicht mehr explizit ausgeführt wird im überarbeiteten IAS 1, dass es bzgl der Frage der Unwesentlichkeit auf die Größe und die Art des einzelnen Sachverhalts ankommt.

II. Konzern-Kapitalflussrechnung

230 Die Aufstellungspflicht für eine KFR nach IFRS geht bis in die siebziger Jahre zurück. DRS 2 und IAS 7 dürften bis auf wenige Ausnahmen als **deckungsgleich** bezeichnet werden (s ausführlich *ADS Int* Abschn 23 Cash-Flow-Rechnung, Anm 123). Der bedeutsamste Unterschied dürfte darin liegen, dass DRS 2 eine Mindestgliederung für die jeweiligen Teilbereiche der Konzern-KFR enthält, während IAS 7 es bei einer exemplarischen Gliederung im Appendix belässt und lediglich den separaten Ausweis bestimmter Posten unmittelbar im Standard regelt.

231 Beide Standards räumen dem Unt bzgl der Wahl der Ausgangsgröße zur Ableitung des Cash Flow aus lfd Geschäftstätigkeit nach der indirekten Methode eine gewisse Flexibilität ein. Den Unt ist es bspw freigestellt, ob sie als Ausgangsgröße das Konzern(perioden)ergebnis vor oder nach Ertragsteuern wählen (s zB DRS 2.43). Ein nicht in den jeweiligen Vorschriften zur Aufstellung einer KFR begründeter Unterschied ergibt sich hinsichtlich der Berücksichtigung bzw des Ausweises eines uU vorhandenen ao (Konzern-)Ergebnisses iSd § 277 Abs 4. Die IFRS kennen demgegenüber – mit Ausnahme der „discontinued operations" – keine Ergebniskomponente außerhalb der gewöhnlichen Geschäftstätigkeit (s auch § 275 Anm 346).

Ein offensichtlich unterschiedliches Verständnis liegt beim Ausweis gezahlter Dividenden vor. Gem DRS 2.37 sind **gezahlte Dividenden** ausschließlich dem Cash Flow aus Finanzierungstätigkeit zuzuordnen, während IAS 7.34 hier alternativ einen Ausweis unter dem Cash Flow aus lfd Geschäftstätigkeit gestattet.

Ferner enthält IAS 7 keine explizite Vorschrift zum Ausweis von Fondsänderungen, die auf Sicherungsgeschäften beruhen (s DRS 2.47).

Im Gegensatz zu DRS 2.56 kennt IAS 7 keine Erleichterung bzw Ausnahmeregelung für die Angabe von Vj-Zahlen (s hierzu Anm 17). 232

IZm einer ***Discontinued Operation*** verlangt IFRS 5.33 (c) den Ausweis der (Netto-)Zahlungsströme aller drei Teilbereiche. 233

III. Konzern-Eigenkapitalveränderungsrechnung

Eine Konzern-EK-Veränderungsrechnung iSd IAS 1.8 iVm .96 mit entspr Vj-Angaben musste erstmals für Gj aufgestellt werden, die am oder nach dem 1. Januar 1995 begannen (s ausführlich *ADS Int* Abschn 22 Eigenkapitalveränderungsrechnung). 240

Die Zusammensetzung und Gliederung des EK eines Unt ist regelmäßig sehr stark von landesrechtlichen Vorschriften beeinflusst. Hier spielen ua Aspekte wie die Rechtsform, der Gläubigerschutz (zB im Falle der Insolvenz), die Art der Fremdfinanzierung oder sogar steuerrechtliche Vorschriften uU eine bedeutsame Rolle. Die Konzern-EK-Veränderungsrechnung nach IAS 1 muss demzufolge einem größtmöglichen Anwenderkreis Rechnung tragen, während sich der Konzern-EK-Spiegel nach DRS 7 auf die Besonderheiten des deutschen Rechtsraums beschränken kann. Hieraus ergibt sich das in IAS 1 niedergelegte allgemeine Konzept für die Konzern-EK-Veränderungsrechnung. IAS 1 belässt es weitestgehend bei der allgemeinen Beschreibung der für den Ausweis als notwendig erachteten Posten hinsichtlich ihrer Natur bzw ihres Inhalts. 241

Als Mindestanforderung sind nach IAS 1.96 (a) bis (d) anzugeben: 242

(1) der (Konzern-)Jahresüberschuss bzw -fehlbetrag des Gj;
(2) die einzelnen Beträge von Aufwendungen und Erträgen, die im Gj nach den Vorschriften eines Standards (IAS bzw IFRS) oder einer Interpretation (SIC bzw IFRIC) unmittelbar mit dem EK verrechnet wurden (zB unrealisierte Gewinne/Verluste gem IAS 39.55 (b) oder der Abzug von Emissionskosten nach IAS 32.35);
(3) die Summe des erfolgswirksam über die GuV und erfolgsneutral über eine unmittelbare Verrechnung mit dem EK erwirtschafteten Jahresergebnisses getrennt nach Anteil des MU und der MinderheitsGes;
(4) die Auswirkung aufgrund einer Änderung von Bilanzierungs- und Bewertungsmethoden oder Bewertungskorrekturen zu in Vj veröffentlichten KA für jede einzelne Komponente des EK.

Darüber hinaus enthält IAS 1.97 (a) bis (c) weitere Angabepflichten, deren Veröffentlichung jedoch alternativ im (Konzern-)Anhang erfolgen kann:

(5) Alle Zahlungsströme auf GesterEbene (zB Einzahlungen in die Kapitalrücklage oder Entnahmen daraus; Ausschüttungen, etc).
(6) Stand der erfolgswirksam erwirtschafteten Jahresergebnisse am Anfang und am Ende des Gj (dh der thesaurierten aber nicht notwendigerweise ausschüttbaren Gewinne oder eines Verlustvortrags) sowie deren Veränderung im abgelaufenen Gj.
(7) Eine Überleitungsrechnung der Anfangs- auf die Endbestände aller ausgewiesenen EK-Posten, wobei die unterschiedlichen Veränderungen (und soweit wesentlich) einzeln auszuweisen sind.

Soweit lediglich die unter (1) bis (4) beschriebenen Erl in einer eigenständiger Darstellung im Pflichtbestandteil des KA gemacht werden, während die restlichen unter (5) bis (7) aufgeführten Erl im Anhang erfolgen, bezeichnet IAS 1 IG (Implementation Guidance) diese reduzierte Form der EK-Veränderungsrechnung als „Statement of Recognised Income and Expense" (Gesamtergebnisrechnung).

243 Eine beispielhafte Darstellung für eine **Konzern-Eigenkapitalveränderungsrechnung** nach IAS 1.8 (c) (i) iVm .96f in umfassender wie auch reduzierter Form, enthält IAS 1 IG.

244 Nachdem sich die IFRS bzgl des Ausweises der MinderheitsGes innerhalb des Konzern-EK von dem handelsrechtlichen Verständnis der Einheitstheorie nicht mehr unterscheiden, verbleibt – neben der abw Form der Darstellung – als wesentlicher Unterschied einer EK-Veränderungsrechnung nach IFRS zum HGB die Vielzahl der Sachverhalte, bei denen Aufwendungen und Erträge direkt mit dem EK erfolgsneutral verrechnet werden (vgl zu weiteren Abweichungen *ADS Int* Abschn 22 Anm 206).

IV. Konzern-Segmentberichterstattung

250 Eine SegBerE haben nur solche Unt aufzustellen, deren **Eigenkapital- oder Schuldtitel öffentlich gehandelt** werden oder die den Handel mit ihren Wertpapieren (zB durch Antragstellung) eingeleitet haben. Die Aufstellung nach dem IAS 14 (revised 1997) ist für alle Gj verpflichtend, die am oder nach dem 1. Juli 1998 begannen (s ausführlich *ADS Int* Abschn 28 Segmentberichterstattung).

251 IAS 14 folgt dem ***„Management-Approach"***; dieser wird jedoch in Zweifelsfällen vom ***„Risk and Reward Approach"*** überlagert (s IAS 14.26 ff).

252 Die Segmentierung erfolgt entweder geschäftsfeldbezogen (zB anhand der Produkte oder Kundengruppen; IAS 14 spricht von *business segments)* oder nach regionalen, dh geographischen Aspekten. IAS 14 unterscheidet explizit zwischen **primärer und sekundärer Segmentierung.** Der Unterschied zwischen primärer und sekundärer Segmentierung liegt in der Anzahl der zu veröffentlichenden Segmentinformationen, die bei der primären Segmentierung deutlich überwiegt.

253 Abw von DRS 3.15 bestimmt IAS 14.35, dass nur über solche Segmente zwingend zu berichten ist ***(reportable segments),*** deren Umsatz mehrheitlich mit externen Kunden erzielt wird. Segmente, deren Umsätze überwiegend auf konzerninternen Leistungsbeziehungen beruhen, dürfen demzufolge mit anderen berichtspflichtigen Segmenten (s IAS 14.36 (b)) zusammengefasst werden oder sie sind innerhalb der Überleitungsrechnung als *„unallocated reconciling items"* auszuweisen (s IAS 14.36 (c)). Diese *„unallocated reconciling items"* existieren nach DRS 3 nicht. Nach DRS 3 werden alle Segmente, die selbst nicht berichtspflichtig sind und auch nicht mit anderen operativen Segmenten zusammengefasst werden dürfen, letztlich im (Rest-)Segment „sonstige Segmente" gebündelt (s Anm 158). In der Überleitungsrechnung nach DRS 3 gibt es demzufolge keinen Posten, der solche noch nicht segmentierten Informationen auf die Konzernbilanz- oder Konzern-GuV-Zahlen „überleiten" müsste.

254 Eine zu DRS 3.42 vergleichbare Angabepflicht bzgl des Umsatzvolumens mit Großkunden kennt IAS 14 nicht.

255 Im Gegensatz zu DRS 3.49 kennt IAS 14 grds keine Erleichterung bzw Ausnahmeregelung für die Abgabe von Vj-Zahlen (s zum Ausnahmefall IAS 14.84).

256 Im Zusammenhang mit den Harmonisierungsbemühungen des IASB und des US-amerikanischen Standardsetters FASB hat das IASB verkündet, dass IAS 14 insoweit überarbeitet werden soll, als zukünftig eine Segmentierung nach dem „reinen“ Management-Approach (s Anm 153) erfolgen soll. Dies würde zu weiteren Abweichungen zwischen einer Segmentierung nach dem DRS 3 und den Rechnungslegungsstandards des IASB führen.

§ 298 Anzuwendende Vorschriften. Erleichterungen

(1) **Auf den Konzernabschluß sind, soweit seine Eigenart keine Abweichung bedingt oder in den folgenden Vorschriften nichts anderes bestimmt ist, die §§ 244 bis 247 Abs. 1 und 2, §§ 248 bis 253, 255, 256, 265, 266, 268 bis 272, 274, 275, 277 bis 279 Abs. 1, § 280 Abs. 1, §§ 282 und 283 über den Jahresabschluß und die für die Rechtsform und den Geschäftszweig der in den Konzernabschluß einbezogenen Unternehmen mit Sitz im Geltungsbereich dieses Gesetzes geltenden Vorschriften, soweit sie für große Kapitalgesellschaften gelten, entsprechend anzuwenden.**

(2) **In der Gliederung der Konzernbilanz dürfen die Vorräte in einem Posten zusammengefaßt werden, wenn deren Aufgliederung wegen besonderer Umstände mit einem unverhältnismäßigen Aufwand verbunden wäre.**

(3) [1]**Der Konzernanhang und der Anhang des Jahresabschlusses des Mutterunternehmens dürfen zusammengefaßt werden.** [2]**In diesem Falle müssen der Konzernabschluß und der Jahresabschluß des Mutterunternehmens gemeinsam offengelegt werden.** [3]**Aus dem zusammengefassten Anhang muss hervorgehen, welche Angaben sich auf den Konzern und welche Angaben sich nur auf das Mutterunternehmen beziehen.**

Übersicht

Schrifttum: *Gelhausen* Gedanken zur Behandlung des Eigenkapitals im Konzernabschluß in FS Forster, 215; *Lück* Rechnungslegung im Konzern, Stuttgart 1994; *Scherrer* Konzernrechnungslegung, München 1994; *Beine* Ergebnisausweis im Konzernabschluss DB 1996, 945; *Korth/Kasperzak* Konzernrechnungslegung nach HGB, Bielefeld 1999; *Schildbach*[6] Der handelsrechtliche Konzernabschluss nach HGB, IAS und US-GAAP, München 2001; *Küting/Weber*[8] Der Konzernabschluss, Stuttgart 2003; *Baetge/Kirsch/Thiele*[7] Konzernbilanzen, Düsseldorf 2004.

A. Anzuwendende Vorschriften (Abs 1)

I. HGB-Vorschriften für den Einzelabschluss

1. Vorbemerkungen

1 Nach Abs 1 sind folgende **Bestimmungen des HGB** für den JA beim KA entspr anzuwenden:

– Vorschriften über Sprache, Währung und Unterzeichnung (§§ 244, 245)
– Ansatzvorschriften einschließlich Haftungsverhältnisse (§§ 246 bis 247 Abs 1 und 2, §§ 248 bis 251)
– Bewertungsvorschriften (§§ 252, 253, 255, 256)
– Allgemeine Gliederungsgrundsätze (§ 265)

- Vorschriften über die Bilanzgliederung und den Inhalt bestimmter Posten (§§ 266, 268 bis 272, § 274)
- Vorschriften über die GuV und den Inhalt bestimmter Posten (§§ 275, 277, 278)
- Bewertungsvorschriften (§§ 279 Abs 1, 280 Abs 1, 282, 283).

Abs 1 ist in dieser durch das TransPuG geänderten Fassung auf alle nach dem 31. Dezember 2002 beginnende Konzern-Gj anzuwenden (Art 54 Abs 1 EGHGB). Zu der davor gültigen Fassung des Abs 1 und der Berücksichtigung der sich durch die Änderung des Abs 1 ergebenden Auswirkungen s Voraufl.

Maßgebend sind jeweils die für **große KapGes geltenden Vorschriften.** 2
Aus diesem Grund fehlt es auch an dem Verweis auf die Vorschriften der §§ 267 (Umschreibung der Größenklassen), 274a und 276 (größenabhängige Erleichterungen). Die Bestimmungen der §§ 242 (Pflicht zur Aufstellung), 243 (Aufstellungsgrundsatz), 264 (erweiterte Aufstellungspflicht und Generalnorm) sowie 284 bis 289 (Vorschriften zum Anhang und Lagebericht) werden durch spezielle Bestimmungen für die Konzernrechnungslegung ersetzt.

Der KA wird stets dem einer großen KapGes gleichgesetzt. **Aufstellungs-** 3
erleichterungen bestehen nicht. Damit ist es für Zwecke der Kons unerlässlich, die JA der einzubeziehenden Unt – unabhängig von deren Größe oder Rechtsform – entweder direkt nach den für große KapGes geltenden Vorschriften aufzustellen oder im Zuge der Erstellung der sog HB II (dazu § 300 Anm 26ff) an diese Vorschriften anzupassen. Ein von allen KonzernUnt anzuwendender **einheitlicher Kontenplan** (mit Kontenbeschreibung und Kontierungsanweisungen) ist dabei ein sinnvolles, oft sogar notwendiges Instrumentarium. Außerdem sind für eine ständige Anwendung der für das MU zulässigen Bilanzierungsgrundsätze (§ 300) und für eine einheitliche Bewertung (§ 308) **Konzernrichtlinien** in allen Fällen erforderlich.

Hinsichtlich der in Abs 1 genannten Vorschriften, die für den KA stets aus 4
Sicht des Konzerns als wirtschaftliche Einheit (§ 297 Anm 190ff) anzuwenden sind, kann grds auf die jeweiligen Kommentierungen zum JA verwiesen werden. Darüber hinaus wird nachfolgend auf die sich für den KA ggf zusätzlich ergebenden Besonderheiten zu den in Anm 1 genannten Bestimmungen eingegangen.

Sonderfragen bei **Kreditinstituten** und **Versicherungsunternehmen** (§§ 340i ff und 341i ff) werden nachfolgend nicht behandelt.

2. Allgemeine Vorschriften

a) Sprache, Währung (§ 244)

Der KA ist in deutscher Sprache und in Euro aufzustellen. Zu den Anforde- 5
rungen an einen befreienden KA s § 291 Anm 15f, zur Währungsumrechnung von Abschlüssen ausländischer TU im Einzelnen § 308 Anm 59ff.

b) Unterzeichnung (§ 245)

Der KA ist durch alle gesetzlichen Vertreter des MU unter Angabe des Datums 6
zu unterzeichnen. Dies erfolgt zweckmäßigerweise am Ende des Konzernanhangs. Sofern der Konzernanhang mit dem Anhang zum JA zusammengefasst wird (Abs 3), genügt eine einmalige Unterzeichnung (ebenso *Ellerich* in HdR[5] § 245 Anm 15).

3. Ansatzvorschriften

a) Vollständigkeit, Verrechnungsverbot (§ 246)

Aus § 246 ergeben sich keine Besonderheiten für den KA. Das Vollständig- 7
keitsgebot ist für den Konzern zusätzlich in § 300 Abs 2 S 1 geregelt. Die Ver-

rechnungen im Rahmen der Kons (§§ 301, 303, 305) sind kein Verstoß gegen das Gebot der Vollständigkeit und gegen das Verrechnungsverbot, sondern durch die Fiktion der wirtschaftlichen Einheit der KonzernUnt bedingt.

b) Inhalt der Bilanz (§ 247 Abs 1 und 2)

8 Die Ausweisvorschrift des Abs 1 hat für die Konzernbilanz keine Bedeutung, da stets die für große KapGes geltende Bilanzgliederung (§ 266) anzuwenden ist. Weitere Besonderheiten für den KA bestehen nicht. Abs 3 (Sonderposten mit Rücklageanteil) hat für nach dem 31. Dezember 2002 beginnende Konzern-Gj keine Bedeutung mehr.

c) Bilanzierungsverbote (§ 248)

9 Es ergeben sich keine Besonderheiten für den KA. Hinsichtlich der zu beachtenden Bilanzierungsverbote ist das Recht der MU maßgebend (§ 300 Abs 2 S 1); die Bilanzierungsverbote sind außerdem aus Konzernsicht zu beurteilen; s Beispiel in § 300 Anm 39.

d) Rückstellungen und Rechnungsabgrenzungsposten (§§ 249, 250)

10 Es ergeben sich keine Besonderheiten für den KA. Die Bildung von Rückstellungen und RAP richtet sich nach dem Recht des MU (§ 300 Abs 2 S 1). Zur Einbeziehung von Rückstellungen in die SchuldenKons s § 303 Anm 21 ff.

e) Haftungsverhältnisse (§§ 251, 268 Abs 7)

11 Es ergeben sich keine Besonderheiten für den KA. Haftungsverhältnisse zwischen *einbezogenen* KonzernUnt sind zu konsolidieren, dazu § 303 Anm 27 ff.

f) Geschäfts- oder Firmenwert (§ 255 Abs 4)

12 Nur *aus Konzernsicht* entgeltlich erworbene *(derivative)* GFW sind bilanzierungsfähig. Im übrigen ist eine Zwischengewinneliminierung notwendig (§ 304).

Zwischen dem GFW und dem Unterschiedsbetrag aus der KapKons (§ 301) besteht aus Konzernsicht materiell kein Unterschied. Damit ist es zulässig, statt des aktiven Ausweises (mit Abschreibung gem § 255 Abs 4 S 2 oder 3) auch eine offene Verrechnung mit den Rücklagen (§ 309 Abs 1 S 3) vorzunehmen (glA *ADS*[6] § 298 Anm 77; *Busse von Colbe/Ordelheide*[7], 245).

13 Nach **DRS 4** ist ein GFW stets zu aktivieren und planmäßig **abzuschreiben;** ggf sind außerplanmäßige Abschreibungen (mit späterer Beachtung des Wertaufholungsgebots) vorzunehmen. Eine erfolgsneutrale Verrechnung des GFW mit dem EK wird – entgegen der weiterhin nach § 309 bestehenden handelsrechtlichen Möglichkeit – nicht für zulässig erachtet. Ein negativer Unterschiedsbetrag ist als gesonderter Posten in die Konzernbilanz im EK aufzunehmen. Er darf von einem ggf ausgewiesenen GFW aus anderen UntErwerben offen abgesetzt werden. Auch der negative Unterschiedsbetrag ist ausschließlich erfolgswirksam aufzulösen. Auf die Kommentierung zu § 309 wird verwiesen.

g) Aufwendungen für die Ingangsetzung und Erweiterung des Geschäftsbetriebs (§ 269)

14 Diese **Bilanzierungshilfe** kann im KA unabhängig von der Handhabung in den JA angesetzt werden (§ 300 Abs 2 S 2). Die Aufwendungen sind jedoch auf Grund der Einheitstheorie (§ 297 Anm 190 ff) immer aus Sicht des Konzerns auf ihre Bilanzierungsfähigkeit zu beurteilen. Sofern die Bilanzierungshilfe aus-

schließlich im KA wahrgenommen wird, werden an die Erlpflicht im Konzernanhang strenge Anforderungen zu stellen sein (ebenso *Berndt* in HdKR[2] § 298 Anm 42). Das gleiche gilt für die Bilanzierungshilfe nach Art 53 Abs 2 EGHGB.

Die **Ausschüttungssperre** des § 269 S 2 hat für den KA keine Bedeutung, da dieser keine Grundlage für die Gewinnverwendung darstellt.

h) Steuerabgrenzung (§ 274)

Hinsichtlich der Steuerabgrenzung nach § 274 ergeben sich grds keine Besonderheiten für den KA. Sind in den JA keine aktiven Abgrenzungen vorgenommen worden und sollen diese im KA angesetzt werden, muss sichergestellt sein, dass die notwendigen Informationen über temporäre Ergebnisunterschiede und die relevanten Steuersätze von den einzelnen TU zur Verfügung gestellt werden. Die Anwendung eines konzerneinheitlichen Steuersatzes wird ebenfalls für zulässig gehalten (so auch *ADS*[6] § 298 Anm 89). – Zur Steuerabgrenzung auf KonsVorgänge und zur Zusammenfassung mit der Abgrenzung nach § 274 s die Erl zu § 306. 15

DRS 10, der erstmals auf nach dem 31. Dezember 2002 beginnende Gj anzuwenden ist, regelt die Bilanzierung von latenten Steuern einschl des zu verwendenden Steuersatzes im KA. Für aktive latente Steuern besteht nach DRS 10 ein Aktivierungsgebot, auch wenn sie im JA nicht angesetzt wurden. Das ebenfalls im Standard (Anm 11) enthaltene Erfordernis zum Ansatz aktiver latenter Steuern auf Verlustvorträge ist jedoch nach hM mit dem gegenwärtigen Recht nicht zu vereinbaren. Allerdings wird durch die Veröffentlichung von DRS 10 im BAnz bei Aufstellung des KA unter Beachtung von DRS 10 nach § 342 Abs 2 die Einhaltung der die Konzernrechnungslegung betr GoB vermutet. Aus diesem Grund kann die Aktivierung von latenten Steuern auf Verlustvorträge im KA grundsätzlich nicht beanstandet werden (vgl *FN IDW* 1–2/2003, 22). Insofern kann faktisch von einem Wahlrecht bzgl der Aktivierung von latenten Steuern auf Verlustvorträge im KA gesprochen werden. Siehe auch Erl zu § 306. 16

i) Steuern (§ 278)

Nach § 278 sind die Ertragsteuern grds auf Grundlage des Gewinnverwendungsbeschlusses zu berechnen und anzusetzen. Dies bedeutet für den Konzern, dass die auf dieser Basis für das MU und für alle einbezogenen TU jeweils ermittelten Steuern auch im KA anzusetzen sind. Darüber hinaus sind ggf – wie in den JA – Steuern oder Steuererstattungen für frühere Zeiträume und latente Steuern (§§ 274, 306) anzusetzen. 17

Hinsichtlich **konzerninterner Ausschüttungen** ergibt sich uU die Notwendigkeit einer Korrektur des Ertragsteueraufwands aus Konzernsicht. Aufgrund des ab 2002 geltenden geänderten KStG gilt dies grds nicht mehr für Ausschüttungen von *inländischen* TU. Hinsichtlich der Ausschüttung von *ausländischen* TU kann jedoch weiterhin eine Korrektur des Steueraufwands im KA (zB für nicht anrechenbare Quellensteuern) notwendig werden. Näheres in § 306 Anm 26 und § 305 Anm 45 f.

4. Bewertungsvorschriften

a) Allgemeines

Der Verweis des § 298 auf die allgemeinen Bewertungsvorschriften (§§ 252, 253, 255, 256) hat nur subsidiäre Bedeutung, da für den KA die für große KapGes geltenden Bestimmungen zur Anwendung kommen, was ggf eine zu- 18 sätzliche Berücksichtigung der §§ 279 Abs 1, 280 Abs 1, 282 und 283 erfordert. Außerdem ist die Bewertung im KA durch § 308 eigenständig geregelt. Dieser Paragraph enthält insb das Postulat der (grds) *Einheitlichkeit* der Bewertung.

b) Allgemeine Bewertungsgrundsätze (§ 252)

19 Besonderheiten für den KA ergeben sich uU in Bezug auf den Grundsatz der **Bilanzidentität** (§ 252 Abs 1 Nr 1) im Falle einer Änderung des KonsKreises. Der mangelnden Vergleichbarkeit von zwei aufeinander folgenden KA kann nach § 294 Abs 2 S 2 dadurch begegnet werden, dass die Vj-Zahlen angepasst werden (dazu § 294 Anm 17 f). Dabei ist im Konzernanhang zumindest eine Überleitung vom EK des ursprünglichen zum EK des geänderten KA zu machen. Dies ergibt sich zwangsläufig bei der Aufstellung des EK-Spiegels (§ 297 Abs 1).

c) Wertansätze der Vermögensgegenstände und Schulden (§§ 253, 279 Abs 1 und 280 Abs 1)

20 Für den KA für nach dem 31. Dezember 2002 beginnende Konzern-Gj ergeben sich im Vergleich zum JA einer großen KapGes Besonderheiten durch die nicht gegebene Anwendbarkeit der §§ 254, 279 Abs 2, 280 Abs 2 und 281. Sofern im JA eines in den KA einzubeziehenden Unt allein steuerrechtlich bedingte Abschreibungen oder Sonderposten bestehen, sind diese für den KA unter Berücksichtigung von latenten Steuern aufzulösen.

Der Abgrenzung zwischen (handelsrechtlicher) Normalabschreibung und allein steuerrechtlich bedingter Abschreibung kommt damit eine besondere Bedeutung zu. Beim abnutzbaren Anlagevermögen wird dies idR auf den Ansatz linearer Abschreibungen im KA hinauslaufen. Gleichwohl wird man hinsichtlich der degressiven Abschreibung im allgemeinen auch von einer handelsrechtlichen Zulässigkeit ausgehen können, es sei denn, sie widerspricht in eklatanter Weise dem tatsächlichen Nutzungsverlauf. In der Vollabschreibung von GWG ist idR eine handelsrechtlich zulässige Vereinfachungsregel zu sehen (s *ADS*[6] § 254 Anm 34).

Eindeutig nur steuerrechtlich bedingt sind dagegen die im Steuerrecht geregelten erhöhten Absetzungen, Sonderabschreibungen und Abzüge von den AK/HK. Aufgrund des auch im Steuerrecht bestehenden Zuschreibungsgebots ergibt sich aus den steuerrechtlichen Teilwertabschreibungen keine zusätzliche Divergenz zum handelsrechtlich erforderlichen Wertansatz.

21 Zu Fragen notwendiger Wertanpassungen zur Vereinheitlichung der Bewertung s § 308 Anm 42 ff. Die Wahlrechte der § 253 Abs 2 S 3 iVm § 279 Abs 1 (außerplanmäßige Abschreibungen auf Finanzanlagen bei nicht dauernden Wertminderungen) und des § 253 Abs 3 S 3 (Abschreibungen auf Gegenstände des Umlaufvermögens wegen künftiger Wertschwankungen) können im KA unabhängig von den JA ausgeübt werden (§ 308 Abs 1 S 2).

d) Anschaffungs- oder Herstellungskosten (§ 255 Abs 1 bis 3)

22 Es ergeben sich keine Besonderheiten für den KA, wobei bzgl des Umfangs der AK/HK auf den Konzern als wirtschaftliche Einheit abzustellen ist (insb Eliminierung konzerninterner Zwischenergebnisse gem § 304).

e) Bewertungsvereinfachung (§ 256)

23 Für den KA ergeben sich keine Besonderheiten gegenüber dem JA.

f) Abschreibungen des Geschäfts- oder Firmenwerts sowie der Aufwendungen für die Ingangsetzung und Erweiterung des Geschäftsbetriebs (§§ 255 Abs 4, 282)

Für den KA ergeben sich grds keine Besonderheiten gegenüber dem JA. Der 24
GFW darf jedoch – im Widerspruch zu DRS 4 – auch erfolgsneutral offen mit den Rücklagen verrechnet werden (s Anm 12 f).

g) Wertansatz des Eigenkapitals (§ 283)

Das gezeichnete Kapital im KA umfasst nur das gezeichnete Kapital des MU. 25
Es ist mit dem Nennwert anzusetzen.

5. Gliederungs- und Darstellungsvorschriften

a) Allgemeine Grundsätze für die Gliederung (§ 265)

Alle Grundsätze des § 265 gelten auch für den KA. Durch die Zusammen- 26
fassung heterogener Unt besitzt § 265 Abs 4 (Ergänzung des Gliederungsschemas) im KA größere Bedeutung. Zu Modifizierungen auf Grund von Rechtsform und Geschäftszweig der einbezogenen Unt s Anm 42 ff und Anm 47 ff. Auch eine weitere Untergliederung (§ 265 Abs 5) kann im KA zur Wahrung des Grundsatzes der Klarheit und Übersichtlichkeit (§ 297 Abs 2 S 1) eher geboten sein als im JA.

Konzerne, für die bereits im Entstehungsjahr erstmals ein KA gem §§ 290 ff aufgestellt wird, haben als Vergleichszahlen für das Vj (§ 265 Abs 2 S 1 iVm § 298 Abs 1) grds diejenigen aus dem letzten JA des MU anzugeben. Im Hinblick auf die ohnehin gem § 294 Abs 2 gebotenen Angaben zur Veränderung im KonsKreis (dazu § 294 Anm 9 ff) darf jedoch auch auf die Angabe von Vergleichzahlen verzichtet werden. Gleiches gilt auch bei erstmaliger Aufstellung eines KA durch MU, die bislang gem §§ 291–293 von der Konzernrechnungslegungspflicht befreit waren, weil andernfalls faktisch der Beginn der Konzernrechnungslegungspflicht um ein Gj vorverlegt würde. Im letztgenannten Fall kann hieraus aber nicht abgeleitet werden, dass KonsMaßnahmen, zB Eliminierung von Zwischengewinnen gem § 304, für das bzw die Vj im erstmaligen KA unterlassen werden könnten. Die Angabe von Vergleichszahlen im erstmals aufgestellten KA ist jedoch zwingend erforderlich, wenn im Vj in gesetzwidriger Weise kein KA aufgestellt wurde.

b) Gliederung der Bilanz

aa) Grundschema (§ 266). Für die Konzernbilanz ist grds das Gliederungs- 27
schema des § 266 Abs 2 und 3 anzuwenden. Unter Berücksichtigung sonstiger getrennt auszuweisender Posten und der durch konzernspezifische Vorschriften (Anm 51 f) bedingten Sonderposten ergibt sich das nachfolgend abgebildete Grundschema.

Aktiva	**Passiva**
Ausstehende Einlagen auf das gezeichnete Kapital davon eingefordert **Aufwendungen für die Ingangsetzung und Erweiterung des Geschäftsbetriebs** **Anlagevermögen** I. Immaterielle VG	**Eigenkapital** I. Gezeichnetes Kapital II. Kapitalrücklage III. Gewinnrücklagen 1. gesetzliche Rücklage 2. Rücklage für eigene Anteile 3. satzungsmäßige Rücklagen 4. andere Gewinnrücklagen

Aktiva	Passiva
1. Konzessionen, gewerbliche Schutzrechte und ähnliche Rechte und Werte sowie Lizenzen an solchen Rechten und Werten 2. GFW davon aus der KapKons** 3. geleistete Anzahlungen II. Sachanlagen 1. Grundstücke, grundstücksgleiche Rechte und Bauten einschließlich der Bauten auf fremden Grundstücken 2. technische Anlagen und Maschinen 3. andere Anlagen, Betriebs- und Geschäftsausstattung 4. geleistete Anzahlungen und Anlagen im Bau III. Finanzanlagen 1. Anteile an verbundenen Unt 2. Ausleihungen an verbundene Unt 3. Beteiligungen an assozUnt davon an verbundenen Unt 4. sonstige Beteiligungen 5. Ausleihungen an Unt, mit denen ein Beteiligungsverhältnis besteht 6. Wertpapiere des Anlagevermögens 7. sonstige Ausleihungen	IV. Unterschiedsbetrag aus der KapKons** V. Gewinn-/Verlustvortrag**** VI. Konzerngewinn/-verlust**** VII. Ausgleichsposten für die Anteile anderer Gester **Rückstellungen** 1. Rückstellungen für Pensionen und ähnliche Verpflichtungen 2. Steuerrückstellungen 3. sonstige Rückstellungen **Verbindlichkeiten*** 1. Anleihen davon konvertibel 2. Verbindlichkeiten gegenüber Kreditinstituten 3. erhaltene Anzahlungen auf Bestellungen 4. Verbindlichkeiten aus Lieferungen und Leistungen 5. Verbindlichkeiten aus der Annahme gezogener Wechsel und der Ausstellung eigener Wechsel 6. Verbindlichkeiten gegenüber verbundenen Unt 7. Verbindlichkeiten gegenüber Unt, mit denen ein Beteiligungsverhältnis besteht 8. sonstige Verbindlichkeiten davon aus Steuern davon im Rahmen der sozialen Sicherheit
Umlaufvermögen I. Vorräte*** 1. Roh-, Hilfs- und Betriebsstoffe 2. unfertige Erzeugnisse, unfertige Leistungen 3. fertige Erzeugnisse und Waren 4. geleistete Anzahlungen II. Forderungen und sonstige Vermögensgegenstände* 1. Forderungen aus Lieferungen und Leistungen 2. Forderungen gegen verbundene Unt 3. Forderungen gegen Unt, mit denen ein Beteiligungsverhältnis besteht 4. sonstige Vermögensgegenstände III. Wertpapiere 1. Anteile an verbundenen Unt 2. eigene Anteile 3. sonstige Wertpapiere IV. Schecks, Kassenbestand, Bundesbank- und Postbankguthaben, Guthaben bei Kreditinstituten **Abgrenzungsposten für künftige Steuerentlastungen**	**Rechnungsabgrenzungsposten** Anmerkungen * Vermerk der Forderungen (Verbindlichkeiten) mit einer Restlaufzeit von über (bis zu) 1 Jahr bei jedem gesondert ausgewiesenen Posten ** Verrechnungsmöglichkeit nach § 301 Abs 3 S 3 und ggf nach § 309 Abs 1 S 3 *** ggf Zusammenfassung nach § 298 Abs 2 **** Die Zusammenfassung zu einem Posten mit der Bezeichnung Konzernbilanzgewinn/-verlust ist zulässig (§ 268 Abs 1)

Aktiva	**Passiva**
Rechnungsabgrenzungsposten **Nicht durch Eigenkapital gedeckter Konzernfehlbetrag**	

MU iSv § 264a **(KapCoGes)** haben beim JA die Gliederungs- und Ausweisvorschriften des § 264c zu beachten. Es gibt keinen sachlichen Grund, diese Vorschrift nicht auch für den KA zu berücksichtigen. In dem fehlenden Verweis in § 298 ist eine Gesetzeslücke zu sehen; vgl *IDW RS HFA 7* Zur Rechnungslegung bei Personenhandelsgesellschaften WPg 2002, 1264. Der Ausweis des EK hat damit entspr § 264c Abs 2 zu erfolgen. Weitere Bestimmungen sind insb der getrennte Ausweis (oder eine entspr Angabe im Konzernanhang) von Ausleihungen, Forderungen und Verbindlichkeiten ggü Gestern und der Anteile an KomplementärGes mit einem korrespondierenden Sonderposten im EK. Für als **GmbH** organisierte MU s Anm 45. 28

DRS 7 nimmt eine von § 266 Abs 3 abw Gliederung des EK vor. Neben dem gezeichneten Kapital und der Kapitalrücklage werden als weitere Posten insb der Ausweis eines erwirtschafteten Konzern-EK und eines kumulierten übrigen Konzernergebnisses gefordert. Die vorgesehene Saldierung des EK mit ausstehenden Einlagen und eigenen Anteilen ist mit den geltenden handelsrechtlichen Bestimmungen nicht zu vereinbaren. DRS 7 wurde bisher noch nicht im BAnz veröffentlicht. Damit wird bei einer Saldierung des EK mit ausstehenden Einlagen und eigenen Anteilen auch keine Einhaltung der die Konzernrechnungslegung betr GoB (§ 342 Abs 2) vermutet.

Bei TU in der Rechtsform einer **Personenhandelsgesellschaft** ergibt sich ein Gliederungsproblem beim Ausweis der aus rechtlichen und geschäftlichen Beziehungen zwischen Ges und (nicht zum KonsKreis gehörenden) Gestern resultierenden Posten. Je nach rechtlicher Ausstattung können die GesterKonten dem EK (Ausgleichsposten für die Anteile anderer Gester) oder dem FK (Sonstige Verbindlichkeiten) zuzuordnen sein; Näheres in § 247 Anm 160f. Eine zusätzliche Erl im Konzernanhang kann ggf erforderlich sein.

bb) Konzerngewinn/Konzernverlust (§ 268 Abs 1). Wird der KA unter Berücksichtigung einer Verwendung des Ergebnisses aufgestellt, ist der Posten „Gewinnvortrag/Verlustvortrag" in den Posten **„Konzerngewinn/Konzernverlust"** einzubeziehen. Ein solcher Ausweis wird in aller Regel entspr der Handhabung im JA des MU erfolgen, zumal in der Praxis oftmals eine Identität zwischen dem Ergebnis des MU und dem Konzernergebnis hergestellt wird. Bei diesem Verfahren werden die anteiligen Bilanzergebnisse der TU mit den Gewinnrücklagen des Konzerns verrechnet. Die Angleichung von Bilanzgewinn des MU und Konzernbilanzgewinn wird von der Literatur mehrheitlich für sinnvoll gehalten (beispielhaft *Gelhausen/Gelhausen,* 224; *v. Wysocki/Wohlgemuth*[4], 304; *Busse von Colbe/Ordelheide*[7], 476). Eine Beeinträchtigung des Einblicks in die wirtschaftliche Lage der KonzernUnt (so *Beine,* 947) ist uE nicht gegeben, da über den Ausweis der Gewinnrücklagen im EK-Spiegel ein ausreichender Einblick in die EK-Struktur des Konzerns gegeben ist. Kritisch zur Angleichung des Ausweises an den des JA auch *Bruns* in Beck HdR C 450 Anm 55ff. 29

cc) Anlagengitter (§ 268 Abs 2). Auch im KA ist ein Anlagengitter (für das gesamte Anlagevermögen und den Posten „Aufwendungen für die Ingangsetzung und Erweiterung des Geschäftsbetriebs") obligatorisch. Gleiches gilt für die Bilanzierungshilfe nach Art 53 Abs 2 EGHGB. Für die Darstellung ist wie im JA die **Bruttomethode** vorgeschrieben. Wegen Einzelheiten zu Form und Inhalt des Anlagengitters sowie zum Ausweis der Abschreibungen des Konzern- 30

Gj s die analog für den KA geltenden Anm 10 ff zu § 268; zu konzernspezifischen Ausweisfragen s insb *Küting/Weber*[8], 450 ff.

31 Aus der Fiktion der wirtschaftlichen Einheit (§ 297 Anm 190 ff) ergeben sich vor allem folgende **Besonderheiten** bzgl des Konzernanlagengitters (für in den KA *einbezogene* Unt):

– Werden VG des Anlagevermögens von einem KonzernUnt zu einem anderen KonzernUnt transferiert, sind aus dem Konzernanlagengitter die **Abgänge** und die **Zugänge** zu **eliminieren.** Zur Eliminierung von **Zwischenergebnissen** näher § 304 Anm 32 ff. Wird zulässigerweise auf eine Zwischenergebniseliminierung verzichtet (§ 304 Abs 2), ist gleichwohl eine Aufrechnung von Zu- und Abgängen im Konzernanlagengitter erforderlich. Ein nicht eliminierter Zwischengewinn ist als Zuschreibung auszuweisen (glA *WPH* I[12] M 206); ein nicht eliminierter Zwischenverlust ist aus Konzernsicht unter den Abschreibungen zu erfassen (so auch *Otte* in Beck HdR C 460 Anm 25 ff). In der Konzern-GuV ist dementspr eine Umgliederung von korrespondierenden Buchverlusten in den Posten Abschreibungen vorzunehmen. Ausnahmen sind in Fällen von untergeordneter Bedeutung zulässig.
– Eine konzerninterne Übertragung von VG des Anlagevermögens kann aus Konzernsicht als **Umbuchung** auszuweisen sein, falls der VG nach Übertragung in einem anderen Posten ausgewiesen wird als beim abgebenden KonzernUnt (ebenso *WPH* I[12] M 206).
– Die **Höhe der historischen Anschaffungskosten** stimmt nicht in allen Fällen mit den in den JA der TU ausgewiesenen Werten überein. Ist ein Unt erst nach seiner Gründung KonzernUnt geworden, richten sich die historischen AK aus Konzernsicht nach den Restbuchwerten zu Beginn der Konzernzugehörigkeit, ggf angepasst an die sich aus der KapKons ergebenden Werte (dazu § 301 Anm 85 ff). Insoweit bestehen Abweichungen zwischen dem Anlagengitter des KA und denen der JA. Zur Verbesserung des Einblicks in die Altersstruktur des Anlagevermögens erscheint es jedoch auch zulässig, die effektiv höheren AK oder HK (und die im Zeitpunkt der ErstKons vorhandenen aufgelaufenen Abschreibungen) im Konzernanlagengitter anzusetzen (so auch *ADS*[6] § 298 Anm 119; ebenso *HFA 2/1997* Zweifelsfragen der Rechnungslegung bei Verschmelzungen WPg 1997, 240 aus *Vereinfachungsgründen* für den beim rechtlich einheitlichen Unt vergleichbaren Fall der Verschmelzung mit Buchwertfortführung).

32 **Änderungen im Konsolidierungskreis** sind grds als Zu- oder Abgang zu erfassen. Bei wesentlichen Veränderungen kommt ggf eine Erweiterung des Anlagengitters oder eine zusätzliche Angabe im Konzernanhang in Frage. Möglich ist auch eine Anpassung der Vj-Zahlen gem § 294 Abs 2 S 2, wobei jedoch im Konzernanhang zu den einzelnen Posten des Anlagevermögens betragsmäßige Angaben zu machen sind. Dies folgt aus dem Umstand, dass sich die Anpassung der Vj-Zahlen nur auf die Angabe nach § 265 Abs 2 S 1 bezieht; *ADS*[6] § 298 Anm 117.

33 Werden ausländische TU einbezogen, führen **Wechselkursänderungen** bei Anwendung der Stichtagsmethode (§ 308 Anm 65 f) dazu, dass für eine lückenlose Fortentwicklung der AK oder HK Umrechnungsunterschiede zu berücksichtigen sind. Dies geschieht grds in der Zu- oder Abgangsspalte; ggf kommt auch eine Erweiterung des Anlagengitters oder eine zusätzliche Angabe im Konzernanhang in Frage.

34 Wegen Besonderheiten für das Konzernanlagengitter bei **Quotenkonsolidierungen** bzw einem **Wechsel im Konsolidierungsverfahren** s § 310 Anm 73 f und bei der **Equity-Bewertung** § 312 Anm 72 f.

35 **dd) Andere Vorschriften zu einzelnen Posten der Bilanz (§ 268 Abs 3 bis 7).** Es ergeben sich keine Besonderheiten für den KA.

36 **ee) Bildung bestimmter Rücklagen und Sonderposten (§ 270).** Hinsichtlich der Zuständigkeiten für die Veränderungen der Kapitalrücklage, die im KA nur die des MU umfasst, und der Gewinnrücklagen bei Aufstellung der Konzernbilanz unter vollständiger oder teilweiser Verwendung des Jahresergeb-

nisses ergeben sich keine Besonderheiten für den KA. Sonderposten mit Rücklageanteil dürfen für nach dem 31. Dezember 2002 beginnende Konzern-Gj nicht angesetzt werden

ff) Beteiligungen, verbundene Unternehmen (§ 271). Die jeweiligen Definitionen für den JA (§ 271 Anm 8ff und 33ff) gelten auch für den KA. Soweit verbundene Unt zum KonsKreis gehören, entfällt ein Ausweis der relevanten Posten. Beteiligungen (nicht jedoch Forderungen oder Verbindlichkeiten) an assozUnt sind (umgewertet) getrennt zu zeigen (§ 311 Abs 1 und § 312). 37

gg) Eigenkapital (§ 272). Die Begriffe „gezeichnetes Kapital" und „Kapitalrücklage" beziehen sich im KA von Industrie- und HandelsUnt nur auf ein MU in der Rechtsform einer KapGes. Bei KapCoGes als MU vgl Anm 28. Während das „gezeichnete Kapital" mit dem Ausweis im JA der MU identisch ist, können beim Posten „Kapitalrücklage" Abweichungen durch Unterschiedsbeträge aus der KapKons entstehen. Auch könnten Entnahmen zum Verlustausgleich im JA des MU im KA nicht erforderlich sein, wenn ein positives Konzernergebnis ausgewiesen wird (so *Gelhausen/Gelhausen,* 225). Zur Möglichkeit der Einbeziehung von Umrechnungsdifferenzen s *Bruns* in Beck HdR C 450 Anm 50ff. 38

Die **Aufgliederung der Gewinnrücklagen** in der in § 266 Abs 3 A III vorgesehenen Form ist grds anzustreben, kann jedoch im Einzelfall auf Grund der KonsTechnik und der vorgeschriebenen KonsMaßnahmen zu nicht sachgerechten Aussagen führen. Aus diesem Grund und wegen der anderen Aufgabe des KA (keine Ausschüttungsfunktion) kommt auch ein zusammengefasster Ausweis aller Gewinnrücklagen in Betracht. Lediglich die **Trennung zwischen Kapital- und Gewinnrücklagen** ist wegen der unterschiedlichen Herkunft der Mittel geboten (glA *Gelhausen/Gelhausen,* 228).

Mit dem zusammengefassten Posten „Gewinnrücklagen" werden in der Praxis ggf vorhandene Währungsumrechnungs-Unterschiede (§ 308 Anm 65) sowie (in offener Form) Unterschiedsbeträge aus der KapKons verrechnet. Im Hinblick auf die zulässige Angleichung des Konzernergebnisses an das Ergebnis des MU (Anm 29) wird eine Einbeziehung des Konzernbilanzergebnisses in die Konzernrücklagen befürwortet, sofern KA und JA des MU zusammen offengelegt werden. Vorzuziehen ist jedoch die Übernahme des Bilanzgewinns des MU in unveränderter Form in den KA und das übrige Ergebnis samt Ergebnisvortrag in den Gewinnrücklagen zu verrechnen, da der Bilanzgewinn noch der Disposition des Gewinnverwendungsorgans des MU unterliegt. Zu einer weitergehenden Zusammenfassung des EK im KA näher *Gelhausen/Gelhausen,* 216. **DRS 7** sieht ebenfalls eine Einbeziehung des Konzernergebnisses in das erwirtschaftete Konzern-EK vor, verlangt jedoch den getrennten Ausweis eines Ausgleichspostens aus der Fremdwährungsumrechnung. Durch den nach § 297 Abs 1 vorgeschriebenen EK-Spiegel sollen zusätzliche Informationen gegeben werden (s § 297 Anm 100ff).

Der Ausweis eines nicht dem EK zugeordneten gesonderten **Korrekturpostens zum Eigenkapital** zur Erfassung von Differenzen aus der Schulden- und Zwischenergebniseliminierung oder aus der Währungsumrechnung (so *Baetge/Kirsch/Thiele*[7], 532ff) wird nicht befürwortet.

c) Gliederung der Gewinn- und Verlustrechnung

aa) Grundschema (§ 275). Die Konzern-GuV kann nach dem **Gesamtkostenverfahren** (§ 275 Abs 2) oder dem **Umsatzkostenverfahren** (§ 275 Abs 3) aufgestellt werden. Die Wahl kann für den KA unabhängig von der für den JA des MU gewählten Form getroffen werden. So bietet sich zB für die 39

GuV des JA eines nur die Holdingfunktion ausübenden MU eher das Gesamtkostenverfahren an. Gleichwohl kann das Umsatzkostenverfahren für die Konzern-GuV als aussagefähiger angesehen und deshalb gewählt werden. Im Rahmen der Konzernrichtl ist sicherzustellen, dass alle Informationen für die (stetig) gewählte Form der Konzern-GuV zur Verfügung stehen. Dabei sind einzelne Posten aus Konzernsicht ggf anders zu beurteilen als aus Sicht eines JA (zB Verwaltungskosten einer reinen Vertriebsgesellschaft als Vertriebskosten).

40 Unter Berücksichtigung sonstiger getrennt auszuweisender Posten und der durch konzernspezifische Vorschriften (Anm 51 f) bedingten Sonderposten ergeben sich folgende Grundschemata:

Nach Gesamtkostenverfahren		Nach Umsatzkostenverfahren	
1.	Umsatzerlöse	Umsatzerlöse	1.
2.	Erhöhung oder Verminderung des Bestands an fertigen und unfertigen Erzeugnissen		
3.	andere aktivierte Eigenleistungen		
4.	sonstige betriebliche Erträge	HK der zur Erzielung der Umsatzerlöse erbrachten Leistungen	2.
5.	Materialaufwand a) Aufwendungen für Roh-, Hilfs- und Betriebsstoffe und für bezogene Waren b) Aufwendungen für bezogene Leistungen		
6.	Personalaufwand a) Löhne und Gehälter b) soziale Abgaben und Aufwendungen für Altersversorgung und für Unterstützung, davon für Altersversorgung	Bruttoergebnis vom Umsatz Vertriebskosten	3. 4.
7.	Abschreibungen a) auf immaterielle Vermögensgegenstände des Anlagevermögens und Sachanlagen sowie auf aktivierte Aufwendungen für die Ingangsetzung und Erweiterung des Geschäftsbetriebs b) auf Vermögensgegenstände des Umlaufvermögens, soweit diese die im Konzern üblichen Abschreibungen überschreiten	allgemeine Verwaltungskosten sonstige betriebliche Erträge	5. 6.
8.	sonstige betriebliche Aufwendungen	sonstige betriebliche Aufwendungen	7.
	beide Verfahren		
9.	Erträge aus Beteiligungen an assozUnt*, davon aus verbundenen Unt		8.
10.	Erträge aus sonstigen Beteiligungen, davon aus verbundenen Unt		9.
11.	Erträge aus anderen Wertpapieren und Ausleihungen des Finanzanlagevermögens, davon aus verbundenen Unt		10.
12.	sonstige Zinsen und ähnliche Erträge, davon aus verbundenen Unt		11.
13.	Aufwendungen für Beteiligungen an assozUnt*, davon an verbundene Unt		12.

14.	Abschreibungen auf Finanzanlagen und auf Wertpapiere des Umlaufvermögens	13.
15.	Zinsen und ähnliche Aufwendungen, davon an verbundene Unt	14.
16.	Ergebnis der gewöhnlichen Geschäftstätigkeit	15.
17.	außerordentliche Erträge	16.
18.	außerordentliche Aufwendungen	17.
19.	außerordentliches Ergebnis	18.
20.	Steuern vom Einkommen und vom Ertrag	19.
21.	sonstige Steuern	20.
22.	Konzernjahresüberschuss/-fehlbetrag	21.
23.	auf andere Gester entfallender Gewinn/Verlust	22.
24.	Konzerngewinn/-verlust	23.

* zum Nettoausweis s § 312 Anm 65

bb) Vorschriften zu einzelnen Posten der Gewinn- und Verlustrechnung (§ 277). Gegenüber dem JA ergeben sich grds keine Besonderheiten für den KA. Allerdings kann sich für die Abgrenzung einzelner Posten (zB Umsatzerlöse von den sonstigen betrieblichen Erträgen oder ao Posten von den ordentlichen Posten) aus Konzernsicht eine andere Beurteilung ergeben. Zur Eliminierung von Posten im Zuge der Aufwands- und ErtragsKons s Erl zu § 305. 41

II. Rechtsformspezifische Vorschriften

Neben den Vorschriften des HGB für den JA sind auch die für die **Rechtsform** der in den KA einbezogenen inländischen KonzernUnt geltenden Vorschriften zu beachten. Im wesentlichen kommen in Betracht: 42

Bei Aktiengesellschaften (und **KGaA**)

§ 150 AktG: Gesetzliche Rücklage, Kapitalrücklage
- Bildung und Auflösung der gesetzlichen Rücklage und der Kapitalrücklage § 272 Anm 87 ff und 56 ff),

§ 152 AktG: Vorschriften zur Bilanz
- Gesonderter Ausweis des auf jede Aktiengattung entfallenden Betrags des Grundkapitals, Vermerk des bedingten Kapitals, Gesamtstimmenzahl aller Mehrstimmrechtsaktien und der übrigen Aktien (§ 266 Anm 172),
- Angaben zur Kapitalrücklage und zu den einzelnen Posten der Gewinnrücklagen (§ 284 Anm 71 f),

§ 158 AktG: Vorschriften zur GuV
- Überleitende Darstellung vom Jahresergebnis zum Bilanzergebnis (§ 284 Anm 73),
- Ausweis eines vertraglich zu leistenden Ausgleichs an außenstehende Gester (§ 277 Anm 26 ff),

§ 160 AktG: Vorschriften zum Anhang
- Angaben über Vorratsaktien (§ 284 Anm 41),
- Angaben über eigene Aktien (§ 284 Anm 42, s aber § 314 Abs 1 Nr 7),
- Angaben über Aktien jeder Gattung (§ 284 Anm 74),
- Angabe des genehmigten Kapitals (§ 284 Anm 43),
- Angabe über Wandelschuldverschreibungen und vergleichbare Wertpapiere (§ 284 Anm 44),
- Angaben über Genussrechte, Besserungsscheine und ähnliche Rechte (§ 284 Anm 45),
- Angaben über wechselseitige Beteiligungen (§ 284 Anm 46),
- Angaben über das Bestehen einer Beteiligung an der bilanzierenden AG nach § 20 Abs 1 oder 4 AktG oder nach § 21 Abs 1 oder Abs 1 a WpHG (§ 285 Anm 47),

§ 161 AktG: Entsprechenserklärung zum CorpGov Kodex (§ 285 Anm 261 f und § 314 Anm 89)

§ 232 AktG: Erfolgswirksame Einstellung in die Kapitalrücklage der zu hoch angenommenen Verluste bei vereinfachter Kapitalherabsetzung (§ 272 Anm 32),

§ 240 AktG: Kapitalherabsetzung
– Ausweis eines Ertrags aus Kapitalherabsetzung und einer Einstellung in die Kapitalrücklage nach den Vorschriften über die vereinfachte Kapitalherabsetzung. Zusätzliche Erl im Anhang (§ 284 Anm 48),

§ 261 AktG: Sonderprüfung zur Bewertung im JA und zum Anhang
– Ausweis eines Ertrags auf Grund höherer Bewertung als Folge einer Sonderprüfung. Zusätzliche Erl im Anhang (§ 284 Anm 49).

Bei Gesellschaften mit beschränkter Haftung

§ 42 GmbHG: Bilanzierungsgrundsätze
– Gesonderter Ausweis von „Eingeforderten Nachschüssen" unter den Forderungen sowie gesonderter Ausweis des dem Aktivum entspr Betrags unter der „Kapitalrücklage" (§ 266 Anm 12),
– Gesonderter Ausweis von (oder Anhangangaben über) Ausleihungen, Forderungen und Verbindlichkeiten gegenüber Gestern (§ 266 Anm 12),

§§ 58 b und 58 c GmbHG: Einstellung von aus einer vereinfachten Kapitalherabsetzung gewonnenen Beträgen in die Kapitalrücklage (§ 272 Anm 32).

43 Die rechtsformspezifischen Vorschriften sind nur zu beachten, soweit die **Eigenart des Konzernabschlusses keine Abweichungen bedingt** oder gem den Bestimmungen des HGB über den KA etwas anderes gilt. Durch diese Einschränkung wird deutlich, dass im Einzelnen zu prüfen ist, ob zB eine nur für ein einziges einbezogenes Unt geltende Vorschrift auf den gesamten KA anzuwenden ist. Dabei ist abzuwägen, ob und inwieweit die Anwendung der jeweiligen Vorschrift im KA zu einer Verbesserung des den tatsächlichen Verhältnissen entspr Bildes des KA im Hinblick auf den Sinn und Zweck der Vorschrift führt. Dies wird nachfolgend an den Beispielen der Gewinnverwendungsrechnung (§ 158 Abs 1 AktG) und des Ausweises von Forderungen und Verbindlichkeiten gegenüber Gestern (§ 42 Abs 3 GmbHG) erläutert. Zur Anwendung des § 160 Abs 1 Nrn 1 bis 4 und 7, 8 AktG im Konzernanhang s § 313 Anm 35f mwN.

44 Nach § 158 Abs 1 AktG haben AG (und KGaA) das Gliederungsschema der Gewinn- und Verlustrechnung (§ 275 Abs 2 oder 3) um eine **Gewinnverwendungsrechnung** zu ergänzen. Ungeachtet der Notwendigkeit eines EK-Spiegels für alle nach dem 31. Dezember 2004 beginnenden Konzern-Gj (§ 297 Abs 1) stellt sich die Frage der Notwendigkeit einer Gewinnverwendungsrechnung für den KA einer AG.

Zweck der Vorschrift des § 158 Abs 1 AktG für den JA einer AG ist die Vermittlung zusätzlicher Informationen im Hinblick auf die von der HV zu beschließende Gewinnverwendung. Der KA ist jedoch nicht Grundlage eines Gewinnverwendungsbeschlusses. Der Konzerngewinn ist lediglich eine Zusammenfassung der (soweit nicht im Rahmen der KapKons verrechneten) Bilanzergebnisse der einbezogenen Unt, so dass eine Gewinnverwendungsrechnung auf Konzernebene immer nur fiktiven Charakter haben kann. Auch kommt ggf nur ein zusammengefasster Ausweis aller Gewinnrücklagen in Betracht (vgl Anm 38). Damit ist der in der Literatur vertretenen Auffassung zuzustimmen, dass die Eigenart des KA einer Anwendung des § 158 Abs 1 AktG entgegensteht (hM s zB *WPH* I[12] M 569; *Kraft* in Großkomm HGB § 298 Anm 140).

45 Im JA einer GmbH sind **Forderungen und Verbindlichkeiten gegenüber Gesellschaftern** gesondert auszuweisen oder im Anhang anzugeben (§ 42 Abs 3 GmbHG). Eine wörtliche Übertragung dieser Vorschrift auf den KA würde alle Forderungen und Verbindlichkeiten gegenüber GmbH-Gestern (des MU und, soweit nicht nach § 303 zu eliminieren, der GmbH-TU) umfassen. Für Forde-

rungen und Verbindlichkeiten gegenüber MinderheitsGestern von TU anderer Rechtsformen (zB AG) besteht diese Ausweispflicht nicht (so auch *ADS*[6] § 298 Anm 202). Dies ist zT auch durch die mangelnde Kenntnis über den Gester-Kreis begründet, so dass schon deshalb die Ausweitung der Angabepflicht nach § 42 Abs 3 GmbHG auf andere Rechtsformen nicht gefordert werden kann. Bei hohen Forderungen und Verbindlichkeiten gegenüber *außenstehenden* Nicht-GmbH-Gestern kann eine Beschränkung der Angabe auf GmbH-Gester den Aussagewert des KA beeinträchtigen und somit zu einem Verstoß gegen die Generalnorm (Vermittlung eines den tatsächlichen Verhältnissen entspr Bildes der VFE-Lage des Konzerns, § 297 Abs 2 S 2) führen. Eine Interpretation der Anwendung des § 42 Abs 3 GmbHG auf den KA dergestalt, dass sie *alle* GmbH-Gester umfasst, ist deshalb zu verneinen.

Eine andere Betrachtungsweise ergibt sich für einen durch eine GmbH geführten Konzern in Bezug auf die Gester des MU. Nach dem Sinn des § 42 Abs 3 GmbHG sollen die finanziellen Beziehungen dieser GmbH zu *ihren* Gestern aufgezeigt werden. Daraus folgt für den KA, dass auch die finanziellen Beziehungen der TU zu den Gestern des MU einzubeziehen sind (ebenso *ADS*[6] § 298 Anm 202).

Die besonderen Bestimmungen des § 264 c sind trotz fehlenden Verweises 46
in § 298 für den KA eines MU iSv § 264 a **(KapCoGes)** zu beachten, da es sich um eine Gesetzeslücke handelt (s Anm 28).

III. Geschäftszweigspezifische Vorschriften

Geschäftszweigspezifische Vorschriften, die neben den HGB-Vorschrif- 47
ten für den JA bei der Aufstellung eines KA grds zu beachten sind, kommen für die sog **Formblatt-Unternehmen** in Betracht. Dies hat vor allem Bedeutung hinsichtlich der **Kreditinstitute** und der **Versicherungsunternehmen.** Für deren Rechnungslegung gelten die §§ 340 ff bzw 341 ff. Die Bestimmungen des § 298 Abs 1 (und 2) werden durch die §§ 340 i Abs 2 bzw 341 j Abs 1 ersetzt. Dies betrifft die Fälle, in denen das MU ein Kreditinstitut bzw ein VersicherungsUnt oder deren Holding ist. Sofern es sich lediglich um ein in diesen Branchen tätiges TU handelt, sind die für dieses Unt geltenden §§ 340 ff bzw 341 ff über § 298 Abs 1 bei der Aufstellung des KA zu beachten. Wesentliche Bestimmungen sind:

- Anwendung der durch Rechtsverordnung erlassenen Formblätter und anderer Vorschriften anstelle bestimmter allgemeiner HGB-Vorschriften.
- besondere Ansatz- und Bewertungsvorschriften.
- Erleichterungen hinsichtlich verschiedener Angaben im Konzernanhang.

Darüber hinaus bestehen VO für **Krankenhäuser, Wohnungsunternehmen** und **Verkehrsunternehmen** (§ 330 Anm 20 ff).

Sofern es sich bei den geschäftszweigspezifischen Bestimmungen um **Ansatz-** 48
oder Bewertungsvorschriften handelt, dürfen diese Sondervorschriften im KA beibehalten werden. § 308 Abs 2 S 2 sieht diese Möglichkeit – mit entspr Angabe im Konzernanhang – ausdrücklich vor (§ 308 Anm 22 ff); ebenso für den Ansatz § 300 Abs 2 S 3 (dort Anm 49).

Hinsichtlich der **Gliederung** der Konzernbilanz und Konzern-GuV können 49
sich bei Anwendung geschäftszweigspezifischer Vorschriften daraus Fragen ergeben, wenn nur einzelne der in den KA einbezogenen Unt Formblätter aufzustellen haben und/oder unterschiedliche Formblätter zur Anwendung gelangen.

Grds hat sich die Gliederung an dem Geschäftszweig auszurichten, der für den KA die größere Bedeutung besitzt. Dies muss nicht in allen Fällen der des MU sein. Ggf sind in entspr Anwendung von § 265 Abs 4 Ergänzungen des Gliederungsschemas zur Berücksichtigung anderer Geschäftszweige erforderlich (ebenso *ADS*[6] § 298 Anm 204f). Durch die Formblatt-VO ergeben sich *beispielsweise* in folgenden Fällen Auswirkungen auf die Gliederung:

- **Fall 1:** MU und die überwiegende Zahl der TU sind Kreditinstitute
  Hier prägt das für das MU geltende Formblatt den KA bzgl Form und Inhalt; die Formblatt-VO hat als Spezialvorschrift sowohl für den JA des MU, als auch für den KA Vorrang vor den allgemeinen Gliederungsvorschriften des HGB.
- **Fall 2:** MU und die überwiegende Zahl der TU sind IndustrieUnt, ein TU ist Kreditinstitut, ein weiteres ist VersicherungsUnt
  In diesem Fall ist eine Ergänzung des allgemeinen Gliederungsschemas des HGB erforderlich, wenn hierauf nicht wegen geringer Bedeutung nach dem Grundsatz der Wesentlichkeit und Wirtschaftlichkeit (§ 297 Anm 195 ff) verzichtet werden kann. Eine Erl im Konzernanhang ist wegen § 265 Abs 4 (Angabe und Begründung einer Gliederungserweiterung beim Bestehen mehrerer Geschäftszweige) erforderlich. Dazu § 265 Anm 11 ff.
- **Fall 3:** MU ist Holdingges, TU sind sowohl IndustrieUnt als auch Kreditinstitute und VersicherungsUnt
  In diesem Fall ist auf das Gliederungsschema, das für den Konzern die größere Bedeutung besitzt, zurückzugreifen und ggf zu ergänzen. Für Holdingges von Formblatt-Unt s auch § 330 Anm 18.

50 Die für inländische Unt geltenden geschäftszweigspezifischen Vorschriften haben auch Bedeutung für in den KA einbezogene **ausländische Gesellschaften,** da eine branchenbedingte Bilanzgliederung nicht vom Sitz des KonzernUnt abhängig sein kann. Analoge Überlegungen müssen auch für geschäftszweigspezifische Bewertungsvorschriften gelten, s *ADS*[6] § 308 Anm 42 und hier § 308 Anm 25f.

IV. Konzernspezifische Vorschriften

51 Die für den JA maßgeblichen Vorschriften sind für den KA nur anzuwenden, soweit sich durch die **Eigenart des Konzernabschlusses** oder durch **besondere Bestimmungen** keine notwendigen Abweichungen ergeben (§ 298 Abs 1).

Zu diesen systembedingten Abweichungen gehören – neben der Nichtanwendung von rechtsformspezifischen Vorschriften (Anm 42 ff) und den Erleichterungen beim Vorratsausweis (Anm 53 ff) – die sich aus den Konzernrechnungslegungsvorschriften ergebenden notwendigen Ergänzungen des Gliederungsschemas um spezielle **konsolidierungstechnische Sonderposten;** s die Schemata in Anm 27 und 40. Dabei handelt es sich um den Unterschiedsbetrag aus der KapKons (§ 301 Abs 3 S 1), den Ausgleichsposten für Anteile anderer Gester (§ 307 Abs 1 S 1), die auf MinderheitsGester entfallenden Ergebnisanteile (§ 307 Abs 2) und den gesonderten Ausweis von Beteiligungen an assozUnt (§ 311 Abs 1 S 1) einschließlich der auf die assoziierten Beteiligungen entfallenden Ergebnisse (§ 312 Abs 4 S 2). Zu den Auswirkungen auf den KA (Erweiterungen des Gliederungsschemas, Erl im Konzernanhang) s auch § 301 Anm 159 ff, § 307 Anm 75 ff, § 311 Anm 25f und § 312 Anm 65 ff.

Zu den systembedingten Abweichungen sind auch die sich auf Grund der **Währungsumrechnung** ausländischer JA ergebenden Auswirkungen zu rechnen, die zB hinsichtlich der sich aus der Umrechnung der Bilanz zum Stichtagskurs ergebenden Unterschiedsbeträge zu einem gesonderten Ausweis unter den Gewinnrücklagen bzw zu einer Verrechnung mit diesen führen können (s *ADS*[6] § 298 Anm 51 sowie *Scherrer,* 207 ff).

Die Literatur zählt mehrheitlich zu den systembedingten Abweichungen auch die aus Konzernsicht vorzunehmenden **Umgliederungen** (oder **Eliminierungen**) von Posten des JA im KA (beispielhaft *ADS*[6] § 298 Anm 162 ff und 180 ff). Hier wird jedoch nicht vom gesetzlichen Gliederungsschema abgewichen, sondern es ergibt sich auf Grund der fiktiven wirtschaftlichen Einheit aller KonzernUnt eine andere Beurteilung einzelner Abschlussposten (zB Rohstoffe im JA können unfertige Erzeugnisse im KA sein). 52

Auch die durch Einbeziehung von Unt mit erheblich voneinander **abweichenden Geschäftszweigen** bedingte Erweiterungen des Gliederungsschemas beruht nicht auf der Eigenart des KA. Diese Notwendigkeit besteht auch für den JA, sofern das bilanzierende Unt in mehreren Geschäftszweigen tätig ist (§ 265 Abs 4).

B. Erleichterungen beim Vorratsausweis (Abs 2)

Nach Abs 1 iVm § 266 Abs 2 B I sind die Vorräte auch in der Konzernbilanz grds zu unterteilen auf: 53

1. Roh-, Hilfs- und Betriebsstoffe;
2. unfertige Erzeugnisse, unfertige Leistungen;
3. fertige Erzeugnisse und Waren;
4. geleistete Anzahlungen.

Abs 2 gestattet die **Zusammenfassung der Vorräte** (beschränkt auf die Unterposten 1 bis 3, Anm 54) in der Konzernbilanz zu einem Posten.

Für die Anwendung dieser Erleichterung ist Voraussetzung, dass die Aufgliederung wegen **besonderer Umstände** mit einem **unverhältnismäßig hohen Aufwand** verbunden wäre.

Fragen der Zuordnung auf die Unterposten 1 bis 3 treten, sofern die Zweckbestimmung der betr VG nicht eindeutig ist, bereits im JA auf (§ 266 Anm 98 f). Die Schwierigkeiten verstärken sich für den KA insb bei **vertikal tief gegliederten Konzernen,** da nach der Fiktion der wirtschaftlichen Einheit des Konzerns (§ 297 Abs 3) die in den JA vorgenommene Untergliederung der Vorräte nicht unverändert in die Konzernbilanz übernommen werden darf (*Scherrer,* 165). Werden zB Erzeugnisse sowohl innerhalb des Konzerns weiterverarbeitet als auch an Dritte veräußert ist eine Aufteilung in unfertige und fertige Erzeugnisse erforderlich. In aller Regel wird als Zuordnungskriterium auf den **häufigsten Bestimmungszweck** abzustellen sein, wobei oftmals Schätzungen unerlässlich sein können. 54

Unter welchen Voraussetzungen die Aufgliederung der Konzernvorräte wegen besonderer Umstände und dem damit verbundenen unverhältnismäßig hohen Aufwand unterbleiben kann, ist gesetzlich nicht festgelegt. Die Erleichterungsmöglichkeit ist jedoch **restriktiv** auszulegen, zumal viele Unt im JA mit den gleichen Problemen konfrontiert sind und sie offenbar lösen (so *WPH* I[12] M 216). Der mit dem Ausweis der Unterposten 1 bis 3 allgemein verbundene Aufwand ist somit nicht ausreichend; es müssen vielmehr besondere Umstände *hinzutreten,* die einen unverhältnismäßigen Aufwand (zeitlich und/oder finanziell) verursachen. Dies kann nur in vertikal tief gegliederten Konzernen mit umfangreichem konzerninternen Lieferungsverkehr der Fall sein, wo selbst mittels Schätzungen Zuordnungen nach dem überwiegenden Verwendungszweck nicht möglich sind. Die Zusammenfassung wird deshalb im Normalfall nicht zulässig sein.

Ein unverhältnismäßig hoher Aufwand ist im Zuge der Konzernrechnungslegung bei den für Vorräte geleisteten **Anzahlungen** nicht denkbar. Damit kommt ihre Zusammenfassung mit den übrigen Vorräten *nicht* in Frage (so auch *WPH* I[12] M 216).

55 Bei der Aufstellung der Konzern-GuV nach dem **Gesamtkostenverfahren** (§ 275 Abs 2) müssen zur Ermittlung der Bestandsveränderung zumindest die am Beginn und am Ende des Gj vorhandenen Konzern-Bestandswerte der fertigen und unfertigen Erzeugnisse festgestellt werden. Da somit wesentliche Teile der Vorräte durch entspr Umgruppierungen aus den Einzelbilanzen ohnehin zu ermitteln sind, kommt beim Gesamtkostenverfahren die Anwendung der Erleichterungsregel allenfalls für eine Aufteilung in Erzeugnisse (fertige und unfertige) und in übrige Vorräte (Roh-, Hilfs- und Betriebsstoffe sowie Waren) in Betracht. Eine vollständige Zusammenfassung der Konzernvorräte ist nur bei Anwendung des **Umsatzkostenverfahrens** (§ 275 Abs 3) denkbar, da in diesem Fall eine Bestandsveränderung nicht zu ermitteln ist (so auch *Albrecht* in BoHdR § 298 Anm 15). Eine Einbeziehung der Bestandsveränderung beim Gesamtkostenverfahren in den Posten „Aufwendungen für Roh-, Hilfs- und Betriebsstoffe und für bezogene Waren" (wegen Anwendung von Abs 2) ist mit den GoB nicht zu vereinbaren (aA *Berndt* in HdKR[2] § 298 Anm 48, als Konsequenz aus einer Zusammenfassung in der Bilanz).

56 Kein Fall des Abs 2 ist die durch **branchenbedingte** Besonderheiten zulässige **Zusammenfassung** der unfertigen und fertigen Erzeugnisse (dazu § 266 Anm 99). Diese aus den GoB entwickelte Möglichkeit für den JA ist auch auf den KA übertragbar.

C. Zusammenfassung von Konzernanhang und Anhang des Mutterunternehmens (Abs 3)

57 Sofern das MU nicht nur einen **Anhang** (für den JA) sondern auch einen **Konzernanhang** zu erstellen hat, sind grds beide für sich vorlage- und offenlegungspflichtig. Abs 3 gestattet die **Zusammenfassung** der beiden Anhänge nur, wenn JA des MU und KA gemeinsam offengelegt werden. Dazu auch § 313 Anm 28.

Eine bestimmte Form ist für die Zusammenfassung nicht vorgeschrieben. Eine Aneinanderreihung von Anhang und Konzernanhang stellt keine Zusammenfassung im engeren Sinne dar; diese kann jedoch entstehen durch Verweisung vom Konzernanhang auf den Anhang (und umgekehrt) zur Vermeidung von Wiederholungen. Der Regelfall der Zusammenfassung dürfte die gemeinsame Erl von Abschlussposten sowie die gemeinsame Darstellung der erforderlichen und ggf freiwilligen Angaben für JA und KA nebeneinander sein. Die gewählte Form muss dem Gebot der **Klarheit** und **Übersichtlichkeit** (§§ 243 Abs 2, 297 Abs 2 S 1) entspr, so auch *WPH* I[12] M 663. Nach dem durch das BilReG geänderten Abs 1 S 3 muss aus dem zusammengefassten Anhang hervorgehen, ob sich die Angaben auf den Konzern oder nur auf das MU beziehen. Dies ist nur eine Klarstellung des bisher schon bestehenden Gebots zur Klarheit und Übersichtlichkeit.

58 Für den **Konzernlagebericht** besteht ebenfalls die Möglichkeit der Zusammenfassung mit dem Lagebericht für den JA, s § 315 Anm 37.

59 Der vor Änderung durch das BilReG gültige Abs 1 S 3 sah im Fall der Zusammenfassung von Konzernanhang und Anhang eines MU auch die Zusammenfassung der **Prüfungsberichte** und **Bestätigungsvermerke** vor. Dies ist auch weiterhin zulässig, nun jedoch nach § 325 Abs 3a S 2 iVm § 325 Abs 2a auch für den Fall, dass KA und JA nach IFRS aufgestellt werden. Durch diesen

weiter gesteckten Kreis von Fallgestaltungen war die Vorschrift des bisherigen Abs 1 S 3 entbehrlich (BegrRegE). Werden der KA nach IFRS und der JA nach HGB aufgestellt, kommt eine Zusammenfassung der Prüfungsberichte und Bestätigungsvermerke (wie auch des Konzernanhangs und des Anhangs des MU) aus Gründen der Klarheit und Übersichtlichkeit nicht in Frage.

D. Verhältnis zum Publizitätsgesetz

Für MU, die nach dem **Publizitätsgesetz** (§ 11) zur Konzernrechnungslegung verpflichtet sind, gilt § 298 bei Aufstellung eines KA sinngemäß (§ 13 Abs 2 S 1 PublG). Näheres in § 290 Anm 100ff. 60

Besonderheiten ergeben sich aus der Möglichkeit der Beibehaltung von abw Gliederungen, soweit diese für den JA des MU zulässig sind (§ 13 Abs 2 S 1 PublG). Bei MU in der Rechtsform einer reinen PersGes darf – wie bei einer KapCoGes, vgl Anm 28 – die Gliederung des EK nach § 264c Abs 2 angewandt werden; s dazu *IDW RS HFA* 7 Zur Rechnungslegung bei Personenhandelsgesellschaften WPg 2002, 1264. Es gibt keinen sachlichen Grund, dass zB ein MU diese Vorschrift nur beim JA zu berücksichtigen hätte. Auch bei nicht unter § 264a fallenden reinen PersGes ist § 264c für den KA zu berücksichtigen.

Darüber hinaus sind nach § 13 Abs 3 S 1 PublG die §§ 279 Abs 1 und 280 nicht unbedingt anzuwenden. Dies bedeutet, dass Bewertungsreserven, die eine reine PersGes insb nach § 253 Abs 4 legen darf, im KA beibehalten werden dürfen und dass Wertaufholungen bei Abschreibungen nach § 253 Abs 2 S 3 oder Abs 3 sowie § 254 S 1 nicht erforderlich sind – es sei denn, es handelt sich um einen befreienden KA und das befreite untere MU hätte die genannten Erleichterungen selbst nicht in Anspruch nehmen dürfen (§ 13 Abs 3 S 3 PublG).

E. Rechtsfolgen einer Verletzung des § 298

Die **strafrechtlichen** Folgen einer Verletzung des Abs 1 sind in § 334 Abs 1 Nr 2b und inhaltsgleich in § 20 Abs 1 Nr 2b PublG geregelt. Danach kann sich eine Ordnungswidrigkeit bei Zuwiderhandlung gegen folgende Vorschriften ergeben: §§ 244 bis 248, 249 Abs 1 S 1, 249 Abs 3, 250 Abs 1 S 1, 250 Abs 2 und 251. Dazu § 334 Anm 12, 35, 27ff. 61

Für Kreditinstitute und VersicherungsUnt sind analoge Bußgeldvorschriften in den §§ 340n und 341n eigenständig geregelt.

Die **zivilrechtlichen** Folgen einer Verletzung von Abs 1 sind die gleichen wie die einer Verletzung von § 297 (dort Anm 216). 62

F. Abweichungen der IFRS

Hinsichtlich der Regelungen des Abs 1 und Abs 3 ergeben sich in diesem Zusammenhang keine Anmerkungen. Unterschiede zu den IFRS, die sich grds sowohl auf einen JA als auch einen KA beziehen, ergeben sich allenfalls bei den Vorschriften, die über Abs 1 für einen KA zur Geltung kommen. Auf die dort gemachten Ausführungen zu den Unterschieden nach IFRS kann deshalb verwiesen werden. Dabei ist jedoch zu beachten, dass die abw Bewertungsgrund- 63 sätze aufgrund der Berücksichtigung von steuerrechtlichen Abschreibungen und Sonderposten auch bei der Aufstellung eines KA nach den Vorschriften des HGB nicht zum Tragen kommen.

64 Bzgl des **Vorratsausweises** kennt IAS 1.68(g) grds nur einen Posten *„Inventories"*. Nach IAS 2.36(b) ist jedoch eine dem Unt bzw Konzern angemessene Aufgliederung erforderlich. Diese umfasst im Regelfall die Posten Handelswaren, Roh-, Hilfs- und Betriebsstoffe, unfertige Erzeugnisse und fertige Erzeugnisse. Nach IAS 2.37 ist bei DienstleistungsUnt eine Bezeichnung der Vorräte als unfertige Leistungen sinnvoll (*Riese* in Beck IFRS § 4 Anm 781). Diese Klassifizierung ist jedoch im Gegensatz zu der nach § 266 nicht bindend (*Jacobs* in Komm IAS[2] 2.88). Von den allgemeinen Grundsätzen hat in diesem Zusammenhang insb die Abwägung von Nutzen und Kosten (Framework 44) eine besondere Bedeutung. Eine Aufgliederung wird danach in all den Fällen unterbleiben können, in denen der damit verbundene Aufwand in keinem angemessenen Verhältnis zur zusätzlich bereitgestellten Information und deren Nutzen für den Informationsempfänger steht. Insofern ist keine Abweichung zur Regelung nach Abs 2 erkennbar.

§ 299 Stichtag für die Aufstellung

(1) **Der Konzernabschluss ist auf den Stichtag des Jahresabschlusses des Mutterunternehmens aufzustellen.**

(2) **[1]Die Jahresabschlüsse der in den Konzernabschluß einbezogenen Unternehmen sollen auf den Stichtag des Konzernabschlusses aufgestellt werden. [2]Liegt der Abschlußstichtag eines Unternehmens um mehr als drei Monate vor dem Stichtag des Konzernabschlusses, so ist dieses Unternehmen auf Grund eines auf den Stichtag und den Zeitraum des Konzernabschlusses aufgestellten Zwischenabschlusses in den Konzernabschluß einzubeziehen.**

(3) **Wird bei abweichenden Abschlußstichtagen ein Unternehmen nicht auf der Grundlage eines auf den Stichtag und den Zeitraum des Konzernabschlusses aufgestellten Zwischenabschlusses in den Konzernabschluß einbezogen, so sind Vorgänge von besonderer Bedeutung für die Vermögens-, Finanz- und Ertragslage eines in den Konzernabschluß einbezogenen Unternehmens, die zwischen dem Abschlußstichtag dieses Unternehmens und dem Abschlußstichtag des Konzernabschlusses eingetreten sind, in der Konzernbilanz und der Konzern-Gewinn- und Verlustrechnung zu berücksichtigen oder im Konzernanhang anzugeben.**

Übersicht

Schrifttum: *HFA 4/1988* Konzernrechnungslegung bei unterschiedlichen Abschlußstichtagen WPg 1988, 682; *Korth/Kasperzak* Konzernrechnungslegung nach HGB, Bielefeld 1999; *Schildbach*[6] Der handelsrechtliche Konzernabschluss nach HGB, IAS und US-GAAP, München 2001; *Küting/Weber*[8] Der Konzernabschluss, Stuttgart 2004; *Baetge/Kirsch/Thiele*[7] Konzernbilanzen, Düsseldorf 2004.

A. Stichtag des Konzernabschlusses (Abs 1)

I. Allgemeines

Der Stichtag für den KA ist eindeutig festgelegt; er entspricht dem Stichtag für den JA des MU. Diese Vorschrift ist für alle nach dem 31. Dezember 2002 beginnenden Konzern-Gj verbindlich (Art 54 EGHGB). Zum Wechsel des KA-Stichtags aufgrund der früher bestehenden Möglichkeit zur Wahl eines vom Stichtag des MU abw Stichtags s Voraufl. 1

II. Konzerngeschäftsjahr

Das Konzern-Gj darf die **Dauer von 12 Monaten** nicht überschreiten. 3
Obwohl eine mit § 240 Abs 2 S 2 vergleichbare Regelung für den KA nicht besteht, ergibt sich dies aus der Identität des Stichtags des MU für den JA und KA. Auch das Konzern-Gj darf damit nicht *auf Dauer* unter 12 Monate betragen. Die nach ausländischem Recht teilweise zulässigen Regelungen von Gj unterschiedlicher Länge (dazu § 240 Anm 61) scheiden somit für den KA aus.

Nachdem bereits für den Stichtag des JA der Grundsatz der Stetigkeit gilt, dh 4
ein Wechsel des Stichtags nur in begründeten Ausnahmefällen zulässig ist, trifft dies auch für den KA zu. Nur eine Änderung des Stichtags für den JA des MU führt zwangsläufig zu einer Änderung des Konzern-Gj mit der Folge eines **Konzern-Rumpfgeschäftsjahrs.** Eine andere Auffassung lassen auch die GoB nicht zu, obwohl ein Konzern-Rumpf-Gj im Hinblick auf die Informationsfunktion des KA (§ 297 Anm 1) wenig Bedeutung besitzen dürfte. Erfolgt zB eine Umstellung des Stichtags des MU vom 31. 12. auf den 31. 3., hat die Rechnungslegung für den 3-Monats-Zeitraum keine nennenswerte Aussagekraft. Hier wäre es sinnvoller, dem KA zum 31. 3. einen Zeitraum von 12 Monaten zugrunde zu legen, zumal damit dann vergleichbare Vj-Zahlen für das folgende Konzern-Gj vorliegen. Diese Konzern-GuV für 12 Monate stellt jedoch nur eine (freiwillige) zusätzliche Information zum die Bilanzidentität beachtenden 3-Monats-Zeitraum dar.

B. Stichtage der Jahresabschlüsse der einbezogenen Unternehmen (Abs 2)

I. Grundsatz (S 1)

10 Nach Abs 2 S 1 sollen die JA der in den KA einbezogenen Unt auf den Stichtag des KA aufgestellt werden. Diese Sollvorschrift trägt dem Umstand Rechnung, dass bei Weltabschlüssen ein einheitlicher Stichtag für alle Konzern-Unt nicht immer sinnvoll ist oder durchgesetzt werden kann. Ein sachlicher Grund für einen abw Stichtag kann zB bei Saisonbetrieben gegeben sein; auch Interessen von MinderheitsGestern kommen ggf als Grund in Frage. Dies gilt auch für die Fälle, bei denen für ein ausländisches TU der Stichtag auf Grund gesetzlicher Regelungen festgelegt ist. Der Frage, ob von einer grds Freiheit bei der Wahl des JA-Stichtags gesprochen werden kann (hM, s zB *ADS*[6] § 299 Anm 18), kommt keine praktische Bedeutung zu, da zur Vermeidung eines erhöhten Arbeitsaufwands und der damit verbundenen zusätzlichen Kosten abw JA-Stichtage bei TU nur dann beibehalten werden, falls sachliche (oder im Ausland gesetzliche) Gründe vorliegen. – Eine Verlegung des Gj im Inland aus Konzerngründen wird steuerrechtlich stets anerkannt (s EStR 25).

II. Aufstellung von Zwischenabschlüssen (S 2)

11 Die Notwendigkeit zur **Aufstellung von Zwischenabschlüssen** bei vom KA-Stichtag abw JA-Stichtagen ergibt sich aus der Fiktion der *wirtschaftlichen Einheit* aller KonzernUnt (§ 297 Abs 3 S 1). Nur durch einen Zwischenabschluss für den Zeitraum des KA ist in diesen Fällen die Betrachtung einer einheitlichen dem KA entspr Periode für alle einbezogenen Unt gewährleistet.

Bei der Aufstellung eines Zwischenabschlusses ist der zugrunde liegende JA (von Sonderfällen wie Umstellung des Konzern-Gj oder erstmaliger Einbeziehung in den KA abgesehen, bei denen auch Zeiträume von unter 12 Monaten entstehen können) um einen Zeitraum zu kürzen und zu ergänzen, da der Zwischenabschluss grds für den Zeitraum des KA aufzustellen ist. ***Beispiel:***

			KA	
	1. 1. 01		bis	31. 12. 01
	JA			
1. 7. 00	bis	30. 6. 01		

In diesem Fall ist die Periode 1. 7. 00 bis 31. 12. 00 aus dem JA zu eliminieren (gehört in das Konzern-Gj 00) und der JA um die Geschäftsvorfälle in der Zeit vom 1. 7. 01 bis 31. 12. 01 zu erweitern.

Liegt der JA-Stichtag um mehr als drei Monate vor dem KA-Stichtag ist die Aufstellung eines Zwischenabschlusses für den Zeitraum des KA zwingend erforderlich. Die mit einem Zwischenabschluss zwangsläufig verbundenen zusätzlichen Kosten (für Aufstellung und Prüfung gem § 317) sind kein Grund, um auf einen Zwischenabschluss bei Einbeziehung des betreffenden TU in den KA verzichten zu können. Diese Kosten sind nur über die Vereinheitlichung der Gj der einbezogenen Unt vermeidbar.

Wegen des nach HGB unter bestimmten zeitlichen Voraussetzungen in *Ausnahmefällen* zulässigen Verzichts auf einen Zwischenabschluss s Anm 19.

Für die Aufstellung von Zwischenabschlüssen gibt es **keine besonderen gesetzlichen Regelungen;** die Konzern-Zwischenabschlüsse gem § 340i Abs 4 iVm § 10 Abs 3 KWG haben eine andere Zielsetzung. Aus den Vorschriften für die Prüfung (§ 317 Abs 2 S 1) ist jedoch abzuleiten, dass auch ein Zwischenabschluss den GoB sowie den für die Übernahme in den KA maßgeblichen Vorschriften entsprechen muss. § 317 Abs 2 S 1 spricht zwar von *Jahres*abschlüssen (und nicht allgemein von Abschlüssen), jedoch ist dieser sprachlichen Differenzierung keine Bedeutung beizumessen: Das HGB stellt bei Einbeziehung von Zwischenabschlüssen (wie auch bei Einbeziehung von Abschlüssen für einen Zeitraum von unter 12 Monaten) keine geringere Forderung an den KA. Dies müsste anderenfalls ausdrücklich geregelt sein. Zwischenabschlüsse sind deshalb keine Abschlüsse minderer Qualität; für sie gelten stets dieselben Rechnungslegungsvorschriften wie für einen einzubeziehenden JA, wobei sich die zulässigen Bilanzierungs- und Bewertungsmethoden gem der §§ 300 und 308 nach dem Recht des MU richten. Zwischenabschlüsse für Zwecke des KA unterliegen einer uneingeschränkten Prüfungspflicht (hM, s zB *WPH* I[12] M 540). 12

Abweichungen gegenüber dem JA gem § 242 ergeben sich allerdings durch die Eigenart eines Zwischenabschlusses sowie im Hinblick darauf, dass er ausschließlich Bedeutung für KonsZwecke besitzt und für den KA der Grundsatz der Wesentlichkeit und Wirtschaftlichkeit (§ 297 Anm 195ff) gilt. Die in DRS 6 (Anm 18) niedergelegten Grundsätze für eine Zwischenberichterstattung hinsichtlich Ansatz und Bewertung lassen sich sinngemäß auch auf Zwischenabschlüsse für einen KA übertragen.

Formell ergeben sich für den Zwischenabschluss Auswirkungen hinsichtlich der **Ableitung aus den Büchern.** Die ordnungsgemäße Entwicklung aus den Büchern und sonstigen Unterlagen wird bei einem Zwischenabschluss im Regelfall anhand statistischer Fortschreibungen *außerhalb* der lfd Buchführung erfolgen. Diese Ableitungen stellen dennoch Bücher iSd HGB dar (hM, s zB *ADS*[6] § 299 Anm 34); aus ihnen muss der Zwischenabschluss in angemessener Zeit von einem Sachverständigen nachvollziehbar sein. Die Ableitung und der Zwischenabschluss selbst sind 10 Jahre aufzubewahren (§ 257 Abs 4 iVm Abs 1 Nr 1). Dem steht auch nicht der Wortlaut des § 257 Abs 1 Nr 1 entgegen: Unter JA sind die Zwischenabschlüsse genauso zu subsumieren wie der Abschluss für ein Rumpf-Gj. Der Zwischenabschluss hat ausschließlich Bedeutung für die Aufstellung des KA. Es bedarf im Gegensatz zum JA **keiner formellen Feststellung** durch die GesOrgane. 13

Für den Nachweis der Vermögens- und Schuldposten gelten die allgemeinen Vorschriften über das Inventar. Die **Vorratsbestände** dürfen somit auch für den Zwischenabschluss nach den Grundsätzen zur permanenten Inventur oder zur vor- bzw nachverlegten Stichtagsinventur ermittelt werden; dabei kann auf die Einhaltung der Fristen des § 241 Abs 3 solange verzichtet werden, wie eine ordnungsgemäße Erfassung der Lagerbestände gesichert ist (ebenso *ADS*[6] § 299 Anm 35). Damit wird im Regelfall eine erneute körperliche Aufnahme entbehrlich. Wegen der ausschließlichen Informationsfunktion des KA und des daraus resultierenden Grundsatzes der Wesentlichkeit und Wirtschaftlichkeit für den KA (§ 297 Anm 195ff) sind bei der Aufstellung von Zwischenabschlüssen pauschalere Schätzgrößen vertretbar als für den JA, insb für Rückstellungen und Abgrenzungsposten (Anm 17). Haben die Vorräte eine besondere Bedeutung für die Aussagefähigkeit des KA, ist bei fehlender Verlässlichkeit der Vorratsfortschreibung aber eine körperliche Aufnahme zum Stichtag des Zwischenabschlusses erforderlich.

14 Unter **materiellem** Aspekt ergeben sich vor allem bei der Berechnung von **ergebnisabhängigen Aufwendungen** (oder Erträgen) besondere Fragen bei der Aufstellung eines Zwischenabschlusses, da sich ihre Höhe *nicht* nach dem im Zwischenabschluss ausgewiesenen Ergebnis richtet. Diese Aufwendungen errechnen sich vielmehr ausschließlich anhand der Ergebnisse der beiden JA, die anteilig in den Zwischenabschluss einbezogen sind. Zur Ermittlung des auf den Zwischenabschluss entfallenden Aufwands sind deshalb Fiktionen unvermeidbar (ebenso *Trützschler* in HdKR[2] § 299 Anm 25), wobei letztlich nur entscheidend ist, dass die Ermittlungsmethode nach dem Grundsatz der Stetigkeit im Zeitablauf beibehalten wird. Die praktische Lösung soll nachfolgend am *Beispiel* der Ertragsteuern verdeutlicht werden.

15 Da für den die erste Teilperiode des Zwischenabschlusses umfassenden JA die **Ertragsteuern** (zumindest in Form einer Eigenberechnung) weitgehend feststehen dürften, können diese entspr dem auf diese Teilperiode entfallenden Ergebnis dem Zwischenabschluss zugerechnet werden. Für die zweite Teilperiode sind die Ertragsteuern anhand des in diesem Zeitraum entstandenen Ergebnisses zu berechnen. Maßgebend sind dabei jeweils die nach steuerrechtlichen Vorschriften ermittelten Ergebnisse.

Bei einer FolgeKons sind die für zurückliegende Zeiträume sich in der Regel ergebenden Unterschiede zwischen Ertragsteuern auf Basis einer Eigenberechnung und deren tatsächlicher Höhe im jeweils aktuellen Zwischenabschluss zu berücksichtigen. Dadurch wird erreicht, dass insgesamt nur die Ertragsteuern ausgewiesen werden, die tatsächlich auch geschuldet werden.

Bei der Ermittlung der Ertragsteuern kann in einzelnen Ländern das Ausschüttungsverhalten von Bedeutung sein. Sofern keine gegenteiligen Erkenntnisse vorliegen, wird man von einer Beibehaltung der in der Vergangenheit ausgeübten Dividendenpolitik ausgehen und unterstellen, dass der Gewinn des Zwischenabschlusses ebenso wie der Gewinn des JA verwendet wird.

Für die Berechnung von **latenten Steuern** nach Maßgaben des § 274 ergeben sich aus einem Zwischenabschluss keine Besonderheiten.

16 Zur Berechnung der einen Zwischenabschluss betr Ertragsteuern bietet sich auch eine fiktive Veranlagung für den Zeitraum des Zwischenabschlusses an. Sofern in späteren Zwischenabschlüssen die Unterschiede zu sich tatsächlich ergebenden Ertragsteuern nicht angepasst werden (was letztlich eine Angleichung an die in Anm 15 beschriebene Ermittlung bedeutet), hat diese Methode den Vorteil, dass das Ergebnis des Zwischenabschlusses und die Ertragsteuern immer in einem angemessenen Verhältnis zueinander stehen. Dadurch können jedoch im KA Steuern ausgewiesen werden, die niemals zu zahlen sind oder es können gezahlte Steuern im KA fehlen. Aus diesem Grund ist uE diese Methode nicht sinnvoll.

17 Zwischenabschlüsse erfordern in der Regel eine Vielzahl **zusätzlicher Abgrenzungen.** Dies gilt vor allem dann, wenn der JA für das Kj aufgestellt wird und der Jahresaufwand nicht kontinuierlich anfällt (zB Versicherungsprämien, Urlaubsgeld, Weihnachtsgeld, Boni). Sofern für Rückstellungen umfangreiche Berechnungen erforderlich sind (zB Pensionen), sind realistische Schätzungen vertretbar (so auch *ADS*[6] § 299 Anm 32).

18 Da auch für die **Gewinnverwendung** der JA und nicht der Zwischenabschluss maßgeblich ist, stellt sich die Frage, von welcher Gewinnverwendung bei der Aufstellung des Zwischenabschlusses auszugehen ist. Es handelt sich dabei lediglich um ein *Ausweisproblem* bzgl der Posten des EK (Rücklagen, Bilanzgewinn, Gewinnvortrag) sowie der korrespondierenden Posten in der GuV. Da alle Annahmen über die Verwendung von dem Teil des Gewinns des Zwischenabschlusses, der noch nicht einem Gewinnverwendungsbeschluss

unterlegen hat, ohnehin Fiktionen sind, erscheint es sinnvoll, die im letzten JA berücksichtigte Gewinnverwendung unverändert in den Zwischenabschluss zu übernehmen (so auch *WPH* I[12] M 549).

III. Verzicht auf die Aufstellung von Zwischenabschlüssen

Unter bestimmten zeitlichen Voraussetzungen darf auf die **Aufstellung eines Zwischenabschlusses verzichtet werden.** Dazu ist nach dem Gesetzeswortlaut das Datum des letzten *vor* dem KA-Stichtag liegenden JA eines TU (ggf auch MU) mit dem Datum des KA zu vergleichen. Der *nach* dem KA-Stichtag liegende JA ist unmaßgeblich, auch da anderenfalls Abs 2 keinen Sinn ergäbe. 19

Ist der einzubeziehende JA auf einen Stichtag aufgestellt, der um nicht mehr als 3 Monate (bei VersicherungsUnt 6 Monate, § 341 i Abs 3 S 2) *vor* dem Stichtag des KA liegt, ist im Umkehrschluss von Abs 2 ein Zwischenabschluss nicht erforderlich. Damit ist geregelt, dass in Bezug auf das Konzern-Gj nur eine Zeitperiode *fehlen* kann, und zwar eine von maximal 3 (bzw 6) Monaten. Statt der fehlenden Zeitperiode enthält der KA aber die Aufwendungen und Erträge aus der entspr Periode des vorangegangenen Konzern-Gj.

Der Verzicht auf die Aufstellung eines Zwischenabschlusses entspricht den internationalen Regeln und ist ausschließlich an die **Einhaltung der zeitlichen Voraussetzungen** (3- bzw 6-Monatsfrist) geknüpft; so auch *Hartle* in Beck HdR C 10 Anm 133 und *ADS*[6] § 299 Anm 57.

Wegen der Gefahr bewusster Vermögensverschiebungen, konsolidierungstechnischer Probleme (wie zB der Behandlung von Unterschieden bei der SchuldenKons) sowie der Schwierigkeit, die Einhaltung der Bestimmungen des Abs 3 (Berücksichtigung oder Angabe von Vorgängen zwischen dem JA-Stichtag und dem Stichtag des KA) zu prüfen, wird eine Kons ohne Zwischenabschluss kritisiert. Dem ist grds zuzustimmen, da die Erfordernisse des Abs 3 (Anm 21 ff) keinen vollwertigen Ersatz für die Aufstellung eines Zwischenabschlusses darstellen.

Die praktische Bedeutung des Verzichts auf einen Zwischenabschluss ist stark eingeschränkt. Dies resultiert zum einen aus den modernen Abrechnungs- und Übermittlungstechniken, die dem zeitlichen Argument (rechtzeitiger Eingang von Abschlussunterlagen der einzubeziehenden TU) den Boden entziehen. Zum anderen sind die Erfordernisse des Abs 3 oft mit erheblichen zusätzlichen Aufwendungen verbunden, so dass die Aufstellung eines Zwischenabschlusses sinnvoller sein kann.

Bei Verzicht auf die Aufstellung eines Zwischenabschlusses kann es durch Umstellung des Gj beim TU bei der Kons im Folgejahr zu folgender Besonderheit kommen: Endete zB das Gj dieses TU bisher 3 Monate vor dem Konzern-Gj und stellt das TU im Folgejahr sein Gj auf das Konzern-Gj um, ist dieses TU zwangsläufig mit einem Zeitraum von 15 Monaten in den KA einzubeziehen; die Aufstellung eines vom Stichtag des KA abw Zwischenabschlusses scheidet aus. Sofern durch die Einbeziehung des über 12 Monate hinausgehenden Zeitraums der Einblick in die VFE-Lage des Konzerns eingeschränkt ist, sind zusätzliche Angaben im Konzernanhang erforderlich. 20

C. Berücksichtigung oder Angabe von Vorgängen von besonderer Bedeutung (Abs 3)

I. Allgemeines

21 Wird zulässigerweise (Anm 19) auf die Aufstellung eines Zwischenabschlusses verzichtet, sind nach Abs 3 Vorgänge von besonderer Bedeutung für die VFE-Lage eines konsolidierten Unt, zwischen den Stichtagen des JA und des KA, entweder in der Konzernbilanz und der Konzern-GuV zu berücksichtigen oder im Konzernanhang anzugeben. Beide Alternativen stehen gleichberechtigt nebeneinander.

Die besonderen Vorgänge können nur **innerhalb der 3-Monatsfrist** (bzw 6-Monatsfrist bei VersicherungsUnt) anfallen. Sie liegen damit *vor* dem KA-Stichtag und unterscheiden sich somit von den Angaben nach § 315 Abs 2 Nr 1.

22 Die Vorgänge beziehen sich nach dem Wortlaut des HGB auf das *einzelne* konsolidierte Unt und nicht auf den (gesamten) KA. Berücksichtigungs- bzw angabepflichtig sind somit *auch* Vorgänge, die für den KA keine wesentliche Bedeutung besitzen, wohl aber für die Darstellung der VFE-Lage des einbezogenen Unt mit abw Stichtag oder – bei Lieferungs- und Leistungsverkehr mit Konzern Unt – eines der übrigen konsolidierten Unt (ebenso *ADS*[6] § 299 Anm 71). Diese Bestimmung, die zu einer beachtlichen Zahl von im KA zu berücksichtigenden Sachverhalten führen kann, erklärt sich mit der Schwierigkeit, dass aus Sicht eines TU die Bedeutung von Geschäftsvorfällen für den KA nicht immer beurteilt werden kann.

Grds denkbar sind auch Vorgänge, die zwar für das einzelne KonzernUnt unbedeutend sind, wohl aber für den KA eine besondere Bedeutung besitzen. Dies könnte bspw bei Bezügen von Vorräten von KonzernUnt im Rahmen des normalen Geschäftsbetriebs der Fall sein, wenn diese Vorräte erhebliche Zwischengewinne enthalten. Diese Vorgänge als nicht berücksichtigungs- oder angabepflichtig zu betrachten, würde dem Sinn und Zweck von Abs 3 widersprechen. Die Erkennung solcher nur aus Sicht des KA bedeutender Vorgänge kann allerdings auf praktische Schwierigkeiten stoßen.

23 Die allgemeine Formulierung des Abs 3 lässt offen, ob jeder *einzelne* Geschäftsvorgang oder die *Gesamtheit* der in Frage kommenden Geschäftsvorgänge von besonderer Bedeutung sein müssen und wie der Begriff der *„besonderen Bedeutung“* zu definieren ist. Das HGB hat bewusst eine flexible Regelung getroffen, die den praktischen Bedürfnissen gerecht wird. Während nach hM die Vorgänge in ihrer Gesamtheit und nicht einzeln zu beurteilen sind, lassen sich allgemeingültige Regeln und Verhältniszahlen für die Frage, ob Vorgänge von besonderer Bedeutung vorliegen, nicht aufstellen. Grds dürfte es sich dabei um solche Vorgänge handeln, über die KapGes nach § 289 Abs 2 Nr 1 (dort Anm 62ff) im Lagebericht zu berichten haben oder die sich auf die VFE-Lage des Konzerns erheblich auswirken würden. Auch erhebliche Abweichungen zwischen den zu konsolidierenden Posten können ein Indiz für zu berücksichtigende oder angabepflichtige Vorgänge sein (so *HFA 4/1988* WPg 1988, 682).

II. Berücksichtigung in der Konzernbilanz und in der Konzern-Gewinn- und Verlustrechnung

24 Eine Berücksichtigung der Vorgänge von besonderer Bedeutung **in der Konzernbilanz und in der Konzern-Gewinn- und Verlustrechnung** bedeutet

deren Berücksichtigung in der für KonsZwecke aufgestellten HB II. Je mehr solche Vorgänge berücksichtigt werden, desto mehr nähert man sich der Aufstellung eines „partiellen" Zwischenabschlusses. Der Unterschied zu einer Kons auf Basis eines Zwischenabschluss besteht dann darin, dass nur die nicht von den Vorgängen betroffenen Posten des JA der KonzernUnt unverändert in die Kons einbezogen werden (*HFA 4/1988* WPg 1988, 683).

Hinsichtlich der zu berücksichtigenden Geschäftsvorgänge ist zu beachten, dass sie sich bei zwei aufeinander folgenden KA auswirken: Sie werden im ersten Jahr im KA berücksichtigt und müssen im Folgejahr aus dem JA des einbezogenen Unt eliminiert werden, um eine nochmalige Erfassung im KA zu verhindern.

25 Bei den Vorgängen von besonderer Bedeutung kann es sich zunächst um **Geschäftsvorgänge mit Dritten** handeln. Fallen die Geschäftsvorgänge im Zeitablauf weitgehend kontinuierlich an, ist ihre Nichtberücksichtigung ohne bedeutenden Einfluss auf die VFE-Lage eines einbezogenen Unt: Abgesehen von dem besonderen Fall einer ErstKons gleichen sich die zusätzlich zu berücksichtigenden Geschäftsvorgänge dann mit den für die vorhergehende Konzernperiode zu eliminierenden Geschäftsvorgänge iW aus. Die Vorgänge sind deshalb überwiegend bei den nicht kontinuierlich anfallenden Geschäften zu suchen. Beispielhaft seien die Veräußerung von Sach- und Finanzanlagen, Werksschließungen und die Abwicklung von einmaligen Großaufträgen genannt, die durch eine Korrekturbuchung auf den Stichtag des KA zu berücksichtigen wären.

Handelt es sich bei den Vorgängen von besonderer Bedeutung um **Geschäftsvorgänge zwischen konsolidierten Unternehmen,** haben sich diese im Regelfall nur in *einem* der einbezogenen JA niedergeschlagen. Wurde etwa eine konzerninterne Verbindlichkeit in dem fraglichen 3-Monats-Zeitraum durch Zahlung ausgeglichen, ist die sich bei der SchuldenKons zwangsläufig ergebende Differenz zB den Bankguthaben oder -verbindlichkeiten zuzuordnen. Werden in dem Zeitraum zwischen JA-Stichtag und KA-Stichtag Vorräte mit Zwischengewinn oder -verlust veräußert, ist die dadurch bedingte Beeinträchtigung der Ertragslage ebenfalls durch Nachbuchungen im Rahmen der Kons zu beseitigen).

26 Entscheidet sich das MU für die Berücksichtigung der besonderen Vorgänge in der Konzernbilanz und Konzern-GuV, kann gleichwohl aus der Generalnorm des § 297 Abs 2 S 2 das Erfordernis *zusätzlicher* Erl im Konzernanhang bestehen. Dies gilt insb auch für den Fall, dass das Wahlrecht bei verschiedenen Vorgängen *unterschiedlich* ausgeübt wird (ebenso *HFA 4/1988* WPg 1988, 683; *ADS*[6] § 299 Anm 77).

III. Angabe im Konzernanhang

27 Wird anstelle der Berücksichtigung der Vorgänge von besonderer Bedeutung in der Konzernbilanz und in der Konzern-GuV die **Angabe im Konzernanhang** gewählt, sind auch hier neben verbalen Ausführungen Betragsangaben erforderlich (ebenso *ADS*[6] § 299 Anm 100). Die Angabe muss inhaltlich einer Berücksichtigung in der Konzernbilanz und Konzern-GuV gleichwertig sein. Eine Vereinfachung kann deshalb darin kaum gesehen werden.

D. Verhältnis zum Publizitätsgesetz

28 § 299 gilt sinngemäß auch für die Konzernrechnungslegung nach dem PublG (§ 13 Abs 2 S 1 PublG). Ist das MU nicht zur Aufstellung eines JA nach den Vorschriften des PublG verpflichtet, ist hier der Abschlussstichtag des *größten*

Unt mit Sitz im Inland maßgeblich (§ 11 Abs 2 S 2 PublG). Der JA-Stichtag des größten inländischen Unt ersetzt damit den Stichtag des MU als KA-Stichtag nach Abs 1.

E. Rechtsfolgen einer Verletzung des § 299

29 Die **strafrechtlichen** Folgen einer Verletzung des § 299 beschränken sich auf § 331 Nr 2 (ggf § 17 Nr 2 PublG). Danach wird bestraft, wer als Mitglied des vertretungsberechtigten Organs oder des Aufsichtsrats einer KapGes (gesetzlicher Vertreter) die Verhältnisse des Konzerns im KA (oder im Konzernlagebericht) unrichtig wiedergibt oder verschleiert. Dazu § 331 Anm 30, 60f und 10ff. IZm dem Abschlussstichtag kommen dabei insb die fehlerhafte Bestimmung des Stichtags sowie Vermögensverschiebungen bei abw Stichtagen und der Verzicht auf einen Zwischenabschluss einschließlich falscher/fehlender Berücksichtigung von Vorgängen oder Angaben nach Abs 3 in Frage.

30 Die **zivilrechtlichen** Folgen einer Verletzung von § 299 sind die gleichen wie die einer Verletzung von § 297; s daher § 297 Anm 216.

F. Abweichungen der IFRS

31 IAS 27.26 regelt den Stichtag für den KA. Dieser ist stets **identisch mit dem Stichtag des Mutterunternehmens.** Dies entspricht damit den Bestimmungen des HGB.

Auch nach IFRS sollen alle einbezogenen Unt einen einheitlichen Abschlussstichtag und -zeitraum aufweisen. Hinsichtlich der Notwendigkeit, diesen Zustand herzustellen, gelten uE die gleichen Überlegungen wie zum KA nach HGB (Anm 10).

32 Bei abw Stichtagen sind grds Zwischenabschlüsse erforderlich. Nur wenn dies nicht praktikabel ist *(„impracticable"),* darf kann auf die Aufstellung eines Zwischenabschlusses verzichtet werden, falls gleichzeitig der Abschlussstichtag des einzubeziehenden Unt um nicht mehr als drei Monate vom Stichtag des KA abweicht. Der Stichtag des KonzernUnt darf dabei um bis zu drei Monate **vor** (so ausschließlich nach HGB) oder **nach** dem Stichtag des KA liegen (*Baetge/Kirsch/Thiele*[7], 156). Durch die Möglichkeit, auch einen bis zu drei Monate nach dem Stichtag des KA endenden JA zu berücksichtigen, wird die Notwendigkeit eines Zwischenabschlusses durch die IAS einerseits abgeschwächt. Andererseits darf jedoch – im Gegensatz zur Bestimmung des HGB – auf einen Zwischenabschluss nur dann verzichtet werden, wenn dessen Aufstellung nicht durchführbar oder wirtschaftlich sinnvoll ist (*Brune/Senger* in Beck IFRS § 15 Anm 98). Dies dürfte vorliegen, wenn die Beschaffung der Daten mit einem unverhältnismäßig hohen Aufwand verbunden ist, wobei zeitliche Datenbeschaffungsprobleme allein nicht ausreichend sind (s *Baetge/Kirsch/Thiele*[7], 155).

33 Weicht der Stichtag eines einbezogenen TU vom KA-Stichtag ab und wurde kein Zwischenabschluss aufgestellt, sind nach IAS 27.27 bei der Aufstellung des KA **Korrekturen** *(„adjustments")* **für wesentliche Geschäftsvorfälle** und andere Ereignisse innerhalb der beiden Abschlussstichtage erforderlich. Hinsichtlich der Wesentlichkeit kommt es dabei auf die kumulative Bedeutung der in Frage kommenden Vorgänge an. Die Korrekturen sind ausschließlich in der Konzernbilanz bzw Konzern-GuV vorzunehmen (*Küting/Weber*[8], 579). Eine Erl in den *notes* ist nicht ausreichend (*Baetge/Kirsch/Thiele*[7], 156).

Vierter Titel. Vollkonsolidierung

§ 300 Konsolidierungsgrundsätze. Vollständigkeitsgebot

(1) [1]**In dem Konzernabschluß ist der Jahresabschluß des Mutterunternehmens mit den Jahresabschlüssen der Tochterunternehmen zusammenzufassen.** [2]**An die Stelle der dem Mutterunternehmen gehörenden Anteile an den einbezogenen Tochterunternehmen treten die Vermögensgegenstände, Schulden, Rechnungsabgrenzungsposten, Bilanzierungshilfen und Sonderposten der Tochterunternehmen, soweit sie nach dem Recht des Mutterunternehmens bilanzierungsfähig sind und die Eigenart des Konzernabschlusses keine Abweichungen bedingt oder in den folgenden Vorschriften nichts anderes bestimmt ist.**

(2) [1]**Die Vermögensgegenstände, Schulden und Rechnungsabgrenzungsposten sowie die Erträge und Aufwendungen der in den Konzernabschluß einbezogenen Unternehmen sind unabhängig von ihrer Berücksichtigung in den Jahresabschlüssen dieser Unternehmen vollständig aufzunehmen, soweit nach dem Recht des Mutterunternehmens nicht ein Bilanzierungsverbot oder ein Bilanzierungswahlrecht besteht.** [2]**Nach dem Recht des Mutterunternehmens zulässige Bilanzierungswahlrechte dürfen im Konzernabschluß unabhängig von ihrer Ausübung in den Jahresabschlüssen der in den Konzernabschluß einbezogenen Unternehmen ausgeübt werden.** [3]**Ansätze, die auf der Anwendung von für Kreditinstitute oder Versicherungsunternehmen wegen der Besonderheiten des Geschäftszweigs geltenden Vorschriften beruhen, dürfen beibehalten werden; auf die Anwendung dieser Ausnahme ist im Konzernanhang hinzuweisen.**

Übersicht

Schrifttum: *Förschle/Kropp* Die Bewertungsstetigkeit im Bilanzrichtlinien-Gesetz ZfB 1986, 873; *HFA 3/1995* Konzernrechnungslegung bei Änderungen des Konsolidierungskreises WPg 1995, 697; *Angermayer/Oser* Die Rechnungslegung im Versicherungskonzern WPg 1996, 457; *Dusemond* Bilanzierung und Bewertung im Konzernabschluss DB 1996, 537; *Bömelburg/Köbrich* Vereinheitlichung im Konzernabschluss auf Ebene der einzubeziehenden Einzelabschlüsse (Handelsbilanzen II) BuW 1996, 725; *Coenenberg*[18] Jahresabschluß und Jahresabschlußanalyse, Landsberg/Lech 2001; *Küting/Weber*[9] Der Konzernabschluss, Stuttgart 2005; *Baetge/Kirsch/Thiele*[7] Konzernbilanzen, Düsseldorf 2004.

A. Allgemeines

1 § 300 ist mit „Konsolidierungsgrundsätze, Vollständigkeitsgebot" überschrieben. Unter KonsGrundsätze werden dabei *Verfahrensregeln* zur Ableitung eines dem Gesetz entspr KA aus den JA verstanden. Sie werden unter dem Begriff **Grundsätze ordnungsmäßiger Konzernrechnungslegung** (GoK) zusammengefasst. Die GoK treten im KA ergänzend neben die GoB (hM zB *ADS*[6] § 297 Anm 31), die im Rahmen der Generalnorm (§ 297 Abs 2 S 2) auch im KA gelten. Die GoK sind entspr der Zielsetzung des KA, der Vermittlung eines zutreffenden Bilds der VFE-Lage der „wirtschaftlichen Einheit Konzern" (§ 297 Anm 190 ff), auf diesen anzuwenden. Es entspricht hM, dass die GoK insb dort heranzuziehen sind, wo die Rechnungslegungsvorschriften lückenhaft sind oder ihr Inhalt auslegungsbedürftig ist (so etwa *Busse von Colbe/Ordelheide*[7], 35 f).

2 Die Überschrift des § 300 ist irreführend, da in § 300 nicht sämtliche kodifizierten KonsGrundsätze, sondern nur die **Konsolidierungsgrundsätze** der **Zusammenfassung der Jahresabschlüsse** der in den KA einbezogenen KonzernUnt (MU und TU) **mittels Vollkonsolidierung,** der **einheitlichen Bilanzierung** und der **Vollständigkeit** angesprochen werden. Weitere KonsGrundsätze sind in folgenden Paragraphen kodifiziert (ähnlich *Trützschler* in HdKR[2] § 300 Anm 2 ff):

- § 294 Abs 1: Vollständigkeit des KonsKreises, s § 294 Anm 5 f,
- § 297 Abs 2: Klarheit und Übersichtlichkeit, s § 297 Anm 180 ff
- § 297 Abs 3 S 1: Fiktion der wirtschaftlichen Einheit des Konzerns, s § 297 Anm 190 ff
- § 297 Abs 3 S 2: Stetigkeit der Konsolidierungsmethoden, s § 297 Anm 200 ff
- § 299 Abs 1: Einheitlicher Abschlussstichtag, s § 299 Anm 10
- § 308 Abs 1: Einheitliche Bewertung, s § 308 Anm 4 ff
- §§ 291 Abs 1, 293: Wirtschaftlichkeit, s § 291 Anm 1 sowie § 293 Anm 3 f, bzw. § 297 Anm 195 ff
- §§ 296 Abs 2, 303 Abs 2: Wesentlichkeit, s § 296 Anm 33 ff sowie § 303 Anm 60 ff

B. Grundsätze der Konsolidierung und der einheitlichen Bilanzierung (Abs 1)

I. Grundsatz der Zusammenfassung der Jahresabschlüsse nach einheitlichem Recht des Mutterunternehmens (Abs 1 S 1 und S 2 1. Halbsatz)

13 **Abs 1 S 1** legt fest, dass die JA des MU und der TU zusammenzufassen sind (**Grundsatz der Zusammenfassung der Jahresabschlüsse** der in den KA einbezogenen KonzernUnt (MU und TU) mittels **Vollkonsolidierung**). Der KA tritt als eigenständiges Informationsinstrument neben die JA der in den KA

einbezogenen Unt (§ 297 Anm 1, *ADS*[6] § 300 Anm 3; *Trützschler* in HdKR[2] § 300 Anm 10).

Gem **Abs 1 S 2** treten in der Konzernbilanz an die Stelle der beim MU bilanzierten Anteile an den einbezogenen TU (hierzu zählen nach hM sämtliche Anteilsrechte unabhängig von der Rechtsform des TU und vom Ausweis in der Bilanz des MU oder eines einbezogenen TU, also auch eigene Anteile des TU, s hierzu auch § 301 Anm 15) die VG, Schulden, RAP, Bilanzierungshilfen und Sonderposten der TU. Diese sind unabhängig von dem Prozentsatz der Beteiligung des MU stets voll in den KA einzubeziehen. Nur bei *Gemeinschaftsunternehmen* ist eine anteilmäßige Bilanzierung im KA erforderlich (§ 310 Anm 6f). Bei *assoziierten Unternehmen* werden die einzelnen VG und Schulden nicht als solche in den KA übernommen. Statt dessen wird das anteilige Reinvermögen des assozUnt in einer statistischen Nebenrechnung mit Konzern-AK/HK bewertet und dieser Reinvermögenssaldo als „Equity-Wert" in den KA übernommen (§§ 311f). 14

Die an die Stelle der beim MU bilanzierten Anteile tretenden Bilanzposten der in den KA einbezogenen TU sind **unabhängig von ihrem Ansatz** in den **Jahresabschlüssen** dieser Unt aufzunehmen, soweit sie „nach dem Recht des MU bilanzierungsfähig" sind (Abs 1 S 2 1. Halbsatz). Die Posten in den JA *dürfen* dabei unverändert in den KA übernommen werden, wenn sie dem Recht des MU entsprechen (zu Ansatzwahlrechten s Anm 50). Soweit die JA von dem Recht des MU abweichen, müssen sie für Zwecke der Kons angepasst werden (teilweise anders für Kreditinstitute und VersicherungsUnt, s Anm 52f).

Müssen, in Ausnahmefällen, zu konsolidierende TU keinen JA aufstellen, ergibt sich aus Abs 1 S 1 keine eigenständige Pflicht zur JA-Erstellung, sondern die jeweiligen Posten dürfen direkt aus der Buchhaltung entnommen werden (ebenso *Trützschler* in HdKR[2] § 300 Anm 12; *ADS*[6] § 300 Anm 4) bzw werden idR im Rahmen der Übermittlung eines sog reporting package an das MU gemeldet.

Es ist nach dem **Recht,** das **für das Mutterunternehmen** gilt, zu bilanzieren. Das Recht des MU ist grds das Konzernbilanzrecht entweder des HGB oder des PublG; für § 300 bestehen keine Unterschiede zwischen beiden Gesetzen, da nach § 13 Abs 2 S 1 PublG § 300 *sinngemäß* anzuwenden ist. Auf gem § 315a verpflichtend (§ 315a Abs 1 und Abs 2) oder freiwillig (§ 315a Abs 3) erstellte IFRS-KA findet § 300 keine Anwendung (zu Abweichungen der IFRS s Anm 60ff). 15

Mit „Bilanzierung" dürfte der **Ansatz** in der Konzernbilanz gemeint sein. Die konzerneinheitliche **Bewertung** ist in § 308 gesondert geregelt und richtet sich allein danach (ebenso *ADS*[6] § 300 Anm 1; *Busse von Colbe* in MünchKomm HGB § 300 Anm 8; *Trützschler* in HdKR[2] § 300 Anm 1f, der § 309 auch noch zu den Bewertungsvorschriften zählt; *WPH*[12] I M 226; aA *Bömelburg/Köbrich* BuW 1996, 726, die auch Bewertungswahlrechte hinzurechnen). Zwar wird in der 7. EG-Richtl nicht nach Bilanzierungs- und Bewertungsmethoden unterschieden, jedoch lässt sich der Vollständigkeitsgrundsatz (Abs 2 S 1) sinnvoll nur auf den *Ansatz* der Abschlussposten beziehen.

Die Forderung nach **Vollständigkeit** des KA lt Abs 2 bezieht sich somit nur auf die Bilanzierung *dem Grunde nach,* dh auf das Mengengerüst der in den KA zu übernehmenden Vermögens- und Schuldposten. Bei der einheitlichen Bewertung wird in § 308 Abs 1 S 1 ausdrücklich auf die nach Abs 2 übernommenen VG und Schulden verwiesen.

Leitgedanke bei der Aufstellung des KA ist die **Einheitstheorie** (§ 297 Abs 3 S 1). Die konzerneinheitliche Bilanzierung kann deshalb nicht über die Anfor- 16 derungen hinausgehen, die auch bei einem einzelnen Unt in dessen JA nach HGB zu beachten wären (so *Begr RegE,* 38).

17 Auch die **GuV** und die **Anhänge** der einbezogenen Unt sind grds nach einheitlichen Regeln zusammenzufassen. Dazu § 298 Anm 57 ff und § 313 Anm 28. Die Erstellung einer/s **Konzern-Kapitalflussrechnung** und **-EK-Spiegels** (§ 297 Abs 1) sowie die ggf freiwillige Erstellung einer **Konzern-Segmentberichterstattung** kann organisatorisch durch Ableitung aus dem KA (Regelfall) oder ebenfalls durch Zusammenfassung bzw Kons dieser Instrumente aus den JA bzw HB II der einbezogenen Unt erfolgen. Im letzten Fall hat die Zusammenfassung ebenfalls nach einheitlichen Regeln zu erfolgen (hierzu auch *Busse von Colbe* in MünchKomm HGB § 300 Anm 3).

18 Die **Abweichungen** vom Recht des MU können dadurch verursacht sein, dass abw rechtsform- oder branchenspezifische Vorschriften den JA zugrunde liegen. Bei ausländischen TU können auch zwingend abw landesrechtliche Rechnungslegungsvorschriften Anpassungen erforderlich machen. Zu Wahlrechten bei Kreditinstituten und VersicherungsUnt s Anm 52 f.

19 Die **einheitlichen** Vorschriften über den **Ansatz** im KA müssen für den JA des den KA aufstellenden MU zulässig sein und außerdem auch für den KA des MU gelten. Für den **Gesamtkonzernabschluss** im **mehrstufigen** Konzern ist das Recht des übergeordneten MU (OberGes), das den (befreienden) Gesamt-KA aufstellt, anzuwenden. Die geforderte Vereinheitlichung würde nicht erreicht, wenn Teile des Konzerns nach abw Recht für eine Zwischenholding bilanzieren würden (ebenso *Begr RegE,* 38).

20 Ist das **Mutterunternehmen eine Kapitalgesellschaft** oder **KapCoGes,** richten sich die Ansätze im KA nach den Vorschriften für den JA großer KapGes (§§ 246 ff iVm § 298 Abs 1). Gleiches gilt auch für Kreditinstitute und VersicherungsUnt, unabhängig von der Rechtsform (§§ 340 i Abs 1 und 2, 341 j Abs 1). Das bedeutet zB für inländische TU in der Rechtsform einer (reinen) PersGes, dass auf Konzernebene ein passiver Posten für Steuerabgrenzung (§ 274 Abs 1) zu bilden ist. Anpassungen an die Ansatzvorschriften des HGB werden insb auch bei den JA ausländischer TU notwendig. Gleiches gilt für die TU in der Rechtsform der KapGes/KapCoGes, die gem §§ 264 Abs 3 und 264 b von der Pflicht der Erstellung eines JA unter Beachtung der Vorschriften für KapGes/KapCoGes (§§ 264 ff) befreit sind. Auch hier ist es für Zwecke der Kons notwendig, die Ansatzvorschriften des MU zu beachten.

21 Die in § 298 Abs 1 aufgeführten *Ansatz*vorschriften sind auch dann anzuwenden, wenn zwar das **Mutterunternehmen,** das einen befreienden KA oder Teil-KA aufstellt, **nicht** die Rechtsform einer **Kapitalgesellschaft/KapCoGes** hat, aber ein von der Pflicht zur Aufstellung eines Teil-KA befreites unteres MU KapGes ist (§ 291 Abs 2 Nr 2, § 13 Abs 3 S 3 PublG; näheres in § 291 Anm 55; *WPH*[12] I M 229, O 75 f). Die Beurteilung der Einbeziehung des zu befreienden MU und seiner TU in den KA des oberen MU erfolgt aus dessen Sicht; Näheres § 291 Anm 15 ff. § 298 Abs 1 ist **entsprechend** auf MU anzuwenden, die nach dem PublG verpflichtet sind, einen KA aufzustellen (§ 13 Abs 2 S 1 PublG, dazu § 290 Anm 100 ff).

II. Überleitung der Handelsbilanz I in die Handelsbilanz II

26 *Vor* den eigentlichen KonsMaßnahmen (Aufrechnung des – neubewerteten – EK gegen den Beteiligungsbuchwert, Schulden- und ZwischenergebnisKons sowie Berechnung der latenten Steuern), sind die in der HB der einbezogenen KonzernUnt enthaltenen Bilanzposten an das Recht für den (ggf befreien-

den) KA des MU anzupassen. Grundlage der Vereinheitlichung auf der Basis des angewandten Rechts des MU im KA sind die JA (ggf auch nach ausländischem Landesrecht) der einbezogenen Unt. Die einzelnen Schritte dieser Anpassungsvorgänge können sein: die Vereinheitlichung der Gliederung, der Bilanzierung und Bewertung einschl Steuerabgrenzung und der Währungsumrechnung bei ausländischen TU. Diese Arbeiten können je TU in Form einer Ergänzungsrechnung, die von einem Konzernbilanzstichtag zum folgenden fortgeschrieben wird, statistisch aufbereitet werden oder Teil einer besonderen Konzernbuchführung sein (ausführlich *WPH*[12] I M 286 ff). Dabei handelt es sich stets um vorbereitende *Änderungen* von JA, nicht schon um KonsMaßnahmen.

Das Ergebnis dieser Anpassungen des Ansatzes, der Bewertung und der Gliederung ist die sog **Handelsbilanz II** (einschließlich GuV II und Anhang II) für jedes TU und für das MU, falls auch bei diesem Anpassungen vorgenommen werden. Die Bilanzanpassungen wirken sich auch auf die Posten in der GuV und auf die Angaben im Anhang aus. **27**

Zweck der **Handelsbilanz II** ist es, einen JA zu erstellen, der unmittelbar den eigentlichen KonsMaßnahmen zugrunde gelegt werden darf (s *WPH*[12] I M 291). Die HB II ist kein vom HGB geforderter JA oder Zwischenabschluss und hat keine Außenwirkung; sie ist lediglich eine **organisatorische Maßnahme**. Sie fasst die Auswirkungen der einheitlichen Bilanzierung, Bewertung und Gliederung sowie ggf die Umrechnung für die Bilanzposten der einzelnen TU zusammen; auch diese Unterlagen sind 10 Jahre aufzubewahren (§ 257 Abs 1 Nr 1 „sonstige Organisationsunterlagen", s dort Anm 13). **28**

Rückstellungen für ungewisse Verbindlichkeiten (zB für Garantieverpflichtungen) oder Rückstellungen für drohende Verluste aus schwebenden Geschäften **gegenüber** anderen **einbezogenen Unternehmen** sind ebenfalls in die HB II aufzunehmen. Diese Posten sind dann im Rahmen der SchuldenKons aufzurechnen (näheres § 303 Anm 22, 24). Dies gilt auch für andere Schulden sowie Beteiligungsbuchwerte, Forderungen und RAP, die in den HB II enthalten sind, wenn diese nach den §§ 301 bis 305 zu konsolidieren sind. **29**

Die **Neubewertung** der VG und Schulden bei der **Kapitalkonsolidierung** nach der Erwerbsmethode (§ 301) ist ein der Kapitalaufrechnung vorgelagerter besonderer Schritt und sollte einer gesonderten **Ergänzungsrechnung** vorbehalten sein. Aus Vereinfachungsgründen kann es in weniger bedeutenden Fällen jedoch sinnvoll sein, auch die Neubewertung der VG und Schulden nach § 301 bereits in die HB II einzubeziehen (ablehnend *WPH*[12] I M 295). **30**

Die notwendigen Anpassungen an die einheitlichen Gliederungs-, Bilanzierungs- und Bewertungsvorschriften und die Maßnahmen zur Neubewertung können sich zwar überschneiden, sie sind jedoch auch im Hinblick auf die erforderliche Steuerabgrenzung getrennt festzuhalten. Latente Steuern auf Ergebnisdifferenzen aus der einheitlichen Bilanzierung und Bewertung sind nach § 274 abzugrenzen, während § 306 auf Ergebnisauswirkungen aus KonsVorgängen beschränkt ist (§ 306 Anm 3 ff). Zur Abgrenzung latenter Steuern im Rahmen der ErstKons s § 301 Anm 81 f.

Die HB II darf zusammen mit der notwendigen Ergänzungsrechnung/Konzernbuchführung **dezentral** oder auch in der **Konzernzentrale** aufgestellt werden. Dies hängt von der Konzernorganisation ab. Die Anpassungs-/Buchungsvorgänge, die zur HB II führen, müssen hinreichend dokumentiert sein (*ADS*[6] Vorbem zu §§ 290–315 Anm 44; *WPH*[12] I M 294). Die Dokumentation *sollte* den Anforderungen entsprechen, die auch an die zugrundeliegende HB I des jeweiligen KonzernUnt gestellt werden. **31**

32 Der HB II eines MU oder TU kommt **keine rechtliche Wirkung für das Einzelunternehmen** oder den Konzern zu. Sie wird weder der Gewinnausschüttung noch der Besteuerung oder Haftung zugrunde gelegt. Die HB II ist auch nicht festzustellen, zu billigen oder offen zu legen (*WPH*[12] I M 291). Zur Bedeutung des in der HB II ausgewiesenen Ergebnisses für die Berechnung des Minderheitenanteils s § 307 Anm 80 ff.

33 Sieht man von Umgliederungen ab, sind die Abweichungen in der HB II ggü der HB I **ergebniswirksam.** Ebenso wie alle bei der Kons entstehenden Ergebnisveränderungen müssen die Anpassungen in den Folgeperioden *einzeln* weiter entwickelt werden. Nur der Saldo der Veränderungen aller Ergebnisabweichungen ggü der Vorperiode geht in das Jahresergebnis ein. Die Nachholungen der ergebniswirksamen Anpassungen der Vj erfolgt gegen den Ergebnisvortrag. Die Steuerabgrenzungen sind dem veränderten Ergebnis anzupassen (§ 298 Abs 1 iVm § 274). Im Jahr einer erstmaligen Anwendung des § 300 werden die bei einzubeziehenden TU aufgrund der Anpassung an konzerneinheitliche Bilanzierungs- und Bewertungsmethoden vorzunehmenden Anpassungsbuchungen im KA automatisch erfolgsneutral erfasst, da sie beim TU quasi in einer logischen Sekunde vor der Einbeziehung in den KA erfolgen und insofern bereits das zu konsolidierende EK des TU verändert haben.

34 Die **Prüfung des KA** (oder Teil-KA) hat sich auch auf die HB II der TU zu erstrecken (dazu § 317 Anm 35 ff). Sie erfolgt in Abhängigkeit von der Erstellung der HB II (s Anm 31) durch den Konzern-AP oder den AP vor Ort (§ 317 Abs 3).

III. Ausnahmen von der einheitlichen Bilanzierung (Abs 1 S 2 2. Halbsatz)

39 Die VG, Schulden und RAP der in den KA einbezogenen Unt dürfen über die in Anm 13 ff (Zusammenfassung der JA) genannten Anpassungen hinaus nur insoweit in den KA aufgenommen werden, als die Eigenart des KA keine Abweichungen bedingt *oder* in den Vorschriften über die Kapital-, Schulden-, Zwischenergebnis- und Aufwands- und ErtragsKons sowie für die Steuerabgrenzung nichts anderes bestimmt ist (Abs 1 S 2 2. Halbsatz).

Immaterielle Vermögensgegenstände des Anlagevermögens, die ein einbezogenes Unt herstellt und ein anderes einbezogenes Unt erwirbt, sind nur im JA zu aktivieren. Aus der Sicht des Konzerns als fiktiv rechtlich einheitlichem Unt sind diese immateriellen VG selbst erstellt und dürfen daher aufgrund des Aktivierungsverbots des § 248 Abs 2 im KA nicht aktiviert werden (§§ 297 Abs 3, 300 Abs 1 S 2 iVm § 248 Abs 2; hM zB *ADS*[6] § 300 Anm 15). So darf zB das selbsterstellte Patent eines TU, das an ein anderes einbezogenes Unt veräußert worden ist, in der Konzernbilanz nicht aktiviert werden. Es ist im Jahr des Erwerbs im Rahmen der ZwischenergebnisKons zu Lasten des Ergebnisses zu verrechnen. Ebenso müssen die künftigen Abschreibungen auf diese Posten aus der GuV eliminiert werden. Das Bilanzierungsverbot für **Forschungs- und Entwicklungskosten** darf auf diese Weise im KA nicht umgangen werden.

40 Etwas anderes gilt für immaterielle VG des Anlagevermögens, die von einem TU erworben oder **selbst erstellt** wurden, *bevor es erstmals* in den KA einbezogen wurde. Diese sind, soweit nicht schon im JA Aktivierungspflicht besteht (entgeltlicher Erwerb) im Rahmen der Erwerbsbilanzierung (§ 301) mit ihrem beizulegendem Zeitwert anzusetzen. Im Gegensatz zu konzerninternen Lfg und Leistungen handelt es sich hier um einen Erwerb von unabhängigen Dritten

(§ 301 Anm 66; *ADS*[6] § 301 Anm 79ff; *Weber/Zündorf* in HdKR[2] § 301 Anm 76). Nach der Erwerbsmethode liegt hier eine Anschaffung des Konzerns und kein selbst hergestellter Gegenstand vor (ebenso *Dusemond* DB 1996, 538; DRS 4.18). Aber auch im ErstKonsZeitpunkt dürfen nur solche VG, Schulden, RAP, Bilanzierungshilfen und Sonderposten in der Konzernbilanz angesetzt werden, die „nach dem Recht des MU" bilanzierungs*fähig* sind. Sofern in den JA ausländischer TU Posten aktiviert sind, für die nach dem Recht des MU ein Bilanzierungsverbot besteht, sind diese im Rahmen der Überleitung des landesrechtlichen JA auf die HB II zu eliminieren (so auch *Busse von Colbe* in MünchKomm HGB § 300 Anm 9).

Forderungen, Schulden, Rechnungsabgrenzungsposten, Beteiligungsbuchwerte und **Jahresergebnisse** erscheinen ggü den HB II in der Konzernbilanz nicht mehr, *soweit* diese nach den §§ 301 bis 305 zu konsolidieren sind. Posten der Steuerabgrenzung und ein Ausgleichsposten für Anteile anderer Gester können neu aufzunehmen sein (§ 306 Anm 37). 41

Zu weiteren Abweichungen von der einheitlichen Bilanzierung für branchentypische Posten von Kreditinstituten und VersicherungsUnt gem Abs 2 S 3s Anm 52f. 42

C. Grundsätze der Vollständigkeit des Konzernabschlusses und der Unabhängigkeit der Konzernbilanzierung (Abs 2)

I. Vollständigkeit und Unabhängigkeit (Abs 2 S 1)

Abs 2 S 1 verlangt die **vollständige Übernahme** aller Bilanz- und Erfolgsposten der einbezogenen KonzernUnt, soweit sie nach dem Recht des MU (s Anm 15) bilanzierungs*pflichtig* sind (s auch DRS 4.17f). Obwohl nicht explizit genannt, gehören hierzu auch nach § 251 iVm § 298 Abs 1 auszuweisende Haftungsverhältnisse (*ADS*[6] § 300 Anm 9; *Trützschler* in HdKR[2] § 300 Anm 23). Bilanzierungshilfen und Sonderposten sind hier nicht aufgeführt, weil ihr Ansatz im Ermessen des Bilanzierenden steht (so auch Begr RegE, 38). Unter den Grundsatz der Vollständigkeit fällt auch, dass sämtliche KonzernUnt in den KA einzubeziehen sind (§ 294 Abs 1). 43

Der Grundsatz der **Unabhängigkeit der Konzernbilanzierung** von der Bilanzierung im JA der einbezogenen TU und ggf im JA des MU bedeutet, dass nach dem Recht dieses MU zulässige Bilanzierungswahlrechte im KA unabhängig von ihrer Ausübung in den JA der einbezogenen Unt *neu ausgeübt* werden dürfen (Abs 2 S 2) und zwar auch dann, wenn MU und alle TU inländische KapGes/KapCoGes sind. Das bedeutet aber auch, dass für einen KA ausländische TU die Ansatzvorschriften der §§ 246ff zu beachten haben. Darüber hinaus müssen reine PersGes, die in einen KA mit einem MU in der Rechtsform der KapGes einbezogen werden, auch die ergänzenden, für KapGes geltenden Ansatzvorschriften der §§ 264ff beachten. Die von **einem TU zu beachtenden Ansatzvorschriften** ergeben sich somit wie folgt:

Ansatzgebote des MU	Ansatzverbote des MU	Ansatzwahlrechte des MU
§ 246 Abs 1: VG, Schulden, RAP, Aufwendungen und Erträge	§ 248 Abs 1: Gründungs-/EK-Beschaffungskosten	§ 249 Abs 1 iVm Art 28 EGHGB: Rückstellungen für unmittelbare Pensionszusagen, die vor dem 1. 1. 1987 erteilt wurden und Rückstellungen für mittelbare Pensionszusagen und für ähnliche Verpflichtungen (das Ansatzwahlrecht gilt im Rahmen der ErstKons jedoch nur für beim MU nicht passivierte Zusagen sowie für bestimmte Erhöhungen im Rahmen der FolgeKons, s hierzu genauer Anm 50)
§ 249 Abs 1 S 1: Verbindlichkeits- und Drohverlustrückstellungen	§ 248 Abs 2: Nicht entgeltlich erworbene immaterielle VG des Anlagevermögens	§ 249 Abs 1 S 3: Rückstellungen für unterlassene Reparaturen, sowie sie später als drei Monate nach dem Bilanzstichtag, aber noch im folgenden Gj nachgeholt werden
§ 249 Abs 1 S 2 Nr 1: Rückstellungen für im Gj unterlassene Instandhaltung (Nachholfrist: 3 Monate) und für Aufwendungen für Abraumbeseitigungen (Nachholfrist: 1 Jahr)	§ 248 Abs. 3: Aufwendungen für den Abschluss von Versicherungsverträgen	§ 249 Abs 2: sonstige Aufwandsrückstellungen
§ 249 Abs 1 S 1: Kulanzrückstellungen	Sonderposten mit Rücklageanteil (aufgrund Streichung des Verweises in § 298 Abs 1 auf §§ 247 Abs 3, 273 durch das TransPuG)	§ 250 Abs 1 S 2: Zölle und Verbrauchsteuern auf auszuweisende Gegenstände des Vorratsvermögens, Umsatzsteuer auf auszuweisende oder von den Vorräten offen abgesetzte Anzahlungen
§§ 250 Abs 1 S 1, Abs 2 iVm 246 Abs 1: aktive und passive Rechnungsabgrenzungsposten	§ 249 Abs 3: Rückstellungen außerhalb von § 249 Abs 1 und 2	§ 250 Abs 3: Disagio
§ 251 iVm § 298 Abs 1: Haftungsverhältnisse		§ 255 Abs 4: derivativer GFW
§ 274 Abs 1: Passive latente Steuern		§ 269: Aufwendungen für die Ingangsetzung und Erweiterung des Geschäftsbetriebs
		§ 274 Abs 2: Abgrenzungsposten für aktive latente Steuern
		Art 53 Abs 2 EGHGB: Ausgleichsbetrag nach dem Altfahrzeug-Gesetz

II. Unterjährige Änderungen des Konsolidierungskreises

Die Vorschrift, alle Aufwendungen und Erträge der in den KA einbezogenen Unt **vollständig** aufzunehmen, kann sich iSd Einheitstheorie nur auf die während der Konzernzugehörigkeit entstandenen Aufwendungen und Erträge erstrecken. Im Umkehrschluss ergibt sich hieraus ein **Aufnahmeverbot** für solche Aufwendungen und Erträge, die vor oder nach der Konzernzugehörigkeit entstanden sind. Dieses Aufnahmeverbot betrifft jedoch nur die Aufwendungen und Erträge, die bei den in den KA aufzunehmenden TU entstanden sind, nicht hingegen diejenigen des MU. 44

ISd der Konzernrechnungslegung zugrunde liegenden Einheitstheorie (§ 297 Abs 3 S 1), nach der die VFE-Lage des Konzerns so darzustellen ist, als ob die einbezogenen Unt ein rechtlich einheitliches Unt bilden würden, entspricht dem unterjährigen Erwerb eines TU auf JA-Ebene die unterjährige Anwachsung einer PersGes. Wie im Falle der Anwachsung, bei der nach allg handelsrechtlichen Grundsätzen die angewachsenen VG und Schulden sowie die damit korrespondierenden Erträge und Aufwendungen ab dem Zeitpunkt des rechtlichen Eigentums auf die übernehmende Ges übergehen, sind somit auch bei einem unterjährigen Erwerb die Erträge und Aufwendungen des/der entspr TU erst ab Kaufzeitpunkt im KA auszuweisen.

Wird für die einzubeziehenden TU ein **Zwischenabschluss** auf den Zeitpunkt des Beginns bzw Endes der Konzernzugehörigkeit erstellt oder liegen verlässliche Monats-/Quartalsabschlüsse vor, die zeitnah zum Erwerbszeitpunkt aufgestellt wurden, kann die Zuordnung der Aufwendungen und Erträge auf die Zeit vor und während bzw nach der Konzernzugehörigkeit unzweifelhaft erfolgen. Wird hingegen, wie in der Praxis üblich, von der Erstellung eines Zwischenabschlusses abgesehen, dürfen die Aufwendungen und Erträge ersatzweise **statistisch** aufgeteilt werden (hierzu *St HFA 1995/3* Abschn II 2). 45

Sofern es sich um einen **gleich bleibenden Geschäftsverlauf** handelt, darf die statistische Aufteilung **zeitanteilig** (pro rata temporis) vorgenommen werden. Hiervon abw Geschäftsverläufe, insb saisonale Entwicklungen sind jedoch – unter Beachtung des Wesentlichkeitsgrundsatzes – im Rahmen der Zuordnung zwingend zu berücksichtigen, um eine ansonsten ggf entstehende Verzerrung der Ertragslage zu vermeiden. Dies kann durch eine entspr gewichtete Aufteilung erfolgen, wobei darauf zu achten ist, dass Aufwands- und Ertragsarten, die Fixkostencharakter haben (zB Personalaufwand, Zinserträge, nicht leistungsabhängige Abschreibungen) weiterhin zeitproportional anzusetzen sind. Das durch Zuordnung von Aufwendungen und Erträgen ermittelte Ergebnis geht als anteiliges Konzernergebnis in den KA ein. Der restliche Betrag ist als Bestandteil des erworbenen EK der KapKons zugrunde zu legen und insofern mit den AK zu verrechnen. 46

Wird für Zwecke der KapKons von TU, die im Verlauf des Konzern-Gj erworben wurden und im Erwerbsjahr auch bereits vollkonsolidiert werden, von dem Wahlrecht, die ErstKons abw vom Beginn der Konzernzugehörigkeit auf den Zeitpunkt der erstmaligen Einbeziehung des TU in den KA (Konzernbilanzstichtag) zu legen, Gebrauch gemacht, wird das gesamte Jahresergebnis im Rahmen der KapKons verrechnet. Da das Jahresergebnis insofern als erworben angesehen wird und somit kein Bestandteil des Konzernergebnisses sein kann, sind die in die Konzern-GuV einfließenden Aufwendungen und Erträge durch Einstellung eines **Ausgleichspostens** in die sonstigen betrieblichen Erträge/Aufwendungen zu neutralisieren (s hierzu *St/HFA 1995/3* Abschn II 2). Diese Korrektur erfolgt netto, dh das Jahresergebnis als solches wird neutralisiert und nicht die einzelnen Aufwendungen und Erträge. Erfolgt die ErstKons nicht im Erwerbsjahr, sondern in einer späteren Periode, so sind der KapKons die Wertverhältnisse zu Beginn des jeweiligen Konzern-Gj zugrunde zu legen (s zur Thematik des Zeitpunkts der erstmaligen Einbeziehung auch § 301 Anm 151 ff).

Fraglich ist die Vorgehensweise bei **Verschmelzungen.** Sofern ein TU unterjährig erworben und rückwirkend zB auf den Beginn des Konzern-Gj auf das MU verschmolzen wird, besteht nach § 24 UmwG das Wahlrecht, die Buchwerte aus dem JA des TU sowie sämtliche Erträge und Aufwendungen des TU ab dem Verschmelzungsstichtag (s hierzu *St/HFA 2/1997* Abschn 22) in den JA des MU zu übernehmen.

Für Zwecke des KA hat jedoch gem DRS 4.1 c) auch im Falle eines UntErwerbs durch Verschmelzung eine Erstkons auf den unterjährigen Erwerbszeitpunkt zu erfolgen. Dies hat neben einer entspr Korrektur des Wertansatzes der VG und Schulden (Aufdeckung stiller Reserven und Lasten) sowie eines ggf notwendigen Ansatzes eines (negativen) GFW auch zur Folge, dass das bis zum Erwerbszeitpunkt entstandene anteilige Jahresergebnis des TU als Bestandteil des erworbenen EK der KapKons zugrunde zu legen ist.

Abw von der Regelung des DRS 4 erscheint es jedoch uE aus folgenden Gründen auch zulässig, die im JA des MU vorgenommene Buchwertfortführung sowie die Aufnahme der vor dem Erwerbszeitpunkt entstandenen Aufwendungen und Erträge in den KA zu übernehmen:

- § 24 UmwG stellt eine Spezialregelung dar, die ausdrücklich – entgegen den allgemeinen Grundsätzen – eine Buchwertübernahme gestattet. Dabei unterscheidet der Gesetzeswortlaut nicht zwischen JA und KA, sondern spricht neutral von Jahresbilanzen, worunter auch die Konzernbilanz verstanden werden könnte.
- Die rückwirkende Übernahme der Aufwendungen und Erträge des TU ab dem Verschmelzungsstichtag beruht ebenfalls auf einer Spezialregelung des § 5 Abs 1 Nr 6 UmwG, wonach Handlungen des übertragenden Rechtsträgers ab dem Verschmelzungsstichtag als für Rechnung des übernehmenden Rechtsträgers vorgenommen gelten.
- Da am Konzernbilanzstichtag keine Beteiligung mehr besteht und der Ausweis der Buchwerte im JA des MU ausdrücklich zugelassen wird, kann die Beibehaltung der Buchwerte als zulässiges Bewertungswahlrecht iSd § 308 Abs 1 gesehen werden.
- Sofern das MU vor der Verschmelzung nicht zunächst Anteile am TU erwirbt, sondern ein bisher fremdes Unt direkt im Tausch gegen die Gewährung von GesRechten auf das MU verschmolzen wird, ist es zulässig, zur Abbildung der Verschmelzung im KA die Methode der Interessenzusammenführung heranzuziehen, sofern die sonstigen Voraussetzungen des § 302 erfüllt sind (s § 302 Anm 10 ff).

Sofern eine nach § 24 UmwG vorgenommene Buchwertfortführung in den KA übernommen wird und auf Konzernebene nicht durch § 302 gerechtfertigt werden kann, ist hierüber jedoch zwingend im Prüfungsbericht als Abweichung von DRS 4 zu berichten (s auch § 342 Anm 9).

47 Wurde ein TU in früheren Jahren (zB gem §§ 295, 296) nicht nach der Methode der VollKons in den KA einbezogen und soll nun erstmals vollkonsolidiert werden (zB aufgrund der Aufhebung des § 295 durch das BilReG), erscheint es sinnvoll, den **Zeitpunkt der Erstkonsolidierung** auf den Zeitpunkt des Wegfalls der die Anwendung des § 296 begründenden Einschränkungen zu legen. Gleiches gilt für ein bisher quotal einbezogenes GemUnt, das erstmals vollkonsolidiert wird. Hier ist die ErstKons auf den Zeitpunkt vorzunehmen, an dem das Unt ein TU iSd § 290 geworden ist. Sie kann nur den Anteil umfassen, der im Rahmen der quotalen Einbeziehung keine Berücksichtigung gefunden hat.

48 Eine Besonderheit ergibt sich bei **sukzessiven Anteilserwerben.** Sofern die Konzernzugehörigkeit im Laufe des Konzern-Gj durch sukzessiven Anteilserwerb begründet wird, darf gem § 301 Abs 2 die ErstKons auf die jeweiligen Erwerbszeitpunkte vorgenommen werden. In diesem Fall wird das anteilige Jahresergebnis, das auf den bzw die Zeiträume zwischen dem Erwerbszeitpunkt einzelner Tranchen und den Beginn der Konzernzugehörigkeit entfällt, weder in die KapKons einbezogen, noch schlägt es sich über die Einbeziehung der Aufwendungen und Erträge in der Konzern-GuV nieder. Es ist deshalb als Beteiligungsergebnis in der Konzern-GuV zusätzlich zu berücksichtigen.

Beispiel 1: sukzessiver Anteilserwerb innerhalb eines Konzern-Gj

- Erwerb einer 20%-Beteiligung an A per 28. 2. X1;
  Ergebnis von A bis zu diesem Zeitpunkt: 20 GE
- Erwerb der restlichen Anteile (80%) an A per 30. 6. X1;
  Ergebnis von A bis zu diesem Zeitpunkt: 60 GE
- Jahresüberschuss A am 31. 12. X1: 90 GE

Annahmegemäß soll es sich bei der Beteiligung nicht um ein assozUnt handeln, so dass ein Ansatz im KA zu AK erfolgt.

Für die Aufrechnung des EK sollen die Wertansätze zum jeweiligen Erwerbszeitpunkt der Anteile zugrunde gelegt werden (Wahlrecht des § 301 Abs 2).

Der KapKons zum 28. 2. X1 ist das zu diesem Zeitpunkt bestehende EK (inklusive des bis dahin erwirtschafteten Ergebnisses) zugrunde zu legen. Insofern wird ein Ergebnisanteil von 20% × 20 GE = 4 GE innerhalb der KapKons der ersten 20% verrechnet. Gleichermaßen erfolgt das Vorgehen zum zweiten Erwerbszeitpunkt, so dass hier ein Ergebnisbestandteil von 80% × 60 GE = 48 GE verrechnet wird. Der auf den Zeitraum zwischen dem 28. 2. X1 und dem 30. 6. X1 auf die 20%-Beteiligung entfallende Ergebnisbestandteil (20% × 40 GE = 8 GE) ist zusätzlich als Beteiligungsertrag in der Konzern-GuV auszuweisen. Dies hat zur Folge, dass Beteiligungserträge in der Höhe im KA ausgewiesen werden, wie sie bei zuvoriger Erfassung des BetUnt mittels der EquityKons auch ausgewiesen worden wären.

Die GuV des Gj X1 enthält somit folgende Aufwendungen bzw Erträge:

- 100% Aufwendungen und Erträge für den Zeitraum vom 1. 7. X1 bis 31. 12. X1, per Saldo also Jahresergebnis: 30 GE
- Anteiliges, auf den ersten Erwerb entfallendes Ergebnis für den Zeitraum vom 1. 3. X1 bis 30.6.X1 (als Beteiligungsertrag erfasst): 8 GE

Beispiel 2: sukzessiver Anteilserwerb innerhalb zweier aufeinander folgender Konzern-Gj

Abw zu Beispiel 1 soll der Erwerb des 20% Anteils bereits am 30. 9. X0 erfolgt sein ((Jahres)Überschuss zu diesem Zeitpunkt 30 GE, gesamter Jahresüberschuss in X0: 40 GE).

Wird die Kapitalaufrechnung auf Basis der Wertverhältnisse im Erwerbszeitpunkt (gem § 301 Abs 2) vorgenommen, dann wird das anteilige auf die ersten 20% entfallende Jahresergebnis X0 (1. 10. X0–31. 12. X0), das im JA des TU im Ergebnisvortrag enthalten ist, nicht konsolidiert, sondern erhöht automatisch den Ergebnisvortrag. Es ist aber auch zulässig, dieses anteilige Ergebnis ergebniswirksam im Gj X1 als Beteiligungsertrag zu vereinnahmen (per Ergebnisvortrag an Beteiligungsertrag 20% × 10 GE = 2 GE). Soweit es sich um wesentliche Beträge handelt, ist eine Angabe im Konzernanhang gem § 277 Abs 4 S 3 iVm § 298 Abs 1 erforderlich.

In die GuV des Konzern-Gj X1 sind in diesem Fall folgende Ergebnisbestandteile einzubeziehen:

- 100% Ergebnis für den Zeitraum vom 1. 7. X1 bis 31. 12. X1: 30 GE
- Anteiliges, auf den ersten Erwerb entfallendes Ergebnis für den Zeitraum vom 1. 1. X1 bis 30. 6. X1 (20% von 60 GE, als Beteiligungsertrag erfasst): 12 GE

49 Ein Verzicht auf eine Aufteilung erscheint bei **Unwesentlichkeit** zulässig. In einem solchen Fall ist es vertretbar, je nach dem Zeitraum der Konzernzugehö-

rigkeit die Aufwendungen und Erträge komplett in die KapKons einzubeziehen bzw auf deren Einbeziehung ganz zu verzichten. Im Falle der EndKons gilt ggf als weitere Ausnahme die **Nichtverfügbarkeit** der notwendigen **Informationen,** vgl § 301 Anm 251. In diesem Fall ist jedoch in Fällen von Bedeutung zwingend auf die Tatsache der unterlassenen Einbeziehung im Konzernanhang hinzuweisen (s zur Thematik der Nichtaufteilung von Aufwendungen und Erträgen *St HFA 1995/3* Abschn II 3).

III. Bilanzierungswahlrechte (Abs 2 S 2)

50 **Ansatzwahlrechte** dürfen nicht nur für alle TU, sondern auch für das MU *neu ausgeübt* werden. So darf etwa das MU, das in seinem JA einen entgeltlich erworbenen GFW aktiviert, für den KA die Aktivierung rückgängig machen. An die Ausübung der Wahlrechte sind keine strengeren Maßstäbe anzulegen als für den JA (ebenso *Begr RegE,* 38). Ansatzwahlrechte brauchen nach überwiegender Auffassung im JA **nicht einheitlich ausgeübt** zu werden (dazu § 246 Anm 85ff); gleiches gilt für den KA. Dies gilt zB für die Wahlrechte der Aktivierung eines GFW, die Aufwendungen für die Ingangsetzung und Erweiterung des Geschäftsbetriebs oder eines Disagios und für die Passivierung bestimmter Arten von Instandhaltungsrückstellungen, Großreparaturrückstellungen sowie für bestimmte aktive RAP. Das Wahlrecht des Art 28 Abs 1 EGHGB zur Nichtpassivierung von Alt-Pensionsverpflichtungen gilt jedoch im KA nur für beim MU nicht passivierte Zusagen. Die bei erworbenen TU ggf nicht passivierten Alt-Pensionsverpflichtungen sind aus Konzernsicht einzeln erworben und daher im Rahmen der ErstKons zwingend zu passivieren. Für spätere Erhöhungen dieser Pensionszusagen aufgrund der weiteren Tätigkeit der betr Mitarbeiter der TU oder einer sonstigen Erhöhung, nicht jedoch aufgrund der Aufzinsung oder sonstiger Anpassungen (zB geänderte Sterbetafeln) der im Rahmen der ErstKons übernommenen Verpflichtungen, darf das Passivierungswahlrecht jedoch ausgeübt werden (s auch § 301 Anm 67 und 188).

Unzulässig ist hingegen eine Neuausübung von **Ermessensspielräumen.** So ist es zB unzulässig, einer Rückstellung im JA eine Eintrittswahrscheinlichkeit > 50% zuzumessen und diese somit anzusetzen, im KA jedoch aufgrund einer anderen Ausübung des der Einschätzung der Eintrittswahrscheinlichkeit zugrundeliegenden Ermessensspielraums zu einem Nichtansatz zu kommen. Dies wäre nur zulässig, wenn bei Aufstellung des KA tatsächlich neue, bessere Erkenntnisse über das Eintreten des der Rückstellung zugrundeliegenden Sachverhalts vorlägen. Sofern ein Ansatzwahlrecht ausgeübt wird, sind die relevanten Bewertungsvorschriften zwingend zu beachten. Ein Ansatz beliebiger Zwischenwerte ist daher nur zulässig, wenn zugleich auch ein entspr Bewertungswahlrecht besteht (aA *ADS*[6] § 300 Anm 17, jeder Zwischenwert zulässig).

51 Die Beachtung des **Stetigkeitsgrundsatzes** bei der Ausübung von Ansatzwahlrechten wird überwiegend mit dem Hinweis auf den Gesetzeswortlaut abgelehnt (so *Trützschler* in HdKR[2] § 300 Anm 29f; *ADS*[6] § 300 Anm 20; *WPH*[12] I M 238). Allerdings ist bei der Ausübung von Ansatzwahlrechten das **Willkürverbot** zu beachten. Danach sollte die Ansatzentscheidung so getroffen werden, dass der Einblick in die VFE-Lage des Unt nicht verfälscht wird; weitergehend § 264 Anm 28ff mwN. Es ist uE im Allgemeinen willkürlich, wenn gleichzeitig bei mehreren oder bei einem wesentlichen Bilanzposten die Ansatzmethode geändert wird, um die Darstellung der Lage des Unt abw vom Tatsächlichen zu beeinflussen. In diesem Fall sollten Ansatzwahlrechte für gleichartige Sachverhalte einheitlich ausgeübt werden. In keinem Fall zulässig ist es, einmal gebildete

Aufwandsrückstellungen aufzulösen, bevor der Grund für die Rückstellungsbildung entfallen ist (§ 249 Abs 3 Satz 2). Unbestritten ist hingegen, dass **Bilanzierungshilfen** nicht stetig angesetzt zu werden brauchen (so auch *Begr RegE,* 36). Der Ansatz von **Sonderposten mit Rücklageanteil** im KA ist seit Inkrafttreten des TransPuG durch Änderung des § 298 Abs 1 und den Wegfall des § 308 Abs 3 (s hierzu *Deubert/Vogel* Aufhebung des § 308 Abs 3 HGB durch das TransPuG in KoR 4/2004, 142ff) nicht mehr zulässig.

D. Konsolidierung von Kreditinstituten und Versicherungsunternehmen (Abs 2 S 3)

Diese Vorschrift ist fast wortgleich zu der Bewertungsnorm des § 308 Abs 2 S 2. Durch beide Vorschriften werden Abweichungen von den übrigen Vorschriften des HGB gestattet, um Besonderheiten dieser Geschäftszweige (zB Fonds für allgemeine Bankrisiken oder Schwankungsrückstellungen) auch im KA zu berücksichtigen; ähnlich *Begr RegE* BT-Drs 12/5587, 19. Die Ansatzvorschrift des S 3 gibt Konzernen das Wahlrecht, in diesen branchenspezifischen Bereichen im KA den Ansatz (und gem § 308 Abs 2 S 2 auch die Bewertung) ohne Anpassungen aus den JA in den KA zu übernehmen. Auf die Beibehaltung ist als Ausnahme im Konzernanhang hinzuweisen; ihre Auswirkung braucht nicht dargestellt zu werden. 52

Die Formulierung in S 3 ist auslegungsbedürftig. Sie ermöglicht zum einen, in einem Konzern mit einem Industrie- oder HandelsUnt als MU, Posten, die auf banken- oder versicherungsspezifischen Vorschriften beruhen, beizubehalten. Darüber hinaus eröffnet sie die Möglichkeit, in einem Konzern mit einem MU als Kreditinstitut bzw VersicherungsUnt, uU auf eine Anpassung des Bilanzansatzes ausländischer VersicherungsUnt bzw Banken zu verzichten. Ist zB im Ausland der Ansatz von Schwankungsrückstellungen bzw eines Fonds für allgemeine Bankrisiken nicht zulässig oder aber in anderer Weise vorgeschrieben, darf auch für den KA auf deren Bildung verzichtet werden bzw der andere Ansatz beibehalten werden (s *Begr RegE* BT-Drs 12/5587, 19). Die Grundsatzvorschrift des Abs 2 S 1, nach der das Recht des MU anzuwenden ist, wird insofern von dieser Sonderregelung dominiert. Nicht iSd Vorschrift dürfte es sein, in den JA enthaltene branchenspezifische Pflichtrückstellungen (zB Schwankungsrückstellungen für Länder mit Bildungspflicht) für den KA aufzuheben. 53

E. Regelungen im Publizitätsgesetz

Die KonsGrundsätze und das Vollständigkeitsgebot des § 300 sind auf KA von Unt, die unter das PublG fallen, sinngemäß anzuwenden (§ 13 Abs 2 S 1 PublG). 55

F. Sanktionen

Eine Verletzung der „Konsolidierungsgrundsätze oder des Vollständigkeitsgebots“ stellt sowohl gem § 334 Abs 1 Nr 2c) als auch nach § 20 Abs 1 Nr 2c) PublG eine Ordnungswidrigkeit dar; das gilt jedoch nicht für in Abs 2 eingeräumte Wahlrechte (§ 334 Anm 18); das Gleiche gilt für Kreditinstitute (§ 340n 58

Abs 1 Nr 2 c)) und für VersicherungsUnt (§ 341 n Abs 1 Nr 2 c)). Jede vorsätzliche Zuwiderhandlung kann mit einer Geldbuße belegt werden; dazu § 334 Anm 28 ff.

G. Abweichungen der IFRS

Schrifttum: *Pellens*[5] Internationale Rechnungslegung, Stuttgart 2004; *Epstein/Mirza* Wiley IAS 2004: Interpretation and Application of International Accounting and Financial Reporting Standards, New York 2004.

60 Wie auch § 300, kennen die IFRS keine Maßgeblichkeit der JA für den KA. Eine dem § 300 entspr Regelung, die aus Gründen der Vereinheitlichung im KA das Recht des MU für anwendbar erklärt, erübrigt sich jedoch, da die Regelungen der IFRS **rechtsform- und größenunabhängig** sowie **länderunabhängig** gelten. Insofern sind im KA, unabhängig von der Gliederung, Bilanzierung und Bewertung in den IFRS-EA der TU, Joint Ventures, assozUnt sowie des MU, die IFRS ausnahmslos anzuwenden.

61 Dabei sind sowohl für MU/TU (IAS 27.28), für Joint Ventures (durch Verweis auf IAS 27 bzw IAS 28 in IAS 31.33 und .38 ff) als auch für assozUnt (IAS 28.26 zwingend **einheitliche Rechnungslegungsgrundsätze** zugrunde zu legen *(„uniform accounting policies“)*. Diese umfassen sämtliche Ansatz-, Bewertungs- und Ausweismethoden. Die anzuwendenden Rechnungslegungsgrundsätze dürfen unabhängig von der konkreten Anwendung in den JA für Zwecke des KA neu ausgeübt werden. Dies bedeutet, dass in den Fällen, in denen von den IFRS Wahlrechte bei der Ausübung von Bilanzierungs- und Bewertungsgrundsätzen bestehen, für Zwecke der Konzernbilanz auf einen einheitlichen Grundsatz übergegangen werden muss (glA *Pellens*[5], 629 ff, aA *Epstein/Mirza,* 479, die, allerdings wohl noch zum bisherigen IAS 27, unter der Voraussetzung adäquater Offenlegung ein Nebeneinander unterschiedlicher Grundsätze für zulässig halten). Die Notwendigkeit der Beachtung des **Stetigkeitsgrundsatzes** in sachlicher Hinsicht ergibt sich dabei direkt aus dem Wortlaut der og Vorschriften der IAS 27, 28 und 31, die für gleichartige Sachverhalte *(„like transactions and other events“)* die Anwendung einheitlicher Rechnungslegungsgrundsätze für Bilanzierung und Bewertung fordern. Darüber hinaus gilt das Stetigkeitsprinzip gem IAS 8.15 auch in zeitlicher Hinsicht.

62 Entspr dem Vorgehen beim deutschen KA bietet sich der Übergang auf einheitliche Rechnungslegungsgrundsätze organisatorisch durch Erstellung einer **IFRS-Bilanz II** an.

63 Eine **Ausnahme** von der grds Pflicht zur Vereinheitlichung lassen IAS 27, 28 und 31 im Gegensatz zu ihren Vorgängerstandards, die noch eine Ausnahme für den Fall vorsahen, dass die Vereinheitlichung nicht praktikabel ist, nicht mehr zu. Mit Blick auf die Informationsfunktion des KA wurde schon bislang die Handhabung dieser Ausnahme nur als sehr restriktiv zulässig angesehen und entfällt nunmehr völlig. Allerdings sieht IFRS 1 für den Fall des erstmaligen Übergangs auf eine Bilanzierung nach IFRS bestimmte Ausnahmen vor, bei deren Inanspruchnahme nach bisherigen Rechnungslegungsstandards ermittelte Werte auch nach IFRS als sog *„deemed cost“* fortgeführt werden dürfen (hierzu im Detail *ADS (Int)* Abschn 3 a Anm 98 ff). Weitere Ausnahmen von der Anpassung lassen sich aus dem in IAS 1 sowie im *Framework* verankerten Wesentlichkeitsgedanken ableiten.

64 Bei unterjährigen **Änderungen des Konsolidierungskreises** hat gem IAS 27.30 analog der handelsrechtlichen Vorgehensweise eine Aufteilung des Ergeb-

nisses in das während der Konzernzugehörigkeit erwirtschaftete sowie das zuvor bzw danach erwirtschaftete Ergebnis zu erfolgen. Auf die Notwendigkeit der Erstellung eines Zwischenabschlusses wird nicht explizit hingewiesen, so dass davon auszugehen ist, dass auch hier eine statistische Aufteilung für zulässig angesehen wird. Die Möglichkeit, die ErstKons auf den Zeitpunkt der erstmaligen Einbeziehung des TU in den KA zu legen, besteht nach IFRS grds nicht, da die ErstKons gem IFRS 3.36 zwingend auf den Zeitpunkt des Beginns der Konzernzugehörigkeit, dh den Zeitpunkt der Übernahme von *control* (sog *acquisition date,* s § 301 Anm 321) vorzunehmen ist. Dem handelsrechtlichen Vorgehen entspr Ausnahmen, wie zB im Rahmen von Verschmelzungen (s Anm 46), bestehen nicht. Zur Vorgehensweise bei sukzessivem Anteilserwerb s § 301 Anm 380ff.

Da die IFRS rechtsform- und branchenunabhängig gelten, kann es uE nicht **65**
als zulässig angesehen werden, im Rahmen der Kons, Posten, die auf banken- oder versicherungsspezifischen Vorschriften beruhen, ohne Anpassung an konzerneinheitliche Bilanzierungsgrundsätze zu übernehmen (glA *Winkeljohann,* 292f; aA *Baetge/Schulze* in Komm IAS 27 Anm 125, die eine Abweichung aus Praktikabilitätsgründen für zulässig halten, wenn die angewandten Sondervorschriften mit den IFRS vereinbar sind).

§ 301 Kapitalkonsolidierung

(1) [1]**Der Wertansatz der dem Mutterunternehmen gehörenden Anteile an einem in den Konzernabschluß einbezogenen Tochterunternehmen wird mit dem auf diese Anteile entfallenden Betrag des Eigenkapitals des Tochterunternehmens verrechnet.** [2]**Das Eigenkapital ist anzusetzen**

1. **entweder mit dem Betrag, der dem Buchwert der in den Konzernabschluß aufzunehmenden Vermögensgegenstände, Schulden, Rechnungsabgrenzungsposten, Bilanzierungshilfen und Sonderposten, gegebenenfalls nach Anpassung der Wertansätze nach § 308 Abs. 2, entspricht, oder**
2. **mit dem Betrag, der dem Wert der in den Konzernabschluß aufzunehmenden Vermögensgegenstände, Schulden, Rechnungsabgrenzungsposten, Bilanzierungshilfen und Sonderposten entspricht, der diesen an dem für die Verrechnung nach Absatz 2 gewählten Zeitpunkt beizulegen ist.**

[3]**Bei Ansatz mit dem Buchwert nach Satz 2 Nr. 1 ist ein sich ergebender Unterschiedsbetrag den Wertansätzen von in der Konzernbilanz anzusetzenden Vermögensgegenständen und Schulden des jeweiligen Tochterunternehmens insoweit zuzuschreiben oder mit diesen zu verrechnen, als deren Wert höher oder niedriger ist als der bisherige Wertansatz.** [4]**Die angewandte Methode ist im Konzernanhang anzugeben.**

(2) [1]**Die Verrechnung nach Absatz 1 wird auf der Grundlage der Wertansätze zum Zeitpunkt des Erwerbs der Anteile oder der erstmaligen Einbeziehung des Tochterunternehmens in den Konzernabschluß oder, beim Erwerb der Anteile zu verschiedenen Zeitpunkten, zu dem Zeitpunkt, zu dem das Unternehmen Tochterunternehmen geworden ist, durchgeführt.** [2]**Der gewählte Zeitpunkt ist im Konzernanhang anzugeben.**

(3) [1]**Ein bei der Verrechnung nach Absatz 1 Satz 2 Nr. 2 entstehender oder ein nach Zuschreibung oder Verrechnung nach Absatz 1 Satz 3 verbleibender Unterschiedsbetrag ist in der Konzernbilanz, wenn er auf der Aktivseite entsteht, als Geschäfts- oder Firmenwert und, wenn er auf der Passivseite entsteht, als Unterschiedsbetrag aus der Kapitalkonsolidierung auszuweisen.** [2]**Der Posten und wesentliche Änderungen gegenüber dem Vorjahr sind im Anhang zu erläutern.** [3]**Werden Unterschiedsbeträge der Aktivseite mit solchen der Passivseite verrechnet, so sind die verrechneten Beträge im Anhang anzugeben.**

(4) [1] **Absatz 1 ist nicht auf Anteile an dem Mutterunternehmen anzuwenden, die dem Mutterunternehmen oder einem in den Konzernabschluß einbezogenen Tochterunternehmen gehören.** [2] **Solche Anteile sind in der Konzernbilanz als eigene Anteile im Umlaufvermögen gesondert auszuweisen.**

Übersicht

Schrifttum: *Küting/Zündorf* Zurechnungsmodalitäten stiller Reserven im Rahmen der Kapitalkonsolidierung nach künftigem Konzernbilanzrecht BB 1985, 1302; *Ordelheide* Anschaffungskostenprinzip im Rahmen der Erstkonsolidierung gem. § 301 HGB DB 1986, 493; *Ordelheide* Endkonsolidierung bei Ausscheiden eines Unternehmens aus dem Konsolidierungskreis BB 1986, 766; *Schindler* Kapitalkonsolidierung nach dem Bilanzrichtlinien-Gesetz, Frankfurt am Main 1986; *Ordelheide* Kapitalkonsolidierung und Konzernerfolg ZfbF 1987, 299; *Reige* Offene Fragen der Erstkonsolidierung bei der Erwerbsmethode nach § 301 HGB BB 1987, 1211; *Sahner/Häger* Konzernbilanzpolitik im Rahmen der Kapitalkonsolidierung gem § 301 HGB DB 1988, 405; *Otte* Gestaltungsspielräume bei der Erwerbskonsolidierung nach § 301 HGB BB 1988, 100; *Reige* Zur Erstkonsolidierung bei der Erwerbsmethode gemäß § 301 HGB BB 1988, 728; *Reige* Offene Fragen der Folgekonsolidierung bei der Erwerbsmethode nach § 301 HGB BB 1988, 1354; *SABI 2/1988* Behandlung des Unterschiedsbetrags aus der Kapitalkonsolidierung WPg 1988, 622; *Rammert/Wilhelm* Die Kapitalkonsolidierung in der Bilanzierungspraxis deutscher Konzerne WPg 1991, 98 und 131; *Baetge/Herrmann* Probleme der Endkonsolidierung im Konzernabschluss WPg 1993, 295; *Ewert/Schenk* Offene Probleme bei der Kapitalkonsolidierung im mehrstufigen Konzern BB 1993, Beilage 14 zu Heft 20; *Schulte* Konzernbilanzpolitik bei erstmaliger Einbeziehung von Tochterunternehmen BB 1994, 153; *Herrmann* Zur Bilanzierung bei Personenhandelsgesellschaften. Die Überarbeitung der HFA-Stellungnahme 1/1976 WPg 1994, 501; *HFA 1/1994* Zur Behandlung von Genussrechten im Jahresabschluß von Kapitalgesellschaften WPg 1994, 419; *Küting/Dusemond/Nardmann* Ausgewählte Probleme der Kapitalkonsolidierung in Theorie und Praxis BB 1994, Beilage 8 zu Heft 14; *Küting/Zündorf* Die konzerninterne Verschmelzung und ihre Abbildung im konsolidierten Abschluss BB 1994, 1383; *Küting/Göth* Negatives Eigenkapital von Tochterunternehmen in der Kapitalkonsolidierung und die Auswirkungen auf den Konzernabschluss BB 1994, 2446; *Scherrer* Konzernrechnungslegung, München 1994; *Küting* Aktuelle Fragen der Kapitalkonsolidierung DStR 1995, 192 u 229; *Oser* Erfolgsneutral verrechnete Geschäfts- oder Firmenwerte aus der Kapitalkonsolidierung im Lichte der Entkonsolidierung WPg 1995, 266; *HFA 3/1995* Konzernrechnungslegung bei Änderungen des Konsolidierungskreises WPg 1995, 697; *HFA 2/1997* Zweifelsfragen der Rechnungslegung bei Verschmelzungen WPg 1997, 239; *Dusemond* Endkonsolidierung und erfolgsneutrale Verrechnung des Geschäfts- oder Firmenwerts DB 1997, 53; *Küting/Hayn/Hütten* Die Abbildung konzerninterner Spaltungen im Einzel- und Konzernabschluss BB 1997, 565; *Griesar* Prinzipien zur Abbildung einer Verschmelzung im Konzernabschluss WPg 1997, 768; *Küting/Hayn* Erst- und Endkonsolidierung nach der Erwerbsmethode DStR 1997, 1941; *Oser* Pflicht zur (Neu-)Bildung der Rücklage für eigene Anteile im Konzernabschluß? DB 1999, 1125; *Kessler* Erstkonsolidierung nach der Erwerbsmethode mittels Konzernergänzungsbilanzen StuB 1999, 905; *Hayn B./Küting* Beendigung der Vollkonsolidierung von Tochterunternehmen BB 1999, 2072; *Kessler* Folge- und Endkonsolidierung nach der Erwerbsmethode mittels Konzernergänzungsbilanzen StuB 1999, 977; *Königsmaier* Zwischenergebniseliminierung und Endkonsolidierung BB 2000, 191; *Roß* Anteil am Nennkapital und Konsolidierungsquote: Keine pauschale Gleichsetzung BB 2000, 1395; *Ebeling* Konsolidierung mehrstufiger Konzerne nach der Methode der Integrierten Konsolidierungstechnik BB 2000, 1667; *Focken/Lenz* Spielräume der Kapitalkonsolidierung nach der Erwerbsmethode bei Beteiligungserwerb durch Anteilstausch DB 2000, 2437; *DRS* 4 Unternehmenserwerbe im Konzernabschluss BAnz vom 17. 11. 2000, 24 070; *Küting/Weber*[7] Der Konzernabschluss, Stuttgart 2001; *Küting/Wirth* Internationale Konzernrechnungslegung: Anschaffungskosten von Beteiligungen an voll zu konsolidierenden Unternehmen BB 2001, 1190; *Schmidbauer* Bilanzierung der konzerninternen Verschmelzung voll konsolidierter Unternehmen im Konzernabschluss BB 2001, 2466; *Baetge/Thiele/Kirsch*[6] Konzernbilanzen, Düsseldorf 2002; *Pfaff/Ganske* Ent- und Übergangskonsolidierung in HWRuP[3] Sp 654; *Busse von Colbe* Kapitalkonsolidierung, Erwerbsmethode/Purchase Method in HWRuP[3] Sp 1312; *Hanft/Broßius* Die Endkonsolidierung defizitärer Tochterunternehmen KoR 2002, 33; *Busse von Colbe* Kleine Reform der Konzernrechnungslegung durch das TransPuG BB 2002, 1583; *Leinen* Die Kapitalkonsolidierung im mehrstufigen Konzern, Herne/Berlin 2002; *Küting/Leinen* Die Kapitalkonsolidierung bei Erwerb eines Teilkonzerns WPg 2002, 1201 ff; *ERS HFA 13* Einzelfragen zum Übergang des wirtschaftlichen Eigentums und zur Gewinnrealisierung nach HGB WPg 2004, 952 ff.

A. Grundlagen

1 Bei Aufstellung des KA werden zunächst die Posten der Bilanzen aller einbezogenen Unt (MU und TU) addiert. In der so entstandenen Summenbilanz sind jedoch die Werte der TU doppelt erfasst, weil zum einen die beim MU bilanzierten Beteiligungen und zum anderen die VG und Schulden in den Bilanzen der TU enthalten sind. Die Beseitigung von diesen – aus Sicht des einheitlichen Unt (§ 297 Abs 3 S 1) – unzulässigen Doppelerfassungen ist **Sinn und Zweck der Kapitalkonsolidierung** (*WPH*[12] I M 334; *Dusemond/Weber/Zündorf* in HdKR[2] § 301 Anm 2 mwN; *Baetge/Thiele/Kirsch*[6], 193 ff).

Dazu werden die Beteiligungsansätze des MU mit dem auf diese Anteile entfallenden Betrag des EK der einzubeziehenden TU verrechnet, wodurch die Kapitalverflechtung zwischen MU und TU eliminiert wird. Die Beteiligung wird durch die dahinterstehenden Aktiv- und Passivposten der einzubeziehenden TU ersetzt.

2 Die KapKons ist gem Art 19 der 7. Richtl grds nach der sog **Erwerbsmethode** *(purchase method)* durchzuführen. Bei einem Erwerb der Anteile am TU im Wege eines Anteilstauschs kann die KapKons alternativ auch gem § 302 nach der sog Methode der Interessenzusammenführung *(pooling of interests method)* vorgenommen werden (zu deren Voraussetzungen § 302 Anm 10 ff).

3 Der Erwerbsmethode liegt die Vorstellung zugrunde, dass mit der erstmaligen Einbeziehung in den KA die VG und Schulden eines zu konsolidierenden TU durch den Konzern einzeln erworben bzw übernommen werden **(Fiktion des Einzelerwerbs).** Dementsprechend bestimmt sich der Wertansatz der in den KA eingehenden Posten nach dem Betrag, den der Konzern jeweils aufgewendet hätte, wenn er diese VG und Schulden zum Zeitpunkt des Erwerbs der Anteile bzw der erstmaligen Kons einzeln erworben oder übernommen hätte (Konzern-AK). Zu diesem Zweck sind die beizulegenden Werte der einzelnen Posten zum KonsZeitpunkt zu ermitteln und (grds) mit diesen Werten in die Konzernbilanz zu übernehmen. Der Wertansatz der Anteile des MU an einem TU wird also aufgeteilt auf dessen VG, Schulden und sonstige Posten (mit Ausnahme des EK).

4 Bei der KapKons ist zwischen der ErstKons, der Folge- sowie der EndKons zu unterscheiden. Im Rahmen der **Erstkonsolidierung** (Anm 10 ff) erfolgt die Aufrechnung des Beteiligungsansatzes mit dem EK des TU, die Feststellung und Aufteilung von stillen Reserven und Lasten sowie die gesonderte Erfassung eines danach verbleibenden Unterschiedsbetrags. Da es sich aus Konzernsicht um einen Anschaffungsvorgang handelt, ist die ErstKons erfolgsneutral.

Bei den **Folgekonsolidierungen** (Anm 175 ff) werden die aufgeteilten stillen Reserven und Lasten und der aktivierte oder passivierte Unterschiedsbetrag fortgeführt oder abgeschrieben bzw aufgelöst und insoweit erfolgswirksam. Die Jahresergebnisse der TU werden phasengleich übernommen, so dass das nach der ErstKons von einem TU erwirtschaftete Ergebnis (Reinvermögensmehrungen/-minderungen) zutreffend als (erwirtschaftetes) Konzern-EK (DRS 7.5; § 297 Anm 107) ausgewiesen wird.

Schließlich muss auch eine sog **End- bzw Übergangskonsolidierung** (Anm 235 ff) erfolgen, wenn ein TU aus dem VollKonsKreis ausscheidet bzw – insb iZm einer teilweisen Anteilsveräußerung – zu einem anderen KonsVerfahren, zB zur EquityKons, gewechselt werden muss. Die EndKons ist grds erfolgswirksam. Soweit die ÜbergangsKons mit einer (teilweisen) Anteilsveräußerung verbunden ist, ist diese ebenfalls erfolgswirksam, für die im Konzern verbleibenden Anteile bzw das aus Konzernsicht dahinter stehende Reinvermögen ist die ÜbergangsKons dagegen erfolgsneutral (Anm 260 ff).

5 Empfehlungen des ***DSR*** zur KapKons nach der Erwerbsmethode sind in DRS 4 *Unternehmenserwerbe im Konzernabschluss* idF DRÄS 3 geregelt. Die Regelungen des DRS 4 sollen dabei – außer für die Erwerbsbilanzierung im Rahmen der KapKons – auch für die Bilanzierung von aus Sicht des rechtlich einheitlichen Unt (§ 297 Abs 2 S 1) wirtschaftlich vergleichbaren Vermögensübergängen, namentlich *asset-deal* und Vermögensübernahmen aufgrund von Verschmelzungen im KA gelten (DRS 4.1 b), .1 c); ausführlich zur Übernahmebilanzierung s auch *Förschle/Hoffmann* in Sonderbilanzen[3] I Anm 15 ff, 70 ff).

B. Erstkonsolidierung

I. Abgrenzung der aufzurechnenden Bilanzposten (Abs 1 S 1)

1. Zu konsolidierende Anteile

10 In die KapKons sind sämtliche dem MU gehörende Anteile an TU des VollKonsKreis einzubeziehen. **Anteile** sind Mitgliedsrechte, die Vermögensrechte (zB Teilnahme am Gewinn und Verlust, Beteiligung am Liquidationserlös) und Verwaltungsrechte (Einfluss auf bzw Überwachung der Geschäftsführung) umfassen (§ 271 Anm 13 ff; *ADS*[6] § 271 Anm 6). Hierzu zählen alle Formen der *gesellschaftsrechtlichen* Kapitaleinlagen (zB Aktien, Geschäftsanteile), bei PersGes (OHG, KG) die Kapitaleinlagen der phG oder der Kommanditisten sowie Anteile an GbR, zB Joint Ventures (§§ 705 ff BGB), sofern Gesamthandsvermögen besteht (glA *WPH*[12] I M 341; *Hachmeister* in Beck HdR C 401 Anm 7; *Dusemond/Weber/Zündorf* in HdKR[2] § 301 Anm 16 ff).

Nicht unter die Anteile fallen **schuldrechtliche Ansprüche** des MU, wie zB Wandelschuldverschreibungen, Genussrechte, Optionsanleihen und kapitalersetzende Darlehen. Diese sind – unabhängig vom Ausweis der entspr Schuldposten beim TU – grds im Rahmen der SchuldenKons (§ 303) zu verrechnen (ausführlich *Dusemond/Weber/Zündorf* in HdKR[2] § 301 Anm 22 ff). Sofern die beim erworbenen TU passivierte Verpflichtung dagegen höher ist als der Zeitwert des Anspruchs des MU und damit die Verpflichtung aus Sicht des MU eine stille Reserve enthält, ist diese im Rahmen der Kaufpreisallokation aufzudecken (s dazu Anm 39). Die *stille Gesellschaft* (§§ 230 ff) gehört – sofern keine von den dispositiven gesetzlichen Regelungen abw Vereinbarungen getroffen werden (§ 247 Anm 233 f) – ebenfalls zu den schuldrechtlichen Verhältnissen.

Zur Behandlung *ausstehender Einlagen* s Anm 36.

11 Konsolidierungspflichtige Anteile werden in den einbezogenen JA des MU und der TU unter der Bezeichnung *Anteile an verbundenen Unternehmen* im Anlage- oder Umlaufvermögen **ausgewiesen** (Postenbezeichnungen gem § 266 Abs 2 iVm § 298 Abs 1).

12 Konsolidierungspflichtig sind alle Anteile, die dem MU gehören (Abs 1 S 1). Hierunter fallen zunächst alle Anteile, an denen das MU selbst das **wirtschaftliche Eigentum** hat und die es in seiner Bilanz ausweist (§ 246 Anm 5 ff). Dem MU zugehörig iSv § 290 Abs 3 S 1 und S 2 und damit konsolidierungspflichtig

sind deshalb auch solche Anteile, die im Rahmen von **echten Pensionsgeschäften, Treuhandverhältnissen** oder aufgrund treuhand-ähnlicher Rechtsverhältnisse auf Dritte übertragen wurden (*ADS*[6] § 301 Anm 14; *Dusemond/Weber/Zündorf* in HdKR[2] § 301 Anm 27; § 246 Anm 9ff, 24ff; s dazu auch *RS HFA 13*.15ff).

Zu den Anteilen, die dem MU iSd § 301 gehören, zählen auch die **Anteile an TU, die anderen vollkonsolidierten Unternehmen gehören.** Dies ergibt sich aus dem Einheitsgrundsatz (§ 297 Abs 3 S 1). Anteile an TU, die von nicht vollkonsolidierten TU, von assozUnt oder von GemUnt, die nicht quotal gem § 310 konsolidiert werden, gehalten werden, zählen nicht zu den Anteilen, die dem MU iSd § 301 gehören. Eine Kons scheitert hier schon rein technisch, da diese Anteile nicht in der Summenbilanz enthalten sind. 13

Eine Ausnahme gilt für den Fall, dass ein gem § 310 konsolidiertes GemUnt Anteile an einem einbezogenen TU hält (so *Dusemond/Weber/Zündorf* in HdKR[2] § 301 Anm 24f). Die quotal gem § 310 in den KA übernommenen Anteile werden in diesem Fall konsolidiert, um eine Doppelerfassung, Ausweis der VG und Schulden des TU bei gleichzeitigem Ausweis einer (quotalen) Beteiligung am TU nebst korrespondierenden AusglPo gem § 307, zu vermeiden (§ 307 Anm 8).

Anteile am Mutterunternehmen, das den KA aufstellt, die ihm selbst *(eigene Anteile)* oder einem einzubeziehenden TU (sog *Rückbeteiligung)* gehören, dürfen nach Abs 4 nicht in die KapKons einbezogen werden (Anm 170). Es handelt sich, wie im JA, um einen Korrekturposten zum EK. Anteile am MU sind gem § 266 Abs 2 lit B III 2 iVm § 298 Abs 1 in der Konzernbilanz als eigene Anteile gesondert im Umlaufvermögen auszuweisen (*ADS*[6] § 301 Anm 22; DRS 4.22) bzw – soweit sie vom MU selbst gehalten werden – unter den Voraussetzungen des § 272 Abs 1 S 5 als zur Einziehung erworbene Aktien offen vom gezeichneten Kapital abzusetzen (zur Behandlung von eigenen Anteilen im EK-Spiegel gem DRS 7s § 297 Anm 114; *ADS* (Int) Abschn 22 Anm 206c). 14

Von Tochterunternehmen im ErstKonsZeitpunkt (Anm 140ff) **gehaltene eigene Anteile** sind gem DRS 4.22 mit dem EK des TU zu verrechnen (bereits bisher für eine Verrechnung von dauerhaft gehaltenen eigenen Anteilen mit der damit korrespondierenden Rücklage gem § 272 Abs 4: *ADS*[6] § 301 Anm 23; zu den Konsequenzen einer späteren Einziehung bzw einer erneuten Veräußerung dieser Anteile sowie zum Einzug eigener Anteile nach bereits erfolgter ErstKons s Anm 218). Dies führt – im Vergleich zum Nominalkapitalanteil – zu einer Erhöhung des rechnerischen Anteils des MU sowie etwaiger MinderheitsGester am verbleibenden EK (s auch Anm 41). 15

Der Gesetzeswortlaut spricht demgegenüber – zumindest soweit die eigenen Anteile beim TU nicht zur Einziehung erworben wurden – grds dafür, dass diese Anteile nach allgemeinen Grundsätzen in die KapKons einzubeziehen sind, weil es sich auch um dem MU gehörende Anteile iSv Abs 1 S 1 (Anm 10) handelt (glA *Kraft* in HGB-Bilanzrecht § 301 Anm 90). Eine Einbeziehung der Anteile in die Kapitalaufrechnung des jeweiligen TU ist uE allerdings nur insoweit sinnvoll, als es sich um auf Dauer gehaltene eigene Anteile handelt. Dabei dürfte es sich empfehlen (analog zum Fall des zusätzlichen Erwerbs von Anteilen an TU), eine tranchenweise Kons vorzunehmen, dh die Kapitalaufrechnung der vom TU gehalten (eigenen) Anteile und der sonstigen dem MU gehörenden Anteile sollte getrennt voneinander erfolgen. In diesem Zusammenhang ist außerdem zu beachten, dass die AK für diese eigenen Anteile des TU aus Sicht des erwerbenden MU aufgrund von Reservenaufdeckungen von denen im JA des betr TU abweichen können.

Eine unveränderte Übernahme der eigenen Anteile der TU in den KA (so *v. Wysocki/Wohlgemuth*[4], 83) dürfte nur zulässig sein, wenn die Anteile mit Weiterveräußerungsabsicht erworben wurden (§ 296 Anm 26 f), dh voraussichtlich nur vorübergehend gehalten werden, zB weil sie zur Ausgabe an Arbeitnehmer verwandt werden sollen (wie hier *Busse von Colbe* in MünchKomm HGB § 301 Anm 29; *Dusemond/Weber/Zündorf* in HdKR[2] § 301 Anm 55). Hierdurch wird verhindert, dass bei einer Ausgabe dieser Anteile kurz nach Erwerb des TU eine Anpassung der KapKons vorgenommen werden muss (dazu Anm 218). Mangels Bezug zum gezeichneten Kapital des MU sollten diese eigenen Anteile einbezogener TU dann aber im Interesse der Klarheit und Übersichtlichkeit der Darstellung in der Konzernbilanz getrennt von eigenen Anteilen am MU ausgewiesen werden (*ADS*[6] § 301 Anm 25).

16 Bei der KapKons werden die Aktiva und Passiva der TU vollständig in die Konzernbilanz übernommen und zwar auch in den Fällen, in denen dem MU nicht alle Anteile an dem TU gehören. In Höhe des Anteils am EK des TU, der auf nicht dem MU gehörende Anteile entfällt, ist ein AusglPo gem § 307 zu bilden (ausführlich zu den im AusglPo zu berücksichtigenden Anteilen § 307 Anm 7 ff). Gleiches gilt, wenn Anteile an einem zu konsolidierenden TU von einem wegen eines Einbeziehungswahlrechts (§ 296 Anm 5 ff) nicht in den KA einbezogenen TU gehalten werden.

2. Wertansatz der zu konsolidierenden Anteile

17 Im Rahmen der KapKons wird der Wertansatz der dem MU gehörenden Anteile an einem TU mit dem auf diese Anteile entfallenden EK des TU verrechnet. Der Wertansatz der aufzurechnenden Anteile entspricht bei einer auf den Erwerbszeitpunkt (Anm 144) vorgenommenen ErstKons den **Anschaffungskosten** iSv § 255 Abs 1, dh der für den Erwerb der Anteile bewirkten Gegenleistung zzgl Anschaffungsnebenkosten sowie sonstiger direkt dem Erwerb zurechenbarer Kosten und abzgl etwaiger Anschaffungspreisminderungen (DRS 4.12; ausführlich zur Ermittlung der AK von Beteiligungen: *Förschle* in HWRuP[3] Sp 334 f; § 255 Anm 141). Das erwerbende KonzernUnt kann die Gegenleistung durch die Hingabe von Zahlungsmitteln, die Übertragung sonstiger VG, die Ausgabe eigener Anteile oder die Übernahme von Schulden bewirken.

18 Der **Wert der Gegenleistung** entspricht bei Barzahlung dem jeweils entrichteten Euro-Betrag; für die Umrechnung eines auf Fremdwährung lautenden Kaufpreises ist der Wechselkurs im Erwerbszeitpunkt und nicht bei Zahlung maßgeblich (hM § 255 Anm 52 ff).

Soweit der Erwerb im Tauschweg – sei es gegen Hingabe von sonstigen VG oder durch Ausgabe eigener Aktien erfolgt – richtet sich der Wertansatz entspr DRS 4.13 grds nach dem Zeitwert der hingegebenen VG bzw der ausgegebenen Anteile. Dies gilt allerdings nur dann, wenn der Zeitwert der erworbenen Anteile nicht niedriger ist. Bei der Übernahme von Verpflichtungen entspricht der Wert der Gegenleistung dem Erfüllungsbetrag; sofern mittelbar Pensionsverpflichtungen übernommen werden, ist das Passivierungswahlrecht des Art 28 Abs 1 EGHGB *nicht* anwendbar (Anm 67).

19 Die derzeit wohl noch allgemein anerkannten handelsrechtlichen Grundsätze zur Bewertung der durch **Tausch** von fremden Dritten erworbenen VG (hier Anteile) weichen von den Grundsätzen des *DSR* insofern ab, als wahlweise neben einem (vorsichtig geschätzten) Zeitwert des hingegebenen VG auch dessen Buchwert oder dessen Buchwert zzgl eines die ggf ausgelöste Ertragsteuerbelastung ausgleichenden Betrags (sog erfolgsneutraler Zwischenwert) als AK des erworbenen VG im JA angesetzt werden dürfen (ausführlich § 255 Anm 142 ff;

ADS[6] § 255 Anm 89ff; sowie *HFA 2/1997* WPg 1997, 239). Dieses Wahlrecht zur Ermittlung der AK im JA darf gem § 308 Abs 1 S 2 im Rahmen der Aufstellung der HB II neu und unabhängig von der Handhabung im JA ausgeübt werden, dh soweit im JA vom Buchwertansatz Gebrauch gemacht wurde, darf in der HB II zu einer *DSR*-konformen Bilanzierung (Zeitwertansatz) gewechselt werden. Sofern Tauschvorgänge bislang im JA und KA erfolgsneutral behandelt wurden, dürfte es sich bei der Anpassung an die Grundsätze des *DSR* um eine zulässige Durchbrechung der Bewertungsmethodenstetigkeit gem § 252 Abs 2 iVm § 298 Abs 1 handeln.

Bei **konzerninternen Einbringungsvorgängen** (ohne Beteiligung anderer Gester) – sei es im Wege der Sacheinlage bzw Sachgründung oder nach den Regelungen des UmwG (zB Ausgliederung gem § 123 Abs 3 UmwG) – handelt es sich auf JA-Ebene ebenfalls um tauschähnliche Anschaffungsvorgänge, dh es besteht die Möglichkeit, die erlangten Anteile an dem zu konsolidierenden TU im JA des einbringenden KonzernUnt zum Zeitwert des hingegebenen (Rein-)Vermögens anzusetzen und einen entspr Buchgewinn zu realisieren. Aus Sicht des einheitlichen Unt (§ 297 Abs 3 S 1) wurde aber lediglich Vermögen (und ggf Schulden) einer anderen (neuen) Betriebsstätte zugeordnet, der Gewinn im JA des einbringenden KonzernUnt ist somit im KA noch nicht realisiert und muss eliminiert werden. 20

Werden die Anteile beim einbringenden KonzernUnt zum Zeitwert angesetzt, empfiehlt sich uE – in Abhängigkeit von der Bewertung des eingelegten Vermögens beim neuen TU – folgendes Vorgehen für die Eliminierung:

- Hat das TU das übernommene Vermögen ebenfalls **zum Zeitwert** angesetzt, ergibt sich aus der KapKons kein Unterschiedsbetrag, so dass in diesem Fall – soweit die Wertansätze der eingelegten VG und Schulden beim TU von ihren bisherigen (ggf fortgeführten) Konzern-AK/HK abweichen – die erforderliche Zwischenergebniseliminierung gem § 304 gegen den beim einlegenden KonzernUnt ausgewiesenen Buchgewinn vorzunehmen ist (glA *ADS*[6] § 301 Anm 32; *Hachmeister* in Beck HdR C 401 Anm 21).
- Hat das TU zB vom Wahlrecht des § 24 UmwG Gebrauch gemacht und das übernommene Vermögen zum **Buchwert** angesetzt, darf – sofern das MU das Bewertungswahlrecht auf HB II Ebene nicht abw ausübt – der aus der KapKons resultierende aktive Unterschiedsbetrag (Anm 85) direkt mit dem ihn verursachenden Buchgewinn beim einbringenden KonzernUnt verrechnet werden (ebenso für den Fall der Ausgliederung: *Küting/Hayn/Hütten* BB 1997, 571).

Im Wege einer Sacheinlage durch Dritte erlangte Anteile an einem TU sind nach den Grundsätzen des DRS 4.13 ebenfalls mit dem (beizulegenden) Zeitwert der als Gegenleistung ausgegebenen Anteile zu bewerten. Demgegenüber werden nach den allgemein anerkannten (gesellschaftsrechtlichen) Grundsätzen für die **Bewertung von Sacheinlagen** die AK für das im Rahmen einer Sacheinlage erworbene Vermögen grds durch den entspr Kapitalerhöhungsbeschluss der Gester, dh den dort festgelegten Nominalbetrag der Kapitalerhöhung ggf zzgl eines Agios festgelegt (hM zB *HFA 2/1997* WPg, 239; *ADS*[6] § 255 Anm 95 ff). 21

Sofern nur der Betrag der Nominalkapitalerhöhung durch den Beschluss fixiert wird, ist durch Auslegung zu ermitteln, ob die AK durch den Nominalbetrag bestimmt sind oder, ob ein Agio bis zur Höhe des Zeitwerts der Sacheinlage mit der Folge höherer AK in die Kapitalrücklage eingestellt werden kann. Auch insoweit besteht somit im Rahmen der Zugangsbewertung von Sacheinlagen auf Ebene des JA ein „Bewertungswahlrecht“, dessen Neuausübung im KA gem § 308 Abs 1 S 2 uE vertretbar erscheint. Dh es besteht uE die Möglichkeit, dass im Rahmen der

Anpassung an die konzerneinheitliche Bewertung Sacheinlagen in der HB II des MU zum Zeitwert statt zum Nominalbetrag der Kapitalerhöhung angesetzt werden und eine entspr höhere Kapitalrücklage ausgewiesen wird. Die ggü dem JA des MU abw Methode der Sacheinlagenbewertung im KA ist gem § 308 Abs 1 S 3 im Konzernanhang anzugeben und zu begründen. Als Begr reicht dabei der Hinweis auf die Anpassung an die Bewertungsgrundsätze des *DSR* aus. Sofern Sacheinlagen bislang im JA und KA nach den gleichen Grundsätzen bewertet wurden, ist die Durchbrechung der Bewertungsmethodenstetigkeit gem § 252 Abs 2 iVm § 298 Abs 1 aus dem gleichen Grund zulässig.

In diesem Zusammenhang ist im Übrigen zu beachten, dass – selbst wenn die im Rahmen der Sacheinlage erlangten Anteile im JA des MU zulässigerweise mit AK unterhalb des Zeitwerts angesetzt werden und dieser Wertansatz in die HB II des MU übernommen wird – die hinter den Anteilen stehenden VG und Schulden bei Anwendung der Neubewertungsmethode spätestens im Rahmen der KapKons zum Zeitwert anzusetzen sind. Wobei Entspr, bei einer erweiternden Auslegung des Abs 1 S 3, auch bei Anwendung der Buchwertmethode gilt (dazu Anm 95 f). Dh im Ergebnis lässt sich somit durch eine (zulässige) Unterbewertung der Anteile aus der Sacheinlage im JA zukünftig im KA nur der Ansatz eines GFW vermeiden. Im Übrigen ist zu beachten, dass in solchen Fällen der Unterbewertung ein aufgrund der gebotenen Reservenaufdeckung im Rahmen der KapKons entstehender passiver Unterschiedsbetrag nur technischer Natur ist und deshalb nicht gem § 309 Abs 2 bzw gem DRS 4.38 ff (dazu § 309 Anm 40 ff) zu periodisieren, sondern erfolgsneutral in die Kapitalrücklage umzugliedern ist.

22 Maßgeblicher **Bewertungszeitpunkt** für die Gegenleistung ist jeweils der Erwerbszeitpunkt (Anm 144 ff), dies ist regelmäßig der Zeitpunkt, von dem an dem MU die Stimmrechte aus den erworbenen Anteilen zustehen, dh der Zeitpunkt der dinglichen Übereignung der Anteile.

Sofern bei einem Erwerb gegen Ausgabe von Anteilen deren beizulegender Börsen- oder Marktpreis aufgrund außergewöhnlicher Kursschwankungen oder der Enge des Markts zu diesem Zeitpunkt wesentlich beeinflusst ist, erscheint es uE vertretbar, bei einer Bewertung zum Zeitwert den Wert der Gegenleistung aus den Kursverhältnissen für einen angemessenen Zeitraum (idR wenige Tage) um den Erwerbszeitpunkt abzuleiten.

23 Hängt beim Erwerb von Anteilen ein Teil der Gegenleistung (Kaufpreis) von künftigen Ereignissen oder sonstigen Transaktionen ab, sind derartige Kaufpreiskomponenten grds bereits im JA des erwerbenden KonzernUnt als AK zu erfassen **(bedingte Anschaffungskosten)**. Voraussetzung hierfür ist jedoch, dass der Eintritt der Bedingung, an die die Kaufpreisanpassung gekoppelt ist, *wahrscheinlich* ist und dass die zusätzlich zu entrichtenden Beträge auch zuverlässig geschätzt werden können (DRS 4.14). Anknüpfungspunkt für Kaufpreisanpassungsklauseln sind zB das Erreichen eines bestimmten künftigen Erfolgsniveaus oder die Beendigung von im Erwerbszeitpunkt anhängigen Rechtsstreitigkeiten bzw einer steuerrechtichen Betriebsprüfung. Sofern die bedingten AK im Erwerbszeitpunkt noch *nicht wahrscheinlich* sind, was im Übrigen der Regelfall sein dürfte, sind sie als nachträgliche AK im Rahmen der FolgeKons zu erfassen (dazu Anm 208 ff). Unabhängig davon, ob die bedingten AK bereits bei Erwerb oder erst zeitlich später zu berücksichtigen sind, haben kapitalmarktorientierte MU (DRS 4.7) über diese bedingte Zahlungsverpflichtung sowie deren Behandlung im KA *im Erwerbsjahr* im Konzernanhang zu berichten (DRS 4.54 e)).

24 Außerdem können – neben den im JA des die zu konsolidierenden Anteile erwerbenden KonzernUnt ausgewiesenen AK – auch **zusätzliche Anschaf-**

fungskosten, die sich erst **auf Konzernebene** ergeben, zu berücksichtigen sein. Diese Konzern-AK können sich dann ergeben, wenn zum Vermögen des erworbenen TU ein Recht oder ein immaterieller VG (zB ein selbst erstelltes EDV-Programm) gehört, an dem einem Unt des erwerbenden Konzerns zuvor gegen Entgelt ein Nutzungsrecht eingeräumt wurde oder ein VG mit einer Rechtsposition des Erwerbers, zB einem Erbbaurecht, belastet ist. Mit dem Erwerb des „Vollrechts" wird das bisherige Nutzungsrecht aus Konzernsicht wertlos. Der Restbuchwert dieses Nutzungsrechts ist allerdings aus Anlass des Erwerbs des TU nicht erfolgswirksam auszubuchen, sondern in den erfolgsneutralen Anschaffungsvorgang einzubeziehen, dh es ist davon auszugehen, dass dieser Umstand bei der Bemessung des Kaufpreises für die Anteile entspr berücksichtigt wurde. Dazu ist im Rahmen der Kaufpreisaufteilung zunächst nur der (niedrigere) Zeitwert des mit dem Nutzungsrecht des Erwerbers belasteten Vollrechts anzusetzen, der anschließend mit dem Restbuchwert des bisherigen Nutzungsrechts zusammengefasst wird. Die Aufdeckung einer stillen Reserve in dem bereits zum Konzernvermögen gehörenden (Teil-)Recht wäre ein Verstoß gegen das Realisationsprinzip (§ 252 Abs 1 Nr 4 iVm § 298 Abs 1) und ist deshalb nicht zulässig.

„Anschaffungskostenminderungen" können sich ergeben, wenn aufgrund des Anschaffungsvorgangs eine im JA des MU bzw eines TU passivierte Verbindlichkeit aus Konzernsicht entfällt bzw zu einer Innenverpflichtung wird. Dies ist zB der Fall, wenn Gewährleistungsverpflichtungen ggü dem erworbenen TU bestehen, sofern diese nicht aus Konzernsicht den Charakter einer Wertberichtigung auf die VG haben, auf die sich die Gewährleistung bezieht. Ein Vereinnahmung der entspr Beträge im Rahmen der SchuldenKons kommt unter Vereinfachungsgesichtspunkten nur bei unwesentlichen Beträgen in Betracht. In allen übrigen Fällen ist jedoch davon auszugehen, dass der „Wegfall der betreffenden Verpflichtungen" bei der Bemessung des Kaufpreises berücksichtigt wurde und daher die Einbeziehung in den Anschaffungsvorgang geboten ist.

Soweit die zu konsolidierenden Anteile von ausländischen TU erworben **25** werden und deren Wertansatz im landesrechtlichen JA nicht mit den handelsrechtlichen Vorschriften (§ 255 Abs 1) übereinstimmt, weil zB Kosten der Entscheidungsvorbereitung (Kosten einer UntBewertung oder einer *Due-Diligence*-Prüfung im Rahmen des Anteilserwerbs) als Anschaffungsnebenkosten zu aktivieren sind oder die Anteile bspw im landesrechtlichen JA *„at equity"* bewertet werden, ist der Wertansatz der Anteile nach Anpassung an die handelsrechtlichen Bewertungsvorschriften (HB II) maßgeblich.

Wird als ErstKons-Zeitpunkt nicht der Erwerbszeitpunkt gewählt (zur Zuläs- **26** sigkeit Anm 140 ff), kann der Wertansatz der konsolidierungspflichtigen Anteile insb auf Grund zwischenzeitlich vorgenommener Abschreibungen von den ursprünglichen AK der Anteile abweichen. Vor der ErstKons vorgenommene **Abschreibungen** müssen beibehalten werden, soweit sie im Rahmen der konzerneinheitlichen Bewertung nach § 308 Abs 1 zulässig waren und der Grund für die Abschreibung nicht entfallen ist. Abschreibungen im Rahmen vernünftiger kfm Beurteilung (§ 253 Abs 4) sind daher zurückzunehmen, wenn der KA nach den §§ 290, 291 aufgestellt wird (*ADS*[6] § 301 Anm 33; *Dusemond/Weber/Zündorf* in HdKR[2] § 301 Anm 38) und nicht die Übergangsvorschrift des Art 24 Abs 1 EGHGB zum Tragen kommt.

Wegen **dauerhafter Wertminderung** der Anteile zwingend vorzunehmen- **27** de Abschreibungen (§ 253 Abs 2 S 3), zB auf Grund anhaltender Ertragslosigkeit, dürfen nicht storniert werden (*WPH*[12] I M 342; *ADS*[6] § 301 Anm 35; zur Behandlung von Zuschreibungen im Rahmen der FolgeKons s Anm 204). Die

Rückgängigmachung kann auch nicht darauf gestützt werden, dass sich die Abschreibungsursache bereits im Wertansatz der zu übernehmenden VG und Schulden niedergeschlagen hat (so aber *Dusemond/Weber/Zündorf* in HdKR[2] § 301 Anm 38). Im Ergebnis würde dies zunächst nur zu einem höheren aktiven Unterschiedsbetrag aus KapKons führen, der idR den Charakter eines GFW haben dürfte, jedoch seinerseits – mangels Ertragsaussichten – sofort gem § 253 Abs 2 S 3 iVm § 298 Abs 1 abzuschreiben wäre (glA *ADS*[6] § 301 Anm 35; s auch § 309 Anm 17).

28 **Steuerrechtliche Abschreibungen** auf zu konsolidierende Anteile (zB nach § 6b EStG) sind – unabhängig davon, ob sie aktivisch vorgenommen oder in einen Sonderposten mit Rücklageanteil eingestellt wurden – vor der KapKons auf Ebene der HB II des MU (erfolgswirksam) rückgängig zu machen, nachdem es nicht zulässig ist, VG (hier Beteiligungen) mit nur nach Steuerrecht zulässigen Bilanzwerten in den KA zu übernehmen (Ausschluss der „umgekehrten Maßgeblichkeit" für den KA; ausführlich dazu § 308 Anm 36).

3. Zu konsolidierendes Eigenkapital

30 Der Wertansatz der zu konsolidierenden Anteile ist mit dem auf diese Anteile entfallenden Betrag des EK des TU zu verrechnen (Abs 1 S 1).

Die zu konsolidierenden EK-Posten werden üblicherweise ausgehend von einer an die Gliederungsvorschriften der §§ 266, 268 Abs 1 und 272 ggf iVm § 264c angepassten HB II des betr TU ermittelt. Die Höhe des auf die zu konsolidierenden Anteile entfallenden EK richtet sich idR nach der (relativen) kapitalmäßigen Beteiligung des MU am TU (dazu Anm 41 f).

31 Bei der **Buchwertmethode** (Anm 85 ff) ist das gesamte bilanzielle EK lt HB II des TU, dh nach Anpassung an die konzerneinheitliche Bilanzierung und Bewertung gem §§ 300, 308, als konsolidierungspflichtiges EK zu erfassen (glA *ADS*[6] § 301 Anm 55). Entspr der Gliederung nach § 266 Abs 3 lit A zählen bei **Kapitalgesellschaften** folgende Posten zum zu konsolidierenden EK (zum Inhalt s § 272 Anm 4 ff):

- Gezeichnetes Kapital,
- Kapitalrücklage (zu Ausnahmen s Anm 35),
- Gewinnrücklagen (inkl Rücklage für eigene Anteile; dazu Anm 34),
- Gewinnvortrag/Verlustvortrag,
- Jahresüberschuss/Jahresfehlbetrag (inkl Ergebniseffekte auf Grund der Anpassungen gem §§ 300, 308).

Bei **Personenhandelsgesellschaften** bzw **KapCoGes** treten die Kapitalanteile der Gester an die Stelle des Gezeichneten Kapitals und der Kapitalrücklage, sofern letztere nicht zusammen mit den (Gewinn-)Rücklagen ausgewiesen werden (zum Inhalt s § 247 Anm 170 ff; § 264c Anm 20 ff). Bei KGaA gehören die Vermögenseinlagen der phG ebenfalls zum konsolidierungspflichtigen Kapital (*ADS*[6] § 301 Anm 51).

Wird der JA des TU gem § 268 Abs 1 unter teilweiser oder vollständiger Ergebnisverwendung aufgestellt, tritt an die Stelle der Posten Ergebnisvortrag und Jahresergebnis der Posten Bilanzgewinn/-verlust.

32 Bei der **Neubewertungsmethode** (Anm 60 ff) gehört außerdem die sog *Neubewertungsrücklage*, in die die Bewertungsunterschiede zwischen den Buchwerten (nach Anpassung an die konzerneinheitliche Bilanzierung und Bewertung §§ 300, 308) und den Zeitwerten der VG und Schulden (erfolgsneutral) eingestellt werden, zum konsolidierungspflichtigen EK.

33 Weist ein TU einen **nicht durch Eigenkapital gedeckten Fehlbetrag** aus, empfiehlt es sich technisch, die hinter dieser Saldogröße stehenden EK-Teil-

komponeten gem § 266 Abs 3 lit A als zu konsolidierendes EK zu erfassen (zutreffend *Küting/Göth* BB 1994, 2449; im Ergebnis ebenso *Dusemond/Weber/Zündorf* in HdKR[2] § 301 Anm 57; *ADS*[6] § 301 Anm 53). In der HB II des TU darf deshalb auf den gesonderten Ausweis eines nicht durch EK gedeckten Fehlbetrags verzichtet werden; § 268 Abs 3 iVm § 298 Abs 1 gilt nur für den Ausweis des Konzern-EK.

34 Eine **Rücklage für eigene Anteile,** die ein TU in seinem JA gem § 272 Abs 4 S 1 gebildet hat, ist Bestandteil des konsolidierungspflichtigen EK und in die Kapitalaufrechnung einzubeziehen (glA *Busse von Colbe/Ordelheide*[6], 297; für eine Verrechnung der Rücklage mit den eigenen Anteilen *ADS*[6] § 301 Anm 215; *WPH*[12] I M 418; zur Beteiligung anderer Gester s § 307 Anm 15).

Gehören einem TU Anteile an dem den KA aufstellenden MU ist die für diese **Rückbeteiligungen** (Anm 170) im JA des TU gem § 272 Abs 4 S 4 gebildete Rücklage für eigene Anteile ebenfalls in die KapKons einzubeziehen. Die erneute Bildung einer Rücklage innerhalb des Konzern-EK ist nicht erforderlich (glA *Oser* DB 1999, 1126).

35 Beträge, die ein TU anläßlich der Ausgabe von Wandlungs- oder Optionsrechten für Schuldverschreibungen (dazu § 272 Anm 62 ff) sowie im Rahmen von Aktienoptionsplänen für Mitarbeiter (dazu § 272 Anm 301 ff) erzielt und in die **Kapitalrücklage nach § 272 Abs 2 Nr 2** eingestellt hat, gehören nur dann zum konsolidierungspflichtigen EK, wenn die entspr Bezugsrechte im Erwerbszeitpunkt bereits ausgeübt oder verfallen sind (zur Ausgabe von Bezugsrechten nach erfolgter ErstKons s Anm 216).

Werden die Bezugsrechte erst nach dem Erwerb des TU ausgeübt, führt diese (nicht verhältniswahrende) Kapitalerhöhung zu einer Verminderung der Beteiligungsquote des MU (zur Behandlung im Rahmen der FolgeKons s Anm 215 f). Insofern tritt das MU hinsichtlich der bestehenden Bezugsrechte beim Erwerb des TU in eine Stillhalterverpflichtung ein (Verkäufer einer Kaufoption auf Anteile am TU). Aus Sicht des MU hat das vom TU erzielte Entgelt für die bestehenden Bezugsrechte damit den Charakter einer Optionsprämie, die nach allg Grundsatz als sonstige Verbindlichkeit zu passivieren ist (§ 246 Anm 151). Diese Verbindlichkeit wird im Rahmen der Kaufpreisallokation mit ihrem beizulegenden Wert bewertet, der höher oder niedriger sein kann als der Betrag, der vom TU bei der Ausgabe der Bezugsrechte erzielt wurde (zur Bewertung in der Folgezeit s Anm 216). Bei Ausübung der Option erhöht die Optionsprämie den Erlös, den das MU anlässlich der (teilweisen) Anteilsveräußerung am TU erzielt (s Anm 207, 240).

36 Vom Gesetz nicht ausdrücklich geregelt ist die Behandlung der **ausstehenden Einlagen** auf das gezeichnete Kapital. Für die Kons sind folgende Fälle zu unterscheiden:

bei einbezogenen Tochterunternehmen:

– Bestehen die ausstehenden Einlagen **gegenüber** anderen in den KA **einbezogenen Unternehmen** und sind sie *eingefordert,* werden sie im Rahmen der SchuldenKons berücksichtigt. Sie stellen in diesem Fall echte (konzerninterne) Forderungen dar und sind mit den ihnen entspr Verbindlichkeiten der anderen KonzernUnt aufzurechnen.
  Sind die ausstehenden Einlagen *nicht eingefordert,* kommt nach dem Sinn und Zweck des Einheitsgrundsatzes nur eine Einbeziehung in die KapKons in Betracht, dh eine Verrechnung mit den übrigen EK-Posten.
– Sind die ausstehenden **Einlagen von Dritten** (konzernfremden Unt sowie nach § 296 nicht konsolidierten TU) zu erbringen und *nicht eingefordert,* ist das zugehörige EK in die Ermittlung des AusglPo für Anteile anderer Gester einzubeziehen. Die nicht eingeforderten ausstehenden Einlagen dürfen entweder

unter der Bezeichnung „Ausstehende Einlagen von TU" unverändert in die Konzernbilanz übernommen werden oder analog zu § 272 Abs 1 S 3 offen vom AusglPo für Anteile anderer Gester abgesetzt werden (*Busse von Colbe/Ordelheide*[6], 300; *ADS*[6] § 301 Anm 248).

Eingeforderte ausstehende Einlagen, zu deren Einzahlung Dritte verpflichtet sind, sind entweder als „eingeforderte ausstehende Einlagen" oder unter den Forderungen mit entspr Bezeichnung des TU gesondert auszuweisen (*ADS*[6] § 301 Anm 246; *WPH*[12] I M 412). Eine Verrechnung mit dem AusglPo für Anteile anderer Gester ist unzulässig (*Dusemond/Weber/Zündorf* in HdKR[2] § 301 Anm 52).

beim Mutterunternehmen:

- *Eingeforderte* ausstehende *Einlagen* beim MU, zu deren Leistung in den KA *einbezogene TU* verpflichtet sind, sind im Rahmen der SchuldenKons zu eliminieren (*ADS*[6] § 301 Anm 240).
- Die *nicht eingeforderten* ausstehenden *Einlagen* des MU dürfen gem § 272 Abs 1 S 3 iVm § 298 offen vom gezeichneten Kapital abgesetzt werden oder aber mit entspr Vermerk unverändert in die Konzernbilanz übernommen werden (*WPH*[12] I M 409; *Busse von Colbe/Ordelheide*[6], 299; *ADS*[6] § 301 Anm 244). Dies gilt entspr, wenn die Anteile bei nicht konsolidierten TU oder fremden Gester liegen (*ADS*[6] § 301 Anm 243).

37 Die **Sonderrücklagen nach** § 17 Abs 4 S 3 und § 24 Abs 5 **DMBilG** stellen materiell kein EK dar, weil ihnen auf der Aktivseite keine echten VG, sondern lediglich geldwerte Vorteile in Höhe der möglichen Steuerersparnis aus der künftigen Abschreibung des *Sonderverlustkontos aus Rückstellungsbildung* bzw des *Beteiligungsentwertungskonto* gegenüberstehen (*Budde/Kropp* in DMBilG HBd § 17 Anm 2f). Sie dürfen nur insoweit in das EK iSd Abs 1 S 1 einbezogen werden, als sie aus nach dem 1. 7. 1990 thesaurierten Gewinnen aufgefüllt und insoweit „echtes" EK gebildet wurde. Sonderrücklagen, denen noch ein Sonderverlustkonto aus Rückstellungsbildung bzw ein Beteiligungsentwertungskonto gegenübersteht, sind in die Konzernbilanz zu übernehmen.

Sonderrücklagen aus der Kapitalneufestsetzung nach § 27 Abs 2 S 3 bzw § 26 Abs 2 S 3 DMBilG stellen dagegen echte – durch Vermögen fundierte – EK-Anteile dar, die Einlagen der Gester für die Ausgabe von GesRechten vergleichbar sind (*Müller, W.* Rücklagen in der D-Markeröffnungsbilanz, ihr Charakter und ihre Fortentwicklung in den Folgebilanzen in: FS Forster, 478).

38 Im JA eines TU gebildete **Sonderposten mit Rücklageanteil** dürfen nicht in den KA übernommen werden (s § 308 Anm 36; s auch *Deubert/Vogel* Aufhebung des § 308 Abs 3 HGB durch das TransPuG KoR 2004, 143), sondern sind im Rahmen der Anpassung des JA an die konzerneinheitlichen Bilanzierungs- und Bewertungsvorschriften (Überleitung auf HB II) aufzulösen. Der hieraus resultierende Ergebniseffekt – abzgl der im Sonderposten gebundenen (latenten) Ertragsteuerbelastung, für die eine entspr Steuerrückstellung (§ 274 Abs 1) zu bilden ist, – gehört zum konsolidierungspflichtigen EK.

39 Soweit bereits im Erwerbszeitpunkt **Verbindlichkeiten gegenüber** dem **Mutterunternehmen** bestehen, zB weil bereits vor der Konzernzugehörigkeit des TU entspr Lieferungs- und Leistungsbeziehungen zum MU bestanden, gehören diese zum konsolidierungspflichtigen EK, wenn damit auch künftige Verluste bis zur vollen Höhe – auch mit Wirkung gegen GesGläubiger – verrechnet werden und bei Insolvenz oder Zahlungsunfähigkeit nicht geltend gemacht werden können bzw bei Liquidation erst nach Befriedigung aller GesGläubiger mit dem sonstigen EK auszugleichen sind (*HFA 1/1994* Zur Behandlung von Genussrechten im Jahresabschluss von Kapitalgesellschaften WPg 1994, 420). In diesem Fall ist dann aber auch die korrespondierende

Forderung des MU Teil des mit dem EK zu verrechnenden Buchwerts der Anteile.

Gleiches gilt, wenn das MU Forderungen gegen das TU, die vor dessen Konzernzugehörigkeit begründet wurden, ganz oder teilweise abgewertet hat. Erfolgt keine Einbeziehung in die Kapitalaufrechnung, ist die stille Reserve in Höhe der Abwertung spätestens im Rahmen der Kaufpreisallokation aufzudecken, dh ist die beim TU zum Rückzahlungsbetrag (§ 253 Abs 1 S 2) passivierte Verbindlichkeit entspr zu vermindern. Eine Einbeziehung solcher Differenzen in die SchuldenKons (Ausweis eines Ertrags bzw Einstellung in das EK; zur erstmaligen SchuldenKons s § 303 Anm 70) ist nicht zulässig, weil davon auszugehen ist, dass diese bei der Kaufpreisbemessung vom MU berücksichtigt wurden.

Dagegen sind alle übrigen Forderungen des MU, die nach der Konzernzugehörigkeit des TU begründet werden, auch wenn diese eigenkapitalersetzenden Charakter haben (dazu *Förschle/Heinz* in Sonderbilanzen[3] O Anm 60 ff) oder mit einem Rangrücktritt (dazu *Förschle/Heinz* in Sonderbilanzen[3] O Anm 53 ff) versehen sind, in die SchuldenKons einzubeziehen.

Bei **Joint-Ventures** (BGB-Gesellschaft gem §§ 705 ff bzw der Bruchteilsgemeinschaft nach §§ 741 ff BGB), die als Unt anzusehen und gem § 290 Abs 1 oder Abs 2 im Wege der VollKons in den KA einzubeziehen sind (dazu *Nordmeyer* Die Einbeziehung von Joint Ventures in den Konzernabschluss WPg 1994, 302) – also vom Regelfall einer 50 : 50 Partnerschaft abweichen (dazu § 310 Anm 16) –, entspricht das aufzurechnende EK ebenfalls den gesellschaftsrechtlichen Leistungen der PartnerUnt, die durch die Beteiligung am Gewinn oder Verlust abgegolten werden (*HFA 1/1993* Zur Bilanzierung von Joint Ventures WPg, 443). Von diesen Leistungen des Gester im Innenverhältnis sind Sach- oder Dienstleistungen gegen gesonderte Vergütungen zu unterscheiden, bei denen ein schuldrechtlicher Leistungsaustausch erfolgt. Diese werden im Rahmen der SchuldenKons eliminiert. 40

Im Rahmen der KapKons sind die dem MU gehörenden Anteile an einem TU mit dem auf diese Anteile entfallenden Betrag des EK zu verrechnen (Abs 1 S 1). Für die **Berechnung der Beteiligungsquote** des MU sind grds die auf das MU entfallenden Kapitalanteile maßgeblich; auf die mit den Anteilen verbundenen Stimmrechte kommt es hierbei nicht an. 41

Sofern die Vermögens- und Gewinnrechte des MU bzw eines Dritten in Bezug auf das TU jedoch abw von deren formellem (gesellschaftsrechtlichen) Kapitalanteil ausgestaltet sind, muss dagegen für die Ermittlung des konsolidierungspflichtigen EK auf die effektive Beteiligungsquote abgestellt werden, dh es ist der Betrag ausschlaggebend, der für die Anteile ieS in das EK des TU geleistet wurde (*Dusemond/Weber/Zündorf* in HdKR[2] § 301 Anm 66). Dies kann zB der Fall sein, wenn die lfd Gewinnverteilung sowie die Beteiligung an einem Liquidationserlös abw von den relativen Kapitalanteilen vereinbart wurde (dazu auch *Roß* BB 2000, 1395 f; zur gesellschaftsrechtlichen Zulässigkeit einer disparitätischen Vermögens-/Gewinnbeteiligung zB: *Hüffer*[6] § 11 Anm 4; *Hueck/Fastrich* in Baumbach/Hueck GmbHG[17] § 14 Anm 14).

Bei *Kapitalgesellschaften* (GmbH und AG mit Nennbetragsaktien) bestimmt sich die Beteiligungsquote somit idR nach dem Verhältnis des **Nennbetrags** der dem MU gehörenden Anteile zu dem in der Bilanz des TU ausgewiesenen gezeichneten Kapital (§ 272 Abs 1). Bei AG mit Stückaktien (§ 8 Abs 2 AktG) bestimmt sich die Beteiligungsquote nach dem Verhältnis der dem MU gehörenden Aktien zur Gesamtzahl der ausgegebenen Aktien (dazu auch § 302 Anm 14). Soweit das TU eigene Anteile hält, sind diese vom gezeichneten Kapital bzw bei AG mit Stückaktien von der Zahl der ausgegebenen Aktien abzuziehen, sofern die eigenen Anteile ihrerseits nicht gesondert konsolidiert werden 42 (s dazu Anm 15), dh auf eine Verrechnung der eigenen Anteile mit dem zu konsolidierenden EK verzichtet wird.

Sofern bei *Personenhandelsgesellschaften* – entspr der gesetzlichen Konzeption (§§ 120 Abs 2, 167) nur ein Kapitalkonto geführt wird –, ergibt sich die Beteiligungsquote aus dem Verhältnis dieses Kapitalkontos zum Gesamtkapital (s auch *Herrmann* WPg 1994, 501 ff). Ist im GesVertrag ein Festkapital bestimmt (Regelfall), entspricht die Beteiligungsquote dem Anteil des MU am Festkapital.

II. Methoden der Kapitalkonsolidierung

1. Überblick

45 Unter Ausnutzung der Mitgliedstaatenwahlrechte des Art 19 der 7. EG-Richtl ist die KapKons nach der Erwerbsmethode in den Varianten **Buchwertmethode** (Abs 1 S 2 Nr 1) und **Neubewertungsmethode** (Abs 1 S 2 Nr 2) zulässig. Beide Varianten können in einem KA vorkommen (ebenso *ADS*[6] § 301 Anm 44 ff). Die Konzeption des § 301 bezieht sich auf die Kons eines einzelnen TU, so dass aus dessen Wortlaut (zB in Abs 1 S 5: „die angewandte Methode") nicht geschlossen werden kann, dass in einem KA entweder nur die Buchwertmethode oder nur die Neubewertungsmethode angewandt werden darf. Wegen der bei Anwendung beider Methoden erforderlichen Angaben im Konzernanhang s Anm 120. Bei Wahl und Anwendung der KapKonsMethoden ist allerdings gem § 297 Abs 3 S 2 die **Stetigkeit** sowohl in *zeitlicher,* dh bezogen auf das einzelne TU, als auch in *sachlicher Hinsicht,* dh bei mehreren TU mit gleichen Voraussetzungen, zu beachten (§ 297 Anm 200 ff).

Der *DSR* hat dieses gesetzliche Methodenwahlrecht in DRS 4.23 dahingehend eingeschränkt, dass zwingend die Neubewertungsmethode angewandt werden soll. Ungeachtet dessen dürfen die gesetzlichen Vertreter des MU das gesetzliche Wahlrecht zur Anwendung Buchwertmethode bis zu dessen Streichung in Anspruch nehmen (zB *Busse von Colbe* in MünchKomm HGB § 301 Anm 9). Die Anwendung der Buchwertmethode begründet keine Einwendung des AP gegen den KA. Der AP hat jedoch im Prüfungsbericht auf diese Abweichung von den Grundsätzen des *DSR* hinzuweisen.

2. Wertansatz des Eigenkapitals (Abs 1 S 2)

a) Buchwertmethode (Nr 1)

50 Nach dieser Methode ist das EK des zu konsolidierenden TU mit dem Betrag anzusetzen, der dem Buchwert der in den KA aufzunehmenden VG, Schulden, RAP, Bilanzierungshilfen und Sonderposten zum maßgeblichen Verrechnungszeitpunkt (Anm 140 ff) entspricht. In dieser Höhe wird das anteilige EK mit dem (Buch-)Wertansatz im JA für die dem MU gehörenden Anteile verrechnet.

51 Maßgebend für die **Höhe des Buchwerts** ist die (geprüfte) HB des TU, nach Anpassung an die konzerneinheitliche Bilanzierung und Bewertung (HB II). Für den Bilanzansatz besteht diesbezüglich keine ausdrückliche Regelung. Da jedoch nach § 300 Abs 2 (fast immer) eine einheitliche Bilanzierung im KA erfolgen muss (zu Ausnahmen s § 300 Anm 39), entspricht es dem Sinn und Zweck der Konzernrechnungslegung, die vereinheitlichten Ansätze auch der KapKons zugrunde zu legen.

52 Bei der Buchwertmethode sind folgende Schritte erforderlich:

– Anpassung an die konzerneinheitliche Bilanzierung und Bewertung in der HB II,

- Vollständige Übernahme der Aktiva und Passiva aus der HB II des TU unabhängig von der Beteiligungsquote des MU in die Summenbilanz,
- Verrechnung des Wertansatzes der dem MU gehörenden Anteile an dem TU mit dem anteiligen EK der HB II, ein sich ergebender *aktiver Unterschiedsbetrag* ist (bis zu den anteiligen Zeitwerten) den Wertansätzen der in der HB II ausgewiesenen VG und Schulden zuzuschreiben oder mit diesen zu verrechnen (ausführlich dazu Anm 77 ff). Ein danach auf der Aktivseite verbleibender Unterschiedsbetrag ist in der Konzernbilanz als GFW auszuweisen, sofern nicht von der Verrechnungsmöglichkeit des § 309 Abs 1 S 3 Gebrauch gemacht wird.
- Verbleibt nach der Kapitalaufrechnung ein *passiver* Unterschiedsbetrag, ist dieser – soweit er auf stille Lasten entfällt – ebenfalls (anteilig bis zu den Zeitwerten) auf die VG und insb aber Schulden des TU zu verteilen; ein nicht verteilter passiver Mehrbetrag ist als Unterschiedsbetrag aus der KapKons auszuweisen.

b) Neubewertungsmethode (Nr 2)

aa) Grundlagen. Bei der Neubewertungsmethode ist das EK des TU mit dem Betrag anzusetzen, der dem im maßgebenden Verrechnungszeitpunkt „beizulegenden Wert“ **(Zeitwert)** der in den KA aufzunehmenden VG, Schulden, RAP und Bilanzierungshilfen entspricht (Abs 1 S 2 Nr 2). Bereits vor der Aufrechnung des EK des TU mit dem Wertansatz der Anteile beim MU sind daher alle in den KA aufzunehmenden Aktiva und Passiva des TU – ggf in einer weiteren Ergänzungsrechnung *(HB III* bzw *Neubewertungsbilanz)* – mit ihren „beizulegenden Werten“ anzusetzen (*WPH*[12] I M 368, wonach die Neubewertung außerdem auch simultan im Rahmen der KapKons durchgeführt werden kann). 60

Darin besteht ein *formaler* **Unterschied** der Neubewertungs- **gegenüber** der **Buchwertmethode,** bei welcher die „Neubewertung“ (Aufdeckung stiller Reserven und stiller Lasten) erst nach der Kapitalaufrechnung durchgeführt wird. Die einzige materielle Abweichung ggü der Buchwertmethode besteht darin, dass die Neubewertung unabhängig davon erfolgt, ob an dem TU auch andere Gester beteiligt sind, während bei der Buchwertmethode stille Reserven und Lasten jeweils nur beteiligungsproportional zu den konsolidierten Anteilen des MU aufgedeckt werden (Anm 105). Bis zur Streichung des Abs 1 S 4 durch das TransPuG durfte die Neubewertung nicht dazu führen, dass der Wertansatz des (anteiligen) neubewerteten Reinvermögens (EK) die AK des MU für die Anteile überstieg (zur Neuregelung s Voraufl Anm 110).

Ausgangspunkt der für den KA zu erfassenden Posten ist die **Handelsbilanz II** des betr TU, dh nach Anpassung des JA an die (eigenständigen) Bilanzansätze im KA und an die konzerneinheitliche Bewertung. Insoweit gibt es keine Abweichungen ggü der Buchwertmethode. Auch die Aufzählung der in den KA aufzunehmenden Posten in Abs 1 S 2 stimmt für beide Methoden überein. Die Festlegung der beizulegenden Werte im Rahmen der ErstKons ist losgelöst von der einheitlichen Bilanzierung und Bewertung gem §§ 300, 308. 61

Durch die Neubewertung verändert sich das EK des TU lt dessen HB II entspr den bei den einzelnen Vermögens- und Schuldposten vorgenommenen Korrekturen (zur Berücksichtigung von latenten Steuern s Anm 81 f). Es empfiehlt sich, diese **Reinvermögens-Veränderungen in** einem **besonderen Eigenkapitalposten,** zB mit der Bezeichnung *„Neubewertungsrücklage“* oder *„Ergänzungskapital“*, **zu erfassen.** 62

Der auf nicht konsolidierte Anteile entfallende Betrag aus der Neubewertung wird gem § 307 Abs 1 S 2 im Zuge der KapKons in den AusglPo für Anteile anderer Gester eingestellt (dazu § 307 Anm 26).

65 **bb) Aufzunehmende Bilanzposten.** In der Neubewertungsbilanz des TU sind – mit Rücksicht auf die Fiktion des Einzelerwerbs (Anm 3) – sämtliche VG und Schulden und – auf Grund des ausdrücklichen Wortlauts in Abs 1 S 2 Nr 2 – auch alle sonstigen Posten (RAP, Bilanzierungshilfen und Sonderposten) vollständig und unabhängig davon, ob sie im JA des TU bilanziert waren oder nicht, anzusetzen (DRS 4.17; *ADS*[6] § 301 Anm 104).

66 Abw vom Mengengerüst der HB II sind auf der Aktivseite **immaterielle Vermögensgegenstände,** die das TU vor Erwerb der Anteile durch das MU selbst erstellt hat und die daher in dessen JA aufgrund des Aktivierungsverbots gem § 248 Abs 2 nicht enthalten sein dürfen, anzusetzen (DRS 4.18). Vor Erwerb der Anteile von einem TU selbst erstellte immaterielle Anlagewerte sind als vom Konzern entgeltlich erworben und damit als aktivierungspflichtige Bilanzposten des Konzerns anzusehen (hM s *Busse von Colbe/Ordelheide*[6], 221 mwN). Die Aktivierung stellt weder einen Verstoß gegen das Bilanzierungsverbot für selbstgeschaffene immaterielle VG (§ 248 Abs 2) noch gegen die Fiktion der Einheit des Konzerns dar, da der Bilanzansatz auf *„vor dem Erwerb"* der Anteile hergestellte immaterielle VG beschränkt ist.

Auch im JA des TU bereits **vollständig abgeschriebene Vermögensgegegenstände** (zB GWG), die aus Konzernsicht erworbenen wurden, sind in der Neubewertungsbilanz mit dem beizulegenden Zeitwert anzusetzen.

67 Zu Schulden, die in der HB II des TU nicht erfasst sind, aber in der Neubewertungsbilanz passiviert werden müssen, gehören insb die gem Art 28 Abs 1 EGHGB nicht passivierten **Alt-Pensionsverpflichtungen.** Im Hinblick auf den aus Konzernsicht fingierten Einzelerwerb stellt die Übernahme dieser Verpflichtungen einen Teil der Gegenleistung für die VG des TU dar, so dass ein Passivierungswahlrecht uE nicht besteht (ebenso *HFA 2/1997* WPg, 238; *Förschle/Hoffmann* in Sonderbilanzen[3] I Anm 28).

Zu den Schulden, die ggf in einer Neubewertungsbilanz zu erfassen sind, gehört auch eine aufschiebend bedingte Zahlungsverpflichtung des TU aus einem **Besserungsschein.** Die Leistungspflicht aus dem Besserungsschein hängt idR vom Entstehen künftiger Jahresüberschüsse ab, sie kann aber auch an das Entstehen von Gewinnen aus bestimmten Geschäften, zB beim Verkauf von bestimmten VG, anknüpfen (*ADS*[6] § 246 HGB Anm 148 ff). Im ersten Fall werden stille Reserven auf JA-Ebene zur Bedienung des Besserungsscheins erfasst, wenn sie aufgelöst (realisiert) worden sind und damit das Jahresergebnis erhöht haben. Im zweiten Fall, kommt es auf die Realisierung der Reserve an.

In der Neubewertungsbilanz ist die Verpflichtung aus dem Besserungsschein zu passivieren, wenn und soweit im Rahmen der ErstKons stille Reserven im Vermögen bzw in den betr VG aufgedeckt werden. Hängt die Bedienung des Besserungsscheins von künftigen Jahresergebnissen ab, muss – auch wenn keine stillen Reserven im Vermögen aufgedeckt werden – eine Schuld dann passiviert werden, wenn der Eintritt der bedingten Kaufpreisverpflichtung „Besserungsschein" wahrscheinlich ist (s dazu auch Anm 23).

Sofern im Rahmen der Erwerbsbilanzierung (noch) keine Schuld anzusetzen ist, sondern sich diese erst in der Folgezeit konkretisiert, kommt ggf eine Behandlung als nachträgliche AK des erworbenen Reinvermögens in Betracht (s Anm 204, 210).

68 Unter bestimmten, eng definierten Voraussetzungen (Anm 69) sind nach den Grundsätzen des *DSR* im Rahmen der Erwerbsbilanzierung auch sog **Restrukturierungsrückstellungen** zu passivieren (DRS 4.19 f), obwohl es sich hierbei im Erwerbszeitpunkt noch nicht um Vermögensbelastungen des erworbenen TU handelt, sondern diese Verpflichtungen erst durch Maßnahmen bzw Entschei-

dungen des Erwerbers nach diesem Zeitpunkt begründet werden (wegen Abweichungen der IFRS s Anm 330).

Inwieweit derartige, mit den handelsrechtlichen Vorschriften in Konflikt stehende, Regelungen des *DSR* rechtsverbindlich sind, kann zum gegenwärtigen Zeitpunkt noch nicht abschließend beurteilt werden. Hintergrund der Rückstellungsbildung ist, dass der Erwerber in seinem Kalkül bei der Entscheidung über den Anteilskaufpreis auch derartige Aufwendungen für uU nur aus seiner Sicht notwendige Restrukturierungsmaßnahmen berücksichtigt (ebenso *Busse von Colbe* in MünchKomm HGB § 301 Anm 52). Dh die Aufwendungen für die Restrukturierung des TU sind – zumindest aus der individuellen Sicht des Erwerbers – Teil der Gegenleistung für den Erwerb der Anteile am TU bzw des dahinter stehenden Reinvermögens und daher in die Erwerbsbilanzierung einzubeziehen. Dies könnte dafür sprechen, dass eine zulässige **Durchbrechung des Stichtagsprinzips** vorliegt (§ 252 Abs 1 Nr 3 iVm Abs 2 iVm § 298 Abs 1).

Durch die Bildung von Restrukturierungsrückstellungen im Rahmen der Erwerbsbilanzierung wird das konsolidierungspflichtige EK (erfolgsneutral) gemindert, wodurch sich bei gleichem Anteilskaufpreis ceteris paribus idR ein **höherer Geschäftswert** bzw uU auch ein niedrigerer passiver Unterschiedsbetrag ergibt. Die Restrukturierungsaufwendungen werden somit über die künftige Abschreibung des (höheren) GFW bzw die künftige Vereinnahmung des (verminderten) negativen Unterschiedsbetrags im Rahmen der FolgeKons erfolgswirksam. Wegen der damit verbundenen Gefahr einer (unzulässigen) Verlagerung von sonstigen im gewöhnlichen Geschäftsverkehr für die Zukunft erwarteten Aufwendungen durch eine „großzügige" Rückstellungsbildung im Rahmen der ErstKons, sieht DRS 4.20 erhebliche **Objektivierungsrestriktionen** für den Ansatz einer Restrukturierungsrückstellung vor (*Busse von Colbe* in MünchKomm HGB § 301 Anm 55). Dem Objektivierungsgedanken trägt außerdem die Sonderregelung in DRS 4.21 zur Behandlung von nicht mehr benötigten Restrukturierungsrückstellungen im Rahmen der FolgeKons Rechnung (s dazu Anm 189).

Die Passivierung einer Restrukturierungsrückstellung ist nach **DRS 4.19** nur 69
unter folgenden *kumulativ zu erfüllenden* **Voraussetzungen** geboten:

- Spätestens bei der Begr des Mutter-Tochterverhältnisses iSv § 290 (Zeitpunkt des UntErwerbs iSd DRS 4) stehen die wesentlichen Bedingungen eines Grobplans zur Stilllegung oder Veräußerung des erworbenen TU bzw von Teilen davon fest. Der *Grobplan* muss Aufwendungen für die Abfindung von Arbeitnehmern, die Aufgabe von Produktlinien oder eine vorzeitige Kündigung von Verträgen vorsehen.
- Es erfolgt eine *umgehende Bekanntgabe* der wesentlichen Bedingungen des Grobplans.
- Innerhalb einer Frist von höchstens drei Monaten gerechnet ab dem Erwerbszeitpunkt muss ein *Detailplan* entwickelt werden, zu dessen Mindestbestandteilen folgende Angaben gehören:
  - betroffene (Teil-)Geschäftsbereiche,
  - hauptsächlich betroffene Standorte,
  - abzufindende Arbeitnehmer (Funktionen und annähernde Anzahl),
  - voraussichtlich anfallende Gesamtkosten und
  - Zeitrahmen für die Umsetzung der im Plan enthaltenen Maßnahmen.

Werden Restrukturierungsrückstellungen iZm der erstmaligen Einbeziehung eines TU gebildet, haben *kapitalmarktorientierte MU* nach DRS 4.60 im **Konzernanhang** den Rückstellungsbetrag, dessen Ursachen und Inhalt sowie dessen Entwicklung im Gj sowie im Vj zu erläutern.

70 Nach dem ausdrücklichen Wortlaut des DRS 4.19 kommt die Passivierung einer Restrukturierungsrückstellung nur **bei erstmaliger Einbeziehung** eines TU in den KA in Betracht. Dh werden zeitlich später weitere Anteile an einem bereits konsolidierten TU erworben, darf im Rahmen der dann ebenfalls gebotenen ErstKons dieser Anteile (DRS 4.26; dazu Anm 191) keine (zusätzliche) Restrukturierungsrückstellung mehr gebildet werden.

Fraglich ist, in welcher Höhe eine Restrukturierungsrückstellung **bei sukzessiven Anteilserwerben** zu bilden ist, also wenn bereits vor der erstmaligen Einbeziehung ein Beteiligungsverhältnis zu dem (späteren) TU bestand. Mit Rücksicht auf den Sinn und Zweck der Regelungen zur Berücksichtigung von Restrukturierungsmaßnahmen im Rahmen der Erwerbsbilanzierung darf uE in diesen Fällen nur (anteilig) für die zuletzt erworbene Tranche eine Restrukturierungsrückstellung passiviert werden, weil zum einen die zeitlichen Voraussetzungen zur Bekanntgabe des Grobplans bzw zur Vorlage des Detailplans idR nur für diese Tranche eingehalten werden können. Zum anderen ist nicht davon auszugehen, dass Restrukturierungsmaßnahmen bei einem vorangegangenen Erwerb von Minderheitsbeteiligungen an einem Unt mit ins Kaufpreiskalkül einbezogen wurden, weil der Erwerber der Minderheitsbeteiligung diese Maßnahmen zum damaligen Zeitpunkt (noch) nicht initiieren konnte.

Dieser Interpretation steht jedoch formal der Wortlaut des DRS 4.19 entgegen, demzufolge die vorgenannten Fristen einheitlich an den Erwerbszeitpunkt iSd DRS 4.7, nämlich den Zeitpunkt der Entstehung eines Mutter-Tochterverhältnisses, und nicht an die Erwerbszeitpunkte der einzelnen Tranchen anknüpfen. In diesem Zusammenhang ist jedoch zu beachten, dass uE zumindest fraglich ist, ob der *DSR* bei seiner Definition des Erwerbszeitpunkts (DRS 4.7) auch die damit verbundenen Auswirkungen für den Fall des sukzessiven Anteilserwerbs bedacht hat. Es sprechen uE gute Gründe dafür, dass der *DSR* – in Einklang mit internationalen Rechnungslegungsgrundsätzen – beabsichtigt hat, bei der ErstKons jeweils an den Erwerbszeitpunkt der einzelnen Tranchen anzuknüpfen (zum Erwerbszeitpunkt iSd DRS 4 s auch Anm 150), so dass sich uE die obige Interpretation im Einklang mit dem Verständnis der Konzernrechnungslegung iSd DRS 4 befindet.

71 In die Restrukturierungsrückstellung dürfen nur Aufwendungen einbezogen werden, die auf **Maßnahmen** zurückgehen, **die das erworbene Tochterunternehmen betreffen** (DRS 4.19a). Dh wenn es bspw aufgrund eines UntErwerbs zu einer Bereinigung des gesamten (Konzern-)Filialnetzes kommt und dabei auch Niederlassungen des MU oder anderer TU geschlossen werden etc, dürfen die damit verbundenen Kosten – obwohl sie vom Erwerber sicherlich ebenfalls mit ins Kalkül einbezogen wurden – nicht in die Restrukturierungsrückstellung einbezogen werden.

Die in die Restrukturierungsrückstellung einzubeziehenden Aufwendungen müssen mit der Beendigung von UntAktivitäten (Stilllegung/Veräußerung von UntTeilen) in Zusammenhang stehen. Aufwendungen, die sich aus den fortgeführten Aktivitäten des Unt ergeben, wie zB für die Versetzung oder Umschulung von Mitarbeitern der stillgelegten Betriebsteile, sind – ebensowenig wie in einem JA – auch im Rahmen der Erwerbsbilanzierung **nicht rückstellungsfähig** (*Telkamp/Bruns* Rückstellung für ungewisse Verbindlichkeiten in HWRuP[3], 2129f; *WPH*[12] I N 798).

Ferner müssen bei der Bemessung der Restrukturierungsrückstellung solche Aufwendungen unberücksichtigt bleiben, die daraus resultieren, dass VG, insb Gebäude oder technische Anlagen etc, im Zuge von Restrukturierungsmaßnahmen abgebrochen und dadurch wertlos werden. Die dadurch im JA des betr TU ausgelösten (außerplanmäßigen) Abschreibungen sind – analog zu den allgemeinen Grundsätzen zur *verlustfreien Bewertung* – durch entspr Abschläge bei der Bewertung der betr VG vorwegzunehmen (zur Berücksichtigung der geplanten Verwendung bei der Ermittlung der beizulegenden Zeitwerte s Anm 78). Die Bildung einer Restrukturierungsrückstellung kommt in diesen Fällen nur insoweit in Betracht, als die Kosten für die Entsorgung der abgebrochenen Anlagen nicht aus etwaigen Verwertungserlösen gedeckt werden können.

Eine **Bekanntgabe** des Grobplans iSd DRS 4.19b) ist nur dann gegeben, wenn die davon betroffenen Personen, dh insb die Arbeitnehmer des TU bzw statt derer der Betriebsrat des TU oder der Konzernbetriebsrat über die geplanten Maßnahmen (mündlich oder schriftlich) informiert werden. Die Unterrichtung der Arbeitnehmervertreter im AR reicht im Hinblick auf deren Verschwiegenheitspflicht (§ 116 iVm § 93 Abs 1 S 2 AktG) nicht für eine Bekanntgabe aus. Eine **umgehende** Bekanntgabe dürfte uE noch gegeben sein, wenn sie innerhalb einer Frist von höchstens zwei bis drei Wochen nach dem UntErwerb erfolgt. 72

Zur Wahrung der in DRS 4.19c) bestimmten **Frist von drei Monaten** für die *Vorlage* eines Detailplans muss dieser vom Geschäftsführungsorgan des MU bzw, soweit die (detaillierte) Umsetzung des Rahmenplans der Geschäftsführung des betroffenen TU übertragen wurde, von diesem gebilligt sein. Sofern dies nach der Geschäftsordnung des jeweiligen Geschäftsführungsorgans erforderlich ist, muss auch die Zustimmung des AR zum Detailplan innerhalb der vorgesehenen Frist vorliegen. 73

Der Ansatz in der Neubewertungsbilanz darf nicht zu einer Umgehung von **Bilanzierungsverboten** führen, die nach dem Recht des MU für den KA bestehen, zB zum Ansatz von Aufwendungen für die Gründung eines Unt (§ 248 Abs 1) oder zur Aktivierung von Forschungs- und Entwicklungskosten. 74

Bilanzierungshilfen, zB Aufwendungen für die Ingangsetzung und Erweiterung des Geschäftsbetriebs (§ 269), dürfen mit Rücksicht auf den ausdrücklichen Wortlaut des Abs 1 S 2 Nr 2 in der Neubewertungsbilanz angesetzt werden, obwohl dies im Rahmen einer echten Erwerbsbilanzierung nicht zulässig wäre, da es sich hierbei nicht um VG handelt (s auch *Förschle/Hoffmann* in Sonderbilanzen[3] I Anm 18).

Geschäftswertähnliche Vermögenswerte (zB Ruf der Firma, Kundenstamm, Know-How, Qualität von Mitarbeitern/Management, Produktpalette, vorteilhafte schwebende Geschäfte etc), die zwar für die Bemessung des Anteilskaufpreises von Bedeutung waren, aber nicht die Kriterien eines VG erfüllen, dürfen in der Neubewertungsbilanz nicht angesetzt werden, sondern gehen im verbleibenden Unterschiedsbetrag gem Abs 3 auf (glA *ADS*[6] § 301 Anm 104). 75

Gleiches gilt für den geldwerten Vorteil aus einem **steuerrechtlichen Verlustvortrag,** über die das TU im Erwerbszeitpunkt verfügt (*Dusemond/Weber/Zündorf* in HdKR[2] § 301 Anm 76), wenn sich dieser nicht mit hinreichender Wahrscheinlichkeit realisieren lässt und deshalb eine Aktivierung von latenten Steuern nach den Grundsätzen des DRS 10.11 ff ausgeschlossen ist (s dazu auch § 306 Anm 36) sowie für **latente KSt-Anrechnungsguthaben** auf Grund von vor 2001 thesaurierten Gewinnen beim TU (glA *Busse von Colbe* in MünchKomm HGB § 301 Anm 58 f).

Fraglich ist auch, ob ein *im Jahresabschluss* des TU gem § 255 Abs 4 bilanzierter **Geschäfts- oder Firmenwert** *einzeln* in der Neubewertungsbilanz *angesetzt werden darf.* Aus Sicht des erwerbenden Konzerns sind die hierfür erforderlichen Voraussetzungen nicht erfüllt, weil es an Gesamt-AK fehlt, aus denen ein gesonderter GFW abgeleitet werden kann. Die Einheitstheorie (§ 297 Abs 3 S 1) sowie die Erwerbsfiktion sprechen gegen einen gesonderten Ansatz, dh 76 diese Posten gehen im verbleibenden Unterschiedsbetrag gem Abs 3 auf (glA *Busse von Colbe/Ordelheide*[6], 210; ebenso *Förschle/Hoffmann* in Sonderbilanzen[3] I Anm 20 zur Übernahmebilanzierung beim Umwandlungen).

Mit Rücksicht auf den Wortlaut des Abs 1 S 2 Nr 2, der die Bilanzierungshilfen ausdrücklich nennt, dürfen GFW aus dem JA des TU uE aber auch in der Neubewertungsbilanz angesetzt werden (im Ergebnis ebenso *Dusemond/Weber/Zündorf* in HdKR[2] § 301 Anm 81 jedoch unter Hinweis auf das Vollständigkeitsgebot des § 300 Abs 2, das sich auch auf die ErstKons erstreckt).

77 **cc) Beizulegender Wert.** Im Hinblick auf die der KapKons zugrunde liegende Fiktion des Einzelerwerbs entspricht der *beizulegende Wert* iSv Abs 1 S 2 Nr 2, mit dem die VG, Schulden und sonstigen Posten in der Neubewertungsbilanz anzusetzen sind (DRS 4.23), den **(fiktiven) Konzern-Anschaffungskosten,** bezogen auf den Zeitpunkt der ErstKons. Dementsprechend sind VG mit dem Betrag (Zeitwert) anzusetzen, den das MU gezahlt hätte, wenn es die betr Gegenstände *einzeln erworben* hätte (DRS 4.7). Die (historischen) AK des TU für die VG sind deshalb unbeachtlich. Schulden sind mit dem Erfüllungsbetrag anzusetzen, den der Konzern dem TU belastet hätte, wenn er die Schulden *einzeln übernommen* hätte (DRS 4.7; *ADS*[6] § 301 Anm 63, 65; *Hachmeister* in Beck HdR C 401 Anm 39).

Bei der Ermittlung der Zeitwerte des erworbenen Reinvermögens sind auch **werterhellende Ereignisse** (§ 252 Abs 1 Nr 3 iVm § 298 Abs 1) zu berücksichtigen. Erfolgt die ErstKons bereits im Erwerbsjahr, endet der Aufhellungszeitraum mit demjenigen des lfd KA (zu Abweichungen der IFRS s Anm 356 ff). Werden bislang zB aufgrund eines Einbeziehungswahlrechts gem § 296 nicht in den KA einbezogene TU erstmals vollkonsolidiert und erfolgt die ErstKons auf den Erwerbszeitpunkt (Anm 144 ff), umfasst die Wertaufhellungsphase den gesamten Zeitraum ab dem Erwerb bis zur Aufstellung des KA, in dem die erstmalige Einbeziehung erfolgt.

78 Bei der Ermittlung der beizulegenden Werte ist die **geplante Nutzung** der VG **im Konzernverbund** zu berücksichtigen, die von der bisherigen Verwendung beim TU abweichen kann (zu Unterschieden nach IFRS Anm 329).

Für alle aus Sicht des erwerbenden Konzerns betriebsnotwendigen VG ist auf die Wiederbeschaffungskosten (§ 255 Abs 1 iVm § 298 Abs 1) abzustellen. Kommt eine Eigenfertigung in Betracht, dürfen als Wiederbeschaffungskosten auch die Konzern-HK (§ 255 Abs 2, 3 iVm § 298 Abs 1) für gleichartige Gegenstände angesetzt werden (*Dusemond/Weber/Zündorf* in HdKR[2] § 301 Anm 87).

Beabsichtigt das MU eine teilweise oder vollständige Einstellung des Geschäftsbetriebs des TU, sind die davon betroffenen VG mit ihren Liquidations- bzw Einzelveräußerungswerten (Veräußerungserlös abzgl noch anfallender Kosten) anzusetzen (ebenso *ADS*[6] § 301 Anm 70 mwN). Gleiches gilt für sonstige – aus Sicht des Konzerns – nicht betriebsnotwendige oder überzählige VG.

79 Grds gelten für die wichtigsten Bilanzposten folgende **Zeitwerte** (s auch *ADS*[6] § 301 Anm 63 ff; *Dusemond/Weber/Zündorf* in HdKR[2] § 301 Anm 94 ff):

– **Immaterielle Vermögensgegenstände** und **Sachanlagen:** Bei beabsichtigter Weiternutzung sind die Wiederbeschaffungskosten am Erwerbstichtag anzusetzen. Die Nutzbarkeit im Konzernverbund kann zu einem vom JA abw Wertansatz führen. Bei fehlenden Marktpreisen für gebrauchte Anlagen dürfen hilfsweise Wiederbeschaffungswerte abzgl geschätzter kumulierter Abschreibungen herangezogen werden (ausführlich *Dusemond/Weber/Zündorf* in HdKR[2] § 301 Anm 95). Für immaterielle Anlagegegenstände (wie Patente, Verträge oder Kundenkarteien) und für Grundstücke uä wird eine Wertfindung idR nur auf Grundlage von Bewertungsgutachten möglich sein. Liegt der Stichtag des Bewertungsgutachtens erheblich vor dem Erwerbs- bzw abw (späteren) ErstKonsZeitpunkt, sind wertändernde Faktoren bis zum ErstKonsZeitpunkt zu berücksichtigen (s *Ordelheide* DB 1986, 496). Zum Verkauf vorgesehene Anlagen sind mit den um anfallende Verkaufskosten gekürzten voraussichtlichen Veräußerungserlösen zu bewerten. Gleiches gilt bei vorübergehend weiter genutzten VG, vorausgesetzt, die durch den VG alimentierten Erlöse reichen aus, um die bis zum späteren Veräußerungszeitpunkt anfallenden planmäßigen Abschreibungen zu decken.

- **Finanzanlagen:** Maßgebend sind die zum ErstKonsZeitpunkt anzusetzenden Börsen- oder sonstigen Marktpreise (Wiederbeschaffungskosten). Insb für Beteiligungen kann sich aus Konzernsicht ein vom JA abw (höherer) Wertansatz ergeben. Bei nicht notierten Anteilen und Wertpapieren können ggf vorliegende Wertgutachten herangezogen werden.
- **Vorräte:** Roh-, Hilfs- und Betriebsstoffe sind zu Wiederbeschaffungskosten (unter Berücksichtigung der Gängigkeit) anzusetzen; bei kurzer Umschlagsdauer und einem Ansatz zu AK oder niedrigeren Marktpreisen im JA dürfen auch diese in die Konzernbilanz übernommen werden. Die Konzern-AK für fertige Erzeugnisse und Waren bilden die Verkaufspreise des TU oder niedrigere Marktpreise nach Abschlag für das Absatzrisiko des Konzerns (Gewinnmarge). Ggf kann daher ein Ansatz in Höhe der HK des TU oder darunter (Lagerhüter) in Betracht kommen. Für die unfertigen Erzeugnisse stellen die aus Konzernsicht erforderlichen Reproduktionskosten unter Berücksichtigung der Verkaufschancen des Endprodukts einen geeigneten Wertmaßstab dar.
- **Forderungen:** Sie sind mit ihrem Barwert zum ErstKonsZeitpunkt abzgl Abwertungen anzusetzen (*Busse von Colbe/Ordelheide*[6], 208). Bei kurzfristigen Forderungen bestehen keine Bedenken, den Wertansatz im JA des TU in die Konzernbilanz zu übernehmen.
- **Verbindlichkeiten:** Kurzfristige Verbindlichkeiten können idR unverändert übernommen werden. Bei Niedrig- oder Unverzinslichkeit ist der Barwert der Rückzahlungsbeträge als Konzern-AK anzusetzen (*Dusemond/Weber/Zündorf* in HdKR[2] § 301 Anm 96).
- **Rückstellungen** sind in Höhe der aus Konzernsicht erwarteten Aufwendungen anzusetzen. Zinstragende Rückstellungen sind abzuzinsen; ggf kommt ein vom JA abw Zinssatz (zB bei den Pensionsrückstellungen) in Betracht.
- **Bilanzierungshilfen** werden mit den Werten aus der HB II des TU in die Neubewertungsbilanz übernommen.

dd) Berücksichtigung latenter Steuern. Werden anlässlich der Erstellung der Neubewertungsbilanz stille Reserven und Lasten in den VG und Schulden des TU aufgedeckt, sind auf die dadurch entstehenden zeitlichen Differenzen latente Steuern abzugrenzen (DRS 10.16ff). Dabei ist zu beachten, dass es sich bei dieser Steuerabgrenzung nicht um latente Steuern iSv § 306 handelt, weil die Reservenaufdeckungen erfolgsneutral erfolgen und es sich insofern bei den ergebniswirksamen FolgeKons nicht um einen Umkehreffekt handelt (hM *ADS*[6] § 306 Anm 26; *Dusemond/Hayn* BB 1997, 983f mwN). Vielmehr ist der Ansatz latenter Steuern auf die Zusatzbewertungen aus der ErstKons nach dem KSt-Systemwechsel vom Anrechnungs- zum Halbeinkünfteverfahren für eine wirtschaftlich zutreffende Bewertung der stillen Reserven und Lasten erforderlich. 81

Hintergrund hierfür ist, dass der Zeitwert eines VG oder einer Schuld nicht nur von dessen Gebrauchswert, sondern auch von seiner steuerrechtlichen Absetzbarkeit bestimmt wird (*Busse von Colbe* in MünchKomm HGB § 301 Anm 93; *Hachmeister* in Beck HdR C 401 Anm 44). 82

Während der Dauer des KSt-Anrechnungsverfahrens war eine Steuerabgrenzung iZm der Aufdeckung von stillen Reserven und Lasten aus Anlass der ErstKons nach überwiegender Auffassung (*ADS*[6] § 301 Anm 94; *WPH*[12] I M 355; im Ergebnis wohl auch *Dusemond/Weber/Zündorf* in HdKR[2] § 301 Anm 91, 93) zulässig, aber nicht zwingend geboten. Auf die (KSt-)Abgrenzung konnte verzichtet werden, weil die (zusätzliche) KSt, die bei einer Realisierung der stillen Reserven aufgrund ihrer fehlenden steuerrechtlichen Abzugsfähigkeit im JA des TU entstand, aus Sicht des MU noch nicht definitiv war, sondern wegen des Anrechnungsverfahrens wie eine Steuervorauszahlung des MU wirkte (ausführlich dazu *Förschle/Hoffmann* DB 1998, 2128 f).

Der Wegfall der KSt-Anrechnung beim MU mit der Einführung des Halbeinkünfteverfahrens führt dazu, dass die KSt, die im JA des TU bei der Realisierung der aufgedeckten stillen Reserven entsteht, auch aus Sicht des MU endgültig ist. Insofern ergibt sich der Wert eines VG aus dessen Zeitwert abzgl der *besonderen* stillen Last (passive Steuerabgrenzung), die daraus resultiert, dass ein Teil der Konzern-AK dieses VG steuerrechtlich nicht abzugsfähig ist. Umgekehrt ist eine *besondere* stille Reserve (aktive Steuerabgrenzung) zu erfassen, soweit Teile der Konzern-AK einer Schuld (stille Lasten) noch nicht bei der steuerrechtlichen Gewinnermittlung geltend gemacht wurden. Entspr gilt für die Be-/Entlastungen mit GewSt.

Diese **besonderen stillen (Steuer-)Lasten und Reserven** sind im Rahmen der Erwerbsbilanzierung gesondert zu erfassen, eine (erfolgsneutrale) Kürzung an den Reserven bzw Lasten, mit denen sie jeweils korrespondieren (Ausweis *net of tax),* ist im Hinblick auf das Saldierungsverbot (§ 246 Abs 2 iVm § 298 Abs 1) nicht zulässig (glA *Busse von Colbe* in MünchKomm HGB § 301 Anm 94).

Entspr würde grds auch bzgl eines GFW oder eines passiven Unterschiedsbetrags aus der KapKons gelten, soweit diese zwar im handelsrechtlichen KA, nicht aber mit steuerlicher Wirkung abgeschrieben bzw vereinnahmt würden. Da es sich in beiden Fällen aber lediglich um Saldogrößen handelt, insofern also das Verrechnungsverbot nicht einschlägig ist, wird nach hM insoweit auf eine gesonderte Steuerabgrenzung verzichtet, so dass die Saldogröße ihre eigene Steuerabgrenzung mit umfasst (s § 306 Anm 12; DRS 10.18).

3. Behandlung eines Unterschiedsbetrags bei der Buchwertmethode (Abs 1 S 3)

a) Ursachen eines Unterschiedsbetrags

85 Stimmt der Buchwert der dem MU gehörenden Anteile an einem TU nicht mit dem ihm entspr Anteil des buchmäßigen EK iSv S 2 Nr 1 überein, ergibt sich bei der Aufrechnung ein Unterschiedsbetrag.

Ein **positiver** (aktiver) **Unterschiedsbetrag** (Buchwert der Anteile übersteigt das anteilige EK) deutet insb auf die Existenz stiller Reserven in den VG, nicht aktivierte selbsterstellte immaterielle VG sowie regelmäßig auf einen miterworbenen GFW des TU hin.

86 Mögliche Ursachen für das Entstehen eines **negativen Unterschiedsbetrags** (Buchwert der Anteile ist niedriger als das anteilige EK) können im JA des TU angesetzte Bilanzhilfen oder – zulässigerweise – nicht berücksichtigte Schulden sein (insb nicht passivierte Pensionsaltzusagen). Als weitere Ursache kommen in der HB II wegen vorübergehender Wertminderung (§ 253 Abs 2 S 3) unterlassene Abwertungen von VG in Betracht sowie erwartete Verluste auf Grund mangelnder Rentabilität oder Sanierungsbedürftigkeit eines TU (negative Ertragsaussichten), die den Kaufpreis der Anteile entspr gemindert haben (s auch Anm 162). Ferner kann ein passiver Unterschiedsbetrag auf eine (zulässige) Un-

terbewertung der Beteiligung, zB bei einem Erwerb im Tausch oder durch Sacheinlage, verursacht sein (s Anm 19ff). In seltenen Ausnahmefällen kann ein passiver Unterschiedsbetrag auch aus einem – auf das Verhandlungsgeschick oder die Machtposition des Erwerbers zurückzuführenden – günstigen Kaufpreis der Anteile *(sog lucky-buy)* resultieren.

Eine Überbewertung von VG oder eine Unterbewertung von Schulden scheidet dagegen als Ursache für einen passiven Unterschiedsbetrag aus; derartige Abweichungen zu den Bewertungsvorschriften des MU sind grds bereits auf Ebene der HB II des TU im Zuge der Anpassung an die konzerneinheitliche Bewertung (§ 308) zu korrigieren (glA *ADS*[6] § 301 Anm 60).

b) Aufteilung auf die Bilanzposten

87 **aa) Grundsatz.** Ein sich bei der Buchwertmethode ergebender Unterschiedsbetrag ist den Wertansätzen der in der Konzernbilanz anzusetzenden VG und Schulden des jeweiligen TU insoweit zuzuschreiben oder mit diesen zu verrechnen, als deren (Zeit-)Wert höher oder niedriger ist als der bisherige (Buch-)Wertansatz (S 3). Dementsprechend ist der Unterschiedsbetrag auf seine Zusammensetzung hin zu analysieren (Anm 95ff). Zu diesem Zweck ist es erforderlich, die Zeitwerte für die in den KA aufzunehmenden Posten zu ermitteln und mit ihren bisherigen Buchwerten lt HB II zu vergleichen, um bestehende stille Reserven und Lasten zu identifizieren.

Für die **Ermittlung der Zeitwerte** sind die gleichen Grundsätze wie bei der Neubewertungsmethode anzuwenden (Anm 77ff). Wegen der Berücksichtigung latenter Steuern gelten ebenfalls die gleichen Überlegungen wie bei der Neubewertungsmethode (dazu Anm 81 f).

88 Auch wenn sich S 3 seinem Wortlaut nach nur auf VG und Schulden bezieht, führt dies nicht zu Abweichungen ggü der Neubewertungsmethode. Eine unterschiedliche Abgrenzung der bei der Reserven-/Lastenaufdeckung zu berücksichtigenden Bilanzposten kann nach dem Sinn und Zweck der Vorschriften nicht beabsichtigt sein; dies zeigt auch die gleich lautende Aufzählung in S 2 Nrn 1 und 2. Bei den RAP und den Bilanzierungshilfen werden der Buchwert aus dem JA des TU und die Konzern-AK (Zeitwert) im Zeitpunkt der ErstKons regelmäßig übereinstimmen, so dass eine Aufteilung des Unterschiedsbetrags auf diese Posten nicht in Betracht kommen wird.

Für vor Erwerb der Anteile von einem TU **selbsterstellte immaterielle Vermögensgegenstände,** die im Kaufpreis der Anteile abgegolten werden, ist im Rahmen der KapKons ebenfalls ein entspr Wert anzusetzen, auch wenn für diese in der HB II des TU ein Aktivierungsverbot gem § 300 Abs 2 S 1 iVm § 248 Abs 2 besteht. Aus Sicht des einheitlichen Unt Konzern handelt es sich jedoch um im Rahmen der ErstKons entgeltlich erworbene immaterielle VG (Erwerbsfiktion, Anm 3), für die Ansatzpflicht (§ 246 Abs 1 iVm § 298 Abs 1) besteht (ebenso *ADS*[6] § 301 Anm 79f; *WPH*[12] I M 351).

89 Bei der Entscheidung über die Aufteilung von stillen Reserven und Lasten können sich **Abgrenzungsprobleme gegenüber** einem miterworbenen positiven oder negativen **Geschäfts- oder Firmenwert** ergeben. Aus Objektivierungsgründen sind zuerst die stillen Reserven und Lasten auf die einzelnen Bilanzposten zu verteilen (dazu auch § 247 Anm 405ff; § 255 Anm 511ff). Sonstige Vorteile, die sich nicht als VG konkretisieren, zB steuerrechtliche Verlustvorträge, die nicht nach DRS 10.11ff anzusetzen sind, oder latente KSt-Anrechnungsguthaben des erworbenen TU aus der Zeit vor dem KSt-Systemwechsel oder vom TU verauslagte Forschungs- und Entwicklungskosten, die noch nicht zu einem immateriellen VG geführt haben, sind Teil des nach

Aufteilung verbleibenden Unterschiedsbetrags und sind als *Geschäfts- oder Firmenwert* zu erfassen (Anm 159 ff). Entspr gilt für nicht hinreichend konkretisierte Schulden, diese gehen entweder im Saldo des GFW auf oder führen zu einem passiven Unterschiedsbetrag aus der KapKons.

90 Die **festgestellten Reserven** sind grds – entspr dem Grundsatz der Einzelbewertung (§ 252 Abs 1 Nr 3 iVm § 298 Abs 1) – jeweils einzelnen VG, zB einem Grundstück oder einem Vorratsposten, zuzuordnen. Können die Reserven aber mit einem angemessenen Aufwand nicht pro VG, sondern nur für eine Gruppe gleichartiger VG festgestellt werden, ist es als zulässig anzusehen, eine **Zuordnung** auch auf abgrenzbare Gruppen vorzunehmen. Eine derartige Gruppenbildung kann nur innerhalb eines Bilanzpostens erfolgen; in Sonderfällen kann sie sogar den gesamten Posten umfassen (ebenso *Hachmeister* in Beck HdR C 401 Anm 40; *ADS*[6] § 301 Anm 69).

Die bei der ErstKons vorgenommene Zuordnung der stillen Reserven und Lasten *muss* – im Hinblick auf deren Fortführung im Rahmen der FolgeKons (dazu Anm 175 ff) – ausreichend **dokumentiert werden** (*ADS*[6] § 301 Anm 73). Dies kann durch die Erfassung von Inventarnummern oder sonstige eindeutige Kriterien, zB Artikelnummern bei Vorräten oder Standorte, geschehen. Außerdem muss über entspr organisatorische Vorkehrungen, zB Abfragen im Formblattabschluss *(package),* sichergestellt werden, dass das MU über Abgänge oder sonstige wertbeeinflussende Tatsachen dieser VG im Rahmen der Aufstellung des KA in Folgejahren informiert wird.

91 Die Feststellung und Verteilung von stillen Reserven und Lasten erfolgt nur für Zwecke des KA. Diese vom JA abw Wertansätze sind gesondert zu erfassen. Im Konzern-Anlagengitter sind die einzelnen VG entspr der Fiktion des Einzelerwerbs mit ihren im Rahmen der KapKons ermittelten Werten auszuweisen. Diese stellen die Konzern-AK dar. Eine Bindung an die im JA des TU angesetzten Werte besteht nicht.

Für eine bessere Vergleichbarkeit der **Konzern-Anlagengitter** im Zeitablauf sollten ggf gesonderte Spalten (bei den Zugängen, Abgängen) für die Veränderungen des KonsKreis eingerichtet werden (*ADS*[6] § 298 Anm 117 ff; § 298 Anm 30 ff).

95 **bb) Stille Reserven übersteigen den Unterschiedsbetrag.** Ist der nach der Aufrechnung der AK der Anteile mit dem darauf entfallenden (anteiligen) EK gem HB II verbleibende (aktive) Unterschiedsbetrag aus der KapKons niedriger als die Summe der bei diesem TU festgestellten stillen Reserven nach Abzug stiller Lasten, dürfen nach wohl hM stille Reserven nur bis zur Höhe des Unterschiedsbetrags aufgedeckt werden (zB *Dusemond/Weber/Zündorf* in HdKR[2] § 301 Anm 106 mwN). Begründet wurde dies in der Vergangenheit – insb mit Rücksicht auf die Regelung in Abs 1 S 4 aF (zB *Busse von Colbe* in MünchKomm HGB § 310 Anm 73) – damit, dass es sonst auf Konzernebene zu einem Verstoß gegen das **Anschaffungswertprinzip** (§ 253 Abs 1 S 1 iVm § 298 Abs 1) kommen würde, weil das aus Konzernsicht erworbene Reinvermögen des TU im Zuge der KapKons mit einem über den AK der Anteile liegenden Betrag im KA angesetzt würde.

Zwingend ist diese Interpretation indes nicht, weil auch bei Aufdeckung sämtlicher stillen Reserven eine erfolgsneutrale AK-Bilanzierung per saldo durch den (gleichzeitigen) Ansatz eines passiven Unterschiedsbetrags aus der KapKons möglich ist. Dem passivierten Unterschiedsbetrag kommt dann insoweit die Funktion eines Korrekturpostens für künftige negative Einflüsse zu. Es entspricht zudem der Fiktion der Erwerbsmethode, tatsächlich vorhandene (bisher) stille Reserven und Lasten in vollem Umfang zu bilanzieren und einen danach noch verbleibenden Unterschiedsbetrag auch dann noch zu bilanzieren, wenn er negativ ist. Im Übrigen entspricht diese Auslegung der Handhabung nach internationalen Rechnungslegungsgrundsätzen (dazu Anm 328).

Durch die **Abschaffung der Anschaffungskostenrestriktion** im Zuge des TransPuG (dazu ausführlich Voraufl Anm 110ff) ist das Hauptargument für eine auf den aktiven Unterschiedsbetrag (Saldo) aus der KapKons begrenzte Reservenaufdeckung nunmehr weggefallen. **96**

Für eine Beibehaltung der AK-Begrenzung bei der Buchwertmethode spricht allerdings, dass der Wortlaut der Parallelvorschrift zur Regelung in Abs 1 S 4 aF bei der Buchwertmethode, nämlich Abs 1 S 3, im Zuge des TransPuG nicht geändert wurde. Ausweislich der RegBegr zum TransPuG war nur eine „Abschaffung der AK-Restriktion bei der Neubewertungsmethode" beabsichtigt. Im Übrigen geht aus dem Wortlaut des Abs 1 S 3 klar hervor, dass bei Anwendung der Buchwertmethode nur *ein sich ergebender* (aktiver) *Unterschiedsbetrag* zur Reserven-/Lastenaufdeckung verwandt werden darf (so zB *ADS*[6] § 301 Anm 93).

Andererseits entspricht es der ganz hM (zB *ADS*[6] § 301 Anm 42), dass sich die Buchwert- und die Neubewertungsmethode konzeptionell nur in der Behandlung von Anteilen anderer Gester am Kapital des TU unterscheiden. Aus den Gesetzesmaterialien ergeben sich zudem keine Hinweise, dass im Zuge des TransPuG hieran etwas geändert werden sollte. Dafür spricht auch, dass die vom *DSR* initiierte Abschaffung der Buchwertmethode im Rahmen des TransPuG nicht aufgegriffen wurde, dh den Unt bis auf weiteres deren Anwendung gestattet ist.

Schließlich sollen die Änderungen im Rahmen des TransPuG ausweislich der Begr des RegE (s NZG 2002, 217) auch dazu dienen, das deutsche Konzernbilanzrecht näher an internationale Standards heranzuführen (s dazu Anm 310ff).

Vor diesem Hintergrund ist es uE – insb im Hinblick auf die Aufhebung des Abs 1 S 4 – daher vertretbar den (unveränderten) **Wortlaut des Abs 1 S 3** dahingehend **erweiternd auszulegen,** dass auch bei Anwendung der Buchwertmethode stille Reserven aufgelöst werden dürfen, weil der Kaufpreis der erworbenen Anteile unter Einbeziehung des negativen Unterschiedsbetrags per saldo nicht überschritten wird (so wohl auch *Busse von Colbe* BB 2002, 1585; aA *Hachmeister* in Beck HdR C 401 Anm 29: strenges AK-Prinzip bei der Buchwertmethode).

Es ist uE aber auch nicht zu beanstanden, wenn – insb mit Rücksicht auf den unveränderten Wortlaut des Abs 1 S 3 – bei Anwendung der Buchwertmethode die Aufdeckung der – nach (vollständiger) Zuordnung von stillen Lasten – verbleibenden stillen Reserven auf den Betrag des aktiven Unterschiedsbetrags begrenzt wird. **97**

In diesem Fall ergibt sich dann aber die Frage, nach welchen Grundsätzen der (niedrigere) Unterschiedsbetrag auf die vorhandenen stillen Reserven aufgeteilt werden soll. Dies ist deshalb von Bedeutung, weil das gewählte Aufteilungsverfahren, insb die Zuordnung von stillen Reserven zum Anlage- bzw Umlaufvermögen, im ErstKonsZeitpunkt die Vermögenslage und wegen der erfolgswirksamen FolgeKons (Anm 175ff) auch die künftige Ertragslage des Konzerns beeinflussen kann.

Für die Aufteilung der ermittelten stillen Reserven ist ebenso wie für die Feststellung dieser Werte keine bestimmte Methode vorgeschrieben. Es ist daher jede Methode zulässig, die zu einer zutreffenden Darstellung der Vermögens- und Ertragslage führt (§ 297 Abs 2 S 2) und die im Einklang mit den für den KA anwendbaren Bewertungsvorschriften steht. Eine willkürliche und damit nicht nachprüfbare Aufteilung ist nicht zulässig (*ADS*[6] § 301 Anm 90). Es ist im Einzelfall festzustellen, welche Verteilungskriterien diesen Anforderungen entsprechen und auch unter Wirtschaftlichkeits- und Wesentlichkeitsgesichtspunkten praktikabel sind.

Für die Aufteilung des Unterschiedsbetrags auf die einzelnen Bilanzposten werden folgende **Verfahrensweisen** vorgeschlagen (dazu auch *Küting/Zündorf* **98**

BB 1985, 1306f; *Dusemond/Weber/Zündorf* in HdKR[2] § 301 Anm 106ff; *ADS*[6] § 301 Anm 84ff; *WPH*[12] I M 325):

- Proportionale Zuordnung entspr dem Verhältnis der aufzulösenden Reserven zu den feststellbaren Reserven bei den betr Bilanzposten;
- Zuordnung nach der Bedeutung der stillen Reserven;
- Zuordnung nach dem Grad der Bestimmbarkeit des Vorhandenseins stiller Reserven;
- Zuordnung nach der Liquidierbarkeit der stillen Reserven, dh entweder in der Reihenfolge Umlaufvermögen, abnutzbares Anlagevermögen, nicht abnutzbares Anlagevermögen oder in der umgekehrten Reihenfolge (von langlebigen zu kurzlebigen VG).

99 Für die zuerst genannte, **proportionale Zuordnung** spricht, dass diese Verfahrensweise am ehesten der Abbildung eines vergleichbaren Vorgangs (Erwerb eines Betriebs ober Betriebsteils) im JA eines rechtlich einheitlichen Unt entspricht (glA *ADS*[6] § 301 Anm 90). Der *BFH* geht nach ständiger Rspr (DB 1994, 1756ff; § 255 Anm 82 mwN) davon aus, dass für Zwecke der Aktivierung der Mehrheit von VG, für die ein Gesamtkaufpreis bezahlt worden ist, dieser Kaufpreis auf die einzelnen VG im Verhältnis ihrer Zeitwerte (Verkehrswerte) aufzuteilen ist. Im Hinblick auf die Darstellung der VFE-Lage hat die proportionale Zuordnung ferner den Vorteil, dass alle stillen Reserven im Verhältnis gleich behandelt werden und eine Nachprüfbarkeit der Zuordnung gewährleistet ist.

Beispiel: Die AK für 100% der Anteile an einem TU betragen 100 Geldeinheiten (GE). Der Buchwert des EK lt HB II des TU beträgt 60 GE. Aus der Kapitalaufrechnung verbleibt somit ein aktiver Unterschiedsbetrag in Höhe von 40 GE. Die stillen Reserven beim TU betragen 50 GE und verteilen sich auf folgende Bilanzposten (stille Lasten liegen nicht vor):

Bilanzposten	Buchwert	Zeitwert	Stille Reserve
	GE	GE	GE
Grundstücke	20	45	25
Maschinen	30	40	10
Fertige Erzeugnisse	50	65	15
	100	150	50

Das Verhältnis des verfügbaren Unterschiedsbetrags (40 GE) zu den festgestellten stillen Reserven (50 GE) beträgt 4 : 5 = 80%, dh für jeden Bilanzposten werden einheitlich 80% der stillen Reserven aufgedeckt.

Bilanzposten	stille Reserve		aufgedeckte Reserve	Buchwert	Ansatz in Konzernbilanz
	GE		GE	GE	GE
Grundstücke	25	x 80% =	20	20	40
Maschinen	10	x 80% =	8	30	38
Fertige Erzeugnisse	15	x 80% =	12	50	62
	50		40	100	140

100 Entspr dem Prinzip der Wesentlichkeit und Wirtschaftlichkeit der Konzernrechnungslegung (§ 297 Anm 195ff) kann im Einzelfall auch eine **Zuordnung nach der Bedeutung** der stillen Reserven – ggf auch in Kombination mit einer proportionalen Zuordnung – eine adäquate Methode sein (glA *Dusemond/Weber/Zündorf* in HdKR[2] § 301 Anm 108). Diese Verteilung ist insb dann sinnvoll, wenn die möglichen Korrekturen bei einer Vielzahl von VG jeweils unbedeutend sind. Der Informationsgewinn aus einer „exakten“ Aufteilung steht in diesem Fall in keinem Verhältnis zum zusätzlichen Arbeitsaufwand, insb im Hinblick auf die Fortführung und Periodisierung der aufgedeckten stillen Reserven im Rahmen der FolgeKons. Unter den genannten Voraussetzungen darf die Zuordnung deshalb auf die Bilanzposten mit wesentlichen stillen Reserven beschränkt werden.

Gegen das Verfahren, die stillen Reserven zunächst bei denjenigen VG aufzudecken, deren Wiederbeschaffungswerte (Zeitwerte) vergleichsweise sicher bestimmt werden können, also zunächst zB bei marktgängigen Fertigerzeugnissen und erst danach bei gebrauchten Maschinen oder bebauten Betriebsgrundstücken ohne funktionierenden Markt (*ADS*[6] § 301 Anm 85), wird zu Recht eingewandt, dass damit ein zu großer Ermessensspielraum bei der Zuordnung der stillen Reserven eingeräumt wird (*Dusemond/Weber/Zündorf* in HdKR[2] § 301 Anm 109). Die Zeitwerte der verschiedenen VG sind alle mehr oder weniger unsicher und lassen sich deshalb idR nicht in eine eindeutige (auch überprüfbare) Reihenfolge bringen. Die **Zurechnung nach** dem **Bestimmtheitsgrad** der Existenz stiller Reserven kommt deshalb nicht in Betracht. Gleiches gilt für eine Zuordnung nach der **Liquidierbarkeit** der stillen Reserven. Schließlich ist auch eine **an der Rentabilität** der VG mit stillen Reserven **orientierte Aufteilung** des Unterschiedsbetrags nicht zulässig (*ADS*[6] § 301 Anm 89; glA *Dusemond/Weber/Zündorf* in HdKR[2] § 301 Anm 110), weil die Rentabilität der VG oder auch etwaige Verwertungsrisiken bereits bei der Ermittlung der Zeitwerte berücksichtigt werden. 101

Als Teil einer KonsMethode unterliegen die angewandten Verteilungskriterien dem **Stetigkeitsprinzip** (§ 297 Abs 3 S 2). In zeitlicher Hinsicht ist deshalb bei einem sukzessivem Erwerb von Anteilen an einem TU die Verteilungsmethode beizubehalten (ebenso *Hachmeister* in Beck HdR C 401 Anm 64; zum Stetigkeitsprinzip s § 297 Anm 200 ff). Die Aufteilung des Unterschiedsbetrags muss jedoch nicht in allen Fällen nach den gleichen Grundsätzen erfolgen. Individuelle Strukturen von TU, zB hoher Anteil von Grundbesitz einerseits und von Vorräten andererseits können unterschiedliche Verteilungsmethoden erfordern. Mit der gewählten Aufteilung muss aus Konzernsicht eine zutreffende Darstellung der Vermögenslage gewährleistet sein. 102

Die bei der Zurechnung der stillen Reserven jeweils **zugrundegelegte Methode** ist – im Jahr der ErstKons – im Rahmen der Erl der Bilanzierungs- und Bewertungsmethoden im **Konzernanhang** nach § 313 Abs 1 S 2 Nr 1 anzugeben (*Busse von Colbe/Ordelheide*[6], 220).

cc) Sonstige Aufteilungsprobleme. Bei TU, an denen **andere Gesellschafter beteiligt** sind, dürfen stille Reserven und Lasten in den VG und Schulden dieses TU nicht in voller Höhe (100%), sondern nur entspr der Beteiligungsquote aufgedeckt werden, die den in den KA einbezogenen Anteilen an diesem TU entspricht. Auch wenn der Anteilskaufpreis nach Ertrags- und nicht Substanzwertgesichtspunkten festgelegt wird (dazu § 253 Anm 403), muss davon ausgegangen werden, dass der Erwerber der Anteile (MU oder in KA einbezogenes TU) maximal jeweils den **beteiligungsproportionalen Anteil** am Zeitwert vergütet (hM *ADS*[6] § 301 Anm 76; *WPH*[12] I M 352). Stille Reserven, die auf Anteile anderer Gester entfallen, dürfen bei der Buchwertmethode nicht aufdeckt werden (ausführlich § 307 Anm 20). 105

Der aufzuteilende Unterschiedsbetrag aus der KapKons eines TU ist idR eine **Saldogröße** aus stillen Reserven und stillen Lasten sowie ggf einem GFW (glA *ADS*[6] § 301 Anm 92; *WPH*[12] I M 349; *SABI 2/1988* WPg, 622). Die Beschränkung der Aufteilung auf den *sich ergebenden Unterschiedsbetrag* in Abs 1 S 3 kann nach dem Zweck der Erwerbsfiktion nur im Hinblick auf den Saldo aus stillen Reserven und Lasten zu verstehen sein (im Ergebnis ebenso *Dusemond/Weber/Zündorf* in HdKR[2] § 301 Anm 120). Der Erwerbsfiktion würde es deshalb nicht entsprechen, lediglich die stillen Reserven (ohne stille 106

Lasten) bis zur Höhe des Unterschiedsbetrags aufzulösen (so wohl auch *Hachmeister* in Beck HdR C 401 Anm 56; *Reige* BB 1987, 1217; aA *Sahner/Häger* DB 1988, 407).

Beispiel: Gleichzeitige Aufdeckung stiller Reserven und stiller Lasten

	GE
AK für 100% der Anteile am TU	100
Buchwert des EK dieses TU	70
= Unterschiedsbetrag	30
stille Lasten	+ 20
stille Reserven	– 40
GFW	10

Insgesamt sind die einzelnen VG und Schulden des TU in der Konzernbilanz in Höhe von saldiert 100 GE angesetzt. Dies entspricht dem Zeitwert der einzelnen Posten, der hier mit den AK der Anteile übereinstimmt.

107 Übersteigt das (anteilige) EK lt HB II des TU die AK der Anteile, ergibt sich bei der Kapitalaufrechnung ein **passiver Unterschiedsbetrag.** Sofern stille Lasten vorhanden sind, sind diese ohne Einschränkung aufzudecken. Gleiches gilt – sofern man den Wegfall der AK-Restriktion auch bei der Buchwertmethode bejaht (Anm 96) – auch für die auf die Anteile des MU entfallenden stillen Reserven, selbst wenn dies zu einer Erhöhung des passiven Unterschiedsbetrags führt.

Andernfalls, dh wenn man auch weiterhin dem Wortlaut des Abs 3 S 1 folgt, dürfen vorhandene stille Reserven in dieser Konstellation nur aufgedeckt werden, wenn sie zugleich durch stille Lasten kompensiert werden können.

4. Angaben im Konzernanhang (Abs 1 S 4)

120 Die **angewandte Methode** der KapKons ist im Konzernanhang anzugeben (Abs 1 S 5). Es ist ausreichend, wenn angegeben wird, dass als Verrechnungsmethode die *„Buchwertmethode"* oder die *„Neubewertungsmethode"* gewählt wurde. Einer Begr bedarf es nicht (wegen weiterer Angaben im Konzernanhang zur KapKons Anm 155, 166f).

Eine **Begründung** ist jedoch dann erforderlich, wenn beide KonsMethoden im KA gleichzeitig angewandt werden und bei bedeutenden TU in nennenswerten Umfang Anteile iSv § 307 vorhanden sind (zur Zulässigkeit Anm 45). In bedeutenden Einzelfällen sollten auch die TU genannt werden, bei denen von der im KA vorherrschenden Methode abgewichen wurde; zB im Rahmen der Berichterstattung nach § 313 Abs 2 Nr 1 (so *WPH*[12] I M 686).

5. Vergleich der beiden Konsolidierungsmethoden

125 Abgesehen von der nur formal unterschiedlichen technischen Vorgehensweise bei der Aufdeckung stiller Reserven und Lasten im Rahmen der Erwerbsbilanzierung besteht der **einzige** materielle **Unterschied** zwischen der Buchwert- und der Neubewertungsmethode nach bisher hM allein bzgl des Ausweises des (anteilig) auf andere Gester entfallenden Reinvermögens im KA.

Bei der Buchwertmethode wird der Erwerbsgedanke nur auf das (anteilig) auf die Mehrheits-Gester entfallende Reinvermögen angewendet, was seine Ursache darin haben kann, dass der KA zuerst der Information der Gester des MU dienen soll, und **bezüglich der auf Minderheiten entfallenden Vermögensteile** wird wie bei der Methode der Interessenzusammenführung verfahren (*Busse von Colbe/Ordelheide*[6], 201). Demgegenüber wird bei der Neubewertungsmethode der Erwerbsgedanke konsequent auch für das auf die anderen Gester entfallende Reinvermögen angewandt. Die Neubewertung der auf die anderen Gester entfallenden VG, Schulden, RAP, Bilanzierungshilfen und Sonderposten führt im Jahr der ErstKons zu einem höheren Ausweis des Konzern-EK als bei der Buchwertmethode. In den Folgejahren kommt es idR durch höhere Abschreibungen auf die betr VG zu Mehrbelastungen des Konzernergebnisses (zur Kons bei Anteilen anderer Gester s § 307 Anm 7 ff).

Bei einem **100%-igen Anteilsbesitz** des MU (ggf zusammen mit anderen KonzernUnt) am TU führen Buchwert- und Neubewertungsmethode nach bisherigem Verständnis somit zum gleichen Ergebnis. 126

Nachdem im Zuge des TransPuG die AK-Begrenzung ausdrücklich nur für die Neubewertungsmethode aufgehoben worden ist, kann diese grds Wertung jedoch nicht mehr uneingeschränkt aufrecht erhalten werden bzw nur dann, wenn man in bestimmten Konstellationen Abs 1 S 3 erweiternd auslegt. Dh in den seltenen Fällen, in denen der Saldo aus stillen Reserven abzgl ggf vorhandener stiller Lasten den (aktiven) Unterschiedsbetrag aus der KapKons übersteigt, die Aufdeckung von stillen Reserven auch dann zulässt, wenn dies zur Entstehung eines passiven Unterschiedsbetrags führt (s Anm 96). UE spricht einiges für diese erweiternde Auslegung.

Andernfalls kann es in der vorgenannten Konstellation auch bei TU, die im alleinigen Anteilsbesitz des MU stehen, – in Abhängigkeit davon, ob der Erwerbsvorgang nach der Buchwert- bzw der Neubewertungsmethode abgebildet wird – zu unterschiedlichen Ergebnissen im KA kommen (s dazu aber Anm 128).

Unabhängig hiervon ist die grds Frage, ob es Gründe dafür gibt, eine dieser beiden Varianten der Erwerbsmethode möglicherweise auch außerhalb des 100%-Falls der jeweils anderen vorzuziehen. 127

Bereits bisher wurde in diesem Zusammenhang der Umstand, dass es bei Anwendung der Buchwertmethode, für den Fall, dass andere Gester am TU beteiligt sind, im Zuge der Erwerbsbilanzierung zu einer Vermischung von Zeit- und Buchwertansätzen kommt, als ein Nachteil ggü der Neubewertungsmethode gewertet. Insofern wird aus theoretischer Sicht der Neubewertungsmethode, bei der der Einheitsgedanke (§ 297 Abs 3 S 1) konsequent auf die (gesamte) Erwerbsbilanzierung anwendet wird, der Vorzug ggü der Buchwertmethode eingeräumt. Implizit bedeutet die Anwendung der Neubewertungsmethode nämlich, dass der so aufgestellte KA dann nicht nur den Gestern des MU, sondern auch den übrigen Gestern des Konzern relevante Informationen über das auf sie entfallende Reinvermögen vermittelt, dh tendenziell seiner Informationsfunktion (§ 297 Anm 1) besser gerecht wird.

Dieser **theoretische Vorzug der Neubewertungsmethode** mag auch der Grund dafür gewesen sein, weshalb der *DSR* im Rahmen des DRS 4 diese zur einzigen den (deutschen) Grundsätzen ordnungsmäßiger Konzernrechnungslegung entspr Methode erklärt hat (DRS 4.23). Auch nach IFRS 3 ist für Unternehmenserwerbe, bei denen das Datum des Vertragsabschlusses *(agreement date)* nach dem 31. März 2004 liegt (IFRS 3.78), ausschließlich die Methode der vollständigen Neubewertung anzuwenden (s auch Anm 328).

Dieser Umstand wird noch verstärkt, wenn nach den Änderungen durch das TransPuG die AK-Begrenzung (nur) bei der Buchwertmethode (s Anm 95) beibehalten wird. Sofern unter dieser Voraussetzung bei Anwendung der Buchwertmethode stille Reserven in einem Umfang, durch den die Vermögenslage des Konzerns beeinträchtigt wird, im Zuge der Erwerbsbilanzierung nicht aufgedeckt werden, sind uE mit Rücksicht auf die Generalnorm (§ 297 Abs 2 S 1) ergänzende Angaben im Konzernanhang zum Umfang der unterlassenen Reservenaufdeckungen erforderlich (§ 297 Abs 2 S 2). 128

Die Frage, ob die Buchwertmethode in einer solchen Konstellation überhaupt anwendbar ist, dürfte sich mit Rücksicht auf den eindeutigen Gesetzeswortlaut dagegen nicht stellen.

III. Zeitpunkt der Kapitalkonsolidierung (Abs 2)

1. Überblick (Abs 2 S 1)

140 Bei der erstmaligen Einbeziehung eines TU in den KA dürfen für die Verrechnung des Beteiligungsbuchwerts mit dem darauf entfallenden anteiligen EK des TU gem Abs 2 folgende Zeitpunkte zugrunde gelegt werden:
- Zeitpunkt des Erwerbs der Anteile,
- Zeitpunkt, zu dem das Unt TU geworden ist oder
- Zeitpunkt der erstmaligen Einbeziehung des TU.

Diese **Erstkonsolidierungszeitpunkte sind** als **Alternativen** zu verstehen. Zum EndKonsZeitpunkt s Anm 250.

2. Zeitpunkt des Erwerbs der Anteile

143 „Zeitpunkt des Erwerbs" ist bilanzrechtlich der Zeitpunkt, zu dem das **wirtschaftliche Eigentum** an den Anteilen am TU nach den GoB auf das MU übergeht, was jedoch idR erst mit der dinglichen Übereignung der Anteile der Fall sein wird.

Soweit – insb bei unterjährigen Anteilserwerben – auf **schuldrechtlicher** Basis (zB im Kaufvertrag) zwischen den Parteien bestimmt wird, dass der Erwerb der Anteile mit (wirtschaftlicher) **Rückwirkung** auf den Beginn des jeweiligen Gj erfolgen soll, ist dies für die Bestimmung des Erwerbszeitpunkts jedoch unbeachtlich (s auch § 300 Anm 44 ff). Durch derartige Vereinbarungen wird lediglich im Innenverhältnis zwischen den Parteien klargestellt, dass ein bis zum Erwerbszeitpunkt entstandenes Ergebnis des TU bereits durch den Kaufpreis abgegolten ist, dh aus Sicht des Erwerbers zum konsolidierungspflichtigen EK gehört.

144 Fraglich ist, wie der Erwerbszeitpunkt zu bestimmen ist, wenn das MU die Anteile am TU im Rahmen eines **Umwandlungsvorgangs** erwirbt. Für Zwecke des handelsrechtlichen JA des MU (übernehmender Rechtsträger) wird der Vermögensübergang auf einen in der Vergangenheit liegenden Umwandlungsstichtag zurückbezogen; Umwandlungsstichtag ist der Zeitpunkt, von dem an die Handlungen des übertragenden Rechtsträgers, zu dessen Vermögen die Anteile am TU gehören, für Rechnung des übernehmenden Rechtsträgers vorgenommen gelten (§ 5 Abs 1 Nr 6 bzw § 126 Abs 1 Nr 6 UmwG).

Ein Mutter-Tochterverhältnis iSv § 290 Abs 2 Nr 1 setzt voraus, dass dem MU die Mehrheit der Stimmrechte an einem TU zusteht. Dies könnte dafür sprechen, dass es in den zur Rede stehenden Fällen auf den Übergang des **rechtlichen Eigentums** ankommt, was gem § 20 Abs 1 Nr 1 bzw § 131 Abs 1 Nr 1 UmwG mit der Eintragung in das HR der Fall ist. Denn erst zu diesem Zeitpunkt stehen dem MU die mit den Anteilen verbundenen Rechte, insb die Stimmrechte, am TU zu. Andererseits ist zu berücksichtigen, dass bei der Frage, welche Rechtspositionen einem MU in bezug auf ein anderes Unt (TU) zustehen, auch solche Rechte zu berücksichtigen sind, die einem TU sowie den für Rechnung des MU oder eines TU handelnden Personen zustehen (§ 290 Abs 3 S 1). Von einem Halten bzw Innehaben von Rechten „für Rechnung" ist dann auszugehen, wenn das wirtschaftliche Risiko und die wirtschaftlichen Chancen aus diesen Rechten bei einem Dritten, dh dem betreffenden MU liegen (s § 290

Anm 72ff; auch *ADS*[6] § 290 Anm 139). Fraglich ist somit, ob ein **„Halten für Rechnung"** iSd § 290 Abs 3 bei Umwandlungsvorgängen bereits ab der Erlangung des wirtschaftlichen Eigentums an den Anteilen durch das MU gegeben ist. Für Zwecke des handelsrechtlichen JA wird ein Übergang des wirtschaftlichen Eigentums angenommen, wenn folgende Voraussetzungen (kumulativ) erfüllt sind (*HFA 2/1997* Zweifelsfragen der Rechnungslegung bei Verschmelzungen, WPg, 236f; *Förschle/Hoffmann* in Sonderbilanzen[3] I Anm 12):

- Bis zum Abschlussstichtag muss ein Umwandlungsvertrag formwirksam abgeschlossen sein, und es müssen die Beschlüsse sowie ggf erforderliche Zustimmungserklärungen der Anteilsinhaber vorliegen.
- Der vereinbarte Umwandlungsstichtag muss vor dem JA-Stichtag liegen oder mit diesem zusammenfallen.
- Die Umwandlung muss bis zum Ende der Aufhellungsphase des JA ins HR eingetragen worden bzw die Eintragung muss so gut wie sicher sein.
- Es muss faktisch oder durch entspr Regelungen im Umwandlungsvertrag sichergestellt sein, dass der übertragende Rechtsträger nur im Rahmen eines ordnungsmäßigen Geschäftsgangs oder mit Einwilligung des übernehmenden Rechtsträgers über die zu übertragenden VG und Schulden verfügen kann.

Dafür, dass bei einer Umwandlung mit dem Übergang des wirtschaftlichen Eigentums an den Anteilen am TU die Voraussetzungen für eine Zurechnung nach § 290 Abs 3 gegeben sind, spricht uE zum einen die ausdrückliche Vereinbarung eines Umwandlungsstichtags, durch die sichergestellt wird, dass das wirtschaftliche Risiko und die Chancen aus den Anteilen ab einem bestimmten Zeitpunkt allein auf den übernehmenden Rechtsträger (MU) entfallen. Zum anderen wird durch die zuletzt genannte Voraussetzung sichergestellt, dass die eigentlich formalrechtlich Berechtigten die mit den Anteilen verbundenen Rechte, insb Stimmrechte, wirtschaftlich betrachtet als Treuhänder für das MU inne haben und dadurch ein Mutter-Tochterverhältnis begründet wird. Der frühest mögliche Zeitpunkt, zu dem die vorgenannten Voraussetzungen erfüllt bzw deren Eintreten so gut wie sicher sein kann, ist der rechtswirksame Abschluss des Umwandlungsvertrags.

Für Zwecke des handelsrechtlichen JA wird aus **Vereinfachungsgründen** schließlich darüber hinaus akzeptiert, dass der übernehmende Rechtsträger, (MU) auch dann, wenn das wirtschaftliche Eigentum erst nach dem Umwandlungsstichtag übergegangen ist, das übergehende (Rein-)Vermögen (hier Anteile) nach den Verhältnissen des Umwandlungsstichtags einbucht und die Veränderungen dieses (Rein-)Vermögens (Erträge und Aufwendungen) seit diesem Zeitpunkt wie eigene Geschäftsvorfälle abbildet (*HFA 2/1997* aaO, 237). Es dürfte uE im Ergebnis nicht zu beanstanden sein, wenn im KA entspr verfahren wird und dieser Zeitpunkt als Erwerbszeitpunkt zugrunde gelegt wird.

Die Verrechnung auf Basis der Wertansätze zum Zeitpunkt des Erwerbs der **145**
Anteile entspricht am ehesten der Konzeption der Erwerbsmethode. Nur zu diesem Zeitpunkt repräsentiert der Kaufpreis der Anteile am TU iSd Einzelerwerbsfiktion (Anm 3) tatsächlich den Gesamtkaufpreis, den das rechtlich einheitliche Unt für die (anteiligen) VG abzgl Schulden des TU gezahlt hat. Bei einer Kons zum Zeitpunkt des Erwerbs der Anteile wird außerdem sichergestellt, dass das vom Konzern erworbene Reinvermögen richtig von den danach in der „unselbständigen Betriebsstätte" (TU) erwirtschafteten Reinvermögensmehrungen/-minderungen (Ergebnissen) abgegrenzt wird (*Küting/Hayn* DStR 1997, 1942).

Dieser **Zeitbezug** iSd Erwerbsmethode **zwischen** dem **Anteilskaufpreis** einerseits **und** dem aus Konzernsicht erworbenen **Reinvermögen** andererseits besteht im Übrigen grds unabhängig davon, ob mit dem Erwerbsvorgang zugleich ein Mutter-Tochterverhältnis iSv § 290 begründet wird oder nicht. Folglich bedeutet bei einem stufenweisen Erwerb der Anteile an einem TU *(sukzessiver Anteilserwerb)* eine ErstKons auf den Erwerbszeitpunkt, dass für jeden bedeutenden Teilerwerb (Tranche) eine gesonderte Kapitalaufrechnung nach den Wertverhältnissen im jeweiligen Erwerbszeitpunkt durchzuführen ist.

146 Die KapKons auf den Erwerbszeitpunkt ist unproblematisch, wenn der Anteilserwerb zum Bilanzstichtag des TU erfolgt. Erfolgt der Erwerb der Anteile dagegen während des Gj des TU, empfiehlt sich die Aufstellung eines Zwischenabschlusses, eine Verpflichtung hierzu besteht allerdings nicht (DRS 4.11). Der **Zwischenabschluss,** der auch ein zeitnah um den Erwerbsstichtag aufgestellter (verlässlicher) Monats- bzw Quartalsabschluss sein darf, dient zum einen der Dokumentation der erworbenen VG und Schulden (Mengengerüst) und zum anderen der Ermittlung des EK des TU einschl des bis dahin erwirtschafteten und vom MU ggf miterworbenen Jahresergebnisses (so auch *WPH*[12] I M 372). Ein bis zum Erwerb erwirtschafteter Überschuss, der noch den bisherigen Gestern zusteht, darf nicht in die KapKons einbezogen werden. Dieser Betrag ist im Zwischenabschluss als Verbindlichkeit zu berücksichtigen (*Busse von Colbe/Ordelheide*[6], 298). Die in die Konzern-GuV zu übernehmenden – während der Konzernzugehörigkeit erzielten – Erträge und Aufwendungen ergeben sich als Differenz zwischen den Posten der Jahres-(GuV) des TU und der GuV des Zwischenabschlusses (*Busse von Colbe/Ordelheide*[6], 414).

Vereinfachend ist es aber auch zulässig, bei einem unterjährigen Anteilserwerb auf die Aufstellung eines Zwischenabschlusses zu verzichten und stattdessen den zum konsolidierungspflichtigen EK gehörenden Teil des Jahresergebnisses und die in die Konzern-GuV zu übernehmenden Aufwendungen und Erträge des TU statistisch (zeitanteilig) anhand des JA zu ermitteln (dazu *HFA 3/1995* WPg, 698; *Schulte* DB 1994, 155; § 300 Anm 45).

Abgesehen von der vereinfachten Ermittlung des konsolidierungspflichtigen EK können sich in diesem Fall Ungenaugigkeiten bei der KapKons außerdem auch dadurch ergeben, dass mangels eines Zwischenabschlusses ein Inventar auf den Erwerbszeitpunkt fehlt, weshalb für die Zuordnung der stillen Reserven und Lasten des TU vom **Mengengerüst** zum Stichtag des JA ausgegangen werden muss. Dies kann zB dazu führen, dass (anteilige) stille Reserven, die auf einen im Erwerbszeitpunkt vorhandenen und bis zum JA-Stichtag veräußerten VG entfielen, entweder anderen VG zugeordnet oder aber als GFW ausgewiesen werden, dh erst in der Zukunft im Rahmen der FolgeKons periodisiert werden, während sie bei einer Zuordnung der stillen Reserven auf Basis des Mengengerüsts im Erwerbszeitpunkt bereits erfolgswirksam geworden wären. Dieser Fehler sowie der Umstand, dass stille Reserven bei einzelnen VG überhaupt erst nach dem Erwerb bis zum späteren JA-Stichtag entstehen und damit aus Konzernsicht nicht erworben, sondern originär geschaffen sind, dürfte jedoch in der Mehrzahl der Fälle von untergeordneter Bedeutung für die Vermögens- und Ertragslage des Konzerns sein. Dabei ist auch zu berücksichtigen, dass, auch wenn für die Zuordnung der stillen Reserven und Lasten vom Inventar zum (späteren) JA-Stichtag ausgegangen wird, deren Periodisierung (Verrechnung von Abschreibungen etc) ab dem (früheren) Erwerbszeitpunkt beginnen muss.

147 Wird ein bislang, zB auf Grund eines **Einbeziehungswahlrechts** (§ 296), nicht vollkonsolidiertes und auch nicht nach der Equity-Methode konsolidiertes TU erstmals in den KA einbezogen, dürfen der ErstKons ebenfalls die Wertverhältnisse im Zeitpunkt des Erwerbs zugrunde gelegt werden. In diesem Fall ist für die im Rahmen der KapKons zum früheren Erwerbszeitpunkt aufgedeckten stillen Reserven und Lasten sowie einen sich ergebenden GFW bzw passiven Unterschiedsbetrag eine FolgeKons (Anm 175) für die seitdem vergangenen

Konzern-Gj in einer Nebenrechnung durchzuführen. Der Teil der stillen Reserven etc, der im Rahmen einer regulären FolgeKons bis zum Beginn des Konzern-Gj der Einbeziehung, zB in Form von Abschreibungen, ergebniswirksam geworden wäre (Berichtigungssaldo), wird dabei üblicherweise *erfolgsneutral* mit dem Konzern-Ergebnisvortrag bzw den Konzern-Gewinnrücklagen verrechnet (sog retroaktive Anpassung; glA *ADS*[6] § 301 Anm 118; *Busse von Colbe* in MünchKomm HGB § 301 Anm 111). Ebenso wird für die nach dem ErstKons-Zeitpunkt beim TU entstandenen und nicht ausgeschütteten Jahresergebnisse verfahren. Im Ergebnis erfolgt die Darstellung so, als ob das TU bereits seit seinem Erwerb in den KA einbezogen worden wäre.

Es dürfte aber ebenfalls zulässig sein, die aus der Fortschreibung der ErstKons resultierenden Aufwendungen (Abschreibungen auf stille Reserven und GFW) und ggf Erträge (zB Auflösung eines passiven Unterschiedsbetrags; § 309 Anm 45 ff) im Jahr der erstmaligen Einbeziehung *ergebniswirksam* zu berücksichtigen. Da es sich dabei um aperiodische Aufwendungen und Erträge handelt, sind wesentliche Beträge gem § 277 Abs 4 S 3 iVm § 298 Abs 1 im Konzernanhang zu erläutern. Nach dem ErstKons-Zeitpunkt beim TU thesaurierte Gewinne oder entstandene Verluste sind in diesem Fall – soweit sie nicht auf Anteile anderer Gester entfallen – als Beteiligungsergebnis zu erfassen (analog *HFA 3/1995* WPg, 698; s auch § 300 Anm 48 Beispiel 2). Im Interesse der Klarheit der Darstellung in der Konzern-GuV besteht auch die Möglichkeit, diese Beträge mit den Ergebniseffekten aus der Nachholung der FolgeKons zusammenzufassen und unter entspr Bezeichnung gem § 265 Abs 5 S 2 iVm § 298 Abs 1 gesondert auszuweisen und im Konzernanhang zu erläutern. 148

3. Zeitpunkt, zu dem das Unternehmen Tochterunternehmen geworden ist

Werden die Anteile an einem Unt zu mehreren Zeitpunkten erworben, darf die Kapitalaufrechnung der einzelnen Tranchen, statt auf der Grundlage ihres jeweiligen Erwerbszeitpunkts (Anm 144), auch auf Basis der Wertverhältnisse zu dem Zeitpunkt erfolgen, zu dem erstmals ein Mutter-Tochterverhältnis gem § 290 vorgelegen hat, dh auf den Erwerbszeitpunkt derjenigen Tranche erfolgen, durch die das Mutter-Tochterverhältnis iSd § 290 begründet wurde (zu Unterschieden der IFRS s Anm 321). 149

Eine Einbeziehung ab dem Zeitpunkt der Begr der Konzernzugehörigkeit eines TU dient der **Vereinfachung** der KapKons, weil im Rahmen der ErstKons die Zeitwerte des (anteilig) erworbenen Reinvermögens nur zu einem – und nicht für mehrere – Zeitpunkt(e) ermittelt werden müssen und damit automatisch bei der FolgeKons auf die gesonderte Fortführung der Zusatzbewertungen und Unterschiedsbeträge für die verschiedenen Tranchen verzichtet werden kann (glA *ADS*[6] § 301 Anm 122; *v. Wysocki/Wohlgemuth*[4], 134; *Busse von Colbe* in MünchKomm HGB § 301 Anm 118).

Nach überwiegender Auffassung (*WPH*[12] I M 373; *ADS*[6] § 301 Anm 122) ist es auch bei sukzessivem Erwerb zulässig, im Fall einer späteren erstmaligen Einbeziehung des TU in den KA diesen Zeitpunkt als Verrechnungszeitpunkt zu wählen. Zur Abgrenzung der in die Konzern-GuV zu übernehmenden Aufwendungen und Erträge s § 300 Anm 44 f.

4. Erwerbszeitpunkt im Sinne des DRS 4

Entspr der Grundsätze des *DSR* sind TU ebenfalls immer auf der Grundlage der Wertverhältnisse im *Erwerbszeitpunkt* erstmals in den KA einzubeziehen (DRS 4.9). Dabei ist allerdings zu beachten, dass der *DSR* den Erwerbszeitpunkt 150 nicht in Abhängigkeit von der Erlangung des wirtschaftlichen Eigentums an den jeweils erworbenen Anteilen (Tranchen), sondern als den Zeitpunkt definiert, von dem an das MU das TU beherrscht und somit ein Mutter-Tochterverhältnis iSv § 290 besteht (DRS 4.7).

Diese Definition des Zeitpunkts der erstmaligen Einbeziehung ist insb iZm sukzessiven Anteilserwerben von Bedeutung. Für diese ist nach dem Wortlaut des DRS 4.9 eine tranchenweise KapKons nach Maßgabe der Wertverhältnisse in den einzelnen Erwerbszeitpunkten (Anm 144) nicht zulässig, sondern hat vielmehr einheitlich auf den Zeitpunkt der Begründung des Mutter-Tochterverhältnisses zu erfolgen. Dies wiederum bedeutet eine **Abweichung gegenüber** den Grundsätzen des **IFRS 3**, demzufolge die tranchenweise KapKons bei sukzessiven Erwerben explizit vorgeschrieben ist (IFRS 3.24f; ebenso bereits bisher IAS 22.36ff; s auch Anm 380ff).

Ob dieser Unterschied seitens des *DSR* tatsächlich beabsichtigt war, erscheint uE zumindest fraglich (ebenso *Hachmeister* in Beck HdR C 401 Anm 68: sprachliches Missverständnis), weil der *DSR* seinerseits in anderem Zusammenhang – nämlich anlässlich der erstmaligen Einbeziehung von assozUnt – ausdrücklich eine tranchenweise Kons verlangt (s dazu DRS 8.15 f).

5. Zeitpunkt der erstmaligen Einbeziehung

151 Aus Vereinfachungsgründen dürfen der Kapitalaufrechnung ferner auch die Werte zum Zeitpunkt der erstmaligen Einbeziehung des TU in den KA zugrunde gelegt werden. Nach den Regeln des DRS 4 ist die Inanspruchnahme dieser **Vereinfachung nicht zulässig** (DRS 4.10).

Bei Wahl dieses Verrechnungszeitpunkts sind die vom TU zwischen dem Erwerbs- und dem ErstKons-Zeitpunkt erzielten Jahresergebnisse (Reinvermögensmehrungen/-minderungen) Bestandteile des konsolidierungspflichtigen EK. Je länger die zeitliche Entfernung vom Erwerbszeitpunkt ist, desto fehlerhafter kann die Darstellung sein (*Schulte* DB 1994, 156; *Küting/Hayn* DStR 1997, 1942), weil dem Kaufpreis der Anteile ein (Rein-)Vermögen gegenübergestellt wird, das in dieser Höhe und Zusammensetzung im (historischen) Erwerbszeitpunkt nicht vorhanden war. Handelt es sich um aus Konzernsicht wesentliche Beträge, sind gem § 297 Abs 2 S 2 erläuternde Angaben im Konzernanhang zu machen (ebenso *ADS*[6] § 301 Anm 119). Ungeachtet des gewählten ErstKons-Zeitpunkts unterliegen VG und Schulden des TU, die aus konzerninternen Lieferungen ab dem Erwerbszeitpunkt (Begründung Mutter-Tochterverhältnis) stammen, der Zwischenergebniseliminierung gem § 304 (s dort Anm 65).

152 Für TU, die im Verlauf des Konzern-Gj erworben wurden und im **Erwerbsjahr** auch bereits vollkonsolidiert werden, entspricht der Zeitpunkt der erstmaligen Einbeziehung dem **Konzernbilanzstichtag.** Aufwendungen und Erträge des TU sind jedoch unabhängig davon grds ab dem Erwerbszeitpunkt zu übernehmen, wodurch der vermeintliche Vereinfachungseffekt (Anm 151) weitgehend wieder entfällt (aA *Busse von Colbe* in MünchKomm HGB § 301 Anm 113; *Hachmeister* in Beck HdR C 401 Anm 71). Um dann aber eine Doppelerfassung des bereits bei der KapKons einbezogenen Jahresergebnisses des TU im KA zu vermeiden, sind die in die Konzern-GuV übernommenen Aufwendungen und Erträge des TU durch Einstellung eines AusglPo zu neutralisieren (*ADS*[6] § 301 Anm 124; *Busse von Colbe/Ordelheide*[6], 415; *HFA 3/1995* WPg 1995, 698). Soll der Ausweis eines AusglPo vermieden werden, muss der KapKons der Erwerbszeitpunkt zugrunde gelegt werden (Anm 145).

Ist bei dem TU vom Erwerbs- bis zum Konzernbilanzstichtag ein Gewinn erzielt worden, muss ein ergebnismindernder AusglPo in die Konzern-GuV eingestellt werden. Dieser kann, weil die Einbeziehung des Gewinns in die Kapitalaufrechnung gleichzeitig zur Verminderung eines aktiven Unterschiedsbetrags bzw ggf zur Entstehung oder zur Erhöhung eines passiven Unterschiedsbetrags aus der KapKons führt, als eine vorweggenommene Abschreibung auf stille Reserven interpretiert werden. Das Konzernergebnis wird dadurch tendenziell schlechter dargestellt. Ist dagegen beim TU seit dem Erwerb ein Verlust entstanden, führt dessen Einbeziehung in die KapKons zu einer Entstehung oder Erhöhung eines aktiven Unterschiedsbetrags bzw zur Verminderung eines passiven Unterschiedsbetrags, gleichzeitig wird das Konzernergebnis tendenziell besser dargestellt. Der in der Konzern-GuV ausgewiesene ergebniserhöhende AusglPo hat den Charakter eines Zuschreibungsertrags.

Falls die **Erstkonsolidierung nicht im Erwerbsjahr,** sondern in einer späteren Periode erfolgt, sind der KapKons die Wertverhältnisse zu Beginn des jeweiligen Konzern-Gj zugrunde zu legen (ebenso *ADS*[6] § 301 Anm 120; *Busse von Colbe/Ordelheide*[6], 301).

6. Angaben im Konzernanhang (Abs 2 S 2)

Der **gewählte Verrechnungszeitpunkt** für die ErstKons ist im Konzernanhang anzugeben (Abs 2 S 2). Dazu genügt die Angabe der in Abs 2 S 1 verwandten Umschreibungen; eine Nennung von genauen Kalenderdaten ist nicht erforderlich (*ADS*[6] § 301 Anm 123). DRS 4.54 verlangt jedoch von *kapitalmarktorientierten MU* die Angabe des (konkreten) Erwerbszeitpunkts/-datums im Konzernanhang. Kommen mehrere ErstKons-Zeitpunkte zur Anwendung, ist bei bedeutenden TU der jeweilige Verrechnungszeitpunkt anzugeben. 155

Bei unterjährig erworbenen TU, bei denen die Kapitalaufrechnung auf den Konzernbilanzstichtag (Zeitpunkt der erstmaligen Einbeziehung) vorgenommen wird (Anm 152), ist – in Fällen von Bedeutung – die Verfahrensweise zur Vermeidung einer Doppelerfassung des Jahresergebnisses zu erläutern.

Für TU, bei denen die ErstKons rückwirkend auf den Erwerbsstichtag vorgenommenen wurde (Anm 147), sind die erfolgsneutral mit dem Konzern-Ergebnisvortrag bzw den -Rücklagen verrechneten Beträge anzugeben, sofern sie nicht aus dem EK-Spiegel nach § 297 Abs 1 S 1 ersichtlich sind (dazu § 297 Anm 112).

IV. Behandlung verbleibender Unterschiedsbeträge (Abs 3)

1. Ausweis als „Geschäfts- oder Firmenwert" oder als „Unterschiedsbetrag aus der Kapitalkonsolidierung" (Abs 3 S 1)

Ein bei Anwendung der Buchwertmethode nach Aufteilung von stillen Reserven und Lasten verbleibender oder ein bei der Verrechnung nach der Neubewertungsmethode entstehender Unterschiedsbetrag ist in der Konzernbilanz (gesondert) auszuweisen. Ein positiver Unterschied ist auf der Aktivseite als GFW auszuweisen und ein negativer Unterschied ist auf der Passivseite als Unterschiedsbetrag aus der KapKons zu erfassen (Abs 3 S 1). Zur (ggf offenen) Verrechnung von GFW und passiven Unterschiedsbeträgen s Anm 165. 159

Der **Geschäfts- oder Firmenwert** ist der Mehrbetrag, der von dem MU über den tatsächlichen Zeitwert der einzelnen VG abzgl Schulden des TU hinaus gezahlt wurde (DRS 4.27; s auch § 255 Anm 511 ff). Dieser GFW ist – sofern er nicht nach § 309 Abs 1 S 3 mit den Konzernrücklagen verrechnet wird – als solcher innerhalb des immateriellen Anlagevermögens (§ 266 Abs 2 lit A I 2 iVm § 298 Abs 1) auszuweisen und in das Konzernanlagengitter aufzunehmen 160

(§ 268 Abs 2 iVm § 298 Abs 1; zu den Angaben im Rahmen des Anlagengitters s auch DRS 4.57 c)). Obwohl in Art 19 der 7. EG-Richtl ein gesonderter Ausweis der verbleibenden Unterschiedsbeträge ausdrücklich gefordert wird, kann dem Wortlaut in Abs 3 S 1 *„als Geschäfts- oder Firmenwert … auszuweisen“* nicht entnommen werden, dass innerhalb dieses Postens ein separater Ausweis der bei der Kons entstehenden GFW erforderlich ist (glA *ADS*[6] § 301 Anm 126).

Es kann aber zweckmäßig sein, den (positiven) Unterschiedsbetrag aus der KapKons von anderen aus den JA der einbezogenen Unt übernommenen GFW (dazu auch Anm 76) abzugrenzen und im Hinblick auf die zusätzlichen Erläuterungspflichten im Konzernanhang in einem **„Davon-Vermerk“** (zB „davon aus KapKons“) gesondert anzugeben (ebenso *SABI 2/1988* WPg, 623).

161 Sofern das erworbene TU aus mehreren Geschäftsfeldern (Segmenten) besteht, soll ein im Rahmen der ErstKons entstehender GFW nach DRS 4.30 – wohl insb mit Rücksicht auf die Überprüfung der Werthaltigkeit des GFW im Rahmen der FolgeKons (§ 309 Anm 15 ff) – den betr Geschäftsfeldern zugeordnet werden. Die Abgrenzung bzw Bestimmung der einzelnen Geschäftsfelder, auf die der GFW – Wesentlichkeit vorausgesetzt – aufzuteilen ist, hat sich an den allgemeinen Grundsätzen zur Segmentierung nach DRS 3 zu orientieren, dh zB anhand von Produkten und Dienstleistungen oder auf der Grundlage unterschiedlicher Märkte bzw nach geographischen Regionen erfolgen (s dazu auch § 297 Anm 153 ff). Darauf, ob es sich im Einzelfall bei dem Geschäftsfeld um ein berichtspflichtiges Segment iSv DRS 3.15 handeln würde oder nicht, kommt es hierbei aber nicht an.

Wie die **Zuordnung** eines GFW **auf** die **Geschäftsfelder** zu erfolgen hat, wird in DRS 4.30 nicht geregelt. Es dürfte aber naheliegend sein, den GFW des einzelnen Geschäftsfelds zum Zweck der Zuordnung auf die gleiche Art wie den (gesamten) GFW des betr TU, dh als Residualgröße zu ermitteln. Der GFW je Geschäftsfeld würde demnach dem Betrag entsprechen, der nach der Aufteilung des auf den Geschäftsbereich entfallenden Teils des Gesamtkaufpreises für das TU auf die VG und Schulden dieses Geschäftsfelds verbleibt. Wobei VG und Schulden, die von mehr als einem Geschäftsfeld genutzt werden, nach einem sachgerechten Schlüssel auf die einzelnen Geschäftsfelder aufzuteilen sind (s dazu § 297 Anm 172 ff).

Bei dieser Vorgehensweise kann dann aber nicht ausgeschlossen werden, dass sich für einzelne Geschäftsfelder ein GFW und für andere ein negativer Unterschiedsbetrag (das Reinvermögen des Geschäftsfelds ist höher als der Kaufpreis für dieses Geschäftsfeld) ergibt. Bevor jedoch für die Geschäftsfelder eines TU sowohl positive GFW als auch negative Unterschiedsbeträge ausgewiesen werden, sollte uE – im Hinblick auf den Wortlaut des DRS 4.30, der wohl eher dafür spricht, dass lediglich ein (positiver) Gesamt-GFW auf die einzelnen Geschäftsfelder verteilt werden soll – die Aufteilung des Gesamtkaufpreises auf die einzelnen Geschäftsfelder sowie die Zuordnung der VG und Schulden zu den einzelnen Geschäftsfeldern noch einmal sorgfältig überprüft werden. Soweit auch nach einer solchen Überprüfung ein negativer Unterschiedsbetrag für ein einzelnes Geschäftsfeld verbleibt, ist uE ein Ausweis desselben aber zulässig.

Soweit eine pauschale Verteilung des GFW in Abhängigkeit von dem (wohl je Geschäftsfeld) eingesetzten Vermögen oder dem Umsatz befürwortet wird (so *Hachmeister* in Beck HdR C 401 Anm 45), wird verkannt, dass zwischen den genannten Bezugsgrößen und dem GFW eines Geschäftsbereichs allenfalls ein zufälliger Zusammenhang bestehen wird. Der damit uU verbundene „Gestaltungsspielraum“ ist im Hinblick auf die Bedeutung dieser Zuordnung für die Folgebewertung nicht akzeptabel.

Ein nach der Zuordnung stiller Reserven und Lasten verbleibender bzw sich ergebender **passiver Unterschiedsbetrag** kann insb auf folgende Ursachen zurückzuführen sein (ausführlich *Busse von Colbe/Ordelheide*[6], 221f; *Küting/Dusemond/Nardmann* BB 1994 Beilage 8, 15f): **162**
- im *Kaufpreis* der Beteiligung *berücksichtigte Wertminderungen,* die sich aber (noch) nicht im EK des TU niedergeschlagen haben und für die auch keine Restrukturierungsrückstellungen gem DRS 4.19 (s Anm 68ff) zu bilden sind, zB Umstrukturierungs- oder Stilllegungsmaßnahmen, die erst mehr als drei Monate nach dem Erwerb vom neuen MU in einem detaillierten Plan konkretisiert werden;
- *schlechte Ertragslage* des TU (zB auf Grund mangelnder Rentabilität bzw Unterverzinslichkeit des eingesetzten Kapitals, Sanierungsbedürftigkeit), die ebenfalls bei den AK berücksichtigt wurde;
- *zulässige Unterbewertung der Beteiligung* am TU (zB bei einem Erwerb durch Tausch oder im Rahmen einer Sacheinlage);
- günstiger *Gelegenheitserwerb* der Anteile auf Grund der Machtposition oder des besonderen Verhandlungsgeschicks des MU oder eines einbezogenen TU (sog *„lucky-buy"*) oder
- *Gewinnthesaurierungen* des erworbenen TU nach dem Erwerb der Anteile bis zur erstmaligen Kons (technischer passiver Unterschiedsbetrag; *ADS*[6] § 301 Anm 135).

Es ist nicht vorgeschrieben, wo ein passiver Unterschiedsbetrag aus der KapKons in der Konzernbilanz auszuweisen ist. Der **Ausweis** sollte daher – sofern eine eindeutige Identifizierung möglich ist – entspr dem jeweiligen bilanziellen Charakter des Unterschiedsbetrags erfolgen (*WPH*[12] I M 361). **163**

Bei **überwiegendem Eigenkapital-Charakter** (zB Gewinnthesaurierungen nach Erwerb und vor ErstKons) ist der Unterschiedsbetrag im Konzern-EK (gesondert unter den Gewinnrücklagen) auszuweisen. Soweit der Unterschiedsbetrag auf thesaurierte Gewinne zurückzuführen ist, ist ein gesonderter Ausweis nicht erforderlich, sondern kann eine Umgliederung in Konzerngewinnrücklagen oder den Konzernergebnisvortrag erfolgen. Dadurch wird in etwa die gleiche Darstellung erreicht, die sich ergeben hätte, wenn die ErstKons auf den Erwerbsstichtag erfolgt wäre (wie hier *ADS*[6] § 301 Anm 135).

Bei **überwiegendem Aufwandscharakter,** dh wenn der negative Unterschiedsbetrag im Kaufpreis antizipierte Aufwendungen, zB für Umstrukturierungs- oder Stilllegungsmaßnahmen, oder künftige Verluste des TU repräsentiert, ist der Unterschiedsbetrag gesondert unter den Rückstellungen auszuweisen (*WPH*[12] I M 359, 362). Soweit in der HB II die Bildung von Aufwandsrückstellungen (§ 249 Abs 2) zulässig wäre, darf der Ausweis auch unter dem Posten „Sonstige Rückstellungen" erfolgen.

Es dürfte aber auch zulässig sein, den passiven Unterschiedsbetrag ohne Rücksicht auf seinen bilanziellen Charakter unter entspr Bezeichnung gesondert, wohl nach dem Posten EK, auszuweisen (so auch DRS 4.39). In diesem Fall sind die Ursachen des Unterschiedsbetrags im Konzernanhang zu erläutern (*SABI 2/1988* WPg, 624; *ADS*[6] § 301 Anm 133). Letzteres gilt namentlich, wenn bei mehreren TU negative Unterschiedsbeträge entstehen, von denen ein Teil eher EK-Charakter, der andere Teil dagegen eher Aufwandscharakter hat. **164**

Bei der Kons von mehreren TU dürfen die sich bei der ErstKons ergebenden und nach den FolgeKons verbleibenden **aktiven und passiven Unterschiedsbeträge** gem Abs 3 S 3 in der Konzernbilanz auch **saldiert ausgewiesen** werden, dh ein verbleibender aktiver Saldo als GFW und ein passiver Saldo als Unterschiedsbetrag aus der KapKons. Die verrechneten Beträge sind im Konzernanhang getrennt anzugeben (Anm 167). Da es sich hierbei aber nur um ein **165**

Ausweiswahlrecht handelt, sind die erfolgswirksamen Veränderungen der Unterschiedsbeträge im Rahmen der FolgeKons (dazu § 309 Anm 60) gesondert je TU in entspr Nebenrechnungen fortzuschreiben (*ADS*[6] § 301 Anm 138; *WPH*[12] I M 363). Außerdem ist der GFW jeweils in voller Höhe – dh auch dann, wenn nach Saldierung ein passiver Unterschiedsbetrag verbleibt – in das Konzern-Anlagengitter aufzunehmen und fortzuführen. Im Hinblick auf eine Abstimmung der Endbestände des Anlagengitters mit der Konzernbilanz empfiehlt sich dann aber ein Hinweis auf die Verrechnung gem Abs 3 S 3.

Entspr den Regeln in **DRS 4.39** ist ein passiver Unterschiedsbetrag dagegen – ohne Rücksicht auf seine Ursachen (dazu Anm 162) – offen, dh wohl in einer Vorspalte der Konzernbilanz, von ggf vorhandenen GFW aus anderen UntErwerben abzusetzen und zwar auch dann, wenn dadurch ein negativer Saldo entsteht.

2. Angaben im Konzernanhang (Abs 3 S 2 und 3)

166 Die in der Konzernbilanz ausgewiesenen Unterschiedsbeträge und deren wesentliche Änderungen ggü dem Vj sind im Konzernanhang zu erläutern (Abs 3 S 2). Dabei ist insb auf die Höhe der Posten, ihre Zusammensetzung und Aufteilung wesentlicher Teile auf einzelne TU einzugehen, sofern diese Informationen nicht bereits in der Konzernbilanz enthalten sind (s Anm 163).

Veränderungen des **Geschäfts- oder Firmenwerts** sind aus dem Konzern-Anlagengitter zu erkennen; im Konzernanhang sind daher nur wesentliche Beträge insb bei den Zugängen bzw Abgängen zu nennen, zB auf Grund von Veränderungen des KonsKreis. Soweit aus den JA der einbezogenen Unt GFW gem § 255 Abs 4 in den KA übernommen werden, sind Erl zur Zusammensetzung des Postens erforderlich (*ADS*[6] § 301 Anm 139). Ferner sind die auf GFW angewandten Abschreibungsverfahren (§ 309 Abs 1 S 2 u 3) anzugeben (*WPH*[12] I M 360). Werden außerplanmäßige Abschreibungen auf GFW gem § 253 Abs 2 S 3 iVm § 298 Abs 1 (dazu § 309 Anm 17) nicht gesondert in der Konzern-GuV ausgewiesen, sind sie im Konzernanhang anzugeben (§ 277 Abs 3 S 1 iVm § 298 Abs 1; für die Angabe im Anlagengitter mit der Bezeichnung des jeweiligen TU: DRS 4.57 c) ee)).

Der Charakter eines **passiven Unterschiedsbetrags** ist zu erläutern, sofern er sich nicht bereits aus dem Ausweis in der Konzernbilanz ergibt. Bei passiven Unterschiedsbeträgen sind außerdem die Gründe für eine erfolgswirksame Auflösung eines Unterschiedsbetrags anzugeben (*ADS*[6] § 301 Anm 141).

167 Wird das **Ausweiswahlrecht** nach Abs 3 S 3 in Anspruch genommen, sind die in der Konzernbilanz saldierten aktiven und passiven Unterschiedsbeträge im Konzernanhang anzugeben und entspr Abs 3 S 2 zu erläutern. Damit ist jeweils der (Gesamtbetrag der aktiven und/oder passiven Posten und nicht die Angabe sämtlicher Einzelbeträge gemeint).

V. Eigene Anteile und Rückbeteiligungen am Mutterunternehmen (Abs 4)

170 Gem Abs 4 S 1 sind **eigene Anteile** des MU sowie Anteile am MU, die von einem einbezogenen TU gehalten werden (sog **Rückbeteiligungen**) nicht in die KapKons einzubeziehen, dh eine Verrechnung der AK der Anteile, mit dem darauf entfallenden anteiligen EK oder zB der Rücklage für eigene Anteile (§ 272 Abs 4), ist nicht zulässig. Sinn und Zweck dieser Regelung ist es, einen ungekürzten Ausweis des gezeichneten Kapitals des an der Spitze des Konzerns stehenden MU in der Konzernbilanz sicherzustellen (*WPH*[12] I M 415). Die Regelung des Abs 4 S 1 gilt nicht für Anteile eines TU an einem (unteren) MU, das selbst als TU iSv § 290 in den betr KA einbezogen wird, sondern nur für Anteile am obersten MU, das den betr KA aufstellt.

Die Anteile an dem MU, die vom MU oder von einem einbezogenen TU gehalten werden, dürfen zusammengefasst werden und sind gem Abs 4 S 2 in der Konzernbilanz als eigene Anteile **im Umlaufvermögen gesondert auszuweisen** (§ 266 Abs 2 lit B III 2 iVm § 298 Abs 1; glA DRS 4.22). Damit werden im KA auch Anteile des TU an der herrschenden Ges zu eigenen Anteilen des MU (zum Ausweis im EK-Spiegel s § 297 Anm 114; *ADS* (Int) Abschn 22 Anm 206 c). 171

Die Regelung des § 272 Abs 1 S 4, der für **zur Einziehung erworbene** eigene **Aktien** unter bestimmten Voraussetzungen das offene Absetzen des Nennbetrags dieser Anteile vom gezeichneten Kapital sowie die Verrechnung eines den Nennbetrag übersteigenden Betrags mit den Gewinnrücklagen vorschreibt (s § 272 Anm 11), gilt grds nur für *eigene Anteile des Mutterunternehmens* und nicht für die von TU gehaltenen Anteile am MU.

Eine im JA des MU gem § 272 Abs 4 S 1 iVm § 298 Abs 1 gebildete **Rücklage für eigene Anteile** ist unverändert in die Konzernbilanz zu übernehmen (*ADS*[6] § 301 Anm 209). Bei TU im Zeitpunkt der ErstKons vorhandene Rücklagen für Anteile an einem herrschenden Unt (§ 272 Abs 4 S 4) sind uE in die KapKons dieses TU einzubeziehen (glA *Kraft* in HGB-Bilanzrecht § 301 Anm 162; dagegen für eine unveränderte Übernahme in die Konzernbilanz: *ADS*[6] § 301 Anm 211; *WPH*[12] I M 417). Die erneute Bildung einer Rücklage innerhalb des Konzern-EK ist nicht erforderlich. Ist die Bildung einer Rücklage für Anteile am MU zB bei ausländischen TU auf Grund fehlender gesetzlicher Vorschriften unterblieben, darf uE bereits im Rahmen der Aufstellung der HB II auf die Nachholung verzichtet werden, weil die damit im JA bezweckte Ausschüttungssperre (§ 272 Anm 118) im KA ohne Bedeutung ist. 172

Wenn am einbezogenen TU, das Anteile an dem MU hält, auch **fremde Gesellschafter beteiligt** sind, ist der auf sie entfallende Anteil der Rücklage für Anteile am herrschenden Unt gem § 307 in den AusglPo für Anteile anderer Gester einzubeziehen.

Ergibt sich in der Konzernbilanz eine Differenz zwischen dem Ausweis der eigenen Anteile und der damit korrespondierenden Rücklage, sind deren Ursachen im **Konzernanhang** zu erläutern (ebenso *ADS*[6] § 301 Anm 211).

C. Folgekonsolidierung

I. Grundlagen

Für die Behandlung der im Rahmen der KapKons aufgedeckten stillen Reserven und Lasten in den auf die ErstKons folgenden Konzern-Gj bestehen keine gesetzlichen Regelungen, sondern nur in § 309 bzgl der Behandlung der aus der KapKons resultierenden GFW bzw passiven Unterschiedsbeträge (dazu § 309 Anm 1). Die Grundsätze der FolgeKons sind daher ausgehend von dem der KapKons zugrunde liegenden **Erwerbsgedanken** zu entwickeln (hM *ADS*[6] § 301 Anm 143). Die ErstKons wird aus Konzernsicht als ein erfolgsneutraler Anschaffungsvorgang von VG und Schulden interpretiert (Anm 3). In den Folgejahren müssen dementsprechend diese Konzern-AK periodisiert werden und zwar in dem Maße, wie sich die erworbenen VG und Schulden verbrauchen bzw abwickeln. Im Unterschied zur ErstKons ist die FolgeKons damit **grundsätzlich erfolgswirksam** (zu Ausnahmen hiervon s Anm 189). 175

Die im Rahmen der ErstKons zugeordneten stillen Reserven und Lasten, ein GFW oder ein passiver Unterschiedsbetrag aus KapKons sind daher in den Folgejahren fortzuschreiben. Die aufgedeckten Reserven oder Lasten teilen das Schicksal der VG oder Schulden, denen sie zugeordnet wurden, dh sie sind entspr der Entwicklung dieser Posten abzuschreiben, aufzulösen oder beizubehalten (DRS 4.25; *Dusemond/Weber/Zündorf* in HdKR[2] § 301 Anm 161 mwN). Spiegelbildlich dazu sind die mit den Zusatzbewertungen korrespondierenden Steuerabgrenzungen aus der ErstKons zu periodisieren.

176 In Abhängigkeit von der angewandten KapKonsMethode ergeben sich Unterschiede bei der technischen Durchführung der FolgeKons. Während die Fortschreibungen bei der **Buchwertmethode** als Teil der KonsBuchungen erfolgen, dh nach der Zusammenfassung der JA der in den KA einbezogenen Unt (§ 300 Abs 1 S 1) vorgenommen werden, sind bei der **Neubewertungsmethode** die Fortschreibungen der stillen Reserven und Lasten bereits in Rahmen der Aufstellung der HB II (Neubewertungsfolgebilanz) vorzunehmen (glA *ADS*[6] § 301 Anm 145 f).

177 Wird der KA in jedem Jahr aus den JA des MU und der einbezogenen TU neu entwickelt, sind sämtliche **Konsolidierungsbuchungen** der Vj, beginnend mit der ErstKons sowie alle bis zum Vj vorgenommenen FolgeKons jeweils **nachzuholen.** In Vj verursachte und dort ergebniswirksam behandelte Fortschreibungen stiller Reserven sind in späteren Jahren erfolgsneutral zu behandeln. Zu diesem Zweck sind die ergebniswirksamen Buchungen aus der FolgeKons der Vj jeweils im lfd KA gegen den Konzernergebnisvortrag nachzuholen.

Fortschreibungen stiller Reserven und Lasten, die durch Ereignisse im lfd Konzern-Gj verursacht sind, müssen sich dagegen ergebniswirksam in der Konzern-GuV niederschlagen (Anm 186 ff).

178 Unterschiede zwischen Buchwert- und Neubewertungsmethode bestehen bei FolgeKons außerdem insoweit, als an dem betr TU **andere Gesellschafter** beteiligt sind. Die bei der Neubewertungsmethode in der ErstKons für die anderen Gester aufgedeckten stillen Reserven und Lasten müssen in den FolgeKons ebenfalls fortgeführt werden (dazu § 307 Anm 28 f).

179 Erlangt das MU in einer Periode nach erfolgter ErstKons eines TU **bessere Erkenntnisse** über die Wertverhältnisse im Erwerbszeitpunkt (zum Ende des Wertaufhellungszeitraums bei ErstKons s Anm 77), sind die hieraus resultierenden Wertänderungen grds ergebniswirksam im Rahmen der FolgeKons zu erfassen, soweit dies nicht durch das AK-Prinzip bzw das Realisationsprinzip (§§ 253 Abs 1, 252 Abs 1 Nr 4 iVm § 298 Abs 1) ausgeschlossen ist. Eine ausdrückliche Regelung für eine erfolgsneutrale Anpassung der ErstKons in einem Folge-KA existiert nur bei einem Wegfall der Gründe für eine Restrukturierungsrückstellung gem DRS 4.21 (s dazu Anm 189; zu IFRS s Anm 358). UE handelt es sich hierbei nicht nur um eine Spezialregel für einen Einzelfall, sondern um einen allg KonsGrundsatz, so dass – Wesentlichkeit vorausgesetzt – werterhellende Erkenntnisse über die Verhältnisse im Erwerbszeitpunkt ergebnisneutral korrigiert werden dürfen. Für die Zulässigkeit der **erfolgsneutralen Änderung** spricht auch, dass bei Vorliegen gewichtiger rechtlicher oder wirtschaftlicher Gründe eine formale Änderung des bzw der zurückliegenden KA in Betracht käme (*IDW RS HFA* 6.10 analog). Entspr gilt, wenn nachträglich **Fehler in** der **Kaufpreisallokation** festgestellt werden.

Wird eine erfolgsneutrale Anpassung der ErstKons vorgenommen, müssen allerdings ergänzende Angaben im Konzernanhang gemacht werden, die denen gleichwertig sind, die bei einer ergebniswirksamen Erfassung in lfd Rechnung geboten sind. Hierfür kommen insb Angaben nach § 277 Abs 4 S 2 bzw S 3 iVm § 298 Abs 1 zu aperiodischen bzw ao Erträgen und Aufwendungen sowie gem § 277 Abs 3 S 1 iVm § 298 Abs 1 zu außerplanmäßigen Abschreibungen des GFW in Betracht.

II. Stille Reserven und stille Lasten

Stille Reserven, die bei der ErstKons dem **nicht abnutzbaren Anlagevermögen** zugeordnet wurden, werden idR erst bei einer Veräußerung des VG oder im Rahmen der EndKons (Anm 241) beim Ausscheiden des TU aus dem KonsKreis aufgelöst und vermindern dann den aus dem JA übernommenen Abgangsgewinn bzw erhöhen einen Abgangsverlust. 185

Wird im JA eine **außerplanmäßige Abschreibung** auf den niedrigeren beizulegenden Wert vorgenommen (§ 253 Abs 2 S 3), ist dieser Wertansatz in die Konzernbilanz zu übernehmen, dh auf Konzern-Ebene ist ggf eine zusätzliche außerplanmäßige Abschreibung in Höhe der dem VG (noch) zugeordneten stillen Reserven erforderlich (§ 253 Abs 2 S 3 iVm § 298 Abs 1). Darüber hinaus sind außerplanmäßige Abschreibungen im KA vorzunehmen, wenn der beizulegende Wert eines VG zwar über dem Wertansatz im JA (HB II), aber unter den Konzern-AK (Buchwert lt JA (HB II) zzgl stille Reserven aus der ErstKons) liegt.

Zuschreibungen sind im Rahmen der FolgeKons insoweit geboten (§ 280 Abs 1 iVm § 298 Abs 1), als sie zur Rückgängigmachung einer zuvor im KA vorgenommenen außerplanmäßigen Abschreibung dienen (*ADS*[6] § 301 Anm 165). Dabei dürfen die (ggf fortgeführten) Konzern-AK der betr VG nicht überschritten werden.

Mit den stillen Reserven **korrespondierende** passive **Steuerabgrenzungen** aus der ErstKons sind parallel zur Realisierung der Zusatzbewertung zu vereinnahmen und mindern – außer im Fall einer EndKons (dazu Anm 247) – den Steueraufwand (DRS 10.31).

Soweit stille Reserven im Rahmen der ErstKons beim **abnutzbaren Anlagevermögen** aufgedeckt wurden, sind sie planmäßig (§ 253 Abs 2 S 1 u 2 iVm § 298 Abs 1) über die Restnutzungsdauer des betr VG nach dem im JA (HB II) angewandten Verfahren abzuschreiben, insoweit ergeben sich im KA höhere Abschreibungen als im JA (*ADS*[6] § 301 Anm 148; *WPH*[12] I M 375). Hinsichtlich der Vornahme außerplanmäßiger Abschreibungen sowie der Periodisierung von passiven Steuerabgrenzungen gelten die Ausführungen zum nicht abnutzbaren Anlagevermögen entspr. Bei Zuschreibungen dürfen die um planmäßige Abschreibungen verminderten Konzern-AK nicht überschritten werden. Beim Abgang abnutzbarer Anlagegegenstände sind Korrekturen des Abgangserfolgs jeweils nur in Höhe der im Abgangszeitpunkt noch nicht abgeschriebenen stillen Reserven erforderlich. 186

Wurden stille Reserven im Rahmen der ErstKons aus Vereinfachungsgründen nicht einzelnen VG, sondern einer Gruppe von VG oder einem Posten, zB Betriebs- und Geschäftsausstattung, zugeordnet, ist für die Abschreibung von einer durchschnittlichen Nutzungsdauer auszugehen (*Ordelheide* in Beck HdR C 402 Anm 11). Abgänge bei den stillen Reserven werden in diesen Fällen üblicherweise entspr dem im JA (HB II) ermittelten Verhältnis aus Buchwert der abgegangenen VG zum Gesamtbuchwert vor Abgang vorgenommen (*ADS*[6] § 301 Anm 160 mwN).

Im **Umlaufvermögen** aufgedeckte stille Reserven betreffen idR die Vorräte. Dementsprechend lösen sich Reserven in den Roh-, Hilfs- und Betriebsstoffen bzw den fertigen Erzeugnissen und Waren mit deren Verbrauch bzw Verkauf 187 auf und erhöhen den Materialaufwand im KA. Stille Reserven in den unfertigen Erzeugnissen und unfertigen Leistungen, zB Teilgewinne bei langfristiger Fertigung, wickeln sich mit der Fertigstellung bzw dem Verkauf über die Bestandsveränderung ab. Zur Periodisierung ggf vorhandener Steuerabgrenzungen aus der ErstKons s Anm 185.

Aus Vereinfachungsgründen dürfte es zulässig sein, stille Reserven in den Vorräten bereits im Rahmen der ersten FolgeKons aufwandswirksam zu verrechnen (glA *ADS*[6] § 301 Anm 163), sofern keine Hinweise für eine exaktere Bestimmung der Aufwandswerdung, zB langfristige Fertigung, vorliegen.

Erstreckt sich die Abwicklung der im ErstKonsZeitpunkt vorhandenen Vorratsbestände über mehrere Perioden, ist im Rahmen der FolgeKons zu prüfen, ob ggf auf Grund gesunkener Börsen- oder Marktpreise oder eines niedrigeren beizulegenden Werts eine außerplanmäßige Abschreibung der noch nicht aufwandswirksam gewordenen stillen Reserven gem § 253 Abs 3 iVm § 298 Abs 1 erforderlich ist.

188 Im Rahmen der ErstKons zugeordnete stille Lasten betreffen überwiegend **Rückstellungen,** insb für Pensionsverpflichtungen aus Altzusagen, für die im JA (HB II) das Passivierungswahlrecht gem Art 28 EGHGB (§ 249 Anm 167 ff) in Anspruch genommen wurde. Aufgrund der Erwerbsfiktion sind diese Altpensionsverpflichtungen im Rahmen der ErstKons in einer Neubewertungsbilanz zwingend zu passivieren bzw bei Anwendung der Buchwertmethode müssen diese stillen Lasten aufgedeckt werden. Die aufgedeckten stillen Lasten sind entspr dem Anfall der zahlungswirksamen Aufwendungen aufzulösen, dh gegen den im JA ausgewiesenen Aufwand zu verbrauchen. Soweit sich im Zeitpunkt der ErstKons als stille Last erfasste **Pensionsverpflichtungen** danach aufgrund der weiteren Tätigkeit der betr Mitarbeiter des TU oder einer sonstigen Erhöhung der Pensionszusage erhöhen, kann uE das Passivierungswahlrecht gem Art 28 EGHGB in Anspruch genommen werden (s dazu auch *Förschle/Hoffmann* Sonderbilanzen[3] I Anm 28). Dies gilt jedoch nicht für Erhöhungen, die auf die Aufzinsung der im Rahmen der ErstKons übernommenen Verpflichtung oder sonstige Anpassungen, zB aufgrund von geänderten Sterbetafeln, zurückzuführen sind. Ebenso wie bei einem Kauf auf Rentenbasis (dazu *ADS*[6] § 255 Anm 67) ist in diesen Fällen davon auszugehen, dass sich die im Erwerbszeitpunkt übernommene (Renten-)Verpflichtung in der Folgezeit nach allgemeinen Grundsätzen, dh unabhängig vom übernommenen Vermögen entwickelt.

Wurden stille Lasten der Aktivseite zugeordnet, zB in Form zusätzlicher **Abwertungen auf Forderungen,** sind diese bei Eintritt der erwarteten Mindereinzahlungen zu verbrauchen, sonst entspr der Geldwerdung des zugehörigen Aktivposten aufzulösen.

189 Rückstellungen für vom Erwerber geplante **Restrukturierungsmaßnahmen,** die im Rahmen der ErstKons gebildet wurden (DRS 4.19; dazu Anm 68 ff), sind zu verbrauchen, sobald in Folge der Umsetzung dieser Maßnahmen im JA des TU entspr Aufwendungen – idR aus der Bildung von konkreten Rückstellungen für Sozialplanverpflichtungen etc – anfallen. Zugleich ist dann eine mit der Restrukturierungsrückstellung korrespondierende (aktive) Steuerabgrenzung aufzulösen.

Falls eine Inanspruchnahme der Restrukturierungsrückstellung nicht mehr wahrscheinlich ist oder aber die Maßnahmen nicht oder nicht innerhalb des dafür vorgesehenen Zeitrahmens (Anm 69) durchgeführt werden, sieht DRS 4.21 eine (erfolgsneutrale) Anpassung des GFW bzw des negativen Unterschiedsbetrags vor, dh der Saldo aus der (verbliebenen) Restrukturierungsrückstellung sowie der zugehörigen (aktiven) Steuerabgrenzung ist bis zum Betrag eines noch vorhandenen GFW mit diesem zu verrechnen und ein darüber hinausgehender

Betrag als passiver Unterschiedsbetrag auszuweisen bzw einem (bereits vorhandenen) passiven Unterschiedsbetrag hinzuzurechnen. Der angepasste (verminderte) GFW ist über dessen verbleibende Restnutzungsdauer abzuschreiben bzw der (erhöhte bzw ggf erstmals entstehende) negative Unterschiedsbetrag ist entspr der Regelungen in DRS 4.40 f (dazu § 309 Anm 45 ff) zu realisieren.

Diese Vorgehensweise setzt jedoch voraus, dass bei Vorliegen der Bedingungen für eine Anpassung nach DRS 4.21 zugleich auch der Grund für die Rückstellungsbildung entfallen ist und dementsprechend eine Rückstellungsauflösung gem § 249 Abs 3 S 2 iVm § 298 Abs 1 zulässig. Insb in den Fällen, in denen die Restrukturierungsmaßnahmen nicht innerhalb des vorgesehenen Zeitraums **realisiert** werden (können), kann dies fraglich sein. Sofern der Grund für die Rückstellungsbildung nicht entfallen ist, aber dennoch entspr den Regeln des DRS 4 eine Anpassung des GFW bzw negativen Unterschiedsbetrags vorzunehmen ist und auch vorgenommen wird, muss danach eine entspr Restrukturierungsrückstellung zu Lasten des lfd Ergebnisses (aufwandswirksam) gebildet werden.

III. Geschäfts- oder Firmenwert und Unterschiedsbetrag aus der Kapitalkonsolidierung

Die Fortführung eines **Geschäfts- oder Firmenwerts** aus der ErstKons (Anm 160) in Folgejahren ist in § 309 Abs 1 geregelt. Danach darf ein GFW entweder erfolgsneutral offen mit Rücklagen in der Konzernbilanz verrechnet werden (unzulässig nach DRS 4.28; s § 309 Anm 20 ff) oder erfolgswirksam abgeschrieben werden (s § 309 Anm 10 ff, 15 ff). 190

Ein **passiver Unterschiedsbetrag** aus der KapKons (Anm 162) ist unter den in § 309 Abs 2 genannten Voraussetzungen bzw der diese konkretisierenden Regeln nach DRS 4.40 f erfolgswirksam aufzulösen (s § 309 Anm 45 ff).

IV. Veränderungen des Buchwerts konsolidierungspflichtiger Anteile

1. Erwerb zusätzlicher Anteile an Tochterunternehmen

Werden zusätzliche Anteile an einem bereits zuvor vollkonsolidierten TU erworben, ist für die neu erworbenen Anteile eine **Erstkonsolidierung** gem Abs 1 durchzuführen (DRS 4.26; *WPH*[12] I M 395; *ADS*[6] § 301 Anm 176; *Weber/Zündorf* BB 1989, 1854). Auch in den Folgejahren muss die Kons dieses sowie ggf folgender Erwerbe jeweils tranchenweise fortgeführt werden (dazu Anm 175 ff), wenn sich der Unterschiedsbetrag zwischen den AK und dem anteiligen EK ggü der Situation vor dem Erwerb der zusätzlichen Anteile geändert hat, was regelmäßig der Fall ist. 191

Werden **zusätzliche Anteile an** einem **Gemeinschaftsunternehmen** (§ 310) erworben, ist uE entspr zu verfahren und zwar unabhängig davon, ob das Unt nach dem Hinzuerwerb weiterhin quotal konsolidiert wird, oder sich als TU iSv § 290 qualifiziert und vollkonsolidiert wird. In beiden Fällen sollte die KapKons für jede Tranche gesondert erfolgen und fortgeführt werden.

Demgegenüber wird es auch für zulässig gehalten, beim Hinzuerwerb von Anteilen von Dritten auf eine ErstKons zu verzichten, da es sich hierbei nur um einen, die Kapitalseite betr Vorgang zwischen zwei Gester-Gruppen des Konzerns handelt, der einem „Rückerwerb eigener Anteile“ vergleichbar ist (zu IFRS s Anm 362). Nach der Einheitstheorie dürften diese Vorgänge die AK der VG im KA nicht verändern, weshalb ein aktiver Unterschiedsbetrag aus der 192

Kapitalaufrechnung anlässlich des Hinzuerwerbs mit den Konzernrücklagen zu verrechnen bzw ein passiver Unterschiedsbetrag zu addieren ist. Zudem würden sich erhebliche konsolidierungstechnische Vereinfachungen bei den FolgeKons ergeben (so *Dusemond/Weber/Zündorf* in HdKR[2] § 301 Anm 196). Entspr soll auch für teilweise Verkäufe von Anteilen an Dritte (Anm 208) vorgegangen werden (dazu *Dusemond/Weber/Zündorf* in HdKR[2] § 301 Anm 209).

Diese Auffassung berücksichtigt den Umstand, dass der KA – ungeachtet des ihm zugrunde liegenden Einheitsgedankens – primär der Information der Gester des MU dient, aus deren Sicht sich der Hinzuerwerb von Anteilen an einem bereits vollkonsolidierten TU eindeutig als ein Anschaffungsvorgang darstellt, uE nicht in ausreichendem Umfang. Nach der Fiktion des Einzelerwerbs sind die AK für die zusätzlichen Anteile am TU daher auf dessen VG und Schulden sowie alle übrigen Sonderposten (mit Ausnahme des EK) zu verteilen, wobei ein über den Buchwert des anteiligen EK hinaus gezahlter Betrag den Charakter von **nachträglichen Anschaffungskosten des Konzerns** für die bereits im KA enthaltenen VG und für den ggf vorhandenen GFW des TU hat (*Ordelheide* ZfbF 1987, 293; *Busse von Colbe/Ordelheide*[6], 305; *ADS*[6] § 301 Anm 177; *Hachmeister* in Beck HdR C 401 Anm 110).

In wirtschaftlicher Betrachtungsweise entspricht der Zukauf weiterer Anteile durch das MU dem Fall, dass – bei Ausscheiden eines Gester aus einer PersGes – die Abfindung nicht von den verbleibenden Gestern sondern von der PersGes, dh dem einheitlichen Unt gezahlt wird. In diesem Fall ist nach hM (*IDW RS HFA* 7 Zur Rechnungslegung bei Personenhandelsgesellschaften WPg 2002, 1259 ff (Anm 48)) die Aktivierung der im Rahmen der Abfindung vergüteten stillen Reserven geboten.

193 Der **Stichtag** für die Kons kann in diesen Fällen nach einhelliger Ansicht nur der Erwerbszeitpunkt bzw der Zeitpunkt der erstmaligen Einbeziehung in den KA sein (*ADS*[6] § 301 Anm 179). Ein Rückbezug auf den bei der erstmaligen VollKons dieses TU gewählten Stichtag ist nicht zulässig (glA *Dusemond/Weber/Zündorf* in HdKR[2] § 301 Anm 194). Bei einer Vielzahl von Erwerben innerhalb eines Konzern-Gj besteht die Möglichkeit, diese zusammenzufassen und als Bewertungszeitpunkt jeweils die wesentlichen Teilerwerbsschritte zugrunde zu legen (DRS 4.26). Sofern die hinzuerworbenen Anteile insgesamt von untergeordneter Bedeutung sind, dürfte es aber auch zulässig sein, die Kapitalaufrechnung pauschal auf Basis der Wertverhältnisse am Konzernbilanzstichtag (Zeitpunkt der erstmaligen Einbeziehung) vorzunehmen (glA *WPH*[12] I M 395).

Erfolgt die ErstKons der zusätzlichen Anteile nach der **Buchwertmethode,** ist bei der Zuordnung eines nach der Kapitalaufrechnung verbleibenden aktiven Unterschiedsbetrags zu beachten, dass die zum Erwerbsstichtag vorhandenen stillen Reserven in den VG des TU nur aufgedeckt werden dürfen, soweit sie auf die hinzuerworbenen Anteile entfallen, denn das MU vergütet beim Erwerb der Anteile maximal den beteiligungsproportionalen Anteil am Zeitwert der VG und Schulden. Aus dem gleichen Grund dürfen auch bei Anwendung der **Neubewertungsmethode** – entgegen dem Wortlaut in Abs 1 S 2 Nr 2 – in der HB II nicht alle seit der ErstKons entstandenen stillen Reserven aufgedeckt werden, sondern nur soweit sie auf die zusätzlich erworbenen Anteile entfallen (glA *Dusemond/Weber/Zündorf* in HdKR[2] § 301 Anm f). Eine Umbewertung des anteilig auf Minderheiten am TU entfallenden Reinvermögens aus Anlass des teilweisen Hinzuerwerbs von Anteilen durch das MU findet nicht statt.

Wegen der durch den Hinzuerwerb des MU ausgelösten Änderungen beim AusglPo für Anteile anderer Gester s § 307 Anm 45 ff.

2. Erwerb zusätzlicher Anteile an bisher at-equity konsolidierten Unternehmen

195 Werden zusätzliche Anteile an einem assozUnt (§ 311) erworben und qualifiziert sich dieses nach dem Erwerb als TU iSv § 290, hängt die konsolidierungstechnische Behandlung davon ab, ob die Equity-Methode als ein besonderes Bewertungsverfahren für Beteiligungen oder als spezifische KonsMethode verstanden wird.

196 Im ersten Fall wird der letzte Equity-Wertansatz der bereits im Konzern befindlichen Anteile als deren „neue" AK interpretiert und um die AK für die zusätzlich erworbene Beteiligungstranche erhöht (so wohl auch DRS 8.33 iVm DRS 4.9). Vergleichbar dem Fall eines sukzessiven Beteiligungserwerbs bildet dieser Gesamtbetrag dann den neuen einheitlichen Beteiligungsbuchwert, der mit dem anteiligen EK im ErstKonsZeitpunkt (Anm 149) verrechnet wird. Ein nach Aufdeckung stiller Reserven bzw stiller Lasten verbleibender aktiver Unterschiedsbetrag ist gem Abs 3 als GFW auszuweisen, sofern nicht von der Verrechnungsmöglichkeit nach § 309 Abs 1 S 3 Gebrauch gemacht wird.

197 Betrachtet man die Equity-Methode dagegen als spezifische KonsMethode *(one-line-consolidation)*, kann beim Übergang auf die VollKons die **bestehende Equity-Konsolidierung** übernommen bzw **fortgeführt** werden. Dazu wird der letzte Equity-Wert vor der VollKons mit Hilfe der Nebenrechnung in seine einzelnen Komponenten zerlegt. Noch aus der erstmaligen EquityKons vorhandene stille Reserven und ein ggf noch vorhandener GFW werden vom Equity-Wertansatz in die entspr Posten des Summenabschlusses umgegliedert. Der verbleibende Beteiligungsbuchwert wird mit dem anteiligen EK verrechnet, wobei kein Unterschiedsbetrag mehr entstehen kann. Durch diese Vorgehensweise wird die ursprüngliche EquityKons der ersten Beteiligungstranche gem § 312 faktisch in eine rückwirkende VollKons auf den Zeitpunkt des Erwerbs dieser Anteile überführt. Anschließend erfolgt eine ErstKons für die neu erworbenen Anteile auf Basis der Wertverhältnisse im Erwerbszeitpunkt bzw im Zeitpunkt der erstmaligen Einbeziehung. Bei der Zuordnung eines nach der Kapitalaufrechnung (AK der Anteile abzgl des darauf entfallenden anteiligen EK) verbleibenden (aktiven) Unterschiedsbetrags ist dann aber zu beachten, dass die festgestellten stillen Reserven nicht vollständig, sondern nur bis zur beteiligungsproportionalen Höhe der neuen Tranche aufgedeckt werden dürfen (Anm 193).

198 Nach beiden Übergangsverfahren erfolgt der Wechsel auf die VollKons erfolgsneutral. Ein Unterschied besteht nur hinsichtlich der Aufteilung der aus der KapKons verbleibenden Unterschiedsbeträge auf stille Reserven sowie einen verbleibenden GFW. Bei der Anwendung der ersten Methode erfolgt eine einheitliche KapKons der zu unterschiedlichen Zeitpunkten erworbenen Beteiligungstranchen, dh für die bisherigen Anteile des Konzerns am assozUnt, werden auch stille Reserven, die nach deren Erwerb bis zum Übergang auf die VollKons entstanden sind und somit nicht im Kaufpreis dieser Anteile vergütet wurden, aufgedeckt, gleichzeitig ergibt sich ein entspr niedrigerer GFW. Diese Ungenauigkeit wird bei Anwendung des zweiten Übergangsverfahrens (Fortführung bzw Umwandlung der bisherigen EquityKons) vermieden. Deshalb ist uE dieses Verfahren vorzuziehen, es entspricht im Übrigen der international üblichen Vorgehensweise, wonach jede Beteiligungstranche zwecks zutreffender Ermittlung des jeweils zugehörigen GFW auf ihren Erwerbszeitpunkt zu konsolidieren ist (zB IFRS 3.25; s auch Anm 380).

3. Abschreibungen

200 Abschreibungen auf die Beteiligungsbuchwerte von in den KA einbezogenen Unt vernachlässigen die Fiktion der rechtlichen Einheit des Konzerns (§ 297 Abs 3 S 1), denn diese Einheit kann nicht auf sich selbst abschreiben (*Weber/Zündorf* BB 1989, 1864). Im JA des MU oder eines einbezogenen TU vorgenommene Beteiligungsabwertungen sind daher, soweit sie auf die Zeit **nach der erstmaligen Einbeziehung** entfallen, ergebniswirksam aufzulösen (*Schindler,* 172; *Dusemond/Weber/Zündorf* in HdKR[2] § 301 Anm. 222).

Gleichzeitig ist jedoch im KA zu prüfen, ob die an die Stelle der Beteiligung getretenen VG des TU sowie etwaige noch vorhandene stille Reserven aus der ErstKons einschl eines noch vorhandenen GFW außerplanmäßig gem § 253 Abs 2 S 3 iVm § 298 Abs 1 abzuschreiben sind (*WPH*[12] I M 399; *ADS*[6] § 301 Anm 194; *Busse von Colbe/Ordelheide*[6], 239f; *Klar* WPg 1993, 281). Eine außerplanmäßige Abschreibung des GFW ist dabei immer dann geboten, wenn der Zeitwert der Beteiligung abzgl des Zeitwerts des Reinvermögens des TU, dh der *„implied"* GFW, niedriger als der Restbuchwert des GFW ist (§ 309 Anm 17f). – Wegen vor der ErstKons vorgenommener Beteiligungsabschreibungen s Anm 26.

4. Zuschreibungen

202 Die Behandlung von im JA des MU vorgenommenen Zuschreibungen auf konsolidierte Anteile an TU, zB auf Grund des Wegfalls der Gründe für in Vj vorgenommene außerplanmäßige Abschreibungen (§ 280 Abs 1 iVm § 298 Abs 1), im KA richtet sich danach, wann diese Abschreibungen vorgenommen wurden.

203 Wird im JA eine Abschreibung zurückgenommen, die **nach der Erstkonsolidierung** des betr TU vorgenommen wurde, ist die Zuschreibung beim Beteiligungsbuchwert – ebenso wie die vorherige Abschreibung (Anm 200) – im Rahmen der Kons rückgängig zu machen (*Weber/Zündorf* BB 1989, 1864). Wurden im Rahmen der früheren Abschreibung auf Konzernebene ebenfalls VG oder ggf ein GFW abgeschrieben (s auch *Busse von Colbe/Ordelheide*[6], 339), ist zu prüfen, ob im KA entspr Zuschreibungen bei den einzelnen VG vorzunehmen sind (*ADS*[6] § 301 Anm 197; *WPH*[12] I M 400). Soweit Zuschreibungen beim abnutzbaren Anlagevermögen vorgenommen werden, gelten die allgemeinen Grundsätze für Zuschreibungen (§ 280 Abs 1; s dort Anm 13f), dh es darf nicht der ursprüngliche Abschreibungsbetrag storniert werden, sondern es sind die zwischenzeitlich gebotenen planmäßigen Abschreibungen gegen zu rechnen.

Eine Zuschreibung beim GFW kommt allerdings nicht in Betracht (s § 309 Anm 18; aA wohl DRS 4.36). Wertobergrenze für Zuschreibungen im KA bilden die im Rahmen der ErstKons festgelegten, zwischenzeitlich ggf fortgeführten Konzern-AK der VG (ebenso *Dusemond/Weber/Zündorf* in HdKR[2] § 301 Anm 224).

204 Sofern es sich um die Zuschreibung nach einer **vor der Einbeziehung in den Konzernabschluss vorgenommenen Abschreibung** handelt, die auch anlässlich der ErstKons nicht storniert wurde, kann die Zuschreibung als Korrektur der ErstKons interpretiert werden, die zu nachträglichen Konzern-AK bei den übernommenen Vermögens- und Schuldposten des TU führt (*ADS*[6] § 301 Anm 197; *Weber/Zündorf* BB 1989, 1864). Für die Zuordnung der „nachträglichen AK" sind dann aber die Wertverhältnisse des bei der ursprünglichen ErstKons zugrunde gelegten Zeitpunkts maßgeblich.

Die nachträglich zugeordneten stillen Reserven und Lasten bzw ein sich ggf ergebender oder erhöhender GFW sind bis zum Beginn des Konzern-Gj, in dem die Zuschreibung im JA vorgenommen wird, in einer Nebenrechnung fortzuführen (glA *Dusemond/Weber/Zündorf* in HdKR[2] § 301 Anm 224; zur Technik der Anpassung: Anm 147f). Im Ergebnis müssen die fortgeführten Konzern-AK für die VG des betr TU denen entsprechen, die sich ergeben hätten, wenn die Zuschreibung bereits unmittelbar vor der ErstKons zurückgenommen worden wäre (wie hier *Hachmeister* in Beck HdR C 401 Anm 105).

5. Veräußerung von Anteilen an auch weiterhin vollkonsolidierten Tochterunternehmen

Aus Sicht des einheitlichen Unt stellt die teilweise Veräußerung von Anteilen an einem TU an Dritte, durch die das Mutter-Tochterverhältnis (§ 290) zu diesem TU aber nicht beendet wird, ausschließlich einen **Vorgang zwischen den Gesellschaftern des Konzerns** dar. Im Zuge dieses Vorgangs wird dem einheitlichen Unt von einem Gester zusätzliches Vermögen in Gestalt des dem MU zufließenden Kaufpreises der Anteile zugeführt (zum Ansatz des AusglPo für andere Gester s § 307 Anm 49f). Diese Vermögensmehrung wäre im KA nach dem Einheitsgrundsatz (§ 297 Abs 3 S 1) so wie ein vergleichbarer Vorgang im JA eines rechtlich einheitlichen Unt (Kapitalerhöhung, bei der ein Gester ein Agio leistet, dazu auch Anm 215) zu erfassen, dh erfolgsneutral in die Kapitalrücklage einzustellen (so *Dusemond/Weber/Zündorf* in HdKR[2] § 301 Anm 210; zu IFRS s Anm 362). 206

Der KA dient primär der Information der Gester des MU. Dies kommt besonders im gesonderten Ausweis des auf nicht nach § 301 konsolidierte Anteile entfallenden Konzern-EK gem § 307 zum Ausdruck. Wegen des getrennten Ausweises des auf die verschiedenen Gester-Gruppen des Konzerns entfallenden EK, sind Transaktionen zwischen diesen Gruppen, die mit einer Reinvermögensmehrung im Konzern verbundenen sind, nicht als *erfolgsneutraler Kapitalvorgang,* sondern als *ergebniswirksamer* Veräußerungsvorgang im KA zu erfassen (DRS 4.47; glA *ADS*[6] § 301 Anm 192). Für die veräußerten Anteile ist daher eine **erfolgswirksame „Endkonsolidierung"** durchzuführen (s Anm 240). 207

Für die zutreffende Ermittlung des Veräußerungserfolgs aus Konzernsicht sind dem Entgelt für die auf die anderen Gester übertragenen Anteile das auf diese Anteile entfallende Reinvermögen zu Konzern-AK/HK, dh einschl der auf die „abgehenden" Anteile des MU entfallenden (noch aus der ErstKons vorhandenen) stillen Reserven sowie eines (anteiligen) GFW, gegenüberzustellen (glA *ADS*[6] § 301 Anm 189, 191). Ein noch vorhandener passiver Unterschiedsbetrag aus der ErstKons ist – soweit er auf die verkauften Anteile entfällt – zu vereinnahmen, dh erhöht das Abgangsergebnis entspr (DRS 4.47).

6. Nachträgliche Anpassungen des Anteilskaufpreises

Ergeben sich nach erfolgter ErstKons aufgrund von Kaufpreisanpassungsklauseln (Anm 23) nachträgliche AK bereits konsolidierter Anteile, sind diese gem DRS 4.15 – soweit sie nicht mit der Neubewertung eines VG oder einer Schuld in Verbindung stehen – stets dem GFW bzw dem negativen Unterschiedsbetrag zuzuordnen. Eine erfolgsneutrale Verrechnung der nachträglichen AK mit den Rücklagen ist gem DRS 4.16 unzulässig. 208

Nachträgliche AK, die iVm mit der Neubewertung eines VG oder einer Schuld stehen, dürften idR auf **Wertsicherungsklauseln,** die **auf** die **erworbenen Anteile** gerichtet sind, zurückzuführen sein. Derartige Wertsicherungsklauseln, durch die der Verkäufer dem Erwerber einen bestimmten Unter- 209 nehmenswert zusichert, knüpfen entweder ganz allgemein an ein bestimmtes (garantiertes) bilanzielles EK (dazu *Küting/Wirth* BB 2001, 1197) oder aber an im Erwerbszeitpunkt konkret identifizierte Risiken an, zB aus einem anhängigen Rechtsstreit oder aus einer (noch ausstehenden) steuerrechtlichen Bp oder iZm der Werthaltigkeit von bestimmten Forderungen oder Vorräten.

Wenn auf die erworbenen Anteile gerichtete Wertsicherungsklauseln greifen, korrespondiert die Erhöhung bzw Verminderung der AK beim MU idR zeitgleich mit einem entspr (meist auch betragsgleichen) Ertrag oder Aufwand aus der Abwicklung bzw Entstehung der betr Risikoposition im JA des TU. In wirtschaftlicher Betrachtungsweise stehen die Vermögensmehrungen beim TU aber nicht dem MU bzw Konzern, sondern einem fremden Dritten zu und sind als nachträgliche AK an diesen „abzuführen". Umgekehrt wird der Konzern durch Vermögensminderungen beim TU nicht belastet, weil der bisherige Eigentümer das MU hiervon freistellt, dh entspr Ausgleichszahlungen leistet, die beim MU als AK-Minderungen erfasst werden. Es ist uE daher sachgerecht, die AK-Erhöhung/-Verminderung mit den entspr Erträgen und Aufwendungen zu verrechnen (ebenso *Küting/Wirth* BB 2001, 1197). Etwaige danach verbleibende Spitzenbeträge führen zu einer Anpassung des GFW bzw des negativen Unterschiedsbetrags.

Werden die Anpassungsbeträge direkt an das TU oder von diesem an den Veräußerer gezahlt, liegt aus Sicht des JA des MU keine nachträgliche Änderung der AK vor, aus Sicht des fiktiv rechtlich einheitlichen Unt handelt es sich aber um einen identischen Vorgang. Daher ist es uE geboten, im KA die im JA des TU ausgewiesenen Erträge bzw Aufwendungen aus dem Wegfall bzw der Realisierung der entspr Risikopositionen mit den Aufwendungen bzw Erträgen iZm den Anpassungsbeträgen zu saldieren.

210 Als nachträgliche AK, die gem DRS 4.15 zu einer Anpassung des GFW bzw des passiven Unterschiedsbetrag führen, kommen insb solche Kaufpreisanpassungen in Betracht, die an die Erreichung eines bestimmten künftigen Erfolgsniveaus anknüpfen (sog ***earn-out*-Vereinbarungen**).

Da man derartige Kaufpreisänderungen als eine Konkretisierung der Wertverhältnisse im Erwerbszeitpunkt verstehen kann, spricht uE vieles dafür, die Anpassungsbeträge auch ab diesem Zeitpunkt zu periodisieren und im Jahr der Kaufpreisanpassung die Differenz zwischen den nachträglichen AK und den fortgeführten Werten des GFW bzw passiven Unterschiedsbetrags entspr erfolgswirksam zu erfassen. Eine erfolgsneutrale Verrechnung der (fiktiv) auf den Zeitraum ab ErstKons bis zum Anpassungszeitpunkt entfallenden Ergebniseffekte gegen den Ergebnisvortrag dürfte im Hinblick auf DRS 4.16 allerdings nicht zulässig sein. Nachdem die Periodisierung dieser nachträglichen AK aber nicht explizit im DRS 4 geregelt ist, dürfte es uE auch nicht zu beanstanden sein, wenn die Periodisierung ausschließlich prospektiv erfolgt, dh ein um nachträgliche AK angepasster GFW über die verbleibende Restnutzungsdauer abgeschrieben bzw ein passiver Unterschiedsbetrag gem DRS 4.41 über die Restnutzungsdauer der nicht-monetären VG vereinnahmt wird (dazu s § 309 Anm 15 ff und 45 ff).

Soweit eine vom Anteilsverkäufer zu entrichtende Ausgleichszahlung allerdings höher ist als der Restbuchwert des GFW im Erfassungszeitpunkt, ist der übersteigende Betrag bis zur Höhe des ursprünglichen GFW erfolgswirksam zu vereinnahmen und nur ein danach ggf verbleibender Restbetrag als passiver Unterschiedsbetrag anzusetzen.

Die Vorgehensweise gem DRS 4.15 ist uE jedoch nur dann zulässig, wenn im Rahmen der ursprünglichen KapKons auch sämtliche (anteiligen) stillen Reserven im Vermögen des TU aufgedeckt werden konnten. Wenn dagegen bei einer ErstKons vor 2003 die AK-Deckelung gem Abs 1 S 4 (dazu Voraufl Anm 110) zum Tragen kam, sind nachträglich AK-Erhöhungen zunächst zur Aufdeckung stiller Reserven zu verwenden und nur ein danach verbleibender (aktiver) Unterschiedsbetrag als GFW auszuweisen. Für die Aufdeckung von stillen Reserven im Vermögen, die auf nachträgliche AK zurückzuführen ist, sind die Wertverhältnisse im Erwerbszeitpunkt maßgeblich. Die Periodisierung hat uE analog zur Vorgehensweise beim GFW bzw passiven Unterschiedsbetrag zu erfolgen.

Teilweise beziehen sich **Wertsicherungsklauseln** aber auch **auf** die für den Erwerb der Anteile am TU **entrichtete Gegenleistung** und zwar insb dann, wenn die Gegenleistung aus Anteilen am MU bestand. Aufgrund solcher Wertsicherungsklauseln zu entrichtende zusätzliche Kaufpreise sollen aus Sicht des Verkäufers einen im Erwerbszeitpunkt vereinbarten Kaufpreis absichern und führen daher nicht zu zusätzlichen AK der Beteiligung. Dementsprechend darf in diesen Fällen – obwohl die Regelung des DRS 4.15 nach dem Wortlaut formal anwendbar ist – auch keine Anpassung des GFW bzw passiven Unterschiedsbetrags vorgenommen werden, sondern die zusätzlichen Beträge sind – ebenso wie im JA des MU – erfolgswirksam zu erfassen. 211

V. Kapitalveränderungen beim Tochterunternehmen

1. Kapitalerhöhungen ohne Änderung der Beteiligungsquote

Beim Anteilserwerb im Rahmen einer Kapitalerhöhung gegen **Bareinlagen** stehen sich der Anschaffungspreis der neuen Anteile und das damit korrespondierende (neu) eingezahlte EK beim TU in gleicher Höhe gegenüber, so dass sich bei der ErstKons der neu geschaffenen Anteile kein Unterschiedsbetrag ergibt. Soweit im Rahmen der Kapitalerhöhung Anschaffungsnebenkosten entstanden sind, ist es zulässig, diese Kosten im KA als „sonstige betriebliche Aufwendungen" zu erfassen (glA *WPH*[12] I M 401; *ADS*[6] § 301 Anm 184). 212

Erfolgt die Kapitalerhöhung beim TU gegen **Sacheinlagen** unter Realisierung stiller Reserven in den eingebrachten VG, während die dafür erlangten Anteile beim MU zu einem niedrigeren Wert (Buchwert der hingegebenen VG) bilanziert werden, ergibt sich im Rahmen der KapKons ein passiver Unterschiedsbetrag. Dieser ist mit dem Ergebniseffekt aus der wegen des Zeitwertansatzes der eingebrachten VG erforderlichen Zwischenergebniseliminierung gem § 304 zu verrechnen (*ADS*[6] § 301 Anm 185; *Weber/Zündorf* BB 1989, 1854).

Setzt das MU die eingetauschten Anteile ebenfalls mit dem Zeitwert an (zur Zulässigkeit Anm 19f), ergibt sich im Rahmen der KapKons kein Unterschiedsbetrag, in diesem Fall ist der Ergebniseffekt aus der Zwischengewinnelimininierung beim eingebrachten Vermögen mit dem im JA des MU ausgewiesenen Buchgewinn aus dem Einlagevorgang zu verrechnen. Entspr gilt, wenn das MU auf eine formelle Kapitalerhöhung verzichtet und stattdessen **Bar- oder Sachzuzahlungen** in das EK (Kapitalrücklage gem § 272 Abs 2 Nr 4) des TU leistet.

Leistet ein Gester des MU eine Zuzahlung in das EK eines TU, ist dieser Betrag im KA als Kapitalrücklage auszuweisen (DRS 7.5), sofern es sich nicht aus Konzernsicht um einen Ertragszuschuss handelt. Eine Abweichung der Kapitalrücklage im KA von der im JA des MU sollte bei wesentlichen Beträgen erläutert werden.

2. Kapitalerhöhungen mit Änderung der Beteiligungsquote

213 Beteiligt sich das MU nicht oder geringer als seiner bisherigen Beteiligungsquote entspr an der Bar- oder Sach-Kapitalerhöhung eines TU, kommt es zu einer **Verminderung der Beteiligungsquote** des MU.

Das MU wird idR nur dann auf die Ausübung seiner Bezugsrechte verzichten, wenn sichergestellt ist, dass seine Vermögensposition durch die Kapitalerhöhung nicht beeinträchtigt wird. Um die verminderte Teilhabe des MU an den stillen Reserven und dem GFW des TU zu kompensieren, müssen die neuen Anteile am TU deshalb überpari ausgegeben werden (*ADS*[6] § 301 Anm 198). Durch den auf das MU – entspr seiner nach Kapitalerhöhung verminderten Beteiligungsquote – entfallenden Anteil an dem von den an der Kapitalerhöhung teilnehmenden Gester geleisteten Agio werden dann die bisher auf das MU entfallenden stillen Reserven und ein noch vorhandener GFW abgegolten. Zu den Auswirkungen auf den AusglPo für andere Gester s § 307 Anm 49ff.

214 Ein über die vergüteten anteiligen stillen Reserven und GFW aus der ErstKons hinausgehender Teilbetrag des auf das MU entfallenden Agios ist uE – ebenso wie im vergleichbaren Fall bei einer teilweisen Veräußerung von Anteilen (Anm 208) – ergebniswirksam zu behandeln. Nach aA (*ADS*[6] § 301 Anm 199; *Hachmeister* in Beck HdR C 401 Anm 120) ist dieser Teilbetrag des Agios gegen die beim MU verbleibenden stillen Reserven sowie den verbleibenden GFW aus der früheren ErstKons aufzurechnen und ein danach verbleibender passiver Unterschiedsbetrag gem § 307 Anm 49ff Abs 2 fortzuführen.

Der DRS 4 enthält keine Regelungen für den Fall, dass sich die Beteiligungsquote des MU infolge einer Kapitalerhöhung beim TU vermindert. Allerdings sind bei Anwendung der der KapKons nach der Erwerbsmethode nahestehenden Equity-Methode entspr Vorgänge bei assozUnt nach DRS 8.42 erfolgswirksam zu erfassen. Insofern könnte dies dafür sprechen, dass der DSR auch im Bereich der VollKons eine erfolgswirksame Erfassung bevorzugen würde.

215 Nehmen dagegen die anderen Gester eines TU an einer Kapitalerhöhung nicht oder nicht entspr ihrer Beteiligungsquote teil, **erhöht sich die Beteiligungsquote** des MU. Unter der Voraussetzung, dass sich die Vermögensposition der anderen Gester nicht verschlechtert, muss die Kapitalerhöhung unter Einschluss eines Aufgelds erfolgen. Da ein Teil des vom MU im Rahmen der Kapitalerhöhung entrichteten Agios auf die anderen Gester entfällt und im AusglPo gem § 307 ausgewiesen wird, ergibt sich im Rahmen der beim MU für die im Zuge der Kapitalerhöhung erlangten Anteile durchzuführende KapKons idR ein aktiver Unterschiedsbetrag, der nach den gleichen Grundsätzen wie bei einem teilweisen Hinzuerwerb von Anteilen zuzuordnen ist (ebenso *ADS*[6] § 301 Anm 200; s auch Anm 195ff). Sofern sich ein passiver Unterschiedsbetrag ergibt (Ausgabebetrag ist niedriger als das anteilige EK), kommt dessen sofortige erfolgswirksame Vereinnahmung nur in Betracht, wenn keine Anhaltspunkte dafür vorliegen, dass es sich bei der Übertragung des Mehrvermögens nicht um die Abgeltung von nicht passivierten Lasten oder sonstigen erwarteten Aufwendungen bzw Verlusten handelt.

3. Ausgabe von Bezugsrechten

216 Werden nach erfolgter ErstKons von einem TU Bezugsrechte, zB iZm der Emission von Wandel- oder Optionsanleihen oder im Rahmen von Aktienoptionsplänen für Mitarbeiter, an fremde Dritte ausgegeben, führt dies noch nicht zu einer Änderung der Beteiligungsquote des MU. Erst die Ausübung der Bezugsrechte/Optionen führt zu einer Verminderung der Beteiligungsquote

des MU und ist im KA wie eine teilweise Anteilsveräußerung zu behandeln (Anm 215).

Die Beträge, die das TU als Entgelt für das Bezugsrecht erzielt und im JA in die Kapitalrücklage (§ 272 Abs 2 Nr 2) einstellt, stellen aus Sicht des MU noch kein EK dar. Es handelt sich vielmehr aus Sicht des fiktiv rechtlich einheitlichen Unt (§ 297 Abs 3 S 1) um eine **Optionsprämie für** die Übernahme einer **Stillhalterverpflichtung.** Diese Optionsprämie ist im KA in den Posten „Sonstige Verbindlichkeiten" umzugliedern. Eine Vereinnahmung der Optionsprämie erfolgt mit Ausübung der Option und erhöht dann den Abgangserlös aus Konzernsicht (s Anm 206 f) oder sonst mit Ablauf der Optionsfrist.

Bei der Stillhalterverpflichtung handelt es sich aus Konzernsicht um eine **217** **Sachleistungsverpflichtung.** Somit ist die Verpflichtung in der Folgezeit bis zu der Ausübung oder dem Verfall der Option nicht bereits deshalb (ergebniswirksam) zu erhöhen, weil der Zeitwert der Anteile, auf die die Option gerichtet ist, höher als die Summe aus Basispreis zzgl Optionsprämie ist. Entscheidend ist vielmehr, mit welchem Betrag das anteilige Reinvermögen, das aus Konzernsicht an die Inhaber der Option herausgegeben bzw diesem durch Einräumung eines entspr Kapitalkontos (§ 307 Abs 1) zugeordnet werden muss, im KA bewertet ist. Eine Erhöhung der Stillhalterverpflichtung ist erst dann geboten, wenn die (ggf fortgeführten) Konzern-AK/HK für das anteile Reinvermögen, auf das die Kaufoption aus Konzernsicht gerichtet ist, höher sind als die Summe aus Basispreis zzgl Optionsprämie. Ohne eine Anpassung der Verpflichtung würde nämlich sonst bei einer Optionsausübung ein Veräußerungsverlust entstehen (zur Ermittlung des Abgangserfolgs s Anm 207, 244). Anders als für Zwecke des JA entsteht damit im KA sozusagen zwangsläufig eine Bewertungseinheit, weil die Stillhalterverpflichtung nie durch Barausgleich/Glattstellung, sondern immer durch die „Lieferung" der im Bestand befindlichen VG erfüllt wird.

4. Rücklagenveränderungen beim Tochterunternehmen

Bei einer **Kapitalerhöhung aus Gesellschaftsmitteln** wird der Buchwert **218** der Beteiligung nicht verändert. Werden *bei der Erstkonsolidierung vorhandene Rücklagen* verwandt, wird die Kapitalaufrechnung nicht berührt, sondern es kommt lediglich zu einer Umgliederung innerhalb des konsolidierungspflichtigen Kapitals.

Soweit bei der Kapitalerhöhung aber Gewinnrücklagen verwendet werden, die *während der Konzernzugehörigkeit gebildet* worden sind, müssen diese in der Konzernbilanz – obwohl es beim TU danach um gezeichnetes Kapital handelt – auch weiterhin als Gewinnrücklagen ausgewiesen werden. Auf die fehlende Verfügbarkeit dieser Rücklagen für Ausschüttungen, ist in den Erl zum Konzern-EK-Spiegel gem DRS 7.15 b, hinzuweisen (s dazu § 297 Anm 170 ff; *WPH*[12] I M 402; *Dusemond/Weber/Zündorf* in HdKR[2] § 301 Anm 226).

Werden vor der ErstKons vorhandene Rücklagen zwecks **Ausschüttung** **219** aufgelöst oder ein vor Zugehörigkeit zum Konzern erwirtschafteter Gewinn des TU ausgeschüttet, handelt es sich wirtschaftlich um eine Rückzahlung auf das investierte Kapital. Der Konzern hat das die Gewinnrücklagen bzw den Ergebnisvortrag des TU repräsentierende Vermögen entgeltlich erworben (Einzelerwerbsfiktion; Anm 3). Aus Sicht des einheitlichen Unt bedeutet die Ausschüttung des „erworbenen Vermögens" lediglich eine Verlagerung dieses Vermögens von der unselbständigen Betriebsstätte (TU) zum MU, die daher erfolgsneutral bleiben muss. Die Rücklagenauflösung bzw Ausschüttung eines erworbenen Ergebnisses ist – soweit sie nicht bereits im JA des MU als Minderung des Beteiligungsbuchwerts erfasst wird – deshalb bei der FolgeKons gegen die in der GuV des MU ausgewiesenen Beteiligungserträge bzw in späteren Jahren gegen den Gewinnvortrag des MU zu stornieren.

KSt-Minderungen iZm Ausschüttungen eines TU, die sich auch nach neuem KSt-Recht noch während des 18-jährigen Übergangszeitraums ergeben können (dazu § 278 Anm 31 ff), sind im Rahmen der Aufwands- und ErtragsKons gem § 305 mit der korrespondierenden KSt-Aufwand beim MU zu verrechnen. Soweit beim Erwerb der Anteile an dem ausschüttenden TU „latente" KSt-Minderungsguthaben vergütet wurden (Anm 70), sind die darauf entfallenden Kaufpreisbestandteile erst dann aufwandswirksam zu erfassen, wenn sie aus Sicht des MU realisiert sind, was dann der Fall ist, wenn sie an dessen Gester ausgeschüttet werden.

Wird im JA des MU eine ausschüttungsbedingte Abschreibung auf den Beteiligungsbuchwert vorgenommen, darf der Beteiligungsertrag in der Konzern-GuV auch gegen die Abschreibung verrechnet werden, wodurch ebenfalls eine erfolgsneutrale Behandlung des Vorgangs erreicht wird (*ADS*[6] § 301 Anm 203; *Dusemond/Weber/Zündorf* in HdKR[2] § 301 Anm 173; *WPH*[12] I M 406). Im Hinblick auf erforderliche Anpassungen zur Überleitung auf den Konzernergebnisvortrag in den Folgeperioden, empfiehlt sich uE aber die beiden Vorgänge, dh Ausschüttung beim TU und Beteiligungsabschreibung beim MU, jeweils getrennt von einander zu stornieren (s auch Anm 200; wie hier *Hachmeister* in Beck HdR C 401 Anm 109).

220 Bei **Ausschüttungen ausländischer Tochterunternehmen** weicht der Umrechnungskurs im Zeitpunkt der Vereinnahmung beim MU idR vom (historischen) Entstehungskurs, dh idR dem Durchschnittskurs der Periode in der das betr Ergebnis erwirtschaftet wurde (DRS 14.31), ab. Wird der JA des betr TU nach der Stichtagskursmethode (dazu DRS 14.25 ff; § 308 Anm 62) umgerechnet, stellt sich die Frage, ob diese Wechselkursdifferenz zu realisieren ist oder weiterhin im Unterschiedsbetrag aus der Währungsumrechnung für dieses TU fortgeführt werden darf. Entspr ihrer theoretischen Konzeption sollen Wechselkurseffekte bei Anwendung der Stichtagskursmethode erst dann erfolgswirksam werden, wenn das betr Auslandsinvestment beendet und der dort investierte Betrag in die Konzernwährung rücktransferiert wird.

Vor diesem Hintergrund ist uE eine Realisierung der Wechselkursdifferenz iZm der Gewinnausschüttung eines ausländischen TU – analog zu den Regelungen gem IAS 21.49 (s auch *ADS* (Int) Abschn 5 Anm 126) – nur dann geboten, wenn diese Gewinnausschüttung in wirtschaftlicher Betrachtungsweise eine Teilliquidation dieses TU (Auslandsinvestments) darstellt. Ein Indiz hierfür kann sein, dass das TU Vermögen versilbern musste, um die Ausschüttung leisten zu können oder gar Fremdkapital hierfür aufgenommen hat. Wird die Ausschüttung aus freier Liquidität des TU vorgenommen, liegt auch dann keine Teilliquidation vor, wenn in erheblichem Umfang beim TU thesaurierte, uU im Erwerbszeitpunkt bereits vorhandene Gewinne ausgeschüttet werden. Ungeachtet dessen ist es uE nicht zu beanstanden, wenn die mit Ausschüttungen verbundenen Wechselkurseffekte aus Vereinfachungsgründen generell erfolgswirksam erfasst werden.

221 Werden Rücklagen des TU aus der Zeit vor erstmaliger Einbeziehung in den KA zur **Abdeckung von Jahresfehlbeträgen** aufgelöst, ist die Rücklagenentnahme im Rahmen der KonsMaßnahmen zu stornieren, weil die bei dem TU eingetretene EK-Minderung als Verlustbeitrag in der Konzern-GuV darzustellen ist (*WPH*[12] I M 404). Entspr ist zu verfahren, wenn eine Kapitalherabsetzung zwecks Verlustausgleich vorgenommen wird. Korrespondiert mit der Rückla-

genauflösung beim TU eine Abschreibung auf den Beteiligungsbuchwert im JA des MU (dazu auch Anm 200), darf stattdessen eine unmittelbare Saldierung von Abschreibung und Ertrag aus der Rücklagenentnahme in der Konzern-GuV erfolgen (so *ADS*[6] § 301 Anm 203; *WPH*[12] I M 403).

5. Veräußerung oder Einzug eigener Anteile eines Tochterunternehmens

Werden eigene Anteile eines TU, die bereits **im Erwerbszeitpunkt vorhanden** waren und entspr den Grundsätzen des DRS 4.22 vor der Kapitalaufrechnung mit dem konsolidierungspflichtigen EK verrechnet wurden (s Anm 15), von diesem wieder **veräußert,** kommt es – wie im vergleichbaren Fall einer Kapitalerhöhung (Anm 212ff) – im KA zu einer Erhöhung des konsolidierungspflichtigen EK. Im Einzelnen ist dann wie folgt zu differenzieren: 222

– Die (relative) *Beteiligungsquote* des MU *ändert sich nicht,* dh das MU sowie etwaige MinderheitsGester haben die Anteile entspr ihrer bisherigen Beteiligungsquote erworben. In diesem Fall stehen sich die AK der neu zu kons Anteile des MU und das darauf entfallende EK betragsgleich gegenüber, so dass aus der Kapitalaufrechnung kein Unterschiedsbetrag verbleibt. Dabei ist zu beachten, dass ein ggf aus dem Verkauf der eigenen Anteile erzielter Buchgewinn aus dem JA – soweit dieser auf das MU entfällt – in diesem Fall zum konsolidierungspflichtigen EK gehört.
– Die *Beteiligungsquote* des MU *ändert sich,* weil das MU oder etwaige MinderheitsGester keine Anteile oder nur in geringerem Umfang erwerben, als es ihrer bisherigen Beteiligungsquote entspricht. In diesem Fall gelten die Ausführungen zur Kapitalerhöhung mit Änderung der Beteiligungsquote entspr (s dazu Anm 213ff), dh eine Erhöhung der Beteiligungsquote des MU ist wie ein Hinzuerwerb von Anteilen und eine Verminderung wie eine teilweise Anteilsveräußerung zu behandeln.

Werden die eigenen Anteile beim TU tatsächlich **eingezogen,** bleibt dies ohne Auswirkung auf die KapKons.

Sofern die eigenen Anteile **nach erfolgter Erstkonsolidierung** vom TU erworben werden, sind sie nach dem Wortlaut des DRS 4.22 ebenfalls mit dem (konsolidierungspflichtigen) EK des TU zu verrechnen. Hierdurch kommt es zu einer Verminderung des konsolidierungspflichtigen EK, die derjenigen bei einer Kapitalherabsetzung beim TU vergleichbar ist. 223

– Bei einem *paritätischen Rückerwerb,* dh wenn Anteile vom MU und etwaigen MinderheitsGester entspr ihrer relativen Beteiligungsquoten zurückerworben werden, ergeben sich keine Auswirkungen auf die KapKons. Der Verminderung des EK des TU in Höhe der AK der erworbenen eigenen Anteile steht eine Verminderung der AK der Beteiligung am TU nebst zugehörigem Abgangsergebnis beim MU gegenüber.
– Soweit es zu einem *nicht-paritätischen Rückerwerb* kommt, zB weil nur Anteile vom MU oder nur von MinderheitsGestern zurückerworben werden, und sich infolgedessen deren relative Beteiligungsquoten verändern, ist dies wiederum wie eine teilweise Anteilsveräußerung (Anm 206f) bzw ein teilweiser Hinzuerwerb (Anm 191ff) von Anteilen abzubilden.

Zu den gleichen Ergebnissen führt es, wenn in der HB II auf die Verrechnung der vom TU erworbenen (eigenen) Anteile mit dessen EK verzichtet wird und die (eigenen) Anteile wie unmittelbar vom MU (nachträglich) erworbene Anteile am TU behandelt werden (glA *Busse von Colbe* in MünchKomm HGB § 301 Anm 28; zur entspr Vorgehensweise für im Erwerbszeitpunkt vorhandene eigene Anteile s Anm 15).

VI. Konzerninterne Umwandlungsvorgänge

225 Sind in den KA einbezogene TU an vermögensübertragenden Umwandlungen (Verschmelzung, Spaltung) beteiligt, richtet sich die Behandlung bzw Korrektur dieser konzerninternen Umwandlungsvorgänge im KA – mangels expliziter gesetzlicher Regelungen – nach den allgemeinen KonsGrundsätzen, insb unter Berücksichtigung der in § 297 Abs 3 S 1 normierten **Fiktion der rechtlichen Einheit des Konzerns** (glA *Küting/Zündorf* BB 1994, 1386).

Entspr der Einheitstheorie wird im Rahmen der Konzernrechnungslegung die rechtliche Selbstständigkeit der TU vernachlässigt; die TU werden als unselbstständige Betriebsstätten des einheitlichen Unt „Konzern" behandelt und sämtliche Transaktionen zwischen den KonzernUnt als innerbetriebliche Beziehungen betrachtet. Daraus folgt, dass sich ein gesellschaftsrechtlicher Vorgang zwischen den KonzernUnt, der die rechtliche Selbständigkeit zumindest eines TU tatsächlich beendet (zB Verschmelzung, Aufspaltung) bzw die rechtliche Selbständigkeit mindestens eines TU neu begründet (zB Abspaltung zur Neugründung), nicht auf die Kons bzw auf den Konzern auswirken darf. Für das wirtschaftlich und (fiktiv) auch rechtlich einheitliche Unt ist der Verlust der rechtlichen Selbständigkeit bzw die neu geschaffenene rechtliche Selbständigkeit einzelner Teile bedeutungslos, da diese rechtliche Selbständigkeit unter der zugrunde gelegten Einheitsfiktion niemals exisitierte bzw existieren wird.

Sämtliche Effekte, die sich durch eine **Verschmelzung oder Spaltung von Tochterunternehmen** auf Ebene des JA des MU bzw von an der Umwandlung als aufnehmende Rechtsträger beteiligten TU ergeben, sind deshalb im KA zu eliminieren (glA *ADS*[6] § 301 Anm 289; *Dusemond/Weber/Zündorf* in HdKR[2] § 301 Anm 389 mwN; zur Behandlung einer Abspaltung vom MU s Anm 248).

226 Auswirkungen auf JA-Ebene resultieren insb aus der Bewertung des übertragenen Vermögens. Aufgrund des § 24 UmwG darf der übernehmende Rechtsträger (TU) die übernommenen VG und Schulden entweder mit AK (§ 255 Abs 1) oder mit den Buchwerten des übertragenden Rechtsträgers (TU) ansetzen (ausführlich dazu *Förschle/Hoffmann* in Sonderbilanzen[3] I Anm 41 ff, 85 ff). Beide Wertansätze werden nur in seltenen Ausnahmefällen mit den fortgeführten Konzern-AK/HK übereinstimmen, mit denen die VG und Schulden im KA anzusetzen sind (*ADS*[6] § 301 Anm 290; *Dusemond/Weber/Zündorf* in HdKR[2] § 301 Anm 390).

Sofern es bei dem Umwandlungsvorgang zur Ausgabe von (neuen) Anteilen gekommen ist, zB bei Verschmelzung von TU oder bei Ausgliederung von Vermögen auf ein neues TU (s auch Anm 20), können sich zusätzliche Unterschiede aus deren Bewertung ergeben. Aufgrund der Geltung der allgemeinen Tauschgrundsätze (dazu zB *ADS*[6] § 255 Anm 89 ff; *HFA 2/1997* WPg, 239) dürfen die als Gegenleistung erlangten Anteile am TU mit dem Buchwert des hingegebenen Vermögens (ggf einschl der durch den Tausch ausgelösten Ertragsteuerbelastung) oder dessen Zeitwert angesetzt werden (s auch Anm 19).

227 Aus konsolidierungstechnischer Sicht ergibt sich der geringste Anpassungsbedarf dabei in den Fällen, in denen sowohl das übertragene Vermögen als auch die erlangten Anteile jeweils zum Buchwert angesetzt werden. Dies kann an dem folgenden Beispiel zur Verschmelzung, als dem Grundfall der Umwandlung, verdeutlicht werden:

Beispiel: Es werden zwei 100%-ige TU verschmolzen. Die Kapitalerhöhung beim aufnehmenden Rechtsträger (TU 1) beträgt 300 GE und entspricht dem Nominalvermögen in der Schlussbilanz des übertragenden Rechtsträgers (TU 2). Die AK (Buchwert) der Anteile am TU 2 betrugen 400 GE und das EK im ErstKonsZeitpunkt 200 GE. Der aktive Unterschiedsbetrag aus der KapKons von 200 GE entfiel auf stille Reserven in einem Grundstück, das auch noch bei TU 2 im Bestand ist. Der Zeitwert der Beteiligung an TU 2 beträgt im Zeitpunkt der Verschmelzung 500 GE.

Setzt das MU die erlangten Anteile am übernehmenden TU 1 mit dem Buchwert der untergehenden Anteile an TU 2 an (400 GE) und macht das TU 1 seinerseits vom Wahlrecht des § 24 UmwG zur Buchwertfortführung Gebrauch, kann die bisherige KapKons für TU 2 auf TU 1 übertragen und dort fortgeführt werden. Insb gehen die aus der ErstKons der Anteile an TU 2 resultierenden und im Verschmelzungszeitpunkt noch nicht abgeschrieben stillen Reserven (hier 200 GE im Grundstück) durch die Verschmelzung nicht unter, sondern sind beim übernehmenden TU 1 nach allgemeinen Grundsätzen (Anm 185 ff) fortzuführen. Entspr würde für einen noch vorhandenen GFW aus der ErstKons gelten (glA *ADS*[6] § 301 Anm 291). Da der Betrag der Kapitalerhöhung (300 GE) vom Betrag des konsolidierungspflichtigen EK bei der ErstKons (200 GE) abweicht, ist die sich ergebende passive Differenz (100 GE) in die Konzernrücklagen bzw den Konzernergebnisvortrag umzugliedern, weil die dahinter stehende – nach der ErstKons von TU 2 eingetretene – Reinvermögenserhöhungen sich bereits im KA ausgewirkt hat. Eine aktive Differenz wäre dementsprechend mit dem Ergebnisvortrag oder den Rücklagen des Konzerns zu verrechnen.

Alle übrigen Fallvarianten, die sich aus dem Zusammenwirken der Bewertungswahlrechte ergeben können (ausführlich zum Fall einer Ausgliederung von Vermögen auf ein 100%-iges TU *Küting/Hayn/Hütten* BB 1997, 570 f), lassen sich durch eine erneute **Ausübung** der **Bewertungswahlrechte** auf Ebene der **HB II** der an der Umwandlung beteiligten Rechtsträger (TU) in die beschriebene „Buchwert-Variante" überleiten (für die Korrektur in der HB II: *ADS*[6] § 301 Anm 290; *Dusemond/Weber/Zündorf* in HdKR[2] § 301 Anm 390; *Ebeling* Die Einheitsfiktion als Grundlage der Konzernrechnungslegung, Stuttgart 1995, 304 f). Wird bspw das übernommene Vermögen im JA mit AK (§ 255 Abs 1) angesetzt, ist die Differenz zwischen höheren Zeitwerten und den Buchwerten beim übertragenden Rechtsträger in der HB II erfolgsneutral gegen das damit zusätzlich geschaffene EK (gezeichnetes Kapital oder Kapitalrücklage) aufzurechnen. Setzt das MU die neu geschaffenen Anteile mit dem Zeitwert der untergehenden Anteile am übertragenden Rechtsträger (TU) an, ist der Unterschied zwischen dem Buchwert der untergehenden Anteile und ihrem Zeitwert mit dem gleich hohen Buchgewinn beim MU in der HB II zu verrechnen. Alternativ dürfen die erforderlichen Anpassungsbuchungen aber auch im Rahmen der Zwischenergebniseliminierung gem § 304 vorgenommen werden (so wohl *Küting/Hayn/Hütten* BB 1997, 571). 228

Durch den konzerninternen Umwandlungsvorgang ausgelöste Korrekturen müssen solange fortgeführt werden, bis sich das übernommene Vermögen beim aufnehmenden Rechtsträger (TU) abgewickelt hat, dh abgeschrieben oder veräußert ist. Insb dann, wenn die übernommenen VG und Schulden im JA zu Zeitwerten angesetzt wurden, kann dies umfangreiche Anpassungbuchungen, zB im Bereich des Anlagevermögens, erforderlich machen. Sofern der Effekt aus dem Zeitwertansatz des übertragenen Vermögens und dessen Periodisierung in den Folgejahren im JA des übernehmenden Rechtsträgers (TU) für die VFE-Lage des Konzerns jedoch nur von untergeordneter Bedeutung sind, ist es uE deshalb und unter **Vereinfachungsgesichtspunkten** – analog zur Regelung in § 304 Abs 2 – auch zulässig, die höheren Werte aus dem JA in den KA zu übernehmen (*Dusemond/Weber/Zündorf* in HdKR[2] § 301 Anm 391). 229

In wirtschaftlicher Betrachtungsweise liegt eine konzerninterne Umwandlung auch dann vor, wenn das MU auf ein einbezogenes TU verschmolzen wird, dh dieses dann zum MU wird ***(down-stream-merger).*** Dessen ungeachtet wird für die Abbildung dieser Transaktion nach den deutschen handelsrechtlichen Vorschriften auf den formalen (rechtlichen) Gehalt derselben abgestellt. Die beson- 230 deren Regelungskonzepte, die nach US-GAAP bzw IFRS für derartige Transaktionen bestehen, zu nennen sind insb *transaction under common control* oder *reverse acquisition* (dazu Anm 386 ff, 395 ff), sind mit den KonsVorschriften des HGB und der 7. EG-Richtl nicht vereinbar und dürfen bis zu einer entspr Gesetzesänderung nicht angewandt werden (glA DRS 4.A5).

Nach den handelsrechtlichen Vorschriften hat das neue MU (bisheriges TU) somit (erstmals) einen KA aufzustellen und grds für diejenigen Unt, zu denen ein Mutter-Tochterverhältnis iSv § 290 besteht, eine ErstKons nach allgemeinen Grundsätzen (§§ 300 ff) vorzunehmen. Für das den KA aufstellende MU selbst ist keine KapKons vorzunehmen, was in Abs 4 S 1 für eigene Anteile des MU ausdrücklich klargestellt wird, insofern ist eine Fortführung von Reservenaufdeckungen sowie eines GFW bzw eines passiven Unterschiedsbetrags aus der KapKons des bisherigen TU im KA des bisherigen MU nicht zulässig (aA *Kraft* in HGB-Bilanzrecht § 301 Anm 204).

231 In diesem Zusammenhang ist jedoch zu beachten, dass eine ErstKons der übrigen TU des bisherigen MU im KA des neuen MU keineswegs einer Fortführung der KapKons dieser TU aus dem KA des bisherigen MU entgegensteht.

Bei einem *down-stream-merger* werden die Anteile des bisherigen MU an bisherigen TU, die an die Gester des MU auszugeben sind, unmittelbar, dh ohne Buchungsvorgang beim TU (neues MU) ausgekehrt. Für die Ermittlung der AK ist das TU so zu betrachten, als hätte es seinerseits von den Gester des MU deren Anteile übernommen, dh eingetauscht (so *HFA 2/1997* FN IDW 2000, 156 f). Insofern hat das neue MU 100% der Anteile am bisherigen MU bzw – was aus Sicht des einheitlichen Unt identisch ist – das dahinterstehende Reinvermögen, insb aber die darin enthaltenen Anteile an TU, im Tauschweg gegen Ausgabe eigener Anteile erworben, so dass die Voraussetzung für die Inanspruchnahme des Methodenwahlrechts gem § 302 vorliegen (dazu § 302 Anm 6, 18). Dh das neue MU setzt das übernommene Vermögen im KA – unabhängig von der Abbildung der Verschmelzung im JA – zu Buchwerten an. Soweit zu diesem Vermögen auch konsolidierungspflichtige Beteiligungen gehören, dürfen für diese deren bisherige KapKons im Altkonzern fortgeführt werden (s § 302 Anm 32).

D. End- und Übergangskonsolidierung

I. Allgemeines

235 Werden alle Anteile an einem TU veräußert und scheidet das TU dadurch aus dem VollKonsKreis (§ 294 Anm 1) aus, ist eine **Endkonsolidierung** erforderlich (Anm 240). Endet das Mutter-Tochterverhältnis iSv § 290 auf Grund einer teilweisen Anteilsveräußerung bzw wird ein KonsWahlrecht neu ausgeübt (dazu § 296 Anm 5 ff) und wird das bisherige TU danach als GemUnt, assozUnt oder als Beteiligung in den KA einbezogen, dh von der VollKons auf eine andere KonsMethode (QuoKons, EquityKons) bzw die Bewertung zu AK gewechselt, ist eine **Übergangskonsolidierung** (Anm 260) erforderlich.

236 **Sinn und Zweck** der End- bzw ÜbergangsKons besteht in der Ermittlung des aus Konzernsicht zutreffenden Abgangserfolgs für das aus dem VollKonsKreis ausgeschiedene TU bzw für die dieser unselbständigen Betriebsstätte aus Konzernsicht zugehörigen VG und Schulden (*Küting/Hayn* DStR 1997, 1945).

Gesetzliche Regelungen darüber, wie das Ausscheiden eines TU aus dem VollKonsKreis im KA abzubilden ist, existieren nicht. Die Notwendigkeit zur Durchführung einer End- bzw ÜbergangsKons ergibt sich aus dem **Einheitsgrundsatz** (§ 297 Abs 3 S 1). Danach sind die mit dem Ausscheiden eines TU aus dem VollKonsKreis verbundenen Abgänge von VG und Schulden im KA so darzustellen wie ein vergleichbarer Vorgang, zB die Veräußerung eines Teilbetriebs (EndKons) oder zB die Einbringung von VG und Schulden in ein BetUnt (Übergang von Voll- auf EquityKons), im JA eines rechtlich einheitlichen Unt (*ADS*[6] § 301 Anm 257; *Dusemond/Weber/Zündorf* in HdKR[2] § 301 Anm 363). 237

Darüber hinaus ist eine systematische EndKons wegen des Konzern-**Bilanzenzusammenhangs** (§ 252 Abs 1 Nr 1 iVm § 298 Abs 1) erforderlich. Sämtliche VG und Schulden (Reinvermögen) des aus dem VollKonsKreis ausgeschiedenen TU, die im KA vor dem Ausscheiden enthalten waren, sind wegen des Grundsatzes der Bilanzidentität automatisch auch in der *fiktiven* Konzern-EB, zu Beginn des Konzern-Gj seines Ausscheidens enthalten. Würde sich die EndKons lediglich auf das „Weglassen" aller mit dem ausgeschiedenen TU verbundenen KonsBuchungen (Erst-, FolgeKons etc) beschränken, würde der mit dem Ausscheiden des TU aus Konzernsicht verbundene Reinvermögensabgang nicht entspr den GoB im KA abgebildet (*Küting* DStR 1995, 229). 238

II. Vollständige Veräußerung der Anteile (Endkonsolidierung)

1. Ermittlung des Abgangswerts

Werden alle Anteile an einem TU veräußert und scheidet dadurch das TU aus dem KonsKreis aus, stellt sich dieser Vorgang im JA des MU als Abgang der Beteiligung dar. Der Gewinn oder Verlust aus der Veräußerung entspricht dem Veräußerungserlös abzgl dem – ggf um außerplanmäßige Abschreibungen verminderten – (Rest-)Buchwert der Beteiligung. 240

Dieser im Zuge der Aufstellung des KA aus dem JA in die Konzernsummenbilanz übernommene Veräußerungserfolg stimmt jedoch nicht mit dem Erfolg aus Konzernsicht überein; einerseits auf Grund der Aufwandswerdung des ursprünglichen Unterschiedsbetrags aus der KapKons im Rahmen der FolgeKons (Anm 175 ff) sowie andererseits wegen der während der Konzernzugehörigkeit beim TU erwirtschafteten Gewinne oder Verluste, die im KA bereits erfolgswirksam geworden sind, dh sich als Konzern-Reinvermögensmehrungen/-minderungen niedergeschlagen haben (*Baetge/Herrmann* WPg 1995, 226). Aus Sicht des einheitlichen Unt gehen sämtliche VG, Schulden, RAP, Bilanzierungshilfen und Sonderposten dieses TU mit ihren (fortgeführten) Konzern-AK/HK ab, mit denen sie unmittelbar vor dem Ausscheiden des TU aus dem KonsKreis im KA enthalten waren (*Küting/Hayn* DStR 1997, 1946 mwN; s Anm 206).

Abweichungen beim Abgangserfolg im KA ergeben sich außerdem dann, wenn im JA außerplanmäßige Abschreibungen (§ 253 Abs 2 S 3) auf den Beteiligungsbuchwert vorgenommen wurden, sofern ihnen keine Aufwandsverrechnungen im KA entsprechen (Anm 185).

Eine zutreffende Ermittlung des EndKonsErfolgs erfordert, dass im KA der vom MU erzielte Veräußerungserlös den Buchwerten der einzelnen Posten des TU (– Aktiva + Passiva) im KA zum Abgangszeitpunkt gegenübergestellt wird (sog **Einzelveräußerungsfiktion,** analog zur Einzelerwerbsfiktion bei ErstKons dazu Anm 3). Die Werte ergeben sich aus den bis dahin fortgeschriebenen Ergänzungsrechnungen. 241

242 Auch der Restbetrag eines noch nicht abgeschriebenen **Geschäfts- oder Firmenwerts** ist von dem Veräußerungserlös abzusetzen. Wurde der GFW bei der ErstKons vollständig oder danach ratierlich im Rahmen der FolgeKons erfolgsneutral mit den Rücklagen verrechnet (s § 309 Anm 20), ist – nach ganz überwiegender Auffassung (*Ordelheide* WPg 1987, 312; *AK Schmalenbach* ZfbF 21/1987, 83; *ADS*[6] § 301 Anm 262; *WPH*[12] I M 430; *Küting* DStR 1995, 330f; *Baetge/Herrmann* WPg 1995, 228; *Busse von Colbe* in MünchKomm HGB § 301 Anm 154; *Hachmeister* in Beck HdR C 401 Anm 126) – die Verrechnung vor der eigentlichen EndKons rückgängig zu machen. Begründet wird dies damit, dass sonst gegen das pagatorische Prinzip verstoßen wird, weil ein Teil der AK der Anteile nicht als Aufwand verrechnet wird und dadurch der Erfolg aus der Veräußerung des TU (bzw der aus Konzernsicht hinter den Anteilen am TU stehenden VG und Schulden) zu hoch ausgewiesen wird (*Busse von Colbe* in FS Forster, 130). Nach aA (ausführlich *Dusemond/Weber/Zündorf* in HdKR[2] § 301 Anm 371; *Oser* WPg 1995, 275 mwN) gilt die Sonderregelung des § 309 Abs 1 S 3, mit der das der Erwerbsmethode zugrundeliegende Periodisierungsprinzip (Anm 3) punktuell durchbrochen wird, auch bei der EndKons fort, mit der Folge, dass die erfolgsneutrale Verrechnung des GFW beizubehalten ist (zu IFRS s Anm 373).

Da die EndKons gesetzlich nicht geregelt ist, dürften uE beide Verfahrensweisen zulässig sein, wobei allerdings die Rückgängigmachung einer Rücklagenverrechnung vorziehen ist (s dazu auch § 309 Anm 26). Unabhängig davon, welche Methode gewählt wird, sind die Auswirkungen aus der Behandlung des GFW im Rahmen der EndKons auf die Konzernbilanz und Konzern-GuV im Konzernanhang zu erläutern (*Dusemond* DB 1997, 56).

243 Ein noch nicht erfolgswirksam aufgelöster **passiver Unterschiedsbetrag** aus der ErstKons erhöht den Abgangsertrag aus Konzernsicht entspr, da spätestens beim Ausscheiden des TU der Gewinn iSd § 309 Abs 2 Nr 2 realisiert ist (DRS 4.45; *ADS*[6] § 301 Anm 270).

244 Ausgehend vom Veräußerungserlös kann der **Endkonsolidierungserfolg für eine 100%-Beteiligung** folgendermaßen ermittelt werden (DRS 4.45; ähnlich auch *Pfaff/Ganske* HWRuP[3] Sp 657):

	Veräußerungserlös für die Beteiligung
–	Vermögenswerte des TU zu Buchwerten in der HB II
+	Schulden des TU zu Buchwerten in der HB II
–/+	Noch nicht ergebniswirksam verrechnete Zusatzbewertungen aus der ErstKons einschl der zugehörigen Steuerabgrenzungen (– stille Reserven/+ stille Lasten)
–	Noch nicht ergebniswirksam verrechneter GFW aus ErstKons
+	Noch nicht erfolgswirksam vereinnahmter passivischer Unterschiedsbetrag aus ErstKons
+/–	Realisierung von bislang eliminierten Zwischenergebnissen (+Gewinne/–Verluste) aus *down-stream*-Lieferungen (zur Behandlung latenter Steuern s Anm 247)
+/–	Abgang eines Unterschiedsbetrags aus der Währungsumrechnung (+Haben-Saldo/–Soll-Saldo) bei ausländischen TU
=	EndKons-Erfolg für das TU

Sind an dem ausscheidenden Unt auch **fremde Gesellschafter beteiligt,** ist dem Veräußerungserlös nur der auf die Anteile des MU entfallende Teil des Reinvermögens des TU (anteilige Vermögenswerte und anteilige Schulden) gegenüberzustellen.

Bei Anwendung der *Buchwertmethode* (Anm 50 ff) ist außerdem zu beachten. dass die bei der ErstKons aufgedeckten stillen Reserven und Lasten nur auf den dem MU gehörenden Anteil entfallen und deshalb in voller Höhe in den Abgangswert aus Konzernsicht einzubeziehen sind. Das gleiche gilt für einen noch nicht verrechneten GFW.

Bei der *Neubewertungsmethode* (Anm 60 ff) dürfen dagegen die noch nicht ergebniswirksam verrechneten Bilanzansatz- und Bewertungskorrekturen (wegen des auf die Minderheiten entfallenden Anteils aus der Neubewertung) nur anteilig berücksichtigt werden. Ein GFW ist jedoch auch hier allein dem MU zuzurechnen (DRS 4.46).

Für das auf Anteile anderer Gester (einschl der Anteile von nicht konsolidierten TU) entfallende Reinvermögen ist ebenfalls eine EndKons durchzuführen (§ 307 Anm 45 ff). Der anteilige Abgangswert der **Minderheitenanteile** entspricht dem dafür gebildeten AusglPo, so dass dessen **Abgang** aus der Konzernbilanz **erfolgsneutral** bleibt (DRS 4.46). 245

Zum selben Konzernerfolg führt es, wenn der **Abgangswert aus** dem **Veräußerungserfolg** des **Mutterunternehmens abgeleitet** wird. Der Veräußerungsgewinn oder -verlust des MU (als Saldo vom erzielten Veräußerungserlös und dem Buchwert der Anteile zum Abgangszeitpunkt) ist im KA um die dort vorgenommenen Abschreibungen auf aufgelöste stille Reserven sowie auf den GFW zu korrigieren. Da die Abschreibungen im KA bereits früher Aufwand darstellten, sind sie – um Doppelerfassungen auszuschließen – dem Veräußerungsgewinn des MU hinzuzurechnen. Ergebniswirksam verrechnete passive Unterschiedsbeträge sind entspr zu kürzen. Um Doppelerfassungen im KA zu vermeiden, müssen in diesem Fall ferner die in den Vj sich aus Gewinnthesaurierungen beim ausscheidenden TU ergebenden Rücklagenerhöhungen ergebnismindernd und Rücklagenminderungen ergebniserhöhend aufgelöst werden. 246

Neben den Auswirkungen aus der Beendigung der KapKons ergeben sich im Rahmen der EndKons auch Auswirkungen aus den übrigen Kons. So sind während der Konzernzugehörigkeit eliminierte **Zwischenergebnisse** aus Lieferungen und Leistungen an das ausscheidende TU *(down-stream-Lieferungen)* mit dem Ausscheiden des TU im EndKonsZeitpunkt realisiert (*Baetge/Herrmann* WPg 1995, 229). Gem § 304 eliminierte Zwischenergebnisse aus Lieferungen und Leistungen des (ausgeschiedenen) TU an die übrigen KonzernUnt *(up-stream-Lieferungen)* müssen dagegen bis zur Veräußerung an fremde Dritte außerhalb des KonsKreis bzw zur ihrer Erfolgswerdung nach allgemeinen Grundsätzen fortgeführt werden (s auch *Königsmaier* BB 2000, 195 f; *Hayn B./Küting* BB 1999, 2075). 247

Aus Anlass der EndKons wird ferner eine Beendigung der **Schuldenkonsolidierung** (§ 303) erforderlich. Technisch empfiehlt es sich die Verrechnung von Forderungen und Verbindlichkeiten zwischen den verbleibenden KonzernUnt und dem ausscheidenden TU unmittelbar vor der EndKons rückgängig zu machen, damit die Forderungen bzw Verbindlichkeiten des ausscheidenden TU zutreffend bei der Ermittlung des Abgangswerts aus Konzernsicht berücksichtigt werden können. Etwaige Ergebniseffekte aus der Beendigung der SchuldenKons sind mit in das Abgangsergebnis einzubeziehen.

Soweit aufgrund der EndKons eines TU erfolgswirksame KonsMaßnahmen (insb Zwischenergebniseliminierung sowie SchuldenKons) entfallen, bei deren Entstehung **latente Steuern** gem § 306 abgegrenzt wurden, sind die zugehörigen Abgrenzungsposten erfolgswirksam über den Posten Steuern vom Einkommen und Ertrag abzuwickeln, auch wenn die aus der Rückgängigmachung der KonsMaßnahmen verbundenen Ergebniseffekte Teil des Abgangserfolgs sind (so auch *Hayn B./Küting* BB 1999, 2077). Steuerabgrenzungen, die erfolgsneutral im Rahmen der ErstKons gebildet wurden (dazu Anm 81 f), sind dagegen in die

Ermittlung des Abgangserfolgs aus Konzernsicht (s Anm 244) einzubeziehen (glA DRS 10.31).

Soweit ein ausländisches TU endkonsolidiert wird, ist auch der für dieses TU im Konzern-EK ausgewiesene Unterschiedsbetrag aus der **Währungsumrechnung** mit in den Abgangserfolg einzubeziehen (DRS 14.34).

248 Eine EndKons ist auch bei der **Abspaltung** der Anteile an einem TU **vom Mutterunternehmen** vorzunehmen (ausführlich zur Abspaltung *Budde/Klingberg* in Sonderbilanzen[3] G Anm 300 ff).

Die Abspaltung stellt eine auf einer Beschlussfassung der Gester des MU beruhende Vermögensauskehrung (Sachausschüttung) dar. Es handelt sich somit um einen gesellschaftsrechtlichen Vorgang und nicht um einen lfd Geschäftsvorfall des (abspaltenden) MU, aus dem deshalb auch keine das Jahresergebnis beeinflussenden Aufwendungen oder Erträge resultieren dürfen (*HFA 1/1998* Zweifelsfragen bei Spaltungen WPg, 509). Die Vermögensminderung in Höhe des Buchwerts der abgespaltenen Anteile am TU ist beim MU daher in der Ergänzung der GuV nach § 158 Abs 1 S 1 AktG nach dem Posten „Jahresüberschuss/Jahresfehlbetrag" gesondert als „Vermögensminderung durch Abspaltung" auszuweisen (§ 272 Anm 161).

Aus Sicht des (fiktiv) rechtlich einheitlichen Unt Konzern handelt es sich bei einer Abspaltung auf die Gester des MU ebenfalls um einen gesellschaftsrechtlichen Vorgang. Statt der Anteile am TU werden aus Konzernsicht jedoch die hinter der Beteiligung stehenden VG und Schulden an die Gester ausgekehrt. Da die (fortgeführten) Konzern-AK/HK dieses Reinvermögens vom Wertansatz der Beteiligung im JA des MU abweichen werden, weicht die Vermögensminderung durch Abspaltung auf Konzernebene von der im Zuge der Aufstellung des KA aus dem JA des MU in die Konzernsummenbilanz übernommenen Vermögensminderung ab.

Nachdem dem KA ausschließlich eine Informationsfunktion zukommt (§ 297 Anm 1) und er deshalb weder als (Beschluss-)Grundlage für eine reguläre Gewinnausschüttung noch für eine **„Sachausschüttung"** (hier in Gestalt der abgespaltenen Anteile am TU) an die Gester des MU dienen kann, wird uE der Betrag der gesellschaftsrechtlich veranlassten und dann entspr den allgemeinen Grundsätzen erfolgsneutral zu erfassenden Vermögensauskehrung ausschließlich auf Ebene des JA des MU bestimmt. Dies hat zur Folge, dass der Unterschied zwischen dem Reinvermögensabgang auf Konzernebene und dem Reinvermögensabgang aus Sicht des JA des MU erfolgswirksam zu erfassen ist. Durch diese Vorgehensweise wird zugleich das **pagatorische Prinzip** gewahrt, dh sichergestellt, dass der Totalergebnisbeitrag des TU im JA des MU und im KA gleich hoch ist. Sofern der im Rahmen der Abspaltung auf Konzernebene erfolgswirksam zu erfassende Vermögensabgang für die VFE-Lage des Konzerns wesentlich ist, ist eine Angabe des Betrags im Konzernanhang geboten, falls der Betrag nicht ohnehin als gesonderter Posten des Konzern-GuV (zB „Ergebnis aus Abspaltung") ausgewiesen wird.

2. Endkonsolidierungszeitpunkt

250 Maßgeblicher Stichtag für die Ermittlung des Abgangswerts von Vermögen und Schulden des TU aus Konzernsicht (EndKonsZeitpunkt) ist der **Veräußerungszeitpunkt der Anteile,** dh der Zeitpunkt des Abgangs der Anteile iSd GoB (*Ordelheide* in Beck HdR C 403 Anm 27; *ADS*[6] § 301 Anm 274). Wenn im Anteilskaufvertrag ein abw Stichtag, zB der Ablauf des Gj, für den Übergang der Stimmrechte an dem TU vereinbart wurde, sollte dieser Zeitpunkt der EndKons zugrunde gelegt werden (*Dusemond/Weber/Zündorf* in HdKR[2] § 301

Anm 365). Letzteres gilt aber nur dann, wenn der Verkäufer für den verlängerten Zeitraum auch noch ein ins Gewicht fallendes, eigenständiges wirtschaftliches Interesse für das betreffende TU hat, dh die Stimmrechte auch tatsächlich für eigene Rechnung (§ 290 Abs 3) inne hat. Soweit die EndKons nicht auf eine Anteilsveräußerung zurückzuführen ist, ist der Zeitpunkt maßgebend, an dem das betr Unt seinen Status als TU iSv § 290 verliert (DRS 4.44) oder aber die Voraussetzungen für die Ausübung eines Einbeziehungswahlrechts gem § 296 gegeben sind.

Regelmäßig erfolgt der **Verkauf** von Beteiligungen **während des Konzerngeschäftsjahrs.** Um den Veräußerungserfolg aus Konzernsicht zutreffend bestimmen zu können, ist in diesem Fall grds die Aufstellung eines **Zwischenabschlusses** erforderlich, um die Buchwerte der einzelnen VG und Schulden des TU zu ermitteln und eine Fortrechnung der im Rahmen der ErstKons zugeordneten stillen Reserven und Lasten bzw eines GFW vornehmen sowie die Aufwendungen und Erträge des TU bis zum Veräußerungsstichtag in die Konzern-GuV übernehmen zu können (*ADS*[6] § 305 Anm 98; *HFA 3/1995* WPg, 698). Eine gesetzliche Verpflichtung für die Aufstellung eines Zwischenabschlusses besteht jedoch nicht. 251

In diesem Zusammenhang ist auch zu berücksichtigen, dass sich die Aufstellung des Zwischenabschlusses oder bei einer Anteilsveräußerung zum Ablauf des Konzern-Gj *(Mitternachtsgeschäft)* des JA dem Einfluss des bisherigen MU entzieht. IdR wird das MU daher bereits im Rahmen des Anteilsverkaufvertrags sicherstellen müssen, dass es eine Kopie des für die EndKons erforderlichen (aufgestellten und festgestellten) JA (Veräußerung der Anteile zum Konzernbilanzstichtag) bzw Zwischenabschlusses (Veräußerung während des Konzern-Gj) des veräußerten TU noch innerhalb der Aufstellungsfrist für den KA (§ 290 Anm 3) vom Erwerber erhält.

Aus **Vereinfachungsgründen** wird es – in analoger Anwendung von Abs 2 (Anm 144ff) – aber auch für zulässig gehalten, dass bei einem Abgang während des Konzern-Gj die EndKons auf der Grundlage des **letzten Jahresabschlusses vor dem Ausscheiden** des TU aus dem KonsKreis erfolgt, mit der Folge, dass dann auch keine originären Aufwendungen und Erträge des TU mehr in die Konzern-GuV einbezogen werden, sondern im Abgangsergebnis aufgehen (*ADS*[6] § 301 Anm 275 mwN). Ungeachtet dessen sind aber die Zusatzbewertungen aus der ErstKons für dieses TU immer bis zu dessen (tatsächlichen) Abgangszeitpunkt zu periodisieren.

Sofern dem MU allerdings im Rahmen des konzerninternen Berichtswesens Monats- oder Quartalsabschlüsse für das abgehende TU vorliegen, was zumindest bei wesentlichen TU regelmäßig der Fall sein dürfte, kommt uE die (vereinfachte) Vorgehensweise nicht in Betracht, sondern ist der dem EndKons-Zeitpunkt am nächsten liegende letzte verfügbare (interne) Abschluss des TU zu verwenden.

Ist die EndKons die Folge einer **Übertragung** der Anteile an einem TU im Zuge eines **Umwandlungsvorgangs** (zB Abspaltung vom MU; s Anm 248) erscheint es uE im Hinblick auf die ausdrücklich im UmwG (§§ 5 Abs 1 Nr 6 bzw 126 Abs 1 Nr 6) geregelte Rückbeziehung dieses Vorgangs vertretbar (zur analogen Vorgehensweise bei der ErstKons s Anm. 144), wenn auf den Umwandlungsstichtag (idR Beginn des Konzern-Gj) als EndKonsZeitpunkt abgestellt wird.

3. Ausweis im Konzernabschluss

Im **Konzern-Anlagengitter** sind die kumulierten AK sowie die kumulierten 255
Abschreibungen der aus Konzernsicht abgehenden Anlagegegenstände des TU

als Abgang zu erfassen. Sind die aus dem KonsKreis ausscheidenden TU für den Konzern insgesamt von großer Bedeutung, sollte zweckmäßigerweise hierfür eine gesonderte Abgangsspalte, zB „Abgänge aus Veränderungen des Konsolidierungskreises“, aufgenommen werden (glA *ADS*[6] § 301 Anm 261). Aus Vergleichbarkeitsgründen wären anderenfalls entspr Angaben im Konzernanhang gem § 294 Abs 2 S 1 erforderlich (hierzu auch § 294 Anm 8 ff).

256 In der **Konzern-Gewinn- und Verlustrechnung** ist der Abgang der VG und Schulden auf Grund der EndKons des TU – ebenso wie der Abgang einer Sachgesamtheit (Teilbetrieb) bei einem rechtlich einheitlichen Unt (dazu § 275 Anm 95) – als ein einheitlicher Geschäftsvorfall abzubilden, dh es wird lediglich das Ergebnis der Transaktion ausgewiesen. Der Abgangserfolg aus der EndKons ist entweder unter entspr Bezeichnung als gesonderter Posten (zB bei wesentlichen Beträgen) oder innerhalb der „Sonstigen betrieblichen Erträge“ (Gewinn) bzw der „Sonstigen betrieblichen Aufwendungen“ (Verlust) auszuweisen (so auch *ADS*[6] § 301 Anm 268; *Dusemond/Weber/Zündorf* in HdKR[2] § 301 Anm 375; *Baetge/Herrmann* WPg 1995, 230; *Kraft* in HGB-Bilanzrecht § 301 Anm 215; für zulässig erachtend *Busse vonColbe/Ordelheide*[6], 256). Ein Verstoß gegen das Saldierungsverbot (§ 246 Abs 2) liegt insoweit nicht vor (s auch § 246 Anm 100 ff; aA *Hachmeister* in Beck HdR C 401 Anm 136: gesonderter Ausweis der Erträge aus dem Abgang der Schulden einschl des Veräußerungserlöses einerseits und der Aufwendungen aus dem Abgang der VG andererseits). Sofern die „Teilbetriebsveräußerung“ außerhalb der gewöhnlichen Geschäftstätigkeit des einheitlichen Unt liegt, ist der Abgangserfolg im ao Ergebnis auszuweisen (glA *Busse von Colbe* in MünchKomm HGB § 301 Anm 163; s auch § 275 Anm 217 ff).

Eine **Ausnahme** von dieser Saldobetrachtung gilt dann, wenn es sich bei dem TU um eine ObjektGes handelt, die zB eine zum Verkauf bestimmte Immobilie errichtet, wenn statt des Objekts die Anteile an der ObjektGes verkauft werden. In diesem Fall muss die Abbildung im KA so erfolgen, als ob das Objekt verkauft und ein Teil der Gegenleistung in der Übernahme der Objektfinanzierung bestanden hätte. Dh es wird im KA ein Umsatzerlös und ein entspr höherer Materialaufwand bzw Bestandsveränderung ausgewiesen.

257 Entspr DRS 4.61 sind *kapitalmarktorientierte MU* (DRS 4.7) verpflichtet, im Jahr der Veräußerung eines TU im **Konzernanhang** den erzielten Veräußerungserfolg zu nennen und haben darüber hinaus noch folgende Angaben zu machen:

- Name und Beschreibung des veräußerten Unt,
- Veräußerungszeitpunkt sowie
- Höhe des veräußerten Anteils.

III. Teilweise Anteilsveräußerung mit Wechsel der Konsolidierungsmethode (Übergangskonsolidierung)

260 Wird ein TU auf Grund des § 296 nicht mehr vollkonsolidiert, ist es ggf nach den Grundsätzen der EquityKons (§ 312) in den KA einzubeziehen (*Pfaff/Ganske* in HWRuP[3] Sp 662; § 296 Anm 46), sofern das TU nicht von untergeordneter Bedeutung ist (§ 311 Abs 2). Gleiches gilt, wenn ein TU oder GemUnt nach teilweiser Veräußerung von Anteilen assozUnt iSd § 311 wird.

261 Der **Übergang** von der VollKons **auf die Equity-Konsolidierung** (§ 312) stellt sich aus Sicht des einheitlichen Unt grds ebenfalls als Abgang der einzelnen Vermögens- und Schuldposten des TU dar (Fiktion des Einzelabgangs, Anm 241). Soweit er durch eine Anteilsveräußerung ausgelöst wird, ist der auf

das MU entfallende Abgangswert aufzuteilen (*Küting/Hayn* DStR 1997, 1948). Das auf die veräußerten Anteile entfallende Reinvermögen (bewertet zu ggf fortgeführten Konzern-AK/HK) wird dem dafür erzielten Veräußerungserlös gegenübergestellt, dh erfolgswirksam endkons (dazu Anm 244). Gleichzeitig ist in Höhe des beim MU verbleibenden anteiligen bilanziellen EK des TU ein Zugang unter den Beteiligungen an assozUnt auszuweisen. Die Beteiligung ist dabei mit dem Betrag anzusetzen, der sich als anteiliges Reinvermögen zu Konzern-Werten im Zeitpunkt des Übergangs (Anm 250f) ergibt. Der Übergang auf die EquityKons ist somit für die beim MU verbliebenen Anteile am TU **erfolgsneutral** (glA *ADS*[6] § 301 Anm 285; DRS 4.49). Noch vorhandene stille Reserven und Lasten aus der ErstKons sowie ein verbliebener GFW werden – soweit sie auf die beim MU verbliebenen Anteile entfallen – nunmehr in der statistischen Nebenrechnung im Rahmen der EquityKons fortgeführt (*„one-line consolidation"*). Wurde ein aus der KapKons resultierender GFW gemäß § 309 Abs 1 S 3 mit den Konzernrücklagen verrechnet, darf diese Verrechnung auch bei einem Übergang auf die EquityKons fortgeführt werden, da § 309 gem § 312 Abs 2 S 3 entspr anwendbar ist. Dementsprechend darf auch der Ausweis des passiven Unterschiedsbetrags aus der ErstKons beibehalten werden. Der auf die außenstehenden Gester entfallende Anteil am Vermögen und Schulden des TU ist mit dem AusglPo gem § 307 zu verrechnen; hieraus ergeben sich ebenfalls keine Ergebniseffekte.

Erfolgswirkungen können sich jedoch dann ergeben, wenn nach dem 262
Übergang auf die EquityKons gem § 312 Abs 5 auf die Anwendung der konzerneinheitlichen Bilanzierungs- und Bewertungsmethoden (§§ 300, 308) im JA des assozUnt verzichtet wird, zB weil das assozUnt in zwei oder mehr KA einbezogen wird (dazu § 312 Anm 75ff). Abweichungen zwischen dem anteiligen Reinvermögen am assozUnt und den bisherigen Konzernwerten sollten in diesem Fall beim Übergang auf die EquityKons erfolgswirksam berücksichtigt werden (glA *ADS*[6] § 301 Anm 287). Es wird indes auch nicht zu beanstanden sein, wenn der Effekt aus der Bewertungsanpassung – vergleichbar dem Fall einer retroaktiven Anpassung (Anm 147f) – erfolgsneutral mit den Konzernrücklagen bzw dem Konzernergebnisvortrag verrechnet wird. In diesem Fall ist der erfolgsneutral verrechnete Betrag aber im Konzernanhang zu nennen, zB zusammen mit der Angabe der unterlassenen Bewertungsanpassung § 312 Abs 5 S 2.

Erfolgsauswirkungen können ferner dadurch entstehen, dass bei der EquityKons keine erfolgswirksame SchuldenKons vorgesehen ist (dazu *Busse von Colbe/Ordelheide*[6], 262; *Küting/Hayn* DStR 1997, 1948).

Der Wertansatz der Anteile am assozUnt darf – ohne Vorliegen besonderer Verpflichtungsgründe (Verlustübernahmeverpflichtungen s § 312 Anm 63) – nicht negativ werden (DRS 8.27). Daher ergeben sich Erfolgswirkungen bei einem Übergang auf die EquityKons schließlich auch dann, wenn das TU zuvor mit einem **negativen Reinvermögen** im KA enthalten war und seitens des MU keine zusätzlichen Verlustübernahmeverpflichtungen bestehen. Soweit es sich bei diesem Ertrag um einen wesentlichen Betrag handelt besteht eine Angabe- und Erläuterungspflicht im Konzernanhang nach (§ 277 Abs 4 S 3 iVm § 298 Abs 1). Für den negativen Equity-Wert besteht zusätzlich eine Angabepflicht nach DRS 8.49d).

Besteht nach einer Veräußerung auch kein maßgeblicher Einfluss iSv § 311 263
mehr, sind die verbleibenden Anteile im KA zu AK (§§ 253; 279f) anzusetzen. Auch in diesem Fall ist zunächst für die veräußerten Anteile eine erfolgswirksame EndKons (Anm 240ff) durchzuführen (hM *ADS*[6] § 301 Anm 278) und soweit andere Gester am TU beteiligt waren, das auf deren Anteile entfallende Reinvermögen gegen den AusglPo gem § 307 (erfolgsneutral) auszubuchen.

Fraglich ist jedoch, ob für die verbleibenden Anteile der Übergang auf die AK-Bewertung erfolgswirksam sein muss oder nicht.

Nach DRS 4.49 gilt das auf die im Konzern verbleibenden Anteile entfallende Reinvermögen des TU bewertet zu (fortgeführten) Konzern-AK/HK und nicht der Wert aus dem im JA des die Anteile bilanzierenden KonzernUnt als AK der Beteiligung im KA (so die bisher hM zB *ADS*[6] § 301 Anm 283). Damit ist nunmehr auch ein **Übergang auf** die **Bewertung zu Anschaffungskosten** für die im Konzern verbleibenden Anteile erfolgsneutral (DRS 4.51; so bereits bisher *Küting/Hayn* DStR 1997, 1948). Im Ergebnis besteht somit im Übergangszeitpunkt kein Unterschied, ob auf die AK-Bewertung oder die Equity-Kons gewechselt wird. Unterschiede ergeben sich erst in den Folgeperioden, weil bei der AK-Bewertung keine planmäßig Fortschreibung des Wertansatzes mehr erfolgt.

Mit Rücksicht auf die Regelung des DRS 4.49 ist uE die Übernahme der beim MU verbleibenden Anteile mit ihren anteiligen AK aus dem JA (unter Berücksichtigung außerplanmäßiger Abschreibungen und etwaiger Zuschreibungen) in den KA nicht länger geboten (aA *Pfaff/Ganske* in HWRuP[3] Sp 664f, weil die Equity-Methode für die Beteiligungsbewertung im JA nicht zulässig ist; so wohl auch *WPH*[12] I M 505). Soweit die im KA verbleibenden Anteile mit dem anteiligen AK aus dem JA auch im KA angesetzt werden, ist die Differenz zu dem aus Konzernsicht abgehenden Reinvermögen bewertet zu (fortgeführten) Konzern-AK/HK erfolgswirksam zu erfassen.

264 Wird ein TU als Folge einer Anteilsveräußerung zum GemUnt iSv § 310 ist zunächst für die an Dritte verkauften Anteile eine erfolgswirksame und für etwaige Anteile anderer Gester eine erfolgsneutrale EndKons nach allg Grundsätzen (Anm 241) durchzuführen. Sofern das auf die im Konzern verbleibenden Anteile entfallende Reinvermögen sowie die damit korrespondierenden Erträge und Aufwendungen gem § 310 Abs 1 quotal in den KA einbezogen werden, kann auf eine besondere ÜbergangsKons verzichtet werden, weil die Vorschriften über die VollKons gem § 310 Abs 2 entspr anzuwenden sind (glA *Busse von Colbe* in MünchKomm § 301 Anm 164). Insofern ist auch ein **Übergang** von der Voll- **auf** die **Quotenkonsolidierung** für die im Konzern verbleibenden Anteile **erfolgsneutral** (DRS 4.50).

E. Kapitalkonsolidierung im mehrstufigen Konzern

270 Ein mehrstufiger Konzern liegt vor, wenn das MU nicht nur TU hat, an denen es unmittelbar selbst die Beteiligung hält, sondern auch TU, bei denen die Beteiligung von einem TU des MU gehalten wird (EnkelUnt). Das Gesetz enthält keinen expliziten Hinweis, wie in einer derartigen Konstellation die Kons beim oberen MU vorzunehmen ist.

271 Die Kons im mehrstufigen Konzern sollte uE als sog **Kettenkonsolidierung** erfolgen. Bei diesem Verfahren werden die Konzern-Unt schrittweise, beginnend mit den am weitesten vom obersten MU entfernten TU, konsolidiert. Die daraus resultierenden Teil-KA sind Grundlage für die Kons mit dem jeweils nächsthöheren MU, bis hin zum obersten MU (*ADS*[6] § 301 Anm 220; *WPH*[12] I M 423; *Küting/Weber/Dusemond* BB 1991, 1082).

Daneben bestehen noch sog **Simultankonsolidierungsverfahren,** bei denen der KA ausgehend von den JA aller KonzernUnt in einem Schritt ermittelt wird. Die Simultanverfahren wurden zum AktG 1965 entwickelt (dazu *Forster/Havermann* WPg 1969, 4). Diese Verfahren sind für die Kons nach HGB nicht zulässig, wenn sie auf Grund verfahrensbedingter Saldierungen der Unterschiedsbeträge aus der KapKons eine Aufteilung des Gesamtunterschiedsbetrags auf aktive und passive Unterschiedsbeträge nicht zulassen. Das gleiche gilt, sofern durch das KonsVerfahren die Konzern-AK (aufgedeckte stille Reserven und GFW) nicht korrekt den VG der jeweiligen Stufen zugeordnet werden können. In diesen Fällen sind dann nicht alle notwendigen Informationen für die Fortführung dieser Posten anlässlich der FolgeKons verfügbar (zu den Bedenken s *Baetge* in FS Budde, 39f; *Busse von Colbe/Ordelheide*[6], 285; *Ewert/Schenk* BB 1993 Beilage 14, 4; *Scherrer,* 304ff).

I. Erstkonsolidierung

1. Tochterunternehmen erwirbt eine Beteiligung an einem Tochterunternehmen

Erwirbt ein TU zu einem Zeitpunkt, zu dem es bereits in den KA des MU einbezogen ist, eine Beteiligung an einem (neuen) TU, handelt es sich aus Konzernsicht um einen lfd Geschäftsvorfall bei dem erwerbenden TU. Die Kons des erwerbenden TU in den Konzern ist eine normale FolgeKons, dh die bisherige Erst- und FolgeKons des erwerbenden TU in den KA des oberen MU wird von dem Vorgang nicht berührt. Für die ErstKons des neuen TU ergeben sich ggü einer unmittelbaren Kons eines TU mit einem MU keine Besonderheiten. Bei der ErstKons wird der Beteiligungsbuchwert an dem neuen TU mit dem anteiligen EK des neuen TU verrechnet. Je nach Methode werden nur die dem nach Abs 1 S 1 zu konsolidierenden Anteil an dem neuen TU entspr Reserven des neuen TU aufgedeckt (Buchwertmethode) oder die sich aus dem Beteiligungsbuchwert ergebenden Reserven (mit Ausnahme des GFW) werden auch für den nicht konsolidierten Anteil an dem neuen TU hochgerechnet und im AusglPo für die Minderheitenanteile des neuen TU erfasst (Neubewertungsmethode). Die zT in der Literatur vertretene Auffassung (so *ADS*[6] § 307 Anm 41ff; *Baetge* in FS Budde, 19ff; *Claussen/Scherrer* in Kölner Komm § 307 HGB Anm 34), dass im Rahmen der Buchwertmethode bzw bezogen auf den GFW auch im Rahmen der Neubewertungsmethode für den Fall, dass der durchgerechnete Anteil des MU an dem neuen TU kleiner ist als der nach § 301 zu konsolidierende Anteil an dem neuen TU, nur Reserven in Höhe des durchgerechneten Anteils des MU an dem neuen TU aufgedeckt werden dürfen, wird hier nicht geteilt (s dazu § 307 Anm 37f). 273

2. Mutterunternehmen oder Tochterunternehmen erwirbt einen Teilkonzern

Erwirbt das MU oder ein TU ein neues TU, das seinerseits Beteiligungen an TU hält, wird also ein Teilkonzern neu in den KonsKreis des MU einbezogen, ergeben sich folgende Fragen: 274
a) wie für den Fall, dass das neue MU weniger als 100% an dem neuen Teilkonzern-MU erwirbt oder auf Zwischenstufen des neuen Teilkonzerns Minderheiten beteiligt sind, das auf diese Minderheiten entfallende Vermögen zu bewerten ist (Anm 276–278), und
b) ob für den gesamten Teilkonzern eine Residualgröße (GFW oder passiver Unterschiedsbetrag), oder für einzelne Unt des Teilkonzerns separate Residualgrößen zu ermitteln sind (Anm 280–282).

Es sind verschiedene **Vorgehensweisen** bei der ErstKons zulässig:
– Die ErstKons darf auf der Grundlage eines auf den Zeitpunkt des Erwerbs des Teilkonzern-MU durch das neue MU **neu aufgestellten Teil-KA** des Teil-

konzern-MU erfolgen. In diesem (technischen) Teil-KA werden alle TU des Teilkonzern-MU auf den Erwerbszeitpunkt des neuen MU (oder auf den Zeitpunkt der erstmaligen Einbeziehung durch das neue MU oder auf den Zeitpunkt als das Teilkonzern-MU TU des neuen MU geworden ist) erst konsolidiert. Dieses Vorgehen entspricht unmittelbar dem Wortlaut des Abs 2, denn alle KonzernUnt des Teilkonzerns sind aus Sicht des neuen Mutterkonzerns zum gleichen Zeitpunkt erworben, erstmalig einbezogen oder TU des neuen Mutterkonzerns geworden (dazu Anm 277–278).

– Die ErstKons darf auch auf der Grundlage des **historisch gewachsenen KA** des neuerworbenen Teilkonzern-MU erfolgen. Dieses Vorgehen ist zwar nicht explizit durch den Wortlaut des Abs 2 gedeckt, doch es entspricht einheitstheoretischer Sicht, da der historisch gewachsene KA des Teilkonzern-MU einheitstheoretisch der „richtigere" Einzelabschluss dieses Unt ist und auch für die VG und Schulden der Teilkonzern-TU die richtigen „historischen Buchwerte" enthält (dazu Anm 283).

275 Erwirbt eine KonzernGes **100% der Anteile an** einem **Teilkonzern-Mutterunternehmen,** dessen TU alle zu 100% zum Teilkonzern gehören, unterscheidet sich die ErstKons dieses Teilkonzerns nicht von der ErstKons eines einzelnen TU. Der Teilkonzern könnte sehr einfach in einen „Einzelabschluss" überführt werden, indem sämtliche TU des Teilkonzerns in das Teilkonzern-MU konsolidiert werden, wobei die sich auf den einzelnen Stufen des Teilkonzerns ergebenden Unterschiedsbeträge zwischen Buch-EK des jeweiligen TU und entspr Beteiligungsbuchwert mit dem EK der jeweiligen Konzernstufe verrechnet werden könnten, weil „Zwischenbewertungen" der VG/Schulden auf den einzelnen Konzernstufen in dieser Konstellation nicht relevant sind, sondern die Zugangsbewertung erst im Rahmen der Einbeziehung dieses „Einzelabschlusses" in den KA des oberen MU erfolgt. Auf der Grundlage dieses „Einzelabschlusses" könnte die Kons des Teilkonzerns in den Mutterkonzern nach den Regeln für die Kons eines neu erworbenen Einzel-TU erfolgen (für den Fall, dass an der den Teilkonzern erwerbenden KonzernGes Minderheiten beteiligt sind s § 307 Anm 37f).

276 Erwirbt eine KonzernGes **weniger als 100% der Anteile an** einem **Teilkonzern-Mutternehmernehmen,** oder sind auf Zwischenstufen des erworbenen Teilkonzerns Minderheiten beteiligt, wäre obiges Vorgehen (Anm 275) nur dann zutreffend, wenn man der Auffassung ist, dass sich auch bei mittelbarem Minderheitsbesitz die Bewertung des auf die mittelbare Minderheit entfallenden Netto-Vermögens eines unteren TU, im Rahmen der Buchwertmethode nach dem Buchvermögen des unteren TU richtet, bzw im Rahmen der Neubewertungsmethode hierfür keinesfalls ein GFW oder negativer Unterschiedsbetrag zu zeigen ist (so *ADS*[6] § 301 Anm 227ff). Diese Auffassung wird hier nicht geteilt. Ein derartiges Vorgehen ist uE – insb im Hinblick auf die FolgeKons (Anm 285) – nur als Vereinfachung in Fällen geringer Minderheiten und/oder geringer Unterschiedsbeträge zulässig.

277 UE gilt auch hier, dass sich (grds) die Bewertung des mittelbaren Minderheitsbesitzes am Netto–Vermögen unterer TU an den AK der auf die Minderheit entfallenden Beteiligung der jeweiligen Konzernstufe bemisst (§ 307 Anm 37f). Während die Bewertungen, die sich auf den einzelnen Stufen des erworbenen Teilkonzerns ergeben, für die Gester der jeweils höheren Stufe nur vorläufige Bewertungen sind, sind diese „Zwischenbewertungen" für die Minderheit der entspr Stufe im KA die maßgebliche Bewertung. Dies gilt sowohl für die Erst- als auch für die FolgeKons. Die Bewertung für den auf die erwerbende KonzernGes entfallenden Anteil am Vermögen des Teilkonzerns ergibt sich aus den AK für die Anteile an dem Teilkonzern.

Beispiel: MU kauft für 8000 GE 80% der Anteile an TU. Das Buch-EK von TU beträgt 1600, darin eine 60%-Beteiligung an E mit einem Buchwert von 300, deren Zeitwert 1800 beträgt. Das Buchvermögen der E beträgt 400. Der Zeitwert der Einzel-VG/Schulden der E beträgt 1250.

Im Rahmen der **Buchwertmethode** ist das Netto-Vermögen der E im Teil-KA des TU zum ErstKonsZeitpunkt, soweit es auf die Minderheit an E entfällt, mit (400×0,4 =) 160 zu bewerten. Der Anteil von TU an E ist mit den AK des TU von 300 zu bewerten. Diese Bewertung setzt sich aus dem anteiligen Buch-EK der E von (400×0,6 =) 240 zzgl 60 aufgedeckter Reserven zusammen. Bei der Kons des Teil-KA des TU in den KA des MU kommt es bzgl des Anteils des MU am Netto-Vermögen der E (0,8×0,6 = 48%) bei ausreichendem Unterschiedsbetrag zu einer weiteren Reservenaufdeckung bis zu maximal ((1250×0,48) – 300×0,8 =) 360. Insgesamt wären die Einzel-VG/Schulden der E dann im KA der MU mit 820 bewertet, wovon (1250×0,48 =) 600 auf das MU, (300×0,2 =) 60 auf die Minderheit an TU und (400×0,4 =) 160 auf die Minderheit an E entfiele.

Wenn man auch im Rahmen der Buchwertmethode die AK-Deckelung nicht mehr beachtet (s Anm 95 f), würden bereits im Teil-KA des TU die Einzel-VG/Schulden der E, soweit sie auf das TU entfallen mit (1250×0,6 =) 750 bewertet werden. Es entstünde ein negativer Unterschiedsbetrag von (750–300 =) 450, wovon 90 auf die Minderheit an TU entfiele. Während der auf das MU entfallende Anteil an diesem negativen Unterschiedsbetrag im Rahmen der Kons des Teil-KA in den KA des MU mit dem auf dieser Stufe entstehenden Unterschiedsbetrag verrechnet würde, bliebe der auf die Minderheit an TU entfallende negative Unterschiedsbetrag im KA des MU grds bestehen und würde nach den Regeln für dessen Auflösung fortgeführt.

Im Rahmen der **Neubewertungsmethode** ergibt sich für obiges Beispiel bereits im Teil-KA von TU eine Bewertung der Einzel-VG/Schulden der E mit 1250. Dies ist auch die Bewertung im KA des MU. Davon entfallen (48% =) 600 auf das MU, (12% =) 150 auf die Minderheit an TU und (40% =) 500 auf die Minderheit an E. Im Teil-KA von TU wird aufgrund der Bewertung des auf TU entfallenden Anteils der Einzel-VG/Schulden der E mit 750 ein negativer Unterschiedsbetrag von 450 ausgewiesen, wovon 90 auf die Minderheit an TU entfällt. Während der auf MU entfallende Anteil an diesem negativen Unterschiedsbetrag im Rahmen der Kons des Teil-KA in den KA des MU mit dem auf dieser Stufe entstehenden Unterschiedsbetrag verrechnet wird, bleibt der auf die Minderheit an TU entfallende negative Unterschiedsbetrag grds bestehen und wird nach den Regeln für dessen Auflösung fortgeführt.

Die Ausführungen zur Neubewertungsmethode gelten uE auch für **IFRS 3,** der die ErstKons eines Teilkonzerns ebenfalls nicht explizit regelt. Als Unterschied ist aber zu beachten, dass ein ggf entstehender negativer *Goodwill* für den Gesamt-Teilkonzern erfolgswirksam zu erfassen wäre. Entstehen wie im Beispiel negative *Goodwill* für Minderheiten der Zwischenstufen sollten diese uE aber ohne Berührung der GuV mit dem entsprechenden Minderheitenanteil verrechnet werden (s zur Begründung Anm 278). Für **ED IFRS 3** *(full goodwill method)* müsste uE der fair value des Gesamt-Teilkonzerns, dh einschl des *fair value* der Minderheitenanteile unterer Stufen, im Bsp der Minderheit an E, geschätzt werden. Nimmt man vereinfachend (ohne Berücksichtigung einer ggf in den AK von 8000 enthaltenen Control-Prämie) an, dass dieser Gesamt *fair value* (Gesamt-TU 10 000 + Minderheit E 1200 =) 11 200 und der *fair value* der VG/Schulden von TU ohne die Beteiligung an E 4000 beträgt, ergibt sich Folgendes: Das auf die Minderheit an E entfallende Vermögen des Teilkonzerns wird mit 1200 bewertet. Es setzt sich aus (1250×0,4 =) 500 VG/Schulden von E und 700 Goodwill zusammen. Das auf die Minderheit an TU entfallende Vermögen wird mit 2000 bewertet. Es setzt sich aus (1250×0,12 =) 150 VG/Schulden von E, (4000×0,2 =) 800 sonstigen VG/Schulden von TU und 1050 *Goodwill* zusammen. Der auf das MU entfallende Vermögen des Teilkonzerns wird mit 8000 bewertet. Es setzt sich aus (1250×0,48 =) 600 VG/Schulden von E, (4000×0,8 =) 3200 sonstige VG/Schulden von TU und 4200 *Goodwill* zusammen.

Das Beispiel zeigt, dass die auf den historischen AK des Teilkonzerns für ihre **278**
TU beruhende Bewertung für die Minderheitsanteile im Grunde genommen insofern eine „Falschbewertung" ist, als die Kons für diese Anteile auf einen „falschen" Zeitpunkt (Einbeziehung in neuen Ober-Konzern) erfolgt. Der theoretisch richtige KonsZeitpunkt für diese Anteile wäre der Zeitpunkt des Er-

werbs der Anteile durch die jeweilige Stufe des Teilkonzerns. Diese Kons wäre dann auf den Zeitpunkt des Erwerbs des Teilkonzerns durch den Mutterkonzern fortzuentwickeln. Auf dieser Basis ergäbe sich dann für die Buchwertmethode der zutreffende „Buchwert" für den Minderheitenanteil (so *Küting/Leinen* WPg 2002, 1212f, die aber obiges Vorgehen im Hinblick auf die in Abs 2 geregelten vom Erwerbsstichtag abw ErstkonsZeitpunkte aus Vereinfachungsgründen für zulässig erachten). Führt man die ErstKons des Teilkonzerns in den Mutterkonzern auf der Grundlage des historisch gewachsenen Teil-KA durch, erhält man dieses Ergebnis (s Anm 283). Wenn aber die Kons des Teilkonzerns nicht ohnehin auf der Grundlage des historisch gewachsenen Teil-KA, sondern auf der Grundlage einer vollständigen ErstKons erfolgt, sind diese „Falschbewertungen" hinnehmbar.

Die sich für die Minderheiten ergebenden GFW bzw negativen Unterschiedsbeträge unterliegen grds der Folgebewertung nach § 309. Lediglich für den Fall, dass sich dabei für die Minderheiten negative Unterschiedsbeträge ergeben, sollte geprüft werden, ob diese ggf sofort dem AusglPo für den Minderheitenanteil hinzugerechnet werden können. Dies ist dann der Fall, wenn wie in obigem Beispiel der negative Unterschiedsbetrag ganz offenkundig nur auf einer „Unterbewertung" der entspr Beteiligung beruht (für den vergleichbaren Fall der Kons auf den vom Erwerbszeitpunkt abw Zeitpunkt der erstmaligen Einbeziehung in den KA nach Abs 2 bei einstufiger Kons vgl Anm 21 und 163).

279 Werden im Rahmen der KettenKons in einem Teil-KA Minderheitenanteile nach § 307 ausgewiesen, gehören diese auf der nächsthöheren Stufe nicht zum konsolidierungspflichtigen EK. Es handelt sich dabei zwar um EK des Teilkonzerns, jedoch sind die Gester des MU dieses Teilkonzerns an diesen EK-Bestandteilen des Teil-KA nicht beteiligt (glA *Dusemond/Weber/Zündorf* in HdKR² § 301 Anm 246; *Baetge* in FS Budde, 31).

280 Nach **DRS 4.30** ist ein **GFW,** der sich aus der Kons eines TU ergibt, ggf auf verschiedene **Geschäftsfelder aufzuteilen.** Dies gilt dann entspr auch beim Erwerb eines Teilkonzerns. Dabei kann sich die Aufteilung des GFW an den rechtlichen Strukturen des Teilkonzerns orientieren, zwingend ist dies jedoch nicht. Primär hat sich die Aufteilung an wirtschaftlichen Gegebenheiten, also daran, welchen Bereichen relativ unabhängig vom Rest des Teilkonzerns Zahlungsströme zugerechnet werden können, zu orientieren. Dabei kann es uU auch dazu kommen, dass einem Geschäftsfeld des Teilkonzerns ein negativer Unterschiedsbetrag zuzuordnen ist, obwohl sich insgesamt ein positiver GFW ergibt (s Anm 161).

281 Im Rahmen der Kons des Teil-KA des Teilkonzern-MU in den neuen Mutterkonzern, die letztlich zu der für den Konzern relevanten Bewertung der VG und Schulden des neu erworbenen Teilkonzerns führt, ist **im ersten Schritt** für den gesamten Teilkonzern eine **einzige Gesamt-Residualgröße** (GFW oder negativer Unterschiedsbetrag) zu ermitteln. Die auf den verschiedenen Stufen des Teil-KA entstehenden GFW oder negativen Unterschiedsbeträge sind auf der nächsthöheren Stufe, soweit sie dieser Stufe und nicht den Minderheiten der darunter liegenden Stufen zuzuordnen sind, in den Betrag, der zur Verteilung auf Reserven zur Verfügung steht, einzubeziehen. Auf diese Weise ergibt sich letztlich bei der Kons des Teil-KA des Teilkonzern-MU in den neuen Mutterkonzern der zur Verteilung auf die Reserven in den VG und Schulden des Teilkonzerns zur Verfügung stehende Gesamtbetrag.

282 Hat der erworbene Teilkonzern **mehrere Geschäftsfelder,** ist im **zweiten Schritt** der Gesamtkaufpreis für den Teilkonzern entspr auf diese Geschäftsfelder aufzuteilen und den diesen Geschäftsfeldern zuzurechnenden Einzel-VG/Schulden gegenüberzustellen. Im Rahmen der Buchwertmethode (wenn die AK-Deckelung beachtet wird; s Anm 97) sind ggf noch im Rahmen der Erstellung des Teil-KA noch nicht aufgedeckte stille Reserven anteilig aufzudecken, bis der jeweils bestehende Unterschiedsbetrag „verbraucht" ist. Im Rahmen der Neubewertungsmethode werden diese auf jeden Fall vollständig aufgedeckt. Entspr ergeben sich dann für die einzelnen Geschäftsfelder die Residualgrößen.

Beispiel: MU kauft für 8000 GE 80% der Anteile an TU. Das Buch-EK von TU beträgt 1600, darin eine 60%-Beteiligung an E mit einem Buchwert von 300, deren Zeitwert 1800 beträgt. Die restlichen Einzel-VG/Schulden der TU haben einen Zeitwert von 4000. Das Buchvermögen der E beträgt 400. Der Zeitwert der Einzel-VG/Schulden der E beträgt 1250. TU und E sind zugleich separierbare Geschäftsfelder. Von dem Gesamtkaufpreis von 8000 für 80% der Anteile an TU entfallen (8000 − 1800 × 0,8 =) 6560 auf das Geschäftsfeld TU (80% Beteiligung des MU) und (1800 × 0,8 =) 1440 auf das Geschäftsfeld E (48% Beteiligung des MU).

Im Rahmen der **Buchwertmethode** (unter Berücksichtigung der AK-Deckelung) ergibt sich im Teil-KA des TU für das Vermögen an E, soweit es auf das MU entfällt, eine vorläufige Bewertung von (300 × 0,8 =) 240 (s Beispiel in Anm 277). Dem steht aus dem Gesamtkaufpreis für den Teil-Konz ein Kaufpreisanteil von 1440 ggü. Entspr können bei der Kons des Teil-KA in den KA des MU für E weitere stille Reserven in den Einzel-VG/Schulden von (1250 × 0,48 − 240 =) 360 aufgedeckt werden. Der verbleibende Unterschiedsbetrag von (1440 − (240 + 360) =) 840 ist GFW des Geschäftsfelds E. Die dem Geschäftsfeld TU zuzurechnenden Einzel-VG/Schulden sind im Teil-KA von TU mit (1600–300 =) 1300 bewertet. Davon entfallen (1300 × 0,8 =) 1040 auf den Anteil des MU. Der anteilige Kaufpreis beträgt 6560. Entspr können die stillen Reserven von (4000 × 0,8 − 1040 =) 2160 aufgedeckt werden. Der verbleibende Unterschiedsbetrag von (6560 –(1040 + 2160) =) 3360 ist GFW des Geschäftsfeld TU.

Im Rahmen der **Neubewertungsmethode** ergibt sich bereits im Teil-KA des TU für das Vermögen der E, soweit es auf das MU entfällt, eine Bewertung von 600 für die Einzel-VG/Schulden und ein negativer Unterschiedsbetrag von 360, per saldo also eine Bewertung von 240 (s Beispiel in Anm 277). Ggü dem anteiligen Kaufpreis für das Geschäftsfeld E von 1440 ergibt sich ein aktiver Unterschiedsbetrag von 1200. Nach Verrechnung des negativen Unterschiedsbetrags von 360 verbleibt ein GFW von 840 für das Geschäftsfeld E. Da auch bei der Neubewertungsmethode die Einzel-VG/Schulden, die dem Geschäftsfeld TU zuzurechnen sind, im Teil-KA von TU, soweit sie dem MU zustehen, mit (1300 × 0,8 =) 1040 bewertet sind, gelten in diesem Beispiel für die weitere Behandlung die Ausführungen zur Buchwertmethode entspr. Wären allerdings die auf das Geschäftsfeld TU entfallenden Reserven höher als der zur Verfügung stehende Unterschiedsbetrag, ergäbe sich ggü der Buchwertmethode (bei Beachtung der AK-Deckelung) insofern ein Unterschied, als in diesem Fall die Reserven im Rahmen der Neubewertungsmethode vollständig aufzudecken wären und zum Ausgleich ein negativer Unterschiedsbetrag entstünde.

Statt zum ErstKonsZeitpunkt des neu erworbenen Teilkonzerns in den neuen Mutterkonzern einen Teil-KA des Teilkonzern-MU neu aufzustellen, kann die Kons des neu erworbenen Teilkonzerns in den neuen Mutterkonzern auch auf der Grundlage des **historisch gewachsenen Konzernabschlusses** des neu erworbenen Teilkonzern-MU erfolgen. Dies liegt nahe, wenn der erworbene Teilkonzern schon vor dem Erwerb durch den neuen Mutterkonzern einen eigenen KA aufgestellt hat und insb zB gem § 291 Abs 3 weiterhin die Verpflichtung besteht, auch für diesen Teilkonzern einen eigenen KA aufzustellen. 283

Bei der Kons dieses Teil-KA in den (Teil-) KA des erwerbenden Konzern-Unt (MU oder Alt-TU des MU) gelten für die Aufdeckung von Reserven, die Ermittlung des ggf vorhandenen verbleibenden Unterschiedsbetrags (GFW oder negativer Unterschiedsbetrag) und die Behandlung der auf die Minderheiten entfallenden verbleibenden Unterschiedsbeträge die Ausführungen in Anm 280 f sinngemäß. Für die Ermittlung des ggf vorhandenen verbleibenden

Unterschiedsbetrags bedeutet dies, dass die im historischen Teil-KA des oberen TU noch enthaltenen Reste der verbleibenden Unterschiedsbeträge, die anteilig auf das erwerbende KonzernUnt entfallen, in den zur Verteilung anstehenden Unterschiedsbetrag zwischen AK der Beteiligung an dem Teilkonzern-MU und anteiligem EK des Teilkonzerns einbezogen werden. Enthält der historisch gewachsene Teil-KA im EK auch einen Differenzposten aus Währungsänderungen, gehört dessen Bestand zum Zeitpunkt der ErstKons des Teil-KA in den neuen Mutterkonzern zum konsolidierungspflichtigen Kapital des Teilkonzerns, soweit dieser Differenzposten nicht auf Minderheiten des Teilkonzerns entfällt.

II. Folgekonsolidierung

284 Für den Fall der Erweiterung eines bestehenden Konzerns um ein EnkelUnt (Anm 273) gewährleistet das Verfahren der KettenKons im Rahmen der FolgeKons durch das Eingehen des Teil-KA des erwerbenden TU in die nächsthöheren KonsStufen (automatisch), dass auch die ggf vorhandenen MinderheitsGester des erwerbenden TU und der ggf darüberliegenden Konzernstufen am jeweiligen Teilkonzernergebnis, also auch an ihrem Anteil am Ergebnis des neuen EnkelUnt partizipieren. Da in diese Teilkonzernergebnisse auch Abschreibungen auf die bei der ErstKons des neuen EnkelUnt aufgedeckten Reserven und den GFW eingehen, sind die MinderheitsGester der folgenden Konzernstufen auch daran über dieses Verfahren anteilig beteiligt.

285 Auch für den Fall des Erwerbs eines Teilkonzerns (Anm 274f) gewährleistet das Verfahren der KettenKons im Rahmen der FolgeKons, dass auch die MinderheitsGester der einzelnen Konzernstufen an ihrem Anteil der Ergebnisse der unteren Konzernstufen einschl an ihrem Anteil der Abschreibung aufgedeckter Reserven partizipieren. Für die auf den einzelnen KonsStufen des erworbenen Teilkonzerns zunächst verbleibenden neuen Unterschiedsbeträge ist auf der jeweiligen KonsStufe jedoch keine Fortschreibung vorzunehmen. Auf der nächsten KonsStufe entfällt der Anteil des auf diese KonsStufe entfallenden verbleibenden Unterschiedsbetrags der unteren Stufe (s Anm 281). Der für die Minderheit der unteren Stufe verbleibende Anteil ist dann erst auf dieser höheren Stufe fortzuschreiben. Die Fortschreibung geht ausschließlich zu Lasten des AusglPo der Minderheit der unteren Stufe.

286 Erfolgt die ErstKons des Teilkonzerns auf der Grundlage des historisch gewachsenen KA des oberen TU (MU des erworbenen Teilkonzerns; Anm 283) ist dessen Fortentwicklung in den Folgeperioden auch zur Grundlage der FolgeKons des Teilkonzerns in den neuen Mutterkonzern zu machen. Wurden bei der ErstKons des Teil-KA in den Mutterkonzern die auf das ErwerberUnt des Konzerns entfallenden verbleibenden Unterschiedsbeträge, die noch im Teil-KA ausgewiesen waren, ausgebucht, muss in den Folgeperioden, die Fortschreibung dieser anteiligen Unterschiedsbeträge vor der Übernahme des Teil-KA in den Mutterkonzern rückgängig gemacht werden, damit auch in den Folgeperioden die anteiligen Unterschiedsbeträge ausgebucht werden können.

III. Abbildung besonderer Beteiligungsstrukturen

287 In mehrstufigen Konzernen kommt es vor, dass die Beteiligungen an TU eine Konzernstufe überspringen oder nebeneinander bestehen. Es kann sich zB folgende Struktur ergeben:

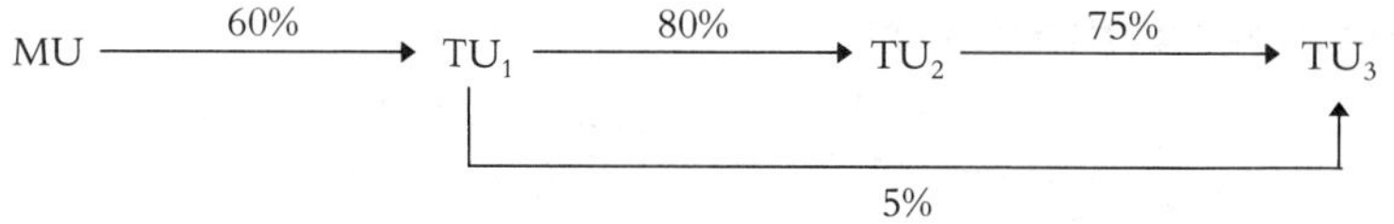

Bei der KettenKons werden solche Beteiligungsverhältnisse (TU1 an TU3) berücksichtigt, indem das unmittelbar übergeordnete Unt (TU2) das TU3 konsolidiert. Aus dem AusglPo für Anteile anderer Gester wird ein anteiliger Posten für Anteile verbundener Gester ausgegliedert. Dieser wird in die nächsthöhere(n) Stufe(n) übernommen. Auf der Stufe, auf der die entspr Beteiligung gehalten wird (hier TU 1), wird der Beteiligungsbuchwert (5% Beteiligung an TU3) gegen den entspr AusglPo verrechnet. Ein sich ergebender Unterschiedsbetrag sowie die FolgeKons sind ebenso zu behandeln wie beim einstufigen Konzern (*WPH*[12] I M 424).

Bei der FolgeKons muss mit der Gegenrechnung des Beteiligungsbuchwerts jährlich der Betrag, den der AusglPo für Anteile verbundener Gester im Zeitpunkt der ErstKons hatte, gegen den aktuellen AusglPo verrechnet werden. Es wird also jährlich die ErstKonsBuchung wiederholt. Der Unterschied, der dann im AusglPo zunächst verbleibt, ist die anteilige kumulierte Rücklagenveränderung (seit dem Zeitpunkt der ErstKons) sowie das anteilige Jahresergebnis und beides in die entspr EK-Posten umzugliedern. Der AusglPo für Anteile verbundener Gester wird stets voll eliminiert. Der GuV–Vermerk für den Anteil anderer Gester am Konzernergebnis muss entspr angepasst werden.

Die Abschreibungen auf aufgedeckte Reserven und auf den GFW aus der Erstkons (der 5% Beteiligung an TU3) betreffen das Teilkonzernergebnis des Unt, das die betr Beteiligung hält (TU1).

Bei einer ähnlichen Struktur, bei der die Minderheitsbeteiligung jedoch von einem Unt aus einer Nebenlinie gehalten wird, ist modifiziert zu verfahren: 288

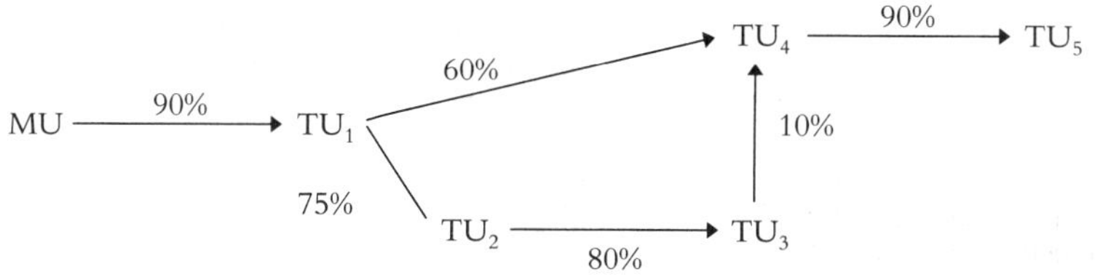

Bei einer solchen Struktur kann im Zuge der KettenKons die Beteiligung (von 10% des TU3 an TU4) und der entspr AusglPo für Anteile verbundener Gester erst im (vorläufigen) Teil-KA einer höheren Stufe (TU1) als der Stufe des beteiligten Unt (TU3) zusammentreffen. Erst hier kann die Erst- oder FolgeKons stattfinden. Inhaltlich betreffen die „Operationen" jedoch den Abschluss von TU3. Daher ist sowohl bei Verrechnung der im AusglPo enthaltenen kumulierten Rücklagenänderungen als auch des dort enthaltenen Jahresergebnisses sowie bei den Abschreibungen auf die bei ErstKons aufgedeckten Reserven und auf den GFW zu beachten, dass diese Operationen alle Gester von TU3 betreffen. In dem Beispiel wäre die Minderheit von TU3 daran mit 20%, die Minderheit von TU2 mit (0,25 × 0,8 =) 20% und die Minderheit von TU 1 mit (0,1 × 0,75 × 0,8 =) 6% beteiligt.

Zuweilen treten innerhalb einer Konzernstruktur gegenseitige Beteiligungen und Rückbeteiligungen auf. 289

Gegenseitige Beteiligung:

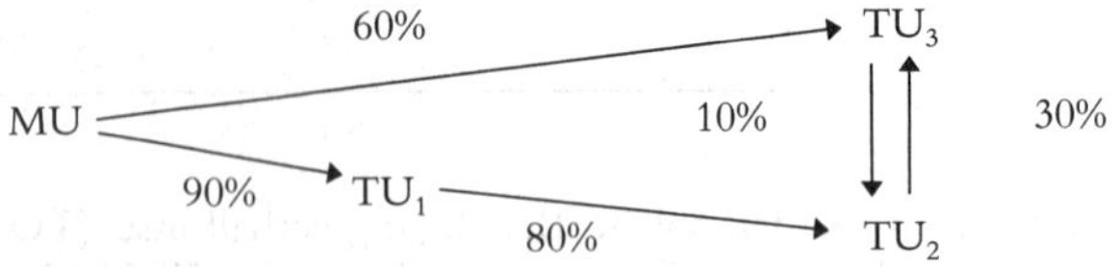

Rückbeteiligungen:
a) TU2 an TU1

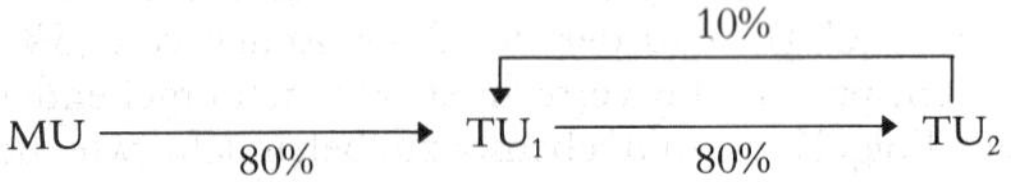

b) TU2 an MU

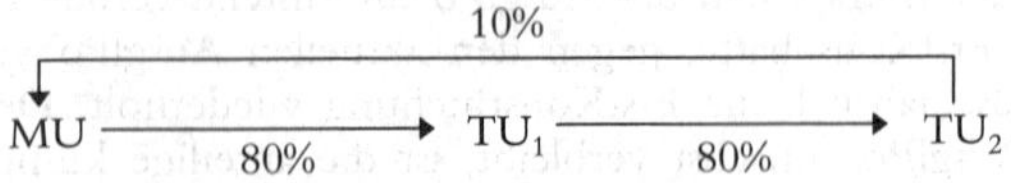

In diesen Fällen ergeben sich die Konzernanteile und die Anteile der anderen Gester am Kapital und Ergebnis nicht mehr „automatisch" im Zuge der Ketten-Kons. Wie schon bei der vorgenannten Struktur (Anm 288) bedarf es gesonderter Ermittlungen, welche Kapital- und Ergebnisanteile auf welche Gester-Gruppe entfallen. Für komplizierte Strukturen eignet sich hierfür insb das **Matrixverfahren.**

Beispiel: Für obige Rückbeteiligung Fall a. ergibt sich bspw folgendes:
An E_1 (Ergebnis von TU_1 inkl des Anteils von TU_1 am Ergebnis von TU_2) ist MU mit 80% und die Minderheit an TU_1 mit 10% beteiligt. An E_2 (Ergebnis von TU_2 inkl des Anteils von TU_2 am Ergebnis von TU_1) ist die Minderheit an TU_2 mit 20% beteiligt. Dabei ist

$E_1 = e_1 + 0{,}8\ E_2$ mit e_n = Ergebnis von TU_n ohne Ergebnis aus
$E_2 = e_2 + 0{,}1\ E_1$ Rückbeteiligungsverhältnis

Löst man dies entspr auf, ergeben sich folgende Ergebnisbeteiligungen:

	e_1	e_2
MU	86,96%	69,57%
Minderheit an TU_1	10,87%	8,69%
Minderheit an TU_2	2,17%	21,74%
	100%	100%

Ergänzungsbewertungen (und die daraus resultierenden Aufwendungen) aus der KapitalKons des Buchwerts der 10%-Beteiligung an TU_1, die TU_2 hält, sind nach dem Schlüssel für e_2 zu verteilen. Ergänzungsbewertungen aus der KapitalKons des Buchwerts der 80%-Beteiligung an TU_2, die TU_1 hält, sind nach dem Schlüssel für e_1 zu verteilen. Dies gilt auch, soweit die Ergänzungsbewertungen aus der KapitalKons der 80%-Beteiligung an TU_2 auch die Rückbeteiligung von TU_2 an TU_1 betreffen. Dies kann der Fall sein, soweit die Beteiligung an TU_2 zu Zeitpunkten erworben wurde, zu denen TU_2 bereits an TU_1 beteiligt war.

Liegt eine Rückbeteiligung am MU vor, ist eine Kons nicht zulässig; denn Abs 4 bestimmt (Anm 170 ff), dass diese Anteile als **eigene Anteile** auszuweisen sind. Ungeachtet dessen ist uE die bei dem TU gebildete Rücklage für Anteile an einem herrschenden Unt in die KapKons einzubeziehen (Anm 34).

F. Kapitalkonsolidierung nach dem Publizitätsgesetz

Das PublG enthält keine eigenen KonsVorschriften. Nach § 13 Abs 2 S 1 PublG gelten für den KA oder Teil-KA die §§ 294 bis 314 sinngemäß. Die KapKons richtet sich demnach auch für die dem PublG unterliegenden MU nach § 301. Den nach § 11 PublG zur Aufstellung von KA verpflichteten MU wird die **Beachtung** der Regelungen des **DRS 4 empfohlen** (DRS 4.5). 300

G. Sanktionen

Bei § 301 handelt es sich um eine Konkretisierung der KonsGrundsätze gem § 300 Abs 1. Ein Verstoß gegen § 301 stellt als eine mittelbare Verletzung der Grundnorm ebenfalls eine **Ordnungswidrigkeit** gem § 334 Abs 1 Nr 2c dar (dazu § 334 Anm 21, 25), die mit einer Geldbuße bis zu € 25000 geahndet werden kann (§ 334 Abs 3). Soweit durch die fehlerhafte Anwendung des § 301 ein den tatsächlichen Verhältnissen entspr Bild der VFE-Lage des Konzerns nicht vermittelt werden kann (§ 297 Abs 2), liegt eine Ordnungswidrigkeit gem § 334 Abs 1 Nr 2b vor. 305

H. Abweichungen der IFRS

Schrifttum: *Küting/Elprana/Wirth* Sukzessive Anteilserwerbe im Konzernabschluss nach IAS 22/ED 3 und dem Business Combinations Project (Phase II) KoR 2003, 477 ff; *Küting/Wirth* Latente Steuern und Kapitalkonsolidierung nach IAS/IFRS BB 2003, 623 ff; *Küting/Wirth* Bilanzierung von Unternehmenszusammenschlüssen nach IFRS 3 KoR 2004, 167 ff; *Brücks/Wiederhold* IFRS 3 Business Combinations KoR 2004, 177 ff; *Küting/Gattung/Wirth* Zeitpunkt der erstmaligen Aussetzung der planmäßigen Abschreibung des Geschäfts- oder Firmenwerts nach IFRS 3 KoR 2004, 247 ff; *Focken/Plawky* Unternehmenszusammenschlüsse und Goodwill-Disclosures gem. SFAS 141/142, IAS und HGB KoR 2004, 298 ff; *Pawelzik* Die Konsolidierung von Minderheiten nach IAS/IFRS der Phase II („business combinations") WPg 2004, 677 ff; *Lüdenbach/Prusaczyk* Bilanzierung von „In-Process Research and Development" beim Unternehmenserwerb nach IFRS und US-GAAP KoR 2004, 415 ff; *IDW ERS HFA 16* Bewertungen bei der Abbildung von Unternehmenserwerben und bei Werthaltigkeitsprüfungen nach IFRS FN-IDW 2004, 763 ff; *Küting/Weber/Wirth* Bilanzierung von Anteilsverkäufen an bislang vollkonsolidierten Tochterunternehmen nach IFRS DStR 2004, 876 ff; *Fuchs/Stibi* Combinations by Contract Alone or Involving Mutual Entities – Exposure Draft einer Änderung des IFRS 3 – WPg 2004, 1010 ff; *Watrin/Strohm/Struffert* Aktuelle Entwicklungen der Bilanzierung von Unternehmenszusammenschlüssen nach IFRS WPg 2004, 1450 ff; *Brücks/Kerkhoff/Richter* Impairmenttest für den Goodwill nach IFRS KoR 2005, 1 ff; *Haaker* Das Wahrscheinlichkeitsproblem bei der Rückstellungsbildung nach IAS 37 und IFRS 3 KoR 2005, 8; *Hachmeister/Kunath* Die Bilanzierung des Geschäfts- oder Firmenwerts im Übergang auf IFRS 3 KoR 2005, 62 ff; *Schmidbauer* Die Bilanzierung von Unternehmenszusammenschlüssen nach IFRS 3 DStR 2005, 121 ff; *Pisoke* IFRS 3 Business Combinations: Bilanzierung von Übernahmen StuB 2005, 97 ff; *von Eitzen/Dahlke/Kromer* Auswirkungen des IFRS 3 auf die Bilanzierung latenter Steuern aus Unternehmenszusammenschlüssen DB 2005, 509 ff; *Lüdenbach/Hoffmann* Beziehungen zum erworbenen Unternehmen (preexisting relationships) bei der Erstkonsolidierung nach IFRS 3 BB 2005, 651 ff; *Weiser* Earnout-Unternehmenserwerbe im Konzernabschluss nach US-GAAP, IFRS und HGB/DRS WPg 2005, 269 ff; *Küting/Wirth* Die Berücksichtigung von Geschäfts- oder Firmenwerten bei der Endkonsolidierung von Tochterunternehmen unter Geltung von IAS 36 (rev. 2004) WPg 2005, 704 ff; *Küting/Wirth* Firmenwertbilanzierung nach IAS 36 (rev. 2004) unter Berücksichtigung von Minderheitenanteilen an erworbenen

Tochterunternehmen KoR 2005, 199 ff; *Andrejewski/Kühn* Grundzüge und Anwendungsfragen des IFRS 3 Der Konzern 2005, 221 ff; *Andrejewski* Bilanzierung der Zusammenschlüsse von Unternehmen unter gemeinsamer Beherrschung als rein rechtliche Umgestaltung BB 2005, 1436 ff; *Pellens/Sellhorn/Amshoff* Reform der Konzernbilanzierung – Neufassung von IFRS 3 „Business Combination" DB 2005, 1749 ff; *Lüdenbach/Hoffmann* Übergangskonsolidierung und Auf- oder Abstockung von Mehrheitsbeteiligungen nach ED IAS 27 und ED IFRS 3 DB 2005, 1805 ff.

Standards: IFRS 3 Business Combinations (2004); Exposure Draft of proposed amendments to IFRS 3 Business Combinations vom 30. 6. 2005 (ED-IFRS 3); IAS 27 Consolidated and Separate Financial Statements (2004); Exposure Draft of proposed amendments to IAS 27 Consolidated and Separate Financial Statements vom 30. 6. 2005 (ED-IAS 27); Exposure Draft of proposed SFAS Consolidated Financial Statements, Including Accounting and Reporting of Noncontrolling Interests in Subsidiaries a replacement of ARB No 51 vom 30. 6. 2005 (ED-SFAS).

I. Allgemeines

310 IFRS 3 ***Business Combinations*** (2004) regelt die Bilanzierung bei UntZusammenschlüssen und ersetzt IAS 22 *Business Combinations* (rev 1998) sowie SIC 9 *Business Combinations – Classification either as Acquisitions or Uniting of Interests,* SIC 22 *Business Combinations – Subsequent Adjustment of Fair Values and Goodwill Initially Reported* und SIC 28 *Business Combinations – „Date of Exchange" and Fair Value of Equity Instruments.*

IFRS 3 sieht für alle UntZusammenschlüsse die verpflichtende Anwendung der Erwerbsmethode *(purchase only accounting)* vor (IFRS 3.14; zum umgekehrten UntErwerb *(reverse acquisition)* s Anm 386 ff). Nach HGB darf die KapKons grds auch in allen Fällen nach der Erwerbsmethode (§ 301) erfolgen, unter bestimmten, in § 302 Abs 1 geregelten Voraussetzungen (s dort Anm 10 ff), darf die KapKons wahlweise auch nach der Methode der Interessenzusammenführung erfolgen.

311 Unt, die bereits bisher IFRS-KA (zB gem § 292 a) aufgestellt haben, haben die Regelungen des IFRS 3 verpflichtend **erstmals** auf UntZusammenschlüsse **anzuwenden,** deren Vertragsabschlusszeitpunkt *(agreement date)* am oder nach dem 31. 3. 2004 liegt (IFRS 3.78).

312 Das IASB hat am 30. 6. 2005 *exposure drafts* mit Ergänzungen zu IFRS 3 (ED-IFRS 3), IAS 27 (ED-IAS 27) sowie IAS 37 (ED-IAS 37) vorgelegt. Die **Ergänzungen** des **IFRS 3** sollen grds prospektiv erstmals für UntZusammenschlüsse, deren Erwerbszeitpunkt in ein Gj fällt, das am oder nach dem 1. 1. 2007 beginnt, anzuwenden sein (ED-IFRS 3.82, .83; zu Ausnahmen für latente Steuervorteile und bestimmte Eventualschulden aus früheren UntZusammenschlüssen s Anm 359, 348). Die Änderungen des **IAS 27** sollen dagegen grds retrospektiv angewendet werden (ED-IAS 27.43). Ausnahmen sollen hier in den Fällen gelten, in denen in der Vergangenheit Anteile an einem vollkons TU hinzuerworben wurden (ED-IAS 27.30A; .43B(a); s Anm 363) oder nach der EndKons eines TU eine Equity- oder Finanzbeteiligung zurückbehalten wurde (ED-IAS 27.30C, .30D, .43B(b); s Anm 376). Erstanwender sollen die geänderten Regelungen (ED-IAS 27.30A, .30C, .30D) prospektiv ab dem Zeitpunkt des Übergangs auf IFRS anwenden (ED-IAS 27.A10 Ergänzung IFRS 1.34C).

Eine vorzeitige Anwendung der geänderten Standards wird empfohlen, ist aber frühestens nach deren Verabschiedung zulässig und dann auch angabepflichtig; außerdem müssen die geänderten Standards in diesem Fall insgesamt angewandt werden (s ED-IFRS 3.82; ED-IAS 27.43; ED-IFRS 37.72).

II. Anwendungsbereich

IFRS 3 ist auf alle Arten von UntZusammenschlüssen anzuwenden, bei denen ein Geschäftsbetrieb (s Anm 315 f) und nicht nur eine Gruppe von Vermögenswerten (s Anm 317) erworben wird (IFRS 3.4). Dies kann entweder in Form eines Anteilserwerbs ***(share deal),*** durch den ein Mutter-Tochterverhältnis begründet wird (IFRS 3.6), oder durch Erwerb eines Reinvermögens (IFRS 3.7) ohne eigene Rechtspersönlichkeit ***(asset deal)*** im Wege der Einzelrechtsnachfolge oder der Gesamtrechtsnachfolge (zB Verschmelzung), erfolgen. Die Erwerbsmethode nach § 301 gilt formal nur für die Vollkons von TU. Eine analoge Anwendung auf den Erwerb eines Reinvermögens im Wege eines *asset deal* ist jedoch zulässig und darf für Zwecke des KA neu und unabhängig von der Abbildung des Vermögensübergangs im JA erfolgen (s DRS 4.1 b), .1 c); Anm 19, 21). 314

Vom Anwendungsbereich des IFRS 3 **ausgenommen** sind nach IFRS 3.3 Zusammenschlüsse:
- durch die ein GemUnt entsteht,
- von Unt unter gemeinsamer Beherrschung (s Anm 395 ff),
- von genossenschaftlich organisierten Unt *(mutual entities)* sowie
- von separaten Unt auf rein vertraglicher Basis (Vertragskonzern) ohne bestehende Kapitalverflechtung.

Die beiden letztgenannten Ausgrenzungen sollen zukünftig entfallen (ED-IFRS 3.IN9(a)); zur Frage, wie in diesen Fällen der Reinvermögenszugang in Höhe des Zeitwerts des erworbenen Unt innerhalb des Konzern-EK zu erfassen ist, s ED-IFRS 3.53, .54).

IFRS 3.A definiert den Begriff **Geschäftsbetrieb** *(business)* iSv IFRS 3.4 als integrierte Gruppe von Tätigkeiten und Vermögenswerten, die mit dem Ziel geführt und geleitet werden, Erträge für Investoren, niedrigere Kosten oder sonstige wirtschaftliche Vorteile zu generieren. Ein Geschäftsbetrieb besteht im Allgemeinen aus Ressourceneinsätzen *(inputs),* darauf anzuwendenden Verfahren und den daraus resultierenden Leistungen *(outputs),* die gegenwärtig oder künftig verwendet werden, um Erträge *(revenues)* zu erzielen. 315

Der Erwerb eines Geschäftsbetriebs ist nicht bereits deshalb ausgeschlossen, weil:
- nicht alle Teile der betrieblichen Systeme und nicht das gesamte Seniormanagement vom Erwerber übernommen werden (IFRS 3.BC12(a), .BC13) und deshalb der erworbene Geschäftsbetrieb ohne eine Integration in das erwerbende Unt nicht „lebensfähig" *(self-sustaining)* wäre (*Andrejewski/Kühn* Der Konzern 2005, 226) oder
- sich der Geschäftsbetrieb noch in der Aufbauphase *(development stage)* befindet (IFRS 3.BC12(b), .14).

Andererseits wird ein Geschäftsbetrieb zB dann nicht vorliegen, wenn die erworbene Tätigkeit sich ausschließlich auf die Verwaltung der dazugehörigen Vermögenswerte beschränkt. Etwaige (subjektive) Absichten des Erwerbers, zB die betr Vermögenswerte in den eigenen Produktions-/Vermarktungsprozess zu integrieren, bleiben in diesem Fall unberücksichtigt (so *Hommel/Benkel/Wich* BB 2004, 1268; *Schmidbauer* DStR 2005, 122).

Ein Geschäftsbetrieb liegt nach IFRS 3.A insb dann vor, wenn zu den erworbenen Aktivitäten und Vermögenswerten ein *goodwill* gehört. Ein *goodwill* ist dabei aber nicht bereits dann anzunehmen, wenn aufgrund einer starken Verhandlungsposition des Verkäufers oder aufgrund der subjektiven Erwartungen des Erwerbers ein Mehrpreis oberhalb der summierten Zeitwerte zustande 316 kommt, sondern nur dann, wenn erkennbar ist, dass damit zusätzlich Vorteile (zB Synergieeffekte), die einen ökonomischen Wert verkörpern, abgegolten werden (so *Andrejewski/Kühn* Der Konzern 2004, 225). Ein Indiz hierfür kann zB sein, wenn zusammen mit dem Reinvermögen auch Mitarbeiter übernommen werden, die über Spezialkenntnisse verfügen (IFRS 3.BC14). Im Übrigen ist zu beachten, dass das Entstehen eines ***goodwill*** im Zuge der Kaufpreisallokation **keine notwendige Bedingung** für das Vorliegen eines UntZusammenschlusses ist, dies wird durch ED-IFRS 3.A7 ausdrücklich klargestellt.

317 Wird kein Geschäftsbetrieb, sondern lediglich eine **Gruppe von Vermögenswerten** oder ein Nettovermögen erworben, ist der Gesamtkaufpreis auf die einzelnen Vermögenswerte und ggf Schulden nach dem relativen Verhältnis ihrer Zeitwerte zu verteilen, ein *goodwill* darf in diesem Fall nicht angesetzt werden (IFRS 3.4). Diese Vorgehensweise gilt auch bei überhöhten AK, dh wenn der Kaufpreis die Summe der Zeitwerte der erworbenen Vermögenswerte übersteigt. Dann wird aber unmittelbar nach dem Zugang zu prüfen sein, ob eine außerplanmäßige Wertminderung nach IAS 36 geboten ist (*ADS* (Int) Abschn 9 Anm 21).

Nach HGB darf bei der Aufteilung eines Gesamtkaufpreises auf mehrere VG der einzelne VG höchstens zum beizulegenden Zeitwert angesetzt werden (zB *ADS*[6] § 255 HGB Anm 106). Der Betrag, um den der Gesamtkaufpreis die Summe der Zeitwerte übersteigt, ist sofort als Aufwand zu erfassen, da der Ansatz eines GFW nach § 255 Abs 4 S 1 nicht in Betracht kommt, weil dies den Erwerb eines Unt voraussetzt, dh einer Sachgesamtheit, die alle betriebsnotwendigen Grundlagen besitzt, um selbständig am Wirtschaftsverkehr teilzunehmen (s dazu § 247 Anm 420).

III. Erwerbsbilanzierung

1. Identifikation des Erwerbers und Erwerbszeitpunkt

320 Nach IFRS 3.17 ist bei allen UntZusammenschlüssen ein Erwerber zu bestimmen. Die Identifikation eines Erwerbers ist deshalb bedeutsam, weil nach der Erwerbsmethode die Vermögenswerte, Schulden und Eventualschulden des erworbenen Unt zu Zeitwerten im Erwerbszeitpunkt (Anm 321) zu bewerten sind, während für die Vermögenswerte und Schulden des Erwerbers die bisherigen Buchwerte fortzuführen sind (IFRS 3.18). **Erwerber** ist das Unt, das die Beherrschung *(control)* über das andere Unt erlangt, dh in der Lage ist, die Geschäfts- und Finanzpolitik des erworbenen Unt zu bestimmen, um aus dessen Tätigkeit Nutzen zu ziehen (IFRS 3.19, .A; IAS 27.4, .13).

Bei der Bestimmung des Erwerbers ist im IFRS-KA der **wirtschaftliche Gehalt** des UntZusammenschlusses ausschlaggebend (zum umgekehrten UntErwerb s Anm 386 ff). Nach IFRS 3.20 wird vermutet, dass der Erwerber bei einem UntZusammenschluss dasjenige Unt ist, das:
– einen größeren Zeitwert aufweist,
– eine Gegenleistung in Form von Barmitteln oder Vermögenswerten erbringt oder
– nach der Transaktion die Geschäftsführung der zusammengeschlossenen Unt stellt bzw bestimmt.

Im Unterschied dazu wird die Unterscheidung zwischen Erwerber und erworbenem Unt im HGB-KA ausschließlich auf der Grundlage eines formalrechtlichen Unterordnungsverhältnisses (Mutter-Tochterverhältnis iSv § 290) getroffen.

Die ErstKons, dh die Zugangsbewertung des erworbenen Reinvermögens mit dem Zeitwert, hat nach IFRS 3.25 ausschließlich auf den Erwerbszeitpunkt *(acquisition date)* zu erfolgen (zur vorläufigen Erwerbsbilanzierung s Anm 356ff; zur besonderen Neubewertung auf den Erwerbszeitpunkt bei sukzessiven Anteilserwerben s Anm 380ff). Der Erwerbszeitpunkt bestimmt sich nach dem Zeitpunkt der tatsächlichen **Erlangung von Beherrschung** *(control)* (IFRS 3.A; IAS 27.4; s § 290 Anm 151ff; zu Einzelfragen (Zustimmungsvorbehalte, behördliche Genehmigungen) auch *Andrejewski/Kühn* Der Konzern 2005, 227f). Ab dem Erwerbszeitpunkt sind die Erträge und Aufwendungen eines TU als solche in den KA zu übernehmen (IFRS 3.38; IAS 27.30). 321

Erleichterungen bei der Wahl des ErstKonsZeitpunkts, wie sie in § 301 Abs 2 enthalten sind, zB Zeitpunkt der erstmaligen Einbeziehung (dazu Anm 151f), sind nach IFRS nicht vorgesehen. Bei unterjähriger Erlangung von Beherrschung ist daher die Aufstellung eines Zwischenabschlusses des TU erforderlich (dazu Anm 146).

2. Anschaffungskosten

Die AK eines UntZusammenschlusses *(cost of a business combination)* ergeben sich auch nach IFRS aus dem beizulegenden Zeitwert der für den Erwerb hingegebenen Vermögenswerte, der übernommenen Schulden und der vom Erwerber ausgegebenen Anteile zzgl der dem Erwerb direkt zurechenbaren Kosten (IFRS 3.24, .26; Anm 324; zu bedingten AK s Anm 350ff). Die Ermittlung des **Zeitwerts der Gegenleistung** hat auf den Tauschzeitpunkt *(date of exchange)* zu erfolgen. Wird der UntZusammenschluss im Rahmen einer einzigen Transaktion herbeigeführt entspr der Tausch- dem Erwerbszeitpunkt, dh dem Zeitpunkt der Erlangung von Beherrschung (IFRS 3.25; dazu s Anm 321). Bei sukzessiven Anteilserwerben (dazu s Anm 380) entspr der Tauschzeitpunkt dem Zeitpunkt, zu dem der Erwerber die einzelnen Tranchen zu bilanzieren hat (dazu s Anm 380). Bei einer Stundung der Gegenleistung ist deren Barwert als AK anzusetzen (IFRS 3.26). Sofern der Erwerb im Tauschweg erfolgt, besteht nach HGB die Möglichkeit, den Buchwert des hingegebenen Vermögens als AK anzusetzen (Anm 19 mwN). 323

Erfolgt der Anteilserwerb gegen Ausgabe neuer Anteile und erstreckt sich das mit diesen Anteilen verbundene Gewinnbezugsrecht anteilig auch auf einen Zeitraum vor der Erlangung von Beherrschung iSv IAS 27.13 über das erworbene TU (zur Zulässigkeit eines rückwirkenden Beginns der Gewinnberechtigung s *Hüffer*[6] § 182 AktG Anm 15), ist der im Erwerbszeitpunkt mit den Anteilen latent verbundene Dividendenanspruch ***(pre-acquisition dividends)*** bei der Ermittlung des beizulegenden Zeitwerts der ausgegebenen Anteile zu berücksichtigen. Nach HGB werden die AK der Anteile dagegen durch den bei der Kapitalerhöhung festgelegten Ausgabebetrag bestimmt werden (s Anm 21).

Zu den **Anschaffungsnebenkosten** *(costs directly attributable to the business combination)* gehören nach IFRS 3.24(b) alle dem UntZusammenschluss direkt zurechenbaren Kosten (Honorare für WP, Rechtsanwälte, Wertgutachter und sonstige Berater; IFRS 3.29), zu denen – im Unterschied zu HGB (§ 255 Anm 141) – auch Kosten der Entscheidungsfindung gehören können (*PwC/UK* IFRS Anm 25.143), zB Kosten für ein Bewertungsgutachten zur Vorbereitung eines Anteilskaufs. Beratungskosten, die entstehen bevor ein konkretes Erwerbsobjekt *(target)* ausgewählt ist, sind auch nach IFRS als Aufwand zu erfassen (*PwC/UK* IFRS Anm 25.144). 324

Bei einem Erwerb gegen Ausgabe eigener Aktien sind etwaige EK-Beschaffungskosten *(cost of issuing equity instruments)* nicht als Anschaffungsnebenkosten zu aktivieren, sondern am Emissionserlös zu kürzen (IFRS 3.31; IAS 32.35). (Transaktions-)Kosten, die iZm der Kaufpreisfinanzierung anfallen (s dazu auch IAS 39.9, .AG13), gehören nach IFRS 3.30 nicht zu den Anschaffungsnebenkosten der Beteiligung, sondern sind nach IAS 39 bei der Zugangsbewertung der entspr Verbindlichkeiten zu berücksichtigen (*PwC/UK* IFRS Anm 25.136f).

Nach **ED-IFRS 3**.19 soll das erworbene TU zukünftig – unabhängig von der BetQuote des MU – mit seinem gesamten beizulegenden Zeitwert zum Erwerbszeitpunkt angesetzt werden und damit auch ein anteilig auf etwaige andere Gester des TU entfallender *goodwill* aktiviert werden ***(full goodwill method;*** dazu auch § 309 Anm 81; zum Erwerb eines Teilkonzerns s Bsp zu Anm 277). Wenn das im KA angesetzte Reinvermögen einschl des *(full) goodwill* bereits dem gesamten beizulegenden Zeitwert des TU entspr, ist folglich kein Raum für die Aktivierung zusätzlicher Anschaffungs(neben)kosten anlässlich des UntZusammenschlusses; dementspr bestimmt ED-IFRS 3.27, dass Nebenkosten *(acquisition related costs)* nicht mehr aktiviert, sondern – soweit nicht andere IFRS anzuwenden sind (zB bei EK- bzw FK-Beschaffungskosten) – sofort als Aufwand erfasst werden sollen.

3. Kaufpreisallokation

328 Um die Vergleichbarkeit von KA zu erhöhen, sieht IFRS 3 vor, dass alle UntZusammenschlüsse nach der Erwerbsmethode zu bilanzieren sind und dabei eine **vollständige Neubewertung** des Reinvermögens zum beizulegenden Zeitwert – unabhängig vom Anteil des Erwerbers – zu erfolgen hat (IFRS 3.36, .40; § 307 Anm 91). Dies entspr der Neubewertungsmethode nach Abs 1 S 2 Nr 2 (s Anm 60ff).

Im Unterschied zu IFRS darf nach HGB neben der Neubewertungs- auch noch die Buchwertmethode nach Abs 1 S 2 Nr 1 angewendet werden, wovon – soweit ersichtlich – in der überwiegenden Zahl der Fälle auch Gebrauch gemacht wird. Bei der Buchwertmethode, die im Wesentlichen der Benchmark-Methode nach IAS 22.32, .33 (rev 1998) entspricht (s dazu auch Voraufl Anm 319), wird lediglich das anteilig auf den Erwerber entfallende Reinvermögen des TU zum beizulegenden Zeitwert und der auf die anderen Gester entfallende Teil des Reinvermögens zum Buchwert (vor dem UntZusammenschluss) angesetzt (s Anm 50ff, 85ff).

Zur Behandlung der nach der Kapitalaufrechnung verbleibenden Unterschiedsbeträge s § 309 Anm 80ff, 90ff.

329 Konzeptionelle Unterschiede zwischen der KapKons nach IFRS 3 und der nach § 301 bestehen außerdem bei der **Bestimmung der beizulegenden Zeitwerte** der erworbenen Vermögenswerte, Schulden und Eventualschulden des TU. Der beizulegende Zeitwert wird in IFRS 3.A definiert als der Betrag, zu dem zwischen sachverständigen, vertragswilligen und voneinander unabhängigen Dritten unter marktüblichen Bedingungen ein Vermögenswert getauscht oder eine Schuld beglichen werden könnte (zu Leitlinien für die Bestimmung der Zeitwerte s IFRS 3.B16, .B17). Im Unterschied zum HGB (Anm 78) wird nach IFRS 3 bei der Bestimmung der Zeitwerte die beabsichtigte Verwendung durch den Erwerber grds nicht berücksichtigt. Hierdurch soll verhindert werden, dass Reinvermögensminderungen, die erst durch die beabsichtigte Verwendung der Vermögenswerte und Schulden durch den Erwerber verursacht werden, über die Einbeziehung in die ErstKons indirekt zu einer Erhöhung eines *goodwill* führen.

Eine Ausnahme gilt allerdings für diejenigen Vermögenswerte (oder Veräußerungsgruppen) des TU, die ausschließlich mit der Absicht der späteren Veräußerung erworben werden, zB weil sie aus Sicht des Erwerbers überzählig sind. Diese sind nach IFRS 3.36 mit ihrem beizulegenden Zeitwert abzüglich Veräußerungskosten (*fair value less costs to sell;* IFRS 5.16) anzusetzen, wenn ihre Veräußerung innerhalb eines Jahres in Betracht kommt und es höchst wahrscheinlich ist, dass die übrigen Voraussetzungen (s IFRS 5.7, .8; sofortige Veräußerbarkeit; vom zuständigen Management beschlossener Verkaufsplan; aktive Käufersuche) innerhalb einer Frist von (höchstens) drei Monaten ab dem Erwerbszeitpunkt, erfüllt werden (IFRS 5.11; *Küting/Wirth* KoR 2004, 171f). Sind die Voraussetzungen für eine Bewertung nach IFRS 5 nicht erfüllt, dann mindert bzw erhöht die Differenz zwischen dem Wertansatz im Erwerbszeitpunkt und dem tatsächlichen Verkaufserlös das lfd Ergebnis des Konzerns nach dem UntZusammenschluss.

Unterschiede zu den Vorschriften des HGB ergeben sich weiterhin bzgl der aus Konzernsicht erworbenen Vermögenswerte, Schulden und Eventualschulden, auf die die AK der erworbenen Anteile im Zuge der KapKons zu verteilen sind. 330

Dabei ist zu beachten, dass nach IFRS – im Unterschied zu HGB – die Regelungen zum Ansatz von immateriellen Vermögenswerten und Eventualschulden bei einem UntZusammenschluss von den allgemeinen Regelungen (s dazu § 246 Anm 206f; ADS *Int* Abschn 1 Anm 144ff) abweichen. Hintergrund hierfür ist, dass die Abgrenzung von Vermögenswerten und Schulden, die bei der Festlegung der AK Berücksichtigung gefunden haben können, vom *goodwill* von erhöhter Bedeutung ist (IFRS 3.BC89; IFRS aktuell, 73; *Watrin/Strohm/Struffert* WPg 2004, 1454; *Lüdenbach/Freiberg* KoR 2005, 190 mwN), nachdem der *goodwill* nicht mehr planmäßig abzuschreiben, sondern nur noch ggf außerplanmäßig abzuwerten ist *(impairment only approach;* s dazu § 309 Anm 80ff).

Immaterielle Vermögenswerte sind im Rahmen der Kaufpreisallokation nach IFRS 3.37(c), .45f gesondert vom *goodwill* anzusetzen, wenn a) die *definitorischen Voraussetzungen* eines immateriellen Vermögenswerts gem IAS 38.8 – .17 (Identifizierbarkeit, Verfügungsmacht und künftiger wirtschaftlicher Nutzen; dazu zB *Esser/Hackenberger* DStR 2005, 708ff mwN) *erfüllt* sind, wobei die Wahrscheinlichkeit des (künftigen) Nutzenzuflusses im Rahmen eines UntZusammenschlusses stets als erfüllt gilt (IAS 38.33), und b) ihr *beizulegender Zeitwert verlässlich bestimmbar* ist, wofür nach IAS 38.35 bei immateriellen Vermögenswerten mit begrenzter Nutzungsdauer eine widerlegbare Vermutung besteht. Nach HGB muss dagegen auch die selbständige Bewertbarkeit (hinreichend wahrscheinlicher und verlässlich bestimmbarer künftiger Nutzenzufluss) gegeben sein, damit ein immaterieller VG bei einem UntErwerb vom GFW abgegrenzt werden kann (s § 247 Anm 410; glA *Hommel/Benkel/Wich* BB 2004, 1268 f). 331

Diese vereinfachten Ansatzvoraussetzungen für immaterielle Vermögenswerte (Anm 331) können zB dazu führen, dass auch angearbeitete **Forschungs- und Entwicklungsprojekte** *(in-process research and development projects)* im Rahmen eines UntZusammenschlusses nach IFRS gesondert anzusetzen sind (IFRS 3.45; IAS 38.34; ausführlich s *Lüdenbach/Prusaczyk* KoR 2004, 416), während es sich hierbei nach HGB um einen unselbständigen Bestandteil des GFW handelt. Weitere Ausgaben für diese Projekte, die nach dem Erwerbszeitpunkt anfallen, sind nach IAS 38.42 im IFRS-KA nach den gleichen Grundsätzen wie originäre Forschungs- und Entwicklungskosten zu behandeln (s § 248 Anm 24). 332

Eine beispielhafte Darstellung möglicher immaterieller Vermögenswerte, die **getrennt** vom *goodwill* **anzusetzen** sind, ist in IFRS 3 *Illustrative Examples* enthalten, wobei im Einzelnen folgende Kategorien unterschieden werden (s dazu auch IFRS aktuell, 76 f): 333

- Marketingbezogene Werte (zB Firmennamen, Marken, Internet-Domänen),
- kundenbezogene Werte (zB Kundenlisten, Auftragsbestand (s Anm 334), vertragliche und nicht vertraglich gesicherte Kundenbeziehungen (Anm 335)),
- künstlerische Werte (zB Opern, Bücher, Bilder, Filme),
- auf Verträgen beruhende Werte (zB Lizenzvereinbarungen, Nutzungsrechte, Mietverträge; s Anm 336) und
- technologiebasierte Werte (zB Patente, Software, Datenbanken, Betriebsgeheimnisse).

334 Bei dem **Auftragsbestand** *(order or production backlog)* handelt es sich um einen vertraglich gesicherten, unter der Verfügungsmacht des Erwerbers stehenden immateriellen Vermögenswert für den im Rahmen eines UntZusammenschlusses nach IFRS 3.46(b) Ansatzpflicht besteht (IFRS 3.IE B2).

Auch nach HGB wird überwiegend die Aktivierung des im Rahmen eines UntErwerbs (entgeltlich) erworbenen Auftragsbestands als immaterieller VG befürwortet (s § 247 Anm 392; *Baetge/Fey/Weber* in HdR[4] § 248 Anm 44); teilweise wird dies aber auch abgelehnt, weil es sich um eine Abgeltung von Auftragserlangungskosten handele (§ 255 Abs 2 S 5), und stattdessen die Einbeziehung in den GFW gefordert (ADS[6] § 246 Anm 42). Ferner wird nach HGB die Ansicht vertreten, dass es sich bei dem Entgelt für den Auftragsbestand um zusätzliche AK für übernommene unfertige Aufträge handelt *(Förschle/Kropp* in Sonderbilanzen[3] D Anm 139).

335 Ein **Kundenstamm** gehört zu den geschäftswertbildenden Faktoren und wird daher im Zuge der KapKons nach HGB nicht gesondert angesetzt (s § 247 Anm 410; Anm 75). Demgegenüber ist im Zuge der Kaufpreisallokation nach IFRS ein immaterieller Vermögenswert für idR längerfristige *Vertragskundenbeziehungen* anzusetzen (IFRS 3.IE B3). Für *nichtvertragliche Kundenbeziehungen* ist ein immaterieller Vermögenswert anzusetzen sein, wenn das Separierungskriterium erfüllt wird, zB weil nachgewiesen werden kann, dass gleichartige oder ähnliche Kundenbeziehungen außerhalb von UntZusammenschlüssen gehandelt werden (IFRS 3.IE B4; IAS 38.16; s auch IFRS aktuell, 76f).

336 Weiter sind im Zuge einer Kaufpreisallokation nach IFRS für schwebende Verträge immaterielle Vermögenswerte anzusetzen, wenn deren Konditionen gemessen an den aktuellen Marktbedingungen günstig sind (IFRS 3.B16(c); s dazu auch *Lüdenbach/Freiberg* KoR 2005, 190; ausführlich zu marktpreisorientierten Bewertungsverfahren s *IDW ERS* HFA 16.22ff). Als **günstige Verträge** *(beneficial contracts)* kommen dabei alle Arten von schwebenden Absatz- oder Beschaffungsverträgen, auch Arbeitsverträge in Betracht (s zB IFRS 3.IE D). Günstige (Rahmen-)Absatzverträge, die keine konkreten Annahmepflichten der Vertragspartner enthalten, gehen dagegen im *goodwill* auf. Gleiches gilt für ersparte Vertragsanbahnungskosten für marktübliche Absatz- oder Beschaffungsverträge, sofern der damit verbundene geldwerte Vorteil nicht zusammen mit dem Auftragsbestand (Anm 334) oder mit den sonstigen Vertragskundenbeziehungen (Anm 336) zu berücksichtigen ist.

Nach HGB kommt bei einem UntErwerb mit Rücksicht auf die steuerliche Rspr ein gesonderter Ansatz von günstigen Absatzverträgen (Belieferungsrechte, Kundenaufträge) nur in Betracht, wenn ihnen mit der erforderlichen Sicherheit ein Teil der Gesamt-AK zugeordnet werden kann. Von der selbständigen Bewertbarkeit ist zB dann auszugehen, wenn für derartige Verträge Einzelveräußerungen in der Praxis auch häufiger vorkommen. Bei günstigen Beschaffungs- sowie Arbeitsverträgen handelt es sich dagegen regelmäßig um nicht selbständig bewertbare, geschäftswertbildende Faktoren (§ 247 Anm 392, 408 f).

337 Ebenso wie nach HGB sind **belastende Verträge** *(onerus contracts)* im Rahmen der Kaufpreisallokation nach IFRS mit dem Barwert des aus der Abwick-

lung drohenden Verpflichtungsüberschusses zu passivieren (IFRS 3.B16(k); *IDW RS* HFA 4.41), wobei hierfür bereits im HGB-JA bzw IFRS-EA des erworbenen Unt eine Passivierungspflicht besteht (zu den Ansatzvoraussetzungen § 249 Anm 338; ADS *Int* Abschn 18 Anm 143 ff; *IDW RS* HFA 4.15 ff).

Im Verhältnis zu den aktuellen Marktkonditionen **ungünstige Verträge** *(unfarvorable contracts)* sind ebenfalls als Schuld zu berücksichtigen, auch wenn sie nicht belastend sind (*PwC/UK* IFRS Anm 25.233 ff; aA *Lüdenbach/Freiberg* KoR 2005, 193 f: Teil der Residualgröße). Bei dem im Erwerbszeitpunkt passivierten Betrag handelt es sich um keine Schuld iSv IAS 37. In wirtschaftlicher Betrachtungsweise macht der Erwerber beim UntZusammenschluss einen Ausgleich für die Fortführung des ungünstigen Vertrags geltend. Dieser Betrag wird im Rahmen der Erwerbsbilanzierung abgegrenzt und ist nach Maßgabe der Vertragserfüllung zu vereinnahmen, dh bei Dauerschuldverhältnissen zB über die Restlaufzeit des Vertrags (s *PwC/UK* IFRS Anm 25.238 am Bsp eines ungünstigen Leasingvertrags).

Ein im EA eines TU bilanzierter ***goodwill*** darf dagegen nicht in den IFRS- **338**
KA übernommen werden, sondern geht gem IFRS 3.53 im gesamten *goodwill* auf, während er in einem HGB-KA – weil Bilanzierungshilfen in § 301 Abs 1 S 2 Nrn 1 u 2 genannt werden – fortgeführt werden darf (dazu Anm 76).

Restrukturierungsrückstellungen sind nach IFRS 3.41(a), .43 nur dann **339**
im Rahmen der Erwerbsbilanzierung zu berücksichtigen, wenn die Ansatzvoraussetzungen nach IAS 37.72–.83 (s zB ADS *Int* Abschn 18 Anm 186 ff; *Kirchhoff* WPg 2005, 590 ff) bereits im Erwerbszeitpunkt erfüllt sind. Ein Restrukturierungsplan, dessen Durchführung an das Zustandekommen des Unt-Zusammenschlusses anknüpft, kann auch nicht als Eventualschuld (s Anm 340) berücksichtigt werden (IFRS 3.43). Demgegenüber dürfen bei der ErstKons nach HGB unter den in DRS 4.19 genannten Voraussetzungen Restrukturierungsrückstellungen angesetzt werden, auch wenn es sich hierbei im ErstKonsZeitpunkt noch nicht um eine Vermögensbelastung handelt (s dazu Anm 68 ff).

Für Eventualschulden *(contingent liabilities),* dh auf vergangenen Ereignissen **340**
beruhenden bedingten Verpflichtungen oder andere Verpflichtungen, bei denen eine Inanspruchnahme nicht wahrscheinlich ist (IAS 37.10), besteht im IFRS-Abschluss nach IAS 37.27 ein Ansatzverbot (s § 249 Anm 333; ADS *Int* Abschn 18 Anm 28 f). Demgegenüber sind **Eventualschulden** im Rahmen der Kaufpreisallokation bei einem UntZusammenschluss nach IFRS 3.37(c), .47 als Schuld zu berücksichtigen, wenn ihr beizulegender Zeitwert, dh der Betrag, den ein Dritter bei einer Übernahme der entspr Verpflichtung verlangen würde (IFRS 3.B16(I)), verlässlich geschätzt werden kann, nachdem diese potenziellen Verpflichtungen im Kaufpreiskalkül berücksichtigt wurden (IFRS 3.BC111; *Hommel/Benkel/Wich* BB 2004, 1271 f; *Küting/Wirth* KoR 2004, 173; zur FolgeKons s Anm 348).

Nach HGB gehen Eventualschulden, sofern hierfür nach den allgemeinen Grundsätzen keine Schuld anzusetzen ist, dagegen grds in der nach der Kaufpreisallokation verbleibenden Residualgröße, dh dem GFW oder dem negativen GFW (s auch Anm 162 ff), auf. Nach HGB ist zB für bedingte Verpflichtungen, deren Eintritt nicht gänzlich unwahrscheinlich ist, aufgrund des Vorsichtsprinzips (§ 252 Abs 1 Nr 4) idR bereits vor dem Bedingseintritt eine Rückstellung zu bilden (ADS[6] § 246 Anm 121). Ferner ist zu beachten, dass die Anforderungen an die Greifbarkeit einer möglichen Vermögensbelastung nach HGB (s § 249 Anm 42 ff) weniger hoch als nach IFRS (IAS 37.14(a), .23; s § 249 Anm 336) sind sowie ggf die Passivierung von Aufwandsrückstellungen nach § 249 Abs 2 in Betracht kommt.

4. Anhangangaben

345 Der Umfang der Angabepflichten des IFRS 3 iZm einem UntZusammenschluss (s zB *Lopatta/Wiechen* Der Konzern 2004, 543; IFRS aktuell, 119ff) geht deutlich über die entspr Angaben nach HGB (dazu s Anm 120, 155; § 294 Anm 14ff sowie § 313 Anm 78ff, 151ff) bzw nach DRS 4.52 hinaus. Das IASB verfolgt mit den Anhangangaben drei Ziele (IFRS 3.BC170ff):
- Umfassende Information über die **Art** und die **finanziellen Auswirkungen** des UntZusammenschlusses (IFRS 3.66 – .71).
- Information über **Gewinne, Verluste, Fehlerkorrekturen** und **andere Anpassungen** im Gj, die UntZusammenschlüsse des Gj und früherer Jahre betreffen (IFRS 3.72, .73).
- Information über im Gj erfolgte **Änderungen** des Buchwerts eines ***goodwill*** (IFRS 3.74, .75).

Außerdem ergeben sich weitere Angabepflichten aufgrund von IAS 7.39–.42 sowie nach IFRS 3.76 iVm IAS 36 (dazu IFRS aktuell, 122ff).

Darüber hinaus sind nach IFRS 3.77 **zusätzliche Angaben** erforderlich, wenn die drei vorgenannten Ziele nicht durch die im Einzelnen vorgeschriebenen Angaben erreicht werden können. Aufgrund dieses Auffangtatbestands sind zB zusätzliche Angaben erforderlich, wenn die AK für die Anteile von künftigen Bedingungen abhängen bzw im Gj Kaufpreisanpassungen (s Anm 351f) vorgenommen wurden (International GAAP, 406).

IV. Folgekonsolidierung

1. Allgemeine Grundsätze

347 Die Grundsätze für die Fortführung der **stillen Reserven und Lasten** im IFRS-KA, die anlässlich des UntZusammenschlusses in den Vermögenswerten und Schulden des erworbenen TU aufgedeckt werden, entspr denjenigen nach HGB (s dazu Anm 175ff; zur Fortführung eines erworbenen *goodwill* s § 309 Anm 82ff; *Lopatta/Wiechen* Der Konzern 2004, 540ff).

348 Eine Sonderregelung gilt für **Eventualschulden,** die im Rahmen des UntZusammenschlusses nach IFRS 3.36, .37(c) angesetzt wurden (s Anm 330). Für diese wird der im Erwerbszeitpunkt angesetzte Betrag grds unverändert fortgeführt, sofern sich nicht nach IAS 37 ein höherer Betrag ergibt (IFRS 3.48). Im zuletzt genannten Fall ist die Differenz zwischen dem Wert nach IAS 37 und dem bisherigen Wert ergebniswirksam in der Konzern-GuV zu erfassen. Eventualschulden sind im Rahmen der FolgeKons solange fortzuführen, bis feststeht, dass die Verpflichtung, die zum Ansatz führte, entweder beglichen oder entfallen ist (*PwC/UK* IFRS Anm 25.254).

Nach **ED-IFRS 3** sollen Eventualschulden, die aus UntZusammenschlüssen vor der erstmaligen Anwendung der geänderten Vorschriften (s Anm 312) stammen, wenn sie nicht die Ansatzkriterien für eine Schuld nach ED-IAS 37 erfüllen (ED-IFRS 3.87), bis zum Betrag eines zeitgleich erworbenen *goodwill* mit diesem verrechnet und ggf übersteigende Beträge in die angesammelten Ergebnisse umgegliedert werden.

2. Bedingte Anschaffungskosten *(contingent consideration)*

350 Ist der für die Anteile am TU zu entrichtende Kaufpreis von zukünftigen Ereignissen abhängig, zB der Höhe der künftig vom TU erzielten Jahresergebnisse (zur Ausgestaltung von „*Earn-Out*-Klauseln“ s *Weiser* WPg 2005, 271), ist die

damit verbundene Anpassung der AK *(contingent consideration)* zu berücksichtigen, wenn bzw sobald der Eintritt der Bedingung wahrscheinlich *(probable)* ist und der Anpassungsbetrag zuverlässig bewertet *(measured reliably)* werden kann (IFRS 3.32 ff; zur entspr Regelung nach DRS 4 s Anm 23 sowie 208 ff).

Anders als bei einer vorläufigen Erwerbsbilanzierung (s Anm 356 f) existiert für die Berücksichtigung nachträglicher Kaufpreisanpassungen **keine zeitliche Begrenzung** (IFRS 3.63 iVm .33 f).

Die Bedingungen für die Änderung der Gegenleistung können zum einen an den **Wert des erworbenen Tochterunternehmens** anknüpfen. In diesem Fall erhöhen die nachträglichen AK den Beteiligungsbuchwert im JA des MU. Aus Konzernsicht handelt es sich ebenfalls um nachträgliche AK der hinter der Beteiligung am TU stehenden VG und Schulden (Einzelerwerbsfiktion). Nach IFRS ist die Aufdeckung stiller Reserven und Lasten im Erwerbszeitpunkt nicht auf den Unterschiedsbetrag aus dem Buchwert der Beteiligung und dem konsolidierungspflichtigen Kapital begrenzt, dh die identifizierbaren Vermögenswerte, Schulden und Eventualschulden werden im Rahmen der ErstKons bereits mit ihren Zeitwerten angesetzt, weshalb sich durch die nachträglichen AK idR nur Auswirkungen auf den *goodwill* bzw einen negativen Unterschiedsbetrag nach IFRS 3.56 f ergeben. Im Unterschied dazu können sich im HGB-KA – sofern bei der ursprünglichen ErstKons nicht sämtliche (anteiligen) stillen Reserven im Vermögen des TU aufgedeckt werden konnten (Anm 95 f) – durch die nachträglichen AK auch Auswirkungen auf den Wertansatz der VG und Schulden des TU ergeben (Anm 210). 351

Da es sich bei den nachträglichen AK um einen Zukunftswert handelt, sind sie auf den Zeitpunkt ihrer Erfassung abzuzinsen, dh der *goodwill* erhöht sich nur um den **Barwert** einer künftigen Zahlung (IFRS 3.26; *PwC/UK* IFRS Anm 25.156). 352

Fraglich ist, wie zu verfahren ist, wenn die nachträglichen AK erst nach dem Erwerbszeitpunkt erfasst werden oder sich ihre erwartete Höhe im Zeitablauf ändert. Denkbar wäre die **Anpassung** retrospektiv vorzunehmen, dh als ob von Anfang an richtig geschätzt worden wäre (IFRS aktuell, 70; *Weiser* WPg 2005, 274). Danach wäre der *goodwill* nur in Höhe des Barwerts, um den sich die AK nachträgliche verändern, anzupassen und die verbleibende Differenz zum Änderungsbetrag als Zinsaufwand zu erfassen (s dazu *PwC/UK* IFRS Anm 25.162 f mit Bsp). Versteht man die Änderung der nachträglichen AK dagegen als **Schätzungsänderung,** ist die Änderung nach IAS 8.36, .37 prospektiv zu erfassen, dh es kann auf eine Aufteilung des Änderungsbetrags in eine Barwert- und eine Zinskomponente im Anpassungszeitpunkt verzichtet werden (so *PwC/UK* IFRS 25 163 mit Bsp).

In einem HGB-KA sind die ggf den VG und Schulden des TU bzw dem GFW zugeordneten nachträglichen AK (dazu Anm 209) auf den ursprünglichen Erwerbszeitpunkt zu beziehen und bis zum Zeitpunkt der Kaufpreisanpassung fortzuentwickeln, dh die auf die Zwischenzeit entfallenden Abschreibungen auf stille Reserven und den GFW sind nachzuholen (s Anm 210). Im Jahr der Kaufpreisanpassung wird dann nur der jeweilige Berichtigungssaldo eingebucht; der Teil der nachträglichen AK, der schon im Rahmen der gedachten FolgeKons ergebniswirksam geworden ist, wird gegen den Konzernergebnisvortrag eingebucht. Hintergrund dafür ist, dass die ergebnisabhängigen Kaufpreisanpassungsklauseln beim Erwerb von Beteiligungen idR nur die Funktion haben, einen im Erwerbszeitpunkt vorhandenen UntWert endgültig zu bestätigen.

Daneben können Kaufpreisanpassungsklauseln aber auch zur **Absicherung des vereinbarten Kaufpreises** aus Sicht des Verkäufers dienen, was insb dann erfolgt, wenn die Gegenleistung aus Anteilen am Erwerber bestand. In diesem 353

Fall führen etwaige Ausgleichszahlungen des Erwerbers nicht zu einer Erhöhung der AK, sondern sind – soweit zB Anteile des Erwerbers ausgegeben wurden – *erfolgsneutral* als Minderung des (ursprünglichen) Emissionserlöses *(share premium)* zu erfassen (IFRS 3.35). Im handelsrechtlichen JA bzw KA sind diese zusätzlichen Beträge dagegen erfolgswirksam zu erfassen (s Anm 211).

354 Nach **ED-IFRS 3** sollen bedingte AK zukünftig bereits im Erwerbszeitpunkt mit ihrem Zeitwert in die Ermittlung der AK eingehen (ED-IFRS 3.25). Ändert sich der Zeitwert einer *contingent consideration,* soll die Wertänderung nicht als Korrektur der AK der Anteile bzw des *goodwill,* sondern ergebniswirksam in der GuV erfasst werden (ED-IFRS 3.26(b)). Wenn die *contingent consideration* als EK zu qualifizieren ist, dh die Kaufpreisanpassung einen Residualanspruch gegen den Erwerber verkörpert, sollen die Wertänderungen nach ED-IFRS 3.26(a) dagegen unberücksichtigt bleiben. Dies könnte zB dann der Fall sein, wenn der Verkäufer auf Anteile am Erwerber gerichtete Optionen erhält und diese bei Eintritt der im Kaufvertrag festgelegten (Ergebnis-)Ziele ausüben kann (s dazu *Weiser* WPg 2005, 278).

3. Vorläufige Erwerbsbilanzierung

356 Bestehen am Ende des Gj, in dem der UntZusammenschluss stattfand, noch **Unsicherheiten hinsichtlich** der beizulegenden **Zeitwerte** der erworbenen Vermögenswerte, Schulden und Eventualschulden im Erwerbszeitpunkt, hat die Kaufpreisallokation nach IFRS 3.62 auf Basis vorläufiger Werte zu erfolgen. Gleiches gilt, wenn die AK der erworbenen Anteile noch nicht endgültig feststehen. Sofern eine vorläufige Erwerbsbilanzierung erfolgt, ist dies im Konzernanhang anzugeben und zu begründen (IFRS 3.69).

357 **Nachträgliche bessere Erkenntnisse** über den beizulegenden Zeitwert des erworbenen Reinvermögens im Erwerbszeitpunkt, die innerhalb einer Frist von maximal zwölf Monaten nach dem Erwerbszeitpunkt bekannt werden (IFRS 3.62(a)), sind zu berücksichtigen. Bei der Entscheidung, ob eine berücksichtigungspflichtige (nachträgliche) Information über die Zeitwerte des Reinvermögens im Erwerbszeitpunkt vorliegt, sind nach ED-IFRS 3.A71(a)–(c) künftig insb folgende Gesichtspunkte maßgebend:

- der zeitliche Abstand der Informationserlangung zum Erwerbszeitpunkt,
- die Absicherung des (Zeit-)Werts durch eine Transaktion mit einem Dritten (s zum Verkauf innerhalb des Bewertungszeitraums auch ED-IFRS 3.A75, .A76) sowie
- die relative Höhe der Wertänderung, die durch die Information ausgelöst wird.

358 Die **Wertänderungen** aufgrund der besseren Erkenntnisse über das Vorhandensein von Vermögenswerten und Schulden und/oder den beizulegenden Zeitwert des erworbenen Reinvermögens sind im IFRS-KA **retrospektiv** als eine erfolgsneutrale Korrektur der ErstKons zu erfassen und führen idR zu einer Anpassung des *goodwill* bzw des negativen Unterschiedsbetrags nach IRFS 3.56. (*Fladt/Feige* WPg 2003, 262; aA ein nachträglicher Ansatz zusätzlicher Vermögenswerte und (Eventual-)Schulden ist ausgeschlossen IFRS aktuell, 88). Nur sofern die Wertänderungen zugleich eine Kaufpreisanpassung zur Folge haben, erfolgt eine (erfolgsneutrale) Anpassung gegen die entspr Kaufpreisverbindlichkeit (s Anm 351; ED-IFRS 3.66).

Nach Ablauf des Bewertungszeitraums sind rückwirkende Anpassungen hinsichtlich der Bewertung des erworbenen Reinvermögens nur zulässig, wenn es sich um Fehler nach IAS 8 (IFRS 3.63, .64) oder um eine Anpassung der AK aufgrund bedingter AK (s Anm 351 f) handelt.

Auch nach **ED-IFRS 3** sind Informationen über das Vorhandensein und den beizulegenden Zeitwert von Vermögenswerten und Schulden im Erwerbszeitpunkt rückwirkend zu berücksichtigen, wenn sie innerhalb des Bewertungszeitraums *(measurement period)* bekannt werden (ED-IFRS 3.62(d), .64).

Nach HGB sind werterhellende Informationen über die Verhältnisse im Erwerbszeitpunkt bis zum Ende der Aufhellungsphase des KA, in den das betreffende TU erstmals im Wege der VollKons einbezogen wird, zu berücksichtigen (s Anm 77). Fehlerkorrekturen, die die Kaufpreisallokation betreffen, dürfen im HGB-KA ebenfalls retrospektiv vorgenommen werden (s Anm 179). Eine Verpflichtung hierzu besteht allerdings nicht; insb bei unwesentlichen Beträgen oder länger zurückliegenden Erwerbszeitpunkten ist die Korrektur in laufender Rechnung vorzuziehen (*IDW RS HFA* 6.31).

Eine zeitlich unbefristete Korrektur erfolgt nach IFRS 3.65, .63 schließlich, **359**
wenn nach der erstmaligen Bilanzierung des UntZusammenschlusses eine Neueinschätzung von im Erwerbszeitpunkt vorhandenen steuerrechtlichen Verlustvorträgen oder sonstigen Steuervorteilen des TU erfolgt (dazu *von Eitzen/Dahlke/Kromer* DB 2005, 509f; *Küting/Wirth* BB 2003, 626). Der erstmalige Ansatz bzw eine nachträgliche Erhöhung der aus diesen Steuervorteilen resultierenden **aktiven latenten Steuern** ist ergebniswirksam zu erfassen (IFRS 3.65 iVm IAS 12.68). Gleichzeitig ist eine Abschreibung des *goodwill* zu erfassen (IFRS 3.65(b)), nachdem es vorher durch den Nicht- bzw verminderten Ansatz der latenten Steueransprüche implizit zu einer entspr Erhöhung des *goodwill* gekommen war. Dabei ist für die Ermittlung der Höhe des Steuerertrags der aktuelle und für die Minderung des *goodwills* der Steuersatz im Erwerbszeitpunkt maßgeblich (s Bsp zu IAS 12.68).

Zukünftig soll eine widerlegbare Vermutung gelten, dass die Erfassung bzw nachträgliche Änderung erworbener Steuervorteile, die innerhalb eines Jahres nach dem Erwerbszeitpunkt erfolgt, auf den Erwerbszeitpunkt zurückwirkt und daher ergebnisneutral gegen den *goodwill* zu erfassen sind (**ED-IFRS 3**.D4 *amendment to* IAS 12.68). Wenn diese Vermutung widerlegt ist, weil der geänderte Ansatz des Steuervorteils auf einem diskreten Ereignis, zB einer Gesetzesänderung, beruht, oder die Anpassung erst mehr als ein Jahr nach dem Erwerb erfolgt, ist der gesamte Anpassungseffekt ergebniswirksam zu erfassen.

4. Veränderungen der Beteiligungsquote des Mutterunternehmens ohne Auswirkungen auf die Beherrschung des Tochterunternehmens

Im Rahmen des *improvement project* (*phase I*) hat das IASB entschieden, dass das **360**
auf andere Gester entfallende Reinvermögen an einem TU *(non-controlling interest)* innerhalb des Konzern-EK, jedoch getrennt vom EK, das auf Gester des MU entfällt, auszuweisen ist (IAS 1.68(o); IAS 27.33), weil es sich hierbei um einen Residualanspruch am Reinvermögen des TU und nicht um eine Schuld iSd *Framework* (F. 49(b)) handelt (ED-IAS 27.BC5; s auch § 307 Anm 90; *ADS* Int Abschn 22 Anm 44ff). Als weitere Folge dieser Entscheidung sollen nach **ED-IAS 27** zukünftig Veränderungen der BetQuote des MU an einem bereits vollkons TU, die ohne Auswirkungen auf die Beherrschung dieses TU bleiben, im IFRS-KA als eine Transaktion zwischen Eigentümern *(owner transaction)* abgebildet werden (ED-IAS 27.30A). Dementsprechend dürfen daraus keine Gewinne oder Verluste und insb auch keine Wertänderungen der bereits im KA enthaltenen Vermögenswerte und Schulden sowie eines *goodwill* des TU resultieren (F. 70(a); ED-IAS 27.BC4).

Im Ergebnis handelt es sich hierbei um eine konsequente Umsetzung der **Einheitstheorie** *(economic entity concept)*. Der Einheitsgrundsatz (§ 297 Abs 3 S 1) gilt auch für die Konzernrechnungslegung nach HGB. Es entspricht aber der derzeit hM (§ 297 Anm 1; *ADS*[6] § 297 HGB Anm 3 mwN), dass der KA zuerst der Information der Gester des MU dient. Diese Sichtweise wird wohl auch von einigen Mitgliedern des IASB geteilt (ED-IAS 27.AV1 ff). Mit Rücksicht darauf werden Anteilserwerbe bzw -veräußerungen von bzw an MinderheitsGester(n) sowie denen entspr Vorgänge im HGB-KA wie Transaktionen mit fremden Dritten außerhalb des Konzerns abgebildet (zum Erwerb von Anteilen s Anm 191 f mwN; zur teilweisen Anteilsveräußerung s Anm 206 f mwN). Insofern besteht zukünftig uU ein Unterschied zwischen IFRS und der hM nach HGB. Allerdings ist es im Hinblick auf § 297 Abs 3 S 1 auch in einem HGB-KA zulässig, derartige Transaktionen – unter Beachtung des Stetigkeitsgrundsatzes (§ 297 Abs 3 S 2) – ausschließlich als Kapitalvorgänge abzubilden (s Anm 192, 206).

361 Eine ***owner transaction*** liegt zum einen vor, wenn Anteile an einem TU direkt von den anderen Gestern an das MU verkauft werden und umgekehrt. Zum anderen gehören hierzu auch indirekte Änderungen der BetQuote des MU, die durch nicht verhältniswahrende Kapitalmaßnahmen (Kapitalerhöhung/-herabsetzung; Erwerb und Wiederveräußerung eigener Anteile) auf Ebene des TU ausgelöst werden (ED-IAS 27.BC6).

362 Eine Differenz zwischen dem Kaufpreis, den das MU anlässlich seiner Änderung der BetQuote am TU zahlt oder erhält, und dem Betrag, um den sich das EK der anderen Gester in diesem Zusammenhang verändert (s Anm 364), ist nach ED-IAS 27.30A zu Gunsten oder zu Lasten des auf Gester des MU entfallenden (Konzern-)EK anzupassen.

ED-IAS 27 enthält keine Regelungen, in welchen EK-Posten die zur Rede stehenden Differenzen im Einzelnen zu erfassen sind. Da es sich bei den anderen Gestern aus Sicht des einheitlichen Unt ebenfalls um EK-Geber handelt, spricht uE vieles dafür, dass die **Abbildung der Eigenkapitaleffekte** – bis zu einer entspr Festlegung durch das IASB – wie die Ausgabe von neuen Anteilen bzw der Rückerwerb von eigenen Anteilen zu erfolgen hat (glA *Pawelzik* WPg 2004, 686). Dementsprechend wäre bei einem Verkauf von Anteilen an einem weiter vollkons TU die Differenz zwischen dem erzielten Kaufpreis und dem aus Sicht der Gester des MU dafür abgehenden Reinvermögens bewertet zu (ggf fortgeführten) Konzernbuchwerten wie eine sonstige Zuzahlung durch Eigentümer, dh als Kapitalrücklage *(additional paid-in capital)* auszuweisen (so auch ED-SFAS Tz 23). Ein Mehrpreis, den das MU bei einem Hinzuerwerb von Anteilen zahlt, wäre dann zu Lasten der Kapitalrücklage zu erfassen. Die Darstellung des Erwerbs eigener Anteile ist nach IFRS nicht ausdrücklich geregelt (s dazu *ADS* (Int) Abschn 22 Anm 103 ff). Deshalb kommt uE im zuletzt genannten Fall auch eine andere Verrechnungsreihenfolge in Betracht, zB eine Erfassung gegen die angesammelten Ergebnisse *(retained earnings)*.

363 Die **Übergangsbestimmungen** (ED-IAS 27.43B(a)) sehen vor, dass die neuen Regelungen **prospektiv für Hinzuerwerbe** von Anteilen an TU gelten sollen, die nach der erstmaligen verpflichtenden bzw einer freiwilligen vorzeitigen Anwendung der Änderungen des IAS 27 erfolgen (s Anm 312). Somit darf bei Hinzuerwerben, die vor diesem Zeitpunkt stattfinden, noch – ebenso wie nach HGB (s Anm 191) – für die betreffende Tranche eine Erwerbsbilanzierung erfolgen (so wohl auch ED-IAS 27.AV3). Zumindest in den Fällen, in denen die KapKons für das betreffende TU bislang nach dem *benchmark treatment* gem IAS 22.32 (rev 1998) erfolgte, dh das anteilig auf andere Gester entfallende Reinvermögen mit Buchwerten des TU *(pre-acquisition carrying amount)* bewertet wurde (IAS 22.32(b) (rev 1998)), erscheint dies uE auch sachgerecht.

Soweit sich die Änderungen auf **teilweise Anteilsveräußerungen** beziehen, sollen diese nach ED-IAS 27.43A **rückwirkend** angewendet werden. Eine Ermittlung der Gewinne und Verluste aus teilweisen Anteilsveräußerungen, die in der Vergangenheit ergebniswirksam in der Konzern-GuV erfasst wurden, dürfte in der Praxis häufig schwierig sein. UE erscheint es ausreichend, wenn im Erstanwendungsjahr der geänderten Vorschriften Veräußerungserfolge, die in der Vergleichperiode in der GuV ausgewiesen wurden, in das EK umgegliedert werden (so auch ED-SFAS Tz 33(e)).

Der Wertansatz des auf **andere Gesellschafter entfallenden Eigenkapitals** *(non-controlling interest)* soll zukünftig der Summe aus dem auf die Anteile dieser Gester entfallenden Reinvermögen des TU sowie einem Anteil dieser Gester an einem für das TU geführten *goodwill* entsprechen (ED-IFRS 3.58(d); ED-IAS 27.30B). Ändert sich die Höhe des Anteils anderer Gester an einem weiter vollkons TU, muss zukünftig die vermögensmäßige Zuordnung auf Gester des MU und andere Gester sowohl für das Reinvermögen des betr TU als auch für einen dazugehörigen *goodwill* angepasst werden. 364

Nach ED-IAS 27.30B soll für die **Anpassung** des ***goodwill*** jeweils der relative *goodwill,* der der betr Gester-Gruppe im Erwerbszeitpunkt zugeordnet wurde, maßgeblich sein. Erhöht sich zB die Beteiligung anderer Gester von 20% im Erwerbszeitpunkt auf später 30%, entspr nach dieser teilweisen Anteilsveräußerung durch das MU der *goodwill,* der auf andere Gester entfällt, 30/20 des *goodwills* dieser Gester im Erwerbszeitpunkt (s dazu auch ED-IAS 27 Illustrative Example 4). Durch diese Vorgehensweise soll vermieden werden, dass eine im Erwerbszeitpunkt gezahlte *control*-Prämie, die im *goodwill,* der auf Gester des MU entfällt, enthalten ist, iZm teilweisen Anteilsveräußerungen sukzessive anderen Gestern zugeordnet wird (ED-IAS 27.30B(b); glA *Pellens/Sellhorn/Amshoff* DB 2005, 1754). 365

Fraglich ist, wie der auf andere Gester entfallende *goodwill* nach einer **teilweisen Anteilsveräußerung** durch das MU zu ermitteln ist, wenn bei der historischen Erwerbsbilanzierung des betr TU für die anderen Gester nach IAS 22 oder IFRS 3 (2004) kein *goodwill* angesetzt werden durfte. 366

Anlässlich von teilweisen Anteilsveräußerungen/-erwerben ohne Wechsel der Beherrschung dürfen sich die Wertansätze des im IFRS-KA ausgewiesenen Reinvermögens des betr TU einschl eines etwaigen *goodwill* nicht ändern (ED-IAS 27.BC4). Dies kann nur erreicht werden, wenn auch in diesen Fällen die anderen Gester einen Teil des bisher auf Gester des MU entfallenden *goodwill* zugewiesen bekommen. Eine Hochrechnung auf der Basis des relativen Buchwerts des *goodwill,* der im Erwerbszeitpunkt auf andere Gester entfällt, – wie in ED-IAS 27.30B vorgesehen – würde dessen nachträgliche Ermittlung nach den Grundsätzen gem ED-IFRS 3.49, .58(c), .A62, .A63 voraussetzen, was praktisch so gut wie ausgeschlossen sein dürfte.

Wenn eine nachträgliche Ermittlung des im Erwerbszeitpunkt auf andere Gester entfallenden *goodwill* nicht möglich ist, wird faktisch keine andere Möglichkeit bestehen, als den auf andere Gester entfallenden *goodwill* ausgehend von der relativen Veränderung der vermögensmäßigen Beteiligung des MU am *goodwill* zu bestimmen. Eine ggf in den AK des MU für den UntZusammenschluss enthaltene Kontrollprämie wird dann nicht korrigiert und aus dem auf die anderen Gester entfallenden Goodwill herausgerechnet. Dh sinkt die BetQuote des MU von 80% auf 60%, dann entfallen von dem Buchwert des *goodwill* für dieses TU danach 20/80 auf andere Gester. Für die Zulässigkeit dieser vereinfachten Vorgehensweise spricht, dass zum Zweck eines Werthaltigkeitstests nach IAS 36 (rev 2004) bei einer *cash generating unit,* die nicht im Alleineigentum des MU steht, bei der Hochrechnung des *goodwill* um den Anteil anderer Gester (IAS 36.92, wohl ebenso vorgegangen wird IAS 36.IE65 (Example 7); dazu auch *Küting/Wirth* KoR 2005, 201 f).

Wenn in den zur Rede stehenden Fällen der GFW für das betreffende TU nur auf Ebene einer (übergeordneten) *cash generating unit* geführt wird, erscheint es uE sachgerecht, den Buchwert des auf die Gester des MU entfallenden *goodwill* vor der Aufteilung zunächst nach den gleichen Grundsätzen wie bei einer EndKons dieses TU zu ermitteln (s dazu Anm 374).

5. End- und Übergangskonsolidierung

370 Regelungen zur EndKons nach IFRS sind in IAS 27.30 enthalten und sollen durch ED-IAS 27.30C - .30E ergänzt werden, wobei die Ergänzungen – abgesehen von einem besonderen *remeasurement* für nach dem Ausscheiden eines TU aus dem VollKonsKreis im Konzern verbleibende Anteile (s Anm 375) – nur klarstellenden Charakter haben.

Die **konzeptionelle Vorgehensweise** bei der EndKons entspricht derjenigen nach HGB (s Anm 240 ff), dh es erfolgt ein Abgang der Vermögenswerte und Schulden des betreffenden TU. Der Erfolg aus der **Endkonsolidierung** ergibt sich grds als Differenz zwischen dem bei der Veräußerung des TU erzielten Erlös und dem Abgangswert des TU, der dem auf die veräußerten Anteile entfallende Reinvermögen – bewertet zu Konzernbuchwerten – entspricht. Die EndKons hat nach IAS 27.30 zu dem **Zeitpunkt** zu erfolgen, zu dem die Beherrschung über das TU endet (zu den Voraussetzungen für eine rückwirkende EndKons auf den Beginn des Konzern-Gj nach HGB s Anm 251). Bis zu diesem Zeitpunkt sind in die Konzern-GuV auch die Erträge und Aufwendungen des TU zu übernehmen (IAS 27.30), deren Ermittlung unter Beachtung des Wesentlichkeitsgrundsatzes (F. 30) aus einem zeitnah zu diesem Stichtag aufgestellten IFRS-Zwischenabschluss (Monats-/Quartalsabschluss) zu erfolgen hat (glA *Küting/Weber/Wirth* DStR 2004, 877).

371 Anlässlich der EndKons eines TU werden auch die **ergebnisneutral** im Konzern-EK **erfassten Gewinne und Verluste** bei der Ermittlung des Abgangsergebnisses berücksichtigt, soweit sie auf das MU entfallen. Zu den EK-Posten, für die ein ergebniswirksamens *recycling* anlässlich der EndKons geboten ist, gehören die Währungsumrechnungsrücklage (IAS 21.48, IAS 27.30, ED-IAS 27.30E(a); zu HGB s Anm 247), Rücklagen aus *cash flow-Hedges* (IAS 39.95(a), ED-IAS 27.30E(b)) sowie Rücklagen aus der Zeitwertbewertung von zur Veräußerung verfügbaren *(available-for-sale)* Wertpapieren (IAS 39.55(b), ED-IAS 27.30E(c)). Sofern mit einzelnen Vermögenswerten Neubewertungsrücklagen, zB nach IAS 16.39 oder IAS 38.85, korrespondieren, führt deren (indirekter) Abgang in Folge der EndKons – ebenso wie ein direkter Abgang aufgrund eines Verkaufs der damit korrespondierenden (neubewerteten) Vermögenswerte – nicht zu einem *recycling* (ED-IAS 27.BC8); die betreffenden Beträge werden stattdessen im Abgangszeitpunkt in die angesammelten Ergebnisse umgegliedert. Entspr gilt uE für Rücklagen, die iZm einem sukzessiven Anteilserwerb nach IFRS 3.59 (s Anm 382) entstanden sind.

372 Bei der EndKons eines TU, an dem neben dem MU auch **andere Gesellschafter** beteiligt sind, wird das anteilig auf diese Gester entfallende Reinvermögen, bewertet zu Konzernbuchwerten, gegen das EK der anderen Gester *(non-controlling interest)* ausgebucht. Hieraus dürfen keine Gewinne oder Verluste entstehen (ED-IAS 27.30C). Damit dies der Fall ist, müssen die anderen Gester auch nach IFRS an ergebniswirksamen KonsMaßnahmen, insb im Rahmen der Zwischenergebniseliminierung, beteiligt werden (ausführlich dazu s § 307 Anm 53 ff).

373 Ein gravierender Unterschied zur Konzernrechnungslegung nach HGB besteht hinsichtlich der Ermittlung eines in den Abgangswert nach IFRS einzubeziehenden *goodwill.* Zunächst bestimmt IFRS 3.80, dass die **Verrechnung**

von *goodwill* **mit Rücklagen,** die nach IAS 22.40(b) (1983) letztmals für Gj, die vor dem 1. 1. 1995 begannen, zulässig war, auch nach einer EndKons des betr TU beizubehalten ist (§ 309 Anm 80). Gleiches gilt nach IFRS 1.B2(i)(i) für GFW, die nach den vor der erstmaligen IFRS-Rechnungslegung anzuwendenden nationalen Rechnungslegungsvorschriften, zB § 309 Abs 1 S 3, mit dem EK verrechnet wurden (§ 309 Anm 85; *ADS* Int Abschn 22 Anm 206 e). Nach HGB wird dagegen zur Einhaltung des Kongruenzprinzips nach hM (s Anm 242) die Rückgängigmachung der GFW-Verrechnung nach § 309 Abs 1 S 3 anlässlich der EndKons gefordert.

Ein *goodwill,* der bei einem UntZusammenschluss erworben wurde, wird nach IFRS ab dem Erwerbszeitpunkt der zahlungsmittelgenerierenden Einheiten *(cash generating units)* zugeordnet (IAS 36.80 ff). Eine *cash generating unit* kann sich an gesellschaftsrechtlichen Strukturen orientieren, zwingend ist dies aber nicht (s dazu § 309 Anm 82). Wird ein TU, dessen Reinvermögen zu einer *cash generating unit* gehört, der auch ein *goodwill* zugeordnet ist, endkons, ist bei der Ermittlung des Abgangswerts auch ein anteiliger *goodwill* zu berücksichtigen (IAS 36.86(a)). Voraussetzung dafür ist außerdem, dass das abgehende Reinvermögen aus Sicht der *cash generating unit* einen Geschäftsbereich *(operation)* darstellt. Der Begriff *„operation"* wird in IAS 36 nicht näher definiert. Eine *operation* dürfte uE jedenfalls dann vorliegen, wenn das abgehende Reinvermögen als *business* iSv IFRS 3.4 (Anm 315 f) zu qualifizieren ist. Eine Begriffsbestimmung unter Rückgriff auf IFRS 5.31 (so wohl *Küting/Wirth* WPg 2005, 705) erscheint uE im Hinblick auf die Klarstellung in IFRS 3.BC11 nicht sachgerecht. 374

Der **Abgangswert des *goodwill*** der *cash generating unit* ergibt sich nach IAS 36.86(b) nach dem relativen Verhältnis zwischen dem (Zeit-)Wert des abgehenden Geschäftsbereichs zum Gesamtwert der zurückbehaltenen *cash generating unit.* Maßgeblicher Zeitpunkt für die Ermittlung des Wertverhältnisses ist der Zeitpunkt, zu dem die Beherrschung über den betr Geschäftsbereich (TU) endet. Dies kann zB dazu führen, dass bei der EndKons eines TU ein höherer *goodwill* abgeht, als er zusammen mit dem TU erworben wurde, weil der UntWert des abgehenden TU während der Dauer der Konzernzugehörigkeit stärker gestiegen ist als derjenige der *cash generating unit,* denen das Reinvermögen des TU zugeordnet war (s auch *Küting/Wirth* WPg 2005, 709; *Küting/Weber/Wirth* DStR 2004, 878 f).

Von dem Verfahren nach IAS 36.86(b) darf abgewichen werden, wenn dies zu einer zutreffenderen Ermittlung des Abgangswerts des *goodwill* führt (seltener Ausnahmefall, so *Küting/Wirth* WPg 2005, 707). In Betracht kommt insb, den Abgangswert des *goodwill* nach dem relativen Verhältnis des *„implied"-goodwill* des abgehenden Geschäftsbereichs zu demjenigen der zurückbleibenden *cash generating unit* im Abgangszeitpunkt zu ermitteln. Allerdings ist es dazu – im Vergleich zu der Vorgehensweise nach IAS 36.86(b) – zusätzlich erforderlich, dass der Zeitwert des abgehenden bzw des verbleibenden Reinvermögens ermittelbar ist.

Beispiel: Beim Verkauf des Geschäftsbereichs einer *cash generating unit* sollen folgende Wertverhältnisse gelten.

	abgehender Geschäftsbereich	verbleibende *cash generating unit*
	Mio €	Mio €
Veräußerungserlös/erzielbarer Betrag	2	8
Zeitwert des Reinvermögens	1	7
„implied" goodwill	1	1

Bei der Vorgehensweise nach IAS 36.86(b) entspr der Abgangswert des *goodwill* für den abgehenden Geschäftsbereich 20% des Buchwerts des *goodwill* der *cash generating unit* vor dem Abgang. Ausgehend vom Verhältnis der *„implied" goodwill* im Abgangszeitpunkt würde sich dagegen ein Abgangswert iHv 50% des *goodwill*-Buchwerts der *cash generating unit* ergeben.

Als Beispiel für eine Ausnahme (s dazu IAS 36.BC156) wird ferner ausdrücklich der Fall genannt, dass unmittelbar nach dem erstmaligen Zugang eines *goodwill* zu einer *cash generating unit* ein chronisch defizitärer (anderer) Bereich der selben *cash generating unit* verkauft wird. In diesem besonderen Fall ist davon auszugehen, dass der Abgangswert nicht um einen anteiligen *goodwill* zu erhöhen ist.

Im Unterschied dazu wird ein GFW nach HGB grds beteiligungsbezogen ermittelt und – ungeachtet seiner Aufteilung auf Geschäftsfelder (dazu Anm 161) – auch je TU fortgeführt. Anlässlich der EndKons entspricht der Abgangswert dann dem Restbuchwert des GFW bzw bei dessen Verrechnung mit den Rücklagen dem Ursprungsbetrag im Erwerbzeitpunkt. Eine Vorgehensweise analog zu IFRS kann allerdings nach HGB dann geboten sein, wenn das betr TU zusammen mit einem Teilkonzern erworben wurde, weil im Erwerbszeitpunkt für den gesamten Teilkonzern nur ein einheitlicher GFW ermittelt und nach allg Grundsätzen auf die einzelnen Geschäftsfelder, deren Abgrenzung sich ebenfalls nicht an gesellschaftsrechtlichen Strukturen orientieren muss, verteilt wurde (s dazu Anm 281 f).

375 **ED-IAS 27** sieht ferner vor, dass etwaige nach der EndKons des TU im Konzern verbleibende Anteile im EndKons-Zeitpunkt (Anm 370) mit dem Zeitwert bewertet und die Differenz zwischen dem Zeitwert und dem anteilig auf die verbleibenden Anteile entfallenden Reinvermögen bewertet zu (ggf fortgeführten) Konzern-AK/HK in der GuV als Teil des EndKonsErgebnisses ausgewiesen wird (ED-IAS 27.30C). Dabei soll der Gewinn oder Verlust aus diesem *remeasurement* im Anhang iZm der Angabe des Abgangserfolgs für das TU gesondert genannt werden (ED-IAS 27.40(g)).

Während nach HGB und derzeit auch nach IFRS der (Konzern-)Buchwert des im Übergangszeitpunkt auf die Anteile entfallenden Reinvermögens die Ausgangsgrundlage für deren Folgebewertung/-konsolidierung bildet und die eigentliche **Übergangskonsolidierung** – abgesehen von Erfolgswirkungen aufgrund der möglichen Aufgabe einer konzerneinheitlichen Bilanzierung und Bewertung – damit erfolgsneutral ist (s Anm 261 f), wäre diese durch die Zeitwertbewertung der verbleibenden Anteile nach IFRS zukünftig **erfolgswirksam.** Aufgrund der Zeitwertbewertung wird – sofern die verbleibenden Anteile als assozUnt oder als GemUnt zu qualifizieren sind – außerdem eine (neue) Kaufpreisallokation auf der Basis der Wertverhältnisse im Übergangszeitpunkt erforderlich (ED-IAS 27.30D), wodurch sich auch in der Folgezeit im Vergleich zu HGB Unterschiede im Vermögens- und Erfolgsausweis ergeben.

376 Ausweislich der Übergangsbestimmungen sollen die Regelungen zum ***remeasurement*** ausschließlich **prospektiv** angewendet werden (ED-IAS 27.43B(b)). Dh bis zur erstmaligen verpflichtenden oder vorzeitigen freiwilligen Anwendung der geänderten Regelungen (ED-IAS 27.43; s Anm 312) bildet demnach der Konzernbuchwert der verbleibenden Anteile die Grundlage (AK) für die Zeitwertbewertung nach IAS 39 (IAS 27.32) bzw die Equity- bzw Quo-Kons nach IAS 28 bzw IAS 31.

V. Sonderfragen

1. Sukzessiver Anteilserwerb *(step acquisition)*

Werden die Anteile an einem TU in mehreren Teilschritten/Tranchen erworben, ist **jeder** bedeutende **Teilerwerb** jeweils für sich **zu konsolidieren,** dh die AK der einzelnen Tranchen sind dem beizulegenden Zeitwert der darauf anteilig entfallenden identifizierbaren Vermögenswerte, Schulden und Eventualschulden zum jeweiligen Tauschzeitpunkt *(date of exchange)* gegenüber zu stellen, um so den mit der jeweiligen Tranche verbundenen *goodwill* bzw *negative goodwill* zu ermitteln (IFRS 3.58). Der Tauschzeitpunkt ist der Zeitpunkt, zu dem der Erwerber (wirtschaftliches) Eigentum an den Anteilen erlangt und diese zu bilanzieren hat (IFRS 3.A). Teilerwerbe, die in engem zeitlichen Zusammenhang (wenige Tage bzw Wochen) erfolgen, dürfen zu einer Tranche zusammengefasst werden, wenn die Wertverhältnisse der Vermögenswerte, Schulden und Eventualschulden zu den einzelnen Tauschzeitpunkten nicht wesentlich voneinander abweichen (International GAAP, 384). Insofern besteht grds kein Unterschied zur Vorgehensweise nach HGB (s Anm 147; zu Unterschieden bei Anwendung des DRS 4 s Anm 150). 380

Neben dieser Kaufpreisallokation nach den Wertverhältnissen im jeweiligen Tauschzeitpunkt müssen die im Zeitpunkt der Erlangung der Beherrschung *(control)* bereits erworbenen **Tranchen** bis zum Erwerbszeitpunkt (Beginn der Einbeziehung im Wege der VollKons) **fortentwickelt** werden (zur besonderen Neubewertung s Anm 382; zu Änderungen durch ED-IFRS 3 s Anm 384). 381

In den eher seltenen Fällen, in denen bisher eine Bewertung zu **Anschaffungskosten** *(cost)* nach IAS 27.31 iVm IAS 39.2(a), .55, .AG 27 und .AG 80 f erfolgte, zB weil eine verlässliche Bestimmung des Zeitwerts der Anteile nicht möglich war, müssen lediglich die anteilig auf die früher erworbene(n) Tranche(n) entfallenden Reinvermögensänderungen, soweit sie nach den jeweiligen Tauschzeitpunkten bis zum Erwerbszeitpunkt entstanden sind, ergebnisneutral gegen die angesammelten Ergebnisse *(retained earnings)* erfasst werden. Die Reinvermögensänderungen schließen dabei sowohl (thesaurierte) Gewinne und Verluste des TU als auch Effekte aus der FolgeKons (Anm 347) der zu den Tauschzeitpunkten aufgedeckten Lasten und Reserven ein. Sofern die Anteile bis zum Erwerbszeitpunkt nach IAS 27.31 iVm IAS 39.2(a), .55 zum **Zeitwert** bewertet wurden, ist zusätzlich die Differenz zwischen dem Zeitwert und den (historischen) AK der jeweiligen Tranchen zu stornieren. Sofern die Beträge aus der Zeitwertbewertung in eine *available-for-sale*-Rücklage (IAS 39.55(b)) eingestellt wurden, erfolgt die Rückgängigmachung der Zeitwertbewertung ergebnisneutral gegen diese Rücklage, sonst ergebnisneutral gegen die angesammelten Ergebnisse (IFRS 3 *Illustrative Example* 6). Wurden die früher erworbenen Anteile nach der **Equity-Methode** in den IFRS-KA einbezogen, sind die og Reinvermögensänderungen bereits im KA erfasst; für den bis zum Erwerbszeitpunkt fortentwickelten Equity-Wert ist dann lediglich eine ÜbergangsKons nach allgemeinen Grundsätzen durchzuführen(s Anm 195 ff). Nach HGB wäre – mangels ausdrücklicher Regelungen – auch eine *erfolgswirksame* Vereinnahmung des Saldos der Reinvermögensänderungen zulässig (Anm 148).

Unabhängig von der ErstKons der Tranchen und deren Fortschreibung auf den Erwerbszeitpunkt hat der Erwerber sämtliche identifizierbaren Vermögenswerte, Schulden und Eventualschulden – soweit sie die Ansatzkriterien des IFRS 3 erfüllen und nicht unter IFRS 5 fallen – anlässlich der erstmaligen VollKons 382 vollständig mit ihrem beizulegenden Zeitwert anzusetzen (IFRS 3.59(b)). Differenzen zwischen diesen Zeitwerten und den ausgehend von den Tauschzeitpunkten fortgeführten Zeitwerten sind in eine besondere Neubewertungsrücklage einzustellen (IFRS 3.59). IAS 22.37 (rev 1998) enthielt eine entspr Vorschrift, die aber überwiegend als ein Wahlrecht zur Neubewertung verstanden wurde. Aus IFRS 3.59 ergibt sich, dass die **besondere** (ergebnisneutrale) **Neubewertung** anlässlich der erstmaligen Einbeziehung eines TU in den IFRS-KA verpflichtend zu erfolgen hat (zu Änderungen durch den ED-IFRS 3 s Anm 384).

Eine derartige Neubewertung ist im HGB-KA mit Rücksicht auf das AK-Prinzip und das Realisationsprinzip (§§ 253 Abs 1 S 1, 252 Abs 1 Nr 4 iVm § 298 Abs 1) nicht zulässig. Ein IFRS entspr Vermögens- und Schuldenausweis kann aber dadurch erreicht werden, dass die erworbenen Tranchen nach HGB einheitlich auf den Zeitpunkt, zu dem das Mutter-Tochterverhältnis begründet wurde (s Anm 149), erstkons werden. Allerdings führt dies dazu, dass zusätzliche Reservenaufdeckungen bei früher erworbenen Tranchen den GFW vermindern bzw die Aufdeckung von Lasten den GFW erhöht. Gerade diese Effekte sollen aber durch die tranchenweise Kons im IFRS-KA vermieden werden.

383 Fraglich ist, wie Neubewertungsbeträge, die anlässlich eines sukzessiven Anteilserwerbs gebildet wurden, fortzuentwickeln sind. Hierzu wird in IFRS 3.59 zunächst nur klargestellt, dass **in** den **Folgejahren keine** Verpflichtung zu einer periodischen **Neubewertung** der Vermögenswerte und Schulden des TU besteht, dh es handelt sich um eine einmalige Neubewertung. Auch ohne ausdrücklichen Verweis auf die Regelungen in IAS 16 oder IAS 38 erscheint es sachgerecht, die in die besondere Neubewertungsrücklage eingestellten Beträge in analoger Anwendung der dort geregelten Grundsätze fortzuführen. Dementsprechend wären anlässlich der erstmaligen Einbeziehung gebildete **Neubewertungsrücklage,** die auf immaterielle Vermögenswerte oder Sachanlagen entfallen, aus Anlass ihrer Realisierung, sei es durch planmäßige oder außerplanmäßige Abschreibung oder sonst bei Abgang der betr Vermögenswerte, in den Posten **angesammelte Ergebnisse umzugliedern.** Sofern Neubewertungsbeträge auf kurzfristige Vermögenswerte (zB Vorräte) entfallen, erscheint es aus Vereinfachungsgesichtspunkten vertretbar, diese Umgliederung bereits im Gj der erstmaligen Einbeziehung vorzunehmen. Eine erfolgswirksame Vereinnahmung *(recycling)* kommt nur für solche Neubewertungsbeträge in Betracht, bei denen dies durch die einschlägigen IAS/IFRS geboten ist, zB bei *available for sale investments* nach IAS 39 (International GAAP, 391 f).

Mangels ausdrücklicher Regelung dürfte es aber auch zulässig sein, die Umgliederung der besonderen Neubewertungsrücklage aus Vereinfachungsgründen erst beim Ausscheiden des TU aus dem KonsKreis vorzunehmen.

384 Die besondere (ergebnisneutrale) Neubewertung bei sukzessiven Anteilserwerben soll nach **ED-IFRS 3** zukünftig (Anm 312) entfallen. Stattdessen ist vorgesehen, dass für im Erwerbszeitpunkt vorhandene Anteile am TU eine ergebniswirksame Neubewertung zum Zeitwert zu erfolgen hat (ED-IFRS 3.56).

Wurden die Anteile bisher nach der Equity-Methode kons, ist somit die Differenz zwischen dem bis zum Erwerbszeitpunkt fortentwickelten Equity-Wertansatz und dem Zeitwert dieser Tranche zum gleichen Zeitpunkt ergebniswirksam in der GuV zu erfassen. Sofern die Anteile bisher bereits zum Zeitwert bewertet wurden, die Wertänderungen aber ergebnisneutral im EK erfasst wurden, zB weil sie als *available-for-sale* klassifiziert waren, soll der im EK erfasste Betrag ebenfalls im Erwerbszeitpunkt ergebniswirksam *(recycled)* werden (ED-IFRS 3.56).

Die Änderung bedeutet eine wesentliche Vereinfachung ggü der geltenden Regelung, weil die Fortführung der Neubewertungsbeträge (Anm 383) damit entfällt. Vor diesem Hintergrund dürfte es uE – mangels entgegenstehender Übergangsregelungen – nicht zu beanstanden sein, wenn nach IFRS 3.59 gebildete Neubewertungsbeträge, die bei Inkrafttreten der Änderungen oder deren vorzeitiger erstmaligen Anwendung noch vorhanden sind, ergebnisneutral in die angesammelten Ergebnisse umgegliedert werden.

2. Umgekehrter Unternehmenserwerb *(reverse acquisition)*

Ein wesentlicher Unterschied zwischen der Konzernrechnungslegung nach HGB und nach IFRS besteht außerdem in den Fällen des umgekehrten UntErwerbs *(reverse acquisition)*. 386

Eine *reverse acquisiton* liegt vor, wenn ein Unt *(legal parent)* zwar formal die Mehrheit der Stimmrechte an einem anderen Unt *(legal subsidiary)* erwirbt, jedoch im Rahmen dieses Vorgangs zugleich die bisherigen Gester dieses neuen TU effektiv die Beherrschung *(control)* am erwerbenden MU bzw der neu entstandenen Gruppe erlangen, weil die Gegenleistung für den Erwerb der Anteile am TU aus der Mehrheit der Anteile am formalrechtlich erwerbenden MU bestand **(Anteilstausch).** Sofern dieselbe(n) Person(en) die Mehrheit der Anteile am *legal parent* und dem *legal subsidiary* halten, kann zugleich eine *transaction under common control* vorliegen (s dazu Anm 395 ff).

Ein **Anwendungsfall** für eine *reverse acquisition* ist zB dann gegeben, wenn 387 der UntWert des *legal parent* erheblich kleiner als derjenige des *legal subsidiary* ist (IFRS 3.21). Ein Anhaltspunkt kann auch sein, wenn sich nach der Transaktion die Geschäftsführung der Gruppe bzw des *legal parent* ganz oder überwiegend aus Personen besteht, die aus der Geschäftsführung des *legal subsidiary* stammen (*PwC/UK* IFRS Anm 25.358).

Sofern die Alt-Gester des (späteren) *legal subsidiary* letztlich faktische Beherrschung über den *legal parent* erlangen, ist eine *reverse acquisition* auch dann gegeben, wenn neben dem Anteilstausch auch ein Barausgleich gewährt wird, also insofern teilweise ein Auskauf der beherrschenden Gester erfolgt. Dies ist zB dann der Fall, wenn die Anteile am *legal subsidiary* im Wege einer gemischten Sacheinlage auf den *legal parent* übertragen werden. Die Verbindlichkeit aus der gemischten Sacheinlage stellt in wirtschaftlicher Betrachtungsweise eine Entnahme durch die Gester des *legal subsidiary* dar, die als *owner transaction* (F. 70(b)) ergebnisneutral gegen das Konzerns-EK zu erfassen ist. Gleiches gilt, wenn die gemischte Sacheinlage formal auf zwei Geschäftsvorfälle verteilt wird, dh die Gester des *legal subsidiary* zunächst eine MantelGes gründen und anschließend die Anteile am *legal subsidiary* an diese Ges (dann *legal parent)* veräußern. Auch hier hat sich an der Beherrschung durch die bisherigen Alt-Gester nichts geändert.

Während in einem derartigen Fall *(reverse acquisition)* die ErstKons des erwor- 388 benen TU im HGB-KA – sofern nicht vom Methodenwahlrecht gem § 302 Gebrauch gemacht wird (s dort Anm 4) – nach allgemeinen Grundsätzen (Anm 45 ff) erfolgt, ist für die Abbildung im **IFRS-KA** ausschließlich der **wirtschaftliche Gehalt** des UntZusammenschlusses und nicht dessen formalrechtliche Ausgestaltung **maßgeblich.** Dementspr wird nach IFRS 3.21 für Zwecke der Konzernrechnungslegung das *legal subsidiary* als Erwerber *(accounting acquirer)* und der *legal parent* als erworbenes Unt *(accounting acquiree)* behandelt. Dh es findet nur für das Reinvermögen des *legal parent* eine Erwerbsbilanzierung statt (IFRS 3.B9), während für die Vermögenswerte und Schulden des *legal subsidiary* die Buchwerte vor dem UntZusammenschluss *(pre-combination carrying amounts)* fortgeführt werden (IFRS 3.B7(a)).

Die besonderen Regelungen für *reverse acquisition* (s dazu IFRS 3.B1 ff) gelten nur für den IFRS-KA. In einem IFRS-EA ***(separate financial statements)*** des *legal parent* sind die Anteile am *legal subsidiary* dagegen nach den Regeln des IAS 27 iVm IAS 39 zu bilanzieren (IFRS 3.B8).

Die Abbildung von *reverse acquisition* soll durch **ED-IFRS 3** nicht geändert werden (ED-IFRS 3.12(c)).

389 Bei einer *reverse acquisition* sind die **Anschaffungskosten** für das aus Konzernsicht erworbene Reinvermögen des *legal parent* grds ausgehend vom UntWert des *legal subsidiary* abzuleiten. Die AK entspr dem Zeitwert der Anteile, die das *legal subsidiary* ausgegeben hätte, wenn es statt des *legal parent* aus Anlass des UntErwerbs eine KapErh durchgeführt hätte (IFRS 3.B5; *PwC/UK* IFRS Anm 25.362). Sofern der UntWert des *legal parent,* zB aufgrund einer bestehenden Börsennotierung, verlässlicher als derjenige des *legal subsidiary* bestimmt werden kann, dürfen die AK auch ausgehend vom Zeitwert der vom *legal parent* ausgegebenen Anteile abgeleitet werden (IFRS 3.B6).

390 Bei einer *reverse acquisition* steht der IFRS-KA in der Kontinuität der Rechnungslegung des *legal subsidiary,* hierauf ist im Konzernanhang ausdrücklich hinzuweisen (IFRS 3.B7). Dementspr sind auch die **Vorjahreswerte** dem letzten IFRS-KA des *legal subsidiary* zu entnehmen (IFRs 3.B7(d)).

Unabhängig von der konzernbilanziellen Behandlung des UntZusammenschlusses wird der KA vom *legal parent* aufgestellt und auch unter dessen **Firma** offengelegt (IFRS 3.B7). Aus diesem Grund soll der IFRS-KA auch das gezeichnete Kapital *(share capital)* des *legal parent* widerspiegeln (IFRS 3.B7(c)). Eine Angleichung des **Eigenkapitalausweises** kommt aber nur für den Betrag des gezeichneten Kapitals in Betracht, die übrigen EK-Teile – auch soweit sie aus Einlagen der Gester stammen – insb aber die angesammelten Ergebnisse sowie die ergebnisneutral gebildeten EK-Teile (zB Unterschiedsbetrag aus der Währungsumrechnung) sind ausgehend von den Endständen aus dem letzten IFRS-KA des *legal subsidiary* zu entwickeln. Die Überleitung des EK-Ausweises sollte in einer gesonderten Zeile der Eigenkapitalveränderungsrechnung erfolgen (glA *ADS* Int Abschn 22 Anm 153). Soweit das zusätzliche EK in Höhe der AK für die Anteile am *legal parent* nicht ausreicht, um die Ziffer für das (neue) gezeichnete Kapital des *legal parent* zu erreichen, ist analog zur Kapitalerhöhung aus GesMitteln zu verfahren, wobei vorzugsweise EK-Teile, die aus Einlagen der Gester stammen, hierfür verwendet werden sollten (glA *ADS* Int Abschn 22 Anm 153). Sollte das gezeichnete Kapital des *legal parent* niedriger als dasjenige des *legal subsidiary* sein, ist analog zu einer Kapitalherabsetzung zu verfahren, dh der Differenzbetrag ist in die Kapitalrücklage einzustellen. Das zusätzliche EK aus der fingierten Einlage der Anteile am *legal parent* ist ebenfalls zugunsten der Kapitalrücklage zu erfassen.

391 Werden im Zuge des Anteilstauschs nicht alle Gester des *legal subsidiary* auch Gester des *legal parent,* ist das anteilig auf die beim *legal subsidary* verbleibenden Alt-Gester entfallende Reinvermögen, bewertet zu (ggf fortgeführten) Konzern-AK/HK, nach der *reverse acquisition* als Minderheitenanteil *(minority interest)* auszuweisen. Ausschlaggebend hierfür ist, dass die beim *legal subsidiary* verbleibenden Alt-Gester nicht an den Ergebnissen und dem Reinvermögen des um den *legal parent* erweiterten Konzernverbunds, sondern nur an den Ergebnissen und dem Reinvermögen des *legal subsidiary* beteiligt sind (IFRS 3.B10 f).

3. Unternehmen unter gemeinsamer Beherrschung *(common control)*

395 Abweichungen gegenüber einem HGB-KA ergeben sich schließlich auch, wenn an einem UntZusammenschluss Unt oder Geschäftsbetriebe beteiligt sind, die unter gemeinsamer Beherrschung *(common control)* stehen. Dies ist der Fall, wenn die Unt oder Geschäftsbetriebe vor und nach dem Zusammenschluss durch dieselbe(n) Partei(en) beherrscht werden und diese Beherrschung nicht nur vorübergehend ist (IFRS 3.10). Entscheidende Voraussetzung für das Vorliegen einer *transaction under common control* ist, dass die Verfügungsmacht **(Beherrschung) über** die betr **Reinvermögen** im Rahmen des UntZusammenschlusses **nicht verändert** wird. Deshalb ist es auch für die Beurteilung der Frage, ob eine *common control transaction* gegeben ist, unerheblich, ob und in welcher Höhe ggf Minderheiten an den am UntZusammenschluss beteiligten Unt bzw Geschäftsbereichen bestehen (IFRS 3.13).

Eine *transaction unter common control* liegt zB bei **konzerninternen Umstrukturierungen** vor; wenn die Anteile an einem TU auf ein anderes TU übertragen werden, weil das oberste MU das TU (unverändert) vor und nach der Transaktion beherrscht. Ein weiteres Bsp ist die **Einbringung** von Anteilen an einem MU **in** eine neu gegründete **Mantelgesellschaft,** an der am Ende die gleichen Gester wie am eingebrachten Unt beteiligt sind, weil auch hier die Beherrschung über das eingebrachte Unt bzw durch die dahinterstehende Gruppe nicht verändert wird. Darüber hinaus würde es sich in diesem Fall auch um eine *reverse acquisition* (s Anm 386) handeln (s auch *Andrejewski* BB 2005, 1438). 396

Gemeinsame Beherrschung durch **mehrere Personen** setzt voraus, dass deren Beherrschung der am UntZusammenschluss beteiligten Unt bzw Geschäftseinheiten durch entspr vertragliche Vereinbarungen (zB Familienvertrag) abgesichert ist (IFRS 3.11). Dagegen kommt es für das Vorliegen einer *transaction under common control* in diesen Fällen nicht darauf an, dass die am Zusammenschluss beteiligten Unt bereits zuvor in einen von den beherrschenden Personen aufzustellenden KA einzubeziehen waren (IFRS 3.12.). 397

Transaction under common control fallen nach IFRS 3.3(b) **nicht** in den **Anwendungsbereich** des **IFRS 3**; entspr gilt nach ED-IFRS 3.2(b). 398

Bei gemeinsamer Beherrschung findet anlässlich des UntZusammenschlusses keine Erwerbsbilanzierung statt. Soweit ersichtlich wird – insb mit Rücksicht auf vergleichbare Bestimmungen in den US-GAAP (EITF 90–5) – auch nach IFRS überwiegend die Auffassung vertreten, dass stattdessen die **Vermögenswerte und Schulden** der am UntZusammenschluss beteiligten Unt – abgesehen von etwaigen Anpassungen an eine konzerneinheitliche Bilanzierung und Bewertung – **mit** ihren jeweiligen **(Konzern-)Buchwerten** in den IFRS-KA zu **übernehmen** sind (*IDW RS* HFA 2139; *PwC/UK* IFRS Anm 25.382; *Küting/Weber/Wirth* DStR 2004, 881).

Anders als nach IFRS sind Zusammenschlüsse von Unt unter gemeinsamer Beherrschung nach **HGB** nicht von der Anwendung der **allgemeinen Vorschriften** über die KapKons (§§ 301, 302) ausgenommen. Sofern für dasjenige (Mutter-)Unt, unter dessen Beherrschung die am Zusammenschluss beteiligten Unt letztlich standen bzw stehen, ein HGB-KA aufzustellen ist, sind in diesem sämtliche durch die Transaktion ausgelösten Ergebnis- und/oder Vermögens- bzw EK-Effekte nach § 304 zu eliminieren (zu Besonderheiten bei Beteiligung von Minderheiten s § 307 Anm 53ff). 399

§ 302 Kapitalkonsolidierung bei Interessenzusammenführung

(1) **Ein Mutterunternehmen darf die in § 301 Abs. 1 vorgeschriebene Verrechnung der Anteile unter den folgenden Voraussetzungen auf das gezeichnete Kapital des Tochterunternehmens beschränken:**

1. **die zu verrechnenden Anteile betragen mindestens neunzig vom Hundert des Nennbetrags oder, falls ein Nennbetrag nicht vorhanden ist, des rechnerischen Wertes der Anteile des Tochterunternehmens, die nicht eigene Anteile sind,**
2. **die Anteile sind auf Grund einer Vereinbarung erworben worden, die die Ausgabe von Anteilen eines in den Konzernabschluß einbezogenen Unternehmens vorsieht, und**
3. **eine in der Vereinbarung vorgesehene Barzahlung übersteigt nicht zehn vom Hundert des Nennbetrags oder, falls ein Nennbetrag nicht vorhanden ist, des rechnerischen Wertes der ausgegebenen Anteile.**

(2) **Ein sich nach Absatz 1 ergebender Unterschiedsbetrag ist, wenn er auf der Aktivseite entsteht, mit den Rücklagen zu verrechnen oder, wenn er auf der Passivseite entsteht, den Rücklagen hinzuzurechnen.**

(3) **Die Anwendung der Methode nach Absatz 1 und die sich daraus ergebenden Veränderungen der Rücklagen sowie Name und Sitz des Unternehmens sind im Konzernanhang anzugeben.**

Übersicht

Schrifttum: *Hoffmann* Die Kapitalkonsolidierung bei Interessenzusammenführung gemäß § 302 HGB Bergisch Gladbach 1992; *HFA 2/1997* Zweifelsfragen der Rechnungslegung bei Verschmelzungen WPg 1997, 235 ff; *HFA 1/1998* Zweifelsfragen bei Spaltungen WPg 1998, 508 ff; *Mujkanovic* Die Zukunft der Kapitalkonsolidierung – Das Ende der Pooling-of-Interests Method? – WPg 1999, 533 ff; *Rammert* Pooling of interests – die Entdeckung eines Auslaufmodells durch deutsche Konzerne? DBW 1999, 620 ff; *Pellens/Sellhorn* Kapitalkonsolidierung nach der Fresh-Start-Method BB 1999, 2125 ff; *Telkamp/Bruns* Pooling-of-interests-Methode versus Fresh-Start-Methode – ein Vergleich WPg 2000, 744 ff; *Focken/Lenz* Spielräume der Kapitalkonsolidierung nach der Erwerbsmethode bei Beteiligungserwerb durch Anteilstausch DB 2000, 2437 ff; *Bruns* Interessenzusammenführungsmethode in HWRuP[3] Sp 1323 ff.

A. Grundlagen

1 Die in § 302 geregelte KapKons nach der Methode der Interessenzusammenführung – auch als *„pooling of interests method"* bezeichnet – wurde erst unmittelbar vor Verabschiedung der 7. Richtl auf Wunsch Großbritanniens und

Irlands als nationales Gesetzgebungswahlrecht in Art 20 aufgenommen (*Niehus* Die 7. EG-Richtlinie und die „Pooling-of-Interests"-Methode einer konsolidierten Rechnungslegung WPg 1983, 437).

2 Die Methode der Interessenzusammenführung darf wahlweise anstelle der KapKons nach der Erwerbsmethode (§ 301) angewendet werden, wenn alle in Abs 1 genannten Voraussetzungen (Anm 10ff) erfüllt sind. Dieses Wahlrecht besteht aber nur im Zeitpunkt der ErstKons. Wurde ein TU, bei dem die Voraussetzungen des Abs 1 erfüllt sind, bereits nach der Erwerbsmethode (§ 301) konsolidiert, ist ein späterer Wechsel zur Methode der Interessenzusammenführung wegen des Gebots der **Konsolidierungsmethoden-Stetigkeit** (§ 297 Abs 3 S 2) ausgeschlossen (glA *Eckes/Weber* in HdKR^2 § 302 Anm 14).

3 Die KapKons nach § 302 kann insb bei konzerninternen Umstrukturierungen **praktische Bedeutung** erlangen, zB dann, wenn Unt, die von einer Gruppe von Personen (häufig Mitgliedern einer Familie) beherrscht werden und für die bereits bisher auf freiwilliger Basis kons Gruppenabschlüsse erstellt wurden, durch Sacheinlagen in ein dadurch entstehendes MU eingebracht werden. Weil sich in derartigen Fällen in wirtschaftlicher Betrachtungsweise nichts an den vermögensmäßigen Beteiligungen der Gester ändert und insb der UntGruppe kein neues (zusätzliches) Vermögen zugeführt wird, erscheint es in diesen Fällen sachgerecht, auf eine Erwerbsbilanzierung nach § 301 zu verzichten und stattdessen den KA – des formal erstmals zur Aufstellung verpflichteten – MU in Kontinuität der Konzernrechnungslegung der bisherigen UntGruppe zu erstellen; die Möglichkeit hierzu wird durch das Methodenwahlrecht gem § 302 eröffnet.

4 Die theoretische Konzeption der Methode der Interessenzusammenführung wurde in den USA entwickelt (*ADS*^{6} § 302 Anm 7). Ihr liegt der Gedanke zugrunde, dass die Anteilseigner bislang voneinander unabhängiger Unt ihre Eigentumsinteressen zusammenführen wollen, zB zum Zweck der Integration von Personal, Absatzwegen oder Produkten etc **(Zusammengehen von Gesellschafterstämmen).** Im Unterschied zum Idealfall, für den die *pooling of interests method* in den USA entwickelt wurde, setzt die Methode der Interessenzusammenführung gem § 302 aber kein Zusammengehen von gleich großen Partnern voraus (Anm 22).

Um die Zusammenführung der GesterInteressen zu erreichen, darf die den UntZusammenschluss bewirkende Transaktion nicht als ein entgeltlicher Anschaffungsvorgang ausgestaltet sein, sondern muss sich **im Wege eines Anteilstauschs** vollziehen. Durch die Hingabe von eigenen Anteilen des erwerbenden KonzernUnt bzw der Hingabe von Anteilen anderer einbezogener Unt als Gegenleistung für die erlangten Anteile bleiben die bisherigen Anteilseigner des übernommenen TU weiter mittelbar an diesem Unt beteiligt bzw werden zumindest KonzernGester (dazu Anm 21). Die bisherigen Gester werden nicht ausgekauft und es kommt im Rahmen des UntZusammenschlusses nicht zu einem Abfluss von Ressourcen (Zahlungsmitteln) (ausführlich *Eckes/Weber* in HdKR^2 § 302 Anm 3).

5 Entspr dem Grundgedanken – Zusammengehen von GesterStämmen – soll der UntZusammenschluss nach der Methode der Interessenzusammenführung für Zwecke der **Konzernrechnungslegung** so abgebildet werden, als ob zwischen den beteiligten Unt bereits seit ihrer Gründung ein Konzernverhältnis bestanden hätte, maW die beteiligten Unt schon immer ein „rechtlich einheitliches Unternehmen" (§ 297 Abs 3 S 1) bilden würden. Da die VG und Schulden des neuen TU schon immer zum Konzern gehören, ist dementspr auch kein Raum für die Fiktion eines Einzelerwerbs dieses Reinvermögens zum Zeitpunkt des Entstehens der UntVerbindung (zur Einzelerwerbsfiktion § 301 Anm 3). Die VG

und Schulden des TU müssen vielmehr – nach Anpassung an die konzerneinheitliche Bilanzierung und Bewertung gem §§ 300, 308 (Aufstellung einer HB II; dazu § 300 Anm 26ff) – unverändert in den KA übernommen werden (Anm 32).

6 Der KapKons nach § 302 liegt damit eine **Fusionsfiktion** zugrunde, dh die Beteiligung und das anteilige EK des erworbenen TU werden wirtschaftlich so behandelt, als ob der resultierende KA einem JA entspricht, wie er sich bei einer *(up-stream)* Verschmelzung mit Buchwertfortführung der beiden Unt gem §§ 2ff, 24 UmwG ergeben hätte (ausführlich zur Übernahmebilanzierung bei Umwandlungsvorgängen: *Förschle/Hoffmann* in Sonderbilanzen[3] I Anm 70ff). Aus diesem Grund dürfen uE auch Vermögensübergänge, bei denen dritte Unt auf das MU oder ein TU verschmolzen werden *(side-stream-merger),* im KA nach der Methode der Interessenzusammenführung abgebildet werden, sofern im Übrigen die Voraussetzungen gem Abs 1 erfüllt sind (glA DRS 4.4). Es ist somit nicht erforderlich, dass die an der Interessenzusammenführung beteiligten Unt als selbständige Rechtsträger fortbestehen (aA *WPH*[12] I M 432).

7 § 302 gilt sinngemäß auch für den Konzernabschluss nach dem **PublG** (§ 13 Abs 2 S 1 PublG).

B. Methode der Interessenzusammenführung

I. Anwendungsvoraussetzungen

1. Mindestanteil (Abs 1 Nr 1)

10 Für die Anwendung der Methode der Interessenzusammenführung ist zunächst das Vorliegen eines **Mutter-Tochterverhältnisses** iSv § 290 Abs 1 oder 2 erforderlich.

11 Gem Abs 1 Nr 1 müssen die zu verrechnenden Anteile des MU mind **90% des Nennbetrags oder,** falls ein Nennbetrag nicht vorhanden ist, **des rechnerischen Werts** der Anteile des TU betragen. Eigene Anteile des TU sind dabei vom Nennbetrag bzw dem rechnerischen Wert der Anteile abzuziehen.

Aufgrund des Verweises in Abs 1 auf § 301 Abs 1 müssen die zu konsolidierenden Anteile dem MU *gehören.* Hierunter fallen nicht nur unmittelbar vom MU gehaltene Beteiligungen, sondern auch Anteile, die von anderen in den KA einbezogenen TU gehalten werden und die gem § 290 Abs 3 als Anteile, die dem MU gehören, gelten (*Eckes/Weber* in HdKR[2] § 302 Anm 7).

12 Die Mindestanteilsquote der Nr 1 muss **nur am Stichtag der Erstkonsolidierung** erreicht sein (glA *Eckes/Weber* in HdKR[2] § 302 Anm 11; aA *Pfaff* in Beck HdR C 410 Anm 158f). Werden später Anteile an dem TU veräußert oder sinkt die Anteilsquote des MU aus anderen Gründen, zB auf Grund einer Kapitalerhöhung beim TU, an der das MU nicht teilnimmt, bleibt die Methode der Interessenzusammenführung anwendbar, vorausgesetzt das Mutter-Tochterverhältnis besteht fort (dazu auch Anm 41ff).

13 Berechnungsgrundlage für das Erreichen der 90%-Grenze bilden die **Kapitalanteile;** auf die Stimmrechte kommt es nicht an, sofern das nach § 302 zu konsolidierende Unt im übrigen als TU iSv § 290 zu qualifizieren ist (glA *ADS*[6] § 302 Anm 15, 18; *Eckes/Weber* in HdKR[2] § 302 Anm 8; *Bruns* in HWRuP[3], 1326). Bei AG werden deshalb auch stimmrechtslose Vorzugsaktien (§ 139 Abs 1 AktG) bei der Berechnung der Beteiligungshöhe berücksichtigt.

TU können sowohl KapGes als auch PersGes sein. Nr 1 trägt dem Rechnung, indem für die Berechnung der Mindestanteilsquote entweder auf den Nennbetrag oder den rechnerischen Wert der Anteile abgestellt wird (ausführlich *ADS*[6] § 302 Anm 20ff; *Eckes/Weber* in HdKR[2] § 302 Anm 10). 14

Bei TU in der Rechtsform der **GmbH** und bei **AG** mit *Nennbetragsaktien* (§ 8 Abs 1 AktG) ist ein **Nennbetrag** für die Anteile vorhanden. Die Mindestanteilsquote berechnet sich dementspr nach dem Verhältnis der auf Anteile des MU entfallenden Nennbeträge zu dem in der Bilanz gem § 272 Abs 1 als gezeichnetes Kapital ausgewiesenen Stammkapital (§ 5 GmbHG) bzw Grundkapital (§ 6 AktG).

Auf den **rechnerischen Wert** der Anteile am TU zur Ermittlung der 90%-Grenze muss vor allem bei PersGes **(OHG, KG)** sowie bei **KGaA** und bei **AG** mit *Stückaktien* (§ 8 Abs 1 AktG) abgestellt werden. Bei *OHG* und *KG* bringt das auf dem Kapitalkonto des MU ausgewiesene und um Einlagen, Entnahmen, Gewinn- und Verlustanteile fortgeschriebene EK im Verhältnis zum Gesamtkapital der phG bzw Komplementäre sowie der Kommanditisten den rechnerischen Anteil des MU am Vermögen der PersGes zum Ausdruck (§§ 120 Abs 1, 121, 167, 169 HGB). Im Regelfall werden – abw von § 120 Abs 2 HGB – mehrere Kapitalkonten geführt, die dann zusammengefasst werden. GesterKonten mit FK-Charakter dürfen dabei nicht einbezogen werden (zur Abgrenzung von EK und FK bei PersGes *IDW RS HFA* 7 Zur Rechnungslegung bei Personenhandelsgesellschaften WPg 2002, 1259ff Anm 14ff; § 301 Anm 39).

Bei *KGaA* ergibt sich der Anteilswert als Summe aus Grundkapital (Nennbetrag) und dem nach den Grundsätzen für PersGes bestimmten rechnerischen Wert der Anteile der phG (§ 278 Abs 1 AktG).

Bei *AG* mit Stückaktien (§ 8 Abs 2) ist die Voraussetzung der Nr 1 erfüllt, wenn dem MU 90% der ausgegebenen Aktien gehören. Die Anzahl der insgesamt von der AG ausgegebenen Stückaktien ergibt sich aus der Satzung (§ 23 Abs 2 Nr 2 AktG).

2. Anteilstausch (Abs 1 Nr 2)

Gem der Nr 2 müssen die Anteile an dem TU auf Grund einer Vereinbarung erworben werden, die die Ausgabe von Anteilen an einem anderen in den KA einbezogenen Unt vorsieht. Wesentlichster Bestandteil der Vereinbarung und zugleich entscheidendes Charakteristikum der Methode der Interessenzusammenführung (Anm 4) ist, dass der *Anteilserwerb im Tauschweg* erfolgt, dh die Gegenleistung für die erlangten Anteile am TU muss ebenfalls aus Anteilen und zwar des erwerbenden Konzerns bestehen (*Eckes/Weber* in HdKR[2] § 302 Anm 12). 18

Nachdem die zum Konzern hinzutretenden Gester aus Sicht des fiktiv rechtlich einheitlichen Unt (§ 297 Abs 3 S 1) aber keine Anteile, sondern immer nur das dahinter stehende Reinvermögen (VG und Schulden) einbringen, ist uE ein *Erwerb im Tauschweg* auch dann gegeben, wenn sich dieser (Rein-) Vermögensübergang unmittelbar im JA des MU oder eines TU gegen Ausgabe von Anteilen niederschlägt, zB im Rahmen der Verschmelzung eines dritten bislang nicht zum Konzern gehörenden Unt auf das MU. Sofern in diesem Fall auch die Voraussetzung der Nr 1 erfüllt ist, dh im Zuge der Verschmelzung mind 90% des (Buch-)Reinvermögens des übertragenden Rechtsträgers auf das MU bzw TU übergeht, und eine etwaige Barzahlung die 10%-Grenze der Nr 3 nicht übersteigt (Anm 27), kann der Vermögensübergang uE – unabhängig von seiner Abbildung im JA des übernehmenden Rechtsträgers (ausführlich s *Förschle/Hoffmann* in Sonderbilanzen[3] I Anm 15 ff, 70 ff) – auf Konzernebene gem § 302 zu Buchwerten des übertragenden Rechtsträgers erfolgen (dazu Anm 32 ff).

19 Der Anteilserwerb muss nach Nr 2 auf Grund **einer (einheitlichen) Vereinbarung** erfolgt sein. Dies umfasst sowohl den Anteilstausch in einem Schritt als auch den sukzessiven Anteilstausch, sofern letzterer auf einem einheitlichen Plan beruht, zB durch eine an alle Gester des TU gerichtete Aufforderung zur Abgabe von verbindlichen Tauschangeboten, die bis zu einem bestimmten Termin vom MU angenommen werden können und dann die Grundlage für den Abschluss „eines" Anteils-Tauschvertrags zu einheitlichen Konditionen mit allen „Alt"-Gester bildet.

Der Anteilstausch sollte sich in einem überschaubaren Zeitraum vollziehen (idR ein Jahr), denn auch wenn es für das Vorliegen der Voraussetzung der Nr 2 entscheidend auf die Einheitlichkeit der Vereinbarung und nicht auf den Zeitraum ihrer Durchführung ankommt (zutreffend *ADS*[6] § 302 Anm 37), ist eine mehrjährige Erwerbsdauer mit dem Leitgedanken des § 302 (Zusammengehen von GesterStämmen) nicht vereinbar (*Eckes/Weber* in HdKR[2] § 302 Anm 16).

Ebenfalls nicht mit dem Leitgedanken der Methode der Interessenzusammenführung vereinbar ist es, wenn der Anteilstausch durch mehrere, voneinander unabhängige Vereinbarungen erfolgt (aA *Eckes/Weber* in HdKR[2] § 302 Anm 16: sofern der Anteilstausch innerhalb des Gj abgeschlossen und im Zuge des ersten Erwerbs weniger als 20% der Anteile eingetauscht werden).

Sofern ein sukzessiver Anteilserwerb am Konzernbilanzstichtag noch nicht abgeschlossen ist, aber bereits ein Mutter-Tochterverhältnis iSv § 290 vorliegt, ist fraglich, ob das TU nach der Erwerbsmethode (§ 301) oder nach § 302 zu konsolidieren ist. Dies ist insb deshalb von Bedeutung, weil eine Kons nach § 301 im Erstjahr einen späteren Wechsel zur Methode der Interessenzusammenführung ausschließt. Sofern die Bedingung der Nr 1 (Erreichen der 90%-Grenze) noch innerhalb der Aufstellungsfrist für den KA (§ 290 Abs 1) erfüllt wird, darf die KapKons aber bereits nach der Methode der Interessenzusammenführung vorgenommen werden (*Eckes/Weber* in HdKR[2] § 302 Anm 16).

20 Mit „die **Anteile**" **am Tochterunternehmen** sind die gem Nr 1 zu verrechnenden Anteile (Anm 11) gemeint, dh nach dem Wortlaut müssen *sämtliche zu verrechnenden Anteile im Tauschweg erworben* worden sein. Dementspr wäre die Anwendung der KapKons nach § 302 dann ausgeschlossen, wenn zwischen dem erwerbenden KonzernUnt und dem hinzukommenden TU bereits vor dem Tauschvorgang ein – ggf nur geringfügiges – Beteiligungsverhältnis besteht. Um dem Leitgedanken der Methode der Interessenzusammenführung zu genügen, reicht es indes aus, wenn *weitgehend voneinander unabhängige Unternehmen* ihre Interessen zusammenführen. Daher ist uE eine Anwendung des § 302 auch dann zulässig, wenn vor dem Beginn des eigentlichen Anteilstauschs eine geringfügige, mittelbare oder unmittelbare und nicht im Tauschweg erworbene Beteiligung von nicht mehr als 10% der Anteile an dem neuen TU bestanden hat (wie hier wohl auch *ADS*[6] § 302 Anm 40; aA *Eckes/Weber* in HdKR[2] § 302 Anm 14 f).

21 Die **Gegenleistung** des erwerbenden Konzerns muss – abgesehen von der Möglichkeit eines Spitzenausgleichs durch Barzahlung gem Nr 3 (Anm 27) – **in Anteilen eines in den Konzernabschluss einbezogenen Unternehmens,** dh entweder des MU oder eines TU bestehen. Soweit Anteile an einem TU hingegeben werden, muss zu diesem auch nach dem Anteilstausch ein Mutter-Tochterverhältnis gem § 290 bestehen und das TU auch in den KA des MU einbezogen werden.

Anteile an TU, die auf Grund eines KonsWahlrechts (§ 296 Anm 5ff) nicht vollkonsolidiert werden, sind keine geeignete Gegenleistung iSv Nr 2, da sie nicht in den KA einbezogen werden (§ 294 Abs 1). Anteile an GemUnt kommen – obwohl GemUnt formal zu den in den KA einbezogenen Unt gehören (§ 310 Abs 1) – ebenfalls nicht als Gegenleistung iSd Nr 2 in Betracht, weil die quotal auf die außenstehenden Gester entfallenden VG und Schulden der GemUnt nicht im KA enthalten sind und insoweit nicht dem Leitgedanken der Methode der Interessenzusammenführung, nämlich die Vermögensinteressen mehrerer GesterGruppen in einem einheitlichen Abschluss zusammenzuführen, genügt wird (glA *ADS*[6] § 302 Anm 30; aA *Eckes/Weber* in HdKR[2] § 302 Anm 21; *Kraft* in Großkomm HGB § 302 Anm 31).

Die Voraussetzungen für einen Anteilstausch gem Nr 2 sind auch dann erfüllt, 22
wenn die hingegebenen Anteile von verschiedenen KonzernUnt (MU und/oder mehrere TU) stammen, solange nur die bisherigen Anteilseigner des erworbenen TU Gester des Konzerns werden. Dieses Erfordernis wird jedoch nicht für die FolgeKons gelten müssen (*Eckes/Weber* in HdKR[2] § 302 Anm 22).

Für die Anwendung ist im Übrigen auch nicht erforderlich, dass die bisherigen Anteilseigner des erworbenen TU ihre Interessen in der Folgezeit – bezogen auf das von ihnen in den Konzernverbund eingebrachte Vermögen (TU) – noch wirksam vertreten können (hM *ADS*[6] § 302 Anm 32; *Eckes/Weber* in HdKR[2] § 302 Anm 19). Die Methode der Interessenzusammenführung gem § 302 setzt nicht das Zusammengehen gleichstarker Partner voraus. Ausführlich zu den Gestaltungsmöglichkeiten für die vom MU zu gewährende Gegenleistung *ADS*[6] § 302 Anm 33ff; *Eckes/Weber* in HdKR[2] § 302 Anm 23ff.

Die hingetauschten Anteile müssen vom erwerbenden KonzernUnt *ausgegeben* 23
werden, dh sie werden regelmäßig aus einer **Kapitalerhöhung gegen Sacheinlage** stammen; dabei sind die für die jeweilige Rechtsform maßgeblichen Vorschriften zu beachten (dazu § 272 Anm 19f; wegen der Bestimmung der AK für die im Zuge der Sacheinlage erlangten Anteile am TU *HFA 2/1997* WPg, 239). Erfolgt der Erwerb der Anteile am TU dagegen im Wege einer **Sachzuzahlung** ist die Voraussetzung nach Nr 2 grds nicht erfüllt. Etwas anderes gilt uE jedoch dann, wenn Anteile am TU zB vom AlleinGester des MU eingelegt werden, weil hier aufgrund eines bereits bestehenden BetVerhältnisses keine (Sach-)Kapitalerhöhung erforderlich ist, nachdem sich auch keine Vermögensverschiebung ergibt.

Aber auch die Hingabe **eigener Anteile** des MU oder die Hingabe von Anteilen an einem TU (Anm 21) ist eine Ausgabe iSd Nr 2, denn auch dadurch wird das Hauptkriterium der Methode der Interessenzusammenführung *(Anteilstausch)* erfüllt (glA *ADS*[6] § 302 Anm 36; *WPH*[12] I M 437; *Kraft* in Großkomm HGB § 302 Anm 23). Bzgl der Gattung der hinzugebenden Anteile enthält das Gesetz keine Einschränkung, so dass bei AG zB auch stimmrechtslose Vorzugsaktien (§ 139 AktG) ausgegeben werden können (*ADS*[6] § 302 Anm 27f).

3. Spitzenausgleich durch Barzahlung (Abs 1 Nr 3)

Auch wenn das Hauptmerkmal der Methode der Interessenzusammenführung der Anteilstausch ist, muss die Gegenleistung des Konzerns für die er- 27
langten Anteile an dem TU nicht ausschließlich in Anteilen eines in den KA einbezogenen Unt bestehen, sondern darf teilweise auch durch einen Barausgleich erfolgen. Der Zweck der Barzahlung besteht darin, die Funktion eines Spitzenausgleichs zu übernehmen, wenn sich die Marktwerte der erlangten und der hingegebenen Anteile nicht genau entsprechen (*Eckes/Weber* in HdKR[2] § 302 Anm 28).

Die vereinbarte **Barzahlung darf höchstens 10% des Nennbetrags oder,** falls kein Nennbetrag vorhanden ist, **des rechnerischen Werts der hingegebenen Anteile** betragen. Bemessungsgrundlage für die Barzahlungsgrenze von 10% bildet – falls zwischen Nennbetrag und Wert der Anteile unterschieden werden kann – der Nominalwert der hingegebenen Anteile (glA *Busse von Colbe/Ordelheide*[6], 348; *Baetge/Heidemann* in Bilanzrecht § 302 Anm 38). Nach dem Wortlaut der Nr 3 ist der Spitzenausgleich auf Barzahlungen beschränkt. Zur Verhinderung von Umgehungen ist es jedoch erforderlich, auch die Hingabe von Sachwerten in die Berechnung der 10%-Grenze für den Spitzenausgleich einzubeziehen (*ADS*[6] § 302 Anm 38; *Eckes/Weber* in HdKR[2] § 302 Anm 28; *Hoffmann,* 86). Gehören Sachwerte zum Spitzenausgleich gehen sie mit ihrem gemeinen Wert in die Berechnung der 10%-Grenze ein (glA *Kraft* in GroßkommHGB § 302 Anm 35).

II. Kapitalkonsolidierung

1. Erfolgsneutrale Erst- und Folgekonsolidierung

30 In Abs 1 und 2 wird die KapKons bei Interessenzusammenführung nicht eigenständig geregelt, sondern es werden nur die **Vorschriften über die Kapitalkonsolidierung gem § 301** bzgl der aufzurechnenden EK-Teile sowie hinsichtlich der Aufteilung eines nach der Kapitalaufrechnung verbleibenden Unterschiedsbetrags **modifiziert.** Alle übrigen Bestimmungen des § 301, zB zum KonsZeitpunkt (Abs 2), der Behandlung eigener Anteile (Abs 4) oder ausstehender Einlagen, gelten grds auch für die KapKons bei Interessenzusammenführung, jedoch nur soweit ihre Eigenart keine Abweichungen bedingt (s dazu Anm 35). Insofern hat § 302 nur den **Charakter eines ergänzenden Methodenwahlrechts** zu § 301 Abs 1 und Abs 3 bzw § 309 (ebenso *ADS*[6] § 302 Anm 57). Da sich § 302 nur auf die KapKons bezieht, gelten die Vorschriften über die einheitliche Bilanzierung und Bewertung (§§ 300, 308), die SchuldenKons (§ 303), die Zwischenergebniseliminierung (§ 304) und die Aufwands- und ErtragsKons (§ 305) sowie für die Steuerabgrenzung (§ 306) und den Ausweis von Anteilen anderer Gester (§ 307) ohne Einschränkung.

31 Mangels Anwendbarkeit der Erwerbsfiktion auf den UntZusammenschluss nach der Methode der Interessenzusammenführung – die VG und Schulden werden nicht vom MU aus dem TU „herausgekauft", sondern die bisherigen Gester des TU bringen diese VG und Schulden zu Buchwerten gegen GesRechte in den Konzern ein – bedarf es keiner Aufteilung des Kaufpreises der Anteile auf die dahinter stehenden VG und Schulden. Da auch keine stillen Reserven und Lasten im Rahmen der KapKons aufgedeckt werden, entfällt zugleich eine Periodisierung dieser AK-Bestandteile in Folgejahren. Dh sowohl die Erst- als auch die FolgeKons bleibt bei der Methode der Interessenzusammenführung erfolgsneutral, hierin besteht ein wesentlicher Unterschied zur KapKons nach der Erwerbsmethode, nach der nur die ErstKons erfolgsneutral bleibt (§ 301 Anm 3f). Die **Unterscheidung zwischen Erst- und Folgekonsolidierung** ist für die Methode der Interessenzusammenführung somit **ohne Bedeutung** (*Eckes/Weber* in HdKR[2] § 302 Anm 40).

32 **Konsolidierungstechnisch** ist der Verweis in Abs 1 auf § 301 Abs 1 so zu verstehen, dass das anteilig auf das MU entfallende gezeichnete Kapital mit seinem Nennbetrag gegen den Wertansatz der Anteile beim MU aufzurechnen ist. Die übrigen EK-Posten sowie sämtliche verbliebenen Bilanzposten (zur GuV Anm 35) werden – nach Anpassung an die konzerneinheitliche Bilanzierung

und Bewertung gem §§ 300, 308 in der HB II – unverändert aus dem JA bzw dem KA des TU in die Konzernbilanz übernommen (ebenso *Eckes/Weber* in HdKR[2] § 302 Anm 31). Die VG und Schulden sowie das Konzern-EK werden so ausgewiesen, als ob das erstmals konsolidierte TU bereits seit seiner Gründung in den KA einbezogen wäre.

Ist das neue TU selbst MU iSv § 290, dh handelt es sich um das Zusammengehen von zwei Konzernen, sollte uE die Kons auf der Grundlage des TU-KA erfolgen, weil dadurch erreicht wird, dass der Zusammenschluss der beiden Teilkonzerne in dem gemeinsamen KA so abgebildet wird, als ob das Konzernverhältnis zu dem hinzukommenden TU-Teilkonzern bereits seit dessen Gründung bzw Entstehung besteht. Die Kons des bisherigen TeilKonzerns für dessen TU wird demnach vom neuen MU fortgeführt.

Das **„gezeichnete Kapital“** iSd Abs 1 entspricht bei AG und KGaA dem Grundkapital, bei GmbH dem Stammkapital, bei OHG und für Komplementäre der KG dem Kapitalkonto im Zeitpunkt der ErstKons. Bei Kommanditisten ist der Betrag der Pflichteinlage maßgeblich (*Eckes/Weber* in HdKR[2] § 302 Anm 30). 33

Der **Wertansatz** der Anteile am TU wird idR den AK **der eingetauschten Anteile** entsprechen. Stammen die hingegebenen Anteile aus einer Sachkapitalerhöhung (Anm 23), gelten die allgemeinen Grundsätze für die Bewertung von Sacheinlagen (dazu *HFA 2/1997* WPg, 239). Bilden eigene Anteile des MU oder bestehende Anteile an einem TU die Gegenleistung, sind die erlangten Anteile im JA des MU entweder mit dem Buchwert, dem Zeitwert der hingegebenen Anteile oder einem erfolgsneutralen Zwischenwert anzusetzen, dh Ansatz von AK über dem Buchwert, um die im JA aus dem Tausch resultierende Ertragsteuerbelastung zu neutralisieren (*ADS*[6] § 255 Anm 89 ff). In allen Fällen sind jeweils auch (bare) Zuzahlungen iSd Abs 1 Nr 3 zu berücksichtigen. 34

Zur Vermeidung eines aktiven Unterschiedsbetrags aus der Kapitalaufrechnung bzw zu dessen Verringerung sollen im JA des MU gem § 255 Abs 1 S 2 aktivierte ***Anschaffungsnebenkosten*** des Anteilstauschs nach überwiegender Meinung (*ADS*[6] § 302 Anm 56; *Eckes/Weber* in HdKR[2] § 302 Anm 33) entspr der Konzeption der Methode der Interessenzusammenführung im KA als Periodenaufwand der zusammengefassten Unt behandelt werden.

Für den **Zeitpunkt der Kapitalaufrechnung** gilt § 301 Abs 2 entspr, dh die Verrechnung der AK der Beteiligung mit dem gezeichneten Kapital des TU kann sowohl zum Zeitpunkt der Interessenzusammenführung als auch zum Zeitpunkt der erstmaligen Einbeziehung des TU in den KA erfolgen. Bei sukzessivem Anteilserwerb (Anm 19) kann die Aufrechnung auch zum Zeitpunkt, zu dem das Unt den Status eines TU erlangt hat, erfolgen. 35

Infolge der Erfolgsneutralität von Erst- und FolgeKapKons nach § 302 spielt der ErstKonsZeitpunkt für die Kapitalaufrechnung aber keine Rolle (glA *ADS*[6] § 302 Anm 57), weil es bei einer Interessenzusammenführung – mangels Erwerbsfiktion – kein aus Konzernsicht „erworbenes Ergebnis“ des TU gibt, das in die KapKons einzubeziehen wäre, um eine Doppelzählung zu vermeiden.

Das bis zum Anteilstausch erzielte Jahresergebnis des TU (bzw die dahinter stehenden Reinvermögenserhöhung/-minderung) wurde nicht im Kaufpreis der Anteile abgegolten, sondern steht nach der Zusammenführung der Vermögensinteressen allen KonzernGester zu, als ob das TU seit seiner Gründung zum Konzernverbund gehört. Dementsprechend werden auch die Aufwendungen und Erträge des neuen TU bei einem Anteilstausch im Verlauf des KonzernGj nicht erst ab der Konzernzugehörigkeit, sondern bereits ab dem Beginn des

KonzernGj in die **Konzern-Gewinn- und Verlustrechnung** übernommen (aA *Kraft* in Großkomm HGB § 302 Anm 49; zur abw Handhabung bei Anwendung der Erwerbsmethode § 300 Anm 44f; § 301 Anm 146).

Aus dem gleichen Grund werden auch die **Vorjahrszahlen** des TU mit denen des Konzerns addiert, wobei für die EK-Posten des TU ein zusammengefasster Ausweis in einem Sonderposten, ggf auch im AusglPo nach § 307, sachgerecht erscheint. Letztgenanntes insb dann, wenn der Erwerb des nach § 302 kons TU durch Hingabe von Anteilen an einem weiterhin vollkons TU erfolgt (zur Zulässigkeit s Anm 21).

Sofern zwischen dem TU und dem Konzern bereits bisher nennenswerte Lieferungs- und Leistungsbeziehungen bestanden, sind auch **Konsolidierungsmaßnahmen** (insb SchuldenKons, Aufwands- und ErtragsKons) vorzunehmen. Im Hinblick auf den Leitgedanken der Interessenzusammenführungsmethode – den KA so darzustellen, als ob das TU bereits bisher zum Konzern gehört hätte – ist grds auch eine Zwischenergebniseliminierung (§ 304) durchzuführen. Konsolidierungsmaßnahmen sind nur erforderlich, soweit es sich um wesentliche Beträge handelt und sofern die hierfür erforderlichen Informationen auch bekannt bzw mit vertretbaren Aufwand ermittelt werden können; regelmäßig wird dies nur dann der Fall sein, wenn Unt einer Gruppe in ein neues MU eingebracht werden (s dazu Anm 3).

36 Für das auf **Anteile anderer Gesellschafter** des TU entfallende EK ist gem § 307 Abs 1 ein AusglPo zu bilden und gesondert innerhalb des Konzern-EK auszuweisen. Für die Berechnung des AusglPo ist vom gesamten EK lt HB II des TU auszugehen (glA *Kraft* in Großkomm HGB § 302 Anm 46; unklar *Baetge/Heidemann* in Bilanzrecht § 302 Anm 56; ausführlich dazu § 307 Anm 17).

37 Für die **Abbildung** des Interessenzusammenschlusses **im Konzernanlagengitter** dürfte es der Grundkonzeption der Methode am ehesten entsprechen, wenn im Zugangsjahr das Anlagengitter des TU spaltenweise zum Konzernanlagengitter addiert wird. Dadurch wird die Entwicklung des Konzernanlagevermögens so dargestellt, als ob das TU bereits seit seiner Gründung zum Konzern gehört (Anm 5). Allerdings hätte dies zur Folge, dass die Vortragswerte bei den historischen AK/HK und den kumulierten Abschreibungen nicht mit denen des Vj abgestimmt werden könnten und nicht ersichtlich wäre, welcher Teil des Konzernvermögens auf die Erweiterung des KonsKreis (§ 294 Abs 2) durch den Anteilstausch zurückzuführen ist (*Pfaff* in Beck HdR C 410 Anm 122).

Aus Gründen der Klarheit und Übersichtlichkeit empfiehlt es sich deshalb, den Zugang zu den historischen AK/HK und den kumulierten Abschreibungen jeweils in einer Sonderspalte des Konzernanlagengitters auszuweisen oder entspr Angaben im Konzernanhang zu machen (glA *Busse von Colbe/Ordelheide*[6], 351; ebenso für den auf JA-Ebene vergleichbaren Fall der Verschmelzung mit Buchwertverknüpfung *HFA 2/1997* WPg, 240).

2. Endkonsolidierung

41 Scheidet ein bisher gem § 302 konsolidiertes TU aus dem VollKonsKreis aus, ist eine EndKons oder ggf ÜbergangsKons erforderlich. Während bei TU, die nach der Erwerbsmethode (§ 301) konsolidiert wurden, die EndKons grds erfolgswirksam zu erfolgen hat (ausführlich dazu § 301 Anm 235ff), hängt bei TU, die nach § 302 konsolidiert wurden, die Erfolgswirksamkeit bzw -neutralität der EndKons davon ab, ob die Umstände, die zum Ausscheiden des TU aus dem KonsKreis geführt haben, den Charakter einer „Interessenbeendigung“

(Auseinandergehen von GesterStämmen) haben oder nicht (ebenso *Bruns* in HWRuP³, 1329).

42 In der weitaus überwiegenden Zahl der Fälle wird das Mutter-Tochterverhältnis durch eine **vollständige Anteilsveräußerung** beendet werden. Da die Beteiligung der bisherigen Gester des TU und der Gester des MU am UntVerbund dadurch nicht aufgelöst wird und die GesterStämme ihre zuvor zusammengeführten Interessen weiterverfolgen können, liegt in diesem Fall keine Interessenbeendigung vor. Entspr dem wirtschaftlichen Gehalt der Transaktion – das einheitliche Unt hat sich gegen Entgelt von einem Teil seines Vermögens getrennt – ist uE in diesem Fall eine **erfolgswirksame Endkonsolidierung** geboten (glA *Pfaff* in Beck HdR C 410 Anm 148ff; aA *Eckes/Weber* in HdKR² § 302 Anm 42).

Für die zutreffende Ermittlung des Abgangserfolgs aus Konzernsicht, ist dem Veräußerungserlös aus dem JA das anteilige Reinvermögen des TU gem HB II, ggf korrigiert um Zwischenergebnisse gem § 304 etc (ausführlich zur Ermittlung des Abgangswerts § 301 Anm 247), gegenüberzustellen. Eine Korrektur des Abgangserfolgs, um einen bei der ErstKons mit den Rücklagen verrechneten aktiven bzw den Rücklagen hinzugefügten passiven Unterschiedsbetrag (Wertansatz der Anteile abzgl (anteiliges) gezeichnetes Kapital) gem Abs 2 (Anm 52ff), ist uE nicht erforderlich. Der Konzern hat das Reinvermögen des TU bei der Interessenzusammenführung nicht erworben (Anm 5), sondern es wird unterstellt, dass die VG und Schulden des TU schon immer zum einheitlichen Unt gehören, dementsprechend muss auch der Abgangserfolg ermittelt werden (aA *Pfaff* in Beck HdR C 410 Anm 149).

43 Endet das Mutter-Tochterverhältnis auf Grund einer **teilweisen Anteilsveräußerung,** ist bzgl der veräußerten Anteile entspr zu verfahren. Darüber hinaus ist zu prüfen, ob bzgl der verbleibenden Anteile zur QuoKons (§ 310) oder EquityKons (§ 312) übergegangen werden muss, bzw ob die Anteile – mangels maßgeblichen Einflusses iSv § 311 Abs 1 – im KA zu AK (§ 255 Abs 1) zu bewerten sind. Fraglich ist in diesen Fällen, ob die bisherige Kons gem § 302 fortgeführt werden darf oder ob eine ErstKons für die beim MU verbliebenen Anteile geboten ist.

Soweit das bisherige TU nach dem Anteilsverkauf als *Gemeinschaftsunternehmen* gem § 310 in den KA einbezogen wird, bestehen uE – obwohl § 310 nicht auf § 302 verweist – keine Bedenken, wenn die bisherige Kons gem § 302 – entspr der beim Konzern verbliebenen Beteiligungsquote – fortgeführt wird, dh die ÜbergangsKons bleibt erfolgsneutral. Liegt nach der teilweisen Anteilsveräußerung eine Beteiligung an einem *assoziierten Unternehmen* vor, handelt es sich aus Sicht des einheitlichen Unt um einen tauschähnlichen Vorgang. Die schon immer dem einheitlichen Unt gehörenden (anteiligen) VG und Schulden wurden gegen Anteile am assozUnt getauscht. Dieser Tauschvorgang sollte im KA erfolgsneutral behandelt und die Anteile am assozUnt in Höhe des darauf entfallenden (anteiligen) Reinvermögens gem HB II des bisherigen TU angesetzt werden. Entspr sollte beim Übergang zur *AK-Bewertung* verfahren werden (DRS 4.49 analog), es sei denn, der Zeitwert der Anteile liegt unterhalb dieses Werts.

44 Ein Ausscheiden des TU aus dem KonsKreis, das am ehesten als eine Interessenbeendigung (Trennung von GesterStämmen) charakterisiert werden kann, liegt uE dann vor, wenn die ursprünglich im Tauschweg erworbenen Anteile später im Rahmen einer (nicht-verhältniswahrenden) Abspaltung vom MU (sog *Spaltung zu Null;* zur Zulässigkeit *LG Konstanz* 13. 2. 1998 DB, 1177; *Neye* Die Änderungen im Umwandlungsrecht nach den handels- und gesellschaftsrechtlichen Reformgesetzen in der 13. Legislaturperiode DB 1998, 1652) auf die vor-

maligen Gester zurückübertragen werden. Diese Konstellation dürfte jedoch nur in ganz seltenen Ausnahmefällen gegeben sein.

Kommt es zu einer derartigen **Interessenauflösung,** dann muss die **Endkonsolidierung erfolgsneutral** vorgenommen werden. Die durch die Abspaltung des positiven Reinvermögens (VG und Schulden des TU) im KA entstehende Vermögensminderung muss – ebenso wie im JA des MU der Abgang der Anteile am TU – erfolgsneutral behandelt werden, dh nach dem Posten Jahresüberschuss/-fehlbetrag erfasst werden. Soweit die Vermögensminderung nicht durch den Konzerngewinnvortrag bzw den Ertrag aus einer Kapitalherabsetzung des MU gedeckt ist, sind Kapital- und/oder Gewinnrücklagen aufzulösen (ausführlich *HFA 1/1998* WPg, 509). Diese Darstellung ist im KA ggf durch Umgliederungen innerhalb des Konzern-EK zu korrigieren, wenn das Reinvermögen lt HB II des abgespaltenen TU vor seinem Ausscheiden aus Konzernsicht höher oder niedriger als die Vermögensminderung im JA des MU war.

45 Eine faktische Interessenauflösung liegt im Übrigen auch dann vor, wenn im Zuge der ursprünglichen Interessenzusammenführung Anteile an einem anderen TU als Gegenleistung hingegeben wurden (zur Zulässigkeit Anm 21) und dieses TU später, zB durch Anteilsverkauf, aus dem KonsKreis ausscheidet. Anstelle der von ihnen eingebrachten Anteile am TU bzw den dahinter stehenden VG und Schulden, erhalten die vormaligen Gester in diesem Fall (fiktiv) anteiliges Reinvermögen am TU. Dieser Reinvermögensabgang darf im Rahmen der EndKons des veräußerten TU mit dem AusglPo für Anteile anderer Gester verrechnet werden und bleibt damit ebenfalls erfolgsneutral.

3. Veränderungen von Beteiligungsbuchwert und/oder gezeichnetem Kapital

48 Für den **Erwerb weiterer Anteile** über 90% hinaus müssen für die Anwendung der Methode der Interessenzusammenführung nur die Voraussetzungen der Nr 2 (Anteilstausch) und Nr 3 (Spitzenausgleich) vorliegen; andernfalls ist die KapKons für die erworbenen Anteile nach § 301 vorzunehmen (gegen dieses sog *part-pooling* und für die generelle Kons der hinzuerworbenen Anteile nach § 302 *ADS*[6] § 302 Anm 61; *Eckes/Weber* in HdKR[2] § 302 Anm 41).

Abschreibungen auf den Beteiligungsbuchwert, die im JA des MU vorgenommen werden, sind im KA zu eliminieren. Anders als bei der Erwerbsmethode (§ 301 Anm 200) besteht bei der Kons nach § 302 keine Möglichkeit, den Aufwand durch eine außerplanmäßige Abschreibung von miterworbenen stillen Reserven oder eines GFW zu berücksichtigen, denn diese wurden bereits im Rahmen der ErstKons mit den Rücklagen verrechnet (*Pfaff* in Beck HdR C 410 Anm 139; *ADS*[6] § 302 Anm 63).

Bei einer **Anteilsveräußerung,** durch die die Beteiligungsquote zwar unter 90% sinkt, das Mutter-Tochterverhältnis (§ 290) aber nicht beeinträchtigt wird, wird die Kons nach § 302 (anteilig) fortgeführt, da der Verkauf der Anteile am TU keine Interessenauflösung bewirkt hat (ausführlich Anm 41 ff; glA *Kraft* in Großkomm HGB § 302 Anm 59).

49 Eine **Kapitalerhöhung gegen Einlagen** bei einem TU, das gem § 302 konsolidiert wird, ist im KA durch Aufrechnung der AK der Anteile und dem durch die Einlage geschaffenen EK (gezeichnetes Kapital ggf zzgl Kapitalrücklage § 272 Abs 2 Nr 1) zu eliminieren, denn dem einheitlichen Unt wurde insoweit kein Vermögen von „Außen" zugeführt und demzufolge auch kein Kapital geschaffen. Soweit im Zuge einer Sacheinlage stille Reserven in den eingebrachten VG im JA des MU realisiert wurden, ist vor der Aufrechnung eine Zwischenergebniseliminierung gem § 304 erforderlich (s dazu auch § 301 Anm 212).

Eine **Kapitalerhöhung aus Gesellschaftsmitteln** sollte den Rücklagen zugeordnet werden, aus denen die Kapitalerhöhung beim TU vorgenommen wurde (glA *ADS*[6] § 302 Anm 64).

C. Behandlung eines Unterschiedsbetrags (Abs 2)

Ein nach der Aufrechnung zwischen Beteiligungsbuchwert aus dem JA des MU (Anm 34) und dem gezeichneten Kapital des TU (Anm 33) verbleibender aktiver Unterschiedsbetrag ist mit den Rücklagen des Konzerns zu saldieren oder, wenn sich ein passiver Unterschiedsbetrag ergibt, den Rücklagen hinzuzurechnen (Abs 2). Stille Reserven und ggf Lasten werden nicht aufgedeckt und ein evtl verbleibender GFW oder passiver Unterschiedsbetrag nicht gesondert ausgewiesen. Die künftigen Periodenergebnisse können unbelastet von einer Amortisation des Unterschiedsbetrags ausgewiesen werden. **52**

Rücklagen iSd Abs 2 sind die zusammengefassten Rücklagen des MU und die (anteilig) auf das MU entfallenden Rücklagen der TU, dh ohne die Rücklagenteile der TU, die gem § 307 im AusglPo für andere Gester ausgewiesen werden, unabhängig davon ob die TU nach § 301 oder § 302 konsolidiert werden, ferner die anteiligen Rücklagen von GemUnt und vom Konzern vereinnahmte in den Konzernrücklagen oder dem Konzerngewinnvortrag ausgewiesene Gewinne aus assozUnt (§ 312 Abs 4). Der Gesetzeswortlaut enthält keinen Hinweis darauf, ob der Unterschiedsbetrag der Kapitalrücklage (§ 272 Abs 2) oder den Gewinnrücklagen (§§ 266 Abs 3 lit A.III, 272 Abs 3) zuzuordnen ist. Welcher Rücklagenkategorie im jeweiligen Einzelfall möglicherweise der Vorzug zu geben ist, hat sich uE am Leitgedanken der Interessenzusammenführungsmethode zu orientieren. Es ist daher zu untersuchen, wie sich ein vergleichbarer Sachverhalt abgebildet hätte, wenn das Konzernverhältnis zwischen den beteiligten Unt bereits seit deren Gründung bestünde. **53**

Ist der Beteiligungsbuchwert beim MU niedriger als das anteilige gezeichnete Kapital des TU, entsteht ein **passiver Unterschiedsbetrag.** Diese Konstellation wird idR darauf zurückzuführen sein, dass der – mit Rücksicht auf das Verhältnis der Marktwerte der sich vereinigenden Unt (MU und TU) zueinander – festgelegte Nominalbetrag der Kapitalerhöhung beim MU niedriger ist als das gezeichnete Kapital des TU. Dies entspricht aus Sicht des einheitlichen Unt einer Sachkapitalerhöhung, bei der der Zeitwert des eingebrachten Reinvermögens den Betrag der Nominalkapitalerhöhung übersteigt. In Anlehnung an die Regelung in § 272 Abs 2 Nr 1 sollte der übersteigende (passive) Betrag dementspr der Kapitalrücklage zugewiesen werden. **54**

Ist die Relation zwischen Marktwert des Unt und gezeichnetem Kapital beim MU dagegen niedriger als bei dem neuen TU, wird der Betrag der Kapitalerhöhung beim MU höher sein als das gezeichnete Kapital des TU, dh es ergibt sich ein **aktiver Unterschiedsbetrag.** Für eine Verrechnung des aktiven Unterschiedsbetrags kommen sowohl die Kapital- als auch die Gewinnrücklagen in Betracht (glA *ADS*[6] § 302 Anm 51, 53). Dies gilt unabhängig von etwaigen Ausschüttungssperren, zB gem § 272 Abs 4, oder Verwendungsrestriktionen, zB gem § 150 AktG, die ggf auf JA-Ebene bestehen, weil die damit verfolgten Zwecksetzungen für den KA nicht relevant sind, weil diesem ausschließlich eine Informationsfunktion zukommt (ebenso *Kraft* in Großkomm HGB § 302 Anm 52). **55**

Sofern das TU über ausreichend freie Rücklagen verfügt, kann bereits die Entstehung bzw die Höhe eines aktiven Unterschiedsbetrags durch eine – vor der ErstKons gem § 302 durchgeführte – Kapitalerhöhung aus Gesellschaftsmitteln beim TU vermieden bzw beeinflusst werden (ausführlich *Förschle/Kropp* in Sonderbilanzen[3] E Anm 43ff). Zu beachten ist in diesem Zusammenhang noch, dass durch die Festlegung eines Agios im Rahmen der idR vom MU durchzuführenden Sachkapitalerhöhung (Anm 23) und dem daraus resultierenden Ausweis einer Kapitalrücklage gem § 272 Abs 2 Nr 1 kein zusätzliches Rücklagenpotential für die Verrechnung eines aktiven Unterschiedsbetrags geschaffen werden kann. Denn in dem Maße wie die Kapitalrücklage beim MU gebildet wird, erhöht sich zugleich der Wertansatz der im Gegenzug erlangten Anteile und damit ceteris paribus der aktive Unterschiedsbetrag gem Abs 2.

56 Reichen die Rücklagen des Konzerns für die Verrechnung nicht aus, ist der verbleibende Unterschiedsbetrag gesondert innerhalb des Konzern-EK unter der Bezeichnung *„restlicher Unterschiedsbetrag aus der Kapitalkonsolidierung gemäß § 302"* auszuweisen (glA *Eckes/Weber* in HdKR[2] § 302 Anm 35). Eine Aufrechnung des verbleibenden, nicht verrechenbaren aktiven Unterschiedsbetrags mit dem Konzerngewinnvortrag oder ein Ausweis als Verlustvortrag ist uE mit Rücksicht auf den eindeutigen Gesetzeswortlaut nicht zulässig (glA *Kraft* in Großkomm HGB § 302 Anm 54; aA *ADS*[6] § 302 Anm 54). Werden in den folgenden Perioden ausreichend Rücklagen ausgewiesen, erfolgt eine Umbuchung.

57 Im **Eigenkapitalspiegel** gem § 297 Abs 1 S 1 ist der Unterschiedsbetrag gem Abs 2 als übriges Konzernergebnis zu erfassen, da es sich um eine erfolgsneutrale Veränderung des Konzern-EK handelt, die nicht auf Ein- oder Auszahlungen auf GesterEbene beruht (DRS 7.5; s § 297 Anm 111).

D. Angaben im Konzernanhang (Abs 3)

60 Erfolgt die KapKons bei einem TU nach der Methode der Interessenzusammenführung, sind gem Abs 3 die Anwendung der Methode, die hieraus resultierenden Veränderungen der Rücklagen sowie der Name und Sitz des TU im Konzernanhang anzugeben.

61 Für die Angabe der **Methodenanwendung** sowie von **Name und Sitz** der nach § 302 konsolidierten TU reicht es aus, wenn die betroffenen TU im Rahmen der Angaben nach § 313 Abs 2 Nr 1, zB durch eine entspr Zwischenüberschrift, gekennzeichnet werden und dies ausreichend erläutert wird (glA *ADS*[6] § 302 Anm 67). Wird für ein TU die Schutzklausel gem § 313 Abs 3 S 1 (Vermeidung erheblicher Nachteile) in Anspruch genommen, bezieht sich dies nur auf die Angabe von Name und Sitz des TU, die übrigen Angaben nach Abs 3 S 1 bleiben davon unberührt (glA *WPH*[12] I M 689 mit Formulierungsvorschlag).

62 Zu Angaben über die durch die Anwendung der Interessenzusammenführungs-Methode ausgelösten **Rücklagenveränderungen** gehört zunächst, wie sich die Verrechnung oder Hinzurechnung eines sich nach Abs 1 ergebenden Unterschiedsbetrags auf die Konzernrücklagen ausgewirkt hat. Dies schließt auch die Angabe der Rücklagenkategorie (Kapital- oder Gewinnrücklagen) mit ein, mit der der Unterschiedsbetrag verrechnet wurde (*WPH*[12] I M 688; *ADS*[6] § 302 Anm 68; dazu auch Anm 54ff). Im Rahmen der Angaben zu den Rücklagenveränderungen ist ferner anzugeben, zu welcher Rücklagenkategorie die über das gezeichnete Kapital hinausgehenden EK-Posten (ohne Jahresergebnis) des TU addiert wurden.

Die Angaben über die Rücklagenveränderungen brauchen grds nur bei erstmaliger Anwendung der Kons nach § 302 gemacht zu werden (glA *ADS*[6] § 302 Anm 68). Kommt es zu einer Interessenbeendigung (Anm 44f), sollten die daraus resultierenden Auswirkungen auf die Konzernrücklagen ebenfalls angegeben werden.

Werden mehrere TU nach § 302 konsolidiert und entstehen dabei aus der Kapitalaufrechnung nach Abs 1 *aktive und passive Unterschiedsbeträge,* genügt es, lediglich den Saldo der Rücklagenveränderung anzugeben. Reichen die Konzernrücklagen für eine Verrechnung eines (aktiven) Unterschiedsbetrags nach Abs 1 nicht aus und wird ein AusglPo *„restlicher Unterschiedsbetrag aus der Kapitalkonsolidierung gemäß § 302"* innerhalb des Konzern-EK ausgewiesen (dazu Anm 56), ist anzugeben, in welcher Höhe eine Verrechnung mit Konzernrücklagen bereits erfolgt ist (wie hier *Eckes/Weber* in HdKR[2] § 302 Anm 48). **63**

E. Sanktionen

Bei § 302 handelt es sich um eine *Konkretisierung der Konsolidierungsgrundsätze* gem § 300 Abs 1. Ein Verstoß gegen § 302 stellt als eine mittelbare Verletzung der Grundnorm ebenfalls eine **Ordnungswidrigkeit** gem § 334 Abs 1 Nr 2c dar (dazu § 334 Anm 21, 25), die mit einer Geldbuße bis zu € 25 000 geahndet werden kann (§ 334 Abs 3). Soweit durch die fehlerhafte Anwendung des § 302 ein den tatsächlichen Verhältnissen entspr Bild der VFE-Lage des Konzerns nicht vermittelt werden kann (§ 297 Abs 2), liegt eine Ordnungswidrigkeit gem § 334 Abs 1 Nr 2b vor. Gleiches gilt für MU, die gem § 11 PublG zur Aufstellung eines KA verpflichtet sind (§ 20 Abs 1 Nr 2 lit c PublG) sowie für KapCoGes-MU (§ 335b). **66**

F. Abweichungen der IFRS

UntZusammenschlüsse, bei denen es sich um ein *uniting of interests* handelt, waren nach IAS 22.77 (rev 1998) verpflichtend nach der *pooling of interests method* abzubilden (zu den Voraussetzungen s Voraufl). Nach IFRS 3 sind UntZusammenschlüsse, deren *argeement date* am oder nach dem 31. März 2004 liegt (IFRS 3.78), ausschließlich nach der Erwerbsmethode *(purchase method)* abzubilden (IFRS 3.IN9; s § 301 Anm 311, 320ff). Die Abschaffung der *pooling of interests method* wird ohne größe praktische Auswirkungen auf die IFRS-Rechnungslegung bleiben, weil die Anwendungsvoraussetzungen für ein *uniting of interests* bereits bisher nach IAS 22.13ff iVm SIC 9 sehr eng definiert waren und so gut wie nie vorlagen. **68**

§ 303 Schuldenkonsolidierung

(1) **Ausleihungen und andere Forderungen, Rückstellungen und Verbindlichkeiten zwischen den in den Konzernabschluß einbezogenen Unternehmen sowie entsprechende Rechnungsabgrenzungsposten sind wegzulassen.**

(2) **Absatz 1 braucht nicht angewendet zu werden, wenn die wegzulassenden Beträge für die Vermittlung eines den tatsächlichen Verhältnissen entsprechenden Bildes der Vermögens-, Finanz- und Ertragslage des Konzerns nur von untergeordneter Bedeutung sind.**

Übersicht

Schrifttum: *Biener/Berneke* Bilanzrichtlinien-Gesetz, Düsseldorf 1986; *Scherrer* Konzernrechnungslegung, München 1994; *Baetge/Kirsch/Thiele*[7] Konzernbilanzen, Düsseldorf 2004.

A. Allgemeines

1 Im Rahmen der SchuldenKons ist eine erfolgsneutrale Aufrechnung der Forderungen und Verbindlichkeiten einbezogener Unt vorzunehmen, soweit sich diese *in gleicher Höhe* gegenüberstehen. Darüber hinaus verbleibende sog echte Aufrechnungsunterschiede sind beim erstmaligen Auftreten grds erfolgswirksam zu erfassen. In den Folgejahren werden diese Abweichungen, soweit sie noch bestehen, in den Posten Ergebnisvortrag oder Konzerngewinnrücklagen vorgetragen.

2 Neben der Eliminierung von Bilanzposten (einschl entspr Restlaufzeitvermerke, §§ 298 Abs 1 iVm 268 Abs 4 und 5) umfasst die SchuldenKons darüber hinaus auch die Kons der unter der Konzernbilanz oder im Konzernanhang anzugebenden **Haftungsverhältnisse** ggü bzw zugunsten einbezogener Unt (§§ 298 Abs 1 iVm 251, 268 Abs 7) sowie der in den **Konzernanhang** nach

§ 314 Abs 1 Nr 1 **(Restlaufzeit, Sicherheiten),** Nr 2 **(finanzielle Verpflichtungen)** und Nr 10 (derivative Finanzinstrumente) einzubeziehenden Angaben; näheres § 314 Anm 9 und 15.

Eine Besonderheit ergibt sich bei der SchuldenKons bei nur anteilsmäßig 3
kons **Gemeinschaftsunternehmen** (§ 310). Forderungen und Verbindlichkeiten ggü diesen GemUnt werden nur in Höhe des Anteilsprozentsatzes eliminiert; hierzu § 310 Anm 53ff, 62f.

Abs 2 übernimmt den in der 7. EG-Richtl festgelegten Grundsatz, auf eine 4
SchuldenKons dann zu verzichten, wenn die wegzulassenden Beträge für die Vermittlung eines den tatsächlichen Verhältnissen entspr Bilds der VFE-Lage des Konzerns nur von untergeordneter Bedeutung sind; dazu § 297 Anm 195ff.

B. Die wichtigsten Posten im Einzelnen (Abs 1)

I. Überblick

Regelmäßig sind folgende Bilanzposten (§ 266 Abs 2 und 3) in die Schul- 6
denKons nach Abs 1 einzubeziehen (s *ADS*[6] § 303 Anm 6):

Aktivseite	A	I	3	Geleistete Anzahlungen auf immaterielle VG
	A	II	4	Geleistete Anzahlungen auf Sachanlagen
	A	III	2	Ausleihungen an verbundene Unt
	B	I	4	Geleistete Anzahlungen auf Vorräte
	B	II	2	Forderungen gegen verbundene Unt
	C			RAP
Passivseite	B	3		Sonstige Rückstellungen
	C	3		Erhaltene Anzahlungen auf Bestellungen
	C	6		Verbindlichkeiten ggü verbundenen Unt
	D			RAP.

Eingeforderte ausstehende Einlagen, Wertpapiere, Anleihen, ggü Gestern bestehende und dann bei GmbH und KapCoGes gesondert ausgewiesene Ausleihungen, Forderungen und Verbindlichkeiten (§ 42 Abs 3 GmbHG); § 264c Abs 1, Verbindlichkeiten aus der Annahme gezogener Wechsel und der Ausstellung eigener Wechsel, sowie Schecks, Guthaben und Verbindlichkeiten ggü einbezogenen Kreditinstituten sind ggf zusätzlich zu berücksichtigen.

Die SchuldenKons umfasst auch die gesonderten Vermerke unter der **Kon-** 7
zernbilanz oder im **Konzernanhang** (§§ 251, 268 Abs 7):

- Verbindlichkeiten aus der Begebung und Übertragung von Wechseln,
- Verbindlichkeiten aus Bürgschaften, Wechsel- und Scheckbürgschaften,
- Verbindlichkeiten aus Gewährleistungsverträgen,
- Haftungsverhältnisse aus der Bestellung von Sicherheiten für fremde Verbindlichkeiten,

jeweils unter Angabe evtl bestehender Pfandrechte sowie von Verpflichtungen ggü nicht einbezogenen verbundenen Unt.

Ferner sind von der SchuldenKons betroffen die Angaben im **Konzernan-** 8
hang (§ 314 Abs 1 Nr 1, 2, 10):

- Gesamtbetrag, der in der Konzernbilanz ausgewiesenen Verbindlichkeiten mit einer Restlaufzeit von mehr als fünf Jahren,
- Gesamtbetrag der in der Konzernbilanz ausgewiesenen Verbindlichkeiten, die von in den KA einbezogenen Unt durch Pfandrechte oder ähnliche Rechte gesichert sind, unter Angabe von Art und Form der Sicherheiten,

- Gesamtbetrag der sonstigen finanziellen Verpflichtungen, die *nicht* in der Konzernbilanz erscheinen oder *nicht* entspr § 251 anzugeben sind, sofern diese Angabe für die Beurteilung der Finanzlage des Konzerns von Bedeutung ist; **davon** und von den Haftungsverhältnissen nach § 251 sind Verpflichtungen ggü TU, die nicht in den KA einbezogen werden, jeweils gesondert anzugeben,
- Derivateverträge mit KonzernUnt.

II. Zur Konsolidierung einzelner Posten

1. Eingeforderte ausstehende Einlagen

9 Eingeforderte ausstehende Einlagen auf das gezeichnete Kapital des TU sind mit der passivierten Einzahlungsverpflichtung des MU aufzurechnen. Hinsichtlich der Behandlung nicht eingeforderter ausstehender Einlagen s § 301 Anm 36. Umgekehrt sind eingeforderte ausstehende Einlagen auf das gezeichnete Kapital des MU mit passivierten Einzahlungsverpflichtungen des TU aufzurechnen. Die iZm der Passivierung der Einzahlungsverpflichtung beim TU ausgewiesenen Anteile am MU sind in der Konzernbilanz als eigene Anteile im Umlaufvermögen gesondert auszuweisen (§ 301 Anm 171; *Busse von Colbe/Ordelheide*[7], 367).

2. Anzahlungen

10 Die im Bruttoanlagengitter von einbezogenen Unt zu Nennwerten ausgewiesenen geleisteten Anzahlungen für **immaterielle Vermögensgegenstände** und **Sachanlagen** sind erfolgsneutral mit den erhaltenen Anzahlungen ggü einbezogenen verbundenen Unt zu verrechnen, unabhängig davon, ob diese in die Konzernbilanz gesondert als Verbindlichkeiten ggü verbundenen Unt oder offen als Abzug von den Vorräten ausgewiesen sind. Sind in Ausnahmefällen Abschreibungen vorgenommen worden, sind diese im Jahr der Abschreibung in der Spalte der kumulierten Abschreibungen und in der Spalte der Abschreibungen des Konzern-Gj ergebniserhöhend aufzulösen.

3. Ausleihungen an verbundene Unternehmen

12 Die im Bruttoanlagengitter einbezogener Unt zu Nennwerten in den Spalten „Anschaffungskosten" (Anfangs- und Endstand) bzw „Zugänge" ausgewiesenen **Ausleihungen an verbundene Unternehmen** sind mit den entspr Verbindlichkeiten ggü einbezogenen verbundenen Unt zu verrechnen.

13 Werden Abschreibungen wegen **niedriger Verzinslichkeit** oder **Unverzinslichkeit** sowie entspr (spätere) Zuschreibungen in den Spalten (kumulierte) „Abschreibungen", „Zuschreibungen" und „Abschreibungen des Geschäftsjahres" ausgewiesen, sind diese ebenfalls zu eliminieren. Soweit die Abschreibung oder Zuschreibung im Gj vorgenommen wurde, ist der entspr Gegenposten in der GuV ebenfalls ergebniswirksam zu eliminieren. Resultiert die Abschreibung aus Vj, ist der Betrag im EK (Ergebnisvortrag oder Konzerngewinnrücklagen) vorzutragen; *WPH*[12] I M 643.

14 Ebenso sind zB Abschreibungen oder Zuschreibungen aus anderen Gründen zu korrigieren; zB aus Transferrisiken (Länderrisiko) oder Bonitätsrisiken.

4. Forderungen und Verbindlichkeiten gegenüber verbundenen Unternehmen

15 Die zu Nennwerten angesetzten Forderungen sind mit den zum Rückzahlungsbetrag ausgewiesenen Verbindlichkeiten erfolgsneutral zu verrechnen. Soweit im JA unverzinsliche oder niedrig verzinsliche Forderungen (zB Wechselforderun-

gen) oder zweifelhafte Forderungen (zB mangels Bonität) abgeschrieben worden sind, müssen diese Abschreibungen im Rahmen der SchuldenKons ergebniswirksam aufgelöst werden. Das gleiche gilt, wenn Pauschalabsetzungen für Forderungen gegen einbezogene Unt gebildet worden sind. Werden auf Grund des **Wertaufholungsgebots** Zuschreibungen im JA vorgenommen, sind diese im KA aufzulösen, weil auch die zuvor gebildeten Abschreibungen im KA eliminiert wurden. Der ergebniswirksame Effekt der SchuldenKons beschränkt sich auch hier auf den Teil der Abschreibungen oder Zuschreibungen, der im JA des einbezogenen Unt das Ergebnis des Gj verändert. Abschreibungen aus Vj werden dagegen erfolgsneutral im EK verrechnet (Anm 13; glA *ADS*[6] § 303 Anm 42).

Fraglich ist die Behandlung von **Abweichungen aus der Währungsumrechnung** von Fremdwährungsforderungen und -verbindlichkeiten. In der Literatur wird ganz überwiegend die Auffassung vertreten, dass Umrechnungsdifferenzen aus der SchuldenKons erfolgswirksam zu behandeln sind, so *Wohlgemuth* in HdJ V/4[2] Anm 105; *ADS*[6] § 303 Anm 37; *Harms* in HdKR[2] § 303 Anm 16. *Busse von Colbe/Ordelheide* halten aus Grundsätzen der Fiktion der rechtlichen Einheit des Konzerns und aus der Methodenbestimmtheit der Währungsumrechnung die Eliminierung von Währungsgewinnen und -verlusten aus dem operativen Ergebnis des Konzerns für geboten (*Busse von Colbe/Ordelheide*[7], 379; *Baetge/Kirsch/Thiele*[7], 288). DRS 14 zur Währungsumrechnung enthält zu dieser Frage keine Hinweise. 16

Werden Währungsforderungen und -verbindlichkeiten im JA grds zum Stichtagskurs unter **Nichtbeachtung des Imparitätsprinzips** bewertet, ergeben sich in der SchuldenKons aus der Währungsumrechnung keine Abweichungen. Kursgewinne und -verluste sind bereits im JA erfasst.

Bei **Beachtung des Imparitätsprinzips** im JA hinsichtlich der Bewertung von Fremdwährungsforderungen und -verbindlichkeiten dürfen unrealisierte Kursgewinne nicht aufgedeckt werden (§ 253 Anm 73 ff.); unrealisierte Kursverluste ggü einbezogenen Unt sind jedoch bereits im JA zu erfassen. Werden diese abgewerteten Forderungen oder aufgewerteten Verbindlichkeiten in die Aufrechnung mit den jeweiligen Gegenposten einbezogen, ergeben sich bei Anwendung der *Stichtagsumrechnung* keine Aufrechnungsdifferenzen, wie die folgenden Beispiele zeigen:

Beispiele:

Grunddaten:

MU mit Sitz in Deutschland
TU mit Sitz in den USA

Kurs zum Zeitpunkt der Fakturierung:	0,9 €/US-$
Stichtagskurs:	0,7 €/US-$

Methode zur Umrechnung der betr Posten des JA von TU: Stichtagskursmethode (§ 308 Anm 60). Aus Vereinfachungsgründen werden grds Mittelkurse verwendet.

Beispiel 1:

Fremdwährungsforderung von US-$ 50 von MU an TU
Bewertung der Forderung bei **MU:**
a) zum Zeitpunkt der Fakturierung:
US-$ 50 × 0,9 €/US-$ = € 45
b) am Bilanzstichtag:
US-$ 50 × 0,7 €/US-$ = € 35
Kursverlust bei MU = € 10
Umrechnung der Verbindlichkeit im JA bei **TU:**
US-$ 50 × 0,7 €/US-$ = € 35

Es ergibt sich **keine Aufrechnungsdifferenz** beim „Weglassen" von Forderungen und Verbindlichkeiten. In der GuV des MU ist ein „konzerninterner

Kursverlust" von € 10 enthalten. Fraglich ist, ob der beim MU gebuchte Kursverlust von € 10 im KA ergebniswirksam aufzulösen ist; so *Busse von Colbe/Ordelheide*[7], 379.

Beispiel 2:

€-Forderung von € 45 von MU an TU
Bewertung der Verbindlichkeit bei **TU:**
a) zum Zeitpunkt der Fakturierung:
€ 45: 0,9 €/US-$ = US-$ 50
b) am Bilanzstichtag:
€ 45: 0,7 €/US-$ = US-$ 64,29
Kursverlust bei TU: US-$ 14.29
Umrechnung der Verbindlichkeit im JA bei **TU:**
US-$ 64.29 × 0,7 €/US-$ = € 45

Es ergibt sich **kein Aufrechnungsunterschied** beim „Weglassen" von Forderungen und Verbindlichkeiten. In der GuV verbleibt ein „konzerninterner" Kursverlust von 14,29 US-$. Hier stellt sich die Frage, ob der in der Konzern-GuV verbleibende Kursverlust ein konsolidierungspflichtiger Sachverhalt ist, da in einer €-Konzernbilanz ein Kursverlust aus einer konzerninternen originären €-Forderung nicht möglich ist.

Nach der in der Literatur vertretenen Auffassung sind im JA enthaltene konzerninterne Kursverluste im KA ergebniswirksam aufzulösen. Die hierbei sich ergebende Aufrechnungsdifferenz ist mit dem EK zu verrechnen (so *Wohlgemuth* in HdJ V/4 Anm 106; *Busse von Colbe/Ordelheide*[7], 378–379; *ADS*[6] § 303 Anm 37; *Baetge/Kirsch/Thiele*[7], 288). Begründet wird diese Vorgehensweise mit der Methodenbestimmtheit der Währungsumrechnung. Dies bedeutet, dass bei Anwendung der Stichtagskursmethode Umrechnungsdifferenzen aus der Währungsumrechnung bei der Umrechnung des EK grds erfolgsneutral, bei Anwendung der Zeitbezugsmethode grds ergebniswirksam vorzunehmen sind. Eine teilweise Erfolgswirksamkeit der Umrechnungsdifferenz bei der SchuldenKons wird daher methodisch abgelehnt. Demgegenüber wird in IAS 21.45, unverändert zur Vorfassung (IAS 21.34 idF 1993), festgestellt, dass *„an intragroup monetary asset (or liability), whether short term or long term, cannot be eliminated against a corresponding intragroup liability (or asset) without showing the results of currency fluctuations in the consolidated financial statements. This is because the monetary item represents a commitment to convert one currency into another and exposes the reporting enterprise to a gain or loss through currency fluctuations."* Eine Ausnahme hiervon wird in IAS 21.15 iVm IAS 21.32 nur bei beteiligungsähnlichen Darlehen, bei denen eine Rückzahlung weder geplant noch wahrscheinlich ist, als zulässig angesehen. In diesen Fällen handelt es sich nicht mehr um monetäre Posten, sondern um quasi nicht-monetäre Posten (*Oechsle/Müller/Wildburger* in Komm IAS[1] 21, IAS 21 (1993), Rn 33). Nach der hier in Übereinstimmung mit IAS 21.43 vertretenen Auffassung wird es aus Gründen der Vereinfachung des KonsProzesses und der weiteren Annäherung an die internationale Bilanzierung als zulässig erachtet, Kursverluste aus konzerninternen Forderungen und Verbindlichkeiten im JA des MU oder des TU **nicht ergebniswirksam** aufzulösen. Ein Widerspruch zur Methodenbestimmtheit der Währungsumrechnung wird hierin nicht gesehen (vgl *Oechsle/Müller/Wildburger* in Komm IAS[2] 21, IAS 21 (1993), Rn 78). Im Gegensatz zum langfristig gebundenen EK des TU, das bei Anwendung der Stichtagskursmethode erfolgsneutral umzurechnen ist, wird die ergebniswirksame Behandlung von Aufrechnungsdifferenzen bei der SchuldenKons damit begründet, dass Fremdwährungsforderungen und -verbindlichkeiten in Abhängigkeit von der Laufzeit zurückbezahlt werden müssen und spätestens beim Ausgleich die Kursverluste auch aus der Sicht des Konzerns realisiert sind (*Oechsle/*

Müller/Wildburger in Komm IAS[1] 21, IAS 21 (1993), Rn 78; *Understanding IAS*[3], 21.50 zu IAS 21 (1993)). Angesichts einer zunehmenden Tendenz der Unt, sich gegen Währungsrisiken auch aus innerkonzernlichen Schuldverhältnissen abzusichern, ergeben sich evtl. Wechselwirkungen mit der Bilanzierung von Sicherungsgeschäften (s Anm 18). Mangels einer allgemein anerkannten einheitlichen Methode der Währungsumrechnung in Deutschland (§ 308 Anm 59; *Busse von Colbe/Ordelheide*[7], 170 ff) ist bei entspr Erl im Konzernanhang sowohl die ergebniswirksame Behandlung von Unterschiedsbeträgen aus der Währungsumrechnung im Rahmen der SchuldenKons als auch eine ergebnisneutrale Behandlung von konzerninternen Kursverlusten als zulässig anzusehen (*Wohlgemuth* in HdJ V/4[2] Anm 53).

Nach aA (*ADS*[6] § 303 Anm 37; *HFA-E* Zur Währungsumrechnung im Kon- 17
zernabschluss, WPg 1998, 552 f) dürften dagegen bei konzerninternen Forderungen und Verbindlichkeiten – entspr dem Einheitsgrundsatz (§ 297 Abs 3 S 1) – Wechselkursveränderungen keine Auswirkungen auf das Konzernergebnis haben, weil Währungsgewinne und -verluste *nur aus dem in Fremdwährung investierten Vermögen* bzw den in Fremdwährung aufgenommenen Schulden ggü außerhalb des KonsKreises stehenden Dritten, nicht aber aus konzerninternen Kreditverhältnissen resultieren.

Grunddaten:

MU mit Sitz in Deutschland
TU mit Sitz in den USA

Kurs zum Zeitpunkt der Fakturierung:	0,7 €/US-$
Stichtagskurs:	0,9 €/US-$

Beispiel 1:

Fremdwährungsforderung von US-$ 50 von MU an TU
Bewertung der Forderung bei MU:
a) zum Zeitpunkt der Fakturierung:
US-$ 50 × 0,7 €/US-$ = € 35
b) am Bilanzstichtag:
US-$ 50 × 0,7 €/US-$ = € 35

Der unrealisierte Kursgewinn von US-$ 50 × 0,2 = € 10 darf bei Beachtung des Imparitätsprinzips im JA nicht aufgedeckt werden.

Umrechnung der Verbindlichkeit bei **TU:**
US-$ 50 × 0,9 €/US-$ = € 45

Durch Anwendung der Stichtagskursmethode wird die Verbindlichkeit in der US-$-Bilanz von TU erfolgsneutral umgerechnet. Es ergibt sich ein Aufrechnungsunterschied von € 10, der nach der von *Wohlgemuth* (HdJ V/4[2] Anm 105) und *Busse von Colbe/Ordelheide*[7] (378, 379) vertretenen Auffassung erfolgsneutral mit dem EK zu verrechnen ist.

Beispiel 2:

€-Forderung von € 42 von MU an TU
Bewertung der Verbindlichkeit bei **TU:**
a) zum Zeitpunkt der Fakturierung:
€ 42: 0,7 €/US-$ = US-$ 60
b) am Bilanzstichtag:
€ 42: 0,7 €/US-$ = US-$ 60

Der unrealisierte Kursgewinn von US-$ 13,33 bei Ansatz der €-Verbindlichkeit von €/US-$ € 42 mit dem Stichtagskurs von 0,9 €/US-$ darf bei Beachtung des Imparitätsprinzips im JA nicht aufgedeckt werden.

Umrechnung der Verbindlichkeit bei **TU** zum Stichtagskurs:
US-$ 60 × 0,9 €/US-$ = € 54.

Durch Anwendung der Stichtagskursmethode wird die Verbindlichkeit in der US-$-Bilanz vom TU erfolgsneutral umgerechnet. Es ergibt sich ein Aufrechnungsunterschied von 12 €, der bei erfolgswirksamer Behandlung von *echten* Aufrechnungsunterschieden im Rahmen der SchuldenKons in der Konzern-GuV erfasst, aber bei erfolgsneutraler Behandlung unmittelbar mit dem EK verrechnet wird (*Busse von Colbe/Ordelheide*[7], 378, 379; *Wohlgemuth* in HdJ V/4 Anm 105).

18 Dies bedeutet, dass unrealisierte Kursverluste grds bereits im JA der einbezogenen Unt erfasst werden. Unrealisierte Kursgewinne werden bei Beachtung des Imparitätsprinzips erst im Rahmen der SchuldenKons als Aufrechnungsunterschiede aufgedeckt. In der Literatur (zB *Fischer* in Beck HdR C 420 Anm 69–72) wird vorgeschlagen, wesentliche passive Aufrechnungsunterschiede aus unrealisierten Kursgewinnen zu analysieren und durch Anwendung historischer Kurse ggf erfolgsneutral zu behandeln. *ADS*[6] § 303 Anm 43 halten grds eine erfolgswirksame Behandlung der Umrechnungsunterschiede für erforderlich. Dies ist jedoch wegen der fehlenden gesetzlichen Regelung zur Währungsumrechnung nicht zwingend. Eine entspr Erl im Konzernanhang zur Währungsumrechnung und zur Behandlung von Unterschieden dürfte ausreichend sein.

Besonderheiten können sich bei **Deckungsgeschäften** ergeben (§ 253 Anm 72). Sowohl bei der bisher üblichen Einbuchung der Fremdwährungsforderungen und -verbindlichkeiten zum Sicherungskurs als auch bei Einbuchung zum Kassakurs zzgl anteiliger Swapabgrenzung können Unterschiede in obigen Fällen erfolgsneutral behandelt werden (so *Wohlgemuth* in HdJ V/4[2] Anm 109).

5. Rechnungsabgrenzungsposten

19 Bei **Dauerschuldverhältnissen** zwischen einbezogenen Unt sind bei zeitlichem Auseinanderfallen von Leistung und Gegenleistung (wie zB bei vorausbezahlten bzw -vereinnahmten Zinsen, Mieten etc) entspr RAP zu bilden. Diese Aktiva und Passiva stehen sich idR in gleicher Höhe ggü und sind in die SchuldenKons einzubeziehen.

20 Verbindlichkeiten ggü einbezogenen Unt sind zum Rückzahlungsbetrag anzusetzen (§ 253 Anm 51). Ist der Rückzahlungsbetrag einer Verbindlichkeit höher als der Ausgabebetrag, darf nach § 250 Abs 3 iVm § 268 Abs 6 der Unterschiedsbetrag als **Disagio** gesondert in den RAP auf der Aktivseite aufgenommen werden (§ 250 Anm 58ff). Ausleihungen an einbezogene Unt dürfen mit dem höheren Rückzahlungsbetrag aktiviert werden, wenn gleichzeitig ein passiver RAP für den Unterschiedsbetrag gebildet wird (§ 250 Anm 79).

Wird das Aktivierungswahlrecht ausgeübt, ergeben sich bei gleichen Abschreibungs- bzw Auflösungsmethoden durch Einbeziehung der RAP in die SchuldenKons keine Aufrechnungsunterschiede. Wird im JA des einbezogenen Unt hingegen das Aktivierungswahlrecht wegen **sofortiger Aufwandsverrechnung** nicht ausgeübt, ergibt sich ein echter Aufrechnungsunterschied, der beim erstmaligen Auftreten ergebniswirksam in der Konzern-GuV zu erfassen ist. Damit wird der konzerninterne Aufwand aus der sofortigen Aufwandsverrechnung des Disagios wieder neutralisiert. In den Folgejahren ist der jeweils verbleibende Restbetrag erfolgsneutral im EK vorzutragen, während die Veränderung des Aufrechnungsunterschieds ergebniswirksam zu erfassen ist (so auch *Harms* in HdKR[2] § 303 Anm 21; *ADS*[6] § 303 Anm 11; *Wohlgemuth* in HdJ V/4[2] Anm 60).

6. Rückstellungen

21 Im Allgemeinen sollte auf Grund einheitlicher Bilanzierungsrichtlinien sichergestellt sein, dass Schulden nicht hier, sondern unter den hierfür vorgesehenen Posten ausgewiesen werden. In folgenden Fällen kann es zB auf Grund zwingender handelsrechtlicher Bestimmungen gleichwohl erforderlich sein, eine Rückstellung auszuweisen. In diesen Fällen wird idR eine entspr Forderung fehlen, so dass sich echte Bestandsunterschiede ergeben.

Folgende Rückstellungen können ggf in die SchuldenKons einzubeziehen sein:

- Drohende Verluste aus schwebenden Geschäften
- Gewährleistungsverpflichtungen
- Bürgschaften
- Wechselobligo
- andere Haftungsverhältnisse
- ausstehende Rechnungen
- Provisionen
- Umsatzboni
- Heimfall
- Verlustausgleichsverpflichtungen.

22 Ist auf Grund einer vertraglichen Vereinbarung mit einem einbezogenen Unt der *Anspruch* auf die Gegenleistung (zB Verkaufspreis) niedriger als der Wert der Lfg- oder Leistungsverpflichtung (zB Selbstkosten), ist im JA für das Absatzgeschäft eine **Rückstellung für drohende Verluste aus schwebenden Geschäften** zu bilden (§ 249 Anm 56). Eine Auflösung dieser Rückstellung im KA ist *nicht* vorzunehmen, wenn und soweit eine entspr vertragliche Vereinbarung zwischen dem EmpfängerUnt und einem fremden Dritten oder einem nicht einbezogenen KonzernUnt eingegangen worden ist und der vereinbarte Preis keine Deckung der Konzern-Selbstkosten erwarten lässt.

Hat sich ein einbezogenes Unt durch vertragliche Vereinbarungen ggü einem anderen einbezogenen Unt *verpflichtet* und ist außerdem der Wert des Lfg- und Leistungsanspruchs (zB Marktpreis) niedriger als der Wert der Lfg- und Leistungsverpflichtung (zB Einkaufspreis), ist diese Rückstellung dann *nicht aufzulösen,* wenn und soweit das einbezogene LieferUnt ggü einem fremden Dritten oder einem nicht einbezogenen KonzernUnt eine entspr Verpflichtung eingegangen ist und die Bildung einer Rückstellung nur im Hinblick auf den vertraglich vereinbarten Verkaufspreis mit dem einbezogenen EmpfängerUnt unterlassen worden ist (so auch *ADS*[6] § 303 Anm 15). In diesen Fällen muss in wesentlichen Fällen die KonsStelle durch gezielte Rückfragen beim Empfänger- bzw LieferUnt den Sachverhalt aufklären.

23 Droht ein **Verlust aus einem schwebenden Dauerschuldverhältnis** mit einem einbezogenen Unt (zB nicht mehr genutzte EDV-Anlage aus Leasingvertrag, nicht mehr genutzte gemietete Gebäude), ist bei Auflösung einer hierfür gebildeten konzerninternen Rückstellung ggf zu untersuchen, ob aus Konzernsicht eine außerplanmäßige Abschreibung des Mietgegenstands vorzunehmen ist.

24 Sind für Lfg an einbezogene Unt **Rückstellungen für Gewährleistungsverpflichtungen** gebildet worden, ist eine Auflösung dieser Rückstellungen dann *nicht zulässig,* wenn sich entspr Verpflichtungen des einbezogenen EmpfängerUnt ggü fremden Dritten oder einem nicht einbezogenen KonzernUnt ergeben, die beim EmpfängerUnt auf Grund der Gewährleistungsverpflichtung des LieferUnt als durchlaufender Posten behandelt worden sind. Aus Konzernsicht kann auch eine Rückstellung für unterlassene Reparaturen in Betracht kommen,

sofern die Lfg im Anlagevermögen des EmpfängerUnt aktiviert worden ist (zB *WPH*[12] I M 511; *Wohlgemuth* in HdJ V/4 Anm 68).

25 Ist auf Grund drohender Inanspruchnahme aus einer **Bürgschaft** zugunsten eines einbezogenen Unt ggü fremden Dritten eine Rückstellung gebildet worden, ist diese im Jahr der Bildung grds ergebniswirksam aufzulösen, da die Verbindlichkeit bereits beim begünstigten einbezogenen Unt passiviert wurde (aM § 251 Anm 23).

26 Ist eine Rückstellung für das **Risiko einer wechselrechtlichen Haftung** aus weitergegebenen, noch nicht eingelösten Wechseln von einbezogenen Unt gebildet worden, ist diese Rückstellung ebenfalls ergebniswirksam aufzulösen.

7. Haftungsverhältnisse

27 Die Kons der Haftungsverhältnisse ist nicht ausdrücklich in Abs 1 genannt. Sie ergibt sich jedoch aus der Einheitstheorie des § 297 Abs 3 (hM, zB *ADS*[6] § 303 Anm 18).

28 Ein **Vermerk des Wechselobligos** entfällt, wenn ein einbezogenes Unt die Wechselverbindlichkeiten bereits als Hauptschuld passiviert hat (**Wechselobligo** *zugunsten* **eines einbezogenen Unternehmens**).

Ebenso entfällt ein Vermerk, wenn sich der von einem KonzernUnt ausgestellte oder übertragene Wechsel noch im Besitz eines anderen KonzernUnt befindet (**Wechselobligo** *gegenüber* **verbundenen Unternehmen**). Es ist insb darauf zu achten, dass keine konzerninterne Mehrfachhaftungen für die gleiche Schuld erfasst werden (ebenso *Harms* in HdKR[2] § 303 Anm 43; *Wohlgemuth* in HdJ V/4[2] Anm 88, 89).

29 Ebenso müssen **Bürgschaften und Gewährleistungsverträge** ggü **verbundenen Unternehmen** weggelassen werden, wenn eine Verpflichtung *gegenüber Dritten* aus der Sicht des Konzerns *nicht* besteht.

Bürgschaften für Verbindlichkeiten gegenüber Dritten zugunsten einbezogener Unt sind ebenfalls zu eliminieren, da im KA die Hauptschuld bereits passiviert ist; s aber Anm 25 aE.

30 Bei ausweispflichtigen **Patronatserklärungen** (s § 251 Anm 41) ist zu untersuchen, ob diese *zugunsten* eines einbezogenen Unt nur in Höhe der passivierten Hauptschuld bestehen oder ob es sich um darüber hinausgehende Verpflichtungen handelt. Letztere dürfen nicht eliminiert werden (glA *WPH*[12] I M 520).

31 Hat ein einbezogenes Unt eine **Sicherheit** zugunsten **eines anderen einbezogenen Unternehmens** bestellt, entfällt der Vermerk. Hat das begünstigte einbezogene Unt die Verbindlichkeit passiviert, ist im Konzernanhang die Sicherung anzugeben, § 314 Anm 10; glA *Wohlgemuth* in HdJ V/4 Anm 94.

8. Drittschuldverhältnisse

32 Eine Kons von **Drittschuldverhältnissen,** dh eine Aufrechnung von Forderungen und Verbindlichkeiten Dritter ggü einbezogenen Unt ist zulässig, wird aber von Abs 1 nicht verlangt (hM, zB *Busse von Colbe/Ordelheide*[7], 370). Es wird ausdrücklich nur ein Weglassen von Forderungen und Verbindlichkeiten *gegenüber* einbezogenen Unt gefordert.

33 Fraglich ist, ob dies auch bei Ausleihungen, Forderungen und Verbindlichkeiten ggü **Beteiligungsunternehmen** gilt, wenn bei anderen einbezogenen Unt auf Grund des Fehlens eines (unmittelbaren) Beteiligungsverhältnisses zu diesen Unt diese Posten unter sonstige Ausleihungen, Forderungen oder Verbindlichkeiten aus Lfg und Leistungen etc ausgewiesen werden. Im Hinblick auf die wirtschaftliche Einheit der einbezogenen Unt dürfte eine **Zusammenfassung** dieser Posten im KA unter dem Posten Ausleihungen an Unt, mit denen

ein *Beteiligungsverhältnis* besteht sowie bei den entspr Posten der Forderungen oder Verbindlichkeiten uE sachgerecht sein.

9. Sonstige finanzielle Verpflichtungen

Im Konzernanhang ist nach § 314 Abs 1 Nr 2 der Gesamtbetrag der sonstigen finanziellen Verpflichtungen anzugeben. Sofern die sonstigen finanziellen Verpflichtungen ggü einbezogenen Unt bestehen, sind diese bei der Ermittlung des Gesamtbetrags wegzulassen (§ 314 Anm 15). 37

Beispielhaft sind zu nennen (§ 285 Anm 68): Leasing- und Mietverträge zwischen einbezogenen Unt, Bestellobligo aus begonnenen Investitionsvorhaben ggü einbezogenen Unt (*ADS*[6] § 303 Anm 27, 28; *Busse von Colbe/Ordelheide*[7], 373). 38

10. Derivate zwischen Konzernunternehmen

Im Konzernanhang sind aufgrund der Einfügung von § 314 Abs 1 Nr 10 durch das BilReG für jede Kategorie von derivativen Finanzinstrumenten Angaben zu Art und Umfang sowie dem beizulegenden Zeitwert von derivativen Finanzinstrumenten aufzunehmen. Da Derivate in zunehmenden Maße Bedeutung für das Risikomanagement innerhalb von Konzern erlangt haben, wobei die Koordination häufig von einer zentralen Treasury-Abteilung übernommen wird, entstehen hierdurch Vertragsbeziehungen, die der Konsolidierungspflicht unterliegen. 39

Beispiele für derartige Beziehungen sind vor allem Sicherungsgeschäfte im Zins- oder Währungsbereich. 40

C. Behandlung von Aufrechnungsunterschieden

I. Unechte Aufrechnungsunterschiede

Sog unechte Aufrechnungsunterschiede entstehen auf Grund **zeitlicher Buchungsunterschiede** oder **Ausweisfehler** in den Bilanzen einbezogener Unt. Unechte Aufrechnungsunterschiede stellen keine unmittelbaren KonsProbleme dar, sondern Abweichungen, die vorab zwischen den in den KA einbezogenen Unt geklärt und berichtigt werden müssen (wenn unbedeutend s Anm 65). 50

Beispiele unechter Aufrechnungsunterschiede: 51

- Zahlung einer Verbindlichkeit ggü einem einbezogenen Unt vor Jahresende. Der Geldeingang bei dem betr Unt erfolgt erst im neuen Gj
- Versand von Erzeugnissen vor Jahresende. Der Wareneingang beim einbezogenen Unt wird erst im neuen Gj erfasst
- Ausweis einer Wechselverbindlichkeit ggü einem einbezogenen Unt. Der Wechsel ist nicht mehr im Bestand des einbezogenen Unt, da er diskontiert wurde
- Ausgleich einer Verbindlichkeit ggü einem einbezogenen Unt durch Weiterleitung der Zahlung an eine ausländische Zentralbank. Die Zentralbank hat auf Grund von Devisenproblemen die Weiterleitung der Gelder gesperrt. Das einbezogene LieferUnt weist dennoch eine Forderung gegen das andere einbezogene Unt aus.

Ergeben sich die Abweichungen lediglich aus einem Ausweis in unterschiedlichen Posten in den Einzelbilanzen, können sie durch entspr **Umstellungen** in den Bilanzen dieser Unt vor Durchführung der SchuldenKons beseitigt werden.

II. Echte Aufrechnungsunterschiede

Sog echte Aufrechnungsunterschiede entstehen durch **Bewertungsunterschiede** zwischen konsolidierungspflichtigen Forderungen und Verbindlichkeiten (Anm 13–15), aus **Unterschieden aus der Währungsumrechnung,** insb 53 bei Beachtung des Imparitätsprinzips (Anm 16–18), sowie bei aus Konzernsicht nicht zulässigen **konzerninternen Rückstellungen** (Anm 21–26).

54 Aus dem **Grundsatz der wirtschaftlichen Einheit** (§ 297 Abs 3 S 1) der einbezogenen Unt kann geschlossen werden, dass **echte Aufrechnungsunterschiede** im Jahr der erstmaligen Entstehung (und in den Folgejahren die jeweiligen Änderungen der Aufrechnungsunterschiede) *ergebniswirksam* zu behandeln sind. Damit wird ein im JA gebuchter konzerninterner Ertrag oder Aufwand im KA neutralisiert (hM, zB *v. Wysocki/Wohlgemuth*[4], 225; *WPH*[12] I M 646). Eine erfolgs*neutrale* Behandlung von echten Aufrechnungsunterschieden kann nur bei *unwesentlichen* Beträgen im Hinblick auf Abs 2 für zulässig erachtet werden (Anm 65, ebenso *Fischer* in Beck HdR C 420), da in Fällen von Bedeutung die Generalnorm des § 297 Abs 2 verletzt würde.

55 Fraglich ist, wie die in **Vorjahren** ergebniswirksam gewordenen Aufrechnungsunterschiede im EK vorgetragen werden müssen. *Wohlgemuth* hält entspr der „konzernabschlussspezifischen Natur" der Unterschiedsbeträge aus Vj einen **Sonderposten** für erforderlich (so *Wohlgemuth* in HdJ V/4 Anm 34; *ders* in HWRuP[3] IV 2b). Fraglich erscheint, inwieweit in der Darstellung der EK-Veränderungsrechnung iSv DRS 7 Raum hierfür gegeben ist. Im Hinblick auf § 298 Abs 1 wird es als zulässig erachtet werden müssen, den Gesamtunterschied nach dem Stand des Vj auch in die Konzerngewinnrücklagen einzustellen oder mit diesen zu verrechnen (hM, zB *WPH*[12] I M 646).

D. Verzicht auf Schuldenkonsolidierung (Abs 2)

I. Der Grundsatz der Wesentlichkeit

60 Eine SchuldenKons nach Abs 1 braucht nicht durchgeführt zu werden, *insoweit* die wegzulassenden Beträge für die Vermittlung eines den tatsächlichen Verhältnissen entspr Bilds der VFE-Lage des Konzerns nur von untergeordneter Bedeutung sind. S dazu für den JA § 264 Anm 57 f und für den KA § 297 Anm 197.

61 In welchen Fällen ein Abweichen vom Grundsatz der SchuldenKons als zulässig erachtet werden darf, kann nur unter Berücksichtigung aller Umstände für sämtliche im KA einbezogene Unt entschieden werden. Dies muss iZm dem in § 304 Abs 2, § 305 Abs 2 sowie § 308 Abs 2 S 1 in gleicher Weise geregelten Grundsatz der Wesentlichkeit gesehen werden, da sich hieraus Wechselwirkungen ergeben können. So kann zB der Verzicht auf eine einheitliche Bewertung nach § 308 Abs 2 S 1 dazu führen, dass sich zusätzliche Aufrechnungsunterschiede in der SchuldenKons ergeben, die dem Grundsatz der Wesentlichkeit widersprechen.

62 Bei der Beurteilung kommt es ferner auf die **Bruttobeträge** der wegzulassenden Forderungen und Verbindlichkeiten im Verhältnis zur Höhe der betr Bilanzposten und auf den Einfluss auf die Finanzstruktur, Liquiditäts- und Rentabilitätskennzahlen an, nicht dagegen auf den Saldo der Aufrechnungsunterschiede (hM, zB *Busse von Colbe/Ordelheide*[7], 361; *Wohlgemuth* in HdJ V/4[2] Anm 6). Darüber hinaus ist zu beachten, dass die auf den vorhergehenden KA angewandten KonsMethoden beibehalten werden sollen (§ 297 Anm 200 ff).

II. Verzicht auf eine vollständige oder teilweise Schuldenkonsolidierung

63 Der *vollständige* Verzicht auf eine SchuldenKons wird nur in besonders gelagerten Fällen zulässig sein. Insb bei stark diversifizierten und unabhängig von-

einander operierenden KonzernUnt kann der Lfg- und Leistungsverkehr auf ein Minimum beschränkt sein. In diesen Fällen wird der Ausweis der Ausleihungen sowie der Forderungen und Verbindlichkeiten ggü verbundenen Unt in der Summenbilanz ein Maßstab für die Beurteilung der untergeordneten Bedeutung sein. Zur Quantifizierung der „untergeordneten Bedeutung" § 264 Anm 58; *Busse von Colbe/Ordelheide*[7], 361.

Es wird auch als zulässig erachtet werden müssen, nur eine *teilweise Schuldenkonsolidierung* in der Form durchzuführen, dass alle Forderungen und Verbindlichkeiten zwischen *Tochter*- und *Mutter*unternehmen nach Abs 1 weggelassen werden und in Fällen von untergeordneter Bedeutung Forderungen und Verbindlichkeiten *zwischen* den *Tochter*unternehmen nicht konsolidiert werden. Ebenso dürften keine Bedenken bestehen, geringfügige nicht geklärte **Aufrechnungsunterschiede** als Restbetrag in den Posten Forderungen bzw Verbindlichkeiten ggü verbundenen Unt auszuweisen. 64

III. Verzicht auf eine ergebniswirksame Schuldenkonsolidierung

Nach der hier vertretenen Auffassung sind echte Aufrechnungsunterschiede ergebniswirksam zu behandeln und in den Folgejahren ergebnisneutral vorzutragen (hM, zB *ADS*[6] § 303 Anm 42; *WPH*[12] I M 509). Im Hinblick auf den Arbeitsaufwand zur gesonderten Fortführung jedes einzelnen Aufrechnungsunterschieds in den Folgejahren ist es nicht zu beanstanden, wenn diese Unterschiede in Fällen von untergeordneter Bedeutung insgesamt erfolgsneutral mit dem EK verrechnet werden. 65

E. Erstmalige und letztmalige Schuldenkonsolidierung

Aufrechnungsunterschiede, die sich durch die *erstmalige* Einbeziehung eines Unt in den KA ergeben, sind ergebnisneutral in die Konzerngewinnrücklagen einzustellen, sofern sich diese Abweichungen auf Grund von Bewertungsunterschieden beim *neu einbezogenen* Unt bisher nicht im Konzernergebnis ausgewirkt haben (ebenso *Fischer* in Beck HdR C 420 Anm 93ff, *ADS*[6] § 303 Anm 46). Hinsichtlich einer erfolgsneutralen Verrechnung von Bewertungsunterschieden bei erstmaliger Aufstellung eines KA s § 304 Anm 81. 70

Bei **Endkonsolidierungen** (Ausscheiden eines TU aus dem KonsKreis) sind alle Aufrechnungsunterschiede aufzuheben. Ob und wann die in Vj erfolgswirksam verrechneten Unterschiedsbeträge erfolgswirksam aufzulösen sind, muss im Einzelfall entschieden werden (*Busse von Colbe/Ordelheide*[7], 379, 380).

F. Schuldenkonsolidierung nach dem Publizitätsgesetz

Auf den KA nach dem PublG sind die §§ 294 bis 314 singgemäß anzuwenden (§ 13 Abs 2 S 1 PublG), da das PublG keine eigenen KonsVorschriften enthält. Die SchuldenKons richtet sich demnach auch für die dem PublG unterliegenden Unt nach § 303. 75

G. Sanktionen

80 In § 334 (Ordnungswidrigkeit) ebenso wie in § 20 PublG wird § 303 nicht explizit genannt. Gleichwohl kann ein Verstoß gegen § 303 Sanktionen zur Folge haben, wenn gem § 331 Nr 2 die Verhältnisse im KA unrichtig wiedergegeben oder verschleiert werden oder eine Ordnungswidrigkeit gegen § 297 Abs 2 (§ 334 Abs 1 Nr 2b; § 20 Abs 1 Nr 2b PublG) vorliegt (näheres s auch § 334 Anm 25).

H. Abweichungen der IFRS

85 Die SchuldenKons ist in IAS 27.24 iVm 27.25 geregelt. Danach sind sämtliche zwischengesellschaftlichen Posten zu eliminieren. Während nach IAS 27.24 unrealisierte Gewinne und Verluste grds zu eliminieren sind, wird hinsichtlich der Behandlung von unrealisierten Kursgewinnen und -verlusten, die bei der Umrechnung von Fremdwährungsforderungen und -verbindlichkeiten gegen Unt des KonsKreises auf der Ebene des jeweiligen KonzernUnt bereits entstanden sind, in IAS 21.43 ausdrücklich darauf hingewiesen, dass diese im Rahmen der Kons nicht erfolgsneutral mit dem EK zu verrechnen sind, da sie aus der Verpflichtung entstanden sind, einen monetären Betrag in eine andere Währung zu wechseln und somit auch aus Konzernsicht nicht zu vermeiden sind (*Oechsle/Müller/Wildburger* in Komm IAS[2], IAS 21 (1993), Rn 78). Demgegenüber vertritt die hM zu § 303 die Auffassung, dass solche währungsbedingten Differenzen ergebnisneutral mit dem EK zu verrechnen oder einzustellen sind. Dies ist nicht mit IAS 21.43 vereinbar.

Zu beachten ist, dass sich aus der IFRS-spezifischen Bilanzierung von Sicherungsgeschäften (Fair value hedge bzw. Cash flow hedge) kompensierende Effekte im IFRS-KAbschluss ergeben können.

Besonderheiten oder Abweichungen zum HGB ergeben sich im Übrigen nicht (s *Baetge/Kirsch/Thiele*[7], 298; *Baetge/Schulze* in Komm IAS[2] 27 (1989), Rn 131 ff). Der in Abs 2 gesondert geregelte Grundsatz der Wesentlichkeit entspricht dem im Framework zu den IFRS unter .29f sowie im IAS 8.8 geregelten Grundsatz der *Materiality*.

§ 304 Behandlung der Zwischenergebnisse

(1) **In den Konzernabschluß zu übernehmende Vermögensgegenstände, die ganz oder teilweise auf Lieferungen oder Leistungen zwischen in den Konzernabschluß einbezogenen Unternehmen beruhen, sind in der Konzernbilanz mit einem Betrag anzusetzen, zu dem sie in der auf den Stichtag des Konzernabschlusses aufgestellten Jahresbilanz dieses Unternehmens angesetzt werden könnten, wenn die in den Konzernabschluß einbezogenen Unternehmen auch rechtlich ein einziges Unternehmen bilden würden.**

(2) **Absatz 1 braucht nicht angewendet zu werden, wenn die Behandlung der Zwischenergebnisse nach Absatz 1 für die Vermittlung eines den tatsächlichen Verhältnissen entsprechenden Bildes der Vermögens-, Finanz- und Ertragslage des Konzerns nur von untergeordneter Bedeutung ist.**

Übersicht

Schrifttum: *Dusemond* Die Konzernanschaffungs- und Konzernherstellungskosten nach § 304 HGB, Stuttgart 1994; *Dusemond* Gegenstand der Zwischenergebniseliminierung gem. § 304 Abs. 1 HGB DStR 1996, 680; *Coenenberg*[17] Jahresabschluss und Jahresabschlussanalyse: betriebswirtschaftliche, handels-, steuerrechtliche und internationale Grundlagen, Landsberg 2000; *Baetge/Kirsch/Thiele*[7] Konzernbilanzen, Düsseldorf 2004.

A. Allgemeines

Gewinne und Verluste aus Geschäften zwischen in die Kons einbezogenen Unt, die in die Buchwerte der Aktiva eingehen, müssen weggelassen werden. Diese *ergebnisorientierte* Beschreibung der Behandlung der Zwischenergebnisse in Art 26 der 7. Richtl ist bei der Umsetzung in deutsches Recht nicht übernommen worden. Ein erheblicher Nachteil dieser Formulierung in der Richtl liegt in der fehlenden Gewinn- und Verlustdefinition. Nach allgemeiner Auffassung sind bei der Zwischenergebniseliminierung nicht nur Gewinne und Verluste iSd handelsrechtlichen Ergebnisdefinition zu eliminieren, sondern auch aus der Sicht des Konzerns nicht aktivierungsfähige Kosten wie zB Vertriebskosten (so *Busse von Colbe/Ordelheide*[7], 384). **1**

Im HGB wurde bei der Umsetzung der 7. EG-Richtl versucht, eine Umschreibung der Konzern-AK und Konzern-HK zu geben. **2**

Nach **Abs 1** sind in den KA zu übernehmende VG aus Lfg und Leistungen von Unt des KonsKreises „mit einem Betrag anzusetzen, zu dem sie in der auf den Stichtag des Konzernabschlusses aufgestellten Jahresbilanz dieses Unternehmens angesetzt werden könnten, wenn die in den Konzernabschluss einbezogenen Unternehmen auch rechtlich ein einziges Unternehmen bilden würden". Diese *vermögensorientierte* und auf der Einheitstheorie basierende Definition der Behandlung der Zwischenergebnisse erlaubt es, die allgemeinen Bewertungsvorschriften der §§ 252 bis 256 (ohne 254), §§ 279 bis 283, die Bilanzierungsverbote des § 248 sowie den in § 308 geregelten Grundsatz der einheitlichen Bewertung auch bei der Ermittlung der Zwischenergebnisse zu berücksichtigen; s auch *Dusemond* DStR 1996, 681.

3 Demzufolge sind nicht nur *Zwischengewinne,* sondern auch *Zwischenverluste* zu eliminieren. Die Pflicht zur Herausrechnung von Zwischergebnissen umfasst VG des Umlaufvermögens und auch VG des Anlagevermögens. Schuldposten werden von § 304 und von der EG-Richtl (Anm 1) nicht angesprochen.

4 **Abs 2** entspricht dem in der 7. EG-Richtl festgelegten Grundsatz, auf eine Eliminierung der Zwischenergebnisse dann zu verzichten, wenn die betr Beträge von untergeordneter Bedeutung für die Vermittlung eines den tatsächlichen Verhältnissen entspr Bilds der VFE-Lage des Konzerns sind.

5 § 304 gilt auch für Kreditinstitute. Im KA von VersicherungsUnt darf gem § 341j Abs 2 auf die Anwendung von Abs 1 verzichtet werden, wenn die Lfg oder Leistungen zu üblichen Marktbedingungen vorgenommen wurden und Rechtsansprüche von Versicherungsnehmern begründet haben; das betrifft insb Gewinnanteile in der Lebens- und Krankenversicherung (dazu *WPH*[12] I K 376).

B. Ermittlung des anzusetzenden Betrags (Abs 1)

I. Grundsatz

10 Sind durch Zusammenfassung der einbezogenen JA im KA VG ausgewiesen, die unmittelbar auf Lfg oder Leistungen von *einbezogenen* Unt beruhen, müssen ungeachtet der Erleichterungen gem Abs 2 folgende Sachverhalte untersucht werden (ebenso *v. Wysocki/Wohlgemuth*[4], 179; *ADS*[6] § 304 Anm 41 ff):

- Liegt aus Sicht des Konzerns als *fiktiver Einheit* ein **Vermögensgegenstand** nach § 300 Abs 2 vor? (Näheres § 300 Anm 39 f).
- Sind die in die Konzernbilanz übernommenen VG mit einem Wert angesetzt, der aus der Sicht des Konzerns als fiktiver Einheit den **Grundsätzen der einheitlichen Bewertung** gem § 308 entspricht? Nach § 308 iVm § 298 Abs 1 sind grds alle Bewertungsmethoden zugelassen, die für den JA für große KapGes anwendbar sind. Zum Begriff „fiktive Einheit" s § 297 Anm 190 ff; *ADS*[6] § 304 Anm 18.

Soweit VG aus Lfg und Leistungen von nicht in den KonsKreis einbezogenen KonzernUnt oder von konzernfremden Unt in die Konzernbilanz zu übernehmen sind, ist eine Eliminierung der Zwischenergebnisse auch dann nicht erforderlich, wenn in diesen Fremdlieferungen und -leistungen Lfg oder Leistungen von einbezogenen Unt mittelbar enthalten sind. Dies gilt nicht, wenn durch die Zwischenschaltung eines fremden Dritten oder eines nicht einbezogenen TU die Zwischenergebniseliminierung bewusst umgangen werden soll (so *v. Wysocki/Wohlgemuth*[4], 180; *Dusemond,* 263; *Weber* in HdKR[2] § 304 Anm 14). Die Pflicht zur Eliminierung von Zwischenergebnissen besteht sowohl für Unt, die im Rahmen der VollKons einbezogen worden sind, als auch für Unt, die nach der Methode der QuoKons (§ 310) einbezogen worden sind (s § 310 Anm 65ff; *Busse von Colbe/Ordelheide*[7], 383).

Zur Zwischenergebniseliminierung bei assozUnt § 312 Anm 90f.

II. Ermittlung von Konzernanschaffungskosten

Was als **Konzernanschaffungskosten** anzusehen ist, bestimmt sich nach § 255 Abs 1 iVm § 253 Abs 1. Konzern-AK müssen bspw für Sachanlagen, Beteiligungen, Rohstoffe und Waren ermittelt werden, die von einem Dritten bezogen worden sind und innerhalb der in den KA *einbezogenen* Unt ohne Bearbeitung weiterveräußert worden sind (und dort noch im Bestand waren). Entspr § 255 Abs 1 müssen folgende Elemente bestimmt werden: 11

- Anschaffungs*preis* einschließlich Anschaffungspreis*änderungen,* die an Dritte außerhalb des Konzerns zu vergüten sind,
- Anschaffungs*neben*kosten, die an fremde Dritte zu vergüten sind und
- im *Konzern* anfallende Nebenkosten.

Danach sind außer dem **Anschaffungspreis** und den **Anschaffungsnebenkosten** alle Kosten anzusetzen, die erforderlich sind, um einen VG zu erwerben und ihn in einen betriebsbereiten Zustand zu versetzen, soweit sie dem VG einzeln zugeordnet werden können. Weiterbelastete **Lager-, Zins- und Vertriebsgemeinkosten** dürfen nicht als Anschaffungsnebenkosten aktiviert werden. **Transportkosten** für die Verbringung von Waren zum Bestimmungsort im Konzern sind jedoch zu aktivieren, soweit sie dem VG einzeln zugeordnet werden können (§ 255 Anm 73). Aus der Sicht des Konzerns handelt es sich um innerbetriebliche Transportkosten (so *WPH*[12] I M 304; *ADS*[6] § 304 Anm 23; *Busse von Colbe/Ordelheide*[7], 390). Diese Sachverhalte betreffen auch innerhalb des Konzerns weiterveräußerte VG des Anlagevermögens (Transport- und Montagekosten, GrESt und Beurkundungsgebühren). 12

Die Ermittlung der Konzern-AK ist idR unproblematisch. Liegen die Konzern-AK *unter* dem Wertansatz des JA oder der HB II (dazu § 300 Anm 26ff) des EmpfängerUnt, ist in Höhe des Unterschieds ein Zwischengewinn auszuschalten. Liegen die Konzern-AK *über* dem Wertansatz im JA oder in der HB II des EmpfängerUnt, ergibt sich in Höhe dieser Abweichung ein eliminierungspflichtiger Zwischenverlust, soweit nicht ein niedrigerer Wertansatz im KA gem § 253 Abs 2 und 3 zu beachten ist (Anm 18).

III. Ermittlung von Konzernherstellungskosten

1. Beachtung des Grundsatzes der einheitlichen Bewertung

§ 308 regelt die einheitliche Bewertung der in den KA nach § 300 Abs 2 übernommenen VG (§ 308 Anm 4). Danach sind die dort aufgestellten Grundsätze auch für VG anzuwenden, die ein in den KA *einbezogenes* Unt hergestellt hat und an ein anderes *einbezogenes* Unt weitergeliefert hat, soweit diese VG im KA noch anzusetzen sind (keine Weiterveräußerung an Andere). Eigenständige Wahlrechte für die Ermittlung der Konzern-AHK, die von denjenigen für die Ermittlung der HK von nicht innerhalb des Konzerns weitergelieferten VG abweichen, kann es idR nicht geben (hM *ADS*[6] § 304 Anm 29; *WPH*[12] I M 305). Sind die **Bewertungswahlrechte** gem § 255 Abs 2 für die Ermittlung der HK im KA festgelegt, sind diese grds auch für die Ermittlung der **Konzernherstellungskosten** zu beachten. Ebenso kommt es wegen §§ 300 und 308 nicht darauf an, wie das liefernde einbezogene Unt **Wertansatzwahlrechte** im JA aus- 13 geübt hat (ähnlich *v. Wysocki/Wohlgemuth*[4], 182; *Dusemond,* 16). Hat sich das MU im KA grds für den Ansatz von HK unter Einbeziehung von Gemeinkosten entschieden, ist dies auch für die Ermittlung der Konzern-HK zu beachten. Hat sich der Konzern dagegen bei unterschiedlichen VG und/oder unterschiedlichen Bedingungen für den Ansatz von *vollen* HK in *einem* Bereich, für Teil-HK in einem *anderen* Bereich entschieden, ist dies auch bei der Ermittlung von Konzern-AHK für diese Bereiche zu beachten (näheres § 308 Anm 51 f). Das gleiche gilt auch für die Wahl von Bewertungsvereinfachungsverfahren (§§ 241, 256).

14 Für die Ermittlung von Konzern-AHK allein maßgeblich sind die gem § 308 für den Konzern nach **einheitlichen Grundsätzen** festgelegten Bewertungs*methoden,* sofern die VG gleichen Bedingungen unterliegen.

15 Ob eine **Kostenart** in die Konzern-HK einzubeziehen ist oder nicht, bestimmt sich nicht nach der Zuordnung dieser Kostenart zu den Herstellungs-, Verwaltungs- oder Vertriebskosten in der Betriebsbuchhaltung des liefernden Unt, sondern **aus der Sicht des Konzerns** als fiktiver wirtschaftlicher Einheit. Hat das einbezogene Unt zB Maschinen, Fabrikgebäude und Grundstücke von anderen einbezogenen Unt gemietet oder gepachtet, sind an Stelle der Mieten und Pachten angemessene Teile des Wertverzehrs des Anlagevermögens als Abschreibungen in die HK der Erzeugnisse einzubeziehen. Ist das Unt verpflichtet, Produktionslizenzen an ein anderes einbezogenes Unt zu zahlen, sind diese Lizenzkosten aus Konzernsicht aus den HK auszuscheiden (*Dusemond,* 177). Hat das LieferUnt umgekehrt bestimmte Kosten, wie zB Transportkosten für die Verbringung des VG zum EmpfängerUnt, den Vertriebskosten zugeordnet, sind diese Kosten aus der Sicht des Konzerns in die HK einzubeziehen.

Sind im Rahmen der ErstKons stille Reserven aufgedeckt worden, sind die sich hieraus ergebenden Mehrabschreibungen, soweit sie auf VG des Anlagevermögens entfallen und den HK zuzuordnen sind, in die Konzern-HK einzubeziehen (hM *ADS*[6] § 304 Anm 24; *Busse von Colbe/Ordelheide*[7], 392; *Dusemond,* 192).

2. Konzernhöchstwert und Konzernmindestwert

16 Liegen die ermittelten Konzern-HK *unter* dem Wertansatz im JA (in der HB II) des EmpfängerUnt, ist diese Abweichung als **eliminierungspflichtiger Zwischengewinn** herauszurechnen. In diesem Fall stellen die Konzern-HK den Konzernhöchstwert dar. Liegen die Konzern-HK *über* dem Wertansatz im JA (in der HB II) des EmpfängerUnt, liegt in Höhe dieser Abweichung ein **eliminierungspflichtiger Zwischenverlust** vor, soweit nicht ein niedrigerer Wertansatz im KA gem § 253 Abs 2 und 3 zu beachten ist (Anm 18). In diesen Fällen stellen die Konzern-HK den Konzernmindestwert dar.

17 In Abs 1 werden eine **Obergrenze** für die höchstzulässigen Konzern-HK und eine **Untergrenze** für die niedrigstzulässigen Konzern-HK insoweit festgelegt, als die Bewertungswahlrechte nach § 255 Abs 2 auch bei der Ermittlung von Konzern-HK zugelassen werden. Dieser Unterschied wird als eliminierungsfähiger Ergebnisanteil bezeichnet. Eigenständige Bewertungswahlrechte für den Konzern ohne Beachtung des Grundsatzes der einheitlichen Bewertung werden als nicht zulässig erachtet – abgesehen von branchentypischen Posten bei Kreditinstituten und VersicherungsUnt (§ 308 Abs 2), hM zB *Klein* in Beck HdR C 430 Anm 48; *Weber* in HdKR[2] § 303 Anm 38; *ADS*[6] § 304 Anm 29 ff). Ein Wahlrecht bei der einheitlichen Festlegung der HK und damit auch der Konzern-HK ist jedoch über §§ 308, 298 Abs 1 iVm § 255 Abs 2 unabhängig

von den in den JA der einbezogenen Unt angewendeten Bewertungsmethoden gegeben (dazu § 308 Anm 51f).

IV. Beachtung der Abwertungen gemäß § 253 Abs 2 und 3

Bei der Ermittlung der Zwischenergebnisse sind nicht nur die Vorschriften 18
über die Ermittlung von AK und HK zu beachten, sondern auch die Bestimmungen über den **Niederstwert** nach § 253 Abs 2 und 3. Hat das LieferUnt einen VG, der zur Weiterveräußerung an Dritte bestimmt ist, an ein anderes *einbezogenes* Unt zu einem Preis geliefert, der unter den Konzern-AK/-HK liegt, ist der sich hieraus zunächst ergebende **Zwischenverlust** (Anm 16) nicht ohne weiteres im KA aufzulösen. Vielmehr ist zu untersuchen, ob der Börsen- oder Marktpreis bzw der dem VG beizulegende Wert nicht niedriger ist als die Konzern-AK/-HK. Eine Eliminierung der Zwischenverluste darf demgemäß nur erfolgen, wenn die vorgenannten Kosten und außerdem der nach § 253 Abs 3 beizulegende Wert *über* dem Verrechnungspreis liegen; *Busse von Colbe/Ordelheide*[7], 386; *Dusemond,* 231.

C. Besonderheiten bei einzelnen Posten

I. Immaterielle Vermögensgegenstände

Sind von *einbezogenen* Unt gewerbliche **Schutzrechte** und ähnliche Rechte 30
und Werte sowie **Lizenzen** an solchen Rechten und Werten, die beim veräußernden Unt selbst geschaffen wurden und dort gem § 248 Abs 2 dem Aktivierungsverbot unterlagen, an ein anderes einbezogenes Unt veräußert worden und in dessen JA (HB II) als Anlagevermögen aktiviert, ist der beim leistenden Unt entstandene Verkaufserlös zu eliminieren (ebenso *Dusemond,* 170). Aus der Sicht des Konzerns als wirtschaftlicher Einheit handelt es sich um selbst hergestellte immaterielle VG des Anlagevermögens, die in den KA nicht übernommen werden dürfen. Im **Bruttoanlagengitter** zum KA sind demzufolge die AK zu eliminieren und der beim leistenden Unt entstandene Erlös entspr zu mindern. Die Abschreibungen des Gj beim EmpfängerUnt auf diese immateriellen selbstgeschaffenen VG sind jährlich ergebniserhöhend aufzulösen. Die AK und die kumulierten Abschreibungen sind in den Folgejahren ergebnisneutral mit dem EK zu verrechnen.

Typische Fälle sind der Verkauf von technischem Fertigungs-Know-how zum 31
Aufbau von Produktionsanlagen bei einbezogenen TU, die Vergabe von Einmallizenzen zur Herstellung von Erzeugnissen, die von anderen einbezogenen Unt entwickelt worden sind, zentralentwickelte EDV-Software sowie die konzerninterne Übertragung gewerblicher Schutzrechte. Das gleiche gilt für beim sog *asset deal* erworbene GFW.

II. Sachanlagen

Bei der Eliminierung von Zwischenergebnissen aus Sachanlagen eines 32
EmpfängerUnt ist zu unterscheiden zwischen VG, die bereits beim LieferUnt als Sachanlagen ausgewiesen worden sind, und solchen, die beim LieferUnt zur Weiterveräußerung hergestellt oder angeschafft worden sind.

33 Im ersten Fall handelt es sich um die Eliminierung von Gewinnen oder Verlusten aus dem **Verkauf von Gegenständen des Anlagevermögens,** die in der GuV im Posten „sonstige betriebliche Erträge" und „sonstige betriebliche Aufwendungen" enthalten sind (§ 305 Anm 47; *ADS*[6] § 304 Anm 83).

34 Im zweiten Falle sind die Zwischenergebnisse aus den Umsatzerlösen zu eliminieren. Typisch sind diese Fälle bei in den KA *einbezogenen* Maschinenbau-, Anlagenbau- oder BauUnt, die ihre Erzeugnisse auch an *einbezogene* KonzernUnt zur dortigen Nutzung liefern, oder bei zum Konzern gehörigen LeasingGes, welche die von einbezogenen Unt erworbenen VG an Konzernfremde vermieten.

35 In den Folgejahren sind in beiden Fällen in Höhe der Zwischengewinne oder -verluste zu viel oder zu wenig verrechnete Abschreibungen über die Nutzungsdauer der betr Anlagegegenstände ergebniswirksam zu korrigieren (hM, zB *Busse von Colbe/Ordelheide*[7], 410).

III. Anteile an Tochterunternehmen und Beteiligungen

36 Werden Anteile an *nicht* einbezogenen TU, Beteiligungen oder sonstige Finanzanlagen von *einbezogenen* Unt an andere *einbezogene* Unt veräußert, ist ein sich hierbei ergebender Gewinn gem Abs 1 im KA zu eliminieren (soweit diese Anteile etc im KA bilanziert waren). Ein Verlust ist unter Beachtung des Niederstwerts gem §§ 253 Abs 2, 279 Abs 1 S 2 aufzulösen.

Werden Anteile an *einbezogenen* TU innerhalb des KonsKreises mit Gewinn oder Verlust veräußert, sind diese Ergebnisse entspr Abs 1 zu eliminieren, da sich ansonsten ein neuer Unterschiedsbetrag ergeben würde (*ADS*[6] § 304 Anm 113; *Busse von Colbe/Ordelheide*[7], 413).

IV. Vorräte

37 Zwischenergebnisse aus **konzerninternen Lieferungen** (und Leistungen) sind insoweit zu eliminieren, als diese Lfg usw sich beim empfangenden Unt am Bilanzstichtag noch im Bestand befinden. Problematisch kann die Ermittlung dieser **Bestandsmengen** werden, wenn die Bestände nicht nur von den in den KA einbezogenen Unt stammen, sondern auch von Dritten und von nicht einbezogenen KonzernUnt bezogen worden sind und auf Grund eines gemischten Lagerbestands eine Trennung zwischen konzerninternen und konzernfremden Lfg nicht mehr möglich ist. In diesen Fällen kann es zweckmäßig sein, die Konzernbestände durch entspr Anwendung der in § 256 zugelassenen Bewertungsvereinfachungsverfahren zu ermitteln (dazu § 256 Anm 56ff; *ADS*[6] § 304 Anm 61ff; *Busse von Colbe/Ordelheide*[7], 395ff). Soweit die Ermittlung des Konzernbestands für ein einzelnes Erzeugnis zu aufwändig ist, wird es auch als zulässig angesehen, den Konzernbestand für gleichartige VG des Vorratsvermögens gruppenweise zu bestimmen, dazu § 240 Anm 130; *Busse von Colbe/Ordelheide*[7], 400. Zwischenergebnisse in Konzernbeständen sind auch dann zu eliminieren, wenn diese nicht nur aus einer Stufe des Konzerns resultieren, sondern aus mehreren Stufen des Konzerns bei jeweils anderen einbezogenen Unt entstanden sind (*Dusemond,* 393).

38 Werden die **Zwischenergebnisse produktindividuell** errechnet, müssen die Einzeldaten beim bestandsführenden Unt wie Produktbezeichnung, Menge und Anschaffungspreis unter Angabe der Vorratsgruppe (Roh-, Hilfs- und Betriebsstoffe, unfertige Erzeugnisse, unfertige Leistungen, fertige Erzeugnisse, Waren) und die entspr AK oder HK des LieferUnt ermittelt werden. Die Kon-

zern-HK sind unabhängig von der Ermittlung der HK für den JA des liefernden Unt auf der Basis einheitlicher Bewertungsmethoden nach § 308 zu ermitteln (ebenso *Weber* in HdKR[2] § 304 Anm 81). Dabei sind aus Konzernsicht nicht aktivierungsfähige Kostenbestandteile herauszurechnen (Anm 15). Hinzuzurechnen sind Kosten, die aus der Sicht des EinzelUnt nicht aktivierungsfähig sind, jedoch aus der Sicht des Konzerns zumindest zu den aktivierungspflichtigen Kosten zu zählen sind (Anm 13 bis 15).

Ist dieses **produktindividuelle Verfahren** aus organisatorischen und zeitlichen Gründen **nicht durchführbar,** ist es auch zulässig, bei entspr eingerichtetem betrieblichem Rechnungswesen der einbezogenen Unt auf der Basis von Produkt-, Produktgruppen- oder Produktbereichserfolgsrechnungen die Konzern-HK durch retrograde Rechnung zB durch monatlich, quartalsweise oder jährlich ermittelte **Bruttoergebnismargen** zu bestimmen. Diese mehr pauschalen Verfahren eignen sich insb bei Serien- und Standardfertigung mit nur geringen Schwankungen der HK (zu den Verfahren *Klein* in Beck HdR C 430 Anm 74 bis 87; *Busse von Colbe/Ordelheide*[7], 402). 39

V. Wertpapiere

Werden Wertpapierbestände an andere *einbezogene* Unt weiterveräußert und dabei Kursgewinne realisiert, ist auf die AK des veräußernden Unt abzuwerten und der entstandene Kursgewinn als Zwischenergebnis auszuschalten. Dabei sind Abschreibungen auf den niedrigeren Börsen- oder Marktpreis nach § 253 Abs 3 zu berücksichtigen (*Busse von Colbe/Ordelheide*[7], 409). 40

D. Behandlung von Zwischenergebnissen

I. Zwischenergebnisse im Entstehungsjahr

Die aus Lfg und Leistungen zwischen *einbezogenen* Unt im Gj entstandenen Zwischenergebnisse führen einerseits zu einer Verringerung des Wertansatzes der betr VG, soweit es sich um **Zwischengewinne** handelt, und andererseits zu einer Erhöhung des Wertansatzes, soweit es sich um **Zwischenverluste** handelt. In der Konzern-GuV sind hauptsächlich folgende Posten betroffen: Umsatzerlöse, sonstige betriebliche Erträge und sonstige betriebliche Aufwendungen. Bei diesen Posten wird der Gewinn oder Verlust des leistenden Unt eliminiert. Sind in den Zwischenergebnissen darüber hinaus auch aus Konzernsicht nicht aktivierungsfähige Kostenarten enthalten, sind in Abhängigkeit von der Organisation der Aufwands- und ErtragsKons idR zusätzliche Posten betroffen, zB Erhöhung oder Verminderung des Bestands an fertigen und unfertigen Erzeugnissen, andere aktivierte Eigenleistungen sowie beim Umsatzkostenverfahren die Herstellungskosten der zur Erzielung der Umsatzerlöse erbrachten Leistungen, Verwaltungs- oder Vertriebskosten sowie in Ausnahmefällen ao Erträge und Aufwendungen; dazu § 305 Anm 40. Wegen der Steuerabgrenzung im KA s § 306 Anm 24. 50

II. Fortführung der Zwischenergebnisse in den Folgejahren

Während sich in der Konzern-GuV die im *Geschäftsjahr* neu entstandenen Zwischenergebnisse auf das Jahresergebnis auswirken, sind die aus **Vorjahren** 51

resultierenden Zwischenergebnis-Eliminierungen – soweit sie nicht in der Konzern-GuV durch Verkauf an konzernfremde Dritte aufzulösen oder bei VG des Anlagevermögens fortzuführen sind – in der Konzernbilanz in einen AusglPo im EK (Ergebnisvortrag oder Gewinnrücklagen) einzustellen (hM, zB *WPH*[12] I M 643/653; *ADS*[6] § 304 Anm 90 ff).

52 Soweit die Zwischenergebnisse aus **VG des Anlagevermögens** zu eliminieren sind, müssen in den Folgejahren die in den JA einbezogener TU zu hoch oder zu niedrig ausgewiesenen Abschreibungen ergebniswirksam korrigiert werden, bis die entspr VG und die jeweils vorzutragenden AusglPo in einem Folgejahr vollständig abgeschrieben oder aufgelöst sind.

53 Soweit die Zwischenergebnisse aus **VG des Umlaufvermögens** zu eliminieren sind, werden nur die Veränderungen zwischen den im Vj und im Gj herauszurechnenden Zwischenergebnissen ergebniswirksam (*v. Wysocki/Wohlgemuth*[4], 199 ff).

E. Verzicht auf die Zwischenergebniseliminierung (Abs 2)

60 Abs 1 muss nicht angewendet werden, wenn die Herausrechnung der Zwischenergebnisse nach Abs 1 für die Vermittlung eines den tatsächlichen Verhältnissen entspr Bilds der VFE-Lage des Konzerns von **untergeordneter Bedeutung ist.** In allen Fällen von untergeordneter Bedeutung ist eine Angabe oder Erl im Konzernanhang *nicht* erforderlich.

61 Wann ein Verzicht auf die Eliminierung von Zwischenergebnissen als zulässig erachtet werden darf, kann nur unter Berücksichtigung aller Umstände der in den KA einbezogenen Unt entschieden werden und muss außerdem iZm dem in den §§ 303 Abs 2, 305 Abs 2 sowie 308 Abs 2 S 3 in gleicher Weise umschriebenen **Grundsatz der Wesentlichkeit** gesehen werden (näheres für den JA § 264 Anm 57 f und für den KA § 297 Anm 195).

62 Von Bedeutung ist einerseits der Gesamtbetrag, um den jeder Bilanzposten durch den Verzicht auf die Eliminierung von Zwischenergebnissen zu hoch oder zu niedrig ausgewiesen wird, und andererseits die Höhe des Betrags, um den der Gewinn *vor* Ertragsteuern zu hoch oder zu niedrig ausgewiesen wird (so *Scherrer* in BoHdR § 304 Anm 42; *Weber* in HdKR[2] § 303 Anm 34 und 35). Zu den Grenzen der Wesentlichkeit s Anm 61. *Busse von Colbe/Ordelheide* halten Größenordnungen von 1% bis 2% der jeweiligen Vergleichsgröße als Maßstab für die geringe Bedeutung für unbedenklich (*Busse von Colbe/Ordelheide*[7], 423). Vom *Verband der chemischen Industrie* werden Größenordnungen von bis zu 5% des jeweiligen Vergleichsmaßstabs als zulässig erachtet (*Verband der chemischen Industrie* Übertragung des neuen Bilanzrechts in die Unternehmenspraxis Teil 2: Konzernabschluss 1989, 43). Als Vergleichsmaßstab wird für die Vermögenslage der betr Bilanzposten, für die Finanzlage das Nettoumlaufvermögen und für die Ertragslage der Jahreserfolg als geeignet angesehen. Bei Verwendung des Jahreserfolgs als Vergleichsgröße muss jedoch die Veränderung des Zwischenergebnisses um entspr Steuerabgrenzungen nach § 306 gekürzt werden; so *Busse von Colbe/Ordelheide*[7], 423. Es ist somit nicht zu beurteilen, ob bei einem *einzelnen* VG das Zwischenergebnis von untergeordneter Bedeutung ist, sondern ob in der *Gesamtheit* der VG **innerhalb eines Bilanzpostens** der Verzicht auf die Eliminierung von Zwischenergebnissen von untergeordneter Bedeutung ist.

F. Erstmalige und letztmalige Behandlung von Zwischenergebnissen

Zwischenergebnisse, die aus VG eines *erstmalig* in den KA einbezogenen Unt herauszurechnen sind, soweit diese auf Lfg und Leistungen von dann einbezogenen Unt beruhen, sind insgesamt im ersten Gj der Einbeziehung ergebniswirksam zu eliminieren. Ergebnisse aus Vj oder aus Zeiten vor Beginn der Konzernzugehörigkeit sind nicht zu eliminieren; *WPH*[12] I M 332; *Busse von Colbe/Ordelheide*[7], 425. 65

Fraglich ist die Behandlung von Zwischenergebnissen, wenn ein Konzern neu entsteht, sei es durch Kauf von Unt oder durch Übertragung von Anteilen an Ges gegen Gewährung von Ges-Rechten im Wege der Interessenzusammenführung (§ 302) oder bei erstmaliger freiwilliger, gesetzlich vorgeschriebener oder vertraglich vereinbarter Aufstellung eines Teil-KA.

Soweit ein Konzern durch **Kauf** von Unt neu entsteht, sind die Zwischenergebnisse zum Jahresende ergebniswirksam herauszurechnen, soweit sie aus Lfg resultieren, die nach der Begründung des Mutter-Tochter-Verhältnisses erfolgt sind. Eine Eliminierungspflicht besteht nicht für Lfg und Leistungen vor diesem Zeitpunkt (aA *ADS*[6] § 304 Anm 127; *WPH*[12] I M 331).

Werden Unt durch **Bildung eines Gemeinschaftsunternehmens** im Wege der Interessenzusammenführung von den Gestern des GemUnt gegen Gewährung von Ges-Rechten übertragen, müssen bei erstmaliger Aufstellung eines KA die Zwischenergebnisse ergebniswirksam eliminiert werden. Die erfolgsneutrale Verrechnung entspr Art 27 Abs 4 EGHGB oder die sinngemäße Anwendung dieser Vorschrift wird nicht für zulässig erachtet.

Wird erstmalig ein **Teilkonzernabschluss** aufgestellt (zB auf freiwilliger Basis, auf Grund gesetzlicher Vorschriften wegen Minderheitsanteilen oder auf gesvertraglicher Grundlage), erscheint es mit dem Grundgedanken des Art 27 Abs 4 EGHGB vereinbar, eine erfolgsneutrale Verrechnung der Zwischenergebnisse bei entspr Erl im Konzernanhang für zulässig zu erachten; *ADS*[6] Vorbem zu Art 23–28 EGHGB Anm 55 ff.

Mit *Ausscheiden* eines TU aus dem KonsKreis endet die Eliminierung von Zwischenergebnissen für das gesamte letzte Konzern-Gj; § 301 Anm 240 ff. Damit sind auch alle noch fortwirkenden Eliminierungen aus Vj (Anm 51 ff) aufzuheben. Dies gilt nicht für Zwischenergebnisse aus Lfg und Leistungen von einem zwischenzeitlich aus dem KonsKreis ausgeschiedenen TU, solange der VG noch im KA ausgewiesen wird (*ADS*[6] § 304 Anm 128).

G. Behandlung der Zwischenergebnisse nach dem Publizitätsgesetz

Auf den KA nach dem PublG sind die §§ 294 bis 314 sinngemäß anzuwenden (§ 13 Abs 2 S 1 PublG), da das PublG keine eigenen KonsVorschriften enthält. Die Eliminierung der Zwischenergebnisse richtet sich demnach auch für die dem PublG unterliegenden Unt nach § 304 (und ggf für TU nach § 341 j Abs 2). 70

H. Sanktionen

75 In § 334 (Ordnungswidrigkeit) wird § 304 nicht explizit genannt, ist aber als Unterfall von § 297 Abs 2 anzusehen und daher mittelbar durch § 334 Abs 1 Nr 2b sanktioniert (§ 334 Anm 21, 25).

I. Abweichungen der IFRS

80 Die Zwischenergebniseliminierung ist in IAS 27.24 iVm 27.25 geregelt. Danach sind sämtliche zwischengesellschaftlichen Posten und Transaktionen und die hieraus entstandenen Erträge und Aufwendungen zwischen Unt des KonsKreises unabhängig von der Anteilsquote vollständig zu eliminieren. Zwischenverluste können ein Anzeichen für das Vorliegen einer Wertminderung aus Sicht des Konzerns sein, d. h. sie sind insoweit zu eliminieren, als der Börsen- oder Marktpreis bzw der dem VG beizumessende Wert *(recoverable amount)* nicht niedriger ist als die Konzern-AK/-HK. Im Ergebnis stimmen die Regelungen im IAS 27 mit denen des Abs 1 überein. Zu beachten wären etwaige Unterschiede bei der Vorgehensweise zur Ermittlung von Wertminderungen. Der in Abs 2 gesondert geregelte Grundsatz der Wesentlichkeit entspricht dem im Framework zu den IAS unter .29f sowie im IAS 8.8 geregelten Grundsatz der *Materiality* (vgl *Lüdenbach* in Haufe IFRS § 32 Anm 216).

§ 305 Aufwands- und Ertragskonsolidierung

(1) **In der Konzern-Gewinn- und Verlustrechnung sind**

1. **bei den Umsatzerlösen die Erlöse aus Lieferungen und Leistungen zwischen den in den Konzernabschluß einbezogenen Unternehmen mit den auf sie entfallenden Aufwendungen zu verrechnen, soweit sie nicht als Erhöhung des Bestands an fertigen und unfertigen Erzeugnissen oder als andere aktivierte Eigenleistungen auszuweisen sind,**
2. **andere Erträge aus Lieferungen und Leistungen zwischen den in den Konzernabschluß einbezogenen Unternehmen mit den auf sie entfallenden Aufwendungen zu verrechnen, soweit sie nicht als andere aktivierte Eigenleistungen auszuweisen sind.**

(2) **Aufwendungen und Erträge brauchen nach Absatz 1 nicht weggelassen zu werden, wenn die wegzulassenden Beträge für die Vermittlung eines den tatsächlichen Verhältnissen entsprechenden Bildes der Vermögens-, Finanz- und Ertragslage des Konzerns nur von untergeordneter Bedeutung sind.**

Übersicht

Schrifttum: *v. Wysocki* Die Konsolidierung der Innenumsatzerlöse in Bilanz- und Konzernrecht in FS Goerdeler, 723; *Baetge/Kirsch/Thiele*[7] Konzernbilanzen, Düsseldorf 2004.

A. Allgemeines

Durch § 305 wird bestimmt, dass Aufwendungen und Erträge aus Geschäften zwischen den in die Kons einbezogenen Unt weggelassen werden müssen. 1

Abs 1 behandelt ausschließlich die **ergebnisneutralen Verrechnungen** bzw Umgliederungen von Aufwendungen und Erträgen in der Konzern-GuV. Dagegen fehlen Regelungen für die **ergebniswirksame Konsolidierung** wie zB die Kons von Beteiligungserträgen, Abschreibungen auf Anteile einbezogener Unt, Zwischenergebnissen in den Umsatzerlösen sowie anderen Erträgen. Diese notwendigen ergebniswirksamen Kons ergeben sich aus §§ 297 Abs 3 und 304 Abs 1; s dort. 2

Eine Besonderheit besteht bei der Aufwands- und ErtragsKons bei nur **anteilmäßig konsolidierten Gemeinschaftsunternehmen:** Aufwendungen und Erträge werden dort nur nach Maßgabe der Anteile am Kapital eliminiert (dazu § 310 Anm 55 ff). 3

Abs 2 gestattet, auf eine Kons von Aufwendungen und Erträgen zu verzichten, wenn die wegzulassenden Beträge für die Vermittlung eines den tatsächlichen Verhältnissen entspr Bilds der VFE-Lage des Konzerns nur von untergeordneter Bedeutung sind. 4

B. Die wichtigsten Posten im Einzelnen

I. Überblick

Nach Abs 1 und § 297 Abs 3 müssen alle Aufwendungen und Erträge zwischen *einbezogenen* Unt in der Konzern-GuV kons werden, unabhängig davon, ob durch Inanspruchnahme von § 265 Abs 7 in der Konzern-GuV Posten zu- 10 sammengefasst werden, die dann im Konzernanhang gesondert dargestellt werden. In diesen Fällen umfasst die Kons auch die Angaben im Konzernanhang.

Die Konzern-GuV ist immer nach dem Gliederungsschema für große KapGes aufzustellen, weil § 276 wegen § 293 nicht in § 298 erwähnt ist. Deshalb müssen einbezogene kleine und mittelgroße KapGes/KapCoGes *unabhängig von* den *größenabhängigen Erleichterungen* für ihren JA die GuV für Zwecke der Kons wie große KapGes aufstellen und außerdem alle hierfür relevanten KonsAngaben liefern (*Riese* in Beck HdR C 470 Anm 10; *ADS*[6] § 305 Anm 6).

11 Folgende Posten können konsolidierungspflichtige Aufwendungen und Erträge enthalten, die nach Abs 1 **erfolgsneutral** zu verrechnen sind:

Gesamtkostenverfahren	**Umsatzkostenverfahren**
– Umsatzerlöse	– Umsatzerlöse
– Bestandsveränderungen	–
– andere aktivierte Eigenleistungen	–
– Materialaufwand	– Herstellungskosten
– sonstige betriebliche Aufwendungen	– Vertriebskosten
	– allgemeine Verwaltungskosten
	– sonstige betriebliche Aufwendungen
– sonstige betriebliche Erträge	– sonstige betriebliche Erträge

Gesamtkosten- und Umsatzkostenverfahren

– Erträge und Aufwendungen aus Verlustübernahmen und Gewinnabführungen
– sonstige Zinsen und ähnliche Erträge
– Zinsen und ähnliche Aufwendungen.

Folgende Posten können konsolidierungspflichtige Aufwendungen und Erträge enthalten, die nach § 297 Abs 3 **ergebniswirksam** aus der Konzern-GuV zu eliminieren sind:

– Erträge aus Beteiligungen
– Erträge aus anderen Wertpapieren und Ausleihungen des Finanzanlagevermögens
– Abschreibungen auf Finanzanlagen.

Darüber hinaus ergeben sich aus der Eliminierung von Zwischenergebnissen weitere nach § 297 Abs 3 ergebniswirksam in der Konzern-GuV zu berücksichtigende Beträge (§ 304 Anm 50 ff).

II. Konsolidierung der Umsatzerlöse (Abs 1 Nr 1)

1. Gesamtkostenverfahren

a) Lieferungen

15 Besondere konsolidierungstechnische Fragen der Aufwands- und ErtragsKons ergeben sich bei **Lieferungen** an andere Unt des KonsKreises. Dabei müssen nicht nur **Verrechnungen,** sondern auch **Umgliederungen** in andere Posten der Konzern-GuV vorgenommen werden.

Sind in den Umsatzerlösen **Zwischenergebnisse** enthalten, müssen darüber hinaus zusätzliche ergebniswirksame Kons vorgenommen werden (§ 304 Anm 50 ff; *v. Wysocki/Wohlgemuth*[4], 267; *WPH*[12] I M 577). Entweder werden die Zwischenergebnisse bereits *vor* oder *mit* Durchführung der UmsatzKons bei den Umsatzerlösen gekürzt, oder es werden, wenn die Zwischenergebnisse erst *nach* der UmsatzKons gekürzt werden, diese gegen den nunmehr maßgebenden Posten (Bestandsveränderungen, andere aktivierte Eigenleistungen, Materialaufwand), ergebniswirksam verrechnet.

Die UmsatzKons wird auf Grundlage der Summen-GuV der einbezogenen Unt vorgenommen. Zum besseren buchungstechnischen Verständnis der Sachverhalte wird zwischen Liefer- und EmpfängerUnt unterschieden, obwohl die jeweiligen HB II nicht mehr geändert werden, sondern die Verrechnungen und Umgliederungen in der KonsSpalte vorgenommen werden.

Es lassen sich drei Fallgruppen unterscheiden:

1. Fallgruppe 16

Die Umsatzerlöse aus **Lieferungen** werden mit dem **Materialaufwand** verrechnet:

– Eine Verrechnung mit dem Materialaufwand des einbezogenen *Lieferunternehmens* ist erforderlich, wenn das LieferUnt von Dritten außerhalb des KonsKreises **Waren** bezieht, die ohne Be- oder Verarbeitung im KonsKreis am Bilanzstichtag unverändert beim *Empfängerunternehmen* lagern *und* außerdem zur Weiterveräußerung oder Weiterverarbeitung bestimmt sind.
– Eine Verrechnung mit dem Materialaufwand des *Empfängerunternehmens* ist erforderlich, wenn das einbezogene LieferUnt **Roh-, Hilfs- und Betriebsstoffe, Erzeugnisse oder Waren** an das *Empfängerunternehmen* geliefert *und* dieses nach Bearbeitung entweder als Erzeugnisse ausgewiesen oder an Dritte außerhalb des KonsKreises im gleichen Gj weiterveräußert hat.

2. Fallgruppe 17

Die Umsatzerlöse aus **Lieferungen** werden in den Posten **Bestandsveränderungen** umgegliedert:

Diese Umgliederung ist dann erforderlich, wenn das *Lieferunternehmen* **Erzeugnisse** an das *Empfängerunternehmen* liefert *und* diese am Jahresende dort noch unbearbeitet als **Roh-, Hilfs- und Betriebsstoffe oder Handelswaren** lagern. Vom Standpunkt des Konzerns handelt es sich um Erzeugnisse.

3. Fallgruppe 18

Die Umsatzerlöse aus **Lieferungen von Erzeugnissen** werden in den Posten **andere aktivierte Eigenleistungen** umgegliedert: Diese Umgliederung ist erforderlich, wenn vom *Lieferunternehmen* **Erzeugnisse** an das *Empfängerunternehmen* geliefert werden, um dort dem Geschäftsbetrieb (zB als Sachanlagen) dauernd zu dienen. Dann handelt es sich vom Standpunkt des Konzerns um selbst hergestellte VG des Anlagevermögens.

In der Praxis können die notwendigen Informationen über die Art der Lfg, ihren Verwendungszweck und den Bearbeitungszustand über eine Analyse der Konzernbestände beim *Empfängerunternehmen* gewonnen werden, die dort als Grundlage zur Herausrechnung der Zwischenergebnisse ohnehin vorliegen müssen. Bei entspr aufgegliederten Konzernbeständen des Vj lassen sich hieraus die notwendigen Umgliederungen in den Posten „Bestandsveränderungen" ermitteln.

b) Leistungen

Die Verrechnung der Umsatzerlöse aus **Leistungen** erfolgt mit den entspr **Aufwendungen** des *Empfängerunternehmens*. Nur in Ausnahmefällen, wie zB im Falle der Lohnveredelung, wird eine Umgliederung in den Posten **„Bestandsveränderungen"** oder im Falle von Ingenieurleistungen bei selbsterstellten Anlagen in den Posten **„andere aktivierte Eigenleistungen"** erforderlich sein. 19

2. Umsatzkostenverfahren

Die Kons der **Umsatzerlöse** erfolgt mit den auf sie entfallenden Aufwendungen, da Umgliederungen in andere Posten der GuV entfallen (*WPH*[12] I M 599; *Busse von Colbe/Ordelheide*[7], 444). Sind in den Umsatzerlösen **Zwischenergebnisse** enthalten, müssen zusätzlich zur Verrechnung mit den auf sie ent- 20 fallenden Aufwendungen ergebniswirksame Kons vorgenommen werden. Zur Technik der Eliminierung Anm 15, 18 sowie § 304 Anm 50ff.

21 Die **Umsatzerlöse aus Lieferungen** werden mit den **Herstellungskosten** des LieferUnt verrechnet, wenn die gelieferten VG als Sachanlagen dem Geschäftsbetrieb des *Empfängerunternehmens* zu dienen bestimmt sind *oder* die Bestände bei beabsichtigter Weiterveräußerung am Bilanzstichtag noch beim EmpfängerUnt lagern. Über die HK hinaus müssen Vertriebskosten beim LieferUnt eliminiert werden, wenn diese in die Konzern-HK einbezogen sind (§ 304 Anm 12 und 15; *Busse von Colbe/Ordelheide*[7], 444).

In den übrigen Fällen (die VG haben das EmpfängerUnt bereits verlassen) erfolgt eine Verrechnung mit den HK des *Empfängerunternehmens.*

22 Die **Umsatzerlöse aus Leistungen** sind ebenfalls in der Mehrzahl der Fälle mit den HK des leistenden Unt zu verrechnen. Die Zuordnung der Aufwendungen beim EmpfängerUnt zu den Bereichen Herstellung, Vertrieb, Verwaltung oder sonstige betriebliche Aufwendungen entspricht bereits der tatsächlichen Verwendung im Konzern, so dass hier keine zusätzlichen Umgliederungen erforderlich sind.

In Ausnahmefällen kann jedoch auch eine Verrechnung mit anderen Posten der Konzern-GuV wie Vertriebskosten, allgemeine Verwaltungskosten oder sonstige betriebliche Aufwendungen in Betracht kommen. Beispiele hierfür sind Patent- und Lizenzeinnahmen von konsolidierten Unt, denen keine Aufwendungen beim leistenden Unt, sondern beim EmpfängerUnt gegenüberstehen, oder Erlöse aus Dienstleistungen (zB aus Beratung), denen Vertriebs- bzw allgemeine Verwaltungskosten beim leistenden Unt gegenüberstehen. Werden Leistungen beim EmpfängerUnt (zB durch Personalbeistellung bei Erzeugnissen oder durch Ingenieurleistungen bei Sachanlagen) *aktiviert,* sind die Umsatzerlöse mit den HK des leistenden Unt zu verrechnen.

23 Es ist zweifelhaft, ob trotz fehlender gesetzlicher Regelung aus dem allgemeinen Grundgedanken des § 297 Abs 3 auch eine Kons zwischen Aufwendungen von verschiedenen Posten der Konzern-GuV gefordert werden kann (bejahend *v. Wysocki* in FS Goerdeler, 736; *Telkamp* in HdKR[2] § 305 Anm 19; *ADS*[6] § 305 Anm 31; *Busse von Colbe/Ordelheide*[7], 449). Nach der von *v. Wysocki* vertretenen Auffassung ist eine **Umgliederung** von Vertriebskosten in den Posten HK dann erforderlich, wenn in den Vertriebskosten des LieferUnt Kostenarten enthalten sind, die aus der Sicht des Konzerns als HK anzusehen sind (zB Transportkosten, Löhne und Gehälter). Damit wird erreicht, dass in der Konzern-GuV nach dem Umsatzkostenverfahren die Zuordnung nach den Funktionen Herstellung, Vertrieb und Verwaltung aus der Sicht des Konzerns vorgenommen wird. Soweit bereits bei der Aufstellung der JA (HB II) für Zwecke des KA einheitliche Gliederungsprinzipien unter Beachtung des § 297 Abs 3 angewendet werden, ist eine darüber hinausgehende Umgliederung im Rahmen der Kons nicht notwendig (ebenso *ADS*[6] § 305 Anm 14). Hinsichtlich erforderlicher Umgliederungen bei der Zwischenergebniseliminierung s Anm 15 und 20 sowie *ADS*[6] § 304 Anm 98.

III. Konsolidierung anderer Erträge aus Lieferungen und Leistungen (Abs 1 Nr 2)

1. Erfolgsneutrale Konsolidierungen

30 Wie bei der Kons der Umsatzerlöse wird in Abs 1 Nr 2 bei der Verrechnung der anderen Erträge aus Lfg und Leistungen mit den auf sie entfallenden Aufwendungen, – soweit sie nicht (bei Anwendung des Gesamtkostenverfahrens) als

„andere aktivierte Eigenleistungen" auszuweisen sind, – unterstellt, dass grds eine erfolgsneutrale Kons zu erfolgen hat. Hinsichtlich der ergebniswirksamen Eliminierung von Zwischenergebnissen s Anm 2 und § 304 Anm 50ff.

Der **Begriff „andere Erträge"** ist nicht erläutert. Nach allgemeiner Auffassung enthalten diese alle Ertragsposten der GuV, soweit sie nicht die gesondert in Abs 1 Nr 1 geregelten Umsatzerlöse betreffen (hM, *WPH*[12] I M 603; *ADS*[6] § 305 Anm 58).

Innerhalb der Posten **„betriebliche Erträge"** und **„betriebliche Aufwendungen"** betrifft dies zB die Verrechnung von Konzernumlagen für Dienstleistungen, Steuerumlagen, Miet- und Pachterträge, Patent- und Lizenzerträge mit entspr gleichartigen Aufwendungen. 31

Beim **Finanzergebnis** betrifft die erfolgsneutrale Verrechnung die Erträge aus anderen Wertpapieren und Ausleihungen des Finanzanlagevermögens, die sonstigen Zinsen und ähnlichen Erträge sowie den Posten „Zinsen und ähnliche Aufwendungen". Ebenso sind Erträge mit Aufwendungen aus Verlustübernahmen, erhaltene Gewinne mit abgeführten Gewinnen zu verrechnen. 32

Im Bereich des **ao Ergebnisses** kann die Verrechnung zB Sanierungszuschüsse oder Forderungsverzichte ggü anderen einbezogenen Unt betreffen (§ 275 Anm 222). Wegen der Behandlung von Gewinnen und Verlusten aus Verkäufen von VG des Anlagevermögens an andere Unt des KonsKreises s Anm 47 sowie § 304 Anm 33. 33

Die Umgliederung der **anderen Erträge aus Leistungen** in den Posten **„andere aktivierte Eigenleistungen"** ist ausdrücklich in Abs 1 Nr 2 erwähnt (dazu auch *WPH*[12] I M 588). Diese Umgliederung ist erforderlich, sofern in den betrieblichen Erträgen des leistenden Unt zB technische Beratungsleistungen enthalten sind, die für Sachanlagen beim EmpfängerUnt erbracht werden und somit dort zu aktivieren sind. Ebenso ist eine Umgliederung vorzunehmen, wenn das leistende Unt Generalüberholungen durchgeführt hat, die beim EmpfängerUnt zu aktivierende HK sind. Gehören diese Leistungen jedoch zur gewöhnlichen Geschäftstätigkeit des leistenden Unt, sind diese schon als Umsatzerlöse nach Abs 1 Nr 1 umzugliedern (Anm 19). 34

2. Erfolgswirksame Konsolidierungen

a) Allgemeines

Die **ergebniswirksame** Kons von Erträgen und Aufwendungen mit Auswirkungen auf das Konzernjahresergebnis wird in Abs 1 nicht ausdrücklich erwähnt, da lediglich die Verrechnung von Umsatzerlösen bzw anderen Erträgen mit den auf sie entfallenden Aufwendungen bzw die Umgliederung in andere aktivierte Eigenleistungen behandelt wird (hierzu auch *Busse von Colbe/Ordelheide*[7], 435ff). 40

Unter Beachtung der Einheitstheorie des § 297 Abs 3 sind in der Konzern-GuV sämtliche wesentlichen ergebniswirksamen Vorgänge zu eliminieren, soweit sie auf Geschäften innerhalb des KonsKreises beruhen und noch nicht außerhalb des Konzerns realisiert worden sind (näheres § 297 Anm 190ff; *ADS*[6] § 305 Anm 70).

b) Erträge aus Beteiligungen konsolidierter Unternehmen

aa) Zeitgleiche Gewinnvereinnahmung. Erträge aus **Anteilen an einbezogenen Personengesellschaften** sowie Beteiligungserträge aus Mehrheitsbeteiligungen an **einbezogenen Kapitalgesellschaften,** bei denen der JA des TU vor Beendigung der Prüfung beim MU festgestellt ist und ein entspr Ge- 45 winnverwendungsvorschlag vorliegt, werden vom MU im Gj der Gewinnentstehung beim einbezogenen TU zeitgleich gebucht (§ 275 Anm 177). Damit würde ohne Eliminierung das gleiche Ergebnis in der Konzern-GuV zweimal erfasst. Solche Erträge aus Beteiligung sind demzufolge **ergebniswirksam** wegzulassen. Wegen der Behandlung von KSt-Erstattungsansprüchen bei Erträgen aus Beteiligungen an inländischen KapGes s 4. Aufl.

46 **bb) Zeitverschobene Gewinnvereinnahmung.** Werden die Erträge aus Beteiligungen nicht im Gj der Gewinnentstehung beim TU, sondern in einem *späteren* Gj – also *phasenverschoben* – beim MU erfasst, tritt zwar keine Doppelerfassung im gleichen Gj, wohl aber über die beiden Perioden im KA ein, so dass ebenfalls eine Eliminierung der Beteiligungserträge erforderlich ist (so auch *Busse von Colbe/Ordelheide*[7], 437). Die Beteiligungserträge sind im Jahr ihrer Vereinnahmung beim empfangenden Unt zu eliminieren und in den Gewinnvortrag oder die Gewinnrücklagen umzugliedern (glA *ADS*[6] § 305 Anm 74). Wegen der Behandlung von KSt-Erstattungsansprüchen bei Erträgen aus Beteiligungen an inländischen KapGes s 4. Aufl.

Wegen der **Steuerabgrenzung** bei der Vereinnahmung von Beteiligungserträgen in einem späteren Jahr s § 306 Anm 26.

Hinsichtlich der Behandlung von **Beteiligungserträgen bei assoziierten Unternehmen,** die nach der Equity-Methode bewertet werden s § 312 Anm 65 ff.

c) Gewinne und Verluste aus der Veräußerung von Gegenständen des Anlagevermögens

47 Soweit im JA des LieferUnt **Gewinne** aus der Veräußerung von VG des Anlagevermögens an einbezogene Unt entstanden sind, erfolgt deren Eliminierung dadurch, dass die Wertansätze der betr VG nach § 304 Abs 1 auf die Konzern-HK oder die Konzern-AK abgewertet werden. In gleicher Weise werden auch die in den sonstigen betrieblichen Erträgen oder in Ausnahmefällen in den ao Erträgen enthaltenen Gewinne aus dem Abgang von Anlagegegenständen eliminiert (§ 304 Anm 33).

Sofern auf die Eliminierung der Gewinne aus Abgängen beim Anlagevermögen verzichtet wird, ist eine zusätzliche Umgliederung in der Konzern-GuV nicht erforderlich, da auch eine aus der Sicht des Konzerns vorgenommene Zuschreibung den Posten sonstige betriebliche Erträge betrifft.

48 Sind bei der Veräußerung von VG des Anlagevermögens an ein einbezogenes Unt **Verluste** entstanden, bedeutet eine Aufwertung auf die Konzern-AK oder Konzern-HK in der Konzernbilanz nach § 304 Abs 1, dass auch eine Eliminierung des entspr Betrags im Posten sonstige betriebliche Aufwendungen in der Konzern-GuV erforderlich ist (ebenso *WPH*[12] *I* M 585; *ADS*[6] § 305 Anm 62; *Riese* in Beck HdR C 470 Anm 43). Eine Aufwertung und damit eine Eliminierung in der Konzern-GuV muss jedoch unterbleiben, wenn der Veräußerungserlös dem beizulegenden Wert entspricht (§ 304 Anm 18). Eine Umgliederung in den Posten Nr 7 a **Abschreibungen auf immaterielle Vermögensgegenstände und Sachanlagen** ist vorzunehmen, wenn die Beträge nicht unbedeutend sind; glA *ADS*[6] § 305 Anm 33.

Bei einem Verzicht auf die Eliminierung von Verlusten bei Abgängen aus dem Anlagevermögen (§ 304 Abs 2) wird bei Anwendung des *Gesamtkosten*verfahrens eine Umgliederung in den Posten Nr 7 a (Abschreibungen auf immaterielle VG und Sachanlagen) für erforderlich gehalten (so auch *WPH*[12] I M 586; *Riese* in Beck C 470 Anm 44; *ADS*[6] § 305 Anm 62). In Fällen von untergeordneter Bedeutung darf auf eine Umgliederung verzichtet werden.

d) Abschreibungen und Zuschreibungen auf Anteile an konsolidierten Unternehmen

Abschreibungen und Zuschreibungen im JA auf Anteile an konsolidierten Unt sind in der Konzern-GuV grds aufzulösen, da infolge der KapKons nach § 301 die Anteile mit dem EK verrechnet worden sind (§ 301 Anm 30 ff). Ist im Rahmen der ErstKons im KA ein aktiver Unterschiedsbetrag als GFW ausgewiesen, sollte die Abschreibung auf Anteile an konsolidierten Unt nicht aufgelöst, sondern bis zur Höhe des Restbuchwerts des Unterschiedsbetrags auf den Posten „Geschäfts- oder Firmenwert" umgegliedert werden (§ 301 Anm 185 ff; *Telkamp* in HdKR[2] § 305 Anm 46; *ADS*[6] § 305 Anm 87 ff). 49

C. Verzicht auf eine Konsolidierung von Erträgen und Aufwendungen (Abs 2)

Eine Kons von Erträgen und Aufwendungen nach Abs 1 braucht nicht durchgeführt zu werden, wenn die wegzulassenden Beträge für die Vermittlung eines den tatsächlichen Verhältnissen entspr Bilds der VFE-Lage des Konzerns nur von untergeordneter Bedeutung sind. 50

Wann ein Abweichen vom Grundsatz der Aufwands- und ErtragsKons als zulässig erachtet werden darf, kann nur unter Berücksichtigung aller Umstände der einbezogenen Unt und der Bedeutung der wegzulassenden Beträge auf die jeweils betroffenen Posten der Konzern-GuV beurteilt werden. Zu Kriterien der untergeordneten Bedeutung für den JA s § 264 Anm 57 und für den KA s § 297 Anm 195. 51

Bei den Umsatzerlösen, Bestandsveränderungen, dem Materialaufwand und den HK ist neben dem Verhältnis des nicht eliminierten Betrags zum Gesamtbetrag des Postens auch die Relation zu anderen Posten, wie zB den Vorräten oder den Forderungen aus Lfg und Leistungen zu beachten. Bei dem Verzicht auf ergebniswirksame Kons ist außerdem der Einfluss auf das Jahresergebnis zu berücksichtigen.

Eine Angabe oder Begr hierfür im **Konzernanhang** ist nicht vorgeschrieben (Grundsatz der Wesentlichkeit und Wirtschaftlichkeit), sie ist aber zulässig; zB „Von der erfolgsneutralen Aufrechnung konzerninterner Lfg (und Leistungen) wurde wegen Geringfügigkeit abgesehen. Das gleiche gilt für unwesentliche Zwischengewinne."

D. Aufwands- und Ertragskonsolidierung nach dem Publizitätsgesetz

Auf den KA nach dem PublG sind die §§ 294 bis 314 sinngemäß anzuwenden (§ 13 Abs 2 S 1 PublG), da das PublG keine eigenen KonsVorschriften enthält. Die Aufwands- und ErtragsKons richtet sich demnach auch für die dem PublG unterliegenden Unt nach § 305. 55

E. Sanktionen

In § 334 (Ordnungswidrigkeit) wird § 305 nicht explizit genannt, ist aber als Unterfall von § 297 Abs 2 anzusehen und daher mittelbar durch § 334 Abs 1 Nr 2 b sanktioniert (§ 334 Anm 21, 25). 60

F. Abweichungen der IFRS

65 Die Aufwands- und ErtragsKons ist in IAS 27.24 iVm 27.25 geregelt. Danach sind sämtliche zwischengesellschaftlichen Posten einschließlich Umsatzerlösen und Aufwendungen sowie Dividenden zu eliminieren. Besonderheiten oder Abweichungen zum HGB ergeben sich nicht (vgl *Baetge/Kirsch/Thiele*[7], 367; *Baetge/Schulze* in Komm IAS[2] 27, IAS 27 (1989), Rn 164ff). Der in Abs 2 gesondert geregelte Grundsatz der Wesentlichkeit entspricht dem im Framework zu den IFRS unter 29f sowie im IAS 8.8 geregelten Grundsatz der *Materiality*.

§ 306 Steuerabgrenzung

[1]Ist das im Konzernabschluß ausgewiesene Jahresergebnis auf Grund von Maßnahmen, die nach den Vorschriften dieses Titels durchgeführt worden sind, niedriger oder höher als die Summe der Einzelergebnisse der in den Konzernabschluß einbezogenen Unternehmen, so ist der sich für das Geschäftsjahr und frühere Geschäftsjahre ergebende Steueraufwand, wenn er im Verhältnis zum Jahresergebnis zu hoch ist, durch Bildung eines Abgrenzungspostens auf der Aktivseite oder, wenn er im Verhältnis zum Jahresergebnis zu niedrig ist, durch Bildung einer Rückstellung nach § 249 Abs. 1 Satz 1 anzupassen, soweit sich der zu hohe oder der zu niedrige Steueraufwand in späteren Geschäftsjahren voraussichtlich ausgleicht. [2]Der Posten ist in der Konzernbilanz oder im Konzernanhang gesondert anzugeben. [3]Er darf mit den Posten nach § 274 zusammengefaßt werden.

Übersicht

Schrifttum: *Lanfermann* in FS Goerdeler, 300; *Bentler* Grundsätze ordnungsmäßiger Bilanzierung für die Equity Methode, Wiesbaden 1991; *Becker* Abgrenzung latenter Steuern im Rahmen der Konzernrechnungslegung, DB 1991, 1737 ff; *von Wysocki/Wohlgemuth* Konzernrechnungslegung[4], Düsseldorf 1996; *Bellavite-Hövermann/Prahl* Bankbilanzierung nach IAS 1997, 80; *Heurung* Latente Steuerabgrenzung im Konzernabschluss im Vergleich zwischen HGB, IAS und US-GAAP, AG 2000, 538 ff; *Klein* Die Bilanzierung latenter Steuern nach HGB, IAS und US-GAAP im Vergleich, DStR 2001, 1783 ff; *Sauter/Heurung/Fischer* Erfassung von latenten Steuern im Konzernabschluss nach E-DRS 12, BB 2001, 1783 ff; *Gräbsch* Bilanzierung latenter Steuern im Konzernabschluss nach DRS 10, Steuern und Bilanzen 2002, 743 ff; *Wotschofsky/Heller* Latente Steuern im Konzernabschluss, IStR 2002, 819 ff; *App* Latente Steuern nach IAS, US-GAAP und HGB, Zeitschrift fuer kapitalmarktorientierte Rechnungslegung 2003, 209 ff; *Busse von Colbe/Ordelheide/Gebhardt* Konzernabschlüsse[7], Wiesbaden 2003; *Marten/Weiser/Köhler* Aktive latente Steuern auf steuerliche Verlustvorträge: zunehmende Tendenz zur Aktivierung, BB 2003, 2335 ff; *Wehrheim/Adrian* Ebenen und Zeiträume der latenten Steuerabgrenzung in IAS- und HGB-Abschlüssen bei organschaftliche verbundenen Unternehmen, WPg 2003, 1058 ff; Beck'sches Steuerberater-Handbuch (StBH) 2004/2005, A 310; s auch das Schrifttum zu § 274.

A. Allgemeines

I. Vorbemerkung

1 Der vom DSR verabschiedete und vom BMJ bekannt gemachte **DRS 10** regelt in Ergänzung zu den §§ 274 und 306 die Bilanzierung latenter Steuern im KA. Den DRS kommt zwar keine Gesetzeskraft zu, aber mit ihrer ordnungsgemäßen Anwendung ist die Vermutung verbunden, dass die die Konzernrechnungslegung betr GoB beachtet wurden (§ 342 Abs. 2). Die DRS sind also grds bei der Erstellung des KA zu beachten. In einigen Fällen weichen die Regelungen des DRS 10 von der bisher hM zu den §§ 274 und 306 deutlich ab. Dies gilt insb für die Aktivierung latenter Steuern auf Verlustvorträge und Steuergutschriften (Anm 36), das Saldierungsverbot für latente Steuern (da sich aus dem Gesetzeswortlaut ein Saldierungsgebot ergibt, Anm 37) und das Aktivierungsgebot für latente Steuern aus den JA der einbezogenen Unt (da nach § 274 iVm § 300 ein ausdrückliches Aktivierungswahlrecht besteht, Anm 18). Daneben enthält DRS 10 Regelungen, die die §§ 274 und 306 ergänzen und interpretieren, mit dem Ziel, eine möglichst weitgehende **Harmonisierung mit internationalen Standards** zu erreichen. Dies bedeutet eine erheblich komplexere und aufwendigere Steuerabgrenzung. Außerdem werden die Angabepflichten im Anhang deutlich erweitert. Damit verbunden ist ein erheblich verbesserter Einblick in die Unt-Besteuerung und die Möglichkeit des Unt-Vergleichs auf internationaler Ebene. Zur grds Problematik der Rechtmäßigkeit der DRS siehe § 342 Anm 7 ff. In der nachfolgenden Kommentierung werden die Regelungen des DRS 10, soweit sie sich auf § 306 beziehen, dargestellt und mitbesprochen (soweit sie sich auf § 274 beziehen s dort).

Gem Deutscher Rechnungslegungs-Änderungsstandard 3 gilt DRS 10 für alle MU, die nach § 290 einen KA erstellen, sowie für diesen gleichgestellte Unt gemäß § 264a und für Unt, die nach § 11 PublG zur Konzernrechnungslegung verpflichtet sind. Er gilt nicht für Unt, die nach § 315a ihren KA nach internationalen Rechnungslegungsstandards iSd Art 4 der Verordnung (EG) Nr 1606/2002 des Europäischen Parlaments und des Rates vom 19. Juli 2001 (ABl EU Nr L 243 S 1) erstellen oder gemäß den Übergangsvorschriften des Art 57 EGHGB weiterhin international anerkannte Rechnungslegungsstandards anwenden.

II. Konzept der Steuerabgrenzung im Konzernabschluss

2 Die Steuerabgrenzung im KA soll zu einem **besseren Einblick in die Vermögens- und Ertragslage des Konzerns** beitragen (§ 274 Anm 4). Bei der Ermittlung des Konzernergebnisses soll ein Steueraufwand berücksichtigt werden, der dem Ergebnis wirtschaftlich entspricht, unabhängig davon, dass die in dieser Periode tatsächlich rechtlich entstandene Steuerbelastung mit diesem Steueraufwand nicht übereinstimmt. Der Steueraufwand wird durch die Bildung von Steuerabgrenzungsposten in der Bilanz korrigiert, die ihrerseits künftige ungewisse steuerliche Be- und Entlastungen reflektieren.

3 Die Steuerabgrenzung im **Weltkonzernabschluss** lässt sich in einen ***dreistufigen*** **Prozess** unterteilen. Auf der ersten Stufe werden die aufgrund nationaler Rechnungslegungsvorschriften ermittelten latenten Steuern übernommen. Auf der zweiten Stufe wird der nationale JA (einschl der Steuerabgrenzung) in eine HB II zB nach HGB oder IFRS übergeleitet, wobei nun zusätzliche aus der Überleitung resultierende Steuerabgrenzungen berücksichtigt werden. Auf der dritten Stufe werden die latenten Steuern auf KonsMaßnahmen erfasst (*Bellavite-Hövermann/Prahl,* 80). § 306 ergänzt § 274 für Zecke der Konsolidierung. Beide Vorschriften zur Steuerabgrenzung dienen zwar dem gleichen Ziel, ihre Anwendungsbereiche sind aber verschieden. § 274 regelt die Steuerabgrenzung im JA einschließlich der HB II (Stufen 1 und 2). Nach § 306 wird der Steueraufwand aus der Summe der Einzelergebnisse im KA insoweit korrigiert, als er auf Grund erfolgswirksamer KonsMaßnahmen nicht dem Konzernergebnis entspricht (Stufe 3).

4 Während das HGB die Steuerabgrenzung entspr der Gesetzessystematik zweigeteilt regelt, unterscheiden DRS 10 und auch IAS 12 nicht zwischen der Steuerabgrenzung im JA und KA. DRS 10 geht von einem *einstufigen* Ansatz aus und vergleicht die Wertansätze der VG bzw Schuldposten im KA mit denen in den Steuerbilanzen der einbezogenen Unt. Dieser theoretische Ansatz führt zwar zu einer umfassenden Steuerabgrenzung, nach DRS 10.4 sind aber grds nur ergebniswirksam entstandene zeitliche Differenzen einzubeziehen, deren Auflösung voraussichtlich zu steuerlichen Be- oder Entlastungen führt. Diese Einschränkung der Steuerabgrenzung entspricht im Ergebnis dem **timing concept** der §§ 274, 306. Der bilanzorientierte Ansatz und auch die Ausnahmeregelung des DRS 10.16, nach der die im Rahmen der ErstKons ergebnisneutral entstandenen zeitlichen Differenzen in die Steuerabgrenzung einzubeziehen sind, entsprechen dem **temporary concept.** Des Weiteren sind nach DRS 10.5, dem temporary concept folgend, auch quasi-permanente Differenzen bei der Steuerabgrenzung zu berücksichtigen. Hierbei bestehen für den KA keine Besonderheiten ggü der Steuerabgrenzung im JA. Daher kann auf die Erl zu § 274 verwiesen werden (dort Anm 5). Die **Regelung des DRS 10** stellt somit eine **Mischform** dar, die mehr Elemente des temporary als des timing concepts umfasst.

Ursache für die Steuerabgrenzung im KA können nach S 1 nur **erfolgswirksame KonsMaßnahmen** sein, die 5

- nach den Vorschriften „dieses Titels", somit nach den §§ 300 bis 307 durchgeführt worden sind und die zu einem Konzernergebnis geführt haben, das von der Summe der Einzelergebnisse der in den KA einbezogenen Unt vorübergehend abweicht und deshalb
- den auf Grund der KonsMaßnahmen für das Gj und frühere Gj sich ergebenden Steueraufwand zu hoch oder zu niedrig erscheinen lassen.

Danach sind die folgenden erfolgswirksamen KonsMaßnahmen von der Steuerabgrenzung nach § 306 ausgenommen:

- Währungsumrechnung (§ 244 iVm § 298)
- Einheitliche Bewertung (§ 308)
- Behandlung eines Unterschiedsbetrags (§ 309)
- Anwendung der Equity-Methode (§ 312).

Währungsumrechnung und einheitliche Bewertung werden im Rahmen der HB II-Erstellung in die Steuerabgrenzung einbezogen (Anm 9). Auf Unterschiedsbeträge gemäß § 309 werden weder nach HGB noch nach DRS 10 latente Steuern abgegrenzt (Anm 12).

Die **wesentlichen Unterschiede** hinsichtlich des Umfangs der Steuerabgrenzung **nach § 306 und DRS 10** betreffen also, neben den Aktivierungswahlrechten des § 274, die erfolgsneutral entstandenen Differenzen aus der ErstKons, die nach dem Wortlaut des § 306 nicht in die Steuerabgrenzung mit einzubeziehen sind, während DRS 10.16 die Einbeziehung ausdrücklich vorschreibt. In der Literatur wurde aber auch bisher schon die Steuerabgrenzung im Rahmen der ErstKons für zulässig und, soweit sie passive Abgrenzungen betraf, für erforderlich gehalten (Anm 12). Ähnliches gilt für die Steuerabgrenzung iZm der Equity-Methode, die wohl auch nach DRS 8 „Bilanzierung von Anteilen an assoziierten Unternehmen im Konzernabschluss" iVm DRS 10.16 grds erforderlich ist (Anm 13). 6

B. Einzelheiten

I. Steuerabgrenzung in der Handelsbilanz II (§ 298 iVm § 274)

1. Anpassung der Bilanzansätze und einheitliche Bewertung

Nach § 298 Abs 1 gehört zu den auf den KA anzuwendenden Vorschriften auch § 274. Dies bedeutet, dass neben der Steuerabgrenzung nach § 306 noch eine Steuerabgrenzung nach § 274 zu erfolgen hat (passive) oder vorgenommen werden darf (aktive), wenn zwischen den Ergebnissen der einbezogenen Unt und dem steuerpflichtigen Einkommen zeitliche Ergebnisdifferenzen bestehen (*ADS*[6] § 298 Anm 83). Nach hM sind diesem Vergleich die HB II-Ergebnisse zugrunde zu legen. Die im Rahmen der Erstellung des KA aufgrund von rechtsform- oder landesspezifischen Bilanzierungsunterschieden erforderliche oder freiwillige Anpassung der Wertansätze nach § 300 und der Bewertung nach § 308 wird somit in die Steuerabgrenzung nach § 274 einbezogen (Anm 3). Die Steuerabgrenzungsposten selbst gehören zu den Posten, die ggfs nach §§ 300, 308 anzupassen sind. Ein deutsches MU hat § 274 auch bei der Einbeziehung von KonzernUnt mit Sitz im Ausland zu beachten und zB eine fehlende Rückstellung nach § 274 Abs 1 nachzuholen. 7

Für aktive latente Steuern aus den JA der einzubeziehenden Unt besteht jedoch nach § 274 Abs 2 iVm §§ 298 und 300 Abs 2 ein **Ansatzwahlrecht,** das 8 im KA neu ausgeübt werden darf. ZB kann ein MU in seinem JA auf die Bilanzierungshilfe nach § 274 Abs 2 verzichten, jedoch für Zwecke der Einbeziehung seines JA in den KA von der Aktivierungsmöglichkeit Gebrauch machen. Nach DRS 10.10 sind die latenten Steuern aus den JA der einbezogenen Unt im KA allerdings **aktivierungspflichtig.** Verzichtet ein Unt im KA gleichwohl auf eine Aktivierung, so führt dies nach *IDW PS 450* Anm 134 nicht zu einer Einschränkung des BVm, allerdings ist im Prüfungsbericht auf diese von DRS 10.10 abweichende, aber sich im Rahmen gesetzlicher Vorschriften bewegende Bilanzierung hinzuweisen.

Die Anpassung der Bilanzansätze nach § 300 gehört, anders als die Anpassungen an eine konzerneinheitliche Bilanzierung (§ 308), gesetzestechnisch zwar zu den KonsMaßnahmen, die nach § 306 und nicht nach § 274 in die Steuerabgrenzung einzubeziehen ist. Diese unterschiedliche Zuordnung wurde in der Literatur (*ADS*[6] § 306 Anm 23) als nicht sachgerecht bezeichnet, sie verliert allerdings aufgrund des generellen Aktivierungsgebots für latente Steuern des DRS 10.4 an Bedeutung.

2. Währungsumrechnung

9 Die Währungsumrechnung ist nicht als KonsMaßnahme iSd §§ 303 ff zu qualifizieren, mit der Konsequenz, dass kein Anwendungsfall des § 306, sondern des § 298 iVm § 274 vorliegt.

Voraussetzung für die Steuerabgrenzung nach § 274 sind zeitliche Unterschiede zwischen den Jahresergebnissen nach Handels- und Steuerrecht. Solche können aus der **bilanziellen Umrechnung** iVm einer ergebniswirksamen Behandlung der Umrechnungsdifferenzen in den Folgejahren entstehen. Es sind grds zwei Umrechnungsverfahren zu unterscheiden (*Heurung* AG 2000, 542 ff):

- Die **Umrechnung aller Aktiven und Passiven zum Stichtagskurs** (§ 308 Anm 65) nach der Stichtagskursmethode führt nicht zu Umrechnungsdifferenzen und Ergebnisunterschieden. Die Veränderungen des EK aus Veränderungen der Wechselkurse von Stichtag zu Stichtag sind im Rahmen der EK-Entwicklung erfolgsneutral gesondert auszuweisen und damit kein Gegenstand für die Steuerabgrenzung.
- Bei einer **Umrechnung der Aktiven und Passiven mit unterschiedlichen Kursen** (§ 308 Anm 65), zB der sog Zeitbezugsmethode, ergeben sich bilanzielle Umrechnungsdifferenzen. Sie haben den Charakter von Korrekturposten zum EK.

Werden die jährlichen Veränderungen der bei der Währungsumrechnung entstehenden bilanziellen Umrechnungsdifferenzen erfolgswirksam behandelt, kommt es zu **zeitlichen (quasi-permanenten) Ergebnisunterschieden,** die in die Steuerabgrenzung einzubeziehen sind (DRS 10.5 und Anm 4). Außerdem ist noch das Konzept der funktionalen Währungsumrechnung zu erwähnen (§ 308 Anm 60 ff), das sich aus Komponenten der beiden beschriebenen Methoden zusammensetzt. Auch hier entstehen bilanzielle Umrechnungsdifferenzen, die, sofern sie ergebniswirksam behandelt werden, bei der Steuerabgrenzung zu berücksichtigen sind (Anm 46).

10 Aus der **Umrechnung der GuV** können sich solche Ergebnisunterschiede nicht ergeben, da zu unterstellen ist, dass die fiktive Umrechnung der GuV nach Steuerrecht nicht von der Umrechnung nach Handelsrecht abweicht. Dies gilt auch für den Fall, dass das zB mit Durchschnittskursen ermittelte Jahresergebnis der GuV durch eine Korrekturbuchung innerhalb der sonstigen betrieblichen Aufwendungen oder Erträge an das zu Stichtagskursen umgerechnete Jahresergebnis der Bilanz angepasst wird. Eine Differenz zwischen dem Jahresergebnis in

der umgerechneten Bilanz und dem in der umgerechneten GuV stellt keinen Ergebnisunterschied zwischen Handels- und Steuerrecht dar.

II. Konsolidierungsmaßnahmen (Satz 1)

1. Kapitalkonsolidierung (§ 301)

Bei der KapKons als **Vollkonsolidierung** nach § 301 sind im Rahmen der **Erstkonsolidierung** die stillen Reserven und Lasten aufzudecken. Ein aktiver Unterschiedsbetrag zwischen dem sich dabei ergebenden anteiligen EK und dem Beteiligungsbuchwert ist als GFW auszuweisen (§ 301 Abs 3). Eine erfolgsneutrale Verrechnung des Goodwill mit dem Konzern-EK (§ 309 Abs 1 S 3) ist mit DRS 4 nicht vereinbar. Ein passiver Unterschiedsbetrag wird als solcher auf der Passivseite ausgewiesen (§ 301 Abs 3 S 1). 11

Eine Erfolgsauswirkung ergibt sich erst in den **Folgejahren** bei der Auflösung oder Abschreibung der verrechneten oder zugeschriebenen Beträge. Die Ergebnisabweichungen zwischen dem Konzernjahreserfolg und der Summe der Jahresergebnisse aller einbezogenen Unt sind als Korrektur der im Jahre der ErstKons erfolgten Anpassungen anzusehen; sie gleichen nicht frühere Ergebnisabweichungen aus. Damit entfällt zwar nach dem Wortlaut des § 306 die Zulässigkeit einer Steuerabgrenzung, gleichwohl wurde aber in der Literatur (*Lanfermann* in FS Goerdeler, 300; *ADS*[6] § 301 Anm 94 f) die Steuerabgrenzung für erforderlich bzw zulässig gehalten, allerdings nicht nach §§ 274, 306, sondern als Konsequenz aus der wirtschaftlich zutreffenden Bemessung der stillen Reserven und Lasten. Der Zeitwert eines erworbenen VG ist für den Erwerber geringer, wenn der Wert nicht oder nicht vollständig steuerrechtlich geltend gemacht werden kann. Da das HGB die Nettodarstellung (net-of-tax) grds nicht zulässt, werden die mit den VG und Schuldposten verbundenen latenten Steuerbelastungen und -entlastungen als Abgrenzungsposten brutto dargestellt (*ADS*[6] § 301 Anm 94f, die wohl nur eine Rückstellung für latente Steuerlasten für zulässig erachten). Nach DSR 10.16 *sind* auf die **im Rahmen der Erstkonsolidierung aufgedeckten stillen Reserven** und stillen Lasten bzw auf die dadurch entstehenden zeitlichen Bewertungsdifferenzen latente Steuern anzusetzen. Dies gilt auch für die Aufwertungen auf das nicht abnutzbare Anlagevermögen, da nach DRS 10.5 quasi-permanente Differenzen in die Steuerabgrenzung einzubeziehen sind.

Diese Steuerabgrenzung wird bei der ErstKons ebenso **erfolgsneutral** in KA erfasst, wie die aufgedeckten stillen Reserven und Lasten bei den übrigen Aktiv- und Passivposten. Den Ergebnisabweichungen in den Folgejahren (zB auf Grund von Mehrabschreibungen bei aufgewerteten Aktiva) wird dann die erfolgswirksame Auflösung der entspr Steuerabgrenzung zugeordnet.

Fraglich ist, ob in die Steuerabgrenzung auch der nach Auflösung von stillen Reserven und Lasten verbleibende aktive Unterschiedsbetrag als GFW einbezogen werden sollte, da auch aus dessen Abschreibung Ergebnisunterschiede in den Folgejahren entstehen. 12

Der **Geschäfts- oder Firmenwert** wird jedoch in diesem Zusammenhang als **Residualgröße** und nicht als VG interpretiert und daher nicht in die Steuerabgrenzung einbezogen. Entspr gilt für einen passiven Unterschiedsbetrag. Die Einbeziehung würde außerdem den Unterschiedsbetrag erhöhen, auf den wiederum latente Steuern zu bilden wären. Auch DRS 10.18 und IAS 12.15 sehen angesichts dieser kumulativen Aufblähung der Unterschiedsbeträge ein entspr Einbeziehungsverbot vor. Ist iZm UntErwerben bei der ErstKons eine aktive latente Steuer zunächst nicht angesetzt worden, wird der latente Steueranspruch jedoch auf Grund von geänderten Erwartungen in einem späteren Gj aktiviert, ist nach DRS 10.34 der Ertrag aus dem Ansatz der aktiven latenten Steuer erfolgswirksam zu erfassen. Die sich ergebene Minderung des fortgeführten Buchwerts des Goodwill ist als Aufwand zu erfassen. Der Buchwert des Goodwill bzw des negativen Unterschiedsbetrags wird so berichtigt, als wäre die aktive latente Steuer bereits im Erwerbszeitpunkt angesetzt worden (DRS 10.35).

13 Wie bei der VollKons ist im Jahre der erstmaligen Anwendung der **Equity-Methode** (§ 312) ein Unterschiedsbetrag zu ermitteln, dessen Auflösung in den Folgejahren Auswirkungen auf das Konzernergebnis hat. Auch hier spricht die wirtschaftlich richtige Ermittlung des Werts der VG und Schulden des assozUnt zum Zeitpunkt der erstmaligen Kons „at equity" grds für die Vornahme einer Steuerabgrenzung. Sie wird zwar vom HGB nicht gefordert, weil sich S 1 nur auf Vorschriften dieses „Titels" bezieht, zu dem § 312 nicht gehört. Eine Steuerabgrenzung wurde aber bisher schon für zulässig gehalten (ebenso *ADS*[6] § 306 Anm 7; ablehnend *Bentler,* 63, da sich der ergebnispolitische Spielraum erhöhe, ohne dass sich zusätzliche Informationen ergäben) und ist wohl auch nach DRS 8 iVm DRS 10.16 erforderlich. Die Aufdeckung der stillen Reserven und Lasten und deren Fortschreibung in den Folgejahren sowie die damit verbundene Bildung und Auflösung der Steuerabgrenzungsposten erfolgt üblicherweise in einer Nebenrechnung, deren Saldo im Rahmen der Fortschreibung den Equity-Wertansatz entspr erhöht oder vermindert.

14 Von dieser Steuerabgrenzung auf die VG und Schuldposten des assozUnt unterscheidet man die Steuerabgrenzung auf die Beteiligung an dem Unt selbst, also auf den Unterschied zwischen dem Steuerwert der Beteiligung beim MU und dem Wertansatz der Beteiligung im KA. Dieser ist in den Folgejahren um die dem MU anteilig zuzurechnenden EK-Veränderungen (unabhängig von einer Ausschüttung) zu erhöhen oder zu vermindern. Diese **zeitgleiche Ergebnisvereinnahmung** im KA wird im JA idR und in der Steuerbilanz des MU grds nicht mitvollzogen. Deshalb kommt auf diese zeitlichen Ergebnisunterschiede bzw die Differenz zwischen den handels- und steuerrechtlichen Wertansätzen eine Steuerabgrenzung grds in Betracht. Mit der späteren Ausschüttung kehren sich die zeitlichen Differenzen um und die ggf gebildeten passiven latenten Steuern werden aufgelöst. Da nach § 8 b KStG in- und ausländische Dividenden sowie die Ergebnisse aus Veräußerungen oder Liquidation von KapGes wirtschaftlich betrachtet zu 5% besteuert werden (§ 274 Anm 44), führen die unterschiedlichen Wertansätze von Beteiligungen an assozUnt in KA und Steuerbilanz bei einem späteren Ausgleich nach der derzeitigen Rechtslage in Deutschland in dieser Höhe zu einer tatsächlichen steuerlichen Be- oder Entlastung und sind daher in die Steuerabgrenzung einzubeziehen. Zu beachten sind zudem die körperschaftssteuerrechtlichen Ausnahmetatbestände, wie noch nicht wertaufgeholte steuerwirksame Teilwertabschreibungen in Vj, einbringungsgeborene Anteile und von natürlichen Personen durch Sacheinlage unter Teilwert erworbene Anteile. Wird das assozUnt von einem ausländischen TU gehalten und bestehen keine dem deutschen Steuerrecht vergleichbare Regelungen, sind auf die zeitlichen Differenzen ggf in vollem Umfang latente Steuern zu rechnen. Dies wird üblicherweise zweistufig erfolgen, zum einen im JA des Unt, das die Beteiligung hält, auf die Differenz zwischen Steuerwert und handelsrechtlichem Buchwert und zum anderen im KA für die aus der Equity-Bewertung resultierende Differenz.

15 Bei der kaum praktizierten **Interessenzusammenführungsmethode** gem § 302, die sowohl nach IFRS als auch nach US-GAAP abgeschafft wurde und somit im internationalen Kontext an Bedeutung verloren hat, sind die zu übernehmenden Buchwerte vor der KapKons entspr dem Grundsatz der einheitli-

chen Bewertung ggf neu zu bewerten. Ein verbleibender Unterschiedsbetrag wird unmittelbar erfolgsneutral mit den Rücklagen des Konzerns verrechnet oder den Rücklagen zugerechnet (§ 302 Abs 2). Damit kommt es nicht zu einer Aufdeckung stiller Reserven und Lasten und insofern auch nicht zu einer Steuerabgrenzung.

Das Verfahren der QuoKons (§ 310) tritt bei GemUnt optional an die Stelle 16
der sonst für Beteiligungen, bei denen ein maßgeblicher Einfluss besteht, vorgesehenen „Equity-Methode". Die Auswirkungen für die nach § 306 vorzunehmende Steuerabgrenzung ergeben sich dann wie im Falle der VollKons (Anm 11).

Besonderheiten ergeben sich bei der **Kapitalkonsolidierung von Perso-** 17
nengesellschaften, da **Ergänzungsbilanzen** im Rahmen der Steuerabgrenzung grds zu berücksichtigen sind. Ergänzungsbilanzen sind ua bei Eintritt eines Gesters in eine PersGes aufzustellen. Sie enthalten Wertkorrekturen zu den Beträgen, die in der Steuerbilanz der PersGes für die gesamthändisch gebundenen WG angesetzt werden (*StBH,* A 310). Die Korrekturen in der Ergänzungsbilanz sind mit der Verteilung eines Unterschiedsbetrags im Rahmen der ErstKons vergleichbar. In der Ergänzungsbilanz wird der Unterschiedsbetrag zwischen den AK des eintretenden Gesters und dem Nominalbetrag des eingeräumten Kapitalkontos den VG und Schuldposten zugeordnet, die stille Reserven und Lasten enthalten. Allerdings kommt nur eine der Gewinnverteilungsabrede entspr anteilige Aufdeckung der stillen Reserven und Lasten in Betracht. Ein verbleibender Betrag ist als GFW anzusetzen. Der Ansatz eines negativen GFW ist nicht zulässig, vielmehr sind ggf bestehende Minderbeträge als Wertberichtigungen den VG zuzuordnen. Die Wertansätze der aus der HB abgeleiteten Steuerbilanz, ergänzt um die Korrekturen der Ergänzungsbilanz, ergeben die steuerrechtlichen Wertansätze, die den Wertansätzen im KA für Zwecke der Steuerabgrenzung gegenübergestellt werden. Soweit die Zuordnung in der Ergänzungsbilanz des Gesters zu anderen Wertansätzen führt als im KA (zB Pensionsrückstellungen in der Ergänzungsbilanz nach § 6a EStG, im KA nach der „projected unit credit"-Methode, § 249 Anm 204, 292), entstehen zeitliche Differenzen, auf die im Rahmen der ErstKons latente Steuern ergebnisneutral anzusetzen sind. Dies gilt hinsichtlich der GewSt grds auch für die Ergänzungsbilanzen der konzernfremden Gester, hinsichtlich der KSt nur für die Ergänzungsbilanz des konsolidierenden Unt.

2. Erfolgswirksame Schuldenkonsolidierung (§ 303)

Die SchuldenKons ist nur dann für die Steuerabgrenzung beachtlich, wenn 20
Aktivposten und ihnen entspr Passivposten in den Bilanzen der einbezogenen Unt mit **unterschiedlichen Beträgen** angesetzt sind und der Unterschied ergebniswirksam zu korrigieren ist.

Beispiele:
- Ein in den KA einbezogenes Unt gewährt einem anderen KonzernUnt ein **Darlehen unter Einbehalt eines Disagios** und aktiviert den Nennbetrag bei gleichzeitiger Passivierung des Disagios (§ 255 Anm 254). Passiviert der Darlehensschuldner den Rückzahlungsbetrag und macht vom Aktivierungswahlrecht für das Disagio keinen Gebrauch, weichen Forderung (saldiert mit dem Disagio) und Verbindlichkeit voneinander ab (*WPH* I[12], M 623).
- Beim Gläubiger ist die **Forderung** gegen ein verbundenes Unt voll oder teilweise **abgeschrieben oder abgezinst,** während der Schuldner die Verbindlichkeit ungemindert mit dem Rückzahlungsbetrag ausweist. Oder umgekehrt, wenn eine konzerninterne Forderung eine entspr Verbindlichkeit übersteigt (zB Obligationen eines einbezogenen Unt, die ein anderes einbezogenes Unt zu einem Überparikurs erworben hat).

- Der **Rückstellung** eines KonzernUnt steht keine korrespondierende Forderung des anderen KonzernUnt ggü. Dies trifft für **„konzerninterne" Risikorückstellungen** zu (zB eine Garantierückstellung für Ware, die zwar das herstellende Unt, aber noch nicht den Konzern verlassen hat) und **für Rückstellungen für drohende Verluste** aus konzerninternen schwebenden Geschäften, wenn hier für den Konzern im Hinblick auf die Einheitsfiktion nicht mit einem Verlust zu rechnen ist (*ADS*[6] § 306 Anm 31).
- **Bei Schuldverhältnissen in fremder Währung** kann es vorkommen, dass sich Forderungen und Verbindlichkeiten nicht in gleicher Höhe gegenüberstehen, weil im JA des Gläubiger- oder SchuldnerUnt wegen des Imparitätsprinzips Kursgewinne nicht realisiert worden sind.

In den beispielhaft aufgeführten Fällen entstehen im Rahmen der SchuldenKons **echte Aufrechnungsdifferenzen** (§ 303 Anm 53), die bei erfolgswirksamer Behandlung für die Steuerabgrenzung nach § 306 relevant sind, vorausgesetzt, man folgt dem dreistufigen Prozess (Anm 3) und hat in den JA der einbezogenen Unt auf die der SchuldenKons zugrunde liegenden Sachverhalte auch tatsächlich, soweit erforderlich, eine Steuerabgrenzung nach § 274 vorgenommen.

21 Beruhen Divergenzen zwischen Forderungen und Verbindlichkeiten im Konzern auf **Abstimmungsproblemen** oder **Fehlbuchungen** (sog unechte Aufrechnungsdifferenzen), rechtfertigt dies grds keine Steuerabgrenzung (*von Wysocki/Wohlgemuth,* 170). Sofern Differenzen aus zeitlichen Gründen allerdings nicht abschließend geklärt werden können und die Korrekturen erfolgswirksam vorgenommen werden, sind sie in die Steuerabgrenzung einzubeziehen, da sich diese Differenzen bei Klärung im Folgejahr auflösen.

3. Eliminierung von Zwischenergebnissen (§ 304)

24 Nach § 304 Abs 1 sind sog Zwischengewinne und Zwischenverluste, die auf dem Lieferungs- und Leistungsverkehr zwischen den in den KA einbezogenen Unt beruhen, zu eliminieren (§ 304 Anm 10ff).

Gleiches gilt nach Maßgabe des § 312 Abs 5 S 3 iVm § 304 für Zwischengewinne oder -verluste auf Grund von Lieferungs- und Leistungsverhältnissen mit assozUnt bei Anwendung der Equity-Methode. Nach DRS 8 „Bilanzierung von Anteilen an assoziierten Unternehmen im Konzernabschluss" hat die Verrechnung der zu eliminierenden Zwischenergebnisse in der Konzernbilanz anteilig zu erfolgen und mit den Equity-Wertansätzen des assozUnt, also nicht mit den Bilanzposten, die Bestände aus Lieferungen von assozUnt enthalten. Dies gilt auch bei einer Lieferung von einem assozUnt an ein in den KA einbezogenes Unt („up-stream-Eliminierung"; DRS 8.30).

Durch die **Eliminierung der Zwischenergebnisse** wird der Konzernerfolg um die aus Konzernsicht nicht realisierten Erfolgsbeiträge korrigiert, die in den Einzel-GuV der KonzernUnt enthalten sind. Die dadurch entstehenden **Abweichungen** sind regelmäßig nur vorübergehend, wenn die Eliminierung der Zwischenergebnisse das **Umlaufvermögen oder das abnutzbare Anlagevermögen** betrifft (*von Wysocki/Wohlgemuth,* 206). Mit dem Verkauf an Dritte, mit der Abschreibung oder dem Verbrauch werden auch aus Konzernsicht Gewinne oder Verluste endgültig realisiert. Entspr begründen (bei Einzelbetrachtung) Zwischengewinneliminierungen grds einen aktiven und Verlusteliminierungen einen passiven Steuerabgrenzungsposten, weil der aus dem JA übernommene Steueraufwand insoweit in Bezug auf das Konzernergebnis als zu hoch (bei Gewinneliminierung) oder zu niedrig (bei Verlusteliminierung) erscheint.

Dagegen entstehen sog quasi-permanente Differenzen, wenn die Eliminierung nicht abnutzbares Anlagevermögen betrifft. Der eliminierte Gewinn oder

Verlust wird dann spätestens bei der Liquidation oder Veräußerung des Unt realisiert. Solche Zwischenergebnisse wurden bei der Steuerabgrenzung solange nicht berücksichtigt, als mit einer Veräußerung der betreffenden VG an einen Erwerber außerhalb des KonsKreises nicht gerechnet werden konnte. Nach DRS 10.5 sind nunmehr auch diese quasi-permanenten Differenzen in die Berechnung der Steuerabgrenzung mit einzubeziehen (Anm 4).

4. Aufwands- und Ertragskonsolidierung (§ 305)

Die Aufwands- und ErtragsKons führt idR dazu, dass in der GuV sich aufrechenbar gegenüberstehende Aufwendungen und Erträge weggelassen werden (§ 305 Anm 10ff). Da es in diesem Fall nicht zu Ergebnisunterschieden zwischen der Summe der Ergebnisse der JA und dem Konzernergebnis kommt, ist keine latente Steuer abzugrenzen. 26

Besonderheiten ergeben sich allerdings iZm **konzerninternen Ergebnisübernahmen.** Die Zusammenfassung der Einzelergebnisse im KA führt solange nicht zu einer Abweichung des Konzernergebnisses von der Summe der Einzelergebnisse, wie diese nicht an ein KonzernUnt ausgeschüttet und im Jahr ihrer Entstehung oder in Folgejahren von einem anderen KonzernUnt vereinnahmt werden und dort nochmals erfolgswirksam sind. Kommt es aber zu einer Ausschüttung, muss, um eine Doppelerfassung zu vermeiden, eine erfolgswirksame Eliminierung in Höhe der Ausschüttung erfolgen. Da dies zu einer **permanenten Differenz** zwischen Konzernergebnis und der Summe der Einzelergebnisse führt, kommt eine Abgrenzung latenter Steuern nicht in Betracht.

5. End- und Übergangskonsolidierung

Bei der **Endkonsolidierung** scheiden aus Konzernsicht die einzelnen VG und Schuldposten aus der Konzernbilanz aus. Dazu gehören sowohl die Steuerabgrenzungsposten aus den JA als auch die noch nicht aufgelösten aus der KapKons. Mit der EndKons werden Zwischenergebnisse und Unterschiede aus der SchuldenKons sowie die Steuerabgrenzung hierauf erfolgswirksam aufgelöst. 28

Für die **Übergangskonsolidierung** von der QuoKons zur VollKons und umgekehrt gelten die Ausführungen zur Erst- und EndKons (Anm 11) analog. Beim Übergang von der VollKons (QuoKons) zur Equity-Bilanzierung ist bzgl veräußerter Anteile an dem Unt eine erfolgswirksame EndKons vorzunehmen. Für die verbleibenden Anteile ist der Übergang bzgl der Steuerabgrenzung erfolgsneutral. Der umgekehrte Fall des Übergangs von der Equity-Bilanzierung zur VollKons (QuoKons) ist grds erfolgsneutral.

III. Berechnung der Steuerabgrenzung

1. Ansatz und Berechnungsmethode

Die Regeln des DRS 10 führen zu einer viel **umfassenderen und aufwendigeren Steuerabgrenzung** als bisher üblich und nach der hM zu § 306 erforderlich. In bestimmten Fällen konnte auf den Ausweis latenter Steuern im KA völlig verzichtet werden, sofern im Saldo ein passiver Steuerabgrenzungsposten verblieb und vom faktischen Wahlrecht Gebrauch gemacht wurde, aktive latente Steuern aus den JA nur in dem Umfang anzusetzen, als dies iVm einer Saldierung zur Aufhebung des passiven Steuerabgrenzungspostens notwendig war. 30

§ 306 verlangt eine Steuerabgrenzung, wenn die Summe der Einzelergebnisse der in den KA einbezogenen Unt aufgrund von KonsMaßnahmen vom Konzernergebnis abweicht und sich der Ergebnisunterschied in der Zukunft voraussichtlich wieder ausgleicht. Ein aktiver Abgrenzungsposten beruht auf Kons-Maßnahmen, die das Konzernergebnis im Vergleich zum Summenergebnis der JA mindern, ein passiver auf solchen, die es erhöhen. Während nach § 306 dabei von einer **Gesamtbetrachtung** auszugehen ist, die zum Ansatz *eines* Abgrenzungspostens führt, verlangt DRS 10 eine **Einzelerfassung und -fortschreibung** je Vermögensgegenstand oder Schuld der zeitlichen Differenzen und den grds unsaldierten Ausweis der sich daraus ergebenden latenten Steuern. Eine Saldierung ist nur dann gestattet, wenn die aktiven und passiven latenten Steuern ggü demselben Steuerschuldner/-gläubiger bestehen, dieselbe Steuerart betreffen und sich voraussichtlich im selben Gj umkehren werden (DRS 10.36). DRS 10 verlagert im Ergebnis auch die **Steuerabgrenzung im Konzern auf** die **Ebene der einzubeziehenden Unt.** Die KonsMaßnahmen werden den einzelnen KonzernUnt zugeordnet und die Steuerabgrenzung wird dort berechnet. Das Verrechnungsverbot des DSR 10.36 betrifft dementspr nicht nur die latenten Steuern auf KonsMaßnahmen, sondern alle latenten Steuern einschl der aus den JA zu übernehmenden latenten Steuern. Aktive latente Steuern eines einbezogenen Unt dürfen weder mit passiven latenten Steuern eines anderen KonzernUnt noch mit solchen auf KonsMaßnahmen verrechnet werden und umgekehrt.

31 Für latente Steuern auf **erfolgswirksame KonsMaßnahmen,** die zu **zeitlichen Abweichungen** führen, besteht sowohl nach § 306 als auch nach DRS 10 ein Ansatzgebot. Nach DRS 10 sind darüber hinaus die ergebnisneutral entstandenen latenten Steuern aus der ErstKons (Anm 11), die aus den JA der einbezogenen Unt zu übernehmenden aktiven latenten Steuern (Anm 8) und die aktiven latenten Steuern auf steuerrechtliche Verlustvorträge und Steuergutschriften (Anm 36) anzusetzen, so dass von einem **generellen, umfassenden Ansatzgebot** gesprochen werden kann. KonsMaßnahmen, die zu permanenten Abweichungen führen, sind nicht in die Steuerabgrenzung einzubeziehen.

2. Bewertung und Prognose

a) Bewertung mit unternehmensindividuellen Steuersätzen

32 Die Festlegung des Steuersatzes für die Steuerabgrenzung nach § 306 wurde bereits deswegen als problematisch angesehen, weil das Konzernergebnis nicht Gegenstand der Besteuerung ist und nur für Zwecke der Steuerabgrenzung von einer **fiktiven Besteuerung** ausgegangen werden musste. Da § 306 keinen bestimmten Steuersatz vorschreibt, war bis zur Veröffentlichung von DRS 10 im Grundsatz jeder Steuersatz zulässig, der zu einem sachgerechten Ergebnis führte. Aus Gründen der Wirtschaftlichkeit und der Praktikabilität wurde insbesondere bei internationalen Konzernen ein **konzerneinheitlicher, durchschnittlicher Steuersatz** für zweckmäßig erachtet und in der Praxis angewandt. Nach DRS 10.20ff ist die Bewertung mit einem konzerneinheitlichen Steuersatz grds nicht mehr gestattet und **nur in begründeten Ausnahmefällen unter Kosten-Nutzen-Abwägungen** als zulässig anzusehen. Die zeitlichen Differenzen sind vielmehr mit unternehmensindividuellen Steuersätzen zu bewerten. Die Fiktion des Konzerns als Steuersubjekt war für die Steuerabgrenzung im KA aber insgesamt von geringer praktischer Bedeutung und bedeutete lediglich, dass die rechtliche Selbständigkeit der einbezogenen Unt für die Darstellung im KA weitgehend unbeachtlich war (*ADS*[6] § 306 Anm 11f). Die Regelungen des DSR führen dazu, dass entspr den tatsächlichen Verhältnissen vom einzelnen KonzernUnt als Steuersubjekt auszugehen ist (zur Steuerabgrenzung bei Organschaftsverhältnissen § 274 Anm 75). Die KonsMaßnahmen werden den einzelnen KonzernUnt zugeordnet und die daraus resultierende fiktive, voraussichtliche Steuerbelastung bzw -entlastung wird auf Ebene der einzelnen KonzernUnt

mit den für diese Unt geltenden individuellen Steuersätzen berechnet. Bei der Zwischengewinneliminierung ist nach DRS 10.23 der Steuersatz desjenigen Unt maßgeblich, das die Lieferung oder Leistung erbracht hat.

Die auf begründete Ausnahmefälle begrenzte Erleichterung der Bewertung der Steuerabgrenzung mit einem konzerneinheitlichen Steuersatz gilt nur für zeitliche Differenzen iZm der Zwischenergebniseliminierung, der SchuldenKons und sonstiger erfolgswirksamer KonsMaßnahmen. Sie gilt nach DRS 10.21f nicht für zeitliche Differenzen, die im Rahmen der HB II-Erstellung gemäß DRS 10.10 (§ 298 iVm § 274; Anm 7) und der KapKons entstehen. Allerdings ist generell bei der Anwendung des Standards der Grundsatz der Wesentlichkeit zu beachten.

Wie im JA ist auch im KA nicht die deferred method, sondern die **liability** 33
method anzuwenden, bei der die Steuerabgrenzung mit den Steuersätzen berechnet wird, die im Jahr der Umkehrung der zeitlichen Differenzen voraussichtlich gelten (§ 274 Anm 60). Dies entspricht der hM zu § 306 und auch der Regelung des DRS 10. Änderungen von Steuersätzen, aber auch die Einführung bzw Abschaffung von Ertragsteuerarten sind nach DRS 10.25f bei der Steuerabgrenzung zu berücksichtigen, sobald die maßgebliche gesetzgebende Körperschaft die Gesetzesänderung verabschiedet hat.

In die Berichterstattung (reporting packages) der einbezogenen Unt an das MU sind daher die bei der Steuerabgrenzung anzuwendenden aktuellen und künftigen Steuersätze mit aufzunehmen.

b) Prognose und regelmäßige Überprüfung der Steuerabgrenzung

An die rechnerische Ermittlung der Steuerabgrenzung im KA hat sich, wie im 35
JA, eine Prognose anzuschließen. Auch diese wird aber nach DRS 10 nicht auf Ebene des Konzerns, sondern auf Ebene der einbezogenen Unt durchgeführt (Anm 4). Im Rahmen der Prognose ist zu überprüfen, ob die für die einzelnen einbezogenen Unt ermittelten latenten Steuern der voraussichtlichen tatsächlichen und fiktiven Steuerbelastung bzw -entlastung entsprechen. Dabei sind die jeweilige nationale Rechtslage, die wirtschaftlichen Verhältnisse der Unt, aber auch die Möglichkeiten der Sachverhaltsgestaltung innerhalb des Konzerns zu berücksichtigen.

Insbesondere in **Verlustsituationen** können die ermittelten von den anzusetzenden Abgrenzungsposten erheblich abweichen. Ggf sind die für das Unt gebildeten Steuerabgrenzungsposten aufzulösen, soweit wegen einer für das Unt erwarteten Verlustsituation bzw entspr hoher Verlustvorträge nicht mehr mit einer entspr Belastung zu rechnen ist. Die Steuerabgrenzungsposten der anderen in den KA einbezogenen Unt bleiben davon unberührt, solange nicht auf Grund von Sachverhaltsgestaltungen im Konzern eine andere Beurteilung erforderlich wird. Entwickelt sich die wirtschaftliche Lage in späteren Jahren besser als erwartet, sind ggf vorgenommene „Wertberichtigungen" auf Basis der aktuellen Prognosen anzupassen (DRS 10.28). Die Anpassungen sind grds erfolgswirksam zu erfassen. An die Steuerabgrenzung auf Ebene der einbezogenen KonzernUnt sind im Grundsatz die gleichen Anforderungen zu stellen wie im JA, so dass auf die Kommentierung zu § 274 verwiesen werden kann (dort Anm 5ff). Wie im JA dürfen auch im KA latente Steuern **nicht abgezinst** werden (§ 274 Anm 17, DRS 10.27).

Latente Steuern auf steuerrechtliche **Verlustvorträge** sind im KA auf Ebene 36
der einbezogenen Unt nach DRS 10.11f anzusetzen, wenn der Steuervorteil aus dem Verlustvortrag mit hinreichender Wahrscheinlichkeit realisiert werden kann. Die Realisierung ist hinreichend wahrscheinlich, wenn bei dem jeweiligen Unt vor dem (möglichen) Verfall steuerrechtlicher Verlustvorträge entweder zu versteuernde zeitliche Differenzen derselben Steuerart in ausreichender Höhe

bestehen, die sich in den entspr Gj voraussichtlich auflösen werden, oder in ausreichender Höhe steuerpflichtige Gewinne anfallen werden. Hat das Unt in der jüngeren Vergangenheit eine längere Verlustphase erlitten und soll die Realisierbarkeit von aktiven latenten Steuern auf Verlustvorträge mit der Erwartung künftiger steuerrechtlicher Gewinne begründet werden, die höher als die Einkünfte aus der Umkehrung von zu versteuernden zeitlichen Differenzen sind, ist dies im Anhang zu begründen (DRS 10.41). Die für steuerrechtliche Verlustvorträge geltenden Regelungen sind nach DRS 10.14 auf Steuergutschriften entspr anzuwenden. Die bis zur Veröffentlichung des DRS 10 hM hat eine Aktivierung latenter Steuern in diesen Fällen abgelehnt. Der Auslegung der handelsrechtlichen Vorschriften durch den DRSC kommt GoB-Vermutung zu, so dass seither im KA ein Aktivierungsgebot besteht (auch § 274 Anm 4).

IV. Ausweis und Anhangangaben im Konzernabschluss (Sätze 2 und 3)

37 Aus dem Wortlaut des § 306 ergibt sich (ebenso wie aus § 274) ein Saldierungsgebot für latente Steuern. Gleichwohl wurde im Interesse einer erhöhten Aussagefähigkeit ein **unsaldierter Ausweis** der latenten Steuern zumindest im JA für zulässig erachtet. Nach DRS 10.36 sind latente Steuern in der Konzernbilanz grds unsaldiert auszuweisen. Eine Saldierung ist danach nur dann gestattet, wenn die aktiven und passiven latenten Steuern ggü demselben Steuerschuldner/-gläubiger bestehen, dieselbe Steuerart betreffen und sich voraussichtlich im selben Gj umkehren werden. Das Verrechnungsverbot betrifft dementspr nicht nur die latenten Steuern auf KonsMaßnahmen, sondern alle latenten Steuern einschl der aus den JA zu übernehmenden latenten Steuern. Aktive latente Steuern eines einbezogenen Unt dürfen grds weder mit passiven latenten Steuern eines anderen KonzernUnt noch mit solchen auf KonsMaßnahmen verrechnet werden. Weicht ein Unt von diesem **generellen Saldierungsverbot** ab, führt dies nach *IDW PS 450* Anm 112a nicht zu einer Einschränkung des BVm, allerdings ist im Prüfungsbericht auf diese von DRS abweichende, aber sich im Rahmen gesetzlicher Vorschriften bewegende Bilanzierung hinzuweisen.

38 DRS 10.39ff sieht eine Vielzahl von Anhangangaben vor, die zwar weit umfangreicher sind als die nach HGB, aber iw den Angabepflichten nach IFRS entsprechen. Angabepflichten bestehen zB iZm:
– latenten Steuern auf Verlustvorträge,
– Änderungen von Gesetzen, anzuwendenden Steuersätzen sowie von Bewertungs- und Bilanzierungsmethoden,
– im Gj erfolgsneutral erfassten latenten Steuern.

Nach DRS 10.42 ist, wie international üblich, in einer Überleitungsrechnung der erwartete Steueraufwand unter Anwendung des in Deutschland geltenden Steuersatzes darzustellen. Erleichterungen bezüglich der Anhangangaben bestehen für nicht kapitalmarktorientierte MU (DRS 10.43).

C. Rechtsfolgen einer Verletzung des § 306

44 Mit der Zuwiderhandlung des § 306 bei der Aufstellung des KA sind keine unmittelbaren Rechtsfolgen verbunden. Allerdings werden die §§ 301–307 als Konkretisierungen und Detailregelungen zu § 300 angesehen (so § 334 Anm 25). Insofern stellt ein Verstoß gegen § 306 gem § 334 Abs 1 Nr 2c eine Ordnungswidrigkeit dar und kann mit einem Bußgeld belegt werden.

Wird durch die Verletzung des § 306 im KA kein den tatsächlichen Verhältnissen entspr Bild der VFE-Lage des Konzerns vermittelt, stellt auch dies eine Ordnungswidrigkeit gem § 334 Abs 1 Nr 2 b dar, aufgrund des Nichtbefolgens der Generalnorm des § 297 Abs 2. Grds können Verletzungen des § 306 auch strafrechtliche Sanktionen gem § 331 Nr 2 zur Folge haben, wenn die Verhältnisse des Konzerns unrichtig widergegeben oder verschleiert werden (Freiheitsstrafe bis zu 3 Jahren oder Geldstrafe).

D. Abweichungen der IFRS

Schrifttum: *Löhr* Ansatz von latenten Steuern bei abweichender Bilanzierung und Bewertung in der Handelsbilanz II, DB 1995, 1921 ff; *Dusemond/Hayn* Latente Steuern aus Konsolidierungsmaßnahmen, BB 1997, 983 ff; HdR Der Konzernabschluss, Stuttgart 1997; *Fuchs* Anwendungshinweise zu IAS 12 „Income Taxes" DB 2000, 1925 ff; *Ernsting* Auswirkungen des Steuersenkungsgesetzes auf die Steuerabgrenzung in Konzernabschlüssen nach US-GAAP und IAS, WPg 2001, 11 ff; *Coenenberg/Hille* IAS 12 in Baetge ua (Hrsg) Rechnungslegung nach IAS², Stuttgart 2002; *Dahlke/von Eitzen* Steuerliche Überleitungsrechnung im Rahmen der Bilanzierung latenter Steuern nach IAS 12, DB 2003, 2237 ff; *Kirsch* Steuerliche Berichterstattung im Jahresabschluss nach IAS/IFRS, DStR 2003, 703 ff; *Küthing/Wirth* Latente Steuern und Kapitalkonsolidierung nach IAS/IFRS, BB 2003, 623 ff; s auch das Schrifttum zu § 274.

I. Vorbemerkung

Der DRS 10 führt entspr seiner Zielsetzung zu einer weitgehenden Harmonisierung mit den Regelungen des IAS 12 und SFAS 109. Die verbleibenden Abweichungen zu IAS 12 (revised) sind auf die Notwendigkeit der Übereinstimmung des DRS 10 mit den handelsrechtlichen Vorschriften zurückzuführen. 45

II. Einzelheiten

Die wesentlichen Abweichungen zwischen IAS 12 und DRS 10 ergeben sich aus den unterschiedlichen Konzepten der Steuerabgrenzung. Nach IFRS ist das **temporary concept** anzuwenden, das zu einer umfassenden Steuerabgrenzung führt, unter Einbeziehung der erfolgsneutral entstandenen Differenzen und der quasi-permanenten Differenzen. Das in DRS 10 angewandte Konzept stellt eine **Mischform** dar, bestehend aus Elementen des **temporary** und des **timing concepts,** das den §§ 274, 306 zugrunde liegt (Anm 9). Die Einbeziehung der quasi-permanenten Differenzen ist entgegen der bisher hM mit der handelsrechtlichen Steuerabgrenzung vereinbar (s § 274 Anm 9), so dass keine Abweichung zu IAS 12 besteht. Die Veröffentlichung des DRS 10 hat hier zu einem Wandel der Auffassung geführt. Der dem timing concept entspr Grundsatz, dass latente Steuern nur auf ergebniswirksam entstandene zeitliche Differenzen abzugrenzen sind, wurde in DRS 10.4 aufgenommen, aber mit einer den wichtigsten Anwendungsfall betr Ausnahme. Die Steuerabgrenzung im Rahmen der ErstKons ist auch nach DRS 10 erforderlich, so dass insofern keine Abweichung zu IAS 12 besteht. Auf andere **erfolgsneutral entstandene Differenzen,** zB iZm einem asset deal, sind aber nach DRS 10 keine latenten Steuern anzusetzen. Allerdings kommt in diesem Zusammenhang eine Steuerabgrenzung grds nur in Betracht, wenn die AK nicht in voller Höhe steuerrechtlich nutzbar sind. 46

Auch nach IAS 12 werden nicht auf alle zeitlichen Differenzen latente Steuern abgegrenzt. Dies gilt zB für den steuerrechtlich nicht abzugsfähigen **Goodwill,** 47 der als Residualgröße definiert wird und unter bestimmten Voraussetzungen auch nach DRS 10.18 nicht in die Steuerabgrenzung einzubeziehen ist (IAS 12.15a). Ein weiterer Fall betrifft zu versteuernde zeitliche Differenzen iVm **Anteilen an einem TU, einem assozUnt oder einem GemUnt,** zB in Folge nicht ausgeschütteter Gewinne. Die Abgrenzung im Hinblick auf konzerninterne Gewinntransfers ist nach IAS 12.39 grds erforderlich, aber dann ausgeschlossen, wenn das MU den Zeitpunkt der Auflösung steuern kann und mit einer Auflösung in naher Zukunft nicht zu rechnen ist (s ausführlich dazu *Coenenberg/Hille* in Komm IAS 12 Anm 68). IdR dürfte die erste Voraussetzung bei Beteiligung an einem assozUnt nicht erfüllt sein, so dass latente Steuern abzugrenzen sind (Anm 14, s § 274 Anm 44 iVm § 8b Abs 3, 5 KStG), wie im Übrigen auch nach der hier vertretenen Auffassung zu § 306 und DRS 10 (Anm 26). Erzielt dagegen ein TU oder ein GemUnt einen Gewinn, wird dieser mit der steuerlichen Belastung aufgrund der Kons im KA erfasst. Im Zeitpunkt der zeitverschobenen Ausschüttung entsteht im KA kein zusätzlicher Gewinn, da die Vereinnahmung bei dem MU im Rahmen der Aufwands- und ErtragsKons zu eliminieren ist. Kommt es dabei zB aufgrund von Quellensteuern zu einer weiteren Besteuerung, weil eine ertragssteuerrechtliche Anrechnung ausgeschlossen ist, sind nach IAS 12 in Höhe der erwarteten Belastung latente Steuern zu passivieren. Eine Steuerabgrenzung nach § 306 und DRS 10 ist in diesen Fällen hingegen nicht zulässig.

48 Eine weitere Abweichung des IAS 12 besteht hinsichtlich des **bei der Zwischenerfolgseliminierung anzuwendenden Steuersatzes.** Wenngleich IAS 12 dazu keine ausdrückliche Regelung enthält, geht die hM davon aus, dass im Rahmen der Zwischenerfolgseliminierung der Steuersatz des Unt zur Anwendung kommt, das die Lieferung bzw Leistung empfangen hat. Begründet wird dies mit dem temporary concept. Die Steuerabgrenzung erfolgt auf Ebene der einbezogenen Unt und bei dem einbezogenen Unt entsteht durch die Zwischenerfolgseliminierung die bilanzielle Differenz. Nach DRS 10 ist die Zwischenerfolgseliminierung auf Ebene des Unt durchzuführen, das die Lieferung bzw Leistung erbracht hat.

§ 307 Anteile anderer Gesellschafter

(1) [1]**In der Konzernbilanz ist für nicht dem Mutterunternehmen gehörende Anteile an in den Konzernabschluß einbezogenen Tochterunternehmen ein Ausgleichsposten für die Anteile der anderen Gesellschafter in Höhe ihres Anteils am Eigenkapital unter entsprechender Bezeichnung innerhalb des Eigenkapitals gesondert auszuweisen.** [2]**In den Ausgleichsposten sind auch die Beträge einzubeziehen, die bei Anwendung der Kapitalkonsolidierungsmethode nach § 301 Abs. 1 Satz 2 Nr. 2 dem Anteil der anderen Gesellschafter am Eigenkapital entsprechen.**

(2) **In der Konzern-Gewinn- und Verlustrechnung ist der im Jahresergebnis enthaltene, anderen Gesellschaftern zustehende Gewinn und der auf sie entfallende Verlust nach dem Posten „Jahresüberschuß/Jahresfehlbetrag" unter entsprechender Bezeichnung gesondert auszuweisen.**

Übersicht

Schrifttum: *Schindler* Der Ausgleichsposten für die Anteile anderer Gesellschafter nach § 307 HGB WPg 1986, 589; *Ordelheide* Kapitalkonsolidierung und Konzernerfolg ZfbF 1987, 292; *Arbeitskreis Schmalenbach* „Externe Unternehmensrechnung" ZfbF Sonderheft 21/87, Düsseldorf 1987; *SABI 2/1988* Behandlung des Unterschiedsbetrags aus der Kapitalkonsolidierung WPg 1988, 622; *Fass* Indirekte Beteiligungsverhältnisse bei der Kapitalkonsolidierung BB 1989, 1161; *Küting/Weber/Dusemond* Kapitalkonsolidierung im mehrstufigen Konzern BB 1991, 1082; *Baetge* Kapitalkonsolidierung nach der Erwerbsmethode in FS Budde, 19; *Eisele/Kratz* Der Ausweis von Anteilen außenstehender Gesellschafter im mehrstufigen Konzern ZfbF 1997, 291; *Küting/Göth* Minderheitenanteile im Konzernabschluss eines mehrstufigen Konzerns WPg 1997, 305; *Mandl/Königsmaier* Kapitalkonsolidierung nach der Erwerbsmethode und die Behandlung von Minderheitsanteilen im mehrstufigen Konzern in FS Baetge, 239; *Ebeling/Baumann* Konsolidierung mehrstufiger Konzerne nach der Methode der integrierten Konsolidierungstechnik BB 2000, 1667; *Pawelzik/Theile* Eigenkapitalvernichtung im GmbH & Co KG-Konzernabschluss? DB 2000, 2385; *Mühlberger* Die zweckadäquate Bilanzierung von Minderheitenanteilen im ein- und mehrstufigen Konzern nach HGB, IAS und US-GAAP WPg 2001, 1312; *Leinen* Die Kapitalkonsolidierung im mehrstufigen Konzern, Herne/Berlin 2002; *Küting/Leinen* Die Kapitalkonsolidierung bei Erwerb eines Teilkonzerns WPg 2002, 1201.

A. Allgemeines

Nach der Einheitstheorie (§ 297 Anm 190 ff) des Konzerns sind bei vollkonsolidierten Unt unabhängig von der Beteiligungsquote des MU an dem TU dessen VG und Schulden sowie die damit zusammenhängenden Erträge und Aufwendungen vollständig im KA iSd § 300 Abs 1 zu erfassen. Soweit an dem TU auch Gester beteiligt sind, die nicht zum KonsKreis des MU gehören, führt dieses Verfahren dazu, dass das im KA ausgewiesene Nettovermögen zum Teil diesen Gestern – und nicht dem MU – zuzuordnen ist. § 307 regelt, dass entspr 1 diesen (Fremd-)Anteilen am Nettovermögen des Konzerns ein AusglPo gesondert innerhalb des EK des Konzerns auszuweisen ist.

2 Wenn nur die dem MU zuzuordnenden Anteile am Vermögen, Schulden und Ergebnis eines Unt in den KA einbezogen werden, wie dies bei quotal konsolidierten GemUnt (§ 310) der Fall ist, entfällt insoweit der Ansatz eines AusglPo für den Anteil anderer Gester am Nettovermögen des Konzerns; s auch § 310 Anm 7, 50.

B. Eigenkapitalanteile anderer Gesellschafter (Abs 1)

I. Abgrenzung der einzubeziehenden Anteile

7 Nach § 301 Abs 1 S 1 sind dem MU *gehörende* Anteile an einbezogenen TU mit dem auf diese Anteile entfallenden Betrag des EK des TU zu verrechnen. Abs 1 regelt, was mit dem Betrag des EK eines einbezogenen TU im KA zu geschehen hat, das auf die Anteile entfällt, für die nach § 301 Abs 1 S 1 keine Verrechnung vorzunehmen ist, weil sie dem MU *nicht gehören.* § 307 ist also bzgl der Anteile, für die ein AusglPo zu bilden ist, eine Komplementärvorschrift zu § 301. Entspr ist für die Anteile eines einzubeziehenden TU, die nicht in die Verrechnung nach § 301 einbezogen wurden, ein AusglPo zu bilden. Zu den Anteilen, für die eine Verrechnung nach § 301 zu erfolgen hat, s § 301 Anm 10ff.

8 Danach ist **für folgende Anteile** an einem einzubeziehenden TU ein **AusglPo** innerhalb des EK im KA **zu bilden:**

(1) Anteile, die von Gestern gehalten werden, die ansonsten keine (konzernrechtliche) Beziehung zum Konzern haben (Hauptanwendungsfall).

(2) Anteile, die von (ansonsten konzernfremden) Gestern gehalten werden, mit denen das MU oder ein TU Vereinbarungen getroffen hat, wonach der Konzern über bestimmte Rechte (zB Stimmrechte) aus diesen Anteilen iSd § 290 Abs 3 S 2 verfügen kann. Für die KapKons kommt es auf den Anteil des Konzerns am Kapital eines TU an, nicht darauf, über welche Rechte (zB Stimmrechtsanteil) der Konzern verfügt. Werden die Anteile hingegen *von für Rechnung des MU oder eines einbezogenen TU handelnden Personen* gehalten (§ 290 Abs 3 S 1), findet eine KapKons für diese Anteile statt, da diese im JA des betr MU oder TU ausgewiesen werden (s § 246 Anm 9ff).

(3) Anteile, die von Unt gehalten werden, an denen der Konzern *nur beteiligt* ist.

(4) Anteile, die von assozUnt gehalten werden (s § 301 Anm 13).

(5) Anteile, die von GemUnt gehalten werden, soweit sie nicht nach § 301 verrechnet werden (s § 301 Anm 13). Falls die durch die quotale Einbeziehung des GemUnt in den KA gelangenden Anteile am TU, entgegen der zu präferierenden Verrechnung, nicht konsolidiert werden, haben diese Anteile den Charakter von „eigenen Anteilen“ und sind im KA unter entspr Bezeichnung gesondert im Umlaufvermögen auszuweisen.

(6) Anteile, die von nicht konsolidierten TU des MU gehalten werden (§ 296).

(7) Anteile, die vom MU oder von konsolidierten TU (zB als eigene Anteile) gehalten werden und (ausnahmsweise) nicht konsolidiert werden, weil sie nur kurzfristig im Konzern verbleiben (s § 301 Anm 15). Diese Anteile haben im KA den Charakter von „eigenen Anteilen“ und sind deshalb unter entspr Bezeichnung gesondert im Umlaufvermögen auszuweisen.

9 In den Fällen (3)–(7) kommt es zu einem **Doppelansatz** von Vermögen im KA, soweit dem AusglPo eine korrespondierende Beteiligung im KA gegen-

übersteht. Hält bspw ein assozUnt, an dem das MU eine Beteiligung von 40% hält, 20% der Anteile eines in den KonsKreis einbezogenen TU des MU, sind 8% des Vermögens des TU im KA doppelt enthalten. Zum einen (indirekt) als Anteil im Wertansatz der im KA ausgewiesenen Beteiligung an dem assozUnt und zum anderen (direkt) in Höhe von 8% des Wertansatzes der VG und Schulden des TU (bei der Buchwertmethode gemessen am Buch-EK der HB II des TU, bei der Neubewertungsmethode unter Einschluss der aufgedeckten Reserven ohne GFW), die in den KA übernommen wurden.

Zumindest in der Höhe, wie er sich im Zeitpunkt der erstmaligen Doppelerfassung des Vermögens des TU ergibt, repräsentiert der den 8% entspr AusglPo den (wertmäßigen) Umfang der Doppelerfassung des Vermögens. Der AusglPo hat insoweit den Charakter eines Korrekturpostens im Konzern-EK, vergleichbar der Rücklage für eigene Anteile. Dieser Anteil des AusglPo sollte daher durch einen **Davon-Vermerk** (zB: „davon für im KA unmittelbar oder mittelbar enthaltene Anteile an einbezogenen TU") kenntlich gemacht werden, wenn er einen erheblichen Umfang hat. Ebenso wäre eine entspr Erl im **Anhang** zulässig. Die anteiligen Veränderungen des AusglPo in den Folgeperioden sind nur uU auch als Veränderung des Korrekturpostens zum EK wegen Doppelerfassung von Vermögen interpretierbar. Es wäre aber uE im Hinblick auf den Informationswert des Davon-Vermerks zu aufwändig, jeweils genauere Untersuchungen anzustellen. Es genügt vereinfachend von dem gesamten AusglPo für das betroffene TU jeweils den (im Beispiel 8%) entspr Anteil im Davon-Vermerk anzugeben.

II. Errechnung des Ausgleichspostens

1. Einstufiger Konzern

a) Allgemeines

Im AusglPo werden *zusammengefasst* ausgewiesen die Anteile der anderen Gester am EK des TU, dh am gezeichneten Kapital, an der Kapitalrücklage, an den Gewinnrücklagen, an Sonderposten im EK (zB nach DMBilG, s dazu entsprechend § 301 Anm 38), am Ergebnisvortrag und am Jahresergebnis. Für den Anteil der anderen Gester an diesem EK-Posten ist der Kapitalanteil der anderen Gester am Bilanzstichtag maßgeblich; auf die Stimmrechte kommt es nicht an. Für die Aufteilung des Jahresergebnisses ist ggf eine abw Gewinnverteilungsabrede zu beachten. 15

Auch eine beim TU gebildete **Rücklage für eigene Anteile** oder für Anteile an einem herrschenden oder mit Mehrheit beteiligten Unt gehört zum zu konsolidierenden Kapital des TU (bzgl einer Rücklage für Anteile am MU aA *ADS*[6] § 307 Anm 18 ohne Begr); sie ist dementsprechend auch anteilig im AusglPo enthalten (insoweit zustimmend *ADS*[6] § 307 Anm 17; *Claussen/Scherrer* in Kölner Komm[2] § 307 HGB Anm 13f). Nach DRS 4.22 sind eigene Anteile eines TU mit dessen EK, also der entspr Rücklage für eigene Anteile zu verrechnen. Entspr ist dann auch die Beteiligungsquote der Minderheit am Rest-EK des TU zu erhöhen.

Ein für ein ausländisches TU mit Minderheitenanteil im Rahmen der Währungsumrechnung nach der Stichtagskursmethode innerhalb des EK gebildeter **Sonderposten „Eigenkapitaldifferenz aus Währungsumrechung"** ist anteilig in den AusglPo für den Minderheitenanteil einzubeziehen (DRS 7.5). Dies entspricht auch internationaler Übung (IAS 21.32). In diesem Fall sollte durch einen Davon-Vermerk oder im Anhang dargestellt werden, in welchem Umfang im AusglPo ein Sonderposten aus Währungsumrechnung enthalten ist. Im EK-Spiegel nach § 297 ist dafür ein gesonderter Ausweis vorzunehmen (DRS 7.5 und Anlage dazu).

16 Hat das MU mit dem TU einen **Gewinnabführungs- oder Beherrschungsvertrag** abgeschlossen und den anderen Gestern eine **Ausgleichszahlung** garantiert, ist dieser Betrag idR bereits als Verbindlichkeit im KA auszuweisen und daher nicht mehr als Gewinnanteil im AusglPo enthalten.

17 **Basis der Ermittlung** des AusglPo für die Anteile anderer Gester ist das durch einheitliche Bilanzierung und Bewertung bestimmte EK des TU laut HB II (so zB *ADS*[6] § 307 Anm 23; *Hachmeister* in Beck HdR C 401 Anm 66). Es entspricht der Einheitstheorie, dass die konzerneinheitliche Bilanzierung und Bewertung auch für die Darstellung der Anteile der Minderheits-Gester maßgeblich ist.

18 Die gleiche Betrachtung gilt für die infolge der erfolgswirksamen Kons entstehenden **Ergebnisdifferenzen.** Sie gehen anteilig in den auf die „anderen Gesellschafter" entfallenden Ergebnisanteil in den AusglPo ein (ebenso *Busse von Colbe/Ordelheide*[6], 451; s Anm 29, 53 ff).

b) Buchwertmethode und Interessenzusammenführungsmethode

20 Im Rahmen der **Erstkonsolidierung** wird der AusglPo ermittelt, der in den Folgejahren fortzuschreiben ist. Änderungen der Beteiligungsverhältnisse sind entspr zu berücksichtigen. Wird für die KapKons die Buchwertmethode (§ 301 Abs 1 S 2 Nr 1) oder die Methode der Interessenzusammenführung (§ 302) gewählt, entspricht der AusglPo dem Anteil anderer (nicht einbezogener) Gester am Buchwert des EK des TU laut HB II am Konzernbilanzstichtag (Anm 15). Entsteht bei der KapKons nach der Erwerbsmethode ein Unterschiedsbetrag, ist dieser nach hM bei der Buchwertmethode nicht auf eine Beteiligungsquote von 100% „hochzurechnen". Für die nicht nach § 301 verrechneten Anteile werden weder anteilige stille Reserven noch ein anteiliger GFW aufgedeckt (so auch *ADS*[6] § 307 Anm 24; *Weber/Zündorf* in HdKR[2] § 307 Anm 8). Entspr entfällt bei der **Folgekonsolidierung** auch kein Anteil an den entspr Aufwendungen (Abschreibung, Abgang dieser aufgedeckten Reserven) auf die anderen Gester. Zu Auswirkungen anderer erfolgswirksamer KonsMaßnahmen auf den AusglPo s Anm 53 ff.

Es besteht bzgl der Aufdeckung der Reserven auch kein Wahlrecht (so aber *v. Wysocki* WPg 1986, 180). Würden auch bei der Buchwertmethode stille Reserven aufgedeckt, die auf die anderen Gester entfallen, bestünde zwischen Buchwert- und Neubewertungsmethode kein Unterschied. Die Regelung zweier alternativer Methoden in § 301 ohne Unterschied wäre aber sinnlos (so zB auch *Schindler* WPg 1986, 589).

c) Neubewertungsmethode

26 Im Rahmen der Neubewertungsmethode werden auch die stillen Reserven/Lasten in den VG und Schulden, die anteilig auf die Minderheit am TU entfallen, aufgedeckt. Dieses neu bewertete EK des TU ist Grundlage für die Ermittlung des AusglPo. Entspr wird ein ggü der Buchwertmethode idR höherer AusglPo ausgewiesen (ebenso *Busse von Colbe/Ordelheide*[6], 450; 296; *ADS*[6] § 307 Anm 26; *WPH*[12] I M 391).

Der aus der Kons resultierende GFW ist nicht Bestandteil des neu bewerteten EK des TU; für ihn unterbleibt eine „Hochrechnung" für den Anteil der Minderheit (so auch *WPH*[12] I M 391; *ADS*[6] § 307 Anm 31 ff). Dies entspricht auch bisher internationaler Übung. Es handelt sich dabei allerdings eher um eine Konvention, denn die Begr dafür sind wenig überzeugend. Es wird argumentiert, der Wert des GFW sei nur schwer greifbar; darüber hinaus sei fraglich, ob dafür ein entspr der Beteiligungsquote anderer Gester höherer Wert gezahlt worden wäre.

Entsteht durch die Aufdeckung der stillen Reserven und Lasten für den Anteil 27
des MU ein negativer Unterschiedsbetrag, ist auch dieser für den Minderheitenanteil nicht „hochzurechnen". Im Grunde wird dadurch das auf die Minderheit entfallende Vermögen des TU überbewertet. Da die Einzel-VG/Schulden des TU zutreffend mit Zeitwerten bewertet sind, lässt sich dies ohne den Ansatz eines negativen Unterschiedsbetrags nicht vermeiden.

Im Rahmen der **Folgekonsolidierung** berührt die Abschreibung bzw der 28
Abgang der für die Minderheits-Gester aufgedeckten stillen Reserven (mit Ausnahme des GFW) die anderen Gester im Konzern (ebenso DRS 4.43; *ADS*[6] § 307 Anm 36). Im Vergleich zur Buchwertmethode wird durch diesen zusätzlichen Aufwand das Konzernergebnis vermindert, wobei diese Minderung aber allein auf den Anteil der anderen Gester entfällt (so auch *Ordelheide* ZfbF 1987, 297 und 299; *ADS*[6] § 307 Anm 36). Eine Erfassung dieses zusätzlichen Aufwands zu Lasten des Anteils des MU am Konzernergebnis wäre sachlich falsch (s auch *Schindler* WPg 1986, 591) und ist nicht einmal unter dem Gesichtspunkt der Vereinfachung zu akzeptieren, weil darin keine nennenswerte Vereinfachung liegt (aA *Weber/Zündorf* in HdKR[2] § 307 Anm 9, die bei geringen Anteilen anderer Gester die Falschzuordnung aus Vereinfachungsgründen für zulässig halten). Sobald die aufgedeckten Reserven/Lasten aus der ErstKons abgebaut sind, ist die Höhe des AusglPo nach der Neubewertungsmethode identisch mit der Höhe des AusglPo nach der Buchwertmethode.

Auch der Aufwand aus der Abschreibung bzw dem Abgang der für die an- 29
deren Gester aufgedeckten stillen Reserven ist erfolgswirksam über die Konzern-GuV zu erfassen. Die auf die „anderen Gesellschafter" entfallenden stillen Reserven sind aus Konzernsicht AK, auch wenn sie nicht bezahlt wurden (so *Ordelheide* ZfbF 1987, 298). Eine erfolgsneutrale Verrechnung der anteiligen stillen Reserven (ohne Berührung der GuV) widerspricht dem Realisationsprinzip, das auch für den KA gilt (s § 297 Abs 2 S 2, Abs 3 S 1 und § 298 Abs 1 iVm § 252; so im Ergebnis auch *ADS*[6] § 307 Anm 36; *Weber/Zündorf* in HdKR[2] § 307 Anm 9).

2. Mehrstufiger Konzern

Im mehrstufigen Konzern kann die Kons im Wege der Ketten- oder der Si- 35
multanKons vorgenommen werden (s § 301 Anm 271). Beim mehrstufigen Konzern ergibt sich der AusglPo für die Anteile der anderen Gester der jeweiligen Stufe idR gem dem Kapitalanteil dieser Gester am Teilkonzern-EK ohne Einbeziehung des AusglPo für die Anteile anderer Gester der jeweils darunter liegenden Stufen. Die AusglPo der jeweiligen Stufen werden ohne Veränderung in die nächst höheren Stufen übernommen (zu Ausnahmen s § 301 Anm 287–289) und gehören nicht zum zu konsolidierenden EK der höheren Stufen (s § 301 Anm 279). In dem jeweiligen Teilkonzern-EK ist auch das Teilkonzernergebnis mit den ggf notwendigen Korrekturen aus der Abschreibung im Rahmen der ErstKons aufgedeckter stiller Reserven und GFW enthalten. Dieses Teilkonzernergebnis enthält auch die auf den Teilkonzern entfallenden Ergebnisanteile der nachgeordneten TU; insoweit werden die anderen Gester des TU auf der Zwischenstufe auf diese Weise anteilig auch an den ihnen mittelbar zustehenden Ergebnissen der nachgeordneten TU beteiligt.

36 Dass sich die Anteile des jeweiligen Minderheits-Gesters am Ergebnis des Gesamtkonzerns aus dessen Anteil am Teilkonzernergebnis entspr seinem Anteil an dem TU ergibt, trifft nur zu, soweit die Konzernstruktur nur Beteiligungen von oberen an unteren TU enthält. Soweit die Struktur auch Beteiligungen zwischen SchwesterGes oder Beteiligungen von unteren an oberen TU enthält, bedarf es zusätzlicher Ermittlungen, welche Ergebnisanteile auf die einzelnen Gester-Gruppen entfallen (hierzu § 301 Anm 288, 289).

37 UE sind die AK, die ein oberes TU für die VG, den GFW und die Schulden eines unteren TU (EnkelUnt) aufwendet (AK der Beteiligung), für deren Bewertung im Konzern maßgeblich (im Ergebnis ebenso *Eisele/Kratz* ZfbF 1997, 303; *Küting/Göth* WPg 1997, 308; *Ebeling/Baumann* BB 2000, 1668; *Pawelzik/Theile* DB 2000, 2387). Daher ist es möglich, den AusglPo für die Minderheit an dem oberen TU bei der **Buchwertmethode** direkt als Anteil aus dem Teilkonzern-EK (ohne Anteile anderer Gester der unteren TU) zu ermitteln (s *Busse von Colbe/Ordelheide*[6], 280). Nach aA (*ADS*[6] § 307 Anm 41–50; *Küting/Weber/Dusemond* BB 1991, 1086; *Baetge* in FS Budde, 41; *Claussen/Scherrer* in Kölner Komm[2] § 307 HGB Anm 34; *Kraft* in Großkomm HGB[4] § 307 Anm 43) soll es dagegen bei der Buchwertmethode erforderlich sein, dass im Rahmen der Verteilung der Teilkonzern-AK für ein EnkelUnt auf die dahinterstehenden VG und Schulden aufgedeckte stille Reserven bzw GFW (soweit sie anteilig von den anderen Gestern der Zwischenholding bezahlt wurden) zu Lasten von deren Anteil am Teilkonzern-EK gekürzt werden. Der Grundsatz der Buchwertmethode verlange, dass nur stille Reserven bzw GFW, die dem MU zuzurechnen seien, aufgedeckt werden dürften. Diese Auffassung verkennt jedoch, dass es sich bei den auf andere Gester entfallenden Anteilen an stillen Reserven und GFW nicht wie bei der Neubewertungsmethode um fiktiv ermittelte, sondern um tatsächlich im Konzern bezahlte Reserven handelt. Nach der Buchwertmethode sind die anteiligen Reserven eines TU aufzudecken, die auf nach § 301 zu verrechnende Anteile an dem TU entfallen. Es ist unstreitig, dass auch die Anteile am EnkelUnt, die gedanklich den Minderheits-Gestern der Zwischenholding zuzuordnen sind, zu den Anteilen gehören, die nach § 301 zu verrechnen sind und in diesem Sinne dem MU gehören (§ 301 Anm 273f).

Beispiel: MU hält 60% an TU, dessen Buch-EK 4000 GE beträgt. Im Gj 01 erwirbt TU 100% der Anteile an einem EnkelUnt, dessen Buch-EK 1000 GE beträgt. Der Kaufpreis beträgt 10 000 GE und wird von TU fremdfinanziert. Vor dem Erwerb der Anteile an dem EnkelUnt beträgt der AusglPo für die Minderheit an TU (4000 × 0,4 =) 1600 GE.

MU ——60%——→ TU ——100%——→ EnkelUnt

Folgt man der Auffassung von *ADS*[6], *Baetge* ua, würde das Vermögen des EnkelUnt im KA des MU im ErstKons-Zeitpunkt nicht mit 10 000 GE, sondern nur mit 6400 GE bewertet. Der auf die Minderheit an TU entfallende Anteil am Unterschiedsbetrag [(10 000 − 1000) × 0,4 =] 3600 dürfte nach dieser Auffassung im Konzern nicht angesetzt werden und müsste sofort am AusglPo für die Minderheit an TU gekürzt werden, so dass dieser nur noch −2000 GE betrüge, obwohl das TU ein positives Buch-EK von 4000 GE aufweist. Nach der hier vertretenen Auffassung ist im Beispiel das Vermögen des EnkelUnt im KA des MU mit den AK der nach § 301 zu verrechnenden Anteile (10 000 GE) zu bewerten. Entspr führt das erfolgsneutrale Anschaffungsgeschäft auch zu keiner Veränderung beim AusglPo für die Minderheit an TU. Auch nach dem Erwerb wird dieser im KA mit 1600 GE ausgewiesen. Würde im Beispiel das Geschäft des EnkelUnt durch einen *„asset-deal“* statt durch einen *„share deal“* erworben, würden wohl auch die Vertreter der Gegenmeinung den Ansatz des erworbenen Vermögens im KA des MU mit 10 000 GE bejahen. Es gibt keinen Grund bei einem *„share deal“* zu einer anderen Bewertung im KA zu gelangen.

Bei Anwendung der **Neubewertungsmethode** ergibt sich der AusglPo anderer Gester einer Zwischenholding aus dem anteiligen Teilkonzern-EK nach Neubewertung der VG und Schulden (§ 301 Anm 273 f). Auch im Rahmen der Neubewertungsmethode wird die Auffassung vertreten (*ADS*[6] § 307 Anm 46–49; *Küting/Weber/Dusemond* BB 1991, 1086; *Baetge* in FS Budde, 41), dass der im Beteiligungskaufpreis bezahlte GFW, soweit er anteilig von den anderen Gestern der Zwischenholding bezahlt wurde, zu Lasten des AusglPo dieser anderen Gester gekürzt werden müsse. Dies entspreche dem Grundsatz der Neubewertungsmethode, für die anderen Gester zwar stille Reserven, aber keinen GFW aufzudecken. Auch hier wird verkannt, dass der GFW nicht auf hochgerechneten, sondern auf tatsächlichen AK beruht. Es gilt auch hier, dass der GFW entspr dem Anteil der nach § 301 zu verrechnenden Anteile aufgedeckt wird. Zu diesen Anteilen gehören auch die Anteile, die gedanklich der Minderheit der Zwischenholding gehören. 38

3. Endkonsolidierung; Verringerung der Beteiligung ohne Endkonsolidierung

Bei der **Erwerbsmethode** (§ 301) ist eine EndKons eines TU notwendig, wenn die bisher dem Konzern gehörenden Anteile am TU an außenstehende Dritte veräußert werden (§ 301 Anm 240 ff). Die EndKons nach § 301 ist auch für die Anteile anderer Gester durchzuführen. 45

Der Abgangswert, der bei der **Buchwertmethode** auf die „anderen Gester" entfällt, ist der Saldo aus den Buchwerten der anteiligen VG abzgl der anteiligen Schulden des TU ermittelt nach den „Konzernwerten" (HB II-Werte ggf modifiziert um KonsMaßnahmen s Anm 53, wobei zu berücksichtigen ist, dass Bewertungskorrekturen, die noch aus der ErstKons verblieben sind, die Minderheit nicht berühren) zum Veräußerungszeitpunkt. Einzuschließen in den Abgangswert sind die durch die EndKons wieder auflebenden anteiligen Forderungen und Schulden des TU zum Restkonzern. Die Höhe des auf die anderen Gester entfallenden Reinvermögens entspricht dem AusglPo (so *Busse von Colbe/Ordelheide*[6], 254). Die EndKons der Anteile anderer Gester ist ergebnisneutral. 47

Die **Neubewertungsmethode** unterscheidet sich von der Buchwertmethode dadurch, dass sich die Bilanzansatz- und Bewertungskorrekturen im Rahmen der ErstKons auch auf die Anteile der anderen Gester erstrecken (Anm 26). Die anteiligen stillen Reserven werden im AusglPo ausgewiesen. Der Abgangswert (Anm 47) für den AusglPo für die Anteile anderer Gester an dem TU ist deshalb ggü der Buchwertmethode um die hochgerechneten und noch nicht abgeschriebenen (Anm 28) stillen Reserven höher. Dem stehen jedoch auch entspr höhere anteilige Abgangswerte der VG und Schulden des TU ggü, die den anderen Gestern zuzurechnen sind. Damit ist auch bei der Neubewertungsmethode die EndKons der Anteile anderer Gester ergebnisneutral (glA *Busse von Colbe/Ordelheide*[6], 255). 48

Werden Anteile an einem TU, die bisher von KonzernUnt gehalten wurden, an (nicht zum KonsKreis gehörende) Dritte verkauft, ohne dass sich die Zugehörigkeit des TU zum KonsKreis und damit die KapKons-Methode ändert, liegt kein Fall der EndKons vor (s § 301 Anm 208 f). Aus Konzernsicht (Einheitstheorie) ist dieser Vorgang zwar der Emission neuer Anteile vergleichbar (so auch *Weber/Zündorf* in HdKR[2] § 301 Anm 221). Die EK-Basis des Konzerns wird durch den Mittelzufluss (Verkaufspreise der Anteile) erhöht. Trotzdem ist der Vorgang aus Sicht der Gester des MU ein Verkaufsvorgang und wird daher im Konzern erfolgswirksam abgebildet (zur Ermittlung dieses Erfolgs s § 301 49

Anm 209; zur abw Behandlung nach ED IAS 27 s. Anm 362). Den neuen Gestern wird ein EK-Posten in Form eines AusglPo für Anteile anderer Gester eingeräumt. Die Höhe dieses zusätzlichen AusglPo ergibt sich aus dem anteiligen Konzernbuchwert der VG und Schulden des TU, an dem die neuen anderen Gester beteiligt sind. Für die Berechnung des AusglPo sind auch Anteile an konsolidierten konzerninternen Forderungen und Verbindlichkeiten einzubeziehen.

Bei Anwendung der **Buchwertmethode** ist zu beachten, dass den neuen anderen Gestern nur ein AusglPo in Höhe ihres Anteils am Buchwert der VG und Schulden im JA bzw der HB II des TU entspr ihrer Beteiligungsquote eingeräumt wird. Die bisher für diese VG/Schulden noch aufgedeckten Reserven und ein verbliebener GFW oder negativer Unterschiedsbetrag aus der ErstKons werden im Ergebnis anteilig wieder „zugedeckt" (*ADS*[6] § 301 Anm 189f; *WPH*[12] I M 396). War zB das MU ursprünglich mit 80% an dem TU beteiligt und hat es nun 20%-Punkte an andere Gester veräußert, sind 25% der noch verbliebenen aufgedeckten Reserven bzw des GFW auszubuchen.

Bei der **Neubewertungsmethode** werden die bisherigen Bewertungen im KA für die Einzel-VG/Schulden des betroffenen TU hingegen auch für die neuen anderen Gester fortgeführt und ein entspr höherer AusglPo ausgewiesen. Lediglich der dem an die Minderheit abgegangenen Anteil entspr Betrag eines verbliebenen GFW oder negativen Unterschiedsbetrags wird für die neuen anderen Gester nicht mehr ausgewiesen (DRS 4.48; *ADS*[6] § 301 Anm 190).

50 Das uE zutreffende Vorgehen gem Anm 49 entspricht dem Gesetzeswortlaut und in Bezug auf die Neubewertungsmethode auch der Auffassung des DRS. Dennoch wäre uE auch eine **Fortführung** der **bisher aufgedeckten Reserven** und eines GFW oder negativen Unterschiedsbetrags für die neuen anderen Gester und damit der Ausweis eines idR höheren AusglPo, unabhängig ob Buchwert- oder Neubewertungsmethode angewandt wird, **zulässig.** Für die **Fortführung** dieser **Ergänzungsbewertungen** für die neuen anderen Gester spricht, dass diese Bewertungen durch historische AK des Konzerns (die historischen AK der abgegangenen Anteile) „abgesichert" sind und daher keine bloße „Hochrechnung" von Bewertungen darstellen. Ein Verstoß gegen den Sinn der Buchwert- oder – in Bezug auf den GFW – der Neubewertungsmethode läge daher bei Fortführung dieser Bewertungen für die Minderheit nicht vor (ebenso *Leinen* Kapitalkonsolidierung, Berlin/Herne 2002, 173).

Allerdings erfordert die Einbeziehung der anteiligen stillen Reserven bzw des anteiligen GFW in den AusglPo für die neuen anderen Gester, dass in den FolgeKonsZeitpunkten bei der Fortentwicklung des AusglPo und des den Minderheiten zuzurechnenden Ergebnisses beachtet wird, dass ausnahmsweise eine (Teil-)Gruppe anderer Gester an der Abschreibung der Reserven und des GFW beteiligt ist.

4. Schulden-, Zwischenergebniskonsolidierung und Equity-Bewertung

53 Die Frage, ob die erfolgswirksamen KonsMaßnahmen auch ggf die Minderheitenanteile berühren, ist umstritten. Nur für die Aufwandwerdung der stillen Reserven aus der ErstKons im Rahmen der Neubewertungsmethode besteht weitgehende Einigkeit, dass der Anteil, der für die Minderheit aufgedeckt wurde, auch zu Lasten von deren Anteil in den Folgeperioden zu Aufwand wird (s Anm 28). Für die anderen erfolgswirksamen KonsMaßnahmen (SchuldenKons, Zwischenergebniseliminierung, latente Steuern aus KonsMaßnahmen und Equity-Bewertung) wird verbreitet die Auffassung vertreten, dass diese Maß-

nahmen nur zu Lasten/Gunsten des Mehrheitsanteils gehen sollten, also die Minderheitenanteile daran nicht zu beteiligen seien (so *ADS*[6] § 307 Anm 38–40; als Wahlrecht zur Vereinfachung ebenso *Claussen/Scherrer* in Kölner Komm[2] § 307 HGB Anm 37; *Kraft* in Großkomm HGB[4] § 307 Anm 43). Nach der hier vertretenen Auffassung sind auch die **Minderheitsanteile** grds **von** den anderen **erfolgswirksamen KonsMaßnahmen betroffen** (s Anm 54–67). Ein Unterlassen der zutreffenden Zuordnung ist nur aus Vereinfachungsgründen akzeptabel, wenn dadurch das Konzernergebnis, das dem MU zuzuordnen ist, nur unwesentlich unrichtig dargestellt wird (ebenso *Busse von Colbe* in MünchKomm HGB § 307 Anm 9). Dies kann insb dann der Fall sein, wenn es sich nur um geringfügige Minderheitsanteile handelt und/oder der Betrag der KonsMaßnahmen ohnehin gering ist.

Soweit die AK oder HK eines VG im JA eines in den KA einbezogenen Unt auf konzerninternen Lieferungen oder Leistungen beruhen, wird dieser VG im Konzern so bewertet, als ob die einbezogenen Unt ein rechtlich einheitliches Unt seien (§ 304). Durch die damit im KA verbundene Auf- oder Abwertung des VG ggü dem JA wird das Ergebnis aus dem JA des Lieferanten, das aus der konzerninternen Lfg oder Leistung resultiert, im KA ausgeglichen. Im KA wird aus diesem Vorgang (per saldo) kein Ergebnis ausgewiesen **(Zwischenergebniseliminierung).** Soweit an dem konzerninternen Lieferanten und/oder an dem konzerninternen Empfänger Minderheiten beteiligt sind, werden im Wesentlichen drei Alternativen für die Darstellung der Minderheitsanteile diskutiert: 54

(1) *Eliminierung beim Lieferanten:* Die Zwischenergebniseliminierung wird anteilig den Gestern des liefernden TU angelastet, also des TU, das das Ergebnis aus der konzerninternen Lfg erzielt hat (so *Küting/Göth* WPg 1997, 316).

(2) *Eliminierung zu Lasten MU:* Die Zwischenergebniseliminierung wird ausschließlich dem MU angelastet (so *ADS*[6] § 304 Anm 110).

(3) *Eliminierung beim Halter:* Die Zwischenergebniseliminierung wird anteilig dem Gester des TU angelastet, dem der der Zwischenergebniseliminierung unterliegende VG am Bilanzstichtag zuzuordnen ist (so *Ebeling/Baumann* BB 2000, 1669).

Beispiel: TU1 liefert an TU2 einen VG für 1100 GE, der bei TU1 (und im Konzern) mit 100 GE bewertet war. TU2 zahlt aus seinem Bankguthaben den Kaufpreis an TU1. An TU1 ist eine Minderheit (M1) mit 20% beteiligt, an TU2 ist eine Minderheit (M2) mit 40% beteiligt.

Vor der konzerninternen Transaktion war dem TU1 im Konzern ein VG mit einem Konzernwert von 100 GE und dem TU2 ein Bankguthaben von 1100 GE zugeordnet. Entspr war M1 vorher mit 20 GE, M2 mit 440 GE und MU mit (0,8 × 100 + 0,6 × 1100 =) 740 GE am Gesamt-Konzern-EK von 1200 GE beteiligt.

Nach der Transaktion ist dem TU1 im Konzern ein Bankguthaben von 1100 GE und dem TU2 ein VG mit einem Konzernwert von 100 GE zugeordnet.

Nach der Alternative (1) *(Eliminierung beim Lieferanten)* wäre nach der Transaktion M1 mit 20 GE, M2 mit 440 GE und MU mit 740 GE am unveränderten Gesamt-Konzern-EK von 1200 beteiligt. An dem Gesamt-Konzernergebnis von Null wären M1, M2 und MU mit Null beteiligt.

Nach der Alternative (2) *(Eliminierung zu Lasten MU)* wären nach der Transaktion M1 mit 220 GE, M2 mit 440 GE und MU mit (0,8 × 1100 + 0,6 × 100 – 400 =) 540 GE am unveränderten Gesamt-Konzern-EK von 1200 beteiligt. An dem Gesamt-Konzernergebnis von Null wären M1 mit 200 GE, M2 mit Null und MU mit -200 GE beteiligt.

Nach der Alternative (3) *(Eliminierung beim Halter)* wären nach der Transaktion M1 mit 220 GE, M2 mit 40 GE und MU mit (0,8 × 1100 + 0,6 × 100 =) 940 GE am unveränderten Gesamt-Konzern-EK von 1200 GE beteiligt. An dem Gesamt-Konzernergebnis von Null wären M1 mit 200 GE, M2 mit –400 GE und MU mit 200 GE beteiligt.

55 Das Ergebnis der *Alternative (1) (Eliminierung beim Lieferanten)* erscheint zunächst sehr plausibel. Die konzerninterne Transaktion scheint ein „Nullum" zu sein und hätte daher keine Auswirkungen im Konzern. Dies entspricht jedoch nicht den Tatsachen. Die Minderheit an TU1 ist nach der Transaktion zweifelsfrei mit einem Anteil von 20% an dem Bankguthaben von 1100 GE, also mit 220 GE am Buchvermögen des Konzerns beteiligt. Wenn ihr Minderheitenanteil nur mit 20 GE ausgewiesen wird, dann müsste ihr noch ein „Negativ-Anteil" an dem an TU2 gelieferten VG in Höhe von –200 GE zuzuordnen sein. Dies ist jedoch tatsächlich nicht der Fall. Würde TU1 aus dem KonsKreis des Konzerns ausscheiden, bevor der an TU2 gelieferte VG aus dem KonsKreis ausgeschieden ist, würden die Minderheits-Gester an TU1 ihren Anteil an dem Bankguthaben von 220 GE aus dem Konzern „entnehmen". Der an TU2 gelieferte VG wäre jedoch im Konzern weiterhin nur mit 100 GE zu bewerten, denn durch das Ausscheiden des konzerninternen Veräußerers aus dem KonsKreis wäre aus Konzernsicht bzgl des VG keine Gewinnrealisierung eingetreten. Aus der EndKons von M1 würde sich ein Verlust von 200 GE ergeben. Der bisher als „Negativ-Anteil" an dem VG M1 zugeordnete Teil der Zwischenergebniseliminierung müsste jetzt anderen im Konzern verbleibenden Gester-Gruppen zugeordnet werden.

56 Die *Alternative (2) (Eliminierung zu Lasten MU)* stellt den Zuwachs des Anteils von M1 am Gesamt-Konzern-EK gemessen am Buchvermögen zutreffend dar. Die für M2 und MU ausgewiesenen Anteile am Gesamt-Konzern-EK implizieren jedoch, dass der Anteil von M2 an dem an TU2 gelieferten VG mit $(0{,}4 \times 100 + 400 =)$ 440 GE und der Anteil des MU an diesem VG mit $(0{,}6 \times 100 - 400 =)$ -340 GE bewertet werden. Für diese unproportionale Verteilung des Buchwerts des VG auf die daran beteiligten Gester-Gruppen ist, abgesehen von dem Aspekt der Vereinfachung der Konzernbilanzierung, kein Grund ersichtlich. Die vorgenommene Zuordnung führt dazu, dass für das MU ein Verlust ausgewiesen wird, obwohl das MU durch die Transaktion gemessen an Zeitwerten tatsächlich keinen Verlust/Gewinn erlitten hat und bei proportionaler Zuordnung des Buchwerts des VG zu den beteiligten Gester-Gruppen nicht einmal ein Buchverlust (sondern ein Buchgewinn) eingetreten wäre.

57 Die *Alternative (3) (Eliminierung beim Halter)* stellt die Anteile der Gester-Gruppen am Gesamt-Konzern-EK so dar, wie sie sich bei (auch ansonsten üblicher) kapitalanteilig-proportionaler Aufteilung der Buchwerte der VG auf die jeweils daran beteiligten Gester-Gruppen ergibt. Obwohl gemessen in Zeitwerten keine Vermögensverschiebung zwischen den Gester-Gruppen stattgefunden hat, hat doch gemessen in Konzernbuchwerten eine Vermögensverschiebung stattgefunden. Das MU hat durch diese Transaktion seinen Anteil an dem Bankguthaben um 220 GE erhöht und dabei seinen Anteil am VG nur um 20 GE vermindert. Für die Minderheiten M1 und M2 zusammengenommen ist es genau umgekehrt.

Da im Rahmen der handelsrechtlichen Bilanzierung Buchwerte für die Darstellung der Vermögensänderung maßgeblich sind, ist uE die Alternative (3) die zutreffende Darstellung. Der Gesamtkonzernerfolg für alle Gester des Konzerns zusammengenommen wird in einer Veränderung von Buchwerten gemessen. Es ist konsistent, wenn dies dann auch für Teilgruppen-Konzernerfolge gilt, selbst wenn diese Veränderungen nur durch Verschiebungen zwischen den verschiedenen Gester-Gruppen im Konzern stattfinden (ebenso *Leinen* Kapitalkonsolidierung, Berlin/Herne 2002, 276 ff).

58 Die mit der Zwischenergebniseliminierung idR einhergehende Steuerabgrenzung ist aus den gleichen Gründen wie die Zwischenergebniseliminierung selbst

ebenfalls anteilig der Minderheit des konzerninternen Käufer-TU anzulasten, obwohl sich die Höhe der Abgrenzung nach dem Steuersatz des Verkäufer-TU richtet (DRS 10.23).

Die **Schuldenkonsolidierung** ist häufig ergebnisneutral. Ergebniswirkungen können sich jedoch einstellen, wenn 60

- eine konzerninterne Forderung aus Bonitätsgründen abgeschrieben wird,
- eine konzerninterne Forderung auf Grund von Währungsänderungen abgeschrieben wird,
- eine konzerninterne Verbindlichkeit auf Grund von Währungsänderungen „zugeschrieben" wird,
- eine konzerninterne Rückstellung gebildet wird.

Durch die SchuldenKons werden die aus den JA rührenden Erfolgswirkungen dieser Vorgänge im KA ausgeglichen. Über die JA ist der Aufwand den Gester-Gruppen angelastet, die an dem Unt beteiligt sind, das den Aufwand zu erfassen hat. Für die Zuordnung des kompensierenden Ertrags aus der SchuldenKons sind grds folgende Zuordnungen denkbar:

(1) Zuordnung nur zum MU (*ADS*[6] § 307 Anm 40)

(2) Zuordnung zu den Gester-Gruppen, die den Aufwand aus dem JA haben

(3) *Imparitätische Zuordnung:* Wenn das konzerninterne Schuldverhältnis bezogen auf den Anteil des MU einen Forderungsüberhang ausweist (Anteil des MU am Gläubiger größer als am Schuldner), erfolgt die Zuordnung zu den Gestern des konzerninternen Schuldners. Weist das konzerninterne Schuldverhältnis bezogen auf den Anteil des MU einen Schuldüberhang aus (Anteil des MU am Gläubiger kleiner als am Schuldner), erfolgt die Zuordnung zu den Gestern des konzerninternen Gläubigers. Ist der Anteil des MU an Gläubiger und Schuldner gleich, kann die Zuordnung sowohl nach den Verhältnissen beim Gläubiger als auch nach den Verhältnissen beim Schuldner erfolgen. Die Zuordnung kann dann auch daran orientiert werden, welche Gester-Gruppen den Aufwand aus dem JA haben.

Beispiel: TU1 hat eine Forderung über 1000 GE ggü TU2 (es wurde ein Kassenbestand von 1000 GE von TU1 auf TU2 übertragen). Da TU2 in wirtschaftliche Schwierigkeiten geraten ist, wird die Forderung im JA von TU1 auf 600 abgeschrieben.

a) An TU1 ist eine Minderheit mit 20%, an TU2 eine Minderheit mit 40% beteiligt.
Vor der Abschreibung war die Minderheit von TU1 (M1) mit 200 GE, die Minderheit von TU2 (M2) mit Null und das MU mit 800 GE am Gesamt-Konzern-EK (1000 GE) beteiligt.
Obwohl aus der konzerninternen Kreditbeziehung insgesamt keine Auswirkung auf das Konzernergebnis resultiert, kann sie doch zu einer Verschiebung von Vermögen zwischen den Gester-Gruppen im Konzern führen. Würde es im Beispiel letztlich zu einem Vergleich kommen, wonach tatsächlich nur 600 GE an TU1 zurückgezahlt werden, würde der Anteil von M1 am Gesamt-Konzern-EK auf ($0{,}2 \times 600 =$) 120 GE sinken, der Anteil von M2 stiege auf ($0{,}4 \times 400 =$) 160 GE und der Anteil des MU würde auf ($0{,}8 \times 600 + 0{,}6 \times 400 =$) 720 GE sinken.

b) An TU1 ist eine Minderheit mit 40%, an TU2 eine Minderheit mit 20% beteiligt.
Vor der Abschreibung war die Minderheit von TU1 (M1) mit 400 GE, die Minderheit von TU2 (M2) mit Null und das MU mit 600 GE am Gesamt-Konzern-EK (1000 GE) beteiligt.
Würde es im Beispiel letztlich zu einem Vergleich kommen, wonach tatsächlich nur 600 GE an TU1 zurückgezahlt werden, würde der Anteil von M1 am Gesamt-Konzern-EK auf ($0{,}4 \times 600 =$) 240 GE sinken, der Anteil von M2 stiege auf ($0{,}2 \times 400 =$) 80 GE und der Anteil des MU würde auf ($0{,}6 \times 600 + 0{,}8 \times 400 =$) 680 GE steigen.

Nach *Alternative (1) (Zuordnung nur zum MU)* wären im Fall a) nach der Abschreibung M1 mit ($0{,}2 \times 600 =$) 120 GE, M2 mit Null und MU mit ($0{,}8 \times 600 + 400 =$) 880 GE am Gesamt-Konzern-EK beteiligt. Entspr wären M1 61 mit −80 GE und MU mit 80 GE am Gesamt-Konzern-Ergebnis von Null beteiligt. – Im Fall b) wären nach der Abschreibung M1 mit (0,4 × 600 =) 240 GE, M2 mit Null und MU mit (0,6 × 600 + 400 =) 760 GE am Gesamt-Konzern-EK beteiligt. Entspr wären M1 mit −160 GE und MU mit 160 GE am Gesamt-Konzernergebnis von Null beteiligt.

Im Fall a) würde der Anteil des MU am Gesamt-Konzern-EK im besten Fall konstant bleiben (wenn das Schuldverhältnis letztlich ohne Störung abgewickelt wird). Im Fall b) würde der Anteil des MU bestenfalls um 80 GE steigen (wenn es tatsächlich zu einer Abwicklung kommt, bei der nur 600 GE zurückgezahlt werden). Die Alternative (1) ist uE grds unzulässig, da sie für den Anteil des MU zu einer frühzeitigen und überhöhten Gewinnrealisierung führen kann. Nur aus Vereinfachungsgründen erscheint sie zulässig, solange der Umfang des damit verbundenen – ggü dem nachfolgend dargestellten imparitätischen Verfahren – höheren Ergebnisausweises für den Anteil des MU geringfügig ist.

62 Nach *Alternative (2) (Zuordnung zu denen, die den Aufwand haben)* blieben die Anteile am Gesamt-Konzern-EK aller Gester-Gruppen sowohl im Fall a) als auch im Fall b) unverändert. Man könnte dies so interpretieren, dass das konzerninterne Schuldverhältnis negiert wird. Tatsächlich können jedoch im Konzern durch derartige Schuldverhältnisse Vermögensverschiebungen zwischen den Gester-Gruppen stattfinden. Sobald das Schuldverhältnis endgültig abgewickelt ist, müssen diese Verschiebungen auch im Konzern dargestellt werden. Im Ergebnis bedeutet das Vorgehen nach Alternative (2), dass die Anteile der Gester-Gruppen im Konzern zunächst so dargestellt werden, als ob das ungünstige Ereignis (hier teilweiser Ausfall der Forderung) nicht eintritt. Im Fall b) entspricht dieses Vorgehen bzgl des Anteils des MU (Schuldüberhang) auch dem Vorsichtsprinzip. Die mögliche Vermögensverschiebung zugunsten des MU im Konzern würde erst gezeigt werden, wenn sie tatsächlich eintritt. Im Falle a) entspricht dieses Vorgehen bzgl des Anteils des MU (Forderungsüberhang) jedoch nicht dem Vorsichtsprinzip. Die Gefahr, dass die Vermögensverschiebung zu Lasten des Anteils des MU eintritt, wird nicht erfasst, obwohl dies nach den imparitätischen Grundsätzen der Erfolgsmessung, wie sie für den JA gelten, notwendig wäre.

63 Nach *Alternative (3) (imparitätische Zuordnung)* ergibt sich folgendes Ergebnis: Im Fall a) besteht aus Sicht des MU ein Forderungsüberhang von 200 GE, denn das MU ist an der Forderung mit 800 GE, an der Verbindlichkeit nur mit 600 GE beteiligt. Der Ertrag aus der SchuldenKons ist den Gestern des Schuldners zuzuordnen. Der Anteil des MU am Gesamt-Konzern-EK sinkt von 800 GE auf (0,8 × 600 + 0,6 × 400 =) 720 GE. Diese Minderung entspricht der anteiligen Abschreibung auf den Forderungsüberhang. Für die Minderheit M1, die einen Forderungsüberhang von 200 GE hat, tritt eine auch aus JA-Sicht zutreffende Minderung ihres Anteils am Gesamt-Konzern-EK ein. Der Anteil sinkt von 200 GE auf 120 GE. Für die Minderheit M2, die im Konzern einen Schuldüberhang in Höhe von 400 GE hat, tritt im Konzern ein Erfolg in Höhe von 160 GE ein. Nach Maßstäben des JA wäre dieser Erfolg nicht realisiert.

Im Fall b) besteht aus Sicht des MU ein Schuldüberhang von 200 GE, denn das MU ist an der Forderung mit 600 GE, an der Schuld mit 800 GE beteiligt. Der Ertrag aus der SchuldenKons ist den Gestern des Gläubigers zuzuordnen. Der Anteil des MU am Gesamt-Konzern-EK bleibt unverändert bei (0,6 × 600 + 0,6 × 400 =) 600 GE. Der mögliche Ertrag, der sich aus einem Forderungserlass für den Anteil des MU ergeben könnte, ist noch nicht realisiert. Dies entspricht den Grundsätzen für die Erfolgsmessung im JA. Auch das für die Minderheit M2 (Schuldüberhang von 200 GE) ausgewiesene Ergebnis ist nach Maßstäben des JA zutreffend, denn auch dieser Minderheitsanteil bleibt unverändert bei Null. Allerdings verbleibt auch der Anteil der Minderheit M1 (Forderungsüberhang 400 GE) unverändert bei 400 GE, obwohl nach den Maßstäben des JA für diese Gester-Gruppe eigentlich ein Verlust von 160 GE ausgewiesen werden müsste.

Soweit sich der Anteil des MU an einer konzerninternen Schuld und Forderung ausgleichen, gleichen sich Vor- und Nachteile für das MU, ebenso wie für den Gesamt-Konzern, sicher aus. Insoweit darf sich daraus auch bezogen auf den Anteil des MU keine Ergebniswirkung im Konzern ergeben. Für den überhängenden Teil (Forderung oder Verbindlichkeit) haben sich jedoch die ergebnismäßigen Konsequenzen zu ergeben, die sich auch in einem JA aus einer Forderung oder Verbindlichkeit ergeben würden. Für diesen Teil gelten daher die üblichen imparitätischen Bewertungen. Dadurch wird der Erfolg des MU im Konzern nach den gleichen Maßstäben gemessen, die auch für den JA gelten. Da der Gesamt-Konzernerfolg jedoch aus diesen Vorgängen stets Null beträgt, hat dies zur Folge, dass den Minderheiten, gemessen an dem für einen JA geltenden Maßstäben, Erfolge zugerechnet werden, die nach diesen Maßstäben nicht realisiert sind, bzw Aufwendungen nicht rechtzeitig angelastet werden. Bei der Konzernbilanzierung hat der zutreffende Ausweis des Ergebnisanteils des MU am Konzernergebnis jedoch Vorrang vor dem zutreffenden Ausweis des Ergebnisanteils der Minderheiten, denn in erster Linie soll der KA über den Erfolg des MU berichten. 64

Das imparitätische Verfahren ist auch dann anzuwenden, wenn die erfolgswirksame SchuldenKons auf **Währungseinflüssen** beruht. Diese Aussage gilt zunächst für Fremdwährungsbeziehungen zwischen Euro-Unt des KonsKreises. Wenn Nicht-Euro-TU in die Fremdwährungsbeziehungen einbezogen sind, müssen ggf die Besonderheiten berücksichtigt werden, die sich aus der allgemeinen Methode der Währungsumrechnung des JA in die Konzernwährung (Stichtagskursmethode, Zeitbezugsmethode) ergeben. 65

Auch im Fall der konzerninternen **Rückstellungsbildung** ist entspr imparitätisch zu verfahren. Ist der Anteil des MU am „Schuldner" höher als am „Gläubiger", ist gedanklich beim „Gläubiger" im Konzern ein der Rückstellung entspr Aktivum zu bilden, dh der Ertrag aus der Rücknahme der Rückstellung im KA ist anteilig den Gester-Gruppen zuzuschreiben, die am potentiell „Begünstigten" der Rückstellung beteiligt sind. Ist der Anteil des MU am „Schuldner" kleiner als am „Gläubiger", ist der Ertrag aus der Rücknahme der Rückstellung im KA anteilig den Gester-Gruppen zuzuordnen, die an dem Unt beteiligt sind, dass die Rückstellung gebildet hat. 66

Die ergebniswirksamen Veränderungen des Werts einer nach der **Equity-Methode** angesetzten Beteiligung sind anteilig den Gestern des Halters der Beteiligung zuzurechnen. Bestand die Beteiligung des TU an dem assozUnt bereits zum Zeitpunkt des Erwerbs des TU, ist im Rahmen der Buchwertmethode bei der Ergebniszuordnung zu beachten, dass die auf die Minderheit entfallende Tranche an dem assozUnt auf der Basis abw AK at equity bilanziert wurde, wenn im Rahmen der ErstKons des TU auch Reserven auf die Beteiligung an dem assozUnt aufgedeckt wurden. Entspr gilt auch für die Ergebnisse aus der QuotenKons eines GemUnt, das von einem TU gehalten wird. 67

III. Bezeichnung und Ausweis des Ausgleichspostens

Der AusglPo ist unter „entsprechender Bezeichnung" auszuweisen (Abs 1 S 1). „Entsprechend" bedeutet, dass der Charakter dieses Postens zum Ausdruck kommt; nämlich dass „andere Gester" am Konzern beteiligt *sind* (*s Begr RegE,* 75

39). Der Posten kann entspr der Überschrift von § 307 als „Anteile anderer Gesellschafter“, „Ausgleichsposten für Anteile anderer Gesellschafter“ oder „Anteile außenstehender Gesellschafter“ (so *Weber/Zündorf* in HdKR² § 307 Anm 12) bezeichnet werden (ggf ergänzt durch Vermerke gem Anm 9).

76 Der AusglPo ist *innerhalb* des EK gesondert auszuweisen (Abs 1 S 1). Das HGB betont damit – über die 7. EG-Richtl hinausgehend – den EK-Charakter dieses Postens und unterstreicht die Bedeutung der Einheitstheorie für den KA. Es ist allerdings nicht geregelt, an welcher Stelle des EK der AusglPo auszuweisen ist. Sinnvoll erscheint ein zusammenfassender Ausweis im Anschluss an den (auf den Anteil des MU beschränkten) EK-Posten „Jahresüberschuss/Jahresfehlbetrag“.

Der Anteil anderer Gester am Jahresergebnis braucht in der Konzernbilanz, anders als in der Konzern-GuV, nicht gesondert angegeben zu werden. Er ist im AusglPo enthalten.

77 Der Ausweis eines **aktiven Ausgleichspostens** für Anteile anderer Gester ist im HGB nicht geregelt. Der Ausweis negativer Fremdanteile im EK (so *Oechsle/Schipper* WPg 1994, 346; *Küting/Göth* BB 1994, 2452) ist dem Ausweis auf der Aktivseite unter entspr Bezeichnung vorzuziehen. Es wird als zulässig angesehen, aktive und passive AusglPo zu saldieren, wenn die Posten im Konzernanhang aufgegliedert werden (*WPH*¹² I M 393; nach *ADS*⁶ § 307 Anm 65 ist die Aufgliederung nicht verpflichtend, aber wünschenswert; ebenso *Kraft* in Großkomm HGB⁴ § 307 Anm 63; *Hachmeister* in Beck HdR C 401 Anm 51).

78 Die Veränderung des AusglPo für die Minderheiten muss auch im EK-Spiegel nach § 297 Abs 1 S 1 dargestellt werden (DRS 7.7; s § 297 Anm 115 ff).

C. Anteiliges Jahresergebnis in der Konzern-Erfolgsrechnung (Abs 2)

80 In der Konzern-GuV ist der im Jahresergebnis enthaltene und den anderen Gestern zustehende Gewinn- und Verlustanteil nach dem Posten „Jahresüberschuss/Jahresfehlbetrag“ unter entspr Bezeichnung gesondert auszuweisen. Der Posten kann zB als „Anteil anderer Gesellschafter am Konzernergebnis“ oder „anderen Gesellschaftern zustehender Gewinn/Verlust“ oder ähnlich bezeichnet werden.

81 Unstrittig ist nach hM, dass es sich bei dem auf andere Gester entfallenden Gewinn oder Verlust nur um einen ihrer Beteiligungsquote entspr Anteil am Jahresergebnis des einbezogenen TU handeln kann, nicht jedoch um einen quotalen Anteil am Konzern-Jahresergebnis. Kontrovers ist allerdings die Ermittlung: zT wird die Berechnungsgrundlage für den anteiligen Gewinn und/oder Verlust der anderen Gester in dem JA des TU vor Anpassung an die konzerneinheitliche Bewertung (HB I) gesehen (so wohl *Busse von Colbe/Ordelheide*⁶, 451). Hierbei wird der rechtlichen Betrachtungsweise ggü der einheitstheoretischen mehr Gewicht beigemessen. UE kann nur der anteilige Jahresüberschuss/-fehlbetrag aus der HB II in Betracht kommen, der sich auf Grund des prozentualen Beteiligungsverhältnisses, bereinigt um Ergebnisauswirkungen aus der KapKons der MinderheitsGester ergibt (so auch *Weber/Zündorf* in HdKR² § 307 Anm 13; *ADS*⁶ § 307 Anm 71; *Claussen/Scherrer* in Kölner Komm² § 307 HGB Anm 43). Darüber hinaus sind die Auswirkungen der anderen erfolgswirksamen KonsMaßnahmen zu berücksichtigen (s Anm 53 ff).

Während für die Ermittlung des AusglPo in der Konzernbilanz auch bzgl des Jahresergebnisses der Kapitalanteil der Minderheit an dem TU am jeweiligen Bilanzstichtag maßgeblich ist (Anm 15), ist bei der Ermittlung des anteiligen

Konzernergebnisses auf die Beteiligungsverhältnisse während des Gj abzustellen. Wurden bspw **unterjährig** bisherige **Minderheitsanteile** an dem TU durch in den Konzern einbezogene Unt **erworben,** ist der Ergebnisanteil der Minderheit am Konzernergebnis bis zum Erwerb nach der alten Beteiligungsquote und erst ab dem Erwerb nach der neuen Beteiligungsquote zu ermitteln. Der Teil des Jahresergebnisses des TU, der auf die ausscheidende Minderheit entfällt, wird im Rahmen der KapKons der neuen Anteile in der Bilanz verrechnet, da dieser Teil zum gekauften EK der neuen Anteile gehört.

Kommt es zu keiner Ergebnisverwendung im KA, weichen die Beträge der **82** Posten Jahresüberschuss/-fehlbetrag in der Konzern-GuV und der Konzernbilanz voneinander ab. In der Konzernbilanz wird der Jahresüberschuss/-fehlbetrag unter Abzug des den anderen Gestern zustehenden Ergebnisanteils ausgewiesen. Demgegenüber enthält der Jahresüberschuss/-fehlbetrag in der Konzern-GuV noch den gesamten Konzernerfolg. Die Verbindung zwischen dem unterschiedlichen Ergebnisausweis wird durch den in der Konzern-GuV gesondert auszuweisenden Posten gem Anm 80 hergestellt.

Wird der KA unter der Ergebnisverwendungsfiktion aufgestellt, ist der Anteil **83** der anderen Gester am Konzern-Jahresüberschuss/-fehlbetrag in der Konzern-GuV als gesonderter Posten auszuweisen. Aus der Bezeichnung sollte dann klar erkennbar sein, dass es sich um einen Gewinn- bzw Verlustanteil der anderen Gester handelt. Wird die Konzern-GuV um eine Ergebnisverwendungsrechnung gem § 158 Abs 1 AktG ergänzt, enthält diese bei den Zuführungen zu den Rücklagen nur noch diejenigen, die auf das MU entfallen; alle den MinderheitsGestern zustehenden Ergebnisteile sind in dem gesonderten Posten zu berücksichtigen.

Entfallen auf die anderen Gester sowohl Gewinne als auch Verluste, ist frag- **84** lich, ob das HGB lediglich *einen* gesonderten Posten für den Ausweis des Ergebnisteils außenstehender Gester verlangt oder jeweils einen Posten für den Gewinnanteil und einen für den Verlustanteil. Das HGB verlangt uE in diesem Fall grds einen getrennten Ausweis (Saldierungsverbot). Besteht für den Konzern die Möglichkeit einer Zusammenfassung auf Grund von § 298 Abs 1 iVm § 265 Abs 7, ist im Konzernanhang eine Aufgliederung erforderlich (ebenso *ADS*[6] § 307 Anm 79; *Busse von Colbe* in MünchKomm HGB § 307 Anm 28; aA *Kraft* in Großkomm HGB[4] § 307 Anm 76 der einen saldierten Ausweis auch ohne Aufgliederung im Anhang für zulässig erachtet).

D. Publizitätsgesetz

MU, die einen KA nach dem PublG aufstellen, müssen § 307 sinngemäß an- **86** wenden (§ 13 Abs 2 S 1 PublG). Für sie gelten die vorstehenden Ausführungen entspr. Es ist also auch in einem KA eines EKfm oder einer reinen PersGes im EK ein entspr „Ausgleichsposten für die Anteile anderer Gesellschafter am Eigenkapital“ auszuweisen (s auch § 264c Anm 100). Unabdingbar ist auch der gesonderte Ausweis der anderen Gestern zustehenden Gewinne bzw der auf sie entfallenden Verluste.

E. Sanktionen

Wird dem § 307 bei der Aufstellung des KA zuwidergehandelt, sind damit **88** unmittelbar keine Sanktionen verbunden, es sei denn, die §§ 301–307 werden als Konkretisierungen und Detailregelungen zu dem bußgeldbewehrten § 300 angesehen (so § 334 Anm 25). Führt aber die Zuwiderhandlung dazu, dass der

KA kein den tatsächlichen Verhältnissen entspr Bild der VFE-Lage des Konzerns vermittelt, können daran aber mittelbar Sanktionen geknüpft sein (§ 297 Abs 2 S 2 iVm § 334 Abs 1 Nr 2b).

F. Abweichungen der IFRS

90 Die Regelungen zu den Minderheitsanteilen *(minority interests)* aus der Kons von TU sind in IAS 27.33–35 und in IFRS 3.40 enthalten. Nach IAS 27.33 ist der Minderheitenanteil entspr § 307 gesondert innerhalb des EK des KA auszuweisen. Entspr § 307 ist auch in der GuV der Minderheitenanteil am Konzernergebnis gesondert auszuweisen. Allerdings nicht als Davon-Vermerk, sondern als Posten im Rahmen der Ergebnisverteilungsrechnung nach dem *profit or loss* (IAS 1.82). Dort ist sowohl der auf die Minderheit als auch der auf die EK-Geber des MU entfallende Anteil am Jahresergebnis des Konzerns anzugeben. Auch in der EK-Veränderungsrechnung (EK-Spiegel) ist die Entwicklung des minority interests darzustellen (IAS 1.96).

Für den Fall, dass ein Minderheitenanteil an einem TU (dies muss für jedes TU separat festgestellt werden) durch Verluste negativ wird, verbleibt der Minderheitenanteil bei Null und der negative Teilbetrag wird dem Anteil des MU angelastet. Nach HGB würde dagegen der negative Minderheitenanteil ausgewiesen (s Anm 77). Die in den Folgeperioden auf den Minderheitenanteil entfallenden Gewinne des TU werden solange dem Anteil des MU gutgeschrieben, bis der zuvor für die Minderheit übernommene Verlust kompensiert ist (IAS 27.35). Nur soweit die Minderheit (ausnahmsweise) verpflichtet und in der Lage ist, den Verlust auszugleichen, wird der negative Teilbetrag nicht dem Anteil des MU angelastet. Nach **ED IAS 27.35** würde dieser Unterschied zum HGB voraussichtlich ab Gj 2007 beseitigt, also auch negative Minderheitanteile ausgewiesen.

91 Im Erwerbszeitpunkt eines TU durch den Konzern wird der Minderheitenanteil nach IFRS 3.40 iVm 3.36 + 3.37 mit dem Saldo aus dem fair value der zu diesem Zeitpunkt vorhandenen VG, Schulden und contingent liabilities des betr TU angesetzt. Das ist mit der Neubewertungsmethode nach HGB vergleichbar. Ein Goodwill wird jedoch für den Minderheitenanteil nicht angesetzt. Auch ein negativer Goodwill wird nicht ermittelt und dementsprechend auch nicht als Ertrag erfasst, wie dies mit dem negativen Goodwill des auf das MU entfallenden Anteils an dem TU geschieht. Nach **ED IAS 27.30B** iVm ED IFRS 3.58 wäre ggf auch für den Minderheitenanteil ein *Goodwill* anzusetzen („full goodwill method"; s § 301 Anm 324 und Bsp in Anm 277 sowie § 309 Anm 81).

92 Hat der Konzern Erwerbe von TU, die vor dem 31. 3. 2004 vereinbart wurden, nach der der deutschen Buchwertmethode vergleichbaren Regelung des IAS 22.32 behandelt, so dürfen diese Bewertungen und der entspr Betrag des Minderheitenanteils fortgeführt werden. Eine retrospektive Anpassung an das Neubewertungsverfahren wird nicht verlangt (IFRS 3.78+3.85).

Zu anderen für das HGB str Fragen, wie bspw die Frage, wie im mehrstufigen Konzern die Goodwills an EnkelGes für den Fall von Minderheiten an der Zwischenholding zu behandeln sind (s Anm 37f; § 301 Anm 277), oder ob und wie erfolgswirksame KonsMaßnahmen (Zwischenergebniseliminierung, Equity-Bewertung von Beteiligungen) ggf auch die Minderheitenanteile berühren (s Anm 53ff), enthalten die IFRS keine expliziten Aussagen. Im Hinblick auf die Generalnorm *true and fair view* dürfte nach den IFRS nach der hier für das HGB vertretenen Auffassung zu verfahren sein.

Hat der Konzern **TU in der Rechtsform von PersGes** und sind an diesen TU Minderheiten beteiligt, ergibt sich im IFRS-KA die Besonderheit, dass die Gester-Position der außen stehenden Gester kein EK, sondern FK ist (s dazu § 247 Anm 165f). Wenn man davon ausgeht, dass im IFRS-EA der PersGes die Gester-Position stets mit dem fair value der Ges als Schuld ausgewiesen wird, ergäbe sich im ErstKonsZeitpunkt zwischen dem auf die Minderheit entfallenden Vermögen an der PersGes (ohne Schuld aus Gester-Position) und der ihrem Anteil entspr Schuldposten aus der Gester-Position eine Differenz in Höhe der Residualgröße Goodwill, denn dieser wird bisher für die Minderheit nicht angesetzt. Entspr ergäbe sich ein neben der Schuld aus der Gester-Position auszuweisender (bei positivem Goodwill negativer) „minority interest". In den Folgeperioden nimmt der neben der Schuld aus der Gester-Position auszuweisende „minority interest" dann stets die Differenzen auf, die sich im Zeitablauf aus dem Unterschied zwischen der Veränderung der Schuld aus der Gester-Position und der Veränderung des auf diese Minderheit entfallenden Buchvermögens (ohne die Schuld aus der Gester-Position) im KA ergibt. Die Schuld aus der Gester-Position und das zugehörige „minority interest" zusammengenommen ergeben das „minority interest", das sich ergeben würde, wenn die Gester-Position als EK nach IFRS qualifizieren würde. 93

Soweit die Minderheits-Gester für ihre Anteile eine **Verkaufsoption** ggü dem Konzern (Stillhalter ist zB das MU) innehaben, ist nach IAS 32.23 aus dem entspr „minority interest" in Höhe des Barwerts des vereinbarten Kaufpreises ein Betrag als Schuld umzubuchen. Übersteigt diese Schuld das entspr „minority interest", ist der übersteigende Betrag aus dem Konzern-EK der Gester des MU umzubuchen. Gleiches gilt, wenn ein **forward contract** besteht, der den Konzern zum Erwerb von Minderheitenanteilen verpflichtet. 94

Fünfter Titel. Bewertungsvorschriften

§ 308 Einheitliche Bewertung

(1) [1]**Die in den Konzernabschluß nach § 300 Abs. 2 übernommenen Vermögensgegenstände und Schulden der in den Konzernabschluß einbezogenen Unternehmen sind nach den auf den Jahresabschluß des Mutterunternehmens anwendbaren Bewertungsmethoden einheitlich zu bewerten.** [2]**Nach dem Recht des Mutterunternehmens zulässige Bewertungswahlrechte können im Konzernabschluß unabhängig von ihrer Ausübung in den Jahresabschlüssen der in den Konzernabschluß einbezogenen Unternehmen ausgeübt werden.** [3]**Abweichungen von den auf den Jahresabschluß des Mutterunternehmens angewandten Bewertungsmethoden sind im Konzernanhang anzugeben und zu begründen.**

(2) [1]**Sind in den Konzernabschluß aufzunehmende Vermögensgegenstände oder Schulden des Mutterunternehmens oder der Tochterunternehmen in den Jahresabschlüssen dieser Unternehmen nach Methoden bewertet worden, die sich von denen unterscheiden, die auf den Konzernabschluß anzuwenden sind oder die von den gesetzlichen Vertretern des Mutterunternehmens in Ausübung von Bewertungswahlrechten auf den Konzernabschluß angewendet werden, so sind die abweichend bewerteten Vermögensgegenstände oder Schulden nach den auf den Konzernabschluß angewandten Bewertungsmethoden neu zu bewerten und mit den neuen Wertansätzen in den Konzernabschluß zu übernehmen.** [2]**Wertansätze, die auf der Anwendung von für Kreditinstitute oder Versicherungsunternehmen wegen der Besonderheiten des Geschäftszweigs geltenden Vorschriften beruhen, dürfen beibehalten werden; auf die Anwendung dieser Ausnahme ist im Konzernanhang hinzuweisen.** [3]**Eine einheitliche Bewertung**

nach Satz 1 braucht nicht vorgenommen zu werden, wenn ihre Auswirkungen für die Vermittlung eines den tatsächlichen Verhältnissen entsprechenden Bildes der Vermögens-, Finanz- und Ertragslage des Konzerns nur von untergeordneter Bedeutung sind. [4]Darüber hinaus sind Abweichungen in Ausnahmefällen zulässig; sie sind im Konzernanhang anzugeben und zu begründen.

Übersicht

Schrifttum: *Wohlgemuth* Der Grundsatz der Einheitlichkeit der Bewertung, FS von Wysocki; *HFA* 3/1988: Einheitliche Bewertung im Konzernabschluss WPg, 483; *Schulz* Der Stetigkeitsgrundsatz im Konzernabschluss WPg 1990, 357; *Prahl/Neumann* Bankkonzernrechnungslegung nach neuem Recht: Grundsätzliche Konzepte, wichtige Vorschriften zum Übergang und andere ausgewählte Einzelfragen, WPg 1993, 235; *Busse von Colbe/Ordelheide/Gebhardt/Pellens* Konzernabschlüsse[7], Wiesbaden 2003; *Scherrer* Konzernrechnungslegung, München 1994; *HFA* Entwurf einer HFA Stellungnahme: Zur Währungsumrechnung im Konzernabschluss WPg 1998, 549; *Schurbohm/Streckenbach* Modernisierung der Konzernrechnungslegung durch das Transparenz- und Publizitätsgesetz, WPg 2002, 845; *Baetge/Kirsch/Thiele* Konzernbilanzen[7], Düsseldorf 2004; *Löw/Lorenz* Währungsumrechnung nach E-DRS 18 und nach den Regelungen des IASB, BB 2002, 2543; *Schmidbauer* Die Fremdwährungsumrechnung nach deutschem Recht und nach den Regelungen des IASB, DStR 2004, 699.

A. Allgemeines

Die Erfüllung der Fiktion der wirtschaftlichen Einheit des Konzerns (§ 297 Anm 190ff) bedarf der Anpassung der JA der einbezogenen TU (ggf auch des MU) nach Landesrecht (HB I) an konzerneinheitliche Bilanzierungs- (§ 300 Anm 14ff) und Bewertungsmethoden (HB II). Die Einheitlichkeit der Bewertung ist wesentliche Voraussetzung, um die Vermögens- und Ertragslage im Konzern zutreffend darzustellen. 1

§ 308 erlaubt das Ausüben von Bewertungswahlrechten unabhängig von den JA der einbezogenen Unt und damit eine eigenständige Konzernbilanzpolitik (zB *WPH*[12] I M 244).

Zur Umsetzung der konzerneinheitlichen Bewertung bedarf es einer **Konzernrichtlinie,** in der Bilanzierung und Bewertung erläutert und die Wahlrechte konzerneinheitlich festgelegt sind. Eine solche Richtl muss, unter Berücksichtigung von Struktur und Geschäftszweig des Konzerns, so detailliert sein, dass sie auch Mitarbeitern aus anderen Ländern die konzerneinheitliche Bilanzierung und Bewertung ermöglicht. So ist zu berücksichtigen, dass Begriffe in anderen Ländern eine andere Bedeutung haben können und dann bei wörtlicher Aufnahme in die Richtl, ohne weitere Erl, falsch interpretiert werden können. Eine detaillierte Konzernrichtl mit einheitlicher Ausübung der Wahlrechte ist auch aus Controllingaspekten sinnvoll. Sie ermöglicht eine zeitnahe, vergleichbare und standardisierte Berichterstattung. 2

Stellt der Konzern seinen KA nach internationalen Rechnungslegungsstandards in Anwendung von §§ 292a/315a auf, muss die Konzernrichtl entweder ausschliesslich oder ergänzend die IFRS- bzw US-GAAP-Vorschriften erläutern und etwaige Wahlrechte dieser Regelwerke konzerneinheitlich bestimmen.

B. Grundsatz der einheitlichen Bewertung

I. Bewertung nach auf den Jahresabschluss des Mutterunternehmens anwendbaren Methoden (Abs 1 S 1)

1. Anwendbare Bewertungsmethoden

4 Für die Bewertung im KA einer KapGes/KapCoGes sind gem § 298 Abs 1 ausschließlich die Methoden *zulässig,* die für den JA des MU *anwendbar* sind. Hierzu zählen auch Übergangsvorschriften im EGHGB, soweit diese noch fortgelten (zB Art 24 Abs 1, Art 28 EGHGB) und sofern dadurch Bewertungsmethoden berührt werden.

5 Unabhängig von deren Rechtsform und Größe sind die Bewertungsvorschriften für große KapGes auch von **Kreditinstituten** (§ 340 a) und von **VersicherungsUnt** (§ 341 a) oder deren HoldingGes anzuwenden, sofern die ergänzenden Vorschriften (§§ 340 e ff, 341 b ff) nichts Abweichendes bestimmen.

Die Anwendung der speziellen Bewertungsvorschriften der §§ 340 e ff und 341 b ff auf TU von Kreditinstituten bzw VersicherungsUnt, die keine Kreditinstitute bzw VersicherungsUnt sind, erscheint nicht sachgerecht (*ADS*[6] § 308 Anm 8), sofern es sich nicht um GoB handelt, zB Pensionsgeschäfte (§ 340 b).

2. Einheitliche Anwendung von Bewertungsmethoden

7 Ausgehend von der in § 297 Abs 3 kodifizierten Einheitstheorie besagt der Grundsatz der *einheitlichen* Bewertung, dass die einzelnen VG und Schulden im KA so zu bewerten sind, als ob MU und TU insgesamt eine **rechtliche Einheit** darstellen würden. Abs 1 S 1 bzw S 2 haben insofern deklaratorischen Charakter.

An die Ausübung von Bewertungswahlrechten im KA sind folglich die gleichen Maßstäbe anzulegen wie im JA (*HFA* 3/1988, WPg, 483; *WPH*[12] I M 244). Das Ermessen für die Ausübung von Bewertungswahlrechten wird grds bestimmt durch den Einzelbewertungsgrundsatz in § 252 Abs 1 Nr 3 (§ 252 Anm 22) und die allgemeinen Grundsätze der Bewertungsstetigkeit (§ 252 Anm 55) und der Willkürfreiheit (§ 252 Anm 68).

8 Art- und funktionsgleiche VG und Schulden unter gleichen wertbestimmenden Bedingungen sind nach identischen Verfahren, dh **gleichen Bewertungsmethoden** und **gleichen Rechengrößen** (zB Nutzungsdauer bei planmäßiger Abschreibung), zu bewerten (*ADS*[6] § 308 Anm 12). Im Umkehrschluss dürfen ungleichartige Sachverhalte andererseits nicht gleich behandelt werden (*HFA* 3/1988, WPg, 483).

Ungleichartigkeit zweier VG liegt zB vor, wenn diese unterschiedlichen Bilanzposten zuzuordnen sind. Ungleiche Funktion haben zB zwei technische Anlagen, von denen eine zu Produktionszwecken und die andere für die Entwicklung neuer Verfahren eingesetzt wird. Eine Ungleichartigkeit liegt ebenfalls vor, wenn das MU oder ein TU aufgrund fehlender Going-Concern-Vermutung zu **Liquidationswerten** bewerten muss.

9 **Wertbestimmende Bedingungen** sind standort-, branchen-, betriebs- (abteilungs-)spezifische Faktoren, die den Wert des VG oder des Schuldpostens beeinflussen, wie zB die wirtschaftlichen Rahmenbedingungen (Wirtschaftswachstum, Inflation, Lohn-, Zinsniveau mit Einfluss auf Lagerkosten, Forderungen

und Finanzanlagen), die Beschaffungs-/Absatzmarktstruktur, die Infrastruktur, die klimatischen Verhältnisse (zB wegen evtl schnellerer Verrottung), die Größe des Unt (zB Wettbewerbsposition), die Schuldnerstruktur oder der Auslastungsgrad (Ein-/Mehrschichtbetrieb) mit Wirkung auf die Nutzungsdauer des Sachanlagevermögens (s Anm 42).

Weitergehende Ansichten, die auch die Bedingungen des Rechnungswesens wie zB EDV-Ausstattung als ausreichende Grundlage für eine differenzierte Ausübung von Bewertungswahlrechten bei ansonsten gleichartigen Sachverhalten anerkennen wollen (*Pohle* in HdKR[2] § 308 Anm 19), sind abzulehnen. Hier handelt es sich nicht um wertbeeinflussende Faktoren, sondern ausschließlich um praktische Probleme bei der Durchführung der einheitlichen Bewertung gleicher Sachverhalte.

Bei der Auslegung des Begriffs „gleich“ ist eine Bewertungsvereinheitlichung **10**
von unterschiedlichen Sachverhalten zu vermeiden (*WPH*[12] I M 246, *HFA* 3/1988, WPg, 483). Allerdings ist bei sehr ähnlichen Sachverhalten nach analogen Methoden zu bewerten. In der Praxis wird in Konzernrichtl häufig eine über die gesetzlichen Mindestanforderungen hinausgehende Vereinheitlichung vorgeschrieben. Dies ist wegen der Verbesserung des Aussagewerts des KA und der besseren Vergleichbarkeit der JA der TU für Controllingzwecke auch zu empfehlen (*Havermann* in FS Döllerer, 195).

II. Ausübung von Bewertungswahlrechten im Konzernabschluss unabhängig vom Einzelabschluss (Abs 1 S 2)

Bewertungswahlrechte können unabhängig von der im JA des MU getroffe- **12**
nen Wahl ausgeübt werden. Hierdurch eröffnen sich Möglichkeiten zu einer eigenständigen Konzernbilanzpolitik. Der Begriff Bewertungswahlrecht umfasst grundsätzlich die **gesetzlichen Wahlrechte** bzgl Bewertungsmethoden, wie zB im Rahmen der Bemessung der HK nach § 255 Abs 2.

Darüber hinaus ist auch die Neuausübung von sog **faktischen Bewertungswahlrechten** im Rahmen des § 308 Abs 1 S 2 in engen Grenzen zulässig (*ADS*[6] § 308 Anm 27; aA *Scherrer,* 215). Diese faktischen Bewertungswahlrechte beruhen auf der Unbestimmtheit von Rechenkomponenten innerhalb einer Bewertungsmethode. Die notwendigen Ermessensentscheidungen oder Schätzungen führen zu einer Bandbreite von zulässigen Wertansätzen, zB unterschiedliches Konfidenzniveau bei der Bemessung von Rückstellungen. Die Neuausübung von Ermessensentscheidungen und die Neubestimmung von Schätzwerten bei Ungewissheit wird durch den Grundsatz der Willkürfreiheit begrenzt (*ADS*[6] § 308 Anm 27). Eine sachlich begründete unterschiedliche Einschätzung von Risiken, Wahrscheinlichkeiten und sonstigen unbestimmten Bewertungsfaktoren auf Grund abweichender Erfahrungswerte oder besserer Erkenntnisse aus Konzernsicht kann in Einzelfällen zulässig sein (*Schulz* WPg 1990, 360 mwN).

III. Angabe und Begründung von Abweichungen im Konzernanhang (Abs 1 S 3)

Soweit der KA unter Anwendung von Bewertungsmethoden aufgestellt wird, **14**
die von denen abweichen, die auf den JA des MU angewendet wurden, ist das im Konzernanhang anzugeben und zu begründen.

Die **Angabepflicht** besteht *für jede einzelne* Abweichung von den Bewer- **15**
tungsmethoden im JA des MU, sofern sie wesentlich ist (*Wohlgemuth* in FS

von Wysocki, 58). Dabei erstreckt sich die Angabepflicht darauf, welche Posten im KA anders bewertet worden sind als im JA des MU, welche Bewertungsmethoden dabei im KA angewendet wurden (*ADS*[6] § 308 Anm 30) und warum die Bewertungsmethode geändert wurde (Anm 17). Eine Quantifizierung der Abweichungen oder der Ergebnisauswirkung ist, da eine explizite Regelung wie zB in § 284 Abs 2 Nr 3 fehlt, nicht notwendig.

16 Eine Abweichung kann nur entstehen, wenn ein bestimmter Sachverhalt sowohl im KA als auch im JA des MU vorliegt (*HFA* 3/1988, WPg, 484). Sie besteht daher nicht, wenn beim MU die entspr Bewertungsfrage nicht auftritt. Damit kann der Umfang der Angabepflichten je nach Branchenzugehörigkeit des MU unterschiedlich sein. Ist zB das MU eine reine HoldingGes, können die Angabepflichten geringer sein als im Falle eines operativ tätigen MU.

17 Die **Begründung** der Abweichungen von den im JA des MU angewandten Bewertungsmethoden (Abs 1 S 3 2. Hs) soll eine weitere Information schaffen und zusätzlich vor willkürlichen oder sachfremden Abweichungen schützen. Sie muss erkennen lassen, welche Motive die Konzernleitung dazu bewogen haben, im KA von den im JA des MU angewandten Bewertungsmethoden abzuweichen. Pauschale Begründungen wie etwa „Aufgrund von Sonderfällen" sind nicht genügend (s auch *ADS*[6] § 308 Anm 30; *Scherrer* in BoHdR § 308 Anm 19; aA *Pohle* in HdKR[2] § 308 Anm 31, der die „Beschreibung der unterschiedlichen Vorgehensweise" für ausreichend hält).

Wegen des Hinweises im Anhang bei Beibehaltung besonderer Wertansätze von Kreditinstituten und VersicherungsUnt s Anm 27; wegen der Angabe- und Begründungspflichten in Ausnahmefällen s Anm 34.

C. Neubewertung (Abs 2 S 1)

18 Abs 2 S 1 schreibt die Neubewertung nach den für den KA angewandten Methoden vor. Hiermit soll die einheitliche Bewertung im KA sichergestellt werden.

Von der **Neubewertungspflicht** sind alle abw bewerteten VG und Schulden des MU und der einbezogenen TU betroffen. Auch VG und Schulden, die im JA nicht angesetzt, aber in den KA aufgenommen werden, sind nach den für den KA geltenden Methoden zu bewerten (*Scherrer* in BoHdR § 308 Anm 21).

Wegen der Ausnahmen von der Neubewertungspflicht s Anm 22.

Die Neubewertung erfolgt meist im Rahmen der Erstellung der sog HB II (hierzu § 300 Anm 26ff). Während die HB I dem jeweiligen JA nach Landesrecht entspricht, ist die HB II der für alle KonsMaßnahmen maßgebende JA eines einbezogenen Unt. Für sie gelten alle einschlägigen Ansatz-, Bewertungs- und Gliederungsvorschriften – grds des HGB, auf Grund §§ 292a/315a ggf auch IFRS bzw US-GAAP. Die Folgewirkungen einer ergebniswirksamen Korrektur von Bewertungsansätzen in der HB II sind zu beachten (insb Neuberechnung der latenten Steuern gem § 298 Abs 1 iVm § 274; *WPH*[12] I M 295f; *HFA* 3/1988, WPg 1988, 484).

D. Beibehaltungswahlrechte (Abs 2 S 2 bis 4)

22 Abs 2 S 2 bis 4 gestatten in bestimmten Fällen die Beibehaltung von im JA angewandten, aber vom KA abweichenden Bewertungsregeln. Dabei handelt es sich um Beibehaltungswahlrechte

– für Kreditinstitute und VersicherungsUnt (Abs 2 S 2),

– bei Geringfügigkeit in der Auswirkung (Abs 2 S 3),
– in Ausnahmefällen (Abs 2 S 4).

23 Diese Wahlrechte sind nur dadurch beschränkt, dass der KA ein den tatsächlichen Verhältnissen entspr Bild der VFE-Lage des Konzerns vermitteln muss (§ 297 Abs 2), weshalb sich eine **missbräuchliche Wahlrechtsausübung** verbietet. Der Grundsatz der **Bewertungsstetigkeit** ist ebenfalls zu beachten (s § 252 Anm 55 ff). Die in Abs 1 vorgeschriebene einheitliche Bewertung bezieht sich auch auf die in Abs 2 für vergleichbare Fälle eingeräumten Wahlrechte. Das bedeutet, dass die Regeln für die einheitliche Wahlrechtsausübung auch für die Ausübung der Beibehaltungswahlrechte nach Abs 2 S 2 bis 4 gelten. Jedes dieser Beibehaltungswahlrechte ist demnach bei gleichem Sachverhalt in gleicher Weise auszuüben.

I. Beibehaltungswahlrechte für Kreditinstitute und Versicherungsunternehmen (Abs 2 S 2)

24 Werden **Kreditinstitute** oder **VersicherungsUnt** in einen KA mit einem branchenfremden MU einbezogen, dürfen deren Wertansätze nur beibehalten werden, sofern sie auf zwingenden branchenspezifischen Vorschriften beruhen (s dazu das Bsp Kapitalanlagen eines VersicherungsUnt bei *Prahl/Naumann* WPg 1993, 240). Im Umkehrschluss ist die Anpassung erforderlich, wenn der Wertansatz des Kreditinstitutes bzw der VersicherungsUnt auf allgemeinen Vorschriften beruht, aber anders ausgeübt wird.

Abschlüsse ausländischer Kreditinstitute oder VersicherungsUnt sind auf die branchenspezifischen Spezialvorschriften überzuleiten.

Beruht die Bewertung auf besonderen, in Deutschland nicht zulässige Vorschriften in dem jeweiligen Land, ist die sachgerechte Bewertung aus den deutschen GoB zu deduzieren. Die Übernahme von Wertansätzen nach ausländischen Vorschriften in diesem Fall (so *ADS*[6] § 308 Anm 42) kann zu Fehlinterpretationen eines HGB unterstellenden Bilanzlesers führen.

Werden mehrere Kreditinstitute bzw VersicherungsUnt einbezogen, gilt für diese insgesamt das Postulat der einheitlichen Bewertung.

1. Kreditinstitute

25 Unabhängig von der Rechtsform dürfen Kreditinstitute insbes bei der Bewertung bestimmter Forderungen und Wertpapiere stille Reserven bilden (§ 340 f) bzw einen Fonds für allgemeine Bankrisiken bilden (§ 340 g). Weiterhin gelten besondere Vorschriften für die Währungsumrechnung und die Bewertung von Termingeschäften (§ 340h). Die so ermittelten Wertansätze müssen bei der Einbeziehung in den KA von Nichtbanken beibehalten werden (Abs 2 S 2).

2. Versicherungsunternehmen

26 Für VersicherungsUnt gelten Sondervorschriften insb für die Bewertung von Vorräten, Kapitalanlagen, Namensschuldverschreibungen, Hypothekendarlehen und anderen Forderungen und versicherungstechnischen Rückstellungen (§§ 341 b–h). Aufgrund dieser Vorschriften ermittelte Wertansätze müssen bei der Einbeziehung eines VersicherungsUnt in den KA eines branchenfremden MU beibehalten werden.

3. Hinweis im Konzernanhang (Abs 2 S 2 2. Hs)

27 Wurden abw Wertansätze aus den JA von TU als Kreditinstitute und VersicherungsUnt gem Abs 2 S 2 unverändert in den KA übernommen, ist darauf im Konzernanhang hinzuweisen. Es genügt der Hinweis auf die Anwendung dieser Ausnahmevorschrift (ebenso *ADS*[6] § 308 Anm 43). Angaben darüber, welche Bewertungsregeln zu Abweichungen geführt haben, sowie betragsmäßige Angaben oder Angaben über Auswirkungen auf die VFE-Lage des Konzerns sind nicht erforderlich. Das folgt aus dem Wortlaut der Vorschrift, wonach (nur) auf „die Anwendung dieser Ausnahme" im Konzernanhang hinzuweisen ist.

II. Beibehaltungswahlrecht bei Auswirkung von untergeordneter Bedeutung (Abs 2 S 3)

28 Nach Abs 2 S 3 braucht eine einheitliche Bewertung nicht vorgenommen zu werden, wenn ihre Auswirkungen für die Vermittlung eines den tatsächlichen Verhältnissen entspr Bilds der VFE-Lage *des Konzerns* nur von untergeordneter Bedeutung ist. Diese Regelung entspricht dem Grundsatz der Wesentlichkeit (§ 297 Anm 195).

Maßstab für die Auswirkung ist dabei die Generalnorm des § 297 Abs 2 und Abs 3 S 1 (zur Quantifizierung der Wesentlichkeit § 264 Anm 57 und § 297 Anm 195 sowie *IDW* PS 270). Von praktischer Bedeutung ist, dass die Auswirkung der Neubewertung bekannt sein muss, um beurteilen zu können, ob auf sie verzichtet werden kann. Diese Kenntnis kann durch eine überschlägige Ermittlung erlangt werden (*ADS*[6] § 308 Anm 46).

Die Voraussetzungen für die Anwendung des Wahlrechts müssen in jedem Einzelfall unter Berücksichtigung aller Umstände und zu jedem Stichtag erfüllt sein (*HFA* 3/1988, WPg, 484).

29 Über die Wesentlichkeit bzw Unwesentlichkeit ist auf Basis des KA zu entscheiden, nicht auf der eines JA. Maßgebend ist daher die **Gesamtbetrachtung,** dh die Analyse der Summe aller überschlägig ermittelten Abweichungen in Bezug auf den KA, nicht eine isolierte Betrachtung einzelner Sachverhalte (*HFA* 3/1988, WPg, 484).

Die Ausübung des Beibehaltungswahlrechts wegen untergeordneter Bedeutung unterliegt dem Grundsatz der Willkürfreiheit (§ 252 Anm 68 f). Aus dem Grundsatz der Stetigkeit, der eine Vergleichbarkeit der KA sichern soll (§ 252 Anm 55 ff), kann für insgesamt unbedeutende Abweichungen keine Einschränkung abgeleitet werden, da eine abwechselnde Ausübung ex definitione keine wesentliche Auswirkung auf die Darstellung der Lage des Konzerns haben kann.

30 Eine **Angabe** von Abweichungen von untergeordneter Bedeutung iSv Abs 2 S 3 im Konzernanhang ist nicht vorgeschrieben.

III. Beibehaltungswahlrechte in Ausnahmefällen (Abs 2 S 4)

1. Abweichungen in Ausnahmefällen (Abs 2 S 4 1. Hs)

31 Abs 2 S 4 gestattet, auch auf eine Neubewertung, die nicht von untergeordneter Bedeutung ist, in Ausnahmefällen zu verzichten. Diese Regelung ist nach hM restriktiv zu handhaben, da andernfalls Informationsverluste eintreten, die auch durch die Angabe und Begr der Abweichung im Konzernanhang nach Satz 4 2. Hs nicht ausgeglichen werden können (*ADS*[6] § 308 Anm 49; *WPH*[12]

I, M 255; *HFA* 3/1988). Normzweck ist, die Praktikabilität der Neubewertungspflicht zu gewährleisten.

32 Folgende Ausnahmefälle sind denkbar:

a) Die Neubewertung ist **unmöglich.** Dies kann vorkommen, wenn Informationen zur Wertbestimmung eines VG oder Schuldpostens nicht vorliegen.

Beispiel: Das TU wendet ein Bewertungsvereinfachungsverfahren gem § 256 an. Konzerneinheitlich soll jedoch Einzelbewertung gelten. Die Einzelwerte sind aber nicht mehr ermittelbar (s *Scherrer* in BoHdR Anm 35).

Da grds aber gefordert werden muss, dass das TU die erforderlichen Informationen für die einheitliche Bewertung vorhält, ist ein Fall tatsächlicher Unmöglichkeit relativ unwahrscheinlich; in der Praxis wird daher eher Fall b) anzutreffen sein.

b) Die Neubewertung ist **wirtschaftlich unzumutbar** oder führt zu einer **unverhältnismäßigen Verzögerung.** Alternativ zur Möglichkeit der Abweichung von der Einheitlichkeit auf Grund des Ausnahmefalls besteht das Wahlrecht zum Verzicht auf die Einbeziehung des betr TU wegen unverhältnismäßig hoher Kosten oder Verzögerungen (§ 296 Abs 1 Nr 2). Im Hinblick auf die Aussagefähigkeit des KA kann ggf die Einbeziehung unter Verzicht auf die einheitliche Bewertung einer Nichteinbeziehung vorzuziehen sein (*WPH*[12] I M 255).

Beispiel: Erstmalige Einbeziehung eines neu erworbenen TU, dessen Rechnungswesen noch nicht hinreichend auf den Konzernstandard umgestellt werden konnte, so dass eine Bewertungsanpassung mit erheblichem Zeitaufwand verbunden wäre (*HFA* 3/1988, WPg, 484).

Es gibt allerdings auch Vereinfachungsfälle. Zur Beibehaltung abw Wertgrenzen bei GWG und Abweichungen bei der Ermittlung von Pensionsrückstellungen s Anm 50 bzw 53.

33 Steht die Neubewertung im **Widerspruch zu einer vorrangigen Norm** (zB § 252 Abs 1 Nr 2, going-concern-Prämisse), muss sie unterbleiben. Dies ist kein Ausnahmefall iSv Abs 2 S 4 1. Hs, wie folgender Sachverhalt zeigt.

Beispiel: Ein TU befindet sich vor der Liquidation. Die einheitliche Bewertung würde im Widerspruch zu § 252 Abs 1 Nr 2 die Bilanzierung zu Fortführungswerten verlangen (so *Scherrer in BoHdR* Anm 35). Dieser in der Literatur erwähnte Fall ist als Beispiel für eine Abweichung vom Grundsatz der einheitlichen Bewertung schon deshalb nicht einschlägig, weil es dem Grundsatz der einheitlichen Bewertung widersprechen würde, bei unterschiedlichen Verhältnissen einheitlich zu bewerten (s Anm 7f).

2. Angabe und Begründung im Konzernanhang (Abs 2 S 4 2. Hs)

34 Grds ist jeder Einzelfall einer Abweichung im Konzernanhang anzugeben. Eine Quantifizierung ist nicht vorgeschrieben. Gem § 313 Abs 1 S 2 Nr 3 ist aber der Einfluss auf die VFE-Lage des Konzerns gesondert darzustellen (§ 313 Anm 136ff; so zB auch *WPH*[12] I, M 716; *HFA* 3/1988, WPg, 484). Eine pauschale Begr genügt nicht; es muss vielmehr ersichtlich sein, aus welchem Grunde jeweils von der einheitlichen Bewertung abgewichen wurde.

IV. Beibehaltungswahlrecht bei nur nach Steuerrecht zulässiger Bewertung (Abs 3 aF)

36 Nach Inkrafttreten des TransPuG ist es nicht mehr zulässig, steuerliche Wertansätze in den KA zu übernehmen. Gem Art 54 EGHGB ist § 308 nF erstmals auf das nach dem 31. 12. 2002 beginnende Gj anzuwenden § 308 Abs 3 aF ist damit vollständig aufgehoben (vgl auch *Schurbohm/Streckenbach* WPg 2002, 851).

E. Einzelfragen (alphabetisch)

42 **Abschreibungen von (abnutzbarem) Anlagevermögen**

Bei der planmäßigen Abschreibung von Sachanlagen ist eine konzerneinheitliche Festlegung von **Nutzungsdauer und Abschreibungsmethode** grds erforderlich.

Die Abschreibungsmethode und Nutzungsdauer für gleichartige VG darf nicht einheitlich sein, wenn sich Art und Umfang der Nutzung oder sonstige wertbestimmende Bedingungen unterscheiden (*HFA* 3/1988, WPg, 483). Unterschiedliche Kapazitätsauslastung, Nutzungsintensitäten (Mehrschicht- oder Normalbetrieb) und sonstige Einflüsse wie etwa klimatische Bedingungen, rechtliche und politische Besonderheiten, weniger gut geschultes Personal oder auch saisonale Unterschiede sind zu beachten.

43 **Abschreibungen von Forderungen**

Für das individuelle Forderungsausfallrisiko sind einheitliche Kriterien für die Risikokategorien (zB Insolvenz, Zahlungsverzug) festzulegen. Allerdings dürfen landesspezifische Besonderheiten (zB Zahlungsmoral, Insolvenzrecht) berücksichtigt werden. Auch bei Devisenbewirtschaftung oder besonderen politischen Risiken können unterschiedliche Bewertungen für Forderungen erforderlich sein.

Zur Abdeckung des **allgemeinen Kreditrisikos** (§ 253 Anm 567 ff und 576 ff) kann nicht ohne weiteres konzernweit ein einheitlicher pauschalierter Abschlag angesetzt werden. Soweit das allgemeine Kreditrisiko in dem Sitz-Land des jeweils einbezogenen Unt unterschiedlich zu beurteilen ist (zB bei unterschiedlicher allgemeiner Zahlungsmoral in einzelnen Ländern), ist die Verrechnung länderspezifischer Sätze sachgerecht (so auch *Pohle* in HdKR[2] § 308 Anm 19).

Zur Berücksichtigung der unterschiedlichen politischen und wirtschaftlichen Verhältnisse in den Ländern **(„Länderrisiken“),** die sich auf die Werthaltigkeit von Forderungen an Schuldner in diesen Ländern auswirken, sollten konzernweit je Schuldnerland einheitliche Abwertungssätze gelten.

44 **Abschreibungen von Vorräten**

Werden für Vorräte Gängigkeitsabschreibungen (zB wegen Überbestände, technischer Überalterung) oder Abschreibungen wegen Vertriebsrisiken gebildet, sollte dies im Konzern nach einheitlichen Regeln gehandhabt werden. Die Mindestrisikovorsorge sollte gleichfalls einheitlich getroffen werden. Das heißt *nicht,* dass die Abschlagssätze, etwa allein in Abhängigkeit von der Reichweite der jeweils gelagerten Vorräte, zu vereinheitlichen sind. Denn Unterschiede zwischen den einzelnen einzubeziehenden Unt, bspw auf Grund unterschiedlicher Marktverhältnisse in einzelnen Ländern oder auf Grund eines unterschiedlich strukturierten Vorratsbestands, müssen auch hier berücksichtigt werden. Eine einheitliche Handhabung ist auch bei der Berücksichtigung der Unterbeschäftigung (Leerkosten, § 255 Anm 439 f) geboten.

45 **Abzinsung**

Niedrig- oder unverzinsliche **Forderungen** mit Restlaufzeiten über 1 Jahr sind auf den Bilanzstichtag abzuzinsen (§ 253 Anm 592 ff). Bereits für den JA ist offen, welcher Zinssatz zugrunde zu legen ist (§ 253 Anm 593). Für den KA müssen ggf unterschiedliche landesübliche Zinssätze berücksichtigt werden (*Pohle* in HdKR[2] § 308 Anm 19). Eine Abzinsung von nicht oder nur niedrig verzinslichen **Verbindlichkeiten** muss konzerneinheitlich unterlassen werden (s § 253 Anm 63 ff).

Anschaffungskosten 46

VG dürfen höchstens mit ihren AK oder HK bewertet werden. Demgegenüber ist es nach dem Recht einiger ausländischer Staaten (regelmäßig Hochinflationsländer, aber auch zB Großbritannien) zulässig oder sogar geboten, VG mit höheren **Wiederbeschaffungskosten** anzusetzen. Dabei können sich die Aufwertungen etwa an der Inflationsrate oder an bestimmten Preisindizes orientieren. Mit Ausnahme der Hochinflationsrechnungslegung (Anm 66) sind derartige Umbewertungen wieder zurückzunehmen.

Bewertung von Forderungen/Verbindlichkeiten in ausländischer 47 **Währung** s Anm 63.

Bewertungsvereinfachungsverfahren (§ 256) 48

Zur vereinfachten Ermittlung von AK für Vorräte müssen **Verbrauchsfolgeverfahren** im Konzern einheitlich angewandt werden. Jedoch ist für verschiedene Vorratsposten bei sachlicher Begründung die Anwendung unterschiedlicher Verfahren zulässig (uU sogar erforderlich). *Beispiel:* Bei stark schwankenden Preisen kann aus Vorsichtsgründen das Hifo-Verfahren anwendbar sein (hierzu § 256 Anm 72ff), wohingegen für eine relativ preiskonstante Vorratsgruppe die Fifo-Methode sachgerecht ist. Für das MU nicht zulässige Verbrauchsfolgeverfahren (s § 256 Anm 56ff) dürfen auch im Konzern nicht angewandt werden (Anm 4).

Festwertbewertung und Gruppenbewertung 49

Die Entscheidung, ob und unter welchen Voraussetzungen zu Festwerten (§ 240 Anm 71ff) bewertet wird, sollte nach konzerneinheitlichen Regeln erfolgen. Für die unterschiedlichen Gruppen von VG müssen aber jeweils gesonderte Festwerte ermittelt werden. Gleiches gilt für die Gruppenbewertung (§ 240 Anm 130ff).

Garantierückstellungen 50

Die Rückstellungen für Garantien und Gewährleistungen sind nach einheitlichen Regeln zu bilden, damit sich Unterschiede nur aus Produktverschiedenheiten und anderen risikobestimmenden Faktoren (zB Produktionsverfahren, rechtliche Rahmenbedingungen – Haftungsregeln, Verhalten der Käufer/Dienstleistungsempfänger) ergeben können.

Geringwertige Wirtschaftsgüter 51

Bei der Sofortabschreibung von GWG (§ 253 Anm 275 und 372ff) sollte grds eine konzerneinheitliche Wertobergrenze festgelegt werden. Sofern in einzelnen Ländern bestimmte Wertgrenzen für GWG gelten, dürfen diese, sofern sie nicht den GoB widersprechen, unter Anwendung von Abs 2 S 4 für den Konzern beibehalten werden.

Herstellungskosten 52

– herstellendes Unternehmen: Das methodeneinheitliche Ermitteln der HK erfordert, wenn das gleiche Produkt von mehreren TU gefertigt wird, nicht nur das einheitliche Ausüben der Bewertungswahlrechte des § 255 Abs 2 und 3, sondern auch das Anwenden einheitlicher Kalkulationsmethoden pro Produkt (bspw ist bei Vollkosten auf Basis Zuschlagskalkulation oder Activity-based Costing eine einheitliche Bezugsgröße für Gemeinkostenzuschläge anzuwenden). Auf Grund der landesspezifischen Besonderheiten (zB Lohnniveau, Zinssatz) sind allerdings regelmäßig unterschiedliche HK zu beobachten (*Pohle* in HdKR[6] § 308 Anm 19).

– beziehendes Unternehmen: Konzernintern bezogene VG sind gem § 304 Abs 1 auf die konzerneinheitlichen HK iSd Anm 51 umzubewerten.

53 **Pensionsrückstellungen**

Die Bewertung der Pensionsrückstellungen ist im HGB neben der allgemeinen Regelung des § 249 explizit *nicht* geregelt. Als konzerneinheitliches Bewertungsverfahren kann daher neben dem steuerrechtlichen Teilwertverfahren auch eine betriebswirtschaftlich genauere Bewertungsmethode gewählt werden, zB die „projected unit credit method" nach SFAS 87 oder nach IAS 19 (§ 249 Anm 204). In Einzelfällen kann aus Vereinfachungsgründen die Pensionsrückstellung für kleinere TU auch mit **Näherungsverfahren** gerechnet werden; Bedingung hierfür ist, dass das Näherungsverfahren plausibel nachvollziehbar ist und grds zu ggü dem konzerneinheitlichen Bewertungsverfahren annähernd gleichen Werten führt.

Die in das Teilwertverfahren eingehenden **Rechnungsparameter** können zwischen den einzelnen einzubeziehenden Unt je nach Land, Region, Branche oder unternehmerischen Gegebenheiten differieren. Zu den Parametern zählen die biometrischen Grundlagen (Sterbe- und Invalidisierungswahrscheinlichkeiten), die Fluktuation, die Altersgrenze, fest vereinbarte Lohn- und Gehaltssteigerungen, der Zinssatz und evtl künftige fremdbedingte Wertänderungen, wie etwa die Dynamik des Arbeitseinkommens oder die Inflationsrate sowie gesetzliche Unterschiede und vertraglich vereinbarte Besonderheiten (*HFA* 2/1988, WPg, 404).

56 **Steuerabgrenzung (aktive)**

Das Wahlrecht, eine aktive Steuerabgrenzung anzusetzen (§ 274 Abs 2), muss konzerneinheitlich ausgeübt werden. Entscheidet sich das MU für eine Aktivierung, müssen alle KonzernUnt in gleichem Maße von dieser Bilanzierungshilfe in der HB II Gebrauch machen. Das bedeutet zum einen, dass die Entscheidung für eine aktive Steuerabgrenzung für jedes einbezogene KonzernUnt gilt und zum anderen, dass im Falle einer Teilaktivierung für jedes einbezogene Unt dasselbe Verhältnis von tatsächlich angesetzter zur höchstmöglichen Steuerabgrenzung gilt. Sofern die Steuerabgrenzung für Konzernbilanzpolitik genutzt werden soll, sind bei internationalen Konzernen umfangreiche Voruntersuchungen notwendig. Vgl auch die Anm zu § 306.

F. Währungsumrechnung

I. Allgemeines

59 Nach § 244 iVm § 298 Abs 1 ist der KA in Euro aufzustellen. Die Fremdwährungsumrechnung umfasst für den KA zweierlei Sachverhalte:

1. Die Umrechnung der Fremdwährungsposten in den JA einbezogener *inländischer und ausländischer Unternehmen* und der auf Fremdwährungen lautenden Teilabschlüsse ausländischer Betriebsstätten sowie
2. die Umrechnung der auf Fremdwährungen lautenden JA einbezogener *ausländischer* Unternehmen.

Die Methode der Fremdwährungsumrechnung ist bisher nur für Kreditinstitute in § 340h gesetzlich geregelt. Da sich in Deutschland noch keine GoB bzgl der Methodenwahl bei der Währungsumrechnung herausgebildet haben, bestand bisher grds ein Wahlrecht bzgl der einzelnen Verfahren zur Währungsumrechnung im JA und KA.

Zur Konkretisierung der Anforderungen an die Umrechnung von Fremdwährungsgeschäften und die Umrechnung von Abschlüssen ausländischer TU hat der DRS am 25. August 2003 den DRS 14 „Währungsumrechnung" verabschiedet. Dieser lehnt sich – wie bereits der Entwurf des HFA zur Währungsumrechnung (WPg 1998) – eng an das Konzept der funktionalen Währung des SFAS 52 bzw des IAS 21 (Anm 72) an. Der DRS 14 wurde am 4. Juni 2004 vom BMJ im BAnz veröffentlicht. Den Regelungen kommt somit die Vermutung GoB für die Konzernrechnungslegung zu (s § 342 Anm 9). DRS 14 ist für alle nach dem 31. Dezember 2003 beginnenden Gj anzuwenden.

II. Umrechnung von Fremdwährungsgeschäften

Nach DRS 14.6 erfolgt die Währungsumrechnung im KA nach dem Konzept der funktionalen Währung. Bei diesem Konzept werden die Zeitbezugs- und die Stichtagskursmethode kombiniert. (Zu den einzelnen Umrechnungsmethoden vgl ADS[6] § 298 Anm 14 ff). 60

Als **funktionale Währung** definiert der DSR 14 die Währung des primären wirtschaftlichen Umfelds, in dem ein Unt überwiegend tätig ist. Die funktionale Währung ist unter Würdigung aller relevanten wirtschaftlichen Faktoren und Umstände festzulegen (ADS[6] § 298 Anm 38). Anhaltspunkte zur Bestimmung der funktionalen Währung ergeben sich nach DRS 14.9 aus der Währung:

- in der die Verkaufspreise berechnet werden,
- die für den Wirtschaftsraum, dessen Marktverhältnisse hauptsächlich für die Verkaufspreise der Güter und Dienstleitungen des Unt gelten, bestimmend ist,
- in der der Materialaufwand, Löhne sowie sonstige Aufwendungen überwiegend beglichen werden,
- welche die Preise, die den Aufwendungen zugrunde liegen, hauptsächlich beeinflusst,
- in der sich das Unt hauptsächlich finanziert.

Die funktionale Währung einer Unternehmenseinheit kann auch der funktionalen Währung des MU entsprechen. DRS 14.10 nennt dafür folgende Faktoren: 61

- die Geschäfte des TU sind in die Aktivitäten des MU integriert,
- die konzerninternen Transaktionen mit dem MU bezogen auf das Gesamtgeschäftsvolumen der TU haben einen großen Anteil,
- die Cash Flows des TU beeinflussen die des MU unmittelbar und stehen zur Weiterleitung an das MU jederzeit zur Verfügung,
- die Cash Flows des TU reichen nachhaltig nicht zur Abdeckung bereits bestehender und bei normaler Geschäftsabwicklung zu erwartender Verpflichtungen aus und das MU muss zum Ausgleich Mittel zur Verfügung stellen,
- das TU führt seine Aktivitäten in der funktionalen Währung des MU.

Sofern die funktionale Währung nicht dem Euro entspricht, ist die Umrechnung in die funktionale Währung nicht zulässig, da der JA/KA nach § 244 iVm § 298 Abs 1 in Euro aufzustellen ist (vgl *Löw/Lorenz* BB 2002, 2545; *Schmidbauer* DStR 2004, 702 mwN).

Bei der erstmaligen Erfassung eines Fremdwährungsgeschäfts erfolgt die Umrechnung in die funktionale Währung zum Devisenkassakurs am Transaktionstag. Sofern keine wesentlichen Kursschwankungen auftreten, dürfen aus Praktikabilitätsgründen auch Wochen- oder Monatsdurchschnittskurse verwendet werden (DRS 14.11 f). Zum Umrechnungskurs (Geld- oder Briefkurs) vgl *Schmidbauer* DStR 2004, 701. 62

Bei der Umrechnung zu jedem folgenden Bilanzstichtag ist zwischen monetären und nicht monetären Bilanzposten zu unterscheiden. Monetäre Fremdwährungsposten sind mit dem Stichtagskurs und nicht monetäre Fremdwährungsposten, die mit den (fortgeführten) AK/HK angesetzt werden, sind mit dem Kurs der Erstbuchung umzurechnen. Für nicht monetäre Posten sind außerplanmäßige Abschreibungen auf den beizulegenden Wert vorzunehmen, wenn dieser – umgerechnet mit dem Stichtagskurs zum Bilanzstichtag – die mit dem historischen Kurs umgerechneten fortgeführten AK/HK unterschreitet.

63 Gewinne und Verluste aus der Währungsumrechnung sind, unter Beachtung des Anschaffungskosten- und Realisationsprinzips erfolgswirksam zu erfassen (DRS 14.15, 14.20). Für kurzfristige Forderungen und Verbindlichkeiten (mit einer Laufzeit von bis zu einem Jahr) kann aus Praktikabilitätsgründen eine generelle ergebniswirksame Umrechnung zum Stichtagskurs in Betracht kommen, sofern nicht einseitig erhebliche unrealisierte Kursgewinne vorliegen (vgl *ADS*[6] § 253 Anm 92; *Schmidbauer* DStR 2004, 703 mwN). Wird von diesem faktischen Wahlrecht Gebrauch gemacht, ist es konzerneinheitlich anzuwenden. Bei langfristigen monetären Bilanzposten dürfen jedoch unrealisierte Gewinne nicht vereinnahmt werden.

Die **Anlage zu DRS 14** differenziert wie folgt zwischen monetären und nicht monetären Posten:

	monetär	Nicht monetär
Aufwendungen für die Ingangsetzung und Erweiterung des Geschäftsbetriebs		×
Sachanlagevermögen und immaterielle Vermögensgegenstände (einschl Goodwill)		×
Finanzanlagen Ausleihungen, verzinsliche Wertpapiere, Anteile an verbundenen Unternehmen, Beteiligungen, Wertpapiere, die keinen Anspruch auf einen bestimmten Geldbetrag verbriefen (zB Aktien)	 × 	 ×
Geleistete u erhaltene Anzahlungen		×*
Vorräte		×
Forderungen	×	
Sonstige Vermögensgegenstände	×	×
Flüssige Mittel	×	
Abgrenzungsposten	× (zB Disagio)	× (zB Miet- u Versicherungsvorauszahlungen)
Latente Steuern	×	
Eigenkapital	× (zB Bilanzgewinn)	× (zB Gez Kapital)
Rückstellungen	× (zB Steuerrückstellungen)	× (zB Garantierückstellungen)
Verbindlichkeiten	×	

* Nach DRS 14.42 haben Anzahlungen im Regelfall einen nicht monetären Charakter, da sie in nicht monetäre Posten transformiert werden.

Bei einem Wechsel der funktionalen Währung, aufgrund wesentlicher Änderungen im wirtschaftlichen Gesamtbild des TU, sind alle (monetären und nicht monetären) Posten ab diesem Zeitpunkt mit dem Stichtagskurs in die neue funktionale Währung umzurechnen. Für nicht monetären Posten stellen die umgerechneten Werte die neue Bezugsgröße für die Fremdwährungsumrechnung in den Folgeperioden dar (DRS 14.21). 64

Bei nicht frei konvertierbaren Währungen ist der erste Umrechnungskurs nach Beendigung der Beschränkung heranzuziehen. Bei Existenz mehrerer Wechselkurse wird zur Umrechnung der Kurs zugrunde gelegt, mit dem das Fremdwährungsgeschäft bei Realisation am Transaktions- oder Bewertungstag hätte abgewickelt werden können.

III. Umrechnung der Jahresabschlüsse ausländischer Tochterunternehmen

Das Erfordernis der Währungsumrechnung ergibt sich nur bei TU, deren funktionale Währung von der des MU also vom Euro abweicht. Die Bilanzposten – mit Ausnahme des EK – sind mit dem Stichtagskurs am Bilanzstichtag umzurechnen. Das gezeichnete Kapital und die in den Vj dotierten Rücklagen sind mit den historischen Kursen umzurechnen. 65

Die Posten der GuV sind mit den Kurs zum Zeitpunkt des Geschäftsvorfalls, bzw vereinfachend mit Wochen- oder Monatsdurchschnittskursen umzurechnen, sofern keine wesentlichen Kursschwankungen auftreten (DRS 14.31). Dabei stellen die Zwischensummen und der Jahresüberschuss keine eigenen Umrechnungsposten dar, sondern ergeben sich als Saldo der umgerechneten GuV-Posten (DRS 14.30).

Alle Umrechnungsdifferenzen sind erfolgsneutral in einem AusglPo im EK zu erfassen. Auf Minderheitenanteile entfallende Umrechnungsdifferenzen werden im AusglPo für Anteile anderer Gester ausgewiesen. Eine erfolgsneutral im EK erfasste Umrechnungsdifferenz wird erst zu dem Zeitpunkt realisiert, wenn die entspr UntEinheit veräußert wird (DRS 14.34).

Für die Umrechnung von JA aus **Hochinflationsländern** sind die Abschlüsse um Inflationseffekte zu bereinigen (DRS 14.35). Dies kann durch die Aufstellung des Abschlusses in einer Hartwährung (zB der funktionalen Währung des MU) erfolgen. Alternativ darf nach vorheriger Inflationsbereinigung der langfristigen Aktiva und Passiva, die Stichtagskursmethode angewendet werden. Dabei sind die nicht monetären Posten und das EK mit dem landesspezifischen allgemeinen (offiziellen) Preisindex auf die Kaufkraftverhältnisse am Bilanzstichtag anzupassen. Danach sind alle Posten mit dem Stichtagskurs in die Berichtswährung umzurechnen (DRS 14.38). Die Umrechnungsdifferenz ist erfolgswirksam und soll im Zinsergebnis ausgewiesen werden. 66

Im Konzern sind Grundsätze aufzustellen, ab wann Hochinflationsrechnungslegung anzuwenden ist. DRS 14.36 enthält folgende Kriterien für ein Hochinflationsland: Die Bevölkerung zieht es vor, Vermögen in Sachwerten oder relativ stabiler Auslandswährung zu halten; Beträge in Inlandswährung werden unverzüglich investiert, um die Kaufkraft zu erhalten. Die Bevölkerung rechnet nicht in der eigenen, sondern in einer relativ stabilen Auslandswährung. Preise können auch in dieser Währung angegeben werden. Käufe und Verkäufe auf Ziel werden in Preisen vereinbart, die die erwartete Geldentwertung in der Kreditperiode berücksichtigen, selbst wenn die Periode kurz ist. Zinssätze, Löhne und Preise sind an einen Preisindex gebunden. Die kumulative Preissteigerungsrate innerhalb von drei Jahren erreicht oder übersteigt 100%.

IV. Angaben im Konzernanhang

67 Nach DRS 14.39 sind im Konzernanhang anzugeben:
- die Grundlagen für die Umrechnung von Fremdwährungsposten,
- die Beträge der Umrechnungsdifferenzen, die im Periodenergebnis erfasst worden sind,
- die Beträge der Umrechnungsdifferenzen, die ins EK eingestellt wurden, sowie die Veränderung dieser Posten in der Berichtsperiode (vgl DRS 7 – Anlagen),
- die funktionale Währung des MU bei KA,
- die Begründung für die Verwendung einer von der funktionalen Währung abweichenden Berichtswährung,
- die Begründung für einen Wechsel der funktionalen Währung des MU oder einer bedeutenden UntEinheit,
- die Darstellung der Methode, nach der Abschlüsse aus Hochinflationsländern umgerechnet wurden.

G. Regelungen nach dem Publizitätsgesetz

68 Auch für KA nach dem PublG gilt die Verpflichtung zur konzerneinheitlichen Bewertung (§ 13 Abs 2 PublG iVm § 308). Der KA ist nach den Vorschriften für große KapGes aufzustellen (§ 13 Abs 2 PublG iVm § 298 Abs 1). Analog zu § 308 haben rechtsform- oder geschäftszweigspezifische Vorschriften Vorrang. Abw von den Vorschriften für KapGes/KapCoGes brauchen die §§ 279 Abs 1 und 280 nicht angewendet zu werden (§ 13 Abs 3 PublG). Im KA nach PublG sind daher Ermessensabschreibungen (§ 253 Abs 4) und steuerrechtliche Abschreibungen (§ 254) zulässig. Diese Bewertungswahlrechte sind allerdings nicht anwendbar, wenn der KA zugleich befreiende Wirkung für den KA einer nachgeordneten KapGes/KapCoGes erhalten soll (§ 291 iVm § 13 Abs 3 S 3 PublG).

H. Bewertungsanpassungen bei Erst-, Übergangs- und Endkonsolidierung

69 Auf den Zeitpunkt der **ErstKons** eines TU bzw eines GemUnt ist eine HB II Eröffnungsbilanz nach konzerneinheitlichen Bewertungsmethoden zu erstellen (vgl Anm 18). Aus Sicht des Konzerns (Einheitstheorie) ist sie für die Kons maßgebend. Bewertungsanpassungen aus der Überleitung der HB I zur HB II dürfen daher das Konzernergebnis nicht berühren.

Bei **assozUnt** ist für die ErstKons die Anpassung an die konzerneinheitliche Bewertung als Wahlrecht ausgestaltet (§ 312 Abs 5). Wird sie – was in der Praxis eher die Ausnahme ist – vorgenommen, ist sie ebenfalls erfolgsneutral.

Wird die Umbewertung nach § 312 Abs 5 nicht durchgeführt, hängt bei **Übergang** von der Equity-Bilanzierung **auf die Quoten- oder VollKons** die Behandlung der Neubewertungseffekte aus dem Übergang auf die HBII davon ab, ob die at Equity-Bilanzierung als Bewertungsmethode (die Ausgestaltung des § 312 spricht uE dafür) oder als KonsMethode angesehen wird (*Busse von Colbe/Ordelheide*[6] 472). Sieht man sie als Bewertungsmethode, handelt es sich bei der ÜbergangsKons um den Wechsel auf eine andere Bewertungsmethode, die erfolgswirksam vorzunehmen ist. Sieht man die at Equity-Bilanzierung als Kons-Methode, hat der Übergang erfolgsneutral zu erfolgen.

Bei **EndKons** gehen die VG und Schulden mit ihren HB II Werten ab.

I. Rechtsfolgen einer Verletzung des § 308

Eine Verletzung des Grundsatzes der „einheitlichen Bewertung“ im KA stellt sowohl gem § 334 Abs 1 Nr 2d) und f) als auch nach § 20 Abs 1 Nr 2d) und f) PublG eine Ordnungswidrigkeit dar; das Gleiche gilt für Kreditinstitute (§ 340n Abs 1 Nr 2d) und f) und für VersicherungsUnt (§ 341n Abs 1 Nr 2d) und f). Jede vorsätzliche Zuwiderhandlung kann mit einer Geldbuße belegt werden, dazu § 334 Anm 27ff. **69a**

J. Abweichungen der IFRS

Schrifttum: IAS 21 (rev 2003); IAS 27 (rev 2004); IAS 29 (ref 1994); *Cairns*[2] Applying International Accounting Standards, London, Edinburgh & Dublin 1999.

I. Konzerneinheitliche Bewertung

Auch der KA nach IFRS beruht auf der Einheitstheorie (*Cairns*[2], 253). Gemäß Definition in IAS 27.4 ist der KA so darzustellen, als ob es sich um den Abschluss eines einzigen Unt handeln würde. Aus IAS 27.28 ergibt sich unmittelbar eine **Pflicht** zur **konzerneinheitlichen Bilanzierung und Bewertung** für ähnliche Geschäftsvorfälle und andere Ereignisse unter vergleichbaren Umständen (*Lüdenbach* in Haufe IFRS § 32 Anm 172). **70**

Von der Vereinheitlichung hinsichtlich Ansatz- Bewertungs- und Ausweisgrundsätzen kann gem IAS 8.8 iVm F 29f nur noch bei untergeordneter Bedeutung für die Vermögens- Finanz- und Ertragslage des Konzerns abgesehen werden (**„*materiality*-Vorbehalt“**, *Lüdenbach* in Haufe IFRS § 32 Anm 174 und § 1 Anm 91ff). Während § 308 darüber hinaus Abweichungen von der einheitlichen Bewertung in Ausnahmefällen zulässt, ist dies gemäß IAS 27.28 nicht mehr zulässig, auch wenn eine Anpassung nicht durchführbar oder wirtschaftlich nicht vertretbar erscheint. IAS 27.29 fordert bei unterschiedlichen Rechnungslegungsmethoden jedoch keine vollständige Vereinheitlichung, sondern eine **angemessene Anpassung** (*Lüdenbach* in Haufe IFRS § 32 Anm 175).

Werden JA nach nationalem Recht aufgestellt, so sind bei der Überleitung nach IFRS nicht nur ausdrücklich als Wahlrechte (Benchmark Treatment bzw Allowed Alternative Treatment) gekennzeichnete Sachverhalte konzerneinheitlich abzubilden. Es sind, soweit ähnliche Geschäftsvorfälle unter vergleichbaren Umständen betroffen sind, auch Regelungslücken zwischen nationalem Recht und den IFRS konzerneinheitlich zu schliessen, unbestimmte Rechtsbegriffe einheitlich auszulegen, Schätzungen einheitlich vorzunehmen oder sonstige Ermessensentscheidungen einheitlich zu treffen (*Lüdenbach* in Haufe IFRS § 32 Anm 172f). **71**

Werden JA bereits nach IFRS aufgestellt, existieren in der Praxis zur Sicherstellung der Einheitlichkeit oftmals Konzernbilanzierungsrichtlinien mit Vorgaben zur einheitlichen Ausübung von Wahlrechten oder Beurteilungsspielräumen (*Brune/Senger* in Beck IFRS § 15 Anm 103). Werden mangels interner Richtlinien Wahlrechte oder Ermessensspielräume uneinheitlich ausgeübt oder wird die Entscheidung getroffen, im Konzern Bilanzierungs- und Bewertungswahlrechte unabhängig von den JA anders auszuüben, so sind gem IAS 27.29 – in Analogie zur HB II nach HGB – eine IFRS-Bilanz II zu erstellen, die dann in den KA einbezogen wird (*Brune/Senger* in Beck IFRS, § 15 Anm 104).

II. Umrechnung von Fremdwährungsabschlüssen

72 Die Währungsumrechnung ist durch IAS 21 „The Effects of Changes in Foreign Exchange Rates" und IAS 29 „Financial Reporting in Hyperinflationary Economies"geregelt.

IAS 21 umfasst analog zu DRS 14 sowohl die Umrechnung von Fremdwährungstransaktionen in die **funktionale Währung** (functional currency) des JA als auch die Anpassung der funktionalen Währungen ausländischer JA an die Konzernwährung bzw an eine ggf von der funktionalen Währung des MU abweichende **Darstellungswährung** (presentation currency) zum Zwecke des Einbezugs in den KA. Die Behandlung von Fremdwährungsderivaten wird für Berichtsjahre, die am oder nach dem 1. 1. 2005 beginnen, in IAS 39 geregelt (*Schruff* in WILEY IFRS, Abschn 22 Anm 29 (a)).

Die Regelungen des DRS 14 entsprechen inhaltlich weitgehend denen des IAS 21 mit Ausnahme der Berücksichtigung latenter Steuern auf Umrechnungsdifferenzen gem IAS 21.50, die sich aus dem balance sheet approach der IFRS ergeben.

Differenzen aus der Währungsumrechnung von Fremdwährungstransaktionen in die funktionale Währung des JA sind analog zu DRS 14 grundsätzlich sofort erfolgswirksam zu erfassen. Sollen Wertänderungen nicht monetärer Bilanzpositionen gem Vorschriften anderer IAS unmittelbar innerhalb des EK erfasst werden, schreibt IAS 21.30 dazu korrespondierend vor, dass der in der Wertänderung enthaltene umrechnungsbezogene Anteil ebenfalls im EK und nicht im Periodenergebnis berücksichtigt wird (*Brune/Senger* in Beck IFRS, § 15 Anm 122).

73 IAS 21.47 spricht explizit die Behandlung eines **Goodwill** bzw von **Auf- oder Abstockungsbeträgen im Rahmen der KapKons** an. Die Unterschiedsbeträge aus der ErstKonsolidierung entsprechend dem US-amerikanischen „Push-down-accounting" sollen der ausländischen Unternehmenseinheit zugewiesen, in deren funktionaler Währung ausgewiesen, wie andere Vermögenswerte und Schulden behandelt und dementsprechend jährlich mit dem Stichtagskurs umgerechnet werden. Diese Vorschrift ist gemäß IAS 21.59 erstmals auf Unternehmenserwerbe in der Berichtsperiode eines am 1. Januar 2005 oder danach beginnenden Gj anzuwenden (*Lüdenbach* in Haufe IFRS § 27 Anm 60).

Bei **abweichendem Stichtag** der ausländischen Unternehmenseinheit ist der Stichtagskurs dieser Einheit heranzuziehen. Bei signifikanten Änderungen des Wechselkurses bis zum Stichtag des KA sind Anpassungen vorzunehmen (IAS 21.46).

Ist die funktionale Währung eines Unt die Währung eines **Hochinflationslandes,** schreibt IAS 21.42 die Umrechnung in eine andere Darstellungswährung vor. Alle Beträge einschließlich der Vergleichszahlen sind mit dem Stichtagskurs des letzten Bilanzstichtages umzurechnen, es sei denn, die Vj-Werte sind bereits in die Währung eines Nicht-Hochinflationslandes umgerechnet. Vor Umrechnung verlangt IAS 21.43 jedoch zunächst eine **Inflationsbereinigung** gem IAS 29 „Financial Reporting in Hyperinflationary Economies".

III. Umrechnung von Fremdwährungsabschlüssen bei Hyperinflation

74 Die IFRS haben mit IAS 29 „Financial Reporting in Hyperinflationary Economies" einen eigenen Standard zur Hochinflationsrechnungslegung. Dieser bezieht sich auf den JA oder KA des rechnungslegenden Unt, nicht auf die Frage

der Umrechnung der JA der TU, die sich nach IAS 21 richtet. Während nach IAS 29 lediglich die „restate-translate-Methode" (*Brune/Senger* in Beck IFRS § 15 Anm 171) anwendbar ist, wird in DRS 14 auch die Verwendung von Alternativmethoden als zulässig erachtet.

Für die Festlegung, ab wann eine Situation der Hyperinflation vorliegt, gibt der Standard keine Inflationsrate explizit als Maßstab vor. Die **Kriterien für Hyperinflation** entsprechen DRS 14. 75

Für die Umrechnung liegt bei IAS 29 das Konzept der realen Kapitalerhaltung mittels Indexierung der Vermögenswerte und Schulden zugrunde, dh „Hartwährungsabschlüsse", die in einer stabilen Währung aufgestellt werden, entsprechen nicht IAS 29 (*Busse von Colbe* in Komm IAS Anm 10), es sei denn, diese Hartwährung ist zugleich funktionale Währung iSd IAS 21. 76

Für die Umrechnung unterscheidet IAS 29 nach monetären und nicht monetären Posten:

- **monetäre Posten** sind nicht umzurechnen, da sie bereits mit der aktuellen Maßeinheit des Bilanzstichtages bilanziert sind
- **nicht monetäre Posten** sind von dem Zeitpunkt ihrer Ersteinbuchung, bzw bei Zielkauf von Vermögenswerten zum späteren Zahlungszeitpunkt, auf den Bilanzstichtag zu indexieren. IAS 29 verlangt die Anwendung eines generellen Preisindex, der die Entwicklung der Kaufkraft widerspiegelt. Ist kein solcher Index verfügbar, ist die Entwicklung der Kaufkraft zu schätzen.

  IAS 29 enthält zwei **Ausnahmen** von diesen Grundsätzen:

- sind Vermögenswerte und Schulden vertraglich an einen Index gebunden, ist dieser Index zugrunde zu legen (IAS 29.13)
- Vermögenswerte und Schulden, die mit dem niedrigeren bzw höheren beizulegenden Wert oder Marktwert angesetzt wurden, werden nicht indexiert (IAS 29.14)

Zu beachten ist, dass die Equity Bewertung eines assozUnt nach Indexierung des JA gem den Regeln des IAS 29 (IAS 29.20) erfolgt.

Ferner ist, um eine Doppelerfassung durch einen hohen Nominalzins zu vermeiden, der Inflationsanteil aus den im Rahmen der Ermittlung der AK oder HK aktivierten FK-Kosten aufwandswirksam herauszunehmen.

Die Unterschiede zwischen Handels- und Steuerbilanz sind Gegenstand der Abgrenzung **latenter Steuern,** sofern sie auf der unterschiedlichen Berücksichtigung der Hochinflation beruhen (IAS 12 Appendix A. A.18). 77

Ab Beginn der Periode der erstmaligen Anwendung ist auch das von außen zugeführte Kapital (gezeichnetes Kapital und Kapitalrücklage), dh nicht Gewinnrücklage, Ergebnisvortrag oder Neubewertungsrücklage, auf den Zeitpunkt ihrer Zuführung zu indexieren. Die Effekte aus der erstmaligen Indexierung sind gegen Gewinnrücklagen zu verrechnen. Zum Ende der Periode bzw der Folgeperioden sind alle Teile des **Eigenkapitals** zu indexieren. Die Entwicklung des EK ist entsprechend der Vorgaben des IAS 1 darzustellen. 78

Auch die Posten der **GuV** sind ab dem Zeitpunkt ihrer Buchung zu indexieren. In der Praxis werden dafür aus Vereinfachungsgründen regelmäßig Durchschnittskurse herangezogen.

Umrechnungsdifferenzen sind analog zu DRS 14 erfolgswirksam zu behandeln und im Anhang anzugeben (IAS 29.9). Der Effekt aus der Umrechnung ist, korrigiert um die Anpassung der vertraglich indexierten Posten, gesondert auszuweisen. IAS 29 empfiehlt, schreibt aber nicht vor, inflationsbeeinflusste Posten der GuV ebenfalls in diesem Posten zu zeigen. Der Anpassung mittels generellem Index unterliegen auch die Vj-Zahlen (IAS 29, 34). 79

Entfallen die Voraussetzungen des IAS 29, sind die Werte der letzten inflationierten Bilanz als fortgeführte AK bzw HK zugrunde zu legen.

80 IAS 29 verlangt die **Offenlegung** der folgenden Informationen:
- Anpassung der Vj-Zahlen
- Gewinn oder Verlust aus der Indexierung
- Darstellung der Indexierung innerhalb der Entwicklung des EK entspr IAS 1
- Hinweis auf die Tatsache der Hochinflationsrechnungslegung und dass der JA auf die Verhältnisse des Bilanzstichtags indexiert wurde
- Angabe, ob der JA auf indexierten historischen Werten oder Zeitwerten basiert
- Höhe und Entwicklung des Index während der Berichts- und der Vorperiode.

§ 309 Behandlung des Unterschiedsbetrags

(1) [1]**Ein nach § 301 Abs. 3 auszuweisender Geschäfts- oder Firmenwert ist in jedem folgenden Geschäftsjahr zu mindestens einem Viertel durch Abschreibungen zu tilgen.** [2]**Die Abschreibung des Geschäfts- oder Firmenwerts kann aber auch planmäßig auf die Geschäftsjahre verteilt werden, in denen er voraussichtlich genutzt werden kann.** [3]**Der Geschäfts- oder Firmenwert darf auch offen mit den Rücklagen verrechnet werden.**

(2) **Ein nach § 301 Abs. 3 auf der Passivseite auszuweisender Unterschiedsbetrag darf ergebniswirksam nur aufgelöst werden, soweit**

1. **eine zum Zeitpunkt des Erwerbs der Anteile oder der erstmaligen Konsolidierung erwartete ungünstige Entwicklung der künftigen Ertragslage des Unternehmens eingetreten ist oder zu diesem Zeitpunkt erwartete Aufwendungen zu berücksichtigen sind oder**
2. **am Abschlußstichtag feststeht, daß er einem realisierten Gewinn entspricht.**

Übersicht

Schrifttum: *SABI 2/1988* Behandlung des Unterschiedsbetrags aus der Kapitalkonsolidierung WPg 1988, 622; *Weber/Zündorf* Geschäfts- oder Firmenwert im Konzernabschluss DB 1989, 333; *Küting/Dusemond/Nardmann* Ausgewählte Probleme der Kapitalkonsolidierung in Theorie und Praxis BB 1994 Beilage 8; *Zwingmann* Der Geschäfts- und Firmenwert sowie der Unterschiedsbetrag aus Kapitalkonsolidierung im Konzernabschluss BB 1994, 2314; *Küting* Aktuelle Fragen der Kapitalkonsolidierung DStR 1995, 192 und 229; *Oser* Erfolgsneutral verrechnete Geschäfts- oder Firmenwerte aus der Kapitalkonsolidierung im Lichte der Entkonsolidierung WPg 1995, 266; *Sauthoff* Zum bilanziellen Charakter negativer Firmenwerte im Konzernabschluss BB 1997, 619; *Küting* Der Geschäfts- und Firmenwert aus der Kapitalkonsolidierung – Eine Bestandsaufnahme in Theorie und Praxis – in FS Kropff, 445; *Ernsting* Zur Bilanzierung eines negativen Geschäfts- oder Firmenwerts nach Handels- und Steuerrecht WPg 1998, 405; *Hommel* Bilanzierung von Goodwill und Badwill im internationalen Vergleich RIW 2001, 801.

A. Allgemeines

Der aus der ErstKons gem § 301 verbleibende Unterschiedsbetrag, nämlich GFW oder passiver Unterschiedsbetrag aus der KapKons (s zur Entstehungsursache und zum Ausweis § 301 Anm 160–167), ist in den Folgejahren fortzuschreiben. Dies regelt im Einzelnen § 309. Die Regelung ist für die Folgebehandlung eines Unterschiedsbetrags im Rahmen der Equity-Bewertung einer Beteiligung nach § 312 Abs 2 S 3 entspr anzuwenden. Gleiches gilt bei anteilmäßiger Kons nach § 310 Abs 2. – Zur Behandlung eines Unterschiedsbetrags bei der KapKons nach der Methode der Interessenzusammenführung s § 302 Anm 52 ff. 1

Sinn und Zweck des § 309 besteht darin, eine **periodengerechte Zuordnung der Erfolgswirkungen** eines GFW oder passiven Unterschiedsbetrags in den Folgeperioden durchzuführen bzw erkennbar werden zu lassen. Diese Handhabung dient dem Ziel, eine den tatsächlichen Verhältnissen entspr Ertragslage darzustellen (Ausnahme s Anm 20 ff). Sind zB die AK einer Beteiligung auf Grund der Erwartung eines künftigen Verlusts niedriger als das anteilige EK des TU, darf der hieraus resultierende Unterschiedsbetrag nicht im Jahr der ErstKons erfolgserhöhend berücksichtigt werden, sondern muss als Unterschiedsbetrag aus der KapKons passiviert werden. Dieser ist erst bei Eintreten des Verlusts oder bei Feststehen einer Gewinnrealisierung erfolgserhöhend aufzulösen. 2

B. Geschäfts- oder Firmenwert (Abs 1)

I. Komponenten, bilanzieller Charakter und Ausweis

Der GFW ergibt sich als **rein rechnerischer Unterschied** zwischen den AK der erworbenen Anteile eines TU und dem anteiligen Wert des EK (nach Zuordnung der mit den VG erworbenen stillen Reserven und der stillen Lasten). In ökonomischer Sicht enthält der GFW die diskontierten Gewinne (Überschuss der künftigen Einnahmenüberschüsse über die Zeitwerte der erworbenen VG abzgl Schulden) künftiger Perioden. Diese Gewinne können ihre Ursache in vielfachen Komponenten haben, die sich nicht zu VG konkretisieren. Dementsprechend stellt der GFW „ein Bündel von geschäftswertbildenden Faktoren" (§ 247 Anm 405 ff) dar, deren Komponenten zB Produktqualität, Standortvorteil, Kundenstamm, Know-how oder Management sind. 5

Der **bilanzielle Charakter** des GFW wird in der Literatur unterschiedlich beurteilt. Einerseits wird die Auffassung vertreten, es handele sich um einen *immateriellen Vermögensgegenstand* (s § 247 Anm 14, 400; § 255 Anm 511; *Moxter* in FS Semler, 854); andererseits spricht einiges für eine Bilanzierungshilfe, da der GFW nicht selbständig bewertbar und (einzel)veräußerbar ist (so *Weber/Zündorf* DB 1989, 334; *Förschle/Kropp* Wechselwirkungen zwischen Handels- und Steuerbilanz beim Anlagevermögen nach dem Bilanzrichtlinien-Gesetz WPg 1986, 6

155; *Mujkanovic* Der derivative Geschäftswert im handelsrechtlichen Jahresabschluss BB 1994, 894 mwN). Es dürfte sich um einen Grenzfall zwischen VG und Bilanzierungshilfe handeln.

Zu Ausweisfragen in Konzernbilanz, Konzern-GuV und im Anlagengitter des KA s § 301 Anm 160ff.

II. Abschreibung zu mindestens einem Viertel (S 1)

10 Nach S 1 ist ein GFW aus der KapKons in jedem folgenden Gj zu mind einem Viertel der AK durch Abschreibung zu tilgen. Diese Regelung stimmt mit der entspr Vorschrift zum JA überein (§ 255 Anm 519). Diese Methode ist nach DRS 4.31 nicht zulässig.

11 Nach dieser Regel ergibt sich folgende **Mindestabschreibungsreihe:** Zugangsjahr 0%, Folgejahre 25%, 25%, 25%, 25% der AK. Die Regel deckt aber auch jede andere Abschreibungsreihe, die in einem oder mehreren der Jahre einen höheren Abschreibungsprozentsatz erreicht. Ein niedrigerer Abschreibungsprozentsatz ist dagegen, abgesehen vom letzten Jahr der Abschreibungsreihe, nicht zulässig (so auch *ADS*[6] § 309 Anm 18; *Zwingmann* BB 1994, 2314). Es wäre bspw folgende Abschreibungsreihe zulässig: Zugangsjahr 5%, Folgejahre 25%, 60%, 10%; *nicht* zulässig hingegen: Zugangsjahr 5%, Folgejahre 25%, 60%, 5%, 5%. Obwohl für den GFW im KA Aktivierungs*pflicht* besteht, wird insb unter dem Aspekt, dass es sich nach der hier vertretenen Auffassung um einen Grenzfall zwischen *Vermögensgegenstand* und *Bilanzierungshilfe* (Anm 6) handelt, auch die vollständige Abschreibung des GFW im Zugangsjahr oder im ersten Folgejahr als von dieser Regel abgedeckt angesehen (so auch *SABI 2/1988* WPg 1988, 623; *ADS*[6] § 309 Anm 17; wohl ebenfalls bejahend *Weber/Zündorf* in HdKR[2] § 309 Anm 20).

Nach dem Wortlaut handelt es sich bei dieser Abschreibungsregel nicht um eine planmäßige Abschreibung, sondern um ein **pauschaliertes Vorgehen.** Es ist daher nicht notwendig, bereits im Zugangsjahr festzulegen, wie die Abschreibung verlaufen soll. Über die Höhe der jeweiligen Jahresabschreibung kann unter Berücksichtigung der 25% Mindestjahresabschreibung jedes Jahr frei entschieden werden.

12 Auch im Rahmen dieser pauschalierten Abschreibungsmethode ist zu beachten, dass der verbleibende GFW nicht mit einem Wert angesetzt bleiben darf, der über dem **beizulegenden Wert** liegt (so auch *ADS*[6] § 309 Anm 24). Insofern kann sich in einem Jahr ggf auch ein über 25% liegender Mindestabschreibungssatz ergeben. Ob man im Rahmen dieser Methode zwischen „Normalabschreibung“ und „außerplanmäßiger Abschreibung“ differenzieren kann, erscheint fraglich, da es sich nicht um eine planmäßige Abschreibungsmethode handelt. Eine **Zuschreibung** iSd § 280 Abs 1 wegen Fortfalls der Gründe für eine außerplanmäßige Abschreibung kommt insofern nicht in Betracht (s dazu auch Anm 17).

III. Planmäßige Abschreibung (S 2 und DRS 4)

15 Statt nach dem pauschalierten Verfahren nach Abs 1 S 1 darf die Abschreibung des GFW nach Abs 1 S 2 „auch planmäßig auf die Gj verteilt werden, in denen er voraussichtlich genutzt wird“. Diese Formulierung stimmt wortgleich mit § 255 Abs 4 S 3 überein (§ 255 Anm 520). Nur die planmäßige Abschreibung des GFW über die Nutzungsdauer ist nach DRS 4.31 in einem KA, der in Übereinstimmung mit den DRS sein soll, zulässig. Bei dieser Methode ist ein

Abschreibungsplan aufzustellen. Dieser besteht aus der Bestimmung der Nutzungsdauer und einer Abschreibungsmethode, die dem tatsächlichen Entwertungsverlauf des GFW nahe kommt. Als **Abschreibungsmethode** kommt dabei sowohl die lineare als auch eine degressive Abschreibung in Betracht. Nach DRS 4.31 ist eine andere als die lineare Abschreibungsmethode nur dann zulässig, wenn überzeugende Gründe dafür vorliegen, dass diese Methode den Abnutzungsverlauf zutreffend widerspiegelt. Die Begr ist im Anhang anzugeben (DRS 4.57b) Der **Abschreibungsbeginn** ist bei dieser Methode bereits im Zugangsjahr des GFW. Die erste Abschreibung ist bei unterjährigem Zugang des GFW zeitanteilig durchzuführen.

Nach DRS 4.30 ist ein GFW ggf **auf mehrere Geschäftsfelder** eines erworbenen Unt **aufzuteilen.** In diesem Fall sind für die einzelnen Geschäftsfeld-GFW jeweils gesonderte Abschreibungspläne aufzustellen und auch sonst eine separate Folgebewertung (außerplanmäßige Abschreibungen, Zuschreibungen) vorzunehmen (DRS 4.32/35). Nach DRS 4.37 sind die Abschreibungen auf den GFW in der GuV des KA gesondert auszuweisen.

Anders als im JA, in dem bei Abschreibung eines GFW über die Nutzungsdauer (statt nach der pauschalierten Abschreibungsmethode) eine Erl im **Anhang** gefordert ist (§ 285 S 1 Nr 13), besteht im KA eine derartige Verpflichtung nicht. Es genügt im Rahmen der Angabe zu den Bewertungsmethoden (§ 313 Abs 1 Nr 1) anzugeben, dass die GFW aus der Kons über die Nutzungsdauer abgeschrieben werden, wobei die wesentlichen Nutzungsdauern anzugeben sind. Nach DRS 4.54d muss zusätzlich im Zugangsjahr für jeden einzelnen GFW die geplante Nutzungsdauer angegeben werden. Des weiteren sind Begr für Nutzungsdauern über 20 Jahre und nicht-lineare Abschreibungsmethoden anzugeben (DRS 4.57a+b).

Das zentrale Problem dieser Methode liegt in der **Nutzungsdauerschätzung** 16
für den GFW. Die Unsicherheiten bei der Nutzungsdauerschätzung dürfen nicht zu willkürlichen Festlegungen der Nutzungsdauer führen. Die Festlegung der Nutzungsdauer muss durch nachvollziehbare Kriterien belegt sein (so auch *SABI 2/1988 WPg 1988, 623; ADS*[6] § 309 Anm 20). Dabei können zwischen den GFW der einbezogenen TU durchaus Unterschiede bestehen, die zu unterschiedlichen Nutzungsdauern führen.

Als Faktoren für eine Nutzungsdauerschätzung sind nach DRS 4.33 bspw in Betracht zu ziehen (so auch *ADS*[6] § 309 Anm 20):

- die Art und die voraussichtliche Bestandsdauer des erworbenen Unt einschl der gesetzlichen und vertraglichen Regelungen, die sich auf seine Lebensdauer auswirken
- die Stabilität und die voraussichtliche Bestandsdauer der Branche des erworbenen Unt
- der Lebenszyklus der Produkte des erworbenen Unt
- die Auswirkungen von Veränderungen der Absatz- und Beschaffungsmärkte sowie der wirtschaftlichen Rahmenbedingungen auf das erworbene Unt
- der Umfang von Erhaltungsaufwendungen, die erforderlich sind, um den erwarteten ökonomischen Nutzen des erworbenen Unt zu realisieren, sowie die Fähigkeit des Unt, diese Aufwendungen aufzubringen
- die Laufzeit wichtiger Absatz- und Beschaffungsverträge des erworbenen Unt,
- die voraussichtliche Dauer der Tätigkeit von wichtigen Mitarbeitern oder Mitarbeitergruppen für das erworbene Unt (Management, Forschung, andere wichtige Know-How-Träger)
- das erwartete Verhalten von (potentiellen) Wettbewerbern des erworbenen Unt
- die voraussichtliche Dauer der Beherrschung des erworbenen Unt

Bestehende **Schätzungsunsicherheiten** müssen im Hinblick auf das allgemeine Vorsichtsgebot (§ 252 Abs 1 Nr 4) eher zur Festlegung kürzerer Nutzungsdauern führen. Die im Schrifttum verschiedentlich genannten Höchst-Nutzungsdauern (*ADS*[6] § 309 Anm 22 und *SABI 2/1988* WPg 1988, 623 möglicherweise in Anlehnung an US-GAAP, APB-Opinion No 7.29: 40 Jahre; in Anlehung an die Nutzungsdauerfiktion des § 7 Abs 1 S 3 EStG: 15 Jahre) sind letztlich willkürlich, bringen aber zum Ausdruck, dass an den Nachweis von langen insb über 20 Jahre hinausgehenden Nutzungsdauern besonders hohe Anforderungen zu stellen sind. Nach DRS 4.31 darf eine längere Nutzungsdauer als 20 Jahre nur in begründeten Ausnahmefällen zugrundegelegt werden. Im Anhang sind in einem solchen Fall die Gründe zu nennen (DRS 4.57 a).

17 Wenn der beizulegende Wert eines GFW an einem Stichtag unter dem Wertansatz liegt, der durch die planmäßige Abschreibung erreicht wird, muss eine **außerplanmäßige Abschreibung** erfolgen, wenn es sich um eine andauernde Wertminderung handelt (so auch *ADS*[6] § 309 Anm 24; *Weber/Zündorf* in HdKR[2] § 309 Anm 29; DRS 4.34). Gründe für eine ggü dem Abschreibungsplan schnellere Wertminderung des GFW können darin liegen, dass sich für die Bestimmung der Nutzungsdauer wesentliche Faktoren tatsächlich ungünstiger entwickelt haben, als es dem Abschreibungsplan zugrunde liegt. Beispiele hierfür können sein:

- Durch technische Veränderungen oder Veränderungen des rechtlichen Umfelds kann sich der Lebenszyklus erworbener Produktlinien deutlich verkürzt haben.
- Durch den unvorhergesehenen Wegfall von Teilmärkten hat sich das Marktpotential wichtiger Produktlinien wesentlich verringert.
- Wichtige Personen des Managements oder aus dem Bereich der Forschung des TU scheiden früher als erwartet aus dem Konzern aus.

Wird im JA die Beteiligung auf Grund einer andauernden Wertminderung (gesunkener Ertragswert) abgeschrieben und ist die „Beteiligung" im KA durch die darin enthaltenen einzelnen VG und Schulden einschließlich eines GFW des TU höher bewertet als im JA, muss zunächst geprüft werden, ob im Konzern eine außerplanmäßige Abschreibung auf die aufgedeckten Reserven der VG erfolgen muss. Soweit dies nicht der Fall ist oder nicht ausreicht, die „Beteiligung" insgesamt im KA nicht überzubewerten, muss eine außerplanmäßige Abschreibung auf den verbliebenen GFW aus der KapKons vorgenommen werden (s § 301 Anm 200).

18 Der **Umfang der notwendigen Abschreibung** auf den GFW ergibt sich aus dem beizulegenden Wert (Ertragswert) der kleinsten wirtschaftlichen Einheit, der der GFW zuzuordnen ist, abzgl des Zeitwerts aller einzelnen VG (grds auch der nicht aktivierten zwischenzeitlich selbsterstellen immateriellen VG) und Schulden zum aktuellen Bewertungszeitpunkt, die dieser Einheit zuzurechnen sind. Das ist der GFW, der sich ergeben würde, wenn diese wirtschaftliche Einheit zum aktuellen Wert erworben würde. Ist dieser Wert niedriger als der Buchwert des GFW, muss dieser entspr abgeschrieben werden.

Enthielt der ursprüngliche GFW in wesentlichem Umfang Elemente, die sich zwar zu diesem Zeitpunkt noch nicht in einzeln ansatzfähigen immateriellen VG konkretisiert hatten (zB Forschungs- und Entwicklungskosten an einem lfd Projekt), die aber im Folgebewertungszeitpunkt die entspr Konkretisierung erreicht haben (Entwicklung hat Marktreife erreicht), dann kann bei der Ermittlung der Vergleichsgröße zum Buchwert des GFW, auf den Ansatz des entspr immateriellen VG insoweit verzichtet werden, als dieser VG noch im Restbuchwert des GFW enthalten ist. Dies setzt eine entspr Dokumentation der GFW-Elemente im Erwerbszeitpunkt voraus.

Die **kleinste wirtschaftliche Einheit,** die hier zu betrachten ist, ist die Einheit, der der GFW zugerechnet werden kann, der weitgehend unabhängig vom Restkonzern Einzahlungsüberschüsse zugerechnet werden können. Die kleinste wirtschaftliche Einheit, der der GFW zugerechnet werden kann, ist häufig die rechtliche Einheit mit der er zusammen erworben wurde. Wurde die erworbene Einheit im Erwerbszeitpunkt gem DRS 4.30 in mehrere Geschäftsfelder aufgeteilt, können diese Geschäftsfelder diese kleinste wirtschaftliche Einheit sein. Wenn die ursprünglich erworbene Einheit sehr stark in andere Teile des Gesamtkonzerns integriert wurde, kann die kleinste wirtschaftliche Einheit, der der GFW zugerechnet werden kann, aber auch weiter sein, als die rechtliche Einheit, bei deren Erwerb der GFW ursprünglich entstanden ist.

Sind an der wirtschaftlichen Einheit, der der GFW zuzurechnen ist, **Minderheiten beteiligt,** ist der auf die Minderheiten entfallende Anteil an dem beizulegenden Wert der Einheit auszuscheiden. Entspr sind dann auch nur die anteiligen Zeitwerte der Einzel-VG und Schulden von dem beizulegenden Wert abzuziehen. Der verbleibende anteilige Zeitwert des GFW ist mit dem Buchwert des GFW zu vergleichen, denn auch dieser Buchwert des GFW entspricht (im einstufigen Konzern) nur dem Anteil des MU an der Einheit. Wenn im mehrstufigen Konzern auch GFW für die Minderheiten an Zwischenholdings bestehen, müssen diese separat getestet werden, da sie ggf auf einer anderen AK-Basis beruhen als der dem MU zuzurechnende GFW (s § 301 Anm 277). – Nach DRS 4.57 c) sind außerplanmäßige Abschreibungen auf GFW unter Angabe des betroffenen TU im Anhang anzugeben.

Zuschreibungen nach § 280 Abs 1 wegen Wegfalls der Gründe für die Ab- 19
schreibung sind nach außerplanmäßigen Abschreibungen beim GFW zwar theoretisch denkbar, aber dennoch nicht zulässig, weil es nicht möglich sein dürfte, zu unterscheiden, ob eine Werterholung beim GFW tatsächlich auf dem Wegfall von Abschreibungsgründen oder auf der Schaffung von zusätzlichem originären und daher nicht aktivierungsfähigem GFW beruht (im Ergebnis ebenso *ADS*[6] § 309 Anm 27; *Weber/Zündorf* in HdKR[2] § 309 Anm 32; *Wohlgemuth/Ruhnke* in HdJ V/2 Anm 136). Nach DRS 4.36 ist eine Zuschreibung geboten, wenn die Gründe für die außerplanmäßige Abschreibung nicht mehr bestehen.

IV. Verrechnung mit den Rücklagen (S 3)

Nach Abs 1 S 3 besteht das Wahlrecht, den GFW offen mit den Rücklagen 20
zu verrechnen. Diese Möglichkeit besteht nach dem Wortlaut des Abs 1 S 3 nur für die GFW aus der Kons. Für GFW aus den JA besteht diese Möglichkeit nicht, denn § 255 Abs 4 sieht eine Verrechnung nicht vor. Im Hinblick darauf, dass es zwischen den GFW nach § 255 Abs 4 und den GFW nach § 301 keine materiellen Unterschiede gibt, wird es jedoch im KA für zulässig erachtet, auch einen GFW nach § 255 Abs 4 mit den Rücklagen zu verrechnen (*ADS*[6] § 298 Anm 77). Die Verrechnung des GFW hat im Jahr der ersten Durchführung der Verrechnung offen (zB in einer Vorspalte), dh für den KA-Adressaten erkennbar, zu erfolgen. In den Folgejahren, bei Wiederholung der Verrechnung der Vj, wird dagegen eine offene Verrechnung nicht mehr verlangt (ebenso *ADS*[6] § 309 Anm 85; zum Ausweis der Rücklagenverrechnung im EK-Spiegel s § 297 Anm 111).

Da die Verrechnung des GFW mit Rücklagen sowohl nach IFRS als auch nach US-GAAP, und für Gj, die nach dem 23. 12. 1998 enden, auch nach UK-GAAP (FRS 10) unzulässig ist, könnte die Verrechnung des GFW für das internationale *„Standing"* eines KA möglicherweise nachteilig sein. Sie ist mit einem

KA, der in Übereinstimmung mit den DRS sein soll, nicht vereinbar (DRS 4.28 f).

21 Der Wortlaut des Abs 1 S 3 enthält keine Regelung, zu welchem **Zeitpunkt** die Verrechnung zu erfolgen hat. Er deckt damit auch Verrechnungen nach der Zugangsperiode ab. Die Verrechnung des GFW darf jedoch nicht dazu führen, dass zu einem Stichtag ein höherer GFW ausgewiesen wird, als er sich (abgesehen von der Zugangsperiode) aus einer planmäßigen Abschreibung über die Nutzungsdauer unter Berücksichtigung ggf notwendiger außerplanmäßiger Abschreibungen ergeben würde. Für die Verrechnung stehen daher nur die Verteilungen zur Verfügung, die sich auch bei erfolgswirksamer Abschreibung nach Abs 1 S 1 oder S 2 ergeben können. Damit sind sowohl vollständige Verrechnungen im Zugangsjahr oder im ersten Folgejahr, als auch ratierliche Verrechnungen nach den im Rahmen des Abs 1 S 1 möglichen Verteilungen, als auch (planmäßige) ratierliche Verrechnungen über die Nutzungsdauer des GFW zulässig (ebenso *Busse von Colbe/Ordelheide*[6], 236; *Busse von Colbe* in MünchKomm HGB § 309 Anm 31; dagegen halten die ratierliche Verrechnungen für unzulässig: *Weber/Zündorf* in HdKR[2] § 309 Anm 36; *SABI 2/1988* WPg 1988, 624; *WPH*[12] I M 381; die ratierliche Verrechnung für unzulässig aber als „hinnehmbar" einstufend *ADS*[6] § 309 Anm 45, 46). Die Art der Verrechnung ist im Konzernanhang zu erläutern.

22 Für die Verrechnung kommen **alle Rücklagen** des Konzerns, sowohl die Gewinnrücklagen als auch die Kapitalrücklage, in Betracht (bzgl der Kapitalrücklage im Hinblick auf die Verzerrung der Finanzstruktur des Konzerns ablehnend *Busse von Colbe* in MünchKomm HGB § 309 Anm 32). Die Verrechnung darf auch mit Rücklagen, die durch § 150 AktG (Kapitalrücklage und gesetzliche Rücklage) oder auf Grund von Satzungsbestimmungen in ihrer Verwendung beschränkt sind, erfolgen (aA *SABI 2/1988* WPg 1988, 624; *Wohlgemuth/Ruhnke* in HdJ V/2 Anm 142). Auch eine Verrechnung mit einer Rücklage für eigene Anteile des MU ist zulässig. Eine Verrechnung darf auch dann vorgenommen werden, wenn im KA Bilanzierungshilfen nach § 269 oder § 274 Abs 2 bilanziert sind, und nach der Verrechnung die „freien" Gewinnrücklagen des Konzerns nicht mehr in Höhe der angesetzten Bilanzierungshilfen zur Verfügung stehen. Die Bilanzierungshilfen brauchen deshalb nicht vorzeitig abgeschrieben zu werden, selbst wenn aus dem Konzern Ausschüttungen an die Konzern-Gester erfolgen sollen. Da der KA keine Ausschüttungsbemessungsfunktion hat, und daher die Gläubiger des Konzerns durch Verrechnungen mit „gesperrten" Rücklagen nicht berührt sind, sind die entspr Vorschriften für den KA nicht zwingend anzuwenden. Es liegt insoweit eine auf der Eigenart des KA beruhende Abweichung iSd § 298 Abs 1 vor (ebenso *ADS*[6] § 309 Anm 38; *Weber/Zündorf* in HdKR[2] § 309 Anm 39). Die Verrechnung sollte vorzugsweise mit den anderen Gewinnrücklagen im KA erfolgen, denn dadurch wird ein EK-Ausweis erreicht, wie er sich auch nach erfolgswirksamer Abschreibung des GFW ergeben würde.

23 Die Verrechnung mit Rücklagen ist auch dann zulässig, wenn gleichzeitig im Konzern ein **Verlustvortrag** oder **Jahresfehlbetrag** ausgewiesen wird. Auch wenn innerhalb des Konzern-EK ein negativer Sonderposten aus der Währungsumrechnung ausgewiesen wird, hindert dies eine Verrechnung mit Rücklagen nicht. Es ist nicht notwendig, dass nach der Verrechnung des GFW noch Rücklagen in Höhe eines Verlustvortrags, Jahresfehlbetrags oder eines negativen Sonderpostens aus Währungsumrechnung verbleiben.

Da der Wortlaut der Vorschrift nur eine Verrechnung mit Rücklagen gestattet, ist eine Verrechnung mit dem gezeichneten Kapital, einem Gewinnvortrag oder einem positiven Sonderposten aus Währungsumrechnung nicht gestattet.

Es ist auch nicht zulässig, eine „Verrechnung" durch Erhöhung eines Verlustvortrags vorzunehmen. Ist das MU eine KapCoGes, darf auch hier nur eine Verrechnung mit Rücklagen erfolgen. Eine Verrechnung mit den Kapitalanteilen darf nicht erfolgen.

Sind am Abschlussstichtag, an dem eine erstmalige Verrechnung eines GFW vorgenommen werden soll, **keine ausreichenden Rücklagen** vorhanden, ist die Verrechnung auf den Betrag der verfügbaren Rücklagen beschränkt. Der GFW muss in jedem Jahr, außer im Zugangsjahr, zumindest um den Betrag gemindert werden, der sich bei einer Abschreibung über die Nutzungsdauer ergeben würde. Reichen die verfügbaren Rücklagen für diese Mindestminderung des GFW nicht aus, muss der verbleibende „Fehlbetrag" zur Mindestminderung des GFW erfolgswirksam erfasst werden. Ein derartiger Übergang zur erfolgswirksamen Abschreibung des GFW wäre kein Methodenwechsel, sondern lediglich eine Ausprägung der Verrechnungsmethode für den Fall, dass eine (ausreichende) Verrechnung mangels Rücklagen nicht möglich ist. Eine ungeminderte Beibehaltung des GFW mangels verrechnungsfähiger Rücklagen ist außer im Zugangsjahr nicht zulässig, selbst wenn die bisherige Verrechnung dem Abschreibungsverlauf über die Nutzungsdauer vorauseilt. Dies ergibt sich uE aus der Regelung des Abs 1 S 1, die ebenfalls eine Beibehaltung des Vj-Ansatzes untersagt (ein Tilgungsgebot bejahend *SABI 2/1988* WPg 1988, 624). 24

Entstünden im Rahmen der FolgeKons durch die Wiederholung früher vorgenommener Verrechnungen von GFW **negative Rücklagen,** weil zB durch Ausschüttungen beim MU der Betrag der Konzernrücklagen gesunken ist, darf die Verrechnung entweder in den Ergebnisvortrag umgebucht werden oder in einem gesonderten negativen Posten („In Vorjahren mit Gewinnrücklagen verrechneter GFW") im EK ausgewiesen werden (ebenso *Weber/Zündorf* in HdKR[2] § 309 Anm 42, 43; für Sonderposten, gegen Umbuchung in Ergebnisvortrag *ADS*[6] § 309 Anm 87). Da die Situation negativer Gewinnrücklagen im Konzern auch auftreten kann, wenn die GFW erfolgswirksam abgeschrieben werden und in diesem Fall ebenfalls eine Umbuchung in den Ergebnisvortrag erfolgen würde, ist uE die Umbuchung der Verrechnung in den Ergebnisvortrag dem Ausweis eines gesonderten negativen Postens vorzuziehen. Wenn die Umbuchung der Verrechnung in den Ergebnisvortrag gewählt wird, muss dies im Jahr der Umbuchung im Anhang erläutert werden. Die Beibehaltung der negativen Rücklage wäre auch denkbar, müsste aber im Anhang erläutert werden und entspräche dann im Ergebnis nahezu dem gesonderten Ausweis, der dann aber vorzuziehen ist. Unzulässig ist es auch in dieser Situation, eine einmal vorgenommene Verrechnung durch „Reaktivierung" eines GFW zurückzunehmen. 25

Eine einmal vorgenommene Verrechnung darf bis zum Abgang des TU nicht durch Reaktivierung eines GFW zurückgenommen werden (ebenso *SABI 2/1988* WPg 1988, 624; *ADS*[6] § 309 Anm 50; *Weber/Zündorf* in HdKR[2] § 309 Anm 46; zur Ausnahme bei Methodenwechsel zu planmäßiger Abschreibung s Anm 35). Erst bei der **Endkonsolidierung** ist nach hM die Verrechnung zurückzunehmen und das erfolgswirksame Abgangsergebnis entspr zu vermindern, damit letztlich doch das Totalergebnis aus dem TU erfolgswirksam im KA erfasst wird (*ADS*[6] § 301 Anm 262; *Wohlgemuth/Ruhnke* in HdJ V/2 Anm 197; *Busse von Colbe* in MünchKomm HGB § 309 Anm 44). Es ist aber im Hinblick darauf, dass durch die Verrechnung des GFW die Erfolgsperiodisierung ohnehin beeinträchtigt wurde und durch die Erfassung des GFW im Abgangsergebnis auch nicht „geheilt" wird, vertretbar, die Verrechnung beizubehalten und in Fällen von Bedeutung im Konzernanhang den Betrag der in der Verrechnung belassenen GFW iZm der Erl der Ergebnisse aus der EndKons anzugeben (präferierend *Weber/Zündorf* in HdKR[2] § 301 Anm 371, *Oser* WPg 1995, 275). 26

Verbleibt nach der EndKons eine mit AK zu bewertende **Beteiligung** im KA, so ist höchstens der anteilige GFW, der sich bei planmäßiger Abschreibung im Zeitpunkt der EndKons ergeben hätte, in die Konzern-AK der Beteiligung einzubeziehen. Der restliche ursprünglich verrechnete GFW ist im Zeitpunkt der EndKons entweder erfolgswirksam zu erfassen oder er verbleibt endgültig verrechnet (s § 301 Anm 263).

V. Kombinierte Methoden

30 Der Wortlaut von Abs 1 S 3 verlangt nicht, dass der GFW im Falle der Verrechnung vollständig durch Verrechnung „getilgt" wird. Es ist zulässig, für die Behandlung des GFW kombinierte Methoden festzulegen, die vorsehen, einen bestimmten Teil des GFW in einer bestimmten Weise mit den Rücklagen zu verrechnen, den anderen Teil nach einer der zulässigen Methoden erfolgswirksam abzuschreiben (die Zulässigkeit des *„splitting"* befürwortend: *SABI 2/1988* WPg 1988, 624; *ADS*[6] § 309 Anm 64; aA *Busse von Colbe/Ordelheide*[6], 237). Ein Verstoß gegen das Stetigkeitsgebot (so *Weber/Zündorf* DB 1989, 337) ist darin nicht zu sehen. Voraussetzung ist, dass die Aufteilung, die Verrechnungsmethode, die Abschreibungsmethode und ggf die Nutzungsdauer von vornherein festgelegt werden (ebenso *ADS*[6] § 309 Anm 64).

VI. Stetigkeit

35 Auch für die im KA angewandten KonsMethoden gilt nach § 297 Abs 3 S 2 ein Stetigkeitsgebot, ansonsten gilt über § 298 Abs 1 iVm § 252 Abs 1 Nr 6 auch im Konzern die Bewertungsstetigkeit. Dies bedeutet in **zeitlicher Hinsicht,** dass die für einen GFW gewählte Methode in den Folgeperioden nur im begründeten Ausnahmefall gewechselt werden darf.

Übergänge von der pauschalierten Abschreibung oder der (ratierlichen) Verrechnung **auf die Abschreibung** des GFW **über die Nutzungsdauer** wird man mit einem Übergang auf die nach DRS 4.31 allein zulässige Bilanzierung begründen können. Nach DRS 4.62f sind in diesem Fall im Zeitpunkt des Methodenwechsels die GFW auch für „Altfälle" so zu ermitteln, als ob schon immer nach der Methode der planmäßigen Abschreibung verfahren worden wäre. Die sich daraus ergebende Buchvermögensänderung ist ergebnisneutral im Konzern-EK zu erfassen. Die Auswirkungen sind im Anhang (zB im Rahmen des EK-Spiegels s dazu § 297 Anm 107ff) zu erläutern. Dieser Methodenwechsel ist somit eine Ausnahme von dem ansonsten geltenden Verbot der „Reaktivierung" von GFW (Anm 26). Der Übergang ist aber (dann aber nicht im Einklang mit DRS) auch nur bzgl der verbliebenen Restwerte der GFW aus „Altfällen" zulässig. Der Übergang ist allerdings auch nur dann zulässig, wenn zukünftig neu anfallende GFW entspr über die Nutzungsdauer abgeschrieben werden, andernfalls wäre die Begr des Methodenwechsels unglaubwürdig.

Andere Methodenwechsel wird man kaum vernünftig begründen können. Daher ist auch der Wechsel von der planmäßigen oder pauschalierten Abschreibung zur sofortigen Verrechnung des Rest-GFW idR mangels Grund nicht zulässig (aA *ADS*[6] § 309 Anm 44 und *Wohlgemuth/Ruhnke* in HdJ V/2 Anm 145, die wohl eine vernünftige Begr für denkbar halten).

36 Das Stetigkeitsgebot hat im Zusammenwirken mit dem *true and fair view* des § 297 Abs 2 S 2 auch die Ausprägung des Gebots einer **sachlichen Stetigkeit.**

Dies bedeutet, dass es nicht zulässig ist, innerhalb eines KA verschiedene GFW nach unterschiedlichen Methoden zu behandeln, wenn es nicht sachliche Gründe gibt, die die unterschiedliche Behandlung rechtfertigen (ebenso *ADS*[6] § 309 Anm 59; aA *Weber/Zündorf* in HdKR[2] § 309 Anm 53, die eine unterschiedliche Behandlung im Hinblick auf den Einzelbewertungsgrundsatz für zulässig halten, aber empfehlen, von dem Freiraum nur mäßigen Gebrauch zu machen). Es kommt nicht nur darauf an, dass es Unterschiede zwischen den GFW gibt, was häufig gegeben sein dürfte, diese müssen auch die unterschiedliche Behandlung rechtfertigen, was kaum einmal der Fall sein dürfte (weniger skeptisch in dieser Hinsicht möglicherweise *ADS*[6] § 309 Anm 63). IdR wird es daher geboten sein, alle GFW aus KapKons des Konzerns nach einem einheitlichen Verfahren (erfolgswirksame Behandlung nach pauschaliertem Verfahren oder Abschreibung über die Nutzungsdauer oder Verrechnung mit Rücklagen sofort oder ratierlich oder ein zulässiges Mischverfahren zwischen Verrechnung und erfolgswirksamer Abschreibung) zu behandeln.

C. Passiver Unterschiedsbetrag aus der Kapitalkonsolidierung (Abs 2)

I. Entstehungsursache und Ausweis

Ein passiver Unterschiedsbetrag entsteht dann, wenn die AK bzw der Buchwert der Beteiligung niedriger sind als die anteilig zu Zeitwerten bewerteten Einzel-VG und Schulden des TU im ErstKonsZeitpunkt (Neubewertungsmethode und Buchwertmethode, wenn man auch hier keine Deckelung der Reservenaufdeckung auf die AK vornimmt (s dazu § 301 Anm 95f)). Bei Berücksichtigung der AK-Deckelung im Rahmen der Buchwertmethode liegt ein negativer Unterschiedsbetrag vor, wenn die AK bzw der Buchwert der Beteiligung niedriger sind als das anteilige EK des TU zu Buchwerten. Zu den Gründen für das Entstehen eines passiven Unterschiedsbetrags s § 301 Anm 162 und zu Ausweisfragen § 301 Anm 163f. 40

II. Erfolgswirksame Auflösung nach Nr 1 und 2

Ein passiver Unterschiedsbetrag „darf... nur aufgelöst werden", wenn die im Anschaffungspreis berücksichtigte ungünstige Entwicklung der künftigen Ertragslage oder die erwarteten Sonderaufwendungen eintreten (Nr 1) oder „am Abschlussstichtag feststeht, dass er einem realisierten Gewinn entspricht" (Nr 2). 45

Durch DRS 4.40f wird diese Auflösungsvorschrift, insb Nr 2 konkretisiert. Sie entspricht der Regelung des ehem IAS 22.61f. Soweit der negative Unterschiedsbetrag auf erwarteten künftigen Aufwendungen oder Verlusten iZm dem erworbenen Unt beruht, ist der Unterschiedsbetrag bei Anfall dieser Aufwendungen oder Verluste erfolgswirksam aufzulösen (DRS 4.40).

Soweit der negative Unterschiedsbetrag nicht durch erwartete Verluste oder Aufwendungen begründet ist, ist er nach DRS 4.41 in einem planmäßigen Verfahren aufzulösen. Der Anteil dieses Teils des negativen Unterschiedsbetrags, der die beizulegenden Zeitwerte der erworbenen nicht-monetärenVG nicht übersteigt, ist planmäßig über die gewichtete durchschnittliche Restnutzungsdauer der erworbenen abnutzbaren VG zu vereinnahmen. Ein übersteigender Anteil ist zum ErstkonsZeitpunkt sofort erfolgswirksam zu vereinnahmen.

46 Nicht explizit geregelt ist, wie zu verfahren ist, wenn die im ErstkonsZeitpunkt (Erwerbszeitpunkt) **erwarteten Aufwendungen** oder Verluste wider Erwarten **nicht eintreten.** Hierzu wurde bisher die Auffassung vertreten, dass soweit dies eindeutig feststeht, der negative Unterschiedsbetrag insoweit aufgelöst werden darf. Die Regelung des DRS 4 ist an die entspr Regelung des ehem IAS 22.62f angelehnt. Diese Regelung sieht explizit vor, dass in einem solchen Fall, der korrespondierende negative Unterschiedsbetrag wie ein Unterschiedsbetrag behandelt werden soll, der ursprünglich nicht mit erwarteten Aufwendungen bzw Verlusten identifiziert werden konnte. Man kann vermuten, dass auch nach DRS diese Behandlung dann einschlägig sein soll.

47 Während in Nr 1 von „erwarteter ungünstiger Entwicklung der Ertragslage" gesprochen wird, wird in DRS 4.40 dies nur mit „Verlusten" identifiziert. Negative Unterschiedsbeträge, die auf „ungünstigen Entwicklungen", die sich nicht in Verlusten konkretisieren, beruhen (zB Unterverzinslichkeit des erworbenen Vermögens) sind somit nach DRS nach dem planmäßigen Auflösungsverfahren gem DRS 4.41 zu behandeln. Im Ergebnis wurde auch schon bisher für solche Fälle eine planmäßige Auflösung des Unterschiedsbetrags für zulässig erachtet (so *ADS*[6] § 309 Anm 72).

48 Die **planmäßige Auflösungsregel** nach der durchschnittlichen Restnutzungsdauer der erworbenen abnutzbaren VG für den die erwarteten Aufwendungen und Verluste übersteigenden Teil des negativen Unterschiedsbetrags ist wohl **als indirekte Kaufpreiskorrektur** für die nicht-monetären VG **deutbar** *(„lucky buy")*. Sie gilt auch für den Teil des negativen *Goodwill,* der gedanklich auf die nicht planmäßig abzuschreibenden nicht-monetären VG (zB Vorräte, Grund und Boden) entfällt. DRS 4.41 enthält allerdings keine explizite Regelung, wie zu verfahren ist, wenn die vereinfachende Auflösung nicht mehr zu sinngemäßen Ergebnissen führt. Dies wäre bspw der Fall, wenn zu dem erworbenen Vermögen zwar in erheblichem Umfang nicht-monetäre VG aber keine oder im Verhältnis zum zuzurechnenden negativen *Goodwill* nur geringfügige über einen kurzen Zeitraum planmäßig abzuschreibende VG gehören. Es dürfte dem Sinn der Regelung (günstiger Kaufpreis) entsprechen, wenn sich auch in diesem Fall die erfolgswirksame Auflösung des negativen *Goodwill* am Verbrauch oder Abgang der nicht-monetären VG orientiert. Handelt es sich bspw bei den nicht-monetären VG überwiegend um Grund und Boden, wäre der entspr negative *Goodwill* demnach erst bei dessen Veräußerung erfolgswirksam aufzulösen.

49 Nach DRS 4 und hM ist die Auflösungsvorschrift als **Mussvorschrift** auszulegen, falls die Bedingungen für eine erfolgswirksame Auflösung gegeben sind (so auch *ADS*[6] § 309 Anm 71 mwN; *Hachmeister* in Beck HdR C 401 Anm 95).

50 Die Einhaltung der Auflösungsregeln zum passiven Unterschiedsbetrag erfordert, dass die **Bestimmungsgründe** des passiven Unterschiedsbetrags im Erst-Kons-Zeitpunkt genau **analysiert und dokumentiert** werden (*SABI 2/1988* WPg 1988, 624; *ADS*[6] § 309 Anm 72). Die im Kaufpreis ggf antizipierten Aufwendungen müssen nach Art und Umfang (Produktionsverlagerungen, Sozialpläne, etc) im Rahmen der ErstKons benannt werden. Gleiches gilt für ggf antizipierte ungünstige Entwicklungen, soweit sie sich in Verlusten konkretisieren (rückläufige Auslastung der Produktionskapazitäten uä).

51 Wenn ein negativer Unterschiedsbetrag nur darauf beruht, dass die Beteiligung im **Tausch**wege gegen einen VG mit stillen Reserven getauscht wurde und von der handelsrechtlichen Möglichkeit Gebrauch gemacht wurde, die erhaltene Beteiligung mit dem Buchwert des abgehenden VG zu bewerten, dann darf der passive Unterschiedsbetrag sofort ergebniswirksam vereinnahmt werden, soweit er auf der Bewertung der Beteiligung unter dem Zeitwert

des abgegangenen VG beruht (s § 301 Anm 19). Dies führt im Ergebnis dazu, dass der im JA mögliche Tauschgewinn im KA (zumindest teilweise) realisiert wird. In diesem Fall steht bereits bei Erwerb der Beteiligung fest, dass die nachhaltig gute Ertragslage des TU eine Realisierung des Unterschiedsbetrags rechtfertigt. Ein Verstoß gegen die Regelung in DRS 4.41 liegt nicht vor, da die Unterbewertung der Beteiligung bei Beachtung der Regelung in DRS 4.13 (AK entspricht Zeitwert des hingegebenen VG) nicht zulässig gewesen wäre.

Ein passiver Unterschiedsbetrag, der bis zum Abgang des TU nicht aufgelöst 52
werden durfte, wird letztlich bei der **Endkonsolidierung** erfolgswirksam, da er den Abgangswert des TU mindert und damit das Veräußerungsergebnis erhöht (DRS 4.45; *Hachmeister* in Beck HdR C 401 Anm 124; ebenso *ADS*[6] § 309 Anm 79).

Verbleibt nach der EndKons eine mit AK zur bewertende Beteiligung im KA, ist der anteilige verbliebene passive Unterschiedsbetrag in die Konzern-AK dieser Beteiligung einzubeziehen (s. § 301 Anm 263).

III. Einstellung in Rücklagen

Wenn die ErstKons (lange) nach dem Zeitpunkt des Erwerbs der Anteile er- 55
folgt und dieser (spätere) Zeitpunkt (zB Zeitpunkt der erstmaligen Einbeziehung in den KA) der Kapitalaufrechnung zugrunde gelegt wird, kann ein passiver Unterschiedsbetrag ggf darauf beruhen, dass das TU seit dem Erwerbszeitpunkt der Anteile **Gewinne thesauriert** hat (technischer passiver Unterschiedsbetrag). Soweit dies der Fall ist, ist es zulässig und ggf geboten, den Unterschiedsbetrag direkt in die Gewinnrücklagen einzubeziehen. Das Vorgehen ist im Konzernanhang zu erläutern. Waren die erstmals konsolidierten Anteile **bisher at equity bewertet,** ist die Erfassung in den Gewinnrücklagen geboten, soweit sie zwischenzeitlich aus Konzernsicht bereits die Konzern-GuV in Form von „Erträgen aus assoziierten Unternehmen" berührt haben und daher aus Konzernsicht bereits in den Gewinnrücklagen enthalten sind. Waren die erstmals konsolidierten Anteile hingegen **bisher** im Konzern **mit ihren AK bewertet,** ist eine sofortige erfolgswirksame Auflösung dieses passiven Unterschiedsbetrags nach Abs 2 Nr 2 zu präferieren, denn diese Gewinne wurden bisher im Konzern nicht erfolgswirksam erfasst (ebenso *Busse von Colbe* in MünchKomm HGB § 309 Anm 50). Da es sich um aperiodische Erträge handelt, wären sie im Anhang zu erläutern, wenn sie für die Darstellung der VFE-Lage des Konzerns wesentlich sind. Da es jedoch auch bei einer retrograden Kons auf den Erwerbszeitpunkt für zulässig angesehen wird, die zwischenzeitlichen Ergebniswirkungen bis zum Zeitpunkt der erstmaligen Einbeziehung als Veränderung der Konzerngewinnrücklagen auszuweisen, ist es auch zulässig, entspr den auf Ergebnisthesaurierungen seit dem Erwerb beruhenden passiven Unterschiedsbetrag direkt den Gewinnrücklagen zuzuordnen (s § 301 Anm 163).

Die sofortige Erfassung eines passiven Unterschiedsbetrags in den Rücklagen ist auch dann geboten, wenn er auf einer **Unterbewertung** der Beteiligung beruht, wie sie nach HGB beim Erwerb im Rahmen einer **Sacheinlage** für zulässig erachtet wird (s § 301 Anm 21). Erfolgte die Sacheinlage beim MU wäre eine Erfassung als Kapitalrücklage sachgerecht.

Für andere Konstellationen dagegen erscheint die direkte Erfassung des passi- 56
ven Unterschiedsbetrags im EK oder eine spätere erfolgsneutrale Umgliederung des Unterschiedsbetrags in das EK nicht sachgerecht (ebenfalls ablehnend *Sauthoff* BB 1997, 621). Liegt etwa ein echter *„lucky buy"* vor oder fallen im

Kaufpreis antizipierte Aufwendungen tatsächlich nicht oder nur in geringerem Umfang an, sind die dadurch erzielten Vorteile (grds) gem den Regeln des DRS 4.41 erfolgswirksam als Gewinn des Konzerns zu erfassen (Anm 45, 46, 51; aA *ADS*[6] § 309 Anm 92, die in diesen Fällen auch eine erfolgsneutrale Umgliederung in die Gewinnrücklagen für zulässig halten). Es handelt sich um im Konzern erwirtschaftete Gewinne. Es ist gelungen, „günstig einzukaufen". Dabei spielt es keine Rolle, ob sich die Vorteilhaftigkeit des Einkaufs erst nachträglich durch eine günstige Entwicklung (Fortfall im Kaufpreis antizipierter Belastungen) herausstellt oder ob es sich schon nach der Einschätzung im Erwerbszeitpunkt um einen *„lucky buy"* gehandelt hat.

IV. Saldierung des Unterschiedsbetrags

60 Aktive und passive Unterschiedsbeträge von mehreren TU dürfen saldiert ausgewiesen werden (§ 301 Abs 3 S 3). Nach DRS 4.39 sind negative Unterschiedsbeträge offen von im KA ausgewiesen GFW abzusetzen. Die saldierten Unterschiedsbeträge sind im Konzernanhang nach aktiven und passiven Unterschiedsbeträgen zu trennen (§ 301 Anm 167). Dies gilt nicht nur für den Konzernanhang im Gj des Entstehens der Unterschiedsbeträge, sondern auch für die folgenden Gj. Für die Behandlung der Unterschiedsbeträge in den Folgeperioden ist allerdings immer eine Einzelbetrachtung und damit eine isolierte Fortschreibung notwendig. Das Saldierungswahlrecht ist ausschließlich als Ausweis- und nicht als Bewertungswahlrecht zu verstehen (so auch *SABI 2/1988* WPg 1988, 625).

Mit der Ausübung des Wahlrechts kann der Bilanzierende Einfluss auf die Höhe der Bilanzsumme nehmen und damit ggf die Befreiungsvorschriften des § 293 in Anspruch nehmen (§ 293 Anm 10 ff und *Weber/Zündorf* in HdKR[2] § 309 Anm 59).

D. Behandlung des Unterschiedsbetrags nach dem Publizitätsgesetz

65 Auf einen KA nach dem PublG sind die §§ 294 bis 314 sinngemäß anzuwenden (§ 13 Abs 2 S 1 PublG).

E. Sanktionen

70 In § 334 (Ordnungswidrigkeit) wird § 309 nicht explizit genannt. Dennoch kann ein Verstoß gegen § 309 Sanktionen zur Folge haben, wenn gem § 331 Nr 2 die Verhältnisse im KA unrichtig wiedergegeben oder verschleiert werden (Freiheitsstrafe bis zu 3 Jahren oder Geldstrafe) oder wenn eine Ordnungswidrigkeit wegen des Nichtbefolgens der Generalnorm des § 297 Abs 2 gegeben ist (Bußgeld gem § 334 Abs 1 Nr 2b). Dafür bedarf es jedoch einer wesentlichen Auswirkung auf die Ertragslage (Anm 2).

F. Abweichungen der IFRS

I. Goodwill

Die *Goodwill*-Bilanzierung ist in IFRS 3.51–55 und IAS 36.80–125 geregelt. Danach ist der *Goodwill* mit den AK zu aktivieren. Er ist nicht mehr planmäßig abzuschreiben, sondern nur noch dann abzuwerten, wenn sein beizulegender Wert unter den Buchwert sinkt (*impairment-only-approach;* IFRS 3.54). Die Standards sind verpflichtend auf *Goodwill* aus Geschäftserwerben, die nach dem 30. 3. 2004 vereinbart wurden, **anzuwenden** (IFRS 3.78). Des Weiteren ist die Regelung prospektiv auf die zum ersten Bilanzstichtag nach dem 29. 3. 2004 verbleibenden Restbuchwerte der *Goodwill* aus Geschäftserwerben, die vor dem 31. 3. 2004 vereinbart wurden, verpflichtend anzuwenden (IFRS 3.79). Entspr gilt für *Goodwill* in Fällen der Quotenkons von Joint-Ventures und at-equity bewerteter Beteiligungen. *Goodwills* aus Geschäftserwerben in Gj, die vor dem 1. 1. 1995 begonnen haben, durften nach den bisher geltenden IAS **mit dem EK verrechnet** werden. Diese Verrechnungen dürfen beibehalten werden. Auch wenn das Geschäft oder Teile des Geschäfts, dem dieser verrechnete *Goodwill* zuzuordnen ist, verkauft werden, ist der verrechnete *Goodwill* nicht erfolgswirksam zu erfassen. Die Verrechnung ist endgültig (IFRS 3.80). Gleiches gilt wenn es für die betr Geschäftseinheit zu einem *Impairment* kommt. (Zur Anwendung der Regelungen im Rahmen des erstmaligen Übergangs auf IFRS s Anm 85.) **80**

Der *Goodwill* aus einem Geschäfts- oder Beteiligungserwerb ist auch nach IFRS 3.51 ein Überschuss der AK über die (anteiligen) einzeln identifizierbaren VG und Schulden jeweils bewertet zu deren *fair value.* Insofern besteht grds kein Unterschied zum GFW nach HGB. In der Höhe des *Goodwill* nach IFRS können sich Unterschiede zum GFW nach HGB ergeben, soweit in den Rechtskreisen Unterschiede in der Identifizierung einzeln ansetzbarer VG und Schulden bestehen (s dazu § 301 Anm 330). Darüber hinaus können sich Unterschiede ergeben, wenn nach HGB für IFRS unzulässige Verrechnungszeitpunkte (Verrechnung auf den Zeitpunkt der erstmaligen Einbeziehung) gewählt werden (s § 301 Anm 321). Ganz erhebliche Unterschiede in der Höhe des GFW können sich auch ergeben, wenn die AK des TU nach IFRS von den AK nach HGB abweichen. Dies kann insb dann der Fall sein, wenn das TU gegen Ausgabe von neuen Anteilen am MU, also im Wege einer Kapitalerhöhung mit Sacheinlage erworben wurde und bei der Bemessung der AK nach HGB von der Möglichkeit einer Bewertung unterhalb des Zeitwerts der Sacheinlage Gebrauch gemacht wurde. **81**

Sobald nach **ED IFRS 3**.49 ggf auch für die Minderheiten *Goodwill* angesetzt wird, muss die Vorgehensweise beim *Impairment-Test* entspr angepasst werden. Die entspr Änderungen für IAS 36 sind in ED IFRS 3.D10 zusammengefasst. Danach ist, falls sich ein Abwertungsbedarf für eine *cash generating unit* ergibt, die auch auf Minderheiten entfallenden *Goodwill* umfasst, der Buchwert des *Goodwill* im ersten Schritt zunächst auf *components* (hier das TU, an dem die Minderheit beteiligt ist, und den Rest der *cash generating unit)* aufzuteilen. Wie dies zu geschehen hat, wird nicht näher erläutert. Der für die gesamte *cash generating unit* ermittelte Abschreibungsbedarf ist gemäß dem relativen Verhältnis des der *component* zuzurechnenden *Goodwill* zum *Gesamt-Goodwill* der *cash generating unit* aufzuteilen. Im zweiten Schritt ist dann der der component zugerechnete Buchwert des Goodwill auf den den zu konsolidierenden Anteilen zuzurechnenden

Anteil und den Anteil der Minderheit aufzuteilen. Der der *component* zuzurechnende Abschreibungsbedarf ist entsprechend dem relativen Verhältnis dieser Buchwerte zu verteilen. Da die der Minderheit zuzurechnenden Anteile des Buchwerts des *Goodwill* auch ohne das beschriebene Allokationsverfahren zu den *components* von vornherein bekannt sind, erscheint die Zurechnung zu den *components* nicht notwendig. Es genügt den ermittelten Gesamt-Abschreibungsbedarf auf den auf die zu konsolidierenden Anteile entfallenden *Goodwill* und den auf Minderheiten entfallenden *Goodwill* nach dem relativen Verhältnis der Buchwerte aufzuteilen.

82 Da *Goodwill* mangels weitgehend separat zurechenbarer cash flows nicht als einzelner VG auf einen niedrigeren beizulegenden Wert getestet werden kann, muss er für Zwecke dieses Tests ab dem Erwerbszeitpunkt den *cash generating units* (bzw Gruppen von *cash generating units*) zugeordnet werden, die von den Synergien des Geschäftserwerbs voraussichtlich profitieren. Dies können auch *cash generating units* sein, denen ansonsten aus dem Geschäftserwerb keine VG/Schulden zugeordnet werden. Diese **Zerlegung des Goodwill** braucht (und darf) nur bis zu dem niedrigsten Level vorgenommen werden, auf dem in dem Konzern *Goodwill* für interne Managementbelange beobachtet werden. Die Zerlegung muss aber zumindest bis auf die Segmente iSd IAS 14 vorgenommen werden, selbst wenn für interne Managementbelange die *Goodwills* nur segmentübergreifend beobachtet werden sollten (IAS 36.80). Die *cash-generating-unit,* zu der der *Goodwill* gehört, wird häufig die entspr Beteiligung, bzw werden aus Konzernsicht die dazu gehörenden VG und Schulden sein. Je nach den Umständen kann die *cash generating unit* aber auch nur einen Teil der Beteiligung (zB einen bestimmten Betriebsteil) oder aber auch mehr als die Beteiligung (zB die Sparte, zu der die Beteiligung im Konzern gehört) umfassen. Insb im letzteren Fall kann es sein, dass (Teil-)*Goodwills* aus mehreren Erwerben zusammengefasst getestet werden.

Nach IFRS 3.55 iVm IAS 36.90 ist jährlich zu testen, ob der *Goodwill* einer *cash generating unit* auf einen niedrigeren beizulegenden Wert abgeschrieben werden muss. Dieser „planmäßige" Test, darf nach IAS 36.96 zu jedem beliebigen **Zeitpunkt** während des Gj erfolgen, vorausgesetzt er wird in jedem Jahr immer zu diesem Zeitpunkt durchgeführt. Für unterschiedliche *cash generating units* dürfen unterschiedliche „planmäßige" Testtermine festgesetzt werden. Ergeben sich zwischen zwei „planmäßigen" Testterminen, insb an einem Abschlussstichtag, Anzeichen für eine Wertminderung einer *cash generating unit,* muss zu diesem Zeitpunkt für diese zusätzlich ein „außerplanmäßiger" Test erfolgen. Auch wenn der Ganze oder ein Teil des *Goodwill,* der einer *cash generating unit* zugeordnet ist, aus einem Geschäftserwerb während des laufenden Gj resultiert, muss die *cash generating unit* (ggf zusätzlich) zum Ende des Gj getestet werden.

Nach IAS 36.97f ist folgende **Testhierarchie** zu beachten: Bestehen zu einem („planmäßigen" oder „außerplanmäßigen") Testtermin für eine *cash generating unit* (bzw Gruppe von *cash generating units*), der der *Goodwill* zugeordnet ist, Anzeichen dafür, dass ein einzelner VG innerhalb der *cash generating unit* bzw eine *cash generating unit* innerhalb der Gruppe, im Wert gemindert sein könnte, muss vor dem „*Goodwill*-Test" zunächst für diesen VG bzw diese *cash generating unit* der entspr Test durchgeführt und die sich daraus ggf ergebenden Abschreibungen vorgenommen werden. Erst auf der Grundlage der dann ggf reduzierten Buchwerte für diesen VG bzw diese *cash generating unit* ist dann der *Goodwill*-Test durchzuführen.

83 Zu einer **Abschreibung** des einer *cash generating unit* zugeordneten *Goodwill* kommt es, soweit der Wert der *cash generating unit* (der höhere Wert aus *value in*

use oder *net selling price*) kleiner ist als die Summe der Buchwerte aller VG/ggf Schulden inkl *Goodwill* dieser *cash generating unit* (IAS 36.90). Die Differenz ist nach IAS 36.104 in erster Linie am *Goodwill* zu kürzen. Nur wenn dieser nicht ausreicht, sind auch die anderen VG der *cash generating unit* im Wert herabzusetzen. Bei dieser Vorgehensweise „schützen" stille Reserven in den anderen VG der *cash generating unit* den *Goodwill* vor *„impairment"*. Nach HGB ist diese Behandlung wegen Verstoßes gegen den Einzelbewertungsgrundsatz nicht zulässig (s Anm 17 Abs 3).

Sind an der zu testenden *cash generating unit* auch **Minderheiten** beteiligt, umfasst der beizulegende Wert der *cash generating unit (value in use* oder *net selling price)* auch *Goodwill* (und ggf stille Reserven in den VG), die auf die Minderheiten entfallen. Da im Rahmen der Kaufpreisallokation der *Goodwill* nur für den Anteil der im Konzern konsolidierten Anteile angesetzt wird, muss für Zwecke des „Goodwill-Tests" der Buchwert der *Goodwills* um den auf die Minderheit entfallenden Anteil aufgestockt werden. Dieser „aufgestockte" Buchwert der *cash generating unit* ist mit deren beizulegendem Wert zu vergleichen. Soweit sich dabei nach IAS 36.104 ein Abschreibungsbedarf auf den *Goodwill* ergibt, ist dieser nur entspr dem tatsächlich im Konzern ausgewiesenen Anteil des *Goodwills* zu erfassen (IAS 36.92f).

Eine derartige „Aufstockung" von Buchwerten im Rahmen eines Abwertungstests ist uE auch vorzunehmen, wenn eine zu testende *cash generating unit* noch VG enthält, an denen Minderheiten beteiligt sind, die aus nach der „Buchwertmethode" bilanzierten **Geschäftserwerben,** die **vor dem 31. 3. 2004** vereinbart wurden, stammen und auf die bei der damaligen Kaufpreisallokation nur den konsolidierten Anteilen entspr stille Reserven aufgedeckt wurden.

Sobald nach **ED IFRS 3**.49 ggf auch für die Minderheiten *Goodwill* angesetzt wird, muss die Vorgehensweise beim *Impairment-Test* entspr angepasst werden. Die entspr Änderungen für IAS 36 sind in ED IFRS 3.D10 zusammengefasst. Danach ist, falls sich ein Abwertungsbedarf für eine *cash generating unit* ergibt, die auch auf Minderheiten entfallenden *Goodwill* umfasst, der Buchwert des *Goodwill* im ersten Schritt zunächst auf *components* (hier das TU, an dem die Minderheit beteiligt ist, und den Rest der *cash generating unit)* aufzuteilen. Wie dies zu geschehen hat, wird nicht näher erläutert. Der für die gesamte *cash generating unit* ermittelte Abschreibungsbedarf ist gemäß dem relativen Verhältnis des der *component* zuzurechnenden *Goodwill* zum Gesamt-*Goodwill* der *cash generating unit* aufzuteilen. Im zweiten Schritt ist dann der der component zugerechnete Buchwert des Goodwill auf den den zu konsolidierenden Anteilen zuzurechnenden Anteil und den Anteil der Minderheit aufzuteilen. Der der *component* zuzurechnende Abschreibungsbedarf ist entsprechend dem relativen Verhältnis dieser Buchwerte zu verteilen. Da die der Minderheit zuzurechnenden Anteile des Buchwerts des *Goodwill* auch ohne das beschriebene Allokationsverfahren zu den *components* von vornherein bekannt sind, erscheint die Zurechnung zu den *components* nicht notwendig. Es genügt den ermittelten Gesamt-Abschreibungsbedarf auf den auf die zu konsolidierenden Anteile entfallenden *Goodwill* und den auf Minderheiten entfallenden *Goodwill* nach dem relativen Verhältnis der Buchwerte aufzuteilen.

Zuschreibungen auf einmal abgeschriebenen *Goodwill* sind nach IAS 36.124 84
nicht gestattet, auch wenn der beizulegende Wert der *cash generating unit* wieder über deren Buchwert angestiegen ist und die Möglichkeiten zur Zuschreibung der anderen VG der *cash generating unit* erschöpft sind (IAS 36.122f). Der Hintergrund dieses Verbots der Zuschreibung beim *Goodwill* ist, dass eine Werterhöhung eines *Goodwill* idR auf nicht aktivierbarem selbsterstelltem *Goodwill* beruht (IAS 36.125).

85 Erfolgt der **erstmalige Übergang** vom HGB zur Rechnungslegung nach IFRS für ein Gj, das am oder nach dem 1. 1. 2004 beginnt, sind nach IFRS 1.7 die Regeln des IFRS 3 iVm mit IAS 36 zum *Goodwill* grds ohne Berücksichtigung der in diesen Standards enthaltenen Übergangsregeln retrospektiv auf alle *Goodwills* aus früheren Geschäftserwerben anzuwenden. Für Geschäftserwerbe vor dem transition date (wenn man bspw für das Gj 2004 erstmals auf IFRS übergeht, ist *transition date,* der 1. 1. 2003, also die EB der Vergleichsperiode) gestattet IFRS 1.15 iVm IFRS 1 App.B1 und B2 jedoch, dass auf eine retrospektive Anwendung des IFRS 3 verzichtet wird, und statt dessen die Restbuchwerte der *Goodwills* aus diesen Geschäftserwerben, wie sie im HGB-KA zum *transition date* ausgewiesen werden, in die IFRS-EB übernommen werden dürfen. Dies gilt auch, wenn *Goodwill* nach HGB verrechnet wurden oder nach der pauschalen Methode abgeschrieben wurden. Lediglich **drei** Anpassungen sollen vorgenommen werden, es sei denn der Goodwill wurde unter HGB direkt mit dem EK verrechnet (IFRS 1 App.B2(g)). Zum einen sind die Restbuchwerte von nach HGB im Rahmen der ErstKons angesetzter immaterieller VG (inkl ggf damit zusammenhängender latenter Steuerposten) in den *Goodwill* umzubuchen, wenn diese immateriellen VG nach IFRS nicht ansatzfähig wären und umgekehrt immaterielle VG (inkl ggf damit zusammenhängender latenter Steuerposten) aus dem Goodwill zu eliminieren, wenn sie nach HGB nicht angesetzt wurden, aber nach IFRS in der Bilanz des erworbenen Unt nach IFRS anzusetzen gewesen wären. Zum anderen sind ggf Anpassungen im Hinblick auf bedingte Kaufpreiskomponenten für den Geschäftserwerb zu berücksichtigen. Letztlich ist ein obligatorischer *impairment test* auf den in die EB zu übernehmenden *Goodwill* und ggf eine entspr Wertkorrektur vorzunehmen.

Diese Restbuchwerte der *Goodwills* aus Geschäftserwerben vor dem *transition date* unterliegen ab dem *transition date* nur noch einer Abschreibung, soweit der beizulegende Wert der *cash generating unit,* der sie zugeordnet sind, unter deren Buchwert sinkt.

Wurde der *Goodwill* unter HGB direkt **mit den Rücklagen verrechnet**, sind auch die Ansatzkorrekturen für immaterielle VG mit den Gewinnrücklagen der IFRS-EB zu verrechnen (IFRS 1 App.B2(g) (i)). Bedingte Kaufpreisanpassungen, die nach dem *transition date* erfolgen, sind ebenfalls mit den Gewinnrücklagen zu verrechnen (IFRS 1 App.B2(i)). Auch bei späterem Verkauf oder außerplanmäßiger Abschreibung des entspr TU bleibt der *Goodwill* verrechnet und ist nicht nachträglich über die GuV als Aufwand zu erfassen (IFRS 1 App.B2(i)).

II. Negativer Goodwill

90 Nach IFRS 3.56 liegt ein negativer *Goodwill* vor, wenn der Kaufpreis für einen Geschäftserwerb niedriger ist als der (anteilige) *fair value* der einzeln identifizierbaren VG und Schulden. Durch den Wegfall der AK-Deckelung für die Aufdeckung von Reserven (§ 301 Abs 1 S 4 aF) durch das TransPuG ist ein bisher bestehender Unterschied zwischen HGB und IAS bei Anwendung der Neubewertungsmethode und bei entspr Auslegung auch bei der Buchwertmethode (s § 301 Anm 95 f) weggefallen. Bei Beibehaltung der AK-Deckelung im Rahmen der Buchwertmethode nach HGB wird, anders als nach IFRS ein bereits auf Basis der Buchwerte des erworbenen Unt bestehender negativer Unterschiedsbetrag nicht durch Aufdeckung ggf noch vorhandener stiller Reserven weiter erhöht.

Der negative *Goodwill* ist sofort ertragswirksam zu vereinnahmen. Die *Fair Value*-Ansätze der erworbenen VG und Schulden und ggf auch die Ermittlung der Gesamt-AK für den Geschäftserwerb müssen zwar in einer solchen Situation besonders gründlich überprüft werden, da ein Überhang der *fair value* der einzelnen erworbenen Vermögenswerte und Schulden (darunter auch *contingent liabilities*) über die AK der Beteiligung ein Indiz für eine fehlerhafte Bewertung sein könnte, aber wenn nach dieser Überprüfung ein negativer *Goodwill* verbleibt, ist dieser sofort erfolgswirksam zu erfassen. 91

Die Regelung ist auf negative Goodwill aus Geschäftserwerben, die nach dem 30. 3. 2004 vereinbart wurden anzuwenden (IFRS 3.78). Restbuchwerte negativer *Goodwills* aus Geschäftserwerben, die vor dem 31. 3. 2004 vereinbart wurden, die am ersten Bilanzstichtag nach dem 29. 3. 2004 noch bilanziert sind, sind zu Beginn des folgenden Gj erfolgsneutral mit den Gewinnrücklagen zu verrechnen (IFRS 3.81).

Durch **ED IFRS 3** ergibt sich keine Änderung bezügl der negativen *Goodwill*. Wenn die AK der zu konsolidierenden Anteile geringer sind als der *fair value* der anteiligen VG und Schulden, dann ist auch für den Fall dass der fair value des erworbenen TU größer sein sollte als der *fair value* der VG und Schulden auch für eine ggf verbliebene Minderheit kein Goodwill anzusetzen (ED IFRS 3.61).

Erfolgt der **erstmalige Übergang** von HGB zur Rechnungslegung nach IFRS für ein Gj, das am oder nach dem 1. 1. 2004 beginnt, sind nach IFRS 1.7 die Regeln des IFRS 3 zum negativen *Goodwill* ohne Berücksichtigung der in diesen Standards enthaltenen Übergangsregeln retrospektiv auf alle *Goodwills* aus früheren Geschäftserwerben anzuwenden. Auch wenn und soweit von der Ausnahme von der retrospektiven Anwendung von IFRS 3 für Geschäftserwerbe vor dem *transition date* nach IFRS 1.15 Gebrauch gemacht wird, sind ggf im HGB-KA zum *transition date* noch ausgewiesene Restbuchwerte negativer *Goodwills* gegen die Gewinnrücklagen in der IFRS-EB auszubuchen. 92

Sechster Titel. Anteilmäßige Konsolidierung

§ 310 [Gemeinschaftsunternehmen]

(1) **Führt ein in einen Konzernabschluß einbezogenes Mutter- oder Tochterunternehmen ein anderes Unternehmen gemeinsam mit einem oder mehreren nicht in den Konzernabschluß einbezogenen Unternehmen, so darf das andere Unternehmen in den Konzernabschluß entsprechend den Anteilen am Kapital einbezogen werden, die dem Mutterunternehmen gehören.**

(2) **Auf die anteilmäßige Konsolidierung sind die §§ 297 bis 301, §§ 303 bis 306, 308, 309 entsprechend anzuwenden.**

Übersicht

Schrifttum: *Hoffmann-Becking/Rellermeyer* Gemeinschaftsunternehmen im neuen Recht der Konzernrechnungslegung in FS Goerdeler, 199; *Schindler* Konsolidierung von Gemeinschaftsunternehmen: Ein Beitrag zu § 310 HGB BB 1987, 158; *Sigle* Betriebswirtschaftliche Aspekte der Quotenkonsolidierung ZfB-Ergänzungsheft 1/1987, 321; *Zündorf* Quotenkonsolidierung versus Equity Methode, Stuttgart 1987; *Zündorf* Zur Problematik der Zwischenergebniseliminierung im Rahmen der Quotenkonsolidierung BB 1987, 2125; *Eisele/Rentschler* Gemeinschaftsunternehmen im Konzernabschluss BFuP 1989, 309; *Nordmeyer* Die Einbeziehung von Joint Ventures in den Konzernabschluss WPg 1994, 301; *Roß* Gemeinschaftsunternehmen als Gesellschafterunternehmen im Konzernabschluss – Zur Methode und zur Quote der Einbeziehung der Beteiligungsgesellschaft WPg 1995, 617; *Baetge*[7] Konzernbilanzen, Düsseldorf 2004; *DRS* 9 Bilanzierung von Anteilen an Gemeinschaftsunternehmen im Konzernabschluss BAnz Nr. 231 vom 11. 12. 2001 (Beilage), *Vaubel* Joint Ventures im Konzernabschluss, Düsseldorf 2001; *Zülch* Das IASB Improvement Project KoR 2004.

A. Allgemeines

Als selbstständiger „Sechster Titel" *nach* den Vorschriften über die VollKons und *vor* den Bestimmungen über die assozUnt enthält das HGB Regelungen für GemUnt. Bereits daraus ergibt sich, dass GemUnt keine KonzernUnt sind. Das wird durch § 313 Abs 2 Nrn 1 und 3 bestätigt, wonach für KonzernUnt und GemUnt teilweise abw Angaben im Konzernanhang verlangt werden. 1

Für die in Form von GemUnt geführten assozUnt hat sich wahlweise die anteilige Kons und in der Praxis der Begriff QuoKons durchgesetzt. Nach der Gesetzesbegr stellt die QuoKons *keine Alternative* zur VollKons gem §§ 300 bis 307 dar, vielmehr besteht nur ein *Wahlrecht* an Stelle der Bewertung nach der Equity-Methode gem § 312 (*RegE* § 291). 2

Im deutschen Konzernrecht besteht keine strikte Trennung zwischen dem Konzern einerseits und dem „konzernfremden Bereich" andererseits. Vielmehr wurde einem stufenweisen Übergang nach der Intensität der Einflussnahme des Konzerns der Vorzug gegeben. Damit findet neben der unter dem Grundgedanken der Beherrschung des Konzerns durch das MU an sich einzig zulässigen Voll- oder BruttoKons mit Ausweis von Minderheitenanteilen auch die QuoKons als Ausdruck der Interessentheorie Eingang in das deutsche Konzernrecht. Im KA sind damit stark abw KonsMethoden vereint, wodurch eine Beeinträchtigung der Aussagefähigkeit des KA nicht auszuschließen ist. 3

B. Abgrenzungen

I. Verhältnis zur Vollkonsolidierung

GemUnt stehen gem Abs 1 unter der **gemeinsamen Führung** (hierzu Anm 15ff) von mind *zwei* Unt, von denen mind *eines* der führenden Unt nicht in den KA einbezogen sein darf (dazu Anm 11). Beispiele für GemUnt enthält Anm 16. 5

Ein GemUnt kann daher keine der Voraussetzungen des § 290 für TU erfüllen: Es steht weder unter der einheitlichen Leitung (Abs 1), noch unter der Kontrolle (Abs 2) eines *einzigen* Unt, was Voraussetzung für die VollKons eines TU ist. Ein GemUnt ist also begrifflich von der VollKons ausgeschlossen, was auch in der unterschiedlichen Bezeichnung durch das HGB zum Ausdruck kommt; so auch die *Begr RegE,* 41. Zwar unterliegt das GemUnt der gemeinschaftlichen Leitung *aller* es führenden GesterUnt, dieses aber unter **Herbeiführung eines Interessenausgleichs** unter den Beteiligten. Die zur Beherrschung eines KonzernUnt erforderliche einheitliche Leitung ist demgegenüber auf die ungeteilte Durchsetzung der Konzerninteressen gerichtet, so dass ein GemUnt nicht unter der mehrfachen einheitlichen Leitung der GesterUnt im Hinblick auf die Kons steht.

Die im älteren Schrifttum vertretene Auffassung der VollKons eines GemUnt uU sogar in den KA zweier MU auf Basis des Konzepts der einheitlichen Leitung steht im Widerspruch zu der von der 7. EG-Richtl präferierten Abgrenzung des KonsKreises nach dem Control-Konzept. 6

Nach internationalen Rechnungslegungsstandards ist eine mehrfache Konzernzugehörigkeit nicht denkbar (s IAS 27.4 u 27.13 rev 2003).

Ein Wahlrecht zwischen VollKons und QuoKons kann schon deshalb nicht in Betracht kommen, weil die gemeinsame Führung iSd § 310 nach dem Stufenkonzept des HGB (dazu *Baetge*[7], *115* f) für die Einbeziehung von Unt in den KA nicht als Grenzfall der einheitlichen Leitung, sondern als Grenzfall maßgeblichen Einflusses iSd § 311 anzusehen ist (Anm 2; § 271 Anm 26; glA *Niehus* in HdJ VII/1 Anm 200).

7 Da ein GemUnt die Voraussetzungen des § 290 uE nicht erfüllen kann, ist es auch kein verbundenes Unt. Das folgt aus dem Wortlaut sowohl von § 271 Abs 2 als auch von § 294 Abs 1. Beide Vorschriften gehen von *dem* (= einem) MU aus. Trotzdem kann ein GemUnt nach dem Stufenkonzept des HGB *selbst* MU seines Konzerns sein (Anm 53).

II. Verhältnis zur Anteilsbewertung nach der Equity-Methode

8 Mit der tatsächlich ausgeübten gemeinsamen Führung wird für das GemUnt stets der *bestimmende* Einfluss auf die Geschäfts- und Finanzpolitik durch die Gester verbunden sein (zur Begriffsbestimmung des maßgeblichen Einflusses § 311 Anm 15 ff). Letzterer ist zugleich Voraussetzung für die Einbeziehung von Beteiligungen von 50% und weniger als assozUnt nach der Equity-Methode in den KA, so dass GemUnt stets zugleich die Voraussetzungen als assozUnt erfüllen (so auch *Zündorf,* 18 ff).

Wird trotz Vorliegens der Voraussetzungen auf die Ausübung des **Wahlrechts** zur Anwendung der **Quotenkonsolidierung** gem § 310 verzichtet, sind die Regeln für assozUnt gem §§ 311 f anzuwenden. Das Wahlrecht darf für die einzelnen GemUnt nicht willkürlich ausgeübt werden. Die für ein GemUnt **einmal gewählte Methode** unterliegt dem **Beibehaltungsgebot** des § 297 Abs 3.

Für GemUnt scheidet somit *für den KA* nicht nur die VollKons aus (§ 310 Abs 2, oben Anm 5), sondern auch die normale Beteiligungsbilanzierung. Das Einbeziehungswahlrecht für GemUnt beschränkt sich auf die QuoKons (Anm 53 ff) oder den Ansatz „at equity" gem § 312.

C. Die Gemeinschaftsunternehmen (Abs 1)

I. Begriff, Eigenschaften und Kennzeichen

10 Zum **Begriff** „Gemeinschaftsunternehmen" finden sich in der Literatur zahlreiche Bezeichnungen (s *Zündorf,* 6), wobei der Begriff **„joint venture"** (Anm 16) am häufigsten gebraucht wird (zur Bilanzierung von joint-ventures s auch *HFA* 1/1993 WPg 1993, 441 ff).

Das GemUnt ist **nicht beschränkt auf bestimmte Rechtsformen** (*Vaubel,* 40 ff), wobei nach *Zündorf,* 7, und *Zilias* (DB 1986, 1111 f) für inländische GemUnt die **Unternehmenseigenschaft** iSd Dritten Buches des HGB vorliegen sollte (dazu § 271 Anm 9 ff). Anderenfalls wäre die Rechnungslegungspflicht nach HGB zumindest zweifelhaft; Hinweis auf § 11 Abs 2 S 2 PublG.

11 Nach Abs 1 sind **Kennzeichen des Gemeinschaftsunternehmens:**
– es muss von mehreren Unt gemeinsam geführt werden,
– mind ein GesterUnt darf nicht zum KonsKreis gehören.

Alleiniger Gegenstand der QuoKons ist demnach ein von den GesterUnt gemeinsam geführtes Unt, ohne dass § 310 eine Begriffsbestimmung des GemUnt enthält. In der Literatur haben sich zur Charakterisierung der GemUnt darüber hinaus weitere Bestimmungsmerkmale heraus gebildet, wie Dauer der Zusammenarbeit, Anzahl, Unabhängigkeit und Beteiligungshöhe der GesterUnt (StammUnt); hierzu Anm 16.

Ein GemUnt darf in den Konzernabschluss eines jeden Gesellschafter-Unternehmens anteilig einbezogen werden. In welcher Weise das geschieht, wird in Anm 53ff dargestellt. 12

II. Inhalt und Gegenstand der gemeinsamen Führung

1. Art und Umfang der tatsächlichen Führung

Die GesterUnt dürfen an dem GemUnt nicht nur Kapitalanteile halten; sie müssen vielmehr an dessen Führung *tatsächlich* beteiligt sein und diese gemeinsam ausüben. Es darf sich also nicht um eine reine Finanzbeteiligung handeln, bei der sich die Beteiligung auf die Ausübung der mitgliedschaftlichen Rechte (Stimmrechtsausübung auf der GesV oder Übernahme eines AR-Sitzes) beschränkt, vielmehr muss die *gemeinschaftliche Führung* durch die GesterUnt gewährleistet sein und *auch ausgeübt* werden (ebenso *zB Schindler* BB 1987, 158; DRS 9.3). Dies kann durch Bestimmungen der Satzung oder vertragliche Absprachen sichergestellt werden, indem über wichtige Fragen der Geschäftspolitik, insb der Planung, Durchführung und Überwachung (zB durch einen Katalog zustimmungsbedürftiger Geschäfte) *gemeinsam* befunden und *einstimmig* Beschluss gefasst wird. 15

Anlass hierzu bietet vielfach die **Zweckbestimmung der Gemeinschaftsunternehmen,** die in der Verfolgung gemeinsamer in der Satzung, im Ges-Vertrag oder in vertraglichen Absprachen festgelegter Ziele und Interessen besteht (ausführlich: *Vaubel,* 90ff). Dies ist insb der Fall bei **„joint ventures"** zur Durchführung von Großprojekten oder von gemeinsamen Produktions-, FuE-, Vertriebs- oder Prospektionsvorhaben, auch bei Ausgründung von UntTeilen zueinem neuen (größeren) Verbund. 16

Die **Willensbildung** der einzelnen GesterUnt kann auch in einer **vorgeschalteten GbR** koordiniert sein (so *Niehus* in HdJ VII/1 Anm 84). Bei einer aus steuerrechtlichen Gründen zur Erlangung der Mehrmütterorganschaft vorgeschalteten GbR kann von der Annahme eines GemUnt ausgegangen werden (s *WPH* I^{12} T 48 und die dort genannten Fallgestaltungen mwN). 17

Unter dem Aspekt einer gemeinsamen und notwendigerweise über die Kapitalbeteiligung hinausgehenden Zielsetzung ist das gemeinsame Führen zwangsläufige Konsequenz, da jeder Gester in der Verantwortung sein soll (und an den Ergebnissen teilhaben will). Das GemUnt zeichnet demnach das Mitbestimmen und nicht (wie bei § 290) das Beherrschen aus. DRS 9.3 definiert den maßgeblichen Einfluss zutreffend als „Mitwirkung an der Geschäfts- und Finanzpolitik eines Beteiligungsunternehmens, ohne dass damit die Beherrschung verbunden ist."

2. Beteiligungscharakter der Anteile

Die Anteile an derartigen GemUnt erfüllen auch stets die Merkmale der Beteiligung iSv § 271 Abs 1, weil gerade durch das im Rahmen des **gemeinsamen Unternehmenszwecks** vertretene Eigeninteresse das Beteiligungsvorhaben von Anfang an unbestritten und auf Dauer angelegt ist. 20

Bei dem Sonderfall der selbständig bilanzierenden **Arbeitsgemeinschaften** lehnen ua *Eisele/Rentschler* (BFuP 1989, 310), *Schindler* (BB 1987, 159) und *Zündorf,* 10, die Qualifizierung als GemUnt ab, da diese Ges nicht auf Dauer angelegt sind. *HFA* 1/1993 grenzt das Merkmal der Daueranlage negativ ab, sofern die voraussichtliche Dauer des Joint Ventures nicht über zwei Bilanzstichtage 21 des PartnerUnt hinausgeht. Die zeitliche Begrenzung der Tätigkeit wird in der Literatur kritisch gesehen (*Vaubel,* 58f).

22 Bei der zeitlichen Begrenzung ist jedoch unabhängig von der UntForm als Kriterium für die Einbeziehung vorrangig auf die den tatsächlichen Verhältnissen entspr Darstellung der VFE-Lage (§ 297 Abs 2 S 2) und die Stetigkeit (§ 297 Abs 3 S 2) abzustellen, so dass eine Einbeziehung von *nicht* auf Dauer angelegten Unt in den KA uE nur in seltenen Fällen in Frage kommt (s auch *ADS*[6] § 310 Anm 26).

23 Die den Gestern des GemUnt vom Gesetzeswortlaut beigelegte **Unternehmenseigenschaft** stellt kein begriffsbestimmendes Merkmal dar, sondern ist uE als sprachliche Abgrenzung zum Begriff der KonzernUnt zu verstehen. Als nicht zum KonsKreis gehörende Gester iSv § 310 Abs 1 kommen als gemeinschaftlich führende MitGester auch natürliche Personen, Stiftungen und die öffentliche Hand in Frage.

3. Gleichmäßigkeit der Beteiligungsverhältnisse

25 Die gemeinsame Führung des GemUnt ergibt sich idR aus gleich hohen Kapitalanteilen der GesterUnt und der damit verbundenen gleichartigen Leitungsbefugnisse an dem GemUnt. Idealtypisch ist ein Beteiligungsverhältnis von 50 : 50. Ein gleichhoher *Kapital*anteil ist indes *keine zwingende* Voraussetzung; allerdings dürfen unterschiedliche Beteiligungsverhältnisse nicht zur leitenden Stellung *eines* Gesters führen. Die gemeinsame Führung ist auch bei nicht paritätischen Beteiligungsverhältnissen von zB 30 : 30 : 20 : 20 gewahrt. Denn für das Vorliegen einer gemeinsamen Führung ist ferner kennzeichnend, dass *wesentliche* Beschlüsse einstimmig gefasst werden. Solange dies gewahrt ist, sind abw Beteiligungsverhältnisse für die Anwendung der QuoKons nicht schädlich. Die gleiche Folgerung ergibt sich in dem Fall, bei dem neben den die gemeinschaftliche Führung innehabenden Gestern weitere Anteile im Streubesitz vorliegen [zB 40 : 40 : 20] (Anm 27; *ADS*[6] § 310 Anm 16).

Auch ein über 50% liegender Kapitalanteil an einem GemUnt steht einer QuoKons dann nicht entgegen, wenn eine bestehende Stimmrechtsmehrheit durch eine vertragliche Verpflichtung zur einvernehmlichen Ausübung der Stimmrechte bei dem GemUnt begrenzt wird (so auch *Biener* DB 1983 Beilage 19, 12).

4. Begrenzung der Gesellschafterzahl

26 Die QuoKons gem § 310 kennt an sich keine Begrenzung der Anzahl der das GemUnt führenden Gester; allerdings kann die Anzahl nicht beliebig sein. Denn eine wirksame gemeinsame Führung hat eine begrenzte Mitgliederzahl des Führungsgremiums zur Voraussetzung.

Angesichts der Bandbreite zwischen mehrheitlichem Anteilsbesitz als Voraussetzung für die Anwendung der VollKons und der Vermutung eines maßgeblichen Einflusses ab 20%igem Anteil für assozUnt (§ 311 Abs 1 S 2) dürften diese Grenzen nicht ohne Auswirkung auf die QuoKons sein: So kann nicht davon ausgegangen werden, dass die (anteilige) KonsVorschrift für GemUnt bei einem geringeren Anteilsbesitz eingreifen soll als die (Neu-)Bewertungsvorschrift über assozUnt. Aus der Mindestbegrenzung des Anteilsbesitzes verbunden mit dem Erfordernis möglichst gleichmäßiger Anteilsausstattung zur Durchsetzung des Prinzips der gemeinsamen Führung ergibt sich zwangsläufig eine Begrenzung der zur QuoKons berechtigenden Gester-Zahl (glA *Niehus* in HdJ VII/1 Anm 34).

Da in § 310 eine den §§ 311 Abs 2 und 296 Abs 2 entspr Regelung bzgl Unt von *untergeordneter Bedeutung* weder ausdrücklich noch durch Gesetzesverweis aufgenommen worden ist, liegt der Schluss nahe, dass nach dem Inhalt des § 310 nur GemUnt **von Bedeutung** (zB gemessen am Umfang der wirtschaftlichen Aktivitäten und/oder Höhe des Beteiligungsanteils) anteilig in die Kons einbezogen werden, im Übrigen also die Vorschriften für assozUnt zur Anwendung kommen sollen. Rechtfertigt danach nicht schon allein das **wirtschaftliche Gewicht** des GemUnt seine Einbeziehung nach der QuoKons, wird bei der Bestimmung der für die **Quotenkonsolidierung maßgeblichen Beteiligungsquote** des Konzerns an dem GemUnt diese *über* der nach § 311 für den maßgeblichen Einfluss *vermuteten Grenze* von mind 20% festzusetzen sein; iSd anteiligen Kons sollten dann Beteiligungsquoten von zB mehr als 25% (Sperrminorität) von Bedeutung sein. 27

Bestehen neben den GesterUnt, die das GemUnt gemeinsam führen, geringe Minderheitsanteile, dürfte diese Konstellation (zB 49 : 49 : Minderheiten) für eine anteilige Kons für die zu 49% Beteiligten nicht hinderlich sein (glA DRS 9.3).

III. Beteiligungsverhältnisse der Gesellschafterunternehmen

1. Anwendung und Auswirkung der Zurechnungsvorschriften

Die gemeinsame Führung (nach dem Wortlaut von Abs 1 durch **nur ein** in den KA **einbezogenes** und **mindestens ein nicht einbezogenes** Unt) wirft Fragen hinsichtlich der hier zulässigen Beteiligungsverhältnisse und der Bedeutung der Zurechnungsvorschrift des § 271 Abs 1 S 4 iVm § 16 Abs 4 AktG auf (so *RegE* § 291). 30

Für eine Anwendung dieser Zurechnungsvorschriften auch auf die QuoKons spricht zum einen der Wortlaut des § 310 Abs 1 letzter Halbsatz (maßgebend sind die Anteile, die dem MU *gehören*) und zum anderen § 313 Abs 2 Nr 3, wonach im Konzernanhang die Anteile am Kapital anzugeben sind, die dem MU und den in den KA einbezogenen TU gehören. Damit folgt auch § 310 den Grundgedanken der Zurechnungsvorschriften des § 290 Abs 3 und 4 für den Konzernanteil des GemUnt.

Gehören einem Konzern über das MU 10% und über ein TU 40% der Anteile, also zusammen 50% (die anderen 50% Anteile werden von einem konzernfremden GesterUnt gehalten), besteht das **Wahlrecht** zur Einbeziehung dieses Unt in den KA nach der QuoKons, wenn die übrigen Voraussetzungen erfüllt sind (so auch *Zündorf,* 8). Anderenfalls ist diese Beteiligung „at equity" einzubeziehen (Anm 8). 31

Letzteres gilt auch, wenn neben zwei anderen GesterUnt mit je 30% der Anteile das MU und das abhängige TU je 20% der Anteile an dem GemUnt halten. **Maßgebend** sind also nicht die Anteile einzelner KonzernUnt, sondern die **Anteile aller Konzernunternehmen am Gemeinschaftsunternehmen** im Verhältnis zu den übrigen (konzernfremden) GesterUnt.

2. Zulässige Beteiligungsverhältnisse im Konzern

Wenn ein GemUnt als GesterUnt im KA fungiert, stellt sich die Frage, nach welcher Methode und mit welcher Quote das BetUnt einzubeziehen ist. Dazu sei folgende Beteiligungskonstellation gegeben: 34

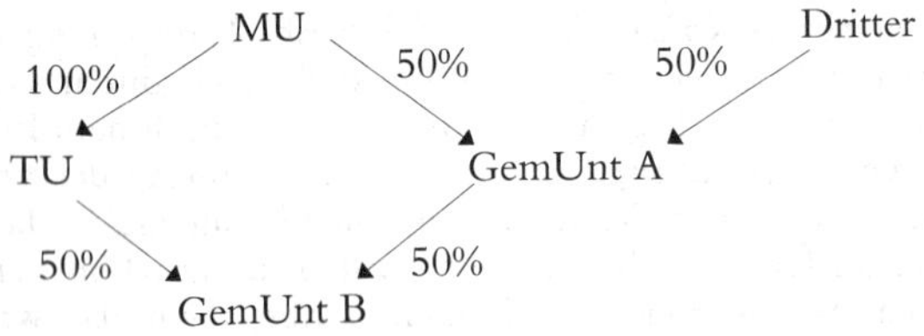

Hierzu wird unter Hinweis auf den Wortlaut des § 310 die Auffassung vertreten, das Wahlrecht, GemUnt B anteilig zu konsolidieren, sei davon abhängig, dass GemUnt A nach der Equity-Methode einbezogen werde. Würde GemUnt A dagegen nach der QuoKons einbezogen, scheide eine QuoKons des GemUnt B aus, da es von *zwei einbezogenen* GesterUnt geführt werde (*Zündorf,* 8f).

Diese Auffassung ist abzulehnen, da sie Sinn und Zweck des § 310 Abs 1 widerspricht. In den KA einbezogene Unt sind nur solche, die vorbehaltlich des § 296 nach der VollKons einbezogen werden (*ADS*[6] § 310 Anm 18). Da GemUnt ein Unterfall assozUnt sind (Anm 8), gelten sie ebenso wie jene als nicht einbezogene Unt (glA *Roß* WPg 1995, 619). Im Beispiel darf GemUnt B daher stets anteilig konsolidiert werden, unabhängig von der Art der Einbeziehung des GemUnt A.

35 UE ist das GemUnt B im Beispiel entspr der Beteiligungsquote von 50% anteilig zu konsolidieren, sofern das GemUnt A nicht quotal in den KA einbezogen wird. Eine Zurechnung des 50%igen Anteils des GemUnt A gem § 16 Abs 2u 4 AktG scheidet aus, da es diesem GemUnt A an der Eigenschaft des verbundenen Unt bzw KonzernUnt mangelt (glA *Sigle* in HdKR[2] § 310 Anm 38). Wird GemUnt A selbst mit einem KA einbezogen, der GemUnt B quotal enthält, ergibt sich aus der QuoKons von GemUnt A und der der QuoKons von GemUnt B eine Einbeziehungsquote von 75%. Da eine unterschiedliche Behandlung in Abhängigkeit von der Tatsache, ob GemUnt A selbst MU eines Konzerns ist, nicht begründbar ist, ist auch für den Fall, dass GemUnt A keinen KA aufstellt die von *ADS*[6] (§ 310 Anm 30) befürwortete Einbeziehungsquote von 75% gerechtfertigt (Busse von Colbe/Ordelheide/Gebhardt/Pellens Konzernabschlüsse, 505; aA *Roß* WPg 1995, 619ff).

3. Vorrang der Vollkonsolidierung

37 Denkbar ist auch der Fall, dass ein MU und/oder ein in den KA einbezogenes TU 50% und ein weiteres (gem § 296) *nicht* in den KA einbezogenes TU ebenfalls 50% der Anteile an einem Unt halten. Da formell die Voraussetzungen eines einbezogenen und eines nicht einbezogenen Unt nach Abs 1 erfüllt sind, stellt sich die Frage, ob für den Konzern auch in diesem Fall das Wahlrecht zur quotalen Einbeziehung dieses Unt besteht. Dies muss verneint werden: Denn kraft Verzichts (§ 296) nicht in den KA einbezogene Unt verlieren trotzdem weder ihren Charakter als TU noch ihren Charakter als verbundene Unt (§ 271 Abs 2 letzter Halbsatz). Diese Unt und ihr Anteilsbesitz sind unter Beachtung von § 16 Abs 2 AktG bei der Feststellung des Anteilsbesitzes des Konzerns an einem TU oder an einem assozUnt in die Berechnung einzubeziehen. Wegen des im Beispiel somit auf den Konzern entfallenden mehrheitlichen Besitzes der Anteile ist die Einbeziehung nach der VollKons geboten (so auch *Zündorf,* 8; *ADS*[6] § 310 Anm 17; aA *Schindler* BB 1987, 159).

38 Somit sind auch bei der QuoKons die von (einbezogenen und nicht einbezogenen) **Konzernunternehmen** gehaltenen Anteile dem Konzern zuzurechnen und für die Beurteilung der Zulässigkeit der QuoKons ist die Gesamtheit der dem Konzern gehörenden Anteile im Verhältnis zu den von konzernfremden

Gestern gehaltenen Anteilen maßgebend. So als Anwendungsvoraussetzung auch *Scherrer* in BoHdR § 310 Anm 11 u 17 mit dem zutreffenden Hinweis, dass die für die Ermittlung des Anteils gem Anm 55 relevante *Konzernquote* auf das MU und die *einbezogenen* TU beschränkt ist.

Hält der Konzern die Mehrheit der Anteile, besteht das uneingeschränkte Gebot zur VollKons – es sei denn, die Stimmrechte sind beschränkt oder es besteht Mehrstufigkeit für das GemUnt. **Hält** der Konzern **nicht** die Mehrheit der Anteile an dem GemUnt und sind auch die übrigen Merkmale erfüllt, besteht das Wahlrecht zur QuoKons.

Als **nicht** in den KA **einbezogene Unternehmen** kommen demnach für § 310 außer fremden Unt und BetUnt auch die assozUnt iSv § 311 Abs 1 in Frage und ferner die anteilig konsolidierten Unt. Hierzu auch § 311 Anm 5. 39

4. Abgrenzung des Konsolidierungskreises im Falle von Gemeinschaftsunternehmen

Abs 2 enthält weder einen Verweis auf §§ 294 bis 296 (Abgrenzung des KonsKreises für TU) noch auf § 311 Abs 2 (Nichtanwendungsregel bei assozUnt von untergeordneter Bedeutung). Die danach formal bestehende Gesetzeslücke (Einbeziehungserleichterungen auch für GemUnt) kann dadurch geschlossen werden, dass GemUnt *wie* assozUnt behandelt werden, falls (zB wegen geringem Anteilsbesitz trotz Teilhabe an der gemeinsamen Führung, s Anm 8) das Wahlrecht der anteiligen Kons nicht angewendet wurde. Dann gilt § 311 Abs 2 unmittelbar. Die vorerwähnte Gesetzeslücke kann auch mit Hilfe des der QuoKons zugrunde liegenden Art 32 der 7. EG-Richtl geschlossen werden, der in Abs 2 einen Verweis ua auf Art 13 enthält. In Art 13 wird die Abgrenzung des KonsKreises für TU behandelt, so dass davon auszugehen ist, dass §§ 294 ff auch auf die anteilige Kons anzuwenden sind (so auch *Zündorf,* 20, und *Biener* DB 1983 Beilage 19, 12). 45

Befürwortet man vorstehende Deduktion nicht und schließt auch ein Gesetzesversäumnis aus, erfasst § 310 aus der Gruppe der assozUnt im Range der GemUnt grds nur solche *von Bedeutung* (Anm 27). 46

D. Inhalt der anteilmäßigen Konsolidierung

I. Anwendung der Vorschriften zur Vollkonsolidierung (Abs 2)

Auf die QuoKons sind folgende Vorschriften zur VollKons *entsprechend* anzuwenden: 50

- § 297 Bestandteile, Aufstellungsgrundsätze, Konsolidierungsgrundsatz (Einheitstheorie) und Stetigkeitsgebot des KA;
- § 298 Auf den KA anzuwendende Bilanzierungsvorschriften des JA;
- § 299 Aufstellungsstichtage im KA;
- § 300 Konsolidierungsgrundsätze bei VollKons; Vollständigkeitsgebot; Ansatzwahlrechte nach Maßgabe des MU;
- § 301 KapKons;
- § 303 Schuldenkonsolidierung;
- § 304 Zwischenergebniskonsolidierung;
- § 305 Aufwands- und Ertragskonsolidierung;
- § 306 Steuerabgrenzung im KA;
- § 308 Einheitliche Bewertung im KA;
- § 309 Behandlung des Unterschiedsbetrags aus der KapKons.

Lediglich folgende, mit der QuoKons nicht zu vereinbarende Vorschriften wurden vom Gesetzesverweis ausgenommen:

§ 302 Kapitalkonsolidierung bei Interessenzusammenführung (Wahlrecht; an sich Unterfall von § 307),

§ 307 Behandlung der Anteile konzernfremder Gesellschafter (systematisch ausgeschlossen, dazu Anm 60).

Etwaige Sondervorschriften für Kreditinstitute (§ 340 i) oder VersicherungsUnt (§ 341 j) werden hier nicht behandelt.

Zu Inhalt und Auslegung oa Vorschriften wird auf deren Kommentierung verwiesen. Dort ist aber jeweils nur die VollKons behandelt; zu Einzelheiten und Sonderfragen der anteiligen Kons s hier Anm 55 ff, 60 ff.

51 Inwieweit die **Übergangsvorschriften des EGHGB** für KA noch gelten, ist hauptsächlich in den Ausführungen zu den §§ 301, 303 bis 305 und 308 dargestellt: Grds sind beim Übergang auf das HGB-Recht ausgeübte Wahlrechte bis zur EndKons fortzuführen; für Konzernneubildungen nach 1989 (1989/90) hängt die Anwendung der Art 24, 27, 28 EGHGB vom Einzelfall ab, zB bei Gesamtrechtsnachfolge.

II. Konsolidierungsverfahren

1. Allgemeines zur Konsolidierung

53 Auf Grund des Verweises in Abs 2 auf fast alle Vorschriften zur VollKons (Anm 50) ist bei der QuoKons in enger Anlehnung an die VollKons vorzugehen. Weichen die konzerneinheitlichen Ansatz- und Bewertungsvorschriften (§§ 300 Abs 2, 308) der (häufig zwei) das GemUnt führenden MU voneinander und ggü den vom GemUnt angewendeten Bilanzierungsregeln ab, sind für die Einbeziehung in die KA dieser MU jeweils unterschiedliche Abschlüsse (sog HB II) des GemUnt zu erstellen, wenn nicht eine Befreiungsregelung des § 308 Abs 2 Anwendung findet (glA *Busse von Colbe/Müller/Reinhard*, 126 f).

Ist das GemUnt selbst MU eines Konzerns, sollte auch im Hinblick auf § 312 Abs 6 von dessen KA ausgegangen werden (so auch *Sigle* ZfB 1987, 327 und *Schindler* BB 1987, 161).

54 **Ausgangspunkt der Konsolidierung** kann entweder das bereits entspr dem Beteiligungsanteil (Anm 55) gekürzte Zahlenwerk oder die volle Übernahme der Werte des GemUnt und einer Absetzung der Anteile Dritter in einer gesonderten KonsSpalte sein. In jedem Fall sollte ein vollständiger Gesamtabschluss (zB Formularabschluss) mit den erforderlichen Zusatzangaben vorliegen, um die Gesamtwerte mit den Angaben der übrigen einbezogenen KonzernUnt abstimmen und auftretende Unterschiede im Vorfeld verursachungsgemäß bereinigen zu können.

Da sich viele Vorschriften uneingeschränkt auf die QuoKons übertragen lassen, befassen sich die nachfolgenden Ausführungen nur mit Abweichungen von der VollKons und Besonderheiten bei Anwendung der QuoKons.

Liegt der Abschlussstichtag des GemUnt um nicht mehr als drei Monate vor dem Stichtag des KA und erstellt das GemUnt zulässigerweise – entgegen DRS 9.9 – keinen Zwischenabschluss (§ 299 Abs 2), sind außer den Besonderheiten, die bereits mit der Kons anteiliger Größen verbunden sind, noch die Zusatzfragen bei zeitlichen Abweichungen zu beachten (hierzu bei VollKons § 299 Anm 11 ff, 21 ff).

2. Ermittlung und Anwendung der Anteilsquote des Konzerns

Ein GemUnt darf entspr den Anteilen *am Kapital* einbezogen werden, die dem MU nach den Zurechnungsvorschriften gehören (§ 310 Abs 1, 2. Halbsatz). 55

Allerdings sind hier nur solche Anteile angesprochen, die von Unt gehalten werden, die auch *tatsächlich* in den KA einbezogen werden (dazu oben Anm 38 sowie § 301 Anm 12); hierauf erstreckt sich folgerichtig auch die Angabe des § 313 Abs 2 Nr 3 im Konzernanhang. Daher ist die von *ADS*[6] (§ 310 Anm 30 Beispiel 4) vertretene Auffassung nicht gesetzlich zwingend, wonach auch Anteile am GemUnt von gem § 296 nicht in den KA einbezogenen TU bei der QuoKons Beachtung finden sollen. Die von *ADS*[6] vorgeschlagene Lösung bedarf außerdem konsolidierungstechnisch der Bildung eines gesetzlich nicht vorgesehenen Sonderpostens innerhalb des EK.

Bei **Kapitalgesellschaften** errechnet sich die *anzuwendende* Quote als Prozentsatz aller den *einbezogenen* KonzernUnt gehörenden Anteile am gezeichneten Kapital des GemUnt, auch wenn die Stimmrechte anders geregelt sind. Eigene Anteile des GemUnt sind auch hier – wie in anderen Fällen vorgeschrieben oder üblich – entspr dem Grundgedanken des anwendbaren § 301 Abs 4 zuvor vom Gesamtkapital zu kürzen.

Hat das GemUnt eine **andere Rechtsform,** ist als „Kapital" iSd 2. Halbsatzes uE derjenige EK-Posten anzusehen, der Maßstab für die Gewinnverteilung (oder ersatzweise – zB bei Vertriebs-GemUnt – Maßstab für die Verzinsung der geleisteten Einlagen) ist. Das gilt auch für als PersGes oder GbR organisierte GemUnt.

Entspr der in Anm 55 umschriebenen Anteilsquote wird jeder Posten des JA und ggf des KA (HB II) des GemUnt in den KA einbezogen. Dies bedeutet, dass vorbehaltlich der KonsAuswirkungen sämtliche VG, Sonderposten und Schulden sowie sämtliche Aufwendungen und Erträge nicht in voller Höhe, sondern **nur mit dem** auf die ermittelte Quote und damit dem **auf den Konzern entfallenden Anteil** (Anm 55) in den KA einbezogen werden. Die nicht auf den Konzern entfallenden, die übrigen (außenstehenden) GesterUnt betr Quoten an den einzelnen Posten des JA des GemUnt bleiben im KA außer Ansatz, *hier* außerdem Anteile nicht einbezogener TU (Anm 38). 56

Die quotalen Werte des GemUnt werden den vollen Werten der korrespondierenden Posten des übrigen Konzerns hinzugerechnet oder (soweit erforderlich) mit den relevanten Posten des übrigen Konzerns verrechnet (konsolidiert).

Stimmen die Beträge der einzelnen konsolidierungsrelevanten Posten der Bilanz und GuV der KonzernUnt einerseits und des GemUnt andererseits **überein,** beschränkt sich die Kons auf die Aufrechnung des konzerneigenen quotalen Betrags des GemUnt mit den korrespondierenden Posten der KonzernUnt. Die im Summenabschluss der KonzernUnt zwangsläufig die Quote des GemUnt übersteigenden Beträge gehen unkonsolidiert in den KA ein. 57

Bestehen bei den relevanten (Brutto-)Ansätzen in den einzubeziehenden JA **Unterschiede** zwischen dem Ansatz des GemUnt und den übrigen KonzernUnt *und* liegt die Ursache dieser Unterschiede im JA des GemUnt begründet, kann nur eine quotale Bereinigung bei der Aufrechnung in Frage kommen, da der JA des GemUnt nur mit dem auf den Konzern entfallenden Anteil in den KA eingeht. Liegt die Ursache des Unterschieds in den JA der KonzernUnt, kommt ebenfalls nur eine quotale Bereinigung in Höhe des auf den Konzern entfallenden Anteils an dem GemUnt in Frage; der die übrigen GesterUnt des GemUnt betr konzernfremde Anteil geht unkonsolidiert in den KA ein. 58

3. Besonderheiten einzelner Konsolidierungstechniken

a) Kapitalkonsolidierung

60 Zur Aufrechnung des Beteiligungsbuchwerts mit dem anteiligen EK gem § 301 stehen wie bei der VollKons wahlweise die **Buchwertmethode** und die **Neubewertungsmethode** (Kapitalanteilsmethode) zur Verfügung. Beide Methoden führen bei Anwendung auf die QuoKons zu keinen grds Unterschieden ggü der VollKons, zumal durch die QuoKons methodisch *kein weiterer Ausgleichsposten für Anteile anderer Gesellschafter* entstehen darf (ebenso *Zündorf,* 50ff). Knüpft die QuoKons an den KA des GemUnt an und enthält dieser einen AusglPo, ist dieser in den KA des GesterUnt *quotal* zu übernehmen (glA *Busse von Colbe/Müller/Reinhard,* 127).

Bei Anwendung der **Neubewertungsmethode** besteht insoweit ein Unterschied zur VollKons, als die bei der KapKons durch Aufrechnung des Beteiligungsbuchwerts mit dem neu-bewerteten EK offengelegten stillen Reserven (und ggf stillen Lasten) bei der VollKons zusammen mit den VG und Schulden in vollem Umfang in den KA aufgenommen werden (wobei der auf außenstehende Gester entfallende Anteil durch Einstellung in den AusglPo korrigiert wird), während bei der QuoKons die stillen Reserven oder stillen Lasten mit der anteiligen Übernahme der Bilanzposten auch nur anteilig in den KA aufgenommen werden. In den *FolgeKons* belasten die Auswirkungen aus der Fortschreibung der Mehrwerte (zB Abschreibungen) die Konzern-GuV in einem geringeren Umfang als bei der VollKons, bei der allerdings innerhalb der Konzern-GuV durch Einstellung des auf konzernfremde Gester entfallenden Ergebnisanteils eine Korrektur stattfindet; dadurch ist der auf den Konzern entfallende Teil des Jahresergebnisses in beiden Fällen gleich. Für den nach Aufteilung stiller Reserven verbleibenden Unterschiedsbetrag aus der KapKons gilt § 309 (§ 310 Abs 2).

b) Schuldenkonsolidierung

62 Wie bei der VollKons sind die aufzurechnenden Abrechnungsposten des GemUnt zuerst mit den Werten des übrigen Konzerns abzustimmen und (falls erforderlich) erfolgsneutral umzugliedern oder erfolgswirksam anzupassen (dazu § 303 Anm 50ff). Auf die danach verbleibenden konzernrelevanten gegenseitigen Forderungen und Verbindlichkeiten kommen dann die hier unter Anm 57 und 58 behandelten KonsTechniken zur Anwendung.

Auf sämtliche abgestimmten, der SchuldenKons unterliegenden Posten des GemUnt wird die Quote des Konzerns (Anm 55) angewendet und insoweit gegen die entspr Posten des Konzerns verrechnet (so auch *Zündorf,* 180). Die bei der zuvor erwähnten Abstimmung festgestellten erfolgswirksamen Unterschiede (wie Abzinsungen, Abwertungen, Wechselkursabweichungen oder Rückstellungen) beeinflussen bei ihrer Eliminierung das Konzernergebnis nur quotal in Höhe des konzernintern relevanten Betrags. Der nicht den Konzern, sondern die übrigen (konzernfremden) GesterUnt des GemUnt betr Teil der genannten Posten wird in den KA übernommen.

63 Die nach Bereinigung der erfolgswirksamen Unterschiede und nach quotaler Aufrechnung der verbleibenden Beträge an nicht konsolidierungsfähigen Quoten in den Posten an/ggü Gester bzw Unt, mit denen ein Beteiligungsverhältnis besteht, betreffen die konzernfremden Anteile des GemUnt; sie stehen entweder anderen führenden GesterUnt oder Minderheits-Gestern zu. Diese sind in die für Forderungen oder Schulden an Fremde vorgesehenen Bilanzposten umzugliedern. (Infolge *anteiliger* Kons aller *bereinigten* Forderungen und Schulden

dürften an sich nur Drittschuldverhältnisse verbleiben; wie hier auch *ADS*[6] § 310 Anm 38; gegen eine Umgliederung *Busse von Colbe/Müller/Reinhard,* 131; *Herrnberger* in Beck HdR C 500, 1 Fn 18; *Sigle* in HdKR[2] § 310 Anm 86.)

c) Zwischenergebniseliminierung

§ 304 Abs 1 verlangt, dass VG, die ganz oder teilweise auf einem konzerninternen Lieferungs- und Leistungsverkehr beruhen, mit den Konzern-AK/HK im KA anzusetzen sind. Die sich danach gemessen an den Wertansätzen in dem JA (ggf HB II) der einbezogenen Unt ergebenden Unterschiede sind als Zwischenergebnisse zu eliminieren. Bei entspr Anwendung dieser Vorschrift auf Aktiva aus dem Geschäftsverkehr mit im Wege der QuoKons einbezogenen GemUnt bedeutet dies, dass der Unterschied als Ausdruck der Zwischenergebnisse bei den relevanten Aktiva (zB Vorräte) nach den unter Anm 58 und 62 dargelegten Grundsätzen konsequenterweise *quotal* im Konzernergebnis seinen Niederschlag findet – ganz gleich, ob der Vorratsbestand aus Upstream- oder Downstream-Lieferungen zwischen dem Konzern und dem GemUnt stammt. Die auf die Quote der konzernfremden GesterUnt entfallenden Ergebnisse gelten als realisiert (*WPH I*[12] M 553; *ADS*[6] § 310 Anm 41; DRS 9.8). 65

Sonderprobleme ergeben sich bei Lieferungen zwischen *mehreren* anteilig in den KA einbezogenen GemUnt (dazu *Zündorf* BB 1987, 2132f). Bei unterschiedlichen Anteilsquoten der am konzerninternen Leistungsaustausch beteiligten GemUnt können die Zwischenerfolge nur entspr der niedrigeren Beteiligungsquote eliminiert werden (ebenso *ADS*[6] § 310 Anm 43; DRS 9.12 „entsprechend dem Produkt der Beteiligungsquoten"). 66

d) Erfolgskonsolidierung

Auch die Innenumsatzerlöse sowie andere Erträge und Aufwendungen aus dem Geschäftsverkehr zwischen den GemUnt und den in den KA einbezogenen Unt sind nach den Grundsätzen der VollKons für jeden *relevanten* Posten des KA nach dem beschriebenen quotalen Verfahren (Anm 55 bis 58) zu verrechnen. Die vom Konzern vereinnahmten Beteiligungserträge vom GemUnt sind jedoch vollständig gegen den anteiligen Bilanzgewinn des GemUnt aufzurechnen, da sie bereits Ergebnis der Beteiligungsquote sind (ebenso *ADS*[6] § 310 Anm 46; *Sigle* in HdKR[2] § 310 Anm 109). 69

4. Konsolidierungserleichterungen

Einen Ausweg für einen Großteil der technischen Schwierigkeiten bei der anteiligen Kons bilden ggf die Erleichterungsvorschriften zur VollKons, wonach auf die SchuldenKons (§ 303 Abs 2), Zwischenergebniseliminierung (§ 304 Abs 3) und Aufwands- und ErtragsKons (§ 305 Abs 2) verzichtet werden kann. Diese Maßnahmen dürfen aber nur unterbleiben, wenn diese *jeweils* und insgesamt für die Vermittlung eines den tatsächlichen Verhältnissen entspr Bilds der VFE-Lage des Konzerns nur von untergeordneter Bedeutung sind. Dabei sind die drei oa KonsMaßnahmen *einzeln,* aber stets für die **Gesamtheit der** anteilig konsolidierten **Gemeinschaftsunternehmen** zum übrigen Konzern zu beurteilen. So kann zB die Eliminierung der Zwischenergebnisse nur geringe Auswirkungen haben und damit ihr Verzicht zulässig sein – andererseits kann aber das Volumen der SchuldenKons und/oder der Kons der Innenumsätze erheblich sein mit der Folge, diese KonsMaßnahme nicht unterlassen zu dürfen. Dies ist für jeden KA neu zu entscheiden; eine „Stetigkeit" gibt es insoweit nicht. 71

72 Zur Frage der „untergeordneten Bedeutung“ für den KA s allgemein § 297 Anm 195 ff sowie speziell zur SchuldenKons § 303 Anm 60 ff, zur ErtragsKons § 305 Anm 50 f und zur Ausschaltung konzerninterner Zwischenergebnisse § 304 Anm 70 ff.

5. Wechsel im Konsolidierungsverfahren

73 Nach den Vorschriften des HGB unterliegen die BetUnt je nach **Intensität der Einflussnahme** des Konzerns unterschiedlichen Verfahren der Einbeziehung in den KA; und zwar vom Ansatz zu AK bis zur VollKons.

Verändern sich im Verlaufe ihrer Zugehörigkeit zum Konzern einzelne Beteiligungen in ihrem Bestand oder in Bezug auf die sachliche Ausgestaltung durch *Zu- und Abgänge von Anteilen, Stimmrechten oder Verwaltungssitzen* und sind mit diesen Veränderungen Auswirkungen auf das Ausmaß der Einflussnahme auf das BetUnt verbunden, können dadurch Änderungen in der Qualifikation der BetUnt eintreten, die einen **Wechsel im Konsolidierungsverfahren** nach sich ziehen.

Bezogen auf die Gemeinschaftsunternehmen kann – abgesehen vom Fall des direkten Erwerbs – unter dem Gesichtspunkt der Einflussnahme eine einfache Beteiligung oder ein assozUnt zu einem GemUnt bzw ein GemUnt zu einem TU erstarken oder ein TU zu einem GemUnt werden. Auch kann sich ein GemUnt in den Rang eines assozUnt oder einer einfachen Beteiligung verändern.

74 Die notwendigen **Auswirkungen auf den Konzernabschluss** aus diesen Veränderungen werden im Folgenden am Beispiel des *Konzernanlagengitters* und des *Konzern-EK* dargestellt:

Die Veränderungen im KonsKreis lassen sich zwar auch mit Hilfe der gesetzlichen Mindestgliederung des **Anlagengitters** erfassen. Im Hinblick auf die Aussagefähigkeit des KA ist jedoch die Einfügung einer zusätzlichen Spalte im Konzernanlagengitter zu empfehlen, in der sich die Auswirkungen der Veränderungen im KonsKreis auf das Anlagevermögen separat darstellen lassen.

Erstarkt eine einfache Beteiligung oder die Beteiligung an einem assozUnt zu einem GemUnt, ist der durch eine Anteilsausweitung hervorgerufene Vermögenszuwachs in die **Zugangsspalte** einzustellen, der Übergang vom einzeiligen Ausweis unter Beteiligungen oder Anteilen an assozUnt zur QuoKons ist für die bereits im vorangegangenen KA als VG der wirtschaftlichen Einheit Konzern erfassten Anteile und zur Wahrung des Konzernbilanz-Zusammenhangs als **Umbuchung** zu zeigen. In diesem Fall wird wegen der auf Posten des Nicht-Anlagevermögens entfallenden quotalen Beträge an VG und Schulden ein (meistens negativer) Betrag in der *Summenzeile der Umbuchungsspalte* verbleiben. Während die nunmehr quotale Einbeziehung der bisher einfachen Beteiligung in den KA nach den Grundsätzen der ErstKons mit den entspr Auswirkungen auf das EK des Konzerns geschieht, stellt beim assozUnt der Übergang von der Equity-Bilanzierung zur anteiligen Kons, was Neuanteile betrifft, eine ErstKons und, was Altanteile anbelangt, eine FolgeKons dar. Dabei treten anstelle der bis dahin at equity bewerteten Beteiligung die quotal einzubeziehenden VG und Schulden bzw anstelle des Beteiligungsertrags die quotalen Erträge und Aufwendungen des GemUnt, ohne dass das EK des Konzerns insoweit zusätzliche Veränderungen erfährt.

Ändert sich ein GemUnt zur einfachen Beteiligung oder zur Equity-Bilanzierung, ist der auf den **Abgang** von Anteilen (Quotenverringerung) entfallende Teil der Posten des Anlagevermögens mit ihren Restwerten als *Abgang* zu erfassen, während in Höhe der verbleibenden Beteiligungsquote die in den einzelnen Posten des Konzernanlagevermögens enthaltenen Restwerte zu *Umbuchungen* führen. Der Umbuchungsbetrag in den Zeilen Beteiligungen oder Anteile an assozUnt des Konzernanlagengitters reflektiert auch die quotalen Beträge an VG und Schulden, die auf Posten des Nicht-Anlagevermögens entfallen, was zu einem in der Summenzeile der Umbuchungsspalte verbleibenden Betrag führt. Beim Übergang zur einfachen Beteiligung kann sich aus der Notwendigkeit ihres Wiederansatzes zu (seinerzeitigen) AK oder zum niedrigeren beizulegenden Wert zusätzlich ein in der Abgangsspalte mit zu erfassender Differenzposten ergeben. Dieser ist uE *erfolgsneutral im EK zu verrechnen,* da er auf einem gesetzestechnischen Erfordernis (Änderung der Qualifikation) und nicht auf einem Geschäftsvorfall des Konzerns beruht (glA DRS 9, wobei allerdings Grundlage für die Bestimmung der AK der Beteiligung die bisher im KA quotal kons VG und Schulden darstellen (DRS 9.16 und 9.17). Dies führt – abgesehen vom Sonderfall Ergebnisthesaurierungen im GemUnt – regelmäßig zu einem Wertansatz unter den seinerzeitigen AK der Beteiligungen, da die Zeitwertaufstockungen einschl GFW aus der ErstKons während der Konzernzugehörigkeit ganz oder teilweise verbraucht sind).

Beim assozUnt stellt der Übergang von der QuoKons zur Equity-Bewertung für die verbliebenen Anteile eine FolgeKons ohne diesbezügliche Auswirkungen auf das EK des Konzerns dar.

Erstarkt ein GemUnt zum TU oder wird ein TU zum GemUnt, stellen – abgesehen von der ErstKons hinzu gekommener Anteile oder der EndKons abgegangener Anteile – die auf Grund des Erfordernisses der VollKons einzubeziehenden, auf *außenstehende Gester entfallenden Quoten* an den VG und Schulden des TU **Zugänge oder Abgänge im Konzernsinne** dar. Soweit sie Posten des Konzernanlagengitters betreffen, sind sie in der zutreffenden Spalte auszuweisen. Ihre Gegenposten finden sich in der Einstellung oder Entnahme beim innerhalb des EK gesondert auszuweisenden Bilanzposten „Anteile im Fremdbesitz".

E. Angaben im Konzernanhang

I. Anwendung der Vorschriften zur Vollkonsolidierung

Da GemUnt gem Abs 2 auf Grundlage der anwendbaren Vorschriften der VollKons in den KA einbezogen werden, sind diese auch bei Angaben über die GemUnt im Konzernanhang zu beachten. *Besondere Angabepflichten* für GemUnt im Konzernanhang ergeben sich aus § 313 Abs 2 Nr 3 sowie aus § 314 Abs 1 Nr 4 letzter Halbsatz. Näheres dazu auch in § 313 Anm 122 und § 314 Anm 30 ff. 75

II. Inhalt und Umfang der Angaben

1. Qualitative Angaben

Sämtliche nach Gegenstand und Inhalt auf die im Wege der QuoKons einbezogenen GemUnt zutreffenden Angaben der §§ 313, 314 sind in den Konzernanhang aufzunehmen. Dabei sind gem § 313 Abs 2 Nr 3 außer Name und Sitz der GemUnt sowie dem Anteil des Konzerns am EK dieser GemUnt *zusätzlich* der Tatbestand, aus dem sich die Anwendung des § 310 für die GemUnt ergibt, entweder unmittelbar in den Konzernanhang oder in die Aufstellung über den Anteilsbesitz (§ 313 Abs 4) zum Konzernanhang aufzunehmen. Diese Angabe 76 wird sich auf die Feststellung beschränken können, dass es sich um ein GemUnt handelt, das das MU und/oder TU gemeinsam mit anderen GesterUnt führt.

2. Quantitative Angaben

77 Sämtliche *quantitativen* die GemUnt betreffenden Angaben zum KA sind ebenfalls *quotal* zu machen bzw quotal in die Gesamtangabe einzubeziehen. Eine Begrenzung der quantitativen Anhangangaben auf die jeweiligen Quoten der einbezogenen GemUnt ist allein deshalb geboten, weil die Abschlussposten der GemUnt ebenfalls nur anteilig in Konzernbilanz und -GuV erfasst sind.

In diesem Zusammenhang fällt unter die *gesonderte* Angabepflicht die durchschnittliche Zahl der Arbeitnehmer nur anteilig einbezogener GemUnt gem § 314 Abs 1 Nr 4. Diese Angabe sollte in jedem Fall die quotalen Ziffern umfassen, damit Personalanalysen, wie zB die Ermittlung der Kennzahlen Umsatz bzw Personalaufwendungen je Beschäftigten, nicht zu Fehlaussagen führen (ebenso § 314 Anm 35 ff).

F. Publizitätsgesetz

80 Gem § 13 Abs 2 S 1 PublG gelten die Vorschriften und das Wahlrecht des § 310 entspr, wenn eine Nicht-KapGes oder (reine) PersGes als MU an der Führung eines GemUnt beteiligt ist. Wird das GemUnt anderenfalls nur „at equity“ konsolidiert (Anm 8), müssen dafür §§ 311 und 312 angewandt werden. – Zum Ausweis des EK von PersGes als MU s § 298 Anm 60.

G. Sanktionen

85 Als Wahlrecht kann § 310 keine Rechtsfolgen haben. Jedoch muss ein GemUnt mind „at equity“ im KA enthalten sein, sonst gelten die Sanktionen für §§ 311 und 312; dazu § 311 Anm 35.

H. Abweichungen der IFRS

I. Anwendungsbereich der Quotenkonsolidierung

90 Nach IAS 31 ist für die Bilanzierung von „jointly controled entities“ (GemUnt) alternativ zum Verfahren der QuoKons (IAS 31.30) die Equity-Methode (IAS 31.38) zugelassen (*Beck IFRS,* § 15 Rz 537). In beiden Fällen sind die gleichen Berichterstattungserfordernisse zu beachten. Nicht in den Anwendungsbereich von IAS 31 fallen Venture Capital Gesellschaften oder Fonds uÄ, die nach IAS 39 zu bilanzieren sind (IAS 31.1). Darüber hinaus werden in IAS 31.2 weitere Unt von der Anwendung ausgenommen (uA Ges, die zum Verkauf vorgesehen sind) (*Zülch* KoR 2004, 153).

91 Die Abgrenzung zur VollKons und zur Equity-Methode sowie der Begriff des GemUnt entsprechen iw denen des HGB. Zwar wird formal streng zwischen gemeinschaftlicher Führung und maßgeblichem Einfluss getrennt (31.3), wobei die gemeinschaftliche Führung nach IAS 31.3 anders als nach HGB eine diesbezüglich vertragliche Vereinbarung zwischen den Gestern voraussetzt. Gleichwohl werden beide Formen der Einflussnahme offenbar als sehr ähnlich angesehen, da

QuoKons und Equity-Methode für GemUnt – wie in Deutschland – nebeneinander zugelassen sind (glA *Fey/Schruff* WPg 1997, 591; s auch die Begr in IAS 31.40). Allerdings darf das Wahlrecht für gleiche Sachverhalte nur einheitlich und nicht wie nach HGB enumerativ ausgeübt werden IAS 8.

II. Konsolidierungsverfahren

Bei der QuoKons werden die VG und Schulden sowie die Aufwendungen und Erträge des GemUnt lediglich in Höhe des Beteiligungsanteils des GesterUnt in den KA einbezogen. Im Übrigen sind die (Kons-)Verfahren bei der QuoKons gem IAS 31.33 grds mit denen bei der VollKons von TU nach IAS 27 vergleichbar. Der zugrunde gelegte Abschluss des GemUnt muss den konzerneinheitlichen Bilanzierungs- und Bewertungsvorschriften entsprechen. Bei abw Stichtagen ist analog zu IAS 27.26f zu verfahren. Für die VollKons enthält IAS 27.26f die dem § 299 Abs 2 entspr Vorschrift über die Aufstellung eines Zwischenabschlusses, wenn der Abschlussstichtag des einbezogenen TU mehr als drei Monate vor dem Stichtag des KA liegt. **93**

III. Besondere Angabe- und Ausweispflichten

Die IFRS verlangen umfangreiche Angaben und Erl zur QuoKons, die über die HGB-Anforderungen hinausgehen (*Paaßen* in Beck IFRS § 15 Anm 548ff). **95**

Die wesentlichen GemUnt sind unter Angabe der jeweiligen Beteiligungsquote aufzulisten und zu beschreiben. Ferner sind für die lang- und kurzfristigen Vermögenswerte sowie für die kurz- und die langfristigen Verbindlichkeiten die Beträge anzugeben, die aus anteilig einbezogenen GemUnt stammen. Entspr gilt für die Aufwendungen und Erträge. Alternativ dürfen die jeweiligen Beträge auch in separaten Zeilen der Konzernbilanz und Konzern-GuV angegeben werden (IAS 31.34u 31.56). **96**

Ferner sind gem IAS 31.54u 31.55 gesondert von den übrigen Haftungsverhältnissen und finanziellen Verpflichtungen anzugeben: **97**
- die anteilig auf das GesterUnt entfallenden Haftungsverhältnisse und finanziellen Verpflichtungen des GemUnt,
- eigene Haftungsverhältnisse und finanzielle Verpflichtungen des GesterUnt iZm der Beteiligung am GemUnt und aus gemeinsam mit den anderen Gestern eingegangenen Verpflichtungen sowie
- Haftungsverhältnisse aus der Verpflichtung, für die Schulden der Mit-Gester einstehen zu müssen.

Siebenter Titel. Assoziierte Unternehmen

§ 311 Definition. Befreiung

(1) [1]**Wird von einem in den Konzernabschluß einbezogenen Unternehmen ein maßgeblicher Einfluß auf die Geschäfts- und Finanzpolitik eines nicht einbezogenen Unternehmens, an dem das Unternehmen nach § 271 Abs. 1 beteiligt ist, ausgeübt (assoziiertes Unternehmen), so ist diese Beteiligung in der Konzernbilanz unter einem besonderen Posten mit entsprechender Bezeichnung auszuweisen.** [2]**Ein maßgeblicher Einfluß wird vermutet, wenn ein Unternehmen bei einem anderen Unternehmen mindestens den fünften Teil der Stimmrechte der Gesellschafter innehat.**

(2) **Auf eine Beteiligung an einem assoziierten Unternehmen brauchen Absatz 1 und § 312 nicht angewendet zu werden, wenn die Beteiligung für die Vermittlung eines den tatsächlichen Verhältnissen entsprechenden Bildes der Vermögens-, Finanz- und Ertragslage des Konzerns von untergeordneter Bedeutung ist.**

Übersicht

Schrifttum: *Küting/Weber/Zündorf* Die Equity-Methode im Übergang auf die neue Konzernrechnungslegung BB 1987, 1496; *Gross/Schruff/v Wysocki*[2] Der Konzernabschluß nach neuem Recht, Düsseldorf 1987; *AK Schmalenbach*[2] Aufstellung von Konzernabschlüssen ZfbF Sonderheft 21/1987, 1989; *Küting/Zündorf* Die Praxis des Equity-Accounting BB 1988, 872; *Kirsch* Die Equity-Methode im Konzernabschluss, Düsseldorf 1990; *Kessler* Zur konsolidierungstechnischen Umsetzung der Equity Methode im Konzernabschluss nach HGB BB 1999, 1750; *Baetge/Kirsch/Thiele*[7] Konzernbilanzen, Düsseldorf 2004; *DRSC* Deutscher Rechnungslegung Standard Nr 8 – Bilanzierung von Anteilen an assoziierten Unternehmen im Konzernabschluss BAnz Nr 98 c vom 29. 5. 2001; *Schruff* Bilanzierung von Anteilen an assoziierten Unternehmen nach dem E-DRS 8 BB 2001, 87; *IDW* Stellungnahme zum E-DRS 8 „Bilanzierung von Anteilen an assoziierten Unternehmen im Konzernabschluss" WPg 2001, 216; *Schmidbauer* Der DRS Nr 8 zur Bilanzierung von Anteilen an assoziierten Unternehmen im Konzernabschluss DStR 2001, 1540; *Kunowski* Bilanzierung von Anteilen an assoziierten Unternehmen sowie Gemeinschaftsunternehmen nach DRS 8 und DRS 9 StuB 2002, 261.

A. Vorbemerkungen

1 **Assoziierte Unternehmen** (assozUnt) sind Beteiligungen (Anm 10), die unter dem maßgeblichen Einfluss (Anm 15) eines beteiligten Unt (Anm 10) stehen, das typischerweise mind 20% bis einschließlich 50% der Stimmrechte hält. AssozUnt sind keine KonzernUnt iSv § 290 (Anm 5). Eine als assozUnt qualifizierte Beteiligung ist gem § 311 Abs 1 S 1 in der Konzernbilanz gesondert auszuweisen und entspr zu bezeichnen.

2 Die Beteiligung an einem assozUnt ist im KA at equity, dh mit dem anteiligen EK zu bilanzieren. Dabei wird der Equity-Wertansatz ausgehend von den AK der Beteiligung um die EKVeränderungen des Berichtsjahres fortgeschrieben (*Kessler* BB 1999, 1750). Zur Grundkonzeption der **Equity-Methode** s § 312 Anm 1. Die Anwendung der Equity-Methode ist **nur im Konzernabschluss zulässig.**

§ 311 definiert den Begriff des assozUnt (Abs 1 S 1) und stellt eine **Assoziierungsvermutung** bei einem *Stimmanteil* von 20% oder mehr auf (Abs 1 S 2). Bei untergeordneter Bedeutung der Beteiligung am assozUnt für die VFE-Lage des Konzerns darf die Beteiligung auch im KA zu AK bewertet werden, der Sonderausweis (Anm 1) entfällt (Abs 2). 3

Der Deutsche Rechnungslegungs Standard Nr 8 (DRS 8) – Bilanzierung von Anteilen an assoziierten Unternehmen im Konzernabschluss – enthält Regelungen zur Vereinheitlichung der Bilanzierungs-, Bewertungs- und KonsMethoden sowie zur Ermittlung des anteiligen EK des assozUnt. Wahlrechte des HGB werden durch DRS 8 in wesentlichen Bereichen eingeschränkt. 4

B. Begriffsabgrenzungen (Abs 1)

I. Allgemeines

Der Begriff assozUnt wird in § 311 Abs 1 wie folgt definiert: (1) Ein in den KA einbezogenes Unt (KonzernUnt = MU oder TU) hält an einem nicht einbezogenen Unt – dem assozUnt – eine Beteiligung iSd § 271 Abs 1 und (2) das KonzernUnt übt einen maßgeblichen Einfluss auf die Geschäfts- und Finanzpolitik des assozUnt aus. Ein maßgeblicher Einfluss wird vermutet, wenn ein KonzernUnt bei dem assozUnt mind den fünften Teil der Stimmrechte der Gester innehat (Abs 1 S 2). 5

Aus dieser Formulierung folgt, dass das assozUnt **weder KonzernUnt noch verbundenes Unt** sein kann: Das assozUnt wird weder einheitlich geleitet (§ 290 Abs 1) noch besteht ein Control-Verhältnis (§ 290 Abs 2); Letzteres würde *Stimmenmehrheit,* einen *beherrschenden* Einfluss oder *Dispositionsrechte* über die Leitungs- oder Aufsichtsorgane voraussetzen. Damit scheidet auch Verbundenheit iSv § 271 Abs 2 aus. Das assozUnt ist auch **kein Gemeinschaftsunternehmen,** da die gemeinsame Führung iSd § 310 grds eine stärkere Form der Einflussnahme darstellt als der maßgebliche Einfluss. Allerdings kann der maßgebliche Einfluss im Extremfall an die Mitbeherrschung heranreichen (*ADS*[6] § 311 Anm 16). Das assozUnt ist auch keine Finanz- oder sonstige Beteiligung, bei der das Kriterium des maßgeblichen Einflusses nicht erfüllt wird.

Hinsichtlich der Behandlung von TU, die auf Grund der **Einbeziehungswahlrechte** gem § 296 nicht in den KA einbezogen werden, ist zu unterscheiden: 6

a) Einbeziehungswahlrecht bei **untergeordneter Bedeutung** für die Vermittlung eines den tatsächlichen Verhältnissen entspr Bilds der VFE-Lage des Konzerns (§ 296 Abs 2): Ist ein TU unter dem Gesichtspunkt der VollKons von untergeordneter Bedeutung (§ 296 Anm 33ff), ist es erst recht für die Einbeziehung nach der Equity-Methode von untergeordneter Bedeutung, da hierbei nur auf das EK, seine Veränderungen und das Ergebnis abgestellt werden kann und andere Gewichtungsmerkmale wie Umsatz oder Bilanzsumme außer Betracht bleiben (so auch *Küting/Zündorf* BB 1988, 873).

b) Einbeziehungswahlrecht bei nachhaltiger **Beeinträchtigung der Ausübung der Rechte** des MU in Bezug auf das Vermögen und die Geschäftsführung des TU (§ 296 Abs 1 Nr 1): Dieses Wahlrecht muss dann für die Equity-Bewertung auch gelten, sofern die Rechte zB durch vertragliche Vereinbarung nicht lediglich soweit beschränkt sind, dass immer noch ein maßgeblicher Einfluss ausgeübt werden kann (*ADS*[6] § 311 Anm 64). Bei tatsächlicher und länger andauernder Beeinträchtigung der Rechte sollten aber iSd Generalnorm des § 297 Abs 2 S 2 beide KonsMethoden nicht angewendet werden, da sonst Vermögen ausgewiesen würde, das dem Zugriff der Unt des KonsKreises entzogen ist. Andernfalls würden gem § 297 Abs 2 S 3 zusätzliche Angaben im Konzernanhang erforderlich. *DRS 8* nimmt zur Frage der Anwendung der Equity-Methode auf nicht konsolidierte TU nicht Stellung.

7 Wenn bei **Gemeinschaftsunternehmen** (§ 310) das Wahlrecht zur anteiligen Kons nicht genutzt wird, ist das GemUnt nach der Equity-Methode in den KA einzubeziehen, sofern nicht wegen untergeordneter Bedeutung (Anm 20) darauf verzichtet werden kann (s DRS 9.4).

II. Unternehmen/Beteiligung

10 Der von Abs 1 geforderte maßgebliche Einfluss (Anm 15) muss von einem in den KA einbezogenen Unt (= KonzernUnt) auf ein nicht einbezogenes Unt ausgeübt werden. KonzernUnt sind das MU und alle TU. Auch mehrere KonzernUnt können zusammen den maßgeblichen Einfluss herbeiführen. GemUnt sind keine KonzernUnt idS (*ADS*[6] § 311 Anm 35 f). Zur Einbeziehung von assozUnt eines GemUnt, das anteilig konsolidiert wird s *ADS*[6] § 312 Anm 27. Zum UntBegriff des HGB s § 271 Anm 9 und *WPH*[12] I T 41 ff.

Es muss sich bei dem Unt, auf das der Einfluss ausgeübt wird, um eine Beteiligung gem § 271 Abs 1 handeln. Bei KapGes wird eine Beteiligung bei einem Anteilsbesitz von *mehr* als 20% *widerlegbar vermutet* (§ 271 Anm 24 ff); für die Berechnung ist hierbei § 16 Abs 2 und 4 AktG entspr anzuwenden. Bei Anteilen an PersGes ist grds vom Beteiligungscharakter der Anteile auszugehen (§ 271 Anm 21 ff); aber auch hier kann widerlegt werden.

§§ 311, 271 lassen eine EquityKons auch bei Beteiligungen mit Stimmrechten unter 20% zu, sofern der „maßgebliche Einfluss auf die Geschäfts- und Finanzpolitik" nachgewiesen wird (s Anm 16).

III. Maßgeblicher Einfluss auf die Geschäfts- und Finanzpolitik und Assoziierungsvermutung

15 Das HGB verlangt zur Annahme eines assozUnt das Vorliegen eines **maßgeblichen Einflusses** auf die **Geschäfts- und Finanzpolitik** des nicht einbezogenen Unt (Klarstellend DRS 8.3: Geschäfts- oder Finanzpolitik). Obwohl diesem Merkmal entscheidende Bedeutung zukommt, ist es allgemein anerkannt, dass nur schwer umschrieben werden kann, wann dieser Einfluss vorliegt und wann nicht. Indizien für das Bestehen des maßgeblichen Einflusses enthält DRS 8.3; als solche gelten insb: Mitgliedschaft im Verwaltungsorgan oder einem gleichwertigen Leitungsgremium, Mitwirkung an der Geschäftspolitik, Austausch von Führungskräften, wesentliche Geschäftsbeziehungen oder die Bereitstellung wichtiger fachlicher Informationen.

Der maßgebliche Einfluss impliziert nicht unbedingt die tatsächliche Einwirkung auf konkrete *einzelne* unternehmenspolitische Entscheidungen, vielmehr ist die Mitwirkung an *Grundsatzfragen* der Geschäfts- oder Finanzpolitik des assozUnt notwendig, aber auch ausreichend: zB die Bestimmung der UntStrategie, der Investitions- und Finanzpläne, zusätzlich der Gewinnverwendung, etc (glA *Küting/Köthner/Zündorf* in HdKR[2] § 311 Anm 25).

Bei der Beurteilung eines jeden Einzelfalls ist auf das Gesamtbild der Verhältnisse abzustellen: der **maßgebliche Einfluss** ist dabei geringer als der *herrschende* Einfluss; er muss auch faktisch ausgeübt werden; ebenso *d'Arcy/Kurt* in

BeckHdR C 510 Anm 29 mwN. Der maßgebliche Einfluss muss ferner auf Dauer angelegt sein; eine einmalige oder nur vorübergehende Einflussnahme genügt für die Assoziierungsannahme nicht (so *WPH*[12] I M 457 und DRS 8.6). In DRS 8.7 wird als Beispiel für den nur vorübergehenden maßgeblichen Einfluss konkretisiert, dass Anteile ausschließlich zur Weiterveräußerung in der nahen Zukunft erworben wurden. Danach sind Anteile, die mit langfristiger Haltensabsicht erworben wurden und bei denen zu einem späteren Zeitpunkt eine Veräußerung geplant wird, bis zur Veräußerung als assozUnt zu behandeln (glA *Schmidbauer* DStR 2001, 1543).

Der maßgebliche Einfluss kann auch **gegen** einen herrschenden Einfluss ausgeübt werden (*WPH*[12] I M 456). Er muss jedoch stets erheblich über die alleinige Wahrnehmung von Beteiligungsrechten hinausgehen (*Kirsch,* 26).

Wegen der Schwierigkeiten, den unbestimmten Rechtsbegriff „maßgeblicher Einfluss" exakt zu umschreiben und abzugrenzen, wird in Abs 1 S 2 eine **Assoziierungsvermutung** aufgestellt, die *neben* der Beteiligungsvermutung des § 271 Abs 1 S 3 steht. Ein maßgeblicher Einfluss wird vermutet, wenn ein KonzernUnt bei einem anderen Unt – dem assozUnt – mind 20% der nach § 290 Abs 3 zu berechnenden Stimmrechte der Gester besitzt (dazu auch § 290 Anm 70ff, DRS 8.3). Für die Ermittlung der zuzurechnenden Stimmrechte ist es nicht entscheidend, ob die KonzernUnt, die die Stimmrechte unmittelbar halten, tatsächlich in den KA einbezogen werden (so auch *Scherrer* in BoHdR § 311 Anm 17). 16

Wird die Vermutung nicht widerlegt, gilt die Beteiligung als assozUnt, ohne dass der maßgebliche Einfluss nachgewiesen werden muss. Anders liegt die Beweislast bei einem Stimmenanteil von weniger als 20%. In diesem Fall wäre nachzuweisen, dass ein maßgeblicher Einfluss besteht und tatsächlich ausgeübt wird, zB wenn kein MehrheitsGester vorhanden ist und die anderen Gester ebenfalls unter je 20% halten (glA *Küting/Köthner/Zündorf* in HdKR[2] § 311 Anm 76).

Zur **Widerlegung der Vermutung** des maßgeblichen Einflusses muss nachgewiesen werden, dass kein bzw nur zufällig ein maßgeblicher Einfluss auf die Geschäfts- oder Finanzpolitik möglich ist. IdR wird es ausreichend sein darzulegen, dass die Rechte der Gester durch Gesetz, Vertrag oder staatliche Maßnahmen nachhaltig beeinträchtigt sind oder eine Vertretung in den Aufsichts- oder Geschäftsführungsorganen nicht durchsetzbar ist (so *AK Schmalenbach*[2], 132 und *Küting/Köthner/Zündorf* in HdKR[2] § 311 Anm 78). Ferner lässt sich die Vermutung für die Ausübung eines maßgeblichen Einflusses dadurch widerlegen, dass die notwendigen Angaben für die gesetzeskonforme Anwendung der Equity-Methode nicht zu erlangen sind. 17

Die jeweiligen Gründe zur Widerlegung der Assoziierungsvermutung müssen *je Beteiligung* einer gerichtlichen Nachprüfung standhalten; denn Abs 1 S 1 ist durch Bußgeld sanktioniert (Anm 35).

Die **Informationserfordernisse** zur Anwendung der Equity-Methode unterscheiden sich wegen der Komplexität der anzuwendenden Vorschriften, insb des § 312, je nach Lage des Einzelfalls, erheblich. Einige **Beispiele,** die sich auf die Informationsverfügbarkeit auswirken: 18

- Bei einer **AG** dürfte der maßgebliche Einfluss idR als widerlegt anzusehen sein, wenn die Einflussmöglichkeiten nicht wenigstens zu einer Vertretung im AR oder im Vorstand geführt haben. Denn bei AG/KGaA ist das Auskunftsrecht des Aktionärs gem § 131 AktG beschränkt.
- Bei **GmbH** hat jeder Gester weitergehende Informationsrechte gem § 51a GmbHG, auch ein Bücher-Einsichtsrecht. Bei mitbestimmten GmbH sollte eine Vertretung im AR vorliegen oder erreichbar sein.

– Bei **Personenhandelsgesellschaften** sind auf Grund der Dispositionsfreiheiten bei den GesterRechten allgemeine Merkmale über die Voraussetzungen für maßgeblichen Einfluss nicht vorhanden. Es ist vielmehr festzustellen, welche *faktischen* Einflussmöglichkeiten die wirtschaftliche und gesellschaftsvertragliche Lage dem Beteiligten eröffnet und wie er diese tatsächlich ausnutzen *könnte*.

Es ist jedoch zusätzlich zur Informationszugänglichkeit stets anhand allgemeiner Kriterien zu prüfen, ob ein maßgeblicher Einfluss widerlegt werden kann. Denn ungenügende Informationen sind nicht unbedingt *allein* zur Widerlegung eines maßgebenden Einflusses ausreichend – zumal § 312 Erleichterungen und Wahlrechte enthält, die allerdings durch DRS 8 weitgehend eingeschränkt werden.

Wenn aktive Unterschiedsbeträge auf stille Reserven und Firmenwerte zu verteilen und in Folgeperioden fortzuführen sind (§ 312 Anm 12 ff), setzt die Anwendung der Equity-Methode genauere Kenntnis vertraulicher interner Sachverhalte bei den assozUnt voraus. In anderen Fällen mag ein geringerer Informationsstand für die Erfüllung der gesetzlichen Anforderungen zur Equity-Kons ausreichen.

C. Nichtanwendung der Vorschrift bei untergeordneter Bedeutung der Beteiligung (Abs 2)

20 Die **Equity-Konsolidierung** braucht nicht angewendet zu werden, wenn die Beteiligung für die Vermittlung eines den tatsächlichen Verhältnissen entspr Bilds der VFE-Lage des Konzerns **von untergeordneter Bedeutung** ist (Anm 6; DRS 8.5). Das zur Frage der „Wirtschaftlichkeit und Wesentlichkeit" bei Erstellung eines KA (§ 297 Anm 195 ff) Gesagte gilt auch für § 311.

Das Wahlrecht des Abs 2, assozUnt bei *insgesamt relativ* geringer Bedeutung nicht nach der Equity-Methode in den KA einzubeziehen, sollte tendenziell großzügig angewendet werden. Jedoch ist hierbei Stetigkeit zu wahren.

21 Die Bedeutung eines jeden assozUnt für die **Vermögenslage** eines Konzerns kann in Abhängigkeit von dessen Größe beurteilt werden. Hierbei sollte aber nicht nur auf die AK oder den letzten Buchwert, sondern auch auf den Unterschied zwischen Buchwert und Reinvermögen (equity) abgestellt werden, insb wenn zwischen Erwerb und erstmaliger Einbeziehung des assozUnt in einen KA längere Zeit vergangen ist und daher möglicherweise erhebliche Unterschiede ggü dem Erwerbszeitpunkt eingetreten sind. Bei der Prüfung der Bedeutung eines assozUnt für die **Ertragslage** ist auf das anteilige erzielte Ergebnis im Verhältnis zu den vereinnahmten Beteiligungserträgen abzustellen. Die **Finanzlage** des Konzerns wird von Gewinnausschüttungen begünstigt, durch Kapitaleinzahlungen bei (oder durch Zuschüsse an) assozUnt belastet, sie ist damit unabhängig von der Anwendung der EquityKons.

D. Sonderausweis und Postenbezeichnung

25 Beteiligungen an assozUnt sind in der Konzernbilanz **gesondert auszuweisen** (Abs 1 S 1); eine bestimmte Postenbezeichnung ist jedoch nicht vorgeschrieben. Da es sich bei den assozUnt um Beteiligungen iSd § 271 Abs 1 handelt, sind diese zwingend unter die Finanzanlagen aufzunehmen (§ 265 Abs 5); sie sollten ihrem Inhalt entspr als „Beteiligungen an assoziierten Unternehmen" bezeichnet werden (s DRS 8.44). Zur Postenbezeichnung s auch *Küting/Weber/Zündorf* BB 1987, 1500.

Vorzugsweise sollte dieser Sonderposten *vor* den Beteiligungen stehen, da assozUnt ihrer Art nach zwischen den verbundenen Unt und anderen Beteiligungen einzuordnen wären. *Scherrer* in BoHdR § 311 Anm 21 empfiehlt, sie in unmittelbarem Anschluss an den Bilanzposten „Beteiligungen" auszuweisen.

Werden TU nach der Equity-Methode konsolidiert, ist der Sonderposten um einen Mitzugehörigkeitsvermerk zu erweitern. Alternativ können diese TU auch in den Anteilen an verbundenen Unt mit gesonderter Erl der Anwendung der Equity-Methode ausgewiesen werden (*ADS*[6] 311 Anm 72).

Die **Höhe des Beteiligungsausweises** und der Ausweis eines Unterschieds- 26 betrags ggü den AK oder einem ggf niedrigeren Bilanzwert richten sich nach § 312. Es kann für die Neubewertung „at equity" die sog *Buchwertmethode* oder die *Neubewertungsmethode* gewählt werden. DRS 8.17 f sieht die *Buchwertmethode* als allein zulässige Methode vor. Zu Einzelheiten s § 312 Anm 10 ff, 20 ff.

Die Darstellung im Konzernanlagengitter und den Ausweis von Wertänderungen in der Konzern-GuV wird ebenfalls bei § 312 erörtert; dazu dort Anm 65 ff, 72 f. – *Darlehen an assozUnt* gehören zu den „Ausleihungen an Unternehmen, mit denen ein Beteiligungsverhältnis besteht".

E. Publizitätsgesetz

AssozUnt können definitionsgemäß (Anm 5) nicht unter der einheitlichen 30 Leitung eines MU im Inland oder Ausland stehen. Für ihre Einbeziehung at Equity in einen KA nach PublG wäre daher *an sich* kein Raum, zumal die dort verwendeten Begriffe nach dem AktG und nicht nach dem HGB auszulegen sind; Näheres in § 290 Anm 100.

Gem § 13 Abs 2 S 1 PublG gilt jedoch § 311 sinngemäß auch für KA nach dem PublG. Das kann in Verbindung mit der Bußgeld-Sanktion (Anm 35) nur dahingehend verstanden werden, dass auch assozUnt in einen KA nach PublG „at equity" einbezogen werden *müssen,* wenn die Voraussetzungen des § 311 Abs 1 vorliegen und nicht widerlegt werden (Anm 10, 15 ff). Für Industrie- und HandelsUnt, die *rechtsformabhängig* KA entweder nach HGB (KapGes) oder nach PublG (übrige) aufzustellen haben, werden dadurch unterschiedliche Inhalte von KA vermieden.

F. Sanktionen

Sowohl § 334 Abs 1 Nr 2e als auch § 20 Abs 1 Nr 2e PublG sehen für die Zu- 35 widerhandlung gegen Vorschriften des § 311 Abs 1 S 1 iVm § 312 über die Behandlung assozUnt Bußgelder bis zu € 25 000 vor. Daraus folgt auch, dass an die nach Abs 1 S 2 mögliche Widerlegung des „maßgeblichen Einflusses" höhere Anforderungen zu stellen sind als an die nur indirekt über § 266 sanktionierten Definitionen oder Vermutungen zum Beteiligungsbegriff des § 271 Abs 1.

G. Abweichungen der IFRS

Schrifttum: *Zülch* Das IASB Improvement Project KoR 2004, 153; s auch zu § 312, Abschn H. IAS 28 (2004), IAS 31 (2004).

Während die Definition in § 311 für ein assozUnt die tatsächliche Ausübung 40 eines maßgeblichen Einflusses verlangt, genügt nach IFRS bereits die Möglichkeit zur Ausübung eines maßgeblichen Einflusses. Die ansonsten vergleichbare Assoziierungsvermutung kann daher nach Handelsrecht bereits dadurch widerlegt werden, dass ein maßgeblicher Einfluss im Einzelfall nicht ausgeübt wird, während nach den IFRS darzulegen wäre, dass das beteiligte Unt einen maßgeblichen Einfluss gar nicht ausüben kann (s *Baetge/Kirsch/Thiele*[7], 431).

41 Die Anwendung der Equity-Methode ist nach IFRS auf typische assozUnt und GemUnt (IAS 31.38) beschränkt. KonzernUnt, die auf Grund eines Einbeziehungsverbots oder -wahlrechts nicht voll konsolidiert werden, dürfen anders als nach Handelsrecht (s Anm 5f) nicht nach der Equity-Methode einbezogen werden. In die Beurteilung der Frage der Möglichkeit des maßgeblichen Einflusses sind neben der Kapitalbeteiliung auch die sog „potential voting rights" einzubeziehen (IAS 28.8). Dieses Konzept wurde aus SIC 33 übernommen. Nicht in den Anwendungsbereich von IAS 28 fallen Venture Capital Ges, Fonds uÄ, die nach IAS 39 zu erfassen sind (IAS 28.1). Darüber hinaus werden in IAS 28.13 weitere Unt von der Anwendung der Equity-Methode ausgenommen (uA Ges, die zum Verkauf vorgesehen sind) (*Zülch* KoR 2004, 153).

§ 312 Wertansatz der Beteiligung und Behandlung des Unterschiedsbetrags

(1) [1]**Eine Beteiligung an einem assoziierten Unternehmen ist in der Konzernbilanz**

1. entweder mit dem Buchwert oder

2. mit dem Betrag, der dem anteiligen Eigenkapital des assoziierten Unternehmens entspricht,

anzusetzen. [2]**Bei Ansatz mit dem Buchwert nach Satz 1 Nr. 1 ist der Unterschiedsbetrag zwischen diesem Wert und dem anteiligen Eigenkapital des assoziierten Unternehmens bei erstmaliger Anwendung in der Konzernbilanz zu vermerken oder im Konzernanhang anzugeben.** [3]**Bei Ansatz mit dem anteiligen Eigenkapital nach Satz 1 Nr. 2 ist das Eigenkapital mit dem Betrag anzusetzen, der sich ergibt, wenn die Vermögensgegenstände, Schulden, Rechnungsabgrenzungsposten, Bilanzierungshilfen und Sonderposten des assoziierten Unternehmens mit dem Wert angesetzt werden, der ihnen an dem nach Absatz 3 gewählten Zeitpunkt beizulegen ist, jedoch darf dieser Betrag die Anschaffungskosten für die Anteile an dem assoziierten Unternehmen nicht überschreiten; der Unterschiedsbetrag zwischen diesem Wertansatz und dem Buchwert der Beteiligung ist bei erstmaliger Anwendung in der Konzernbilanz gesondert auszuweisen oder im Konzernanhang anzugeben.** [4]**Die angewandte Methode ist im Konzernanhang anzugeben.**

(2) [1]**Der Unterschiedsbetrag nach Absatz 1 Satz 2 ist den Wertansätzen von Vermögensgegenständen und Schulden des assoziierten Unternehmens insoweit zuzuordnen, als deren Wert höher oder niedriger ist als der bisherige Wertansatz.** [2]**Der nach Satz 1 zugeordnete oder der sich nach Absatz 1 Satz 1 Nr. 2 ergebende Betrag ist entsprechend der Behandlung der Wertansätze dieser Vermögensgegenstände und Schulden im Jahresabschluß des assoziierten Unternehmens im Konzernabschluß fortzuführen, abzuschreiben oder aufzulösen.** [3]**Auf einen nach Zuordnung nach Satz 1 verbleibenden Unterschiedsbetrag und einen Unterschiedsbetrag nach Absatz 1 Satz 3 zweiter Halbsatz ist § 309 entsprechend anzuwenden.**

(3) [1]**Der Wertansatz der Beteiligung und die Unterschiedsbeträge werden auf der Grundlage der Wertansätze zum Zeitpunkt des Erwerbs der Anteile oder der erstmaligen Einbeziehung des assoziierten Unternehmens in den Konzernabschluß oder beim Erwerb der Anteile zu verschiedenen Zeitpunkten**

zu dem Zeitpunkt, zu dem das Unternehmen assoziiertes Unternehmen geworden ist, ermittelt. [2]Der gewählte Zeitpunkt ist im Konzernanhang anzugeben.

(4) **[1]Der nach Absatz 1 ermittelte Wertansatz einer Beteiligung ist in den Folgejahren um den Betrag der Eigenkapitalveränderungen, die den dem Mutterunternehmen gehörenden Anteilen am Kapital des assoziierten Unternehmens entsprechen, zu erhöhen oder zu vermindern; auf die Beteiligung entfallende Gewinnausschüttungen sind abzusetzen. [2]In der Konzern-Gewinn- und Verlustrechnung ist das auf assoziierte Beteiligungen entfallende Ergebnis unter einem gesonderten Posten auszuweisen.**

(5) **[1]Wendet das assoziierte Unternehmen in seinem Jahresabschluß vom Konzernabschluß abweichende Bewertungsmethoden an, so können abweichend bewertete Vermögensgegenstände oder Schulden für die Zwecke der Absätze 1 bis 4 nach den auf den Konzernabschluß angewandten Bewertungsmethoden bewertet werden. [2]Wird die Bewertung nicht angepaßt, so ist dies im Konzernanhang anzugeben. [3]§ 304 über die Behandlung der Zwischenergebnisse ist entsprechend anzuwenden, soweit die für die Beurteilung maßgeblichen Sachverhalte bekannt oder zugänglich sind. [4]Die Zwischenergebnisse dürfen auch anteilig entsprechend den dem Mutterunternehmen gehörenden Anteilen am Kapital des assoziierten Unternehmens weggelassen werden.**

(6) **[1]Es ist jeweils der letzte Jahresabschluß des assoziierten Unternehmens zugrunde zu legen. [2]Stellt das assoziierte Unternehmen einen Konzernabschluß auf, so ist von diesem und nicht vom Jahresabschluß des assoziierten Unternehmens auszugehen.**

Übersicht

Schrifttum: *Busse von Colbe* Die Equity-Methode zur Bewertung von Beteiligungen im Konzernabschluß in Gaugler/Meissner/Thom (Hrsg): Zukunftsaspekte der anwendungsorientierten Betriebwirtschaftslehre, FS Grochla, Stuttgart 1986, 249; *Busse von Colbe/Chmielewicz* Das neue Bilanzrichtlinien-Gesetz DBW 1986, 289; *Zündorf* Quotenkonsolidierung versus Equity-Methode, Stuttgart 1987; *Küting/Zündorf* Die Equity-Methode im deutschen Bilanzrecht BB 1986 Beilage 7 zu Heft 21; *Ordelheide* Equity-Methode DBW 1986, 87; *AK Schmalenbach* Aufstellung von Konzernabschlüssen ZfbF-Sonderheft 21/1987; *Harms* Das Aussetzen der Equity-Methode BB 1987, 1426; *ders* Ausweisfragen bei der Bewertung „at equity" BB 1987, 935; *Havermann* Die Equity-Bewertung von Beteiligungen WPg 1987, 315; *HFA* 3/1988 Einheitliche Bewertung im Konzernabschluß WPg 1988, 483; *HFA* 4/1988 Konzernrechnungslegung bei unterschiedlichen Abschlußstichtagen WPg 1988, 682; *Jasper* Assoziierte Unternehmen im deutschen und britischen Konzernabschluß, Berlin 1989; *Pellens* Die Anwendung der Equity-Methode auf ausländische assoziierte Mutterunternehmen DB 1990, 697; *Küting/Harth* Die Behandlung einer negativen Aufrechnungsdifferenz im Rahmen der Purchase-Methode nach APB 16 und IAS 22 – Vergleich und beispielhafte Darstellung – WPg 1999, 489; *v Wysocki/Wohlgemuth*[4] Konzernrechnungslegung, Düsseldorf 1996; *Baetge/Kirsch/Thiele*[7] Konzernbilanzen, Düsseldorf 2004.

S auch das *Schrifttum* zu §§ 301, 310 und 311.

A. Grundkonzeption, Methoden und Unterschiedsbetrag bei erstmaligem Ausweis (Abs 1 und 2)

I. Die Grundkonzeption der Equity-Methode

Beteiligungen an assozUnt (zum Begriff s § 311 Anm 1) sind nach der Equity-Methode, einer vereinfachten Form der erfolgswirksamen KapKons, in den KA einzubeziehen (DRS 8.3). Ihr **Zweck** ist, auf längere Sicht eine Übereinstimmung zwischen dem Buchwert einer Beteiligung und dem anteiligen bilanziellen EK des BetUnt herzustellen. Dazu wird der Beteiligungsansatz (AK) um die nach Beteiligungserwerb erzielten Gewinne erhöht und um Verluste und Ausschüttungen vermindert (DRS 8.20). 1

Die Bilanzierung von Beteiligungen nach der Equity-Methode wird vielfach als **informativer** angesehen als eine Bewertung zu AK, weil stille Reserven im Beteiligungsansatz oberhalb der AK aufgedeckt werden 2

Die Equity-Methode unterscheidet sich von der VollKons dadurch, dass das EK nur **anteilig** mit dem Beteiligungsbuchwert verrechnet wird und das Ergebnis der einzelnen KonsSchritte nicht bei den einzelnen Aktiva und Passiva der Konzernbilanz erfasst, sondern in dem Bilanzansatz für die Beteiligung am assozUnt zusammengefasst wird. Man bezeichnet dieses Verfahren deshalb auch als „one-line-consolidation". 3

Ggü der VollKons gem §§ 301 ff hat das HGB für die Einbeziehung von assozUnt in den KA lediglich eine **partielle Konsolidierung** vorgesehen. In Abs 1 ist die Kapitalaufrechnung und in Abs 2 die Fortschreibung eines sich daraus ergebenden Unterschiedsbetrags geregelt. Außerdem sind gem Abs 5 S 3 Zwischenerfolge zu eliminieren, soweit die relevanten Informationen bekannt oder zugänglich sind. Siehe in diesem Zusammenhang auch die Informationsanforderungen als Voraussetzung zur Anwendung der Equity-Methode in § 311 Anm 18. In § 312 ist jedoch weder eine SchuldenKons noch eine Aufwands- und ErtragsKons noch eine Steuerabgrenzung nach § 306 explizit vorgeschrieben. 4

Ferner darf das assozUnt auch auf der Basis abw Bewertungsmethoden in den KA einbezogen werden, wenn im Konzernanhang darauf hingewiesen wird (Abs 5 S 1 und 2). Nach DRS 8.8 sind sowohl die Vorschriften des HGB als auch die Regelungen des DRS zu beachten. Grundlage für die Einbeziehung ist abw von § 299 immer der *letzte* JA bzw KA des assozUnt (Abs 6). Demgegenüber sieht DRS 8.12f eine nahezu analoge Anwendung des § 299 vor.

II. Die Berücksichtigung von stillen Reserven und Geschäfts- oder Firmenwerten

5 Abs 1 regelt den erstmaligen Wertansatz einer Beteiligung an einem assozUnt in der Konzernbilanz, Abs 2 die Fortschreibung des Unterschiedsbetrags. Es soll im Folgenden von dem „Regelfall" ausgegangen werden, dass der Erwerber einer Beteiligung einen Kaufpreis zahlt, der *über* das anteilige buchmäßige EK, welches auf die Beteiligung entfällt, hinausgeht. Mit diesem „höheren" Kaufpreis können stille Reserven und ggf ein GFW abgegolten sein. Häufig wird der Kaufpreis auf der Grundlage eines Ertragswerts ermittelt und kann daher nur mittelbar und ggf nur teilweise den Posten der Bilanz des erworbenen assozUnt zugerechnet werden.

6 Das HGB sieht in Abs 1 und 2 zwei Verfahren der Berücksichtigung von **stillen Reserven** und eines **Geschäfts- oder Firmenwertes** vor, die sich idR nur im Bilanzausweis unterscheiden. Die Technik der KapKons bei Anwendung der Equity-Methode entspricht in allen wesentlichen Punkten – mit Ausnahme der AK-Begrenzung (s Anm 23) – derjenigen bei der VollKons nach § 301 (s dort insb Anm 45 bis 107). Wie dort sind auch hier die **Buchwertmethode** (Abs 1 S 1 Nr 1) und die **Neubewertungsmethode** (Abs 1 S 1 Nr 2) zugelassen. Analog zur VollKons nach § 301 Abs 1 S 2 ist die ErstKons nach beiden Methoden erfolgsneutral und die FolgeKons erfolgswirksam (*WPH*[12] I M 446). Nach DRS 8.17f ist die „in Deutschland übliche Buchwertmethode anzuwenden, die zugleich auch internationaler Standard ist" (s aber Anm 30).

Hat ein Konzern mehrere „at equity" zu bewertende Beteiligungen, sollten diese iSd Generalnorm des § 297 Abs 2 S 2 einheitlich behandelt werden (*Niehus* in HdJ V/3 Anm 74; *ADS*[6] § 312 Anm 17). Grds gilt jedoch ein Wahlrecht für jeden Einzelfall. Die Wahl zur ErstKons bindet allerdings für die Zukunft, da der **Stetigkeitsgrundsatz** (§ 252 Abs 1 Nr 6) über § 298 Abs 1 S 1 auch für den KA gilt.

1. Buchwertmethode

10 Hier ist eine Beteiligung an einem assozUnt in der Konzernbilanz beim erstmaligen Ausweis mit ihrem Buchwert laut JA des MU anzusetzen. Der Unterschied zwischen Beteiligungsbuchwert und konsolidierungspflichtigem Kapital des assozUnt wird bei erstmaliger Anwendung in der Konzernbilanz vermerkt oder im Konzernanhang angegeben (Abs 1 S 2). Nach DRS 8.47 ist darüber hinaus der Betrag des GFW anzugeben.

Als **Beispiel** sei angenommen, dass das Unt A eine Beteiligung von $^1/_3$ an dem Unt B zu einem Kaufpreis von 1000 erwirbt. B weise ein bilanzielles EK von 1500 aus, so dass davon 500 auf A entfallen. Es sei angenommen, dass A im Kaufpreis stille Reserven in den VG der Bilanz von B in Höhe von 600, anteilig also 200, bezahlt hat. Darüber hinaus hat A den GFW von B mit 900 (also anteilig 300) im Kaufpreis mit vergütet:

	B gesamt	auf A entfallend ($^1/_3$ von B)
Eigenkapital (bilanziell)	1500	500
Stille Reserven	600	200
Firmenwert	900	300
Unternehmenswert/Kaufpreis	3000	1000

Wählt A die Buchwertmethode, sind seine AK (= Buchwert) von insgesamt 1000 aus seinem JA auch in der Konzernbilanz anzusetzen. Er muss lediglich im Jahr der **Erstkonsolidierung** den Unterschiedsbetrag zwischen diesem Buchwert und dem anteiligen bilanziellen EK (hier: 1000 abzgl 500 = 500) in der Konzernbilanz vermerken oder im Konzernanhang angeben (Abs 1 S 2). Der Unterschiedsbetrag enthält bei der Buchwertmethode sowohl anteilige stille Reserven als auch den anteiligen GFW (300), der nach DRS 8.47 im Anhang anzugeben ist. 11

Die nur in diesem Erstjahr notwendige Angabe des im Beispiel aktiven Unterschiedsbetrags von 500 beim Posten „Beteiligungen an assoziierten Unternehmen" könnte lauten: „davon Unterschiedsbetrag aus der Kapitalaufrechnung" oder als Vorspaltenvermerk: „Unterschiedsbetrag gem § 312 Abs 1 S 2 HGB". Alternativ ist auch eine Fn unter der Bilanz oder eine Anhangangabe zulässig.

Der aktive Unterschiedsbetrag von 500 muss jedoch für Zwecke der **Folgekonsolidierung** (s Anm 13, 14) nach den Regeln des Abs 2 fortgeführt werden. Dazu muss er in die Beträge aufgeteilt werden, die für stille Reserven und für den GFW bezahlt wurden (im Beispiel 200 bzw 300). Die **stillen Reserven** sind bereits *im Erwerbsjahr* den einzelnen VG und Schulden des assozUnt B in einer Nebenrechnung zuzuordnen (Abs 2 S 1). Zur Ermittlung der anteiligen stillen Reserven (abzgl anteiliger stiller Lasten wie zulässigerweise nicht dotierte Pensionsrückstellungen) s § 301 Anm 85 ff. 12

In den Folgejahren sind die bei der Analyse des Unterschiedsbetrags ermittelten und den VG und Schulden zugeordneten stillen Reserven von zunächst 200 entspr der Behandlung der Wertansätze dieser VG und Schulden im JA des assozUnt B in der Nebenrechnung fortzuführen, abzuschreiben oder aufzulösen (Abs 2 S 2, DRS 8.20 f).

Die Veränderung des Unterschiedsbetrags wird in der Konzernbilanz des Folgejahres indes nur „einzeilig" beim Aktivposten „Beteiligungen an assoziierten Unternehmen" ausgewiesen und nicht wie bei der VollKons gem § 301 bei jedem Aktiv- und Passivposten gezeigt. Die Differenz zu den ursprünglichen stillen Reserven (hier 200) ist erfolgswirksam.

Werden stille Reserven nur bei abnutzbaren VG festgestellt, löst sich der die stillen Reserven betr Unterschiedsbetrag beim Abgang oder durch (planmäßige) Abschreibungen im Laufe der Nutzungsdauer der betr VG auf. Bei nichtabnutzbaren VG tritt die Auflösung des Unterschiedsbetrags erst mit dem Abgang oder einer ao Wertminderung ein. Diese Veränderungen bei den stillen Reserven wiederholen sich in jedem Jahr; ergebniswirksam ist immer nur der negative oder positive Spitzenbetrag zum Unterschiedsbetrag des Vj.

Der zweite Teil des ursprünglichen Unterschiedsbetrags (die restlichen 300) stellt den Anteil am **Geschäfts- oder Firmenwert** (von insgesamt 900) dar (Abs 2 S 3). Diese Restgröße von 300 ist nach den Regeln des § 309 entweder in den folgenden vier Gj mit mind je einem Viertel durch Abschreibungen zu tilgen oder planmäßig auf die Gj zu verteilen, in denen er voraussichtlich genutzt werden kann. Der GFW darf auch sofort bei ErstKons offen mit den Rücklagen des Konzerns verrechnet werden (Abs 2 S 3 iVm § 309 Abs 1 S 3). Hierzu ist der Buchwert der Beteiligung an dem assozUnt im *Zeitpunkt der ErstKons* (Anm 11) um den anteiligen GFW erfolgsneutral zu verringern (im Beispiel von 1000 auf 700). 13

DRS 8.23 fordert in Anlehnung an die entspr Regelungen zur VollKons (DRS 4.27 ff) die erfolgswirksame lineare Abschreibung des GFW über längstens 20 Jahre (s § 309 Anm 15 f). Eine andere als die lineare Abschreibung wird nur in Ausnahmefällen als zulässig angesehen. Nach DRS 8.47 sind die gewählte Abschreibungsmethode und Nutzungsdauer bei erstmaliger Einbeziehung nach der Equity-Methode im Konzernanhang anzugeben. Abweichungen von der linearen Abschreibung oder eine Nutzungsdauer von mehr als 20 Jahren sind zu begründen.

14 Erworbene stille Reserven und GFW werden somit im Laufe der Jahre abgeschrieben oder aufgelöst. Der Buchwert der Beteiligung an einem assozUnt gleicht sich so über die Jahre tendenziell an das anteilige bilanzielle EK des assozUnt an, da alle Veränderungen des EK nach der ErstKons durch weitere Anpassungen ebenfalls berücksichtigt werden (dazu Anm 60ff).

15 Bei dem Buchwert der Beteiligung am assozUnt, der bei der Buchwertmethode den Ausgangswert für die Fortschreibung in der Konzernbilanz bildet, handelt es sich um den Wertansatz im JA des einbezogenen MU oder TU, das die Beteiligung unmittelbar hält. Weicht dieser Wertansatz von den auf den KA anzuwendenden Bewertungsmethoden ab, muss eine **Neubewertung** des Beteiligungsbuchwerts in der HB II (hierzu § 300 Anm 26ff) stattfinden (§ 308 Abs 2 S 1), die dann auch für die EquityKons maßgebend ist. Dies kann zB bei ausländischen Unt der Fall sein, die den Beteiligungsbuchwert zulässigerweise zu Wiederbeschaffungskosten bilanzieren (ebenso *Scherrer* in BoHdR § 312 Anm 18).

2. Neubewertungsmethode

20 Die nach DRS 8.17f nicht zulässige Neubewertungsmethode unterscheidet sich von der Buchwertmethode iw dadurch, dass sie als Ausgangswert für die Fortschreibung in den Folgejahren nicht den Beteiligungsbuchwert, sondern das anteilige EK zu *Zeitwerten* bestimmt; also in unserem Beispiel (Anm 10) mit dem bilanziellen EK von 500 plus stillen Reserven von 200. Infolgedessen ist der bei der ErstKons offenzulegende Unterschiedsbetrag (Anm 11) hier um die anteiligen stillen Reserven kleiner als bei der Buchwertmethode. Der Unterschiedsbetrag repräsentiert bei der Neubewertungsmethode also den bezahlten anteiligen GFW, in unserem Beispiel 300. Der zu bilanzierende Gesamtbetrag von 1000 im Beispiel bleibt gleich.

Nach Abs 1 S 1 Nr 2 ist bei dieser Methode die Beteiligung an dem assozUnt in der Konzernbilanz mit dem Betrag anzusetzen, der dem anteiligen EK des assozUnt entspricht.

Das anteilige EK wird gem Abs 1 S 3 im Erwerbsjahr ermittelt, indem die VG, Schulden, RAP, Bilanzierungshilfen und Sonderposten des assozUnt mit dem Wert angesetzt werden, der ihnen an dem nach Abs 3 gewählten Bewertungszeitpunkt (Anm 45) beizulegen ist. Das anteilige neubewertete EK darf jedoch die AK der Beteiligung nicht überschreiten (Abs 1 S 3 Halbsatz 1).

21 Der Unterschiedsbetrag ist auch bei der Neubewertungsmethode definiert als Differenz zwischen diesem Anteilswert und dem Buchwert der Beteiligung (in unserem Beispiel 300 GFW). Er ist wie bei der Buchwertmethode im Jahr der **Erstkonsolidierung** in der Konzernbilanz gesondert auszuweisen oder im Konzernanhang anzugeben (Abs 1 S 3 Halbsatz 2). S hierzu ergänzend Anm 11. Dabei kommt als gesonderter Ausweis sowohl der Ansatz unter GFW als auch innerhalb der Beteiligungen an assozUnt in Betracht. Erfolgt der Ausweis des GFW innerhalb der Beteiligungen an assozUnt wird auch bei der Neubewertungsmethode der Beteiligungsbuchwert des JA voll in die Konzernbilanz übernommen. Der darin enthaltene GFW ist wie bei der Buchwertmethode (Anm 11) zB durch einen Davon-Vermerk (zB „davon Firmenwert € …") oder durch eine Aufgliederung in der Vorspalte oder einen Vermerk unter der Konzernbilanz gesondert zu kennzeichnen (ebenso *WPH*[12] I M 475). Bei Ausweis des GFW aus der Anwendung der Equity-Methode besteht ggü der Buchwertmethode lediglich ein Ausweisunterschied durch die Aufteilung des Bilanzpostens. Zieht man die bei der Buchwertmethode erforderliche Nebenrechnung für alle FolgeKons in die Betrachtung ein, besteht hinsichtlich der durchzuführenden Neubewertung beim assozUnt mit Zeitwerten zum ErstKons-Zeitpunkt kein grds Unterschied (glA *Begr RegE,* 41).

Auch bei der Neubewertungsmethode sind die stillen Reserven in den Folgeperioden so fortzuführen, wie die Bilanzposten, denen sie bei der ErstKons zugerechnet wurden; s hierzu auch § 301 Anm 85 ff. Dabei ermittelte Veränderungen bei den stillen Reserven und die Abschreibungen auf den erworbenen (derivativen) GFW (dazu auch Anm 13) werden im KA zusätzlich zum anteiligen Jahreserfolg ergebniswirksam; Ausschüttungen des assozUnt sind im KA erfolgsneutral zu behandeln (s Anm 61).

Nach dem Wortlaut der Vorschriften für die Neubewertungsmethode (Abs 1 S 3) und für die Buchwertmethode (Abs 2 S 1) zu urteilen, unterscheiden sich die beiden Methoden bei der Zuordnung der stillen Reserven. Während diese bei der Buchwertmethode lediglich den VG und Schulden zuzuordnen sind, sieht die Vorschrift für die Neubewertungsmethode ausdrücklich auch eine Zuordnung auf RAP, Bilanzierungshilfen und Sonderposten vor. **22**

Da jedoch bei den zuletzt genannten Posten Zeit- und Buchwert immer übereinstimmen dürften, enthalten sie grds keine stillen Reserven und Lasten (§ 301 Anm 77 ff). Materiell besteht somit kein Unterschied zwischen der Buchwert- und der Neubewertungsmethode.

Hinsichtlich des GFW ist gelten die gleichen Grundsätze wie bei der Buchwertmethode (Anm 13). Ist der nach Vornahme der Neubewertung der Aktiva und Passiva des assozUnt sich ergebende Betrag für den Beteiligungsansatz in der Konzernbilanz nach der Neubewertungsmethode höher als die AK der Beteiligung, dürfen höchstens diese AK in der Konzernbilanz angesetzt werden (Abs 1 S 3 Halbsatz 1). Durch diese Obergrenze bleiben die Beteiligungswertansätze gem Neubewertungsmethode und gem Buchwertmethode praktisch gleich. Die Beibehaltung dieser Begrenzung ist eine Abweichung zu den Regelungen der VollKons, für die keine Begrenzung auf die AK besteht (s 5. Aufl § 301 Anm 110). Konsequent wäre gewesen, auch für die Equity-Bewertung nach der Neubewertungsmethode die Begrenzung auf die AK entfallen zu lassen. Der entspr Gegenposten zur Vermeidung des Ausweises eines die AK übersteigenden EK wäre dann der passive Unterschiedsbetrag. **23**

Die Begrenzung auf die AK wäre zu beachten, wenn im Zahlenbeispiel (Anm 10) die AK nicht 1000, sondern 600 betragen hätten. Bei unveränderten anteiligen Zeitwerten von 700 wäre der Ansatz in der Konzernbilanz dann auf 600 begrenzt. Ein aktiver oder passiver Unterschiedsbetrag würde sich nicht ergeben. Zur Problematik der begrenzten Verteilbarkeit der stillen Reserven (200, davon zuordenbar 100) s § 301 Anm 95 ff. – Zum Ausweis der EquityKons im Anlagengitter und in der GuV s Anm 65 bis 73.

III. Die Berücksichtigung von negativen (passiven) Unterschiedsbeträgen

1. Buchwertmethode

Bei der Buchwertmethode entsteht ein negativer Unterschiedsbetrag bei der ErstKons, wenn das anteilige buchmäßige EK des assozUnt den Beteiligungsbuchwert übersteigt. Im Zahlenbeispiel (Anm 10) müsste daher der Beteiligungsbuchwert weniger als 500 betragen. Dieser Fall kann vorkommen, wenn im JA des assozUnt stille Lasten (wie Pensions-Altlasten) nicht bilanziert sind **30** oder wenn in früheren Jahren außerplanmäßige Abschreibungen auf den Beteiligungsbuchwert vorgenommen wurden, denen nicht entspr EK-Minderungen beim assozUnt gegenüberstehen. Letzterer Fall kann bei Anwendung der Vorschriften des DRS 8.14 ff nicht zum Entstehen eines passiven Unterschiedbetrags führen, da in diesem Fall die Ermittlung des Equity-Wertansatzes auf Basis der jeweiligen Erwerbszeitpunkte vorzunehmen ist und anschließend eine retroaktive Anpassung im KA erfolgt (Anm 45).

Die Forderung in DRS 8.17 f, die Buchwertmethode anzuwenden und die Feststellung, dass diese dem internationalen Standard entspricht, berücksichtigt uE einen inhaltlichen Unterschied der Buchwertmethode nach HGB zu den entspr internationalen Standards nicht. Wie bei der Buchwertmethode nach HGB (sofern AK = Buchwert) werden nach den internationalen Standards als Ausgangspunkt der Bewertung die AK angesetzt. Allerdings sind in einer Nebenrechnung die stillen Reserven und Lasten bei den identifizierbaren VG und Schulden aufzudecken und ein verbleibender Unterschiedsbetrag zu ermitteln. Die Aufdeckung der stillen Reserven und Lasten ist nicht wie bei der Bilanzierung nach HGB durch die AK der Beteiligung begrenzt, so dass ein passiver Unterschiedsbetrag auch dann entstehen kann, wenn die AK der Anteile das anteilige bilanzielle EK des assozUnt übersteigen (*IDW,* 327). Die Angleichung an die internationalen Regelungen würde damit eine Neufassung des § 312 analog zu einem Entfall der AK-Begrenzung bei der Buchwertmethode in der Vollkons erfordern (§ 301 Anm 95 f) Materielle Auswirkungen können sich durch diesen Unterschied uE wegen der in DRS 8.24 vorgesehenen Behandlung eines daraus entstehenden passiven Unterschiedsbetrags bis zur Höhe der nicht monetären VG im Regelfall nicht ergeben („indirekte Abstockung", Anm 31).

Die Vermerk- bzw Angabepflicht des Abs 1 S 2 für den Unterschiedsbetrag bezieht sich formal auch auf den Fall des passiven Unterschiedsbetrags. Es ist allerdings strittig, ob dann ein Bilanzvermerk sinnvoll ist (so auch *Scherrer* in BoHdR § 312 Anm 22). Ein Davon-Vermerk zum Bilanzausweis ist nicht zulässig, da der passive Unterschiedsbetrag darin nicht enthalten ist.

Andererseits bestehen uE keine Bedenken gegen einen Vorspaltenausweis, wenn der „negative Unterschiedsbetrag aus der Kapitalaufrechnung" in der Vorspalte offen vom „anteiligen EK an assozUnt" abgesetzt und in der Hauptspalte der Beteiligungsbuchwert ausgewiesen wird. Der negative Unterschiedsbetrag darf indes nicht passiviert werden, da der Beteiligungsbuchwert die Obergrenze für die Bewertung der Beteiligung am assozUnt bildet. So auch DRS 8.19, der die Erfassung und Fortführung der Unterschiedsbeträge in einer Nebenrechnung vorsieht.

Soweit ein passiver Unterschiedsbetrag durch Gewinnthesaurierungen zwischen Anteilserwerb und ErstKons entstanden ist, sollte er mit den Gewinnrücklagen erfolgsneutral verrechnet werden (ebenso *ADS*[6] § 312 Anm 51 und 68). Dies entspricht – bei isolierter Betrachtung – der Forderung in DRS 8.14 ff, nach denen die Kapitalaufrechnung zu den jeweiligen Erwerbszeitpunkten vorgenommen werden soll (Anm 45).

31 Passive Unterschiedsbeträge werfen auch bei den **Folgekonsolidierungen** zusätzliche Fragen auf. Bei der **Buchwertmethode** ist zu unterscheiden zwischen zugeordneten Teilen des Unterschiedsbetrags (Abs 2 S 2) und nicht zugeordneten Teilbeträgen (Abs 2 S 3).

Die **zugeordneten Teile** eines negativen Unterschiedsbetrags (zB zulässigerweise nicht passivierte Pensionsaltlasten) sind entspr der Behandlung der bei der ErstKons definierten Bezugsposten in einer Nebenrechnung fortzuführen oder aufzulösen (Abs 2 S 2). Die Nebenrechnung dient der Fortschreibung des Beteiligungsbuchwerts in der Konzernbilanz (glA *d'Arcy/Kurt* in Beck HdR C 511 Anm 47). Jede (Teil-)Auflösung des negativen Unterschiedsbetrags wirkt in der Konzernbilanz ergebnisverbessernd; sie erhöht unmittelbar den Beteiligungsbuchwert, der auf diese Weise auch über die AK der Beteiligung hinaus anwachsen kann (so auch *WPH*[12] I M 471).

Vom HGB wird der **nicht zuordenbare negative Unterschiedsbetrag** als „verbleibender Unterschiedsbetrag" bezeichnet, weil er inhaltlich nicht definiert werden kann. Solche Beträge dürfen gem Abs 2 S 3 iVm § 309 Abs 2 wie bei der VollKons nur bei Vorliegen folgender Voraussetzungen ergebniswirksam aufgelöst werden:

1. Die erwartete ungünstige Entwicklung der künftigen Ertragslage des assozUnt ist eingetreten oder die erwarteten Aufwendungen sind nun im JA berücksichtigt worden; hier stellte der passive Unterschiedsbetrag eine Antizipation dieser Belastungen im KA dar, die nun entfallen kann (Kauf eines „badwill") (DRS 8.24).
2. Am Stichtag einer FolgeKons steht fest, dass der negative nicht zuordenbare Unterschiedsbetrag einen inzwischen realisierten Gewinn aus dem Beteiligungserwerb am assozUnt darstellt („lucky buy") und deshalb eine Zuschreibung gerechtfertigt ist (so auch *Scherrer* in BoHdR § 312 Anm 39).

Wie in Anm 30 dargestellt, unterscheidet sich die Buchwertmethode nach DRS 8 im Ansatz von der Buchwertmethode nach HGB. DRS 8.24 b) definiert daher den realisierten Gewinn als den Betrag, um den der negative Unterschiedsbetrag die beizulegenden Zeitwerte der erworbenen nicht monetären VG übersteigt. Die Beschränkung des realisierten Gewinns auf diesen Betrag, trägt der Unsicherheit bei der Ermittlung der Zeitwerte auf nicht monetäre VG Rechnung.

Soweit dem negativen Unterschiedsbetrag Zeitwerte nicht monetärer VG gegenüberstehen, ist nach DRS 8.24 a) dieser über die *gewichtete* durchschnittliche Nutzungsdauer der nicht monetären VG aufzulösen („indirekte Abstockung"). Der negative Unterschiedsbetrag wird, da er nur in der Nebenrechnung geführt wird, nicht gesondert auf der Passivseite der Bilanz ausgewiesen.

2. Neubewertungsmethode

Auch bei der nach DRS 8 nicht zulässigen **Neubewertungsmethode** kann ein passiver Unterschiedsbetrag entstehen. Abw zu den Regelungen über die KapKons sieht S 3 die Begrenzung des anteiligen EK auf die AK der Beteiligung vor (Anm 23). Damit führt ein die AK der Beteiligung übersteigendes anteiliges EK nicht zu einem passiven Unterschiedsbetrag. Die nachgewiesenen stillen Reserven abzgl stiller Lasten können nur teilweise aufgedeckt werden und es ergeben sich grds die gleichen Zuordnungsprobleme, wie bei der Buchwertmethode in der VollKons (§ 301 Anm 97 f). 35

Liegt der Beteiligungsbuchwert (zB durch Abschreibungen in Vj) unter den AK und auch unter dem Betrag der Neubewertung, ist der nach der Neubewertungsmethode (Abs 1 S 1 Nr 2, S 3) anzusetzende Betrag höher als der Buchwert. Da bei der Neubewertungsmethode nicht der (niedrigere) Beteiligungsbuchwert aus dem JA, sondern das (höhere) anteilige EK zu Zeitwerten in der Konzernbilanz angesetzt wird, muss die Differenz zwischen beiden Werten in einem Passivposten der Konzernbilanz berücksichtigt werden. Nur in diesem Fall wird ein (negativer) Unterschiedsbetrag bei der Equity-Methode in der Konzernbilanz separat ausgewiesen.

Zur Zusammenfassung von Unterschiedsbeträgen aus mehreren assozUnt s Anm 40. Ein Ausweis *nach* den EK-Posten erscheint zweckmäßig. Wird dabei ein solcher passiver Unterschiedsbetrag mit solchen aus der VollKons zusammengefasst, muss eine Aufgliederung im Konzernanhang erfolgen (so auch *Scherrer* in BoHdR § 312 Anm 27).

36 Bei **Folgekonsolidierungen** im Rahmen der Neubewertungsmethode sind ebenso wie bei der Buchwertmethode die zuordenbaren von den nicht zuordenbaren Unterschiedsbeträgen zu trennen (Anm 31).

IV. Zusammenfassung von Unterschiedsbeträgen

40 Bei Vorliegen mehrerer Assoziierungsverhältnisse ist die Kapitalaufrechnung für jedes assozUnt gesondert vorzunehmen. Dabei kann außerdem *im Erstjahr* der Kons zwischen Buchwertmethode und Neubewertungsmethode jeweils frei gewählt werden, jedoch ist eine einheitliche Ausübung des Wahlrechts wünschenswert (Anm 6). Zur Wahlrechtsbeschränkung durch DRS 8.17s Anm 6.

Dem von Abs 1 S 3 Halbsatz 2 für jeden einzelnen Unterschiedsbetrag geforderten „gesonderten Ausweis" dürfte es entsprechen, wenn mehrere passive und aktive Unterschiedsbeträge zu je einem passiven und aktiven Unterschiedsbetrag zusammengefasst werden. Da der Aussagewert dieser Beträge ohne zusätzliche Erl jedoch relativ gering ist, wird auch ein saldierter Ausweis passiver und aktiver Unterschiedsbeträge für zulässig gehalten (*WPH*[12] I M 463). Im Konzernanhang sind dann allerdings die im HGB geforderten entspr Aufgliederungen und Erl zu geben. Nach DRS 8.47 sind bei erstmaliger Einbeziehung neben Name, Sitz, Anteil am Kapital und Stimmrechten des assozUnt sowie dem Stichtag der erstmaligen Einbeziehung als assozUnt auch die Höhe der AK, der Unterschiedsbetrag zwischen AK und dem anteiligen EK und der Betrag des GFW bzw des negativen Unterschiedsbetrags im Konzernanhang anzugeben.

Daneben sind nach DRS 8.49 zu jedem Stichtag jeweils die Summe der GFW und der negativen Unterschiedsbeträge, die auf sämtliche assozUnt entfallen, im Konzernanhang anzugeben.

B. Mögliche Zeitpunkte der Ermittlung von positiven und negativen Unterschiedsbeträgen (Abs 3)

45 Die Regelung in Abs 3 entspricht derjenigen für die Zeitpunktwahl der ErstKons im Rahmen der VollKons (§ 301 Abs 2). Ebenso wie dort ist der gewählte Zeitpunkt im Konzernanhang anzugeben (S 2). Eine Begr für den gewählten Zeitpunkt wird ebenso wenig gefordert wie Angaben über Auswirkungen der Zeitpunktwahl auf die Höhe des Wertansatzes der Beteiligung oder auf die Unterschiedsbeträge. Auf die Erl bei § 301 Anm 140 bis 155 wird daher verwiesen.

Als frei zu wählende ErstKons-Zeitpunkte kommen (wie bei der VollKons) alternativ in Betracht:

- Zeitpunkt (I) des Erwerbs der Anteile,
- Zeitpunkt (II) der erstmaligen Einbeziehung des assozUnt in den KA,
- bei schrittweisem Anteilserwerb:
  Zeitpunkt (III), zu dem das BetUnt assozUnt wird.

Das HGB beschränkt sich auf die Nennung dieser Zeitpunkte, regelt aber keine Einzelheiten. Die resultierenden Gestaltungsspielräume für die ErstKons eines jeden assozUnt können unter Beachtung der Generalnorm des § 297 Abs 2 S 2 frei genutzt werden. DRS 8.14ff schränkt die Wahlrechte des HGB über den Zeitpunkt der Ermittlung der Unterschiedsbeträge ein. Danach ist für den

Fall des Erwerbs der Anteile an einem assozUnt die Kapitalaufrechnung auf Basis der Wertverhältnisse zum Zeitpunkt des Erwerbs vorzunehmen (DRS 8.14). Für den Fall, dass ein assozUnt bisher nicht nach der Equity-Methode bewertet wurde (zB wegen untergeordneter Bedeutung) oder erstmals ein maßgeblicher Einfluss auf die Beteiligung ausgeübt wird, ist die Kapitalaufrechnung jeweils auf die einzelnen Zeitpunkte des Erwerbs vorzunehmen (DRS 8.15). Die Anwendung des Zeitpunkts der erstmaligen Anwendung der Equity-Methode (Zeitpunkt II) wird durch DRS 8.16 ausgeschlossen. Gleiches gilt nach DRS 8.16 auch für den Zeitpunkt der erstmaligen Ausübung des maßgeblichen Einflusses (Zeitpunkt III), der sowohl durch weitere Anteilserwerbe als auch durch Änderung der Einflussnahme, zB bei Änderung der Besetzung der Verwaltungsorgane, entstehen kann. Der Stichtag der erstmaligen Einbeziehung als assozUnt ist nach DRS 8.47 im Anhang anzugeben.

I. Erwerbszeitpunkt der Anteile

Zum Zeitpunkt des Erwerbs der Anteile an dem assozUnt entspricht der Wertansatz der Beteiligung den AK der Anteile. Die AK können nur hier unmittelbar mit dem Wert verglichen werden, der den VG, Schulden usw des assozUnt zum Zeitpunkt des Beteiligungserwerbs beizulegen ist. Außerdem können nur in diesem Zeitpunkt erworbene Ergebnisse des assozUnt eindeutig von den während der Konzernzugehörigkeit erwirtschafteten (und im KA erfolgswirksam zu berücksichtigenden) Ergebnissen abgegrenzt werden (so auch *WPH*[12] I M 500 iVm M 372). Dies setzt voraus, dass das assozUnt auf diesen Erwerbszeitpunkt einen Zwischenabschluss oder JA erstellt und dass außerdem dieser (zB im Rahmen eines Bewertungsgutachtens) zur Verfügung steht. Andernfalls müssen praktikable Hilfslösungen gefunden werden (= Zeitpunkte II und III), die nach DRS 8 (Anm 45) nicht anwendbar sind. 47

Das gilt insb für die Fälle, in denen die Anteile zu verschiedenen Zeitpunkten erworben werden *oder* sie zunächst von untergeordneter Bedeutung sind *oder* der Erwerb im Laufe eines Konzern-Gj stattfindet und ein Zwischenabschluss des assozUnt zum KA-Stichtag erforderlich wird (*WPH*[12] I M 372). In den beiden ersten Fällen liegt zunächst eine „normale“, auch im KA zu AK oder zu einem niedrigeren beizulegenden Wert anzusetzende Beteiligung vor.

II. Zeitpunkt der erstmaligen Einbeziehung eines assoziierten Unternehmens

Zur Vereinfachung darf nach HGB die ErstKons auch zum Stichtag der erstmaligen Einbeziehung des assozUnt in den KA erfolgen. IdR ist dies der erste KA-Stichtag nach Erwerb der Anteile an dem assozUnt (*WPH*[12] I M 500ff). Bei übereinstimmenden Abschlussstichtagen hat die Wahl dieses Zeitpunkts den Vorteil, dass auf eine Nebenrechnung zur Ermittlung des Unterschiedsbetrags verzichtet werden kann (ebenso *Scherrer* in BoHdR § 312 Anm 42). 50

Der Anteilserwerb kann uU auch lange vor der erstmaligen Einbeziehung liegen, wenn die Beteiligung zunächst nur von untergeordneter Bedeutung ist und deshalb nicht einbezogen wird. Steigt die Bedeutung der Beteiligung später, bestehen für die Einbeziehung nach der Equity-Methode zwei Möglichkeiten:

– Trotz Nichteinbeziehung in den KA wird die Equity-Methode vom Erwerbszeitpunkt der Anteile an statistisch in einer Nebenrechnung durchgeführt. Bei der späteren erstmaligen Einbeziehung in die EquityKons wird das anteilige EK so angesetzt, als ob die Equity-Methode vom Erwerbszeitpunkt an angewendet worden wäre (sog retroaktive Anpassung, hierzu *WPH*[12] I M 501, DRS 8.14ff, Anm 45).

- Für die Ermittlung des Wertansatzes der Beteiligung und des Unterschiedsbetrags wird der Beteiligungsbuchwert des assozUnt im (späteren) Zeitpunkt der effektiven ErstKons zugrunde gelegt (vereinfachte Lösung). Diese Lösung ist mit DRS 8 nicht vereinbar, da hier jeweils auf die Erwerbszeitpunkte zurückzurechnen ist.

Zur Behandlung eines auf Gewinnthesaurierungen zwischen Erwerb und erstmaliger Einbeziehung beruhenden passiven Unterschiedsbetrags s Anm 30.

III. Zeitpunkt, zu dem eine Beteiligung assoziiertes Unternehmen geworden ist

53 Hier sind die Fälle des stufenweisen Erwerbs der Anteile zu mehreren Zeitpunkten ebenso angesprochen wie eine bisher auch im KA zu AK zu bilanzierende Beteiligung, die nun wegen Erhöhung der Beteiligungsquote in die EquityKons einbezogen werden muss. In beiden Fällen kann als relevanter Zeitpunkt für die Ermittlung des Wertansatzes der Beteiligung und des Unterschiedsbetrags in der Konzernbilanz der Zeitpunkt zu Grunde gelegt werden, an dem das BetUnt „assoziiert" wurde.

Auch hier wird eine (retroaktive) detaillierte Ermittlung zu mehreren Erwerbszeitpunkten oder den darauf folgenden KA-Stichtagen nicht ausgeschlossen (ebenso *ADS*[6] § 312 Anm 76; *WPH*[12] I M 501; aA offenbar *Scherrer* in BoHdR § 312 Anm 44), und in DRS 8.15f der Zeitpunkt des Erwerbs der Anteile sogar gefordert. Wegen Einzelheiten wird auf Anm 50 sowie auf § 301 Anm 149 verwiesen. In der Praxis wird mangels ausreichend detaillierter Unterlagen in solchen Fällen häufig nur eine Vereinfachungslösung in Betracht kommen.

IV. Abweichender Abschlussstichtag des assoziierten Unternehmens

55 Weicht der Abschlussstichtag eines assozUnt von dem Abschlussstichtag des MU ab, gilt anstatt der allgemeinen Grundsätze des § 299 Abs 3 die Vereinfachung gem Abs 6 (Anm 115). Das bedeutet für die Zeitpunkte (II) und (III), dass nicht in jedem Falle zur Berechnung des Unterschiedsbetrags ein Zwischenabschluss für das assozUnt erstellt werden muss. Der Unterschiedsbetrag muss dann aber durch Vor- oder Rückrechnungen näherungsweise bestimmt werden.

V. Andere Status-Veränderungen eines assoziierten Unternehmens

1. Wechsel bis zum Tochterunternehmen

57 In Abs 3 ist nur der Übergang einer Beteiligung zum assozUnt ausdrücklich geregelt. Weitere Anteilskäufe können aber zum Status als GemUnt oder als TU führen. Im ersten Fall *darf* alternativ zur Fortführung nach der Equity-Methode auch eine QuoKons nach § 310 vorgenommen werden (ebenso *Zündorf,* 5), sobald die dafür notwendigen Einzelunterlagen verfügbar sind.

Ist ein assozUnt TU geworden, setzen die Auskunftsrechte des MU gem § 294 Abs 3 S 2 und des Konzern-AP gem § 320 Abs 3 ein, so dass nur die Ausnahmegründe nach § 296 Abs 1 Nrn 1 und 2 einer VollKons entgegenstehen können (Einbeziehungswahlrecht bei nachhaltiger Beschränkung der Rechte und/oder unverhältnismäßig hohen Kosten oder Verzögerungen). Für diesen Fall gelten die Erl zum Erwerb von TU (§ 294 Anm 9ff und § 301

Anm 10ff) auch für assozUnt. Aus der „Einzeilen-Konsolidierung“ (Anm 3, 12) wird die VollKons. Dabei stellt der Equity-Wertansatz im Zeitpunkt des Übergangs auf die VollKons die anteiligen AK der entspr Beteiligung dar (DRS 8.33); die noch nicht verrechneten Unterschiedsbeträge werden auf die entspr Bilanzposten verteilt. In allen Fällen ändert sich der KonsKreis; die dazu gem § 294 Abs 2 notwendigen Angaben im Konzernanhang (§ 294 Anm 14ff) sollten von den in § 313 Abs 2 erforderlichen Einzelangaben getrennt werden.

2. Status-Minderungen

Anteilsverkäufe, Stimmrechtsverluste oder Stimmrechtsverzichte können dazu führen, dass der Status als TU nicht mehr gegeben ist, aber immer noch ein assozUnt nach § 311 vorliegt. Die Statusveränderung zieht einen Wechsel der anzuwendenden KonsMethode (von der VollKons zur Equity-Methode) nach sich. Zur konsolidierungstechnischen Umstellung s § 301 Anm 260f. 58

Geht auch der Status eines assozUnt durch Wegfall der Merkmale des § 311 Abs 1 verloren, muss die Beteiligung auch im KA (wie im JA) maximal zu AK oder zum niedrigeren beizulegenden Wert angesetzt werden; gleichzeitig ist sowohl in der Konzernbilanz als auch im Konzernanlagengitter eine Umgliederung auf Beteiligungen vorzunehmen. Die früheren Kons „at equity“ sind ebenso wie alle FolgeKons aufzuheben. Der in der Konzernbilanz vorgetragene Beteiligungsbuchwert ist zunächst in Höhe der abgegangenen Beteiligungsquote mit den Erlösen aus dem Anteilsverkauf zu verrechnen. Verbleibende Wertauf- bzw -abstockungen ggü dem Wertansatz im JA des einbezogenen Unt sind erfolgsneutral mit den Gewinnrücklagen des Konzerns zu verrechnen (ähnlich *WPH*[12] I M 505).

Abw dazu sieht DRS 8.38 in Anlehnung an die internationalen Regelungen vor, dass bei teilweiser Anteilsveräußerung als AK der verbleibenden Anteile der entspr Equity-Wertansatz angesetzt wird („Einfrieren der Equity-Methode“). Gleiches gilt für den Fall, dass der maßgebliche Einfluss nicht mehr besteht (DRS 8.41) Dies führt ggf dazu, dass die Beteiligung mit einem über den AK des JA liegenden Wert angesetzt wird. Dies wird in der bisherigen handelsrechtlichen Literatur als nicht zulässig angesehen (so auch *IDW* WPg 2001, 221, *Küting/Zündorf* in HdKR[2] § 312 Anm 167 mwN, *Schmidbauer* DStR 2001, 1544: „Kann zu einem Verstoß gegen das Anschaffungskostenprinzip ... führen“). Vor dem Hintergrund der zutreffenden Darstellung der VFE-Lage und der Anpassung an die internationalen Regelungen erscheint diese Behandlung als zulässig hinnehmbar zu sein (so auch *Schruff* BB 2001). Resultiert der Unterschied zwischen den AK des JA und dem Equity-Wertansatz aus während der Anwendung der Equity-Methode thesaurierten Gewinnen, ist – zur Vermeidung der Doppelerfassung von Ergebnisbeiträgen im KA – die Ausschüttung dieser Ergebnisse in den Folgeperioden entspr als Minderung des Beteiligungsbuchwerts zu behandeln.

Auch hier ändert sich jeweils der KonsKreis, was Angaben im Konzernanhang erfordert; außerdem werden in § 313 Abs 2 je nach Status der Beteiligung unterschiedliche Einzelangaben gefordert (s § 313 Anm 145ff).

C. Die Fortschreibung des Equity-Wertansatzes (Abs 4)

I. Ermittlung des Beteiligungsergebnisses in Folgejahren (S 1)

60 Der für die ErstKons ermittelte Beteiligungswertansatz ist in den Folgejahren um **die anteiligen bilanziellen Eigenkapitalveränderungen,** wie anteilige Gewinne, Verluste und Gewinnausschüttungen nach Abs 4 S 1 zu erhöhen bzw. zu vermindern. Das für diese EK-Veränderungen beim assozUnt relevante EK ist die Summe aller EK-Posten gem § 266 Abs 3 Posten A I bis A V, also einschl des jeweiligen Jahresergebnisses des assozUnt.

61 Umbuchungen innerhalb des EK (zB Kapitalerhöhung aus GesMitteln) verändern den Beteiligungswert daher nicht (glA *WPH*[12] I M 479). **Jahresüberschüsse** (Jahresfehlbeträge) erhöhen (mindern) ergebniswirksam im Jahr ihrer Entstehung den anteiligen Wert der Beteiligung. Basis ist der jeweils zu Grunde gelegte Abschluss (s Anm 115ff) des assozUnt.

Da Jahresüberschüsse erfolgswirksam den Beteiligungsbuchwert anteilig im Entstehungsjahr erhöhen, müssen im Konzern-Gj **vereinnahmte Ergebnisse** erfolgsneutral behandelt werden. Die Ausschüttung führt in der Konzernbilanz zu einem Aktivtausch (Zugang an flüssigen Mitteln oder Forderungen gegen Beteiligungswertminderung); ebenso *ADS*[6] § 312 Anm 103. In der Konzern-GuV ist der spätere Zufluss eines im Entstehungsjahr vereinnahmten Beteiligungsertrags ebenfalls zu neutralisieren, also zu Lasten des Konzernergebnisses zu eliminieren (zum Steueraufwand s Anm 66ff).

62 Sofern bei assozUnt Anpassungen an konzerneinheitliche Ansatz- und Bewertungsmethoden (Anm 75ff) vorgenommen werden, sind die vorstehend erläuterten Ergebnisanteile aus der HB II (§ 300 Anm 26ff) abzuleiten. Als weitere **Ergebniskorrekturen** kommen Abschreibungen auf aktive und Auflösungen passiver Unterschiedsbeträge (Anm 31) sowie die Eliminierung von Zwischenergebnissen (Anm 90ff) in Betracht.

Diese anteiligen Modifikationen sollten in einer besonderen Ergebnisfortschreibung je assozUnt und Jahr dokumentiert werden. Die Einbeziehung in die jeweilige HB II (so wahlweise vom *WPH*[12] I M 480 vorgeschlagen) würde die dort ohnehin zahlreich durchzuführenden Korrekturen weiter ausweiten.

63 Die anteilige Übernahme von Jahresfehlbeträgen (Anm 61) kann – insb bei längeren Verlustperioden eines assozUnt – dazu führen, dass der **Wertansatz** für ein assozUnt **unter Null** sinkt. Ausschüttungen des assozUnt können aufgrund der unterschiedlichen Bemessungsgrundlage (JA des assozUnt) ebenfalls zu einem Wertansatz von unter Null führen.

Nach der überwiegenden Kommentierung und DRS 8.27 ist ein assozUnt im KA mit mind € 1,– anzusetzen, darüber hinausgehende Verluste in einer Nebenrechnung festzuhalten und spätere Gewinne erst nach „Tilgung" dieser Verluste dem Wertansatz des assozUnt zuzuschreiben (*WPH*[12] I M 487f; *Küting/Zündorf* in HdKR[2] § 312 Anm 130; für die USA *AICPA* APB Opinion No 18 § 19i). DRS 8.49d sieht eine Anhangangabe über die Summe der negativen – und daher im Ergebnis nicht bilanzierten – Equity-Werte vor. Führen Ausschüttungen des assozUnt zu einem Wertansatz von unter Null dürfen die übersteigenden Beträge erfolgswirksam im KA vereinnahmt werden, sofern keine Verlustausgleichsverpflichtungen bestehen. Auch in diesem Fall ist eine entspr Nebenrechnung in den Folgejahren erforderlich.

Rückstellungen dürfen (und müssen) hierfür im JA und KA gleichermaßen nur dann gebildet werden, wenn am Abschlussstichtag eine entspr Verpflichtung zur Verlustübernahme besteht.

Eine Überprüfung der Werthaltigkeit des Equity-Wertansatzes nach den Regelungen des § 253 wird auch im Rahmen der Equity-Methode von der überwiegenden Literatur für notwendig gehalten (*ADS*[6] § 312 Anm 195ff mwN, *Küting/Zündorf* in HdKR[2] § 312 Anm 81ff). DRS 8.28 folgt dieser Auffassung und schreibt eine Überprüfung des Equity-Wertansatzes zu jedem Bilanzstichtag vor. Übersteigt der Equity-Wertansatz den beizulegenden Zeitwert, sind Abschreibungen vorzunehmen. Wird eine solche Abschreibung unter Hinweis auf die nicht dauernde Wertminderung unterlassen, ist eine Anhangangabe gem § 314 Abs 1 Nr 11 erforderlich. Die außerplanmäßige Abschreibung mindert zunächst den in dem Equity-Wertansatz enthaltenen GFW und dann den verbleibenden Equity-Wertansatz (DRS 8.29). Nach Wegfall des Grundes sind entspr Wertaufholungen erforderlich. Dabei ist insb zu beachten, dass bei Eintritt der durch die außerplanmäßige Abschreibung antizipierten Verluste keine nochmalige Berücksichtigung dieser Verluste im Rahmen der Fortschreibung des Equity-Wertansatzes erfolgen darf (*IDW* WPg 2001, 220; *Küting/Zündorf* in HdKR[2] § 312 Anm 83). 64

Die spätere Wertaufholung ist begrenzt auf den Wert, der sich ergeben hätte, wäre die Fortschreibung des Equity-Wertansatzes ohne außerplanmäßige Abschreibung fortgeführt worden (DRS 8.29, *Schmidbauer* DStR 2001, 1543, *Kunowski* StuB 2002, 268).

II. Ausweis des Ergebnisses aus assoziierten Unternehmen in der Konzern-Gewinn- und Verlustrechnung (S 2)

Das auf assozUnt entfallende **Ergebnis** ist unter einem gesonderten Posten in der Konzern-GuV auszuweisen. Ein getrennter Ausweis von Aufwendungen und Erträgen aus assozUnt wird zur **Vereinfachung** ebenso wenig gefordert wie eine weitere Aufspaltung nach einzelnen Ergebniskomponenten (s auch *Scherrer* in BoHdR § 312 Anm 50; *ADS*[6] § 312 Anm 93; *WPH*[12] I M 608). In dem Ergebnis enthaltene ao Posten sind als davon-Vermerk oder im Anhang gesondert anzugeben (DRS 8.45). Diese Vereinfachung sollte uE nur dann angewandt werden, wenn die für einen Bruttoausweis aller Ergebniskomponenten notwendigen Unterlagen nicht zur Verfügung stehen. Das gilt auch für auf diesem „Ergebnis" lastende Ertragsteuern. 65

Erträge aus Beteiligungen an assozUnt sollten in der Konzern-GuV nach den Erträgen aus Beteiligungen (ggf an verbundenen Unt) gezeigt werden; *Harms,* 938; *AK-Schmalenbach* 154f. Ist der Saldo ein Aufwand, kommt ein Ausweis unmittelbar nach den Aufwendungen aus Verlustübernahmen (§ 277 Abs 3 S 2) – also *vor* oder *nach* dem Zinsaufwand; § 277 Anm 22 – in Betracht. Erl im Konzernanhang werden hierzu nicht explizit verlangt. Wird jedoch das Finanzergebnis im KA lediglich im Anhang aufgegliedert, muss, sofern nicht unwesentlich, dies auch für das „Ergebnis" aus den assozUnt geschehen, zumal § 246 Abs 2 *allgemein* den gesonderten Ausweis von Erträgen und Aufwendungen fordert.

Die Behandlung der **Ertragsteuern** bei der EquityKons ist im HGB nicht ausdrücklich geregelt. Bei der VollKons wird *grds* der Steueraufwand aus den einzelnen GuV in die Konzern-GuV übernommen. 66

Praktische Probleme bei Anwendung der Equity-Methode erschweren jedoch die durchgängige Einhaltung eines vollständigen und gesonderten Ertragsteuerausweises im KA. 67

Betrachtet man die Equity-Methode als eine KonsMethode, ist es zumindest vorzuziehen, den Ertrag aus assozUnt *vor* Ertragsteuern auszuweisen und den auf dieses Ergebnis entfallenden Ertragsteueraufwand im konsolidierten Ertragsteueraufwand in der Konzern-GuV zu erfassen (sog Bruttomethode). Bei der Nettomethode wird nur der nach Abzug der Ertragsteuern verbleibende Beteiligungsertrag aus assozUnt gezeigt. In beiden Fällen ist als Gegenposten in der Konzernbilanz der Wertansatz des assozUnt um den Saldo aus diesen beiden Größen, dem anteiligen Jahresüberschuss *nach* Ertragsteuern, zu erhöhen, denn nur dieser Nettobetrag ist eine fortzuschreibende EK-Änderung iSv Abs 4. DRS 8.46 fordert den Nettoausweis, danach ist die erfolgswirksame Änderung des Equity-Wertansatzes in der Konzern-GuV nach Kürzung von Ertragsteuern auszuweisen.

68 Schüttet das assozUnt **Gewinne aus,** die bei einem in den KA einbezogenen Unt vereinnahmt wurden, sind diese entspr beim Ansatz der assozUnt in der Konzernbilanz in Höhe der EKminderung des assozUnt zu kürzen (Abs 4 S 1 Halbsatz 2). Dies gilt unabhängig davon, für welches Gj die Ausschüttung erfolgt und welcher Abschluss des assozUnt der Equity-Bilanzierung zu Grunde gelegt wird, da der KA die Ergebnisbeiträge des assozUnt darstellen soll.

Beteiligungserträge in der GuV des empfangenden Unt sind in der Konzern-GuV zu eliminieren und durch die Erträge aus assozUnt zu ersetzen. Werden diese Beträge in den GuV der KonzernUnt brutto ausgewiesen, sind auch sie vollständig (brutto) zu eliminieren.

Je nach Vorbelastung der Ergebnisse aus assozUnt mit KSt und je nach Ausschüttungsverhalten der empfangenden TU oder des MU des Konzerns ist wie bei der VollKons eine Steuerabgrenzung (§ 306 Anm 26) vorzunehmen. Diese ist mit den Steuerabgrenzungen aus anderen KonsVorgängen zusammen zu fassen.

69 Fraglich kann sein, wie das Ergebnis eines assozUnt darzustellen ist, wenn der Gester durch einen Ertragszuschuss zur Sanierung des assozUnt beigetragen hat. Bei den Veränderungen gem Abs 4 wird zwar nicht nach den Ursachen des Ergebnisses gefragt, die Betrachtung der Equity-Methode als KonsVerfahren kann es aber nahelegen, den Sanierungsaufwand im Konzernergebnis zu stornieren und das Ergebnis des assozUnt vor Sanierungszuschuss auszuweisen. In Fällen von wesentlicher Bedeutung sollte ein Hinweis auf die Verfahrensweise im Konzernanhang erfolgen.

III. Erfolgsneutrale Veränderungen des Eigenkapitals beim assoziierten Unternehmen

70 Im Rahmen der Fortschreibung des EK des assozUnt kann es uA durch Fremdwährungsumrechnung des JA des assozUnt zu entspr erfolgneutralen Veränderungen des EK des assozUnt kommen. Das gilt insb für den Fall, dass der EquityKons ein KA des assozUnt zu Grunde gelegt wird. Diese Änderungen sind nicht Bestandteil des Jahresergebnisses und daher erfolgsneutral in die Konzernbilanz zu übernehmen (DRS 8.25f, *ADS*[6] § 312 Anm 230). Dies gilt für alle Veränderungen des EK, die gem DRS 7.5 dem kumulierten übrigen Konzernergebnis zuzurechnen sind (DRS 8.26).

IV. Kapitalmaßnahmen beim assoziierten Unternehmen

71 Neben dem Erwerb und der Veräußerung von Anteilen können auch Kapitalmaßnahmen beim assozUnt zu entspr Veränderungen des Equity-Wertansatzes führen. DRS 8.42f bestimmt als grds Regel, dass der Teil des Änderungsbetrags des anteiligen EK, der nicht auf Einlagen des beteiligten Unt beruht, erfolgswirksam im Equity-Wert zu berücksichtigen ist.

Kapitalmaßnahmen, an denen alle Gester nach Maßgabe ihrer bisherigen Beteiligungsquote teilnehmen, führen zu entspr erfolgsneutralen Erhöhungen/Verminderungen des Equity-Wertansatzes. Ausnahmen können sich dann ergeben, wenn zB im Rahmen von Kapitalerhöhungen Anschaffungsnebenkosten anfallen, die zum Beteiligungsbuchwert aktiviert werden. Diese würden zu Unterschiedsbeträgen führen, die entspr ihres Charakters sofort ergebniswirksam zu berücksichtigen sind (*ADS*[6] § 312 Anm 114).

Nimmt das beteiligte Unt an Kapitalerhöhungen nicht oder nicht entspr seiner bisherigen Beteiligungsquote teil bzw werden Kapitalherabsetzungen des assozUnt nicht von allen Gestern im gleichen Umfang getragen, sieht DRS 8.42 die erfolgwirksame Berücksichtigung der Veränderung des anteiligen EK vor (ausführlich § 301 Anm 213 ff, *Küting/Zündorf* in HdKR[2] § 312 Anm 173 ff, *ADS*[6] § 312 Anm 120). Analog ist zu verfahren, wenn das assozUnt eigene Anteile mit über/unter dem Buchwert des EK liegenden Kaufpreis erwirbt.

V. Darstellung der Beteiligungsbuchwerte an assoziierten Unternehmen im Konzernanlagengitter

Im Unterschied zu den anderen Methoden der KapKons führt die Equity-Methode mit dem Posten „Beteiligungen (Anteilen) an assoziierten Unternehmen" zu einem gesonderten Ausweis im Konzernanlagengitter mit der Notwendigkeit, diesen im Zeitablauf fortzuschreiben. Unproblematisch ist der Kauf oder der Verkauf von Anteilen an einem assozUnt in einem Schritt; hier handelt es sich eindeutig um **Veränderungen im mengenmäßigen Bestand,** dh um „Zugang" bzw „Abgang" von Finanzanlagen des Konzerns. Bei einem stufenweisen Erwerb (Abs 3; Anm 53) kann es zunächst zu einem Ausweis unter „sonstigen Beteiligungen" kommen, der dann im Folgejahr unverändert vorzutragen ist. Die Statusänderung zu „Anteilen an assoziierten Unternehmen" führt uE zu einer Umgliederung; an Stelle der Umgliederung kann ein Abgang der (sonstigen) Beteiligung und „Zugang" bei assozUnt im Anlagengitter gezeigt werden. Entspr ist die Statusänderung vom assozUnt zum vollkonsolidierten TU als Abgang zu behandeln. In gleicher Weise ist bei einer Statusminderung vom TU zum assozUnt (Anm 58) ein „Zugang" (im Rahmen der ErstKons nach der Equity-Methode) bei Anteilen an assozUnt darzustellen. 72

An Stelle der Umgliederungs-, der Zugangs- oder Abgangsspalten wird häufig eine **gesonderte Spalte „Veränderungen des Konsolidierungskreises"** eingefügt, was den Sachverhalt genauer wiedergibt.

Analog zur VollKons ist auch im Rahmen der Equity-Methode eine EndKons durchzuführen, wenn der Status eines assozUnt durch Wegfall der Merkmale des § 311 Abs 1 verloren geht oder Anteile ganz oder teilweise verkauft werden. In Höhe des Abgangs ist der Equity-Wertansatz mit den Veräußerungserlösen zu verrechnen und die verbleibenden Anteile sind umzugliedern (ggf Abgang und Zugang; Letzterer oft mit einem anderen Wert, sofern nicht DRS 8.37 angewendet wird); Anm 58.

Problematischer als die vorgenannten mengenmäßigen Veränderungen auf Grund von Anteilsquoten- bzw Statusveränderungen sind die **wertmäßigen Änderungen** im Konzernanlagengitter einzuordnen. Geht man davon aus, dass neben § 268 Abs 2 (anwendbar gem § 298 Abs 1) auch die Regelung in Abs 4 S 2 (Konzern-GuV) sinngemäß für die Darstellung des Bilanzwerts gilt, kommt man zu dem Ergebnis, dass die *(ergebniswirksamen)* FolgeKons idR entweder „Zuschreibungen" oder „Abschreibungen" darstellen. Dies gilt sowohl für die in den FolgeKons fortzuführenden, abzuschreibenden oder aufzulösenden ergeb- 73 niswirksamen Teile des Unterschiedsbetrags des Abs 2 S 2 (Anm 12ff) als auch für die Fortschreibungen gem Abs 4 um anteilige Jahresüberschüsse bzw -fehlbeträge sowie die Verrechnung von Zwischenergebnissen nach Abs 5 S 3 und 4 (glA *Küting/Zündorf* in HdKR[2] § 312 Anm 104ff).

Werden solche Veränderungen als Zugang oder Abgang dargestellt, müsste im Konzernanhang verdeutlicht werden, in welchem Umfang Ergebnisvereinnahmungen in dieser Zeile des Anlagengitters enthalten sind.

Analog der Darstellung der ergebniswirksamen FolgeKons in der Konzern-GuV ist auch eine detailliertere Darstellung im Konzernanlagengitter zulässig, sogar wünschenswert (mit entspr Erl im Konzernanhang, Anm 65ff).

D. Wahlrecht zur Anpassung abweichender Ansatz- und Bewertungsmethoden bei assoziierten Unternehmen (Abs 5 S 1 und 2)

I. Konzerneinheitliche Bewertung und Anpassungswahlrecht

75 Im Unterschied zur VollKons von TU und zur QuoKons von GemUnt trägt das HGB den geringeren Einfluss- und Informationsmöglichkeiten bei assozUnt in Abs 5 S 1 dadurch Rechnung, dass eine Anpassung an die konzerneinheitlichen Bewertungsmethoden (§ 308) vorgenommen werden *darf,* aber nicht zwingend gefordert wird (Anpassungswahlrecht). Auch DRS 8.8 sieht keine zwingende Anpassung an die konzerneinheitliche Bilanzierung und Bewertung vor, sondern die Beachtung der Vorschriften des HGB und der Regelungen der DRS und schränkt somit das Wahlrecht in Abs 5 ein.

Eine Bewertungsanpassung sollte zwar grds erfolgen; sie wird jedoch nicht in jedem Fall möglich sein, weil (abgesehen von ausnahmsweise at equity bewerteten TU) der „maßgebliche Einfluss" iSv § 311 Abs 1 S 1 und 2 nicht immer ausreichen wird, das assozUnt zur Aufstellung einer HB II oder zur Herausgabe der erforderlichen Informationen zu veranlassen (*ADS*[6] § 312 Anm 129). Auch das Auskunftsrecht des Konzern-AP nach § 320 Abs 3 bezieht sich nur auf TU, nicht aber auf GemUnt und assozUnt. Außerdem kann die Bewertungsanpassung in Einzelfällen mit unverhältnismäßig hohem Aufwand verbunden sein, insb wenn Assoziierungsverhältnisse zu mehreren Ges bestehen und das assozUnt deshalb mehrere HB II aufstellen müsste (*Havermann* WPg 1987, 318). Das Anpassungswahlrecht ermöglicht die Anwendung der Equity-Methode auch ohne Bewertungsanpassung.

Erfolgt keine Anpassung an die konzerneinheitlichen Methoden, muss dies allerdings nach Abs 5 S 2 im Konzernanhang angegeben werden. Das gilt sowohl für die erstmalige Anwendung als auch für alle FolgeKons.

76 Als **Anwendungsbereich** für dieses Anpassungswahlrecht sind ausdrücklich die Rechenmethoden der Abs 1 bis 4 genannt. Demnach ist das Wahlrecht für folgende Sachverhalte relevant:

- Ermittlung des Unterschiedsbetrags zwischen Beteiligungsbuchwert und anteiligem buchmäßigem EK sowie Aufteilung eines sich ergebenden Unterschiedsbetrags (Buchwertmethode, Anm 10ff),
- Ermittlung des Unterschiedsbetrags zwischen Beteiligungsbuchwert und Substanzwertanteil (Neubewertungsmethode, Anm 20ff),
- Fortentwicklung der Unterschiedsbeträge in der FolgeKons (Anm 12ff, 21) und
- Ermittlung des anteiligen Jahresergebnisses des assozUnt (Anm 60ff).

Das Anpassungswahlrecht bezieht sich infolgedessen auch auf Abs 2 S 2, wonach zugeordnete (Buchwertmethode) oder sich ergebende (Neubewertungsmethode) einzelne Unterschiedsbeträge im KA entspr der Behandlung der Wertansätze dieser VG und Schulden im JA des assozUnt fortzuführen, abzuschreiben oder aufzulösen sind. Wird für solche Posten eine Anpassung an konzerneinheitliche Bewertungsgrundsätze gewählt, ist auch ein zugeordneter Unterschiedsbetrag entspr dieser Grundsätze fortzuschreiben.

Nach dem Wortlaut von Abs 5 S 1 gilt das Anpassungswahlrecht nur für **abweichende Bewertungsmethoden,** nicht jedoch für den Bilanz*ansatz*. Andererseits sind hier keine Anhaltspunkte für eine bewusste Differenzierung zwischen Bilanzansatz und Bewertung zu finden. Von Bilanzansatz und Bewertung gehen jedoch die gleichen Auswirkungen auf das Ergebnis, die Höhe des EK und den Aussagewert des KA aus und beide sind hinsichtlich der ErlPflichten bei Abweichungen gem § 313 Abs 1 S 2 Nr 3 gleichgestellt. Daher ist im Hinblick auf die Generalnorm des § 297 Abs 2 auch eine Anpassung von Ansatzabweichungen als zulässig und zweckmäßig zu erachten (glA *ADS*[6] § 312 Anm 132–135; *WPH*[12] I M 465; *Kirsch,* 139). Vermutlich werden jedoch die zur Beurteilung bisher nicht bilanzierter Sachverhalte benötigten Zusatzinformationen noch schwerer zugänglich sein als für Bewertungsanpassungen und die Fortschreibung bekannter Unterschiedsbeträge sofern nicht das assozUnt die HB II aufstellt. Werden indes Posten bilanziert, die in der HB nicht ansatzfähig sind, bereitet die Eliminierung idR weniger Schwierigkeiten. 77

Erfolgt *keine* Anpassung an die konzerneinheitlichen Ansatz- und Bewertungsmethoden, muss jedoch sichergestellt sein, dass in einer der Equity-Methode zugrunde gelegten Bilanz die deutschen **GoB** beachtet sind (*AK Schmalenbach,* 134; *Busse von Colbe/Chmielewicz,* 342). Letzteres ergibt sich bereits aus der Generalnorm des § 297 Abs 2 S 2, die für *alle* in einen KA einbezogenen Beteiligungen gilt. Denn diese Generalnorm steht im Dritten Titel, also *vor* den Unterfällen des Vierten Titels (VollKons), des Sechsten Titels (QuoKons) und des Siebenten Titels (assozUnt). So auch DRS 8.8, der neben der Beachtung der Vorschriften des HGB die Entsprechung mit den Regelungen der DRS vorsieht und in DRS 8.47 die Angabe der vom assozUnt angewandten Bilanzierungs- und Bewertungsmethoden verlangt. 78

Ob die gleichen strengen Maßstäbe an die **Methodenstetigkeit** wie bei der VollKons anzulegen sind (so offenbar *WPH*[12] I M 481), ist uE zweifelhaft. Hierzu zwei *Beispiele:* Beim Neuerwerb von wesentlichen Beteiligungen kann der in § 311 geforderte maßgebliche Einfluss oft nicht sofort durchgesetzt werden, so dass sich MU oft zunächst mit einfacheren KonsMethoden behelfen müssen. Sind nach angemessener Zeit die notwendigen und geeigneten organisatorischen Vorkehrungen beim BetUnt getroffen, dürfen genauere Rechenmethoden im Interesse einer verbesserten Aussagefähigkeit des KA analog zu § 296 Abs 1 Nr 2 auch bei FolgeKons nicht am Stetigkeitsgebot scheitern. Sind dagegen zwar im Erwerbszeitpunkt detaillierte Informationen verfügbar (weil eine umfangreiche Unternehmensbewertung durchgeführt wurde) und erscheint später eine Fortführung dieser Werte in einer HB II zu aufwändig (oder ist diese mangels verfügbarer weiterer Informationen nicht mehr möglich), muss ohne Verstoß gegen Stetigkeitsgesichtspunkte ein Methodenwechsel dahingehend zulässig sein, die einheitliche Bewertung im KA für dieses assozUnt aufzugeben. Im Konzernanhang ist diese Methodenänderung jedoch anzugeben und zu begründen (§ 313 Abs 1 S 2 Nr 3). 79

II. Angaben im Konzernanhang zum Ansatz- und Bewertungsmethodenwahlrecht

85 Die generelle Regelung zur Erl der im KA angewandten **Ansatz- und Bewertungsmethoden** in § 313 Abs 1 S 2 wird durch § 312 Abs 5 S 2 für die Equity-Methode ergänzt bzw ersetzt. Nach dem Wortlaut dieser Vorschrift ist eine Angabe im Konzernanhang lediglich dann erforderlich, wenn ein assozUnt in seinem JA vom KA *abweichende Bewertungs*methoden anwendet und auf dieser Basis (ohne Bewertungsanpassung) in den KA einbezogen wird. Diese Angabe kann sich auf die Feststellung beschränken, dass das assozUnt abw Bewertungsmethoden in seinem JA angewendet hat und eine Anpassung an die konzerneinheitliche Bewertung nicht vorgenommen wurde. Entgegen der strengeren ErlPflicht gem § 313 Abs 1 S 2 Nr 3 ist eine Begr für die Nichtanpassung ebenso wenig gefordert wie die Angabe der Auswirkungen auf die VFE-Lage (glA *Scherrer* in BoHdR § 313 Anm 53). Das ist auch zweckmäßig, denn falls die Bewertung wegen fehlender Informationen nicht angepasst wird, ist es unmöglich, den Einfluss der (nicht bekannten) Bewertungsabweichungen auf die VFE-Lage darzustellen.

Wurden Anpassungen vorgenommen (oder erübrigen sich solche ausnahmsweise, weil ohnehin konzerneinheitliche Bewertungsmethoden angewendet wurden), entfällt die zusätzliche Konzernanhang-Angabe. In der Praxis wird jedoch die angabepflichtige Nichtanpassung der unterschiedlichen Bewertungsmethoden wegen der Informationsprobleme die Regel sein.

Die Angabepflicht nach Abs 5 S 2 bezieht sich auch auf abw **Bilanzansatzmethoden** (*ADS*[6] § 312 Anm 146). Diese Interpretation entspricht insoweit der generellen ErlVorschrift des § 313 Abs 1 S 2 Nr 3 (so auch *WPH*[12] I M 465). Werden im JA eines assozUnt zB Aufwendungen für FuE aktiviert, ist dieser Aktivposten zum Zweck der Einbeziehung des assozUnt in den KA zu eliminieren (glA *Zündorf*, 150). Erfolgt die Anpassung, ist kein gesonderter Hinweis erforderlich, da die im KA angewandten Bilanzierungsmethoden ohnehin gem § 313 Abs 1 S 2 Nr 1 angegeben werden müssen.

E. Zwischenerfolgseliminierung im Rahmen der Equity-Methode (Abs 5 S 3 und 4)

I. Eliminierungspflicht

90 Das HGB schreibt die entspr Anwendung der Vorschriften des § 304 (Behandlung der Zwischenerfolge bei den vollkonsolidierten MU/TU) im Rahmen der Equity-Methode vor, *soweit* die für die Beurteilung maßgeblichen Sachverhalte bekannt oder zugänglich sind (Abs 5 S 3). Die Eliminierung darf wahlweise quotal (Anm 110ff) oder voll erfolgen (Abs 5 S 4). Auch hier sind somit Erleichterungen ggü der VollKons eingeräumt (Anm 93). DRS 8.30 schränkt das Wahlrecht auf eine quotale Eliminierung der Zwischenergebnisse ein und sieht eine Ausnahme bei Nicht-Verfügbarkeit der Informationen nicht vor. Die SchuldenKons (§ 303) und die Aufwands- und ErtragsKons (§ 305) werden in § 312 nicht genannt. Dies ergibt sich im Grundsatz aus der Natur der Equity-Methode, schließt aber nicht aus, dass Zwischenerfolge aus dem Wertansatz eliminiert werden. Auch eine erfolgswirksame SchuldenKons ist denkbar.

Es kommen folgende Liefer- und Leistungsbeziehungen für die Zwischengewinneliminierung in Betracht: 91
- Lieferungen und Leistungen von assozUnt an MU, TU oder GemUnt (sog upstream- oder Aufwärtseliminierung, Anm 95),
- Lieferungen und Leistungen von MU, TU oder GemUnt an assozUnt (sog downstream- oder Abwärtseliminierung, Anm 100ff),
- Lieferungen und Leistungen zwischen assozUnt (sog Satelliten-Eliminierung von Drittschuldverhältnissen, Anm 107).

II. Vereinfachungen und Ausnahmen

Bei der EquityKons besteht eine Verpflichtung zur Zwischenerfolgseliminierung nur, „*soweit* die für die Beurteilung maßgeblichen Sachverhalte *bekannt oder zugänglich* sind" (Abs 5 S 3 2. Halbsatz). Damit soll zusätzlich den Besonderheiten des Assoziierungsverhältnisses Rechnung getragen werden. DRS 8.30 sieht eine Ausnahme von der Eliminierungspflicht in diesem Fall nicht vor und berücksichtigt daher nicht ggf auftretende Probleme der Informationsbeschaffung. Bei der **Aufwärtseliminierung** sind zwar die Vorräte, die von assozUnt stammen, bei entspr Organisation (getrennte Artikel-Nrn) bekannt; es bestehen jedoch häufig Informationsbarrieren für die Beschaffung der notwendigen Kalkulationsunterlagen des assozUnt. Bei der **Abwärts-Eliminierung** sind detaillierte Angaben der assozUnt über jeweils am Bilanzstichtag aktivierte Vorräte aus Bezügen von MU oder TU zu melden, um bei dem liefernden Unt Konzern-AK oder Konzern-HK ermitteln zu können. In beiden Fällen sind wesentliche Informationen vom assozUnt erforderlich. Einen Lösungsvorschlag für den Fall, dass die Informationen nicht verfügbar sind und auch nicht verfügbar gemacht werden können, sieht DRS 8 nicht vor. In der Praxis wird man sich für diesen Fall – bei wesentlichen Liefer- und Leistungsbeziehungen – mit Annäherungsrechnungen behelfen müssen. 93

Sind die zur Zwischenerfolgseliminierung benötigten Informationen nicht bekannt oder zugänglich, der Leistungsaustausch zwischen MU und TU einerseits und assozUnt andererseits aber so wesentlich, dass die VFE-Lage des Konzerns beeinflusst wird, müssen gem § 297 Abs 3 S 3 bis 5 Angaben im Konzernanhang gemacht werden. Dieser Fall könnte bei Zulieferbetrieben eintreten, an denen MU/TU Minderheitsbeteiligungen halten.

Aus der entspr Anwendung von § 304 folgt, dass die für vollkonsolidierte TU/MU zulässigen Vereinfachungen bzw Ausnahmen auch für die Zwischenerfolgseliminierung bei assozUnt gelten müssen: Diese darf folglich unterbleiben, wenn die Zwischenerfolgseliminierung für die Vermittlung eines den tatsächlichen Verhältnissen entspr Bilds der VFE-Lage des Konzerns von untergeordneter Bedeutung ist (§ 304 Abs 2). Das gilt auch für die QuoKons.

III. Die Upstream- oder Aufwärtseliminierung

Bei enger Auslegung der **entsprechenden Anwendung** von § 304 gem Abs 5 S 3 sind nur VG, die ganz oder teilweise auf Lieferungen oder Leistungen assozUnt beruhen, in der Konzernbilanz so anzusetzen, als wenn Lieferer und Empfänger eine rechtliche Einheit bilden würden. Das bedeutet meistens einen Ansatz zu AK oder HK (und nicht zu Verkaufspreisen). Da bei assozUnt die einzelnen VG und Schulden aber nicht unmittelbar als solche in die Konzernbilanz aufgenommen werden (sondern nur ihr Saldo im Beteiligungsansatz), würde die Eliminierungspflicht ausschließlich solche (in den KA zu übernehmen- 95 den) VG der vollkonsolidierten Unt (MU/TU) und das GemUnt betreffen, die aus Lieferungen und Leistungen von assozUnt stammen (sog upstream-Geschäfte). In der Literatur wird deshalb zT die Auffassung vertreten, dass bei Assoziierungsverhältnissen nur eine upstream-Eliminierung gefordert ist (so *Havermann* WPg 1987, 319; *WPH*[12] I M 482; *ADS*[6] § 312 Anm 156f). DRS 8.30 sieht demgegenüber eine Eliminierung unabhängig von der Lieferrichtung vor.

Technisch erfolgt die Verrechnung der zu eliminierenden Zwischenergebnisse in dem Equity-Wertansatz des assozUnt (*WPH*[12] I M 482; DRS 8.32).

IV. Die Downstream- oder Abwärtseliminierung

100 Eine im Einklang mit der 7. EG-Richtl stehende und dem Sinn der Zwischenergebniseliminierung bei der Equity-Methode entspr Auslegung des Abs 5 S 3 muss zu dem Ergebnis führen, dass diese Vorschrift für die Aufwärts- und für die Abwärtseliminierung gleichermaßen gilt (wie hier bereits *Gross/Schruff/v. Wysocki*[2], 260; *AK Schmalenbach,* 138; *Busse von Colbe/Ordelheide*[6], 495). Diese Auffassung, die jedoch in der Kommentierung teilweise str diskutiert wurde, ist in DRS 8.30 übernommen worden, der eine entspr Eliminierungspflicht auch für downstream-Lieferungen vorsieht. Sie wird jedoch nicht für unangreifbar gehalten (*IDW* WPg 2001, 220; *Schmidbauer* DStR 2001, 1534).

101 Technisch erfolgt die Zwischengewinneliminierung aus downstream-Lieferungen durch Abwertung des Beteiligungsbuchwerts und Minderung der Umsatzerlöse (ebenso *Wohlgemuth* in HdJ V/5 Anm 138). Da die Vorräte des assozUnt bei der EquityKons nicht als solche in die Konzernbilanz übernommen werden, können sie nur im Rahmen einer Nebenrechnung auf Konzern-AK/HK abgewertet und diese Abwertung im Ansatz der Beteiligung wertmindernd berücksichtigt werden. Das Ergebnis des assozUnt bleibt davon unberührt, weil die Zwischengewinne nicht im Ergebnis des assozUnt, sondern über die Umsatzerlöse in dem des liefernden KonzernUnt enthalten waren, über das sie zunächst voll in das Konzernergebnis einbezogen wurden (so auch *Scherrer* in BoHdR § 312 Anm 56). In der Praxis wird man die Zwischengewinneliminierung in diesen Fällen auf bedeutende Fälle begrenzen, um die Konzernbuchführung nicht unwirtschaftlich zu belasten.

V. So genannte Satelliten-Eliminierung

107 Versteht man den Verweis in Abs 5 S 3 auf eine „*entsprechende* Anwendung des § 304" erweiternd als „*sinngemäße* Anwendung der *Grundsätze* des § 304", könnten auch Zwischenerfolge aus Geschäften zwischen assozUnt, also sog **Satelliten-Geschäfte,** zu eliminieren sein.

Gegen die Einbeziehung auch dieser Lieferungen bestehen zu Recht wesentliche Bedenken; Bei der **Vollkonsolidierung** werden Zwischenerfolge aus Geschäften mit nicht konsolidierten TU oder aus Fremdlieferungen an MU oder konsolidierte TU *nicht* eliminiert, es sei denn, durch Zwischenschaltung eines fremden Dritten wird diese Eliminierung *bewusst* umgangen (§ 304 Anm 10 mwN). Hier können aber auf Grund von control-Verhältnissen oder der einheitlichen Leitung im Konzern die Geschäftsbeziehungen zwischen den einzelnen KonzernUnt gesteuert werden. Im Verbund des Konzerns mit **assoziierten Unternehmen** reicht der in § 311 geforderte „maßgebliche Einfluss" auf das einzelne assozUnt idR nicht aus, Lieferbeziehungen *zwischen* assozUnt zu lenken.

Die Zwischenerfolgseliminierung muss deshalb nur direkte Geschäfte zwischen den assozUnt und den einbezogenen KonzernUnt umfassen, ohne Satelliten-Eliminierung (so auch DRS 8.30, der eine Eliminierung nur für Lieferbeziehungen zwischen assozUnt und in den KA einbezogenen Unt betrachtet). Nachweisbare indirekte Umgehungsgeschäfte müssen jedoch zur Wahrung der Generalnorm des § 297 Abs 2 S 2 wie bei der VollKons auch hier in eine Eliminierung von Zwischen*gewinnen* einbezogen werden.

VI. Wahlrecht der quotalen Eliminierung der Zwischenergebnisse

Nach Abs 5 S 4 ist es *zulässig,* die Eliminierung der Zwischenergebnisse auf **110** den beteiligungsproportionalen Anteil zu beschränken. Das Wahlrecht gibt offenbar die in der angelsächsischen Praxis vorzufindenden unterschiedlichen Vorgehensweisen wieder. Während in Großbritannien grds ein Wahlrecht zur vollen oder quotalen Eliminierung von Zwischengewinnen besteht (*Kirsch,* 140), wird in den USA differenziert: Nach US-GAAP soll grds und unabhängig von der Lieferrichtung beteiligungsproportional eliminiert werden, es sei denn, die Geschäfte wurden zu Konditionen abgewickelt, die von den üblichen Marktbedingungen abweichen. Für diesen Fall wird eine volle Eliminierung verlangt (s *Niehus* in HdJ V/3 Anm 254).

Es bestehen jedoch Zweifel, ob eine Differenzierung zB in Abhängigkeit von **111** der Lieferrichtung sachgerecht ist. Geht man davon aus, dass bei der QuoKons iSv § 310 die Ausschaltung der Zwischenerfolge regelmäßig entspr dem Anteil des Gesters erfolgt (hM, § 310 Anm 65), kann auch bei der EquityKons eine Volleliminierung der Zwischenerfolge nicht systemgerecht sein. Da sich der beim assozUnt realisierte Zwischengewinn nur quotal im Beteiligungsansatz niederschlägt, ist beim empfangenden KonzernUnt auch nur eine quotale Zwischengewinneliminierung durch entspr Abwertung der Bestände von assozUnt gerechtfertigt. Die beteiligungsproportionale Eliminierung der Zwischenergebnisse wird deshalb – im Gegensatz zur VollKons – bei der Equity-Methode zurecht oft für die einzig sinnvolle und systemgerechte Vorgehensweise gehalten (so für „echte" assozUnt auch *WPH*[12] I M 485). Dieser Auffassung folgt DRS 8.30, der unabhängig von der Lieferrichtung eine quotale Eliminierung vorsieht.

Nach dem Wortlaut (Anm 110) besteht aber ein **Wahlrecht** zwischen Voll- **112** eliminierung und quotaler Eliminierung. *WPH*[12] I M 485 verweist darauf, dass bei nicht 100%igen *TU* – wenn diese ausnahmsweise „at equity" konsolidiert werden – eine nur quotale Zwischengewinneliminierung der dort voll wirksamen Einheitstheorie widerspricht; *solche* Zwischengewinne müssten daher *stets* voll konsolidiert werden. UE reicht eine quotale Eliminierung auch bei TU, die ausnahmsweise unter die Equity-Methode fallen und die wegen Bestehens von Fremdanteilen quotal konsolidiert werden, aus.

F. Maßgeblicher Abschluss des assoziierten Unternehmens (Abs 6)

Während Abs 3 mögliche Zeitpunkte der ErstKons bestimmt und dabei auf **115** den *Bilanzstichtag des MU gem § 299* abstellt, trifft Abs 6 eine vereinfachende Sonderregelung für den der EquityKons zu Grunde zu legenden JA eines assozUnt. Nach S 1 ist der EquityKons jeweils der letzte **Jahresabschluss** des assozUnt zu Grunde zu legen; nach S 2 ist es der letzte KA, falls das assozUnt diesen tatsächlich aufstellt (Anm 120). Diese Sonderregelung gilt in erster Linie für FolgeKons; aber auch für ErstKons lässt Abs 3 diesen JA oder KA zu (Anm 53, 55).

116 Ein nach der Equity-Methode einbezogenes „echtes" assozUnt (§ 311 Abs 1) soll nämlich in keinem Fall *gezwungen* sein, einen Zwischenabschluss auf den Stichtag des KA aufstellen zu müssen. Ebenso wenig werden Konzernanhang-Angaben über Vorgänge von besonderer Bedeutung während des Zeitraums zwischen den abw Abschlussstichtagen verlangt (so auch *HFA* 4/1988 WPg, 682). Diese vereinfachende Sonderregelung ist nach DRS 8.12 nicht anzuwenden. DRS 8.12 sieht die analoge Anwendung der auch für die VollKons geltenden Regelungen vor (§ 299 Anm 10 ff), nach denen entweder ein Zwischenabschluss aufzustellen ist oder ein JA verwendet werden darf, der nicht mehr als drei Monate vor dem Stichtag des KA liegt. Das in § 299 vorgesehene Wahlrecht, wesentliche Veränderungen zwischen dem Stichtag des Abschlusses des assozUnt und dem Stichtag des KA entweder in der Konzernbilanz oder Konzern-GuV zu berücksichtigen oder im Konzernanhang anzugeben, wird in DRS 8.12 auf die Berücksichtigung in der Konzernbilanz und der Konzern-GuV eingeschränkt.

Grds sind zeitnahe Abschlüsse zu befürworten, die gesetzliche Vereinfachungsregel trägt jedoch dem Umstand Rechnung, dass der Einfluss des MU auf die Umstellung des Gj des assozUnt meist begrenzt ist. Das gilt insb dann, wenn ein assozUnt mehrere beteiligte MU mit unterschiedlichen KA-Stichtagen hat (glA *WPH*[12] I M 491). Diese Argumente – und damit Abs 6 – gelten jedoch nicht für *TU,* die nur „at equity" einbezogen werden. Denn hier kann das MU auf Grund einheitlicher Leitung oder seiner Control-Rechte (§ 290) auf den Zeitraum des Gj dieses TU bestimmend einwirken oder einen Zwischenabschluss erstellen lassen. Es bleibt in diesen Fällen daher bei der (allgemeinen) Regelung in § 299 für die VollKons (ebenso *WPH*[12] I M 494).

117 Bei **übereinstimmenden Abschlussstichtagen** ist grds der auf den Stichtag des KA aufgestellte JA des assozUnt zugrunde zu legen. Das beteiligte MU/TU ist gehalten, seinen maßgeblichen Einfluss beim assozUnt auch für den rechtzeitigen Erhalt dieses JA (mit den zugehörigen Aufgliederungen) geltend zu machen.

118 In diesen Fällen ist der auf den Stichtag des KA aufgestellte JA des assozUnt häufig noch nicht festgestellt. Dies ist jedoch unbeachtlich, da eine Feststellung vom Gesetzeswortlaut nicht gefordert wird (so auch *HFA* 4/1988 WPg, 683). Fraglich ist allerdings, ob der JA des assozUnt bereits geprüft sein muss. Da der JA des assozUnt formal nicht der Prüfungspflicht des § 317 Abs 3 S 1 unterliegt, und die Aussagefähigkeit des KA durch die Berücksichtigung der aktuellen Vermögens- und Ertragssituation des assozUnt verbessert wird, kann die Prüfung der Werthaltigkeit des Equity-Wertansatzes uE auch nachgeholt werden (so auch *Küting/Zündorf* in HdKR[2] § 312 Anm 192). Voraussetzung ist jedoch, dass es sich bei dem vorgelegten JA nicht bloß um einen Entwurf, sondern um die wahrscheinlich endgültige Fassung handelt (ebenso *WPH*[12] I M 492). Die Richtigkeit der Gesamtinformation sollte hier Vorrang vor formellen Anforderungen haben.

Ist der JA des assozUnt erst „vorläufig" oder noch nicht aufgestellt, muss nach dem Gesetzeswortlaut der Vj-Abschluss herangezogen werden. Dann kann der Bilanzstichtag des assozUnt bis zu zwölf Monate vor dem Stichtag des KA liegen (so auch *Maas/Schruff* WPg 1985, 6; *WPH*[12] I M 492, anders DRS 8.12).

119 Das HGB enthält keine Regeln, wie bei **abweichenden Abschlussstichtagen** zu verfahren ist. Trotz formeller Nichtanwendbarkeit des § 299 Abs 3 (Anm 115) ist davon auszugehen, dass eine Berichterstattung nach § 313 Abs 1 S 2 Nr 1 im Konzernanhang über den Stichtag der zu Grunde gelegten JA von

assozUnt erforderlich ist – ggf mit zusätzlichem Hinweis, falls wesentliche Größen der Berechnung auf Schätzungen beruhen (ebenso *HFA* 4/1988 WPg, 683). Dieser zusätzliche Hinweis sollte sich inhaltlich an § 299 Abs 3 ausrichten, s dort Anm 21 ff.

Bei nicht übereinstimmenden Gj kann *alternativ* und entgegen dem Wortlaut des Abs 6 S 1 der EquityKons auch ein freiwillig auf den KA-Stichtag aufgestellter **Zwischenabschluss** des assozUnt zu Grunde gelegt werden (nach DRS 8.12 geforderter Abschluss). Ein solcher Abschluss ist zwar kein „letzter JA", für ihn gelten aber dieselben Rechnungslegungsvorschriften wie für einen JA (*HFA* 4/1988 WPg, 683, Ziff 9 iVm Ziff 3 und 4).

Der Zeitgleichheit der Abschlussdaten ist grds der Vorrang einzuräumen. Denn ein Zwischenabschluss ermöglicht auf Grund des mit dem KA identischen Berichtszeitraums idR ein genaueres Bild von der VFE-Lage des Konzerns (§ 297 Abs 2) als der formal letzte JA (Abs 6 S 1). Das Gebot der Methodenstetigkeit erfordert dann jedoch idR, dass die Equity-Methode auch in Folgejahren auf der Basis eines Zwischenabschlusses durchgeführt wird (so auch *WPH*[12] I M 493). In begründeten Fällen steht uE hier einer Durchbrechung der Stetigkeit nichts entgegen (Anm 79).

Erstellt das assozUnt einen **Konzernabschluss,** ist dieser **zwingend** an Stelle des JA zu Grunde zu legen (Abs 6 S 2, DRS 8.9). Bei übereinstimmenden KAstichtagen werden die zeitlichen Probleme (rechtzeitige Verfügbarkeit des KA; Anm 118) noch stärker hervortreten als bei Verwendung des JA, so dass öfter als beim JA auf den *letztjährigen* KA zurückgegriffen werden muss, was jedoch nach DRS 8.12f nicht zulässig ist. Ein alternativer Wechsel zur AK-Methode ist jedoch nur dann zulässig, wenn zu erwarten ist, dass die Voraussetzungen des § 311 auf Dauer nicht mehr gegeben sind (Anm 78). Wird der letztjährige KA zu Grunde gelegt, ist darüber im Konzernanhang zu berichten (s Anm 119). 120

Die zwingende Zugrundelegung des KA des assozUnt als maßgeblichem Abschluss (Abs 6 S 2) wirft zusätzliche Fragen auf: Die notwendige Zuordnung eines Unterschiedsbetrags auf stille Reserven und GFW bei der ErstKons erfordert beim KA zusätzliche Informationen über die jeweiligen Zeitwerte in den JA der einbezogenen TU. Ferner stellt sich bei der Aufrechnung des Beteiligungsbuchwerts mit dem anteiligen EK die Frage, ob der AusglPosten für Anteile anderer Gester (§ 307) am EK des assozUnt als Teil des auf die Beteiligung entfallenden EK anzusehen ist. Da dieser AusglPosten eine Folge der „Vollkonsolidierung mit Minderheitenausgleich" ist und Anteile konzernfremder Gester bereits bei der QuoKons nach § 310 (dort Anm 60) entfallen, muss das auch hier gelten. Dem Beteiligungsbuchwert ist daher nur das anteilige Konzern-EK des assozUnt gegenüberzustellen, das sich nach Abzug der Anteile anderer Gester ergibt (ebenso *WPH*[12] I M 497). Auch dürfte eine Umbewertung in einer HB II für den KA auf noch größere Schwierigkeiten als im JA stoßen. Die Erleichterungen des Abs 5 S 1 und 2 erlangen hier zusätzliches Gewicht.

G. Sonstiges

I. Regelung im Publizitätsgesetz

Nach § 13 Abs 2 S 1 PublG gilt § 312 ebenso wie § 311 „sinngemäß" auch für Unt, die ihren **Konzernabschluss** nach PublG aufstellen. Der Geltungsbereich des § 312 für den KA ist bei § 311 Anm 30 dargestellt. 123

II. Sanktionen

125 Ein Verstoß gegen **zwingende** Vorschriften des § 312 ist mit Bußgeld bedroht (§ 334 Abs 1 Nr 2e und gleich lautend § 20 Abs 1 Nr 2e PublG). Ergänzend wird auf § 311 Anm 35 verwiesen, da § 312 nur Einzelfragen der Bilanzierung beim MU (oder bei mehreren MU) auf der Grundlage von JA oder KA assozUnt regelt.

H. Abweichungen der IFRS

Schrifttum: *Demming* Grundlagen der internationalen Rechnungslegung, München 1997; *Financial Accounting Standards Board* (Hrsg) The IASC-US Comparison Project, Norwalk 1996; *GEFIU* Möglichkeiten und Grenzen der Anpassung deutscher Konzernabschlüsse an die Rechnungslegungsgrundsätze des International Accounting Standards Committee (IASC) (Teil II) DB 1995, 1185; *IDW* (Hrsg) Rechnungslegung nach International Accounting Standards, Düsseldorf 1995; *Küting/Gattung/Wirth* Zeitpunkt der erstmaligenAussetzung der planmmäßigen Abschreibung des Geschäfts- oder Firmenwerts nach IFRS 3 KoR 2004, 247; *Lüdenbach/Frowein* Bilanzierung von Equity-Beteiligungen bei Verlusten – ein Vergleich zwischen HGB, IFRS und US-GAAP, BB 2003, 2449, IAS 28 *Investments in Associates* (2004).

I. Vorbemerkung

130 Mit dem DRS 8 sind in Teilbereichen Anpassungen an die IFRS vorgenommen worden. Da durch DRS 8 gesetzliche Wahlrechte nicht ausgeschlossen werden können, wird im Folgenden jeweils der Unterschied zu gesetzlichen Vorschriften erläutert und zusätzlich auf die verbleibenden Unterschiede bei Anwendung des DRS 8 eingegangen. IAS 28 iVm IFRS 3 hat insbes bei der Frage der Fortführung des GFW und der Auflösung des passiven Unterschiedsbetrages Änderungen erfahren. Die folgende Darstellung berücksichtigt diese Anpassungen. IAS 28 ist verpflichtend erstmals auf Gj anzuwenden, die nach dem 1. Januar 2005 beginnen.

II. Unterschiedsbetrag bei erstmaliger Einbeziehung

131 Bei der Equity-Methode nach IFRS werden die Anteile am assozUnt zunächst wie bei der deutschen Buchwertmethode mit den AK angesetzt (IAS 28.02). Für die Bewertung in den Folgejahren sind die vorhandenen stillen Reserven und Lasten bei den identifizierbaren VG und Schulden in einer Nebenrechnung aufzudecken und ein verbleibender Unterschiedsbetrag zu ermitteln, der wie bei der VollKons gem IFRS 3 zu behandeln ist (IAS 28.23). Da die Aufdeckung der stillen Reserven und Lasten nicht wie im deutschen Konzernbilanzrecht durch die AK der Anteile begrenzt ist (s Anm 30), kann ein passiver Unterschiedsbetrag auch dann entstehen, wenn die AK der Anteile das anteilige bilanzielle EK des assozUnt übersteigen (*IDW,* 327). Bei Anwendung des DRS 8.18 besteht dieser Unterschied nicht (Anm 30). Zu beachten ist allerdings, dass das anteilige bilanzielle EK nach den Vorschriften der IFRS definiert ist und damit Abweichungen zum EK nach HGB aufweist.

132 Ein getrennter Ausweis des GFW wie bei der Neubewertungsmethode des HGB dürfte entspr den US-GAAP grds auch nach IFRS-Grundsätzen nicht zulässig sein (so auch *IDW,* 327; aA, soweit trotz eines Unterschieds im Ausweis

die gleichen Informationen gewährt werden *GEFIU* DB 1995, 1188; zum Unterschied zwischen IFRS und US-GAAP s *FASB* The IASC-US Comparison Project, 379).

III. Zeitpunkt der Ermittlung des Unterschiedsbetrags

Nach IAS 28.23 ist für die Bilanzierung at equity der Zeitpunkt maßgebend, zu dem das BetUnt assozUnt geworden ist (zB Erwerbszeitpunkt); ein Wahlrecht entspr § 312 Abs 3 S 1 besteht nicht. Dies gilt auch bei Anwendung des DRS 8. Bei sukzessivem Anteilskauf bedarf es einer retroaktiven Anpassung (dazu Anm 50; aA *Lüdenbach* in Haufe IFRS[3] § 33 Anm 56). **134**

Bei einem unterjährigen Anteilserwerb muss die Kapitalaufrechnung auf den Erwerbszeitpunkt bezogen werden. Die handelsrechtlich zulässige Stichtagsanpassung (s Anm 50) ist grds nicht zulässig. Folglich müssen die erworbenen Ergebnisse von den nach Anteilserwerb erzielten Ergebnissen abgegrenzt werden (s Anm 47), sofern darauf nicht aus Gründen der Wesentlichkeit verzichtet werden darf (so auch *Baetge/Bruns* in Komm IAS 28.69).

Durch weitere Anteilskäufe kann das assozUnt zum TU werden. Es ist dann wie **135** im HGB nach den Vorschriften der VollKons in den KA einzubeziehen. Unterschiede zwischen HGB und IFRS bestehen aber für den Fall einer Statusminderung vom assozUnt zu einer bloßen Beteiligung. Nach IAS 28.19 und DRS 8.37 ist der zu diesem Zeitpunkt maßgebliche Equity-Wertansatz als Ausgangswert fortzuführen, während nach HGB die ursprünglichen AK anzusetzen und die bisherigen Wertauf- oder -abstockungen aus der Anwendung der Equity-Methode erfolgsneutral mit den Konzernrücklagen zu verrechnen sind (s Anm 58).

IV. Fortschreibung des Equity-Wertansatzes

Da die Kapitalaufrechnung zum Erwerbszeitpunkt, also ggf innerjährlich er- **137** folgen muss, wird die erste Fortschreibung des Equity-Wertansatzes ggf bereits im KA der erstmaligen Einbeziehung erforderlich. Die Zuordnung und Auflösung der stillen Reserven und Lasten entspricht den handelsrechtlichen Grundsätzen (Anm 12), während die Fortschreibung eines GFW bzw die Auflösung eines verbleibenden passiven Unterschiedsbetrags davon erheblich abweicht.

Ein GFW wird nach IFRS 3 iVm IAS 28.23 nicht mehr planmäßig abge- **138** schrieben (dazu *Lüdenbach/Frowein* BB 2003, 2449). Die Prüfung der Werthaltigkeit des in dem Equity-Ansatz enthaltenen GFW erfolgt nach IAS 28.33 nicht isoliert. Liegt eine Indikation über die Wertminderung nach IAS 39 vor, ermittelt sich der niedrigere Wert analog den Regelungen des IAS 36. IAS 28 regelt nicht die Verteilung des Abschreibungsbedarfs auf die VG des assozUnt. Nach IAS 28.23 (2000) und IAS 28.33 (2003) erfolgte die Kürzung ausdrücklich zunächst beim GFW, was auch sachgerecht erscheint (*Ludenbach* in Haufe IFRS[3] § 33 Anm 107). Zuschreibungen auf einen außerplanmäßig abgeschriebenen GFW sind nicht zulässig (IAS 36.124 (rev 2004)).

Ein verbleibender **passiver Unterschiedsbetrag** ist nach IAS 28.23 b sofort **139** ergebniswirksam aufzulösen. Auch IAS 28.29 sieht das Aussetzen der Equity-Kons für den Fall vor, dass der Ansatz zu einem Wert unter Null führt. Allerdings ist Maßstab für den Ansatz mit einem Wert unter Null nicht nur der Equity-Ansatz, sondern auch langfristige sonstige Vermögenswerte (zB ungesicherte Darlehen).

V. Bewertungsanpassung und Zwischengewinneliminierung

140 Nach IAS 28.26 sind die Bewertungsmethoden des assozUnt denen des Konzerns anzupassen. Falls dies unterbleibt, sollen sachgerechte Korrekturen *(adjustments)* zur Angleichung an die **konzerneinheitliche Bilanzierung- und Bewertung** vorgenommen werden.

141 Nach IAS 28.22 ist eine **Zwischengewinneliminierung** bei der Equity-Methode, sowohl für upstream- als auch für downstream-Lieferungen entspr dem Beteiligungsanteil vorzunehmen. Über die Verweisvorschrift des IAS 28.20 auf IAS 27 gilt Entsprechendes für die SchuldenKons und die Aufwands- und ErtragsKons. Dabei wird stets vorausgesetzt, dass die erforderlichen Informationen verfügbar sind.

VI. Maßgeblicher Abschluss des assoziierten Unternehmens

145 Nach IAS 28.24 ist der EquityKons der letzte verfügbare Abschluss des assozUnt zugrunde zu legen. Sofern das assozUnt selbst einen KA aufstellt, wird man es auf der Basis dieses KA einbeziehen (so *IDW,* 334). Zwar enthalten die IFRS keine explizite Regelung hierzu, allerdings spricht viel dafür, dass der KA nach IFRS als maßgeblicher Abschluss anzusehen ist (so auch *Demming,* 48).

146 Die IFRS erwarten grds übereinstimmende Berichtsperioden und Stichtage. Bei abw Stichtagen soll nach IAS ein Zwischenabschluss erstellt werden. So auch DRS 8, der die Grundsätze des § 299 übernimmt. Sofern dies nicht möglich ist, soll der verfügbare Abschluss zumindest um wesentliche Ereignisse und Geschäftsvorfälle zwischen assozUnt und Konzern fortgeschrieben werden, die in der Zeit zwischen den Stichtagen des assozUnt und des Konzerns eingetreten bzw erfolgt sind (28.25). Dies wird vom HGB nicht verlangt. IAS 28.25 sieht ebenso wie DRS 8 einen um maximal drei Monate vorgelagerten Abschluss sowie eine Berücksichtigung wesentlicher Ereignisse zwischen diesem Stichtag und dem KA-Stichtag vor.

VII. Besondere Angabe- und Ausweispflichten

150 Die nach IFRS geforderten Anhangangaben zur Equity-Methode gehen über die Angabepflichten des HGB und des DRS 8 hinaus. Nach IAS 28.37 sind zu den assozUnt anzugeben (*Hayn, B* in Beck IFRS § 15 Anm 521):
- Marktwert der Beteiligungen an assozUnt für die Börsennotierungen oder Marktpreise vorliegen,
- Finanzinformationen zu den assozUnt (Summe der Vermögenswerte, Schulden, Umsätze, Ergebnis),
- Begründung zur Anwendung/Nichtanwendung der Equity-Methode bei einem 20% unterschreitenden/übersteigenden Stimmrechtsanteil,
- Stichtag des zu Grunde liegenden Abschlusses der assozUnt und bei vom KA abw Stichtagen eine entspr Begr,
- Art und Ausmaß von wesentlichen Beschränkungen des assozUnt Dividenden auszuschütten bzw Gelder zurückzuzahlen,
- Für den Fall des Aussetzens der Equity-Bilanzierung: nicht berücksichtigte Verluste der Periode und kumuliert,
- Angabe der Nichtanwendung der Equity-Methode in Fällen des IAS 28.13,
- Finanzinformationen (Bilanzsumme, Verbindlichkeiten, Umsatzerlöse, Ergebnis) von assozUnt, die nicht nach der Equity-Methode bilanziert werden (individuell oder in Gruppen).

Darüber hinaus sind nach IAS 28.40 Zusatzangaben für bestimmte Eventualschulden zu machen.

Die nach der Equity-Methode einbezogenen assozUnt sollen in der Bilanz unter einem separaten Posten des Anlagevermögens ausgewiesen werden. In der GuV sollen die Anteile des Investors an den Ergebnissen aus assozUnt ebenfalls unter einem eigenen Posten gezeigt werden. Darin enthaltene Ergebnisbestandteile aus „discontinued operations" der assozUnt sind anzugeben (IAS 28.38). 151

Achter Titel. Konzernanhang

§ 313 Erläuterung der Konzernbilanz und der Konzern-Gewinn- und Verlustrechnung. Angaben zum Beteiligungsbesitz

(1) [1]**In den Konzernanhang sind diejenigen Angaben aufzunehmen, die zu einzelnen Posten der Konzernbilanz oder der Konzern-Gewinn- und Verlustrechnung vorgeschrieben oder die im Konzernanhang zu machen sind, weil sie in Ausübung eines Wahlrechts nicht in die Konzernbilanz oder in die Konzern-Gewinn- und Verlustrechnung aufgenommen wurden.** [2]**Im Konzernanhang müssen**

1. **die auf die Posten der Konzernbilanz und der Konzern-Gewinn- und Verlustrechnung angewandten Bilanzierungs- und Bewertungsmethoden angegeben werden;**
2. **die Grundlagen für die Umrechnung in Euro angegeben werden, sofern der Konzernabschluß Posten enthält, denen Beträge zugrunde liegen, die auf fremde Währung lauten oder ursprünglich auf fremde Währung lauteten;**
3. **Abweichungen von Bilanzierungs-, Bewertungs- und Konsolidierungsmethoden angegeben und begründet werden; deren Einfluß auf die Vermögens-, Finanz- und Ertragslage des Konzerns ist gesondert darzustellen.**

(2) **Im Konzernanhang sind außerdem anzugeben:**

1. **Name und Sitz der in den Konzernabschluß einbezogenen Unternehmen, der Anteil am Kapital der Tochterunternehmen, der dem Mutterunternehmen und den in den Konzernabschluß einbezogenen Tochterunternehmen gehört oder von einer für Rechnung dieser Unternehmen handelnden Person gehalten wird, sowie der zur Einbeziehung in den Konzernabschluß verpflichtende Sachverhalt, sofern die Einbeziehung nicht auf einer der Kapitalbeteiligung entsprechenden Mehrheit der Stimmrechte beruht.** [2]**Diese Angaben sind auch für Tochterunternehmen zu machen, die nach § 296 nicht einbezogen worden sind;**
2. **Name und Sitz der assoziierten Unternehmen, der Anteil am Kapital der assoziierten Unternehmen, der dem Mutterunternehmen und den in den Konzernabschluß einbezogenen Tochterunternehmen gehört oder von einer für Rechnung dieser Unternehmen handelnden Person gehalten wird.** [2]**Die Anwendung des § 311 Abs. 2 ist jeweils anzugeben und zu begründen;**
3. **Name und Sitz der Unternehmen, die nach § 310 nur anteilmäßig in den Konzernabschluß einbezogen worden sind, der Tatbestand, aus dem sich die Anwendung dieser Vorschrift ergibt, sowie der Anteil am Kapital dieser Unternehmen, der dem Mutterunternehmen und den in den Konzernabschluß einbezogenen Tochterunternehmen gehört oder von einer für Rechnung dieser Unternehmen handelnden Person gehalten wird;**
4. **Name und Sitz anderer als der unter den Nummern 1 bis 3 bezeichneten Unternehmen, bei denen das Mutterunternehmen, ein Tochterunternehmen oder eine für Rechnung eines dieser Unternehmen handelnde Person mindestens den fünften Teil der Anteile besitzt, unter Angabe des Anteils am**

Kapital sowie der Höhe des Eigenkapitals und des Ergebnisses des letzten Geschäftsjahrs, für das ein Abschluß aufgestellt worden ist. [2]Ferner sind anzugeben alle Beteiligungen an großen Kapitalgesellschaften, die andere als die in Nummer 1 bis 3 bezeichneten Unternehmen sind, wenn sie von einem börsennotierten Mutterunternehmen, einem börsennotierten Tochterunternehmen oder einer für Rechnung eines dieser Unternehmen handelnden Person gehalten werden und fünf von Hundert der Stimmrechte überschreiten. [3]Diese Angaben brauchen nicht gemacht zu werden, wenn sie für die Vermittlung eines den tatsächlichen Verhältnissen entsprechenden Bildes der Vermögens-, Finanz- und Ertragslage des Konzerns von untergeordneter Bedeutung sind. [4]Das Eigenkapital und das Ergebnis brauchen nicht angegeben zu werden, wenn das in Anteilsbesitz stehende Unternehmen seinen Jahresabschluß nicht offenzulegen hat und das Mutterunternehmen, das Tochterunternehmen oder die Person weniger als die Hälfte der Anteile an diesem Unternehmen besitzt.

(3) **[1]Die in Absatz 2 verlangten Angaben brauchen insoweit nicht gemacht zu werden, als nach vernünftiger kaufmännischer Beurteilung damit gerechnet werden muß, daß durch die Angaben dem Mutterunternehmen, einem Tochterunternehmen oder einem anderen in Absatz 2 bezeichneten Unternehmen erhebliche Nachteile entstehen können. [2]Die Anwendung der Ausnahmeregelung ist im Konzernanhang anzugeben. [3]Satz 1 gilt nicht, wenn ein Mutterunternehmen einen organisierten Markt im Sinne des § 2 Abs. 5 des Wertpapierhandelsgesetzes durch von ihm oder einem seiner Tochterunternehmen ausgegebene Wertpapiere im Sinne des § 2 Abs. 1 Satz 1 des Wertpapierhandelsgesetzes in Anspruch nimmt oder wenn die Zulassung solcher Wertpapiere zum Handel an einem organisierten Markt beantragt worden ist.**

(4) **[1]Die in Absatz 2 verlangten Angaben dürfen statt im Anhang auch in einer Aufstellung des Anteilsbesitzes gesondert gemacht werden. [2]Die Aufstellung ist Bestandteil des Anhangs. [3]Auf die besondere Aufstellung des Anteilsbesitzes und den Ort ihrer Hinterlegung ist im Anhang hinzuweisen.**

Übersicht

Schrifttum: S auch das Schrifttum zu §§ 284, 285 – *Selchert* Die Aufgliederung der Umsatzerlöse im Konzernanhang, BB 1992, 2032; *HFA-E* Zur Währungsumrechnung im Konzernabschluss WPg 1998, 549; *Farr* Checkliste für die Aufstellung und Prüfung des Konzernanhangs Berlin 2002; *Zimmermann* Die Berichterstattung über Beziehungen zu nahe stehenden Personen nach DRS 11, StuB 2002, 889; *Schütte* Zur erweiterten Berichterstattungspflicht nach DRS 11, DB 2003, 457; *Küting/Weber/Gattung* Nahe stehende Personen (related parties) nach nationalem und internationalem Recht, KoR 2003, 53.

A. Allgemeines

I. Überblick

1 Wie der JA der KapGes/KapCoGes um einen Anhang erweitert ist (§ 264 Abs 1 S 1), umfasst der KA ua ebenfalls einen Konzernanhang (§ 297 Abs 1 S 1). Der Konzernanhang ist ebenso wie Konzernbilanz, Konzern-GuV, KFR, EK-Spiegel und Konzernlagebericht Bestandteil der Konzernrechnungslegung eines MU.

2 **Alle Kapitalgesellschaften** (AG, KGaA und GmbH) haben einen Konzernanhang aufzustellen, wenn sie MU sind und die Voraussetzungen der Konzernrechnungslegungspflicht nach §§ 290, 293 gegeben sind und sie nicht nach § 315 a Abs 1 oder 2 zur Konzernrechnungslegung nach internationalen Rechnungslegungsstandards verpflichtet sind oder die Befreiungsvorschrift des § 315 a Abs 3 in Anspruch nehmen. Das Gleiche gilt für **bestimmte Personenhandelsgesellschaften** iSd § 264 a Abs 1 (KapCoGes). Dieser Konzernanhang muss die Pflichtangaben der §§ 313 und 314 enthalten.

Auch ein **nach § 315 a vorgeschriebener oder befreiender KA** nach internationalen Rechnungslegungsstandards muss einen Konzernanhang bzw gleichwertige Erl an anderer Stelle in den veröffentlichten Unterlagen in vergleichbarer Form enthalten (DRS 1.43).

Größenabhängige Erleichterungen, wie sie für den Anhang des JA der KapGes/KapCoGes gemäß §§ 274a, 276 S 2 und 288 in Anspruch genommen werden dürfen, bestehen für den Konzernanhang nicht, ebenso wenig größenabhängige Offenlegungserleichterungen, auch wenn das MU für seinen Anhang größenabhängige Erleichterungen in Anspruch nehmen darf. Jedoch sind die **größenabhängigen Befreiungen** des § 293 Abs 1 und 4 für die Aufstellung des KA und damit für den Konzernanhang und Konzernlagebericht zu beachten. Gemäß § 298 Abs 1 sind jeweils die für große KapGes/KapCoGes geltenden Vorschriften auch für den Konzernanhang maßgebend. Alle Konzernanhangvorschriften gelten sowohl für einen *Teilkonzernanhang* als auch für den Konzernanhang eines *befreienden* KA, wenn alle Voraussetzungen des § 291 (§ 11 Abs 6 PublG) gegeben sind; s dort.

Alle dem **PublG unterliegenden Mutterunternehmen** (§ 11 Abs 1 PublG) 3
haben ebenfalls einen Konzernanhang sinngemäß nach §§ 294 bis 314 aufzustellen. Dies gilt auch für Ekfl und reine PersGes an der Spitze eines Konzerns, die selbst ihren JA nicht um einen Anhang zu erweitern haben (§ 5 Abs 2 S 1 PublG). Zum Inhalt des Konzernanhangs dem PublG unterliegender MU s Anm 51 bis 53. Für Kreditinstitute und VersicherungsUnt gelten – unabhängig von ihrer Größe und Rechtsform – nur die Vorschriften des HGB (§ 340i Abs 1, § 341h Abs 1).

Auch ein **ausländisches Mutterunternehmen** ist ggf zur Aufstellung eines 4
Konzernanhangs verpflichtet, wenn es einen befreienden KA für einen *inländischen Teilkonzern* erstellt (§§ 291, 292).

Eine allgemeine **Schutzklausel,** nach der die Berichterstattung insoweit zu 5
unterbleiben hat, als es für das Wohl der Bundesrepublik Deutschland oder eines ihrer Länder erforderlich ist, wie sie für den Anhang gilt (§ 286 Anm 2 bis 4), ist für den Konzernanhang nicht ausdrücklich vorgesehen. Gleichwohl halten wir eine analoge Anwendung dieser Schutzklausel auf den Konzernanhang für gesetzeskonform (wie hier *WPH*[12] I, M 661; *Dörner/Wirth* in HdKR[2] § 314 Anm 403). Eine Übernahme der Schutzklausel für den Konzernanhang dürfte versehentlich unterblieben sein, so dass eine analoge Anwendung auf den Konzernanhang dem Willen des Gesetzgebers entsprechen dürfte. Allerdings ist bei Einbeziehung von ausländischen TU die Inanspruchnahme der Schutzklausel nur dann zulässig, wenn das Wohl inländischer Gebietskörperschaften gefährdet ist; eine Bezugnahme auf das Wohl anderer Regionen, zB des Staates, in dem ein TU seinen Sitz hat, sieht das HGB nicht vor.

Ein Konzernanhang ist nur aufzustellen, wenn auch eine Konzernbilanz und 6
K-GuV zu erstellen ist. Gleichwohl können sich Angabepflichten einer KapGes/KapCoGes in Bezug auf den Konzern oder TU ergeben, ohne dass diese Voraussetzung erfüllt ist. In diesem Fall sind die Angaben im **Anhang des Mutterunternehmens** zu machen. Es kommen folgende Fälle in Frage: Wenn ein MU bei Vorliegen aller Voraussetzungen des § 291 Abs 1 und 2 bzw der §§ 1 und 2 KonBefrV keinen KA aufstellt, muss es im Anhang Namen und Sitz seines MU angeben, das den *befreienden* KA und Konzernlagebericht aufstellt und auf diese Befreiung hinweisen (§ 291 Abs 2 Nr 3; § 2 Abs 1 Nr 4 KonBefrV). Hat ein MU *nur* TU, die wegen § 296 (zB wegen Geringfügigkeit) *nicht konsolidiert* werden, sind gleichwohl die hiermit im Zusammenhang stehenden Angabepflichten der §§ 313 Abs 2 Nr 1 S 2 und 296 Abs 3 zu erfüllen. Das geschieht zweckmäßigerweise im Anhang des MU (hM; *WPH*[12] I, M 673; *ADS*[6] § 313 Anm. 103).

II. Zweck des Konzernanhangs

11 Der Konzernanhang ist ebenso wie Konzernbilanz, Konzern-GuV, KFR und EK-Spiegel ein **gleichwertiger Bestandteil** des KA eines MU. Auch der Konzernanhang hat wie die anderen Bestandteile des KA unter Beachtung der GoB ein den tatsächlichen Verhältnissen entspr Bild der **Vermögens-, Finanz- und Ertragslage** des Konzerns zu vermitteln (dazu § 297 Anm 185).

Im Rahmen der Konzernrechnungslegung dient der Konzernanhang den gleichen Zwecken wie der Anhang im Rahmen der Rechnungslegung der KapGes/KapCoGes (§ 284 Anm 6), nämlich der Vermittlung von Informationen *neben* und *zusätzlich zur* Konzernbilanz, Konzern-GuV, KFR, EK-Spiegel und freiwillig erstellten SegBerE, der Entlastung von Konzernbilanz, Konzern-GuV, KFR, EK-Spiegel und freiwilliger SegBerE von Details sowie der Vermittlung von zusätzlichen Informationen.

12 Diese *Zielsetzung der Generalnorm* des § 297 Abs 2 wird auch für den Konzernanhang dahingehend verdeutlicht, dass die Darstellung der VFE-Lage *so* zu erfolgen hat, *als ob* die in den KA einbezogenen Unt *ein einziges* Unt wären (§ 297 Abs 3 S 1). Die Grundlage für die Berichterstattung im Konzernanhang ist mithin die **Fiktion der wirtschaftlichen Einheit des Konzerns** (§ 297 Anm 190).

Daraus folgt: die Angaben dürfen sich *weder* auf einzelne bedeutsame einbezogene Unt (einschl des MU), *noch* auf wesentliche Gruppen von einbezogenen Unt beschränken. Vielmehr hat die Berichterstattung wie für ein einheitliches Unt, dh den Konzern insgesamt, zu erfolgen. Jedoch braucht über *nicht* in den KA *einbezogene* Unt nur in den Fällen der § 296, 313 Abs 2 Nr 1 S 2, 314 Abs 1 Nr 6, 7 und 9 berichtet zu werden (s jeweils dort).

Aus der Einheitstheorie folgt weiter, dass die verbalen und betragsmäßigen Angaben, die Erl, Begründungen und Aufgliederungen im Konzernanhang nicht durch Zusammenfassen der Angaben aus den einzelnen Anhängen der einbezogenen Unt, sondern selbstständig auf der Grundlage der Verhältnisse und Gegebenheiten im Konzern zu entwickeln und ggf zu konsolidieren sind. Aus der Einheitstheorie folgt für die Berichterstattung im Konzernanhang außerdem, dass die Angaben aus den JA zu entwickeln sind, die *tatsächlich* in den KA einbezogen wurden. Werden HB II (zum Begriff § 300 Anm 26) konsolidiert, müssen sich auch alle Angaben im Konzernanhang auf den aus den HB II konsolidierten KA beziehen, was eine Berichterstattung auf Grund der einzelnen HB I ausschließt.

III. Anforderungen an die Berichterstattung

13 Beim Konzernanhang sind dieselben Anforderungen an die Berichterstattung gestellt wie beim Anhang des JA (§ 284 Anm 10). Nach der Generalnorm des § 297 Abs 2 S 2 (§ 297 Anm 185 und hier Anm 12) hat auch der Konzernanhang ein den tatsächlichen Verhältnissen entspr Bild der VFE-Lage des Konzerns zu vermitteln und dabei die GoB zu beachten. Bei der Berichterstattung sind die Grundsätze der **Wahrheit** und **Vollständigkeit** sowie der **Klarheit** und **Übersichtlichkeit** einzuhalten. Dabei finden Angaben ihre Grenze durch die **Grundsätze der Wesentlichkeit und der Wirtschaftlichkeit** (hierzu § 297 Anm 195). Alle für den Konzernanhang vorgeschriebenen Angaben sind **in jedem Jahr** zu machen.

IV. Umfang des Konzernanhangs

Nach dem Vorbild des Anhangs ist für den Konzernanhang der Umfang nur in Form eines **Mindestumfangs** vorgeschrieben. Damit sind **freiwillige Angaben** zulässig (Anm 49). Die Angabe von **Vergleichszahlen des Vorjahrs** im Konzernanhang ist **nicht** vorgeschrieben; § 298 Abs 1 iVm § 265 Abs 2 regelt nur die Angabe der Vj-Zahlen in der Konzernbilanz und K-GuV. Die Angabe von Vj-Zahlen im Konzernanhang ist jedoch zulässig und sogar bei Änderung des KonsKreis auch üblich. Demgegenüber verpflichten alle DRS zu Vj-Angaben. Gem § 298 Abs 1 iVm § 265 Abs 8 ist die Angabe von **Leerposten** in Konzernbilanz und K-GuV nicht vorgeschrieben; sie werden in der Praxis auch nicht gezeigt. Diese Vorschrift ist als allgemeiner Grundsatz auch auf den Konzernanhang anzuwenden. 15

Fraglich ist, ob **Verweise** im Konzernanhang auf Erl im Anhang des MU zulässig sind, wenn zB der betreffende Sachverhalt im Konzern und beim MU identisch ist. Der KA einschließlich Konzernanhang muss aus sich heraus verständlich sein und sämtliche Pflichtangaben in der jeweils vorgeschriebenen Weise enthalten. Unter der Voraussetzung der **gemeinsamen Offenlegung** beider Anhänge und bei sonstigen ausdrücklichen Hinweisen sind solche Verweise jedoch zulässig, denn Verweise sind nichts anderes als eine teilweise Zusammenfassung von Konzernanhang und Anhang des MU (hierzu § 298 Anm 57). 16

V. Form des Konzernanhangs

Wie für den Anhang gilt auch für den Konzernanhang **Gestaltungsfreiheit,** die jedoch den Grundsatz der **Klarheit** und **Übersichtlichkeit** (§ 297 Abs 2 S 1) beachten muss, da das HGB über die Form des Konzernanhangs nichts aussagt. Aus diesem Grundsatz folgt, dass eine Strukturierung des Konzernanhangs nach sachlichen Gesichtspunkten geboten ist. 19

Über den anzuwendenden § 265 Abs 1 gilt der Grundsatz der **formellen Stetigkeit** der Darstellung auch für den Konzernanhang (zur Begründung für den Anhang s § 284 Anm 26; aA *Dörner/Wirth* in HdKR[2] §§ 313, 314 Anm 410 unter Missachtung des Worts „insbesondere" in § 265 Abs 1). Der Konzernanhang muss als solcher **gekennzeichnet** sein, damit er vom Konzern-Lagebericht und von einer evtl anderen freiwilligen Konzernberichterstattung unterschieden werden kann (ebenso § 284 Anm 27).

Gem § 298 Abs 1 iVm § 244 ist auch der Konzernanhang **in deutscher Sprache** und **in Euro** aufzustellen (§ 284 Anm 28). Bezüglich von Rundungen (Tausend Euro oder Mio Euro) im Konzernanhang s § 284 Anm 28.

In der Praxis hat sich folgende **Struktur** des Konzernanhangs herausgebildet: 20

1. Allgemeine Angaben zum KA
2. Angaben zum KonsKreis
3. KonsMethoden
4. Angaben zu den Bilanzierungs- und Bewertungsmethoden sowie zur Währungsumrechnung
5. Angaben zur Konzernbilanz und Konzern-GuV
6. Sonstige Angaben.

Zur Zulässigkeit einer **Orientierung einiger Teile des Konzernanhangs an der Reihenfolge** der Posten der Konzernbilanz, Konzern-GuV, Konzern-KFR, Konzern-EK-Spiegel und freiwilliger SegBerE, von „notes", dh von **An-**

merkungen zu Posten der Konzernbilanz, Konzern-GuV, Konzern-KFR, Konzern-EK-Spiegel und freiwilliger SegBerE sowie von **Fußnoten** s § 284 Anm 31.

VI. Verhältnis des Konzernanhangs zum Anhang des Jahresabschlusses des Mutterunternehmens

23 Ist eine KapGes/KapCoGes zugleich MU iSv § 290, hat sie sowohl einen Anhang als auch einen Konzernanhang zu erstellen. Die gesetzliche Konzeption des Konzernanhangs ist der des JA-Anhangs nachgebildet. Viele Vorschriften zum Anhang sind nicht nur mit denen zum Konzernanhang vergleichbar, sondern unter Berücksichtigung systembedingter Besonderheiten sogar identisch. Das wird durch die Verweise in § 298 Abs 1 zur sinngemäßen Anwendung von Anhangvorschriften auf den Konzernanhang und durch teilweise gleich lautende Vorschriften zusätzlich unterstrichen.

Auch die *Funktionen* sind gleich. Das führt oft, insb bei den verbalen Erl, Angaben oder Darstellungen dazu, dass in beiden Anhängen gleiche Angaben gemacht werden. Dennoch stehen an sich Konzernanhang und Anhang selbstständig nebeneinander. Der Konzernanhang *ersetzt nicht* den Anhang des JA des MU *und umgekehrt,* da die Bezugsgrößen – hier KA, dort JA des MU – verschieden sind. Der Konzernanhang stellt auch nicht eine Addition der Anhänge der einbezogenen Unt dar, sondern er ist ein *eigenständig* zu entwickelnder Teil des KA. Er bezieht seine Funktionen aus der Einheit mit Konzernbilanz, Konzern-GuV, Konzern-KFR und Konzern-EK-Spiegel, ggf auch freiwilliger Konzern-SegBerE.

24 Ein Vergleich der allgemeinen Grundsätze für Konzernanhang und Anhang zeigt folgende **Unterschiede:**

1. Kraft ausdrücklichen Verweises in § 298 Abs 1 auf die für große KapGes/KapCoGes geltenden Vorschriften sind **keine größenabhängigen Erleichterungen** bei der Aufstellung des Konzernanhangs vorgesehen, wie sie für kleine und mittelgroße KapGes/KapCoGes nach §§ 274a, 276 S 2 und 288 zulässig sind. Das gilt auch für den Fall, in dem kleine oder mittelgroße KapGes/KapCoGes (zB HoldingGes) als MU solche Erleichterungen für den Anhang ihres JA in Anspruch nehmen dürfen. Ebensowenig sieht das HGB größenabhängige Erleichterungen bei der Offenlegung vor, s Anm 2.
2. Zur Anwendung der allgemeinen **Schutzklausel** für eine Einschränkung der Berichterstattung, soweit diese für das Wohl der Bundesrepublik Deutschland oder eines ihrer Länder erforderlich ist, s Anm 5.

25 Folgende Vorschriften für den Anhang des JA wurden **nicht für den Konzernanhang übernommen:**

- **Unterschiedsbeträge zum Marktpreis in bestimmten Fällen bei Vorräten** nach § 284 Abs 2 Nr 4,
- Angaben über die **Einbeziehung von Fremdkapitalzinsen** in die HK nach § 284 Abs 2 Nr 5; eine Angabepflicht für den Konzernanhang besteht jedoch im Rahmen der Darstellung der Bewertungsmethoden nach § 313 Abs 1 S 2 Nr 1,
- **Aufgliederung** des Gesamtbetrags **der Verbindlichkeiten** mit einer Restlaufzeit von mehr als fünf Jahren sowie der gesicherten Verbindlichkeiten nach § 285 S 1 Nr 2,
- Inanspruchnahme der Ausnahmeregelung gem § 286 Abs 2 für die **Umsatzaufgliederung** nach § 285 S 1 Nr 4,
- Ausmaß der **Beeinflussung des Jahresergebnisses** und erheblicher künftiger Belastungen durch Anwendung steuerrechtlicher Vergünstigungsvorschriften nach § 285 S 1 Nr 5,

- **Ertragsteuerspaltung** nach § 285 S 1 Nr 6,
- **Materialaufwand** bei Anwendung des Umsatzkostenverfahrens nach § 285 S 1 Nr 8,
- Mitglieder des **Geschäftsführungsorgans** und eines **AR** nach § 285 S 1 Nr 10, weil zwangsläufig mit den Organen des MU identisch,
- Zusatzangaben **persönlich haftender KapGes** nach § 285 S 1 Nr 11 a,
- Erl von wesentlichen **sonstigen Rückstellungen** nach § 285 S 1 Nr 12,
- Angabe der Gründe für die planmäßige Abschreibung des **Geschäfts- oder Firmenwerts** nach § 285 S 1 Nr 13; eine Angabepflicht für den Konzernanhang besteht jedoch im Rahmen der Darstellung der Bewertungsmethoden nach § 313 Abs 1 S 2 Nr 1,
- Angabe von **Mutterunternehmen** nach § 285 S 1 Nr 14, jedoch Ergänzung des Anhangs des MU um die Angaben gem § 291 Abs 2 Nr 3 bzw § 2 Abs 1 Nr 4 KonBefrV (falls ein eigener KA für den KonsKreis des MU entfällt),
- Zusatzangaben für **KapCoGes** nach § 285 S 1 Nr 15.

VII. Zusammenfassung des Konzernanhangs mit dem Anhang des Jahresabschlusses des Mutterunternehmens

Nach § 298 Abs 3 S 1 dürfen der Konzernanhang und der Anhang des MU 28
unter der Voraussetzung zusammengefasst werden, dass KA und JA des MU **gemeinsam offen gelegt** werden (S 2). Durch die Zusammenfassung können Wiederholungen und Doppelangaben vermieden werden. Es darf aber die Klarheit und Übersichtlichkeit der Darstellung sowie die Vollständigkeit der Angaben nicht beeinträchtigt werden. Nach S 3 muss aus dem zusammengefassten Anhang hervorgehen, welche Angaben sich auf den Konzern und welche sich nur auf den JA des MU beziehen. Werden *verbale* Angaben zusammengefasst, müssen sie sowohl den Sachverhalt des JA als auch den des KA gleicherweise unter Beachtung von S 3 treffen; Abweichungen für Einzelheiten (zB andere Methoden der Währungsumrechnung) müssen erwähnt werden. Bei Betragsangaben muss deutlich werden, ob sie sich auf den JA oder den KA beziehen. Im Übrigen zur Zusammenfassung § 298 Anm 57. Hauptanwendungsfälle der partiellen Zusammenfassung sind die Bewertungsmethoden und die Anteilsliste.

B. Inhalt des Konzernanhangs (Abs 1 S 1)

Zunächst sind sowohl diejenigen Angaben, die zu den einzelnen Posten der 33
Konzernbilanz oder -GuV *vorgeschrieben* sind, aufzunehmen als auch solche Angaben, die *wahlweise* nicht in die Konzernbilanz oder die K-GuV aufgenommen wurden, in den Konzernanhang einzubeziehen. Diese Vorschrift stimmt wörtlich mit § 284 Abs 1 überein. Auch der Konzernanhang enthält mithin **Pflichtangaben,** die *nur* im Konzernanhang zu machen sind, und Pflichtangaben, die *wahlweise* im Konzernanhang oder im übrigen KA zu machen sind. Die gesetzlichen Grundlagen für diese verschiedenen Pflichtangaben sind in den §§ 313 und 314 und in anderen Vorschriften des HGB, EGHGB (Art 24, 28, 42 und 48), GmbHG (Anm 35, 44), AktG (Anm 35) und PublG (Anm 51) enthalten. Ergänzende und weitergehende Angabepflichten ergeben sich aus den **Standards des DRSC,** die jedes MU (Ausnahme DRS 11: nur kapmarktMU) verpflichten und deren Beachtung die Vermutung beinhaltet, KonzernGoB angewandt zu haben (§ 342 Anm 9). Ferner bestehen **Angabeempfehlungen des Deutschen**

Corporate Governance Kodex für börsennotierte MU, deren Einhaltung oder Nichteinhaltung jährlich nach § 161 AktG offen zu legen ist (s § 314 Anm 89). Darüber hinaus dürfen in den Konzernanhang **freiwillige (Zusatz-) Angaben** aufgenommen werden.

Für den Konzernanhang umfassen die Berichterstattungspflichten ebenfalls wie im Anhang des JA: Angaben, Darstellungen, Erl, Begründungen, Aufgliederungen und Ausweise (s zu diesen Begriffen § 284 Anm 36).

I. Pflichtangaben des Konzernanhangs

1. Liste der Pflichtangaben des Konzernanhangs nach HGB und EGHGB

34 Folgende Pflichtangaben sind von KapGes/KapCoGes *erforderlichenfalls* im Konzernanhang zu machen:

§ 264 Abs 3 Nr 4 (dort Anm 82): Angabe des **TU (KapGes),** das von der Anwendung der § 264 ff **gemäß § 264 Abs 3 befreit ist;**

§ 264 b Nr. 4 (dort Anm 60): Angabe des TU (KapCoGes), das von der Anwendung der §§ 264 ff gem § 264 b befreit ist;

§ 296 Abs 3 (dort Anm 41): Begründung der **Nichteinbeziehung** von TU **nach § 296 Abs 1 und Abs 2;**

§ 297 Abs 2 S 3 (dort Anm 185): Zusätzliche Angaben, wenn der KA wegen besonderer Umstände **kein den tatsächlichen Verhältnissen entsprechendes Bild** vermittelt;

§ 297 Abs 3 S 4 (dort Anm 200): Angabe und Begründung von **Abweichungen von den Konsolidierungsmethoden des Vorjahrs;**

§ 297 Abs 3 S 5 (dort Anm 203): Angabe des **Einflusses von Abweichungen** von den Vj-KonsMethoden **auf die Vermögens-, Finanz- und Ertragslage des Konzerns;**

§ 298 Abs 1 iVm § 265 Abs 1 S 2 (dort Anm 4): Angabe und Begründung von **Abweichungen** in der Form **der Darstellung und Gliederung** in Konzernbilanz oder Konzern-GuV **im Vergleich zum Vorjahr;**

§ 298 Abs 1 iVm § 265 Abs 2 S 2 (dort Anm 5): Angabe und Erl von **nicht vergleichbaren Vorjahreszahlen** in Konzernbilanz oder Konzern-GuV;

§ 298 Abs 1 iVm § 265 Abs 2 S 3 (dort Anm 5): Angabe und Erl von zu Vergleichszwecken vorgenommenen **Anpassungen von Vorjahreszahlen** in Konzernbilanz und Konzern-GuV;

§ 298 Abs 1 iVm § 265 Abs 4 S 2 (dort Anm 13); Angabe und Begründung der **Ergänzung des Konzernabschlusses** nach der für die **anderen Geschäftszweige** vorgeschriebenen Gliederung;

§ 298 Abs 1 iVm § 265 Abs 7 Nr 2 (dort Anm 17): Gesonderter Ausweis der Einzelposten, falls zur Vergrößerung der Klarheit der Darstellung in Konzernbilanz oder Konzern-GuV **Posten zulässigerweise zusammengefasst** ausgewiesen werden;

§ 298 Abs 1 iVm § 268 Abs 4 S 2 (dort Anm 93): Erl von größeren Posten in den **sonstigen Vermögensgegenständen, die erst nach dem Abschlussstichtag rechtlich entstehen;**

§ 298 Abs 1 iVm § 268 Abs 5 S 3 (dort Anm 107: Erl von größeren Posten in den **Verbindlichkeiten, die erst nach dem Abschlussstichtag rechtlich entstehen;**

§ 298 Abs 1 iVm § 269 S 1 2. Hs (dort Anm 12): Erl **aktivierter Aufwendungen für die Ingangsetzung und Erweiterung des Geschäftsbetriebs;**

§ 298 Abs 1 iVm § 274 Abs 2 S 2 (dort Anm 71): Erl eines **aktivierten Postens zur Steuerabgrenzung;**

§ 298 Abs 1 iVm § 277 Abs 4 S 2 (dort Anm 24): Erl **der betriebsfremden außerordentlichen Erträge und Aufwendungen** hinsichtlich Betrag und Art, soweit nicht von untergeordneter Bedeutung;

§ 298 Abs 1 iVm § 277 Abs 4 S 3 (dort Anm 25): Erl der **periodenfremden Erträge und Aufwendungen** hinsichtlich Betrag und Art, soweit nicht von untergeordneter Bedeutung;

§ 300 Abs 2 S 3 2. Hs (dort Anm 52): Hinweis auf die Beibehaltung von **Bilanzansätzen von Kreditinstituten oder Versicherungsunternehmen** im KA;

§ 301 Abs 1 S 4 (dort Anm 120): Angabe der **Methoden der Kapitalkonsolidierung** (entfällt bei Anwendung des *DRS* 4.8);

§ 301 Abs 2 S 2 (dort Anm 155): Angabe des **Zeitpunkts für die Erstkonsolidierung;**

§ 301 Abs 3 S 2 (dort Anm 166): Erl der aktiven und passiven **Unterschiedsbeträge aus der Kapitalkonsolidierung sowie wesentlicher Veränderungen** dieser Posten **gegenüber dem Vorjahr** unter Beachtung von *DRS* 4.57 und 58;

§ 301 Abs 3 S 3 (dort Anm 167): Angabe der aktiven und passiven **Unterschiedsbeträge** aus der KapKons, **sofern** sie in der Konzernbilanz **verrechnet** wurden;

§ 302 Abs 3 (dort Anm 60): Angaben zur wahlweisen **Kapitalkonsolidierung bei Interessenzusammenführung;**

§ 308 Abs 1 S 3 (dort Anm 14): Angabe und Begründung bei **Abweichungen der Konzernbewertungsmethoden** von den Bewertungsmethoden im JA des MU;

§ 308 Abs 2 S 2 2. Hs (dort Anm 27): Hinweis auf die Beibehaltung von **Wertansätzen von Kreditinstituten oder Versicherungsunternehmen** im KA;

§ 308 Abs 2 S 4 (dort Anm 34): Angabe und Begründung von **Abweichungen von der einheitlichen Bewertung;**

§ 310 Abs 2 (dort Anm 75): Folgende Angaben zur **anteilmäßigen Konsolidierung** und weitere Angaben nach DRS 9.20ff:

§ 310 Abs 2 iVm § 297 Abs 2 S 3 (dort Anm 185): Zusätzliche Angaben, wenn der KA wegen besonderer Umstände **ein den tatsächlichen Verhältnissen entsprechendes Bild nicht vermittelt;**

§ 310 Abs 2 iVm § 297 Abs 3 S 4 (dort Anm 200): Angabe und Begründung von **Abweichungen von den auf den vorhergehenden Konzernabschluss angewandten Methoden** der anteilmäßigen Kons;

§ 310 Abs 2 iVm § 297 Abs 3 S 5 (dort Anm 203): Angabe des **Einflusses dieser Abweichungen auf die Vermögens-, Finanz- und Ertragslage des Konzerns;**

§ 310 Abs 2 iVm § 301 Abs 1 S 4 (dort Anm 120): Angabe der **Methoden der Kapitalkonsolidierung** (Buchwertmethode oder Neubewertungsmethode) bei Quo-Kons (entfällt bei Anwendung des DRS 9.10 iVm DRS 4.8);

§ 310 Abs 2 iVm § 301 Abs 2 S 2 (dort Anm 155): Angabe des **Zeitpunkts der Erstkonsolidierung** bei Quo-Kons (entfällt bei Anwendung des DRS 9.10 iVm DRS 4.9);

§ 310 Abs 2 iVm § 301 Abs 3 S 2 (dort Anm 166): Erl des sich aus der **Kapitalkonsolidierung ergebenden Unterschiedsbetrags** (GFW bzw Unterschiedsbetrag aus der KapKons) und Erl **wesentlicher Änderungen** dieses Postens **gegenüber dem Vorjahr** unter Beachtung von DRS 9.23ff;

§ 310 Abs 2 iVm § 301 Abs 3 S 3 (dort Anm 167): Angabe der in der Konzernbilanz verrechneten aktiven und passiven **Unterschiedsbeträge aus der Kapitalkonsolidierung** (entfällt bei Anwendung des DRS 9.19 iVm DRS 4.39);

§ 310 Abs 2 iVm § 308 Abs 1 S 3 (dort Anm 14): Angabe und Begründung von **Abweichungen** von den auf den JA des MU angewandten **Bewertungsmethoden** im KA;

§ 310 Abs 2 iVm § 308 Abs 2 S 2 2. Hs (dort Anm 27): Hinweis auf die Beibehaltung von **Wertansätzen von quotal konsolidierten Kreditinstituten oder Versicherungsunternehmen** im KA;

§ 310 Abs 2 iVm § 308 Abs 2 S 4 (dort Anm 34): Angabe und Begründung von **Abweichungen von den einheitlichen Bewertungsmethoden** bei Quo-Kons;

§ 312 Abs 1 S 4 (dort Anm 85): Angabe der **Methode** (Buchwertmethode oder Neubewertungsmethode) **bei der Einbeziehung von assoziierten Unternehmen** (entfällt bei Anwendung des DRS 8.4);

§ 312 Abs 3 S 2 (dort Anm 45): Angabe des **Zeitpunkts der Erstkonsolidierung von assoziierten Unternehmen** (entfällt bei Anwendung des DRS 8.14); (auch Art 27 Abs 3 iVm Art 27 Abs 2 EGHGB);

§ 312 Abs 5 S 2 (dort Anm 75): Angabe der **Unterlassung der Bewertungsanpassung bei assoziierten Unternehmen;**

§ 313 Abs 1 S 2 Nr 1 (hier Anm 60): Angabe der auf die Posten der Konzernbilanz und Konzern-GuV angewandten **Bilanzierungs- und Bewertungsmethoden;**

§ 313 Abs 1 S 2 Nr 2 (hier Anm 92): Angabe der **Grundlagen der Währungsumrechnung;**

§ 313 Abs 1 S 2 Nr 3 (hier Anm 103): Angabe und Begründung von **Abweichungen von Bilanzierungs-, Bewertungs- und Konsolidierungsmethoden** und gesonderte Darstellung **von deren Einfluss auf die Vermögens-, Finanz- und Ertragslage des Konzerns;**

§ 313 Abs 2 Nr 1 S 1 (hier Anm 156): Angaben über die **einbezogenen Unternehmen;**

§ 313 Abs 2 Nr 1 S 2 (hier Anm 160): Angaben über die **nicht einbezogenen Tochterunternehmen;**

§ 313 Abs 2 Nr 2 S 1 (hier Anm 163): Angaben über **die assoziierten Unternehmen;**

§ 313 Abs 2 Nr 2 S 2 (hier Anm 203): Angabe und Begründung bei **Inanspruchnahme der Ausnahmeregelungen** für assozUnt von untergeordneter Bedeutung (§ 311 Abs 2);

§ 313 Abs 2 Nr 3 (hier Anm 168): Angaben über die **anteilmäßig einbezogenen Unternehmen;**

§ 313 Abs 2 Nr 4 S 1 (hier Anm 172): Angaben über **andere im Konzernanteilsbesitz stehende Unternehmen;**

§ 313 Abs 2 Nr. 4 S 2 (hier Anm 178): **Zusatzangaben börsennotierter Konzernunternehmen;**

§ 313 Abs 3 S 2 (hier Anm 220): Angabe der **Inanspruchnahme der Ausnahmeregelung bei Weglassen von Angaben über im Konzernanteilsbesitz stehende Unternehmen;**

§ 313 Abs 4 S 3 (hier Anm 225): Hinweis auf die **gesonderte Aufstellung des Konzernanteilsbesitzes** und den Ort ihrer Hinterlegung;

§ 314 Abs 1 Nr 1 (dort Anm 8): Angabe des Gesamtbetrags der **Konzernverbindlichkeiten mit einer Restlaufzeit von mehr als fünf Jahren** und der **gesicherten Konzernverbindlichkeiten;**

§ 314 Abs 1 Nr 2 1. Hs (dort Anm 14): Angabe des Gesamtbetrags **der sonstigen finanziellen Verpflichtungen des Konzerns;**

§ 314 Abs 1 Nr 2 2. Hs (dort Anm 21): Angabe **der sonstigen finanziellen Verpflichtungen** und der **Haftungsverhältnisse** nach § 251 **gegenüber nicht einbezogenen Tochterunternehmen;**

§ 314 Abs 1 Nr 3 (dort Anm 24): **Aufgliederung der Umsatzerlöse des Konzerns** nach Tätigkeitsbereichen sowie nach geographisch bestimmten Märkten;

§ 314 Abs 1 Nr 4 1. Hs (dort Anm 32): Angabe der **durchschnittlichen Zahl der** während des Gj bei voll einbezogenen Unt beschäftigten **Arbeitnehmer** getrennt nach Gruppen;

§ 314 Abs 1 Nr 4 2. Hs (dort Anm 35): getrennte Angabe der **durchschnittlichen Zahl der Arbeitnehmer von anteilmäßig einbezogenen Unternehmen;**

§ 314 Abs 1 Nr 6 (dort Anm 52): Angabe der **Aufwendungen, Anzahl der ausgegebenen Aktienbezugsrechte uä, Vorschüsse, Kredite, Haftungsverhältnisse für Organmitglieder** des MU und der **Aufwendungen sowie der gebildeten und nicht gebildeten Pensionsrückstellungen für ehemalige Organmitglieder** des MU und deren Hinterbliebene; Zusatzaufgaben für börsennotierte AG als MU über die **individualisierten Vorstandsbezüge.**

§ 314 Abs 1 Nr 7 (dort Anm 84): Angabe des **Bestands von konzerneigenen Anteilen am Mutterunternehmen** sowie deren Zahl, Nennbetrag oder rechnerischer Wert und Anteil am Kapital des MU;

§ 314 Abs 1 Nr 8 (dort Anm 90): Zusatzangabe für einbezogene börsennotierte Unt über die **Entsprechenserklärung gem § 161 AktG zum Corporate Governance Kodex;**

§ 314 Abs 1 Nr 9 (dort Anm 90): Zusatzangaben für kapmarktMU über das im Gj als Aufwand erfasste **Honorar des Konzernabschlussprüfers;**

§ 314 Abs 1 Nr 10 (dort Anm 95): Angabe von Art, Umfang, Zeitwert, Buchwert, angewandte Bewertungsmethode für jede Kategorie **derivativer Finanzinstrumente;**

§ 314 Abs 1 Nr 10 iVm § 285 S 5 (§ 285 Anm 310): Angabe der tragenden **Annahmen bei der Bestimmung des beizulegenden Zeitwerts;**

§ 314 Abs 1 Nr 10 iVm § 285 S 6 (§ 285 Anm 320): Angabe der **Gründe bei fehlender Bestimmbarkeit des beizulegenden Zeitwerts;**

§ 314 Abs 1 Nr 11 (dort Anm 100): Angaben über zu den Finanzanlagen gehörende **Finanzinstrumente, die über ihrem beizulegenden Zeitwert ausgewiesen werden;**

§ 314 Abs 1 Nr 11 iVm § 285 S 5 (dort Anm 101): Angaben der tragenden **Annahmen bei der Bestimmung des beizulegenden Zeitwerts**;

§ 314 Abs 1 Nr 11 iVm § 285 S 6 (dort Anm 101): Angabe der **Gründe bei fehlender Bestimmbarkeit des beizulegenden Zeitwerts;**

Art 24 Abs 6 S 3 EGHGB (§ 253 Anm 666): Angabe, wenn bei **erstmaliger Anwendung** des § 298 Abs 1 iVm § 268 Abs 2 die **Buchwerte des Anlagevermögens** und der Aufwendungen für die Ingangsetzung usw als ursprüngliche AK/HK **fortgeführt** werden;

Art 28 Abs 2 EGHGB (§ 249 Anm 271): Angabe des **Fehlbetrags bei den Rückstellungen für laufende Pensionen, Anwartschaften auf Pensionen und ähnliche Verpflichtungen** im Konzern;

Art 48 Abs 5 S 3 EGHGB (dort Anm 45): Angabe bei KapCoGes, wenn bei **erstmaliger Anwendung** des § 298 Abs 1 iVm § 268 Abs 2 die Buchwerte des Anlagevermögens und die Aufwendungen für die Ingangsetzung usw als ursprüngliche AK/HK fortgeführt werden.

2. Weitere rechtsformspezifische Pflichtangaben des Konzernanhangs

Gem § 298 Abs 1 hat der Konzernanhang auch die für die **Rechtsform** der in den KA einbezogenen inländischen Unt vorgeschriebenen Angaben zu enthalten, sofern die Eigenart des KA keine Abweichung bedingt und in den Vorschriften des HGB über den KA nichts anderes bestimmt ist (dazu § 298 Anm 42). Die Berücksichtigung rechtsformspezifischer JA-Vorschriften im KA, der Unt unterschiedlicher Rechtsform und auch TU mit Sitz im Ausland umfasst, erscheint nicht problemfrei im Hinblick darauf, dass der KA über den Konzern als wirtschaftliche Einheit informieren soll. Nach dem Wortlaut des HGB kommt die Anwendung solcher Anhangvorschriften für *alle einbezogenen* Unt *nur* nach Maßgabe der *Rechtsform des Mutterunternehmens* nicht in Betracht (aA *Selchert/Karsten* BB 1986, 1259, die die Einschränkung der systembedingten Abweichungen übersehen). Hätte das HGB dies zum Ausdruck bringen wollen, hätten auf den KA „die für die Rechtsform des Mutterunternehmens geltenden Vorschriften entsprechend" anzuwenden sein müssen. Sinn der Vorschrift kann auch nicht sein, die rechtsformspezifischen Angaben nur für das MU selbst vorzuschreiben. Die Angaben im Konzernanhang haben sich vielmehr auf den Konzern als wirtschaftliche Einheit zu erstrecken, weder auf die einzelnen einbezogenen Unt noch auf das MU allein. Die das MU betreffenden Angaben sind im Anhang seines JA zu machen, eine Wiederholung im Konzernanhang ist nicht zielführend. 35

Eine am Wortlaut des HGB orientierte Auslegung wird indessen der dem KA zugrunde liegenden Einheitstheorie nicht gerecht. Jede einzelne rechtsformspezifische Angabepflicht ist mithin auf die Verhältnisse des KA hin zu untersuchen, inwieweit ihre Anwendung der Darstellung der VFE-Lage des Konzerns dient (*WPH*[12] I, M 201). Dabei ist nach § 298 Abs 1 die Eigenart des KA zu berücksichtigen. Es entfallen danach alle rechtsformspezifischen Angabepflichten, die sich auf die *Gewinnverwendung* beziehen (§§ 29 Abs 4 S 1 GmbHG, 58 Abs 2a S 2, 152 Abs 2 und 3, 158 Abs 1, 240 S 3, 261 AktG), da der KA keine Gewinnverwendungsrechnung umfasst (*WPH*[12] I, M 569). Ferner sind alle aktienrechtlichen Angabevorschriften über *Kapitalverhältnisse* und Aktien nicht anzuwenden (§ 160 Abs 1 Nr 1 bis 4, 7 und 8 AktG), da sie die gleichen Sachverhalte von GmbH nur selten miterfassen und daher nur ein unvollständiges Bild vermitteln würden; (aA *Gzuk* in Beck HdR C 600 Anm 150). Das zeigt auch § 314 Nr 7; s dort Anm 84.

36 Demnach kommen folgende Angabepflichten für den Konzernanhang eines MU unabhängig von seiner Rechtsform in Frage, wenn die Sachverhalte bei einem einbezogenen Unt gegeben sind:

Nach § 298 Abs 1 iVm § 160 Abs 1 Nr 5 AktG ist über Bezugsrechte gem § 192 Abs 2 Nr 3 AktG, **Wandelschuldverschreibungen** und **vergleichbare Wertpapiere,** die von *einbezogenen* AG/KGaA begeben wurden, unter Angabe der verbrieften Rechte zu berichten. Eine Berichterstattung im Konzernanhang hat nur insoweit zu erfolgen, als die Papiere im Umlauf sind, also nicht von anderen einbezogenen Unt gehalten und dann durch Schuldenkonsolidierung (§ 303) verrechnet werden. Zum Umfang der Angabepflichten s § 284 Anm 44.

Über **Genussrechte, Rechte aus Besserungsscheinen und ähnliche Rechte,** die von *einbezogenen* AG/KGaA Dritten gewährt worden sind, ist im Konzernanhang gem § 298 Abs 1 iVm § 160 Abs 1 Nr 6 AktG ausführlich zu berichten (bei GmbH sind sie Teil der sonstigen finanziellen Verpflichtungen, s § 285 Anm 21). Im Einzelnen s zum AktG § 284 Anm 45. Die Angabepflichten entfallen insoweit, als sie durch Schuldenkonsolidierung aufgehoben werden.

Nach § 298 Abs 1 iVm § 264c Abs 2 S 9 ist im Konzernanhang für **einbezogene KG** iSd § 264a Abs 1 der Betrag der Differenz zwischen der im HR eingetragenen Hafteinlage und der tatsächlich erbrachten Einlage soweit er auf außenstehende Kommanditisten entfällt, anzugeben.

II. Pflichtangaben, die wahlweise im Konzernanhang oder im übrigen Konzernabschluss zu machen sind

40 Folgende Angaben müssen im Konzernanhang gemacht werden, wenn sie wahlweise nicht in die Konzernbilanz oder Konzern-GuV aufgenommen werden. Die einmal gewählte Darstellungsform (Ausweis in der Konzernbilanz bzw Konzern-GuV oder Angabe im Konzernanhang) ist beizubehalten, sofern nicht *in Ausnahmefällen* Abweichungen wegen *besonderer* Umstände erforderlich sind.

Obwohl für den Konzernanhang keine Pflicht zur Angabe von Vj-Zahlen besteht, gilt dieser Grundsatz für die Angaben, die anstatt in der Konzernbilanz oder Konzern-GuV im Konzernanhang gemacht werden, nicht (*HFA* 5/1988 idF 1998 Vergleichszahlen im Jahresabschluss und im Konzernabschluss sowie ihre Prüfung, WPg 1989, 42 u WPg 1998, 738), da für sie als Teil der KA die Vj-Angaben vorgeschrieben sind.

1. Liste der Pflichtangaben nach HGB in Konzernbilanz, Konzern-GuV oder im Konzernanhang

42 **§ 294** Abs 2 S 1 (dort Anm 14): Angaben zur **Vergleichbarkeit** des KA mit dem Vj-Abschluss **bei wesentlicher Veränderung des Konsolidierungskreises** oder Anpassung des Vj-Abschlusses;

§ 298 Abs 1 iVm § 265 Abs 3 S 1 (dort Anm 7): Angabe der **Mitzugehörigkeit** von einem Konzernbilanzposten zu einem anderen, wenn dies zur Aufstellung eines klaren und übersichtlichen KA erforderlich ist;

§ 298 Abs 1 iVm § 268 Abs 1 S 2 2. Hs (dort Anm 4): Gesonderte Angabe des **Gewinn- oder Verlustvortrags,** wenn die Konzernbilanz unter Berücksichtigung der teilweisen Verwendung des Jahresergebnisses aufgestellt wird und der Gewinnvortrag/Verlustvortrag in den Konzernbilanzgewinn/-bilanzverlust einbezogen ist (diese Angabe kann jedoch im Hinblick auf die Eigenart des KA entfallen; Anm 35);

§ 298 Abs 1 iVm § 268 Abs 2 S 1 (dort Anm 10): Darstellung des **Brutto-Anlagenspiegels** einschließlich der Aufwendungen für die Ingangsetzung und Erweiterung des Geschäftsbetriebs;

§ 298 Abs 1 iVm § 268 Abs 2 S 3 (dort Anm 12): Angabe der **Abschreibungen des Geschäftsjahrs;**

§ 298 Abs 1 iVm § 268 Abs 6 (dort Anm 110): Gesonderter Ausweis eines **aktivierten Disagios;**

§ 298 Abs 1 iVm § 268 Abs 7 1. Hs (dort Anm 123): Gesonderter Ausweis der in § 251 bezeichneten einzelnen Gruppen der **Haftungsverhältnisse** unter Angabe der gewährten Pfandrechte und sonstigen Sicherheiten;

§ 298 Abs 1 iVm § 268 Abs 7 2. Hs (dort Anm 127): Gesonderter Ausweis der **Haftungsverhältnisse gegenüber nicht einbezogenen verbundenen Unternehmen** je einzelne Gruppe;

§ 298 Abs 1 iVm § 274 Abs 1 S 1 (dort Anm 70): Gesonderte Angabe der **Rückstellung für Steuerabgrenzung** oder Zusammenfassung mit Posten nach § 306 S 2 und weitere Angabepflichten nach DRS 10.39 ff;

§ 298 Abs 1 iVm § 277 Abs 3 S 1 (dort Anm 3): Angabe von **außerplanmäßigen Abschreibungen im Anlagevermögen** nach § 253 Abs 2 S 3 und von **Abschreibungen im Umlaufvermögen zur Berücksichtigung zukünftiger Wertschwankungen** nach § 253 Abs 3 S 3;

§ 299 Abs 3 (dort Anm 27): Angabe von **Vorgängen von besonderer Bedeutung bei Einbeziehung von Unternehmen mit einem abweichenden Abschlussstichtag;**

§ 306 S 2 (dort Anm 37): gesonderte Angabe des aktiven oder passiven **Steuerabgrenzungspostens** oder Zusammenfassung mit Posten nach § 274 und weitere Angabepflichten nach DRS 10.39 ff;

§ 310 Abs 2 iVm § 299 Abs 3 (dort Anm 27): Angabe von **Vorgängen von besonderer Bedeutung bei quotaler Einbeziehung von Unternehmen mit einem abweichenden Abschlussstichtag;**

§ 312 Abs 1 S 2 (dort Anm 10): Angabe des **Unterschiedsbetrags** bei erstmaliger Anwendung der Buchwertmethode **bei der Einbeziehung von assoziierten Unternehmen** und weitere Angabepflichten nach DRS 8.47 ff;

§ 312 Abs 1 S 3 2. Hs (dort Anm 21): Angabe des **Unterschiedsbetrags** bei erstmaliger Anwendung der Neubewertungsmethode **bei der Einbeziehung von assoziierten Unternehmen** (entfällt bei Anwendung des DRS 8.4);

§ 314 Abs 1 Nr 4 (dort Anm 39): Angabe des **Personalaufwands** des Gj (bei Anwendung des Umsatzkostenverfahrens).

2. Weitere rechtsformspezifische Pflichtangaben in Konzernbilanz oder Konzernanhang

§ 264a Abs 1 iVm § 298 Abs 1 und § 264c Abs 1 schreibt vor, dass **Ausleihungen, Forderungen und Verbindlichkeiten gegenüber Gesellschaftern einer KapCoGes** als solche jeweils gesondert in der Konzernbilanz auszuweisen oder im Konzernanhang anzugeben sind. Werden sie unter anderen Posten ausgewiesen, muss diese Eigenschaft vermerkt werden. Die Vorschrift entspricht der zum JA der KapCoGes (s daher § 264c Anm 5). 44

§ 298 Abs 1 iVm § 42 Abs 3 GmbHG schreibt dieselben Pflichtangaben für GmbH vor (s § 284 Anm 58). Beide Regelungen lassen offen, *welche* Gester gemeint sind. Für den KA kommen *entweder* nur die Gester des MU *oder diese und alle anderen* konzernfremden Gester (§ 307) der einbezogenen TU in Frage.

Im ersten Fall müssten alle einbezogenen Unt ihre Beziehungen zu den Gestern der Mutter-**GmbH oder Mutter-KapCoGes** ermitteln, damit sie in der Konzernbilanz gesondert ausgewiesen oder im Konzernanhang angegeben werden können. Ist das MU eine **Aktiengesellschaft,** würde eine solche Angabe entfallen. Diese Auslegung steht aber im Widerspruch zur Systematik des HGB. 45

Danach sind Gester des Konzerns auch die anderen Gester der in den KA *einbezogenen* TU (§ 307).

Damit sind die in den Bilanzen der *einbezogenen* GmbH und KapCoGes ausgewiesenen oder in ihren Anhängen angegebenen Ausleihungen, Forderungen und Verbindlichkeiten ggü *deren* Gestern als solche *nach Konsolidierung* in die Konzernbilanz zu übernehmen oder im Konzernanhang anzugeben. Bei einem rechtsformgemischten Konzern werden mithin die Beziehungen zu den Gestern von AG nicht offen gelegt, was nach der Einheitstheorie zu verlangen wäre, wenn die AG-Gester bekannt sind (zB Namens-Aktionäre).

Ob nach der Einheitstheorie jedoch auch der Ausweis in der Konzernbilanz bzw die Angabe im Konzernanhang aller *mittelbaren* Gesterbeziehungen verlangt werden kann, erscheint zweifelhaft. Wenngleich diese Auslegung zu sinnvollen Ergebnissen führen könnte, hätte dies entspr oder durch die Pflicht zur Kons auch der (bekannten) Drittschuldverhältnisse formuliert werden müssen. Nachdem das HGB sich aber auf einen allgemein gehaltenen Verweis beschränkt hat, können die mittelbaren Gesterbeziehungen nicht hiervon erfasst sein, zumal auch in § 42 Abs 3 GmbHG/§ 264c Abs 1 ein Verweis auf Zurechnungsgrundsätze iSv § 16 Abs 4 AktG fehlt.

III. Freiwillige Angaben

49 Nach dem Vorbild des Anhangs zum JA kann der Konzernanhang um freiwillige Angaben erweitert werden (glA *Dörner/Wirth* in HdKR[2] §§ 313, 314 Anm 4; *ADS*[6] § 313 Anm 43). Zu möglichen Angaben, die auch für den Konzernanhang in Betracht kommen, § 284 Anm 80.

IV. Der Konzernanhang börsennotierter Mutterunternehmen

50 Im Zuge der Internationalisierung der Rechnungslegungsvorschriften hat der deutsche Gesetzgeber für den Konzernanhang börsennotierter MU iSd § 267 Abs 3 S 2 eine Reihe von Sondervorschriften zur weitergehenden Berichterstattung im Vergleich zu den anderen MU erlassen und durch Errichtung des DRSC die Entwicklung von GoB der Konzernrechnungslegung institutionalisiert. Die Grundlagen für diese besonderen Konzernanhangangaben sind in den §§ 313, 314, in anderen Vorschriften des HGB und in den Rechnungslegungsstandards des DRSC enthalten:

- § 313 Abs 2 Nr 4 S 2 (dort Anm 178): Angabe aller Beteiligungen an großen KapGes, die nicht TU, assozUnt, GemUnt sind, mit Namen und Sitz, wenn sie von einem börsennotierten MU, einem börsennotierten TU oder einer für Rechnung dieser Unt handelnden Person gehalten werden und 5% der Stimmrechte überschreiten;
- § 313 Abs 3 S 3 (dort Anm 219): Pflicht zur Berichterstattung über alle nach § 313 Abs 2 vorgeschriebenen Angaben zum KonsKreis und Konzernanteilsbesitz auch bei Entstehen erheblicher Nachteile beim MU oder bei den zu nennenden Unt;
- § 314 Abs 1 Nr 6a S 5–9 (dort Anm 67): Angabepflicht börsennotierter AG als MU über die individualisierten Vorstandsbezüge;
- § 314 Abs 1 Nr 8 (dort Anm 89): Angabe für jedes in den KA einbezogene börsennotierte Unt, dass die nach § 161 AktG vorgeschriebene Erklärung abgegeben und den Aktionären zugänglich gemacht worden ist;
- § 314 Abs 1 Nr 9 (dort Anm 90): Angaben über das im Gj als Aufwand erfasste **Honorar des Konzernabschlussprüfers.**

Ferner **verpflichtet DRS 11** (Berichterstattung über Beziehungen zu nahe stehenden Personen) zu umfangreichen Angaben:

- Angabe der auf Grund eines Beherrschungsverhältnisses iSd DRS 11.6 nahe stehenden Personen/Unt und der Art ihrer Beziehungen zum MU (DRS 11.7);
- Angabe der auf Grund der Möglichkeit wesentlicher Einwirkung iSd DRS 11.6 nahe stehenden Personen/Unt und der Art ihrer Beziehung zum MU bei Vorliegen von Geschäftsvorfällen zwischen ihnen und dem Konzern (DRS 11.8);
- Angabe und Erl wesentlicher Geschäftsvorfälle mit diesen nahe stehenden Personen/Unt gem DRS 11.12 und 13 unter Angabe der Vj-Beträge.

Des Weiteren bestehen folgende **Angabeempfehlungen** des Deutschen Corporate Governance Kodex (s § 314 Anm 89):

- Aufgliederung der Vorstands- und AR-Bezüge nach verschiedenen Komponenten individualisiert je Mitglied (Kodex Ziff 4.2.4 und 5.4.5 s § 314 Anm 53);
- Angaben über Erwerb oder Veräußerung von Aktien einschl Optionen und anderen Derivaten einbezogener AG (einschl MU) durch Vorstands- und AR-Mitglieder sowie bestimmte ihnen nahe stehende Personen, falls der Aktienbesitz bestimmte Grenzen überschreitet (Kodex Ziff 6.6);
- konkrete Angaben über Aktienoptionsprogramme uä wertpapierorientierte Anreizsysteme, wahlweise in Konzernanhang und/oder an anderer Stelle im KA (Kodex Ziff 7.1.3);
- Erl der Beziehungen zu nahe stehenden Aktionären iSd anwendbaren Rechnungslegungsvorschriften (Kodex Ziff 7.1.5).

V. Der Konzernanhang nach PublG

Alle dem PublG unterliegende MU (§ 11 Abs 1 PublG) haben, wenn sie einen KA aufstellen müssen, diesen um einen Konzernanhang zu erweitern (§ 13 Abs 2 PublG iVm § 297 Abs 1 HGB). Das gilt für alle Unt und *Konzernleitungen* (§ 11 Abs 5 PublG) unabhängig von ihrer Rechtsform, insbesondere für Vereine, deren Zweck auf einen wirtschaftlichen Geschäftsbetrieb gerichtet ist, eG, rechtsfähige Stiftungen des bürgerlichen Rechts, wenn sie ein Gewerbe betreiben, und Körperschaften, Stiftungen oder Anstalten des öffentlichen Rechts, wenn sie Kfm nach §§ 1 und 2 sind, also auch für Ekfl und reine PersGes sowie für GbR, wenn sie Unt sind. Der Konzernanhang hat alle für MU in der Rechtsform einer KapGes vorgeschriebenen Angaben zu enthalten (s Anm 34 und 42). 51

Folgende Angaben können generell **weg gelassen werden** (§ 13 Abs 3 S 1 PublG): 52

§ 280 Abs 3: Betrag der im Gj aus steuerrechtlichen Gründen **unterlassenen Zuschreibungen** (diese Vorschrift geht wegen des Wertaufholungsgebots gem § 6 Abs 1 Nr 1 S 4, Nr 2 S 3 EStG ins Leere);

§ 314 Abs 1 Nr 6: Aufwendungen, Anzahl der ausgegebenen Bezugsrechte uä, Vorschüsse, Kredite, Haftungsverhältnisse für **Organmitglieder des Mutterunternehmens** sowie Aufwendungen und die gebildeten und nicht gebildeten Pensionsrückstellungen für ehemalige Organmitglieder des MU und deren Hinterbliebene;

Art. 28 Abs 2 EGHGB: Angabe des Fehlbetrags bei den Rückstellungen für laufende Pensionen, Anwartschaften auf Pensionen und ähnliche Verpflichtungen im Konzern.

Legen **Einzelkaufleute** und **reine Personengesellschaften** die Konzern-GuV nicht offen (§ 13 Abs 3 S 2 iVm § 5 Abs 5 S 3 PublG), dürfen im Konzernanhang schon bei der Aufstellung oder erst bei Offenlegung außerdem alle Angaben zur Konzern-GuV weg gelassen werden. Das sind die Angaben nach §§ 277 Abs 3 S 1 (außerplanmäßige Abschreibungen im Anlagevermögen und Abschreibungen im Umlaufvermögen zur Berücksichtigung zukünftiger Wertschwankungen), 277 Abs 4 S 2 (betriebsfremde ao Erträge und Aufwendungen), 277 Abs 4 S 3 (periodenfremde Erträge und Aufwendungen), § 309 Abs 1 (Abschreibung des GFW) sowie 313 Abs 1 S 2 Nr 2, soweit Angaben zur

Währungsumrechnung die Konzern-GuV betreffen. Die Aufgliederung der Konzernumsatzerlöse nach Tätigkeitsbereichen sowie nach geographisch bestimmten Märkten (§ 314 Abs 1 Nr 3) ist jedoch vorzunehmen, da sie eine Erl zu den in der Anlage zur Konzernbilanz anzugebenden Konzernumsatzerlösen darstellt (ebenso *WPH*[12] I, O 99).

53 Beim Konzernanhang nach PublG besteht die Besonderheit, dass der KA *nur* die unter einheitlicher Leitung des MU stehenden TU umfasst (§ 11 Abs 1 PublG), also die Control-Verhältnisse des § 290 Abs 2 nicht einschließt, s dazu § 290 Anm 35, 101. Das kann ggf zu anderen Inhalten der Angaben im Vergleich zu berichterstattenden Mutter-KapGes/KapCoGes führen (zB beim Umfang der verbundenen Unt iSv § 271 Abs 2) und dementspr Änderungen bei den Angaben im Konzernanhang erforderlich machen, wenn KapGes/KapCoGes einbezogen werden, die ihren JA nach §§ 264/264a aufstellen mussten.

Sind in einem KA nach § 11 PublG, der auf die Erleichterungen nach § 13 Abs 3 S 1 PublG verzichtet, KapGes einbezogen, die selbst die Befreiungsvorschriften des § 264 Abs 3 iVm § 264 Abs 4 in Anspruch nehmen, ist im Konzernanhang des publizitätspflichtigen MU die Befreiung des TU anzugeben (§ 264 Abs 3 Nr 4 iVm § 264 Abs 4). Das Gleiche gilt für einbezogene TU in der Rechtsform der KapCoGes (§ 264b Nr 4).

C. Angaben zur Konzernbilanz und Konzern-GuV (Abs 1 S 2 Nr 1)

60 Nach Abs 1 S 2 Nr 1 müssen im Konzernanhang die auf die Posten der Konzernbilanz und der Konzern-GuV angewandten **Bilanzierungs- und Bewertungsmethoden** angegeben werden. Es sind Angaben und Erl über den Inhalt, die Zusammensetzung oder Veränderungen der einzelnen KA-Posten ggü dem Vj nicht erforderlich (glA *ADS*[6] § 313 Anm 58). Sie dürfen aber freiwillig in den Konzernanhang (Anm 49) aufgenommen werden. Das ist jedoch auch geboten, wenn sie zur Vermittlung eines den tatsächlichen Verhältnissen entspr Bilds der VFE-Lage des Konzerns erforderlich sind (§ 297 Abs 2 S 2). Hierzu gehören als Ergänzung zu den bestehenden Vorschriften nach DRSC Angaben und Erl nach DRS 4.52ff (Unternehmenserwerbe im KA), nach DRS 8.47ff (Bilanzierung von Anteilen an assozUnt im KA), nach DRS 9.20ff (Bilanzierung von Anteilen an GemUnt im KA) und nach DRS 10.39ff (Latente Steuern im KA).

Die Angabepflicht der Bilanzierungs- und Bewertungsmethoden im Konzernanhang stimmt wörtlich mit der Angabepflicht für den Anhang (§ 284 Abs 2 Nr 1) überein, so dass zum Inhalt auf § 284 Anm 85 verwiesen werden kann. Da die dort genannten Bilanzierungs- und Bewertungsmethoden-Wahlrechte wegen § 298 Abs 1 auch für den KA gelten, ist über ihre Ausübung auch im Konzernanhang zu berichten.

61 Die Angabepflichten zu den **Konsolidierungsmethoden** im Konzernanhang ergeben sich aus anderen Vorschriften (Anm 34).

I. Angabe der Bilanzierungsmethoden

65 Für den Konzernanhang werden dieselben Angaben verlangt wie beim Anhang; es wird daher auf § 284 Anm 86 bis 91 verwiesen. Stimmen die oder einige der **Bilanzierungsmethoden** im JA des MU mit denen in seinem KA überein, sind die Angaben aus dem Anhang des JA in den Konzernanhang zu *übernehmen;* zur Zulässigkeit eines Verweises (Anm 16). Werden (zB einige) Bi-

lanzierungswahlrechte im KA dagegen abw von den JA der einbezogenen Unt ausgeübt (§ 300 Abs 2 S 2), sind diese anzugeben.

Eine Darstellung der in JA der einzelnen einbezogenen TU ausgeübten Bilanzierungswahlrechte ist für den Konzernanhang nicht vorgeschrieben (das wäre irreführend und ist daher auch nicht zulässig). Das gilt auch für die JA von einbezogenen Unt mit Sitz im Ausland.

Im Rahmen des **Grundsatzes der einheitlichen Bilanzierung** im KA **66**
(§ 300) ist das *Ausmaß* der Einheitlichkeit erkennbar zu machen. Auf Abweichungen ist hinzuweisen und die von den konzerneinheitlichen Bilanzierungsmethoden abweichenden Methoden sind anzugeben. Denn im KA ist eine einheitliche Ausübung von *Ansatz*-Wahlrechten bei gleichgelagerten Sachverhalten nicht erforderlich (§ 300 Anm 50; *WPH*[12] I, M 238). Es reicht somit nicht aus anzugeben, dass im KA einheitliche Bilanzierungsmethoden angewandt worden sind, vielmehr sind die *einzelnen* Bilanzierungsmethoden anzugeben, wobei der Grundsatz der Wesentlichkeit zu beachten ist.

II. Angabe der Bewertungsmethoden

Die Pflicht zur Angabe der Bewertungsmethoden im Konzernanhang ent- **72**
spricht § 284 Abs 2 Nr 1 für den Anhang. Die Bewertungs*vorschriften* für den KA ergeben sich aus §§ 308 und 298 Abs 1 und entsprechen bei KapGes/KapCoGes denen, die für den JA (HB I) des MU (Anm 74) *anwendbar* sind mit Ausnahme der Vorschriften für nur nach Steuerrecht zulässige Wertansätze, die im KA nicht angewandt werden dürfen. Das gilt mithin auch für die Anwendung der Bewertungs*methoden* im KA. Die Angabepflichten im Konzernanhang für die einzelnen Vermögensgruppen, Rückstellungen und Verbindlichkeiten unterscheiden sich danach nicht von denjenigen für den Anhang. Es wird daher auf § 284 Anm 100 verwiesen. Für immaterielle Vermögenswerte des Anlagevermögens sind nach DRS 12.24 die zu Grunde gelegten Nutzungsdauern (oder die angewandten Abschreibungssätze) und die angewandten Abschreibungsmethoden anzugeben.

Die Angaben müssen sich auf die bei den Posten des KA angewandten Me- **73**
thoden beziehen. Damit sind Angaben über die ggf abweichenden Bewertungsmethoden in den einzelnen JA der einbezogenen TU (HB I) ausgeschlossen. Daraus folgt auch, dass über die Ergebnisauswirkungen bei abweichender Bewertung im KA (dh Überleitung von HB I zu HB II) nicht berichtet werden muss (glA *ADS*[6] § 313 Anm 60).

Die Bewertungsmethoden sind so darzustellen, als ob der KA sich auf ein einziges Unt bezieht (§ 297 Abs 3 S 1). Über einbezogene ausländische JA ist nicht gesondert zu berichten, wenn deren Bewertungsmethoden an die konzerneinheitlichen Methoden angepasst worden sind. Das gilt auch für anteilmäßig einbezogene JA von GemUnt (§ 310 Abs 2). Andererseits sind begründete oder zulässige Abweichungen vom Grundsatz der Einheitlichkeit anzugeben und zu erläutern.

Abweichungen im KA von den auf den JA des MU angewandten Bewer- **74**
tungsmethoden sind nach § 308 Abs 1 S 3 (dort Anm 14) ebenfalls im Konzernanhang anzugeben und zu begründen.

Stimmen die oder einige Bewertungsmethoden im KA mit denen im JA des MU überein, braucht bei einem Konzernanhang, der mit dem Anhang des MU zusammengefasst ist, nur einmal berichtet zu werden; auch ein Hinweis auf die (partielle) Gleichheit reicht aus. Außerdem sind **konzernbedingte Besonderheiten** zu beachten. Hierbei handelt es sich um Bewertungswahlrechte, die im Rahmen der Kons eingeräumt sind (§ 308 Anm 22).

76 Für **Vermögensgegenstände, die von einbezogenen Unternehmen bezogen wurden** und die in der Konzernbilanz als solche noch enthalten sind, muss Inhalt und Umfang der Konzern-AK/HK angegeben werden, sofern deren Bewertung von der einheitlichen Bewertung nach § 308 abweicht. Hierbei ist das Ausmaß der Ausübung von Bewertungswahlrechten erkennbar zu machen. Die aus einer Umbewertung resultierenden Ergebnisauswirkungen brauchen betragsmäßig nicht angegeben zu werden.

77 Bei den Bewertungsmethoden **für aktivierte bzw. passivierte Steuerabgrenzungsposten** (§ 306) sind die Verfahren zur Ermittlung des Wertansatzes zu erläutern, namentlich Angaben zum angewandten Ertragsteuersatz, zur Abgrenzung zwischen permanenten und zeitlichen Differenzen und zur Ausübung von Verrechnungsmöglichkeiten zu machen. Weitergehende Angabepflichten ergeben sich aus DRS 10.39 ff (Latente Steuern im Konzernabschluss).

78 Wird im Rahmen der KapKons die sog **Neubewertungsmethode** nach § 301 Abs 1 S 2 Nr 2, was nach DRS 4.8 allein zulässig ist, angewendet, sind die Bewertungsmethoden bezüglich des Werts, der den einzelnen VG, Schulden und Bilanzierungshilfen beizulegen ist, zu erläutern. Dabei kommt es auf die Angabe des Verfahrens zur Ermittlung des Wertansatzes und die Art des Wertansatzes an (zB Zeitwert auf Grund eines Sachverständigengutachtens, wahrscheinlicher Verkaufserlös, Herstellungs- oder Selbstkostenwert uÄ). Übersteigen diese Werte insgesamt die AK des MU für die Anteile, sind die Angabepflichten nach DRS 4.58 ff zu beachten. Bezüglich der Angabe der Bewertungsmethoden bei der **Neubewertungsmethode** nach § 312 Abs 1 S 1 Nr 2 (assozUnt) gilt das zu den Erl-Pflichten bei der Neubewertungsmethode im Falle der Voll-Kons Gesagte sinngemäß.

79 Über die Methoden der **Auflösung eines passiven Unterschiedsbetrags** aus der KapKons (§ 301 Abs 3 S 1) ist ebenfalls und unter Beachtung von DRS 4.57 f zu berichten, was im Rahmen der Erl wesentlicher Veränderungen dieses Postens ggü dem Vj geschehen kann (§ 301 Abs 3 S 2).

80 Zur Angabe der Bewertungsmethoden gehört auch die Berichterstattung über die **Abschreibung** eines bei der KapKons entstandenen **Geschäfts- oder Firmenwerts** (glA *Dörner/Wirth* in HdKR^2 §§ 313, 314 Anm 252 und DRS 4.57 f), da nach § 309 Abs 1 ein Wahlrecht über die Festlegung seiner Nutzungsdauer besteht.

81 Abs 1 S 2 Nr 1 umfasst außerdem die Angabepflichten über **Bewertungsmethoden** bei der **Einbeziehung von assoziierten Unternehmen** (besondere Bewertungswahlrechte bei Anwendung der Buchwertmethode gem § 312 Abs 1 S 1 Nr 1). Es ist anzugeben, ob im JA des assozUnt die Wertansätze nach vom KA abweichenden Bewertungsmethoden beibehalten wurden (§ 312 Abs 5 S 2). Wird die einheitliche Bewertung auch auf diese Unt angewendet, reicht ein entspr Hinweis aus. Ferner sind die Angabepflichten nach DRS 8.49 zu beachten.

82 Erl-Pflichten bestehen auch für die Bewertung solcher **Vermögensgegenstände** im KA, **die von assoziierten Unternehmen** stammen (§ 304) und am Stichtag des KA noch bilanziert werden. Die Angabepflichten für die Bewertungsmethoden der VG (zB Vorräte) aus Konzernbezügen (s Anm 76) gelten hier sinngemäß. Ferner ist ein Hinweis erforderlich, wenn eine anteilige Eliminierung der Zwischenergebnisse bei Vorräten aus diesen Bezügen vorgenommen worden ist (§ 312 Abs 5 S 4 und DRS 8.30).

83 Empfehlenswert ist auch die Erl des wesentlichen Unterschieds zwischen dem Konzernergebnis und dem Ergebnis des MU (*Dörner/Wirth* in HdKR^2 §§ 313, 314 Anm 254).

D. Angabe der Grundlagen der Fremdwährungsumrechnung (Abs 1 S 2 Nr 2)

Im Konzernanhang sind die Grundlagen für die Umrechnung von Fremdwährungen in Euro anzugeben, sofern der KA Posten enthält, denen Beträge zugrunde liegen, die (ursprünglich) auf fremde Währung lauten; ebenso § 284 Abs 2 Nr 2 für den Anhang. Denn der KA ist in Euro aufzustellen (§ 298 Abs 1 iVm § 244). 92

Die Fremdwährungsumrechnung umfasst für den KA zweierlei Sachverhalte:

1. Die Umrechnung der Fremdwährungsposten in den JA einbezogener *inländischer und ausländischer Unternehmen* und der auf Fremdwährungen lautenden Teilabschlüsse ausländischer Betriebsstätten sowie
2. die Umrechnung der auf Fremdwährungen lautenden JA einbezogener *ausländischer* Unt.

Zum 1. Sachverhalt wird auf § 284 Anm 135 verwiesen. Werden unterschiedliche Grundsätze in den in- und ausländischen JA und für ausländische Betriebsstätten zulässigerweise angewandt, ist über alle *wesentlichen* angewandten Methoden zu berichten (§ 308 Anm 67). 93

Der 2. Sachverhalt folgt aus dem Weltabschlussprinzip des § 294 Abs 1. Da weder HGB, die deutschen GoB noch die Grundsätze ordnungsmäßiger Konsolidierung eine bestimmte Umrechnungsmethode vorschreiben, herrscht **Methodenwahlfreiheit** (wie hier *Lachnit/Ammann* Währungsumrechnung als Problem einer tatsachengetreuen Darstellung der wirtschaftlichen Lage im Konzernabschluss, WPg 1998, 752) im Rahmen der Generalnorm des § 297 Abs 2 S 2; im Konzernanhang sind die angewandten Umrechnungsmethoden anzugeben (DRS 14.39a). Nach *Dörner/Wirth* in HdKR[2] (§§ 313, 314 Anm 265) ist jedoch bei der Wahl der Methode zu prüfen, ob unter Beachtung der GoB ein den tatsächlichen Verhältnissen entspr Bild der VFE-Lage vermittelt wird. Die Berichtspflicht hat auch die Methoden der Umrechnung der Bilanzposten der „at equity" bilanzierten assozUnt zu erfassen, insb bei abw (vereinfachter) Behandlung infolge Fehlens der notwendigen Angaben. Es reicht nicht aus, die Methoden mit ihren gebräuchlichen (englischen) Bezeichnungen zu nennen; vielmehr ist über die Grundlagen der Umrechnung für die einzelnen Posten des KA, die Fremdwährungen enthalten, zu berichten, ggf unter Zusammenfassung gleichartig umgerechneter Posten. Dabei sind die *Art* des Umrechnungskurses (historischer Kurs, Stichtagskurs des KA, Monatsdurchschnittskurs, Geld-, Brief-, Mittelkurs, Finanzkurs) und die Umrechnungs*grundsätze* (Niederst-/Höchstwertprinzip, Stichtagsprinzip, Umrechnung nach dem Zeitbezug) anzugeben. Eine Angabe der Kurse laut Kurszettel ist nicht verlangt, aber teilweise anzutreffen. Eine Begründung für die Wahl einer Umrechnungsmethode ist nicht zu geben. Ferner ist es nicht erforderlich, die umgerechneten Fremdwährungen zu nennen. 94

Bei der Berichterstattung ist auch die Methode der Umrechnung von JA aus **Hochinflationsländern** darzustellen (DRS 14.39g). 95

Werden Posten in ausländischen Abschlüssen, die ursprünglich auf Euro lauteten, bei der **Rückumrechnung** in Euro nicht den im Übrigen angewandten Umrechnungsverfahren unterworfen, ist auch über die von der Norm abw Methode für solche Posten zu berichten; dh werden die ursprünglichen Euro-Beträge in den KA übernommen, ist dies anzugeben.

Zu den Grundlagen der Fremdwährungsumrechnung gehört auch die **Art der Behandlung von Umrechnungsdifferenzen,** da hierfür verschiedene 96

Methoden zulässig sind (ebenso *ADS*[6] § 313 Anm 75). Es ist anzugeben, ob die Unterschiedsbeträge aus der Währungsumrechnung zum Ende des Gj das Konzernergebnis beeinflusst haben und in welchen GuV-Posten sie als Saldo oder unsaldiert ausgewiesen werden, ob sie durch Bildung von AusglPo (transitorische RAP oder Rückstellungen) ausgeglichen oder ob sie ergebnisneutral in den Konzerngewinnrücklagen verrechnet wurden (dazu auch *Dörner/Wirth* in HdKR[2] §§ 313, 314 Anm 264 und DRS 7 Anlage). Ggf ist auch über den Ausweis und die **Behandlung der kumulierten Unterschiedsbeträge aus den Vorjahren** zu berichten.

Haben Wechselkursänderungen den KA und das Konzernergebnis erheblich beeinflusst, sollte auch darüber und ggf über die Auswirkungen auf einzelne Abschlussposten berichtet werden (*ADS*[6] § 313 Anm 75). Nach DRS 14.39 b und c sind auch die Beträge der Umrechnungsdifferenzen, die im Periodenergebnis erfasst und die in das EK eingestellt worden sind, jeweils gesondert anzugeben. Bei Darstellung eines Konzern-EK-Spiegels (DRS 7) werden die Unterschiedsbeträge in einem gesonderten Ausgleichsposten gezeigt.

E. Angabe und Begründung von Abweichungen von Bilanzierungs-, Bewertungs- und Konsolidierungsmethoden (Abs 1 S 2 Nr 3)

I. Allgemeines

103 Gem Abs 1 S 2 Nr 3 besteht auch die Pflicht, im Konzernanhang Abweichungen von Bilanzierungs-, Bewertungs- und Konsolidierungsmethoden anzugeben.

Die Berichtspflichten nach Nr 3 umfassen im Einzelnen:

- Angabe und Begründung von Abweichungen von Bilanzierungsmethoden (Anm 109),
- Angabe und Begründung von Abweichungen von Bewertungsmethoden (Anm 111),
- Angabe und Begründung von Abweichungen von KonsMethoden (Anm 117),
- Gesonderte Darstellung des Einflusses von solchen Abweichungen auf die VFE-Lage des Konzerns (Anm 136).

Die zwei ersten Angaben und die letzte Angabe entsprechen § 284 Abs 2 Nr 3. Verlangt wird eine umfassende **verbale Berichterstattung** und **Begründung** über die Abweichungen vom Regelfall der Bilanzierungs-, Bewertungs- und KonsGrundsätze und -Methoden und von den im vorhergehenden KA angewandten Bilanzierungs- und Bewertungsmethoden (zu Letzteren § 284 Anm 140 und 143) und von den bisherigen KonsMethoden (§ 297 Abs 3 S 4 und 5) (glA *Dörner/Wirth* in HdKR[2] §§ 313, 314 Anm 268). Nach **DRS** 13.29 sind im Konzernanhang die Auswirkungen aus der Anwendung einer anderen Bilanzierungs-, Bewertungs- und KonsMethode betragsmäßig einzeln für die betr Bilanzposten darzustellen sowie Proforma-Angaben für die maßgeblichen Posten der an die geänderten Methoden angepassten Vj-Abschlüsse zu machen und zu erläutern.

104 Auch bei diesen Angaben ist der **Grundsatz der Wesentlichkeit** zu beachten. Sind die Abweichungen für die Vermittlung eines den tatsächlichen Verhältnissen entspr Bilds der VFE-Lage des Konzerns nur von untergeordneter Bedeutung, braucht die Abweichung weder angegeben noch begründet zu werden, weil die Aussagefähigkeit des KA für die Adressaten nicht beeinträchtigt ist (dazu § 297 Anm 195 und § 252 Anm 70).

II. Die einzelnen Angaben

1. Angaben zu Abweichungen von Bilanzierungsmethoden

Abweichungen von Bilanzierungsgrundsätzen und den bisher angewandten Bilanzierungsmethoden sind auch im KA zulässig. Welche sachlichen Abweichungen im Einzelnen in Frage kommen, unterscheidet sich nicht von den für den JA bestehenden Möglichkeiten (s § 284 Anm 146). Da das Stetigkeitsgebot bei den Bilanzierungsmethoden nicht vorgeschrieben ist (aA *Dörner/Wirth* in HdKR[2] §§ 313, 314 Anm 270), können Abweichungen häufiger vorkommen. 109

Über Abweichungen vom Vollständigkeitsgebot des § 300 Abs 2 S 1 (s § 300 Anm 43) ist – wenn von Belang – *stets* zu berichten; dies gilt insb bei der Einbeziehung ausländischer JA, wenn zB Ansatzwahlrechte anders als im Inland ausgeübt werden.

2. Angaben zu Abweichungen von Bewertungsmethoden

Da die allgemeinen Bewertungsgrundsätze des § 252 Abs 1 auch für den KA gelten, ist über die Abweichungen hiervon und die Anwendung der Ausnahmeregelung des § 252 Abs 2 im Konzernanhang zu berichten (s § 284 Anm 151 bis 157). 111

Vorstehendes gilt auch für das Gebot der **einheitlichen Bewertung** (§ 308 Abs 1 S 1). Abweichungen davon sind in Ausnahmefällen (§ 308 Abs 2 S 4 1. Hs dort Anm 31) zulässig und im Konzernanhang bereits nach § 308 Abs 2 S 4 2. Hs anzugeben und zu begründen. Das ist als ein Unterfall der hier erläuterten Nr 3 des § 313 Abs 1 S 2 anzusehen. Als *Beispiele* für Abweichungen von einer konzerneinheitlichen Bewertung kommen in Frage: 112

Eine **Neubewertung** der VG und Schulden eines einbezogenen JA gem § 301 kann aus Zeitgründen nicht mehr vorgenommen werden, da das Unt erst kurz vor dem Konzernstichtag TU geworden ist und die Neubewertung die Aufstellung des KA einschl des neuen TU verzögern würde (*WPH*[12] I, M 716).

Abweichungen von einheitlichen Bewertungsmethoden des Konzerns werden auch bei **Jahresabschlüssen aus Hochinflationsländern** zweckmäßig sein, wenn sie der Vereinfachung dienen und sonst zu einem unverhältnismäßigen Arbeitsaufwand führen würden.

Das kann auch der Fall sein, wenn in einem aufzustellenden KA nur *ein* ausländisches Unt einzubeziehen ist, für das die Erstellung einer HB II einen **nicht vertretbaren Arbeitsaufwand** notwendig machen würde.

Wird ein Unt einbezogen, dessen **Fortführung nicht mehr gesichert** ist (Wahlrecht) und das daher eine vom Grundsatz des § 252 Abs 1 Nr 2 abw Bewertung in seinem JA vornimmt, die im KA beibehalten wird, muss darüber berichtet werden.

Zu den Bewertungsmethoden zählen auch die **Fremdwährungsumrechnungsmethoden.** Bei einem Wechsel der Umrechnungsmethoden sind die Änderungen und Abweichungen zu erläutern. 113

3. Angaben zu Abweichungen von Konsolidierungsmethoden

Bei der Regelung der Angabepflichten über Abweichungen von KonsMethoden ist die Parallele zur Angabepflicht von Abweichungen von Bilanzierungs- und Bewertungsmethoden im Konzernanhang und im Anhang zu beachten. Der Grundsatz, dass Abweichungen von Bewertungs*methoden* mit Abweichungen von Bewertungs*grundsätzen* gleichgesetzt sind, ist sinngemäß auf die Abwei- 117 chungen von KonsMethoden anzuwenden. Diese umfassen demnach sowohl Abweichungen von KonsMethoden als auch von KonsGrundsätzen; damit sind **alle Abweichungen** vom gesetzlichen Regelfall und außerdem von den auf den vorjährigen KA angewandten KonsMethoden und -Grundsätzen berichterstattungspflichtig (zum Problem s § 284 Anm 140), sofern die Abweichungen wesentlich sind; § 297 Anm 195.

118 *Alle* Abweichungen vom Regelfall der KonsMethoden und -Grundsätze *sind* anzugeben, seien sie gesetzlich *vorgeschrieben,* gesetzlich *zulässig* oder seien sie aus sonstigen Gründen vorgenommen. In diesen Bereich gehören die Abweichungen von den **allgemeinen Konsolidierungsgrundsätzen** der §§ 290ff (ausdrücklich geregelt: Einbeziehungswahlrecht von TU bei Vorliegen bestimmter **Gründe nach § 296** Abs 1 und 2 (§ 296 Abs 3 dort Anm 41).

119 Zu den angabepflichtigen Abweichungen vom Regelfall gehört auch die **Ausübung von Konsolidierungsmethoden-Wahlrechten.** Hier ist anzugeben, *wie* das Wahlrecht ausgeübt worden ist.

Bei der **Einbeziehung von Zwischenabschlüssen** in den KA (§ 299 Abs 2) muss diese Tatsache im Konzernanhang angegeben werden (glA *ADS*[6] § 313 Anm 62). Das Gleiche gilt bei Einbeziehung von JA, deren **Stichtag** vom KA-Stichtag **um nicht mehr als 3 Monate abweicht** (§ 299 Abs 3). Eine Angabepflicht besteht auch, wenn keine berichterstattungspflichtigen Vorgänge von besonderer Bedeutung zwischen dem Abschlussstichtag des einbezogenen Unt und dem KA-Stichtag eingetreten sind.

120 Hinsichtlich der **Konsolidierung von Drittschuldverhältnissen** (§ 303 Anm 32) besteht ein Wahlrecht. Dessen Inanspruchnahme ist anzugeben, da eine Abweichung vom Grundsatz der Schuldenkonsolidierung nach § 303 Abs 1 vorliegt.

121 Gem § 306 S 3 darf der **Steuerabgrenzungsposten** aus der Kons mit den Steuerabgrenzungsposten (§ 274) aus einbezogenen JA **zusammengefasst** werden. Die Ausübung dieses Wahlrechts ist anzugeben. Es ist zusätzlich zu berichten, wenn aktive und passive Steuerabgrenzungsposten saldiert werden (ebenso *Dörner/Wirth* in HdKR[2] §§ 313, 314 Anm 91). S auch DRS 10.39ff.

122 Die **quotale Konsolidierung** beruht gem § 310 Abs 1 auf einem Wahlrecht. Eine Berichterstattungspflicht hierüber ergibt sich in erster Linie aus Abs 2 Nr 3 (Anm 168). Berichtspflichtig nach Abs 1 S 2 Nr 3 sind jedoch alle bei quotaler Kons vorgenommenen *Abweichungen* von den einheitlich bei der Voll-Kons angewandten KonsMethoden und -Grundsätzen.

Als Abweichung vom Regelfall ist auch anzusehen, wenn **bei Einbeziehung von assoziierten Unternehmen** nach § 312 Abs 6 S 2 vom JA und nicht vom KA eines assozUnt ausgegangen wird, sofern ein solcher aufgestellt wird (dazu DRS 8.9).

123 Eine angabepflichtige Abweichung im Sinne von Abs 1 S 2 Nr 3 kann auch in einer **Abweichung vom Einheitsgrundsatz** des § 297 Abs 3 S 1 bestehen (§ 297 Anm 190).

124 Abweichungen vom Grundsatz der **Aufwands- und Ertragskonsolidierung** können in wesentlichen Fällen kaum auftreten (vgl § 305 Anm 51). Eine **Abweichung** von den allgemeinen KonsGrundsätzen kann bei Einbeziehung von Abschlüssen erfolgen, die nicht dem **Zeitraum des Konzernabschlusses** entsprechen. Bei **Erweiterung** oder **Verminderung** des **Konsolidierungskreises** während des KonzernGj ist stets über den Umfang (voll, zeitanteilig, gar nicht) der Einbeziehung der Aufwendungen und Erträge zu berichten, da bezüglich dieser KonsMethoden uU Vereinfachungen zulässig sind (s HFA 3/1995 Konzernrechnungslegung bei Änderungen des Konsolidierungskreises, WPg, 697; DRS 4).

Abweichungen vom Grundsatz der **Stetigkeit der Konsolidierungsmethoden** ggü den vorhergehenden KA sind gemäß § 297 Abs 3 S 3 nur in Ausnahmefällen zulässig. Sie sind dann im Konzernanhang anzugeben und zu begründen. Das Vorliegen von Gründen ist Voraussetzung für eine Methodenänderung; die Begründung muss daher den Ausnahmefall dartun, der die Änderung rechtfertigt (*Dörner/Wirth* in HdKR[2] §§ 313, 314 Anm 162) Wegen ihres Ausnahmecharakters sind sie so detailliert und ausführlich anzugeben, dass erkennbar wird, durch welche und bei welchen KonsMethoden die Stetigkeit unterbrochen und damit die Vergleichbarkeit des KA mit dem vorhergehenden gestört ist. Dabei ist die Gegenüberstellung auch der Vj-Methode erforderlich, um kenntlich zu machen, worin die Änderung besteht. Ferner muss angegeben werden, auf welchen KA-Posten sich die Stetigkeitsunterbrechung bezieht. Hierzu auch § 297 Anm 200. 127

Berichtspflichtig sind ferner alle wesentlichen ggü dem vorherigen KA **abweichenden** Inanspruchnahmen von **Konsolidierungsmethoden-Wahlrechten.** Hierzu zählen insb: 128

- Änderung der Bilanzierung eines bei der KapKons entstehenden **Geschäfts- oder Firmenwerts** (§ 309 Abs 1);
- **Wechsel der Kapitalkonsolidierungsmethode** von der Buchwertmethode zur Kapitalanteilsmethode und umgekehrt (entfällt bei Anwendung des DRS 4.8);
- Wechsel bei der **Equity-Konsolidierung** von der Buchwertmethode zur Kapitalanteilsmethode und umgekehrt (entfällt bei Anwendung des DRS 8.4);
- Änderung in der Behandlung von **Drittschuldverhältnissen** im Rahmen der SchuldenKons;
- Änderung bei der **Einbeziehung von Zwischenabschlüssen** und Abschlüssen mit vom Konzern abweichendem Stichtag;
- Wechsel in der Behandlung des **Steuerabgrenzungspostens** aus der Kons (§ 306 S 3); s aber DRS 10.36;
- Änderung in den **Umrechnungsmethoden** für Fremdwährungsabschlüsse;
- Wechsel zwischen **Quoten- und Equity-Konsolidierung;**
- **Änderung bei der Ausübung des Neubewertungswahlrechts** bei JA von einbezogenen assozUnt (§ 312 Abs 5 S 2);
- Änderung der Behandlung der **Zwischenergebnisse bei assoziierten Unternehmen** (§ 312 Abs 5 S 3 iVm § 304);
- Wechsel von der anteiligen **Zwischengewinneliminierung** (§ 312 Abs 5 S 4) zum Unterlassen der Zwischengewinneliminierung bei VG von assozUnt;
- Änderung der Konsmethoden bei der **erstmaligen** oder **letztmaligen Einbeziehung** von Unt.

Eine **freiwillige Aufstellung** eines (Teil-) KA ist im Konzernanhang stets anzugeben. 130

Auch die (zulässige) **Zusammenfassung von Konzernanhang** und **Anhang** des MU muss an sich angegeben werden, wozu aber die Überschrift „Zusammengefasster Anhang und Konzernanhang" oder „Konzernanhang und Anhang des Mutterunternehmens" oÄ genügt. 131

4. Gesonderte Darstellung des Einflusses von solchen Abweichungen auf die Vermögens-, Finanz- und Ertragslage des Konzerns

Der Zweck der Vorschrift (Abs 1 S 2 Nr 3 2. Hs) liegt darin, die Auswirkungen aller Abweichungen vom Regelfall der Bilanzierungs-, Bewertungs- und KonsMethoden und -Grundsätze und von der Bilanzierungs-, Bewertungs- und KonsMethodenstetigkeit darzustellen. Die hierzu für den Anhang entwickelten Grundsätze sind sinngemäß auch auf den Konzernanhang anzuwenden (s § 284 Anm 170). Es reicht eine **verbale Darstellung** dann aus, wenn sie den Umfang des Einflusses erkennen lässt (*ADS*[6] § 313 Anm 90; *Dörner/Wirth* in HdKR[2] 136

§§ 313, 314 Anm 275; *Scherrer* in BoHdR § 313 Anm 69). Die Darstellung muss **gesondert** erfolgen; die Angaben dürfen nicht in anderen Ausführungen untergehen, sondern müssen als solche erkennbar sein (*Dörner/Wirth* in HdKR[2] §§ 313, 314 Anm 276).

137 Inwieweit der Einfluss der Auswirkungen aller Methodenänderungen auf den Ausweis der VFE-Lage zusammengefasst dargestellt werden darf, erscheint wegen der unterschiedlichen Schwerpunkte dieser „Lagen" fraglich. Aus der Tatsache, dass in § 297 Abs 3 S 5 die Angabe des Einflusses geänderter KonsMethoden ggü dem Vj *neben* § 313 Abs 1 S 2 Nr 3 nochmals gesondert geregelt ist, lässt sich die Bedeutung ableiten, die dem Einfluss solcher Änderungen für die Beurteilung der Lage des Konzerns zukommt. Deshalb muss der Einfluss aus geänderten KonsMethoden auf die ausgewiesene VFE-Lage des Konzerns *getrennt* von dem Einfluss von Abweichungen von Bilanzierungs- und Bewertungsmethoden dargestellt werden.

141 Die Vorschrift des § 313 Abs 1 Nr 3 kann auch dadurch erfüllt werden, dass die Vj-Zahlen im KA an die geänderten Methoden des Gj unter Angabe der Änderungen angepasst werden. Die Anpassung der Vj-Zahlen kommt insbesondere bei Änderung des KonsKreises (vgl. *HFA* 3/1995 WPg, 697) sowie der Bewertungs- und Konsmethoden in Frage.

F. Angaben zum Konsolidierungskreis und zum Konzernanteilsbesitz (Abs 2)

I. Allgemeines

145 Gem Abs 2 sind im Konzernanhang detaillierte Einzelangaben zu folgenden Unt-Arten zu machen:

– in den KA **einbezogene Unternehmen** (§ 294),
– nicht in den KA **einbezogene Tochterunternehmen** (§ 296),
– **assoziierte Unternehmen** (§ 311),
– **anteilmäßig** in den KA einbezogene Unt (§ 310),
– **andere Unternehmen,** von denen MU und TU zusammen mindestens 20% der Anteile besitzen. (§ 313 Abs 2 Nr 4 S 1),
– **andere große Kapitalgesellschaften,** von denen börsennotierte KonzernUnt mehr als 5% der Stimmrechte haben (§ 313 Abs 2 Nr 4 S 2).

Diese Angaben sind auch in einem IFRS-KA nach § 315 a zu machen.

Zweck aller Angaben ist, den Adressaten des KA über Inhalt und Umfang des **Konsolidierungskreises** und außerdem über weiteren Anteils- und Stimmrechtsbesitz des Konzerns zu informieren.

Abs 2 entspricht weitgehend der Berichterstattung über den Anteilsbesitz im Anhang der MU-KapGes/KapCoGes (§ 285 S 1 Nr 11), jedoch aus der Sicht des Konzerns.

Die Angaben muss jeder KA enthalten, die Angaben nach § 313 Abs 2 Nr 4 S 4 nur der KA mit börsennotierten KonzernUnt. Ein **Vergleich mit den Vorjahresangaben** ist nicht erforderlich. Über die **Veränderungen des Konsolidierungskreises** ist jedoch nach § 294 Abs 2 gesondert zu berichten, wobei kapmarktUnt die weiteren Angabepflichten nach DRS 4 (Unternehmenserwerbe im Konzernabschluss) Anm 50 zu beachten haben. Unter bestimmten Voraussetzungen dürfen einige Angaben unterbleiben (dazu Anm 219).

146 Die Angaben sind für *alle* in Abs 2 genannten Unt *vollständig* zu machen, abgesehen von bestimmten Ausnahmeregelungen (Anm 219). Eine Beschränkung

der Berichterstattung auf *wesentliche* Unt ist nicht zulässig; insoweit greift der Grundsatz der Wesentlichkeit im Konzernanhang (vgl Anm 13) hier nicht. Das ergibt sich aus dem Fehlen einer für den gesamten Abs 2 geltenden Ausnahmeregelung; die Ausnahmeregelung in Nr 4 S 3 gilt nur für jene Angaben, was sich aus der Stellung im HGB ergibt. Für **assoziierte Unternehmen,** die wegen untergeordneter Bedeutung nicht gesondert in der Konzernbilanz ausgewiesen zu werden brauchen, ist die Berichterstattung nach Abs 2 Nr 2 S 2 gleichwohl vorgeschrieben.

Die **Form der Angaben** regelt das HGB nicht. Da stets über mehrere Unt **147**
zu berichten ist und es sich um Namens- und Zahlenangaben handelt, sollten die Angaben im Rahmen einer Aufstellung oder Liste gemacht werden. Sie hat klar und übersichtlich zu sein. Es muss erkennbar sein, zu welcher der vorgeschriebenen Unt-Arten das jeweilige Unt gehört. Es ist deshalb *zweckmäßig,* die Gesamtheit der anzugebenden Unt nach Unt-Gruppen, ggf unter Bildung von Untergruppen zu *gliedern.* Das gilt auch, wenn die Aufstellung des Konzernanteilsbesitzes mit der Aufstellung des Anteilsbesitzes des MU, bei der eine Unterteilung nicht verlangt wird, zulässigerweise zusammengefasst wird (dazu Anm 229).

Die Angaben über den KonsKreis und den Anteilsbesitz dürfen statt im Kon- **148**
zernanhang auch in einer **besonderen Aufstellung des Anteilsbesitzes** gemacht werden (s Anm 224).

II. Der Kreis der Unternehmen, über die zu berichten ist

1. Zum Begriff „Unternehmen" und zum maßgebenden Zeitpunkt

Die Arten der anzugebenden Unt und die jeweils verlangten Angaben sind in **151**
den Nr 1 bis 4 genau vorgeschrieben. Es macht keinen Unterschied, ob die Unt ihren **Sitz** im In- oder Ausland haben. Auf die **Rechtsform** kommt es ebenfalls nicht an. Unerheblich sind auch die Art der Kapitalbeteiligung und die Art der Verbriefung. Die Angabepflicht ist auch unabhängig von dem Bilanzposten, unter dem das Unt im KA ausgewiesen ist. So spielt es auch keine Rolle, ob die Anteile am Unt auf Dauer gehalten werden sollen oder nicht und wie lange die Anteile bereits gehalten werden.

Abs 2 stellt allein auf die **Unternehmenseigenschaft** ab. Danach entscheidet **152**
sich auch, ob stille Ges, Arbeitsgemeinschaften oder andere Ges bürgerlichen Rechts aufzuführen sind (s hierzu § 271 Anm 12).

Über den **Zeitpunkt,** in welchem die Voraussetzungen für die Nennung **153**
nach Nr 1 bis 4 erfüllt sein müssen, sagt das HGB nichts. Maßgebend sind grds die Verhältnisse am **Stichtag** des KA gem § 299 Abs 1 (glA *ADS*[6] § 313 Anm 92). Das gilt auch für die gem § 296 nicht in den KA einbezogenen Unt.

Probleme können sich bei **assoziierten Unternehmen** ergeben, wenn der für die Equity-Kons gem § 312 Abs 6 zugrunde zu legende letzte JA auf einen früheren Zeitpunkt aufgestellt ist. **Besteht** das Assoziierungsverhältnis auch *noch* zum Stichtag des KA, ist dieses Unt aufzuführen. Besteht ein Assoziierungsverhältnis zum Stichtag des KA, aber *noch nicht* zu dem vorhergehenden Stichtag, auf den *sein* JA aufgestellt worden ist, ist das assozUnt gleichwohl zu nennen (Details Anm 163). Ist ein assozUnt bis zum Stichtag des KA **ausgeschieden,** ist es nicht aufzuführen, da seine Werte im KA nicht enthalten sind.

Die gleichen Grundsätze sind bei der Angabe von anderen Unt nach Nr 4, **154**
bei denen das MU, ein TU oder ein für Rechnung eines dieser Unt handelnde Person mindestens den fünften Teil der Anteile besitzt, anzuwenden (Anm 172).

2. In den Konzernabschluss einbezogene Unternehmen (Nr 1 S 1)

156 Hierzu gehören das MU und alle einbezogenen TU, also die Unt, die **vollkonsolidiert** einbezogen werden. Werden Unt nach § 302 (Kapitalkonsolidierung bei **Interessenzusammenführung**) einbezogen, sind diese nach § 302 Abs 3 in der Anteils-Aufstellung gesondert anzugeben.

157 Die Höhe der Beteiligungsquote spielt für die Angabepflicht keine Rolle. Es kommt auf die *tatsächliche Einbeziehung* in den KA an.

3. In den Konzernabschluss nicht einbezogene Tochterunternehmen (Nr 1 S 2)

160 Das sind TU, die wegen § 296 nicht in den KA einbezogen worden sind. Wegen der Begründungspflichten nach § 296 für die Nichteinbeziehung ist es zweckmäßig, durch Untergruppen die Darstellung zu erleichtern. Es gehören hierzu:

Einbeziehungswahlrechte (§ 296) von Unt,
- bei denen das MU in der Ausübung seiner **Rechte** erheblich und andauernd **eingeschränkt** ist (Abs 1 Ziff 1) oder
- von denen die erforderlichen **Angaben nicht ohne** unverhältnismäßig hohe **Kosten oder Verzögerungen** zu erhalten sind (Abs 1 Ziff 2) oder
- deren Anteile ausschließlich zum Zwecke der **Weiterveräußerung** gehalten werden (Abs 1 Ziff 3) oder
- die von **untergeordneter Bedeutung** sind (Abs 2 S 1).

Die nicht in den KA einbezogenen TU sind wie assozUnt zu behandeln; die Pflichtangaben richten sich aber nach Nr 1 S 2 (Anm 163, 202).

4. Assoziierte Unternehmen (Nr 2)

163 Es sind **alle assoziierten Unternehmen** (§ 311 Abs 1) aufzuführen, unabhängig davon, ob sie mit dem MU oder einem einbezogenen TU assoziiert sind. Handelt es sich um ein assozUnt auf Grund der Zurechnung nach § 16 Abs 2 S 3 und Abs 4 AktG iVm § 271 Abs 1, ist auch dieses anzugeben, – sogar dann wenn das TU, das die Beteiligung an dem assozUnt hält, selbst nicht in den KA einbezogen wird. Es sind alle assozUnt aufzuführen, sowohl die *wesentlichen* als auch die von *untergeordneter Bedeutung,* wobei Letztere nach Nr 2 S 2 iVm § 311 Abs 2 *gesondert* anzugeben sind. Es kommt für die Angabepflicht auch nicht darauf an, ob das assozUnt nach der Equity-Methode im KA bilanziert wird oder nicht. Ist wegen einer Vielzahl aufzuführender Unt die Aufstellung des Konzern-Anteilsbesitzes nicht mehr übersichtlich, kann die Liste vom Konzernanhang getrennt werden.

Weitergehende Angabepflichten für jedes wesentliche assozUnt ergeben sich aus **DRS** 8.48ff (Bilanzierung von Anteilen an assozUnt im KA): Anteile an den Stimmrechten, die vom assozUnt angewandten Bilanzierungs- und Bewertungsmethoden, finanzielle Verpflichtungen ggü sowie zu Gunsten assozUnt, Summe jeweils der Goodwills und der negativen Unterschiedsbeträge, Summe der negativen Equity-Werte, zusammengefasste Bilanz und GuV für wesentliche assozUnt. Im Falle der erstmaligen Einbeziehung nach der Equity-Methode sind nach DRS 8.47 der Stichtag der erstmaligen Einbeziehung, die Höhe der AK, der Unterschiedsbetrag zwischen den AK und dem anteiligen EK und der Betrag des Goodwill bzw des negativen Unterschiedsbetrags für jedes assozUnt anzugeben.

164 Ist das assozUnt *selbst* MU eines TU oder eines Konzerns, beschränken sich die Angaben auf das MU (Anm 181).

5. Anteilmäßig einbezogene Unternehmen (Nr 3)

168 Unter welchen Voraussetzungen Unt anteilmäßig konsolidiert werden dürfen, regelt § 310. Es sind **alle quotal einbezogenen Unternehmen** anzugeben, unabhängig davon, ob sie vom MU oder von einbezogenen TU oder gemeinschaftlich mit konzernfremden Dritten geführt werden. Anzugeben sind auch Unt, bei denen die quotale Einbeziehung nach Maßgabe der Zurechnungsvorschriften des § 16 Abs 2 S 3 und Abs 4 AktG vorgenommen wird. Dies ergibt sich daraus, dass die Unt des § 310 zu den assozUnt des § 311 gehören (§ 310 Anm 2), so dass die für die assozUnt geltenden Vorschriften anzuwenden sind, mit Ausnahme derjenigen, die Konsmethoden und -technik regeln. Weitergehende Angabepflichten für jedes wesentliche GemUnt ergeben sich aus **DRS** 9.23 und 24 (Bilanzierung von Anteilen an Gemeinschaftsunternehmen im Konzernabschluß), insb verschiedene Angaben zu einem Goodwill bzw zu einem negativen Unterschiedsbetrag und im Falle des Erwerbs eines GemUnt Name und Beschreibung des erworbenen Unt (DRS 9.21 a). **KapmarktUnt** haben darüber hinaus gem DRS 9.25 die aus Anteilen an GemUnt resultierende Gesamtsumme der kurz und langfristigen Vermögenswerte, der kurz- und langfristigen Schulden sowie der Aufwendungen und Erträge, alle nicht bilanzierten finanziellen Verpflichtungen, die aus dem GemUnt resultieren können und ggü dem GemUnt, ggü den anderen PartnerUnt oder ggü Dritten bestehen, anzugeben. Im Falle des Erwerbs eines GemUnt und seiner Konsolidierung sind angabepflichtig: der Erwerbszeitpunkt, die Höhe des erworbenen Anteils, die AK und die Beschreibung der hierfür erbrachten Leistung sowie der in den AK enthaltene Goodwill und dessen geplante Abschreibungsdauer, ferner bedingte Zahlungsverpflichtungen, Optionen oder sonstige ungewisse Verpflichtungen, die im Rahmen des UntErwerbs eingegangen wurden, sowie deren Behandlung im KA; im Falle der Veräußerung eines GemUnt (DRS 9.26): Name und Beschreibung des veräußerten GemUnt, der Veräußerungszeitpunkt und die Höhe des veräußerten Anteils.

169 Zur erweiterten Angabepflicht, wenn das anteilmäßig einbezogene Unt selbst MU eines TU oder eines Konzerns ist, s Anm 182.

6. Andere Unternehmen, von denen Mutter- und Tochterunternehmen mindestens 20% der Anteile besitzen (Nr 4 S 1)

172 Diese Angabepflicht ist § 285 S 1 Nr 11 1. Teilsatz für den Anhang nachgebildet. **Inhaltlich** ist der Kreis der anzugebenden Unt geringer. Anzugeben sind nur Unt, die nicht bereits nach den Nr 1 bis 3 aufzuführen sind. Es handelt sich um einen Auffangtatbestand für Unt, die weder TU iSv § 290 sind, noch iSv § 310 quotal konsolidiert werden oder die zwar selbst keine assozUnt iSv § 311 sind, bei denen jedoch der Konzern mindestens den fünften Teil der Anteile besitzt. Danach kommen solche Unt in Frage, auf deren Geschäfts- und Finanzpolitik das MU oder ein TU *keinen* maßgeblichen Einfluss ausüben oder die auch *nicht gemeinschaftlich* mit einem anderen konzernfremden Unt geführt werden. Kraft der Zurechnungsvorschrift in § 285 S 1 Nr 11 3. Teilsatz sind diese Unt außerdem in der Beteiligungsliste des MU enthalten, da sie im (unmittelbaren oder mittelbaren) Anteilsbesitz des MU stehen.

Unter bestimmten Voraussetzungen kann die Angabe von Unt der Nr 4 im Konzernanhang gemäß Nr 4 S 3 und 4 unterbleiben (dazu Anm 212).

173 Nach dem Wortlaut der Nr 4 S 1 beschränkt sich die Angabepflicht nicht auf Unt, deren Anteile von in den KA *einbezogenen* Unt gehalten werden. Vielmehr sind auch die Unt anzugeben, deren Anteile bei gemäß § 296 *nicht einbezogenen* TU liegen, nicht jedoch von Unt, deren Anteile von assozUnt gehalten werden.

174 Obwohl § 313 vom „Besitz" der Anteile spricht, ist auf das **Eigentum an den Anteilen** abzustellen, die beim MU oder den TU bilanziert sind (klarer im Art 34 Nr 5 der 7. EG-Richtl).

175 Nr 4 S 1 stellt nur auf **Kapitalanteile** ab; mithin kommt es auf die Stimmrechte hier nicht an (s aber Anm 178). Die Angabepflicht ist unabhängig davon, in welchem Posten der Konzernbilanz die Anteile ausgewiesen werden. Mangels Verweises in Nr 4 auf § 271 kommt es weder auf die Beteiligungsabsicht noch auf die beabsichtigte Dauer des Anteilsbesitzes an. Entscheidend allein ist der *quotale* Anteilsbesitz an dem Unt.

176 Bei der **Berechnung der Anteilsquote** sind Anteile, die vom MU gehalten werden, mit denen zusammenzurechnen, die von TU gehalten werden. Das ergibt sich zwar nicht einwandfrei aus dem Gesetzestext, der vom „Mutterunternehmen, Tochterunternehmen **oder** einer … Person" spricht, ist aber hM, zB *WPH*[12] I, M 679 und *Dörner/Wirth* in HdKR[2] §§ 314/315 Anm 304. Insoweit hätte es für den KA eines Verweises auf § 16 Abs 2 und 4 AktG nicht bedurft.

177 Bei der **Zurechnung von Anteilen** sind auch Anteile zu berücksichtigen, die eine für Rechnung des MU und/oder TU handelnde natürliche oder juristische Person hält. Solche treuhänderisch gehaltenen Anteile werden dem Treugeber zugerechnet und nur bei diesem bilanziert (§ 246 Anm 9). Diese Zurechnung setzt *nicht* voraus, dass das MU oder TU selbst auch an dem Unt kapitalmäßig beteiligt ist.

7. Zusatzangaben börsennotierter Konzernunternehmen (Nr 4 Satz 2)

178 Diese Regelung stimmt weitgehend mit § 285 S 1 Nr 11 4. Teilsatz überein. Gegenstand der Angabe sind alle Beteiligungen an großen KapGes, die 5% der Stimmrechte überschreiten und am Konzernbilanzstichtag bestehen. Anzugeben sind nur große KapGes mit Name und Sitz, die selbst nicht börsennotiert sein müssen, mit Sitz im In- und Ausland, soweit sie nicht bereits nach Nr 1 bis 3 anzugeben sind. Nach dem Wortlaut des S 2 geht die Angabe nach Nr 1 bis 3 vor; nicht jedoch beim Anteilsbesitz nach Nr 4 S 1, bei dem es zu Doppelangaben kommen kann. Wie in § 285 S 1 Nr 11 4. Teilsatz stellt die Vorschrift auf Beteiligungen ab; s dazu im Einzelnen § 285 Anm 229. Nicht angabepflichtig ist die Zahl der Stimmrechte oder die Stimmrechtsquote; es genügt der Hinweis, dass die Beteiligung mehr als 5% der Stimmrechte gewährt. Zur Berechnung der Stimmrechte s § 285 Anm 228. Die Angabe im Konzernanhang hat alle Beteiligungen von mehr als 5% der Stimmrechte an großen KapGes zu umfassen, die vom MU oder einem TU iSv § 290, sofern es börsennotiert iSv § 267 Abs 3 S 2 ist und unabhängig davon, ob es in den KA einbezogen wird oder nicht, oder von einer für Rechnung eines dieser Unt handelnden Person gehalten werden. Die Angabe des Unt, das die Beteiligung hält, ist nicht erforderlich.

Unter bestimmten Voraussetzungen kann die Zuatzangabe unterbleiben (§ 313 Abs 2 Nr 4 S 3 Anm 212 und Abs 3 S 1 Anm 219). Sie darf auch in der Konzernanteilsliste gemacht werden (Anm 224).

8. Sonderfragen bei mehrstufigen Konzernen

180 Ist das angabepflichtige *Tochterunternehmen* (Anm 156, 160) selbst MU eines TU oder eines Teilkonzerns, beschränkt sich die Angabepflicht nicht auf das Tochter- = MutterUnt, sondern es sind die anderen Tochter- und Enkel- usw -Unt ebenfalls entspr den Zurechnungsvorschriften der §§ 290 Abs 1 (iVm 271 Abs 1 und § 16 Abs 4 AktG) sowie 290 Abs 2 und 3 aufzuführen.

Ist das angabepflichtige *assoziierte Unternehmen* (Anm 163) selbst MU eines TU oder eines Konzerns, brauchen seine TU und assozUnt *nicht aufgeführt* zu werden. Das ergibt sich aus dem Wortlaut des HGB und dem Fehlen einer entspr Zurechnungsvorschrift. Auch der Hinweis, dass es sich in einem solchen Fall um ein MU handelt, wird vom HGB nicht verlangt, kann aber bereits hier wünschenswert sein. **181**

Ist das angabepflichtige *anteilmäßig einbezogene Unternehmen* selbst MU eines TU oder eines Konzerns und wird sein KA anteilmäßig in den KA des berichtenden MU einbezogen, sind neben dem MU auch alle TU aufzuführen, die in den quotal konsolidierten KA einbezogen worden sind. Denn gem § 310 Abs 2 sind alle für die VollKons geltenden Vorschriften entspr auf die QuoKons anzuwenden. Daraus folgt auch, dass die in einem **quotal** einbezogenen KA enthaltenen assozUnt nach Nr 3 aufzuführen sind, weil sie anteilig im gesonderten Beteiligungsposten „assoziierte Unternehmen" ausgewiesen sind. Um ein den tatsächlichen Verhältnissen entspr Bild des Konzerns zu vermitteln, sind diese Unt gesondert als quotenkonsolidierte TU oder als quotenkonsolidierte assozUnt anzugeben, zumal sie auch im Konzernanhang der anderen Gester enthalten sind. **182**

Für den Fall, dass das *andere Unternehmen,* an dem MU und TU zusammen mindestens *20% der Anteile* besitzen (Anm 172ff), selbst MU eines Konzerns ist, lässt sich mangels einer § 312 Abs 6 S 2 entspr Formulierung oder Verweises nicht ableiten, dass sich die Angaben auf den Teil-KA dieses Unt beziehen dürfen oder müssen. Es entspricht uE deshalb dem Gesetzeswillen, die Angaben nur auf das Unt selbst zu beschränken. **183**

III. Einzelangaben zum Konzernanteilsbesitz

1. Überblick

Die Angabepflichten über Einzelangaben haben für die einzelnen Untgruppen einen unterschiedlichen Umfang. **Name, Sitz** und **Anteil am Kapital** sind für *alle* nach Nr 1 bis 4 S 1 aufzuführenden Unt anzugeben; für nach Nr 4 S 2 anzugebende Unt nur Name und Sitz. **189**

Das **Eigenkapital** und das **Ergebnis** des letzten Gj sind nur für die „anderen Unternehmen" nach Nr 4 S 1 zu nennen, nicht für die Unt nach Nr 1 S 1 bis Nr 3 (TU, assozUnt und GemUnt). Das ergibt sich aus dem Wortlaut des HGB; es entspricht auch dem Gesetzeszweck, da für die Unt zu Nr 1 bis 3 EK und Ergebnisse bereits im KA enthalten sind. Im Anhang zum JA des MU müssen hingegen gem § 285 S 1 Nr 11 diese Angaben auch für Konzern-Unt gemacht werden, da sie nach § 16 Abs 4 AktG zuzurechnen sind. Dies entspricht der anderen Zweckbestimmung der Anhangvorschrift (dazu § 285 Anm 205).

Alle **Zahlenangaben** sind an sich in Euro zu machen (§ 244); bei ausländischen Unt dürfen stattdessen Beträge in jeweiliger Landeswährung unter Hinzufügung des Umrechnungskurses angegeben werden. Die Angabe des Umrechnungskurses ist unerlässlich, da dem Informationsempfänger nicht zugemutet werden kann, sich die Umrechnungskurse zu verschaffen. **190**

2. Gemeinsame Angaben für alle Unternehmen

a) Name und Sitz

Anzugeben sind Name und Sitz jedes nach Nr 1 bis 4 S 1 und 2 angabepflichtigen Unt. Zum Inhalt der Begriff „Name und Sitz" s § 285 Anm 220; zum Begriff „Unternehmen" vgl § 290 Anm 15 und hier Anm 152. **192**

b) Anteil am Kapital

193 Ferner ist für jedes nach Nr 1 bis 3 aufzuführende Unt der Anteil am Kapital anzugeben, der allen in den KA *einbezogenen* Unt gehört oder von einer für Rechnung dieser Unt handelnden Person gehalten wird. Als Kapital ist das gezeichnete Kapital zu verstehen; dazu § 272 Abs 1 Anm 3; bei KapCoGes § 264 c Abs 2 Anm 15 ff. Zur Form der Darstellung des Kapitalanteils s § 285 Anm 221.

194 Nach dem Gesetzeswortlaut sind die **Anteile** zusammenzurechnen, die den einbezogenen Unt gehören. Entspr der VollkonsMethode sind Anteile, die von weniger als 100% zum Konzern gehörenden TU gehalten werden, nicht nur quotal einzubeziehen, sondern mit der vollen Anteilsquote zuzurechnen (glA *ADS*[6] § 313 Anm 98). Eine **Aufteilung** des Kapitalanteils auf MU und TU ist **nicht erforderlich**. Die Anteilsquoten, die von *nicht einbezogenen* TU gehalten werden, tragen nicht zur Konzernbeteiligungsquote bei (wie hier *Scherrer* in BoHdR § 313 Anm 71). Dies entspricht auch der Zielsetzung der Angabepflicht, hier den Posten „Anteile anderer Gesellschafter“ der Konzernbilanz (§ 307) zu erläutern.

195 Bei den Unt der **Nr 4 S 1** ist die Anteilsquote dagegen aus den Anteilen des MU und *aller* TU zu errechnen, also auch von TU, die nicht in den KA einbezogen werden. Das ergibt sich aus dem Fehlen des einengenden Zusatzes „in den Konzernabschluss einbezogen“ bei TU in Nr 4 S 1 im Gegensatz zu den Nrn 1 bis 3.

Bei den Beteiligungen der Nr 4 S 2 ist die Angabe der Stimmrechtsquote nicht vorgeschrieben; es genügt der Hinweis, dass dem börsennotierten MU oder TU mehr als 5% der Stimmrechte zustehen.

196 Über den **Zeitpunkt,** zu welchem der Anteil am Kapital bzw an den Stimmrechten bestehen muss, sagt das HGB nichts. Auch hier sind grundsätzlich die Verhältnisse am **Stichtag des Konzernabschlusses** zugrunde zu legen. Hiervon *abweichende* Stichtage für die Einbeziehung von TU nach § 299 Abs 2 oder von assozUnt nach § 312 Abs 6 S 1 sind uE nur dann anzugeben, wenn die Kapitalanteilsquoten von denen am KA-Stichtag abweichen *und* das betr Unt nicht von untergeordneter Bedeutung ist. Diese Angaben halten wir zur Vermittlung eines den tatsächlichen Verhältnissen entspr Bilds des Konzerns für erforderlich.

3. Weitere Angaben zu einzelnen Unternehmen

a) Der zur Einbeziehung von Tochterunternehmen in den Konzernabschluss verpflichtende Sachverhalt (Nr 1)

200 Bei allen in den KA einbezogenen TU entfallen Angaben zum **Konsolidierungsgrund** in dem Regelfall, dass die Einbeziehung auf einer der Kapitalbeteiligung *entsprechenden* Mehrheit der Stimmrechte beruht (§ 290 Abs 2).

Über den KonsGrund für das einbezogene Unt ist danach nur dann zu berichten, wenn das MU

aa) – die **einheitliche Leitung** (§ 290 Abs 1) ausübt, **ohne** über die **Mehrheit** der Stimmrechte zu verfügen,
– die **einheitliche Leitung** (§ 290 Abs 1) zwar mit der Mehrheit der Stimmrechte ausübt, aber **ohne** über eine der satzungsgemäßen Stimmrechtsmehrheit **entsprechende Kapitalbeteiligung** zu verfügen (sei sie größer oder kleiner als die Stimmrechtsmehrheit),

bb) – das **Bestellungs- oder Abberufungsrecht** für die Mehrheit der Mitglieder der Leitungsorgane (§ 290 Abs 2 Nr 2) hat, **ohne** über die **Mehrheit der Stimmrechte** zu verfügen;

– zwar das Bestellungs- oder Abberufungsrecht für die Mehrheit der Mitglieder der Leitungsorgane (§ 290 Abs 2 Nr 2) hat, aber **ohne** über eine der Stimmrechtsmehrheit entsprechende Kapitalbeteiligung zu verfügen;

cc) – das Recht hat, einen beherrschenden Einfluss auf Grund eines **Beherrschungsvertrags** oder einer **Satzungsbestimmung** auszuüben (§ 290 Abs 2 Nr 3), **ohne** über eine **Stimmrechtsmehrheit** zu verfügen,

– zwar das Recht hat, einen beherrschenden Einfluss auf Grund eines **Beherrschungsvertrags** oder einer **Satzungsbestimmung** auszuüben (§ 290 Abs 2 Nr 3), aber **ohne** über eine der Stimmrechtsmehrheit **entsprechende Kapitalbeteiligung** zu verfügen.

Bei der Berechnung der Stimmrechte sind die Berechnungsregeln des § 290 Abs 3 sowie die Hinzurechnungen nach Abs 4 zu beachten. *Präsenzmehrheiten* spielen bei diesen allein rechtlichen Beurteilungen (dazu § 290 Anm 70) keine Rolle.

Die jeweiligen Voraussetzungen zur Kons sind ggf durch Gruppenbildung nach Sachverhalten darzustellen.

b) Der die Nichteinbeziehung von Tochterunternehmen gestattende Sachverhalt (Nr 1)

Hier ist über den Grund für die Nichteinbeziehung gemäß § 296 zu berichten. Die Gründe sind zu jedem einzelnen TU zu nennen, wobei Angaben mit gleichen Gründen entspr gruppiert werden können. Ein Hinweis auf die gesetzliche Vorschrift reicht als Begründung allein nicht aus; vielmehr müssen die Tatsachen angeführt werden, die die Voraussetzungen für die Nichteinbeziehung bilden (*Scherrer* in BoHdR § 313 Anm 38). **202**

c) Das Unterlassen der Equity-Konsolidierung bei assoziierten Unternehmen (Nr 2)

Wird ein assozUnt wegen untergeordneter Bedeutung nicht nach der Equity-Methode (§§ 311 Abs 1 und 312) im KA bilanziert, ist das beim jeweiligen assozUnt anzugeben und zu begründen. Für Letzteres reicht die Angabe der Tatsache der untergeordneten Bedeutung nicht aus, vielmehr müssen die Gründe für die untergeordnete Bedeutung genannt werden (dazu § 311 Anm 20), zB Bilanzsumme, Vermögen, Umsatz, Jahresergebnis oä im Verhältnis zu den entspr Zahlen des Konzerns (ähnlich *Dörner/Wirth* in HdKR[2] §§ 313, 314 Anm 293). Für mehrere gleichartige Sachverhalte sollten ggf Gruppen gebildet werden. **203**

d) Gemeinsame Führung bei anteilmäßig einbezogenen Unternehmen (Nr 3)

Bei diesen Unt ist der Tatbestand, aus der sich die *gemeinsame* Führung mit *konzernfremden* Unt ergibt, zu nennen. Hierunter sind Angaben über die Rechtsposition, dh die gesellschaftsrechtlichen Bestimmungen oder vertraglichen Vereinbarungen für die gemeinsame Führung zu verstehen. Fehlen solche Bindungen und beruht daher die gemeinsame Führung auf faktischen Verhältnissen, ist nur dieser Sachverhalt anzugeben und die Umstände zu beschreiben. Das HGB verlangt zwar nicht die Angabe von Name und Sitz der anderen gemeinsam mitführenden konzernfremden Unt; sie ist aber wünschenswert (glA *ADS*[2] § 313 Anm 109). Mindestens muss erkennbar sein, von wie vielen anderen Unt das quotal einbezogene Unt mitgeführt wird (ähnlich *WPH*[12] I, M 677). Diese ausführliche Berichterstattung ergibt sich durch Vergleich mit den assozUnt, für die keine Angabe über die Ausübung eines maßgeblichen **204**

Einflusses verlangt wird. Hieraus ist zu entnehmen, dass das HGB die besonderen Verhältnisse bei quotalen Einbeziehungen angemessen erläutert sehen will.

e) Eigenkapital und Ergebnis der „anderen“ Unternehmen nach Nr 4 S 1

206 **aa) Inhalt der Angaben.** Für die unter Nr 4 S 1, jedoch nicht unter Nr 1 bis 3 fallenden *anderen Unternehmen* sind die Höhe des **Eigenkapitals** und das **Ergebnis des letzten Geschäftsjahrs,** für das ein Abschluss aufgestellt worden ist (Anm 209), anzugeben. Bzgl des Inhalts und Umfangs der Angabepflichten wird auf § 285 Anm 222 und 225 verwiesen, da der Gesetzeswortlaut mit § 285 S 1 Nr 11 1. Teilsatz übereinstimmt.

207 Wenn das TU selbst MU eines Konzerns ist, beschränkt sich die Angabe auf dieses Unt (Anm 183).

208 Wegen § 298 Abs 1 iVm § 244 sind das EK und das Ergebnis auch bei Unt mit Sitz im Ausland in Euro anzugeben. Die Vorschrift wird auch erfüllt, wenn die Angaben in Landeswährung unter Hinzufügung des jeweiligen Umrechnungskurses gemacht werden (Anm 190).

209 Die Angaben müssen aus dem für das letzte Gj aufgestellten Abschluss stammen. Das HGB lässt aber offen, welches jeweils das letzte Gj ist. Obwohl der Wortlaut der Nr 4 S 1 sich von der Parallelvorschrift des § 285 S 1 Nr 11 unterscheidet – *hier* kommt es auf das letzte Gj an, für das ein Abschluss aufgestellt worden ist; dort ist der Angabe das letzte Gj zu Grunde zu legen, für das ein JA vorliegt – ist in Anbetracht der Ungenauigkeit beider Vorschriften davon auszugehen, dass kein Unterschied gewollt ist. Deshalb kann auf § 285 Anm 217 verwiesen werden. Der maßgebende dem MU *vorliegende* letzte JA kann auch länger als drei Monate zurückliegen; ein **Zwischenabschluss** auf den Stichtag des KA braucht hier nicht aufgestellt zu werden.

212 **bb) Unterlassen von Angaben über Unternehmen nach Nr 4 (S 3 und 4). aaa) Unternehmen von untergeordneter Bedeutung (S 3).** Die Angaben über andere (konzernfremde) Unt nach Nr 4 S 1 und 2 brauchen nicht gemacht zu werden, wenn sie für die Vermittlung eines den tatsächlichen Verhältnissen entspr Bilds der VFE-Lage des Konzerns nach § 297 Abs 2 von **untergeordneter Bedeutung** sind. Ähnlich ist § 286 Abs 3 Nr 1 formuliert; es wird daher auf § 286 Anm 8 verwiesen. Jedoch muss sich hier die Bedeutung des einzelnen Unt auf die Lage des Konzerns beziehen.

213 Die Bedeutung eines Unt für den Konzern ist für jeden einzelnen Fall zu untersuchen (wie hier *ADS*[6] § 286 Anm 40); die Größenmerkmale des § 267 Abs 1 und 2 sind nicht anwendbar. Die Wesentlichkeit ist sachverhaltsbezogen festzustellen. Sind mehrere Unt zwar *einzeln* von untergeordneter Bedeutung, kann gleichwohl eine Berichterstattung geboten sein, wenn sie *zusammen* nicht von untergeordneter Bedeutung sind; näheres dazu § 297 Anm 195. Da der KA regelmäßig ein größeres Volumen hat als der JA eines Konzern-Unt, wird die Bedeutung eines Unt im Konzernanteilsbesitz für den Konzern geringer sein als für den JA.

216 **bbb) Nicht offenlegungspflichtige Unternehmen (S 4).** Für bestimmte im Konzernanteilsbesitz stehende Unt kann die Angabe des EK und des Ergebnisses unterbleiben. Voraussetzung für das Weglassen dieser Angaben ist, dass ein Unt im Konzernanteilsbesitz seinen JA *nicht* offen legen muss und Konzern-Unt nur mit Quoten von 20% bis unter 50% beteiligt sind. Auch diese Vorschrift entspricht der Ausnahmeregelung des § 286 Abs 3 S 2 für den Anhang. Deshalb kann auf § 286 Anm 10 verwiesen werden.

G. Unterlassen von Angaben zum Konsolidierungskreis und Konzernanteilsbesitz (Abs 3)

Abs 3 S 1 bestimmt, dass einzelne Angaben gemäß Abs 2 über den KonsKreis **219** und den Konzernanteils- und Stimmrechtsbesitz insoweit unterbleiben dürfen, als nach vernünftiger kfm Beurteilung damit gerechnet werden muss, dass durch die Angaben dem MU, einem TU oder irgendeinem BeteiligungsUnt (Nr 1 bis 4) **erhebliche Nachteile** entstehen können. Diese Regelungen gelten auch für einen IFRS-KA nach § 315 a.

Kapitalmarktorientierte MU dürfen diese Ausnahmeregelung nicht anwenden (§ 313 Abs 3 S 3).

Zum Begriff der vernünftigen kfm Beurteilung s § 253 Anm 154. Es reicht aus, wenn eine erforderliche Angabe für *eines* der vorgenannten Unt nachteilig ist; es ist nicht notwendig, dass der Nachteil dem Konzern *als Ganzem* zugefügt werden kann. Auf der anderen Seite muss es sich um einen *erheblichen* Nachteil handeln, der zu einem fühlbaren geschäftlichen Schaden (zB erhebliche Umsatzeinbußen) führt. Bei AuslandsGes kann zB aus politischen Gründen mit erheblichen wirtschaftlichen Nachteilen gerechnet werden. Geringe Nachteile sind in Kauf zu nehmen. Die Voraussetzungen für das Weglassen von Angaben muss für jede einzelne in § 313 Abs 2 Nr 1 bis 4 S 1 und S 2 vorgeschriebene Angabe gesondert geprüft werden; hierbei muss auch das Informationsinteresse von Gestern, Gläubigern usw berücksichtigt werden.

Auf die Tatsache der Inanspruchnahme dieser Ausnahmeregelung ist im Kon- **220** zernanhang hinzuweisen (Abs 3 S 2).

Für Aufträge oder Aufgaben im Staatsinteresse (zB für Verteidigungszwecke) darf nach StGB nicht oder nur ganz allgemein berichtet werden (dazu § 286 Anm 1 bis 4) – auch wenn das nur für den JA und nicht den KA ausdrücklich vorgeschrieben ist.

H. Aufstellung des Konzernanteilsbesitzes (Abs 4)

1. Allgemeines

Die Angaben zum KonsKreis und Konzernanteils- und Stimmrechtsbesitz **224** nach Abs 2 Nr 1 bis 4 dürfen statt „im Anhang" auch in einer gesonderten Aufstellung des Anteilsbesitzes gemacht werden, die Bestandteil des Konzernanhangs bleibt. Diese Regelung gilt auch für einen IFRS-KA nach § 315 a. Damit ist nur ein **Wahlrecht über den Ort der Angaben** kodifiziert. Die Vorschrift entspricht wörtlich § 287. Gegenstand der Aufstellung sind nur die Angaben gemäß § 313 Abs 2 (Anm 145 bis Anm 216).

2. Einzelheiten

Wie zur Aufstellung des Anteilsbesitzes im Anhang (§ 287) halten wir es für **225** zulässig (§ 287 Anm 2), die nach Abs 2 geforderte Berichterstattung im *Konzernanhang* auf bestimmte Unt zu beschränken und sämtliche nach Abs 2 verlangten Angaben vollständig in die gesonderte Aufstellung des Konzernanteilsbesitzes aufzunehmen (glA *Dörner/Wirth* in HdKR[2] §§ 313, 314 Anm 312).

Gem S 2 bleibt die Aufstellung aber **Bestandteil des Konzernanhangs;** sie ist auch zu prüfen. Sie unterliegt den sonst für den Konzernanhang geltenden Anforderungen (Anm 13) und Sanktionen (§§ 331 Nr 1, 334 Abs 1 Nr 1 d).

Ferner darf die Ausnahmeregelung des Abs 3 S 1 (s Anm 219) auch hier angewendet werden.

Wird die besondere Liste für den Anteils- und Stimmrechtsbesitz im Konzern gem Abs 4 aufgestellt, ist nach S 3 im Konzernanhang hierauf und auf den Ort ihrer Hinterlegung (Ort und Nr des HR) hinzuweisen. Wie der Konzernanhang ist die Aufstellung des Konzernanteils- und Stimmrechtsbesitzes stets auch zum HR einzureichen und bei AG in der HV vorzulegen (§ 176 Abs 1 S 1 AktG). Die Bekanntmachung im BAnz entfällt, § 325 Abs 3 S 2.

3. Zusammenfassung der Aufstellung des Konzeranteilsbesitzes mit der Aufstellung des Anteilsbesitzes des Mutterunternehmens

229 Gem § 298 Abs 3 dürfen Konzernanhang und Anhang zum JA des MU unter bestimmten Voraussetzungen zusammengefasst werden (dazu § 298 Anm 57 und hier Anm 28). Dementspr dürfen auch die beiden Aufstellungen des Anteils- und Stimmrechtsbesitzes zu einer einheitlichen Aufstellung zusammengefasst werden (ebenso *ADS*[6] § 313 Anm 130). Das ist auch dann zulässig, wenn der Konzernanhang selbst *nicht* oder nur zum Teil mit dem Anhang des MU zusammengefasst wird, die übrigen Voraussetzungen (gemeinsame Offenlegung, Klarheit und Übersichtlichkeit) aber gegeben sind.

Mit der Zusammenfassung darf jedoch kein Informationsverlust verbunden sein; die Aufstellung muss sowohl alle nach § 285 S 1 Nr 11 und 11 a als auch alle nach § 313 Abs 2 verlangten Angaben enthalten (glA *Hachmeister* in Beck HdR C 600 Anm 89). **Gleiche Angaben** brauchen aber nur einmal gemacht zu werden. Aus allen zusammengefassten Angaben muss nach § 298 Abs 3 hervorgehen, welche Angaben sich auf den KA und welche sich nur auf den JA des MU beziehen. Die einheitliche vollständige Liste ist sowohl Bestandteil des Anhangs als auch des Konzernanhangs. Wenn Angaben nur nach einer Vorschrift erforderlich sind, stellen sie für den anderen Katalog freiwillige Zusatzangaben dar.

I. Rechtsfolgen einer Verletzung des § 313

234 Die Verletzung der zwingenden Vorschriften über den Konzernanhang ist auf unterschiedliche Weise sanktioniert, und zwar mit Strafe (s §§ 331 Nr 2 dort Anm 30, 17 Abs 1 Nr 2 PublG) und Bußgeld (s §§ 334 Abs 1 Nr 2 dort Anm 12, 20 Abs 1 Nr 2f PublG). Da ein KA mit Konzernanhang nur der Information dient und nicht festgestellt wird, ist die Nichtigkeit nicht vorgesehen.

J. Abweichungen der IFRS

240 Die Angaben, die im Anhang eines IFRS-EA zu machen sind (s § 284 Anm 200 ff), sind gem IAS 1 auch im Konzernanhang zu machen, sofern sie nicht identisch sind. Darüber hinaus muss der Konzernanhang nach IAS 27 (Consolidated and Separate Financial Statements; rev 2004) folgende notes enthalten: IAS 27.40

- Angabe der Art der Verbundenheit zwischen MU und konsolidiertem TU, an dem das MU direkt oder indirekt nicht mehr als die Hälfte der Stimmrechte innehat;
- Angabe der Gründe, warum das direkte oder indirekte Innehaben von mehr als der Hälfte der (potentiellen) Stimmrechte nicht zu einer Beherrschung (control) führt;

- Angabe des Abschlussstichtags eines einbezogenen TU, sofern dieser und das Gj von denen des MU abweicht, und Gründe für die Einbeziehung eines abw Abschlussstichtags oder Gj;
- Angabe von Art und Ausmaß jeglicher wesentlicher Beschränkungen (zB aufgrund von Kreditvereinbarungen oder regulatorischen Erfordernissen) der Möglichkeiten von TU, dem MU Bardividenden zu zahlen oder Kredite oder Vorauszahlungen zurückzuzahlen.

§ 314 Sonstige Pflichtangaben

(1) **Im Konzernanhang sind ferner anzugeben:**

1. **der Gesamtbetrag der in der Konzernbilanz ausgewiesenen Verbindlichkeiten mit einer Restlaufzeit von mehr als fünf Jahren sowie der Gesamtbetrag der in der Konzernbilanz ausgewiesenen Verbindlichkeiten, die von in den Konzernabschluß einbezogenen Unternehmen durch Pfandrechte oder ähnliche Rechte gesichert sind, unter Angabe von Art und Form der Sicherheiten;**
2. **der Gesamtbetrag der sonstigen finanziellen Verpflichtungen, die nicht in der Konzernbilanz erscheinen oder nicht nach § 298 Abs. 1 in Verbindung mit § 251 anzugeben sind, sofern diese Angabe für die Beurteilung der Finanzlage des Konzerns von Bedeutung ist; davon und von den Haftungsverhältnissen nach § 251 sind Verpflichtungen gegenüber Tochterunternehmen, die nicht in den Konzernabschluß einbezogen werden, jeweils gesondert anzugeben;**
3. **die Aufgliederung der Umsatzerlöse nach Tätigkeitsbereichen sowie nach geographisch bestimmten Märkten, soweit sich, unter Berücksichtigung der Organisation des Verkaufs von für die gewöhnliche Geschäftstätigkeit des Konzerns typischen Erzeugnissen und der für die gewöhnliche Geschäftstätigkeit des Konzerns typischen Dienstleistungen, die Tätigkeitsbereiche und geographisch bestimmten Märkte untereinander erheblich unterscheiden;**
4. **die durchschnittliche Zahl der Arbeitnehmer der in den Konzernabschluß einbezogenen Unternehmen während des Geschäftsjahrs, getrennt nach Gruppen, sowie der in dem Geschäftsjahr verursachte Personalaufwand, sofern er nicht gesondert in der Konzern-Gewinn- und Verlustrechnung ausgewiesen ist; die durchschnittliche Zahl der Arbeitnehmer von nach § 310 nur anteilmäßig einbezogenen Unternehmen ist gesondert anzugeben;**
5. *(aufgehoben)*
6. **für die Mitglieder des Geschäftsführungsorgans, eines Aufsichtsrats, eines Beirats oder einer ähnlichen Einrichtung des Mutterunternehmens, jeweils für jede Personengruppe:**
   a) **die für die Wahrnehmung ihrer Aufgaben im Mutterunternehmen und den Tochterunternehmen im Geschäftsjahr gewährten Gesamtbezüge (Gehälter, Gewinnbeteiligungen, Bezugsrechte und sonstige aktienbasierte Vergütungen, Aufwandsentschädigungen, Versicherungsentgelte, Provisionen und Nebenleistungen jeder Art). [2]In die Gesamtbezüge sind auch Bezüge einzurechnen, die nicht ausgezahlt, sondern in Ansprüche anderer Art umgewandelt oder zur Erhöhung anderer Ansprüche verwendet werden. [3]Außer den Bezügen für das Geschäftsjahr sind die weiteren Bezüge anzugeben, die im Geschäftsjahr gewährt, bisher aber in keinem Konzernabschluss angegeben worden sind. [4]Bezugsrechte und sonstige aktienbasierte Vergütungen sind mit ihrer Anzahl und dem beizulegenden Zeitwert zum Zeitpunkt ihrer Gewährung anzugeben; spätere Wertveränderungen, die auf einer Änderung der Ausübungsbedingungen beruhen, sind zu berücksichtigen. [5]Ist das Mutterunternehmen eine börsennotierte Aktiengesellschaft, sind zusätzlich unter Namensnennung die Bezüge jedes einzelnen Vorstandsmitglieds, aufgeteilt nach erfolgsunabhängigen und**

erfolgsbezogenen Komponenten sowie Komponenten mit langfristiger Anreizwirkung, gesondert anzugeben. [6]Dies gilt auch für Leistungen, die dem Vorstandsmitglied für den Fall der Beendigung seiner Tätigkeit zugesagt worden sind. [7]Hierbei ist der wesentliche Inhalt der Zusagen darzustellen, wenn sie in ihrer rechtlichen Ausgestaltung von den den Arbeitnehmern erteilten Zusagen nicht unerheblich abweichen. [8]Leistungen, die dem einzelnen Vorstandsmitglied von einem Dritten im Hinblick auf seine Tätigkeit als Vorstandsmitglied zugesagt oder im Geschäftsjahr gewährt worden sind, sind ebenfalls anzugeben. [9]Enthält der Konzernabschluss weitergehende Angaben zu bestimmten Bezügen, sind auch diese zusätzlich einzeln anzugeben;

b) die für die Wahrnehmung ihrer Aufgaben im Mutterunternehmen und den Tochterunternehmen gewährten Gesamtbezüge (Abfindungen, Ruhegehälter, Hinterbliebenenbezüge und Leistungen verwandter Art) der früheren Mitglieder der bezeichneten Organe und ihrer Hinterbliebenen; Buchstabe a Satz 2 und 3 ist entsprechend anzuwenden. [2]Ferner ist der Betrag der für diese Personengruppe gebildeten Rückstellungen für laufende Pensionen und Anwartschaften auf Pensionen und der Betrag der für diese Verpflichtungen nicht gebildeten Rückstellungen anzugeben;

c) die vom Mutterunternehmen und den Tochterunternehmen gewährten Vorschüsse und Kredite unter Angabe der Zinssätze, der wesentlichen Bedingungen und der gegebenenfalls im Geschäftsjahr zurückgezahlten Beträge sowie die zugunsten dieser Personengruppen eingegangenen Haftungsverhältnisse;

7. der Bestand an Anteilen an dem Mutterunternehmen, die das Mutterunternehmen oder ein Tochterunternehmen oder ein anderer für Rechnung eines in den Konzernabschluß einbezogenen Unternehmens erworben oder als Pfand genommen hat; dabei sind die Zahl und der Nennbetrag oder rechnerische Wert dieser Anteile sowie deren Anteil am Kapital anzugeben;
8. für jedes in den Konzernabschluss einbezogene börsennotierte Unternehmen, dass die nach § 161 des Aktiengesetzes vorgeschriebene Erklärung abgegeben und den Aktionären zugänglich gemacht worden ist;
9. soweit es sich um ein Mutterunternehmen handelt, das einen organisierten Markt im Sinne des § 2 Abs. 5 des Wertpapierhandelsgesetzes in Anspruch nimmt, für den Abschussprüfer des Konzernabschlusses im Sinne des § 319 Abs. 1 Satz 1, 2 das im Geschäftsjahr als Aufwand erfasste Honorar für
   a) die Abschlussprüfungen,
   b) sonstige Bestätigungs- oder Bewertungsleistungen,
   c) Steuerberatungsleistungen,
   d) sonstige Leistungen, die für das Mutterunternehmen oder Tochterunternehmen erbracht worden sind;
10. für jede Kategorie derivativer Finanzinstrumente, wobei § 285 Satz 2 anzuwenden ist:
   a) Art und Umfang der Finanzinstrumente,
   b) der beizulegende Zeitwert der betreffenden Finanzinstrumente, soweit sich dieser gemäß § 285 Satz 3 bis 6 verlässlich ermitteln lässt, unter Angabe der angewandten Bewertungsmethode sowie eines gegebenenfalls vorhandenen Buchwerts und des Bilanzpostens, in welchem der Buchwert erfasst ist;
11. für zu den Finanzanlagen (§ 266 Abs. 2 A. III.) gehörende Finanzinstrumente, die gemäß § 285 Satz 1 Nr. 19 über ihrem beizulegenden Zeitwert ausgewiesen werden, da insoweit eine außerplanmäßige Abschreibung gemäß § 253 Abs. 2 Satz 3 unterblieben ist, wobei § 285 Satz 2 bis 6 entsprechend anzuwenden ist:
   a) der Buchwert und der beizulegende Zeitwert der einzelnen Vermögensgegenstände oder angemessener Gruppierungen sowie

b) die Gründe für das Unterlassen einer Abschreibung gemäß § 253 Abs. 2 Satz 3 einschließlich der Anhaltspunkte, die darauf hindeuten, dass die Wertminderung voraussichtlich nicht von Dauer ist.

(2) [1]**Mutterunternehmen, die den Konzernabschluss um eine Segmentberichterstattung erweitern (§ 297 Abs. 1 Satz 2), sind von der Angabepflicht gemäß Abs. 1 Nr. 3 befreit.** [2]**Für die Angabepflicht gemäß Absatz 1 Nr. 6 Buchstabe a Satz 5 bis 9 gilt § 286 Abs. 5 entsprechend.**

Übersicht

Schrifttum: Auf die Literatur zu § 313 wird verwiesen; *IDW RH HFA 1.005.*

A. Allgemeines

1 § 314 verlangt weitere **Pflichtangaben** im Konzernanhang, die Erl zu Posten der Konzernbilanz oder KonzernGuV darstellen oder zusätzliche Informationen geben. Die Angabepflichten wurden durch das BilReG um die Nr 9–11 erweitert, die den Nr 17–19 des § 285 nF entsprechen. Das VorstOG hat Nr 6a um S 4–9 erweitert, die den S 4–9 der § 285 S 1 Nr 9a entsprechen. Die vorgeschriebenen Angaben betreffen teils Zahlenangaben, teils Verbalangaben. Alle Pflichtangaben des Abs 1 Nr 1–11 sind in *jedem* Konzernanhang zu machen. Sind Sachverhalte nicht vorhanden, braucht insoweit nicht berichtet zu werden, also **keine Fehlanzeigen** gemacht zu werden. Zur Angabe von Vj-Zahlen s § 313 Anm 15.

Obwohl das HGB die Einzelangaben in einer bestimmten Reihenfolge nennt, ist daraus aber keine **Reihenfolge** der Angabe im Konzernanhang abzuleiten, wohl aber die *Pflicht* zur *gesonderten Darstellung* aller einzelnen Pflichtangaben. Zur **Formfreiheit** des Konzernanhangs s § 313 Anm 19. Die einmal gewählte Form der Darstellung sollte beibehalten werden (§ 313 Anm 19).

2 Die Vorschrift ist § 285 für den Anhang der KapGes/KapCoGes nachgebildet. Jedoch brauchen folgende Angaben für den Anhang im *Konzernanhang* nicht gemacht zu werden: **Aufgliederung** des Gesamtbetrags der **Verbindlichkeiten mit einer Restlaufzeit** von mehr als **fünf Jahren** sowie der **gesicherten Verbindlichkeiten** (§ 285 S 1 Nr 2), **Ausmaß der Beeinflussung des Jahresergebnisses** und erheblicher künftiger Belastungen **durch Anwendung steuerrechtlicher Vergünstigungsvorschriften** (§ 285 S 1 Nr 5), **Ertragsteuerspaltung** (§ 285 S 1 Nr 6), **Materialaufwand** bei Anwendung des Umsatzkostenverfahrens (§ 285 S 1 Nr 8a), **Mitglieder** des **Geschäftsführungsorgans** und eines **Aufsichtsrats** (§ 285 S 1 Nr 10), Zusatzangaben **persönlich haftender KapGes** (§ 285 S 1 Nr 11a), nicht gesondert ausgewiesene **sonstige Rückstellungen** (§ 285 S 1 Nr 12), Begründung für die planmäßige **Abschreibung des Geschäfts- oder Firmenwerts** (§ 285 S 1 Nr 13) sowie **Name und Sitz des Mutterunternehmens** (§ 285 S 1 Nr 14), **Zusatzangaben für KapCoGes** (§ 285 S 1 Nr 15).

Die *übrigen* Angabepflichten des § 285 wurden zT wörtlich nach § 314 übernommen. Der Katalog der Angabepflichten ist um eine Berichterstattung über **eigene Anteile** an dem MU (Abs 1 Nr 7) erweitert. 3

Kreditinstitute haben nach § 340i die Vorschriften des § 314 Abs 1 Nr 1, 3, 6 Buchstabe c nicht anzuwenden. Für **VersicherungsUnt** gilt, dass nach § 341j die Vorschrift des § 314 Abs 1 Nr 3 nicht, die des § 314 Abs 1 Nr 2 mit der Maßgabe anzuwenden ist, dass Angaben über finanzielle Verpflichtungen aus dem Versicherungsgeschäft nicht zu machen sind.

Die Angabepflichten des § 314 *mit Ausnahme* der Nr 6 (Organbezüge) sind auch von allen dem **PublG unterliegenden Mutterunternehmen** unabhängig von Rechtsform und Wirtschaftszweig zu erfüllen (§ 13 Abs 3 S 1 PublG; vgl § 313 Anm 51).

Stets muss die **Schutzklausel** in Analogie zu § 286 Abs 1 (dazu § 313 Anm 5) in Anspruch genommen werden, soweit es für das Wohl der Bundesrepublik Deutschland oder eines ihrer Länder erforderlich ist. Ausnahmen von der Berichterstattungspflicht bestehen unter bestimmten Voraussetzungen für die Angabe der Organbezüge (Nr 6a und b; s Anm 52). Im Übrigen gibt es keine Erleichterungen, weder bei der Aufstellung noch bei der Offenlegung. Zu den **Sanktionen** für die Verletzung der Angabepflichten s § 313 Anm 234. 5

B. Gesamtbetrag der Verbindlichkeiten mit einer Restlaufzeit von mehr als fünf Jahren sowie der gesicherten Verbindlichkeiten (Abs 1 Nr 1)

Abs 1 Nr 1 entspricht wörtlich § 285 S 1 Nr 1, so dass auf die Erl zu § 285 S 1 Nr 1 Anm 5 verwiesen werden kann. Es fehlt allerdings eine dem § 285 S 1 Nr 2 nachgebildete Vorschrift, wonach eine Aufgliederung für jeden Posten der Verbindlichkeiten erforderlich ist, dazu Anm 11. 8

Da sich die Angaben auf die in der Konzernbilanz ausgewiesenen langfristigen Verbindlichkeiten beziehen, sind vorab die **Grundsätze der Schuldenkonsolidierung** zu beachten, dh konzerninterne Ausleihungen, Forderungen und Verbindlichkeiten sind wegzulassen. Somit umfassen sie sowohl die Verbindlichkeiten der einbezogenen Konzern-Unt als auch der quotal einbezogenen Unt. Bestehen Verbindlichkeiten ggü **nicht in den Konzernabschluss einbezogenen Tochterunternehmen** mit Restlaufzeiten von mehr als fünf Jahren, sind deren Beträge in den Gesamtbetrag einzubeziehen; ein gesonderter Vermerk dieser langfristigen Verbindlichkeiten ggü verbundenen Unt wird im Konzernanhang nicht verlangt (wie hier *ADS*[6] § 314 Anm 5). 9

Auch bei dem Gesamtbetrag der **gesicherten Verbindlichkeiten** sind die ggf an einbezogene Unt von anderen Konzern-Unt gewährten Sicherheiten wegzulassen. Die Angabe erstreckt sich mithin auf alle die Verbindlichkeiten, für die *von einbezogenen* Unt Sicherheiten *an Dritte* oder an nicht konsolidierte TU gewährt worden sind. Dabei ist es gleichgültig, ob die Sicherheit vom die Verbindlichkeiten ausweisenden Unt selbst oder von einem anderen einbezogenen Unt für die Verbindlichkeiten eines anderen einbezogenen Unt gewährt worden ist. **Nicht einbezogenen Tochterunternehmen** gewährte Sicherheiten sind nicht gesondert anzugeben (wie hier *WPH*[12] I, M 719). 10

Eine **Aufgliederung der Gesamtbeträge** der langfristigen und der gesicherten Verbindlichkeiten nach Maßgabe der **einzelnen** in der Konzernbilanz ausgewiesenen **Posten** der Verbindlichkeiten, wie sie für den JA großer KapGes/KapCoGes vorgeschrieben ist (§ 285 S 1 Nr 2), ist **nicht erforderlich,** 11 aber erlaubt. Andererseits ist gem § 298 Abs 1 iVm § 268 Abs 5 der Betrag der Verbindlichkeiten mit einer **Restlaufzeit bis zu einem Jahr** bei jedem ausgewiesenen Verbindlichkeitenposten in der Konzernbilanz zu vermerken. Die Zusammenfassung aller Angabe- und Vermerkpflichten zu den Verbindlichkeiten in einem sog Verbindlichkeitenspiegel (vgl § 285 Anm 18) ist sinngemäß auch für einen **Konzern-Verbindlichkeitenspiegel** zulässig, unabhängig davon ob dieser freiwillig auch die Aufgliederung der langfristigen und gesicherten Verbindlichkeiten je einzelnen Verbindlichkeitsposten enthält oder nicht.

C. Gesamtbetrag der sonstigen finanziellen Verpflichtungen (Abs 1 Nr 2 1. Hs)

14 Im Konzernanhang ist der **Gesamtbetrag der sonstigen finanziellen Verpflichtungen** des Konzerns aufzuführen, die nicht in der Konzernbilanz erscheinen oder nicht nach § 298 Abs 1 iVm § 251 „unter der Bilanz" anzugeben sind, sofern diese Angabe für die Beurteilung der Finanzlage des Konzerns von Bedeutung ist (Anm 17). Die Vorschrift stimmt wörtlich mit § 285 S 1 Nr 3 überein, so dass auf die Erl zu § 285 S 1 Nr 3 (Anm 21) verwiesen werden kann.

15 Systembedingt sind hier konzerninterne Verpflichtungen zwischen den einbezogenen Unt wegzulassen (§ 303). Es kommen demnach nur Verpflichtungen *gegenüber* Dritten und nicht einbezogenen TU in Frage.

16 Andererseits haben die anzugebenden finanziellen Verpflichtungen nicht nur diejenigen der einbezogenen Konzern-Unt zu enthalten, sondern auch anteilmäßig die der quotal in den KA einbezogenen Unt; das ergibt sich aus dem Verweis auf die Konzernbilanz in Nr 2. Gem Nr 2 2. Hs sind sonstige finanzielle **Verpflichtungen gegenüber nicht einbezogenen Tochterunternehmen** *gesondert* anzugeben. Diese Vorschrift ist der Angabepflicht der sonstigen finanziellen Verpflichtungen ggü verbundenen Unt für den Anhang vergleichbar, hierzu § 285 Anm 36.

17 Für die Beurteilung der Bedeutung für die **Finanzlage** ist Maßstab der Konzern als wirtschaftliche Einheit. Finanzielle Verpflichtungen, die im Anhang eines einbezogenen Unt wegen ihrer dortigen Wesentlichkeit angegeben werden, können aus der Sicht des Konzerns von geringerer Bedeutung sein, so dass eine Angabepflicht entfällt. Umgekehrt kann eine Vielzahl unwesentlicher Verpflichtungen, die in den Anhängen der einbezogenen Unt jeweils nicht zur Angabepflicht geführt haben, zusammengefasst für die Beurteilung der Finanzlage des Konzerns gleichwohl von Bedeutung sein und eine Angabepflicht auslösen. Dabei ist zu beachten, dass die einzelnen Arten der in Frage kommenden finanziellen Verpflichtungen hinsichtlich ihrer Bedeutung nicht getrennt zu untersuchen sind, sondern es ist nach dem Wortlaut des Gesetzes der **Gesamtbetrag** aller sonstigen finanziellen Verpflichtungen (konsolidiert) auf seine Bedeutung für die Finanzlage des Konzerns hin zu beurteilen. Zur Frage der Wesentlichkeit s § 297 Anm 195.

D. Haftungsverhältnisse gegenüber nicht in den Konzernabschluss einbezogenen Tochterunternehmen (Abs 1 Nr 2 2. HS)

21 Von den „unter der Bilanz" auszuweisenden Haftungsverhältnissen nach § 251 sind **Verpflichtungen gegenüber nicht in den KA einbezogenen**

Tochterunternehmen gesondert anzugeben. Diese Angabepflicht ergibt sich gleichzeitig aus § 298 Abs 1 iVm § 268 Abs 7 2. Hs und § 251. Die Ausführungen in § 268 Anm 127 sind aus Konzernsicht zu beurteilen.

E. Aufgliederung der Umsatzerlöse nach Tätigkeitsbereichen sowie nach geographisch bestimmten Märkten (Abs 1 Nr 3)

Im Konzernanhang sind die Konzern-Umsatzerlöse nach Tätigkeitsbereichen sowie nach geographisch bestimmten Märkten aufzugliedern. Das setzt unter Berücksichtigung der Organisation des Verkaufs von für die gewöhnliche Geschäftstätigkeit des Konzerns typischen Erzeugnissen und der für die gewöhnliche Geschäftstätigkeit des Konzerns typischen Dienstleistungen voraus, dass sich die Tätigkeitsbereiche und geographisch bestimmten Märkte untereinander *erheblich* unterscheiden. Näheres in § 285 Anm 70 bis 77. MU dürfen stattdessen eine SegBerE in den KA aufnehmen (vgl § 297 Anm 150) und sind gem § 314 Abs 2 von der Angabe der Konzernumsatzaufgliederung befreit (Anm 105). 24

Folgende aus der Eigenart des KA resultierende Besonderheiten sind bei Anwendung der wortgleichen Bestimmung für den Anhang zu beachten: 25

Die Aufgliederung hat sich nach dem Gesetzeswortlaut auf die **Außen-Umsatzerlöse** der KonzernGuV zu beziehen (§§ 298 Abs 1 iVm 275 Abs 2 Nr 1 bzw 275 Abs 3 Nr 1, 277 Abs 1). Aus der dem KA zu Grunde liegenden Einheitstheorie (vgl § 297 Anm 190) ergibt sich, dass nur die **Umsatzerlöse mit Dritten,** nicht aber die konzerninternen Umsatzerlöse aufzugliedern sind (*ADS*[6] § 314 Anm 21; *Dörner/Wirth* in HdKR[2] §§ 313, 314 Anm 343; *Scherrer* in BoHdR § 314 Anm 17). Damit zugleich erstreckt sich die Aufgliederung sowohl auf die konsolidierten Umsatzerlöse der einbezogenen Konzern-Unt als auch auf die Umsatzanteile der quotal einbezogenen Unt, nicht aber auf Umsatzerlöse nicht einbezogener TU.

Bei der **geographischen Aufgliederung** von Konzernumsätzen, zu denen auch einbezogene TU im Ausland beitragen, ist es sachgerecht, die Umsatzerlöse nach Maßgabe der jeweiligen (End-)Absatzmärkte aufzugliedern (hM zB *WPH*[12] I, M 725; *Dörner/Wirth* in HdKR[2] §§ 313, 314 Anm 346). 26

F. Durchschnittliche Zahl der Arbeitnehmer des Konzerns während des Geschäftsjahrs getrennt nach Gruppen und Personalaufwand bei Anwendung des Umsatzkostenverfahrens (Abs 1 Nr 4)

I. Allgemeines

Im Konzernanhang (auch eines IFRS-KA nach § 315 a) sind anzugeben: 30

- Die durchschnittliche Zahl der Arbeitnehmer der in den KA einbezogenen Unt während des Gj, getrennt nach Gruppen (Anm 32),
- die durchschnittliche Zahl der Arbeitnehmer von nach § 310 nur anteilmäßig einbezogenen Unt (Anm 35) und
- der im Gj verursachte Personalaufwand, sofern er nicht gesondert in der KonzernGuV ausgewiesen ist (Anm 39).

Zur **durchschnittlichen** Zahl der während des Gj bei einbezogenen Konzern-Unt beschäftigten Arbeitnehmer getrennt nach Gruppen s § 285 S 1 Nr 7 Anm 142. *Dörner/Wirth* in HdKR[2] (§§ 313, 314 Anm 352) empfehlen zur Vermeidung von Fehlinterpretationen die Angabe der angewandten Methode. Die Methodenfreiheit für die Durchschnittsbildung (zB monats-, quartalsweise) gilt auch sinngemäß für den Konzernanhang nach PublG.

II. Durchschnittliche Zahl der Arbeitnehmer der in den Konzernabschluss einbezogenen Unternehmen während des Geschäftsjahrs, getrennt nach Gruppen

32 Hinsichtlich der Arbeitnehmereigenschaft und der Berechnung des Durchschnitts gelten die Grundsätze des § 285 S 1 Nr 7 (dort Anm 141). Die Angabepflicht erstreckt sich auf alle Arbeitnehmer der Unt, die nach den Grundsätzen der **Vollkonsolidierung** in den KA einbezogen werden. Damit ist *hier* die Einbeziehung der Arbeitnehmer von nicht in den KA einbezogenen TU, von **quotal einbezogenen Unternehmen** (§ 310), **assoziierten Unternehmen** (§ 311) oder anderen Unt, deren Kapitalanteile in der Konzernanteilsliste angegeben werden, in die Durchschnittszahl *nicht zulässig* (s aber Anm 36). Aus der Sicht des Konzerns als wirtschaftlicher Einheit ist die Zahl der Arbeitnehmer von vollkonsolidierten Unt, die zu weniger als 100% dem Konzern gehören, voll in die Durchschnittszahl einzubeziehen. Damit korrespondiert die Zahl der Arbeitnehmer des Konzerns mit dem Betrag der ausgewiesenen Personalaufwendungen (Anm 39). Sind Arbeitnehmer tatsächlich oder arbeitsvertraglich bei mehreren einbezogenen Unt beschäftigt, sind sie aus Konzernsicht nur einmal in den Durchschnitt einzubeziehen; hier sind aber die Grundsätze der Wesentlichkeit und Wirtschaftlichkeit (§ 297 Anm 195) anzuwenden.

33 Bezüglich der **Gruppenbildung** gelten die zu § 285 Anm 144 entwickelten Grundsätze sinngemäß. Für eine Gruppenbildung der Konzernarbeitnehmer bietet sich auch eine Aufteilung nach geographisch bestimmten Bereichen an, wobei die Länder oder Ländergruppen mit der für die Umsatzaufgliederung gewählten Aufteilung übereinstimmen sollten (*WPH*[12] I, M 744; *Dörner/Wirth* in HdKR[2] §§ 313, 314 Anm 356).

III. Durchschnittliche Zahl der Arbeitnehmer von nur anteilmäßig einbezogenen Unternehmen

35 Ferner ist die durchschnittliche Zahl der Arbeitnehmer der *quotal* in den KA einbezogenen Unt *gesondert* anzugeben. Nach dem Gesetzeswortlaut handelt es sich dabei um die *Gesamt*arbeitnehmerzahl dieser Unt. Gleichwohl muss es zulässig sein, die Angabe auf den Arbeitnehmer*anteil* zu beschränken, der mit der **Konsolidierungsquote** gem § 310 übereinstimmt (aA *ADS*[6] § 314 Anm 31; *Hachmeister* in Beck HdR C 600 Anm 229 für eine diesbzgl Zusatzangabe). Dann entspricht die angegebene Arbeitnehmerzahl dem im Konzernpersonalaufwand enthaltenen quotalen Anteil dieser Unt (ebenso § 310 Anm 77). Das gilt auch für quotal einbezogene *Teilkonzerne.*

36 Statt der gesetzlich geforderten Angabe der Arbeitnehmerzahl der **quotal einbezogenen Unternehmen** ist es aber auch zulässig, die anteilmäßige Arbeitnehmerzahl der quotal einbezogenen Unt mit einem *Davon-Vermerk* kenntlich zu machen (zB darin anteilmäßig … Arbeitnehmer von anteilig einbezogenen Unternehmen enthalten). Der Prozentsatz, dem die anteilige Arbeitnehmerzahl

entspricht, braucht in diesem Zusammenhang nicht genannt zu werden; er ergibt sich aus den Angaben zum KonsKreis gemäß § 313 Abs 2 Nr 3 (dort Anm 204).

Bei der Vorschrift zu den Angaben für **quotal einbezogene Unternehmen** 37
fehlt die Forderung nach einer Gruppenbildung. Daraus ist zu schließen, dass diese Zahl nicht nach Gruppen unterteilt zu werden braucht; eine Gruppenbildung kann aber wünschenswert sein.

IV. Im Geschäftsjahr verursachter Personalaufwand

Bei Anwendung des **Umsatzkostenverfahrens** (hierzu § 298 Anm 39) ist 39
schließlich der im Gj verursachte Personalaufwand im Konzernanhang anzugeben. Wie zum Anhang erstreckt sich die Angabepflicht auf den **Aufwand des Geschäftsjahrs,** der sich bei Anwendung des *Gesamt*kostenverfahrens ergeben würde (§ 285 Anm 150), und umfasst mithin die einbezogenen KonzernUnt und die quotal einbezogenen Unt. Der Personalaufwand ist im Konzernanhang in einem Betrag anzugeben; eine Unterteilung gemäß § 275 Abs 2 Nr 6 (Löhne und Gehälter, soziale Abgaben und Aufwendungen für Altersversorgung und für Unterstützung, davon für Altersversorgung) entfällt (wie hier *WPH*[12] I M 728).

Ferner braucht der **Materialaufwand,** dessen Angabe im Anhang gemäß 40
§ 285 S 1 Nr 8 a von großen KapGes/KapCoGes gefordert wird, bei Anwendung des Umsatzkostenverfahrens im Konzernanhang *nicht* genannt zu werden.

G. Gesamtbezüge etc. für aktive und ehemalige Organmitglieder des Mutterunternehmens und deren Hinterbliebene (Abs 1 Nr 6)

I. Allgemeines

Für die Mitglieder des Geschäftsführungsorgans, eines AR, eines Beirats oder 52
einer ähnlichen Einrichtung des MU sind im Konzernanhang folgende Angaben zu machen:

a) die für die Wahrnehmung ihrer Aufgaben im MU und den TU im Gj gewährten Gesamtbezüge (Nr 6 a S 1–3): Anm 60 ff, und die Anzahl der ausgegebenen Bezugsrechte uä; Anm 66,
b) die für die Wahrnehmung ihrer Aufgaben im MU und den TU gewährten Gesamtbezüge der früheren Mitglieder dieser Organe des MU und ihrer Hinterbliebenen sowie der Betrag der gebildeten und nicht gebildeten Pensionsrückstellungen (Nr 6 b): Anm 70 ff, und
c) die vom MU und den TU gewährten Vorschüsse, Kredite und Haftungsverhältnisse (Nr 6 c): Anm 79 ff.

Diese Vorschrift ist auch für einen IFRS-KA nach § 315 a anzuwenden.

Börsennotierte AG als MU haben nach Nr 6 a S 5–9 idF des VorstOG zusätzlich unter Namensnennung die Bezüge jedes einzelnen Vorstandsmitglieds, aufgeteilt nach erfolgsunabhängigen und erfolgsbezogenen Komponenten sowie Komponenten mit langfristiger Anreizwirkung gesondert anzugeben.

Für den Anhang werden vergleichbare Angaben verlangt (§ 285 S 1 Nr 9). Jedoch sind hier die Angaben ausdrücklich um die Beträge und Werte der TU erweitert. Insoweit kann es zu Überschneidungen mit den Angaben im Anhang des MU kommen, da der Personenkreis für den Konzernanhang und den Anhang des MU derselbe sein muss. In analoger Anwendung des § 286 Abs 4 darf von Ges, die nicht börsennotierte AG sind, auf die Angaben nach Nr 6a S 1–4 und b verzichtet werden, wenn sich anhand dieser Angaben die Bezüge eines Organmitglieds feststellen lassen (ebenso *WPH*[12] I M 749; *ADS*[6] § 314 Anm 50). Zu den Voraussetzungen s § 286 Anm 15. Die Zusatzangaben für börsennotierte AG dürfen unterbleiben, wenn die HV dies beschlossen hat (Abs 2 S 2).

53 Erhalten in Sonderfällen die Mitglieder der genannten Organe und Einrichtungen von den TU keine Bezüge, Kredite etc, sind die Angaben im Konzernanhang und im Anhang identisch. Eine Angabepflicht im Konzernanhang entfällt dadurch nicht. Auch ein Verweis auf die Angabe im Anhang ist nicht zulässig. Dies gilt jedoch nicht für einen zusammengefassten Anhang und Konzernanhang (dazu § 313 Anm 28).

Weichen die Angaben für den Konzernanhang von denen im JA des MU ab (Regelfall), sind diese im Konzernanhang *vollständig* und getrennt zu machen; jedoch ist dann eine Untergliederung der Beträge in solche, die vom MU, und solche, die von TU gewährt worden sind, zulässig. Bei einem zusammengefassten Anhang und Konzernanhang ist eine solche Unterteilung stets erforderlich, um beide Angabepflichten gleichermaßen zu erfüllen. Das kann dadurch geschehen, dass vom MU erhaltene Bezüge (Kredite etc) getrennt von denen der TU angegeben werden oder dass die zusammengefassten Bezüge mit einem Vermerk „davon … von Tochterunternehmen" genannt werden. Die Angaben sind im Konzernanhang für jede **Personengruppe** des MU jeweils gesondert in einem *Gesamtbetrag* zu machen (§ 285 Anm 164). **KapmarktMU** haben gem dem Deutschen CorpGovKodex (Ziff 4.2.4 und 5.4.5) die Bezüge nach Fixum, erfolgsbezogenen Komponenten und Komponenten mit langfristiger Anreizwirkung je Vorstands- und AR-Mitglied individualisiert aufzugliedern. Die Beachtung oder Nichtbeachtung dieser Empfehlung ist jährlich nach § 161 AktG offen zu legen (§ 314 Anm 89).

54 Für die Angabepflicht ist es nach dem Wortlaut *unerheblich,* ob das TU in den KA *einbezogen* wird oder nicht (glA *WPH*[12] I M 748; *Dörner/Wirth* in HdKR[2] §§ 313, 314 Anm 375). Auch ausländische TU gehören dazu. Die Angabepflicht erstreckt sich *nicht* auf Bezüge von assozUnt, von quotal einbezogenen Unt oder von anderen Unt, die im Konzernanteilsbesitz stehen.

55 Alle dem **PublG unterliegenden Mutterunternehmen** – unabhängig von Rechtsform oder Wirtschaftszweig – brauchen die Angabepflichten nach Nr 6 im Konzernanhang nicht zu erfüllen (§ 13 Abs 3 S 1 PublG), jedoch alle Kreditinstitute (§ 340i Abs 1 HGB) und VersicherungsUnt (§ 341j Abs 1 HGB).

II. Die Personengruppen

58 Die Angaben sind für die Mitglieder folgender Personengruppen zu machen, sofern sie irgendwann im Konzern-Gj (§ 299) zu folgenden Gremien des MU gehörten: Geschäftsführung/Vorstand, AR, Beirat oder ähnliche Einrichtung des MU. Damit sind die Personengruppen und ihre Mitglieder dieselben wie für die vergleichbare Angabepflicht im Anhang des JA des MU. Bei MU in der Rechtsform der KapCoGes ist § 264a Abs 2 zu beachten. Zur Definition der Gremien und zeitlichen Abgrenzung der Mitgliedschaft wird auf die Erl zu § 285 Anm 163 verwiesen. Es kommt also immer auf die Mitgliedschaft in einer der genannten **Einrichtungen des Mutterunternehmens** an. Nicht zu berichten ist über ein oberes MU, zu dem das berichtende MU in einem Tochter-

verhältnis steht (glA *Dörner/Wirth* in HdKR[2] §§ 313, 314 Anm 382). In welche Personengruppe das Mitglied einbezogen wird, entscheidet sich nur nach der Mitgliedschaft im Gremium des MU, nicht nach dem Gremium des TU, zu dem die Person ggf *auch* gehört (hierzu Anm 61).

Maßstab für die Einordnung ist die Tätigkeit/Funktion im MU (*WPH*[12] I, M 748; *ADS*[6] § 314 Anm 43). Ist ein Geschäftsführer des MU AR bei TU, sind die AR-Bezüge in die Geschäftsführerbezüge einzubeziehen (falls sie nicht ohnehin – teilweise – angerechnet werden). Ist ein AR des MU zugleich AR (oder Geschäftsführer, Prokurist) eines TU, erhöhen die Bezüge von TU die AR-Bezüge beim MU. Wurde ein Prokurist oder ein Angestellter des MU zum Geschäftsführer eines TU bestellt, sind dessen Bezüge vom MU im Konzernanhang *nicht* anzugeben; seine Geschäftsführerbezüge gehören in den Anhang zum JA des TU, denn der Prokurist des MU ist kein Organ des MU. Siehe dazu auch Anm 63.

III. Angaben für tätige Organmitglieder (Abs 1 Nr 6 a)

1. Angabe der Gesamtbezüge (S 1–3)

Anzugeben sind die **Gesamtbezüge** in einer Summe. Da die Klammerdefinition der Nr 6 a S 1 wörtlich mit § 285 S 1 Nr 9 a S 1 übereinstimmt, wird auf § 285 Anm 167 verwiesen. Das Gleiche gilt auch für Bezüge, die nicht ausgezahlt, sondern in Ansprüche anderer Art umgewandelt oder zur Erhöhung anderer Ansprüche verwendet werden (Nr 6 a S 2), und für Bezüge, die im Gj gewährt, aber bisher in keinem Konzernanhang angegeben worden sind (Nr 6 a S 3). 60

Für die Berichterstattung im Konzernanhang ist der **Umfang** der Gesamtbezüge auf die „für die Wahrnehmung ihrer (= der Mitglieder eines Organs – Anm 58 –) Aufgaben *im Mutter*unternehmen und *den Tochter*unternehmen im Gj gewährten Gesamtbezüge“ *erweitert.* Angabepflichtig sind zunächst die Gesamtbezüge für die **Wahrnehmung von Aufgaben im Mutterunternehmen** (identisch mit den Angaben zum JA, Anm 53). 61

Hinzu kommen die Gesamtbezüge für die Wahrnehmung von **Aufgaben in (den) Tochterunternehmen.** Die Wahrnehmung von Aufgaben kann als Mitglied in Leitungs-, Verwaltungs- und Aufsichtsorganen (Geschäftsführung/Vorstand, AR, Beirat oder ähnliche Einrichtung) der TU, aber auch in der Eigenschaft als Angestellter (Prokurist, zum gesamten Geschäftsbetrieb ermächtigter Handlungsbevollmächtigter etc) des TU erfolgen. Ist der Geschäftsführer eines TU *Angestellter* des MU, hat das keine Auswirkung auf den Konzernanhang, da dort nur die Organe des MU zählen (Anm 58). Nebenamtliche Tätigkeiten oder Aufgaben als Freiberuflicher fallen nicht hierunter. 62

Nr 6 a verlangt Angaben für die Wahrnehmung seiner *Aufgaben,* nicht wie § 285 S 1 Nr 9 a für die Gewährung von Bezügen für die *Tätigkeit* des Organmitglieds, ohne diese Aufgaben in Nr 6 a näher zu bestimmen. Das bedeutet zugleich, dass die „Aufgaben“ sehr weit gefasst sind und sich auf *jedwede* Handlung, Verrichtung, Tätigkeit, Funktionsausübung erstrecken. Darauf, ob Tätigkeiten tatsächlich ausgeübt werden oder nicht, kommt es nicht an. Die nominelle Wahrnehmung von Aufgaben oder Funktionen reicht für die Berichterstattung aus. Es spielt auch *keine* Rolle, ob die Aufgaben, die vom Organmitglied im (in mehreren) Konzern-Unt wahrgenommen werden, gleichartig oder unterschiedlich im Vergleich zur Aufgabe oder Funktion beim MU sind. Die Aufgaben müssen in einem Zusammenhang mit den *Interessen* des MU stehen, wobei das sehr weit zu sehen ist und die Entsendung eines Organmit- 63 glieds des MU in ein Organ oder eine Funktion beim TU stets zur Wahrnehmung von Aufgaben im Interesse des MU geschieht.

64 Von welchen Unt die Bezüge gewährt bzw geleistet sein müssen, um eine Berichtspflicht auszulösen, sagt das HGB nicht. Auf Grund des Gesetzeszusammenhangs ist davon auszugehen, dass alle Konzern-Unt als Leistende gemeint sind, in denen *Aufgaben* vom Organmitglied wahrgenommen werden (Anm 54). Es muss sich also immer um **Leistungen des Mutterunternehmens und der Tochterunternehmen** an das Organmitglied des MU handeln. Es kommen alle TU im In- und Ausland in Frage sowie auch die gem § 296 nicht in den KA einbezogenen TU (*WPH*[12] I M 748; *ADS*[6] § 314 Anm 45). Bezüge von TU auf Grund früherer Wahrnehmung von Aufgaben (Ruhegehaltsbezüge) gehören jedoch nicht zu den angabepflichtigen aktiven Bezügen des MU im Gj.

65 Maßgebend für die Angabepflicht der im Gj von TU gewährten Bezüge ist die *Eigenschaft als Tochterunternehmen.* Die Bezüge sind von dem Zeitpunkt einzubeziehen, ab dem das Mutter-Tochter-(Konzern)Verhältnis tatsächlich *begründet* worden ist, bis zu dem Zeitpunkt, in dem das TU diese Eigenschaft als Konzern-Unt verliert. Ggf sind die Gesamtbezüge *zeitanteilig* in die Angabe aufzunehmen. Dies ist *unabhängig* davon, für welchen Zeitraum das TU (Anm 54) in den KA einbezogen wurde.

2. Angabe der Anzahl der ausgegebenen Bezugsrechte uä (S 4)

66 S 4 stimmt wörtlich mit § 285 S 1 Nr 9a S 4 überein, der durch das VorstOG eingefügt wurde. Es wird deshalb auf die Ausführungen in § 285 Anm 171 verwiesen. Diese Angaben sind erstmals im KA für das nach dem 31. 12. 2005 beginnende Gj zu machen (Art 59 EGHGB). Es gehören gem S 1 nicht nur Bezugsrechte uä auf Aktien des MU hierzu, sondern auch solche auf Aktien von TU, unabhängig davon ob sie in den KA einbezogen sind oder nicht (S 1).

IV. Zusatzangaben für börsennotierte Aktiengesellschaften als Mutterunternehmen über die individualisierten Vorstandsbezüge (S 5–9)

67 S 5–9 entsprechen wörtlich § 285 S 1 Nr 9a S 5–9, so dass auf die Erl zu § 285 Anm 172ff verwiesen werden kann. Die Vorschrift bestimmt, dass börsennotierte AG als MU im Konzernanhang die Bezüge jedes einzelnen Vorstandsmitglieds, aufgegliedert nach erfolgsunabhängigen, erfolgsbezogenen und Komponenten mit langfristiger Anreizwirkung zusätzlich zur Angabe der Gesamtbezüge des Vorstandsgremiums nach Nr 6a S 1 angeben müssen. Anzugeben sind die Bezüge vom MU und den TU (s Anm 64, 65) einschl der Zusagen für Pensionen, Versorgungsleistungen und Abfindungen von diesen Unt (S 6; s § 285 Anm 174). Aus dem Gesetzeszusammenhang der Nr 6a und der *Begr RegE VorstOG aaO,* 8 ergibt sich, dass auch nicht in den KA einbezogene TU hierzu gehören.

Auch die Zusagen/Leistungen von Dritten an das Vorstandsmitglied sind nach S 8 anzugeben (s § 285 Anm 175), wobei Leistungen von TU bereits nach S 1 zu erfassen sind *(Begr zur Beschlussempfehlung des Rechtsausschusses zum RegE-VorstOG,* BT-Drs 15/5860, 10).

Die Gesamtbezüge jedes einzelnen Vorstandsmitglieds sind in drei Komponenten aufzugliedern (s § 285 Anm 177ff). Enthält der KA weitergehende Angaben zu bestimmten Bezügen, sind auch diese zusätzlich einzeln anzugeben (S 9; s § 285 Anm 176). Dies betrifft insb einen IFRS-KA nach § 315a.

Die Vorschrift ist erstmals im Konzernanhang für das Gj anzuwenden, das nach dem 31. 12. 2005 beginnt (Art 59 EGHGB) und gilt auch für den Konzernanhang eines IFRS-KA nach § 315a. Diese für den Konzernanhang vorgeschriebenen Angaben nach S 5–9 dürfen auch im sog Vergütungsbericht im Konzernlagebericht gemacht werden, der durch § 315 Abs 2 Nr 4 idF des VorstOG nunmehr für börsennotierte AG als MU vorgeschrieben ist (s hierzu § 315 Anm 34). 68

Die Angaben nach S 5–9 dürfen **unterbleiben** wenn die HV des MU dies mit einer Mehrheit von mind drei Viertel des bei der Beschlussfassung vertretenen Grundkapitals beschließt (§ 314 Abs 2 S 2 iVm § 286 Abs 5; s Anm 106).

V. Angaben für ehemalige Organmitglieder und deren Hinterbliebene (Abs 1 Nr 6b)

1. Angabe der Gesamtbezüge

Anzugeben sind die für die Wahrnehmung ihrer Aufgaben im MU und bei den TU gewährten Gesamtbezüge der **früheren Mitglieder** des Geschäftsführungsorgans, eines AR, Beirats oder einer ähnlichen Einrichtung **des MU** und ihrer Hinterbliebenen jeweils gesondert für jede Personengruppe. Der **sachliche Umfang** der Gesamtbezüge ist mit der für die Angabepflicht im Anhang des JA identisch (näheres dazu in § 285 Anm 180), aber verschieden von den Aktivbezügen gemäß Nr 6a S 1–3. 70

Nach dem Wortlaut der Nr 6b müssen die Bezüge für die Wahrnehmung von „Aufgaben im Mutterunternehmen und den Tochterunternehmen" gewährt werden. Die Regelung ist insoweit missverständlich, als ehemalige Organmitglieder in *ihren* Unt eo ipso keine Aufgaben mehr wahrnehmen. Aus der Systematik der Vorschrift kann nur gefolgert werden, dass es sich um ihre *frühere* Wahrnehmung von Aufgaben in den Konzern-Unt handeln muss, für die Bezüge gewährt werden. Das ergibt sich auch aus der Definition der hier maßgebenden Bezüge „Abfindungen, Ruhegehälter, Hinterbliebenenbezüge und Leistungen verwandter Art", die eine Einbeziehung von Bezügen aus einer noch aktiven Tätigkeit nicht zulässt. Bezüge von *ehemaligen* Organmitgliedern des MU für die *jetzige* Wahrnehmung von Aufgaben bei TU sind deshalb nicht angabepflichtig – es sei denn, sie werden gem dem Ruhegeldvertrag auf die (Ruhe-)Bezüge aus der ehemaligen Wahrnehmung von Aufgaben angerechnet. So sind zB die Bezüge eines bereits in den Ruhestand getretenen Vorstands für seine weitere Mitgliedschaft im AR eines TU nach Nr 6b nicht angabepflichtig. 71

Von wem die Bezüge gewährt werden müssen, lässt Nr 6b offen. Aus dem Gesetzeszusammenhang lässt sich schließen, dass Bezüge, die nicht vom MU oder den TU gewährt werden, sondern von Dritten außerhalb des Konzerns (zB von Pensionskassen, Unterstützungskassen) nicht angabepflichtig sind (wie hier *Scherrer* in BoHdR § 314 Anm 34) – es sei denn, dass MU oder TU einen unmittelbaren Anspruch auf die Auszahlung haben und die Zahlung an das frühere Organmitglied weiterleiten oder dass die Versorgungsansprüche an das ehemalige Organmitglied abgetreten werden. Siehe dazu § 285 Anm 181. Handelt es sich bei solchen Versorgungseinrichtungen um TU, sind diese Bezüge einzubeziehen (Anm 54). 72

2. Angabe der gebildeten und der nicht gebildeten Pensionsrückstellungen

76 Die Angabepflicht entspricht wörtlich der für den Anhang des JA, s dazu § 285 Anm 185. Die **Personengruppen** sind ebenfalls identisch.

Über den **Umfang** der Pensionsrückstellungen sagt Nr 6b nichts. Aus dem Gesetzeszusammenhang ist zu folgern, dass es sich um die beim MU und allen TU gebildeten und nicht gebildeten Pensionsrückstellungen für diese Personengruppe handeln muss. Insoweit geht die Angabe ggf über den in der Konzernbilanz passivierten Betrag hinaus, weil auch die bei nicht einbezogenen TU gebildeten (oder fehlenden) Pensionsrückstellungen in die beiden anzugebenden Beträge aufzunehmen sind (glA *Dörner/Wirth* HdKR² §§ 313, 314 Anm 388).

Bestehen angabepflichtige Beträge bei nicht einbezogenen TU (zB Unterstützungs- oder Pensionskassen), ist bei ihrer Einbeziehung in die Angaben auf eine einheitliche Bewertung zu achten.

VI. Angabe der Vorschüsse und Kredite einschließlich der Haftungsverhältnisse (Abs 1 Nr 6c)

79 Abs 1 Nr 6c verlangt die Berichterstattung über die vom MU und den TU an aktive Organmitglieder des MU gewährten Vorschüsse und Kredite unter Angabe der Zinssätze, der wesentlichen Bedingungen und der ggf im Gj zurückgezahlten Beträge sowie die zu Gunsten der Organmitglieder eingegangenen Haftungsverhältnisse. Die Angabepflicht entspricht sachlich derjenigen im Anhang des MU; hierzu § 285 Anm 190 bis 196. Der **Umfang** der angabepflichtigen Vorschüsse, Kredite und Haftungsverhältnisse bezieht sich aber auch auf Vorschüsse, Kredite und Haftungsverhältnisse, die den Organmitgliedern des MU von TU eingeräumt worden sind, und deren Bedingungen.

80 Die Einschränkung der Angabepflicht auf aktive Organmitglieder ergibt sich wie zu § 285 S 1 Nr 9 (dort Anm 190) zwar nicht eindeutig aus dem Wortlaut, da die in lit c angesprochenen „Personengruppen" sich auf die in lit a und b genannten oder aber auf die vor lit a erwähnten Personengruppen beziehen können.

81 Eine *Saldierung* der vom MU oder einem TU gewährten angabepflichtigen Vorschüsse und Kredite mit Schulden anderer TU ggü Organmitgliedern, zB aus Tantiemen (Kons von Drittschuldverhältnissen) ist nicht zulässig, selbst dann, wenn vorab eine Verrechnung der Vorschüsse oder Kredite mit Tantiemen vereinbart ist. Das folgt aus dem Gesetzeszweck, der auf die den Organmitgliedern *gewährten Vorteile* hinweisen will. Eine Angabepflicht über Schulden des MU und der TU ggü Organmitgliedern besteht nicht.

Erhält ein Organmitglied von einem einbezogenen Unt einen Kredit und gewährt das Organmitglied seinerseits einem anderen Konzern-Unt einen Vorschuss oder Kredit, ist eine Saldierung von Forderung und Verbindlichkeit für die Angabe im Konzernanhang ebenfalls nicht zulässig.

H. Eigene Anteile (Abs 1 Nr 7)

84 Es sind Angaben zu machen über den **Bestand** an Anteilen an dem MU, die

- das MU selbst
- ein TU oder
- ein anderer für Rechnung eines in den KA einbezogenen Unt erworben oder als Pfand genommen hat.

Dabei sind die *Zahl,* der *Nennbetrag* oder der *rechnerische Wert* dieser Anteile sowie deren *Anteil am Kapital* anzugeben. Die Vorschrift hat eine Parallele nur im Anhang des JA einer **Aktiengesellschaft** (§ 160 Abs 1 Nr 2 AktG mit weitergehenden Angabepflichten), erläutert in § 284 Anm 42. Die Berichtspflicht umfasst jedoch *nur Anteile am MU,* weil eigene Anteile der TU im Rahmen der KapKons verrechnet werden (§ 301 Anm 14).

Maßgebend sind die Verhältnisse am Stichtag des KA. Eine Darstellung der Bewegung im Gj ist nicht erforderlich (glA *Scherrer* in BoHdR § 314 Anm 42).

Der Erwerb oder die Inpfandnahme eigener Anteile (Aktien bzw GmbH-Anteile) ist unter bestimmten Voraussetzungen sowohl durch eine AG (§ 71 AktG) als auch durch eine GmbH (§ 33 GmbHG) zulässig. Das Gleiche gilt für den Erwerb oder die Inpfandnahme von Anteilen am MU durch TU (§ 71d AktG). Zum möglichen Erwerb von Geschäftsanteilen an einer herrschenden GmbH durch ein TU (ebenfalls GmbH) s *Baumbach/Hueck* GmbHG[17] § 33 Anm 16.

Die Angabepflicht nach Nr 7 ist auch von dem **PublG unterliegenden Mutterunternehmen** zu erfüllen (§ 13 Abs 3 S 1 PublG). Das ist allerdings nur der Fall, wenn TU Geschäftsanteile am herrschenden Unt (zB reine PersGes) oder TU Anteile einer herrschenden eG erwerben. Kreditinstitute und VersicherungsUnt unterliegen ebenfalls der Berichtspflicht nach Nr 7 (§§ 340i Abs 1, 341j Abs 1).

Der Bestand an Anteilen am MU umfasst die in der Konzernbilanz gesondert **85**
ausgewiesenen **eigenen** Anteile am MU (§§ 301 Abs 4 S 2, 298 Abs 1 iVm 265 Abs 3 S 2), die vom MU selbst und von den *einbezogenen* TU gehalten werden; sie dürfen gem § 301 Abs 4 S 1 nicht im Rahmen der KapKons mit dem gezeichneten Kapital des MU verrechnet werden (anders nach *DRS* 7.7 für den Konzern-EK-Spiegel, in dem die eigenen Aktien getrennt nach ihrer Bestimmung zur Einziehung/Nichteinziehung im KonzernEK zu verrechnen sind; s § 297 Anm 113). Dazu gehören auch die Anteile am MU, die ein Dritter für Rechnung eines einbezogenen Unt erworben oder als Pfand genommen hat und die in der Konzernbilanz enthalten sind, weil das wirtschaftliche Eigentum an ihnen einbezogenen Unt zusteht. Es spielt auch keine Rolle, ob der Erwerb oder die Inpfandnahme nach § 33 GmbHG bzw §§ 71ff AktG erlaubt war oder nicht. Ferner ist es gleichgültig, ob die Anteile am MU im Anlage- oder Umlaufvermögen bei einem konsolidierten Unt (zB als Anteile am herrschenden Unt) bilanziert sind.

Ferner gehören zum berichtspflichtigen Bestand die Anteile am MU, die von **nicht in den Konzernabschluss einbezogenen Tochterunternehmen gehalten** werden (ebenso *WPH*[12] I M 732; *ADS*[6] § 314 Anm 52) und deshalb nicht in der Konzernbilanz erfasst sind, sowie außerdem solche Anteile am MU, die von einem Dritten für Rechnung des MU oder eines TU erworben oder als Pfand genommen worden sind – auch soweit sie **nicht** in die Konzernbilanz aufgenommen sind, weil das wirtschaftliche Eigentum nicht in den KA einbezogenen Unt zusteht. Die Zurechnungsvorschriften des § 16 Abs 2 und 4 AktG gelten hier nicht. Über den Bestand am Bilanzstichtag für alle diese Anteile darf und sollte zusammen berichtet werden (glA *Scherrer* in BoHdR § 314 Anm 41).

Nach dem Wortlaut der Nr 7 sind die Anteile am MU, die von einem Dritten für Rechnung eines nicht einbezogenen TU erworben oder als Pfand genommen worden sind, nicht in den angabepflichtigen Bestand aufzunehmen. Es ist fraglich, ob diese Regelung dem Zweck der Vorschrift der Nr 7 entspricht, der auf eine Berichterstattung über den gesamten Konzernbestand an eigenen Anteilen des MU abstellt. Die Anteile am MU, die von einem nicht einbezogenen TU erworben oder als Pfand genommen worden sind, gehören zum angabepflichtigen Bestand, und es sind keine Gründe ersichtlich, warum das für treuhänderisch von nicht einbezogenen TU gehaltene Anteile nicht gelten soll (*ADS*[6] § 314 Anm 53).

86 **Nicht** zu berichten ist über Anteile am berichtspflichtigen MU, die von **anteilmäßig in den Konzernabschluss einbezogenen Unternehmen,** von **assoziierten Unternehmen** oder von anderen Unt im Konzernanteilsbesitz erworben oder als Pfand genommen worden sind (glA *ADS*[6] § 314 Anm 52; *Dörner/Wirth* in HdKR[2] §§ 313, 314 Anm 396) es sei denn, der Erwerb oder die Inpfandnahme sei für Rechnung des MU oder eines TU erfolgt.

87 Für den hiernach berichterstattungspflichtigen Bestand an Anteilen am MU (Anm 85) sind anzugeben: Die **Zahl** und der **Nennbetrag** dieser Anteile, bei Stückaktien der rechnerische Wert sowie (in Prozent) deren **Anteil am gezeichneten Kapital des MU.** Haben die Aktien oder die GmbH-Geschäftsanteile des MU unterschiedliche Nennbeträge, ist es erforderlich, die Zahl der Aktien bzw Geschäftsanteile jeden Nennbetrags getrennt anzugeben. Nach dem Wortlaut des Gesetzes reicht die Angabe eines Gesamtnennbetrags aller Anteile nicht aus (obwohl bei GmbH oft sehr unterschiedliche Nennbeträge vorkommen).

88 Eine Einbeziehung der Anteile am MU in die Angaben zum KonsKreis und Konzernanteilsbesitz nach § 313 Abs 2 ist – auch wenn der konzerneigene Anteilsbesitz am MU mindestens 20% ausmacht – nicht zulässig, da es sich nicht um ein anderes Unt iSv § 313 Abs 2 Nr 4 handelt. Deshalb ist auch die Ausnahmeregelung des § 313 Abs 3 S 1 nicht sinngemäß anwendbar (*WPH*[12] I, M 732).

I. Angaben zur Entsprechenserklärung zum Corporate Governance Kodex (Abs 1 Nr 8)

89 Abs 1 Nr 8 entspricht wörtlich § 285 S 1 Nr 16 (dort Anm 261) unter Erweiterung auf alle in den KA einbezogenen börsennotierten Unt (*IDW PS 345* Anm 17). Hierzu gehören die einbezogenen vollkonsolidierten und quotal konsolidierten börsennotierten (iSd § 3 Abs 2 AktG) Unt, nicht jedoch die assozUnt und die anderen Unt des § 313 Abs 2 Nr 4 (im Konzernanteilsbesitz von mindestens 20% und große KapGes, von denen börsennotierte KonzernUnt mehr als 5% der Stimmrechte innehaben). Die Angaben sind auch in einem IFRS-KA nach § 315 a zu machen.

J. Zusatzangaben für kapitalmarktorientierte Mutterunternehmen über das im Geschäftsjahr erfasste Honorar des Konzernabschlussprüfers (Abs 1 Nr 9)

90 Nr 9 bestimmt, dass kapmarktMU im Konzernanhang das im Gj als Aufwand für den Konzern-AP erfasste Honorar für a) die Abschlussprüfungen, b) sonstige Bestätigungs- oder Bewertungsleistungen, c) Steuerberatungsleistungen und d) sonstige Leistungen, die für das MU oder TU erbracht worden sind, angeben müssen. Diese Angaben sind auch in einem IFRS-KA nach § 315 a zu machen. Für den Anhang werden vergleichbare Angaben verlangt (§ 285 S 1 Nr 17). Die Angaben sind hier jedoch ausdrücklich auf die Abschlussprüfungen des KonzernAP und die Leistungen für TU erweitert. Angabepflichtig sind auch kapmarktMU, die unter das **PublG** fallen (§§ 3 Abs 1 Nr 3–5, 13 Abs 3 S 1).

Bezüglich des im Gj als Aufwand erfassten Gesamthonorars für den KonzernAP und der anzugebenden Tätigkeitsbereiche gelten die in § 285 Anm 266ff entwickelten Grundsätze sinngemäß. 91

Bzgl des Umfangs der Angabepflicht ist der Gesetzeswortlaut widersprüchlich: einerseits ist das im Gj als Aufwand im KA erfasste Honorar anzugeben, andererseits das Honorar für diejenigen Leistungen, die für das MU oder das TU erbracht worden sind. Man wird der ersteren Norm den Vorrang geben müssen, dh nur Leistungen für die in den KA einbezogenen TU sind angabepflichtig (*Pfitzer/Oser/Orth,* 54). Auch ausländische TU gehören dazu. Die Angabepflicht erstreckt sich jedoch nicht auf Honorare von assozUnt, von quotal einbezogenen GemUnt und von den anderen Unt des § 313 Abs 2 Nr 4.

Folgende aus der Eigenart des KA und seiner Prüfung resultierende Besonderheiten sind bei Anwendung der nahezu wortgleichen Bestimmung für den Anhang zu beachten: Nr 9a spricht von den APr. Hierzu gehören die KonzernAPr selbst sowie die vom KonzernAP durchgeführten JAP gem § 317 Abs 3 S 1 iVm § 317 Abs 1 oder gem § 317 Abs 3 S 2 und 3 (s dazu § 317 Anm 35ff) und ggf TeilkonzernAPr für TU. Zur KonzernAPr gehört auch die Prüfung der konsbedingten Anpassungen (§ 317 Abs 3 S 1) einschl der Prüfung der Überleitungen von der HB I zur HB II bei Auslands-TU (§ 317 Anm 37). Bezugsgrundlage ist stets die erbrachte *Abschlussprüfungsleistung* des KonzernAP für das TU, auch wenn das Prüfungshonorar an das TU berechnet und von ihm bezahlt wird. Werden andere AP *im Auftrag des KonzernAP* und im Rahmen der KonzernAPr für das MU oder TU tätig, gehören die Honorare für diese APrLeistungen zum angabepflichtigen Gesamthonorar, unabhängig davon, wer sie bezahlt. 92

Sind AP und KonzernAP identisch, umfasst die Angabe auch das Honorar für die Prüfung des JA des MU. Insoweit kommt es zu Überschneidungen mit den Angaben im Anhang des JA des MU.

Bei den übrigen Nichtabschlussprüfungsleistungen (Nr 9b-d) sind jeweils die Honorare für die vom KonzernAP für das MU und alle einbezogenen TU erbrachten Leistungen angabepflichtig. Ihr Umfang und ihre Untergliederung richten sich nach den in § 285 Anm 272ff entwickelten Grundsätzen. Eine Aufgliederung nach Leistungen für das MU und Leistungen für TU ist nicht vorgeschrieben. 93

K. Angaben zu derivativen Finanzinstrumenten (Abs 1 Nr 10)

Nr 10 entspricht wörtlich § 285 S 1 Nr 18, so dass auf die Erl zu § 285 Anm 280ff verwiesen werden kann. Wie im Anhang des JA umfassen die Derivate auch bestimmte Warenkontrakte (s § 285 Anm 282); das ergibt sich aus dem Verweis in Nr 10 auf § 285 S 2. 95

Der formelle Umfang der angabepflichtigen derivativen Finanzinstrumente ist auf Grund der Wortgleichheit identisch. Gem der Bestimmung in Nr 10b letzter Teilsatz (Angabe eines ggf vorhandenen Buchwerts und des ihn enthaltenden Bilanzpostens) ist klargestellt, dass sich die Angabe auf den KA bezieht und folglich die Derivate des MU und aller voll einbezogenen TU und quotal einbezogenen GemUnt umfasst, nicht jedoch von assozUnt. Gem den KonsGrundsätzen für GemUnt sind die beizulegenden Zeitwerte und Buchwerte quotal in die Betragsangaben einzubeziehen. Wurden Derivateverträge mit einbezogenen Unt abgeschlossen, sind diese nach KonsMaßnahmen ggf in die Angaben einzubeziehen. 96

97 Durch entspr Verweis in Nr 10 sind der Umfang der angabepflichtigen Derivate einschl bestimmter Warenkontrakte (§ 285 S 2 Anm 282), die Ermittlungsmethoden des beizulegenden Zeitwerts (§ 285 S 3 und 4 Anm 288 ff) und die Pflicht zur Angabe der tragenden Annahmen bei der Anwendung allgemein anerkannter Bewertungsmodelle und -methoden (§ 285 S 5 Anm 310) sowie die Begründungspflichten bei fehlender Bestimmbarkeit des beizulegenden Zeitwerts (§ 285 S 6 Anm 320 f) für den Konzernanhang normiert.

L. Angaben zu bestimmten Finanzinstrumenten in den Finanzanlagen (Abs 1 Nr 11)

100 Gem Nr 11 sind im Konzernanhang für unter den Finanzanlagen ausgewiesene Finanzinstrumente, die in Ausübung des Wahlrechts nach § 253 Abs 2 S 3 iVm § 279 Abs 1 in Anbetracht nur vorübergehender Wertminderung nicht auf den niedrigeren beizulegenden Wert am Abschlussstichtag außerplanmäßig abgeschrieben wurden, anzugeben:

a) Buchwert und beizulegender Zeitwert der einzelnen VG (oder angemessener Gruppierungen),
b) die Gründe für das Unterlassen einer Abschreibung auf den niedrigeren beizulegenden Wert einschl der Anhaltspunkte, die darauf hindeuten, dass die Wertminderung voraussichtlich nicht von Dauer ist.

Für den Anhang werden die gleichen Angaben verlangt; es wird daher auf die Erl zu § 285 S 1 Nr 19 Anm 300 ff verwiesen.

Die Angaben haben sich auf die Finanzanlagen (§ 266 Abs 2 A III) der Konzernbilanz zu beziehen und setzen – wie für den Anhang – voraus, dass der beizulegende Zeitwert unter dem Buchwert des einzelnen Finanzinstruments liegt. Damit umfassen sie Angaben für das MU, die voll einbezogenen TU und die quotal einbezogenen GemUnt, nicht jedoch für die assozUnt.

101 Für weitere Angabepflichten für den Konzernanhang verweist Nr 11 auf § 285 S 5 und 6, die entspr anzuwenden sind. Nach § 285 S 5 sind bei Anwendung allgemein anerkannter Bewertungsmodelle und -methoden die tragenden Annahmen anzugeben, die jeweils der Bestimmung des beizulegenden Zeitwerts zugrunde gelegt wurden (s § 285 Anm 310 f).

Kann der beizulegende Zeitwert nicht bestimmt werden, sind nach § 285 S 6 die Gründe dafür anzugeben (s § 285 Anm 320). Die Vorschrift geht für Finanzinstrumente in den Finanzanlagen allerdings ins Leere.

M. Befreiung von der Angabepflicht gemäß § 314 Abs 1 Nr 3 (Abs 2 S 1)

105 S 1 befreit MU, die gem § 297 Abs 1 S 2 eine SegBerE in den KA aufnehmen von der Konzernumsatzaufgliederung nach § 314 Abs 1 Nr 3 (Anm 24).

N. Unterlassen der Angaben der individualisierten Vorstandsbezüge börsennotierter Aktiengesellschaften (Abs 2 S 2)

106 Abs 2 S 2, der durch das VorstOG eingefügt worden ist, verweist in Bezug auf die Angabepflicht gem § 314 Abs 1 Nr 6 a S 5–9 auf die entspr Anwendung des § 286 Abs 5. Es kann deshalb auf die Erl zu § 286 Anm 25, 26 verwiesen werden.

Der HV-Beschluss darf zu den Angabepflichten im JA und KA zusammengefasst werden. Da es sich um zwei eigenständige Angabepflichten handelt, sind beide Vorschriften im Beschluss zu nennen. Der Befreiungsbeschluss kann erstmals für Gj, die nach dem 31. 12. 2005 beginnen (Art 59 EGHGB), gefasst werden.

O. Rechtsfolgen einer Verletzung des § 314

Es wird auf § 313 Anm 234 verwiesen. **110**

Neunter Titel. Konzernlagebericht

§ 315 [Konzernlagebericht]

(1) [1]Im Konzernlagebericht sind der Geschäftsverlauf einschließlich des Geschäftsergebnisses und die Lage des Konzerns so darzustellen, dass ein den tatsächlichen Verhältnissen entsprechendes Bild vermittelt wird. [2]Er hat eine ausgewogene und umfassende, den Umfang und der Komplexität der Geschäftstätigkeit entsprechende Analyse des Geschäftsverlaufs und der Lage des Konzerns zu enthalten. [3]In die Analyse sind die für die Geschäftstätigkeit bedeutsamsten finanziellen Leistungsindikatoren einzubeziehen und unter Bezugnahme auf die im Konzernabschluss ausgewiesenen Beträge und Angaben zu erläutern. [4]Satz 3 gilt entsprechend für nichtfinanzielle Leistungsindikatoren, wie Informationen über Umwelt- und Arbeitnehmerbelange, soweit sie für das Verständnis des Geschäftsverlaufs oder der Lage von Bedeutung sind. [5]Ferner ist im Konzernlagebericht die voraussichtliche Entwicklung mit ihren wesentlichen Chancen und Risiken zu beurteilen und zu erläutern; zugrunde liegende Annahmen sind anzugeben.

(2) Der Konzernlagebericht soll auch eingehen auf:

1. Vorgänge von besonderer Bedeutung, die nach dem Schluß des Konzerngeschäftsjahrs eingetreten sind;

2. a) die Risikomanagementziele und -methoden des Konzerns einschließlich seiner Methoden zur Absicherung aller wichtigen Arten von Transaktionen, die im Rahmen der Bilanzierung von Sicherungsgeschäften erfasst werden, sowie

b) die Preisänderungs-, Ausfall- und Liquiditätsrisiken sowie die Risiken aus Zahlungsstromschwankungen, denen der Konzern ausgesetzt ist,

jeweils in Bezug auf die Verwendung von Finanzinstrumenten durch den Konzern und sofern dies für die Beurteilung der Lage oder der voraussichtlichen Entwicklung von Belang ist;

3. den Bereich Forschung und Entwicklung des Konzerns;

4. die Grundzüge des Vergütungssystems für die in § 314 Abs. 1 Nr. 6 genannten Gesamtbezüge, soweit das Mutterunternehmen eine börsennotierte Aktiengesellschaft ist. [2]Werden dabei auch Angaben entsprechend § 314 Abs. 1 Nr. 6 Buchstabe a Satz 5 bis 9 gemacht, können diese im Konzernanhang unterbleiben.

(3) § 298 Abs. 3 über die Zusammenfassung von Konzernanhang und Anhang ist entsprechend anzuwenden.

Übersicht

Schrifttum: s auch Schrifttum zu § 289; *DRS* 5 Risikoberichterstattung; *Dörner/Wollmert/Bischof* Risikoberichterstattung im Konzernlagebericht, FS Lück, 305; *Fink/Keck* Lageberichterstattung nach E-DRS 20 – Kritische Würdigung aus Sicht der Unternehmensanalyse – WPg 2004, 1077; DRS 15 Lageberichterstattung; *Fink/Keck* Lageberichterstattung nach BilReG und DRS 15: Eine kritische Würdigung KoR 2005, 137; *IDW RH HFA* 1.005.

A. Allgemeines

1 Gem § 290 haben alle MU in der Rechtsform der KapGes/KapCoGes, wenn sie nicht befreit sind (§§ 291, 292, 293), einen Konzernlagebericht aufzustellen, in dem der Geschäftsverlauf einschließlich des Geschäftsergebnisses und die Lage des Konzerns so darzustellen sind, dass ein den tatsächlichen Verhältnissen entspr Bild vermittelt wird (Abs 1 S 1). Geschäftsverlauf und Lage des Konzerns sind ausgewogen und umfassend zu analysieren (Abs 1 S 2) unter Einbeziehung der Erl der bedeutsamsten finanziellen und nichtfinanziellen Leistungsindikatoren (Abs 1 S 3 u 4) und unter Bezugnahme auf die im KA ausgewiesenen Beträge und Angaben. Ferner ist die voraussichtliche Entwicklung mit ihren wesentlichen Chancen und Risiken unter Angabe der zu Grunde liegenden Annahmen zu beurteilen und zu erläutern (Abs 1 S 5). Der Konzernlagebericht soll auch eingehen auf Vorgänge von besonderer Bedeutung, die nach dem Schluss des KonzernGj

eingetreten sind, auf die Risikomanagementziele und -methoden sowie die Risiken in Bezug auf die Verwendung von Finanzinstrumenten durch den Konzern, sofern dies für die Beurteilung der Lage oder der voraussichtlichen Entwicklung von Bedeutung ist, und auf den Bereich Forschung und Entwicklung des Konzerns (Abs 2) sowie bei börsennotierten AG (MU) auf die Grundzüge des Vergütungssystems (Vergütungsbericht). § 315 ist auch auf einen *Teilkonzern*-Lagebericht sinngemäß anzuwenden. § 315 entspricht wörtlich den Regelungen des Lageberichts einer KapGes/KapCoGes (§ 289 nF) mit der Maßgabe, dass auf die besonderen Verhältnisse des Konzerns abgestellt ist, und der Einschränkung, dass *nicht* auf Zweigniederlassungen einzugehen ist (§ 289 Anm 90). Kreditinstitute und VersicherungsUnt haben unabhängig von ihrer Rechtsform und Größe einen Konzernlagebericht aufzustellen (§ 340 i bzw § 341 i).

Auch zu einem **nach § 292 a/§ 315 a befreienden KA** nach international anerkannten Rechnungslegungsstandards muss ein Konzernlagebericht oder Gleichwertiges als geschlossene Darstellung in geeigneter Form erstellt werden, das die Informationsinhalte gem § 315 zu enthalten hat (DRS 1.46; DRS 5.6).

Dem **PublG unterliegende Mutterunternehmen** (§ 11 PublG) haben bei Vorliegen wesentlich höherer Größenmerkmale ebenfalls einen Konzernlagebericht *sinngemäß* nach § 315 aufzustellen (§ 13 Abs 1 und 2 PublG), auch wenn sie selbst nicht zur Aufstellung eines Lageberichts verpflichtet sind (Ekfm oder reine PersGes).

Im Rahmen des BilReG wurden die Vorschriften zum Konzernlagebericht 2
wesentlich geändert. Sein Inhalt wurde deutlich erweitert. Die Änderungen stimmen wörtlich mit denen des § 289 nF überein, so dass auf die Kommentierung zu § 289 verwiesen werden kann. Die neuen Vorschriften des Abs 1 sind erstmals für Gj, die nach dem 31. Dezember 2004 beginnen, anzuwenden, die des Abs 2 Nr 2 erstmals für nach dem 31. Dezember 2003 beginnende Gj.

Die Anforderungen an die Konzernlageberichterstattung werden durch DRS 5 und den neuen DRS 15 (zuvor E-DRS 20) konkretisiert, der am 31. Januar 2005 vom BMJ im BAnz bekannt gemacht wurde und erstmals für Gj, die nach dem 31. Dezember 2004 beginnen, anzuwenden ist (DRS 15.92).

Wie der Lagebericht hat der Konzernlagebericht eine **Informations- und** 3
Rechenschaftsfunktion. Er ist selber kein Bestandteil des KA, sondern steht eigenständig neben dem KA und soll ihn ergänzen (*WPH*[12] I, M 842; *ADS*[2] § 315 Anm 4; DRS 15.2).

Der Konzernlagebericht ist nach DRS 15.22 wie folgt und mit diesen Überschriften zu gliedern (DRS 15.93): Geschäft und Rahmenbedingungen, Ertragslage, Finanzlage, Vermögenslage, Nachtragsbericht, Risikobericht, Prognosebericht und in Systematik und Darstellungsform stetig fortzuführen (DRS 15.23).

Der Konzernlagebericht und der Lagebericht des MU dürfen unter bestimmten Voraussetzungen zusammengefasst werden (s Anm 37).

Die *Grundsätze der Berichterstattung* im Konzernlagebericht entsprechen denen 4
für den Lagebericht. Sie haben sich an der Zielsetzung zu orientieren, ein den tatsächlichen Verhältnissen entspr Bild zu vermitteln und den Adressaten entscheidungsrelevante und verlässliche Informationen zur Verfügung zu stellen (DRS 15.3). Die Berichterstattung im Konzernlagebericht muss **vollständig** (s DRS 15.9–13)**, verlässlich** (s DRS 15.14–19) sowie **klar** und **übersichtlich** (s DRS 15.20–27) sein und den Adressaten die Sicht der UntLeitung vermitteln (DRS 15.28–29). Sie findet ihre Begrenzung im Grundsatz der **Wesentlichkeit** (§ 297 Anm 145; DRS 15.10).

Eine **Schutzklausel,** nach der eine Berichterstattung insoweit zu unterblei- 5
ben hat, als es für das Wohl der Bundesrepublik Deutschland oder eines ihrer Länder erforderlich ist, wie sie für den Anhang und analog für den Konzernan-

hang gilt, besteht für den Konzernlagebericht wie für den Lagebericht **nicht** (§ 289 Anm 14; für eine Anwendung *Lück* im HdKR[2] § 315 Anm 30).

B. Der Inhalt des Konzernlageberichts

I. Allgemeines

8 Der Inhalt des Konzernlageberichts wie der des Lageberichts ist nicht begrenzt. Die Gesetzesvorschrift gibt nur den **Mindestumfang** an (s § 289 Anm 5). Demzufolge kann er um freiwillige Angaben erweitert werden (Anm 35).

9 Die Berichterstattung im Konzernlagebericht hat sich auf den Konzern zu erstrecken. Nach der dem Konzernrecht des HGB zu Grunde liegenden Einheitstheorie ist mithin *Gegenstand* der Berichterstattung **der Konzern als wirtschaftliche Einheit.** Der Konzernlagebericht ist somit nicht die Zusammenfassung der Lageberichte der einzelnen TU mit dem des MU, sondern er bezieht sich ausschließlich auf den *Konzern als Ganzes* (*Lück* im HdKR[2] § 315 Anm 30). Auch hat sich die Berichterstattung nicht auf die in den KA einbezogenen Unt zu beschränken, sondern es ist über den Konzern zu berichten, wie er sich aus den einbezogenen und wegen § 296 nicht einbezogenen Unt ergibt (hM zB *ADS*[6] § 315 Anm 15).

10 Bei dieser Interpretation erscheint die Einbeziehung der **quotal in den Konzernabschluss einbezogenen Unternehmen** (§ 310) in die Konzernlageberichterstattung problematisch. Obwohl es sich hier nicht um TU iSd §§ 294 bis 296 handelt, sollten diese Unt in die Berichterstattung einbezogen werden, da sie – wenn auch nur quotal – (also nicht at equity) die Lage des Konzerns beeinflussen und das so vermittelte Bild des Konzerns präziser den tatsächlichen Verhältnissen entspricht.

Eine Ausweitung der Konzernlageberichterstattung auf die **assoziierten Unternehmen** und die **anderen** anteilig im Konzernbesitz stehenden **Unternehmen** des § 313 Abs 2 Nr 4 entspricht zwar nicht dem Gesetzeswortlaut. Ihre Einbeziehung in den Konzernlagebericht kann jedoch *geboten* sein, wenn von diesen Unt *erhebliche Einflüsse* auf den Geschäftsverlauf, das Geschäftsergebnis und die Lage sowie auf die voraussichtliche Entwicklung des Konzerns und ihre wesentlichen Chancen und Risiken ausgegangen sind bzw ausgehen (ähnlich *ADS*[6] § 315 Anm 16).

Die Berichterstattung umfasst **nicht** auch den **Geschäftsverlauf,** das **Geschäftsergebnis,** die **Lage** und die **voraussichtliche Entwicklung** mit ihren Chancen und Risiken **der** *einzelnen* in den KA **einbezogenen Unternehmen,** was sich aus dem Gesetzeswortlaut ergibt (*WPH*[12] I, M 846). Auch eine Zuordnung erheblicher Einflüsse, die auf den Geschäftsverlauf, das Geschäftsergebnis, die Lage und die voraussichtliche Entwicklung des Konzerns gewirkt haben bzw wirken, auf einbezogene Unt ist nicht verlangt. Gegenstand der Berichterstattung ist immer der Konzern in seiner *Gesamtheit,* so als ob er ein einziges Unt wäre. Das schließt eine Berichterstattung nach wirtschaftlichen Kriterien (zB Branchen, Produktgruppen, In- und Ausland) nicht aus. Dieser Grundsatz der Konzernlageberichterstattung gilt auch für die Fälle, in denen ein Konzern von einem dominierenden Unt geprägt wird (zB großes MU mit kleinen TU oder kleines MU – HoldingGes – mit großem TU).

12 **KapmarktUnt** haben nach DRS 15.38 auch das unternehmensintern eingesetzte Steuerungssystem anhand der quantitativen Maßstäbe mit Informationen über die hierbei verwendeten Kennzahlen darzustellen und zu erläutern.

II. Angaben zum Geschäftsverlauf einschließlich des Geschäftsergebnisses und zur Lage des Konzerns (Abs 1 S 1)

Die in Abs 1 S 1 verlangte Berichterstattung über Geschäftsverlauf, Geschäftsergebnis und Lage des Konzerns unterscheidet sich nicht von der entspr Regelung für den Lagebericht der KapGes/KapCoGes; Näheres hierzu § 289 Anm 15. Die Darstellung des Geschäftsverlaufs des Konzerns verlangt Angaben über die vergangenheitsorientierte und zeitraumbezogene Entwicklung der Geschäftstätigkeit im abgelaufenen Konzern*geschäftsjahr* einschl der hierfür wesentlichen ursächlichen Ereignisse (DRS 15.8) vor dem Hintergrund der gesamtwirtschaftlichen und branchenspezifischen Rahmenbedingungen und über die Einschätzung der UntLeitung, wie sich die gesamtwirtschaftliche und branchenspezifische Entwicklung auf den Geschäftsverlauf ausgewirkt hat (DRS 15.43). Dabei sind insb die Wettbewerbssituation und die Marktstellung des Konzerns und seiner Segmente sowie die Veränderung von Marktanteilen und Abweichungen der tatsächlichen Geschäftsentwicklung von früher berichteten Erwartungen zu erläutern (DRS 15.44); s auch *IDW RS HFA* 1 Anlage (inzwischen aufgehoben). Aus der Darstellung des Geschäftsverlaufs des Konzerns ergibt sich bereits ein Bild von der *Lage* des Konzerns, das durch eine zusätzliche Berichterstattung über die VFE-Lage des Konzerns *zum Ende* des Konzern-Gj, also am Bilanzstichtag des KA, zu erweitern ist. DRS 15 konkretisiert die Berichtspflichten zur VFE-Lage in den Ziff 45–76 mit weiteren Empfehlungen in den Ziff 103–114, wobei nicht nur verbale Ausführungen gefordert werden, sondern auch Quantifizierungen (DRS 15.26: Auswirkungen wesentlicher Veränderungen ggü dem Vj; DRS 15.50: ungewöhnliche oder nicht wiederkehrende Ereignisse in Bezug auf die Ertragslage; DRS 15.52: gegenläufige Trends von ergebniswirksamen Einflussfaktoren). Wesentliche Abweichungen der wirtschaftlichen Lage zum Berichtszeitpunkt ggü der im vorangegangenen Konzernlagebericht prognostizierten Entwicklung sind darzustellen und zu erläutern (DRS 15.33). 13

III. Analyse des Geschäftsverlaufs und der Lage des Konzerns (Abs 1 S 2)

Diese Bestimmung stimmt wörtlich mit § 289 Abs 1 S 2 überein und verpflichtet zu einer ausgewogenen und umfassenden, dem Umfang und der Komplexität der Geschäftstätigkeit entspr Analyse des Geschäftsverlaufs und der Lage des Konzerns. Es kann auf die Ausführungen im § 289 Anm 25ff verwiesen werden. DRS 15.28 verlangt dabei, die Einschätzung und Beurteilung zu den einzelnen Berichtspunkten durch die UntLeitung in den Vordergrund zu stellen und die vergangenheitsorientierten und gegenwartsbezogenen Informationen angemessen aufzubereiten, um sie als Grundlage für Prognosen geeignet zu machen (DRS 15.30). 15

IV. Angabe der bedeutsamsten finanziellen Leistungsindikatoren und ihre Erläuterung unter Bezugnahme auf die im Konzernabschluss ausgewiesenen Beträge und Angaben (Abs 1 S 3)

Abs 1 S 3 entspricht wörtlich § 289 Abs 1 S 3, so dass auf die Erl zu § 289 Anm 30ff verwiesen werden kann. Für Informationen, die iZm dem KA stehen, verlangt DRS 15.18 eine nachvollziehbare Überleitung. 18

V. Angabe der nicht finanziellen Leistungsindikatoren, soweit sie für das Verständnis des Geschäftsverlaufs oder der Lage von Bedeutung sind (Abs 1 S 4)

20 Abs 1 S 4 verpflichtet alle MU, in ihre Analyse des Geschäftsverlaufs (einschl des Geschäftsergebnisses) und der Lage des Konzerns nicht nur die bedeutsamsten finanziellen Leistungsindikatoren, sondern auch die nichtfinanziellen Leistungsindikatoren einzubeziehen und unter Bezugnahme auf die im KA ausgewiesenen Beträge und Angaben zu erläutern, soweit sie für das Verständnis des Geschäftsverlaufs oder der Lage des Konzerns von Bedeutung sind. Die Vorschrift entspricht wörtlich § 289 Abs 3, der allerdings nur für große KapGes/KapCoGes (§ 267 Abs 3 nF) verpflichtend ist. Es kann auf die Erl zu § 289 Abs 3 Anm 100ff verwiesen werden.

VI. Beurteilung und Erläuterung der voraussichtlichen Entwicklung mit ihren Chancen und Risiken unter Angabe der zu Grunde liegenden Annahmen (Abs 1 S 5)

23 Diese Vorschrift stimmt wörtlich mit § 289 Abs 1 S 4 überein mit der Maßgabe, dass die Berichterstattung sich auf den gesamten Konzern zu beziehen hat. Bzgl Art und Umfang der Berichterstattung wird auf die Ausführungen in § 289 Anm 35ff verwiesen.

Nach DRS 15.91, 5.32 hat aus Gründen der Klarheit der Darstellung die Berichterstattung über die voraussichtliche Entwicklung geschlossen und von der Risikoberichterstattung getrennt zu erfolgen, wobei nach E-DRÄS 3 Art 8 Ziff 2 Tz 5 über die wesentlichen Chancen der voraussichtlichen Entwicklung des Konzerns im Prognosebericht zu berichten ist.

Die getrennte Berichterstattung ist geboten, obwohl zwischen der erforderlichen Prognose über die voraussichtliche Entwicklung des Konzerns mit ihren wesentlichen Chancen und Risiken und dem Risikobericht ein sachlicher Zusammenhang besteht (E-DRÄS 3 Art 8 Ziff 6 Tz 33). Es ist fraglich, ob diese Konkretisierung dem Gesetzeswortlaut entspricht. So halten *Pfitzer/Oser/Orth,* 55 eine Trennung von Prognose- und Risikobericht nicht für gesetzeskonform. Gleichwohl ist nach DRS 15.14 über Chancen und Risiken *ausgewogen* zu berichten.

Für den Prognosebericht (DRS 15.93.7) verlangt DRS 15.17, bei im Rahmen angewandter Prognoseverfahren erforderlichen Schätzungen die Schätzverfahren zu beschreiben und ggf Bandbreiten der Schätzungen anzugeben.

Umfasst der KA eine SegBerE, ist nach DRS 15.90 auf die voraussichtliche Entwicklung der Segmente gesondert einzugehen.

VII. Einzelangaben (Abs 2)

1. Allgemeines

26 Gem Abs 2 soll der Konzernlagebericht *auch* auf folgende Sachverhalte eingehen:

Nr 1: Vorgänge von besonderer Bedeutung, die nach dem Schluss des KonzernGj eingetreten sind;

Nr 2: a) die Risikomanagementziele und -methoden des Konzerns einschl seiner Methoden zur Absicherung aller wichtigen Arten von Transaktionen, die im Rahmen der Bilanzierung von Sicherungsgeschäften erfasst werden, sowie

b) die Preisänderungs-, Ausfall- und Liquiditätsrisiken sowie die Risiken aus Zahlungsstromschwankungen, denen der Konzern ausgesetzt ist,

jeweils in Bezug auf die Verwendung von Finanzinstrumenten durch den Konzern, sofern dies für die Beurteilung der Lage oder der voraussichtlichen Entwicklung von Belang ist;

Nr 3: den Bereich Forschung und Entwicklung des Konzerns;

Nr 4: die Grundzüge des Vergütungssystems für die in § 314 Abs 1 Nr 6 genannten Gesamtbezüge, soweit das MU eine börsennotierte AG ist.

Abs 2 stimmt wörtlich mit § 289 Abs 2 überein mit der Besonderheit, dass im Konzernlagebericht über bestehende Zweigniederlassungen (§ 289 Abs 2 Nr 4) nicht zu berichten ist.

Zum Verpflichtungscharakter dieser Sollvorschrift s § 289 Anm 60. Danach muss im Regelfall über die Einzelangaben berichtet werden (glA *Lück* in HdKR[2] § 315 Anm 36). Gegenstand der Berichterstattung ist *immer* wie zu Abs 1 der **Konzern in seiner Gesamtheit.** Vorgänge, Entwicklungen und Tätigkeiten bei *einzelnen* Konzern-Unt und einbezogenen GemUnt und Einflüsse von diesen Unt sind nur insoweit relevant, als sie für die Verhältnisse des Konzerns als Einheit bedeutsam sind.

2. Vorgänge von besonderer Bedeutung, die nach dem Schluss des Konzerngeschäftsjahrs eingetreten sind (Nr 1)

Im Konzernlagebericht soll auch auf Vorgänge von besonderer Bedeutung, 27
die nach dem Schluss des KonzernGj bis zur Erteilung des BVm (*IDW PS* 203 WPg 2001, 891) eingetreten sind, eingegangen werden. Diese Vorschrift stimmt wörtlich mit der für den Lagebericht der KapGes/KapCoGes überein. S deshalb § 289 Anm 62ff. Es muss sich immer um Vorgänge handeln, die für den ganzen Konzern von erheblicher Bedeutung sind, dh wenn sie, hätten sie sich bereits vor Ablauf des Gj vollzogen, eine andere Darstellung der VFE-Lage des Konzerns erfordert hätten (DRS 15.82). Damit scheiden Vorgänge aus der Berichterstattung aus, wenn sie für den *Gesamtkonzern* nicht wesentlich sind.

3. Risikoberichterstattung über Finanzinstrumente (Nr 2a und b)

Abs 2 Nr 2 schreibt vor, dass in Bezug auf die Verwendung von Finanzin- 30
strumenten durch den Konzern auf

a) die Risikomanagementziele und -methoden (Nr 2a) sowie
b) die Preisänderungs-, Ausfall- und Liquiditätsrisiken sowie die Risiken aus Zahlungsstromschwankungen (Nr 2b)

einzugehen ist, sofern dies für die Beurteilung der Lage oder der voraussichtlichen Entwicklung von Belang ist.

Die Pflicht zu dieser Berichterstattung entspricht der in § 289 Abs 2 Nr 2a und b für den Lagebericht. Es wird daher auf die Erl zu § 289 Anm 65ff verwiesen mit der Maßgabe, dass diese sich auf den gesamten Konzern beziehen.

DRS 15.107 empfiehlt bei der Beschreibung der Umsetzung der Ziele des Finanzmanagements die Angabe der Währungen wesentlicher Verbindlichkeiten, die Darstellung der Nutzung derivativer Finanzinstrumente für Hedging und andere Zwecke (getrennte Angabe) und des Anteils der Absicherung von Nettopositionen in Fremdwährungen durch Fremdwährungsverbindlichkeiten und andere Hedging-Instrumente.

Nach DRS 5.20 sind auch die Risiken zu quantifizieren, wenn dies nach anerkannten und verlässlichen Methoden möglich und wirtschaftlich vertretbar ist und die quantitative Angabe eine entscheidungsrelevante Information für die Adressaten des Konzernlageberichts ist. In diesem Fall sind die verwendeten Modelle und deren Annahmen zu erläutern.

4. Bereich Forschung und Entwicklung des Konzerns (Nr 3)

33 Der Konzernlagebericht soll auch auf den Bereich Forschung und Entwicklung des Konzerns eingehen. Die Vorschrift entspricht inhaltlich der Regelung für den Lagebericht der KapGes/KapCoGes; hierzu § 289 Anm 85ff.

DRS 15.100 empfiehlt eine Darstellung und Erl der FuE-Aktivitäten mit den jeweiligen Aufwendungen für mehrere Gj sowie die Angabe der Anzahl und Art von neu angemeldeten Patenten und ähnlichen Schutzrechten sowie von neuen Produkten und Verfahren (DRS 15.101)

5. Vergütungsbericht für börsennotierte Aktiengesellschaften als Mutterunternehmen (Nr 4)

34 Der Konzernlagebericht einer börsennotierten AG soll auch für die Grundzüge des Vergütungssystems für die in § 314 Abs 1 Nr 6 genannten Gesamtbezüge eingehen. Diese Vorschrift wurde durch das VorstOG eingefügt und ist erstmals im Konzernlagebericht für das Gj, das nach dem 31. 12. 2005 beginnt (Art 59 EGHGB) anzuwenden. Sie entspricht wörtlich der Regelung des § 289 Abs 2 Nr 5 für den Lagebericht. Es kann deshalb auf die Erl in den Anm 93ff dort verwiesen werden mit der Maßgabe, dass sie sich jeweils auf die Gesamtbezüge der einzelnen Gremien des MU beziehen, die von KonzernUnt gewährt werden.

Wie für den Lagebericht (s § 289 Anm 99) gestattet S 2, die Angaben der indiviualisierten Vorstandsbezüge entspr § 314 Abs 1 Nr 6a S 5–9 statt im Konzernanhang zusammen mit dem Vergütungsbericht nach S 1 zu machen. Es wird deshalb auf die Erl in § 289 Anm 99 verwiesen.

VIII. Freiwillige Berichterstattungen

35 Der Inhalt des Konzernlageberichts ist wie der des Lageberichts (s § 289 Anm 5) nicht begrenzt. Eine weitere Berichterstattung ist deshalb zulässig (ebenso *Lück* in HdKR[2] § 315 Anm 33). Eine mögliche freiwillige Erweiterung unterscheidet sich nicht von der Berichterstattung im Lagebericht der KapGes/KapCoGes (§ 289 Anm 112), wobei die Berichterstattung über nicht finanzielle Leistungsindikatoren für den Lagebericht nur kapmarktUnt vorgeschrieben ist (§ 289 Anm 100ff), während sie für den Konzernlagebericht zwingend ist (§ 315 Abs 1 S 4, s Anm 20). Erweitert ein MU seinen KA freiwillig um eine SegBerE (§ 297 Abs 1 S 2), sind nach DRS 15.13 im Konzernlagebericht auch segmentbezogene Informationen nach Maßgabe der Segmentabgrenzung im KA bereit zu stellen.

C. Zusammenfassung des Konzernlageberichts und des Lageberichts des Mutterunternehmens (Abs 3)

37 Konzernlagebericht und Lagebericht des MU dürfen zusammengefasst werden. Wie für die Zusammenfassung des Konzernanhangs und des Anhangs des JA des MU ist Voraussetzung hierfür, dass KA und JA des MU *gemeinsam*

offen gelegt werden (§ 298 Abs 3 S 2). Auf diese Weise können Wiederholungen und Doppelangaben vermieden werden (so auch *Lück* in HdKR[2] § 315 Anm 11).

Für die Zusammenfassung der Lageberichte des Konzerns und des MU ist wesentlich, dass die Berichterstattungspflichten sowohl nach § 289 als auch nach § 315 gleichermaßen voll erfüllt sind. Es braucht nur einmal berichtet zu werden, wenn Geschäftsverlauf einschl Geschäftsergebnis und Lage des MU und des Konzerns im abgelaufenen Gj gleich waren, die voraussichtliche Entwicklung mit ihren wesentlichen Chancen und Risiken im Konzern und bei dem MU ebenfalls übereinstimmt und darauf jeweils ausdrücklich hingewiesen wird (ebenso *Lück* in HdKR[2] § 315 Anm 11). Weichen Geschäftsverlauf einschl Geschäftsergebnis, Lage und die voraussichtliche Entwicklung mit ihren wesentlichen Chancen und Risiken im Konzern und bei dem MU *voneinander ab,* muss gesondert berichtet oder auf die jeweiligen Besonderheiten eingegangen werden, wobei hervorgehoben werden muss, welche Angaben sich auf den Konzern und welche sich nur auf das MU beziehen (§ 298 Abs 3 S 3 iVm § 315 Abs 3). Das Gleiche gilt für die zulässige zusammengefasste Berichterstattung zu Sachverhalten, über die nach § 289 Abs 2 und § 315 Abs 2 berichtet werden soll; insb darf die durch § 289 Abs 2 Nr 4 geforderte Berichterstattung über Zweigniederlassungen des MU nicht unterbleiben; dazu § 289 Anm 90 und hier Anm 33.

Grds darf durch die Zusammenfassung des Konzernlageberichts mit dem Lagebericht des MU, die nach DRS 15.21 unter der Überschrift „Zusammengefaßter Lagebericht" geschlossen darzustellen ist, die Klarheit und Übersichtlichkeit der Darstellung sowie die Vollständigkeit der Erl in jedem der beiden Berichte nicht beeinträchtigt werden. Das vermittelte Bild muss den tatsächlichen Verhältnissen sowohl des Konzerns als auch des MU entsprechen. Werden auf den KA und den JA des MU unterschiedliche Rechnungslegungsgrundsätze angewendet, sollte nach DRS 15.21 *keine* Zusammenfassung vorgenommen werden.

D. Rechtsfolgen einer Verletzung des § 315

Die Verletzung der Vorschriften im HGB und im PublG über den Konzernlagebericht ist auf unterschiedliche Weise sanktioniert, und zwar mit Strafe (s §§ 331 Nr 2 Anm 30, 17 Abs 1 Nr 2 PublG), Bußgeld (s §§ 334 Abs 1 Nr 4 Anm 13, 20 Abs 1 Nr 4 PublG), Zwangsgeld (s §§ 335 S 1 Nr 2 Anm 15, 21 S 1 Nr 2 PublG) und Ordnungsgeld (s § 335a S 1 Nr 1 Anm 11). 38

E. Abweichungen der IFRS

IAS schreiben einen Konzernlagebericht nicht vor. Zu weiteren Einzelheiten s § 289 Anm 116. 39

Zehnter Titel. Konzernabschluss nach internationalen Rechnungslegungsstandards

§ 315a [Konzernabschluss nach internationalen Rechnungslegungsstandards]

(1) Ist ein Mutterunternehmen, das nach den Vorschriften des Ersten Titels einen Konzernabschluss aufzustellen hat, nach Artikel 4 der Verordnung (EG) Nr. 1606/2002 des Europäischen Parlaments und des Rates vom 19. Juli 2002 betreffend die Anwendung internationaler Rechnungslegungsstandards (ABl. EG Nr. L 243 S. 1) in der jeweils geltenden Fassung verpflichtet, die nach den Artikeln 2, 3 und 6 der genannten Verordnung übernommenen internationalen Rechnungslegungsstandards anzuwenden, so sind von den Vorschriften des Zweiten bis Achten Titels nur § 294 Abs. 3, § 298 Abs. 1, dieser jedoch nur in Verbindung mit den §§ 244 und 245, ferner § 313 Abs. 2 bis 4, § 314 Abs. 1 Nr. 4, 6, 8 und 9, sowie die Bestimmungen des Neunten Titels und die Vorschriften außerhalb dieses Unterabschnitts, die den Konzernabschluss oder den Konzernlagebericht betreffen, anzuwenden.

(2) Mutterunternehmen, die nicht unter Absatz 1 fallen, haben ihren Konzernabschluss nach den dort genannten internationalen Rechnungslegungsstandards und Vorschriften aufzustellen, wenn für sie bis zum jeweiligen Bilanzstichtag die Zulassung eines Wertpapiers im Sinne des § 2 Abs. 1 Satz 1 des Wertpapierhandelsgesetzes zum Handel an einem organisierten Markt im Sinne des § 2 Abs. 5 des Wertpapierhandelsgesetzes im Inland beantragt worden ist.

(3) [1]Mutterunternehmen, die nicht unter Absatz 1 oder 2 fallen, dürfen ihren Konzernabschluss nach den in Absatz 1 genannten internationalen Rechnungslegungsstandards und Vorschriften aufstellen. [2]Ein Unternehmen, das von diesem Wahlrecht Gebrauch macht, hat die in Absatz 1 genannten Standards und Vorschriften vollständig zu befolgen.

Übersicht

Schrifttum: *Pfitzer/Oser/Orth* Reform des Aktien-, Bilanz- und Aufsichtsrechts: BilReG, BilKoG, APAG, AnSVG, UMAG sowie weitere Reformgesetze, Stuttgart 2005; *Mujkanovic* Rechnungslegung und erstmalige Zwischenberichterstattung nach IFRS unter Berücksichtigung der Transparenzrichtlinie, KoR 2005, 146.

A. Entstehung, Zweck und Regelungsinhalte der Vorschrift

Die Vorschrift des § 315 a wurde mit Veröffentlichung des BilReG im Bundesgesetzblatt vom 9. 12. 2004 als neuer zehnter Titel des zweiten Unterabschn des dritten Buchs in das HGB aufgenommen. Sie stellt eine Ergänzung zu der unmittelbar als nationales Recht wirksamen sog **IAS-VO** (Verordnung (EG) Nr 1606/2002 des Europäischen Parlaments und des Rates vom 19. Juli 2002 betreffend die Anwendung internationaler Rechnungslegungsstandards, ABl EG Nr L 243 S 1) dar und bildet mit dieser VO zusammen die Rechtsgrundlage für die Konzernrechnungslegung nach internationalen Standards in Deutschland für Gj, die am oder nach dem 1. 1. 2005 beginnen. Insofern ersetzt die Vorschrift den § 292a, der, ebenfalls mit Veröffentlichung des BilReG, aufgehoben wurde (zur befristeten Weitergeltung s Art 58 Anm 18 EGHGB). 1

§ 315 a regelt zum einen, in welchem Umfang die Vorschriften des HGB zu KA und Konzernlagebericht Anwendung finden, wenn der KA eines MU, das nach den Vorschriften der §§ 290 ff einen KA aufzustellen hat, entsprechend Art 4 der IAS-VO nach den von der EU-Kommission übernommenen IFRS erstellt wurde (Abs 1). 2

§ 315 a regelt des Weiteren die Ausübung der Wahlrechte, die die IAS-VO den Mitgliedstaaten im Hinblick auf weitere Anwenderkreise für Erstellung des KA nach IFRS eröffnet:

- MU, die die Zulassung eines Wertpapiers zum Handel an einem organisierten Markt beantragt haben, werden vom deutschen Gesetzgeber ebenfalls zur Anwendung der IFRS verpflichtet (Abs 2) und
- allen anderen MU wird ein Wahlrecht zur Anwendung der IFRS nach den Vorgaben der IAS-VO eingeräumt (Abs 3).

B. Zum Inhalt der IAS-VO

I. Verbindliche Vorgabe der IFRS als Rechnungslegungsstandard für Konzernabschlüsse kapitalmarktorientierter Mutterunternehmen

Die VO (EG) Nr 1606/2002 des Europäischen Parlaments und des Rates vom 19. Juli 2002 betreffend die Anwendung internationaler Rechnungslegungsstandards (kurz IAS-VO) wurde mit dem Ziel erlassen, die Vergleichbarkeit der Abschlüsse kapmarktUnt zu verbessern. Zur Erreichung dieses Ziels gibt Art 4 der VO den zur Konzernrechnungslegung verpflichteten MU der Mitgliedstaaten verbindlich vor, für Gj, die am oder nach dem 1. 1. 2005 begin- 3 nen, ihren KA nach den **von der EU-Kommission übernommenen IFRS** zu erstellen, wenn Wertpapiere (sowohl EK- als auch FKTitel) dieser Unt am Bilanzstichtag auf einem geregelten Markt eines beliebigen Mitgliedstaats gehandelt werden. Diese verbindliche Vorschrift für kapmarkt Unt bedarf keiner Umsetzung in nationales Recht; sie ist unmittelbar bindend für alle Mitgliedstaaten.

4 Zur Beantwortung der Frage, ob ein **Wertpapiermarkt geregelt** iSd IAS-VO ist, bezieht sich Art 4 der IAS-VO auf Art 1 Abs 13 der Wertpapierdienstleistungsrichtl (Richtl 93/22/EWG v 10. 5. 1993, ABl EG L 141 v 11. 6. 1993). Diese verlangt neben einer regelmäßigen Funktion eines solchen Markts auch, dass der jeweilige Mitgliedstaat diesen Markt anerkennt und seine Funktions- und Zugangsbedingungen festlegt oder genehmigt (*Pfitzer/Oser/Orth,* 57). Die EU-Kommission muss einmal jährlich im Amtsblatt der EU eine Übersicht der ihr von den Mitgliedstaaten mitgeteilten geregelten Märkte veröffentlichen. In Deutschland fallen unter den Begriff des geregelten Markts nach derzeitiger Meldung (Übersicht über die geregelten Märkte, ABl EU L 145 v 30. 4. 2004; Berichtigung ABl EU L 45 v 16. 2. 2005) neben dem **amtlichen Handel** und den **geregelten Märkten** der einzelnen deutschen Börsenplätze auch der **Startup Market der Hamburger Börse** sowie die **Terminbörse Eurex,** nicht jedoch der Freiverkehr iSd § 57 BörsG.

5 Die IAS-VO nimmt nicht Stellung zu der Frage, **ob** ein Unt einen KA aufzustellen hat. Die Beurteilung des Vorliegens von Konzernrechnungslegungspflicht ist daher weiterhin nach den jeweiligen nationalen Vorschriften (§§ 290 – 293) zu beurteilen. Da die Regelungen des § 290 Abs 1 und 2 bezüglich des Vorliegens einer MU-TU-Beziehung inhaltlich nicht deckungsgleich mit IAS 27 und SIC 12 sind, kann es bei der Frage, ob überhaupt ein KA aufzustellen ist, zu einer Lösung kommen, die mit dem control-Verständnis des IASB nicht übereinstimmt. So würde bspw ein MU, dessen einziges TU eine sog „special purpose entity" nach SIC 12 ohne Anteilsbesitz oder sonstige formale Kontrollrechte des MU ist, nicht unter die handelsrechtliche Pflicht zur Aufstellung eines KA fallen, da § 290 Abs 1 bislang noch das Bestehen einer Beteiligung iSd § 271 vorschreibt. Entsprechend ist dann die Grundlage zur Anwendung von § 315a nicht gegeben.

II. Wahlrechte der IAS-VO

6 Art 4 wird ergänzt durch die Eröffnung von Wahlrechten in Art 5. Demnach können die Mitgliedstaaten gestatten oder vorschreiben, dass kapmarkt Unt ihre JA und nicht-kapmarkt Unt ihre KA und/oder ihre JA nach den von der EU-Kommission übernommenen IFRS aufstellen. Der jeweilige **nationale Gesetzgeber** kann also entscheiden, ob er den Trend zur Übernahme der IFRS durch verbindliche Vorgaben forcieren, die Anwendung der IFRS durch die Einräumung von Wahlrechten unterstützen oder die Bilanzierung nach IFRS auf den Pflichtanwenderkreis der IAS-VO beschränkt lassen will.

7 **Weitere Wahlrechte** für die Mitgliedstaaten ergeben sich aus den **Übergangsbestimmungen** in Art 9 der IAS-VO. Die Mitgliedstaaten können demnach vorsehen, dass bestimmten Gruppen von Pflichtanwendern nach Art 4 eine zweijährige Übergangsfrist eingeräumt wird. Die Übergangsfrist gilt für KA von kapmarkt MU, die

- nur Schuldtitel an einem geregelten Markt der EU handeln lassen oder
- deren Wertpapiere zum öffentlichen Handel in einem Drittstaat zugelassen sind und die zu diesem Zweck seit einem Gj, das vor dem 11. September 2002 begann, international anerkannte Standards anwenden.

III. Übernahme der IFRS in EU-Recht

8 Da die Erstellung und Weiterentwicklung von IFRS mit dem IASB einem privatwirtschaftlich organisierten Gremium obliegt, bedarf es eines rechtsbegründenden Akts zur **Transformation der IFRS in EU-Recht.** Diese Transformation wird durch Beschlüsse der EU-Kommission zur Übernahme der IFRS bewirkt. Das Beschlussverfahren ist in Art 3 und 6 der IAS-VO festgelegt. Nach Art 6 Abs 1 der VO wird die Kommission hierbei durch einen Regelungsausschuss für Rechnungslegung unterstützt. Aktuell (Stand Juli 2005) ist für folgende verabschiedete Standards und Interpretationen bzw. Amendments des IASB **noch keine Übernahme** durch die EU-Kommission erfolgt:

- IFRS 6
- IFRIC, 4 und 5
- Amendment to IAS 19 (vom Dezember 2004)
- Amendments to IAS 39 (vom Dezember 2004 sowie April und Juni 2005)
- Amendments to the scope of SIC-12 (vom November 2004).

C. Umsetzung der IAS-VO in nationales Recht durch § 315a

I. Ergänzende Vorschriften für Pflichtanwender des Art 4 der IAS-VO (Abs 1)

9 Abs 1 definiert abschließend die nationalen Normen, die neben den von der EU-Kommission übernommenen IFRS Anwendung finden, wenn ein MU durch Art 4 der IAS-VO unmittelbar verpflichtet wird. Die Liste der anzuwendenden HGB-Vorschriften orientiert sich an einer Gemeinsamen Erklärung, die EU-Kommission und Rat bei der Verabschiedung der sog Modernisierungs-Richtl abgegeben haben und die Bestimmungen der 4. und 7. EG-Richtl zusammenfasst, die auch bei Erstellung eines KA nach IFRS Bedeutung behalten.

10 Nach der Aufzählung in Abs 1 sind **folgende Vorschriften auch für IFRS-KA** anzuwenden, da sie Regelungen beinhalten, die unabhängig von den angewendeten Rechnungslegungsgrundsätzen sind:

- § 294 Abs 3: Vorlage- und Auskunftspflichten der TU ggü dem MU
- § 298 Abs 1 iVm §§ 244, 245: Pflicht zur Erstellung des KA in deutscher Sprache und in Euro sowie Unterzeichnungspflicht
- § 313 Abs 2 bis 4: Anteilsliste des Konzerns
- § 314 Abs 1 Nr 4, 6, 8 und 9: Mitarbeiterzahlen, Organbezüge und -beziehungen, Abgabe der Erklärung nach zum Corp Gov Kodex, Angaben zum Honorar des KA-Prüfers
- Bestimmungen des Neunten Titels: Konzernlagebericht
- Vorschriften außerhalb des Zweiten Unterabschn, die KA und Konzernlagebericht betreffen (Vorschriften zu Offenlegung, Prüfung, Veröffentlichung, Vervielfältigung, Sanktionen)

11 Der **Kreis der** unmittelbar durch die IAS-VO zur Anwendung der IFRS und des § 315a Abs 1 **verpflichteten Unt** ist enger gefasst als der Anwenderkreis des § 292a, da er auf MU beschränkt ist, die selbst Wertpapiere emittieren; eine Emission von Wertpapieren durch ein TU führt im Kontext der IAS-VO und des § 315a **nicht** zu einer Pflicht des MU zur KA-Erstellung nach IFRS.

II. Ausübung von Wahlrechten der IAS-VO durch den deutschen Gesetzgeber

1. Gleichstellung von Antragstellern mit Pflichtanwendern (Abs 2)

12 Der Anwendungsbereich der IAS-VO ist auch deshalb enger gefasst als derjenige des § 292a, da die IAS-VO die verbindliche Anwendung von IFRS nur für MU vorsieht, die bereits Wertpapiere emittiert haben, nicht jedoch für solche MU, die zwar einen Antrag auf Zulassung ihrer Wertpapiere zum Handel an einem organisierten Markt gestellt haben, deren Papiere aber noch nicht gehandelt werden. Um in der Anwendung von IFRS durch deutsche MU Kontinuität herzustellen und dem Informationsbedarf potentieller Anleger auch weiterhin Rechnung zu tragen, wurden daher in § 315a Abs 2 antragstellende MU vom deutschen Gesetzgeber bezüglich der von ihnen zu erstellenden KA mit dem sich direkt aus der IAS-VO ergebenden Pflichtanwenderkreis gleichgestellt. Im Gegensatz zu § 292a Abs 1 S 2 stellt § 315a jedoch nur auf eine Antragstellung durch das MU ab; ein Zulassungsantrag eines TU verpflichtet das MU nicht zur Anwendung von IFRS (BegrRegE BilReG v 21. 4. 2004, 73).

13 Damit § 315a Abs 2 greift, muß **bis zum Bilanzstichtag ein Antrag** auf Zulassung eines Wertpapiers an einem organisierten Markt iSd § 2 Abs 5 WpHG gestellt worden sein. Aus der inhaltlichen Übereinstimmung der Begriffserläuterung des organisierten Markts nach § 2 Abs 5 WpHG mit der Definition der Wertpapierdienstleistungsrichtl (vgl Anm 4) ist zu folgern, dass die unter die beiden Begriffe fallenden deutschen Börsensegmente identisch sind (*Mujkanovic,* 147).

2. Wahlrecht für sonstige Mutterunternehmen (Abs 3)

14 Für alle MU, die nicht unter Abs 1 oder 2 fallen, wird in Abs 3 ein Wahlrecht kodifiziert, den Pflichtanwenderstatus für den KA gleichfalls zu übernehmen. Damit eröffnet der deutsche Gesetzgeber die Möglichkeit der KA-Erstellung nach **IFRS für jedes MU** iSv §§ 290 ff. Erstellt ein MU seinen KA unter Ausübung des Wahlrechts in Abs 3, sind gem S 2 die für die Pflichtanwender des Abs 1 geltenden Vorschriften vollständig anzuwenden. Folglich muss der KA nach allen in EU-Recht übernommenen IFRS (s Anm 8) sowie sämtlichen in Abs 1 zitierten HGB-Vorschriften aufgestellt werden.

3. Übergangsbestimmung für bestimmte Pflichtanwender (Art 57 EGHGB)

15 Das **Wahlrecht** in den Übergangsbestimmungen der IAS-VO wird in Art 57 EGHGB umgesetzt. Nach Art 57 ist Art 4 der IAS-VO für den in Anm 7 beschriebenen **Anwenderkreis** erst für Gj anzuwenden, die **nach dem 31. 12. 2006** beginnen. Die Übergangsbestimmung greift bspw dann, wenn ein MU, dessen Aktien an einer US-Börse gehandelt werden, seine Rechnungslegung zur Erlangung dieser Handelszulassung für ein Gj, das vor dem 11. September 2002 begann, auf US GAAP umgestellt hat. Sie ist jedoch nicht anwendbar für US GAAP-Anwender, deren Aktien nur innerhalb der EU gehandelt werden. Will ein MU, das unter Art 57 EGHGB fällt, seinen KA bereits für frühere Gj nach IFRS aufstellen, wird ihm dies durch das Wahlrecht des § 315a Abs 3 ermöglicht.

III. Anwendbare Vorschriften für die Umstellung der Konzernrechnungslegung von HGB auf IFRS

§ 315 a enthält keine Angaben zur Art und Weise der Umstellung von HGB auf IFRS für Pflichtanwender oder wahlrechtsausübende MU. Maßgeblich für die Umstellung ist **IFRS 1,** der die erstmalige Anwendung vom IFRS auf Gj regelt, die am 1. 1. 2004 oder später beginnen. 16

Kernpunkte des IFRS 1 sind: 17

- grundsätzlich rückwirkende Anwendung aller zum Berichtszeitpunkt (Stichtag des ersten veröffentlichten IFRS-KA) geltenden IFRS
- Definierte Erleichterungswahlrechte *(exemptions)* und Ausnahmeregeln *(exceptions)* von der rückwirkenden Anwendung
- Vorschriften zu Schätzungen und zur Begrenzung des Wertaufhellungszeitraums
- Ausführliche Anhangangaben und Erläuterungen zu den Auswirkungen der Erstanwendung.

D. Übergangsbestimmungen und verbleibender Anwendungsbereich von § 292 a

Die zeitliche Anwendung von § 315 a ist in Art 58 EGHGB (s dort Anm 13 f) wie folgt geregelt: 18

- § 315 a Abs 1 gilt iVm Art 4 der IAS-VO für Gj, **die nach dem 31. 12. 2004 beginnen** (Art 58 Abs 3 S 1 EGHGB). Eine Ausnahme hiervon sind lediglich Unt, die nur mit Schuldtiteln an einem geregelten Markt notiert sind oder deren Wertpapiere zum öffentlichen Handel in einem Nicht-Mitgliedstaat zugelassen sind; für diese Unt verlängert Art 57 EGHGB die Übergangsfrist um zwei Jahre, so daß die verpflichtende Anwendung der IFRS erst für **nach dem 31. 12. 2006** beginnende Gj greift.
- § 315 a Abs 2 gilt für Gj, die nach dem **31. 12. 2006** beginnen (Art 58 Abs 3 S 2 Anm 15 EGHGB).
- Das Wahlrecht des § 315 a Abs 3 besteht für Gj, die **nach dem 31. 12. 2004 beginnen** (Art 58 Abs 3 S 1 Anm 13 f EGHGB).

Die durch das BilReG aufgehobene Vorschrift des § 292 a sah ursprünglich eine **bis zum 31. 12. 2004** befristete Möglichkeit für kapmarkt MU vor, einen befreienden KA nach international anerkannten Rechnungslegungsstandards wie IFRS oder US GAAP aufzustellen; die Erstellung eines KA nach deutschen Vorschriften konnte bei Anwendbarkeit des § 292 a entfallen. § 292 a ist zwar durch das BilReG aufgehoben worden, bleibt aber aufgrund folgender Regelungen eingeschränkt und befristet auch weiterhin anzuwenden: 19

- Art 58 Abs 3 S 4 Anm 17 EGHGB läßt die Anwendung des § 292 a letztmals auf das **vor dem 1. 1. 2005 beginnende** Gj zu. Diese Vorschrift schließt die Lücke, die ansonsten für MU mit vom Kj abw Gj entstanden wäre: ohne Art 58 Abs 3 S 4 hätte ein MU mit Stichtag 30. 6. § 292 a letztmals für Gj 2003/4 anwenden dürfen und wäre erst für Gj 2005/6 unter die Regelung des § 315 a gefallen; für das Zwischenjahr 2004/5 wäre ein KA nach HGB zu erstellen gewesen.
- Art 58 Abs 3 S 5 Anm 18 EGHGB dehnt die Anwendbarkeit des § 292 a auf **alle MU** unabhängig von der Inanspruchnahme eines organisierten Markts aus; diese Erweiterung kann auf alle Gj angewendet werden, die **nach dem 31. 12. 2002 und vor dem 1. 1. 2005 beginnen.**

Art 58 Abs 5 S 2 Anm 25 EGHGB räumt den MU, die in den Genuss der verlängerten Übergangsfrist nach Art 57 EGHGB kommen (zB an der SEC gelistete, nach US GAAP rechnungslegende MU), die Anwendung des § 292a bis auf Gj ein, die **vor dem 1. 1. 2007 beginnen.** Zur Kommentierung zu § 292a wird auf die Voraufl verwiesen.

E. Regelungen im PublG

20 Im Zuge der Neuregelungen durch das BilReG wurde auch § 11 Abs 6 Nr 2 PublG geändert (vgl § 290 Anm 100), der nunmehr auf den § 315a Bezug nimmt. Dies bedeutet in Verbindung mit den Vorschriften der IAS-VO, dass alle MU, die keine KapGes sind, aber unter den Rechtsformbegriff („Gesellschaft") der IAS-VO fallen,

- durch Art 4 der IAS-VO **direkt verpflichtet sind,** einen KA nach den in das EU-Recht übernommene*n* IFRS aufzustellen, wenn ihre Wertpapiere am Bilanzstichtag in einem beliebigen Mitgliedsstaat zum Handel in einem geregelten Markt zugelassen sind oder
- durch den Verweis des § 11 As 6 Nr 2 PublG auf § 315a Abs 2 **ebenso verpflichtet sind,** wenn sie die Zulassung zum Handel am Stichtag beantragt haben.

Aus der Verwendung des Begriffs „Gesellschaft" in der IAS-VO kann gefolgert werden, dass diese Pflichten für ein wertpapieremittierendes MU in der Rechtsform eines **EKfm** (so auch BegrRegE BilReG v 21. 4. 2004, 116) oder einer **Stiftung nicht** zutreffen.

21 Die Frage, ob überhaupt Konzernrechnungslegungspflicht besteht, ist, ebenso wie bei KapGes, unter Bezugnahme auf die deutschen Rechnungslegungsvorschriften zu entscheiden. Da das PublG **keinen Entfall der größenklassenabhängigen Befreiung** bei Wertpapiernotierung analog zu § 293 Abs 5 vorsieht, greifen die in Anm 20 dargestellten Verpflichtungen zur Erstellung eines KA nach den in das EU-Recht übernommenen IFRS lediglich dann, wenn an drei aufeinanderfolgenden Stichtagen je zwei der drei Größenkriterien des § 11 Abs 1 PublG übertroffen sind.

F. Rechtsfolgen einer Verletzung des § 315a

22 Die IAS-VO geht nicht auf die Frage ein, welche Rechtsfolgen die Nichtbefolgung von Art 4 durch ein zur Rechnungslegung nach den IFRS verpflichtetes MU hat. Ferner ist für den Pflichtanwenderkreis der IFRS sowohl nach Art 4 der IAS-VO als auch nach § 315a Abs 2 die Frage, ob überhaupt Konzernrechnungslegungspflicht besteht, nach § 290 zu entscheiden. Daher ergeben sich mögliche Sanktionen auch für Pflichtanwender der IFRS aus den handelsrechtlichen Vorschriften zum Konzernabschluss, auf die der letzte Teilsatz des § 315a Abs 1 ausdrücklich verweist. Folglich ist § 335 S 1 Nr 2 entsprechend anzuwenden, es wird auf Anm 135f zu § 290 verwiesen.

Dritter Unterabschnitt. Prüfung

§ 316 Pflicht zur Prüfung

(1) [1] **Der Jahresabschluß und der Lagebericht von Kapitalgesellschaften, die nicht kleine im Sinne des § 267 Abs. 1 sind, sind durch einen Abschlußprüfer**

zu prüfen. [2]Hat keine Prüfung stattgefunden, so kann der Jahresabschluß nicht festgestellt werden.

(2) **[1]Der Konzernabschluß und der Konzernlagebericht von Kapitalgesellschaften sind durch einen Abschlußprüfer zu prüfen. [2]Hat keine Prüfung stattgefunden, so kann der Konzernabschluss nicht gebilligt werden.**

(3) **[1]Werden der Jahresabschluß, der Konzernabschluß, der Lagebericht oder der Konzernlagebericht nach Vorlage des Prüfungsberichts geändert, so hat der Abschlußprüfer diese Unterlagen erneut zu prüfen, soweit es die Änderung erfordert. [2]Über das Ergebnis der Prüfung ist zu berichten; der Bestätigungsvermerk ist entsprechend zu ergänzen.**

Übersicht

Schrifttum: *IDW PS 400* Grundsätze für die ordnungsmäßige Erteilung von Bestätigungsvermerken bei Abschlussprüfungen WPg 1999, 641 (zu Nachtragsprüfungen); *IDW RS HFA 6* Änderung von Jahresabschlüssen und Anpassung der Handelsbilanz an die Steuerbilanz WPg 2001, 1084. Weiteres Schrifttum s § 317.

A. Anwendungsbereich

§ 316 bestimmt die **Pflicht zur Prüfung** von KapGes/KapCoGes und die wesentlichen Prüfungsgegenstände. Nähere Einzelheiten zu den Prüfungsgegenständen regelt § 317; s dort Anm 5ff. Wer zur Prüfung beauftragen kann, schreibt § 318 vor. 1

Der **Prüfungspflicht** des § 316 – und damit auch den §§ 317 bis 324 – **unterliegen nicht:**
- gem § 267 kleine KapGes/KapCoGes, solange es sich nicht um ein kapmarktUnt iSd § 267 Abs 3 S 2 handelt;
- gem § 293 nicht konzernrechnungslegungspflichtige Konzerne, solange es sich weder bei dem MU noch bei einem der TU um ein kapmarktUnt iSd § 293 Abs 5 handelt;
- gem §§ 291 und 292 befreite MU;
- Tochter-KapGes, die sämtliche Voraussetzungen des § 264 Abs 3 erfüllen (dazu § 264 Anm 62ff), und zwar unabhängig von deren Größenklassen (s allerdings § 317 Anm 38);
- Tochter-KapCoGes, die die Anforderungen des § 264b erfüllen.

2 Die Prüfungspflichten für KapGes gehen für den JA zurück auf die 4. EG-Richtl und für den KA auf die 7. EG-Richtl. In Ausübung eines Mitgliedstaaten-Wahlrechts sind ua nicht kapmarkt (Anm 12) **kleine Kapitalgesellschaften** von der Prüfungspflicht **befreit.** Für **Kreditinstitute** und **Versicherungsunternehmen** folgt die Prüfungspflicht ebenfalls aus entspr EG-Richtl und zwar unabhängig von Größe und Rechtsform. Zur Prüfungspflicht bei anderen Rechtsformen oder Wirtschaftszweigen s Anm 12ff.

3 **Abschlussprüfer** dürfen nur WP und WPG sein, für mittelgroße GmbH und mittelgroße KapCoGes können es auch vBP und BPG sein (§ 319 Abs 1 S 2), sofern nicht Spezialvorschriften (Anm 12ff) vorgehen. Die Formulierung in Abs 1 S 1 „durch *einen* Abschlussprüfer" ist als „mindestens einen Abschlussprüfer" zu verstehen. Zur Durchführung von Gemeinschaftsprüfungen *(Joint Audit)* s *IDW PS 208* WPg 1999, 707.

B. Gesetzlich vorgeschriebene Prüfungen

6 Den **Zeitraum** der Prüfung oder eine **Frist** für das Ende der Prüfung eines JA bzw KA bestimmt das HGB lediglich indirekt über die Fristen

- für die Aufstellung des JA/KA (§ 264 Abs 1, § 290 Abs 1),
- für die Vorlage des JA/KA an den AP (§ 320),
- für die Prüfung des JA/KA durch den AR (§ 171 AktG) und
- für die Einberufung und Durchführung der HV/GesV (§ 123 AktG; § 175 AktG für KA; § 42a GmbHG für KA).

Wenn alle beteiligten Organe die ihnen eingeräumten Fristen voll ausschöpfen, muss danach die Prüfung bei der AG $4^3/_4$ Monate nach Ende des Gj beendet sein; für die GmbH ohne AR entfällt die Frist für die Prüfung durch den AR, dh es verbleiben maximal zwei Monate mehr. Unbeschadet der gesetzlichen Fristen haben bestimmte am Kapitalmarkt notierte Unt aufgrund einer Zulassung zum Prime Standard an der FWB kürzere Fristen (max 4 Monate nach Ende des Berichtszeitraums) zu beachten (§ 62 BO FWB, § 77 BO FWB).

Insb GroßUnt verkürzen die vorgegebenen Fristen sehr drastisch ***(fast close),*** um den Adressaten die Abschluss-Informationen zeitnah zur Verfügung zu stellen.

7 Aufgrund der teilweise sehr kurzen Fristen beginnt die APr zT schon kurz nach der Auftragsbestätigung, in erster Linie in Bereichen, die nur mittelbar Einfluss auf den JA haben, zB Informationsgewinnung über das rechtliche und wirtschaftliche Umfeld des Unt, Ordnungsmäßigkeit der Buchführung, IKS, Bestimmung der Risikofaktoren (Vor- bzw Zwischenprüfung). Auf dieser Basis lassen sich dann die (Teil-)Bereiche des JA und des Lageberichts unmittelbar nach der Erstellung zügig prüfen.

I. Jahresabschluss (Abs 1)

1. Prüfungsgegenstand und Prüfungspflicht (Abs 1 S 1)

11 **Prüfungsgegenstand** gem Abs 1 ist der nach den deutschen Rechnungslegungsgrundsätzen aufgestellte JA mit Anhang und der Lagebericht (ggf einschl der Schlusserklärung zum AbhBer gem § 312 AktG). Näheres bestimmt § 317. **Prüfungspflichtig** sind ferner sämtliche gesetzliche JA, auch diejenigen für Rumpf-Gj, sowie nach § 324a der IFRS-EA.

Die JA folgender Unt sind nach Maßgaben ihrer **Rechtsform** prüfungspflichtig: **12**
- mittelgroße und große **GmbH, AG, KapCoGes** und **KGaA** (für letztere § 316 iVm § 283 Nr 10 AktG), – wenn kapitalmarktorientiert, auch kleine KapGes (§ 267 Abs 3 S 2); Tochter-KapGes/KapCoGes gem § 264 Abs 3 bzw § 264b sind ausgenommen (Anm 1; § 317 Anm 38) (*IDW PH 9200.1* Pflichten des AP des TU und des Konzern-AP im Zusammenhang mit § 264 Abs 3 HGB WPg 2000, 283; *IDW RS HFA* 7 Zur Rechnungslegung bei Personenhandelsgesellschaften WPg 2002, 1259);
- **Publizitätspflichtige Unternehmen** gem § 6 iVm § 3 Abs 1 PublG (Ekfl, PersGes (außer KapCoGes) und gewerblich tätige Vereine, Stiftungen, Anstalten usw; Ekfl und PersGes jedoch nur hinsichtlich Bilanz, GuV und der „Anlage" gem § 5 Abs 5 PublG), dazu hier Anm 53 ff;
- **Genossenschaften** mit einer Bilanzsumme von über 2 Mio Euro (§§ 53 ff GenG); kleinere nur alle zwei Jahre. Die Prüfungspflicht ist erweitert, dazu Vor § 339 Anm 10 ff;
- **Unternehmens-Beteiligungs-Gesellschaften** gem § 12 UBGG;
- bei **Kapitalerhöhungen** aus **Gesellschaftsmitteln** von KapGes auf Grund von Sonderbilanzen (§§ 209 AktG, 57 e, 57 f GmbHG).

Im Hinblick auf bestimmte **Wirtschaftszweige** sind prüfungspflichtig: **13**
- Alle **Kredit-** und **Finanzdienstleistungsinstitute** gem § 340 k – unabhängig von Rechtsform und Größe; auch KapitalanlageGes und Bausparkassen; zur Prüfung von Finanzdienstleistungsinstituten s *IDW PS 520* Besonderheiten und Problembereiche bei der Abschlussprüfung von Finanzdienstleistungsinstituten WPg 2001, 982.
- **Versicherungsunternehmen** jeder Größe und Rechtsform gem § 341 k, jedoch sind Ausnahmen zulässig (§ 330, § 64 VAG, ggf § 157 Abs 2 VAG; § 341 Abs 1 S 2, § 61 RechVersV); für öffentlich-rechtliche Versicherungs-Unt folgt die Prüfungspflicht aus § 55 Abs 1 VAG (*WPH*[12] *I* K 14);
- **Eigenbetriebe** der Gebietskörperschaften nach Landesrecht und mit erweitertem Umfang (*WPH*[12] *I* L 51 ff);
- Zum Börsenhandel zugelassene **Kursmakler** und freie Makler (§ 8 b BörsG; *WPH*[12] *I* D 16);
- Tochter-KapGes von **Genossenschaften** oder **Prüfungsverbänden** oder bestimmte **Wohnungsunternehmen** gem Art 25 EGHGB, dazu Vor § 339 Anm 31 ff;
- **Weitere Unternehmen** auf Grund von Spezialgesetzen, zB Deutsche Bundesbank, Kreditanstalt für Wiederaufbau; VerwertungsGes, Elektrizitätsversorgungs Unt.

Für **Beteiligungen von Gebietskörperschaften** gilt das Recht auf eine erweiterte Prüfung gem § 53 HGrG bei Mehrheitsbeteiligungen; ggf Erfordernis einer Prüfung nach §§ 65, 67 BHO. **14**

Im **Abwicklungszeitraum** von AG oder KGaA besteht Prüfungspflicht (außer für kleine Ges iSd § 267), das Gericht kann jedoch befreien, wenn die GesVerhältnisse überschaubar sind (§ 270 Abs 3 S 1 AktG). Das wird regelmäßig nicht der Fall sein, wenn noch ein (aktiver) Geschäftsbetrieb besteht, so dass dann die Prüfung immer stattfinden muss (*Begr RegE,* 107). Das gilt auch für GmbH (§ 71 Abs 3 GmbHG) und für große VVaG, § 47 Abs 3 VAG. Näheres dazu bei *Förschle/Deubert* in Sonderbilanzen[3] R Anm 305 ff, 315 ff. Für eG setzen sich Prüfung und Betreuung durch den Prüfungsverband fort (§ 64 c GenG). **15**

2. Rechtsfolgen (Abs 1 S 2)

a) Feststellung

20 Ein prüfungspflichtiger, aber nicht geprüfter JA darf nicht festgestellt werden (Abs 1 S 2), weil er *rechtlich* nicht existiert. Gleiches gilt, wenn bei Prüfungspflicht die Prüfung im Zeitpunkt der Feststellung noch nicht abgeschlossen ist. Ausnahme: bei eG darf vor Abschluss der Prüfung festgestellt werden; s Vor § 339 Anm 52. Eine Feststellung des JA kann rechtswirksam vorgenommen werden, auch wenn der BVm eingeschränkt oder versagt wurde (s *ADS*[6] § 322 Anm 34ff). Dies gilt nicht, wenn die Versagung durch die Nichtigkeit des Abschlusses begründet ist.

21 Die Frage, ob und welche Auswirkungen ein prüfungspflichtiger, aber nicht geprüfter und damit nicht wirksam festgestellter JA für den folgenden JA hat, lässt sich nur im Einzelfall beurteilen. Aus der Nichtigkeit des JA folgt jedenfalls nicht zwangsläufig die Nichtigkeit des Folgeabschlusses. Näheres dazu *IDW RS HFA 6* WPg 2001, 1084 und *Hense* Rechtsfolgen nichtiger Jahresabschlüsse und Konsequenzen für Folgeabschlüsse WPg 1993, 716. Für die Prüfung des Folgeabschlusses gelten die Grundsätze des *IDW PS 205* Prüfung von Eröffnungsbilanzwerten im Rahmen von Erstprüfungen WPg 2001, 150.

22 Die jeweiligen Vorschriften zur Feststellung eines JA werden im Abschn Vor § 325 unter Anm 70ff und 130ff dargestellt, für eG im Abschn Vor § 339 unter Anm 45ff. Nicht festgestellt werden muss der IFRS-EA, er ist auch ohne Prüfung rechtlich existent. Er kann jedoch wie der KA gebilligt werden (§ 325a Abs 1 S 2).

b) Nichtigkeit, Schadenersatz

25 Ein entgegen dem gesetzlichen Feststellungsverbot festgestellter JA ist **nichtig.** Das ergibt sich unmittelbar aus § 256 Abs 1 Nr 2 AktG (der nach der BGH-Rspr, auch für GmbH gilt) und für Unt, die unter das PublG fallen, aus § 10 S 1 PublG.

26 Eine Zuwiderhandlung gegen das Feststellungsverbot hat ferner zur Folge, dass nachweisbare **Schadenersatzansprüche** gegen die Feststellungsorgane nach den allgemeinen Vorschriften des BGB bestehen.

Sofern ein AP nicht bestellt wurde oder die Organe der Ges ihre Pflichten ggü dem AP verletzen, kann das Registergericht auf Antrag ein Zwangsgeld verhängen (§ 335 S 1 Nrn 3–5, § 21 S 1 Nrn 3–5 PublG). Verzögert der AP die örtliche Prüfung oder die Auslieferung des Prüfungsberichts ohne triftigen Grund, haftet er nach Schuldrecht und für etwaige steuerliche Folgen hieraus.

c) Offenlegung

28 Ein nicht festgestellter JA kann als solcher auch nicht wirksam offengelegt werden, weil er rechtlich nicht existiert (Anm 20). Zwecks Wahrung der Offenlegungsfristen ermöglichen aber § 325 Abs 1 S 3 (KapGes/KapCoGes ua) oder § 339 Abs 1 (eG) die Offenlegung des *vorläufigen* JA vor Abschluss der Prüfung und ggf der Feststellung; s § 325 Anm 42f und § 339 Anm 7.

29 Alternativ zum JA kann auch gem § 325 Abs 2a ein IFRS-EA offengelegt werden. Die befreiende Wirkung der Offenlegung tritt ein, sofern neben dem BVm zum IFRS-EA (bzw dem Vermerk über dessen Versagung) der Vorschlag für die Verwendung des Ergebnisses und ggf der Beschluss über seine Verwendung unter Angabe des handelsrechtlichen Jahresüberschusses oder -fehlbetrags offengelegt wird.

II. Konzernabschluss (Abs 2)

1. Prüfungsgegenstand und Prüfungspflicht (Abs 2 S 1)

Ist ein MU zur Aufstellung eines KA **verpflichtet** (Anm 1, 33), muss dieser geprüft werden. Die Prüfungspflicht erstreckt sich auch auf einen nach internationalen Rechnungslegungsgrundsätzen aufgestellten KA gem § 315 a. 31

Prüfungsgegenstand gem Abs 2 S 1 ist der KA mit den in § 297 Abs 1 festgelegten Bestandteilen und der Konzernlagebericht. Die Prüfungspflicht bezieht sich wie beim JA ebenfalls auf Abschlüsse für **Rumpfgeschäftsjahre.** 32

Die Prüfungspflicht besteht für: 33

- Gem § 293 Abs 1 nicht rechnungslegungspflichtige MU in der Rechtsform der **GmbH, AG, KGaA** sowie **KapCoGes,** sofern es sich bei dem MU oder bei einem der TU um ein kapmarktUnt iSd § 293 Abs 5 handelt;
- **Kreditinstitute, Versicherungsunternehmen** und deren **Holding-Gesellschaften** jeder Rechtsform und Größe (§§ 340k, 340i Abs 3, 341k, 341i Abs 2);
- **Unternehmen,** die unter das PublG fallen, gem § 14 PublG; dazu gehören auch
  - eG (§ 14 Abs 2), sofern nicht Kreditinstitute oder VersicherungsUnt (§ 11 Abs 5);
  - Konzernholding-Ges als Ekfl oder reine PersGes (§ 11 Abs 5 S 2);
  - Inländische Teilkonzerne ausländischer MU (§ 11 Abs 3, hier Anm 57).

Die Prüfungspflicht gilt auch für KA im **Abwicklungszeitraum,** sofern nicht die Größenklassen gem § 293 mind zweimal oder die Merkmale gem § 11 PublG mind an drei Stichtagen unterschritten wurden (§ 12 Abs 1 PublG). Kreditinstitute und VersicherungsUnt müssen (mangels Größenklassen) ihre KA bis zum Ende der Liquidation prüfen lassen. 34

Die Prüfungspflicht von *Jahresabschlüssen* (Abs 1 S 1) und *Konzernabschlüssen* (Abs 2 S 1) ist *unabhängig* voneinander zu beurteilen. *Beispiele:* Keine Pflichtprüfung für den KA, wenn zwei mittelgroße KapGes einen Konzern bilden, sie zusammen aber nicht die Mindestgröße des § 293 Abs 1 erreichen. Keine Pflichtprüfung für den JA der Konzern-Holding, wenn sie eine kleine KapGes ist, sie aber GroßUnt leitet und dementsprechend mit ihrem KA prüfungspflichtig ist. 35

Freiwillig aufgestellte KA sind nicht prüfungspflichtig. Sollen freiwillig aufgestellte KA aber gem § 291 oder § 292 *befreiende Wirkung* haben, müssen diese KA nach §§ 316ff geprüft sein; diese Prüfung muss von einem zugelassenen AP durchgeführt werden (§ 291 Abs 2 Nr 2, § 292 Abs 2). 36

2. Rechtsfolgen (Abs 2 S 2)

Ein KA braucht nicht festgestellt zu werden. Der KA ist infolgedessen auch ohne Prüfung rechtlich existent, glA *ADS*[6] § 316 Anm 57. 38

Jedoch kann ein prüfungspflichtiger KA ohne Prüfung nicht gebilligt werden (Abs 2 S 2). Ein Unterbleiben der Prüfung wird dadurch sanktioniert, dass der Bericht des AR, in dem ggf auch das Fehlen der Billigung des AR vermerkt werden muss, offen zu legen ist (§ 325 Abs 3 S 1, § 171 Abs 2 AktG). Rechtsfolgen sind dagegen mit einer fehlenden Billigung nicht verknüpft, da der KA weder rechtsbegründende noch -begrenzende Wirkungen hat *(Begr RegE zum TransPuG).* 39

Ein *nicht geprüfter* KA kann keine befreiende Wirkung iSv §§ 291, 292 entfalten (s auch Anm 36). 40

III. Nachtragsprüfungen (Abs 3)

42 Bei Änderungen eines bereits geprüften JA, IFRS-EA, KA oder des (Konzern-)Lageberichts hat erneut eine Prüfung stattzufinden, soweit es die Änderung erfordert (Abs 3 S 1).

Als Folge der Nachtragsprüfung ist „der Bestätigungsvermerk entsprechend zu ergänzen" (Abs 3 S 2 sowie *IDW PS 400* WPg 1999, 641 Anm 107ff; s auch § 322 Anm 109ff). Zu den Auswirkungen auf den Prüfungsbericht s Anm 49 und § 321 Anm 143.

43 Zu einer Änderung von Abschlüssen und damit einer Nachtragsprüfung führen insb folgende Sachverhalte:
– Änderung des Gewinnverwendungsvorschlags (§ 278 S 1 Halbsatz 2),
– Bekanntwerden von wertaufhellenden Tatsachen,
– Berichtigung von Fehlern.

Ferner können auch *fehlerfreie* JA geändert werden, wenn dafür „gewichtige rechtliche, wirtschaftliche oder steuerrechtliche Gründe vorliegen" (s hierzu im Detail *IDW RS HFA 6* WPg 2001, 1084 Anm 10ff). Die Ergebnisse steuerlicher Bp führen „in der Regel nicht" zur Änderung bisheriger HB (*IDW RS HFA 6* WPg 2001, 1084 Anm 27). Deren absehbare oder feststehende Ergebnisse werden idR in lfd Rechnung berücksichtigt.

44 Beschließt die **Hauptversammlung** (GesV) eine andere als die von den Organen vorgeschlagene (und im geprüften und festgestellten JA berücksichtigte) Gewinnverwendung, braucht gem § 278 S 2 und darf gem § 174 Abs 3 AktG der JA nicht mehr geändert (zu) werden (ebenso *IDW PS 400* WPg 1999, 641 Anm 106). Wird bei GmbH eine entspr Änderung des JA trotzdem vorgenommen (zB wegen dividendenabhängiger Vergütungen), ist eine Nachtragsprüfung erforderlich.

45 Die Rechtslage ist anders, wenn die **Hauptversammlung** (GesV) den JA **selbst feststellt.** Hier werden bei **AG/KGaA** die Beschlüsse über die Feststellung und über die **Gewinnverwendung** erst wirksam, wenn innerhalb von zwei Wochen ein **hinsichtlich der Änderungen uneingeschränkter Bestätigungsvermerk** erteilt worden ist. Andernfalls werden diese Beschlüsse (Feststellung und Gewinnverwendung) nichtig (§ 173 Abs 3 AktG).

46 Eine der Anm 45 gleichartige Regelung findet sich für **Unternehmen anderer Rechtsformen** in § 8 Abs 3 PublG. Für **GmbH** sollte eine Prüfung in sinngemäßer Anwendung des AktG durchgeführt werden (hierzu *Geßler* in FS Goerdeler, 136). Gem *ADS*[6] § 42a GmbHG Anm 48 besteht die Pflicht zur Durchführung einer Nachtragsprüfung analog § 173 Abs 3 AktG, § 8 Abs 3 PublG.

47 Wird ein festgestellter JA **nach erfolgtem Gewinnverwendungsbeschluss** geändert, ist ebenfalls eine Nachtragsprüfung durchzuführen. Der geänderte JA muss erneut vorgelegt, festgestellt und auch offengelegt werden. Der Gewinnverwendungsbeschluss bleibt bestehen, sofern sich die Änderung des JA nicht auf den Bilanzgewinn ausgewirkt hat; andernfalls ist ein neuer Gewinnverwendungsbeschluss zu treffen (*IDW RS HFA 6* WPg 2001, 1084 Anm 25 f).

48 Der **Umfang** einer **Nachtragsprüfung** hängt vom Ausmaß der Änderungen sowie von der **Zeitspanne** seit Beendigung der ursprünglichen Prüfung ab. Der AP hat bei jeder Änderung **alle Unterlagen** (JA/KA und (Konzern-)Lagebericht) **erneut zu prüfen,** aber nur „soweit es die Änderung erfordert".

Das bedeutet, dass zunächst die Änderung selbst auf ihre Zulässigkeit zu prüfen ist. Daraufhin muss festgestellt werden, ob auf Grund dieser Änderung auch Änderungen an anderen Stellen erforderlich sind (GuV, Anhang, Lagebericht etc) und ob diese auch vorgenommen wurden. Schließlich muss auch geprüft werden, ob sich die Änderungen auf das Gesamtbild des JA/KA iSd §§ 264 Abs 2, 297 Abs 2 auswirken. Zu *weitergehenden* Prüfungen ist der AP weder verpflichtet noch berechtigt (ebenso *ADS*[6] § 316 Anm 67). Werden dem AP jedoch bei der Nachtragsprüfung andere Tatsachen bekannt, die – hätte er sie schon vorher gekannt – sein bisheriges Prüfungsurteil zum JA beeinflusst hätten, muss er die UntLeitung zur weiteren Änderung des JA veranlassen und bzgl dieser Änderungen wiederum eine Nachtragsprüfung durchführen (*IDW PS 203* Ereignisse nach dem Abschlussstichtag WPg 2001, 891, Anm 17 ff; anders *ISA 560* Subsequent Events Anm 10 und 16: Verlängerung des Wertaufhellungszeitraums bis zum neuen Testatsdatum).

Über die Nachtragsprüfung ist auch zu **berichten.** Die Berichterstattung kann in einem eigenständigen Nachtrags-Prüfungsbericht oder auch in Form eines Briefs erfolgen, der allen Berichtsadressaten auszuhändigen ist; diese Dokumente ergänzen dann den ursprünglichen Prüfungsbericht und sind nur mit diesem zusammen zu verwenden. Die Anfertigung derartiger zusätzlicher Unterlagen ist jedoch nicht zwingend; *ADS*[6] § 316 Anm 69 begründen ausführlich, dass es in vielen Fällen einer JA-Änderung genüge, alle Testatsexemplare und alle Exemplare des bisherigen Prüfungsberichts zurückzufordern und die Änderungen in den alten Prüfungsbericht einzuarbeiten. Die Änderungen sollten dabei uE allerdings nachvollziehbar bleiben. 49

Eine **schriftliche** Berichterstattung (§ 321 Abs 1 S 1) ist uE auch dann erforderlich, wenn der AP bei der Feststellung anwesend ist und den Abschluss-Änderungen mündlich zustimmt; s Anm 43 und Anm 45. *ADS*[6] § 316 Anm 70 lassen hier ausnahmsweise eine vom AR protokollierte mündliche Berichterstattung zu. Das entspricht uE aber der erforderlichen Schriftform für den Nachtrags-Prüfungsbericht nicht, auch weil dieses Protokoll nicht vom AP erstellt wird. Zu den Auswirkungen auf den BVm s § 322 Anm 109 ff. Bzgl der Ausführungen zum DMBilG wird auf die 4 Aufl verwiesen.

D. Prüfungen nach dem Publizitätsgesetz

Die JA von reinen PersGes, Ekfl, Stiftungen, Körperschaften des öffentlichen Rechts sowie anderer werbender, in § 3 Abs 1 PublG genannter Unt – jedoch nicht von BGB-Ges – sind bei Erfüllung der Voraussetzungen prüfungspflichtig; Spezialvorschriften, zB für Kreditinstitute, VersicherungsUnt, Zweckverbände oder landesrechtliche Regelungen gehen vor. Die Aufstellung dieser JA richtet sich nach den für alle Kfl geltenden sowie den in § 5 PublG genannten Vorschriften des HGB oder nach Landesrecht (§ 263). 53

Voraussetzung für eine Prüfungspflicht des JA nach PublG ist, dass für drei aufeinander folgende Abschlussstichtage (außer nach Übernahmen) mind zwei der drei Größenmerkmale des § 1 Abs 1 PublG überschritten sind (§ 2 Abs 1 PublG, dazu § 267 Anm 33). Zuvor sind bereits freiwillige Prüfungen zulässig; sie werden oft von Kreditinstituten oder zwecks Einbeziehung in einen KA gefordert, Anm 60. 54

Für die Prüfung von JA nach PublG gelten gem § 6 Abs 1 PublG iW die §§ 316 ff; jedoch ist für die Feststellung der JA die sog zuständige Stelle gem § 8 PublG berufen, also die entspr Organe der jeweiligen Rechtsform. Zu den Rechtsfolgen verweisen wir auf Anm 20 ff. 55

Voraussetzung für die Prüfungspflicht eines KA nach § 11 PublG ist, dass mind zwei der drei Größenmerkmale (dazu § 293 Anm 42) zum dritten Mal überschritten wurden. Im Gegensatz zum JA (§ 3 Abs 3 PublG) müssen auch 56

Unt in Liquidation KA aufstellen und prüfen lassen, ebenso wie deutsche Betriebsstätten ausländischer Unt, sofern sie in der Bundesrepublik Deutschland MU sind (§ 11 Abs 3 PublG). Auch hier entsprechen die Prüfungsvorschriften weitgehend den §§ 316ff (§ 14 Abs 1 PublG). Die Feststellung – aber auch die Billigung – von KA sind nicht erforderlich, dagegen ist die Offenlegung des KA vorgeschrieben (§ 15 PublG). Zu den Rechtsfolgen verweisen wir auf Anm 38 und 40.

E. Exkurs: Satzungsgemäße und freiwillige Prüfungen

59 Besteht keine gesetzliche Pflicht zur Prüfung des JA oder des KA (dazu Anm 1), kann auch die **Satzung** oder der **Gesellschaftsvertrag** eine Prüfung vorschreiben. Dort wird dann der Prüfungsumfang meist durch Verweisung auf gesetzliche Vorschriften bestimmt. Satzung oder Gesvertrag können *gesetzliche* Prüfungen jedoch weder einschränken noch aufheben; sie können sie aber erweitern (zB für freiwillige Zusatzangaben im (Konzern-)Anhang oder im (Konzern-)Lagebericht; s § 317 Anm 8, 7).

60 **Freiwillige** Prüfungen finden häufig statt, weil Kreditinstitute sie in den Kreditverträgen vorsehen oder geprüfte Abschlüsse für UntTransaktionen verlangt werden. Auch für kleine KapGes/KapCoGes, für Tochter-KapGes gem § 264 Abs 3, für Tochter-KapCoGes gem § 264b oder für nicht unter das PublG fallende Unt sehen Konzernleitungen zuweilen Prüfungen der JA vor, zB um die Aufstellung des KA zu erleichtern und den Konzern-AP zu entlasten.

61 Bei satzungsgemäßen oder freiwilligen Prüfungen gibt es keine Rechtsfolgen wegen Verletzung von Abs 1 S 2 (Feststellungsverbot), wenn gegen satzungsmäßige oder vertragliche Prüfungspflichten verstoßen wurde. Es können jedoch Satzungsverstöße (nach den jeweiligen Rechtsformen) vorliegen oder Schadenersatzansprüche nach Vertragsrecht (Anm 26) bestehen.

62 Wird nach solchen Prüfungen ein eingeschränkter BVm erteilt oder der BVm versagt, ist der satzungsgemäßen oder vertraglichen Verpflichtung zur Prüfung trotzdem entsprochen (Anm 20).

§ 317 Gegenstand und Umfang der Prüfung

(1) [1]**In die Prüfung des Jahresabschlusses ist die Buchführung einzubeziehen.** [2]**Die Prüfung des Jahresabschlusses und des Konzernabschlusses hat sich darauf zu erstrecken, ob die gesetzlichen Vorschriften und sie ergänzende Bestimmungen des Gesellschaftsvertrags oder der Satzung beachtet worden sind.** [3]**Die Prüfung ist so anzulegen, daß Unrichtigkeiten und Verstöße gegen die in Satz 2 aufgeführten Bestimmungen, die sich auf die Darstellung des sich nach § 264 Abs. 2 ergebenden Bildes der Vermögens-, Finanz- und Ertragslage des Unternehmens wesentlich auswirken, bei gewissenhafter Berufsausübung erkannt werden.**

(2) [1]**Der Lagebericht und der Konzernlagebericht sind darauf zu prüfen, ob der Lagebericht mit dem Jahresabschluß, gegebenenfalls auch mit dem Einzelabschluss nach § 325 Abs. 2a, und der Konzernlagebericht mit dem Konzernabschluß sowie mit den bei der Prüfung gewonnenen Erkenntnissen des Abschlußprüfers in Einklang stehen und ob der Lagebericht insgesamt eine zutreffende Vorstellung von der Lage des Unternehmens und der Konzernlagebericht insgesamt eine zutreffende Vorstellung von der Lage des Konzerns vermittelt.** [2]**Dabei ist auch zu prüfen, ob die Chancen und Risiken der künftigen Entwicklung zutreffend dargestellt sind.**

(3) [1] Der Abschlußprüfer des Konzernabschlusses hat auch die im Konzernabschluß zusammengefaßten Jahresabschlüsse, insbesondere die konsolidierungsbedingten Anpassungen, in entsprechender Anwendung des Absatzes 1 zu prüfen. [2] Dies gilt nicht für Jahresabschlüsse, die aufgrund gesetzlicher Vorschriften nach diesem Unterabschnitt oder die ohne gesetzliche Verpflichtungen nach den Grundsätzen dieses Unterabschnitts geprüft worden sind. [3] Satz 2 ist entsprechend auf die Jahresabschlüsse von in den Konzernabschluß einbezogenen Tochterunternehmen mit Sitz im Ausland anzuwenden; sind diese Jahresabschlüsse nicht von einem in Übereinstimmung mit den Vorschriften der Richtlinie 84/253/EWG zugelassenen Abschlußprüfer geprüft worden, so gilt dies jedoch nur, wenn der Abschlußprüfer eine den Anforderungen dieser Richtlinie gleichwertige Befähigung hat und der Jahresabschluß in einer den Anforderungen dieses Unterabschnitts entsprechenden Weise geprüft worden ist.

(4) Bei einer börsennotierten Aktiengesellschaft ist außerdem im Rahmen der Prüfung zu beurteilen, ob der Vorstand die ihm nach § 91 Abs. 2 des Aktiengesetzes obliegenden Maßnahmen in einer geeigneten Form getroffen hat und ob das danach einzurichtende Überwachungssystem seine Aufgaben erfüllen kann.

§ 91 AktG Organisation; Buchführung

(1) Der Vorstand hat dafür zu sorgen, daß die erforderlichen Handelsbücher geführt werden.

(2) Der Vorstand hat geeignete Maßnahmen zu treffen, insbesondere ein Überwachungssystem einzurichten, damit den Fortbestand der Gesellschaft gefährdende Entwicklungen früh erkannt werden.

Übersicht

Schrifttum: *Weirich* Ein Verfahrensvorschlag zur Erkennung bilanzieller Risiken WPg 1987, 341; *Thiessen* Zur Prüfung des Jahresabschlusses eines ausländischen Tochterunternehmens nach § 317 HGB BB 1987, 1981; *Krawitz* Zur Prüfung des Lageberichts nach neuem Recht WPg 1988, 225; *HFA 1/1988* Zur Anwendung stichprobengestützter Prüfungsmethoden bei der Jahresabschlussprüfung WPg 1988, 240; *Bähr/Fischer-Winkelmann/Kugler/Munkert* Beck'sches Prüfungshandbuch – Arbeitspapiere für die Jahresabschlussprüfung, München 1989; *Dörner* Entwicklungstendenzen in der Qualitätssicherung von Abschlussprüfungen WPg 1991, 566; *HFA 3/1991* Zur Aufstellung und Prüfung des Berichts über Beziehungen zu verbundenen Unternehmen (Abhängigkeitsbericht nach § 312 AktG) WPg 1992, 91; *Quick* Die Risiken der Jahresabschlussprüfung, Düsseldorf 1996; *Wiedemann* Der risikoorientierte Prüfungsansatz WPg 1993, 13; *Diehl* Risikoorientierte Abschlussprüfung in Rechnungslegung und Prüfung 1994, Düsseldorf 1994, 1; *Thönnes* Der risikoorientierte Prüfungsansatz in Rechnungslegung und Prüfung 1994, Düsseldorf 1994, 31; *Kaufmann* Die Prüfung kommunaler Unternehmen gem § 53 Abs 1 HGrG, Düsseldorf 1995; *HFA 3/1996* Zur Auslegung der Prüfungsvorschriften der §§ 57 e und 57 b GmbHG WPg 1996, 769; *Schmalenbach-Gesellschaft* Grundsätze risikoorientierter Unternehmensüberwachung DB 1998, 1573; *Lück* Der Umgang mit unternehmerischen Risiken durch ein Risikomanagementsystem und durch ein Überwachungssystem DB 1998, 1925; *IDW PS 350* Prüfung des Lageberichts WPg 1998, 663; *IDW RS HFA 1* Zur Aufstellung des Lageberichts WPg 1998, 653, *Hommelhoff* Die neue Position des Abschlussprüfers im Kraftfeld der aktienrechtlichen Organisationsverfassung BB 1998, 2567 und 2625; *IDW PS 340* Die Prüfung des Risikofrüherkennungssystems nach § 317 Abs 4 HGB WPg 1999, 658; *IDW PS 208* Zur Durchführung von Gemeinschaftsprüfungen (Joint Audit), WPg 1999, 707; *IDW PS 200* Ziele und allgemeine Grundsätze der Durchführung von Abschlussprüfungen WPg 2000, 706; *IDW PS 201* Rechnungslegungs- und Prüfungsgrundsätze für die Abschlussprüfung WPg 2000, 710; *IDW PS 230* Kenntnisse über die Geschäftstätigkeit sowie das wirtschaftliche und rechtliche Umfeld des zu prüfenden Unternehmens im Rahmen der Abschlussprüfung WPg 2000, 842; *IDW PS 240* Grundsätze der Planung von Abschlussprüfungen WPg 2000, 846; *IDW PS 460* Arbeitspapiere des Abschlussprüfers WPg 2000, 916; *Marten/Quick/Ruhnke* Wirtschaftsprüfung: Grundlagen des betriebswirtschaftlichen Prüfungswesens nach nationalen und internationalen Normen, Stuttgart 2001; *IDW PS 205* Prüfung von Eröffnungsbilanzwerten im Rahmen von Erstprüfungen WPg 2001, 150; *IDW PS 400* Grundsätze für die ordnungsmäßige Erteilung von Bestätigungsvermerken bei Abschlussprüfungen WPg 1999, 641; *IDW PS 260* Das interne Kontrollsystem im Rahmen der Abschlussprüfung WPg 2001, 821; *IDW PS 203* Ereignisse nach dem Abschlussstichtag WPg 2001, 891; *IDW PS 220* Beauftragung des Abschlussprüfers WPg 2001; 895; *IDW PS 312* Analytische Prüfungshandlungen WPg 2001, 903; *IDW PS 300* Prüfungsnachweise im Rahmen der Abschlussprüfung WPg 2001, 898; *IDW PS 314* Die Prüfung von geschätzten Werten in der Rechnungslegung WPg 2001, 906; *IDW PS 318* Prüfung von Vergleichsangaben über Vorjahre WPg 2001, 909; *Ruhnke* Geschäftsrisikoorientierte Abschlussprüfung – Revolution im Prüfungswesen oder Weiterentwicklung des risikoorientierten Prüfungsansatzes? DB 2002, 437; *IDW PS 321* Interne Revision und Abschlussprüfung WPg 2002, 686; *IDW PS 322* Verwertung der Arbeit von Sachverständigen WPg 2002, 689; *IDW PS 330* Abschlussprüfung bei Einsatz von Informationstechnologie WPg 2002, 1167; *IDW PS 210* Zur Aufdeckung von Unregelmäßigkeiten im Rahmen der Abschlussprüfung WPg 2003, 655; *IDW PS 301* Prüfung der Vorratsinventur WPg 2003, 715; *IDW PS 270* Die Beurteilung der Fortführung der Unternehmenstätigkeit im Rahmen der Abschlussprüfung WPg 2003, 775; *IDW PS 302* Bestätigungen Dritter WPg 2003, 872; *IDW*

PS 250 Wesentlichkeit im Rahmen der Jahresabschlussprüfung WPg 2003, 944; *IDW PS 255* Beziehungen zu nahe stehenden Personen im Rahmen der Abschlussprüfung WPg 2003, 1069; *IDW PS 450* Grundsätze ordnungsmäßiger Berichterstattung bei Abschlussprüfungen WPg 2003, 1127; *Schmidt* Abschlussprüfung, in: Förschle/Peemöller, Wirtschaftsprüfung und interne Revision, Heidelberg 2004; 198 ff; *IDW EPS 315* Die Prüfung von Zeitwerten WPg 2004, 80; *IDW PS 320* Verwendung der Arbeit eines anderen externen Prüfers WPg 2004, 593; Entwurf VO 1/2005 Entwurf einer Gemeinsamen Stellungnahme der WPK und des IDW: Anforderungen an die Qualitätssicherung in der Wirtschaftsprüferpraxis WPg 2005, 374; *Schmidt* Geschäftsverständnis, Risikobeurteilungen und Prüfungshandlungen des Abschlussprüfers als Reaktion auf beurteilte Risiken WPg 2005, 873.

A. Allgemeines

1 Der **Geltungsbereich** des § 317 umfasst alle prüfungspflichtigen KapGes sowie diesen durch das KapCoRiLiG gleichgestellte KapCoGes; jedoch verweisen auch die Vorschriften für Kreditinstitute in § 340 k und für VersicherungsUnt in § 341 k grds auf die §§ 316 bis 324 und regeln nur Abweichungen. Das PublG verweist mit § 6 Abs 1 auf Abs 1 und 2 und mit § 14 Abs 1 auf § 317.

2 § 317 ist auch anwendbar für die Prüfung des IFRS-EA (§ 324 a iVm 325 Abs 2 a) sowie für die Prüfung des nach internationalen Rechnungslegungsstandards aufgestellten KA (§ 315 a)

3 Gegenstand und insb Umfang **freiwilliger Abschlussprüfungen** sind im HGB nicht geregelt. Sofern jedoch ein BVm gem § 322 erteilt werden soll (*IDW PS 400* WPg 1999, 641 Anm 5), gelten die nachstehenden Ausführungen entspr.

4 Zum **Gegenstand** der Prüfung von JA oder KA gehören **nicht:**
- die wirtschaftlichen Verhältnisse der Ges
- die Ordnungsmäßigkeit der Geschäftsführung
- der Versicherungsschutz (als Aufgabe der Geschäftsführung), ebenso *WPH*[12] *I* R 9
- der Bericht des AR gem § 171 Abs 2 AktG und ggf nach § 52 Abs 1 GmbHG iVm § 171 AktG (erst nach der JAP/KA-Prüfung aufstellbar)
- die Offenlegung des JA (ggf auch des IFRS-EA, des Gewinnverwendungsvorschlags und -beschlusses) oder KA (weil der Prüfung nachgelagert); jedoch ist ggf die Offenlegung der Vj-Unterlagen zu prüfen (dazu *IDW PS 450* WPg 1999, 601 Anm 46).
- die unterjährige Zwischenberichterstattung

Zur Abgrenzung der JAP von der Unterschlagungsprüfung s Anm 15 und von der prüferischen Durchsicht s *PS 900* WPg 2001, 1492 ff.

B. Jahresabschluss (Abs 1)

I. Gegenstand der Prüfung (S 1)

5 Zu prüfen sind **nach HGB** stets der **JA mit Anhang** sowie der **Lagebericht** (§ 316). In die Prüfung einzubeziehen sind die **Buchführung** und wohl auch das **Inventar** (§ 317) als der JA-Erstellung zugrundeliegende Unterlagen. Zur Buchführung gehört nicht nur die Finanzbuchführung, sondern auch Nebenbuchführungen wie zB die Anlagenbuchführung, die Gehalts- und Lohnbuchführung und die Lagerbuchführung. Die **Kostenrechnung** dagegen ist nur insoweit Prüfungs-

gegenstand, als sie Grundlage der Ermittlung der HK für die Erzeugnisse/Leistungen oder für aktivierte Eigenleistungen ist oder bei Vollkosten-Ansatz für Drohverlustrückstellungen im Absatzbereich, für Kulanzrückstellungen oder für unterlassene Instandhaltungen. Die Kostenstellen- und Kostenträgerrechnung muss für die Prüfung einer nach dem Umsatzkosten-Verfahren aufgestellten GuV (§ 275 Abs 3) herangezogen werden; ähnlich *ADS*[6] § 317 Anm 16.

Besonderheiten einzelner Wirtschaftszweige: 6

Bei der **genossenschaftlichen Pflichtprüfung** ist der Prüfungsgegenstand erweitert (§ 53 GenG); hierzu Vor § 339 Anm 10f. Auch andere Spezialgesetze sehen einen erweiterten Prüfungsumfang vor, so insb die **Eigenbetriebsgesetze** oder Eigenbetriebs-VO der Länder durch Einbeziehung der *wirtschaftlichen Verhältnisse* sowie § 53 HGrG für die Prüfung von Unt im Mehrheitsbesitz von Gebietskörperschaften durch Einbeziehung der Ordnungsmäßigkeit der *Geschäftsführung* (s *IDW PS 720* Fragenkatalog zur Prüfung der Ordnungsmäßigkeit der Geschäftsführung und der wirtschaftlichen Verhältnisse nach § 53 HGrG WPg 2000, 326ff).

Kreditinstitute müssen gem § 330 Abs 2 und § 29 Abs 3, 4 KWG zusätzliche Richtl der Bankenaufsicht beachten; es gelten derzeit die RechKredV idF vom 10. 12. 2001 (BGBl I, 3414) und die VO über den Prüfungsbericht vom 17. 12. 1998 (BGBl I, 3690). Gem § 29 Abs 1 KWG hat die Prüfung auch die wirtschaftlichen Verhältnisse einzubeziehen *(s IDW PS 520, 521, 522)*.

Bei **Versicherungsunternehmen** haben die Aufsichtsbehörden gem § 57 Abs 2 S 2 VAG ebenfalls das Recht, derartige Bestimmungen zu erlassen; derzeit sind für die größeren VersicherungsUnt die RechVersV idF vom 27. 5. 2003 (BGBl I, 736) in Kraft und die VO über den Inhalt des Prüfungsberichts (PrüfV vom 3. 6. 1998 (BGBl I, 1209).

Während der **Prüfungsgegenstand** im HGB unmittelbar bestimmt ist, ist 7
der **Umfang der Prüfung** nicht direkt geregelt. Dieser ergibt sich aber sowohl aus Abs 1 S 3, wie die Prüfung anzulegen ist (dazu Anm 14f), als auch indirekt daraus, dass die Prüfung so gestaltet sein muss, dass sich der **Pflichtinhalt des Prüfungsberichts** gem § 321 Abs 1 bis 3 für jede Einzelheit aus den in den Arbeitspapieren des AP dokumentierten *Prüfungshandlungen* herleiten und ggf beweisen lässt. Ferner müssen alle Prüfungsziele gem Abs 1 ebenfalls erreicht und damit **alle Einzelfeststellungen im Bestätigungsvermerk** gem § 322 Abs 1 bis 4 und 6 durch die Prüfungshandlungen *belegt* sein. Zu diesen Zielen gehört gem Abs 1 S 3 auch die Generalnorm des § 264 Abs 2 S 1 mit dem Zusatz „unter Beachtung der Grundsätze ordnungsmäßiger Buchführung". Diesen Grundsätzen muss nicht nur der JA (mit Anhang), sondern auch die Buchführung selbst entsprechen.

ADS[6] § 317 Anm 22 weisen darauf hin, dass der Prüfungsumfang weder vom AP auf eigene Initiative noch durch Vereinbarungen mit dem Unt usw *eingeschränkt* werden darf. Sollte die Geschäftsführung verlangen, bestimmte Teilbereiche des JA intensiver zu prüfen, liegt eine *erweiterte Prüfung* immer dann vor, wenn diese Prüfungshandlungen wesentlich außerhalb des gesetzlichen Prüfungsumfangs liegen (ebenso *ADS*[6] § 317 Anm 23 und hier Anm 10ff); dann sollten deren Ergebnisse auch außerhalb des Prüfungsberichts mitgeteilt werden. Darüber hinaus kann der AR – soweit er gesetzlicher Auftraggeber ist – Prüfungsschwerpunkte setzen (*WPH*[12] *I* R 12; *IDW PS 220* Beauftragung des Abschlussprüfers WPg 2001, 895 Anm 20).

II. Umfang der Prüfung (S 2 und 3)

10 Den Umfang der Prüfung für den JA regeln Abs 1 S 2 (Anm 11 ff), S 3 (Anm 14 f) und für den Lagebericht Abs 2 (Anm 55 ff). Der JA umfasst auch den Anhang. Der sachliche Umfang der JAP (auch für ein Rumpf-Gj) – und damit auch ein entspr angemessener Zeitbedarf – wird sich stets am **Einzelfall** orientieren. Er ist ua von der Zahl und der Bedeutung der Posten des JA, von dem Schwierigkeitsgrad der zu beurteilenden Fachfragen, vom Inhalt des vorgelegten Anhangs und des Lageberichts sowie von der Wirksamkeit der internen Kontrollen beim Unt und nicht zuletzt auch von Zahl und Bedeutung der getroffenen Feststellungen im Verlauf der Prüfung abhängig. Jedoch wird vom AP stets ein planvolles und systematisches Vorgehen erwartet, insb auch eine fachgerechte Einteilung der Prüfungsfelder (Anm 14, 20 ff).

11 **Satz 2** beschränkt sich auf die Feststellung, dass sich „die Prüfung ... darauf zu erstrecken (hat), ob die gesetzlichen Vorschriften und sie ergänzende Bestimmungen des GesVertrags oder der Satzung beachtet worden sind". Die Einbeziehung der Buchführung und des Inventars ergibt sich bereits aus Abs 1 S 1 (Anm 5).

12 Der AP muss dazu alle (jeweiligen) **gesetzlichen Vorschriften** über die Aufstellung des JA heranziehen: Es sind dies in erster Linie die §§ 242 bis 256, außerdem die §§ 264 bis 288 und die Übergangsregelungen des EGHGB.

Ferner sind die **rechtsformspezifischen Bestimmungen** zu beachten

- für **AG und KGaA** gehören dazu namentlich §§ 150, 152, 158, 160, 161 und 58 AktG, auch die §§ 56, 71 bis 71 e AktG; bei KGaA zusätzlich §§ 286, 288 AktG,
- für **GmbH** insb §§ 29 bis 33 und 42 GmbHG,
- für **KapCoGes** die §§ 120, 121, 128 a, 167, 168, 172 a sowie § 264 c und
- für **Genossenschaften** §§ 336 bis 338.

Hinzu treten für **Kreditinstitute** die §§ 340 a bis 340 h und für **Versicherungsunternehmen** die §§ 341 a bis 341 h.

Zu den gesetzlichen Vorschriften gehören gem § 243 Abs 1 auch die kodifizierten und nicht kodifizierten **GoB** (ebenso *BegrRegE* in BRat-D 872/97, 71 und *ADS*[6] § 317 Anm 26). Ferner ist auf die Feststellung des Vj-JA zu achten, da der zu prüfende JA nach § 252 Abs 1 Nr 1 hieran anschließen muss. Dagegen werden Unterzeichnung und Feststellung des zu prüfenden JA fast immer erst nach Ende der JAP und der Erteilung des BVm vollzogen; ähnlich *ADS*[6] § 317 Anm 25.

Die Darstellungen und Einzelangaben im **Anhang** sind vollständig prüfungspflichtig, ebenso freiwillige Zusatzangaben. Einzige Ausnahme ist die anstelle der Angabe nach § 285 S 1 Nr 16 im Wortlaut vollständig in den Anhang aufgenommene Corporate Governance Kodex-Entsprechenserklärung, die selbst dann nicht Bestandteil des Abschlusses wird (*IDW PS 345* WPg 2003, 1002 Anm 22). Es empfiehlt sich, während der Prüfung der Posten des JA durch Aufzeichnungen bereits die Prüfung der entspr Anhangangaben vorzubereiten. Diese kann dann mit Hilfe dieser Unterlagen und einer Checkliste am Ende der JAP vorgenommen werden. (s auch *ADS*[6] § 317 Anm 27).

Außerdem sind etwaige **Bestimmungen des Gesellschaftsvertrags** oder der Satzung des zu prüfenden Unt zu beachten. Diese beziehen sich häufig auf Rücklagendotierungen und gewinnabhängige Bezüge von Verwaltungsorganen. Solche Satzungsbestimmungen dürfen die gesetzlichen Vorschriften nur ergänzen, nicht jedoch mindern oder sonstwie abändern. So kann zum Zwecke der Erstellung einer Einheitsbilanz für Handels- und Steuerrecht bestimmt werden, das jeweilige Ertragsteuerrecht zu beachten, allerdings nur, soweit die steuerrechtlichen Regelungen handelsrechtlich auch zulässig sind. Satzungsbestimmungen außerhalb der Rechnungslegung sind für § 317 nicht Prüfungsgegenstand, ebenso *Grewe* in BoHdR § 317 Anm 36 und *ADS*[6] § 317 Anm 111; über schwerwiegende Verstöße der gesetzlichen Vertreter gegen die Satzung muss jedoch im Rahmen der Redepflicht des AP gem § 321 Abs 1 S 3 berichtet werden (s § 321 Anm 38 ff).

Die Prüfung auf Einhaltung der Gesetze und des GesVertrags erstreckt sich namentlich auf folgende Sachverhalte: 13
- die Voraussetzungen der UntFortführung iSv § 252 Abs 1 Nr 2 (s Anm 60),
- **Vollständigkeit** aller bilanzierungspflichtigen VG, Rückstellungen, Verbindlichkeiten und RAP,
- Ausübung von zugelassenen **Ansatzwahlrechten,** insb bei den Sonderposten mit Rücklageanteil und den Rückstellungen,
- Ansatz von **Bilanzierungshilfen** (Ingangsetzungskosten, latente Steuern) Ausgleichsbetrag nach dem AltfahrzeugG (Art 53 Abs 2 EGHGB),
- richtiger **Ausweis** aller Einzelposten,
- zutreffende **Bewertung** aller vorstehenden Posten sowie Einhaltung aller Bewertungsgrundsätze gem §§ 252 ff,
- angemessene Ermittlung der **Ertragsteuern** und anderer ergebnisabhängiger Posten wie Gewinnanteile, Zinsen auf Genussscheine usw,
- Vollständigkeit und Richtigkeit der Darstellung und Angaben im **Anhang.**

Nach **Satz 3** des Abs 1 ist die Prüfung „so anzulegen, dass Unrichtigkeiten und Verstöße gegen die in Satz 2 aufgeführten [gesetzlichen] Bestimmungen, die sich ... wesentlich auswirken, bei gewissenhafter Berufsausübung erkannt werden". Die „Wesentlichkeit" wird dabei am Bild der „Vermögens-, Finanz- und Ertragslage des Unternehmens" gemessen (s *IDW PS 250* WPg 2003, 944 Anm 6). Die **Generalnorm** des § 264 Abs 2 ist also **Maßstab** für die **Disposition** der JAP. 14

Durch Hinweis auf die gewissenhafte Berufsausübung fordert S 3 außerdem die *Anwendung berufsüblicher Prüfungsverfahren.* Die erforderlichen Prüfungshandlungen hat der AP sorgfältig so zu bestimmen, dass unter Beachtung der Grundsätze der **Wesentlichkeit** und **Wirtschaftlichkeit** und des **Fehlerrisikos** die geforderte Beurteilung der Rechnungslegung möglich wird (*IDW PS 200* WPg 2000, 706 Anm 21, *IDW PS 300* WPg 2001, 898 Anm 11). Zu den berufsüblichen Prüfungsansätzen und -methoden zählt insb das „risikoorientierte Prüfungsvorgehen", das die Schwerpunkte der Abschlussprüfung auf die sensiblen Teile der Rechnungslegung setzt und sich weitgehend auf ein wirksames und ständig neuen Gegebenheiten angepasstes „Internes Kontrollsystem" stützt; dessen Wirksamkeit hat der AP gleichfalls zu prüfen. Das risikoorientierte Prüfungsvorgehen wird hier im Abschn F (Anm 100 ff) ausführlich dargestellt.

Entgegen vereinzelter Stimmen der Öffentlichkeit ist die APr „ihrem Wesen nach" nicht primär darauf ausgerichtet, **Untreuehandlungen, Unterschlagungen** uä aufzudecken (*IDW PS 201* WPg 2000, 710 Anm 11). Gleichwohl ist im Rahmen der Planung der APr eine Risikobeurteilung hinsichtlich solcher Sachverhalte vorzunehmen (s *IDW PS 210* WPg 2003, 655 Anm 21 ff; s auch *Marten/Quick/Ruhnke,* 281). Bei Vermutung oder Aufdeckung von Unregelmäßigkeiten oder anderen Gesetzesführung, muss der AP weitere Feststellungen treffen sowie die Geschäftsführung oder ggf auch den AR unterrichten. Außerdem ist im Prüfungsbericht dazu Stellung zu nehmen. 15

Die Überprüfung der Einhaltung der Generalnorm des § 264 Abs 2 erfordert im Allgemeinen keine zusätzlichen Prüfungshandlungen, da ein den tatsächlichen Verhältnissen entspr Bild der VFE-Lage regelmäßig durch die Beachtung der gesetzlichen Vorschriften vermittelt werden kann, ggf sind jedoch zusätzliche Angaben im Anhang erforderlich; wie hier § 264 Anm 25 ff, 31, *ADS*[6] § 317 Anm 30, wohl auch *WPH*[12] *I* F 55; ähnlich *Schulze-Osterloh* in Baumbach/Hueck GmbHG[17] § 42 Anm 28: Auslegungsgrundsatz und Hilfsmittel bei Schließung von Lücken (mwN).

16 Dieses sehr umfangreiche Arbeitspensum erfordert eine **sachgerechte Vorbereitung** der Prüfung und ein **planmäßiges Prüfungsvorgehen;** dazu insb *IDW PS 240* (WPg 2000, 846), *IDW PS 260* (WPg 2001, 821) sowie einige Hinweise in Anm 20 ff. Hierzu sind sowohl Kenntnisse über das rechtliche und wirtschaftliche Umfeld des Unt (*IDW PS 230* WPg 2000, 842) als auch IT-Kenntnisse der Prüfer (*IDW PS 330* WPg 2002, 1167) erforderlich; ggf sind Spezialisten hinzuzuziehen (*IDW PS 322* WPg 2002, 689).

III. Hinweise zum Prüfungsverfahren

20 Das HGB enthält – abgesehen von Abs 1 S 2 und 3 (Anm 11 ff, 14 ff) – **keine Vorschriften zum Umfang der Prüfung** der Rechnungslegung. Soweit Aufsichtsbehörden zuständig sind (für Kreditinstitute und VersicherungsUnt), wurden hierfür VO erlassen (Anm 6); dort steht jedoch der Mindestinhalt des Prüfungsberichts im Vordergrund; lediglich für bestimmte Prüfungsschwerpunkte werden auch Angaben zur Art der Urteilsbildung des AP verlangt. Für Industrie-, Handels- und andere DienstleistungsUnt hat sich eine internationale Berufsausübung gebildet. In Deutschland hat sich der Berufsstand (vertreten durch das IDW) verpflichtet, die Grundsätze der IFAC (International Federation of Accountants), insb die des IAASB (International Auditing and Assurance Board) umzusetzen.

21 Auch der **Zeitraum der Abschlussprüfung** ist im HGB nur indirekt geregelt: Nach Aufstellung des JA (oder KA) ist dieser unverzüglich dem AP vorzulegen (§ 320). Durch die bereits seit längerer Zeit üblich gewordene Vorverlegung der HV insb bei börsennotierten AG und KGaA um mehrere Monate – auf April/Mai statt lt AktG August bei JA zum 31. 12. – wurde der Zeitraum der Hauptprüfung des JA stark verkürzt. So müssen wesentliche Teile der Prüfung vorverlegt und bereits fertiggestellte Teile des JA sektoriell geprüft werden (s auch § 316 Anm 6 f).

In der Praxis hängt die **Prüfungsdauer** *insbesondere* von der Zuverlässigkeit des IKS, von der Qualität der Prüfungsunterlagen und des Belegwesens, von der Verfügbarkeit geeigneter Auskunftspersonen sowie von der rechtzeitigen Vorlage von Teilen des JA (inkl Anhang) und des Lageberichts ab.

Infolge der knappen Termine werden Teile der Prüfungstätigkeiten regelmäßig vor dem Bilanzstichtag im Rahmen einer **Vorprüfung** durchgeführt. Diese Arbeiten beziehen sich namentlich auf die Wirksamkeit der IKS (ua des Rechnungslegungssystems inkl des Buchführungssystems; zur Systemprüfung s *Marten/Quick/Ruhnke,* 194 ff), die Einholung von Saldenbestätigungen *(s IDW EPS 302)* sowie auf den Buchungsstoff des Gj bis zu diesem Zeitpunkt. Dadurch soll die spätere Prüfung sachlich und zeitlich entlastet werden.

Für den zweiten Prüfungsabschnitt **(Hauptprüfung)** verbleibt dann der Buchungsstoff für die restlichen Monate des Gj, die Kontrolle des Rücklaufs und des Inhalts der Saldenbestätigungen, die Überwachung der Aufnahme des Vorratsvermögens sowie die oft zahlenmäßig umfangreichen Buchungen *zum* Jahresende, die größtenteils – Rückstellungen, Bewertungen von Beständen, Abschreibungen – erst Anfang des nächsten Gj durchgeführt werden können.

22 **Art und Umfang** der durchzuführenden **Prüfungshandlungen** ergeben sich aus den IDW Prüfungsstandards, die in Summe die „Grundsätze ordnungs-

mäßiger Durchführung von Abschlussprüfungen" (GoA) bilden. Die bei der Durchführung der JAP festgestellten Fehler sind jeweils auf ihre Auswirkungen auf den JA zu überprüfen. Unklarheiten sowie wesentliche Fehler erfordern eine Ausdehnung der Prüfungshandlungen nach pflichtgemäßem Ermessen des zuständigen WP. Ferner hat eine Dokumentation aller Prüfungsschritte sowie der *einzelnen* Prüfungsergebnisse zu erfolgen. Angesichts des engen Zeitrahmens des zweiten Prüfungsabschnitts (Anm 21) wird es idR erforderlich sein, Teile der Prüfung von Prüfungsassistenten durchführen zu lassen; diese müssen aber vom AP selbst, seinem gesetzlichen Vertreter und/oder von bei diesem angestellten WP **laufend überwacht** werden. Von den letzteren müssen dabei auch die **Arbeitsunterlagen** der Prüfungsgehilfen **durchgesehen** werden bzw mit diesen besprochen werden.

Zur Beurteilung der VFE-Lage können **Kennzahlen** vergleichbarer Unt herangezogen werden (s *IDW PS* 312 2001 903). Es ist jedoch zu beachten, dass solche Vergleichszahlen nur bedingt aussagefähig sind; s auch *WPH*[12] *I* R 302ff, R 330ff. 23

Neben der **Dokumentation der Prüfungshandlungen** in den Arbeitspapieren hat der AP auch über Art und Umfang sowie Ergebnis der Prüfung schriftlich zu berichten (§ 321) und einen BVm zu erteilen (§ 322). Der BVm ist auch in den Prüfungsbericht, der regelmäßig zum Abschluss der Prüfung erstellt wird, aufzunehmen. 24

Ergeben sich nachträglich Umstände oder Sachverhalte, die Änderungen im JA mit Anhang oder im Lagebericht erforderlich machen, findet eine **Nachtragsprüfung** gem § 316 Abs 3 statt. Zu möglichen Anlässen s § 316 Anm 43ff. 25

C. Konzernabschluss (Abs 1 und 3)

I. Gegenstand und Umfang der Prüfung

Zu prüfen sind nach HGB stets der KA, bestehend aus Konzernbilanz, Konzern-GuV, Konzernanhang, Konzern-KFR sowie Konzern-EK-Spiegel, und der Konzernlagebericht. Sofern der KA freiwillig um eine SegBerE ergänzt wird, ist auch diese prüfungspflichtig. 30

Die Prüfung des KA hat das Ziel festzustellen, ob die gesetzlichen Vorschriften und sie ergänzende Bestimmungen im GesVertrag oder in der Satzung beachtet worden sind (Abs 1 S 2). Auch die Einhaltung der vom Standardisierungsrat des DRSC herausgegebenen und vom BMJ bekanntgegebenen Standards (Deutsche Rechnungslegungsstandards – DRS) – soweit sie den gesetzlichen Vorschriften entsprechen – muss geprüft werden (s auch *ADS*[6] § 317 Anm 133).

Durch die Prüfung müssen wie beim JA Unrichtigkeiten und Verstöße gegen die in S 2 aufgeführten Bestimmungen festgestellt werden, wenn die Unrichtigkeiten usw sich auf die Darstellung der VFE-Lage des Konzerns wesentlich auswirken und wenn sie bei gewissenhafter Berufsausübung erkannt werden (Abs 1 S 3).

Im Vordergrund der KA-Prüfung stehen gem Abs 3 S 1 neben den ordnungsgemäßen **Konsolidierungen** (ebenso *ADS*[6] § 317 Anm 124ff) auch die zutreffende und im Grundsatz stetige Abgrenzung des **Konsolidierungskreises.** Dabei sind in den KA einzubeziehen alle JA von TU im In- und Ausland, soweit keine Einbeziehungswahlrechte (§ 296) bestehen (zur Behandlung von UntErwerben s DRS 4); außerdem GemUnt (§ 310 sowie DRS 9) und assozUnt (§ 311f sowie DRS 8). Der Konzern-AP muss selbst prüfen, ob für die tatsäch- 31 lich nicht in den KA einbezogenen TU die Voraussetzungen dazu (gem § 296) in allen Fällen vorliegen und ob dort nicht Anteile an anderen TU gehalten werden und dadurch der KonsUmfang oder Angaben verändert werden. Gleiches gilt trotz hier fehlenden Auskunftsrechts für die Kons von GemUnt und von assozUnt. Zusätzlich hat der Konzern-AP im Rahmen der KA-Prüfung **die im KA zusammengefassten JA** in entspr Anwendung des Abs 1 zu prüfen (Abs 3 S 1). Von dieser Pflicht zur Prüfung durch den Konzern-AP ausgenommen sind JA, die entweder gem §§ 316ff oder ohne gesetzliche Verpflichtungen bereits nach den Grundsätzen der §§ 316ff oder von einem gem der 8. EG-Richtl zugelassenen oder ihm gleichgestellten AP in einer den §§ 316ff entspr Weise geprüft worden sind. Erst wenn alle einbezogenen JA geprüft sind, kann der KA geprüft werden. Näheres zur Prüfung der JA s Anm 35ff.

32 Die **spätere Änderung von JA** einbezogener Unt wirkt sich auf den KA nur dann aus, wenn sie *auch für diesen* wesentlich ist.

II. Prüfung der Einzelabschlüsse

35 Der Prüfungsumfang hinsichtlich der im KA zusammengefassten JA hängt davon ab, inwieweit die dem Konzern-AP vorliegenden JA bereits geprüft wurden.

36 Wenn dem Konzern-AP ein JA vorliegt, der die konzerneinheitlichen Bilanzierungs- und Bewertungsgrundsätze berücksichtigt und in zulässiger Weise (Anm 43f) geprüft wurde, also eine **geprüfte Handelsbilanz II** vorliegt, kann der Konzern-AP die Ergebnisse des AP unter Berücksichtigung der Voraussetzungen des *IDW PS 320* WPg 2004, 493 Anm 27ff übernehmen.

37 Ist der vorliegende geprüfte JA dagegen noch nicht an die konzerneinheitlichen Bilanzierungs- und Bewertungsmethoden angepasst **(geprüfte Handelsbilanz I),** muss der Konzern-AP die Anpassungen im Rahmen der Überleitung von der HB I auf die HB II prüfen.

Wenn die HB I ein nach den deutschen handelsrechtlichen Vorschriften für KapGes aufgestellter JA ist, müssen zur Überleitung nur abw Bilanzierungs- und Bewertungsgrundsätze des Konzerns berücksichtigt werden. Ist das einzubeziehende TU keine KapGes oder eine KapGes, die gem § 264 Abs 3 hinsichtlich der Rechnungslegung PersGes gleichgestellt ist, muss deren JA zusätzlich an die gem §§ 297ff maßgebenden Vorschriften für KapGes angepasst werden. Bei JA ausländischer TU ist darüber hinaus die Anwendung der deutschen GoB sicherzustellen. Die Überleitung auf die HB II kann auch auf Teilkonzernebene erfolgen, wenn JA bei Anwendung der Befreiungen nach § 291 zu Teil-KA zusammengefasst werden.

38 Liegt ein **ungeprüfter** JA vor, ist dieser grds durch den Konzern-AP vollumfänglich zu prüfen. Dies kann etwa der Fall sein bei TU, die gem § 267 Abs 1 als kleine KapGes/KapCoGes einzustufen sind, oder bei ausländischen TU. Ebenso fallen hierunter die JA von TU, die gem § 264 Abs 3 oder § 264b von der gesetzlichen Prüfungspflicht befreit sind und die auch nicht freiwillig geprüft wurden (s auch *ADS*[6] § 317 Anm 181 und 186).

Der Gesetzeswortlaut fordert hierbei, die JA „in entspr Anwendung des Abs 1 zu prüfen", was zunächst eine eigenständige Prüfung und damit einhergehend die Erteilung eines eigenen BVm sowie die Erstellung eines eigenen Prüfungsberichts zum JA vermuten lassen würde. Da das Ziel der KA-Prüfung jedoch in der Prüfung und Berichterstattung zum KA besteht, ist die „Prüfung" der JA wohl eher dahingehend auszulegen, dass auf die ungeprüften JA die §§ 316ff sinngemäß anzuwenden sind und insb eine eigene Berichterstattung darüber entbehrlich ist. Die primäre Ausrichtung der KA-Prüfung auf den Konzern als Ganzes lässt es darüber hinaus zulässig erscheinen, bei der Prüfung der JA auch die Wesentlichkeitsgrenzen aus Konzernsicht zugrunde zu legen, so dass für den Konzern gänzlich unbedeutende TU überhaupt nicht geprüft werden müssten. Für diese Auslegung spricht auch, dass hinsichtlich der Prüfungspflicht etwa von kleinen KapGes/KapCoGes im Rahmen des KA keine strengeren Maßstäbe anzulegen sein dürften als für ihren (nicht prüfungspflichtigen) JA.

Für ungeprüfte JA gelten demnach die Prüfungsanforderungen zum JA hinsichtlich Buchführung und Inventar (Abs 1 S 1; Anm 5–7), Einhaltung der gesetzlichen Vorschriften einschl der GoB (Abs 1 S 2; Anm 10–13) sowie Feststellung von aus Konzernsicht erkennbaren wesentlichen Unrichtigkeiten und Verstößen (Abs 1 S 3; Anm 14f, 30).

Handelt es sich bei dem TU nicht um eine KapGes/KapCoGes oder um eine gem § 264 Abs 3/§ 264b von der Aufstellung eines Anhangs sowie Lageberichts befreite KapGes/KapCoGes, kann sich der Konzern-AP die zur Prüfung des Konzern-Anhangs/-Lageberichts erforderlichen Angaben über die Anforderung von detaillierten Formularsätzen, Checklisten oder Einzelangaben verschaffen, die er aber dann auch zu prüfen hat.

GemUnt werden in § 317 nicht ausdrücklich genannt, bei quotaler Einbeziehung stehen sie jedoch den TU gleich (ebenso zB *ADS*[6] § 317 Anm 191ff). 39

AssozUnt fallen dagegen dem Wortlaut nach nicht unter Abs 3 S 1, da es sich bei der Kons at equity nur um eine Bewertungsmethode von Beteiligungen und nicht um eine Zusammenfassung von JA handelt; damit muss der Konzern-AP diese JA nicht prüfen (s auch *ADS*[6] § 317 Anm 196f; zum Charakter der Equity-Methode s § 312 Anm 1ff). 40

III. Prüfungsausnahmen (S 2 und 3)

Eine Prüfung der in den KA einbezogenen JA durch den Konzern-AP entfällt gem Abs 3 S 2 für **inländische TU** dann, wenn diese gem §§ 316ff von einem (anderen *deutschen*) AP geprüft wurden oder wenn freiwillig eine den Grundsätzen der §§ 316ff entspr JAP durch einen deutschen AP gem § 318 Abs 1 oder § 6 PublG stattfand. 43

Auch bei den **ausländischen Tochtergesellschaften** innerhalb der übrigen EU- und der EWR-Staaten entfällt eine Prüfung der Abschlussunterlagen durch den Konzern-AP dann, wenn der ausländische JA von Personen oder Ges geprüft wurde, die den Anforderungen der 8. EG-Richtl voll entsprechen (Abs 3 Satz 3 1. Hs), sofern diese dort umgesetzt sind. Das gleiche ist für andere Staaten (zB USA, Schweiz und Norwegen) gem Satz 3 zweiter Hs zulässig, sofern ein dort ansässiger (oder dort zulässigerweise tätiger) AP die Qualifikation gem der 8. EG-Richtl selbst hat oder eine Befähigung, die dieser Qualifikation gleichwertig ist. Zur Qualifikation von Drittland-AP s die VO zu § 292 und dort Anm 29ff. 44

Ob die Voraussetzungen der S 2 und 3 des Abs 3 in jedem Einzelfall *eindeutig* vorliegen, muss der **Konzern-AP in eigener Verantwortlichkeit** feststellen (ebenso *ADS*[6] § 317 Anm 209). Dazu gehört auch die Bewertung der Qualität des anderen AP unter Berücksichtigung der Bedeutung der von diesem geprüften Teilelemente (s hierzu *IDW PS 320* WPg 2004, 593 Anm 22ff). Als Maßnahmen seitens des Konzern-AP kommen insb in Betracht: 45

- kritisches Lesen des Prüfungsberichts des anderen AP,
- Erörterung mit dem anderen AP der von ihm durchgeführten Prüfungshandlungen,

– gemeinsame Teilnahme mit dem anderen AP an wesentlichen Besprechungen wie zB dem Planungsmeeting und/oder der Schlussbesprechung,
– Einsichtnahme in die Arbeitspapiere des anderen AP.

Zur Verwendung der Arbeit eines anderen externen Prüfers s *IDW PS 320* WPg 2004, 493 ff.

47 Der Konzern-AP sollte Feststellungen der **Innenrevisionen** von Unt bei seiner eigenen Urteilsfindung berücksichtigen (s hierzu *IDW PS 321* WPg 2002, 686 ff). Arbeiten solcher abhängiger Einrichtungen dürfen aber die Prüfungsarbeiten des Konzern-AP und anderer Berufsträger (WP, vBp, ggf andere nach der 8. EG-Richtl geeignete Prüfer) nicht ersetzen, sie wirken auch nicht „befreiend" gem Anm 43 ff; ähnlich *ADS*[6] § 317 Anm 181.

IV. Hinweise zum Prüfungsverfahren

48 Die in den Anm 20 ff zum JA gegebenen Hinweise gelten auch für die einem KA zugrunde liegenden JA. Die Prüfung dieses JA und die der TU sind Voraussetzung für die Prüfung des KA. Mit der Verabschiedung des Deutschen *Corporate Governance Kodex* wurde auch der Zeitraum für die Prüfung des KA verkürzt, da danach der KA innerhalb von 90 Tagen veröffentlicht werden sollte.

49 Zu Beginn der KA-Prüfung sollten bereits die Vorbereitungen des MU für den KA geprüft und dabei namentlich folgende Sachverhalte untersucht oder mit den Beteiligten, insb beim MU, erörtert werden:
– ordnungsgemäße Wahl zum Konzern-AP,
– Feststellung des KonsKreises nach dem *derzeitigen* Stand einschl der Qualifikation als TU (dazu *ADS*[6] § 317 Anm 126), GemUnt oder assozUnt, ggf der Voraussetzungen für Kons-Wahlrechte; Berücksichtigung von im Vergleich zum Vj höheren oder geringeren Beteiligungsquoten sowie der bisherigen Zugänge und Abgänge von TU, GemUnt oder assozUnt; s *HFA 3/1995* Konzernrechnungslegung bei Änderung des Konsolidierungskreises WPg 1995, 697,
– Festlegung der Wesentlichkeitsgrenzen für die Einbeziehung von TU usw in den KonsKreis sowie für Schulden- und ErtragsKons und Zwischenergebnis-Eliminierungen,
– Vorbereitungen der ErstKons bei Zugängen und der EndKons für Abgänge,
– Durchsprache der Fortschreibung der Bilanzierungsrichtl mit dem MU und den AP großer TU; Hinweise zu von den handelsrechtlichen Vorschriften im Ausland abw deutschen Bestimmungen einschl GoB und ggf der Gesetzesänderungen im letzten Jahr,
– Auftragsabgrenzungen zu den AP der einbezogenen TU, GemUnt oder assozUnt, namentlich für die sog HB II (Anm 51),
– Organisatorische Vorkehrungen in Buchhaltung und EDV zur Erfassung und Auswertung der eingehenden Unterlagen,
– Vorbereitung der aus den Vj bekannten KonsMaßnahmen für FolgeKons, insb bei der EK-Kons,
– Terminplanung für die Vorlage der Formularsätze der TU usw und weiterer Unterlagen (zB Fragebogen für Konzernanhang und Konzernlagebericht), ggf auch der BVm und Prüfungsberichte.

50 Im weiteren Verlauf der KA-Prüfung hat der Konzern-AP zunächst die weiteren Veränderungen bei den Beteiligungen des MU und der einbezogenen TU bis zum Bilanzstichtag festzustellen sowie die Festlegung des endgültigen KonsKreises durch das MU zu prüfen, *notfalls* unter Änderung der Wesentlichkeitsgrenzen.

Ein weiterer Schwerpunkt ist die Prüfung der Maßnahmen des MU zur Vollständigkeit der Ansätze für Aktiva und Schulden (§ 300) und zur einheitlichen Bewertung (§ 308) unter Beachtung der Stetigkeit. Alsdann sind die einzelnen KonsMaßnahmen des MU zu prüfen, insb die Kons der EK-Posten, die Eliminierung von Zwischenergebnissen, die Durchführung der Währungsumrechnungen und ggf die Steuerabgrenzungen (§§ 274, 306).

Zu diesen Prüfungen gehört auch die Durchsicht der zulässigerweise (Anm 43 ff) *anderweitig geprüften* JA und der BVm und/oder Prüfungsberichte dazu (*ggf* einschl der Prüfung der zugehörigen HB II durch diese AP (Anm 51)) und die Prüfung der Formularsätze und weitergehenden Angaben zum JA, Anhang oder Lagebericht jeweils auf die in Anm 30 genannten Ziele der KA-Prüfung; ebenso *ADS*[6] § 317 Anm 214. Diese anderen AP haben die einbezogenen JA nach den Maßstäben für eine Pflichtprüfung gem HGB zu prüfen und dabei ebenfalls die Grundsätze einer ordnungsmäßigen APr (Anm 22) zu beachten. Wenn für diese JA keine Prüfungspflicht besteht (zB wegen § 264 Abs 3), muss ggf nach einer freiwilligen Prüfung eine Bescheinigung erteilt werden.

In der Praxis wird häufig der Konzern-AP die Ableitung der HB II hinsicht- 51
lich Ansatz, Gliederung und Bewertung dem anderweitigen Prüfer der einbezogenen JA überlassen; ebenso die hM, zB *WPH*[12] *I* M Anm 867. Das setzt aber stets detaillierte KA-Richtl des MU voraus und deren Durchsprache durch den Konzern-AP mit den Prüfern der JA (Anm 49); denn insoweit werden die JA-Prüfer rechtlich im Auftrag und als Gehilfen des Konzern-AP tätig.

Muss der Konzern-AP die Prüfungen der in dem KA zusammengefassten JA *selbst* oder durch eigene Prüfungsgehilfen vornehmen (weil die Voraussetzungen gem Abs 3 S 2 oder 3 nicht vorliegen) oder muss der Konzern-AP sich zwecks Einhaltung dieser Voraussetzungen (Anm 44 ff) an Auslandsprüfungen beteiligen, sind auch hier die Prüfungsziele gem Abs 3 S 1 Maßstab für Inhalt und Umfang der Arbeiten.

Im Übrigen müssen alle einbezogenen JA unabhängig von der Rechtsform der Unt *auch* den Vorschriften für große KapGes (hinsichtlich Gliederung, Bewertung, Angaben für Anhang und ggf Lagebericht) entsprechen oder sie sind im Rahmen der Erstellung der HB II (§ 300 Anm 26 ff) diesbezüglich zu verändern. Erst in der HB II findet außerdem die Anpassung an die in den Konzern-Bilanzierungsrichtlinien festgelegten konzerneinheitlichen Ansatz- und Bewertungsvorschriften usw statt.

Die Ausführungen in Anm 48 ff beziehen sich in gleicher Weise auf **Zwischenabschlüsse** einbezogener TU oder von GemUnt gem § 299 (s dort Anm 11 ff). Die Rechtslage bei assozUnt ist hier anders (§ 312 Anm 115, 119).

Aus Zeitgründen werden die einem KA zugrundeliegenden JA der einbezo- 52
genen Unt im Zeitpunkt ihrer Vorlage an den Konzern-AP erst teilweise von den Aufsichtsorganen beraten sowie auch *nicht festgestellt* worden sein; das gilt auch für den JA des MU. Hier wird und muss uE die Erklärung der Geschäftsführungen dieser Unt genügen, dass Hinderungsgründe nicht bekannt sind. Bzgl des Zeitraums zwischen dem Testat des TU und dem Testat zum KA s *IDW PS 203* WPg 2001, 891 Anm 16.

D. Lagebericht, Konzernlagebericht (Abs 2)

I. Prüfungsumfang (S 1)

Der Prüfungsumfang für den **Lagebericht** ist ebenso wie für den Lagebericht 55
zum KA in Abs 2 geregelt. Die Lageberichte der einzelnen KonzernUnt fallen

nicht unter diese Prüfungspflicht (Anm 62), ebenso *ADS*[6] § 317 Anm 177 ff, 188.

56 Der AP/Konzern-AP hat *positiv* festzustellen, ob *nach seiner Auffassung* der Lagebericht/Konzernlagebericht eine *zutreffende Vorstellung* von der Lage des Unt/Konzerns vermittelt. Hierfür genügt aber, dass letzteres nach dem Gesamturteil des (Konzern-)AP der Fall ist („insgesamt“). Auffassungsunterschiede in unbedeutenden Einzelfragen können daher unberücksichtigt bleiben.

Das vorerwähnte **Gesamturteil** betrifft einerseits die Feststellung, dass die Lageberichte „im Einklang“ mit dem JA/IFRS-EA/KA stehen (dazu Anm 57); andererseits fließen in dieses Urteil auch die vom AP *„bei seiner Prüfung“* gewonnenen Erkenntnisse iSd zusätzlichen Prüfungsziels gem Abs 1 S 3 ein (Verstöße, Unregelmäßigkeiten, Anm 14 ff) ein. Zusätzlich ist zu beurteilen, ob die Lageberichte alle Pflichtangaben gem DRS 15 enthalten, nach Auffassung des AP eine zutreffende Vorstellung von der Lage des Unt vermittelt wird sowie gesetzliche und satzungsmäßige Vorschriften beachtet sind. Auch muss geprüft werden, ob die Chancen und Risiken der künftigen Entwicklung zutreffend dargestellt sind (Abs 2 S 2); dazu Anm 65 und DRS 5. Ggf ist zusätzlicher Prüfungsgegenstand der **Abhängigkeitsbericht,** dessen Schlusserklärung in den Lagebericht – bei kleinen KapGes/KapCoGes notfalls in den Anhang – aufzunehmen ist, zur Prüfung des AbhBer s Voraufl § 289 Anm 85. Schließlich hat der AP die Beurteilung der Lage des Unt durch dessen Geschäftsführung zu würdigen und selbst eine Beurteilung des Fortbestands und der künftigen Entwicklung des Unt/Konzerns vorzunehmen (Anm 66). S zu diesen Prüfungszielen auch *IDW PS 350* WPg 1998, 663 Anm 3, 6. Bei Prüfung der Lageberichte sind somit stets auch die Feststellungen im Prüfungsbericht und im BVm zu berücksichtigen (Anm 66 f).

Hommelhoff meint in BB 1998, 2570 f (II 1) zu Recht, dass „die Vorstands-Darlegungen zur Lage der Gesellschaft und ihrer Entwicklung erst durch die Stellungnahme des Prüfers (und) durch seinen Kommentar (im Prüfungsbericht) jene Aussagekraft gewinnen, die der Aufsichtsrat braucht, um seiner Überwachungsaufgabe ... „umfassend“ nachzukommen. ...“ Deshalb dürfe sich der AP *nicht* damit begnügen festzustellen: „Gegen das Lageurteil des Vorstands ist nichts zu erinnern.“ Das würde nach Hommelhoff das geforderte (eigene) Plausibilitätsurteil des AP verschweigen; ähnlich *IDW PS 350* WPg 1998, 663 Anm 22: „eigene Akzente zu setzen“ und „auf ihm wesentlich erscheinende Punkte ggf ausführlicher einzugehen“.

II. Hinweise zum Prüfungsverfahren

57 Alle Ausführungen im Lagebericht gem § 289 Abs 1 u 3 sind darauf hin zu prüfen, ob sie im Einklang stehen mit den Informationen, die sich im JA wiederfinden, sowie den sonstigen, im Rahmen der JAP gewonnenen Informationen (s *ADS*[6] § 317 Anm 164 f).

In den Teilgebieten des Lageberichts, die **Zukunftsprognosen** enthalten (§ 289 Abs 1 S 4; s hier Anm 58, 59), wird vom AP erwartet, dass sich sein Urteil auf zuverlässige Unterlagen oder reale Grundlagen stützt – solche Ausführungen im Lagebericht also glaubwürdig und willkürfrei sind; ähnlich *Grewe* in BoHdR § 317 Anm 45.

Die beiden Prüfungsbereiche („in Einklang steht“ und „zutreffende Vorstellung von der Lage des Unternehmens/Konzerns“) richten sich nicht nach den Einzelvorschriften in § 289, sondern nach den jeweiligen Umständen und Informationen und müssen gleichgewichtig beurteilt werden: Werden im

Lagebericht Zahlen genannt und beziehen sich diese auf die Zeit vor dem Testat-Datum, müssen diese Zahlen entweder mit den Unterlagen des Mandanten zum JA, den Arbeitspapieren des AP oder mit vorhandenen Statistiken abgestimmt werden. Dann stehen diese Zahlen *„im Einklang"* mit dem JA.

Es ist erforderlich, die **Ausführungen** in den Lageberichten **lückenlos zu prüfen,** soweit sie das abgelaufene Gj betreffen. Das bedeutet jedoch nicht eine Prüfung des Lageberichts auf *Vollständigkeit*. Es ist stattdessen unter Berücksichtigung der im Rahmen der JA-/KA-Prüfung gewonnenen Erkenntnisse festzustellen, dass der Lagebericht alle Sachverhalte erwähnt, die für die Lagebeurteilung *wesentlich* sind. Ergänzend sind wegen der notwendigen Gesamtwürdigung (Anm 56) auch solche Angaben uneingeschränkt zu prüfen, „die über den Katalog des § 289 HGB hinausgehen" (*IDW PS 350* WPg 1998, 663 Anm 6). *Prognostizierende Angaben* lassen sich jedoch nur insoweit beurteilen, als „sie vor dem Hintergrund der JA-Angaben plausibel erscheinen" und ob insb die grundlegenden Annahmen, die Art der Schätzung und deren Zeithorizont hinreichend erläutert werden – dann stehen sie mit dem JA „in Einklang", *IDW PS 350* WPg 1998, 663 Anm 4. 58

Enthält der Lagebericht *weitere Informationen,* die sich *nicht* auf den JA/KA beziehen – zB Darstellung von Produkten, technischen Neuerungen usw –, sollten hierfür besondere Abschnitte vorgesehen werden, um sie von den Pflichtinhalten des Lageberichts zu trennen. Gleichwohl unterliegen diese Informationen der Prüfung; erwecken sie einen falschen Eindruck von der Situation des Unt (zB Neuerungen, die eine bereits erkennbare „Schieflage" der KapGes/KapCoGes beseitigen *wollen),* hat der AP die Pflicht, hier Richtigstellungen und Ausgewogenheit zu fordern. Sonst wird auch dadurch die „zutreffende Vorstellung von der Lage" (Anm 56) beeinträchtigt; ähnlich *IDW PS 350* WPg 1998, 663 Anm 5. Hierauf muss der AP dann bei seiner eigenen Lagebeurteilung (Anm 56) hinweisen. 59

Zur **Prüfungsdurchführung** enthält *IDW PS 350* WPg 1998, 663 ua folgende Hinweise: 60

- Zu Beginn der einzelnen Prüfungsphasen sollte anhand der zu dieser Zeit vorliegenden Informationen vom AP eine *vorläufige Lagebeurteilung* vorgenommen werden – auch um Prüfungsrisiken zu erkennen und Prüfungsschwerpunkte zu setzen (*IDW PS 350* WPg 1998, 663 Anm 8); uE ist dabei auch festzustellen, ob nach diesen Informationen von der Fortführung der KapGes/KapCoGes des Konzerns iSv § 252 Abs 1 Nr 2 ausgegangen werden kann oder nicht (s auch *IDW PS 270* WPg 2003, 775 Anm 15).
- Für die Prüfungsplanung werden folgende *Analysen* empfohlen, die beim Mandanten vorliegen sollten (dazu *IDW PS 350* WPg 1998, 663 Anm 10f):
  - globale (ua gesamtwirtschaftliche und ökologische) Rahmenbedingungen der Unt-Tätigkeit,
  - Branchenentwicklung, Verhältnisse auf den Absatz- und Beschaffungsmärkten, wichtige Wettbewerber,
  - unternehmensinterne Faktoren wie Produktpalette, Beschaffungs- und Absatzpolitik, Rationalisierungsgrad, Finanz- und Kreditpotential – aber auch Analyse der internen Organisation und Entscheidungsfindung, Auftragsbestände,
  - außerdem sind Veränderungen im Konzernkreis, zu Großabnehmern oder wesentlichen Lieferanten festzustellen.
- Ferner sind während der gesamten Prüfung *Prognosen* und andere *zukunftsorientierte Wertungen* des Mandanten kritisch zu würdigen (dazu Anm 58 aE und *IDW PS 350* WPg 1998 Anm 13ff).

61 DRS 15 regelt für Gj, die nach dem 31. Dezember 2004 beginnen, die Grundsätze der Konzernlageberichterstattung. In der Anlage zu diesem Standard werden Empfehlungen zu einzelnen Bereichen der Lageberichterstattung, insb zur Gliederung gegeben. Es ist zu erwarten, dass dieser Standard nicht nur den den Lagebericht erstellenden Unt als Hilfe dient, sondern auch als Prüfungsleitfaden Verwendung finden wird.

62 Zur Prüfung der **besonderen Angaben im Lagebericht** geben *wir* folgende Hinweise:

- Die **Vorgänge von besonderer Bedeutung** betreffen den Zeitraum vom Bilanzstichtag bis zur Erteilung des Testats (s *IDW PS 203* WPg 2001, 891 Anm 9). Hinsichtlich ihrer Vollständigkeit und Richtigkeit muss sich der AP insb durch Einsichtnahme in vorliegende Unterlagen (zB Monatsberichte, Geschäftsleitungs-Protokolle, AR-Protokolle, Berichte der Innenrevision ua) überzeugen. Eine detaillierte Prüfung der Vorgänge im neuen Gj ist weder erforderlich noch mangels bisher erfolgter Wahl zum AP zulässig (ähnlich *ADS*[6] § 317 Anm 167 und *IDW* PS 350 WPg 1998 Anm 19).
- Aus diesen Unterlagen (und ggf aus den Monatsberichten an die zuständige Wirtschaftsvereinigung) wird auch die **voraussichtliche Entwicklung im neuen Geschäftsjahr** für die Zeit vom Bilanzstichtag bis zur Erstellung des Lageberichts erkennbar sein. Werden im Lagebericht Prognosen für die Entwicklung des Unt für die nächsten Quartale gegeben, sind auch diese Unterlagen auf Plausibilität (Vergleich mit *angemessenen* Budgetzahlen) zu prüfen; hierzu *WPH*[12] *I* R 567 und *ADS*[6] § 317 Anm 168.
  Bei Prüfung dieser Prognosen sind zunächst die Zuverlässigkeit der Planungssysteme des Mandanten festzustellen und die den Prognosen zugrunde liegenden Annahmen auf Plausibilität, Widerspruchsfreiheit, Realitätsnähe und Vollständigkeit zu prüfen. Bei wirtschaftlichen Schwierigkeiten sind *zusätzlich* vom Mandanten mittelfristige Erfolgs- und Finanzplanungen vorzunehmen und zu überlegen, ob ggf einzelne Betriebsteile oder Geschäftsfelder aufgegeben werden müssen; die hieraus entstehenden Mehr-Ergebnisse sind – soweit Verluste nicht bereits bilanziert wurden – zu quantifizieren, da sie das nächste Gj belasten werden. S hierzu auch die Hinweise in *IDW PS 350* WPg 1998, 663 Anm 13 bis 18 und *IDW PS 314* 2001, 906.
- Die Berichterstattung über den **Bereich Forschung und Entwicklung** betrifft mit Schwerpunkt die entspr Tätigkeiten im Gj selbst. Der wesentliche Inhalt der von § 289 Abs 2 Nr 3 im Regelfall geforderten Angaben ist in den Erl zu § 289 (Anm 85 ff) näher beschrieben; diese Angaben sind auf Vollständigkeit und Richtigkeit zu prüfen, insb wenn Zahlenangaben zu den entspr Gesamtaufwendungen oder zu wichtigen Entwicklungsvorhaben gemacht werden. In diesem Bereich ist es aber oft üblich, nur allgemeine Darstellungen zu bringen, um KonkurrenzUnt keine Hinweise zu geben (hM, zB *Grewe* in BoHdR § 317 Anm 48). Eine Negativaussage halten wir nicht für nötig, zB bei fehlenden oder unbedeutenden Aufwendungen hierfür (aA *ADS*[6] § 317 Anm 169, *WPH*[12] *I* R 571).
  Ausbildungs- und Fortbildungs-Maßnahmen fallen jedoch auch bei Dienstleistern (Kreditinstituten, VersicherungsUnt, Prüfungs- und BeratungsGes) nicht in diesen Bereich; sie gehören zu den freiwilligen Zusatzangaben (Anm 59).
- Zu **Zweigniederlassungen** der KapGes/KapCoGes im Inland und Ausland sind im Lagebericht Angaben erforderlich. Über den Umfang der Darstellung (nur Liste mit Orten oder Ländern, bzw auch Tätigkeitsschwerpunkte) bestehen unterschiedliche Auffassungen; näheres in § 289 Anm 90.

In den Lagebericht ist auch die **Schlusserklärung** im **Abhängigkeitsbericht** des Vorstands einer AG aufzunehmen (§ 312 Abs 3 S 3 AktG), anderenfalls ist der BVm einzuschränken (ebenso *WPH*[12] *I* F 891, 922). Die Richtigkeit und Vollständigkeit des AbhBer ist zu prüfen; zur Darstellung des Inhalts eines AbhBer s Voraufl § 289 Anm 61 ff, insb Anm 85 ff.

Die Endfassung des Lageberichts wird stets erst gegen Ende der örtlichen Prüfungstätigkeit vorliegen können, zumal für die Angaben gem § 289 Abs 2 Nrn 1, 2 und 4 die neuesten Erkenntnisse erforderlich sind.

Die Prüfungsziele für den **Konzernlagebericht** sind mit denjenigen für den Lagebericht identisch: Der Konzernlagebericht muss mit dem KA im Einklang stehen (Anm 55 ff), es ist positiv festzustellen, dass er eine zutreffende Vorstellung von der Lage des Konzerns vermittelt (Anm 56) und alle wesentlichen Chancen und Risiken der künftigen Entwicklung darstellt (Anm 65). Das *Gewicht* liegt hier jedoch auf der Lage und Entwicklung des Konzerns; das einzelne KonzernUnt ist nur von Belang, wenn es für den Gesamtkonzern wesentlich ist, ebenso *Baetge/Hense* in HdKR[2] Kapitel II Anm 1479. 63

Die Beurteilung der Angaben im Konzernlagebericht ist *immer* dem Konzern-AP *allein* vorbehalten; dieser ist meistens mit dem Prüfer des JA des MU identisch. Der *IDW PS 350* (WPg 1998, 663) enthält daher in Anm 27 ff nur wenige zusätzliche Hinweise: Vorliegende Lageberichte und Prüfungsberichte von TU sind durchzusehen und im Übrigen weitergehende Informationen bei den TU anzufordern – insb, wenn diese gem § 264 Abs 3/§ 264 b keine Lageberichte aufstellen müssen. Oft werden diese Informationen – ebenso wie für die Anhänge – formalisiert als Checklisten oder Formularsätze vom Konzern-AP angefordert. Auch bei der zulässigen Zusammenfassung des Lageberichts des MU und Konzernlageberichts dürfen keine notwendigen Informationen wegfallen, zB zu Vorgängen von besonderer Bedeutung für den Konzern nach dem Konzernbilanzstichtag oder zur Forschungstätigkeit im Konzern.

III. Chancen und Risiken der künftigen Entwicklung (S 2)

Von den AP/Konzern-AP ist zusätzlich zu prüfen, ob im Lagebericht/Konzernlagebericht „die Chancen und Risiken der künftigen Entwicklung zutreffend dargestellt sind". 65

Hierbei geht das HGB davon aus, dass in *jedem* Lagebericht/Konzernlagebericht über diese Chancen und Risiken berichtet werden muss, zweckmäßigerweise iZm der allgemeinen Lagedarstellung für die KapGes/KapCoGes oder den Konzern. Die Darstellung der Chancen und Risiken darf nicht „saldiert" erfolgen, insb darf eine Berichterstattung über Risiken (= Verlustgefahren) nicht deswegen unterbleiben, weil die Gewinnchancen aus dem Auftragsbestand und der künftigen Geschäftstätigkeit stark überwiegen. Da jede unternehmerische Tätigkeit mit Chancen und Risiken verbunden ist, darf hier nur über die *speziellen* Chancen und Risiken der KapGes/KapCoGes und über ggf getroffene Anpassungsmaßnahmen berichtet werden. Bereits bilanzierte Risiken (Abwertungen, Rückstellungen) gehören nicht dazu. Näheres zu diesen Darstellungen in § 289 Anm 43 ff mwN; zu teilweise weitergehenden Pflichten s auch DRS 5 und DRS 15.

Die Verpflichtung zur Berichterstattung über Chancen und Risiken gilt auch für KapGes/KapCoGes in Abwicklung, die weiterhin einen Lagebericht aufzustellen haben (§§ 270 Abs 1 AktG, 71 Abs 1 GmbHG). Daraus folgt, dass diese zusätzliche Berichterstattung grds nur für Mantel- und Vorrats-Ges mit ruhender Geschäftstätigkeit unterbleiben kann; in diesen Ausnahmefällen halten wir daher eine Fehlanzeige im Lagebericht für erforderlich.

Kleine KapGes/KapCoGes sind berechtigt, aber *nicht verpflichtet,* Lageberichte aufzustellen; das gilt trotz des nicht eindeutigen Wortlauts der Gesetze auch für den Abwicklungszeitraum (dazu *Förschle/Deubert* in Sonderbilanzen[3] R Anm 195). Für kleine KapGes/KapCoGes kann daher eine Berichterstattung über die Chancen und Risiken der künftigen Entwicklung oder für „den Fortbestand der Gesellschaft gefährdende Entwicklungen" iSv § 91 Abs 2 AktG, § 321 Abs 1 S 3 durch die Geschäftsführungen nur bei tatsächlicher Aufstellung eines Lageberichts vom AP gefordert werden. Prüft der AP aber kleine KapGes/KapCoGes, muss *er* im Prüfungsbericht – notfalls im Formularsatz – sich mindestens zu den Risiken der künftigen Entwicklung äußern.

66 Die Stellungnahme des AP/Konzern-AP zur Darstellung der Lage des Unt einschl der wesentlichen Chancen und Risiken der künftigen Entwicklung durch die Geschäftsleitungen hat das HGB besonders hervorgehoben: Statt der früheren, oft formelhaften Feststellungen zum Lagebericht/Konzernlagebericht im Prüfungsergebnis hat der AP/Konzern-AP *seine* Beurteilung zur Lagedarstellung *und* zu den wesentlichen Chancen und Risiken der künftigen Entwicklung in einen besonderen, den übrigen Teilen des **Prüfungsberichts** *vorangestellten eigenen Abschnitt* – also „vorweg" – aufzunehmen (§ 321 Abs 1 S 2). Dabei ist außerdem der Fortbestand und die künftige Entwicklung der KapGes/KapCoGes oder des Konzerns vom AP selbst zu beurteilen; s dazu hier Anm 56 aE. Erlauben das die Darstellungen im Lagebericht/Konzernlagebericht nicht ausreichend, ist darauf in den „Vorweg-Informationen" des Prüfungsberichts ausdrücklich einzugehen und eine eigene Beurteilung des AP/Konzern-AP hinzuzufügen. Nach dem *IDW PS 350* WPg 1998, 663 Anm 22 sollte diese eigene Beurteilung auch vorgenommen und „eigene Akzente" des AP gesetzt werden, wenn die Darstellungen im Lagebericht/Konzernlagebericht allen Anforderungen genügen. In diesem Abschn des Prüfungsberichts ist ferner ggf auf während der Prüfung festgestellte Unrichtigkeiten oder Gesetzesverstöße und/oder ggf auf Tatsachen hinzuweisen, die den Bestand oder die Entwicklung der KapGes/KapCoGes wesentlich beeinträchtigen können. Näheres zum Inhalt der „Vorweg-Informationen" in § 321 Anm 15 ff.

Unabhängig von diesem Abschn des Prüfungsberichts ist in dessen *Hauptteil (Feststellungen zur Rechnungslegung)* nochmals formelhaft im Prüfungsergebnis auszuführen, ob der Lagebericht/Konzernlagebericht den gesetzlichen Vorschriften – ggf auch der Satzung – entspricht und zusammen mit dem JA/KA nach den GoB oder sonstigen maßgeblichen Rechnungslegungsgrundsätzen ein den tatsächlichen Verhältnissen entspr Bild der VFE-Lage der KapGes/KapCoGes vermittelt, § 321 Abs 2 S 1 und 2 und dort Anm 58, 101 f.

Entspricht ein Lagebericht/Konzernlagebericht nicht den gesetzlichen Anforderungen, ist in den Vorweg-Informationen des Prüfungsberichts darauf hinzuweisen, auch wenn die Mängel noch nicht zu einer Einschränkung des BVm führen (*IDW PS 350* WPg 1998, 663 Anm 21). Denn der AP ist zu einer *eigenen,* zutreffenden Stellungnahme zu diesen Berichten und zu *eigenen* Erl zur Lage der KapGes/KapCoGes oder des Konzerns verpflichtet, Anm 56.

67 Im *Bestätigungsvermerk* ist das Gesamturteil (Anm 56) des AP/Konzern-AP zu wiederholen *und* stets ausdrücklich festzustellen, *ob* die Chancen und Risiken der zukünftigen Entwicklung zutreffend dargestellt sind (§ 322 Abs 6 und dort Anm 33 ff). Erforderlichenfalls ist auf Risiken, die den Fortbestand des Unt iSv § 321 Abs 1 S 3 gefährden, nicht nur im Prüfungsbericht, sondern auch im BVm „gesondert einzugehen". Sollten wesentliche Prognose-Aussagen im Lagebericht/Konzernlagebericht nur auf Erklärungen der Geschäftsführung beruhen, aber nicht verifizierbar sein, muss der AP hierauf bei seiner Beurteilung des Prüfungsergebnisses gem § 322 Abs 1 S 2 hinweisen.

Enthält der Lagebericht **wesentliche Mängel,** die auch auf Anregung des AP/Konzern-AP nicht beseitigt werden, ist der BVm einzuschränken, soweit er sich auf den Lagebericht/Konzernlagebericht bezieht; bei der erforderlichen Begr dieser Einschränkung muss „deren Tragweite erkennbar" werden, § 322 Abs 4 S 4. Das bedeutet, dass die wesentlichen Mängel in der Formulierung der Einschränkung bezeichnet werden. Beispiel: fehlende Sollangaben gem §§ 289 Abs 2, 315 Abs 2; keine Schlusserklärung zum AbhBer; keine Angaben zu den wesentlichen Chancen und Risiken der künftigen Entwicklung (ähnlich *IDW PS 350* WPg 1998, 663 Anm 26).

E. Beurteilung der Überwachungssysteme bei börsennotierten AG/KGaA (Abs 4, § 91 Abs 2 AktG)

I. Vorbemerkung

Abs 4 wurde durch das KonTraG eingefügt. Nach der Gesetzesbegr hat der AP bei der Prüfung einer (börsennotierten idF des TransPuG) AG zu beurteilen, ob die gesetzlichen Vertreter der Verpflichtung des § 91 Abs 2 AktG nachgekommen sind, für ein angemessenes Risikomanagement und für eine angemessene interne Revision Sorge zu tragen: *„§ 91 Abs 2 des AktG und des Abs 4 dienen dazu, möglichst frühzeitig Risiken und Fehlentwicklungen zu erkennen, um Gefährdungen des Fortbestandes des Unternehmens zu vermeiden. Durch die Verpflichtung des AP, die Maßnahmen des § 91 Abs 2 des AktG zu beurteilen, ergibt sich eine verbesserte Unterrichtung des AR. Der AP soll allerdings lediglich zu einem Urteil darüber gelangen, ob die erforderlichen Maßnahmen getroffen und zweckentsprechend sind sowie wirksam ausgeführt werden und das Überwachungssystem während des gesamten zu prüfenden Zeitraums bestanden hat.“* 70

Die durch das TransPuG ausgeweitete Vorschrift betrifft ausschließlich AG, die börsennotiert sind. Während die Vorschrift in § 91 Abs 2 AktG auch eine **„Ausstrahlungswirkung“** auf andere GesFormen hat, wobei zu beachten ist, dass die Einrichtung eines Überwachungssystems schon bisher als eine Aufgabe einer ordnungsgemäßen Geschäftsführung betrachtet wurde, ist eine Ausstrahlungswirkung der durch § 317 Abs 4 erweiterten Prüfungspflicht auf andere Ges nicht gegeben. Gleichwohl ist freiwillig eine Erweiterung des Prüfungsauftrags zulässig. Kritisch zur weiteren Ausdehnung der Regelungsvorschriften auf alle GesFormen äußern sich *Lenz/Ostrowski* (BB 1997, 1527). 71

II. Risikomanagement

1. Risikobegriff

Unter einem Risiko wird hier die Gefahr des Misslingens einer Leistung bzw die Möglichkeit der negativen Abweichung der Handlungsergebnisse von den Handlungszielen verstanden (s *Brebeck/Herrmann* WPg 1998, 383 mwN). Nach dem *IDW PS 340* (WPg 1999, 658) wird unter Risiko allgemein die Möglichkeit ungünstiger Entwicklungen, insb im Hinblick auf die unternehmerische Betätigung, verstanden. Unter bestandsgefährdenden Entwicklungen iSv § 91 Abs 2 AktG sind **drohende Überschuldung** und **Illiquidität** zu verstehen. 72

2. Risikoerfassung

Wesentliche Aufgabe eines Risikoüberwachungssystems ist die systematische Erfassung zumindest derjenigen Risiken, die sich auf die zukünftige Entwicklung des Unt ungünstig auswirken und somit zu einer Gefährdung des Unt-Bestands führen können. Dies bedeutet, dass jedes Unt diejenigen Risikofelder bestimmen muss, die im Rahmen seiner Geschäftstätigkeit zu einer möglichen UntGefährdung führen können. Diese können je nach Größe, Branche und Tätigkeitsfeldern sehr unterschiedlich sein. Hierbei ist zu unterscheiden zwischen *externen* und *internen* Risikofeldern. 73

Externe unterscheiden sich von den internen Risikofeldern insb dadurch, dass sie sich der Einflussnahme durch das Management entziehen. Hier ist insb die aufmerksame Beobachtung der politischen und wirtschaftlichen Faktoren erforderlich.

III. Die Einrichtung des Überwachungssystems

1. Allgemeines

74 Überlegungen zur Risikoerfassung, -bewertung und -steuerung werden international bereits seit vielen Jahren angestellt. Richtungsweisend ist hier vor allem die Untersuchung des Committee of Sponsoring Organizations of the Treadway Commission (COSO) zu nennen (vgl *Committee of Sponsoring Organizations of the Treadway Commission, Internal Control* – Integrated Framework, 1994). COSO beschreibt „Internal Control" als einen umfassenden Prozess, der von der Geschäftsführung, den Führungskräften und anderen Mitarbeitern eines Unt eingerichtet wird, um eine angemessene Sicherheit bzgl der Erreichung der UntZiele im Hinblick auf folgende Kategorien zu gewährleisten:
- Effizienz und Effektivität der Geschäftstätigkeit,
- Verlässlichkeit der Berichterstattung,
- Einhaltung der rechtlichen Bedingungen.

75 Gem COSO besteht *„Internal Control"* aus fünf miteinander verknüpften Komponenten, die in die Geschäftsprozesse integriert sind: Steuerungsumfeld, Risikoabschätzung, Kontrollaktivitäten, Information und Kommunikation sowie Überwachung (s auch *IDW PS 260* WPg 2001, 821 Anm 44ff und *IDW PS 340* WPg 1999, 658 Anm 7ff).

Alle Unt werden in irgendeiner Weise eine Art von Überwachungssystem eingerichtet haben, das Teile der oben dargestellten Komponenten enthält.

In der Literatur wird grds von einem Risikomanagementsystem gesprochen, das sich zumindest aus einem Frühwarn- und einem Überwachungssystem zusammensetzt (vgl *Brebeck/Herrmann* WPg 1997, 382). Es wird erweitert um das Controlling (vgl *Lück* DB 1998, 1925) und/oder um die interne Revision.

2. Bestandteile eines Überwachungssystems

76 Nach *IDW PS 260* WPg 2001, 821 Anm 6 setzt sich das IKS aus dem internen Überwachungssystem und dem internen Steuerungssystem zusammen; unter das interne Überwachungssystem werden organisatorische Sicherungsmaßnahmen, Kontrollen und die Interne Revision subsumiert.

Das **interne Überwachungssystem** soll folgende Aufgaben erfüllen:
- Sicherung des Vermögens;
- Gewährleistung der Verlässlichkeit und Genauigkeit des Rechnungswesen;
- Förderung der Effizienz der betrieblichen Abläufe;
- Unterstützung bei der Befolgung der Geschäftspolitik.

77 Neben dem internen Überwachungssystem bedient sich die UntLeitung auch des **Controlling,** um die UntAbläufe zu steuern und zu überwachen. „Controlling umfasst die zielorientierte Koordination von Planung, Informationsversorgung, Kontrolle und Steuerung (sog Aktivitäten-Viereck", *Lück* DB 1998, 11). „Zur Kontrolltätigkeit im Rahmen des Controlling zählen verfahrensorientierte Kontrollen und ergebnisorientierte Kontrollen. Zu den verfahrensorientierten Kontrollen gehören ua die Kontrolle der Aktivitäten von UntEinheiten bei der Planerstellung und die Kontrolle der Informationsermittlung. Ergebnisorientierte Kontrollen sind die Soll/Ist-Vergleiche von Werten und/oder Mengen." (*Lück* DB 1998, 11).

Die bisherige Prüfungspraxis bestätigt, dass nicht jedes Unt, selbst in der Rechtsform der AG, eine **Interne Revision** eingerichtet hat. IdR ist für die Einrichtung einer Internen Revision eine bestimmte Größe des Unt erforderlich. Teilweise wird sie im Wege des Outsourcing von WPG übernommen (zur teilweisen Zulässigkeit s *IDW PS 321* WPg 2002, 686 Anm 28 unter Berücksichtigung der durch § 319 Abs 3 Nr 3b gesetzten Grenzen). Der Einsatz der Internen Revision ist vielfältig. Sie wird iW mit folgenden Aufgaben betraut (vgl *Lück* DB 1998, 10): 81

- Prüfungen im Bereich des Finanz- und Rechnungswesens, oft in Abstimmung mit der externen Revision (Financial Auditing),
- Prüfungen im organisatorischen Bereich (Operational Auditing),
- Prüfungen der Managementleistungen (Management Auditing),
- Beratung, Begutachtung und Entwicklung von Verbesserungsvorschlägen (Internal Consulting).

Durch die Unabhängigkeit der Internen Revision, die dadurch dokumentiert wird, dass sie im Regelfall dem Vorsitzenden der Geschäftsführung direkt berichtet, und ihre Nichteingliederung in den lfd Arbeitsprozess, kann sie am ehesten eine objektive Überwachung der UntProzesse vornehmen. Die vielfältigen Aufgaben der Internen Revision erfordern daher auch qualifizierte und entspr ausgebildete Mitarbeiter.

Frühwarnsysteme sind Instrumente, die Risiken für ein Unt so rechtzeitig erkennen, dass Reaktionen des Unt zur Abwehr der Risiken noch möglich sind. Frühwarnsysteme sind dementspr umfassende Systeme zur Informationsgewinnung, -verarbeitung und -mitteilung. Sie betreffen die Gewinnung von Daten und Informationen, die für das Überleben des Unt von existentieller Bedeutung sind und die eine **hohe Eintrittswahrscheinlichkeit** haben. Entscheidende Bedeutung hat in diesem Zusammenhang die Ermittlung und Festlegung der Frühwarnindikatoren. Zu Frühwarnindikatoren, die bei dem Aufbau eines Frühwarnsystems berücksichtigt werden sollten, s *Lück* DB 1998, 12. 82

3. Organisation eines Überwachungssystems

Die oben dargestellten möglichen Bestandteile eines Überwachungssystems sind zu koordinieren und sollten in einer zentralen Stelle, die direkt dem Vorstand berichtet, zusammengeführt werden. Insb durch die Einrichtung eines Frühwarnsystems soll sichergestellt werden, dass mögliche interne Risiken frühzeitig kommuniziert werden. Hierbei ist zB zu denken an die Entwicklung des Auftragsbestands, der Lagerbestände, des Ausschussanteils der Produktion, der Reklamationsraten und der Mitarbeiterfluktuation. Die Entwicklung in den vorgenannten Bereichen kann durch eine tägliche Berichterstattung an die Stabsstelle kurzfristig sichtbar gemacht werden, so dass das Management hierauf auch kurzfristig reagieren kann. 83

Der Stabsstelle sollte ebenso die zumindest monatliche Berichterstattung des Finanz- und Rechnungswesens zur Verfügung gestellt werden. Hierbei ist insb eine Auswertung der Bilanz und der GuV mit Vergleich zu den Planzahlen erforderlich. Zusätzlich sind auch die Abweichungsanalysen des Controlling hinzuzuziehen.

Ebenso sollten der Stabsstelle alle lfd Verträge mit außenstehenden Dritten zur Verfügung gestellt werden, damit eine zentrale Erfassung und Beurteilung der möglichen Risiken aus schwebenden Geschäften erfolgen kann. Hierbei ist namentlich zu denken an langfristige Auftragsfertigung, insb wenn diese im Ausland erfolgt (Baustellenüberwachung durch interne oder externe Revision), langfristige Miet- und Pachtverträge, Kurssicherungsgeschäfte einschließlich der Derivate und Rahmenverträge mit Kunden und Lieferanten.

Der **Versicherungsschutz** („abgewälzte" Risiken) sollte regelmäßig durch die Stabsstelle mit der entspr Fachabteilung auf seine Vollständigkeit und Angemessenheit unter Hinzuziehung von externen Fachleuten überprüft werden.

Gleichermaßen sollten alle verfügbaren Berichte, zB der Internen Revision, sowie ggf Berichte über die Einhaltung der ISO 9000-Standards und Berichte über regelmäßig durchgeführte Umweltprüfungen der Stabsstelle ebenso zur Verfügung gestellt werden, damit diese eine Auswertung der Berichte unter Beachtung evtl bestandsgefährdender Risiken vornehmen kann.

Die Beobachtung und die zentrale Erfassung der **externen Risiken,** wie konjunkturelle, strukturelle, technologische, soziologische und politische Entwicklungen sowie die Beobachtung der Entwicklungen auf Absatz-, Beschaffungs-, Arbeits- und Kapitalmärkten sollte ebenfalls dieser Stabsstelle übertragen werden. Eine Bewertung der externen Risiken sollte allerdings nur in Zusammenarbeit mit den jeweiligen Fachabteilungen erfolgen.

84 Aus den vorgenannten Informationen hat die Stabsstelle einen **Risikobericht** an den Vorstand in regelmäßigen Abständen (zB monatlich) zu erstellen. Die in diesem Zusammenhang festgestellten Einzelrisiken sind zu bewerten. Dies kann nur mit Hilfe einer Planungsrechnung, die die zwischen den Einzelrisiken bestehenden Interdependenzen berücksichtigt, ermittelt werden (vgl *Giese* WPg 1998, 457). Kurzfristig auftretende bestandsgefährdende Risiken sind durch eine Ad hoc-Berichterstattung unverzüglich dem Vorstand zu melden.

Das Management sollte, unabhängig von der Einrichtung eines Überwachungssystems, durch entspr Vorgaben ein allgemeines **Risikobewusstsein** im Unt schaffen, so dass sich jeder Mitarbeiter unabhängig von den „normalen" Routinen verpflichtet fühlt, Risiken, die er erkennt, direkt seinem Vorgesetzten zu berichten.

4. Dokumentation des Überwachungssystems

85 Die vom Management getroffenen Maßnahmen zur Erfassung und Kommunikation der Risiken und die Organisation des Überwachungssystems sollte in einem Risikohandbuch angemessen dokumentiert werden. Art und Umfang der Dokumentation sind abhängig von der Größe und der Komplexität des Unt (s *IDW PS 340* WPg 1999, 658 Anm 17).

Eine fehlende oder unvollständige Dokumentation kann zu Zweifeln an der dauerhaften Funktionsfähigkeit der getroffenen Maßnahmen führen. Zum Nachweis der kontinuierlichen Anwendung der getroffenen Maßnahmen sollten die lfd Unterlagen des Risikomanagementsystem über einen ausreichend langen Zeitraum aufbewahrt werden (vgl *IDW PS 340* WPg 1999, 658 Anm 18).

IV. Prüfung des Überwachungssystems

1. Prüfungsgegenstand und Prüfungsumfang

86 Die Prüfung des Überwachungssystems ist gesetzlich auf börsennotierte AG beschränkt, was allerdings nicht ausschließt, dass nicht börsennotierte Ges, ein evtl eingerichtetes Überwachungssystem freiwillig prüfen lassen werden (s auch Anm 71).

Es ist Aufgabe des AP zu beurteilen, ob die vom Vorstand nach § 91 Abs 2 AktG getroffenen Maßnahmen zur Früherkennung bestandsgefährdender Entwicklungen geeignet sind, den beabsichtigten Zweck zu erfüllen und ob das hierfür eingerichtete Überwachungssystem seine Aufgaben erfüllen kann und während des gesamten Prüfungszeitraums auch eingehalten wurde. Es handelt sich um eine Systemprüfung und nicht um eine Geschäftsführungsprüfung (*IDW PS 340* WPg 1999, 658 Anm 19).

Obwohl nicht ausdrücklich in § 91 Abs 2 AktG festgelegt, wird doch erwartet, dass der Vorstand eine Interne Revision einrichtet, auch wenn sie bisher nicht vorhanden war, die unternehmensintern die lfd Überprüfung des Überwachungssystems vornehmen soll. Ob dies in jedem Fall zweckmäßig und wirtschaftlich ist, hängt auch von der Größe der zu prüfenden Ges ab. Diese Aufgabe kann auch von außenstehenden Dritten (zB WP) erfüllt werden.

Teilweise wird auch gefordert, das Vorhandensein eines angemessenen Versicherungsschutzes zu prüfen (s *Giese* WPg 1998, 456, sowie *Pollanz* BB 1997, 1353). Die Beurteilung der Angemessenheit des Versicherungsschutzes ist nicht Aufgabe des AP (Anm 3), sie kann uE auch nicht im Rahmen der Prüfung des Überwachungssystems gefordert werden. Der AP ist allerdings verpflichtet, sich im Rahmen der Prüfung des Überwachungssystems darüber zu informieren, ob die Überprüfung eines angemessenen Versicherungsschutzes im Rahmen dieses Systems erfolgt.

2. Prüfungsplanung

Für die Beurteilung der vom Vorstand getroffenen Maßnahmen nach § 91 **87**
Abs 2 AktG kann der AP idR auf seine im Rahmen der „normalen" Prüfungsplanung (s Anm 130ff) getroffenen Feststellungen zum Risikobereich des Unt zurückgreifen. Der AP hat sich bisher auch unabhängig vom evtl Bestehen eines Risikomanagementsystem über die Risikofaktoren des zu prüfenden Unt informiert und seine Prüfungsplanung daraufhin aufgebaut. Die hierbei gewonnenen Erkenntnisse, insb über die wirtschaftliche Lage des zu prüfenden Unt und der Branche, der bestehenden inhärenten Risiken, sind für den AP von wesentlicher Bedeutung für die Beurteilung des Überwachungssystems.

Die organisatorischen Maßnahmen nach § 91 Abs 2 AktG gehen über das bisher bei der JAP untersuchte IKS hinaus, so dass eine entspr Planung der in diesem Zusammenhang vorzunehmenden Prüfungshandlungen vorgenommen werden muss. Hierzu muss sich der AP ein ausreichendes Verständnis der nach § 91 Abs 2 AktG vom Vorstand getroffenen Maßnahmen verschaffen. Dies schließt auch mit ein, dass der AP sich ein Urteil über die Grundeinstellung der UntLeitung zur Risikosteuerung, über das Risikobewusstsein der Mitarbeiter und über die Bedeutung der Risikoerfassung und -kommunikation im Unt bildet (vgl *IDW PS 340* WPg 1999, 658 Anm 22). Das System sollte entspr dokumentiert und in einem Risikohandbuch (s Anm 85) niedergelegt sein. Eine Prüfung des Überwachungssystems ohne entspr Dokumentation ist in den meisten Fällen nahezu unmöglich. Liegt keine ausreichende Dokumentation vor, sollte der AP dem geprüften Unt allerdings die Möglichkeit einräumen, vor Beginn der Prüfung diese Dokumentation anzufertigen (vgl *IDW PS 340* WPg 1999, 658 Anm 23).

Die Prüfung des Überwachungssystems sollte im Rahmen der Prüfungsplanung, dh spätestens in der Vorprüfung, stattfinden. Das Bestehen eines Überwachungssystems kann der AP dann auch für die Planung seiner sonstigen Prüfungshandlungen instrumentalisieren, da das geprüfte Unt die bestehenden Risikopotentiale insoweit bereits selbst ermittelt hat. Der AP wird idR nicht in der Lage sein, die **Vollständigkeit** der vom Unt ermittelten Risiken zu beurteilen.

Insgesamt bedeutet dies, dass an die Stelle der bisherigen „prüfungsrisikoorientierten" Sichtweise des AP eine Ausrichtung am „Geschäftsrisiko" des Unt erfolgt und damit die Blickrichtung des Adressaten der JAP eingenommen wird (*Dörner* DB 1998, 3). Kritisch zum prüfungsrisikoorientierten Ansatz äußert sich *Pollanz* (BB 1997, 1352), der die Anwendung der Due Diligence im Rahmen einer risikoorientierten JAP vorschlägt.

3. Prüfungsdurchführung

88 Nach *Giese* (WPg 1998, 453) kann es sich bei der Beurteilung des Überwachungssystems nicht um einen klassischen Soll-Ist-Vergleich handeln. Vielmehr ist eine Systemprüfung in folgenden Schritten vorzunehmen (s *IDW PS 340* WPg 1999, 658 Anm 24–31):
- Feststellung der von der Ges getroffenen Maßnahmen,
- Beurteilung der Eignung der getroffenen Maßnahmen,
- Prüfung der Einhaltung der vorgesehenen Maßnahmen.

a) Feststellung der von der Gesellschaft getroffenen Maßnahmen

89 Der AP hat im Rahmen der Prüfungsdurchführung zunächst eine Feststellung der vom Vorstand getroffenen Maßnahmen nach § 91 Abs 2 AktG vorzunehmen (*IDW PS 340* Anm 24). Hierzu kann er sich auf die vorhandene Dokumentation des Unt stützen. Liegt eine entspr Dokumentation nicht vor, kann uE keine Prüfung des Risikoüberwachungssystems durch den AP vorgenommen werden. In diesem Fall soll der AP selbst eine Aufnahme der getroffenen Maßnahmen vornehmen (*IDW PS 340* WPg 1999, 658 Anm 25). Bei Nichtvorlage der Dokumentation hat der AP darüber gem § 321 Abs 4 zu berichten (s Anm 95).

b) Beurteilung der Eignung der getroffenen Maßnahmen

91 Nachdem der AP durch Sichtung der entspr Dokumentation festgestellt hat, dass der Vorstand die nach § 91 Abs 2 AktG zu treffenden Maßnahmen vorgenommen hat, muss er sich nunmehr davon überzeugen, ob diese auch geeignet sind, die gesetzlichen Anforderungen zu erfüllen. Das eingerichtete System (Anm 83 ff) ist daraufhin zu überprüfen, ob durch die getroffenen Maßnahmen alle potentiell bestandsgefährdenden Risiken so rechtzeitig erfasst und kommuniziert werden, dass der Vorstand in geeigneter Weise reagieren kann. Hierbei sollte beachtet werden, dass es idR unmöglich sein wird, die vollständige Erfassung aller potentiellen Risiken zu gewährleisten (vgl auch Anm 87). Das eingerichtete Überwachungssystem sollte aber in der Lage sein, die jeweils erkannten und festgestellten Risiken entspr an die zuständige Stelle zu kommunizieren. Dies sollte anhand der Dokumentation des Unt (Anm 85) vom AP nachvollziehbar sein.

92 Die Kenntnisse, die der AP im Verlaufe seiner JAP über die Risikosituation des Unt gewonnen hat (vgl auch Anm 145 ff), werden ihn ebenfalls in die Lage versetzen, zu beurteilen, ob die vom Unt identifizierten Risiken alle wesentlichen Risikofelder abdecken (s *IDW PS 340* WPg 1999, 658 Anm 27).

Weiterhin ist vom AP zu beurteilen, ob die vom Vorstand iZm der Einrichtung eines Risikoüberwachungssystems getroffenen organisatorischen Maßnahmen ausreichend sind, das Risikobewusstsein der Mitarbeiter zu schärfen und eine entspr Kommunikation an die zuständige Stelle zu garantieren. Eine entspr Dokumentation sollte auch ein Ablaufdiagramm enthalten, anhand dessen der AP die Zweckmäßigkeit der Risiko-Organisation beurteilen kann. Ebenfalls sollte aus der Dokumentation eine eindeutige Zuordnung von Verantwortlichkeiten erkennbar sein, damit bei erkannten Mängeln in der Risikoerfassung und

-kommunikation die verantwortliche Stelle festgestellt und korrigierende Maßnahmen getroffen werden können (*IDW PS 340* WPg 1999, 658 Anm 28).

Bei der Beurteilung der vom Vorstand getroffenen Maßnahmen kann in bestimmten Fällen (zB Versicherungsschutz, Umweltrisiken) die Einschaltung von Sachverständigen notwendig werden (s auch *IDW PS 340* WPg 1999, 658 Anm 30 und *IDW PS 322* WPg 2002, 689).

c) Prüfung der Einhaltung der vorgesehenen Maßnahmen

Das hierzu eingerichtete Überwachungssystem ist zunächst daraufhin zu über- 93 prüfen, ob die eingerichteten Kontrollmaßnahmen ausreichend sind, um ein Funktionieren des Systems zu gewährleisten. Hierzu sollte auch die Prüfungstätigkeit einer evtl bestehenden Internen Revision beurteilt werden. Vom AP selbst ist im Rahmen einer Systemprüfung in Stichproben die Wirksamkeit der getroffenen Maßnahmen und ihre kontinuierliche Anwendung im abgelaufenen Gj zu prüfen. Hierbei kann sich der AP auf seine Prüfungsergebnisse beziehen, die er bei der Feststellung und Beurteilung der Eignung der getroffenen Maßnahmen erlangt hat. Die Einhaltung der getroffenen Maßnahmen lässt sich durch die Prüfung bisheriger Vorgänge sowie durch Befragung und Beobachtungen feststellen.

Im Einzelnen kommen ua folgende Funktionsprüfungen in Betracht (vgl 94 *IDW PS 340* WPg 1999, 658 Anm 31):

- Durchsicht von Unterlagen zur Risikoerfassung, um beurteilen zu können, ob die zuständigen Stellen die ihnen zugewiesenen Aufgaben verstanden und wie vorgesehen wahrgenommen haben,
- Durchsicht der Unterlagen zur Risikokommunikation auf den verschiedenen hierarchischen Stufen und in unterschiedlichen Funktionsbereichen, um beurteilen zu können, ob die erkannten Risiken ordnungsgemäß analysiert und die Informationen an die zuständige Stelle weitergeleitet wurden,
- Befragungen und Beobachtungen zur Einhaltung der eingerichteten Kontrollmaßnahmen (zB Einhaltung von Meldegrenzen),
- Durchsicht von Prüfungsprogrammen und Arbeitspapieren der Internen Revision.

4. Berichterstattung

Gem § 321 Abs 4 ist das Ergebnis der Prüfung nach Abs 4 in einem beson- 95 deren Teil des Prüfungsberichts darzustellen. Mängel bei den vom Vorstand nach § 91 Abs 2 AktG getroffenen Maßnahmen haben gem *IDW PS 340* WPg 1999, 658 Anm 32 keine Auswirkungen auf den BVm, es sei denn, dass sie ein Prüfungshemmnis (iSv *IDW PS 400* WPg 1999, 641 Anm 50) darstellen oder gleichzeitig als Mängel der Buchführung zu qualifizieren sind. Falls die UntLeitung ihrer Pflicht zur Einrichtung von Maßnahmen iSd § 91 Abs 2 AktG nicht nachgekommen ist oder nicht ausreichend dokumentiert hat, ist hierauf im Prüfungsbericht hinzuweisen (s *IDW PS 340* WPg 1999, 658 Anm 32; *IDW PS 450* Anm 82ff).

5. Besonderheiten im Konzern

Das MU hat – uU durch konzerneinheitliche Richtl und ggf durch ein Be- 96 teiligungscontrolling – Maßnahmen zu treffen, damit die Risikoerkennung, -analyse und -kommunikation im Konzern sichergestellt ist. Vom AP ist das Überwachungssystem zur Erfassung und Kommunikation der Risiken im Konzern in die Prüfung nach Abs 4 beim MU einzubeziehen; s hierzu *IDW PS 340* WPg 1999, 658 Anm 34ff.

F. Risikoorientiertes Prüfungsvorgehen

I. Zielsetzung der Abschlussprüfung

100 Der Vorstand (§ 91 Abs 1 AktG iVm § 264 Abs 1), die Geschäftsführer (§ 41 GmbHG) bzw die Mitglieder des vertretungsberechtigten Organs der vertretungsberechtigten Ges (§ 264a Abs 2 HGB) der zu prüfenden Ges sind für die Aufstellung und den Inhalt des JA **verantwortlich,** ebenso wie für die Einrichtung und Aufrechterhaltung eines rechnungslegungsbezogenen IKS (s *IDW PS 200* WPg 2000, 706 Tz 31).

Der AP hat gem Abs 1 S 1 u 2 die Einhaltung der für die Rechnungslegung geltenden Vorschriften sowie die den JA betr ergänzenden Bestimmungen der Satzung oder des GesVertrags zu prüfen. Die Art und Weise wie der AP die Prüfung durchzuführen hat, dh **Art, Zeitpunkt** und **Umfang** der vorzunehmenden **Prüfungshandlungen,** sind durch das HGB nicht bestimmt. Der AP ist jedoch insb zur **gewissenhaften** und **unparteiischen** Prüfung verpflichtet (§ 323 Abs 1 iVm §§ 43ff WPO), s auch *IDW PS 200* WPg 2000, 706 Tz 2u 18. Die Anforderungen an eine gewissenhafte Prüfung sind nach hM deduktiv aus den gesetzlichen Zielen der APr abzuleiten. Bei der Durchführung der Prüfung hat der AP die IDW PS zu beachten. Nur in begründeten Einzelfällen darf hiervon abgewichen werden (*IDW PS 201* WPg 2000, 710 Tz 29).

Der AP ist verpflichtet, seine Prüfung so anzulegen, dass Verstöße gegen Abs 1 S 2, die eine wesentliche Auswirkung auf die Rechnungslegung des Unt haben, bei gewissenhafter Berufsausübung erkannt werden.

101 Der JA enthält eine Reihe von Einzelaussagen, deren Normenkonformität der AP zu prüfen hat. Zu dieser Prüfung haben sich folgende **sieben Prüfungsziele** herausgebildet, die bei der JAP zu beachten sind (s dazu zB *IFAC* Handbook 2005, ISA 500, §§ 15ff; *IDW PS 300* WPg 2000, 898 Tz 7):

– **Vollständigkeit:** Alle Kontensalden und Geschäftsvorfälle, die im JA abzubilden sind, müssen auch enthalten sein.
– **Richtigkeit:** Die gebuchten Geschäftsvorfälle sowie die Kontensalden haben rechnerisch richtig zu sein, einschl der zugrundeliegenden Beträge; die Geschäftsvorfälle sind den entspr Konten richtig zuzuordnen und auf die richtigen Hauptbuchkonten zu übernehmen.
– **Vorhandensein:** Die gebuchten VG, Verbindlichkeiten und Rückstellungen müssen vorhanden sein bzw am Bilanzstichtag bestehen; die gebuchten Geschäftsvorfälle müssen auf realen Gegebenheiten basieren; es darf sich nicht um fiktive Geschäftsvorfälle handeln.
– **Abgrenzung:** Die Geschäftsvorfälle und Ereignisse sowie die Ein- und Auszahlungen sind den richtigen Rechnungsperioden zuzuordnen.
– **Bewertung:** Die gesetzlichen Bewertungsvorschriften sowie die GoB oder sonstige maßgebliche Rechnungslegungsgrundsätze sind zutreffend anzuwenden.
– **Zuordnung des wirtschaftlichen Eigentums:** Die nach den gesetzlichen Vorschriften und den GoB im JA ausgewiesenen VG sind dem Bilanzierenden (der Bilanzierende hat ein „Recht“ an diesen Werten) wirtschaftlich zuzurechnen; hinsichtlich der ausgewiesenen Verbindlichkeiten müssen entspr Verpflichtungen auch tatsächlich bestehen.
– **Darstellung und Berichterstattung:** Der JA ist entspr den Vorschriften zu gliedern; es sind die richtigen Bezeichnungen für die JA-Posten zu verwen-

den und die Kontensalden den richtigen JA-Posten zuzuordnen. Erforderliche Erl in der Bilanz, in der GuV und im Anhang haben vollständig und richtig zu erfolgen.

Die Zielsetzung der JAP erfordert keine lückenlose Prüfung des gesamten 102
Buchungsstoffs, weil die APr nicht darauf ausgerichtet ist, Prüfungsaussagen mit absoluter, sondern mit **hinreichender Sicherheit** zu treffen. Absolute Sicherheit ist bei der APr aufgrund der aus einer APr zu ziehenden begrenzten Erkenntnismöglichkeiten (zB weil Prüfungsnachweise ggf nicht den Tatsachen entsprechen) und aufgrund der Tatsache, dass die Tätigkeit des AP Ermessensentscheidungen einschließt, nicht zu erreichen (*IDW PS 200* WPg 2000, 706 Tz 19, 24ff). Deshalb ist eine vollständige Prüfung im Allgemeinen auch aus Wirtschaftlichkeitsgründen nicht angemessen.

Von der Prüfungssicherheit ist die **Prüfungsgenauigkeit** zu unterscheiden. 103
Die Prüfungsgenauigkeit bezeichnet, welche Fehler vom Prüfer maximal toleriert werden dürfen, dh, bis zu welcher Fehlerhöhe der Prüfungsgegenstand noch als ordnungsgemäß anzusehen ist. Diese Toleranzgrenze wird als Wesentlichkeitsgrenze bezeichnet.

Zwischen **Wesentlichkeit** und Prüfungssicherheit besteht ein innerer Zusammenhang. Wird der maximal tolerierbare Fehler heraufgesetzt, steigt die Prüfungssicherheit, weil das Risiko, zu einem fehlerhaften Urteil zu kommen, sinkt.

Der Grundsatz der Wesentlichkeit in der APr bedeutet, dass die Prüfung darauf auszurichten ist, mit hinreichender Sicherheit Unrichtigkeiten oder Verstöße aufzudecken, die wegen ihrer Größenordnung oder Bedeutung einen Einfluss auf den Aussagewert der Rechnungslegung für die Abschlussadressaten haben. Der AP hat sich also auf entscheidungserhebliche Sachverhalte zu konzentrieren (*s IDW PS 250,* WPg 2003, 944ff Tz 4u 8).

Im Rahmen der Prüfungsplanung dient die Festlegung von Wesentlichkeitsgrenzen der Bestimmung von Prüfungsschwerpunkten und von Art und Umfang von Prüfungshandlungen. Bei der Auswertung der Prüfungsergebnisse sind die festgestellten Fehler in der Rechnungslegung daraufhin zu beurteilen, ob sie einzeln oder zusammen wesentlich sind. Dies erfordert vom AP eine Entscheidung darüber, in welchem Umfang Auslassungen oder Falschdarstellungen noch akzeptiert werden können, bevor der BVm zum JA eingeschränkt oder versagt werden muss (s auch *IDW PS 400* WPg 2000, 1249ff Tz 50ff).

Neben dem Betrag muss auch die **Art möglicher Unrichtigkeiten und** 104
Gesetzesverstöße berücksichtigt werden. Das bedeutet, dass zur Bestimmung der Wesentlichkeit neben quantitativen auch qualitative Kriterien zu berücksichtigen sind (*IDW PS 250* WPg 2003, 944ff Tz 17). Qualitative Überlegungen können dazu führen, dass Fehler auf Grund von nicht in Zahlen ausdrückbaren Sachverhalten, wie Verstöße gegen Rechtsnormen, als wesentlich zu betrachten sind. Es ist aus diesem Grunde nicht angemessen, alle Entscheidungen darüber, was wesentlich ist, auf vorab festgestellte quantitative Kriterien zu stützen, wie zB auf einen bestimmten Prozentsatz vom Jahresergebnis.

In der Prüfungspraxis werden verschiedene **Verfahren** zur Ermittlung quan- 105
titativer **Wesentlichkeitsgrenzen** angewendet. Das folgende Schaubild gibt einen Überblick über mögliche Bezugsgrößen und Multiplikatoren (vgl zB *Quick,* Die Risiken der Jahresabschlussprüfung, 205ff):

Multiplikator	Bezugsgröße
5–10%	Jahresergebnis vor Steuern
0,5–5%	Rohertrag
0,5%	Bilanzsumme
1%	Eigenkapital
0,5%	Umsatzerlöse
Durchschnitt der Summe aus: 0,5% der Bilanzsumme 0,5% der Umsatzerlöse 2% des Jahresergebnisses vor Steuern 2% des Rohertrages (nach Abschreibungen) 1% des Eigenkapitals	Verschiedene (dieses Verfahren wird als „Blended Method" bezeichnet)
1,6	(max[Bilanzsumme; Umsatzerlöse]$^{2/3}$ (Dieses Verfahren ist als „Audit Gauge" bekannt)

106 Es kann sich anbieten, zur Reduktion des Entdeckungsrisikos für Zwecke der Planung von Art und Umfang der Prüfungshandlungen eine geringere Wesentlichkeitsgrenze zugrunde zu legen, als bei der Entscheidung darüber, ob festgestellte falsche Angaben in der Rechnungslegung als wesentlich anzusehen sind (*s IDW PS 250* WPg 2003, 944ff Tz 19).

107 Die JAP unterliegt zudem dem bereits erwähnten **Grundsatz der Wirtschaftlichkeit** (s *IDW PS 200* WPg 2000, 706 Anm 9). Dies bedeutet für den AP, dass er seine Prüfungshandlungen so auszurichten hat, dass er mit dem geringstmöglichen Aufwand unter Beachtung des Grundsatzes der Wesentlichkeit mit hinreichender Sicherheit zu einem abschließenden Urteil über den JA u ggf den Lagebericht gelangt. Welche Prüfungshandlungen im Einzelfall vorzunehmen sind, hängt ua von der Größe des zu prüfenden Unt, dessen Organisation und der Qualität des Rechnungswesens ab. So ist es idR bei einem wirksamen rechnungslegungsbezogenen IKS wirtschaftlich, eine Systemprüfung bei gleichzeitig reduzierten aussagebezogenen Prüfungshandlungen vorzunehmen. Die Umsetzung des Wirtschaftlichkeitsgrundsatzes wird stark durch die individuellen Gegebenheiten bei dem zu prüfenden Unt bestimmt.

II. Das Prüfungsrisikomodell

1. Begriff und Komponenten des Prüfungsrisikos

108 Der Begriff **Prüfungsrisiko** umschreibt das Risiko des AP, einen unrichtigen BVm zum JA abzugeben. Er muss deshalb seine Prüfungshandlungen so gestalten und durchführen, dass das Prüfungsrisiko möglichst gering bleibt und er keinen uneingeschränkten BVm zu einem JA abgibt, der als Ganzes gesehen wesentliche **falsche Angaben** enthält. Falsche Angaben im JA können auf absichtliche Fehler (Verstöße) oder auf unabsichtliche Fehler (Unrichtigkeiten) zurückzuführen sein.

109 Die **Verantwortung** für die Vermeidung und die Aufdeckung von Unregelmäßigkeiten im JA tragen die gesetzlichen Vertreter des Unt, die hierzu or-

ganisatorische Maßnahmen zu treffen haben, wie zB die Einführung eines IKS (*IDW PS 210* WPg 2003, 655 ff Tz 8). Der AP hat im Rahmen der Prüfungsplanung Überlegungen anzustellen, in welchen Bereichen der Rechnungslegung ein Risiko besteht, dass Unrichtigkeiten und Verstöße zu einer wesentlichen falschen Angabe im JA führen können. Auf erkannte Risikofaktoren muss der AP durch geeignete Prüfungshandlungen reagieren (*IDW PS 210* WPg 2003, 655 ff Tz 23). Eine Auflistung von Risikofaktoren enthält *IDW PS 210* WPg 2003, 655 Tz 31 ff.

Das **Prüfungsrisiko** setzt sich aus **110**
- dem Risiko für wesentliche falsche Angaben in der Rechnungslegung (Fehlerrisiko) und dem
- Entdeckungsrisiko zusammen (*IDW PS 260* WPg 2001, 821 ff Tz 24).

Fehlerrisiken unterscheiden sich vom **Entdeckungsrisiko** dadurch, dass sie vom AP zwar eingeschätzt, aber nicht beeinflusst werden können. Die Einschätzung von Fehlerrisiken führt ua zu einem besseren Verständnis der Risikosituation; die Risiken werden aber dadurch nicht reduziert oder geändert. Demgegenüber kann das Entdeckungsrisiko vom AP beeinflusst werden, indem er Art, Umfang und Zeitpunkt der aussagebezogenen Prüfungshandlungen variiert.

Zwischen den einzelnen Komponenten des Prüfungsrisikos besteht ein enger **111** innerer Zusammenhang (s zB *WPH*[12] I R 56). Bei hohen Fehlerrisiken muss das Entdeckungsrisiko niedriger und damit der Umfang der aussagebezogenen Prüfungshandlungen höher sein, als bei geringeren Fehlerrisiken. Der AP muss bei hohen Fehlerrisiken das Entdeckungsrisiko durch Ausweitung der aussagebezogenen Prüfungshandlungen soweit reduzieren, dass ein Prüfungsurteil mit hinreichender Sicherheit getroffen werden kann.

2. Fehlerrisiko

Bei dem **Fehlerrisiko** handelt es sich um das Risiko, dass die Rechnungsle- **112** gung aufgrund inhärenter Risiken, deren Auswirkungen durch das IKS des Unt nicht mit hinreichender Sicherheit verhindert bzw aufgedeckt und beseitigt werden, wesentliche falsche Angaben enthält. Die Wirksamkeit der von der UntLeitung als Reaktion auf die inhärenten Risiken eingerichteten internen Kontrollen bestimmt das sogenannte Kontrollrisiko. Im Prüfungsrisikomodell stellt sich das Fehlerrisiko als Funktion aus inhärenten und Kontrollrisiken dar.

Der AP beurteilt **inhärente Risiken,** um mögliche Ursachen für wesentliche falsche Angaben in der Rechnungslegung zu identifizieren. Solche falschen Angaben können das Ergebnis von Bedingungen sein, die volkswirtschaftliche, branchentypische oder betriebliche Ursachen haben. Sie können aber auch das Ergebnis von Charakteristika sein, die einem Kontensaldo oder einer Geschäftsvorfallart besonders eigen sind. Der AP hat sich die für die Feststellung dieser Risiken notwendigen Kenntnisse über das zu prüfende Unt, die Geschäftstätigkeit sowie das wirtschaftliche und rechtliche Umfeld zu beschaffen (s *IDW PS 230* WPg 2000, 842 ff).

Zur Beurteilung der **Kontrollrisiken** werden Aufbau- und Funktionsprüfun- **113** gen des IKS vorgenommen. Je besser das IKS auf die inhärenten Risiken ausgerichtet ist, desto geringer sind die vom AP zu beurteilenden Kontrollrisiken und damit das Fehlerrisiko.

In vielen Fällen ist es wegen des engen Zusammenhangs zwischen den inhä- **114** renten und den Kontrollrisiken nicht sachgerecht, eine getrennte Beurteilung der Risiken vorzunehmen. Der AP muss das (zusammengefasste) Risiko wesentlicher falscher Angaben in der Rechnungslegung beurteilen.

3. Entdeckungsrisiko

115 Das **Entdeckungsrisiko** umschreibt das Risiko, dass falsche Angaben, die entweder einzeln oder gemeinsam wesentlich sind, vom AP im Rahmen seiner Prüfung nicht aufgedeckt werden. Der Prüfer vermindert das Entdeckungsrisiko, indem er **analytische Prüfungshandlungen** und **Einzelfallprüfungen** von Geschäftsvorfällen und Beständen vornimmt (s *IDW PS 260* WPg 2001, 821 Tz 74).

116 Es besteht immer das Risiko, dass der AP zu einer unangemessenen Schlussfolgerung kommt, nachdem er ein bestimmtes Prüfungsverfahren angewandt und die sich hieraus ergebenden Prüfungsergebnisse ausgewertet hat. Im Regelfall wird sich der AP auf Prüfungsnachweise verlassen müssen, die zwar überzeugend sind, aber kein Urteil mit 100%-iger Sicherheit zulassen (*IDW PS* 300 WPg 2001, 898ff Tz 10).

117 Das Entdeckungsrisiko hat zwei Bestandteile:
- das **Stichprobenrisiko,** das immer dann besteht, wenn die Prüfungen mittels Stichproben durchgeführt werden, und
- das **nicht stichprobenbezogene Entdeckungsrisiko,** das bei jedem angewandten Prüfungsverfahren besteht.

Die Prüfung ist idR nur in Stichproben wirtschaftlich durchzuführen, ohne dass hierdurch die erforderliche Prüfungssicherheit wesentlich eingeschränkt wird. Das Stichprobenrisiko besteht darin, dass auf Grund der Stichprobe der AP zu Schlussfolgerungen gelangen kann, die bei einer Prüfung aller Elemente der Grundgesamtheit anders ausgefallen wären. Zu den Verfahren der Stichprobenprüfung s Anm 173ff.

Das nicht stichprobenbezogene Entdeckungsrisiko besteht darin, dass falsche Schlussfolgerungen hinsichtlich bestimmter Sachverhalte oder der bestehenden Fehlerrisiken gezogen werden. Ursache dafür können sein:
- Weglassen wichtiger Prüfungshandlungen (zB keine Einsichtnahme in relevante Sitzungsprotokolle der Geschäftsleitung oder des Aufsichtsorgans);
- unangemessene Prüfungshandlungen (zB Saldenbestätigungen werden unter der Kontrolle des Unt eingeholt);
- Ausführung von ungeeigneten Prüfungshandlungen zu bestimmten Sachverhalten (zB Ausschließen einer ganzen Gruppe von Einkäufen aus den aussagebezogenen Prüfungshandlungen unter der unzutreffenden Annahme, das Prüfungsziel für alle Arten von Einkaufsvorgängen dennoch zu erreichen);
- Nichterkennen fehlerhafter Anwendung von Bilanzierungs- und Bewertungsvorschriften oder Angabepflichten;
- Unterlassen angemessener Reaktionen auf Prüfungsfeststellungen und/oder
- Nichtbeachten oder Fehlinterpretation der vom Personal des Unt erhaltenen Informationen.

III. Risikoanalyse vor Annahme bzw Fortführung des Prüfungsauftrags

118 Bevor der AP den Prüfungsauftrag übernimmt, muss er nach § 38 Nr 2 und 3 der Berufssatzung WP/vBP eine **Einschätzung der mit dem Mandanten und dem Auftrag verbundenen Risiken** vornehmen (s E-*VO 1/2005* WPg 2005, 374ff Tz 50ff). Hierdurch soll gewährleistet werden, dass nur Mandate angenommen bzw fortgeführt werden, die in sachlicher, personeller und zeitlicher Hinsicht ordnungsgemäß abgewickelt werden können. Ergeben sich aus der Einschätzung der Auftragsrisiken Hinweise auf einen besonders risikobehaf-

teten Auftrag, muss der AP vor Annahme des Auftrags sehr sorgfältig abwägen, ob er den Auftrag annehmen kann (s auch *IDW PS 220* WPg 2001, 895 ff).

Folgende Sachverhalte sind vom AP insb zu untersuchen:
- Integrität des Mandanten,
- Mit dem Auftrag verbundene Risiken (zB Haftungs- oder Reputationsrisiken) und Verfügbarkeit von personellen Ressourcen,
- Einhaltung der allgemeinen Berufspflichten, insb der beruflichen Unabhängigkeit.

Hinsichtlich der **Integrität des Mandanten** sind ua folgende Aspekte von Bedeutung: 119
- Geschäfts- und Bilanzierungspraktiken (zB aggressive bilanzpolitische Maßnahmen),
- geschäftlicher Ruf der Mitglieder der UntLeitung und des Aufsichtsorgans sowie der Hauptgester,
- Verhalten ggü dem AP (zB Versuch der Beschränkung notwendiger Prüfungshandlungen, besonderer Honorardruck oder häufiger Prüferwechsel) sowie
- Einhaltung gesetzlicher Vorschriften (zB Verdacht auf Verstöße gegen das Geldwäschegesetz oder Verwicklung in kriminelle Machenschaften).

Bei der Beurteilung der mit dem Auftrag verbundenen Risiken ist vor allem 120 die Frage von Bedeutung, ob der Praxis des AP **ausreichende Ressourcen** zur sach- und zeitgerechten Abwicklung des Auftrags zur Verfügung stehen.

Vor Annahme oder Fortführung eines Auftrages muss der AP zudem feststel- 121 len, ob **Interessenkonflikte** bestehen oder ob die **Besorgnis der Befangenheit** begründet sein könnte. Werden entspr Risiken festgestellt, die nicht durch geeignete Maßnahmen beseitigt oder ausreichend begrenzt werden können, darf der Auftrag nicht angenommen werden (s Kommentierung zu §§ 319 f).

IV. Feststellung und Beurteilung der Fehlerrisiken

1. Überblick

Eine ordnungsgemäße Durchführung der Prüfung erfordert ein **planvolles** 122 **und risikoorientiertes Vorgehen** (s *IDW PS 240* WPg 2000, 846 ff). Ein solches Vorgehen setzt den AP in die Lage, die Risiken für wesentliche falsche Angaben in der Rechnungslegung zu erkennen und zu beurteilen sowie auf dieser Grundlage die erforderlichen Funktionsprüfungen des IKS und die aussagebezogenen Prüfungshandlungen auszuwählen und durchzuführen.

Zur Feststellung der Risiken für wesentliche falsche Angaben führt der AP 123 sogenannte **„Prüfungshandlungen zur Risikobeurteilung"** durch, die zum einen die Gewinnung von Kenntnissen über das Unt und dessen Umfeld sowie das rechnungslegungsbezogene IKS (Aufbauprüfung) und zum anderen die Klassifizierung der festgestellten Risiken nach Art und Bedeutung umfassen (*Schmidt,* Geschäftsverständnis, Risikobeurteilungen und Prüfungshandlungen als Reaktion auf beurteilte Risiken, WPg 2005, 873 ff).

Bei der Aufbauprüfung des IKS handelt es sich um die Prüfung der Ange- 124 messenheit (Eignung) und der Implementierung (Einführung in die betrieblichen Prozesse) des IKS. Sie erfolgt im Rahmen der Entwicklung eines Verständnisses über das Unt und dessen Umfeld in einem kontinuierlichen Prozess.

Der AP hat die **festgestellten Risiken** für wesentliche falsche Angaben 125 hinsichtlich ihrer Art, der möglichen Auswirkungen und der Eintrittswahrscheinlichkeit zu beurteilen. Dies umfasst insb die gesonderte Feststellung sogr bedeutsamer Risiken und von Risiken, bei denen es nicht ausreicht, Prüfungsnachweise ausschließlich mit aussagebezogenen Prüfungshandlungen einzuholen, dh, bei denen die Funktion des IKS getestet werden muss. In diesen Fällen ist die Prüfung der Angemessenheit und der Implementierung der betr internen Kontrollen unerlässlich.

126 Auf der Grundlage der Risikobeurteilungen ist vom AP festzulegen, welche Prüfungshandlungen als Reaktion auf die Risiken durchzuführen sind. Es kommen grundsätzlich Funktionsprüfungen des IKS und aussagebezogene Prüfungshandlungen (Einzelfallprüfungen und aussagebezogene analytische Prüfungshandlungen) in Betracht.

127 Immer dann, wenn sich der AP auf die **Wirksamkeit des** IKS stützen will, müssen Funktionsprüfungen des IKS durchgeführt werden. Dies gilt gleichermaßen für bedeutsame Risiken wie für sonstige Risiken falscher Angaben in der Rechnungslegung. Im Falle von Risiken, bei denen aussagebezogene Prüfungshandlungen nicht ausreichen, müssen immer Funktionsprüfungen durchgeführt werden. Die Ergebnisse von in Vj durchgeführten Funktionsprüfungen müssen mindestens alle drei Jahre verifiziert werden. Dies gilt nicht, wenn zwischenzeitlich Änderungen in den Verhältnissen eingetreten sind. Bei bedeutsamen Risiken reichen Funktionsprüfungen von für die APr relevanten Kontrollen in dreijährigem Turnus ebenfalls nicht aus; sie müssen jährlich getestet werden.

2. Durchführung von Prüfungshandlungen zur Feststellung von Fehlerrisiken

a) Allgemeines

128 Zur Gewinnung der erforderlichen Kenntnisse über das zu prüfende Unt und dessen Umfeld einschließlich des IKS mit dem Ziel der Feststellung der Fehlerrisiken hat der AP nach pflichtgemäßem Ermessen Befragungen, analytische und andere Prüfungshandlungen durchzuführen.

Es können folgende **Bereiche** unterschieden werden, die für die Feststellung von Fehlerrisiken eine besondere Relevanz haben:
- Unternehmensumfeld,
- Merkmale des Unt,
- Ziele, Strategien und Geschäftsrisiken,
- Erfolgskennzahlen und Erfolgsmessung sowie
- Internes Kontrollsystem.

b) Unternehmensumfeld

129 Unter dem UntUmfeld sind insb die volkswirtschaftlichen und rechtlichen Rahmenbedingungen sowie die für die Branche typischen Faktoren zu verstehen. Hierzu zählen auch die anzuwendenden Rechnungslegungsgrundsätze (zB IFRS). Folgende Beispiele für **relevante Faktoren** des UntUmfelds können genannt werden:

1. **Makroökonomische Faktoren:** Geldpolitik, Lage am Arbeitsmarkt, konjunkturelle Lage, Inflation, Finanzierungsmöglichkeiten, Wechselkurse und Zinssätze. Eine rückläufige Konjunktur kann zB die Zahlungsfähigkeit der Kunden des zu prüfenden Unt derart beeinträchtigen, dass die Forderungen an diese Kunden zweifelhaft oder uneinbringlich werden.
2. **Branchentypische Faktoren:** wirtschaftliche Lage in der Branche, Wettbewerbsintensität, Nachfrageentwicklung, Produktionskapazitäten, Technologietrends, strukturelle Verschiebungen (Standortfragen), Stellung des zu prüfenden Unt in seiner Branche, Verfügbarkeit von qualifiziertem Personal ua. Eine technologische Änderung, die zu nicht vertretbaren hohen Vorratsbeständen führt, könnte bspw zu Abwertungen Anlass geben.

3. **Rechtliche Rahmenbedingungen:** Gesetze und sonstige Vorschriften mit erheblichen Auswirkungen auf den Geschäftsbetrieb, Zölle und Steuern, aufsichtsrechtliche Bestimmungen, Umweltauflagen, Rechnungslegungsgrundsätze etc. Änderungen im Bereich der Rechnungslegungsgrundsätze können das Fehlerrisiko erhöhen, wenn zB keine ausreichend qualifizierten Mitarbeiter mit den erforderlichen Kenntnissen zur Verfügung stehen, um die mit diesen Änderungen verbundenen Anwendungen auf Durchführung und Bilanzierung ordungsgemäß umzusetzen.

Die Kenntnisse der Branche des Unt sollten die Bedingungen in diesem Umfeld (technische Entwicklungen und wichtige Konkurrenten) und die Position (Marktanteile) des Unt innerhalb der Branche umfassen. Für den Fall, dass das Unt in mehreren Branchen tätig ist, müssen Informationen über jede Branche, in der das Unt bedeutende Aktivitäten betreibt, beschafft werden.

Dem AP steht für diese Aufgabe eine Vielzahl von **Informationsquellen** zur 130
Verfügung, wie zB:

- Gespräche mit der Geschäftsleitung;
- Planungsunterlagen und Berichte an den AR über den Geschäftsverlauf;
- Berichte von Kreditinstituen, VersicherungsUnt, Wertpapiermaklern, Effektenhändlern usw;
- Informationen der statistischen Ämter und der Wirtschaftsverbände;
- Wirtschafts- und Finanzmagazine;
- Publikationen und Broschüren des Unt (zB auf Homepages im Internet);
- Berichte der internen Revision, der steuerlichen Bp und Umweltberichte.

c) Merkmale des Unternehmens

Unternehmensspezifische Aspekte, deren Kenntnis für den AP von be- 131
sonderer Bedeutung sind, umfassen ua die Art, Größe und Organisationsstruktur des Unt, die wirtschaftliche Lage, die Geschäftstätigkeit und die Betriebs- und Geschäftsabläufe, die Qualität des Managements und des Personals, die Bilanzierungspraktiken sowie die Anfälligkeit bestimmter Prüffelder für falsche Angaben in der Rechnungslegung.

Die Kenntnisse des AP über die **Geschäftstätigkeit** sowie die **Betriebs-** 132
und Geschäftsabläufe (im Einzelnen s *IDW PS 230* Anhang, WPg 2000, 844ff) sollten die Erzeugnisgruppen, die Bezugsquellen, die Einkaufsmethoden, die Werbe- und Vertriebsmethoden des Unt, seine Finanzierungsquellen und Produktionsmethoden sowie die Investitionstätigkeiten einschließen. Der AP sollte sich außerdem über Standorte, Größe der Betriebsanlagen, Abteilungen und Niederlassungen des Unt sowie seine Führungsorganisation informieren (zB auf Grundlage eines Organigramms).

Zum Verständnis des zu prüfenden Unt gehört auch, dass der AP die bei dem 133
Unt **angewandten Bilanzierungspraktiken (Bilanzierungs- und Bewertungsmethoden)** kennt und sie dahingehend beurteilt, ob sie mit den GoB übereinstimmen. Wenn im Prüfungszeitraum die Bilanzierungs- und Bewertungsmethoden geändert worden sind, ist zu untersuchen, warum die Änderungen vorgenommen wurden (zB wegen geänderter Betriebs- oder Geschäftsabläufe oder einem Konzernwechsel) und ob solche Methodenänderungen vor dem Hintergrund der anzuwendenden Rechnungslegungsgrundsätze akzeptabel sind. Neuerungen zur Rechnungslegung sollten rechtzeitig mit der UntLeitung besprochen werden, damit geeignete Schritte unternommen werden können, um eine zutreffende Anwendung der Regelungen zu gewährleisten.

Die aus der Durchsicht der **Prüfungsergebnisse von Vorjahresprüfungen** 134
stammenden Kenntnisse helfen dem Prüfer, die Wahrscheinlichkeit von Bilan-

zierungsfehlern zu erkennen und zu beurteilen. Auch die Arbeitspapiere aus früheren Prüfungen können Informationen über die finanzielle Lage, die Betriebs- und Geschäftsabläufe sowie die Fehlerrisiken enthalten.

135 **Bestimmte Kontensalden** oder **Arten von Geschäftsvorfällen** sind durch sachliche Risikomerkmale gezeichnet, die eine Anfälligkeit für wesentliche falsche Angaben in der Rechnungslegung mit sich bringen. Beispiele für Prüffelder mit solchen Risikomerkmalen sind (s auch *IDW PS 260* WPg 2001, 821 Tz 29):
- Kontensalden mit Vorgängen, die komplexe Entscheidungen erfordern, zB die zeitgerechte Erfassung von Erträgen aus langfristiger Fertigung.
- Kontensalden zu VG, die bei Fehlen von strikten Kontrollen diebstahlgefährdet sind, zB Edelmetalle.
- Kontensalden, die überwiegend auf Schätzungen beruhen und bei denen besondere Ermessensspielräume bestehen, zB bestimmte Rückstellungen.

Die sachlich bedingten Risikomerkmale von Kontensalden oder Geschäftsvorfallarten ändern sich normalerweise nur, wenn sich Geschäfts- oder Betriebsabläufe des zu prüfenden Unt ändern. Bei wiederkehrenden Prüfungen muss der AP deshalb im Rahmen der Aktualisierung von Informationen über das zu prüfende Unt beurteilen, ob Änderungen in den Geschäfts- und Betriebsabläufen Auswirkungen auf solche Risikomerkmale hatten und ob das IKS des Unt entspr angepasst wurde.

d) Ziele, Strategien und Geschäftsrisiken

136 Der AP muss ein ausreichendes Verständnis der UntZiele und Strategien sowie der damit verbundenen Geschäftsrisiken des Unt erlangen, die wesentliche falsche Angaben in der Rechnungslegung zur Folge haben können. Geschäftsrisiken sind Risiken, die der Erreichung der UntZiele und Strategien entgegen stehen können. Obwohl die meisten Geschäftsrisiken im Ergebnis finanzielle Konsequenzen für das Unt haben können, stellen nicht alle Geschäftsrisiken gleichzeitig Risiken für wesentliche falsche Angaben in der Rechnungslegung dar. Als **Beispiele** für Sachverhalte, die gleichzeitig Risiken für falsche Angaben bergen, können genannt werden:
- Verfügbarkeit von qualifizierten Mitarbeitern,
- Einführung neuer Produkte oder Dienstleistungen,
- Erweiterung des Geschäftsbetriebs (zB durch UntErwerbe),
- Erfüllung von Anforderungen, die mit Kreditgebern vertraglich vereinbart wurden („debt covenants"),
- Einführung neuer Informationstechnologien sowie
- Änderungen der Rechnungslegungspflichten.

Die Beurteilung der Geschäftsrisiken durch die UntLeitung ist ein Bestandteil des IKS des Unt (s Anm 139 ff).

e) Erfolgskennzahlen und Erfolgsmessung

137 Zum Verständnis des AP über das Unt zählt auch die Art und Weise, wie die UntLeitung den wirtschaftlichen Erfolg des Unt und damit die Erreichung der UntZiele überwacht. In vielen Unt werden zu diesem Zweck Erfolgskennzahlen („Key-Performance-Indikatoren") entwickelt. Die Analyse von Abweichungen zwischen Plan-Kennzahlen und den entspr Ist-Werten stellt eine Überwachungsmaßnahme der UntLeitung dar, die für das Geschäftsverständnis des AP von besonderer Bedeutung ist. ZB können sich für den AP Hinweise auf eine zielgerichtete Aufstellung des JA ergeben, wenn die Vergütung von Führungskräften von der Erreichung bestimmter Erfolgskennzahlen abhängt. Auch externe Analysen des wirtschaftlichen Erfolgs durch Analysten oder Rating-

Agenturen können für den AP von Bedeutung sein, weil sie die Erwartungen von Marktteilnehmern zum Ausdruck bringen, die ggf von der UntLeitung bei der Aufstellung des JA berücksichtigt werden.

Informationen über die Finanzlage, verglichen mit den Finanzdaten aus dem Vj und mit den Plandaten für den lfd Zeitraum (zB auf Grundlage von Monatsabschlüssen), können den AP zB auf Folgendes aufmerksam machen: 138
- Günstige oder ungünstige betriebliche Trends;
- Bedeutsame Abweichungen von erwarteten Ergebnissen;
- Neuere Finanzierungs- und Investitionsaktivitäten;
- Sonstige Veränderungen im Geschäft des Unt.

Für die Ermittlung von Erfolgskennzahlen ist ein **internes Berichtswesen** erforderlich. Der AP muss sich mit den Grundlagen der betrieblichen Informationssysteme beschäftigen, um beurteilen zu können, ob die von der UntLeitung verwendeten Daten für die Erfolgsmessung relevant und verlässlich sind. Stellt der AP fest, dass das interne Berichtswesen verlässliche Informationen über die Entwicklung des Unt generiert, kann dieser Tatbestand bei der Entscheidung über Art und Umfang seiner auf die Frage der Ordnungsmäßigkeit der externen Rechnungslegung ausgerichteten Prüfungshandlungen berücksichtigt werden. Wenn internes Berichtswesen und externe Rechnungslegung auf denselben Systemen und derselben Datengrundlage basieren, können die für die Beurteilung der Verlässlichkeit des internen Berichtswesens eingeholten Prüfungsnachweise gleichzeitig bei der Beurteilung der externen Rechnungslegung verwendet werden.

f) Internes Kontrollsystem

Die Untersuchung der Angemessenheit und der Implementierung des rechnungslegungsbezogenen IKS ist ein notwendiger Schritt zur Feststellung der Risiken für wesentliche falsche Angaben in der Rechnungslegung durch den AP. Nach vorherrschender Auffassung ist das IKS ein Prozess, der auf die Wirksamkeit und die Wirtschaftlichkeit des Geschäftsbetriebs in Übereinstimmung mit den von UntLeitung hierfür vorgegebenen Leitlinien, die Einhaltung der für das Unt geltenden gesetzlichen Bestimmungen und sonstigen Vorschriften sowie die Ordnungsmäßigkeit der Rechnungslegung ausgerichtet ist. Es setzt ich aus folgenden Bestandteilen zusammen (*s IDW PS 260* WPg 2001, 821 ff): 139
- Kontrollumfeld,
- Risikobeurteilungen der UntLeitung,
- Information und Kommunikation (einschließlich der rechnungslegungsrelevanten Informationssysteme),
- Kontrollaktivitäten sowie
- Überwachung des IKS.

Der AP hat sich zunächst einen Überblick über das IKS zu verschaffen und entscheidet anschließend nach pflichtgemäßem Ermessen, bei welchen Kontrollen eine **Aufbauprüfung,** dh eine Prüfung der Angemessenheit und der Implementierung, durchzuführen ist. Bei dieser Entscheidung ist die Relevanz der Kontrollen für die APr zu berücksichtigen, dh, welche Bedeutung die einzelnen Kontrollen für die Verhinderung oder Aufdeckung von wesentlichen falschen Angaben in der Rechnungslegung haben. Dies wird bei Kontrollen, die den Schutz des UntVermögens oder die Ordnungsmäßigkeit des Geschäftsbetriebs zum Ziel haben, im Unterschied zu unmittelbar auf die Rechnungslegung ausgerichteten Kontrollen, häufig nicht der Fall sein. Sind die Kontrollen für die APr relevant, ist deren Angemessenheit und Implementierung zu prüfen (Aufbauprüfung). 140

141 Der AP muss sich mit jedem Bestandteil des IKS befassen. Dies bedeutet, dass er zunächst das **Kontrollumfeld** beurteilen muss. Bei dieser Einschätzung sind insb folgende Aspekte zu berücksichtigen:
- die UntKultur,
- die Bedeutung von fachlicher und persönlicher Kompetenz im Unt,
- die Rolle der Aufsichtsorgane,
- der Führungsstil der UntLeitung und
- die Personalpolitik.

142 Der **Risikobeurteilungsprozess** im Unt setzt die Definition von UntZielen und Strategien voraus (s Anm 136). Ziel ist es, die Geschäftsrisiken festzustellen, die der Erreichung der festgelegten Ziele entgegen stehen können. Der AP muss diesen Prozess verstehen, um einschätzen zu können, ob das Unt die Risiken wesentlicher falscher Angaben in der Rechnungslegung sachgerecht ermittelt. Mängel im Prozess der Risikobeurteilungen erhöhen das Risiko für wesentliche falsche Angaben. Der Prozess der Risikobeurteilungen umfasst die folgenden Schritte:
- Feststellung der Risiken,
- Analyse der Risiken (Einschätzung der Bedeutung des Risikos und der Eintrittswahrscheinlichkeit) sowie
- Feststellung möglicher Maßnahmen als Reaktion auf die Risiken.

Risiken, die sich auf die Ordnungsmäßigkeit der Rechnungslegung auswirken können, ergeben sich zB aus folgenden Sachverhalten:
- Schnelles UntWachstum,
- Veränderungen in den eingesetzten EDV-Systemen und
- Veränderungen in der Geschäftstätigkeit.

143 Bei der Erlangung von Kenntnissen über das **rechnungslegungsrelevante Informationssystem** ist vor allem auf folgende Aspekte abzustellen:
- Aufbau des Buchführungssystems,
- Arten von Geschäftsvorfällen, die im Buchführungssystem erfasst und verarbeitet werden,
- Verfahren der Auslösung, Erfassung und Verarbeitung von Geschäftsvorfällen und deren Darstellung im zu prüfenden Abschluss (manuelle und EDV-gestützte Verfahren),
- Führung von Haupt- und Nebenbüchern,
- Behandlung von Nicht-Routine-Transaktionen sowie
- Prozess der Aufstellung des JA.

Zum für den AP relevanten Teil des Informationssystems zählt auch die Kommunikation von Funktionen und Verantwortlichkeiten mit Bezug zur Rechnungslegung. Die Mitarbeiter müssen über ihre Pflichten – sowohl im regulären Geschäftsbetrieb als auch in ungewöhnlichen Situationen – informiert sein und die ihnen im IKS übertragenen Aufgaben kennen.

144 Unter **Kontrollaktivitäten** sind alle Regelungen und Verfahren zu verstehen, die die Einhaltung der Anweisungen der UntLeitung zum Ziel haben. Dies schließt die Kontrollen im engeren Sinne ein (Funktionstrennung, Genehmigungskontrollen, Anwendungskontrollen usw.). Die Analyse der Kontrollaktivitäten durch den AP umfasst auch die Frage der Angemessenheit und der Implementierung der als Reaktion auf die IT-Risiken eingerichteten IT-Kontrollen (*s IDW PS 330* WPg 2002 1167 ff). Kontrollaktivitäten mit Bezug zur Rechnungslegung sind zB:
- Genehmigungskontrollen im Zusammenhang mit Einkaufsprozessen,
- Kontrollen zum Schutz des vorhandenen Vermögens,
- Trennung von genehmigenden, ausführenden und überwachenden Funktionen sowie

– Anwendungskontrollen (zB Eingabekontrollen und Vollständigkeitskontrollen).

Unter der **Überwachung** des IKS sind die in die einzelnen Geschäftsprozesse integrierten und die prozessunabhängigen Maßnahmen zu verstehen. Diese Maßnahmen sind erforderlich, um die Angemessenheit und die Wirksamkeit des IKS zu bewerten, damit erforderlichenfalls rechtzeitig Korrekturen vorgenommen werden können. Neben der Tätigkeit der internen Revision kommen als Überwachungsmaßnahmen zB der Abgleich betrieblicher Statistiken mit den Daten der Finanzbuchhaltung oder die Analyse der Ursachen von Verlusten in Betracht. **145**

3. Beurteilung der festgestellten Fehlerrisiken

Der AP muss die im Rahmen der Entwicklung eines Verständnisses über das Unt und das UntUmfeld sowie das IKS festgestellten Risiken für wesentliche falsche Angaben in der Rechnungslegung daraufhin beurteilen, ob sie sich auf bestimmte Arten von Geschäftsvorfällen, Kontensalden oder Abschlussangaben beziehen oder sich auf den Abschluss insgesamt auswirken können. **146**

Diese Beurteilung umfasst auch eine **Klassifizierung der Fehlerrisiken** nach Art und Bedeutung in bedeutsame Risiken, Risiken, bei denen aussagebezogene Prüfungshandlungen nicht ausreichen, und sonstige Risiken für wesentliche falsche Angaben. **147**

Fehlerrisiken, die aufgrund ihrer Art, des Umfangs der möglichen Auswirkungen oder der Eintrittswahrscheinlichkeit einer besondere Berücksichtigung durch den AP bedürfen, werden als **„bedeutsame Risiken“** bezeichnet. Bedeutsame Risiken hängen häufig mit außerhalb des gewöhnlichen Geschäftsbetriebs liegenden Transaktionen zusammen. Folgende Aspekte sind für die Klassifizierung von Fehlerrisiken als bedeutsame Risiken zB von Bedeutung: **148**

- Das Risiko bezieht sich auf Unterschlagungen oder Bilanzmanipulationen (Verstöße),
- das Risiko hängt mit Transaktionen des Unt mit nahestehenden Personen zusammen,
- das Risiko bezieht sich auf Bereiche, bei denen erhebliche Ermessensspielräume bestehen,
- das Risiko bezieht sich auf besonders komplexe Geschäftsvorfälle.

Der AP muss davon ausgehen, dass die Umsatzrealisierung regelmäßig ein bedeutsames Risiko darstellt; dies gilt auch für das Risiko, dass interne Kontrollen durch Mitglieder der Geschäftsleitung außer Kraft gesetzt werden (*s Übersetzung des ISA 240* WPg 2004, 1282 ff Tz 50).

Bei bedeutsamen Risiken kommt der Aufbauprüfung des IKS eine besondere Bedeutung zu. Die Eignung und die Implementierung der als Reaktion auf die bedeutsamen Risiken im Unt eingeführten Kontrollen sind in jedem Fall vom AP zu untersuchen.

Dies gilt auch für Risiken, bei denen der AP davon ausgeht, dass es nicht möglich oder nicht praktikabel ist, allein durch aussagebezogene Prüfungshandlungen ausreichende Prüfungsnachweise zu erlangen, um ein Urteil mit hinreichender Sicherheit treffen zu können. Dies kann zB bei intensiver Nutzung des E-Commerce im Unt der Fall sein. **149**

Die Risikobeurteilungen des AP sind ein kontinuierlicher Prozess und müssen ggf im Verlauf der Prüfung angepasst werden. **150**

V. Prüfungshandlungen als Reaktion auf die beurteilten Risiken

1. Überblick

151 Im Anschluss an die Gewinnung ausreichender Kenntnisse über das Unt und dessen Umfeld sowie die Beurteilung der Risiken für wesentliche falsche Angaben in der Rechnungslegung und deren Klassifizierung muss der AP Prüfungshandlungen als Reaktion auf die erkannten Fehlerrisiken durchführen.

152 Bei der Festlegung dieser Prüfungshandlungen ist zwischen sogenannten allgemeinen **Reaktionen auf Fehlerrisiken,** die die Rechnungslegung insgesamt und Prüfungshandlungen, mit denen auf Fehlerrisiken, die bestimmte Aussagen in der Rechnungslegung betreffen, reagiert wird.

Allgemeine Reaktionen können zB in der Betonung der notwendigen kritischen Grundhaltung der Mitglieder des Prüfungsteams, im Einsatz von Spezialisten im Prüfungsteam, in der Durchführung überraschender Prüfungshandlungen oder in besonderen Maßnahmen zur Qualitätssicherung im Sinne einer intensiveren Überwachung der Prüfung bestehen.

Bei den Prüfungshandlungen, mit denen auf das Risiko wesentlicher falscher Angaben auf Ebene der Aussagen in der Rechnungslegung reagiert wird, kann es sich um Funktionsprüfungen des IKS, um aussagebezogene Prüfungshandlungen oder eine Kombination daraus handeln.

2. Funktionsprüfungen des internen Kontrollsystems

153 Wenn der AP davon ausgeht, dass das IKS im Hinblick auf bestimmte Aussagen in der Rechnungslegung wirksam ist, müssen Funktionsprüfungen zur Validierung dieser Annahme durchgeführt werden. Zur notwendigen Prüfungssicherheit des AP können interne Kontrollen also nur beitragen, wenn ihre Funktion getestet wird. Funktionsprüfungen müssen nicht durchgeführt werden, wenn die Aufbauprüfungen ergeben haben, dass keine geeigneten Kontrollen eingeführt wurden.

154 Funktionsprüfungen sind auch bei allen Kontrollen durchzuführen, die mit Risiken zusammen hängen, bei denen der Abschlussprüfer der Auffassung ist, dass die Durchführung ausschließlich aussagebezogener Prüfungshandlungen nicht ausreichend ist (s Anm 149).

155 Als Funktionsprüfungen kommen folgende Prüfungshandlungen in Betracht:
- Befragungen,
- Durchsicht von Dokumenten sowie
- Beobachtung von Abläufen.

Befragungen allein sind im Allgemeinen nicht ausreichend, so dass zB die Beobachtungen von Abläufen hinzukommen muss.

156 In vielen Fällen können aussagebezogene Prüfungshandlungen gleichzeitig Prüfungsnachweise für die Funktion des IKS ergeben; ebenso können durch die Funktionsprüfung des IKS aussagebezogene Prüfungsnachweise erbracht werden („dual-purpose-tests").

157 Der AP muss berücksichtigen, dass einzelne Funktionsprüfungen einen Nachweis nur über die **Wirksamkeit der Kontrollen** zum jeweiligen Kontrollzeitpunkt erbringen. Wenn die Wirksamkeit von Kontrollen für einen Zeitraum getestet werden soll, müssen weitere Prüfungshandlungen durchgeführt werden.

Bei Folgeprüfungen kann der AP ggf die Ergebnisse von Funktionsprüfungen aus Vorperioden verwenden. Bei bedeutsamen Risiken und bei Risiken, bei denen aussagebezogene Prüfungshandlungen nicht ausreichen, ist die Wirksamkeit der betr Kontrollen allerdings jährlich zu testen. Bei anderen Kontrollen müssen zumindest in jedem dritten Jahr Funktionsprüfungen vorgenommen werden. Dies ermöglicht die Entwicklung eines mehrjährigen Prüfungsplans für die Funktionsprüfungen des IKS.

Der **Umfang der Funktionsprüfungen** bestimmt sich ua nach folgenden Kriterien: 158
- Bedeutung der Funktionsprüfung für die Gewinnung der notwendigen Prüfungssicherheit,
- Häufigkeit, mit der die betreffenden Kontrollen durchgeführt werden,
- Zeitraum, für den die Wirksamkeit der Kontrollen untersucht wird,
- Erwartungen des AP zur Wirksamkeit der Kontrollen sowie
- Art der Kontrollen (manuelle Kontrollen oder IT-Kontrollen).

Handelt es sich um IT-Kontrollen, kann die Anzahl der Funktionsprüfungen 159
im Allgemeinen geringer ausfallen als bei manuellen Kontrollen, wenn die Prüfung der EDV-Funktionalitäten ergibt, dass die Kontrollroutinen ohne die Möglichkeit eines unbefugten Eingriffs in konsistenter Weise erfolgen.

3. Aussagebezogene Prüfungshandlungen

a) Allgemeines

Für alle wesentlichen Arten von Geschäftsvorfällen und Aussagen in der 160
Rechnungslegung sind aussagebezogene Prüfungshandlungen durchzuführen. Dies gilt unabhängig von den Ergebnissen der Risikobeurteilungen und vom Umfang der durchgeführten Funktionsprüfungen. Diese haben aber einen wesentlichen Einfluss auf Art, Zeitpunkt und Umfang der aussagebezogenen Prüfungshandlungen.

Unter aussagebezogenen Prüfungshandlungen sind analytische Prüfungshand- 161
lungen und Einzelfallprüfungen zu verstehen.

Aussagebezogene Prüfungshandlungen müssen ua folgende Bereiche abdecken:
- Abstimmung des Abschlusses mit der zugrunde liegenden Buchführung,
- wesentliche Buchungen von Nicht-Routinetransaktionen sowie
- bedeutsame Risiken.

Werden aussagebezogene Prüfungshandlungen unterjährig – zB im Rahmen 162
von Zwischenprüfungen – vorgenommen, muss der AP zusätzliche Prüfungshandlungen durchführen, um Prüfungsnachweise für den Zeitraum zwischen dem Prüfungszeitpunkt und dem Abschlussstichtag zu erlangen. Art und Umfang der für den verbleibenden Zeitraum durchzuführenden Prüfungshandlungen hängen vor allem von dem Risiko ab, dass wesentliche falsche Angaben vorliegen. Ist dieses Risiko aufgrund wirksamer interner Kontrollen niedrig, können auch analytische Prüfungshandlungen ausreichend sein.

Prüfungsergebnisse aus Vorperioden können nur verwendet werden, wenn 163
der zu beurteilende Sachverhalt unverändert ist und die Prüfungsnachweise weiterhin relevant sind. Um eine solche Annahme treffen zu können, müssen im laufenden Prüfungszeitraum Nachweise hierfür eingeholt werden.

Der Umfang der aussagebezogenen Prüfungshandlungen hängt vor allem von 164
der Höhe des Fehlerrisikos ab. Je höher dieses Risiko ist, desto umfangreichere aussagebezogene Prüfungshandlungen sind notwendig. Der Stichprobenumfang ist bei den Einzelfallprüfungen insb anhand folgender Kriterien zu bestimmen:
- Art des Stichprobenverfahrens (bewusste Auswahl oder mathematisch-statistische Stichprobenverfahren),
- Beitrag der Einzelfallprüfungen zur gesamten Prüfungssicherheit sowie
- Höhe der prüffeldbezogenen Wesentlichkeitsgrenze.

Die Frage, wieviel Prüfungssicherheit aus einer bestimmten aussagebezogenen Prüfungshandlung gewonnen werden kann, ist eine Ermessensfrage, deren Beantwortung Urteilsvermögen und Berufserfahrung bedarf.

b) Analytische Prüfungshandlungen

165 **Analytische Prüfungshandlungen** (*s IDW PS 312* WPg 2001, 903ff) umfassen die Beurteilung finanzieller Informationen durch eine Untersuchung der jeweils relevanten Beziehungen zwischen finanziellen und auch anderen Daten. Dabei wird eine Plausibilitätsprüfung durch Vergleich der gebuchten Beträge mit den vom AP entwickelten Erwartungen für bestimmte Kontensalden oder Geschäftsvorfallarten durchgeführt. Beispiele sind Fluktuationsanalysen, Analysen von Trend-Verhältniszahlen und anderen Kennziffern, Vergleiche mit Vj-Zahlen oder von Monatszahlen untereinander sowie Branchen- und Soll-Ist-Vergleiche. Solche Plausibilitätsanalysen sollten mit einer Durchsicht der Konten auf ungewöhnliche oder mit den Erwartungen des AP nicht übereinstimmende Buchungen einhergehen.

166 **Grundvoraussetzung** für die Anwendung analytischer Verfahren als aussagebezogene Prüfungshandlung ist, dass im konkreten Fall die Annahme bestimmter gegebener und fortdauernder Relationen zwischen einzelnen Daten gerechtfertigt ist, und zwar solange, als nicht Besonderheiten eine abw Beurteilung und die Vornahme von Einzelfallprüfungen erfordern (s *IDW PS 312* WPg 2001, 903 Tz 6). Dies kann zB bei ungewöhnlichen Ereignissen oder Geschäftsvorfällen, bei Änderungen im Rechnungswesen, im Produktionsprozess oder im Geschäftsumfang, aber auch bei unbeabsichtigten Fehlern, Unregelmäßigkeiten oder zufälligen Fluktuationen notwendig sein.

167 Um analytische Verfahren wirkungsvoll anwenden zu können, muss der AP zunächst **Erwartungen** entwickeln. Das hierfür erforderliche Wissen hat sich der AP bereits im Rahmen der Erlangung von Kenntnissen über Betriebs- und Geschäftsabläufe beim Unt (s Anm 128ff) angeeignet. Bei der Entwicklung von Erwartungen ist stets darauf zu achten, dass die Annahmen auf vollständigen und zutreffenden Unterlagen basieren.

168 Vor der Anwendung analytischer Verfahren muss der AP überlegen, ob sie im Hinblick auf das angestrebte Ziel eine wirksame und rationelle Prüfungsmethode darstellen. Wirksamkeit und Effizienz hängen ua davon ab, ob
- die untersuchte Relation für das Prüfungsziel relevant ist,
- die Zusammenhänge, die für die Entwicklung einer Erwartung benutzt werden, zutreffend sind und
- die Genauigkeit der Erwartungsgröße angemessen ist.

169 Die **Genauigkeit der Erwartungsgröße** hängt wesentlich davon ab, wie sorgfältig der AP die Einflussfaktoren untersucht und wie detailliert die für die Entwicklung seiner Erwartung benutzten Daten sind. Je detaillierter die Einflussfaktoren bei der Entwicklung der Erwartungsgrößen berücksichtigt werden, umso stärker kann sich der AP auf die Resultate der analytischen Verfahren verlassen (zB bei analytischen Prüfungshandlungen auf Geschäftsvorfallebene).

170 Die Ergebnisse analytischer Verfahren werden entweder die Erwartungen des AP bestätigen oder Anlass zu weitergehenden Untersuchungen geben, wenn die **Ergebnisse deutlich von den Erwartungen** abweichen. Wenn ungewöhnliche oder unerwartete Abweichungen auftreten, muss der AP sie in einem Umfang untersuchen, der ausreicht, ein Urteil über die Auswirkungen auf den untersuchten Saldo und – soweit relevant – auf andere, korrespondierende Konten zu fällen. Dabei kann die Einholung von Erklärungen seitens der Geschäftsleitung oder die Durchführung anderer Einzelfallprüfungen, je nach dem Ergebnis

der Beurteilung, notwendig sein. Die Entscheidung, ob über die analytischen Prüfungshandlungen hinausgehende Einzelfallprüfungen durchzuführen sind, liegt im pflichtgemäßen Ermessen des AP. Kriterien für die Ausübung dieser Ermessensentscheidung sind

- Wesentlichkeit des betreffenden Teilaspekts der Rechnungslegung,
- Verlässlichkeit der Daten, auf deren Grundlage die Erwartungsbildung des AP erfolgt,
- Präzision der Erwartungen des AP sowie
- Höhe der Abweichungen zwischen erwarteten und tatsächlichen Werten.

c) Einzelfallprüfungen

aa) Arten von Einzelfallprüfungen. Folgende Arten von **Einzelfallprüfungen** können unterschieden werden: 171

- Einsichtnahme in Dokumente und Inaugenscheinnahme von Vermögenswerten,
- Beobachtung von Verfahren und Maßnahmen,
- Befragungen,
- Einholung von Bestätigungen und Erklärungen sowie
- rechnerische Überprüfungen (*s IDW PS 300* WPg 2001 898 ff Tz 26 ff).

Die Verlässlichkeit der mittels der verschiedenen Arten von Prüfungshandlungen erlangten Prüfungsnachweise und damit ihr Beitrag zur notwendigen Prüfungssicherheit ist unterschiedlich. Prüfungsnachweise in Form von Dokumenten und schriftlichen Erklärungen sind verlässlicher als mündliche Erklärungen. Nachweise aus externen Quellen sind im Allgemeinen verlässlicher als interne Nachweise. Nachweise, die unmittelbar vom AP eingeholt werden haben normalerweise eine höhere Qualität als solche, die über das Unt erlangt werden. Originaldokumente sind verlässlicher als Kopien. 172

bb) Durchführung von Einzelfallprüfungen in Stichproben. Die Entscheidung über den Einsatz **stichprobengestützter Prüfungsmethoden** fällt der AP im Rahmen der Festlegung der Prüfungsstrategie. Stichprobengestützte Prüfungen können sowohl bei **aussagebezogenen Prüfungshandlungen** (in Form von Einzelfallprüfungen) als auch bei **Systemprüfungen** in Betracht kommen. Nach dem jeweils zur Anwendung kommenden Auswahlverfahren lassen sich zwei Gruppen von Stichprobenverfahren unterscheiden: 173

- Verfahren mit bewusster Auswahl;
- Verfahren mit zufallsgesteuerter Auswahl.

Bei der **bewussten Auswahl** trifft der AP auf der Grundlage von Vorinformationen und Erfahrungen eine gezielte Entscheidung über die in die Stichprobe aufzunehmenden Prüfungsfälle. Hierbei berücksichtigt er auch die im Rahmen der Vorinformationen gewonnenen Annahmen über die Fehler in dem zu prüfenden Bereich, um aufbauend auf dem Ergebnis seiner Einzelprüfungen zu einem Urteil über das Prüfgebiet (Grundgesamtheit) zu kommen (s *HFA 1/1988* WPg 1988, 241). Demgegenüber wird beim Einsatz der Verfahren mit zufallsgesteuerter Auswahl versucht, alle subjektiven Einflüsse bei der Auswahl der Stichprobe auszuschließen, um so ein für die Grundgesamtheit repräsentatives Ergebnis zu erzielen. 174

Bei den bewussten Auswahlverfahren lassen sich drei verschiedene **Auswahlkriterien** unterscheiden:

- Auswahl nach der Bedeutung der zu prüfenden Elemente;
- Auswahl nach dem Fehlerrisiko;
- Auswahl typischer Fälle.

Bei der **Auswahl nach der Bedeutung der zu prüfenden Elemente** muss darauf geachtet werden, dass in die Stichprobe nur solche Elemente aufgenommen werden, die auf Grund ihres Gewichts oder ihrer Bedeutung das für das Prüffeld abzugebende Gesamturteil entscheidend beeinflussen können. Dieses Verfahren hat den Nachteil, dass wesentliche Unterbewertungen möglicherweise nicht aufgedeckt werden. Dagegen ist das Risiko, dass wesentliche Überbewertungen nicht entdeckt werden, als gering einzuschätzen.

Bei der **Auswahl nach dem Fehlerrisiko** werden in die Stichprobe solche Elemente des Prüfgebiets einbezogen, bei denen Fehler (Verstöße gegen Dokumentations- und Rechnungslegungsregeln) am ehesten zu erwarten sind. Dieses Verfahren ist besonders wirkungsvoll, wenn EDV-gestützt sog Risikodatenbestände selektiert werden. Es kann zweckmäßig sein, die Auswahl nach dem Fehlerrisiko mit der Auswahl nach der Bedeutung des Prüfungsgegenstands zu kombinieren, indem in einem ersten Schritt die Auswahl der Elemente nach dem Fehlerrisiko und in einem zweiten Schritt die Auswahl nach der Bedeutung des Prüfungsgegenstands erfolgt (*HFA 1/1988* WPg 1988, 242).

Bei der **Auswahl typischer Fälle** konzentrieren sich die Prüfungshandlungen auf Geschäftsvorfälle, die im Prüfgebiet jeweils in gleicher Weise verarbeitet werden und für die Mehrheit der Geschäftsvorfälle repräsentativ sind. Dieses Auswahlverfahren bietet sich insb bei Systemprüfungen an (s *ADS*[6] § 317 Anm 151).

175 Bei der **Zufallsauswahl** erfolgt die Auswahl der in die Stichprobe aufgenommenen Prüfungsfälle nach dem Zufallsprinzip. Dies ist erfüllt, wenn jedes Element des Prüffelds (Grundgesamtheit) eine berechenbare, von Null verschiedenbare Wahrscheinlichkeit besitzt, in die Stichprobe zu gelangen. Bei Anwendung von Zufalls-Stichproben-Verfahren versucht der AP auf der Grundlage der zufällig in die Stichprobe gelangten Elemente, Aussagen über die Struktur der Grundgesamtheit zu erlangen. Hierbei bedient sich der AP des sog Repräsentationsschlusses; dh die festgestellte Fehlerstruktur ist repräsentativ und kann deshalb auf die Grundgesamtheit „hochgerechnet" werden. Voraussetzung hierfür ist, dass die Stichprobe ein repräsentatives Abbild der Grundgesamtheit darstellt.

Folgende **Techniken der Zufallsauswahl** können angewendet werden:

- Auswahlverfahren mit **gleichen Auswahlwahrscheinlichkeiten.** Bei dieser Auswahltechnik muss jedes Element jeweils die **gleich große** Chance haben, in die Stichprobe zu gelangen. Hierzu können folgende Techniken Anwendung finden:
- „Echte Zufallsauswahl" mit Zufallszahlentabellen;
- Zufallsauswahl mit Zufallszahlengeneratoren, zB kann der AP spezielle Funktionen in Tabellenkalkulations- und Datenbankprogrammen nutzen.
- Systematische Zufallsauswahl (sog „Unechte" Zufallsauswahl). Hier wird die Stichprobe in der Weise bestimmt, dass jedes x-te Element aufgenommen wird. Die Auswahl des ersten Elements muss zwingend zufällig erfolgen (zB mit Hilfe einer Zufallszahlentabelle).
- Schlussziffernverfahren, Auswahl nach Anfangsbuchstaben und nach Geburtstagen;
- Zufallsauswahl mit unterschiedlichen Auswahlwahrscheinlichkeiten (sog „Wertproportionale Auswahl"). Diese als *„Monetary Unit Sampling Verfahren"* bezeichneten Auswahltechniken können nur in den Fällen angewendet werden, in denen für jeden in der Grundgesamtheit vorhandenen Buchungsvorgang, Beleg oder für jedes Konto eine ausschließlich positive oder negative Wertgröße gegeben ist.

176 **cc) Einholung von Bestätigungen Dritter.** Die GoA sehen eine Reihe von Einzelfallprüfungen vor, die vom AP unter bestimmten Voraussetzungen durchgeführt werden. Hierzu zählen die **Bestätigungen von Dritten,** insbe-

sondere Saldenbestätigungen, Bankbestätigungen, Bestätigungen für von Dritten verwahrtes Vermögen und Rechtsanwaltsbestätigungen (*s IDW PS 302* WPg 2003, 872ff). Zur Prüfung des Nachweises von Forderungen und Verbindlichkeiten erfordert die berufsübliche Sorgfalt die **Einholung von Saldenbestätigungen,** soweit die betr Forderungen und Verbindlichkeiten wesentlich sind. Von der Einholung von Saldenbestätigungen darf **abgesehen** werden, wenn nach Art der Erfassung, Verwaltung und Abwicklung der Kontokorrente, des Ausmaßes des Fehlerrisikos der Nachweis in anderer Weise einfacher und mit mindestens gleicher Zuverlässigkeit erbracht werden kann.

Grds wird zwischen zwei verschiedenen **Methoden** der **Bestätigungsanfrage** unterschieden:

- die **positive** Methode, bei welcher der Adressat gebeten wird, seine Übereinstimmung oder Nichtübereinstimmung mit dem ausgewiesenen Saldo schriftlich zu bestätigen (Normalfall); das hierbei bestehende Risiko, dass der Adressat eine Bestätigung abgibt, ohne die erhaltene Information tatsächlich zu prüfen, kann durch die Anwendung der **offenen Methode,** bei welcher um Mitteilung eines Saldos gebeten wird, verringert werden;
- die **negative** Methode, bei welcher der Adressat gebeten wird, nur dann zu antworten, wenn er mit dem ausgewiesenen Saldo nicht einverstanden ist.

Die Verfahren können auch kombiniert werden, wobei bei einer kleinen Anzahl höherer Salden das positive Verfahren und bei einer großen Anzahl kleiner Salden das negative Verfahren angewendet wird.

Die Versendung und der Rücklauf der Saldenbestätigungen muss nach den IDW Prüfungsstandards unter der **Kontrolle des AP** stehen.

Bankbestätigungen werden für alle wesentlichen Bankverbindungen grds **177**
zum Bilanzstichtag eingeholt. Zur Prüfung der vollständigen Erfassung von finanziellen Verpflichtungen und latenten Risiken sind idR **Rechtsanwaltsbestätigungen** einzuholen. Hiermit soll sichergestellt werden, dass alle Risiken aus drohenden und schwebenden Rechtsstreitigkeiten im JA und ggf im Lagebericht zutreffend berücksichtigt und dargestellt sind.

Aus dem gleichen Grund sollte sich der AP vom zuständigen **Steuerberater** des Unt Informationen über schwebende Steuerrechtsstreite sowie über bestehende Steuerrisiken bestätigen lassen. Entspr gilt bei **sonstigen Risiken** (zB Umweltrisiken) durch Bestätigungen von Sachverständigen.

dd) Erklärungen der Unternehmensleitung. Nach den GoA hat der AP **178**
zum Ende der APr vom zu prüfenden Unt eine **Vollständigkeitserklärung** (s *IDW PS 303* WPg 2002, 680ff) einzuholen. Sie ist kein Ersatz für vorzunehmende Prüfungshandlungen, sondern eine umfassende Versicherung des geprüften Unt über die Vollständigkeit der erteilten Auskünfte und Nachweise; sie ist deshalb von den gesetzlichen Vertretern des geprüften Unt abzugeben. Sie dient auch der Abgrenzung der Verantwortlichkeit der gesetzlichen Vertreter von der des AP.

Weiterhin hat der AP schriftliche Erklärungen zu für die Rechnungslegung **179**
bedeutsamen Sachverhalten einzuholen. Beispiele für solche Erklärungen sind

- Erklärung der Angemessenheit von wesentlichen Annahmen, die der Bewertung zu Zeitwerten zugrunde liegen (*s IDW EPS 315* WPg 2004, 80ff Tz 51f),
- Erklärung über die Vollständigkeit der iZm Beziehungen zu nahe stehenden Personen zur Verfügung gestellten Informationen und zur Angemessenheit der Angaben hierzu in der Rechnungslegung (*s IDW PS 255,* WPg 2003, 1069ff Tz 24),
- Erklärung zu den Maßnahmen, die das Unt zur Abwendung von bestandsgefährdenden Risiken plant (*s IDW PS 270,* WPg 2003, 775ff Tz 28) sowie

– Erklärung der gesetzlichen Vertreter, dass sie ihre Verantwortung für die Einrichtung eines IKS anerkennen, das geeignet ist, Unterschlagungen, Bilanzmanipulationen und andere Gesetzesverstöße zu verhindern bzw aufzudecken, und dass sie dem AP alle bekannten und vermuteten Unregelmäßigkeiten mitgeteilt haben (*s IDW PS 210,* WPg 2003, 655 ff Tz 57).

180 **ee) Verwertung der Arbeiten anderer Prüfer, von Spezialisten und der internen Revision.** Der AP hat grds alle Prüfungshandlungen selbst oder durch *seine* Mitarbeiter vorzunehmen und die sich hieraus ergebenden Prüfungsfeststellungen selbst zu treffen. Dieser Verpflichtung steht es aber nicht entgegen, wenn der AP in bestimmten Fällen und in gewissem Umfang die **Prüfungsergebnisse anderer externer Prüfer** (*IDW PS 320* WPg 2002, 682 ff) **und Untersuchungen Dritter** (*IDW PS 322* WPg 2002, 689 ff) verwendet. Voraussetzung hierfür ist, dass der AP die Qualifikation des Dritten und dessen Arbeitsergebnisse beurteilt.

Eine **Übernahme** von Prüfungsergebnissen anderer AP ist nur in den gesetzlich bestimmten Fällen (KA) vorgesehen (s *IDW PS 320* WPg 2002, 682 Tz 5). Im Rahmen der Prüfung des **Einzelabschlusses** ist die Übernahme oder Verwertung der Prüfungsergebnisse anderer AP bei **Gemeinschaftsprüfungen** (s auch § 321 Anm 144 und *IDW PS 208* WPg 1999, 707 ff) und bei der Prüfung **ausländischer Betriebsstätten** denkbar.

Der AP kann sich bei Art, Umfang und Zeitpunkt seiner eigenen Prüfungshandlungen auf Arbeiten einer **internen Revision** stützen. Er hat hierzu aber eine Einschätzung der internen Revision vorzunehmen (s *IDW PS 321* WPg 2002, 686 Tz 14 ff). Der AP kann darüber hinaus auch die Prüfungsergebnisse der internen Revision verwenden; diese können aber seine eigenen Prüfungsfeststellungen nicht ersetzen.

181 **ff) Einzelfallprüfungen in bestimmten Prüffeldern.** Für einige Prüffelder regeln die GoA die Durchführung bestimmter Einzelfallprüfungen. So sind zB für den Fall, dass es sich um wesentliche Posten handelt, Saldenbestätigungen zu den Forderungen aus Lfg und Leistungen sowie Bankbestätigungen zu den Forderungen und Verbindlichkeiten ggü Kreditinstituten einzuholen (s Anm 176).

182 Darüber hinaus sind Einzelfallprüfungen ua in folgenden Prüffeldern vorzunehmen:

– Lagebericht (s Anm 57 ff),
– Risikofrüherkennungssystem (s Anm 93),
– Vorratsvermögen (*s IDW PS 301,* WPg 2003, 715 ff),
– Zeitwerte und andere Schätzwerte (*s IDW PS 31,4* WPg 2001, 906 ff; IDW EPS 315, WPg 2004, 80 ff),
– Vergleichsangaben (*s IDW PS 318,* WPg 2001, 909 ff),
– Beziehungen zu nahestenden Personen und Unternehmen (*s IDW PS 255,* WPg 2003, 1069 ff),
– Eröffnungsbilanzwerte (*s IDW PS 205,* WPg 2001, 150 ff) sowie
– Annahme der Unternehmensfortführung nach § 252 Abs 1 Nr 2 HGB (*s IDW PS 270,* WPg 2003, 775 ff).

4. Abschließende Prüfungshandlungen

183 Der AP muss über die Funktionsprüfungen des IKS und die aussagebezogenen Prüfungshandlungen hinausgehend beurteilen, ob die Gesamtdarstellung des Abschlusses ordnungsgemäß ist. Dies betrifft vor allem den Ausweis in Bilanz und GuV sowie ggf weiteren Bestandteilen der Rechnungslegung sowie die Angaben im Anhang.

Auf der Grundlage der durchgeführten Prüfungshandlungen muss der AP abschließend würdigen, ob die im Verlauf der Prüfung getroffenen Einschätzungen zu den Risiken für wesentliche falsche Angaben in der Rechnungslegung und die als Reaktion auf diese Risiken vorgenommenen Prüfungshandlungen weiterhin angemessen sind. Ggf sind weitere Prüfungsnachweise einzuholen, wenn sich die Beurteilung der Risiken wesentlich geändert hat.

Vor Beendigung der Prüfung hat der AP zudem den JA als Ganzes vor dem Hintergrund der vorliegenden Prüfungsergebnisse **abschließend zu würdigen** (s *IDW PS 450* WPg 1999, 601 Tz 60ff). Hierzu dienen analytische Untersuchungen, eine kritische Durchsicht des JA und des Lageberichts in Hinblick auf angemessene und stetige Darstellungen und Erl im Vergleich zum Vj sowie die zusammenfassende Würdigung aller Prüfungsfeststellungen. In diesem Zusammenhang sind die Wesentlichkeitsgrenzen noch einmal zu überdenken. 184

Durch **analytische Untersuchungen** vor dem Ende einer JAP muss sich der AP vergewissern, ob die von ihm zu einem früheren Zeitpunkt gezogenen Schlussfolgerungen noch gültig sind. Aufgrund von ihm gefertigter oder geprüfter Übersichten zur VFE-Lage wird der AP die Angemessenheit und Plausibilität der Angaben im JA noch einmal überprüfen. Dabei wird er nunmehr geprüfte Sachverhalte mit früheren Erwartungen und Annahmen hierzu vergleichen. Diese Arbeiten lassen sich zB unterstützen durch KFR sowie Kennziffernanalysen. Ungewöhnliche und unerwartete Relationen können auf bisher nicht identifizierte falsche Angaben im JA hinweisen und zusätzliche Prüfungshandlungen zur Klärung erforderlich machen (*IDW PS 312* WPg 2001, 903 Tz 23). 185

Prüfungsfeststellungen, die einzeln oder insgesamt zu einer Ergänzung, Einschränkung oder Versagung des BVm führen könnten, sind im Hinblick auf vorab bestimmte Wesentlichkeitsgrenzen zu würdigen; es ist abschließend zu beurteilen, ob diese wegen der Gesamtauswirkung auf den JA auf Grund der neueren Erkenntnisse noch Bestand haben. Eine Änderung der Wesentlichkeitsgrenzen sowie die Überschreitung von erwarteten Fehlerhöhen berührt idR den angestrebten Sicherheitsgrad, so dass zusätzliche Prüfungshandlungen erforderlich werden können. 186

Ereignisse und Geschäftsvorfälle, die **nach** dem Abschlussstichtag und vor dem Datum des BVm liegen (s hierzu *IDW PS 203* WPg 2001, 891ff), können 187
- nachträgliche buchhalterische Konsequenzen im Rahmen der Abschlusserstellung und -prüfung erfordern und
- es Wesentlichkeit vorausgesetzt – erforderlich machen, im Lagebericht auf Vorgänge dieser Art einzugehen.

Zur ersten Gruppe gehören solche Entwicklungen oder Erkenntnisse im neuen Gj, die die am Abschlussstichtag bestehende VFE-Lage lediglich weiter **aufhellen.** Zur zweiten Gruppe zählen solche Vorgänge von besonderer Bedeutung nach dem Stichtag, die zwar keinen Einfluss auf die am Abschlussstichtag bestehende VFE-Lage haben, deren Nicht-Aufnahme in den Lagebericht jedoch zu einer wesentlich **anderen Einschätzung** der Entwicklung der Lage des Unt und ggf der Risiken führen würde.

Im Rahmen der AP ist es unerlässlich, sachdienliche Erkundigungen über wesentliche Ereignisse und Geschäftsvorfälle, die im Zeitraum nach dem Bilanzstichtag eingetreten sind, einzuholen und ggf zusätzliche Prüfungshandlungen durchzuführen. Der Zeitraum soll sich dabei nach Möglichkeit bis zum Datum des BVm erstrecken.

Aus besonderen Gründen kann es vorkommen, dass zwischen dem Zeitraum, an dem die Prüfung des JA materiell abgeschlossen wurde, und der Fertigstellung und Aushändigung des Prüfungsberichts eine erhebliche Zeitspanne liegt. Auch in diesem Falle muss sich der AP vergewissern, ob sich in der Zwischenzeit Vorgänge von besonderer Bedeutung ergeben haben, die eine erhebliche Auswirkung auf die VFE-Lage des Unt haben oder haben könnten (*IDW PS 203* WPg 2001, 891 Tz 18).

VI. Risikobeurteilungen und Prüfungshandlungen als Reaktion auf beurteilte Risiken für Verstöße

188 Die Feststellung und Beurteilung der Risiken für wesentliche falsche Angaben in der Rechnungslegung umfasst auch solche Risiken, die auf beabsichtigte Verstöße gegen rechtliche Vorschriften zurückzuführen sind („fraud“). Bei solchen Verstößen kann es sich zB um Vermögensschädigungen oder um bewusste Manipulationen der Rechnungslegung handeln. Die Verantwortung für die Verhinderung bzw Aufdeckung von Verstößen liegt bei der UntLeitung. Um dieser Verantwortung gerecht zu werden, muss die UntLeitung ein wirksames IKS einrichten (*s Übersetzung des ISA 240,* WPg 2004, 1282ff; *IDW PS 210,* WPg 2003, 655ff).

189 Der AP muss im Rahmen seiner Prüfungshandlungen zur Risikofeststellung und -beurteilung (s Anm 122ff) auch das **Risiko wesentlicher falscher Angaben in der Rechnungslegung** aufgrund von Verstößen einschätzen und geeignete Prüfungshandlungen als Reaktion auf diese Risikoeinschätzung durchführen. Dabei ist zu berücksichtigen, dass die Wahrscheinlichkeit, wesentliche falsche Angaben aufzudecken, die auf Verstöße zurückzuführen sind, geringer ist, als die Wahrscheinlichkeit, falsche Angaben aufgrund von Unrichtigkeiten aufzudecken. Dies liegt daran, dass Verstöße im Allgemeinen verschleiert werden (Fälschungen, falsche Erklärungen usw). Wirken bei Verstößen mehrere Personen zusammen oder sind Führungskräfte in die Verstöße verwickelt („management fraud“), sind die Möglichkeiten des AP zur Aufdeckung solcher Verstöße besonders begrenzt. Soweit sich im Rahmen einer ordnungsgemäß und mit einer kritischen Grundhaltung durchgeführten APr keine Hinweise auf wesentliche falsche Angaben aufgrund von Verstößen ergeben, kann der AP die Rechnungslegung als ordnungsgemäß akzeptieren.

190 Eine ordnungsgemäße APr umfasst im Hinblick auf die Feststellung und Beurteilung von Risiken für wesentliche falsche Angaben aufgrund von Verstößen die **folgenden Prüfungshandlungen:**

- Erörterung der Anfälligkeit der Rechnungslegung für wesentliche falsche Angaben aufgrund von Verstößen im Prüfungsteam.
- Befragung der Mitglieder der UntLeitung zu deren Einschätzung des Risikos von Verstößen, zum Prozess der Beurteilung solcher Risiken im Unt, zu bekannt gewordenen und vermuteten Verstöße sowie zur Art und Weise, wie sich das Aufsichtsorgan mit der Verhinderung bzw Aufdeckung von Verstößen beschäftigt.
- Befragung von Mitgliedern des Aufsichtsorgans, von Mitarbeitern der internen Revision und anderer geeigneter Personen (zB aus dem Finanz- und Rechnungswesen), um festzustellen, ob sie Kenntnisse über Verstöße haben.
- Feststellung, wie das Aufsichtsorgan den Risikobeurteilungsprozess und die für die Verhinderung bzw Aufdeckung von Verstößen relevanten Bestandteile des IKS überwacht.
- Einschätzung, ob besondere Risikofaktoren vorliegen, die auf Verstöße hindeuten (zB Ergebnisdruck aufgrund von Erwartungen Dritter, bedeutende Bonuszahlungen für die Erreichung unrealistischer Gewinnziele).

191 Die festgestellten Risiken für Verstöße stellen grundsätzlich bedeutsame Risiken dar (s Anm 148). Dies gilt auch für das Risiko, dass das IKS von Mitarbeitern des Unt außer Kraft gesetzt wird. Der AP muss deshalb die Angemessenheit und die Implementierung der zur Verhinderung bzw Aufdeckung und Korrektur von falschen Angaben in der Rechnungslegung aufgrund von Verstößen eingerichteten internen Kontrollen beurteilen.

Als Reaktion auf die beurteilten Risiken für wesentliche falsche Angaben auf- 192
grund von Verstößen muss der AP beurteilen, ob im Prüfungsteam ausreichende Erfahrungen vorliegen, um die notwendigen Prüfungshandlungen durchzuführen, oder ob Spezialisten (zB forensische Prüfer) eingesetzt werden müssen. Zudem hat der AP ein Überraschungselement in die weitere Prüfung einzubauen.

Zur Feststellung, ob interne Kontrollen außer Kraft gesetzt worden sind, muss der AP folgende Prüfungshandlungen durchführen:

- Prüfung der Ordnungsmäßigkeit von Buchungen, die im Rahmen der Aufstellung des JA vorgenommen wurden,
- Prüfung von Schätzwerten im Hinblick auf mögliche systematische Fehler sowie
- Prüfung des wirtschaftlichen Hintergrunds von bedeutenden Geschäftsvorfällen außerhalb der gewöhnlichen Geschäftstätigkeit.

Darüber hinaus sind Funktionsprüfungen des IKS und aussagebezogene Prüfungshandlungen als Reaktion auf die beurteilten Fehlerrisiken aufgrund von Verstößen nach den allgemeinen Regeln durchzuführen (s Anm 151ff).

Entdeckt der AP eine falsche Angabe in der Rechnungslegung, hat er einzu- 193
schätzen, ob dieser Fehler auf einen Verstoß zurückzuführen ist.

Aufgedeckte Verstöße sind den gesetzlichen Vertretern des Unt unverzüglich mitzuteilen. Wenn die gesetzlichen Vertreter selbst in den Verstoß verwickelt sind, ist das Aufsichtsorgan zu informieren.

VII. Dokumentation

Der AP hat in seinen **Arbeitspapieren** den Ablauf der Prüfung, die im Ein- 194
zelnen vorgenommenen Prüfungshandlungen und die Prüfungsfeststellungen zu dokumentieren (*IDW PS 460* WPg 2000, 916 Tz 12). Die Arbeitspapiere umfassen alle wesentlichen Aufzeichnungen des AP über seine bei der Prüfung angewandten Prüfungsmethoden, über die durchgeführten Stichproben und anderen Prüfungshandlungen, über die erhaltenen Informationen und die von ihm gezogenen Schlussfolgerungen.

Die Arbeitspapiere für den einzelnen Prüfungsauftrag, die Dauerarbeitspapiere und der Prüfungsbericht sollen zusammen ein Bild über die Prüfung als Ganzes ergeben. Dabei sind die Arbeitspapiere so anzulegen, dass ein Prüfer, der nicht mit der Prüfung befasst war, sich in angemessener Zeit ein Bild über die Abwicklung der Prüfung machen kann (*IDW PS 460* WPg 2000, 916 Tz 10).

Die Arbeitspapiere sind vom AP **sicher aufzubewahren.** Dies gilt auch für elektronisch geführte Arbeitspapiere, die nicht ausgedruckt und damit Bestandteil der lfd Arbeitspapiere oder der Dauerakte geworden sind. Es gilt die **Aufbewahrungsfrist von 7 Jahren** (s *IDW PS 460* WPg 2000, 916 Tz 23); handelt es sich bei dem AP um einen Kfm, ist eine Aufbewahrungsfrist von 10 Jahren nach § 257 Abs 4 zu beachten. Hier ist zu berücksichtigen, dass die Lesbarkeit der Daten über diesen Zeitraum gewährleistet sein muss.

VIII. Qualitätssicherung

195 Eine ordnungsgemäße Abschlussprüfung erfordert, dass die gesetzlichen und berufsständischen Anforderungen an die Qualitätssicherung der Auftragsabwicklung beachtet werden (§§ 24ff Berufssatzung WP/vBP, *Entwurf VO 1/2005,* WPg 2005, 383ff). Qualitätssicherungsmaßnahmen betreffen insbesondere die Organisation der Prüfung, die Anleitung des Prüfungsteams, die Einholung von fachlichem Rat bei schwierigen Fragen der Rechnungslegung und Prüfung, die laufende Überwachung der Prüfung, die abschließende Durchsicht der Prüfungsergebnisse und die auftragsbezogene Qualitätssicherung durch prozessunabhängige Personen (Berichtskritik und auftragsbegleitende Qualitätssicherung).

196 Bei der **Organisation der Abschlussprüfung** ist neben der zeitlichen Planung vor allem die sachgerechte personelle Besetzung des Prüfungsteams von Bedeutung (§ 24a Berufssatzung WP/vBP). Die Mitglieder des Prüfungsteams müssen insgesamt über die notwendigen praktischen Erfahrungen, Branchenkenntnisse und Fachkompetenz verfügen. Delegiert der AP einen Teil seiner Aufgaben an andere Personen, muss er deren Eignung besonders würdigen.

Die **Anleitung des Prüfungsteams** umfasst die Vorgabe klar verständlicher Prüfungsanweisungen und die Aufgabenzuordnung unter Berücksichtigung der beruflichen Erfahrungen und der Fachkenntnisse der Teammitglieder (§ 24b Abs 1 S 1 u 2 Berufssatzung WP/vBP).

Bei schwierigen oder strittigen Fragen der Rechnungslegung und Prüfung sind Spezialisten innerhalb der Praxis des AP oder externe Spezialisten zu **konsultieren** (§ 24b Abs 2 Berufssatzung WP/vBP). Im Falle von Meinungsverschiedenheiten sind die hierfür in der Praxis des AP geltenden Eskalationsverfahren zu beachten.

Im Rahmen der **laufende Überwachung** der Prüfung ist sicherzustellen, dass die Prüfungsanweisungen eingehalten werden (§ 24b Abs 1 S 3 Berufssatzung WP/vBP). Der für die Durchführung der APr verantwortliche WP hat sich selbst in ausreichendem Umfang an der Prüfung zu beteiligen, damit er sich ein eigenständiges Urteil bilden und feststellen kann, dass die Mitglieder des Prüfungsteams die ihnen übertragenen Aufgaben sach- und zeitgerecht erfüllen.

Die Arbeiten, die Dokumentation und die geplante Berichterstattung müssen unter Beachtung des Vier-Augen-Prinzips durch den für die Prüfungsdurchführung verantwortlichen WP oder ein anderes erfahrenes Mitglied des Prüfungsteams gewürdigt werden **(abschließende Durchsicht der Prüfungsergebnisse).** Schwerpunkte dieser Würdigung sind ua Bereiche mit erheblichen Risiken oder Beurteilungsspielräumen und die fachliche Konsultation bei bedeutenden Zweifelsfragen.

Bei allen APr muss nach § 24d Abs 1 Berufssatzung WP/vBP vor Beendigung der Prüfung eine Überprüfung der Auftragsabwicklung und der Prüfungsergebnisse anhand des Entwurfs des Prüfungsberichts und ggf der Arbeitspapiere durch eine qualifizierte Person erfolgen **(Berichtskritik).** Diese Person sollte möglichst nicht unmittelbar an der APr und der Erstellung des Prüfungsberichts beteiligt gewesen sein. Häufig wird der sog Mitunterzeichner des BVm und des Prüfungsberichts diese Aufgabe übernehmen. Von einer Berichtskritik kann nach pflichtgemäßem Ermessen abgesehen werden, wenn eine solche Qualitätssicherungsmaßnahme aufgrund geringer mit der Prüfung verbundenen Risiken nicht notwendig ist.

Bei APr von Unt iSd § 319a und bei sonstigen nach Maßgabe der internen Regelungen der Abschlussprüferpraxis bestimmten Prüfungen ist über die Berichtskritik hinausgehend eine sog **auftragsbegleitende Qualitätssicherung** vorzunehmen. Die auftragsbegleitende Qualitätssicherung dient der Beurteilung, ob die Behandlung von bedeutsamen Sachverhalten der Rechnungslegung und Prüfung angemessen und ob Anhaltspunkte dafür vorliegen, dass der Auftrag nicht unter Beachtung der fachlichen Regeln und der gesetzlichen Vorschriften durchgeführt worden ist. Als auftragsbegleitender Qualitätssicherer kommt ausschließlich ein prozessunabhängiger WP in Betracht, der über ausreichende Fachkenntnisse und Erfahrung verfügt. Zur Sicherung der Objektivität des Qualitätssicheres darf dieser nicht vom für die Prüfung verantwortlichen WP bestimmt werden und darf nicht anderweitig an der Abwicklung der Prüfung beteiligt sein.

G. Prüfungen nach dem Publizitätsgesetz

I. Jahresabschluss

Pflichtprüfungen von JA nach PublG entsprechen grds denjenigen bei KapGes Abs 1 und 2 gelten hier *sinngemäß* (§ 6 Abs 1 PublG). Die Pflichtprüfungen nach dem PublG betreffen insb reine PersGes und Ekfl; außerdem wirtschaftliche Vereine, gewerblich tätige Stiftungen sowie Körperschaften des öffentlichen Rechts. Bei letzteren geht ggf abw Landesrecht vor (§ 263 HGB). 250

Gegenstand der Prüfung ist für Vereine, Stiftungen und Körperschaften der JA mit Anhang sowie der Lagebericht. Reine PersGes und Ekfl sind jedoch davon befreit, einen Anhang und einen Lagebericht aufzustellen (§ 5 Abs 2 S 1 PublG).

Rechnungslegung und Prüfung nach dem PublG werden nur gefordert (§ 2 PublG), wenn zwei der **Größenmerkmale** des § 1 PublG seit drei Jahren erreicht werden; nach Umwandlungen etc jedoch bereits zum nächsten Bilanzstichtag. Diese Pflichten enden erst, wenn die Merkmale dreimal hintereinander unterschritten werden; sie enden sofort nach Umwandlung etc in KapGes/KapCoGes. Unt in Liquidation fallen nicht unter das PublG (dort § 3 Abs 3). 251

Für alle JA nach PublG gelten weder § 264 Abs 2 noch die zusätzlichen Bewertungsvorschriften für KapGes gem § 279 (Sachanlagen, Umlaufvermögen), § 280 (Wertaufholung) und einige Einzelvorschriften zum Anhang (§ 285 Nr 6 Steuersplitting, Nr 14 MU). Sie können uE *insgesamt* aber freiwillig beachtet werden, sofern das nachhaltig geschieht (dazu § 264 Anm 1).

Vorschriften, die durch die Rechtsform des publizitätspflichtigen Unt oder durch seinen Geschäftszweig bedingt sind, müssen bei der Prüfung zusätzlich beachtet werden, § 5 Abs 1 S 3. Das gilt zB bei reinen PersGes insb für die Darstellung des EK (dazu *IDW ERS* 7 Zur Rechnungslegung bei Personenhandelsgesellschaften WPg 2001, 1392).

Im Hauptfall (große **Personenhandelsgesellschaften** und **Einzelkaufleute**) hat sich die APr *auch* darauf zu erstrecken, ob das „sonstige Vermögen des Ekfm oder der Gester (Privatvermögen)" weder in die Bilanz noch die dazugehörigen Aufwendungen und Erträge in die GuV aufgenommen worden sind (§ 6 Abs 2 iVm § 5 Abs 4 PublG). Denn auch bei diesen Unt ist **handelsrechtlich** lediglich für den betrieblichen Bereich Rechnung zu legen; Näheres in *IDW ERS* 7 WPg 2001, 1392. Der Umstand, dass dieses Privatvermögen der Gester oder des EKfm ertragsteuerrechtlich als notwendiges oder als gewillkürtes Vermögen behandelt wird (dazu EStR 13), berechtigt nicht zur Aufnahme auch dieser Teile des Privatvermögens in die HB. Sämtliche Firmen eines EKfm gelten dabei als ein Unt (§ 1 Abs 5 PublG). Prüfungspflichtig ist stets die gesamte Bilanz und GuV, glA *ADS*[6] § 5 PublG Anm 78 mwN. 252

Bei diesen reinen PersGes und EKfm dürfen andererseits bereits bei Aufstellung der GuV die *betrieblichen* Steuern und die sonstigen (betrieblichen) Aufwendungen zusammengefasst werden (§ 5 Abs 5 S 2 PublG).

253 Falls von reinen PersGes oder Ekfl beabsichtigt ist, nach § 9 Abs 2 PublG nur die Bilanz, nicht aber die GuV *offen zu legen,* sollten die dann zu publizierenden Angaben in einer „Anlage zur Bilanz" mitgeprüft und diese Anlage in den Prüfungsbericht aufgenommen werden, obwohl eine solche Prüfung sich auf den Wortlaut des offenzulegenden BVm auswirkt (dazu *ADS*[6] § 9 PublG Anm 35f mwN). Die Anlage zur Bilanz hat folgende Angaben zu enthalten:

- die Umsatzerlöse gem § 277 Abs 1,
- die Erträge aus Beteiligungen,
- die Gesamtbeträge aus Löhnen, Gehältern und Sozialabgaben sowie die Aufwendungen für Altersversorgung und Unterstützung und außerdem
- die Bewertungs- und Abschreibungsmethoden in der Bilanz einschl ihrer **wesentlichen** Änderungen und
- die Zahl der Beschäftigten (ermittelt aus dem Durchschnitt der Monatsendzahlen einschl der Arbeitnehmer im Ausland, § 1 Abs 2 S 5 PublG).

In einer solchen „Anlage zur Bilanz" sind uE auch die entspr Vj-Zahlen gegenüberzustellen; verneinend wohl nur *ADS*[6] § 5 PublG Anm 79 aE mwN. Zwar wird das in § 5 Abs 5 S 3 nicht ausdrücklich gefordert; es gilt aber der gesamte § 265 (und damit dessen Abs 2: Angabe der Vj-Zahlen) gem § 5 Abs 1 S 2 PublG.

II. Konzernabschluss

260 Jeder KA, der nach § 11 PublG aufgestellt werden *muss,* ist gem § 14 Abs 1 S 1 PublG auch von einem zugelassenen AP (Anm 43ff) zu prüfen. Dabei gilt der gesamte § 317 „sinngemäß" (§ 14 Abs 1 S 2 PublG), obwohl Abs 4 idF des TransPuG nur börsennotierte AG betrifft – also keine unter das PublG fallende Unt. Der KonsKreis beschränkt sich hier auf unter einheitlicher Leitung stehende Unt (§ 11 PublG).

Beginn und Ende der Konzernrechnungslegungspflicht entsprechen den Vorschriften zum JA (§ 12 Abs 1 PublG, hier Anm 251) mit der Abweichung, dass auch Unt in Liquidation KA aufzustellen haben, weil § 11 PublG keine entspr Einschränkung enthält.

261 Obwohl für KA nach PublG grds sämtliche Vorschriften für KA von großen KapGes (§§ 294 bis 315a) gelten, bestehen gem § 13 Abs 3 S 1 und 2 PublG folgende Erleichterungen, sofern nicht §§ 291, 292 vorgehen:

- Es brauchen die strengen Wertuntergrenzen des § 279 Abs 1 und das Wertaufholungsgebot des § 280 nicht angewandt zu werden; im Gegensatz zum JA muss aber § 279 Abs 2 (Beschränkung steuerrechtlicher Abschreibungen) beachtet werden.
- In den Konzernanhang dürfen die Angaben zu Bezügen von oder Darlehen an Geschäftsführungen oder Aufsichtsorgane fehlen (§ 314 Abs 1 Nr 6).
- Reine PersGes und EKfl dürfen statt der Konzern GuV die „Anlage" gem Anm 253 offenlegen. Der von diesen aufgestellte KA muss KFR und Eigenkapitalspiegel nicht umfassen.

Diese Vorschriften dürfen angewandt werden, wenn dies nachhaltig geschieht (Anm 251). Für KA gilt – anders als für JA – jedoch gem § 297 Abs 2 auch § 264 Abs 2 mit den genannten Erleichterungen; glA *ADS*[6] § 13 PublG Anm 37, 43f. Die Erleichterungen gelten nicht nur für KA von reinen PersGes und Ekfl, sondern auch für die KA anderer Rechts- oder Unt-Formen, wie zB eG, Stiftungen. Abw Spezialvorschriften (§§ 337, 340i, 341i) gehen jedoch vor; § 13 Abs 2 S 2 PublG.

262 Auch **Einzelkaufleute** und **reine Personengesellschaften** als MU müssen im Gegensatz zum JA nach PublG einen Konzernanhang und einen Konzernla-

geberichtaufstellen. Diese MU dürfen ferner in den KA (wie in ihren JA) – was § 13 Abs 3 S 2 iVm § 5 Abs 4 PublG ausdrücklich bestimmt – nicht das Privatvermögen des Kfm oder der Gester einbeziehen. Wie beim JA des MU darf aber die GuV in zusammengefasster Form aufgestellt und *betriebliche* Steuern in die sonstigen Aufwendungen einbezogen werden (§ 13 Abs 3 S 2; s Anm 252). Abweichungen zu KapGes ergeben sich ferner bei der Darstellung des EK der MU insb bei reinen PersGes, eG.

H. Sanktionen

Weder für § 317 noch für §§ 6 und 14 PublG bestehen Sanktionen. Denn 270
diese Vorschriften beschreiben lediglich Gegenstand und Umfang (Ziele) von Abschlussprüfungen. Sanktionen bestehen jedoch hinsichtlich einer **unrichtigen Berichterstattung** gem §§ 321, 322 über das Ergebnis einer Abschlussprüfung in § 332 und § 18 PublG sowie hinsichtlich der **Verschwiegenheitspflicht** des Prüfers (§§ 333 und 19 PublG). § 332 ahndet ausdrücklich auch die Erteilung eines inhaltlich **unrichtigen Bestätigungsvermerks,** während § 18 PublG diese Ergänzung nicht enthält. Sachlich besteht jedoch kein Unterschied, da der BVm auch in den Prüfungsbericht aufgenommen werden muss (§ 322 Abs 5 S 2). AP und Konzern-AP **haften** für Fehler oder bewusste Unterlassungen bei Pflichtprüfungen gem § 323.

§ 318 Bestellung und Abberufung des Abschlußprüfers

(1) [1]**Der Abschlußprüfer des Jahresabschlusses wird von den Gesellschaftern gewählt; den Abschlußprüfer des Konzernabschlusses wählen die Gesellschafter des Mutterunternehmens.** [2]**Bei Gesellschaften mit beschränkter Haftung und bei offenen Handelsgesellschaften und Kommanditgesellschaften im Sinne des § 264 a Abs. 1 kann der Gesellschaftsvertrag etwas anderes bestimmen.** [3]**Der Abschlußprüfer soll jeweils vor Ablauf des Geschäftsjahrs gewählt werden, auf das sich seine Prüfungstätigkeit erstreckt.** [4]**Die gesetzlichen Vertreter, bei Zuständigkeit des Aufsichtsrats dieser, haben unverzüglich nach der Wahl den Prüfungsauftrag zu erteilen.** [5]**Der Prüfungsauftrag kann nur widerrufen werden, wenn nach Absatz 3 ein anderer Prüfer bestellt worden ist.**

(2) [1]**Als Abschlußprüfer des Konzernabschlusses gilt, wenn kein anderer Prüfer bestellt wird, der Prüfer als bestellt, der für die Prüfung des in den Konzernabschluß einbezogenen Jahresabschlusses des Mutterunternehmens bestellt worden ist.** [2]**Erfolgt die Einbeziehung auf Grund eines Zwischenabschlusses, so gilt, wenn kein anderer Prüfer bestellt wird, der Prüfer als bestellt, der für die Prüfung des letzten vor dem Konzernabschlußstichtag aufgestellten Jahresabschlusses des Mutterunternehmens bestellt worden ist.**

(3) [1]**Auf Antrag der gesetzlichen Vertreter, des Aufsichtsrats oder von Gesellschaftern, bei Aktiengesellschaften und Kommanditgesellschaften auf Aktien jedoch nur, wenn die Anteile dieser Gesellschafter bei Antragstellung zusammen den zwanzigsten Teil des Grundkapitals oder einen Börsenwert von 500 000 Euro erreichen, hat das Gericht nach Anhörung der Beteiligten und des gewählten Prüfers einen anderen Abschlussprüfer zu bestellen, wenn dies aus einem in der Person des gewählten Prüfers liegenden Grund geboten erscheint, insbesondere wenn ein Ausschlussgrund nach § 319 Abs. 2 bis 5, § 319 a besteht.** [2]**Der Antrag ist binnen zwei Wochen nach dem Tag der Wahl des Abschlussprüfers zu stellen; Aktionäre können den Antrag nur stellen, wenn sie gegen die Wahl des Abschlussprüfers bei der Beschlussfassung Widerspruch erklärt haben.** [3]**Wird ein Befangenheitsgrund erst nach der Wahl bekannt oder tritt ein Befan-**

genheitsgrund erst nach der Wahl ein, ist der Antrag binnen zwei Wochen nach dem Tag zu stellen, an dem der Antragsberechtigte Kenntnis von den befangenheitsbegründenden Umständen erlangt hat oder ohne grobe Fahrlässigkeit hätte erlangen müssen. [4]Stellen Aktionäre den Antrag, so haben sie glaubhaft zu machen, dass sie seit mindestens drei Monaten vor dem Tag der Wahl des Abschlussprüfers Inhaber der Aktien sind. [5]Zur Glaubhaftmachung genügt eine eidesstattliche Versicherung vor einem Notar. [6]Unterliegt die Gesellschaft einer staatlichen Aufsicht, so kann auch die Aufsichtsbehörde den Antrag stellen. [7]Der Antrag kann nach Erteilung des Bestätigungsvermerks, im Fall einer Nachtragsprüfung nach § 316 Abs. 3 nach Ergänzung des Bestätigungsvermerks nicht mehr gestellt werden. [8]Gegen die Entscheidung ist die sofortige Beschwerde zulässig.

(4) **[1]Ist der Abschlußprüfer bis zum Ablauf des Geschäftsjahrs nicht gewählt worden, so hat das Gericht auf Antrag der gesetzlichen Vertreter, des Aufsichtsrats oder eines Gesellschafters den Abschlußprüfer zu bestellen. [2]Gleiches gilt, wenn ein gewählter Abschlußprüfer die Annahme des Prüfungsauftrags abgelehnt hat, weggefallen ist oder am rechtzeitigen Abschluß der Prüfung verhindert ist und ein anderer Abschlußprüfer nicht gewählt worden ist. [3]Die gesetzlichen Vertreter sind verpflichtet, den Antrag zu stellen. [4]Gegen die Entscheidung des Gerichts findet die sofortige Beschwerde statt; die Bestellung des Abschlußprüfers ist unanfechtbar.**

(5) **[1]Der vom Gericht bestellte Abschlußprüfer hat Anspruch auf Ersatz angemessener barer Auslagen und auf Vergütung für seine Tätigkeit. [2]Die Auslagen und die Vergütung setzt das Gericht fest. [3]Gegen die Entscheidung ist die sofortige Beschwerde zulässig. [4]Die weitere Beschwerde ist ausgeschlossen. [5]Aus der rechtskräftigen Entscheidung findet die Zwangsvollstreckung nach der Zivilprozeßordnung statt.**

(6) **[1]Ein von dem Abschlußprüfer angenommener Prüfungsauftrag kann von dem Abschlußprüfer nur aus wichtigem Grund gekündigt werden. [2]Als wichtiger Grund ist es nicht anzusehen, wenn Meinungsverschiedenheiten über den Inhalt des Bestätigungsvermerks, seine Einschränkung oder Versagung bestehen. [3]Die Kündigung ist schriftlich zu begründen. [4]Der Abschlußprüfer hat über das Ergebnis seiner bisherigen Prüfung zu berichten; § 321 ist entsprechend anzuwenden.**

(7) **[1]Kündigt der Abschlußprüfer den Prüfungsauftrag nach Absatz 6, so haben die gesetzlichen Vertreter die Kündigung dem Aufsichtsrat, der nächsten Hauptversammlung oder bei Gesellschaften mit beschränkter Haftung den Gesellschaftern mitzuteilen. [2]Den Bericht des bisherigen Abschlußprüfers haben die gesetzlichen Vertreter unverzüglich dem Aufsichtsrat vorzulegen. [3]Jedes Aufsichtsratsmitglied hat das Recht, von dem Bericht Kenntnis zu nehmen. [4]Der Bericht ist auch jedem Aufsichtsratsmitglied oder, soweit der Aufsichtsrat dies beschlossen hat, den Mitgliedern eines Ausschusses auszuhändigen. [5]Ist der Prüfungsauftrag vom Aufsichtsrat erteilt worden, obliegen die Pflichten der gesetzlichen Vertreter dem Aufsichtsrat einschließlich der Unterrichtung der gesetzlichen Vertreter.**

Übersicht

Schrifttum: *Lutter* Der doppelte Wirtschaftsprüfer in FS Semler, 835f; *Forster* Zur Bestellung und Abberufung des Abschlussprüfers in FS Semler, 819f; *Budde* Rechenschaftslegung im Spannungsfeld des Grundgesetzes in FS Moxter, 33f; *Zemke* Inkompatibilität von Prüfung und Beratung StB 1994, 87f; *Forster* Fragen der Prüfung des Jahresabschlusses durch den Aufsichtsrat in FS Kropff, 72f; Berufssatzung WP/vBP: Satzung der Wirtschaftsprüferkammer über die Rechte und Pflichten bei der Ausübung der Berufe des Wirtschaftsprüfers und des vereidigten Buchprüfers, Hrsg. WPK, Düsseldorf 2002; *Peemüller/Oehler* Referentenentwurf eines Bilanzreformgesetzes: Neue Regelung zur Unabhängigkeit des Abschlussprüfers, BB 2004, 539; *Sultana/Willeke* Die überarbeiteten Unabhängigkeitsregeln für Abschlussprüfer, StuB 2005, 158.

A. Bestellung des Abschlussprüfers (Abs 1 und 2)

I. Allgemeines

§ 318 regelt Zuständigkeit und Form für die Bestellung und Abberufung des AP bei allen prüfungspflichtigen KapGes/KapCoGes sowie das Kündigungsrecht 1 des AP. § 318 gilt unmittelbar für die Prüfung des JA und des KA und über § 324a Abs 1 s auch für IFRS-EA.

Die Bestellung/Beauftragung des AP erfolgt idR in drei Rechtsakten:
- Wahl durch die Gester in der HV/GesV (Anm 4 bis 13);
- Auftragserteilung durch die gesetzlichen Vertreter oder den AR (Anm 14) und
- Annahme des Auftrags durch den AP (Anm 14); erst hierdurch erhält der Prüfer den Status des gesetzlichen AP, wenn die Voraussetzungen der §§ 319f an die Person des AP erfüllt sind (vgl Anm 14).

Der Prüfer des KA kann – ebenso wie der Prüfer des JA – im Verfahren nach Abs 1 bestellt werden. Soweit der Prüfer des JA sowie des KA identisch sind, gilt Abs 2. Als Prüfer des IFRS-EA gilt der für die Prüfung des JA bestellte Prüfer (§ 324a Anm 5).

Das Wahlverfahren ist bei AG, KGaA, GmbH und KapCoGes unterschiedlich geregelt. Die Wahl durch die Anteilseigner ist bei der AG/KGaA zwingendes, bei der GmbH/KapCoGes dispositives Recht, dh sie kann auf andere Gremien übertragen werden. Daneben gelten die Besonderheiten gem § 58 Abs 2 S 3 VAG, § 28 Abs 1 KWG.

Die gerichtliche Bestellung des AP ersetzt den gesamten Bestellungsakt (Abs 3 und 4, Anm 17ff, 26ff). Zweck dieser Regelung ist, dass die Durchführung der Pflichtprüfung sichergestellt ist, wenn die Gester oder die sonst zuständigen Organe den AP nicht wählen. Wenn der AP bis zum Ablauf des Gj nicht bestellt wurde, wird er auf Antrag durch das Gericht bestellt. Antragsberechtigt sind der AR und jeder Gester; die gesetzlichen Vertreter sind gem Abs 4 S 3 zur Antragstellung verpflichtet.

Eine Kündigung des angenommenen Prüfungsauftrags kann nur durch den AP und nur bei Vorliegen eines wichtigen Grunds erfolgen (Abs 6).

Gem § 111 Abs 2 S 3 AktG obliegt dem AR die Erteilung des Prüfungsauftrags bei der AG, der KGaA sowie bei GmbH, die einen AR gebildet haben. Der AR wird dadurch in die Lage versetzt, Erweiterungen des Prüfungsauftrags zu vereinbaren. Darüber hinaus wird die Unterstützungsfunktion des Prüfers für den AR betont. Ferner ist bei Kündigung des Prüfungsauftrags aus wichtigem Grund durch den AP der zu erstattende Bericht dem AR vorzulegen, wenn dieser den Prüfungsauftrag erteilt hat; in diesem Fall obliegt dem AR die Unterrichtung der HV und des Vorstands.

2 Zu Prüfungen nach dem **PublG** oder nach anderen **Spezialgesetzen** s Anm 38f.

II. Wahl des Abschlussprüfers

1. Wahlverfahren bei der AG

4 Das AktG schreibt zwingend die Wahl des AP durch die HV vor (§ 118 Abs 1 AktG). Hierdurch soll eine möglichst unparteiische, von den Organen der AG unabhängige Prüfung erreicht werden (so auch *Baetge/Fröhlich* in HdR[5] § 318 Anm 12). Dieses Recht kann weder durch HV-Beschlüsse noch durch Satzungsbestimmungen auf andere Gremien übertragen werden (so auch *ADS*[6] § 318 Anm 104), bei Versicherungs-AG bestimmt der AR den AP (§ 58 Abs 2 S 1 VAG). Nur für das erste Voll- oder Rumpf-Gj der Ges wird der AP nicht durch die HV, sondern durch die Gründer gewählt, vgl § 30 Abs 1 S 1 AktG. Die Wahl des AP findet idR in der ordentlichen HV statt, die über die Gewinnverwendung und Entlastung beschließt, ist aber auch in einer außerordentlichen HV zulässig. Das Wahlrecht der HV ist unbeschränkt; die HV ist nicht an

die Vorschläge des AR gebunden (*ADS*[6] § 318 Anm 107; *Baetge/Fröhlich* in HdR[5] § 318 Anm 8).

Der Wahlvorgang ist durch detaillierte aktienrechtliche Vorschriften (§§ 121 ff AktG) geregelt und durch Nichtigkeit nach § 241 AktG oder Anfechtbarkeit nach § 243 AktG gesichert. Für die Einberufung der HV ist nach den allgemeinen Vorschriften der §§ 121 ff AktG der Vorstand zuständig, der auf Vorschlag des AR die Wahl des AP als Tagesordnungspunkt bekanntzumachen hat. Der Wahlvorschlag muss den Namen, ausgeübten Beruf sowie den Wohnort des AP enthalten (§ 124 Abs 3 S 1 und 3 AktG). Wahlvorschläge können auch von den Aktionären unterbreitet werden (§ 127 AktG). Der Wahlbeschluss muss mit einfacher Stimmenmehrheit gefasst werden (§ 133 Abs 1 AktG); allerdings kann die Satzung insoweit abw Regelungen enthalten, wie etwa Beschlussfassung durch relative Mehrheit oder Verhältniswahl (bei Wahl mehrerer AP). Der Wahlbeschluss muss im HV-Protokoll notariell beurkundet werden, es sei denn, es handelt sich um eine AG, deren Aktien nicht an der Börse gehandelt werden; insoweit reicht eine vom AR-Vorsitzenden unterschriebene Niederschrift. Die Wahl des AP kann nach § 241 AktG nichtig oder nach §§ 243 ff AktG anfechtbar sein. Mögliche Nichtigkeitsgründe sind zB: fehlerhafte Einberufung der HV, fehlende Beurkundung des Beschlusses oder Verstoß des Beschlusses gegen Vorschriften, die im öffentlichen Interesse erlassen wurden.

2. Wahlverfahren bei der KGaA

Die Wahl erfolgt auch hier durch die HV (§ 285 Abs 1 AktG). Nach § 285 5
Abs 1 S 2 Nr 6 AktG dürfen die phG auf der HV kein Stimmrecht bei der Wahl des AP ausüben, was dazu dient, einen Einfluss der Komplementäre, die den JA aufstellen, auf die Wahl der AP auszuschließen. Sie dürfen das Stimmrecht auch nicht auf andere übertragen. Das Stimmverbot kann auch nicht durch die Satzung ausgeschlossen werden. Allerdings haben die Komplementäre das Recht, Widerspruch zu erheben und die Ersetzung des AP durch das Gericht gem Abs 3 zu betreiben. Die Wahl des AP durch die HV bedarf nicht der Zustimmung der phG (§ 285 Abs 2 S 2 AktG).

3. Wahlverfahren bei der GmbH

Wie bei AG wird auch bei GmbH der AP grds von den Gestern gewählt. 6

Der GesVertrag kann – entspr der dem GmbH-Recht eigenen weitreichenden Gestaltungsfreiheit – diese Kompetenz auf ein *anderes* Gremium übertragen (Abs 1 S 2), zB auf einen fakultativen AR, Beirat, Gester-Ausschuss oder auf Senior-Gester. Die berechtigten Interessen der Gester-Minderheit, der Gläubiger, der Arbeitnehmer oder der Allgemeinheit dürfen dadurch jedoch nicht beeinträchtigt werden. Gegen die Wahl des AP durch den AR oder Beirat bestehen keine grds Bedenken, selbst wenn der AR oder Beirat gleichzeitig die Kompetenz hat, den JA festzustellen, da hierdurch die Kooperation zwischen AR und AP verbessert werden kann. Statt eines AR oder Beirats kann auch ein besonderes Organ für die Wahl des AP eingesetzt werden, solange die Zuständigkeit für die Auflösung dieses Organs bei den Gestern verbleibt. Ob die Zuständigkeit zur Wahl des AP auch auf Geschäftsführer übertragen werden darf, ist str (*ADS*[6] § 318 Anm 125 f), sollte aber bejaht werden, da keine grds Besorgnis der Befangenheit gegen den von Geschäftsführern gewählten AP besteht, es sei denn, es treten besondere Gründe hinzu. Sind in GmbH ausschließlich Gester-Geschäftsführer tätig, ergibt sich wegen der identischen Interessenlage und gleichzeitig gegenseitigen Kontrolle aller beteiligten Organe kein Befangenheitsproblem.

7 Die **Ausgestaltung des Wahlvorgangs** liegt ebenfalls weitgehend in der Kompetenz der Gester bzw der Gestaltungsfreiheit des GesVertrags (Beschlüsse der Gester in Versammlungen, schriftliche Beschlussfassung, telefonischer Rundruf nebst nachträglicher schriftlicher Bestätigung). Gem § 47 Abs 1 GmbHG ist für die Fassung eines Wahlbeschlusses der GesV prinzipiell eine einfache Mehrheit der Stimmen erforderlich. Bei mehreren Bewerbern kann der GesVertrag die relative Mehrheit genügen lassen oder bei Wahl mehrerer Prüfer die Verhältniswahl zulassen. Der GesVertrag kann aber auch höhere Anforderungen an die erforderliche Mehrheit stellen. Ein Stimmverbot für Gester-Geschäftsführer besteht nicht (str). Beschlussmängel bei der Wahl durch AR oder Beirat in der Form von Inhalts- oder Verfahrensfehlern können wie GesBeschlüsse mit der Nichtigkeits- oder Anfechtungsklage angefochten werden (*ADS*[6] § 318 Anm 130).

4. Wahlverfahren bei den Gesellschaften nach § 264 a

9 Im Falle der KapCoGes, die einen JA nach den für KapGes geltenden Vorschriften – und ggf auch einen KA – aufstellen und prüfen lassen müssen, wird der AP sowohl bei der OHG als auch bei der KG von den Gestern gewählt, bei der KG unter Einbeziehung der Kommanditisten, da die Wahl des AP ein sog Grundlagengeschäft darstellt (*BGH* 24. 3. 1980 BGHZ 76, 338). Allerdings ist die Kompetenzzuweisung an die Gester – wie für Ges in der Rechtsform der GmbH – als dispositive Regelung ausgestaltet. Dieser ausdrückliche Vorbehalt zugunsten abw Regelungen im GesVertrag war erforderlich, da die pauschale Verweisung durch die Generalklausel des § 264 a nicht als ausreichend angesehen wurde (*BT-Rechtsausschuss* BT-Drs 14/2353, 48). Es ist damit zulässig, die Auswahl des AP einer Minderheit der Gester, dem AR oder Beirat oder sogar den Geschäftsführern zu überlassen. Die Zuständigkeit zur Wahl des AP darf auch an bestimmte Gester oder Gester-Gruppen (Kommanditisten, Komplementäre) delegiert werden.

5. Wahlverfahren für den Konzernabschluss

10 Das Wahlverfahren nach Abs 1 S 1 2. Halbsatz ist identisch mit der Wahl des AP für den JA des MU; das gilt auch für Versicherungs-AG, § 341 k Abs 2 S 1. Die Gester des MU wählen grds den Konzern-AP; für eine GmbH als MU gelten die Delegationsmöglichkeiten zum JA für den KA entspr (Anm 6 f). Zu den Besonderheiten nach dem PublG s Anm 38 f. Erfolgt keine gesonderte Wahl des Konzern-AP, gilt der Prüfer des JA des MU als bestellter Konzern-AP (Abs 2 S 1).

III. Zeitpunkt der Wahl

11 Die Wahl des AP soll jeweils vor Ablauf des Gj erfolgen, auf das sich seine Prüfungstätigkeit erstreckt (Abs 1 S 3). Der AP soll dadurch in die Lage versetzt werden, an der ggf zum Abschlussstichtag stattfindenden Inventur teilzunehmen sowie bereits Prüfungshandlungen im Rahmen einer vorverlagerten Prüfung vorzunehmen. Die Wahl wird daher regelmäßig in der ordentlichen HV oder in der GesV durchgeführt, die über die Gewinnverwendung und die Entlastung für das vorangegangene Gj beschließt. Die AP können *nur für ein Geschäftsjahr* bestellt werden (*ADS*[6] § 318 Anm 54). Auch bei GmbH/KapCoGes kann der GesVertrag nichts anderes vorsehen; Abs 1 S 2 ist insoweit keine Ermächtigung. Eine Wahl für mehrere Gj ist im Inland (anders zB in Italien, Luxemburg) nach

hM unzulässig (so auch *Baetge/Fröhlich* in HdR[5] § 318 Anm 34, *ADS*[6] § 318 Anm 55).

Die Soll-Vorschrift „Wahl vor Ablauf des Geschäftsjahrs“ bedeutet ein faktisches „Muss“, wenn die Gester (bzw der berechtigte Personenkreis) nicht das Wahlrecht verlieren wollen. Bei unterbliebener Wahl sind die gesetzlichen Vertreter nach Abs 4 verpflichtet, unmittelbar nach Ablauf des Gj beim Gericht einen Antrag auf Bestellung eines AP zu stellen.

Die Wahl nach Ablauf des Gj ist aber solange zulässig, als eine gerichtliche Bestellung noch nicht erfolgt ist (ebenso *ADS*[6] § 318 Anm 136). Ein Antrag auf gerichtliche Bestellung schließt die Wahl durch das Wahlgremium nicht aus (so auch *ADS*[6] § 318 Anm 404). Eine *nach* gerichtlicher Bestellung vorgenommene Wahl ist dagegen unwirksam (*ADS*[6] § 318 Anm 405).

Die Wahl und Beauftragung des AP soll möglichst frühzeitig stattfinden, damit dem AP ausreichend Zeit für Planung, Vorbereitung und Durchführung der Prüfung zur Verfügung steht. Nur bei Erfüllung der Soll-Vorschrift wird dem AP eine frühzeitige Prüfungsplanung sowie eine angemessene Zeit für die erforderlichen Vorprüfungen eingeräumt, zB auch Beobachtung der Inventur (ebenso *Baetge/Fröhlich* in HdR[5] § 318 Anm 35).

IV. Wählbarer Personenkreis

Als AP wählbar ist der in § 319 Abs 1 genannte Personenkreis, also WP und WPG. Für die Prüfung mittelgroßer GmbH und KapCoGes können auch vBP und BPG gewählt werden. Im Falle von kleinen KapGes/KapCoGes und sonstigen nicht prüfungspflichtigen Unt ist der Kreis der für die freiwillige APr in Frage kommenden Personen gesetzlich nicht beschränkt; eine einschränkende Regelung im GesVertrag ist aber zulässig. AP eines KA können nur WP oder WPG sein. Dies gilt auch für den Fall, dass eine mittelgroße GmbH/KapCoGes als MU einen KA aufstellen muss. Wenn ihre Gester einen vBP zum AP des JA wählen, darf dieser nicht zugleich auch den KA prüfen. Die Wahl von Personen, die nach § 319 Abs 2–4, § 319a Abs 1 nicht AP sein dürfen, ist nichtig (§ 241 Nr 3 AktG, *BGH* 30. 4. 1992 NJW, 2021; *ADS*[6] § 318 Anm 51). Wählbar sind auch mehrere AP (§ 316 Anm 3) mit dem Auftrag, entweder eine gemeinsame oder eine voneinander unabhängige Prüfung durchzuführen. Bei einer gemeinsamen Prüfung müssen alle AP gleichzeitig bestellt/gewählt werden. Bei einem voneinander unabhängigen Tätigwerden sollte dies auch die Regel sein – es ist jedoch zulässig, dass der zweite AP erst in einer späteren HV/GesV (hinzu-)bestellt wird (zB bei UntÜbergang nach Wahl des AP). Unzulässig ist ein Widerruf des ergangenen HV/Gester-Beschlusses (so auch *Lutter* in FS Semler, 835). Abs 3 sieht außer dem Ersetzungsantrag keine Möglichkeit der KapGes/KapCoGes vor, den einmal gewählten AP wieder abzuwählen. 12

Führen mehrere AP eine gemeinschaftliche Prüfung (*IDW PS* 208 Zur Durchführung von Gemeinschaftsprüfungen (Joint Audit) FN IDW 1999, 357) durch, sind sie verpflichtet, den BVm gemeinsam zu unterschreiben (§ 322 Anm 155, *ADS*[6] § 318 Anm 77). Sollten voneinander abw BVm erteilt oder die Erteilung versagt werden, müssen alle BVm und ggf der Vermerk über die Versagung gem §§ 325ff offengelegt werden, da jeder der AP die Stellung eines gesetzlichen AP hat. Die Prüfung ist erst beendet, wenn alle AP den BVm erteilt haben (*ADS*[6] § 318 Anm 69).

Wird von mehreren AP eine voneinander unabhängige Prüfung durchgeführt, erteilt jeder einen Prüfungsbericht und einen BVm. Die Prüfung ist erst dann beendet, wenn alle AP ihre Prüfung abgeschlossen haben. Beide Testate werden unabhängig voneinander erteilt (oder versagt); beide müssen offengelegt werden. Nach hM *nicht* zulässig ist die Wahl mehrerer AP mit der Maßgabe, dass AR oder Geschäftsführer daraus einen Prüfer auswählen und diesem den Auftrag erteilen können (glA ua Grewe in Bo HdR § 318 Anm 8f, *ADS*[6] § 318 Anm 89).

13 Durch GesVertrag oder Satzung kann der wählbare Personenkreis weiter eingegrenzt werden. Diese **Einschränkungen** können weitere Qualifikationen (zB RA, Diplom-Kfm), Erfahrung in bestimmten Branchen oder auch Mindest-Kanzleigrößen vorgeben (so auch *ADS*[6] § 318 Anm 52). Insb kann der GesVertrag einer mittelgroßen GmbH und KapCoGes auch vorsehen, dass als AP nur WP oder WPG gewählt werden dürfen (*ADS*[6] § 318 Anm 52). Durch derartige Zusatzbedingungen darf aber die Wahl eines AP nicht so weit beschränkt werden, dass eine „echte" Auswahl nicht mehr zulässig ist. Die namentliche Benennung eines AP oder eine Regelung, wonach eine Kombination von Merkmalen nur von einem ganz bestimmten AP erfüllt werden kann, ist mithin nicht zulässig (*Grewe* in BoHdR § 318 Anm 18; *ADS*[6] § 318 Anm 53). Erweiterungen des wählbaren Personenkreises (zB Zulassung von Steuerberatern etc) sind für die gesetzliche APr nicht zulässig, sondern können sich lediglich auf eine freiwillige APr beziehen (*Hommelhoff/Priester* ZGR 1986, 483).

V. Prüfungsvertrag

1. Rechtsnatur, Abschluss

14 Die gesetzliche JAP (§ 316 Abs 1) hat als eine Form der Rechenschaftslegung öffentlich-rechtlichen Charakter (*BVerfG* 8. 4. 1998 Anwaltsblatt, 405), denn der „Eingriff" in die UntRechte nach Art 2 GG, den die Prüfung darstellt, ist nur gerechtfertigt, weil er im Interesse der Allgemeinheit erfolgt (*Budde* in FS Moxter, 40ff).

Das Auftragsverhältnis zwischen gewähltem AP und zu prüfender KapGes/KapCoGes ist indessen zivilrechtlich; es handelt sich um einen Vertrag, dessen Inhalt durch die Vorschriften des Dritten Buchs des HGB sowie durch die WPO weitestgehend vorgegeben ist. Vertragsinhalt ist eine **Geschäftsbesorgung** (§ 675 BGB) mit überwiegend werkvertraglichen Elementen. Wird eine erfolgsbestimmte Einzeltätigkeit geschuldet, zB die Erstattung eines Gutachtens oder die JAP, kann ein Werkvertrag vorliegen (*BGH* NJW 2000, 1107); auch hier kommt wegen der treuhänderischen Eigenart der Tätigkeit die Anwendung von § 675 Abs. 1 BGB in Betracht. (*WPH*[12] I A 399; *Heermann* in MünchKomm BGB § 675 Anm 47; *ADS*[6] § 318 Anm 191/192).

Die gesetzlichen Vertreter der zu prüfenden KapGes/KapCoGes, bei Zuständigkeit des AR dieser, müssen dem gewählten AP unverzüglich nach dessen Wahl durch die HV oder GesV den **Prüfungsauftrag** erteilen. Die unverzügliche Erteilung des Prüfungsauftrags liegt im Interesse der Ges, da der AP imstande sein muss, die Prüfung rechtzeitig zu beginnen und ggf vorverlagerte Prüfungshandlungen vorzunehmen (*Baetge/Fröhlich* in HdR[5] § 318 Anm 50). Sie liegt aber auch im öffentlichen Interesse, um eine ordnungsgemäße und zeitgerechte Durchführung des Prüfungs-, Feststellungs- und Offenlegungsverfahrens zu gewährleisten. Bei AG und KGaA erteilt der AR den Prüfungsauftrag (§ 111 Abs 2 AktG). Es handelt sich hierbei um eine zwingende Regelung, die nicht abbedungen werden kann. Abw Regelungen in der Satzung sind ebenso wenig zulässig wie die Bevollmächtigung Dritter. Die Regelung soll die Unabhängigkeit des AP stärken. Der AR kann die Auswahl der Prüfungsschwerpunkte beeinflussen und dadurch seine eigene Überwachungstätigkeit steigern. In der Literatur wird die Beauftragung durch den AR zT kritisch gesehen, da die notwendige Erfahrung vieler AR-Mitglieder bezweifelt wird, um ihre gestärkte Überwachungsfunktion sinnvoll wahrnehmen zu können (*Forster* Zum Zusammenspiel von Aufsichtsrat und Abschlussprüfer nach dem KonTraG AG 1999, 193f). Wenn die GmbH nach § 6 Abs 1 MitbestG einen AR bilden muss, bestimmen sich gem § 25 Abs 1 Nr 2 MitbestG die innere Ordnung, die Beschlussfassung sowie die Rechte und Pflichten des AR nach den §§ 27–29, 31 und 32 MitbestG sowie ua nach den Bestimmungen der §§ 107–116, 171 AktG. Danach hat zwingend der AR dem AP den Prüfungsauftrag für den JA und KA zu erteilen (§ 111 Abs 2 S 3 AktG). Der AR kann insoweit seine Aufgaben nicht durch andere wahrnehmen lassen (§ 111 Abs 5 AktG). Andere, zB die Geschäftsführer, könnten insoweit allenfalls im Auftrag und mit gegenständlich beschränkter Vollmacht des AR handeln. Wird einem WP von den gesetzlichen Vertretern einer mitbestimmungspflichtigen GmbH ein Prüfungsauftrag erteilt, ist demzufolge diese Beauftragung nicht wirksam. Der WP muss dann darauf hinweisen, dass er ohne wirksame Auftragserteilung durch den AR nicht als gesetzlicher AP tätig werden kann, so dass eine Prüfung durch den WP nur als freiwillige Zusatzprüfung, nicht aber als gesetzliche APr, durchgeführt werden kann. Etwas anderes gilt lediglich, wenn der AR den dem WP erteilten Auftrag bis zum Ende der Prüfung genehmigt und damit als gesetzlichen Prüfungsauftrag qualifiziert oder der WP gem Abs 3 auf Antrag von Gestern oder auf Antrag der gesetzlichen Vertreter durch das zuständige Registergericht mit der Prüfung beauftragt wird. Ein BVm „als AP" darf ohne wirksame Beauftragung nicht erteilt werden, allenfalls unter dem Vorbehalt der Genehmigung der Beauftragung durch den AR. Bei der GmbH mit fakultativem AR wird durch die Vorschrift des § 52 Abs 1 GmbHG zwar ebenfalls auf § 111 AktG verwiesen, so dass der Prüfungsauftrag auch hier prinzipiell durch den AR erteilt wird. Allerdings hat § 52 GmbHG dispositiven Charakter, so dass im GesVertrag Abw geregelt werden kann. Für eine GmbH, die keinen AR, sondern einen Beirat hat, gilt Entspr, sofern der Beirat eine dem AR vergleichbare Aufgabe hat.

Bei der OHG und der KG existiert keine Verweisung auf § 111 AktG. Da die Verweisung auch nicht im Wege der Analogie hergestellt werden kann, ist ein evtl bestehender AR oder Beirat nicht für die Erteilung des Prüfungsauftrags zuständig. Es bleibt daher bei der Vertretung durch die geschäftsführenden Gester oder den oder die Komplementäre.

Die Beschlussfassung des AR vollzieht sich auf der Grundlage der allgemeinen Verfahrensvorschriften. Eine ausdrückliche Beschlussfassung ist erforderlich, da lediglich stillschweigende oder konkludente Beschlüsse nicht zulässig sind. Der Beschluss über den Abschluss des Prüfungsvertrags muss daher Gegenstand einer AR-Sitzung oder einer schriftlichen Beschlussfassung sein. Die Willensbildung erfolgt durch das Gesamtgremium, nicht lediglich durch den Vorsitzenden allein. Die Delegierung auf einen AR-Ausschuss ist zulässig (str zB *Hommelhoff* BB 1998, 2570), ergibt sich aber ausschließlich aus § 107 Abs 3 S 2 AktG. Allerdings können vorbereitende Arbeiten (zB Gespräche mit dem Prüfer über seinen Prüfungsansatz) einzelnen AR-Mitgliedern übertragen werden. Der Beschluss des AR muss sich auf die wesentlichen Gegenstände des Prüfungsauftrags beziehen. Hierzu gehört auch die Bestimmung der Gegenleistung, nicht jedoch die Höhe des vereinbarten Zeithonorars (Stundensätze).

Der Beschluss des AR bildet die Grundlage für die rechtsgeschäftliche Erklärung ggü dem AP. Diese muss nicht von sämtlichen Mitgliedern abgegeben werden. Vielmehr kann der AR – in Ausführung des Beschlusses – einzelne seiner Mitglieder zur Abgabe von Willenserklärungen ermächtigen. Diese Ermächtigung kann in der Satzung enthalten sein oder durch besondere Beschlussfassung erteilt werden; eine stillschweigende oder konkludente Erteilung ist zulässig.

Bei der AG ist eine Beauftragung des AP durch den Vorstand nicht zulässig. Bei der GmbH sind die Geschäftsführer zuständig, soweit ein obligatorischer oder fakultativer AR nicht besteht oder die Verweisung des § 52 GmbHG auf § 111 Abs 2 S 3 AktG wirksam abbedungen worden ist.

Die Beauftragung des AP hat unverzüglich, dh ohne schuldhaftes Zögern (§ 121 Abs 1 BGB) zu erfolgen; anderenfalls setzen sich die Organe den Folgen aus §§ 117 AktG, 43 GmbHG aus. Kommt der Prüfungsvertrag **vor** der Wahl zustande, wird ausschließlich schuldrechtlich eine „JA-Prüfung" zwischen den Parteien vereinbart, ohne dass der WP/vBP dadurch die Stellung eines AP iSv Abs 1 erlangt.

Der Prüfungsvertrag kann mündlich oder schriftlich abgeschlossen werden. Die Annahme des Auftrags durch den gewählten AP erfolgt üblicherweise in Form einer schriftlichen Auftragsbestätigung. Die Stellung als gesetzlicher AP erlangt der AP durch die Wahl und Annahme des Prüfungsauftrags, sofern die Voraussetzungen der §§ 319, 319a gegeben sind. Ein Tätigwerden als AP darf somit nicht allein auf Grund der Wahl erfolgen.

2. Ablehnung

15 Will der gewählte AP den Auftrag *nicht* annehmen, muss er dies dem Auftraggeber unverzüglich mitteilen (§ 51 WPO). Schweigen gilt unter den Voraussetzungen des § 362 als Annahme, was nur für die kraft Rechtsform als Kfl anzusehenden WPG/BPG Bedeutung hat. Die unverzüglich erklärte Ablehnung sollte – muss aber nicht – begründet werden.

Liegt in der Person des AP ein **Ausschlusstatbestand** iSv §§ 319, 319a vor, ist er schon in der ihn wählenden HV/GesV verpflichtet, diesen zu offenbaren (*LG Köln* 13. 9. 1991 DB 1992, 265; *Forster* in FS Semler, 819ff). Die gleiche Verpflichtung wird man beim Vorliegen von **Befangenheitsgründen** annehmen müssen. Nimmt der gewählte AP den Auftrag nicht an, hat das Wahlgremium, will es sein Recht nicht aufgeben (Anm 26), einen anderen AP zu wählen.

3. Inhalt, Widerruf

16 Aufgrund der gesetzlichen **Inhaltsvorgaben** der APr werden vom Auftraggeber idR zusätzlich nur die für notwendig gehaltenen **Prüfungstermine** und der Zeitpunkt für die späteste Auslieferung des Prüfungsberichts vereinbart. Seitens des gewählten AP werden die gesetzlichen Vorgaben üblicherweise durch die Einbeziehung der „Allgemeinen Auftragsbedingungen für Wirtschaftsprüfer und Wirtschaftsprüfungsgesellschaften" (gegenwärtig vom Stand 1. 1. 2002) ergänzt. Ferner ist eine Vereinbarung über das **Honorar** zu treffen; eine Gebührenordnung gibt es für WP/vBP nicht. Erfolgs- oder Pauschalhonorare sind berufsrechtlich nicht zulässig (Berufssatzung § 2 Abs 2, § 27; *WPK-Mitt* 1969, 16). Der Honorarvereinbarung liegen üblicherweise feste Beträge für angefallene Stunden nach Maßgabe der unterschiedlichen Qualifikation der eingesetzten Mitarbeiter zugrunde.

Durch das BilReG v 4. 12. 2004 wurde § 285 S 1 um die Nr 17 erweitert, wonach im Anhang von Unt, die einen organisierten Markt iSv § 2 Abs 5 WpHG in Anspruch nehmen, das im Gj für den AP als Aufwand erfasste Gesamthonorar anzugeben ist (*Hülsmann* Stärkung der Abschlussprüfung durch das

Bilanzrechtsreformgesetz DStR 2005, 166f). Eine **Ausweitung** oder Ergänzung des gesetzlich vorgegebenen Leistungsinhalts der APr stellt grds einen gesonderten Auftrag dar; dies gilt insb, wenn der AP mit einer Unterschlagungsprüfung oder einer Sonderprüfung beauftragt wird. Sollen nur einzelne Prüffelder auf Wunsch des Auftraggebers intensiver geprüft werden, ist dieses „Mehr" als Bestandteil der JAP anzusehen. Einschränkungen der Leistungspflicht durch den Prüfungsvertrag sind wegen der vom Gesetz ausgeschlossenen Dispositionsbefugnisse über den Leistungsinhalt unzulässig (§ 317 Anm 7; *Baetge/Fröhlich* in HdR[5] § 318 Anm 55; *ADS*[6] § 318 Anm 209; § 317 Anm 13).

Freiwillige Prüfungen des JA hingegen unterliegen der privatrechtlichen Dispositionsfreiheit; es entspricht aber allgemeiner Berufsauffassung, dass auch für die freiwilligen Prüfungen hinsichtlich Art und Umfang der Prüfung die Bestimmungen der gesetzlichen Pflichtprüfung maßgeblich sein *sollen* (*IDW PS* 200 Ziele und allgemeine Grundsätze der Durchführung von Abschlussprüfungen FN IDW 2000, 280ff); sie *müssen* maßgebend sein, falls ein BVm iSv § 322 erteilt werden soll.

Der Prüfungsauftrag darf nach Abs 1 S 5 nur **widerrufen** werden, wenn nach Abs 3 ein anderer Prüfer bestellt worden ist, dh der Prüfungsvertrag darf grds von den Vertragsparteien weder ordentlich gekündigt noch einvernehmlich aufgehoben werden. Ausgenommen ist die Kündigung aus wichtigem Grund. Meinungsverschiedenheiten über den BVm sind nicht als wichtiger Grund anzusehen (Abs 6 S 2). Zum Widerruf des Prüfungsauftrags als Folge der gerichtlichen Bestellung eines anderen AP s Anm 34 sowie *BGH* 23. 9. 1991 ZIP, 1427f. Allerdings besteht die Möglichkeit, vor Erteilung oder Annahme des Auftrags den Wahlbeschluss zu modifizieren oder aufzuheben. Allerdings ist der WP gem § 51 WPO verpflichtet, unverzüglich die Annahme oder Ablehnung des Prüfungsauftrags zu erklären. Daher besteht die Möglichkeit nur für einen relativ kurzen Zeitraum. Der Prüfungsauftrag darf gekündigt werden in den Fällen der Nichtigkeit der Prüferwahl sowie des Wegfalls der Prüfungspflicht, da insoweit die Vorschrift des Abs 1 S 5 nicht greift.

Wenn durch gerichtliches Urteil ein anderer AP bestellt worden ist, darf der Prüfungsauftrag widerrufen werden, da die Stellung des ursprünglichen AP als gesetzlicher AP erlischt. Für den Widerruf des Prüfungsauftrags sind die gesetzlichen oder sonstigen Vertreter der Ges zuständig. Dies gilt auch für den Fall, dass der AR den Prüfungsauftrag erteilt hat.

Der Widerruf muss dem AP zugehen. Der Widerruf des Prüfungsauftrags ist nicht zwingend erforderlich. Zulässig ist auch, dass die Tätigkeit des AP mit dem Inhalt einer freiwilligen APr aufrechterhalten wird, sofern dies zweckdienlich ist, was angesichts der vom Gericht festzustellenden Ersetzungsgründe allerdings wohl kaum der Fall sein wird. Der Honoraranspruch des AP richtet sich im Falle des Widerrufs des Prüfungsauftrags nach § 628 BGB.

B. Gerichtliches Ersetzungsverfahren (Abs 3)

I. Allgemeines

Auf Antrag hat das **Gericht** einen anderen AP zu bestellen, wenn dies aus einem in der Person des gewählten AP liegenden Grund geboten erscheint, insb wenn ein Ausschlussgrund nach §§ 319 Abs 2 bis 5, 319a besteht (Abs 3 S 1). Dieser Verweis auf die Ausschlussgründe nach §§ 319 Abs 2 bis 5, 319a wurde durch das BilReG v. 4. 12. 2004 (BGBl I, 3166) eingefügt. **Ersetzung** bedeu- 17 tet, dass der bisherige AP abberufen und ein neuer bestellt wird. Das HGB hat die Möglichkeiten der KapGes/KapCoGes, den einmal gewählten AP wieder abzuwählen, auf die Ersetzung des AP durch das Registergericht reduziert. Der Antrag ist zudem fristgebunden (Abs 3 S 2).

Ist der JA nicht kraft Gesetzes, sondern auf Grund der Satzung/des GesVertrags von einem AP zu prüfen, ist in Fällen des Abs 3 nicht das Gericht zuständig, sondern das gem Satzung/des GesVertrags zuständige Wahlgremium, idR die Gester (*BGH* 23. 9. 1991 WM, 1951). Ein Ersetzungsbeschluss des satzungsmäßigen Gremiums ist nur im Hinblick auf eine ordnungsgemäße Stimmrechtsausübung gerichtlich überprüfbar (*BGH* 23. 9. 1991 WM, 1951).

Durch das BilReG wurde neben der Änderung des § 318 Abs 3 auch eine Änderung der §§ 243 Abs 3 und 249 Abs 1 AktG vorgenommen. Anfechtungs- und Nichtigkeitsklage, die sich auf eine vorgebliche Befangenheit des gewählten AP stützten, sind durch die Änderung des § 243 Abs 3 AktG und des § 249 Abs 1 AktG unzulässig (*Peemüller/Oehler* BB 2004, 539ff; RegE BT-Drs 15/3419, 36). Im Gegenzug für den Ausschluss der Anfechtungs- und Nichtigkeitsklage wird die Einleitung des Ersetzungsverfahrens nach § 318 Abs 3 erleichtert: der Schwellenwert für die Einleitung des Ersetzungsverfahrens seitens der Aktionäre wird von dem zehnten Teil des Grundkapitals oder einem anteiligen Betrag des Grundkapitals von 1 Mio € auf die Hälfte jeweils reduziert. Parallel zu den in § 122 AktG vorgesehenen Minderheitenrechten beträgt der Schwellenwert nunmehr den zwanzigsten Teil des Grundkapitals oder einen anteiligen Börsenwert von 500 T €. Neben einer einfacheren Verfahrenseinleitung schützt der neue Schwellenwert die Ges vor einem missbräuchlichen und mutwilligen Betreiben des Verfahrens. Bei Festlegung dieses Schwellenwerts wurde berücksichtigt, dass mit dem im Rahmen des BilKonGes vorgesehenen Enforcement-Verfahrens eine zusätzliche Möglichkeit besteht, Bilanzfehler geltend zu machen, ohne dass insoweit ein Quorum verlangt wird (RegE BT-Drs 15/3419, 36).

II. Antragsberechtigte

18 Abs 3 S 1 und S 5 nennt abschließend die Antragsberechtigten, nämlich die gesetzlichen Vertreter, den AR, die Gester (und die Aufsichtsbehörde bei Unt, die der staatlichen Aufsicht unterliegen, s § 28 Abs 2 KWG; das sind solche in der Rechtsform einer Körperschaft, Anstalt oder Stiftung des öffentlichen Rechts, auch Unt in der Rechtsform eines Vereins oder einer Stiftung des Privatrechts, die ihre Rechtsfähigkeit durch einen staatlichen Verleihungsakt erhalten). Das Antragsrecht steht dem jeweiligen *Organ* und nicht dessen Einzelmitgliedern zu, weshalb ein entspr Beschluss der Organe erforderlich ist (*ADS*[6] § 318 Anm 324; *Baetge/Fröhlich* in HdR[5] § 318 Anm 83).

Das Verfahren nach Abs 3 kann von jedem *GmbH-KapCoGes*-Gester eingeleitet werden (*ADS*[6] § 318 Anm 326; *Lutter/Hommelhoff*[15] Anhang § 42 Anm 23); bei **Aktionären** müssen weitere Bedingungen erfüllt sein:

– sie müssen gegen die Wahl des AP bei der Beschlussfassung Widerspruch erklärt haben (aus Beweisgründen empfiehlt es sich, den Widerspruch zur Niederschrift zu erklären, dh in die Niederschrift über die HV aufzunehmen, *ADS*[6] § 318 Anm 335); der Widerspruch braucht in der HV nicht begründet zu werden, erforderlich ist jedoch, dass der Aktionär deutlich zum Ausdruck bringt, dass er sich aus in der Person des AP liegenden Gründen gegen den Wahlbeschluss wendet; wird die Erklärung des Widerspruchs in der HV nicht

vorgenommen, ist die Stellung des Antrags auf gerichtliche Ersetzung nicht zulässig),
- ihre Anteile am Grundkapital müssen nach dem BilReG 20 vH des Grundkapitals oder einen Börsenwert von 500 T € betragen und
- sie müssen seit mindestens 3 Monaten vor dem Tag der Wahl des AP Inhaber dieser Aktien sein. Sprachliche Neuerungen durch das BilReG haben keine inhaltlichen Auswirkungen. Diese Anforderung soll verhindern, dass Aktien nur zum Zwecke der Stellung des Ersetzungsantrags erworben werden; Glaubhaftmachung des dreimonatigen Aktienbesitzes kann durch Vorlage von Depotbescheinigungen, Abrechnungen, Schlussscheinen, eidesstattliche Versicherungen eines Notars (Abs 3 S 4) oä erfolgen.

Durch diese Zusatzbedingungen soll das Antragsrecht auf eine qualifizierte Aktionärsminderheit beschränkt werden, die ein berechtigtes Interesse an der APr hat (*Baetge/Fröhlich* in HdR[5] § 318 Anm 84). Den weniger bedeutenden Aktionären soll dadurch die Möglichkeit entzogen werden, durch mehr oder weniger willkürlich gestellte Anträge auf gerichtliche Ersetzung den ordnungsgemäßen Ablauf der AP und ihre zeitgerechte Beendigung zu verhindern (ADS[6] § 318 Anm 327). Das Gesetz schließt aber nicht aus, dass sich mehrere Aktionäre zusammenschließen, um den vorgeschriebenen Schwellenwert zu erreichen (RegE BilReG BT-Drs 15/3419, 36). Während die Berechtigung zur *Wahl* des AP bei **GmbH/KapCoGes** dem Dispositionsrecht des GesVertrags unterliegt (Anm 7, 8), ist die *Antragsberechtigung* nicht auf andere Gremien übertragbar. Die gesetzlichen Bestimmungen sind eindeutig und abschließend (so auch *ADS*[6] § 318 Anm 322; *Baetge/Fröhlich* in HdR[5] § 318 Anm 86). Dadurch kann bei GmbH/KapCoGes ggf ein zur Wahl berechtigtes Gremium nicht zugleich antragsberechtigt sein, auch wenn inzwischen Tatsachen bekannt werden, die den gewählten AP als ungeeignet erscheinen lassen. Nur wenn das zur Wahl berechtigte Gremium generell einem AR gleichgestellt ist, kann diese vom HGB nicht gewollte Benachteiligung vermieden werden.

Im Falle der **Insolvenz** der Ges ist das Verfahren nach Abs 3 ausgeschlossen, 19
da der AP auf der Grundlage des § 155 Abs 3 InsO ausschließlich durch das Gericht bestellt wird und dessen Entscheidung nicht im Verfahren nach Abs 3 überprüft werden kann (*ADS*[6] § 318 Anm 328). Eine Antragspflicht kann uU für gesetzliche Vertreter bestehen, wenn den Organen schwerwiegende Gründe mit hinreichender Gewissheit iSd Abs 3 bekannt sind. Es ist zu vermuten, dass bei der Ges bei verspäteter Antragstellung ein Schaden entsteht, da erhöhte Prüfungskosten für den alten und den neuen AP aufgewendet werden müssen. Wird die Prüfung dagegen ohne Ersetzung zu Ende geführt, dürfte ein Schaden nicht eintreten, da die Befangenheit des Prüfers die Wirksamkeit der Prüfung nicht berührt (*ADS*[6] § 318 Anm 332).

III. Antragsfrist

Der Antrag ist binnen zwei Wochen „seit dem Tage der Wahl des Abschluss- 20
prüfers" zu stellen (Abs 3 S 2). Es handelt sich um eine zwingende Ausschlussfrist. Das hat zur Folge, dass eine Wiedereinsetzung in den vorigen Stand, eine Unterbrechung oder eine Hemmung der Frist im Falle der Fristversäumung nicht möglich sind. Die Berechnung der Frist erfolgt nach § 17 FGG, § 187 Abs 1, § 188 Abs 2 BGB. Nach dem neu eingefügten S 3 des § 318 Abs 3 verschiebt sich die Antragsfrist, wenn ein Befangenheitsgrund erst nach der Wahl bekannt wird oder erst nach der Wahl eintritt. Der Antrag ist dann zwei Wochen nach dem Tag zu stellen, an dem der Antragsberechtigte Kenntnis von den

die Befangenheit begründenden Umständen erlangt hat oder ohne grobe Fahrlässigkeit hätte erlangen können (RegE BilReG BT-Drs 15/3419, 36).

IV. Antragsverfahren

21 Für den Antrag nach Abs 3 ist örtlich und sachlich das Amtsgericht am Sitz der zu prüfenden KapGes/KapCoGes zuständig (§ 145 Abs 1 FGG). Mögliche Antragsteller sind die in Abs 3 S 1 oder S 5 genannten Personen. Antragsgegner ist die KapGes, vertreten durch den Vorstand (§ 78 Abs 1 AktG), die GmbH, vertreten durch den/die Geschäftsführer (§ 35 Abs 1 GmbHG), die KapCoGes, vertreten durch ihr jeweiliges Vertretungsorgan (§ 264 a Abs 2); der Fall des ausnahmsweisen Übergangs der Vertretungsbefugnis auf den AR (§§ 112, 246 Abs 2 AktG) ist hier nicht gegeben (*BayObLG* 17. 9. 1987 WM, 1361 ff). Ebenfalls Beteiligter im materiellen Sinn ist der gewählte und bereits beauftragte AP (Abs 3 S 1). Allen Beteiligten ist rechtliches Gehör zu gewähren. Es hat auch eine Anhörung des AR zu erfolgen (wie bei der gerichtlichen Bestellung eines Sonderprüfers, § 142 Abs 5 AktG), weil die Bestellung eines anderen AP in die Geschäftsführungsaufgabe des AR eingreift.

Gibt das Gericht dem Antrag statt, hat es gleichzeitig einen AP zu bestellen. Es kann Vorschlägen der Antragsteller und der Beteiligten folgen. Der Prüfungsvertrag kommt durch die gerichtliche Entscheidung und Annahme durch den bestellten AP zustande (*ADS*[6] § 318 Anm 378; *Baetge/Fröhlich* in HdR[5] § 318 Anm 109). Jedoch sollte das Gericht zuvor den vorgesehenen WP anhören, schon um Widerrufs-/Befangenheitsgründe auszuschließen. Da der gerichtliche Ersetzungsbeschluss im Gegensatz zur Anfechtungsklage die Rechtslage ex nunc gestaltet, dh die Wahl des AP und seine bis zum Ersetzungszeitpunkt vorgenommenen Prüfungshandlungen grds wirksam bleiben, kann ein Antrag auf Ersetzung des AP nicht mehr gestellt werden, wenn dieser seine Prüfung bereits beendet und den geprüften JA testiert hat (Abs 3 S 7, RegE BilReG BT-Drs 15/3419, 36). Wegen der Gebühren des durch Gericht bestellten AP s Anm 32. Gegen die gerichtliche Entscheidung ist Beschwerde nach den Bestimmungen des FGG zulässig.

V. Antragsgründe

22 Abs 3 S 1 besagt, dass das Gericht einen anderen AP zu bestellen hat, wenn dies aus einem in der Person des gewählten AP liegenden Grund geboten erscheint, insb wenn ein Ausschlussgrund nach § 319 Abs. 2–5, § 319 a besteht. Der Antrag an das Gericht muss die Gründe erläutern, deretwegen die Bestellung eines anderen AP verlangt wird. Der Antrag kann nur auf solche Gründe gestützt werden, die in der Person des gewählten AP liegen. Sie müssen Zweifel begründen, dass der AP eine ordnungsgemäße Durchführung der Prüfung im Interesse der Ges und der Öffentlichkeit gewährleistet.

Durch den Verweis auf § 319 Abs 2–5, § 319 a wird die gesetzliche Vermutung, in welchen Fällen **Besorgnis zur Befangenheit** angenommen wird, mit aufgenommen. Hinsichtlich der Tatbestände wird auf die Kommentierung der entspr Normen verwiesen.

Bisher bestand bzgl des Verhältnisses von § 319 aF zu Abs 3 aF Rechtsunsicherheit. Durch die Neufassung beider Vorschriften wurde diese beigelegt (Näheres dazu RegE BilReG BT-Drs 15/3419, 37. Abs 3 enthielt bisher den Ausschlussgrund der Besorgnis der Befangenheit, der nunmehr in § 319 Abs 2 als grds Ausschlussgrund enthalten ist (RegE BilReG BT-Drs 15/3419, 37). Der Anwendungsbereich des Grundsatzes der Besorgnis der Befangenheit wird damit stark erweitert, konkrete Auswirkungen sind aber kaum zu erwarten, denn auch schon bisher war bei der Auftragsannahme dieser Grundsatz zu beachten. Lediglich die Sensibilität hinsichtlich dieses Themas wird steigen, zumal auch andere als die aufgeführten Gründe Anlass zur Besorgnis der Befangenheit geben können (Sultana/Willeke StuB 2005, 158 ff).

Zur Beurteilung, ob andere Gründe vorliegen, sind die Grundsätze über die Ablehnung von Richtern (§ 42 Abs 2 ZPO) nicht geeignet. Grds kann aus dem Nebeneinander von Prüfung und Beratung – im Gegensatz zur Tätigkeit eines Richters – keine Besorgnis der Befangenheit abgeleitet werden (*BGH* 21. 4. 1997 WM, 1386; *BayObLG* 17. 9. 1987 WM, 1361 ff).

Besorgnis der Befangenheit ist **in zahlreichen Sachverhalten** unterhalb der 23
in § 319 Abs 2 und 3 normierten Schwelle gegeben, ebenso bei persönlicher oder familiärer Verbundenheit mit Mitgliedern des Geschäftsführungsorgans der zu prüfenden KapGes/KapCoGes, etwa durch verwandtschaftliche Beziehungen oder auf Grund „größerer Nähe" zu der zu prüfenden KapGes/KapCoGes (*OLG Hamburg* 11. 6. 1992 BB, 1533). Die „größere Nähe" wurde angenommen, weil der AP zuvor für den Mehrheits-Gester ein Gutachten erstellt hatte und deshalb die Befürchtung bejaht wurde, dass der AP im Verhältnis zum Minderheits-Gester nicht unparteiisch ist; gleichzeitig wurde eine enge, Befangenheit begründende Beziehung des AP zur Sache angenommen, weil das Gutachten unmittelbare Auswirkungen auf den zu prüfenden JA hatte. Persönliche oder geschäftliche Beziehungen zu Mitgliedern des AR oder zu einzelnen Aktionären geben regelmäßig keinen Anlass zur Besorgnis der Befangenheit, da sie grds ungeeignet sind, die ordnungsgemäße Durchführung des Prüfungsauftrags zu erschweren. Geschäftliche Interessen des AP können Anlass zur Besorgnis der Befangenheit geben, und zwar sowohl besondere vertragliche Beziehungen zum geprüften Unt (zB Veräußerungen an die Ges zu günstigeren als den marktüblichen Konditionen) als auch individuell eingeräumte gewinnabhängige Ansprüche gegen das Unt (zB partiarische Darlehen). Die Besorgnis der Befangenheit kann auch begründet werden durch die Wahrnehmung widerstreitender Interessen, zB wenn der AP neben der Wahrung der Interessen des zu prüfenden Unt diejenigen eines seiner Vertragspartner vertritt. Im Falle des Bestehens von Beteiligungen an KonkurrenzUnt der zu prüfenden Ges muss die jeweilige Beteiligung die Unwesentlichkeitsschwelle überschreiten; nur unbedeutende Beteiligungen begründen die Besorgnis der Befangenheit nicht.

Die Prüfung früherer Abschlüsse des Unt ist unbedenklich. Zwar drückt sich in der wiederholten Prüfung eine gewisse Abhängigkeit vom Kunden aus. Dieser Fall ist in § 319 abschließend geregelt. Auch führt die mehrfache Wiederwahl des AP nicht zwingend zu der Annahme, dass der AP seine Aufgaben nicht ordnungsgemäß durchführt. Zusätzliche Ausschlussgründe gelten gemäß § 319a für kapmarkt Unt.

Für die Frage, ob mangelnde **fachliche Qualifikation,** fehlende Spezial- 24
kenntnisse des AP, mangelnde personelle oder sachliche Ausstattung der Praxis seine Befangenheit begründen, ist maßgebend, ob der AP objektiv in der Lage ist, die Durchführung der APr zu überwachen und sich das Prüfungsergebnis (BVm und Prüfungsbericht) zu eigen zu machen, auch wenn er zulässigerweise sachkundige Dritte oder andere Hilfskräfte zur Erfüllung seiner Leistungsverpflichtung hinzuzieht. Bei Fehlern, die der AP bei der Prüfung von anderen Unt macht, besteht keine Vermutung, dass er diese Fehler wiederholen werde. Auch im Falle von Fehlern bei der Prüfung des Vj-Abschlusses ist nicht grds von der

Voreingenommenheit des AP auszugehen (*LG Köln* 1. 4. 1997 NJW-RR 1998, 248). Es könne nicht angenommen werden, dass der AP versuchen werde, etwaige Fehler der Vergangenheit zu kaschieren. Insb, wenn eine ordnungsgemäße Nachtragsprüfung durchgeführt wurde, bestehe kein Anlass zur Besorgnis der Befangenheit (OLG Köln aaO).

25 Der Ersetzungsantrag kommt *nicht* in Betracht, wenn die Ursache für den Streit zwischen Antragsteller und KapGes/KapCoGes nicht ausschließlich, sondern nur mittelbar in der Person des AP oder in seinem Verhalten liegt. Hat jedoch eine KapGes/KapCoGes durch betrügerisches Verhalten von Mitarbeitern nicht unerhebliche Verluste erlitten und werden Fragen des AR oder der Aktionäre in der HV nach Ursachen und Höhe der im JA ausgewiesenen Verluste nicht vollständig beantwortet, trifft diese Verletzung des Auskunftsrechts (glA *Lutter* in FS Semler, 841/847) den AP nicht mehr nur mittelbar; nach § 171 Abs 1 S 2 AktG ist der AP ggü dem AR direkt verpflichtet, so dass eine unzureichende Auskunft den AP disqualifizieren kann.

Für die **Ablehnung** des AP können die Grundsätze über die Ablehnung von gerichtlich bestellten Sachverständigen entspr angewendet werden (*BayObLG* 17. 9. 1987 WM, 1361; *ADS*[6] § 318 Anm 196 und *Baetge/Fröhlich* in HdR[5] § 318 Anm 113.

C. Gerichtliches Bestellungsverfahren (Abs 4)

I. Allgemeines

26 Sinn und Zweck des gerichtlichen Bestellungsverfahrens ist es, die rechtzeitige Durchführung der APr zu gewährleisten. Der Vorrang der Bestellung durch die Ges gilt solange, bis das Gericht seinerseits einen AP bestellt hat. Das Gericht interveniert in den Fällen der Untätigkeit des Wahlorgans der Ges, der Unwirksamkeit der Wahl oder von sonstigen Ereignissen, die eine Durchführung der APr durch den gewählten AP verhindern. Abs 4 greift somit ein, wenn bis zum Ende des Gj kein AP gewählt ist (S 1), der gewählte AP den Auftrag ablehnt (S 2, erste Alternative), aus anderen Gründen wegfällt (S 2, zweite Alternative) oder verhindert ist (S 2, dritte Alternative). Abs 4 ist *zwingend;* es handelt sich nicht um eine Soll-Vorschrift.

Das HGB verpflichtet die gesetzlichen Vertreter, den Antrag unverzüglich nach Ablauf des Gj zu stellen, wenn ein Tatbestand nach Abs 4 S 1 oder S 2 gegeben ist. Der Kreis der **Antragsberechtigten** ist abschließend. Während die Leitungsorgane den Antrag gem Abs 4 S 3 stellen müssen, ist die Antragstellung durch den AR oder die Gester fakultativ. Abw zu Abs 3 steht das Antragsrecht jedem Aktionär zu, auch dem stimmrechtslosen Vorzugsaktionär, nicht aber dem Inhaber von Genussscheinen oder Obligationen (*ADS*[6] § 318 Anm 392; *Baetge/Fröhlich* in HdR[5] § 318 Anm 119).

Gegen die Entscheidung des Gerichts kann sofortige Beschwerde eingelegt werden (Abs 4 S 4). Darüber hinaus ist eine Anfechtung der Bestellung des AP nicht zulässig. Bis zur Bestellung durch das Gericht kann der AP durch eine, wenn auch verspätet einberufene HV oder GesV gewählt werden (so auch *Baetge/Fröhlich* in HdR[5] § 318 Anm 136). Zulässig ist allerdings die Aufhebung der Bestellung eines AP durch das Gericht (*OLG Köln* 3. 1. 2000 NJW-RR, 844f; s auch *OLG Düsseldorf* 3. 8. 1998 NJW-RR 1999, 832f, wonach die Beschwerde auch im Falle der Zurückweisung des Antrags, einen AP zu bestellen, zulässig ist.

Der **antragsberechtigte Personenkreis** umfasst die gesetzlichen Vertreter der Ges, den AR oder einzelne Gester (ohne, dass es für ihre Antragsberechtigung auf die Höhe ihrer Kapitalbeteiligung oder ihre Stimmberechtigung ankommt). Andere Personen als die genannten sind nicht antragsberechtigt, selbst wenn sie, zB als Genussscheininhaber oder stille Gester, ein Interesse am Jahresergebnis der Ges haben. Im Falle der Insolvenz der Ges bestellt das Registergericht den AP auf Antrag des Insolvenzverwalters. Abs 4 S 3 statuiert eine Antragspflicht (nur) für gesetzliche Vertreter der Ges. Bei Verletzung dieser Pflicht sind die gesetzlichen Vertreter schadensersatzpflichtig, §§ 93 AktG, 43 GmbHG. 27

II. Antragsvoraussetzungen

1. Fehlende Wahl des Abschlussprüfers

Der AP ist nicht gewählt, wenn das Wahlorgan untätig geblieben ist oder der Wahlbeschluss nichtig war oder erfolgreich angefochten worden ist. Die Anfechtung muss im Verfahren nach § 246 AktG im Wege einer Anfechtungsklage geltend gemacht werden. Gem § 248 AktG steht infolge der Urteilswirkung dann fest, dass ein AP nicht wirksam gewählt worden ist. Auf die GmbH/KapCoGes finden die §§ 246f AktG analog Anwendung. 28

Der Antrag auf gerichtliche Bestellung eines AP kann erst nach Ablauf des Gj gestellt werden, auch wenn abzusehen ist, dass das zuständige Gremium sein Recht nicht fristgemäß ausüben wird (*Baetge/Fröhlich* in HdR[5] § 318 Anm 124; *ADS*[6] § 318 Anm 401).

Eine außerordentliche Haupt- oder GesV muss nicht zwangsläufig immer dann einberufen werden, wenn die ordentliche Haupt- oder GesV keinen Wahlbeschluss gefasst hat. Der Vorstand einer AG oder die Geschäftsführung einer GmbH oder die gesetzlichen Vertreter einer KapCoGes müssen vielmehr zwischen dem für die Einberufung und Abhaltung einer HV/GesV entstehenden Aufwand und der – allerdings erheblichen – Bedeutung der AP-Bestellung durch die Ges abwägen. (*ADS*[6] § 318 Anm 402).

Da die Bestellung des AP nur erfolgen kann, wenn der AP bis zum Ablauf des Gj nicht gewählt wurde, muss ein Antrag auf Bestellung durch das Gericht abgewiesen werden, wenn er gestellt wurde, nachdem ein AP gewählt worden ist. Dies gilt nicht nur, wenn die Wahl vor Ablauf des Gj erfolgt, sondern auch dann, wenn die Wahl nach Ablauf des Gj zustande kommt (Kölner Komm[2] § 318 Anm 50). Die Erteilung des Prüfungsauftrags ist in diesem Zusammenhang nicht relevant; es wird lediglich auf die AP-Wahl abgestellt.

Die Wahlbefugnis des zuständigen GesOrgans endet mit der Bestellung des AP durch das Gericht. Eine dennoch durchgeführte Wahl ist nicht wirksam. Jedoch kann ein Ersatzprüfer gewählt werden für den Fall, dass der gerichtlich bestellte AP wegfällt. Entscheidender Zeitpunkt für das Erlöschen der Wahlbefugnis der Ges ist der Zeitpunkt des Erlassens der gerichtlichen Entscheidung. Falls das Gericht von einem Wahlbeschluss der Ges nicht rechtzeitig Kenntnis erlangt und irrtümlich die Voraussetzungen für eine gerichtliche Bestellung des AP annimmt, ist die Wahl und auch die Bestellung durch die Ges wirksam, da anderenfalls die Bestellung des AP durch das Gericht nicht mehr rückgängig gemacht werden könnte und beide AP, also der gerichtlich bestellte und der von der Ges gewählte, nebeneinander prüfen müssten (*ADS*[6] § 318 Anm 405f).

2. Sonstige Antragsgründe

29 Nach Abs 4 S 2 liegen „sonstige Gründe“ vor, wenn
- der gewählte AP die Auftragsannahme abgelehnt hat
- der gewählte und ordnungsgemäß bestellte AP nachträglich weggefallen ist oder
- der gewählte und bestellte AP an der rechtzeitigen Beendigung der APr verhindert ist.

Aufgrund des Verweises auf Abs 4 S 1 („gleiches gilt“) kann der Antrag auf gerichtliche Bestellung aus sonstigen Gründen ebenfalls erst nach Ablauf des Gj gestellt werden. Die Kosten einer ao HV bei einer AG sind kein hinreichender Grund, den Aktionären die Wahlberechtigung vor Ablauf des Gj zu entziehen.

Die **Ablehnung des Prüfungsauftrags** muss gem § 51 WPO durch den AP unverzüglich erfolgen, so dass idR genügend Zeit für die Wahl eines anderen AP verbleibt. Bei nicht unverzüglicher Ablehnung macht sich der AP schadensersatzpflichtig (§ 51 S 2 WPO).

30 Gründe für den **nachträglichen Wegfall** des gewählten Prüfers sind Tod, Geschäftsunfähigkeit, Erlöschen, Rücknahme oder Widerruf der Bestellung als WP (§§ 19, 20 WPO) sowie Kündigung gem Abs 6 (Anm 34ff). Ist AP eine WPG, ist diese weggefallen, wenn sie ihre Bestellung als WP verloren hat.

In Abs 4 nicht ausdrücklich geregelt sind die Fälle, in denen der Bestellungsakt insgesamt aus Gründen des § 319 Abs 2 und 3 nichtig ist (*Baetge/Fröhlich* in HdR[5] § 318 Anm 128). Auch in diesen Fällen „fällt der AP nachträglich weg“; das Gleiche gilt, wenn der Wahlakt der HV/GesV zB wegen Besorgnis der Befangenheit angefochten wird und die Anfechtungsklage Erfolg hat (so *Lutter* in FS Semler, 849). In beiden Fällen erfolgt die Vernichtung des Bestellungsakts erst nach der HV/GesV, so dass diese nicht mehr reagieren kann. Abs 4 ist entspr anzuwenden. Zur Vermeidung des Verfahrens nach Abs 4 schlägt *Lutter* als Lösung für die zu prüfende KapGes/KapCoGes vor, dass in der maßgeblichen HV/GesV ein zweiter – Ersatz-AP – gewählt wird, der unabhängig und selbstständig vom ersten, eigentlichen AP handelt und autonom prüft und testiert; § 316 stehe nicht entgegen. Die durch den zweiten AP zusätzlich verursachten Kosten seien ins Verhältnis zu setzen zu den Folgen aus der Nichtigkeit des JA sowie der Nichtigkeit des darauf beruhenden Gewinnverwendungsbeschlusses, im Falle einer Anfechtung zu den Kosten der gerichtlichen Abberufung des in der HV/GesV ursprünglich wirksam gewählten AP und den gerichtlichen Kosten des Bestellungsverfahrens nach Abs 4 (*Lutter* in FS Semler, 851).

31 Eine **nicht rechtzeitige Beendigung** der Prüfung kann sich durch Krankheit, Zeitmangel, Mitarbeitermangel oder anderweitigen Ausfall des AP ergeben. Umstände, die der gewählte AP durch den Einsatz zusätzlicher geeigneter Mitarbeiter ausgleichen kann, sind kein Grund iSv Abs 4 S 2.

Im Falle der Verhinderung des gewählten AP erlischt sein Mandat (ebenso *Baetge/Fröhlich* in HdR[5] § 318 Rdn 130). Der durch das Gericht zu bestellende AP tritt regelmäßig aus Gründen der Rechtssicherheit an die Stelle des verhinderten AP. Allenfalls wenn der Prüfungsablauf bereits sehr weit fortgeschritten ist, kann das Gericht ausnahmsweise dem gewählten AP einen anderen zur Seite stellen, wenn gewährleistet ist, dass der Ablauf dadurch beschleunigt oder die Verwertung der bereits vorliegenden Prüfungsergebnisse ermöglicht wird.

D. Vergütung des gerichtlich bestellten Abschlussprüfers (Abs 5)

Abs 5 regelt die Ansprüche des nach Abs 3 oder Abs 4 vom Gericht bestellten AP und ersetzt auf Antrag die allgemeinen vertraglichen Regelungen in §§ 612, 632 BGB. Nach Bestellung durch das Gericht und Annahme durch den AP kommt zwischen der zu prüfenden KapGes/KapCoGes und dem AP ein Prüfungsvertrag zustande, der den üblichen Regelungen des Prüfungsvertrags (Anm 14ff) entspricht. 32

Der gerichtlich bestellte AP kann wie der gewählte mit der KapGes/KapCoGes **Vereinbarungen** über Vergütung und Auslagenersatz treffen. Es gilt der Grundsatz der Vertragsfreiheit. Wenn eine solche besondere Vergütungsvereinbarung besteht, entfällt regelmäßig die Veranlassung, das Beschlussverfahren nach Abs 5 zu beantragen. Im Falle der Nichtleistung der Vergütung durch die Ges ist die Forderung im Wege der Leistungsklage vor dem ordentlichen Gericht durchzusetzen. Die Festsetzung des Anspruchs auf Ersatz angemessener barer Auslagen und auf Vergütung der Tätigkeit durch das Gericht erfolgt nur auf Antrag (*ADS*[6] § 318 Anm 430; *Baetge/Fröhlich* in HdR[5] § 318 Anm 137). Auf Antrag des AP setzt das Gericht die Höhe von Auslagen und Vergütung fest; es gelten die Verfahrensgrundsätze des FGG und der ZPO (*Baetge/Fröhlich* in HdR[5] § 318 Anm 139). Das Rechtsmittel ist die Beschwerde innerhalb von zwei Wochen ab Bekanntmachung des Beschlusses (§ 22 Abs 1 FGG).

Für den Fall der Beantragung der gerichtlichen Entscheidung ist die Geltendmachung des Vergütungsanspruchs im Wege der Leistungsklage insoweit ausgeschlossen. Wenn der AP die Leistungsklage nicht einlegen will, steht es ihm auch im Falle des Abschlusses einer Vergütungsvereinbarung frei, den Antrag auf gerichtliche Entscheidung zu stellen. Insoweit kann aber nur die sich nach Abs 5 S 1 ergebende Vergütung zugesprochen werden. Ein Anspruch auf eine darüber hinausgehende Vergütung kann nur im Klagewege geltend gemacht werden.

E. Kündigung des Prüfungsvertrags (Abs 6 und 7)

I. Kündigungsgründe

Nur *aus wichtigem Grund* dürfen der AP und die zu prüfende Ges den Prüfungsvertrag kündigen (Abs 6 S 1). Eine ordentliche Kündigung ist ebenso wenig zulässig wie die einvernehmliche Aufhebung des Prüfungsvertrags (*Forster* in FS Kropff, 71/77). Der Begriff des „wichtigen Grundes“ entspricht dem aus § 626 BGB. Meinungsverschiedenheiten über den Inhalt des BVm, seine Einschränkung oder Versagung sind nicht als wichtiger Grund anzusehen (Abs 6 S 2). Persönliche Differenzen mit GesOrganen sind nur in Ausnahmefällen als Kündigungsgrund anerkannt. Sachliche Differenzen zwischen AP und Ges im Hinblick auf die Durchführung und das Ergebnis der Prüfung finden gem Abs 6 S 2 keine Berücksichtigung. Die Verletzung von Aufsichtspflichten stellt ebenfalls keinen Grund für eine ao Kündigung dar; anderenfalls wäre es der Ges möglich, die Ablösung eines unliebsamen AP zu erreichen. Der AP wird insoweit den BVm einschränken oder versagen müssen. Zweifel an der Vertrauenswürdigkeit der Ges werden sich ebenfalls im BVm widerspiegeln müssen. Nur 34 in äußerst schwerwiegenden Fällen, wie zB eine kriminelle Betätigung der Ges, kann als Grund für eine ao Kündigung angenommen werden. Zur Kündigung wegen Informationsverweigerung s § 320 Anm 36. Das Vorliegen von Ausschlussgründen iSd § 319 Abs 2 bis 4 stellt stets einen Grund für eine ao Kündigung dar; eine Kündigung ist allerdings nur dann statthaft, wenn der Ausschlussgrund nicht umgehend beseitigt wird, zB muss ein Mitarbeiter des AP, in dessen Person ein Ausschlussgrund eingetreten ist, unverzüglich von der APr entfernt werden. Für den AP ergibt sich wegen der öffentlich-rechtlichen Funktion der APr faktisch kaum ein Kündigungsgrund.

Die Kündigungserklärung muss den wichtigen Grund nennen und die Gründe darlegen; die Schriftform ist einzuhalten (Abs 6 S 3). Neben der Kündigung aus wichtigem Grund endet der Prüfungsvertrag im Übrigen in den Fällen von Abs 3 gem Abs 1 S 5 durch **Widerruf.** Liegen Ausschlussgründe gem § 319 Abs 2 und 3 vor, ist der Prüfungsvertrag nichtig (Anm 22); die Rechtsfolge wirkt ex tunc – demzufolge bleibt dort weder für einen Widerruf des Prüfungsvertrags noch für eine Kündigung aus wichtigem Grund Raum. Die Beschränkung der Kündigung des Prüfungsauftrags auf die Fälle der Kündigung aus wichtigem Grund gilt allerdings nur für den gerichtlich bestellten AP, nicht jedoch für den auf der Grundlage der Satzung bestellten AP, der jederzeit, mithin auch zwischen der ersten und einer Nachtragsprüfung, abberufen und durch einen anderen AP ersetzt werden kann; *BGH* 23. 9. 1991 ZIP, 1427).

II. Kündigungserklärung

35 Der AP hat die Kündigung ggü der Ges zu erklären. Eine bestimmte Form ist nicht einzuhalten. Es muss deutlich werden, dass aus wichtigem Grund gekündigt wird. Die Kündigung kann nur bis zur Vorlegung des Prüfungsberichts, spätestens bis zur Vorlegung des Nachtragsprüfungsberichts, erklärt werden. Die Kündigung muss schriftlich begründet werden (Abs 6 S 3). Die Nichteinhaltung der Schriftform führt allerdings nicht zur Unwirksamkeit der Kündigung, da die Schriftform nur für die Erklärung der Kündigung, nicht aber für ihre Begr gilt. Eine Verletzung der Schriftform löst lediglich eine Schadensersatzpflicht aus (*BGH* 18. 6. 1984 NJW, 2689).

III. Kündigungsfolgen

36 Infolge der Kündigung aus wichtigem Grund endet sowohl der schuldrechtliche Prüfungsvertrag als auch die Stellung des gesetzlichen AP. Einer besonderen Niederlegung durch den AP bedarf es nicht, die Rechtsfolge tritt automatisch ein. Dies gilt auch für den gerichtlich bestellten AP; dieser verliert durch die Kündigung seine Stellung. Nach erklärter Kündigung hat der AP über das Ergebnis seiner bisherigen Prüfungshandlungen nach § 321 Bericht zu erstatten (Abs 6 S 4). Der Prüfungsbericht muss den gesetzlichen Vertretern oder dem AR schriftlich und unterzeichnet vorgelegt werden; Darlegungs- und Erklärungspflichten gem § 321 sind zu beachten (*ADS*[6] § 318 Anm 451; *Lutter/Hommelhoff*[15] Anhang § 42 Anm 40 f). Die Berichtspflicht dient dazu sicherzustellen, dass die Ermittlungen des bisherigen AP dem neuen AP zur Verfügung stehen; dieser hat sich über das Ergebnis der bisherigen APr zu informieren und soll zu diesem Zweck die Kündigung und den Bericht einsehen. Für die inhaltliche Gestaltung des Berichts gilt § 321 analog. Der AP hat zur Ordnungsmäßigkeit der Buchführung und der bereits geprüften Teile des JA und des Lagebe-

richts Stellung zu nehmen, soweit dies nach dem Stand der bereits durchgeführten Prüfungsarbeiten und der vorhandenen Aufzeichnungen möglich ist. Wenn ein Lagebericht schon vorliegt, muss der Bericht auch die Lagebeurteilung durch den Vorstand/Geschäftsführung kommentieren. Ferner muss dargelegt werden, ob der Vorstand/Geschäftsführung die erforderlichen Aufklärungen und Nachweise erbracht hat. Eine Gesamtbeurteilung kann allerdings nicht in Betracht kommen, da die Prüfungsarbeiten nicht vollendet werden können. Der AP muss aber ggf auf solche Vorgänge besonders hinweisen, die nach dem Prüfungsstand noch nicht abschließend behandelt worden sind, deren Ordnungs- oder Gesetzmäßigkeit jedoch fraglich erscheint. Schließlich ist der scheidende AP verpflichtet, die von dem neuen AP verlangten Auskünfte zu erteilen. Er muss den Bericht erläutern, soweit die Verschwiegenheitspflicht, sonstige gesetzliche Bestimmungen oder eigene berechtigte Interessen nicht entgegenstehen.

Nach **Abs 7** S 1 haben die gesetzlichen Vertreter die Kündigung dem AR 37
oder der AR ersteren (Abs 7 S 4), der nächsten HV oder bei GmbH/KapCoGes den Gestern mitzuteilen. Diese Mitteilung kann formlos erfolgen. Die Berechtigten haben einen Anspruch, die schriftlichen Kündigungsgründe auf Grund ihrer allgemeinen Informationsrechte und Aufsichtspflichten zu erfahren (*ADS*[6] § 318 Anm 457).

Der meist zeitlich folgende Prüfungsbericht des bisherigen AP ist *unverzüglich* dem AR vorzulegen. Jedes AR-Mitglied hat Anspruch, von diesem Bericht Kenntnis zu nehmen (Abs 7 S 3); der Bericht ist jedem AR-Mitglied oder, soweit der AR dies beschlossen hat, den Mitgliedern eines Ausschusses auszuhändigen. Ebenso haben die Gester einer GmbH/KapCoGes, für die Abs 7 hierzu keine besondere Regelung enthält, das Recht auf Kenntnisnahme und ggf Aushändigung des Berichts entspr § 42a Abs 1 S 2 GmbHG (*ADS*[6] § 318 Anm 461; aA *Grewe* in BoHdR § 318 Anm 43). Das folgt daraus, dass der Bericht demselben Interessentenkreis offenstehen muss wie der Prüfungsbericht, da es seine Funktion ist, die bisherigen Prüfungsergebnisse den zuständigen GesOrganen sowie dem neuen AP bekannt zu machen.

Nach Kündigung ist durch das zuständige Gremium ein neuer AP zu wählen, soweit nicht schon ein Ersatzprüfer gewählt wurde. Geschieht dies bis zum Ende des Gj nicht oder kündigt der AP erst nach Ende des Gj, ist ein AP gerichtlich zu bestellen (Abs 4 und Anm 26).

F. Publizitätsgesetz

Nach § 6 PublG wird der AP, soweit nicht Gesetz, Satzung oder GesVertrag 38
etwas anderes vorsehen, grds von den Gestern gewählt. Bei (reinen) PersGes wird nach § 6 Abs 3 S 1 PublG der AP von den Gestern gewählt. Sieht der GesVertrag nichts anderes vor, haben bei der Wahl alle Gester mitzuwirken, dh bei einer KG auch die Kommanditisten; die Wahl des AP bedarf der Zustimmung sämtlicher Gester (*BGH* 24. 3. 1980 BB, 695).

Bei **anderen Unternehmen,** die unter das PublG fallen (s § 3 Abs 1 PublG), wird der AP, sofern keine anderen Bestimmungen bestehen, vom AR gewählt; besteht kein AR, bestellen die gesetzlichen Vertreter den AP (§ 6 Abs 3 S 3 PublG). Zu diesen Unt gehören insb Stiftungen sowie Anstalten (als Kfl), sofern nicht Landesrecht vorgeht.

Für den **Konzernabschluss** gelten bei (reinen) PersGes und bei eG ua § 318 39
sowie § 6 Abs 3 PublG sinngemäß (§ 14 Abs 1 PublG). Unterliegt der KA der Pflichtprüfung nach dem PublG, wählen die Gester den Konzern-AP, sofern GesVertrag oder Satzung keine anderweitige Regelung enthalten. Wird dieser

nicht gesondert gewählt, gilt die Fiktion des Abs 2 S 1, der AP für den JA des MU ist also zugleich der Konzern-AP; die Anwendung dieser Fiktion setzt aber voraus, dass der AP des JA die Anforderungen nach § 319 erfüllt; zur Prüfung des KA sind nur WP und WPG berechtigt (§ 319 Anm 2).

Besondere Regelungen bestehen nach § 14 Abs 2 PublG für die Bestellung des Konzern-AP bei eG als MU, dazu Vor § 339 Anm 11, 37.

G. Spezialgesetzliche Regelungen

40 Für Kreditinstitute (§ 340k) und für VersicherungsUnt (§ 341k) wird § 318 durch Spezialvorschriften ergänzt; außerdem gilt § 318 hier auch für andere Rechtsformen als KapGes. Bei **Kreditinstituten** ist nach § 28 KWG der gem § 318 gewählte AP der BaFin anzuzeigen. Die BaFin kann dann innerhalb eines Monats nach Zugang der Anzeige die Bestellung eines anderen AP verlangen, wenn dies zur Erreichung des Prüfungszwecks geboten ist. Schweigen der BaFin gilt als Zustimmung.

Nach § 341k Abs 2 wird bei **Versicherungsunternehmen** der AP durch den AR bestimmt. Dieser ist vom Vorstand der BaFin anzuzeigen, dem dann ebenfalls ein Widerspruchsrecht zusteht (§ 58 Abs 2 VAG). Im Übrigen gilt auch Abs 1 (ohne S 2, da VersicherungsUnt nicht in der Rechtsform der GmbH betrieben werden dürfen, § 7 Abs 1 VAG).

41 **Spezialgesetze** wie die Vorschriften über Sonderprüfungen (§ 10 Abs 1 UmwG: Prüfung der Verschmelzung) und über die Kapitalerhöhungs-Sonderbilanz (§§ 209 Abs 4 AktG, 57f Abs 3 GmbHG) verweisen auf Bestimmungen des § 318 und ergänzen diese. Nach § 30 Abs 1 AktG bestellen die Gründer einer AG den AP für das erste Voll- oder Rumpf-Wj. Die Bestellung bedarf der notariellen Beurkundung.

H. Sanktionen

45 Die Mitglieder des vertretungsberechtigten Organs von KapGes/KapCoGes oder die gesetzlichen Vertreter von Unt anderer Rechtsformen können durch Festsetzung von **Zwangsgeldern** angehalten werden, ihre Pflichten

- zur unverzüglichen Erteilung des Prüfungsauftrags gem Abs 1 S 4 oder §§ 6 Abs 1 S 2, 14 Abs 1 S 2 PublG bzw
- zum Antrag auf gerichtliche Bestellung des AP gem Abs 4 S 3 oder §§ 6 Abs 1 S 2, 14 Abs 1 S 2 PublG

zu erfüllen. Näheres hierzu in § 335 Anm 16, 17.

Vor §§ 319, 319a

Rechtliche und konzeptionelle Grundlagen der Vorschriften zur Unabhängigkeit des Abschlussprüfers

1 Nach den Art 24 und 25 der **8. EU-Richtl** (84/253/EWG) müssen die Mitgliedstaaten regeln, dass AP eine Pflichtprüfung weder in eigenem noch im Namen einer PrüfungsGes durchführen dürfen, wenn sie nach dem Recht des betr Mitgliedstaats nicht unabhängig sind. Nach Art 26 der Richtl müssen die

Mitgliedstaaten ferner sicherstellen, dass gegen AP angemessene Sanktionen verhängt werden, wenn diese eine Pflichtprüfung nicht in unabhängiger Weise durchführen. Art 27 verpflichtet die Mitgliedstaaten darüber hinaus, zumindest sicherzustellen, dass die Gester oder Mitglieder zugelassener PrüfungsGes sich bei der Durchführung einer Prüfung nicht in einer Weise einschalten, welche die Unabhängigkeit der natürlichen Person, welche die Prüfung im Namen der PrüfungsGes vornimmt, beeinträchtigen würde. Gleiches gilt für die Mitglieder des mit der Verwaltung, Leitung oder Aufsicht dieser PrüfungsGes beauftragten Organs, die selbst nicht als AP zugelassen sind.

Im Mai 2002 hat die Europäische Kommission unter Berücksichtigung dieser Vorschriften eine „Empfehlung zur Unabhängigkeit des AP in der EU – Grundprinzipien" veröffentlicht. Hiermit sollte eine Grundlage für die Harmonisierung von Unabhängigkeitsvorschriften in den EU-Mitgliedstaaten geschaffen werden. Nach den in der Empfehlung dargestellten Grundprinzipien darf ein AP eine gesetzlich vorgeschriebene APr nicht durchführen, wenn zwischen ihm und dem Mandanten eine finanzielle, geschäftliche oder sonstige Beziehung besteht, die einen sachverständigen und informierten Dritten veranlassen würde, die Unabhängigkeit des AP in Frage zu stellen. In der Empfehlung werden folgende Faktoren genannt, welche die Unabhängigkeit des AP beeinträchtigen können:

- Eigeninteresse des AP,
- Interessenvertretung des Mandanten durch den AP,
- Interessenkonflikte,
- besondere Vertrautheit zwischen AP und Mandant sowie
- Einschüchterung des AP durch den Mandanten.

Liegen solche Faktoren vor, hat der AP Maßnahmen zu ergreifen, die geeignet sind, eine Besorgnis der Befangenheit zu vermeiden oder auf ein akzeptables Maß zu reduzieren („safeguards"). Zu den möglichen Maßnahmen zählen ua eine enge Zusammenarbeit mit dem Aufsichtsorgan des Mandanten und besondere Qualitätssicherungsmaßnahmen in der Praxis des AP. Die Empfehlung enthält neben den Grundprinzipien zur Unabhängigkeit auch eine Sammlung von Beispielen für mögliche Unabhängigkeitsgefährdungen und für Maßnahmen, die in den genannten Fällen vom AP ergriffen werden können.

Der **deutsche Gesetzgeber** hat die EU-Empfehlung mit dem **BilReG** in 2
allen wesentlichen Aspekten umgesetzt. Die Unabhängigkeit gefährdende Faktoren sind Eigeninteressen des Prüfers, Selbstprüfung, Interessenvertretung, besondere Vertrautheit durch nahe Beziehungen zur UntLeitung sowie besondere Einflussnahmen des zu prüfenden Unt. Dabei wurde zwischen Unabhängigkeitsanforderungen, die bei allen Pflichtprüfungen gelten (§ 319) und solchen, die nur bei der Prüfung von Unt von öffentlichem Interesse zu beachten sind (§ 319a), unterschieden. Begründet wird dies mit dem erhöhten Schutzbedarf der Abschlussadressaten bei Unt von öffentlichem Interesse.

In § 319 Abs 2 wurde der zentrale **Unabhängigkeitsgrundsatz** aufgenom- 3
men, nach dem ein(e) WP/WPG/vBP/BPG nicht AP sein darf, wenn Gründe vorliegen, nach denen **Besorgnis der Befangenheit** besteht. Bei diesen Gründen kann es sich insbesondere um Beziehungen geschäftlicher, finanzieller und persönlicher Art handeln. Abs 3 und – bei Pflichtprüfungen von Unt von öffentlichem Interesse – § 319a konkretisieren die Generalklausel des Abs 2, indem einzelne besonders wesentliche Tatbestände festgelegt werden, bei deren Verwirklichung die unwiderlegbare Vermutung besteht, dass eine Besorgnis der Befangenheit vorliegt. Neben diesen Tatbeständen sind aber auch andere Konstellationen denkbar, die Anlass für eine Besorgnis der Befangenheit geben können. Dies ist unter Abwägung des jeweiligen Einzelfalls nach dem Gesamtbild der Verhältnisse zu entscheiden, wobei die Maßnahmen des/der WP/WPG/

vBP/BPG zur Minderung oder Beseitigung der Besorgnis der Befangenheit zu berücksichtigen sind.

4 Entscheidend bei der Beurteilung, ob eine Besorgnis der Befangenheit vorliegt, ist nicht, ob tatsächlich Befangenheit gegeben ist oder der Prüfer sich selbst für befangen hält, sondern ob aus Sicht eines vernünftigen und verständigen Dritten objektive Tatbestände vorliegen, welche die Besorgnis der Befangenheit begründen.

5 In der *Begr RegE BilReG* wird darauf hingewiesen, dass mit der neuen Vorschrift deutlich gemacht werden soll, dass der AR vor Erteilung des Auftrags nicht nur zu prüfen hat, ob konkrete Ausschlussgründe nach § 319 Abs 3 bzw § 319a vorliegen. Vielmehr muss er auch klären, ob sonstige Gründe vorliegen, welche die Unabhängigkeit des AP nach Abs 2 gefährden können. In diesem Zusammenhang bietet sich ein Gespräch mit dem vorgesehenen Prüfer an. Ziffer 7.2.1 des Deutschen Corporate Governance Kodex sieht vor, dass der AR bzw der Prüfungsausschuss vor Erteilung des Prüfungsauftrags eine **Unabhängigkeitserklärung** vom vorgesehenen AP einholt. Zudem soll mit dem AP vereinbart werden, dass er den Vorsitzenden des AR bzw. des Prüfungsausschusses über während der Prüfung auftretende mögliche Befangenheitsgründe unterrichtet. In die Erklärung nach Ziffer 7.2.1 sollen auch Angaben über den Umfang sonstiger Leistungen insbesondere aus dem Beratungssektor aufgenommen werden, die der AP im vorausgegangenen Gj für das Unt erbracht hat bzw. für das zu prüfende Gj vertraglich vereinbart sind. Diese Angaben sollen dem AR bzw. dem Prüfungsausschuss als eine Grundlage für die Entscheidung darüber dienen, ob solche Tätigkeiten aufgrund ihrer Art oder ihres Umfangs eine Besorgnis der Befangenheit begründen.

6 §§ 319, 319a sind bei allen gesetzlichen APr zu beachten. Sofern bei freiwilligen APr die Anwendung von §§ 319, 319a nicht ausdrücklich vereinbart wird, sind WP berufsrechtlich verpflichtet, einen Auftrag abzulehnen, wenn die Besorgnis der Befangenheit besteht (§ 49 2. Alt WPO).

Mit der Änderung des § 319 und der Ergänzung der Vorschriften zur Unabhängigkeit um § 319a durch das *BilReG* soll die bislang bestehende Rechtsunsicherheit bzgl des Verhältnisses zwischen § 319 HGB und § 49 2. Alt WPO beseitigt werden *(Begr RegE BilReG)*. Es sind daher nunmehr parallele Auslegungen der Besorgnis der Befangenheit im Berufsrecht (WPO) und bei der Frage der Auswahl des AP (HGB) geboten.

7 Bei der Prüfung von JA/KA, bei der aufgrund vertraglicher Vereinbarung (auch) die von der International Federation of Accountants (IFAC) herausgegebenen **International Standards on Auditing** (ISA) beachtet werden sollen, ist neben den deutschen Prüfungsvorschriften zur Unabhängigkeit auch der IFAC Code of Ethics zu beachten. Der Code of Ethics enthält ua ausführliche Anforderungen an die Unabhängigkeit des AP. Diese Anforderungen entsprechen in allen wesentlichen Aspekten den Empfehlungen der EU-Kommission aus Mai 2002 zur Unabhängigkeit des AP.

8 Für die Anwendung der §§ 319f idF *BilReG* gelten nach Art 58 Abs 4 EGHGB die folgenden Übergangsvorschriften:

EGHGB	Regelungsbereich	HGB
Art 58 Abs 4 S 2	**Letztmalige** Anwendung des § 319 idF vor Verkündung des *BilReG*	Die Fassung des § 319 vor Verkündung des *BilReG* ist letztmals auf alle gesetzlich vorgeschriebene JAP für das vor dem 1. 1. 2005 beginnende Gj anzuwenden

EGHGB	Regelungsbereich	HGB
Art 58 Abs 4 S 3	Bescheinigung über die **Teilnahme an der Qualitätskontrolle nach § 57a WPO** bzw. Ausnahmegenehmigung zur Teilnahme am Verfahren der Qualitätskontrolle	§ 319 Abs 1 S 3 idF *BilReG* ist auf alle gesetzlich vorgeschriebenen APr mit Ausnahme der Prüfung einer AG, die Aktien mit amtlicher Notierung herausgegeben hat, erstmals für das nach dem 31. 12. 2005 beginnende Gj anzuwenden
Art 58 Abs 4 S 4	– **Umsatzabhängigkeit** – **Interne Rotation**	§ 319a Abs 1 S 1 Nr 1, 4 und S 4 idF *BilReG* sind erstmals auf APr für das nach dem 31. 12. 2006 beginnende Gj anzuwenden. Auf APr für vor dem 31. 12. 2006 beginnende Gj findet § 319 Abs 3 Nr 6 aF Anwendung
Art 58 Abs 4 S 6	(1) Sofern die Tätigkeiten nicht von untergeordneter Bedeutung sind (§ 319): – Mitwirkung bei der **Führung der Bücher oder der Aufstellung des zu prüfenden JA** – Mitwirkung bei der Durchführung der **internen Revision** in verantwortlicher Position – Erbringung von **Unternehmensleitungs- und Finanzdienstleistungen** – Erbringung **eigenständiger versicherungsmathematischer oder Bewertungsleistungen,** die sich auf den zu prüfenden JA nicht nur unwesentlich auswirken (2) Erbringung von **Rechts- und Steuerberatungsleistungen,** die über das Aufzeigen von Gestaltungsalternativen hinausgehen und die sich auf die Darstellung der VFE-Lage in dem zu prüfenden JA unmittelbar und nicht nur unwesentlich auswirken, sofern sie über die Prüfungstätigkeit hinausgehen (§ 319a)	§§ 319 Abs 3 S 1 Nr 3 und 319a Abs 1 S 1 Nr 2 idF *BilReG* sind auf APr für vor dem 1. 1. 2006 beginnende Gj nicht anzuwenden, wenn der Auftrag zur Erbringung der dort genannten Leistungen vor dem 29. 10. 2004 erteilt worden ist und die Tätigkeit nach der bis zur Verkündung des *BilReG* geltenden Fassung des HGB zulässig war
Art 58 Abs 4 S 1	**Alle übrigen Vorschriften** der §§ 319f idF *BilReG*	§§ 319f idF *BilReG* sind erstmals für das nach dem 31. 12. 2004 beginnende Gj anzuwenden

Abb: Übergangsvorschriften zu §§ 319f idF *BilReG*

§ 319 Abs 2 und 3 sowie § 319a Abs 1 sind auf die gesetzlichen Vertreter **genossenschaftlicher Prüfungsverbände** und auf alle vom Prüfungsverband 9 beschäftigten Personen, die das Ergebnis der Prüfung beeinflussen können, entspr anzuwenden. § 319 Abs. 3 S 1 Nr 2 ist auf Mitglieder des Aufsichtsorgans von Prüfungsverbänden nicht anzuwenden, wenn sichergestellt ist, dass der AP die Prüfung unabhängig von den Weisungen durch das Aufsichtsorgan durchführen kann (Art 25 Abs 1 S 3 EGHGB). Zur Anwendung der §§ 319f idF *BilReG* auf die Prüfung von Genossenschaften s auch Vor § 339 Anm 32.

§ 319 Auswahl der Abschlussprüfer und Ausschlussgründe

(1) [1] **Abschlussprüfer können Wirtschaftsprüfer und Wirtschaftsprüfungsgesellschaften sein. [2] Abschlussprüfer von Jahresabschlüssen und Lageberichten mittelgroßer Gesellschaften mit beschränkter Haftung (§ 267 Abs. 2) oder von mittelgroßen Personenhandelsgesellschaften im Sinne des § 264 a Abs. 1 können auch vereidigte Buchprüfer und Buchprüfungsgesellschaften sein. [3] Die Abschlussprüfer nach den Sätzen 1 und 2 müssen über eine wirksame Bescheinigung über die Teilnahme an der Qualitätskontrolle nach § 57 a der Wirtschaftsprüferordnung verfügen, es sei denn, die Wirtschaftsprüferkammer hat eine Ausnahmegenehmigung erteilt.**

(2) **Ein Wirtschaftsprüfer oder vereidigter Buchprüfer ist als Abschlussprüfer ausgeschlossen, wenn Gründe, insbesondere Beziehungen geschäftlicher, finanzieller oder persönlicher Art, vorliegen, nach denen die Besorgnis der Befangenheit besteht.**

(3) [1] **Ein Wirtschaftsprüfer oder vereidigter Buchprüfer ist insbesondere von der Abschlussprüfung ausgeschlossen, wenn er oder eine Person, mit der er seinen Beruf gemeinsam ausübt,**

1. **Anteile oder andere nicht nur unwesentliche finanzielle Interessen an der zu prüfenden Kapitalgesellschaft oder eine Beteiligung an einem Unternehmen besitzt, das mit der zu prüfenden Kapitalgesellschaft verbunden ist oder von dieser mehr als zwanzig vom Hundert der Anteile besitzt;**
2. **gesetzlicher Vertreter, Mitglied des Aufsichtsrats oder Arbeitnehmer der zu prüfenden Kapitalgesellschaft oder eines Unternehmens ist, das mit der zu prüfenden Kapitalgesellschaft verbunden ist oder von dieser mehr als zwanzig vom Hundert der Anteile besitzt;**
3. **über die Prüfungstätigkeit hinaus bei der zu prüfenden oder für die zu prüfende Kapitalgesellschaft in dem zu prüfenden Geschäftsjahr oder bis zur Erteilung des Bestätigungsvermerks**
   a) **bei der Führung der Bücher oder der Aufstellung des zu prüfenden Jahresabschlusses mitgewirkt hat,**
   b) **bei der Durchführung der internen Revision in verantwortlicher Position mitgewirkt hat,**
   c) **Unternehmensleitungs- oder Finanzdienstleistungen erbracht hat oder**
   d) **eigenständige versicherungsmathematische oder Bewertungsleistungen erbracht hat, die sich auf den zu prüfenden Jahresabschluss nicht nur unwesentlich auswirken,**

   sofern diese Tätigkeiten nicht von untergeordneter Bedeutung sind; dies gilt auch, wenn eine dieser Tätigkeiten von einem Unternehmen für die zu prüfende Kapitalgesellschaft ausgeübt wird, bei dem der Wirtschaftsprüfer oder vereidigte Buchprüfer gesetzlicher Vertreter, Arbeitnehmer, Mitglied des Aufsichtsrats oder Gesellschafter, der mehr als zwanzig vom Hundert der den Gesellschaftern zustehenden Stimmrechte besitzt, ist;
4. **bei der Prüfung eine Person beschäftigt, die nach den Nummern 1 bis 3 nicht Abschlussprüfer sein darf;**
5. **in den letzten fünf Jahren jeweils mehr als dreißig vom Hundert der Gesamteinnahmen aus seiner beruflichen Tätigkeit von der zu prüfenden Kapitalge-**

sellschaft und von Unternehmen, an denen die zu prüfende Kapitalgesellschaft mehr als zwanzig vom Hundert der Anteile besitzt, bezogen hat und dies auch im laufenden Geschäftsjahr zu erwarten ist; zur Vermeidung von Härtefällen kann die Wirtschaftsprüferkammer befristete Ausnahmegenehmigungen erteilen.

[2] **Dies gilt auch, wenn der Ehegatte oder der Lebenspartner einen Ausschlussgrund nach Satz 1 Nr. 1, 2 oder 3 erfüllt.**

(4) [1] **Wirtschaftsprüfungsgesellschaften und Buchprüfungsgesellschaften sind von der Abschlussprüfung ausgeschlossen, wenn sie selbst, einer ihrer gesetzlichen Vertreter, ein Gesellschafter, der mehr als zwanzig vom Hundert der den Gesellschaftern zustehenden Stimmrechte besitzt, ein verbundenes Unternehmen, ein bei der Prüfung in verantwortlicher Position beschäftigter Gesellschafter oder eine andere von ihr beschäftigte Person, die das Ergebnis der Prüfung beeinflussen kann, nach Absatz 2 oder Absatz 3 ausgeschlossen sind.** [2] **Satz 1 gilt auch, wenn ein Mitglied des Aufsichtsrats nach Absatz 3 Satz 1 Nr. 2 ausgeschlossen ist oder wenn mehrere Gesellschafter, die zusammen mehr als zwanzig vom Hundert der den Gesellschaftern zustehenden Stimmrechte besitzen, jeweils einzeln oder zusammen nach Absatz 2 oder Absatz 3 ausgeschlossen sind.**

(5) **Absatz 1 Satz 3 sowie die Absätze 2 bis 4 sind auf den Abschlussprüfer des Konzernabschlusses entsprechend anzuwenden.**

Übersicht

Schrifttum: *Baetge/Brötzmann,* Neue Regelungen des Regierungsentwurfs zum Bilanzrechtsreformgesetz zur Stärkung der Unabhängigkeit des Abschlussprüfers, Der Konzern 2004, 724ff; *Budde* Rechenschaftslegung im Spannungsfeld des Grundgesetzes in FS Moxter, 33f; *Budde/Steuber* Rechnungslegung nach HGB und der verfassungsrechtliche Grundsatz der Gleichbehandlung in FS Baetge, 3f; *Gelhausen,* Stärkung der Unabhängigkeit des Abschlussprüfers durch das Bilanzrechtsreformgesetz, in: Freidank (Hrsg.), Reform der Rechnungslegung und Corporate Governance in Deutschland und Europa, 162ff; *Gelhausen/Heinz,* Der befangene Abschlussprüfer – Eine aktuelle Bestandsaufnahme auf der Grundlage des Bilanzrechtsreformgesetzes WPG 2005, 693ff; *Gelhausen/Kuss* Vereinbarkeit von Abschlussprüfung und Beratungsleistungen durch den Abschlussprüfer NZG 9/2003, 424ff; *Lutter* Der doppelte Wirtschaftsprüfer in FS Semler, 835f; *Hommelhoff* Praktische Erfahrungen mit dem Abhängigkeitsbericht ZHR 1992, 295; *Hommelhoff* Thesen der Gutachter Teil 2, 27 (59. Deutscher Juristentag, Hannover 1992); *Hommelhoff* Zur Mitwirkung des AP nach § 319 Abs 2 Nr 5 HGB Gedächtnisschrift Knobbe-Keuk 1997, 471f; *Hommelhoff* Abschlussprüfung und Abschlussberatung (Besprechung BGH vom 21. 4. 97) ZGR 1997, 550; *Moxter* Zur Abgrenzung von unzulässiger Mitwirkung und gebotener Einwirkung des AP bei der Abschlussprüfung (krit Würdigung zu OLG Karlsruhe vom 23. 11. 95) BB 1996, 683f; *Pfitzer/Orth/Hettich,* Stärkung der Unabhängigkeit des Abschlussprüfers? DStR 2004 328ff; *Polt/Winter,* Der Honoraranspruch des Abschlussprüfers – zugleich Besprechung des Urteils des BGH vom 3. 6. 2004 WPg 2004, 1127ff; *Schmidt,* Neue Anforderungen an die Unabhängigkeit des Abschlussprüfers: SEC-Verordnung im Vergleich mit den Empfehlungen der EU-Kommission und den Plänen der Bundesregierung BB 2003, 779ff; *Schulze-Osterloh* Anm zu OLG Karlsruhe vom 23. 11. 95 (Vorinstanz zu BGH vom 21. 4. 97) EWiR 1996, 129f; *Adler/Düring/Schmaltz,* Rechnungslegung und Prüfung der Unternehmen, 6. Auflage, Stuttgart ab 1995, § 319; *Berufssatzung WP/vBP:* Satzung der Wirtschaftsprüferkammer über die Rechte und Pflichten bei der Ausübung der Berufe des Wirtschaftsprüfers und des vereidigten Buchprüfers, Hrsg WPK, Düsseldorf 2005; *Empfehlung der Kommission vom 16. Mai 2003,* Unabhängigkeit des Abschlussprüfers in der EU – Grundprinzipien, 2002/590/EG; *SEC,* Final Rule: Strengthening the Commissions Requirements Regarding Auditor Independence, http://www.sec.gov/rules/final/33–8183.htm.

A. Allgemeines

1 Abs 1 bestimmt, wer AP sein darf, nämlich nur WP oder WPG sowie für bestimmte Unt auch vBP oder BPG. Diese müssen über eine Bescheinigung über die Teilnahme an der Qualitätskontrolle nach § 57a WPO oder eine Ausnahmegenehmigung der WPK verfügen. Liegen diese Voraussetzungen nicht vor, ist der Wahlbeschluss (§ 241 Nr 3 AktG) ggf nichtig. Nach § 256 Abs 1 Nr 3 AktG ist ein JA nichtig, wenn eine bestellte Person nicht AP sein darf (s Anm 92ff).

2 In Abs 2 und 3 S 1 sind die **Ausschlusstatbestände** festgelegt, die dazu führen, dass WP/vBP wegen Inhabilität (Unvereinbarkeit) nicht AP sein dürfen. Abs 2 enthält den allgemeinen Grundsatz, dass ein AP ausgeschlossen ist, wenn die Besorgnis der Befangenheit besteht. Dieser Grundsatz war bereits bisher in § 49 2. Alt WPO und in § 318 Abs 3 aF verankert. Die Vermeidung der Besorgnis der Befangenheit war damit eine berufsrechtliche Pflicht, bei deren Missachtung das Ersetzungsverfahren nach § 318 Abs 3 aF eröffnet war. Unklar war, ob eine Besorgnis der Befangenheit zum Ausschluss als AP führen musste. Der *BGH* hat in seinem U vom 3. 6. 2004 hierzu ausgeführt, dass sich § 49 WPO als Verhaltensregel an den WP richtet und keine unmittelbare Auswirkung auf den Abschluss des Prüfungsvertrags hat. Zu einer Nichtigkeit des Prüfungsvertrags gem 134 BGB führen nach dem Urteil des BGH nur die in § 319 Abs 2 aF festgelegten besonders bedeutenden Befangenheitsgründe. Die Frage des Verhältnisses zwischen den berufsrechtlichen Vorschriften und den Vorschriften zur Auswahl des AP ist nunmehr durch die Verankerung des Grundsatzes der Besorgnis der Befangebheit in § 319 Abs 2 idF des *BilReG* geklärt.

Abs 3 S 1 konkretisiert den allgemeinen **Unabhängigkeitsgrundsatz,** indem einzelne nicht mit der Unabhängigkeit des AP zu vereinbarende Sachverhalte aufgeführt werden. Bei Vorliegen eines der in Abs 3 S 1 aufgeführten Sachverhalte besteht die unwiderlegbare Vermutung, dass ein WP, der tatbestandsmäßig handelt, als AP ausgeschlossen ist. Bei Sachverhalten, die nicht in der Liste des Abs 3 enthalten sind, aber gleichwohl von § 319 Abs 2 erfasst werden, ist nach den konkreten Umständen des Einzelfalls zu entscheiden, ob eine Besorgnis der Befangenheit vorliegt. Abs 4 überträgt die Ausschlusstatbestände der Abs 2 und 3 S 1 auf WPG und BPG. Abs 5 regelt die entspr Anwendung der Abs 2 bis 4 auf die KA-Prüfung.

Die WP/WPG/vBP/BPG haben vor Annahme eines jeden Mandats zur Durchführung einer APr zu prüfen, ob ein gesetzlicher Ausschlusstatbestand vorliegt. Das *LG Köln* (13. 9. 1991 DB 1992, 265) bestätigt eine *bis zur Beendigung der Prüfung* andauernde Verpflichtung des AP, sich zu vergewissern, dass er ordnungsgemäß bestellt ist (so auch § 21 Abs 5 Berufssatzung). 3

Nach dem **Deutschen Cor Gov Kodex** idF vom 21. 5. 2003 soll der AR bzw der Prüfungsausschuss vor Unterbreitung des Wahlvorschlags eine Erklärung des vorgesehenen Prüfers einholen, ob und ggf welche beruflichen, finanziellen oder sonstigen Beziehungen zwischen dem Prüfer und seinen Organen und Prüfungsleitern einerseits und dem Unt und seinen Organmitgliedern andererseits bestehen, die Zweifel an seiner Unabhängigkeit begründen können. Der AR soll mit dem AP vereinbaren, dass der Vorsitzende des AR bzw des Prüfungsausschusses über während der Prüfung auftretende mögliche Ausschluss- oder Befangenheitsgründe unverzüglich unterrichtet wird, soweit diese nicht unverzüglich beseitigt werden. 4

§ 319 ist **zwingendes Recht.** Die Satzung bzw der GesVertrag kann *keine* ausgeschlossenen Personen als AP zulassen. Über das HGB hinausgehende ges Bestimmungen hinsichtlich des AP sind jedoch soweit zulässig, als sie mit dem Prüfungszweck im Einklang stehen und das Wahlrecht nicht wesentlich einengen (dazu § 318 Anm 13). Gesetzliche Sonderregelungen zur Auswahl des AP enthalten zB §§ 340k, 341k. 5

B. Voraussetzungen für die Auswahl als Abschlussprüfer (Abs 1)

I. Personenkreis der Abschlussprüfer (Abs 1 S 1 und 2)

Abs 1 lässt als AP generell nur WP und WPG zu sowie für die Prüfung mittelgroßer GmbH (§ 267 Abs 2) und mittelgroßer KapCoGes (§ 264a) auch vBP und BPG. 8

WP werden öffentlich bestellt (§ 1 Abs 1 WPO). WPG unterliegen einem Anerkennungsverfahren (§ 1 Abs 3 WPO).

Wirtschaftsprüfungsgesellschaften können in der Rechtsform der AG, KGaA, GmbH, OHG, KG oder als PartGes anerkannt werden (§ 27 WPO). Voraussetzung dafür ist, dass die Mitglieder des Vorstands, die Geschäftsführer, die phG oder die Partner mehrheitlich WP sind. Neben WP dürfen als Organmitglieder vBP, StB und RA bestellt werden. Mit besonderer Genehmigung dürfen auch andere Fachleute und in einem ausländischen Staat bestellte Prüfer in die Geschäftsführung usw aufgenommen werden (zu Einzelheiten § 28 WPO). 9

10 Die Bestellung zum WP, die Anerkennung als WPG, die Bestellung zum vBP oder die Anerkennung als BPG muss nicht nur zum Zeitpunkt der Wahl, sondern *bis* zur Erteilung des BVm bzw Auslieferung des Prüfungsberichts gegeben sein.

11 Eine **Sozietät** mehrerer WP oder vBP, die idR als BGB-Ges betrieben wird, darf nicht als AP gewählt werden, da eine BGB-Ges nicht als WPG anerkannt werden kann (§ 27 WPO).

12 Eine **Partnerschaftsgesellschaft** dagegen kann selbst als WPG anerkannt werden und ist dann als eigenes Rechtssubjekt wählbar (§§ 3 ff PartGG).

13 Nach Art 25 EGHGB darf als AP für Unt, die Ende 1989 als **gemeinnützige Wohnungsunternehmen** oder als **Organe der staatlichen Wohnungspolitik** anerkannt waren, auch der Prüfungsverband bestellt werden (dazu im Einzelnen Vor § 339 Anm 31 ff, 35 ff).

II. Teilnahme an der Qualitätskontrolle (Abs 1 S 3)

15 WP/WPG/vBP/BPG sind nach § 57a Abs 1 WPO verpflichtet, sich in einem Abstand von drei Jahren einer **Qualitätskontrolle** zu unterziehen, wenn sie gesetzlich vorgeschriebene APr durchführen. Die Qualitätskontrolle dient der Überwachung, ob das praxisinterne Qualitätssicherungssystem (§ 55b WPO) angemessen ist und die Regelungen des Qualitätssicherungssystems eingehalten werden. Die Qualitätskontrolle wird von bei der WPK registrierten Prüfern für Qualitätskontrolle durchgeführt, die in einem Qualitätskontrollbericht über die Durchführung und die Ergebnisse der Qualitätskontrolle zu berichten haben. In einer Erklärung, die Bestandteil des Qualitätskontrollberichts ist, stellt der Prüfer für Qualitätskontrolle fest, ob das in der Prüfungspraxis eingeführte Qualitätssicherungssystem im Einklang mit den gesetzlichen Vorschriften und der Berufssatzung steht und mit hinreichender Sicherheit eine ordnungsgemäße Abwicklung von Prüfungsaufträgen nach § 2 Abs 1 WPO, bei denen das Berufssiegel verwendet wird, gewährleistet. Die WPK erteilt nach Vorlage des Qualitätskontrollberichts eine Teilnahmebescheinigung, sofern die Erklärung des Prüfers für Qualitätskontrolle nicht versagt und die Qualitätskontrolle unter Beachtung von § 57a Abs 3 S 1 und 5 WPO durchgeführt wurde.

16 Nach Abs 1 S 3 müssen AP über eine wirksame **Bescheinigung** über die Teilnahme an der Qualitätskontrolle nach § 57a WPO verfügen. Dies gilt nicht für den Fall, dass die WPK eine **Ausnahmegenehmigung** von der Pflicht zur Teilnahme an diesem Verfahren erteilt hat. Die Festlegung der Teilnahme am Verfahren der Qualitätskontrolle als Voraussetzung für die Tätigkeit als gesetzlicher AP in Abs 1 tritt neben die berufsrechtliche Pflicht aus § 57a WPO und stellt sicher, dass sich die betroffenen Berufsangehörigen diesem Verfahren tatsächlich unterziehen.

17 Eine wirksame Bescheinigung über die Teilnahme an der Qualitätskontrolle oder eine Ausnahmegenehmigung der WPK muss spätestens zum Zeitpunkt der Wahl des AP vorliegen. Liegt zum Zeitpunkt der Wahl eine Teilnahmebescheinigung bzw eine Ausnahmegenehmigung nicht vor, dürfte ein Wahlbeschluss unter der Bedingung, dass eine Teilnahmebescheinigung bzw eine Ausnahmegenehmigung bis zum Beginn der Prüfungshandlungen vorliegt, zulässig sein. Wird die Teilnahmebescheinigung vor Beendigung der APr nach § 57e Abs 2 S 3 oder Abs 3 S 2 WPO widerrufen, liegt ein wichtiger Grund nach § 318 Abs 6 für die Kündigung des Prüfungsauftrags vor.

C. Ausschlussgründe (Abs 2 und 3)

I. Allgemeiner Grundsatz: Besorgnis der Befangenheit (Abs 2)

Nach Abs 2 ist ein WP/vBP als AP ausgeschlossen, wenn Gründe, insb Beziehungen geschäftlicher, finanzieller oder persönlicher Art, vorliegen, nach denen die Besorgnis der Befangenheit besteht. Hierbei handelt es sich um den allgemeinen Grundsatz der Unabhängigkeit des AP. Diese gesetzliche Formulierung umschreibt die Lebenssachverhalte, aus denen sich die Besorgnis der Befangenheit ergeben kann, nicht jedoch den Wirkungsmechanismus, durch den die Freiheit der Urteilsbildung beeinträchtigt werden kann. 20

Folgende **Faktoren** sind bei der Beurteilung, ob **Besorgnis der Befangenheit** vorliegt, relevant (*Begr RegE BilReG* § 319 Abs 2):
- Wirtschaftliches oder sonstiges Eigeninteresse des AP von nicht nur untergeordneter Bedeutung am Ergebnis der Prüfung,
- Darstellungen im Abschluss, an deren Gestaltung der AP mitgewirkt hat (Selbstprüfung),
- Vertretung der Interessen für oder gegen das zu prüfende Unt durch den AP,
- übermäßiges Vertrauen bzw Vertrautheit des AP durch nahe Beziehungen zur UntLeitung sowie
- besondere Einflussnahmen durch das zu prüfende Unt.

Dies sind auch die Faktoren, die den Katalogtatbeständen in Abs 3 und § 319a zugrunde liegen.

Ob eine **Besorgnis der Befangenheit im Einzelfall** besteht, bestimmt sich nach der Sicht eines vernünftigen und sachverständigen Dritten und nach Art und Umfang objektiver Gründe, die bei dem Dritten Zweifel an der Unvoreingenommenheit des AP wecken können (s *Begr RegE BilReG* § 319 Abs 2). Es kann sich dabei nur um Sachverhalte handeln, die nicht im Katalog der einzelnen Ausschlussgründe nach Abs 3 und § 319a enthalten sind. Bei Vorliegen eines solchen Ausschlussgrunds besteht die unwiderlegbare Vermutung, dass Besorgnis der Befangenheit vorliegt. Der Anwendungsbereich des Abs 2 setzt sich damit aus Sachverhalten zusammen, die entweder nicht in Abs 3 und § 319a genannt sind oder die zwar vom Grunde her erfasst sind, bei denen aber aufgrund des Nichterreichens von in diesen Vorschriften festgelegten quantitativen Grenzen (zB iZm den Vorschriften zur Umsatzabhängigkeit oder zur internen Rotation) eine unwiderlegbare Vermutung, dass die Besorgnis der Befangenheit besteht, nicht gegeben ist. Da der Gesetzgeber diese quantitativen Merkmale aber wohlüberlegt gewählt hat, müssen weitere Gefährdungen der Unabhängigkeit hinzukommen, um ggf zusammen mit dem Ausgangssachverhalt eine Besorgnis der Befangenheit zu begründen (*Gelhausen,* Stärkung der Unabhängigkeit des AP durch das BilReG, 170). In § 22a Abs 3 Berufssatzung wird hierzu angeführt, dass in Fällen, in denen die Tatbestandsmerkmale der §§ 319 Abs 3, 319a nicht vollständig erfüllt sind, Besorgnis der Befangenheit nur dann bestehen kann, wenn zusätzliche Umstände (zB eine besondere wirtschaftliche Bedeutung des betreffenden Sachverhalts) eine nicht unbedenkliche Gefährdung der Unbefangenheit begründen. 21

Nach § 21 Abs 2 S 4 Berufssatzung können sich Umstände, die eine Besorgnis der Befangenheit begründen, insbesondere aus Beziehungen geschäftlicher, finanzieller oder persönlicher Art ergeben. In § 21 Abs 2 S 2 werden als Umstände in diesem Sinne Eigeninteressen, Selbstprüfung, Interessenvertretung und persönliche Vertrautheit hervorgehoben. Es wird klargestellt, dass nur dann, 22 wenn die Umstände selbst für die Urteilsbildung offensichtlich wesentlich oder auch unter Berücksichtigung von Schutzmaßnahmen insgesamt bedeutend sind, eine Beeinträchtigung der Unbefangenheit gegeben sein kann. In den Erläuterungstexten zur Berufssatzung wird darauf hingewiesen, dass der in der EU-Empfehlung erwähnte Befangenheitsgrund der „Einschüchterung" berufsrechtlich nicht ausdrücklich geregelt werden muss, da die Absicherung vor Einschüchterungsversuchen auftragsrechtlich durch § 318 Abs 1 S 5 und fachlich durch § 324 erfolgt. Hierdurch ist der Befangenheitsgrund also handelsrechtlich neutralisiert.

23 In § 23 Berufssatzung werden Tatbestände genannt, bei denen **Eigeninteressen** finanzieller (Abs 1) und sonstiger Art (Abs 2) vorliegen können:

Eigeninteressen nach § 23	Tatbestand	Hinweise
Abs 1 Nr 1	Kapitalmäßige oder sonstige finanzielle Bindungen	s Anm 34 ff
Abs 1 Nr 2	Übermäßige Umsatzabhängigkeit	s Anm 70 ff
Abs 1 Nr 3	Über den normalen Geschäfts- und Lieferverkehr mit Dritten hinausgehende Leistungsbeziehungen	Der Bezug von Gütern und Dienstleistungen vom geprüften Unt ist unschädlich, wenn diese wie zwischen fremden Dritten geschlossen werden; dies gilt auch für Rabatte, wenn sie auch Dritten gewährt werden. Den WP begünstigende ungewöhnliche Konditionen können dagegen schädlich sein.
Abs 1 Nr 4	Forderungen aus einem Kredit- oder Bürgschaftsverhältnis	Die *Gewährung von Krediten* an den Prüfungsmandanten kann eine Besorgnis der Befangenheit begründen, weil der AP in seinem Prüfungsurteil wegen der Befürchtung etwaiger negativer Konsequenzen auf die Solvenz des Schuldners beeinflusst sein könnte. Von Bedeutung sind hier vor allem die Geschäftstätigkeit des Mandanten, die Bedeutung des Betrags für die Vermögensverhältnisse des AP und bestehende Sicherheiten. Eine *Kreditaufnahme* ist nur dann schädlich, wenn der Gläubiger aufgrund besonderer Umstände (zB nicht festgelegter Konditionen) einen erheblichen wirtschaftlichen Druck auf den AP ausüben kann.
Abs 1 Nr 5	Erhebliche und über einen längeren Zeitraum offen stehende Honorarforderungen	Schädlich können nur solche lange offen stehenden Honorarforderungen sein, die für die Vermögensverhältnisse des AP bedeutend sind.
Abs 2 Nr 1	Pflichtverletzungen aus vorangegangenen Prüfungen bei bestehendem Verdeckungsrisiko	Die abstrakte Möglichkeit, dass der AP bei einer Vorjahresprüfung seine Pflichten verletzt hat, führt nicht zur Besorgnis der Befangenheit, weil es sich um ein nicht auszuschließendes allgemeines Risiko handelt. Wenn aber der AP einen in einer Vorjahresprüfung nicht erkannten wesentlichen Fehler in der Rechnungslegung nicht offenbart, besteht ein Verdeckungsrisiko bei der laufenden oder anstehenden APr, das – bei erheb-

Eigeninteressen nach § 23	Tatbestand	Hinweise
		lichem materiellen Gewicht – eine Besorgnis der Befangenheit begründen kann. Bei Fehlern, die dem Prüfer und dem geprüften Unt bekannt sind, besteht die Besorgnis der Befangenheit nicht, wenn sie im Folgeabschluss beseitigt werden.
Abs 2 Nr 2	Offene Rechtsstreitigkeiten über Regress- oder Gewährleistungsfragen aus früheren Aufträgen	Eine Besorgnis der Befangenheit kann im Falle offener Rechtstreitigkeiten begründet sein, wenn das zu prüfende Unt mit der Durchsetzung behaupteter Ansprüche für den Fall droht, dass der AP sich in kritischen Punkten nicht der Meinung des Unt anschließt. Es wird hier insb auf Art und Substantiierung der Vorwürfe sowie den Umfang möglicher Nachteile für den AP ankommen. Bei anhängigen Gerichtsverfahren muss auch berücksichtigt werden, dass auf die richterliche Entscheidung kein Einfluss ausgeübt werden kann; die Möglichkeiten Druck auszuüben sind in diesem Fall wesentlich vermindert.

§ 23a Berufssatzung konkretisiert das **Selbstprüfungsverbot.** Eine Selbstprüfung liegt nach § 23a Abs 1 Berufssatzung vor, wenn ein Sachverhalt zu beurteilen ist, an dessen Entstehung der Prüfer selbst unmittelbar beteiligt und diese Beteiligung nicht von untergeordneter Bedeutung war. In den Erläuterungstexten zur Berufssatzung wird als Grund für das Selbstprüfungsverbot angeführt, dass in Fällen, in denen der WP selbst unmittelbar an der Entstehung des Prüfungsgegenstandes mitgewirkt hat, die Gefahr besteht, dass bei der Prüfung Fehler nicht erkannt oder aber zur Vermeidung von Nachteilen nicht offenbart werden (fachliche Voreingenommenheit bzw Selbstschutz). Wenn es sich bei der früheren Tätigkeit um eine Prüfung gehandelt hat, kommt eine Besorgnis der Befangenheit im Allgemeinen nicht in Betracht (§ 23a Abs 2). Von einem generellen Verdeckungsrisiko bei Feststellung eines objektiven Fehlers im Rahmen einer Folgeprüfung kann nicht ausgegangen werden. 24

§ 23a Abs 3 bis 4 behandeln weitere Tatbestände, bei denen ein Verstoß gegen das Selbstprüfungsverbot vorliegen kann. Diese Tatbestände entsprechen im Wesentlichen den in § 319 Abs 3 Nr 3 genannten Ausschlussgründen (vgl Anm 46ff).

Zur **Interessenvertretung** wird in § 23b Abs 1 Berufssatzung festgestellt, dass die Unbefangenheit dann gefährdet sein kann, wenn der WP in anderer Angelegenheit beauftragt war, Interessen für oder gegen das zu prüfende Unt zu vertreten. Nach Abs 2 liegt eine *Interessenvertretung für das zu prüfende Unt* insbesondere vor, wenn der WP einseitig und nachhaltig für das zu prüfende Unt eintritt, für das Unt Werbung betreibt oder dessen Produkte vertreibt, weil dadurch persönliche Gewinn- und Honorarinteressen begründet werden und eine besonders enge berufliche Verflechtung mit dem Unt eingegangen wird. Als problematisch werden insb solche Fälle angesehen, in denen der WP als oder wie ein Generalbevollmächtigter des Unt auftritt. Steuerliche und rechtliche Vertretung sind dagegen unschädlich. Eine *Interessenvertretung gegen das Unt* liegt insb bei einseitiger und nachhaltiger Wahrnehmung von gegen das Unt gerichteten Interessen Dritter oder von Treuhandfunktionen im Auftrag von einzelnen Gestern oder Gester-Gruppen vor. Unschädlich sind dagegen treuhänderische Tätigkeiten für alle Gester oder die Übernahme ergänzender Kontrollaktivitäten 25 (zB Bucheinsicht nach § 166 HGB und § 51a GmbHG oder die Prüfung der Verwendung eingezahlter Gelder) im Auftrag einzelner Gester, sofern die anderen Gester ihre Zustimmung erteilt haben.

26 **Persönliche Vertrautheit** liegt nach § 24 Berufssatzung vor, wenn der WP enge persönliche Beziehungen zu dem zu prüfenden Unt, den Mitgliedern der UntLeitung oder Personen, die auf den Prüfungsgegenstand Einfluss haben, unterhält. Entscheidend ist nach den Erl zur Berufssatzung das Gesamtbild der Verhältnisse, die zu der Annahme einer übermäßigen Vertrautheit, durch welche die Urteilsbildung des AP beeinflusst wird, führen kann; nicht alle Fälle persönlicher Vertrautheit werden erfasst. Es kommt vor allem auf die Art der Beziehung (zB nahe Verwandtschaft, Freundschaft oder Bekanntschaft), die Dauer und die Intensität der Beziehung an. Bedeutsam ist auch die Funktion, die von dem Anderen im zu prüfenden Unt in Bezug auf die APr ausgeübt wird.

27 Die Berufssatzung weist in § 2 auf weitere Tatbestände hin, bei deren Vorliegen eine Besorgnis der Befangenheit zu prüfen ist:
- Vereinbarung von Erfolgshonoraren (§ 2 Abs 2 Nr 1 iVm § 55a Abs 1 WPO),
- Entgegennahme oder Zahlung von Vermittlungsprovisionen (§ 2 Abs 2 Nr 2 iVm § 55a Abs 2 WPO),
- Übernahme von Mandantenrisiken (§ 2 Abs 2 Nr 3) sowie
- Annahme von Versorgungszusagen des zu prüfenden Unt (§ 2 Abs 2 Nr 4).

28 Bei nicht von Abs 3 bzw § 319a erfassten Sachverhalten kann der vorgesehene AP Schutzmaßnahmen ergreifen, um der Besorgnis der Befangenheit entgegen zu wirken. Dies entspricht dem Konzept der „risks and safeguards", das den Empfehlungen der EU-Kommission zur Unabhängigkeit der AP aus dem Jahr 2002 zugrunde liegt. In Fällen der §§ 319 Abs 3 u 318a können Schutzmaßnahmen nicht berücksichtigt werden (§ 22a Abs 2 Berufssatzung). Solche Schutzmaßnahmen sind zu unterscheiden von Maßnahmen, die den Grund für die Besorgnis der Befangenheit beseitigen (Vermeidungsmaßnahmen). Vermeidungsmaßnahmen verhindern die Erfüllung der Tatbestandsvoraussetzungen für die Besorgnis der Befangenheit und können sowohl im Geltungsbereich von Abs 2 als auch für Abs 3 und § 319a zum Tragen kommen. In der Empfehlung der EU-Kommission werden die Vermeidungs- und Schutzmaßnahmen unter dem Begriff „safeguards" zusammen gefasst.

29 In § 22 Abs 1 Berufssatzung werden die folgenden Schutzmaßnahmen genannt:
- Erörterungen mit dem Aufsichtsgremium,
- Erörterungen mit Aufsichtsstellen außerhalb des Unt (zB BaFin oder Rechnungshöfe),
- Transparenzregelungen (zB Veröffentlichung von Honoraren),
- Einschaltung von Personen in den Prüfungsauftrag, die nicht schon anderweitig damit befasst waren,
- Beratung mit Kollegen, die in Fragen der Unbefangenheit erfahren sind sowie
- personelle und organisatorische Maßnahmen, durch die sichergestellt wird, dass Informationen aus der zusätzlichen Tätigkeit, die zu einer Befangenheit als AP führen können, den für die APr Verantwortlichen nicht zur Kenntnis gelangen (sogenannte „Firewalls").

In den Erl zur Berufssatzung wird ausgeführt, dass bei Einschaltung Dritter grds die Verschwiegenheitspflicht zu beachten ist. Eine ausdrückliche Entbindung von der Verschwiegenheitspflicht ist allerdings dann entbehrlich, wenn die Einschaltung des Dritten für die Durchführung des Auftrags erforderlich ist.

30 Die Wirkungsweise dieses Konzepts soll anhand der folgenden Beispiele verdeutlicht werden:

Tatbestand	Mögliche Begründung der Besorgnis der Befangenheit	Mögliche Vermeidungsmaßnahmen	Mögliche Schutzmaßnahmen
Mitglied des Prüfungsteams wechselt zum Mandanten und wird dort als Mitglied der Geschäftsführung eine bedeutende Funktion im Finanz- und Rechnungswesen übernehmen	Vertrautheit	Einhaltung einer angemessenen Cooling-off-Periode vor Übernahme der Funktion beim Abschlussprüfungsmandanten	Bestimmung eines Mitarbeiters des Mandanten, der für den Kontakt mit dem AP insbesondere bei schwierigen Fragen der Rechnungslegung zuständig ist; Nachschau der Prüfungsergebnisse des wechselnden Mitarbeiters; Besetzung des Prüfungsteams mit Personen ohne enge persönliche Beziehung zum wechselnden Mitarbeiter.
Mitarbeiter aus dem Rechnungswesen eines Abschlussprüfungsmandanten wechselt zum AP	Selbstprüfung, Vertrautheit	Einhaltung einer angemessenen Cooling-off-Periode, bevor der Mitarbeiter im betr Prüfungsteam eingesetzt wird	Einsatz des Mitarbeiters ausschließlich in Bereichen, für die er auf Seiten des Mandanten nicht zuständig war
Honorarforderungen des AP sind in für die Vermögensverhältnisse des AP bedeutender Höhe noch nicht beglichen (Darlehensgewährung)	Eigeninteresse		Durchführung einer auftragsbegleitenden Qualitätssicherung durch einen nicht an der Prüfung beteiligten WP; Erörterung des Sachverhalts mit dem AR-Vorsitzenden
Bezug von Waren und Dienstleistungen beim Abschlussprüfungsmandanten	Eigeninteresse	Sicherstellung, dass die Vertragsbedingungen denen entsprechen, die das Unt auch mit anderen Kunden vereinbart	
Ein naher Angehöriger des Prüfungsleiters wirkt an der Aufstellung des zu prüfenden Abschlusses mit (nicht Ehegatte oder Lebenspartner)	Selbstprüfung	Austausch des Prüfungsleiters gegen einen anderen qualifizierten Mitarbeiter	Stärkere Beteiligung eines anderen WP (zB des Mitunterzeichners) an Planung und Durchführung der APr
Vereinbarung eines Honorars, dessen Höhe vom Ergebnis der APr abhängt (Erfolgshonorar)	Eigeninteresse		Es steht keine Gegenmaßnahme zur Verfügung; die Vereinbarung eines Erfolgshonorars ist nach § 2 Berufssatzung ausgeschlossen

Bei einem Wechsel von Mitarbeitern des AP zum Mandanten kommt es im Hinblick auf die Frage einer möglichen Befangenheit nach den Erl zu § 21 Abs 4 Nr 4 Berufssatzung auf die bisherige Situation des Mitarbeiters (Mitglied des Prüfungsteams, Mitarbeiter in leitender Stellung, sonstiger Mitarbeiter), die Umstände, die zu dem Wechsel geführt haben, die Position, die der Betreffende beim zu prüfenden Unt bekleiden wird sowie auf die Zeit, die seit dem Wechsel vergangen ist, an.

31 Ob ein Sachverhalt nach Abs 2 die Besorgnis der Befangenheit begründet, entzieht sich einer typisierenden Betrachtungsweise. Diese Würdigung muss jeweils im Einzelfall unter Berücksichtigung von Art und Bedeutung des Sachverhalts, des dargestellten Bezugsrahmens, der getroffenen Vermeidungs- und Schutzmaßnahmen sowie der möglichen Auswirkungen des Sachverhalts auf die Sichtweise eines objektiven und verständigen Dritten erfolgen. Falls die Besorgnis der Befangenheit nicht durch Vermeidungs- oder Schutzmaßnahmen beseitigt oder in ausreichendem Maß gemindert werden kann, ist die Annahme bzw Fortführung des Prüfungsauftrags ausgeschlossen.

II. Einzelne Ausschlussgründe für alle Unternehmen (Abs 3)

1. Gemeinsame Berufsausübung (S 1)

32 Ein WP/vBP ist als AP ausgeschlossen, wenn er die Tatbestandsvoraussetzungen des Abs 3 erfüllt. Ein Ausschlussgrund gem Abs 3 liegt auch dann vor, wenn die Tatbestandsvoraussetzungen von einer Person erfüllt werden, mit der er seinen Beruf gemeinsam ausübt. Der Grund für diese **Sozietätsklausel,** die verhindern soll, dass die einzelnen Tatbestände des Abs 3 umgangen werden können, liegt in der Gleichrichtung der Interessen, die zwischen den in derselben Praxis freiberuflich oder im Angestelltenverhältnis tätigen WP und den bei den Prüfungen beschäftigten Personen für den Regelfall anzunehmen ist (*Begr RegE BiRiLiG-E,* 96).

Nach ihrem Zweck ist die Sozietätsklausel auch auf RA, Steuerberater oder andere Angehörige freier Berufe, mit denen der WP-Beruf gemeinsam ausgeübt wird, anzuwenden (*ADS*[6] § 319 Anm 60; *Baetge/Hense* in HdR[4] § 319 Anm 59), da zumindest bei vereinbartem Gewinn-Pooling eine Gleichrichtung der Interessen in wirtschaftlicher Hinsicht auch dann gegeben ist, wenn eine Sozietät mit einem Angehörigen eines anderen Berufs gebildet worden ist. Die Einbeziehung anderer Berufe hat zwar eine den Ausschluss erweiternde Wirkung; sie kann aber auch im Falle des Abs 3 Nr 5 entlastend wirken, weil es bei der Feststellung der Umsatzabhängigkeit auf den Gesamtumsatz der Sozietät ankommt. Eine gemeinsame Berufsausübung kommt auch mit einer juristischen Person in Betracht.

Als gemeinsame Berufsausübung ist nach dem Zweck der Vorschrift jede Zusammenarbeit zu verstehen, in der eine Gleichrichtung des wirtschaftlichen Interesses durch ganzes oder teilweises Pooling der Einnahmen und Ausgaben erfolgt (*ADS*[6] § 319 Anm 58; *Baetge/Hense* in HdR[4] § 319 Anm 57). Die gemeinsamen wirtschaftlichen Interessen sind jedoch nicht allein das entscheidende Kriterium, wesentlich ist auch ein gemeinsames Auftreten nach außen, zB als Sozietät (*ADS*[6] § 319 Anm 58; *Baetge/Hense* in HdR[4] § 319 Anm 61).

Auf reine **Bürogemeinschaften** (*Baetge/Hense* in HdR[4] § 319 Anm 61) ist die Sozietätsklausel nicht anwendbar, soweit keine gemeinsamen Prüfungs- und Beratungstätigkeiten ausgeübt werden. Lediglich die gemeinsame Nutzung der Büroräume und der Infrastruktur begründet mangels gemeinsamer wirtschaftlicher Interessen keinen Ausschlussgrund (vgl auch Erläuterungen zu § 22 Abs 4 Nr 2 Berufssatzung).

Auch im Falle der **Mitgliedschaft in einem internationalen Verbund** kann eine gemeinschaftliche Berufsausübung zB vorliegen, wenn die Gewinne oder die Risiken gepoolt werden (*Kölner Komm*[2] § 318 Anm 21). Eine bloße fachliche Zusammenarbeit ist allerdings nicht ausreichend. 33

2. Finanzielle Interessen (Abs 3 S 1 Nr 1)

AP darf nicht sein, wer Anteile oder andere nicht nur unwesentliche finanzielle Interessen an der zu prüfenden KapGes/KapCoGes oder eine Beteiligung an einem Unt besitzt, das mit der zu prüfenden KapGes/KapCoGes verbunden ist oder von dieser mehr als 20 vH der Anteile besitzt. 34

Als Anteilsbesitz gilt jede **Beteiligung am gezeichneten Kapital** der zu prüfenden KapGes. Dies gilt auch für Beteiligungen an KapCoGes. Auf die Höhe der Beteiligung kommt es dabei nicht an. Gester einer **Personenhandelsgesellschaft** sind die phG sowie die Kommanditisten. 35

Eine **stille Beteiligung** führt grds nicht zu Anteilsbesitz iSv Abs 3 S 1 Nr 1, da keine gesrechtliche Beteiligung vorliegt. Etwas anderes kann bei atypischen stillen Beteiligungen gelten, wenn der stille Gester Rechte hat, die denen eines Gesters einer KapGes entsprechen (*ADS*[6] § 319 Anm 74f).

Das **Halten von Gesellschafts-Anteilen** durch den AP als **Treuhänder** erfüllt den Ausschlusstatbestand, weil er die Interessen des Treugebers zu vertreten hat und dadurch sein Urteil beeinflusst werden könnte. Anders ist die Situation im Falle der Sicherungstreuhand, bei der die Funktionen des Treuhänders beschränkt sind. Ist der WP Treugeber, sind ihm die vom Treuhänder gehaltenen Anteile zuzurechnen (*ADS*[6] § 319 Anm 81f).

Mittelbare Beteiligungen am zu prüfenden Unt können nach Abs 3 S 1 Nr 1 ebenfalls zum Ausschluss führen. Dies gilt allerdings nur dann, wenn es sich um Beteiligungen an einem Unt handelt, das mit der zu prüfenden KapGes/KapCoGes verbunden ist oder von dieser mehr als 20 vH der Anteile besitzt. Der mittelbare Anteilsbesitz über Anteile an Wertpapier-Investmentfonds ist auch nach den Änderungen durch das *BilReG* kein gesetzlicher Ausschlussgrund (glA *ADS*[6] § 319 Anm 71; *Baetge/Hense* in HdR[4] § 319 Anm 79). Dies lässt sich damit begründen, dass die Inhaber solcher Anteile – soweit es sich um Publikumsges handelt – keine Einflussmöglichkeiten auf die Anlageentscheidungen des Fonds haben; zudem werden die finanziellen Interessen im Allgemeinen wegen der Zusammensetzung des Fondsvermögens nicht wesentlich sein.

Unter **anderen finanziellen Interessen** sind zB Schuldverschreibungen, Schuldscheine, Optionen oder sonstige Wertpapiere zu verstehen. Solche finanziellen Interessen können nur dann die unwiderlegbare Vermutung der Besorgnis der Befangenheit begründen, wenn sie nicht unwesentlich sind. Nach der Sichtweise eines verständigen und objektiven Dritten wird es bei der Beurteilung der Wesentlichkeit insb darauf ankommen, ob es sich bei den finanziellen Interessen um unbedingte Forderungsrechte handelt oder ob die Höhe der Forderung von den wirtschaftlichen Verhältnissen des zu prüfenden Unt abhängt. Nach diesem Kriterium dürften gesicherte Forderungen (zB Pfandbriefe und Kommunalobligationen) im Allgemeinen als unwesentlich einzustufen sein (*Gelhausen,* 177). Andere kapitalmäßige oder finanzielle Bindungen, wie zB Darlehen oder langfristige Mietverträge erfüllen im Allgemeinen den Ausschlusstatbestand nicht, wenn die Vereinbarungen denen unter fremden Dritten entsprechen. 36

3. Funktionen in der zu prüfenden Kapitalgesellschaft (Abs 3 S 1 Nr 2)

38 WP/vBP sind von der Prüfung ausgeschlossen, wenn sie gesetzliche Vertreter, Mitglied des AR oder Arbeitnehmer der zu prüfenden KapGes/KapCoGes sind. Übt der AP diese Funktionen bei einem mit dem Mandanten verbundenen Unt oder einer Ges aus, an der die zu prüfende Ges zu mehr als 20 vH beteiligt ist, wird der Ausschlussgrund ebenfalls verwirklicht. Ist der AP Liquidator, Insolvenzverwalter oä, gilt Abs 3 Nr 2 ebenfalls, weil er in dieser Funktion gesetzlicher Vertreter ist.

39 Gesetzliche **Vertreter** sind bei AG die Vorstandsmitglieder (§ 76 AktG), bei GmbH die Geschäftsführer (§ 35 GmbHG), bei KGaA die Komplementäre (§ 282 AktG) und bei Vereinen die Vorstandsmitglieder. Für KapCoGes gelten als gesetzliche Vertreter die Mitglieder des vertretungsberechtigten Organs der vertretungsberechtigten Ges (§ 264a Abs 2). Bei PersGes erfasst die Vorschrift die Stellung als persönlich haftender Gester.

40 Die Mitgliedschaft in einem gesetzlich vorgeschriebenen (§ 30 Abs 1, § 95f AktG) oder fakultativen **AR** schließt ebenfalls von der APr aus. AR iSd Abs 3 S 1 Nr 2 ist jedes unternehmenseigene Aufsichtsgremium, zB Beirat, Kuratorium, das unternehmensinterne Überwachungsfunktionen ausübt.

41 **Arbeitnehmer** sind alle Personen, die in einem festen Arbeitsverhältnis mit dem zu prüfenden Unt stehen (§ 611 BGB) und jeder Mitarbeiter in einem vergleichbaren Abhängigkeitsverhältnis (*Baetge/Hense* in HdR[4] § 319 Anm 91). Eine kurzfristige Hospitanten- oder Praktikantentätigkeit sowie freiberufliche Tätigkeit werden grds nicht erfasst.

42 § 319 Abs 2 Nr 2 HGB aF sah vor, dass die genannten Funktionen bei dem geprüften Unt vor Übernahme der Funktion des AP nicht nur zum Zeitpunkt der Bestellung als AP nicht wahrgenommen werden dürfen, sondern auch nicht in den letzten drei Jahren vor der Bestellung. Mit Inkrafttreten des *BilReG* ist diese **Dreijahresregelung** entfallen. Die Beurteilung, ob bei einer Arbeitnehmerstellung, die vor der Bestellung als AP entfallen ist, eine Besorgnis der Befangenheit besteht, ist nunmehr nach den in Abs 2 festgelegten Grundsätzen zu treffen. Entscheidende Kriterien für diese Beurteilung werden demnach die mögliche Vertrautheit mit der UntLeitung, das Eigeninteresse des AP und die Gefahr einer Selbstprüfung sein.

4. Ausübung bestimmter Tätigkeiten (Abs 3 S 1 Nr 3)

a) Allgemeines

46 Abs 3 S 1 Nr 3 stellt iw eine Konkretisierung des sogenannten **Selbstprüfungsverbots** dar. WP/vBP können danach als Prüfer einen Tatbestand nur beurteilen, wenn sie an dessen Zustandekommen über die Prüfungstätigkeit hinaus selbst nicht maßgeblich mitgewirkt haben. Daher darf der AP in dem zu prüfenden Gj und bis zur Erteilung des BVm nicht bei der Führung der Bücher oder der Aufstellung des JA sowie in verantwortlicher Position an der internen Revision mitwirken sowie keine Bewertungsleistungen erbringen, wenn diese sich auf den zu prüfenden JA nicht nur unwesentlich auswirken.

Dies gilt nach Abs 3 S 1 Nr 3 Hs 2 auch dann, wenn solche Tätigkeiten von einem Unt für die zu prüfende KapGes ausgeübt werden, auf das der WP/vBP einen maßgeblichen Einfluss hat (gesetzlicher Vertreter, Arbeitnehmer, Mitglied des AR oder Gester mit einem Stimmrechtsanteil von mehr als 20 vH). Durch diese Regelung soll eine Umgehung der Vorschriften verhindert werden. Nach dem Wortlaut der Vorschrift werden andere Formen eines maßgeblichen Einflusses (zB mittelbare Beteiligungen) nicht erfasst. Solche Gestaltungen können jedoch die Besorgnis der Befangenheit nach Abs 2 begründen.

Die unzulässige Mitwirkung an der Gestaltung des Prüfungsgegenstands ist von der zulässigen Beratung abzugrenzen. Der *BGH* hat sich im U vom 21. 4. 1997 (BGHZ 135, 244f) maßgebend zur **Abgrenzung zwischen erlaubter Beratung und unzulässiger Mitwirkung** bei gleichzeitiger JAP geäußert. Nach der BGH-Argumentation liegt bei einer eigenverantwortlichen (§§ 36, 41 GmbHG, §§ 76 Abs 1, 91 AktG) Entscheidung des Leitungsorgans eine unzulässige Mitwirkung, welche die Besorgnis der Befangenheit begründet, nicht vor. Ein Verstoß gegen das Selbstprüfungsverbot liegt demnach bei der Erbringung von Beratungs- und Bewertungsleistungen nur vor, wenn die Leistungen vom AP selbst erbracht und die erforderlichen Annahmen von ihm festgelegt werden. Eine Mitwirkung ist damit unzulässig, wenn der WP dem Unternehmer nicht nur Handlungsalternativen aufzeigt, sondern ganz oder teilweise eine unternehmerische Entscheidung selbst trifft und damit gegen seine funktionelle Zuständigkeit verstößt. Kann aus faktischen Gründen keine Handlungsalternative aufgezeigt werden, ist auch ein – alternativloser – Entscheidungsvorschlag zulässig. In dem U vom 25. 11. 2002 (II ZR 49/01) hat der *BGH* diese Rspr fortentwickelt. Eine Besorgnis der Befangenheit kann demnach auch vorliegen, wenn sich aus einer Beratungstätigkeit des AP für den Prüfungsmandanten Haftungsrisiken ergeben, die den AP dazu bewegen können, im Rahmen der APr bestimmte Sachverhalte nicht pflichtgemäß zu würdigen, um mögliche Beratungsfehler zu verschleiern. Die Besorgnis der Befangenheit kann in solchen Fällen beseitigt werden, indem der Sachverhalt rechtzeitig ggü dem Auftraggeber offengelegt wird (*Gelhausen/Kuss,* 425). 47

b) Buchführung und Aufstellung des Jahresabschlusses

Nach Buchst a) führt eine Mitwirkung bei der **Führung der Bücher oder der Aufstellung des zu prüfenden Jahresabschlusses** zu einem Ausschluss als AP. Danach ist die Beratung bei der Entwicklung von Sollobjekten und von theoretischen Hinweisen zum Aufbau der **Arbeits- und Ablauforganisation** (*Baetge/Hense* in HdR[4] § 319 Anm 112, 120; *Claussen* Anmerkungen zum Urteil des OLG Düsseldorf vom 16. 11. 1990 AG 1991, 321ff), wie zB die Beratung bei der Ausgestaltung von Erfassungs-, Bearbeitungs- und Überwachungssystemen, die Beratung bei der Entwicklung von Kontenplänen, auch von allgemeinen Inventur- und Bilanzierungsanweisungen weiterhin **zulässig.** Die Beratung darf sich auf **Organisationshilfen** richten, soweit diese nur konditional für die Buchung bestimmter Geschäftsvorfälle sind, zB die Zurverfügungstellung einer Beraternummer bei DATEV (*WPK-Magazin* 4/2004, 52), es sich aber nicht funktional um Mitwirkungshandlungen handelt. 49

Innerhalb der Prüfungstätigkeit muss auf **Fehler** bei der Erstellung des JA hingewiesen werden; der AP darf beraten oder alternative Korrekturmöglichkeiten nennen, Hinweise geben oder Vorschläge machen (*BGH* 30. 4. 1992 DB, 1466). Dies ist unschädlich, wenn nach dem Gesamtbild der Verhältnisse die Verarbeitung des Buchungsstoffes beim Unt verbleibt; in diesem Fall ist auch eine größere Anzahl von Korrekturhinweisen unbedenklich. In den Erl zu § 23a Abs 3 Berufssatzung wird dargelegt, dass eine Besorgnis der Befangenheit nicht ausgelöst wird, wenn der AP lediglich Hinweise zur möglichen oder rechtlich gebotenen Behandlung von Sachverhalten oder Geschäftsvorfällen gibt. Dabei ist es unerheblich, ob diese Hinweise im Rahmen einer prüfungsvorbereitenden oder prüfungsbegleitenden Beratung erteilt werden, wenn die Entscheidung im Verantwortungsbereich des zu prüfenden Unt bleibt. Dies gilt zB auch für Beratung im Bereich bilanzpolitischer Maßnahmen oder dem Aufbau des internen Kontrollsystemss. Soweit sich die Tätigkeit auf allgemeine Vorgaben beschränkt, ist auch die Mitwirkung an der Ausgestaltung von Bilanzierungsrichtlinien und Buchungsanweisungen nicht zu beanstanden. Die Konkretisierung und Umsetzung der allgemeinen Vorgaben müssen aber dem zu prüfenden Unt obliegen.

50 Eine **unzulässige Mitwirkung** liegt nach Buchst a) vor, wenn der AP die lfd Geschäftsvorfälle kontiert, die Konten abschließt und in den JA überführt. Unzulässige Mitwirkung liegt auch vor, wenn der AP einen unfertigen JA selbst fertig stellt. Ferner ist unzulässig:
– Erstellen von Anhang oder Lagebericht,
– Führen des Anlagenverzeichnisses,
– Berechnung der zum Bilanzstichtag erforderlichen Rückstellungen (siehe auch Anm 52),
– Berechnung der Abschreibungen auf das Anlagevermögen,
– Ermittlung der erforderlichen Abwertungen zum Umlaufvermögen und
– Durchführung (nicht aber Überwachung) der Vorratsinventur.

51 Die Mitwirkung bei der **Einrichtung von Rechnungslegungsinformationssystemen** kann ebenfalls unter dem Gesichtspunkt des Selbstprüfungsverbots unzulässig sein. Hierbei ist allerdings zu berücksichtigen, dass der Gesetzgeber in § 319a Abs 1 S 1 Nr 3 die grds Unvereinbarkeit der Entwicklung, Einrichtung und Einführung von Rechnungslegungsinformationssystemen ausdrücklich nur für die Pflichtprüfung bei Unt von öffentlichem Interesse festgeschrieben hat. Es kann deshalb davon ausgegangen werden, dass bei anderen Unt diese Beratungsleistungen grds weiterhin zulässig sind. Es ist aber in jedem Fall das Selbstprüfungsverbot zu beachten. Zur Abgrenzung von zulässigen und unzulässigen Dienstleistungen des AP bei der Einführung von EDV-gestützten Systemen wird auf die *IDW-Stn HFA 4/1997* „Projektbegleitende Prüfung EDV-gestützter Systeme" hingewiesen.

52 Auch für die **Erbringung von Steuerberatungsleistungen** hat der Gesetzgeber in § 319a eine Sonderregelung für Pflichtprüfungen bei Unt von öffentlichem Interesse geschaffen, so dass sich in anderen Fällen die Frage der Vereinbarkeit von Steuerberatung und APr nur ausnahmsweise stellt. Dies kann nur dann der Fall sein, wenn in wesentlichen Fällen ein Verstoß gegen das Selbstprüfungsverbot vorliegt. Wenn der AP die bilanziellen Auswirkungen von ihm ausgearbeiteter und von ihm beim Prüfungsmandanten eingeführter steuerrechtl Gestaltungen beurteilt, kann – falls die Auswirkungen wesentlich sind – hierin eine unzulässige Mitwirkung an der Aufstellung des JA gesehen werden. Grundsätzlich gilt aber, dass **JA-Prüfung und gleichzeitige Steuerberatung vereinbar** sind (*BGH* 21. 4. 1997 WM, 1385). Wird neben der HB eine Steuerbilanz aufgestellt, sieht es der *BGH* auf Grund des Vorrangs der HB als unschädlich an, wenn der AP die Steuerbilanz erstellt, vorausgesetzt die HB wird vom Leitungsorgan der KapGes/KapCoGes alleinverantwortlich erstellt.

Die **Berechnung der Steuerrückstellungen** für die HB durch den AP wird im Allgemeinen eine unzulässige Mitwirkung darstellen; nicht aber die Beratung durch den AP zu der Frage, ob geplante Rückstellungen in bestimmter Höhe steuerlich anerkannt werden; auch wenn der AP mit dieser Beratung erheblichen Einfluss auf die Gestaltung der Steuerrückstellungen nimmt: „Einfluss oder Auswirkung der Beratung sind nicht mit verbotener Mitwirkung gleichzusetzen" (*BGH* 21. 4. 1997 WM, 1385).

53 Die Mitwirkung des AP bei der **Aufstellung des Vorjahresabschlusses** ist nicht unmittelbar von Buchst a) erfasst. Da die Prüfung des JA aber auch die Vergleichszahlen des Vj einschließt, muss im Einzelfall untersucht werden, ob

die Besorgnis der Befangenheit nach Abs 2 begründet ist. Dies dürfte dann nicht der Fall sein, wenn der VjA von einem anderen AP geprüft worden ist und damit einer unabhängigen Beurteilung unterlag.

c) Interne Revision

Nach Buchst b) ist die **Durchführung der internen Revision** in verantwortlicher Position mit der APr nicht vereinbar, weil es sich dabei um die Übernahme einer UntLeitungsaufgabe handelt. Damit ist nicht jede Art der Mitwirkung an der internen Revision ausgeschlossen, wohl aber deren vollständige Übernahme durch den AP. Dies wird durch die Formulierung „in verantwortlicher Position" zum Ausdruck gebracht. Zulässig ist weiterhin die Übernahme einzelner Prüfungsaufträge im Auftrag der internen Revision und zwar unabhängig davon, ob sie im Rahmen der APr oder hiervon losgelöst durchgeführt werden. 58

Unzulässig ist die Leitung oder Übernahme der internen Revision als Funktionseinheit durch den AP. Dies gilt auch für Entscheidungen des AP über Art, Zeitpunkt und Umfang der internen Revisionstätigkeiten. Ebenfalls unzulässig dürfte die verantwortliche Umsetzung von Empfehlungen der internen Revision durch den AP sein.

Im Rahmen der APr ist der AP aber verpflichtet, seine Tätigkeiten so weit wie möglich und sinnvoll mit der Arbeit der internen Revision zu koordinieren und die Arbeitsergebnisse der internen Revision zu verwerten (*IDW PS 310* „Verwertung der Arbeiten der internen Revision"). In diesem Rahmen kann auch die Durchführung von Untersuchungen zusammen mit der internen Revision zweckmäßig sein, soweit hierdurch die Funktionen nicht vermischt werden. Es wird auf Anm 180 zu § 317 hingewiesen.

d) Unternehmensleitungs- und Finanzdienstleistungen

Buchst c) regelt, dass die Erbringung von **Unternehmensleitungs- und Finanzdienstleistungen** zu einem Ausschluss als AP führen, wenn sie nicht von untergeordneter Bedeutung sind. Es handelt sich hierbei um Tätigkeiten, mit denen häufig eine nach außen erkennbare Interessenwahrung des Mandanten verbunden ist *(Begr RegE BilReG)*. 60

In der *Begr RegE BilReG* (§ 319 Abs 3) wird zum Ausdruck gebracht, dass diese Vorschrift an die diesbezüglichen Regelungen des U.S.-amerikanischen Sarbanes-Oxley Acts (SOA) aus dem Jahr 2003 angelehnt ist. Die SEC hat in Ausführung dieses Gesetzes im Januar 2003 ua die Dienstleistungen definiert, die vom AP nicht erbracht werden dürfen (*SEC, Final Rule:* Strengthening the Commission's Requirements Regarding Auditor Independence, 23. 1. 2003). Danach ist die Übernahme der Funktion eines Vorstands, eines AR-Mitglieds und die Übernahme sonstiger Managementfunktionen, wie zB die Übernahme einer bedeutenden Funktion im internen Kontrollsystem, unzulässig. Die Übernahme solcher Funktionen ist in Deutschland zum Teil bereits nach Abs 3 S 1 Nr 2 nicht mit der APr vereinbar.

Weiterhin sind nach den Regelungen der SEC folgende **Finanzdienstleistungen** für Prüfungsmandanten ausgeschlossen:
- Tätigkeiten eines „broker-dealers",
- Entscheidungen über den Erwerb oder die Verwaltung von Finanzanlagen,
- Abwicklung von Geschäften über Kauf oder Verkauf von Finanzanlagen,
- Treuhandtätigkeiten sowie
- Werbung für Anlagen des Prüfungsmandanten.

Nach der Entstehungsgeschichte der deutschen Vorschriften ist davon auszugehen, dass diese Abgrenzung auch bei der Definition von Finanzdienstleistungen relevant ist. Insb die Anlage von Vermögenswerten des Unt ist schädlich, weil dem AP bei negativen Feststellungen im Rahmen der APr Vermögens- oder Reputationsschäden drohen können. Im Falle der Vermittlung oder der Übernahme von Anteilen des Unt liegt ein unmittelbares finanzielles Interesse an der wirtschaftlichen Lage des Unt vor, das die Besorgnis der Befangenheit begründet (vgl Erl zu § 23 a Abs 5 Berufssatzung WP/vBP). Treuhandtätigkeiten, die nach § 2 Abs 3 Nr 3 WPO zulässig sind, sind auch bei Prüfungsmandanten unschädlich, wenn es sich um eine Sicherungstreuhand handelt, bei der dem Treuhänder keine Ermessens- und Entscheidungsspielräume zustehen, weil hiermit keine Interessenvertretung verbunden ist. Die Beratung iZm dem Erwerb von Beteiligungen dürfte weiter zulässig sein (*Gelhausen,* 179).

Auch bei den folgenden Dienstleistungen dürfte eine Besorgnis der Befangenheit nicht begründet sein, weil es sich nicht um Finanzdienstleistungen iSv Buchst c) handelt:

- Erarbeitung von Finanzierungskonzepten,
- Vorbereitung von Verhandlungen mit potenziellen Investoren,
- Shareholder-Value-Analysen, bei denen es sich nicht um Bewertungsleistungen mit unmittelbaren Auswirkungen auf die Rechnungslegung handelt,
- Wirtschaftlichkeitsanalysen im Bereich der Vermögensanlagen.

61 Die Übernahme von **Unternehmensleitungsfunktionen** begründet nach Buchst c) unwiderlegbar die Besorgnis der Befangenheit, weil mit solchen Funktionen eine Ausrichtung auf die Interessen des zu prüfenden Unt verbunden ist, die einer unbefangenen APr entgegen steht. Auch kann hier die Gefahr einer Selbstprüfung bestehen, wenn der AP die Auswirkungen von im Rahmen der Ausübung der UntLeitungsfunktion getroffenen Entscheidungen auf die Rechnungslegung zu beurteilen hat.

Die Übernahme von UntLeitungsfunktionen kann im Rahmen eines Dienstleistungsvertrags mit dem oder als Organ des zu prüfenden Unt erfolgen. Es kann sich um Führungsaufgaben in der UntLeitung oder in nachgeordneten Bereichen handeln. Bei der Frage, ob eine im Vj ausgeübte UntLeitungsfunktion schädlich sein kann, kommt es darauf an, ob sich aus der Tätigkeit unmittelbare Auswirkungen im zu prüfenden Gj ergeben. Auch wenn UntLeitungsfunktionen im Folgejahr vor Beendigung der APr übernommen werden, wird im Allgemeinen die Besorgnis der Befangenheit begründet sein.

In den ErlTexten zu § 23 a Abs 5 Berufssatzung WP/vBP wird darauf hingewiesen, dass die Übernahme von UntLeitungsfunktionen durch einen beurlaubten Angestellten des AP unschädlich ist, wenn die vertraglichen Beziehungen ausschließlich zwischen dem beurlaubten Angestellten und dem Unt bestehen. In diesem Fall hat der AP weder negative Folgen aus möglichen Pflichtverletzungen zu erwarten noch ist er am Erfolg der Tätigkeit des beurlaubten Angestellten beteiligt.

e) Versicherungsmathematische und Bewertungsleistungen

62 Eigenständige **versicherungsmathematische** oder **Bewertungsleistungen,** die sich auf den JA nicht nur unwesentlich auswirken, sind nach Buchst d) ausgeschlossen, sofern sie nicht von untergeordneter Bedeutung sind. Die Berechnung der Pensionsrückstellungen oder – bei VersicherungsUnt – der Deckungsrückstellungen ist nach Buchst d) ausgeschlossen, wenn die Entwicklung und Umsetzung der Berechnungsmethodik sowie die Festlegung der maßgeblichen Annahmen in den Händen des AP liegt. Die formale Entscheidung der

UntLeitung über die Übernahme der Werte in den Abschluss hat dann für die Frage der Besorgnis der Befangenheit keine Bedeutung (vgl Erl zu § 23a Abs 6 Berufssatzung WP/vBP).

Der Auftrag zur **Ermittlung des Teilwerts der Pensionsverpflichtungen** gem § 6a EStG war schon bisher nach der hier vertretenen Auffassung nicht mit der APr vereinbar, wenn hiermit ein Bilanzposten vom AP selbst erstellt wird. Für die Abgrenzung zu Beratungs- und Hilfstätigkeiten s Anm 47. Versicherungsmathematische Dienstleistungen, die sich auf den JA nicht oder nur unwesentlich auswirken, sind von dieser Regelung nicht erfasst.

Bei **sonstigen Bewertungsleistungen,** die außerhalb der Prüfungstätigkeit erbracht werden, kann es sich bspw um Gutachten über den Wert von Beteiligungen handeln. Wird ein solcher Wert vom Prüfungsmandanten ohne weiteres bei der Ermittlung des niedrigeren beizulegenden Werts der Beteiligung im handelsrechtlichen JA übernommen, ist die Besorgnis der Befangenheit begründet. Liegt der ermittelte Wert allerdings über den AK und werden im handelsrechtlichen JA die Anschaffungskosten fortgeführt, ist die Bewertungsleistung unschädlich. Dies gilt auch für den Fall, dass ein Bewertungsgutachten zum Zwecke der Preisfindung bei einem geplanten UntVerkauf erstellt wird, die Bilanzierung des Anteilserwerbs anschließend aber nach den Grundsätzen über Tauschgeschäfte erfolgt. 63

Abs 3 behandelt nur Bewertungsleistungen des lfd Gj. Bewertungsleistungen, die in einem früheren Gj erbracht wurden, sind daraufhin zu untersuchen, ob sie sich wesentlich auf den zu prüfenden JA auswirken. Je weiter die Bewertungsleistung in der Vergangenheit liegt, desto wahrscheinlicher ist es, dass notwendige Änderungen im bilanziellen Wertansatz auf Änderungen der zugrundeliegenden Sachverhalte und nicht auf mögliche Fehler bei der Erstattung des Bewertungsgutachtens zurückzuführen sind, die eine Besorgnis der Befangenheit begründen könnten. Im übrigen sind gerade in einem solchen Fall Schutzmaßnahmen iSv Abs 2 relevant. Wenn zB aktuelle Wertindikationen von sachverständigen Dritten vorliegen, dürften die Bewertungsleistungen aus früheren Gj für die Frage der Besorgnis der Befangenheit keine Bedeutung mehr haben. Darüber hinaus ist zu berücksichtigen, ob zwischenzeitlich eine Prüfung des Bewertungsergebnisses durch einen anderen Prüfer erfolgt ist (zB im Rahmen der Prüfung des VjA). In einem solchen Fall dürfte die Besorgnis der Befangenheit ebenfalls nicht begründet sein. 64

In den Erl zu § 23a Abs 6 Berufssatzung WP/vBP werden folgende Bewertungsleistungen erörtert: 65

Bewertungsleistung	Würdigung im Hinblick auf die mögliche Begründung der Besorgnis der Befangenheit
Bewertung einer zur Veräußerung bestimmten Beteiligung	Die Bewertung einer zur Veräußerung bestimmten Beteiligung begründet im Allgemeinen nicht die Besorgnis der Befangenheit, weil sich das Bewertungsergebnis nicht unmittelbar auf den zu prüfenden Abschluss auswirkt. Wenn die Beteiligung zum Abschlussstichtag noch nicht veräußert ist, erfolgt die Bewertung zu fortgeführten AK. Wurde die Beteiligung vor Ablauf des Gj veräußert, ist der erzielte Kaufpreis und nicht das Ergebnis der Bewertungsleistung für die Bilanzierung entscheidend. Die Bewertungsleistung wirkt sich in diesem Fall nicht unmittelbar auf den Abschluss aus. Sofern bei einer noch nicht veräußerten Beteiligung aufgrund der Bewertungsleistung ein

Bewertungsleistung	Würdigung im Hinblick auf die mögliche Begründung der Besorgnis der Befangenheit
	Abschreibungsbedarf ersichtlich wird, ist dies unschädlich, wenn das Unt die Höhe der Abschreibung letztlich selbst festlegt; dies wird aufgrund der unterschiedlichen Bewertungsstichtage im Allgemeinen der Fall sein.
Bewertung einer zu erwerbenden Beteiligung	Die Bewertung einer zu erwerbenden Beteiligung kann die Besorgnis der Befangenheit begründen, wenn der Kaufpreis in Höhe des Gutachtenwerts vereinbart wird. Im Rahmen der APr müsste dann der AP den von ihm selbst ermittelten Wert beurteilen (Selbstprüfung). Die Unabhängigkeitsgefährdung ist geringer oder ausgeschlossen, wenn die Bewertungsleistung keinen bestimmten Wert sondern eine größere Bandbreite von Werten beinhaltet. Dies gilt auch dann, wenn keine Wertermittlung erfolgt, sondern nur wesentliche Parameter für die Bewertung ermittelt werden und wenn lediglich eine grobe, indikative Einschätzung des Werts vorgenommen wird.
Bewertung für Zwecke der APr	Für die APr notwendige Bewertungsleistungen sind grds unschädlich. Als Beispiel kann der Impairment-Test genannt werden, bei dem die Werthaltigkeit von bilanzierten Vermögenswerten zu beurteilen ist. Eine solche Bewertungsleistung begründet auch dann keine Besorgnis der Befangenheit, wenn der Mandant selbst keine Bewertung vorgenommen hat. Stellt der AP Abschreibungsbedarf fest, kann aber eine unreflektierte Übernahme der Ergebnisse der Bewertungsleistung durch das Unt in den Abschluss schädlich sein.
Aufteilung eines Gesamtkaufpreises auf einzelne Vermögensgegenstände und Schulden	Die Aufteilung eines Gesamtkaufpreises auf einzelne VG und Schulden durch den AP begründet im Allgemeinen die Besorgnis der Befangenheit, weil sich das Ergebnis dieser Bewertungsleistung unmittelbar auf den zu prüfenden Abschluss auswirkt. Für die Unterstützung bei der Aufteilung in Form einer Erl möglicher Methoden und der Diskussion von Zweifelsfragen gilt dies allerdings nicht.
Prüfung der Werthaltigkeit von Sacheinlagen nach §§ 33f, 183 Abs 3 AktG	Bei der Prüfung der Werthaltigkeit von Sacheinlagen handelt es sich nicht um eine Bewertungsleistung, sondern um eine Prüfungstätigkeit. Die nochmalige Beurteilung des Prüfungsgegenstands im Rahmen der APr begründet für sich betrachtet keine Besorgnis der Befangenheit. Etwas Anderes gilt, wenn der AP den Wert der Sacheinlage selbst ermittelt und die Bilanzierung nicht nach den Tauschgrundsätze erfolgsneutral erfolgt.
Bewertungsleistungen bei Umwandlungsvorgängen zur Ermittlung von Umtauschverhältnissen	Bewertungsleistungen zur Ermittlung von Umtauschverhältnissen können nur dann die Besorgnis der Befangenheit begründen, wenn sie sich unmittelbar auf die Bilanzierung des bewerteten Vermögens auswirken. Eine solche Auswirkung ergibt sich zB dann nicht, wenn von der Buchwertfortführung Gebrauch gemacht wird.

Die Frage, ob sich Bewertungsleistungen wesentlich auf den zu prüfenden Abschluss auswirken, ist für sämtliche Bewertungsleistungen mit Auswirkungen auf den Abschluss, die im Gj erbracht werden, einheitlich zu beantworten. 66

5. Einsatz von befangenen Personen (Abs 3 S 1 Nr 4)

Nach Abs 3 S 1 Nr 4 darf bei der Prüfung keine Person beschäftigt sein, die nach den Nrn 1–3 als AP ausgeschlossen ist. Bei der Prüfung beschäftigt ist eine Person, deren Tätigkeit der Prüfung eindeutig zugeordnet werden kann und die Einfluss auf Umfang, Ablauf oder Ergebnis der Prüfung hat (Prüfungsplanung, Bearbeitung einzelner Prüffelder, Berichterstattung). Diese Vorschrift bezieht sich damit in erster Linie auf diejenigen **Fachkräfte,** die als Mitglieder des Prüfungsteams bei der Durchführung der APr eingesetzt sind. Hierzu zählen die Prüfungsgehilfen, dh vom Prüfungsassistenten angefangen alle Mitarbeiter, die noch kein Fachexamen abgelegt haben und alle WP/vBP. Auch Mitarbeiter, die zB für die Durchführung von (IT-)Systemprüfungen und die Prüfung des Risikofrüherkennungssystems, für die Prüfung der steuerrechtl Verhältnisse und der Steuerrückstellungen oder die im Rahmen von speziellen Qualitätssicherungsmaßnahmen (zB materielle Berichtskritik oder auftragsbegleitende Qualitätssicherung nach § 24 d Berufssatzung) oder von Konsultationen zu schwierigen fachlichen Fragen in die Prüfung eingebunden sind, können von der Vorschrift erfasst werden. Dies gilt allerdings nur, soweit sie bei der Prüfung nicht nur punktuell eingebunden sind. Bei einer nur punktuellen Einbindung werden im Allgemeinen die Einflussmöglichkeiten auf die Ergebnisse der Prüfung, die bei der Frage der Besorgnis der Befangenheit entscheidend sind, gering sein. 67

Die Vorschrift berücksichtigt, dass mit der Prüfung inhaltlich befasste Mitarbeiter (trotz der verantwortlichen Leitung der APr durch WP/vBP und ihrer angemessenen Beaufsichtigung und Kontrolle) einen nicht unerheblichen Einfluss auf die Qualität der Prüfung haben können (*ADS*[6] § 319 Anm 73; *Baetge/Hense* in HdR[4] § 319 Anm 69). Lediglich formal mit der APr befasst sind **Verwaltungskräfte** (Schreib- und Sekretariatskräfte, Bibliothek, *formelle* Berichtskritik). Diese werden von der Vorschrift nicht erfasst. Als bei der Prüfung beschäftigte Personen können nicht nur Arbeitnehmer, sondern auch freie Mitarbeiter gelten (*ADS*[6] § 319 Anm 143; *Baetge/Hense* in HdR[4] § 319 Anm 71).

Der Ausschlusstatbestand ist nur erfüllt, wenn der WP einen befangenen Arbeitnehmer im Rahmen der betr APr tatsächlich einsetzt. Die Tatsache, dass Mitarbeiter dadurch, dass sie in der gleichen Niederlassung beschäftigt sind, oder durch ihre hierarchische Stellung eine gewisse Nähe zu den bei einer Prüfung beschäftigten Mitarbeitern haben können, ist hier nicht relevant. Ein Ausschlussgrund liegt ebenfalls in Fällen nicht vor, in denen Mitarbeiter bei der Durchführung anderer Aufträge für den Prüfungsmandanten, nicht aber im Rahmen der APr, tätig werden.

Abs 3 S 1 Nr 4 enthält eine Verpflichtung für den einzelnen Mitarbeiter, sich – sobald er einer Prüfung zugeordnet ist – zu vergewissern, dass er im Hinblick auf die von ihm (mit-)geprüfte KapGes/KapCoGes beruflich unabhängig ist und insb keine finanziellen Interessen an der KapGes/KapCoGes hat (Abs 3 Nr 1). Liegt eine mögliche Gefährdung seiner Unabhängigkeit vor, ist dies dem für die Prüfung verantwortlichen WP/vBP bzw der Praxisleitung unverzüglich mitzuteilen, damit hierauf rechtzeitig reagiert werden kann. Das interne Qualitätssicherungssystem der WP/vBP-Praxis muss für solche Fälle eine Analyse der möglichen Unabhängigkeitsgefährdung und Maßnahmen zu deren Beseitigung 68 vorsehen. Im Zweifel darf die Fachkraft bei der betr Prüfung nicht eingesetzt werden.

6. Umsatzabhängigkeit (Abs 3 S 1 Nr 5)

70 Ein WP/vBP ist nach Abs 3 S 1 Nr 5 von der APr dann ausgeschlossen, wenn er in den letzten fünf Jahren jeweils mehr als 30 vH der Einnahmen seiner beruflichen Tätigkeit aus der Prüfung und Beratung der KapGes/KapCoGes erzielt hat und auch im lfd Gj voraussichtlich erzielen wird. Bei Pflichtprüfungen von Unt von öffentlichem Interesse beträgt diese Quote nach § 319a Abs 1 S 1 Nr 1 15 vH. Die Vorschrift berücksichtigt das wirtschaftliche Eigeninteresse des Prüfers als mögliche Unabhängigkeitsgefährdung. Dem AP wird es umso schwerer fallen, bei Meinungsverschiedenheiten über die Richtigkeit des JA seine Auffassung durchzusetzen und notfalls die Beendigung des Auftragsverhältnisses in Kauf zu nehmen, je höher die damit verbundene finanzielle Einbuße ist (*Begr RegE* § 277 HGB idF BiRiLiG 1985).

Als **Gesamteinnahmen** gelten alle Einnahmen, die aus der beruflichen Tätigkeit iSv § 2 bzw § 129 WPO erzielt werden. Besitzt der AP eine Zusatzqualifikation (zB RA) sind auch seine Einnahmen auf Grund dieser Qualifikation Teil der Gesamteinnahmen. Nicht erfasst werden sonstige Einnahmen aus Leistungsbeziehungen mit dem Mandanten, die nicht der beruflichen Tätigkeit zuzuordnen sind, zB Mieteinnahmen, sowie Auslagenersatz und Umsatzsteuer (*ADS*[6] § 319 Anm 152, 158).

Bei **gemeinsamer Berufsausübung** sind aufgrund der Sozietätsklausel (Anm 31) die Einnahmen aller Personen, die mit dem AP den Beruf gemeinsam ausüben, zu addieren (*ADS*[6] § 319 Anm 161; *Baetge/Hense* in HdR[4] § 319 Anm 139, 141).

Maßgebend ist das gesamte aus dem **Bereich des geprüften Unt** bezogene Honorar. Zu diesem Honorar gehört auch das Honorar von allen in- und ausländischen Unt, an denen die zu prüfende KapGes/KapCoGes mehr als 20 vH der Anteile besitzt, unabhängig davon, ob ein KA aufzustellen ist oder freiwillig aufgestellt wird. Denn die zu prüfende KapGes/KapCoGes könnte in diesen Unt die Auftragsvergabe beeinflussen (*Baetge/Hense* in HdR[4] § 319 Anm 137; *ADS*[6] § 319 Anm 158). Zur Bestimmung des Anteilsbesitzes kommt eine Durchrechnung der Quote (zB Prüfungsmandat hält an Unt A 50%, Unt A an Unt B 30%; durchgerechnete Quote ist 15%) wohl nicht in Betracht. Als dem MU zustehende Rechte werden nach § 290 Abs 3 auch die einem TU zustehenden Rechte und die den für Rechnung des MU oder von TU handelnden Personen zustehenden Rechte berücksichtigt. Diese Vorschrift wird bei der Ermittlung des Gesamthonorars entspr anzuwenden sein (*ADS*[6] § 319 Anm 155).

71 Der **Ausschlussgrund entsteht im sechsten Jahr,** nachdem die Umsatzabhängigkeit fünf Jahre hintereinander bestanden hat. Damit wird dem AP eine genügend lange Frist eingeräumt, durch geeignete Maßnahmen die kritische Grenze zu vermeiden. Die „fünf Jahre" betreffen jeweils das Gj des *Prüfers* (glA *Baetge/Hense* in HdR[4] § 319 Anm 133). Für das lfd Gj ist das erwartete Honoraraufkommen zu schätzen. Maßgebend für den Fristbeginn ist der Zeitpunkt der Wahl zum AP, nicht die Auftragsannahme (*ADS*[6] § 319 Anm 157).

Wird die Umsatzgrenze zB im 6. Jahr unterschritten, kann in den folgenden 5 Jahren grundsätzlich kein Ausschlussgrund nach Abs 3 S 1 Nr 5 eintreten. Dies gilt nicht, wenn durch gezielte Verschiebungen der Honorarzahlungen das Überschreiten der Schwelle in einem oder mehreren Jahr(en) bewusst verhindert wird. Die Art der Einkommensermittlung muss im Zeitablauf konsistent sein.

Zur **Vermeidung von Härtefällen** kann die WPK nach Nr 5 letzter Halbsatz befristete Ausnahmegenehmigungen erteilen. Die Gewährung liegt im pflichtgemäßen Ermessen der WPK. Ein Härtefall kann insb bei Eröffnung, Verlegung oder Schließung einer Praxis vorliegen (*ADS*[6] § 319 Anm 163; *Baetge/Hense* in HdR[3] § 319 Anm 147). 72

7. Ehegatten und Lebenspartner (Abs 3 S 2)

Nach Abs 3 S 2 der Vorschrift liegt ein Ausschlussgrund auch dann vor, wenn der Ehegatte oder der Lebenspartner einen Ausschlussgrund nach S 1 Nr 1–3 erfüllt. Nach § 1 Abs 1 S 1 LPartG sind Lebenspartner zwei Personen gleichen Geschlechts, die persönlich, gegenseitig und bei gleichzeitiger Anwesenheit unter Abgabe übereinstimmender Willenserklärungen erklären, miteinander eine Partnerschaft auf Lebenszeit führen zu wollen. 73

Es ist unerheblich, zu welchem Zeitpunkt die Ehegemeinschaft oder die Partnerschaft eingegangen wird; es kommt ausschließlich darauf an, dass sie während der Prüfung bestanden hat. Wird die Ehegemeinschaft oder Partnerschaft vor Beendigung der Prüfung aufgehoben, entfällt der Ausschlussgrund nach Abs 3 S 2.

III. Ausschlussgründe für Prüfungsgesellschaften (Abs 4)

Mit der Vorschrift in Abs 4 werden die Anforderungen der Abs 2 u 3 auf WPG/BPG übertragen. Im Unterschied zur bisherigen Fassung des § 319 hat der Gesetzgeber in Abs 4 idF *BilReG* darauf verzichtet, gesonderte Ausschlusstatbestände für PrüfungsGes festzulegen. WPG/BPG sind danach von der APr ausgeschlossen, wenn sie selbst einen der in Abs 2 und 3 definierten Ausschlusstatbestände verwirklichen. Darüber hinaus führt die Verwirklichung solcher Tatbestände durch 77

- einen gesetzlichen Vertreter,
- einen Gester, der mehr als 20 vH der den Gestern zustehenden Stimmrechte besitzt,
- ein verbundenes Unt,
- einen bei der Prüfung in verantwortlicher Position beschäftigten Gester oder
- eine andere von ihr beschäftigte Person, die das Ergebnis der Prüfung beeinflussen kann,

zu einem Ausschluss der PrüfungsGes als AP.

Dies gilt auch, wenn ein Mitglied des AR nach Abs 3 S 1 Nr 2 ausgeschlossen ist (Organstellung beim Prüfungsmandanten, einem mit diesem verbundenen Unt oder einem Unt, von dem das zu prüfende Unt mehr als 20 vH der Anteile besitzt).

Der **Stimmrechtsanteil** eines Gesters errechnet sich aus dem eigenen Anteilsbesitz und ggf ihm zuzurechnenden Stimmrechten (*Baetge/Hense* in HdR[4] § 319 Anm 165). Im Falle von Treuhandschaften sind die Anteile grds dem Treugeber zuzurechnen, es sei denn, der Treugeber verzichtet auf die Ausübung der ihm zustehenden Entscheidungs- und Weisungsrechte. Die Vorschrift ist nicht nur auf Fälle anzuwenden, in denen einzelne Gester, denen mehr als 20 vH der Stimmrechte zuzurechnen sind, einen Ausschlusstatbestand erfüllen. Sie ist auch anzuwenden auf mehrere Gester, die zusammen mehr als 20 vH der den Gestern zustehenden Stimmrechte besitzen, wenn diese jeweils einzeln oder zusammen einen der Ausschlusstatbestände nach Abs 2 oder 3 erfüllen. Hierdurch werden zB Fälle erfasst, in denen die Stimmrechte an der WPG/BPG von den Mitgliedern einer Sozietät gehalten werden und einzelne Mitglieder weniger als 20 vH der Stimmrechte besitzen. Erfüllt ein Mitglied mit weniger als 20 vH der Stimmrechte einen Ausschlusstatbestand nach Abs 2 oder 3, ist die WPG/BPG als AP ausgeschlossen, wenn die ihm zuzurechnenden Stimmrechte zusammen mit den Stimmrechten der übrigen Sozietätsmitglieder die Quote von 20 vH überschreiten. Aber auch wenn ein solcher Gester einen Ausschlusstatbestand nur zusammen mit den anderen Gestern erfüllt, führt dies zu einem Ausschluss der WPG/BPG. Dies gilt zB für die Ermittlung der finanziellen Interessen nach Abs 3 S 1 Nr 1 und die Bestimmung der Grenze für die Umsatzabhängigkeit nach Abs 3 S 1 Nr 5.

78 Zur Auslegung des Begriffs **verbundenes Unternehmen** ist § 271 Abs 2 heranzuziehen. Es handelt sich dabei um Unt, die als MU oder TU in den KA eines MU nach den Vorschriften über die VollKons einzubeziehen sind oder nach § 296 nicht einbezogen werden. Dies gilt unabhängig davon, ob die Aufstellung eines KA tatsächlich erfolgt.

Der deutsche Gesetzgeber hat darauf verzichtet, Zurechnungsvorschriften für losere Verbünde von WPG/BPG iSv **Netzwerken** zu definieren. Für die Frage, ob die Erfüllung eines Ausschlusstatbestands durch eine WPG/BPG, die dem gleichen Netzwerk des AP angehört, eine Besorgnis der Befangenheit begründen kann, gelten die allgemeinen Grundsätze des Abs 2.

79 Fraglich ist, welcher Personenkreis als bei der Prüfung **in verantwortlicher Position beschäftigte Gester** angesprochen ist. In verantwortlicher Position werden zunächst diejenigen Gester tätig sein, die nach den internen Regelungen der PrüfungsGes für die Abwicklung des Prüfungsauftrags verantwortlich sind und diese Verantwortung durch Unterzeichnung des BVm und des Prüfungsberichts auch erkennbar dokumentieren (sog verantwortlicher WP und Mitunterzeichner, soweit es sich bei diesen um Gester der PrüfungsGes handelt). Darüber hinaus dürften diesem Personenkreis solche Gester zuzurechnen sein, die für bestimmte Teilbereiche der Prüfung verantwortlich sind, zB für (IT-)Systemprüfungen oder die Prüfung des Risikofrüherkennungssystems.

80 Darüber hinaus erfasst Abs 4 S 1 **von der WPG/BPG beschäftigte Personen, die das Ergebnis der Prüfung beeinflussen können.** Hierbei handelt es sich um den gleichen Personenkreis, der in Abs 3 S 1 Nr 4 als „bei der Prüfung beschäftigt" bezeichnet wird. Es ist kein Grund ersichtlich, warum der Gesetzgeber in Abhängigkeit von der Organisationsform (Tätigkeit in eigener Praxis oder als WPG/BPG) die Ausschlussgründe für die Mitglieder des Prüfungsteams unterschiedlich festlegen sollte. Es werden damit alle Mitarbeiter erfasst, die dem Prüfungsteam angehören, einschließlich der im Rahmen der Prüfung eingesetzten Spezialisten für bestimmte Prüffelder oder für Bereiche, bei denen besondere Kenntnisse erforderlich sind (zB bei Risiken für Unregelmäßigkeiten oder bei Zweifeln an der Angemessenheit der Going-Concern-Annahme). Ausnahmsweise können hierzu auch Mitarbeiter aus fachlichen Kompetenzzentren zählen, wenn diese Stellungnahmen oder Gutachten zu Fachfragen erstellen und diese Mitwirkung über eine nur punktuelle Befassung hinausgeht (s im Übrigen Anm 64).

81 Für **Mitglieder des AR** einer PrüfungsGes gilt nach Abs 4 S 2, dass ausschließlich die Übernahme der Funktion eines gesetzlichen Vertreters, die Mitgliedschaft im AR und die Stellung als Arbeitnehmer des zu prüfenden Unt zu einem Ausschluss der PrüfungsGes als AP führen.

82 Abs 4 enthält ausschließlich Zurechnungsvorschriften. Für die einzelnen **Ausschlusstatbestände** und deren Auslegung gelten die Ausführungen zu Abs 2 und 3. Durch den Verweis in Abs 4 auf die Ausschlussgründe nach Abs 3 ist auch bei WPG/BPG die **Sozietätsklausel** anzuwenden (s Anm 31). Dies bedeutet, dass eine WPG/BPG zB dann als AP ausgeschlossen ist, wenn mehr

als 20 vH ihrer Stimmrechte von einem Gester gehalten werden, der gleichzeitig Sozius einer Anwaltssozietät ist, die den zu prüfenden JA erstellt hat.

Besorgnis der Befangenheit ist zu bejahen, wenn zB ein mit der WPG verbundenes Unt die Bücher des von der WPG zu prüfenden Unt geführt (Abs 4 S 1 iVm Abs 3 S 1 Nr 3 Buchst a) oder eine WPG mit zwei WP als Gester-Geschäftsführern eine KapGes/KapCoGes prüfen will, bei der eine SteuerberatungsGes, an der die Ehefrauen der beiden WP sämtliche Anteile besitzen, den zu prüfenden JA erstellt hat (Abs 4 S 1 iVm Abs 3 S 2, S 1 Nr 3 2. Hs, Nr 3 1. Hs, Buchst a).

IV. Ausschlussgründe bei der Prüfung von Konzernabschlüssen (Abs 5)

Die Unvereinbarkeitsregelungen nach Abs 2 bis 4 gelten nach Abs 5 für den AP des KA entspr. Dies gilt auch für die Pflicht zur Teilnahme am Verfahren der Qualitätskontrolle nach § 57a WPO; AP müssen über eine wirksame Teilnahmebescheinigung oder eine Ausnahmegenehmigung der WPK verfügen (s Anm 15f). Nach Abs 5 iVm Abs 2 bis 4 führen die Ausschlussgründe, die einen Ausschluss als AP des MU zur Folge haben, gleichzeitig zu einem Ausschluss als KAP. Fraglich könnte sein, ob diese Folge auch eintritt, wenn Ausschlussgründe in bezug auf einzelne in den KA einbezogene TU vorliegen. Bei nicht in den KA einbezogenen TU stellt sich diese Frage nicht, weil hier aufgrund der eingeschränkten Prüfungspflichten (insbesondere Prüfung der Abgrenzung des KonsKreises) eine Besorgnis der Befangenheit im Hinblick auf die Prüfung des KA nicht erkennbar ist. 87

Liegt in Bezug auf ein einbezogenes TU ein Ausschlussgrund nach den Abs 2 bis 4 vor, dürfte dies grds einen Ausschluss als KAP zur Folge haben, weil sich Abs 5 auf die Prüfung des KA bezieht, der sich aus den Abschlüssen des MU und der TU zusammen setzt. Etwas anderes gilt aber, wenn der JA eines TU von einem **anderen Prüfer** unter Einhaltung der Voraussetzungen von § 317 Abs 3 S 2, 3 befreiend geprüft wird. Wenn in einem solchen Fall der KA-AP einen Ausschlusstatbestand bei diesem TU erfüllt, dürften sich daraus keine Gefährdungen für seine Unabhängigkeit ergeben; seine Pflichten als KA-AP im Hinblick auf die JA solcher TU sind eher gering, so dass nach Sinn und Zweck der Vorschriften zur Unabhängigkeit eine Einbeziehung in die Vorschrift des Abs 5 nicht geboten erscheint.

Diese Überlegungen gelten im Grundsatz auch für die Prüfung der für Zwecke der Kons aufgestellten Handelsbilanzen II von ausländischen TU. Im Falle einer Prüfung des JA (HB I) von ausländischen TU nach § 317 Abs 3 S 1 führt die Erfüllung von Ausschlussgründen im Hinblick auf die HB II (zB Erstellung der HB II oder Erbringung von Bewertungsleistungen, die unmittelbar vom Mandanten in die HB II übernommen werden) zu einem Ausschluss als KA-AP. Im Falle der befreienden Prüfung der HB I dürften auch im Hinblick auf die HB II die Ausschlussgründe der Abs 2 bis 4 nicht anwendbar sein. Eine Ausnahme stellt die Erstellung der HB II durch den KA-AP dar, da sich das Ergebnis der Erstellungsarbeiten unmittelbar im KA auswirkt. Eine Prüfung der HB II durch den Prüfer, der die HB I befreiend prüft, dürfte aufgrund dieses unmittelbaren Zusammenhangs im Allgemeinen nicht entlastend wirken.

Des Weiteren stellt sich die Frage, ob die Vorschriften der Abs 2 bis 4 auch 88
von den Prüfern der TU, die nicht KA-AP sind, eingehalten werden müssen. Dies wird jedenfalls für Fälle der befreienden Prüfung nach § 317 Abs 3 S 2 u 3 ohne weiteres zu bejahen sein, auch wenn für ausländische Prüfer die deutschen

Unabhängigkeitsvorschriften keine unmittelbare Anwendung finden. Wenn der JA von in den KA einbezogenen TU nach § 317 Abs 3 S 1 vom AP des KA zu prüfen ist und er zu diesem Zweck Arbeiten anderer Prüfer verwertet (zB wenn die Prüfung des KA unter ergänzender Beachtung der International Standards on Auditing (ISA) durchgeführt wird), sind die Anforderungen des *IDW PS 320* „Verwendung der Arbeit eines anderen externen Prüfers" zu beachten (s § 317 Anm 180). Danach hat der KA-AP die anderen Prüfer über die bei der Prüfung anzuwendenden Rechnungslegungs- und Prüfungsvorschriften sowie die relevanten Unabhängigkeitsanforderungen zu unterrichten. Er sollte sich in einer berufsüblichen Unabhängigkeitserklärung die Einhaltung dieser Anforderungen bestätigen lassen. Verstöße anderer Prüfer gegen die Unabhängigkeitsvorschriften in Abs 2 bis 4 sind dem KAP zuzurechnen. Dies gilt unabhängig davon, ob das TU seinen Sitz im Inland oder im Ausland hat. Auch unter der vor Inkrafttreten des *BilReG* geltenden Rechtslage wurde in der Literatur die Auffassung vertreten, dass die Ausschlussgründe auch vom AP eines ausländischen TU, der nicht auch KA-AP ist, eingehalten werden müssen (so *Thiessen* BB 1987, 1983).

In der Prüfungspraxis kann es sich für den KA-AP empfehlen, mit ausländischen Prüfern von in den KA einbezogenen TU die Einhaltung der Unabhängigkeitsregeln des IFAC Code of Ethics zu vereinbaren. Diese entspr in allen wesentlichen Aspekten den Empfehlungen der EU-Kommission zur Unabhängigkeit des AP vom Mai 2002. Auf eine ins Detail gehende Information der ausländischen Prüfer über die deutschen Unabhängigkeitsvorschriften kann in diesem Fall verzichtet werden.

89 Zu den einzelnen Ausschlussgründen wird auf die Erl in Abs 2 bis 4 verwiesen.

D. Rechtsfolgen bei Verstößen gegen § 319

92 Hinsichtlich der Folgen eines Verstoßes gegen § 319 für Wahlbeschluss und JA ist danach zu differenzieren, ob es bereits an der Qualifikation als WP bzw vBP nach Abs 1 fehlt oder ob ein Ausschlussgrund nach Abs 2 bis 4 gegeben ist. Wenn eine Person zum AP gewählt wird, die bereits die Voraussetzungen des Abs. 1 (einschließlich der Bescheinigung über die Teilnahme am Qualitätskontrollverfahren) nicht erfüllt, ist der Wahlbeschluss nichtig. Ein von dieser Person geprüfter JA ist nach § 256 Abs 1 Nr 3 AktG ebenfalls nichtig.

Für den Fall eines Verstoßes gegen Abs 2 bis 4 hat der Gesetzgeber demgegenüber durch die §§ 243 Abs 3, 249 Abs 1 AktG idF des BilReG (erstmals anwendbar auf Klagen, die nach dem 31. 12. 2004 erhoben werden; § 17 EGAktG) klargestellt, dass gegen den Wahlbeschluss gerichtete Anfechtungs- und Nichtigkeitsklagen, die sich auf eine Befangenheit des gewählten AP stützen, unzulässig sind. Die Prüfung einer möglichen Befangenheit des gewählten AP erfolgt unabhängig davon, ob die Befangenheit im Zeitpunkt der Wahl durch die HV oder erst später eingetreten ist, allein im Ersetzungsverfahren nach § 318 Abs 3 (s dort). Durch § 256 Abs 1 Nr 3 AktG idF des BilReG wird zugleich klargestellt, dass ein Verstoß gegen Abs 2 bis 4 nicht zur Nichtigkeit des JA führt.

93 In allen Fällen eines Verstoßes gegen § 319 ergeben sich **Folgen für den Prüfungsauftrag.** Der AP verliert wegen der Nichtigkeit des schuldrechtlichen Prüfungsauftrags (§ 134 BGB) seinen vertraglichen Vergütungsanspruch. Der abw Rspr, die davon ausging, dass eine nur im berufsrechtlichen Bereich des § 49 WPO angesiedelte Befangenheit den Prüfungsvertrag und damit auch den Vergütungsanspruch unberührt lässt, ist durch die Aufnahme der Befangenheit

als Ausschlussgrund in den § 319 Abs 2 idF des *BilReG* die Grundlage entzogen. Ein Anspruch aus Bereicherungsausgleich kommt gem § 817 S 2 BGB ebenfalls nicht in Betracht, wenn der AP gleichfalls vorsätzlich gegen ein gesetzliches Verbot verstoßen hat (*BGH* 30. 4. 1992, DB, 1466); dies dürfte in den eindeutigen Fällen des Abs 3 regelmäßig der Fall sein, während hinsichtlich eines Verstoßes gegen die allgemeine Befangenheitsvorschrift des Abs 2 wegen der Unbestimmtheit des verwendeten Rechtsbegriffs nicht zwangsläufig von vorsätzlichem Handeln ausgegangen werden kann; letzteres gilt auch für die Fälle des Abs 3, soweit diese durch Verwendung unbestimmter Rechtsbegriffe schwierige Abgrenzungsfragen aufwerfen.

Schadenersatzansprüche des Mandanten aus **Delikt** können sich in diesem Zusammenhang nur im Hinblick auf wirtschaftliche Nachteile wegen der notwendig gewordenen Bestellung eines anderen Prüfers ergeben, nicht dagegen aus inhaltlichen Prüfungsmängeln (vgl *ADS*[6] § 319 Anm 256). Entspr kommt eine Haftung ggü Dritten nicht in Betracht, zumal nicht zu erkennen ist, welchen Kausalbeitrag die Inhabilität des AP für einen Schaden eines Dritten haben könnte. 94

Nach § 334 Abs 2 handelt der AP ordnungswidrig, wenn er trotz Vorliegen eines Ausschlussgrunds einen BVm (vgl § 32 WPO) erteilt, und kann daher mit einem **Bußgeld** belegt werden. Der WP kann den Bußgeldtatbestand jedoch dadurch vermeiden, dass er bestehende Ausschlussgründe vor Testatserteilung beseitigt, sofern es sich nicht der Sache nach um nachwirkende Ausschlussgründe handelt (*ADS*[6] § 319 Anm 258). Die **Ordnungswidrigkeit** setzt Vorsatz voraus (§ 10 OWiG), wobei Eventualvorsatz genügt. Unkenntnis der gesetzlichen Ausschlussgründe exkulpiert nicht, weil diese Bestandteil der Berufsgrundsätze zur Unanhängigkeit sind, deren Unkenntnis nicht unvermeidbar (§ 11 Abs 2 OWiG) ist. Unkenntnis des unterzeichnenden WP über das Vorliegen von Tatbestandsvoraussetzungen kann den Vorsatz ausschließen; dies kann auch der Fall sein, wenn die Inhabilität begründende Tatsachen zwar der Geschäftsführung oder dem Vorstand einer WPG/BPG, nicht hingegen dem unterzeichnenden WP bekannt sind. 95

Die Erteilung eines BVm trotz Vorliegen eines Ausschlussgrunds dürfte darüber hinaus regelmäßig eine **Berufspflichtverletzung** darstellen, die nach §§ 67 ff WPO berufsgerichtlich geahndet wird. 96

§ 319a Besondere Ausschlussgründe bei Unternehmen von öffentlichem Interesse

(1) [1]**Ein Wirtschaftsprüfer ist über die in § 319 Abs. 2 und 3 genannten Gründe hinaus auch dann von der Abschlussprüfung eines Unternehmens, das einen organisierten Markt im Sinne des § 2 Abs. 5 des Wertpapierhandelsgesetzes in Anspruch nimmt, ausgeschlossen, wenn er**

1. **in den letzten fünf Jahren jeweils mehr als fünfzehn vom Hundert der Gesamteinnahmen aus seiner beruflichen Tätigkeit von der zu prüfenden Kapitalgesellschaft oder von Unternehmen, an denen die zu prüfende Kapitalgesellschaft mehr als zwanzig vom Hundert der Anteile besitzt, bezogen hat und dies auch im laufenden Geschäftsjahr zu erwarten ist,**
2. **in dem zu prüfenden Geschäftsjahr über die Prüfungstätigkeit hinaus Rechts- oder Steuerberatungsleistungen erbracht hat, die über das Aufzeigen von Gestaltungsalternativen hinausgehen und die sich auf die Darstellung der Vermögens-, Finanz- und Ertragslage in dem zu prüfenden Jahresabschluss unmittelbar und nicht nur unwesentlich auswirken,**
3. **über die Prüfungstätigkeit hinaus in dem zu prüfenden Geschäftsjahr an der Entwicklung, Einrichtung und Einführung von Rechnungslegungsinforma-**

tionssystemen mitgewirkt hat, sofern diese Tätigkeit nicht von untergeordneter Bedeutung ist, oder

4. einen Bestätigungsvermerk nach § 322 über die Prüfung des Jahresabschlusses des Unternehmens bereits in sieben oder mehr Fällen gezeichnet hat; dies gilt nicht, wenn seit seiner letzten Beteiligung an der Prüfung des Jahresabschlusses drei oder mehr Jahre vergangen sind.

[2] § 319 Abs. 3 Satz 1 Nr. 3 letzter Teilsatz, Satz 2 und Abs. 4 gilt für die in Satz 1 genannten Ausschlussgründe entsprechend. [3] Satz 1 Nr. 1 bis 3 gilt auch, wenn Personen, mit denen der Wirtschaftsprüfer seinen Beruf gemeinsam ausübt, die dort genannten Ausschlussgründe erfüllen. [4] Satz 1 Nr. 4 findet auf eine Wirtschaftsprüfungsgesellschaft mit der Maßgabe Anwendung, dass sie nicht Abschlussprüfer sein darf, wenn sie bei der Abschlussprüfung des Unternehmens einen Wirtschaftsprüfer beschäftigt, der nach Satz 1 Nr. 4 nicht Abschlussprüfer sein darf.

(2) **Absatz 1 ist auf den Abschlussprüfer des Konzernabschlusses entsprechend anzuwenden.**

Übersicht

A. Anwendungsbereich der Vorschrift

1 In § 319a werden bestimmte Ausschlussgründe definiert, die nur bei der APr von Unt, die einen organisierten Kapitalmarkt iSd § 2 Abs 5 WpHG in Anspruch nehmen, zu beachten sind.

2 Bei einem **organisierten Markt** iSd § 2 Abs 5 WpHG handelt es sich um einen Markt, der von staatlich anerkannten Stellen geregelt und überwacht wird, regelmäßig stattfindet und für das Publikum unmittelbar oder mittelbar zugänglich ist. An den deutschen Wertpapierbörsen erfüllen diese Kriterien die Marktsegmente des amtlichen und des geregelten Markts. Nicht erfasst sind damit Unt, deren Wertpapiere im Freiverkehr gehandelt werden. Zu den organisierten Kapitalmärkten zählen auch die übrigen geregelten Märkte iSd EU-Wertpapierdienstleistungs-Richtlinie (92/22/EWG). Ob ein Kapitalmarkt in einem Drittland die Anforderungen eines organisierten Markts erfüllt, muss im Einzelfall unter Zugrundelegung der Kriterien des § 2 Abs 5 WpHG entschieden werden.

Organisierte Kapitalmärkte werden von Unt **in Anspruch genommen,** in- 3
dem von ihnen emittierte Finanzinstrumente unter staatlicher Kontrolle auf diesen Märkten öffentlich gehandelt werden. Bei solchen Finanzinstrumenten kann es sich insbesondere um Aktien, Schuldverschreibungen, Genussscheine, Optionsscheine und vergleichbare Wertpapiere handeln (§ 2 Abs 1 S 2 WpHG). Aus dem Wortlaut des Gesetzes ergibt sich, dass nur solche Unt erfasst sind, die organisierte Kapitalmärkte in Anspruch nehmen und nicht auch solche, die eine Inanspruchnahme beabsichtigen. Ein Antrag auf Zulassung eines Wertpapiers zum Handel auf einem organisierten Kapitalmarkt erfüllt mithin nicht das Tatbestandsmerkmal. Eine Inanspruchnahme ist nach dem Gesetzeswortlaut bei einem MU nicht allein deshalb anzunehmen, weil ein TU einen organisierten Kapitalmarkt in Anspruch nimmt.

B. Ausschlussgründe nach § 319 Abs 2 und 3

Auch bei der Pflichtprüfung von Unt von öffentlichem Interesse sind die 5
allgemeinen Ausschlussgründe nach § 319 Abs 2 und 3 zu beachten (s dort). Danach sind WP von der APr ausgeschlossen, wenn Gründe vorliegen, nach denen die Besorgnis der Befangenheit besteht. Dies ist insb bei Beziehungen geschäftlicher, finanzieller und persönlicher Art anzunehmen, wobei die Sicht eines verständigen und objektiven Dritten entscheidend ist. Der WP kann in den Fällen des § 319 Abs 2 Vermeidungs- und Schutzmaßnahmen ergreifen, um die Besorgnis der Befangenheit zu beseitigen oder zu mindern. Stehen keine geeigneten Maßnahmen zur Verfügung, ist der WP von der APr ausgeschlossen. Dies gilt auch für die in Abs 3 und in § 319a festgelegten Ausschlussgründe, bei deren Verwirklichung die unwiderlegbare Vermutung besteht, dass Besorgnis der Befangenheit gegeben ist. Schutzmaßnahmen können in diesen Fällen die Besorgnis der Befangenheit nicht beseitigen. Wohl aber können Maßnahmen zur Vermeidung der Verwirklichung der Tatbestandsvoraussetzungen ergriffen werden (s § 319 Anm 23).

C. Bestimmte Ausschlussgründe bei Unternehmen von öffentlichem Interesse

I. Sozietätsklausel (Abs 1 S 3)

Nach Abs 1 S 3 gelten die Vorschriften des Abs 1 S 1 Nr 1 bis 3 auch, wenn 7
Personen, mit denen der WP seinen Beruf gemeinsam ausübt, die dort genannten Ausschlussgründe erfüllen. Zur so genannten Sozietätsklausel wird auf Anm 47 zu § 319 verwiesen.

II. Umsatzabhängigkeit (Abs 1 S 1 Nr 1)

9 Nach § 319 Abs 3 S 1 Nr 5 besteht Besorgnis der Befangenheit, wenn ein WP in den letzten fünf Jahren mehr als 30 vH der Gesamteinnahmen aus seiner beruflichen Tätigkeit von der zu prüfenden KapitalGes oder von Unt, an denen die zu prüfende KapitalGes mehr als 20 vH der Kapitalanteile besitzt, bezogen hat und dies auch im lfd Jahr erwartet wird. Bei Unt von öffentlichem Interesse ist der Gesetzgeber davon ausgegangen, dass bereits bei Überschreiten einer Quote von 15 vH Besorgnis der Befangenheit anzunehmen ist (Abs 1 S 1 Nr 1). Zu Einzelheiten s Anm 70ff zu § 319.

III. Ausübung bestimmter Tätigkeiten

1. Rechts- und Steuerberatungsleistungen (Abs 1 S 1 Nr 2)

11 Nach Abs 1 S 1 Nr 2 ist ein WP von der APr eines Unt von öffentlichem Interesse ausgeschlossen, wenn er in dem zu prüfenden Gj über die Prüfungstätigkeit hinaus Rechts- und Beratungsleistungen erbracht hat, die über das Aufzeigen von Gestaltungsalternativen hinausgehen und die sich auf die Darstellung der VFE-L in dem zu prüfenden JA unmittelbar und nicht nur unwesentlich auswirken. Nach der *Begr RegE BilReG* ist davon auszugehen, dass das Erbringen von Rechts- und Steuerberatungsleistungen im weitaus überwiegendem Umfang auch bei Unt von öffentlichem Interesse nach wie vor zulässig ist. Die Regelung der Nr 2 zielt insb darauf ab, die Beachtung des Selbstprüfungsverbots bei Rechts- und Steuerberatungsleistungen zu gewährleisten. Zur Vereinbarkeit von Beratung und APr hatte der *BGH* in seinem U vom 21. 4. 1997 (BGHZ 135, 244f) ausgeführt, dass eine unzulässige Tätigkeit dann nicht gegeben ist, wenn der WP die Grenzen seiner funktionellen Zuständigkeit beachtet. Dies bedeutet insb, dass der AP im Rahmen der Beratungstätigkeiten keine unternehmerischen Entscheidungen treffen darf, sondern sich auf das Aufzeigen von Handlungsalternativen beschränken muss (s im Einzelnen Anm 46 zu § 319). Mit der durch das *BilReG* eingeführten Regelung wird die Argumentation des BGH aufgegriffen und im Hinblick auf die Beachtung des Selbstprüfungsverbots bei Rechts- und Steuerberatungsleistungen, die ggü Unt von öffentlichem Interesse erbracht werden, weiter entwickelt und konkretisiert.

12 Bei Rechts- und Steuerberatung handelt sich um alle Beratungsleistungen, die dem Geltungsbereich des Rechtsberatungsgesetzes und des Steuerberatungsgesetzes unterliegen, dh um alle dort definierten Arten von Hilfeleistung in steuerrechtl und rechtlichen Angelegenheiten. Diese Beratungsleistungen sind für die Feststellung, ob eine Besorgnis der Befangenheit nach Nr 1 vorliegt, nur relevant, wenn sie in dem zu prüfenden Gj erbracht worden sind. Beratungsleistungen, die in einem früheren Gj erbracht worden sind, können aber in Ausnahmefällen Anlass geben, eine Besorgnis der Befangenheit nach § 319 Abs 2 unter dem Gesichtspunkt der Selbstprüfung zu analysieren.

13 Rechts- und Steuerberatungsleistungen können darüber hinaus nach Nr 2 nur dann schädlich sein, wenn sie **außerhalb der Prüfungstätigkeit** erbracht worden sind. Dies bedeutet, dass es sich im Allgemeinen um eigenständige Beratungsaufträge handelt, in denen der Prüfer selbst gestaltend tätig wird und dem Mandanten ein Produkt liefert (*Begr RegE BilReG* zu § 319a Abs 1 S 1 Nr 1).

14 Des Weiteren müssen die Rechts- und Steuerberatungsleistungen über das **Aufzeigen von Gestaltungsalternativen** hinausgehen. In der *Begr RegE Bil-*

ReG wird hierzu ausgeführt, „dass die Regelung nur greift, wenn der AP Vorschläge und Empfehlungen gemacht und nicht lediglich Hinweise auf eine bestehende Rechtslage zu bestimmten Situationen gegeben hat, die ein Handeln des Mandanten nahe legen oder es – zur Wahrung von Vorteilen – sogar erfordern". In den Erl zu § 23a Abs 7 Berufssatzung wird hierzu ausgeführt, dass keine Besorgnis der Befangenheit besteht, wenn der AP die Rechtslage abstrakt oder zu bestimmten Sachverhalten erläutert.

Liegen solche Tätigkeiten, die im Gj außerhalb der Prüfungstätigkeit durch- 15
geführt wurden und die über das Aufzeigen von Gestaltungsalternativen hinausgehen, vor, ist zur Feststellung einer möglichen Besorgnis der Befangenheit im nächsten Schritt zu prüfen, ob sie sich auf die **Darstellung der Vermögens-, Finanz- und Ertragslage** des zu prüfenden JA auswirken. Denn nur in diesem Fall besteht das Risiko eines Verstoßes gegen das Selbstprüfungsverbot. Sind diese Voraussetzungen gegeben, muss festgestellt werden, ob die Auswirkungen unmittelbar und für die Darstellung der VFE-L nicht nur unwesentlich sind.

Rechts- und Steuerberatung wirken sich in den meisten Fällen mittelbar auf die im JA dargestellte VFE-L aus, da sie unternehmerische Entscheidungen unterstützen, deren Auswirkungen im Jahresabschluss abzubilden sind. Steuerrechtl Beratungen haben im Allgemeinen Änderungen der Steuerlast des beratenen Unt zur Folge, welche im JA ausgewiesen wird. Für die Frage, ob das Selbstprüfungsverbot verletzt ist, hat der Gesetzgeber daher die zusätzlichen Kriterien der „Unmittelbarkeit" und der „Wesentlichkeit" eingeführt. Damit bleiben Rechts- und Steuerberatungsleistungen, die sich nur mittelbar auswirken, außer Betracht. Nach der *Begr RegE BilReG* sind damit Fälle angesprochen, in denen die Auswirkungen auf die im JA dargestellte VFE-L mit in die Gestaltung einbezogen werden. Als Beispiel wird die Beratung zur Auslagerung von Risiken auf ZweckGes, die nicht in den KA einbezogen werden, angeführt. Hier ist die Beratung von vornherein darauf ausgerichtet, ein gewünschtes bilanzielles Ergebnis zu erzielen. Es besteht dann die Besorgnis der Befangenheit, weil der AP die bilanziellen Konsequenzen der von ihm entwickelten rechtlichen Konstruktion im Rahmen der APr nicht mehr unvoreingenommen beurteilen kann. Auf die Steuerberatung bezogen bedeutet dies, dass eine Besorgnis der Befangenheit wegen eines Verstoßes gegen das Selbstprüfungsverbot nur anzunehmen ist, wenn die Beratung unmittelbar auch eine bilanzielle Wirkung erzielen soll. Zu diesem Fall übernimmt der AP eine Gewähr für den Eintritt der abschlussgestaltenden Wirkungen.

Die Auswirkungen auf die Darstellung der VFE-L im JA müssen zudem nicht nur unwesentlich sein. Wesentlich sind solche Auswirkungen, wenn sie eine Relevanz für Entscheidungen der Abschlussadressaten haben. Hier kann auf die allgemeine Diskussion zur Wesentlichkeit von Abschlussinformationen verwiesen werden (s Anm S 7 zu § 264 HGB).

In Abhängigkeit von den Verhältnissen des Einzelfalls dürfte sich aus den fol- 16
genden Arten der steuerrechtl Beratung **keine Besorgnis der Befangenheit** nach Nr 2 ergeben:
– Erstellung von Steuererklärungen;
– Beratung zu bereits verwirklichten Sachverhalten (zB in Betriebsprüfungen und Einspruchsverfahren);
– Beratung in steuerrechtl Fragen, soweit der Inhalt der Beratung in steuerrechtl Auskünften zu geplanten Maßnahmen des Mandanten besteht;
– Stellungnahmen zu Steuermodellen, die von anderen Beratern entwickelt wurden;
– Umsatzsteuerberatung mit dem Schwerpunkt auf der Erfüllung und Optimierung von steuerrechtl Verpflichtungen;

- Steuerrechtl Due-diligence-Aufträge bei Kauf und Verkauf von Unt;
- Vertretung des Mandanten bei Betriebsprüfungen;
- Vertretung in außergerichtlichen und gerichtlichen Rechtsbehelfsverfahren.

Bei Aufträgen zur Analyse und Darstellung der steuerrechtl Folgen von Gestaltungsmöglichkeiten oder Handlungsalternativen wird es entscheidend auch darauf ankommen, inwieweit das beratene Unt selbst in der Lage ist, die Ergebnisse der Beratung vor der Entscheidung über die Umsetzung zu würdigen (s auch Erl zu § 23a Abs 7 Berufssatzung). Gerade bei größeren Unt ist im Allgemeinen davon auszugehen, dass hinreichende Ressourcen (zB Steuer- und Rechtsabteilungen, ggf auch anderer KonzernUnt) zur Verfügung stehen, um eine eigenständige Beurteilung der Beratungsergebnisse vorzunehmen und eine Entscheidung zur Umsetzung steuerrechtl Ratschläge vorzubereiten. Solange der Berater nicht den letztlich angestrebten Erfolg (Steueroptimierung) schuldet, sondern eine fachgerechte Analyse, ggf verbunden mit einer sorgfältigen Einschätzung der Chancen und Risiken steuerrechtlicher Zweifelsfragen, dürfte eine Besorgnis der Befangenheit nicht bestehen. Der Verkauf vorgefertigter Beratungsprodukte, bei denen die bilanziellen Auswirkungen unabhängig von einer Einzelfallbetrachtung in die Gestaltung einbezogen werden, ist – Wesentlichkeit vorausgesetzt – unter diesen Gesichtspunkten aber nicht zulässig. Für Rechtsberatungsleistungen gelten die Überlegungen entsprechend.

2. Entwicklung, Einrichtung und Einführung von Rechnungslegungsinformationssystemen (Abs 1 S 1 Nr 3)

21 Ein WP ist von der APr eines Unt von öffentlichem Interesse auch ausgeschlossen, wenn er über die Prüfungstätigkeit hinaus an der Entwicklung, Einrichtung und Einführung von Rechnungslegungsinformationssystemen mitgewirkt hat, sofern diese Tätigkeit nicht von untergeordneter Bedeutung ist. Unter einem **Rechnungslegungsinformationssystem** sind alle manuellen und automatisierten Verfahren zu verstehen, mit denen die Geschäftsvorfälle und sonstige buchführungs- und berichtspflichtigen Sachverhalte des Unt erfasst, verarbeitet und sowohl für unternehmensinterne als auch für Zwecke der externen Rechnungslegung aufbereitet werden. Dies umfasst das Buchführungssystem (Finanz-, Material-, Anlagen- und Lohnbuchhaltung usw) und das interne Rechnungswesen (Kostenrechnung, UntPlanung, Budgetierung, Cash Management, Lager- und Produktionssteuerung, Management-Informationssystem usw).

22 Eine Mitwirkung an der Entwicklung, Einrichtung und Einführung von Rechnungslegungsinformationssystemen begründet eine Besorgnis der Befangenheit, weil deren Beurteilung Bestandteil der JAP ist. Dies kann wie folgt verdeutlicht werden:

- Das Buchführungssystem ist als Bestandteil des Rechnungslegungsinformationssystems nach § 317 Abs 1 S 1 in die Prüfung einzubeziehen;
- die Güte des Rechnungslegungsinformationssystems wirkt sich unmittelbar auf Art, Zeitpunkt und Umfang der vom AP durchzuführenden aussagebezogenen Prüfungshandlungen aus (risikoorientierte APr);
- das Management-Informationssystem liefert Informationen, die im Rahmen der Aufstellung des JA verwendet werden und vom AP zu prüfen sind (zB Gemeinkostenzuschläge, Planungen für die Beurteilung der Annahme der UntFortführung, Risiken der künftigen Entwicklung für den Lagebericht, Soll-/Ist-Vergleiche als Grundlage für die Durchführung analytischer Prüfungshandlungen).

In der *Begr RegE BilReG* wird darauf hingewiesen, dass mit dieser Vorschrift entspr Vorschläge aus der EU-Kommissionsempfehlung zur Unabhängigkeit des AP und Regelungen aus dem Sarbanes-Oxley Act (SOA) in das deutsche Recht übernommen werden. Nach der EU-Empfehlung kann ein Verstoß gegen das Selbstprüfungsverbot vorliegen, wenn der AP mit der Gestaltung und Implementierung von Finanzinformationssystemen beauftragt ist, die zur Gewinnung von Informationen eingesetzt werden, die Bestandteil des JA des Prüfungsmandanten sind. Dies gilt dann nicht, wenn 23
- die UntLeitung schriftlich bestätigt, dass sie die Verantwortung für das gesamte IKS übernimmt,
- der AP sich vergewissert, dass sich die UntLeitung bei der Frage der Angemessenheit des IKS nicht in erster Linie auf die von ihm entwickelten bzw implementierten Bestandteile des Finanzinformationssystems stützt,
- die Entwicklung anhand von Spezifikationen erfolgt, die von der UntLeitung festgelegt wurden,
- es sich nicht um ein in sich vollständig abgeschlossenes Projekt handelt, das sowohl die Software-Entwicklung, die Hardware-Konfigurierung als auch die Implementierung von Beidem einschließt, es sei denn, die UntLeitung erklärt schriftlich, die Verantwortung dafür zu übernehmen.

Es ist fraglich, ob diese Hinweise anwendbar sind. Es ist vielmehr davon auszugehen, dass nach der deutschen Vorschrift eine Besorgnis der Befangenheit auch besteht, wenn die dargestellten Schutzmaßnahmen des AP durchgeführt werden (unwiderlegbare Vermutung). Unzulässigkeit ist nach dem Gesetzeswortlaut bereits gegeben, wenn der WP an der Entwicklung, Einrichtung oder Einführung von Rechnungslegungsinformationssystemen über die Prüfungstätigkeit hinaus **mitgewirkt** hat. Eine solche Mitwirkung lässt sich durch die in der EU-Empfehlung dargestellten Schutzmaßnahmen nicht beseitigen. 24

Nicht ausgeschlossen sind aber weiterhin sogenannte projektbegleitende Prüfungen, bei denen vom AP im Vorfeld der APr festgestellt wird, ob bei der Einführung neuer oder der Umgestaltung bestehender Rechnungslegungsinformationssysteme die gesetzlichen Anforderungen beachtet werden. Hierbei hat sich der AP aber an den vom Berufsstand der WP entwickelten Grundsätze zu orientieren, die auf eine Beachtung des Selbstprüfungsverbots bei solchen projektbegleitenden Prüfungen ausgerichtet sind (s *HFA 4/1997* „Projektbegleitende Prüfung EDV-gestützter Systeme"). Hierauf wird auch in den Erl zu § 23a Abs 8 Berufssatzung hingeweisen.

Unter Entwicklung, Einrichtung und Einführung sind ua folgende Projektphasen zu verstehen:
- Konzeption des Rechnungslegungsinformationssystems (Grob- und Feinkonzept);
- Einpassung in die vorhandene Systemumgebung;
- vorbereitende technische und organisatorischen Maßnahmen (zB Schulung der Mitarbeiter, Datenmigration);
- Sicherstellung der Einhaltung von Vorschriften zur Datensicherheit und zur Ordnungsmäßigkeit des Buchführungssystems;
- Durchführung von Hard- und Softwaretests;
- Freigabe des Systems für den produktiven Einsatz.

Die deutsche Vorschrift entspricht iw der auf der Grundlage des Sarbanes-Oxley Acts (SOA) von der SEC erlassenen *Final Rule zur Unabhängigkeit* des AP. Darin wird unter Bezugnahme auf eine mögliche Selbstprüfung angeführt, dass die Gestaltung und Implementierung von Finanzinformationssystemen nicht zulässig ist, wenn davon ausgegangen werden muss, dass das Ergebnis die- 25 ser Tätigkeit Gegenstand von Prüfungshandlungen im Rahmen der APr ist. Verboten sind danach die Gestaltung und Implementierung von Hard- und Software, die der Erfassung oder Verarbeitung von Geschäftsvorfällen oder der Generierung von Informationen dient, wenn diese für die Rechnungslegung insgesamt wesentlich sind. Ausgeschlossen ist zB die Entwicklung von integrierten ERP-Systemen, da diese die Grundlage des Finanzinformationssystems darstellen.

3. Verbundene Unternehmen und Beteiligungsunternehmen (Abs 1 S 2 iVm § 319 Abs 3 S 1 Nr 3 letzter Teilsatz)

30 Nach Abs 1 S 2 iVm § 319 Abs 3 S 1 Nr 3 letzter Teilsatz kann auch die Erbringung von Rechts- und Steuerberatungsleistungen sowie die Mitwirkung an der Entwicklung, Einrichtung und Einführung von Finanzinformationssystemen für die zu prüfende KapGes/KapCoGes durch ein Unt, bei dem der WP gesetzlicher Vertreter, Mitglied des AR oder Gester, der mehr als 20 vH der den Gestern zustehenden Stimmrechte besitzt, einen Ausschlusstatbestand darstellen.

IV. Interne Rotation (Abs 1 S 1 Nr 4 und S 4)

32 Bereits mit dem KonTraG wurde eine Vorschrift in den § 319 eingeführt, wonach AP nicht sein durfte, wer in den vorhergehenden 10 Jahren den BVm nach § 322 in mehr als sechs Fällen gezeichnet hatte. Diese Vorschrift galt für die AP einer *börsennotierten* AG. Mit Inkrafttreten des BilReG wurde die Vorschrift zur internen Rotation in § 319a übernommen und ist daher für alle gesetzlichen APr bei Unt von öffentlichem Interesse zu beachten. Nach Abs 1 S 1 Nr 4 ist ein WP von der APr eines Unt von öffentlichem Interesse ausgeschlossen, wenn er einen BVm nach § 322 über die Prüfung des JA bereits in sieben oder mehr Fällen gezeichnet hat. Dies gilt nicht, wenn seit seiner letzten Beteiligung an der Prüfung des JA drei oder mehr Jahre vergangen sind. Es ist somit nunmehr eine feste Time-out-Periode von drei Jahren zu beachten, bevor ein WP nach Rotation den BVm wieder (mit) unterzeichnen darf.

33 Die Vorschrift ist ausschließlich auf die den BVm **unterzeichnenden WP** anzuwenden, nicht jedoch auf sonstige Mitglieder des Prüfungsteams, auch wenn es sich dabei um WP handelt. Nach der in Deutschland weit verbreiteten Praxis, nach der ein BVm von zwei WP unterzeichnet wird, bedeutet dies, dass beide WP die Pflicht zur Rotation zu beachten haben.

34 Nach Abs 1 S 4 ist die Vorschrift zur internen Rotation auf eine **WPG** mit der Maßgabe anzuwenden, dass sie nicht AP sein darf, wenn sie bei der APr des Unt einen WP beschäftigt, der nach Abs 1 S 1 Nr 4 nicht AP sein darf. Dies bedeutet, dass nach der Rotation innerhalb der Time-out-Periode keine Beschäftigung der Unterzeichner des BVm in den betr APr zulässig ist. Es reicht also nicht aus, die Unterschrift zu unterlassen; vielmehr darf der ausgeschlossene WP nicht mehr in einer Weise an der Durchführung der APr beteiligt sein, in der er Entscheidungsbefugnisse hat, die es ihm erlauben, das Prüfungsurteil maßgeblich zu beeinflussen.

35 **Unzulässig** dürften damit insbesondere folgende Tätigkeiten sein:
- Einsatz als Mitglied des Prüfungsteams;
- Wahrnehmung von Mandantenkontakten, die im Rahmen der Prüfung erforderlich sind;

– Teilnahme und Berichterstattung in der Bilanzsitzung des AR iSd § 171 Abs. 1 Satz 2 AktG (in Ausnahmefällen dürfte aber die Anwesenheit als Gast zulässig sein);
– alleinige Übernahme der auftragsbegleitenden Qualitätssicherung (§ 24d Abs 2 Berufssatzung) für dieses Mandat.

Dagegen ist es ohne weiteres zulässig, dass der ausgeschlossene WP dem Prüfungsteam zu einzelnen Fragen Auskünfte erteilt. Außerdem umfasst das Rotationsgebot nicht Leistungen für den Mandanten, die außerhalb der APr erbracht werden. Hierzu gehören insbesondere Beratungsleistungen, Gutachten sowie sonstige betriebswirtschaftliche Prüfungen.

Für die Anwendung des Rotationsgebots bei **Konzernabschlussprüfungen** 36
sollte Folgendes berücksichtigt werden: Wenn die Pflicht zur Rotation eines WP bei dem MU besteht, kann dessen Beschäftigung im Rahmen der Prüfung von in den KA einbezogenen TU unzulässig sein, wenn hierin eine Beschäftigung bei der Prüfung des KA gesehen werden kann. Dies wäre bei einer nicht nach § 317 Abs 3 S 2, 3 befreienden Prüfung des JA der Fall, wenn deren Ergebnis vom Konzern-AP verwertet wird, weil hier das Prüfungsergebnis zum JA in die Beurteilung des KA einfließt. Bei der Übernahme des Ergebnisses einer befreienden Prüfung des JA iSv § 317 Abs. 3 Satz 2 oder 3 könnte zwar formal argumentiert werden, dass es sich um eine getrennte Prüfung handelt; zur Vermeidung einer Besorgnis der Befangenheit sollte der Ausgeschlossene jedoch auch bei befreienden Prüfungen von bedeutenden TU nicht tätig werden.

Gegen den Einsatz eines WP, der zur internen Rotation bei einem TU verpflichtet ist, bei der Prüfung eines anderen TU desselben Konzerns dürften grds keine Bedenken bestehen.

V. Ausschlussgründe bei Prüfungsgesellschaften (Abs 1 S 2 iVm § 319 Abs 4)

Die Ausschlussgründe nach Abs 1 S 1 sind bei PrüfungsGes entspr anzuwen- 40
den. Dies entspricht der Systematik des § 319. Es kann insoweit auf die Anm 75ff zu § 319 verwiesen werden. Zur Anwendung des Rotationsgebots bei WPG s Anm 32ff.

VI. Ausschlussgründe bei der Prüfung von Konzernabschlüssen (Abs 2)

Abs 1 ist bei der Prüfung von KA entspr anzuwenden. Es wird auf Anm 87ff 42
zu § 319 verwiesen. Zur Anwendung des Rotationsgebots bei KA-APr s Anm 32ff.

D. Rechtsfolgen von Verstößen gegen § 319a

Zu den Rechtsfolgen von Verstößen gegen § 319a wird auf Anm 92ff zu 43
§ 319 verwiesen.

§ 320 Vorlagepflicht. Auskunftsrecht

(1) [1]Die gesetzlichen Vertreter der Kapitalgesellschaft haben dem Abschlußprüfer den Jahresabschluß und den Lagebericht unverzüglich nach der Aufstellung vorzulegen. [2]Sie haben ihm zu gestatten, die Bücher und Schriften der Kapitalgesellschaft sowie die Vermögensgegenstände und Schulden, namentlich die Kasse und die Bestände an Wertpapieren und Waren, zu prüfen.

(2) [1]Der Abschlußprüfer kann von den gesetzlichen Vertretern alle Aufklärungen und Nachweise verlangen, die für eine sorgfältige Prüfung notwendig sind. [2]Soweit es die Vorbereitung der Abschlußprüfung erfordert, hat der Abschlußprüfer die Rechte nach Absatz 1 Satz 2 und nach Satz 1 auch schon vor Aufstellung des Jahresabschlusses. [3]Soweit es für eine sorgfältige Prüfung notwendig ist, hat der Abschlußprüfer die Rechte nach den Sätzen 1 und 2 auch gegenüber Mutter- und Tochterunternehmen.

(3) [1]Die gesetzlichen Vertreter einer Kapitalgesellschaft, die einen Konzernabschluß aufzustellen hat, haben dem Abschlußprüfer des Konzernabschlusses den Konzernabschluß, den Konzernlagebericht, die Jahresabschlüsse, Lageberichte und, wenn eine Prüfung stattgefunden hat, die Prüfungsberichte des Mutterunternehmens und der Tochterunternehmen vorzulegen. [2]Der Abschlußprüfer hat die Rechte nach Absatz 1 Satz 2 und nach Absatz 2 bei dem Mutterunternehmen und den Tochterunternehmen, die Rechte nach Absatz 2 auch gegenüber den Abschlußprüfern des Mutterunternehmens und der Tochterunternehmen.

Übersicht

Schrifttum: *Budde* Grundsätze ordnungsgemäßer Rechenschaftslegung in FS Semler, 789 ff; *Budde/Steuber* Jahresabschluss – Was soll die Veranstaltung? in FS Claussen, 583 ff; *IDW PS 200* Ziele und allgemeine Grundsätze der Durchführung von Abschlußprüfungen IDW FN 2000, 280 ff; *IDW PS 201* Rechnungslegung- und Prüfungsgrundsätze für die Abschlußprüfung IDW FN 2000, 285 ff; *IDW PS 300* Prüfungsnachweise im Rahmen der Abschlußprüfung IDW FN 2001, 335 ff; *IDW PS 303* Erklärungen der gesetzlichen Vertreter gegenüber dem Abschlußprüfer WPg 2002, 680 ff.

A. Allgemeines

Der Zweck der – zwingenden und durch das BilKoG nicht geänderten – Bestimmungen des § 320 besteht darin, zu gewährleisten, dass die APr ordnungsgemäß durchgeführt wird. Die gesetzlichen Vertreter der Ges sind verpflichtet, den JA und den Lagebericht vorzulegen, die Prüfungshandlungen zu gestatten, Informationen bereitzustellen und Nachweise zu beschaffen (so auch *ADS*[6] § 320 Anm 1). Entspr gilt sinngemäß für den KA. 1

Die Pflicht, „mit der gebotenen Klarheit" über „Unrichtigkeiten oder Verstöße gegen gesetzliche Vorschriften zu berichten", also Betrug und Irrtum bei der Durchführung der Prüfung zu erkennen (s § 317 Anm 14f), setzt entspr Prüfungshandlungen und damit auch Einsicht in die maßgeblichen Unterlagen voraus. Das Gleiche gilt auf Grund der Aufgabe, das Risikomanagement zu beurteilen (§ 317 Abs 4). Gem § 317 Abs 1 S 2 ist die Prüfung so durchzuführen, dass Unrichtigkeiten und Verstöße, die sich wesentlich auf die Darstellung der VFE-Lage auswirken, bei gewissenhafter Berufsausübung erkannt werden (müssen), ohne dass die JAP deshalb den Umfang einer Unterschlagungsprüfung annimmt (*IDW PS 200* Anm 17ff; § 317 Anm 14f).

Der AP muss eigenverantwortlich die Prämissen für sein Prüfungsvorgehen bestimmen, die er nicht selbst prüfen kann, sondern bzgl der er auf Auskünfte oder Unterlagen seitens der zu prüfenden KapGes/KapCoGes angewiesen ist, deren Vollständigkeit und Richtigkeit ihm das Leitungsorgan bestätigen muss. Abs 1 S 2 und Abs 2 S 1 verpflichten die Ges und ihre Organe somit zu einer aktiven Unterstützung der JAP und ihrer Vorbereitung.

B. Anwendungsbereich

§ 320 ist die grundlegende Vorschrift zu den Auskunftsrechten bei handelsrechtlichen Prüfungen. § 320 gilt unmittelbar für Prüfungen des JA, IFRS-EA und KA von KapGes/KapCoGes und entspr für eine Nachtragsprüfung nach § 316 Abs 3 (dort Anm 30ff). Die Vorschrift ist ferner anzuwenden für APr nach §§ 6 Abs 1, 14 Abs 1 PublG §§ 340a Abs 1, 341a Abs 1 und andere gesetzliche Pflichtprüfungen. Nicht anzuwenden ist die Vorschrift auf freiwillige APr. Falls eine freiwillige APr durchgeführt wird, ist zur ordnungsgemäßen Durchführung der Prüfung erforderlich, dass die gesetzlichen Vertreter des Unt entspr Prüfungshandlungen zulassen und auf freiwilliger Basis Auskünfte erteilen (*ADS*[6] § 320 Anm 5). Eine sinngemäße Geltung des § 320 sollte deshalb zweckmäßigerweise in dem Auftragsschreiben vereinbart werden. Abs 1 S 2 und Abs 2 umschreiben sinngemäß auch die Auskunftsrechte des AP für den AbhBer nach § 313 Abs 1 AktG. 4

C. Einzelabschluss

I. Vorlagepflicht (Abs 1 S 1)

Nach Aufstellung des JA ist dieser unverzüglich dem AP vorzulegen. Neben Bilanz und GuV (§ 242 Abs 3) gehört bei KapGes/KapCoGes auch der Anhang zum JA (§ 264 Abs 1 S 1); der erstellte Lagebericht ist ebenfalls vorzulegen. „Aufstellung" bedeutete ursprünglich, dass der JA und der Lagebericht lückenlos 5 und vollständig erstellt werden mussten; der JA war dem AP in einer Form vorzulegen, dass er – auch ohne Berücksichtigung der Ergebnisse einer APr – hätte festgestellt werden können.

Ebenso wie in § 264 (dort Anm 19) wurde Aufstellung mit „Fertigstellung" gleichgesetzt. Diese Vorstellung eines vollständigen zur Prüfung übergebenen JA ist nicht mehr zeitgemäß. Angesichts der erheblich zunehmenden Komplexität von JA und KA sowie des größeren Termindrucks (fast close) ist davon auszugehen, dass die Aufstellung des JA in der Weise stattfindet, dass sie iSe fortlaufenden Konkretisierung der UntDaten zeitlich parallel mit der Prüfung stattfindet. Damit ist der JA erst dann aufgestellt, wenn die Prüfung vor Ort mit der Schlussbesprechung abgeschlossen ist. Bis dahin dürfen die Organe der Ges dem AP bereits vorgelegte Unterlagen auch wieder ändern. Die Zulässigkeit dieser Betrachtungsweise folgt aus Abs 2 S 2, der es gestattet, dass die Prüfungstätigkeit bereits vor Vorlage des JA einsetzen darf (so auch *ADS*[6] § 320 Anm 13, 14). Selbstverständlich darf die parallele Aufstellung und Prüfung aber nicht dazu führen, dass der AP quasi und unbemerkt die Entscheidung über die Ausübung von Ansatz- und Bewertungswahlrechten trifft. Dies bleibt stets Angelegenheit der Organe der Ges.

Die Vorlagepflicht der gesetzlichen Vertreter ist unverzüglich, dh ohne schuldhaftes Zögern, zu erfüllen. Diese zeitliche Vorgabe knüpft an § 264 Abs 1 S 2 an, demgemäß der JA und der Lagebericht in den ersten drei Monaten des Gj für das vergangene Gj aufzustellen sind. Die KapGes/KapCoGes, vertreten durch ihre gesetzlichen Vertreter, sollen die Prüfung und damit die Feststellung nicht verzögern dürfen (Verantwortlichkeit des Leitungsorgans für Buchführung und Rechnungslegung gem §§ 41 GmbHG, 91 AktG). Dem widerspricht Abs 2 S 2 nicht, denn diese Regelung betrifft Auskunftsansprüche und Einsichtsrechte, die der AP zur Vorbereitung der Prüfung schon vor Aufstellung des JA verlangen kann, nicht indessen die eigentliche Vorlage des erstellten JA.

II. Auskunftsrechte

1. Prüfungsrecht des Abschlussprüfers (Abs 1 S 2)

6 Der AP kann seiner Aufgabe nur nachkommen, wenn ihm neben JA und Lagebericht auch die Buchhaltung und sämtliche schriftlich dokumentierten Informationen der Ges zugänglich sind, die nach seinem pflichtgemäßen Ermessen für die Erledigung des Prüfungsauftrags notwendig sind. Indessen ist das Einsichtsrecht nicht unbegrenzt; der AP hat kein Untersuchungs- oder Durchsuchungsrecht (*Budde/Steuber* in FS Claussen, 583/599).

Falls Prüfungshindernisse bestehen oder wenn die verpflichteten Organe keinen Zugang verschaffen, muss der Prüfer die Prüfung verschieben oder unterbrechen, es sei denn, das Prüfungshindernis besteht lediglich im Hinblick auf ganz unwesentliche Teile des Prüfungsstoffs.

Die Interessen des Unt werden durch die dem AP obliegende Verschwiegenheitspflicht (§ 43 Abs 1 WPO) geschützt, die auch für seine Gehilfen und Mitarbeiter gilt (§ 50 WPO, § 323 Abs 1 S 1). Diese Verpflichtung zur Verschwiegenheit ist strafbewehrt (§§ 333, 67 WPO).

Die Prüfung wird in den Geschäftsräumen der Ges durchgeführt, und zwar in der Hauptverwaltung ebenso wie ggf in Niederlassungen (oder Zweigniederlassung) mit selbständiger Buchhaltung. Der AP hat das Recht, **Einsicht in Bücher und Schriften** zu nehmen, dazu gehört auch die Lesbarmachung von Daten, die computergestützt bearbeitet werden. Die Begriffe „Bücher und Schriften" sind weit auszulegen. Es fallen hierunter nicht nur Handelsbücher mit Nebenbüchern, Unterlagen über die Bestandsaufnahmen, Belege, Handelsbriefe, Protokolle, Verträge und dgl, sondern auch Betriebsbuchhaltung, Kalkulation, Statistik (glA *ADS*[6] § 320 Anm 17f; *Baetge/Göbel* in HdR[5] § 320 Anm 11ff; ferner Organisationshandbücher, interne Richtlinien uä gem § 317 Abs 1 S 2).

Das Einsichtsrecht ist auch für **Planungsrechnungen,** wie zB Produktions-, Investitions- und Finanzplanungen, zu bejahen, da sie wesentliche Grundlagen insb für die Prüfung der Angaben im Anhang und im Lagebericht sowie ggf der Prämisse der UntFortführung darstellen (so auch *ADS*[6] § 320 Anm 18; *Baetge/Göbel* in HdR[5] § 320 Anm 11).

Das Prüfungsrecht bezieht sich nach S 2 auf alle VG und Schulden, dh auf alle 7
Aktiva und **Passiva,** einschl des EK sowie der RAP, Rücklagen sowie die Bilanzvermerke (so auch *ADS*[6] § 320 Anm 24; *Baetge/Göbel* in HdR[5] § 320 Anm 14), ferner auf alle Angaben im Anhang und Lagebericht. Für die Bestandsprüfung werden in Abs 1 S 2 als Beispiele „die Kasse und die Bestände an Wertpapieren und Waren" aufgeführt. Die Bestandsprüfung umfasst zB das Inventar, die Inventurüberwachung und die Saldenlisten für Forderungen und Schulden und die Bewertung dieser Posten. Der Umfang der Prüfung wird durch die berufsüblichen Grundsätze bestimmt (§ 317 Anm 14f sowie *IDW PS 201* Anm 24ff). Der AP ist berechtigt, Betriebsbesichtigungen vorzunehmen, um die Existenz und den Zustand des Anlage- und Umlaufvermögens zu überprüfen (so auch *ADS*[6] § 320 Anm 25).

Das Recht der Einsichtnahme bezieht sich nach hM auch auf **vertrauliche** 8
Unterlagen, wie zB Vorstands- und AR-Protokolle, soweit deren Inhalt für die Prüfung aus der Sicht des AP relevant ist oder sein kann (*ADS*[6] § 320 Anm 18; *Grewe* in BoHdR § 320 Anm 13); ferner auf Haftungsverhältnisse. Das Unt kann die Einsichtnahme (Abs 1 S 2) und das Auskunftsrecht (Abs 2) generell nicht unter Berufung auf Vertraulichkeit oder Geschäftsgeheimnisse verweigern (so auch *ADS*[6] § 320 Anm 81; *Baetge/Göbel* in HdR[5] § 320 Anm 44). Ggü dem AP gibt es kein Geschäfts- und Berufsgeheimnis, auch soweit ein solches die Ges selbst von Gesetzes wegen trifft.

Das Einsichtnahmerecht umfasst auch das **Recht, Kopien zu machen und** 9
Saldenbestätigungen einzuholen (*ADS*[6] § 320 Anm 27), um sie zu den Arbeitspapieren zu nehmen; denn mit diesen dokumentiert der AP den Prüfungshergang zu eigenen Zwecken.

2. Aufklärungen und Nachweise (Abs 2 S 1)

Das **Auskunftsrecht** nach Abs 2 S 1 umfasst die **Aufklärungen** und **Nach-** 11
weise, die zur Durchführung einer ordnungsgemäßen und sorgfältigen Prüfung notwendig sind. Sämtliche gesetzlichen Vertreter der Ges haben es zu erfüllen. Nach hM können diese hiermit auch ihre sachkundigen Angestellten beauftragen (*ADS*[6] § 320 Anm 70 *Grewe* in BoHdR § 320 Anm 15). Die Verpflichtung der gesetzlichen Vertreter, auf Verlangen des AP persönlich Auskunft zu geben, wird dadurch jedoch nicht aufgehoben.

Unter **Aufklärungen** sind insb Auskünfte, Erklärungen und Begr zu verste- 12
hen, die idR mündlich erteilt werden. **Nachweise** sind schriftliche Unterlagen, die vor allem auch als Beweis dienen (zB Verträge). Zu den Nachweisen gehören zB Unterlagen über die Rechtsverhältnisse an Grundstücken, Bürgschaftserklärungen, Patente, Steuerakten, oä. Sie sind für eine **sorgfältige Prüfung** notwendig, wenn sie mit der Rechnungslegung in Verbindung stehen. Ferner gehören hierzu Unterlagen, anhand derer sich der AP selbständig davon überzeugen will, ob sie für die Rechnungslegung relevant sind, zB Einkaufs- oder

Absatzverträge zur Beurteilung von Rückstellungen für drohende Verluste aus schwebenden Geschäften oder sonstige Nachweise zu internen Geschäftsvorfällen sowie Planungsunterlagen, die nach den Kriterien der Darstellungspflichten im Lagebericht zu beurteilen sein können (dazu auch Anm 30, 31).

In dem Umfang, in dem der AP Auskunft verlangt, hat die Ges die benötigten Unterlagen zu beschaffen oder ggf anzufertigen, wenn die Auskunft sinnvollerweise nur schriftlich erfolgen kann (*ADS*[6] § 320 Anm 28).

13 Nach den Grundsätzen ordnungsmäßiger Durchführung von APr ist der AP gehalten, von dem Leitungsorgan des geprüften Unt am Ende der Prüfung eine sog **Vollständigkeitserklärung** einzuholen (*IDW PS 303* Anm 20ff). Für diese wird idR ein zT alternativ zu beantwortendes und frei ergänzbares Formular verwandt. Darin bestätigen die gesetzlichen Vertreter insb, dass die Bücher und Schriften vollständig sind, außerdem die Vollständigkeit der erteilten Auskünfte und Nachweise zum JA und Lagebericht, so zB zu schwebenden Prozessen, Haftungsverpflichtungen. Die Vollständigkeitserklärung, deren Verwendung langjähriger deutscher Prüfungspraxis entspricht, stellt keinen Ersatz für Prüfungshandlungen dar (*WPH*[12] I P 486; *IDW PS 303* Anm 20), über deren Umfang hat der AP eigenverantwortlich und gewissenhaft zu entscheiden (§ 43 Abs 1 WPO). Sie gibt jedoch dem AP die Gewissheit hinsichtlich der Vollständigkeit der ihm gewährten Einsicht, die er mangels Untersuchungsmaxime nicht erzwingen kann.

Eine Verpflichtung der gesetzlichen Vertreter zur Abgabe einer solchen schriftlichen Vollständigkeitserklärung besteht jedoch nicht (so auch *ADS*[6] § 320 Anm 34). Der AP hat die Weigerung zur Abgabe der Erklärung im Einzelfall zu beurteilen. Er ist berechtigt, wegen der sich daraus ergebenden Unsicherheiten weitere Prüfungshandlungen zu ergreifen, er wird einen entspr Hinweis in den Prüfungsbericht aufnehmen (§ 322 Abs 3 S 2, ggf muss er das Testat einschränken oder versagen).

Nach allgemeiner Berufsübung wird das Ergebnis der APr in einer **Schlussbesprechung** zusammenfassend vorgetragen, ggf an Hand des Entwurfs des Prüfungsberichts (sog Vorwegexemplare). Diese Besprechung gibt dem Vorstand bzw den Geschäftsführern und den benannten Auskunftspersonen Gelegenheit, ergänzende Auskünfte, auch zu aufgetretenen Zweifelsfragen, zu erteilen, § 321 Abs 5 S 2 (*WPH*[12] I P 517). Die Überlassung des Entwurfs des Prüfungsberichts ist zugleich als **abschließendes Auskunftsersuchen** des AP an den betroffenen Personenkreis zu werten (*ADS*[6] § 321 Anm 156).

Die Berichtspflicht des AP ggü dem AR (§ 171 Abs 1 S 2 AktG) besteht erst nach abgeschlossener JAP (§ 321 Abs 5). Allerdings soll nach Ziff 7.2.3 des Deutschen Corporate Governance Codex der AR mit dem AP vereinbaren, dass dieser über alle für die Aufgaben des AR wesentlichen Feststellungen und Vorkommnisse unverzüglich (also auch während der Prüfung) berichtet.

3. Rechte vor Aufstellung des Jahresabschlusses (Abs 2 S 2)

14 Abs 2 S 2 ist die Grundlage, dass der AP von ihm als zweckmäßig oder erforderlich erachtete Prüfungshandlungen zeitlich vorziehen kann. Von der Möglichkeit, die **Vorprüfungen** oder **Zwischenprüfungen** durchzuführen, wird in der Praxis häufig Gebrauch gemacht; insb auch deshalb, weil der JA der TU frühzeitig zum Zwecke der Kons beim (ausländischen) MU vorliegen muss. Die Vorprüfungen dienen der zeitlichen Entlastung der Hauptprüfung, die erst nach der fertigen Erstellung von JA und Lagebericht abgeschlossen werden kann. In Vorprüfungen werden idR die Prüfung des IKS, andere Systemprüfungen (Risikomanagement gem § 91 Abs 2 AktG, ggf Umweltmanagement), Teile der

Buchführung, Einholung von Saldenbestätigungen und der im lfd Gj bereits abgeschlossenen Sachverhalte vorgenommen.

In Abhängigkeit von der Größe der Ges und den (selbst) gesetzten Terminen für die Erstellung und Veröffentlichung der Abschlüsse sind Vor-(Zwischen-)-Prüfungen unabdingbar. Die gesetzlichen Vertreter der Ges dürfen das Verlangen des AP gem Abs 1 S 2 und Abs 2 S 1 nur dann verweigern, wenn es nicht in irgendeiner Weise der Vorbereitung der APr dient oder wenn sie die angeforderten Unterlagen für die Erstellung des JA zunächst selbst benötigen (*ADS*[6] § 320 Anm 36; *Baetge/Göbel* in HdR[5] § 320 Anm 27).

4. Rechte gegenüber Mutter- und Tochterunternehmen (Abs 2 S 3)

Die Auskunfts- und Nachweis*rechte* des AP ggü MU und TU (es handelt sich hier nicht um Prüfrechte) bestehen unter der Voraussetzung, dass die Informationen für eine sorgfältige Prüfung notwendig sind. Die Begriffe MU und TU sind identisch mit den in § 290 verwendeten (§ 290 Anm 15). Auch MU oder TU mit Sitz im Ausland sind einzubeziehen (*Baetge/Göbel* in HdR[5] § 320 Anm 32; *ADS*[6] § 320 Anm 49 – wenn auch die Rechte des AP in diesen Fällen nicht durchsetzbar sind). Das Gleiche gilt für EnkelUnt (*Baetge/Göbel* in HdR[5] § 320 Anm 30; *ADS*[6] § 320 Anm 43). § 290 Abs 1 und 2 bestimmt daher den Kreis der Unt, ggü denen ein Auskunfts- und Nachweisrecht besteht. Auf die Rechtsform des MU kommt es nicht an. Privatpersonen, die nicht Kfl und insoweit auch nicht rechnungslegungspflichtig sind, können keine MU iSd Abs 2 S 3 sein. Gebietskörperschaften können herrschende Unt iSd §§ 15ff AktG, nicht aber MU gem § 290 (im Einzelnen *ADS*[6] § 320 Anm 39, 40). Ggü SchwesterUnt und BetUnt besteht das Auskunftsrecht nicht, da es infolge der Beschränkung auf MU bzw TU nur in auf- oder absteigender Linie geltend gemacht werden kann. Ggü GemUnt gem § 310 oder assozUnt nach § 311 besteht kein Auskunftsrecht, da diese keine TU gem § 290 sind (*ADS*[6] § 320 Anm 41, 42). 16

Der Zeitpunkt des Auskunftverlangens ist nicht maßgebend. Maßgeblich ist allein, dass das Auskunftsverlangen Vorgänge aus der Zeit betrifft, in der die UntVerbindung bestand (*ADS*[6] § 320 Anm 50, 51).

Zur Auskunft verpflichtet sind die gesetzlichen Vertreter des MU oder TU; deren Verpflichtung steht gleichrangig neben der Verpflichtung der gesetzlichen Vertreter der zu prüfenden Ges. Der AP ist im Interesse einer effizienten Prüfung gehalten, zunächst eine Klärung der offenen Fragen bei der zu prüfenden Ges zu versuchen, bevor er sich an ein MU oder TU wendet (*ADS*[6] § 320 Anm 53).

Auskunftsverpflichtet sind diejenigen Organmitglieder, die zu dem Zeitpunkt des Auskunftsbegehrens im Amt sind. Eine Auskunftspflicht ausgeschiedener Organmitglieder, auch wenn die betr Vorgänge in ihre Amtszeit fielen, sieht § 320 nicht vor. In diesem Fall muss ggf die Ges aus dem nachwirkenden Anstellungsvertrag Auskunftsansprüche durchsetzen. 17

D. Konzernabschluss

I. Vorlagepflicht (Abs 3 S 1)

Die Rechte des Prüfers des KA entsprechen iW denen des Prüfers des JA für den JA. Abs 3 S 1 zählt die Unterlagen auf, die die gesetzlichen Vertreter einer Ges, die einen KA aufzustellen hat, dem AP vorlegen müssen. Die Regelung 20 knüpft an die §§ 290 Abs 1, 2, 294 Abs 3 und § 297 Abs 1 an. Abs 3 S 1 ist auch zu beachten, wenn gem § 291 ein KA mit befreiender Wirkung aufgestellt werden soll. Bei *freiwilligen* KA ist § 320 nicht anwendbar, so dass der Konzern-AP sich die Einhaltung der Vorlagepflicht im gesetzlichen Umfang vertraglich ausbedingen muss (*ADS*[6] § 320 Anm 57).

21 Die Vorlagepflicht gem Abs 3 S 1 umfasst auch die nicht gesondert erwähnten **Zwischenabschlüsse** nach § 294 Abs 3 (glA *ADS*[6] § 320 Anm 59). Ferner vorzulegen sind die **Konsolidierungsunterlagen,** dh die Unterlagen aller Unt, die gem § 290 Abs 1 u 2 (control-Konzept) in den KA einzubeziehen sind sowie die Unterlagen ausländischer TU, ebenso die Konzern-Buchführung, falls eine solche vorliegt. Die Vorlagepflicht in diesem Umfang setzt nicht voraus, dass das TU in den KA einbezogen worden ist.

Im Gegensatz zu Abs 1 S 1 nennt Abs 3 S 1 keine Frist zur Vorlage, diese wird aber ebenso „unverzüglich" nach Aufstellung des KA zu erfolgen haben.

II. Auskunftsrechte (Abs 3 S 2)

25 Der Konzern-AP hat die gleichen Auskunfts- und Nachweisrechte wie der AP des JA nach Abs 1 und 2 (Anm 6–8). Auch der Konzern-AP muss die Bücher, Schriften, VG, Schulden und das EK des MU und aller TU usw einsehen, prüfen sowie weitere erforderliche Aufklärungen und Nachweise verlangen dürfen. Diese Rechte stehen ihm bereits bei Vor- und Zwischenprüfungen zu. Bedeutend sind für den Konzern-AP auch KonsVorgänge und Wertanpassungen, wie sie aus KonsHandbüchern und der zur Aufstellung des KA ggf eingesetzten Software hervorgehen. Diese Rechte sind insb dann von Bedeutung, wenn ein einbezogenes TU nicht befreiend geprüft und der KonzernAP somit selbst zur Prüfung des JA verpflichtet ist (§ 317 Abs 3 S 1).

Abs 3 S 2 (Halbsatz 2) gewährt dem Konzern-AP Auskunftsrechte auch ggü den AP der JA. Diese Rechte bestehen auch, wenn der JA des TU freiwillig geprüft wird. Der Konzern-AP darf in dem Maße Auskunft verlangen, dass er die für den KA erforderlichen Folgerungen ziehen kann; dies gilt insb, wenn die AP der JA ihre Testate eingeschränkt oder versagt haben (*ADS*[6] § 320 Anm 66).

E. Grenzen der Auskunftsrechte

30 Grenzen der Auskunftsrechte ergeben sich aus der einschränkenden Formulierung in Abs 2 S 1 und S 3 „soweit für eine sorgfältige Prüfung notwendig". Die Einschränkung gilt sowohl bzgl des JA wie auch des KA. Die Ausübung der Rechte aus § 320 muss sich im Rahmen der Aufgaben des AP halten, wie sie in den §§ 316, 317 beschrieben sind. Da die Prüfung auch auf Risikoaspekte und künftige Entwicklungen (Lagebericht §§ 289 Abs 1, 315 Abs 1) gerichtet ist, kann der AP die Vorlage von Vorstands- oder AR-Protokollen idR verlangen, – ohne stets begründen zu müssen, dass die darin behandelten Fragen für die Rechnungslegung und folglich für die APr von Bedeutung sind. Das gilt auch für Treuhandverträge, wenn zB Beteiligungen, Immobilien oä über Treuhänder erworben worden sind. Allein der AP beurteilt, welche Unterlagen für die Prüfung von Bedeutung sind.

31 Grds hat der AP die Rechte aus § 320 gem dem Grundsatz von Treu und Glauben (§ 242 BGB) auszuüben; ihre Grenze ist das Schikaneverbot (§ 226 BGB). Unabhängig von den Grenzen der Auskunftsrechte erfordert eine sorgfältige Prüfung neben der Einhaltung der berufsrechtlichen Grundsätze gem

§ 43 Abs 1 WPO auch die gegenseitige Rücksichtnahme ua auf zeitliche und organisatorische Belange zwischen AP und Ges (Anm 14).

F. Durchsetzung der Auskunftsrechte

I. Gesetzliche Sanktionen

Werden die Prüfungs- und Auskunftsrechte von dem geprüften Unt nicht in dem für eine sorgfältige Prüfung notwendigen Umfang eingeräumt, stehen dem AP – erstaunlicherweise – nach HGB keine eigenen Rechte und Ansprüche zu, die die gesetzlichen Vertreter unmittelbar zu einem anderen Verhalten zwingen können. **35**

Ein **Zwangsgeld** wegen Nicht-Befolgung der Pflichten nach § 320 kann von dem Registergericht gem § 335 Abs 1 Nr 5 ggü der Geschäftsführung nur festgesetzt werden, wenn ein Gester, Gläubiger oder der Betriebsrat/Gesamtbetriebsrat/Konzernbetriebsrat es beantragen (§ 140a FGG). Der AP ist nicht antragsberechtigt. § 321 Abs 2 S 6 verpflichtet den AP, im Prüfungsbericht festzuhalten, ob „die gesetzlichen Vertreter die verlangten Aufklärungen und Nachweise erbracht haben". Als Druckmittel wird dies aber manchmal nicht ausreichen. Der AP hat darüber hinaus jedoch die Möglichkeit, den BVm zu versagen oder einzuschränken, wenn die unzureichende Erfüllung der Auskunfts- und Vorlagepflicht dazu führt, dass die Rechnungslegung oder wesentliche Teile hiervon nicht hinreichend sicher beurteilt werden können (s § 322 Abs 4).

II. Kündigung des Prüfungsauftrags

Ein vom AP angenommener Prüfungsauftrag kann von diesem nur aus wichtigem Grund gekündigt werden (§ 318 Abs 6). Umstritten ist, ob eine Weigerung der Geschäftsführung, ihre Pflichten aus § 320 zu erfüllen, ein solcher wichtiger Grund für den AP sein kann. Die noch hM will dies mit der Begr ablehnen, der öffentliche Auftrag des Prüfers gebiete es, dass dieser auf eine Informationsverweigerung ausschließlich mit der Versagung oder Einschränkung des BVm reagiert (zum Meinungsstand ausführlich *Baetge/Göbel* in HdR[5] Anm 56 mwN) Aus dem Gesetz ergibt sich eine solche Einschränkung des Kündigungsrechts zu Lasten des AP allerdings nicht. Zumindest in den Fällen, in denen das Unt überhaupt keine Prüfungsbereitschaft zeigt und ggü dem AP nur obstruiert, ist nicht einzusehen, warum der AP sich nicht aus dem Prüfungsauftrag lösen können soll, wenn eine materielle Prüfung schon im Ansatz nicht stattfinden kann (so zutreffend *Baetge/Göbel* HdR[5] Anm 56; *Lutter/Hommelhoff* GmbHG, 2004, Anh § 42, Anm 18). Es bliebe auch unverständlich, weshalb bei einer festgestellten schwerwiegenden Rechtsverletzung der AP nach *IDW PS 210* Ziff 65 kündigen können soll, aber nicht, wenn schon im Ansatz eine ordnungsmäßige Prüfung durch Informationsblockade vereitelt wird. **36**

§ 321 Prüfungsbericht

(1) [1]**Der Abschlußprüfer hat über Art und Umfang sowie über das Ergebnis der Prüfung schriftlich und mit der gebotenen Klarheit zu berichten.** [2]**In dem Bericht ist vorweg zu der Beurteilung der Lage des Unternehmens oder Kon-**

zerns durch die gesetzlichen Vertreter Stellung zu nehmen, wobei insbesondere auf die Beurteilung des Fortbestandes und der künftigen Entwicklung des Unternehmens unter Berücksichtigung des Lageberichts und bei der Prüfung des Konzernabschlusses von Mutterunternehmen auch des Konzerns unter Berücksichtigung des Konzernlageberichts einzugehen ist, soweit die geprüften Unterlagen und der Lagebericht oder der Konzernlagebericht eine solche Beurteilung erlauben. [3]Außerdem hat der Abschlussprüfer über bei Durchführung der Prüfung festgestellte Unrichtigkeiten oder Verstöße gegen gesetzliche Vorschriften sowie Tatsachen zu berichten, die den Bestand des geprüften Unternehmens oder des Konzerns gefährden oder seine Entwicklung wesentlich beeinträchtigen können oder die schwerwiegende Verstöße der gesetzlichen Vertreter oder von Arbeitnehmern gegen Gesetz, Gesellschaftsvertrag oder die Satzung erkennen lassen.

(2) **[1]Im Hauptteil des Prüfungsberichts ist festzustellen, ob die Buchführung und die weiteren geprüften Unterlagen, der Jahresabschluss, der Lagebericht, der Konzernabschluss und der Konzernlagebericht den gesetzlichen Vorschriften und den ergänzenden Bestimmungen des Gesellschaftsvertrags oder der Satzung entsprechen. [2]In diesem Rahmen ist auch über Beanstandungen zu berichten, die nicht zur Einschränkung oder Versagung des Bestätigungsvermerks geführt haben, soweit dies für die Überwachung der Geschäftsführung und des geprüften Unternehmens von Bedeutung ist. [3]Es ist auch darauf einzugehen, ob der Abschluss insgesamt unter Beachtung der Grundsätze ordnungsmäßiger Buchführung oder sonstiger maßgeblicher Rechnungslegungsgrundsätze ein den tatsächlichen Verhältnissen entsprechendes Bild der Vermögens-, Finanz- und Ertragslage der Kapitalgesellschaft oder des Konzerns vermittelt. [4]Dazu ist auch auf wesentliche Bewertungsgrundlagen sowie darauf einzugehen, welchen Einfluss Änderungen in den Bewertungsgrundlagen einschließlich der Ausübung von Bilanzierungs- und Bewertungswahlrechten und der Ausnutzung von Ermessensspielräumen sowie sachverhaltsgestaltende Maßnahmen insgesamt auf die Darstellung der Vermögens-, Finanz- und Ertragslage haben. [5]Hierzu sind die Posten des Jahres- und des Konzernabschlusses aufzugliedern und ausreichend zu erläutern, soweit diese Angaben nicht im Anhang enthalten sind. [6]Es ist darzustellen, ob die gesetzlichen Vertreter die verlangten Aufklärungen und Nachweise erbracht haben.**

(3) **[1]In einem besonderen Abschnitt des Prüfungsberichts sind Gegenstand, Art und Umfang der Prüfung zu erläutern. [2]Dabei ist auch auf die angewandten Rechnungslegungs- und Prüfungsgrundsätze einzugehen.**

(4) **[1]Ist im Rahmen der Prüfung eine Beurteilung nach § 317 Abs. 4 abgegeben worden, so ist deren Ergebnis in einem besonderen Teil des Prüfungsberichts darzustellen. [2]Es ist darauf einzugehen, ob Maßnahmen erforderlich sind, um das interne Überwachungssystem zu verbessern.**

(5) **[1]Der Abschlußprüfer hat den Bericht zu unterzeichnen und den gesetzlichen Vertretern vorzulegen. [2]Hat der Aufsichtsrat den Auftrag erteilt, so ist der Bericht ihm vorzulegen; dem Vorstand ist vor Zuleitung Gelegenheit zur Stellungnahme zu geben.**

Übersicht

Schrifttum: *Steiner* Der Prüfungsbericht des Abschlußprüfers, Köln 1991; *Hense* Der Prüfungsbericht hat zu viele Empfänger – auch ein Beitrag zur besseren Zusammenarbeit von Aufsichtsrat und Abschlußprüfer in FS Budde, 287; *Forster* Zur Lagebeurteilung im Prüfungsbericht nach dem Referentenentwurf zum KonTraG in FS Baetge, 935; *Baetge/Schulze* Möglichkeiten der Objektivierung der Lageberichtserstattung über „Risiken der künftigen Entwicklung" DB 1998, 937; *Böcking/Orth* Kann das „Gesetz zur Kontrolle und Transparenz im Unternehmensbereich (KonTraG)" einen Beitrag zur Verringerung der Erwartungslücke leisten? – Eine Würdigung auf Basis von Rechnungslegung und Kapitalmarkt WPg 1998, 351; *Dörner* Ändert das KonTraG die Anforderungen an den Abschlußprüfer? DB 1998, 1; *Hommelhoff* Die neue Position des Abschlußprüfers im Kraftfeld der aktienrechtlichen Organisationsverfassung (Teil I und II) BB 1998, 2567, 2625; *IDW RS HFA 1* Aufstellung des Lageberichts WPg 1998, 653; *IDW PS 350* Prüfung des Lageberichts WPg 1998, 663; *Ludewig* Gedanken zur Berichterstattung des Abschlußprüfers nach der Neufassung des § 321 HGB WPg 1998, 595; *Schindler/Rabenhorst* Auswirkungen des KonTraG auf die Abschlußprüfung (Teil I und II) BB 1998, 1886, 1939; *Baetge/Linßen* Beurteilung der wirtschaftlichen Lage durch den Abschlußprüfer und Darstellung des Urteils im Prüfungsbericht und Bestätigungsvermerk BFuP 1999, 369; *Böcking/Orth* Mehr Kontrolle und Transparenz im Unternehmensbereich durch eine Verbesserung der Qualität der Abschlußprüfung BFuP 1999, 419; *Forster* Zum Zusammenspiel von Aufsichtsrat und Abschlußprüfer nach dem KonTraG AG 1999, 193; *Gelhausen* Aufsichtsrat und Abschlußprüfer – eine Zweckgemeinschaft BFuP 1999, 390; *IDW PS 340* Die Prüfung des Risikofrüherkennungssystem nach § 317 Abs. 4 HGB WPg 1999, 658; *IDW PS 450* Grundsätze für die ordnungsmäßige Erteilung von Bestätigungsvermerken bei Abschlußprüfungen WPg 1999, 641; *Mattheus* Die gewandelte Rolle des Wirtschaftsprüfers als Partner des Aufsichtsrats nach dem KonTraG ZGR 1999, 682; *IDW PS 200* Ziele und allgemeine Grundsätze der Durchführung von Abschlussprüfungen WPg 2000, 706; *IDW PS 201* Rechnungslegungs- und Prüfungsgrundsätze für die Abschlussprüfung WPg 2000, 710; *IDW PS 720* Fragenkatalog zur Prüfung der Ordnungsmäßigkeit der Geschäftsführung und der wirtschaftlichen Verhältnisse nach § 53 HGrG WPg 2000, 326; *IDW PH 9.450.1* Berichterstattung über die Prüfung öffentlicher Unternehmen WPg 2000, 525; *Wiedmann* Abschlußprüfung zwischen Ordnungsmäßigkeitsprüfung und betriebswirtschaftlicher Überwachung in FS Börner, 443; *Kohl* Die Berücksichtigung der wirtschaftlichen Lage im Rahmen der Abschlussprüfung, Lohmar/Köln 2001; *Lange* Risikoberichterstattung nach KonTraG und KapCoRiLiG DStR 2001, 227; *Lück* Anforderungen an die Redepflicht des Abschlußprüfers BB 2001, 404; *Plendl* Prüfungsbericht in HDRP[3], Stuttgart 2002; *Pfitzer/Oser/Orth* Zur Reform des Aktienrechts, der Rechnungslegung und Prüfung durch das TransPubG DB 2002, 164; *IDW* Stellungnahme zum Entwurf eines Gesetzes zur weiteren Reform des Aktien- und Bilanzrechts, zu Transparenz und Publizität (Transparenz- und Publizitätsgesetz) FN IDW 2002, 68; *Scheffler* Die Berichterstattung des Abschlussprüfers aus der Sicht des Aufsichtsrates WPg 2002, 1289; *IDW PS 450* Grundsätze ordnungsmäßiger Berichterstattung bei Abschlussprüfungen WPg 2003, 1127; *IDW* Checkliste für die Anfertigung und Qualitätskontrolle von Prüfungsberichten – einschl. Musterprüfungsbericht –, Düsseldorf 2003; *Bormann/Gucht* Übermittlung des Prüfungsberichts an den Aufsichtsrat – ein Beitrag zu § 170 Abs 3 S 2 AktG BB 2003, 1887; *Pfitzer/Orth* Die Berichterstattung des Abschlussprüfers nach neuem Recht in Dörner/Menold/Pfitzer/Oser Reform des Aktienrechts, der Rechnungslegung und der Prüfung: KonTraG – Corporate Covernance – TransPuG, Stuttgart 2003, 873; *Rabenhorst* Neue Anforderungen an die Berichterstattung des Abschlussprüfers durch das TransPuG DStR 2003, 436; *Windmöller/Hönsch* Abschlussprüfer in der Pflicht zfbf 2003, 722; *Gross/Möller* Auf dem Weg zu einem problemorientierten Prüfungsbericht WPg 2004, 317; *Olbrich/Ludewig* Prüfungsberichterstattung in Förschle/Peemöller Wirtschaftsprüfung und Interne Revision, Heidelberg 2004.

A. Aufgaben und Bedeutung des Prüfungsberichts (Abs 1 S 1)

Der AP hat über Art und Umfang sowie über das Ergebnis der Prüfung schriftlich zu **berichten.** Diese Aufgabe ergibt sich nach Abs 1 S 1 iVm § 316 Abs 1 als gesetzliche Verpflichtung des AP. Erst mit der Vorlage des unterzeichneten Berichts ist die Prüfung nachweislich beendet; erst danach kann der JA – abgesehen von der nicht prüfungspflichtigen KapGes/KapCoGes – festgestellt werden (§ 316 Abs 1 S 2). Maßgebend für die Frage, ob ein Prüfungsbericht vorliegt, sind nicht die äußere Form und die Bezeichnung eines Schriftstücks, sondern dessen materieller Inhalt (*WPH*[12] I Q 12). 1

Das **Ergebnis der Prüfung** besteht nach § 321 außer in der Feststellung, ob die Prüfungsgegenstände (Buchführung, die weiteren geprüften Unterlagen, JA, Lagebericht, ggf KA, SegBerE, Konzernlagebericht) den gesetzlichen Vorschriften und den ergänzenden Bestimmungen des GesVertrags oder der Satzung entsprechen, der Abschluss insgesamt unter Beachtung der GoB ein den tatsächlichen Verhältnissen entspr Bild der VFE-Lage vermittelt und die gesetzlichen Vertreter die verlangten Aufklärungen und Nachweise erbracht haben (Abs 2 S 6), in problemorientierten Aussagen zur Darstellung der Lage durch die gesetzlichen Vertreter (Abs 1 S 2) sowie zu Unregelmäßigkeiten und bestandsgefährdenden oder entwicklungsbeeinträchtigenden Tatsachen (Abs 1 S 3) und zu Beanstandungen ohne Einfluss auf den BVm (Abs 2 S 2). 2

Unter bestimmten Voraussetzungen sind gem Abs 2 S 5 die **Abschlussposten aufzugliedern** und ausreichend **zu erläutern.** Weiterhin sind Gegenstand, Art und Umfang der Prüfung zu erläutern (Abs 3 S 1) und es ist auf die angewandten Rechnungslegungs- und Prüfungsgrundsätze einzugehen (Abs 3 S 2). Bei börsennotierten AG ist das Ergebnis der nach § 317 Abs 4 erforderlichen Beurteilung des Risikoüberwachungssystems darzustellen (Abs 4). 3

4 Die berufsübliche Verfahrensweise, dass nachteilige Veränderungen der VFE-Lage und wesentliche Verluste aufzuführen und zu erläutern sind („kleine Redepflicht") wird auch ohne besondere Erwähnung von § 321 erfasst (Anm 18). Schließlich ist nach § 322 Abs 7 S 2 der BVm oder der Vermerk über seine Versagung auch in den Prüfungsbericht aufzunehmen. Der AP hat den Prüfungsbericht zu unterzeichnen und den gesetzlichen Vertretern bzw ggf dem AR vorzulegen (Abs 5).

Die Vorschriften zum Prüfungsbericht (und BVm), die durch das KonTraG und das TransPuG umfassend neu geregelt und durch das BilReG geringfügig ergänzt wurden, verbessern durch die Aufnahme neuer Berichtselemente die Informations- und Unterstützungsfunktion des Prüfungsberichts. Inhalt und Aufbau des Prüfungsberichts wurden jedoch nicht abschließend gesetzlich geregelt (wenn auch im § 321 einzelne Gliederungsvorgaben enthalten sind, **„Vorweg"-Stellungnahme** iSv Abs 1 S 2, **Hauptteil** gem Abs 2 S 1, **Besonderer Abschnitt** gem Abs 3, **Besonderer Teil** gem Abs 4 S 1). Die Ausgestaltung des Prüfungsberichts im Einzelnen liegt daher nach wie vor in der Verantwortung des AP, der sich dabei an den berufsständischen Verlautbarungen (insb *IDW PS 450* und *WPH*[12] I) orientieren wird.

5 S 1 stellt klar, dass **schriftlich zu berichten** ist, eine mündliche Berichterstattung also nicht ausreicht. Nicht ausreichende Formen der Übermittlung sind rechtsunwirksam mit der Folge, dass die APr im Rechtssinne nicht beendet ist und der JA nicht festgestellt werden darf; ein dennoch festgestellter JA ist – bei gesetzlicher Prüfungspflicht – gem § 256 Abs 1 Nr 2 AktG nichtig (*WPH*[12] I Q 25; § 256 Abs 1 AktG ist auch auf GmbH anzuwenden, vgl *ADS*[6] § 256 AktG Anm 99).

Etwaige **Sonderberichte** und gesonderte Prüfungsfeststellungen (zB in Form von sog Management-Letter; s Anm 39, 72), die neben dem Prüfungsbericht erstattet werden, können diesen nicht ersetzen. Der Prüfungsbericht ist – von Ausnahmen unter Wahrung des Informationsgehalts abgesehen – grds in **deutscher Sprache** zu erstatten, es sei denn, es ist etwas anderes vereinbart und es besteht keine Verpflichtung, den Prüfungsbericht amtlichen deutschen Stellen vorzulegen (*ADS*[6] § 256 AktG Anm 99; vgl zB Anm 136)

6 Während der BVm in kurzer Form der Öffentlichkeit über das Prüfungsergebnis berichtet, ist der Prüfungsbericht vom AP gem Abs 5 (auf Grund der Verschwiegenheitsverpflichtung gem § 323) nur dem **AR** bzw den gesetzlichen Vertretern der KapGes/KapCoGes **vorzulegen** (näher dazu sowie zum mittelbaren Empfängerkreis wie zB AR und Wirtschaftsausschuss Anm 134 ff), es sei denn, es bestehen andere *gesetzliche* Regelungen (zB § 26 Abs 1 KWG oder § 59 VAG).

Der Prüfungsbericht ist von den gesetzlichen Vertretern gem §§ 150 Abs 4 AO, 60 Abs 3 S 1 EStDV mit der Abgabe der Steuererklärung bei der Finanzbehörde einzureichen. Das gilt nicht für den Prüfungsbericht zu einem für Offenlegungszwecke aufgestellten IFRS-EA, einem KA sowie für einen AbhBer.

7 Die **Aufgaben** des Prüfungsberichts bestehen im Wesentlichen in der Unterrichtung der gesetzlichen Vertreter (Vorstand, Geschäftsführer), des Kontrollorgans (AR) und der Gester von GmbH/KapCoGes über Art und Umfang sowie über das Ergebnis der Prüfung und dessen Herleitung und in der Information über die Rechnungslegung sowie in der Kontrolle der Beachtung der Rechnungslegungsvorschriften durch die gesetzlichen Vertreter (ebenso *WPH*[12] I Q 4; *Kuhner/Päßler* in HdR[5] § 321 Anm 6 f; *Steiner,* 138).

Der **Geltungsbereich** von § 321 erstreckt sich auf alle prüfungspflichtigen (großen und mittelgroßen) KapGes, nicht aber auf kleine KapGes und Unt anderer Rechtsform, soweit diese nicht auf Grund anderer Vorschriften (§§ 264a, 340k, 341k, §§ 6, 14 PublG, §§ 53ff GenG oder bei Kapitalerhöhungen aus Gesellschaftsmitteln § 209 AktG, § 57f GmbHG; Anm 95) prüfungspflichtig sind. Er umfasst ferner KA-Prüfungen oder IFRS-EA-Prüfungen sowie freiwillige Prüfungen (Anm 125), die nach Art und Umfang einer Pflichtprüfung nach § 316 entsprechen. Bei **Sonder- und Gründungsprüfungen** (§§ 9ff UmwG, §§ 34 Abs 2, 145 Abs 4 AktG) ist differenzierter zu verfahren (zur Umwandlung von AG *Beck* in FS Luik, Stuttgart 1991, 265; näher *Schaal* Der Wirtschaftsprüfer als Umwandlungsprüfer, Düsseldorf 2001; *Budde/Förschle*[3] Sonderbilanzen sowie *Engelmeyer* Die Wirtschaftsprüfer im Rahmen der Verschmelzungs- und Spaltungsprüfung WPg 1996, 732).

Die **Verletzung der Berichtspflichten** hat zivilrechtlich gem § 323 Schadenersatzpflichten zur Folge. Berufsrechtlich kommen ggf die Maßnahmen nach §§ 67, 68 WPO in Betracht. Strafrechtlich sind die mit Freiheits- oder Geldstrafen bewehrten Vorschriften von § 332 und § 403 AktG zu beachten; eine Verletzung der Verschwiegenheitsverpflichtung ist durch § 333 unter Strafe gestellt; s jeweils dort.

B. Grundsätze ordnungsmäßiger Berichterstattung für den Jahresabschluss

I. Allgemeine Berichtsgrundsätze

1. Grundsatz der Klarheit

§ 321 enthält in Abs 1 S 1 neben dem Erfordernis der schriftlichen Berichter- 8
stattung die bereits in den Berufsgrundsätzen erhobene Forderung, dass mit „der gebotenen Klarheit" zu berichten ist. Der Grundsatz der Klarheit verlangt eine verständliche, eindeutige und problemorientierte Darlegung der berichtspflichtigen Sachverhalte (*IDW PS 450* Anm 12). Dazu gehören eine übersichtliche, möglichst kontinuierliche Gliederung (*IDW PS 450* Anm 14), ein sachlicher Stil und die Beschränkung auf das Wesentliche (*IDW PS 450* Anm 13). Unter Berücksichtigung der gesetzlichen Vorgaben wird daher vom Berufsstand auch eine Mindestgliederung des Prüfungsberichts empfohlen (*IDW PS 450* Anm 12). Ein Verstoß gegen den Grundsatz der Klarheit liegt dann vor, wenn Aussagen nur verschlüsselt, versteckt oder beschönigend gemacht werden (*WPH*[12] I Q 62). Wiederholungen im Prüfungsbericht, von zB Aufgliederungen und Erl von Abschlussposten im Anhang, sind zu vermeiden (*Ludewig* WPg 1998, 599 hingegen wendet sich aus Gründen der Klarheit gegen eine Beschränkung der Aufgliederungen und Erl im Prüfungsbericht; vgl Anm 64). Auf eine zu umfangreiche Darstellung unbedeutender Sachverhalte sollte auch aus Gründen der Übersichtlichkeit verzichtet werden (ähnlich *WPH*[12] I O 38).

Bei dem Grundsatz der Klarheit handelt es sich um einen unbestimmten 9
Rechtsbegriff, der allerdings keinem Selbstzweck dient, sondern sich an dem Informationsbedürfnis der Empfänger auszurichten hat. Hauptadressaten sind gem Abs 5 die gesetzlichen Vertreter, der AR und ggf die Gester. Zielkonflikte können dadurch entstehen, dass der Prüfungsbericht auch anderen Stellen mit unterschiedlicher Interessenlage zugeht bzw zur Einsichtnahme zur Verfügung steht (BaFin, FinVerw, Wirtschaftsausschuss, Betriebsrat, Kreditinstitute; näher hierzu s *Hense* in FS Budde, 288f). Bzgl des AR ist festzuhalten, dass das in der Gesetzesbegr (*BR-Drs 872/97*, 75) genannte „nicht sachverständige Aufsichts-

ratsmitglied" keinen geeigneten Maßstab bildet, zumal die gesetzlich geforderte problemorientierte Berichterstattung über Gegenstand, Art und Umfang sowie über das Ergebnis der Prüfung hierzu in einem gewissen Widerspruch steht (so *Moxter* Die Vorschriften zur Rechnungslegung und Abschlußprüfung im Referentenentwurf eines Gesetzes zur Kontrolle und Transparenz im Unternehmensbereich BB 1997, 727; *Forster* WPg 1998, 50), sondern dass ein Grundverständnis für die wirtschaftlichen Gegebenheiten des Unt und für die Grundlagen der Rechnungslegung vorauszusetzen ist (*IDW PS 450* Anm 15). Erl zu erkennbar gemachten Sachverhalten, die über dieses Grundverständnis hinausgehen oder unterschiedlichen Interessen der Berichtsleser begegnen, können in der AR-Sitzung, an der der AP gem § 171 AktG nunmehr obligatorisch teilzunehmen hat, oder in der GesV gegeben werden (*WPH*[12] I Q 33; *IDW PS 450* Anm 15; *Böcking/Orth,* 426).

2. Grundsatz der Wahrheit

10 Nach diesem aus der Verpflichtung zur gewissenhaften Berufsausübung (§ 323 Abs 1; § 43 WPO) abgeleiteten Grundsatz muss der Inhalt des Prüfungsberichts nach Überzeugung des AP den tatsächlichen Gegebenheiten und/oder den von ihm festgestellten Sachverhalten entsprechen. Dazu hat der AP alle relevanten Sachverhalte im Prüfungsbericht darzustellen. Der Bericht darf nicht den Eindruck erwecken, dass ein Sachverhalt geprüft wurde, obwohl seine Prüfung oder eine abschließende Beurteilung (noch) nicht möglich war (ebenso *WPH*[12] I Q 42). Verbleibende Zweifel des AP sind im Prüfungsbericht zu nennen. Prüfungsergebnisse allein auf Grund von Auskünften, Stellungnahmen oder Gutachten Dritter sind besonders zu kennzeichnen (idS *IDW PS 450* Anm 16). Dazu auch Anm 14.

3. Grundsatz der Vollständigkeit

11 Ein Prüfungsbericht hat nach diesem – ebenfalls aus der Verpflichtung zur gewissenhaften Berufsausübung abgeleiteten – Grundsatz Angaben über alle wesentlichen Ergebnisse der Prüfung und alle in den jeweiligen gesetzlichen Vorschriften oder vertraglichen Vereinbarungen geforderten Feststellungen zu enthalten (Bezugnahme auf § 332 und § 403 AktG). **Wesentlich** sind dabei solche Tatsachen, die für eine ausreichende Information der Berichtsadressaten von Bedeutung sind (so *IDW PS 450* Anm 10).

12 Problematisch erscheint in diesem Zusammenhang eine **Einschränkung der Berichterstattung.** Grds sind die für die Urteilsbildung der Berichtsempfänger erforderlichen Sachverhalte im Prüfungsbericht darzustellen. Zur Vermeidung von Nachteilen (zB bzgl der Wahrung von Geschäfts- und Betriebsgeheimnissen) für das Unt kann erwogen werden, den Umfang der Berichterstattung einzuschränken; die Grundsätze der Klarheit (vgl Anm 8) und der Vollständigkeit dürfen allerdings nicht verletzt werden. Dies mag dazu führen, dass brisante Sachverhalte (zB evtl Steuerrisiken) nicht eingehend, sondern eher vorsichtig und zurückhaltend dargestellt werden. Der AP darf dem Wunsch nach Einschränkung der Berichterstattung nur insoweit nachkommen, als der Vollständigkeitsgrundsatz nicht verletzt wird. Eine Schutzklausel, wie sie zB § 286 für den Anhang vorsieht, besteht für den Prüfungsbericht nicht; auch die Berichtsempfänger sind zur Verschwiegenheit verpflichtet (§ 93 Abs 1 S 2, § 116 S 2 AktG, die analog für GmbH und KapCoGes gelten, vgl aber auch § 51 a Abs 2 GmbHG). Das Verschweigen erheblicher Umstände im Prüfungsbericht ist ebenso wie die unrichtige Darstellung gem § 332, § 403 AktG strafbar und stellt eine Verletzung der Berufspflichten iSd § 43 Abs 1 WPO dar (idS *WPH*[12] I Q 43).

13 Der Grundsatz der Vollständigkeit bezieht sich auch auf die **Einheitlichkeit der Berichterstattung.** Danach ist der Prüfungsbericht als einheitliches Ganzes anzusehen und muss ohne Heranziehung anderer Dokumente für sich lesbar und verständlich sein (*IDW PS 450* Anm 17). Teilberichte, zB Haupt-, Zwischen- oder Vorabberichte, sind als Einheit anzusehen, soweit sie sich auf *einen* Prüfungszeitraum beziehen und Bestandteil *einer* Pflichtprüfung sind. Die Erstellung von Teilberichten ist nur insoweit zulässig, als sie durch besondere Umstände sachlicher oder zeitlicher Natur geboten erscheinen (zB Kreditprüfungen zum 30. 9., vorgezogene Berichte über Unrichtigkeiten, Verstöße, bestandsgefährdende/entwicklungsbeeinträchtigende Tatsachen, Prüfung des EDV- oder eines Frühwarnsystems). Deren Gegenstand und wesentliche Ergebnisse müssen im Hauptbericht dargestellt werden; auf die Teilberichte ist entspr zu verweisen (*IDW PS 450* Anm 17). Dies gilt nicht für die über die gesetzlichen Erfordernisse hinausgehende Berichterstattung, zB Management-Letter (Anm 5) und Zusatz-Berichte über die im Anhang angegebenen Organbezüge (so auch *ADS*[6] § 321 Anm 47). Das Ergebnis der Erweiterung der APr (zB freiwillige Prüfung der Ordnungsmäßigkeit der Geschäftsführung) ist mit derjenigen über die APr zusammenzufassen, auch wenn hierüber nach *IDW PS 400* Anm 12 und *IDW PS 450* Anm 19 im BVm nicht berichtet werden darf. Der Grundsatz der Einheitlichkeit bezieht sich allerdings nicht auf die Berichterstattung über unterschiedliche Prüfungsaufträge, zB bzgl des JA, des IFRS-EA, des KA und des AbhBer. Erfolgt hier eine getrennte Berichterstattung, ist es jedoch empfehlenswert, in den Bericht über die JA-Prüfung einen Hinweis auf die Prüfung des IFRS-EA oder des KA und die gesonderte Berichterstattung hierzu aufzunehmen (so auch *WPH*[12] I Q 53f).

4. Grundsatz der Unparteilichkeit

14 § 323 Abs 1 und § 43 Abs 1 S 2 WPO betonen den Grundsatz der Unparteilichkeit. Er verlangt, dass der AP alle getroffenen Feststellungen unter Berücksichtigung aller verfügbaren Informationen sachlich und unvoreingenommen darzulegen hat. Der AP hat sich jedweder einseitigen Kritik zu enthalten. Bei abw Auffassungen zwischen den gesetzlichen Vertretern des geprüften Unt und dem AP sind beide Auffassungen im Prüfungsbericht darzustellen (so auch *IDW PS 450* Anm 11; zur Unparteilichkeit bei Ausübung der Redepflicht nach Abs 1 S 3 s Anm 44).

II. Gesetzlicher Mindestinhalt

1. Stellungnahme zur Lagebeurteilung (Abs 1 S 2)

15 Abs 1 S 2 verlangt vom AP **vorweg** eine Stellungnahme zur Beurteilung der Lage durch die gesetzlichen Vertreter (insb hinsichtlich des Fortbestands und der künftigen Entwicklung) unter Berücksichtigung des Lageberichts, soweit die geprüften Unterlagen und der Lagebericht dies erlauben.

Auch wenn diese Vorschrift keinen GoB-Vorbehalt wie die Generalklausel des § 264 Abs 2 enthält, kann hieraus nicht geschlossen werden, dass der Gegenstand der Beurteilung die tatsächliche Lage (Realebene) statt der Lage im bilanzrechtlichen Sinne ist (Abbildungsebene; Begriffe nach *HuRB,* 100), da die Berichtspflicht nur besteht, „soweit die geprüften Unterlagen und der Lagebericht … eine solche Beurteilung erlauben." Maßgeblich ist somit die relative, nicht die absolut richtige Lage (vgl insb *IDW PS 450* Anm 28f; *WPH*[12] I Q 96f; *ADS*[6] § 321 Anm 59; *Kuhner/Päßler* in HdR[5] § 321 Anm 17 und *Gross/Möller,*

319). Aus der Betonung des Fortbestands und der künftigen Entwicklung ist – ebenso wie aus den Regelungen in den §§ 289 Abs 1 S 4, 315 Abs 1 S 5, 317 Abs 2 sowie 322 Abs 2 und 3 – die starke Zukunftsbezogenheit der Darstellung und Beurteilung durch die gesetzlichen Vertreter und der Stellungnahme des AP zu entnehmen.

16 Unter den geprüften Unterlagen sind zweifelsohne die Buchführung, der JA und der Lagebericht zu verstehen. Durch das BilReG wurde die Zukunftsorientierung des Lageberichts gem § 289 Abs 1 Satz 4 weiter verstärkt. Außer auf Risiken ist auch auf Chancen der voraussichtlichen Entwicklung sowie auf die bedeutsamsten finanziellen Leistungsindikatoren einzugehen; außerdem sind die wesentlichen Prämissen, die den zukunftsbezogenen Aussagen der UntLeitung zugrunde liegen, transparent zu machen. Darüber hinaus zählen zu den geprüften Unterlagen iSv Abs 1 S 2 auch jene Unterlagen, die der AP im Rahmen der Prüfung herangezogen hat (zB Kostenrechnung zur Ermittlung der Herstellungskosten, Planungsrechnungen, Verträge, Aufsichtsratsprotokolle, Geschäftsführungsprotokolle und Berichterstattungen an den AR gem § 90 AktG bzw die Gester gem §§ 46 Nr 6, 51 a Abs 1 GmbHG), auch wenn diese nicht in den §§ 316, 317 als Prüfungsgegenstand genannt werden (*Hommelhoff* BB 1998, 2571; *IDW PS 450* Anm 32; enger *Schindler/Rabenhorst* BB 1998, 1939). Der Wille des Gesetzgebers, ua die Informations- und Unterstützungsfunktion (Anm 4) zu verbessern, würde nur eingeschränkt verfolgt, wenn die zukunftsorientierte Erweiterung des § 90 Abs 1 Nr 1 AktG um grds Fragen der Unternehmensplanung (insb die Finanz-, Investitions- und Personalplanung sowie Planabweichungen) für die Lageberichtsprüfung nicht genutzt würde. Es ist nicht Aufgabe des AP, eine eigene Prognose an die Stelle der Prognose der gesetzlichen Vertreter zu setzen (so die Gesetzesbegr *BR-Drs 872/97,* 76) und diese im Prüfungsbericht darzustellen, sondern vielmehr die der gesetzlichen Vertreter zu bewerten und ggf mit Fragezeichen zu versehen (*Dörner* DB 1998, 3). Die geprüften Unterlagen sind bei der Lageberichtsprüfung somit nicht nur als Prüfobjekt, sondern vielmehr auch als eine Komponente des Soll-Objekts zu verstehen, an dem die Lageberichtsdarstellung der gesetzlichen Vertreter gemessen wird.

17 Wenngleich diese Einbeziehung der Planungs- und Planabweichungsüberlegungen zu einer Erweiterung der Beurteilungsbasis des AP führt, bleibt die in Abs 1 S 2 formulierte Einschränkung des Einblicks auf Grund der geprüften Unterlagen und des Lageberichts grds bestehen. Der AP befasst sich mit der Abbildung von Sachverhalten in der Rechnungslegung und nicht etwa mit der Qualität des Managements und der Geschäftspolitik (so *Forster* in FS Baetge, 948), die für den Bestand und die Entwicklung des Unt sicherlich nicht von untergeordneter Bedeutung sind. Er ist kein „Obergutacher" (*Dörner* in FS Ludewig, 243). Sein Einblick ist daher insoweit begrenzt, was demnach zu einer Relativierung seiner Aussage (Stellungnahme) führt. Darauf sollte zweckmäßig in der **„Vorweg"-Stellungnahme** hingewiesen werden (so auch *Böcking/Orth* WPg 1998, 357).

18 Dort sollten auch die für die Berichtsadressaten **wesentlichen Einschätzungen** (Kernaussagen) der gesetzlichen Vertreter in JA und Lagebericht, zu denen der AP Stellung nimmt, **hervorgehoben, erläutert** und **beurteilt** werden (*IDW PS 450* Anm 29; *WPH*[12] I Q 85 f; *ADS*[6] § 321 Anm 57; *Kuhner/Päßler* in HdR[5] § 321 Anm 20). Die Stellungnahme dazu, die den Berichtsadressaten als Grundlage einer eigenen Beurteilung dienen soll, – *Hommelhoff* spricht in diesem Zusammenhang von einer Objektivierung der subjektiven Darstellungen des Vorstands (BB 1998, 2751) – ist iS einer gewissenhaften Berufsausübung auf eine sorgfältige **eigene betriebswirtschaftliche Analyse** der Lage (bzw der einzelnen Teilaspekte hierzu) zu gründen, die in einem gesonderten Berichtsabschnitt vorgenommen werden kann (näher hierzu Anm 84 ff). Da die eigene

Analyse auch als Sollgröße für die Stellungnahme zur Lagebeurteilung dient, ist davon auszugehen, dass diese Analyse umfassender ist als die durch § 289 Abs 1 S 2 und 3 für den Lagebericht geforderte Analyse. Der AP gibt seine Stellungnahme somit auf Grund seiner Beurteilung der wirtschaftlichen Lage des Unt ab. Die positiven und negativen Aspekte der Lage und die voraussichtliche Entwicklung mit ihren Chancen und Risiken sind zu würdigen. Vorschläge zur Berücksichtigung von über die Vergangenheitsanalyse hinausgehenden Zukunftsaspekten hat *Forster* am Beispiel der Ertragslage unterbreitet (*Forster* in FS Baetge, 946). Bei wirtschaftlichen Schwierigkeiten sind die Prüfungsschwerpunkte (und damit auch Analyse und Berichterstattung) auf Grund einer sachgerechten Prüfungsstrategie entspr anzupassen (*IDW PS 350* Anm 14).

Der Gesetzgeber hebt insb die Stellungnahme zum Fortbestand des Unt her- **19**
vor. Hierzu sind *vorweg* besondere Feststellungen zu treffen, auch wenn die Beurteilung durch die gesetzlichen Vertreter hierzu nicht ausdrücklich, sondern nur implizit erfolgt, etwa bei den Ausführungen zur voraussichtlichen Entwicklung (so *IDW RS HFA 1* Anm 31). Dies gilt umso mehr, als die gesamte Bilanzierung und Bewertung maßgeblich von dieser (in § 252 Abs 1 Nr 2 genannten) vom AP zu verifizierenden Prämisse abhängt.

Wird zulässigerweise oder pflichtwidrig ein Lagebericht nicht aufgestellt, kann der AP zur Beurteilung der Lage des Unt durch die gesetzlichen Vertreter, wie sie ansonsten im Lagebericht zum Ausdruck kommt, nicht gem Abs 1 S 2 Stellung nehmen. Es ist nicht die Aufgabe des AP, die Angaben anstelle der gesetzlichen Vertreter zu machen (*IDW PS 450* Anm 34). Eine Pflicht des AP zu einer eingeschränkten Stellungnahme unter Bezugnahme auf den JA kann dem Gesetzeswortlaut nicht entnommen werden. Diese Sichtweise wird dadurch bestätigt, dass es auch für den Fall, wenn ein Lagebericht aufgestellt werden würde, genügt, wenn der AP darauf hinweist, dass im Lagebericht auf Risiken der voraussichtlichen Entwicklung gem § 289 Abs 1 S 4 nicht eingegangen wird, weil solche nach Auffassung der gesetzlichen Vertreter nicht bestehen; der AP ist nicht zu eigenständigem Nachforschen diesbezüglich verpflichtet. Etwas anderes würde dann gelten, wenn der AP die Lagedarstellung der gesetzlichen Vertreter als nicht vertretbar beurteilt, weil offensichtlich Risiken bestehen oder gewichtige Anhaltspunkte für ihr Vorliegen sprechen oder aber unbrauchbare oder fragwürdige Aussagen gemacht werden. Soweit möglich, ist das Informationsdefizit durch den AP auszugleichen, indem er im Prüfungsbericht die Angaben zur Lage des Unt entspr korrigiert bzw die Einschränkung des BVm begründet (*IDW PS 450* Anm 33; *WPH*[12] I Q 94; *ADS*[6] § 321 Anm 62). Eine Berichterstattungspflicht des AP besteht somit insb, wenn die gesetzlichen Vertreter bei der Bilanzierung von der Unternehmensfortführung ausgehen und an dieser Voraussetzung aufgrund bestandsgefährdender Risiken Zweifel bestehen. Eine Aufnahme der Ausführungen in die „Vorweg"-Stellungnahme ist erforderlich, da sie – ebenso wie die Berichterstattung zur Lagebeurteilung durch die gesetzlichen Vertreter – für die Urteilsbildung der Berichtsadressaten grundlegend sind. Wegen ihrer Bedeutung sind bestandsgefährdende oder entwicklungsbeeinträchtigende Tatsachen auch von der Redepflicht gem Abs 1 S 3 betroffen und lösen die entspr Berichtspflichten aus (Anm 20f).

Wird der Lagebericht unzulässigerweise nicht aufgestellt, ist in der „Vorweg"-Stellungnahme festzuhalten, dass die gesetzlichen Vertreter unzulässigerweise einen Lagebericht nicht aufgestellt haben und dass deshalb eine Stellungnahme zur Beurteilung der Lage durch die gesetzlichen Vertreter nach Abs 1 S 2 nicht möglich war (*IDW PS 450* Anm 34; vgl im Übrigen Anm 32f).

2. Berichterstattung über Unrichtigkeiten oder Verstöße sowie über entwicklungsbeeinträchtigende oder bestandsgefährdende Tatsachen (Abs 1 S 3)

a) Allgemeines

20 Die Redepflicht des AP wird allgemein als Teil eines gesetzlich vorgegebenen internen **Frühwarnsystems** gewertet. Diese Auffassung leitet sich aus dem Zweck der Redepflicht ab, die Personen, für die in erster Linie der Prüfungsbericht bestimmt ist, möglichst frühzeitig auf nach Abs 1 S 3 berichtspflichtige Tatsachen aufmerksam zu machen und ggf interne *Gegenmaßnahmen* auszulösen.

21 Gem § 29 Abs 3 KWG besteht ergänzend eine *unmittelbare* Redepflicht gegenüber dem BaFin und der Deutschen Bundesbank. Auch der AP von VersicherungsUnt ist nach § 341 k Abs 3 verpflichtet, in den Fällen des Abs 1 S 3 das BaFin unverzüglich zu unterrichten; hier gilt zudem die Berichtspflicht nach § 57 Abs 1 S 3 VAG (Anm 97).

22 Bestandsgefährdende und entwicklungsbeeinträchtigende Risiken erfordern bereits nach Abs 1 S 2 eine Hervorhebung in der „Vorweg"-Stellungnahme sowie eine Berücksichtigung im BVm (§ 322 Abs 2 S 2 und Abs 3 S 2).

b) Umfang und Grenzen der Berichtspflichten

25 Die **Berichtspflichten** beziehen sich auf Unrichtigkeiten, Verstöße und Tatsachen, die der AP „bei Durchführung der Prüfung" feststellt. Nach hM bedingt die Redepflicht im Grundsatz *keine* Ausweitung des Gegenstands der Prüfung nach § 317 (dort Anm 14 f) in dem Sinn, dass der AP seine Prüfung systematisch auf die Feststellung von Unrichtigkeiten, Verstößen und Tatsachen nach Abs 1 S 3 ausrichten muss (*WPH*[12] I Q 129 f). Die Problematik besteht darin, dass der Umfang der Prüfungspflicht nach § 317 und die besondere Berichtspflicht nach Abs 1 S 3 *nicht* ohne weiteres *deckungsgleich* sind; in gewisser Weise besteht der Widerspruch, dass die Berichtspflicht nach Abs 1 S 3 umfassender als die Prüfungspflicht ist. Maßstab sind die bei ordnungsgemäßer Durchführung der APr (s hierzu *IDW PS 200* sowie die Kommentierung zu § 317) festgestellten Tatsachen (*IDW PS 450* Anm 43). Hierbei ist zu berücksichtigen, dass die Prüfung gem § 317 Abs 1 S 3 problemorientiert so anzulegen ist, dass Unrichtigkeiten und Verstöße gegen gesetzliche Vorschriften (sowie Gesvertrag/Satzung), die sich auf die VFE-Lage wesentlich auswirken, bei gewissenhafter Berufsausübung erkannt werden und dass Bestandteil des normalen Prüfungsumfangs die Feststellung ist, dass die Voraussetzungen der Unt-Fortführung gem § 252 Abs 1 Nr 2 erfüllt sind (zur Prüfung dazu § 317 Anm 14); auch die Prüfung des Lageberichts (§ 317 Anm 55 ff) macht es erforderlich, dass der AP sich mit der *Lage* des Unt und seiner voraussichtlichen Entwicklung befasst.

26 Gewinnt der AP Anhaltspunkte für berichtspflichtige Unrichtigkeiten, Verstöße und Tatsachen, ist er zur Erfüllung seiner Redepflicht verpflichtet, sich zusätzliche Erkenntnisse durch geänderte oder erweiterte Prüfungshandlungen zu verschaffen (so auch *IDW PS 200* Anm 22).

27 Im Übrigen folgt aus den Grundsätzen der Prüfungsdurchführung, dass sich „die Prüfungsschwerpunkte und -intensitäten verändern, insbesondere bei Unt mit angespannten wirtschaftlichen Verhältnissen und bei festgestellten Mängeln des internen Kontrollsystems" (*IDW PS 450* Anm 37; *IDW PS 200* Anm 22). Insoweit kann aus der Redepflicht im konkreten Einzelfall eine *Ausweitung* des Prüfungsvorgehens folgen (näher hierzu § 317 Anm 14 f).

28 Es sind auch Unrichtigkeiten, Verstöße und Tatsachen einzubeziehen, die dem AP auf *andere* Weise bekannt werden, sofern sie nicht einer gesetzlichen **Verschwiegenheitspflicht** unterliegen (so auch *IDW PS 450* Anm 37; vgl hierzu auch *IDW E-IPS 240* Die Verantwortung des Abschlussprüfers zur Berücksichtigung von Verstößen (fraud) im Rahmen der Abschlussprüfung WPg 2004, 1282). Nach dieser Auslegung hat der AP dann keine Berichtspflicht, wenn er zB die Kenntnisse aus einer Tätigkeit für Dritte gewonnen hat. Hier geht seine Verschwiegenheitspflicht (nach § 323 Abs 1) der Redepflicht vor – es sei denn, er erfährt dieselben Tatsachen auch auf eine andere Weise. Es wird aber für den AP schwierig sein zu beweisen, dass er solche Tatsachen nicht unmittelbar bei der – ordnungsgemäßen – Durchführung der APr hat feststellen können (so zB *Grewe* in BoHdR § 321 Anm 14).

29 In **zeitlicher Hinsicht** beschränkt sich die Redepflicht nicht auf Unrichtigkeiten, Verstöße und Tatsachen des *abgelaufenen* Gj; sie bezieht sich auch auf Unrichtigkeiten, Verstöße und Tatsachen, die *nach* dem Abschlussstichtag begründet wurden (*WPH*^{12} I Q 135; *ADS*^{6} § 321 Anm 71; *Kuhner/Päßler* in HdR^{5} § 321 Anm 28). Berichtspflichtig sind somit auch Tatsachen, die erst nach dem Abschlussstichtag eingetreten sind (ebenso *IDW PS 450* Anm 38). Es sind auch Unrichtigkeiten, Verstöße und Tatsachen einzubeziehen, die keine buchungspflichtigen Geschäftsvorfälle ausgelöst haben, zB Bestellobligo oder begonnene Investitionen (Anm 34f).

30 Ferner sind berichtspflichtig auch Unrichtigkeiten, Verstöße und Tatsachen, die den gesetzlichen Vertretern, dem AR oder den Gester **bekannt** sind, oder bei denen davon ausgegangen werden muss, dass sie diesen Personenkreisen bekannt sind; ebenso schon *BGH* vom 15. 12. 1954 sowie *Hense* in FS Budde, 309. Hieraus ist zu folgern, dass die Redepflicht auch dann zu erfüllen ist, wenn die Unrichtigkeiten, Verstöße und Tatsachen im Anhang oder im Lagebericht erwähnt werden (*IDW PS 450* Anm 38; *WPH*^{12} I Q 134).

31 Der AP hat „über ... festgestellte Unrichtigkeiten oder Verstöße ... sowie Tatsachen“ *zu berichten.* Die Feststellung der Unrichtigkeiten, Verstöße und Tatsachen umfasst das **Erkennen** als solches und die **Beurteilung**, ob sie den Bestand des Unt gefährden, seine Entwicklung wesentlich beeinträchtigen können oder schwerwiegende Verstöße der gesetzlichen Vertreter oder von Arbeitnehmern gegen Gesetze oder Gesvertrag/Satzung erkennen lassen sowie die **Berichterstattung.**

Durch die Entsprechenserklärung zum CorpGovKodex gem § 161 AktG wurde der Prüfungsgegenstand bei AG nicht ausgeweitet, insb kann hieraus keine umfassende Geschäftsführungsprüfung mit entspr Berichterstattungspflicht abgeleitet werden (idS *IDW PS 345* Auswirkungen des Deutschen Corporate-Governance-Kodex auf die Abschlussprüfung WPg 2003, 1002 Anm 22). Allerdings wird die Redepflicht ausgelöst, wenn der AP erkennt, dass die Entsprechenserklärung inhaltlich unzutreffend ist (*IDW PS 345* Anm 33).

c) Unrichtigkeiten oder Verstöße gegen gesetzliche Vorschriften

32 Unter den gesetzlichen Vorschriften iSv Abs 1 S 3 sind die für die Aufstellung des JA und Lageberichts geltenden Rechnungslegungsnormen iSv § 317 Abs 1 S 2 zu verstehen (*WPH*^{12} I Q 116; *ADS*^{6} § 321 Anm 73; *Kuhner/Päßler* in HdR^{5} § 321 Anm 25). Hierzu gehören alle für die Rechnungslegung geltenden Vorschriften einschließlich der GoB (Gesetzesbegr *BR-Drs 982/97,* 76) und ggf einschlägiger Normen der Satzung oder des GesVertrags (*IDW PS 450* Anm 45; *IDW PS 201* Anm 5ff).

Unrichtigkeiten iS der Vorschrift rühren aus *unbewussten* Fehlern her (Schreib- und Rechenfehler, Fehleinschätzungen, unbeabsichtigt falsche Anwendung von Rechnungslegungsgrundsätzen in Buchführung, JA und Lagebericht); **Verstöße** sind *bewusste* Handlungen und Unterlassungen, die in Widerspruch zu Gesetzen oder sonstigen Vorschriften stehen. Sie umfassen auch Täuschungen und Vermögensschädigungen (*IDW PS 210* Zur Aufdeckung von Unregelmäßigkeiten im Rahmen der Abschlussprüfung WPg 2003, 655, Anm 7, 39 ff; für den Prüfungsumfang und die Berichterstattung ist künftig allein maßgebend *IDW E-IPS 240* Die Verantwortung des Abschlussprüfers zur Berücksichtigung von Verstößen (fraud) im Rahmen der Abschlussprüfung WPg 2004, 1282).

33 Eine Berichterstattung über Unrichtigkeiten und Verstöße ist grds geboten, wenn dadurch die **Rechnungslegungsnormen** iSv § 317 Abs 1 S 2 verletzt sind und die Überwachungsaufgaben der Berichtsadressaten berührt werden. Die Berichtspflicht wird durch folgende Tatbestände veranlasst (*IDW PS 210* Anm 59 ff):

– bei *wesentlichen* Unrichtigkeiten oder Verstößen im Abschluss oder Lagebericht ist über die Auswirkungen, weitere Anhaltspunkte und Maßnahmen des AP zu berichten;
– ferner auch dann, wenn Beanstandungen sich nicht im BVm nieder geschlagen haben, aber für eine angemessene Information der Berichtsempfänger von Bedeutung sind;
– bei inzwischen behobenen Fehlern ergeben sich Hinweise auf Schwächen im internen Kontrollsystem. Auch nach *IDW PS 450,* Anm 47, sind Verstöße und Unrichtigkeiten im JA und Lagebericht, die im Verlauf der Prüfung behoben wurden, grds nicht berichtspflichtig; anderes gilt, wenn die behobenen Unrichtigkeiten und Verstöße für die Wahrnehmung der Überwachungsfunktion des AR oder der Gester wesentlich sind;
– der AP kann trotz Auskunftsbereitschaft des geprüften Unt nicht abschließend feststellen, ob eine Täuschung, Vermögensschädigung oder ein Gesetzesverstoß vorliegt.

d) Bestandsgefährdende oder entwicklungsbeeinträchtigende Tatsachen

34 Der **Bestand** des geprüften Unt ist **gefährdet,** wenn die festgestellten Tatsachen seine Fortführung in Frage stellen, also zum **Insolvenzfall** oder zur Liquidation führen können (*WPH*[12] I Q 103). Eine solche Bestandsgefährdung berührt vor allem die Vermögenslage (hier insb die Überschuldung), die Finanzlage (hier insb die Liquidität) und die Ertragslage.

Als **Beispiele** (*IDW PS 270* Die Beurteilung der Fortführung der Unternehmenstätigkeit WPg 2003, 775, Anm 11; *WPH*[12] I Q 104; *ADS*[6] § 321 Anm 75; *Kuhner/Päßler* in HdR[5] § 321 Anm 29) gelten insb wesentliche nicht kostendeckende Fertigungen, häufige Liquiditätsengpässe, drohender Abzug von Fremdkapital ohne Ersatzaussichten, ständige Zuschüsse der Anteilseigner, erhebliche lfd Verluste, nachhaltige Preisveränderungen im Beschaffungs- oder Absatzbereich, aber auch der Ausfall beträchtlicher Forderungen durch Insolvenz bedeutender Kunden. Eine Unterbilanz oder der Verlust der Hälfte des Grund- oder Stammkapitals iS von § 92 Abs 1 AktG, § 49 Abs 3 GmbHG sowie eine „bilanzielle" Überschuldung müssen als „Indiz" einer Bestandsgefährdung angesehen werden, auf die im Prüfungsbericht hinzuweisen ist.

35 Die Einbeziehung von Tatsachen, die die **Entwicklung** wesentlich **beeinträchtigen** können, bedeutet zuweilen eine Erweiterung des *Umfangs* der Redepflicht (*Grewe/Plendl* HWRP[3] Sp 2006). Neben den bestandsgefährdenden Tatsachen fallen hierunter auch solche, die einen bisherigen positiven Trend unterbrechen oder ungünstig beeinflussen. Eine wesentliche Beeinträchtigung ist

jedoch *nicht* gegeben, wenn es sich nur um Hinweise auf eine angespannte Lage des Unt handelt (*Grewe/Plendl* HWRP[3] Sp 2006; *WPH*[12] I Q 102).

Beispiele für die Entwicklungsbeeinträchtigung sind zB voraussichtlich länger anhaltende Dividendenlosigkeit bei TU, stark rückläufige Auftragseingänge und -bestände, Verlust wesentlicher Marktanteile, Fehlplanung von oder Fehlmaßnahmen bei größeren Investitionen, kurzfristige Finanzierung von Investitionen ohne Umschuldungsspielraum, langfristige Vertragsbindungen mit nachteiligen Auswirkungen (weitere Beispiele bei *Grewe/Plendl* HWRP[3] Sp 2006; *WPH*[12] I Q 106; *ADS*[6] § 321 Anm 77; *Kuhner/Päßler* in HdR[5] § 321 Anm 32).

Wenngleich sich viele die Entwicklung beeinträchtigende Tatsachen nur graduell von den bestandsgefährdenden Umständen unterscheiden, da es an einer objektivierbaren Abgrenzung fehlt, werden erstere häufig eine zeitliche **Vorstufe** der Bestandsgefährdung darstellen. Auch in diesem Fall ist so frühzeitig zu berichten, dass geeignete Maßnahmen durch die UntLeitung veranlasst werden können (glA *WPH*[12] I Q 108 f). 36

Bei der Wertung solcher Tatsachen ist zu berücksichtigen, dass häufig erst das **Zusammenwirken** mehrerer solcher Tatsachen zur Bestandsgefährdung führen wird (so auch *WPH*[12] I Q 107). Besondere Aufmerksamkeit ist hierbei Termin- und sonstigen spekulativen Geschäften sowie bilanzpolitischen Maßnahmen und Sachverhaltsgestaltungen zu widmen (Teilabrechnungen, Realisation stiller Reserven, sale und lease back; so *Clemm* Der Abschlußprüfer als Krisenwarner und der Aufsichtsrat – Anmerkungen zu einem – wieder einmal – aktuellen Thema in FS Havermann, 100). *Baetge* definiert in FS Havermann, 19, unter Zugrundelegung von – aus der Vergangenheit abgeleiteten JA-Analyse-Kennzahlen – eine entspr Risikoklasse als Maßstab (vgl auch K. *Baetge/J. Baetge/Kruse* Moderne Verfahren der Jahresabschlußanalyse: Das Bilanz-Rating DStR 1999, 1628). Jahresfehlbeträge, fehlende Gewinnausschüttungen oder -thesaurierungen (Dividendenlosigkeit) stellen Symptome von Bestands- oder Entwicklungsbeeinträchtigungen dar, die Stilllegung oder Veräußerung von Teilbetrieben können dagegen Sanierungsmaßnahmen und damit Gegenmaßnahmen darstellen. 37

Eine Berichterstattungspflicht ist somit nicht erst dann gegeben, wenn das Unt bereits gefährdet ist, sondern wenn Tatsachen vorliegen, die ernsthaft zu einer Bestandsgefährdung führen *können*.

Die Redepflicht umfasst nicht allgemeine politische und wirtschaftliche Gefahren und Ereignisse (*ADS*[6] § 321 Anm 79; *Kuhner/Päßler* in HdR[5] § 321 Anm 33).

e) Schwerwiegende Verstöße der gesetzlichen Vertreter oder Arbeitnehmer gegen Gesetz, Gesellschaftsvertrag oder Satzung

Tatsachen, die **schwerwiegende Verstöße** gegen Gesetz, Gesvertrag oder Satzung erkennen lassen, sind ebenfalls berichtspflichtig. Die Verstöße müssen *Gesetze* betreffen, die das Unt oder ihre Organe als solche verpflichten (glA zB *WPH*[12] I Q 124). Verstöße im privaten Bereich der gesetzlichen Vertreter oder Arbeitnehmer fallen nicht hierunter. Ebenso wenig besteht eine Berichtspflicht bei *nicht schwerwiegenden* Gesetzes- oder Satzungsverstößen (*WPH*[12] I Q 127; Anm 41). 38

Da über Verstöße gegen Bestimmungen zur Rechnungslegung bereits aufgrund des ersten in Abs 1 S 3 genannten Tatbestands (Unrichtigkeiten oder Verstöße gegen gesetzliche Vorschriften, s hierzu Anm 32 f) zu berichten ist, kommen als Verstöße gegen **Gesetze** nur solche in Betracht, die sich *nicht* auf die Rechnungslegung beziehen (*IDW PS 450* Anm 48; *WPH*[12] I Q 123; *ADS*[6] § 321 Anm 83; *Kuhner/Päßler* in HdR[5] § 321 Anm 39). Dies sind vor allem 39

Verstöße gegen AktG, GmbHG, WpHG, Geldwäschegesetz, Steuerrecht, Insolvenzrecht, Strafrecht (zB Untreue), Betriebsverfassungsrecht sowie das Gesetz gegen Wettbewerbsbeschränkungen, aber auch Verstöße gegen Aufstellungs- und Publizitätspflichten des HGB (*IDW PS 450* Anm 50; *WPH*[12] I Q 128). Wenn der Vorstand einer AG kein Risikofrüherkennungssystem eingerichtet hat, liegt ein berichtspflichtiger Verstoß gegen § 91 Abs 2 AktG vor. Vergleichbare Berichtserfordernisse können sich aufgrund der Ausstrahlungswirkung der aktienrechtlichen Regelung auf den Pflichtenrahmen der Geschäftsführer von Ges in einer anderen Rechtsform ergeben (Gesetzesbegr in *BR-Drs 872/97,* 53; *IDW PS 450* Anm 107; *IDW PS 720* Anm 8). Über Feststellungen, die weder eine Redepflicht begründen noch zu einer Einschränkung des BVm führen (zB leichtere Mängel im internen Kontrollsystem, verbesserungsfähige Planung, problembehaftete Systeme oder Abläufe, Schwachstellen im Management-Informations-System), ist gem Abs 2 S 2 (Anm 33 und 59) zu berichten, soweit dies für die Überwachung der Geschäftsführung und des geprüften Unt von Bedeutung ist; ansonsten genügt ein **Management Letter** (vgl Anm 52).

40 Bei Verstößen gegen die **Satzung** oder den **Gesvertrag** handelt es sich vor allem um Maßnahmen der gesetzlichen Vertreter, die als *zustimmungspflichtige* Geschäfte der Mitwirkung des AR oder der GesV bedürfen (ebenso *WPH*[12] I Q 126); das ist zB der Fall, wenn ein Grundstücks- oder Beteiligungskauf, obwohl vom AR abgelehnt, weiter betrieben wird. Gleiches gilt bei schwerwiegenden Verstößen gegen den Geszweck oder gegen die Geschäftsordnung (*WPH*[12] I Q 126; *Kuhner/Päßler* in HdR[5] § 321 Anm 40; enger *ADS*[6] § 321 Anm 85).

41 Kriterien für **schwerwiegende Verstöße** sind das für das Unt mit dem Verstoß verbundene Risiko, die Bedeutung der verletzten Rechtsnorm und der Grad des Vertrauensbruchs (*IDW PS 450* Anm 49). Die Berichtspflicht setzt nicht voraus, dass dem Unt ein Nachteil zugefügt wurde (*WPH*[12] I Q 127).

Der AP hat über festgestellte Tatsachen zu berichten, die schwerwiegende Verstöße der gesetzlichen Vertreter gegen Gesetz, Gesvertrag oder Satzung *erkennen lassen*. Dadurch, dass die festgestellten Tatsachen die schwerwiegenden Verstöße nur „erkennen lassen" müssen, kann abgeleitet werden, dass keine unzweifelhaften Beweise für das Vorliegen solcher Verstöße erbracht werden müssen. Der AP muss somit zur Erfüllung seiner Redepflicht den Verdachtsmomenten für einen Gesetzesverstoß nicht bis zu deren abschließender Klärung nachgehen, ihn trifft keine Nachweispflicht. Es genügt vielmehr, „dass die dem AP bekannt gewordenen Tatsachen für einen schwerwiegenden Verstoß sprechen" (*ADS*[6] § 321 Anm 183; idS *Kuhner/Päßler* in HdR[5] § 321 Anm 42). Auf der Grundlage der Einschätzung des AP wird dem AR bzw den Gestern der GmbH/KapCoGes als Überwachungsorgan die Obliegenheit zugewiesen, weitere Feststellungen und Maßnahmen zu treffen.

f) Form der Berichterstattung

42 Grds ist der Redepflicht in einem *gesonderten* Unterabschnitt im **Prüfungsbericht** nachzukommen (idS *IDW PS 450* Anm 40); dies gilt sowohl für den Prüfungsbericht zum JA als auch zum KA. Wird in einem gesonderten Teilbericht Bericht erstattet, ist dessen Inhalt vollständig in den Prüfungsbericht zu übernehmen (*IDW PS 450* Anm 41).

Mit der Berichterstattung im Prüfungsbericht werden die Tatsachen und ihre Wertung auch Institutionen zur Kenntnis gebracht, die nicht zu den vom HGB oder PublG vorgesehenen Adressaten gehören, also zB Kreditinstitute als Kreditgeber, ebenso der FinVerw im Rahmen der Vorlage des Prüfungsberichts nach § 60 Abs 3 EStDV zusammen mit der Steuererklärung (s hierzu Anm 9; vgl *Lück* BB 2001, 407, der für eine Ausweitung der Publizität plädiert).

Eine **zusammengefasste Behandlung** der in Frage kommenden Tatsachen im Prüfungsbericht ist gesetzlich nicht geregelt. Berichtsausführungen im Rahmen des Abs 1 S 3 müssen jedoch nach dem Sinn dieser Vorschrift und gem *BGH* vom 15. 12. 1954 als solche für den Adressaten erkennbar sein, insb hinsichtlich des *warnenden* Charakters. Eine Einbeziehung der Berichterstattung in die Stellungnahme zur Darstellung der Lage durch die gesetzlichen Vertreter unter ausdrücklichem Hinweis auf die gem Abs 1 S 3 berichtspflichtige Tatsache erscheint zulässig (*IDW PS 450* Anm 40). Die Berichterstattung in einem gesonderten Unterabschnitt des Prüfungsberichts mit entspr Überschrift ist aus Gründen der Klarheit aber vorzuziehen. Eine lediglich **mündliche** Berichterstattung ist *nicht* ausreichend. Bei einem solchen Vorgehen ist die Redepflicht nicht ausgeübt; die Schriftform für den Prüfungsbericht (Abs 1 S 1) gilt auch hier (Anm 5). **43**

Die **Berichterstattung** hat in der Weise zu erfolgen, dass die in Frage stehenden Sachverhalte und die aus der Sicht des AP notwendigen Folgerungen deutlich dargelegt werden (*IDW PS 450* Anm 40); Beurteilungsrisiken sind aufzuzeigen. Vertreten die gesetzlichen Vertreter und der AP hinsichtlich der Tatsachen und ihrer Beurteilung unterschiedliche Auffassungen, wird es für den AP zweckmäßig sein, auf diese Abweichung hinzuweisen. **44**

Ein zeitlich vorgezogener **Sonderbericht** – oder Bericht in Briefform – kommt unbeschadet der Berücksichtigung im Prüfungsbericht zB in Frage, wenn wegen Eilbedürftigkeit bei besonders bedrohlicher Lage oder bei schwerwiegenden Verstößen der gesetzlichen Vertreter der AP unverzüglich, also *vor* Beendigung der Prüfung, informieren will (*IDW PS 450* Anm 41; *WPH*[12] I Q 139; *ADS*[6] § 321 Anm 88; *Kuhner/Päßler* in HdR[5] § 321 Anm 37; *Lück/Hunecke* Zur Warnfunktion des Abschlußprüfers DB 1996, 4). Ein solches Vorgehen entspricht dem Zweck der Redepflicht, der UntLeitung oder dem AR bzw der GesV möglichst frühzeitig Gelegenheit zu geben, einer Bestandsgefährdung durch geeignete Maßnahmen zu begegnen (Anm 20). Besteht ein AR, ist der Sonderbericht dem Vorsitzenden vorzulegen. Bei der GmbH ergibt sich die Besonderheit, dass auch der Sonderbericht *allen* Gestern, die zum Empfang des Prüfungsberichts berechtigt sind, unmittelbar zuzuleiten ist; eine Zuleitung an den HauptGester allein reicht nicht aus (*WPH*[12] I Q 140; *ADS*[6] § 321 Anm 90). Zur Unterzeichnung eines Sonderberichts s Anm 138. Nach dem CorpGovKodex soll der AR vereinbaren, dass der AP über alle für die Aufgaben des AR wesentlichen Feststellungen und Vorkommnisse *unverzüglich* berichtet, die sich bei der Durchführung der APr ergeben. Der AR soll vereinbaren, dass der AP ihn informiert bzw im Prüfungsbericht vermerkt, wenn er bei Durchführung der APr Tatsachen feststellt, die eine Unrichtigkeit der von Vorstand und AR abgegebenen Erklärung zum Kodex ergeben. **45**

Eine Negativfeststellung, dass der AP bei Durchführung der Prüfung keine berichtspflichtigen Tatsachen und Unregelmäßigkeiten in der Rechnungslegung festgestellt hat, ist nicht erforderlich. **46**

3. Feststellungen zur Rechnungslegung (Abs 2 S 1)

Der Gesetzgeber sieht in Abs 2 S 1 vor, dass *festzustellen* ist, „ob die Buchführung und die weiteren geprüften Unterlagen, der JA, der Lagebericht, der KA und der Konzernlagebericht den gesetzlichen Vorschriften und den ergänzenden Bestimmungen des Gesellschaftsvertrags oder der Satzung entsprechen.“ Dabei wird auf die Darstellung von unwesentlichen und unproblematischen Teilen des **47**

JA verzichtet werden können. Hierbei ist auch zu berücksichtigen, dass Wechselwirkungen zwischen der – vorrangigen – „Vorweg"-Stellungnahme gem Abs 1 S 2 und 3 (Stellungnahme zur dargestellten Lage sowie Redepflicht) und der Feststellung nach Abs 2 S 1 bestehen. Die Berichterstattung nach Abs 2 S 1 dürfte regelmäßig deutlich knapper ausfallen als die „Vorweg"-Stellungnahme (und die Erfüllung der Redepflicht), da die erstgenannte Vorschrift im Wesentlichen nur eine Feststellung der Gesetzmäßigkeit der Berichterstattung der gesetzlichen Vertreter verlangt. Die Ausführungen sollten zweckmäßigerweise mit den Ausführungen zu Abs 2 S 3 zusammengefasst werden (vgl Anm 60).

a) Buchführung und die weiteren geprüften Unterlagen

48 Verlangt wird eine Stellungnahme zur **Ordnungsmäßigkeit** der Buchführung und der weiteren geprüften Unterlagen (iSv Abs 1 S 2; dazu Anm 16), jedoch nicht zum gesamten Rechnungswesen, sondern nur zur Buchführung (iSd Finanzbuchführung), soweit auf ihr der JA aufbaut (idS auch *WPH*[12] I Q 163; *ADS*[6] § 321 Anm 92). In Betracht kommen, soweit für die Berichtsempfänger von Interesse, Ausführungen zur Form der Buchführung (zB zum verwendeten EDV-Verfahren und seiner Kapazität), zum Belegwesen, zur Organisation und Ablage, zur vollständigen, fortlaufenden und zeitgerechten Erfassung der Geschäftsvorfälle, zu den Bestandsnachweisen, zur Ableitung des JA aus der Buchführung (und dem Inventar) sowie zum internen Kontrollsystem. Dabei ist grds nur über die Finanzbuchhaltung zu berichten, was jedoch einen Rückgriff auf andere Bereiche des Rechnungswesens, insb auf die Kostenrechnung zur Beurteilung der Vorräte und der GuV nach dem Umsatzkostenverfahren sowie auf die für die Prüfung des Lageberichts bedeutsame Planungsrechnung (so *IDW PS 450* Anm 32), nicht ausschließt.

49 Eine ins Detail gehende Darstellung der Buchführung und der sonstigen geprüften Unterlagen ist nicht erforderlich. Die einzelnen Prüfungsfeststellungen, auf denen der AP sein Urteil über die Ordnungsmäßigkeit der Buchführung aufbaut, gehören regelmäßig in die Arbeitspapiere (vgl Anm 66).

50 Hat die Prüfung der Buchführung **keine Beanstandungen** ergeben und kann der AP die Gesetzmäßigkeit (und damit die Ordnungsmäßigkeit) der Buchführung feststellen, ist zusätzlich zu den obigen Ausführungen nur dies in den Prüfungsbericht aufzunehmen. Soweit es für die Überwachung der Geschäftsführung und des geprüften Unt von Bedeutung ist, ist über Beanstandungen, die nicht zu einer Einschränkung oder Versagung des BVm geführt haben, gem Abs 2 S 2 zu berichten (Anm 39, 59). Bei kleineren Mängeln oder möglichen Verbesserungen der Buchhaltungsorganisation empfiehlt sich ein (gesonderter) schriftlicher Hinweis – etwa in Form eines Management Letter – an die Geschäftsführung (so auch *IDW PS 450* Anm 17 und *WPH*[12] I Q 170). Ein Hinweis auf den Management Letter im Prüfungsbericht erscheint sinnvoll, insb wenn Inhalte angesprochen werden, die einen Bezug zu *IDW PS 470* Grundsätze für die mündliche Berichterstattung des Abschlussprüfers an den Aufsichtsrat WPg 2003, 608, haben (aA *IDW PS 450* Anm 17).

b) Jahresabschluss

53 Die nach Abs 2 S 1 erforderliche Feststellung bezieht sich – außer auf die Feststellung zur Buchführung und zu dem Lagebericht – auf die **Gesetzmäßigkeit des Jahresabschlusses.** Der AP hat festzustellen, ob bei der Erstellung des JA alle für die Rechnungslegung geltenden gesetzlichen Vorschriften einschl der GoB und aller größenabhängigen, rechtsformgebundenen oder wirtschaftszweigspezifischen Regelungen sowie die Normen der Satzung oder

des Gesvertrags beachtet wurden. Ggf hat der AP auch über eine den JA betr Erweiterung der APr auf Grund gesetzlicher Vorschriften oder zusätzlicher Beauftragung zu berichten (*IDW PS 450* Anm 67). Für den **Anhang** ist zweckmäßigerweise gesondert festzustellen, ob dieser alle gesetzlich vorgeschriebenen Pflichtangaben (nach HGB, AktG usw) enthält.

Diesen Feststellungen werden zweckmäßigerweise zusammenfassende Angaben zu den Grundlagen des JA, dh zu der ordnungsgemäßen Ableitung von Bilanz und GuV aus der Buchführung und den weiteren geprüften Unterlagen, zur Ordnungsmäßigkeit der Ansätze, der Gliederung und der Bewertung vorangestellt. Da der Gesetzgeber der Vergleichbarkeit des JA einen sehr hohen Stellenwert eingeräumt hat (§ 265 Abs 2, *IDW* PS 318 Prüfung von Vergleichsangaben über Vorjahre WPg 2001, 909), ist – ähnlich Abs 2 S 4 (Anm 61) – auch auf die Frage der Darstellungsstetigkeit einzugehen, die sich sowohl auf die Ausübung von Bewertungsmethoden als auch auf die Inanspruchnahme von Ausweiswahlrechten bezieht (*IDW PS 450* Anm 74).

Über Unrichtigkeiten und Verstöße gegen die Rechnungslegungsvorschriften **54**
ist ua dann zu berichten, wenn sie im Abschluss nicht korrigiert wurden; zu den weiteren Fällen der Berichtspflicht in diesem Zusammenhang s Anm 32f und Anm 59. Eine aA des AP zu IDW RS ist schriftlich im Prüfungsbericht darzustellen und ausführlich zu begründen (*IDW PS 201* Anm 13).

Hat das geprüfte Unt von § 286 oder § 160 Abs 2 AktG (Unterlassen von **55**
Angaben) Gebrauch gemacht, ist hierauf sowie auf die Berechtigung der Inanspruchnahme der Schutzklausel einzugehen (*IDW PS 450* Anm 69; *WPH*[12] I Q 181).

c) Lagebericht

Der Lagebericht ist nicht Bestandteil des JA. Er ist aber gem §§ 316 Abs 1, **58**
317 Prüfungsgegenstand und im BVm sind ausdrücklich bestimmte Ausführungen zu machen. Entspr den in § 317 Abs 2 geregelten Prüfungsanforderungen (dazu § 317 Anm 55ff) ist die Gesetzmäßigkeit der Berichterstattung im Lagebericht festzustellen (die Vorschrift ist also deutlich enger als die die „Vorweg"-Stellungnahme gem Abs 1 S 2 Betreffende) und ob der Lagebericht mit dem JA sowie den bei der Prüfung gewonnenen Erkenntnissen des AP in Einklang steht und ob der Lagebericht insgesamt eine zutreffende Vorstellung von der Lage des Unt vermittelt. Dabei ist auch zu prüfen, ob die voraussichtliche Entwicklung mit ihren wesentlichen Chancen und Risiken beurteilt und erläutert wurde sowie die bedeutsamsten finanziellen Leistungsindikatoren erläutert wurden. Darüber hinaus ist es ggf zweckmäßig darzustellen, ob Vorgänge von besonderer Bedeutung, die nach dem Schluss des Gj eingetreten sind, dem AP bekannt wurden und ob hierüber ausreichend im Lagebericht berichtet worden ist sowie ob dem Berichtserfordernis bzgl der sonstigen Angaben ordnungsgemäß nachgekommen wurde (*IDW PS 450* Anm 71; *IDW PS 350* Anm 21; *WPH*[12] I Q 234 f).

Ist dies nach Auffassung des AP nicht der Fall (zB bei wirtschaftlichen Schwierigkeiten des betr Unt) oder bestehen sonstige Einwendungen (zB fehlende oder unzutreffende Angaben über die Leistungsindikatoren oder die voraussichtliche Entwicklung mit ihren wesentlichen Chancen und Risiken), sind diese bereits bei der „Vorweg"-Stellungnahme (Anm 15f) oder bei den Ausführungen zur Redepflicht (Anm 34f) gesondert darzustellen; an dieser Stelle ist zusammenfassend die *fehlende* Gesetzmäßigkeit des Lageberichts festzustellen.

Auf die Berücksichtigung der Schlusserklärung eines AbhBer im Lagebericht sollte hingewiesen werden (ausführlich hierzu Voraufl § 289 Anm 61ff). Ggf ist auch zur Berechtigung der Inanspruchnahme der für den Lagebericht nicht vorgesehenen, aber in der Literatur bejahten Schutzklausel Stellung zu nehmen (so auch *WPH*[12] I Q 239; *ADS*[6] § 289 Anm 54; *Lück* in HdR[5] § 289 Anm 29).

4. Beanstandungen ohne Einfluss auf den Bestätigungsvermerk (Abs 2 S 2)

59 Die Berichtspflicht auch über solche Beanstandungen, die nicht zu einer Einschränkung oder Versagung des BVm führen, soweit dies für die Überwachung des geprüften Unt von Bedeutung ist, hat in den Berufsgrundsätzen eine lange Tradition. Abs 2 S 2 kommt somit einerseits klarstellende Bedeutung zu (s *IDW* FN IDW 2002, 75), andererseits greift der Gesetzgeber partiell Einzelregelungen aus berufsständischen Standards auf, die dort bereits Bestandteil eines umfassenden und geschlossenen Berichtskonzepts sind (*Pfitzer/Oser/Orth* DB 2002, 164). Zur Abgrenzung zum Management-Letter vgl Anm 39 und 50.

Stellt der AP **nicht nur unwesentliche Mängel** fest, so hatte er auch bisher schon auf diese einzugehen, selbst wenn sie nicht zu einer Einschränkung oder Versagung des BVm führen (ähnlich *WPH*[12] I Q 169). Wann der AP im Hinblick auf die geringe Auswirkung der Mängel von einer Erwähnung im Prüfungsbericht absehen darf, hängt von der Bedeutung für die Kenntnis der Berichtsempfänger ab (so *WPH*[12] I Q 172).

Auch über **bereits behobene wesentliche Mängel** ist wegen des Zeitraumbezugs der Buchführung zu berichten (*IDW PS 450* Anm 62; *ADS*[6] § 321 Anm 95; *Kuhner/Päßler* in HdR[5] § 321 Anm 45), insb bei gewichtigen Fehlern, die auf organisatorische Schwächen im System des Rechnungswesens hindeuten. Die Berichterstattung soll Hinweise zur Überwachung der Untleitung geben. Über die Mängel ist im Abschn zur Buchführung und zu den weiteren geprüften Unterlagen zu berichten (Abs 2 S 1), ggf sind die Beanstandungen auch mit den Ausführungen zu Unisichtigkeiten oder Verstößen gegen ges Vorschriften zusammenzufassen (vgl Anm 32f).

5. Tatsächlichen Verhältnissen entsprechendes Bild (Abs 2 S 3)

60 Nach Abs 2 S 3 ist auch darauf einzugehen, ob der JA insgesamt unter Beachtung der GoB ein den tatsächlichen Verhältnissen entspr Bild der VFE-Lage vermittelt. Hierbei ist zu berücksichtigen, dass Wechselwirkungen zwischen der – wohl vorrangigen – „Vorweg"-Stellungnahme gem Abs 1 S 2 und 3 (Stellungnahme zur dargestellten Lage sowie Redepflicht) und der Feststellung nach Abs 2 S 3 bestehen. Die Berichterstattung nach Abs 2 S 3 dürfte wie die Berichterstattung nach Abs 2 S 1 regelmäßig deutlich knapper ausfallen als die „Vorweg"-Stellungnahme (und die Erfüllung der Redepflicht), da die erstgenannte Vorschrift auf eine knappe Feststellung reduziert werden darf. Zur Vermeidung von Wiederholungen darf bei den Feststellungen zur Vermittlung eines den tatsächlichen Verhältnissen entspr Bilds auf die Ausführungen in der „Vorweg"-Stellungnahme verwiesen werden. Die Ausführungen zu Abs 2 S 3 sollten zweckmäßigerweise mit den Ausführungen zu Abs 2 S 1 zusammengefasst werden (vgl Anm 47).

Gem Abs 2 S 3 ist eine Gesamtaussage zu treffen, ob der Abschluss insgesamt – unter Beachtung der GoB und sonstiger maßgeblicher Rechnungslegungsgrundsätzen – ein den tatsächlichen Verhältnissen entspr Bild der VFE-Lage vermittelt. Die Notwendigkeit der Beachtung der sonstigen maßgeblichen Rechnungslegungsgrundsätze trägt nach der Begr zum BilReG dem Umstand Rechnung, dass im Anwendungsbereich der Verordnung (EG) Nr 1606/2002 und der §§ 315a, 325 Abs 2a IFRS-Abschlüsse Gegenstand der gesetzlichen APr werden. Gem § 58 Abs 3 S 1 EGHGB findet die Änderung erstmals auf das nach dem 31. 12. 2004 beginnende GJ Anwendung.

Für die APr maßgebliche Rechnungslegungsgrundsätze können sich nach *IDW PS 201* auf deutsche, internationale oder international anerkannte sowie andere nationale Grundsätze beziehen. Der AP hat die maßgeblichen Rechnungslegungsgrundsätze zu benennen und hierbei insb darauf zu achten, dass bei einem nach internationalen oder international anerkannten Rechnungslegungsgrundsätzen aufgestellten Abschluss die gesetzlichen Anforderungen erfüllt sein müssen, insb, dass die in EU-Recht übernommenen internationalen Rechnungslegungsstandards vollständig angewendet und die ggf ergänzend anwendbaren Vorschriften berücksichtigt worden sind. Um Überschneidungen zu vermeiden, sollten detaillierte Ausführungen zu einzelnen Rechnungslegungsgrundsätzen innerhalb der Ausführungen zu Abs 2 S 4 gebracht werden (s Anm 68). Nicht zuzustimmen ist *Pfitzer/Oser/Orth* (Offene Fragen und Systemwidrigkeiten des Bilanzrechtsreformgesetzes (BilReG) DB 2004, 2593), die eine Berichtspflicht des AP nur sehen, wenn die wesentlichen Auswirkungen von Änderungen oder sachverhaltsgestaltenden Maßnahmen nicht aus der Rechnungslegung ersichtlich sind.

Durch die eindeutige Bezugnahme auf die GoB ist sichergestellt, dass sich die Gesamtaussage nur auf den JA und KA bezieht, dass die Berichtspflicht nicht zugleich auch auf die Lagedarstellung im Lagebericht Bezug nimmt und die Berichtspflicht des AP nicht über die Pflichten der gesetzlichen Vertreter nach § 264 Abs 2 hinausgeht (*WPH*[12] I Q 187, kritisch zu dieser Vorschrift *ADS*[6] § 321 Anm 108f). Der AP soll ausdrücklich die Übereinstimmung oder Nichtübereinstimmung des JA mit der Generalnorm des § 264 Abs 2 bestätigen. Auch zur Begr dieser Beurteilung ist – wie bereits zu der nach Abs 1 S 2 geforderten „Vorweg"-Stellungnahme (s Anm 15f) – eine eingehende **Analyse der VFE-Lage** erforderlich, auch wenn die VFE-Lage hier nicht darzustellen ist (*IDW PS 450* Anm 72; Näheres s Anm 84f).

6. Wesentliche Bewertungsgrundlagen und sachverhaltsgestaltende Maßnahmen (Abs 2 S 4)

Abs 2 S 4 schreibt dem AP vor, im Rahmen der Berichterstattung zur Ge- 61
samtaussage des JA bzw KA auch auf wesentliche Bewertungsgrundlagen sowie darauf einzugehen, welchen Einfluss Änderungen in den Bewertungsgrundlagen sowie sachverhaltsgestaltende Maßnahmen auf die Darstellung der VFE-Lage haben; der Umfang der Ausführungen sollte vor dem Hintergrund der Berichterstattung im Anhang gewichtet werden. Damit wurde eine bereits seit Jahren bestehende und in den Verlautbarungen des IDW dokumentierte Berichterstattungspraxis gesetzlich fixiert. Unter **Bewertungsgrundlagen** sind Bilanzierungs- und Bewertungsmethoden sowie die für Bewertung von Vermögensgegenständen und Schulden maßgebenden Faktoren (Parameter, Annahmen und die Ausübung von Ermessensspielräumen) zu verstehen (*IDW PS 450* Anm 78), also allgemeine und den Bilanzierungs- und Bewertungswahlrechten übergeordnete Bewertungsgrundsätze, wie zB das Fortführungs-, Einzelbewertungs-, Vorsichts-, Realisations-, Wertaufhellungs- und Stetigkeitsprinzip (vgl im Einzelnen *Ballwieser* in HWRP[3], 353). Einzugehen ist insb auf damit zusammenhängende Anwendungsprobleme, etwa auf die Abbildung von Sicherungsgeschäften oder die Gewinnrealisation bei Langfristfertigung.

Explizite (in den Rechnungslegungsvorschriften offen eingeräumte) und implizite Wahlrechte (ergeben sich aus fehlenden, unklaren oder nicht eindeutigen Rechnungslegungsvorschriften) eröffnen dem Rechnungslegenden einen **Er-**

messensspielraum. Bilanzierungswahlrechte beziehen sich darauf, ob ein Geschäftsvorfall als Aktivum oder Passivum abzubilden ist oder nicht (zB Ingangsetzungs- und Erweiterungsaufwendungen gem § 269 oder Aufwandsrückstellungen gem § 249 Abs 2). **Bewertungswahlrechte** beziehen sich darauf, einem Bilanzposten einen von mind zwei möglichen Werten zuzuordnen (zB Ermittlung des „nach vernünftiger kaufmännischer Beurteilung" notwendigen Betrags gem § 253 Abs 1, Bestimmung des Abschreibungsverfahrens und Schätzung der Nutzungsdauer sowie des Restwerts von abnutzbaren Anlagen, Konkretisierung des beizulegenden Werts gem § 253 Abs 3, Beurteilung der Wahrscheinlichkeit der Inanspruchnahme aus Rückstellungen, Bildung von Bewertungseinheiten im Rahmen von Sicherungsgeschäften). Vgl im Einzelnen *Schildbach* in HWRP[3], 2607. Wertbestimmende **Parameter** sind zB Wechsel- oder Börsenkurse, Zinssätze usw, wertbestimmende **Annahmen,** aus denen sich Ermessensspielräume ergeben können, sind zB Nutzungsdauern oder Restwerte (*IDW PS 450* Anm 82 f).

Durch **sachverhaltsgestaltende Maßnahmen** (*IDW PS 450* Anm 94f) kann die Momentaufnahme des JA über die Bilanzierungs- und Bewertungswahlrechte hinaus zielorientiert beeinflusst werden. Hinzuweisen ist in diesem Zusammenhang – auch durch quantitative Angaben – auf die Wahl von Zahlungsterminen (Einzug von Forderungen, Ausgleich von Verbindlichkeiten, Anforderung bzw Leistung von An- und Vorauszahlungen), auf das Instrument der Beschaffungspolitik (Beeinflussung des Lagerab- bzw -zugangs, der Anschaffung von Investitionen/geringwertigen Gütern) sowie auf die Bildung oder Auflösung stiller Reserven oder auf Besonderheiten der Kreditpolitik insb im Konzernverbund (Gewährung von Krediten durch KonzernUnt kurz vor, Rückzahlung wenige Tage nach dem Bilanzstichtag), Sale-and-Lease-Back-Verträge und Factoring. Vgl im Einzelnen *IDW ERS HFA 13* Einzelfragen zum Übergang des wirtschaftlichen Eigentums und zur Gewinnrealisierung nach HGB WPg 2004, 952; *Hoffmann* Prüfungsbedingte Grenzen sachverhaltsgestaltender Jahresabschlußpolitik BB 1995. Beil 4, 1. Im Prüfungsbericht ist auch auf eine gleichgerichtete Ausübung von zulässigen Bilanzierungs- und Bewertungsmethoden, durch die wesentliche Änderungen und Entwicklungen der wirtschaftlichen Lage verborgen werden, sowie auf die Auswirkungen bilanzpolitisch motivierter Sachverhaltsgestaltungen einzugehen (Anm 63). *Pfitzer* in Dörner/Menold/Pfitzer/Oser, 887, ist zuzustimmen, dass bei sachgerechter Abgrenzung der Verantwortlichkeiten, die Berichtspflichten des Abs 2 S 4 den gesetzlichen Vertretern wegen ihrer originären Verantwortung für die Informationsversorgung und nicht dem AP hätten auferlegt werden müssen.

7. Aufgliederung und Erläuterung der Jahresabschlussposten (Abs 2 S 5)

62 Nach Abs 2 S 5 sind die Posten des JA aufzugliedern und ausreichend zu erläutern, *soweit* dadurch die Darstellung der VFE-Lage wesentlich verbessert wird und diese Angaben im Anhang nicht enthalten sind. In die Aufgliederung und Erläuterung sind auch die gem § 289 Abs 1 S 3 mit Bezugnahme auf die im JA ausgewiesenen Beträge und Angaben erläuterten wesentlichen finanziellen Leistungsindikatoren einzubeziehen. Abs 2 S 5 stellt die Aufgliederung und Erl der Posten des JA und des KA in einen engeren Kontext zu der nach Abs 2 S 3 und S 4 geforderten Beurteilung der Gesamtaussage des Abschlusses. Damit sind im Prüfungsbericht die Aufgliederungen und Erl problem- bzw zielorientierter zu formulieren. Auf für die Darstellung der VFE-Lage nicht erforderliche „Zahlenfriedhöfe" ist iS einer aussagefähigen Darstellung im Prüfungsbericht zu

verzichten (s *IDW* FN IDW 2002, 74). Missverständlich ist die Aussage von *Gross/Möller,* 322, wonach die Erl des Abs 2 S 5 „im Rahmen der Darstellungen zur Gesamtaussage zu machen“ sind. Die nach Abs 2 S 5 gesetzlich geforderten Erl sind entweder im Rahmen der „Darstellungen zur VFE-Lage“ (*WPH*[12] I Q 66, Abschn 4.2.3) oder in den „Aufgliederungen und Erläuterungen“ (*IDW PS 450,* Abschn 3.4.2.5) zu machen; über die gesetzlichen Anforderungen hinausgehende Erl sollten zur besseren Abgrenzung in eine Anlage aufgenommen werden. Nach *IDW PS 450* Anm 72, ist es nicht Gegenstand der geforderten Feststellungen zur Gesamtaussage des JA, die VFE-Lage darzustellen.

Die Erl des Abs 2 S 5 sind im Rahmen der **Darstellungen zur VFE-Lage** zu machen (Einzelheiten s Anm 84f). Damit werden Wiederholungen zwischen einem gesonderten Erläuterungsteil und dem Berichtsabschnitt zur VFE-Lage vermieden und somit insgesamt die Lesbarkeit des Prüfungsberichts unterstützt (vgl zur Informations- und Unterstützungsfunktion Anm 4). Die Verpflichtung zur Aufgliederung und Erl gilt nicht für alle, sondern nur für die **wesentlichen Posten** des JA. Das Interesse an einer vollständigen und übersichtlichen, dh *nicht* auf Anhang und Prüfungsbericht aufgeteilten Aufgliederung und Erl mag Veranlassung dafür sein, bei den diesbezüglichen Angaben im Prüfungsbericht das gesetzliche Mindestmaß zu überschreiten (ähnlich auch *Ludewig* WPg 1998, 599f). Daneben steht es dem Unt frei, den Inhalt und Umfang des *klassischen* und *fakultativen* Erläuterungsteils (alle oder nur ausgewählte Posten, Umfang der Erl) mit dem AP individuell abzustimmen; auch dieser Erläuterungsteil ist zur besseren Abgrenzung von den Erl gem Abs 2 S 5 in eine Anlage („Erläuterungen zum JA“) aufzunehmen (so auch *Gross/Möller,* 323, die aber auch einen gesonderten Berichtsabschnitt für zulässig halten). Die Auffassung von *Stolberg/Zieger* (Neuerungen beim Prüfungsbericht und beim Bestätigungsvermerk nach § 321f HGB in Investororientierte Unternehmenspublizität Wiesbaden 2000, 449) einen so verstandenen Erläuterungsteil „in die nach § 321 Abs 2 S 2 – *gemeint ist wohl S 5* – erforderliche Darstellung der VFE-Lage“ einzubeziehen, muss restriktiv gedeutet werden. Die in den Prüfungsbericht oder seine Anlagen aufgenommenen Aufgliederungen und Erl unterliegen der Prüfung nach den allgemeinen Grundsätzen; der AP hat sich somit durch analytische und durch Systemprüfungshandlungen davon zu überzeugen, dass die Angaben in die eigene Verantwortung übernommen werden können (*IDW PS 450* Anm 103; *Gross/Möller,* 323).

Falls die zu prüfende Ges keinen Anhang erstellt (zB nach § 5 Abs 1 PublG), hat der AP „die Aufgliederungen und Erl vorzunehmen, die im Interesse einer Einschätzung der Lage des Unt“ von den Berichtsadressaten benötigt werden (*WPH*[12] I Q 197); eine Ausweitung seiner Informationsverpflichtung ist damit allerdings nicht verbunden.

Auch bei eigenständigen Anhangangaben, wie sie zB bzgl der sonstigen finan- **63**
ziellen Verpflichtungen gem § 285 Nr 3 sowie der steuerlichen Auswirkungen gem § 285 Nr 5 zu machen sind, kommt – soweit im Anhang nicht enthalten – eine Aufgliederung oder Erl im Prüfungsbericht in Betracht.

„Aufgliederung“ bedeutet, den Inhalt eines ggf heterogen zusammengesetzten Postens soweit anzugeben, als dies für die Beurteilung durch die Berichtsempfänger notwendig ist; ggf sind verständnisnotwendige zahlenmäßige Angaben zu machen (*ADS*[6] § 321 Anm 114; *Kuhner/Päßler* in HdR[5] § 321 Anm 58).

Eine ausreichende **Erläuterung** der Posten erfordert neben Angaben zu den Rechten Dritter ein Eingehen auf die angewandten Bilanzierungs- und Bewertungsmethoden sowie auf wesentliche Veränderungen gegenüber dem Vj (so auch *IDW PS 450* Anm 98). Ggf sind Durchbrechungen des Stetigkeitsgrundsatzes gem § 252 Abs 2 darzustellen. In Betracht kommen auch Angaben zu den wirtschaftlichen Verhältnissen von BeteiligungsGes und Kursreserven bei Wertpapieren.

64 Aufgliederung und Erl der einzelnen Posten von Bilanz, GuV und ggf Anhang im Prüfungsbericht sind für die Berichtsempfänger nur dann sinnvoll, wenn dadurch die Darstellung der VFE-Lage wesentlich verbessert wird und zusätzliche, über die Angaben im Anhang hinausgehende Informationen vermittelt werden. Insgesamt muss gewährleistet sein, dass der AR und bei der GmbH/KapCoGes auch die Gester über den Inhalt (der einzelnen Posten) des JA ausreichend unterrichtet sind. Denn diese Personenkreise müssen sich mit Hilfe des Prüfungsberichts bei Feststellung des JA sowie bei der Beschlussfassung über die Gewinnverwendung ein eigenes Urteil über die Ausübung von Ermessensspielräumen und Wahlrechten beim Ansatz und bei der Bewertung von Aktiv- und Passivposten bilden können (*WPH*[12] I Q 191; *ADS*[6] § 321 Anm 112).

8. Aufklärungs- und Nachweispflicht der gesetzlichen Vertreter (Abs 2 S 6)

65 Diese Pflicht der gesetzlichen Vertreter des geprüften Unt umfasst alle Aufklärungen und Nachweise, die zur sorgfältigen Prüfung notwendig sind (§ 320), analog dürfte dies auch für den AR gelten. Der AP hat in seinem Prüfungsbericht zunächst zusammenfassend zur Erfüllung dieser Verpflichtungen Stellung zu nehmen. In diesem Zusammenhang steht auch die Einholung der berufsüblichen **Vollständigkeitserklärung** (so auch *IDW PS 450* Anm 59). Zusätzlich zu dieser allgemeinen Erklärung kann der AP zu einzelnen Prüfungsbereichen im Prüfungsbericht detailliert auf den Umfang der jeweiligen Erfüllung der Aufklärungs- und Nachweispflichten eingehen, insb Vorgänge und Sachverhalte im Ausland betr.

Sind die gesetzlichen Vertreter ihren Auskunfts- und Nachweispflichten nur unzureichend nachgekommen, hat der AP darzulegen, inwieweit sich dadurch Auswirkungen auf eine abschließende und verlässliche Beurteilung des JA und des Lageberichts ergeben (ebenso *IDW PS 303* Erklärungen der gesetzlichen Vertreter gegenüber dem AP WPg 2003, 680; *IDW PS 450* Anm 59; *WPH*[12] I Q Anm 157; *ADS*[6] § 321 Anm 106; *Kuhner/Päßler* in HdR[5] § 321 Anm 70). Wegen Einzelheiten sowie zu Auswirkungen auf den BVm wird auf § 320 Anm 36f verwiesen.

9. Erläuterung von Gegenstand, Art und Umfang der Prüfung (Abs 3)

66 Die Angaben sollen eine bessere Beurteilung des JA und der APr ermöglichen, so dass der AR/die Gester die für die Erfüllung ihrer eigenen Überwachungsfunktion erforderlichen Konsequenzen ziehen können (*IDW PS 450* Anm 51). Die maßgeblichen Bewertungsgrundsätze und die jeweiligen Prüfungsschwerpunkte sind darzustellen. Eine Begr des Prüfungsvorgehens im Einzelnen ist jedoch nicht erforderlich (*IDW PS 450* Anm 57; *ADS*[6] § 321 Anm 134; *Kuhner/Päßler* in HdR[5] § 321 Anm 71). Die Angaben dienen nicht dem Nachweis der durchgeführten Prüfungshandlungen. Diese Funktion erfüllen die Arbeitspapiere des AP (*IDW PS 460* Arbeitspapiere des Abschlussprüfers WPg 2000, 916; *IDW PS 450* Anm 51: *WPH*[12] I Q 141).

67 Der Information der Berichtsadressaten dienen folgende Angaben zu einzelnen Aspekten der Prüfung:

– **Gegenstand** der Prüfung ist gem § 317 die Gesetz- und Ordnungsmäßigkeit von Buchführung, JA und Lagebericht. Erweiterungen kommen auf Grund größenabhängiger, rechtsformabhängiger, wirtschaftszweigspezifischer Vorschriften oder auf Grund der Auftragserteilung sowie der Anwendung abw, zB internationaler Rechtsnormen in Betracht (*IDW PS 450* Anm 52f). Hierzu gehören auch Angaben zur evtl Prüfung eines Risikofrüherkennungssystems gem § 317 Abs 4 (über das *Ergebnis* ist gem Abs 4 gesondert zu berichten). Hinzuweisen ist auch ggf auf die Prüfung eines IFRS-EA, KA oder AbhBer.

– Zu **Art und Umfang** ist auf die Berufsgrundsätze Bezug zu nehmen; vgl in diesem Zusammenhang auch die ISA und die Prüfungsstandards des IDW. Eine darauf beschränkte Standardformulierung wird jedoch nicht für ausreichend gehalten (so *Emmerich* in Bericht über die Fachtagung des IDW 1997, Düsseldorf 1998, 339), sondern es sind Angaben zur – risikoorientierten – *Prüfungsstrategie* (Prüfung des rechnungslegungsbezogenen internen Kontrollsystems, Angabe der Prüfungsschwerpunkte, Wesentlichkeitsgrenzen, Zielsetzung und Verwendung stichproben-gestützter Prüfungsverfahren usw) sowie zu evtl Abweichungen von den Prüfungsgrundsätzen (Inventurbeobachtungen, Bestätigungen Dritter) und zu den durchgeführten Ersatzprüfungshandlungen sowie Auswirkungen aus dem Vorjahresabschluss auf die Prüfungsdurchführung erforderlich (*IDW PS 450* Anm 57; *WPH*[12] I Q 152; *ADS*[6] § 321 Anm 133; *Kuhner/Päßler* in HdR[5] § 321 Anm 69). 68

Zur **Art** der Prüfung gehören Angaben über den Einsatz stichproben- oder EDV-gestützter Prüfungsverfahren, zur Inventurbeobachtung, zur Einholung von Bestätigungen Dritter (Kriterien, Verfahrensweise), zum Vorgehen bei Prüfungshemmnissen/-erschwernissen.

Letztere – etwa auf Grund von Verletzungen der Auskunfts-/Nachweispflichten (Anm 65) – und deren Auswirkungen auf das Prüfungsergebnis sind darzustellen; auf ernsthafte Zweifel an der Richtigkeit der Auskünfte ist hinzuweisen (*IDW PS 450* Anm 59).

Bzgl der **Bestandsnachweise** (ähnlich *WPH*[12] I Q 166) sollten Angaben zum Anlagevermögen (Anlagenkartei, Grundbuchauszüge, Beteiligungsdokumente), zu den Vorräten (Inventurverfahren, Beobachtung durch den AP), den Forderungen und Verbindlichkeiten (Saldenlisten, Saldenbestätigungen, Rechtsanwaltsbestätigungen), den flüssigen Mitteln (Bestandsaufnahmen, Bankbestätigungen, Depotbestätigungen) und zu den Rückstellungen (zB bzgl der Pensionsverpflichtungen Zusammenstellung der Anspruchsberechtigten und Höhe der Zusagen) sowie zu den Unterlagen gemacht werden, die für die Angaben nach § 285 S 1 Nr 18 (zB Erfassung solcher schwebender Geschäfte) erforderlich sind.

Bzgl des **Umfangs** ist über den Prüfungszeitraum, die Prüfung von Zweigniederlassungen/Werken/Betriebsstätten, die Berücksichtigung von Ergebnissen Dritter *(IDW PS 320* Verwendung der Arbeit eines anderen externen Prüfers WPg 2002, 682, *IDW PS 322* Verwertung der Arbeit von Sachverständigen WPg 2002, 689), projektbegleitende Prüfungen (*St HFA 4/1997* Projektbegleitende Prüfung EDV-gestützter Systeme WPg 1997, 680) und die Zusammenarbeit mit der internen Revision zu informieren (*IDW PS 321* Interne Revision und APr WPg 2002, 686, *WPH*[12] I Q 152ff).

Die Anfügung von Abs 3 S 2 durch das BilReG, dass dabei auch auf die angewandten Rechnungslegungs- und Prüfungsgrundsätze einzugehen ist, entspricht der Anpassung des § 322 Abs 1 S 2 an die Vorgaben der neu gefassten Art 51a der Bilanzrichtl und Art 37 der Konzernbilanzrichtl und trägt insb dem Umstand Rechnung, dass künftig IFRS-EA und -KA Gegenstand der gesetzlichen APr werden. Gem § 58 Abs 3 S 1 EGHGB findet die Änderung erstmals auf das nach dem 31. 12. 2004 beginnende GJ Anwendung. Die nunmehr explizite Forderung zur Angabe der Rechnungslegungs- und Prüfungsgrundsätze stellt keine Änderung der bisherigen berufsständischen Grundsätze des *IDW PS 450* dar (so auch *Pfitzer/Oser/Orth* Offene Fragen und Systemwidrigkeiten des Bilanzrechtsreformgesetzes (BilReG) DB 2004, 2593).

Nach *IDW PS 201* Anm 4 können die für die APr maßgeblichen **Rechnungslegungsgrundsätze** sich auf deutsche, internationale oder international anerkannte sowie andere nationale Grundsätze beziehen.

Zu den **deutschen** Rechnungslegungsgrundsätzen gehören alle für die Rechnungslegung geltenden Vorschriften einschließlich der GoB und ggf einschlägiger Normen der Satzung oder des GesVertrages.

Die gesetzlichen Vorschriften umfassen nach *IDW PS 201* Anm 6 insbesondere die Vorschriften des HGB über die Buchführung und das Inventar (§§ 238 bis 241), über den Ansatz, die Bewertung und die Gliederung der Posten des JA (§§ 242 bis 283) über die Angaben in Anhang und Lagebericht (§§ 284 bis 289) und ergänzende gesetzliche Vorschriften zur Konzernrechnungslegung (§§ 290 bis 315). Ferner können wirtschaftszweigspezifische (zB §§ 340ff und §§ 341ff) sowie Rechtsform bezogene Vorschriften (zB §§ 150 bis 160 AktG) und gesterbezogene Vorschriften (zB § 42 Abs 3 GmbHG) zu beachten sein. Die gesetzlich normierten GoB werden ergänzt durch nicht gesetzlich festgeschriebene GoB, die durch die Verweisung in § 238 für die Buchführung, in § 243 Abs 1 und § 264 Abs 2 für den JA sowie in § 297 Abs 2 für den KA den Rang gesetzlicher Vorschriften haben; hierzu gehören auch die gem § 342 Abs 2 veröffentlichten Standards des DSRC. Die APr erstreckt sich deshalb auch auf die Einhaltung dieser Grundsätze (*IDW PS 201* Anm 7).

Zu den **internationalen Rechnungslegungsgrundsätzen** gehören die vom International Accounting Standards Committee/Board (IASC und IASB) verabschiedeten International Accounting Standards/International Financial Reporting Standards (IAS und IFRS). **International anerkannte nationale Rechnungslegungsgrundsätze** sind wegen ihrer internationalen Verbreitung auch die US-amerikanischen Rechnungslegungsgrundsätze (US-GAAP).

Bzgl der Angabe der **Prüfungsgrundsätze** hat die Änderung nur klarstellenden Charakter, da diese bereits von Abs 3 S 1 erfasst wurden und Gegenstand von *IDW PS 450* Anm 51ff waren. Der AP hat dabei auf §§ 316ff und auf die vom IDW entwickelten Grundsätze ordnungsmäßiger APr, auf die ISA (International Standards on Auditing) oder ggf auf andere vereinbarte Prüfungsgrundsätze Bezug zu nehmen.

Die deutschen Prüfungsgrundsätze umfassen als Prüfungsnormen nach *IDW PS 201* Anm 22 alle unmittelbar und mittelbar für die APr geltenden gesetzlichen Vorschriften und als sonstige Prüfungsgrundsätze insb die IDW Prüfungsstandards, die IDW Prüfungshinweise und künftig generell die ISA. Zu den sonstigen Prüfungsgrundsätzen zählt auch die *VO 1/1995* Gemeinsame Stellungnahme der WPK und des IDW zur Qualitätssicherung in der Wirtschaftsprüferpraxis WPg 1995, 824. Im Falle freiwilliger APr kann aufgrund gesonderter Beauftragung eine APr auch unter ausschließlicher Anwendung der von der International Federation of Accountants (IFAC) herausgegebenen ISA durchgeführt und bestätigt werden, da diese Grundsätze inhaltlich mit den deutschen Grundsätzen übereinstimmen, soweit dem nicht die deutschen gesetzlichen Vorschriften entgegenstehen. Durch eine entsprechende Beauftragung verzichtet der Auftraggeber auf die Anwendung weitergehender Prüfungsgrundsätze dort, wo die deutschen Prüfungsgrundsätze über die ISA hinausgehen (zB Prüfungsbericht). Entspr gilt für die Anwendung von anderen international anerkannten Prüfungsgrundsätzen, soweit diese nach dem Urteil des AP mit den vom IDW festgestellten Grundsätzen ordnungsmäßiger APr vereinbar sind (*IDW PS 201* Anm 23).

10. Feststellungen zum Risikofrüherkennungssystem (Abs 4)

§ 91 Abs 2 AktG schreibt vor, dass der Vorstand einer **AG** geeignete Maßnahmen zu treffen, insb ein Überwachungssystem (= Risikofrüherkennungssystem) einzurichten hat, damit bestandsgefährdende Entwicklungen früh erkannt werden. § 317 Abs 4 sieht für **börsenorientierte AG** eine entspr Erweiterung des Umfangs der JA-Prüfung vor: Der AP hat zu beurteilen, ob der Vorstand die Maßnahmen in geeigneter Form getroffen hat und ob das Risikofrüherkennungssystem seine Aufgaben erfüllen kann. In diesem Fall hat der AP nach Abs 4 in einem besonderen Teil seines Prüfungsberichts das Ergebnis dieser Prüfung darzustellen und darauf einzugehen, ob Maßnahmen zur Verbesserung des internen Überwachungssystems erforderlich sind. 69

Damit sollen dem AR zur Unterstützung seiner Überwachungsaufgabe „wesentliche Informationen und Erkenntnisse über mögliche Fehlerquellen oder Schwachstellen in der Unternehmensorganisation gegeben werden" (Gesetzesbegr *BR-Drs 872/97,* 77). Die Pflicht zur Prüfung und Berichterstattung ist nur für börsenorientierte AG konstituiert und kann darüber hinaus nur durch entspr Auftragserteilung begründet werden.

Das in § 91 AktG angesprochene **Risikomanagementsystem** gliedert sich nach *IDW PS 340* Anm 4, und *Lück* DB 1998, 8 in das interne Überwachungssystem, das Controlling und das Frühwarnsystem. Der (prüfungs- und berichtspflichtige) Bereich ist also deutlich umfassender als das herkömmliche interne Kontrollsystem (so auch *Böcking/Orth,* 359; vgl zum Begriff *IDW PS 260* Das interne Kontrollsystem im Rahmen der Abschlussprüfung WPg 2001, 821 Anm 6f); das zu prüfende Risikofrüherkennungssystem ist allerdings auch nur ein Teil des umfassenderen Risikomanagements (*Eggemann/Konradt* Risikomanagement nach KonTraG aus dem Blickwinkel des Wirtschaftsprüfers BB 2000, 503; *Bolsenkötter* Prüfung der Maßnahmen zur Risikofrüherkennung und der Risikoberichterstattung in HdJ Abt VI/9; auch § 317 Anm 76 sowie *DRS 5, 5–10, 5–20*). 70

Zur Prüfung des Risikofrüherkennungssystems s § 317 Anm 70 ff und *IDW PS 340.* 71

Die vom IDW für den Fall eines **positiven Prüfungsergebnisses** vorgeschlagene **Formulierung** in dem besonderen Teil des Prüfungsberichts oder in einem zum Prüfungsbericht erstellten Teilbericht hat folgenden Wortlaut (*IDW PS 450* Anm 105): „Unsere Prüfung hat ergeben, dass der Vorstand die nach § 91 Abs. 2 AktG geforderten Maßnahmen, insb zur Einrichtung eines Überwachungssystems, in geeigneter Weise getroffen hat und dass das Überwachungssystem geeignet ist, Entwicklungen, die den Fortbestand der Gesellschaft gefährden, frühzeitig zu erkennen." Eine Darstellung des Risikoüberwachungssystems ist nicht erforderlich. Die Berichterstattung im Prüfungsbericht kann nicht den Charakter eines detaillierten Organisationsgutachtens haben (*IDW PS 450* Anm 104). Weitergehende Ausführungen können ggf in einem **Management-Letter** gemacht werden. 72

Der AP hat festzustellen, ob das Risikofrüherkennungssystem dazu geeignet ist, den Fortbestand der Ges gefährdende Entwicklungen frühzeitig zu erkennen, und ob Maßnahmen zu dessen Verbesserung erforderlich sind (hierzu *IDW PS 340*). Ferner hat er die Bereiche zu benennen, in denen Verbesserungsbedarf besteht. Konkrete Verbesserungsvorschläge sind nicht Gegenstand der Berichterstattungspflicht nach Abs 4 (*IDW PS 450* Anm 106; *WPH*[12] I Q 247; *ADS*[6] § 321 Anm 140; *Kuhner/Päßler* in HdR[5] § 321 Anm 74). Insoweit würde es sich vielmehr um eine über die Prüfung hinausgehende Beratungstätigkeit handeln. Die Feststellung von Mängeln oder Lücken im Risikofrüherkennungssystem 73 stellt noch keinen Gesetzesverstoß iSv Abs 1 S 3 dar und erfordert keine Redepflicht im Prüfungsbericht (*WPH*[12] I Q 250).

74 Wurde kein Risikofrüherkennungssystem eingerichtet, ist hierauf hinzuweisen. Ein fehlendes oder nicht geeignetes Risikofrüherkennungssystem oder „offenkundig völlig unzureichende Maßnahmen" (*Kuhner/Päßler* in HdR[5] § 321 Anm 74) stellen einen Gesetzesverstoß gegen § 91 Abs 2 AktG dar und lösen die Berichterstattungspflicht gem Abs 1 S 3 aus (*IDW PS 450* Anm 106; *WPH*[12] I Q 250; *ADS*[6] § 321 Anm 140; s auch Anm 39).

75 Auf Grund der *Ausstrahlungswirkung* der aktienrechtlichen Regelung (*Ludewig* in FS Kropff, 97; *Klar* Auswirkungen des Gesetzesvorhabens zur Kontrolle und Transparenz im Unternehmensbereich (KonTraG) auf die Prüfung von Nicht-Aktiengesellschaften DB 1997, 686; *Ernst* KonTraG und KapAEG sowie aktuelle Entwicklungen zur Rechnungslegung und Prüfung in der EU WPg 1998, 1027) auf den Pflichtenrahmen der Geschäftsführer von Ges in einer anderen Rechtsform (*IDW PS 340* Anm 1 und *IDW PS 720* Anm 3 und 8) kommen auch bei diesen Ges bei einem fehlenden oder nicht geeigneten Risikofrüherkennungssystem entspr Angaben im Rahmen der Redepflicht von Abs 1 S 3 unter den sonstigen Unregelmäßigkeiten in Betracht (*IDW PS 450* Anm 107; vgl Anm 39).

III. Gliederung und Inhalt des Prüfungsberichts im Einzelnen

1. Gliederung

76 § 321 enthält Vorschriften zur Gliederung: Abs 1 S 2 sieht (für wesentliche Prüfungsfeststellungen) eine **„Vorweg"-Stellungnahme** vor; Abs 2 behandelt den **Hauptteil,** in dem das Prüfungsergebnis darzustellen ist; Abs 3 verlangt (für die Erl von Gegenstand, Art und Umfang der Prüfung) einen **besonderen Abschnitt;** Abs 4 spricht (bzgl der Feststellungen zum Risikofrüherkennungssystem) von einem **besonderen Teil** des Prüfungsberichts (vgl Anm 4).

77 Unter Berücksichtigung der gesetzlichen Vorgaben empfiehlt *IDW PS 450* in Anm 12, den Prüfungsbericht entspr den nachfolgend aufgeführten Versalien zu gliedern. Daneben besteht die nachfolgend wiedergegebene **Gliederungsempfehlung des *IDW*** (*WPH*[12] I Q 66), die iw mit der Gliederung des *IDW PS 450* übereinstimmt; obwohl inhaltlich übereinstimmend spricht das *WPH* von „Darstellung der VFE-Lage" und der *IDW PS 450* weniger deutlich von „Aufgliederungen und Erläuterungen".

Prüfungsbericht

A. Prüfungsauftrag
B. Grundsätzliche Feststellungen *(„Vorweg"-Stellungnahme")*
  I. Lage des Unternehmens
    1. Stellungnahme zur Lagebeurteilung der gesetzlichen Vertreter
    2. Entwicklungsbeeinträchtigende oder bestandsgefährdende Tatsachen
  II. Unregelmäßigkeiten
    1. Unregelmäßigkeiten in der Rechnungslegung
    2. Sonstige Unregelmäßigkeiten
C. Gegenstand, Art und Umfang der Prüfung *(„besonderer Abschnitt")*
D. Feststellungen und Erläuterungen zur Rechnungslegung *(„Hauptteil")*
  I. Buchführung und weitere geprüfte Unterlagen
  II. Jahresabschluss
    1. Ordnungsmäßigkeit des Jahresabschlusses

2. Gesamtaussage des Jahresabschlusses
3. Darstellung der Vermögens-, Finanz- und Ertragslage

III. Lagebericht

E. Feststellungen zum Risikofrüherkennungssystem *(„besonderer Teil")*
F. Feststellungen aus Erweiterungen des Prüfungsauftrags
G. Bestätigungsvermerk

Anlagen zum Prüfungsbericht

Obligatorische Anlagen:
Bilanz, GuV, Anhang, Lagebericht, Auftragsbedingungen
Fakultative Anlagen:
Rechtliche Verhältnisse, Wirtschaftliche Grundlagen, umfassende Aufgliederungen und Erläuterungen der Posten des JA

Die Gliederungspunkte E und F entfallen, wenn die Prüfung sich nicht auf das Risikofrüherkennungssystem bezog bzw mit dem Auftraggeber keine Erweiterung des Prüfungsauftrags vereinbart wurde.

In der **Berichtserstattungspraxis** wird auch folgender Berichtsaufbau verwendet, bei der ua der BVm als wesentlicher Unterschied zur Gliederungsempfehlung des IDW in Abschn B integriert ist; die gesetzlich geforderten Angaben der Vorabberichterstattung bleiben hierbei erkennbar:

Prüfungsbericht

A. Prüfungsauftrag
B. Grundsätzliche Feststellungen
   I. Stellungnahme zur Lagebeurteilung des Vorstands/der Geschäftsführung
   II. Bestandsgefährdende oder entwicklungsbeeinträchtigende Tatsachen
   III. Beanstandungen zur Rechnungslegung und sonstige Verstöße gegen Gesetz oder Gesellschaftsvertrag/Satzung
      1. Beanstandungen zur Rechnungslegung
      2. Sonstige Verstöße gegen Gesetz oder Gesellschaftsvertrag/Satzung
   IV. Wesentliche Geschäftsvorfälle und bilanzpolitische Maßnahmen
   V. Sonstige für die Überwachung des Unternehmens bedeutsame Feststellungen
   VI. Wiedergabe des Bestätigungsvermerks
C. Gegenstand, Art und Umfang der Prüfung
D. Feststellungen zur Rechnungslegung
   I. Buchführung und weitere geprüfte Unterlagen
   II. Jahresabschluss
      1. Ordnungsmäßigkeit des Jahresabschlusses
      2. Analyse der Vermögens-, Finanz- und Ertragslage
   III. Lagebericht
E. Feststellungen gemäß § 53 HGrG
F. Feststellungen zum Risikofrüherkennungssystem
G. Ergebnis der Prüfung des Berichts des Vorstandes über die Beziehungen der Gesellschaft zu verbundenen Unternehmen (Abhängigkeitsbericht)
H. Feststellungen aus Erweiterungen des Prüfungsauftrags
I. Schlussbemerkung

2. Inhalt der einzelnen Abschnitte des Prüfungsberichts nach der Gliederungsempfehlung des IDW

Einleitend sind in Abschn **A. Prüfungsauftrag** folgende Angaben zu machen 78
(*IDW PS 450* Anm 22ff): Nennung der Firma des geprüften Unt, Angabe des

Abschlussstichtags/(Rumpf-)Gj, AP mit der Berufsbezeichnung „Wirtschaftsprüfer" oder „Wirtschaftsprüfungsgesellschaft", Ausführungen zur Wahl/Bestellung/Auftragserteilung des AP, Hinweis auf die APr nach § 316, Bezugnahme auf *IDW PS 450* „Grundsätze ordnungsmäßiger Berichterstattung bei Abschlussprüfungen", Angabe der zugrunde gelegten Auftragsbedingungen (mit Geltung auch im Verhältnis zu Dritten), Auswirkungen der Einstufung als kleine, mittelgroße oder große KapGes/KapCoGes.

79 In Abschnitt **B. Grundsätzliche Feststellungen** hat der AP *vorweg* zu der Beurteilung der Lage, des Fortbestands sowie der künftigen Entwicklung des Unt durch die gesetzlichen Vertreter Stellung zu nehmen (im Einzelnen hierzu Anm 15 ff). Die Stellungnahme des AP erfordert eine Analyse der wirtschaftlichen Lage, die im Detail an anderer Stelle des Berichts (s Anm 84 ff) dargestellt wird, deren Ergebnisse aber in die „Vorweg"-Stellungnahme einfließen.

80 Weiterhin ist hier zu berichten, wenn bei Durchführung der Prüfung **bestandsgefährdende oder entwicklungsbeeinträchtigende Tatsachen** (Anm 34 ff), **Unrichtigkeiten oder Verstöße** gegen gesetzliche Vorschriften zur Rechnungslegung (Anm 32 f) oder sonstige schwerwiegende Verstöße der gesetzlichen Vertreter oder von Arbeitnehmern gegen Gesetz, GesVertrag oder Satzung (Anm 38 ff) festgestellt wurden. In diesem Zusammenhang ist ferner auf die Nichtbeachtung von Offenlegungsvorschriften hinzuweisen, falls dem AP im Verlauf der Prüfung bekannt wird, dass das Unt seinen diesbezüglichen Verpflichtungen (VjAbschluss, KA, AbhBer) nicht nachgekommen ist und damit gegen gesetzliche Vorschriften verstoßen hat (*IDW PS 450* Anm 50).

81 In Abschn **C. Gegenstand, Art und Umfang der Prüfung** ist die in Abs 3 geforderte Erl zu *Gegenstand, Art und Umfang der Prüfung* (Anm 66 ff sowie *IDW PS 450* Anm 51 ff), zur Erfüllung der *Aufklärungs- und Nachweispflichten der gesetzlichen Vertreter* gem Abs 2 S 6 (s Anm 65) sowie den angewandten Rechnungslegungs- und Prüfungsgrundsätzen (Anm 68) zu formulieren.

82 Abschn **D. Feststellungen und Erläuterungen zur Rechnungslegung** muss unter Abschn **D. I. Buchführung und weitere geprüfte Unterlagen** die in Abs 2 S 1 geforderten Angaben zur *Ordnungsmäßigkeit und Aussagefähigkeit von Buchführung, Jahresabschluss und Lagebericht* und die in Abs 2 S 2 geforderte Berichterstattung über *Beanstandungen ohne Einfluss auf den BVm* enthalten. Wegen der Angaben zur *Buchführung und zu den weiteren geprüften Unterlagen* s Anm 47 ff. Bzgl der Bestandsnachweise (s Anm 49) ist auch anzugeben, in welcher Weise diese vom AP geprüft wurden (zB Inventurbeobachtung, Versendung und Rücklaufkontrolle von Saldenbestätigungen).

83 Abschn **D. II. Jahresabschluss** hat neben den *Feststellungen zur Ordnungsmäßigkeit* gem Abs 2 S 1 auch die in Abs 2 S 3 geforderte **Gesamtaussage** (Anm 60) zu enthalten.

84 Der Abschn **D. II. 3. Darstellung der Vermögens-, Finanz- und Ertragslage** umfasst nach der hier vertretenen Auffassung die gem Abs 2 S 5 geforderte Aufgliederung und ausreichende Erl der Posten des JA, dieses jedoch nur soweit dadurch die Darstellung der VFE-Lage wesentlich verbessert wird und diese Angaben nicht im Anhang oder Lagebericht (§ 289 Abs 1 S 2 und 3) enthalten sind (vgl Anm 62). IDW PS 450 unterscheidet hier klar zwischen den gesetzlich geforderten Aufgliederungen und Erläuterungen (Anm 97 f) und den freiwilligen, darüber hinaus gehenden, Aufgliederungen und Erläuterungen (Anm 99–101). Für letztere wird gefordert, dass diese zur besseren Abgrenzung von den gesetzlich geforderten Erläuterungen in einen eigenständigen Abschnitt des Prüfungsberichts oder eine Anlage zum Prüfungsbericht aufgenommen werden.

Im Zusammenhang mit den gesetzlich geforderten Aufgliederungen und Erläuterungen ist zweckmäßigerweise auf wesentliche Bewertungsgrundlagen, Bilanzierungs- und Bewertungswahlrechte sowie sachverhaltsgestaltende Maßnahmen gem Abs 2 S 4 (Anm 61) einzugehen.

Die Stellungnahme des AP zur Beurteilung der Lage, des Fortbestandes und der voraussichtlichen Entwicklung des Unt durch die gesetzlichen Vertreter, die Feststellung bestandsgefährdender oder entwicklungsbeeinträchtigender Tatsachen, die Bestätigung des – unter Beachtung der GoB – den tatsächlichen Verhältnissen entspr Bilds der VFE-Lage in Prüfungsbericht und BVm setzt eine sorgfältige **Analyse der VFE-Lage** sowohl auf der Grundlage der JA-Zahlen als auch unter Berücksichtigung der im Lagebericht gem § 289 Abs 1 S 3 und 4 dargestellten voraussichtlichen Entwicklung der Ges und der hierfür bedeutsamsten finanziellen Leistungsindikatoren voraus (*WPH*[12] I Q 202). Wegen ihrer Bedeutung ist die Analyse unverzichtbar und in den Prüfungsbericht aufzunehmen (*WPH*[12] I Q 66; *ADS*[6] § 321 Anm 120; *Kuhner/Päßler* in HdR[5] § 321 Anm 62; *IDW PS 450* Anm 97, der jedoch noch mehr die Aufgliederung und Erl der Posten des JA betont). Der Umfang der Darstellungen zur VFE-Lage wird maßgebend durch die wirtschaftliche Lage und deren Entwicklung im Zeitablauf sowie durch den Informationsstand der Berichtsempfänger bestimmt. In Ausnahmefällen, in denen auftragsgemäß auf Darstellungen zur VFE-Lage verzichtet wird, sind aussagefähige Darstellungen im Anhang oder Lagebericht erforderlich; vgl *WPH*[12] I Q 204. 85

Die Darstellung der **Vermögenslage** (*WPH*[12] I Q 211 ff; *ADS*[6] § 321 Anm 120 ff; *Kuhner/Päßler* in HdR[5] § 321 Anm 63) wird üblicherweise damit eingeleitet, dass der in zusammengefasster Form und in gerundeten Zahlen sowie ggf nach betriebswirtschaftlichen Gesichtspunkten gegliederten Bilanz jeweils die vergleichbaren Vj-Zahlen gegenüber gestellt werden. Dabei sollten auch Veränderungen und Prozentzahlen angegeben werden. 86

Es ist üblich, die Bilanzzahlen nach Fristigkeiten (kurzfristig, mittelfristig, langfristig) und nach betriebswirtschaftlichen Grundsätzen sowie nach EK und FK zu gliedern und Kennzahlen (zB EK-Quote, Deckungsgrad des Anlagevermögens, Umschlaghäufigkeit der Vorräte und des Kapitals sowie Außenstandsdauer der Forderungen) anzugeben. Anschließend folgen **Erläuterungen zur Strukturbilanz.** Dabei ist vor allem auf die Ursachen wesentlicher Veränderungen und auf die Zusammensetzung der bedeutenden Posten einzugehen (vgl Anm 62), wobei, soweit möglich und im Einzelfall sinnvoll, den unternehmensbezogenen Kennzahlen auch branchenbezogene Kennzahlen gegenübergestellt werden können.

Bewährte Formen zur Darstellung der **Finanzlage** sind die **Kapitalflussrechnung** (vgl *DRS 2, 2–10, 2–20*) und die Ermittlung des **Cash-flow,** wobei die Bilanzzahlen ggf durch entspr finanzwirtschaftliche Größen aus der Buchhaltung (zB Kreditaufnahmen, Kapitalbewegungen, Bildung langfristiger Rückstellungen) ergänzt werden müssen. Auch können **stichtagsbezogene Liquiditätskennzahlen** (gegliedert etwa nach Barliquidität, einzugs- und umsatzbedingter Liquidität), ergänzt um Angaben zu wesentlichen finanziellen Verpflichtungen (zB Investitionsvorhaben, Einzahlungsverpflichtungen auf Anteile) und verfügbaren Kreditrahmen, zur Darstellung der Finanzlage herangezogen werden. 87

Zur Ermittlung der **Ertragslage** ist eine Gegenüberstellung der Erträge und Aufwendungen erforderlich. Die Zahlen der GuV – üblicherweise gruppenweise zusammengefasst und gerundet – werden jeweils den vergleichbaren Vj-Zahlen gegenübergestellt. Hierzu gehören auch die prozentualen Anteile der einzelnen Aufwands- und Ertragsarten an den Umsatzerlösen bzw an der Gesamtleistung 88 sowie deren Veränderungen. Danach sollte der AP wesentliche Erträge und Aufwendungen sowie Ergebniskomponenten (Betriebs-, Zins-, Beteiligungsergebnis, neutrales oder ao Ergebnis, jeweils vor Steuern) erörtern und auf Ursachen von wesentlichen Veränderungen gegenüber dem Vj sowie auf wesentliche Gewinne und Verluste (von Unternehmensbereichen, Teilmärkten, Großaufträgen) eingehen (*WPH*[12] I Q 221 f). In diesem Zusammenhang bieten sich auch Übersichten über die Entwicklung wesentlicher Ergebniskomponenten der letzten Gj (idR für einen Zeitraum von 5 Jahren) an. Für die Darstellung der Ertragslage ist uU eine Anlehnung an die gemeinsame Empfehlung der DVFA/SG zur Ermittlung Prognose fähiger Ergebnisse geboten (DB 2004, 1913; s auch *Förschle* in FS Baetge, 499 und Anm 37 zum Rating von Unt). Zur VFE-Lage s auch § 264 Anm 37.

Die vom AP verlangten Aussagen zur künftigen Entwicklung (insb auch zu den Risiken der voraussichtlichen Entwicklung) setzen auch eine Befassung mit den Planungsüberlegungen und **Planungsrechnungen** des Unt voraus, die auf ihre Glaubwürdigkeit und Plausibilität hin zu beurteilen sind und um die die Angaben zur VFE-Lage zu ergänzen sind.

89 Die Darstellungen in Abschn **D. III. Lagebericht** (Anm 58) stehen in Korrespondenz zu der nach Abs 1 S 2 erforderlichen „Vorweg"-Stellungnahme und gehen insb auf die Gesetzesentsprechung ein.

90 Zu Abschn **E. Feststellungen zum Risikofrüherkennungssystem:** Erstreckt sich die Prüfung (gem § 317 Abs 4 oder auf Grund entspr Auftragserteilung) auch auf diesen Bereich, so sind die diesbezüglichen Angaben in einen besonderen Abschn des Prüfungsberichts aufzunehmen; zu Einzelheiten Anm 69 ff.

In Abschn **F** ist gesondert über **Feststellungen aus Erweiterungen des Prüfungsauftrages** zu berichten, die sich aus dem GesVertrag oder aus der Satzung des geprüften Unt ergeben können oder mit dem Auftraggeber vereinbart wurden und die sich nicht auf den JA oder Lagebericht beziehen (zB Prüfung der Ordnungsmäßigkeit der Geschäftsführung und der wirtschaftlichen Verhältnisse oder Prüfung der Angaben zum CorpGovKodex). In diesem Fall erscheint es auch sinnvoll, die Überschrift des Abschn in **Feststellungen gem § 53 HGrG** zu präzisieren. In diesem gesonderten Abschn sind die wesentlichen Prüfungsergebnisse darzustellen; ferner ist auf die Beantwortung der betr Fragen des Fragenkatalogs zur Prüfung der Ordnungsmäßigkeit der Geschäftsführung und der wirtschaftlichen Verhältnisse nach § 53 HGrG zu verweisen. Hier sind auch Ausführungen zur Berücksichtigung der Vj-Beanstandungen und -empfehlungen aufzunehmen (*IDW PH 9.450.1* Anm 5, *IDW PS 720* Anm 15). Bei Unt, die nach § 53 HGrG zu prüfen sind, ist regelmäßig auch das Risikofrüherkennungssystem zu prüfen (*IDW PS* 720 Anm 8); über das Ergebnis der Prüfung ist in diesem Abschn zu berichten und nicht in Abschn E, da kein *unmittelbarer* Auftrag zur Prüfung des Risikofrüherkennungssystems erteilt wurde. Im Übrigen sind den aus Erweiterungen des Prüfungsauftrags resultierenden Feststellungen zweckmäßigerweise die gesetzlichen oder vertraglichen Grundlagen voranzustellen.

91 In Abschn **G. Bestätigungsvermerk** ist gem § 322 Abs 5 S 2 der BVm im Prüfungsbericht wiederzugeben. Eine Zusammenfassung des Prüfungsergebnisses nebst Schlussbemerkung ist in Anbetracht der jetzt erforderlichen (zusammenfassenden) „Vorweg"-Stellungnahme und der Ausgestaltung des BVm (in Richtung Bestätigungsbericht) nicht sachgerecht. Es erscheint daher zweckmäßig, den BVm als letzten Gliederungspunkt innerhalb der grds Feststellungen (Abschn B) aufzunehmen, da er die Zusammenfassung (finales Ergebnis) der in diesem Prüfungsabschnitt vorangestellten Feststellungen ist (vgl die in Anm 77 enthaltene Alternativgliederung).

Der **(obligatorische) Anlagenteil** des Prüfungsberichts enthält – auch wegen der Identifikation der geprüften Fassung – den geprüften JA, den geprüften Lagebericht (ähnlich *IDW PS 450* Anm 110 sowie *WPH*[12] I Q 66) und die dem Prüfungsauftrag zu Grunde gelegten Auftragsbedingungen. Ist die AP nach § 53 HGrG erweitert worden, ist der Fragenkatalog zur Prüfung der Ordnungsmäßigkeit der Geschäftsführung und der wirtschaftlichen Verhältnisse in eine Anlage aufzunehmen (*IDW PS 720* Anm 13). 92

Der **(fakultative) Anlagenteil** umfasst insb die für die Prüfung und das Verständnis der Rechnungslegung benötigten Angaben zu den rechtlichen Verhältnissen und wirtschaftlichen Grundlagen sowie ggf umfassende und mit dem Auftraggeber abgestimmte **Aufgliederungen und Erläuterungen der Posten des Jahresabschlusses** (iSd bisherigen Erläuterungsteils, vgl Anm 84) oder eine **weitergehende Analyse der wirtschaftlichen Lage** durch den AP auf der Grundlage der bei der Prüfung gewonnenen Erkenntnisse (zB detaillierte Analyse der Umsatzerlöse oder der Materialaufwendungen), soweit diese Darstellungen nicht bereits in den Prüfungsbericht aufgenommen wurden (*IDW PS 450* Anm 102).

Innerhalb der Ausführungen zu den **rechtlichen Verhältnissen** ist insb bei Erstprüfungen regelmäßig eine umfassende Schilderung der **Rechtsverhältnisse** des geprüften Unt, also der wesentlichen Bestimmungen der Satzung oder des GesVertrags (zB Gegenstand des Unt, Kapitalverhältnisse, Zusammensetzung der Organe) erforderlich. Zweckmäßig sind in diesem Abschn auch Angaben zu den steuerlichen Grundlagen (Organschaft, Stand steuerlicher Außenprüfungen). Bei Folgeprüfungen ist der Umfang der Darstellung vom Informationswert für die Berichtsempfänger abhängig.

IdR genügt es, nur auf die **Veränderungen** der rechtlichen Verhältnisse im Berichtsjahr (und in wichtigen Fällen auch bis zum Ende der Prüfung) einzugehen (*IDW PS 450* Anm 113). Dazu gehören Hinweise auf wesentliche Satzungsänderungen sowie sonstige rechtserhebliche Tatbestände von wesentlicher Bedeutung, zB wichtige Leasing- und Lizenzverträge, Treuhandverhältnisse, schwebende Prozesse, Veränderungen in der UntLeitung und AR. Bei Erstprüfungen oder wesentlichen Veränderungen ist es auch empfehlenswert, die Ausführungen (zusätzlich) in den Prüfungsbericht aufzunehmen (Vorspann zu Abschn D. II. 3).

Die Ausführungen zu den **wirtschaftlichen Grundlagen** sollen folgende Angaben enthalten (ähnlich *WPH*[12] I Q 277): 93

- Geschäftsbereiche,
- Beschäftigungs-, Produktions- und Umsatzzahlen sowie deren Veränderungen gegenüber dem Vj,
- Auftragsbestand (einschl Vergleich mit den Vj-Zahlen),
- Investitionen und deren Finanzierung,
- wirtschaftliche Entwicklung von wesentlichen Beteiligungen.

Stehen allen Berichtsempfängern (Anm 134) anderweitig und gleichzeitig mit dem Prüfungsbericht, zB im Anhang oder Lagebericht, ausreichende und zutreffende Informationen über die wirtschaftliche Situation zur Verfügung, braucht bei ausdrücklichem Hinweis auf diese Quellen darauf nicht *detailliert* im Prüfungsbericht eingegangen zu werden. Gleichwohl sollte der AP erwähnen, dass er sich dem Inhalt und Ergebnis dieser Informationen anschließt.

Über die Beifügung weiterer Anlagen (zB Aufstellung der Anlagenzugänge, Aufgliederung von Forderungen, Übersicht über den bestehenden Versicherungsschutz) ist im Einzelfall nach Zweckmäßigkeit zu entscheiden (so auch *Steiner,* 195).

3. Erweiterte Berichterstattung für bestimmte Wirtschaftszweige

94 Für **Kreditinstitute** ergibt sich eine erweiterte Berichterstattungspflicht für den AP (näher dazu *WPH*[12] I Q 823ff; vgl auch *Bolsenkötter* Die Prüfung der Ordnungsmäßigkeit der Geschäftsführung in HdJ Abt VI/8 Anm 45; vgl *Förschle/Peemöller*). Hier sei auf § 29 Abs 1 KWG bzgl der Einhaltung der Anzeigepflichten von Großkrediten (§ 13 KWG) usw verwiesen.

95 Weitere Einzelheiten zu der Gliederung und zum Inhalt des Prüfungsberichts für **Kreditinstitute** sind der Prüfungsberichtsverordnung – PrüfbV vom 17. 12. 1998, BGBl I, 3690 zu entnehmen. Für Berichte über die Prüfung von Wertpapierdienstleistungsunternehmen gilt die WpDPV vom 6. 1. 1999, BGBl I, 4, zuletzt geändert durch Art. 20 des Gesetzes vom 22. 4. 2002, BGBl I, 1310. Nach § 26 Abs 1 S 3 KWG hat der AP den Bericht über die Prüfung des JA eines Kreditinstituts (auch) beim BaFin und bei der Deutschen Bundesbank einzureichen.

96 Für **Versicherungsunternehmen** ergibt sich ebenfalls eine erweiterte Berichterstattungspflicht für den AP (näher dazu *WPH*[12] I Q 853ff; vgl auch *Bolsenkötter* Die Prüfung der Ordnungsmäßigkeit der Geschäftsführung in HdJ Abt VI/8 Anm 45). Hier sei auf § 47 Abs 2 S 1 VAG verwiesen, wonach das BMF bzw das BaFin durch Rechts-VO Bestimmungen über den Inhalt der Prüfungsberichte von Versicherungsunternehmen erlassen kann. Außerdem muss hier der AP die Aufsichtsbehörde auf Verlangen unterrichten, wenn *bei der Prüfung* Tatsachen bekannt werden, die gegen eine ordnungsmäßige Durchführung der Geschäfte sprechen (§ 57 Abs 1 S 4 VAG).

97 Bzgl des Prüfungsberichts für **Versicherungsunternehmen** ist die vom BAV unter dem 3. 6. 1998 erlassene Prüfungsberichteverordnung (BGBl I, 1209) zu beachten (hierzu *Graf von Treuberg/Angermayer* Die Ausgestaltung des Prüfungsberichts des Abschlußprüfers von Versicherungsunternehmen nach der neuen Prüfungsberichteverordnung WPg 1998, 839ff). Der Bericht über die JA-Prüfung eines VersicherungsUnt ist von dessen Vorstand gem § 59 VAG dem BaFin vorzulegen.

98 Auch bei der Prüfung von **Unt im Mehrheitsbesitz von Gebietskörperschaften** kann sich eine erweiterte Berichterstattung ergeben (so *WPH*[12] I Q 776ff; *IDW PH* 9.450.1), etwa wenn die Ordnungsmäßigkeit der Geschäftsführung geprüft wurde, zur Einhaltung der öffentlichen Zwecksetzung und Zweckerreichung Stellung zu nehmen ist (§ 109 Abs 2 Nr 2 GO NW) oder der AP beauftragt ist, über die Entwicklung der Vermögens-, Ertrags- und Liquiditätslage zu berichten (dazu § 53 Abs 1 Nr 1, Nr 2 HGrG; *IDW PS* 720). Eine Berichterstattung über die wirtschaftlichen Verhältnisse ist auch nach den gem § 263 maßgeblichen landesrechtlichen Vorschriften für kommunale Eigenbetriebe (zB Verkehrs- und Versorgungsbetriebe) vorgeschrieben. Zum Bericht über die Pflichtprüfung von **Genossenschaften** s Vor § 339 Anm 17.

IV. Besonderheiten bei einem IFRS-Einzelabschluss (§ 325 Abs 2a)

99 Der durch das BilReG eingefügte § 325 Abs 2a gestattet an Stelle eines JA einen IFRS-EA, der nach den in § 315a Abs. 1 bezeichnete internationalen Rechnungslegungsstandards aufgestellt worden ist, offen zu legen. Gem § 324a Abs 1 gilt für den IFRS-EA § 321. Für den Prüfungsbericht zum IFRS-EA ergeben sich folgende Besonderheiten:

- Die zur Anwendung in der EU übernommenen Rechnungslegungsgrundsätze sind anzugeben;
- Als Prüfungsgegenstand sind die nach den diesen Rechnungslegungsgrundsätzen geforderten Unterlagen zu nennen, also insb auch die KFR, der Ekspiegel, ggf die SegBerE, aber auch der Lagebericht;
- Es ist festzustellen, ob nach Abs 2 S 1 der IFRS-EA ordnungsgemäß aufgestellt wurde und insb die geprüften Unterlagen den jeweiligen internationalen Rechnungslegungsgrundsätzen entsprechen und ob die gem § 325 Abs 2a S 3 genannten Vorschriften beachtet wurden;
- Die Berichterstattung ist darauf auszurichten, dass ein IFRS-EA nicht an die GoB gebunden ist. Insoweit ist ausschließlich darauf einzugehen, ob der IFRS-EA unter Beachtung der jeweiligen Rechnungslegungsgrundsätze ein den tatsächlichen Verhältnissen entspr Bild der VFE-Lage vermittelt;
- Die Verpflichtung des AP zur Stellungnahme zu der Beurteilung der Darstellung der Lage der Gesellschaft durch die gesetzlichen Vertreter gemäß § 321 Abs 1 S 2 bezieht sich auf den Lagebericht gem § 289 iVm § 325 Abs 2a S 4, der in erforderlichen Umfang auch auf den IFRS-EA Bezug nehmen muss.
- Der Prüfungsbericht zum IFRS-EA kann gem §§ 324a Abs 2 S 2, 325 Abs 3a S 2 mit dem Prüfungsbericht zum JA, KA oder IFRS-KA zusammengefasst werden.

C. Grundsätze ordnungsmäßiger Berichterstattung für den Konzernabschluss

I. Vorbemerkung

Die Regelungen zum Prüfungsbericht für den KA finden sich ebenso wie die Vorschriften für den Prüfungsbericht zum JA in § 321. Die Grundsätze ordnungsmäßiger Berichterstattung für den JA (Anm 8 bis 75) gelten daher für den Konzern-Prüfungsbericht sinngemäß, soweit dem nicht Besonderheiten des KA entgegenstehen. Über die KA-Prüfung ist *grundsätzlich* – unabhängig von der Berichterstattung über die Prüfung des JA des MU – selbstständig schriftlich zu berichten (Abs 1 S 1). Es besteht jedoch nach § 325 Abs 3a die Möglichkeit, unter bestimmten Voraussetzungen den Prüfungsbericht zum JA des MU mit dem Prüfungsbericht zum KA zusammenzufassen (dazu Anm 122 und 142). 100

II. Gesetzlicher Mindestinhalt

1. Stellungnahme zur Lagebeurteilung (Abs 1 S 2)

Die „Vorweg"-Stellungnahme zur Lage, insb zum Fortbestand und zur künftigen Entwicklung, ist nicht nur im Prüfungsbericht für den JA, sondern entspr der ausdrücklichen Gesetzesbestimmung auch im Konzern-Prüfungsbericht geboten. Es gelten daher die hierfür maßgeblichen allgemeinen Grundsätze (s Anm 15ff), die auch die für die Stellungnahme des AP erforderliche **Analyse der wirtschaftlichen Lage** des Konzerns bestimmen. 101

Die für den Erkenntnishorizont gem Abs 1 S 2 ausschlaggebenden „geprüften Unterlagen" beziehen sich allerdings auch auf die JA der in den KA einbezogenen Unt (*IDW PS 450* Anm 120). Hierbei ist zu beachten, dass auf Grund von § 317 Abs 3 die einbezogenen JA nicht nur bzgl der Einhaltung der GoB, sondern vollumfänglich, problem- und risikoorientiert gem § 317 Abs 1 zu prüfen 102 sind. Die Feststellungen aus den Prüfungen der einbezogenen Unt sind daher hinsichtlich ihrer Relevanz für die Angaben im Konzern-Prüfungsbericht zu würdigen. Dazu ist eine kritische Durchsicht dieser – nach § 320 Abs 3 dem Konzern-AP vorzulegenden (auch ausländischen) – Prüfungsberichte und ergänzenden Konzernangaben (Konzernmeldungen) erforderlich.

2. Berichterstattung über Unrichtigkeiten oder Verstöße sowie über entwicklungsbeeinträchtigende oder bestandsgefährdende Tatsachen (Abs 1 S 3)

103 Auch die Berichterstattungspflicht betr Unrichtigkeiten und Verstöße (hier auch gegen Konzern-Rechnungslegungsvorschriften), bestandsgefährdende und entwicklungsbeeinträchtigende Tatsachen sowie schwerwiegende Verstöße der gesetzlichen Vertreter oder Arbeitnehmer bezieht sich nicht nur auf das einzelne Unt, sondern gem Abs 1 S 3 auch auf den Konzern. Die „Konsolidierung" diesbezüglicher Prüfungsfeststellungen zu den JA der einbezogenen Unt in dem zuvor besprochenen Sinne (s Anm 102) ist daher auch hier von Bedeutung, denn die Pflicht zur Berichterstattung bezieht sich entspr auf die bei dem MU und den einbezogenen Unt festgestellten Tatsachen (so auch *IDW PS 450* Anm 121).

3. Feststellungen zur Konzernrechnungslegung (Abs 2 S 1)

104 Die Darstellungen zur *Ordnungsmäßigkeit der Rechnungslegung* bedingen die Berücksichtigung der für den KA spezifischen Besonderheiten. Hierzu gehören Aussagen zur zutreffenden Abgrenzung des Konzernkreises, zu abw Abschlussstichtagen, zur Ordnungsmäßigkeit der einbezogenen Abschlüsse, zur konzerneinheitlichen Bewertung und zu den angewandten KonsMethoden bzw den diesbezüglichen und darüber hinaus erforderlichen Angaben im Anhang und Konzernlagebericht (Einzelheiten hierzu s Kommentierung zu § 314).

Bei den Angaben zu den *Aufklärungs- und Nachweispflichten* der gesetzlichen Vertreter ist hervorzuheben, dass der Konzern-AP die nach § 320 Abs 3 eingeräumten weitergehenden Rechte gegenüber dem MU und den TU auch gegenüber den AP dieser Unt wahrgenommen hat (näher hierzu § 320 Anm 22ff). Die Pflichten gem § 320 Abs 3 beziehen sich nur auf TU und nach dem Gesetzeswortlaut nicht auf anteilmäßig konsolidierte Unt (§ 310) oder assozUnt (§ 312). Diesbezügliche Feststellungen sind im Prüfungsbericht daher nicht erforderlich (aA *WPH*[12] I Q 337, wenn diese Informationen für eine ordnungsmäßige Prüfungsdurchführung erforderlich sind oder um Konsequenzen für den KA kenntlich zu machen). – Auch im Konzern-Prüfungsbericht ist die nach Abs 2 S 3 erforderliche Gesamtaussage zur Einhaltung der Generalnorm zu formulieren (*IDW PS 450* Anm 136).

4. Beanstandungen ohne Einfluss auf den Bestätigungsvermerk (Abs 2 S 2)

105 Konzernspezifische Besonderheiten können sich insb wegen leichteren Mängeln im internen Kontrollsystem, in der KonsTechnik, in der Konzernbuchführung sowie wegen einer verbesserungsfähigen Konzernplanung, problembehafteter Systeme oder Abläufe sowie Schwachstellen im Management-Informationssystem ergeben. Daneben sind die in den Prüfungsberichten der einbezogenen TU aufgeführten Beanstandungen aufzunehmen, soweit sie für den KA von Bedeutung sind. Vgl im Übrigen Anm 59.

5. Tatsächlichen Verhältnissen entsprechendes Bild (Abs 2 S 3)

Der KonzernAP hat auch auf die im BVm abzugebende Erklärung einzugehen, ob der KA nach seiner Beurteilung unter Beachtung der GoB ein den tatsächlichen Verhältnissen entspr Bild der VFE-Lage des Konzerns vermittelt. Hierbei ist entpr Abs 2 S 2 auf die Gesamtaussage des KA, wie sie sich aus dem Zusammenwirken von Konzernbilanz, Konzern-GuV, Konzernanhang, KFR, Ekspiegel und ggf SegBerE ergibt, abzustellen (vgl *IDW PS 450* Anm 136). Bei der Beurteilung, ob der KA unter Beachtung der GoB ein den tatsächlichen Verhältnissen entspr Bild der VFE-Lage des Konzerns vermittelt, kann der KonzernAP auf seine im Rahmen der Aufgliederung und Erl der Posten des KA gemachten Ausführungen zur VFE-Lage des zu prüfenden Konzerns Bezug nehmen. Vgl im Übrigen Anm 60. 106

6. Wesentliche Bewertungsgrundlagen und sachverhaltsgestaltende Maßnahmen (Abs 2 S 4)

Besonderheiten können sich insb aus den konzernspezifischen Bilanzierungs- und Bewertungswahlrechten ergeben (zB Ermittlung, Zuordnung und Abschreibung des aktiven Unterschiedbetrags, s insb § 300 Abs 2 S 2 und § 308 Abs 1 S 2) oder aus konzernspezifisch erweiterten Möglichkeiten bei den sachverhaltsgestaltenden Maßnahmen. Vgl *Greth* Konzernbilanzpolitik, Wiesbaden 1996 und im Übrigen Anm 61. 107

7. Aufgliederung und Erläuterung der Posten des Konzernabschlusses (Abs 2 S 5)

Besonderer Erläuterungsbedarf kann sich auf Grund der durchgeführten KonsMaßnahmen zu aus der Kons resultierenden Posten (zB GFW, Ausgleichsposten aus der KapKons), den angewandten Bilanzierungs- und Bewertungsmethoden, der SchuldenKons, der Zwischenergebniseliminierung, der Währungsumrechnung, der Steuerabgrenzung (*IDW PS 450* Anm 137; *WPH*[12] I Q 357) sowie bei Abweichungen zwischen Konzern- und Jahresergebnis des MU ergeben. Im Übrigen gelten für die Aufgliederungen und Erl die gesetzlichen Vorbehalte bzgl der wesentlichen Verbesserung der Darstellung der VFE-Lage und der Berücksichtigung der Anhangangaben auch für den Konzern-Prüfungsbericht (s Anm 62 und 84f). 108

8. Aufklärungs- und Nachweispflicht der gesetzlichen Vertreter (Abs 2 S 6)

Besonderheiten ergeben sich insb aus den gem § 320 Abs 2 S 3 und Abs 3 erweiterten Aufklärungs- und Nachweispflichten beim KA gegenüber dem MU und TU. Vgl im Übrigen Anm 65. 109

9. Erläuterung von Gegenstand, Art und Umfang der Konzernabschlussprüfung (Abs 3)

Über die allgemeinen Angaben hinaus (s Anm 66ff) ergeben sich konzernspezifische Besonderheiten hinsichtlich der Rechnungslegungsgrundsätze (HGB, IFRS oder US-GAAP und ggf PublG), des KonsKreises, der KonsGrundsätze, der Prüfung einbezogener Unt (einschl der Überleitung von unter Inanspruchnahme der Erleichterungen gem § 264 Abs 3, § 264b aufgestellten JA). 110

III. Gliederung und Inhalt des Konzernprüfungsberichts

1. Gliederung

111 In Anlehnung an die für den Prüfungsbericht zum JA vorgeschlagene Gliederung (Anm 77) könnte der (getrennte) Bericht über die Prüfung des KA wie folgt gegliedert werden:

Prüfungsbericht

A. Prüfungsauftrag
B. Grundsätzliche Feststellungen *(„Vorweg"-Stellungnahme)*
  I. Lage des Konzerns
    1. Stellungnahme zur Lagebeurteilung der gesetzlichen Vertreter
    2. Entwicklungsbeeinträchtigende oder bestandsgefährdende Tatsachen
  II. Unregelmäßigkeiten
    1. Unregelmäßigkeiten in der Konzern-Rechnungslegung
    2. Sonstige Unregelmäßigkeiten
C. Gegenstand, Art und Umfang der Prüfung *(„besonderer Abschnitt")*
D. Feststellungen und Erläuterungen zur Konzernrechnungslegung *(„Hauptteil")*
  I. Ableitung des Konzernabschlusses
  II. Konzernabschluss
    1. Ordnungsmäßigkeit des Konzernabschlusses
    2. Gesamtaussage des Konzernabschlusses
    3. Darstellung der Vermögens-, Finanz- und Ertragslage des Konzerns
  III. Konzernlagebericht
E. Feststellungen zum Risikofrüherkennungssystem *(„besonderer Teil")*
F. Feststellungen aus Erweiterungen des Prüfungsauftrags
G. Bestätigungsvermerk

Anlagen zum Prüfungsbericht

Obligatorische Anlagen:
Konzernbilanz, Konzern-GuV, Konzernanhang, Konzernlagebericht, Auftragsbedingungen; gem § 297 Abs 1 S 2 außerdem KFR, EKspiegel und ggf SegBerE.
Fakultative Anlagen:
Rechtliche Verhältnisse, Wirtschaftliche Grundlagen, umfassende Aufgliederungen und Erläuterungen der Posten des KA

Unter Berücksichtigung der obigen Anmerkungen zum Prüfungsbericht für den JA, wird in der **Berichterstattungspraxis** auch folgender Berichtsaufbau verwendet:

Prüfungsbericht

A. Prüfungsauftrag
B. Grundsätzliche Feststellungen
  I. Stellungnahme zur Lagebeurteilung des Vorstands/der Geschäftsführung
  II. Bestandsgefährdende oder entwicklungsbeeinträchtigende Tatsachen
  III. Beanstandungen zur Rechnungslegung und sonstige Vertsöße gegen Gesetz oder Gesellschaftsvertrag/Satzung
    1. Beanstandungen zur Rechnungslegung
    2. Sonstige Verstöße gegen Gesetz und Gesellschaftsvertrag/Satzung
  IV. Wesentliche Geschäftsvorfälle und bilanzpolitische Maßnahmen
  V. Sonstige für die Überwachung des Konzerns bedeutsame Feststellungen
  VI. Wiedergabe des Bestätigungsvermerks
C. Gegenstand, Art und Umfang der Prüfung

D. Feststellungen zur Konzernrechnungslegung
I. Grundlagen der Konzernrechnungslegung
1. Rechtsgrundlagen
2. Konsolidierungskreis und Konsolidierungsstichtag
3. Konsolidierungsgrundsätze
4. Konzernbuchführung
5. Ordnungsmäßigkeit der in den Konzernabschluss einbezogenen Abschlüsse
II. Konzernabschluss
1. Ordnungsmäßigkeit des Konzernabschlusses
2. Analyse der Vermögens-, Finanz- und Ertragslage
III. Konzernlagebericht
E. Feststellungen aus anderen Erweiterungen des Prüfungsauftrags
F. Schlussbemerkung

2. Inhalt

Maßstab für den Umfang der Berichterstattung im Einzelnen ist auch im Konzern-Prüfungsbericht – abgesehen von dem gesetzlichen Mindestinhalt – der notwendige Informationsstand der Berichtsempfänger unter Berücksichtigung der Angaben im Konzernanhang und Konzernlagebericht. **112**

In Abschn **A. Prüfungsauftrag** sind die Wahl/Bestellung bzw die Bestellungsfiktion gem § 318 Abs 2 und die Auftragserteilung zu nennen.

Bzgl der Berichterstattung zur dargestellten Lage und Redepflicht in Abschn **B. Grundsätzliche Feststellungen** s im Einzelnen die Ausführungen in Anm 79ff.

Abschn **C. Gegenstand, Art und Umfang der Prüfung:** Der erforderliche Hinweis auf die Verwendung von Ergebnissen Dritter (*IDW PS 450* Anm 57 und 129) bedingt ggf einen zusätzlichen Hinweis, wenn die JA einbezogener Unt durch andere AP geprüft wurden. In Bezug auf JA ausländischer Unt sollte dabei auch angegeben werden, in welcher Weise den Anforderungen des § 317 Abs 3 S 3 (Prüfung ausländischer TU) entsprochen wurde (so auch *WPH*[12] I Q 334). **110**

In Abschn **D. Feststellungen und Erläuterungen zur Konzernrechnungslegung,** der die Angaben zur Ordnungsmäßigkeit gem Abs 2 S 1, die Berichterstattung über Beanstandungen ohne Einfluss auf den BVm gem Abs 2 S 2 und Angaben zur Vermittlung des unter Beachtung der GoB den tatsächlichen Verhältnissen entspr Bilds der VFE-Lage gem Abs 3 S 3 enthalten muss, ist auf konzernspezifische Besonderheiten einzugehen (*IDW PS 450* Anm 125ff; *WPH*[12] I Q 339f; *ADS*[6] § 321 Anm 193; *Kuhner/Päßler* in HdR[5] § 321 Anm 88). **114**

Die organisatorischen Vorkehrungen für die Erstellung des KA sind kurz darzulegen. Dazu ist auf das Formular- und Berichtswesen einzugehen und auf interne KA-Richtlinien (ggf auf einen einheitlichen Kontenplan) hinzuweisen. Außerdem ist – im Hinblick auf die prinzipiell geforderte einheitliche Bilanzierung und Bewertung – kurz das System der Umformung und Anpassung der einzelnen Posten der JA („HB II") zu umreißen (idS auch *IDW PS 450* Anm 128ff. Zur Diskussion über die Notwendigkeit einer Konzern-Buchführung s zB *Ruhnke* Grundsätze ordnungsmäßiger Konzernbuchführung ZfB 1993, 753ff; § 257 Anm 13.

Im Rahmen der Besprechung des KA muss zunächst auf die Richtigkeit der Angaben im Konzernanhang zum **Konsolidierungskreis** eingegangen werden. Ggf sind Ausführungen hinsichtlich der Berechtigung einer Nichteinbeziehung **115** von TU und der zutreffenden Behandlung von Zugängen und Abgängen von TU erforderlich. Weiterhin ist auf die Stetigkeit der Abgrenzung des KonsKreises sowie auf die Herstellung der Vergleichbarkeit aufeinander folgender KA iSv § 294 Abs 2 (so auch *WPH*[12] I Q 340) einzugehen.

Ferner ist die zutreffende Anwendung der **Konsolidierungsmethoden** darzulegen (*IDW PS 450* Anm 133, *WPH*[12] I Q 348).

116 Bei **Einbeziehung ausländischer Unt** ist hierunter schließlich auch über die Besonderheiten bei der Beurteilung der Ordnungsmäßigkeit und die Sicherstellung der einheitlichen Bilanzierung und Bewertung sowie über etwaige Ausnahmen hierzu zu berichten (idS *IDW PS 450* Anm 131).

117 Überdies sind Ausführungen zur **ordnungsgemäßen Entwicklung des Konzernabschlusses** aus den JA der einbezogenen Unt erforderlich.

Die Ordnungsmäßigkeit der in den KA einbezogenen JA ist festzustellen; ggf ist auf Mängel einzugehen. Die Prüfungsberichte einbezogener Unt sind kritisch durchzusehen. Einschränkungen/Versagungen des BVm sind zu erläutern und hinsichtlich ihrer Bedeutung für die Konzernrechnungslegung zu würdigen (*IDW PS 450* Anm 129). Wurden JA einbezogener Unt nicht gem § 317 Abs 3 S 2 und 3 geprüft, hat der KA-Prüfer selbst – ggf ergänzend – zu prüfen und anzugeben, ob diese JA (ggf HB II) ordnungsgemäß sind (*IDW PS 450* Anm 128; *WPH*[12] I Q 344; *ADS*[6] § 321 Anm 197).

Ist das Konzernergebnis durch Änderung von Bilanzierungs- oder Bewertungsmethoden oder durch Sondervorgänge *wesentlich* beeinflusst, ist auch hierüber zu berichten; s Anm 61.

Zum grds Erfordernis und Aufbau des Abschn D.II.3. **Darstellung der Vermögens-, Finanz- und Ertragslage** s Anm 84f. Eine Analyse der VFE-Lage des Konzerns ist insb dann erforderlich, wenn hierdurch wesentliche zusätzliche Erkenntnisse gegenüber der Erl des JA des MU gewonnen werden können (ähnlich *WPH*[12] I Q 362). Dies gilt insb dann, wenn der KA den Abschluss des MU und den Prüfungsbericht an Bedeutung und Aussagefähigkeit übertrifft (zB bei Holdingges s *Leker/Cratzius* Erfolgsanalyse von Holdingkonzernen BB 1998, 362) oder wenn sich der KonsKreis durch Zugänge oder Abgänge von TU wesentlich verändert hat; dann ist auch die Anpassung der Vj-Zahlen nötig (*St HFA 3/1995* Konzernrechnungslegung bei Änderungen des Konsolidierungskreises WPg 1995, 697). Geeignete Ansatzpunkte für die Analyse der wirtschaftlichen Lage bieten auch die gem § 297 Abs 1 vorgeschriebene KFR, der EKspiegel und ggf die SegBerE.

118 Die Darstellung der Pflichtangaben zum **Konzernlagebericht** (§ 315 Abs 1, 2) im Prüfungsbericht entspricht weitgehend derjenigen für den Lagebericht des JA (§ 289); hierzu Anm 58.

Die **Abschnitte E und F** sind in den Prüfungsbericht zum KA nur dann aufzunehmen, wenn beim MU entspr Berichtserfordernisse bestehen und gem § 325 Abs 3a ein zusammengefasster Prüfungsbericht erstellt wird (Anm 122).

119 Bzgl des Berichtsabschnitts **G. Bestätigungsvermerk** wird auf die Ausführungen in Anm 91, die sinngemäß auch hier gelten, verwiesen.

120 Als obligatorische **Anlagen** sind dem Konzern-Prüfungsbericht zunächst der KA, der Konzernlagebericht, die KFR, der Ekspiegel und ggf die SegBerE sowie die zu Grunde gelegten Auftragsbedingungen beizufügen. Zum Verständnis der Konzernrechnungslegung und der Prüfungsaussagen (insb in der sog „Vorweg"-Stellungnahme) gehören auch, soweit nicht anderweitig (etwa im Konzernlagebericht) enthalten, Angaben zu den **rechtlichen Verhältnissen und wirtschaftlichen Grundlagen** (s hierzu die Ausführungen zum JA in Anm 93).

IV. Besonderheiten bei Konzernrechnungslegung nach internationalen Rechnungslegungsstandards (§ 315 a)

Der durch das BilReG eingefügte § 315a verpflichtet MU unter bestimmten Voraussetzungen den KA nach internationalen Rechnungslegungsstandards aufzustellen. MU, die nicht unter § 315a Abs. 1 oder 2 fallen, dürfen ihren KA nach den in § 315a Abs 1 genannten internationalen Rechnungslegungsstandards aufstellen. Für den Prüfungsbericht zum IFRS-KA ergeben sich folgende Besonderheiten: 121
- Die zur Anwendung in der EU übernommenen Rechnungslegungsgrundsätze sind anzugeben;
- Als Prüfungsgegenstand sind die nach den diesen Rechnungslegungsgrundsätzen geforderten Unterlagen zu nennen, also insb auch die in § 297 Abs 1 genannte KFR, der Ekspiegel, die SegBerE, aber auch der Konzernlagebericht;
- Es ist feststellen, ob nach Abs 2 S 1 der IFRS-KA ordnungsgemäß aufgestellt wurde und insb die geprüften Unterlagen den jeweiligen internationalen Rechnungslegungsgrundsätzen entsprechen und ob die gem § 315a Abs 1 genannten Vorschriften beachtet wurden;
- Die Berichterstattung ist darauf auszurichten, dass ein IFRS-KA nicht an die GoB gebunden ist. Insoweit ist ausschließlich darauf einzugehen, ob der IFRS-KA unter Beachtung der jeweiligen Rechnungslegungsgrundsätze ein den tatsächlichen Verhältnissen entspr Bild der VFE-Lage vermittelt;
- Die Verpflichtung des KonzernAP zur Stellungnahme zu der Beurteilung der Darstellung der Lage des Konzerns durch die gesetzlichen Vertreter des MU gemäß § 321 Abs 1 S 2 bezieht sich auf den Konzernlagebericht gem § 315 iVm 315a Abs 1, der in erforderlichem Umfang auch auf den IFRS-KA Bezug nehmen muss;
- Der Prüfungsbericht zum IFRS-KA kann gem §§ 324 Abs 2 S 2, 325 Abs 3a S 2 mit dem Prüfungsbericht zum JA oder IFRS-EA zusammengefasst werden.

V. Zusammengefasster Prüfungsbericht

Wird der KA zusammen mit dem JA des MU oder mit einem von diesem 122 aufgestellten IFRS-EA bekannt gemacht, dürfen auch die Prüfungsberichte (und die BVm) gem § 325 Abs 3a S 2 zusammengefasst werden (Anm 99, 121 und 142). Dies dürfte vor allem für solche Unt in Frage kommen, in denen der KA durch den JA oder den IFRS-EA des MU geprägt wird. Der zusammengefasste Prüfungsbericht muss alle Angaben enthalten, die auch bei getrennter Berichterstattung in Betracht kommen, insb auch die Feststellungen gem Abs 1 S 2 und 3 sowie Abs 2 sowohl für die Rechnungslegung im JA des MU als auch für die Konzernrechnungslegung (so auch *IDW PS 450* Anm 138). Die Art der Zusammenfassung, nämlich unmittelbare Zusammenfassung (zB bzgl der Auftragserteilung und Durchführung der Prüfung), parallele Berichterstattung (zB bei der Darstellung der wirtschaftlichen Verhältnisse) oder gesonderte Berichterstattung (bei den Feststellungen zum Risikoüberwachungssystem oder der Angabe der Konsolidierungsmethoden), hängt weitgehend vom Einzelfall ab; so auch *WPH*[12] I Q 380.

Eine zusammenfassende Berichterstattung für den JA oder IFRS-EA eines TU und den KA des MU ist nach dem Gesetzeswortlaut nicht zulässig, auch wenn es sich bei dem MU um eine Holding handelt und die Zahlen des wichtigsten TU den KA beherrschen; gleiches gilt, wenn der JA und der KA von verschiedenen AP geprüft wurden. Es ist strittig, ob eine zusammenfassende Berichterstattung auch in den Fällen zulässig ist, in denen die gesetzlichen Voraussetzungen nicht erfüllt sind, der Auftraggeber dies aber wünscht oder dieser zustimmt (s *WPH*[12] I Q 377).

D. Grundsätze ordnungsmäßiger Berichterstattung bei freiwilligen Abschlussprüfungen

I. Vorbemerkung

125 Freiwillige APr kommen bei Unt vor, die **keiner gesetzlichen Prüfungspflicht** unterliegen. Hierbei handelt es sich zB um Ekfl, PersGes und Unt von Stiftungen, soweit diese unterhalb der Größenkriterien des PublG bleiben, um kleine KapGes/KapCoGes iSd § 267 Abs 1 (§ 316 Abs 1) sowie um Teilkonzerne, deren Teil-KA in einen KA höherer Stufe eines MU innerhalb der EU einbezogen werden und die deshalb nach § 291 Abs 1 von der Aufstellung eines KA befreit sind. Ferner kommen TU in Betracht, welche die Voraussetzungen von § 264 Abs 3 oder Abs 4 sowie § 264b erfüllen (s auch *IDW RS HFA* 7 Zur Rechnungslegung bei Personenhandelsgesellschaften WPg 2002, 1259; *Dörner/Wirth* Die Befreiung von Tochter-Kapitalgesellschaften nach § 264 Abs 3 HGB idF des KapAEG hinsichtlich Inhalt, Prüfung und Offenlegung des Jahresabschlusses DB 1998, 1525).

Art und Umfang der Prüfung werden nach dem zwischen Auftraggeber und AP vereinbarten Auftrag unter Beachtung etwaiger Bestimmungen der Satzung oder des GesVertrags und der Berufsübung bestimmt. Dabei ist zu differenzieren, ob ein (dem handelsrechtlichen BVm gem § 322 nachgebildeter) BVm erteilt (Anm 126f) oder lediglich eine Bescheinigung ausgestellt werden soll (Anm 128f).

II. Erteilung eines Bestätigungsvermerks

126 Ist (zB auf Grund des GesVertrags) vorgeschrieben, dass der JA des Unt nach Art und Umfang gem §§ 316ff zu prüfen ist, hat sich die Berichterstattung an den für Pflichtprüfungen geltenden Grundsätzen und Vorschriften auszurichten (§ 317 Anm 30ff).

Eine Einschränkung der Berichterstattung gegenüber dem gesetzlichen Mindestinhalt kann nicht vereinbart werden (*IDW PS 400* Anm 5; *IDW PS 450* Anm 20; *WPH*[12] I Q 792; *ADS*[6] § 321 Anm 228).

Sind auf Grund der Rechtsform die Vorschriften für KapGes/KapCoGes nicht anzuwenden und werden sie auch nicht freiwillig angewendet, kommt die Aussage gem Abs 2 S 3 bzgl der Generalklausel (Vermittlung eines unter Beachtung der GoB den tatsächlichen Verhältnissen entspr Bilds der VFE-Lage) nicht in Betracht.

Auch die Feststellungen zum Risikoüberwachungssystem gem Abs 4 entfallen, wenn auf das Unt die Prüfungsvorschrift des § 317 Abs 4 nicht anzuwenden ist.

127 Die Grundsätze der „Vorweg"-Stellungnahme (Abs 1 S 2 bzgl des Fortbestands und der künftigen Entwicklung sowie S 3 bzgl der „Redepflicht") sind – auch als Ausdruck allgemeiner Prüfungspflichten – bei einer mit einem BVm

abschließenden freiwilligen Prüfung zu beachten, wenngleich die Beurteilungsgrundlage hier (die „geprüften Unterlagen" umfassen ggf nicht den Anhang) schmaler ist; vgl für den Fall eines fehlenden Lageberichts Anm 19.

Falls das Unt keinen Anhang erstellt, ist zu berücksichtigen, dass die Entlastungswirkung bzgl des Prüfungsberichts nicht eintritt. Dies betrifft die Aufgliederung und Erl der Posten des JA einschl der Angaben zu den angewandten Bilanzierungs- und Bewertungsmethoden und ggf bestehenden Erleichterungen, soweit diese Informationen zur Beurteilung der Lage des Unt iS von § 242 Abs 1 für den Berichtsempfänger erforderlich und demgemäß in den *Prüfungsbericht* (vgl Anm 84) aufzunehmen sind.

III. Erteilung einer Bescheinigung

Ist auftragsgemäß die Prüfung eines JA oder KA nicht nach Art und Umfang der Pflichtprüfung für KapGes/KapCoGes oder vereinbarungsgemäß nur eine Teilprüfung durchgeführt worden (zB ohne Vorräte, ohne Anhang oder ggf ohne Lagebericht, wobei allerdings zu berücksichtigen ist, dass ein Lagebericht nach § 264 Abs 1 von kleinen KapGes/KapCoGes nicht zu erstellen ist), kann nur eine Bescheinigung erteilt werden (*IDW PS 400* Anm 5; *WPH*[12] I Q 1130; *ADS*[6] § 322 Anm 422). 128

Die Erstellung eines Prüfungsberichts ist dabei nur erforderlich, falls es nicht möglich ist, Gegenstand, Art, Umfang und Ergebnis der Prüfung in der Bescheinigung ausreichend zu umschreiben (idS *WPH*[12] I Q 802). Wird ein schriftlicher Prüfungsbericht nicht erstellt, muss die Bescheinigung als **Mindestangaben** enthalten: Adressat, Auftrag, Auftragsbedingungen, Gegenstand sowie Art und Umfang der eingeschränkten Tätigkeit, Durchführungsgrundsätze, zugrunde liegende Rechtsvorschriften und Unterlagen sowie die Prüfungsfeststellungen (dazu *St HFA 4/1996* Grundsätze für die Erstellung von Jahresabschlüssen durch Wirtschaftsprüfer WPg 1997, 67 und *IDW PS 900* Grundsätze für die prüferische Durchsicht von Abschlüssen WPg 2001, 1078).

Wird ein Prüfungsbericht erstellt, sind diese Mindestangaben obligatorisch. Im Übrigen ist in diesem Bericht deutlich herauszustellen, inwieweit sich die Prüfung nach Art und Umfang von einer Pflichtprüfung iS der §§ 316 ff unterscheidet und warum zu diesem JA kein BVm erteilt wurde. Berichte zur Erstellung von JA durch WP dürfen nicht den Anschein eines Prüfungsberichts erwecken (*IDW PS 450* Anm 1 f).

Die **Haftung** aus derartigen Bescheinigungen reicht ebenso weit, wie der Berufsangehörige nach dem Wortlaut seiner Bescheinigung die Verantwortung für die Richtigkeit übernommen hat (dazu § 323 Anm 202 mwN). 129

E. Unterzeichnung und Vorlage des Prüfungsberichts (Abs 5)

Unterzeichnen bedeutet, dass der AP eigenhändig durch Unterschrift unter Verwendung der (alleinigen) Berufsbezeichnung *Wirtschaftsprüfer(in)* gem § 18 WPO oder *vereidigte(r) Buchprüfer(in)* gem § 128 WPO den Prüfungsbericht unterschreiben muss (§ 126 Abs 1 BGB), und zwar üblicherweise am Schluss des Prüfungsberichts unter Angabe von Ort und Datum, wobei sich eine Zusammenfassung mit der Wiedergabe des BVm empfiehlt. Wird der BVm als Teil des Prüfungsergebnisses innerhalb der grds Feststellungen (Abschn B) wiedergegeben (Anm 91), ist am Schluss des Prüfungsberichts eine vom AP zu unterschrei- 130 bende Schlussbemerkung aufzunehmen, die zweckmäßigerweise auch die Bestätigung der Übereinstimmung mit dem *IDW PS 450* enthalten sollte.

Als Berichtsdatum sollte in Übereinstimmung mit der Datierung des BVm der Zeitpunkt der materiellen Beendigung der Prüfung gewählt werden, auch wenn dies idR nicht identisch mit der Fertigstellung des Prüfungsberichts ist (*IDW PS 450* Anm 116; so auch *WPH*[12] I Q 262; *ADS*[6] § 321 Anm 168; *Kuhner/Päßler* in HdR[5] § 321 Anm 81).

131 Bei gesetzlich vorgeschriebenen Prüfungen besteht nach §§ 48 Abs 1, 130 WPO die Pflicht zur **Siegelführung** (*IDW PS 450* Anm 114; *WPH*[12] I Q 259).

Regelmäßig werden Prüfungsberichte **vervielfältigt.** Hierbei genügt es, dass nur ein ausgehändigtes Berichtsexemplar handschriftlich vom AP unterzeichnet wird (*IDW PS 450* Anm 115; *WPH*[12] I Q 261; *ADS*[6] § 321 Anm 162), während die Unterschrift in allen weiteren Exemplaren vervielfältigt werden darf.

Die Anzahl der Berichtsausfertigungen wird mit dem Auftraggeber vereinbart. Nach den Allgemeinen Auftragsbedingungen für Wirtschaftsprüfer und Wirtschaftsprüfungsgesellschaften (Stand 1. 1. 2002) hat der Auftraggeber Anspruch auf 5 Exemplare.

132 Gem § 32 WPO dürfen BVm **nur von Wirtschaftsprüfern, nicht** von sonstigen zeichnungsberechtigten Personen einer **Wirtschaftsprüfungsgesellschaft unterzeichnet** werden. § 32 WPO gilt nach seinem Wortlaut zwar nur für die Unterzeichnung von BVm. Sinn und Zweck des § 32 WPO erfordern aber, dass auch der Prüfungsbericht einer WPG nur von (zeichnungsberechtigten) WP unterschrieben werden darf. Dies ergibt sich daraus, dass der BVm gem § 322 Abs 5 S 2 auch in den Prüfungsbericht aufzunehmen ist. Deshalb kann für die Unterschrift unter den Prüfungsbericht nichts anderes gelten als für die Unterschrift unter den BVm (ebenso *WPH*[12] I Q 260; *IDW PS 400* Anm 84; *ADS*[6] § 321 Anm 164; aA ohne Begr *Grewe* in BoHdR § 321 Anm 89). Das entspricht auch den in § 32 WPO niedergelegten Grundsätzen, welche die berufsrechtliche Verantwortlichkeit in WPG (anders als nach § 332) nur den WP zuschreiben und verlangen, dass auch im Außenverhältnis diese Verantwortung für die Prüfung offen erkennbar ist (ähnlich *WPH*[12] I Q 260). Zur Rechtslage bei **Genossenschaften** im Einzelnen Vor § 339 Anm 17f, 22f.

Auch **vereidigte Buchprüfer** und eine **Buchprüfungsgesellschaft** können, wenn sie gem § 319 Abs 1 S 2 zum gesetzlichen AP einer mittelgroßen GmbH/KapCoGes bestellt werden, Prüfungsberichte unterzeichnen (§ 32 WPO).

133 Der Bericht/die Bescheinigung über eine freiwillige, also gesetzlich nicht vorgeschriebene JA-Prüfung (Anm 125ff) darf entspr der Berufsübung außer von einem WP auch von einem zeichnungsberechtigten **Nicht-Wirtschaftsprüfer** unterzeichnet werden.

134 Abs 5 S 1 bestimmt die **Vorlage** an die gesetzlichen Vertreter, sofern nicht die Auftragserteilung durch den AR erfolgt. In diesem Fall ist der Prüfungsbericht – nach Stellungnahme durch den Vorstand (zum Berichtsentwurf) – dem **Aufsichtsrat** vorzulegen.

§ 111 Abs 2 S 3 AktG sieht für den JA und den KA einer AG die Auftragserteilung durch den AR vor. Darin und in der nach § 171 Abs 1 S 2 AktG obligatorischen Teilnahme des AP an der Bilanzsitzung des AR kommt die beabsichtigte engere Zusammenarbeit zwischen AR und AP zum Ausdruck (*IDW PS 470* Grundsätze für die mündliche Berichterstattung des Abschlussprüfers an den Aufsichtsrat WPg 2003, 608). Diese Regelung gilt durch Verweisung in § 25 Abs 1 Nr 2 MitbestG, § 77 Abs 1 S 2 BetrVG auch für GmbH, die einen mitbestimmten AR haben, sowie auf Grund von § 52 Abs 1 GmbHG für GmbH mit einem fakultativen AR, soweit nicht (im letztgenannten Falle) im GesVertrag etwas anderes bestimmt ist.

Der Prüfungsbericht ist dem AR-Vorsitzenden zuzuleiten bzw die Zuleitung mit diesem abzustimmen (*IDW PS 450* Anm 117). Der Vorsitzende kann die Verteilung selbst vornehmen oder bestimmen, dass die Zustellung an die einzelnen AR-Mitglieder sowie an den Vorstand (die Geschäftsführung) direkt erfolgt. Der AR kann auch beschließen, dass der Prüfungsbericht nicht jedem AR-Mitglied, sondern nur den Mitgliedern eines AR-Ausschusses auszuhändigen ist (§ 170 Abs 3 S 2 AktG). Dies dürfte bei Bildung eines Bilanzausschusses oder Audit Committee (s hierzu *Coenenberg/Reinhart/Schmitz* Audit Committees – Ein Instrument zur Unternehmensüberwachung DB 1997, 989) bedeutsam sein. *Hommelhoff* (BB 1998, 2573) fasst die Regelung dahingehend auf, dass die Berichte ggf *zunächst* dem Bilanzausschuss vorzulegen sind; die Feststellungen der „Vorweg"-Stellungnahme (Anm 15f) müssten jedenfalls dem gesamten AR zugeleitet werden. Nach *Bormann/Gucht* (BB 2003, 1890) dürfen die nicht im Bilanzausschuss vertretenen AR-Mitglieder nur dann auf eine eigene Lektüre des Prüfungsberichts verzichten, wenn ihnen der Ausschuss einen schriftlichen Bericht vorlegt, der den wesentlichen Inhalt des Prüfungsberichts referiert und der darlegt, wie der Ausschuss den Bericht geprüft hat.

Das Gesetz sieht übrigens die *Aushändigung* (§ 171 Abs 3 S 1 AktG) und nicht nur die Vorlage des Berichts zur kurzfristigen Einsichtnahme vor, und zwar nicht erst auf ausdrückliches Verlangen hin. Eine Übereignung zum endgültigen Verbleib ist damit allerdings nicht intendiert. Einzelheiten kann der AR intern regeln (Gesetzesbegr *BR-Drs 872/97,* 57; vgl insb *WPH*[12] I Q 13).

Bzgl der Bestimmung, dass dem Vorstand vor Zuleitung an den AR Gelegenheit zur Stellungnahme zu geben ist, gehen die hM und die Praxis davon aus (*WPH*[12] I Q 13), dass dies durch die berufsübliche Zuleitung des Lese-/Vorwegexemplars (s Anm 141; ähnl auch *Dörner* DB 1998, 5) und die Schlussbesprechung erfüllt werde. *Hommelhoff* (BB 1998, 2628) geht angesichts der gesetzlich vorgeschriebenen direkten Vorlage an den AR davon aus, dass dem Vorstand kein Berichtsentwurf, sondern der abgeschlossene und unterschriebene Bericht zugeleitet wird und dass die Vorlage an den AR zeitgleich mit der Stellungnahme des Vorstands erfolgt. In Anbetracht der von *Hommelhoff* vorgebrachten gewichtigen Argumente bzgl des Verhältnisses von AP und AR/Gester einerseits sowie Vorstand/Geschäftsführung andererseits erscheint diese Auffassung nicht abwegig.

Erteilt nicht der AR den Auftrag (§ 111 Abs 2 S 3 AktG wurde abbedungen), **135**
ist der Bericht den **gesetzlichen Vertretern** vorzulegen. Gesetzliche Vertreter idS sind der Vorstand bzw der/die Geschäftsführer und bei KapCoGes die Geschäftsführer der Komplementär-Ges.

Der Prüfungsbericht wird gewöhnlich den gesetzlichen Vertretern in ihrer Gesamtheit, einem dazu Bevollmächtigten (zuständiger Geschäftsführer) oder einem dafür gebildeten Gremium übersandt oder übergeben. Der Ausschluss eines Mitglieds der Geschäftsführung ist hierbei nicht zulässig. Die Weitergabe an den (fakultativen) AR – wenn § 111 Abs 2 S 3 AktG abbedungen wurde – bzw die Gester (bei GmbH/KapCoGes) zur Feststellung des JA ist Sache der gesetzlichen Vertreter (so *WPH*[12] I Q 16). TU haben gem § 294 Abs 3 den Prüfungsbericht auch dem MU einzureichen. Der Prüfungsbericht kann auf Verlangen auch dem **Wirtschaftsausschuss** vorzulegen sein, sofern es hierfür zu einer Einigung gem § 109 BetrVG zwischen UntLeitung und Betriebsrat kommt oder der Spruch der Einigungsstelle diese ersetzt (WPH[12] I Q 23). Dem entgegen steht ggf das berechtigte Interesse des Unt, Betriebs- und Geschäftsgeheimnisse nicht zu gefährden (*BAG* 8. 8. 1989 DB 1989, 2621). Der Prüfungsbericht ist nicht zum HR einzureichen.

136 Bei **Kreditinstituten** ist der Prüfungsbericht gem § 26 Abs 1 S 3 KWG vom AP unmittelbar der BaFin und der Deutschen Bundesbank einzureichen. **Versicherungsunternehmen** haben den Prüfungsbericht der BaFin vorzulegen (§ 59 VAG).

137 Bedeutsam ist Abs 5 insofern, als er die **Beendigung der Prüfung** iSd § 316 Abs 1 S 2 festlegt. Erst mit *Unterzeichnung* durch den/die AP *und Zugang* des Prüfungsberichts bei der KapGes/KapCoGes ist die Prüfung iSd § 316 Abs 1 S 2 beendet. Erst dann kann der JA wirksam festgestellt werden (dazu *WPH*[12] I Q 11; *ADS*[6] § 316 Anm 48; s im Übrigen auch Anm 5). *Bormann/Gucht* (BB 2003, 1890) weisen auf die Möglichkeit der Nichtigkeit des JA gem § 256 Abs 2 AktG wegen nicht ordnungsgemäßer Mitwirkung des AR und nicht rechtzeitiger Übermittlung des Prüfungsberichts hin.

138 Abs 5 gilt auch für die – notwendigerweise – schriftliche Berichterstattung über die Redepflicht gem Abs 1 S 3, sofern sie vor Ausfertigung des Prüfungsberichts oder sonstwie getrennt vom Prüfungsbericht ausgeübt wird; zu Letzterem s Anm 42f.

F. Sonderfragen der Berichterstattung

140 Meist wird der Prüfungsbericht hinsichtlich der überwiegenden Teile **während der örtlichen Prüfung** erstellt. Nach der Schlussbesprechung (§ 320 Anm 13) sollten am Prüfungsbericht nur noch Restarbeiten erledigt werden.

141 Es entspricht den Anforderungen an die Qualitätssicherung (§§ 37ff der Berufssatzung der WPK; *VO 1/1995* Gemeinsame Stellungnahme der WPK und des IDW zur Qualitätssicherung in der Wirtschaftsprüferpraxis WPg 1995, 824 unter C IV; *IDW PS 140* Die Durchführung von Qualitätskontrollen in der Wirtschaftsprüferpraxis WPg 2004, 1025) und ist berufsüblich, den Prüfungsbericht *vor* Auslieferung an den Mandanten von Mitarbeitern mit längerer Berufserfahrung, die an der Prüfung nicht mitgewirkt haben, im Rahmen der sog **Berichtskritik** kritisch durchsehen zu lassen.

Bis zum Inkrafttreten des KonTraG entsprach es der Berufsübung, vor der endgültigen Fertigstellung des Prüfungsberichts dem geprüften Unt üblicherweise einen Berichtsentwurf – als **Vorweg- oder Leseexemplar** gekennzeichnet – zur Durchsicht zuzustellen, um die richtige und vollständige Erfassung der im Prüfungsbericht berücksichtigten Sachverhalte iS eines letzten Auskunfts-Ersuchens sicherzustellen (ähnlich *ADS*[6] § 321 Anm 156 und 172) und die nach Abs 5 S 2 vorgesehene Stellungnahme des Vorstands bzw der Geschäftsführung zu ermöglichen. Es wird zT in Frage gestellt, ob diese Handhabung, wonach der *Berichtsentwurf* Grundlage für die in Abs 5 vorgeschriebene Stellungnahme des Vorstands sein kann (s Anm 134), beibehalten werden kann (unklar *IDW PS 450* Anm 117). *Kuhner/Päßler* in HdR[5] Anm 83 lehnen die Verfahrensweise ab, dass der Untleitung „ein Entwurfsexemplar zugeleitet werden soll, welches im Lichte seiner Stellungnahme möglicherweise noch abgeändert werden kann".

142 Nach § 325 Abs 3a S 2 dürfen die **Prüfungsberichte** und BVm **zum Jahresabschluss des Mutterunternehmens und zum Konzernabschluss zusammengefasst** werden, wenn der KA zusammen mit dem JA des MU oder mit einem von diesem aufgestellten IFRS-EA bekannt gemacht werden. Dies gilt nach § 315 Abs 3 auch für die Zusammenfassung von Konzernlagebericht und Lagebericht des MU. Eine Verpflichtung zur Zusammenfassung der beiden Prüfungsberichte besteht jedoch nicht. Wegen Einzelheiten zur zusammenge-

fassten Berichterstattung s Anm 122; zur Zusammenfassung des BVm vgl § 322 Anm 145 ff.

Es empfiehlt sich, das Wahlrecht zur Zusammenfassung von Prüfungsbericht und BVm einheitlich (*WPH*[12] I Q 377) und nach Möglichkeit stetig auszuüben.

Wird auf Grund einer Änderung des bereits geprüften JA oder KA, Lageberichts oder Konzernlageberichts eine **Nachtragsprüfung** durchgeführt (§ 316 Abs 3, § 173 Abs 3 AktG), ist hierüber Bericht zu erstatten. Hier wird meistens ein eigenständiger **Nachtragsbericht** erstellt, wobei im zweiten Bericht auf die *ausschließlich gemeinsame* Verwendung mit dem ersten Bericht hingewiesen werden muss (*IDW PS 450* Anm 145). Die in der Praxis auch vorkommende Ergänzung der ursprünglichen Berichterstattung setzt die Rückgabe *aller* Exemplare des ersten Berichts voraus. Diese Regelung gilt auch für den Widerruf des BVm (idS auch *WPH*[12] I Q 675 f). 143

Bei Durchführung von **Gemeinschaftsprüfungen (Joint Audit;** s hierzu *IDW PS 208* Zur Durchführung von Gemeinschaftsprüfungen (Joint Audit) WPg 1999, 707) kommt normalerweise auch eine einheitliche (gemeinsame) Berichterstattung in Betracht. Diese Handhabung setzt allerdings voraus, dass beide Prüfer zu einem übereinstimmenden abschließenden Prüfungsergebnis gelangen. 144

Falls abw Beurteilungen der AP *klar abgrenzbare Einzelfragen* betreffen, halten wir dennoch einen einheitlichen Prüfungsbericht für zulässig, dann *aber* mit einem **Zusatzkapitel** zu diesen Fragen und ihren Auswirkungen auf den JA/KA *und* entspr Angaben bzw Verweisen im Prüfungsbericht; auch nach *WPH*[12] I Q 298 sind Meinungsverschiedenheiten im Prüfungsbericht zum Ausdruck zu bringen. Falls der BVm eines AP abweicht, ist das in einem Zusatzkapitel ausdrücklich hervorzuheben.

Prüfungen von TU nach **internationalen**, zB englischen, US-amerikanischen oder kanadischen **Grundsätzen** folgen den dort maßgeblichen Grundsätzen auch hinsichtlich der Berichterstattung, die die Vorschriften des § 321 nicht tangieren und unabhängig davon vereinbart werden können. 145

Prüfung und Berichterstattung beziehen sich bei **Erstprüfungen** auch auf die im JA angegebenen Vj-Zahlen; bei mangelnder Vergleichbarkeit ist ein entspr Hinweis erforderlich (*IDW PS 205* Prüfung von Eröffnungsbilanzwerten im Rahmen von Erstprüfungen WPg 2001, 150; sowie *St HFA 5/1988* Vergleichszahlen im Jahresabschluss und im Konzernabschluss sowie ihre Prüfung WPg 1989, 42). 146

Kündigt der AP den Prüfungsauftrag gem § 318 Abs 6 und 7 aus wichtigem Grunde, ist – unter Hinweis auf die **Kündigung** – über das Ergebnis der bisherigen Prüfung zu berichten (§ 318 Abs 6 S 4). Auf nicht abschließend beurteilbare Vorgänge mit möglicher Auswirkung auf die Ordnungsmäßigkeit der Rechnungslegung ist hinzuweisen. Im Übrigen gelten die allgemeinen Berichtsgrundsätze (*IDW PS 450* Anm 150; *WPH*[12] I Q 300). 147

Enthält der Prüfungsbericht **Sachverhaltsfehler** oder fachliche **Mängel**, so hat der Auftraggeber nach allgemeinem Vertragsrecht Anspruch auf Beseitigung der Mängel durch den AP (§ 633 BGB). Sämtliche mängelbehafteten Ausfertigungen des Prüfungsberichts sind durch mängelfreie Berichtsexemplare zu ersetzen. Für Schäden, die unmittelbar durch den Mangel des Prüfungsberichts entstehen, und für Mangelfolgeschäden enthält § 323 eine abschließende Sonderregelung (*WPH*[12] I Q 305; vgl auch *Graf* Neue Strafbarkeitsrisiken für den Wirtschaftsprüfer durch das KonTraG BB 2001, 562). 148

§ 321 a Offenlegung des Prüfungsberichts in besonderen Fällen

(1) [1] Wird über das Vermögen der Gesellschaft ein Insolvenzverfahren eröffnet oder wird der Antrag auf Eröffnung des Insolvenzverfahrens mangels Masse abgewiesen, so hat ein Gläubiger oder Gesellschafter die Wahl, selbst oder durch einen von ihm zu bestimmenden Wirtschaftsprüfer oder im Falle des § 319 Abs. 1 Satz 2 durch einen vereidigten Buchprüfer Einsicht in die Prüfungsberichte des Abschlussprüfers über die aufgrund gesetzlicher Vorschriften durchzuführende Prüfung des Jahresabschlusses der letzten drei Geschäftsjahre zu nehmen, soweit sich diese auf die nach § 321 geforderte Berichterstattung beziehen. [2] Der Anspruch richtet sich gegen denjenigen, der die Prüfungsberichte in seinem Besitz hat.

(2) [1] Bei einer Aktiengesellschaft oder einer Kommanditgesellschaft auf Aktien stehen den Gesellschaftern die Rechte nach Absatz 1 Satz 1 nur zu, wenn ihre Anteile bei Geltendmachung des Anspruchs zusammen den einhundertsten Teil des Grundkapitals oder einen Börsenwert von 100 000 Euro erreichen. [2] Dem Abschlussprüfer ist die Erläuterung des Prüfungsberichts gegenüber den in Absatz 1 Satz 1 aufgeführten Personen gestattet.

(3) [1] Der Insolvenzverwalter oder ein gesetzlicher Vertreter des Schuldners kann einer Offenlegung von Geheimnissen, namentlich Betriebs- oder Geschäftsgeheimnissen, widersprechen, wenn die Offenlegung geeignet ist, der Gesellschaft einen erheblichen Nachteil zuzufügen. [2] § 323 Abs. 1 und 3 bleibt im Übrigen unberührt. [3] Unbeschadet des Satzes 1 sind die Berechtigten nach Absatz 1 Satz 1 zur Verschwiegenheit über den Inhalt der von ihnen eingesehenen Unterlagen nach Absatz 1 Satz 1 verpflichtet.

(4) Die Absätze 1 bis 3 gelten entsprechend, wenn der Schuldner zur Aufstellung eines Konzernabschlusses und Konzernlageberichts verpflichtet ist.

Übersicht

A. Einsichtnahme in den Prüfungsbericht in besonderen Fällen (Abs 1)

1 § 321 a wurde durch das BilReG eingefügt. Gem § 58 Abs 3 S 1 EGHGB ist diese Vorschrift erstmals auf das nach dem 31. 12. 2004 beginnende Gj anzuwenden. Die Vorschrift soll der Überprüfung dienen, ob der AP seinen gesetzlichen Berichtspflichten gegenüber den Adressaten des Prüfungsberichts nachgekommen ist.

2 Abs 1 regelt für den Fall der Eröffnung eines Insolvenzverfahrens (§ 11 InsO) oder der Abweisung eines Insolvenzverfahrens mangels Masse (§ 26 InsO) eine besondere Form der Offenlegung des Prüfungsberichts. Die Offenlegung gem § 321 a ist keine Offenlegung iSd § 325, sondern gewährt lediglich einen *Rechtsanspruch* auf Einsichtnahme.

3 Dieser Rechtsanspruch besteht für Gläubiger oder Gester, denen ein berechtigtes Interesse an den Ursachen für die Eröffnung des Insolvenzverfahrens zu-

zubilligen ist. Der Gläubiger oder Gester kann sein Einsichtnahmerecht ohne Begr auf einen WP oder im Falle des § 319 Abs 1 S 2 auf einen vBP delegieren; nach der *Entwurfsbegr* vom 21. 4. 2004, 93, darf auch eine WPG oder Buchprüfungsges beauftragt werden. Klarstellend sei darauf hingewiesen, dass der einsichtnehmende WP oder vBP nicht der AP des Unt ist, sondern dieser lediglich über die Formalqualifikation (WP oder vBP) verfügen muss.

Das **Einsichtnahmerecht beschränkt** sich auf Prüfungsberichte über die aufgrund gesetzlicher Vorschriften durchzuführende Prüfung des JA der letzten drei Gj, soweit sich diese auf die nach § 321 geforderte Berichterstattung beziehen. Der jüngste zur Einsichtnahme heranzuziehende Prüfungsbericht dürfte derjenige sein, der den gesetzlichen Vertretern als letzter vom AP übergeben wurde. Es ist nicht erforderlich, dass der Prüfungsbericht veröffentlicht wurde. Da § 321a erstmals auf das nach dem 31. 12. 2004 beginnende Gj anzuwenden ist, dürfte sich das Einsichtnahmerecht auf die bis zu diesem Datum vorliegenden Prüfungsberichte beziehen, also idR die Prüfungsberichte für die JA für die GJ 2001 bis 2003. 4

Die Verpflichtung zur Offenlegung der Prüfungsberichte ist auf die Berichtsteile beschränkt, die nach § 321 vorgeschrieben sind. Da mit § 321a ein Einsichtnahmerecht in den einer nur sehr eingeschränkten Publizität unterliegenden Prüfungsbericht geschaffen wurde, ist davon auszugehen, dass sich das Einsichtnahmerecht auch auf den JA und Lagebericht erstreckt, auch wenn diese nicht nach § 325 offengelegt wurden. 5

Da § 321a Abs 1 ein Einsichtnahmerecht nur in den Prüfungsbericht zum JA gewährt, ist davon auszugehen, dass sich ein solches Recht nicht auf den nach §§ 324a Abs 2 S 2 oder 325 Abs 3a S 2 zusammengefassten IFRS-EA/IFRS-KA-Prüfungsbericht erstreckt; entspr Textpassagen dürfen unleserlich gemacht werden. 6

Aufgrund anderer (zB wirtschaftszweig- oder rechtsformspezifischer) Vorschriften vorgeschriebene Berichtsteile sind demgegenüber nicht von der Einsichtgewährungspflicht erfasst, da diese weitere, über die eigentliche APr hinausgehende Regelungsbereiche betreffen und regelmäßig weniger an die unternehmensinternen Überwachungsträger als vielmehr an staatliche Überwachungsstellen gerichtet sind. So enthält zB der Prüfungsbericht im Fall der Prüfung eines Kreditinstituts entspr § 29 Abs 4 KWG in Verbindung mit § 59 PrüfbV auch Ausführungen zu den wirtschaftlichen Verhältnissen einzelner Kreditnehmer, deren eigentlicher Adressat die BaFin ist (*BegrRegE* v 21. 4. 2004, 94). 7

Etwas anderes dürfte im Fall der gem **§ 53 HGrG** erweiterten APr und für den „Fragenkatalog zur Prüfung der Ordnungsmäßigkeit der Geschäftsführung und der wirtschaftlichen Verhältnisse nach § 53 HGrG" (*IDW PS 720*, WPg 2000, 326) gelten, auch wenn das Recht diese Prüfung zu verlangen, der Gebietskörperschaft zusteht und primär für deren Überwachungsinteressen erbracht wird. Für die Berichtsausführungen zu den Prüfungsgegenständen gem § 53 HGrG – die wirtschaftlichen Verhältnisse der Ges und die Ordnungsmäßigkeit der Geschäftsführung – ist aber festzustellen, dass sich gem Abs 1 S 1 „diese auf die nach § 321 geforderte Berichterstattung beziehen." Diese Berichtsbestandteile können deshalb nicht vom Einsichtnahmerecht ausgenommen werden, da der AP zB gem § 321 Abs 2 S 3 darauf einzugehen hat, ob der Abschluss ein den tatsächlichen Verhältnissen entspr Bild der VFE-Lage vermittelt und er gem § 321 Abs 1 S 2 zu der Beurteilung der Lage, des Fortbestands und der Entwicklung des Unt durch die gesetzlichen Vertreter Stellung zu nehmen hat; außerdem hat der AP im Rahmen der Redepflicht gem § 321 Abs 1 S 3 über bei Durchführung der Prüfung festgestellte Unrichtigkeiten oder Verstöße gegen 8 gesetzliche Vorschriften oder schwerwiegende Verstöße der ges Vertreter zu berichten.

9 Das Einsichtnahmerecht besteht nicht für Prüfungsberichte, wenn sich die Prüfungspflicht aus anderen gesetzlichen Vorschriften ergibt (so verweist zB § 6 Abs 1 S 2 PublG auch nach der Neufassung nur auf § 321, nicht aber auch auf § 321 a). Auch wenn ein besonderes Schutzbedürfnis der Auftraggeber bei **freiwilligen Prüfungen** nicht anzunehmen ist, erscheint vor diesem Hintergrund eine Ausweitung des Einsichtnahmerechts auf Prüfungsberichte in diesen Fällen nicht sachgerecht, da dies die Bereitschaft zu einer freiwilligen Prüfung mindern könnte und damit vor dem Gesetzeshintergrund kontraproduktiv wäre.

10 Durch die Einsichtgewährung in die Prüfungsberichte, in denen zB **Aussagen zu Gegenstand, Art und Umfang der Prüfung** und zu einzelnen Prüfungsfeststellungen enthalten sind, soweit sie sich auf die nach § 321 geforderte Berichterstattung beziehen, wird es auch außerhalb des AR nachvollziehbar, ob der AP seiner gesetzlichen Berichtspflicht, insbesondere der geforderten Stellungnahme zur Lagebeurteilung durch die gesetzlichen Vertreter des Unt (§ 321 Abs 1 S 2) und der Berichterstattung über Entwicklungsbeeinträchtigungen und Bestandsgefährdungen, die er im Verlauf der Prüfung festgestellt hat (§ 321 Abs 1 S 3), nachgekommen ist. Auf Grund der gesetzlichen Verschwiegenheitspflicht hatte der AP bislang keine Möglichkeiten, zu in der Öffentlichkeit geäußerten Vermutungen bzgl einer mangelhaften Prüfung oder Berichterstattung bei Untschieflagen Stellung zu nehmen. Die Verpflichtung zur Einsichtgewährung in die Prüfungsberichte gem § 321 a fordert und unterstützt eine § 321 entsprechende Darstellung im Prüfungsbericht in kritischen Untsituationen.

11 Die **Erläuterungen des AP** können sich allgemein an *IDW PS 470* (Grundsätze für die mündliche Berichterstattung des Abschlussprüfers an den Aufsichtsrat WPg 2003, 608, Anm 20 ff) orientieren. Hiernach hat der AP insb den Einfluss einzelner besonders bedeutsamer Geschäftsvorfälle sowie wesentlicher Bewertungsgrundlagen und ihrer Änderungen einschließlich der Ausübung von Bilanzierungs- und Bewertungswahlrechten und der Ausnutzung von Ermessensspielräumen sowie von sachverhaltsgestaltenden Maßnahmen auf die Darstellung der VFE-Lage zu erläutern. Dabei kann es hilfreich sein, Einzelposten, welche die Darstellung der VFE-Lage wesentlich beeinflussen, zu erläutern. Dies kann zB wesentliche Beteiligungen, Forderungen, Rückstellungen, Restrukturierungsaufwendungen, bedeutsame übrige betriebliche Aufwendungen und Erträge oder das außerordentliche Ergebnis zutreffen. Zur Verdeutlichung der Auswirkungen kann es sinnvoll sein, von dem im JA ausgewiesenen Ergebnis auf ein um die og Einflüsse bereinigtes Ergebnis überzuleiten. Bei der Darstellung der VFE-Lage können sowohl Veränderungen von nationalen und internationalen wirtschaftlichen Rahmenbedingungen als auch aktuelle Branchenentwicklungen und die Positionierung des Unt innerhalb der Branche zu berücksichtigen sein. In den Erl des AP ist auf wesentliche Risiken der künftigen Entwicklung einzugehen. Ggf sind besonders risikobehaftete Einzelgeschäfte hervorzuheben. Der AP hat sowohl auf positiv als auch negativ auffällige Entwicklungen hinzuweisen und Risiken mit möglicher Auswirkung auf die Untfortführung darzustellen (vgl auch *IDW PS 270* Die Beurteilung der Fortführung der Unternehmenstätigkeit im Rahmen der Abschlussprüfung WPg 2003, 775).

12 Der **Rechtsanspruch zur Einsichtnahme** richtet sich gemäß Abs 1 S 2 gegen denjenigen, der die Prüfungsberichte in seinem Besitz hat. Dies wird im Falle der Eröffnung des Insolvenzverfahrens idR der Insolvenzverwalter sein (§ 36 Abs 2 S 1 InsO). In sonstigen Fällen wird es vom Ausgang des Insolvenzverfahrens abhängig sein, wer die Prüfungsberichte im Besitz hat. Zu berücksichtigen ist hierbei auch, dass zB auch der AR, der AP oder auch Dritte

(Banken, Behörden) im Besitz des Prüfungsberichts sein können. Diese dürften nicht zur Gewährung der Einsichtnahme verpflichtet sein, zumal nur für den Insolvenzverwalter oder den gesetzlichen Vertreter des Schuldners ein Widerspruchsrecht zur Einsichtnahme gem Abs 3 S 3 besteht (so auch *Pfitzer/Oser/Orth* Offene Fragen und Systemwidrigkeiten des Bilanzrechtsreformgesetzes (BilReG) DB 2004, 2593).

B. Begrenzung des Einsichtnahmerechts (Abs 2)

13 Wegen der erheblichen Zahl von Aktionären mit nur geringfügigen Anteilen an einer AG oder KGaA und um das Verfahren der Einsichtnahme praktikabel zu halten, steht das Einsichtnahmerecht nach Abs 1 S 1 nach der Einschränkung in Abs 2 S 1 nur solchen Aktionären zu, deren Aktien einen bestimmten Grenzwert übersteigen. Der Grenzwert entspricht dem einhundertsten Teil des Grundkapitals oder einem Börsenwert von 100 000 Euro. Diese Werte betragen ein Fünftel des Wertes nach § 318 Abs 3. Dies erscheint gerechtfertigt, da die dort vorgesehenen Maßnahmen (Bestellung eines anderen Prüfers) schwerwiegenderer sind als die Einsichtnahme in den Prüfungsbericht. Die Werte entsprechen den im Gesetz zur Unternehmensintegrität und Modernisierung des Anfechtungsrechts (UMAG) vorgesehenen Grenzwerten (§§ 142 Abs 2, 147a Abs 1 AktG). Es ist ausreichend, wenn der Grenzwert nur im Zeitpunkt der Geltendmachung erreicht wird. Es ist auch nicht ausgeschlossen, dass sich mehrere Gester zusammenschließen, um den vorgeschriebenen Grenzwert zu erreichen. Für GmbH und KapCoGes besteht keine Grenzwertregelung.

14 Eine weitergehende Begrenzung des Einsichtnahmerechts wird nicht ausgesprochen. Damit ist es auch Konkurrenten gestattet, die zugleich Gläubiger oder Gester des Unt sind, von ihrem Einsichtnahmerecht Gebrauch zu machen. Die Verpflichtung zur Verschwiegenheit gem § 321 Abs 3 S 3 geht in diesem Fall ins Leere. Vor dem Hintergrund, dass jedem Gläubiger oder Gester ein Einsichtnahmerecht gewährt wird, erscheint es zweifelhaft, ob Arbeitnehmer bewusst ausgeschlossen werden sollten, denn auch diesen Personen wird zweifellos ein berechtigtes Interesse an den Ursachen für die Eröffnung des Insolvenzverfahrens zugestanden werden müssen.

C. Verschwiegenheitspflicht bei Einsichtnahme (Abs 3)

15 Abs 3 S 1 soll sicherstellen, dass der Insolvenzverwalter oder ein gesetzlicher Vertreter des Schuldners der Offenbarung von Geheimnissen, namentlich Betriebs- oder Geschäftsgeheimnissen, widersprechen kann, wenn die Offenlegung geeignet ist, der Ges einen erheblichen Nachteil zuzufügen. Hiervon sollen auch Fälle erfasst werden, in denen die Verfahrenseröffnung etwa mangels Masse abgewiesen wurde (*BegrRegE* vom 21. 4. 2004, 94).

16 Der Insolvenzverwalter oder der gesetzliche Vertreter kann gem Abs 3 S 1 der Offenlegung von Geheimnissen gegenüber den Einsichtsberechtigten widersprechen, wenn die Offenlegung geeignet ist, der Ges einen „erheblichen Nachteil" zuzufügen. Eine Eignung der Geheimnisoffenlegung zur Nachteilszufügung reicht aus; sie muss jedoch zur Vermeidung einer missbräuchlichen Ausnutzung des Widerspruchrechts mit großer Wahrscheinlichkeit gegeben oder zumindest

plausibel sein. Dabei kommt es auf die vernünftige kfm Beurteilung als Maßstab für den erheblichen Nachteil an. Zum Begriff der vernünftigen kfm Beurteilung vgl § 253 Anm 154, s auch § 286 Abs 3 S 1 Nr 2, Anm 9.

17 Das Widerspruchsrecht des Insolvenzverwalters oder des gesetzlichen Vertreters ginge ins Leere, wenn es nicht mit der dem AP gem Abs 2 S 2 gestatteten Erl des Prüfungsberichts korrespondieren würde. Es ist somit eine Abstimmung zwischen dem AP und dem Insolvenzverwalter oder dem gesetzlichen Vertreter erforderlich, welche Betriebs- oder Geschäftsgeheimnisse nicht Gegenstand der Erl sein sollen. Der Hinweis auf § 323 Abs 1 und 3 in Abs 3 S 2 ergänzt S 1 und stellt sicher, dass auch die Einsichtgewährungspflicht in Prüfungsberichte nach § 321 im Falle der Insolvenz bzw. Nichteröffnung des Verfahrens mangels Masse die Pflicht des AP zur Wahrung von Geschäfts- und Betriebsgeheimnissen unberührt lässt.

18 Abs 2 S 2 gestattet dem AP bei der Einsichtnahme im Bedarfsfall die Erl des Prüfungsberichts ggü den in Abs 1 S 1 genannten Personen. Die Verantwortlichkeit gem § 323 und damit die Verschwiegenheitspflicht des AP wird allerdings nicht hier, sondern im Zusammenhang mit dem Widerspruchrecht des Insolvenzverwalters oder des gesetzlichen Vertreters des Schuldners in Abs 3 S 2 angesprochen. Zu Abs 3 S 2 unterstreicht der Rechtsausschuss, dass mit dem Verweis auf § 323 Abs 1 und 3 sichergestellt werden soll, dass auch bei Einsichtgewährung in die Prüfungsberichte die Pflicht des AP zur Wahrung von Geschäfts- und Betriebsgeheimnissen unberührt bleibt. Es sollen keine über § 323 hinausgehenden Haftungsansprüche geschaffen werden (*BR-Drs 15/4054,* 78). Vor diesem Hintergrund wird der AP das ihm gestattete Auskunftsrecht des Abs 2 S 2 auch im Eigeninteresse interpretieren müssen. Die Erl des AP dürfen nicht über die Ausführungen im Prüfungsbericht hinausgehen, wohl aber sind Erl zu wertaufhellenden Sachverhalten denkbar.

19 S 3 verpflichtet auch die Einsichtsberechtigten zur Verschwiegenheit über den Inhalt der von ihnen eingesehenen Unterlagen, auch wenn es sich hierbei nicht um Betriebs- oder Geschäftsgeheimnisse handelt.

D. Ausweitung der Einsichtnahme auf Prüfungsberichte zu Konzernabschlüssen (Abs 4)

20 Abs 4 sieht eine entspr Anwendung der Abs 1 bis 3 für den Fall vor, dass der Schuldner zur Aufstellung eines KA und eines Konzernlageberichts verpflichtet ist bzw war. Damit ist keine Ausweitung des Einsichtnahmerechts in die Prüfungsberichte der einbezogenen TU verbunden, da diese nicht unmittelbar von der Insolvenz des MU betroffen sind (so auch *Pfitzer/Oser/Orth* Offene Fragen und Systemwidrigkeiten des Bilanzrechtsreformgesetzes (BilReG) DB 2004, 2593). Vgl Anm 6.

§ 322 Bestätigungsvermerk

(1) [1]**Der Abschlussprüfer hat das Ergebnis der Prüfung in einem Bestätigungsvermerk zum Jahresabschluss oder zum Konzernabschluss zusammenzufassen.** [2]**Der Bestätigungsvermerk hat Gegenstand, Art und Umfang der Prüfung zu beschreiben und dabei die angewandten Rechnungslegungs- und Prüfungsgrundsätze anzugeben; er hat ferner eine Beurteilung des Prüfungsergebnisses zu enthalten.**

(2) [1]Die Beurteilung des Prüfungsergebnisses muss zweifelsfrei ergeben, ob

1. ein uneingeschränkter Bestätigungsvermerk erteilt,
2. ein eingeschränkter Bestätigungsvermerk erteilt,
3. der Bestätigungsvermerk aufgrund von Einwendungen versagt oder
4. der Bestätigungsvermerk deshalb versagt wird, weil der Abschlussprüfer nicht in der Lage ist, ein Prüfungsurteil abzugeben.

[2]Die Beurteilung des Prüfungsergebnisses soll allgemeinverständlich und problemorientiert unter Berücksichtigung des Umstandes erfolgen, dass die gesetzlichen Vertreter den Abschluss zu verantworten haben. [3]Auf Risiken, die den Fortbestand des Unternehmens oder eines Konzernunternehmens gefährden, ist gesondert einzugehen. [4]Auf Risiken, die den Fortbestand eines Tochterunternehmens gefährden, braucht im Bestätigungsvermerk zum Konzernabschluss des Mutterunternehmens nicht eingegangen zu werden, wenn das Tochterunternehmen für die Vermittlung eines den tatsächlichen Verhältnissen entsprechenden Bildes der Vermögens-, Finanz- und Ertragslage des Konzerns nur von untergeordneter Bedeutung ist.

(3) [1]In einem uneingeschränkten Bestätigungsvermerk (Absatz 2 Satz 1 Nr. 1) hat der Abschlussprüfer zu erklären, dass die von ihm nach § 317 durchgeführte Prüfung zu keinen Einwendungen geführt hat und dass der von den gesetzlichen Vertretern der Gesellschaft aufgestellte Jahres- oder Konzernabschluss aufgrund der bei der Prüfung gewonnenen Erkenntnisse des Abschlussprüfers nach seiner Beurteilung den gesetzlichen Vorschriften entspricht und unter Beachtung der Grundsätze ordnungsmäßiger Buchführung oder sonstiger maßgeblicher Rechnungslegungsgrundsätze ein den tatsächlichen Verhältnissen entsprechendes Bild der Vermögens-, Finanz- und Ertragslage des Unternehmens oder des Konzerns vermittelt. [2]Der Abschlussprüfer kann zusätzlich einen Hinweis auf Umstände aufnehmen, auf die er in besonderer Weise aufmerksam macht, ohne den Bestätigungsvermerk einzuschränken.

(4) [1]Sind Einwendungen zu erheben, so hat der Abschlussprüfer seine Erklärung nach Absatz 3 Satz 1 einzuschränken (Absatz 2 Satz 1 Nr. 2) oder zu versagen (Absatz 2 Satz 1 Nr. 3). [2]Die Versagung ist in den Vermerk, der nicht mehr als Bestätigungsvermerk zu bezeichnen ist, aufzunehmen. [3]Die Einschränkung oder Versagung ist zu begründen. [4]Ein eingeschränkter Bestätigungsvermerk darf nur erteilt werden, wenn der geprüfte Abschluss unter Beachtung der vom Abschlussprüfer vorgenommenen, in ihrer Tragweite erkennbaren Einschränkung ein den tatsächlichen Verhältnissen im Wesentlichen entsprechendes Bild der Vermögens-, Finanz- und Ertragslage vermittelt.

(5) [1]Der Bestätigungsvermerk ist auch dann zu versagen, wenn der Abschlussprüfer nach Ausschöpfung aller angemessenen Möglichkeiten zur Klärung des Sachverhalts nicht in der Lage ist, ein Prüfungsurteil abzugeben (Absatz 2 Satz 1 Nr. 4). [2]Absatz 4 Satz 2 und 3 gilt entsprechend.

(6) [1]Die Beurteilung des Prüfungsergebnisses hat sich auch darauf zu erstrecken, ob der Lagebericht oder der Konzernlagebericht nach dem Urteil des Abschlussprüfers mit dem Jahresabschluss und gegebenenfalls mit dem Einzelabschluss nach § 325 Abs. 2a oder mit dem Konzernabschluss in Einklang steht und insgesamt ein zutreffendes Bild von der Lage des Unternehmens oder des Konzerns vermittelt. [2]Dabei ist auch darauf einzugehen, ob die Chancen und Risiken der zukünftigen Entwicklung zutreffend dargestellt sind.

(7) [1]Der Abschlussprüfer hat den Bestätigungsvermerk oder den Vermerk über seine Versagung unter Angabe von Ort und Tag zu unterzeichnen. [2]Der Bestätigungsvermerk oder der Vermerk über seine Versagung ist auch in den Prüfungsbericht aufzunehmen.

Übersicht

Schrifttum: *Erle* Der Bestätigungsvermerk des Abschlussprüfers, Diss Düsseldorf 1990; *Hense* Rechtsfolgen nichtiger Jahresabschlüsse und Konsequenzen für Folgeabschlüsse WPg 1993, 716; *H.-P. Müller* Rechtsfolgen unzulässiger Änderungen von festgestellten Jahresabschlüssen in FS Budde, 431; *Biener* Die Erwartungslücke – eine endlose Geschichte in FS Havermann, 37; *Clemm* Der Abschlussprüfer als Krisenwarner WPK-Mitt 1995, 65; *Kropff* Rechtsfragen in der Abschlussprüfung in FS Havermann, 321; *Elkart/Naumann* Zur Fortentwicklung der Grundsätze für die Erteilung von Bestätigungsvermerken bei Abschlussprüfungen nach § 322 HGB WPg 1995, 357 und 402, *Beisse* Zehn Jahre „True and fair view" in FS Clemm, 27; *Dörner* Der Prognosebericht nach § 289 Abs 2 Nr 2 HGB – Überlegungen zur Verminderung der Diskrepanz zwischen Publizitätsanforderungen und Publizitätspraxis in FS Ludewig, 219; *Forster* Gedanken beim Unterzeichnen eines Bestätigungsvermerkes WPK-Mitt 1996, 151: *Forster* Gedanken zu einer Runderneuerung des Bestätigungsvermerks – Nationale oder internationale Grundsätze? – in FS Ludewig, 293; *Grünbuch* der Europäischen Kommission: Rolle, Stellung und Haftung des Abschlussprüfers in der Europäischen Union WPK-Mitt 1996, 279; *Lück/Hunecke* Zur Warnfunktion des Abschlussprüfers DB 1996, 1; *Sarx* Ausgewählte Einzelfragen zum Bestätigungsvermerk beim Einzelabschluss in FS Clemm, 337; *Biener* Stand und künftige Entwicklung der Harmonisierung der Vorschriften über die Rechnungslegung und deren Prüfung in der Europäischen Union in FS Kropff, 395; *HFA 4/1996* Grundsätze für die Erstellung von Jahresabschlüssen durch Wirtschaftsprüfer WPg 1997, 67; *Moxter* Die Vorschriften zur Rechnungslegung und Abschlussprüfung im Referentenentwurf eines Gesetzes zur Kontrolle und Transparenz im Unternehmensbereich BB 1997, 722; *Moxter* Zur Interpretation des True-and-fair-view-Gebots der Jahresabschlussrichtlinie in FS Baetge, 97; *Böcking/Orth* Kann das „Gesetz zur Kontrolle und Transparenz im Unternehmensbereich (KonTraG)" einen Beitrag zur Verringerung der Erwartungslücke leisten? – Eine Würdigung auf Basis von Rechnungslegung und Kapitalmarkt WPg 1998, 351; *Baetge/Schulze* Möglichkeiten der Objektivierung der Lageberichterstattung über „Risiken der künftigen Entwicklung" DB 1998, 937; *Dörner* Ändert das KonTraG die Anforderungen an den Abschlussprüfer DB 1998, 1; *Dörner* Von der Wirtschaftsprüfung zur Unternehmensberatung WPg 1998, 302, *Ernst* KonTraG und KapAEG sowie aktuelle Entwicklungen zur Rechnungslegung und Prüfung in der EU WPg 1998, 1025; *IDW RS HFA 1* Aufstellung des Lageberichts WPg 1998, 653; *IDW PS 350* Prüfung des Lageberichts WPg 1998, 663; *Emmerich* Neue Anforderungen an Abschlussprüfung und Abschlussprüfer in Bericht über die Fachtagung des IdW am 22. 10. 1997 Düsseldorf 1998, 339; *Forster* Abschlussprüfung nach dem Regierungsentwurf des KonTraG WPg 1998, 41; *IdW* Abschlussprüfung nach

Internationalen Standards on Auditing (ISA) Düsseldorf 1998; *Jacob* KonTraG und KapAEG – die neuen Entwürfe des Hauptfachausschusses zum Risikofrüherkennungssystem, zum Bestätigungsvermerk und zum Prüfungsbericht WPg 1998, 1043; *Schindler/Rabenhorst* Auswirkungen des KonTraG auf die Abschlussprüfung BB 1998, 1886 und 1939; *Wolz* Die Erwartungslücke vor und nach Verabschiedung des KonTraG WPK-Mitt 1998, 122; *Pfitzer* Der Bestätigungsvermerk des Abschlussprüfers nach neuem Recht in Dörner/Menold/Pfitzer, 679; *IDW PS 400* Grundsätze für die ordnungsmäßige Erteilung von Bestätigungsvermerken bei Abschlussprüfungen WPg 1999, 641; *IDW PS 208* Zur Durchführung von Gemeinschaftsprüfungen (Joint Audit) WPg 1999, 707; *IDW PS 201* Rechnungslegungs- und Prüfungsgrundsätze für die Abschlußprüfung WPg 2000, 710; *IDW PS 205* Prüfung von Eröffnungsbilanzwerten im Rahmen von Erstprüfungen WPg 2001, 150; *IDW PS 202* Beurteilung von zusätzlichen Informationen, die von Unternehmen zusammen mit dem Jahresabschluss veröffentlicht werden WPg 2001, 121; *IDW PS 900* Grundsätze für die prüferische Durchsicht von Abschlüssen WPg 2001, 1078; *Hirsch* Voraussetzungen für den Widerruf eines Bestätigungsvermerks – Anmerkungen zur Entscheidung des Kammergerichts Berlin vom 19. 9. 2000 WPg 2001, 606; *Theile* Neuerungen bei der GmbH durch das Transparenz- und Publizitätsgesetz – TransPuG. Zu den Konsequenzen für den Konzernabschluss und die Abschlussprüfung GmbHR 2002, 231; *Ruhnke* Geschäftsrisikoorientierte Abschlussprüfung – Revolution im Prüfungswesen oder Weiterentwicklung des risikoorientierten Prüfungsansatzes? DB 2002, 437; *von Wysocki* Zur Objektivierbarkeit von Prüfungsurteilen im Bereich der Abschlussprüfung – Anmerkungen zur Neufassung der Grundsätze ordnungsmäßiger Abschlussprüfung DStR 2002, *Hoffmann/Knierim* Falsche Berichterstattung des Abschlussprüfers BB 2002, 2275; *Loitlsberger* Das Münchhausen-Dilemma der Abschlussprüfung und die Bedingung seiner Überwindung WPg 2002, 705; *Altmann* Wirtschaftspruefung und Internet: der Wirtschaftsprüfer als Vertrauensintermediär in der Internet-Ökonomie; eine empirische und theoretische Analyse, Diss Freiburg im Breisgau 2002; *Adam* Der Lagebericht – ein Buch mit sieben Siegeln? ZfdgK 2002, 857; 370; *IDW PS 210* Zur Aufdeckung von Unregelmäßigkeiten im Rahmen der Abschlussprüfung WPg 2003, 655; *IDW PS 270* Die Beurteilung der Fortführung der Unternehmenstätigkeit im Rahmen der Abschlussprüfung WPg 2003, 775; *Richter* Jahresabschlussprüfung und Prüfungsanforderungen in der Europäischen Union, Diss Baden-Baden 2003; *Schruff* Zur Aufdeckung von Top-Management-Fraud durch den Wirtschaftsprüfer im Rahmen der Jahresabschlussprüfung WPg 2003, 901; *IDW PS 345* Auswirkungen des Deutschen Corporate Goverance Kodex auf die Abschlussprüfung WPg 2003, 1002; *Bärenz* Haftung des Abschlussprüfers bei Bestätigung fehlerhafter Jahresabschlüsse gemäß § 323 Abs. 1 S. 3 HGB BB 2003, 1781; *Gross* Die Wahrung, Einschätzung und Beurteilung des „Going-Concern" in den Pflichten- und Verantwortungsrahmen von Unternehmensführung und Abschlussprüfung (Teil 2) WPg 2004, 1433; *Gross* Die Wahrung, Einschätzung und Beurteilung des „Going-Concern" in den Pflichten- und Verantwortungsrahmen von Unternehmensführung und Abschlussprüfung (Teil 1) WPg 2004, 1357; *Lanfermann* Vorschlag der EU-Kommission zur Modernisierung der EU-Prüferrichtlinie DB 2004, 609; *Mika/Müller/Rätsch/Schruff* Zur Beurteilung des Fraud-Risikos im Rahmen der Abschlussprüfung WPg 2004, 1057; *Siebert* Zur Anwendung der IDW Prüfungsstandards auf die Abschlussprüfung kleiner und mittelgroßer Unternehmen WPg 2004, 973; *Pfitzer/Oser/Orth* Offene Fragen und Systemwidrigkeiten des Bilanzrechtsreformgesetzes (BilReG). Erste Handlungsempfehlungen für eine normkonforme Umsetzung DB 2004, 2593; *Lange* Berichterstattung in Lagebericht und Konzernlagebericht nach dem geplanten Bilanzrechtsreformgesetz ZIP 2004, 981; O.V. Bilanzrechtsreformgesetz – Seine Bedeutung für den Einzel- und Konzernabschluß der GmbH GmbHR 2004, 145; *Arbeitskreis Bilanzrecht der Hochschullehrer Rechtswissenschaft* Stellungnahme zum Referentenentwurf eines Bilanzrechtsreformgesetzes BB 2004, 546; *Ernst* Reform des Bilanzrechts und der Abschlussprüfung – Das Arbeitsumfeld des Prüfers im Umbruch Betriebswirtschaftliche Blätter 2004, 616; *Hüttemann* BB-Gesetzgebungsreport: Internationalisierung des deutschen Handelsbilanzrechts im Entwurf des Bilanzrechtsreformgesetzes BB 2004, 203; *Kajüter* Berichterstattung über Chancen und Risiken im Lagebericht BB 2004, 427; *Peemöller/Oehler* Regierungsentwurf des BilReG: Änderungen gegenüber dem Referentenentwurf BB 2004, 1158; *Peemöller/Oehler* Referentenentwurf eines Bilanzrechtsreformgesetzes: Neue Regelung zur Unabhängigkeit des Abschlussprüfers BB 2004, 539; *Schön* Kompetenzen der Gerichte zur Auslegung von IAS/IFRS BB

2004, 763; *Veltins* Verschärfte Unabhängigkeitsanforderungen an Abschlussprüfer DB 2004, 445; *Hülsmann* Stärkung der Abschlussprüfung durch das Bilanzrechtsreformgesetz – Neue Bestimmungen zur Trennung von Beratung und Prüfung DStR 2005, 166; *Wendlandt/Knorr* Das Bilanzrechtsreformgesetz. Zeitliche Anwendung der wesentlichen bilanzrechtlichen Änderungen des HGB und Folgen für die IFRS-Anwendung in Deutschland KoR 2005, 53.

A. Allgemeines

§ 322 wurde durch das BilReG sprachlich grundlegend, nicht jedoch materiell überarbeitet. Die Änderungen sind vielmehr klarstellender Natur. § 322 regelt zusammenfassend die Grundlagen des BVm zum JA, zum KA und zum IFRS-EA. 1

Der BVm entspricht - internationalen Grundsätzen folgend – einem **frei zu formulierenden Bestätigungsbericht** mit einem einleitenden und einem beschreibendenden Abschnitt, dem Prüfungsurteil zu JA oder KA, dem Prüfungsurteil zum Lagebericht sowie der Angabe bestandsgefährdender Risiken. Sind Einwendungen zu erheben, ist der BVm mit Begr einzuschränken oder zu versagen. Ist der Abschlussprüfer nach Ausschöpfung aller angemessenen Möglichkeiten nicht in der Lage, ein Prüfungsurteil abzugeben, ist auch in diesem Fall der BVm zu versagen. 2

Der beschreibende Teil hat Angaben zu Gegenstand, Art und Umfang der Prüfung und in diesem Rahmen, sofern noch nicht im einleitenden Abschn enthalten, Angaben über die angewandten Rechnungslegungs- und Prüfungsgrundsätze zu enthalten.

Das Prüfungsurteil bezieht sich auf die Übereinstimmung mit den gesetzlichen Vorschriften sowie auf die Vermittlung eines unter Beachtung der GoB oder sonstiger maßgeblicher Rechnungslegungsgrundsätze den tatsächlichen Verhältnissen entspr Bilds der VFE-Lage. Hinsichtlich des Lageberichts ist darauf einzugehen, ob dieser mit dem Jahresabschluss und gegebenenfalls mit dem IFRS-EA oder mit dem KA in Einklang steht, ob dieser insgesamt ein zutreffendes Bild von der Lage des Unt oder des Konzerns vermittelt und ob die Chancen und Risiken der künftigen Entwicklung zutreffend dargestellt sind. Vermittelt ein JA/KA bzw. IFRS-EA unter Beachtung der GoB kein den tatsächlichen Verhältnissen entspr Bild der VFE-Lage, ist der BVm einzuschränken oder zu versagen. Eine Einschränkung des BVm kommt in Betracht, wenn sich der Fehler auf einen abgrenzbaren Teil des JA/KA bzw. IFRS-EA bezieht. Die Einschränkung ist so abzufassen, dass ihre Tragweite erkennbar wird. Lässt sich der Fehler nicht abgrenzen, ist der BVm zu versagen. Die Versagung ist nicht als BVm zu bezeichnen.

Durch diese Konzeption ist zugleich Spielraum gegeben für die Berücksichtigung **internationaler Einflüsse,** wie sie etwa von den durch die **IFAC** verlautbarten Prüfungsgrundsätzen ausgehen (hier insb *ISA 700* The Auditor's Report on Financial Statements). Dem wird auch durch die im Rahmen der Umsetzung der Richtlinie 2003/51/EG ausdrücklich in den § 322 aufgenommene Möglichkeit Rechnung getragen, einen Hinweis auf Umstände aufnehmen zu können, auf die der AP in besonderer Weise aufmerksam macht, ohne den BVm einzuschränken. 3

Das IDW hat die „Grundsätze für die ordnungsmäßige Erteilung von Bestätigungsvermerken bei Abschlussprüfungen" unter Beachtung des internationalen Standards (ISA 700) als *IDW PS 400* verlautbart. Zur Übereinstimmung mit ISA 700 bzw Abweichung auf Grund nationaler Besonderheiten s *IDW PS 400* 4

WPg 1999, 641 Anm 116f. Eine Überarbeitung des PS 400 auf Grund des BilReG ist beabsichtigt.

B. Anwendungsbereich

5 § 322 gilt sachlich für die Pflichtprüfung nach dem Dritten Buch des HGB, also für die Prüfung des JA der prüfungspflichtigen **Kapitalgesellschaft** sowie der dieser gleichgestellten PersGes (KapCoGes) (§ 316 Anm 1) und des prüfungspflichtigen KA (§ 316 Anm 31). Bei dem zu prüfenden KA kann es sich sowohl um einen KA nach handelsrechtlichen Grundsätzen als auch um einen (IFRS-)KA nach den zur Anwendung in der Europäischen Union übernommenen Rechnungslegungsgrundsätzen unter Beachtung der ergänzenden Regelungen des § 315a Abs 1 handeln. Weiterhin ist § 322 auch für die Prüfung eines IFRS-EA, der nach § 325 Abs 2a offengelegt wird, anwendbar (s auch § 324a).

Die Vorschriften zum BVm gelten ua auch für die Abschlüsse von Kreditinstituten (§ 340k) und von VersicherungsUnt (§ 341k). Zur sinngemäßen Anwendung auf Abschlüsse von Unt, die unter das PublG fallen, s Anm 80, zur Anwendung bei eG Vor § 339 Anm 19. Zudem gelten die Vorschriften zum BVm für freiwillige APr, die Pflichtprüfungen nach Art und Umfang entsprechen.

C. Bedeutung des Bestätigungsvermerks

I. Aussagefähigkeit des Bestätigungsvermerks

6 Der AP hat das Ergebnis seiner Prüfung in einem BVm zum JA oder KA zusammenzufassen (Abs 1 S 1). Je nach dem abschließenden Ergebnis der Prüfung ist ein uneingeschränkter BVm, ein eingeschränkter BVm oder ein **Versagungsvermerk** zu erteilen. Ein Versagungsvermerk ist auch dann zu erteilen, wenn der Abschlussprüfer nicht in der Lage ist, ein Prüfungsurteil abzugeben.

In Unterscheidung zum Prüfungsbericht, dessen Adressat der AR, ggf die Geschäftsführung oder die GesV sind (im Einzelnen § 321 Anm 134ff), richtet sich der BVm auch **nach außen,** also an die Öffentlichkeit und damit an einen Personenkreis, dem der Prüfungsbericht idR nicht zugänglich ist. Der BVm ist Gegenstand der **Offenlegung** des JA/KA bzw des IFRS-EA (§ 325 Anm 6).

7 Die **Aussagefähigkeit** des BVm muss an der gesetzlichen Aufgabenstellung der Prüfung des JA bzw IFRS-EA oder KA (Ordnungs- bzw Gesetzmäßigkeit, Einhaltung der Generalklausel unter Beachtung der GoB oder sonstiger maßgeblicher Rechnungslegungsgrundsätze) und der Aussagefähigkeit der Rechnungslegung gemessen werden (hierzu auch *Böcking/Orth* WPg 1998, 356). Bzgl des Lageberichts ist eine *Einklangprüfung* und Beurteilung der zutreffenden Darstellung der VFE-Lage (einschl der Chancen und Risiken der künftigen Entwicklung) – ohne GoB-Vorbehalt – vorgesehen. Auf bestandsgefährdende Risiken ist im BVm ggf gesondert einzugehen. Unabhängig davon besteht die sog Redepflicht des AP im Prüfungsbericht und damit ggü dessen Adressaten (§ 321 Anm 22ff). Über die Prüfung des Überwachungssystems bei börsennotierten AG (§ 317 Abs 4) ist (nur) im Prüfungsbericht gesondert zu berichten. Besonderheiten können sich aus Spezialgesetzen (zB Prüfung der Geschäftsführung, § 53 GenG, § 53 HGrG) oder aus der Redepflicht (§ 321 Abs 1 S 3) ergeben.

Mit dem uneingeschränkten oder eingeschränkten BVm erklärt der AP, dass die **Prüfung** des JA bzw. IFRS-EA oder des KA – jeweils einschl Lagebericht – nach den **berufsüblichen Grundsätzen,** die in den IDW Prüfungsstandards dargestellt sind und die GoA verkörpern, durchgeführt worden ist und die Rechnungslegung uneingeschränkt oder mit Einschränkungen unter Beachtung der GoB oder sonstiger maßgeblicher Rechnungslegungsgrundsätze ein den tatsächlichen Verhältnissen entspr Bild der VFE-Lage bzw der Lage des Unt oder des Konzerns vermittelt („Beurteilung durch den Abschlussprüfer"). Ergänzend kann auf die International Standards on Auditing (ISA) oder andere Prüfungsgrundsätze verwiesen werden, soweit sie mit den vom IDW festgestellten deutschen Grundsätzen ordnungsmäßiger Abschlussprüfung vereinbar sind (*IDW PS 400* WPg 1999, 641 Anm 30). Eine gleichzeitige Bezugnahme auf die US-GAAS bzw die PCAOB-Standards ist demnach im Regelfall nicht möglich. Weiterhin wird die Aussage getroffen, dass der JA oder KA den gesetzlichen Vorschriften entspricht. Weitere Aussagen ergeben sich aus dem beschreibenden Abschn (Art und Umfang), aus der Angabe bestandsgefährdender Risiken sowie aus Hinweisen auf Umstände, auf die der AP aufmerksam macht, ohne den BVm einzuschränken. Der uneingeschränkte, aber auch der eingeschränkte BVm bringt einen zusammenfassenden sog *„Positivbefund"* der Rechnungslegung zum Ausdruck. 8

Die ausdrückliche Bestätigung, dass der JA/KA unter Beachtung der GoB oder sonstiger maßgeblicher Rechnungslegungsgrundsätze ein den tatsächlichen Verhältnissen entspr Bild der **Vermögens-, Finanz- und Ertragslage** vermittelt, bedeutet, dass die wirtschaftliche Lage der KapGes/KapCoGes oder des Konzerns im Rahmen der jeweiligen Rechnungslegungsvorschriften einschl GoB von dem AP in die Betrachtung und in seine Aussage einzubeziehen ist. 9

Auch der uneingeschränkte BVm stellt aber kein von der Rechungslegung losgelöstes **„Gesundheitstestat"** oder „Gütesiegel" dar (so auch *Sarx* in FS Clemm, 339; *Beisse* in FS Clemm, 44; *IDW PS 400* WPg 1999, 641 Anm 8). Eine ungünstige wirtschaftliche Entwicklung des Unt oder des Konzerns – auch eine konkrete Bestandsgefährdung – muss der Bilanzersteller zwar im Rahmen der Vorschriften zur Bewertung sowie im Anhang berücksichtigen und im Lagebericht darstellen. Ist dies zutreffend der Fall, ist insoweit für eine Einschränkung oder Versagung des BVm kein Raum. Auf bestandsgefährdende Risiken ist – in Abstimmung mit den Angaben im Lagebericht – unabhängig davon gesondert einzugehen.

Nach hM erlauben die Rechnungslegungsvorschriften nur in begrenztem Umfang eine **Darstellung der tatsächlichen Lage** der KapGes/KapCoGes oder des Konzerns, was sich bei Anwendung der handelsrechtlichen Vorschriften insb aus dem Vorsichtsprinzip mit Anschaffungskosten-, Realisations- sowie Imparitätsprinzip herleitet; hierzu § 264 Anm 25ff sowie *Forster* Gedanken beim Unterzeichnen eines Bestätigungsvermerks in FS Moxter, 953. Auch einem Abschluss, der nach internationalen Rechnungslegungsgrundsätzen aufgestellt wird und demnach nicht in gleicher Weise den oben genannten Prinzipien der GoB unterworfen ist, sind im Hinblick auf die Darstellung der tatsächlichen Lage der KapGes/KapCoGes oder des Konzerns Grenzen gesetzt. **In diesen Grenzen** muss aber die Lage des Unt iSd Aussage der Generalklausel zutreffend wiedergegeben sein.

Ein Vermerk zur **Versagung** des BVm auf Grund von Einwendungen bezieht sich auf (oft mehrere) sehr gravierende Mängel der Rechnungslegung, nicht hingegen auf die wirtschaftliche Lage des Unt.

Es ist zu beobachten, dass zwischen den Erwartungen der Öffentlichkeit und 10
den an den begrenzten Möglichkeiten der Rechnungslegung ausgerichteten

Aussagen des BVm eine Diskrepanz besteht **(„Erwartungslücke“)**. Da die zur Öffentlichkeit gehörenden Personengruppen (Investoren, Kunden, Lieferanten, Arbeitnehmer, Journalisten, Hochschullehrer) spezifische, teilweise konfliktäre Zielsetzungen verfolgen, sind gruppenbezogene Erwartungslücken zu unterscheiden (so *Ruhnke/Deters* Die Erwartungslücke bei der Abschlussprüfung ZfB 1997, 923 ff, die nach Prüfer-, Normen- und Öffentlichkeitsversagen differenzieren).

II. Rechtliche Wirkung des Bestätigungsvermerks

11 Mit dem BVm oder dem Versagungsvermerk wird nach außen zum Ausdruck gebracht, dass die Prüfungspflicht nach § 316 Abs 1 oder 2 erfüllt worden ist und zu welchem Ergebnis die Prüfung geführt hat bzw ob und warum ein Prüfungsurteil nicht möglich ist. Abschluss der Prüfung, das Vorliegen des Prüfungsberichts und die Erteilung des BVm bzw Versagungsvermerks sind Voraussetzung für die Feststellung des JA prüfungspflichtiger Ges (also nicht kleiner KapGes/KapCoGes und TU iSv § 264 Abs 3 oder § 264 b) (so auch *Sarx* in FS Clemm, 344 f) und für die Billigung des KA und des IFRS-EA; daraus ergeben sich insb für den JA gravierende Rechtsfolgen (Wirksamkeit des Gewinnverwendungsbeschlusses). Eine Einschränkung oder Versagung des BVm hat grds für die Feststellung und den Gewinnverwendungsbeschluss keine unmittelbare rechtliche Wirkung (so *Erle,* 61). Die Einschränkung/Versagung des BVm kann sich allerdings auf AG auswirken, die an der Börse notiert sind (zB Aussetzen der amtlichen Notierung gem § 38 BörsG; ebenso *ADS*[6] § 322 Anm 42).

12 Bei der **Änderung eines JA** ist Voraussetzung für die Beibehaltung eines ehemals uneingeschränkt erteilten BVm, dass die Nachtragsprüfung selbst *für die Änderungen* keine Einwendungen iS einer Einschränkung ergibt. § 316 Abs 3 erfordert nicht, dass bei einem bisher eingeschränkten BVm eine Änderung des JA auch die bisherigen Mängel beseitigt und insgesamt für den JA ein uneingeschränkter BVm erteilt wird. Ohne Mängelbeseitigung bleibt die bisherige Einschränkung erhalten und wirksam.

13 Die Wirksamkeit einer **Kapitalerhöhung aus Gesellschaftsmitteln** setzt für den zugrundegelegten JA oder Zwischenabschluss ua einen uneingeschränkten BVm voraus (§ 209 Abs 1 und 3 AktG, § 57 f Abs 2 GmbHG).

14 Ein eingeschränkter BVm oder ein Versagungsvermerk kann sich vor allem nachteilig bei der **Entlastung der Ges-Organe** (hierzu §§ 120, 93, 116 AktG; §§ 46, 43, 52 GmbHG) auswirken. Auch im Verhältnis zu Gestern, Gläubigern und der weiteren Öffentlichkeit können sich Folgerungen ergeben. Insoweit soll der BVm einen indirekten Zwang zu einer ordnungsmäßigen Rechnungslegung bewirken, und zwar zur Rechnungslegung in ihren sämtlichen Bestandteilen (so *WPH*[12] *I* Q 416).

15 Das geprüfte Unt hat **Anspruch** auf einen BVm oder Versagungsvermerk, wie er inhaltlich dem Prüfungsergebnis entspricht. Soweit beim AP Ausschlussgründe nach § 319 Abs 2–4 oder § 319 a vorliegen, führt dies nicht zur Nichtigkeit des JA (§ 256 Abs 1 Nr 3 AktG), insoweit ist auch eine Anfechtungs- bzw Nichtigkeitsklage gegen den Wahlbeschluss ausgeschlossen (§§ 243 Abs 3 Nr 2, 249 Abs 1 S 1 AktG). Entspr wird auch die Wirksamkeit des erteilten BVm nicht berührt.

Hat der AP nicht die Qualifikation iSv § 319 Abs 1 (gilt auch bei fehlender Teilnahmebescheinigung nach § 57 a WPO), ist der von ihm „geprüfte“ JA nichtig (§ 256 Abs 1 Nr 3 AktG). Ein von einer iSv § 319 Abs 1 unqualifizierten Person erteilter „BVm" kann folglich keine Rechtswirkungen entfalten. Hingegen bleibt ein erteilter BVm wirksam, auch wenn die gerichtliche Bestellung zum AP später aufgehoben wird (OLG Düsseldorf 26. 2. 1996 DB, 1178).

16 Die Erteilung eines inhaltlich unrichtigen BVm – so auch eine Einschränkung ohne hinreichenden Grund – oder eines Versagungsvermerks ist mit der **Strafvorschrift** nach § 332 belegt (dort Anm 25). – Zum Widerruf eines erteilten BVm s Anm 170ff.

D. Vermerk zum Jahresabschluss von Kapitalgesellschaften und Kapital & Co-Gesellschaften

I. Bestandteile des uneingeschränkten Bestätigungsvermerks

17 Der **BVm** ist in Form eines Bestätigungsberichts zu erteilen, dessen (Mindest-)Bestandteile – Beschreibung von Gegenstand, Art und Umfang unter Angabe der angewandten Rechnungslegungs- und Prüfungsgrundsätze, Urteil zum JA, Urteil zum Lagebericht und Hinweis auf Risiken, die den Bestand gefährden – gesetzlich vorgegeben sind. Gesetzlich nicht geregelt ist jedoch, ob die Bestätigung – unter Berücksichtigung der (Mindest-)Bestandteile – frei zu formulieren ist oder ob standardisierte Testate verwendet werden dürfen (s *Ernst* WPg 1998, 1030 sowie *Jacob* WPg 1998, 1049). Die Antwort hierauf ist von nicht unerheblicher Bedeutung, geht doch die Gesetzesbegr zum KonTraG (BR-Drs 872/97, 78) davon aus, dass es dem AP ermöglicht werden solle, „durch eine vorbildliche Formulierung die Erwartungslücke zu schließen". Dieses Argument dürfte tatsächlich ausschlaggebend sein und für eine Standardisierung sprechen. Bei freier Formulierung ist anzunehmen, dass der Adressat eine auf seine individuellen Bedürfnisse zugeschnittene Information erwartet. Dies ist indessen in Anbetracht der Interessenpluralität nicht möglich und würde eher zu einer Vergrößerung der Erwartungslücke führen. *Böcking/Orth* (WPg 1988, 356) sehen auch die Gefahr einer Beeinflussung der prüferischen Unabhängigkeit durch die UntLeitung. Für eine Standardisierung spricht auch der Gesichtspunkt einer erhöhten Verkehrsfähigkeit (*Forster* WPg 1998, 1). Ein standardisierter (uneingeschränkter) BVm hätte immer die gleiche Bedeutung, während (zB im Zeitablauf) abw Formulierungen zu Unklarheiten führen könnten.

In der Praxis hat sich die vom IDW in *PS 400 (*WPg 1999, 641 Anhang 1) dargelegte **Standardformulierung** für den uneingeschränkten BVm durchgesetzt. Sie berücksichtigt zugleich internationale Grundsätze (ISA 700) und gliedert sich wie folgt:
- Überschrift
- Einleitender Abschnitt
- Beschreibender Abschnitt
- Beurteilung durch den Abschlussprüfer
- Ggf Hinweis zur Beurteilung des Prüfungsergebnisses (sonstiger Hinweis)
- Ggf Hinweis auf Bestandsgefährdung.

1. Überschrift

18 Der BVm ist als solcher zu kennzeichnen. Sofern ein uneingeschränkter oder ein eingeschränkter BVm erteilt wird, ist dieser mit der Überschrift „Bestätigungsvermerk" zu versehen, entspr internationaler Übung kann auch „Bestä-

tigungsvermerk des Abschlussprüfers" verwendet werden. Versagungsvermerke sind ebenfalls als solche zu kennzeichnen; die Verwendung des Begriffs „Bestätigungsvermerk" ist nicht zulässig (Abs 4 S 2). Bei freiwilligen Prüfungen ist eine Verwendung des Begriffs „Bestätigungsvermerk" nur möglich, sofern sowohl der Prüfungsgegenstand als auch die Prüfung selber nach Art und Umfang einer Pflichtprüfung entsprechen.

19 Da der BVm nicht nur für den Auftraggeber, sondern auch für die Öffentlichkeit bestimmt ist, kommt eine Adressierung – abw von der internationalen Praxis – nicht in Betracht.

2. Einleitender Abschnitt (Abs 1 S 2)

20 Im einleitenden Abschnitt ist der **Prüfungsgegenstand** zu beschreiben. Dies sind im Regelfall der JA unter Einbeziehung der Buchführung sowie der Lagebericht für das entspr Gj. Bei der Beschreibung des Prüfungsgegenstands sind die Bestandteile des JA und die angewandten Rechnungslegungsgrundsätze anzugeben. Ferner ist die **Verantwortung des Abschlussprüfers** von dem der gesetzlichen Vertreter abzugrenzen (*IDW PS 400* WPg 1999, 641 Anm 25).

3. Beschreibender Abschnitt (Abs 1 S 2)

21 Im beschreibenden Absatz sind entspr Abs 1 S 2 **Art** und **Umfang** der Prüfung zu beschreiben, hierbei ist auf die angewandten Prüfungsgrundsätze Bezug zu nehmen. Bei gesetzlichen APr gemäß §§ 316ff ist neben einer Bezugnahme auf § 317 auch auf die vom IDW festgestellten GoA (*IDW PS 201* WPg 2000, 710 Anm 29) Bezug zu nehmen. Ergänzend kann auf die International Standards on Auditing (ISA) oder andere Prüfungsgrundsätze verwiesen werden (vgl Anm 8). Auf vertiefte Prüfungen (zB wegen fehlender Inventurbeobachtung oder eines nicht geprüften Vj-Abschlusses) ist nur im Prüfungsbericht, nicht hingegen im BVm hinzuweisen (*IDW PS 400* WPg 1999, 641 Anm 33).

22 Zur **Beschreibung des Prüfungsumfangs** ist folgende Formulierung vorgesehen: „Danach ist die Prüfung so zu planen und durchzuführen, dass Unrichtigkeiten und Verstöße, die sich auf die Darstellung des durch den Jahresabschluss unter Beachtung der Grundsätze ordnungsmäßiger Buchführung und durch den Lagebericht vermittelten Bilds der Vermögens-, Finanz- und Ertragslage wesentlich auswirken, mit hinreichender Sicherheit erkannt werden. Bei der Festlegung der Prüfungshandlungen werden die Kenntnisse über die Geschäftstätigkeit und über das wirtschaftliche und rechtliche Umfeld der Gesellschaft sowie die Erwartungen über mögliche Fehler berücksichtigt. Im Rahmen der Prüfung werden die Wirksamkeit des rechnungslegungsbezogenen internen Kontrollsystems sowie Nachweise für die Angaben in Buchführung, Jahresabschluss und Lagebericht überwiegend auf der Basis von Stichproben beurteilt. Die Prüfung umfasst die Beurteilung der angewandten Bilanzierungsgrundsätze und der wesentlichen Einschätzungen der gesetzlichen Vertreter sowie die Würdigung der Gesamtdarstellung des Jahresabschlusses und des Lageberichts." (*IDW PS 400* WPg 1999, 641 Anm 36).

Erweiterungen auf Grund wirtschaftszweigspezifischer und ähnlicher Regelungen, Bestimmungen in Satzung/GesVertrag, besonderen Auftragsbestimmungen dürfen im BVm nur berücksichtigt werden, soweit sie sich auf die Rechnungslegung beziehen. Zusätzliche Beauftragungen (zB Prüfung der Geschäftsführung) sollen nicht im BVm berücksichtigt werden, sondern sind ggf im Prüfungsbericht gesondert darzustellen (strenger *IDW PS 400* WPg 1999, 641

Anm 12). Verweisungen im BVm auf die Arbeiten eines externen Prüfers oder Sachverständigen, die im Rahmen der APr verwendet wurden, werden als nicht sachgerecht erachtet (*IDW PS 400* WPg 1999, 641 Anm 34).

4. Beurteilung durch den Abschlussprüfer

a) Arten von Beurteilungen des Prüfungsergebnisses (Abs 2 S 1)

Nach Abs 2 S 1 muss die Beurteilung des Prüfungsergebnisses – iVm der eindeutigen Kennzeichnung des Vermerks entweder als „Bestätigungsvermerk" oder „Versagungsvermerk", s Anm 18 – zweifelsfrei ergeben, ob ein 23
- uneingeschränkter BVm
- eingeschränkter BVm
- Versagungsvermerk auf Grund von Einwendungen
- Versagungsvermerk auf Grund fehlender Möglichkeit zur Beurteilung

erteilt wurde.

Der Inhalt eines uneingeschränkten BVm einschl einer möglichen Muster-Formulierung wird in Anm 40 dargestellt.

b) Grundsätze zur Formulierung des Urteils (Abs 2 S 2)

Um die Verkehrsfähigkeit des BVm sicherzustellen, ist es erforderlich, das Prüfungsurteil klar und unmissverständlich zum Ausdruck zu bringen. Abs 2 S 2 bestimmt, dass die Beurteilung des Prüfungsergebnisses allgemeinverständlich und problemorientiert unter Berücksichtigung des Umstands zu erfolgen hat, dass die gesetzlichen Vertreter den JA zu verantworten haben. Evtl Einschränkungen der Prüfbarkeit (Prüfungshemmnisse) und Prüfungserschwernisse erfordern zusätzliche Ausführungen. IdS ist anzustreben, im Berufsstand für die im Gesetz genannten „Eckpunkte" Standardformulierungen zu verwenden, wie dies international üblich ist (*Forster* WPg 1998, 53). 24

Aus der Natur der Sachverhalte kann sich **Ergänzungsbedarf** ergeben, der auch in jeweils gesonderten Abs zu berücksichtigen ist. Hierzu rechnen: 25
- die Beachtung von einschlägigen Bestimmungen der Satzung/des Ges-Vertrags ohne Rechnungslegungsbezug (*IDW PS 400* WPg 1999, 641 Anm 70)
- die Prüfung von Offenlegungserleichterungen (*IDW PS 400* WPg 1999, 641 Anm 71: Bestätigung in einer gesonderten Bescheinigung)

Über Erweiterungen des Prüfungsgegenstands ist im BVm nur zu berichten, wenn es sich um zusätzliche Normen für JA/KA bzw Lagebericht handelt oder eine gesetzliche Regelung eine Aussage zu dem erweiterten Prüfungsgegenstand im BVm vorsieht (*IDW PS 400* WPg 1999, 641 Anm 11). Als Beispiele sind zu nennen:
- § 34 Krankenhausgesetz Nordrhein-Westfalen; zur Erteilung des BVm bei Krankenhäusern s *IDW PH* 9400.1 WPg 2000, 383 und
- § 10 Abs 4 EnWG, zur Prüfung von Energieversorgungsunternehmen s *IDW EPS* 610 WPg 2005, 676 ff.

c) Urteil im Falle eines uneingeschränkten Bestätigungsvermerks (Abs 3 S 1)

Sind vom AP keine Einwendungen zu erheben (zum Begriff der Einwendungen s Anm 41 ff), hat er nach Abs 3 S 1 zu erklären, dass 26
- die von ihm nach § 317 durchgeführte Prüfung zu keinen Einwendungen geführt hat und
- der von den gesetzlichen Vertretern aufgestellte Abschluss

- auf Grund der bei der Prüfung gewonnenen Erkenntnisse nach seiner Beurteilung
- den gesetzlichen Vorschriften entspricht und
- unter Beachtung der GoB oder sonstiger maßgeblicher Rechnungslegungsgrundsätze ein den tatsächlichen Verhältnissen entspr Bild der VFE-Lage vermittelt.

Das Prüfungsurteil umfasst den JA „unter Einbeziehung der Buchführung". Die Buchführung ist nach § 317 in die Prüfung des JA einzubeziehen und umfasst auch das Inventar. Auswirkungen schwebender Rechtsstreitigkeiten und Risiken aus schwebenden Geschäften sind – unbeschadet einer evtl Redepflicht nach Abs 2 S 3 – in ihrer Auswirkung auf den Abschluss und bei unzutreffender Berücksichtigung hinsichtlich einer ggf notwendigen Einschränkung zu würdigen.

27 Die Bestätigung bezieht sich beim Anhang zum JA grds auch auf freiwillige Angaben, die über die Mindestangaben hinaus in den Anhang aufgenommen werden. Als Bestandteile des Anhangs sind sie Gegenstand der JAP nach § 317 Abs 1 und mit dem Anhang ggf offenlegungspflichtig. Zu den freiwilligen Angaben im Einzelnen § 284 Anm 80ff. Eine Ausnahme gilt für die Entsprechenserklärung nach § 161 AktG, wenn diese entgegen dem Willen des Gesetzgebers mit vollem Wortlaut in den Anhang oder in den Lagebericht aufgenommen wird; sie ist nicht Gegenstand der APr (vgl *IDW PS 345 WPg 2003, 22).*

28 Mit dem Prüfungsurteil wird die Einhaltung der **Generalklausel** nach § 264 Abs 2 S 1 zum Ausdruck gebracht. Die Einhaltung der Generalklausel gehört zu den gesetzlichen Erfordernissen des JA der KapGes/KapCoGes und ggf anderer prüfungspflichtiger Unt; andernfalls sind nach § 264 Abs 2 S 2 zusätzliche Angaben im Anhang zu machen (zum Grundproblem § 264 Anm 48ff). Mit der Aufnahme in den BVm soll die Bedeutung der Generalklausel unterstrichen werden.

Es ist hM, dass die Bestätigung des den tatsächlichen Verhältnissen entspr Bilds der VFE-Lage sich auf die gesetzlich geforderte, nicht die tatsächliche Lage, bezieht (*Moxter* BB 1997, 730; *Beisse* in FS Clemm, 44). Gesetzliche Vorschriften zur Bilanzierung und Bewertung (AK-, Realisations-, Imparitätsprinzip) beeinträchtigen das durch den JA vermittelte Bild der tatsächlichen Lage. Hier zeigt sich die aus der Natur des JA resultierende Begrenztheit der Aussagekraft. Die Berufsgrundsätze stellen daher – der Gesetzesvorgabe entspr – das Prüfungsurteil zum JA unter den Vorbehalt der GoB (*IDW PS 400* WPg 1999, 641 Anm 46) oder sonstiger maßgeblicher Rechnungslegungsgrundsätze.

29 Muss davon ausgegangen werden, dass die **Fortführung** des Unt **nicht** mehr unterstellt werden kann (zB bei insolvenzrechtlicher Überschuldung oder Zahlungsunfähigkeit), muss die **Bewertung** unter Veräußerungsgesichtspunkten mit Hinweisen im Anhang vorgenommen und die Situation im Lagebericht dargestellt werden (vgl *IDW ERS HFA 17 WPg 2005, 46*). Nur unter diesen Voraussetzungen kann – unbeschadet der Nennung bestandsgefährdender Risiken gem Abs 2 S 3 im BVm (s Anm 38) – in einem solchen Fall ein uneingeschränkter BVm erteilt werden (hierzu auch *IDW PS 270* WPg 2003, 775 Anm 40; *IDW PS 400* WPg 1999, 641 Anm 77; *WPH*[12] *I* Q 598ff). Werden diese Voraussetzungen nicht erfüllt, ist der BVm im Regelfall zu versagen.

30 Besondere Fragen ergeben sich für das Prüfungsurteil bei Branchen, für die nach **Spezialnormen** abw Bewertungsvorschriften gelten, also insb Kreditinstitute, VersicherungsUnt und eG. Die für KapGes/KapCoGes vorgeschlagene Formulierung des BVm ist unverändert zu verwenden, wenn nach den Spezialgesetzen die Vorschriften des § 322 entspr anzuwenden sind. Dies gilt vor allem für § 58 Abs 2 GenG, § 340k und § 341k. Auch *IDW PS 400* (WPg 1999, 641 Anm 47) geht von dieser Auffassung aus. Es wird unterstellt, dass die nach den

Spezialvorschriften zulässigen Bewertungserleichterungen keinen Verstoß gegen die allgemeine Generalnorm des § 264 Abs 2 – hier im Vergleich zu den strengeren Bewertungsvorschriften für KapGes/KapCoGes der Industrie und des Handels – darstellen. Allerdings gilt dies nur, sofern entspr Anhangangaben gemacht werden; so muss zB eine eG Beträge im Anhang angeben, wenn sie in wesentlichem Umfang Abschreibungen nach § 253 Abs 4 vorgenommen hat. Zum BVm bei Unt, die dem PublG unterliegen, s Anm 80ff.

Auf die Übereinstimmung mit dem **Gesellschaftsvertrag** oder der **Satzung** 31
ist immer dann hinzuweisen, wenn diese in zulässiger Weise ergänzende Vorschriften über den JA enthalten. Dieser Hinweis sollte als Ergänzung des Prüfungsurteils in einem gesonderten Absatz gegeben werden (*IDW PS 400* WPg 1999, 641 Anm 40).

Als solche Bestimmungen kommen bspw in Frage:

- Bei **GmbH:** Bestimmungen über eine steuerrechtlich orientierte **Bilanzierung** (im Rahmen des HGB); über die **Gewinnverwendung** und -verteilung, hier also auch Entnahmen aus Kapitalrücklagen, Einstellungen in und Entnahmen aus anderen Gewinnrücklagen, Rücklagenbildung trotz Bestehens eines Ergebnisabführungsvertrags.
- Bei **AG/KGaA:** Bestimmungen über die **Verwendung des Jahresüberschusses** (§ 58 Abs 1 und 2 AktG), zB Einstellung in die Gewinnrücklagen, Entnahmen aus Gewinnrücklagen (ohne gesetzliche Rücklage mit Kapitalrücklage), Rücklagenbildung trotz Bestehens eines Ergebnisabführungsvertrags.

Hält der AP solche Bestimmungen in dem GesVertrag bzw der Satzung für **nicht rechtswirksam,** entfällt der Hinweis auf die Übereinstimmung (so auch *Breycha/Schäfer* in HdR[5] § 322 Anm 27). Zur Auswirkung einer angenommenen Nichtigkeit im Rahmen der Rechnungslegung s auch Anm 45f.

d) Urteil zum Lagebericht (Abs 6)

Nach Abs 6 S 1 ist im BVm darauf einzugehen, ob der **Lagebericht** mit dem 32
JA in Einklang steht, ob der Lagebericht insgesamt ein **zutreffendes Bild** von der Lage des Unt vermittelt und ob die Chancen und Risiken der künftigen Entwicklung zutreffend dargestellt sind. Diese Aussage knüpft an den in § 317 Abs 2 festgelegten Umfang der Prüfung an.

Aufgrund der nach § 289 Abs 1 geforderten Angaben zur voraussichtlichen Entwicklung der Ges und der Verpflichtung, die Chancen und Risiken der künftigen Entwicklung zu beurteilen und zu erläutern, ist die Prüfung und die Prüfungsaussage weniger vergangenheits- als eher gegenwarts- und zukunftsbezogen (*Dörner* WPg 1998, 302ff). Maßstäbe für die Prüfung des Lageberichts bietet *IDW PS 350* WPg 1998, 663ff.

Für die Prüfung der zukunftsbezogenen Angaben und Prognosen steht dem AP generell kein eigenes Sollobjekt zur Verfügung; an die Stelle treten die Kriterien Vollständigkeit, Plausibilität, Glaubwürdigkeit (*Kirsch* in FS Baetge, 971). Zur Prüfung von geschätzten Werten in der Rechnungslegung s *IDW PS 314* WPg 2001, 906ff. Anhaltspunkte können sich auch aus nach anderen Vorschriften (BörsG, WpHG) zu erstellenden Zwischen- und ad hoc-Berichten ergeben.

Da im BVm insb auch darauf einzugehen ist, ob die **Chancen und Risiken** 33
der künftigen Entwicklung im Lagebericht zutreffend dargestellt sind, ist diesen Aspekten besondere Aufmerksamkeit zuzuwenden. Es besteht weitgehende Übereinstimmung darüber, dass unter den vom Gesetzgeber in § 289 Abs 1 S 4 angesprochenen Risiken der künftigen Entwicklung – über die bilanzie-

rungspflichtigen und von § 289 Abs 2 Nr 2 erfassten Risiken hinaus – diejenigen Risiken zu verstehen sind, die den Fortbestand des Unt gefährden (iSv Abs 2 S 3) oder die wesentlichen Einfluss auf die VFE-Lage haben können (so *auch IDW RS HFA 1* WPg 1998, 653 Anm 29).

Hinsichtlich der Prüfung der diesbezüglichen Angaben wird auf § 317 Anm 65 ff sowie auf *IDW PS 350* WPg 1998, 663 ff Bezug genommen.

34 Hinsichtlich der **Abgrenzung der berichtspflichtigen Tatbestände** ist davon auszugehen, dass **zusätzliche Angaben,** wie zB Sozial- oder Umweltberichte, zulässig sind (dazu § 289 Anm 106), ebenso sind auch freiwillige Angaben im Anhang denkbar, wenn dessen Übersichtlichkeit nicht beeinträchtigt wird (§ 284 Anm 20).

In der Praxis kann ferner das Bedürfnis bestehen, weitere **freiwillige Informationen** zu geben, die weder dem JA – hier besonders dem Anhang – noch dem Lagebericht zuzuordnen sind. Diese sollten dann in den „Geschäftsbericht" mit aufgenommen werden, wobei jedoch sichergestellt sein muss, dass diese freiwillig und nicht prüfungspflichtigen Berichterstattungen für den Leser stets äußerlich erkennbar losgelöst vom JA und Lagebericht drucktechnisch dargestellt werden. Der AP muss diese zusätzlichen Informationen zumindest kritisch lesen; Regelungen dazu enthält *IDW PS 202* WPg 2001, 121 ff.

35 Fehlt ein erforderlicher Lagebericht oder ist er in wesentlichen Teilen unvollständig, hat dies zumindest eine Einschränkung des BVm zur Folge (*IDW PS 350* WPg 1998, 663 Anm 26 sowie *IDW PS 400* WPg 1999, 641 Anm 63 f).

Wurde ein Lagebericht zulässigerweise nicht erstellt, entfällt die entspr Formulierung im BVm (*IDW PS 400* WPg 1999, 641 Anm 43).

5. Hinweis zur Beurteilung des Prüfungsergebnisses (Abs 3 S 2)

36 Der AP hat nach Abs 3 S 2 die Möglichkeit, im BVm auf Umstände hinzuweisen, auf die er in besonderer Weise aufmerksam machen will. Dieses erfolgt durch die Aufnahme eines Hinweises zur Beurteilung des Prüfungsergebnisses, der auch im Sprachgeprauch als „Sonstiger ergänzender Hinweis" bezeichnet wird.

37 Neben dem nach Abs 2 S 3 verpflichtenden Hinweis im Falle von bestandsgefährdenden Risiken (vgl hierzu Anm 38 f) können ergänzende Hinweise bspw aufgenommen werden, sofern wesentliche Unsicherheiten über Sachverhalte bestehen, deren Klärung von künftigen Ereignissen abhängig ist und die Auswirkungen auf Abschluss oder Lagebericht haben könnten. Weiterhin sind Situationen denkbar, in denen der AP im BVm auf Sachverhalte hinweist, die keine Auswirkungen auf Abschluss oder Lagebericht haben. Dabei kann es sich bspw um Informationen handeln, die zusammen mit dem JA oder KA veröffentlicht werden, jedoch im Widerspruch zu diesen stehen.

Ein ergänzender Hinweis hat keine Auswirkungen auf das Urteil des AP. Um dies zu verdeutlichen, wird im Regelfall der Abschnitt durch die Formulierung „Ohne diese Beurteilung einzuschränken …" eingeleitet werden. Bei einem ergänzenden Hinweis handelt es sich nicht um Beanstandungen des JA, des Lageberichts oder der Buchführung. Er darf daher nicht iS einer abgeschwächten Einschränkung verwendet werden.

Ein ergänzender Hinweis sollte auf Ausführungen im Anhang oder im Lagebericht Bezug nehmen, die den Sachverhalt genauer darstellen. Er darf keine Darstellungen oder Erl zum Gegenstand haben, die in der Verantwortung der UntLeitung liegen. Weiterhin dürfen keine Aussagen an Stelle der UntLeitung getroffen werden.

6. Hinweis auf Bestandsgefährdungen (Abs 2 S 3 und 4)

38 In § 321 Abs 1 S 3 ist die vom AP im Prüfungsbericht wahrzunehmende sog Redepflicht verankert. Aus dem Kreis der dafür maßgeblichen Tatbestände ist durch Abs 2 S 3 für die bestandsgefährdenden Risiken gefordert, dass die Redepflicht insoweit auch im BVm und damit, soweit eine Veröffentlichung erfolgt, auch für die Öffentlichkeit auszuüben ist. Zur Abgrenzung der bestandsgefährdenden Risiken sowie Umfang und Grenzen der Feststellungspflichten durch den AP wird auf die Kommentierung zu § 321 (Anm 22ff) verwiesen. Zu Form und Inhalt der Berichterstattung im Prüfungsbericht s § 321 Anm 42ff.

Der Hinweis auf Bestandsgefährdungen ist darüber hinaus iZm den Berichtspflichten der gesetzlichen Vertreter im Lagebericht zu sehen. Die im BVm anzugebenden bestandsgefährdenden Risiken sind ausführlich in dem Lagebericht darzustellen. Deshalb wird sich der AP bei dem Hinweis im BVm auf eine kurze Charakterisierung der betr Risiken beschränken und im Übrigen auf die Ausführungen im Lagebericht Bezug nehmen. Eine entspr Formulierung in einem gesonderten Abs des BVm könnte wie folgt lauten:

„Pflichtgemäß weisen wir darauf hin, dass der Bestand der Gesellschaft durch Risiken bedroht ist, die in Abschnitt ... des Lageberichts dargestellt sind. Dort ist aufgeführt, dass die Liquiditätslage der Gesellschaft angespannt ist und die Gesellschafter zur Aufrechterhaltung der Zahlungsfähigkeit der Gesellschaft eine befristete Liquiditätsausstattungsgarantie abgegeben haben. Der Fortbestand ist von der unveränderten finanziellen Unterstützung durch die Gesellschafter abhängig."

39 Neben dem gesetzlich verpflichtenden Hinweis im Falle von bestandsgefährdenden Risiken hat der AP die Möglichkeit, im BVm auf Umstände hinzuweisen, auf die er in besonderer Weise aufmerksam machen will, ohne den BVm einzuschränken (vgl hierzu Anm 36f). Aus diesem Grunde ist uE auch die häufig anstelle von „Pflichtgemäß weisen wir darauf hin ..." verwendete Formulierung „Ohne diese Beurteilung einzuschränken ..." nicht sachgerecht, da für die Öffentlichkeit nicht deutlich genug der Unterschied zwischen einem (gesetzlich geforderten) Hinweis auf Bestandsgefährdung und einem (freiwilligen, sonstigen) Hinweis zur Beurteilung des Prüfungsergebnisses iSd Abs 3 S 2 verdeutlicht wird.

Wird die Risikosituation im Lagebericht nicht oder unzutreffend angesprochen, hat der AP den BVm mit Risikoangabe einzuschränken (*IDW PS 400* WPg 1999, 641 Anm 78; *IDW PS 270* WPg 2003, 775 Anm 37 und 39).

7. Formulierungs-Muster

40 Ein uneingeschränkter BVm bei gesetzlichen JAP (ohne Hinweis auf Bestandsgefährdung und ohne sonstige Hinweise) kann in Anlehnung an *IDW PS 400* WPg 1999, 641 Anhang 1 unter Berücksichtigung der durch BilReG neu geforderten Prüfungsaussage zu der Darstellung der Chancen der künftigen Entwicklung im Lagebericht wie folgt formuliert werden:

„Bestätigungsvermerk des Abschlussprüfers

Ich habe/Wir haben den Jahresabschluss – bestehend aus Bilanz, Gewinn- und Verlustrechnung sowie Anhang – unter Einbeziehung der Buchführung und den Lagebericht der ... Gesellschaft für das Geschäftsjahr vom ... bis ... geprüft. Die Buchführung und die Aufstellung von Jahresabschluss und Lagebericht nach den deutschen handelsrechtlichen Vorschriften (und den ergänzenden Bestimmungen des Gesellschaftsvertrags/der Satzung) liegen in der Verantwortung der gesetzlichen Vertreter der Gesellschaft. Meine/Unsere Aufgabe ist es, auf der Grundlage der von mir/uns durchgeführten Prüfung eine Beurteilung über den Jahresabschluss unter Einbeziehung der Buchführung und über den Lagebericht abzugeben.

Ich habe meine/Wir haben unsere Jahresabschlussprüfung nach § 317 HGB unter Beachtung der vom Institut der Wirtschaftsprüfer (IDW) festgestellten deutschen Grundsätze ordnungsmäßiger Abschlussprüfung vorgenommen. Danach ist die Prüfung so zu planen und durchzuführen, dass Unrichtigkeiten und Verstöße, die sich auf die Darstellung des durch den Jahresabschluss unter Beachtung der Grundsätze ordnungsmäßiger Buchführung und durch den Lagebericht vermittelten Bilds der Vermögens-, Finanz- und Ertragslage wesentlich auswirken, mit hinreichender Sicherheit erkannt werden. Bei der Festlegung der Prüfungshandlungen werden die Kenntnisse über die Geschäftstätigkeit und über das wirtschaftliche und rechtliche Umfeld der Gesellschaft sowie die Erwartungen über mögliche Fehler berücksichtigt. Im Rahmen der Prüfung werden die Wirksamkeit des rechnungslegungsbezogenen internen Kontrollsystems sowie Nachweise für die Angaben in Buchführung, Jahresabschluss und Lagebericht überwiegend auf der Basis von Stichproben beurteilt. Die Prüfung umfasst die Beurteilung der angewandten Bilanzierungsgrundsätze und der wesentlichen Einschätzungen der gesetzlichen Vertreter sowie die Würdigung der Gesamtdarstellung des Jahresabschlusses und des Lageberichts. Ich bin/Wir sind der Auffassung, dass meine/unsere Prüfung eine hinreichend sichere Grundlage für meine/unsere Beurteilung bildet.

Meine/Unsere Prüfung hat zu keinen Einwendungen geführt.

Nach meiner/unserer Beurteilung auf Grund der bei Prüfung gewonnenen Erkenntnisse entsprechen die Buchführung und der Jahresabschluss den gesetzlichen Vorschriften (und den ergänzenden Bestimmungen des Gesellschaftsvertrags/der Satzung) und vermittelt der Jahresabschluss unter Beachtung der Grundsätze ordnungsmäßiger Buchführung ein den tatsächlichen Verhältnissen entsprechendes Bild der Vermögens-, Finanz- und Ertragslage der Gesellschaft. Der Lagerabschluss steht im Einklang mit dem Jahresabschluss. Er vermittelt insgesamt ein zutreffendes Bild von der Lage der Gesellschaft und stellt die Chancen und Risiken der zukünftigen Entwicklung zutreffend dar.

(Ort)
(Datum)
(Unterschrift)
Wirtschaftsprüfer"

II. Einschränkung und Versagung (Abs 4)

1. Zum Begriff der Einwendungen (Abs 4 S 1)

41 Der AP hat den BVm einzuschränken oder zu versagen, soweit **Einwendungen** zu erheben sind (Abs 4 S 1). Der Begriff der Einwendungen ist im HGB nicht definiert. Es werden darunter Beanstandungen verstanden, die sich im Rahmen der Prüfungsdurchführung gegen Bestandteile der Buchführung, des JA und des Lageberichts ergeben und bis zur Beendigung der Prüfung vom Abschlussersteller *nicht* behoben werden. Es ist an der hM festzuhalten, dass nur *wesentliche,* nicht jedoch geringfügige Beanstandungen zu Einwendungen führen können (so auch *IDW PS 400* WPg 1999, 641 Anm 50ff).

42 Die Abgrenzung zwischen unwesentlichen und **wesentlichen Beanstandungen** ist vom AP im Einzelfall nach Kriterien vorzunehmen, für die nur allgemeine Rahmengrundsätze gelten (so ua *IDW PS 400* WPg 1999, 641 Anm 51; s auch *IDW PS 250* Wesentlichkeit im Rahmen der Jahresabschlussprüfung WPg 2003, 944). Für die Wertung von Mängeln sind in *quantitativer* Hinsicht zur Gewichtung der relativen Bedeutung Bezugsgrößen wie Betrag der betroffenen JA-Posten, Jahresergebnis, EK oder Bilanzsumme heranzuziehen und die **Auswirkung auf die Vermögens-, Finanz- und Ertragslage** zu beurteilen; es ist also eine **Gesamtbeurteilung** vorzunehmen (ebenso *IDW PS 400* WPg 1999, 641 Anm 51). Eine *qualitative* Komponente bilden Verstöße gegen **bestimmte Einzelvorschriften,** die auch aus anderen Gründen besondere Bedeutung haben können. Hierzu gehören zB alle Verstöße gegen Vor-

schriften über eigene Aktien sowie die Unterlassung von Angaben im Anhang – wie zB die Angaben zur Geschäftsführerbezüge – und erhebliche Verstöße gegen die Vorschriften zur Mindestdarstellung im Lagebericht (*IDW PS 400* WPg 1999, 641 Anm 54 sowie *IDW PS 350* WPg 1998, 663 Anm 26).

Verstöße gegen das **Steuerrecht** oder sonstige Rechtspflichten führen nur dann zu Einwendungen gegen die Rechnungslegung, wenn zB iZm dem Verstoß notwendige Rückstellungen nicht gebildet werden oder eine aus dem Gesetzesverstoß resultierende Berichterstattung im Lagebericht unterbleibt. Unabhängig davon ist bei solchen Verstößen vom AP die Frage der Redepflicht nach § 321 Abs 1 S 3 zu beurteilen. Werden beanstandete Mängel bis zur Beendigung der Prüfung beseitigt, entfällt die Einwendung (*IDW PS 400* WPg 1999, 641 Anm 52). 43

Die Gewichtung eines Mangels als unwesentlich oder wesentlich hat der AP nach **pflichtgemäßem Ermessen** vorzunehmen (so auch *WPH*[12] *I* Q 524). Dasselbe gilt für die Gewichtung der Einwendungen im Hinblick auf **Einschränkung** oder **Versagung** des BVm. Als allgemeiner Maßstab zur Abgrenzung zwischen Einschränkung und Versagung gilt, dass bei *mehreren* gravierenden Einwendungen dann die Möglichkeit der Einschränkung entfällt, wenn für *wesentliche Teile* der Rechnungslegung kein Positivbefund mehr abgegeben werden kann (gl A zB *WPH*[12] *I* Q 539; *ADS*[6] § 322 Anm 227 ff). 44

Betreffen die Einwendungen einen Sachverhalt, der zur **Nichtigkeit des JA** nach § 256 AktG führen könnte – analoge Anwendung bei der GmbH, so auch *Gessler* in FS Goerdeler, 127 –, ist abzuwägen, ob eine Einschränkung ausreicht oder eine Versagung des BVm notwendig ist. Es besteht jedoch keine unmittelbare Verknüpfung zwischen möglicher Nichtigkeit und Einschränkung/Versagung des BVm (*WPH*[12] *I* Q 572 f). 45

In den Fällen, in denen die Nichtigkeit des JA *eindeutig* außer Frage steht, ist bei der Begr der Einschränkung oder Versagung ein Hinweis auf die Nichtigkeitsfolge angebracht (so auch *WPH*[12] *I* Q 574; *Kropff* Rechtsfragen in der Abschlussprüfung in FS Havermann, 341). 46

2. Begründung von Einschränkung und Versagung und Darstellung der Tragweite der Einschränkungen (Abs 4 S 2, 3 und 4)

Die nach Abs 4 S 3 und 4 erforderlichen Angaben (Begr, Tragweite von Einschränkungen) sind prägnant, eindeutig und verständlich zu fassen. Hinweise auf den Prüfungsbericht sind nicht zulässig, da dieser nicht allen Adressaten des BVm zugänglich ist. 49

a) Zur Begründung und Darstellung der Tragweite von Einschränkungen

Ein eingeschränkter BVm darf nach Abs 4 S 3 nur dann erteilt werden, wenn trotz der Einschränkung der geprüfte Abschluss iW ein den tatsächlichen Verhältnissen entspr Bild der VFE-Lage vermittelt. Das bedeutet, dass eine Einschränkung geboten ist, wenn ein Positivbefund lediglich zu abgrenzbaren Teilen der Rechnungslegung nicht (mehr) möglich ist, gleichwohl aber wesentliche Teile der Rechnungslegung (noch) positiv beurteilt werden können (so auch *WPH*[12] *I* Q 508). Die teilweise Aufhebung des Positivbefunds muss daher im Prüfungsurteil so zum Ausdruck gebracht (mit dem Positivbefund so verbunden) werden, dass dieser nicht für sich allein steht. 50

Begr und Darstellung der Tragweite sind unter Verwendung des Wortes „Einschränkung" mit dem Prüfungsurteil und zwar zunächst mit der Aus- 51 sage bzgl der Einwendungen zu verknüpfen. Die Bezeichnung „Einschränkung" ist dann, wenn und soweit Einwendungen gegen die Aussagefähigkeit von JA und/oder Lagebericht bestehen, in den diesbezüglichen Folgesätzen zu wiederholen.

Die Begr von Einschränkungen ist so zu formulieren, dass ihre **Tragweite** erkennbar wird (Abs 4 S 4). Dieser Forderung wird zB entsprochen, soweit im Einzelfall sachgerecht, wenn bzgl des betroffenen Prüfungsgegenstands (zB fehlende Rückstellung oder unterlassene Anhangangabe) durch Zahlenangaben oder durch Verwendung von Bezugsgrößen die Größenordnung und relative Bedeutung erkennbar gemacht werden kann (so auch *IDW PS 400* WPg 1999, 641 Anm 58). Dies dient insb dem Ziel, die Einwendungen den Adressaten verständlicher zu machen. Die Begr und Darstellung der Tragweite hat aber nicht die Aufgabe, die Mängel der Rechnungslegung zu kompensieren.

52 **Nicht ausreichend** für die Begr der Einschränkung(en) ist die ausschließliche **Angabe der verletzten Gesetzesbestimmung** (glA *Grewe* in BoHdR § 322 Anm 61; *WPH*[12] *I* Q 527). Ebenso ist es nicht zulässig, hinsichtlich der Begr auf den **Prüfungsbericht zu verweisen** oder eine Einschränkung durch **Weglassen von Teilen** des BVm zum Ausdruck zu bringen (so auch *WPH*[12] *I* Q 531).

b) Begründung des Versagungsvermerks

53 **Versagung** bedeutet, dass auf Grund der Einwendungen nach dem Prüfungsergebnis ein Positivbefund nicht mehr, auch nicht in Form eines eingeschränkten BVm, abgegeben werden kann (so auch *IDW PS 400* WPg 1999, 641 Anm 65f). Nach Abs 4 S 2 ist über die Versagung ein Vermerk zum JA, der nicht als BVm bezeichnet werden darf, zu erteilen. Dieser ist nach Abs 4 S 3 zu *begründen.* Sofern die Versagung auf verschiedene einzelne Einwendungen zurückzuführen ist, wird die **Begründung im Versagungsvermerk** zumindest die wichtigsten Gründe enthalten müssen (so auch *WPH*[12] *I* Q 546; für ein Formulierungsbeispiel s Anm 68).

54 Die ausdrückliche **Verpflichtung zur Erteilung** eines Versagungsvermerks bei zu verneinendem Positivbefund dient der Klarstellung und Abgrenzung zum (ggf mehrfach) eingeschränkten Testat.

c) Abgrenzung zwischen Einschränkung und Versagung

55 Ausschlaggebend für die Entscheidung zwischen Einschränkung und Versagung, die dem pflichtgemäßen Ermessen des AP unterliegt, ist das Gewicht der Einwendungen, gemessen an dem Umstand, ob ein **Positivbefund** zur Rechnungslegung insgesamt noch möglich ist oder nicht, dh ob der Abschluss iW noch ein den tatsächlichen Verhältnissen entspr Bild der VFE-Lage vermittelt. Dafür maßgeblich ist, ob sich die Einwendungen auf klar abgrenzbare Teile der Rechnungslegung oder Tatbestände beziehen. In Zweifelsfällen kann eine Einschränkung vorzuziehen sein, da der Informationsgehalt durch die vom Gesetz hierfür geforderte Angabe der Tragweite größer ist (*Elkart/Naumann* WPg 1995, 402f).

56 Das mitunter in die Betrachtung einbezogene Kriterium der **Nichtigkeit** (*Sarx* in FS Clemm, 341; *Kropff* in FS Havermann, 341) ist indessen weniger gut geeignet: Die Schlussfolgerungen aus den Einwendungen, der Einschränkung oder Versagung haben die Adressaten der Rechnungslegung (ggf die Gerichte) und nicht der AP zu ziehen (*Erle,* 172; *Elkart/Naumann* WPg 1995, 403).

3. Eingeschränkter Bestätigungsvermerk (Wortlaut und typische Einwendungen)

Einschränkungen sind nach Abs 4 S 3 zu **begründen** und nach Abs 4 S 4 so darzustellen, dass ihre Tragweite erkennbar wird. Das Wort „Einschränkung" ist ausdrücklich in den BVm aufzunehmen (glA *IDW PS 400* WPg 1999, 641 Anm 58f). Die Einschränkung stellt eine **Erweiterung** des Prüfungsurteils gem Abs 4 dar. Sie ist in S 1 des Prüfungsurteils aufzunehmen. Dieser lautet dann: 57

„Meine/Unsere Prüfung hat mit Ausnahme der folgenden Einschränkung zu keinen Einwendungen geführt: … "

Wird von der Einschränkung auch die positive Aussage bzgl eines den tatsächlichen Verhältnissen iW entspr Bilds der VFE-Lage betroffen, ist das Wort Einschränkung zu wiederholen (im Einzelnen *IDW PS 400* WPg 1999, 641 Anm 62). Dasselbe gilt für die Aussage bzgl des Lageberichts, falls sich die Einschränkung auch auf diesen auswirkt. Die Einwendungen können sich auch **nur auf den Lagebericht** beziehen, zB bei unzureichender Berichterstattung über Chancen und Risiken der künftigen Entwicklung (§ 289 Abs 1 S 4), wichtige Ereignisse im Folgejahr (§ 289 Abs 2 Nr 1) oder unterbliebener bzw unzulänglicher Berichterstattung über Finanzinstrumente (289 Abs 2 Nr 2); ebenso bei fehlender Wiedergabe der Schlusserklärung des Vorstands einer abhängigen AG aus dem sog AbhBer (§ 312 Abs 3 AktG). In diesem Fall ist die Einschränkung nur in das Prüfungsurteil zum Lagebericht aufzunehmen (so auch *Grewe* in BoHdR § 322 Anm 64).

Fraglich ist, ob Verstöße gegen den Katalog der **Bußgeldvorschriften** nach § 334 Abs 1 (dort im Einzelnen Anm 11ff) zugleich jeweils eine Einschränkung des BVm erfordern. In den Bußgeldbestimmungen, die Vorsatz voraussetzen, sind fast sämtliche Ansatz- und Bewertungsvorschriften sowie die Pflichtangaben im Anhang und im Lagebericht (§ 289 Abs 1) aufgeführt. 58

Für die Einschränkung spricht zunächst, dass § 334 dem Schutz der Offenlegung sachgerechter JA und Lageberichte dient und auch der Zweck der JAP sich aus dem Schutz der Publizität ableitet. Zu dieser Frage s auch § 334 Anm 1.

Bei der Verletzung von Bußgeldvorschriften ist jedoch ein solcher „Schematismus" abzulehnen (s *Sarx* in FS Clemm, 341f). Ob eine Zuwiderhandlung eine notwendige Einschränkung des BVm zur Folge hat, muss vom AP im Einzelfall beurteilt werden. Dies gilt insb auch bei unterlassenen oder unvollständigen Angaben im Anhang, die die Generalklausel des § 264 Abs 2 nicht oder nur unwesentlich berühren, so zB wenn die Zahl der Beschäftigten nicht nach Gruppen getrennt aufgeführt wird (§ 285 S 1 Nr 7). 59

Die nach Abs 3 S 1 zu bestätigende Einhaltung der **Generalklausel** nach § 264 Abs 2 ergibt für Grenzfälle die Zweifelsfrage, ob Einwendungen zu erheben sind, obwohl gegen die Einzelvorschriften und die GoB nicht verstoßen wurde. Wird zB im JA durch bilanzpolitisch gezielte Ausnutzung von Wahlrechten oder Sachverhaltsgestaltungen vor dem Bilanzstichtag die tatsächliche Ertragslage der KapGes/KapCoGes so wesentlich beeinflusst, dass ein den tatsächlichen Verhältnissen entspr Bild „verdeckt" wird, sind seitens des Unt Angaben nach § 264 Abs 2 S 2 zwingend geboten (so auch *Dörner/Menold/Pfitzer,* 667). Andernfalls ergeben sich Einwendungen, die eine Einschränkung bewirken (kritisch hierzu *Hoffmann* DB 1995, 1821). 60

Wesentliche Verstöße oder Mängel in den nachfolgenden **Teilbereichen** können zur Einschränkung führen: 61

- **Buchführung** (§§ 238, 239): zB Fehlen erforderlicher **Handelsbücher** (*WPH*[12] *I* Q 511), Mängel der Ordnungsmäßigkeit, unzureichende Abstim-

mung bei mehreren EDV-Kreisen, Differenzen zwischen Haupt- und Nebenbüchern, Verstöße gegen die Inventarvorschriften (§§ 240f), zB mangelhafte Bestandsnachweise. Diese Mängel sind für den BVm relevant, soweit sie am Ende der Prüfung noch bestehen (*IDW PS 400* WPg 1999, 641 Anm 52).
- **Gliederungsvorschriften:** zB kein gesonderter Ausweis der Kapitalrücklage (§ 272 Abs 2, auch Verstoß nach § 334 Abs 1 Nr 1 Buchstabe c).
- **Ansatzvorschriften:** zB keine oder nicht ausreichende Bildung von notwendigen Rückstellungen für drohende Verluste aus schwebenden Geschäften, bedeutet Überbewertung (Verstoß nach § 334 Abs 1 Nr 1 Buchstabe a), ggf auch nach § 256 Abs 5 Nr 1 AktG).
- **Bewertungsvorschriften:** zB Überbewertung durch Nicht-Beachtung des Niederstwertprinzips nach § 253 Abs 3 (Verstoß nach § 334 Abs 1 Nr 1 Buchstabe b) und ggf nach § 256 Abs 5 Nr 1 AktG); wesentliche Unterbewertungen.
- **Nicht** (abschließend beurteilbare) **berücksichtigte Risiken** führen in der Praxis mitunter zu Einschränkungen, was bei Angabe des Risikopotentials (maximalen Risikos) wohl sachgerecht sein dürfte.
- **Gesetzliche** und **satzungsmäßige** Regelung zur Bildung und Auflösung von offenen **Rücklagen:** zB § 150 AktG, Unterlassung oder zu niedrige Dotierung oder unberechtigte Auflösung (Verstoß nach § 256 Abs 1 Nr 4 AktG).
- **Berichterstattung im Anhang:** zB unvollständige, unzutreffende oder unterlassene Angaben nach § 284 (Verstoß nach § 334 Abs 1 Nr 1 Buchstabe d) und § 285.
- Falsche bzw fehlende Angaben des MU zum Konzernverhältnis bei **fehlendem Konzernabschluss.**
- **Lagebericht** (§ 289): zB unvollständige, unrichtige oder irreführende Berichterstattung, soweit dadurch die Lage und/oder die voraussichtliche Entwicklung mit ihren wesentlichen Chancen und Risiken nicht zutreffend dargestellt sind (s auch *IDW PS 270* WPg 2003, 775 Anm 37; *WPH*[12] *I* Q 511).
- **Generalnorm** nach § 264 Abs 2 S 1: dazu Anm 60.
- Gesrechtliche **Gläubigerschutzvorschriften,** wie zB Verbot der Rückgewähr von Einlagen oder Verzinsung von Einlagen (§ 57 AktG, § 30 GmbHG), Verstoß nach § 256 Abs 1 Nr 1 AktG.
- bei AG/KGaA: ein **Abhängigkeitsbericht** nach § 312 AktG wird nicht erstellt oder die Schlusserklärung aus dem AbhBer nicht in den Lagebericht aufgenommen (§ 312 Abs 3 S 3 AktG).
- **Prüfungshemmnisse** auf Grund unzureichender Erfüllung der Vorlage- und Auskunftspflichten der Geschäftsführung (§ 320), mangelnder Aufklärbarkeit von Unregelmäßigkeiten (*IDW PS 210* WPg 2003, 655 Anm 62), zur Einholung von Saldenbestätigungen (s hierzu *IDW PS 302* Bestätigungen Dritter WPg 2003, 872 Anm 34 ff), verweigerte direkte Kontaktaufnahme mit dem Anwalt des betr Unt, soweit diese Hemmnisse nicht durch alternative Prüfungshandlungen behoben werden können (*IDW PS 400* WPg 1999, 641 Anm 56) und die Sachverhalte für die Urteilsbildung des AP wesentlich sind (*WPH*[12] *I* Q 512). Gelangt der AP nicht mit hinreichender Sicherheit zu einer (ggf eingeschränkt) iW positiven Gesamtaussage, ist der BVm zu versagen (*IDW PS 400* WPg 1999, 641 Anm 66) Zur Interpretation von „im Wesentlichen" s Anm 42.

62 Bei Prüfungshemmnissen und nicht abschließend beurteilbaren Risiken sind vom AP die **Auswirkungen auf die Rechnungslegung** zu würdigen, zB ob bei schwer übersehbaren Rechtsstreitigkeiten eine angemessene Rückstellungsbildung vorgenommen wurde oder Rückstellungen für drohende Verluste aus schwebenden Geschäften entspr den übersehbaren Sachverhalten in ausreichendem Umfang gebildet wurden. Auch in Fällen, in denen die Wertansätze von Beteiligungen an in- oder ausländischen Unt nicht ausreichend oder gar nicht geprüft werden konnten, stellt sich die Frage der Auswirkung auf den BVm (hierzu kritisch *Hoffmann* Das abschließende Beurteilungsvermögen des Abschlussprüfers und der Bestätigungsvermerk BB 1994, 1743). Hinweise im Anhang oder im Lagebericht allein sind hierfür nicht ausreichend. Auch hier ist eine Einschränkung des BVm in Betracht zu ziehen.

Befindet sich das Unt in einer **bestandsgefährdenden Lage,** ist – unbeschadet 63
der Berichterstattungspflicht im Prüfungsbericht nach § 321 Abs 1 S 2 und der nach Abs 2 S 3 erforderlichen Angabe im Testat – in gewisser Bandbreite im Lagebericht zu berichten (zusätzlich zu den notwendigen Bewertungskonsequenzen). Wird für die Bewertung (weiterhin) von der Fortführung der UntTätigkeit ausgegangen, sind die für diese Annahme maßgeblichen Sanierungsmaßnahmen und -aussichten anzugeben. Unterbleibt eine klare Berichterstattung hierüber im Lagebericht, ist eine Einschränkung des BVm zum Lagebericht oder eine Versagung erforderlich (s *IDW PS 270* WPg 2003, 775 Anm 34 ff).

Kann die **Fortführung des Unternehmens** nicht mehr unterstellt werden und erfolgte die Bewertung im JA nicht unter der in IDW ERS 17 (WPg 2005, 46) genannten Gesichtspunkten, ist der BVm trotz einer entspr Darstellung im Anhang oder Lagebericht zu versagen (s Anm 29). Bei Zweifelsfragen wird der AP auch die einschlägige Rspr zu berücksichtigen haben.

Die **Einschränkung** des Urteils kann sich sowohl auf die Gesetzmäßigkeit 64
des JA, auf die Vermittlung eines den tatsächlichen Verhältnissen entsprechenden Bildes der VFE-Lage als auch auf die Aussagefähigkeit des Lageberichts beziehen. Im Falle einer Beeinträchtigung der **Gesetzmäßigkeit** des JA kann die **Formulierung** des Prüfungsurteils in Anlehnung an *IDW PS 400* WPg 1999, Anm 641 wie folgt lauten:

„Mit dieser Einschränkung entsprechen die Buchführung und der Jahresabschluss nach meiner/unserer Beurteilung aufgrund der bei der Prüfung gewonnenen Erkenntnisse den gesetzlichen Vorschriften (und den ergänzenden Bestimmungen des Gesellschaftsvertrags/der Satzung)."

Bezieht sich die Einschränkung auch auf die Vermittlung eines den tatsächlichen Verhältnissen entsprechenden Bildes der VFE-Lage, kann das Prüfungsurteil wie folgt formuliert werden:

„Mit der genannten Einschränkung vermittelt der Jahresabschluss nach meiner/unserer Beurteilung unter Beachtung der Grundsätze ordnungsmäßiger Buchführung ein den tatsächlichen Verhältnissen entsprechendes Bild der Vermögens-, Finanz- und Ertragslage der Gesellschaft."

Beeinträchtigt der der Einschränkung zugrunde liegende Sachverhalt die Aussagefähigkeit des Lageberichts, muss sich dies im Urteil zum Lagebericht widerspiegeln, zB:

„Der Lagebericht steht nach meiner/unserer Beurteilung mit der genannten Einschränkung in Einklang mit einem den gesetzlichen Vorschriften entsprechenden Jahresabschluss. Er vermittelt mit der genannten Einschränkung insgesamt ein zutreffendes Bild von der Lage der Gesellschaft und stellt die Chancen und Risiken der zukünftigen Entwicklung zutreffend dar."

Wurde entgegen der gesetzlichen Vorschrift ein Lagebericht nicht aufgestellt, kann die Formulierung wie folgt lauten:

„Meine/Unsere Prüfung hat mit Ausnahme der folgenden Einschränkung zu keinen Einwendungen geführt: Entgegen der gesetzlichen Verpflichtung ist ein Lagebericht nicht aufgestellt worden.

Da ein Lagebericht nicht aufgestellt worden ist, kann eine Aussage dazu, ob der Lagebericht in Einklang mit dem Jahresabschluss steht, nicht getroffen werden. Die Rechnungslegung insgesamt vermittelt kein zutreffendes Bild von der Lage der Gesellschaft; eine Darstellung der Chancen und Risiken der zukünftigen Entwicklung fehlt."

4. Versagung aufgrund von Einwendungen (Abs 4 S 1–3)

67 Beispielhafte **Einzelgründe,** bei denen eine Versagung in Betracht zu ziehen ist, sind:

Im Bereich der Buchführung:

– Wesentliche nicht behebbare Mängel wie zB unvollständige Erfassung von wichtigen Geschäftsvorfällen (*Sarx* in FS Clemm, 344) bzw Unmöglichkeit einer sicheren Beurteilung wegen fehlender Beweiskraft (*WPH*[12] *I* Q 557).

Im Bereich der Gliederungsvorschriften:

– Einwendungen führen zu einer Versagung, wenn die Klarheit und Übersichtlichkeit des JA insb bei mehreren Verstößen nicht mehr gegeben ist (*Elkart/Naumann* WPg 1995, 404).

Im Bereich der Bewertung:

– Wesentliche **Überbewertung** bei den Aktivposten oder Weglassen von Schuldposten mit gravierender Auswirkung auf das Bilanzergebnis (insb auch Rückstellungen bzw zu niedrige Bewertung von Rückstellungen ua, s *Sarx* in FS Clemm, 344).

Im Bereich des Anhangs:

– Ein unvollständiger Anhang oder ein solcher mit unrichtigen Angaben ist danach zu gewichten, ob die mangelhaften Angaben noch ein positives Gesamturteil über die Rechnungslegung ermöglichen (so *WPH*[12] *I* Q 561; *Elkart/Naumann* WPg 1995, 404).

Im Bereich des Lageberichts:

– Wird ein Lagebericht entgegen § 264 Abs 1 überhaupt nicht aufgestellt oder ist er in wesentlichen Teilen unvollständig oder unrichtig, begründet dies schwerwiegende Einwendungen (*Sarx* in FS Clemm, 344; *IDW PS 350* WPg 1998, 663 Anm 26). Gleichwohl ist eine Einschränkung einer Versagung vorzuziehen, da der Lagebericht nur einen Teil der Rechnungslegung darstellt und ein Versagungsvermerk nicht erkennen lässt, dass zum JA ggf eine positive Aussage möglich ist (*Elkart/Naumann* WPg 1995, 406).

Im Bereich der Aufklärungs- und Nachweispflichten (§ 320):

– Kann sich der AP mangels Aufklärungen und Nachweisen trotz alternativer Prüfungshandlungen kein Gesamturteil über die Rechnungslegung bilden, ist der BVm zu versagen (*IDW PS 400* WPg 1999, 641 Anm 66; Formulierungsvorschläge finden sich dort in Anhang 10).

Abgesehen von den vorstehend genannten Einzelgründen für eine Versagung kommt diese auch in Frage, wenn **mehrere Verstöße** vorliegen, die jeder für sich gesehen nur eine Einschränkung rechtfertigen, aber in der Gesamtbeurteilung eine Einschränkung nicht mehr als ausreichend erscheinen lassen – insb wenn bei der KapGes/KapCoGes die Generalnorm wesentlich verletzt ist.

Für die Abfassung des Versagungsvermerks kommt folgende – auf die unzulässige Annahme der UntFortführung bezogene beispielhafte **Formulierung** in Betracht (s *IDW PS 400* WPg 1999, 641 Anhang 9):

„Versagungsvermerk des Abschlussprüfers

68 Ich habe/Wir haben den Jahresabschluss - bestehend aus Bilanz, Gewinn- und Verlustrechnung sowie Anhang - unter Einbeziehung der Buchführung und den Lagebericht der ... Gesellschaft für das Geschäftsjahr vom ... bis ... geprüft. Die Buchführung und die Aufstellung von Jahresabschluss und Lagebericht nach den deutschen handelsrechtlichen Vorschriften (und den ergänzenden Bestimmungen des Gesellschaftsvertrags/der Satzung)

liegen in der Verantwortung der gesetzlichen Vertreter der Gesellschaft. Meine/Unsere Aufgabe ist es, auf der Grundlage der von mir/uns durchgeführten Prüfung eine Beurteilung über den Jahresabschluss unter Einbeziehung der Buchführung und den Lagebericht abzugeben.

Ich habe meine/Wir haben unsere Jahresabschlussprüfung nach § 317 HGB unter Beachtung der vom Institut der Wirtschaftsprüfer (IDW) festgestellten deutschen Grundsätze ordnungsmäßiger Abschlussprüfung vorgenommen. Danach ist die Prüfung so zu planen und durchzuführen, dass Unrichtigkeiten und Verstöße, die sich auf die Darstellung des durch den Jahresabschluss unter Beachtung der Grundsätze ordnungsmäßiger Buchführung und durch den Lagebericht vermittelten Bildes der Vermögens-, Finanz- und Ertragslage wesentlich auswirken, mit hinreichender Sicherheit erkannt werden. Bei der Festlegung der Prüfungshandlungen werden die Kenntnisse über die Geschäftstätigkeit und über das wirtschaftliche und rechtliche Umfeld der Gesellschaft sowie die Erwartungen über mögliche Fehler berücksichtigt. Im Rahmen der Prüfung werden die Wirksamkeit des rechnungslegungsbezogenen internen Kontrollsystems sowie Nachweise für die Angaben in Buchführung, Jahresabschluss und Lagebericht überwiegend auf der Basis von Stichproben beurteilt. Die Prüfung umfasst die Beurteilung der angewandten Bilanzierungsgrundsätze und der wesentlichen Einschätzungen der gesetzlichen Vertreter sowie die Würdigung der Gesamtdarstellung des Jahresabschlusses und des Lageberichts. Ich bin/Wir sind der Auffassung, dass meine/unsere Prüfung eine hinreichend sichere Grundlage für meine/unsere Beurteilung bildet.

Meine/Unsere Prüfung hat zu folgender Einwendung geführt: Der Jahresabschluss wurde unzulässigerweise unter der Annahme der Fortführung der Unternehmenstätigkeit aufgestellt, obwohl wegen der ungesicherten Liquiditätsausstattung der Gesellschaft hiervon nicht ausgegangen werden kann. Aufgrund der Bedeutung dieser Einwendung versage ich/versagen wir den Bestätigungsvermerk.

Nach meiner/unserer Beurteilung auf Grund der bei Prüfung gewonnenen Erkenntnisse entsprechen die Buchführung und der Jahresabschluss nicht den gesetzlichen Vorschriften (und den ergänzenden Bestimmungen des Gesellschaftsvertrags/der Satzung) und vermittelt der Jahresabschluss kein unter Beachtung der Grundsätze ordnungsmäßiger Buchführung ein den tatsächlichen Verhältnissen entsprechendes Bild der Vermögens-, Finanz- und Ertragslage der Gesellschaft. Der Lagebericht vermittelt insgesamt kein zutreffendes Bild von der Lage der Gesellschaft und stellt die Chancen und Risiken der zukünftigen Entwicklung nicht zutreffend dar.

(Ort)
(Datum)
(Unterschrift)
Wirtschaftsprüfer"

5. Versagung aufgrund fehlender Möglichkeit zur Beurteilung (Abs 5)

Neben der Versagung auf Grund von Einwendungen und dem damit verbundenen Negativurteil zur Rechnungslegung kann es in bestimmten Fällen vorkommen, dass der BVm versagt werden muss, da nach Ausschöpfung aller angemessenen Möglichkeiten zur Klärung des Sachverhalts der AP nicht in der Lage ist, ein Urteil zur Rechnungslegung abzugeben. In diesem Fall werden die Auswirkungen des Prüfungshemmnisses auf den JA als so weitreichend erachtet, dass eine Einschränkung der Positivaussage zur Rechnungslegung nicht ausreicht. Der AP hat im einleitenden Abschnitt zu verdeutlichen, dass er zwar den Auftrag zur Durchführung einer APr erhalten hat, diesem aber nicht nachkommen konnte. Der einleitende Abschnitt könnte wie folgt formuliert werden: 70

„Ich wurde/Wir wurden beauftragt, den Jahresabschluss – bestehend aus Bilanz, Gewinn- und Verlustrechnung sowie Anhang – unter Einbeziehung der Buchführung und den Lagebericht der ... Gesellschaft für das Geschäftsjahr vom ... bis ... zu prüfen. Die Buchführung und die Aufstellung von Jahresabschluss und Lagebericht nach den deutschen handelsrechtlichen Vorschriften (und den ergänzenden Regelungen im Gesellschaftsvertrag/in der Satzung) liegen in der Verantwortung der gesetzlichen Vertreter der Gesellschaft."

Die Beschreibung der Verantwortung des AP ist wegzulassen.

71 Da die als notwendig erachteten Prüfungshandlungen nicht vollständig durchgeführt werden können, entfällt der beschreibende Abschn des BVm.

72 Für die **Erläuterung des Prüfungshemmnisses** und die Beurteilung des Prüfungsergebnisses kann eine Formulierung entspr dem folgenden Beispiel verwendet werden:

„Als Ergebnis meiner/unserer Prüfung stelle ich/stellen wir fest, dass ich/wir nach Ausschöpfung aller angemessenen Möglichkeiten zur Klärung des Sachverhalts aus folgendem Grund nicht in der Lage war(en), ein Prüfungsurteil abzugeben: Durch die Unternehmensleitung wurde die Einsichtnahme in die Kalkulationsunterlagen zur Ermittlung der Herstellungskosten der unfertigen und fertigen Erzeugnisse sowie das Einholen von Saldenbestätigungen zu Forderungen aus Lieferungen und Leistungen verweigert. Aus diesem Grund war es nicht möglich, eine hinreichende Sicherheit über die tatsächliche Höhe der Vorratsbestände und Forderungen zu erzielen, die im Jahresabschluss in Höhe von etwa 80 % der Bilanzsumme ausgewiesen sind. Aufgrund der Bedeutung des dargestellten Prüfungshemmnisses versage ich/versagen wir den Bestätigungsvermerk.

Aussagen darüber, ob die Buchführung und der Jahresabschluss den gesetzlichen Vorschriften (und den ergänzenden Bestimmungen des Gesellschaftsvertrags/der Satzung) entsprechen und ob der Jahresabschluss ein unter Beachtung der Grundsätze ordnungsmäßiger Buchführung ein den tatsächlichen Verhältnissen entsprechendes Bild der Vermögens-, Finanz- und Ertragslage der Gesellschaft vermittelt, sind wegen des dargestellten Prüfungsgeheimnisses nicht möglich. Ebenso kann nicht beurteilt werden, ob der Lagebericht in Einklang mit einem den gesetzlichen Vorschriften entsprechenden Jahresabschluss steht, ein zutreffendes Bild von der Lage der Gesellschaft vermittelt und die Chancen und Risiken der zukünftigen Entwicklung zutreffend darstellt."

E. Vermerk zum Einzelabschluss nach § 325 Abs 2a

75 Große KapGes iSd § 267 Abs 3 haben nach § 325 Abs 2a die Möglichkeit, an Stelle des JA einen EA im BAnz offen zu legen, der nach den in § 315a Abs 1 bezeichneten internationalen Rechnungslegungsstandards aufgestellt worden ist. Hintergrund dieser Regelung ist es, Unt die Möglichkeit zu bieten, zu Informationszwecken einen IFRS-EA zu veröffentlichen. Für die Zwecke der HR-Publizität, der gesrechtlichen Kapitalerhaltung und Ausschüttungsbemessung, der Maßgeblichkeit der HB für die Steuerbilanz und der staatlichen Beaufsichtigung bestimmter Wirtschaftszweige, insb der Kreditinstitute und VersicherungsU, wird weiterhin stets ein JA nach den Vorschriften des HGB gefordert.

76 Der Begriff des JA bleibt für den EA nach handelsrechtlichen Grundsätzen reserviert. Bei einem IFRS-EA handelt es sich um „separate financial statements" gem IAS 27. Dies bedeutet, dass die darin enthaltenen Regelungen für die Kons nicht beachtet werden müssen.

77 Nach § 325 Abs 2b muss, um die befreiende Wirkung zu erreichen, ua statt des vom AP zum JA erteilten BVm oder des Vermerks über dessen Versagung der entspr Vermerk zum IFRS-EA in die Offenlegung einbezogen werden.

Im einleitenden Abschn sind nach Abs 1 S 2 die angewandten Rechnungslegungsgrundsätze anzugeben. Dabei ist auf die zur Anwendung in der EU übernommenen Rechnungslegungsgrundsätze bzw die IFRS Bezug zu nehmen. Bzgl der Auswirkungen auf den BVm, die sich auf Grund der Tatsache ergeben, dass die Ges im Anhang die Übereinstimmung des EA mit den IFRS erklärt, verweisen wir auf Anm 135ff. Da es sich bei einem IFRS-EA um einen freiwilligen Abschluss handelt, verweisen wird darüber hinaus auf Anm 90ff.

Ein entsprechender BVm könnte wie folgt formuliert werden: 78

„Bestätigungsvermerk des Abschlussprüfers

Ich habe/Wir haben den von der ...Gesellschaft aufgestellten Einzelabschluss – bestehend aus Bilanz, Gewinn- und Verlustrechnung, Eigenkapitalveränderungsrechnung, Kapitalflussrechnung und Anhang – und den Lagebericht für das Geschäftsjahr vom ... bis ... geprüft. Die Aufstellung von Einzelabschluss und Lagebericht nach den IFRS, wie sie in der EU anzuwenden sind, und den ergänzend nach § 325 Abs 2a HGB anzuwendenden handelsrechtlichen Vorschriften (sowie den ergänzenden Bestimmungen des Gesellschaftsvertrags/der Satzung) liegen in der Verantwortung der gesetzlichen Vertreter der Gesellschaft. Meine/Unsere Aufgabe ist es, auf der Grundlage der von mir/uns durchgeführten Prüfung eine Beurteilung über den Einzelabschluss und über den Lagebericht abzugeben.

Ich habe meine/Wir haben unsere Abschlussprüfung nach § 317 HGB unter Beachtung der vom Institut der Wirtschaftsprüfer (IDW) festgestellten deutschen Grundsätze ordnungsmäßiger Abschlussprüfung vorgenommen. Danach ist die Prüfung so zu planen und durchzuführen, dass Unrichtigkeiten und Verstöße, die sich auf die Darstellung des durch den Einzelabschluss unter Beachtung der anzuwendenden Vorschriften und durch den Lagebericht vermittelten Bildes der Vermögens-, Finanz- und Ertragslage wesentlich auswirken, mit hinreichender Sicherheit erkannt werden. Bei der Festlegung der Prüfungshandlungen werden die Kenntnisse über die Geschäftstätigkeit und über das wirtschaftliche und rechtliche Umfeld der Gesellschaft sowie die Erwartungen über mögliche Fehler berücksichtigt. Im Rahmen der Prüfung werden die Wirksamkeit des rechnungslegungsbezogenen internen Kontrollsystems sowie Nachweise für die Angaben in Buchführung, Einzelabschluss und Lagebericht überwiegend auf der Basis von Stichproben beurteilt. Die Prüfung umfasst die Beurteilung der angewandten Bilanzierungsgrundsätze und der wesentlichen Einschätzungen der gesetzlichen Vertreter sowie die Würdigung der Gesamtdarstellung des Einzelabschlusses und des Lageberichts. Ich bin/Wir sind der Auffassung, dass meine/unsere Prüfung eine hinreichend sichere Grundlage für meine/unsere Beurteilung bildet.

Meine/Unsere Prüfung hat zu keinen Einwendungen geführt.

Nach meiner/unserer Beurteilung auf Grund der bei der Prüfung gewonnenen Erkenntnisse entspricht der Einzelabschluss den IFRS, wie sie in der EU anzuwenden sind, und den ergänzend nach § 325 Abs 2a HGB anzuwendenden handelsrechtlichen Vorschriften (sowie den ergänzenden Bestimmungen des Gesellschaftsvertrags/der Satzung) und vermittelt dieser unter Beachtung dieser Regelungen ein den tatsächlichen Verhältnissen entsprechendes Bild der Vermögens-, Finanz- und Ertragslage der Gesellschaft. Der Lagebericht steht im Einklang mit dem Einzelabschluss, vermittelt insgesamt ein zutreffendes Bild von der Lage der Gesellschaft und stellt die Chancen und Risiken der zukünftigen Entwicklung zutreffend dar.

(Ort)
(Datum)
(Unterschrift)
Wirtschaftsprüfer“

F. Bestätigungsvermerk bei Unternehmen, die dem PublG unterliegen

Für die Prüfung von Unt, die dem **PublG** unterliegen, gilt nach § 6 Abs 1 (JA), § 9 Abs 1 S 1 (IFRS-EA) bzw § 14 Abs 1 PublG (KA) § 322 sinngemäß. Da diese Unt nicht verpflichtet sind, sämtliche ergänzenden HGB-Vorschriften für KapGes zum JA anzuwenden, kommt für den uneingeschränkten BVm die vollständige Fassung gem § 322 nur in Frage, wenn sie freiwillig nach den Vorschriften für KapGes Rechnung legen. Dies gilt auch für Unt, die nach § 5 Abs 2 PublG den JA um einen Anhang erweitern und einen Lagebericht (§ 289) aufstellen müssen; diese Verpflichtung besteht nicht für den JA von Unt in der Rechtsform einer reinen PersGes oder des EKfm. 80

81 Für den uneingeschränkten BVm ergibt sich daher folgende Abstufung: Der JA ohne Anhang darf grds nur bzgl der Übereinstimmung mit den für das Unt maßgeblichen gesetzlichen Vorschriften (und ggf des GesVertrags) testiert werden. Der für Pflichtprüfungen maßgebliche BVm darf nur verwendet werden, wenn auch ein Anhang erstellt wird bzw Bilanz und GuV entspr Angaben enthalten und wenn das Unt freiwillig den JA unter Beachtung der Generalnorm nach § 264 Abs 2, also auch unter Anwendung der besonderen Einzelvorschriften für KapGes aufstellt; abgesehen von den Gliederungsvorschriften, die nach § 5 Abs 1 S 2 PublG (JA) ohnehin sinngemäß gelten und für den EK-Ausweis an die jeweilige Rechtsform anzupassen sind (Anm 72). Eine Aussage hinsichtlich des Lageberichts kommt nur in Frage, wenn das Unt einen Lagebericht nach § 289 aufstellen muss oder einen solchen Lagebericht freiwillig aufstellt (*IDW PS 400* WPg 1999, 641 Anm 49).

82 Entspr Grundsätze gelten für den BVm zum **Konzernabschluss** nach § 13 PublG.

83 Als **Bestimmungen im Gesellschaftsvertrag,** die die Rechnungslegung betreffen und auf die ggf in den Ergänzungen des Prüfungsurteils hinzuweisen ist, kommen bei den reinen **Personenhandelsgesellschaften** besonders in Frage: Regelungen zur Bildung offener Rücklagen, Behandlung stiller Rücklagen (zB nach § 253 Abs 4), Entnahmeregelungen, Ausweis von Kapital- und Privatkonten, GuV-Ausweis von Aufwendungen und Erträgen, die die Gester betreffen, zB Gehaltsbezüge, Zinsen auf Forderungen oder Darlehen.

84 Macht das Unt von den **Offenlegungserleichterungen** des § 9 Abs 2 und 3 PublG Gebrauch und soll die Inanspruchnahme ebenfalls geprüft werden, ist hierfür eine gesonderte Bescheinigung auszustellen (*IDW PS 400* WPg 1999, 641 Anm 71).

85 Im Falle einer **Nachtragsprüfung** bleibt der bereits erteilte BVm grds wirksam und muss ggf entspr ergänzt werden (§ 8 Abs 3 PublG; *WPH*[12] *I* Q 742).

86 Erkennt der AP, dass das Geschäftsvermögen des EKfm durch **private Schulden** erheblich gefährdet ist, ist dies im BVm gem der Hinweispflicht nach Abs 2 S 3 anzugeben (*WPH*[12] *I* Q 737).

G. Bestätigungsvermerk bei freiwilliger Abschlussprüfung

I. Bestätigungsvermerk bei freiwilliger Vollprüfung

1. Allgemeines

90 Nicht prüfungspflichtige Unt (kleine KapGes, TU iSv § 264 Abs 3 oder § 264b, EKfl, reine PersGes unterhalb der Größenmerkmale des PublG) erteilen zuweilen **freiwillig** den Auftrag zur Durchführung einer **Abschlussprüfung,** die nach den für die Pflichtprüfung geltenden Grundsätzen durchzuführen ist („Vollprüfung“). Hierzu können der GesVertrag, die Bedingungen von Kreditinstituten oder eine Konzernzugehörigkeit Anlass geben (§ 316 Anm 59 ff).

Werden solche Aufträge an WP oder vBP erteilt, haben diese den Auftrag nach den maßgebenden berufsüblichen **Grundsätzen,** wie sie für Pflichtprüfungen gelten, durchzuführen. Diese sog Vollprüfung umschließt dann auch die Erstattung eines Prüfungsberichts sowie die Erteilung eines BVm.

91 Ob für die Erteilung des BVm die Fassung gem § 322 verwendet wird, hängt von dem jeweiligen Sachverhalt ab, wobei nach kleinen KapGes/KapCoGes (Anm 95 ff) und sonstigen Kfl sowie TU iSv § 264 Abs 3 oder § 264b (Anm 105 f) zu unterscheiden ist.

2. Kleine Kapitalgesellschaft/Kapital & Co-Gesellschaft

Die Aufstellungserleichterungen für kleine KapGes/KapCoGes nach § 266 Abs 1 S 3 (Bilanz) und nach § 276 (GuV) sind nur hinsichtlich der für die Bilanz zulässigen Postenzusammenfassungen im Hinblick auf die Generalklausel kritisch zu würdigen. Von größerer Bedeutung ist, dass im **Anhang** kleiner KapGes/KapCoGes als weitere **Aufstellungserleichterung** eine größere Zahl von Angaben entfallen darf, und zwar gemäß § 274a und § 288 S 1. 95

Macht eine kleine KapGes/KapCoGes von den **Aufstellungserleichterungen keinen Gebrauch,** darf für den BVm die Generalklausel unverändert übernommen werden. Dies gilt auch, wenn nur solche Erleichterungen in Anspruch genommen werden, die für die Beurteilung der VFE-Lage keinen wesentlichen Aussagewert haben. Wird eine größere Anzahl solcher Erleichterungen zu der Bilanz und dem Anhang oder werden sämtliche dieser Erleichterungen angewandt, muss für die Verwendung der Generalklausel als Maßstab dienen, dass der JA auch in der jeweils verkürzten Form ein den tatsächlichen Verhältnissen entspr Bild vermittelt (ebenso *IDW PS 400* WPg 1999, 641 Anm 43). Diese allgemeine Aussage bedarf aber uE der nachfolgenden Konkretisierung. 96

In Bezug auf die Darstellung der **Ertragslage** können vor allem fehlende **Angaben im Anhang** zu den Auswirkungen von steuerrechtlichen Abschreibungen (§ 285 S 1 Nr 5) einen verminderten Einblick ergeben. Die Erleichterungen zum Anhang reduzieren insb den Einblick in die **Finanzlage** (zB Fristigkeit der einzelnen Verbindlichkeiten oder keine Angabe der sonstigen nicht bilanzierungs- oder vermerkpflichtigen Verbindlichkeiten, § 285 S 1 Nr 2 und 3). 97

Da die kleine KapGes/KapCoGes einen **Lagebericht** nicht aufzustellen hat (§ 264 Abs 1 S 3), kommt – wenn ein solcher nicht freiwillig erstellt und geprüft wird – eine entspr Aussage im BVm nicht in Betracht. Das Prüfungsurteil **beschränkt** sich in den Fällen des verminderten Einblicks auf die Einhaltung der gesetzlichen Vorschriften. 98

Für Einschränkung, Versagung und Widerruf sowie für eine evtl Nachtragsprüfung gelten die Ausführungen unter Anm 41 ff, 162 ff, 170 ff sinngemäß. 99

3. Sonstige Kaufleute sowie Tochterunternehmen iSv § 264 Abs 3 oder § 264 b

Für die freiwillige APr (Vollprüfung) bei **Tochterunternehmen iSv § 264 Abs 3** oder § 264 b, einem **Einzelkaufmann,** einer reinen **Personenhandelsgesellschaft** oder von Unt anderer Art (zB Stiftungen, Eigenbetriebe, Anstalten), wenn sie nicht unter das PublG fallen, beschränkt sich der Wortlaut des uneingeschränkten BVm auf die Einhaltung der gesetzlichen Vorschriften. 105

Etwas anderes gilt, wenn solche Unt freiwillig die ergänzenden Vorschriften für KapGes/KapCoGes vergleichbarer Größe mit Lagebericht anwenden, also §§ 264 bis 289. Hier muss für den BVm der volle Wortlaut des BVm verwendet werden (*IDW PS 400* WPg 1999, 641 Anm 49). 106

II. Bescheinigungen

Bescheinigungen werden statt BVm immer dann erteilt, wenn die vom WP und vBP durchgeführten prüferischen Tätigkeiten (JAP, prüferische Durchsichten und sonstige betriebswirtschaftliche Prüfungen in Abgrenzung zu den gutachterlichen und beratenden Tätigkeiten) nach Art und Umfang **nicht** den **ei-** 110

ner gesetzlichen APr entsprechen, oder der Prüfungsgegenstand in Art und Umfang einem gesetzlichen Abschluss nicht entspricht.

111 Der Angabe von Art und Umfang der Prüfung kommt hierbei insb in Bezug auf die **Haftung** des WP Bedeutung zu (*OLG Köln* 1. 7. 1994 FN IDW 1995, 264).

112 Bei einem **Review** nimmt der WP eine prüferische Durchsicht des Abschlusses vor, bei der Nachweise insb durch Befragungen und analytische Prüfungshandlungen erlangt werden (s *IDW PS 900* WPg 2001, 1078 Anm 10). Über das Ergebnis ist – ebenso wie nach internationalen Grundsätzen – eine negativ formulierte Aussage des WP zu treffen (*IDW PS 900* WPg 2001, 1078 Anm 26: „Aufgrund der prüferischen Durchsicht (bin ich/sind wir) nicht auf Sachverhalte gestoßen, die zu der Annahme veranlassen, dass der Abschluss in wesentlichen Belangen nicht in Übereinstimmung mit den angewandten Rechnungslegungsgrundsätzen aufgestellt worden ist").

Für eine Bescheinigung über die prüferische Durchsicht eines JA bei mittelgroßen KapGes/KapCoGes ohne Feststellung von Beanstandungen wird in *IDW PS 900* WPg 2001, 1078 Anhang 2 folgende Formulierung vorgeschlagen:

*„**Bescheinigung nach prüferischer Durchsicht***

An die ... Gesellschaft

Ich habe/Wir haben den Jahresabschluss und den Lagebericht der ... Gesellschaft für das Geschäftsjahr vom ... bis ... einer prüferischen Durchsicht unterzogen. Die Aufstellung des Jahresabschlusses und des Lageberichts nach den deutschen handelsrechtlichen Vorschriften liegen in der Verantwortung der gesetzlichen Vertreter der Gesellschaft. Meine/Unsere Aufgabe ist es, eine Bescheinigung zu dem Jahresabschluss und dem Lagebericht auf der Grundlage meiner/unserer prüferischen Durchsicht abzugeben.

Ich habe/Wir haben die prüferische Durchsicht des Jahresabschlusses und des Lageberichts unter Beachtung der vom Institut der Wirtschaftsprüfer (IDW) festgestellten deutschen Grundsätze für die prüferische Durchsicht von Abschlüssen vorgenommen. Danach ist die prüferische Durchsicht so zu planen und durchzuführen, dass ich/wir bei kritischer Würdigung mit einer gewissen Sicherheit ausschließen kann/können, dass der Jahresabschluss in wesentlichen Belangen nicht in Übereinstimmung mit den deutschen handelsrechtlichen Vorschriften aufgestellt worden ist oder ein unter Beachtung der Grundsätze ordnungsmäßiger Buchführung den tatsächlichen Verhältnissen entsprechendes Bild der Vermögens-, Finanz- und Ertragslage nicht vermittelt oder der Lagebericht insgesamt eine zutreffende Vorstellung von der Lage der Gesellschaft nicht gibt oder die Chancen und Risiken der künftigen Entwicklung nicht zutreffend darstellt. Eine prüferische Durchsicht beschränkt sich in erster Linie auf Befragungen von Mitarbeitern der Gesellschaft und auf analytische Beurteilungen und bietet deshalb nicht die durch eine Abschlussprüfung erreichbare Sicherheit. Da ich/wir auftragsgemäß keine Abschlussprüfung vorgenommen habe/haben, kann ich/können wir einen Bestätigungsvermerk nicht erteilen.

Auf der Grundlage meiner/unserer prüferischen Durchsicht sind mir/uns keine Sachverhalte bekannt geworden, die mich/uns zu der Annahme veranlassen, dass der Jahresabschluss in wesentlichen Belangen nicht in Übereinstimmung mit den deutschen handelsrechtlichen Vorschriften aufgestellt worden ist oder ein unter Beachtung der Grundsätze ordnungsmäßiger Buchführung den tatsächlichen Verhältnissen entsprechendes Bild der Vermögens-, Finanz- und Ertragslage nicht vermittelt oder der Lagebericht insgesamt eine zutreffende Vorstellung von der Lage der Gesellschaft nicht gibt oder die Chancen und Risiken der künftigen Entwicklung nicht zutreffend darstellt.

(Ort)
(Datum)
(Unterschrift)
Wirtschaftsprüfer"

H. Vermerk zu Konzernabschlüssen

I. Uneingeschränkter Bestätigungsvermerk

§ 322 enthält eine gemeinsame Regelung des BVm für JA und KA. Die Ausführungen zum BVm für den JA gelten daher – soweit sich aus der Erstellung und Prüfung des KA keine Besonderheiten ergeben – grds auch für den BVm zum KA. Die Besonderheiten des KA wirken sich auf die einzelnen Bestandteile des BVm (Anm 17) folgendermaßen aus: 115

a) Einleitender Abschnitt: Gegenstand der Prüfung ist der KA, ggf erweitert um die SegBerE (§ 297 Abs 1 S 2) und der Konzernlagebericht. Der Hinweis auf Buchführung, JA und Lagebericht ist entspr zu ersetzen. Demzufolge und entspr der Differenzierung des Gegenstands der Prüfung in § 317 Abs 1 enthält der BVm **keinen Hinweis auf die Buchführung.** Da es keinen Gesetzeszwang für eine Konzernbuchführung gibt, ist Gegenstand der Prüfung hauptsächlich die Prüfung der oft nur statistischen Unterlagen und Fortschreibungen für die einzelnen KonsVorgänge (§§ 300–309). Regelmäßig erfordert die Fortschreibung der Umbewertungen und der Ausschaltung von Zwischenergebnissen entweder umfangreiche EDV-Tabellierungen oder zur Fehlerbegrenzung die Einrichtung einer internen KonsBuchführung sowie die Erstellung von sog HB II (näher hierzu s § 300 Anm 26ff). Ein Hinweis auf derartige Unterlagen darf jedoch in den BVm nicht aufgenommen werden. 116

Wird der KA gem § 315a Abs 1 nach den in der **Europäischen Union anzuwendenden IFRS** bzw nach den IFRS insgesamt aufgestellt, sind diese gem Abs 1 S 2 anzugeben. 117

b) Beschreibender Abschnitt: Die Beschreibung des Umfangs der Prüfung ist um Angaben zum KonsKreis, den KonsGrundsätzen sowie zu den einbezogenen Abschlüssen zu ergänzen. Ergeben sich infolge abw Stichtage und fehlender Zwischenabschlüsse Unsicherheiten im Hinblick auf den Inhalt der Prüfung und die Tragweite des BVm, die praktisch systembedingt sind, ist hierauf in geeigneter Form, zB durch einen ergänzenden Hinweis, aufmerksam zu machen. 118

Werden die Prüfungsergebnisse von anderen nach den §§ 291, 292 zugelassenen **AP** verwendet (JA von TU), ist ein entspr Hinweis – entgegen der bisherigen internationaler Handhabung – nicht sachgerecht (*IDW PS 400* WPg 1999, 641 Anm 93.

c) Urteil des AP: Wie zum JA ist nach Abs 3 S 1 zu bestätigen, dass der KA unter Beachtung der GoB ein den tatsächlichen Verhältnissen entspr Bild der VFE-Lage des Konzerns vermittelt. Die grds Ausführungen zu Abs 2 S 2 (Formulierung des Prüfungsergebnisses, Anm 24), Abs 2 S 3 (Hinweis auf Bestandsgefährdungen, Anm 38ff), Abs 6 (Lagebericht mit der Darstellung der Chancen und Risiken der zukünftigen Entwicklung, Anm 32ff) gelten auch hier. In Abs 2 S 3 wird klargestellt, dass grds nicht nur auf Risiken, die den Fortbestand des Konzerns gefährden, sondern auch auf Risiken, die **ein** KonzUnt gefährden, einzugehen ist. Nach Abs 2 S 4 braucht in Anlehnung an § 296 Abs 2 auf Risiken, die den Fortbestand eines TU gefährden, nicht eingegangen zu werden, wenn das TU für die Vermittlung eines den tatsächlichen Verhältnissen entspr Bilds der VFE-Lage des Konzerns nur von untergeordneter Bedeutung ist. 119

II. Einschränkung oder Versagung des Bestätigungsvermerks

1. Eingeschränkter Bestätigungsvermerk

120 Für den Wortlaut der Einschränkung(en) gelten die Erl unter Anm 57 ff entspr. Die Einschränkung ist zunächst unter Berücksichtigung der höheren Konzern-Größenordnung zu gewichten und dann wie beim JA zu begründen (Abs 4 S 3) und um Angaben zur Tragweite zu ergänzen.

2. Versagungsvermerk

122 Der **Versagungsvermerk** kann in Anlehnung an die Formulierung unter Anm 68 gefasst werden. Die Versagung ist zu begründen (Abs 4 S 3). Ein Versagungsvermerk zu einem einbezogenen JA ist im Hinblick auf den KA zu beurteilen. Den KA dominierende, aber fehlerhafte JA, deren Mängel im KA nicht beseitigt wurden, führen zur Versagung des Testats auch für den KA.

III. Besonderheiten von Einwendungen

125 Einwendungen zur Einschränkung oder Versagung des BVm betreffen als Besonderheiten beim KA zB Verstöße gegen die IFRS im Falle des § 315 a und wesentliche Verstöße gegen die KonsVorschriften (so auch *WPH*[12] *I* Q 621), zB:

- Abgrenzung des **Konsolidierungskreises** (§§ 294 Abs 1, 296).
- Allgemeine **Konsolidierungsgrundsätze** und **Vollständigkeitsgebot** (§ 300): zB KapKons (§ 301), SchuldenKons (§ 303), Innenumsatz- und ErfolgsKons (§§ 304, 305): zB keine Ausschaltung wesentlicher Zwischenergebnisse.
- **Einheitliche Bewertung** (§ 308): zB Übernahme von nach abw ausländischen Recht bewerteten Posten.
- **Assoziierte Unternehmen** (§§ 311, 312): zB Verstoß gegen die Vorschriften zum Wertansatz der Beteiligungen (§ 312).
- **Gliederungsvorschriften** (§ 298 Abs 1 iVm den Einzelvorschriften zum JA).
- **Konzernanhang** (§§ 313, 314).
- **Konzernlagebericht** (§ 315); s Anm 32 ff.
- **Vorlagepflicht** oder **Auskunftsrecht** des Konzern-AP in Bezug auf das MU und die TU (§ 320 Abs 3).

Einwendungen gegen einbezogene Abschlüsse schlagen nur dann auf den KA durch, wenn sie nicht im Zuge der Kons behoben wurden und auch aus der Sicht des Konzerns wesentlich sind (*IDW PS 400* WPg 1999, 641 Anm 95). Die **Nichtbeachtung** von **DRS-Regelungen,** die gesetzliche Wahlrechte einschränken, begründet keine Einwendung, jedoch ist im Prüfungsbericht auf die Nichteinhaltung hinzuweisen (*IDW PS 450* Grundsätze ordnungsmäßiger Berichterstattung bei Abschlussprüfungen WPg 2003, 1127 Anm 134).

IV. Formulierungs-Muster

1. Uneingeschränkter Bestätigungsvermerk bei Konzernabschlussprüfungen

130 Ein uneingeschränkter BVm bei Konzernabschlussprüfungen kann in Anlehnung an *IDW PS 400* WPg 1999, 641 Anhang 2 unter Berücksichtigung der

durch das BilReG geforderte Änderungen zur Prüfungsaussage wie folgt formuliert werden:

„Bestätigungsvermerk des Abschlussprüfers

Ich habe/Wir haben den von der ... Gesellschaft aufgestellten Konzernabschluss – bestehend aus Bilanz, Gewinn- und Verlustrechnung, Anhang, Kapitalflussrechnung und Eigenkapitalspiegel [sowie Segmentberichterstattung] – und den Konzernlagebericht für das Geschäftsjahr vom ... bis ... geprüft. Die Aufstellung von Konzernabschluss und Konzernlagebericht nach den deutschen handelsrechtlichen Vorschriften (und den ergänzenden Bestimmungen des Gesellschaftsvertrags/der Satzung) liegen in der Verantwortung der gesetzlichen Vertreter der Gesellschaft. Meine/Unsere Aufgabe ist es, auf der Grundlage der von mir/uns durchgeführten Prüfung eine Beurteilung über den Konzernabschluss und den Konzernlagebericht abzugeben.

Ich habe meine/Wir haben unsere Konzernabschlussprüfung nach § 317 HGB unter Beachtung der vom Institut der Wirtschaftsprüfer (IDW) festgestellten deutschen Grundsätze ordnungsmäßiger Abschlussprüfung vorgenommen. Danach ist die Prüfung so zu planen und durchzuführen, dass Unrichtigkeiten und Verstöße, die sich auf die Darstellung des durch den Konzernabschluss unter Beachtung der Grundsätze ordnungsmäßiger Buchführung und durch den Konzernlagebericht vermittelten Bildes der Vermögens-, Finanz- und Ertragslage [sowie der Zahlungsströme] wesentlich auswirken, mit hinreichender Sicherheit erkannt werden. Bei der Festlegung der, Prüfungshandlungen werden die Kenntnisse über die Geschäftstätigkeit und über das wirtschaftliche und rechtliche Umfeld des Konzerns sowie die Erwartungen über mögliche Fehler berücksichtigt. Im Rahmen der Prüfung werden die Wirksamkeit des rechnungslegungsbezogenen internen Kontrollsystems sowie Nachweise für die Angaben im Konzernabschluss und Konzernlagebericht überwiegend auf der Basis von Stichproben beurteilt. Die Prüfung umfasst die Beurteilung der Jahresabschlüsse der in den Konzernabschluss einbezogenen Unternehmen, der Abgrenzung des Konsolidierungskreises, der angewandten Bilanzierungs- und Konsolidierungsgrundsätze und der wesentlichen Einschätzungen der gesetzlichen Vertreter sowie die Würdigung der Gesamtdarstellung des Konzernabschlusses und des Konzernlageberichts. Ich bin/Wir sind der Auffassung, dass meine/unsere Prüfung eine hinreichend sichere Grundlage für meine/unsere Beurteilung bildet.

Meine/Unsere Prüfung hat zu keinen Einwendungen geführt.

Der Konzernabschluss entspricht nach meiner/unserer Beurteilung aufgrund der bei der Prüfung gewonnenen Erkenntnisse den gesetzlichen Vorschriften (und den ergänzenden Bestimmungen des Gesellschaftsvertrags/der Satzung) und vermittelt unter Beachtung der Grundsätze ordnungsmäßiger Buchführung ein den tatsächlichen Verhältnissen entsprechendes Bild der Vermögens-, Finanz- und Ertragslage [sowie der Zahlungsströme] des Konzerns. Der Konzernlagebericht steht im Einklang mit dem Konzernabschluss, vermittelt insgesamt ein zutreffendes Bild von der Lage des Konzerns und stellt die Chancen und Risiken der zukünftigen Entwicklung zutreffend dar.

(Ort)
(Datum)
(Unterschrift)
Wirtschaftsprüfer“

2. Bestätigungsvermerk bei einem nach § 315 a in Übereinstimmung mit den zur Anwendung in der Europäischen Union übernommenen Rechnungslegungsgrundsätzen bzw mit den IFRS aufgestellten Konzernabschluss

Ist eine Ges verpflichtet, einen **KA nach § 315 a Abs 1** aufzustellen, oder 135
stellt sie einen solchen freiwillig auf, muss dieser in Übereinstimmung mit den Rechnungslegungsgrundsätzen stehen, die nach den Artikeln 2, 3 und 6 der Verordnung (EG) Nr 1606/2002 des Europäischen Parlamentes und des Rates vom 19. Juli 2002 betreffend die Anwendung internationaler Rechungslegungs-

standards (ABl EG Nr L 243 S 1) zur Anwendung übernommen wurden. Im BVm muss daher auf die IFRS, wie sie in der EU anzuwenden sind, Bezug genommen werden.

136 Ein uneingeschränkter BVm könnte wie folgt lauten:

„***Bestätigungsvermerk des Abschlussprüfers***

Ich habe/Wir haben den von der . . . Gesellschaft aufgestellten Konzernabschluss – bestehend aus Bilanz, Gewinn- und Verlustrechnung, Eigenkapitalveränderungsrechnung, Kapitalflussrechnung und Anhang – sowie den Konzernlagebericht für das Geschäftsjahr vom . . . bis . . . geprüft. Die Aufstellung von Konzernabschluss und Konzernlagebericht nach den IFRS, wie sie in der EU anzuwenden sind, und den ergänzend nach § 315 a Abs 1 HGB anzuwendenden handelsrechtlichen Vorschriften (sowie den ergänzenden Bestimmungen des Gesellschaftsvertrags/der Satzung) liegt in der Verantwortung der gesetzlichen Vertreter der Gesellschaft. Meine/Unsere Aufgabe ist es, auf der Grundlage der von mir/uns durchgeführten Prüfung eine Beurteilung über den Konzernabschluss und den Konzernlagebericht abzugeben.

Ich habe meine/Wir haben unsere Konzernabschlussprüfung nach § 317 HGB unter Beachtung der vom Institut der Wirtschaftsprüfer (IDW) festgestellten deutschen Grundsätze ordnungsmäßiger Abschlussprüfung vorgenommen. Danach ist die Prüfung so zu planen und durchzuführen, dass Unrichtigkeiten und Verstöße, die sich auf die Darstellung des durch den Konzernabschluss unter Beachtung der anzuwendenden Vorschriften und durch den Konzernlagebericht vermittelten Bildes der Vermögens-, Finanz- und Ertragslage sowie der Zahlungsströme wesentlich auswirken, mit hinreichender Sicherheit erkannt werden. Bei der Festlegung der Prüfungshandlungen werden die Kenntnisse über die Geschäftstätigkeit und über das wirtschaftliche und rechtliche Umfeld des Konzerns sowie die Erwartungen über mögliche Fehler berücksichtigt. Im Rahmen der Prüfung werden die Wirksamkeit des rechnungslegungsbezogenen internen Kontrollsystems sowie Nachweise für die Angaben im Konzernabschluss und Konzernlagebericht überwiegend auf der Basis von Stichproben beurteilt. Die Prüfung umfasst die Beurteilung der Jahresabschlüsse der in den Konzernabschluss einbezogenen Unternehmen, der Abgrenzung des Konsolidierungskreises, der angewandten Bilanzierungs- und Konsolidierungsgrundsätze und der wesentlichen Einschätzungen der gesetzlichen Vertreter sowie die Würdigung der Gesamtdarstellung des Konzernabschlusses und des Konzernlageberichts. Ich bin/Wir sind der Auffassung, dass meine/unsere Prüfung eine hinreichend sichere Grundlage für meine/unsere Beurteilung bildet.

Meine/Unsere Prüfung hat zu keinen Einwendungen geführt.

Nach meiner/unserer Beurteilung auf Grund der bei der Prüfung gewonnenen Erkenntnisse entspricht der Konzernabschluss den IFRS, wie sie in der EU anzuwenden sind, und den ergänzend nach § 315 a Abs 1 HGB anzuwendenden handelsrechtlichen Vorschriften (sowie den ergänzenden Bestimmungen des Gesellschaftsvertrags/der Satzung) und vermittelt er unter Beachtung dieser Regelungen ein den tatsächlichen Verhältnissen entsprechendes Bild der Vermögens-, Finanz- und Ertragslage sowie der Zahlungsströme des Konzerns. Der Konzernlagebericht steht im Einklang mit dem Konzernabschluss, vermittelt insgesamt ein zutreffendes Bild von der Lage des Konzerns und stellt die Chancen und Risiken der zukünftigen Entwicklung zutreffend dar.

(Ort)
(Datum)
(Unterschrift)
Wirtschaftsprüfer“

137 Wurde der KA gleichzeitig in Übereinstimmung mit den IFRS, wie sie in der EU anzuwenden sind, und den vom IASB veröffentlichten IFRS (IFRS insgesamt) aufgestellt und wird im Konzernanhang im Rahmen der Beschreibung der angewandten Rechnungslegungsgrundsätze auf die IFRS Bezug genommen, kann eine zusätzliche Beauftragung auch zur Prüfung der Übereinstimmung mit den IFRS insgesamt erfolgen.

138 Hat die Prüfung zu keinen Einwendungen geführt, könnte in diesem Fall der BVm wie folgt lauten:

„Bestätigungsvermerk des Abschlussprüfers

Ich habe/Wir haben den von der . . . Gesellschaft aufgestellten Konzernabschluss – bestehend aus Bilanz, Gewinn- und Verlustrechnung, Eigenkapitalveränderungsrechnung, Kapitalflussrechnung und Anhang – sowie den Konzernlagebericht für das Geschäftsjahr vom . . . bis . . . geprüft. Die Aufstellung von Konzernabschluss und Konzernlagebericht nach den IFRS, wie sie in der EU anzuwenden sind, und den ergänzend nach § 315a Abs 1 HGB anzuwendenden handelsrechtlichen Vorschriften (sowie den ergänzenden Bestimmungen des Gesellschaftsvertrags/der Satzung) liegen in der Verantwortung der gesetzlichen Vertreter der Gesellschaft. Meine/Unsere Aufgabe ist es, auf der Grundlage der von mir/uns durchgeführten Prüfung eine Beurteilung über den Konzernabschluss und den Konzernlagebericht abzugeben. Ergänzend wurden wir beauftragt zu beurteilen, ob der Konzernabschluss auch den IFRS insgesamt entspricht.

Ich habe meine/Wir haben unsere Konzernabschlussprüfung nach § 317 HGB unter Beachtung der vom Institut der Wirtschaftsprüfer (IDW) festgestellten deutschen Grundsätze ordnungsmäßiger Abschlussprüfung vorgenommen. Danach ist die Prüfung so zu planen und durchzuführen, dass Unrichtigkeiten und Verstöße, die sich auf die Darstellung des durch den Konzernabschluss unter Beachtung der anzuwendenden Vorschriften und durch den Konzernlagebericht vermittelten Bildes der Vermögens-, Finanz- und Ertragslage sowie der Zahlungsströme wesentlich auswirken, mit hinreichender Sicherheit erkannt werden. Bei der Festlegung der Prüfungshandlungen werden die Kenntnisse über die Geschäftstätigkeit und über das wirtschaftliche und rechtliche Umfeld des Konzerns sowie die Erwartungen über mögliche Fehler berücksichtigt. Im Rahmen der Prüfung werden die Wirksamkeit des rechnungslegungsbezogenen internen Kontrollsystems sowie Nachweise für die Angaben im Konzernabschluss und Konzernlagebericht überwiegend auf der Basis von Stichproben beurteilt. Die Prüfung umfasst die Beurteilung der Jahresabschlüsse der in den Konzernabschluss einbezogenen Unternehmen, der Abgrenzung des Konsolidierungskreises, der angewandten Bilanzierungs- und Konsolidierungsgrundsätze und der wesentlichen Einschätzungen der gesetzlichen Vertreter sowie die Würdigung der Gesamtdarstellung des Konzernabschlusses und des Konzernlageberichts. Ich bin/Wir sind der Auffassung, dass meine/unsere Prüfung eine hinreichend sichere Grundlage für meine/unsere Beurteilung bildet.

Meine/Unsere Prüfung hat zu keinen Einwendungen geführt.

Nach meiner/unserer Beurteilung auf Grund der bei der Prüfung gewonnenen Erkenntnisse entspricht der Konzernabschluss den IFRS, wie sie in der EU anzuwenden sind, sowie den IFRS insgesamt und den ergänzend nach § 315a Abs 1 HGB anzuwendenden handelsrechtlichen Vorschriften (sowie den ergänzenden Bestimmungen des Gesellschaftsvertrags/der Satzung) und vermittelt er unter Beachtung dieser Regelungen ein den tatsächlichen Verhältnissen entsprechendes Bild der Vermögens-, Finanz- und Ertragslage sowie der Zahlungsströme des Konzerns. Der Konzernlagebericht steht im Einklang mit dem Konzernabschluss, vermittelt insgesamt ein zutreffendes Bild von der Lage des Konzerns und stellt die Chancen und Risiken der zukünftigen Entwicklung zutreffend dar.

(Ort)
(Datum)
(Unterschrift)
Wirtschaftsprüfer"

Auf Grund von **Unterschieden** zwischen den vom IASB veröffentlichten IFRS (IFRS insgesamt) und den IFRS, wie sie in der EU anzuwenden sind, können Situationen entstehen, in denen eine gleichzeitige uneingeschränkte Übereinstimmung des KA mit den IFRS, wie sie in der EU anzuwenden sind, und den IFRS insgesamt nicht bestätigt werden kann. Unterschiede ergeben sich auf Grund der Rechtslage Herbst 2005 dadurch, als die Regelungen des IAS 39 zur full fair value-option und zum portfolio hedging von core deposits von der EU nicht übernommen wurden. Ist ein KA unter Beachtung der IFRS, wie sie in der EU anzuwenden sind, aufzustellen und wählt die Ges dabei die full fair value-option, kann im BVm die Übereinstimmung mit den IFRS, wie sie in der EU anzuwenden sind, nicht uneingeschränkt bestätigt werden. 139

140 In diesen Fällen kann das Prüfungsurteil wie folgt formuliert werden:

„Bestätigungsvermerk des Abschlussprüfers

„Meine/Unsere Prüfung hat mit Ausnahme der folgenden Einschränkung zu keinen Einwendungen geführt: Wie in Anhang X erläutert, hat die Gesellschaft den Konzernabschluss unter Beachtung der full fair value-Option nach International Accounting Standard Nr. 39 aufgestellt. Dieser Standard wurde von der EU aufgrund der IFRS-Verordnung übernommen mit Ausnahme bestimmter Regelungen zur full fair value-Option und zum portfolio hedging von core deposits. Nach meiner/unserer Überzeugung steht die Anwendung der full fair value-Option nicht in Übereinstimmung mit den von der EU aufgrund der IFRS-Verordnung übernommenen Rechnungslegungsstandards. Wäre der Konzernabschluss in voller Übereinstimmung mit den IFRS, wie sie in der EU anzuwenden sind, aufgestellt worden, hätte sich der Konzernjahresüberschuss des Geschäftsjahres um ... erhöht/verringert und ... (Beschreibung der finanziellen Auswirkungen).

Mit dieser Einschränkung entspricht der Konzernabschluss nach meiner/unserer Beurteilung auf Grund der bei der Prüfung gewonnenen Erkenntnisse den IFRS, wie sie in der EU anzuwenden sind, und den ergänzend nach § 315 a Abs 1 HGB anzuwendenden handelsrechtlichen Vorschriften (sowie den ergänzenden Bestimmungen des Gesellschaftsvertrags/der Satzung) und vermittelt dieser unter Beachtung dieser Regelungen ein den tatsächlichen Verhältnissen entsprechendes Bild der Vermögens-, Finanz- und Ertragslage sowie der Zahlungsströme des Konzerns. Der Konzernlagebericht steht im Einklang mit dem Konzernabschluss, vermittelt insgesamt ein zutreffendes Bild von der Lage des Konzerns und stellt die Chancen und Risiken der zukünftigen Entwicklung zutreffend dar."

141 Stellt die Ges einen gesonderten zweiten KA in voller Übereinstimmung mit den IFRS auf, kann dieser im Rahmen einer freiwilligen Prüfung uneingeschränkt testiert werden.

I. Zusammengefasster Bestätigungsvermerk

145 Wird der KA zusammen mit dem JA des MU oder mit dem IFRS-EA offengelegt, so dürfen die BVm zum JA bzw zum IFRS-EA des MU und zum KA nach **Wahl des Abschlussprüfers** zusammengefasst werden (§ 325 Abs 3a S 2). Dies gilt auch bei Anwendung unterschiedlicher Rechungslegungsgrundsätze wie zB in den Fällen eines nach handelsrechtlichen Grundsätzen aufgestellten JA und einem nach den IFRS, wie sie in der EU anzuwenden sind, aufgestellten KA, obwohl uE in diesen Fällen der Klarheit wegen auf eine Zusammenfassung der BVm verzichtet werden sollte. Eine über § 325 Abs 3a S 2 hinausgehende Zusammenfassung von BVm ist nicht zulässig.

146 Eine Zusammenfassung ist auch bei **Einschränkung bzw Versagung** des BVm zum JA bzw IFRS-EA und/oder KA zulässig. Bezieht sich eine Einschränkung bzw Versagung nur auf den JA bzw den IFRS-EA des MU (oder nur auf den KA), muss klar erkennbar sein, auf welchen Abschluss (JA bzw IFRS-EA oder KA) sich die Einschränkung bzw Versagung erstreckt. Sollte eine klare Darstellung des Sachverhalts im zusammengefassten BVm nicht möglich sein, ist eine getrennte Erteilung der BVm bzw des BVm und des Versagungsvermerks geboten.

J. Unterzeichnung des Bestätigungsvermerks/ Versagungsvermerks (Abs 7)

Der BVm oder der Versagungsvermerk zum JA und zum KA ist nach Abs 7 S 1 unter Angabe von Ort und Tag zu **unterzeichnen.** Der BVm oder Versagungsvermerk ist auch in den Prüfungsbericht aufzunehmen (Abs 7 S 2), braucht dort aber nicht nochmals unterzeichnet zu werden (*WPH*[12] *I* Q 619; zur Wiedergabe des Vermerks über die JAP im Prüfungsbericht s *IDW PH 9450.2* WPg 2000, 439). Haben AP die Prüfung auftragsgemäß als Gemeinschaftsprüfung durchgeführt, unterzeichnen beide AP. Bei abw Auffassungen beider AP sind getrennte BVm erforderlich. *(IDW PS 208* WPg 1999, 707 Anm 29). 155

Die Unterzeichnung hat (gem § 48 WPO mit Siegelung) eigenhändig unter Angabe der Berufsbezeichnung „WP" oder – bei mittelgroßen KapGes/KapCoGes – „vBP" (§§ 18, 32 WPO) zu erfolgen. Bei freiwilligen JAP kann auch ein Nicht-WP neben dem WP/vBP unterzeichnen (*WPH*[12] *I* Q 819). Der BVm ist auf dem Abschluss anzubringen bzw mit ihm zu verbinden (*IDW PS 400* WPg 1999, 641 Anm 80).

Für die Angabe des **Tages der Unterzeichnung** ist von Bedeutung, dass der 156
BVm oder Versagungsvermerk nach dem abschließenden Ergebnis der Prüfung erteilt wird, dh zeitlich also im Regelfall am Tag der Beendigung der örtlichen Prüfung des Abschlusses und des Lageberichts/Konzernlageberichts, häufig iVm der sog Schlussbesprechung (so auch *IDW PS 400* WPg 1999, 641 Anm 81), gleichzeitig oder nach dem Datum der Aufstellung von Abschluss und Lagebericht. Formelle Nachlaufarbeiten von kurzer Dauer, wie zB Reinschrift des Prüfungsberichts, können dabei unberücksichtigt bleiben.

Wesentlich ist, dass alle bis zum **Zeitpunkt der Erteilung** des BVm (Datum 157
des Testats) dem AP bekannt gewordenen wesentlichen Ereignisse im neuen Gj materiell im Abschluss und/oder Lagebericht Berücksichtigung gefunden haben (so auch *WPH*[12] *I* Q 511). Dies sollte auch für das Datum der sog *Vollständigkeitserklärung* gelten, die nach berufsüblichen Prüfungsgrundsätzen von den gesetzlichen Vertretern ggü dem AP schriftlich abgegeben wird (ebenso *IDW PS 400* WPg 1999, 641 Anm 81; *WPH*[12] *I* Q 610, *IDW PS 303* Erklärungen der gesetzlichen Vertreter ggü dem Abschlussprüfer WPg 2002, 680 Anm 24).

Die Formvorschriften für die Unterzeichnung gelten auch für den BVm bei 158
einer **Nachtragsprüfung** nach § 316 Abs 3.

K. Sonstige Einzelfragen

I. Erstprüfung

Erstprüfungen umfassen APr (vgl *IDW PS 205* WPg 2001, 150 Anm 1), 160
- bei denen der Abschluss des Vj ungeprüft ist (zB wenn eine kleine KapGes/KapCoGes die Größenmerkmale einer mittelgroßen KapGes/KapCoGes erreicht hat),
- bei denen der Abschluss des Vj durch einen anderen AP geprüft worden ist,
- bei Unt, die erstmals einen Abschluss aufstellen (zB UntGründung, Umwandlung, Wechsel von Einnahmenüberschussrechnung zu Bilanzierung, Begr von Konzernverhältnissen; vgl *IDW PS 205* WPg 2001, 150 Anm 11).

Der AP muss bei Erstprüfungen durch eine Ausdehnung seiner Prüfungshandlungen ausreichende und angemessene Prüfungsnachweise hinsichtlich der Eröffnungsbilanzwerte einholen (näheres hierzu s *IDW PS 205* WPg 2001, 150 Anm 10ff).

Die Prüfung der Eröffnungsbilanzwerte wird im BVm nicht gesondert bestätigt. Auswirkungen auf den BVm ergeben sich jedoch zB in folgenden Fällen:

– Es bestehen **Einwendungen gegen den Vorjahresabschluss** Einschränkung/Versagung des oder Hinweis im BVm des Vj), die auch für den aktuellen Abschluss zutreffend und wesentlich sind.
  Folge: Einschränkung/Versagung des oder Hinweis im BVm des aktuellen Jahres, vgl *IDW PS 400* WPg 1999, 641 Anm 52.
– Das **Stetigkeitsgebot** wurde unzulässigerweise durchbrochen oder die Durchbrechung war zulässig, wurde jedoch nicht angemessen angegeben und erläutert.
  Folge: Einschränkung/Versagung des BVm, vgl *IDW PS 400* WPg 1999, 641 Anm 54.
– Der AP ist nicht in der Lage, ausreichende und angemessene Prüfungsnachweise hinsichtlich der Eröffnungsbilanzwerte zu erlangen.
  Folge: Einschränkung/Versagung des BVm auf Grund von **Prüfungshemmnissen,** vgl *IDW PS 400* WPg 1999, 641 Anm 50 und 66 (ausführlich hierzu s *IDW PS 205* WPg 2001, 150 Anm 17).

Zu den Auswirkungen auf den Prüfungsbericht s *IDW PS 205* WPg 2001, 150 Anm 18.

II. Nachtragsprüfung

162 Werden der Abschluss Lagebericht oder Konzernlagebericht nach Erteilung des BVm **geändert,** hat der AP diese Unterlagen erneut zu prüfen, „soweit es die Änderung erfordert" (§ 316 Abs 3 S 1). Über diese Nachtragsprüfung (§ 316 Anm 42ff) ist zu berichten und nach dem Ergebnis dieser Prüfung der BVm entspr zu ergänzen (§ 316 Abs 3 S 2 2. Halbsatz). Einen Formulierungsvorschlag bei uneingeschränkter Bestätigung der Änderungen enthält *IDW PS 400* WPg 1999, 641 Anm 108.

Unter bestimmten Voraussetzungen (ursprüngliche APr und Nachtragsprüfung liegen zeitlich eng beieinander; die Änderung wurde vor Feststellung des JA bzw vor Billigung des IFRS-EA oder KA durchgeführt) ist ein Hinweis auf die Nachtragsprüfung entbehrlich (s *IDW PS 400* WPg 1999, 641 Anm 108).

163 Werden durch die Änderung **bisherige Einwendungen** des AP **nicht beseitigt,** muss in der Ergänzung darauf hingewiesen werden, so dass der alte Wortlaut mit dem Hinweis auf die vorherigen Einwendungen erhalten bleibt.

Ergeben sich aus der Nachtragsprüfung Einwendungen, die zu einer **Einschränkung** oder **Versagung** des BVm führen, gelten die Ausführungen zur Einschränkung (Anm 41ff) oder Versagung (Anm 53ff) entspr. Ggf ist auch § 173 Abs 3 AktG zu beachten (§ 316 Anm 45f; zu weiteren Einzelheiten zu der Frist nach § 173 Abs 3 AktG bei der AG/KGaA sowie nach § 8 Abs 3 PublG s Vor § 325 Anm 84). Das Prüfungsurteil ist neu zu formulieren und in einem gesonderten Absatz um einen Hinweis auf die Änderung zu ergänzen.

164 Lassen die Änderungen **Einwendungen entfallen,** die bis dahin zu einem eingeschränkten BVm geführt hatten, muss das Prüfungsurteil ebenfalls neu formuliert und in einem gesonderten Absatz auf die Änderung hingewiesen werden (vgl *IDW PS 400* WPg 1999, 641 Anm 109).

Der BVm wird sowohl mit dem Datum der Beendigung der ursprünglichen AP als auch mit dem Datum der Beendigung der Nachtragsprüfung versehen (Doppeldatum, s *IDW PS 400* WPg 1999, 641 Anm 110). 165

III. Widerruf des Bestätigungsvermerks

Der Widerruf eines uneingeschränkten oder eingeschränkten BVm ist mit Rücksicht auf das öffentliche Interesse und das Vertrauen der Beteiligten unter bestimmten Voraussetzungen geboten (so auch *Sarx* in FS Clemm, 345 ff; *Erle,* 284 und *WPH*[12] *I* Q 679). Da der Widerruf gesetzlich nicht geregelt ist, vollzieht er sich nach allgemeinen Rechtsgrundsätzen. 170

Der AP ist zum Widerruf verpflichtet, wenn er nach Testatserteilung erkennt, dass die Voraussetzungen für die Erteilung nicht vorgelegen haben, und der betr Abschluss nicht geändert wird (*IDW PS 400* WPg 1999, 641 Anm 111). 171

Die Zulässigkeit eines Widerrufs ist nur in **engen Grenzen** gegeben. Ein Widerruf ist nur zulässig bei gesicherten Erkenntnissen neuer Tatsachen (so auch *WPH*[12] *I* Q 677 ff) und bei Täuschung des AP durch das Unt (ebenso zB *Sarx* in FS Clemm, 346). Unrichtige Wertung von Tatsachen oder Übersehen von Tatsachen durch den AP rechtfertigen ebenfalls einen Widerruf (so auch *Breycha/Schäfer* in HdR[3] § 322 Anm 51; *WPH*[12] *I* Q 677). Auch die Erkenntnis, dass der BVm unvollständig ist und zB keinen Hinweis auf bestandsgefährdende Risiken enthält (Abs 2 S 3), kann einen Widerruf begründen und ggf erforderlich machen (s *ADS*[6] § 322 Anm 363). 172

Der Widerruf ist bei Vorliegen der Voraussetzungen in das pflichtgemäße **Ermessen** des AP gestellt (so auch *WPH*[12] *I* Q 675). Es handelt sich um eine Einzelfallentscheidung, bei der die Einschränkung vor der Möglichkeit des Widerrufs aus Gründen der Rechtssicherheit für das geprüfte Unt Vorrang haben kann (*Sarx* in FS Clemm, 346). Er ist nicht erforderlich, wenn der falsche Eindruck auf Grund des Prüfungsergebnisses auf andere Weise korrigiert wird (offene Korrektur der Mängel im Folgeabschluss unter Berücksichtigung von Ausweis- und Erläuterungspflichten etc; *IDW PS 400* WPg 1999, 641 Anm 112). Die Einholung rechtlichen Rats kann geboten sein (*IDW PS 400* WPg 1999, 641 Anm 115).

Eine **Verpflichtung,** den BVm zu widerrufen, ist grds gegeben, wenn die dem AP neu bekannt gewordenen Tatsachen wesentliche Mängel in der Rechnungslegung betreffen und die Nichtigkeit des JA nach § 256 Abs 6 AktG noch geltend gemacht werden kann (hierzu *WPH*[12] *I* Q 676). Keine Begr für einen Widerruf bieten wertaufhellende Informationen, die erst nach Beendigung der Aufstellungsphase des Abschlusses bekannt wurden und die der AP erst nach Testatserteilung erhält (mit Begr *ADS*[6] § 322 Anm 366). 173

Die **rechtliche Wirkung** eines Widerrufs besteht darin, dass das geprüfte Unt den bisherigen BVm sowie den Prüfungsbericht ab dem Zeitpunkt des Widerrufs nicht mehr verwenden darf (*WPH*[12] *I* Q 684). Die Feststellung des JA vor dem Widerruf wird durch diesen nicht unwirksam (so zB *WPH*[12] *I* Q 648). 174

Erfolgt der Widerruf **vor Feststellung des JA,** vor der Billigung des IFRS-EA oder KA bzw vor dem Gewinnverwendungsbeschluss, kann die Prüfung im Einvernehmen mit dem Unt erneut aufgenommen und der BVm – nunmehr eingeschränkt – neu erteilt oder versagt werden. Steht nur noch die **Offenlegung** nach §§ 325 ff aus, sollte der Widerruf mit der Neuerteilung eines eingeschränkten (bisher uneingeschränkten) Testats oder eines Versagungsvermerks verbunden werden, damit die Offenlegung vollzogen werden kann (ebenso *Sarx* in FS Clemm, 346). Ist auch die Offenlegung schon vollzogen, muss auch der Widerruf entspr offengelegt werden (*WPH*[12] *I* Q 685). Darüber hinaus müssen über den 175

Widerruf alle Personen informiert werden, die von dem BVm in Kenntnis gesetzt wurden, wie etwa Kreditinstitute, die darauf ihre Kreditentscheidungen stützen (*IDW PS 400* WPg 1999, 641 Anm 115; *ADS*[6] § 322 Anm 370).

176 Der Widerruf wird **schriftlich** vorgenommen und ist zu **begründen.** Nach IDW *PS 400* WPg 1999, 641 Anm 115 ist der schriftliche Widerruf an den Auftraggeber zu richten.

177 Bei einem unberechtigten wie auch bei einem unterlassenen Widerruf kann der AP ggf zum **Schadensersatz** verpflichtet sein.

178 Für den Widerruf des BVm zum **Konzernabschluss** gelten die Ausführungen zum Widerruf beim JA entspr. Eine Besonderheit für den KA kann sich dadurch ergeben, dass für ein in den KA einbezogenes TU der bisherige BVm widerrufen wird. Ob ein solcher Vorgang einen Widerruf des BVm zum KA auslösen kann, muss im Einzelfall nach dem wirtschaftlichen Einfluss der nachträglichen Einwendungen auf den Aussagewert des KA beurteilt werden (so *Sarx* in FS Clemm, 347).

IV. Bedingte Erteilung des Bestätigungsvermerks

180 Ein Vorbehalt zum BVm – iS einer aufschiebenden Bedingung – kommt in Betracht, wenn in dem geprüften Abschluss bereits Sachverhalte berücksichtigt wurden, die erst nach Prüfungsende abgeschlossen werden, jedoch auf den Abschluss zurückwirken. Es wird gefordert, dass es sich hierbei um formgebundene Verfahren handelt und der Eintritt der Bedingung mit an Sicherheit grenzender Wahrscheinlichkeit angenommen werden kann. Mit Eintritt der Bedingung wird der BVm wirksam (*IDW PS 400* WPg 1999, 641 Anm 98 ff).

181 Typische Beispielsfälle hierfür stellen die zeitlich mit Rückbeziehung bilanzierte **vereinfachte Kapitalherabsetzung** mit oder ohne Kapitalerhöhung nach §§ 234, 235 AktG oder §§ 58 e, 58 f GmbHG dar; beide Maßnahmen bedürfen dann jeweils noch der Beschlussfassung durch die HV (GesV) und Einhaltung bestimmter Fristen (s auch § 272 Anm 35; ausführlich dazu auch *Förschle/Heinz* in Sonderbilanzen[3] O Anm 101 ff).

182 Auch wenn der Vj-JA noch nicht festgestellt wurde, die Feststellung jedoch ansteht, kann zum aktuellen JA ein bedingter BVm erteilt werden (*IDW PS 400* WPg 1999, 641 Anm 99). Gleiches gilt im Falle aktienrechtlicher Nachgründungstatbestände, die zu ihrer Wirksamkeit noch der Zustimmung der HV und der Eintragung in das HR bedürfen (s *Kohl* Die Prüfung des Jahresabschlusses unter Berücksichtigung von aktienrechtlichen Nachgründungstatbeständen BB 1995, 139).

183 In diesem Zusammenhang sind auch **Sanierungen** zu nennen, deren Durchführung Voraussetzung für die Bilanzierung unter der Annahme des Fortbestands der Ges ist, jedoch erst nach Erteilung des BVm erfolgt (ausführlich dazu *Förschle/Heinz* in Sonderbilanzen[3] Kapitel O). Der Inhalt der Sanierungsmaßnahmen muss allerdings schon feststehen und ihre Rechtswirksamkeit darf nur noch von der Erfüllung formaler Voraussetzungen abhängen (*IDW PS 400* WPg 1999, 641 Anm 103).

184 Die aufschiebende Bedingung ist vor dem BVm aufzuführen (*IDW PS 400* WPg 1999, 641 Anm 101):

„Unter der Bedingung, dass die beschlossene, im Jahresabschluss berücksichtigte vereinfachte Kapitalherabsetzung mit anschließender Kapitalerhöhung im Handelsregister eingetragen wird, erteile ich/erteilen wir den nachstehenden Bestätigungsvermerk:

Bestätigungsvermerk des Abschlussprüfers“

……“.

Wurden im Abschluss Sachverhalte berücksichtigt, die erst nach dem Abschlussstichtag eintreten, aber *nicht* auf den Abschluss zurückwirken (zB Ausbuchung einer Verbindlichkeit, für die ein **Forderungsverzicht** erst **nach dem Bilanzstichtag** erklärt wird), ist der BVm entspr einzuschränken (*IDW PS 400* WPg 1999, 641 Anm 102). **185**

L. Rechtsfolgen bei Verstößen gegen § 322

Für ein unrichtiges Testat haftet der AP nach Maßgabe von § 323 (hierzu *BGH* 2. 4. 1998 BB, 1152). AP oder ihre Gehilfen, die vorsätzlich einen inhaltlich unrichtigen BVm erteilen, können nach § 332 mit einer Freiheitsstrafe oder einer Geldstrafe bestraft werden. Die **Auswirkungen eines Widerrufs** des BVm auf die Haftung des AP (Anm 120) können nur im Einzelfall beurteilt werden. **190**

§ 323 Verantwortlichkeit des Abschlußprüfers

(1) [1]**Der Abschlußprüfer, seine Gehilfen und die bei der Prüfung mitwirkenden gesetzlichen Vertreter einer Prüfungsgesellschaft sind zur gewissenhaften und unparteiischen Prüfung und zur Verschwiegenheit verpflichtet; § 57 b der Wirtschaftsprüferordnung bleibt unberührt.** [2]**Sie dürfen nicht unbefugt Geschäfts- und Betriebsgeheimnisse verwerten, die sie bei ihrer Tätigkeit erfahren haben.** [3]**Wer vorsätzlich oder fahrlässig seine Pflichten verletzt, ist der Kapitalgesellschaft und, wenn ein verbundenes Unternehmen geschädigt worden ist, auch diesem zum Ersatz des daraus entstehenden Schadens verpflichtet.** [4]**Mehrere Personen haften als Gesamtschuldner.**

(2) [1]**Die Ersatzpflicht von Personen, die fahrlässig gehandelt haben, beschränkt sich auf eine Million Euro für eine Prüfung.** [2]**Bei Prüfung einer Aktiengesellschaft, deren Aktien zum Handel im amtlichen Markt zugelassen sind, beschränkt sich die Ersatzpflicht von Personen, die fahrlässig gehandelt haben, abweichend von Satz 1 auf vier Millionen Euro für eine Prüfung.** [3]**Dies gilt auch, wenn an der Prüfung mehrere Personen beteiligt gewesen oder mehrere zum Ersatz verpflichtende Handlungen begangen worden sind, und ohne Rücksicht darauf, ob andere Beteiligte vorsätzlich gehandelt haben.**

(3) **Die Verpflichtung zur Verschwiegenheit besteht, wenn eine Prüfungsgesellschaft Abschlußprüfer ist, auch gegenüber dem Aufsichtsrat und den Mitgliedern des Aufsichtsrats der Prüfungsgesellschaft.**

(4) **Die Ersatzpflicht nach diesen Vorschriften kann durch Vertrag weder ausgeschlossen noch beschränkt werden.**

Übersicht

Schrifttum: *Bunte* Allgemeine Auftragsbedingungen für Wirtschaftsprüfer und Wirtschaftsprüfungsgesellschaften und das AGB-Gesetz BB 1981, 1964; *Ebke* Wirtschaftsprüfer und Dritthaftung, Bielefeld 1983; *Schuster* Dritthaftung des Wirtschaftsprüfers am Beispiel der Haftung für Prospektgutachten BB 2005, 98; *Schlechtriem* Summenmäßige Haftungsbeschränkungen in AGB BB 1984, 1177; *Brandner* Berufshaftung und Versicherung der Wirtschaftsprüfer JZ 1985, 757; *Nann* Wirtschaftsprüferhaftung, Frankfurt 1985; *Hohenlohe-Oefwingen* Die Rechtsprechung zur Auskunftshaftung BB 1986, 894; *Hopt* Die Haftung des Wirtschaftsprüfers WPg 1986, 461, 498; *Hopt* Dritthaftung für Testate NJW 1987, 1745; *Gräfe/Lenzen/Rainer*[3] Steuerberaterhaftung, Herne/Berlin 1988; *Hartmann* Das Problem der sog. Dritthaftung – Möglichkeit der Haftungsbeschränkung?! Stbg 2002, 527; *Lang* Die Rechtsprechung des Bundesgerichtshofs zur Dritthaftung der Wirtschaftsprüfer und anderer Sachverständiger WM 1988, 1001; *Lang* Zur Dritthaftung der Wirtschaftsprüfer WPg 1989, 57; *Lanfermann* Internationale Abschlussprüfungsstandards in der Europäischen Union DSWR 2005, 110); *Müssig* Falsche Auskunftserteilung und Haftung NJW 1989, 1697; *Schmitz* Die Vertragshaftung des Wirtschaftsprüfers und Steuerberaters DB

1989, 1909; *Lang* Zur Dritthaftung der Wirtschaftsprüfer, Mannheimer Vorträge zur Versicherungswirtschaft, Karlsruhe 1991; *Scheel* Die Haftung des Wirtschaftsprüfers für fahrlässig verursachte Vermögensschäden Dritter WM 1991, 389; *Streck* Haftungsfall Testat StB 1991, 98; *Müller* Grenzen und Begrenzbarkeit der vertragsrechtlichen Dritthaftung für Prüfungsergebnisse des Abschlussprüfers in FS Forster, 451; *Quick* Die Haftung des handelsrechtlichen Abschlussprüfers BB 1992, 1675; *Ebke/Bert* Vereinheitlichung der Abschlussprüfung in Europa durch Rechtsprechung EWS 1993, 229; *Schmitt* Probleme des Zeugnisverweigerungsrechts (§ 53 Abs 1 Nr 3 StPO, § 386 Abs 1 Nr 6 ZPO) und des Beschlagnahmeverbots (§ 97 StPO) bei Beratern juristischer Personen – zugleich ein Beitrag zu der Entbindungsbefugnis des Konkursverwalters wistra 1993, 9; *Erman*[9] Handkommentar zum BGB, Münster 1993; *Ulmer/Brandner/Hensen*[7] AGB-Gesetz Kommentar zum Gesetz zur Regelung des Rechts der Allgemeinen Geschäftsbedingungen, Köln 1993; *Kleinknecht/Mayer-Goßner*[42] Strafprozessordnung, München 1995; *Poll* Die Verantwortlichkeit des Abschlussprüfers nach § 323 HGB, DZWiR 1995, 95; *Ebke* Keine Dritthaftung des Pflichtprüfers für Fahrlässigkeit nach den Grundsätzen des Vertrags mit Schutzwirkung für Dritte BB 1997, 1731; *Ebke* Zum Ausschluss der Dritthaftung im Rahmen des Entwurfs eines Gesetzes zur Kontrolle und Transparenz im Unternehmensbereich WPK–Mitt 1997, 108; *Dörner* Ändert das KonTraG die Anforderungen an den Abschlussprüfer? BB 1998, 1; *Canaris,* Die Reichweite der Expertenhaftung gegenüber Dritten ZHR 163 (1999), 206; *Zugehör,* Berufliche „Dritthaftung" – insb der Rechtsanwälte, Steuerberater, Wirtschaftsprüfer und Notare – in der deutschen Rechtsprechung NJW 2000, 1601; *Poll,* Die Haftung der Freien Berufe – Aspekte der Berufshaftung von Wirtschaftsprüfern und verwandten Professionen WPK-Mitt 2000, 142; *Canaris* Die Reform des Rechts der Leistungsstörungen JZ 2001, 499; *Möllers* Zu den Voraussetzungen einer Dritthaftung des Wirtschaftsprüfers bei fahrlässiger Unkenntnis der Testatverwertung JZ 2001, 909; *Ziegler/Rieder* Vertragsgestaltung und Vertragsanpassung nach dem Schuldrechtsmodernisierungsgesetz ZIP 2001, 1789; *Däubler* Neues Schuldrecht – ein erster Überblick NJW 2001, 3729; *Ott* Das neue Schuldrecht – Überleitungsvorschriften und Verjährung MDR 2002, 1; *Dauner-Lieb/Heidel/Lepa/Ring* (Hrsg) Anwaltskommentar Schuldrecht, Bonn 2002; *Zimmer* Das neue Recht der Leistungsstörungen NJW 2002, 1 *Heppe* Nach dem Vertrauensverlust – Ist es an der Zeit, die Dritthaftung deutscher Abschlussprüfer zu verschärfen WM 2003, 714 u 753; *Hilber/Hartung* Auswirkungen des Sarbanes-Oxley Act auf deutsche WP-Gesellschaften: Konflikte mit der Verschwiegenheitspflicht der Wirtschaftsprüfer und dem Datenschutzrecht BB 2003, 1054; *Bärenz* Haftung der Abschlussprüfer bei Bestätigung fehlerhafter Jahresabschlüsse gem § 323 Abs 1 S 3 HGB BB 2003, 1781; *Mock* Die Verschwiegenheitspflicht des Abschlussprüfers und Interessenkonflikte DB 2003, 1996; *Quick* Geheimhaltungspflicht des Abschlussprüfers: strafrechtliche Konsequenzen BB 2004, 1490.

A. Allgemeines

§ 323 fasst die Pflichten des AP und seiner Mitarbeiter bei der gesetzlich vorgeschriebenen APr **(Pflichtprüfung)** zusammen und regelt die zivilrechtlichen Folgen ihrer Verletzung. 1

Abs 1 S 1 und 2 führt folgende **Pflichten** auf:

- gewissenhafte und unparteiische Prüfung,
- Verschwiegenheit,
- keine unbefugte Verwertung von Geschäfts- und Betriebsgeheimnissen (Verwertungsverbot).

Zur Einhaltung dieser Pflichten ist der WP/vBP bereits durch Berufsrecht verpflichtet. § 43 Abs 1 WPO hält ihn insb an, „seinen Beruf ... gewissenhaft, verschwiegen ... auszuüben" und „sich ... unparteiisch zu verhalten". Verstöße gegen § 43 Abs 1 WPO können berufsrechtlich geahndet werden (§§ 67 ff WPO). Die Verschwiegenheitspflicht und das Verwertungsverbot sind auch strafrechtlich sanktioniert (§ 333 HGB, § 203 StGB und § 38 WpHG, s dazu auch *Quick* BB 2004, 1490 und Anm 54).

2 Mit der Aufnahme dieser Pflichten auch in das HGB wurden diese aber nicht nur im Verhältnis zwischen AP und geprüfter KapGes/KapCoGes zwingend festgelegt, sondern auch für den Fall der Verletzung dieser Pflichten eine spezifisch ausgestaltete **zivilrechtliche Haftung** angeordnet: Die Einzelheiten sind in Abs 1 S 3 und 4, Abs 2 und Abs 5 niedergelegt. Diese Haftungsregelung modifiziert zunächst in zwei Punkten die Rechtsfolgen, die sich nach den allgemeinen Vorschriften (§§ 275 ff BGB) aus dem Prüfungsauftrag an den AP (§ 318 Abs 1 S 4), ergeben:

- Die Haftung ist bei Fahrlässigkeit auf 1 bzw 4 Mio € beschränkt (Abs 2);
- die Ersatzpflicht kann durch Vertrag weder ausgeschlossen noch (weiter) beschränkt werden (Abs 4).

Die Regelungen des § 323 greifen aber auch über die unmittelbaren Vertragspartner des Prüfungsauftrags (KapGes/KapCoGes und AP) hinaus:

- Die Ersatzpflicht trifft auch die Gehilfen des AP, bei einer WPG/BPGes uU auch deren gesetzliche Vertreter persönlich, obwohl zwischen ihnen und dem zu prüfenden Unt keine vertraglichen Beziehungen bestehen;
- Anspruchsberechtigter kann auch ein mit der KapGes/KapCoGes verbundenes Unt sein, obwohl es zum AP und seinen gesetzlichen Vertretern oder Gehilfen nicht in einem Vertragsverhältnis steht (Abs 1 S 3).

§ 323 ist eine spezifische gesetzliche Haftungsregelung für Pflichtverstöße bei der Erfüllung des Prüfungsauftrags, der als Werkvertrag zu qualifizieren ist (*BGH* 1. 2. 2000 NJW, 1107). Die gesetzliche Haftungsobergrenze kommt auch für große und mittlere GmbH/KapCoGes ohne besondere Vereinbarung zur Anwendung.

3 § 323 (inkl der Haftungsbegrenzung) findet auch bei gesetzlich vorgeschriebenen *Konzernabschluss-, Gründungs-, Nachgründungs-, Sonder- und Verschmelzungsprüfungen* Anwendung (§§ 49, 53, 144, 258 Abs 5 S 1, § 315 AktG, § 11 Abs 2 UmwG). Er gilt ferner für die Prüfung einer *Kapitalerhöhung aus Gesellschaftsmitteln* (§ 209 Abs 4 S 2 AktG, § 57f Abs 3 S 2 GmbHG), bei der Prüfung von *Unternehmensverträgen* (§ 293d Abs 2 AktG) sowie bei der Prüfung von *Eingliederungen* (§ 320 Abs 3 AktG). Die Haftung betrifft auch Prüfungen nach dem Umwandlungsgesetz bei *Verschmelzungen:* §§ 9, 11 Abs 2, 44, 48, 56, 60 Abs 1, 73, 78, 81, 96, 100, 106, 109, 121 UmwG; bei *Spaltungen:* §§ 125, 135, 144, 159 Abs 2 UmwG; bei *Vermögensübertragungen:* §§ 176 Abs 1, 177 Abs 1, 178 Abs 1, 179 Abs 1, 180 Abs 1, 184 Abs 1, 186 Abs 1, 188 Abs 1, 189, Abs 1 UmwG; bei *Formwechsel:* §§ 197, 208, 220 Abs 3, 225, 227, 245 Abs 1–3, 250, 264 Abs 3, 277, 295, 303 Abs 1 UmwG.

4 Grds ist § 323 auch bei allen anderen gesetzlich angeordneten Prüfungen anzuwenden, unabhängig, ob eine ausdrückliche Verweisung erfolgt oder nicht (so auch *ADS*[6] § 323 Anm 7).

5 § 323 mit seinen Besonderheiten (Anm 2) gilt *nicht* für freiwillige APr; ebenso wenig dann und insoweit, als der AP während einer gesetzlich vorgeschriebenen APr auf Bitten des Unt zusätzliche Prüfungshandlungen durchführt, die nicht mehr als Teil der (gesetzlich vorgeschriebenen) APr angesehen werden können (*Ebke* in MünchKomm HGB § 323 Anm 14).

B. Pflichten des Abschlussprüfers

I. Gewissenhafte und unparteiische Prüfung (Abs 1 S 1)

1. Prüfung

Abs 1 S 1 bezieht die Pflicht, gewissenhaft und unparteiisch vorzugehen, pauschal auf die „Prüfung“. Damit sind alle Tätigkeiten des AP gemeint, die in den §§ 316–324 im Unterabschnitt „Prüfung“ zusammengefasst sind. Zu nennen sind hier insb 10

- die eigentlichen **Prüfungshandlungen** im Rahmen der Prüfung gem § 317;
- die Entgegennahme von **Unterlagen** und die Einholung von **Auskünften** nach § 320;
- die **Berichterstattung** über die Prüfung nach § 321 einschl der sog **Redepflicht** nach § 321 Abs 1 S 3;
- die Erteilung des **Bestätigungsvermerks** bzw seine Einschränkung oder Versagung nach § 322.

Gem § 57b Abs 4 WPO gilt § 323 auch für die Prüfer/die Prüfung des obligatorischen Qualitätskontrollverfahrens – Peer Review. (Zur hierbei eingeschränkten Pflicht zur Verschwiegenheit des AP s Anm 39).

2. Gewissenhaftigkeit

Mit dem Tatbestandsmerkmal „gewissenhaft“ werden keine zusätzlichen oder erhöhten Anforderungen an die Sorgfaltspflicht des AP begründet; es wird nur deklaratorisch das Maß an Sorgfalt bezeichnet, das sich schon nach den allgemeinen Grundsätzen des BGB ergeben würde. 11

Aufgrund des Prüfungsauftrags (§ 318) ist der AP verpflichtet, die Prüfung mit der „im Verkehr erforderlichen Sorgfalt“ durchzuführen (Umkehrschluss aus § 276 Abs 1 S 2 BGB). Anders als im Strafrecht gilt im BGB kein individueller, sondern ein auf die allgemeinen Verkehrsbedürfnisse ausgerichteter objektiver Sorgfaltsmaßstab (so *Heinrichs* in Palandt[64] § 276 Anm 15). Entscheidend ist danach, wie sich ein normaler, ordentlicher und gewissenhafter Mensch in der betr Lage verhalten würde. Bei Tätigkeiten, die besondere Kenntnisse oder Erfahrungen erfordern und deswegen besonderen Berufen vorbehalten sind, ist auf das Maß an Umsicht und Sorgfalt abzustellen, dass „entsprechend dem Urteil besonnener und gewissenhafter Angehöriger des in Betracht kommenden engeren Verkehrskreises“ zu fordern ist (s *Battes* in Erman[9] § 276 Anm 19f mwN). Maßgeblich ist jedoch nicht, was insoweit etwa üblich sein mag, sondern allein das, was nach Sinn und Zweck der gesetzlichen Regelungen über die APr *erforderlich* ist (*Ebke* in MünchKomm HGB § 323 Anm 39).

Die Anforderungen an eine „gewissenhafte“ APr sind abhängig von den konkreten Verhältnissen des Einzelfalls. Dessen ungeachtet hat sich die WPK seit langem um eine Konkretisierung dessen bemüht, was unter „gewissenhaft“ zu verstehen ist. Ihre Auffassung ist in der Satzung über die Rechte und Pflichten bei der Ausübung der Berufe des Wirtschaftsprüfers und des vereidigten Buchprüfers (Berufssatzung) v 11. 6. 1996 idF v 16. 6. 2005 – wenn auch in einer sehr generellen Form – geregelt. Die Berufsrichtl, in denen entspr Regelungen früher enthalten waren, wurden bei Erlass der Berufssatzung außer Kraft gesetzt, sind aber für die Auslegung der Berufssatzung von Bedeutung, weil mit der Berufssatzung ausweislich ihrer Begr die in den Berufsrichtlinien enthaltenen Grundsätze weitgehend fortgeführt werden sollen. 12

13 Das Merkmal der **Gewissenhaftigkeit** wird in § 4 der **Berufssatzung** wie folgt konkretisiert:

§ 4 Gewissenhaftigkeit

(1) WP/vBP sind bei der Erfüllung ihrer Aufgaben an das Gesetz gebunden, haben sich über die für ihre Berufsausübung geltenden Bestimmungen zu unterrichten und diese und fachliche Regelungen zu beachten. Sie haben sich dementsprechend in einem Umfang fortzubilden, der ihre fachliche Kompetenz erhält und sicherstellt, dass sie den gesetzlichen Aufgaben gerecht werden (§ 43 Abs 2 S 4 WPO).

(2) WP/vBP dürfen Aufträge nur übernehmen, wenn sie über die erforderliche Sachkunde und die zur Bearbeitung nötige Zeit verfügen.

(3) WP/vBP haben durch eine sachgerechte Gesamtplanung aller Aufträge die Voraussetzung dafür zu schaffen, dass die übernommenen und erwarteten Aufträge unter Beachtung der Berufsgrundsätze ordnungsgemäß durchgeführt und zeitgerecht abgeschlossen werden können.

(4) Treten nach Auftragsannahme Umstände ein, die zur Ablehnung des Auftrages hätten führen müssen, ist das Auftragsverhältnis zu beenden.

Auch Satzungsbestimmungen zur Qualitätssicherung (sowie über Art und Weise der Berichterstattung) berühren das Gebot der Gewissenhaftigkeit. In der Begr zu den einzelnen Vorschriften der Berufssatzung wird ausdrücklich darauf hingewiesen, dass die Verpflichtung zur Fortbildung zu den elementaren Voraussetzungen für die Sicherung der Qualität der Berufsarbeit gehört und damit als Ausfluss der Pflicht zur Gewissenhaftigkeit anzusehen ist.

14 Ergänzend ist folgendes anzumerken:

a) Bei den fachlichen Regelungen, die in § 4 Abs 1 S 1 der Berufssatzung angesprochen werden, spielen naturgemäß die **Verlautbarungen des IDW zu Fragen der Abschlussprüfung** eine wichtige Rolle. Zielrichtung der Verlautbarungen ist es vor allem, dem AP im Rahmen seiner beruflichen Pflichten, insb der Gewissenhaftigkeit und Eigenverantwortlichkeit, einen Bestand an anerkannten Regeln aufzuzeigen. Grundlegend sind die deutschen Prüfungsgrundsätze (IDW PS).

15 Zu den fachlichen Regelungen iSv § 4 Abs 1 S 1 der Berufssatzung gehören aber auch die Verlautbarungen des **IDW zu Fragen der Rechnungslegung,** dh insb des materiellen Bilanzrechts, bezeichnet als IDW Stellungnahmen zur Rechnungslegung (IDW RS) oder IDW Rechnungslegungshinweise (IDW RH).

Die Verlautbarungen des IDW werden zunächst als Entwürfe, gekennzeichnet zB als IDW EPS oder IDW EPH unter datierter Angabe des jeweiligen Bearbeitungsstands mit der Bitte um Stellungnahme interessierter Kreise veröffentlicht; nach einer Kommentierungsfrist wird der endgültig festgestellte Standard oder Hinweis veröffentlicht.

16 **b)** Jeder AP muss die **Verlautbarungen des IDW** kennen und sich zumindest bei solchen, die die **Berufsauffassung** zur APr darlegen, sehr sorgfältig überlegen, ob er davon abweichen darf. Gleichzeitig ist aber festzustellen, dass die PS und PH für den einzelnen WP oder vBP nicht unmittelbar rechtlich verbindlich sind; sie enthalten insb **keine Weisungen,** denen der AP ohne weiteres zu folgen verpflichtet wäre. Es dürfte deswegen auch zu weit gehen, die Verlautbarungen des IDW als *Mindest*anforderungen an die APr anzusehen und zu fordern, dass sie vom AP im Einzelfall eingehalten werden müssen (so aber *Hopt* WPg 1986, 503; *Baumbach/Hopt*[30] § 323 Anm 1). Ein solches Verständnis wäre im Übrigen auch mit den Grundsätzen der Unabhängigkeit und Eigenverantwortlichkeit des WP/vBP (§ 43 Abs 1 S 1 WPO, §§ 20–27 der Berufssatzung) unvereinbar (*WPH*[12] *I* A 228ff). Ein AP, der die Verlautbarungen des IDW bei einer APr beachtet, wird sich aber grds von dem Vorwurf der mangeln-

den Gewissenhaftigkeit entlasten können. Dagegen kann damit, dass ein AP bewusst von einer solchen Verlautbarung abgewichen ist, noch nicht der Nachweis geführt werden, er habe die APr nicht gewissenhaft durchgeführt – denn für die Abweichung kann es durchaus sachliche Gründe geben (zB atypischer Sachverhalt).

c) Auch die Verlautbarungen des **DRSC** (s § 342 Anm 3f) gehören zu den fachlichen Regelungen, die für die Prüfung der Konzernrechnungslegung zu beachten sind. Werden solche Standards vom **BMJ** bekannt gemacht, haben sie die gesetzliche (allerdings widerlegbare) *Vermutung* für sich, die **GoB** zu Konzernrechnungslegung zutreffend wiederzugeben (*Ebke* MünchKomm HGB § 342 Anm 22). Werden diese Standards beachtet, wird vermutet, dass damit auch zugleich die GoB zur Konzernrechnungslegung befolgt werden, so dass insoweit dem Gebot der Gewissenhaftigkeit Rechnung getragen ist. 17

d) Auch **internationale Prüfungs- und Rechnungslegungsstandards** sind unter dem Gesichtspunkt der Gewissenhaftigkeit heranzuziehen, soweit deutsches Recht nicht entgegensteht, insb wenn und soweit eine beabsichtigte Angleichung deutscher Standards an internationale Standards noch aussteht. Normengeber internationaler **Prüfungsstandards** ist die International Federation of Accountants (IFAC) bzw eines seiner Gremien, das International Auditing and Assurance Standards Board (IAASB) Die von diesem Gremium entwickelten und verlautbarten International Standards on Auditing **(ISA)** sind an die nationalen Mitgliedsunternehmen der IFAC gerichtet, für Deutschland IDW und WPK, die ihrerseits verpflichtet sind, die einzelnen Berufsangehörigen über diese Verlautbarungen zu informieren und diese im Rahmen des rechtlich Möglichen in die nationalen Prüfungsstandards zu transformieren. Die **ISA** binden weder die Berufsangehörigen unmittelbar noch deutsche Gerichte (*Ebke* in MünchKomm HGB § 323 Anm 28; *IDW PS* 201.32). 18

Bei der Prüfung von Abschlüssen, die nach internationalen **Rechnungslegungsstandards,** den vom **IASB** verlautbarten **IAS/IFRS** oder den **US-GAAP** aufgestellt sind, sind die internationalen Rechnungslegungsstandards unter dem Gesichtspunkt der Gewissenhaftigkeit des Prüfers insoweit von Relevanz, als diese Standards dem *Prüfungsobjekt* zugrunde liegen und dieses prägen. Die Pflichtprüfungen von solchen Abschlüssen erfolgt aber nicht gleichsam automatisch nach internationalen *Prüfungsstandards,* sondern nach nationalen, wenn auch der ISA indirekt durch das IDW in die deutschen Prüfungsgrundsätze transformiert werden. (*Lanfermann* DSWR 2005, 110). 19

e) Aus der **Darstellung von Sachverhalten** in dem Prüfungsbericht des AP muss ersichtlich sein, ob sie auf eigenen Feststellungen des AP beruhen oder ob Angaben Dritter übernommen oder verwertet wurden (§ 25 der Berufssatzung). 20

Der AP muss davon ausgehen, dass Ausführungen in seinem Prüfungsbericht als seine eigenen Feststellungen angesehen werden, denen eine besondere Zuverlässigkeit zukommt. Deshalb muss klar zum Ausdruck kommen, wenn die Arbeiten eines anderen externen Prüfers *(IDW PS 320),* der Internen Revision *(IDW PS 321)* und die Arbeiten von Sachverständigen *(IDW PS 322)* verwendet wurden.

f) Die **Redepflicht** gem § 321 Abs 1 S 3 ist stets zu beachten. Hiernach ist der AP gehalten, bei Gefahr im Verzuge über bestimmte wichtige Vorgänge (Bestandsgefährdung des Unt, wesentliche Beeinträchtigung der Entwicklung des Unt, schwerwiegende Gesetzesverstöße der Geschäftsführung) nicht nur im Prüfungsbericht, sondern uU auch vorab gesondert zu berichten (hierzu § 321 Anm 45). Die Berichterstattung muss *auch* direkt ggü dem Aufsichtsorgan der KapGes/KapCoGes erfolgen. 21

22 **g)** Für den Prüfungsbericht gilt das Gebot der **Sachlichkeit;** es ist ohne subjektive Wertungen zu berichten. Die Schlussfolgerungen sind aus festgestellten Tatbeständen abzuleiten und alle wesentlichen Feststellungen sind bei der Urteilsbildung zu berücksichtigen und zu erwähnen (§ 13 Abs 1 der Berufssatzung). Hier überlagert sich die Pflicht zur Gewissenhaftigkeit mit der Pflicht, unparteiisch zu sein (Anm 25).

23 **h)** Da **Zeitmangel** kein Entschuldigungsgrund für eine unzulängliche Berufsausübung ist, hat der WP/vBP unverzüglich darauf hinzuweisen, wenn er einen Auftrag nicht ordnungsgemäß in der gesetzten Frist durchführen kann (§ 4 Abs 2 der Berufssatzung). Art und Umfang (Ziele) der APr sind gesetzlich vorgegeben (§ 317); sie dürfen in Absprache mit dem geprüften Unt, zB aus Zeitgründen, nicht eingeschränkt werden. Die Haftung des AP kann durch solche Absprachen weder beseitigt noch eingeschränkt werden (Abs 4; Anm 135).

3. Unparteilichkeit

25 Bei der Durchführung von APr gibt es keine eigentlichen Parteien, zu denen sich der AP „unparteiisch" verhalten muss. Dies vorausgeschickt, wird man Abs 1 S 1 dahingehend verstehen können, dass der AP nicht nur die Interessen der KapGes/KapCoGes zu berücksichtigen hat (wobei diese noch von dem Vertretungsorgan – Vorstand/Geschäftsführung/phG –, einem etwaigen AR und den Anteilseignern unterschiedlich gesehen werden können). Er muss vielmehr *auch* die Interessen des AR (als Auftraggeber § 318 Abs 1), der Gläubiger und Mitarbeiter sowie der Allgemeinheit im Auge behalten, die ebenfalls an der ordnungsgemäßen Prüfung des JA und an deren Ergebnissen (BVm, Prüfungsbericht), zB in den Fällen des § 18 KWG, interessiert sind.

26 Der Grundsatz der Unparteilichkeit bedeutet deswegen namentlich, dass der AP Gruppeninteressen auszuschließen hat und sich insb von den Organen der KapGes/KapCoGes nicht darin beeinflussen lässt, in welcher Weise er die Prüfung vorzunehmen oder das Prüfungsergebnis darzustellen hat (ähnlich *ADS*[6] § 323 Anm 28). Das schließt aber zB die Aushändigung eines Entwurfs des Prüfungsberichts an die Geschäftsführung der KapGes/KapCoGes und die Berücksichtigung sachlich begründeter Hinweise nicht aus (s dazu auch *WPH*[12] *I* Q 283f). Denn diese „Lesestücke" des Prüfungsberichts sind ein letztes Auskunftsersuchen des Prüfers gem § 320 vor Auslieferung des endgültigen Prüfungsberichts; § 321 Anm 141.

27 Inhaltlich besteht kein Unterschied zu der Pflicht des WP/vBP nach § 43 Abs 1 S 2 WPO, sich bei der Erstattung von Prüfungsberichten (und Gutachten) unparteiisch zu verhalten. In § 20 der Berufssatzung heißt es dazu:

> „WP/vBP haben sich insbesondere bei der Erstellung von Prüfungsberichten und Gutachten unparteiisch zu verhalten (§ 43 Abs 1 S 2 WPO), dh keinen der Beteiligten zu benachteiligen oder zu bevorzugen. Dazu ist es erforderlich, den Sachverhalt vollständig zu erfassen, unter Abwägung der wesentlichen Gesichtspunkte fachlich zu beurteilen und bei der Berichterstattung alle wesentlichen Gesichtspunkte vollständig wiederzugeben."

WP/vBP haben ihre Tätigkeit zu versagen, wenn sie bei der Durchführung von Prüfungen oder Erstattung von Gutachten nicht unbefangen sind oder die Besorgnis der Befangenheit besteht (§ 21 Abs 1 Berufssatzung). **Besorgnis der Befangenheit** liegt vor, wenn Umstände gegeben sind, die aus Sicht eines verständigen Dritten geeignet sind, die Urteilsbildung unsachgemäß zu beeinflussen, sofern sie nicht offensichtlich oder iZm Schutzmaßnahmen nach § 22 Berufssatzung unbedeutend sind. Die Unbefangenheit kann durch folgende –

geschäftlich, finanziell oder persönlich veranlassten – Umstände beeinträchtigt werden:
– Eigeninteressen (s § 23 Berufssatzung),
– Selbstprüfung (s § 23 a Berufssatzung),
– Interessenvertretung (s § 23b Berufssatzung) sowie
– persönliche Vertrautheit (s § 24 Berufssatzung).

Die Besorgnis der Befangenheit kann ferner dadurch begründet werden, dass einer der vorgenannten Umstände ua durch Personen, mit denen der WP/vBP seinen Beruf gemeinsam ausübt oder Personen, soweit diese mit der Auftragsdurchführung beschäftigt sind, oder durch „Angehörige" verwirklicht werden (§ 21 Abs 4 S 1 Nrn 1 bis 5 Berufssatzung). Entspr gilt bei WPG und BPGes ua, wenn ihre gesetzlichen Vertreter oder Gester, die maßgeblichen Einfluss ausüben können oder bei der Prüfung in verantwortlicher Position beschäftigt sind (§ 22 Abs 4 S 2 Berufssatzung).

II. Verschwiegenheitspflicht (Abs 1 S 1, Abs 3)

Eine Pflicht (auch) zur Verschwiegenheit besteht immer – es sei denn, der AP 30 ist berechtigt oder gar verpflichtet, sich zu äußern. Da die Redebefugnis die Ausnahme von der Regel ist, wird der WP/vBP aber immer die Voraussetzungen für ihr Vorliegen darlegen und beweisen müssen, wenn er Informationen aus der APr weitergegeben hat; Darlegungs- oder Beweisprobleme gehen dann zu seinen Lasten.

1. Umfang und Grenzen

Abs 1 S 1 erlegt dem AP ganz allgemein die Pflicht zur Verschwiegenheit auf; 31 diese Pflicht bezieht sich deswegen grds auf alles, was ihm iZm mit der Durchführung der APr übermittelt oder in sonstiger Weise bekannt geworden ist. Nur bei dieser weiten Auslegung ist das umfassende Einblicks- und Informationsrecht des AP (§ 320) vertretbar (s auch *Kuhner/Päßler* in HdR[3] § 323 Anm 18; *Mock* DB 2003, 1996). Mit der Pflicht zur Verschwiegenheit wird der AP auch nicht außergewöhnlich belastet. Diese Pflicht wird von § 43 WPO (zum Verhältnis dieser Vorschrift zu § 323 s Anm 1, 2) ebenfalls umfassend verstanden.

Die Pflicht zur Verschwiegenheit wird in der Berufssatzung in § 9 geregelt. Dieser lautet:

„(1) WP/vBP dürfen Tatsachen und Umstände, die ihnen bei ihrer Berufstätigkeit anvertraut oder bekannt werden, nicht unbefugt offenbaren.
(2) WP/vBP haben dafür Sorge zu tragen, dass Tatsachen und Umstände iSv Abs 1 Unbefugten nicht bekannt werden. Sie haben entspr Vorkehrungen zu treffen.
(3) Die Pflichten nach Abs 1 und 2 bestehen nach Beendigung eines Auftragsverhältnisses fort."

In der Begr zur Berufssatzung wird dazu betont, dass die Verpflichtung aus Abs 2 auch zu Mitarbeitern besteht, die mit dem Mandat nicht befasst sind.

Begrifflich kann diese Verschwiegenheitspflicht aber nicht für solche Sachver- 32 halte gelten, die allgemein bekannt oder jedermann ohne weiteres zugänglich sind. **Allgemein bekannt** sind insb alle Sachverhalte, die von der KapGes/KapCoGes offiziell bekannt gemacht worden sind (zB im BAnz). Das Gleiche gilt für Presseberichte, die von der KapGes/KapCoGes erkennbar veranlasst oder bestätigt worden sind. Bei anderen Presseberichten oder Publikationen ist dagegen Zurückhaltung geboten, weil Informationen durch den AP eine Erhärtung oder Bestätigung darstellen können, die zusätzlichen Informationswert hat.

Nicht allgemein bekannt, aber **jedermann ohne weiteres zugänglich** sind sämtliche Angaben im **Handelsregister** und die weiteren dorthin eingereichten Unterlagen, da sie von jedermann eingesehen werden können (§ 9 Abs 1). Dies gilt dagegen nicht für die Eintragungen im **Grundbuch** und dorthin eingereichte Unterlagen, weil diese nur bei einem berechtigten Interesse einsehbar sind (§ 12 Abs 1 S 1 GBO).

33 Der Verschwiegenheitspflicht des AP unterliegen außerdem nur solche Tatsachen oder Umstände, die nach dem **wirklichen oder mutmaßlichen Willen der KapGes/KapCoGes** Dritten nicht bekannt werden sollen Entscheidend für die Reichweite der Verschwiegenheitspflicht ist weiter der kundgegebene oder mutmaßliche Wille der geprüften Ges, bestimmte Informationen an Dritte nicht weiterzugeben (vgl *ADS*[6] § 323 Anm 30). Wenn der Wille zur Geheimhaltung von den Organen der KapGes/KapCoGes ausdrücklich bekundet ist oder ein solcher jedenfalls erkennbar ist, kommt es nicht mehr darauf an, ob der entspr Vorgang objektiv gesehen für die KapGes/KapCoGes auch wesentlich ist. Soweit der tatsächliche Wille der KapGes/KapCoGes nicht ausdrücklich geäußert wurde, kommt es auf den *mutmaßlichen* Geheimhaltungswillen zum Zeitpunkt der Tathandlung an, der mangels konkreter Anhaltspunkte nach der jeweiligen Interessenlage zu bestimmen ist (anzunehmende Kongruenz zwischen dem mutmaßlichen Geheimhaltungswillen und dem objektiven Geheimhaltungsinteresse, so *Kölner Komm* § 404 Anm 34).

34 **Weitere Grenzen** der Verschwiegenheitspflicht ergeben sich daraus, dass im Rahmen der APr viele – aber nicht alle – Informationen vom AP an Personen der geprüften KapGes/KapCoGes und auch an seine Prüfungsgehilfen (weiter-) gegeben werden müssen. Die Verschwiegenheitspflicht richtet sich in ihrem Kern an „Außenstehende“ – und nicht an die mit den entspr *Teilen* der Abschlusserstellung bzw -prüfung *jeweils* befassten Personen.

35 Ggü den Mitgliedern des **gesetzlichen Vertretungsorgans** der geprüften Ges besteht keine Verschwiegenheitspflicht.. Im allgemeinen wird dies damit begründet, dass diesen nach § 321 Abs 5 der Prüfungsbericht als eine innerbetriebliche Angelegenheit vorzulegen ist (so *ADS*[6] § 323 Anm 44). Zutreffender dürfte es sein, dass jede dieser Personen auf Grund ihrer *umfassenden* Zuständigkeit und Verantwortung für die KapGes/KapCoGes (und ggf Haftung) berechtigt sein muss, sich über sämtliche Verhältnisse dieser KapGes/KapCoGes zu unterrichten.

36 Eine Verschwiegenheitspflicht kann auch nicht ggü den **anderen Organen der KapGes/KapCoGes** (AR, HV/GesV) bestehen, sofern dort der Prüfungsbericht vorzulegen ist. Das betrifft bei AG oder KGaA den AR (§ 170 Abs 3 S 2 AktG), bei GmbH die GesV (§ 42 a Abs 1 S 2 GmbHG) sowie einen obligatorischen AR (§ 52 GmbHG iVm § 170 AktG). Dies gilt auch für den fakultativen AR einer GmbH/KapCoGes, sofern diesem gem § 321 Abs 5 S 2 der Prüfungsbericht vorzulegen ist, weil er den Prüfungsauftrag erteilt hat. Die Verpflichtung besteht allerdings ggü den genannten Organen als Einheit. Ggü *einzelnen* Mitgliedern dieser Organe besteht eine Verschwiegenheitspflicht, sofern sie nicht von dem Organ beauftragt oder ermächtigt worden sind, Erklärungen des AP entgegenzunehmen; letzteres wird für den Vorsitzenden des betr Organs zutreffen (zB *ADS*[6] § 323 Anm 45).

37 Der AP darf **Prüfungsgehilfen** hinzuziehen. Im Verhältnis zwischen dem AP und den Prüfungsgehilfen, die bei der APr eingesetzt werden (wegen anderer Mitarbeiter s Anm 39), sowie zwischen den an der Prüfung beteiligten Prüfungsgehilfen untereinander kann es deswegen keine (gesetzliche) Verschwiegenheitspflicht geben. Jedoch sollte der AP besonders vertrauliche oder persönliche

Angelegenheiten selbst bearbeiten – zB Beteiligungs-Anbahnungen, Einzelheiten der Organbezüge.

Ist eine **Prüfungsgesellschaft** AP, gilt das zuvor Gesagte auch ggü den **bei der Prüfung mitwirkenden gesetzlichen Vertretern** der WPG/BPGes. Damit sind im Zweifel alle Mitglieder des gesetzlichen Vertretungsorgans gemeint, da jedes von ihnen eine allumfassende Zuständigkeit und Verantwortlichkeit für die WPG/BPGes besitzt und deswegen befugt sein muss, sich über ihre Prüfungstätigkeit zu informieren (ähnlich auch *ADS*[6] Anm 18). Sie dürfen die dadurch gewonnenen Erkenntnisse aber nicht anderweitig verwerten (Anm 50ff).

Ausdrücklich etwas **anderes** gilt dagegen bei den **Mitgliedern des (obligatorischen) Aufsichtsrats** einer WPG/BPGes; ihnen ggü ist nach § 323 Abs 3 die Verschwiegenheit zu wahren, auch wenn dadurch deren Aufsichtspflichten beeinträchtigt werden. Dies gilt erst recht ggü einem **fakultativen Aufsichtsrat oder Beirat** oder den Gestern (trotz der Auskunfts- und Einsichtsrechte der Gester einer GmbH nach § 51a GmbHG) – es sei denn, der WP wird von der Schweigepflicht entbunden.

Ggü den **Gestern der Prüfungsgesellschaft** gilt die Pflicht zur Verschwiegenheit erst recht (*Ebke* in MünchKomm HGB § 323 Anm 74), da das Kollisionsinteresse innerhalb der PrüfungsGes hinter die Interessen der zu prüfenden Ges zurücktritt (Poll DZWiR 1995, 95ff).

Ggü anderen Personen (Mitarbeitern) im Bereich des AP, die *nicht unmittelbar* bei der örtlichen APr mitwirken (zB Organisationsberater, *ggf* Steuerberater, aber auch Sekretariate und Schreibkräfte des Prüfers) besteht nur dann keine Verschwiegenheitspflicht, wenn ein sachlicher Grund für ihre Einschaltung besteht. Zu denken ist hier insb auch an Maßnahmen der internen Qualitätskontrolle; insoweit wird man auch von einem mutmaßlichen Einverständnis des geprüften Unt ausgehen können. 38

Mit Abs 1 S 1 2. Halbsatz: **„§ 57b der Wirtschaftsprüferordnung bleibt unberührt"** wird die *eingeschränkte* Pflicht zur Verschwiegenheit iZm dem in der **WPO** verankerten Qualitätskontrollverfahren **(Peer Review)** angesprochen. Hierbei werden Praxen von WP/vBP, die gesetzliche APr durchführen, durch andere externe WP/vBP als Prüfer für Qualitätskontrolle überprüft. Dabei handelt es sich um eine Systemprüfung, bei der die Grundsätze und Maßnahmen der internen Qualitätssicherung in den überprüften Praxen auf ihre Angemessenheit und Funktionstüchtigkeit überprüft werden. Es handelt sich also nicht gleichsam um eine zweite APr der vom AP vorgenommenen gesetzlichen APr, sondern um eine Überprüfung der Methodik des Prüfers. 39

Gleichwohl erlangen im Rahmen einer solchen Prüfung die irgendwie am Qualitätskontrollverfahren Beteiligten Kenntnisse über Auftraggeber des überprüften AP und deren Verhältnisse. Damit insoweit der AP im Rahmen seiner Überprüfung im Qualitätskontrollverfahren keine Geheimnisse aus den von ihm vorgenommenen APr *unbefugt* offenbart, wird seine Verschwiegenheitspflicht ggü seinen Mandanten teilweise aufgehoben: Soweit für die Durchführung des Qualitätskontrollverfahrens *erforderlich,* ist die Pflicht des AP zur Verschwiegenheit gem § 43 Abs 1 S 1 WPO, § 323 Abs 1 S 1 nach § 57b Abs 3 WPO *eingeschränkt.* Das Gleiche gilt für die Angehörigen anderer sozietätsfähiger Berufe, mit denen der WP/vBP in einer Sozietät oder PartGes verbunden ist. Offenbart der AP mehr als für die Durchführung der Qualitätskontrolle erforderlich, macht er sich nach Maßgabe des § 333 strafbar.

Die Prüfer für Qualitätskontrolle, ihre Gehilfen, die Mitglieder der Qualitätskontrollkommission, die Mitglieder des Qualitätskontrollbeirats und die Mitglieder der Geschäftsstelle Qualitätskontrolle bei der WPK sind ihrerseits nach

§ 57b Abs 1 WPO *uneingeschränkt* zur Verschwiegenheit verpflichtet. Das gilt auch nach Beendigung ihrer Tätigkeit.

In gerichtlichen Verfahren und vor Behörden dürfen die Mitglieder der Qualitätskontrollkommission, des Qualitätskontrollbeirats und der Geschäftsstelle Qualitätskontrolle bei der WPK ohne Genehmigung (§ 57b Abs 2 WPO) nicht aussagen oder Auskünfte erteilen.

Das auch gem § 57f Abs 4 WPO für Mitglieder der APAK normierte Verbot der Offenbarung und *Verwertung* von fremden Geheimnissen, die ihnen bei ihrer Beiratstätigkeit bekannt geworden sind, wird strafrechtlich durch die §§ 133a und 133b WPO sanktioniert. Verstöße gegen die Verschwiegenheitspflicht aller anderen vorstehend genannten Beteiligten an der Qualitätskontrolle sind gem § 203 Abs 1 und 2, § 204 StGB strafbar.

Negative Auswirkungen des **Sarbanes-Oxley Act** auf die Verschwiegenheitspflicht der deutschen WP scheinen kaum gegeben zu sein, da potentielle Konflikte mit der Verschwiegenheitspflicht ggü dem PCAOB geltend gemacht wurden, woraufhin deutsche WPGes vom ausländischen, kollidierenden Recht befreit wurden (weiterführend: *Hilber/Hartung* Auswirkungen des Sarbanes-Oxley Act auf deutsche WP-Gesellschaften: Konflikte mit der Verschwiegenheitspflicht der Wirtschaftsprüfer und dem Datenschutzrecht, BB 2003, 1054ff).

2. Redepflicht

40 **Keine** Verschwiegenheitspflicht besteht dort, wo der AP *gesetzlich* verpflichtet ist, über den Gegenstand seiner Verschwiegenheitspflicht zu sprechen. Zu nennen sind hier zunächst die ausdrücklichen Pflichten des AP ggü

- dem Konzern-AP gem § 320 Abs 3 S 2,
- dem Sonderprüfer bei einer AG gem § 258 Abs 5 S 2 AktG in Verbindung mit § 145 Abs 2 AktG.

41 Eine Redepflicht kann sich darüber hinaus für den AP als Zeuge (nicht als Sachverständiger!) im Rahmen eines Verfahrens vor staatlichen **Gerichten oder Ermittlungsbehörden** ergeben. Ausgangspunkt ist hier die Tatsache, dass jeder Staatsbürger verpflichtet ist, als Zeuge vor Gericht oder der Staatsanwaltschaft zu erscheinen und auszusagen (s zB §§ 48, 51, 161a StPO). Steht diese Aussagepflicht im Widerspruch zur Verschwiegenheitspflicht, hat die Verschwiegenheitspflicht Vorrang. Prozessual wurde deswegen dem AP in allen hier in Betracht kommenden Verfahren ein **Zeugnisverweigerungsrecht** eingeräumt, wie zB

- im **Zivilprozessrecht** nach § 383 Abs 1 Nr 6 ZPO;
- im **Strafprozess** nach § 53 Abs 1 Nr 3 StPO; dieses Zeugnisverweigerungsrecht besteht auch im staatsanwaltlichen Ermittlungsverfahren (§ 161a Abs 1 S 2 StPO);
- im **Steuerermittlungs- und Finanzgerichtsverfahren** nach § 102 Abs 1 Nr 3b AO iVm § 84 FGO.

42 Das Zeugnisverweigerungsrecht ist prozessual als „Recht" ausgestaltet; erst aus § 323 Abs 1 S 2, § 43 WPO, § 203 StGB, § 38 WpHG (s dazu Anm 54) ergibt sich für den AP die **Pflicht,** von diesem Recht Gebrauch zu machen. Der AP braucht über sein Zeugnisverweigerungsrecht auch nicht belehrt zu werden, weil man davon ausgeht, dass er seine Rechte kennt (so *Kleinknecht/Meyer-Goßner*[42] § 53 StPO Anm 44). Wird der AP von der Verschwiegenheitspflicht befreit, entfällt mit der Verschwiegenheitspflicht auch das prozessuale Zeugnisverweigerungsrecht. Der AP ist dann zur Aussage verpflichtet (§ 385 Abs 2 ZPO, § 53 Abs 2 StPO, § 102 Abs 2 AO).

Die **Entbindung von der Verschwiegenheitspflicht** erfolgt durch ausdrückliche Erklärung ggü dem AP. Sie kann sich auf alle Umstände, die der Schweigepflicht unterliegen, oder nur auf einen Teil von ihnen beziehen; je nachdem ist der AP zur Offenbarung befugt. Die Entbindung sollte sich auch nur auf einen bestimmten Adressatenkreis beziehen. Aus Gründen des Nachweises (Anm 30) sollte der AP auf einer schriftlichen Erklärung bestehen. 43

Befugt, den AP von seiner Verschwiegenheitspflicht **zu entbinden,** ist derjenige, zu dessen Gunsten die Verschwiegenheitspflicht besteht. Dies ist der Auftraggeber. Bei mehreren Auftraggebern müssen deswegen sämtliche Auftraggeber die Befreiung von der Verschwiegenheitspflicht erklären.

Besteht die Verschwiegenheitspflicht wie bei der Pflichtprüfung zugunsten einer KapGes/KapCoGes, sind die jeweiligen **Mitglieder des gesetzlichen Vertretungsorgans** (Vorstand, Geschäftsführung, phG) in der für die Vertretung der Ges erforderlichen Anzahl berechtigt, die Befreiung von der Verschwiegenheitspflicht zu erklären. Dies gilt auch in den Fällen, in denen der Prüfungsauftrag gem § 111 Abs 2 S 3 AktG vom AR erteilt wurde. Bei der Entbindung handelt es sich um eine Geschäftsführungsmaßnahme, die dem gesetzlichen Vertretungsorgan obliegt. Im Insolvenzfall geht diese Befugnis auf den Insolvenzverwalter über (dazu auch *Schmitt* wistra 1993, 9ff mwN). Dies gilt insb für das **Zivilverfahren,** wenn die Schweigepflicht nur Tatsachen betrifft, die die Masse angehen und die Ausübung des Verwaltungs- und Verfügungsrechts des Insolvenzverwalters beeinflussen. 44

Die Entbindung von der Verschwiegenheitspflicht durch andere Organmitglieder für die KapGes/KapCoGes genügt nicht, wenn ein Organmitglied ein selbständiges, **schutzwürdiges Interesse** an der Verschwiegenheit des Berufsangehörigen besitzt. Dies wird dann als gegeben angesehen, wenn der Betroffene bei der Beauftragung nicht ausschließlich als Organ für die KapGes/KapCoGes, sondern ausdrücklich auch für sich gehandelt hat (so zB *LG Krefeld* 14. 5. 1982 ZIP, 861; *OLG Schleswig* 2. 6. 1983 ZIP, 968) oder es um Tatsachen aus der persönlichen Sphäre des Gemeinschuldners geht (dazu auch *Schmitt* wistra 1993, 13 mwN). Wirkt der Betroffene an der Entbindung durch die KapGes/KapCoGes mit, reicht dies aus; in allen anderen Fällen (vor allem nach dem Ausscheiden aus der KapGes/KapCoGes) muss er gesondert neben den übrigen Organmitgliedern entbinden (aA *Schmitt* wistra 1993, 13, der die Befugnis zur Entbindung ausschließlich dem seinerzeit handelnden Betroffenen zuweist. Hiergegen spricht, dass das Handeln des Organs der juristischen Person zugerechnet wird, § 31 BGB, weshalb stets auch diese zustimmen muss). Bei Verschmelzungen besteht die Verschwiegenheitspflicht ggü der aufnehmenden Ges. Daher muss das gesetzliche Vertretungsorgan der aufnehmenden Ges entbinden.

Trotz Entbindung von der Verschwiegenheitspflicht ist der AP nicht verpflichtet, die entspr Erklärungen abzugeben. Eine Pflicht dazu kann sich aber zB aus dem zugrundeliegenden Auftragsverhältnis oder aus gesetzlichen Regelungen (Anm 40 und 42) ergeben.

Im **Strafverfahren** besteht nach überwiegender Auffassung die Verschwiegenheitspflicht generell nicht nur zugunsten der KapGes/KapCoGes als Auftraggeber, sondern auch zugunsten ihrer Organmitglieder (Vorstandsmitglieder, Geschäftsführer, phG). Im Strafverfahren gegen ein (früheres) Organmitglied reicht deswegen insb die alleinige Befreiung durch den Insolvenzverwalter nicht aus (zB *Kleinknecht/Meyer-Goßner*[42] § 53 StPO Anm 46), zumal keine Vermögensrechte der juristischen Person in Rede stehen, über die der Insolvenzverwalter allein verfügen kann. Ist das Organmitglied ausgeschieden, ist dessen Ent- 45 bindung neben der KapGes/KapCoGes erforderlich (aA *Schmitt* wistra 1993, 13f; s auch Anm 44).

3. Rederecht

46 Eine Pflicht zur Verschwiegenheit kann dann nicht bestehen, wenn der AP das Recht hat, über den Gegenstand der Verschwiegenheitspflicht zu sprechen. Der wichtigste Anwendungsfall dafür ist die **Entbindung** von der Verschwiegenheitspflicht; näheres in Anm 43ff.

47 Die Befugnis des AP, sein Schweigen zu brechen, kann sich auch aus der **Wahrnehmung berechtigter Interessen** ergeben. Dieser allgemeine Rechtsgrundsatz, der seinen gesetzlichen Niederschlag ua in §§ 34, 193 StGB gefunden hat, kann insb bei Regressprozessen und uU auch bei Honorarstreitigkeiten mit der geprüften Ges zum Zuge kommen (glA *Grewe* in BoHdR § 323 Anm 20). Dabei bleibt der AP aber weiter verpflichtet, auch die Interessen des geprüften Unt an der Geheimhaltung zu berücksichtigen. Er hat daher seine Angaben auf das zur Erreichung *seiner* prozessualen Ziele *notwendige* Maß zu beschränken (Grundsatz der Verhältnismäßigkeit – so zB *ADS*[6] § 323 Anm 60 f).

III. Verwertungsverbot (Abs 1 S 2)

50 Das Verbot für den AP, Geschäfts- und Betriebsgeheimnisse, die er *bei seiner Tätigkeit* erfahren hat, unbefugt zu verwerten, steht in engem Zusammenhang mit seiner Verschwiegenheitspflicht. Während letztere ggü Dritten besteht, bedeutet das Verwertungsverbot gewissermaßen eine „Verschwiegenheitspflicht gegen die eigene Person“: Der AP hat sich außerhalb der APr so zu verhalten, als wisse er von den ihm bekannt gewordenen Vorgängen nichts.

51 Dieser enge Zusammenhang von Verschwiegenheitspflicht und Verwertungsverbot ist wohl auch der Grund dafür, dass das in der WPO nicht ausdrücklich genannte Verwertungsverbot berufsrechtlich als Teil der Verschwiegenheitspflicht behandelt wird; so auch § 9 der Berufssatzung (zitiert in Anm 31). Dessen ungeachtet ist für Abs 1 S 1 und 2 (und für § 333) festzuhalten, dass ein Verstoß gegen das Verwertungsverbot gleichzeitig einen Verstoß gegen die Verschwiegenheitspflicht darstellt, wenn das Betriebs- und Geschäftsgeheimnis durch die Verwertung *zugleich Dritten* bekannt wird (zB durch Mitteilung an einen Dritten im Zuge der Verwertung).

52 Der **Umfang** des Verwertungsverbots ist vom Wortlaut her enger als bei der Verschwiegenheitspflicht, da ersteres nur Geschäfts- und Betriebsgeheimnisse erfasst, während letztere alle Tatsachen und Umstände schützt, die dem AP bei der APr anvertraut oder bekannt wurden.

Materiell besteht aber kein wesentlicher Unterschied, da der Begriff des Geschäfts- und Betriebsgeheimnisses weit zu fassen ist; er umfasst letztlich alle Geheimnisse, die mit dem Geschäft oder Betrieb der KapGes/KapCoGes zusammenhängen (*Kölner Komm* § 404 Anm 20; *Baumbach/Hopt*[30] § 323 Anm 5). Die hiervon nicht erfassten Restfälle (zB Geheimnisse aus dem persönlichen Bereich eines Gesters) kommen für eine Verwertung iSd Abs 1 S 2 praktisch nicht in Betracht. Sie sind aber Gegenstand der Verschwiegenheitspflicht gem S 1.

53 **Verwertung** ist jede Ausnutzung des Geschäfts- oder Betriebsgeheimnisses, die nach der Vorstellung des Handelnden unmittelbar darauf gerichtet ist, für sich oder einen anderen einen Vermögensvorteil herbeizuführen (so *Kölner Komm*[2] § 404 Anm 55). Eigennütziges Handeln des AP ist nicht erforderlich (s dazu *Baumbach/Hopt*[30] § 323 Anm 5). Hier ist insb an den Fall zu denken, dass

der AP (oder auf seinen Hinweis ein Dritter) Anteile der geprüften oder einer dritten Ges kauft, weil er im Rahmen einer Prüfung erfährt, dass die Übernahme des einen durch das andere Unt geplant ist und deswegen mit Kurssteigerungen zu rechnen ist. Ein anderes Beispiel: der AP weiß, dass eine Dividendenerhöhung bevorsteht.

Für die weitere Auslegung des Verwertungsverbots gem § 323 Abs 1 S 2 werden auch die diesbezüglichen Bestimmungen des **WpHG** von Bedeutung sein, weil der AP in § 13 Abs 1 Nr 3 WpHG als **Insider** klassifiziert ist. Gem § 14 Abs 1 WpHG ist es einem Insider verboten, unter Ausnutzung seiner Kenntnis von einer Insidertatsache, Insiderpapiere für eigene oder fremde Rechnung oder für einen anderen zu erwerben oder zu veräußern (Nr 1), einem anderen eine Insidertatsache unbefugt mitzuteilen oder zugänglich zu machen (Nr 2) sowie einem anderen auf der Grundlage seiner Kenntnis von einer Insidertatsache den Erwerb oder die Veräußerung von Insiderpapieren zu empfehlen (Nr 3). 54

Wenn der AP ein Geschäfts- oder Betriebsgeheimnis verwertet, handelt er grds auch **unbefugt.** Zweifelhaft ist, ob dies auch gilt, wenn ihm die gesetzlichen Vertreter der KapGes/KapCoGes die Verwertung gestattet haben. Das öffentliche Interesse an einer unabhängigen APr spricht an sich für die Rechtswidrigkeit eines solchen Verhaltens (zB *Baumbach/Hopt*[30] § 323 Anm 5; *Kuhner/Päßler* in HdR[3] § 323 Anm 22). Allerdings können die gesetzlichen Vertreter durch Aufgabe des Geheimhaltungswillens bereits den Tatbestand der Verwertung eines Geschäfts- und Betriebsgeheimnisses ausschließen. Daraus wäre eigentlich zu folgern, dass die Verwertung mit ausdrücklicher oder stillschweigender Gestattung durch dieses Organ nicht unbefugt sein könne (aA wohl *Kölner Komm*[2] § 404 Anm 76). Letzteres kann aber dann nicht gelten, wenn die KapGes/KapCoGes und ihre Organe den Insider-Regeln des WpHG (§ 13 WpHG, Anm 54) unterliegen und gegen ihre insoweit bestehenden Verpflichtungen handeln. 55

IV. Verpflichteter Personenkreis

Die Pflichten gem Abs 1 S 1 und 2 treffen die AP, ihre Gehilfen und die bei der Prüfung mitwirkenden gesetzlichen Vertreter einer WPG/BPGes. 60

Abschlussprüfer idS ist die Person oder WPG/BPGes (§§ 27, 128 WPO), die gem § 318 Abs 1 von dem zuständigen Organ des zu prüfenden Unt zum AP gewählt oder vom Gericht gem § 318 Abs 3 oder Abs 4 dazu bestellt worden ist. Eine WPG/BPGes kann zwar nur durch ihre Organe handeln; das ändert aber nichts daran, dass sie selbst – und nicht ihre Organe – der AP ist. 61

Gehilfen sind alle Personen, die vom AP zur Durchführung der APr herangezogen werden, insb also die im Rahmen der APr eingesetzten WP, Prüfungsleiter, Prüfer und Prüfungsassistenten – unabhängig davon, ob sie in einem Anstellungsverhältnis zum AP stehen oder dessen freie Mitarbeiter sind. Dazu gehört auch das Büropersonal des AP (*Ebke,* 77 f; aA *ADS*[6] § 323 Anm 16). 62

Allein die Heranziehung zur APr begründet für die Gehilfen die Pflichten aus Abs 1 S 1 und 2; ob der betr Gehilfe die in § 50 WPO vorgesehene Verpflichtungserklärung zur Verschwiegenheit (*WPH*[12] *I* A 259) abgegeben hat, ist unerheblich. Den Gehilfen steht dafür auch das gesetzliche *Zeugnisverweigerungsrecht* (Anm 40 ff) zu: § 53 a StPO, § 102 Abs 2 AO, § 383 Abs 1 Nr 6 ZPO.

Gesetzliche Vertreter der WPG/BPG sind bei einer AG die Vorstandsmitglieder, bei einer GmbH die Geschäftsführer und bei einer PersGes (OHG, KG) die zur Geschäftsführung berechtigten Gester. Alle anderen für die WPG/ 63

BPG bei einer APr tätigen Personen sind als Gehilfen anzusehen – auch soweit sie selbst WP sind und für den Fall ihrer persönlichen Wahl AP sein könnten.

Nach dem Wortlaut gelten die Pflichten des Abs 1 S 1 und 2 (nur) für die gesetzlichen Vertreter, „die bei der Prüfung mitwirken". Dazu gehören aber nicht nur die Personen, die bei fehlender Organstellung Gehilfen wären, sondern alle, die in irgendeiner Weise mit der APr befasst werden (glA *ADS*[6] § 323 Anm 14); dazu reicht zB auch die Auswahl und Überwachung der Prüfungsgehilfen einschl der zuständigen WP/vBP aus.

C. Haftung des Abschlussprüfers

I. Voraussetzungen (Abs 1 S 3)

100 Wer aus dem Personenkreis gem Anm 60 vorsätzlich oder fahrlässig seine Pflichten bei Durchführung einer **Pflichtprüfung** verletzt, ist der geprüften KapGes/KapCoGes (ggf auch einem mit ihr verbundenen Unt) zum Ersatz des daraus entstehenden Schadens verpflichtet. Zur Verantwortlichkeit für anlässlich einer Pflichtprüfung übernommene *„freiwillige"* zusätzliche Prüfungshandlungen s Anm 160ff.

1. Pflichtverletzung

101 Die Schadensersatzpflicht trifft denjenigen, der gegen „seine Pflichten" verstoßen hat. Aufbau und Zusammenhang in Abs 1 zeigen deutlich, dass damit die Pflichten gem Abs 1 S 1 und 2 gemeint sind, dh die Pflicht zu gewissenhafter und unparteiischer Prüfung, die Verschwiegenheitspflicht und das Verbot der unbefugten Verwertung von Geschäfts- und Betriebsgeheimnissen (glA *Kuhner/Päßler* in HdR[3] § 323 Anm 28). Ein Verstoß gegen andere Berufspflichten führt *nicht* zur Haftung (so aber zB *Baumbach/Hopt*[30] § 323 Anm 7; *Ebke* in MünchKomm HGB § 323 Anm 19; *Quick* BB 1992, 1675ff mwN).

102 Nachdem es Aufgabe der APr ist festzustellen, ob die Buchführung und der JA einschließlich Lagebericht den gesetzlichen Vorschriften entspricht, kann eine Verletzung der eigentlichen Prüfungspflichten (gewissenhafte und unparteiische Prüfung) nur gegeben sein, wenn das Urteil über die Gesetzmäßigkeit der Buchführung, Rechnungslegung oder die Berichterstattung über die Prüfung unrichtig ist – insb also, wenn ein uneingeschränkter BVm erteilt wurde, obwohl er eingeschränkt oder versagt werden müsste. Bei einem zu Unrecht erteilten BVm besteht grds auch nach einem Widerruf die Haftung des AP nach § 323 für vorher kausalverursachte Schäden fort; im Übrigen können die Auswirkungen eines Widerrufs auf die Haftung nur im Einzelfall beurteilt werden (s § 322 Anm 170ff, s auch *OLG Düsseldorf* 27. 6. 1996 BB, 2614).

103 Im Regressprozess trägt der Anspruchsteller die **Darlegungs- und Beweislast** für die Pflichtverletzung. Wegen der komplexen Verhältnisse bei der APr, für die keine typischen Geschehensabläufe festgelegt werden können, besteht nur ausnahmsweise die Möglichkeit, aus dem Eintritt eines Schadens nach den Grundsätzen des sog Anscheinsbeweises eine Pflichtverletzung abzuleiten (glA *ADS*[6] § 323 Anm 101 mwN). Der Anspruchsteller muss also darlegen und ggf beweisen, dass etwa bei Vornahme der nach den Umständen *erforderlichen* Prüfungshandlungen ein bestimmter Sachverhalt (zB Überbewertung) aufgedeckt worden wäre.

2. Schadenseintritt und Kausalität

Weitere Voraussetzung für die Schadensersatzpflicht ist, dass durch die Pflichtverletzung ein Schaden entstanden ist. Als **Schaden,** der durch eine Pflichtverletzung des AP entstehen kann, kommt nur ein Vermögensschaden der geprüften KapGes/KapCoGes in Betracht, dh der Wert des Vermögens dieser KapGes/KapCoGes muss geringer geworden sein, als dieser es ohne die Pflichtverletzung wäre. Dazu folgende *Beispiele:* **105**

a) Erteilt der AP pflichtwidrig den BVm für den JA einer AG, der statt des ausgewiesenen Bilanzgewinns einen Bilanzverlust hätte ausweisen müssen, und wird dieser Bilanzgewinn ausgeschüttet, kann in dieser Ausschüttung ein Schaden der AG liegen, wenn und soweit die **Ausschüttung** von den Aktionären nicht zurückverlangt werden kann (§ 62 Abs 1 S 2 AktG). Nach dem Schutzzweck der Norm wird eine Ersatzpflicht allerdings auszuschließen sein, wenn die Gesellschaft ein intaktes Eigenkapital aufweist. Ähnliches gilt für überhöhte **Tantiemen** des Vorstands (§ 86 AktG) oder des AR (§ 113 AktG), wenn sie nicht zurückgezahlt werden.

Bei **Ablieferung des Prüfungsberichts** ist noch offen, ob ein pflichtwidriges Verhalten tatsächlich zu einem Schaden führt (so *ADS*[6] § 323 Anm 168). Es liegt allenfalls eine bloße Vermögensgefährdung vor, die sich noch nicht in der Bewertung des Gesamtvermögens niederschlägt und daher auch nicht einem Schadenseintritt gleichsteht (*BGH* 28. 10. 1993 StB 1994, 315ff mwN der ständigen Rspr).

Allein durch die **Feststellung des Jahresabschlusses** durch den AR gem § 172 AktG entsteht ebenfalls noch kein Schaden, da dadurch lediglich die HV mit ihrer Entscheidungsbefugnis zur Gewinnverwendung auf den im JA ausgewiesenen Bilanzgewinn beschränkt ist; insoweit liegt eine bloße Vermögensgefährdung und noch kein Ausschüttungsschaden vor (*BGH* 28. 10. 1993 StB 1994, 316). Der Schaden selber entsteht erst mit dem Gewinnverwendungsbeschluss der HV, weshalb auch erst in diesem Zeitpunkt die Verjährungsfrist zu laufen beginnt (*BGH* 28. 10. 1993 StB 1994, 316f) – für GmbH gilt das entspr.

b) Hat ein AP **Pflichtwidrigkeiten von Mitarbeitern** der KapGes/KapCoGes, die bei dieser auch zu einer Vermögensminderung geführt haben, nicht erkannt, obwohl er sie bei ordnungsgemäßer Durchführung der APr hätte entdecken müssen, wird darin ebenfalls ein Schaden gesehen, der dem AP zugerechnet werden kann. Bei strenger Beachtung des Schutzbereichs des § 323 ist es aber gar nicht Aufgabe einer APr, Pflichtwidrigkeiten von Mitarbeitern aufzuspüren – ausgenommen sie führen zur Unrichtigkeit der Rechnungslegung (Anm 101 hierzu auch *IDW PS 210* Zur Aufdeckung von Unregelmäßigkeiten im Rahmen der Abschlussprüfung) und es ergibt sich daraus ein Schaden. In jedem Fall ist aber der AP nicht für die Schäden verantwortlich zu machen, die bis zu der möglichen Aufdeckung eingetreten sind. Denn insoweit fehlt es an der Ursächlichkeit seines Verhaltens. Im übrigen hindern Ansprüche gegen die Mitarbeiter, die die Pflichtverletzung begangen haben, die Annahme eines Schadens iSv Abs 1 S 3 (jedenfalls wenn sie durchgesetzt werden könnten).

Der Schaden muss ferner durch die Pflichtwidrigkeit des AP verursacht worden sein. Die **Ursächlichkeit** allein reicht allerdings für die Schadenszurechnung nicht aus, weil sonst eine unangemessene Ausweitung der Schadensersatzpflicht eintreten würde. Deshalb sind nach der im Zivilrecht herrschenden **Adäquanztheorie** solche Schäden, die nach der Lebenserfahrung außerhalb aller Wahrscheinlichkeit liegen, nicht zu ersetzen (s dazu *Heinrichs* in Palandt[64] Vorbem vor § 249 Anm 58ff). **106**

Schäden, die bei der geprüften KapGes/KapCoGes *nach* einer Pflichtwidrigkeit des AP eingetreten sind, werden aber meistens auch adäquat verursacht sein. Dazu gehören insb Folgeschäden, die der KapGes/KapCoGes etwa daraus entstehen, dass der AP ungerechtfertigter Weise den BVm verweigert oder eingeschränkt hat (zB wenn dann die KapGes/KapCoGes Kredite nicht mehr oder nur noch unter erschwerten Bedingungen aufnehmen kann). Allerdings ist die Ges ihrerseits verpflichtet ggf im Klageweg die Erteilung des zutreffenden BVm durchzusetzen. Tut sie dies nicht, ist die Kausalität durchbrochen. Auch die Ausschüttung eines „testierten" Bilanzgewinns ist eine adäquate Folge seines Ausweises.

Ob bei der Schadenszurechnung auch berücksichtigt werden darf, dass der gleiche Schaden später auf Grund eines Geschehensablaufs, der mit der APr nichts zu tun hat, eingetreten wäre (hypothetische Kausalität, Reserveursache) ist wegen des Schutzzwecks des § 323 bei der WP-Haftung unklar (*Heinrichs* in Palandt[64] Vorbem vor § 249 Anm 96 mwN). Der Einwand des rechtmäßigen Alternativverhaltens (der Schaden wäre auch entstanden, wenn der Schädiger sich rechtmäßig verhalten hätte) ist zulässig und kann zum Ausschluss der Ersatzpflicht führen (*Ebke* in MünchKomm HGB § 323 Anm 59).

107 Nach den allgemeinen Regeln trifft die geprüfte KapGes/KapCoGes bei Erhebung eines Schadensersatzanspruchs zunächst die **Darlegungs- und Beweispflicht,** dass

- ihr ein Schaden entstanden ist *und*
- dieser Schaden durch die Pflichtverletzung (adäquat) verursacht worden ist.

Der Anspruchsteller muss grds die verursachenden Umstände konkret darlegen und beweisen. Anscheinsbeweis dürfte nur selten möglich sein (*ADS*[6] § 323 Anm 101).

3. Verschulden

108 Eine Pflichtverletzung, die zu einem Schaden geführt hat, löst nur dann eine Ersatzpflicht aus, wenn sie schuldhaft (also vorsätzlich oder fahrlässig) begangen worden ist.

109 **Vorsatz** des AP ist anzunehmen, wenn dieser mit Wissen und Wollen (direkter Vorsatz) gegen seine Pflichten verstoßen hat. Der Vorsatz umfasst auch den **bedingten Vorsatz,** für den es bereits ausreicht, dass der AP seine Pflichtverletzung nur als möglich erkannt hat, diese Möglichkeit dann aber billigend in Kauf nimmt (so *Heinrichs* in Palandt[64] § 276 Anm 10 mwN). Wie sich aus dem Wortlaut des Abs 1 ergibt, braucht sich der Vorsatz nicht auf den Eintritt des Schadens zu erstrecken, erst recht nicht auf die mögliche Schadenshöhe.

110 **Fahrlässigkeit** liegt vor, wenn der AP die im Verkehr erforderliche Sorgfalt außer acht lässt (§ 276 Abs 2 BGB). Das Verhalten des AP wird dabei nicht an seinen individuellen Fähigkeiten, Kenntnissen und Erfahrungen gemessen, sondern es wird ein objektiver (typisierter) Maßstab angelegt, der sich nach der Sorgfalt bestimmt, mit der ein (ggf auch für spezielle Wirtschaftszweige) *fachlich qualifizierter* und gewissenhafter Berufsangehöriger vorgeht (Anm 11).

Ob der AP leicht oder grob fahrlässig handelt, ist für § 323 ohne Bedeutung (s Anm 130). Das Gleiche gilt für die Frage, ob der AP schuldhaft überhaupt nicht mit einer Pflichtverletzung rechnet (unbewusste Fahrlässigkeit) oder nur schuldhaft zu Unrecht darauf vertraut, dass schon kein Pflichtverstoß vorliege (bewusste Fahrlässigkeit). Die Fahrlässigkeit braucht sich auch nicht auf den Schaden selbst zu beziehen. – Wegen der Abgrenzung zwischen (bewusster) Fahrlässigkeit und (bedingtem) Vorsatz, die für die gesetzliche Haftungs*ober*grenze gem Abs 2 eine Rolle spielt, s Anm 131.

Wen die **Darlegungs- und Beweislast** für das Verschulden des AP trifft, ist str. In der Vergangenheit wurde verschiedentlich der AP unter Hinweis auf § 282 BGB aF mit dem Nachweis seiner Schuldlosigkeit belastet (Umkehr der Beweislast; s dazu Nachweise bei *ADS*[6] § 323 Anm 101 ff). Es mehrten sich aber die Stimmen, die sich gegen eine Anwendung des § 282 BGB aF auf die Ersatzpflicht nach Abs 1 S 3 wandten und dies ua aus einem Umkehrschluss aus § 93 Abs 2 S 2 AktG – Vorstandsmitgliedern ist ausdrücklich die Beweislast für ihr Nicht-Verschulden auferlegt – ableiteten (so auch *ADS*[6] § 323 Anm 103 f). Es dürfte richtig sein, die Beweislast für *Vorsatz* beim Anspruchsteller zu belassen (so auch *Quick* BB 1992, 1675 ff). Die vom HGB mit der Haftungsbegrenzung bei Fahrlässigkeit verfolgten Zwecke würden weitgehend vereitelt, wenn der AP unbegrenzt haften würde, nur weil er fehlenden Vorsatz nicht beweisen kann (ebenso *ADS*[6] § 323 Anm 103 f). Diese Überlegungen haben aber im Rahmen des neuen Leistungsstörungsrechts des BGB keine Berücksichtigung gefunden. Die Beweislast für fehlendes „Vertretenmüssen" liegt für alle Leistungsstörungen beim Schuldner. Sein Verschulden wird durch die negative Formulierung des § 280 Abs 1 S 2 BGB nF widerleglich vermutet (*Heinrichs* in Ergänzungsband zu Palandt[64] § 280 BGB Anm 34). Dieses für alle Pflichtverletzungen geltende Prinzip dürfte in seiner Allgemeinheit den speziellen Zwecken des § 323 nicht entsprechen. 111

4. Ersatzpflichtige Personen (Abs 1 S 4)

Wie sich aus dem Zusammenhang mit S 1 ergibt, kommen als schadensersatzpflichtige Personen („Wer") nach S 3 der AP, seine Prüfungsgehilfen und die bei der Prüfung mitwirkenden gesetzlichen Vertreter einer WPG/BPGes (Anm 63) in Betracht; s auch Anm 2. 112

Der AP haftet nicht nur für von ihm selbst begangene Pflichtverletzungen. Wenn und soweit er sich der Mitwirkung von **Prüfungsgehilfen** (Anm 62) zur Erfüllung des ihm erteilten Prüfungsauftrags bedient (zu den zulässigen Grenzen *ADS*[6] § 323 Anm 107 ff), hat er gem § 278 BGB für deren Verschulden im gleichen Umfang einzutreten wie für eigenes Verschulden. Er kann sich (anders als bei § 831 BGB) auch nicht dadurch exkulpieren, dass er diese ordnungsgemäß auswählt und überwacht. 113

Ist AP eine WPG oder BPGes, haftet sie für die Pflichtverletzungen ihrer **gesetzlichen Vertreter** *neben* diesen gem § 31 BGB. Insoweit kommen nicht nur Handlungen der unmittelbar an der APr mitwirkenden gesetzlichen Vertreter in Betracht, sondern es reicht bei diesen jedes Befasstsein aus, zB auch nur die Auswahl und Kontrolle der Prüfungsgehilfen (Anm 63). 114

Eine Schadensersatzpflicht des AP tritt nicht ein, wenn Personen ihre Pflichten verletzt haben, die **nicht** zu dem in S 1 genannten Personenkreis gehören, wie zB die bei der Prüfung herangezogenen **Angestellten des geprüften Unternehmens** (einschl dessen (Konzern)Innenrevision). Wenn allerdings der AP oder seine Gehilfen bei pflichtgemäßem Vorgehen deren Verstoß hätten entdecken müssen, dann haben diese insoweit eine eigene Pflichtverletzung begangen, für die sie ersatzpflichtig sind. 115

Die unmittelbare Haftung des AP, auch für Pflichtverstöße seiner Prüfungsgehilfen (und der gesetzlichen Vertreter bei WPG/BPGes) lässt die eigene Einstandspflicht der Gehilfen bzw gesetzlichen Vertreter nicht entfallen. Alle Ersatzpflichtigen haften *neben* dem AP **als Gesamtschuldner** (Abs 1 S 4), dh der Ersatzberechtigte (Anm 118 ff) kann *nach seiner Wahl* von *jedem* Ersatzpflichtigen den *gesamten* Schadensersatzbetrag oder einen Teil davon verlangen, den Gesamtbetrag aber insgesamt nur einmal fordern (§ 421 BGB). 116

117 Wenn und soweit einer dieser Gesamtschuldner den Gläubiger befriedigt, hat er uU einen gesetzlichen **Ausgleichsanspruch** gegen den/die anderen Gesamtschuldner gem § 426 BGB; die Aufteilung im Innenverhältnis richtet sich dabei grds entspr § 254 BGB nach dem jeweiligen Maß der Schadensverursachung und in zweiter Linie nach dem Grad des Verschuldens (*Heinrichs* in Palandt[64] § 426 Anm 10).

Für den angestellten Prüfungsgehilfen ist dabei zu beachten, dass seine Ausgleichspflicht im Innenverhältnis nach arbeitsrechtlichen Grundsätzen ausgeschlossen sein kann; s dazu *BAG GrS* 27. 9. 1994 NZA, 1082ff. Dabei kann es offen bleiben, ob die Tätigkeit des Prüfungsgehilfen als **„gefahrgeneigte Arbeit"** zu qualifizieren ist (zweifelnd bzgl einer solchen Einordnung *LG Frankfurt* 20. 1. 1988 StB 1989, 120: zB nicht allgemein für Bürovorsteher eines Steuerberatungsbüros). Denn das *BAG* (aaO) hat die zur gefahrgeneigten Arbeit entwickelten Grundsätze in weiterer Rechtsfortbildung nunmehr auf alle Arbeiten erstreckt, die durch den Betrieb veranlasst sind und auf Grund eines Arbeitsverhältnisses geleistet werden. Danach haftet der Arbeitnehmer bei grober Fahrlässigkeit idR voll, bei leichtester Fahrlässigkeit überhaupt nicht und bei normaler Fahrlässigkeit unter Abwägung der Gesamtumstände nach Billigkeits- und Zumutbarkeitsgesichtspunkten. Die Eintrittspflicht für einen Schaden ist dann entspr quotal zwischen Arbeitnehmer und Arbeitgeber zu verteilen. Das theoretische Abgrenzungsproblem zwischen mehreren Fahrlässigkeitsgraden (Anm 131) ist in der Praxis aber nicht von materieller Auswirkung, da die angestellten Prüfungsgehilfen in der Berufshaftpflichtversicherung des AP versichert sein müssen, Anm 130 (ohne Regress seitens letzterem bei Fahrlässigkeit). Auch die gesetzlichen Vertreter einer WPG/BPGes sind mitversichert.

5. Ersatzberechtigte Personen

118 Anspruchsberechtigt ist zunächst die **geprüfte Kapitalgesellschaft/KapCoGes.** Voraussetzung ist, dass sie auch den Schaden erlitten hat. Dies ist aber auch dann und insoweit gegeben, als der Schaden bei TU und BeteiligungsGes (nicht nur die in § 285 S 1 Nr 11 und 11a genannten) eingetreten ist *und* sich auf den Wert der Beteiligungsrechte auswirkt (aA *Müller,* 459). Wenn und soweit das andere Unt einen *eigenen* Ersatzanspruch hat, kann bei ihrem Gester kein Schaden durch Minderung des Werts der Beteiligungsrechte eintreten (Anm 119).

119 Als weiterer Anspruchsberechtigter kommt nach Abs 1 S 3 ein mit der geprüften KapGes/KapCoGes *verbundenes Unternehmen* (es gilt die Definition des § 271 Abs 2) in Betracht, soweit dieses geschädigt worden ist. Die Einbeziehung dieser am Prüfungsauftrag nicht beteiligten (Anm 2) verbundenen Unt in den Kreis der Ersatzberechtigten ist das Korrelat zur Vorlage- und Auskunftspflicht dieser Unt an den AP gem § 320 Abs 2 und 3 (s auch *ADS*[6] § 323 Anm 154). Auf die Einbeziehung des verbundenen Unt als TU in den KA des MU kommt es also nicht an. Der Anspruch besteht also zB auch, wenn ein KA mangels Erreichen der Schwellenwerte nicht aufzustellen ist.

Nach Sinn und Zweck des § 323 haftet der AP daher ggü verbundenen Unt nur dann, wenn er seine unmittelbar diesen ggü bestehenden Pflichten iZm dem gesetzlichen Auskunftsrecht gem § 320 verletzt hat (s *ADS*[6] § 323 Anm 154; *Quick* BB 1992, 1675ff; *Müller,* 459 mwN).

120 **Anderen Personen** als der geprüften KapGes/KapCoGes und mit ihr verbundenen Unt haftet der AP aus § 323 nicht (Anm 171; so auch *ADS*[6] § 323 Anm 177; *Baumbach/Hopt*[30] § 323 Anm 7; *WPH*[12] I A 362; *Müller,* 459). „Andere Personen" sind zB Aktionäre, Gläubiger oder Anleger in bzw zugunsten der geprüften KapGes/KapCoGes.

6. Mitverschulden

Nach wohl hM kann gem § 254 BGB die Schadensersatzpflicht des AP ggü der geprüften KapGes/KapCoGes ganz oder teilweise entfallen, wenn der Geschädigte den Schaden mitverursacht oder mitverschuldet hat (so auch *ADS*[6] § 323 Anm 134ff mwN; *Hopt* WPg 1986, 461ff; *Kuhner/Päßler* in HdR[3] § 323 Anm 28). Bei der Abwägung ist auf das jeweilige Maß dieser Mitverantwortung abzustellen (*Battes* in Erman[9] § 254 Anm 35ff; *Heinrichs* in Palandt[64] § 254 Anm 3). **121**

Obwohl es sich an sich um einen allgemeinen Grundsatz des Schadensersatzrechts handelt, wird die Anwendung des § 254 BGB im Rahmen des Abs 1 S 3 bei grds Bejahung stark eingeschränkt. Dies wird vor allem damit begründet, dass es gerade die Aufgabe des AP sei, Fehler in der Rechnungslegung der KapGes/KapCoGes aufzudecken und daraus drohende Schäden von dieser abzuwenden (einschränkend *ADS*[6] § 323 Anm 135f mwN). Wenn die geprüfte KapGes/KapCoGes sich das Mitverschulden ihrer Organe oder Mitarbeiter anrechnen lassen müsste (für die sie nach §§ 31, 278 BGB einstehen muss), hätte sie entgegen den mit der APr verfolgten Zwecken im Ergebnis den Schaden ganz oder doch weitgehend selbst zu tragen.

Die typischerweise hierzu behandelten **Fallkonstellationen** sind unterschiedlich zu beurteilen: **122**

a) Wird der JA von gesetzlichen Vertretern oder Angestellten der geprüften KapGes/KapCoGes *vorsätzlich* verfälscht und wird dies vom AP fahrlässig nicht bemerkt, ist § 254 BGB anwendbar. Eine Schadensersatzpflicht des AP dürfte entfallen oder doch stark gemindert werden *OLG Karlsruhe* 22. 6. 1999 WPK-Mitt, 231. Bestätigt wird unsere Auffassung durch die nachstehend zitierte Rspr, wonach es einen groben Verstoß gegen Treu und Glauben darstellt, wenn dem geprüften Unt (freiwillige Prüfung) in einem solchen Fall die Möglichkeit gegeben würde, den AP auf Schadenersatz in Anspruch zu nehmen, weil er im Vertrauen auf deren Richtigkeit Falschbuchungen nicht aufgedeckt hat: „venire contra factum proprium"; s *OLG Köln* 14. 12. 1990 NJW-RR 1992, 1284f; *OLG Hamburg* 6. 5. 1988 ZIP, 1551ff. Dasselbe gilt für die Pflichtprüfung (s *OLG Düsseldorf* 27. 6. 1996 BB, 2614).

b) Handeln Organe oder Mitarbeiter der geprüften KapGes/KapCoGes dagegen *fahrlässig* und erkennt der AP die Fehler, ohne daraus Konsequenzen zu ziehen, wird das Verschulden des AP überwiegen und dieser sich auf § 254 BGB nicht berufen können.

c) Handeln KapGes/KapCoGes und AP, also *beide, vorsätzlich* – uU sogar kollusiv zusammen –, kommt nach § 254 BGB im Zweifel eine Schadensteilung in Betracht.

d) Das größte Problem entsteht, wenn sowohl von der geprüften KapGes/ KapCoGes als auch von ihrem AP jeweils *(nur) fahrlässig* gehandelt wird. Hier geht die Tendenz in der Literatur aus den genannten Gründen (Anm 121) dahin, dem AP eine Berufung auf das Mitverschulden der KapGes/KapCoGes gem § 254 BGB grds zu versagen. Der fahrlässig handelnde AP könne einem Schadensersatzanspruch der geprüften KapGes/KapCoGes nicht deren eigene Fahrlässigkeit entgegenhalten. *Ausnahmen* könnten gelten, wenn die geprüfte KapGes/KapCoGes grobes Verschulden trifft, während der AP nur leicht fahrlässig gehandelt habe (hM, zB *Wiedmann* in Ebenroth/Boujong/Joost § 323 Anm 12; so im Ergebnis auch *Müller,* 464 mwN, der auf die konkreten Anhaltspunkte für eine Erkennbarkeit der Fehlerquellen abstellt). Dem hat sich die Rspr für die Haftung des Gründungsprüfers nach § 49 AktG iVm § 323 Abs 1, angeschlossen; so *BGH* 27. 2. 1975 BGHZ 64, 61 (kritisch gegen dieses U *Müller,* **123**

463). Gegen diese Auffassung wird vorgebracht (insb *ADS*[6] § 323 Anm 135), dass es nicht Aufgabe des AP sei, die Verwaltung der geprüften KapGes/KapCoGes von ihren Aufgaben und ihrer Verantwortlichkeit zu entlasten. Die Annahme einer Ersatzpflicht des AP führt aber nicht zu einer Entlastung der Verwaltung; die für die geprüfte KapGes/KapCoGes handelnden Personen sind ggf *auch* ersatzpflichtig, sie haften *neben* dem AP als Gesamtschuldner, und der Ausgleich zwischen ihnen erfolgt nach § 426 BGB (*BGH* 27. 2. 1975 BGHZ 64, 52ff).

124 Einschränkungen für die Anwendung des § 254 BGB sind nur dort gerechtfertigt, wo es um die eigentliche Aufgabe der APr geht, nämlich der Prüfung der Buchführung und des JA einschl des Lageberichts auf ihre Gesetzmäßigkeit. Uneingeschränkt geltend gemacht werden kann dagegen zB ein Mitverschulden des Unt, das sich auf Gegenstände der Redepflicht (§ 321 Abs 1 S 3) und der Schadensminderung gem § 254 Abs 2 BGB bezieht (so *BGH* 27. 2. 1975 BGHZ 64, 52ff).

II. Haftungsbegrenzung

1. Gesetzliche Haftungsobergrenze (Abs 2)

130 Im Rahmen der Beratungen zum KonTraG wurde die Frage der Fortführung der gesetzlichen Haftungsbegrenzung ebenso eingehend diskutiert, wie die betragsmäßige Seite. Im Ergebnis hat der Gesetzgeber trotz der international vorherrschenden unbegrenzten Haftung am Prinzip der gesetzlichen Haftungsbegrenzung festgehalten, allerdings

- die Haftungshöchstgrenze in eine allgemeine und eine spezielle Haftungshöchstgrenze aufgespalten und
- den Höchstbetrag für die allgemeine Regelung auf € 1 Mio und für die spezielle Regelung auf € 4 Mio angehoben. Die in € angegebenen Haftungshöchstgrenzen gelten gem Art 51 EGHGB für Schadensfälle aus der Prüfung von Abschlüssen der Gj, die nach dem 31. 12. 2001 beginnen.

Die allgemeine Haftungshöchstgrenze von € 1 Mio gilt für alle APr, für die die spezielle Haftungshöchstgrenze von € 4 Mio nicht gilt. Letztere gilt für alle APr bei AG, deren Aktien zum Handel im amtlichen Markt zugelassen sind. Der Begriff „amtlicher Handel" entspricht nicht mehr § 317 Abs 4, der jetzt alle börsennotierten AG einbezieht (Überwachungssystem), ist aber enger als im § 267 Abs 3 S 2 (Größenklasse, hier einschl geregelter Markt) oder im § 285 S 1 Nr 11 (Anhangangabe für „börsennotierte" KapGes/KapCoGes) und der Legaldefinition in § 3 Abs 2 AktG (börsennotiert = staatlich überwachter Markt). Neben dem „amtlichen Handel" kennt bzw kannte das BörsG andere Segmente des Börsenhandels, nämlich den geregelten Markt, den neuen Markt und den Freiverkehr. Diese gehören nicht zum „amtlichen Handel".

Der gesetzlichen Haftungsobergrenze für Pflichtprüfungen entspricht die **Versicherungspflicht** des AP gem § 54 Abs 1 WPO und der „Verordnung über die Berufshaftpflichtversicherung der Wirtschaftsprüfer und vereidigten Buchprüfer". Während § 54 Abs 1 WPO den Grundsatz der Versicherungspflicht dekretiert, sind die Einzelheiten zur Ausgestaltung der Pflichtversicherung in der VO enthalten. In der VO werden die näheren Vorschriften über den Abschluss, die Aufrechterhaltung, den Inhalt und den Umfang der Haftpflichtversicherung sowie die Haftungsausschlüsse durch Versicherungsvertrag geregelt. Bereits durch § 54 Abs 1 WPO wird bestimmt, dass selbständige WP und WPG verpflichtet sind, sich gegen die aus ihrer Berufstätigkeit ergebenden Haftpflichtgefahren zu versichern. Die Mindestversicherungssumme für jeden

Versicherungsfall (Haftungsfall) muss den in Abs 2 S 1 bezeichneten Umfang haben (§ 2 WPBHV), nämlich € 1 Mio.

IVm der Versicherungspflicht will die Haftungsbegrenzung gewährleisten, dass Beträge bis zur Haftungsobergrenze im Schadensfall auch wirklich *für das geprüfte Unternehmen* zur Verfügung stehen; Dritte sind nicht ersatzberechtigt (Anm 120).

Die WPBHV sieht allerdings konkrete Regelungen nur hinsichtlich der Pflichtversicherung für die allgemeine Haftungsobergrenze von € 1 Mio vor. Daraus darf nicht der Schluss gezogen werden, dass eine Pflicht zur Versicherung eines höheren Betrags unter keinen Umständen gegeben sein kann. Die Beschränkung auf € 1 Mio erfolgte, um den Berufsstand nicht unangemessen zu belasten (vgl *RegBegr* BR-Drucks 959/98, 8). Wenn die spezielle Haftungsobergrenze bei APr von AG, deren Aktien zum Handel im amtlichen Markt zugelassen sind, € 4 Mio beträgt und der WP sich nach § 54 Abs 1 WPO gegen die aus seiner Berufstätigkeit ergebenden Haftpflichtgefahren zu versichern hat, wird man eine Pflicht zum Abschluss einer Berufshaftpflichtversicherung mit einer Versicherungssumme von € 4 Mio als gegeben ansehen müssen, wenn und soweit die spezielle Haftungsobergrenze von € 4 Mio relevant werden kann. AG, deren Aktien zum Handel im amtlichen Markt zugelassen sind, können sich bei Begr des Mandats einen Versicherungsnachweis über € 4 Mio vorlegen lassen (vgl *RegBegr* BR-Drucks 959/98, 9). Bei der konkreten Ausgestaltung dieses Versicherungsschutzes ist der Berufsangehörige dann allerdings durch die Vorschriften der WPBHV nicht unmittelbar gebunden.

Da Abs 2 S 1 allein auf „fahrlässig“ abstellt, sind *alle* Grade fahrlässigen Han- 131
delns erfasst, also neben der einfachen auch die grobe Fahrlässigkeit. Die gesetzliche Haftungsbegrenzung gilt aber **nicht bei Vorsatz** oder lt § 4 Abs 1 Nr 1 WPBHV bei *„wissentlicher Pflichtverletzung“*. Die Anwendung des Abs 2 erfordert also ggf die **Abgrenzung von Fahrlässigkeit und Vorsatz,** was insb die Abgrenzung von bewusster Fahrlässigkeit und bedingtem Vorsatz bedingt. Im allgemeinen Schadensersatzrecht ist beiden Schuldformen gemeinsam, dass der Handelnde als Folge seines Handelns einen Schaden für möglich erachtet; bei bewusster Fahrlässigkeit vertraut er nur darauf, dass der Schaden nicht eintreten werde, während er bei bedingtem Vorsatz den Schaden billigend („zur Not“) in Kauf nimmt (*Heinrichs* in Palandt[64] § 276 Anm 13 mwN).

Im Rahmen der Haftung nach § 323 fällt die Unterscheidung zwischen **bewusster Fahrlässigkeit** und **bedingtem Vorsatz** besonders schwer, weil der Schaden der geprüften KapGes/KapCoGes nicht vom Verschulden des AP umfasst sein muss. Das Verschulden muss deswegen allein im Hinblick auf den Verstoß gegen die in Abs 1 genannten Pflichten ermittelt und beurteilt werden. Bewusste Fahrlässigkeit und kein bedingter Vorsatz wäre deshalb gegeben, wenn der AP zwar die Pflichtwidrigkeit seines Handelns – zB Unterlassen weiterer Prüfungshandlungen – nicht gänzlich ausschließen kann, dennoch aber (fahrlässig) darauf vertraut, dies würde keine negativen Folgen haben: nämlich kein unrichtiger BVm und/oder kein unrichtiger Prüfungsbericht. Wenn der AP mit der Pflichtwidrigkeit seines Handelns gerechnet („wissentliche Pflichtverletzung“) und trotzdem nicht anders oder (noch) weiter geprüft hat, liegt es allerdings nahe, dass er einen Pflichtverstoß billigend in Kauf genommen und damit (bedingt) vorsätzlich gehandelt hat; s dazu *Hanau* in MünchKomm BGB[4] § 276 Anm 49 ff; *Heinrichs* in Ergänzungsband zu Palandt[64] § 276 BGB Anm 16 f. Der AP muss deshalb für diesen Fall schon besondere Umstände darlegen, um sich von dem Vorwurf eines vorsätzlichen Handelns zu entlasten.

Handeln der **gesetzliche Vertreter** und/oder der **Prüfungsgehilfe vor-** 132
sätzlich, muss sich die WPG/BPGes als AP auch dies grds zurechnen lassen. Es

wird jedoch allgemein als unbillig angesehen, den AP, wenn ihn kein eigenes Verschulden trifft, für den Vorsatz seines Gehilfen *unbeschränkt* haften zu lassen, während er bei eigener Fahrlässigkeit nur beschränkt eintreten müsste (so auch *ADS*[6] § 323 Anm 131). Der AP haftet daher in einem solchen Fall nur im Rahmen der gesetzlichen Haftungsobergrenze, während der vorsätzlich handelnde Prüfungsgehilfe unbeschränkt eintreten muss.

Ist AP eine **Wirtschaftsprüfungsgesellschaft/Buchprüfungsgesellschaft,** haftet sie für ihre vorsätzlich handelnden gesetzlichen Vertreter gem § 31 BGB ohne diese Beschränkung. Das Gleiche gilt bei ihr auch für solche Prüfungsgehilfen, die als sonstige Vertreter iSd § 31 BGB anzusehen sind, nicht dagegen für sonstige Prüfungsgehilfen; zu den möglichen Abgrenzungsfragen s *ADS*[6] § 323 Anm 132f.

133 Die gesetzliche **Haftungsobergrenze** gilt gem Abs 2 S 1 jeweils für *eine* APr, nicht für einen Fehler oder eine Person. In § 3 Abs 2 WPBHV wird dies als einzelner Schadensfall bezeichnet. Wie § 316 Abs 1 und 2 zeigen, sind dagegen die Prüfungen des **Jahresabschlusses** eines MU und ihres **Konzernabschlusses** zwei getrennte Pflichtprüfungen; zu beachten ist jedoch, dass die Pflichten bei Prüfung des KA diejenigen bei Prüfung des JA nicht umfassen, sondern ergänzen, so dass im Zweifel nur eine Pflichtverletzung und zwar bei Prüfung des JA vorliegt.

Der Schadensersatz kann daher bei einem fahrlässigen Prüfungsfehler, der *sowohl* die Prüfung des JA *als auch* die des KA betrifft, bis zu € 2 Mio bzw € 8 Mio betragen.

Wenn ein Prüfungsfehler mehrere Jahre hintereinander in den JA fortgeführt wird und der AP dies fahrlässig nicht erkennt, haftet er für jede Prüfung bis zu € 1 Mio bzw € 4 Mio. Durch besondere Prüfungen, die *Teil* der APr sind, wie zB die Prüfung des AbhBer gem § 313 AktG, wird die gesetzliche Haftungsgrenze gem Abs 2 aber nicht erhöht (ebenso *ADS*[6] § 323 Anm 128).

Werden im Rahmen einer APr vom AP **mehrere Fehler** begangen, die jeder für sich eine Schadensersatzpflicht auslösen könnten, gilt gleichwohl die Beschränkung der Haftung auf den Höchstbetrag von € 1 Mio bzw € 4 Mio.

Die Haftungsobergrenze für ein und dieselbe APr wird auch nicht dadurch verändert, dass **mehrere Personen** handeln und uU jeder von ihnen eine andere Pflichtverletzung begeht, die jeweils für sich genommen eine Schadensersatzpflicht von € 1 Mio bzw € 4 Mio auslösen würde.

Diese Haftungsbegrenzung auf € 1 Mio bzw € 4 Mio *je Prüfung* gilt auch bei gleichzeitiger Haftung ggü der geprüften KapGes/KapCoGes und einem mit ihr **verbundenen Unternehmen** gem Abs 1 S 3 (ebenso *ADS*[6] § 323 Anm 125).

2. Weitere vertragliche Haftungsvereinbarungen (Abs 4)

135 In Abs 4 ist als Gegengewicht zur gesetzlichen Haftungsobergrenze festgelegt, dass die Ersatzpflicht „nach diesen Vorschriften" weder ausgeschlossen noch beschränkt werden kann. Diese Restriktion bezieht sich sowohl auf die Voraussetzungen als auch auf die Rechtsfolgen der Ersatzpflicht (so auch *Quick* BB 1992, 1675ff).

Weitere **vertragliche Einschränkungen** der bereits begrenzten Einstandspflicht sind daher gesetzwidrig und nach § 134 BGB nichtig. Zulässig ist jedoch, auf einen bereits entstandenen Anspruch zu verzichten (ebenso ADS[6] § 323 Anm 148). Eine solche unzulässige weitere Einschränkung der Haftung des AP würde vorliegen, wenn dieser die Haftung für seine Erfüllungsgehilfen gem § 278 BGB ausschließen würde. Auch diese Bestimmung gehört (trotz der Freizeichnungsmöglichkeit nach § 278 S 2 BGB) im Rahmen des Abs 4 zu den

Vorschriften über die Ersatzpflicht, von denen nicht abgewichen werden darf – sonst könnte sich bei Tätigwerden von Prüfungsgehilfen der AP seiner persönlichen Haftung problemlos entziehen.

Nach dem HGB ist eine vertragliche **Erweiterung der Haftung** des AP nicht verboten; s auch *Kölner Komm*[2] § 323 Anm 25. Da die gesetzliche Haftungs*ober*grenze eine Schutzvorschrift zugunsten des AP darstellt, müsste dieser auch für Pflichtprüfungen an sich anbieten können, die Grenze zu erhöhen. Ein solches Verhalten würde allerdings bei Pflichtprüfungen gegen die Berufsauffassung der WP und vBP verstoßen, da Haftungserweiterungen zu einer berufswidrigen unlauteren Konkurrenz und Bevorzugung der wirtschaftlich stärkeren AP führen können: „Durch eine Haftungsbeschränkung darf die Mindesthöhe der gesetzlich vorgesehenen Deckungssumme nicht unterschritten werden. Bei gesetzlich vorgesehener Haftungsbegrenzung darf eine höhere Haftung auf freiwilliger Grundlage weder angeboten noch zugesagt werden." (§ 16 der Berufssatzung). Ebenso auch *ADS*[6] § 323 Anm 146f; *WPH*[12] I A 451. 136

III. Verjährung

Für die Verjährung der Ansprüche aus § 323 gelten die Regelungen der §§ 194 BGB ff, nachdem die 5jährige Verjährung in Abs 5 aF gestrichen ist. Nach § 195 BGB ist die regelmäßige Verjährungsfrist von drei Jahren anzuwenden. § 199 Abs 1 BGB bestimmt den Fristbeginn. Danach beginnt sie mit dem Schluss des Jahrs, in dem der Anspruch entstanden ist und der Gläubiger von den den Anspruch begründenden Umständen und der Person des Schuldners Kenntnis erlangt oder ohne grobe Fahrlässigkeit erlangen müsste. Sicherheit über die Verjährung kann also erst nach 10 bzw 30 Jahren eintreten, s § 199 Abs 3 BGB. 140

D. Weitere gesetzliche Vorschriften zur Verantwortlichkeit des Abschlussprüfers

In diesem Abschn werden nur Spezialvorschriften zur Verantwortlichkeit des AP bei Pflichtprüfungen ggü dem gleichen Personenkreis wie in Abs 1 S 3 behandelt, s Anm 60. Zur Verantwortlichkeit ggü Dritten s Anm 170ff. 150

Für **Kreditinstitute** (§ 340k Abs 1) und für **Versicherungsunternehmen** (§ 341k Abs 1) sind – unabhängig von Größe und Rechtsform – die Vorschriften über die Prüfung (§§ 316 bis 324) anzuwenden; Abweichungen zu § 323 sind dort nicht normiert.

I. Publizitätsgesetz

§ 323 gilt sinngemäß auch für die **Pflichtprüfung** von Abschlüssen nach PublG, weil dort ausdrücklich auf § 323 verwiesen wird (§§ 6 Abs 1 S 2, 14 Abs 1 S 2 PublG). Die Erl in den Anm 1 bis 143 sind also uneingeschränkt auch für diese Prüfungen maßgebend – gleichfalls unabhängig von der Rechtsform der unter das PublG fallenden Unt. 151

II. Genossenschaftsgesetz

§ 62 GenG regelt zwar Pflichten und Haftung der Prüfungsorgane im Genossenschaftsbereich (Verbände, Prüfer und PrüfungsGes) eigenständig. Diese 153

Regelungen decken sich aber weitgehend mit denen des § 323, so dass grds die vorstehenden Erl (Anm 10 ff) auch hier gelten. Es bestehen allerdings folgende wichtige Unterschiede:

- **§ 62 Abs 2 GenG** (Haftungsgrenze) begrenzt die Haftung für fahrlässige Pflichtverletzungen abw von Abs 2 auf € 1 Mio je Prüfung.
- **§ 62 Abs 3 GenG** (Verschwiegenheitspflicht) gestattet dem Prüfungsverband, unter bestimmten Voraussetzungen von dem Inhalt des Prüfungsberichts den verbandsangehörigen Genossenschaften (eG) und den zentralen Geschäftsanstalten des Genossenschaftswesens Kenntnis zu geben. Diese Regelung beruht auf spezifischen Gegebenheiten des genossenschaftlichen Prüfungswesens.
- Nach **§ 62 Abs 4 GenG** (Verschwiegenheitspflicht ggü dem AR der PrüfungsGes) sind – abw von Abs 3 (Anm 38) – der Vorsitzende des AR der PrüfungsGes und sein Stellvertreter berechtigt, für Zwecke der *Erfüllung* ihrer *Überwachungspflicht* den von der PrüfungsGes erstatteten Prüfungsbericht einzusehen.
- **§ 62 Abs 5 GenG** (kein Ausschluss oder weitere Beschränkung der Haftung durch Vertrag) legt zusätzlich fest, dass diese Vorschrift auch im Hinblick auf die Haftung des Verbands für Personen gilt, deren er sich zur Vornahme der Prüfung bedient.
- Die mit dem EuroBilG eingefügten **§§ 63 e bis 63 g GenG** regeln die externe Qualitätskontrolle bei genossenschaftlichen Prüfungsverbänden durch Teilnahme am Qualitätskontrollverfahren nach der WPO. § 63 g Abs 2 S 1 GenG erklärt § 57 b WPO für entspr anwendbar, das betrifft ua die in § 57 b Abs 3 eingeschränkte Verschwiegenheitspflicht und die in § 57 b Abs 4 WPO angeordnete entspr Geltung von § 323 (vorbehaltlich der Regelung gem § 57 b Abs 3 WPO). § 63 g Abs 2 S 2 GenG schränkt darüber hinaus auch die Verschwiegenheitspflicht gem § 62 Abs 1 GenG in dem Umfang ein, wie dies zur Durchführung der Qualitätskontrolle erforderlich ist. Im Rahmen der Qualitätskontrolle für genossenschaftliche Prüfungsverbände ist § 323 vorbehaltlich des Abs 3 entspr anwendbar. Da es sich um gesetzlich angeordnete Prüfungen handelt, war es auch erforderlich, die Haftungsbegrenzungen nach Abs 2 für entspr anwendbar zu erklären.

III. Wirtschaftsprüferordnung

154 In den **§§ 57 a bis 57 h WPO** ist das Qualitätskontrollverfahren **(„Peer Review")** für WP/WPG und vBP/BPG verankert, deren Praxen von externen, bei der WPK registrierten Prüfern für Qualitätskontrolle einer diesbezüglichen Prüfung unterzogen werden (Anm 39). Um die Interessen der vom AP geprüften Unt besonders zu schützen, gelten gem § 57 b Abs 4 WPO Abs 1 S 2 bis 4, Abs 3 bis 5 für *alle Beteiligten an der Qualitätskontrolle* entspr. Da es sich bei dem Verfahren der Qualitätskontrolle um eine gesetzlich angeordnete Prüfung handelt, gilt dies folgerichtig auch für die Haftungsbegrenzung nach Abs 2.

IV. Deliktische Haftung nach §§ 823 ff BGB

155 Pflichtverstöße bei der APr können auch den Tatbestand einer unerlaubten Handlung iSd BGB erfüllen. Ob die §§ 823 ff BGB durch die Sonderregelung des § 323 verdrängt werden (dafür zB *Ebke,* 37 Fn 15; *ADS*[6] § 323 Anm 175) kann offen bleiben, da dies für die Haftung des AP (Anm 118 ff) ohne praktische

Bedeutung ist; denn sämtliche Vorschriften des BGB, nach denen eine deliktische Haftung des AP in Betracht kommen könnte, setzen **vorsätzliches** Handeln voraus (Anm 172, 173), was auch nach § 323 eine unbegrenzte Haftung auslöst. Darüber hinaus bestehen nach §§ 823ff BGB größere Möglichkeiten als bei § 323, sich für das Fehlverhalten von Prüfungsgehilfen zu entlasten (Möglichkeit der Exkulpation nach § 831 BGB statt der unmittelbaren Zurechnung nach § 278 BGB; *Zugehör* NJW 2000, 1601ff).

E. Verantwortlichkeit bei freiwilligen Abschlussprüfungen

In diesem Abschn wird (nur) die Verantwortlichkeit des AP ggü **dem geprüften Unternehmen** behandelt. Wegen der Haftung ggü Dritten s Anm 170ff. 160

Für APr oder sonstige Prüfungen, die gesetzlich nicht vorgeschrieben sind (freiwillige Prüfungen), begründet § 323 keine Pflichten, keine Haftung und auch keine Haftungsobergrenze (so *Ebke* in MünchKomm HGB § 323 Anm 14; *Quick* BB 1992, 1675ff; *Schlechtriem* BB 1984, 1177ff). Die Pflichten, die den AP bei freiwilligen Prüfungen treffen, und die Rechtsfolgen aus ihrer Verletzung ergeben sich allein aus den vertraglichen Vereinbarungen **(Prüfungsauftrag)** zwischen dem AP und der geprüften Ges sowie aus den allgemeinen zivilrechtlichen Regelungen.

Zuweilen wird der AP von den geprüften KapGes/KapCoGes gebeten, seine Prüfung auszudehnen. Es ist dann zu untersuchen, ob diese **zusätzlichen Prüfungshandlungen** noch als Teil der gesetzlichen APr verstanden werden können oder aber einen gesonderten Prüfungsauftrag darstellen, dazu auch § 317 Anm 8 mwN (s auch *Vollmer/Maurer* Beratung durch Aufsichtsratsmitglieder oder Abschlussprüfer auf Grund von Zusatzaufträgen BB 1993, 591ff). Eine gesonderte Auftragserteilung oder -bestätigung, Berichterstattung, Abrechnung uä können wertvolle Hinweise für die Abgrenzung sein. Handelt es sich um einen gesonderten Prüfungsauftrag, gilt das Gleiche wie bei freiwilligen APr. Eine Haftungsbeschränkung gilt insoweit nur, wenn diese vertraglich vereinbart wird – was auch konkludent möglich ist (s *ADS*[6] § 323 Anm 151, *Streck* StB 1991, 98ff). 161

I. Art und Umfang der Pflichten

Bei freiwilligen APr steht es den Beteiligten frei, Art und Umfang der vom AP zu erfüllenden **Pflichten,** dh insb der vorzunehmenden Prüfungshandlungen, festzulegen: Wer sich „überhaupt nicht“ prüfen lassen muss, kann mit seinem AP vereinbaren, dass „weniger als in §§ 316ff normiert“ geprüft wird. Näheres in § 316 Anm 59ff. Der WP/vBP wird allerdings keinen Auftrag übernehmen (dürfen), der es ihm nicht gestattet, alle berufsrechtlichen Pflichten (zB Gewissenhaftigkeit, Unparteilichkeit etc – § 43 WPO) zu beachten. 162

Bei einer freiwilligen Prüfung ist deswegen **im Einzelfall** *sehr sorgfältig zu untersuchen,* welche Prüfungspflichten der AP ggü seinem Auftraggeber übernommen hat. Dessen ungeachtet liegt es nahe, auch bei einer freiwilligen APr die Pflichten des AP in Anlehnung an die Pflichtprüfung (Anm 10ff) festzulegen; es handelt sich dabei um einen „Standard“, der allgemeine Akzeptanz genießt. Wenn die freiwillige APr mit einem BVm abschließen soll, der § 322 Abs 1 nachgebildet ist, ist es nach Auffassung des Berufsstands der WP/vBP sogar unausweichlich, an die Prüfung den Maßstab wie bei Pflichtprüfungen an- 163 zulegen *(IDW PS 400)*. Das Gleiche gilt im Zweifel, wenn der Auftrag für eine freiwillige APr durch Bezugnahme auf die Vorschriften des HGB (insgesamt oder auf §§ 316 ff), erteilt wird.

164 Mit Rücksicht auf diesen „Standardcharakter" der Pflichtprüfung nach §§ 316 ff muss der AP, wenn Art und Umfang der APr nach den Vereinbarungen mit dem geprüften Unt dahinter zurückbleiben sollen, im Prüfungsbericht deutlich darauf hinweisen. Statt eines BVm kommt nur eine **Bescheinigung** in Betracht (*IDW PS 400* Anm 5, *ADS*[6] § 322 Anm 422).

II. Folgen bei Pflichtverstößen

165 Die **Folgen** etwaiger Pflichtverletzungen richten sich bei freiwilligen Prüfungen allein nach den im Prüfungsauftrag getroffenen Vereinbarungen sowie den allgemeinen zivilrechtlichen Regelungen (Anm 160). § 323 ist selbst dann nicht anwendbar, wenn sich die Pflichten des AP *inhaltlich* mit denen des § 323 (Anm 163) decken.

Verstöße des AP gegen mit dem Prüfungsauftrag übernommene Pflichten, die bei dem geprüften Unt zu Schäden geführt haben, sind nach dem Leistungsstörungsrecht des BGB zu beurteilen. Im Ergebnis besteht ebenso wie nach § 323 eine Pflicht zum Ersatz des Schadens, der durch die Verletzung der mit dem Prüfungsauftrag übernommenen Pflichten verursacht worden ist. Es gelten aber *insbesondere nicht* die folgenden Regelungen des § 323:

- Die Ersatzpflicht trifft weder die **Prüfungsgehilfen** noch die **gesetzlichen Vertreter** einer WPG/BPGes (Anm 62 f); ersatzpflichtig ist **allein der Abschlussprüfer,** der den Prüfungsauftrag übernommen hat.
- Ein mit dem geprüften Unt **verbundenes Unternehmen** ist – da nicht am Prüfungsauftrag beteiligt – Dritter und deswegen nicht anspruchsberechtigt –; es sei denn, es greifen die Vorschriften über den Vertrag mit Schutzwirkung zugunsten Dritter ein (Anm 192 ff).
- Die Beschränkung der **Haftung bei Fahrlässigkeit** auf einen Höchstbetrag von € 1 Mio bzw € 4 Mio gilt weder unmittelbar noch analog (*Baumbach/Hopt*[31] § 323 Anm 9; *Streck* StB 1991, 98 ff; aA *Schlechtriem* BB 1984, 1177 ff). Eine Haftungsobergrenze muss vielmehr wirksam vereinbart werden, wobei WP/vBP aus berufsrechtlichen Gründen keine Haftungsobergrenze unter dem in § 54 a Abs 1 Nr 1 iVm § 54 Abs 1 S 2 WPO iVm § 323 Abs 2 S 1 bezeichneten Umfang (€ 1 Mio) vereinbaren dürfen (so § 16 der Berufssatzung, § 54 a Abs 1 Nr 1 WPO).
- Die Beschränkungen für den Einwand des **Mitverschuldens gem** § 254 BGB (dazu Anm 121 ff) gelten bei freiwilligen Prüfungen *nicht.*
- Die **Auswirkungen eines Widerrufs** des BVm auf die Haftung des AP (s dazu § 322 Anm 113 ff) können nur im Einzelfall beurteilt werden.

166 Insb die an *sich* unbegrenzte Haftung bei freiwilligen APr hat die WP/vBP seit langem veranlasst, **allgemeine Geschäftsbedingungen** ihren Aufträgen zugrunde zu legen. Damit wird im Ergebnis eine dem § 323 nachgebildete Haftungsbeschränkung angestrebt, soweit dies nach dem AGB-Gesetz bzw dessen in das BGB (§§ 305–310 BGB nF) eingegliederten Bestimmungen zulässig ist. Allgemein verwandt werden die „Allgemeinen Auftragsbedingungen für Wirtschaftsprüfer und Wirtschaftsprüfungsgesellschaften vom 1. Januar 2002" (AAB). Diese sehen in Nr 9 für Tätigkeiten außerhalb der Pflichtprüfung vor

- eine allgemeine **Haftungsobergrenze** von € 4 Mio gem § 54 a Abs 1 Nr 2 WPO für jeden fahrlässig verursachten einzelnen Schadensfall des AP (Nr 9 Abs 2 AAB);
- die Haftungsbegrenzung gilt auch ggü anderen Personen als dem Auftraggeber (Nr 9 Abs 2 AAB);

- die Haftungsbegrenzung gilt für jeden einzelnen Schadensfall. Als einzelner Schadensfall sind alle Schadensersatzansprüche (auch von mehreren Anspruchstellern), die aus ein und demselben Fehler des AP resultieren, anzusehen. Ein einzelner Schadensfall liegt nach Nr 9 Abs 2 AAB auch vor, wenn zwar mehrere Verstöße einer oder mehrerer Personen gegeben sind, doch nach wertender Betrachtung die abgrenzbare berufliche Tätigkeit als eine Prüfung oder sonst einheitliche Leistung anzusehen ist;
- liegen mehrere gleichartige Prüfungen oder gleichartige einheitliche Leistungen vor und beruht ein dabei entstandener Schaden aus mehreren Verstößen aus dem gleichen Fehler, so gilt nach Nr 9 Abs 2 AAB eine Haftungsgrenze von € 5 Mio. Dies gilt unabhängig davon, ob der Schaden durch Verstöße in einem Jahr oder in mehreren aufeinander folgenden Jahren verursacht wurde.

Die Zulässigkeit der unter Verwendung der AAB vereinbarten Haftungsbeschränkung für Fälle der leichten und groben Fahrlässigkeit in vorstehend beschriebenem Umfang ergibt sich aus § 54a Abs 1 Nr 2 WPO, wonach der Anspruch des Auftraggebers aus dem Vertragsverhältnis auf den Ersatz jedes fahrlässig verursachten Schadens beschränkt werden kann. Voraussetzung ist: 167

- Die durch AAB vereinbarte Haftungssumme beläuft sich auf mind den vierfachen Betrag der Deckungssumme nach § 54 Abs 1 S 2 WPO (das sind € 4 Mio)
- Es besteht insoweit Versicherungsschutz; das Bestehen des Versicherungsschutzes ist Wirksamkeitsvoraussetzung für die Haftungsbegrenzung, dh ohne entspr Versicherungsschutz über € 4 Mio besteht unbeschränkte Haftung.

Nr 9 Abs 3 AAB beschränkt ferner zeitlich die Möglichkeit der **Geltendmachung von Ansprüchen.** Durch diese Regelung wird nicht die gesetzliche Verjährungsfrist verkürzt (Anm 140) – eine Verkürzung durch die AAB wäre auch wegen § 307 BGB bedenklich (dazu *Ulmer/Brandner/Hensen*[7] Anhang §§ 9–11 Anm 959) –, sondern eine zusätzliche **Ausschlussfrist** geschaffen; der Anspruch muss binnen 12 Monaten *nach Kenntnis* vom Schaden und schadenbegründendem Ereignis geltend gemacht werden. Der Anspruch erlischt, wenn nicht nach Ablehnung der Ersatzleistung binnen 6 Monaten Klage erhoben wird. Derartige Klauseln wurden bisher in der Rspr nicht verworfen (*OLG Hamburg* 26. 3. 1981 StB, 188; offengelassen *BGH* 24. 3. 1982 ZIP, 1219; *OLG Düsseldorf* 8. 8. 1985 ZIP, 1394; in der Literatur werden dagegen wegen des AGB-Gesetzes auch hier Bedenken erhoben (so *Bunte* BB 1981, 1067; *Ulmer/Brandner/Hensen*[7] Anhang §§ 9–11 Anm 959). Da die Ausschlussfrist erst ab Kenntnis von sämtlichen für die Anspruchsstellung erforderlichen Umständen beginnt, ist diese auch ausreichend bemessen. Denn es ist nicht etwa erforderlich, dass der Geschädigte seinen Anspruch in der 12-Monatsfrist gerichtlich geltend macht; es reicht zB ein Schreiben an den AP aus. 169

F. Haftung des Abschlussprüfers gegenüber Dritten

Hier geht es um die Verantwortlichkeit bei Pflichtprüfungen und freiwilligen Prüfungen ggü Personen, die nicht zum Kreis der nach Abs 1 S 3 Ersatzberechtigten (das geprüfte Unt und die mit ihm verbundenen Unt) gehören. Das sind insb die Gester und die Gläubiger des geprüften Unt sowie unter bestimmten Voraussetzungen auch andere Dritte. 170

I. § 323 HGB

171 Dritten stehen nach Abs 1 S 3 bei Pflichtverletzungen des AP keine Ansprüche gegen diesen zu. Die Tatsache, dass nach dieser Bestimmung ggf auch ein mit der geprüften KapGes/KapCoGes verbundenes Unt – obwohl am Prüfungsvertrag nicht beteiligt – ersatzberechtigt sein kann, darf nicht dahin verstanden werden, dass damit „vorsichtig" die Schadensersatzberechtigung nach § 323 auch für (andere) Dritte eröffnet werden sollte. Die Einbeziehung der verbundenen Unt erfolgte lediglich als notwendige Folge des erweiterten Auskunftsrechts des AP (Anm 119); sie darf schon deswegen nicht auf (fremde) Dritte im Wege der Auslegung oder Analogie erstreckt werden.

Darüber hinaus sollte die Haftung des AP namentlich ggü Aktionären/Gestern oder Gläubigern der KapGes/KapCoGes bewusst nicht ausgedehnt werden, einerseits um das Haftungsrisiko des AP (Anm 130) nicht zu sehr zu erhöhen und andererseits die geprüfte KapGes/KapCoGes nicht der Gefahr auszusetzen, ihre nach Abs 2 ohnehin beschränkten Ansprüche mit fremden Geschädigten teilen zu müssen. Aus § 323 lassen sich daher keine Ansprüche Dritter herleiten (hM *ADS*[6] § 323 Anm 177; *Baumbach/Hopt*[31] § 323 Anm 8; *Lang* WPg 1989, 57; *WPH*[12] *I* A 465; *OLG Düsseldorf* 7. 4. 2000; *OLG Düsseldorf* 2000, 335; *OLG Karlsruhe* 7. 2. 1985 ZIP, 409; *LG Frankfurt* 8. 4. 1997 BB, 1682).

Dem hat sich im Grundsatz auch der *BGH* (2. 4. 1998 DB, 1073ff; aA *OLG Stuttgart* 25. 7. 1995 WPK-Mitt, 222 und *OLG Hamm* 12. 7. 1996 BB, 2295) angeschlossen, wenn er ausdrücklich klarstellt, dass Dritte aus § 323 direkt keine Ansprüche gegen den AP geltend machen können. Dessen ungeachtet lässt der BGH dann aber doch eine Haftung des AP nach § 323 ggü Dritten zu, wenn er die Grundsätze des Vertrags mit Schutzwirkung zugunsten Dritter für anwendbar erklärt (zur vertraglichen oder vertragsähnlichen Haftungsgründung s Anm 190ff).

II. Deliktische Haftung nach §§ 823ff BGB

172 Pflichtverletzungen bei der APr können bei Dritten insb dadurch zu Nachteilen führen, dass sie Rechte hinsichtlich der geprüften KapGes/KapCoGes (Beteiligungen, Wertpapiere, Forderungen etc) erwerben oder (be)halten, deren *Wert* von vornherein (dh beim Erwerb) unter dem dafür aufgewandten Gegenwert (Nominalbetrag, Geldbetrag, Umsatzerlös usw) liegt oder später darunter absinkt. Nachteile dieser Art stellen keine Verletzung eines Rechts iSd § 823 Abs 1 BGB dar (denn das Beteiligungs- oder Gläubigerrecht wird in seinem *rechtlichen* Bestand nicht berührt), sondern lediglich eine wertmäßige Verminderung von Vermögen. Letzteres wird im Rahmen der Vorschriften über die **unerlaubten Handlungen** (Delikte) nur durch die §§ 823 Abs 2, 824 und 826 BGB gegen schädigende Handlungen Dritter geschützt. Allein diese Bestimmungen sind deswegen für eine deliktische Haftung des AP ggü Dritten relevant.

173 Die Anwendung dieser Bestimmungen des BGB auf Pflichtprüfungen wird durch § 323 nicht ausgeschlossen (so *Ebke,* 37ff; *ADS*[6] § 323 Anm 179; *Baumbach/Hopt*[31] § 323 Anm 8; auch *OLG Karlsruhe* 7. 2. 1985 ZIP, 409). Die Zulassung von derartigen Ansprüchen widerspricht auch nicht den Grundwertungen des HGB, die der Haftungs*begrenzung* bei Pflichtprüfungen nach Abs 2 bei **fahrlässigen** Pflichtverletzungen zugrunde liegen (Anm 130). Denn die genannten Anspruchsgrundlagen aus dem BGB setzen sämtlich **vorsätzliches**

Handeln voraus. Die Haftung aus deliktischen Ansprüchen ggü Dritten besteht *ohne* Haftungsbegrenzung (glA *ADS*[6] § 323 Anm 179; s auch *Streck* StB 1991, 98ff).

1. § 823 Abs 2 BGB

174 Wer gegen ein den *Schutz* eines anderen bezweckendes Gesetz verstößt, ist nach dieser Vorschrift zum Ersatz des daraus entstehenden Schadens verpflichtet. Als **Schutzgesetze** iSd § 823 Abs 2 BGB, die bei APr verletzt werden können, kommen die Strafvorschriften im HGB, PublG, VAG und GenG, aber auch des StGB selbst in Betracht.

175 Als **Strafvorschriften** in den genannten Gesetzen, die ein Fehlverhalten des AP, seiner gesetzlichen Vertreter oder seiner Prüfungsgehilfen im Rahmen der APr ahnden, sind insb zu nennen:

– die Sicherung der **Erteilung** eines „richtigen" **Bestätigungsvermerks** und **Prüfungsberichts** (§ 332 HGB, § 18 PublG, § 137 VAG, § 150 GenG). Die genannten Vorschriften sollen offenkundig die Interessen von Gestern und Gläubigern der geprüften Ges schützen. Diese Personen sind deswegen bei einer Verletzung der Berichtspflicht grds ersatzberechtigt (glA; *Herrmann* in Heymann[2] § 323 Anm 7, auch *OLG Karlsruhe* 7. 2. 1985 ZIP, 409ff); allerdings unter der Voraussetzung, dass *auch* der BVm unrichtig ist oder ihnen (ausnahmsweise) der Prüfungsbericht ausgehändigt worden ist.
– die Sicherung der **Geheimhaltungspflichten** einschl des Verbots der Verwertung von Betriebs- und Geschäftsgeheimnissen (§ 333, § 19 PublG, § 138 VAG, § 151 GenG). Rechtlich geschützt werden allerdings nur die Unt, die in diesen Vorschriften genannt sind bzw auf die sich die konkrete Tätigkeit des AP bezieht. Gester und Gläubiger dieser Unt können sich darauf nicht berufen (s dazu auch *ADS*[6] § 323 Anm 184; ebenso *Ebke,* 46 mwN).

176 **§ 323** ist kein Schutzgesetz iSd § 823 Abs 2 BGB (hM, so *ADS*[6] § 323 Anm 184 mwN; *Baumbach/Hopt*[31] § 323 Anm 8). Eine aA würde die Grundwertungen des HGB, bei fahrlässigem Fehlverhalten des AP, dessen Haftung auf € 1 Mio bzw € 4 Mio zu begrenzen, diesen Betrag dann aber allein für das geprüfte Unt (uU auch für mit ihm verbundene Unt) zur Verfügung zu halten (Anm 171), unterlaufen (*Quick* BB 1992, 1675ff).

177 Die §§ 403, 404 **AktG,** die ebenfalls Schutzgesetz-Charakter haben (so *BGH* 25. 4. 1961 BB, 652), treten für Pflichtverletzungen bei der APr hinter das HGB zurück (s § 332 Anm 50 und § 333 Anm 25); sie können hier deswegen nicht zur Anwendung kommen.

178 Das **KWG** enthält keine Schutzgesetze zugunsten Dritter, gegen die ein AP verstoßen könnte. Dies gilt auch für § 18 KWG (bei größeren Krediten hat sich ein Kreditinstitut die wirtschaftlichen Verhältnisse der Kreditnehmer, insb durch Vorlage von JA, offen legen zu lassen). Diese Vorschrift richtet sich (nur) an die Geschäftsleiter der betr Kreditinstitute (gesichert durch Bußgeld in § 56 Abs 3 Nr 4 KWG). Sie begründet keine Verpflichtungen für die AP von Kreditnehmern, im Interesse oder zum Schutze des kreditgebenden Kreditinstituts – das den Prüfungsbericht im Rahmen des § 18 KWG erhält – Fehler bei der APr zu vermeiden (*BGH* 5. 12. 1972 NJW 1973, 321).

179 Schutzgesetze iSd § 823 Abs 2 sind insb alle Vorschriften des **StGB,** die ganz allgemein den Schutz fremder Vermögensinteressen bezwecken, insb

– § 263 (Betrug)
– § 264 (Subventionsbetrug)
– § 264 a (Kapitalanlagebetrug)
– § 266 (Untreue)

– § 267 (Urkundenfälschung)
– §§ 283 bis 283 d (Konkursvergehen).

Die Fälle, in denen das Fehlverhalten bei der APr auch unter eine dieser Bestimmungen subsumiert werden kann, sind allerdings ausgesprochen selten.

Die oft außerdem genannte Vorschrift des § 203 StGB (zB *ADS*[6] § 323 Anm 182) dürfte bei Pflichtverletzungen im Rahmen der APr wegen des Konkurrenzverhältnisses zu § 333 (dort Anm 3) nicht zur Anwendung kommen. Gleiches dürfte bei § 38 WpHG gelten.

180 §§ 2, 43, 49 **WPO** umschreiben den Inhalt der Tätigkeit des WP und dessen Berufspflichten nur allgemein; das reicht nicht aus (wie für § 823 Abs 2 BGB erforderlich), den Schutz *bestimmter* Personen zu bezwecken, die aus der Verletzung dieser Pflichten dann Ersatzansprüche ableiten könnten (*OLG Saarbrücken* 12. 7. 1978 BB, 1434 unter Bezugnahme auf *BGH* 5. 12. 1972 NJW 1973, 321; *Ebke,* 50; *ADS*[6] § 323 Anm 185).

2. § 824 BGB

181 Hiernach ist schadensersatzpflichtig, wer der Wahrheit zuwider eine Tatsache behauptet oder verbreitet, die geeignet ist, den Kredit eines anderen zu gefährden oder sonstige Nachteile für dessen Erwerb oder Unt herbeizuführen. Dieser Tatbestand kann iZm der Durchführung einer APr erfüllt sein, wenn zB der AP die Versagung oder Einschränkung des **Bestätigungsvermerks** mit einer Begr verbindet, die den Tatbestand des § 824 BGB erfüllt (so auch *ADS*[6] § 323 Anm 188). Gleiches kann vorkommen bei unrichtigen Ausführungen in einem **Prüfungsbericht,** die seine Empfänger (AR oder gesetzliche Vertreter des geprüften Unt; aber auch ein Kreditinstitut, das im Rahmen des § 18 KWG den Prüfungsbericht erhält) zu für einen Dritten ungünstigen Maßnahmen veranlassen.

182 Nach § 824 BGB muss der Handelnde die Unrichtigkeit der behaupteten oder verbreiteten Tatsache nicht unbedingt kennen, es reicht auch fahrlässige Unkenntnis aus. Wenn und soweit danach eine Haftung des AP ggü einem Dritten für fahrlässiges Fehlverhalten bei der APr in Betracht kommen könnte, läge ein Widerspruch zu § 323 vor (Anm 171); dieser Widerspruch kann nur in der Weise aufgelöst werden, dass § 824 BGB insoweit nicht eingreift. Eine Haftung aus § 824 BGB kann sich somit nur bei Vorsatz oder in Bereichen außerhalb einer Pflichtprüfung ergeben.

3. § 826 BGB

183 Danach ist schadensersatzpflichtig, wer in einer gegen die guten Sitten verstoßenden Weise einem anderen *vorsätzlich* Schaden zufügt. IZm der APr ist als **sittenwidriges Handeln** zunächst jede bewusst ungerechtfertigte Versagung oder Einschränkung des BVm bzw unrichtige Berichterstattung im Prüfungsbericht anzusehen. Ein sittenwidriges Verhalten wird aber auch dann angenommen, **wenn** der WP/vBP so **leichtfertig** handelt, dass es als **gewissenlos** zu werten ist; dies kommt schon dann in Betracht, wenn der WP/vBP in grober Weise gegen die durch seinen Beruf gebotene Sorgfalt verstößt (so *Schäfer* in Staudinger[13] § 826 Anm 46 und *Mertens* in MünchKomm BGB[4] § 826 Anm 180 ff, jeweils mwN auch *BGH* 12. 12. 1978 WM 1979, 326; *BGH* 24. 9. 1991 WM 1992, 2034; *LG Frankfurt* 8. 4. 1997 BB, 1682; *Ebke* BB 1997, 1731).

Nachdem der Geschäftsverkehr von einem hohen Maß an Kenntnissen und Erfahrungen sowie von der Sorgfalt bei einem WP/vBP ausgeht, hat die Rspr die Anforderungen an die Sittenwidrigkeit (Leichtfertigkeit und Gewissenlosigkeit) stark herabgesetzt (s dazu *Ebke/Scheel* WM 1991, 389ff; *Ebke/Bert* EWS 1993, 229ff mwN). Im Ergebnis wird dadurch die Haftung aus § 826 BGB stark der für grobe Fahrlässigkeit angenähert (*Lang,* 7).

Von einem leichtfertigen und gewissenlosen Vorgehen ist insb dann auszugehen, wenn der AP einen (unrichtigen) BVm erteilt,
- ohne eine Prüfung durchgeführt zu haben;
- nachdem er die Durchführung der APr in vollem Umfang einem anderen überlassen und dessen Prüfungsergebnisse unbesehen übernommen hat (*BGH* 5. 12. 1972 NJW 1973, 321; *OLG Karlsruhe* 7. 2. 1985 ZIP, 409);
- obwohl das Rechnungswesen schwere Mängel aufweist, welche die Aufstellung eines zuverlässigen JA nicht gestatten (*BGH* 26. 11. 1986 WM 1987, 257);
- und/oder wer *wichtige* Angaben des Unt ungeprüft übernommen hat, obwohl sie überprüfbar waren und mit Rücksicht auf ihre Bedeutung unbedingt hätten überprüft werden müssen (*BGH* 17. 9. 1985 NJW 1986, 180; *OLG Düsseldorf* 19. 11. 1998 NZG 1999, 902).

Ist sittenwidriges Verhalten idS gegeben, ist der AP grds allen Dritten (zB Ges- 184
tern, Gläubigern, Investoren) zum Ersatz des Schadens verpflichtet, der ihnen durch den (unrichtigen) BVm entstanden ist. Eine Begrenzung tritt nur dadurch ein, dass der bei dem Dritten eingetretene Schaden durch das Verhalten des AP adäquat verursacht sein muss; das ist sicher gegeben, wenn der zu Unrecht erteilte BVm bestimmt war, die Kreditgewährung durch einen Dritten zu beeinflussen (*OLG Oldenburg* 6. 3. 1980 VersR 1981, 88; s auch *WPH*[12] I A 475). Die Adäquanz wird verneint, wenn der Schaden dadurch entstanden ist, dass ein gesetzlicher Vertreter der geprüften Ges die auf Grund von testierten JA und Lageberichten entstandenen und fortdauernden Geschäftsverbindungen zu strafbaren Handlungen zum Nachteil Dritter nutzt (*OLG Karlsruhe* 7. 2. 1985 ZIP, 409, bestätigt von *BGH* 14. 1. 1986 ZIP Aktuell, III Anm 22). Zur Begrenzung der „Reichweite" des § 826 BGB s auch *BGH* 20. 2. 1979 WM, 428f.

Der für § 826 BGB erforderliche Vorsatz bedingt eine Kenntnis der die Leichtfertigkeit oder Gewissenlosigkeit begründenden Umstände (aA *Quick* BB 1992, 1675ff, der auf eine Erkennbarkeit abstellt – dies ist wegen einer Verschiebung der Grenze zur Fahrlässigkeit abzulehnen). Nicht erforderlich ist ein Bewusstsein der Leichtfertigkeit oder Gewissenlosigkeit bzw der Sittenwidrigkeit selbst. Dementsprechend braucht der WP/vBP zB auch nicht zu wissen, dass sein BVm unrichtig ist; es reicht die Kenntnis der Umstände aus, die das Verhalten als leichtfertig oder gewissenlos erscheinen lassen (*BGH* 17. 9. 1985 NJW 1986, 180ff).

Für § 826 BGB ist weiterhin **Vorsatz** im Hinblick auf den Schaden des 185
Dritten erforderlich. Dabei genügt auch bedingter Vorsatz: Es reicht aus, wenn der AP sich vorstellt, dass ein Dritter im Vertrauen auf seinen BVm Vermögensdispositionen vornimmt, und dadurch eintretende Schäden des Dritten billigend in Kauf nimmt (*BGH* 5. 12. 1972 NJW 1973, 321ff; *OLG Frankfurt* 21. 10. 1976 WM 1977, 59ff; s auch *ADS*[6] § 323 Anm 192; *LG Frankfurt* 8. 4. 1997 BB, 1682). Eine Schädigungsabsicht ist nicht erforderlich. Die bloße (auch erhebliche) Fehlerhaftigkeit des JA lässt für sich allein nicht den Schluss auf Schädigungsvorsatz zu (*OLG Düsseldorf* 19. 11. 1998 NZG 1999, 902). Der Vorsatz braucht sich auch nicht auf das konkrete Schadensopfer zu erstrecken (*BGH* 13. 7. 1956 BB, 857f). Die konkret Geschädigten müssen nicht erkennbar gewesen sein.

Der Vorsatz hinsichtlich des Schadens ist *unabhängig und gesondert* von der Leichtfertigkeit und Gewissenlosigkeit des Vorgehens festzustellen. Aus einem grob leichtfertigen Verhalten des AP kann uU aber gefolgert werden, dass dieser die Schädigung des Dritten billigend in Kauf genommen haben muss (so *BGH*

14. 4. 1986 WM, 904; enger *OLG Köln* 14. 12. 1990 NJW-RR 1992, 1184f. Zur möglichen Haftungsrelevanz eines Widerrufs des BVm, s Anm 102.

4. § 839a BGB

186 Nach § 839a BGB haftet ein vom Gericht ernannter Sachverständiger wegen eines unrichtigen Gutachtens für den einem Verfahrensbeteiligten durch eine auf diesem Gutachten beruhende gerichtliche Entscheidung entstandenen Schaden. Diese Norm bietet nahezu die einzige Möglichkeit, im Rahmen eines falschen gerichtlichen Sachverständigengutachtens Rückgriff auf den Gutachter zu nehmen § 839a BGB stellt damit allein auf gerichtlich bestellte Sachverständige ab, womit weder eine direkte, noch eine analoge Anwendung bzgl der AP-Haftung zulässig ist (*Heppe* WM 2003, 714 u 753).

III. Vertragliche Ansprüche

190 Für **Dritte** haben vertragliche Ansprüche ggü Ansprüchen aus unerlaubter Handlung den Vorteil, dass
- eine Haftung auch bei fahrlässigem Fehlverhalten eintritt,
- der AP für Prüfungsgehilfen gem § 278 BGB ohne Entlastungsmöglichkeit einstehen muss.

191 Die gesetzliche Haftung des AP nach Abs 1 S 3 führt allerdings nur zu unmittelbaren **vertraglichen** Ansprüchen der geprüften Ges und ggf eines mit ihr verbundenen Unt. Umstritten ist, ob Abs 1 S 3 eine Sperrwirkung dahingehend zukommt, dass Dritte mangels eigener vertraglicher Absprachen mit dem AP diesen nur bei vorsätzlichen Pflichtverletzungen aus Deliktsrecht in Anspruch nehmen können. Einerseits ist Vorsatz regelmäßig sehr schwer zu beweisen, was zB für Dritte, die im Vertrauen auf die Richtigkeit eines mit uneingeschränktem Bvm testierten JA für sie nachteiligen Vermögensdispositionen getroffen haben, durchaus zu unbilligen Ergebnissen führen könnte. Andererseits will § 323 aber auch verhindern, dass das geprüfte Unt die beim AP vorhandene Haftungsmasse (insb Versicherungssumme) mit Dritten teilen muss, soweit es um fahrlässige Pflichtverletzungen des AP geht (Anm 171, 173).

Dieser bewusst eng gezogene Haftungsrahmen bei Pflichtprüfungen darf nicht durch rechtliche Konstruktionen zugunsten Dritter unterlaufen werden, da dies die Grenze zulässiger richterrechtlicher Rechtsfortbildung überschreiten würde (dazu *Quick* BB 1992, 1675ff; *Schlechtriem* BB 1984, 1177ff; *ADS*[6] § 323 Anm 177, 196; *Ebke* BB 1997, 1731; *OLG Bamberg* 19. 10. 2004 NZG 2005, 186; *BGH* 8. 6. 2004 NJW 2004, 3420; *BGH* 20. 4. 2004 NJW 2004, 3025 *LG Frankfurt am Main* 8. 4. 1997 BB, 1682; grds zustimmend *BGH* 2. 4. 1998 DB, 1073; ebenso *OLG Düsseldorf* 9. 11. 1998 NZG 1999, 901).

192 Das letztgenannte Urteil hält sich noch im Rahmen der hM und der gesetzlichen *Haftungssystematik,* nach der § 323 keinen Schadensersatzanspruch Dritter begründen könne. Der BGH stellt allerdings klar, dass diese Vorschrift keine Sperrwirkung dahingehend entfaltet, dass eine Dritthaftung des gesetzlichen AP *überhaupt nicht* in Betracht komme. Er erweitert damit seine Rspr zur Dritthaftung in Fällen *freiwilliger* Abschluss- bzw Zwischenprüfungen (*BGH* 26. 11. 1986 NJW 1987, 1758ff – Zwischenabschlussprüfung eines StB zur Vorlage bei dem Kreditgeber) unter dem Gesichtspunkt des Vertrags mit Schutzwirkung zugunsten Dritter *nur unter bestimmten engen Voraussetzungen* auch auf Fälle von Pflichtprüfungen.

Der III. Senat des *BGH* (2. 4. 1998 DB, 1073) betont die in § 323 zum Ausdruck kommende gesetzgeberische Intention, das Haftungsrisiko des AP nach dem Kreis der Anspruchsberechtigten, aber auch der Höhe nach angemessen zu begrenzen. Daher komme die Einbeziehung einer unbekannten Vielzahl von Gläubigern, Gestern oder Anteilserwerbern in den Schutzbereich des Prüfungsauftrags nicht in Betracht. Auch könne die Haftung für Dritte der Höhe nach keinen größeren Haftungsumfang haben als die Primärhaftung ggü dem Auftraggeber. Diese Tendenz hat der BGH auch in den Entscheidungen 8. 6. 2004 NJW 2004, 3420 und 20. 4. 2004 NJW 2004, 3025 nicht aufgegeben.

Der X. Senat des *BGH* hatte mit U vom 2. 7. 1996 (NJW 2927) noch die Auffassung vertreten, dass sich unter dem Gesichtspunkt des Willens der Vertragsparteien, zugunsten eines Dritten eine Schutzpflicht zu begründen, sich für RAe, Sachverständige, StB und WP (Berufsgruppen, die über eine besondere, vom Staat anerkannte Sachkunde verfügen und deren Vertragsleistungen von vornherein erkennbar zum Gebrauch ggü einem Dritten bestimmt sind und nach dem Willen des Auftraggebers mit einer entspr Beweiskraft ausgestattet sein sollen), *eine* Berufshaftung Dritten ggü herausgebildet habe.

Im Unterschied zur Auffassung des III. Senats des *BGH* im U vom 2. 4. 1998 rückt der X. Senat des *BGH* mit U vom 14. 11. 2000 (VersR 2001, 1388) jedoch von tragenden Überlegungen jenes „Systems einer Haftung beruflicher Sachkenner" (Formulierung von *Zugehör* NJW 2000, 1601) ab, indem ein Gutachter auch dann einem Dritten haften soll, wenn ihm in der Öffentlichkeit keine besondere Kompetenz, Erfahrung oder Zuverlässigkeit (!) zugetraut werden, auch komme es auf die Enttäuschung eines schützenswerten Vertrauens in die Richtigkeit des Gutachtens nicht an. In diesem U kann und muss man den Schritt von einem vertraglichen zu einem gesetzlichen Schuldverhältnis (§ 242 BGB) kraft richterlicher Rechtsfortbildung sehen.

Die vorstehenden U des III. Senats vom 2. 4. 1998 und des X. Senats des 193
BGH vom 14. 11. 2000 zeigen, dass von einem nahezu geschlossenen System *einer* Dritthaftung der RAe, Sachverständigen, StB und WP aus Vertrag mit Schutzwirkung für Dritte keine Rede sein kann, was auch nicht wünschenswert wäre, denn die Eigenart der Tätigkeit und des Vertragsrahmens, in dem ein Fachmann tätig wird, muss bei der Prüfung einer Dritthaftung beachtet werden (*Zugehör* NJW 2000, 1601 ff). Dabei wird sich die Frage der Dritthaftung des gesetzlichen AP für Fahrlässigkeit nach der Rechtsfigur des Vertrags mit Schutzwirkung für Dritte nicht losgelöst von der sonderprivatrechtlichen Haftungsnorm des § 323 beurteilen lassen.

1. Vertrag mit Schutzwirkung zugunsten Dritter

Schon seit langer Zeit billigt die Rspr unter bestimmten Umständen Perso- 194
nen, die nicht Vertragspartei sind, eigene vertragliche Ansprüche auf Grund der Verletzung ihnen ggü angenommener Schutzpflichten zu. Hinsichtlich der *Haupt*leistungsverpflichtung bleibt das Schuldverhältnis auf die vertragsschließenden Parteien beschränkt; in die Schutzwirkung der *sekundären* Sorgfaltspflichten werden dagegen auch Dritte einbezogen (*Westermann* in Erman[9] § 328 Anm 11). Eine vorsätzliche oder fahrlässige Verletzung der Sorgfaltspflichten führt so zu einem eigenen vertraglichen Schadensersatzanspruch des Dritten.

Als Voraussetzung für die Annahme eines Vertrags mit Schutzwirkung zugunsten Dritter werden namentlich die folgenden Umstände genannt (s dazu *Heinrichs* in Palandt[64] § 328 Anm 16 ff) mwN; kritisch *Schmitz* DB 1989, 1913; *Ebke/Scheel* WM 1991, 389 ff; zB auch *BGH* 12. 11. 1979 BGHZ 75, 321 ff)

– Vertrags- oder **Leistungsnähe des Dritten,** dh der Dritte kommt mit der Leistung des Schuldners an den Gläubiger typischerweise und nicht nur zufällig in Berührung;

- **Schutzpflicht des Gläubigers,** dh dieser ist dem Dritten zu Schutz und Fürsorge verpflichtet, oder die Leistung soll nach dem Parteiwillen („bestimmungsgemäß" oder nach der objektiven Interessenlage) *auch* dem Dritten zugute kommen;
- **Erkennbarkeit** für den Schuldner, dh die mögliche Einbeziehung von Dritten in die Schutz- und Obhutspflicht muss erkennbar und der zu schützende Personenkreis überschaubar sein.

195 Diese Grundsätze gelten neben erteilten Auskünften und Gutachten auch im Bereich **freiwilliger Jahresabschlussprüfungen** (aA *Müller,* 461 f, wonach bei freiwilligen APr die gleiche Interessenlage wie bei Pflichtprüfungen vorliege und der AP daher auch dort keine Haftung ggü Dritten tragen wolle). Als Dritte, die mit der Leistung des AP (BVm und Prüfungsbericht) nicht nur zufällig in Berührung kommen („Leistungsnähe des Dritten") ist insoweit vor allem an Kreditgeber, die auf Grund eines unrichtigen BVm zusätzliche Kredite gewähren oder bestehende Kredite aufrechterhalten, mit denen sie dann später ausfallen, daneben auch an Gester des geprüften Unt, die Anteilsrechte erwerben oder behalten, oder an einer Kapitalerhöhung teilnehmen (*BGH* 2. 12 1999 NJW 2000, 725) zu denken (kritisch *Ebke/Scheel* WM 1991, 389 ff, 395; *Müller,* 460 ff).

Die Rspr hat zwar viele Jahre für den Prüfungsauftrag zwischen AP und geprüftem Unt eine Schutzwirkung zugunsten der Kreditgeber des geprüften Unt abgelehnt, weil zwischen dem Auftraggeber (Kreditnehmer) und dem Kreditgeber keine durch eine Fürsorgepflicht gekennzeichnete Beziehung bestehe, die **Interessen** von Kreditnehmer und Kreditgeber vielmehr erkennbar **gegenläufig** seien (so noch *BGH* 5. 12. 1972 WM 1973, 141; *OLG Saarbrücken* 12. 7. 1978 BB, 1434).

Der BGH ist von dieser Rspr später aber zunehmend dadurch abgerückt, dass er die Anforderungen an das Merkmal **„Schutzpflicht"** abschwächte. Unabhängig von Fürsorgepflichten und Interessenlagen komme es allein darauf an, ob die Vertragsparteien einen Dritten in den Schutzbereich **einbeziehen wollten;** diese Rspr zu den Gutachten gerichtlich bestellter und vereidigter Grundstückssachverständiger entwickelt (*BGH* 28. 4. 1982 WM, 762; *BGH* 29. 9. 1982 WM 1983, 177; *BGH* 2. 11. 1983 WM 1984, 34; *BGH* 23. 1. 1985 WM, 450; *Lang* WM 1988, 1001 ff, 1006; *Stahl* Zur Dritthaftung von Rechtsanwälten, Steuerberatern, Wirtschaftsprüfern und öffentlich vereidigten Sachverständigen Frankfurt 1989, 3); Die Rspr gilt seit 1986 auch für die steuerberatenden und wirtschaftsprüfenden Berufe (so erstmalig *BGH* 19. 3. 1986 WM, 711).

Alleine mit der gegenläufigen Interessenlage von Prüfungsmandanten und Dritten kann die Einbeziehung des Dritten in den Schutzbereich des Prüfungsvertrags mit dem AP nicht mehr abgelehnt werden (so *BGH* 23. 1. 1985 WM, 450 ff; *BGH* 18. 10. 1988 NJW-RR 1989, 696; *BGH* 26. 11. 1986 NJW 1987, 1758 ff; *BGH* 17. 5. 1990 WM 1991, 1554; *BGH* 2. 4 1998 DB, 1073).

196 Vom nunmehr entscheidenden **Willen der Vertragsparteien, den Dritten in den Schutzbereich** des Vertrags mit dem WP **einzubeziehen** (Anm 195), ist (nur) dann auszugehen, wenn mit der Einschaltung des WP das besondere Vertrauen, das einem WP entgegengebracht wird, konkret in Anspruch genommen wird (*BGH* 26. 11. 1986 WM 1987, 257 f). Die Rspr geht dabei davon aus, dass derjenige, der bei einem WP eine gutachterliche Äußerung (zB eine Prüfung mit WP-Testat) in Auftrag gebe, um davon Dritten ggü Gebrauch zu machen, idR daran interessiert sei, dass der WP diese Aufgabe nach bestem Wissen und Gewissen durchführe und als WP auch dem Dritten ggü dafür einstehe; denn mit der Einschaltung eines WP wurde idR ggü dem Dritten das besondere Vertrauen in Anspruch genommen, das der WP genieße (so *BGH* 26. 11. 1986 WM 1987, 257 f, 259; s auch *BGH* 10. 11. 1994 DB 1995, 209 ff;

BGH 13. 11. 1997 WM 1998, 440; *OLG Düsseldorf* 19. 11. 1998 NZG 1999, 901; *OLG Celle* 5. 1. 2000 NZG, 613. Diese Rspr darf nicht pauschal dahin verstanden werden, dass allein aus der Tatsache, dass ein WP (dh eine Person mit vom Staat anerkannter besonderer Sachkunde) beauftragt wurde, abgeleitet werden kann, dass die erbetene gutachterliche Äußerung auch im Interesse Dritter eingeholt wird. Es muss vielmehr ein konkretes Interesse des Auftraggebers an der Einbeziehung des Dritten bestehen und für den WP erkennbar sein; nur dann ist die Annahme zulässig, dass die Äußerung des WP nach den Parteivorstellungen auch für den Dritten bestimmt ist und der WP als Vertrauensperson auch dem Dritten ggü hierfür haften will (so *Lang,* 15; *Streck* StB 1991, 98ff). Es muss ein objektiver Wille des Auftraggebers zur Einbeziehung in den Schutzbereich des Vertrags bestehen (s dazu *BGH* 10. 11. 1994 DB 1995, 209; *BGH* 2. 4. 1998 DB, 1073). Bedient sich die BaFin zur Durchführung einer von ihm angeordneten Sonderprüfung bei einem Kreditinstitut nicht eigenen Personals, sondern beauftragt WP/WPG, nehmen diese der BaFin obliegende **Verwaltungsaufgaben** wahr. Für die Annahme, dass der Vertrag zwischen Behörden und WP/WPG nach dem Willen der Vertragsparteien Schutzwirkung für das geprüfte Kreditinstitut habe, ist nach *BGH* vom 26. 6. 2001 (WPK-Mitt, 254) kein Raum.

Der Dritte kann dann *kein* besonderes Vertrauen konkret in Anspruch neh- **197** men, wenn der WP keine neutrale Stellung zwischen seinem Auftraggeber und dem Dritten einnimmt (s dazu *BGH* 18. 2. 1987 VersR 1988, 178). Auch das *OLG Köln* vom 14. 12. 1990 NJW RR 1992, 1184f hat Ansprüche von Konkursgläubigern aus Vertrag mit Schutzwirkung zugunsten Dritter abgelehnt, da der **Berater** keine neutrale Stellung einnehme, sondern auf Auftraggeberseite stehe und als Interessenvertreter seines Auftraggebers auftritt. Bei JAP ist eine solche „reine“ Interessenvertretung aber nicht zulässig (§ 43 Abs 1 S 2 WPO).

Das **konkrete Interesse des Auftraggebers an der Einbeziehung des** **198** **Dritten** muss für den WP auch **erkennbar** (ersichtlich) sein (*Lang,* 15; *Streck* StB 1991, 98ff; s auch *BGH* 26. 11. 1986 NJW 1987, 1758ff; *BGH* 2. 4. 1998 DB, 1073).

Es muss für den AP zunächst erkennbar sein, dass der BVm bzw der Prüfungsbericht überhaupt anderweitig vorgelegt wird (s dazu *BGH* 10. 11. 1994 DB 1995, 209ff). Für den AP muss es ferner erkennbar sein, dass ein vertrauender Dritter die sachverständige Äußerung zur Grundlage seiner Vermögensdisposition machen will (*Quick* BB 1992, 1675ff, dazu auch *BGH* 16. 10. 1990 DB, 2516).

Der WP hat ein berechtigtes Interesse daran, dass er nur einem begrenzten Kreis von Adressaten für die Richtigkeit seiner Äußerung haftet (dazu *Lang,* 15; ders WM 1988, 1001ff). Zwar muss der Kreis der in den Schutzbereich einbezogenen Dritten nicht bekannt sein. Zur Vermeidung unübersehbarer Haftungsrisiken ist es jedoch erforderlich (sofern das Gutachten nicht zur eigenen Belehrung des Auftraggebers erstellt wurde, sondern auch damit Dritte davon Gebrauch machen), dass der Kreis der Dritten überschaubar und objektiv abgrenzbar ist (*BGH* 2. 11. 1983 NJW 1984, 355ff; *BGH* 23. 1. 1985 WM, 450ff; *Lang,* 15). Mit dem Vertrag mit Schutzwirkung zugunsten Dritter kann und soll keine Haftung des WP ggü jedermann hergestellt werden (s hierzu *Lang,* 8f). Ohne die Begrenzung auf einen bestimmten Inhalt und Personenkreis kommt danach ein Vertrag mit Schutzwirkung zugunsten Dritter nicht in Betracht (*OLG Düsseldorf* 15. 11. 1990 WPK-Mitt 1991, 65ff; *Lang,* 15; s dazu auch *OLG München* 1. 6. 1990 WM 1991, 2042; *BGH* 2. 4. 1998 DB, 1073).

Im Gegensatz zu Pflichtprüfungen wird bei **freiwilligen Prüfungen** das **199** Prüfungsergebnis (BVm etc) und der Prüfungsbericht Gläubigern des geprüften

Unt regelmäßig nicht bekannt, so dass für eine Einbeziehung der Gläubiger in den Schutzbereich des Prüfungsauftrags idR kein Ansatz gegeben ist (*Gräfe/Lenzen/Rainer*[3] Anm 445).

200 Eine Ausnahme von der grds Nicht-Einbeziehung von **Gläubigern** in den Schutzbereich wird für kreditgebende Banken des geprüften Unt insb dann angenommen, wenn die APr vor allem auf Betreiben von Banken durchgeführt wird (dazu auch *BGH* 21. 1. 1993 NJW-RR, 944, wo der Schutzbereich des Vertrags auch auf weitere Kreditgeber erstreckt wird: Haftung eines Steuerberaters wegen fehlerhafter Bilanzerstellung). Auch wird vertreten, dass eine Einbeziehung in den Schutzbereich des Prüfungsauftrags für kreditgebende Banken anzunehmen sei, wenn der AP eine deutlich größere Anzahl von Prüfungsberichten ausliefere, als für das geprüfte Unt selbst erforderlich sei, so dass er wegen § 18 KWG davon ausgehen müsse, dass sein BVm und Prüfungsbericht auch für die kreditgebenden Banken bestimmt sei (so im Ergebnis *Hopt* WPg 1986, 461; auch *BGH* 18. 10. 1988 NJW-RR 1989, 696f, wo eine Schutzwirkung bejaht wurde, wenn die Prüfung dem Kreditgeber als Entscheidungsgrundlage dienen sollte; s dazu auch *BGH* 10. 11. 1994 DB 1995, 209ff). Gegen eine aus der Auslieferung einer Mehrzahl von Prüfungsberichten abgeleitete Annahme eines Einverständnisses zu einer Obligoübernahme spricht, dass dies bei APr allgemein üblich ist (*Müller,* 461f). Aus diesem Grunde ist es auch unangemessen, dem AP die Beweislast dafür aufzuerlegen, dass das Prüfungsergebnis nur für eigene Zwecke des Prüfungsmandanten bestimmt war (so *Ebke/Scheel* WM 1991, 389ff; *Müller,* 462; eine derartige Umkehr der Darlegungs- und Beweislast vertritt aber *OLG Frankfurt* 20. 9. 1989 WM, 1618ff).

201 Nach den gleichen restriktiven Maßstäben ist es zu beurteilen, ob die Schutzwirkung des Prüfungsvertrags auch zugunsten anderer Personen **(Investoren und Anleger)** besteht, die eine Beteiligung an dem geprüften Unt wegen eines (unrichtigen) BVm oder Prüfungsberichts fortsetzen oder erwerben. Auch insoweit darf der Kreis der einzubeziehenden Dritten nicht zu sehr ausgedehnt werden.

Klar und eindeutig sind nur die Fälle, bei denen die APr wegen des Verkaufs von Anteilsrechten erfolgt und dies dem AP auch bekannt ist. Eine Schutzwirkung wird von der Rspr auch noch bejaht, wenn ein Steuerberater einen Zwischenabschluss erstellte und erkennbar gewesen ist, dass dieser (auch) für einen Käufer bestimmt war (*BGH* 26. 11. 1986 WM 1987, 257) *oder* wenn einem Grundstückssachverständigen bekannt war, dass sein Gutachten für einen potentiellen Käufer bestimmt war (*BGH* 10. 11. 1994 DB 1995, 209ff).

Von diesen Fällen abgesehen wird bei *freiwilligen* JAP der AP dagegen nicht ohne weitere Anhaltspunkte (Anm 195f) davon ausgehen müssen, dass sein BVm und Prüfungsbericht einem Käufer als Grundlage für die Entscheidung über den Erwerb der geprüften Ges dienen wird.

202 Die **Haftung aus einem Vertrag mit Schutzwirkung zugunsten Dritter** ist dann **ausgeschlossen**

- wenn nach dem Wortlaut der Auskunft (BVm oder Prüfungsbericht) überhaupt keine Haftung übernommen werden soll (*BGH* 18. 10. 1988 WM 1989, 375ff). Die Dritthaftung des WP geht nicht weiter, als dieser nach dem Wortlaut des BVm oder der Prüfungsbescheinigung inkl des Prüfungsberichts oder sonstiger Erklärungen die Verantwortung für die Richtigkeit des JA übernommen hat. Der BVm zeigt auch dem Dritten Inhalt, Umfang und Ergebnis der Prüfung auf (§ 322, *IDW PS 400* Tz 17ff).
- wenn eine Haftung speziell ggü Dritten auf Grund entspr ausdrücklicher Erklärung nicht übernommen werden soll. Dies ist regelmäßig bei der Anwendung der AAB, daselbst gem Nr 1 Abs 2, Nr 7 Abs 2 und Nr 9 der Fall (s dazu auch Anm 203).

Wenn für eine Einbeziehung von Gläubigern oder sonstigen Dritten in den Schutzbereich des Prüfungsauftrags ein zumindest mutmaßlicher Wille zu einer Haftung auch diesen ggü erforderlich ist, kann ein solcher bei entgegenstehender ausdrücklicher Erklärung nicht angenommen werden (so *Müller,* 462). Soll der **Haftungsausschluss** ggü allen Dritten, zugunsten derer ein Vertrag mit Schutzwirkung in Betracht kommen kann, gelten, muss sich dies klar und eindeutig aus dem Wortlaut ergeben (dazu auch *Müller,* 468f mwN). Da maßgebend die objektive Interessenlage ist, soll eine pauschale Verweigerung des Einverständnisses des WP, den testierten JA einem Dritten vorzulegen, wie dies in § 7 Abs 1 der AAB (Stand 1. 1. 2002) der Fall ist, noch keinen Haftungsausschluss begründen. 203

Wenn der WP darüber bestimmen kann, ob dem Vertrag überhaupt Schutzwirkung für einen Dritten zukommt (so *Ebke/Scheel* WM 1991, 389ff; *Müller,* 468), dann muss er auch das Recht haben, die Haftung zu begrenzen oder zu modifizieren (nur bestimmten Dritten, Vertragsstrafe statt Schadensersatz etc).

Bei Verträgen mit Schutzwirkung zugunsten Dritter ist im Übrigen darauf zu achten, dass die **Ansprüche des Dritten** grds sowohl nach dem Rechtsgedanken des § 334 BGB als auch nach dem Grundsatz von Treu und Glauben (§§ 242 BGB) nicht weiter reichen können als die des eigentlichen Vertragspartners selbst (*Müller,* 466 mwN). Dieser Grundsatz ist jedoch als dispositives Recht anzusehen und deshalb – auch stillschweigend – abdingbar (*BGH* 10. 11. 1994 DB 1995, 209ff). Die Reichweite des Drittschutzes ist insoweit durch Auslegung des Vertrags zu ermitteln. So wird von der Rspr bei einem Gutachtenvertrag, der dahin auszulegen ist, dass auch mögliche Käufer in den Schutzbereich des Vertrags fallen, angenommen, dass das Vertrauen des Dritten in die Richtigkeit der gutachterlichen Äußerungen auch dann geschützt werden soll, wenn die Unrichtigkeit durch den Auftraggeber (mit-)veranlasst worden ist, und zwar unabhängig davon, welche Auswirkungen diese Veranlassung auf die Haftung des Gutachters ggü seinem Auftraggeber hat (*BGH* 10. 11. 1994 DB 1995, 209ff). Abzustellen ist jedoch immer auf die konkreten Umstände des Einzelfalls. Nur wenn es dem AP nach objektiven Gesichtspunkten erkennbar und zumutbar ist, dass bestimmte Dritte in die Richtigkeit seiner gutachterlichen Äußerungen ein gesteigertes Vertrauen setzen, kann die Reichweite der Ansprüche des Auftraggebers und des Dritten auseinanderfallen. 204

Auch nach Ansicht des *BGH* (2. 4. 1998 DB, 1073) erfordert die in § 323 zum Ausdruck gekommene Intention des Gesetzgebers, das Haftungsrisiko des AP zu beschränken, auch im Rahmen der vertraglichen Dritthaftung des AP Beachtung. Damit tendiert der BGH dahin, die gesetzliche Haftungsbeschränkung auch für die Fälle der Dritthaftung anzuwenden. Hierbei bleibt jedoch offen, ob der AP im Rahmen einer Inanspruchnahme aus Dritthaftung sowohl ggü seinem Vertragspartner als auch ggü dem Dritten nur bis zur Haftungsbegrenzung, oder ob der AP jeweils ggü dem Vertragspartner und dem Dritten in Höhe der Haftungsbegrenzung haftet. Im Gegensatz dazu nimmt das *LG Passau* (28. 5. 1998 BB, 2052) an, dass eine Anwendung der gesetzlichen Haftungsbeschränkung des § 323 nicht in Betracht komme, wenn sich die Haftungsgrundlage aus positiver Vertragsverletzung iVm den Grundsätzen des Vertrags mit Schutzwirkung zugunsten Dritter herleite. Dieses U ist allerdings nicht rechtskräftig geworden. Die Argumentation des Gerichts vermag auch nicht zu überzeugen, da die Haftung aus Vertrag mit Schutzwirkung zugunsten Dritten nicht weiter gehen kann als die Haftung aus dem Vertrag.

Wäre man hier aA, wäre die Grenze zu einer Haftung aus einem stillschweigend geschlossenen Auskunftsvertrag verwischt (s dazu Anm 210ff). Daraus folgt ua:

- Der Anspruch des Dritten setzt einen **wirksamen Vertrag** im Verhältnis der eigentlichen Vertragspartner voraus, § 334 BGB.
- Etwaige **Haftungsausschlüsse oder Haftungsbegrenzungen** (vertragliche Freizeichnungen), die der Auftraggeber mit dem WP vereinbart hat (Anm 167f), wirken auch **gegenüber Dritten** (*Hartmann* Stbg 2002 527; für Prospektgutachten *Schuster* BB 2005, 98; kritisch *Ebke/Scheel* WM 1991, 389ff; *Hopt* NJW 1987, 1745f; s auch *BGH* 10. 11. 1994 DB 1995, 209ff). Dazu scheint auch der *BGH* (2. 4. 1998 DB, 1073) zu tendieren. Dies ist insb von Bedeutung, wenn und soweit der AP mit der geprüften Ges durch AAB oder Individualvereinbarung wirksam eine Haftungsobergrenze vereinbart hat (so *BGH* 26. 11. 1986 WM 1987, 257; *Streck* StB 1991, 98ff; *Gräfe/Lenzen/Rainer*[3] Anm 454; zweifelnd *Hopt* NJW 1987, 1745; kritisch gegen die Gefahr einer Haftungsausweitung *Müller,* 467 mwN). Ob eine solche **Vereinbarung** dem Dritten **bekannt oder erkennbar** sein muss, um für ihn wirksam zu sein, ist umstritten (zweifelnd *Lang* WPg 1989, 57; bejahend *Ebke/Scheel* WM 1991, 389ff; *Hadding* in Soergel[12] Anhang § 328 BGB Anm 22). Ein Bekanntsein beim Dritten wird von der Rspr jedoch gleichwohl gefordert (so *BGH* 10. 11. 1994 DB 1995, 209ff; s auch *Ulmer/Brandner/Hensen*[7] Anhang §§ 9–11 Anm 958). Nach allgemeinen Vertragsgrundsätzen bedarf es jedoch nicht der Kenntnis oder Erkennbarkeit (so auch *Streck* Stbg 1991, 98ff mwN). Soweit nach den Vereinbarungen des AP mit dem Auftraggeber eine vertragliche Freizeichnung auch ggü Dritten gelten soll und dies im Prüfungsbericht hinreichend deutlich wird (zB Befreiung der AAB oder entspr Hinweis), kann diese nach der Rspr auch Dritten entgegengehalten werden (s dazu *BGH* 10. 11. 1994 DB 1995, 209ff; *BGH* 13. 11. 1997 BB 1998, 339ff).
- Gleiches gilt, wenn dem Dritten der **Einwand des Mitverschuldens** des geprüften Unt (§ 254 BGB) entgegengehalten werden soll (*BGH* 7. 11. 1960 NJW 1961, 311; *Heinrichs* in Palandt[64] § 328 Anm 20). Dies ist wegen der Abdingbarkeit des § 334 zumindest dann möglich, wenn der AP im Prüfungsbericht, soweit er auf Informationen seines Auftraggebers vertraut, die nicht verifiziert sind, hierauf deutlich hinweist (s dazu *BGH* 10. 11. 1994 DB 1995, 209ff; *BGH* 2. 11. 1983 DB 1984, 262f).

Sofern ein solcher Hinweis unterbleibt, kann dem Dritten der Einwand des Mitverschuldens nicht entgegengehalten werden. Der *BGH* ist im U vom 13. 11. 1997 (BB 1998, 339ff) davon ausgegangen, dass § 334 BGB konkludent abbedungen sei, wenn ein Wertgutachten über ein Grundstück für den Gutachter erkennbar als Grundlage für einen Kredit verwendet werden soll. Wertgutachten öffentlich bestellter und vereidigter Sachverständiger würden für den Geschäftsverkehr weitgehend bedeutungslos, wenn der Kreditgeber sich regelmäßig die ihm unbekannten und in dem Gutachten erfahrungsgemäß selten wiedergegebenen besonderen Ansprüche zwischen Kreditnehmer und Sachverständigem entgegenhalten lassen müsste. Ein Mitverschulden des Auftraggebers könne dem Dritten jedoch dann entgegengehalten werden, wenn der Sachverständige im Gutachten ausdrücklich darauf hinweise, dass es nur für den internen Gebrauch diene oder dass es im Einzelnen auf nicht näher überprüften Angaben des Auftraggebers beruhe (so auch *Canaris* JZ 1995, 441ff).

Ein eigenes Mitverschulden des Dritten kann diesem über § 254 BGB unmittelbar entgegengehalten werden (*Grunsky* in MünchKomm BGB[4] § 254 Anm 131). Die Gründe, die bei Pflichtprüfungen den Einwand des Mitverschuldens nur in begrenztem Umfang zulassen (Anm 121), gelten hier nicht.

2. Auskunftsvertrag

In der Vergangenheit ist versucht worden, eine vertragliche Haftung des AP ggü einem Dritten auf einen unmittelbar zwischen diesen bestehenden (Auskunfts-)Vertrag zu gründen (so die Darstellung bei *Ebke,* 66ff und in *BGH* 17. 9. 1985 WM, 1531). Dahinter stand erkennbar das Bemühen, dem geschädigten Dritten einen als gerechtfertigt angesehenen Schadensersatzanspruch zubilligen zu können, obwohl die Voraussetzungen für eine Haftung aus unerlaubter Handlung (Vorsatz!) nicht gegeben waren. Nach Inkrafttreten der Schuldrechtsreform dürfte hierzu insb § 311 BGB nF zu beachten sein (s Anm 220ff). 210

Nach ständiger Rspr des BGH ist der stillschweigende Abschluss eines Auskunftsvertrags zwischen Geber und Empfänger der Auskunft und damit eine vertragliche Haftung des Auskunftsgebers für die Richtigkeit seiner Auskunft regelmäßig dann anzunehmen, wenn die Auskunft für den Empfänger erkennbar von erheblicher Bedeutung ist und er sie zur Grundlage von wesentlichen Entschlüssen manchen will (zB *BGH* 22. 3. 1979 WM, 530ff; *OLG Düsseldorf* 24. 12. 2004 BauR 2005, 1054; *Czech* BB 1975, 725; *Hopt* WPg 1986, 461; *Quick* BB 1992, 1675ff). Dies gilt insb dann, wenn der Auskunftsgeber für die Erteilung der Auskunft besonders sachkundig ist (*BGH* 4. 3. 1987 NJW, 1815) und/oder er ein eigenes wirtschaftliches Interesse an der Auskunft hat (so auch *OLG München* WM 1997, 613). Dies sollte zT sogar dann gelten, wenn kein unmittelbarer Kontakt zwischen AP und Dritten stattgefunden hatte.

Für den stillschweigenden Abschluss eines Auskunftsvertrags ist entscheidend darauf abzustellen, ob die **Gesamtumstände unter Berücksichtigung der Verkehrsauffassung und des Verkehrsbedürfnisses** den Schluss zulassen, die Auskunft habe Gegenstand vertraglicher Rechte und Pflichten sein sollen (*BGH* 16. 10. 1990 DB, 2516). Hierbei werden die von der Rspr bislang statuierten Kriterien als Indizien herangezogen (Anm 210). Auf diese Weise wird insb auch versucht, den AP (oder Berater) als unparteiischen Sachwalter von einer unselbständigen Hilfsperson („verlängerter Arm") für ein Unt zu unterscheiden (*BGH* 17. 9. 1985 WM, 1531). 211

Dieser Tendenz in der neuen Rspr entspr es, die Annahme eines Auskunftsverhältnisses (Anm 210) auf Fälle zu beschränken, in denen der AP **auf Verlangen (auch) des Dritten hinzugezogen** wird und dann unter Berufung auf seine Sachkunde und Prüfungstätigkeit unter Entbindung von der Verschwiegenheitspflicht Erklärungen oder Zusicherungen unmittelbar ggü dem Dritten abgibt (glA *Lang* WPg 1989, 57; *Schmitz* DB 1989, 1911; *Quick* BB 1992, 1675ff; *Ebke,* 66 mwN). 212

Allein **mittelbare Kontakte** zwischen dem AP und dem Dritten reichen für ein Auskunftsverhältnis nicht aus; es ist stets eine **unmittelbare** Fühlungnahme zwischen dem Auskunftsempfänger und dem WP erforderlich (so auch *BGH* 5. 12. 1972 NJW 1973, 321ff; *OLG Düsseldorf* 19. 11. 1998 NGZ 1999, 901). Dafür reicht zB nicht die Weitergabe des Prüfungsberichts an den Dritten durch das geprüfte Unt ohne Wissen und Wollen des AP (*Gräfe/Lenzen/Rainer*[3] Anm 428) aus; ebenso wenig genügt es, wenn der AP den Prüfungsbericht aus rein praktischen Gründen direkt an den Dritten versendet. Hier fehlt der entspr Rechtsbindungswille des AP ggü dem Dritten. Bei solchen „Techniken" besteht für eine Auskunftshaftung des AP nach der neuen Rspr zum Vertrag mit Schutzwirkung zugunsten Dritter (Anm 192ff) auch kein Bedarf mehr. 213

Fälle einer Auskunftshaftung des WP waren in der *Vergangenheit* zB die Zuziehung einer sachkundigen, für den Mandanten tätigen Vertrauensperson bei **Kreditverhandlungen** auf Wunsch des Mandanten oder des Auskunftsempfän- 214 gers, um dem Auskunftsempfänger Auskunft über die Vermögensverhältnisse des Mandanten zu erteilen (*BGH* 13. 6. 1962 NJW, 1500; *BGH* 7. 1. 1965 WM, 287 ff); persönliches Engagement durch Zusicherung, Versprechen eigener Nachprüfungen oder die Hinzuziehung einer Vertrauensperson auf Verlangen eines Dritten (s *Lang,* 11; *BGH* 17. 9. 1985 NJW 1986, 180 ff); Einbeziehung einer sachkundigen Vertrauensperson in Verhandlungen auf Verlangen des Auskunftsempfängers oder eine anderweitig bestehende Vertragsbeziehung zwischen Auskunftsgeber und -empfänger (*BGH* 17. 9. 1985 WM, 1531 ff); Führen von Vertragsverhandlungen durch den WP in der Weise, dass der Vertragspartner des Auftraggebers den Eindruck gewinnen muss, der WP gebe nicht fremde, sondern eigene Angaben, für die er einstehen will (dazu kritisch *BGH* 11. 7. 1988 DB, 2398 f); persönliches Engagement in Form von Zusicherungen nach Art einer Garantieübernahme für die Richtigkeit von Informationen (*BGH* 3. 4. 1990 WM, 966 ff).

215 Für eine Auskunftshaftung ist auch kein Raum, wenn ein WP in Vollmacht seitens des Auftraggebers bei Vertragsverhandlungen mit Dritten tätig ist, da dann eine Vertreterhaftung aus culpa in contrahendo in Frage kommt. Nach den allgemeinen Grundsätzen ist dafür ein eigenes wirtschaftliches Interesse sowie die Inanspruchnahme von persönlichem Vertrauen in besonderem Maße erforderlich, das über das normale Verhandlungsvertrauen hinausgeht (dazu *Heinrichs* in Palandt[64] § 311 Anm 63; *Quick* BB 1992, 1675 ff; *BGH* 11. 10. 1988 DB 1989, 37 ff). Eine solche Inanspruchnahme besonderen persönlichen Vertrauens kann jedoch nicht schon allein auf Grund des Berufsbilds als WP für eine Haftung aus culpa in contrahendo angenommen werden (s auch *BGH* 3. 4. 1990 WM, 966 ff für einen UntBerater). Erforderlich ist die **konkrete Inanspruchnahme gesteigerten Vertrauens;** zB, wenn der WP den Eindruck vermittelt, er werde persönlich die ordnungsgemäße Abwicklung des Geschäfts selbst dann gewährleisten, wenn der Auftraggeber dem Geschäftspartner nicht oder nur wenig vertraut (s dazu auch *BGH* 3. 10. 1989 ZIP, 1455 ff).

216 Die Annahme eines unmittelbaren (Auskunfts-)Vertrags zwischen AP und Dritten hat – wie eine Haftung aus culpa in contrahendo – insb zur Konsequenz, dass vereinbarte Haftungsbegrenzungen zwischen AP und geprüftem Unt nicht ohne weiteres auch ggü Dritten im Rahmen des mit diesen bestehenden Auskunftsvertrags gelten (s *Stahl,* 168; zur insoweit anderen Rechtslage bei Verträgen mit Schutzwirkung zugunsten Dritter s Anm 198). Wenn für die Annahme eines Auskunftsverhältnisses die unmittelbare Fühlungnahme (Anm 212) erforderlich ist, wird man konsequenterweise auch für die Vereinbarung etwaiger Haftungsausschlüsse oder einer Haftungsbegrenzung das Gleiche annehmen müssen.

3. Ansprüche aus rechtsgeschäftlichen und rechtsgeschäftsähnlichen Schuldverhältnissen nach § 311 BGB

220 In Verfolgung des gesetzgeberischen Ziels, ua von der Rspr entwickelte „ungeschriebene" Rechtsinstitute im Schuldrecht des BGB zu kodifizieren, wurde in § 311 Abs 3 BGB auch die sog Dritthaftung als eine Ausprägung des Tatbestands der culpa in contrahendo normiert. Eine zur Überarbeitung des Diskussionsentwurfs (DiskE) eingesetzte Kommission brachte diese Regelung in ihre „konsolidierte Fassung" des DiskE vom 6. 3. 2000 (KF) ein, die in den *RegE* vom 9. 5. 2001 (BT-Drs 14/6040) übernommen wurde, der schließlich in der Fassung der Beschlussempfehlung des Rechtsausschusses des Deutschen Bundestags vom 9. 10. 2001 (BT-Drs 14/7052) Gesetz wurde. Dabei war die Anbindung der Dritthaftung an den vorvertraglichen Bereich der culpa in contrahendo keineswegs zwingend. Die Rspr hat zur Dritthaftung verschiedene und auch durchaus andere Haftungskonstruktionen entwickelt: neben dem *Ver-*

trag mit Schutzwirkung zugunsten Dritter (zB *BGH* 2. 4. 1998 ZIP, 826) und dem *Auskunftsvertrag* (zB *BGH* 16. 2. 1995 WM, 941) den *Vertrag zugunsten Dritter* (zB *OLG Hamburg* 28. 4. 2000 WM 2001, 299), die Grundsätze der *Prospekthaftung* (zB *BGH* 7. 9. 2000 ZIP, 2307) und schließlich aus *Verschulden bei Vertragsschluss* (zB *BGH* 6. 12. 2000 ZIP 2001, 75 sowie *BGH* 26. 9. 2000 WM, 2447).

Die Anspruchsgrundlagen für die zur culpa in contrahendo gehörenden Fälle 221
der Dritthaftung sind jetzt die §§ 280 Abs 1, 311 Abs 3 und 241 Abs 2 BGB. Nach seinem Wortlaut statuiert § 311 Abs 3 S 1 BGB generell die Existenz vorvertraglicher Schuldverhältnisse mit Pflichten ggü Dritten, und S 2 konkretisiert dies beispielhaft („insb") mit der Haftung des Dritten für in Anspruch genommenes **„Vertrauen für sich"** selbst, zB als sog **Sachwalterhaftung,** die für den gesetzlichen AP allerdings nur in seltenen Ausnahmefällen in Frage kommen dürfte (*Wiedmann* in Ebenroth/Boujong/Joost § 323 Anm 23). In welchem Rahmen darüber hinaus § 311 Abs 3 BGB Fälle der Dritthaftung regelt, ist eine Frage auch enger oder weiter Auslegung der Vorschrift.

Canaris (JZ 2001, 520), der einer sog *Expertenhaftung* aufgrund der Rechtsin- 222
stitute der Vertrauenshaftung und der culpa in contrahendo den Weg zu ebnen versucht (*Ebke* in MünchKomm HGB § 323 Anm 143), hält § 311 Abs 3 S 1 BGB für so offen formuliert, dass er *alle* „Drittfälle" erfasse. Auch S 2 sei so weit gefasst, dass er auf alle Fälle vertrauensrechtlich begründeter Dritthaftung passe. Infolge solch weiter Auslegung wird in der Vorschrift nur der Rahmen gesehen, den auszufüllen weiterhin Aufgabe der Rspr sein werde (*Däubler* NJW 2001, 3733). Auch nach der *Begr zum RegE* (BT-Drs 14/4040, S 162) soll mit diesen Regelungen nur der von Rspr und Wissenschaft entwickelte Rechtszustand wiedergegeben werden und einer weiteren Ausdifferenzierung und Fortentwicklung durch die Rspr zugänglich bleiben (so auch *Zimmer* NJW 2002 S 7). Soweit die Vorschrift eng ausgelegt wird, werden Fälle der Sachwalterhaftung und Gutachterhaftung nicht erfasst, weil es sich insoweit nicht um Fälle eines *besonderen* persönlichen Vertrauens handele, sondern um abstraktes Vertrauen in fachliche Fähigkeiten (*Krebs* in Dauner-Lieb/Heidel/Lepa/Ring § 311 Anm 49; *BGH* NJW 1990 506; *OLG Köln* VersR 1998 606).

Soweit insb eine evtl Dritthaftung des gesetzlichen AP in Rede steht, sind ein 223
historischer Rückblick und historische Auslegung der Vorschrift von Interesse. IZm den Beratungen des KonTraG hatte der Rechtsausschuss des BR vorgeschlagen, im Wege einer Ergänzung von Abs 1 die Dritthaftung des gesetzlichen AP für Fahrlässigkeit auszuschließen. Die Frage einer evtl Dritthaftung sollte nicht den Gerichten überlassen werden, weil dies für den AP iSv Abs 1 S 1 unkalkulierbare wirtschaftliche Risiken begründen würde (BR-Drs 872/1/97, 8f). Dem ist seinerzeit der Rechtsausschuss des BT der 13. Legislaturperiode im Ergebnis mangels Klarstellungsbedarf nicht gefolgt (BT-Drs 13/10038, 25).

Bei der Kodifizierung einer *allgemeinen* Dritthaftung in § 311 Abs 3 BGB wendet sich der im Gesetzgebungsverfahren letztbefasste, der Rechtsausschuss des BT der 14. Legislaturperiode in seiner Beschlussempfehlung und in seinem Bericht (BT-Drs 14/7052, 25) der Frage zu, ob und wie sich Abs 3 der Vorschrift auf die sog *due diligence*-Prüfung von *Rechtsanwälten* iZm UntÜbernahmen negativ auswirken könnte. Er sieht solche Auswirkungen nicht, denn der RA nehme besonderes Vertrauen iSv § 311 Abs 3 S 2 BGB seines Mandanten und nicht das besondere Vertrauen eines Vertragspartners seines Mandanten in Anspruch.

Nach diesem engen Verständnis der Norm, dem sich auch die Literatur an- 224
schließt (*Krebs* in Dauner-Lieb/Heidel/Lepa/Ring § 311 Anm 49, 54) kommt eine Dritthaftung des gesetzlichen AP grds nur in Betracht, wenn er als Person für sich selbst besonderes Vertrauen in Anspruch nimmt und nicht nur in seiner speziellen Funktion oder Zugehörigkeit zu seiner Berufsgruppe. Für die Pflicht-

prüfung bleibt es somit dabei, dass die Regelung des Kreises der Anspruchsberechtigten in § 323 Abs 1 S 3 als lex specialis Ansprüche Dritter grds ausschließt.

§ 324 Meinungsverschiedenheiten zwischen Kapitalgesellschaft und Abschlußprüfer

(1) **Bei Meinungsverschiedenheiten zwischen dem Abschlußprüfer und der Kapitalgesellschaft über die Auslegung und Anwendung der gesetzlichen Vorschriften sowie von Bestimmungen des Gesellschaftsvertrags oder der Satzung über den Jahresabschluß, Lagebericht, Konzernabschluß oder Konzernlagebericht entscheidet auf Antrag des Abschlußprüfers oder der gesetzlichen Vertreter der Kapitalgesellschaft ausschließlich das Landgericht.**

(2) **[1] Auf das Verfahren ist das Gesetz über die Angelegenheiten der freiwilligen Gerichtsbarkeit anzuwenden. [2] Das Landgericht entscheidet durch einen mit Gründen versehenen Beschluß. [3] Die Entscheidung wird erst mit der Rechtskraft wirksam. [4] Gegen die Entscheidung findet die sofortige Beschwerde statt, wenn das Landgericht sie in der Entscheidung zugelassen hat. [5] Es soll sie nur zulassen, wenn dadurch die Klärung einer Rechtsfrage von grundsätzlicher Bedeutung zu erwarten ist. [6] Die Beschwerde kann nur durch Einreichung einer von einem Rechtsanwalt unterzeichneten Beschwerdeschrift eingelegt werden. [7] Über sie entscheidet das Oberlandesgericht; § 28 Abs. 2 und 3 des Gesetzes über die Angelegenheiten der freiwilligen Gerichtsbarkeit ist entsprechend anzuwenden. [8] Die weitere Beschwerde ist ausgeschlossen. [9] Die Landesregierung kann durch Rechtsverordnung die Entscheidung über die Beschwerde für die Bezirke mehrerer Oberlandesgerichte einem der Oberlandesgerichte oder dem Obersten Landesgericht übertragen, wenn dies der Sicherung einer einheitlichen Rechtsprechung dient. [10] Die Landesregierung kann die Ermächtigung durch Rechtsverordnung auf die Landesjustizverwaltung übertragen.**

(3) **[1] Für die Kosten des Verfahrens gilt die Kostenordnung. [2] Für das Verfahren des ersten Rechtszugs wird das Doppelte der vollen Gebühr erhoben. [3] Für den zweiten Rechtszug wird die gleiche Gebühr erhoben; dies gilt auch dann, wenn die Beschwerde Erfolg hat. [4] Wird der Antrag oder die Beschwerde zurückgenommen, bevor es zu einer Entscheidung kommt, so ermäßigt sich die Gebühr auf die Hälfte. [5] Der Geschäftswert ist von Amts wegen festzusetzen. [6] Er bestimmt sich nach § 30 Abs. 2 der Kostenordnung. [7] Der Abschlußprüfer ist zur Leistung eines Kostenvorschusses nicht verpflichtet. [8] Schuldner der Kosten ist die Kapitalgesellschaft. [9] Die Kosten können jedoch ganz oder zum Teil dem Abschlußprüfer auferlegt werden, wenn dies der Billigkeit entspricht.**

Übersicht

Schrifttum: *Potthoff* Ist die Pflichtprüfung des Jahresabschlusses auf Konflikt angelegt? WPg 1980, 322; *Keidel/Kuntze/Winkler*[14] Freiwillige Gerichtsbarkeit, München 1999.

A. Allgemeines

Mit § 324 wird ein **besonderes Verfahren** zur Beilegung von Meinungsverschiedenheiten zwischen der geprüften KapGes/KapCoGes und dem AP bereitgestellt. Es hat den Zweck, im Interesse einer schnellen Beendigung der APr alsbald eine Entscheidung von Streitfragen herbeizuführen. Ein normaler Zivilprozess zwischen KapGes/KapCoGes und AP, den beide Seiten sonst bei Meinungsverschiedenheiten durchzuführen hätten, wäre nach den dafür geltenden Bestimmungen der ZPO zeitaufwändiger und kostspieliger. 1

Das Verfahren ist trotz seiner langen Existenz bisher praktisch bedeutungslos geblieben (*Ebke* in MünchKomm HGB § 324 Anm 5). Es sind bisher nur zwei Verfahren bekannt geworden (*OLG Celle* 9. 4. 1965 WPg, 298 und *BGH* 31. 5. 1965 BGHZ 44, 35 noch zum AktG 1937 und *LG Schweinfurt* 1. 12. 2003 WPg 2004, 339). An dem Umstand, dass Zweifelsfragen der in § 324 angesprochenen Art eher auf andere Weise (zB durch berufsständische Gremien) als durch ein Gerichtsverfahren geklärt werden, hat sich nichts geändert – auch nicht durch die steigende Zahl der Pflichtprüfungen. 2

In der Vergangenheit wurden Meinungsverschiedenheiten zwischen KapGes/KapCoGes und AP auch dadurch gelöst, dass die KapGes/KapCoGes einen anderen AP wählte oder dieser sein Amt niederlegte. Dies lässt § 318 Abs 6 S 2 nicht mehr zu (dazu § 318 Anm 34f). Dennoch ist dem Verfahren gem § 324 keine größere Bedeutung zugekommen. 3

§ 324 gilt auch für alle gesetzlich angeordneten Prüfungen iSv § 316 Abs 1 und 2. 4

B. Materielle Voraussetzungen für das Verfahren (Abs 1)

I. Gegenstand der Meinungsverschiedenheiten

Das für den Satz der Ges zuständige LG kann nach Abs 1 angerufen werden, wenn es um Meinungsverschiedenheiten zu „gesetzlichen Vorschriften sowie von Bestimmungen des Gesellschaftsvertrags oder der Satzung über den Jahresabschluss, Lagebericht, Konzernabschluss oder Konzernlagebericht“ geht. 10

Gesetzliche Vorschriften über den JA etc sind für: 11

a) **alle Kaufleute**
  - die §§ 242–256
  - §§ 17 Abs 2 S 2, 125 S 1 UmwG
  - die ungeschriebenen GoB (wegen des Verweises in § 243 Abs 1)

b) **KapGes/KapCoGes** (zusätzlich zu a) sowie einschl der Lageberichte)
  - die §§ 264–289

c) **AG** (zusätzlich zu a) und b))
  - die im AktG enthaltenen Rechnungslegungsvorschriften, insb die §§ 150, 152, 158, 160, 161 AktG
  - die sonst hier relevanten Vorschriften des AktG, insb die §§ 232, 234 Abs 1, 240, 261, 300, 312 (s dazu § 289 Anm 188 und hier Anm 14), 324 AktG

d) **KGaA** (zusätzlich zu a) bis c))
  - § 286 AktG

e) **GmbH** (zusätzlich zu a) und b))
   – § 42 GmbHG
f) **Kreditinstitute,**
   wenn § 324 anzuwenden ist (§ 340), zusätzlich
   – die §§ 340a bis 340h sowie Zwischenabschluss zur Ermittlung von Zwischenergebnissen (§ 340a Abs 3) und Konzern-Zwischenabschluss zur Ermittlung von Konzernzwischenergebnissen (§ 340i Abs 4).
   – die Formblätter (§ 330 Abs 2, § 2 der RechKredV)
g) **Versicherungsunternehmen,**
   wenn § 324 anzuwenden ist (§ 341), zusätzlich
   – die §§ 341a bis 341h
   – die Formblätter (§ 330 Abs 3, 4, § 2 der RechVersV)
h) **Konzernabschlüsse und Konzernlageberichte**
   – die §§ 290–315a
   – §§ 340i, 340j
   – §§ 341i, 341j.
   – Die ungeschriebenen GoB für die Konzernrechnungslegung (wegen des Verweises in § 297 Abs 2).
   – Die vom BMJ bekannt gegebenen Empfehlungen des privaten Rechnungslegungsgremiums (DSR) zur Anwendung der Grundsätze über die Konzernrechnungslegung nach § 342.

Bestimmungen des **Gesellschaftsvertrags** oder der **Satzung** über die Rechnungslegung sind nicht sehr häufig. Sie betreffen in erster Linie die Verwendung des Jahresüberschusses, insb die Einstellung in andere Gewinnrücklagen (§ 272 Abs 3, § 58 AktG, § 29 GmbHG) und deren Auflösung. Denkbar sind auch Bestimmungen zur Gewinnermittlung, etwa dass alle steuerrechtlichen Bewertungswahlrechte ausgeübt werden sollen (oder nicht ausgeübt werden dürfen).

12 Zu den „Vorschriften über den Jahresabschluss" gehören auch diejenigen über die **Aufstellung des Jahresabschlusses** – wie sich aus dem Aufbau des Gesetzes ergibt, das im Rahmen der Vorschriften über den JA (§§ 242–256, 264–289) auch dessen Aufstellung regelt (§§ 242 bis 245, 264). Entspr gilt für die Aufstellung des KA (§§ 290 bis 293 mit VO zu § 292). Durch das BilReG wird die optionale und verpflichtende Anwendung der IFRS für deutsche KapGes und KapCo Ges eingeführt. Für KapitalmarktUnt gilt die verpflichtende Anwendung der IFRS ab 2005 für den KA gem 315a. Ein Wahlrecht zur Offenlegung eines EA nach IFRS besteht gem § 325 Abs 2a. Auch hierzu kann also bei Meinungsverschiedenheiten ein Verfahren nach § 324 eingeleitet werden. Dies gilt dagegen *nicht* bei Meinungsverschiedenheiten über die **Feststellung des Jahresabschlusses,** die erst nach der Prüfung durch den AP erfolgt (§§ 172, 173 AktG, § 42a GmbHG).

13 Nicht zu den Bestimmungen über den JA iSd § 324 gehören die gesetzlichen Regelungen über die **Prüfung** gem §§ 316ff. Ein Verfahren nach § 324 kann deswegen zB über die Einsichts- und Auskunftsrechte gem § 320 nicht geführt werden. Die daraus abgeleitete Feststellung, Fragen des BVm (§ 322) könnten das Verfahren gem § 324 nicht begründen (so *ADS*[6] § 324 Anm 27), ist in dieser Allgemeinheit aber nicht zutreffend. Wenn der Streit über den BVm tatsächlich in Meinungsverschiedenheiten zu Vorschriften über den JA begründet liegt, ist das Verfahren nach § 324 für diese Vorfrage nicht ausgeschlossen.

14 Der **Abhängigkeitsbericht** gem § 312 AktG ist kein Bestandteil des JA, so dass § 324 für Meinungsverschiedenheiten zum AbhBer an sich nicht gilt. Lehnt der Vorstand ab, einen AbhBer aufzustellen, können jedoch Meinungsverschiedenheiten zum Lagebericht wegen der dort nach § 312 Abs 3 S 3 AktG aufzunehmenden Schlusserklärung des Vorstands bestehen (so auch *ADS*[6] § 324 Anm 28).

Nicht erfasst werden auch Meinungsverschiedenheiten bei **Zwischenabschlüssen,** da sie keine JA iSd § 324 darstellen, auch wenn bei ihrer Aufstellung die gesetzlichen Vorschriften über den JA (Anm 11) angewandt werden. Gesetzlich vorgeschriebene und zu prüfende Zwischenabschlüsse nach § 299 gehören jedoch zum Bereich der KA (Anm 11).

II. Auslegung und Anwendung

Die Meinungsverschiedenheiten müssen sich über die „Auslegung und Anwendung" der in Anm 11 angeführten Bestimmungen ergeben. 20

Damit ist gemeint, dass es sich bei den Meinungsverschiedenheiten über die Auslegung einer Bestimmung nicht nur um einen Streit wegen einer abstrakten Rechtsfrage handeln darf. An das Gericht herangetragen werden darf nur die Frage, was eine der in Anm 11 angeführten Bestimmungen für einen konkreten Sachverhalt bedeutet (so schon *OLG Celle* 9. 4. 1965 WPg, 298).

Um die Anwendung von Vorschriften über den JA (Anm 11f) geht es auch, wenn die Meinungsverschiedenheiten nicht nur über die **Auslegung** und **Anwendung** einer Vorschrift, sondern zugleich auch über den zugrundeliegenden **Sachverhalt** bestehen. Damit der Zweck des § 324, eine möglichst schnelle Entscheidung herbeizuführen, erfüllt werden kann, muss das Gericht in der Lage sein, auch über tatsächliche Vorfragen mitzuentscheiden (ähnlich *ADS*[6] § 324 Anm 31 f).

Wichtig ist dies vor allem auch bei der Anwendung der **Bewertungsvorschriften** einschl von Randbereichen (§§ 252 bis 256, 279 bis 283, 340e bis 340 h, 341 b bis 341 h). – Die tatsächlichen Grundlagen der Bewertung wie Schätzung der Nutzungsdauer oder Ermittlung der HK können dann Gegenstand der gerichtlichen Entscheidung sein, wenn es um Fälle geht, in denen eine rechtliche Frage vom Vorliegen bestimmter Tatsachen abhängt (zB Vorliegen einer voraussichtlich dauernden Wertminderung iSd § 253 Abs 2). Das Gericht kann dann nicht daran gehindert sein, auch solche tatsächlichen Umstände zu beurteilen (glA *Schulze-Osterloh* in Baumbach/Hueck GmbHG[17] § 41 Anm 118 mwN). 21

Das Gericht muss im Verfahren nach § 324 **von Amts wegen ermitteln.** Es kann Beweise erheben und ist dabei an die Beweisanträge der Beteiligten nicht gebunden (§ 12 FGG). Das Gericht wird bei der Tatsachenermittlung aber nicht *mehr* an Aufklärungen und Nachweisen von der geprüften KapGes/KapCoGes verlangen dürfen als der AP nach § 320. In dieser **Begrenzung der Mittel für die Sachaufklärung** durch § 320 ist auch der Grund für die verschiedentlich anzutreffende Feststellung (zB *ADS*[5] § 324 Anm 20) zu sehen, das Gericht könne nicht allein wegen Tatsachenfeststellungen (im Gegensatz zu Rechtsfragen) angerufen werden, auch wenn diese für den JA von Bedeutung sind. Das Verfahren gem § 324 kann daher zB nicht zur Aufklärung bei unterschiedlichen Auffassungen über die tatsächlichen Voraussetzungen eines Schadensersatzanspruchs eingeleitet werden. Zu weit dürfte es auch gehen, wenn das Gericht im Verfahren nach § 324 „von Amts wegen" das Vorliegen einer verdeckten Sacheinlage soll ermitteln dürfen, wenn diese zwischen der KapGes/KapCoGes und dem AP streitig sind (so aber offenbar *ADS*[6] § 324 Anm 31 ff). 22

III. Meinungsverschiedenheiten mit der Kapitalgesellschaft/KapCoGes

30 Meinungsverschiedenheiten können mit allen Organen der KapGes/KapCoGes entstehen, die an der Aufstellung oder Feststellung des JA beteiligt sind. Dies sind immer die Mitglieder des vertretungsberechtigten Organs der KapGes/KapCoGes (Geschäftsführung, Vorstand, phG einer KGaA/KapCoGes), aber wohl auch der mathematische Sachverständige (Verantwortlicher Aktuar, § 11a Abs 1 S 1 VAG) und der Treuhänder bei VersicherungsUnt. Wird der JA durch die GesV/HV festgestellt (GmbH: § 46 Nr 1 GmbHG; KGaA: § 286 Abs 1 S 1 AktG; AG: § 173 AktG als Ausnahmefall) kann es auch unterschiedliche Auffassungen zwischen dem AP und diesem Organ geben. Erfolgt die Feststellung/Billigung des JA/KA einer AG wie meist üblich durch Vorstand und AR, können auch Meinungsverschiedenheiten zwischen dem AR und dem AP geklärt werden.

IV. Bedeutung für das Ergebnis der Abschlussprüfung

40 Nach hM kann die Tätigkeit des Gerichts nur verlangt werden, wenn die Meinungsverschiedenheiten für das Ergebnis der APr von Bedeutung sind (glA *ADS*[6] § 324 Anm 34f). Dieses ungeschriebene Tatbestandsmerkmal konkretisiert für das Verfahren nach § 324 das Erfordernis des Rechtsschutzbedürfnisses.

Die Anforderungen an das **Rechtsschutzbedürfnis** dürfen aber nicht zu hoch gespannt werden. Es ist nicht notwendig, dass die Gefahr besteht, der AP werde bei Zugrundelegung seiner Rechtsauffassung den BVm einschränken oder versagen. Auch in dem vom BGH (Anm 2) entschiedenen Fall, in dem es um die Bezeichnung des Postens für „Forderungen an Konzernunternehmen" in der Bilanz ging, bestand diese Besorgnis nicht. Es reicht schon aus, wenn der AP beabsichtigt, seine abw Auffassung im Prüfungsbericht niederzulegen (*Schulze-Osterloh* in Baumbach/Hueck GmbHG[17] § 41 Anm 118; aA *ADS*[6] § 324 Anm 36), weil nicht auszuschließen ist, dass ein Adressat des Prüfungsberichts (insb AR) daraus Konsequenzen ableitet.

V. Antragstellung

45 Formelle Voraussetzung für die Einleitung des gerichtlichen Verfahrens ist ein **Antrag** des AP oder der KapGes. Letztere wird bei der Antragstellung auch dann durch ihre gesetzlichen Vertreter (Vorstand, Geschäftsführung, phG einer KGaA) vertreten, wenn die Meinungsverschiedenheiten zwischen dem AP und der HV oder dem AR bestehen (Anm 30). Bei KapCoGes stellen den Antrag die in § 264a Abs 2 bezeichneten Personen. Der Antrag ist bei dem zuständigen LG, in dessen Bezirk die KapGes/KapCoGes ihren Sitz hat, zu stellen.

C. Verfahrensfragen

I. Durchführung des Verfahrens (Abs 2)

50 Das Verfahren ist in Abs 2 sehr detailliert (und ohne Verweisungen auf andere Vorschriften) dargestellt. Es kann daher weitgehend auf den Gesetzeswortlaut

(und ergänzend auf das FGG) hingewiesen werden. Zum Amtsermittlungsgrundsatz nach § 12 FGG s Anm 22.

Der Beschluss des LG ist im Interesse der Beschleunigung des Verfahrens im Regelfall nicht durch Rechtsmittel anfechtbar, nur bei ausdrücklicher Zulassung ist die sofortige Beschwerde zum OLG gegeben. Das OLG hat die sofortige Beschwerde zur Wahrung der Rechtseinheit dem BGH vorzulegen, wenn es von der Entscheidung eines anderen OLG oder des BGH abweichen will.

II. Kosten (Abs 3)

Die Höhe der Kosten bestimmt sich nach dem Gesetz über die Kosten in Angelegenheiten der freiwilligen Gerichtsbarkeit (KostO). Das Gericht hat wegen des Verweises auf § 30 Abs 2 KostO von einem Geschäftswert von € 3000 als Regelwert auszugehen, weil im Verfahren nach § 324 meistens Anhaltspunkte für die Schätzung des Werts fehlen werden (so auch *ADS*[6] § 324 Anm 66). Ist dies ausnahmsweise nicht der Fall, kann das Gericht auch einen niedrigeren oder höheren Wert ansetzen (jedoch nicht höher als € 500 000). Die in jeder Instanz zu erhebende doppelte Gebühr beträgt bei Ansatz des Regelwerts € 52 (§ 32 KostO). 51

Die **Kosten** des Verfahrens trägt **grundsätzlich die KapGes/KapCoGes,** auch wenn der AP den Antrag gestellt hat, da die Rechtsfrage im Interesse der KapGes/KapCoGes geklärt wird. Eine abw Kostenverteilung kann aus Billigkeitsgründen in Betracht kommen, wenn der AP etwa das Verfahren mit einer kaum vertretbaren Rechtsauffassung ausgelöst hat (glA *Schulze-Osterloh* in Baumbach/Hueck GmbHG[17] § 41 Anm 119).

III. Materielle Rechtskraft

Wie sich aus dem Vergleich von Abs 1 mit § 99 Abs 5 AktG ergibt, wirkt der Beschluss des Gerichts mit seiner **Rechtskraft** nicht für und gegen alle, sondern **nur zwischen den Beteiligten,** also dem AP und der KapGes/KapCoGes. 52

Für den AP bedeutet das, dass er den Gerichtsbeschluss seiner APr zugrundelegen muss. Er darf seine abw Auffassung nicht in den Prüfungsbericht aufnehmen und erst recht nicht deshalb den BVm einschränken oder versagen. Aus der Befolgung des Beschlusses kann dem AP deswegen aber auch dann, wenn der Beschluss sachlich unzutreffend war, kein Vorwurf (einschl Regress) gemacht werden (ähnlich *ADS*[6] § 324 Anm 65).

Die geprüfte KapGes/KapCoGes ist nicht gezwungen, den JA unter Berücksichtigung der Gerichtsentscheidung auf- und festzustellen. Wenn sie dieser Entscheidung jedoch nicht folgt, läuft sie Gefahr, dass der BVm eingeschränkt oder versagt wird. Nichtig ist der JA aber nur, wenn die Voraussetzungen des § 256 AktG (analog für GmbH/KapCoGes) erfüllt sind.

D. Geltung für andere Prüfungen

Das Verfahren nach § 324 bedarf als FGG-Verfahren einer gesetzlichen Grundlage. Sofern die Anwendung des § 324 außerhalb von Pflichtprüfungen nicht ausdrücklich oder implizit angeordnet wurde, ist das Verfahren für solche anderen Prüfungen nicht eröffnet. 60

Nach § 6 Abs 1 S 2 **PublG** gilt § 324 für die Prüfung von JA und Lagebericht nach dem PublG sinngemäß. Das Gleiche ist in § 14 Abs 1 S 2 PublG für 61 die Prüfung von KA und TeilKA (einschl der zugehörigen Konzernlageberichte) bestimmt.

62 Die Vorschriften für die Prüfung des JA einer **eG** (§§ 53ff GenG) enthalten keinen Verweis auf § 324, so dass dort dieses Verfahren nicht zum Zuge kommen kann (Anm 60). Die Aufstellung und Prüfung des KA einer eG richtet sich nach PublG (§ 14 Abs 2 PublG). Deswegen gilt dafür § 324 (Anm 61).

63 Bei **freiwilligen Prüfungen** des JA kommt § 324 mangels gesetzlicher Grundlage nicht zum Zug (Anm 60). Dies gilt auch, soweit GesVertrag oder Satzung eine Prüfung anordnen (glA *BGH* 23. 9. 1991 DB, 2429). Die Vorschrift findet auch dann keine Anwendung, wenn eine Prüfungspflicht wegen § 264 Abs 3 oder § 264b nicht gegeben ist. Dies gilt auch für nicht prüfungspflichtige kleine KapGes/KapCoGes.

§ 324a Anwendung auf den Einzelabschluss nach § 325 Abs. 2a

(1) [1]**Die Bestimmungen dieses Unterabschnitts, die sich auf den Jahresabschluss beziehen, sind auf einen Einzelabschluss nach § 325 Abs. 2a entsprechend anzuwenden.** [2]**An Stelle des § 316 Abs. 1 Satz 2 gilt § 316 Abs. 2 Satz 2 entsprechend.**

(2) [1]**Als Abschlussprüfer des Einzelabschlusses nach § 325 Abs. 2a gilt der für die Prüfung des Jahresabschlusses bestellte Prüfer als bestellt.** [2]**Der Prüfungsbericht zum Einzelabschluss nach § 325 Abs. 2a kann mit dem Prüfungsbericht zum Jahresabschluss zusammengefasst werden.**

Übersicht

Schrifttum: *Pfitzer/Oser/Orth* Offene Fragen und Systemwidrigkeiten des Bilanzrechtsreformgesetzes (BilReG) DB 2004, 2593.

A. Allgemeines

1 § 324a ist die grundlegende Regelung zur Anwendung der Vorschriften zur Prüfung auch auf den **freiwilligen IFRS-EA** nach § 325 Abs 2a. Der **Geltungsbereich** betrifft, sofern freiwillig von der Offenlegung eines IFRS-EA nach § 325 Abs 2a im BAnz Gebrauch gemacht wird, unmittelbar große KapGes/KapCoGes (§ 325 Abs 2 iVm § 325 Abs 2a), Kreditinstitute (§ 340l Abs 1 S 1) und VersicherungsUnt (§ 341l Abs 1). Das PublG verweist mit § 9 Abs 1 S 1 PublG nF auf § 325 Abs 2a. Auch kleine und mittelgroße KapGes/KapCoGes dürfen neben ihrem JA einen IFRS-EA nach § 325 Abs 2a aufstellen, ggf freiwillig prüfen lassen und ihn Geschäftspartnern in geeigneter Form bekannt geben. Zur Einreichung beim HR ist nur der JA zugelassen (*Begr RegE BilReG* BR-Drs 326/04, 46).

Zweck der Vorschrift ist zu gewährleisten, dass auch ein freiwillig aufgestellter, veröffentlichter IFRS-EA nach § 325 Abs 2a das Vertrauen der Adressaten in seine Aussagekraft wie der gesetzlich vorgeschriebene JA genießen kann. § 324a findet erstmals auf das nach dem 31. Dezember 2004 beginnende Gj Anwendung (Art 58 Abs 3 S 1 Anm 14 EGHGB).

B. Prüfungspflicht (Abs 1 S 1)

Abs 1 S 1 schreibt vor, dass die Bestimmungen des „Dritten Unterabschnitts 2
Prüfung", die sich auf den JA beziehen, auf den freiwillig offengelegten IFRS-EA nach § 325 Abs 2a entspr anzuwenden sind. Dies sind folgende Bestimmungen, sofern in Abs 1 S 2 und Abs 2 nichts anderes bestimmt ist:

§ 316 Abs 1 S 1	(Prüfungspflicht)
§ 316 Abs 3	(Nachtragsprüfungspflicht)
§ 317 Abs 1 und 2	(Gegenstand und Umfang der Prüfung)
§ 318 Abs 1, 3 bis 7	(Bestellung und Abberufung des AP)
§ 319, § 319a	(Auswahl der AP und Ausschlussgründe)
§ 320 Abs 1 und 2	(Vorlagepflicht, Auskunftsrecht)
§ 321a Abs 1 bis 3	(Offenlegung des Prüfungsberichts in besonderen Fällen)
§ 322	(Bestätigungsvermerk)
§ 323	(Verantwortlichkeit des AP)
§ 324	(Meinungsverschiedenheiten zwischen KapGes/KapCoGes und AP)

C. Rechtsfolgen unterlassener Prüfung (Abs 1 S 2)

Hiernach ist anstelle von § 316 Abs 1 S 2 für die Folgen einer fehlenden 3
Prüfung § 316 Abs 2 S 2 entspr anzuwenden. Ein IFRS-EA nach § 325 Abs 2a unterliegt nicht der Feststellung, sondern – wie der KA – nur der **Billigung** durch das zuständige Organ/die zuständige Stelle (AR bei AG § 171 Abs 4 S 1 iVm § 171 Abs 2 S 4 AktG; AR bei GmbH § 52 Abs 1 GmbHG iVm § 171 AktG, wenn im GesVertrag nicht anderes bestimmt ist; AR bei Unt, die nach dem PublG publizitätspflichtig sind § 7 S 4 2. Hs PublG iVm § 171 Abs 4 S 1; GesV bei GmbH ohne AR § 46 Nr 1a GmbHG; GesV bei OHG/KG nach Maßgabe der Bestimmungen des GesVertrags), darf aber ohne Prüfung durch den AP nicht gebilligt werden.

Ein **nicht geprüfter und nicht gebilligter IFRS-EA** nach § 325 Abs 2a 4
enfaltet keine befreiende Wirkung der Offenlegung iSv § 325 Abs 2a S 1, Abs 2b, da er rechtlich nicht existent ist. Das Gleiche gilt für einen nicht geprüften, gebilligten IFRS-EA nach § 325 Abs 2a.

Ein vom AP **geprüfter,** aber vom AR **nicht gebilligter IFRS-EA** nach § 325 Abs 2a darf von den gesetzlichen Vertretern nicht im BAnz offengelegt werden (§ 171 Abs 4 S 2 AktG; § 52 Abs 1 GmbHG iVm § 171 AktG). Bei allen übrigen Ges darf ein geprüfter IFRS-EA nach § 325 Abs 2a ohne Billigung durch die zuständige Stelle mit befreiender Wirkung offengelegt werden, da eine dem § 171 Abs 4 S 2 AktG vergleichbare Vorschrift in den einschlägigen Bestimmungen der anderen Gesetze fehlt. Das Gleiche gilt im Fall der nachträglichen Änderung des IFRS-EA.

D. Abschlussprüfer (Abs 2 S 1)

5 Diese Vorschrift bestimmt, dass als AP des IFRS-EA nach § 325 Abs 2a der für die **Prüfung des JA bestellte Prüfer als bestellt gilt.** An dem Fehlen des Zusatzes von § 318 Abs 2 S 1 für den AP des KA, „wenn kein anderer Prüfer bestellt wird", in der sonst wortgleichen Regelung des Abs 2 S 1 ist zu schließen, dass die Bestellung eines AP für den JA ggf auch die Bestellung zur Prüfung eines offenzulegenden IFRS-EA nach § 325 Abs 2a einschließt (*Begr RegE BilReG* BR-Drs 326/04, 97). Einer gesonderten Bestellung bedarf es nicht. Ein anderer AP (zB der AP des KA) darf nicht gewählt bzw bestellt werden. Vielmehr erscheint eine einheitliche Prüfung des gesetzlichen JA und des freiwillig offenzulegenden IFRS-EA nach § 325 Abs 2a auch im Hinblick auf einen gemeinsamen Lagebericht nach § 325 Abs 2a S 4 sachgerecht (*RegBegr* aaO, 97).

Wurde gleichwohl ein anderer als der für die Prüfung des JA bestellte AP für die Prüfung des IFRS-EA bestellt und führt dieser eine Prüfung durch, gilt der IFRS-EA als nicht geprüft und darf nicht gebilligt werden (s Anm 4).

E. Zusammengefasster Prüfungsbericht (Abs 2 S 2)

6 Diese Vorschrift gestattet dem AP, den Prüfungsbericht zum JA mit dem Prüfungsbericht zum IFRS-EA nach § 325 Abs 2a zusammenzufassen. Dieses **Wahlrecht** findet seinen Sinn im Hinblick auf den einheitlichen Lagebericht zu beiden Abschlüssen (§ 325 Abs 2a S 4 nF) und die einheitliche Prüfung durch denselben AP (*Begr RegE BilReG,* BR-Drs 326/04, 97). Bei einer solchen zusammengefassten Berichterstattung, die sich auf zwei verschiedenartige Rechnungslegungsgrundsätze (HGB und IFRS) zu beziehen hat, darf die Klarheit und Übersichtlichkeit der Darstellung sowie die Vollständigkeit der jeweiligen Berichterstattung nicht beeinträchtigt werden. Die Vorschriften des § 321 sind sowohl für die Prüfung des JA als auch des IFRS-EA zu beachten. Gleiche Sachverhalte dürfen zusammengefasst werden, um Wiederholungen und Doppeldarstellungen zu vermeiden, wenn sie gleichermaßen beide Abschlüsse betreffen. Abweichungen für Einzelheiten und jeweilige Besonderheiten müssen erwähnt werden und dem jeweiligen Abschluss eindeutig zugeordnet werden. In Anbetracht des Fehlens berufständischer Grundsätze ordnungsmäßiger Prüfungsberichterstattung bei zusammengefasstem Prüfungsbericht nach Abs 2 S 2 empfehlen *Pfitzer/Oser/Orth* (DB 2004, 2602) bis zu deren Verabschiedung auf eine Zusammenfassung der Prüfungsberichte zu verzichten.

7 Aus dem Gesetzeswortlaut kann nicht gefolgert werden, dass auch die BVm zusammengefasst werden dürfen. Dies hat seinen Grund darin, dass der JA mit seinem BVm und der IFRS-EA nach § 325 Abs 2a getrennt offen zu legen sind, um die befreiende Wirkung der **Offenlegung** des IFRS-EA nach § 325 Abs 2a zu erzielen; nach § 325 Abs 2b Nr 1 ist der BVm zum IFRS-EA im BAnz bekannt zu machen, während nach § 325 Abs 2b Nr 3 der JA mit seinem BVm zum HR einzureichen ist.

8 Andererseits darf der Prüfungsbericht zum IFRS-EA eines MU, wenn er nicht mit dem zum JA zusammengefasst wurde, gem § 325 Abs 3a S 2 2. Hs mit dem Prüfungsbericht zum KA zusammengefasst werden, vorausgesetzt, KA und IFRS-EA des MU werden zusammen im BAnz bekannt gemacht. In diesem Fall dürfen auch die BVm oder Versagungsvermerke zu beiden Abschlüssen zusammengefasst werden (§ 325 Abs 3a S 2 1. Hs). Die Zusammenfassung der Prü-

fungsberichte und Vermerke bietet sich an, wenn auch der KA und Konzernlagebericht nach § 315a aufgestellt werden.

F. Rechtsfolgen einer Verletzung des § 324a

Straf- und Bußgeldvorschriften sowie die Bestimmungen über Zwangsgelder gem §§ 331 bis 335b enthalten keine direkten Sanktionen für die Nicht-Einhaltung von § 324a. Denn es werden nur Verweise, Fiktionen und ein Wahlrecht iZm einem freiwillig offen zu legenden IFRS-EA nach § 325 Abs 2a geregelt. **9**

Vierter Unterabschnitt. Offenlegung (Einreichung zu einem Register, Bekanntmachung im Bundesanzeiger). Veröffentlichung und Vervielfältigung. Prüfung durch das Registergericht

Vor § 325 Prüfung durch den Aufsichtsrat. Feststellung des Jahresabschlusses. Billigung des IFRS-Einzelabschlusses. Billigung des Konzernabschlusses. Gewinnverwendung

Kapitelübersicht

– Detaillierte Übersichten befinden sich vor den einzelnen Kapiteln –

Schrifttum: *Hommelhoff* Die Ergebnisverwendung in der GmbH nach dem Bilanzrichtliniengesetz, ZGR 1986, 418; *Forster* MG, Schneider, Balsam und die Folgen – was können Aufsichtsräte und Abschlussprüfer gemeinsam tun?, AG 1995, 1; *Rürup* Möglichkeiten verbesserter Kontrolle und Beratung der Geschäftsführung durch den Aufsichtsrat mit Hilfe des Wirtschaftsprüfers, AG 1995, 219; *Gutbrod* Vom Gewinnbezugsrecht zum Gewinnanspruch des GmbH-Gesellschafters, GmbHR 1995, 551; *Hommelhoff,* Die neue Position des Abschlussprüfers im Kraftfeld der aktienrechtlichen Organisationsverfassung, BB 1998, 2567 sowie 2625; *Forster* Zum Zusammenspiel von Aufsichtsrat und Abschlußprüfer nach dem KonTraG, AG 1999, 193; *Altmeppen* Die Auswirkungen des KonTraG auf die GmbH, ZGR 1999, 291; *Farr* Aufstellung, Prüfung und Offenlegung des Anhangs im Jahresabschluß der AG, AG 2000; *Feddersen* Neue gesetzliche Anforderungen an den Aufsichtsrat, AG 2000, 385; *Henze* Leitungsverantwortung des Vostands – Überwachungspflicht des Aufsichtsrats, BB 2000, 209; *Kau/Kukat* Haftung von Vorstands- und Aufsichtsratsmitgliedern bei Pflichtverletzungen nach dem Aktiengesetz, BB 2000, 1045; *Dörner* Zusammenarbeit von Aufsichtsrat und Wirtschaftsprüfer im Lichte des KonTraG, DB 2000, 101; *Priester* Änderung von Gewinnverwendungsbeschlüssen, ZIP 2000, 261; *Claussen/Bröcker* Corporate-Governance-Grundsätze in Deutschland – nützliche Orientierungshilfe oder regulatorisches Übermaß?, AG 2000, 481; *Horbach* Der Gewinnverzicht des Großaktionärs, AG 2001, 78; *Reck* Die strafrechtlichen Folgen einer unterlassenen, unrichtigen oder verspäteten Bilanzaufstellung für einen GmbH-Geschäftsführer, GmbHR 2001, 424; *Müller* Die Änderungen im HGB und die Neuregelung der Sachdividende durch das Transparenz- und Publizitätsgesetz NZG 2002, 752; *Roth/Wörle* Die Unabhängigkeit des Aufsichtsrats – Recht und Wirklichkeit, ZGR 2004, 565.

Vorschriften für AG und KGaA

A. Vorlage an den Aufsichtsrat, Prüfung durch den Aufsichtsrat (§§ 170, 171 AktG)

I. Vorlage an den Aufsichtsrat (§ 170 AktG)

§ 170 AktG Vorlage an den Aufsichtsrat

(1) [1]**Der Vorstand hat den Jahresabschluß und den Lagebericht unverzüglich nach ihrer Aufstellung dem Aufsichtsrat vorzulegen.** [2]**Satz 1 gilt entsprechend**

für einen Einzelabschluss nach § 325 Abs. 2 a des Handelsgesetzbuchs sowie bei Mutterunternehmen (§ 290 Abs. 1, 2 des Handelsgesetzbuchs) für den Konzernabschluss und den Konzernlagebericht.

(2) [1]**Zugleich hat der Vorstand dem Aufsichtsrat den Vorschlag vorzulegen, den er der Hauptversammlung für die Verwendung des Bilanzgewinns machen will.** [2]**Der Vorschlag ist, sofern er keine abweichende Gliederung bedingt, wie folgt zu gliedern:**

1. Verteilung an die Aktionäre ....
2. Einstellung in Gewinnrücklagen ....
3. Gewinnvortrag ....
4. Bilanzgewinn ....

(3) [1]**Jedes Aufsichtsratsmitglied hat das Recht, von den Vorlagen und Prüfungsberichten Kenntnis zu nehmen.** [2]**Die Vorlagen und Prüfungsberichte sind auch jedem Aufsichtsratsmitglied oder, soweit der Aufsichtsrat dies beschlossen hat, den Mitgliedern eines Ausschusses zu übermitteln.**

Übersicht

1. Unverzügliche Vorlage an den Aufsichtsrat (Abs 1)

Der Vorstand hat die von ihm aufgestellten Abschlüsse und Lageberichte dem AR **vorzulegen.** Abs 1 S 2 geändert durch BilReG; zur erstmaligen Anwendung s Kommentierung zu den entspr Vorschriften des HGB. 1

Die Vorlage der **Prüfungsberichte** an den AR erfolgt direkt durch den AP (§ 321 Abs 5 S 2). Da der AR gem § 111 Abs 2 S 3 AktG den Prüfungsauftrag erteilt, wird der Bericht direkt an ihn ausgehändigt.

Die Auftragserteilung an den AP ist von der Bestellung zu unterscheiden:

(1) Zuerst erfolgt die **Bestellung** des AP durch Beschluss des AR als Gremium.

(2) Sodann erfolgt in Ausführung dieses Beschlusses die **Erteilung des Prüfungsauftrags** an den AP (schuldrechtlicher Dienstvertrag). Auch diese hat durch den AR, dh durch den AR-Vorsitzenden als dessen „Organ" zu erfolgen (zur Funktion des AR-Vorsitzenden s Anm 2). Der Gesetzgeber beabsichtigte mit dieser Regelung die Reduzierung der Einwirkungsmöglichkeiten des Vorstands auf den AP. Gleichzeitig kann dadurch erreicht werden, dass der AR bei der Erfüllung seiner Überwachungspflichten den AP verstärkt einbindet (s Anm 22).

Erfolgt die Auftragserteilung nicht durch den AR-Vorsitzenden, sondern auf Grund dessen Delegierung durch den Vorstand, ist das Auftragsverhältnis gleichwohl zustande gekommen; es liegt keine Nichtigkeit auf Grund gesetzlichen Verbots nach § 134 BGB vor (dies gilt sogar dann, wenn die Bestellung des AP durch Beschluss des AR als Gremium fehlt). Auswirkungen hat die fehlerhafte Auftragserteilung jedoch im Falle des Erfordernisses einer **gesetzlichen Prüfung** nach § 316 (JA und Lagebericht von mittelgroßen und großen AG/KGaA sowie KA und Konzernlagebericht, ggf IFRS-EA): Die auf Grund eines nicht nach den gesetzlichen Vorschriften erteilten Auftrags durchgeführte Prüfung ist keine gesetzliche Prüfung iSd § 316 Abs 1 S 2, so dass für den JA ein **Feststellungshindernis** vorliegt. Allerdings hat der AP bei einer gesetzlichen Prüfung die Erfüllung der Voraussetzungen des § 316 sowie des § 111 Abs 2 S 3 AktG zu prüfen, so dass das Versäumnis durch nachträgliche Bestellung und Auftragserteilung behoben werden kann.

Eine Vorlagepflicht des Vorstands besteht entspr bei einer abhängigen AG für den vom Vorstand erstellten **Abhängigkeitsbericht** (§ 314 Abs 1 AktG, dazu Voraufl § 289 Exkurs).

2 Der Vorstand hat die aufgeführten Unterlagen **unverzüglich,** dh „ohne schuldhaftes Zögern“ (§ 121 Abs 1 BGB) in **endgültiger Fassung,** vorzulegen. Der späteste Vorlagetermin ergibt sich aus der **3- bzw 6-Monats-Frist** des § 264 Abs 1 S 2, 3.

Die Vorlagepflicht des Vorstands besteht zwar gegenüber dem AR-Gremium als Organ der Ges. Konkret erforderlich ist jedoch die Übergabe **an den Aufsichtsratsvorsitzenden,** der wiederum für den AR handelt. Nur im Falle der Beauftragung durch den AR-Vorsitzenden kann der Vorstand die Vorlagen den einzelnen AR-Mitgliedern übermitteln. Im Falle der Verhinderung des AR-Vorsitzenden ist an den stellvertretenden AR-Vorsitzenden zu übermitteln. Die Stellung des AR-Vorsitzenden als „Organ“ des AR ergibt sich insb aus dem Umkehrschluss zu § 107 Abs 1 S 3 AktG (Vertretung des AR-Vorsitzenden durch den stellvertretenden AR-Vorsitzenden nur bei Verhinderung), der Verpflichtung des AR-Vorsitzenden zur Weitergabe von Informationen an die AR-Mitglieder zB nach § 90 Abs 5 S 3 AktG, sowie der Beschränkung nach § 90 Abs 3 S 2 AktG, wonach Berichte des Vorstands nur an den AR, nicht aber an das einzelne AR-Mitglied verlangt werden können. Kommt der AR-Vorsitzende seinen Verpflichtungen zur Weitergabe der Unterlagen oder der erforderlichen Informationen nicht nach, haben die AR-Mitglieder gegen ihn und nicht gegen den Vorstand vorzugehen.

2. Vorschlag für die Verwendung des Bilanzgewinns (Abs 2)

Weist der JA keinen Bilanzgewinn, sondern einen Bilanzverlust oder ein ausgeglichenes Ergebnis (insb bei Ergebnisabführungsvertrag) aus, ist für einen Gewinnverwendungsvorschlag kein Raum. Ist jedoch ein Bilanzgewinn vorhanden, muss der Vorstand dem AR seinen Gewinnverwendungsvorschlag zur Prüfung vorlegen.

a) Das gesetzliche Gliederungsschema

3 Der **Gewinnverwendungsvorschlag** ist, sofern er keine abweichende Gliederung bedingt, zu gliedern in (1) Verteilung an die Aktionäre, (2) Einstellung in Gewinnrücklagen, (3) Gewinnvortrag und (4) Bilanzgewinn.

Es darf nur eine solche Gewinnverwendung vorgeschlagen werden, die die HV auf Grund von Gesetz oder Satzung auch beschließen darf. Der Vorschlag gehört nicht zum JA, hat allerdings Auswirkungen darauf, da gem § 278 in der GuV die E+E-Steuern auf Grund des Vorschlags zu berechnen sind (§ 278 Anm 21). Entscheidet sich die HV, dem Vorschlag nicht zu folgen, kann uU eine Steuermehrbelastung die Folge sein (*ADS*[6] ErgBd § 170 AktG Anm 18 und 20).

4 **aa) Verteilung an die Aktionäre (Nr 1).** Die Verteilung an die Aktionäre beruht auf § 58 Abs 4 AktG. Danach haben die Aktionäre Anspruch auf den Bilanzgewinn, soweit er nicht nach Gesetz oder Satzung, durch HV-Beschluss nach § 58 Abs 3 AktG oder als zusätzlicher Aufwand auf Grund des Gewinn-

verwendungsbeschlusses (§ 174 Abs 2 Nr 5 AktG) von der Verteilung unter die Aktionäre ausgeschlossen ist (hierzu Anm 56).

Abschlagszahlungen auf den Bilanzgewinn (§ 59 AktG) mindern den Betrag des an die Aktionäre zu verteilenden Gewinns nicht, sie sind in einer Vorspalte des Postens anzugeben. 5

Zu berücksichtigen sind im Gewinnverwendungsvorschlag etwaige **Sonderrechte für Vorzugsaktien** (§ 11 AktG) sowie bestehende **Ausschüttungssperren** bei der Inanspruchnahme von Bilanzierungshilfen für Aufwendungen für die Ingangsetzung und Erweiterung des Geschäftsbetriebs (§ 269 Anm 13), für aktive Steuerabgrenzungen (§ 274 Anm 13) oder für den Ausgleichsbetrag nach dem AltfahrzeugG (Art 53 Anm 22 EGHGB).

Der AG selbst stehen aus **eigenen Aktien** gemäß § 71 b AktG keine Rechte und damit auch kein Gewinnbezugsrecht zu. Entspr gilt für die nach § 71 d AktG den eigenen Aktien gleichstehenden Aktien (§ 71 d S 4 AktG).

Werden für **qualifizierte Beteiligungen** an der AG die Mitteilungen nach § 20 Abs 1 oder 4 AktG nicht gemacht, besteht nach § 20 Abs 7 AktG für diese Aktien kein Gewinnbezugsrecht, es sei denn, die Mitteilung wurde nicht vorsätzlich unterlassen und wurde nachgeholt (§ 20 Abs 7 S 2 AktG). Das Gleiche gilt gem § 28 WpHG für unterlassene Mitteilungen nach § 21 Abs 1 oder Abs 1 a WpHG. Die Frage, ob im Falle des Fehlens der Mitteilung am Tag der HV die Dividendenansprüche endgültig erlöschen oder lediglich aufgeschoben sind, kann im Rahmen des Gewinnverwendungsvorschlags dahingestellt bleiben, da nicht ausgeschlossen werden kann, dass bis zur HV, also bis zur Beschlussfassung, eine entspr Mitteilung noch eingeht.

bb) Einstellung in Gewinnrücklagen (Nr 2). Bei der **Einstellung in Gewinnrücklagen** handelt es sich um den Vorschlag des Vorstands für eine gem § 58 Abs 3 S 1 AktG von der HV zu beschließende weitere Einstellung in Gewinnrücklagen (hierzu Anm 52). 6

cc) Gewinnvortrag (Nr 3). Nach § 58 Abs 3 S 1 AktG kann die HV den Bilanzgewinn auch ganz oder teilweise als Gewinn vortragen. Der **Gewinnvortrag** steht im Folgejahr – soweit er nicht mit einem etwaigen Jahresfehlbetrag zu verrechnen ist – im Rahmen des Bilanzgewinns wiederum zur Disposition der HV. IdR enthält der Posten allerdings lediglich einen im Rahmen des Gewinnverwendungsvorschlags nicht verteilbaren Spitzenbetrag. 7

dd) Bilanzgewinn (Nr 4). Der Posten „Bilanzgewinn" enthält die Summe der vorangehenden Posten Nr 1 und 3. Der Betrag muss identisch sein mit dem nach § 268 Abs 1 S 2 in der Bilanz und nach § 158 Abs 1 S 1 Nr 5 AktG in der GuV auszuweisenden oder nach § 158 Abs 1 S 2 AktG im Anhang anzugebenden Bilanzgewinn. 8

b) Abweichungen vom und Ergänzungen zum gesetzlichen Gliederungsschema

Enthält der Gewinnverwendungsvorschlag des Vorstands Bestandteile, die das gesetzliche Gliederungsschema nicht vorsieht, ist von dem Schema abzuweichen (§ 170 Abs 2 S 2 AktG). In Betracht kommen satzungsgemäß festgelegte, der HV vorbehaltene (§ 58 Abs 3 S 2 AktG) andere Gewinnverwendungen wie zB Zuwendungen an gemeinnützige Stiftungen (*ADS*[6] § 170 AktG Anm 47). 9

Erweiterungen oder Ergänzungen des gesetzlichen Schemas können auch zur Klarstellung einzelner Gewinnverwendungsposten erforderlich sein, zB bei unterschiedlicher Gewinnbeteiligung der Aktionäre, Abschlagszahlungen auf den Bilanzgewinn gemäß § 59 AktG, Sachausschüttung gem § 58 Abs 5 AktG oder Einstellungen in verschiedene Gewinnrücklagen und die Wertaufholungsrücklage nach § 58 Abs 2a AktG (*ADS*[6] § 170 AktG Anm 47 ff).

3. Rechte der Aufsichtsratsmitglieder (Abs 3)

a) Kenntnisnahme (S 1)

10 Nach § 170 Abs 3 S 1 AktG hat jedes AR-Mitglied das Recht, von den Vorlagen und den Prüfungsberichten Kenntnis zu nehmen. Das Recht auf Kenntnisnahme ist Voraussetzung für die Erfüllung seiner Prüfungspflicht gem § 171 AktG. Es ist im Zusammenhang zu sehen mit der Überwachungsaufgabe des AR gemäß § 111 Abs 1 AktG und der sich daraus ergebenen Haftung nach § 116 S 1 AktG iVm § 93 AktG. In der jüngeren Vergangenheit ist deutlich geworden, dass an die Überwachungsaufgabe des AR seitens der Rspr höhere Anforderungen gestellt werden (*LG Bielefeld* 16. 11. 1999, AG 2000, 136 „Balsam-AG"; s grds zur Haftung von AR-Mitgliedern *Kau/Kukat* BB 2000, 1045. Das Recht auf Kenntnisnahme kann weder durch Satzung noch durch Beschlüsse der HV und/oder des AR eingeschränkt werden (*Brönner* in Groß-komm AktG[4] § 170 Anm 21, *ADS*[6] ErgBd § 170 AktG Anm 24). Das bedeutet, dass Kenntnisnahme der Unterlagen nicht einem Ausschuss, idR dem Bilanzausschuss, vorbehalten werden darf. Auch wenn der AR-Vorsitzende oder der Bilanzausschuss in der Praxis die Bilanzsitzung vorbereitet, kann jedes AR-Mitglied unabhängig davon persönlich die Unterlagen zur Kenntnis nehmen (zur Stellung des AR-Vorsitzenden s Anm 2; zu den Rechten der AR-Mitglieder *ADS*[6] ErgBd § 170 AktG Anm 24 mwN). Zur sorgfältigen, pflichtgemäßen Kenntnisnahme muss ein **ausreichender Zeitraum** zur Verfügung stehen. Es reicht im Hinblick auf die Überwachungspflicht nicht aus, Einsichtnahme während oder unmittelbar vor der AR-Sitzung zu gewähren.

b) Aushändigung (S 2)

11 Die **Vorlagen** und die **Prüfungsberichte** sind auch jedem AR-Mitglied auszuhändigen, soweit der AR nicht beschlossen hat, die Prüfung einem Ausschuss zu übertragen. Ein ausdrückliches Verlangen auf Aushändigung ist nicht mehr nötig, sie erfolgt automatisch. Allerdings sieht S 2 die Möglichkeit vor, durch Beschluss des AR die Aushändigung der Unterlagen auf einen Ausschuss zu beschränken. Dies ist auf Kritik gestoßen (siehe Nachweise bei *Hüffer*[6] § 170 Anm 13 und *ADS*[6] ErgBd § 170 AktG Anm 30). Zwar ist eine solche Einschränkung nicht unproblematisch, dürfte aber gerade bei großen AR im Hinblick auf eine Aufgabenteilung sinnvoll sein. Argumentiert wird auch mit der Vertraulichkeit der Unterlagen, die eine selektierte Aushändigung nur an bestimmte Ausschüsse nahe legt. Sachlich kann sich das aber nur auf die **Prüfungsberichte** beziehen. JA, Lagebericht und Gewinnverwendungsvorschlag des Vorstands, KA, Konzernlagebericht und ggf IFRS-EA sind ohnehin zur späteren Veröffentlichung bestimmt, so dass insoweit ein Grund, ihre Aushändigung zu verweigern, nicht ersichtlich ist.

4. Vorlage an den Aufsichtsrat bei der KGaA

12 Die KGaA hat wie die AG einen AR. Gemäß § 278 Abs 3 AktG gelten für die Prüfung des JA durch den AR die Vorschriften für die AG sinngemäß. Bei der KGaA haben die phG die Vorlagepflichten gegenüber dem AR zu erfüllen (§ 283 Nr 9 AktG).

5. Rechtsfolgen bei Verletzung der Pflichten nach § 170 AktG

13 Legt der Vorstand die vorgeschriebenen Unterlagen nicht rechtzeitig oder nicht vollständig vor, ist er hierzu gemäß § 407 Abs 1 AktG vom Registerge-

richt durch Festsetzung von **Zwangsgeld** anzuhalten. Ferner kann ggü der Ges **Schadensersatzpflicht** gemäß § 93 Abs 2 AktG bestehen. Schließlich kommt auch der **Widerruf der Bestellung zum Vorstand** aus wichtigem Grund in Betracht (§ 84 Abs 3 AktG).

II. Prüfung durch den Aufsichtsrat (§ 171 AktG)

§ 171 AktG Prüfung durch den Aufsichtsrat

(1) [1]**Der Aufsichtsrat hat den Jahresabschluß, den Lagebericht und den Vorschlag für die Verwendung des Bilanzgewinns zu prüfen, bei Mutterunternehmen (§ 290 Abs. 1, 2 des Handelsgesetzbuchs) auch den Konzernabschluß und den Konzernlagebericht.** [2]**Ist der Jahresabschluß oder der Konzernabschluss durch einen Abschlußprüfer zu prüfen, so hat dieser an den Verhandlungen des Aufsichtsrats oder eines Ausschusses über diese Vorlagen teilzunehmen und über die wesentlichen Ergebnisse seiner Prüfung zu berichten.**

(2) [1]**Der Aufsichtsrat hat über das Ergebnis der Prüfung schriftlich an die Hauptversammlung zu berichten.** [2]**In dem Bericht hat der Aufsichtsrat auch mitzuteilen, in welcher Art und in welchem Umfang er die Geschäftsführung der Gesellschaft während des Geschäftsjahrs geprüft hat; bei börsennotierten Gesellschaften hat er insbesondere anzugeben, welche Ausschüsse gebildet worden sind, sowie die Zahl seiner Sitzungen und die der Ausschüsse mitzuteilen.** [3]**Ist der Jahresabschluß durch einen Abschlußprüfer zu prüfen, so hat der Aufsichtsrat ferner zu dem Ergebnis der Prüfung des Jahresabschlusses durch den Abschlußprüfer Stellung zu nehmen.** [4]**Am Schluß des Berichts hat der Aufsichtsrat zu erklären, ob nach dem abschließenden Ergebnis seiner Prüfung Einwendungen zu erheben sind und ob er den vom Vorstand aufgestellten Jahresabschluß billigt.** [5]**Bei Mutterunternehmen (§ 290 Abs. 1, 2 des Handelsgesetzbuchs) finden die Sätze 3 und 4 entsprechende Anwendung auf den Konzernabschluss.**

(3) [1]**Der Aufsichtsrat hat seinen Bericht innerhalb eines Monats, nachdem ihm die Vorlagen zugegangen sind, dem Vorstand zuzuleiten.** [2]**Wird der Bericht dem Vorstand nicht innerhalb der Frist zugeleitet, hat der Vorstand dem Aufsichtsrat unverzüglich eine weitere Frist von nicht mehr als einem Monat zu setzen.** [3]**Wird der Bericht dem Vorstand nicht vor Ablauf der weiteren Frist zugeleitet, gilt der Jahresabschluss als vom Aufsichtsrat nicht gebilligt; bei Mutterunternehmen (§ 290 Abs. 1, 2 des Handelsgesetzbuchs) gilt das Gleiche hinsichtlich des Konzernabschlusses.**

(4) [1]**Die Absätze 1 bis 3 gelten auch hinsichtlich eines Einzelabschlusses nach § 325 Abs. 2a des Handelsgesetzbuchs.** [2]**Der Vorstand darf den in Satz 1 genannten Abschluss erst nach dessen Billigung durch den Aufsichtsrat offen legen.**

Übersicht

1. Prüfung (Abs 1, Abs 4)

a) Prüfungspflicht des Aufsichtsrats (Abs 1 S 1)

20 **aa) Pflicht zur Prüfung.** Der AR hat die ihm vorzulegenden Unterlagen zu prüfen. Die Prüfungspflicht obliegt dem gesamten AR *und* jedem einzelnen AR-Mitglied. Sie kann nicht mit befreiender Wirkung für die übrigen AR-Mitglieder auf einen Ausschuss oder bestimmte Mitglieder übertragen werden. Das **einzelne Aufsichtsratsmitglied** muss sich **auf Grund eigener Prüfung** selbst ein Urteil bilden, die *generelle* Delegierung dieser Aufgabe auf externe Sachverständige widerspricht § 111 Abs 5 AktG.

In der Praxis wird die Bilanzsitzung des AR idR durch einen entspr Ausschuss *vorbereitet,* und es werden gemäß § 109 Abs 1 S 2 AktG Sachverständige hinzugezogen. Das ist grundsätzlich sinnvoll und nicht zu beanstanden, wenn sichergestellt ist, dass die anderen Mitglieder des AR das Ergebnis des Ausschusses bzw des Sachverständigen nachprüfen und es sich entweder zu eigen machen oder ablehnen können. Für die Prüfung und die Urteilsbildung steht in erster Linie der **Bericht des Abschlussprüfers** zur Verfügung und falls erforderlich, der AP mit weiteren Informationen. Gemäß § 111 Abs 2 S 2 AktG besteht die Möglichkeit, mit bestimmten Aufgaben – zB der Prüfung bestimmter Geschäftsvorfälle und ihrer Auswirkungen – externe Sachverständige zu beauftragen. Auch ein einzelnes AR-Mitglied darf wohl einen **externen Sachverständigen** zur Klärung schwieriger Fragen beiziehen, wenn andernfalls seine gesetzliche Prüfungspflicht nicht erfüllt werden kann.

21 **bb) Gegenstand und Umfang der Prüfung.** Während der **Gegenstand** der Prüfung (Abschlüsse und Lageberichte, Gewinnverwendungsvorschlag) **eindeutig bestimmt** ist, werden der **Umfang** und die Ziele der Prüfung durch den AR **gesetzlich nicht festgelegt;** anders als bei der Prüfung durch den AP: Hier legt § 317 sowohl Gegenstand als auch Umfang fest. Aus dem Fehlen einer solchen Vorschrift und auf Grund der allgemeinen Überwachungsaufgabe des AR (§ 111 AktG) besteht demnach eine uneingeschränkte Prüfungspflicht (*ADS*[6] § 171 AktG Anm 17) dh Prüfung von **Rechtmäßigkeit** und **Zweckmäßigkeit.**

22 Die Prüfung des AR erstreckt sich zunächst auf die **Einhaltung** der gesetzlichen und satzungsmäßigen **Vorschriften für** die **Erstellung** der Unterlagen. Insoweit überschneidet sich der Umfang der Prüfung inhaltlich mit dem Aufgabengebiet des AP. Der AP soll den AR in seiner Prüfungsaufgabe unterstützen. Keinesfalls aber können die Prüfungsergebnisse des AP die eigene Prüfung und das daraus resultierende Urteil des AR ersetzen: Auch ein positiver Bericht des AP ohne Einschränkungen hinsichtlich der Gesetz- und Ordnungsmäßigkeit und ohne besondere Prüfungsfeststellungen hat lediglich Indizwirkung und entbindet nicht von der Prüfungspflicht (siehe dazu *Hüffer*[6] § 171 Anm 5). Die AR-Mitglieder können *und sollen* aber Fragen an den bei der Bilanzsitzung anwesenden AP stellen (siehe Anm 26). Der AR muss gleichzeitig auch eventuelle andere Erkenntnisquellen für seine Prüfung nutzen. Besondere Schwierigkeiten entstehen, wenn der Vorstand den AR nicht verlässlich unterrichtet oder sogar täuscht. Bestehen jedoch Anhaltspunkte für eine falsche Unterrichtung oder Täuschung, ist der AR zu konkreter Prüfung verpflichtet. Unterlässt ein AR-Mitglied eine danach erforderliche Maßnahme, kann er der Ges für den ab diesem Zeitpunkt entstehenden Schaden haften (*LG Bielefeld* 16. 11. 1999, AG 2000, 136 „Balsam-AG“).

Bei kleinen AG, und für – auch börsennotierte – TU-AG *jeder Größe,* sofern für sie eine Pflicht zur JA-Prüfung gem § 264 Abs 3 nicht besteht, muss sich der

AR ohnehin auf Grund eigener Prüfungshandlungen – uU unter Zuhilfenahme von Sachverständigen – von der Gesetz- und Ordnungsmäßigkeit des JA überzeugen. Anders als der AP hat der AR nicht nur eine Gesetz- und Ordnungsmäßigkeitsprüfung durchzuführen, sondern auch eine Zweckmäßigkeitsprüfung der Bilanzpolitik des Vorstands. Hierzu gehören zB die Ausübung von **Bilanzierungs- und Bewertungswahlrechten** und die Bildung und Auflösung von **Rücklagen.** Ferner hat der AR zu prüfen, ob **Probleme, Risiken** und **Geschäftsvorfälle,** die ihm auf Grund der laufenden Informationen durch die Verwaltung bekannt sind (§ 90 Abs 1 AktG), im JA ihren ausreichenden Niederschlag gefunden haben.

Das durch das KonTraG gewandelte Verständnis der **Zusammenarbeit zwischen AR und AP** legt eine vertiefte Zusammenarbeit, auch über die Teilnahme an der Bilanzsitzung hinaus, nahe. Allgemeingültige Grundsätze gibt es nicht, die Zusammenarbeit muss je nach den Unt-Verhältnissen zwischen AR und AP abgestimmt werden (zur Unterstützung des AR durch den AP s *Forster* AG 1995, 1; *Rürup* AG 1995, 219; s auch *ADS*[6] ErgBd § 171 AktG Anm 34 ff; *Dörner* DB 2000, 101).

Der **Konzernabschluss und der Konzernlagebericht** sind zu prüfen und zu billigen. Bei der Prüfung hat der AR alle ihm zur Verfügung stehenden besonderen Informationen (§ 90 Abs 1 Nr 1, 4 AktG) dahingehend zu berücksichtigen, ob die wirtschaftliche Gesamtbeurteilung des Konzerns durch den Vorstand den tatsächlichen Verhältnissen entspricht. Die Prüfungspflicht umfasst nicht nur KA nach HGB, sondern auch befreiende KA (US-GAAP; IFRS); hierzu s *ADS*[6] ErgBd § 171 AktG Anm 7 ff. Dies gilt auch für den **IFRS-EA** nach § 325 Abs 2a aufgrund des durch das BilReG eingefügten Abs 4; zur erstmaligen Anwendung s Kommentierung zu § 325 Abs 2a. 23

Der **Gewinnverwendungsvorschlag** ist nicht Gegenstand der Prüfung durch den AP; nur der AR hat die **Einhaltung der gesetzlichen und satzungsmäßigen Bestimmungen** zu prüfen. Daneben muss er auch prüfen, ob der Vorschlag **sachgerecht** ist, dh den Interessen des Unt, ggf des Konzerns, *und* der Aktionäre Rechnung trägt (Rechtmäßigkeit *und* Zweckmäßigkeit). 24

Gemäß § 314 AktG hat der AR zudem den vom Vorstand einer abhängigen AG aufgestellten **Abhängigkeitsbericht** (§ 312 AktG) in seine Prüfung einzubeziehen (s Voraufl Exkurs zu § 289). Besondere Bedeutung kommt hier der Prüfung der Vollständigkeit des Berichts durch den AR zu, da diese bei der Prüfung durch den AP (§ 313 AktG) nicht Gegenstand einer *gezielten* Prüfung ist; es besteht lediglich eine Berichtspflicht des AP nach § 313 Abs 2 S 2 AktG, wenn er Merkmale feststellt, die darauf schließen lassen, dass der Bericht unvollständig ist (*ADS*[6] § 171 AktG Anm 42 und § 313 AktG Anm 46). 25

b) Teilnahme- und Berichtspflicht des Abschlussprüfers (Abs 1 S 2)

Der AP hat **zwingend** an den Verhandlungen über die Vorstandsvorlagen **teilzunehmen.** Er muss über die wesentlichen Ergebnisse seiner JA- bzw KA-Prüfung dem AR-Plenum oder AR-Ausschuss berichten (aA *Hommelhoff* BB 1998, 2625; s dazu auch Anm 11). Es unterliegt dem Dispositionsrecht des AR, ob der AP nur an der **Sitzung des Ausschusses** oder an der **Plenumssitzung** oder an beiden teilnehmen soll. Der AP ist in jedem Fall verpflichtet, an beiden Sitzungen **kumulativ** teilzunehmen. Dem AR insgesamt wird damit die Möglichkeit gegeben, im Rahmen der Prüfungsaufgabe zusätzliche Auskünfte und Erl vom AP zu erlangen. Zu Einzelheiten s *IDW PS* 470 Grundsätze für die mündliche Berichterstattung des AP an den AR, WPg 2002, 420. Dies betrifft insb Erl zur KA-Prüfung, da dann auch der JA eines an sich nicht prüfungs- 26 pflichtigen TU nach § 317 Abs 3 zu prüfen ist. Auch an den Verhandlungen des AR über den **Abhängigkeitsbericht** hat der AP zwingend teilzunehmen und über die wesentlichen Ergebnisse der Prüfung zu berichten.

2. Bericht des Aufsichtsrats (Abs 2)

27 Der AR hat über das Ergebnis seiner Prüfung **schriftlich** an die HV zu berichten. Die Berichtspflicht obliegt dem AR als Organ, sie kann gemäß § 107 Abs 3 S 2 AktG nicht auf einen Ausschuss übertragen (wohl aber durch ihn vorbereitet) werden. Der AR entscheidet durch Beschluss gemäß § 108 AktG. Über die Gestaltung des Prüfungsberichts bestehen keine gesetzlichen Vorschriften. Es sind **ausführliche** und **individuelle AR-Berichte** erforderlich (*LG München I* 10. 3. 2005 DB 2005, 878). Weitergehende Anforderungen an die Berichterstattung sind zu stellen, wenn der AR gegen den JA Einwendungen erhebt oder die Feststellung der HV überlassen will.

28 Der Bericht umfasst folgende Bestandteile: (1) Das **Ergebnis der Prüfung** der Abschlüsse, Lageberichte und des Gewinnverwendungsvorschlags (Abs 2 S 1). (2) Die **Mitteilung,** in welcher **Art** und in welchem **Umfang** der AR die **Geschäftsführung** der Ges während des Gj **selbst geprüft** hat (§ 171 Abs 2 S 2 HS 1 AktG). Hierbei ist ein detailliertes Eingehen auf Einzelmaßnahmen erforderlich. Angabepflichtig sind insb außergewöhnliche Prüfungsmaßnahmen (*Claussen* Kölner Komm[2] § 171 Anm 14).

Bei **börsennotierten Ges** sind auch Art und Zahl der Ausschüsse sowie die Anzahl der Sitzungen von AR und Ausschüssen mitzuteilen. Diese erweiterte Rechenschaftspflicht (Abs 2 S 2 2. Hs) soll dazu beitragen, dass vermehrt Ausschüsse eingerichtet werden und generell die Sitzungsfrequenz des AR erhöht wird.

29 (3) Ferner die **Stellungnahme** des AR zum **Ergebnis der Prüfung durch den Abschlussprüfer** (§ 171 Abs 2 S 3, 5 AktG), sofern Prüfungspflicht besteht. Ist der BVm uneingeschränkt erteilt und stimmt der AR mit der Auffassung des AP überein, wird in der Praxis lediglich in einem Satz auf die zustimmende Kenntnisnahme des AR hingewiesen. Eine ausführliche Stellungnahme des AR ist dagegen erforderlich, wenn der BVm versagt oder eingeschränkt wurde oder die Auffassung des AP zu wesentlichen Fragen im Prüfungsbericht nicht geteilt wird.

30 (4) Die **Erklärung** am Schluss des Berichts, ob nach dem abschließenden Ergebnis der Prüfung **Einwendungen** zu erheben sind und ob die vom Vorstand aufgestellten Abschlüsse und Lageberichte gebilligt werden.

- Mit der Erklärung der **Billigung des Jahresabschlusses** durch den AR ist der JA **festgestellt,** sofern nicht Vorstand und AR gemeinsam beschließen, die Feststellung der HV zu überlassen (§ 172 S 1 AktG).
- Billigt er den **Konzernabschluss** nicht, entscheidet die HV über die Billigung (§ 173 Abs 1 S 2 AktG).
- Demgegenüber wurde durch die Neuregelung des BilReG in § 175 AktG vorgesehen, dass die Entscheidung über den **IFRS-EA** nach § 325 Abs 2a nicht an die HV übertragen werden kann (der Gesetzgeber hat keine Regelung entspr dem für den KA geltenden § 173 Abs 1 S 2 AktG eingefügt). Erfolgt daher keine Billigung durch den AR, so ist der IFRS-EA durch den Vorstand zu ändern (§ 171 Abs 4 AktG).

31 Hat der AR einen **Abhängigkeitsbericht** zu prüfen (Anm 25), muss er der HV auch über das Ergebnis dieser Prüfung berichten. In diesem Falle enthält der Prüfungsbericht des AR weitere Bestandteile: Das **Ergebnis der eigenen Prüfung** des AbhBer durch den AR (§ 314 Abs 2 S 1 AktG), die **Stellung-**

nahme des AR zum Ergebnis der Prüfung des AbhBer durch den AP (§ 314 Abs 2 S 2 AktG), die **Wiedergabe des** vom AP erteilten **Bestätigungsvermerks** oder die Mitteilung über die Versagung des BVm (§ 314 Abs 2 S 3 AktG) und schließlich die **Erklärung des Aufsichtsrats,** ob nach dem abschließenden Ergebnis *seiner* Prüfung **Einwendungen** gegen die Erklärung des Vorstands am Schluss des AbhBer zu erheben sind (§ 314 Abs 3 AktG).

3. Vorlage des Berichts (Abs 3)

Der AR hat seinen Bericht **innerhalb eines Monats,** nachdem ihm die 32
Vorlagen zugegangen sind, dem Vorstand zuzuleiten (§ 171 Abs 3 S 1 AktG). Wird diese Frist nicht eingehalten, hat der Vorstand dem AR unverzüglich, dh ohne schuldhaftes Zögern, eine weitere Frist **(Nachfrist)** von nicht mehr als einem Monat zu setzen (§ 171 Abs 3 S 2 AktG). Danach gilt der JA/KA/IFRS-EA als vom AR *nicht* gebilligt (§ 171 Abs 3 S 3 AktG); die Feststellung des JA bzw die Billigung des KA hat nunmehr durch die **Hauptversammlung** zu erfolgen (§ 173 Abs 1 AktG). Der Vorstand hat unverzüglich die HV einzuberufen (§ 175 Abs 1 AktG).

4. Prüfung durch den Aufsichtsrat der KGaA

Für die Prüfung durch den AR der KGaA gelten die Vorschriften für AG 33
sinngemäß (§ 278 Abs 3 AktG). Zu beachten ist aber, dass trotz Billigungserklärung durch den AR der JA *nicht festgestellt* ist, da die Feststellung bei der KGaA zwingend der HV und den phG vorbehalten ist (§ 286 Abs 1 AktG).

5. Rechtsfolgen bei Verletzung der Pflichten nach § 171 AktG

Zur Bestimmung der **Nachfrist** und ggf zur anschließenden Einberufung der 34
Hauptversammlung kann der **Vorstand** vom Registergericht durch die Festsetzung von **Zwangsgeld** angehalten werden (§ 407 Abs 1 AktG).

Zwangsgeld gemäß § 407 AktG kann gegen den **Aufsichtsrat nicht** festge- 35
setzt werden. Wegen der gesetzlichen Fiktion der nicht erfolgten Billigung nach § 171 Abs 3 S 3 AktG kommt auch eine **Klage der Gesellschaft** gegen den AR praktisch **nicht** in Betracht.

Die Verletzung der Prüfungs- und Berichtspflicht kann **Schadenersatzpflicht** des AR gemäß §§ 116, 111, 93 AktG auslösen. Ferner kann die Pflichtverletzung einen Grund für die **Versagung der Entlastung** des AR darstellen. Werden die Verhältnisse der Ges im Bericht des AR unrichtig dargestellt oder verschleiert, droht Bestrafung nach § 400 Abs 1 und 2 AktG.

Kommt der AP seiner Verpflichtung zur Teilnahme nicht nach und entsteht 36
der Ges daraus ein Schaden, ist er zum **Schadenersatz** verpflichtet (§ 323 Abs 1).

B. Verwendung des Jahresüberschusses, Abschlagszahlung auf den Bilanzgewinn (§§ 58, 59 AktG)

I. Verwendung des Jahresüberschusses (§ 58 AktG)

§ 58 AktG Verwendung des Jahresüberschusses

(1) [1]**Die Satzung kann nur für den Fall, daß die Hauptversammlung den Jahresabschluß feststellt, bestimmen, daß Beträge aus dem Jahresüberschuß in**

andere Gewinnrücklagen einzustellen sind. ²Auf Grund einer solchen Satzungsbestimmung kann höchstens die Hälfte des Jahresüberschusses in andere Gewinnrücklagen eingestellt werden. ³Dabei sind Beträge, die in die gesetzliche Rücklage einzustellen sind, und ein Verlustvortrag vorab vom Jahresüberschuß abzuziehen.

(2) **¹Stellen Vorstand und Aufsichtsrat den Jahresabschluß fest, so können sie einen Teil des Jahresüberschusses, höchstens jedoch die Hälfte, in andere Gewinnrücklagen einstellen. ²Die Satzung kann Vorstand und Aufsichtsrat zur Einstellung eines größeren oder kleineren Teils des Jahresüberschusses ermächtigen. ³Auf Grund einer solchen Satzungsbestimmung dürfen Vorstand und Aufsichtsrat keine Beträge in andere Gewinnrücklagen einstellen, wenn die anderen Gewinnrücklagen die Hälfte des Grundkapitals übersteigen oder soweit sie nach der Einstellung die Hälfte übersteigen würden. ⁴Absatz 1 Satz 3 gilt sinngemäß.**

(2a) **¹Unbeschadet der Absätze 1 und 2 können Vorstand und Aufsichtsrat den Eigenkapitalanteil von Wertaufholungen bei Vermögensgegenständen des Anlage- und Umlaufvermögens und von bei der steuerrechtlichen Gewinnermittlung gebildeten Passivposten, die nicht im Sonderposten mit Rücklageanteil ausgewiesen werden dürfen, in andere Gewinnrücklagen einstellen. ²Der Betrag dieser Rücklagen ist entweder in der Bilanz gesondert auszuweisen oder im Anhang anzugeben.**

(3) **¹Die Hauptversammlung kann im Beschluß über die Verwendung des Bilanzgewinns weitere Beträge in Gewinnrücklagen einstellen oder als Gewinn vortragen. ²Sie kann ferner, wenn die Satzung sie hierzu ermächtigt, auch eine andere Verwendung als nach Satz 1 oder als die Verteilung unter die Aktionäre beschließen.**

(4) **Die Aktionäre haben Anspruch auf den Bilanzgewinn, soweit er nicht nach Gesetz oder Satzung, durch Hauptversammlungsbeschluß nach Absatz 3 oder als zusätzlicher Aufwand auf Grund des Gewinnverwendungsbeschlusses von der Verteilung unter die Aktionäre ausgeschlossen ist.**

(5) **Sofern die Satzung dies vorsieht, kann die Hauptversammlung auch eine Sachausschüttung beschließen.**

Übersicht

§ 58 AktG regelt die Kompetenzen zur Verwendung des Jahresüberschusses: Abs 1 und 2 regeln, welche Teile des Jahresüberschusses für die Rücklagenbildung verwendet werden dürfen, insb in welcher Höhe und durch wen die anderen Gewinnrücklagen dotiert werden dürfen. Abs 2a behandelt die Einstellung in andere Gewinnrücklagen in besonderen Fällen. Abs 3 und 4 beschäftigen sich mit der Verwendung des Bilanzgewinns. Durch Abs 5 ist die Sachausschüttung zugelassen.

1. Rücklagendotierung bei der Feststellung des Jahresabschlusses

a) Rücklagendotierung durch die Hauptversammlung (Abs 1)

Stellt die HV – bei der AG ausnahmsweise – den JA fest (§§ 173 Abs 1, 234 Abs 2, 270 Abs 2 AktG), darf sie nur die Beträge in Gewinnrücklagen einstellen, die nach Gesetz oder Satzung einzustellen sind (§ 173 Abs 2 S 2 AktG). Ohne eine entspr Satzungsbestimmung muss demnach die HV **bei der Feststellung des Jahresabschlusses** nur die gesetzliche Rücklage (§ 150 AktG), die Rücklage für eigene Aktien (§ 272 Abs 4) oder die Rücklage nach § 232 AktG dotieren (zur Berücksichtigung der nach Gesetz oder Satzung in die Gewinnrücklagen einzustellenden Beträge bereits bei Aufstellung des JA s § 270 Anm 25). Die Bildung von anderen Gewinnrücklagen ist dann allerdings im Rahmen der Gewinnverwendung (§§ 58 Abs 3, 174 Abs 1 AktG) möglich. Die Trennung zwischen Rücklagendotierung bei Feststellung des JA (Abs 1) bzw bei Gewinnverwendungsbeschluss (Abs 3) hat Bedeutung für das Anfechtungsrecht gem § 254 AktG: Nur der Gewinnverwendungsbeschluss, nicht der Feststellungsbeschluss kann angefochten werden. **40**

Zusätzlich zu dieser – den Schutz der Minderheitsaktionäre bezweckenden – Regelung kann die **Satzung** bestimmen, dass Beträge aus dem Jahresüberschuss in **andere Gewinnrücklagen** einzustellen *sind.* Nach dem Wortlaut des § 58 Abs 1 S 1 AktG muss es sich bei der Satzungsbestimmung um eine zwingende Verpflichtung und nicht bloß eine Ermächtigung zur Rücklagenbildung handeln (*ADS*[6] § 58 AktG Anm 37). Auch die Höhe der Rücklagenzuweisung muss durch die Satzungsbestimmung zwingend vorgeschrieben sein; dies ergibt sich aus dem Wortlaut des § 173 Abs 2 S 2 AktG (str; *ADS*[6] § 58 AktG Anm 38 mwN). Diesem Erfordernis ist Rechnung getragen, wenn die Höhe der einzustellenden Beträge eindeutig bestimmbar ist. Diese Einstellung wird bereits bei Aufstellung des JA gefordert (§ 270 Anm 25). **41**

Aufgrund der Satzungsbestimmung darf höchstens die **Hälfte des Jahresüberschusses** in andere Gewinnrücklagen eingestellt werden (§ 58 Abs 1 S 2 AktG). Eine Satzungsbestimmung, die diese Höchstgrenze überschreitet, ist deshalb nicht nichtig. In solchen Fällen ist aber die HV nur zur Rücklagendotierung in Höhe der Hälfte des Jahresüberschusses berechtigt und verpflichtet. **42**

Für die Ermittlung der Höchstgrenze des S 2 sind Beträge, die in die **gesetzliche Rücklage** einzustellen sind, und ein **Verlustvortrag** vorab vom Jahresüberschuss **abzuziehen** (§ 58 Abs 1 S 3 AktG). Zur Bildung der gesetzlichen Rücklage vgl § 272 Anm 87. Zu berücksichtigen sind dabei nur die in § 150 Abs 2 AktG genannten Zuweisungen aus dem Jahresüberschuss. Darüber hinausgehende **freiwillige Zuweisungen** zur gesetzlichen Rücklage sind im Rahmen der Feststellung des JA **unzulässig.** Sie können nur im Rahmen des Gewinnverwendungsbeschlusses (§§ 58 Abs 3, 174 AktG) vorgenommen werden. **43**

Der nach Abs 1 S 3 abzuziehende **Verlustvortrag** ist identisch mit dem in § 158 Abs 1 Nr 1 AktG aufgeführten Verlustvortrag aus dem Vj. *Nicht einzubeziehen* in den für die Rücklagendotierung maßgebenden Jahresüberschuss ist dagegen ein **Gewinnvortrag** aus dem Vj. Da er bereits früher Bestandteil eines Jahresüberschusses und damit in der Berechnungsgrundlage nach § 58 AktG enthalten war, darf er nicht nochmals bei der Ermittlung dieser Rücklagenzuführung berücksichtigt werden; vielmehr steht er allein den Aktionären für die Gewinnverwendung (§ 174 AktG) zur Verfügung. *Nicht zu mindern ist* auch der für die Rücklagenbildung maßgebende Jahresüberschuss um die Einstellung in die **Rücklage für eigene Anteile** (§ 272 Abs 4; s § 272 Anm 117), die **Ausschüttungssperren** bei Inanspruchnahme der Bilanzierungshilfen nach §§ 269 **44**

S 2, 274 Abs 2 S 3, Art 53 Abs 2 EGHGB sowie die Bildung von etwaigen **satzungsmäßigen Rücklagen.** *Gemindert* wird der maßgebende Jahresüberschuss dagegen durch die vom Vorstand und AR gem § 58 Abs 2a AktG wahlweise zu bildende **Wertaufholungsrücklage** (Anm 51). Erträge aus höherer Bewertung auf Grund einer **Sonderprüfung** nach §§ 258 ff AktG rechnen dagegen gemäß § 261 Abs 3 S 1 AktG für die Anwendung des § 58 nicht zum Jahresüberschuss. Über ihre Verwendung entscheidet nur die HV im Rahmen der Gewinnverwendung.

b) Rücklagendotierung durch Vorstand und Aufsichtsrat (Abs 2)

45 Stellen Vorstand und AR den JA fest (Regelfall des § 172 AktG), dürfen sie einen Teil des Jahresüberschusses, **höchstens** jedoch **die Hälfte, in andere Gewinnrücklagen** einstellen (S 1). Die Vorschrift enthält zwingendes Recht, die Satzung kann die gesetzliche Dispositionsfreiheit von Vorstand und AR hinsichtlich der Rücklagenbildung weder beseitigen oder einschränken noch zu einer Verpflichtung ausgestalten. Für den in § 58 Abs 2 AktG verwendeten **Begriff des Jahresüberschusses** gilt die Ermittlungsvorschrift des § 58 Abs 1 S 3 sinngemäß (Anm 43).

46 Die **Satzung** kann jedoch Vorstand und AR zur Einstellung eines **größeren oder kleineren Teils** als der Hälfte des Jahresüberschusses **ermächtigen,** nicht verpflichten (S 2). Der Umfang der Ermächtigung muss sich aus der Satzungsbestimmung eindeutig ergeben. Die Gesetzesvorschrift enthält keine prozentuale Ober- oder Untergrenze (dazu *Lutter* AG 1994, 436).

47 Der Schutz der Aktionäre gegenüber übermäßiger Beschränkung ihres Gewinnbezugsrechts wird durch die in § 58 Abs 2 S 3 AktG enthaltene **Höchstgrenze** sichergestellt, wonach Vorstand und AR von der satzungsmäßigen Ermächtigung zur erhöhten Rücklagenbildung keinen Gebrauch machen dürfen, wenn die anderen **Gewinnrücklagen die Hälfte des** (gezeichneten) **Grundkapitals** übersteigen oder soweit sie nach der Einstellung die Hälfte übersteigen würden.

Andere Gewinnrücklagen im Sinn dieser Vorschrift sind die in § 158 Abs 1 Nr 3d u 4d AktG aufgeführten Gewinnrücklagen. Nicht dazu gehören die **gesetzliche Rücklage,** die Rücklage für **eigene Aktien** und die satzungsmäßigen Rücklagen. In der Literatur ist teilweise umstritten, welche **satzungsmäßigen Rücklagen** bei der Bestimmung der Höchstgrenze nach § 58 Abs 2 S 3 AktG nicht zu berücksichtigen sind. Mit der hM (*ADS*[6] § 272 AktG Anm 151 mwN) wird man hierunter nur die auf einer bindenden Verpflichtung, nicht die auf einer bloßen Ermächtigung beruhenden Rücklagen verstehen (§ 272 Anm 95). Hiervon abweichend ist die gemäß § 58 Abs 1 AktG bei Feststellung des JA durch die HV kraft Satzungsbestimmung zwingend zu bildende Rücklage nach dem Gesetzeswortlaut eine andere Gewinnrücklage und keine satzungsmäßige Rücklage iS dieser Vorschrift. Sie ist daher in die Ermittlung der Höchstgrenze für die Rücklagenbildung einzubeziehen.

Die kraft ausdrücklicher Vorschrift unabhängig von der Rücklagenbildung nach Abs 1 oder 2 wahlweise zu bildende **Wertaufholungsrücklage nach Abs 2a** ist – dem Wortlaut der Vorschrift entspr – auch bei der Ermittlung der Höchstgrenze außer Ansatz zu lassen; ebenso eine etwaige Pflichtzuführung zur Kapitalrücklage gem § 232 AktG.

48 **Einschränkungen** hinsichtlich der Rücklagenbildung durch Vorstand und AR können sich auf Grund einer nach Ablauf des Gj auf den voraussichtlichen Bilanzgewinn an die Aktionäre geleisteten **Abschlagszahlung** (§ 59 AktG) ergeben (dazu Anm 65), eine weitere Begrenzung kann aus § 204 Abs 3 AktG folgen (Deckung der zu leistenden Einlage aus dem Jahresüberschuss bei Ausgabe von Aktien an Arbeitnehmer).

Das Bestehen eines **Gewinnabführungsvertrags** hindert die Verwaltung der Organ-Ges nicht, im Rahmen des Vertrags andere Gewinnrücklagen zu bilden (§ 301 S 2 AktG, § 14 Abs 1 Nr 4 KStG). Sind außenstehende Aktionäre vorhanden, sind die Einschränkungen für die Rücklagenbildung nach § 58 Abs 2 AktG zu beachten. 49

Umstritten ist die Frage, ob § 58 Abs 2 AktG auf die **Rücklagenbildung bei der Konzernmuttergesellschaft** (AG) im Hinblick auf die bei den Konzern-Unter-Ges (AG) gebildeten Rücklagen analog angewendet werden darf (zum Meinungsstand *Hüffer*[6] § 58 Anm 16; *ADS*[6] § 58 AktG Anm 82f). Nicht zu bestreiten ist, dass mangels einer ausdrücklichen Regelung der Rücklagenbildung im Konzern die Möglichkeit besteht, die Gewinnverwendungskompetenz der HV des MU dadurch auszuhöhlen, dass Gewinne der Konzern-Ges dort thesauriert werden. 50

c) Einstellung in die Wertaufholungsrücklage (Abs 2a)

Soweit in der HB gemäß § 280 Abs 1 Wertaufholungen durch Zuschreibungen vorgenommen werden oder Passivposten nur in der Steuerbilanz, gemäß § 273 nicht aber in der HB ausgewiesen werden, darf der nach Abzug des Ertragsteueranteils verbleibende Eigenkapitalanteil in andere Gewinnrücklagen eingestellt werden (dazu § 280 Anm 38ff). Die Bildung der Wertaufholungsrücklage erfolgt stets durch Vorstand und AR. Eine Anrechnung auf die übrigen Maßnahmen der Rücklagenbildung nach Abs 1 und 2 erfolgt nach ausdrücklichem Gesetzeswortlaut nicht. Das Wahlrecht soll Vorstand und AR ermöglichen, die Zuschreibungen als Gewinnrücklage im Unt zu halten. Zu der Einschränkung der Zulässigkeit der Teilwertabschreibung in der Steuerbilanz s § 253 Anm 30. 51

2. Rücklagenbildung im Rahmen der Gewinnverwendung (Abs 3)

Die Beschlussfassung über die **Verwendung des Bilanzgewinns** ist nach § 174 AktG in jedem Fall **Aufgabe der HV.** Sie ist dabei an den Gewinnverwendungsvorschlag des Vorstands nicht gebunden. § 58 Abs 3 AktG gewährt der HV neben der Möglichkeit der Gewinnausschüttung, des Gewinnvortrags und einer anderen Verwendung auf Grund einer Satzungsbestimmung (zB Erfüllung gemeinnütziger Zwecke) das Recht zur Einstellung des Bilanzgewinns in **Gewinnrücklagen.** Im Rahmen dieser Dotierung der Gewinnrücklagen ist auch eine freiwillige zusätzliche Einstellung in die **gesetzliche Rücklage** möglich. Der Gewinnverwendungsbeschluss bedarf der einfachen Mehrheit, es sei denn, dass die Satzung etwas anderes bestimmt. 52

Den **Schutz der Minderheitsaktionäre** gegen eine übermäßige Thesaurierungspolitik der Mehrheit soll § 254 AktG bieten. Er gewährt einer Minderheit, deren Anteile zusammen 5% des Grundkapitals oder den anteiligen Betrag von € 500 000 erreichen (§ 254 Abs 2 S 3 AktG), das Recht zur **Anfechtung** des Gewinnverwendungsbeschlusses, falls die gebildeten Rücklagen oder der Gewinnvortrag bei vernünftiger kfm Beurteilung nicht notwendig sind, um die Lebens- und Widerstandsfähigkeit der Ges zu sichern. Bei Vorliegen dieser Voraussetzungen beläuft sich der Mindestanspruch der Aktionäre auf 4% des eingezahlten Grundkapitals (§ 254 Abs 1 AktG). 53

Fraglich ist, inwieweit die gesetzliche Dispositionsfreiheit der HV über Ausschüttung und Rücklagenbildung durch **Satzungsbestimmung** eingeschränkt werden kann. Die Begründung eines **Ausschüttungszwangs,** eines Verbots 54 oder der Einschränkung der Rücklagenbildung wird allgemein für zulässig gehalten (*ADS*[6] § 58 AktG Anm 133). Für den umgekehrten Fall des Zwangs zur Rücklagenbildung oder des **Ausschüttungsverbots** werden in der Literatur unterschiedliche Auffassungen vertreten (dazu *ADS*[6] § 58 AktG Anm 134 mwN); uE sprechen für ein Ausschüttungsverbot die überzeugenderen Gründe.

55 Eine Einschränkung der Rücklagendotierung durch die HV kann sich ergeben, wenn und soweit eine rechtmäßige **Abschlagszahlung** auf den voraussichtlichen Bilanzgewinn nach § 59 AktG an die Aktionäre erfolgt ist. Im Gewinnverwendungsbeschluss ist die Abschlagszahlung zu berücksichtigen (Näheres Anm 92).

3. Anspruch der Aktionäre auf den Bilanzgewinn (Abs 4)

56 Die Aktionäre haben **Anspruch auf den Bilanzgewinn,** soweit er nicht nach Gesetz oder Satzung (Anm 54), durch Beschluss der HV nach Abs 3 oder als zusätzlicher Aufwand auf Grund des Gewinnverwendungsbeschlusses (vgl Anm 3) von der Verteilung unter die Aktionäre ausgeschlossen ist.

57 **Ausschüttungsverbote** für den Bilanzgewinn ergeben sich aus §§ 225 Abs 2, 233 AktG iZm Maßnahmen der Kapitalherabsetzung sowie auf Grund der mit der Inanspruchnahme von Bilanzierungshilfen (§§ 269, 274 Abs 2 S 3, Art 53 Abs 2 EGHGB) verbundenen Ausschüttungssperren.

4. Sachausschüttung (Abs 5)

58 Abs 5 ist durch das TransPuG eingeführt worden und lässt eine Sachausschüttung bei entspr Satzungsvorschrift zu. Die Satzung kann weitere Voraussetzungen für die Sachdividende fordern oder ihren Umfang einschränken (Verhältnis von Bar- zu Sachdividende, Ausschließlichkeit der Sachdividende). Infrage kommen hierfür fungible VG, zB Wertpapiere des Anlage- oder Umlaufvermögens, Aktien börsennotierter TU und nicht fungible VG wie Produkte der Ges, Aktien nicht börsennotierter TU. Zulässig ist auch eine gemischte Dividende aus Bar- und Sachausschüttung, wobei ggf das Vertrauen der Minderheitsaktionäre auf Barausschüttung zu berücksichtigen ist. Da der Anspruch des Aktionärs auf den Bilanzgewinn gerichtet ist, stellt sich die Frage der **Bewertung der Sachausschüttung,** da bei einer Sachausschüttung im Gegensatz zu einem Geldbetrag zu klären ist, ob der Wert der Sachausschüttung dem Nominalbetrag des auszuschüttenden Bilanzgewinns entspricht. Nach dem Grundsatz der Kapitalerhaltung ist der auszuschüttende Gegenstand mit seinem Verkehrswert anzusetzen (hierzu *Hüffer*[6] § 58 Anm 33; *Müller* NZG 2002, 752).

Beispiel: Bilanzgewinn 100, Buchwert des auszuschüttenden Gegenstands 60, Verkehrswert 90. Bei einer Vollausschüttung des Bilanzgewinns ist der Gegenstand mit 90 anzusetzen, so dass zusätzlich nur noch iHv 10 eine Barausschüttung erfolgen darf.

Dabei gelten die allgemeinen Bewertungsregeln, so dass zB im Falle der Ausschüttung von Wertpapieren deren Börsenkurs nur ein Indiz für den tatsächlichen Verkehrswert ist. Insb dann, wenn das für die Ausschüttung verwendete Aktienpaket nicht nur einen unbedeutenden Zwerganteil an einer AG repräsentiert, wird eine tatsächliche Bewertung nach einem anerkannten Verfahren erforderlich sein (Ertragswertermittlung).

5. Rücklagenbildung bei der KGaA

59 Die Vorschriften über die KGaA enthalten für die Rücklagenbildung keine Sondervorschriften, deshalb sind grds die Vorschriften für die AG entspr anzuwenden (§ 278 Abs 3 AktG).

Über die Feststellung des JA beschließt bei der KGaA stets die HV. Der Beschluss bedarf jedoch der Zustimmung der phG (§ 286 Abs 1 AktG; Anm 85). Die Anwendung des § 58 Abs 1 AktG kommt demnach bei der KGaA nicht in Betracht, da bei ihr nicht die HV allein, sondern zwei Ges-Organe gemeinsam über die Feststellung des JA beschließen. Dagegen ist die entspr Anwendung des § 58 Abs 2 AktG zulässig (str, *ADS*[6] § 286 AktG Anm 66ff und § 58 AktG Anm 72).

6. Rechtsfolgen bei Verstößen gegen § 58 Abs 1 und 2 AktG

Gemäß § 256 Abs 1 Nr 4 AktG ist ein festgestellter JA einer AG bzw KGaA **60**
ua dann nichtig, wenn bei seiner Feststellung die Bestimmungen des AktG oder der Satzung über die Einstellung von Beträgen in Kapital- oder Gewinnrücklagen verletzt worden sind. Für die Geltendmachung der Nichtigkeit gilt die 6-Monats-Frist des § 256 Abs 6 AktG.

II. Abschlagszahlung auf den Bilanzgewinn (§ 59 AktG)

§ 59 AktG Abschlagszahlung auf den Bilanzgewinn

(1) **Die Satzung kann den Vorstand ermächtigen, nach Ablauf des Geschäftsjahrs auf den voraussichtlichen Bilanzgewinn einen Abschlag an die Aktionäre zu zahlen.**

(2) [1]**Der Vorstand darf einen Abschlag nur zahlen, wenn ein vorläufiger Abschluß für das vergangene Geschäftsjahr einen Jahresüberschuß ergibt.** [2]**Als Abschlag darf höchstens die Hälfte des Betrags gezahlt werden, der von dem Jahresüberschuß nach Abzug der Beträge verbleibt, die nach Gesetz oder Satzung in Gewinnrücklagen einzustellen sind.** [3]**Außerdem darf der Abschlag nicht die Hälfte des vorjährigen Bilanzgewinns übersteigen.**

(3) **Die Zahlung eines Abschlags bedarf der Zustimmung des Aufsichtsrats.**

Übersicht

1. Voraussetzungen der Abschlagszahlung

Voraussetzung einer Abschlagszahlung auf den voraussichtlichen Bilanzge- **61**
winn ist eine entspr **Ermächtigung** an den Vorstand **in der Satzung** (Abs 1). Eine Verpflichtung zur Abschlagszahlung kann durch die Satzung nicht begründet werden. Die Satzung kann weitere Voraussetzungen für die Leistung des Abschlags fordern oder – über die gesetzlichen Begrenzungen hinaus (Anm 64) – dessen Umfang einschränken; eine Befreiung von den gesetzlichen Voraussetzungen und der gesetzlichen Höchstgrenze ist durch die Satzung nicht zulässig. Abschlagszahlungen sind erst **nach Ablauf des Geschäftsjahres** (auch eines Rumpf-Gj) zulässig.

§ 59 AktG gilt auch für die **Kommandit-Aktionäre einer KGaA.** Die Aufgaben des Vorstands nehmen die phG als Geschäftsleiter wahr (§ 283 Nr 3, 9 AktG).

Voraussetzung für eine Abschlagszahlung ist weiter, dass ein **vorläufiger** **62**
Abschluss für das vergangene Gj vorliegt (Abs 2 S 1). Es muss sich um einen JA

iSd HGB handeln, nicht eine bloße Schätzung des Jahresergebnisses. Bei AG gehört zum JA gem § 264 Abs 1 neben Bilanz und GuV auch der Anhang. Dem Zweck des § 59 AktG entspr, der eine ordnungsgemäße, wenn auch vorläufige und noch nicht geprüfte Ermittlung des Jahresüberschusses verlangt, wird man hier aber auf das Vorhandensein des Anhangs verzichten können.

63 Die Abschlagszahlung setzt ferner einen zu erwartenden **Jahresüberschuss** voraus (Abs 2 S 1). Eine Abschlagzahlung aus dem Gewinnvortrag oder auf der Grundlage vorgesehener Entnahmen aus Gewinnrücklagen ist nicht zulässig, da deren Verwendung durch die Verwaltung die frühere Entscheidung der HV entgegensteht.

2. Höhe der Abschlagszahlung

64 Die Höhe der Abschlagszahlung ist begrenzt: Es darf höchstens die Hälfte des Betrags gezahlt werden, der von dem Jahresüberschuss nach Abzug der nach Gesetz oder Satzung einzustellenden Gewinnrücklagen (§ 150 AktG, § 58 Abs 1 AktG) übrig bleibt. Die Höhe der Abschlagszahlung ist außerdem durch Abs 2 S 3 begrenzt, wonach nicht mehr als die Hälfte des vorjährigen Bilanzgewinns ausgezahlt werden darf. Die Abschlagszahlung wird vom Gesamtvorstand vorgeschlagen; sie bedarf gemäß Abs 3 der Zustimmung des AR.

3. Rechtsfolgen der Abschlagszahlung

65 Rechtmäßig vorgenommene Abschlagszahlungen binden Vorstand und AR bei der Rücklagenbildung nach § 58 Abs 2 AktG und die HV bei der Verwendung des Bilanzgewinns gem § 58 Abs 3 AktG in der Weise, dass die geleisteten Zahlungen als Gewinnausschüttungen an die Aktionäre zu berücksichtigen sind. Sind die Voraussetzungen des § 59 AktG nicht gegeben, liegen **rechtswidrige Leistungen** an die Aktionäre vor (§ 57 Abs 3 AktG), die gem § 62 Abs 1 S 2 AktG dann zurückzugewähren sind, wenn *die Aktionäre* wussten oder infolge von Fahrlässigkeit nicht wussten, dass sie zum Bezug der Abschlagszahlungen nicht berechtigt waren. Mitglieder von Vorstand und AR, die schuldhaft eine rechtswidrige Abschlagszahlung veranlassen, sind nach §§ 93, 116 AktG zum **Schadenersatz** verpflichtet.

66 Die Vorschriften über **Rückgewähr** und **Haftung** der Aktionäre finden entspr Anwendung, wenn die Abschlagszahlung rechtmäßig zustande gekommen war und sich nachträglich herausstellt, dass die Zahlung durch den endgültigen Bilanzgewinn nicht gedeckt ist (zB auf Grund Insolvenz eines Hauptkunden). Die Aktionäre werden sich jedoch in einem solchen Fall ggf auf den Gutglaubensschutz des § 62 Abs 1 S 2 AktG berufen können, sofern sie nicht dem Vorstand oder AR angehören oder phG einer KGaA bzw Aktionär einer Einmann-AG sind.

C. Feststellung des Jahresabschlusses

I. Feststellung durch Vorstand und Aufsichtsrat (§ 172 AktG)

§ 172 AktG Feststellung durch Vorstand und Aufsichtsrat

[1]Billigt der Aufsichtsrat den Jahresabschluß, so ist dieser festgestellt, sofern nicht Vorstand und Aufsichtsrat beschließen, die Feststellung des Jahresabschlusses der Hauptversammlung zu überlassen. [2]Die Beschlüsse des Vorstands

und des Aufsichtsrats sind in den Bericht des Aufsichtsrats an die Hauptversammlung aufzunehmen.

Übersicht

1. Alternativen

Die Feststellung, durch die der JA als richtig anerkannt und für das Unt und die Gester als verbindlich erklärt wird, ist ein rechtsgeschäftlicher Akt, der durch Willenserklärung der an der Feststellung Beteiligten zustande kommt (*ADS*[6] § 172 AktG Anm 13). 70

Über die bei der AG bestehenden Alternativen der Feststellung – durch die Verwaltung (§ 172 AktG) oder die HV (§ 173 AktG) – entscheidet praktisch der **Aufsichtsrat:** 71

- billigt er den vom Vorstand vorgelegten (und falls erforderlich, geprüften) JA, ist der JA festgestellt (§ 172 S 1 1. Hs AktG);
- einigt er sich mit dem Vorstand über die Feststellung durch die HV, stellt diese den JA fest (§§ 172 S 1 2. Hs, 173 Abs 1 1. Hs AktG);
- billigt er den JA nicht, stellt die HV den JA fest (§ 173 Abs 1 2. Hs AktG);
- leitet er den Bericht über seine Prüfung des JA nicht innerhalb der vom Vorstand gesetzten Nachfrist dem Vorstand zu, gilt der JA gemäß § 171 Abs 3 S 3 AktG als nicht gebilligt. Auch dann hat die HV den JA festzustellen (§ 173 Abs 1 2. Hs AktG).

Der Normalfall und in der Praxis häufigste Fall ist die Feststellung des JA durch die Verwaltung (dh Vorstand und AR) gemäß § 172 AktG. Der Lagebericht ist nicht Gegenstand der Feststellung.

Bei **KGaA** ist Feststellungsorgan nur die HV mit Zustimmung der phG (§ 286 Abs 1 AktG). Der AR wirkt nicht mit (Anm 85).

2. Feststellung durch Vorstand und Aufsichtsrat

Die Feststellung bedarf bei der AG des Zusammenwirkens von Vorstand und AR. Die Mitwirkung des Vorstands an dem Feststellungsakt erfolgt durch die **Vorlage** des von ihm aufgestellten JA an den AR (§ 170 Abs 1 S 1 AktG). Die **Billigungserklärung durch den Aufsichtsrat** erfolgt gemäß §§ 107 Abs 3, 108 Abs 1 AktG durch Beschluss des gesamten AR normalerweise in der Bilanz-Sitzung, unter den Voraussetzungen des § 108 Abs 4 AktG auch außerhalb der Sitzung. Sie ist gemäß § 171 Abs 2 S 4 AktG in den Prüfungsbericht des AR aufzunehmen. 72

Fraglich ist, ob der AR die Billigung des JA von der Erfüllung bestimmter **Auflagen** abhängig machen darf. In der Literatur werden Bedenken gegen die Billigung unter Bedingungen erhoben (*Brönner* in Großkomm AktG[4] § 172 Anm 15), weil für den Aktionär nicht feststellbar sei, ob der Vorstand die vom AR aufgestellten Bedingungen erfüllt habe. In der Praxis dürfte sich das Problem hinsichtlich des Inhalts des JA kaum stellen, da der Vorstand in der gemeinsamen Bilanzsitzung entweder den Änderungswünschen des AR entspricht – dann wird der AR den geänderten JA (erforderlichenfalls nach Nachtragsprüfung, s Anm 84) billigen – oder der Vorstand folgt nicht den Änderungswünschen des AR, worauf dieser die Möglichkeit hat, seine Billigung zu versagen 73 oder sich einer Äußerung zu enthalten (§ 171 Abs 3 AktG, s Anm 32). Die Billigung des JA unter der **Bedingung der Feststellung durch die Hauptversammlung** erscheint als unbedenklich, da die erforderliche Zustimmungserklärung des Vorstands gemäß § 172 S 2 AktG in den Bericht des AR an die HV aufzunehmen ist und damit bis zur Einberufung der HV in jedem Falle klargestellt ist, dass sie den JA festzustellen hat.

3. Überlassung der Feststellung an die Hauptversammlung

74 Die bilanzfeststellende Wirkung der Billigungserklärung des AR tritt nicht ein, wenn Vorstand und AR beschließen, die Feststellung des JA der HV zu überlassen (§ 172 S 1 AktG). Voraussetzung sind zwei übereinstimmende, den Formvorschriften (§§ 77, 108 AktG) entspr Beschlüsse des Vorstands und des AR. Die Beschlüsse können bis zur Einberufung der HV gefasst werden und nur bis zu diesem Zeitpunkt wieder geändert werden (§ 175 Abs 4 AktG).

Der Beschluss, die Feststellung der HV zu überlassen, kann nur für jeweils einen JA und erst nach dessen Vorlage an den AR erfolgen. Eine generelle Übertragung des Feststellungsrechts auf die HV durch die Satzung oder durch Grundsatzbeschluss von Vorstand und AR würde der im AktG getroffenen Regelung der Feststellung widersprechen und wäre daher unzulässig (*ADS*[6] § 172 AktG Anm 21; ähnlich *Hüffer*[6] § 172 Anm 7).

4. Rücklagenbildung bei Änderung der Feststellungszuständigkeit

75 Für die Einstellungen in Gewinnrücklagen gelten bei der Aufstellung des JA unterschiedliche Vorschriften, je nachdem ob der JA von **Vorstand und Aufsichtsrat** (§ 58 Abs 2 AktG; Anm 45) oder der **Hauptversammlung** (§ 58 Abs 1 AktG; Anm 40) festgestellt wird. Ändert sich die der JA-Aufstellung zugrunde liegende Feststellungszuständigkeit (Anm 73), ist darauf zu achten, dass die Rücklagenbildung den für die betreffenden Feststellungsorgane geltenden gesetzlichen Bestimmungen entspricht. Ggf muss der JA geändert und eine **Nachtragsprüfung** durchgeführt werden (dazu § 316 Anm 30 ff).

76 Ein **Verstoß** bei der Feststellung gegen die im Rahmen der JA-Aufstellung geltenden **Bestimmungen über die Rücklagenbildung** führt zur **Nichtigkeit** des JA (§ 256 Abs 1 Nr 4 AktG).

II. Feststellung durch die Hauptversammlung (§ 173 AktG)

§ 173 AktG Feststellung durch die Hauptversammlung

(1) [1]**Haben Vorstand und Aufsichtsrat beschlossen, die Feststellung des Jahresabschlusses der Hauptversammlung zu überlassen, oder hat der Aufsichtsrat den Jahresabschluß nicht gebilligt, so stellt die Hauptversammlung den Jahresabschluß fest.** [2]**Hat der Aufsichtsrat eines Mutterunternehmens (§ 290 Abs. 1, 2 des Handelsgesetzbuchs) den Konzernabschluss nicht gebilligt, so entscheidet die Hauptversammlung über die Billigung.**

(2) [1]**Auf den Jahresabschluß sind bei der Feststellung die für seine Aufstellung geltenden Vorschriften anzuwenden.** [2]**Die Hauptversammlung darf bei der Feststellung des Jahresabschlusses nur die Beträge in Gewinnrücklagen einstellen, die nach Gesetz oder Satzung einzustellen sind.**

(3) [1]**Ändert die Hauptversammlung einen von einem Abschlußprüfer auf Grund gesetzlicher Verpflichtung geprüften Jahresabschluß, so werden vor der erneuten Prüfung nach § 316 Abs. 3 des Handelsgesetzbuchs von der Hauptversammlung gefaßte Beschlüsse über die Feststellung des Jahresabschlusses und**

die Gewinnverwendung erst wirksam, wenn auf Grund der erneuten Prüfung ein hinsichtlich der Änderungen uneingeschränkter Bestätigungsvermerk erteilt worden ist. [2] Sie werden nichtig, wenn nicht binnen zwei Wochen seit der Beschlußfassung ein hinsichtlich der Änderungen uneingeschränkter Bestätigungsvermerk erteilt wird.

Übersicht

1. Zuständigkeit der Hauptversammlung (Abs 1)

Zuständig für die Feststellung des JA bzw die Billigung des KA einer AG ist die **Hauptversammlung** nur, wenn **80**

- Vorstand und AR die Feststellung des JA durch übereinstimmende Beschlüsse der HV übertragen haben (§ 172 S 1 AktG) oder
- der AR den vom Vorstand vorgelegten JA bzw KA nicht gebilligt hat oder
- der JA bzw KA wegen nicht fristgerechter Vorlage des Berichts des AR als nicht gebilligt gilt (§ 171 Abs 3 S 3 AktG).

Weitere Fälle sind in § 234 Abs 2 AktG (Feststellung des JA bei rückwirkender Kapitalherabsetzung) und in § 270 Abs 2 AktG (Feststellung des JA während der Abwicklung der AG) geregelt. In allen anderen Fällen erfolgt die Feststellung des JA gemäß § 172 AktG durch die Verwaltung.

Hat die HV die Billigungszuständigkeit für den KA erhalten, kann sie den vom Vorstand vorgelegten, vom AR nicht gebilligten KA entweder billigen oder ablehnen.

2. Verfahren der Feststellung

Die Feststellung durch die HV erfolgt durch Beschluss mit **einfacher Mehrheit** der abgegebenen Stimmen, sofern die Satzung nicht eine größere Mehrheit bestimmt (§ 133 Abs 1 AktG). Gemäß § 175 Abs 3 S 2 AktG sollen die Verhandlungen über die Feststellung des JA und über die **Verwendung des Bilanzgewinns** verbunden werden. Den Aktionären stehen auf Grund ihrer Feststellungskompetenz **erweiterte Auskunftsrechte** gegenüber dem Vorstand hinsichtlich der stillen Reserven (§ 131 Abs 3 Nr 3 AktG) sowie hinsichtlich der Bilanzierungs- und Bewertungsmethoden (§ 131 Abs 3 Nr 4 AktG) zu. **81**

Zur Anwesenheit des **Abschlussprüfers** nach § 176 Abs 2 AktG s Anm 115.

3. Anwendung der Vorschriften für die Aufstellung des Jahresabschlusses (Abs 2 S 1)

Die HV ist bei der Feststellung an den vom Vorstand aufgestellten JA *nicht* gebunden – anders als der AR, der den ihm vorgelegten JA von sich aus nur billigen, sich enthalten oder ablehnen kann. Bei der Feststellung sind aber die für die Aufstellung des JA maßgeblichen Vorschriften des Dritten Buches des HGB sowie des AktG anzuwenden (zB §§ 242–256, 264–288 HGB; §§ 58, 150, 152, 158, 160 AktG). Die Feststellung des JA und etwaige Änderungen ggü dem **82**

Vorschlag des Vorstands betreffen auch den Anhang, nicht aber den Lagebericht, der stets allein vom Vorstand erstattet wird (§ 289).

4. Einstellung in Gewinnrücklagen (Abs 2 S 2)

83 Die HV darf bei der Feststellung des JA nur die Beträge in Gewinnrücklagen einstellen, die nach Gesetz oder Satzung einzustellen *sind*. Es handelt sich hierbei um die Einstellung in die gesetzliche Rücklage (§ 150 Abs 2 AktG), in die Rücklage für eigene Anteile (§ 272 Abs 4) sowie Einstellungen in satzungsmäßige Rücklagen (§ 158 Abs 1 S 1 Nr 4c AktG), sofern in der Satzung die Rücklagenbildung zwingend festgelegt ist (§ 58 Abs 1 AktG; Anm 41, und sofern dies nicht nach § 270 Abs 2 schon bei der Aufstellung des JA geschah). Weitere freiwillige Einstellungen in Gewinnrücklagen – etwa auf Grund einer Satzungsermächtigung – sind der HV im Rahmen der Bilanz-Feststellung zwar nicht gestattet; sie können aber im Gewinnverwendungsbeschluss (§§ 58 Abs 3, 174 AktG) erfolgen. Wurde der JA unter der Annahme seiner Feststellung durch die Verwaltung aufgestellt und geht die Feststellungsbefugnis auf die HV über, muss ggf die Rücklagenbildung geändert werden (Anm 75).

5. Nachtragsprüfung (Abs 3)

84 Ändert die HV den vom Vorstand vorgelegten und von einem AP auf Grund gesetzlicher Verpflichtung geprüften JA, hat der gewählte AP gemäß § 316 Abs 3 eine Nachtragsprüfung durchzuführen, soweit es die Änderung erfordert; § 316 Anm 30ff. Über das Ergebnis der Prüfung ist zu berichten und der BVm zu ergänzen. Im Falle der Änderung des JA durch die HV ist das Wirksamwerden des Feststellungs- und des Gewinnverwendungsbeschlusses gemäß Abs 3 davon abhängig, dass hinsichtlich der beschlossenen Änderungen vom AP ein uneingeschränkter BVm erteilt wird. Bis dahin sind die gefassten HV-Beschlüsse schwebend unwirksam. Wird der uneingeschränkte BVm nicht binnen zwei Wochen seit der Beschlussfassung erteilt, werden die Beschlüsse nichtig. Der JA ist nach § 256 Abs 1 HS 1 AktG nichtig; dieser besondere Nichtigkeitsgrund kann nicht nach § 256 Abs 6 AktG geheilt werden.

6. Feststellung bei der KGaA

85 Gemäß § 286 Abs 1 AktG beschließt die HV über die Feststellung des JA. Der Beschluss bedarf der Zustimmung der phG. Aus der Gesetzesformulierung ist ein Vorrecht der HV nicht abzuleiten; der JA wird durch gleichrangige übereinstimmende Erklärungen der HV und der phG festgestellt. Da der JA der KGaA von der Gesamtheit der phG aufzustellen ist (§ 283 Nr 9 AktG, § 264 Abs 1), wird im Regelfall in der Vorlage des ordnungsgemäß aufgestellten JA die Zustimmungserklärung der phG liegen (*ADS*[6] § 286 AktG Anm 16, 21).

D. Gewinnverwendung (§ 174 AktG)

§ 174 AktG [Gewinnverwendung]

(1) [1] **Die Hauptversammlung beschließt über die Verwendung des Bilanzgewinns.** [2] **Sie ist hierbei an den festgestellten Jahresabschluß gebunden.**

(2) **In dem Beschluß ist die Verwendung des Bilanzgewinns im einzelnen darzulegen, namentlich sind anzugeben**
1. der Bilanzgewinn;
2. der an die Aktionäre auszuschüttende Betrag oder Sachwert;

3. die in Gewinnrücklagen einzustellenden Beträge;
4. ein Gewinnvortrag;
5. der zusätzliche Aufwand auf Grund des Beschlusses.

(3) **Der Beschluß führt nicht zu einer Änderung des festgestellten Jahresabschlusses.**

Übersicht

I. Zuständigkeit der Hauptversammlung (Abs 1)

Über die Verwendung des im festgestellten JA ausgewiesenen Bilanzgewinns entscheidet ausschließlich die HV. Die Zuständigkeitsregelung ist **zwingendes Recht;** das Verfügungsrecht kann nicht auf andere Organe übertragen werden. Einschränkungen des Verfügungsrechts der HV können sich aus dem Abschluss von Gewinngemeinschafts-, Gewinnabführungs- und Teilgewinnabführungsverträgen (§§ 291, 292 AktG) ergeben; zu ihrer Wirksamkeit ist nach § 293 AktG die Zustimmung der HV erforderlich. Zur Frage, welche satzungsmäßigen Einschränkungen des Verfügungsrechts der HV für zulässig gehalten werden Anm 54. 91

Zu beachten sind bei der Verfügung über den Bilanzgewinn die gesetzlichen **Ausschüttungssperren** (§§ 269 S 2, 274 Abs 2 S 3, Art 53 Abs 2 EGHGB). Die HV hat auch auf eine von Vorstand und AR gemäß § 59 AktG geleistete **Abschlagszahlung** auf den Bilanzgewinn Rücksicht zu nehmen. Bei ihrem Beschluss über die Verwendung des Bilanzgewinns ist die HV an den – von der Verwaltung oder von ihr selbst – festgestellten JA gebunden (*ADS*[6] § 174 AktG Anm 16). Eine **Veränderung** des ausgewiesenen Bilanzgewinns – etwa durch veränderte **Rücklagendotierung** – ist **nicht zulässig.** An den **Gewinnverwendungsvorschlag des Vorstands** ist die HV dagegen nicht gebunden (*ADS*[6] § 174 AktG Anm 17). Sie darf, soweit nicht gesetzliche oder satzungsmäßige Beschränkungen dem entgegenstehen, frei über die Verwendung des Bilanzgewinns verfügen; dazu auch Anm 52ff, 83. 92

II. Beschluss über die Gewinnverwendung (Abs 2)

Der Beschluss über die Verwendung des Bilanzgewinns erfolgt mit **einfacher Mehrheit,** soweit nicht die Satzung etwas anderes bestimmt (§ 133 AktG, s Anm 81). Gegen die Entscheidung der Mehrheit steht den Minderheitsaktionären das **Anfechtungsrecht** nach § 254 AktG zu. Nach dieser Vorschrift kann eine Minderheit, die mindestens 5% des Grundkapitals oder den anteiligen Betrag von € 500 000 erreicht, den Gewinnverwendungsbeschluss anfechten, wenn durch zu hohe Rücklagenbildung keine Mindestdividende von 4% des Grundkapitals verteilt werden kann. 93

Der Gewinnverwendungsbeschluss wird in der ordentlichen HV gefasst (§ 175 AktG), die Verhandlungen darüber sollen mit den Verhandlungen über die Entlastung der Mitglieder des Vorstands und des AR (§ 120 Abs 3 S 1 AktG) sowie ggf mit den Verhandlungen über die Feststellung des JA (§ 175 Abs 3 S 2 AktG), verbunden werden.

III. Inhalt des Gewinnverwendungsbeschlusses

94 In dem Beschluss ist die Verwendung des Bilanzgewinns im Einzelnen darzulegen, namentlich sind anzugeben (1) der **Bilanzgewinn,** (2) der an die Aktionäre **auszuschüttende Betrag oder Sachwert,** (**Gewinnverteilung,** § 170 Abs 2 Nr 1 AktG), (3) die in **Gewinnrücklagen** einzustellenden Beträge, (4) ein **Gewinnvortrag** und (5) der **zusätzliche Aufwand** auf Grund des Beschlusses. Wegen der einzelnen Gewinnverwendungsarten, die auch im gesetzlichen Schema für den Gewinnverwendungsvorschlag des Vorstands (§ 170 Abs 2 S 2 AktG) enthalten sind, s Anm 3ff.

95 Der Gewinnverwendungsvorschlag des Vorstands ist Grundlage für die Berechnung des **Körperschaftsteueraufwands** im JA (§ 278). Folgt die HV in ihrem Gewinnverwendungsbeschluss dem Vorschlag des Vorstands, kommt es zu keinem zusätzlichen KSt-Aufwand (§ 278 Anm 19ff). Beschließt die HV **höhere Einstellungen in Rücklagen** oder einen **höheren Gewinnvortrag** als vom Vorstand vorgeschlagen, kann es wegen der unterschiedlichen KSt-Belastung des thesaurierten und des ausgeschütteten Einkommens zu einem zusätzlichen Aufwand kommen, der im Gewinnverwendungsvorschlag zwingend gesondert aufzuführen ist (aufgrund der Übergangsregelung zur Abschaffung des körperschaftsteuerlichen Anrechnungsverfahrens kann eine Steuerminderung aus der Verwendung des sog $^1/_6$-Guthabens, das aus ehemaligem belastetem steuerlichem EK gebildet worden sein kann, für einen längerfristigen Übergangszeitraum noch zu einer derartigen Auswirkung führen).

Ein zusätzlicher Aufwand ergibt sich auch bei **ausschüttungsabhängigem Aufwand** (Tantiemen etc, s *ADS*[6] § 174 AktG Anm 43), wenn die HV eine höhere Gewinnausschüttung beschließt, als im Gewinnverwendungsvorschlag des Vorstands vorgesehen war.

Ein zusätzlicher Aufwand muss jedoch aus dem Zweck der Vorschrift heraus nicht angegeben werden, wenn die HV dem Gewinnverwendungsvorschlag des Vorstands folgt, aber trotzdem ein abweichender Steueraufwand die Folge ist. Dies konnte zB beim alten körperschaftsteuerlichen Anrechnungsverfahren der Fall sein, wenn die Steuerbelastung bei Ausschüttung wegen nach Aufstellung des JA erworbenen eigenen Aktien zum Zeitpunkt der Aufstellung nicht ermittelbar war (Aufgrund der noch geltenden Übergangsregelung sind entspr Auswirkungen noch möglich, s diese Anm oben).

96 Zu einem **zusätzlichen Ertrag** wegen Minderung des KSt-Aufwands bei vorhandenem belastetem steuerlichem EK (sog $^1/_6$-Guthaben) kann es kommen, wenn die HV höhere Ausschüttungen beschließt, als im Gewinnverwendungsvorschlag vorgesehen waren. Das gesetzliche Schema für den Gewinnverwendungsbeschluss sieht jedoch einen Posten „zusätzlicher Ertrag" nicht vor. Die zusätzliche Aufnahme des Ertrags in den Gewinnverwendungsbeschluss ist nicht zulässig; die HV kann nur über den ausgewiesenen Bilanzgewinn beschließen und verfügen (§§ 174 Abs 1, 58 Abs 5 AktG). Möglich ist dagegen ein Vermerk des zusätzlichen Ertrags im Beschluss, ohne Berücksichtigung im Rahmen der Gewinnverwendung. Der auf Grund des Gewinnverwendungsbeschlusses entstehende Ertrag erhöht den Jahresüberschuss des Folgejahres (*Reiß* in BoHdR

§ 174 AktG Anm 21, *ADS*[6] § 174 AktG Anm 47f; § 278 Anm 27; aA *HFA* 2/1977 idF 1990 Anm aE).

IV. Folgen des Gewinnverwendungsbeschlusses (Abs 3)

Der Gewinnverwendungsbeschluss führt **nicht** zu einer **Änderung des Jahresabschlusses.** Er tritt als selbstständige Ergänzung zum JA und Lagebericht und ist gemäß § 325 ebenfalls zum HR einzureichen und (von mittleren und großen AG) bekannt zu machen. Die Folgen des Gewinnverwendungsbeschlusses sind im JA des Folgejahres zu berücksichtigen. Die Gewinnrücklagen erscheinen erst in dieser Bilanz in der Höhe, die sie durch den Gewinnverwendungsbeschluss erreicht haben. Die durch die HV aus dem Bilanzgewinn eingestellten Beträge sind in der Bilanz oder im Anhang gesondert anzugeben (§ 152 Abs 3 Nr 1 AktG). 97

Mit der Beschlussfassung über die Gewinnverwendung, die eine Gewinnausschüttung an die Aktionäre vorsieht, entsteht der Anspruch des Aktionärs auf Auszahlung der Dividende in bar und infolgedessen eine Verbindlichkeit der Ges. Der Anspruch auf Dividendenzahlung wird grundsätzlich fällig, sobald die Ausschüttung beschlossen und die zur Auszahlung nötige Zeit verstrichen ist. Die HV kann aber auch beschließen, dass die Dividende erst später ganz oder in Raten ausgezahlt werden soll (*ADS*[6] § 174 AktG Anm 58 mwN).

Fraglich ist, ob eine **Änderung von bereits gefassten Gewinnverwendungsbeschlüssen** zulässig ist. Zunächst muss unterschieden werden, ob es sich um Ausschüttungs- oder Thesaurierungsbeschlüsse handelt. Wurde eine *Ausschüttung* beschlossen, ist damit der Anspruch des Aktionärs auf den Gewinn entstanden. Um diesen Anspruch aufzuheben, bedarf es eines nach allg schuldrechtlichen Regeln zu beurteilenden Erlassvertrags zwischen AG und Aktionären. Wird ein nachfolgender Aufhebungs- oder Thesaurierungsbeschluss mit Zustimmung *aller* Aktionäre gefasst, ist darin ein schlüssiges Angebot auf Abschluss eines solchen Erlassvertrags zu sehen. *Thesaurierungsbeschlüsse* (Einstellung in Rücklagen oder Gewinnvortrag) lassen individuelle Ansprüche nicht entstehen, sie können daher mehrheitlich aufgehoben oder geändert werden. Dem steht auch die Feststellungskompetenz der Verwaltung nicht entgegen, da der zugrunde gelegte JA durch den Gewinnverwendungsbeschluss unberührt bleibt. – Dies gilt auch für den Sonderfall des § 217 Abs 2 AktG, s hierzu *Priester* ZIP 2000, 261.

V. Die Gewinnverwendung bei der KGaA

Für die KGaA gilt gemäß § 278 Abs 3 AktG die Vorschrift des § 174 AktG sinngemäß. Die HV beschließt demgemäß über die Verwendung des Bilanzgewinns. Sie ist dabei an den mit Zustimmung der phG festgestellten JA gebunden (Anm 59, 85). Eine Mitwirkung der phG bei der Beschlussfassung über die Gewinnverwendung sieht das AktG nicht vor. 98

VI. Nichtigkeit und Anfechtbarkeit des Gewinnverwendungsbeschlusses

Der Gewinnverwendungsbeschluss kann aus den allgemeinen Nichtigkeitsgründen des § 241 AktG nichtig sein. Er ist außerdem dann nichtig, wenn die Feststellung des JA, auf welcher der Gewinnverwendungsbeschluss beruht, nichtig ist (§ 253 Abs 1 AktG), sowie in den Fällen der §§ 173 Abs 3, 217 Abs 2 99

AktG. Für die Anfechtung des Gewinnverwendungsbeschlusses gilt neben den allgemeinen Anfechtungsgründen (§ 243 AktG) die Sondervorschrift des § 254 AktG, die den Schutz der Minderheitsaktionäre gegen eine vollständige Gewinnthesaurierung durch die Aktionärsmehrheit bewirken soll (s Anm 53).

E. Ordentliche Hauptversammlung (§§ 175, 176 AktG)

I. Einberufung (§ 175 AktG)

§ 175 AktG Einberufung

(1) [1]**Unverzüglich nach Eingang des Berichts des Aufsichtsrats hat der Vorstand die Hauptversammlung zur Entgegennahme des festgestellten Jahresabschlusses und des Lageberichts, eines vom Aufsichtsrat gebilligten Einzelabschlusses nach § 325 Abs. 2a des Handelsgesetzbuchs sowie zur Beschlußfassung über die Verwendung eines Bilanzgewinns, bei einem Mutterunternehmen (§ 290 Abs. 1, 2 des Handelsgesetzbuchs) auch zur Entgegennahme des vom Aufsichtsrat gebilligten Konzernabschlusses und des Konzernlageberichts, einzuberufen.** [2]**Die Hauptversammlung hat in den ersten acht Monaten des Geschäftsjahrs stattzufinden.**

(2) [1]**Der Jahresabschluß, ein vom Aufsichtsrat gebilligter Einzelabschluss nach § 325 Abs. 2a des Handelsgesetzbuchs, der Lagebericht, der Bericht des Aufsichtsrats und der Vorschlag des Vorstands für die Verwendung des Bilanzgewinns sind von der Einberufung an in dem Geschäftsraum der Gesellschaft zur Einsicht der Aktionäre auszulegen.** [2]**Auf Verlangen ist jedem Aktionär unverzüglich eine Abschrift der Vorlagen zu erteilen.** [3]**Bei einem Mutterunternehmen (§ 290 Abs. 1, 2 des Handelsgesetzbuchs) gelten die Sätze 1 und 2 auch für den Konzernabschluss, den Konzernlagebericht und den Bericht des Aufsichtsrats hierüber.**

(3) [1]**Hat die Hauptversammlung den Jahresabschluss festzustellen oder hat sie über die Billigung des Konzernabschlusses zu entscheiden, so gelten für die Einberufung der Hauptversammlung zur Feststellung des Jahresabschlusses oder zur Billigung des Konzernabschlusses und für die Auslegung der Vorlagen und die Erteilung von Abschriften die Absätze 1 und 2 sinngemäß.** [2]**Die Verhandlungen über die Feststellung des Jahresabschlusses und über die Verwendung des Bilanzgewinns sollen verbunden werden.**

(4) [1]**Mit der Einberufung der Hauptversammlung zur Entgegennahme des festgestellten Jahresabschlusses oder, wenn die Hauptversammlung den Jahresabschluß festzustellen hat, der Hauptversammlung zur Feststellung des Jahresabschlusses sind Vorstand und Aufsichtsrat an die in dem Bericht des Aufsichtsrats enthaltenen Erklärungen über den Jahresabschluß (§§ 172, 173 Abs. 1) gebunden.** [2]**Bei einem Mutterunternehmen (§ 290 Abs. 1, 2 des Handelsgesetzbuchs) gilt Satz 1 für die Erklärung des Aufsichtsrats über die Billigung des Konzernabschlusses entsprechend.**

Übersicht

1. Allgemeines

Als „ordentliche Hauptversammlung" bezeichnet das AktG – dem Sprachgebrauch folgend – die jährlich wiederkehrende HV, deren Gegenstand oft die Entgegennahme des festgestellten JA und des Lageberichts sowie des KA und des Konzernlageberichts, ggf IFRS-EA stets die Beschlussfassung über die Verwendung des Bilanzgewinns, die Entlastung der Mitglieder des Vorstands und des AR (§ 120 AktG) sowie die Wahl des AP (§ 318) ist. Gegenstand der ordentlichen HV können aber auch alle anderen im Gesetz (§§ 119, 173 AktG) oder der Satzung eingeräumten Rechte sein. Für Einberufung und Durchführung gelten die §§ 118ff AktG sowie § 176 AktG (hierzu Anm 110). **101**

2. Ordentliche Hauptversammlung ohne Feststellung des Jahresabschlusses oder ohne Billigung des Konzernabschlusses (Abs 1)

a) Gegenstand der ordentlichen Hauptversammlung (Abs 1 S 1)

Für den Regelfall des durch Vorstand und AR festgestellten JA (§ 172 AktG) ist die Aufgabe der HV auf die **Entgegennahme des Jahresabschlusses** und des Lageberichts, des KA und des Konzernlageberichts, des IFRS-EA sowie die **Beschlussfassung über die Verwendung des Bilanzgewinns** beschränkt. Gemäß § 120 Abs 3 S 1 AktG soll die Verhandlung über die **Entlastung der Organe mit** der Verhandlung über die **Gewinnverwendung** verbunden werden. **102**

b) Zeitraum für die Abhaltung der ordentlichen Hauptversammlung (Abs 1 S 2)

Der Vorstand hat die HV **unverzüglich** – dh ohne schuldhaftes Zögern – nach Eingang des Berichts des AR einzuberufen. Leitet der AR dem Vorstand seinen Bericht nicht zu (§ 171 Abs 3 AktG), hat der Vorstand nach Ablauf der **Nachfrist** von **einem Monat** die HV (zwecks Feststellung des JA und Billigung des KA) einzuberufen (Anm 32). Die ordentliche HV hat **in den ersten 8 Monaten** des (neuen) Gj stattzufinden (§ 175 Abs 1 S 2). Eine Verlängerung dieser gesetzlichen Frist durch die Satzung ist nicht zulässig. Für die Einberufung ist die Fristenregelung des § 123 Abs 1 AktG (mindestens ein Monat vor dem Tage der HV) zu beachten. **103**

3. Auslage der Vorlagen und Erteilung von Abschriften (Abs 2)

Vom Zeitpunkt der Einberufung an sind die Unterlagen nach S 1 in dem Geschäftsraum der Ges **zur Einsicht** der Aktionäre **auszulegen.** Zum JA/KA gehört ggf auch die nach §§ 287, 313 Abs 4 erstellte gesonderte Aufstellung des Anteilsbesitzes. Soll die HV den JA feststellen oder den KA billigen, ist die Beschlussvorlage auszulegen. Die Auslegung der Originalvorlagen ist nicht erforderlich, es genügen **Abschriften.** Die Auslegung hat in einem Geschäftsraum der Hauptverwaltung der AG zu erfolgen; die Auslegung auch in den **Geschäftsräumen von Niederlassungen** ist nicht vorgeschrieben (*ADS*[6] § 175 AktG Anm 17). **104**

Auf Verlangen ist jedem Aktionär unverzüglich eine Abschrift der Vorlagen zu erteilen (Abs 2 S 2). Die **Kosten** für die Anfertigung und die Versendung der Abschriften hat die AG zu tragen (*ADS*[6] § 175 AktG Anm 21 mwN). In der Praxis werden die Vorlagen den Aktionären von den AG bzw über die Depotbanken unaufgefordert zugesandt (teilweise allerdings zunächst nur als „Kurzfassung").

4. Ordentliche Hauptversammlung mit Feststellung des Jahresabschlusses oder mit Billigung des Konzernabschlusses (Abs 3)

105 In den Fällen des § 173 AktG (bzw bei der KGaA § 286 Abs 1 AktG) beschließt die HV über die Feststellung des JA oder die Billigung des KA. Es gelten hier die gleichen Bestimmungen über die Einberufung, die Auslage der Vorlagen und die Erteilung von Abschriften (Anm 103, 104). Nach Abs 3 S 2 sollen die Verhandlungen über die Feststellung des JA **und** die **Gewinnverwendung** miteinander **verbunden** werden, desgleichen die Verhandlung über die Entlastung der Organe (§ 120 Abs 3 S 1 AktG). Das Gleiche gilt für die Entlastung der phG und des AR einer **KGaA** (§ 283 AktG) sowie für weitere HV-Beschlüsse, denen ggf die phG zustimmen müssen (zB Feststellung des JA, § 286 Abs 1 S 2 AktG). Zum **Auskunftsrecht** der Aktionäre in der HV s Anm 112f.

5. Bindung von Vorstand und Aufsichtsrat an die Erklärungen über den Jahresabschluss und den Konzernabschluss (Abs 4)

106 Ab dem Zeitpunkt der Einberufung der HV sind Vorstand und AR an die in den Berichten des AR enthaltenen Erklärungen gebunden. Diese Erklärungen betreffen die Feststellung des JA, entweder durch Vorstand und AR (§ 172 AktG) oder durch die HV (§ 173 Abs 1 AktG), die Billigung des KA durch den AR (§ 171 Abs 2 S 4, 5 AktG) oder durch die HV (§ 173 Abs 1 AktG), sowie die Billigung des IFRS-EA (§ 171 Abs 4 AktG). Die Bindung hinsichtlich der für die Feststellung des JA getroffenen Entscheidung der Verwaltung soll verhindern, dass nachträglich die einmal getroffene Entscheidung über die Zuständigkeit für die Feststellung des JA oder die Feststellung selbst (Anm 105) bzw die Billigung des KA oder IFRS-EA geändert wird. Eine weitergehende Bindung der Verwaltung tritt nach hM nicht ein; insb verbietet Abs 4 der *Verwaltung* nicht, den vom Vorstand und AR festgestellten JA oder den vom AR gebilligten KA oder IFRS-EA ggf künftig (zB nach einer Bp) inhaltlich zu ändern (*ADS*[6] § 175 AktG Anm 26; zur Bilanzänderung s § 253 Anm 800).

6. Rechtsfolgen bei Verletzung von Pflichten nach § 175

107 Hält der Vorstand die **8-Monats-Frist** nicht ein, ist er hierzu gemäß § 407 Abs 1 AktG vom Registergericht durch Festsetzung von **Zwangsgeld** anzuhalten. Wird die 8-Monats-Frist überschritten, hat dies keine materiellrechtlichen Konsequenzen für die von der HV gefassten Beschlüsse (*Brönner* in Großkomm AktG[4] § 175 Anm 11); insbesondere ist die verspätete Abhaltung der HV kein Anfechtungsgrund. Möglich ist aber eine Schadensersatzverpflichtung des Vorstands nach § 93 AktG.

Die Durchsetzung der **Aktionärsrechte auf Einsicht und Erteilung von Abschriften** kann über die Anrufung des Registergerichts und die Festsetzung von **Zwangsgeldern** gegen den Vorstand (§ 407 AktG) erzwungen werden. Daneben kommt auch eine **Klage** gegen die AG in Betracht. Ob auch der **Erlass einer einstweiligen Anordnung** verlangt werden kann, ist – im Hinblick auf die Erzwingbarkeit nach § 407 AktG – streitig (s *ADS*[6] § 175 AktG Anm 22 mwN). In Betracht kommt ferner das **Anfechtungsrecht** nach §§ 243, 254 AktG, wenn der Verstoß gegen die Aktionärsrechte für den HV-Beschluss ursächlich gewesen sein *kann*.

II. Vorlagen, Anwesenheit des Abschlussprüfers (§ 176 AktG)

§ 176 AktG Vorlagen. Anwesenheit des Abschlußprüfers

(1) [1] **Der Vorstand hat der Hauptversammlung die in § 175 Abs. 2 angegebenen Vorlagen vorzulegen.** [2] **Zu Beginn der Verhandlung soll der Vorstand seine Vorlagen, der Vorsitzende des Aufsichtsrats den Bericht des Aufsichtsrats erläutern.** [3] **Der Vorstand soll dabei auch zu einem Jahresfehlbetrag oder einem Verlust Stellung nehmen, der das Jahresergebnis wesentlich beeinträchtigt hat.** [4] **Satz 3 ist auf Kreditinstitute nicht anzuwenden.**

(2) [1] **Ist der Jahresabschluß von einem Abschlußprüfer zu prüfen, so hat der Abschlußprüfer an den Verhandlungen über die Feststellung des Jahresabschlusses teilzunehmen.** [2] **Satz 1 gilt entsprechend für die Verhandlungen über die Billigung eines Konzernabschlusses.** [3] **Der Abschlußprüfer ist nicht verpflichtet, einem Aktionär Auskunft zu erteilen.**

Übersicht

1. Vorlage- und Erläuterungspflicht (Abs 1)

a) Vorlagepflicht (Abs 1 S 1)

Der Vorstand hat der **Hauptversammlung** die in § 175 Abs 2 AktG ge- 110
nannten Unterlagen **vorzulegen.** Macht die AG bei der Aufstellung des JA von den Erleichterungen der §§ 266 Abs 1 S 3, 274a, 276, 288 Gebrauch (verkürzte Bilanz bei kleinen KapGes, ua kein Anlagengitter, Zusammenfassung des Rohergebnisses in der GuV und Wegfall bestimmter Anhangangaben für kleine und mittelgroße AG), kann jeder Aktionär gemäß § 131 Abs 1 S 3 AktG verlangen, dass ihm **in der Hauptversammlung** dieser in der ungekürzten Form vorgelegt wird. § 131 Abs 1 S 3 AktG gilt nicht für die Auslegung der Vorlagen und Abschriftserteilung gemäß § 175 Abs 2 AktG.

„Vorlegen" bedeutet, dass die schriftlichen Vorlagen **während der Haupt-** 111
versammlung in ausreichender Anzahl zur Einsichtnahme durch die Aktionäre zur Verfügung zu stellen sind. Dies gilt insb für die Anteilsliste. Die Verlesung ist nicht erforderlich.

Die gesetzliche Vorlagepflicht des Vorstands besteht auch dann, wenn die HV keine Beschlüsse zum JA zu fassen hat, zB weil der JA von der Verwaltung festgestellt wurde und ein zu verwendender Bilanzgewinn nicht vorhanden ist. Bei einer KGaA haben die phG die Pflichten des Vorstands gem § 283 Nr 6 AktG. Damit korrespondiert auch die Pflicht zur Erl der Vorlagen gem Abs 1 S 2 (s Anm 112f).

b) Erläuterungen durch den Vorstand

112 Zu Beginn der Verhandlung soll der Vorstand seine **Vorlagen erläutern** (Abs 1 S 2). Bezüglich des Umfangs der Erl enthält das AktG keine Bestimmungen. Im Hinblick auf die Erl des JA im Anhang (§§ 284 ff) und die Darstellung des Geschäftsverlaufs einschl des Geschäftsergebnisses, der Lage und der voraussichtlichen Entwicklung mit ihren wesentlichen Chancen und Risiken der Ges im Lagebericht (§ 289 Abs 1) kommt für die zusätzlichen mündlichen Erl des Vorstands **keine bloße Wiederholung** der Angaben in den Vorlagen in Betracht. Stattdessen soll eine nach Schwerpunkten zusammenfassende und insbesondere **aktualisierte Berichterstattung** namentlich auch der künftigen Entwicklung erfolgen. Im Mittelpunkt der Erl soll die **Begründung des Gewinnverwendungsvorschlags** (Dividendenpolitik, Rücklagenbildung) stehen (*Claussen* in Kölner Komm[2] § 176 Anm 5).

113 Gemäß Abs 1 S 3 soll der Vorstand auch zu einem Jahresfehlbetrag oder einem Verlust Stellung nehmen, der das Jahresergebnis wesentlich beeinträchtigt hat. Die Frage, wann eine **wesentliche Beeinträchtigung** durch Verluste vorliegt, ist im Einzelfall vom Vorstand nach pflichtgemäßem Ermessen zu entscheiden. In Betracht kommen einzelne wesentliche Verlustfälle, soweit sie nicht schon im Anhang oder Lagebericht erläutert werden. Auf Kreditinstitute ist Abs 1 S 3 nicht anzuwenden (Abs 1 S 4). Zwischen der Stellungnahme des Vorstands zu einem Verlust und der **Erläuterungspflicht** im Bericht **des Abschlussprüfers** für Verluste im Gj oder solche, die die künftige Entwicklung des Unt gefährden (§ 321 Abs 1 S 2), besteht wegen der unterschiedlichen Interessenlage der Informationsempfänger (Aktionäre, Vorstand und AR) keine Parallelität. Die Erl-Pflicht des AP geht über die Berichterstattungspflicht des Vorstands an die Aktionäre hinaus (*ADS*[6] § 176 AktG Anm 17; *Reiß* in BoHdR § 176 AktG Anm 11); sie endet aber früher – nämlich mit der Auslieferung des Prüfungsberichts. Nur in der HV haben die Aktionäre einer AG oder KGaA die Auskunftsrechte nach §§ 131, 283 Nr 9 AktG.

c) Erläuterung durch den Aufsichtsrat (Abs 1 S 2 2. Alt)

114 Der AR-Vorsitzende soll den Bericht des AR erläutern. Welche zusätzlichen Erl er geben will, steht in seinem pflichtgemäßen Ermessen. Zulässig und üblich ist es, dass die Auffassung des AR zur Lage und Entwicklung der Ges dargelegt wird (*Claussen* in Kölner Komm[2] § 176 Anm 10). Von besonderer Bedeutung ist die Erl-Pflicht, wenn der AR den JA/KA/IFRS-EA nicht gebilligt oder sich enthalten hat (§§ 173 Abs 1, 171 Abs 3 S 3 AktG) oder einen abweichenden Gewinnverwendungsvorschlag macht.

Die Erl des Vorstands (Anm 112 f) und des AR-Vorsitzenden dienen auch der Meinungsbildung der HV zur Entlastung der Verwaltung (glA *ADS*[6] § 176 AktG Anm 23).

2. Anwesenheit des Abschlussprüfers (Abs 2)

115 Ist der JA/KA von einem AP zu prüfen (§ 316 Abs 1), hat der AP an den Verhandlungen über die Feststellung des JA bzw die Billigung des KA teilzunehmen (Abs 2 S 2 betreffend den KA eingefügt durch BilReG). Die **Teilnahmepflicht des Abschlussprüfers** auf der HV besteht bei der AG aber nur in den Ausnahmefällen der Feststellung des JA bzw der Billigung des KA durch die HV (§ 173 Abs 1 AktG), außerdem stets bei der KGaA (§ 286 Abs 1 AktG). Sinn und Zweck der Anwesenheitspflicht des AP ergeben sich in erster Linie aus der bei Änderung des geprüften JA durch die HV (§ 173 Abs 3 AktG) erforderlich werdenden **Nachtragsprüfung** (§ 316 Abs 3). Der in der HV anwesende

AP kann prüfen, ob eine Nachtragsprüfung erforderlich ist und diese uU an Ort und Stelle vornehmen (mit schriftlichem, unterzeichnetem Bericht, § 321 Abs 5; für Ausnahmen aM *ADS*[6] § 316 Anm 70) oder vorbereiten. In der Praxis entspricht es guter Übung, dass der AP an der ordentlichen HV teilnimmt, unabhängig davon, ob die HV den JA festzustellen oder den KA zu billigen hat.

Der AP ist ohne Entbindung von seiner Schweigepflicht nicht verpflichtet, einem Aktionär **Auskunft** zu erteilen (§ 176 Abs 2 S 2 AktG). Die Auskunftspflicht in der HV trifft allein den Vorstand (§ 131 AktG). Wenn *und soweit* der Vorstand hierzu ermächtigt, ist der AP berechtigt, einem Aktionär Auskunft zu erteilen. Er erteilt die Auskunft dann nach Entbindung von der Verschwiegenheitspflicht (§ 323 Abs 1 S 1) im Auftrag des Vorstands.

3. Rechtsfolgen bei Verletzung der Pflichten nach § 176 AktG

Die Erl-Pflichten des **Vorstands** und des **Aufsichtsratsvorsitzenden** sind als Sollvorschriften ausgestaltet, ihre Nichtbeachtung ist nicht mit Sanktionen nach § 407 AktG verbunden. Unrichtige Darstellungen der Verhältnisse der Ges oder Verschleierungen sind aber nach § 400 Abs 1 AktG mit Freiheitsstrafe bis zu drei Jahren oder mit Geldstrafe bedroht. **116**

Die pflichtwidrige **Verletzung der Teilnahmepflicht** des AP stellt in der Regel keinen Grund zur Anfechtung des JA-Feststellungsbeschlusses nach §§ 243, 257 AktG dar. In Ausnahmefällen (zB Änderung des JA durch die HV) kann die Nichtanwesenheit des AP für das Zustandekommen eines JA-Feststellungsbeschlusses ursächlich sein, so dass uU ein Anfechtungsgrund gegeben ist (weitergehend – wegen möglicher Informationsmängel – *ADS*[6] § 176 AktG Anm 34; *Claussen* in Kölner Komm[2] § 176 Anm 18; *Brönner* in Großkomm AktG[4] § 176 Anm 18).

Vorschriften für die GmbH

A. Vorlage an den Aufsichtsrat, Prüfung durch den Aufsichtsrat

Soweit bei GmbH ein AR kraft gesetzlicher Vorschriften zu bilden ist (zB §§ 77 BetrVG 1952, 25 MitbestG 1976, 3 KAGG), besteht eine Prüfungspflicht des AR entspr § 171 AktG (dazu Anm 20 ff) und damit auch eine Vorlagepflicht der Geschäftsführer. Eine ausdrückliche Verweisung auf § 170 AktG fehlt, auf Grund des Sachzusammenhangs mit § 171 ist aber von einer entspr Anwendbarkeit auszugehen. Somit gilt auch § 170 Abs 3 AktG (Recht auf Aushändigung der Vorlagen und des Prüfungsberichts) für die mitbestimmte GmbH. Die Vorlage des Prüfungsberichts erfolgt durch den AP, da auch § 111 Abs 2 S 3 AktG gilt. Ohne weiteres gelten auch die Neuregelungen zur Prüfung iSd § 171 AktG; § 171 Abs 1 S 1 AktG schreibt die Prüfung des KA durch den AR des MU vor; nach § 171 Abs 1 S 2 AktG hat grundsätzlich der AP an den Verhandlungen über die Vorlagen teilzunehmen. Für den fakultativen AR einer GmbH bestimmt § 52 Abs 1 GmbHG die entspr Anwendung der §§ 170, 171 AktG (Anm 1–36), soweit nicht im GesVertrag etwas anderes bestimmt ist. **120**

B. Gewinnverteilung (§ 29 GmbHG), Feststellung des Jahresabschlusses und Gewinnverwendung (§ 42a GmbHG)

I. Gewinnverteilung (§ 29 GmbHG)

§ 29 GmbHG Gewinnverteilung

(1) [1]**Die Gesellschafter haben Anspruch auf den Jahresüberschuß zuzüglich eines Gewinnvortrags und abzüglich eines Verlustvortrags, soweit der sich ergebende Betrag nicht nach Gesetz oder Gesellschaftsvertrag, durch Beschluß nach Absatz 2 oder als zusätzlicher Aufwand auf Grund des Beschlusses über die Verwendung des Ergebnisses von der Verteilung unter die Gesellschafter ausgeschlossen ist.** [2]**Wird die Bilanz unter Berücksichtigung der teilweisen Ergebnisverwendung aufgestellt oder werden Rücklagen aufgelöst, so haben die Gesellschafter abweichend von Satz 1 Anspruch auf den Bilanzgewinn.**

(2) **Im Beschluß über die Verwendung des Ergebnisses können die Gesellschafter, wenn der Gesellschaftsvertrag nichts anderes bestimmt, Beträge in Gewinnrücklagen einstellen oder als Gewinn vortragen.**

(3) [1]**Die Verteilung erfolgt nach Verhältnis der Geschäftsanteile.** [2]**Im Gesellschaftsvertrag kann ein anderer Maßstab der Verteilung festgesetzt werden.**

(4) [1]**Unbeschadet der Absätze 1 und 2 und abweichender Gewinnverteilungsabreden nach Absatz 3 Satz 2 können die Geschäftsführer mit Zustimmung des Aufsichtsrats oder der Gesellschafter den Eigenkapitalanteil von Wertaufholungen bei Vermögensgegenständen des Anlage- und Umlaufvermögens und von bei der steuerrechtlichen Gewinnermittlung gebildeten Passivposten, die nicht im Sonderposten mit Rücklageanteil ausgewiesen werden dürfen, in andere Gewinnrücklagen einstellen.** [2]**Der Betrag dieser Rücklagen ist entweder in der Bilanz gesondert auszuweisen oder im Anhang anzugeben.**

Übersicht

1. Gewinnbezugsrecht der Gesellschafter (Abs 1)

121 Es gilt grds die **uneingeschränkte Dispositionsfreiheit der Gesellschaftermehrheit** über den Bilanzgewinn. Die Gester haben Anspruch auf den Jahresüberschuss zuzüglich eines Gewinnvortrags und abzüglich eines Verlustvortrags, soweit der sich ergebende Betrag nicht durch Gesetz oder GesVertrag, durch Beschluss der Gester nach § 29 Abs 2 GmbHG oder als zusätzlicher Aufwand auf Grund des Gewinnverwendungsbeschlusses von der Verteilung unter die Gester ausgeschlossen ist. Diese Regelung gilt für alle GmbH, die nach dem 1. 1. 1986 im HR eingetragen wurden. Für AltGes bleibt es bei der früheren Regelung (Vollausschüttung). Zur Übergangsregelung s Anm 128.

Durch Gester-Beschluss kann bereits während des laufenden Gj ein **Vorschuss** auf den Gewinn gewährt werden, wenn ein entspr Jahresüberschuss voraussehbar ist und wenn das Stammkapital nicht angegriffen wird. Zur Feststellung einer entspr Ergebniserwartung ist eine plausible Berechnung – möglichst in der

Form eines JA – vorzunehmen (*Lutter/Hommelhoff*[16] § 29 Anm 45). Wird der erforderliche Jahresüberschuss dann nicht erzielt, sind Rücklagen aufzulösen. Reichen diese nicht aus, entsteht ein Anspruch gegen die Gester auf **Rückzahlung,** der von der Ges zu aktivieren ist. Im Gegensatz zur AG (Anm 65) besteht kein Vertrauensschutz, da die Gester mit der möglichen Erstattungspflicht rechnen müssen (*Lutter/Hommelhoff*[16] § 29 Anm 46).

Als **gesetzlicher Ausschluss des Gewinnbezugsrechts** kommt – da es bei der GmbH eine gesetzliche Rücklage nicht gibt – lediglich die Bildung der Rücklage für eigene Anteile in Betracht (§ 272 Abs 4); ferner bestehen Ausschüttungssperren (§ 269 S 2; § 274 Abs 2 S 3; Art 53 Abs 2 EGHGB). **122**

Gesellschaftsvertragliche Einschränkungen bis zum völligen Ausschluss des Gewinnbezugsrechts für alle oder einzelne Gester sind – mit Zustimmung der betroffenen Gester – zulässig. Von der Gewinnverteilung ausgeschlossen sind ferner die gemäß § 29 Abs 2 GmbHG durch die **Gesellschaftermehrheit** beschlossenen **Einstellungen in Rücklagen** (Anm 124f). **123**

2. Rücklagenbildung durch Gesellschafterbeschluss (Abs 2)

Im Gewinnverwendungsbeschluss dürfen die Gester, wenn der GesVertrag nichts anderes bestimmt, Beträge in **Gewinnrücklagen** einstellen oder als Gewinn vortragen. Nach dem Gesetzeswortlaut ist die Möglichkeit der Gester, Rücklagen zu bilden, **unbeschränkt.** Da die GesterBeschlüsse grds mit einfacher Mehrheit (§ 47 Abs 1 GmbHG) gefasst werden, besteht die Gefahr, dass eine GesterMinderheit durch entspr Mehrheitsbeschlüsse „ausgehungert" wird. Eine Mindestschutzvorschrift, wie sie mit § 254 AktG für die Minderheitsaktionäre einer AG besteht (Anm 53), besteht jedoch im GmbHG *nicht.* **124**

Es gelten daher die allgemeinen Grds für den gesrechtlichen **Minderheitenschutz,** die aus der **Treuepflicht der Gesellschafter** untereinander und zur Ges abgeleitet werden. Erforderlich ist im Einzelfall die Abwägung zwischen dem Interesse der Gester an einer angemessenen Mindestdividende und dem GesInteresse an der Rücklagenbildung. Grds ist dabei von einem weiten Ermessensspielraum der MehrheitsGester auszugehen, so dass nur in ganz **offensichtlichen Missbrauchsfällen** eine Anfechtungsklage der Minderheit gegen den Gewinnverwendungsbeschluss Erfolg verspricht. In der Praxis sind demnach die MinderheitsGester darauf angewiesen, dass ihre Mindest-Gewinnbezugsrechte im GesVertrag verankert werden. **125**

Zur Durchsetzung des Gewinnanspruchs aus der Sicht der MinderheitsGester *Gutbrod,* GmbHR 1995, 551. In der Literatur werden verschiedene Vorschläge zu einem erweiterten Minderheitenschutz gemacht (vgl *Lutter/Hommelhoff*[16] § 29 Anm 25ff mwN, insb *Hommelhoff* ZGR 1986, 418ff sowie *Hueck* in Baumbach/Hueck GmbHG[17] § 29 Anm 35ff).

3. Gewinnverteilungsmaßstäbe (Abs 3)

Die Gewinnverteilung erfolgt nach dem Verhältnis der Geschäftsanteile. Der Gewinnverteilungsmaßstab kann im GesVertrag anders festgesetzt werden (zB völliger oder teilweiser Ausschluss aller oder einzelner Gester, Vorzugsdividenden für einzelne Gester, etc). **126**

4. Wertaufholungsrücklage (Abs 4)

Die Voraussetzungen und der materielle Inhalt entsprechen der Regelung in § 58 Abs 2a AktG (näheres in Anm 51). Der GesVertrag kann andere Regelungen treffen (*Hueck* in Baumbach/Hueck GmbHG[17] § 29 Anm 18ff). **Zuständig** für die Einstellung der Sonderrücklage sind zwar die **Geschäftsführer** (§§ 242, **127**

270 Abs 2). Sie bedürfen aber der **Zustimmung** des AR oder der Gester. Aus § 46 Nr 1 GmbHG, nach dem die Gester den JA festzustellen haben, ist zu schließen, dass die **Entscheidung** über die Bildung der Sonderrücklage tatsächlich von der **Gesellschafterversammlung** getroffen wird, während den Geschäftsführern nur das Vorschlagsrecht und dem AR das Recht zur Stellungnahme zusteht (*Hommelhoff,* ZGR 1986, 436). Zur Auswirkung der eingeschränkten Zulässigkeit der Teilwertabschreibung s § 253 Anm 30.

5. Übergangsregelung

128 Für alle GmbH, die am 1. Januar 1986 im HR eingetragen waren, gilt die frühere gesetzliche Gewinnverwendungsregelung weiter, die von einer Vollausschüttung ausgeht, soweit nicht der GesVertrag eine andere Regelung trifft (Art 12 § 7 Abs 1 GmbHÄndG). Diese Sondervorschrift ist auch heute noch praktisch relevant (*Hueck* in Baumbach/Hueck GmbHG[17] § 29 Anm 94).

129 Die entspr Änderung des GesVertrags kann entgegen § 53 Abs 2 S 1 GmbHG mit einfacher Mehrheit beschlossen werden (§ 7 Abs 2 S 2 GmbHGÄndG).

II. Vorlage und Feststellung des Jahresabschlusses, Gewinnverwendung (§ 42 a GmbHG)

§ 42 a GmbHG Vorlage des Jahresabschlusses und des Lageberichts

(1) [1] **Die Geschäftsführer haben den Jahresabschluß und den Lagebericht unverzüglich nach der Aufstellung den Gesellschaftern zum Zwecke der Feststellung des Jahresabschlusses vorzulegen. [2] Ist der Jahresabschluß durch einen Abschlußprüfer zu prüfen, so haben die Geschäftsführer ihn zusammen mit dem Lagebericht und dem Prüfungsbericht des Abschlußprüfers unverzüglich nach Eingang des Prüfungsberichts vorzulegen. [3] Hat die Gesellschaft einen Aufsichtsrat, so ist dessen Bericht über das Ergebnis seiner Prüfung ebenfalls unverzüglich vorzulegen.**

(2) [1] **Die Gesellschafter haben spätestens bis zum Ablauf der ersten acht Monate oder, wenn es sich um eine kleine Gesellschaft handelt (§ 267 Abs. 1 des Handelsgesetzbuchs), bis zum Ablauf der ersten elf Monate des Geschäftsjahrs über die Feststellung des Jahresabschlusses und über die Ergebnisverwendung zu beschließen. [2] Der Gesellschaftsvertrag kann die Frist nicht verlängern. [3] Auf den Jahresabschluß sind bei der Feststellung die für seine Aufstellung geltenden Vorschriften anzuwenden.**

(3) **Hat ein Abschlußprüfer den Jahresabschluß geprüft, so hat er auf Verlangen eines Gesellschafters an den Verhandlungen über die Feststellung des Jahresabschlusses teilzunehmen.**

(4) [1] **Ist die Gesellschaft zur Aufstellung eines Konzernabschlusses und eines Konzernlageberichts verpflichtet, so sind die Absätze 1 bis 3 entsprechend anzuwenden. [2] Das Gleiche gilt hinsichtlich eines Einzelabschlusses nach § 325 Abs. 2a des Handelsgesetzbuchs, wenn die Gesellschafter die Offenlegung eines solchen beschlossen haben.**

Übersicht

1. Vorlagepflicht der Geschäftsführer (Abs 1)

§ 42a GmbHG geht davon aus, dass die Feststellung des JA und die Beschlussfassung über die Gewinnverwendung Aufgaben der Gester sind (§ 46 Nr 1 GmbHG) und bestimmt daher die Vorlagepflicht der Geschäftsführer an die Gester. § 46 GmbHG ist aber, wie sich aus § 45 Abs 2 GmbHG ergibt, dispositiv, dh, der GesVertrag kann diese Zuständigkeiten auch anders regeln (zB Übertragung auf AR, GesBeirat etc). In diesem Fall besteht die gesetzliche Vorlagepflicht an das satzungsmäßig bestimmte Organ (*Crezelius* in Scholz[9] § 42a Anm 7). Abweichungen von der gesetzlichen Vorlagepflicht können sich aus dem GesVertrag ergeben. Je nachdem, ob die GmbH prüfungspflichtig ist oder nicht, einen AR hat oder nicht, ist der **Umfang** der vorzulegenden Unterlagen unterschiedlich. Der Mindestumfang – JA und Lagebericht – erweitert sich ggf um die Prüfungsberichte des AR und des AP. Wird bei den Regelungen über die Tätigkeit des AR (Anm 120) auf §§ 111, 170 AktG verwiesen, entfällt die Vorlage des Prüfungsberichts, da der Prüfungsauftrag an den AP vom AR erteilt wird. Der Geschäftsführung ist jedoch vorab Gelegenheit zur Stellungnahme zu geben (entspr § 321 Abs 5 S 2; s dort Anm 134). **130**

2. Feststellung des Jahresabschlusses und Ergebnisverwendungsbeschluss (Abs 2)

Die Gester-Beschlüsse über die Feststellung des JA und die Gewinnverwendung müssen spätestens bis zum Ablauf der ersten 8 Monate (11 Monate bei der kleinen GmbH iSd § 267 Abs 1) gefasst werden. Diese **Frist** kann im GesVertrag nicht verlängert werden. Bei der Feststellung sind auf den JA die für seine Aufstellung geltenden Vorschriften anzuwenden. Das entspricht § 173 Abs 2 S 1 AktG (Anm 82). Ändern die Gester im Rahmen der Feststellung den vom AP geprüften JA, ist eine **Nachtragsprüfung** gemäß § 316 Abs 3 durchzuführen, soweit es die Änderung erfordert (§ 316 Anm 42). **131**

3. Teilnahme des Abschlussprüfers (Abs 3)

Ist der JA von einem AP geprüft worden, hat er **auf Verlangen** eines Gesters oder eines Mitglieds des für die Feststellung zuständigen anderen Ges-Organs an den Verhandlungen über die Feststellung des JA teilzunehmen. Wird bei den Regelungen über die Tätigkeit eines AR (Anm 120) auf §§ 171 Abs 1 S 2 AktG verwiesen, ist die Teilnahme des AP an der Bilanz-Sitzung des AR **verpflichtend.** **132**

Eine dem § 176 Abs 2 S 3 AktG (Anm 115) entspr Regelung fehlt im GmbHG. Um den Gestern eine sachgerechte Ausübung ihres Feststellungsrechts zu ermöglichen, ist die **Auskunftspflicht** des AP in der GesV zu bejahen (*Crezelius* in *Scholz*[9] § 42a Anm 52; *ADS*[6] § 42a GmbHG Anm 60). Sie beschränkt sich aber auf den Umfang des erteilten Prüfungsauftrages, dh Fragen, die keinerlei Bezug zur erfolgten Prüfungstätigkeit haben, brauchen vom AP nicht beantwortet zu werden. Für die Einschränkung der Auskunftspflicht ist § 51a Abs 2 GmbHG analog anzuwenden; dh der AP darf die Auskunft verweigern, wenn zu befürchten ist, dass der Gester sie zu gesellschaftsfremden Zwecken verwenden und dadurch der GmbH einen Nachteil zufügen wird. Str allerdings, ob der AP – entspr der Vorschrift – die Auskunft verweigern darf oder ob ein entspr Gester-Beschluss dafür nötig ist (siehe zum Meinungsstand *ADS*[6] § 42a GmbHG Anm 61).

4. Konzernabschluss, Konzernlagebericht und IFRS-Einzelabschluss (Abs 4)

133 Für die GmbH, die nach § 290 einen KA und Konzernlagebericht aufzustellen hat, begründet Abs 4 die Vorlagepflicht der Geschäftsführer entspr Abs 1 (Anm 130). Vorzulegen sind auch der Konzern-Prüfungsbericht (§ 316 Abs 2; außer der AR ist durch Verweis auf § 111 Abs 2 S 3 AktG selbst Berichtsempfänger, s Anm 130) und – soweit dies der GesVertrag vorsieht – der Bericht des AR. KA und IFRS-EA sind von der GesV zu billigen. Die Vorlagepflicht betreffend den IFRS-EA wurde durch das BilReG eingefügt. Zur Geltung s Kommentierung zu § 325 Abs 2a HGB.

Vorschriften nach dem PublG

A. Prüfung durch den Aufsichtsrat (§§ 7, 14 PublG)

§ 7 PublG Prüfung durch den Aufsichtsrat

[1] Hat das Unternehmen einen Aufsichtsrat, so haben die gesetzlichen Vertreter unverzüglich nach Eingang des Prüfungsberichts der Abschlußprüfer den Jahresabschluß, den Lagebericht und den Prüfungsbericht der Abschlußprüfer dem Aufsichtsrat vorzulegen. [2] Der Aufsichtsrat hat den Jahresabschluß und den Lagebericht zu prüfen; er hat über das Ergebnis seiner Prüfung schriftlich zu berichten. [3] § 170 Abs. 3, § 171 Abs. 1 Satz 2, Abs. 2 Satz 2 bis 4, Abs. 3 des Aktiengesetzes gelten sinngemäß. [4] Die Sätze 1 bis 3 gelten auch für einen Einzelabschluss nach § 9 Abs. 1 Satz 1 dieses Gesetzes in Verbindung mit § 325 Abs. 2a des Handelsgesetzbuchs; für einen solchen Abschluss gilt ferner § 171 Abs. 4 Satz 1 des Aktiengesetzes sinngemäß.

§ 14 PublG Prüfung des Konzernabschlusses

(1), (2) …

(3) **[1] Hat das Mutterunternehmen einen Aufsichtsrat, so haben die gesetzlichen Vertreter den Konzernabschluß oder den Teilkonzernabschluß, den Konzernlagebericht oder den Teilkonzernlagebericht und den Prüfungsbericht des Abschlußprüfers des Konzernabschlusses unverzüglich nach Eingang des Prüfungsberichts dem Aufsichtsrat zur Kenntnisnahme vorzulegen. [2] Jedes Aufsichtsratmitglied hat das Recht, von den Vorlagen Kenntnis zu nehmen. [3] Die Vorlagen sind auch jedem Aufsichtsratsmitglied auf Verlangen auszuhändigen, soweit der Aufsichtsrat nichts anderes beschlossen hat.**

Übersicht

I. Vorlage an den Aufsichtsrat (§§ 7 S 1, 14 PublG)

140 Hat das dem PublG unterliegende Unt einen AR oder ein entspr Überwachungsorgan (§ 4 Abs 2 PublG), haben die gesetzlichen Vertreter (iSd § 4 Abs 1 PublG) unverzüglich nach Eingang des Prüfungsberichts des AP den JA, den La-

gebericht und den Prüfungsbericht des AP dem AR vorzulegen. Gleiches gilt für einen IFRS-EA (der mit BilReG eingefügte § 7 S 4 PublG findet nach § 22 PublG erstmals auf das nach dem 31. 12. 2004 beginnende Gj Anwendung). Entspr gilt für die Vorlage von Unterlagen an den AR eines zur **Konzernrechnungslegung** verpflichteten MU (§ 14 Abs 3 S 1 PublG). Anders als bei einem JA (hierzu Anm 141, 142), hat in diesem Fall der AR die ihm vorgelegten Unterlagen jedoch nicht zu prüfen. Zum Recht der Kenntnisnahme s § 14 Abs 3 S 2 PublG und zur Aushändigung der Unterlagen s § 14 Abs 3 S 3 PublG.

II. Prüfung und Prüfungsbericht (§ 7 S 2 PublG)

Für die **Prüfung** durch den AR gelten die folgenden aktienrechtlichen Vorschriften sinngemäß: § 170 Abs 3 AktG – Recht des einzelnen AR auf Kenntnisnahme von den Vorlagen und dem Prüfungsbericht, ggf Aushändigung dieser Vorlagen (Anm 11) und § 171 Abs 1 S 2 AktG – Teilnahmepflicht des AP (Anm 26). Über das Ergebnis dieser Prüfung hat der AR schriftlich zu berichten. Die Vorschriften des § 171 Abs 2 S 2–4 AktG über den Inhalt seines **Prüfungsberichts** (Anm 27 ff) gelten sinngemäß. **141**

Auch die in § 171 Abs 3 AktG genannte **Frist** und Nachfrist für die Prüfung (Anm 32) gelten im PublG. Wird der Prüfungsbericht des AR nicht vor Ablauf der von den gesetzlichen Vertretern gesetzten Nachfrist diesem zugeleitet, so gilt der JA als vom AR nicht gebilligt (§ 171 Abs 3 S 3 AktG). Welche Rechtsfolgen sich aus der Nichtbilligung durch den AR ergeben, ist nur der Satzung oder dem GesVertrag des dem PublG unterliegenden Unt zu entnehmen, da gesetzliche Sanktionen fehlen (glA *ADS*[6] § 7 PublG Anm 8). **142**

B. Feststellung des Jahresabschlusses (§ 8 PublG)

§ 8 PublG Feststellung des Jahresabschlusses

(1) [1] **Bedarf es zur Feststellung des Jahresabschlusses der Entscheidung oder Mitwirkung einer anderen Stelle als der gesetzlichen Vertreter und des Aufsichtsrats, so haben die gesetzlichen Vertreter den Jahresabschluß, wenn das Unternehmen einen Aufsichtsrat hat, unverzüglich nach Eingang seines Prüfungsberichts (§ 7), wenn das Unternehmen keinen Aufsichtsrat hat, unverzüglich nach Eingang des Prüfungsberichts der Abschlußprüfer der zuständigen Stelle vorzulegen.** [2] **Bedarf es zur Feststellung des Jahresabschlusses einer Versammlung der Gesellschafter, so ist die Versammlung unverzüglich nach dem Eingang des Prüfungsberichts des Aufsichtsrats oder der Abschlußprüfer einzuberufen; berufen die für die Einberufung zuständigen Stellen die Versammlung nicht unverzüglich ein, so haben die gesetzlichen Vertreter sie einzuberufen.**

(2) **Auf den Jahresabschluß sind bei der Feststellung die für seine Aufstellung geltenden Vorschriften anzuwenden.**

(3) [1] **Wird der Jahresabschluss nach Vorlage des Prüfungsberichts geändert, so hat der Abschlussprüfer diese Unterlagen erneut zu prüfen, soweit es die Änderung erfordert.** [2] **Über das Ergebnis der Prüfung ist zu berichten; der Bestätigungsvermerk ist entsprechend zu ergänzen.** [3] **Eine vor der erneuten Prüfung getroffene Entscheidung über die Feststellung des Jahresabschlusses wird erst wirksam, wenn auf Grund der erneuten Prüfung ein hinsichtlich der Änderung uneingeschränkter Bestätigungsvermerk erteilt worden ist.** [4] **Sie wird nichtig, wenn nicht binnen zwei Wochen seit der Entscheidung ein hinsichtlich der Änderung uneingeschränkter Bestätigungsvermerk erteilt wird.**

(4) **Der festgestellte Jahresabschluß ist der Jahresabschluß im Sinne der für die Rechtsform des Unternehmens geltenden Vorschriften.**

Übersicht

I. Allgemeines

145 Im Hinblick auf die unterschiedlichen Rechtsformen der in Betracht kommenden Unt wird die Feststellung des JA iSd PublG definiert als „die Billigung des Jahresabschlusses durch die zuständige Stelle, und wenn es sich um das Unternehmen eines Einzelkaufmannes handelt, die Billigung durch den Inhaber" (§ 4 Abs 3 PublG).

II. Feststellungsverfahren (Abs 1)

146 Das Feststellungsverfahren wird in § 8 Abs 1 PublG unterschiedlich geregelt je nachdem, ob der JA der Entscheidung oder Mitwirkung einer anderen zuständigen Stelle – zB AR, Beirat – bedarf (S 1) oder ob zur Feststellung eine Versammlung der Gester erforderlich ist (S 2). Im ersten Fall ist der JA unverzüglich nach Eingang des Prüfungsberichts des AR bzw, wenn ein solcher nicht vorhanden ist, nach Eingang des Prüfungsberichts des AP der zuständigen Stelle vorzulegen. Im zweiten Falle ist nach Eingang des Prüfungsberichts entweder des AR oder des AP unverzüglich die GesV einzuberufen.

147 Bei der Feststellung des JA sind die für die Aufstellung geltenden Vorschriften anzuwenden (Anm 82).

III. Änderung des Jahresabschlusses (Abs 3)

148 Die Vorschrift über das Änderungsverfahren übernimmt den Inhalt des § 316 Abs 3 S 1 u 2 über die Nachtragsprüfung und den Inhalt des § 173 Abs 3 AktG (Anm 84) über die schwebende Unwirksamkeit eines Feststellungsbeschlusses.

IV. Festgestellter Jahresabschluss (Abs 4)

149 Abs 4 bestimmt, dass der nach den Vorschriften des PublG festgestellte JA auch der JA ist im Sinne der für die jeweilige Rechtsform geltenden Vorschriften (§§ 242, 264; § 5 Abs 1 PublG). Eine doppelte Rechnungslegung entfällt daher.

Bei **Konzernabschlüssen** (§ 11 PublG) ist eine Feststellung nicht vorgesehen (Anm 133).

Vorschriften für Personenhandelsgesellschaften

Feststellung des Jahresabschlusses, Gewinn- und Verlustermittlung

A. Offene Handelsgesellschaft (§ 120 HGB)

§ 120 HGB Gewinn- und Verlustermittlung

(1) **Am Schlusse jedes Geschäftsjahrs wird auf Grund der Bilanz der Gewinn oder der Verlust des Jahres ermittelt und für jeden Gesellschafter sein Anteil daran berechnet.**

(2) **Der einem Gesellschafter zukommende Gewinn wird dem Kapitalanteile des Gesellschafters zugeschrieben; der auf einen Gesellschafter entfallende Verlust sowie das während des Geschäftsjahrs auf den Kapitalanteil entnommene Geld wird davon abgeschrieben.**

Übersicht

I. Feststellung des Jahresabschlusses

1. Allgemeines

Für das Rechtsverhältnis der Gester untereinander (Innenverhältnis) gilt nach § 109 in erster Linie der **Gesellschaftsvertrag.** Erst in zweiter Linie kommen die Vorschriften der §§ 110 bis 122 und ergänzend hierzu gem § 105 Abs 3 die Vorschriften über das Innenverhältnis der BGB-Ges (§§ 705 ff BGB) zum Zuge. Soweit auf Grund dieser **Vertragsfreiheit** Regelungen zB für die Mitwirkung eines AR oder Beirats und eine freiwillige JAP getroffen werden, sind diese Vorschriften einzuhalten. (Für mittelgroße und große KapCoGes gilt nach §§ 264 a, 316 Prüfungspflicht, soweit sie nicht nach § 264 b befreit sind.) Zu den Bestimmungen für die dem PublG unterliegenden Unt Anm 140 ff. 150

2. Feststellung des Jahresabschlusses

Während die **Aufstellung** des JA, ggf unter zusätzlicher Berücksichtigung der §§ 264 bis 289, zu den Aufgaben der geschäftsführenden Gester gehört, ist seine **Feststellung,** dh die verbindliche Festlegung des JA als Grundlage für die sich daraus ergebenden Ansprüche auf Ergebnisbeteiligung und Entnahmen und für die Aufstellung des JA des folgenden Gj Aufgabe sämtlicher Gester der OHG (s auch *Baumbach/Hopt*[31] § 114 Anm 3). Nach § 245 Abs 2 haben alle phG den JA zu unterzeichnen. Können sich die Gester bei der Feststellung nicht einigen, ist der Anspruch auf Feststellung im Wege der Klage durchzusetzen. 151

II. Gewinn- und Verlustermittlung

152 Der Gewinn oder Verlust der OHG wird auf Grund des JA ermittelt, für den die §§ 242 bis 256 gelten (soweit es sich nicht um eine KapCoGes handelt, für die auch die §§ 264 bis 289 gelten). Durch die Ausnutzung gesetzlicher Ansatz- und Bewertungswahlrechte können bei der Aufstellung des JA **stille Reserven** (Ermessensreserven) gebildet werden. In der Praxis wird allerdings häufig im GesVertrag vereinbart, dass der JA nach **ertragsteuerrechtlichen Grundsätzen** aufzustellen ist, wodurch die Bildung stiller Reserven reduziert wird. Die Vornahme von Abschreibungen nach vernünftiger kfm Beurteilung (§ 253 Abs 4) kann auch durch die gesrechtliche Treuepflicht gegenüber einzelnen Gestern beschränkt sein (dazu § 253 Anm 644).

153 Für die Bildung von **offenen Rücklagen** enthält das Recht der OHG, falls es sich um eine reine PersGes handelt (für KapCoGes ist § 272 anzuwenden), keine gesetzlichen Vorschriften. Ihre Bildung ist **mit Zustimmung aller Gesellschafter** bei der Feststellung des JA oder im Rahmen einer vom HGB (§ 121) und ggf vom GesVertrag abw Gewinnverteilung unbeschränkt zulässig.

Fraglich ist jedoch, ob und in welchem Umfang bei fehlender Satzungsbestimmung durch **Mehrheitsbeschluss** offene Rücklagen gebildet bzw ob gesvertragliche Gewinnverteilungsregeln durch Mehrheitsbeschluss zugunsten einer stärkeren Rücklagenbildung geändert werden dürfen. Nach *BGH* 10. 5. 1976, BB, 948 ist die Frage zu bejahen, wenn der GesVertrag Vertragsänderungen dieser Art mit einfacher Mehrheit zulässt und es sich außerdem um **notwendige Rücklagen** handelt, dh solche, die erforderlich erscheinen, um das Unt für die Zukunft lebens- und widerstandsfähig zu erhalten (s dazu auch *Baumbach/Hopt*[31] § 120 Anm 5 sowie hier Anm 156).

B. Kommanditgesellschaft (§ 167 HGB)

§ 167 HGB Gewinn und Verlust

(1) **Die Vorschriften des § 120 über die Berechnung des Gewinns oder Verlustes gelten auch für den Kommanditisten.**

(2) **Jedoch wird der einem Kommanditisten zukommende Gewinn seinem Kapitalanteil nur so lange zugeschrieben, als dieser den Betrag der bedungenen Einlage nicht erreicht.**

(3) **An dem Verluste nimmt der Kommanditist nur bis zum Betrage seines Kapitalanteils und seiner noch rückständigen Einlage teil.**

Übersicht

I. Feststellung des Jahresabschlusses

155 Für die KG gelten gemäß § 161 Abs 2, soweit in den §§ 161–177a nichts anderes vorgeschrieben ist, die für die OHG geltenden Bestimmungen (Anm 150). Für dem PublG unterliegende KG s Anm 140ff.

Die Aufstellung des JA ist Aufgabe des phG. Nach § 245 Abs 2 sind lediglich die phG zur Unterschrift unter den JA verpflichtet. § 166 berechtigt den Kommanditist, die abschriftliche Mitteilung des JA zu verlangen und dessen Richtigkeit (selbst oder durch einen vertrauenswürdigen und geeigneten Sachverständigen) unter Einsicht der Bücher und Papiere (auf seine Kosten) zu prüfen.

Die Kommanditisten haben nach *BGH* 29. 3. 1996, DB, 926 **Mitwirkungsrechte** bereits bei Aufstellung des JA hinsichtlich der Bewertungswahlrechte (dazu § 247 Anm 195 sowie *Bormann/Hellberg* DB 1997, 2415). Sie wirken bei der **Feststellung des JA** mit. Bei der **Gewinnverwendung** haben alle Gester einer KG ihre Ausschüttungsinteressen jedoch gegen die Bedürfnisse der KG zur Selbstfinanzierung und Zukunftssicherung abzuwägen. Werden durch den GesVertrag die Rechte der Kommanditisten einem **Beirat** übertragen, müssen sich die phG mit der Beiratsmehrheit einigen. Zur Bildung von **stillen Reserven** s Anm 152, zur Bildung von **offenen Rücklagen** Anm 153. 157

II. Gewinnverteilung (Abs 2 und 3)

Abs 2 beschränkt Gutschriften aus festgestellten JA (Anm 156) auf den *Kapital*konten insoweit, als diese Gutschriften nur bis zur Höhe der bedungenen Einlage zulässig sind. Nach Abs 3 dürfen hingegen einem Kommanditisten Verluste nur bis zum Betrag seines (eingezahlten) Kapitalanteils zzgl seiner etwa noch rückständigen Einlage zugerechnet werden (dh also bis zur Höhe seines gezeichneten Kapitals). Für weitere Einzelheiten s § 247 Anm 160ff und 170ff. 158

C. Vorschriften für Einzelkaufleute

Für den JA des Ekfm kommen besondere Vorschriften über die Feststellung des JA und die Gewinnverwendung nicht in Betracht. Als **Feststellung** iSd PublG ist gemäß § 4 Abs 3 PublG die Billigung des JA durch den Inhaber der Einzelfirma anzusehen. Gemäß § 245 S 1 ist der JA vom Ekfm zu unterzeichnen. Vorstehendes gilt nicht für die Einmann-AG und die Einmann-GmbH. Für diese Einpersonen-Ges gelten die Ausführungen in den Anm 1–116 bzw 120–133. 160

§ 325 Offenlegung

(1) [1]**Die gesetzlichen Vertreter von Kapitalgesellschaften haben den Jahresabschluß unverzüglich nach seiner Vorlage an die Gesellschafter, jedoch spätestens vor Ablauf des zwölften Monats des dem Abschlußstichtag nachfolgenden Geschäftsjahrs, mit dem Bestätigungsvermerk oder dem Vermerk über dessen Versagung zum Handelsregister des Sitzes der Kapitalgesellschaft einzureichen; gleichzeitig sind der Lagebericht, der Bericht des Aufsichtsrats und, soweit sich der Vorschlag für die Verwendung des Ergebnisses und der Beschluß über seine Verwendung aus dem eingereichten Jahresabschluß nicht ergeben, der Vorschlag für die Verwendung des Ergebnisses und der Beschluß über seine Verwendung unter Angabe des Jahresüberschusses oder Jahresfehlbetrags sowie die nach § 161 des Aktiengesetzes vorgeschriebene Erklärung einzureichen; Angaben über die Ergebnisverwendung brauchen von Gesellschaften mit beschränkter Haftung nicht gemacht zu werden, wenn sich anhand dieser Angaben die Gewinnanteile von natürlichen Personen feststellen lassen, die Gesellschafter sind.** [2]**Die gesetzlichen Vertreter haben unverzüglich nach der**

Einreichung der in Satz 1 bezeichneten Unterlagen im Bundesanzeiger bekanntzumachen, bei welchem Handelsregister und unter welcher Nummer diese Unterlagen eingereicht worden sind. [3]Werden zur Wahrung der Frist nach Satz 1 der Jahresabschluß und der Lagebericht ohne die anderen Unterlagen eingereicht, so sind der Bericht und der Vorschlag nach ihrem Vorliegen, die Beschlüsse nach der Beschlußfassung und der Vermerk nach der Erteilung unverzüglich einzureichen; wird der Jahresabschluß bei nachträglicher Prüfung oder Feststellung geändert, so ist auch die Änderung nach Satz 1 einzureichen.

(2) **[1]Absatz 1 ist auf große Kapitalgesellschaften (§ 267 Abs. 3) mit der Maßgabe anzuwenden, daß die in Absatz 1 bezeichneten Unterlagen zunächst im Bundesanzeiger bekanntzumachen sind und die Bekanntmachung unter Beifügung der bezeichneten Unterlagen zum Handelsregister des Sitzes der Kapitalgesellschaft einzureichen ist; die Bekanntmachung nach Absatz 1 Satz 2 entfällt. [2]Die Aufstellung des Anteilsbesitzes (§ 287) braucht nicht im Bundesanzeiger bekannt gemacht zu werden.**

(2a) **[1]Bei der Offenlegung nach Absatz 2 kann an die Stelle des Jahresabschlusses ein Einzelabschluss treten, der nach den in § 315a Abs. 1 bezeichneten internationalen Rechnungslegungsstandards aufgestellt worden ist. [2]Ein Unternehmen, das von diesem Wahlrecht Gebrauch macht, hat die dort genannten Standards vollständig zu befolgen. [3]Auf einen solchen Abschluss finden § 243 Abs. 2, §§ 244, 245, 257, 285 Satz 1 Nr. 7, 8 Buchstabe b, Nr. 9 bis 11a, 14 bis 17, § 286 Abs. 1 und 3 sowie § 287 Anwendung. [4]Der Lagebericht nach § 289 muss in dem erforderlichen Umfang auf den Abschluss nach Satz 1 Bezug nehmen. [5]Die übrigen Vorschriften des Zweiten Unterabschnitts des Ersten Abschnitts und des Ersten Unterabschnitts des Zweiten Abschnitts des Dritten Buchs gelten insoweit nicht. [6]Kann wegen der Anwendung des § 286 Abs. 1 auf den Anhang die in Satz 2 genannte Voraussetzung nicht eingehalten werden, so entfällt das Wahlrecht nach Satz 1.**

(2b) **Die befreiende Wirkung der Offenlegung des Einzelabschlusses nach Absatz 2a tritt ein, wenn**

1. **statt des vom Abschlussprüfer zum Jahresabschluss erteilten Bestätigungsvermerks oder des Vermerks über dessen Versagung der entsprechende Vermerk zum Abschluss nach Absatz 2a in die Offenlegung nach Absatz 2 einbezogen wird,**
2. **der Vorschlag für die Verwendung des Ergebnisses und gegebenenfalls der Beschluss über seine Verwendung unter Angabe des Jahresüberschusses oder Jahresfehlbetrags in die Offenlegung nach Absatz 2 einbezogen werden und**
3. **der Jahresabschluss mit dem Bestätigungsvermerk oder dem Vermerk über dessen Versagung nach Absatz 1 Satz 1 und 2 offen gelegt wird.**

(3) **[1]Die gesetzlichen Vertreter einer Kapitalgesellschaft, die einen Konzernabschluß aufzustellen hat, haben den Konzernabschluß unverzüglich nach seiner Vorlage an die Gesellschafter, jedoch spätestens vor Ablauf des zwölften Monats des dem Konzernabschlußstichtag nachfolgenden Geschäftsjahrs, mit dem Bestätigungsvermerk oder dem Vermerk über dessen Versagung und den Konzernlagebericht sowie den Bericht des Aufsichtsrats im Bundesanzeiger bekanntzumachen und die Bekanntmachung unter Beifügung der bezeichneten Unterlagen zum Handelsregister des Sitzes der Kapitalgesellschaft einzureichen. [2]Die Aufstellung des Anteilsbesitzes (§ 313 Abs. 4) braucht nicht im Bundesanzeiger bekannt gemacht zu werden. [3]Absatz 1 Satz 3 ist entsprechend anzuwenden.**

(3a) **[1]Ist die Berichterstattung des Aufsichtsrats über Konzernabschluss und Konzernlagebericht in einem nach Absatz 2 Satz 1 erster Halbsatz in Verbindung mit Absatz 1 Satz 1 zweiter Teilsatz offen gelegten Bericht des Aufsichtsrats enthalten, so kann die Bekanntmachung des Berichts nach Absatz 3**

Satz 1 durch einen Hinweis auf die frühere oder gleichzeitige Bekanntmachung nach Absatz 2 Satz 1 erster Halbsatz ersetzt werden. [2]Wird der Konzernabschluss zusammen mit dem Jahresabschluss des Mutterunternehmens oder mit einem von diesem aufgestellten Einzelabschluss nach Absatz 2 a bekannt gemacht, so können die Vermerke des Abschlussprüfers nach § 322 zu beiden Abschlüssen zusammengefasst werden; in diesem Fall können auch die jeweiligen Prüfungsberichte zusammengefasst werden.

(4) **Bei Anwendung der Absätze 2 und 3 ist für die Wahrung der Fristen nach Absatz 1 Satz 1 und Absatz 3 Satz 1 der Zeitpunkt der Einreichung der Unterlagen beim Bundesanzeiger maßgebend.**

(5) **Auf Gesetz, Gesellschaftsvertrag oder Satzung beruhende Pflichten der Gesellschaft, den Jahresabschluß, den Einzelabschluss nach Absatz 2 a, den Lagebericht, Konzernabschluß oder Konzernlagebericht in anderer Weise bekanntzumachen, einzureichen oder Personen zugänglich zu machen, bleiben unberührt.**

Übersicht

Schrifttum zu §§ 325–327: *Klatte* Möglichkeiten des Verzichts auf Angabe von Organbezügen und Ergebnisverwendung, BB 1995, 35; *Weilbach* Zur Offenlegungspflicht mittelständischer Kapitalgesellschaften, BB 1995, 451; *Behrens* Krisensymptome in der Gesellschaftsrechtsangleichung, EuZW 1996, 193; *Nothelfer* Die Auswirkungen der GmbH & Co.-Richtlinie auf die Praxis, BB 1996, 1655; *Tilmann* Handbuch der GmbH & Co. 18. Aufl Köln 1997, 205; *Böcking/Orth* Neue Vorschriften zur Rechnungslegung und Prüfung durch das KonTraG und das KapAEG, DB 1998, 1241; De *Werth* Europarechtliche Sanktionierung der unterlassenen Offenlegung des Jahresabschlusses?, BB 1998, 366; *Dörner/Wirth* Die Befreiung von Tochter-Kapitalgesellschaften nach § 264 Abs 3 HGB idF des KapAEG hinsichtlich Inhalt, Prüfung und Offenlegung des Jahresabschlusses, DB 1998, 1525; *v. Hulle* Die Zukunft der europäischen Rechnungslegung im Rahmen einer sich ändernden internationalen Rechnungslegung, WPg 1998, 138; *Weerth* Europarechtliche Sanktionierung der unterlassenen Offenlegung des Jahresabschlusses?, BB 1998, 366; *Crezelius* Jahresabschlußpublizität bei deutscher Kapitalgesellschaft, ZGR 1999, 252; *Gehringer* Vertragsverletzung: Fehlen von geeigneten Sanktionen für den Fall der Nichtoffenlegung des Jahresabschlusses, EWS 1999, 65; *Heni* Transformation der GmbH & Co.-Richtlinie – Neuer Schub für die Konzernrechnungslegung, DStR 1999, 912; *Jansen* Publizitätsverweigerung deutscher GmbH und ihre Sanktionen im Lichte des (RefE) KapCoRiLiG, DStR 1999, 1490; *Jansen* Publizitätsverweigerung und Haftung in der GmbH, 1999; *Strobel* Die neuen EU-Bilanzpflichten für Kapitalgesellschaften & Co. im Rahmen neuer Schwellenwerte und Offenlegungssanktionen, DB 1999, 1025; *Strobel* Anpassung des HGB-Bilanzrechts an EU-Vorgaben, BB 1999, 1054; *Strobel* Der Regierungsentwurf des Kapitalgesellschaften und Co.-Richtlinie-Gesetzes, DB 1999, 1713; *Wiechmann* Der Jahres- und Konzernabschluß der GmbH & Co. KG, WPg 1999, 916; *Bitter/Grashoff* Anwendungsprobleme des Kapitalgesellschaften- und Co-Richtlinie-Gesetzes, DB 2000, 833; *Bitter/Grashoff Das* Publizitätsgesetz nach Inkrafttreten des KapCoRiLiG – unterschiedliche Anforderungen an die Rechnungslegung?, DB 2000, 2285; *Dieckmann* Publizitätspflicht und Sanktionen nach dem Kapitalgesellschaften- und Co.-Richtlinie-Gesetz, GmbHR 2000, 353; *Scheffler* Neue Vorschriften zur Rechnungslegung, Prüfung und Offenlegung nach dem Kapitalgesellschaften und Co.-Richtlinien-Gesetz, DStR 2000, 529; *Strobel* Die Neuerungen des KapCoRiLiG für den Einzel- und Konzernabschluß, DB 2000, 53; *Theile* Publizität des Einzel- oder Konzernabschlusses bei der GmbH & Co. KG nach neuem Recht, GmbHR 2000, 215; *Zimmer/Eckhold* Das Kapitalgesellschaften & Co.-Richtlinie-Gesetz, NJW 2000, 1361. *Schlagheck* Unternehmenssteuerreform und Verstoß gegen die Prüfungspflicht des Jahresabschlusses einer GmbH, GmbHR 2002, 682; *WPK,* Stellungnahme zu dem Regierungsentwurf eines Gesetzes zur Einführung internationaler Rechnungslegungsstandards und zur Sicherung der Qualität der Abschlussprüfung (Bilanzrechtsreformgesetz – BilReG), WPK Magazin 4/2001, 31; *Noack,* Elektronische Publizität im Aktien- und Kapitalmarktrecht in Deutschland und Europa – Medien für Unternehmensinformation im Wandel, Die Aktiengesellschaft 2003, 537; *Marten/Zorn* Prüfungsbefreiung für den Einzelabschluss im Konzern – keine Erleichterung in der Praxis, BB 2004, 1615.

A. Allgemeines

Der vierte Unterabschnitt (§§ 325 bis 329) enthält die von allen KapGes zu beachtenden Offenlegungs- und Veröffentlichungsvorschriften der Unterlagen zur Rechnungslegung. Diese Vorschriften sind nach den Regelungen in § 264 a auch auf **PersGes** anzuwenden, bei denen nicht wenigstens ein persönlich haftender Gester eine natürliche Person ist **(KapCoGes);** zu Einzelheiten s § 264 a Anm 1 ff. In der Überschrift ist die Definition des **Begriffs „Offenlegung“** aufgenommen. Das HGB versteht hierunter die Einreichung zu einem Register und ggf die Bekanntmachung im BAnz (zur Abgrenzung ggü der Veröffentlichung und Vervielfältigung s § 328 Anm 2). 1

In § 325 sind die Grundformen und der Umfang der Offenlegungspflichten umschrieben, für GmbH ist die Offenlegung der Ergebnisverwendung erleichtert. Für kleine und mittelgroße KapGes/KapCoGes sehen die §§ 326, 327 größenabhängige Erleichterungen vor. KapGes sind gem § 264 Abs 3 und KapCoGes gem § 264 b bei Einbeziehung in einen befreienden KA und Erfüllung bestimmter unterschiedlicher Anforderungen von der Offenlegung befreit (dazu § 264 Anm 61 ff bzw § 264 b Anm 10 ff).

§ 325 wurde durch das BilReG mit Wirkung für Gj, die nach dem 31. 12. 2004 beginnen, um Regelungen zum IFRS-EA ergänzt (Abs 2 a, 2 b) und an den neuen Art 37 Abs 4 der durch die Richtl 2003/51/EG geänderten Konzernbilanzrichtlinie angepasst (Abs 3a). „IFRS" idS sind nur die von der EU übernommenen IAS. Nach Abs 2a, 2b dürfen große KapGes sowie große PersGes iSd § 264a einen IFRS-EA aufstellen und offen legen. Diese Offenlegung wirkt begrenzt befreiend für die Offenlegung des HGB-JA (s Anm 56ff).

Formvorschriften für die Offenlegung wie auch für Veröffentlichung und/oder Vervielfältigung sind in § 328 enthalten (s dort Anm 1ff). Die dem Registergericht obliegende begrenzte Prüfungspflicht regelt § 329 (s dort Anm 1ff).

Die Offenlegung von **Zweigniederlassungen ausländischer** KapGes/KapCoGes ist in § 325a gesondert geregelt, s dort.

2 Große KapGes/KapCoGes unterliegen nach Abs 2 der **Bundesanzeigerpublizität** und der anschließenden Registerpublizität, mittelgroße und kleine KapGes/KapCoGes nach Abs 1 nur der **Registerpublizität.**

Offenlegungspflichtige Unterlagen sind nach Abs 1 der JA, der Lagebericht, der Bericht des AR und die Ergebnisverwendung (oder der Vorschlag hierzu) sowie von prüfungspflichtigen Ges der BVm oder Versagungsvermerk, hinzu kommt die Entsprechungserklärung iSd § 161 AktG; für die Angaben zur Ergebnisverwendung kann die Ausnahmeregelung zum Schutz natürlicher Gester in Anspruch genommen werden (Anm 21). Zu den unterschiedlich ausgestalteten Erleichterungen für mittelgroße und kleine KapGes/KapCoGes, die bis zu einer Teiloffenlegung reichen, s Erl zu §§ 326, 327.

Davon unabhängig räumen §§ 266 Abs 1 S 3, 274a, 276, 288 S 1 kleinen und §§ 276, 288 S 2 mittelgroßen KapGes/KapCoGes Erleichterungen für die **Aufstellung** des JA ein; außerdem darf die Angabe von Bezügen gem § 285 S 1 Nr 9a S 1–4, 9b auch bei großen KapGes/KapCoGes unter bestimmten Voraussetzungen unterbleiben (§ 286 Abs 4, dort Anm 16ff). Alle Erleichterungen dürfen – soweit sie nicht bereits bei Aufstellung in Anspruch genommen wurden – auch nur (nachträglich) für die Offenlegung genutzt werden (Näheres in § 326 Anm 14–16 und § 327 Anm 13–15).

Bezüglich der für Tochter-KapGes in § 264 Abs 3 und Tochter-KapCoGes in § 264b jeweils aller Größenklassen wahlweise eingeräumten Erleichterung der Nichtanwendung von Vorschriften für die Offenlegung vgl Anm 22.

Über den Verweis in § 9 Abs 1 S 1 PublG wird auch den vom PublG erfassten Unt die Möglichkeit eingeräumt, einen IFRS-EA offen zu legen; über § 11 Abs 6 Nr 2 PublG gilt die obligatorische IFRS-Rechnungslegung für den KA, wenn die Größenmerkmale des § 11 Abs 1 PublG erfüllt sind (s § 11 Abs 5 PublG).

3 Zur **Konzernrechnungslegung** verpflichtete KapGes/KapCoGes müssen gem § 325 Abs 3 den KA mit BVm oder Versagungsvermerk und den Konzernlagebericht in gleicher Weise wie den JA einer großen KapGes/KapCoGes offenlegen; Erleichterungen sind nicht vorgesehen – auch nicht aus Gründen des Datenschutzes hinsichtlich der Angabe von Bezügen gem § 314 Nr 6a, 6b; s aber § 134 Anm 52. Zu Offenlegungserleichterungen bei verbundener Berichterstattung über die Jahres- und Konzernrechnungslegung s Erl unter Anm 75ff.

4 Die **Offenlegungszeitpunkte** ergeben sich für alle KapGes/KapCoGes aus Abs 1, 3 und 4. Die Offenlegung hat unverzüglich nach Vorlage des JA (wie auch des KA) an die Gester zu erfolgen, jedoch spätestens vor Ablauf des zwölften Monats des folgenden Gj. Zur Fristwahrung genügt die Offenlegung des JA und Lageberichts und/oder KA und Konzernlageberichts, sofern die BVm und ggf weitere Unterlagen (AR-Bericht, Ergebnisverwendungsvorschlag oder der diesbezügliche Gester-Beschluss) noch nicht vorliegen. Fehlende und nachträglich geänderte Unterlagen sind, sobald sie vorliegen, offenzulegen.

5 Werden die Offenlegungspflichten des § 325 (ggf erleichtert gem §§ 326, 327) nicht beachtet, bestehen im Vergleich zur Einhaltung der Aufstellungs-,

Bilanzierungs- und Bewertungsvorschriften geringere **Sanktionen.** Allerdings ist das pflichtwidrige Unterlassen der Offenlegung nach § 335a mit Ordnungsgeld bedroht. Für Einzelheiten s hier Anm 78 und § 335a Anm 1ff.

Zur EU-Rechtskonformität der Pflicht zur Offenlegung des JA einer GmbH & Co KG s *EuGH* v 23. 9. 2004, DB 2004, 2413. Einreichung und Offenlegung des Rechenschaftsberichts politischer Parteien richten sich ausschließlich nach § 19a Abs 3 PartG.

B. Pflicht zur Einreichung und Bekanntmachung (Abs 1)

I. Offenlegungspflichtige Unterlagen

1. Allgemeine Regelung

Die offenlegungspflichtigen **Unterlagen** zum **Jahresabschluss** sind in Abs 1 (für Zweigniederlassungen ausländischer KapGes/KapCoGes in § 325a) abschließend aufgeführt. Umfang und Inhalt können bei Offenlegung variieren, wenn einzelne Unterlagen nicht verlangt werden (für kleine KapGes/KapCoGes, Bericht des AR bei Ges ohne AR) und/oder weil auf Grund von Ausnahmeregelungen (Anm 1, 14, 22) größenspezifische Offenlegungserleichterungen (§§ 326, 327) oder Aufstellungserleichterungen (Anm 2) in Anspruch genommen werden. Nach Abs 1 S 1 und S 3 Hs 2 sind offenzulegen: 6

- der **Jahresabschluss,** bestehend aus Bilanz, GuV und Anhang;
- der **Lagebericht;**
- bei prüfungspflichtigen KapGes/KapCoGes der **Bestätigungsvermerk oder Versagungsvermerk** des AP;
- der **Bericht des Aufsichtsrats** (bei KapGes, sofern ein obligatorischer AR besteht, und bei GmbH mit fakultativem AR iSv § 171 Abs 2 AktG iVm § 52 GmbHG (zur Ausgestaltung s *Lutter/Hommelhoff* GmbHG[15] § 52 Anm 3–20), nicht dagegen von KapCoGes mit freiwillig gebildetem AR, s auch Anm 12), bei MU iSv § 290 mit obligatorischem oder fakultativem AR einschl des Ergebnisses der Prüfung des KA und Konzernlageberichts;
- der Vorschlag für die **Verwendung des Ergebnisses** und der Beschluss über seine Verwendung unter Angabe des Jahresüberschusses oder Jahresfehlbetrags – soweit sich diese nicht aus dem JA ergeben (Ausnahmen für GmbH Anm 14, 22 und für KapCoGes Anm 14);
- bei börsennotierten KapGes die **Entsprechenserklärung** (§ 161 AktG) zum Corporate Governance Kodex;
- ggf **Änderungen des JA** auf Grund des Feststellungsbeschlusses;
- ggf **Änderungen des BVm** bzw Versagungsvermerks auf Grund einer Nachtragsprüfung.

Diese Unterlagen (ausgenommen ggf AR-Bericht und die Angaben zur Ergebnisverwendung bei GmbH sowie die Entsprechens-Erklärung) sind nur von großen KapGes/KapCoGes vollständig offenzulegen; s hierzu Anm 50ff. 7

Kleine KapGes/KapCoGes dürfen auf die Offenlegung der GuV und der die GuV betreffenden Angaben im Anhang, des wahlweise aufgestellten Lageberichts (§ 264 Abs 1 S 1), etwaiger Angaben zur Ergebnisverwendung und ggf des AR-Berichts verzichten (§ 326 Anm 3ff).

Mittelgroße KapGes/KapCoGes dürfen Verkürzungen bei der Offenlegung von Bilanz und Anhang und bei GmbH zum Schutz natürlicher Gester bei der Ergebnisverwendung gem Anm 21 in Anspruch nehmen (§ 327 Anm 1ff);

KapCoGes brauchen Angaben zur Ergebnisverwendung nicht offenzulegen (Anm 21).

Nicht zu den offenlegungspflichtigen Unterlagen iSd Abs 1 gehören die öffentlich beglaubigte Abschrift der **Niederschrift über die Hauptversammlung** und ihrer Anlagen (§ 130 Abs 5 AktG) und die **Gesellschafterliste** (§ 40 S 1 GmbHG) mit den erforderlichen Angaben. Diese Unterlagen brauchen auch von großen, der BAnz-Publizität unterliegenden KapGes/KapCoGes nur zum HR eingereicht zu werden.

8 Zu **Form und Inhalt** der Unterlagen bei der Offenlegung sowie evtl erforderlich werdenden weiteren Hinweisen s die Erl zu § 328.

9 Zum offenzulegenden **Jahresabschluss** gehören **nicht Sonderbilanzen** wie zB Eröffnungs- oder Gründungsbilanz (§ 242 Abs 1), Umwandlungsbilanz nach AktG oder UmwG, Verschmelzungsbilanz, Liquidations-Schlussbilanz usw, wohl aber der JA, der zugleich Schlussbilanz einer übertragenden Ges ist, die Abwicklungs-Eröffnungsbilanz, Jahresbilanzen im Liquidationsstadium und der Abschluss für ein Rumpf-Gj; Näheres bei *Budde/Förschle* Sonderbilanzen[3], E 261f, F 141, R 81, U 345ff.

10 Nach dem HGB ist die Offenlegung nicht von der Feststellung des JA abhängig (Umkehrschluss aus Abs 1 S 3 Hs 2). Ein nachträglich gefasster Feststellungsbeschluss, der den eingereichten JA nicht ändert, ist nicht offenzulegen, weil er für die Öffentlichkeit ohne Interesse ist (ebenso *ADS*[6] § 325 Anm 81; s auch Anm 45f). Erfolgt bei kleinen KapGes/KapCoGes eine Prüfung des JA auf Grund des GesVertrags oder freiwillig durch einen AP, kann der BVm auf freiwilliger Basis offengelegt werden (§ 328 Anm 13). Mit einem pflichtwidrig nicht geprüften JA kann der Offenlegungspflicht nicht entsprochen werden, vgl aber § 328 Abs 1 Nr 2.

12 Besteht bei einer **GmbH** ein obligatorischer **Aufsichtsrat** (§ 77 Abs 1 BetrVG, § 25 Abs 1 Nr 2 MitbestG, §§ 2, 3 Abs 1 S 2 MitbestErgG, § 3 KAGG), ist dessen **Bericht** (zur Prüfungsaufgabe des AR und zum Inhalt des Berichts wird auf § 171 AktG, Vor § 325 Anm 21, verwiesen) nach § 42a Abs 1 S 3 GmbHG den Gestern vorzulegen und nach Abs 1 S 1 offenzulegen. Entspr gilt für den Bericht des fakultativen AR auf Grund des Verweises durch § 52 Abs 1 GmbHG auf Anwendung der aktienrechtlichen Vorschriften zum AR, sofern nicht der GesVertrag ein anderes (hier den Ausschluss der Prüfung und Berichterstattung entspr § 171 AktG) bestimmt (s auch Vor § 325 Anm 120). Auch ein Verwaltungsrat/Beirat/GesterAusschuss bei der GmbH kann fakultativer AR sein, wenn die Kompetenz zur Überwachung gegeben ist. Obliegt diesem auch eine Prüfungspflicht entspr § 171 Abs 1 S 1 AktG, ist der entspr Bericht nach Abs 1 S 1 offenzulegen.

13 Bei **KapCoGes** kann freiwillig ein AR oder ein anders benanntes Aufsichtsgremium bestellt werden. Es bestehen hierzu jedoch keine gesetzlichen Verpflichtungen (wie zB für KapGes das BetrVG und MitbestG oder für die GmbH die Regelung nach § 52 GmbHG zum fakultativen AR), so dass keine Berichtspflicht besteht. Auch ein freiwillig erstellter Bericht des Aufsichtsgremiums ist nicht offenlegungspflichtig (so im Ergebnis wohl auch *Fehrenbacher* in MünchKommHGB § 325 Anm 25).

Dem Vorstand der **AG** gibt § 170 Abs 2 AktG die Verpflichtung auf, einen **Vorschlag für die Verwendung des Bilanzgewinns** zu erstellen; dieser ist nach Abs 1 S 1 offenzulegen.

14 Dagegen ist der Geschäftsführung einer **GmbH** ohne AR eine solche Verpflichtung nicht durch das GmbHG aufgegeben (aA weil dispositiv *Lutter/Hommelhoff* GmbHG[15] § 42a Anm 6); die Offenlegung eines Vorschlags entfällt daher, auch wenn freiwillig oder auf Grund des GesVertrags eine Vorlage an

die Gester erfolgt (Vor § 325 Anm 130 f; *ADS*[6] § 325 Anm 48). Besteht bei GmbH ein obligatorischer oder fakultativer AR, ist ein Ergebnisverwendungsvorschlag vor- und offenzulegen, wenn § 170 Abs 2 AktG zur Anwendung gelangt. Für den obligatorischen AR sehen dies die wesentlichen Verweisungsvorschriften (Anm 12) nicht vor; aber im Falle des fakultativen AR verlangt § 52 Abs 1 GmbHG die Anwendung des § 170 AktG, sofern dies nicht statutarisch ausgeschlossen ist (glA *ADS*[6] § 325 aaO, Vor § 325 aaO).

Der Vorschlag für die Verwendung des Ergebnisses darf im **Anhang** des JA – dann allerdings klar erkennbar – angeführt werden (ebenso *ADS*[6] § 325 Anm 51). Zum Schutz natürlicher GmbH- und uE auch KapCoGes-Gester braucht die Ergebnisverwendung nicht offengelegt zu werden, Anm 21.

Für **KapCoGes** fehlt eine dem § 170 Abs 2 AktG entspr Regelung über die Vorlage des Ergebnisverwendungsvorschlags an einen (freiwillig bestellten) AR; auch eine entspr Anwendung dieser Vorschrift ist gesetzlich nicht vorgesehen. Damit braucht ein Ergebnisverwendungsvorschlag von der KapCoGes uE nicht offengelegt zu werden.

Der offenzulegende **Beschluss über die Verwendung des Ergebnisses** 15
bezieht sich bei **AG** und **KGaA** immer auf den Bilanzgewinn (§ 174 AktG und Vor § 325 Anm 91 ff) und bei GmbH – soweit nicht auf diese Offenlegung verzichtet werden darf (Anm 21) – auf das Jahresergebnis (Jahresüberschuss zuzüglich Gewinnvortrag bzw abzüglich Verlustvortrag) bzw den Bilanzgewinn (§ 29 GmbHG und Vor § 325 Anm 122 ff). Offenzulegen ist nur ggf der Beschluss, der sich auf die **Ergebnisverwendung** durch **Hauptversammlung** oder **Gesellschafterversammlung** bezieht und nicht eine Ergebnisverwendung durch die Verwaltung oder auf Grund statutarischer Regeln oder gesetzlicher Vorschriften. Bei **KapCoGes** kommen ein Beschluss über die Verwendung des (unverteilten) Jahresüberschusses und seine (freiwillige) Offenlegung nur in Betracht, wenn die Gewinnverwendung auf Grund gesvertraglicher Regelungen einen GesterBeschluss erfordert, da anderenfalls Gewinnanteile grds bei Bilanzerstellung den Kapitalanteilen zugeschrieben werden (vgl auch *WPH*[12] I F, 105 und zur Bilanzierung § 247 Anm 193).

Die Gliederung des Ergebnisverwendungsbeschlusses ist nur für die **AG** in 16
§ 174 Abs 2 AktG vorgeschrieben; soweit ein vom Verwendungsvorschlag abw Beschluss zu einem zusätzlichen Aufwand führt, ist dieser anzuführen. Bei **GmbH** wird bei anderweitiger Beschlussfassung zumindest die Angabe des zusätzlichen Aufwands auf Grund des Beschlusses entspr § 174 Abs 2 Nr 5 AktG für angezeigt gehalten (glA *ADS*[6] § 325 Anm 59).

Die gem Abs 1 S 1 Hs 2 verlangte Angabe von **Jahresüberschuss** oder **Jahresfehlbetrag** ist nur erforderlich, wenn die Angabe nicht aus dem eingereichten JA ersichtlich ist (so auch *Fehrenbacher* in MünchKommHGB § 325 Anm 33; im Ergebnis aA *ADS*[6] § 325 Anm 61) und nicht auf die Offenlegung der Ergebnisverwendung verzichtet werden darf (Anm 21). Das ist nur bei kleinen KapGes/KapCoGes der Fall, die den JA nach teilweiser oder vollständiger Verwendung des Jahresergebnisses bzw bei KapCoGes unter Zuschreibung der Gewinnanteile auf die Kapitalkonten der Gester aufstellen (§ 268 Abs 1 S 1) und zugleich die GuV auf Grund von § 326 (dort Anm 9 ff) nicht offenlegen. 17

Sofern ein **Bilanzverlust** oder bei GmbH auch ein negatives (Gesamt-)Ergebnis (Jahresüberschuss/-fehlbetrag zuzüglich Gewinnvortrag bzw abzüglich Verlustvortrag) vorliegt, entfallen Vorschlag und Beschluss über die Ergebnisverwendung und damit ihre Offenlegung meistens, da dann weder Ausschüttungen noch Rücklagendotierungen stattfinden werden. Es bedarf auch **keiner Fehlanzeige;** ebenso *ADS*[6] § 325 Anm 60. 18

Entspr gilt beim **Ergebnisabführungsvertrag.** Die zur Gewinnabführung verpflichtete bzw zur Verlustdeckung berechtigte Ges weist regelmäßig ein ausgeglichenes Jahresergebnis aus, so dass ein Ergebnisverwendungsbeschluss entfällt (s § 275 Anm 262).

19 Die vom Vorstand und AR einer börsennotierten AG gem § 161 AktG jährlich abzugebende **Entsprechenserklärung** zum Corporate Governance Kodex (vgl auch § 285 Anm 261 f) ist gem Abs 1 S 1 Hs 2 mit den übrigen Unterlagen offenzulegen. Außerdem ist die Erklärung den Aktionären dauerhaft zugänglich zu machen. Hierfür reicht bereits eine laufende Veröffentlichung in ihrer jeweiligen Fassung auf der Website der AG aus; darüber hinaus sollte, wenn auch gesetzlich nicht vorgesehen, die Erklärung bzw die Darstellung der unternehmensindividuellen Praxis zu den betr Enpfehlungen des Kodexes in den Geschäftsbericht aufgenommen werden (*RegE TransPuG* BT-Drs 14/8769, 52).

20 **Änderungen** des **Jahresabschlusses** auf Grund nachträglicher Prüfung oder Feststellung sind dem HR nachzureichen (Abs 1 S 3 Hs 2) und in der entspr der Größenklasse der KapGes/KapCoGes vorgeschriebenen Form im BAnz bekannt zu machen (dazu auch Anm 45 ff). Dies gilt auch für Änderungen aller übrigen Unterlagen, zB ggf für den Lagebericht oder eine geänderte Ergebnisverwendung (ähnlich *Lutter/Hommelhoff* GmbHG[15] Anhang § 42 a Anm 17, 19). Unabhängig vom Umfang der Änderung ist die geänderte Unterlage **insgesamt** nachzureichen, also der gesamte JA/Lagebericht (so auch *ADS*[6] § 325 Anm 85). Erfordert die Änderung eine **Nachtragsprüfung** nach § 316 Abs 3, ist zugleich der **ergänzte Bestätigungsvermerk** oder Versagungsvermerk vorzulegen. Bei abw Gewinnverwendung ist der Beschluss über die Ergebnisverwendung einzureichen. Zum Wahlrecht für personenbezogene GmbH s Anm 21 und für KapCoGes Anm 14. Für alle vorstehend genannten „Nachträge“ ist außerdem eine neue Bekanntmachung im BAnz nötig (s Anm 45).

Zu weiteren Einzelheiten bei Änderungen s Anm 45 ff.

2. Erleichterungen für bestimmte GmbH und KapCoGes (Abs 1 S 1 Hs 3)

21 **GmbH** brauchen unabhängig von ihrer Größe gem dem in Abs 1 S 1 Hs 3 eingeräumten Wahlrecht **Angaben** über die **Ergebnisverwendung** nicht (Anm 1) zu machen, wenn sich anhand dieser Angaben die Gewinnanteile von *natürlichen Personen,* die Gester sind, feststellen lassen. Durch Einblicke in die beim HR einzureichende GesterListe (§ 40 S 1 GmbHG) und den dort vorliegenden GesVertrag (§ 8 Abs 1 Nr 1 GmbHG) sind die Namen der Gester, ihre Stammeinlagen und die Regelung zur Gewinnverteilung und damit im Falle der Offenlegung der Ergebnisverwendung auch der Gewinnanteil jedes Gesters feststellbar. Aus diesem Grund besteht uE das Wahlrecht, die Ergebnisverwendung nicht offenzulegen bereits dann, wenn auch nur eine natürliche Person an einer GmbH beteiligt ist (so auch *ADS*[6] § 325 Anm 64).

Natürliche Personen sind:

- Privatpersonen,
- Ekfl,
- Stille Gesellschafter oder BGB-Gester (soweit nicht als KapGes, Genossenschaft, Stiftung oder in einer anderen Rechtsform organisiert),
- PhG von OHG, KG oder KGaA (soweit nicht als KapGes usw organisiert).

Auch wenn diese Personen als **Treuhänder** fungieren, Unterbeteiligungen einräumen, Geschäftsanteile verpfänden oder mit Nießbrauch belasten, bleibt ihre Eigenschaft als natürliche Person erhalten (glA *Pfitzer/Wirth* DB 1994, 1940).

Unberührt bleiben von dieser Erleichterung gem Abs 5 Publizitätspflichten in anderer Weise, die auf Gesetz, GesVertrag oder Satzung beruhen (Anm 75). **KapCoGes** brauchen Angaben zur Ergebnisverwendung ohnehin nicht offenzulegen (Anm 14) und deshalb auch das Wahlrecht nach Abs 1 S 1 Hs 3 nicht in Anspruch zu nehmen.

3. Befreiung von Tochterunternehmen (§ 264 Abs 3, § 264 b)

Eine KapGes, die **Tochterunternehmen** eines nach § 290 zur Aufstellung eines KA verpflichteten MU ist, braucht gem § 264 Abs 3 die Vorschriften über den JA und Lagebericht der KapGes (§§ 264–289), über die Prüfung (§§ 316–324) und die **Offenlegung** (§§ 325–329) unter bestimmten Voraussetzungen, die kumulativ erfüllt sein müssen, nicht anzuwenden, s § 264 Anm 65 ff. Für die in einen befreienden KA einbezogene KapCoGes regelt § 264 b, unter welchen Voraussetzungen ein solches Unt von den für KapGes geltenden ergänzenden Vorschriften (§§ 264 ff) über Inhalt, Prüfung und Offenlegung von JA und Lagebericht befreit sind (s hierzu § 264 b Anm 10 ff). 22

Bei Erfüllung der Voraussetzungen das TU die Befreiung in unterschiedlichem Umfang in Anspruch nehmen und zB nur die Nichtanwendung der Vorschriften über die Offenlegung (§§ 325–329) wählen.

Das in § 264 Abs 3 eingeräumte Wahlrecht gem § 264 Abs 4 auch von KapGes, die **Tochterunternehmen** eines nach **§ 11 des PublG** zur Aufstellung eines KA verpflichteten MU sind, angewendet werden; Voraussetzungen hierfür sind, dass das MU gem § 11 PublG zur Aufstellung eines KA verpflichtet ist und entspr dem Wahlrecht in § 13 Abs 3 S 1 PublG die Regelungen der §§ 279 Abs 1 (Verbot der Bildung stiller Reserven und Beschränkung außerplanmäßiger Abschreibungen), 280 Abs 1 (Wertaufholungsgebot) und 314 Abs 1 Nr 6 (Pflichtangaben über Gesamtbezüge usw für aktive und ehemalige Organmitglieder des MU und deren Hinterbliebene) beachtet. Zu weiteren Einzelheiten über den Anwendungsbereich von § 264 Abs 3, den Kreis der befreiten Unt und die einzelnen Voraussetzungen s § 264 Anm 65 ff; ausführlich dazu auch *Dörner/Wirth,* DB 1998, 1225 ff; zur begrenzten Regelung **für besondere Rechtsformen** s Anm 93.

II. Art und Ort der Offenlegung

Zum Begriff der Offenlegung s Anm 1. 23

Die Grundform (Art) der Offenlegung ist durch Abs 1 S 1 und 2 bestimmt. Demnach müssen **kleine** (§ 267 Abs 1) und **mittelgroße** KapGes/KapCoGes (§ 267 Abs 2) die offenzulegenden Unterlagen (Anm 6) zum HR (Registergericht) einreichen und unverzüglich im Anschluss hieran im BAnz einen **Hinweis** (Anm 27) über die Einreichung bekanntmachen (Registerpublizität und Hinterlegungsbekanntmachung).

Zu der nach Abs 2 für **große** KapGes/KapCoGes (§ 267 Abs 3) erweiterten Offenlegungspflicht mit umgekehrter Reihenfolge des Verfahrens s Anm 50. 24

Unberührt bleiben nach Abs 5 andere Vorschriften, die eine bestimmte Form der **Bekanntmachung** vorschreiben, zB auf Grund GesVertrag oder Satzung (dazu Anm 105 f). 25

1. Einreichung zum Handelsregister (Abs 1 S 2)

Die offenzulegenden Unterlagen sind zum **Handelsregister des Sitzes** einer deutschen KapGes/KapCoGes, bei **Doppelsitz** bei beiden Registergerichten 26 einzureichen. Bestehen **Zweigniederlassungen** *deutscher* KapGes/KapCoGes, ist eine Einreichung beim Registergericht der Zweigniederlassung wie auch die Einreichung zusätzlicher Stücke für die Zweigniederlassung beim Gericht der Hauptniederlassung nicht erforderlich (hM, ebenso *ADS*[6] § 325 Anm 69). Der Ort des Sitzes wird bei KapGes durch die Satzung bzw den GesVertrag bestimmt (§ 5 Abs 1 AktG, § 3 Abs 1 Nr 1 GmbHG). PersGes müssen in der HR-Anmeldung den Ort ihres Sitzes angeben (§ 106), der Ekfm ist verpflichtet, den Ort seiner Handelsniederlassung beim zuständigen HR anzumelden (§ 29). Zum Einreichungszeitpunkt und zur Fristwahrung durch Offenlegung in Stufen s Anm 35 ff, zu Formerfordernissen Anm 31 ff.

Die Offenlegung von deutschen **Zweigniederlassungen ausländischer KapGes/KapCoGes** ist in § 325 a geregelt, s dort.

2. Hinterlegungsbekanntmachung im Bundesanzeiger (Abs 1 S 2)

27 Unverzüglich nach der Einreichung der Unterlagen zum HR haben die gesetzlichen Vertreter (Anm 28) im BAnz (Printversion, § 10 Abs 1 S 1) bekanntzumachen, bei welchem HR und unter welcher Nummer die Unterlagen eingereicht worden sind. Diese Hinterlegungsbekanntmachung muss den vollen Firmennamen (§ 17 Abs 1) enthalten. Der BAnz druckt die Bekanntmachung in standardisierter Form und Größe unter Angabe folgender Daten ab, die von kleinen und mittelgroßen KapGes/KapCoGes mit der Erteilung des Druckauftrags formlos zusammengestellt zu liefern sind:
- Name und Sitz der Ges,
- Stichtag des JA,
- Datum der Einreichung beim HR,
- Amtsgericht, bei dem hinterlegt wurde,
- HR-Nummer der offenlegenden Ges,
- Umfang der eingereichten Unterlagen – einzeln aufgeführt (Anm 6).

Die Angaben von Einreichungsdatum und Umfang der eingereichten Unterlagen sind nach dem Gesetzeswortlaut nicht erforderlich (so auch *ADS*[6] § 325 Anm 78); ihre Angabe empfiehlt sich aber zur weitergehenden Information und wegen der möglichen Offenlegung in Stufen (Anm 42). Zu weiteren Formerfordernissen s Anm 31 ff und die Erl zu § 328.

III. Verpflichtete Personen

28 Nach Abs 1 S 1 trifft die Pflicht zur Offenlegung (Einreichung und Bekanntmachung) die **gesetzlichen Vertreter** der KapGes/KapCoGes, vgl *OLG Stuttgart* 13. 7. 2000, GmbHR 2001, 301. Bei einer AG haben die Vorstandsmitglieder (§ 78 Abs 1 AktG), bei einer KGaA die phG (§ 278 Abs 2 AktG iVm §§ 161 Abs 2, 125 Abs 1), bei einer GmbH die Geschäftsführer (§ 35 Abs 1 GmbHG) und bei einer KapCoGes (§ 264 a Abs 2) die Mitglieder des vertretungsberechtigten Organs der vertretungsberechtigten KapGes (dies sind bei OHG grds alle Gester, wobei § 125 Abs 1 Einzelvertretung vorsieht und bei KG der/die Komplementäre, s auch § 264 a Anm 55 ff) für die Offenlegung zu sorgen; nach hM wird die Pflicht zur Offenlegung durch die Liquidation nicht berührt, *KG Berlin* 6. 5. 2003, GmbHR, 1357 mwN (zu den Personen bei Liquidation s die Erl unter § 264 Anm 11). Die Offenlegung muss aber nicht durch sämtliche gesetzlichen Vertreter höchstpersönlich wahrgenommen werden. Die Aufgabe kann **einem Mitglied** des vertretungsberechtigten Organs übertragen werden. Alle übrigen gesetzlichen Vertreter bleiben jedoch ver-

pflichtet, auf eine ordnungsgemäße und fristgerechte Offenlegung hinzuwirken (zu den Rechtsfolgen einer Verletzung der Pflichten s Anm 78).

Von den Mitgliedern des vertretungsberechtigten Organs einer KapGes/ KapCoGes sind Bestimmungen der Satzung bzw des GesVertrags zu einer „anderen“Art der Bekanntmachung nur zu befolgen, soweit diese **zusätzliche** Offenlegungsverpflichtungen vorschreiben. Dies ergibt sich klarstellend aus Abs 5 (Anm 105). 29

IV. Form und Inhalt der offenzulegenden Unterlagen

Der **JA** ist **vollständig** und ferner einschl des gesamten Anhangs **offenzulegen.** Seine Form und sein Inhalt brauchen aber nur den für ihre Aufstellung maßgeblichen Vorschriften zu entsprechen (ungeprüfter/nicht festgestellter JA reicht zur Fristwahrung aus, s Anm 42); es dürfen also Aufstellungserleichterungen nachgeholt werden (§ 328 Abs 1 Nr 1 S 1 und § 326 Anm 14ff, § 327 Anm 13ff). Der Lagebericht und ggf der Bericht des AR, der BVm des AP sowie ggf Vorschlag und Beschluss zur Gewinnverwendung sind gleichfalls im Wortlaut offenzulegen. **Abweichungen** sind nur zulässig, wenn Offenlegungserleichterungen für natürliche GmbH-/KapCoGes-Gester (Anm 21) oder nach §§ 326, 327 und/oder Nachholungen von Aufstellungserleichterungen in Anspruch genommen werden. Bewusste oder unbewusste **Fehler** in der Offenlegung müssen berichtigt werden (§ 328 Anm 24). 31

Alle offenlegungspflichtigen Unterlagen sind jeweils in einem Stück zum HR einzureichen. Der **JA/IFRS-EA** sowie ggf der Vorschlag und Beschluss über die Ergebnisverwendung müssen (soweit sich diese nicht unmittelbar aus dem JA ergeben) von allen gesetzlichen Vertretern der Ges (§ 245; s Anm 28), der BVm bzw der Versagungsvermerk vom AP (§ 322 Abs 7 S 1) und der Bericht des AR oder ggf Verwaltungsrats/Beirats von seinem Vorsitzenden oder dessen Stellvertreter **unterzeichnet** werden (ebenso *ADS*[6] § 325 Anm 70). Für die Offenlegung (Einreichung zum HR) genügt – da die Vorschriften der §§ 325ff nicht die Einreichung original unterzeichneter Versionen vorsehen – auf den offenzulegenden Stücken die **Namenswiedergabe** (ggf mit „gez“); das gilt auch für das Testat des AP (ebenso *Hütten* in HdR[5] § 325 Anm 60; aA *ADS*[6] § 325 Anm 70, die regelmäßig eine Einreichung der Unterlagen im Original oder ein unterzeichnetes Druckstück bzw eine öffentlich beglaubigte Abschrift verlangen). 32

Die Einreichung in Form einer Wiedergabe auf einem **Bild-** oder **anderen Datenträger** wie auch die **vollelektronische Handelsregisterführung** sind in § 8a geregelt; die Bestimmung, dass und in welchem Umfang das Register geführt wird, obliegt den Landesregierungen. Die bundesweite Umsetzung der maschinellen Registerführung war bei Drucklegung noch nicht abgeschlossen. 33

Zu **Form und Inhalt** der Unterlagen bei Offenlegung, Veröffentlichung und Vervielfältigung im Einzelnen s Erl zu § 328. Zu den vom Registergericht für die Aufbewahrung und Prüfung der einreichungspflichtigen Unterlagen erhobenen Gebühren s § 86 Abs 2 KostO und § 329 Anm 3. 34

V. Zeitpunkt der Offenlegung

Nach Abs 1 S 1 hat die Einreichung der Unterlagen zum HR **unverzüglich,** dh ohne schuldhaftes Zögern (§ 121 Abs 1 S 1 BGB), **nach der Vorlage** des JA an die Gester, also nach HV/GesV, zu erfolgen, spätestens jedoch vor Ablauf von **zwölf Monaten** nach dem Abschlussstichtag. Im **Anschluss** hieran ist 35 nach S 2 wiederum **unverzüglich** der **Hinterlegungshinweis** (Anm 27) im BAnz bekanntzumachen. Diese Verfahrensweise gilt für kleine und mittelgroße KapGes/KapCoGes, da für große KapGes/KapCoGes nach Abs 2 abw, aber mit gleicher zeitlicher Anforderung, zuerst die unverzügliche Einreichung zur Bekanntmachung im BAnz und danach die Vorlage an das HR vorgeschrieben sind (Anm 50).

36 Das HGB stellt den Zeitpunkt der Offenlegung einheitlich auf die Vorlage an die Gester ab (ebenso *Hütten* in HdR[5] § 325 Anm 63) und macht wegen der Fristbegrenzung auf zwölf Monate (s Anm 39) damit die Offenlegung nicht von dem Vorliegen folgender (zT fakultativer) Unterlagen abhängig: Bericht des AR/Ergebnisverwendungsvorschlag/Ergebnisverwendungsbeschluss/BVm (Abs 1 S 3).

Die Vorlage an die Gester erfolgt bei **AG/KGaA** zur ordentlichen HV (§ 176 Abs 1 S 1 AktG) in den ersten acht Monaten des Gj (§ 175 Abs 1 S 2 AktG; zu Ausnahmen bei VersicherungsUnt § 341 a Abs 5). Bei **GmbH/KapCoGes** ist der Zeitpunkt der Vorlage an die Gester abhängig von der zeitlichen Vorgabe für die Abschlussaufstellung (s § 264 Anm 17 ff) und davon, ob die Unterlagen zunächst einem AP und/oder AR/Beirat/Verwaltungsrat (Anm 12) vorzulegen sind (zu Einzelheiten s Vor § 325 Anm 130 f).

37 Wenn der Feststellungsbeschluss und ggf der Ergebnisverwendungsbeschluss **unmittelbar nach** der Vorlage getroffen werden und dann innerhalb kurzer Zeit sämtliche erforderlichen (Anm 21) Unterlagen geschlossen offengelegt werden, halten wir Letzteres für zulässig (ähnlich *ADS*[6] § 325 Anm 19 ff; nach *Lutter/Hommelhoff* GmbHG[15] Anhang § 42 a Anm 5, 7 und 22 ist praktisch zeitgleich mit der Vorlage an die Gester offenzulegen). Zu der im Schrifttum teilweise extensiveren Auslegung, nach der die Feststellung des JA innerhalb der gesetzlich bestimmten maximalen Offenlegungsfrist von zwölf Monaten abgewartet werden darf, s *Hartmann* Bilanzrecht der GmbH, 238; wohl auch zustimmend *Hütten* in HdR[5] § 325 Anm 64. Sollten die Gester ihren Feststellungsbeschluss **nicht unmittelbar nach** der Vorlage treffen, ist der JA mit den übrigen vorgelegten Unterlagen unter dem Hinweis offenzulegen, dass die Feststellung noch aussteht (§ 328 Abs 1 Nr 2).

38 Um in der Praxis einen abändernden Feststellungsbeschluss mit der Folge einer Nachtragsveröffentlichung (Anm 45) zu vermeiden, können die Gester der GmbH/KapCoGes über die Ausübung ihres Rechts auf Vorabvorlage (zB des JA vor Abschluss der Prüfung, um wiederum auch Nachtragsprüfungen auszuschließen) ua die Bewertungs- und Rücklagenpolitik bedenken und ggf Abschlussänderungen innerhalb der gesetzlichen Grenzen „vorab" veranlassen; s dazu auch § 278 Anm 12.

Eine schwebende **Anfechtungs- oder Nichtigkeitsklage** rechtfertigt, auch wenn Vorstand bzw Geschäftsführer die Klage für aussichtsreich halten, nicht die Aufschiebung der Offenlegung bis zur Entscheidung des Rechtsstreits. Spätestens nach der HV/GesV ist der JA offenzulegen; ein Hinweis auf die anhängige Klage ist hierbei grds nicht erforderlich (ebenso *ADS*[6] § 325 Anm 26). Erfolgt jedoch später eine Änderung des JA, muss auch der geänderte JA offengelegt werden (s auch Anm 47).

39 Das HGB hat einen **äußersten Termin** für die Offenlegung bestimmt. Die offenlegungspflichtigen Unterlagen sind von großen, mittelgroßen und kleinen Ges nach Abs 1 S 1 spätestens vor Ablauf von zwölf Monaten nach dem Abschlussstichtag bekanntzumachen. Auch dann sind ggf zur Fristwahrung zunächst JA und Lagebericht mit Hinweis auf die noch fehlenden Unterlagen offenzulegen (zur Offenlegung in Stufen s Anm 42 ff). Hierdurch soll gewährleistet werden, dass der JA im Zeitpunkt seiner Offenlegung nicht durch Zeitablauf seine Aussagekraft zumindest teilweise eingebüßt hat.

Wenn in der Praxis trotz vorheriger Fertigstellung die Abschlussunterlagen (Anm 6) erst nach zwölf Monaten offengelegt werden, liegt zwar ein Verstoß gegen § 335a vor, jedoch hat es die KapGes/KapCoGes bei einem Verfahren nach § 335a in der Hand, durch Offenlegung innerhalb der vom Registergericht bestimmten Frist (sechs Wochen) eine Festsetzung von Ordnungsgeld zu vermeiden. 40

Zum Offenlegungszeitpunkt bei **Änderungen** auf Grund nachträglicher Prüfung oder Feststellung s Anm 45ff. 41

VI. Fristwahrung durch Offenlegung in Stufen (Satz 3)

Abs 1 S 3 Hs 1 erlaubt allen KapGes/KapCoGes zur Wahrung der jeweils in Frage kommenden Offenlegungsfrist (Ende der Fristen nach Abs 1 S 1 unverzüglich nach Vorlage an die Gester bzw spätestens vor Ablauf von zwölf Monaten nach dem Abschlussstichtag; Anm 36 und 39) eine **Offenlegung** unvollständiger Unterlagen **in** (mehreren) **Stufen.** Zumindest sind der ungeprüfte und/oder nicht festgestellte JA und Lagebericht (bzw KA und Konzernlagebericht; Anm 75) mit dem Hinweis auf die noch fehlenden Unterlagen (§ 328 Abs 1 Nr 2) offenzulegen. Es genügt nicht, lediglich anzugeben, dass der JA und der Lagebericht „vorab" eingereicht wurden (*ADS*[6] § 325 Anm 80). 42

Nach dem Gesetzeswortlaut müsste *jede* außerhalb des JA, Lageberichts (KA, Konzernlageberichts) noch fehlende Unterlage dann bei Vorliegen unverzüglich nachgereicht (offengelegt) werden. Es wird allerdings nicht zu beanstanden sein, wenn abgewartet wird, bis sämtliche fehlenden Unterlagen vorliegen und in zweiter Stufe in einem Block offengelegt werden (ebenso *Lutter/Hommelhoff* GmbHG[15] Anhang § 42a Anm 25 für die Einreichung zum BAnz durch große KapGes/KapCoGes, allerdings wird für mittelgroße KapGes/KapCoGes die unverzügliche Nachreichung jeder Unterlage verlangt, sobald sie vorliegt, aaO Anm 17, 19; nach *ADS*[6] § 325 Anm 82 kommt eine gemeinsame Einreichung nachzureichender Unterlagen nur in Betracht, wenn sie noch „unverzüglich" ist). Befürwortet wird diese Handhabung für *große* KapGes (analog anwendbar für gleichgestellte große KapCoGes), damit das Registergericht die erforderliche Prüfung in einem Arbeitsgang vornehmen kann und weil anderenfalls sowohl der BAnz überlastet als auch dessen Leser irritiert werden könnten. Man wird *mittelgroße* und *kleine* KapGes/KapCoGes nicht erschwerend behandeln können und diesen dehalb diesesVerfahren ebenso zugestehen müssen. 43

Zu **Änderungen** des JA im Falle einer Voraboffenlegung zur Fristwahrung (S 3 zweiter Hs) s Anm 45ff. 44

VII. Nachreichung von Änderungen

Bei einer Änderung bereits offengelegter Unterlagen (Anm 20), zB auf Grund nachträglicher Feststellung und/oder Prüfung oder im Fall des § 37q WpHG, müssen auch diese Änderungen nach S 3 Hs 2 zum HR nachgereicht und jeweils in üblicher Weise (Anm 23ff) im BAnz bekanntgemacht werden. 45

Obwohl nach dem Gesetzeswortlaut nur „die Änderung nach S 1 einzureichen" ist, kann dem Sinn und Zweck der Vorschrift idR nur durch Offenlegung der **geänderten Unterlage insgesamt** entsprochen werden. Auch hier kommt eine geschlossene Offenlegung aller Änderungen (Anm 43) in Frage.

Ein nachträglicher Feststellungsbeschluss ist dann offenzulegen, wenn er zu einer Änderung des JA führt (glA *ADS*[6] § 325 Anm 81; auch hier Anm 10). 46

47 Im Falle einer möglichen **Bilanzänderung** nach Jahren (zB rückwirkende HB-Änderungen nach einer Bp) ist Abs 1 S 3 Hs 2 entspr anzuwenden. Eine Offenlegung des geänderten JA kommt grds erst in Betracht, wenn dieser festgestellt ist (ebenso *ADS*[6] § 325 Anm 87).

48 Abs 1 S 3 Hs 2 regelt nicht ausdrücklich den Fall des **Widerrufs** eines veröffentlichten BVm. Der Widerruf ist ebenso wie der BVm über eine Nachtragsprüfung eines bereits offengelegten JA vom vertretungsberechtigten Organ offenzulegen (dazu auch § 322 Anm 118). Zur Offenlegung eines geänderten JA und Lageberichts siehe unter § 328 Anm 48.

VIII. Offenlegungszeitpunkt bei vereinfachter Kapitalherabsetzung und anhängigen Klageverfahren

49 Wenn im JA einer AG oder KGaA die Rückbeziehung einer vereinfachten Kapitalherabsetzung (§§ 229 ff AktG) ohne oder mit gleichzeitiger Kapitalerhöhung gem §§ 234, 235 AktG ausgewiesen wird, muss die HV zugleich auch den JA feststellen. Nach der **Sonderregelung** des **§ 236 AktG** darf dieser JA erst offengelegt werden, wenn im Falle des § 234 AktG der Beschluss über die Kapitalherabsetzung bzw im Falle des § 235 AktG die Beschlüsse über die Kapitalherabsetzung und Kapitalerhöhung sowie die Durchführung der Kapitalerhöhung im HR eingetragen worden sind und damit das neue Grundkapital und die neuen Rücklagen erbracht sind. Die Eintragungsfrist des § 234 Abs 3 S 1 AktG beträgt drei Monate nach Beschlussfassung.

Fraglich ist, ob bei einer Ablaufhemmung der Frist, zB wegen einer **Anfechtungs- oder Nichtigkeitsklage,** die Offenlegung bis zur Entscheidung des Rechtsstreits hinausgeschoben werden darf. UE rechtfertigen schwebende Verfahren solcher Art nicht die Verschiebung der Offenlegung (Anm 38). Bei der Offenlegung ist aber ein Hinweis auf die ggf noch fehlende Eintragung im HR und über den Hinderungsgrund notwendig; wohl ebenso *Fehrenbacher* in MünchKommHGB § 325 Anm 62 f, der die Regelung des § 236 AktG auch dahingehend auslegungsfähig ansieht, dass eine Sonderregelung nur für den Fristbeginn vorliegt und somit beim Fehlen der Eintragung der Beschlüsse in das HR auf Grund einer Anfechtungs- oder Nichtigkeitsklage im Ergebnis eine Offenlegungsfrist nicht zu laufen beginnt und hier dann regelmäßig spätestens zwölf Monate nach Ablauf des (dem Beginnzeitpunkt der Hemmung der Frist) vorausgehenden Gj offenzulegen ist.

C. Ergänzende Vorschriften für große Kapitalgesellschaften und große Personenhandelsgesellschaften iSd § 264 a (Abs 2)

I. Pflichtbekanntmachung im Bundesanzeiger

50 Nach Abs 2 sind von großen KapGes/KapCoGes (§ 267 Abs 3) die nach Abs 1 S 1 offenlegungspflichtigen Unterlagen (Anm 51) **zunächst** im **Bundesanzeiger** zu veröffentlichen und erst **danach** zum **Handelsregister** des Sitzes der KapGes/KapCoGes einzureichen. Diese Vorschrift kehrt die Reihenfolge des für kleine und mittelgroße KapGes/KapCoGes geltenden Offenlegungsverfahrens um und gibt zusätzlich den Abdruck sämtlicher Unterlagen (zu Ausnahmen Anm 52) im BAnz auf – also **BAnz-Publizität mit anschließender**

Registerpublizität. Die Hinterlegungsbekanntmachung entfällt gem Abs 2 S 1 Hs 2. Im Übrigen gelten auf Grund des Verweises des Abs 2 die **Vorschriften des Abs 1.** Dieses Verfahren gilt auch für JA von (Groß-)Unt, die unter das **PublG** (§ 9 Abs 1 PublG) fallen (Anm 79).

II. Form und Inhalt der Offenlegung

Große KapGes/KapCoGes müssen die in Abs 1 angeführten Unterlagen (Anm 6ff) in der Form (Anm 31ff) und mit dem Inhalt offenlegen, wie sie den für ihre Aufstellung maßgeblichen Vorschriften entsprechen (dazu § 328). Danach ist zum HR zusätzlich die Bekanntmachung als Nachweis der Veröffentlichung beizufügen (Abs 2 S 1 Hs 1), also ein Belegexemplar des BAnz. 51

Erleichterungen bestehen für *personenbezogene* GmbH hinsichtlich der Angaben zur **Ergebnisverwendung,** die sowohl im BAnz als auch beim HR ohne Hinweis entfallen dürfen (Anm 21); zur nicht erforderlichen Offenlegung der Ergebnisverwendung von KapCoGes s Anm 14). 52

KapGes/KapCoGes *jeder Größe* brauchen die vollständige Anteilsliste zum JA und KA nur zum HR einzureichen. Jedoch muss berücksichtigt werden, dass jeder Aktionär nach § 131 AktG, jeder GmbH-Gester nach § 51a GmbHG und jeder Gester einer KapCoGes nach § 118 oder § 166 berechtigt ist, in der HV/GesV die *vollständige* Anteilsliste als Vorlage zu erhalten. Das gilt ebenso für dem PublG (§§ 9, 15 PublG) unterfallende Unt. 53

Die Aufstellung des **Anteilsbesitzes** nach § 285 S 1 Nrn 11, 11a bzw § 313 Abs 4 darf generell von der Veröffentlichung im BAnz, nicht aber von der Einreichung zum HR ausgenommen werden; hier muss jedoch im Anhang gem § 287 S 3 (s dort Anm 4) auf die besondere Aufstellung des Anteilsbesitzes und den Ort der Hinterlegung hingewiesen werden. Es genügt nicht, den Anhang lediglich für den BAnz um die Anteilsliste zu verkürzen und die Einreichung zum HR wiederum unverkürzt vorzunehmen.

Großen KapGes/KapCoGes sind keine weiteren Erleichterungen eingeräumt; ihre externe Publizität entspricht deshalb der internen zu Gestern und anderen GesOrganen (so auch *Lutter/Hommelhoff* GmbHG[15] Anhang § 42a Anm 21). 54

III. Zeitpunkt der Offenlegung und Fristwahrung

Alle KapGes/KapCoGes haben denselben Offenlegungszeitpunkt nach Abs 1 zu beachten (Anm 35ff). Auch für Nachträge (Nachreichungen und Änderungen) gelten die Ausführungen in Anm 42ff und 45ff entspr. Für die Fristen wird bei großen KapGes/KapCoGes nach Abs 4 (hierzu Anm 103) auf den Einreichungszeitpunkt der Unterlagen zum BAnz und nicht auf den für die KapGes/KapCoGes nicht disponiblen tatsächlichen Veröffentlichungszeitpunkt abgestellt. 55

D. Umsetzung der IAS-VO in Bezug auf den Einzelabschluss (Abs 2a)

I. Allgemeines

Art 5 der IAS-VO (Verordnung (EG) Nr 1606/2002 des Europäischen Parlaments und des Rates vom 19. Juli 2002 betr internationale Rechnungs- 56 legungsstandards, ABl EG Nr L 243 S 1) ermächtigt die Mitgliedstaaten, die Anwendung der IFRS auch auf den **Einzelabschluss** ungeachtet der KapmarktOrientierung zu gestatten oder gar vorzuschreiben.

Der Schritt der EU hin zur Übernahme der IFRS soll die Rechnungslegung insb im KA an international anerkannte Grds anpassen, um die Vergleichbarkeit der Rechnungslegung auf den in hohem Maße globalisierten Kapitalmärkten zu stärken. Fernziel ist eine Anerkennung der IFRS als den US-GAAP gleichwertig durch die US-Börsenaufsichtsbehörde SEC.

57 Der deutsche Gesetzgeber hat sich vor dem Hintergrund, dass der IFRS-Abschluss Informationszwecken dient, aber weder als Ausschüttungsbemessungsgrundlage noch als Grundlage für die Besteuerung geeignet ist, für folgenden Ansatz entschieden:

- Die Anwendung der IFRS im **Einzelabschluss** aus Gründen der Informationsverbesserung erfolgt **ausschließlich auf freiwilliger** Basis;
- der JA nach HGB bleibt daneben für Zwecke des Ges- und des Steuerrechts erforderlich;
- große KapGes iSd § 267 Abs 3 dürfen die Offenlegung im BAnz lediglich auf den IFRS-Abschluss beschränken;
- kleine und mittelgroße Unt unterliegen keinerlei regulatorischen Eingriffen hinsichtlich des IFRS-EA; alle Maßnahmen dieser Unt mit Bezug auf IFRS sind freiwillig (Aufstellung; Prüfung; Bekanntmachung) ohne Rechtsfolgen.

Das bedeutet, dass große KapGes iSd § 267 Abs 3, die freiwillig einen IFRS-EA (dh, nach den in das EU-Recht übernommenen und von Abs 2a S 1 iVm § 315a Abs 1 in Bezug genommenen IFRS) aufstellen, diesen **IFRS-EA anstelle des HGB-JA im BAnz bekannt machen dürfen,** s auch Anm 70.

58 Der EA kann damit erstmals ab dem Gj, das nach dem 31. 12. 2004 beginnt, – **freiwillig** – nach IFRS aufgestellt werden (s Art 58 EGHGB Anm 13f), muss es aber nicht. Der IFRS-EA kann den HGB-JA nicht ersetzen.

59 Zur Anwendung der IFRS im KA, s § 315a; zur erstmaligen Anwendbarkeit, s Art 58 Abs 3, 5 EGHGB (dort Anm 13f, 24f).

60 Die Regelungen zur Prüfung (§§ 316–324) gelten für den IFRS-EA gem § 324a (s dort) entspr.

61 Die Platzierung der Regelung, den EA nach IFRS aufstellen zu dürfen, im Vierten Unterabschn, der die Offenlegung zum Inhalt hat, erscheint systematisch zweifelhaft.

II. Anforderungen an den IFRS-Einzelabschluss

64 Pflichtbestandteile des IFRS-EA sind Bilanz, GuV, EK-Spiegel, KFR und Anhang (mit den in Abs 2a genannten Angaben nach HGB sowie den rechtsformspezifischen Anhangangaben des AktG und des GmbHG). Bei kapmarkt-Unt haben der Anhang eine SegBerE und die GuV Angaben zu earnings per share zu enthalten.

65 Gem S 2 müssen die in das EU-Recht (im Wege des sog „Komitologieverfahrens“) übernommenen Standards vollständig befolgt werden, eine Mischung aus IFRS und HGB im EA ist unzulässig.

66 S 3 regelt, welche Vorschriften des HGB auch auf den IFRS-EA Anwendung finden. Die Aufzählung ist abschließend und S 5 erklärt die übrigen Vorschriften des Zweiten Unterabschn des Ersten Abschn (§§ 242–256) und des Ersten Unterabschn des Zweiten Abschn des Dritten Buchs (§§ 264–289) für nicht anwendbar. Ein Lagebericht nach § 289 ist, da der IFRS-EA nur kumulativ zum HGB-JA erstellt wird, stets erforderlich (§§ 264, 264a); in diesem muss „in dem

erforderlichen Umfang" auf den IFRS-EA Bezug genommen werden, vgl Abs 2a S 4. Wesentliche Unterschiede zwischen HGB-JA und IFRS-EA werden zu erläutern sein (soweit nicht aus dem Anhang erkennbar), im Übrigen vgl Anm 1 zu § 289.

Die für anwendbar erklärten Vorschriften des HGB beanspruchen Geltung unabhängig von den maßgeblichen Rechnungslegungsgrundsätzen (§ 243 Abs 2: Grds der Klarheit und Übersichtlichkeit; § 244: Sprache und Währung; § 245: Unterzeichnung; § 257: Aufbewahrung) oder dienen dem öffentlichen Interesse (§ 286) oder zur Vervollständigung von Angaben, die für den Abschlussleser relevant sind (bestimmte Anhangangaben des § 285). 67

Der IFRS-EA ist gem § 171 Abs 4 AktG dem AR vor Offenlegung zur Billigung vorzulegen; der entspr Bericht des AR (§ 325 Abs 1 S 1 2. HS) ist offenzulegen. Die Regelung in Abs 2a S 6 vermeidet, dass ein den IFRS-EA nicht vollständig entspr Einzelabschluss nach Abs 2a Gegenstand einer Pflichtveröffentlichung des Unt wird: Werden Angaben im Anhang gem § 286 Abs 1 aufgrund vorrangigen öffentlichen Interesses vorenthalten, ist die befreiende Offenlegung des IFRS-EA unzulässig, das Wahlrecht des S 1 darf nicht ausgeübt werden, dh die Verpflichtung zur Bekanntmachung des HGB-JA besteht fort.

Der IFRS-EA wird bzgl Vorlage an und Billigung durch den AR im AktG dem HGB-JA gleichgestellt, vgl §§ 170 Abs 1 S 2, 171 Abs 4. Der Bericht des AR ist offen zu legen, Abs 1 S 1 2. HS. Gem § 46 Nr 1a GmbHG beschließt die GesV der GmbH über die Offenlegung (und damit Erstellung) eines IFRS-EA; in diesem Fall gelten die Regelungen in § 42a GmbHG für den IFRS-EA entspr, § 42a Abs 4 S 2 GmbHG. KapCoGes sind über § 264a iVm Abs 2 gleichgestellt. 68

E. Formale Voraussetzungen der begrenzt befreienden Offenlegungswirkung des IFRS-Einzelabschlusses (Abs 2b)

Abs 2b präzisiert die formalen Voraussetzungen, die für die befreiende Wirkung des IFRS-EA, dh die Befreiung des Unt von der BAnz-Publizität des HGB-JA, **kumulativ** erfüllt sein müssen: 70

1. der BVm des AP zum IFRS-EA muss anstelle des BVm zum HGB-JA in die Offenlegung nach Abs 2 einbezogen werden (Nr 1);
2. Ergebnisverwendungsvorschlag und ggf. -beschluss sind unter Angabe des Jahresüberschusses oder -fehlbetrags in die BAnz-Offenlegung einzubeziehen; der IFRS-EA ersetzt die Offenlegung der Ausschüttungsbemessungsgrundlage nicht (Nr 2);
3. der HGB-JA mit dem BVm/Versagungsvermerk nach Abs 1 S 1 und 2 wird zum HR eingereicht und Offenlegung wird im BAnz bekannt gemacht (Nr 3).

Der Gesetzgeber sieht Kapitalerhaltung und Ausschüttungsbemessung als zentrale Informationsbedürfnisse des GesGläubigers an, an die auch zahlreiche Bestimmungen im AktG und GmbHG anknüpfen; die Offenlegung des HGB-JA durch Einreichung beim HR und Bekanntmachung eines Hinweises auf diese ist vor diesem Hintergrund unverzichtbar begrenzt (sog „begrenzt befreiende Offenlegungswirkung des IFRS-EA"). Auch die Prüfungspflicht bleibt unberührt, §§ 316ff iVm § 324a. 71

F. Offenlegung der Konzernrechnungslegung (Abs 3)

I. Allgemeines

75 Die **Rechnungslegung eines Konzerns** ist in der gleichen Art wie der JA und der Lagebericht einer großen KapGes/KapCoGes über den **Bundesanzeiger** bekanntzugeben. Die Bestimmungen hierzu in Abs 3 S 1 entsprechen den Vorschriften für die Offenlegung des JA großer KapGes/KapCoGes in Abs 1 und 2, jedoch ohne die Angaben zur Ergebnisverwendung und die Entsprechenserklärung (Anm 19). Der bisherige Abs 3 S 2 wurde unverändert zu Abs 3a S 1. Außerdem erklärt Abs 3 S 3 die Regelungen des Abs 1 S 3 über **Fristwahrung** und **Nachtragsveröffentlichungen** für entspr anwendbar.

II. Pflichtbekanntmachung im Bundesanzeiger

76 Nach Abs 3 S 1 muss der KA eines KapGes/KapCoGes-MU, das zur Aufstellung nach § 290 (dort Anm 1 ff) verpflichtet ist, zusammen mit dem Konzernlagebericht, dem BVm (Versagungsvermerk) und dem Bericht des AR (zur wahlweisen Zusammenfassung mit dem AR-Bericht über den JA s Anm 80 ff) im BAnz bekanntgemacht werden. Anschließend ist ein Belegstück mit den offenlegungspflichtigen Unterlagen zum HR des Sitzes des MU einzureichen. Das Verfahren ist identisch mit demjenigen für die JA großer KapGes/KapCoGes.

III. Verpflichtete Personen

77 Die Offenlegung trifft die gesetzlichen Vertreter der **aufstellungspflichtigen** KapGes/KapCoGes. Das ist im Regelfall diejenige (inländische) KapGes/KapCoGes, die den KA und Konzernlagebericht nach § 290 oder nach § 291 als befreienden KA und Konzernlagebericht aufgestellt hat. Für den befreienden KA und Konzernlagebericht einer **ausländischen Konzernleitung** (§§ 291, 292; § 11 Abs 3 PublG) obliegt die Offenlegungspflicht den gesetzlichen Vertretern desjenigen befreiten Unt, das bei Mehrstufigkeit im Inland auf höchster Ebene steht (hierzu auch § 291 Anm 10; *WPH*[12] I, M Anm 99).

IV. Umfang und Form der Offenlegung

80 Zu den offenlegungspflichtigen **Unterlagen** gehören nach Abs 3 S 1:
- der **Konzernabschluss,** bestehend aus Konzernbilanz, Konzern-GuV und Konzernanhang, KFR und EK-Spiegel (§ 297 Abs 1 S 1); wahlweise auch SegBerE (§ 297 Abs 1 S 2);
- der **Konzernlagebericht** (§ 315);
- der **Bestätigungsvermerk** oder Versagungsvermerk des AP;
- der **Bericht des Aufsichtsrats** (soweit gem Abs 3a S 1 (vormals Abs 3 S 2) wahlweise eine Zusammenfassung der Berichterstattung des AR über JA und KA in einem offengelegten Dokument erfolgt, genügt ein Hinweis hierauf);
- ggf **Änderungen** des KA nach Vorliegen des Prüfungsberichts (§ 316 Abs 3) mit geändertem Testat;

82 Die Angaben im Konzernanhang zum **Anteilsbesitz** dürfen wahlweise in einer gesonderten Aufstellung (Abs 3 S 2 iVm § 313 Abs 4) gegeben werden, die

nur zum HR eingereicht und auch den Gestern vorgelegt (Anm 53) werden muss (keine Bekanntmachung im BAnz).

Der KA unterliegt **keiner Feststellung** durch die Organe der Ges , so dass die Offenlegung entspr Unterlagen entfällt; s § 297 Anm 1. Für die AG ist allerdings die **Billigung** des KA durch den AR vorgesehen (§ 171 Abs 2 S 5 AktG); billigt dieser nicht, entscheidet die HV über die Billigung (§ 173 Abs 1 S 2 AktG). Die Billigung des AR ist im offenzulegenden Bericht des AR zu erklären. 83

Über die Verweisung in § 52 Abs 1 GmbHG gilt für die GmbH mit AR § 171 AktG entspr; die Billigung des KA der GmbH obliegt grds der GesV, § 46 Nr 1 b GmbHG. 84

Zur **Vereinfachung** darf nach § 298 Abs 3 der Anhang des KA mit dem Anhang des MU **zusammengefasst** werden. Entspr gilt nach § 315 Abs 3 iVm § 298 Abs 3 auch für den Konzernlagebericht und den Lagebericht des MU. In der Praxis sind dann einheitlich nur ein Anhang oder/und ein Lagebericht aufzustellen, in denen die einzelnen Berichterstattungen zum KA und JA textlich zusammengefasst werden dürfen. Näheres in § 298 Anm 57, § 313 Anm 28 und § 315 Anm 37. 85

Nach § 298 Abs 3 S 2 sind bei solchen **Zusammenfassungen** der KA und der JA des MU *gemeinsam* (nach dem für den KA vorgeschriebenen Verfahren) offenzulegen. Dies hat eine Konsequenz für MU, die kleine oder mittelgroße KapGes/KapCoGes sind: Sie müssen dann ihren KA und JA im BAnz gemeinsam bekannt machen (ebenso *Fehrenbacher* in MünchKommHGB § 325 Anm 95 und *Hütten* in HdR[5] § 325 Anm 123 ff).

Der KA einer **ausländischen Konzernleitung,** der ein inländisches MU von der Aufstellung eines Teil-KA **befreit,** muss gem § 291 Abs 1 S 1 nach den inländischen Vorschriften (Verfahren und Form; wegen § 293 wie für große KapGes) in deutscher Sprache im BAnz veröffentlicht werden (hierzu auch Anm 98 sowie *WPH*[12] I, M Anm 99). Nicht erforderlich sind in diesen Fällen eine Umrechnung ausländischer Währungen in Euro oder die Angabe von Stichtagskursen und eine Beglaubigung der Übersetzung (ebenso *ADS*[6] § 325 Anm 115). 87

Zu den Vorschriften über Form und Inhalt der offenlegungspflichtigen Unterlagen s die Erl unter § 328 Anm 5 ff. 88

V. Zeitpunkt der Offenlegung und Fristwahrung

Alle Regelungen (Abs 3 S 1 und 3) zum Offenlegungszeitpunkt der Konzernrechnungslegung und die Möglichkeiten zur Fristwahrung bei mehrstufiger Offenlegung entsprechen denjenigen für den JA großer KapGes/KapCoGes (hierzu Anm 55). 90

Zu den Regelungen und anderen Fristen für **Versicherungsunternehmen** s § 341 l Abs 1 und 3. Für **Kreditinstitute** ist die Offenlegung durch § 340 l erweitert. 91

Für **GmbH** als MU wird der Vorlagezeitpunkt von KA und Konzernlagebericht durch § 42 a Abs 4 iVm dessen Abs 1 S 2 GmbHG bestimmt. Vorzulegen ist unverzüglich nach Eingang des Prüfungsberichts des AP. Da ein Verweis zur analogen Anwendung der in § 42 a Abs 2 GmbHG gegebenen Endfristen fehlt, können sich, je nach Beendigung der KA- und JA-Prüfung, unterschiedliche Vorlage- und damit auch Offenlegungszeitpunkte ergeben. In der Praxis werden jedoch idR die Unterlagen zum KA unter Beachtung der für den JA geltenden Endfristen erarbeitet, so dass eine gemeinsame Vorlage und Offenlegung zulässig ist (glA *ADS*[6] § 325 Anm 106).

92 Zur **Fristwahrung** ist der Zeitpunkt der Einreichung der Unterlagen beim BAnz maßgebend (Anm 103). Fehlt zum Endtermin noch der BVm, ist zweistufig unter Hinweis auf die fehlende Unterlage offenzulegen (Anm 42).

VI. Nachträgliche Änderungen offenlegungspflichtiger Unterlagen

95 Alle Änderungen von KA, Konzernlagebericht und BVm nach Vorlage des Prüfungsberichts sind im BAnz bekanntzumachen und zum HR einzureichen, da Abs 1 S 3 auch für den KA gilt (s Anm 45 ff). Änderungen des KA können sich auch durch Änderungen einbezogener JA sowie der Bewertung von Beteiligungen nach der Equity-Methode ergeben. Daher wird im Schrifttum empfohlen, möglichst schon testierte oder festgestellte JA zu konsolidieren. Allerdings müssen Vorgänge von besonderer Bedeutung zwischen dem abw Abschlussstichtag des konsolidierten Unt und dem Konzernbilanzstichtag im KA einschl Konzernanhang berücksichtigt werden (dazu auch § 299 Anm 21).

Wird ein nach Beendigung der APr durch den AP testierter **KA** und/oder **Konzernlagebericht geändert** (nach Inhalt und/oder Form, ausgenommen sind Korrekturen von Schreib-, Druck- und Rechenfehlern oder redaktionelle Änderungen ohne materielle Bedeutung; s hierzu § 316 Anm 33; *ADS*[6] § 316 Anm 65; *WPH*[12] *I,* Q Anm 672), ist eine Nachtragsprüfung erforderlich (Näheres unter § 316 Anm 42 ff). Der grds wirksam bleibende BVm ist zu ergänzen. Offenzulegen ist die geänderte, zeitentspr Fassung (ebenso *ADS*[6] § 328 Anm 122). Die Offenlegung des geänderten (oder auch alten) KA/Konzernlageberichts mit dem ursprünglichen Testat (ohne die erforderliche Ergänzung) verstößt gegen den Grundsatz der Richtigkeit (s § 328 Abs 1 Nr 1 S 3), da sich der BVm nicht auf den offengelegten KA bezieht (so *ADS*[6] § 328 Anm 122 mwN). Zu den Sanktionen s § 329 Anm 26. Gleiches gilt im Fall der **Änderung** eines **JA** und/oder **Lageberichts** (s Anm 48).

VII. Fristgerechte Offenlegung befreiender Abschlüsse ausländischer Konzernleitungen

98 Einem befreiten MU obliegt auch die Pflicht zur Offenlegung im BAnz (hier Anm 76 und § 291 Anm 10). Diese muss vor Ablauf des zwölften Monats (Anm 35) nach dem Stichtag des zu befreienden Unt erfolgen (§ 291 Abs 1 S 1 iVm Abs 3). Fraglich ist, ob ausländische MU ihren inländischen TU innerhalb der Zwölfmonatsfrist einen zur Veröffentlichung freigegebenen befreienden KA und Konzernlagebericht zur Offenlegung übergeben können, wenn im Ausland unterschiedliche Fristen gelten. Da die Fristen in Abs 3 nicht auf die 7. EG-Richtl zurückgehen und die Offenlegungssanktion des § 335 S 1 Nr 6 als antragsgebundenes FGG-Verfahren ausgestattet ist, müssen in solchen Fällen begründete Verzögerungen hingenommen werden.

G. Offenlegungserleichterungen bei verbundener Berichterstattung über die Jahres- und Konzernrechnungslegung (Abs 3 a)

100 Der neue Abs 3 a fasst Regelungen zusammen, die Offenlegungserleichterungen bei verbundener Berichterstattung über die Jahres- und Konzernrechnungslegung betreffen. Abs 3 a S 1 übernimmt den unveränderten Wortlaut des bishe-

rigen Abs 3 S 2 und regelt die Bekanntmachung der Berichterstattung des AR. Enthält die offen gelegte Berichterstattung des AR über den JA den Bericht des AR über den KA, darf die gesonderte Bekanntmachung des Berichts über den KA (Abs 3 S 1) im BAnz durch einen Hinweis auf die erfolgte Bekanntmachung des JA ersetzt werden.

Bei gleichzeitiger Bekanntmachung erlaubt der neue S 2 HS 1 die Offenlegung eines zusammengefassten BVm zum JA/IFRS-EA und KA; macht das MU von dieser Möglichkeit Gebrauch, dürfen auch die jeweiligen Prüfungsberichte zusammengefasst werden (s auch § 324a Anm 6ff).

H. Einreichungszeitpunkt beim Bundesanzeiger als maßgebender Offenlegungszeitpunkt (Abs 4)

Abs 4 hat lediglich klarstellende Funktion; Näheres hierzu Anm 55. Durch 103
diese Regelung sollen von der KapGes/KapCoGes nicht zu beeinflussende technisch bedingte Verzögerungen bei der Veröffentlichung im BAnz (Wartezeit) nicht zu Lasten der KapGes/KapCoGes gehen (ebenso *ADS*[6] § 325 Anm 91).

I. Bekanntmachungen in anderer Weise (Abs 5)

Das HGB stellt hier klar, dass *andere* Publizitätspflichten durch die Regelun- 105
gen der §§ 325ff nicht aufgehoben werden. Es spricht von Pflichten zur Bekanntmachung von JA, IFRS-EA, Lagebericht, KA oder Konzernlagebericht „in anderer Weise, die auf Gesetz, GesVertrag oder Satzung beruhen". Die Aufzählung der Gegenstände (zB JA) und Grundlagen (zB Satzung) der Bekanntmachung ist beispielhaft. Es können Offenlegungspflichten jeder Art ggü internen und externen Adressaten sein, die zB durch GesterBeschluss begründet werden (ebenso *Fehrenbacher* in MünchKommHGB § 325 Anm 104).

Andere gesetzliche Pflichten sind zB angeführt in § 339 für eG (s dort), in §§ 9 und 15 PublG für offenlegungspflichtige GroßUnt bzw KonzernMU (Anm 112ff); außerdem in § 340l für Kreditinstitute, § 341l für Versicherungs-Unt, im Börsengesetz sowie der Börsenzulassungs-VO. In den §§ 131 AktG, 51a GmbHG sind interne Informationspflichten der Geschäftsführung an Gester und in den §§ 118, 166 Kontrollrechte der Gester geregelt.

Alle diese Pflichten können gesetzliche Regelungen *nicht* einschränken, aber 106
ergänzen und erweitern. In Betracht kommen zB über die JA-Unterlagen hinaus regelmäßige Zusatzinformationen an die Gester oder freiwillige Erweiterungen von Anhang und Lagebericht für interessierte Kreise der Öffentlichkeit (vgl § 284 Anm 80ff; § 289 Anm 106). Da mittelgroße und große KapGes/KapCoGes nur einen einheitlichen **Lagebericht** aufzustellen haben, darf seine freiwillige Erweiterung über die Offenlegung nach gesetzlichen Vorschriften hinaus nicht wieder verkürzt werden, zumal hier die §§ 326, 327 keine Erleichterungen gewähren; bei kleinen KapGes/KapCoGes ist der Lagebericht fakultativ (Anm 7). Ähnliches gilt für den JA, in welchem teilweise Verkürzungen gesetzlich erlaubt sind. *Nicht geprüfte* Zusatzinformationen müssen in einem „Geschäftsbericht" (vgl § 284 Anm 82) kenntlich gemacht oder optisch von den gesetzlich vorgeschriebenen Teilen getrennt werden, damit ihre Offenlegung im BAnz bzw Einreichung zum HR nicht erfolgen muss (§ 328 Anm 5 mwN). Nicht zulässig wäre ein Verzicht auf die kennzeichnenden Überschriften „Lagebericht" und „Anhang" (so auch *Reuter* FS Goerdeler, 436).

J. Prüfung der Offenlegung durch den Abschlussprüfer

107 Eine Prüfung der ordnungsgemäßen Offenlegung nach den §§ 325 bis 328 durch den AP ist gesetzlich nicht vorgeschrieben (glA *WPH*[12] *I,* Q Anm 689). Erfährt der AP anlässlich seiner Prüfung von *unzutreffenden* Veröffentlichungen (die nicht lediglich Einzelheiten, wie Vorspaltenvermerke, betreffen) unter Verwendung seines BVm bzw Versagungsvermerks, hat er einen zivilrechtlichen Anspruch auf Unterlassung; außerdem ist er gehalten, eine Richtigstellung zu veranlassen (*IDW* PS 400 Anm 16). Wird dem AP im Rahmen seiner Prüfung bekannt, dass die Offenlegungspflichten *nicht erfüllt* wurden, hat er im Prüfungsbericht darauf hinzuweisen (so *IDW* PS 450 Anm 50).

K. Rechtsfolgen bei Verstößen gegen die Offenlegungsvorschriften

108 Verstöße gegen die Offenlegungspflichten nach § 325 stellen weder einen Grund zur **Anfechtung** des JA noch einen **Nichtigkeitsgrund** dar (ebenso *ADS*[6] § 325 Anm 146).

109 Das Registergericht kann jedoch auf Antrag von Jedermann ein Ordnungsgeld androhen und im Falle der Nichtoffenlegung festsetzen (§ 335 a, zu Einzelheiten wie auch der wiederholten Androhung eines erneuten Ordnungsgelds s dort Anm 1 ff sowie zu einem ggf parallel festgesetzten Zwangsgeld wegen der Nichterfüllung bilanzrechtlicher Vorschriften § 335 Anm 1 ff). Das Ordnungsgeld kann anders als das Zwangsgeld nicht zurückgenommen (jedoch ggf bei geringfügigen Fristüberschreitungen herabgesetzt) werden, wenn der erzwungenen Handlung nachgekommen ist (vgl *Schulze-Osterloh* in Baumbach/Hueck[17] § 41 Anm 139). Diese Sanktionen gelten gem § 335 b auch für KapCoGes.

110 Die Pflicht zur Offenlegung richtet sich stets nur an die gesetzlichen Vertreter der Ges, niemals aber an die Ges „als solche", *OLG Stuttgart* 13. 7. 2000, GmbHR 2001, 301.

Den Mitgliedern des vertretungsberechtigten Organs der KapGes/KapCoGes kann bei unterlassener Offenlegung aus § 823 Abs 2 BGB iVm § 325 eine **deliktische Schadenersatzhaftung** ggü den Gläubigern drohen, die Gester haften nach § 830 BGB ggf als Mittäter oder Beteiligte (*Lutter/Hommelhoff* GmbHG[15] Anhang § 42 a Amn 38). Bei Verletzung der (erweiterten) Offenlegungspflichten für **Kreditinstitute** gem § 340 l kann das Registergericht gegen gesetzliche Vertreter auf Antrag Ordnungsgeld nach § 335 a festsetzen; das Gleiche gilt nach § 340 o S 1 Nr 1 lit a und Nr 2 für Geschäftsleiter iSd § 1 Abs 2 S 1 KWG und für Geschäftsleiter von Zweigstellen iSd § 53 Abs 1 KWG.

§ 21 S 1 Nr 8 PublG enthält bei Unterlassung der Bekanntmachung im BAnz Zwangsgeldvorschriften für UntLeiter oder gesetzliche Vertreter (Näheres § 335 a Anm 30); § 20 Abs 1 Nr 5 ahndet Zuwiderhandlungen gegen § 328 als Ordnungswidrigkeit (§ 328 Anm 26).

Für die gesetzlichen Vertreter oder Hauptbevollmächtigten von **Versicherungsunternehmen** gelten die Ordnungsgeldvorschriften des § 335 a ebenfalls (§ 341 o).

L. Offenlegung nach dem Publizitätsgesetz

I. Rechnungslegung von Unternehmen (§ 9 PublG)

1. Allgemeine Regelung (Abs 1)

Unt, die nach §§ 1, 2 PublG zur Rechnungslegung verpflichtet sind (Anm 80), müssen gem § 9 Abs 1 S 1 PublG unter sinngemäßer Anwendung des § 325 Abs 1, 2, 2a, 2b, 4, 5 und § 328 den **Jahresabschluss und die sonst in § 325 Abs 1 bezeichneten Unterlagen** – soweit sie aufzustellen sind – offenlegen (Anm 80, zu Erleichterungen s Anm 82ff). Durch den Verweis auf § 325 Abs 1, 2, 2a, 2b, 4, 5 sowie § 328 und auf Grund der nach § 1 PublG für die Unt geltenden Größenmerkmale (§ 266 Anm 30), die wesentlich über den Untergrenzen für große KapGes gem § 267 Abs 3 liegen, muss die Offenlegung entspr den für große KapGes geltenden Grundsätzen erfolgen. Die offenlegungspflichtigen Unterlagen sind zunächst im BAnz zu veröffentlichen und danach zum HR des Sitzes des Unt einzureichen. Unt, die nicht im HR eingetragen sind, haben die Unterlagen bei dem für den Sitz des Unt zuständigen Registergericht einzureichen (§ 9 Abs 1 S 4 PublG). 112

Zu **Verfahren und Form** der Offenlegung kann daher verwiesen werden, und zwar bezüglich:
- der **Art** der Offenlegung (BAnz-Publizität mit anschließender Registerpublizität) auf Anm 50,
- der **Form** der offenzulegenden Unterlagen auf Anm 51ff und § 328 Anm 6ff,
- des **Zeitpunkts** der Offenlegung und der Fristwahrung durch Offenlegung in Stufen auf Anm 55,
- der Nachreichung von **Änderungen** auf Anm 45.

2. Anwendung auf Unternehmen bestimmter Größenmerkmale und Rechtsformen

Zur Rechnungslegung und damit auch zur Offenlegung sind Unt (nach Ablauf der Wartezeit von zwei Gj, § 2 Abs 1 PublG) verpflichtet, die bestimmte in § 1 Abs 1 PublG genannte Größenmerkmale überschreiten und außerdem eine der in § 3 Abs 1 PublG angeführten Rechtsform aufweisen. Zur **Größenklasseneinteilung** des § 1 Abs 1 PublG und den Sonderregelungen zur Bestimmung der Größenmerkmale nach § 1 Abs 2 PublG s § 266 Anm 30. 113

§ 3 Abs 1 PublG zählt die unter die Regelungen des PublG zum JA fallenden **Rechtsformen** abschließend auf:
- PersGes (OHG, KG), für die kein Abschluss nach § 264a oder § 264b aufgestellt wird;
- EKfm;
- Verein, dessen Zweck auf einen wirtschaftlichen Geschäftsbetrieb gerichtet ist;
- rechtsfähige Stiftung des bürgerlichen Rechts, wenn sie ein Gewerbe betreibt;
- Körperschaft, Stiftung oder Anstalt des öffentlichen Rechts, die Kfm nach § 1 sind oder als Kfm im HR eingetragen sind.

Zu den befreiten **Rechtsformen** und Unt s § 3 Abs 2 PublG (eG, Eigenbetriebe, Zweckverbände, VerwertungsGes). Für JA und KA von Kreditinstituten und VersicherungsUnt jeder Rechtsform gilt das HGB (§§ 340, 341). Gleichfalls entfallen gem § 3 Abs 3 PublG für Unt in **Abwicklung** (= Liquidation) die Pflichten zur Rechnungslegung nach den Vorschriften des PublG (ebenso *WPH*[12] I, H Anm 8).

3. Umfang der Offenlegung

a) Allgemeine Regelung

114 Gem § 9 Abs 1 S 1 PublG sind der JA und die sonst in § 325 Abs 1 bezeichneten Unterlagen, soweit sie aufzustellen sind, offenzulegen. Der **Umfang** der aufzustellenden Unterlagen ist durch § 5 PublG bestimmt (hierzu Erl unter § 264 Anm 129). Da reine PersGes und Ekfl einen Anhang und Lagebericht nicht aufstellen müssen und ihnen außerdem § 9 Abs 2 PublG Offenlegungserleichterungen einräumt, haben die **sonstigen** dem PublG unterworfenen Unt (in den übrigen Rechtsformen nach § 3 Abs 1 Nr 2 bis 5 PublG) **folgende Unterlagen offenzulegen:**
- den JA nach § 242 (§ 5 Abs 1 PublG) bestehend aus Bilanz und GuV;
- den Anhang zum JA (§ 5 Abs 2 PublG);
- soweit vorhanden, den IFRS-EA;
- den BVm oder Versagungsvermerk des AP;
- den Lagebericht (§ 5 Abs 2 PublG);
- den Bericht des AR, sofern ein AR besteht (§ 7 PublG);
- den Vorschlag für die Verwendung des Ergebnisses und der Beschluss über seine Verwendung unter Angabe des Jahresüberschusses oder Jahresfehlbetrags – soweit sich diese nicht aus dem JA ergeben (Ausnahme: Schutz natürlicher Personen als Gester, hier Anm 21);
- ggf die Änderungen des BVm bzw Versagungsvermerks auf Grund einer Nachtragsprüfung;
- ggf die Änderungen des JA auf Grund des Feststellungsbeschlusses.

Siehe im Übrigen Anm 6ff.

b) Erleichterungen für reine Personenhandelsgesellschaften und Einzelkaufleute

115 Für reine PersGes (iSv § 3 Abs 1 Nr 1 PublG) und Ekfl sieht § 9 PublG Offenlegungserleichterungen vor, die aber nicht in Anspruch genommen werden müssen (Wahlrecht): § 9 Abs 2 PublG erlaubt, anstelle der Offenlegung der GuV und des Beschlusses über die Verwendung des Ergebnisses eine **Anlage zur Bilanz** zu veröffentlichen, die nach § 5 Abs 5 S 3 PublG **folgende Angaben** enthalten muss:
- die Umsatzerlöse iSv § 277 Abs 1;
- die Erträge aus Beteiligungen;
- die Löhne, Gehälter, sozialen Abgaben sowie Aufwendungen für Altersversorgung und Unterstützung;
- die Bewertungs- und Abschreibungsmethoden einschl wesentlicher Änderungen sowie
- die Zahl der Beschäftigten.

Ferner gestattet § 9 Abs 3 PublG, in der offenzulegenden Bilanz von reinen PersGes alle Posten mit **Eigenkapitalcharakter** zusammenzufassen und in einem Posten „Eigenkapital" auszuweisen. Hierzu gehören:
- Kapitalanteile der Gester;
- ausstehende Einlagen auf das gezeichnete Kapital (sofern gesondert ausgewiesen);
- Rücklagen (Kapital- und Gewinnrücklagen);
- Gewinnvortrag oder Verlustvortrag;
- Jahresüberschuss/Jahresfehlbetrag (s auch *ADS*[6] § 9 PublG Anm 37f).

Das ist für **OHG und KG** iSv § 3 Abs 1 Nr 1 PublG eine stärkere Zusammenfassung als für die Aufstellung des JA (dazu *IDW RS HFA* 7). Beim **Einzelkaufmann** gelten alle Firmen als ein Unt (§ 1 Abs 5 PublG); auch hier wird das EK zu einem Posten zusammengefasst (§ 247 Anm 155).

Demnach **müssen** *Personenhandelsgesellschaften* und *Einzelkaufleute* iSv § 3 116
Abs 1 Nr 1 PublG folgende Unterlagen offenlegen:
- die Bilanz entspr §§ 265, 266, 268 bis 274, 278, 281 und 282 (§ 5 Abs 1 und 4, § 9 Abs 3 PublG);
- die GuV (§ 5 Abs 5 PublG) oder alternativ eine Anlage zur Bilanz (§ 9 Abs 2 PublG; zum Inhalt s Anm 114);
- den BVm oder Versagungsvermerk des AP;
- den Bericht des AR, sofern ein AR besteht (§ 7 PublG);
- Vorschlag für die Verwendung des Ergebnisses und den Beschluss über seine Verwendung unter Angabe des Jahresüberschusses oder Jahresfehlbetrags – soweit sich diese nicht aus dem JA ergeben (glA *ADS*[6] § 9 PublG Anm 33); diese Angaben brauchen nicht offengelegt zu werden, wenn eine Anlage zur Bilanz veröffentlicht wird; die Erleichterung für personenbezogene GmbH (Anm 21) ist *nicht* anwendbar, da GmbH nicht vom PublG erfasst wird;
- ggf Änderungen des BVm bzw Versagungsvermerks auf Grund einer Nachtragsprüfung;
- ggf die Änderungen des JA auf Grund des Feststellungsbeschlusses.

Reine PersGes und Ekfl sind *nicht* zur Aufstellung eines Anhangs und Lage- 117
berichts verpflichtet (§ 5 Abs 2 PublG). Eine Offenlegung ist daher auch nicht erforderlich, wenn Anhang und/oder Lagebericht freiwillig aufgestellt werden. Werden dagegen Angaben statt in der Bilanz/GuV wahlweise im Anhang gemacht, ist dieser *vollständig* offenzulegen (hM, vgl *ADS*[6] § 9 PublG Anm 20).

4. Verpflichtete Personen

Zur Offenlegung sind nach § 9 Abs 1 S 1 PublG die *gesetzlichen Vertreter* des 118
Unt verpflichtet. Das sind nach § 4 Abs 1 PublG bei einer juristischen Person die Mitglieder des vertretungsberechtigten Organs, bei einer reinen PersGes der oder die vertretungsberechtigten Gester und bei dem Unt eines Ekfm sinngemäß der Ekfm oder sein gesetzlicher Vertreter (s §§ 20 Abs 1, 21 Abs 1 PublG).

II. Rechnungslegung des Konzerns (§ 15 PublG)

1. Allgemeine Regelung (Abs 1 und 2)

Mutterunternehmen, die nach § 11 PublG zur Konzernrechnungslegung 119
verpflichtet sind, müssen gem § 15 Abs 1 PublG den KA oder Teil-KA, den BVm oder Versagungsvermerk und den Konzernlagebericht oder Teilkonzernlagebericht in sinngemäßer Anwendung Abs 3 bis 5 offenlegen. Nach § 15 Abs 2 PublG gilt für die Offenlegung, Veröffentlichung und Vervielfältigung § 328 (s dort Anm 1 ff).

Durch den Verweis auf die Vorschriften des HGB ist die Rechnungslegung 120
eines unter das PublG fallenden **Konzerns** in der gleichen Weise wie der KA einer KapGes/KapCoGes offenzulegen. Es wird hinsichtlich Form und Inhalt der Offenlegung daher verwiesen, und zwar bzgl:
- Art der Offenlegung (BAnzPublizität mit anschließender Registerpublizität) auf Anm 76;
- verpflichtete Personen auf Anm 77 und 118;
- Form der Offenlegung auf Anm 80 ff;

– Zeitpunkt der Offenlegung und Fristenwahrung auf Anm 90 ff;
– nachträgliche Änderungen offenlegungspflichtiger Unterlagen auf Anm 95.

2. Anwendung auf Mutterunternehmen als reine Personenhandelsgesellschaften mit bestimmten Konzerngrößenmerkmalen

121 Die **Verpflichtung** zur Aufstellung und Offenlegung eines KA nach dem PublG trifft ein inländisches MU als reine PersGes (hier Anm 113 und § 290 Anm 100 ff), wenn für drei aufeinander folgende Abschlussstichtage bestimmte **Größenmerkmale** (hierzu § 293 Anm 41 ff) zutreffen (§§ 11 und 12 iVm § 15 Abs 1 PublG). Stehen Unt unter der **einheitlichen Leitung** eines Unt mit Sitz im Ausland, ist das in der Konzern-Hierarchie der Konzern-Leitung am nächsten stehende Konzern-Unt mit Sitz im Inland verpflichtet, einen Teil-KA aufzustellen und offenzulegen (§ 11 Abs 3 PublG). **Aufgelöste und in Abwicklung** befindliche MU sind zur Aufstellung (*WPH*[12] I, O Anm 11) und Offenlegung eines KA verpflichtet.

122 Für Kreditinstitute und VersicherungsUnt gelten stets – unabhängig von Größe und Rechtsform – die Vorschriften der §§ 340l oder 341l (Anm 92, 93).

3. Offenlegungspflichtige Unterlagen

a) Allgemeine Regelung

123 MU, **ausgenommen** in der Rechtsform der reinen PersGes oder des Ekfm (hierzu Anm 91), haben gem § 15 Abs 1 iVm § 13 PublG folgende **Unterlagen offenzulegen:**
– den KA oder Teil-KA (§§ 294–314);
– den Konzernlagebericht oder Teilkonzernlagebericht (§ 315);
– den BVm oder Versagungsvermerk des AP;
– ggf Änderungen des KA, Teil-KA oder (Teil-)Konzernlageberichts nach Vorliegen des Prüfungsberichts mit geändertem Testat.

124 Durch die Einfügung des § 315 a (KA nach internationalen Rechnungslegungsstandards) ändert sich der Umfang der offenlegungspflichtigen Unterlagen nicht.

b) Erleichterungen für Mutterunternehmen in der Rechtsform einer Personenhandelsgesellschaft oder eines Einzelkaufmanns

126 MU als reine PersGes oder Ekfl (iSv § 3 Abs 1 Nr 1 PublG) wird neben Aufstellungserleichterungen (ggf vereinfachte Gliederung, § 13 Abs 3 S 2 PublG) die Möglichkeit eingeräumt, eine vereinfachte GuV aufzustellen (§ 5 Abs 5 S 1 PublG) und diese anstelle der GuV offenzulegen (§ 5 Abs 5 S 3 PublG; zum Inhalt Anm 86). Im Übrigen sind die unter Anm 123 genannten Unterlagen offenzulegen. Dagegen gilt die diesen Unt für den JA eingeräumte **Befreiung** von der Aufstellung und Offenlegung eines **Anhangs** und **Lageberichts** (§ 5 Abs 1 S 1; Abs 2 S 1 PublG) **nicht** für den KA.

M. Spezielle Vorschriften für besondere Rechtsformen und Branchen

128 **Kreditinstitute** sind gem § 340l nach den §§ 325, 328 offenlegungspflichtig, wobei für sie die volle BAnz- und Registerpublizität gilt.

Kreditinstitute, deren Bilanzsumme am Bilanzstichtag 200 Mio Euro nicht übersteigt, dürfen gem § 340l Abs 4 S 1 an Stelle der BAnzPublizität die Offenlegung nach Abs 1 wählen. Zu den zusätzlichen Offenlegungspflichten für Kreditinstitute mit Zweigstellen in anderen EU-Mitgliedstaaten und für deutsche Zweigstellen von Kreditinstituten oder Finanzinstituten mit Sitz in einem anderen Staat sowie für deutsche Zweigstellen von Finanzinstituten mit Sitz in einem anderen Staat, die Bankgeschäfte iSd KWG betreiben, s *Krumnow*[2] Rechnungslegung der Kreditinstitute[2] § 340l Anm 86ff.

Alle **Versicherungsunternehmen** haben die für große KapGes geltenden 129
Offenlegungsvorschriften unmittelbar bzw entspr anzuwenden (§ 341l iVm §§ 325, 328, 329 Abs 1); ggf mit verlängerter Frist. Zusätzlich müssen VersicherungsUnt gem § 55 Abs 3 VAG jedem Versicherten auf Verlangen den JA und Lagebericht übersenden. KA und Konzernlagebericht sind – ggf mit längerer Frist gem § 341l Abs 3 – im BAnz zu publizieren (dazu Anm 80), die eingeschränkte Publizität für kleinere VVaG gem § 341l Abs 2 dürfte nicht vorkommen. Die Versicherten haben gem § 55 Abs 3 VAG nur Anspruch auf den JA, nicht auf den KA; die meisten Versicherer kombinieren aber Anhang und Konzernanhang sowie Lagebericht und Konzernlagebericht.

Tochter-KapGes und Tochter-KapCoGes, die Kreditinstitute oder 130
Versicherungsunternehmen eines nach § 290 zur Aufstellung eines KA verpflichteten MU sind, dürfen im Falle wahlweiser Anwendung von § 264 Abs 3 bzw § 264b (s Anm 22) *nur* die Erleichterung der Nichtanwendung von Vorschriften über die Offenlegung in Anspruch nehmen (§ 340a Abs 2 S 4 bzw § 341a Abs 2 S 4).

§ 325a Zweigniederlassungen von Kapitalgesellschaften mit Sitz im Ausland

(1) [1]**Bei inländischen Zweigniederlassungen von Kapitalgesellschaften mit Sitz in einem anderen Mitgliedstaat der Europäischen Wirtschaftsgemeinschaft oder Vertragsstaat des Abkommens über den Europäischen Wirtschaftsraum haben die in § 13e Abs. 2 Satz 4 Nr. 3 genannten Personen oder, wenn solche nicht angemeldet sind, die gesetzlichen Vertreter der Gesellschaft die Unterlagen der Rechnungslegung der Hauptniederlassung, die nach dem für die Hauptniederlassung maßgeblichen Recht erstellt, geprüft und offengelegt worden sind, nach den §§ 325, 328, 329 Abs. 1 offenzulegen.** [2]**Die Unterlagen sind zu dem Handelsregister am Sitz der Zweigniederlassung einzureichen; bestehen mehrere inländische Zweigniederlassungen derselben Gesellschaft, brauchen die Unterlagen nur zu demjenigen Handelsregister eingereicht zu werden, zu dem gemäß § 13e Abs. 5 die Satzung oder der Gesellschaftsvertrag eingereicht wurde.** [3]**Die Unterlagen sind in deutscher Sprache einzureichen.** [4]**Soweit dies nicht die Amtssprache am Sitz der Hauptniederlassung ist, können die Unterlagen auch in englischer Sprache oder in einer von dem Register der Hauptniederlassung beglaubigten Abschrift eingereicht werden; von der Beglaubigung des Registers ist eine beglaubigte Übersetzung in deutscher Sprache einzureichen.** [5]**§ 325 Abs. 2 ist nur anzuwenden, wenn die Merkmale für große Kapitalgesellschaften (§ 267 Abs. 3) von der Zweigniederlassung überschritten werden.**

(2) **Diese Vorschrift gilt nicht für Zweigniederlassungen, die von Kreditinstituten im Sinne des § 340 oder von Versicherungsunternehmen im Sinne des § 341 errichtet werden.**

Übersicht

Schrifttum: BT-Drs 14/6456 v 27. 6. 2001 und 14/7081 v 10. 10. 2001 zum Euro-Bilanzgesetz; im Übrigen siehe auch Schrifttum zu § 325.

A. Allgemeines

1 § 325a schließt an §§ 13d–13g an und dehnt die für KapGes u nach § 264a gleichgestellten KapCoGes (Anm 12; aA *Fehrenbacher* in MünchKommHGB § 325a Anm 4, der keine Erweiterung der Offenlegungspflichten durch das KapCoRiLiG auf Zweigniederlassungen kapitalistischer PersGes mit Sitz in anderen Ländern sieht) geltende Pflicht der Offenlegung bestimmter Rechnungslegungsunterlagen auf (unselbstständige) **inländische Zweigniederlassungen von KapGes/KapCoGes mit Sitz (Hauptniederlassung) in einem anderen Staat der EU oder Vertragsstaat des Abkommens über den Europäischen Wirtschaftsraum** aus; sog Drittstaaten werden nicht erwähnt. Der Gesetzgeber hat insoweit die EU-Richtl nicht korrekt umgesetzt.

2 Die Offenlegung eines auf die eigene Tätigkeit der Zweigniederlassung bezogenen handelsrechtlichen JA wird damit nicht verlangt (vgl *ADS*[6] § 325a Anm 21, anders nur gemäß Sonderrecht unter bestimmten Voraussetzungen von Zweigniederlassungen ausländischer Kreditinstitute und VersicherungsUnt, Anm 3).

3 Wegen der **Ausnahmeregelung des Abs 2** findet Abs 1 keine Anwendung auf Zweigniederlassungen von Kreditinstituten iSd § 340 oder von VersicherungsUnt iSd § 341. Für diese Zweigniederlassungen bestehen erweiterte Offenlegungspflichten, s hierzu Anm 60.

4 Ziel der Regelungen ist der Schutz von Personen, die über eine Zweigniederlassung mit einer Ges in Beziehung treten (BT-Drs 12/3908, 1).

B. Anwendungsbereich

10 Zum Geltungsbereich s Anm 1 und 3.

11 Als **Zweigniederlassung** iSd Abs 1 S 1 ist eine rechtlich unselbstständige, räumlich getrennte Niederlassung eines Kfm gemeint, in der er und/oder die Mitarbeiter teilweise oder ganz selbstständig tätig werden. (*Baumbach/Hopt*[30] § 13 Anm 3).

Kapitalgesellschaften iSd Vorschrift sind solche ausländischen Ges, deren Rechtsformen mit AG, KGaA und GmbH vergleichbar sind (vgl *ADS*[6] § 325 a Anm 12). Für Ges aus anderen **EU-Staaten** sind die vergleichbaren Ges-Formen in Art 1 der 4. EG-Richtl (78/660/EWG vom 25. 7. 1978 idF v 1990) angeführt; für **Vertragsstaaten des Abkommens über den Europäischen Wirtschaftsraum** bestimmt sich die vergleichbare Rechtsform im Wege der Substitution (*Baumbach/Hopt*[30], §§ 13 e Anm 1, 13 d Anm 3), wobei eine Übereinstimmung in wesentlichen Merkmalen genügt (vgl *ADS*[6] § 325 a Anm 13). Eine Auflistung der GesFormen der 10 Beitrittsländer zur EU in 2004 in der Richtl stand bei Drucklegung noch aus. 12

Die **KapCoGes** iSd Vorschrift sind ausländische Ges, deren Rechtscharakter einer deutschen KapGes & Co entspricht (§ 264 a Anm 39).

Der **tatsächliche Verwaltungssitz** der KapGes/KapCoGes (Hauptniederlassung) musste bislang nach der Sitztheorie in einem anderen EU-Mitglieds- oder EWR-Vertragsstaat (zu zugehörigen Staaten s § 291 Anm 1) bestehen, ein rein statutarischer Sitz genügte nicht (ebenso *ADS*[6] § 325 a Anm 14; aA Gründungstheorie, Nachweise bei *Großfeld,* [IPR] IntGesR 33, 124). Hier ist zwischenzeitlich ein grundlegender Wandel der Rspr zu verzeichnen (weg von der Sitz- und hin zur Gründungstheorie): als eintragungsfähig werden auch Zweigniederlassungen von KapGes angesehen, die in einem EU-Mitgliedstaat wirksam gegründet werden, auch wenn der tatsächliche Verwaltungssitz der Ges von Beginn an in Deutschland liegt (*EuGH* 5. 11. 2002 – Überseering –, GmbHR, 1137; *BGH* 13. 3. 2003 in BGHZ 154, 185; *OLG Zweibrücken* 26. 3. 2003 in BB, 864). 13

C. Pflicht zur Offenlegung der Rechnungslegungsunterlagen der Hauptniederlassung (Abs 1)

I. Verpflichtete Personen

Nach Abs 1 S 1 trifft die Pflicht zur Offenlegung (Einreichung und Bekanntmachung, Anm 41) die in **§ 13 e Abs 2 S 4 Nr 3** genannten **Personen** oder, wenn solche nicht angemeldet sind, die **gesetzlichen Vertreter oder Mitglieder des vertretungsberechtigten Organs der ausländischen Ges** (Anm 21). Vorrangig sind demnach solche Personen verpflichtet, die befugt sind, als ständige Vertreter für die Tätigkeit der Zweigniederlassung die Ges gerichtlich und außergerichtlich zu vertreten. Dazu gehören (Filial-)Prokuristen und Handlungsbevollmächtigte mit ständiger genereller Vertretungsmacht und Prozessführungsbefugnis nach § 54 Abs 2 (s auch *ADS*[6] § 325 a Anm 15 ff und *Baumbach/Hopt*[30], § 13 e Anm 2). 20

Eine Ernennung von Personen mit genereller Vertretungsmacht für eine Zweigniederlassung ist jedoch nicht erforderlich; es sind dann die gesetzlichen Vertreter der KapGes/KapCoGes im EU- oder EWR-Staat zur Offenlegung verpflichtet. Gesetzliche Vertreter des Hauptsitzes sind die dem Vorstand oder der Geschäftsführung vergleichbaren Personen, zB Mitglieder eines executive boards bzw executive directors. 21

Zur möglichen Übertragung der Offenlegungsaufgabe ggf auf einzelne Vertreter s § 325 Anm 28. 22

Zu dem von den zur Offenlegung verpflichteten Personen zu beachtenden Grundsatz der **richtigen und vollständigen Wiedergabe** der Rechnungslegungsunterlagen s Anm 50 ff und die Erl zu § 328. 23

II. Offenlegungspflichtige Unterlagen

30 Offenlegungspflichtig sind nach Abs 1 S 1 die **Unterlagen der Rechnungslegung der Hauptniederlassung des Unt – unabhängig von seiner Größenklasse –,** die nach dort maßgeblichem Recht erstellt, geprüft und offengelegt worden sind.

31 Für Umfang und Inhalt der offenzulegenden Unterlagen ist das für die ausländische Hauptniederlassung geltende Recht maßgebend. Dieses entspricht in allen EU-Staaten ebenso wie das deutsche Recht den einschlägigen gesrechtlichen EG-Richtl (1., 4., 7. und 8. EG-Richtl), so dass im Ergebnis nach materiell gleichwertigen Rechtsvorschriften **erstellt, geprüft** und **offengelegt** wird (BT-Drs 12/5170, 16; ebenso *ADS*[6] § 325 a Anm 21). Dies gilt auch für die Rechnungslegungsunterlagen von Hauptniederlassungen aus EWR-Vertragsstaaten, die sich im Abkommen über den europäischen Wirtschaftsraum (BGBl 1993 II, 267, idF des Anpassungs-Protokolls vom 17. 3. 1993, BGBl II, 1294) zur vollständigen Durchführung der einschlägigen EG-Richtl verpflichten und insoweit den heutigen EU-Staaten gleichzustellen sind (BT-Drs 12/5170, 15).

32 Zu den Unterlagen der Rechnungslegung gehören der JA (Bilanz, GuV und Anhang), der Lagebericht, bei prüfungspflichtigen Hauptniederlassungen der BVm oder Versagungsvermerk (bei Einschränkung oder Versagung auch die Gründe hierfür) des AP (im Ausland oft als „Bericht" bezeichnet), der Bericht des AR sowie der Vorschlag zur Verwendung des Ergebnisses und der Beschluss über seine Verwendung (Ergebnis des GesamtUnt).

Da für mittelgroße und kleine KapGes/KapCoGes (Hauptniederlassung) stufenweise Erleichterungen zugelassen sind, können uE im Einzelfall **Umfang** und **Inhalt** der Rechnungslegungsunterlagen **variieren** (zu weiteren Einzelheiten § 325 Anm 6 ff; ebenso *ADS*[6] § 325 a Anm 25). Die Unterlagen der Rechnungslegung umfassen auch einen **Konzernabschluss,** den die Hauptniederlassung ggf aufzustellen hat oder der von ihr als befreiender KA aufgestellt wurde, mit den zugehörigen Unterlagen (ebenso *ADS*[6] § 325 a Anm 24; s auch § 325 Anm 59). Ist die Hauptniederlassung in einen KA mit befreiender Wirkung einbezogen (§ 291 Abs 1), ist dieser offenzulegen.

Außerdem sind **Änderungen** des JA, KA oder (Konzern-)Lageberichts mit jeweils geändertem Testat offenzulegen (glA *ADS*[6] § 325 a Anm 27). Hat die Hauptniederlassung ihre Unterlagen der Rechnungslegung über die gesetzlichen Vorschriften hinaus *freiwillig* erweitert und offengelegt, ist eine **Verkürzung** für die Offenlegung zum HR am Sitz der Zweigniederlassung nicht zulässig. Anders bei Unterlagen, die von der Hauptniederlassung insgesamt freiwillig aufgestellt und offen gelegt worden sind, wie zB ein Teil-KA (für den alle Befreiungsvoraussetzungen vorliegen); ihre Offenlegung ist am Sitz der Zweigniederlassung nicht erforderlich, da freiwillige Aufstellungen nicht offenlegungspflichtig sind. S aber Anm 60.

33 Es gelten die nationalen Vorschriften über die Prüfung (und Prüfungspflicht) des Unt. Um die Pflichtprüfungen von JA, KA und (Konzern-)Lagebericht gleichwertig zu machen, sind in der 8. EG-Richtl Qualifikationsvoraussetzungen für den AP geregelt. Die in den Mitgliedsstaaten zugelassenen Prüfer sind in einem öffentlich zugänglichen Verzeichnis zu führen (vgl auch *Fehrenbacher* in MünchKommHGB § 325 a Anm 14). §§ 325, 328 verlangen auch die Wiedergabe des Wortlauts des BVm (Anm 32). Dieser ist zusammen mit dem JA mit Lagebericht bzw dem KA mit Konzernlagebericht für das GesamtUnt gem § 325 a offenzulegen – auch wenn der BVm eingeschränkt oder versagt wurde.

III. Art, Ort und Zeitpunkt der Offenlegung

Abs 1 S 1 letzter Hs verlangt, dass nach den §§ 325, 328, 329 Abs 1 offenzulegen ist. 40

Wegen des globalen Verweises auf § 325 kommen als **Grundformen** (Art) der Offenlegung die in § 325 Abs 1 für kleine und mittelgroße KapGes/KapCoGes vorgesehene **Registerpublizität** mit Hinterlegungsbekanntmachung oder die in § 325 Abs 2 für große KapGes/KapCoGes geforderte **Bundesanzeigerpublizität** in Frage. Für die Einstufung ist auf die Größe der Zweigniederlassung abzustellen, Abs 1 S 5, wobei die Größenmerkmale des § 267 Abs 3 gelten. 41

Zu weiteren Einzelheiten bei der Offenlegung (Einreichung und Bekanntmachung) s § 325 Anm 23–27 mwN. 42

Die offenzulegenden Unterlagen sind gem Abs 1 S 2 Hs 1 zum **Handelsregister am Sitz der Zweigniederlassung** einzureichen; bestehen mehrere inländische Zweigniederlassungen derselben KapGes/KapCoGes, brauchen die Unterlagen gem Abs 1 S 2 Hs 2 nur zu demjenigen HR eingereicht zu werden, zu dem gem § 13e Abs 5 die Satzung oder der GesVertrag eingereicht wurde (ebenso *ADS*[6] § 325a Anm 34). 43

Zum **Zeitpunkt der Offenlegung** bei kleinen und mittelgroßen KapGes/KapCoGes (Hauptniederlassungen) s § 325 Anm 35ff, und bei großen KapGes/KapCoGes (Hauptniederlassungen) § 325 Anm 55, wobei in allen Fällen – abw von § 325 – zunächst die Offenlegung der ausländischen Hauptniederlassung im Ausland selbst abgewartet werden darf, sofern diese die nach ihrem Recht geltenden Offenlegungsfristen nicht überschreitet. Bei Überschreitung gilt § 325 Abs 1 S 3, wonach in Stufen und dabei zumindest der ungeprüfte und/oder nicht festgestellte JA und Lagebericht (bzw ungeprüfte und/oder nicht gebilligte KA und Konzernlagebericht) offenzulegen sind (im Ergebnis ebenso *ADS*[6] § 325a Anm 35f und *Fehrenbacher* in MünchKommHGB § 325a Anm 18; s auch § 325 Anm 42). 44

IV. Form und Inhalt der offenzulegenden Unterlagen

Die **Unterlagen der Rechnungslegung** der (ausländischen) Hauptniederlassung sind gem Abs 1 S 1 letzter Hs nach § 328 offenzulegen, der sowohl für den Fall der Pflichtpublizität als auch für die Fälle sonst gesetzlich oder freiwillig vorgeschriebener Veröffentlichungen und Vervielfältigungen die Anforderungen an Form und Inhalt der Unterlagen regelt und von ihrer **richtigen und vollständigen Wiedergabe** ausgeht. Ihre Form und ihr Inhalt müssen aber dem für ihre Aufstellung maßgeblichen Recht entsprechen (§ 328 Abs 1 Nr 1 S 1). **Abweichungen** sind nicht zulässig, da gem Abs 1 S 1 letzter Hs so offenzulegen ist, wie nach (im Ausland) maßgeblichem Recht erstellt, geprüft und offengelegt worden ist – dieses Recht muss aber den EG-Richtl entsprechen. Für die Einhaltung der Anforderungen an Form und Inhalt der offenlegungspflichtigen Unterlagen sind die zur Offenlegung verpflichteten Personen (Anm 20) verantwortlich. 50

Gem Abs 1 S 3 sind die Unterlagen der Hauptniederlassung in **deutscher Sprache** einzureichen. Nur wenn Deutsch nicht Amtssprache am Sitz der Hauptniederlassung ist, dürfen die Unterlagen wahlweise in englischer Sprache oder in der Amtssprache am Sitz der Hauptniederlassung eingereicht werden. Werden Unterlagen in einer anderen Sprache als deutsch oder englisch eingereicht, so ist eine Beglaubigung des ausländischen Registers erforderlich, dass die Unterlagen 51 mit der bei dem ausländischen Register eingereichten Version übereinstimmen. Von dieser Beglaubigung wiederum ist eine beglaubigte deutsche Übersetzung einzureichen, Abs 1 S 4. Nachdem nur eine Übersetzung verlangt wird, ist eine Umrechnung in Euro nicht erforderlich.

52 Zu **Form und Inhalt** der Unterlagen bei Offenlegung, Veröffentlichung und Vervielfältigung im Einzelnen s die Erl zu § 328.

V. Prüfungspflicht des Registergerichts

55 Nach Abs 1 S 1 letzter Hs ist unter Beachtung von § 329 Abs 1 offenzulegen. Die Formulierung ist missglückt, da § 329 nicht die Offenlegung, sondern die Prüfungspflicht des Gerichts regelt. Zu Einzelheiten der Prüfungspflicht des Registergerichts s die Erl zu § 329.

56 Bei der **Prüfung** der **Vollzähligkeit** kann sich das deutsche Registergericht auf eine vom Register der Hauptniederlassung beglaubigte Abschrift der im Ausland offengelegten Unterlagen verlassen, da das Registergericht im jeweiligen Staat die ordnungsgemäße Einreichung bereits geprüft hat (BT-Drs 12/5170, 16).

D. Branchenbesonderheiten (Abs 2)

60 Nach Abs 2 findet Abs 1 keine Anwendung auf Zweigniederlassungen, die von Kreditinstituten iSd § 340 oder von VersicherungsUnt iSd § 341 errichtet werden; s dazu auch § 325 Anm 92–94. Für diese Zweigniederlassungen bestehen erweiterte Offenlegungspflichten (§ 340 l Abs 2 bzw §§ 341 l, 341 Abs 2), wobei auch Zweigstellen von Unt mit Sitz in Drittstaaten (§ 340 Abs 1 bzw § 341 Abs 2) in den Anwendungsbereich einbezogen sind. Neben der Pflicht zur Offenlegung der Rechnungslegungsunterlagen der Hauptniederlassung nach den für große KapGes/KapCoGes geltenden Vorschriften (JA, KA usw) sind die deutschen Zweigniederlassungen von Kreditinstituten und VersicherungsUnt mit Sitz in Drittstaaten unter bestimmten Voraussetzungen auch zur Offenlegung eines auf die Tätigkeit der deutschen Zweigniederlassung bezogenen und stets nach HGB geprüften/zu prüfenden Abschlusses verpflichtet (zu Einzelheiten für Kreditinstitute: *Krumnow*² Rechnungslegung der Kreditinstitute § 340 l Anm 74 ff und *Seitz* in Beck Vers-Komm, München 1998, § 341 l Anm 35–37).

E. Rechtsfolgen bei Verstößen gegen die Offenlegungsvorschriften

65 Die Erfüllung der Offenlegungspflichten für die Unterlagen der Hauptniederlassung, zu denen JA und ggf KA mit (Konzern-)Lagebericht (Anm 32) gehören, hat das Registergericht gem § 335 a S 1 durch Festsetzung von **Ordnungsgeld** gegen die Mitglieder des vertretungsberechtigten Organs der Ges durchzusetzen, jedoch nur auf Antrag (Näheres s § 325 Anm 78).

Sind ständige Vertreter für die Tätigkeit der Zweigniederlassung angemeldet, ist das Ordnungsgeld gegen sie zu richten. Die Anmeldung ständiger Vertreter kann wiederum nach § 14 durch Zwangsgeld erzwungen werden (vgl *Wiedmann* in Ebenroth/Boujong/Joost § 325 a Anm 4). Zu den Rechtsfolgen bei Zuwiderhandlungen gegen Formalvorschriften s § 328 Anm 25.

§ 326 Größenabhängige Erleichterungen für kleine Kapitalgesellschaften bei der Offenlegung

[1]Auf kleine Kapitalgesellschaften (§ 267 Abs. 1) ist § 325 Abs. 1 mit der Maßgabe anzuwenden, daß die gesetzlichen Vertreter nur die Bilanz und den Anhang einzureichen haben. [2]Der Anhang braucht die die Gewinn- und Verlustrechnung betreffenden Angaben nicht zu enthalten.

Übersicht

Schrifttum: Siehe § 325.

A. Allgemeines

1 § 326 räumt kleinen KapGes und kleinen PersGes iSv § 264 a (KapCoGes) bestimmte **Erleichterungen** bei der Offenlegung ihres JA ein (Anm 6), die aber nicht in Anspruch genommen werden müssen. Eine faktische **Pflicht** zur Inanspruchnahme der Erleichterungen kann allerdings, wenn entspr statutarische Bestimmungen fehlen, für die gesetzlichen Vertreter uU auf Grund der Interessenlage der Ges/Gester gegeben sein (so auch *ADS*[6] § 326 Anm 10; aA *Langenmayr* in BoHdR § 326 Anm 4). Der Umfang der Offenlegungspflicht kleiner KapGes/KapCoGes verstößt nicht gegen höherrangiges Recht, wie insb das durch Art 2 Abs 1 iVm Art 1 Abs 1 GG gewährleistete Recht auf informationelle Selbstbestimmung (*BayObLG* 24. 11. 1994, DB 1995, 316; sa *EuGH* 23. 9. 2004, DB, 2413).

2 Nach S 1 sind die in § 325 Abs 1 enthaltenen allgemeinen Vorschriften mit der Maßgabe anzuwenden, dass von kleinen KapGes/KapCoGes nur die **Bilanz** und der wahlweise verkürzt aufgestellte (Anm 3 und §§ 274 a Nr 1–5, 276 S 2, 286 Abs 4, 288 S 1) **Anhang** eingereicht (offengelegt) werden müssen. Satz 2 erlaubt, den Anhang ohne die GuV betr Angaben einzureichen.

3 Größenabhängig brauchen demnach von kleinen KapGes/KapCoGes **nicht eingereicht** (offengelegt) werden: die **Gewinn- und Verlustrechnung** und diese betr **Angaben** im **Anhang,** der **Lagebericht,** der **Bericht des Aufsichtsrats** (§ 325 Anm 7) sowie die Angaben zur Ergebnisverwendung (§ 325 Anm 14, 21).

4 Der **Zeitpunkt der Offenlegung** bestimmt sich nach § 325 Abs 1 (Anm 33).

5 Von der **Aufstellung** der in Anm 3 genannten Unterlagen und ihrer Vorlage an die HV bzw GesV sind die kleinen KapGes/KapCoGes dagegen nicht befreit

(§ 176 Abs 1 AktG, § 42a GmbHG, bei OHG und KG: § 264 iVm § 264a und GesVertrag). Jedoch gelten die **Aufstellungserleichterungen** der §§ 266 Abs 1 S 3, 274a, 276, 288 S 1 auch für die Offenlegung. Macht eine kleine **AG** von diesen Aufstellungserleichterungen Gebrauch, darf jeder Aktionär gem § 131 Abs 1 S 3 AktG die sofortige Vorlage eines JA in der HV in der Form verlangen, die er ohne Anwendung dieser Erleichterungen hätte (§ 266 Anm 20); das gilt jedoch nicht für die Erleichterungen gem § 274a (dort Anm 1). Für kleine **GmbH/KapCoGes** fehlt eine dem § 131 AktG vergleichbare Regelung, da den Gestern durch § 51a Abs 1 GmbHG bzw §§ 118, 166 weitgehende Auskunfts- und Einsichtsrechte eingeräumt werden.

Bzgl der für **Tochter-KapGes/-KapCoGes** in § 264 Abs 3 bzw § 264b wahlweise eingeräumten Erleichterung der Nichtanwendung von Vorschriften über die Offenlegung vgl § 325 Anm 22, 130.

B. Anwendungsbereich

6 Die Erleichterungen in Bezug auf den Umfang offenlegungspflichtiger Unterlagen gelten nur für **kleine KapGes/KapCoGes** iSd § 267 Abs 1. Für den **Konzernabschluss** (§ 325 Abs 3) gilt § 326 nicht. Eine **KapGes/KapCoGes** ist nur dann **als kleine** zu behandeln, wenn die maßgebenden Schwellenwerte des § 267 Abs 1 an den Abschlussstichtagen von zwei aufeinander folgenden Gj unterschritten werden (s § 267 Anm 14 und 23 für Neugründungen) und sie nicht gem § 267 Abs 3 S 2 wegen ihrer Kapitalmarktorientierung als große KapGes/KapCoGes gilt. **Kreditinstitute** und **Versicherungsunternehmen** dürfen § 326 gem §§ 340l, 341l nicht anwenden (§ 325 Anm 129).

7 Für die Vorlage des JA an den **Betriebsrat/Wirtschaftsausschuss** dürfen die Offenlegungserleichterungen ebenfalls nicht in Anspruch genommen werden (s § 267 Anm 30).

8 Das Wahlrecht der Inanspruchnahme größenabhängiger Erleichterungen der *Offenlegung* (Anm 1) wird grds **nicht** durch **§ 65 Abs 1 Nr 4 BHO** und auch nicht durch entspr landesrechtliche Vorschriften (wie zB § 65 Abs 1 Nr 4 LHO Bayern, GVBl 1987 S 221) beeinträchtigt, so dass auch Unt, an denen Bund oder Länder beteiligt sind, Erleichterungen des § 326 in Anspruch nehmen dürfen (ebenso *ADS*[6] § 326 Anm 9).

Die Inanspruchnahme größenabhängiger Offenlegungserleichterungen (§§ 326, 327) kann durch **Ges-Vertrag/Satzung** teilweise oder vollständig vorgeschrieben oder ausgeschlossen werden (glA *ADS*[6] § 326 Anm 11).

C. Pflicht zur Einreichung von Bilanz und verkürztem Anhang

I. Offenlegungspflichtige Unterlagen (Satz 1)

9 Kleine KapGes/KapCoGes (Anm 6) müssen nach S 1 und 2 folgende Unterlagen zum HR einreichen:
– die **Bilanz;**
– den **Anhang** ohne die GuV betr Angaben.

10 Die weiteren in § 325 genannten Unterlagen müssen von kleinen KapGes/KapCoGes **nicht eingereicht** werden (hierzu Anm 2 und 3).

Durch den Hinweis in S 1 auf **Anwendung** des **§ 325 Abs 1** gelten im Übrigen die dort erläuterten Pflichten und das Verfahren der Offenlegung (dazu im Einzelnen § 325 Anm 23ff). 11

Zur Mindestgliederung der **Bilanz** und der Anwendung von Einzelvorschriften s Anm 17ff, zum Mindestumfang des **Anhangs** s Anm 23ff. 12

Zu der von **AG** nach § 130 Abs 5 AktG einzureichenden Abschrift der **Niederschrift** über die HV und der von **GmbH** nach § 40 GmbHG einzureichenden **Liste der Gesellschafter** s § 325 Anm 7. 13

II. Wahrnehmung von Aufstellungserleichterungen bei der Offenlegung

Unabhängig von den Offenlegungserleichterungen (Anm 3f) dürfen kleine KapGes/KapCoGes bereits bei der **Aufstellung des JA** folgende Erleichterungen in Anspruch (Wahlrecht) nehmen: 14

- Aufstellung einer zur Normalgliederung nach § 266 **verkürzten Bilanz,** die nur die in § 266 Abs 2 und 3 mit Buchstaben und römischen Zahlen bezeichneten Posten umfasst, § 266 Abs 1 S 3;
- Aufstellung der **GuV** unter Zusammenfassung der Posten nach § 275 Abs 2 Nr 1 bis 5 (Gesamtkostenverfahren) oder Abs 3 Nr 1 bis 3 und 6 (Umsatzkostenverfahren) unter der Bezeichnung **„Rohergebnis“,** § 276 S 1;
- Aufstellung der Bilanz oder des Anhangs ohne die Darstellung der Entwicklung der einzelnen Posten des Anlagevermögens (Anlagengitter), § 274a Nr 1;
- Aufstellung des Anhangs ohne die Angaben zu rechtlich noch nicht entstandenen Forderungen, § 274a Nr 2;
- Aufstellung des Anhangs ohne Erl zu rechtlich noch nicht entstandenen Verbindlichkeiten, § 274a Nr 3;
- Aufstellung der Bilanz oder des Anhangs ohne gesonderten Ausweis bzw alternativer Angabe des mit Hinweis auf § 250 Abs 3 abgegrenzten Unterschiedsbetrags, § 274a Nr 4;
- Aufstellung des Anhangs ohne die Erl der als Bilanzierungshilfe aktivierten Aufwendungen für die Ingangsetzung und Erweiterung des Geschäftsbetriebs, § 274a Nr 5, nicht aber ohne die Euro-Bilanzierungshilfe gem Art 44 Abs 1 S 4 EGHGB und die Bilanzierungshilfe nach dem AltfahrzeugG gem Art 53 Abs 2 EGHGB;
- Aufstellung des Anhangs ohne Erl von ao Erträgen und ao Aufwendungen sowie der einem anderen Gj zuzurechnenden Erträge und Aufwendungen, § 276 S 2;
- Aufstellung des **Anhangs** gem § 288 S 1 ohne die Angaben nach § 284 Abs 2 Nr 4, § 285 S 1 Nr 2 bis 8 Buchstabe a, Nr 9 Buchstabe a und b sowie Nr 12, 17 und 18.

Soweit diese Erleichterungen für die Aufstellung des JA nicht oder nur teilweise in Anspruch genommen werden, stellt sich die Frage, ob die „Verkürzungen“ *ausschließlich* für den Zweck der **Offenlegung** vollständig oder teilweise wahrgenommen werden dürfen und ob dies eine Änderung des JA mit der Folge einer erneuten Feststellung darstellt. Das HGB lässt diese Frage in §§ 326, 327 offen. Die Frage kann auch nicht mit einem Hinweis auf § 328 Abs 1 Nr 1 S 1 beantwortet werden, der eine Wiedergabe des JA und des KA entspr „den für ihre Aufstellung maßgeblichen Vorschriften“ fordert. 15

Offen bleibt hier, ob so offenzulegen ist, **wie aufgestellt wurde** (damit hätte die Vorschrift lediglich klarstellende Bedeutung) oder **wie aufgestellt werden**

dürfte. Eine hier zu bejahende Gesetzeslücke kann durch „Rückgriff auf die EG-Richtl" geschlossen werden. Zweifellos wollte das HGB den Art 47 der 4. EG-Richtl unverändert umsetzen. Nach dessen Abs 2 können die Mitgliedstaaten kleinen KapGes gestatten, eine verkürzte Bilanz und einen verkürzten Anhang offenzulegen. Die Richtl geht insoweit nicht von einem Junktim zwischen Aufstellung und Feststellung des JA einerseits und der Offenlegung andererseits aus. Eine analoge Anwendung des Art 47 steht daher dem Sinn und Zweck der Erleichterungen in §§ 326, 327 nicht entgegen: Soweit bei der Aufstellung und Feststellung des JA nicht angewandt, dürfen diese **Erleichterungen** in beliebigem Umfang auch **ausschließlich** für die Offenlegung (Einreichung zum HR) wahrgenommen werden (im Ergebnis ebenso *ADS*[6] § 326 Anm 21; *Lutter/Hommelhoff* GmbHG[16] Anhang § 42a Anm 11 und 15).

16 **Umgekehrt** dürfen verkürzt aufgestellte und festgestellte JA von kleinen und mittelgroßen KapGes/KapCoGes unverkürzt offengelegt werden, da die Vorschriften der §§ 325 ff freiwillig verschärft (dazu § 325 Abs 5), umgekehrt jedoch nicht aus eigenem Ermessen erleichtert werden dürfen (hier Anm 1 und 8).

III. Alternativen für die Offenlegung der Bilanz

17 Kleine KapGes/KapCoGes dürfen für die Aufstellung und Feststellung der Bilanz die Normalgliederung gem § 266 (nach großem Bilanzschema, § 266 Abs 1 S 2) oder auch eine verkürzte Bilanz (nach kleinem Bilanzschema, § 266 Abs 1 S 3) zugrunde legen. Die aufgezeigte Möglichkeit, Verkürzungen auch nur für den Zweck der Offenlegung wahrzunehmen (Anm 14 ff), führt zu folgenden Alternativen bei der Offenlegung der Bilanz kleiner KapGes/KapCoGes:

Aufstellung und Feststellung

- nach dem **großen** Bilanzschema und Offenlegung in gleicher Form oder auch nach kleinem oder mittelgroßem Bilanzschema (s § 327 Anm 14 und § 266 Anm 8),
- nach dem **kleinen** Bilanzschema und Offenlegung in gleicher Form oder auch nach mittelgroßem und großem Bilanzschema.

18 Weitere Alternativen bzw Abwandlungen ergeben sich auf Grund der Möglichkeit, Aufstellungserleichterungen nur **teilweise** anzuwenden bzw rückgängig zu machen. Auch freiwillige weitere Untergliederungen der Posten (§ 265 Abs 5) dürfen bei der Offenlegung wahrgenommen werden; dagegen ist ihre Beseitigung bei Offenlegung nur zulässig, wenn diese durch die Anwendung wahrnehmbarer Aufstellungserleichterungen entfallen.

19 Zusammenfassungen unter den Voraussetzungen des § 265 Abs 7 (dort Anm 17) sind dagegen keine Aufstellungserleichterungen, so dass solche Zusammenfassungen bereits in dem aufgestellten (und dem festgestellten) JA Berücksichtigung finden *müssen,* wenn sie auch bei der Offenlegung angewandt werden sollen.

20 Für die **Mindestgliederung** der von kleinen KapGes/KapCoGes aufzustellenden und auch offenzulegenden Bilanz müssen stets **folgende Sonderausweise auf Grund von Einzelvorschriften** (gesonderte Ausweise von oder Angaben zu Bilanzposten) beachtet werden; ihre Anwendung darf *nicht* entfallen:

- § 268 Abs 1: Vermerk des Gewinn-/Verlustvortrags, sofern im Bilanzgewinn/Bilanzverlust einbezogen;
- § 268 Abs 3: Nicht durch Eigenkapital gedeckter Fehlbetrag;
- § 268 Abs 4 S 1: Vermerk der Restlaufzeit bei Forderungen;
- § 268 Abs 5 S 1: Vermerk der Verbindlichkeiten mit einer Restlaufzeit bis zu einem Jahr;

– § 268 Abs 7 iVm § 251: Ausweis oder Angabe von Haftungsverhältnissen;
– § 269 S 1: Aufwendungen für die Ingangsetzung und Erweiterung des Geschäftsbetriebs (gesonderter Ausweis vor dem Anlagevermögen; § 266 Anm 53); das gilt für die Bilanzierungshilfen nach Art 44, 53 EGHGB gleichermaßen;
– § 272 Abs 1 S 2 HS 1: Ausstehende Einlagen auf das gezeichnete Kapital;
– § 272 Abs 1 S 2 HS 2: Vermerk der eingeforderten Einlagen auf das gezeichnete Kapital;
– § 272 Abs 1 S 3: Nicht eingeforderte ausstehende Einlagen;
– § 273 S 2: Sonderposten mit Rücklageanteil (§ 266 Anm 190);
– § 274 Abs 2 S 2: Aktiver Steuerabgrenzungsposten (§ 266 Anm 163).

Zusatzangaben von **kleinen AG und KGaA:** 21

– § 272 Abs 1 S 4u 5: Nennbetrag/rechnerischer Wert von zur Einziehung erworbenen Aktien oder von Aktien, deren spätere Veräußerung von einem Beschluss der HV abhängt;
– § 152 Abs 1 AktG: Angaben zu dem auf jede Aktiengattung entfallenden Betrag des Grundkapitals, Nennbetrag des bedingten Kapitals, Gesamtstimmenzahl etwaiger Mehrstimmrechtsaktien und die der übrigen Aktien (s § 284 Anm 74);
– § 152 Abs 2 AktG: Zur Kapitalrücklage: Betrag der Einstellung und Entnahme (alternativ Angabe im Anhang zulässig; s § 284 Anm 71);
– § 152 Abs 3 AktG: Bewegung der einzelnen Posten der Gewinnrücklagen (s § 284 Anm 72).

Kleine GmbH müssen gesondert ausweisen: 22

– § 42 Abs 2 S 2 und 3 GmbHG: Eingeforderte Nachschüsse und die entspr Rücklage (§ 272 Anm 75);
– § 42 Abs 3 GmbHG: Ausweis oder Angabe bzw Zugehörigkeitsvermerk von Ausleihungen, Forderungen und Verbindlichkeiten ggü Gestern (s § 284 Anm 58).

Besondere Bestimmungen für **kleine KapCoGes:** 23

§ 264c Abs 1: Ausweis oder Angabe bzw Zugehörigkeitsvermerk von Ausleihungen, Forderungen und Verbindlichkeiten ggü Gestern;

§ 264c Abs 2: Aufgliederung des EK in Kapitalanteile, Rücklagen, Gewinn-/Verlustvortrag u Jahresüberschuss/-fehlbetrag;

§ 264c Abs 4 S 2: In Höhe des aktivierten Betrags für Anteile an KomplementärGes ist ein AusglPo für eigene Anteile zu passivieren;

§ 264c Abs 4 S 3: Bildung eines passiven Sonderpostens in Höhe aktivierter Bilanzierungshilfen (§§ 269, 274 Abs 2; Art 44, 53 EGHGB).

IV. Verkürzung des Anhangs und Mindestumfang (Satz 2)

Der den JA erweiternde Anhang muss die gesetzlich erforderlichen Pflichtangaben (§ 284 Anm 35 ff) enthalten und kann daneben freiwillige (Zusatz-)Angaben aufnehmen. 24

Gem **Satz 2** brauchen kleine KapGes/KapCoGes die die **Gewinn- und Verlustrechnung betreffenden Angaben** des Anhangs nicht offenlegen, wenn sie auch die GuV nicht zum HR einreichen müssen (Anm 3). Angaben zur GuV im Anhang sind aber nur solche, die entweder in § 265 oder in Einzelvorschriften zur GuV im HGB stehen.

Außerdem dürfen bereits bei der Aufstellung des Anhangs die Erleichterungen nach § 288 S 1 in Anspruch genommen werden. Bestimmte Pflichtangaben entfallen (hierzu § 288 Anm 2), und zwar auch nur für den Zweck der Offenlegung (Näheres Anm 17). Sollen bei der Offenlegung des Anhangs die GuV-Angaben entfallen und/oder Aufstellungsverkürzungen wahrgenommen werden, *müssen* diese Erl bei der Aufstellung in einem gesonderten Abschnitt des Anhangs gebracht werden, der dann für die Einreichung zum HR leicht abgetrennt 25 werden kann (ebenso halten *ADS*[6] § 326 Anm 31 es für empfehlenswert, die Angaben in einem gesonderten Kapitel zu bringen).

26 **Folgende Pflichtangaben** des Anhangs kleiner KapGes/KapCoGes zur GuV **dürfen** (teilweise oder vollständig) bei der **Offenlegung entfallen:**

Angaben von KapGes und KapCoGes:

- § 265 Abs 1 S 2: Abweichungen in der Darstellung, insb der Gliederung der GuV im Vergleich zum Vj;
- § 265 Abs 2 S 2 und 3: Angaben über nicht vergleichbare oder angepasste Vj-Zahlen der GuV;
- § 265 Abs 4 S 2: Angaben und Begründungen zur Gliederung nach der für andere Geschäftszweige vorgeschriebenen Gliederung der GuV;
- § 265 Abs 7 Nr 2: Gesonderter Ausweis von in der GuV zusammengefassten Posten (weil die GuV insgesamt nicht offengelegt zu werden braucht);
- § 277 Abs 4 S 2 und 3: Erl zu außerordentlichen und periodenfremden Erträgen und Aufwendungen;
- § 284 Abs 2 Nr 1: Angaben über die gewählte Form der GuV (zB Gesamtkostenverfahren) und die auf die Posten der GuV angewandten Bilanzierungs- und Bewertungsmethoden;
- § 284 Abs 2 Nr 2: Grundlagen der Währungsumrechnung für Posten der GuV;
- § 285 S 1 Nr 8 b: Angabe des Personalaufwandes bei Anwendung des Umsatzkostenverfahrens.

Hinzu kommt die Angabe, die *alternativ* zur GuV im Anhang gegeben werden kann:

- § 277 Abs 3 S 1: Außerplanmäßige Abschreibungen auf Posten des Anlage- und Umlaufvermögens.

27 **Zusatzangaben von AG und KGaA:**

- § 240 S 3 AktG: Verwendung der aus einer vereinfachten Kapitalherabsetzung oder aus der Auflösung von Gewinnrücklagen gewonnenen Beträge.

28 Bei der Aufstellung gemachte **freiwillige Zusatzangaben** dürfen bei der Offenlegung nur insoweit weggelassen werden, als es sich um Erl zur GuV (Anm 25), Angaben zur Ergebnisverwendung oder um Erl zu solchen Angaben handelt, die bei Wahrnehmung von Aufstellungserleichterungen entfallen.

D. Zeitpunkt der Offenlegung (Satz 1)

33 Alle KapGes/KapCoGes und somit auch kleine müssen ihrer Offenlegungspflicht gem § 325 Abs 1 unverzüglich nach der Vorlage des JA an die HV/GesV, spätesten jedoch vor Ablauf von zwölf Monaten, nachkommen. Insoweit wird auf die Erl unter § 325 Anm 35 ff verwiesen.

§ 327 Größenabhängige Erleichterungen für mittelgroße Kapitalgesellschaften bei der Offenlegung

Auf mittelgroße Kapitalgesellschaften (§ 267 Abs. 2) ist § 325 Abs. 1 mit der Maßgabe anzuwenden, daß die gesetzlichen Vertreter

1. die Bilanz nur in der für kleine Kapitalgesellschaften nach § 266 Abs. 1 Satz 3 vorgeschriebenen Form zum Handelsregister einreichen müssen. [2]In der Bilanz oder im Anhang sind jedoch die folgenden Posten des § 266 Abs. 2 und 3 zusätzlich gesondert anzugeben:

Auf der Aktivseite
A I 2 Geschäfts- oder Firmenwert;
A II 1 Grundstücke, grundstücksgleiche Rechte und Bauten einschließlich der Bauten auf fremden Grundstücken;
A II 2 technische Anlagen und Maschinen;
A II 3 andere Anlagen, Betriebs- und Geschäftsausstattung;
A II 4 geleistete Anzahlungen und Anlagen im Bau;
A III 1 Anteile an verbundenen Unternehmen;
A III 2 Ausleihungen an verbundene Unternehmen;
A III 3 Beteiligungen;
A III 4 Ausleihungen an Unternehmen, mit denen ein Beteiligungsverhältnis besteht;
B II 2 Forderungen gegen verbundene Unternehmen;
B II 3 Forderungen gegen Unternehmen, mit denen ein Beteiligungsverhältnis besteht;
B III 1 Anteile an verbundenen Unternehmen;
B III 2 eigene Anteile.
Auf der Passivseite
C 1 Anleihen,
davon konvertibel;
C 2 Verbindlichkeiten gegenüber Kreditinstituten;
C 6 Verbindlichkeiten gegenüber verbundenen Unternehmen;
C 7 Verbindlichkeiten gegenüber Unternehmen, mit denen ein Beteiligungsverhältnis besteht;

2. den Anhang ohne die Angaben nach § 285 Satz 1 Nr. 2, 5 und 8 Buchstabe a, Nr. 12 zum Handelsregister einreichen dürfen.

Übersicht

Schrifttum: siehe § 325.

A. Allgemeines

1 Mittelgroße KapGes/KapCoGes müssen alle in § 325 Abs 1 angeführten Unterlagen offenlegen; zur rechtsformspezifischen Ausnahme für die mittelgroße (und große) GmbH gem § 325 Abs 1 S 1 Hs 3, nach der die Angaben zur Ergebnisverwendung entfallen können, s § 325 Anm 21, und zum Wahlrecht für KapCoGes jeder Größenklasse s § 325 Anm 14. § 327 räumt aber als **Wahlrecht** inhaltliche **Erleichterungen** für die Offenlegung des JA ein. Es ist zulässig, nach S 1 nur eine Bilanz in der für kleine KapGes/KapCoGes maßgebenden

verkürzten Form nach § 266 Abs 1 S 3 einzureichen. Nach S 2 Nr 1 sind dann allerdings zusätzlich bestimmte Posten des Gliederungsschemas nach § 266 Abs 2 und 3 gesondert in der Bilanz oder im Anhang anzugeben. S 2 Nr 2 erlaubt, den Anhang um die Postenangaben nach § 285 S 1 Nr 2, 5 und 8 Buchstabe a und Nr 12 zu verkürzen.

Bezüglich der für **Tochter-KapGes/-KapCoGes** in § 264 Abs 3 bzw § 264b wahlweise eingeräumten Erleichterung der Nichtanwendung von Vorschriften über die Offenlegung vgl § 325 Anm 22, 130.

B. Anwendungsbereich

2 Die größenabhängigen Erleichterungen gelten für **mittelgroße KapGes/KapCoGes** iSd § 267 Abs 2, sofern diese nicht gem § 267 Abs 3 S 2 als große KapGes/KapCoGes gelten. § 327 gilt auch für Unt, an denen der Bund oder Länder beteiligt sind (§ 326 Anm 8). Für die Vorlage des JA an den Betriebsrat/Wirtschaftsausschuss gelten die Ausführungen unter § 326 Anm 7. Die Erleichterungen beziehen sich nicht auf Kreditinstitute und VersicherungsUnt (§ 325 Anm 128f) und auch nicht auf dem PublG unterliegende Unt (§ 325 Anm 112ff).

C. Offenlegung mittelgroßer Kapitalgesellschaften und Gesellschaften iSv § 264a

3 Mittelgroße KapGes/KapCoGes müssen

- den **Jahresabschluss (Bilanz, GuV, Anhang),**
- den **Lagebericht,**
- den **Bestätigungsvermerk** oder Versagungsvermerk des AP,
- den **Bericht des Aufsichtsrats** (bei GmbH, sofern ein AR besteht, hierzu § 325 Anm 12; für KapCoGes ist die Offenlegung freiwillig, § 325 Anm 14),
- den **Vorschlag für die Verwendung des Ergebnisses** und den **Beschluss über seine Verwendung** unter Angabe des Jahresüberschusses oder Jahresfehlbetrags – soweit sich diese nicht aus dem JA ergeben. Diese Angaben zur Ergebnisverwendung brauchen (Wahlrecht) GmbH nicht zu machen (Anm 1), wenn sich dadurch die Gewinnanteile natürlicher Personen, die Gester sind, feststellen lassen (§ 325 Anm 14, 21),
- ggf **Änderungen** des JA, Lageberichts oder BVm offen legen.

4 § 327 räumt mittelgroßen KapGes/KapCoGes jedoch bestimmte **Erleichterungen** in Form inhaltlicher Verkürzungen der **Bilanz** (Anm 8ff) ein, die als Wahlrecht *nur* für die Offenlegung, dh bei der Einreichung zum HR in Anspruch genommen werden dürfen. Aufzustellen ist dagegen der JA nach den hierfür maßgeblichen Vorschriften; zB die Bilanz nach dem großen Bilanzschema.

5 In der aufstellungspflichtigen Form ist der JA ggf durch den AR festzustellen und der HV oder GesV vorzulegen. Die für mittelgroße KapGes/KapCoGes in den §§ 276, 288 S 2 vorgesehenen **Aufstellungserleichterungen** dürfen danach wahlweise nur bei der Offenlegung in Anspruch genommen werden (Anm 13f).

Für mittelgroße AG kann es wegen des Auskunftsrechts der Aktionäre nach § 131 Abs 1 S 3 AktG zweckmäßig sein, die Aufstellungserleichterungen bei der Vorlage an die HV nicht in Anspruch zu nehmen (dazu § 326 Anm 5). Ähnliches gilt gem § 51a GmbHG.

Das Weglassen von **freiwilligen Zusatzangaben** in den aufgestellten Unterlagen ist bei der Offenlegung nur dann zulässig, wenn diese Sachverhalte betreffen, die wiederum bei der Offenlegung entfallen dürfen (Näheres § 326 Anm 25, 28). 6

Durch den ausdrücklichen Hinweis in S 1 auf Anwendung des § 325 Abs 1 gelten im Übrigen die dort geregelten Pflichten und das Verfahren der Offenlegung. 7

D. Zulässige Inhaltsverkürzungen offenlegungspflichtiger Unterlagen

I. Bilanz (Nr 1)

Nach S 1 Nr 1 darf die nach großem Bilanzschema aufgestellte Bilanz (Anm 4) bei der Offenlegung an sich so weit verkürzt werden, dass sie derjenigen Form entspricht, wie sie von kleinen KapGes/KapCoGes aufgestellt und eingereicht werden muss (kleines Bilanzschema, § 266 Anm 20). 8

Wird so verkürzt, sind jedoch die in S 2 angeführten, mit *arabischen* Zahlen versehenen Posten in der Bilanz oder im Anhang zusätzlich gesondert anzugeben.

Eine Angabe im Anhang wäre am einfachsten. Werden die gesondert auszuweisenden Einzelposten in der Bilanz zusätzlich und gesondert aufgeführt, kommen zwei Möglichkeiten in Frage (ebenso *ADS*[6] § 327 Anm 13): Einmal können diese Posten in der Bilanz entspr eingegliedert und die Beträge in der Hauptspalte aufgeführt werden. Bei den hierdurch aufgegliederten Hauptposten ist dann noch ein Posten „sonstige ..." bzw „übrige ..." einzufügen. Es ist auch die Aufnahme der Posten in das Gliederungsschema in der Form eines Davon-Vermerks zulässig. Vorteilhaft ist diese Lösung, weil die Posten „sonstige ..." bzw „übrige ..." nicht ergänzt werden müssen. 9

Die bei Verkürzung der Bilanz zusätzlich aufzuführenden Posten des Anlagevermögens müssen nach § 268 Abs 2 in das Anlagengitter aufgenommen werden; Erleichterungen sind hier nicht vorgesehen (ebenso *WPH*[12] I F Anm 54). 10

II. Anhang (Nr 2)

Nach S 2 Nr 2 dürfen bei **Offenlegung** des Anhangs **weggelassen** werden: 11
Angaben nach § 285 S 1:

Nr 2: Aufgliederung des Gesamtbetrags der Verbindlichkeiten mit einer Restlaufzeit von mehr als fünf Jahren sowie der durch Pfandrechte oder ähnliche Rechte gesicherten Verbindlichkeiten auf die einzelnen Posten der Verbindlichkeiten (§ 285 Anm 5ff); Nr 5: Ausmaß der Beeinflussung des Jahresergebnisses und erheblicher künftiger Belastungen durch Anwendung steuerrechtlicher Vergünstigungsvorschriften (§ 285 Anm 85ff); Nr 8: Buchstabe a: Betrag des Materialaufwands und seine Aufgliederung bei Anwendung des Umsatzkostenverfahrens (§ 285 Anm 150ff); Nr 12: Erläuterung nicht gesondert ausgewiesener sonstiger Rückstellungen (§ 285 Anm 240f).

Offenzulegen sind somit – wenn vorliegend – **mindestens** die Angaben nach § 285 S 1 Nr 1, 3, 6, 7, 8b, 9a, 9b, 9c, 10, 11, 11a, 13, 14, 18 und 19 und von KapCoGes auch Nr 15. Jedoch dürfen auch die Angaben nach Nr 9a S 1–4 und 9b entfallen, falls die Voraussetzungen des § 286 Abs 4 gegeben sind (dort Anm 15ff). 12

III. Wahrnehmung von Aufstellungserleichterungen

13 Auch mittelgroßen KapGes/KapCoGes werden als Wahlrechte Aufstellungserleichterungen eingeräumt, allerdings nur für die GuV (§ 276 S 1) und den Anhang (§§ 286 Abs 4, 288 S 2). Durch vollständige oder teilweise Wahrnehmung dieser Wahlrechte dürfen die Erleichterungen auch nur bei der Offenlegung genutzt werden (dazu im Einzelnen § 326 Anm 14ff). Eine erneute bzw zweite Feststellung des JA ist dann nicht erforderlich (§ 326 Anm 15).

14 **Folgende Verkürzungen** sind bei der Aufstellung oder nur bei der Offenlegung zulässig:
- Verkürzung der **Bilanz** auf die Gruppengesamtzahlen (§ 266 Abs 1 S 3);
- Verkürzung der **Gewinn- und Verlustrechnung** unter Zusammenfassung der Posten nach § 275 Abs 2 Nr 1 bis 5 (Gesamtkostenverfahren) oder Abs 3 Nr 1 bis 3 und 6 (Umsatzkostenverfahren) unter der Bezeichnung „Rohergebnis" (§ 276 Anm 1);
- Verkürzung des **Anhangs** um die Angaben nach § 285 S 1 Nr 4 über die Aufgliederung der Umsatzerlöse (§ 288 Anm 2), ggf auch um die Angabe von Bezügen der Nr 9a S 1–4, 9b (§ 286 Anm 15ff).

15 § 327 enthält **zusätzliche** Erleichterungen **nur** für die Offenlegung – jedoch nur für die Bilanz und den Anhang; **nicht** aber für die GuV und die Gewinnverwendungsrechnungen von mittelgroßen AG und KGaA; bei mittelgroßen GmbH darf die Offenlegung letzterer ggf unterbleiben (§ 325 Abs 1 S 1 aE und dort Anm 21). Es ist auch nicht zulässig, Bilanzvermerke (§ 268 Abs 3 bis 7) oder Mitzugehörigkeitsvermerke zusammenzufassen.

IV. Gewinn- und Verlustrechnung

16 Verkürzungen der GuV nur bei Offenlegung sind für mittelgroße KapGes/KapCoGes nicht vorgesehen. Verkürzungen können ggf durch die Wahrnehmung der Aufstellungserleichterung nach § 276 (Anm 13, 14) in Frage kommen.

V. Prüfung der in Anspruch genommenen Erleichterungen

17 Der AP hat nach § 316 die Pflicht, den JA und Lagebericht in der Form zu prüfen, wie er aufgestellt ist. Für einen danach in verkürzter Form offengelegten JA besteht keine gesetzliche Prüfungspflicht (ebenso *WPH*[12] I Q Anm 690). Die verkürzte Fassung darf jedoch wegen der sonst bestehenden Hinweispflicht nach § 328 Abs 1 Nr 1 freiwillig in den Prüfungsauftrag einbezogen werden (*WPH*[12] I Q Anm 691).

§ 328 Form und Inhalt der Unterlagen bei der Offenlegung, Veröffentlichung und Vervielfältigung

(1) **Bei der vollständigen oder teilweisen Offenlegung des Jahresabschlusses, des Einzelabschlusses nach § 325 Abs. 2a oder des Konzernabschlusses und bei der Veröffentlichung oder Vervielfältigung in anderer Form auf Grund des Gesellschaftsvertrags oder der Satzung sind die folgenden Vorschriften einzuhalten:**

1. [1] Abschlüsse sind so wiederzugeben, daß sie den für ihre Aufstellung maßgeblichen Vorschriften entsprechen, soweit nicht Erleichterungen nach

§§ 326, 327 in Anspruch genommen werden; sie haben in diesem Rahmen vollständig und richtig zu sein. [2]Ist der Abschluss festgestellt oder gebilligt worden, so ist das Datum der Feststellung oder Billigung anzugeben. [3]Wurde der Abschluss auf Grund gesetzlicher Vorschriften durch einen Abschlußprüfer geprüft, so ist jeweils der vollständige Wortlaut des Bestätigungsvermerks oder des Vermerks über dessen Versagung wiederzugeben; wird der Jahresabschluß wegen der Inanspruchnahme von Erleichterungen nur teilweise offengelegt und bezieht sich der Bestätigungsvermerk auf den vollständigen Jahresabschluß, so ist hierauf hinzuweisen.

2. **Werden der Jahresabschluß oder der Konzernabschluß zur Wahrung der gesetzlich vorgeschriebenen Fristen über die Offenlegung vor der Prüfung oder Feststellung, sofern diese gesetzlich vorgeschrieben sind, oder nicht gleichzeitig mit beizufügenden Unterlagen offengelegt, so ist hierauf bei der Offenlegung hinzuweisen.**

(2) **[1]Werden Abschlüsse in Veröffentlichungen und Vervielfältigungen, die nicht durch Gesetz, Gesellschaftsvertrag oder Satzung vorgeschrieben sind, nicht in der nach Absatz 1 vorgeschriebenen Form wiedergegeben, so ist jeweils in einer Überschrift darauf hinzuweisen, daß es sich nicht um eine der gesetzlichen Form entsprechende Veröffentlichung handelt. [2]Ein Bestätigungsvermerk darf nicht beigefügt werden. [3]Ist jedoch auf Grund gesetzlicher Vorschriften eine Prüfung durch einen Abschlußprüfer erfolgt, so ist anzugeben, zu welcher der in § 322 Abs. 2 Satz 1 genannten zusammenfassenden Beurteilungen des Prüfungsergebnisses der Abschlussprüfer in Bezug auf den in gesetzlicher Form erstellten Abschluss gelangt ist und ob der Bestätigungsvermerk einen Hinweis nach § 322 Abs. 3 Satz 2 enthält. [4]Ferner ist anzugeben, bei welchem Handelsregister und in welcher Nummer des Bundesanzeigers die Offenlegung erfolgt ist oder daß die Offenlegung noch nicht erfolgt ist.**

(3) **[1]Absatz 1 Nr. 1 ist auf den Lagebericht, den Konzernlagebericht, den Vorschlag für die Verwendung des Ergebnisses und den Beschluß über seine Verwendung sowie auf die Aufstellung des Anteilsbesitzes entsprechend anzuwenden. [2]Werden die in Satz 1 bezeichneten Unterlagen nicht gleichzeitig mit dem Jahresabschluß oder dem Konzernabschluß offengelegt, so ist bei ihrer nachträglichen Offenlegung jeweils anzugeben, auf welchen Abschluß sie sich beziehen und wo dieser offengelegt worden ist; dies gilt auch für die nachträgliche Offenlegung des Bestätigungsvermerks oder des Vermerks über seine Versagung.**

Übersicht

Schrifttum: *Reuter* Die Publizität der Kapitalgesellschaft nach neuem Bilanzrecht, FS *Goerdeler,* 427; Steuerliche Fragen im Zusammenhang mit der Einführung des Euro BStBl 1998 I, 1625; *Heni* Transformation der GmbH & Co-Richtlinie – Neuer Schub für die Konzernrechnungslegung, DStR 1999, 912; *Wiechmann* Der Jahres- und Konzernabschluß der GmbH & Co. KG, WPg 1999, 916. Siehe auch Schrifttum zu § 325.

A. Allgemeines

1 § 328 regelt die Anforderungen an **Form und Inhalt** der Unterlagen bei der Offenlegung, Veröffentlichung und Vervielfältigung. Die Form der Hinterlegungsbekanntmachung im BAnz ist nicht festgelegt (hierzu § 325 Anm 27). Abs 1, der die **Pflichtpublizität** für den JA und KA betrifft, wird durch Abs 3 ergänzt, der sich auf die Offenlegung der sonstigen Unterlagen bezieht. In Abs 2 werden die bei der **freiwilligen Publizität** notwendigen Hinweise in den Veröffentlichungen und Vervielfältigungen, soweit diese in Form und Inhalt von Abs 1 abweichen, aufgeführt.

2 **Offenlegung** ist gem der Überschrift vor § 325 nur die Pflichtpublizität, also die gesetzlich vorgeschriebene Einreichung der Unterlagen zu einem Register (HR oder Genossenschaftsregister) und ggf die Bekanntmachung im BAnz. Es wird zwischen *vollständiger* und *teilweiser* Offenlegung unterschieden. Diese Unterscheidung ist durch die nach §§ 326, 327 eingeräumten größenabhängigen Erleichterungen für kleine und mittelgroße KapGes/KapCoGes (nur) für die Offenlegung bedingt (s aber Anm 7). Der Umfang der beim HR einzureichenden Unterlagen ergibt sich für KapGes/KapCoGes aus §§ 325 bis 327. Die Offenlegung von **Zweigniederlassungen ausländischer KapGes/KapCoGes** ist in § 325a geregelt, s dort.

Die **Veröffentlichung** ist begrifflich von der Offenlegung abgegrenzt und betrifft nach HGB die Bekanntgabe an die Öffentlichkeit außerhalb der gesetzlichen Offenlegung; die „Öffentlichkeit" wird als unbegrenzter Personenkreis verstanden (*ADS*[6] § 328 Anm 15; *Langenmayr* in BoHdR § 328 Anm 4). **Vervielfältigungen** sind mechanische Reproduktionen für einen bestimmten Personenkreis (*ADS*[6] § 328 Anm 15; *Langenmayr* aaO § 328 Anm 4). Solche Vervielfältigungen sind zB nach §§ 175 Abs 2 S 2, 176 Abs 1 AktG als gesetzliche Vorlagen vorgesehen.

Zusätzliche Veröffentlichungen auf Grund **anderer gesetzlicher** Vorschriften (zB an Aufsichtsbehörden; auf Grund von Börsenzulassungsvorschriften oder auf Grund von Satzung/GesVertrag an Genussscheininhaber) fallen nach dem Wortlaut weder unter Abs 1 noch unter Abs 2. Für diese Pflichtpublikationen sollte aber auch Abs 1 angewandt werden (so auch *ADS*[6] § 328 Anm 23ff).

3 § 328 kann als **zwingendes Recht** durch den GesVertrag oder die Satzung nicht abgeändert werden (ebenso *ADS*[6] § 328 Anm 12; *Langenmayr* aaO § 328 Anm 2). Bei Publizitätspflicht nur auf Grund des GesVertrags oder der Satzung darf allerdings von Abs 1 abgewichen werden; damit kann die freiwillige Publizität mit dem größeren praktischen Gestaltungsrahmen zur Anwendung kommen, für die dann nur Abs 2 gilt (so im Ergebnis auch *ADS*[6] § 328 Anm 12).

4 Der **Anwendungsbereich** des § 328 bezieht sich auf KapGes, KapCoGes und auch auf eG (§ 339 Abs 3), dem PublG unterliegende Unt (§§ 9 Abs 1 S 1, 15 Abs 2 PublG), Kreditinstitute (§ 340l Abs 2), VersicherungsUnt (§ 341l Abs 1). Der Verweis in § 9 Abs 1 S 1 PublG bezieht sich zudem nur auf die Offenlegung (JA mit Unterlagen), dagegen nicht auf satzungsmäßige oder freiwillige Veröffentlichungen und Vervielfältigungen (so auch *ADS*[6] § 328 Anm 7), anders dagegen § 15 Abs 2 PublG (KA oder Teil-KA mit Unterlagen).

Nach § 55 Abs 3 VAG sind zudem JA, KA mit Lageberichten an jeden Versicherten zu übermitteln. Zur Offenlegung eines befreienden KA und Konzernlageberichts nach § 325 s § 291 Anm 10.

B. Pflichtpublizität (Abs 1)

I. Überblick

Abs 1 betrifft **Form und Inhalt** der vollständigen und teilweisen Offenlegung des JA, des IFRS-EA und des KA nach anderen gesetzlichen Vorschriften (§§ 325 bis 327) sowie bei der Veröffentlichung oder Vervielfältigung dieser Abschlüsse auf Grund des GesVertrags oder der Satzung (Anm 2). Ergänzend hierzu ist in Abs 3 S 1 bestimmt, dass Abs 1 auf die Offenlegung der dort bezeichneten anderen Unterlagen (Lagebericht, Konzernlagebericht, Ergebnisverwendung und Aufstellung des Anteilsbesitzes, Anm 19) entspr anzuwenden ist; Abs 3 S 2 gilt *nur* für die gesetzliche Offenlegung, *nicht* für die Veröffentlichung und Vervielfältigung dieser anderen Unterlagen (Anm 21). 5

Die Verwendung des „oder“ in Abs 1 S 1 stellt klar, dass eine **kumulative** Veröffentlichung des JA und des IFRS-EA **nicht** verlangt wird.

II. Form und Inhalt (Abs 1 Nr 1)

1. Vollständigkeit und Richtigkeit (Nr 1 Satz 1)

Für Form und Inhalt der Wiedergabe des JA, des IFRS-EA und des KA bei der Pflichtpublizität gilt das Gebot der **Vollständigkeit** und **Richtigkeit.** Bei *großen* KapGes/KapCoGes bedeutet dieser Grundsatz, dass der JA, der IFRS-EA und der KA nach Form und Inhalt in der Fassung wiederzugeben sind, die „den für ihre Aufstellung maßgeblichen Vorschriften“ entspricht; eine entspr Fassung (Anm 7) ist unverändert zu übernehmen. Soweit von den *übrigen* KapGes/KapCoGes Erleichterungen nach §§ 326, 327 in Anspruch genommen werden, ist die insoweit verkürzte Fassung maßgebend. Auch für sie gilt dann ein entspr abgewandeltes Gebot der Vollständigkeit und Richtigkeit. 6

Fehler in der **Originalfassung,** zB unrichtige Postenbezeichnung, Über- oder Unterbewertungen, sind nach dem Gebot der Richtigkeit (Anm 9) nicht zu berichtigen (ebenso *ADS*[6] § 328 Anm 28). Auch bei rechtmäßig in Anspruch genommenen Erleichterungen dürfen solche Fehlerkorrekturen nicht durchgeführt werden (so auch *ADS*[6] § 328 Anm 31). Dagegen dürfen im Rahmen der erleichterten Offenlegung nach §§ 326, 327 **Aufstellungserleichterungen** (§§ 266 Abs 1 S 3, 274 a, 276, 286 Abs 4, 288) – nur für Zwecke der Offenlegung – nachgeholt werden (dazu § 326 Anm 13 ff und § 327 Anm 8, 9). Der Grundsatz der Vollständigkeit und Richtigkeit gilt dann für die Fassung des JA mit Offenlegungserleichterungen und rechtmäßig nachgeholten Aufstellungserleichterungen (glA *ADS*[6] § 328 Anm 32, 42). Hat sich die **Firma des Unternehmens** nach dem Bilanzstichtag **geändert,** ist unter der neuen Firma aufzustellen, festzustellen und zu publizieren; wurde noch unter der früheren Firma festgestellt, muss bei der Offenlegung auf die neue Firma hingewiesen werden (ebenso *ADS*[6] § 328 Anm 44). 7

Bei (anderen) **Pflichtveröffentlichungen und -vervielfältigungen** (§ 325 Abs 5) dürfen die **Erleichterungen** nach §§ 326, 327 nicht in Anspruch genommen werden, da diese beiden Vorschriften nur für die gesetzliche Offenle- 8 gung anzuwenden sind (ebenso *ADS*[6] § 328 Anm 33). Danach müssen zB Vorlagen an Aktionäre nach § 120 Abs 3 S 3, § 131 Abs 1 S 3, § 175 Abs 2 und § 176 Abs 1 AktG in der Fassung des JA ohne Offenlegungserleichterungen wiedergegeben werden.

9 Der Grundsatz der **Vollständigkeit** bedeutet, dass keine Kürzungen des JA, des IFRS-EA oder KA vorgenommen werden dürfen (ebenso *ADS*[6] § 328 Anm 30; *Langenmayr* in BoHdR § 328 Anm 5; *Hütten* in HdR[5] § 328 Anm 21). Einzelangaben in der Originalfassung, wie zB Davon-Vermerke oder der Vermerk für Haftungsverhältnisse (§§ 251, 268 Abs 7), dürfen nicht weggelassen werden sowie Aufgliederungen in Bilanz oder GuV nicht in den Anhang übernommen werden – und umgekehrt. Auch eine bei der Aufstellung des Abschlusses gewählte weitere Untergliederung von Posten der Bilanz oder GuV (§ 265 Abs 5) darf nicht wegfallen, um die Identität der Wiedergabe des JA mit der Originalfassung sicherzustellen.

Die **Richtigkeit** bezieht sich auf die Wiedergabe des JA, des IFRS-EA oder KA in der aufgestellten Form, beim JA ggf in der Form mit Offenlegungs- und nachgeholten Aufstellungserleichterungen; sie bedingt, dass beabsichtigte oder nicht beabsichtigte Fehler in der Wiedergabe zu berichtigen sind (Anm 24).

Wenn bei der Offenlegung im BAnz ein bei der Aufstellung in Euro gerundeter JA (IFRS-EA) (mit entspr Anhangzahlen) in Tsd Euro oder in Mio Euro publiziert wird, liegt nach *ADS*[6] § 328 Anm 43 hierin noch keine Änderung dieses JA (IFRS-EA). Wurden nach § 298 Abs 3 S 1 Konzernanhang und Anhang des JA (IFRS-EA) des MU zusammengefasst, ist diese Form auch für die Offenlegung zu übernehmen. Ebenso ist bei **Zusammenfassung** von Konzernlagebericht und Lagebericht des MU (§ 315 Abs 3 iVm § 298 Abs 3) diese Fassung offenzulegen.

Offenlegung, Veröffentlichung und Vervielfältigung müssen in **deutscher Sprache** erfolgen, auch wenn dies ausdrücklich nur für die Offenlegung des befreienden KA in § 291 Abs 1 S 1 (§ 325 Anm 66) vorgeschrieben ist (ebenso *ADS*[6] § 328 Anm 46). Ausnahmen gelten für Zweigniederlassungen von KapGes/KapCoGes mit Sitz im Ausland, vgl § 325 a Abs 1 S 4.

Außerhalb § 328 dürfen **Übersetzungen** von JA, KA und der anderen Unterlagen in fremde Sprachen erfolgen; zB für freiwillige Informationen an Aktionäre, Gester und die Öffentlichkeit, aber auch für gem GesVertrag oder Satzung vorgeschriebene Verlautbarungen. Bei vollständiger Übersetzung von JA oder KA und der anderen Unterlagen ist auch der BVm zu übersetzen (zu Übersetzungen des uneingeschränkten BVm: *WPH*[12] I, Q Anm 693, 1227 ff und für den BVm zum KA *WPH*[12] I, Q Anm 1228).

2. Datum der Feststellung oder Billigung (Nr 1 Satz 2)

10 Das Datum einer bereits beschlossenen Feststellung des JA oder Billigung im Falle des IFRS-EA und des KA ist anzugeben, sofern sich diese Angabe nicht ohnehin aus den sonstigen Unterlagen gem Abs 3 ergibt, zB aus dem Bericht eines AR. Die Datumsangabe zur Feststellung bzw Billigung wird im Interesse der Rechtssicherheit gefordert (so *Begr RegE,* 99); die Formulierung, zB „im April 20..“, genügt also nicht. Die notwendige eindeutige Datierung grenzt auch die Verantwortung für spätere Verlustursachen ab; dazu § 316 Anm 33. Wird der JA, IFRS-EA oder KA vor seiner Feststellung bzw Billigung veröffentlicht (zB aus Fristgründen, § 325 Anm 42), muss hierauf hingewiesen werden. Die Datumsangabe der Feststellung oder Billigung ist aus Gründen der Rechtssicherheit später ebenfalls offen zu legen.

3. Bestätigungsvermerk (Nr 1 Satz 3)

Bei JA, IFRS-EA und KA, die auf Grund gesetzlicher Vorschriften geprüft wurden, ist der vollständige **Wortlaut** des BVm oder des Versagungsvermerks wiederzugeben, also ggf mit Ergänzungen, Begr einer Einschränkung oder Versagung, soweit es sich hierbei um einen Bestandteil des Vermerks handelt (im Einzelnen § 322 Anm 49 ff). Hierzu gehören auch Ort und Datum der Unterzeichnung mit Namensangaben des/der AP (§ 322 Anm 155 ff). Dasselbe gilt für einen zusammengefassten BVm zum JA und KA nach § 298 Abs 3 S 3 sowie zum IFRS-EA und KA nach § 315 a (§ 325 Abs 3 a S 2). Hat eine Nachtragsprüfung stattgefunden, ist der auf Grund dieser Prüfung erteilte BVm wiederzugeben (ebenso *ADS*[6] § 328 Anm 53; s auch § 325 Anm 45 ff). Bei **teilweiser Offenlegung,** also bei in Anspruch genommenen Erleichterungen und ggf auch rechtmäßig nachgeholten Aufstellungserleichterungen (Anm 7), bezieht sich der BVm auf den vollständigen JA; hierauf ist bei der Wiedergabe des BVm hinzuweisen; s hierzu auch *IDW PS 400* Anm 15. Die Beifügung des Hinweises, wie er nach Nr 1 S 3 Hs 2 gefordert wird, obliegt dem Unt (ebenso *ADS*[6] § 328 Anm 61, 62); er dient der Klarstellung, dass der wiedergegebene Vermerk zu dem vollständigen JA erteilt wurde und nicht die Fassung des offengelegten JA betrifft. 11

Erteilt jedoch der AP auf Grund eines gesonderten Auftrags eine **Bescheinigung,** dass die zur Offenlegung verkürzte Fassung (§ 327) nach seinen Feststellungen den gesetzlichen Vorschriften entspricht, darf die Wiedergabe der unterzeichneten Bescheinigung dem Wortlaut des BVm zu dem vollständigen JA vorangestellt werden; zum Wortlaut der Bescheinigung s auch *WPH*[12] I, Q Anm 691 sowie Q Anm 741 bei Inanspruchnahme der Offenlegungserleichterungen des § 9 PublG. Diese Handhabung ersetzt den Hinweis nach Abs 1 Nr 1 S 3 Hs 2 (s auch *ADS*[6] § 328 Anm 59). Alle Publikationen von **„Kurzfassungen"** fallen unter Abs 2 (Anm 15 ff). 12

Der an das **Handelsregister** mit dem JA oder IFRS-EA einzureichende BVm oder Versagungsvermerk muss nicht vom AP original unterzeichnet sein, da dies gesetzlich nicht vorgeschrieben ist (aA *WPH*[12] I, Q Anm 398 und *ADS*[6] § 328 Anm 63, die eine Originalunterzeichnung empfehlen, weil einige Registergerichte auch für verkürzte Offenlegungen vom AP unterschriebene Vermerke verlangen).

Bei **freiwilligen Abschlussprüfungen** (zB bei kleinen KapGes/KapCoGes), die sich aus dem GesVertrag oder der Satzung herleiten oder ohne solche Bindung kraft Auftrags der Geschäftsführung vorgenommen worden sind, besteht keine Verpflichtung zur Wiedergabe des BVm. Die Angabe des Wortlauts des BVm ist aber als zulässig anzusehen, wenn der JA oder IFRS-EA in der geprüften Fassung vollständig offengelegt wird (s auch *ADS*[6] § 328 Anm 56); der Hinweis auf einen eingeschränkten oder versagten BVm ist hingegen als Pflicht anzusehen. Wird ein freiwillig geprüfter JA auf Grund von gesetzlichen Aufstellungs- oder Offenlegungserleichterungen verkürzt offengelegt, gilt Anm 11. Insb in solchen Fällen muss auf einen eingeschränkten oder versagten BVm hingewiesen werden (ebenso im Ergebnis *ADS*[6] § 328 Anm 55). 13

III. Besonderheiten bei Offenlegung vor Beendigung der Prüfung oder vor Feststellung (Abs 1 Nr 2)

Werden zur Fristwahrung der JA oder KA *vor* Beendigung einer Pflichtprüfung oder *vor* Feststellung oder nicht gleichzeitig mit den beizufügen- 14 den „sonstigen" Unterlagen offengelegt, muss nach Nr 2 bei der Einreichung zum HR und ggf bei der Bekanntmachung im BAnz darauf hingewiesen werden.

Beim JA der kleinen KapGes/KapCoGes bedarf es keines Hinweises auf die Prüfung. Ebenso kommt beim KA kein Hinweis zur Feststellung in Frage. Eine Billigung des KA durch den AR (s Anm 10) ist im offenzulegenden Bericht des AR zu erklären. Ein Hinweis auf andere beizufügende Unterlagen bezieht sich nur auf solche, die *offenlegungspflichtig* sind. Zur nachträglichen Offenlegung der sonstigen Unterlagen und des BVm nach Abs 3 s Anm 21–23.

Für **Genossenschaften** sind diese Teiloffenlegungen in § 339 Abs 1 und Abs 3 in gleicher Weise geregelt; dazu § 339 Anm 5ff.

Die **Hinweispflicht** nach Nr 2 besteht nach dem Wortlaut nur auf die gesetzliche Offenlegung, also nicht auf „sonstige" Veröffentlichungen und Vervielfältigungen auf Grund des GesVertrags oder der Satzung; hier *dürfen* die Hinweise ggf analog aufgenommen werden (so auch *ADS*[6] § 328 Anm 72).

C. Freiwillige Publizität (Abs 2)

I. Überblick

15 Abs 2 regelt die nicht durch Gesetz, Satzung oder GesVertrag vorgeschriebene Wiedergabe des JA, des IFRS-EA und des KA in **Veröffentlichungen** und **Vervielfältigungen,** bei denen nicht die Form der Offenlegung nach Abs 1 verwendet werden muss und auch tatsächlich nicht verwendet wird. Die Ausgestaltungen solcher Wiedergaben dürfen mit Erweiterungen oder Kürzungen vorgenommen werden, für die eine besondere Form nicht vorgeschrieben wird (zB sog Finanzanzeigen, veröffentlichte Kurzfassungen); sie bedürfen jedoch nach Abs 2 bestimmter Hinweise und Angaben (ebenso *ADS*[6] § 328 Anm 74, 89ff).

Der Lagebericht und der Konzernlagebericht brauchen nicht in die freiwillige Publizität einbezogen zu werden, da Abs 3 für diese Unterlagen nur die Pflichtpublizität regelt (ebenso *Fehrenbacher* in MünchKommHGB § 328 Anm 27); Lagebericht oder Konzernlagebericht dürfen bei freiwilliger Publizität auch in gekürzter Form wiedergegeben werden.

16 Freiwillige **Zusatzinformationen,** zB in der Form eines **„Gesamtgeschäftsberichts",** können mit der Wiedergabe des JA, IFRS-EA, KA, Lageberichts, Konzernlageberichts, des Berichts des AR usw verbunden werden (ebenso *Hütten* in HdR[5] § 328 Anm 51ff; *Reuter* FS Goerdeler, 435). Es handelt sich um eine nach Abs 2 zulässige Erweiterung (so auch *ADS*[6] § 328 Anm 85), für die aber die Einzelerfordernisse nach Abs 2 gelten. Wird dieser „Geschäftsbericht" zugleich auch für die Erfüllung der Pflichtpublizität verwendet, bedürfen die Zusatzinformationen einer besonderen äußerlichen Kennzeichnung, zB durch eine gesonderte Papierfarbe oder durch eine Druckbeilage (ebenso *Fehrenbacher* in MünchKommHGB § 328 Anm 29; *Reuter* FS Goerdeler, 435). Dies ist auch für die Beifügung des vollständigen Wortlauts des BVm notwendig, weil erkennbar sein muss, auf welchen Teil des in dieser Weise erweiterten Lageberichts (wohl seltener auch Anhang) sich die Abschlussprüfung erstreckt hat (s auch § 322 Anm 29ff). Wird hingegen für die Erweiterung den Erfordernissen des Abs 2 entsprochen (zB durch klaren Hinweis in der Überschrift, keine Wiedergabe des Wortlauts des BVm), bedarf es keiner weiteren Kenntlichmachung (ebenso *ADS*[6] § 328 Anm 85).

Es sind bei freiwilliger Bekanntmachung jedoch auch **Kürzungen** zulässig. 17
So dürfen Posten der Bilanz oder GuV in gekürzter oder zusammengefasster Form aufgeführt werden, auch zB in Tsd Euro. Ebenso darf auch zB die GuV weggelassen werden, wie auch umgekehrt die Bilanz (ebenso *ADS*[6] § 328 Anm 86; *Langenmayr* in BoHdR § 328 Anm 11). Zulässig sind auch Formen, bei denen nur der Anhang gekürzt (zB um die Anteilsliste nach § 287) wird und die Bilanz sowie die GuV vollständig wiedergegeben werden (so auch *ADS*[6] § 328 Anm 86).

Inhaltlich gilt bei freiwilligen Veröffentlichungen oder Vervielfältigungen somit nicht das Gebot der Vollständigkeit gem Abs 1 Nr 1 S 1. Die **Grenzen** solcher auszugsweisen oder verkürzten Wiedergaben sind darin zu sehen, dass es sich noch um einen JA, IFRS-EA oder KA (bzw Bilanz oder GuV) handeln muss; der Abschluss muss als solcher noch erkennbar sein. Die zentralen Aussagen des dargestellten Abschlusses dürfen nicht so verändert sein, dass sie den Adressaten täuschen, *Hütten* in HdR[5] § 328 Anm 51. Andernfalls dürfen diese Bezeichnungen in der Wiedergabe nicht verwendet werden, sondern zB „Zahlen aus unserem Jahresabschluss", „Überblick", „Kennzahlen" (so auch *ADS*[6] § 328 Anm 88). Diese Grenzziehung verbietet ua auch die Vornahme unzulässiger Saldierungen oder Textänderungen, solange noch die Bezeichnungen „Bilanz" usw verwendet werden (ebenso *ADS*[6] § 328 Anm 88).

II. Einzelerfordernisse

Bei freiwilligen, nach Anm 17 erlaubten verkürzten oder auszugsweisen Wiedergaben, ebenso bei Erweiterungen (Anm 16) – ohne die Form nach Abs 1 – sind nach Abs 2 folgende Anforderungen zu beachten: 18

- In der **Überschrift** ist darauf hinzuweisen, dass es sich *nicht* um eine der gesetzlichen Offenlegungspflicht entspr Form handelt (S 1), zB Hinweis „Kurzfassung" oder „Kurzfassung unserer Bilanz".
- Ein **Bestätigungsvermerk** darf nicht aufgenommen werden (S 2). Bei *gesetzlicher* Prüfungspflicht ist jedoch anzugeben, zu welcher der in § 322 Abs 2 S 1 genannten zusammenfassenden Beurteilung des Prüfungsergebnisses der AP gelangt ist und ob der BVm einen Hinweis nach § 322 Abs 3 S 2 enthält. Im Vergleich zur Rechtslage vor BilReG sind die Angaben zum BVm des AP detaillierter zu fassen (S 3).
- Es ist anzugeben, bei welchem HR die offengelegten Unterlagen erhältlich sind und ggf in welcher Nummer des BAnz die Bekanntmachung erfolgt oder vorgesehen ist (S 4).

Bei in **Tageszeitungen** veröffentlichten Kurzfassungen von JA, IFRS-EA oder KA (ohne Anhänge) ist es üblich und zulässig, auf folgendes hinzuweisen: Der vollständige JA/IFRS-EA/KA hat den uneingeschränkten/eingeschränkten BVm des AP (bzw WP X oder der WPG Y) erhalten; die Bekanntmachung ist für die Nummer … des BAnz vorgesehen.

Veröffentlichungen im Rahmen von **Börsenzulassungsprospekten** müssen jedoch den gesamten JA mit vollständigem Anhang und den BVm umfassen (vgl WertpapierprospektG mit zugehöriger EU-VO, die detaillierte Angabepflichten für alle Arten von Emissionen neu regelt).

D. Offenlegung sonstiger Unterlagen (Abs 3)

In Abs 3 **Satz 1** sind in Ergänzung zu Abs 1 die Offenlegung sowie die Ver- 19
öffentlichungen und Vervielfältigungen auf Grund des GesVertrags oder der Sat-

zung zu den **sonstigen Unterlagen,** nämlich Lagebericht, Konzernlagebericht, Vorschlag für die Verwendung des Ergebnisses und Beschluss über seine Verwendung sowie Aufstellung des Anteilsbesitzes, geregelt.

20 Die entspr Anwendung (S 1) des Abs 1 Nr 1 bedeutet insb:

– **Lagebericht und Konzernlagebericht:** Die Wiedergabe hat den Fassungen nach § 289 bzw § 325 Abs 2a S 4 oder § 315 zu entsprechen. Maßgebend ist das Gebot der Vollständigkeit und Richtigkeit (Anm 6ff). Offenlegungserleichterungen bestehen nicht; kleine KapGes/KapCoGes brauchen nach § 326 den *gesamten* Lagebericht nicht offenzulegen. Ein zusammengefasster Anhang nach § 298 Abs 3 S 1 (Anhang des JA des MU und Konzernanhang) ist unverändert zu übernehmen; dasselbe gilt bei Zusammenfassung von Lagebericht und Konzernlagebericht (§ 315 Abs 3). Die nach Abs 1 Nr 1 S 2 notwendige Angabe zur Feststellung des JA entfällt beim Lagebericht, da dieser nicht in die Feststellung einzubeziehen ist. Eine Billigung des KA durch den AR führt anders als beim JA nicht zu einer Feststellung (s Anm 10, § 325 Anm 62) und umfasst auch nicht den Konzernlagebericht. Das Gleiche gilt für einen IFRS-EA. Der BVm (Abs 1 Nr 1 S 3) bezieht sich beim JA/IFRS-EA und KA (§ 322 Abs 1 bis 3) auch auf den Lagebericht oder Konzernlagebericht.
– **Vorschlag für die Verwendung des Ergebnisses und Gewinnverwendungsbeschluss:** Der Vorschlag für die Verwendung des Ergebnisses ist inhaltlich unverändert aus der entspr internen Vorlage zu übernehmen und muss bei AG/KGaA für einen Bilanzgewinn die Angaben nach §§ 170 Abs 2, 174 Abs 2 AktG enthalten – es sei denn, dass GmbH diese Angaben unterlassen dürfen (§ 325 Anm 21). Ist bei GmbH mit einem AR § 170 AktG anzuwenden (§ 52 GmbHG), ist ebenso zu verfahren. Für den Inhalt des Gewinnverwendungsbeschlusses bestehen bei KapGes keine besonderen Formvorschriften; er darf auch im Anhang des JA von mittelgroßen und großen KapGes aufgeführt werden, der offenzulegen ist (§ 325 Anm 31). Dagegen sind für alle KapCoGes Offenlegungen zur Ergebnisverwendung freiwillig (§ 325 Anm 14).

  Die in §§ 325 und 328, ebenso zB auch in §§ 268 Abs 1 und 270 Abs 2 gebrauchte Bezeichnung „*Ergebnis*"-Verwendung – statt *Gewinn*-Verwendung – meint, dass im Vorschlag zur Ergebnisverwendung auch anzugeben ist, ob ein ausgewiesener Jahresfehlbetrag durch dafür verfügbare Rücklagen ausgeglichen wird oder zunächst auf neue Rechnung vorzutragen ist (dazu § 268 Anm 2).
– **Aufstellung über den Anteilsbesitz** (§ 287): Die Aufstellung ist zwar Bestandteil des Anhangs, braucht aber nicht im BAnz bekannt gemacht zu werden (§ 325 Abs 2 S 2). Ihre Wiedergabe zur Offenlegung usw muss mit der Vorlage entweder als Teil des Anhangs oder als besondere Liste übereinstimmen und alle Angaben nach § 285 S 1 Nr 11, 11a enthalten.

Der **Bericht des Aufsichtsrats** ist zwar in § 325, nicht hingegen in § 328 Abs 3 S 1 aufgeführt, wobei es sich um ein Redaktionsversehen handeln dürfte (so auch *ADS*[6] § 328 Anm 100). Für seine Offenlegung gelten gleichfalls die Gebote der Vollständigkeit und Richtigkeit (Anm 6ff).

21 Zur **nachträglichen Offenlegung** (Anm 14) der „sonstigen Unterlagen" bestimmt Abs 3 **Satz 2** in Ergänzung zu Abs 1 Nr 2, dass bei ihrer Einreichung zum HR oder ggf zusätzlichen Bekanntmachung im BAnz anzugeben ist,
– auf welchen Abschluss (JA oder KA) sie sich beziehen und
– wo dieser offengelegt worden ist.

Dies gilt auch für den nachträglich erteilten BVm oder Versagungsvermerk zur Abschlussprüfung oder zu einer Nachtragsprüfung.

Abs 3 S 2 ist – abw von Satz 1 – *nur* auf die Offenlegung, *nicht* hingegen auf die anderen Veröffentlichungen und Vervielfältigungen nach Ges-Vertrag oder Satzung anzuwenden (so auch *ADS*[6] § 328 Anm 115).

Bei **Registerpublizität** erfolgt die nachträgliche Offenlegung durch die Einreichung zum HR mit anschließender Bekanntmachung des Hinweises im BAnz ohne Belegstück an das HR. Die **Bundesanzeiger-Publizität** erfordert zunächst die Bekanntmachung im BAnz und anschließend die Einreichung eines Belegstücks zum HR. 22

Für den **Bestätigungsvermerk** oder Versagungsvermerk kann die gesonderte Wiedergabe mit Hinweis auf den entspr JA/IFRS-EA oder KA als ausreichend angesehen werden, dh es bedarf nicht einer erneuten Einreichung oder **Bekanntmachung** des JA/IFRS-EA oder KA mit diesem Vermerk (so *ADS*[6] § 328 Anm 119). Die Frage ist strittig; nach *Lutter/Hommelhoff* GmbHG[15] (Anhang 42a Anm 17, 31) darf der BVm wegen der Einheit zwischen JA/Lagebericht und BVm (Versagungsvermerk) *nicht* getrennt eingereicht werden, vielmehr nur zusammen mit dem betroffenen JA/Lagebericht; dies müsste dann ggf auch für die Bekanntmachung im BAnz gelten. Für die **Einreichung zum HR** ergibt sich die Notwendigkeit der Beifügung des JA oder KA auch dadurch, dass der AP den BVm nicht getrennt von dem entspr Abschluss erteilt – wozu er bereits berufsrechtlich gehalten ist (so auch *ADS*[6] § 328 Anm 119). Die str Frage beschränkt sich also auf die Bekanntmachung im BAnz. 23

Fehler in der **Wiedergabe** der Unterlagen (JA, IFRS-EA, KA und sonstige Unterlagen) müssen bei der Pflichtpublizität nach dem Erfordernis der Richtigkeit korrigiert oder behoben werden, zB Druckfehler im BAnz, Auslassungen und andere versehentliche Unvollständigkeiten (*ADS*[6] § 328 Anm 136; aA *Hütten* in HdR[5] § 328 Anm 86). Solche Fehlerkorrekturen können durch einen entspr Hinweis oder ggf Nachholung ausgelassener Druckzeilen erfolgen. Ist eine Korrektur aber als solche nicht ausreichend verständlich (zB Weglassungen im BVm), ist die Wiedergabe der betroffenen Unterlage insgesamt zu wiederholen (so auch *ADS*[6] § 328 Anm 137); die Redaktion des „Bundesanzeigers" in Bonn hat hier Erfahrungen. Bei der freiwilligen Publizität ist entspr zu verfahren. 24

E. Rechtsfolgen einer Verletzung des § 328

Eine Zuwiderhandlung gegen die Einhaltung des § 328 wird bei vorsätzlichem Handeln nach § 334 Abs 1 Nr 5 als **Ordnungswidrigkeit** geahndet (dazu im Einzelnen § 334 Anm 15). Diese Bußgeldvorschrift bezieht sich auf den gesamten Inhalt des § 328, also auf die Pflichtpublizität und die freiwillige Publizität. Verantwortlich sind alle Mitglieder des vertretungsberechtigten Organs. Die Einhaltung des § 328 ist vom Registergericht nicht zu prüfen (§ 329 Anm 5). Es entfällt daher auch *insoweit* die Möglichkeit der Zwangsgeldfestsetzung nach § 335. Eine Anwendung des § 334 Abs 1 Nr 5 setzt voraus, dass *zuvor* der JA/IFRS-EA/KA nach §§ 325ff offengelegt wurde. Das wird ggf durch § 335a S 1 Nr 1 durch Ordnungsgeld sanktioniert (§ 325 Anm 108). 26

Ein Verstoß gegen § 328 hat keine Auswirkungen auf die **Rechtswirksamkeit** des JA, IFRS-EA, KA oder übriger Unterlagen. Eine unrichtige Vorabveröffentlichung hindert die spätere Feststellung nicht, eine fehlerhafte Publikation nach Feststellung berührt deren Wirksamkeit nicht Das gilt auch für den BVm, der seine Wirksamkeit nach dem Inhalt der Erteilung und nicht nach einer evtl abw Bekanntmachung entfaltet (*ADS*[6] § 328 Anm 135; *Fehrenbacher* in MünchKommHGB § 328 Anm 41).

§ 329 Prüfungspflicht des Registergerichts

(1) Das Gericht prüft, ob die vollständig oder teilweise zum Handelsregister einzureichenden Unterlagen vollzählig sind und, sofern vorgeschrieben, bekanntgemacht worden sind.

(2) [1]Gibt die Prüfung nach Absatz 1 Anlaß zu der Annahme, daß von der Größe der Kapitalgesellschaft abhängige Erleichterungen nicht hätten in Anspruch genommen werden dürfen, so kann das Gericht zu seiner Unterrichtung von der Kapitalgesellschaft innerhalb einer angemessenen Frist die Mitteilung der Umsatzerlöse (§ 277 Abs. 1) und der durchschnittlichen Zahl der Arbeitnehmer (§ 267 Abs. 5), in den Fällen des § 325a Abs. 1 Satz 5 zusätzlich die Bilanzsumme der Zweigniederlassung und in den Fällen des § 340l Abs. 2 in Verbindung mit Abs. 4 Satz 1 die Bilanzsumme der Zweigstelle des Kreditinstituts verlangen. [2]Unterläßt die Kapitalgesellschaft die fristgemäße Mitteilung, so gelten die Erleichterungen als zu Unrecht in Anspruch genommen.

(3) In den Fällen des § 325a Abs. 1 Satz 4, § 340l Abs. 2 Satz 4 kann das Gericht im Einzelfall die Vorlage einer Übersetzung in die deutsche Sprache verlangen.

Übersicht

Schrifttum: *Farr* Der Jahresabschluß der kleinen GmbH, GmbHR 1996, 185; *Ebke* Der Deutsche Standardisierungsrat und das Deutsche Rechnungslegungs Standards Committee: Aussichten für eine professionelle Entwicklung von Rechnungslegungsgrundsätzen, ZIP 1999, 1193; *Farr* Checkliste für den Anhang im Jahresabschluß der kleinen GmbH unter Berücksichtigung der Neuerungen des KonTraG, KapAEG und Euro-EG sowie Ausblick auf das KapCoRiLiG, GmbHR 1999, 1080; BT-Drs 14/6456 v 27. 6. 2001 zum Eurobilanzgesetz. S auch Schrifttum zu § 325.

A. Allgemeines

1 Die **Prüfungspflicht** des Registergerichts beschränkt sich nach Abs 1 auf die Vollzähligkeit der eingereichten Unterlagen (Anm 4) und bei großen KapGes/KapCoGes auf die Einhaltung der Bekanntmachung im BAnz (Anm 5). Nach Abs 2 besteht eine Ermittlungspflicht des Registergerichts, ob möglicherweise von der Größe der KapGes/KapCoGes abhängige Erleichterungen nicht hätten in Anspruch genommen werden dürfen. Die Frage, ob das Registergericht bei Verdacht strafbarer oder ordnungswidriger Handlungen Unterrichtungspflichten an die zuständigen Behörden hat (so möglicherweise bei Überschuldung, s hierzu *Grönwoldt* BB 1988, 1494ff; *ADS*[6] § 329 Anm 33), richtet sich ggf nach anderen Vorschriften (insb StGB) und ist nicht Gegenstand des § 329. Die

Rechtsfolgen (Anm 10, 11) und Sanktionen (Anm 13) sind unzureichend. Das Registergericht hat *keine* Befugnis, zB Zwangsgelder festzusetzen, falls Anfragen oder Anordnungen nicht beantwortet werden (ähnlich *ADS*[6] § 329 Anm 2).

Der **Anwendungsbereich** des § 329 bezieht sich unmittelbar auf KapGes/ 2
KapCoGes und im Übrigen durch „sinngemäße" Verweise in den Spezialgesetzen auf nach dem PublG offenlegungspflichtige Unt (§ 9 Abs 1 S 2 PublG betr JA: nur Verweis auf § 329 Abs 1; § 15 Abs 2 PublG betr KA, Verweis auf § 329. Für Kreditinstitute enthält § 340l eine weitergehende Regelung (Offenlegung auch in den jeweiligen EWR-Staaten, in denen Zweigstellen unterhalten werden). Bei VersicherungsUnt gilt gem § 341l nur § 329 Abs 1, da größenabhängige Erleichterungen – ebenso wie für Kreditinstitute – (Abs 2 Anm 7 ff) entfallen.

Nach § 86 Abs 2 KostO ist die **Kostenpflicht** für die Prüfung und Auf- 3
bewahrung der zum HR einzureichenden Unterlagen wie folgt geregelt: Die Gebühr für den JA beträgt für kleine KapGes/KapCoGes (Form des JA nach § 266 Abs 1 S 3) 25 Euro und im Übrigen 50 Euro. Für den KA mit Unterlagen wird ebenfalls eine Gebühr von 50 Euro erhoben. Diese Kostenpflicht gilt jeweils unabhängig davon, ob die Einreichung vollständig oder nicht vollständig ist.

B. Prüfung der Vollzähligkeit und der Bekanntmachung (Abs 1)

Die Prüfung der **Vollzähligkeit** beschränkt sich auf die Unterlagen, die ggf 4
unter Berücksichtigung von größenabhängigen Erleichterungen einzureichen sind. Der Umfang der dem HR einzureichenden Unterlagen ergibt sich aus § 325 Abs 1, 2, 3 und 3a: **Jahresabschluss** (ggf nur Bilanz und verkürzter Anhang gem § 326), Lagebericht (ggf), Vorschlag oder Beschluss zur Ergebnisverwendung, ggf BVm, ggf Bericht des AR; **Konzernabschluss** und Konzernlagebericht mit BVm. Bei den großen KapGes/KapCoGes sowie bei Kreditinstituten und VersicherungsUnt umfasst die Prüfung des Registergerichts auch die Feststellung, ob die in § 325 Abs 2, 2a, 2b, 3 vorgeschriebene **Bekanntmachung** im BAnz nachgewiesen worden ist; dies gilt für den JA, ggf IFRS-EA und den KA.

Die Prüfungspflicht des Registergerichts umschließt **nicht** den **materiellen** 5
Inhalt der eingereichten Unterlagen, also zB die Berücksichtigung von Aufstellungserleichterungen (§§ 266 Abs 1 S 3, 274a, 276, 288) und die Einhaltung der Form nach § 328. Bzgl eines IFRS-EA prüft das Registergericht die formalen Voraussetzungen des § 325 Abs 2b für die befreiende Wirkung der Offenlegung, nicht jedoch die materielle Richtigkeit des IFRS-EA iSd Einhaltung der in § 325 Abs 2a genannten Standards und Vorschriften. Auch soweit nach § 326 (kleine KapGes/KapCoGes) und § 327 (mittelgroße KapGes/KapCoGes) größenabhängige Erleichterungen für den Inhalt der Unterlagen erst bei der Offenlegung wahrgenommen werden (zB § 326 S 3), sind diese nicht Gegenstand der gerichtlichen Prüfung. Zur Prüfung des materiellen Inhalts ist somit das Registergericht weder verpflichtet noch berechtigt (so auch *ADS*[6] § 329 Anm 5). Ferner ist nicht zu prüfen, ob die nach § 325 Abs 1 S 2 für alle KapGes/KapCoGes bestehende Verpflichtung, die Einreichung der Unterlagen zum HR im BAnz mit Angabe des HR und der Nummer bekanntzumachen (Hinweisbekanntmachung), befolgt worden ist (so auch *ADS*[6] § 329 Anm 10; *Lück* GmbHR 1987, 46; vgl *Amelung* WPK-Mitt 1989, 53 f); diese Bekanntmachung ist auch nicht zum HR einzureichen.

6 **Unterbleibt** eine Einreichung der Unterlagen gem Anm 4 ganz, sieht § 329 keine Rechtsfolgen vor. Es handelt sich um einen nicht sanktionierten Gesetzesverstoß (Anm 1).

C. Informationsrecht des Gerichts

I. Umfang (Abs 2 S 1)

7 Kommt das Registergericht bei Prüfung nach Abs 1 zu der Annahme, dass größenabhängige Aufstellungs- oder Offenlegungserleichterungen nicht hätten in Anspruch genommen werden dürfen, darf es von der KapGes/KapCoGes die **Mitteilung** der Umsatzerlöse (§ 277 Abs 1) und der durchschnittlichen Zahl der Arbeitnehmer (§ 267 Abs 5) verlangen. Dieses Informationsrecht bezieht sich nur auf den Prüfungsumfang nach Abs 1 (Vollzähligkeit der Unterlagen).

Von der Größe der KapGes/KapCoGes abhängige Aufstellungserleichterungen für den JA enthalten die §§ 266 Abs 1 S 3, 274a, 276, 288 (s dort). Zusätzliche Offenlegungserleichterungen sind für den JA:

- Erleichterungen für kleine KapGes/KapCoGes nach § 326 (keine Einreichungspflicht für die GuV mit Anhangangaben dazu, den Lagebericht und ggf den Bericht des AR);
- Registerpublizität statt Bekanntmachung im BAnz für kleine und mittelgroße KapGes/KapCoGes (Bekanntmachung nach § 325 Abs 2 – JA – und Abs 3 – KA; so auch *ADS*[6] § 329 Anm 12);
- keine Einreichung eines BVm (Versagungsvermerk) bei kleinen KapGes/KapCoGes, weil keine Prüfungspflicht nach § 316 Abs 1 S 1 besteht.

Für den KA und den Konzernlagebericht bestehen an sich keine größenabhängigen Erleichterungen; jedoch befreit § 293, falls bestimmte Größenmerkmale nicht erreicht werden.

8 Das Informationsrecht nach Abs 2 setzt voraus, dass sich bei der Prüfung nach Abs 1 ein Anlass zu der **Annahme** ergibt, dass größenabhängige Erleichterungen nicht hätten in Anspruch genommen werden dürfen. Dabei muss es sich um eine begründete Annahme handeln, dass die Grenze des § 267 Abs 1 überschritten sein könnte (ähnlich *ADS*[6] § 329 Anm 20). Daraus ist wiederum zu folgern, dass der Anlass idR aus der Höhe der Bilanzsumme abgeleitet wird (so *Amelung* WPK-Mitt 1989, 54; *Lück* GmbHR 1987, 47; *Röder* Rechtspfleger 1986, 167). Ist die Bilanzsumme nicht überschritten, können sich jedoch auch andere ausreichende Gründe für das Informationsrecht in Bezug auf die beiden anderen Größenmerkmale (Umsatzerlöse, Arbeitnehmerzahl) ergeben (so auch *ADS*[6] § 329 Anm 20). Die Richtigkeit der von dem Unt im Rahmen von Abs 2 S 1 auf Anfrage gemachten Angaben werden vom Registergericht nicht geprüft (*Ziegler* Rechtspfleger 1988, 233). Eine Kontrolle des Registergerichts, ob auch **Prüfungspflicht** nach § 316 Abs 1 (und Abs 2) besteht und demzufolge BVm/Versagungsvermerk einzureichen ist (Anm 4), lässt sich aus Abs 2 S 1 nicht ableiten. Hier kommt es nur auf die tatsächliche Größenklasse an und nicht auf etwaige Auffassungsunterschiede; ähnlich *ADS*[6] § 329 Anm 16.

9 Die dem Gericht auf Verlangen gemachten Angaben zu den Umsatzerlösen und der Zahl der Arbeitnehmer unterliegen nicht der Einsicht in das HR, die gem § 9 jedem gestattet ist (*ADS*[6] § 329 Anm 22; *Amelung* WPK-Mitt 1989, 54).

II. Rechtsfolgen bei Unterlassung der Angaben (Abs 2 S 2)

Werden die vom Registergericht gem Abs 2 S 1 verlangten Angaben nicht oder nicht fristgerecht eingereicht, gilt nach S 2 die gesetzliche **Fiktion,** dass die Erleichterungen zu Unrecht in Anspruch genommen worden sind. Dies besagt, dass die Publizitätspflicht als nur unvollständig erfüllt angenommen wird. Zweifelhaft ist, ob bei Fristversäumnis eine Wiedereinsetzung in den vorherigen Stand möglich ist (*ADS*[6] § 329 Anm 26). Aufgrund der Fiktion muss die Ges fehlende Unterlagen nachreichen oder die Bekanntmachung nachholen (ebenso *ADS*[6] § 329 Anm 24, 27 und *Fehrenbacher* in MünchKommHGB § 329 Anm 16). **10**

In diesen Fällen kann jedoch **kein Ordnungsgeld** gem § 335 a S 1 Nr 1 festgesetzt werden, weil das Registergericht dazu nicht antragsberechtigt ist (Anm 1). Auch § 334 Abs 1 Nr 5 (Bußgeld) ist nicht einschlägig, da dann kein Verstoß gegen § 328 (Form und Inhalt einer tatsächlich durchgeführten Offenlegung) vorliegt, sondern ein Verstoß gegen § 325 (so auch *ADS*[6] § 329 Anm 28). **11**

D. Verlangen der Vorlage einer deutschen Übersetzung

Gem §§ 325 a Abs 1 S 4, 340 l Abs 2 S 4 dürfen die von deutschen Zweigniederlassungen ausländischer Unt bzw Zweigstellen ausländischer Kreditinstitute offen zu legenden Unterlagen in englischer Sprache oder in einer vom Register der Hauptniederlassung beglaubigten Abschrift der fremdsprachlichen Originalversion eingereicht werden. **12**

Um dem HR die Prüfung gem Abs 1 zu erleichtern, kann es **im Einzelfall** die Vorlage einer deutschen Übersetzung verlangen. Das Abstellen auf den „Einzelfall" verbietet dem Gericht eine generelle Anforderung von deutschen Übersetzungen; nur soweit zur Prüfung erforderlich, ist das Verlangen gerechtfertigt. Dies dürfte dann zB der Fall sein, wenn das HR Anlass zur Vermutung hat, dass Pflichtbestandteile der Unterlagen fehlen. Die Beglaubigung der Übersetzung sieht Abs 3 nicht vor.

E. Rechtsfolgen einer Verletzung des § 329

Bei vollständiger oder teilweiser Verletzung der Offenlegungspflicht ist das Ordnungsgeldverfahren nach § 335 a, § 140 a FGG vorgesehen. Die Festsetzung von **Ordnungsgeld** bei Nichtbefolgung der Pflicht zur Offenlegung nach § 325 (JA, Lagebericht, KA, Konzernlagebericht und andere Unterlagen der Rechnungslegung) durch das Registergericht setzt zur Einleitung des Verfahrens einen **Antrag** voraus (§ 335 a S 3), der von Jedermann gestellt werden darf, ohne dass es auf ein rechtliches Interesse ankommt (*Schulze-Osterloh* in Baumbach/Hueck[17] § 41 Anm 145). **13**

Fünfter Unterabschnitt. Verordnungsermächtigung für Formblätter und andere Vorschriften

§ 330 [Formblattermächtigung. Weitere Ermächtigungen]

(1) [1]Das Bundesministerium der Justiz wird ermächtigt, im Einvernehmen mit dem Bundesministerium der Finanzen und dem Bundesministerium für Wirtschaft und Arbeit durch Rechtsverordnung, die nicht der Zustimmung des Bundesrates bedarf, für Kapitalgesellschaften Formblätter vorzuschreiben oder andere Vorschriften für die Gliederung des Jahresabschlusses oder des Konzernabschlusses oder den Inhalt des Anhangs, des Konzernanhangs, des Lageberichts oder des Konzernlageberichts zu erlassen, wenn der Geschäftszweig eine von den §§ 266, 275 abweichende Gliederung des Jahresabschlusses oder des Konzernabschlusses oder von den Vorschriften des Ersten Abschnitts und des Ersten und Zweiten Unterabschnitts des Zweiten Abschnitts abweichende Regelungen erfordert. [2]Die sich aus den abweichenden Vorschriften ergebenden Anforderungen an die in Satz 1 bezeichneten Unterlagen sollen den Anforderungen gleichwertig sein, die sich für große Kapitalgesellschaften (§ 267 Abs. 3) aus den Vorschriften des Ersten Abschnitts und des Ersten und Zweiten Unterabschnitts des Zweiten Abschnitts sowie den für den Geschäftszweig geltenden Vorschriften ergeben. [3]Über das geltende Recht hinausgehende Anforderungen dürfen nur gestellt werden, soweit sie auf Rechtsakten des Rates der Europäischen Union beruhen.

(2) [1]Absatz 1 ist auf Kreditinstitute im Sinne des § 1 Abs. 1 des Gesetzes über das Kreditwesen, soweit sie nach dessen § 2 Abs. 1, 4 oder 5 von der Anwendung nicht ausgenommen sind, und auf Finanzdienstleistungsinstitute im Sinne des § 1 Abs. 1a des Gesetzes über das Kreditwesen, soweit sie nach dessen § 2 Abs. 6 oder 10 von der Anwendung nicht ausgenommen sind, nach Maßgabe der Sätze 3 und 4 ungeachtet ihrer Rechtsform anzuwenden. [2]Satz 1 ist auch auf Zweigstellen von Unternehmen mit Sitz in einem Staat anzuwenden, der nicht Mitglied der Europäischen Gemeinschaft und auch nicht Vertragsstaat des Abkommens über den Europäischen Wirtschaftsraum ist, sofern die Zweigstelle nach § 53 Abs. 1 des Gesetzes über das Kreditwesen als Kreditinstitut oder als Finanzinstitut gilt. [3]Die Rechtsverordnung bedarf nicht der Zustimmung des Bundesrates; sie ist im Einvernehmen mit dem Bundesministerium der Finanzen und im Benehmen mit der Deutschen Bundesbank zu erlassen. [4]In die Rechtsverordnung nach Satz 1 können auch nähere Bestimmungen über die Aufstellung des Jahresabschlusses und des Konzernabschlusses im Rahmen der vorgeschriebenen Formblätter für die Gliederung des Jahresabschlusses und des Konzernabschlusses sowie des Zwischenabschlusses gemäß § 340a Abs. 3 und des Konzernzwischenabschlusses gemäß § 340i Abs. 4 aufgenommen werden, soweit dies zur Erfüllung der Aufgaben des Bundesaufsichtsamts für das Kreditwesen oder der Deutschen Bundesbank erforderlich ist, insbesondere um einheitliche Unterlagen zur Beurteilung der von den Kreditinstituten und Finanzdienstleistungsinstituten durchgeführten Bankgeschäfte und erbrachten Finanzdienstleistungen zu erhalten.

(3) [1]Absatz 1 ist auf Versicherungsunternehmen nach Maßgabe der Sätze 3 und 4 ungeachtet ihrer Rechtsform anzuwenden. [2]Satz 1 ist auch auf Niederlassungen im Geltungsbereich dieses Gesetzes von Versicherungsunternehmen mit Sitz in einem anderen Staat anzuwenden, wenn sie zum Betrieb des Direktversicherungsgeschäfts der Erlaubnis durch die deutsche Versicherungsaufsichtsbehörde bedürfen. [3]Die Rechtsverordnung bedarf der Zustimmung des Bundesrates und ist im Einvernehmen mit dem Bundesministerium der Finanzen zu erlassen. [4]In die Rechtsverordnung nach Satz 1 können auch nähere

Bestimmungen über die Aufstellung des Jahresabschlusses und des Konzernabschlusses im Rahmen der vorgeschriebenen Formblätter für die Gliederung des Jahresabschlusses und des Konzernabschlusses sowie Vorschriften über den Ansatz und die Bewertung von versicherungstechnischen Rückstellungen, insbesondere die Näherungsverfahren, aufgenommen werden.

(4) [1]**In der Rechtsverordnung nach Absatz 1 in Verbindung mit Absatz 3 kann bestimmt werden, daß Versicherungsunternehmen, auf die die Richtlinie 91/674/EWG nach deren Artikel 2 in Verbindung mit Artikel 3 der Richtlinie 73/239/EWG oder in Verbindung mit Artikel 2 Nr. 2 oder 3 oder Artikel 3 der Richtlinie 79/267/EWG nicht anzuwenden ist, von den Regelungen des Zweiten Unterabschnitts des Vierten Abschnitts ganz oder teilweise befreit werden, soweit dies erforderlich ist, um eine im Verhältnis zur Größe der Versicherungsunternehmen unangemessene Belastung zu vermeiden; Absatz 1 Satz 2 ist insoweit nicht anzuwenden.** [2]**In der Rechtsverordnung dürfen diesen Versicherungsunternehmen auch für die Gliederung des Jahresabschlusses und des Konzernabschlusses, für die Erstellung von Anhang und Lagebericht und Konzernanhang und Konzernlagebericht sowie für die Offenlegung ihrer Größe angemessene Vereinfachungen gewährt werden.**

(5) **Die Absätze 3 und 4 sind auf Pensionsfonds (§ 112 Abs. 1 des Versicherungsaufsichtsgesetzes) entsprechend anzuwenden.**

Übersicht

Schrifttum zu den in Anm 20 genannten VO:

a) **Allgemein:** *ADS*[6] § 330.

b) **Kreditinstitute:** *Krumnow*[2] ua Rechnungslegung der Kreditinstitute, Stuttgart 2004; *Meyer/Isenmann* Bankbilanzrichtlinie-Gesetz, Ein Handbuch für den Jahresabschluss, Stuttgart 1993; s auch die Kommentare zum KWG; vgl auch *IDW PS 520* Besonderheiten und Problembereiche bei der Abschlussprüfung von Finanzdienstleistungsinstituten WPg 2001, 982 ff.

c) **Versicherungsunternehmen:** *KPMG* Rechnungslegung von VU, Frankfurt/M 1994; *von Treuberg/Angermayer* Jahresabschluss von Versicherungsunternehmen: Handbuch zum Versicherungsbilanzrichtlinie-Gesetz und zur RechVersV, Stuttgart 1995; *Budde* ua (Hrsg) Beck'scher Versicherungsbilanz-Kommentar, München 1998.

d) **Verkehrsunternehmen:** *Schnappauf* Gliederung der Jahresabschlüsse von Verkehrsunternehmen WPg 1988, 532 ff.

e) **Wohnungsunternehmen:** *Gesamtverband Gemeinnütziger Wohnungsunternehmen eV* Jahresabschluss und Kontenrahmen für Wohnungsunternehmen nach dem Bilanzrichtlinien-Gesetz, Köln 1986.

f) **Krankenhäuser:** *Kenntemich/Seidel* Krankenhaus-Jahresabschluss, Bilanz, Gewinn- und Verlustrechnung, Anhang in Handbuch Krankenhaus-Rechnungswesen[2], hrsg von S. Eichhorn, Wiesbaden 1988; *IDW-KHFA 1/1990* WPg, 111 zur Krankenhaus-Buchführungs-VO; *Munk* et al Der Jahresabschluss des Krankenhauses, Loseblatt-Handbuch, Essen oJ; vgl auch *IDW ERS KHFA-1* Einzelfragen zur Rechnungslegung von Krankenhäusern WPg 2004, 365 ff.

A. Allgemeines

1 § 330 gilt für KapGes, KapCoGes, eG und Unt des PublG. Für Kreditinstitute, Finanzdienstleister (kurz: Banken, Abs 2), für VersicherungsUnt (Abs 3, 4) und Pensionsfonds (Abs 5) ist die Ermächtigung auf alle Rechtsformen erweitert (Anm 40 f). Die Ermächtigungen beziehen sich ausdrücklich auch auf die Konzernrechnungslegung. Abs 5 wurde mit Wirkung zum 30. 6. 2001 eingefügt durch Art 16 AVmG (BGBl I 2001, 1310). Abs 1 S 1 ist mit Wirkung vom 28. 11. 2003 durch VO vom 25. 11. 2003 (BGBl I 2003, 2304) geändert.

2 Die VO zu § 330 (Anm 20) bedürfen nur für Abs 3 (mit Abs 4) der Mitwirkung des Bundesrats. Das ist in § 330 ausdrücklich klargestellt.

Die Formblatt-VO werden vom BMJ erlassen. Zuvor ist jedoch Einvernehmen mit dem BMF und für Abs 1 auch mit dem BMW herzustellen. Die Zuständigkeit des BMJ soll die Auseinander-Entwicklung der „tätigkeitsbezogenen" Rechnungslegung im Verhältnis zur „allgemeinen" Rechnungslegung vermeiden (BT-Drs 10/317, 100) und auch die Struktur der VO einander annähern.

3 § 330 gilt insb für die externe Rechnungslegung bestimmter Wirtschaftszweige; Ermächtigungen in Spezialgesetzen (KWG, VAG) wurden insoweit durch Erweiterungen des § 330 ersetzt. Belange der Aufsichtsbehörden verblieben in den Spezialgesetzen; auf Grund solcher Ermächtigungen sind inzwischen für Banken und VersicherungsUnt eine größere Zahl von VO ergangen.

4 Die VO zu § 330 setzen für bestimmte Wirtschaftszweige (Anm 20) ein *einheitliches* Recht. Um branchentypische Besonderheiten in Industrie (zB Bauindustrie, Bergbau) oder Handel Rechnung zu tragen, enthält § 265 Abs 4 oder 5 eine *unternehmensindividuelle* Abweichungsnorm.

B. Inhalt der generellen Ermächtigung (Abs 1 Satz 1)

10 Diese Ermächtigung bezieht sich darauf,

- **Formblätter** vorzuschreiben oder andere Vorschriften **für die Gliederung** des JA und des KA zu erlassen
- sowie Vorschriften für den **Inhalt** des Anhangs, des Konzernanhangs sowie für den Inhalt des Lageberichts und des Konzernlageberichts zu erlassen.

Abs 1 gilt jedoch *nur, wenn* der Geschäftszweig Regelungen **erfordert,** die von den **Gliederungen** nach § 266 (mit § 268) und § 275 (mit § 277) für den JA, den KA oder von den Vorschriften des Ersten Abschn (Buchführung, allgemeine Bestimmungen zum JA) sowie vom Ersten oder Zweiten Unterabschn des Zweiten Abschn (JA usw und KA usw der KapGes) **abweichen.** Für Banken ist dies in § 340 a Abs 2 und für VersicherungsUnt in § 341 a Abs 2 konkretisiert.

Abs 1 ist durch § 336 Abs 3 auf den JA von **eG** erweitert; der *gesamte* § 330 gilt für JA und KA nach dem **PublG** (§§ 5 Abs 3, 13 Abs 4 PublG) sowie für KapCoGes.

Die Ermächtigungen für Kreditinstitute, Finanzinstitute (Abs 2), für VersicherungsUnt (Abs 3, 4) und Pensionsfonds (Abs 5) gehen teilweise wesentlich über Anm 10 hinaus (Anm 45 ff, 50 ff).

Keine Abweichungen gestattet Abs 1 von den **Ansatzvorschriften** oder den **Bewertungsvorschriften,** von den Vorschriften über die **Prüfung,** über die **Offenlegung** und auch nicht von den **Sanktionen** (Bußgelder usw); anders bei VersicherungsUnt (Anm 50 ff). Die Offenlegung ist für TU iSv § 264 Abs 3 erleichtert. Gleiches gilt in den Fällen des § 264 b; §§ 340 a Abs 2 S 4, 341 a Abs 2 S 4. 11

Ein qualitativer Unterschied zwischen „Formblättern“ einerseits und „anderen Vorschriften über die Gliederung“ andererseits besteht nicht. Letztere beziehen sich auf Inhalt und Abgrenzung der Formblatt-Posten zueinander – ggf einschl der Fußnoten oder Anm in den einzelnen Formblättern. 12

Da stets *jeweils* die Vorschriften für *große KapGes* anzuwenden sind (Anm 18, 25), müssen auch alle Formblatt-Vorschriften die Erfüllung des Leitbildes des JA gem § 264 Abs 2 S 1 oder des KA gem § 297 Abs 2 S 2 sicherstellen; das gilt für Banken und VersicherungsUnt – im Gegensatz zu Industrie- und HandelsUnt – hier auch für TU iSv § 264 Abs 3, § 264 b. 13

Abs 1 S 1 ermächtigt (nur) dann zu abweichenden Vorschriften, wenn der *Geschäftszweig* abw Regelungen **erfordert** (Anm 10 Abs 2). Es muss dabei jeweils der Leitbild-Funktion des Wirtschaftszweigs entsprochen werden; auch Aufsichtserfordernisse können einheitliche Formblätter oder andere Abweichungen sinnvoll erscheinen lassen. *Im Übrigen* haben die allgemeinen Vorschriften zu gelten, so dass die nicht branchenbezogenen Bilanz- oder GuV-Posten in die Branchen-Formblätter übernommen werden *müssen.* Falls Aufsichtsbehörden trotzdem weitergehende Anforderungen (im branchenbezogenen Bereich) für notwendig halten, muss es dafür weitere Ermächtigungen geben (Abs 2 bis 5). 14

Im HGB (§§ 300 Abs 2 S 3, 308 Abs 2 S 2) und im PublG (§ 13 Abs 2) ist geregelt, wie zu verfahren ist, wenn FormblattUnt in Abschlüsse von **Konzernen anderer Branchen** einzubeziehen sind. Wenn umgekehrt Unt anderer Branchen in formblattgebundene Konzerne einzubeziehen sind, gelten die §§ 340 ff oder 341 ff. 15

Gehört ein formblattgebundenes Unt zum *Konzern* eines anderen formblattgebundenen Unt, sind beide Formblätter nach dem Grundsatz des § 265 Abs 4 zu kombinieren (*ADS*[6] § 330 Anm 35 ausdrücklich für eine Ges mit mehreren Geschäftszweigen). Wegen der gesetzlichen Tätigkeitsbegrenzungen von FormblattUnt dürfte das für JA kaum vorkommen.

Die Formblatt-VO (Anm 20) regeln die **Leerposten** nicht, weil § 265 Abs 8 auch für FormblattUnt gilt. Auch formblattgebundene Unt dürfen daher Leerposten weglassen. Dagegen bestimmen die Formblatt-VO, ob Bilanz- oder GuV-Posten auf ihren tatsächlichen Inhalt verkürzt werden dürfen.

Nach **Art 80 Abs 1 GG** müssen Inhalt, Zweck und Ausmaß einer Ermächtigung *im Gesetz selbst* bestimmt sein, außerdem muss jede VO auf das Gesetz verweisen. Das ist für § 330 in folgender Weise verwirklicht: 16

Inhalt. Dieser ist durch die Aufzählung in Abs 1 S 1 – Anm 10 – eindeutig umschrieben, zumal der etwas ungenaue Begriff „andere Vorschriften“ durch die Sätze 2 und 3 des Abs 1 begrenzt wird; dazu auch Anm 25 ff.

Zweck. Es dürfen VO nach § 330 nur für bestimmte, weitgehend gleichgebliebene bzw gleichbleibende Geschäftszweige erlassen werden. Zudem ist durch die zentrale Zuständigkeit des BMJ sichergestellt, dass alle derartigen VO für jeden in Betracht kommenden Wirtschaftszweig jeweils einheitliches Recht setzen. Dadurch werden gleichartige Sachverhalte möglichst wortgleich formuliert. Das gilt auch für die Konkretisierungen des Abs 1 in Abs 2 und in Abs 3.

Ausmaß. Es ist durch die „Erfordernisse des (jeweiligen) Geschäftszweigs" *bedingt* und durch die „Gleichwertigkeit" gemäß Abs 1 S 2 *begrenzt.* Alle Formblätter dürfen abweichende Postenbezeichnungen nur für die branchentypischen Posten fordern; andere Regelungen müssen sich auf branchentypische Gewohnheiten beziehen – im Übrigen haben alle Formblätter den Gliederungsbestimmungen des HGB zu entsprechen (Anm 14, ähnlich *ADS*^{6} § 330 Anm 7 zum Informationsbedürfnis).

Diese Grundsätze des Art 80 Abs 1 GG gelten auch für Formblatt-VO, die in die Zuständigkeit der Länder fallen (Anm 21).

17 Jedes „formblattgebundene" Unt darf *freiwillig* die Einzelposten untergliedern und neuartige Posten einfügen – allerdings nur im Rahmen der Grundsätze des § 265 Abs 5, der aber nur im Rahmen der jeweiligen Formblatt-VO (Anm 20) gilt.

§ 330 ermächtigt *nicht* dazu, ergänzend zum **Haushaltsgrundsätze-Gesetz** für staatlich kontrollierte Unt oder für Unt mit MU oder Hauptsitz im Ausland spezielle Sondervorschriften zu erlassen. Gehören solche Unt jedoch „Formblatt-Branchen" an, gelten die Formblätter unmittelbar auch für sie (soweit nicht die Länder zuständig sind).

18 Durch §§ 340 a Abs 2, 341 a Abs 2 (Anm 10) ist konkretisiert, welche HGB-Bestimmungen durch Formblatt-VO ersetzt werden (mit eingeschränkter Gestaltungsfreiheit für den betr Wirtschaftszweig). Ferner sind die generell für große KapGes maßgebenden Bestimmungen zum JA (hauptsächlich für Einzelangaben im Anhang gem § 285) erheblich reduziert. § 330 gilt auch für **geschäftsleitende Holdings** von Banken, Finanzinstituten und VersicherungsUnt (§§ 340 i Abs 3, 341 i Abs 2).

Erleichterungen für **Kleinunternehmen** sind in § 31 KWG und in § 61 f RechVersV enthalten.

C. Formblatt-Verordnungen

20 Aufgrund von § 330 gelten derzeit folgende VO zu den JA:

		BGBl I
6. 3. 1987	Geänderte VO über Formblätter für die Gliederung des Jahresabschlusses für **Wohnungsunternehmen** (auch erlassen für eG gem § 336 Abs 3)	1987, 770
24. 3. 1987	Neufassung der **Krankenhaus-Buchführungsverordnung,** geändert 26. 9. 1994 (I, 2750), 9. 12. 1997 (I, 2874), 9. 6. 1998 (I, 1242) und 17. 7. 2003 (I, 1401)	1987, 1045
10. 2. 1992	VO über die Rechnungslegung der **Kreditinstitute und Finanzdienstleistungsinstitute** (RechKredV), *Neufassung* vom 11. 12. 1998, geändert 10. 12. 2001 (I, 3414)	1998, 3658
8. 11. 1994	VO über die Rechnungslegung von **Versicherungsunternehmen** (RechVersV), geändert 9. 6. 1998 (I, 1242) und 27. 5. 2003 (I, 736)	1994, 3378
22. 11. 1995	VO über die Rechnungs- und Buchführungspflichten der **Pflegeeinrichtungen** (Pflege-Buch-	

	führungsverordnung – PBV), geändert 9. 6. 1998 (I, 1242) und 23. 10. 1995 (I, 2702)	1995, 1528
13. 7. 1988	Geänderte VO über die Gliederung des JA von **Verkehrsunternehmen**	1988, 1057
25. 2. 2003	VO über die Rechnungslegung von **Pensionsfonds** (Pensionsfonds-Rechnungslegungsverordnung – RechPensV)	2003, 246

Die RechKredV und die RechVersV enthalten auch Vorschriften zur **Konzernrechnungslegung.** In beiden VO sind besondere Formblätter für Spezialinstitute enthalten (zB Grundkredit-Institute, Lebens- oder Krankenversicherungs Unt).

21 Für **kommunale Betriebe** (Regiebetriebe oder -Ges) – insb Versorgungs-Betriebe – gilt nach dem Grundgesetz Landesrecht. Die einzelnen Bundesländer haben inzwischen ihre *Eigenbetriebs-Gesetze* (oder -VO) an das HGB angepasst; Näheres in § 263 Anm 2. Auch für **öffentlich-rechtliche** Kreditinstitute oder VersicherungsUnt sowie für Unt dieser Branchen mit örtlich begrenztem Wirkungskreis sind die Aufsichtsbehörden der Länder zuständig; sie folgen häufig dem Bundesrecht (§ 55 Abs 1 VAG, s § 52 KWG).

D. Gleichwertigkeits-Grundsatz (Abs 1 Satz 2)

25 Die Forderung des HGB, dass „die sich aus den abweichenden Vorschriften ergebenden Anforderungen ... den Anforderungen gleichwertig sein (sollen), die sich für große Kapitalgesellschaften ... aus den Vorschriften des (HGB) ergeben", ist dahingehend zu verstehen, dass die **Gleichwertigkeit insgesamt** erreicht werden muss (*RegE* BT-Drs 10/3440, 46). – Erleichterungen für kleinere Unt setzen Sondervorschriften voraus (Anm 18, 56).

26 Die Vielfalt regelungsbedürftiger Sachverhalte für die in Anm 20 und 21 genannten Geschäftszweige muss dazu führen, dass Einzelvorschriften für diese Branchen teilweise über die Bestimmungen im HGB hinausgehen; dafür müssen dann aber andere Regelungen die Vorschriften für IndustrieUnt unterschreiten: „Der Verordnungsgeber soll Anforderungen stellen, die denen gleichwertig sind, die für große prüfungspflichtige Unternehmen allgemein gelten" (BT-Drs 10/3440, 46).

27 Entscheidend ist, dass jede Formblatt-VO *insgesamt* die gleiche Klarheit und Übersichtlichkeit herbeiführt, die § 243 Abs 2 für alle Kfl vorsieht und außerdem die Generalnorm des § 264 Abs 2 S 1 verwirklicht (Anm 13). Die Informationsqualität soll dieselbe sein (*ADS*[6] § 330 Anm 7) – auch das spricht für eine Gesamtwürdigung der Formblätter und der Vorschriften in den VO.

28 Die Notwendigkeit, durch weitere Aufgliederung branchentypischer Posten zuweilen das Industrie-Schema zu überschreiten, führt dazu, dass andererseits Einschränkungen durch Wahlrechte für die Anwendung der Pflicht-Normen des HGB enthalten sind; dazu die Konkretisierungen in §§ 340a Abs 2, 341a Abs 2 (Anm 10). Es kommen in den Formblättern auch Zusammenfassungen von HB-Posten vor.

E. Weitergehende Anforderungen der EU (Abs 1 Satz 3)

30 „Allein Rechtsakte des Rates der Europäischen Union können über das geltende Recht hinausgehende Anforderungen" stellen. Damit soll das in Gesetzen und Rechts-VO niedergelegte Recht jedoch nicht auch für den Fall festgeschrieben werden, dass die künftigen Richtlinien der EU weniger weitgehende Vorschriften vorsehen (BT-Drs 10/3440, 46).

31 Das *„geltende Recht"* ist das Bilanzrecht des HGB mit den ergänzenden Spezialgesetzen; außerdem die VO zu § 330 insoweit, als Letztere den Erfordernissen des Art 80 Abs 1 GG (Anm 16) entsprechen.

Ergänzend zu diesen Gesetzen gehören zum geltenden Recht außerdem die **allgemein anerkannten Übungen** in dem entspr Wirtschaftszweig – sei es, dass sie in aufsichtsrechtlichen oder steuerlichen Bestimmungen (§§ 20, 21, 21 a, 21 b KStG) niedergelegt sind oder sonst herrschende Überzeugung darstellen. Zum geltenden Recht gehören ferner noch zu erlassende bundesgesetzliche Regelungen. Denn § 330 bezieht sich nur auf den Inhalt von VO, schränkt aber nicht den Gesetzgeber selbst ein – wie zB die Bankbilanz-Richtl und das in Anm 1 genannte Umsetzungsgesetz von EG-Vorschriften (1997) zeigen (*ADS*[6] § 330 Anm 9 aE).

32 **Weitergehende Anforderungen** müssen auf Rechtsakten der EU beruhen. Wenn Rechtsakte der EU ordnungsgemäß zustande kommen, dürfen sie „das geltende Recht" (Anm 31) erweitern. Anderenfalls bestehen Zweifel an ihrer Wirksamkeit: Abs 1 S 3 verweist implizit auch auf **künftige Rechtsakte** des Rates der EU. Derartige sog dynamische Verweisungen sind aber verfassungsrechtlich bedenklich (*BVerfG* 1. 3. 1978 NJW, 1475 und *Sachs* Die dynamische Verweisung als Ermächtigungsnorm NJW 1981, 1651 mwN). Wohl deswegen wurden die §§ 340 ff ausdrücklich auf Finanzdienstleistungsinstitute und deren Zweigstellen erstreckt, § 340 Abs 4.

F. Zusatzermächtigungen für Banken, Versicherungsunternehmen und Pensionsfonds (Abs 2 bis Abs 5)

I. Erweiterter Geltungsbereich des Abs 1

40 Für Kreditinstitute einschl Finanzdienstleister (kurz: Banken, Abs 2), für VersicherungsUnt (Abs 3) und Pensionsfonds iSv § 112 Abs 1 VAG (kurz: Pensionsfonds) sind die Ermächtigungen des Abs 1 jeweils auf alle anderen Rechtsformen erweitert (Abs 2 S 1, Abs 3 S 1), soweit diese nach KWG oder VAG zulässig sind. Die Formblatt-Ermächtigungen beziehen sich bei Banken auch auf Zweigstellen (Repräsentanzen) von Unt mit Sitz in Drittstaaten, sofern diese nach KWG als Institute gelten, vgl Abs 2 S 2.

Auch bei VersicherungsUnt erstrecken sich die Ermächtigungen auf Niederlassungen von Unt, die in EU-, EWR- oder in Drittstaaten ansässig sind, soweit für das Direktgeschäft eine Erlaubnis des BAV erforderlich ist (Abs 3 S 2). Die jeweiligen Rechts-VO bedürfen der Zustimmung des BMF, jedoch nicht der Beteiligung des BMW, bei Banken auch des „Benehmens" – also der Anhörung – der Deutschen Bundesbank (Abs 2 S 3, Abs 3 S 3).

Zweigstellen oder Niederlassungen von Banken und Versicherungen mit Sitz in einem anderen EU- oder EWR-Staat legen hingegen in Deutschland den JA des MU offen (*ADS*[6] § 330 Anm 10).

Die im KWG oder VAG enthaltenen zahlreichen Ermächtigungen betreffen nunmehr VO zum Inhalt der internen Rechnungslegung, Berichte der Abschlussprüfer (AP) und andere Aufsichtsbefugnisse. Diese VO der Aufsichtsbehörden haben *indirekt* erhebliche Auswirkungen auf das *Zahlenwerk* der JA und KA, ohne deren äußere Form zu tangieren. **41**

II. Kreditinstitute

Die Zusatzermächtigungen gem Abs 2 S 4 betreffen – über Abs 1 S 1 (Anm 10 ff) hinausgehend – auch nähere Bestimmungen über die Aufstellung der JA, KA oder von Zwischenabschluss/Konzern-Zwischenabschluss im Rahmen der Formblätter und anderer Vorschriften. Diese Zusatzermächtigungen gelten jedoch nur **insoweit,** als die zusätzlichen Bestimmungen zur Erfüllung der Aufgaben der BaFin oder der Deutschen Bundesbank **erforderlich** sind; das soll insb sicherstellen, einheitliche Unterlagen zur Beurteilung der durchgeführten Bankgeschäfte und erbrachten Finanzdienstleistungen zu erhalten. **45**

§ 1b KWG 1997 verwendet als Sammelbezeichnung für Kreditinstitute und Finanzdienstleistungsinstitute den Begriff „Institut" iSd KWG.

Die RechKredV gilt gem § 340 Abs 1 S 1 *nicht* für die in § 2 Abs 1, 4 oder 5 KWG genannten Sonderinstitute; diese gelten gem § 2 Abs 6 KWG ua auch nicht als Finanzdienstleistungsinstitute (zB Deutsche Bundesbank, Kreditanstalt für Wiederaufbau). Die Rechnungslegung solcher Sonderinstitute richtet sich nach den jeweiligen Spezialgesetzen.

Zur Aufstellung der vorgenannten Abschlüsse ist die RechKredV (Anm 20) ergangen, die im Rahmen der „anderen Vorschriften" gem Abs 1 S 1 auch den Inhalt der einzelnen Posten der Bilanz- und GuV-Formblätter umschreibt. **46**

Die BaFin kann gem § 31 Abs 2 KWG einzelne Institute von den Pflichten zur Vorlage der JA freistellen, insb wenn das „wegen der Art oder des Umfangs der betriebenen Geschäfte" angezeigt ist.

Alle Formblätter sowie die VO zur Prüfung der JA für Kreditinstitute vom 21. 7. 1994 (BGBl I, 1803) werden im *WPH I*[12] J 22 ff, 292 ff erläutert. **47**

Für Banken ist am 17. 12. 1998 (BGBl I, 3690) die **Prüfungsberichts-VO** auf Grund von § 29 Abs 4 KWG ergangen. Nach § 36 WpHG ist am 6. 1. 1999 die VO über die Prüfung von Wertpapier-Dienstleistungsunternehmen veröffentlicht worden (BGBl I, 4). **48**

III. Versicherungsunternehmen und Pensionsfonds

1. Größere Unternehmen

Die über Abs 1 hinausgehenden Ermächtigungen des **Abs 3** S 4 beziehen sich hier auf Vorschriften **50**
- zur Aufstellung der JA und des KA im Rahmen der Formblätter und anderer Vorschriften und außerdem
- zu Ansatz und Bewertung versicherungstechnischer Rückstellungen (einschl Näherungsverfahren).

Die VO vom 8. 11. 1994 (Anm 20) umschreibt (wie bei Banken, Anm 46) den Inhalt der einzelnen Formblatt-Posten für Bilanz und GuV; außerdem regelt sie im Rahmen der §§ 341 e bis 341 h Ansatz, Bewertung und Näherungsverfahren zu versicherungstechnischen Rückstellungen. In einer Anlage zu dieser VO ist die Berechnung der Schwankungsrückstellung festgelegt; diese gilt über § 20 Abs 1 KStG auch für die Steuerbilanz. Im Gegensatz zu Abs 2 S 4 (Banken) **51** ist die Ermächtigung für VersicherungsUnt nicht auf Belange der Aufsicht begrenzt. Die VO regelt schließlich Art und Umfang der Befreiungen für kleine VersicherungsUnt (Anm 55). Sie ist mit Zustimmung des Bundesrats ergangen.

52 Alle Formblätter für größere VersicherungsUnt sowie die VO zur Aufstellung von JA und KA werden im Beck Vers Handbuch und im *WPH I*[12] K 25 ff erläutert.

53 Für die interne Berichterstattung gegenüber dem BAV ist gem § 55 a VAG am 14. 6. 1995 (BGBl I, 858) eine VO ergangen; sie beschreibt insb die vorzulegenden Formularsätze und nennt die Vorlagefristen. Diese BerVersV wurde am 15. 7. 1998 (BGBl I, 1889) und am 10. 12. 1998 (BGBl I, 3652) geändert.

Die **Prüfberichte-VO** ist am 3. 6. 1998 (BGBl I, 1209) ergangen; sie ersetzt das BAV-Rundschreiben R 3/82 vom 25. 6. 1982, VerBAV 409 (zu Letzterem *WPH I*[12] K 735 ff).

2. Kleinunternehmen

55 Für Pensionskassen oder für andere VersicherungsUnt mit örtlich oder sachlich begrenzten Mitgliedschaften gelten die Versicherungs-Richtlinien der EG aus 1973, 1979 und 1991 und deren Umsetzungen nicht. Es war daher nahe liegend, die schon bisher im VAG enthaltenen Vereinfachungen der Rechnungslegung, ggf sogar zum Verzicht auf eine kfm Buchführung, durch **Abs 4** in veränderter Form fortzuführen.

56 Für diese Klein-VersicherungsUnt

- sind ganz oder teilweise Befreiungen von den Vorschriften in den §§ 341 bis 341 o zulässig, sofern dadurch im Verhältnis zur Größe solcher VersicherungsUnt unangemessene Belastungen vermieden werden (Abs 4 S 1 Halbsatz 1),
- gleichzeitig entfällt die Gleichwertigkeit zu den Vorschriften für große KapGes gem Abs 1 S 2 (Abs 4 S 1 Halbsatz 2);
- außerdem dürfen gem Abs 4 S 2 im Verhältnis zur Größe solcher Unt auch Vereinfachungen gewährt werden für die Gliederung des JA und für den Anhang (ggf KA und Konzernanhang, für den Lagebericht (ggf Konzernlagebericht) und für die Offenlegung dieser Unterlagen.

In §§ 61, 62 der RechVersV vom 8. 11. 1994 (Anm 20) sind die Ermächtigungen des Abs 4 durch größenabhängige Befreiungen und ggf die Erfolgsermittlung bis zu einem Fünfjahres-Turnus umgesetzt.

57 Aufsichtsrechtliche Vorschriften erleichtern die Kapitalausstattung für kleinere VersicherungsUnt (§ 156 a VAG) und für kleinere VVaG auch die Rechnungslegung (§ 157 VAG); Kleinst-VVaG mit geringer Mitgliederzahl und niedrigen Beitragsaufkommen können sogar aufsichtsfrei gestellt werden (§ 157 a VAG).

Die BAV-AnO für die Rechnungslegung von KleinstUnt (Fassung vom 27. 1. 1988 BGBl I, 104 mit späteren Änderungen) gilt nur noch für die Prüfung des Geschäftsbetriebs und der Vermögenslage mindestens in jedem dritten Jahr. Für die externe Rechnungslegung sind jetzt §§ 61, 62 der RechVersV (Anm 56) maßgebend und für die Berichterstattung an die Aufsicht gem § 55 a VAG die Vereinfachungen gem §§ 27, 28 der VO über die Berichterstattung ... gegenüber dem BAV (BerVersV, Anm 53).

3. Pensionsfonds

58 Die VO vom 25. 2. 2003 (Anm 20) ist auf Pensionsfonds iSv § 112 Abs 1 VAG anzuwenden, für die nach § 341 Abs 4 die §§ 341 ff grds entspr anzuwenden sind. Sie umschreibt für Pensionsfonds den Inhalt der einzelnen Formblatt-Posten für Bilanz und GuV. Sofern sich nicht aus der VO Besonderheiten erge-

ben, sollten angesichts des eindeutigen Wortlauts des Abs 5 die Erl zu VersicherungsUnt in Anm 50ff entspr gelten.

G. Rechtsfolgen bei Verletzung von Formblatt-VO

I. Bußgeld, Zwangsgeld

Nur für den Fall, dass eine VO zu § 330 für einen bestimmten Tatbestand auf 59
die **Bußgeldvorschrift** des § 334 verweist, können Mitglieder des vertretungsberechtigten Organs oder ihres AR gem § 334 Abs 1 Nr 6 mit Geldbuße belegt werden. Diese für KapGes erlassene Vorschrift ist durch die §§ 340o (Banken) oder 341o (VersicherungsUnt) hinsichtlich der Adressaten auf Organe anderer Rechtskörper (zB Komplementär einer Bank-KG oder Organe von VVaG, Versicherungs-Anstalten, Hauptbevollmächtigte oder Repräsentanten) ausgedehnt worden. Die Formblatt-VO (Anm 20) führen weitere mit Bußgeld bewehrte Tatbestände auf.

Die **Zwangsgeldvorschriften** der §§ 340o bzw 341o sichern die in § 335 genannten Pflichten zur Aufstellung des JA und KA, zur Erteilung des Prüfungsauftrags, zu Vorlagen und Auskünften an den AP sowie zur Offenlegung; sie verweisen weitgehend auf § 335 (s dort). Wie bei den Bußgeldvorschriften ist der Kreis der Adressaten erweitert.

II. Nichtigkeit

Bei den zivilrechtlichen Sanktionen steht die Nichtbeachtung von Formblät- 60
tern jeweils den Verstößen gegen Gliederungsvorschriften gleich; § 256 Abs 4 AktG, § 33 Abs 2 GenG. Für GmbH sind lt BGH-Rspr die Nichtigkeitsbestimmungen des AktG im Grundsatz entspr anzuwenden; für große VVaG gilt das AktG (§ 36 S 2 VAG).

Entspr Nichtigkeitsvorschriften bei Nichtbeachtung von Formblättern durch PersGes und Ekfl oder Klein-VVaG bestehen nicht. Hier gelten die jeweiligen Vorschriften des HGB oder BGB über Nichtigkeit oder Anfechtbarkeit von Gester-Beschlüssen. S hierzu § 331 Anm 1.

Sechster Unterabschnitt. Straf- und Bußgeldvorschriften. Zwangsgelder

§ 331 Unrichtige Darstellung

Mit Freiheitsstrafe bis zu drei Jahren oder mit Geldstrafe wird bestraft, wer

1. als Mitglied des vertretungsberechtigten Organs oder des Aufsichtsrats einer Kapitalgesellschaft die Verhältnisse der Kapitalgesellschaft in der Eröffnungsbilanz, im Jahresabschluß, im Lagebericht oder im Zwischenabschluß nach § 340a Abs. 3 unrichtig wiedergibt oder verschleiert,

1a. als Mitglied des vertretungsberechtigten Organs einer Kapitalgesellschaft zum Zwecke der Befreiung nach § 325 Abs. 2a Satz 1, Abs. 2b einen Einzelabschluss nach den in § 315a Abs. 1 genannten internationalen Rechnungslegungsstandards, in dem die Verhältnisse der Kapitalgesellschaft unrichtig wiedergegeben oder verschleiert worden sind, vorsätzlich oder leichtfertig offen legt,

2. als Mitglied des vertretungsberechtigten Organs oder des Aufsichtsrats einer Kapitalgesellschaft die Verhältnisse des Konzerns im Konzernabschluß, im Konzernlagebericht oder im Konzernzwischenabschluß nach § 340i Abs. 4 unrichtig wiedergibt oder verschleiert,

3. als Mitglied des vertretungsberechtigten Organs einer Kapitalgesellschaft zum Zwecke der Befreiung nach § 291 Abs. 1 und 2 oder einer nach § 292 erlassenen Rechtsverordnung einen Konzernabschluß oder Konzernlagebericht, in dem die Verhältnisse des Konzerns unrichtig wiedergegeben oder verschleiert worden sind, vorsätzlich oder leichtfertig offenlegt oder

4. als Mitglied des vertretungsberechtigten Organs einer Kapitalgesellschaft oder als Mitglied des vertretungsberechtigten Organs oder als vertretungsberechtigter Gesellschafter eines ihrer Tochterunternehmen (§ 290 Abs. 1, 2) in Aufklärungen oder Nachweisen, die nach § 320 einem Abschlußprüfer der Kapitalgesellschaft, eines verbundenen Unternehmens oder des Konzerns zu geben sind, unrichtige Angaben macht oder die Verhältnisse der Kapitalgesellschaft, eines Tochterunternehmens oder des Konzerns unrichtig wiedergibt oder verschleiert.

Übersicht

Schrifttum: *Maul* Geschäfts- und Konzernlagetäuschungen als Bilanzdelikte DB 1989, 185; *Schüppen* Systematik und Auslegung des Bilanzstrafrechts, Köln 1993; *Fuhrmann* in Geßler/Hefermehl/Eckardt/Kropff Aktiengesetz Kommentar, München; *Schönke/Schröder*[26] Strafgesetzbuch Kommentar, München 2001; *Quedenfeld* in Münchener Kommentar Handelsgesetzbuch, München 2001; *Tröndle/Fischer*[52] Strafgesetzbuch und Nebengesetze Kommentar, München 2004. *Park* (Hrsg.) Kapitalmarkt Strafrecht, Handkommentar, Baden-Baden 2004.

A. Allgemeines

I. Aufbau des Sechsten Unterabschnitts

Die §§ 331 bis 335b enthalten **Sanktionen** für die Verletzung der in §§ 242 bis 330 niedergelegten gesetzlichen Verpflichtungen. 1

Diese Sanktionen greifen zunächst nur bei KapGes und KapCoGes (vgl Erl zu § 335b) ein. Bei anderen Rechtsformen gelten diese oder ähnliche Sanktionen nur auf Grund besonderer Vorschriften (zB §§ 17ff PublG) oder bei besonderen Umständen wie zB Bankrott (Anm 85). Letzteres gilt auch für die Verletzung der in den §§ 331 bis 335b nicht genannten Buchführungspflichten nach den §§ 238 bis 241 (Anm 85).

Nach Einfügung einer einheitlichen Regelung des Bilanzstrafrechts für alle KapGes in das HGB sind vergleichbare Sanktionen in verschiedenen **Spezialgesetzen** (zB AktG, GmbHG, GenG, VAG) verblieben und ggü den Strafvorschriften des HGB überwiegend subsidiär ausgestaltet worden, weil die von ihnen erfassten Tatbestände mit denen der §§ 331ff nicht immer deckungsgleich sind und auch rechtsformspezifischen Besonderheiten Rechnung tragen.

Für Kreditinstitute und VersicherungsUnt ist die Anwendung der §§ 331 bis 333, 335, 335a zT auf andere Rechtsformen erweitert und § 334 durch Spezialnormen ersetzt; hierzu einige Hinweise in den Anm 70 und 75.

Auch sind ähnliche Sachverhalte im Bereich der Rechnungslegung durch entspr Straf- und Bußgeldvorschriften in neueren Spezialgesetzen vergleichbar sanktioniert worden, z.B für das Umwandlungsrecht im UmwG.

§§ 331 bis 334 unterscheiden sich in der **Zielrichtung** grundlegend von § 335 und § 335a. §§ 331 bis 334 umschreiben Straftaten (§§ 331 bis 333) oder Ordnungswidrigkeiten (§ 334). Die *Strafe* und das *Bußgeld* sollen mittelbar von der Verletzung der dort genannten Vorschriften abhalten. Die §§ 335, 335a schaffen demgegenüber die Möglichkeit, durch die – ggf wiederholte – Festsetzung von *Zwangsgeldern* bzw *Ordnungsgeldern* bestimmte Verhaltensweisen unmittelbar zu erzwingen. 2

Die §§ 331 bis 335a haben folgende **Adressaten:** 3

(Die §§ 331ff gelten dabei nur für AG, KGaA und GmbH, die §§ 335b, 340m und 341m nur beschränkt für KapCoGes, vgl hierzu auch Anm 18 und zu 335b)

a) § 331, § 334 Abs 1 und § 335, 335a:
die Mitglieder des jeweils vertretungsberechtigten Organs (insb Vorstand, Geschäftsführung, phG einer KGaA),

b) § 331 Nr 1 und 2, § 334 Abs 1:
die Mitglieder des AR der KapGes;

c) § 332, § 333, § 334 Abs 2:
den AP und seine Mitarbeiter.

4 Für die **Eröffnungsbilanz gemäß § 242 Abs 1 S 2** gelten die Sanktionen der §§ 331 bis 335a nur dann, wenn die EB in diesen Vorschriften ausdrücklich genannt oder Teil einer Sammelbezeichnung ist.

Das bedeutet für die EB:

- Es **gelten** § 331 Nr 1 und (ergänzend nur bei der AG, vgl Anm 51) § 400 Abs 1 Nr 1 AktG („Übersichten über den Vermögensstand ...");
- Es **gelten nicht** §§ 331 Nrn 1a bis 4, 332, 333 und auch nicht §§ 334, 335, 335a. Ebenfalls gilt nicht § 82 Abs 2 Nr 2 GmbHG („öffentliche Mitteilung" über „die Vermögenslage"). Die Sanktionsvorschriften der §§ 17 bis 21 PublG erwähnen gleichfalls nicht die EB, weil die Rechnungslegung nach PublG frühestens zum nächsten Bilanzstichtag beginnt.

5 Für die Auslegung der Bestimmungen ist besonders Art 103 Abs 2 GG zu beachten. Es handelt sich um unechte Blankettgesetze. Die Auslegung mit einem Analogieschluss zu Lasten des Beschuldigten ist unzulässig. Besonders bei diesen Normen ist dem Bestimmtheitsgebot folgend in Zweifelsfällen in dubio pro reo zu entscheiden. Es gibt abschlussrechtliche Fragen, die nicht einfach mit „richtig" oder „falsch" beantwortet werden können. Verschiedene Auffassungen im Rahmen des Vertretbaren sind daher vom Strafrecht zu akzeptieren.

II. Systematik des § 331

6 § 331 sanktioniert die unrichtige Darstellung oder Verschleierung der Verhältnisse

- in der EB, im JA, im Lagebericht oder im Zwischenabschluss nach § 340a Abs 3 (Nr 1),
- in dem im BAnz offengelegten IFRS-EA (Nr 1a),
- im KA (auch in dem nach § 315a), im Konzernlagebericht oder im Konzern-Zwischenabschluss nach § 340i Abs 4 (Nr 2),
- im befreienden KA oder Konzernlagebericht (Nr 3),
- gegenüber dem AP bzw Konzern-AP (Nr 4).

Nr 3 hat lückenfüllende Funktion. Eine unrichtige Darstellung in befreienden KA oder Konzernlageberichten auf „höherer Ebene" könnte sonst nicht erfasst werden.

Die Strafvorschriften in den Spezialgesetzen, die aufrechterhalten wurden, haben nur noch Bedeutung für unrichtige Darstellungen, die *nicht* im JA (einschließlich EB) oder im Zwischenabschluss nach § 340a Abs 3 erfolgen; durch entspr Zusätze wurde dies in diesen Spezialgesetzen ausdrücklich klargestellt.

B. Voraussetzungen der Strafbarkeit

I. Unrichtige Darstellung in der Eröffnungsbilanz, im Jahresabschluss, im Lagebericht oder im Zwischenabschluss nach § 340a Abs 3 (Nr 1)

1. Unrichtige Darstellung

10 Sie kann in einer unrichtigen Wiedergabe oder Verschleierung der Verhältnisse der KapGes/KapCoGes liegen. Die Abgrenzung zwischen diesen beiden

Tatbeständen ist umstritten, die Übergänge sind fließend (so auch HuRB, 322). Beide Tatbestände stehen gleichrangig nebeneinander.

a) Unrichtige Wiedergabe

Die Verhältnisse der KapGes, ggf KapCoGes werden unrichtig wiedergegeben, wenn die **Darstellung** ihrer Lage **mit der Wirklichkeit nicht übereinstimmt** (*Fuhrmann* in Geßler/Hefermehl/Eckardt/Kropff § 400 Anm 20). Die Darstellung muss dabei mit der objektiven Sachlage verglichen werden, nicht mit der subjektiven Vorstellung des Handelnden. 11

Die unrichtige Wiedergabe beschränkt sich nicht auf **unwahre Angaben.** Unrichtig können nicht nur Aussagen über **Tatsachen,** sondern auch – evtl auf zutreffenden Tatsachen beruhende – **Schlussfolgerungen,** wie Bewertungen, Schätzungen und Prognosen sein (*Fuhrmann* in Geßler/Hefermehl/Eckardt/Kropff § 400 Anm 20).

Im Hinblick auf die bei der Rechnungslegung eingeräumten Bewertungs- und Beurteilungsspielräume muss allerdings die Strafbarkeit von **Falsch-Bewertungen** und **Falsch-Beurteilungen** aus Gründen der Rechtssicherheit eingegrenzt werden. Der Tatbestand einer unrichtigen Wiedergabe ist daher nur in solchen Fällen erfüllt, in denen der Fehler nach dem übereinstimmenden Urteil der Fachleute *eindeutig* feststeht und die Darstellung daher schlechthin unvertretbar ist (so auch *Tiedemann* in Scholz[8] Vor §§ 82ff Anm 74; *Schulze-Osterloh* in Baumbach/Hueck GmbHG[17] Anhang § 82 Anm 6).

Die Verhältnisse der KapGes/KapCoGes werden vor allem unrichtig dargestellt, wenn sie ein zu günstiges Bild vermitteln **(Schönfärberei).** Das ergibt sich aus dem Gläubigerschutz und auch aus dem öffentlichen Interesse an der Verhinderung von drohenden UntZusammenbrüchen. Dem entspricht, dass in Fällen der **Überbewertung** von Bilanzposten die Folge der Nichtigkeit des JA gem (bzw bei GmbH analog) § 256 Abs 5 Nr 1 AktG eintritt, ohne dass die unrichtige Wiedergabe der Vermögenslage noch besonders festgestellt werden müsste. Neben Überbewertungen kommt als Fall der zu günstigen Darstellung der Lage der KapGes/KapCoGes insb der Ansatz von **fiktiven Aktivposten oder unterlassener Ansatz von Schulden** in Betracht, zB die Aktivierung von Forderungen und VG, die nicht existieren oder zumindest nicht zum Vermögen der KapGes/KapCoGes gehören (so auch *Tiedemann* in Scholz[8] Vor §§ 82ff Anm 74; *Kohlmann* in Hachenburg[8] § 82 Anm 127, zur Nichtigkeit des JA s *WPH*[12] I U 196ff). 12

Dass auch in einer zu **pessimistischen Darstellung** der Situation der KapGes/KapCoGes eine unrichtige Darstellung zu sehen ist, ist hM. Mittelbar ergibt sich das für den Fall einer **Unterbewertung** auch aus der Nichtigkeitsvorschrift des § 256 Abs 5 Nr 2 AktG. Eine zu ungünstige Darstellung tritt auch beim **unterlassenen Ansatz** von VG ein; glA *Schulze-Osterloh* in Baumbach/Hueck GmbHG[17] Anhang § 82 Anm 6. Eine ungünstige Bewertung oder Einschätzung, die durch das Vorsichtsprinzip (§ 252 Abs 1 Nr 4) veranlasst wird, ist aber nicht unrichtig und kann daher keine Strafbarkeit auslösen. 13

Eine unrichtige Darstellung kann auch durch das **Verschweigen von Tatsachen** begangen werden. Ein Verschweigen (Unterlassen) kann aber nach allgemeinen strafrechtlichen Kriterien einer falschen aktiven Darstellung (positives Tun) nur gleichgestellt werden, wenn eine Rechtspflicht zum Handeln (§ 13 StGB), dh hier eine Pflicht zur Darstellung, besteht. Dies ist insb dann der Fall, wenn gesetzlich eine bestimmte Angabe oder Information gefordert wird, wie zB Pflichtangaben im Anhang gem §§ 284, 285 und im Lagebericht nach § 289. 14

Das Unterlassen muss, um als unrichtige Darstellung iSv Nr 1 behandelt werden zu können, weiterhin den Eindruck erwecken, dass der betr Sachverhalt nicht gegeben ist. Wegen § 265 Abs 8 kann man aus dem Fehlen von Posten in der **Bilanz** und der **Gewinn- und Verlustrechnung** jedoch ohne weiteres ableiten, dass diese nicht vorhanden sind.

Entspr kann auch für das Unterlassen einer Pflichtangabe im **Anhang** gelten – nämlich, dass der entspr Sachverhalt nicht existiert. Im Einzelfall muss hier aber unterschieden werden: Werden zB die angewandten Bilanzierungs- und Bewertungsmethoden gem § 284 Abs 2 Nr 1 überhaupt nicht im Anhang angegeben, kann darin noch keine unrichtige Darstellung gesehen werden, weil die Nicht-Angabe gar keine Aussage und damit auch keine unzutreffende Aussage enthält. Werden dagegen Abweichungen von den bisherigen Bilanzierungs- und Bewertungsmethoden entgegen § 284 Abs 2 Nr 3 nicht angegeben, wird im Zweifel der Eindruck erweckt, als seien Abweichungen von den bisherigen Bilanzierungs- und Bewertungsmethoden nicht gegeben. Eine Strafbarkeit wegen Verschweigens von Umständen ist deshalb nur zu bejahen, wenn von der lückenhaften Darstellung ein Täuschungseffekt ausgehen kann (so auch *Fuhrmann* in Geßler/Hefermehl/Eckardt/Kropff § 400 Anm 21).

Dies gilt entspr auch beim Unterlassen von Pflichtangaben im Lagebericht nach § 289.

b) Verschleierung

15 Sie ist zu bejahen, wenn Tatsachen so undeutlich oder unkenntlich wiedergegeben werden, dass sich der wirkliche Tatbestand nur schwer oder überhaupt nicht erkennen lässt (*Quedenfeld* in MünchKomm HGB § 331 Anm 38). Nach überwiegender Auffassung hat die Strafbarkeit der Verschleierung vor allem eine beweiserleichternde Funktion; dem Täter soll der Einwand abgeschnitten werden, seine Darstellung sei zwar geschickt, aber nicht unwahr (so auch *Otto* in Heymann[2] § 331 Anm 30).

2. Verhältnisse der Gesellschaft

16 Die unrichtige Darstellung muss sich auf die Verhältnisse der KapGes/KapCoGes beziehen. Der Ausdruck „Verhältnisse" ist von einer verfassungsrechtlich nicht unbedenklichen Unbestimmtheit (einschränkend *Otto* in Heymann[2] § 331 Anm 21). Er umfasst in Weiterführung der Rspr des *RG* (24. 11. 1932 RGSt 66, 426 mwN) sämtliche Tatsachen, Vorgänge, Umstände und Daten, die für die Beurteilung der gegenwärtigen Lage und – wegen der Einbeziehung des Lageberichts – auch der voraussichtlichen Entwicklung der KapGes/KapCoGes von Bedeutung sind oder sein können (*Quedenfeld* in MünchKomm HGB § 331 Anm 40).

Dazu gehören auch die *Beziehungen zu verbundenen Unternehmen,* weil diese Beziehungen von dem Begriff der Verhältnisse mitumfasst werden (enger *Schulze-Osterloh* in Baumbach/Hueck GmbHG[17] Anhang § 82 Anm 5).

17 Bei den Verhältnissen der KapGes/KapCoGes, die in der EB, dem JA, dem Zwischenabschluss nach § 340a Abs 3 oder dem Lagebericht unrichtig dargestellt sein müssen, muss es sich in erster Linie um ihre **wirtschaftlichen Verhältnisse** handeln. Da das HGB aber – anders als etwa § 265b StGB (Kreditbetrug) – eine Beschränkung auf die wirtschaftlichen Verhältnisse nicht ausdrücklich bestimmt hat, erfasst der Begriff auch die *sonstigen* Verhältnisse der KapGes/KapCoGes, die sich aus den genannten Unterlagen ergeben, wie zB die Aufgliederung der Arbeitnehmer nach Gruppen gem § 285 S 1 Nr 7 oder die Namen der Mitglieder des Geschäftsführungsorgans und des AR gem § 285 S 1 Nr 10.

Die weitgehende Erfassung aller Verhältnisse der KapGes/KapCoGes ist mit dem Gläubigerschutzgedanken allein nicht zu rechtfertigen. Die Vorschrift soll auch im Interesse der Gester, der Arbeitnehmer und letztlich der Öffentlichkeit mit dafür sorgen, dass die Verhältnisse der KapGes/KapCoGes im JA etc „richtig", dh vor allem unter Beachtung des HGB und seiner Nebengesetze, dargestellt werden, maW Schutzgut ist das öffentliche Vertrauen in die Richtigkeit des zu publizierenden JA (*Schüppen,* 113). Daher schränkt *Schulze-Osterloh* in Baumbach/Hueck GmbHG[17] Anhang § 82 Anm 5 die „Verhältnisse" auf die VFE-Lage ein, weil § 331 Nr 1 enger gefasst sei als §§ 400 Abs 1 Nr 1 AktG (Anm 51) und 82 Abs 2 Nr 2 GmbHG (Anm 55); in § 331 Nr 1 seien die Beziehungen zu verbundenen Unt (Anm 16 Abs 2) dann miterfasst, wenn sie im JA oder Lagebericht „ihren Niederschlag finden".

3. Betroffener Personenkreis

Das Vergehen gem § 331 Nr 1 ist ein echtes Sonderdelikt und kann nur von einem Mitglied des vertretungsberechtigten Organs oder des AR der KapGes/KapCoGes, deren Verhältnisse unrichtig wiedergegeben worden sind, begangen werden („taugliche Täter"). 18

Mitglieder des **vertretungsberechtigten Organs** sind bei der
- AG: die Vorstandsmitglieder (§ 78 AktG), auch stellvertretende,
- KGaA: die persönlich haftenden Gester – phG – (§ 283 AktG),
- GmbH: die Geschäftsführer (§ 35 GmbHG), auch stellvertretende,
- KapCoGes: gem § 264a Abs 2 die Mitglieder des vertretungsberechtigten Organs der vertretungsberechtigten Ges,
- KapGes in Liquidation: jeweils die Abwickler bzw Liquidatoren (§ 265 Abs 1 AktG, § 290 Abs 1 AktG, § 71 Abs 4 GmbHG).

Mitglied des vertretungsberechtigten Organs kann insoweit auch sein, wer eine solche Stellung tatsächlich einnimmt und ausübt, ohne rechtswirksam bestellt zu sein (faktische Organstellung), sei es weil zB
- die KapGes (noch) nicht rechtswirksam entstanden und/oder eingetragen ist,
- eine förmliche Bestellung (noch) nicht vorliegt und/oder noch nicht eingetragen oder nicht gewollt ist.

Hierzu ausführlich *Kohlmann* in Hachenburg[8] Vor § 82 Anm 16ff; s auch *Schüppen,* 146ff; *Siegmann/Vogel* Die Verantwortlichkeit des Strohmanngeschäftsführers einer GmbH ZIP 1994, 1821ff.

Mitglieder des **Aufsichtsrats** fallen uE nur unter § 331, wenn es sich um einen obligatorischen AR handelt. Dies ist bei der AG und KGaA immer der Fall. Die GmbH muss demgegenüber einen AR nur haben, wenn sie idR mehr als 500 Arbeitnehmer beschäftigt (§ 77 BetrVG 1952; bei mehr als 2000 Arbeitnehmern §§ 1, 6 Mitbestimmungsgesetz). Auch für ihre strafrechtliche Verantwortlichkeit reicht faktische Organstellung.

Bei GmbH, die weniger als 500 Arbeitnehmer beschäftigen, gibt es vielfach freiwillige Aufsichtsorgane, die als AR, Beirat, Verwaltungsrat oä bezeichnet werden. Das kann auch bei KapCoGes der Fall sein. Für die Mitglieder von freiwilligen Gremien gilt § 331 Nr 1 nicht. Da § 52 Abs 1 GmbHG nicht auf § 172 AktG verweist, stellt der freiwillige AR nach der gesetzlichen Regelung (es sei denn, der GesVertrag bestimmt anderes) den JA nicht fest, sondern prüft ihn nur (§ 171 AktG). Mangels originärer Entscheidungsbefugnis über den JA fehlt dem freiwilligen AR damit konsequenterweise auch die strafrechtliche Verantwortlichkeit. Dies entspricht auch der Entstehungsgeschichte des § 331 aus § 400 AktG heraus; aA *Schulze-Osterloh* in Baumbach/Hueck GmbHG[17] § 82 Anm 8. Bei einem freiwilligen AR ist aber ggf § 82 Abs 2 GmbHG anwendbar (Anm 55).

Andere Personen, wie zB leitende Angestellte, kommen auch dann nicht in Betracht, wenn sie eine Schlüsselrolle beim Tatgeschehen hatten, jedoch nicht wirksam bestelltes (oder faktisches) Organ und damit nicht Träger der von § 331 Nr 1 sanktionierten speziell organschaftlichen Sonderpflicht sind. Diese kann ihnen auch nicht durch besondere Beauftragung iSv § 14 Abs 2 StGB übertragen werden. § 14 Abs 2 StGB erfasst nur die Beauftragung mit Sonderpflichten der GmbH, bei deren Verletzung die Täterqualifikation eigentlich nur bei der deliktsunfähigen GmbH vorliegen kann. Auch in diesen Fällen trifft die strafrechtliche Verantwortlichkeit primär das handelnde Organ gem § 14 Abs 1 StGB. Andere Personen können allerdings uU wegen Anstiftung oder Beihilfe (§§ 26, 27 StGB) belangt werden. Nach *Schulze-Osterloh* in Baumbach/Hueck GmbHG[17] Anhang § 82 Anm 8 können Gester Anstifter sein, falls diese bei Feststellung den JA unrichtig verändern.

4. Täuschungsmittel

19 Die unrichtige Darstellung muss in der EB (§ 242 Abs 1), im JA (§ 264 Abs 1), im Zwischenabschluss nach § 340a Abs 3 oder im Lagebericht (§ 289) der KapGes/KapCoGes vorgenommen werden; andere Zwischenabschlüsse, zB nach § 299, werden nicht erfasst. Die Vollendung des § 331 Nr 1 setzt nicht voraus, dass der JA festgestellt worden ist. Es reicht seine Aufstellung und Zugang bei einem Dritten, für den er (ggf auch) bestimmt ist, aus.

5. Erheblichkeit

20 Jede Verletzung von *Rechnungslegungsvorschriften* führt bei weiter Auslegung im Zweifel dazu, dass die Verhältnisse der KapGes/KapCoGes unrichtig wiedergegeben wurden. Dennoch kann nicht in sämtlichen Fällen ein Handeln iSv § 331 Nr 1 und damit eine Strafbarkeit angenommen werden.

Das HGB hat mit § 334 Abs 1 zum Ausdruck gebracht, dass es die Verletzung der dort aufgeführten Einzelvorschriften zum JA und zum KA (Nrn 1 und 2) sowie über den Inhalt des Lageberichts und Konzernlageberichts (Nr 3 und 4) *nur* als Ordnungswidrigkeiten behandeln will. Daraus muss abgeleitet werden, dass von der Strafvorschrift der Nr 1 nur eine **erhebliche Verletzung** von Rechnungslegungsvorschriften im HGB, AktG, GmbHG, erfasst wird. Dies wird auch durch den Schutzzweck der Vorschrift bestätigt, denn die Interessen der Gläubiger, der Arbeitnehmer und der Gester werden durch unwesentliche Verletzungen der Rechnungslegungsvorschriften nicht berührt (so auch *Quedenfeld* in MünchKomm HGB § 331 Anm 41; *Schulze-Osterloh* in Baumbach/Hueck GmbHG[17] Anhang § 82 Anm 3, 6). Eine andere Auslegung entspräche auch nicht der Auffassung des HGB, das auf die Einführung der Bußgeldsanktion nicht verzichtete, weil anderenfalls „schlichte" Verstöße gegen Rechnungslegungsvorschriften überhaupt nicht geahndet werden könnten.

21 Eine generelle Abgrenzung zwischen erheblichen und unerheblichen Verstößen ist nicht möglich. Bei Gliederungsverstößen wird man allerdings für die Frage der Erheblichkeit die Nichtigkeitsvorschrift des § 256 Abs 4 AktG heranziehen können, weil für Verstöße, die *nicht* zur Nichtigkeit des JA führen, eine Bestrafung der zuständigen Organe (Anm 18) unangemessen wäre. Die Verletzung von Gliederungsvorschriften ist daher nicht strafbar, wenn dadurch Klarheit und Übersichtlichkeit des JA nicht wesentlich beeinträchtigt sind (so auch *Schulze-Osterloh* in Baumbach/Hueck GmbHG[17] § 42a Anm 29 und Anhang § 82 Anm 7 mwN „Verschleierung"). Allgemein genügt ein Bagatellverstoß (zB geringfügige Über- oder Unterbewertung) für eine Strafbarkeit gem § 331 Nr 1 nicht, ebenso wie er die Nichtigkeit des JA nicht herbeiführt (*Schulze-Osterloh* in Baumbach/Hueck GmbHG[17] Anhang § 82 Anm 6 mwN).

6. Vollendung

Ein Vergehen nach Nr 1 ist nur strafbar, wenn es vollendet worden ist. Der bloße **Versuch** bleibt **straflos,** da nichts Gegenteiliges bestimmt ist (§ 23 Abs 1 iVm § 12 Abs 2 StGB). Die Tat ist vollendet, wenn sämtliche Tatbestandsmerkmale erfüllt sind (*Tröndle/Fischer*[52] § 22 Anm 4). Dies ist bei der unrichtigen Darstellung bereits der Fall, wenn die unrichtigen oder verschleierten Angaben in der EB, im JA, im Zwischenabschluss nach § 340 a Abs 3 oder im Lagebericht einem möglichen **Adressaten** (AP, AR, Gläubiger) **zugegangen** sind. Nicht notwendig ist, dass dieser sich dadurch tatsächlich über die Verhältnisse der KapGes/KapCoGes täuschen lässt (sog Äußerungsdelikt, *Otto* in Heymann[2] § 331 Anm 37; *Schulze-Osterloh* in Baumbach/Hueck GmbHG[17] Anhang § 82 GmbHG Anm 16 mwN). 22

7. Vorsatz

Ein Mitglied des vertretungsberechtigten Organs oder des AR (Anm 18) macht sich gem Nr 1 nur strafbar, wenn es *vorsätzlich* gehandelt hat. Ein fahrlässiges Handeln wird nicht bestraft, da es nicht ausdrücklich unter Strafe gestellt ist (§ 15 StGB). Für eine Strafbarkeit genügt allerdings bereits **bedingter Vorsatz,** da sich aus dem HGB nichts anderes ergibt (*Tröndle/Fischer*[52] § 15 Anm 5). Dieser ist anzunehmen, wenn der Täter ernsthaft mit der Möglichkeit rechnet, die Darstellung könne unrichtig oder verschleiert sein, und diese Möglichkeit bewusst und billigend in Kauf nimmt (*Tröndle/Fischer*[52] § 15 Anm 9, 10). Bei einem aus mehreren Personen bestehenden Geschäftsführungsorgan ist also nicht nur derjenige strafbar, der den JA selbst wissentlich unrichtig erstellt hat, sondern auch, wer *trotz seiner Zweifel* keine weitere Überprüfung vornimmt und die Unrichtigkeit des JA billigend in Kauf nimmt; ähnlich *Tröndle/Fischer*[52] § 15 Anm 11 bis 11 g; § 25 Anm 6 b; *Otto* in Heymann[2] § 331 Anm 33. 23

II. Unrichtige Darstellung im Einzelabschluss nach § 325 Abs 2 a S 1, Abs 2 b

Nr 1 a ist die notwendige Folgeänderung zur Neueinführung eines von der BAnz-Publizität des JA befreienden IFRS-EA. Die Vorschrift folgt konzeptionell dem Vorbild der Nr 3. 25

III. Unrichtige Darstellung im Konzernabschluss, im Konzernlagebericht oder im Konzernzwischenabschluss nach § 340 i Abs 4 (Nr 2)

Nr 2 zielt auf die unrichtige Darstellung bei Aufstellung des KA, Konzern-Zwischenabschluss oder Konzernlageberichts. Es müssen dementsprechend die Verhältnisse des Konzerns unrichtig wiedergegeben oder verschleiert worden sein. Diese Vorschrift erfasst auch den KA nach § 315 a. Im Übrigen gelten die Erl in Anm 10 ff sinngemäß. Der betroffene Personenkreis ist derselbe wie in Nr 1 (Anm 18). 30

IV. Unrichtige Darstellung im „befreienden" Konzernabschluss oder Konzernlagebericht (Nr 3)

31 Falls ein MU auf höherer Stufe diese Unterlagen für seinen Konzern in deutscher Sprache offenlegt, braucht ein TU, das selbst MU auf niedrigerer Stufe ist, unter bestimmten Voraussetzungen entgegen § 290 keinen KA und Konzernlagebericht für den Teilkonzern aufzustellen (§ 291 Anm 4, § 292 Anm 5 oder § 315a Anm 5, 5. Aufl § 292a Anm 16ff). Wenn aber in dem zum Zwecke der Befreiung offen gelegten KA und Konzernlagebericht die Verhältnisse des Teilkonzerns **unrichtig wiedergegeben** oder **verschleiert** werden, ist dies genauso strafbar wie sonst die unrichtige Aufstellung eines KA. Dieser Tatbestand liegt ua auch vor, wenn das zu befreiende untere MU nicht in den KA des befreienden oberen MU einbezogen wurde (s auch § 291 Anm 15) oder die Regeln des § 315a nicht eingehalten wurden (5. Aufl § 292a Anm 39).

32 Die Offenlegung gem §§ 291, 292, 315a kann **durch das befreite TU** (MU auf niedrigerer Stufe) erfolgen, insb wenn dessen MU seinen Sitz im Ausland hat. In diesem Fall können sich die gesetzlichen Vertreter der befreiten KapGes/KapCoGes, nicht jedoch AR-Mitglieder, strafbar machen.

Die Offenlegung kann aber auch **durch das obere MU** vorgenommen werden, das den KA und den Konzernlagebericht auf der höheren Stufe aufgestellt hat. Ist dieses MU als KapGes/KapCoGes gem § 290 selbst zur Konzernrechnungslegung verpflichtet, können bei der Offenlegung eines unrichtigen KA und Konzernlageberichts die Tatbestände von Nr 2 und von Nr 3 nebeneinander verwirklicht werden (s auch *Maul* in HdKR^2 Anm 1656). Die Tat können hier nur die gesetzlichen Vertreter des MU auf der höheren Stufe begehen.

33 Als Schuldform reicht in beiden Fällen neben Vorsatz ausnahmsweise **Leichtfertigkeit** aus. Es handelt sich hierbei um einen starken Grad der Fahrlässigkeit, der der groben Fahrlässigkeit im Zivilrecht entspricht (*Schönke/Schröder*^{26} § 15 Anm 205, *Tröndle/Fischer*^{52} § 15 Anm 20 mwN). Eine Absicht ist jedoch hinsichtlich des Merkmals „zum Zwecke der Befreiung ..." erforderlich. **Vollendet** ist die Tat, wenn der KA und der Konzernlagebericht in der gem § 325 Abs 3 vorgeschriebene Weise offen gelegt ist. Das ist erst der Fall, wenn KA und Konzernlagebericht im BAnz bekannt gemacht *und* die Unterlagen mit der Bekanntmachung zum HR eingereicht worden sind. Die Bekanntmachung im BAnz allein ist noch keine gem § 291 befreiende Offenlegung und stellt damit nur einen straflosen Versuch (§§ 23 Abs 1, 12 Abs 2 StGB) dar (zu weitgehend wohl *Maul* DB 1989, 189, der Vollendung – spätestens – in der Veröffentlichung im BAnz sieht, was sich aus der Gestaltung als Äußerungsdelikt von selbst verstehe. UE ist dies eine mit § 325 Abs 3 nicht vereinbare Ausdehnung der Strafbarkeit).

V. Unrichtige Angaben oder unrichtige Darstellung gegenüber Abschlussprüfern (Nr 4)

35 Wenn die dem AP erteilten Aufklärungen oder Nachweise unrichtige Angaben enthalten *oder* die Verhältnisse der KapGes/KapCoGes (auch als MU), eines TU oder des Konzerns unrichtig wiedergegeben oder verschleiert worden sind, kommt eine Strafbarkeit gem Nr 4 in Betracht. Bei den Aufklärungen und Nachweisen handelt es sich um diejenigen, die der AP gem § 320 Abs 2, Abs 1 S 2 von den gesetzlichen Vertretern der geprüften KapGes/KapCoGes und, soweit notwendig, auch von einem MU oder einem TU verlangen kann (§ 320 Anm 11ff, 25ff). Erfasst ist damit jede mündliche oder schriftliche Stellungnah-

me, die zur Durchführung der APr benötigt wird und sich nach der Absicht des Auskunftgebenden auf das Prüfungsergebnis auswirken soll (ebenso *Maul* DB 1989, 187).

Täter können hier zum einen die gesetzlichen Vertreter der KapGes/ KapCoGes sein, die den JA und den Lagebericht oder den KA und den Konzernlagebericht aufgestellt haben, aber auch die gesetzlichen Vertreter jedes TU. Die Tat ist vollendet, wenn die Aufklärungen oder Nachweise dem AP oder seinem beauftragten Mitarbeiter zugegangen sind (ebenso *Otto* in Heymann[2] § 331 Anm 73). Einzelheiten s Anm 10ff.

C. Folgen

Jeder Verstoß gegen § 331 wird mit **Freiheitsstrafe** bis zu 3 Jahren oder mit **Geldstrafe** geahndet. Die Geldstrafe wird nach dem allgemein im Strafrecht geltenden Tagessatzsystem bestimmt. Das Gericht muss mind 5 und darf höchstens 360 Tagessätze verhängen (§ 40 Abs 1 StGB). Die Höhe eines Tagessatzes richtet sich grds nach dem durchschnittlichen täglichen Nettoeinkommen des Täters, der einzelne Tagessatz darf aber € 1 nicht unterschreiten und € 5000 nicht übersteigen (§ 40 Abs 2 StGB). 40

Die **Verjährungsfrist,** nach deren Ablauf die Ahndung der Tat ausgeschlossen ist, beträgt 5 Jahre (§ 78 Abs 3 Nr 4 StGB). Sie beginnt mit der Beendigung der Tat (§ 78a StGB).

§ 331 ist ein **Schutzgesetz** iSd § 823 Abs 2 BGB zugunsten der Gläubiger, Arbeitnehmer und Gester. Wenn solche Personen durch eine Straftat gem § 331 einen Vermögensschaden erlitten haben, können sie von dem Täter **Schadensersatz** verlangen.

Der JA einer AG ist unter den Voraussetzungen des § 256 AktG **nichtig.** Bei einer Straftat gem § 331 sind in aller Regel (Anm 12, 21) auch die Voraussetzungen von § 256 Abs 1 Nr 1, Abs 4 oder 5 AktG erfüllt. Für GmbH kommt § 256 AktG analog zur Anwendung (*BGH* 1. 3. 1982 BGHZ 83, 341).

D. Weitere Vorschriften in Spezialgesetzen

Die §§ 331 bis 333, 335, 335a gelten für KapGes, KapCoGes, Kreditinstitute und VersicherungsUnt (§§ 340m, 340o, 341m, 341o; Anm 1). Darüber hinaus enthalten das AktG und das GmbHG ergänzende Regelungen. 50

Für andere Unt bedarf es besonderer, nachstehend genannter Vorschriften (uU auch als Verweisungen auf die §§ 331 bis 335a), um für die Verletzung dieser Vorschriften über die Rechnungslegung Strafen, Bußgelder oder Zwangsgelder verhängen zu können.

I. Aktiengesetz

§ 400 Abs 1 Nr 1 AktG ist nur anwendbar, soweit § 331 Nr 1 und 1a nicht eingreift. 51

Abgesehen von falschen Vorträgen und Auskünften in der HV ist Strafbarkeit nach § 400 Abs 1 Nr 1 AktG nur noch gegeben, wenn die unrichtige Wiedergabe oder Verschleierung der Verhältnisse der AG (KGaA, § 407 AktG) einschließlich ihrer Beziehungen zu verbundenen Unt *nicht* in der EB, im JA (einschl Lagebericht) oder im Zwischenabschluss von Kreditinstituten nach

§ 340a Abs 3, sondern in *anderen* Darstellungen oder Übersichten über den Vermögensstand (zB Zwischenabschluss gem § 92 Abs 1 AktG, um den Verlust des halben Grundkapitals festzustellen) erfolgt.

§ 400 Abs 1 Nr 2 AktG stellt falsche Angaben ggü Prüfern unter Strafe. Auch diese Vorschrift ist nur anwendbar, wenn die Tat nicht nach § 331 Nr 4 mit Strafe bedroht ist. Sie ist daher nur bei anderen gesetzlichen Prüfungen als JAP, dh zB für Sonderprüfungen iSv §§ 142, 258 AktG, von Bedeutung.

II. GmbH-Gesetz

55 Die dem § 400 Abs 1 Nr 1 AktG ähnliche Vorschrift des § 82 Abs 2 Nr 2 GmbHG ist ebenfalls nur anwendbar, soweit § 331 Nr 1 oder Nr 1a nicht greift. Die unrichtige Darstellung oder Verschleierung der Vermögenslage fällt demnach nur dann unter § 82 Abs 2 Nr 2 GmbHG, wenn sie *nicht* im Rahmen einer EB, eines JA (einschl Lagebericht) oder im Zwischenabschluss nach § 340a Abs 3 erfolgt. Hauptanwendungsfälle werden auch hier andere Zwischenabschlüsse (zB gem § 49 Abs 3 GmbHG zwecks Feststellung einer Unterbilanz) sein.

§ 82 Abs 2 Nr 2 GmbHG setzt außerdem eine „öffentliche Mitteilung" voraus. Anders als bei der AG reicht deswegen insb eine unrichtige Darstellung in der GesV nicht aus. Anders als § 331 Nr 1 richtet sich § 82 Abs 2 Nr 2 GmbHG auch an die Mitglieder eines freiwilligen Aufsichtsorgans (dazu näher Anm 18). Bei der Offenlegung eines unrichtigen JA ergibt sich die Strafbarkeit uE für die Mitglieder eines freiwilligen AR aus § 82 Abs 2 Nr 2 GmbHG.

III. Publizitätsgesetz

60 Die Sanktionen in den §§ 17 bis 21 PublG sind für die dort erfassten wenigen Unt sowohl vom System wie auch in der konkreten Ausgestaltung aus den §§ 331 bis 335 abgeleitet; insb große Ekfl, reine PersGes, Stiftungen, für KA auch Inlandskonzerne oder eG – sofern nicht auch hier die HGB-Vorschriften vorgehen. Es entsprechen dabei:

§§ PublG	**§§ HGB**	
17	331	(Unrichtige Darstellung)
18	332	(Verletzung der Berichtspflicht)
19	333	(Verletzung der Geheimhaltungspflicht)
20	334	(Bußgeldvorschriften)
21	335	(Festsetzung von Zwangsgeld)

Ein wichtiger Unterschied besteht aber darin, dass wegen der abw und heterogenen Rechtsformen als Adressaten für §§ 17, 20 Abs 1, 21 PublG (nur) „gesetzliche Vertreter ... eines Unternehmens oder eines Mutterunternehmens", beim Kfm „der Inhaber oder dessen gesetzlicher Vertreter" (zB bei minderjährigen Ekfl) genannt werden.

Die anders als bei den KapGes (Anm 18) hier nicht erwähnten AR-Mitglieder sind deswegen nur auf Grund besonderer Vorschriften oder Verweisungen in Spezialgesetzen – VAG, GenG – betroffene Personen und damit strafbar (Anm 76, 80).

61 Ausgehend von dieser grds Übereinstimmung von PublG und HGB (Anm 60) ist auf die folgenden **Besonderheiten bei § 17 PublG** hinzuweisen:

a) § 17 Nr 1 PublG erwähnt anders als § 331 Nr 1 als Täuschungsmittel für die unrichtige Darstellung der Verhältnisse des Unt nicht die EB, weil das PublG oft frühestens für den 3. JA eines Unt gilt (§ 2 PublG). Für eine unrichtige EB gibt es also nach § 17 Nr 1 PublG keine strafrechtliche Ahndungsmöglichkeit.

b) Wenn § 17 Nr 2 PublG – anders als § 331 Nr 2 – zusätzlich zum Konzern auch den Teilkonzern, Teil-KA und Teilkonzernlagebericht nennt, hängt dies allein mit der sich aus § 11 Abs 3 PublG ergebenden Besonderheit (einheitliche Leitung im Ausland) zusammen.

c) In § 17 Nr 4 PublG wird § 320 (Pflicht zu Vorlagen und Auskünften an den AP und Konzern-AP) nicht direkt, sondern nur über §§ 6 Abs 1 S 2 und 14 Abs 1 S 2 PublG in Bezug genommen; damit ist kein inhaltlicher Unterschied verbunden.

Wenn in § 17 Nr 4 PublG auch auf § 145 Abs 2 und 3 AktG (aktienrechtliche Sonderprüfung) verwiesen wird, gilt dies nur für die einer Sonderprüfung vergleichbare Prüfung nach § 2 Abs 3 S 1 oder nach § 12 Abs 3 S 1 PublG (ob die Größenmerkmale für den JA oder KA nach PublG erfüllt sind).

IV. Kreditwesengesetz

Die Kreditinstitute betr Sanktionen **hinsichtlich der Rechnungslegung** befinden sich in den §§ 340m bis 340o sowie dem § 38 der VO über die Rechnungslegung der Kreditinstitute, die auch den Anwendungsbereich der §§ 331 bis 333, 335, 335a regeln. 70

Das KWG enthält für die in den zuletzt genannten Vorschriften geregelten Tatbestände keine eigenen oder ergänzenden Vorschriften. Für alle Kreditinstitute iSv § 1 Abs 1 KWG, insoweit auch zB für Kreditinstitute als öffentliche Einrichtungen, gelten die Strafvorschriften des HGB, also auch § 331. Nach § 2 Abs 1 Nr 2 KWG gilt die Kreditanstalt für Wiederaufbau nicht als Kreditinstitut iSd KWG. Nach § 9 Abs 1 des Gesetzes über die Kreditanstalt für Wiederaufbau sind jedoch auf diese die §§ 340a bis 340o entspr anzuwenden, so dass auch insoweit die Strafvorschriften des HGB, also auch § 331, Anwendung finden.

Aufsichtsbezogene Regelungen belegen mit Sanktionen nur Verstöße gegen aufsichtsrechtliche Pflichten. Nach § 26 Abs 1 und 3 KWG haben alle Kreditinstitute die Pflicht, ihren JA und KA der BaFin und der Deutschen Bundesbank einzureichen; die AP und Konzern-AP müssen die diesbezüglichen Prüfungsberichte dort einreichen. Auch Zwischenabschlüsse und Konzern-Zwischenabschlüsse zur Ermittlung von Zwischenergebnissen iSv § 10 Abs 3 S 3 KWG und dazugehörige Prüfungsberichte sind nach § 10 Abs 3 S 5 KWG dort einzureichen. 71

Vorsätzliche oder leichtfertige Verstöße gegen diese Pflichten durch Inhaber, Geschäftsleiter oder nachgeordnete Personen, die hinreichend für die Erfüllung solcher Aufgaben qualifiziert und denen diese Aufgaben übertragen worden sind, stellen Ordnungswidrigkeiten nach § 56 Abs 2 Nr 5 KWG dar. Für entspr Ermittlungen ist die BaFin zuständig (§ 36 Abs 1 OWiG iVm § 60 Abs 1 KWG), in deren pflichtgemäßem Ermessen auch die Verfolgung diesbezüglicher Ordnungswidrigkeiten liegt.

V. Versicherungsaufsichtsgesetz

Die VersicherungsUnt betr Sanktionen **hinsichtlich der Rechnungslegung** befinden sich in den §§ 341m bis 341o sowie § 63 der VO über die Rechnungslegung von VersicherungsUnt; Erstere regeln auch den Anwendungsbereich der §§ 331 bis 333, 335, 335a. 75

Gem § 341m ist § 331 auch auf nicht als KapGes betriebene VersicherungsUnt (zB VVaG) anzuwenden; § 331 greift auch bei entspr Pflichtverletzungen durch Hauptbevollmächtigte (§ 106 Abs 3 VAG) ein.

Gem § 55 Abs 1 VAG gelten die Strafvorschriften des HGB, also auch § 331, für öffentlich-rechtliche Unt, die den Betrieb von Versicherungsgeschäften zum Gegenstand haben, entspr.

76 Von den Straf- und Bußgeldvorschriften des VAG hat lediglich § 143 (Verschleierung von bestimmten Darstellungen) Bezug zur Rechnungslegung. Danach ist strafbar (Vergehen) im Bereich der **VVaG** die unrichtige Wiedergabe oder Verschleierung der Verhältnisse (des Vermögensstands) des Vereins ggü dessen oberster Vertretung sowie falsche Angaben oder unrichtige Wiedergabe oder Verschleierung der Verhältnisse des Vereins ggü Prüfern des VVaG durch Mitglieder des Vorstands oder AR, durch Hauptbevollmächtigte oder Liquidatoren. Die Vorschrift ist § 400 Nr 1 und Nr 2 AktG (Anm 51) nachgebildet und greift nur ein, wenn die Tat nicht von § 331 Nr 1 oder § 331 Nr 4 erfasst wird.

VI. Genossenschaftsgesetz

80 Bei eG bestehen den §§ 331 bis 335 entspr Sanktionen grds nur in der Form der §§ 17 bis 21 PublG (Anm 60), wenn und soweit das PublG für eG gilt (KA).

Für JA von eG, die *nicht* unter das PublG fallen, werden mit § 147 Abs 2 GenG die Strafvorschriften auf zwei Tatbestände beschränkt, die sich an § 400 Abs 1 Nrn 1 und 2 AktG anlehnen. Strafbar sind

- nach Nr 1 die unrichtige Wiedergabe oder Verschleierung der Verhältnisse der eG (außerdem Angaben zu den Mitgliedern und den Haftsummen) in Darstellungen und Übersichten über den Vermögensstand sowie in Vorträgen oder Auskünften in der Generalversammlung, wobei *hier* zum „Vermögensstand" auch die EB und der JA gehören;
- nach Nr 2 unrichtige Angaben ggü einem Prüfer der eG im Rahmen einer Prüfung nach den §§ 53 ff GenG.

In beiden Fällen gehen § 331 Nr 1 und 4 für Kreditinstitute vor. Für als eG betriebene Kreditinstitute tritt jedoch § 147 Abs 2 Nr 1 GenG (unwahre Darstellung der Verhältnisse der eG) hinzu. § 147 Abs 2 GenG gilt im Gegensatz zu § 17 PublG auch für Mitglieder des AR (Anm 60), wenn eG einen KA nach PublG aufzustellen haben.

VII. Umwandlungsgesetz

82 Das UmwG enthält Sanktionen für Verstöße gegen Pflichten aus dem Umwandlungsrecht.

In § 313 UmwG (Unrichtige Darstellung) werden falsche Angaben bei einer Umwandlung unter Strafe gestellt. Die Vorschrift entspricht weitgehend § 400 Abs 1 AktG, § 82 GmbHG, § 147 GenG, § 143 VAG.

§ 313 Abs 1 UmwG erfasst – rechtsformunabhängig – alle zur Vertretung berechtigten Personen, Mitglieder eines AR sowie Abwickler.

§ 313 Abs 1 Nr 1 UmwG sanktioniert die unrichtige Wiedergabe oder die Verschleierung der Verhältnisse eines beteiligten Unt (einschließlich seiner Beziehungen zu verbundenen Unt) in Verschmelzungs-, Spaltungs-, Übertragungs- und Umwandlungsberichten, sowie in Darstellungen oder Übersichten über den Vermögensstand und in Vorträgen oder Auskünften in der Versammlung der Anteilsinhaber, wenn die Tat nicht bereits unter § 331 Nr 1 fällt.

§ 313 Abs 1 Nr 2 UmwG sanktioniert unrichtige Angaben oder unrichtige Wiedergabe oder Verschleierung der Verhältnisse eines beteiligten Unt (einschl seiner Beziehungen zu verbundenen Unt) ggü Umwandlungsprüfern. Strafvorschriften in anderen Gesetzen zu Angaben ggü anderen Prüfern bleiben unberührt (zB § 332).

§ 313 Abs 2 UmwG betrifft Geschäftsführer, Mitglieder des Vorstands, Komplementär einer KGaA oder Abwickler einer KapGes und sanktioniert unrichtige Angaben oder Erklärungen anlässlich von Anmeldungen zum HR

- bei Verschmelzung hinsichtlich der Zustimmung der Gester der beteiligten Ges,
- bei Abspaltung oder Ausgliederung hinsichtlich der gesetzlichen oder gesvertraglichen (satzungsrechtlichen) Voraussetzungen hierfür im Zeitpunkt der Anmeldung, §§ 140, 146 Abs 1 UmwG.

VIII. Strafgesetzbuch

Auch Vorschriften des StGB ahnden unter bestimmten weiteren Voraussetzungen die Vorlage unrichtiger JA, die Verletzung der Buchführungspflicht etc (und zwar zT härter). Zu nennen sind hier insb: 85

- Vorlage unrichtiger oder unvollständiger Bilanz, GuV etc bei Kreditverhandlungen (Kreditbetrug), § 265 b StGB
- Unterlassene oder verschleiernde Führung sowie unterlassene Aufbewahrung von Handelsbüchern etc bei Überschuldung oder Zahlungsunfähigkeit (Bankrott), §§ 283, 283 a StGB
- Unterlassene oder verschleiernde Führung sowie unterlassene Aufbewahrung von Handelsbüchern etc, wenn es später zur Zahlungseinstellung kommt (Verletzung der Buchführungspflicht). § 283 b StGB

Diese Delikte beziehen wegen § 14 StGB (Handeln für einen anderen) auch Arbeitnehmer und andere Dritte (zB Berater) ein, wenn sie von dem Unt beauftragt worden sind, die Führung der Handelsbücher zu übernehmen und mit der Ausführung begonnen haben. Eine Übersicht über die bilanzrechtlich relevanten Delikte des StGB mit beispielhaften Tathandlungen findet sich bei *Maul* DB 1989, 191.

§ 332 Verletzung der Berichtspflicht

(1) **Mit Freiheitsstrafe bis zu drei Jahren oder mit Geldstrafe wird bestraft, wer als Abschlußprüfer oder Gehilfe eines Abschlußprüfers über das Ergebnis der Prüfung eines Jahresabschlusses, eines Einzelabschlusses nach § 325 Abs. 2 a, eines Lageberichts, eines Konzernabschlusses, eines Konzernlageberichts einer Kapitalgesellschaft oder eines Zwischenabschlusses nach § 340 a Abs. 3 oder eines Konzernzwischenabschlusses gemäß § 340 i Abs. 4 unrichtig berichtet, im Prüfungsbericht (§ 321) erhebliche Umstände verschweigt oder einen inhaltlich unrichtigen Bestätigungsvermerk (§ 322) erteilt.**

(2) **Handelt der Täter gegen Entgelt oder in der Absicht, sich oder einen anderen zu bereichern oder einen anderen zu schädigen, so ist die Strafe Freiheitsstrafe bis zu fünf Jahren oder Geldstrafe.**

Übersicht

Schrifttum: *Fuhrmann* in Geßler/Hefermehl/Eckardt/Kropff Aktiengesetz Kommentar, München; *Graf* Neue Strafbarkeitsrisiken für den Wirtschaftsprüfer durch das KonTraG BB 2001, 562 ff; *Fischer* in Tröndle/Fischer[52] Strafgesetzbuch und Nebengesetze, München 2004.

A. Allgemeines

1 § 332 hält den gesetzlichen AP auch mit strafrechtlichen Mitteln an, den Pflichten bei der JAP, Prüfung eines Zwischenabschlusses nach § 340 a Abs 3 und Prüfung eines Konzern-Zwischenabschlusses gem § 340 i Abs 4 nachzukommen. Das bezieht sich allerdings nicht auf die gesamte Tätigkeit im Rahmen einer JAP, sondern nur auf die Ergebnisse, nämlich die Berichtspflicht (§ 321) und die Erteilung des BVm (§ 322).

Im Übrigen ist uE sein Fehlverhalten bei der gesetzlichen JAP (s § 323, Verantwortlichkeit des AP) strafrechtlich unerheblich – es sei denn, es wirkt sich auch auf den Prüfungsbericht und den BVm aus oder ist nach anderen Vorschriften (zB §§ 333, 404 AktG, 203 ff StGB) strafbar; s aber Anm 9.

§ 332 gilt nicht für jeden Prüfer eines JA oder KA, sondern nur für solche AP, die eine der im HGB **vorgeschriebenen Jahres- und Konzernabschlussprüfungen** (Zwischenabschlussprüfungen) durchführen. § 332 erfasst somit *nicht* eine *freiwillige* JAP, zB bei einer kleinen KapGes oder KapCoGes oder einer nicht unter das PublG fallenden PersGes. § 403 AktG bezieht sich auf gesetzliche Sonderprüfungen (Anm 50).

Für **freiwillige Abschlussprüfungen** und für nicht gesetzlich vorgeschriebene Sonderprüfungen, zB *due-diligence*-Untersuchungen, ist der WP/vBP oder die WPG/BPGes nur nach den Regeln des Berufsrechts (insb §§ 43, 130 WPO und §§ 4, 20 der Berufssatzung der WPK) verantwortlich.

B. Voraussetzungen der Strafbarkeit

3 § 332 Abs 1 enthält für gesetzliche APr **drei Tatbestände:**
- unrichtige Berichterstattung (Anm 5–15),
- Verschweigen erheblicher Umstände im Prüfungsbericht (Anm 20–22),
- Erteilung eines unrichtigen BVm (Anm 25–28).

Diese drei Tatbestände werden unter dem Begriff „Verletzung der Berichtspflicht" zusammengefasst. Außerdem ist stets Vorsatz notwendig (Anm 41 f).

§ 332 Abs 2 nennt drei **besondere Umstände:** 4
- Handeln gegen Entgelt (Anm 45),
- Bereicherungsabsicht (Anm 46),
- Schädigungsabsicht (Anm 47),

die die Tat als besonders schwerwiegend erscheinen lassen und deswegen eine erhöhte Strafandrohung vorsehen.

I. Die drei Tatbestände des Abs 1

1. Unrichtige Berichterstattung

Der AP macht sich nach Abs 1 strafbar, wenn er über das Ergebnis der gesetzlichen Prüfung eines JA, eines IFRS-EA, Lageberichts, KA und Konzernlageberichts (oder eines Zwischenabschlusses nach § 340a Abs 3 oder eines Konzern-Zwischenabschlusses gem § 340i Abs 4) unrichtig berichtet. 5

Die unrichtige Berichterstattung muss, wenn sie strafbar sein soll, **im Prüfungsbericht** gem § 321 erfolgt sein. Der Gesetzeswortlaut enthält eine Beschränkung auf den Prüfungsbericht gem § 321 ausdrücklich zwar nur beim Verschweigen erheblicher Umstände (Anm 20ff). Sie muss jedoch bei der (positiv) unrichtigen Berichterstattung gleichermaßen gelten, um sinnwidrige Unterscheidungen zu vermeiden (ebenso *Otto* in Heymann[2] § 332 Anm 18; zu weitgehend *Schaal* in Rowedder[4] Vorb §§ 82–85 Anm 51). 6

Der Prüfungsbericht stellt die abschließende und umfassende Berichterstattung des AP über das von ihm ermittelte Prüfungsergebnis dar, die durchweg auch ausdrücklich als Prüfungsbericht (§ 321) bezeichnet ist. Es macht deswegen keine Schwierigkeiten festzustellen, ob es sich bei dem Bericht des AP um den Prüfungsbericht oder eine andere Meinungsäußerung handelt. 7

Wird ausnahmsweise über Komplexe, die auch zum Prüfungsbericht gehören, außerhalb des Prüfungsberichts berichtet – dies kann sich vor allem für die Ausübung der Redepflicht nach § 321 Abs 1 S 3 bei Gefahr im Verzug ergeben (Anm 14) –, gilt § 332 auch für diesen vorab oder getrennt übermittelten „Teil-Prüfungsbericht“. 8

Der Prüfungsbericht ist nach § 321 Abs 1 S 1 schriftlich zu erstatten; die Strafbarkeit kann sich damit auch nur auf Unrichtigkeiten in diesem schriftlichen Bericht (Anm 7, 8) beziehen. Mündliche Äußerungen sind daher vom Straftatbestand des § 332 nicht erfasst, sie stellen keine Berichterstattung iSd §§ 321, 332 dar. Dies gilt auch für die unrichtige Erl des Prüfungsberichts gegenüber dem AR (§ 171 Abs 1 S 2 AktG) oder eine unrichtige Auskunft zum Prüfungsergebnis in der HV, sofern allein darauf die Anwendung des § 332 gestützt wird (ebenso *Otto* in Heymann[2] § 332 Anm 18;). 9

Eine **Verletzung der Berichtspflicht** setzt eine Pflicht zur Berichterstattung voraus; diese besteht nur in dem von § 321 Abs 1 bis 4 bestimmten Umfang und ggü den in § 321 Abs 5 genannten Personen. § 332 gilt deswegen auch nicht für die Erteilung von anderen Auskünften, sei es mündlich oder schriftlich.

§ 332 setzt voraus, dass über das „Ergebnis der Prüfung“ berichtet worden ist. Das Prüfungsergebnis kann erst bei Beendigung der JAP feststehen. Deshalb sind vorläufige schriftliche Feststellungen und Stellungnahmen des AP, die vor dem Ende der APr ergehen, jedenfalls dann unbeachtlich, wenn die Vorläufigkeit erkennbar ist; s aber Anm 8. 10

Der AP berichtet unrichtig, wenn er seine tatsächlichen Feststellungen und die daraus gezogenen Schlussfolgerungen im Prüfungsbericht anders darstellt als sie sich für ihn bei der Prüfung ergeben haben. Für die **Unrichtigkeit der** 11

Berichterstattung ist allein entscheidend, ob das Ergebnis der Prüfung sich mit dem Inhalt des Prüfungsberichts deckt (ebenso *Otto* in Heymann[2] § 332 Anm 15).

§ 332 will (nur) gewährleisten, dass der AP „ehrlich" das berichtet, was er festgestellt hat. Es ist deswegen die objektive Richtigkeit oder Unrichtigkeit des Prüfungsberichts, dh ob dessen Inhalt mit den tatsächlichen Verhältnissen übereinstimmt, *ohne* Bedeutung. Ein AP, der einen objektiv unrichtigen Prüfungsbericht erstellt, macht sich daher nicht strafbar, wenn der Bericht das tatsächlich angefallene, auf Grund von Prüfungsfehlern aber unrichtige Prüfungsergebnis zutreffend wiedergibt. Dagegen kann trotz eines objektiv richtigen Prüfungsberichts der Tatbestand des § 332 verwirklicht sein, wenn der Inhalt des Prüfungsberichts nicht das Prüfungsergebnis darstellt, der Prüfungsbericht also nur mehr oder weniger zufällig richtig ist (glA *Fuhrmann/Schaal* in Rowedder[4] Vorb §§ 82–85 Anm 51).

Die unrichtige Berichterstattung kann sich sowohl auf die tatsächlichen **Feststellungen** wie auch auf die daraus abgeleiteten **Schlussfolgerungen** beziehen; auch soweit also das Prüfungsergebnis **Werturteile** des AP enthält, dürfen diese im Prüfungsbericht nicht unrichtig dargestellt werden (ebenso *Otto* in Heymann[2] § 332 Anm 16).

12 Da die JAP erst mit Erstattung des Prüfungsberichts und Erteilung des BVm beendet ist (Anm 40), kann die Urteilsbildung des AP erst zu diesem Zeitpunkt abgeschlossen sein. Eine Auffassung des AP im Prüfungsbericht, die von evtl früher getroffenen Aussagen abweicht, gibt deshalb idR noch keinen Hinweis darauf, dass der AP über das Ergebnis seiner Prüfung unrichtig berichtet.

13 Nach dem Wortlaut reicht jede unrichtige Berichterstattung aus; es muss sich nicht um eine **erhebliche Unrichtigkeit** handeln. Nachdem aber beim Verschweigen (Anm 20ff) gefordert wird, dass „erhebliche Umstände" verschwiegen werden, sind sinnwidrige Ergebnisse nur zu vermeiden, wenn auch die Strafbarkeit der unrichtigen Berichterstattung auf erhebliche Unrichtigkeiten beschränkt wird (so auch *Otto* in Heymann[2] § 332 Anm 17).

Geringfügige Unrichtigkeiten im Prüfungsbericht sind daher strafrechtlich unbeachtlich, wenn dadurch das im Übrigen zutreffend wiedergegebene Prüfungsergebnis nicht beeinflusst wird.

14 Die **Erheblichkeit** bestimmt sich nicht lediglich nach allgemeinen Kriterien, sondern der unrichtig dargestellte Umstand muss für den konkreten Prüfungsbericht eine ins Gewicht fallende Bedeutung haben (glA *Quedenfeld* in MünchKomm HGB § 332 Anm 21).

Soweit das HGB für den AP eine konkrete Berichtspflicht ausdrücklich regelt, kann von einer Erheblichkeit der entspr Umstände grds ausgegangen werden. Zu nennen sind hier insb alle in § 321 Abs 1 bis 4 genannten Komplexe (Pflichtinhalte des Prüfungsberichts). Offenkundig erheblich ist auch die in § 321 Abs 1 S 3 geregelte Rede- und Warnpflicht des AP bei Feststellung von Tatsachen, die den Bestand des geprüften Unt oder des Konzerns gefährden oder seine Entwicklung wesentlich beeinträchtigen können oder die schwerwiegende Verstöße der gesetzlichen Vertreter oder von Arbeitnehmern gegen Gesetz, GesVertrag oder Satzung erkennen lassen.

15 Wenn § 321 Abs 2 S 5 verlangt, dass die Posten des JA aufzugliedern und hinreichend zu erläutern sind, ist damit noch nicht gesagt, dass sämtliche dazu gehörenden Ausführungen im Prüfungsbericht erheblich sind; das folgt auch aus § 321 Abs 2 S 3, wonach darauf einzugehen ist, ob der Abschluss *insgesamt* unter Beachtung der GoB oder sonstiger maßgeblicher Rechnungslegungsgrundsätze ein den tatsächlichen Verhältnissen entspr Bild der VFE-Lage vermittelt, sowie aus § 321 Abs 2 S 4, wonach ua auf *wesentliche* Bewertungsgrundlagen einzuge-

hen ist. Auch insoweit wird es auf die Bedeutung des betr Postens, das Maß der Unrichtigkeit und auch auf die dadurch ausgelösten Änderungen des Bilds der VFE-Lage ankommen. In diesem Zusammenhang ist zu beachten, dass Erweiterungen des Prüfungsfelds und der Berichtspflicht des AP zB in den §§ 317, 321 auch weitere Strafbarkeitsrisiken für den AP zur Folge haben (*Graf* BB 2001, 562ff).

2. Verschweigen erheblicher Umstände

Umstände werden **verschwiegen,** wenn sie nicht erwähnt werden. Tathandlung ist also hier, dass über Umstände, die während der APr bekannt geworden sind, nicht berichtet wird. Da es auch hier (Anm 11) auf die Diskrepanz zwischen dem Wissen des AP und der Darstellung im Prüfungsbericht ankommt, können (an sich berichtspflichtige) Umstände, die dem AP nicht bekannt geworden sind, nicht iSd § 332 verschwiegen werden. 20

Das Verschweigen muss im **Prüfungsbericht** erfolgen. Dazu muss ein Prüfungsbericht (Anm 8bis 10) erstattet worden sein. Wenn und solange ein Prüfungsbericht noch nicht erstattet oder gar verweigert worden ist, kann der Straftatbestand (noch) nicht erfüllt sein (Anm 7ff). 21

Da es auf das **Verschweigen im Bericht** ankommt, kann sich der AP objektiv nicht dadurch entlasten, dass er die verschwiegenen Umstände mündlich oder außerhalb des Prüfungsberichts schriftlich mitteilt. Möglicherweise liegt dann aber kein Vorsatz vor.

Für die Strafbarkeit ist nach dem Gesetzeswortlaut das Verschweigen **erheblicher Umstände** erforderlich (dazu Anm 13ff). 22

3. Erteilung eines inhaltlich unrichtigen Bestätigungsvermerks

Anders als § 403 AktG betrifft Abs 1 zusätzlich die Erteilung eines inhaltlich unrichtigen BVm gem § 322. Damit ist klargestellt, dass der an die Öffentlichkeit gerichtete BVm denselben Schutz genießt wie der nur an die gesetzlichen Vertreter und/oder an den AR gerichtete Prüfungsbericht. 25

Der notwendige Inhalt des uneingeschränkten BVm ergibt sich aus § 322 Abs 1 bis 3 und 6. Ein in dieser Form erteiltes Testat ist inhaltlich unrichtig, wenn nach dem Ergebnis der pflichtgemäßen Prüfung ein entspr Urteil über die Buchführung, den JA und den Lagebericht (bzw den KA und den Konzernlagebericht, ggf den IFRS-EA, den Zwischenabschluss nach § 340a Abs 3 oder den Konzern-Zwischenabschluss gem § 340i Abs 4) nicht abgegeben werden durfte, sondern eine Einschränkung oder Versagung gem § 322 Abs 4 hätte erfolgen müssen. Eine inhaltliche Unrichtigkeit ist auch im umgekehrten Fall gegeben, wenn nämlich das Testat nur in eingeschränkter Form erteilt wurde, obwohl nach dem abschließenden Ergebnis der APr keine Einwendungen zu erheben waren und damit die Voraussetzungen für eine uneingeschränkte Erteilung vorlagen. 26

Für die **inhaltliche Unrichtigkeit** des erteilten BVm ist auch hier (Anm 11) erforderlich, dass das Ergebnis der Prüfung, wie es sich für den AP darstellte, dem erteilten BVm nicht entsprach. War der erteilte BVm dagegen zwar objektiv unrichtig, dies dem AP aber auf Grund seiner Feststellungen nicht bekannt, ist eine „inhaltliche Unrichtigkeit“ nicht gegeben. 27

Dagegen liegt keine „inhaltliche Unrichtigkeit“ vor, wenn der BVm zu Unrecht unter Hinweis auf § 322 Abs 4 versagt worden ist. Die Versagung ist nach § 322 Abs 4 S 2 kein BVm, sondern ein Versagungsvermerk (zustimmend *Quedenfeld* in MünchKomm HGB § 332 Anm 27; aA *Otto* in Heymann[2] § 332 28

Anm 27). Wenn die entspr Voraussetzungen erfüllt sind, kann aber eine Strafbarkeit als unrichtige Berichterstattung (Anm 5 ff) gegeben sein.

II. Betroffener Personenkreis

30 Nach dem Wortlaut des Abs 1 können sowohl der (Zwischen-)AP wie auch seine Gehilfen sich wegen unrichtiger Berichterstattung nach allen drei Alternativen gem Anm 3 strafbar machen.

1. Abschlussprüfer

32 Als Täter kommt für § 332 zunächst der AP in Betracht. (Bei einer gemeinschaftlichen APr mehrerer AP ist für jeden gesondert seine schuldhafte Verantwortlichkeit individuell zu prüfen). Ist AP eine **natürliche Person** (WP/vBP), ist sie unmittelbar betroffen.

33 Ist AP eine **Prüfungsgesellschaft,** kann diese nicht bestraft werden. Die strafrechtliche Verantwortlichkeit verlagert sich dann gem § 14 Abs 1 StGB (Handeln für einen anderen) auf ihre gesetzlichen Vertreter, dh bei KapGes auf die Mitglieder des vertretungsberechtigten Organs (Vorstand, Geschäftsführer, phG), bei PerGes (OHG, KG und PartGes nach dem PartGG) auf deren vertretungsberechtigte Gester. Damit sind in erster Linie die gesetzlichen Vertreter erfasst, die im Rahmen ihrer Zuständigkeit bei der JAP mitwirken und die den Prüfungsbericht bzw den BVm unterzeichnen.

34 Die Strafbarkeit nach § 332 beschränkt sich jedoch nicht auf diese; strafbar können sich auch solche gesetzlichen Vertreter machen, die außerhalb ihrer (normalen) Zuständigkeit auf die Gefahr einer falschen oder lückenhaften Berichterstattung aufmerksam werden und nicht alles in ihrer Macht Stehende unternehmen, um die Abgabe des entspr Prüfungsberichts zu verhindern (glA *Otto* in Heymann[2] § 332 Anm 10).

35 Es ist auch nicht erforderlich, dass der AP rechtlich wirksam gem § 318 Abs 1 gewählt oder gerichtlich bestellt (§ 318 Abs 3, 4) ist. Es ist deswegen unerheblich, ob ein Wahlbeschluss wegen Verletzung des Gesetzes oder der Satzung/GesVertrag (nach Anfechtung) nichtig ist oder gar überhaupt nicht gefasst worden ist.

Für die Strafbarkeit als AP ist erforderlich, aber auch ausreichend, dass der Täter tatsächlich eine APr iSd § 316 vorgenommen hat und einen Prüfungsbericht erstattet und den BVm erteilt hat. Daher kann sich zB auch ein vBP, der wegen § 319 Abs 1 nicht zum AP einer AG oder einer großen GmbH/KapCoGes gewählt werden darf, gem § 332 strafbar machen, wenn er entspr Prüfungshandlungen durchgeführt hat. Entspr gilt bei einem Verstoß gegen eines der Tätigkeitsverbote gem § 319 Abs 2 bis 5 und § 319 a, der ebenfalls zur Nichtigkeit des Wahlbeschlusses führt. Im übrigen sind § 319 Abs 2 bis 4 und § 319 a durch § 334 Abs 2 als Ordnungswidrigkeit sanktioniert (s dazu § 334 Anm 26 ff).

2. Prüfungsgehilfen

36 Auch Prüfungsgehilfen können sich nach § 332 strafbar machen. Der Begriff des Prüfungsgehilfen ist dabei grds derselbe wie in § 323, dh es gehören dazu alle Angestellten und freien Mitarbeiter des AP, die von diesem im Rahmen der APr herangezogen werden (§ 323 Anm 62). Will man davon abw in einem bei einer WPG zB in leitender Position angestellten WP keinen „bloßen" Prüfungsgehilfen sehen, ergäbe sich dessen Strafbarkeit jedenfalls aus § 14 Abs 2

StGB als iS dieser Vorschrift Beauftragten (*Fuhrmann* in Geßler/Hefermehl/Eckardt/Kropff § 403 Anm 5).

Ein Großteil der Prüfungsgehilfen hat allerdings auf die Ausgestaltung des Prüfungsberichts und die Erteilung des BVm keinen Einfluss. Sie können deswegen die Straftat des § 332 auch nicht begehen. Dies gilt insb für alle Büro- und Schreibkräfte des AP sowie für andere Prüfungsgehilfen, die nur mit untergeordneten Tätigkeiten betraut waren.

Eine Strafbarkeit nach § 332 kommt deswegen grds nur für solche Prüfungsgehilfen in Betracht, die die Berichterstattung und die Erteilung des BVm mit ihrer Tätigkeit oder durch ihr Unterlassen beeinflussen können und im konkreten Fall auch dahingehend beeinflusst haben, dass ein unrichtiger Prüfungsbericht oder BVm erteilt worden ist – also die bei der örtlichen Prüfung Mitwirkenden und die Berichtskritik (ebenso *Quedenfeld* in MünchKomm HGB § 332 Anm 9). Zweifelhaft ist, ob auch Mitarbeiter der internen Qualitätskontrolle des WP strafbar sein können. Die strafrechtliche Würdigung des Verhaltens solcher „qualifizierten" Prüfungsgehilfen hängt dabei ganz wesentlich davon ab, ob der AP (Anm 32 ff) im Hinblick auf die Unrichtigkeit des Prüfungsberichts oder BVm gutgläubig oder bösgläubig ist.

Kennt der Abschlussprüfer die Unrichtigkeit des Prüfungsberichts oder 37
BVm, kann der Prüfungsgehilfe entweder als (Mit-)Täter oder als Gehilfe zu behandeln sein. **Mittäterschaft** ist gegeben, wenn mehrere die Tat gemeinschaftlich begehen (§ 25 Abs 2 StGB). **Beihilfe** wird geleistet, wenn jemand einem anderen zu dessen rechtswidriger Tat Hilfe leistet (§ 27 Abs 1 StGB). Wesentliche Anhaltspunkte für die Abgrenzung zwischen Mittäterschaft und Beihilfe sind dabei das eigene Interesse am Taterfolg, der Umfang der Tatbeteiligung und der Wille zur Tatherrschaft (so *Tröndle/Fischer*[52] Vor § 25 Anm 2 und 2a mit Überblick über die Rspr). Bei Anwendung dieser Kriterien liegt es nahe, dass der Prüfungsgehilfe eher Beihilfe zu einer Straftat des AP nach § 332 leistet und nur in Ausnahmefällen mit diesem „gemeinschaftlich" die Tat begeht. Dies gilt aber nicht für solche Prüfungsgehilfen, die als WP für eine WPG/BPGes den Prüfungsbericht und/oder BVm unterzeichnen. Hier wird man davon ausgehen müssen, dass sie bei Bösgläubigkeit immer als Täter anzusehen sind, da sie die Tat „selbst" begehen (§ 25 Abs 1 StGB).

Kennt der Abschlussprüfer die Unrichtigkeit des Prüfungsberichts oder 38
BVm **nicht,** kommt eine Beihilfe des Prüfungsgehilfen schon deswegen nicht in Betracht, weil es an der vorsätzlich begangenen rechtswidrigen Tat eines anderen (§ 27 Abs 1 StGB) fehlt, zu der die Beihilfe geleistet wird. In diesem Fall wird der Prüfungsgehilfe, der eine unrichtige Berichterstattung oder die Erteilung eines unrichtigen BVm veranlasst oder pflichtwidrig nicht verhindert hat, als (alleiniger) Täter in **mittelbarer Täterschaft** anzusehen sein, weil er die Tat „durch einen andern" (§ 25 Abs 1 StGB), dh den AP, begeht.

Unterzeichnet der Prüfungsgehilfe, der kein WP/vBP ist, den BVm einer 39
WPG/BPGes für eine Pflichtprüfung, ist für diesen Verstoß gegen § 32 WPO nicht er, sondern der gesetzliche Vertreter der WPG berufsrechtlich verantwortlich. § 332 ist nicht zusätzlich tangiert.

III. Vollendung

Ein Vergehen nach Abs 1 ist nur strafbar, wenn es vollendet wurde. Der 40
Versuch wird nicht bestraft, da in § 332 nichts Gegenteiliges festgelegt ist (§ 23 Abs 1 iVm § 12 Abs 1 StGB).

Die Grenze vom Versuch zur Vollendung der Straftat ist bei der unrichtigen Berichterstattung oder beim Verschweigen noch nicht überschritten, wenn der Prüfungsbericht fertiggestellt oder auch schon unterschrieben ist, sondern erst dann, wenn der Prüfungsbericht dem (den) gesetzlichen Adressaten gem § 321 Abs 5 zugegangen ist (glA *Otto* in Heymann[2] § 332 Anm 30).

Für den inhaltlich unrichtigen BVm ist gleichfalls der Zugang bei den gesetzlichen Empfängern (§ 321 Abs 5) erforderlich; mit der Unterzeichnung eines unrichtigen BVm gem § 322 Abs 5 ist die Straftat noch nicht vollendet.

IV. Vorsatz

41 Alle drei Tatbestände des Abs 1 (Anm 3) sanktionieren vorsätzliches Handeln; fahrlässiges Handeln ist nicht strafbar (§ 15 StGB). Es genügt bedingter Vorsatz. Dazu muss der Täter die Gefahr der unrichtigen Berichterstattung, des Verschweigens erheblicher Umstände bzw der Erteilung eines inhaltlich unrichtigen BVm erkannt und dies billigend in Kauf genommen haben. Bedingter Vorsatz liegt deswegen auch vor, wenn der AP bestimmte weitere Prüfungshandlungen nicht vornimmt, obwohl er damit rechnet, dabei für die Berichterstattung wesentliche Vorgänge aufzudecken (glA *Otto* in Heymann[2] § 332 Anm 29). Strafbar ist nicht die Verletzung der Prüfungspflicht ieS gem §§ 316, 317, da diese nicht von § 332 umfasst wird (Anm 1), sondern die anschließende Verletzung der Berichtspflicht gem § 321 durch Nichtaufnahme der entspr Verdachtsmomente im Rahmen der APr in den Prüfungsbericht.

42 Irrt der Täter, finden die allgemeinen Grds des Strafrechts über den Tatbestandsirrtum nach § 16 StGB und den Verbotsirrtum nach § 17 StGB Anwendung. Als Tatbestandsirrtum kommt insb der Irrtum über die Erheblichkeit eines Umstands in Betracht (*Quedenfeld* in MünchKomm HGB § 332 Anm 36).

V. Qualifizierte Tatbestände (Abs 2)

45 In Abs 2 sind folgende zusätzliche Tatbestandsmerkmale normiert, die die Tat besonders schwerwiegend erscheinen lassen und deshalb mit einer erhöhten Strafandrohung verbunden sind.

Der AP bzw der Prüfungsgehilfe **handelt gegen Entgelt,** wenn er für sein Verhalten eine in einem Vermögensvorteil bestehende Gegenleistung erhält (§ 11 Abs 1 Nr 9 StGB). Dabei ist es ohne Bedeutung, ob der Vermögensvorteil vor oder nach dem Handeln des Täters diesem zugeflossen ist. Entscheidend ist aber, dass der Vermögensvorteil gerade für das nach Abs 1 strafbare Verhalten geleistet wird. Diese Voraussetzung ist nicht gegeben, wenn der AP nur das für seine Prüfungstätigkeit übliche Honorar erhält.

Daneben kommt ein Handeln gegen Entgelt auch in Betracht, wenn der Täter im Hinblick auf einen erwarteten Vermögensvorteil gehandelt hat. Es reicht daher die vor seinem Tätigwerden getroffene Vereinbarung eines besonderen Entgeltes aus; ein Zufluss dieses Vermögensvorteils muss nicht tatsächlich eingetreten sein (*Fuhrmann* in Geßler/Hefermehl/Eckardt/Kropff § 403 Anm 15).

46 Der Täter handelt mit **Bereicherungsabsicht,** wenn es ihm darauf ankommt, durch die Tat für sich oder einen anderen einen rechtswidrigen Vermögensvorteil zu erlangen (glA *Otto* in Heymann[2] § 332 Anm 34; *Fuhrmann* in Geßler/Hefermehl/Eckardt/Kropff § 403 Anm 16). Der angestrebte Vermögensvorteil braucht durch das Handeln des Täters nicht tatsächlich eingetreten zu sein.

Für die **Schädigungsabsicht** ist ebenfalls zielgerichtetes Handeln erforderlich, dh es muss dem Täter bei seinem Tätigwerden auch darauf ankommen, einem anderen einen Schaden zuzufügen. Der beabsichtigte Nachteil muss nicht notwendig in einem Vermögensschaden bestehen; auch aus dem Zusammenhang mit den anderen beiden qualifizierenden Tatbeständen des Abs 2 lässt sich diese Einschränkung nicht ableiten (so auch *Fuhrmann* in Geßler/Hefermehl/Eckardt/Kropff § 403 Anm 17; *Quedenfeld* in MünchKomm HGB § 332 Anm 48; aA *Otto* in Heymann[2] § 332 Anm 37). Die Schädigungsabsicht braucht nicht gegen die geprüfte KapGes/KapCoGes gerichtet zu sein; sie kann auch *jeden anderen* betreffen, wie sich aus dem Wortlaut des Abs 2 ergibt. 47

C. Strafrahmen

Ein Verstoß gegen einen oder mehrere der drei Tatbestände des Abs 1 (Anm 3) wird mit Freiheitsstrafe bis zu drei Jahren oder mit Geldstrafe bestraft. Bei Verstößen gegen mehrere Tatbestände liegt nur *eine* Verletzung der Berichtspflicht vor (ebenso *Otto* in Heymann[2] § 332 Anm 43). 49

Wenn außerdem eines oder mehrere qualifizierte Tatbestandsmerkmale des Abs 2 erfüllt sind, kann die Freiheitsstrafe auf höchstens fünf Jahre angehoben werden. Zur Bemessung der Geldstrafe nach Tagessätzen und zur Verjährungsfrist s § 331 Anm 40. Bei Bereicherung des Täters kann die Geldstrafe auch neben einer Freiheitsstrafe verhängt werden (§ 41 StGB).

Dazu, ob und in welchem Umfang § 332 als Schutzgesetz iSd § 823 Abs 2 BGB anzusehen ist und deswegen seine Verletzung auch zu Schadensersatzverpflichtungen führt, s § 323 Anm 174f.

D. Regelungen in Spezialgesetzen

Auch nach § 403 Abs 1 **AktG** wird ein AP oder sein Gehilfe bestraft, wenn er über das Ergebnis einer (gesetzlichen) Prüfung falsch berichtet oder erhebliche Umstände verschweigt. Ebenso wie in Abs 2 tritt nach § 403 Abs 2 AktG eine Qualifizierung ein, wenn der Täter gegen Entgelt sowie in Bereicherungs- oder Schädigungsabsicht handelt. Die Strafrahmen gem § 403 AktG entsprechen jeweils denen des § 332 (Anm 49). 50

§ 332 geht als spezielle Vorschrift dem § 403 AktG vor. Obwohl § 403 AktG mit unverändertem Wortlaut weiterbesteht, ist er nur noch für die im AktG verbliebenen besonderen gesetzlichen Prüfungen (Gründungsprüfung, Sonderprüfungen) einschlägig (hM, zB *Quedenfeld* in MünchKomm HGB § 332 Anm 5), obwohl im Gegensatz zu § 404 AktG in § 403 AktG ein entspr ausdrücklicher Hinweis fehlt. Der BVm ist in § 403 AktG nicht aufgeführt, weil dieser bei solchen besonderen Prüfungen nicht erteilt wird.

Für Pflichtprüfungen im Bereich des **PublG** findet sich in § 18 PublG die dem § 332 entspr Strafvorschrift (s § 331 Anm 60). § 18 PublG hat fast den gleichen Wortlaut wie der seinerzeit allein geltende § 403 AktG. 51

§ 18 PublG stellt jedoch wie § 403 AktG nicht die Erteilung eines inhaltlich unrichtigen BVm unter Strafe. Unter dem PublG kann daher nur ein Verhalten strafbar sein, wenn darin – wie wohl stets – (zugleich) eine unrichtige Berichterstattung über das Ergebnis der Prüfung oder das Verschweigen erheblicher Umstände gesehen werden kann (s Anm 5ff, 20ff). Im Übrigen gelten die Erl unter Anm 3 bis 49 entspr.

52 § 150 **GenG** ist gleichartig formuliert wie § 18 PublG und § 403 AktG; s daher Anm 51.

53 § 137 **VAG** ist inhaltlich gleich mit § 403 AktG, aber nicht anzuwenden auf fast alle VersicherungsUnt, für die die Vorschriften der §§ 341ff gelten. Im Anwendungsbereich des § 341 gilt § 332 gem § 341m, auch wenn die VersicherungsUnt nicht als KapGes betrieben werden (zB VVaG).

54 Das **GmbH-Gesetz** enthält keine Sondervorschriften. Es bleibt daher bei den Strafvorschriften des HGB (Anm 3ff).

55 Das **KWG** enthält keine § 332 entspr Spezialvorschrift. Für Kreditinstitute, auf die die Vorschriften der §§ 340ff anzuwenden sind, gilt § 332 gem § 340m auch dann, wenn sie nicht als KapGes betrieben werden.

56 Das **UmwG** sanktioniert in § 314 UmwG Verletzung der Berichtspflicht durch Prüfer und ihre Gehilfen bei Verschmelzungs-, Spaltungs- und Übertragungsprüfungen nach dem UmwG. Die Vorschrift entspricht in ihrem Wortlaut weitgehend § 403 AktG, § 150 GenG, § 137 VAG und stellt das falsche Berichten oder Verschweigen erheblicher Umstände in dem Bericht einer aus Anlass einer Umwandlung erforderlichen *Sonder*-Prüfung als Vergehen unter Strafe.

§ 314 Abs 2 UmwG normiert zusätzliche Tatbestandsmerkmale, die die Tat besonders schwerwiegend erscheinen lassen (Wortlaut wie zB § 332 HGB, § 403 AktG). Die Vorschrift dient dem Zweck, die Richtigkeit und Vollständigkeit der auch in solchen Prüfungsberichten enthaltenen Angaben strafrechtlich abzusichern.

§ 333 Verletzung der Geheimhaltungspflicht

(1) **Mit Freiheitsstrafe bis zu einem Jahr oder mit Geldstrafe wird bestraft, wer ein Geheimnis der Kapitalgesellschaft, eines Tochterunternehmens (§ 290 Abs. 1, 2), eines gemeinsam geführten Unternehmens (§ 310) oder eines assoziierten Unternehmens (§ 311), namentlich ein Betriebs- oder Geschäftsgeheimnis, das ihm in seiner Eigenschaft als Abschlußprüfer oder Gehilfe eines Abschlußprüfers bei Prüfung des Jahresabschlusses, eines Einzelabschlusses nach § 325 Abs. 2a, oder des Konzernabschlusses bekannt geworden ist, oder wer ein Geschäfts- oder Betriebsgeheimnis oder eine Erkenntnis über das Unternehmen, das ihm als Beschäftigter bei einer Prüfstelle im Sinne von § 342b Abs. 1 bei der Prüftätigkeit bekannt geworden ist, unbefugt offenbart.**

(2) [1] **Handelt der Täter gegen Entgelt oder in der Absicht, sich oder einen anderen zu bereichern oder einen anderen zu schädigen, so ist die Strafe Freiheitsstrafe bis zu zwei Jahren oder Geldstrafe.** [2] **Ebenso wird bestraft, wer ein Geheimnis der in Absatz 1 bezeichneten Art, namentlich ein Betriebs- oder Geschäftsgeheimnis, das ihm unter den Voraussetzungen des Absatzes 1 bekannt geworden ist, unbefugt verwertet.**

(3) **Die Tat wird nur auf Antrag der Kapitalgesellschaft verfolgt.**

Übersicht

Schrifttum: S § 332.

A. Allgemeines

1 § 333 fasst unter dem Begriff der „Verletzung der Geheimhaltungspflicht" zwei unterschiedliche, wenn auch eng zusammenhängende Tatbestände zusammen:

– das unbefugte Offenbaren von Geheimnissen (Abs 1), das bei Handeln gegen Entgelt und in Bereicherungs- oder Schädigungsabsicht mit erhöhter Strafe bedroht ist (Abs 2 S 1),
– das unbefugte Verwerten von Geheimnissen (Abs 2 S 2), das immer mit erhöhter Strafe bedroht ist.

Es ist stets Vorsatz (Anm 19f) erforderlich.

2 Diese Vorschrift bewehrt damit auch strafrechtlich zwei weitere Pflichten des AP, s § 332 Anm 1. Es sind dies die Verschwiegenheitspflicht und das Verwertungsverbot, zu deren Beachtung der AP bereits zivilrechtlich (Schadensersatzpflicht) durch § 323 Abs 1 S 3 iVm S 1 und S 2 und berufsrechtlich durch § 43 Abs 1 S 1 WPO (iVm §§ 9, 10 der Berufssatzung der WPK) angehalten wird (§ 323 Anm 1). § 333 umfasst nunmehr auch die Beschäftigten der Prüfstelle für Rechnungslegung (§ 342b), die nach § 342c Abs 1 einer gesonderten Verschwiegenheitspflicht unterliegen.

3 § 333 bezieht sich nur auf Prüfungen, die das HGB vorschreibt (für KapCoGes s auch die Erl zu § 335b). Die strafrechtliche Verantwortung des Prüfers bei Sonderprüfungen ergibt sich für AG/KGaA aus § 404 AktG, für GmbH ggf aus den Vorschriften des allgemeinen Strafrechts (§§ 203 Abs 1 Nr 3, Abs 3, 5; 204 StGB). Bei allen genannten Vorschriften ist zur Verfolgung ein Antrag erforderlich (§§ 333 Abs 3 HGB, 404 Abs 3 AktG, 205 StGB). Weitere Strafvorschriften werden in Anm 25ff genannt.

§ 333 ist für gesetzliche JAP eine Spezialregelung insb zu § 404 AktG, danach ggf zu § 203 StGB. Ergänzend ist für alle Prüfungen das Bundesdatenschutz-Gesetz (BDSG) zu beachten, dazu *Fischer* in Tröndle/Fischer[52] § 203 Anm 9a bis 9c. Für freiwillige JA- oder andere freiwillige Prüfungen gilt das StGB (Anm 25).

4 Bei der Berichterstattung gem §§ 317, 321 zu gesetzlich vorgeschriebenen Prüfungen handelt der Prüfer **nicht „unbefugt"** iSv §§ 333 HGB, 404 AktG, 203 StGB; die Verletzung der Geheimhaltungspflichten setzt daher die zusätzlichen Voraussetzungen der zuletzt genannten Vorschriften voraus. So ist der Prüfer ua verpflichtet, in seinen Berichten namentlich die Finanz- und die Ertragslage, aber auch die Vermögenslage des geprüften Unt zu erörtern. Dagegen sollte er sich bei der Bezeichnung von Produktions-Segmenten (zB Rüstungs-

aufträge) ggf zurückhalten. Das Gleiche gilt für die Berichterstattung über die Ergebnisse freiwilliger Prüfungen.

Für die Beschäftigten der Prüfstelle für Rechnungslegung stellt § 342c Abs 1 S 2 klar, dass gesetzlich begründete Mitteilungspflichten keine Verletzung der Verschwiegenheitspflicht darstellen.

B. Voraussetzungen der Strafbarkeit

I. Unbefugtes Offenbaren von Geheimnissen (Abs 1)

1. Geheimnis

5 Der Begriff **„Geheimnis"** iSd § 333 umfasst vom Grundsatz her dieselben Angelegenheiten, die der Verschwiegenheitspflicht des AP und seiner Gehilfen nach § 323 Abs 1 unterliegen. Es muss sich um Angaben und Informationen handeln, die noch nicht allgemein bekannt (offenkundig) oder jedermann zugänglich sind, und es muss außerdem die Geheimhaltung im Einklang stehen mit dem wirklichen oder mutmaßlichen Willen der Ges, also ihrer gesetzlichen Vertreter (§ 323 Anm 32f).

6 Anders als bei § 323 kann im Rahmen des § 333 aber nicht in jedem Fall der tatsächlich geäußerte Wille der Ges entscheidend sein. Eine willkürliche, durch keinerlei sachliche Gründe gebotene Geheimniskrämerei verdient keinen strafrechtlichen Schutz (ebenso *Fischer* in Tröndle/Fischer[52] § 203 Anm 5). Zusätzlich zu dem wirklichen oder mutmaßlichen Geheimhaltungswillen muss daher für die Anwendung des § 333 ein nach objektiven Kriterien festzustellendes Geheimhaltungsinteresse bejaht werden (s auch *Otto* in Heymann[2] § 333 Anm 7). An dieses dürfen andererseits nicht zu strenge Anforderungen gestellt werden. Im Regelfall wird davon ausgegangen werden können, dass der geäußerte Wunsch der Ges nach Geheimhaltung auch deren objektivem Interesse entspricht.

7 Die besondere Hervorhebung des Geschäfts- oder Betriebsgeheimnisses als Unterfall des Geheimnisses hat keine materielle Bedeutung; denn für die Strafbarkeit genügt bereits die Verletzung irgendeines Geheimnisses der Ges. Allerdings sind kaum Fälle denkbar, in denen ein Geheimnis der Ges nicht auch mit dem Betrieb oder dem Geschäft zusammenhängt, also kein Betriebs- oder Geschäftsgeheimnis ist (so auch § 323 Anm 52).

8 Durch § 333 werden nicht nur Geheimnisse der geprüften Ges geschützt, sondern auch **Geheimnisse eines TU** iSd § 290 Abs 1 und 2, eines GemUnt nach § 310 oder eines assozUnt gem § 311. Bei diesen Unt, die keine KapGes zu sein brauchen, handelt es sich sämtlich um solche, die in den KA einbezogen werden müssen oder einbezogen werden dürfen. Zum KonsKreis s §§ 294, 296.

Die Geheimnisse der genannten TU und anderen Unt stellen grds auch Geheimnisse des MU dar. Abweichungen können sich zwar theoretisch ergeben, wenn zB der Geheimhaltungswille eines TU weiter geht als der des MU. Letztlich ist für die Strafbarkeit aber wie bisher der Wille des MU entscheidend, da nur dieses den Strafantrag nach Abs 3 stellen darf (dazu Anm 21).

Obwohl das MU und dessen AP nur Auskunftsrechte gegenüber TU haben (§§ 294 Abs 3, 320 Abs 3), nicht aber gegenüber GemUnt oder assozUnt, ist es wegen der notwendigen Mitwirkung eines KonzernUnt bei der Geschäftspolitik letzterer Unt möglich, dass Geheimnisse auch von GemUnt oder assozUnt den KonzernUnt bekannt werden.

2. Besondere Umstände der Kenntniserlangung

Dem AP oder seinen Gehilfen (= „Täter") muss das Geheimnis **„in dieser Eigenschaft"** bekannt geworden sein. § 333 setzt damit voraus, dass einer dieser Täter in dem **Zeitpunkt,** in dem er Kenntnis von dem Geheimnis erlangt, (bereits oder noch) AP oder dessen Gehilfe ist. Kein Fall des § 333 liegt deswegen vor, wenn der Täter bei Offenbarung bzw Verwertung des Geheimnisses zwar (schon) AP bzw Gehilfe ist, diese Funktion aber im Zeitpunkt der Kenntnisnahme noch nicht oder nicht mehr innehatte. Es ist dann aber möglicherweise eine Strafbarkeit gem § 203 StGB gegeben, wenn der Täter das Geheimnis entweder als WP/vBP, als Mitglied des Organs einer WPG/BPGes oder als deren *berufsmäßig* tätiger Gehilfe erfahren hat. 10

Mit dem Zusatz **„bei Prüfung"** wird weiter klargestellt, dass die Preisgabe von Kenntnissen, die zeitlich während einer Prüfung, aber außerhalb der Prüfung (zB bei gleichzeitiger Steuer- oder UntBeratung) erlangt wurden, keine Ahndung nach § 333 auslösen kann. Demgegenüber genügt für § 404 AktG, dass das Geheimnis „ihm in seiner Eigenschaft als ... Prüfer oder Gehilfe eines Prüfers bekannt worden ist". Unabhängig hiervon tritt dadurch aber keine Strafbarkeitslücke für nicht bei der Prüfung erlangte Kenntnisse ein. Denn hier kommt wieder (Anm 3, 10) eine Anwendung von § 203 StGB in Betracht. 11

„Bei Prüfung" werden alle Geheimnisse bekannt, deren Kenntnisnahme im sachlichen Zusammenhang mit der Prüfung steht. Zur Prüfung gehören alle in den §§ 316 bis 324a geregelten Tätigkeiten. § 333 (und § 404 AktG) schützen also nicht nur Geheimnisse, die der Täter im Rahmen der eigentlichen Prüfungshandlungen iSd § 317 unmittelbar erfahren hat. Zur Prüfung gehört zB auch die Anfertigung des Prüfungsberichts. Deshalb wird man unter dem Gehilfen des AP iSv § 333 – anders als bei § 332 – nicht nur den Prüfungsgehilfen ieS verstehen dürfen, sondern zB auch Sekretärinnen, Berichtsschreiberinnen, Archivangestellte als Gehilfen des AP ansehen müssen, weil das durch § 333 geschützte „Geheimnis" durch diesen Personenkreis genauso gefährdet wird (ebenso *Häcker* in Müller-Gugenberger/Bieneck[3] Wirtschaftsstrafrecht, Münster 2000 § 93 Anm 6; aA aber *Schaal* in Rowedder[4] Vorb §§ 82 bis 85 Anm 63). Denn diese Hilfskräfte sind in gleicher Weise in das Geheimnis eingeweiht wie der Schweigepflichtige (*Fischer* in Tröndle/Fischer[52] § 203 Anm 21). 12

3. Unbefugtes Offenbaren

Beim **Offenbaren** gibt der AP oder der Gehilfe das Geheimnis, sei es schriftlich oder mündlich, an eine oder mehrere Personen weiter, die bisher davon noch keine Kenntnis hatten. Dabei genügt bereits, dass die Information dem Dritten zugänglich gemacht wird, ohne dass es auf die tatsächliche Kenntnisnahme durch diesen ankommt (so auch *Otto* in Heymann[2] § 333 Anm 23). 13

Das Offenbaren ist **unbefugt,** wenn der AP oder der Gehilfe zur Weitergabe des Geheimnisses weder berechtigt noch verpflichtet ist. Es gelten insoweit die gleichen Grds wie für die Verschwiegenheitspflicht nach § 323 Abs 1 S 1 (§ 323 Anm 30ff). Die Erfüllung der gesetzlichen **Auskunftspflicht** gem § 321 erfolgt befugt. Str ist insoweit nur, ob diese Befugnis bereits den Tatbestand des § 333 entfallen lässt (so *Quedenfeld* in MünchKomm HGB § 333 Anm 18) oder lediglich einen Rechtfertigungsgrund darstellt (so *Otto* in Heymann[2] § 333 Anm 36). Auch eine Verdachtsmeldepflicht im Rahmen des Geldwäschegesetzes (§ 3 Abs 1 Nr 2) schlösse insoweit unbefugtes Handeln aus. Hinsichtlich der Verschwiegenheitspflicht im Rahmen des Qualitätskontrollverfahrens **(Peer Review)** für WP und vBP s Anm 31.

Praktisch bedeutsam (insb bei Zeugenaussagen in Ermittlungsverfahren) ist die Berechtigung zur Entbindung von der Pflicht zur Verschwiegenheit bei juristischen Personen bei Wechsel der Organe der Geschäftsführung (insb Insolvenz). Nach wohl zutreffender Ansicht ist sowohl eine Entbindungserklärung der aktuellen wie früheren Geschäftsführung (bzw Vorstands) notwendig (vgl *Meyer-Goßner* Strafprozessordnung[47] Anm 46 zu § 53). Wegen Auswirkungen auf die verfassungsrechtlichen Rechte des AP nach Art 12 Abs 1 GG und der divergierenden Auffassungen der OLG ist eine baldige höchstgerichtliche Klärung wünschenswert.

4. Qualifizierte Begehungsweisen (Abs 2 S 1)

14 Wie bei § 332 wurde es auch in Abs 2 für erforderlich gehalten, bei bestimmten zusätzlichen Tatbestandsmerkmalen eine erhöhte Strafandrohung anzuordnen. Ein schwerer Fall des unbefugten Offenbarens ist gegeben beim Handeln gegen Entgelt oder mit Bereicherungsabsicht oder mit Schädigungsabsicht. Es handelt sich somit um dieselben Merkmale wie in § 332 Abs 2 (s dort Anm 45 ff).

§ 404 Abs 2 AktG ist wertgleich zu Abs 2 formuliert. Auch § 203 Abs 5 StGB entspricht Abs 2 S 1.

II. Unbefugtes Verwerten von Geheimnissen (Abs 2 S 2)

15 Der Begriff **„Geheimnis"** iSd Abs 2 S 2 ist identisch mit dem in Abs 1, wie sich aus der Verweisung ergibt; s Anm 5 ff.

Das **Verwerten** iSd Abs 2 S 2 deckt sich mit dem Verwerten gem § 323 Abs 1 S 2; s dort Anm 53.

Das Verwerten ist nur unter den gleichen Voraussetzungen wie in § 323 Abs 1 S 2 „befugt"; s daher dort Anm 55.

§ 404 Abs 2 S 2 AktG und § 204 StGB sanktionieren das „Verwerten" in gleicher Weise.

III. Betroffener Personenkreis

16 § 333 kann vom **Abschlussprüfer** , seinen **Gehilfen (Anm 10ff) und von den Beschäftigten der Prüfstelle für Rechnungslegung (§ 342 b)** begangen werden (Anm 10 ff). Für die Abgrenzung dieses Personenkreises gelten die gleichen Grundsätze wie in § 323; s dort Anm 60 ff Eine (faktische) Eingrenzung des Kreises der Prüfungsgehilfen wie in § 332 (s dort Anm 36) ist uE hier nicht zulässig. Denn gegen die Geheimhaltungspflicht oder das Verwertungsverbot kann anders als bei § 332 grds jeder Prüfungsgehilfe (auch Schreibkräfte, Hausdruckerei) verstoßen (dazu Anm 12).

17 Die sich aus § 333 ergebende Geheimhaltungspflicht und das Verwertungsverbot bestehen zeitlich unbegrenzt, also auch nach Mandatsbeendigung. Für § 333 ist allein entscheidend, dass dem Täter das Geheimnis bei der Prüfung und in seiner Eigenschaft als AP oder als Prüfungsgehilfe bekannt geworden ist (Anm 11, 12; ähnlich § 404 Abs 1 AktG).

IV. Vollendung

18 Nur die **vollendete** Verletzung der **Geheimhaltungspflicht** ist strafbar; der bloße Versuch ist strafrechtlich unbeachtlich (§ 23 Abs 1 iVm § 12 Abs 2 StGB).

Beim **Offenbaren** liegt eine vollendete Tat vor, wenn die Information dem Empfänger zugänglich gemacht worden ist (Anm 13). Der Täter hat dann alles seinerseits Erforderliche für die Kenntnisnahme durch den Empfänger getan. Ob dieser die Information tatsächlich aufnimmt und auch versteht, ist unbeachtlich (*Quedenfeld* in MünchKomm HGB § 333 Anm 29).

Die **Verwertung** eines Geheimnisses ist vollendet, wenn der Täter die notwendigen Maßnahmen eingeleitet hat, die ihm für sich selbst oder einen anderen den angestrebten Vermögensvorteil bringen sollen. Dies kann zB durch den Auftrag an eine Bank geschehen, wenn der Täter seine Kenntnisse für Börsenspekulationen ausnutzen will (so *Otto* in Heymann[2] § 333 Anm 30). Für die Vollendung ist ohne Bedeutung, ob der Täter die mit der Verwertung beabsichtigten Ziele auch tatsächlich erreicht.

V. Vorsatz

§ 333 greift nur ein, wenn die unbefugte Offenbarung bzw Verwertung auch **vorsätzlich** begangen worden ist, da fahrlässiges Handeln nicht ausdrücklich mit Strafe bedroht ist (§ 15 StGB). Bedingter Vorsatz ist im Hinblick auf das *Offenbaren* möglich und ausreichend, wenn der Täter zB geheime Unterlagen nicht sicher verwahrt und damit die Einsichtnahme durch Nichtberechtigte billigend in Kauf nimmt. Für die *Verwertung* ist ein lediglich bedingter Vorsatz nicht denkbar, insoweit ist zielgerichtetes Handeln erforderlich (ebenso *Maier* in BoHdR § 333 Anm 13; *Quedenfeld* in MünchKomm HGB § 333 Anm 27). 19

Ein Irrtum über Tatumstände lässt gem § 16 StGB den Vorsatz und damit auch die Strafbarkeit entfallen. Ein solcher Fall ist insb denkbar, wenn der Täter irrtümlich annimmt, die Ges habe auf die Geheimhaltung bzgl der weitergegebenen Information gänzlich verzichtet, ein Geheimnis sei also gar nicht gegeben (ähnlich *Tiedemann* in Scholz[8] § 85 Anm 31). 20

Wenn der Täter dagegen den Geheimnischarakter erkennt, aber irrtümlich meint, ihm sei die Befugnis zur Offenbarung (durch Einwilligung der KapGes/KapCoGes) erteilt, liegt ein Irrtum über einen Rechtfertigungsgrund vor, hinsichtlich dessen zu differenzieren ist: Hat der Täter versehentlich die tatsächlichen Voraussetzungen des Rechtfertigungsgrunds als gegeben angesehen, wird dadurch entspr § 16 StGB sein Vorsatz ausgeschlossen. Zieht er dagegen aus der richtigen Kenntnis der Umstände den falschen Schluss, er sei zur Offenbarung befugt, handelt es sich um einen Verbotsirrtum gem § 17 StGB (so auch *Fischer* in Tröndle/Fischer[52] § 203 Anm 48 mwN; aber str). Der Verbotsirrtum schließt die Schuld des Täters und damit dessen Strafbarkeit nur aus, wenn er unvermeidbar war; im Übrigen kommt eine Strafmilderung gem § 49 Abs 1 StGB in Betracht.

VI. Antrag (Abs 3)

Die Verletzung der Geheimhaltungspflicht wird gem Abs 3 nur auf **Antrag** der **Ges** verfolgt. Ohne diesen Antrag kann daher der AP und/oder der Prüfungsgehilfe nicht bestraft werden, selbst wenn ein besonderes öffentliches Interesse an einer Ahndung besteht. 21

Der Antrag muss durch das gesetzliche Vertretungsorgan (Vorstand, Geschäftsführer, phG einer KGaA, in § 264 a Abs 2 genannte Personen) der geprüften Ges bzw der Ges, die den KA aufzustellen hat, gestellt werden. Eine Antragsbefugnis auch der in den KA einbezogenen Unt (also TU und die in Abs 1 genannten GemUnt und assozUnt), ist nicht in das HGB aufgenommen worden.

Der Strafantrag ist innerhalb einer Frist von 3 Monaten ab Kenntnis des gesetzlichen Organs von der Tat und der Person des Täters zu stellen (§ 77b Abs 1, 2 StGB). Bei einem aus mehreren Personen bestehenden Organ ist die Kenntnis aller Mitglieder erforderlich, soweit sie ihre Vertretung nur insgesamt ausüben können.

Der Antrag ist bei einem Gericht oder der Staatsanwaltschaft schriftlich oder zu Protokoll einzureichen, bei einer anderen Behörde schriftlich (§ 158 Abs 2 StPO). Er kann bis zum rechtskräftigen Abschluss des Strafverfahrens zurückgenommen werden. Das hat die Einstellung des Verfahrens zur Folge; ein erneuter Antrag ist dann nicht mehr zulässig (§ 77d Abs 1 StGB).

C. Strafrahmen

22 Liegen die Voraussetzungen des unbefugten *Offenbarens* vor und ist ein Strafantrag gem Abs 3 gestellt, kann eine Freiheitsstrafe bis zu einem Jahr oder eine Geldstrafe verhängt werden. Zur Bemessung der Geldstrafe und zur Verjährung s § 331 Anm 40. Die Verjährungsfrist beträgt hier aber lediglich 3 Jahre (§ 78 Abs 3 Nr 5 StGB).

Bei Vorliegen der Qualifikationen des Abs 2 S 1 (Anm 14) erhöht sich die Strafandrohung auf Freiheitsstrafe bis zu 2 Jahren oder Geldstrafe. Dieses Strafmaß gilt auch für das unbefugte *Verwerten* nach Abs 2 S 2. Die Verjährungsfrist verlängert sich in beiden Fällen auf 5 Jahre (§ 78 Abs 3 Nr 4 StGB). Mit dem gleichen Strafrahmen sanktionieren § 404 AktG und §§ 203 Abs 1, 5; 204 Abs 1 StGB derartige Vergehen.

23 § 333 ist ein Schutzgesetz zugunsten der KapGes und KapCoGes, also nicht zugunsten Dritter, zB Gläubiger. Das unbefugte Offenbaren (Anm 13) führt deswegen gem § 823 Abs 2 BGB iVm § 333 zu einer **Schadenersatzpflicht** des AP oder des Prüfungsgehilfen ggü der KapGes/KapCoGes oder dem geschädigten verbundenen Unt, GemUnt oder assozUnt. Die gleiche Schadenersatzverpflichtung ergibt sich allerdings schon aus § 323 Abs 1 S 3.

D. Regelungen in Spezialgesetzen

25 Auch nach § 404 Abs 1 Nr 2 **AktG** wird ein Prüfer oder sein Gehilfe in gleicher Weise wie gem § 333 bestraft, wenn er Geheimnisse einer AG/KGaA unbefugt offenbart; ausdrücklich davon ausgenommen sind jedoch die Fälle des § 333. Das Gleiche gilt nach § 404 Abs 2 S 2 AktG für das unbefugte Verwerten solcher Geheimnisse. § 404 Abs 1 Nr 2 AktG gilt deswegen nur für andere im AktG genannte (also gesetzliche) Pflichtprüfungen (Gründungsprüfung, Sonderprüfungen).

Das **GmbHG** enthält keine einschlägige spezielle Vorschrift, so dass auch bei gesetzlichen JAP von GmbH allein § 333 in Betracht kommt.

Für *freiwillige* JA- und andere *freiwillige* Prüfungen bei KapGes/KapCoGes oder bei dem PublG unterliegenden Unt sind die §§ 203 bis 205 StGB maßgebend (Anm 3). Das Gleiche gilt für derartige Prüfungen bei Kreditinstituten, VersicherungsUnt oder eG (s Anm 27ff).

26 Für die Pflichtprüfungen im Bereich des **PublG** ist § 19 PublG die dem § 333 entspr Strafvorschrift (s § 331 Anm 60). § 19 PublG ist im Wortlaut praktisch identisch mit § 333, so dass die Anm 5 bis 23 hier entspr gelten.

27 § 333 gilt unmittelbar für alle als KapGes und gem § 341m auch für nicht als KapGes betriebenen **Versicherungsunternehmen** im Anwendungsbereich des § 341 (zB VVaG).

Im **VAG** sanktioniert § 138 Abs 1 Nr 1 VAG als Vergehen das unbefugte Offenbaren von Geheimnissen durch den Prüfer oder seinen Gehilfen nach § 341k iVm § 319, und in Abs 2 S 2 deren unbefugte Verwertung, jeweils in *anderen* Fällen als denen des § 333 oder des § 404 AktG. Das unbefugte Offenbaren kann höher bestraft werden, wenn der Täter gegen Entgelt oder in Bereicherungs- oder Schädigungsabsicht handelt (§ 138 Abs 2 S 1 VAG).

§ 138 VAG ist – abgesehen von seinem Anwendungsbereich – praktisch identisch mit § 333, so dass Anm 5 bis 23 auch dafür gelten.

28 Für **Kreditinstitute,** auch wenn sie nicht als KapGes betrieben werden, gilt gem § 340m § 333. Das **KWG** enthält keine vergleichbare Sanktionsvorschrift.

29 Im **GenG** deckt sich § 151 Abs 1 Nr 2, Abs 2 und Abs 3 GenG (abgesehen von seinem Anwendungsbereich) weitgehend mit § 333, so dass auch insoweit auf Anm 5 bis 23 verwiesen werden kann.

Die Verletzung der Geheimhaltungspflicht durch Prüfer oder deren Gehilfen bei *Kreditinstituten* in der Rechtsform der **eG** wird in § 151 GenG nur insoweit sanktioniert, als die Tat nicht in § 340m iVm § 333 mit Strafe bedroht ist.

30 Das **UmwG** sanktioniert in § 315 die Verletzung von Geheimnissen eines an einer Umwandlung beteiligten Rechtsträgers, insb von Betriebs- und Geschäftsgeheimnissen, durch

- Mitglieder eines Vertretungsorgans, vertretungsberechtigte Gester, Mitglieder eines AR oder Abwickler eines an einer Umwandlung beteiligten Rechtsträgers, jeweils in dieser Eigenschaft,
- Verschmelzungs-, Spaltungs- oder Übertragungsprüfer bzw deren Gehilfen, jeweils in dieser Eigenschaft,

wenn die Tat nicht in § 85 GmbHG, § 404 AktG, § 151 GenG, § 138 VAG oder hinsichtlich der AP oder deren Gehilfen in § 333 mit Strafe bedroht ist.

Wegen des Vorrangs anderer Vorschriften liegt die Bedeutung des § 315 UmwG insb im Geheimnisschutz an der Umwandlung beteiligter PersGes, Vereine und Stiftungen.

Bei unbefugter Offenbarung geschützter Geheimnisse gegen Entgelt oder in Bereicherungs- oder Schädigungsabsicht sowie bei unbefugter Verwertung wird ein erhöhtes Strafmaß angedroht. Die Tat wird jeweils nur auf Antrag verfolgt.

31 Das in der **WPO** verankerte Qualitätskontrollverfahren **(Peer Review)** für WP und vBP, die gesetzliche JAP durchführen, führt zu einer externen Kontrolle deren Praxen durch andere WP/vBP als Prüfer für Qualitätskontrolle. Dabei handelt es sich um eine Systemprüfung, bei der die Grds und Maßnahmen der internen Qualitätssicherung in den überprüften WP/vBP-Praxen auf ihre Angemessenheit und Funktionstüchtigkeit überprüft werden. Es handelt sich also nicht gleichsam um eine zweite JAP der vom AP vorgenommenen gesetzlichen JAP, sondern um eine Überprüfung der Methodik des AP.

Gleichwohl erlangen im Rahmen einer solchen Prüfung die am Qualitätskontrollverfahren Beteiligten Kenntnisse über Auftraggeber des überprüften AP und deren Verhältnisse. Damit insoweit der AP im Rahmen seiner Überprüfung im Qualitätskontrollverfahren keine Geheimnisse aus den von ihm vorgenommenen JAP *unbefugt* offenbart, wird seine Verschwiegenheitspflicht ggü seinen Mandanten teilweise aufgehoben: Soweit für die Durchführung des Qualitätskontrollverfahrens *erforderlich,* ist die Pflicht des AP zur Verschwiegenheit gem § 43 Abs 1 S 1 WPO, § 323 Abs 1 S 1 nach § 57b Abs 3 WPO *eingeschränkt.* (Das Gleiche gilt für die Angehörigen anderer sozietätsfähiger Berufe, mit denen der WP/vBP in einer Sozietät oder PartGes verbunden ist.) Offenbart der AP mehr als für die Durchführung der Qualitätskontrolle erforderlich, macht er sich nach Maßgabe des § 333 strafbar.

Der Prüfer für Qualitätskontrolle, seine Gehilfen, die Mitglieder der Qualitätskontrollkommission, die Mitglieder des Qualitätskontrollbeirats und die Mitglieder der Geschäftsstelle Qualitätskontrolle bei der WPK sind nach § 57b Abs 1 WPO zur Verschwiegenheit verpflichtet. Das gilt auch nach Beendigung ihrer Tätigkeit. Das auch gem § 57f Abs 4 WPO für Mitglieder des Qualitätskontrollbeirats normierte Verbot der Offenbarung und *Verwertung* von fremden Geheimnissen, die ihnen bei ihrer Beiratstätigkeit bekannt geworden sind, wird strafrechtlich durch die §§ 133a und 133b WPO sanktioniert. Verstöße gegen die Verschwiegenheitspflicht aller anderen vorstehend genannten Beteiligten an der Qualitätskontrolle sind gem §§ 203 Abs 1 und 2, 204 StGB strafbar.

§ 334 Bußgeldvorschriften

(1) **Ordnungswidrig handelt, wer als Mitglied des vertretungsberechtigten Organs oder des Aufsichtsrats einer Kapitalgesellschaft**

1. bei der Aufstellung oder Feststellung des Jahresabschlusses einer Vorschrift
   a) des § 243 Abs. 1 oder 2, der §§ 244, 245, 246, 247, 248, 249 Abs. 1 Satz 1 oder Abs. 3, des § 250 Abs. 1 Satz 1 oder Abs. 2, des § 251 oder des § 264 Abs. 2 über Form oder Inhalt,
   b) des § 253 Abs. 1 Satz 1 in Verbindung mit § 255 Abs. 1 oder 2 Satz 1, 2 oder 6, des § 253 Abs. 1 Satz 2 oder Abs. 2 Satz 1, 2 oder 3, dieser in Verbindung mit § 279 Abs. 1 Satz 2, des § 253 Abs. 3 Satz 1 oder 2, des § 280 Abs. 1, des § 282 oder des § 283 über die Bewertung,
   c) des § 265 Abs. 2, 3, 4 oder 6, der §§ 266, 268 Abs. 2, 3, 4, 5, 6 oder 7, der §§ 272, 273, 274 Abs. 1, des § 275 oder des § 277 über die Gliederung oder
   d) des § 280 Abs. 3, des § 281 Abs. 1 Satz 2 oder 3 oder Abs. 2 Satz 1, des § 284 oder des § 285 über die in der Bilanz oder im Anhang zu machenden Angaben,

2. bei der Aufstellung des Konzernabschlusses einer Vorschrift
   a) des § 294 Abs. 1 über den Konsolidierungskreis,
   b) des § 297 Abs. 2 oder 3 oder des § 298 Abs. 1 in Verbindung mit den §§ 244, 245, 246, 247, 248, 249 Abs. 1 Satz 1 oder Abs. 3, dem § 250 Abs. 1 Satz 1 oder Abs. 2 oder dem § 251 über Inhalt oder Form,
   c) des § 300 über die Konsolidierungsgrundsätze oder das Vollständigkeitsgebot,
   d) des § 308 Abs. 1 Satz 1 in Verbindung mit den in Nummer 1 Buchstabe b bezeichneten Vorschriften oder des § 308 Abs. 2 über die Bewertung,
   e) des § 311 Abs. 1 Satz 1 in Verbindung mit § 312 über die Behandlung assoziierter Unternehmen oder
   f) des § 308 Abs. 1 Satz 3, des § 313 oder des § 314 über die im Anhang zu machenden Angaben,

3. bei der Aufstellung des Lageberichts einer Vorschrift des § 289 Abs. 1 über den Inhalt des Lageberichts,

4. bei der Aufstellung des Konzernlageberichts einer Vorschrift des § 315 Abs. 1 über den Inhalt des Konzernlageberichts,

5. bei der Offenlegung, Veröffentlichung oder Vervielfältigung einer Vorschrift des § 328 über Form oder Inhalt oder

6. einer auf Grund des § 330 Abs. 1 Satz 1 erlassenen Rechtsverordnung, soweit sie für einen bestimmten Tatbestand auf diese Bußgeldvorschrift verweist,

zuwiderhandelt.

(2) **Ordnungswidrig handelt, wer zu einem Jahresabschluss, zu einem Einzelabschluss nach § 325 Abs. 2a oder zu einem Konzernabschluss, der aufgrund gesetzlicher Vorschriften zu prüfen ist, einen Vermerk nach § 322 Abs. 1 er-**

teilt, obwohl nach § 319 Abs. 2, 3, 5, § 319a Abs. 1 Satz 1, Abs. 2 er oder nach § 319 Abs. 4, auch in Verbindung mit § 319a Abs. 1 Satz 2, oder § 319a Abs. 1 Satz 4 die Wirtschaftsprüfungsgesellschaft oder Buchprüfungsgesellschaft, für die er tätig wird, nicht Abschlussprüfer sein darf.

(3) **Die Ordnungswidrigkeit kann mit einer Geldbuße bis zu fünfzigtausend Euro geahndet werden.**

(4) **Die Absätze 1 bis 3 sind auf Kreditinstitute im Sinne des § 340 und auf Versicherungsunternehmen im Sinne des § 341 Abs. 1 nicht anzuwenden.**

Übersicht

Schrifttum: *de Weerth* Die Bilanzordnungswidrigkeiten nach § 334 HGB unter besonderer Berücksichtigung der europarechtlichen Bezüge, Pfaffenweiler 1994; *Göhler*[13] Gesetz über Ordnungswidrigkeiten, München 2002.

A. Allgemeines

§ 334 ahndet Verstöße gegen bestimmte Vorschriften zum JA/KA/IFRS-EA und zum Lagebericht/Konzernlagebericht von KapGes und KapCoGes als Ordnungswidrigkeiten mit Geldbuße. 1

Das HGB behandelt diese Verstöße als (bloße) Ordnungswidrigkeiten, weil diesen nur ein geringer Unrechtsgehalt zukommt. Deshalb werden auch der Versuch oder fahrlässige Verstöße nicht sanktioniert, und die angedrohte Geldbuße ist nicht als Strafe, sondern nach der Rspr des BVerfG „lediglich als eine nachdrückliche Pflichtenmahnung“ anzusehen.

Mit Geldbuße bedroht werden Detailverstöße bzw weniger gravierende Zuwiderhandlungen gegen bestimmte Rechnungslegungsvorschriften. Bei relativ unbedeutenden Verstößen wird das im Ordnungswidrigkeitenrecht maßgebliche **Opportunitätsprinzip** einer Ahndung entgegenstehen (Anm 29).

Bei schweren Verstößen oder Mehrfachverstößen gegen die in Abs 1 genannten Vorschriften kommt allerdings eine Strafbarkeit nach § 331 Nr 1 in Betracht. Zur Abgrenzung der Straftaten von den Ordnungswidrigkeiten s § 331 Anm 20.

Erfüllt eine Ordnungswidrigkeit nach § 334 zugleich einen Straftatbestand des § 331, kommt gem § 21 OWiG nur die Strafvorschrift zur Anwendung; § 334 ist im Verhältnis zu § 331 subsidiär.

2 Nach § 14 Abs 1 S 1 OWiG wird im Ordnungswidrigkeitenrecht nicht zwischen Täter und Beteiligten unterschieden; auch nicht zwischen Anstifter, Mittäter und Gehilfen (sog Einheitstäterlösung). Jede Form der Teilnahme wird als Täterschaft gewertet.

Jeder Tatbeteiligte ist Täter iSd OWiG auch dann, wenn besondere persönliche Merkmale, die die Möglichkeit der Ahndung erst begründen, nur bei einem, dem sog tauglichen Täter vorliegen (§ 14 Abs 1 S 2 OWiG).

Verantwortlich sind die Vorstände (AG) oder die Geschäftsführer (GmbH), die natürliche Personen sein müssen, §§ 76 Abs 3 AktG, 6 Abs 2 GmbHG. Falls die phG von KGaA juristische Personen sind (zulässig nach *BGH* 24. 2. 1997 WM, 1098), sind deren Vorstände oder Geschäftsführer verantwortlich – ggf neben Mittätern und Gehilfen (*Hüffer*[6] § 278 AktG Anm 7 ff). Bei OHG und KG, bei denen keine natürliche Person unmittelbar oder mittelbar phG ist, richtet sich die Bußgeldandrohung an die Mitglieder des vertretungsberechtigten Organs der vertretungsberechtigten Ges (siehe Erl zu §§ 264 a Abs 2, 335 b).

3 Bei § 334 handelt es sich um eine blankettartige Bestimmung, die auf andere Vorschriften verweist. Die Tathandlungen werden durch Verweise auf die entspr Vorschriften zu JA/KA/IFRS-EA, Lagebericht und Konzernlagebericht konkretisiert.

Abs 1 führt die Einzelvorschriften auf, deren Verletzung durch Mitglieder des vertretungsberechtigten Organs oder des AR von KapGes/KapCoGes Ordnungswidrigkeiten darstellen; sie betreffen in

- Nr 1 den JA,
- Nr 2 den KA,
- Nr 3 den Lagebericht,
- Nr 4 den Konzernlagebericht,
- Nr 5 die Offenlegung etc,
- Nr 6 die Formblätter (sofern VO nach § 330 Abs 1 einen Tatbestand mit Bußgeld bewehren).

Abs 2 richtet sich an den AP einer prüfungspflichtigen KapGes/KapCoGes, der einen BVm erteilt, obwohl er nach § 319 Abs 2, 3, 5, § 319 a Abs 1 Satz 1, Abs 2 nicht AP sein darf. § 319 Abs 4 bzw 319 a Abs 1 S 4 bringen die entspr Erstreckung auf WPG.

Abs 3 regelt die Folgen von Zuwiderhandlungen.

Abs 4 bestimmt, dass § 334 auf Kreditinstitute und auf VersicherungsUnt nicht anzuwenden ist. Für diese Geschäftszweige enthalten § 340 n bzw § 341 n ähnliche Bußgeldvorschriften (Anm 38, 39) für die Organe dieser Unt *jeder Rechtsform* einschl inländischer Zweigniederlassungen von ausländischen Ges.

B. Die Voraussetzungen der Ordnungswidrigkeiten

I. Verstöße gemäß Abs 1

10 Betroffen sind die Mitglieder des vertretungsberechtigten Organs einer KapGes (s § 331 Anm 18, bei KapCoGes s Anm 2). Das Gleiche gilt für die Mitglieder eines obligatorischen AR; eine § 82 Abs 2 Nr 2 GmbHG entspr Vorschrift für freiwillige AR, Beiräte etc („ähnliches Organ" s § 331 Anm 18 und 55) fehlt für den Bereich des Ordnungswidrigkeitsrechts, es sei denn, ihnen ist

die Feststellung des JA durch den GesVertrag zugewiesen (*Quedenfeld* in MünchKomm HGB § 334 Anm 16).

1. Aufstellung und Feststellung des Jahresabschlusses (Nr 1) 11

a) Vorschriften über Form oder Inhalt

§ 243 Abs 1	: GoB;
§ 243 Abs 2	: Klarheit und Übersichtlichkeit;
§ 244	: Sprache; Währungseinheit;
§ 245	: Unterzeichnung;
§ 246	: Vollständigkeit, Verrechnungsverbot;
§ 247	: Inhalt der Bilanz;
§ 248	: Bilanzverbote;
§ 249 Abs 1 S 1	: Rückstellungen für ungewisse Verbindlichkeiten und drohende Verluste aus schwebenden Geschäften;
Abs 3	: Keine Rückstellungen für andere Zwecke, Auflösungsverbot bei fortbestehendem Grund;
§ 250 Abs 1 S 1	: Aktive RAP;
Abs 2	: Passive RAP;
§ 251	: Haftungsverhältnisse;
§ 264 Abs 2	: Grundsatz des *true and fair view,* zusätzliche Angaben im Anhang. Da die Generalnorm des § 264 Abs 2 S 1 auf das Gesamtbild der tatsächlichen Verhältnisse der KapGes/KapCoGes abstellt, dürfte jedoch bei einem Verstoß gegen diese Vorschrift oft zugleich der Tatbestand des § 331 erfüllt sein. Da § 334 ggü § 331 subsidiär ist, hat § 334 insoweit praktisch nur bei Auslegungsfragen und außerdem für S 2 (Anhang-Ergänzung) Bedeutung; s auch Anm 24 zu a).

b) Vorschriften über die Bewertung

§ 253 Abs 1 S 1	: Wertansätze für VG (iVm § 255 Abs 1 oder Abs 2 S 1, 2, 6);
§ 253 Abs 1 S 2	: Bewertung von Verbindlichkeiten, Rentenverpflichtungen und Rückstellungen;
§ 253 Abs 2 S 1 u 2 iVm § 279 Abs 1 S 2	: Minderung der AK/HK des Anlagevermögens um planmäßige Abschreibungen;
§ 253 Abs 2 S 3	: Außerplanmäßige Abschreibungen, Beschränkung für KapGes/KapCoGes auf Finanzanlagen;
§ 253 Abs 3 S 1 u 2	: Abschreibungen auf Gegenstände des Umlaufvermögens;
§ 280 Abs 1	: Wertaufholung bei Wegfall früherer Abschreibungsgründe;
§ 282	: Abschreibung des Aktivpostens „Aufwendungen für die Ingangsetzung und Erweiterung des Geschäftsbetriebs";
§ 283	: Wertansatz des gezeichneten Kapitals zum Nennbetrag;

c) Vorschriften über die Gliederung der Bilanz und GuV

§ 265 Abs 2	: Angabe vergleichbarer Beträge des vorhergehenden Gj;
Abs 3	: Vermerk der Mitzugehörigkeit zu mehreren Posten, Ausweis eigener Anteile;
Abs 4	: Einheitliche Gliederung des JA mit Ergänzungen bei mehreren Geschäftszweigen;
Abs 6	: Pflicht zu abw Gliederung und Bezeichnung zwecks Klarheit und Übersichtlichkeit;
§ 266	: Gliederung der Bilanz;
§ 268 Abs 2	: Darstellung der Entwicklung des Anlagevermögens und der aktivierten Aufwendungen für die Ingangsetzung usw;

Abs 3 : Ausweis eines nicht durch EK gedeckten Fehlbetrags;
Abs 4, 5 : Vermerk bestimmter Restlaufzeiten bei Forderungen und Verbindlichkeiten, besondere Erl rechtlich noch nicht entstandener Forderungen und Verbindlichkeiten, Ausweis für Anzahlungen auf Bestellungen;
Abs 6 : Gesonderter Ausweis eines aktivierten Disagios im aktiven RAP (§ 250 Abs 3);
Abs 7 : Besondere Bilanzvermerke für Haftungsverhältnisse gegenüber verbundenen Unt;
§ 272 : Ausweis des EK (gezeichneten Kapitals, der Kapitalrücklage, der Gewinnrücklagen sowie der Rücklage für eigene Anteile);
§ 273 : Ausweis des Sonderpostens mit Rücklageanteil (eingeschränkt gem § 247 Abs 3);
§ 274 Abs 1 : Passive Steuerabgrenzung (Rückstellung für latente Steuern);
§ 275 : Gliederung der GuV;
§ 277 : Ausweisregeln für einzelne Posten der GuV;

d) Vorschriften über weitere Angaben in der Bilanz oder im Anhang

§ 281 Abs 1 S 2, 3 : Angabe der Art der steuerrechtlichen Abschreibungen durch Einbeziehung in den Sonderposten mit Rücklageanteil, Auflösungspflicht in bestimmten Fällen;
Abs 2 S 1 : Bestimmte Betragsangabe für allein nach Steuerrecht vorgenommene Abschreibungen im Anhang;
§ 284 : Erl zur Bilanz und zur GuV;
§ 285 : sonstige Pflichtangaben im Anhang.

Durch die Aufnahme des gesamten § 284 werden nicht nur die Pflichtangaben gem § 284 Abs 2 bußgeldbewehrt. Die Sanktion ist auch für Verstöße möglich, die unter die als Blankettnorm wirkende Vorschrift des § 284 Abs 1 fallen; dazu gehören alle Vorschriften,

- die Angaben zu den einzelnen Posten der Bilanz und GuV vorschreiben; dies sind außer den in Nr 1 genannten Vorschriften insb die §§ 265 Abs 1 S 2, Abs 7 Nr 2, 269 S 1, 274 Abs 2 S 2, Art 28 Abs 2, 48 Abs 6 EGHGB.
- wonach Angaben im Anhang zu machen sind, weil sie in Ausübung eines Wahlrechts nicht in die Bilanz oder in die GuV aufgenommen wurden; dies sind insb §§ 268 Abs 1 S 2, 281 Abs 2 S 2.
- S hierzu die Liste der Pflichtangaben im Anhang nach HGB und EGHGB in § 284 Anm 40 sowie die Liste der Pflichtangaben, die wahlweise im Anhang oder an anderer Stelle im JA zu machen sind, in § 284 Anm 55.

2. Aufstellung des Konzernabschlusses (Nr 2)

12 Nr 2 zählt mit Bußgeld zu ahndende Verstöße gegen Vorschriften über die Aufstellung des KA auf. Da der KA nicht festgestellt wird, ist hier die „Feststellung“ nicht erwähnt. Im Einzelnen:

a) Vorschriften über den Konsolidierungskreis

§ 294 Abs 1 : Grundsätze für die Einbeziehung des MU und dessen TU;

b) Vorschriften über Inhalt oder Form

§ 297 Abs 2 : Generalnorm für den KA (Klarheit und Übersichtlichkeit, *true and fair view)*, zusätzliche Angaben im Konzernanhang;

Abs 3	: Behandlung der einbezogenen KonzernUnt als wirtschaftliche Einheit, Angaben für ausnahmsweise nicht beibehaltene KonsMethoden im Konzernanhang;
§ 298 Abs 1 iVm	: Anwendung folgender Vorschriften auf den KA:
§ 244	Sprache, Währungseinheit;
§ 245	: Unterzeichnung;
§ 246	: Vollständigkeit, Verrechnungsverbot;
§ 247 Abs 1 und 2	: Inhalt der Bilanz;
§ 248	: Bilanzierungsverbote;
§ 249 Abs 1 S 1	: Rückstellungen für ungewisse Verbindlichkeiten und drohende Verluste aus schwebenden Geschäften;
Abs 3	: Keine Rückstellungen für andere Zwecke; Auflösungsverbot bei fortbestehendem Grund;
§ 250 Abs 1 S 1	: Aktive RAP;
Abs 2	: Passive RAP;
§ 251	: Haftungsverhältnisse;

c) Konsolidierungsgrundsätze und Vollständigkeitsgebot

§ 300	: Ansatz der dem MU gehörenden Anteile mit den VG und Schulden etc der einbezogenen TU, vollständige Aufnahme der VG, Schulden etc der TU, Neu-Ausübung von Bilanzierungswahlrechten (Anm 18);

d) Vorschriften über die Bewertung

§ 308 Abs 1 S 1	: Einheitliche Bewertung der VG und Schulden der TU nach den Bewertungsmethoden des MU (iVm §§ 253, 279 Abs 1, 280 Abs 1, 282, 283);
§ 308 Abs 2	: Neubewertung von abw bewerteten Bilanzposten der TU;

e) Vorschriften über assoziierte Unternehmen

§ 311 Abs 1 S 1 iVm § 312	: Ausweis der Beteiligungen an assozUnt unter einem besonderen Posten, Bewertung solcher Beteiligungen mit dem Buchwert oder dem anteiligen EK, Berechnung beider Größen;

f) Vorschriften über die Angaben im Konzernanhang

§ 308 Abs 1 S 3	: Angabe abw Bewertungsmethoden im KA von denen des MU im Konzernanhang;
§ 313	: Erl zur Konzernbilanz und zur Konzern-GuV, Angaben zum Anteilsbesitz; s auch die Liste der Pflichtangaben im Konzernanhang nach HGB und EGHGB in § 313 Anm 34 und die Liste der Pflichtangaben, die wahlweise im Konzernanhang oder im übrigen KA zu machen sind, in § 313 Anm 42;
§ 314	: Sonstige Pflichtangaben.

g) Konzernabschluss nach IFRS

Die Vorschrift in § 315 a Abs 1 verweist nur auf die Ordnungswidrigkeiten nach § 334 Abs 1 Ziff 2 b (§ 298 Abs 1 iVm den §§ 244, 245) sowie auf § 334 Abs 1 Ziff 2 f (§ 313 Abs 2 bis 4 und § 314 Abs 1 Nr 4, 6, 8 und 9).

3. Aufstellung des Lageberichts und des Konzernlageberichts (Nrn 3 und 4)

Nr 3 bezieht sich auf den Pflichtinhalt des § 289 Abs 1 und will damit die Einhaltung des *true and fair view* bei der Aufstellung des Lageberichts sichern. Die 13

Neufassung durch das BiReG verdeutlicht, dass es um eine ausgewogene und umfassende Analyse des Geschäftsverlaufs einschl des Geschäftsergebnisses und der Lage verbunden mit einer Beurteilung und Erl der voraussichtlichen Entwicklung unter Berücksichtigung ihrer wesentlichen Chancen und Risiken geht. Das Gleiche gilt für den Pflichtinhalt gem § 315 Abs 1 für den Konzernlagebericht.

4. Offenlegung (Nr 5)

14 Nr 5 betrifft Verstöße gegen § 328 über Form und Inhalt der offen zu legenden Unterlagen bei gesetzlichen Offenlegungen und bei sonstigen Veröffentlichungen oder Vervielfältigungen.

15 Die Abgrenzung zu § 335 a (Ordnungsgeld) ist im HGB nicht eindeutig gezogen. § 328 setzt die Offenlegung oder andere Veröffentlichung des JA, KA etc (zB nach § 325 Abs 5) voraus und regelt nur die Einzelheiten über Form und Inhalt. Daraus wird man schließen müssen, dass nur Verstöße gegen diese Einzelvorschriften bei erfolgter Offenlegung mit Bußgeld geahndet werden können. Näheres in § 335 a Anm 11 ff.

5. Formblätter (Nr 6)

16 Nr 6 betrifft Verstöße gegen Formblatt-VO gem § 330 Abs 1 S 1, soweit diese für bestimmte Tatbestände auf § 334 verweisen. Derartige VO existieren für die Rechnungslegung von WohnungsUnt, Krankenhäusern und VerkehrsUnt (s § 330 Anm 20 und 60). Verstöße gegen Formblatt-VO für Kreditinstitute oder VersicherungsUnt werden speziell durch §§ 340 n, 341 n sanktioniert (Anm 3, 38 f).

6. In Abs 1 nicht erwähnte Vorschriften

17 Eine große Anzahl der in den §§ 242 ff enthaltenen Vorschriften ist in Abs 1 nicht erwähnt. Ihre Verletzung kann deswegen auch keine Ordnungswidrigkeit darstellen.

Die Gründe dafür, warum diese Vorschriften nicht mit Geldbuße bewehrt wurden, sind vielfältiger Natur. Bis auf wenige Ausnahmen lassen sich die Gründe oder die Vorschriften jedoch in die folgenden Gruppen einteilen:

18 – Eine größere Zahl dieser Vorschriften enthalten nur **Definitionen;** andere enthalten **Befreiungen, Erleichterungen** oder **Wahlrechte.** Wurden bei der Ausübung der Befreiung etc die dafür genannten Anforderungen nicht eingehalten, kommt eine Ahndung als Ordnungswidrigkeit allenfalls für die Grundnorm in Betracht.
  Ein besonderes Problem entsteht allerdings in Folgejahren, wenn die Pflichten, die an die Inanspruchnahme der Erleichterung oder Befreiung sowie des Wahlrechts geknüpft wurden, nicht eingehalten wurden; als Beispiel sei die planmäßige Mindestabschreibung des in Ausübung eines Wahlrechts aktivierten GFW gem § 255 Abs 4 S 2 und 3 genannt; diese Bestimmung ist in Abs 1 nicht aufgeführt. Nach allgemein rechtsstaatlichen Grds (s auch Art 101 GG; § 3 OWiG) kommt deswegen die Ahndung eines Verstoßes gegen diese Vorschrift mit einem Bußgeld nicht in Betracht.

19 – Vorschriften, die **Pflichten für andere Personen** als die Mitglieder des vertretungsberechtigten Organs oder des AR einer KapGes/KapCoGes begründen, können nicht zu den Ordnungswidrigkeiten nach Abs 1 zählen. Dazu gehören insb auch diejenigen Vorschriften der §§ 242 bis 254, die durch spezielle Vorschriften für KapGes/KapCoGes verdrängt werden.

20 – Vorschriften, die bereits mit einer **anderen Sanktion** versehen sind, bedürfen keiner (zusätzlichen) Bewehrung mit Geldbuße nach § 334. Dies gilt insb

für die Tatbestände, die mit Strafen (§§ 331 bis 333), mit Zwangsgeld (§ 335) oder Ordnungsgeld (§ 335 a) sanktioniert sind.

– Der Verstoß gegen eine Bestimmung, die nur ein **Unterfall** einer mit Bußgeld bewehrten (zwingenden) Vorschrift ist, stellt als mittelbarer Verstoß gegen die Grundnorm ebenfalls eine Ordnungswidrigkeit dar. Der Unterfall bedurfte danach keiner Aufnahme in Abs 1. 21

– Von den Vorschriften, die zu **Angaben im Anhang** verpflichten, werden nur wenige in Nr 1 d) und Nr 2 f) genannt. Dennoch sind eine Reihe weiterer Pflicht-Vorschriften zum Anhang bußgeldbewehrt, weil sie 22
  a) an anderer Stelle in Abs 1 genannt sind (zB § 265 Abs 2 in Nr 1 c) oder
  b) durch die als Blankettnormen wirkenden Vorschriften des § 284 Abs 1 und des § 313 Abs 1 einbezogen wurden. Verstöße gegen die davon nicht erfassten Vorschriften mit Pflichten zum Anhang können allerdings nicht mit Bußgeld geahndet werden (dazu Anm 11 aE).

– Sanktioniert beim **Lagebericht** sind nur Verstöße gegen die **Pflichtangaben** (§ 289 Abs 1, Abs 3, § 315 Abs 1, nicht jedoch bzgl Sollangaben nach § 289 Abs 2, § 315 Abs 2. 23

– Schließlich ist zu beachten, dass die Sanktionierung mit **Geldbuße** (oder gar Strafe) nur als **letztes Mittel** zur Einhaltung einer Norm eingesetzt werden sollte; nicht jede in den §§ 242 ff enthaltene Vorschrift bedarf der Bewehrung mit Geldbuße. Auch die obligatorische JAP ist ein Mittel, mit dem die Einhaltung der maßgeblichen Vorschriften gewährleistet werden soll.

– Es verbleiben allerdings einige **Zweifelsfragen,** bei denen die Bußgeldbewehrung einzelner Vorschriften durch das HGB und die Nichterfassung anderer Vorschriften durch systematische Erwägungen nicht erklärt werden können. *Beispiele:* 24
  a) Wegen der zentralen Bedeutung von § 264 Abs 2 S 1 wollte das HGB durch Aufnahme dieser Vorschrift in den Katalog bußgeldbewehrter Vorschriften möglicherweise hinsichtlich unbedeutender Verstöße den Eindruck einer Ahndungslücke vermeiden: „leichte Verstöße sind sanktionslos". Das gilt insb für Anhang-Ergänzungen gem § 264 Abs 2 S 2.
  b) Bei KapGes/KapCoGes ist das Verbot der Abschreibung im Rahmen vernünftiger kfm Beurteilung (§ 279 Abs 1 S 1) nicht mit Bußgeld bewehrt, während gleichzeitig das Verbot der außerplanmäßigen Abschreibung anderer Anlagegegenstände als Finanzanlagen (§ 279 Abs 1 S 2) eine Ordnungswidrigkeit darstellt. Das mag allerdings daran liegen, dass das HGB einen Verstoß gegen § 279 Abs 1 S 1 nicht nur als Ordnungswidrigkeit ansehen wollte; ein solcher Verstoß dürfte wohl vielfach zu einer unrichtigen Wiedergabe der Verhältnisse der KapGes/KapCoGes iSv § 331 führen (wenn er nicht geringfügig ist). Der gleichfalls nicht bußgeldbewehrte § 279 Abs 2 hat geringe praktische Bedeutung (§ 279 Anm 7).

Zur einfacheren Handhabung nennen wir nachstehend die in Abs 1 nicht genannten Bestimmungen im Einzelnen und begründen in Stichworten, warum sie *nicht* geschützt sind: 25

Vorschriften über den JA und Lagebericht

§ 242 Abs 1 u 2	andere Sanktion (Zwangsgeld) gem § 335 S 1 Nr 1 (Anm 20);
Abs 3	Definition (Anm 18);
§ 243 Abs 3	gilt für KapGes/KapCoGes nicht; wird durch § 264 Abs 1 S 2 und 3 verdrängt (Anm 19);
§ 249 Abs 1 S 2	mit dieser Bestimmung soll nur die steuerrechtliche Anerkennung der genannten (Aufwand-)Rückstellungen gewähr-

	leistet werden (§ 249 Anm 104, 111); soweit Passivierungspflicht nicht auch nach § 249 Abs 1 S 1 gegeben ist, besteht also kein Bedarf für eine handelsrechtliche Sanktion;
Abs 1 S 3	Wahlrecht (Anm 18);
Abs 2	Wahlrecht (Anm 18);
§ 250 Abs 1 S 2	Wahlrecht (Anm 18);
Abs 3	Wahlrecht (Anm 18);
§ 252	die Vorschrift enthält nur Grundsätze, von denen Ausnahmen zulässig sind; dies macht sie für eine Bußgeldsanktion ungeeignet;
§ 253 Abs 3 S 3	Wahlrecht (Anm 18);
Abs 4	gilt für KapGes/KapCoGes gem § 279 Abs 1 S 1 nicht (Anm 19);
Abs 5	gilt für KapGes/KapCoGes gem § 280 Abs 1 S 2 nicht (Anm 19);
§ 254 S 1	Wahlrecht, für KapGes/KapCoGes allerdings eingeschränkt gem § 279 Abs 2 (Anm 18);
S 2	gilt für KapGes/KapCoGes gem § 280 Abs 1 S 2 nicht (Anm 19);
§ 255 Abs 2 S 3–5	Wahlrechte (Anm 18);
Abs 3 S 1	Definition zu Abs 2 (Anm 18);
Abs 3 S 2	Wahlrecht (Anm 18);
Abs 4	Wahlrecht (Anm 18);
§ 256	Erleichterung (Anm 18);
§§ 257 bis 261	betreffen nicht die Aufstellung oder Feststellung des JA;
§ 263	gilt nicht für KapGes/KapCoGes (Anm 19);
§ 264 Abs 1	andere Sanktion (Zwangsgeld) gem § 335 S 1 Nr 1 (Anm 20);
Abs 3	Wahlrecht (Anm 18);
§ 265 Abs 1 S 1	Die Vorschrift enthält (nur) einen Grds, von dem Ausnahmen zulässig sind; dies macht sie für eine Bußgeldsanktion ungeeignet (s auch § 252);
Abs 1 S 2	Grund für unterlassene Bußgeldbewehrung ist unklar (Anm 23 u. 24); aber Ahndung über Verstoß gegen § 284 Abs 1 möglich, wenn zwei oder mehr Einzelposten betr;
Abs 5	Wahlrecht (Anm 18);
Abs 7	Erleichterung (Anm 18);
Abs 8	Erleichterung (Anm 18);
§ 267	Definitionen (Anm 18);
§ 268 Abs 1	Wahlrecht (Anm 18);
§ 269 S 1	Bilanzierungshilfe (Anm 18);
§ 269 S 2	Ausschüttungssperre, also keine Vorschrift, die die Aufstellung oder Feststellung des JA betrifft;
§ 270	Zeitpunkt-Regelungen; sanktioniert durch Nr 1 c
§ 271	Definitionen (Anm 18);
§ 274 Abs 2 S 1, 2	Wahlrechte (Anm 18);
§ 274 Abs 2 S 3	Ausschüttungssperre, also keine Vorschrift, die die Aufstellung oder Feststellung des JA betrifft (s § 269 S 2);
Abs 2 S 4	Klarstellung zu § 274 Abs 2 S 1, wie dieser nicht bußgeldbewehrt;
§ 274 a	Erleichterungen (Anm 18);
§ 276	Erleichterung (Anm 18);
§ 278	Die Vorschrift regelt Annahmen hinsichtlich der Ergebnisverwendung bei der Berechnung der Gewinnsteuern (§ 278 Anm 2); der Ansatz und die Bewertung dieser Posten ist letztlich ein Unterfall des Ansatzes oder der Bewertung dieser Verbindlichkeiten/Rückstellungen (§ 246 Abs 1, § 249, § 253 Abs 1 S 2) und deswegen darüber mittelbar bußgeldbewehrt (Anm 21);

§ 279 Abs 1 S 1	Versagung eines Wahlrechts für KapGes/KapCoGes, das im Gegensatz zu der Einschränkung nach S 2 nicht bußgeldbewehrt ist. Ein Verstoß dürfte vielfach in den Anwendungsbereich des § 331 führen (Anm 24);
Abs 2	teilweise Versagung eines Wahlrechts (dazu Anm 24 zu b);
§ 280 Abs 2	Wahlrecht (Anm 18);
§ 281 Abs 1 S 1	Wahlrecht (Anm 18);
Abs 2 S 2	über § 284 Abs 1 bußgeldbewehrt (Anm 21);
§ 286 Abs 1	Erleichterung aus bilanzrechtlicher Sicht (Anm 18), ein Verstoß wäre nach anderen Gesetzen zu ahnden;
Abs 2	Erleichterung (Anm 18);
Abs 3	Erleichterung (Anm 18);
Abs 4	Erleichterung (Anm 18);
Abs 5	Erleichterung (Anm 18);
§ 287	Wahlrecht (Anm 18);
§ 288	Erleichterung (Anm 18);
§ 289 Abs 2	Sollvorschriften, deren Verletzung keine Geldbuße als Sanktion auslösen kann.

Vorschriften über den KA und Konzernlagebericht

§ 290 Abs 1 u 2	andere Sanktion (Zwangsgeld) gem § 335 Nr 2 (Anm 20);
Abs 3, 4	Definitionen (Anm 18);
§ 291 Abs 1 u 2	Befreiungen (Anm 18);
Abs 3	Einschränkung der Befreiung gem Abs 1 und 2; eine Sanktionierung erschien wohl nicht erforderlich, da hier gesrechtliche Durchsetzungsmöglichkeiten für die antragstellenden Gester bestehen (str, s § 291 Anm 47);
§ 292	Normadressat ist der Bundesminister der Justiz (Anm 19);
§ 294 Abs 2	Ergänzung und Modifizierung von § 298 Abs 1 iVm § 265 Abs 2 S 1; ein Verstoß dürfte allerdings regelmäßig mittelbar über § 298 bußgeldbewehrt sein (Anm 21);
§ 294 Abs 3 S 1	S 1 betrifft einen anderen Adressaten als das bilanzierungspflichtige MU (Anm 19);
Abs 3 S 2	keine öffentliche Pflicht, sondern eine zivilrechtliche Anspruchsgrundlage;
§ 296 Abs 1 u 2	Erleichterungen (Anm 18);
Abs 3	als Pflichtangabe durch § 313 bußgeldbewehrt (Anm 21);
§ 297 Abs 1	Definition (Anm 18);
§ 298 Abs 2	Erleichterung (Anm 18);
Abs 3	Wahlrecht/Erleichterung (Anm 18);
§ 299 Abs 1	idF d TransPuG kein Wahlrecht mehr;
Abs 2	Sollvorschrift, deren Verletzung keine Geldbuße auslösen kann;
Abs 3	mittelbar über § 313 Abs 1 S 2 bußgeldbewehrt (Anm 22);
§§ 301–307	enthalten Konkretisierungen und Detailregelungen zu den (bußgeldbewehrten) Grundsätzen für die Vollkonsolidierung gem § 300 oder sie sind mittelbar durch § 297 Abs 3 „Konzern als Einheit" gesichert (Anm 21);
§ 308 Abs 1 S 2	Wahlrechte (Anm 18);
§ 309	nicht bußgeldbewehrt, da auch die Grundnorm des § 301 nicht eigenständig bußgeldbewehrt ist;
§ 310	Wahlrecht (Anm 18);
§ 311 Abs 1 S 2	Definition (Anm 18);
Abs 2	Erleichterung (Anm 18);
§ 315 a	vgl Anmerkung 12 aE
§ 315 Abs 2	Sollvorschrift, deren Verletzung keine Geldbuße auslösen kann
Abs 3	Wahlrecht (Anm 18);
§ 324 a	Definition und Wahlrecht

§§ 325, 325 a	andere Sanktion (Zwangsgeld) gem § 335 S 1, Ordnungsgeld gem § 335 a S 1 (Anm 20);
§ 326	Erleichterung (Anm 18);
§ 327	Erleichterung (Anm 18);
§ 329	anderer Adressat (Anm 19);
§ 330	Normadressat ist das BMJ (Anm 19);
§ 342	Normadressat ist das BMJ (Anm 19);
§ 342 a	Normadressat ist das BMJ (Anm 19).

II. Verstöße gegen Abs 2

26 Es handelt sich um Verstöße des AP gegen die erweiterten gesetzlichen Ausschlussgründe gem § 319 Abs 2, 3 und 5, § 319 a Abs 1 S 1, Abs 2. Ordnungswidrig handelt, wer als AP tätig ist, obwohl die Besorgnis seiner Befangenheit besteht (§ 319 Abs 2 und 3 im Detail s dort) mit Erstreckung auf WPG nach § 319 Abs 4 und Erstreckung auf den KA nach § 319 Abs 5.

Ordnungswidrig handelt auch, wer als AP tätig ist und hierbei gegen die besonderen Ausschlussgründe des § 319 a Abs 1 Ziff 1 bis 4 (Mandatsumsatzbegrenzung, unerlaubte Beratung, interne Rotation) verstößt. § 319a Abs 1 S 3 erstreckt die Ziff 1 bis 3 auf WPG, S 4 bringt Erl bzgl WPG hinsichtlich Ziff 4. § 319 a Abs 2 erstreckt die Regelungen auch auf den KA.

27 Gegen Abs 2 können nur WP und vBP verstoßen und diese auch nur dann, wenn sie entweder selbst AP sind oder, bei Tätigwerden für eine WPG/BPGes, als gesetzliche Vertreter oder Prüfungsgehilfen für diese den BVm (erteilen und) unterzeichnen. Andere gesetzliche Vertreter oder Prüfungsgehilfen kommen dafür nicht in Betracht, da sie nicht einen BVm „erteilen". Jedoch ist Tatbeteiligung durch jedermann möglich (Anm 2) und könnte insb iSv Anstiften praktisch werden. Die Erteilung eines BVm durch eine Person, die nicht AP ist, ist nicht tatbestandsmäßig (*Quedenfeld* in MünchKomm HGB § 334 Anm 42). Die Erstellung eines Prüfungsberichts durch einen ausgeschlossenen Prüfer wird von Abs 2 nicht erfaßt (*Tiedemann* in Scholz[8] Vor §§ 82 ff GmbHG Anm 92).

III. Voraussetzungen und Verfahrensfragen

1. Vorwerfbarkeit

28 Wegen des geringen Unrechtsgehalts von Ordnungswidrigkeiten vermeidet das OWiG den Begriff „Schuld" und spricht stattdessen von einer rechtswidrigen und vorwerfbaren Handlung (§ 1 OWiG). Da § 334 fahrlässiges Handeln nicht ausdrücklich mit Geldbuße bedroht, kann hier nur vorsätzliches und bedingt vorsätzliches (*Otto* in Heymann[2] § 334 Anm 31) Verhalten als Ordnungswidrigkeit verfolgt werden (§ 10 OWiG). Leichtfertigkeit, also grob fahrlässiges Verhalten, reicht *nicht* aus.

Die Abgrenzung von Vorsatz (einschl bedingtem Vorsatz) und Fahrlässigkeit entspricht dem Strafrecht. Das Gleiche gilt weitgehend für die Relevanz eines etwaigen Irrtums; s § 332 Anm 41 f.

2. Zuständigkeit für die Verfolgung

29 Gem § 36 Abs 1 Nr 2 a OWiG sind bei Ordnungswidrigkeiten die obersten fachlich zuständigen Landesbehörden immer dann zuständig, wenn wie hier im HGB keine besondere Zuständigkeitsregelung getroffen ist. Zuständig für Ordnungswidrigkeiten nach § 334 ist danach das Wirtschaftsministerium des Bun-

deslandes, in dem die KapGes/KapCoGes ihren (Haupt-)Sitz bzw bei Zweigniederlassungen einer KapGes/KapCoGes mit Sitz im Ausland am Sitz der verantwortlichen Zweigniederlassung hat.

Die jeweiligen Landesregierungen können die Zuständigkeit auf andere Stellen übertragen. Von dieser Möglichkeit haben einige Bundesländer Gebrauch gemacht. Quellen in *Göhler*[13] Anhang B.

3. Opportunitätsprinzip

Die Behörde entscheidet gem § 47 OWiG nach ihrem pflichtgemäßen Ermessen, ob sie die Ordnungswidrigkeit verfolgt (Opportunitätsprinzip). Bejaht sie dies, geht sie von Amts wegen vor. Ein Antrag ist nicht Voraussetzung für ihr Tätigwerden. 30

Die Ahndung erfolgt grds durch Bußgeldbescheid. Gegen diesen Bescheid kann der Betroffene innerhalb von zwei Wochen nach Zustellung schriftlich oder zur Niederschrift bei der Behörde Einspruch einlegen. Über den Einspruch entscheidet das Amtsgericht; unter bestimmten Voraussetzungen kann Rechtsbeschwerde eingelegt werden.

C. Folgen (Abs 3)

Jede von § 334 sanktionierte Ordnungswidrigkeit kann nach Abs 3 mit einer Geldbuße bis zu € 50 000 (Erhöhung durch VorstOG; zur zeitlichen Anwendbarkeit vgl Art 59 EGHGB) geahndet werden. 40

Grundlagen für die „Bemessung der Geldbuße" sind die Bedeutung der Ordnungswidrigkeit und die Schwere des Vorwurfs gegen den Täter (Anm 10). Auch die wirtschaftlichen Verhältnisse des Täters kommen in Betracht (§ 17 Abs 3 OWiG). Die Geldbuße soll den wirtschaftlichen Vorteil des Täters aus der Ordnungswidrigkeit übersteigen. Reicht das gesetzliche Höchstmaß hierzu nicht aus, könnte es überschritten werden (§ 17 Abs 4 OWiG).

Eine Abschöpfung des wirtschaftlichen Vorteils setzt voraus, dass ein solcher *gerade dem Täter* aus der Ordnungswidrigkeit entstanden ist. Mit Verstößen gem § 334 wird regelmäßig kein konkreter wirtschaftlicher Vorteil verbunden sein.

Eine Geldbuße kann auch gegen die KapGes/KapCoGes verhängt werden (§ 30 OWiG). Voraussetzung dafür ist, dass ein Mitglied des vertretungsberechtigten Organs einer KapGes/KapCoGes eine Ordnungswidrigkeit begeht, durch die Pflichten der KapGes/KapCoGes verletzt werden oder die KapGes/KapCoGes bereichert wird. Bei der Pflicht zur Rechnungslegung sind die Voraussetzungen des § 30 OWiG bei Ordnungswidrigkeiten gegen Abs 1 erfüllt. Für die Höhe der Geldbuße gegen die KapGes/KapCoGes gilt Anm 30. 41

Ist der gesetzliche Vertreter einer Zweigniederlassung verantwortlich (Anm 28), kann die Geldbuße gegen ihn und daneben gegen die ausländische KapGes/KapCoGes, im Inland vertreten durch die Zweigniederlassung, verhängt werden.

Ob die Geldbuße gegen das Organmitglied, gegen die KapGes/KapCoGes oder gegen beide festgesetzt wird, hängt vom Einzelfall ab; auch darüber entscheidet die Behörde nach pflichtgemäßem Ermessen. Eine Geldbuße gegen die KapGes/KapCoGes kommt insb in Betracht, wenn eine Geldbuße gegen das Organmitglied auf Grund dessen wirtschaftlicher Verhältnisse der Höhe nach nicht ausreicht, um die Tat angemessen zu ahnden. In Einzelfällen kann es sogar angemessen sein, eine Geldbuße nur gegen die KapGes/KapCoGes zu verhängen (*Göhler*[13] § 30 Anm 35). 42

43 Aus der Bußgeldbewehrung einer Vorschrift in **Abs 1** folgt bei entspr Verstößen nicht ohne weiteres die Nichtigkeit eines festgestellten JA der KapGes/KapCoGes: Soweit sie die **Gliederung** und **Bewertung** (einschl Ansatz) betreffen, führen Verstöße nicht zur Nichtigkeit des JA nach § 256 Abs 1 AktG. Insoweit gehen § 256 Abs 4 und 5 AktG vor, die die Nichtigkeit bei solchen Verstößen regeln.

Als Vorschriften, die dem **Gläubigerschutz** iSv § 256 Abs 1 AktG dienen und deren Verletzung zur Nichtigkeit des JA führen können (soweit sie nicht unwesentlich sind), kommen die Vorschriften über Form und Inhalt des JA in Betracht (*WPH*[12] I U 164).

Verstöße des WP gegen **Abs 2** führen nicht zur Nichtigkeit des JA; dazu § 319 Anm 92f.

D. Weitere Vorschriften in Spezialgesetzen

45 Das **PublG** (§ 20 Abs 1) folgt im Inhalt und Aufbau streng den Regeln des Abs 1:

Die in **Abs 1 Nr 1** aufgeführten Vorschriften für alle Kfl (§§ 243–256) sind in § 20 Abs 1 Nr 1 PublG vollständig aufgeführt; die übrigen in **Abs 1 Nrn 1 bis 6** genannten Vorschriften werden in § 20 Abs 1 Nrn 1 bis 6 nur insoweit in Bezug genommen, als sie auch im PublG gelten.

46 § 20 PublG enthält demgegenüber keine **Abs 2** entspr Bestimmung. Obwohl § 319, der die Ausschlussgründe für die Tätigkeit als gesetzlicher AP aufzählt, im Bereich des PublG nach §§ 6 Abs 1 S 2 oder 14 Abs 1 S 2 PublG sinngemäß gilt, ist deswegen ein Verstoß dagegen nicht als Ordnungswidrigkeit zu ahnden. Berufsrechtliche Folgen bleiben davon unberührt.

47 § 334 deckt die Bußgeldvorschriften zur Rechnungslegung der KapGes/KapCoGes vollständig ab. Das **AktG** enthält deswegen keine eigene Regelung. Das Gleiche gilt für das **GmbHG.**

48 Die **Kreditinstitute** betr Bußgeldvorschriften hinsichtlich der externen Rechnungslegung sind in § 340n und § 38 der VO über die Rechnungslegung von Kreditinstituten abschließend geregelt. Das **KWG** enthält *insoweit* keine eigenen oder ergänzenden Vorschriften. Verstöße des *Abschlussprüfers* iSv Abs 2 werden durch den nahezu wortgleichen § 340n Abs 2 geahndet. Außerdem kann ein AP vor Prüfungsbeginn von der BaFin abgelehnt werden (§ 28 KWG).

49 Die **Versicherungsunternehmen** betr Bußgeldvorschriften hinsichtlich der externen Rechnungslegung sind in § 341n und § 63 der VO über die Rechnungslegung von VersicherungsUnt abschließend geregelt. Das **VAG** enthält *insoweit* keine eigenen oder ergänzenden Vorschriften. Verstöße des *Abschlussprüfers* iSv Abs 2 werden durch den wortgleichen § 341n Abs 2 geahndet. Außerdem kann ein AP vor Prüfungsbeginn vom BAV abgelehnt werden (§ 58 Abs 2 VAG).

50 Auf **Genossenschaften** ist wegen § 3 Abs 2 Nr 1 PublG nur der 2. Abschn des PublG (KA) anwendbar. Insoweit gilt dann nur § 20 Abs 1 Nrn 2 und 4 bis 6 PublG. Verstöße gegen die Vorschriften über den JA können daher nur nach § 160 GenG mit Zwangsgeld geahndet werden.

51 **Abschlussprüfer,** die bei eG eine Pflichtprüfung unter Verstoß gegen § 319 Abs 2 und 3 durchführen, können nicht mit Bußgeld belegt werden (s Anm 36); für AP von Kreditgenossenschaften gilt § 340n Abs 2 (Anm 38).

§ 335 Festsetzung von Zwangsgeld

[1]Mitglieder des vertretungsberechtigten Organs einer Kapitalgesellschaft, die

1. § 242 Abs. 1 und 2, § 264 Abs. 1 über die Pflicht zur Aufstellung eines Jahresabschlusses und eines Lageberichts,

2. § 290 Abs. 1 und 2 über die Pflicht zur Aufstellung eines Konzernabschlusses und eines Konzernlageberichts,

3. § 318 Abs. 1 Satz 4 über die Pflicht zur unverzüglichen Erteilung des Prüfungsauftrags,

4. § 318 Abs. 4 Satz 3 über die Pflicht, den Antrag auf gerichtliche Bestellung des Abschlussprüfers zu stellen oder,

5. § 320 über die Pflichten gegenüber dem Abschlussprüfer

nicht befolgen, sind hierzu vom Registergericht durch Festsetzung von Zwangsgeld nach § 140 a Abs. 1 des Gesetzes über die Angelegenheiten der freiwilligen Gerichtsbarkeit anzuhalten. [2]Das Registergericht schreitet jedoch nur auf Antrag ein; § 14 ist insoweit nicht anzuwenden. [3]Das einzelne Zwangsgeld darf den Betrag von fünftausend Euro nicht übersteigen.

Übersicht

Schrifttum: *de Weerth* Europarechtliche Saktionierung der unterlassenen Offenlegung des Jahresabschlusses? BB 1998, 366; *Keidel/Kuntze/Winkler*[14] Freiwillige Gerichtsbarkeit Kommentar zum FGG, München 1999; *Zimmer/Eckhold* Das Kapitalgesellschaft & Co.-Richtlinie-Gesetz NJW 2000, 1361.

A. Allgemeines

1 Die Verhängung von Zwangsgeld ist in zahlreichen Bundes- und Landesgesetzen als *Beugemittel* vorgesehen. Es dient dazu, die Pflicht zu einem bestimmten Verhalten durchzusetzen. Die Erfüllung der Pflichten, zu der § 335 anhalten will, wird für AG/KGaA teilweise durch §§ 407 Abs 1, 408 AktG (zB Vorlage-, Mitteilungspflichten) bewirkt; § 335 wurde dieser Vorschrift nachgebildet.

Der *Anwendungsbereich* des § 335 kann sich durch Änderung von HGB-Normen, auf die sich § 335 direkt oder mittelbar bezieht, *ändern,* zB durch Anhebung der Schwellenwerte in § 267 und § 293 oder durch Änderung anderer Vorschriften (Anm 16). Maßgebend für die Festsetzung von Zwangsgeld sind Wortlaut und Inhalt der Vorschriften, den diese **im Zeitpunkt des Gesetzesverstoßes** hatten.

2 Das HGB ist bei der Abgrenzung von Strafe/Bußgeld in §§ 331 bis 334 gegenüber dem Zwangsgeld in § 335 offenbar pragmatisch vorgegangen. Mit der Festsetzung eines Zwangsgelds wird stets nur die **formelle Erfüllung bestimmter Pflichten** durchgesetzt (zB S 1 Nr 1: Aufstellung eines JA), während die Nichteinhaltung der materiellen Einzelpflichten (zB bei Aufstellung des JA die Beachtung der GoB und der einzelnen Ansatz-, Bewertungs- und Ausweisvorschriften) in der Regel als Ordnungswidrigkeit, in gravierenden Fällen als Straftat verfolgt wird. Dadurch lässt sich meist eine eindeutige Abgrenzung treffen.

3 Ein Zwangsgeld könnte auch *neben* einer Geldbuße oder Strafe festgesetzt werden (§ 13 Abs 6 VwVG). Dies dürfte allerdings wegen der Verschiedenheit der jeweils geschützten Rechtsgüter selten praktisch werden. Das Verbot der Doppelbestrafung (Art 103 Abs 3 GG) steht nicht entgegen (*Kohlmann* in Hachenburg[8] § 79 Anm 12). Das Zwangsgeld stellt nur ein Beugemittel dar; für seine Androhung und Festsetzung ist nur ein **rechtswidriges Verhalten** und **kein Verschulden** an der Pflichtverletzung **erforderlich.**

B. Voraussetzungen für die Festsetzung von Zwangsgeld

I. Betroffener Personenkreis

10 Zwangsgelder können gem § 335 (nur) gegen Mitglieder des vertretungsberechtigten Organs einer KapGes oder KapCoGes (vgl Erl zu § 335b) verhängt werden (s § 331 Anm 18 und hier Anm 16).

Betroffene sind dabei jeweils die einzelnen Mitglieder des Organs (Vorstand, Geschäftsführer, Liquidatoren, ggf AR, Anm 16), nicht etwa die KapGes/KapCoGes (*OLG Stuttgart* 13. 7. 2000 GmbHR 2001, 301) oder das Organ als solches. Ist eine juristische Person zum Abwickler bestellt (§ 265 Abs 2 S 3 AktG; auch gem § 66 GmbHG zulässig), richtet sich das Verfahren gegen das Mitglied des Vertretungsorgans der juristischen Person, das zur Durchführung der Abwicklung berufen ist.

Bei Wegfall eines Organmitglieds (Ausscheiden, Tod) kann kein Zwangsgeld mehr festgesetzt werden, da die Handlungspflichten erloschen sind. Die Wirkungen eines eingeleiteten Zwangsgeldverfahrens treffen nicht den Rechtsnachfolger. Ist ein Mitglied längere Zeit an der Erfüllung seiner Pflichten verhindert, kann dies im Zwangsgeldverfahren (Anm 30ff) durch vorläufiges Absehen von einer Festsetzung berücksichtigt werden (*Keidel/Schmatz/Stöber*[4] Registerrecht, München 1985 Anm 1341).

II. Mit Zwangsgeld bewehrte Pflichten

Die Tätigkeiten, deren Ausführung mit Zwangsgeldern erzwungen werden kann, sind in S 1 aufgezählt:

1. Aufstellung eines Jahresabschlusses und eines Lageberichts (§ 242 Abs 1 und 2, § 264 Abs 1)

Ein Zwangsgeld kann nur dann festgesetzt werden, wenn Unterlagen, die (noch) als EB, Bilanz, GuV, Anhang und Lagebericht iSd genannten Bestimmungen angesehen werden können, nicht erstellt werden. § 335 ist dagegen nicht anwendbar, wenn diese Unterlagen, gemessen an den für sie geltenden Vorschriften, nur unvollständig oder unrichtig sind. 11

Ist ein JA tatsächlich aufgestellt worden, kommt im Falle seiner Nichtkeit die Festsetzung von Zwangsgeld gem § 335 nicht in Betracht. Ob dies auch bei gerichtlicher Feststellung der Nichtigkeit gem § 256 Abs 7 AktG gilt, bleibt offen (*BayObLG* 26. 5. 2000 AG 2001, 266). 12

Wird nur eine Bilanz, nicht jedoch eine GuV aufgestellt, ist § 242 Abs 2, den S 1 Nr 1 ausdrücklich erwähnt, nicht beachtet; ein Zwangsgeldverfahren wäre zulässig. Entspr gilt für das völlige Fehlen des Anhangs oder ggf des Lageberichts wegen deren gesonderter Nennung in S 1 Nr 1. Es sind jedoch die gesetzlichen Erleichterungen zu berücksichtigen (Wegfall des Lageberichts bei kleinen KapGes/KapCoGes). 13

Die Aufstellung eines unvollständigen oder fehlerhaften JA oder Lageberichts kann jedoch uU als Straftat oder Ordnungswidrigkeit iS der §§ 331, 334 geahndet werden. Umgekehrt hat das HGB das Unterlassen der Aufstellung bewusst weder unter Strafe noch unter Bußgeldandrohung gestellt, sondern nur mit Zwangsgeld bewehrt. 14

2. Aufstellung eines Konzernabschlusses und eines Konzernlageberichts (§ 290 Abs 1 und 2)

Es wird auf Anm 11ff verwiesen. Wegen aufgestellter befreiender KA und Konzernlageberichte s die Erl zu §§ 291, 292 und 315a. Wird weder ein KA noch ein befreiender KA aufgestellt, gelten Anm 11–15. 15

3. Unverzügliche Erteilung des Prüfungsauftrags (§ 318 Abs 1 S 4)

Mit der Erzwingung einer unverzüglichen Erteilung des Prüfungsauftrags will der Gesetzgeber zu einer zügigen Durchführung der Abschlussprüfung beitragen, die Voraussetzung für die Feststellung des JA ist (§ 316 Abs 1 S 2). 16

„Vertretungsberechtigtes Organ“ iSv § 318 Abs 1 S 4 ist bei AG für die Erteilung des Prüfungsauftrags an den AP der AR, § 111 Abs 2 S 3 AktG. Diese Vorschrift gilt ggf auch für GmbH (§ 52 Abs 1 GmbHG; Satzungsvorbehalt), nicht aber für KGaA (§ 283 Nrn 9 bis 11 AktG).

4. Antrag auf gerichtliche Bestellung des Abschlussprüfers (§ 318 Abs 4 S 3)

Auch diese Bestimmung soll der baldmöglichen Durchführung der APr dienen (s Anm 16), obwohl dem Gericht kein Zeitraum („unverzüglich“) vorgegeben ist; dazu § 318 Anm 26. 17

5. Pflichten gegenüber dem Abschlussprüfer (§ 320)

18 Es soll die umfassende und vollständige Unterstützung des AP im Rahmen, aber auch in den Grenzen des § 320 gesichert werden. Ein Zwangsgeldverfahren ist zulässig, wenn jegliche in § 320 vorgesehene Hilfestellung verweigert wird, aber auch dann, wenn bei grds Auskunftsbereitschaft bestimmte prüfungserhebliche Bereiche oder Details ausgespart werden (dazu im Einzelnen § 320, insb Anm 30f).

C. Zwangsgeldverfahren

30 Erfüllen die einzelnen Mitglieder des gesetzlichen Vertretungsorgans nicht jede der in S 1 Nr 1 bis 5 genannten Pflichten, sind sie dazu vom Registergericht durch Festsetzung von Zwangsgeld nach § 140a iVm § 132 Abs 1 FGG anzuhalten (S 1).

31 Zuständig ist das Amtsgericht, bei dem der (Haupt-)Sitz der KapGes/KapCoGes eingetragen ist. Es handelt sich um ein Verfahren der Freiwilligen Gerichtsbarkeit, für das die §§ 140a, 132 bis 139 FGG und ergänzend die allgemeinen Verfahrensvorschriften der §§ 1 bis 34 FGG gelten.

I. Antrag

32 Das Registergericht schreitet nur ein, wenn ein entspr Antrag gestellt worden ist. Das Registergericht wird nach § 14 grds von Amts wegen tätig. § 335 schließt die Anwendung von § 14 jedoch ausdrücklich aus. Nach § 140a Abs 1 S 2 FGG kann ein gestellter Antrag nicht mehr zurückgenommen werden. Zur Stellung des Antrags berechtigt ist jedermann, ohne dass es etwa des Nachweises besonderer Rechtsschutzinteressen befürfte (*OLG Köln* 12. 2. 2001 GmbHR, 303).

II. Androhung von Zwangsgeld

33 Das Registergericht hat den Antrag zu prüfen. Es hat dabei gem § 12 FGG von Amts wegen ggf erforderliche Beweise zu erheben. Für das Vorliegen einer Pflichtverletzung gem S 1 Nrn 1 bis 5 reicht die Glaubhaftmachung aus (§ 132 Abs 1 FGG). Dies ist weniger als die volle Gewissheit; sie gibt einem Antragsteller verfahrensmäßig insb die Möglichkeit, neben den „normalen" Beweismitteln iSd ZPO (§ 15 Abs 1 FGG) auch eine eigene Versicherung an Eides Statt vorzulegen (§ 15 Abs 2 FGG). Bei Ausübung des Antragsrechts entstehen für den Antragssteller keine Verfahrenskosten (§ 2 Nr 1 KostO).

34 Hat das Registergericht in diesem Sinne glaubhafte Kenntnis von einer Pflichtverletzung gem S 1 erhalten, muss es – uU nach erfolgloser Erinnerung an die Handlungspflichten – tätig werden. Es hat eine Verfügung zu erlassen, die sich an die Mitglieder des vertretungsberechtigten Organs (§ 331 Anm 18) richtet und folgende Bestandteile enthalten muss:

- die möglichst genaue Beschreibung der zu erfüllenden Verpflichtung;
- die Bestimmung einer angemessenen Frist, innerhalb der entweder diese Verpflichtung zu erfüllen oder die Nichterfüllung mittels Einspruch zu rechtfertigen ist;
- die Androhung eines zahlenmäßig bestimmten Zwangsgelds für den Fall, dass weder Einspruch eingelegt noch die Verpflichtung erfüllt wird.

III. Einspruchsverfahren

35 Anders als bei der Androhung des Zwangsgelds (Anm 33 f) muss sich das Registergericht im Einspruchsverfahren, das sich anschließen kann (§§ 134 ff FGG), volle Gewissheit darüber verschaffen, ob eine Pflichtverletzung gem S 1 Nrn 1 bis 5 vorliegt (*Bumiller/Winkler*[6] Freiwillige Gerichtsbarkeit, München 1995 § 132 Anm 4 mwN). Sonst darf kein Zwangsgeld verhängt werden.

IV. Festsetzung von Zwangsgeld

36 Wird nach Androhung und innerhalb der bestimmten Frist die Verpflichtung nicht erfüllt und ist außerdem kein Einspruch erhoben oder Letzterer bereits als unbegründet zurückgewiesen, hat das Registergericht das Zwangsgeld festzusetzen (höchstens den angedrohten Betrag) und die frühere Verfügung unter Androhung eines erneuten Zwangsgelds zu wiederholen. Auch sind dem/den Betroffenen die Verfahrenskosten aufzuerlegen.

37 Erfüllt die Ges ihre Verpflichtung bereits nach Erlass des Festsetzungsbeschlusses, ist dieser samt Kostenentscheidung aufzuheben; nach Rechtskraft des Beschlusses jedoch nur auf Antrag. Vollstreckungsmaßnahmen zur Einziehung des Zwangsgelds sind dann nicht mehr zulässig.

Ist das Zwangsgeld eingezogen, führt die Erfüllung der Verpflichtung nicht mehr zur Aufhebung des Beschlusses und zur Rückzahlung des Zwangsgelds.

38 Das **einzelne Zwangsgeld** darf € 5000 nicht übersteigen. Richtet sich ein Verfahren gegen **mehrere Personen,** zB mehrere Vorstandsmitglieder einer AG, können Beträge in unterschiedlicher Höhe gegen jede Person, jeweils bis zur Höchstgrenze, festgesetzt werden. Schreitet das Registergericht gegen eine Person wegen Nichtbefolgung **mehrerer Pflichten** zugleich ein, darf nicht für jede einzelne Handlungspflicht die Höchstsumme festgesetzt werden, da darin nicht mehr „einzelne Zwangsgelder" iSv S 3 gesehen werden können. Der Gesamtbetrag der Zwangsgelder gegen *eine* Person ist wegen der Zulässigkeit mehrerer Verfahren oder der wiederholten Festsetzung nicht begrenzt.

D. Weitere Vorschriften in Spezialgesetzen

I. Publizitätsgesetz

40 Der Umfang der durch Zwangsgeld erzwingbaren Pflichten ist an § 335 ausgerichtet. Es entsprechen dabei

§ 335 S 1 HGB	§ 21 S 1 PublG
Nrn 1 und 2	Nr 2
Nr 3	Nr 3
Nr 4	Nr 4
Nr 5	Nr 5

Für die Erl der Nrn 2 bis 5 des § 21 PublG wird auf die Anm 10 bis 18 verwiesen. Die in § 21 PublG zusätzlich aufgeführten Verpflichtungen betreffen andere Sachverhalte: S 1 Nr 1 betrifft die Pflichten ggü den Prüfern, welche die in §§ 1, 11 PublG genannten Größenmerkmale feststellen sollen; S 1 Nrn 6 und 7 betreffen die Pflichten nach §§ 7, 14 PublG ggü einem etwaigen AR (s § 170 Abs 1 u 3 AktG).

41 Ein wesentlicher Unterschied zwischen § 21 PublG und § 335 ergibt sich ferner daraus, dass § 21 PublG das Antragserfordernis gem S 2 *nicht* übernommen hat.

II. Versicherungsaufsichtsgesetz

42 Für VersicherungsUnt in der Rechtsform der KapGes/KapCoGes gilt § 335 unmittelbar. § 341 o regelt die Festsetzung von Zwangsgeld für VersicherungsUnt anderer Rechtsformen. Diese Vorschrift soll zur Einhaltung der in S 1 Nrn 1, 3 bis 5 genannten Vorschriften, ferner zur Aufstellung von KA und Konzernlagebericht auch bei nicht als KapGes/KapCoGes betriebenen VersicherungsUnt (§ 341 i) sowie zur Offenlegung gem § 341 l Abs 1 anhalten (s hierzu Ausführungen zu § 335 a).

§ 55 VAG bestimmt ergänzend, dass §§ 341 ff auf öffentlich-rechtliche VersicherungsUnt Anwendung finden, soweit sie nicht Träger der Sozialversicherung sind oder nach § 341 Abs 1 S 2 (ggf auch Abs 2) ausdrücklich davon ausgenommen sind.

43 Das VAG enthält nur noch aufsichtsbezogene Vorschriften zur Vorlage von internen Rechnungslegungsunterlagen (zB interne Rechnungslegung ggü der Aufsichtsbehörde gem § 55 a VAG).

III. Kreditwesengesetz

44 Für Kreditinstitute in der Rechtsform der KapGes/KapCoGes gilt § 335 unmittelbar, während § 340 o die Festsetzung von Zwangsgeld bei Kreditinstituten in anderen Rechtsformen einschl Zweigniederlassung regelt. Das richtet sich an deren Geschäftsleiter (auch von Zweigstellen) und an Inhaber einzelkaufmännisch betriebener Kreditinstitute und nimmt weitgehend auf § 335 Bezug (s dazu Anm 42). Das KWG enthält nur noch aufsichtsbezogene Vorschriften zur Vorlage von internen Rechnungslegungsunterlagen (§ 44 KWG).

IV. Genossenschaftsgesetz

45 Nach § 160 Abs 1 S 2 GenG können auch die Mitglieder des Vorstands einer eG durch Zwangsgeld angehalten werden, ihre Pflichten iZm der Rechnungslegung zu erfüllen. Es entspricht dabei

§ 335 S 1 HGB	§ 160 Abs 1 GenG
Nr 1	S 2 iVm § 242 Abs 1, 2 HGB u m § 336 Abs 1 HGB
Nr 4	S 2 iVm § 56 Abs 2 S 3 GenG
Nr 5	S 1 iVm § 57 Abs 1 GenG

46 Für die Pflichten zum **Jahresabschluss** aus §§ 242 Abs 1 und 2, 336 Abs 1 und 339 gilt S 2 und 3 entspr, insb wird ein Verfahren nur **auf Antrag** eingeleitet (§ 160 Abs 2 S 2 GenG). Bei Verletzung der Pflichten iZm der JAP (§§ 56 Abs 2, 57 Abs 1 GenG) muss das Registergericht dagegen **von Amts wegen** einschreiten (Anm 41). Denn das Prüfungsverfahren ist für eG eigenständig geregelt; dazu Vor § 339 Anm 10 ff.

Falls eG **Konzernabschlüsse** aufzustellen haben (§§ 11, 14 Abs 2 PublG), findet das PublG Anwendung (Anm 40 f).

V. Umwandlungsgesetz

Nach § 316 Abs 1 UmwG können Mitglieder von Vertretungsorganen, zur Vertretung berechtigte Gester oder Abwickler, die einem Anteilsinhaber *trotz Verlangen* keine Abschrift eines Verschmelzungs-, Spaltungs- und Übernahmevertrags oder eines Spaltungsplans und des Umwandlungsbeschlusses erteilen, hierzu vom Registergericht von Amts wegen (§ 14 HGB) durch Zwangsgeld angehalten werden. Dagegen kann nach § 316 Abs 2 UmwG die Anmeldung einer Umwandlung zur Eintragung in das zuständige Register nicht durch Festsetzung von Zwangsgeld erzwungen werden. 47

§ 335a Festsetzung von Ordnungsgeld

[1]Gegen die Mitglieder des vertretungsberechtigten Organs einer Kapitalgesellschaft, die

1. § 325 über die Pflicht zur Offenlegung des Jahresabschlusses, des Lageberichts, des Konzernabschlusses, des Konzernlageberichts und anderer Unterlagen der Rechnungslegung oder

2. § 325 a über die Pflicht zur Offenlegung der Rechnungslegungsunterlagen der Hauptniederlassung

nicht befolgen, ist wegen des pflichtwidrigen Unterlassens der rechtzeitigen Offenlegung vom Registergericht ein Ordnungsgeld nach § 140 a Abs. 2 des Gesetzes über die Angelegenheiten der freiwilligen Gerichtsbarkeit festzusetzen; im Falle der Nummer 2 treten die in § 13 e Abs. 2 Satz 4 Nr. 3 genannten Personen, sobald sie angemeldet sind, an die Stelle der Mitglieder des vertretungsberechtigten Organs der Kapitalgesellschaft. [2]Einem Verfahren nach Satz 1 steht nicht entgegen, dass eine in § 335 Satz 1 bezeichnete Pflicht noch nicht erfüllt ist. [3]Das Registergericht schreitet jedoch nur auf Antrag ein; § 14 ist insoweit nicht anzuwenden. [4]Das Ordnungsgeld beträgt mindestens zweitausendfünfhundert und höchstens fünfundzwanzigtausend Euro; § 140 a Abs. 2 Satz 4 des Gesetzes über die Angelegenheiten der freiwilligen Gerichtsbarkeit bleibt unberührt.

Übersicht

A. Allgemeines

1 Das alte Zwangsgeldverfahren nach § 335 Satz 1 Nrn 6 und 7 wurde durch das KapCoRiLiG aufgehoben und durch ein Ordnungsgeldverfahren nach § 335a ersetzt. Im Verhältnis zum Zwangsgeld ist das Ordnungsgeld ein stärkeres Beugemittel, so kann es zB nicht zurückgenommen werden, wenn die Adressaten ihrer Verpflichtung nachgekommen sind. Das Registergericht wird nur auf Antrag tätig. Das Antragsrecht steht jedermann zu. Die Frage, ob mit der Neuregelung nun europarechtlichen Vorgaben Genüge getan ist, ist strittig.

B. Voraussetzungen für die Festsetzung von Ordnungsgeld

I. Betroffener Personenkreis

10 Die Ordnungsgeldandrohung richtet sich gegen das vertretungsberechtigte Organ der KapGes/KapCoGes, bei Zweigniederlassungen von KapGes/KapCoGes mit Sitz im Ausland gegen die ständigen Vertreter iSd § 13e Abs 2 S 4 Nr 3, sobald sie angemeldet sind. Bis zu deren Anmeldung bleibt es bei der Verpflichtung der gesetzlichen Vertreter (*Quedenfeld* in MünchKomm HGB § 335a Anm 4). Die Vorschriften des § 335a gelten gem § 335b auch für KapCoGes. Bei diesen Ges richtet sich die Ordnungsgeldandrohung gem § 264a Abs 2 an die Mitglieder des vertretungsberechtigten Organs der vertretungsberechtigten Ges. Da § 335b nur auf die Ges iSv § 264a Abs 1, nicht jedoch auf Vetreter iSv § 264a Abs 2 verweist, sehen *Winkeljohann/Schindhelm* (Das KapCoRiLiG, Herne/Berlin 2000, 220) möglicherweise den Bestimmtheitsgrundsatz des Art 103 Abs 2 GG als verletzt an. Denn im sog Nebenstrafrecht muss der Adressatenkreis einer straf- oder bußgeldbewährten Vorschrift genau bezeichnet werden. Das gilt nach der Begr des Gesetzentwurfs zum KapCoRiLiG (*BR-Drs 458/99* v 13. 8. 1999, Art 1 zu Nr 15) auch für die Zwangsgeldbestimmung des § 335; für die Ordnungsgeldbestimmung des § 335a kann nichts anderes gelten.

II. Mit Ordnungsgeld bewehrte Pflichten

Die Tätigkeiten, deren Ausführung mit Ordnungsgeld erzwungen werden können, sind in S 1 Nrn 1 und 2 aufgezählt:

1. Die Pflichten aus § 325

11 Zu dem JA, Lagebericht, KA und Konzernlagebericht s § 335 Anm 11 bis 15. Die „anderen Unterlagen", die zusätzlich zum JA, Lagebericht, KA und Kon-

zernlagebericht erwähnt werden, umfassen den Vorschlag für die Verwendung des Ergebnisses und den Verwendungsbeschluss, die nach § 161 AktG vorgesehene Erklärung, den BVm oder den Vermerk über dessen Versagung und den Bericht des AR. Auch Änderungen des JA oder BVm gehören dazu. Wegen Einschränkungen der Offenlegungspflichten bei GmbH und TU s § 325 Anm 21 f, § 326. S 1 Nr 1 verweist lediglich auf § 325, ohne die größenabhängigen Erleichterungen nach §§ 326, 327 zu erwähnen. Daraus lässt sich nicht ableiten, dass kleine KapGes/KapCoGes, deren Offenlegungspflicht sich *auch* nach § 326 und *nicht allein* nach § 325 bestimmt, nicht unter die Ordnungsgeldvorschriften fallen. Wenn § 326 die Anwendung des § 325 Abs 1 lediglich mit bestimmten Maßgaben (Erleichterungen) vorsieht, ändert dies nichts daran, dass § 325 Abs 1 die Offenlegungspflicht für alle KapGes/KapCoGes konstituiert und § 326 nur ihren Umfang regelt. Ähnliches gilt für § 327 (mittelgroße KapGes/KapCoGes). Mit Ordnungsgeld bedroht kann nur eine Verletzung *der* Offenlegungspflicht sein, wie sie vom Handelsrecht für die jeweilige KapGes/KapCoGes konkret ausgesprochen wird; bei der kleinen KapGes/KapCoGes kann also zB nicht die Einreichung einer GuV erzwungen werden, obwohl § 325 Abs 1 vom JA insgesamt spricht. Im *Konzern* sind neben KA, Konzernlagebericht, BVm uU auch der Abschluss eines nicht einbezogenen Unt und nachträgliche Änderungen des KA offen zu legen. Wegen Befreiungen und Vereinfachungen s § 325 Anm 80 ff. Beim IFRS-EA sind alle einschlägigen Standards bei der Offenlegung vollständig zu befolgen, § 325 Abs 2 a.

2. Die Pflichten aus § 325 a

12 Nach § 325 a müssen bei inländischen Zweigniederlassungen von KapGes/KapCoGes mit Sitz in einem anderen Mitgliedsstaat der EU oder einem EWR-Vertragsstaat die Unterlagen der Rechnungslegung der **Hauptniederlassung** offen gelegt werden. Gegenstand der Offenlegung sind die nach dem Recht der (ausländischen) Hauptniederlassung (KapGes/KapCoGes) erstellten, geprüften und offen gelegten Pflichtunterlagen der Rechnungslegung. Bei mehreren inländischen Zweigniederlassungen derselben ausländischen Hauptniederlassung (KapGes/KapCoGes) bedarf es nur der Einreichung bei dem Registergericht, bei dem die Satzung oder der GesVertrag eingereicht wurde (*Quedenfeld* in MünchKomm HGB § 335 a Anm 8). Für Zweigniederlassungen sind die Erleichterungen gem §§ 326, 327 nach dem Wortlaut von § 325 a nicht anwendbar.

3. Offenlegung

13 Offenlegung bedeutet Erfüllung aller sich aus § 325 ergebenden Pflichten durch Einreichung der Unterlagen zum HR *und* anschließende Bekanntmachung der Einreichung im BAnz. Dies gilt gem § 335 a für alle KapGes sowie gem § 335 b für die in § 264 a Abs 1 genannten OHG unf KG, gem § 340 o für die nicht in der Rechtsform der KapGes betriebenen Kredit- und Finanzdienstleistungsinstitute und ebenso gem § 341 o für VersicherungsUnt, die nicht in der Rechtsform der KapGes betrieben werden. Bei Zweigniederlassungen von KapGes/KapCoGes mit Sitz im Ausland (§ 325 a) entfällt die Bekanntmachung im BAnz.

4. Rechtzeitigkeit

14 Nach § 325 Abs 1 S 1, Abs 3 S 1 sind die einzureichenden Unterlagen spätestens vor Ablauf des 12. Monats des dem Abschlussstichtag nachfolgenden Gj

einzureichen. Diese Frist gilt für alle offenlegungspflichtigen Ges. Gem Abs 1 S 3 ist zur Fristwahrung auch eine Offenlegung in Stufen zulässig (s § 325 Anm 42ff). Ob sich das mit der Verschärfung der Offenlegungsfristen auch mitverfolgte Ziel einer zeitnahen Publizität so erreichen lässt, bleibt zweifelhaft.

C. Ordnungsgeldverfahren

20 Das Ordnungsgeldverfahren ist in § 140a Abs 2 iVm §§ 140a Abs 1 S 2 bis 6, 132, 133 Abs 2, 134 Abs 2, 135 bis 139 FGG geregelt. Anlass ist die fehlende Offenlegung für jeweils ein Gj. Die Offenlegung eines Folgeabschlusses verhindert nicht ein Verfahren wegen unterbliebener Offenlegung hinsichtlich eines früheren Gj. Das Ordnungsgeldverfahren kann auch durchgeführt werden, wenn Verpflichtungen aus § 335 Abs 1, zB Aufstellung des JA, (noch) nicht erfüllt sind. Es kann dann auch zeitgleich mit dem Zwangsgeldverfahren nach § 335 betrieben werden.

I. Antrag

21 Das Ordnungsgeldverfahren wird nur auf Antrag durchgeführt. Auf das Vorliegen eines besonderen Interesses des Antragstellers kommt es nicht an (*OLG Köln* 12. 2. 2001 GmbHR, 303). Das Registergericht darf nicht von Amts wegen tätig werden; § 14 ist insoweit nicht anzuwenden. Antragsberechtigt ist wie bei § 335 jedermann, also nicht nur Gester, Gläubiger oder Betriebsrat. Diese sind jedoch insoweit privilegiert, als ihnen – ebenso wie dem Antragsgegner – unter bestimmten weiteren Voraussetzungen Ansprüche auf Prozesskostenhilfe zustehen (S 1 iVm § 140a Abs 2 S 1, Abs 1 S 2 FGG). Hinsichtlich der Gerichtskosten sind die Antragsteller nach § 2 Nr 1 KostO nicht Kostenschuldner und haften auch nicht gesamtschuldnerisch mit dem Antragsgegner. Der Antrag kann nicht zurückgenommen werden (S 1 1. Hs iVm § 140a Abs 2 S 1, Abs 1 S 2 FGG).

Das sich anschließende Verfahren ist der weiteren Disposition des Antragstellers entzogen. Als gleichwohl noch Verfahrensbeteiligter soll er jedoch noch auf ein zügiges Verfahren hinwirken dürfen (*Baumbach/Hopt*[31] § 335a Anm 1 unter Hinweis auf Rechtsausschuss).

II. Androhung von Ordnungsgeld

22 Aufgrund des Antrags muss das Registergericht tätig werden; insoweit gibt es kein Ermessen. Es wird seine örtliche Zuständigkeit prüfen und feststellen, ob und inwieweit geschuldete Offenlegung unterblieben ist. Bejahendenfalls wird es die Mitglieder des vertretungsberechtigten Organs unter Androhung eines Ordnungsgelds auffordern, innerhalb von sechs Wochen den gesetzlichen Offenlegungspflichten nachzukommen.

Wurde bislang noch kein JA offen gelegt, liegen für das Registergericht keine Anhaltspunkte dafür vor, ob etwa größenabhängige Erleichterungen gem § 267 zB für kleine KapGes/KapCoGes in Betracht kommen. Zusammen mit der Androhung des Ordnungsgelds kann deshalb der Ges aufgegeben werden, Angaben zu den Größenmerkmalen zu machen. Kommt die Ges dieser Aufforderung nicht nach, wird für das weitere Verfahren vermutet, dass die Erleichterungen der §§ 326, 327 nicht in Anspruch genommen werden dürfen (§ 140a

Abs 3 S 2 FGG). Bei Konzernsachverhalten wird bei unterlassenen Angaben vermutet, dass die Befreiungsvoraussetzungen nach § 293 nicht vorliegen.

III. Einspruch gegen die Androhung

Gegen die Androhungsverfügung ist das Rechtsmittel des **Einspruchs** gegeben, der zB darauf gestützt werden kann, dass größenklassenbezogene Erleichterungen zu Recht in Anspruch genommen wurden oder die Voraussetzungen des § 264a Abs 1 nicht mehr vorliegen (*Winkeljohann/Schindhelm,* 221) oder nach § 264 Abs 3 oder § 264b vorliegen. 23

IV. Festsetzung

Die zur Offenlegung Verpflichteten haben innerhalb von sechs Wochen der Aufforderung nachzukommen oder die Nichtoffenlegung im Wege des Einspruchs zu rechtfertigen. Geschieht dies nicht, ist das Ordnungsgeld unverzüglich festzusetzen; zugleich ist die ursprüngliche Verfügung unter Androhung eines erneuten Ordnungsgelds zu wiederholen. 24

V. Rechtsmittel gegen Festsetzung oder Zurückweisung des Einspruchs

Gegen den Beschluss über die Festsetzung des Ordnungsgelds oder gegen den Beschluss, mit dem der Einspruch gegen die Androhung von Ordnungsgeld verworfen wird, ist die **sofortige Beschwerde** gem § 139 Abs 1 FGG gegeben. Eine weitere Beschwerde findet nicht statt. 25

VI. Folgen

Das Ordnungsgeld beträgt **mindestens € 2500** und **höchstens € 25000** und kann wegen derselben Sache wiederholt festgesetzt werden. Die Festsetzung des Ordnungsgelds kann nicht zurückgenommen werden, wenn die gesetzlichen Vertreter ihrer Verpflichtung schließlich nachgekommen sind. Es ist aber in das Ermessen des Gerichts gestellt, bei einer geringfügigen Überschreitung der Sechs-Wochen-Frist das Ordnungsgeld herabzusetzen (§ 140a Abs 2 FGG). 26

D. Weitere Vorschriften in Spezialgesetzen

I. Publizitätsgesetz

§ 21 S 1 Nr 8 PublG ordnet die Verhängung eines Zwangsgelds, das € 25000 nicht übersteigen darf, wegen Verstoßes gegen die Pflicht der Bekanntmachung der in § 9 Abs 1, § 15 Abs 1 PublG genannten Unterlagen im BAnz an. Das Registergericht kann **von Amts wegen** einschreiten (§ 14 HGB). 30

II. Versicherungsaufsichtsgesetz

Für VersicherungsUnt in der Rechtsform der KapGes/KapCoGes gilt § 335a unmittelbar. § 341o regelt die Festsetzung von Ordnungsgeld für Versi- 31 cherungsUnt anderer Rechtsformen einschließlich der Zweigniederlassungen (Nr 2). Diese Vorschrift soll zur Offenlegung gem § 341l Abs 1 anhalten.

§ 55 **VAG** bestimmt ergänzend, dass §§ 341ff auch auf öffentlich-rechtliche VersicherungsUnt Anwendung finden, soweit sie nicht Träger der Sozialversicherung sind oder nach § 341 Abs 1 S 2 (ggf auch Abs 2) ausdrücklich davon ausgenommen sind.

III. Kreditwesengesetz

32 Für Kreditinstitute in der Rechtsform der KapGes/KapCoGes gilt § 335a unmittelbar, während § 340o die Festsetzung von Ordnungsgeld bei Kreditinstituten in anderen Rechtsformen einschließlich Zweigniederlassungen regelt. Das richtet sich an deren Geschäftsleiter (auch von Zweigstellen) und an Inhaber einzelkfm betriebener Kreditinstitute.

IV. Genossenschaftsgesetz

33 § 160 Abs 2 GenG verweist zur Erzwingung der Offenlegungspflicht gem § 339 auf die entspr Anwendung der Zwangsgeldvorschriften des § 335 S 2 und 3. Falls eG **Konzernabschlüsse** aufzustellen haben, findet das PublG Anwendung (Anm 30).

V. Umwandlungsgesetz

34 Auf § 335 Anm 70 wird verwiesen.

§ 335b Anwendung der Straf- und Bußgeldvorschriften sowie der Zwangs- und Ordnungsgeldvorschriften auf bestimmte offene Handelsgesellschaften und Kommanditgesellschaften

Die Strafvorschriften der §§ 331 bis 333, die Bußgeldvorschriften des § 334, die Zwangs- und Ordnungsgeldvorschriften der §§ 335, 335a gelten auch für offene Handelsgesellschaften und Kommanditgesellschaften im Sinne des § 264a Abs 1.

Anmerkungen

1 § 335b bestimmt, dass die Straf-, Bußgeld-, Zwangsgeld- und Ordnungsgeldvorschriften der §§ 331ff auch für OHG und KG iSd § 264a gelten. Das bedeutet, dass PersGes, Stiftungen und Genossenschaften, bei denen eine KapGes persönlich haftende Ges ist, den KapGes bzgl der strengen Bilanzvorschriften der Aufstellung, Prüfung und Offenlegung bis hin zum KA gleichgestellt sind. Adressaten iSd §§ 331, 334, 335 und 335a sind dann jeweils die Mitglieder des vertretungsberechtigten Organs der persönlich haftenden KapGes, Stiftung oder Genossenschaft, die OHG oder KG vertritt. Insoweit kann hinsichtlich der Einzelheiten möglicher Tatbestandsverwirklichungen im Übrigen auf die Kommentierung der genannten Vorschriften Bezug genommen werden.

Dritter Abschnitt. Ergänzende Vorschriften für eingetragene Genossenschaften

§ 336 Pflicht zur Aufstellung von Jahresabschluß und Lagebericht

(1) [1]Der Vorstand einer Genossenschaft hat den Jahresabschluß (§ 242) um einen Anhang zu erweitern, der mit der Bilanz und der Gewinn- und Verlustrechnung eine Einheit bildet, sowie einen Lagebericht aufzustellen. [2]Der Jahresabschluß und der Lagebericht sind in den ersten fünf Monaten des Geschäftsjahrs für das vergangene Geschäftsjahr aufzustellen.

(2) [1]Auf den Jahresabschluß und den Lagebericht sind, soweit in den folgenden Vorschriften nichts anderes bestimmt ist, § 264 Abs. 1 Satz 3 Halbsatz 1, Abs. 2, §§ 265 bis 289 über den Jahresabschluß und den Lagebericht entsprechend anzuwenden; § 277 Abs. 3 Satz 1, §§ 279, 280, 281 Abs. 2 Satz 1, § 285 Satz 1 Nr. 5, 6 und 17 brauchen jedoch nicht angewendet zu werden. [2]Sonstige Vorschriften, die durch den Geschäftszweig bedingt sind, bleiben unberührt.

(3) § 330 Abs. 1 über den Erlaß von Rechtsverordnungen ist entsprechend anzuwenden.

Übersicht

Schrifttum zu §§ 336 bis 339: *Glenk* Die eingetragene Genossenschaft, München 1996 (mit Muster-Satzung); *Glenk* Genossenschaft – die vergessene Rechtsform? Inf 1996, 18; *Ankele* Das Recht der Genossenschaft NWB 1996, F. 18, 3469; *Lang/Weidmüller/Metz/Schaffland*[33] Genossenschaftsgesetz, Berlin 1997; *Bernhard/Schmidt* Die Auswirkungen der Euro-Einführung bei GmbH, Genossenschaft und Personengesellschaft sowie im Umwandlungsrecht DB 1998, 709; *Spanier* Lagebericht der Kreditgenossenschaft. Neuerungen durch das KonTraG Bank Information 2000, 53; *Hettrich/Pöhlmann/Gräser/Röhrich*[2] Genossenschaftsgesetz, München 2001; *Beuthien* Der genossenschaftliche Geschäftsanteil AG 2002, 266, *Gschrey* Genossenschaftliche Prüfungsverbände in *Förschle/Peemöller,* 84; *Gschrey* Prüfung von Genossenschaften in *Förschle/Peemöller,* 484; *Beuthien*[14] Genossenschaftsgesetz-Kommentar, München 2004.

A. Vorbemerkungen zum Dritten Abschnitt

1 **Genossenschaften gelten** nach § 17 Abs 2 GenG **als Kaufleute** iSd HGB. Daher gelten grundlegend für **Buchführung und Inventar** die §§ 238 bis 241, die **Aufbewahrungs- und Vorlage-Vorschriften** der §§ 257 bis 261 und für den **Jahresabschluss** alle Bestimmungen der §§ 242 bis 256, s Anm 10ff.

Darüber hinaus legt der mit „Ergänzende Vorschriften für eingetragene Genossenschaften" überschriebene Dritte Abschn des Dritten Buchs des HGB zusätzliche Vorschriften zur **Aufstellung** von **Jahresabschluss und Lagebericht** (§ 336), zur **Bilanz** (nur zu den Geschäftsguthaben und zu den Ergebnisrücklagen, § 337) und zum **Anhang** (weitere Pflichtangaben und Einschränkungen hinsichtlich der Bezüge der Verwaltungsorgane, § 338) der eG fest und enthält eine eigenständige Regelung zur **Offenlegung** bei eG (§ 339 anstelle von § 325).

Für die **Gewinn- und Verlustrechnung** und grds für den **Lagebericht** sind die Bestimmungen für KapGes maßgebend; wegen Sondervorschriften für bestimmte Wirtschaftszweige s Anm 28 sowie § 330.

2 Für die **Prüfung** des JA durch den jeweils zuständigen Prüfungsverband, die **Feststellung** und die **Ergebnisverwendung** ist das GenG maßgebend, welches jeweils dem Bilanzrecht für KapGes angenähert ist. Für Einzelheiten s Vor § 339.

4 Auch KapGes können Mitgliedschaftsrechte an eG erwerben wie § 77a GenG zeigt; KapGes können auch *allein* Genossen sein. Umgekehrt dürfen sich eG auch an KapGes beteiligen. Die Sondervorschriften des § 264 Abs 3 iVm Abs 4 sind jedoch auf Tochter-*Kapitalgesellschaften* beschränkt, so dass eine eG als MU einen für eine Tochter-KapGes befreienden KA aufstellen kann, dies im umgekehrten Fall jedoch nicht zulässig ist, weil weder die besonderen Vorschriften für die eG auf die Anwendbarkeit von § 264 Abs 3 und 4 verweisen, noch § 5 Abs 6 PublG anwendbar ist (s § 3 Abs 2 PublG, der eG von den Vorschriften des Ersten Abschn des PublG ausnimmt).

5 Für **Kreditinstitute** in der Rechtsform der eG gelten die §§ 336 bis 339 nicht, da die Spezialvorschriften in den §§ 340ff vorgehen und zT Sondervorschriften für Kreditgenossenschaften enthalten (zB §§ 340k Abs 2: Prüfung durch den zuständigen Prüfungsverband, § 340l Abs 3: Genossenschaftsregister tritt an Stelle des HR). Dagegen sind für Wohnungsgenossenschaften mit Spareinrichtungen, die im Übrigen den Vorschriften des KWG unterliegen, auf Grund der besonderen Regelung in § 340 Abs 3 die §§ 336 bis 339 anzuwenden.

B. Aufstellung des Jahresabschlusses und des Lageberichts (Abs 1)

10 Das Recht für den JA der eG ist im HGB eigenständig geregelt, obwohl viele Vorschriften für KapGes auch für eG gelten; Anm 13 und 15. Der **Jahresabschluss** von eG besteht aus Bilanz, GuV (§ 242 Abs 3) und dem **Anhang** (§ 336 Abs 1 S 1), die zusammen eine Einheit bilden. Außerdem haben eG – soweit sie nicht „klein" iSv § 267 Abs 1 sind – einen **Lagebericht** aufzustellen. Zur Aufstellung von JA und Lagebericht ist der **Vorstand** der eG verpflichtet. Alle (auch überstimmte) Vorstandsmitglieder müssen den JA mit Anhang unterzeichnen. Die Unterzeichnung auch des Lageberichts „ist die Regel". S hierzu auch § 264 Anm 16.

11 Für die **Aufstellung** von JA und Lagebericht gelten die §§ 242 bis 245. Jedoch ist für den Zeitraum der Aufstellung statt der Worte „innerhalb der einem

ordnungsmäßigen Geschäftsgang entsprechenden Zeit" eine feste **Frist** von fünf Monaten gesetzt (S 2).

C. Inhalt von Jahresabschluss und Lagebericht (Abs 2 S 1)

I. Anzuwendende Vorschriften

Die Vorschriften zur **Gliederung** von Bilanz und GuV entsprechen weitgehend denjenigen für KapGes, während für **Ansatz** und **Bewertung** nur die allgemeinen Vorschriften für Kfl gelten – die Sondervorschriften hierzu für KapGes dürfen, „brauchen jedoch nicht" angewendet werden; Anm 17. 13

Gesetzestechnisch wurde dies dadurch erreicht, dass – zusätzlich zu den aufgrund der Kaufmannseigenschaft der eG (hierzu *Förschle/Kropp* in Sonderbilanzen[3] D Anm 1) anzuwendenden allgemeinen Vorschriften für Kfl – Abs 2 S 1 sowohl **zwingend anzuwendende** als auch wahlweise von eG anwendbare Einzelvorschriften aus dem Bilanzrecht der KapGes einzeln aufführt. **Geschäftszweigspezifische Vorschriften** bleiben im Übrigen unberührt (Abs 2 S 2).

1. Grundsatz (Halbsatz 1)

In erster Linie sind von eG **zwingend** §§ 264 Abs 1 S 3 Halbsatz 1, Abs 2, 265 bis 289 „entsprechend anzuwenden" und außerdem – soweit fortgeltend – die relevanten Bestimmungen des EGHGB; **eingeschränkt** durch die in Anm 17 f aufgelisteten Wahlrechte und Anhangerleichterungen. 14

Für die **Rechnungslegung von eG** gelten im Einzelnen folgende Vorschriften des HGB, sofern nicht Sonderbestimmungen gem §§ 337, 338 vorgehen: 15

Bestimmungen für alle Kaufleute
- *Buchführung, Inventar* (§§ 238 bis 241);
- *Eröffnungsbilanz, Jahresabschluss* (§§ 242 bis 245);
- *Ansatzvorschriften* (§§ 246 bis 251);
- *Bewertungsvorschriften* (§§ 252 bis 256);
- *Aufbewahrungsvorschriften* (§§ 257 bis 261).

Ergänzende Vorschriften für Kapitalgesellschaften
- *Generalnorm* für JA mit Anhang (§ 264 Abs 2);
- *Gliederungsvorschriften* (§§ 265 bis 278);
- *Bewertungsvorschriften* mit Einschränkungen (hierzu Anm 17 f und 21);
- Vorschriften zum *Anhang* mit Einschränkungen (Anm 17);
- Vorschriften zum *Lagebericht* (§ 264 Abs 1 S 3 Halbsatz 1, § 289); ausführlich zum Lagebericht der Kreditgenossenschaft *Spanier* Bank Information 2000, 53.

Soweit fortgeltend **Übergangsvorschriften** zum **BiRiLiG** und zum **BankRiLiG** in den Art 24 bis 28, 31 EGHGB, zum **Euro** (Art 45 EGHGB) und zur **Aufbewahrung** (Art 47). 16

Auch die **Bilanzierungshilfen** der §§ 269, 274 Abs 2 oder des Art 44 EGHGB dürfen eG anwenden.

Zum Inhalt der vorstehend genannten Vorschriften im HGB und ggf EGHGB wird auf die Erl zu den jeweiligen Bestimmungen verwiesen. Für eG können insb die Rückstellungen für unterlassene Instandhaltungen (§ 249) sowie die Aufwandsrückstellungen (zB Bauerneuerung, Mietausfallwagnis) von Bedeutung sein (ebenso *Hunger* in BoHdR § 336 Anm 13).

Die Worte **„entsprechend anzuwenden"** im Abs 2 S 1 weisen auf den besonderen Charakter der eG als Mischform zwischen KapGes und PersGes hin.

Namentlich in den Beziehungen zwischen einer eG und ihren Mitgliedern ist das für die Abgrenzung zwischen Forderungen/Schulden einerseits und dem EK andererseits von Belang (s dazu § 247 Anm 160ff sowie zu Abweichungen nach IFRS § 247 Anm 165ff).

2. Ausnahmen-Wahlrechte (Halbsatz 2)

17 Die eG dürfen, brauchen aber nicht, anzuwenden:

- § 277 Abs 3 S 1: gesonderte **Angabe** von **außerplanmäßigen Abschreibungen** auf das Anlagevermögen und das Umlaufvermögen – ggf im Anhang;
- § 279: **Einschränkung** bestimmter **Bewertungsvorschriften** in §§ 253 Abs 2 S 3 und Abs 4 sowie in § 254 (s Anm 18);
- § 280: **Wertaufholungsgebot,** ggf zusätzliche Anhangangabe (s ebenfalls Anm 18);
- § 281 Abs 2 S 1: Anhangangabe der allein nach **steuerrechtlichen** Vorschriften vorgenommenen **Abschreibungen** im Anlagevermögen und im Umlaufvermögen;
- damit zusammenhängend § 285 S 1 Nr 5: **steuerliche Einflüsse auf das Jahresergebnis** sowie Ausmaß erheblicher **künftiger steuerlicher Belastungen** infolge früherer steuerlicher Zusatzabschreibungen oder Wertaufholungen;
- § 285 S 1 Nr 6: **Zuordnung der Ertragsteuern** zum Ergebnis der gewöhnlichen Geschäftstätigkeit und zum ao Ergebnis;
- § 285 S 1 Nr 17: bei Unt, die einen organisierten Markt iSd § 2 Abs 5 WpHG in Anspruch nehmen: **Angabe** der im Gj als Aufwand erfassten **Honorare an den AP** iSd § 319 Abs 1 S 1 und 2 für JAP, sonstige Bestätigungs- oder Bewertungsleistungen, Steuerberatungsleistungen oder sonstige Leistungen.

Es entfallen ferner alle Angaben im Anhang zu den **Bezügen** der Verwaltungsorgane; für die **Kredite** an diese Verwaltungsorgane sind nur **Gesamtbeträge** vorgeschrieben (dazu § 338 Anm 9).

18 Für den Fall *wahlweiser* Nicht-Anwendung des § 279 gelten für eG die einschränkenden Bewertungsvorschriften der KapGes nicht. Daher dürfen eG im gleichen Umfang wie jeder Kfm **stille Reserven** bilden, beibehalten oder auflösen. Die Bildung und Fortführung solcher Reserven in der HB ist somit für eG weder hinsichtlich § 253 Abs 2 S 3 (Abschreibungen von Sach- und Finanzanlagen auf die niedrigeren Zeitwerte) noch hinsichtlich § 253 Abs 3 S 3 (Abwertungen auf Vorräte und Forderungen, um möglichen Wertschwankungen in näherer Zukunft zu begegnen) eingeschränkt; es gilt aber das Gebot der Willkürfreiheit (Anm 19). Die Wertansätze für die VG von eG sind wie für Ekfl und reine PersGes nur durch § 253 Abs 4 (vernünftige kfm Beurteilung als Wertuntergrenze) begrenzt; hierzu § 253 Anm 641ff.

Es entfallen zudem auch die (nur für KapGes geltenden) Verpflichtungen zur **Wertaufholung** nach § 280. Die vorgenannten Abschreibungen oder Abwertungen dürfen **in der Handelsbilanz** von eG auch dann beibehalten werden, wenn die Gründe für diese Wertminderung (auf VG) weggefallen sind, zB Beibehaltung von Abschreibungen auf Wertpapiere des Anlage- oder Umlaufvermögens, obwohl deren Kurswerte wieder gestiegen sind (s § 253 Abs 5). Den eG soll mit diesen Vorschriften die *Möglichkeit* gegeben werden, in der **Handelsbilanz** weiterhin stille Reserven – über die normalen Abschreibungen hinaus – zu bilden, beizubehalten und auch – im Rahmen der Ausweisvorschriften – still aufzulösen. Die Vorwegnahme künftiger Wertschwankungen im Umlaufvermögen und damit einer stillen Reservenbildung trägt dem Fördergedanken der Genossen (§ 1 GenG) Rechnung. In diesem Zusammenhang sei darauf hingewiesen, dass eine gesonderte Angabe der außerplanmäßigen Abschreibungen zum Anlage- und Umlaufvermögen – im Anhang *nicht* explizit verlangt wird. § 277 Abs 3 S 1 ist für eG eine Kann-Vorschrift (Anm 17). Stille Reserven dürfen somit auch im Anhang „still" bleiben. *WPH*[12] I (G 9 mwN, da str) hält dagegen – zwecks Erfüllung der Generalnorm des § 264 Abs 2 S 1 – für den Fall erheblicher Reservenbildung Hinweise im Anhang auf die sich hieraus ergebenden Beeinträchtigungen der Vermögens- und Ertragslage für erforderlich.

Der Grundsatz der **Bewertungsstetigkeit** (§ 252) gilt für alle Kfl und daher auch für eG. Hinsichtlich der erwähnten Bildung stiller Reserven (§ 253 Abs 2 S 3 und Abs 3 S 3) ebenso wie für die Abschreibungen auf Grund vernünftiger kfm Beurteilung iSd § 253 Abs 4 ist uE insoweit jedoch für den Grundsatz der Bewertungsstetigkeit (§ 252 Abs 1 Nr 6) kein Raum, ähnlich *Hunger* in BoHdR § 336 Anm 19 – aM *WPH*[12] I G 4: § 252 ist „vollinhaltlich anzuwenden“. Denn die Bildung solcher Reserven ist an keine bestimmte Methode gebunden. In diesem Zusammenhang sind uE für die HB (Anm 18) Bewertungsspielräume vorhanden, die lediglich eingeschränkt werden durch das Willkürverbot (§ 253 Abs 4 und dort Anm 641 ff). 19

Trotzdem haben eG die Generalnorm des § 264 Abs 2 S 1 zu beachten, also in ihrem JA „ein den tatsächlichen Verhältnissen entsprechendes Bild der **Vermögens-, Finanz- und Ertragslage**“ zu vermitteln. 20

Sofern – zulässigerweise – erhebliche stille Reserven (zB Abschreibungen nach § 253 Abs 4) gebildet wurden, kann im Rahmen des nur für große eG vorgeschriebenen BVm (§ 58 Abs 2 GenG iVm § 322 Abs 1 bis 7) die Einhaltung der Generalnorm daher nur dann bestätigt werden, wenn im Anhang entspr betragsmäßige Angaben zum Umfang dieser stillen Reserven gemacht wurden. Unterbleiben diese Angaben, kann die Einhaltung der Generalnorm nicht bestätigt werden; die positive Gesamtaussage des BVm bleibt hiervon jedoch unberührt (s hierzu auch *WPH*[12] I Q 762, § 322 Anm 22 und *IDW PS 400* Anm 47). Kleine und mittelgroße eG können nur eine Bescheinigung erhalten. Eine Ausnahme gilt für Wohnungsgenossenschaften mit Spareinrichtungen, die diesbezüglich den Vorschriften für Kreditinstitute unterliegen und unabhängig von den Größenkriterien des § 267 Abs 3 einen BVm erhalten.

In diesem Zusammenhang sei darauf hingewiesen, dass ein Verstoß gegen § 264 Abs 2 zwar bei KapGes, nicht aber bei eG als Ordnungswidrigkeit sanktioniert ist (§ 334 Abs 1 Buchstabe a anders als § 160 Abs 1 GenG; s Anm 32). Der Gesetzgeber hat offenbar die durch Zulassung (erweiterter) stiller Reserven mögliche Reduzierung der VFE-Lage der eG erkannt und deswegen bei eG von diesen Rechtsfolgen abgesehen. Die VFE-Lage einer eG ist somit – vom HGB gewollt – in ihrer Darstellung im JA generell im Vergleich mit einer KapGes mit wesentlich größeren Bewertungsspielräumen ausgestattet.

Zu **beachten** sind von eG jedoch folgende **ergänzende Bestimmungen** aus dem Bilanzrecht der KapGes: 21

- Ausweis **steuerlicher (Mehr-)Abschreibungen** nach § 254 als Sonderposten mit Rücklageanteil (§ 281 Abs 1) mit der Pflicht, in Bilanz oder Anhang die entspr Steuervorschriften anzugeben und der weiteren Pflicht, solche Posten anteilig aufzulösen, wenn sie durch handelsrechtliche Abschreibungen ersetzt oder als Abgang zu zeigen sind;
- Ausweisregel für Einstellungen in oder Auflösungen von **Sonderposten mit Rücklageanteil** (als sonstige betriebliche Aufwendungen, sonstige betriebliche Erträge oder Zusatzangabe im Anhang, § 281 Abs 2 S 2);
- Abschreibungsregel für aktivierte Aufwendungen für **Ingangsetzung oder Erweiterung:** Ab dem der Aktivierung folgenden Gj mind ein Viertel Abschreibung – also Tilgung in spätestens fünf Gj (§ 282)
- Der Wertansatz des **gezeichneten Kapitals** (§ 283) ist für eG durch § 337 Abs 1 S 5 ersetzt; s § 337 Anm 5 f.

II. Größenabhängige Erleichterungen

25 Nach § 336 Abs 2 S 1 iVm § 266 Abs 1 können sich gem § 267 *kleine eG* bei Aufstellung und Offenlegung der **Bilanz** auf die mit Buchstaben und römischen Zahlen bezeichneten Posten, also zB A I, A II usw, beschränken. § 274a „befreit" ferner *kleine* eG von folgenden Vorschriften: Aufstellung eines Anlagegitters, Details zu am Bilanzstichtag rechtlich noch nicht entstandenen Forderungen oder Verbindlichkeiten, Bildung von Disagio-Posten, Details zu Ingangsetzungs- und Erweiterungsaufwendungen im Anhang.

Für *mittelgroße eG* gibt es für die Bilanz (wie bei KapGes) nur Erleichterungen für die Offenlegung s § 339 Anm 16.

Die **Gewinn- und Verlustrechnung** kann von *kleinen* und *mittelgroßen eG* vereinfacht aufgestellt werden, indem bestimmte Posten nach § 336 Abs 2 S 1 iVm § 276 unter der Bezeichnung **„Rohergebnis"** zusammengefasst werden; s § 276 Anm 1ff. Außerdem dürfen kleine eG auf Anhangangaben zu den **außerordentlichen Aufwendungen oder Erträgen** verzichten (§ 276 S 2).

Beim **Anhang** brauchen gem § 336 Abs 2 S 1 iVm § 288 *kleine eG* Angaben zu erheblichen Abweichungen zum Börsen- oder Marktpreis bei Anwendung der Gruppenbewertung oder von Verbrauchsfolgeverfahren, zu den sonstigen finanziellen Verpflichtungen, zur Aufgliederung der Umsatzerlöse, zur durchschnittlichen Arbeitnehmerzahl, zu den Rückstellungen, zu derivativen Finanzinstrumenten sowie die *detaillierten* Sonderangaben zu den Verbindlichkeiten nicht zu machen (§ 288 Anm 2ff).

Mittelgroße eG brauchen gem § 336 Abs 2 S 1 iVm § 288 über Anm 17 hinaus die Umsatzerlöse nicht nach Tätigkeitsbereichen und nach geographisch bestimmten Märkten aufzugliedern; dazu § 288 Anm 5.

Größenunabhängig entfallen für eG die Anhangangaben gem § 285 S 1 Nr 5, 6 (Ergebnisauswirkung steuerorientierter Bilanzierung, Steuern für ao Posten; Wahlrecht nach Abs 2 S 1 Halbsatz 2) sowie alle Angaben zu Bezügen von Vorstand und AR einschl Pensionszusagen für diese Personen gem § 285 S 1 Nr 9a, 9b (§ 338 Abs 3). Hinsichtlich der zusätzlich eingeschränkten Angaben über Organkredite für *alle eG* s § 338 Anm 9.

Kreditgenossenschaften sind jedoch gem §§ 340a Abs 2, 34 RechKredV zu allen vorstehenden Anhangangaben verpflichtet – unabhängig von ihren Größenmerkmalen.

26 Eine über das HGB oder GenG hinausgehende **Offenlegung** des JA für die Mitglieder der eG in der Generalversammlung, in der Form, die er ohne Anwendung og Erleichterungen hätte, ist (anders als nach § 131 AktG) *nicht* vorgesehen; dazu Vor § 339 Anm 47f.

27 Einer **jährlichen Abschlussprüfung** unterliegen eG nur dann, wenn ihre Bilanzsumme mehr als € 2 Mio beträgt, § 53 GenG. Ein **Bestätigungsvermerk** nach § 322 wird allerdings nur für gem § 267 Abs 3 **große eG** verlangt (zur Ausnahme s Anm 20). Zu Einzelheiten dazu s Vor § 339 Anm 10ff.

D. Formblätter und Sondervorschriften für bestimmte Wirtschaftszweige (Abs 2 S 2, Abs 3)

28 Die Ermächtigung des § 330 Abs 1 durch Rechts-VO für KapGes Formblätter für bestimmte Wirtschaftszweige zu erlassen, gilt auch für eG (Abs 3). Sie enthält das Recht, Vorschriften zur Gliederung des JA oder KA oder den Inhalt des Anhangs, des Konzernanhangs, des Lageberichts oder des Konzernlagebe-

richts zu erlassen. Zu abw **Ansatzvorschriften** oder **Bewertungsnormen** enthält § 330 Abs 1 keine Ermächtigung.

Die VO nach § 330 Abs 1 betreffen bei eG **Wohnungsunternehmen;** zu Einzelheiten s § 330 Anm 20.

§ 330 Abs 2 gilt für **Kreditinstitute** jeder Rechtsform, deren Rechnungslegung gesondert – im Vierten Abschn des HGB – geregelt ist; s Anm 5. Für Kreditgenossenschaften *enthält* das KWG weitere Ermächtigungen, zB zum Erlass einer VO zum Gegenstand der Prüfung und zum Inhalt der Prüfungsberichte (derzeit vom 17. 12. 1998 BGBl I, 3690). S zu den Ermächtigungen für Kreditinstitute auch § 330 Anm 45 ff.

Im Übrigen bleiben „sonstige Vorschriften, die durch den Geschäftszweig (einer eG) bedingt sind, ... unberührt" (Abs 2 S 2). Damit wird klargestellt, dass die in Anm 16 ff genannten Vorschriften zurücktreten, soweit **Spezialgesetze** Bilanzierungsnormen enthalten, zB §§ 340 a ff für Kreditgenossenschaften. Der Hinweis auf den Geschäftszweig ergänzt außerdem die auch für eG geltenden allgemeinen Gliederungsgrundsätze des § 265 Abs 4 bis 6. 29

E. Konzernabschluss von Genossenschaften

Genossenschaften gelten nach § 17 Abs 2 GenG **als Kaufleute** iSd HGB. 30 Sie sind daher als Unt iSd PublG zur Konzernrechnungslegung verpflichtet, falls sie die Größenmerkmale des § 11 PublG erfüllen (§ 3 Abs 2 PublG schließt nämlich lediglich die Anwendbarkeit des Ersten Abschn des PublG auf eG aus). § 14 Abs 2 PublG regelt für diese Fälle, dass der Prüfungsverband gesetzlicher Konzern-AP ist; außerdem präzisiert § 14 Abs 2 PublG die Anwendung der §§ 291 und 292. Hinsichtlich der Prüfung von TU einer eG s Art 25 EGHGB und Vor § 339 Anm 31 ff.

Für **Kreditgenossenschaften** ergibt sich die Konzernrechnungslegungspflicht bereits aus § 340 i, der insofern dem PublG vorgeht; auch hier ist der Prüfungsverband AP und Konzern-AP (§ 340 k Abs 2).

F. Sanktionen zum Jahresabschluss und zum Konzernabschluss

Für den **Jahresabschluss** enthält das GenG **Strafvorschriften** (§§ 147 bis 32 151 GenG) und **Zwangsgeldbestimmungen** (§ 160 GenG), aber keine **Bußgeldandrohungen.** Das bedeutet, dass *kleinere* Verstöße gegen Aufstellungs-, Gliederungs- und Bewertungsvorschriften des HGB für eG nicht sanktioniert sind. Zur Abgrenzung zwischen Bußgeld- und Strafvorschriften s §§ 334, 335.

Bei den **Strafvorschriften** zum JA entsprechen
- §§ 147 Abs 2, 150 und 151 GenG weitgehend den §§ 331 bis 333 und
- § 148 GenG dem § 401 AktG mit der Abweichung, dass in § 148 GenG auch der Liquidator eine fehlende Verlustanzeige an die Generalversammlung verantworten muss. S dazu auch Vor § 339 Anm 75.

Die **Zwangsgeldbestimmungen** des § 160 GenG beziehen sich – soweit JA und Lagebericht betroffen sind –
- auf die rechtzeitige Aufstellung gem § 336 Abs 1,
- auf die Vorlage an AR und Generalversammlung und auf dessen rechtzeitige Auslegung oder Übersendung an die Mitglieder sowie
- auf die Offenlegung nach § 339.

Für das Antragsrecht und das Verfahren gilt § 335 entspr.

Auf den **Konzernabschluss** sind die Straf-, Bußgeld- und Zwangsgeldvorschriften der §§ 17 bis 21 PublG anzuwenden.

Für **Kreditgenossenschaften** gehen die bankrechtlichen Bestimmungen der §§ 340 m bis 340 o vor.

Bei dauernden Verstößen ist auch eine Auflösung der eG möglich (§ 3 des Gesetzes über die Auflösung von Gesellschaften und Genossenschaften vom 9. 10. 1934 RGBl I, 914); außerdem nur wegen Insolvenz (§§ 98 ff GenG) – auch hier muss der Prüfungsverband mitwirken.

G. Steuerliche Gewinnermittlung bei Genossenschaften

§ 22 KStG Genossenschaftliche Rückvergütung

(1) [1] Rückvergütungen der Erwerbs- und Wirtschaftsgenossenschaften an ihre Mitglieder sind nur insoweit als Betriebsausgaben abziehbar, als die dafür verwendeten Beträge im Mitgliedergeschäft erwirtschaftet worden sind. [2] Zur Feststellung dieser Beträge ist der Überschuss

1. bei Absatz- und Produktionsgenossenschaften im Verhältnis des Wareneinkaufs bei Mitgliedern zum gesamten Wareneinkauf,
2. bei den übrigen Erwerbs- und Wirtschaftsgenossenschaften im Verhältnis des Mitgliederumsatzes zum Gesamtumsatz

aufzuteilen. [3] Der hiernach sich ergebende Gewinn aus dem Mitgliedergeschäft bildet die obere Grenze für den Abzug. [4] Überschuss im Sinne des Satzes 2 ist das um den Gewinn aus Nebengeschäften geminderte Einkommen vor Abzug der genossenschaftlichen Rückvergütungen und des Verlustabzugs.

(2) [1] Voraussetzung für den Abzug nach Absatz 1 ist, dass die genossenschaftliche Rückvergütung unter Bemessung nach der Höhe des Umsatzes zwischen den Mitgliedern und der Genossenschaft bezahlt ist und dass sie

1. auf einem durch die Satzung der Genossenschaft eingeräumten Anspruch des Mitglieds beruht oder
2. durch Beschluss der Verwaltungsorgane der Genossenschaft festgelegt und der Beschluss den Mitgliedern bekannt gegeben worden ist oder
3. in der Generalversammlung beschlossen worden ist, die den Gewinn verteilt.

[2] Nachzahlungen der Genossenschaft für Lieferungen oder Leistungen und Rückzahlungen von Unkostenbeiträgen sind wie genossenschaftliche Rückvergütungen zu behandeln.

34 Alle inländischen eG gehören zu den unbeschränkt körperschaftsteuerpflichtigen Unt iSv § 1 Abs 1 KStG. Der vorstehende § 22 KStG enthält Sondervorschriften zur steuerlichen Gewinnermittlung, die in KStR 66 erläutert sind.

§ 22 KStG gilt für eG jeder Art, also im Gegensatz zu §§ 336 bis 339 auch für Kreditgenossenschaften; dort allerdings auf Basis der HB gem §§ 340 a ff.

35 Als genossenschaftliche **Rückvergütung** (oft auch Warenrückvergütung genannt) wird eine nicht unter § 19 oder andere Regelungen des GenG fallende Art der Überschussverteilung bezeichnet, bei der der Geschäftsüberschuss ganz oder zT im Verhältnis des mit der eG getätigten Umsatzes an die Genossen ausgeschüttet wird. Hierdurch sollen iSd Fördergedankens der eG, nicht benötigte „Ersparnisse" der eG wieder an die Genossen zurückgeführt werden. Die Rückvergütung findet zeitlich vor einer Gewinnverteilung iSv § 19 GenG statt. Ihre Festsetzung ist Angelegenheit des Vorstands (§ 27 Abs 1 S 1 GenG), sofern nicht das Statut anderes bestimmt.

Ausschüttungen an Nicht-Mitglieder, die im Falle des § 8 Abs 1 Nr 5 GenG (statutarische Ausdehnung des Geschäftsbetriebs auf Personen, welche nicht Mitglieder der eG sind), erfolgen können, stellen keine im Mitgliedergeschäft erwirtschafteten Ersparnisse und insofern keine Rückvergütungen dar. Sie sind daher stets **Betriebsausgaben.**

Dagegen sind **genossenschaftliche Rückvergütungen** nur dann als Betriebsausgaben abziehbar, wenn sie auf einem satzungsmäßigen Anspruch, auf einem bekannt gegebenen Beschluss der Verwaltungsorgane der eG oder auf Beschluss der Generalversammlung beruhen (§ 22 Abs 2 KStG). 36

Die eingeschränkte Abziehbarkeit von genossenschaftlichen Rückvergütungen als Betriebsausgaben ist außerdem auf Rückvergütungen aus dem Mitgliedergeschäft beschränkt (§ 22 Abs 1 KStG); so auch KStR 66. **Rabatte, Boni** und ähnliche **Sofortnachlässe** zählen nicht zu den genossenschaftlichen Rückvergütungen und sind daher stets Betriebsausgaben – unabhängig, ob an Mitglieder oder an Nicht-Mitglieder gewährt; hier steht der Liefer- und Leistungsverkehr wie mit Dritten im Vordergrund. KStR 66 Abs 2 gibt dafür die Begr, dass diese Nachlässe bereits vor oder bei Abschluss des Rechtsgeschäfts vereinbart werden und sie somit zum (Kauf-)Vertrag gehören, während Rückvergütungen aus dem Mitgliedergeschäft erst nach Ablauf des Wj beschlossen und somit Dividenden ähnlich sind. Jede entgegen den Regeln des § 22 KStG gewährte Rückvergütung an Mitglieder ist eine vGA; (KStR 66 Abs 16; zu Zahlungen an lediglich als Arbeitnehmer tätige Genossenschaftsmitglieder OFD Rostock v 29. 5. 1997).

Der Abzug von genossenschaftlichen Rückvergütungen setzt voraus, dass der Genosse über die Gutschrift verfügen kann (KStR 66 Abs 3). Deshalb dürfen Zuführungen zu Rückstellungen für spätere Auszahlungen nur abgezogen werden, wenn die Verpflichtung spätestens bei Feststellung des JA und Billigung der Rückvergütungsgrundsätze durch die Generalversammlung beschlossen und die Verpflichtung insofern konkretisiert wird, KStR 66 Abs 3f. Maßstab für die genossenschaftliche Rückvergütung ist stets die HB. Mehrgewinne aus einer steuerlichen **Betriebsprüfung** können zur Rückvergütung erst nach Übernahme in eine HB verwendet werden (KStR 66 Abs 6). 37

In **Rücklagen** eingestellte Bilanzgewinne dürfen gem KStR 66 Abs 6 S 2 und 3 nicht mehr zu Rückvergütungen verwendet werden; dieses Recht sei „verwirkt“. Diese Auffassung der FinVerw folgt daraus, dass genossenschaftliche Rückvergütungen nicht als Ausschüttungen angesehen werden. 38

Je nach Art der eG (§ 1 Abs 1 GenG) – Absatz-eG, Produktiv-eG, Konsumverein oder auch Kreditgenossenschaften – sind Maßstab der als Betriebsausgaben abziehbaren Rückvergütung der Umsatz, die Anlieferung, der Verkauf oder die Kreditinanspruchnahme; § 22 Abs 1 S 2 Nrn 1 und 2 KStG. 39

Grds müssen die Rückvergütungen nach der Höhe des Umsatzes (Einkaufs) bemessen und diese allen Mitgliedern in gleichen Prozentsätzen des Umsatzes gewährt werden (KStR 66 Abs 5 S 1). Beispiele zur Ermittlung der jeweils steuerlich abziehbaren Rückvergütungen finden sich in KStR 66 Abs 7 bis 15.

§ 337 Vorschriften zur Bilanz

(1) **[1]An Stelle des gezeichneten Kapitals ist der Betrag der Geschäftsguthaben der Genossen auszuweisen. [2]Dabei ist der Betrag der Geschäftsguthaben der mit Ablauf des Geschäftsjahrs ausgeschiedenen Genossen gesondert anzugeben. [3]Werden rückständige fällige Einzahlungen auf Geschäftsanteile in der Bilanz als Geschäftsguthaben ausgewiesen, so ist der entsprechende Betrag auf der Aktivseite unter der Bezeichnung „Rückständige fällige Einzahlungen auf Geschäftsanteile“ einzustellen. [4]Werden rückständige fällige Einzahlungen nicht als Geschäftsguthaben ausgewiesen, so ist der Betrag bei dem Posten „Ge-**

schäftsguthaben" zu vermerken. [5]In beiden Fällen ist der Betrag mit dem Nennwert anzusetzen.

(2) **An Stelle der Gewinnrücklagen sind die Ergebnisrücklagen auszuweisen und wie folgt aufzugliedern:**

1. Gesetzliche Rücklage;

2. andere Ergebnisrücklagen; die Ergebnisrücklage nach § 73 Abs. 3 des Gesetzes betreffend die Erwerbs- und Wirtschaftsgenossenschaften und die Beträge, die aus dieser Ergebnisrücklage an ausgeschiedene Genossen auszuzahlen sind, müssen vermerkt werden.

(3) **Bei den Ergebnisrücklagen sind in der Bilanz oder im Anhang gesondert aufzuführen:**

1. Die Beträge, welche die Generalversammlung aus dem Bilanzgewinn des Vorjahrs eingestellt hat;

2. die Beträge, die aus dem Jahresüberschuß des Geschäftsjahrs eingestellt werden;

3. die Beträge, die für das Geschäftsjahr entnommen werden.

Übersicht

Schrifttum: S die zu § 336 angegebene Literatur.

A. Allgemeines

1 Abs 1 gibt Bilanzierungsvorschriften für die **Geschäftsguthaben** und ersetzt §§ 266 Abs 3 A I, 272 Abs 1 und § 283. Abs 2 enthält eine auf eG abgestellte *Gliederung* der **Ergebnisrücklagen,** die den *Gewinnrücklagen* gem § 272 Abs 3 entsprechen. Damit konnten die bei eG üblichen Rücklagenbegriffe beibehalten werden. Nach Abs 3 müssen eG die *Entwicklung* jeder *einzelnen Ergebnisrücklage* in der Bilanz darstellen (ebenso wie AG nach § 152 Abs 3 AktG; dort besteht aber ein Anhang-Wahlrecht).

Ebenfalls denkbar ist eine *Kapitalrücklage* gem § 272 Abs 2, die bei eG zB für „Eintrittsgelder", die lt Satzung erhoben werden, vorkommen kann (zu den Eintrittsgeldern *Lang/Weidmüller/Metz/Schaffland*[33] § 7 Anm 59ff).

Da bei eG – ebenso wie bei PersGes – der **Erwerb eigener Anteile** gesetzlich nicht vorgesehen ist, entfällt § 272 Abs 4.

B. Geschäftsguthaben, rückständige fällige Einzahlungen (Abs 1)

2 Alle eG weisen an Stelle des „gezeichneten Kapitals" den Betrag der **Geschäftsguthaben** der Genossen aus (Abs 1 S 1; zu Abweichungen nach IFRS s

§ 272 Anm 245 ff). Dabei ist der Betrag der Geschäftsguthaben aller am Bilanzstichtag ausscheidender Mitglieder gesondert anzugeben, ggf einschl der ohne Erben verstorbenen Genossen (Abs 1 S 2, ebenso *Hunger* in BoHdR § 337 Anm 7).

Für Kreditgenossenschaften wird außerdem verlangt, den Betrag der Geschäftsguthaben aus *gekündigten* Geschäftsanteilen gesondert auszuweisen (§ 34 Abs 2 Nr 3 c) RechKredV). Eine solche oder weitere freiwillige Untergliederungen sind auch für andere eG zulässig.

Das GenG unterscheidet folgende Begriffe: 3

- Den **Geschäftsanteil:** Geschäftsanteil bezeichnet den (Höchst-)Betrag, bis zu welchem sich die einzelnen Genossen mit Einlagen beteiligen können (§ 7 Nr 1 GenG). Das Statut der eG kann jedoch erlauben oder zur Pflicht machen, sich mit mehreren Geschäftsanteilen zu beteiligen (§§ 7 a, 15 b GenG) – zuvor müssen regelmäßig die vorher übernommenen Geschäftsanteile voll eingezahlt sein.
- Das **Geschäftsguthaben:** Das Geschäftsguthaben setzt sich zusammen aus der tatsächlichen Einzahlung auf den Geschäftsanteil, die gem § 7 Nr 1 GenG mind 10% des Geschäftsanteils betragen muss, zzgl späterer Gewinn- und Zinsgutschriften, abzgl Verlustanteile.
- Die **Haftsumme** gem §§ 119 ff GenG: Das Statut *kann* bestimmen, dass die Genossen, beschränkt auf diese Haftsumme, Nachschüsse zur Insolvenzmasse zu leisten haben. Die Haftsumme darf nicht niedriger als der Geschäftsanteil festgesetzt werden.

Wird eine fällige Einzahlung weder geleistet noch durch Gewinngutschriften 4
erbracht, können diese **rückständigen Einzahlungen** gem Abs 1 S 3, 4 *entweder unterhalb* des Postens Geschäftsguthaben vermerkt (entspricht § 272 Abs 1 S 3) *oder* auf der Aktivseite als „Rückständige fällige Einzahlungen auf Geschäftsanteile" gesondert ausgewiesen werden. In beiden Fällen sind sie mit dem Nennwert anzusetzen (Abs 1 S 5). Werden rückständige Einzahlungen aktiviert, ist deren Nennbetrag in den Geschäftsguthaben enthalten.

Notwendige **Abwertungen** auf rückständige Einzahlungen (wegen Zahlungsunfähigkeit einzelner Genossen) können wie bei KapGes nur durch zusätzliche offene Absetzungen bei dem entspr Aktivposten erkennbar werden (gl A hier § 272 Anm 15, *ADS*[6] § 272 Anm 70 f). In der Praxis werden solche Abwertungen selten sein, da der Geschäftsanteil herabgesetzt werden kann (§ 22 GenG) oder eine Übertragung des Geschäftsguthabens auf einen anderen Genossen nach Austritt aus der eG ohne Auseinandersetzung möglich ist (§§ 73, 76 GenG).

Die „Geschäftsguthaben der Genossen" werden in ihrer **Entwicklung** nicht 5
in der Bilanz gezeigt. Dazu sind Angaben im Anhang vorgeschrieben; § 338 Anm 5.

Wird der Geschäftsanteil überzahlt oder ist ein weiterer Geschäftsanteil noch 6
nicht eingetragen (Vorauszahlung), ist der Zahlungseingang als Verbindlichkeit zu führen; ebenso *Hunger* in BoHdR § 337 Anm 6. Zu den Schulden gehören ferner die Auseinandersetzungsguthaben und noch auszuzahlende Dividenden; gl A *Hunger* in BoHdR § 337 Anm 8.

Die Liste der Genossen wird vom Vorstand der eG (§ 163 GenG) selbst geführt (§ 30 Abs 1 GenG), wobei die Vorschriften und Auskunftspflichten sowie die Aufbewahrungsfristen der §§ 30 bis 32 GenG zu beachten sind. Dadurch, dass diese „Mitglieder-Liste" bei der eG geführt wird, wird eine zeitnahe Eintragung von übernommenen Geschäftsanteilen sowie die Erfassung von Zahlungseingängen auf Geschäftsanteile als Verbindlichkeiten gewährleistet.

C. Gliederung und Entwicklung der Ergebnisrücklagen

I. Gliederung (Abs 2)

7 Für eG sieht § 337 Abs 2 folgende Ergebnisrücklagen vor:

- Die **gesetzliche Rücklage (Abs 2 Nr 1)** gem § 7 Nr 2 GenG, deren Zuführung und Höhe das Statut der eG jeweils bestimmt und
- **andere Ergebnisrücklagen (Abs 2 Nr 2),** wobei die Ergebnisrücklage nach § 73 Abs 3 GenG (Anm 16) und die Beträge, die aus dieser Ergebnisrücklage an ausgeschiedene Genossen auszuzahlen sind, vermerkt werden müssen. Zu den anderen Ergebnisrücklagen zählen alle satzungsmäßig vorgeschriebenen oder aufgrund eines Generalversammlungsbeschlusses gebildeten offenen Rücklagen. Falls mehrere dieser Ergebnisrücklagen vorhanden sind, dürfen und sollten sie in der Bilanz aufgegliedert werden. Eine Aufgliederung ist jedoch nicht zwingend vorgeschrieben.

8 Die Beteiligung ausscheidender Mitglieder an der **besonderen Ergebnisrücklage** gem § 73 Abs 3 GenG ist – mit Ausnahme von gemeinnützigen Wohnungsbaugenossenschaften – zulässig (kritisch hierzu *Lang/Weidmüller/Metz/Schaffland*[33] § 73 Anm 35). Die besondere Ergebnisrücklage wird aus dem Jahresüberschuss gebildet. Ihr Zweck muss sein, ausscheidenden Genossen einen Anspruch auf Auszahlung eines Anteils an dieser Ergebnisrücklage einzuräumen (§ 73 Abs 3 S 1 GenG); dies kann durch Statut oder durch Gewinnverwendungsbeschluss der Generalversammlung erfolgen (Anm 9). Voraussetzung einer solchen Zusatzausschüttung ist ferner die Volleinzahlung des Geschäftsanteils und ggf einschränkende Anforderungen lt Statut, zB Mindestdauer der Mitgliedschaft. Für weitere Einzelheiten zu dieser Sonderrücklage s *Beuthien*[14] § 73 Anm 13ff; *Hettrich/Pöhlmann/Gräser/Röhrich*[2] § 73 Anm 3 sowie *Lang/Weidmüller/Metz/Schaffland*[33] § 73 Anm 29ff.

Nach dem Ausscheiden von an der besonderen Ergebnisrücklage beteiligten Genossen müssen die zum Bilanzstichtag noch nicht regulierten Beträge in der Bilanz entweder als Vorspaltenvermerk gezeigt oder als besonderer Unterposten ausgewiesen werden. *Nach* einem *Beschluss* über derartige Ausschüttungen handelt es sich um Verbindlichkeiten. In der Praxis dürfte diese besondere Ergebnisrücklage selten und die Abfindung zum Buchwert – also nur Auszahlung der Geschäftsguthaben – die Regel sein.

9 Die Generalversammlung einer eG kann im **Gewinnverwendungsbeschluss** Zuführungen zu anderen **(ungebundenen)** Ergebnisrücklagen oder auch Sonderzuführungen zur gesetzlichen Rücklage beschließen; jedoch keine Einstellung der EK-Anteile von Sonderposten mit Rücklageanteil analog §§ 58 Abs 2a AktG, 29 Abs 4 GmbHG (s hierzu § 280 Anm 38).

Das Statut oder die den JA feststellende Generalversammlung kann ferner vorschreiben, zu welchen *bestimmten* Zwecken diese weiteren Ergebnisrücklagen gebunden sind. In solchen Fällen dürfen aus solchen Rücklagen nur Beträge für die bestimmten Zwecke entnommen werden; anderenfalls ist zuvor eine Umwidmung durch dasjenige Organ vorzunehmen, welches früher diese Zweckbindung bestimmt hat. Es gelten hier die allgemeinen Grundsätze des GesRechts; s die Erl zu § 272 Anm 96 und § 270 Anm 7ff, 18ff.

II. Entwicklung (Abs 3)

10 Es sind mind die folgenden im HGB genannten Beträge der *einzelnen* Ergebnisrücklagen (s Anm 7) gesondert in der Bilanz aufzuführen:

– **Einstellungen** aus dem **Bilanzgewinn** des *Vorjahrs* (durch die Generalversammlung),
– **Einstellungen** aus dem **Jahresüberschuss** des *Geschäftsjahrs* – soweit das Statut es vorsieht,
– **Entnahmen** innerhalb des *Geschäftsjahrs*.

Darüber hinaus kommen als weitere Posten insb noch Umgliederungen zwischen einzelnen Ergebnisrücklagen in Frage (zB Einstellung von Teilen der Ergebnisrücklagen in die **besondere Ergebnisrücklage** nach § 73 Abs 3 GenG; dazu Anm 8f.

Entnahmen aus Rücklagen kommen namentlich vor 11

– zur **Auffüllung der Geschäftsguthaben** bis zur Höhe des Geschäftsanteils; das entspricht im Ergebnis einer Kapitalerhöhung aus Gesellschaftsmitteln bei KapGes (hierzu *Förschle/Kropp* in Sonderbilanzen[3] E Anm 43 ff,
– zur **Einstellung in andere Ergebnisrücklagen** (ggf mit Zweckbindung),
– aus der gesetzlichen Rücklage oder aus anderen Ergebnisrücklagen zur **Deckung eines Bilanzverlusts** gem Statut (Vor § 339 Anm 63).

Auch hierfür gelten die Zuständigkeitsregeln des Statuts und § 270 Abs 2 (Anm 9); aA *Hunger* in BoHdR § 337 Anm 19, der solche Vorwegzuweisungen als „Vorschläge" an die Generalversammlung bei eG ansieht.

Es ist für eG nicht vorgesehen, die Entwicklung der *einzelnen* Ergebnisrücklagen statt in der Bilanz wahlweise auch im Anhang darzustellen. Da größere Entwicklungs-Darstellungen bei den Rücklagen die Übersichtlichkeit des Bilanzbilds beeinträchtigen können, dürfte es uE nach dem Grundgedanken des § 265 Abs 7 Nr 2 zulässig sein, in diesen Fällen nur die Entwicklung der *gesamten* Einstellungen und Entnahmen aus allen Ergebnisrücklagen in der Bilanz zu zeigen und alle *Details* zu den einzelnen Ergebnisrücklagen gem Anm 8 ff im Anhang darzustellen. 12

§ 338 Vorschriften zum Anhang

(1) [1]Im Anhang sind auch Angaben zu machen über die Zahl der im Laufe des Geschäftsjahrs eingetretenen oder ausgeschiedenen sowie die Zahl der am Schluß des Geschäftsjahrs der Genossenschaft angehörenden Genossen. [2]Ferner sind der Gesamtbetrag, um welchen in diesem Jahr die Geschäftsguthaben sowie die Haftsummen der Genossen sich vermehrt oder vermindert haben, und der Betrag der Haftsummen anzugeben, für welche am Jahresschluß alle Genossen zusammen aufzukommen haben.

(2) Im Anhang sind ferner anzugeben:

1. Name und Anschrift des zuständigen Prüfungsverbandes, dem die Genossenschaft angehört;
2. alle Mitglieder des Vorstands und des Aufsichtsrats, auch wenn sie im Geschäftsjahr oder später ausgeschieden sind, mit dem Familiennamen und mindestens einem ausgeschriebenen Vornamen; ein etwaiger Vorsitzender des Aufsichtsrats ist als solcher zu bezeichnen.

(3) [1]An Stelle der in § 285 Satz 1 Nr. 9 vorgeschriebenen Angaben über die an Mitglieder von Organen geleisteten Bezüge, Vorschüsse und Kredite sind lediglich die Forderungen anzugeben, die der Genossenschaft gegen Mitglieder des Vorstands oder Aufsichtsrats zustehen. [2]Die Beträge dieser Forderungen können für jedes Organ in einer Summe zusammengefaßt werden.

Übersicht

Schrifttum: S die zu § 336 angegebene Literatur.

A. Allgemeines

1 Über den grundlegenden Verweis in § 336 Abs 2 auf §§ 265 bis 289 gelten für eG grds die gleichen Pflicht- und Wahlangaben im Anhang wie für KapGes. Explizit als Pflichtangabe ausgenommen (jedoch Wahlrecht) werden in § 336 Abs 2 S 1 Halbsatz 2 Angaben nach:
- § 277 Abs 3 S 1: bestimmte **außerplanmäßige Abschreibungen** im Anlage- und Umlaufvermögen (s im Hinblick auf die Einhaltung der Generalnorm des § 264 Abs 2 S 1 aber § 336 Anm 18, 20 und *WPH*[12] I G 9);
- § 280 Abs 3: **unterlassene Zuschreibungen;**
- § 281 Abs 2 S 1: Angabe der **nur steuerlich zulässigen Abschreibungen,** getrennt nach Anlage- und Umlaufvermögen;
- § 285 S 1 Nr 5: steuerlich bedingte Minderungen des Jahresergebnisses, künftige Belastung aus **steuerrechtlichen Wertansätzen** oder aus **Wertaufholungen;**
- § 285 S 1 Nr 6: gesonderte **Zuordnung des Steueraufwands für das außerordentliche Ergebnis;**
- § 285 S 1 Nr. 17: bei Unt, die einen organisierten Markt iSd § 2 Abs 5 WpHG in Anspruch nehmen: **Angabe** der im Gj als Aufwand erfassten **Honorare an den AP** iSd § 319 Abs 1 S 1 und 2 für JAP, sonstige Bestätigungs- oder Bewertungsleistungen, Steuerberatungsleistungen oder sonstige Leistungen.

2 Für **Kreditgenossenschaften** gehen die §§ 340a Abs 2 und andere Vorschriften zum Anhang, zB §§ 34 bis 36 RechKredV, dem § 338 vor oder sie treten hinzu, da gem § 336 Abs 2 S 2 sonstige geschäftszweigspezifische Vorschriften unberührt bleiben. Neben den sich aus § 336 Abs 2 ergebenden Angabepflichten müssen eG jeder Größe die zusätzlichen Bestimmungen des § 338 erfüllen, woraus sich weitere Pflichtangaben (Abs 1 und 2) als auch Angabeerleichterungen (Abs 3) ergeben.

3 Anhangangaben über Fehlbeträge bei den **Pensionsrückstellungen** oder über Verpflichtungen aus mittelbaren Versorgungszusagen werden von eG uE nicht verlangt, da Art 28 Abs 2 EGHGB auf KapGes/KapCoGes beschränkt ist (ebenso *ADS*[5] Art 28 Anm 44 und *WPH*[12] I G 17).

B. Zusatzangaben gem Abs 1

4 Für die Angabe der **Zahl der Genossen** ist von Bedeutung, dass ein Genosse der eG erst *angehört,* wenn seine Mitgliedschaft durch Eintragung in die Mitgliederliste durch den Vorstand der eG vollzogen ist (§ 15 Abs 1, 2 GenG; dazu § 337 Anm 5). Die Mitgliedschaft eines Genossen bei der eG *endet* durch or-

dentliche oder ao Kündigung sowie durch Ausschließung nach Maßgabe der §§ 65ff GenG. Der Austritt eines Genossen wird durch Eintragung der Kündigung oder Ausschließung gem § 68 GenG durch Eintrag in die Mitgliederliste und stets nur zum Schluss eines Gj der eG wirksam; für die ordentliche Kündigung kann das Statut längere Fristen vorsehen (höchstens fünf Jahre, § 65 Abs 2 GenG).

Hinsichtlich der **Entwicklung der Zahl der Genossen** sind getrennt anzugeben 5

- die Zahl der im Laufe des Gj eingetretenen Genossen,
- die Zahl der im Gj (zum Jahresende) ausgeschiedenen Genossen und
- die Zahl der am Schluss des Gj der eG angehörenden Genossen.

Ergänzend hierzu sind im Anhang ferner zu nennen

- der Gesamtsaldo, um den sich die **Geschäftsguthaben** der Genossen im letzten Gj vermehrt oder vermindert haben; in der Praxis werden die Veränderungen für die *verbleibenden* Mitglieder angegeben,
- der Gesamtsaldo, wie sich die **Haftsummen** der Genossen verändert (erhöht oder vermindert) haben sowie
- der Gesamtbetrag der **Haftsummen,** für welche alle Mitglieder am Ende des Gj **Nachschüsse** im Falle einer Insolvenz der eG zu leisten haben.

Der **Gesamtbetrag der Haftsummen** der (verbleibenden) Mitglieder am Ende jeden Gj darf nicht niedriger sein als die Summe ihrer Geschäftsanteile. Jedoch kann die Satzung die Haftsummen höher als den Geschäftsanteil festsetzen; § 119 GenG und § 337 Anm 3. Veränderungen in der Zahl der **Geschäftsanteile** brauchen nicht angegeben zu werden (ebenso *Hunger* in BoHdR § 338 Anm 3). 6

C. Zusatzangaben gem Abs 2

Zwecks besserer Unterrichtung der Genossen über die Verwaltungsorgane und die Kontrollinstanz ihrer eG sind von jeder eG stets anzugeben: 7

- Name und Anschrift des zuständigen **Prüfungsverbands,** dem die eG angehört (dazu Vor § 339 Anm 12ff),
- alle Mitglieder des **Vorstands** und des **Aufsichtsrats** der eG (auch wenn sie im Gj oder später ausgeschieden sind) mit ihrem Familiennamen und mind je einem ausgeschriebenen Vornamen; dabei ist ein etwaiger Vorsitzender des *Aufsichtsrats* zu kennzeichnen.

Darüber hinaus ist – da § 285 S 1 Nr 10 von eG ebenfalls anzuwenden ist – der ausgeübte Beruf der Organmitglieder anzugeben. Die grds gebotene Angabe des Vorstandsvorsitzenden sowie von Stellvertretern des AR-Vorsitzenden erübrigt sich, da diese Funktionen dem Genossenschaftsrecht fremd sind.

D. Angaben zu Forderungen an Vorstand und Aufsichtsrat (Abs 3)

Von eG aller Größenklassen brauchen die **Bezüge** des Vorstands und des AR **nicht genannt** zu werden. Es kann ferner die Angabe der Bezüge ehemaliger Mitglieder dieser Organe (praktisch des Vorstands der eG und seiner Hinterbliebenen) und der Pensionsrückstellungen für diese Personen unterbleiben; damit entfällt auch § 286 Abs 4. Für **Kreditgenossenschaften** besteht jedoch Angabepflicht gem § 340a Abs 2 und § 34 Abs 1 RechKredV. 8

9 Die für KapGes in § 285 S 1 Nr 9c geforderten **Angaben** zu den *Vorschüssen* und *Krediten* (Zinssätze, wesentliche Bedingungen usw) ist für eG (außer Kreditgenossenschaften) **abgewandelt auf „Forderungen** …, die der eG gegen Mitglieder des Vorstands oder Aufsichtsrats zustehen …“. Dabei wird lediglich verlangt, den **Gesamtbetrag** der Forderungen an Vorstandsmitglieder und (getrennt davon) den **Gesamtbetrag** der Forderungen an Mitglieder des AR zu nennen. Gemeint sind die Forderungen am Bilanzstichtag. Die Angabepflicht beschränkt sich daher auf die Organmitglieder an diesem Tage (ebenso *Hunger* in BoHdR § 338 Anm 14), also ohne Rentner und Hinterbliebene.

Es dürfen zudem Kredite und Vorschüsse zusammengefasst werden. Zu den Forderungen gehören uE aber auch Ansprüche aus Warenlieferungen üblicher Art, die bei KapGes nach hM nicht zu den Krediten gehören (§ 285 Anm 192) – bei Waren-eG aber häufiger vorkommen. Denn der Begriff „Forderungen“ ist weitergehend als die Unterart „Vorschüsse und Kredite“. Das Wort „lediglich“ in Abs 3 S 1 bezieht sich uE auf den Begriff „Bezüge“ gem § 285 S 1 Nr 9a, 9b, deren Angabe für eG aller Größenklassen entfällt. *Kreditgenossenschaften* haben jedoch § 34 Abs 2 Nr 2 RechKredV zu beachten.

E. Zum Lagebericht der Genossenschaften

10 Die Vorschriften zum Lagebericht (Darstellungen gem § 289 Abs 1 zur Lage und zum Geschäftsverlauf einschl der notwendigen Angaben zu bedeutsamen finanziellen Leistungsindikatoren sowie den Chancen und Risiken der künftigen Entwicklung) gelten für mittelgroße und große eG ohne Einschränkung (§ 336 Abs 2). Das Gleiche gilt für die Einzelangaben gem § 289 Abs 2 Nrn 1 bis 4; zu Nr 4 § 289 Anm 44. Im Gegensatz dazu sind die nach § 289 Abs 3 geforderten Informationen (bedeutsame nichtfinanzielle Leistungsindikatoren, soweit für das Verständnis des Geschäftsverlaufs oder der Lage von Bedeutung) nur für große eG verpflichtend. – **Kleine eG** brauchen keinen Lagebericht aufzustellen (§ 336 Abs 2 S 1 iVm § 264 Abs 1 S 3).

Vor § 339
Vorlage des Jahresabschlusses. Abschlussprüfung. Feststellung des Jahresabschlusses. Gewinnverwendung

Übersicht

Schrifttum: S die Literatur zu § 336.

A. Vorlage des Jahresabschlusses

§ 33 GenG [Buchführung und Jahresabschluß]

(1) ... [2]Der Jahresabschluß und der Lagebericht sind unverzüglich nach ihrer Aufstellung dem Aufsichtsrat und mit dessen Bemerkungen der Generalversammlung vorzulegen.

§ 38 GenG [Rechte und Pflichten des Aufsichtsrats]

(1) ... [3]Der Aufsichtsrat hat den Jahresabschluß, den Lagebericht und den Vorschlag für die Verwendung des Jahresüberschusses oder die Deckung des Jahresfehlbetrags zu prüfen; über das Ergebnis der Prüfung hat er der Generalversammlung vor der Feststellung des Jahresabschlusses zu berichten.

§ 89 GenG [Rechte und Pflichten der Liquidatoren]

[1]Die Liquidatoren haben die aus den §§ 26, 27, 33 Abs. 1 Satz 1, §§ 34, 44 bis 47, 48 Abs. 3, §§ 51, 57 bis 59 sich ergebenden Rechte und Pflichten des Vorstands und unterliegen gleich diesem der Überwachung des Aufsichtsrats. [2]Sie haben sofort bei Beginn der Liquidation und demnächst in jedem Jahr eine Bilanz aufzustellen. [3]Die erste Bilanz ist zu veröffentlichen; die Bekanntmachung ist zu dem Genossenschaftsregister einzureichen.

Unverzüglich nach Aufstellung (§ 336 Anm 11f) sind der um den Anhang erweiterte JA und der Lagebericht (nicht erforderlich bei kleinen eG) dem AR der eG vorzulegen (§ 33 Abs 1 S 2 GenG). Nach Prüfung dieser Unterlagen hat der AR der eG sie mit seinen Bemerkungen der Generalversammlung vorzulegen (§ 38 Abs 1 S 3 GenG). 1

Der **Aufsichtsrat** hat nicht nur den JA und den Lagebericht zu prüfen, sondern gem § 38 Abs 1 S 3 GenG auch den Vorschlag für die Verwendung des Jahresüberschusses oder die Deckung des Jahresfehlbetrags. 2

Über das Ergebnis dieser eigenen Prüfungen hat der AR schriftlich (§ 48 Abs 3 GenG) der Generalversammlung zu berichten; erst danach – jedoch unabhängig vom Ende der JA-Prüfung – ist die Feststellung des JA von eG jeder Größe zulässig (dazu Anm 45ff).

Liegt im Zeitpunkt der Feststellung des JA der Prüfungsbericht des AP noch nicht vor, hat die eG die Hinterlegung beim Genossenschaftsregister trotzdem vorzunehmen und ggf den BVm nachzureichen; große eG müssen für die *externen* Bekanntmachungen das Ende der Abschlussprüfung abwarten (§ 339 Abs 1 S 3, Abs 2 S 2). 3

Nach Auflösung einer eG haben die **Liquidatoren** die Rechte und Pflichten des Vorstands, soweit nicht andere Vorschriften bestehen (§ 87 Abs 1 GenG). Das ist für die Rechnungslegung in § 89 GenG zT erweitert: Die Liquidatoren haben eine Liquidations-EB zu erstellen, diese in den im Statut bestimmten Blättern bekannt zu machen und danach beim Genossenschaftsregister einzureichen. Diese EB ist mE nicht prüfungspflichtig; sie ist aber im folgenden Liquidationszeitraum bei der nächsten JA-Prüfung nachträglich zu würdigen. 4

Gem § 89 GenG unterliegen die Liquidatoren ebenfalls der Überwachung durch den AR. Die Liquidations-EB ist jedoch aufgrund fehlenden Verweises auf § 33 Abs 1 S 2 GenG nicht dem AR vorzulegen. Nach *Beuthien* ist sie der Generalversammlung zur Kenntnisnahme vorzulegen (*Beuthien*[14] § 89 Anm 5).

B. Pflichtprüfung

I. Ordnungsprüfung und Jahresabschluss/Konzernabschluss

Vorschriften zur Ordnungsprüfung und zum Jahresabschluss:

§ 53 GenG [Pflichtprüfung]

(1) [1] Zwecks Feststellung der wirtschaftlichen Verhältnisse und der Ordnungsmäßigkeit der Geschäftsführung sind die Einrichtungen, die Vermögenslage sowie die Geschäftsführung der Genossenschaft einschließlich der Führung der Mitgliederliste mindestens in jedem zweiten Geschäftsjahr zu prüfen. [2] Bei Genossenschaften, deren Bilanzsumme zwei Millionen Euro übersteigt, muß die Prüfung in jedem Geschäftsjahr stattfinden.

(2) [1] Im Rahmen der Prüfung nach Absatz 1 ist der Jahresabschluß unter Einbeziehung der Buchführung und des Lageberichts zu prüfen. [2] § 316 Abs. 3, § 317 Abs. 1 Satz 2 und 3, Abs. 2, § 324 a des Handelsgesetzbuchs sind entsprechend anzuwenden.

§ 57 GenG [Prüfungsverfahren]

(1) [1] Der Vorstand der Genossenschaft hat dem Prüfer die Einsicht der Bücher und Schriften der Genossenschaft sowie die Untersuchung des Kassenbestandes und der Bestände an Wertpapieren und Waren zu gestatten; er hat ihm alle Aufklärungen und Nachweise zu geben, die der Prüfer für eine sorgfältige Prüfung benötigt. [2] Das gilt auch, wenn es sich um die Vornahme einer vom Verband angeordneten außerordentlichen Prüfung handelt.

(2) [1] Der Verband hat dem Vorsitzenden des Aufsichtsrats der Genossenschaft den Beginn der Prüfung rechtzeitig anzuzeigen. [2] Der Vorsitzende des Aufsichtsrats hat die übrigen Mitglieder des Aufsichtsrats von dem Beginn der Prüfung unverzüglich zu unterrichten und sie auf ihr Verlangen oder auf Verlangen des Prüfers zu der Prüfung zuzuziehen.

(3) Von wichtigen Feststellungen, nach denen dem Prüfer sofortige Maßnahmen des Aufsichtsrats erforderlich erscheinen, soll der Prüfer unverzüglich den Vorsitzenden des Aufsichtsrats in Kenntnis setzen.

(4) [1] In unmittelbarem Zusammenhang mit der Prüfung soll der Prüfer in einer gemeinsamen Sitzung des Vorstands und des Aufsichtsrats der Genossenschaft über das voraussichtliche Ergebnis der Prüfung mündlich berichten. [2] Er kann zu diesem Zwecke verlangen, daß der Vorstand oder der Vorsitzende des Aufsichtsrats zu einer solchen Sitzung einladen; wird seinem Verlangen nicht entsprochen, so kann er selbst Vorstand und Aufsichtsrat unter Mitteilung des Sachverhalts berufen.

§ 58 GenG [Prüfungsbericht]

(1) [1] Der Verband hat über das Ergebnis der Prüfung schriftlich zu berichten. [2] Auf den Prüfungsbericht ist, soweit er den Jahresabschluß und den Lagebericht betrifft, § 321 Abs. 1 bis 3 des Handelsgesetzbuchs entsprechend anzuwenden.

(2) Auf die Prüfung von Genossenschaften, die die Größenmerkmale des § 267 Abs. 3 des Handelsgesetzbuchs erfüllen, ist § 322 des Handelsgesetzbuchs über den Bestätigungsvermerk entsprechend anzuwenden.

(3) [1] Der Prüfungsbericht ist vom Verband zu unterzeichnen und dem Vorstand der Genossenschaft unter gleichzeitiger Benachrichtigung des Vorsitzenden des Aufsichtsrats vorzulegen. [2] Jedes Mitglied des Aufsichtsrats ist berechtigt, den Prüfungsbericht einzusehen.

(4) [1] Über das Ergebnis der Prüfung haben Vorstand und Aufsichtsrat der Genossenschaft in gemeinsamer Sitzung unverzüglich nach Eingang des Prüfungsberichts zu beraten. [2] Verband und Prüfer sind berechtigt, an der Sitzung teilzunehmen; der Vorstand ist verpflichtet, den Verband von der Sitzung in Kenntnis zu setzen.

§ 59 GenG [Prüfungsbescheinigung; Beschlußfassung der Generalversammlung]

(1) Der Vorstand hat eine Bescheinigung des Verbandes, daß die Prüfung stattgefunden hat, zum Genossenschaftsregister einzureichen und den Prüfungsbericht bei der Berufung der nächsten Generalversammlung als Gegenstand der Beschlußfassung anzukündigen.

(2) In der Generalversammlung hat sich der Aufsichtsrat über wesentliche Feststellungen oder Beanstandungen der Prüfung zu erklären.

(3) Der Verband ist berechtigt, an der Generalversammlung beratend teilzunehmen; auf seinen Antrag oder auf Beschluß der Generalversammlung ist der Bericht ganz oder in bestimmten Teilen zu verlesen.

§ 60 GenG [Außerordentliche Generalversammlung]

(1) Gewinnt der Verband die Überzeugung, daß die Beschlußfassung über den Prüfungsbericht ungebührlich verzögert wird oder daß die Generalversammlung bei der Beschlußfassung unzulänglich über wesentliche Feststellungen oder Beanstandungen des Prüfungsberichts unterrichtet war, so ist er berechtigt, eine außerordentliche Generalversammlung der Genossenschaft auf deren Kosten zu berufen und zu bestimmen, über welche Gegenstände zwecks Beseitigung festgestellter Mängel verhandelt und beschlossen werden soll.

(2) In der von dem Verband einberufenen Generalversammlung führt eine vom Verband bestimmte Person den Vorsitz.

§ 63b GenG [Rechtsform des Verbandes; Mitgliedschaft]

(1) Der Verband soll die Rechtsform des eingetragenen Vereins haben.

(2) [1]Mitglieder des Verbandes können nur eingetragene Genossenschaften und ohne Rücksicht auf ihre Rechtsform solche Unternehmungen sein, die sich ganz oder überwiegend in der Hand eingetragener Genossenschaften befinden oder dem Genossenschaftswesen dienen. [2]Ob diese Voraussetzungen vorliegen, entscheidet im Zweifelsfall die für die Verleihung des Prüfungsrechts zuständige oberste Landesbehörde (§ 63). [3]Sie kann Ausnahmen von der Vorschrift des Satzes 1 zulassen, wenn ein wichtiger Grund vorliegt.

(3) Unternehmungen, die nicht eingetragene Genossenschaften sind und anderen gesetzlichen Prüfungsvorschriften unterliegen, bleiben trotz ihrer Zugehörigkeit zum Verband diesen anderen Prüfungsvorschriften unterworfen und unterliegen nicht der Prüfung nach diesem Gesetz.

(4) [1]Der Verband muß unbeschadet der Vorschriften des Absatzes 3 die Prüfung seiner Mitglieder und kann auch sonst die gemeinsame Wahrnehmung ihrer Interessen, insbesondere die Unterhaltung gegenseitiger Geschäftsbeziehungen zum Zweck haben. [2]Andere Zwecke darf er nicht verfolgen.

(5) [1]Dem Vorstand des Prüfungsverbandes soll mindestens ein Wirtschaftsprüfer angehören. [2]Gehört dem Vorstand kein Wirtschaftsprüfer an, so muß der Prüfungsverband einen Wirtschaftsprüfer als seinen besonderen Vertreter (§ 30 des Bürgerlichen Gesetzbuchs) bestellen. [3]Die für die Verleihung des Prüfungsrechts zuständige Behörde kann den Prüfungsverband bei Vorliegen besonderer Umstände von der Einhaltung der Sätze 1 und 2 befreien, jedoch höchstens für die Dauer eines Jahres. [4]In Ausnahmefällen darf sie auch eine Befreiung auf längere Dauer gewähren, wenn und solange nach Art und Umfang des Geschäftsbetriebes der Mitglieder des Prüfungsverbandes eine Prüfung durch Wirtschaftsprüfer nicht erforderlich ist.

(6) Mitgliederversammlungen des Verbandes dürfen nur innerhalb des Verbandsbezirkes abgehalten werden.

§ 64c [Prüfung aufgelöster Genossenschaften]

Auch aufgelöste Genossenschaften unterliegen den Vorschriften dieses Abschnitts.

Vorschriften zum Konzernabschluss von Genossenschaften

§ 14 PublG [Prüfung des Konzernabschlusses]

(1) [1]Der Konzernabschluß oder Teilkonzernabschluß ist unter Einbeziehung des Konzernlageberichts oder des Teilkonzernlageberichts durch einen Abschlußprüfer zu prüfen. [2]§ 316 Abs. 3, §§ 317 bis 324 des Handelsgesetzbuchs über die Prüfung sowie § 6 Abs. 2, 3 dieses Gesetzes gelten sinngemäß.

(2) [1]Ist das Mutterunternehmen eine Genossenschaft, so ist der Prüfungsverband, dem die Genossenschaft angehört, auch Abschlußprüfer des Konzernabschlusses. [2]Der von einem Prüfungsverband geprüfte Konzernabschluß oder Teilkonzernabschluß hat befreiende Wirkung nach § 291 des Handelsgesetzbuchs oder einer nach § 13 Abs. 4 dieses Gesetzes in Verbindung mit § 292 des Handelsgesetzbuchs erlassenen Rechtsverordnung nur, wenn das befreite Tochterunternehmen, das gleichzeitig Mutterunternehmen ist, seinen Konzernabschluß oder Teilkonzernabschluß von dieser Person hätte prüfen lassen können.

(3) [1]Hat das Mutterunternehmen einen Aufsichtsrat, so haben die gesetzlichen Vertreter den Konzernabschluß oder den Teilkonzernabschluß, den Konzernlagebericht oder den Teilkonzernlagebericht und den Prüfungsbericht des Abschlußprüfers des Konzernabschlusses unverzüglich nach Eingang des Prüfungsberichts dem Aufsichtsrat zur Kenntnisnahme vorzulegen. [2]Jedes Aufsichtsratsmitglied hat das Recht, von den Vorlagen Kenntnis zu nehmen. [3]Die Vorlagen sind auch jedem Aufsichtsratsmitglied auf Verlangen auszuhändigen, soweit der Aufsichtsrat nichts anderes beschlossen hat.

10 Gem § 53 Abs 2 GenG sind Buchführung, JA und Lagebericht, also die Unterlagen zum JA, *„im Rahmen der Prüfung nach Absatz 1"* zu prüfen – die Aufgabenstellung reicht also wesentlich weiter als nach HGB. Es sind nämlich gem § 53 Abs 1 GenG auch die **Einrichtungen** und die **Geschäftsführung** zwecks Feststellung der wirtschaftlichen Verhältnisse und der Ordnungsmäßigkeit der Geschäftsführung zu untersuchen.

11 Die erweiterte Prüfung gem § 53 Abs 1 GenG hat grds jährlich stattzufinden. Eine Ausnahme besteht für **kleine eG** mit einer (Vj-)Bilanzsumme von bis zu 2 Millionen €; diese müssen die erweiterte Prüfung nur **mindestens** in jedem **zweiten** Gj durchführen lassen.

Bei dieser Regelung steht die Sicherung des Vermögens der eG und der Fördergedanke ihrer Mitglieder im Vordergrund. Die Prüfung der Ordnungsmäßigkeit der Geschäftsführung ist ab einem Bilanzvolumen von 2 Mio € nur sinnvoll bei einer jährlichen Prüfung. Dabei braucht zu Beginn der Prüfung der JA der eG noch nicht vorzuliegen. Die abschließenden Gespräche sowie die Schlussbesprechung (dazu Anm 16) sind jedoch erst nach Fertigstellung eines zeitnahen JA, dessen Abschlussstichtag idR nicht länger als 12 Monate vor dem Zeitpunkt der Prüfung liegen soll (hierzu auch *Hunger* in BoHdR § 53 GenG Anm 46), sinnvoll. Bzgl des Umfangs der Prüfung verweist § 53 Abs 2 S 2 GenG auf die §§ 316 Abs 3, 317 Abs 1 S 2 und 3, Abs 2, 324a, die entspr anzuwenden sind.

Wird vom AP/Konzern-AP festgestellt, dass Unrichtigkeiten oder Verstöße vorliegen, besteht *Redepflicht* des Prüfungsverbands gem § 58 Abs 1 GenG iVm § 321 Abs 1 S 3. Das Gleiche gilt, wenn bei der Prüfung andere Mängel von Bedeutung oder Verstöße gegen Rechnungslegungsvorschriften festgestellt werden; dazu § 321 Anm 20 bis 46.

Der **Konzernabschluss** einer eG als MU darf ebenfalls nur vom Prüfungsverband geprüft werden (§ 14 Abs 2 PublG); dabei sind gleichfalls die vorstehenden erweiterten Aufgaben des AP zu beachten. Vorgezogene Prüfungsarbeiten erstrecken sich hier auf organisatorische Vorbereitungen (zB Bilanzierungsrichtlinien für die TU) und auf die Festlegung des KonsKreises und der Bewertungsmethoden für den KA (s dazu § 317 Anm 49).

Es **entfallen Auswahl** und **Wahl der Abschlussprüfer** (§§ 318, 319), da jede eG einem Prüfungsverband angehören muss (§ 54 GenG), der sich bereits vor Eintragung einer eG in das Genossenschaftsregister gutachtlich äußern muss (§ 11 Abs 2 Nr 3 GenG). Ein Verbandswechsel wird gerichtlich kontrolliert (§ 54a GenG). 12

Mitglieder eines Prüfungsverbands können auch Unt anderer Rechtsformen sein, „die sich ganz oder überwiegend in der Hand eingetragener Genossenschaften befinden oder dem Genossenschaftswesen dienen" (§ 63b Abs 2 S 1 GenG). Diese Mitgliedschaft befreit jedoch nicht von anderen Pflichtprüfungen gem HGB, PublG etc (§ 63b Abs 3 GenG; s Anm 31 ff).

Damit haben Genossenschaftsprüfer **folgende wesentliche Aufgaben:** 13

- die *„Unterlagen zum JA"* (Anm 10) und ggf zum KA (Anm 11) wie bei KapGes zu würdigen,
- die *wirtschaftlichen Verhältnisse* im Gj, zum Bilanzstichtag (und für wichtige Ereignisse auch danach) zu beurteilen und dabei zu prüfen, ob bei der Berichterstattung auch die Risiken der künftigen Entwicklung zutreffend dargestellt sind,
- die Prüfung so anzulegen, dass die VFE-Lage im Rahmen der GoB in allen wesentlichen Elementen zutreffend im JA und KA wiedergegeben wird,
- die *Geschäftsführung* im Gj hinsichtlich ihrer Ordnungsmäßigkeit zu prüfen, also insb zu deren Organisation („Einrichtungen"), zum internen Kontrollsystem und zu Finanz-, Investitions- und Ertragsplanungen sowie zu wichtigen Geschäftsvorfällen Stellung zu nehmen. Fehlen zB insb bei kleinen eG solche Management-Instrumente oder sind diese nicht genügend wirksam, müssen die AP ihre Einrichtung oder Verbesserung anregen.

Um diese wesentlich **erweiterte Aufgabenstellung** erfüllen zu können, kann der Prüfungsverband **außerordentliche Prüfungen** anordnen (§ 57 Abs 1 S 2 GenG). Der Verband zieht zur Erfüllung seiner Aufgaben im Genossenschaftswesen erfahrene angestellte WP, Revisoren und Assistenten (§ 55 Abs 1 GenG), erforderlichenfalls auch einen anderen Prüfungsverband oder für eG zugelassene WP/WPG heran. In diesem Fall ist der andere Prüfungsverband oder WP Erfüllungsgehilfe des zuständigen Prüfungsverbands, der mE Träger der Prüfung bleibt (folgt aus § 55 Abs 3 S 1 GenG); glA *Beuthien*[14] § 55 Anm 7, § 58 Anm 4 – anders nur, wenn das Prüfungsrecht des zuständigen Verbands gem § 56 Abs 1 GenG gesetzlich ruht. Es gelten die Grundsätze für die Verwertung von Prüfungsergebnissen und Untersuchungen Dritter gem *IDW PS 320* Verwendung der Arbeit eines anderen externen Prüfers WPg 2004, 593. 14

Organe, Angestellte und Mitarbeiter der eG müssen anlässlich dieser Prüfung zwar Auskünfte erteilen; sie dürfen aber nicht als Prüfer mitwirken (§ 55 Abs 2). Gleichermaßen ruht das Prüfungsrecht des zuständigen Verbands, wenn Organvertreter, Liquidatoren, Angestellte oder Mitarbeiter der zu prüfenden eG der Geschäftsführung des Verbands (§§ 26, 30 BGB) angehören (§ 56 Abs 1 GenG). *Beuthien* will diese Vorschrift darüber hinaus auch auf den Fall sonstiger Befangenheit anwenden (*Beuthien*[14] § 56 Anm 1, 6). Beide Regelungen dienen dazu, mögliche Interessenkollisionen zu vermeiden. Sonstige Verbandsaufgaben, insb Beratungsleistungen gegenüber der eG werden durch das Ruhen des Prüfungsrechts nach § 56 Abs 1 GenG nicht eingeschränkt (*Beuthien*[14] § 56 Anm 4). Die **Auskunftsrechte** der Verbandsprüfer sind in § 57 Abs 1 GenG ähnlich zu § 320 formuliert; sie beziehen sich auf die umfassendere Aufgabenstellung (Anm 13), gehen sonst aber nicht weiter (aM *Hunger* in BoHdR § 57 GenG Anm 1: „weit hinaus"). *Beuthien*[14] § 57 Anm 6 weist darauf hin, dass dem Prüfungsverband ein im Klagewege durchsetzbarer vereinsrechtlicher oder prüfungsvertraglicher Anspruch auf Gewährung der Auskunfts- und Einsichtsrechte zusteht sowie darüber hinaus seine Prüfungsbefugnisse auch über das registergerichtliche Zwangsgeldverfahren nach § 160 Abs 1 S 1 GenG durchsetzen kann.

15 Im Gegensatz zu anderen Pflichtprüfungen ist bei eG die **Prüfungszeit** nicht in die Fristen zur Verabschiedung des JA integriert. So ist die Beschlussfassung der Organe einschl der Generalversammlung bei eG unabhängig von der Vorlage des Prüfungsberichts geregelt; es ist ggf auch die **Hinterlegung** von JA und Lagebericht erforderlich, bevor die Prüfung dieser Unterlagen „abgeschlossen" ist (hier Anm 3, § 339 Anm 7 f); anders für die **Bekanntmachung** (§ 339 Anm 10, 13).

16 Darüber hinaus ist bei eG ausdrücklich vorgesehen, dass **Gesprächspartner** der AP nicht nur der Vorstand (und dessen Mitarbeiter), sondern auch der **Aufsichtsrat** sind. Der Prüfungsverband hat daher den Prüfungsbeginn dem Vorsitzenden des AR „rechtzeitig anzuzeigen"; dieser muss die übrigen AR-Mitglieder unterrichten (§ 57 Abs 2 GenG), damit diese ggf mit den Prüfern sprechen können. Nach *Beuthien*[14] § 57 Anm 7 schließt das Überraschungsprüfungen nicht aus, wenn der AR-Vorsitzende „mit Beginn der Prüfung benachrichtigt wird".

Von wichtigen Feststellungen ist der **Aufsichtrat-Vorsitzende unverzüglich zu unterrichten,** zB von einem möglichen größeren Verlust (Anm 63 f). Auch das voraussichtliche Prüfungsergebnis soll „der Prüfer" – also der die örtliche Prüfung Leitende, aber als Träger der Prüfung auch der Prüfungsverband – in einer gemeinsamen Sitzung dem Vorstand und AR der eG *mündlich* vortragen (§ 57 Abs 3 und 4 GenG) und mit diesen Organen erörtern, ebenso *Beuthien*[14] § 57 Anm 8. Bei eG ist somit die „Schlussbesprechung" (s § 320 Anm 13), ggf auch ein Zwischenbericht, im Gegensatz zum HGB ausdrücklich geregelt.

Dieser **„Zwischenbericht"** ist nicht nur bei wichtigen Feststellungen im Verlauf der Prüfung sinnvoll, sondern insb auch *kurz vor* der Generalversammlung, falls bis dahin weder die JA-Prüfung abgeschlossen noch ein BVm erteilt ist. Für KA-Prüfungen ist zwar ein Zwischenbericht gesetzlich nicht geregelt; eine gleichartige Handhabung halten wir aber für sachgerecht.

17 Der **Prüfungsbericht** über das *(abschließende)* Ergebnis ist schriftlich abzufassen und – abw von § 321 Abs 5 – dem Vorstand der eG unter Benachrichtigung des AR-Vorsitzenden vorzulegen (§ 58 Abs 3 GenG). Alsdann *muss* das Prüfungsergebnis zwischen Vorstand und AR der eG – ggf nochmals – beraten werden (§ 58 Abs 4 GenG); eine Vorabstimmung im Vorstand halten wir für zulässig, ggf für notwendig. Für weitere Einzelheiten zu diesen Fragen s *Beuthien*[14] § 58 Anm 5 ff.

Für diejenigen *Teile* des Prüfungsberichts, die JA und Lagebericht behandeln, gelten § 321 Abs 1 bis 3 (§ 58 Abs 1 GenG) entspr; zu Einzelheiten § 321 Anm 1–68.

18 Nach Prüfungsende hat der Prüfungsverband gem § 59 Abs 1 GenG in einer **Bescheinigung** zu erklären, dass die Prüfung gem §§ 53 ff GenG durchgeführt wurde, ohne deren Ergebnis zu erwähnen. Diese Bescheinigung ist vom Vorstand der eG zum Genossenschaftsregister einzureichen. Außerdem ist der Prüfungsbericht als Gegenstand der Beschlussfassung bei der Berufung der nächsten Generalversammlung anzukündigen; er darf dort aber auf Beschluss der Generalversammlung zur Wahrung der Vertraulichkeit nur teilweise verlesen werden (Anm 49).

19 Ein **Bestätigungsvermerk** (ggf Versagungsvermerk) ist – zusätzlich zur Bescheinigung gem Anm 18 – **gesetzlich** nur für gem § 267 große eG und für Wohnungsgenossenschaften mit Spareinrichtungen (s § 336 Anm 20) vorgesehen (§ 58 Abs 2 GenG). Für andere (kleinere) eG kann freiwillig ein BVm erteilt werden, wenn die Prüfung in der durch § 53 Abs 1 GenG vorgeschriebenen Art und Umfang durchgeführt wurde (*IDW PS 400* Anm 5).

BVm der genossenschaftlichen Prüfungsverbände dürfen von zeichnungsberechtigten Vertretern dieser Verbände gem § 44 Abs 2 WPO „mitgezeichnet" werden. Gehört dem Vorstand eines Prüfungsverbands kein WP an, muss der Verband einen WP „als seinen besonderen Vertreter (§ 30 BGB) bestellen" (§ 63b Abs 5 S 2 GenG). Aufgrund dieser und einer ähnlichen Vorschrift in Art 25 Abs 2 EGHGB (Anm 31 ff) haben viele Prüfungsverbände bisher angestellte WP zu Vorstandsmitgliedern bestellt.

20 Für den BVm gilt § 322 entspr (§ 58 Abs 2 GenG). Zur Frage der Auswirkungen der Anwendung von § 253 Abs 4 und 5 auf den BVm s § 336 Anm 20.

WPH I[12] Q 752 weist zutreffend darauf hin, dass im Prüfungsbericht die Höhe der nach § 253 Abs 4 bestehenden Abschreibungen und ihre Veränderung zum Vj anzugeben ist (s aber Anm 18 aE; teilweise Vertraulichkeit des Prüfungsberichts in der Generalversammlung).

Da für den **JA** unter das PublG fallender Unt eine ähnliche Problematik besteht (Geltung von § 253 Abs 4, sinngemäße Geltung des § 322 – jedoch Nichtgeltung von § 264 Abs 2 und § 279 gem § 5 Abs 1 PublG), wird hierzu auf § 322 Anm 30 und Anm 81 verwiesen.

21 In der (nächsten) *Generalversammlung* muss sich der AR über **wesentliche Feststellungen** oder Beanstandungen der Prüfer **erklären** (§ 59 Abs 2 GenG). Der Prüfungsverband ist berechtigt, an der Generalversammlung teilzunehmen und erforderlichenfalls hierzu aus dem Prüfungsbericht vorzutragen (§ 59 Abs 3). Hierzu gehört zB die Verlesung des zusammengefassten Prüfungsergebnisses; s dazu Anm 18 aE und Anm 49.

Werden *wesentliche* Feststellungen oder Beanstandungen nicht ausreichend in der Generalversammlung vorgetragen oder eine Beschlussfassung über den Prüfungsbericht dort ungebührlich verzögert, kann der Prüfungsverband eine **außerordentliche Generalversammlung** der eG einberufen und deren Vorsitz bestimmen (§ 60 GenG). An dieser Versammlung sollte der die Prüfung tatsächlich Leitende (Anm 16) teilnehmen, ebenso *Beuthien*[14] § 59 Anm 3.

22 Für bestimmte Fälle ist eine **Weitergabe des Prüfungsberichts** an Kreditgeber im Genossenschaftswesen gesetzlich zugelassen; diese dürfen den Inhalt nur im Rahmen der ihnen obliegenden Pflichten verwerten (§ 62 Abs 3 GenG).

23 Die **Verschwiegenheitspflicht** der Prüfungsorgane (§ 62 Abs 1) besteht zum AR-Vorsitzenden einer PrüfungsGes sowie dessen Stellvertreter **nicht** (§ 62 Abs 4 S 2 GenG). Diese dürfen jedoch den Inhalt nur insoweit verwerten, als es die gesetzliche Überwachungspflicht des AR erfordert.

24 Der **Maximalbetrag der Haftung** für fahrlässiges Handeln aller Prüfer (auch Assistenten) bei eG beträgt für die Prüfung von nach dem 31. 12. 2001 endenden Gj 1 Mio €, die Verjährung von Ersatzansprüchen 3 Jahre (§ 62 Abs 2, 6 GenG).

25 Die Regelungen über die Abschlussprüfung und den BVm bei eG werden für **bestimmte Geschäftszweige** durch Spezialvorschriften ergänzt oder ersetzt; insb durch §§ 340a ff (Genossenschaftsbanken) und Art 25 EGHGB (dazu Anm 30 ff).

II. Verbandsprüfung bei Tochtergesellschaften oder bei Wohnungsunternehmen

Art. 25 EGHGB [Abschlußprüfer und Konzernabschlußprüfer bei Wohnungsunternehmen, Tochter-AG oder -GmbH]

(1) [1] Auf die Prüfung des Jahresabschlusses

1. von Aktiengesellschaften, Gesellschaften mit beschränkter Haftung und Gesellschaften, bei denen kein persönlich haftender Gesellschafter eine natürliche Person ist, wenn die

Mehrheit der Anteile und die Mehrheit der Stimmrechte an diesen Gesellschaften Genossenschaften oder zur Prüfung von Genossenschaften zugelassenen Prüfungsverbänden zusteht, oder

2. von Unternehmen, die am 31. Dezember 1989 als gemeinnützige Wohnungsunternehmen oder als Organe der staatlichen Wohnungspolitik anerkannt waren und die nicht eingetragene Genossenschaften sind,

ist § 319 Abs. 1 des Handelsgesetzbuchs mit der Maßgabe anzuwenden, daß diese Gesellschaften oder Unternehmen sich auch von dem Prüfungsverband prüfen lassen dürfen, dem sie als Mitglied angehören, sofern mehr als die Hälfte der geschäftsführenden Mitglieder des Vorstands dieses Prüfungsverbands Wirtschaftsprüfer sind. [2] Hat der Prüfungsverband nur zwei Vorstandsmitglieder, so muß einer von ihnen Wirtschaftsprüfer sein. [3] § 319 Abs. 2 und 3 sowie § 319a Abs. 1 des Handelsgesetzbuchs sind auf die gesetzlichen Vertreter des Prüfungsverbandes und auf alle vom Prüfungsverband beschäftigten Personen, die das Ergebnis der Prüfung beeinflussen können, entsprechend anzuwenden; § 319 Abs. 3 Satz 1 Nr. 2 ist auf Mitglieder des Aufsichtsorgans des Prüfungsverbandes nicht anzuwenden, wenn sichergestellt ist, dass der Abschlussprüfer die Prüfung unabhängig von den Weisungen durch das Aufsichtsorgan durchführen kann.

(2) [1] Bei der Prüfung des Jahresabschlusses der in Absatz 1 bezeichneten Gesellschaften oder Unternehmen durch einen Prüfungsverband darf der gesetzlich vorgeschriebene Bestätigungsvermerk nur von Wirtschaftsprüfern unterzeichnet werden. [2] Die im Prüfungsverband tätigen Wirtschaftsprüfer haben ihre Prüfungstätigkeit unabhängig, gewissenhaft, verschwiegen und eigenverantwortlich auszuüben. [3] Sie haben sich insbesondere bei der Erstattung von Prüfungsberichten unparteiisch zu verhalten. [4] Weisungen dürfen ihnen hinsichtlich ihrer Prüfungstätigkeit von Personen, die nicht Wirtschaftsprüfer sind, nicht erteilt werden. [5] Die Zahl der im Verband tätigen Wirtschaftsprüfer muß so bemessen sein, daß die den Bestätigungsvermerk unterschreibenden Wirtschaftsprüfer die Prüfung verantwortlich durchführen können.

(3) Ist ein am 31. Dezember 1989 als gemeinnütziges Wohnungsunternehmen oder als Organ der staatlichen Wohnungspolitik anerkanntes Unternehmen als Aktiengesellschaft, Kommanditgesellschaft auf Aktien oder als Gesellschaft mit beschränkter Haftung zur Aufstellung eines Konzernabschlusses und eines Konzernlageberichts nach dem Zweiten Unterabschnitt des Zweiten Abschnitts des Dritten Buchs des Handelsgesetzbuchs verpflichtet, so ist der Prüfungsverband, dem das Unternehmen angehört, auch Abschlußprüfer des Konzernabschlusses.

30 Die Regelungen in Art 25 EGHGB sind zeitlich nicht befristet. Die ehemals gemeinnützigen *Wohnungsunternehmen* – sofern sie nicht weiterhin eG blieben – konnten den Prüfungsverband durch einmaliges Sonderkündigungsrecht nur zum 31. 12. 1991 verlassen. Das Recht zur Kündigung nach der Satzung des Prüfungsverbands bleibt hiervon unberührt (§ 162 GenG).

Die Ergänzung in Abs 1 S 3 durch das BilReG ist auf Grund der Organisationsstrukturen der Prüfungsverbände nicht ganz unproblematisch.

1. Tochtergesellschaften

31 Als TU gelten nach Art 25 Abs 1 S 1 Nr 1 EGHGB auch AG und GmbH, sowie Ges, bei denen kein persönlich haftender Gester eine natürliche Person ist, wenn sowohl die Mehrheit der Anteile als auch die Mehrheit der Stimmrechte an diesen Ges entweder eG oder ihren Prüfungsverbänden zustehen (diese Regelung gilt für eG oder Prüfungsverbände *jeder* Art einschl der Kreditgenossenschaften, § 340k Abs 2).

Als Ausnahme zu § 319 Abs 1 *darf* ein genossenschaftlicher Prüfungsverband nach Art 25 Abs 1 S 1 Nr 1 EGHGB die JA dieser TU dann prüfen, wenn diese ihm als Mitglied angehören und mehr als die Hälfte der geschäftsführenden Vorstandsmitglieder des Prüfungsverbands WP sind. Hat der Prüfungsverband nur zwei Vorstände, genügt ein WP. Der Prüfungsverband ist gem § 14 Abs 2 S 1 PublG oder § 340k Abs 2 S 4 außerdem Konzern-AP.

Mit Art 25 EGHGB wurde § 63b Abs 2, 3 GenG ergänzt, wonach Unt jeder Rechtsform, „die sich ganz oder überwiegend in der Hand eingetragener Genossenschaften befinden oder dem Genossenschaftswesen dienen" zwar Mitglied eines Prüfungsverbands sein können, es aber für sie bei anderen gesetzlichen Prüfungsvorschriften verbleibt.

Die Prüfungsrechte der Prüfungsverbände bestehen *neben* den allgemeinen Prüfungsrechten nach § 319 Abs 1 durch WP oder WPG, dh Art 25 EGHGB lässt – in Ergänzung von § 319 Abs 1 – den zuständigen Prüfungsverband als *weiteren* AP oder Konzern-AP für bestimmte TU von eG und WohnungsUnt zu. Voraussetzung für seine Anwendung ist, dass Prüfungspflicht besteht oder freiwillig nach den Grundsätzen der §§ 316ff geprüft wird. 32

Bei Prüfungen gem Anm 31 gelten nach Art 25 Abs 1 S 3 EGHGB für die gesetzlichen Vertreter des Prüfungsverbands und alle von ihm beschäftigten Personen, die das Ergebnis der Prüfung beeinflussen können, die **Ausschlussgründe** nach §§ 319 Abs 2 und 3, 319a Abs 1 (s § 319 Anm 20ff und § 319a Anm 5). § 319 Abs 3 S 1 Nr 2 (insb Ausschluss, wenn gleichzeitig gesetzlicher Vertreter oder AR-Mitglied bei der zu prüfenden KapGes, s genauer § 319 Anm 38ff) ist jedoch auf Mitglieder des Aufsichtsorgans des Prüfungsverbands nicht anzuwenden, wenn sichergestellt ist, dass der AP die Prüfung unabhängig und frei von den Weisungen durch das Aufsichtsorgan durchführen kann (Art 25 Abs 1 S 3 2. HS EGHGB). Dass Art 25 EGHGB nach wie vor auf § 319 Abs 2 und 3 verweist, obwohl der alte Abs 3 des § 319 nunmehr Abs 4 geworden ist, ist wohl als redaktionelles Versehen des Gesetzgebers anzusehen.. Eine gleichlautende Vorschrift für Kreditgenossenschaften findet sich in § 340k Abs 2 S 3 2. HS.

Genossenschaftliche Prüfungsverbände unterliegen wegen ihrer andersartigen Aufgaben (Anm 13) im Gegensatz zu den WP und den Geschäftsleitungen von WPG *nicht* der Überwachung durch die WPK (§ 58 Abs 2 iVm § 57 WPO). Es musste daher in **Abs 2** des Art 25 EGHGB die Eigenverantwortlichkeit der in den Prüfungsverbänden tätigen oder dort zu Organen bestellten WP (auch) für die durch die Abs 1 und 3 des Art 25 EGHGB erweiterten Aufgaben dieser WP gesichert werden. Dies geschah in Anlehnung an die WPO durch folgende Vorschriften: 33

- BVm müssen vom WP unterzeichnet werden (S 1, § 32 WPO);
- Unabhängigkeit, Gewissenhaftigkeit, Verschwiegenheit und Eigenverantwortlichkeit der „im Prüfungsverband tätigen" WP bei ihrer Prüfungstätigkeit (S 2, §§ 43 Abs 1 S 1, 44 WPO);
- Unparteiische Berichterstattung, insb im Prüfungsbericht (S 3, § 43 Abs 1 S 2 WPO);
- Weisungsfreiheit für die Prüfungstätigkeit (§ 44 Abs 1 WPO), in S 4 eingeschränkt auf Weisungen durch Nicht-WP und
- ausreichende Zahl von WP zur verantwortlichen Durchführung der Pflichtprüfungen (S 5, s § 43 Abs 1 und 2 WPO. Die jetzt geltende Berufssatzung der WPK enthält in § 12 und in der Begr dazu nur Grundsätze zur „Führung von Mitarbeitern".

Die nach § 44 Abs 2 WPO zugelassene Mitzeichnung des Prüfungsberichts durch einen Nicht-WP als zeichnungsberechtigten Vertreter eines Prüfungsverbands usw bezieht sich nicht auf den BVm (§ 32 WPO); glA *WPH* I[12] Q 763.

Hofbauer in BoHdR (Art 25 Anm 14) weist darauf hin, dass die **ausreichende Zahl von WP** nach der Struktur der Prüfungsverbände bestimmt werden muss.

2. Wohnungsunternehmen

Nach Aufhebung des Wohnungsgemeinnützigkeitsgesetzes gilt für Wohnungs-eG das GenG (Anm 10ff). Für WohnungsUnt in anderen Rechtsformen 35 (zB GmbH) ist in Art 25 **Abs 1 Nr 2** EGHGB geregelt, dass sie sich weiterhin von einem Prüfungsverband prüfen lassen *dürfen,* sofern dieser die Voraussetzungen des Art 25 Abs 2 EGHGB erfüllt (Anm 31, 33).

Die WohnungsUnt können – wie die TU von WohnungsUnt – auch von WP oder WPG geprüft werden.

36 Mit Aufhebung der Gemeinnützigkeit für WohnungsUnt entfiel auch die Steuerbefreiung. Zur Einschränkung der Verlustverrechnung gem § 13 Abs 3 S 2ff KStG nach *Neubewertung des Grundbesitzes* zu Teilwerten in den alten Bundesländern s *BMF* 20. 12. 1994 BStBl I, 917. Weitere Einschränkungen der Verlustverrechnung ergeben sich aus dem StEntlG 1999ff. Für Wohnungs-eG und -Vereine besteht jedoch die Möglichkeit, sich von der KSt gem § 5 Abs 1 Nr 10 iVm § 54 Abs 5 KStG befreien zu lassen, *soweit* sie Wohnungen, Gemeinschaftsanlagen usw herstellen oder erwerben und sie ihren *Mitgliedern* zum Gebrauch überlassen (Miete, Nutzung).

37 Ein nach Art 25 Abs 1 EGHGB bestellter Prüfungsverband ist bei WohnungsUnt, die als *KapGes* organisiert sind und einen **Konzernabschluss** aufzustellen haben, zugleich Konzern-AP nach HGB **(Abs 3).** Das ergänzt § 318 Abs 2. Die durch Abs 1 und 2 des Art 25 EGHGB gesicherte Stellung der WP in den Prüfungsverbänden (Anm 31 und 33) wirkt sich infolge der gesetzlichen Kopplung an den Prüfer des JA automatisch aus.

WohnungsUnt *in anderen Rechtsformen* als KapGes haben ihre KA nach PublG aufzustellen, wobei höhere Mindestgrößen (§ 11 Abs 1 PublG) und ggf Erleichterungen (§ 13 Abs 3 PublG) gelten. Für die Prüfung eines KA sind stets die Vorschriften des HGB (§§ 290 bis 315; 316 bis 324a) maßgebend, da sich die Sonderregelungen im GenG nur auf den JA beziehen.

38 Falls WohnungsUnt sich nach den allgemeinen Vorschriften prüfen lassen – also Art 25 EGHGB nicht anwenden (Anm 35) –, dürfen sie *freiwillig* Mitglied des bisherigen Prüfungsverbands bleiben und sich von ihm beraten lassen (so *WPH* I[12] Q 897 mwN).

C. Feststellung des Jahresabschlusses

§ 48 GenG [Zuständigkeit der Generalversammlung]

(1) [1]Die Generalversammlung stellt den Jahresabschluß fest. [2]Sie beschließt über die Verwendung des Jahresüberschusses oder die Deckung eines Jahresfehlbetrags sowie über die Entlastung des Vorstands und des Aufsichtsrats. [3]Die Generalversammlung hat in den ersten sechs Monaten des Geschäftsjahrs stattzufinden.

(2) [1]Auf den Jahresabschluß sind bei der Feststellung die für seine Aufstellung geltenden Vorschriften anzuwenden. [2] Wird der Jahresabschluß bei der Feststellung geändert und ist die Prüfung nach § 53 bereits abgeschlossen, so werden vor der erneuten Prüfung gefaßte Beschlüsse über die Feststellung des Jahresabschlusses und über die Ergebnisverwendung erst wirksam, wenn auf Grund einer erneuten Prüfung ein hinsichtlich der Änderung uneingeschränkter Bestätigungsvermerk erteilt worden ist.

(3) [1]Der Jahresabschluß, der Lagebericht sowie der Bericht des Aufsichtsrats sollen mindestens eine Woche vor der Versammlung in dem Geschäftsraum der Genossenschaft oder an einer anderen durch den Vorstand bekannt zu machenden geeigneten Stelle zur Einsicht der Genossen ausgelegt oder ihnen sonst zur Kenntnis gebracht werden. [2]Jeder Genosse ist berechtigt, auf seine Kosten eine Abschrift des Jahresabschlusses, des Lageberichts und des Berichts des Aufsichtsrats zu verlangen.

(4) [1]Die Generalversammlung beschließt über die Offenlegung eines Einzelabschlusses nach § 339 Abs. 3 in Verbindung mit § 325 Abs. 2a des Handelsgesetzbuchs. [2]Der Beschluss kann für das nächstfolgende Geschäftsjahr im Voraus gefasst werden. [3]Das Statut kann die in den Sätzen 1 und 2 genannten Entscheidungen dem Aufsichtsrat übertragen.

[4]Ein vom Vorstand auf Grund eines Beschlusses nach den Sätzen 1 bis 3 aufgestellter Abschluss darf erst nach seiner Billigung durch den Aufsichtsrat offen gelegt werden.

Den JA einer eG **stellt** die **Generalversammlung fest** (§ 48 Abs 1 S 1 GenG); bei großen eG kann eine Vertreterversammlung diese Aufgabe wahrnehmen (Anm 50). **45**

Zuvor hat der **Aufsichtsrat** der eG den JA mit Anhang, den Lagebericht (entfällt bei kleinen eG entspr § 336 Abs 2 S 1 iVm § 264 Abs 1 S 3) und den Gewinnverwendungsvorschlag (bzw die Deckung eines Jahresfehlbetrags) zu **prüfen** und über das Ergebnis dieser Prüfung der Generalversammlung vor Feststellung des JA schriftlich zu **berichten** (§§ 38 Abs 1 S 3, 48 Abs 3 GenG). **46**

Der JA mit Anhang, der Lagebericht sowie der schriftliche Bericht des AR hierzu (Anm 1, 46) sollen mind eine Woche vor der Generalversammlung **ausgelegt** oder den Genossen anderweitig *zur Kenntnis gebracht* werden. Jeder Genosse ist berechtigt, auf seine Kosten eine Abschrift dieser Unterlagen zu verlangen (§ 48 Abs 3 GenG). Das kann vom Genossenschaftsregister *ohne* Antrag erzwungen werden (§ 160 Abs 1 S 2 GenG); Anm 70f. **47**

Ein Genosse hat *kein* Recht auf **Einsichtnahme** in **Bücher** und **Schriften** der eG. Vielmehr steht dieses Recht lediglich dem AR der eG zu (§ 38 Abs 1 S 2 GenG), für den Prüfungsbericht ergänzt durch § 58 Abs 3 GenG. **48**

In der Generalversammlung hat sich der AR auch „über wesentliche Feststellungen oder Beanstandungen" der Prüfung gem §§ 53ff GenG „zu erklären", § 59 Abs 2 GenG. Auf Antrag des Prüfungsverbands oder auf Beschluss der Generalversammlung ist der Prüfungsbericht aus Gründen seiner Vertraulichkeit in Teilen, selten ganz, zu verlesen (§ 59 Abs 3 GenG). **49**

Bei der Beschlussfassung haben natürliche Personen regelmäßig eine **Stimme,** höchstens drei Stimmen. Das Statut der eG darf diese Stimmrechtsregelungen nur verschärfen (§ 43 Abs 2 und 3 GenG). Ein Depotstimmrecht der Banken gibt es im Gegensatz zum AktG nicht, jedoch Minderheitenrechte (§ 45 GenG). Die Generalversammlung muss spätestens 6 Monate nach Schluss des Gj tagen (§ 48 Abs 1 S 3 GenG). **50**

Bei eG mit mind 1500 Mitgliedern kann die Generalversammlung als **Vertreterversammlung** stattfinden. Die Genossen haben dann mind 50 Vertreter zu wählen (§ 43a Abs 1, 3 GenG). Stimmrechtsvollmachten an andere Genossen sind beschränkt (§§ 43a Abs 4 S 2, 43 Abs 4, 5 GenG).

Die Vorschrift, dass auf die Feststellung eines JA die für dessen Aufstellung geltenden Vorschriften anzuwenden sind (§ 48 Abs 2 S 1 GenG), will **Bilanzänderungen** auf die Fälle begrenzen, die auch im Rahmen der Aufstellung zulässig wären. **51**

Zuständig für Bilanzänderungen und für die Korrektur von Bilanzierungsfehlern vor Feststellung des JA durch die Generalversammlung ist der Vorstand unter Billigung durch den AR. Diese Zuständigkeit gilt auch *nach* Feststellung (glA *Beuthien*[14] § 48 Anm 6) mit dem Hinweis, dass dafür dringende wirtschaftliche oder steuerliche Gründe notwendig sind (hierzu *IDW RS HFA 6* Änderung von Jahresabschlüssen und Anpassung der Handelsbilanz an die Steuerbilanz WPg 2001, 1084) und die Generalversammlung erneut beschließen muss. Ist in diesem Fall die Prüfung des JA bereits abgeschlossen, ist eine Nachtragsprüfung mit neuem BVm erforderlich (§ 48 Abs 2 S 2 GenG). Auch ein Gewinnverteilungsbeschluss (Anm 60) darf geändert werden; die Gewinnanteile der Genossen dürfen hierdurch jedoch nicht mehr gekürzt werden, so *Beuthien*[14] § 48 Anm 6.

Die Generalversammlung kann auch einen **noch nicht geprüften** – oder einen noch in der Prüfung befindlichen – **Jahresabschluss feststellen** (und dabei ggf die Vorlage des Vorstands ändern). Das ergibt sich als Umkehrschluss aus **52**

§ 48 Abs 2 S 2 GenG; eine Änderung des JA bei seiner Feststellung wird aber erst nach dem Ende einer Nachtragsprüfung wirksam. Hinsichtlich der Änderungen des JA durch die Generalversammlung muss zuvor ein uneingeschränkter BVm erteilt worden sein. S dazu § 316 Anm 45 ff. Bei als eG organisierten **Kreditinstituten** gehen die Vorschriften des § 340 k und des KWG vor.

53 Auch bei eG soll die Verhandlung über den JA mit derjenigen über die **Entlastung** des Vorstands und AR verbunden werden (§ 48 Abs 1 S 2 GenG).

54 Das Recht zur **Anfechtung des Jahresabschlusses** ist für eG ähnlich wie für AG (§ 256 Abs 4 AktG) eingeschränkt; § 33 Abs 2 GenG: Eine Anfechtung darf nicht mit einer Verletzung von Gliederungsvorschriften und der ihnen gleichgestellten Nichtbeachtung von Formblättern begründet werden; das gilt aber nicht, wenn die Klarheit des JA (§ 243 Abs 2) **wesentlich** beeinträchtigt ist. Auch andere Nichtigkeitsvorschriften im AktG zum JA (Überbewertung, Mängel bei der Feststellung) sollten sicherheitshalber sinngemäß für eG angewendet werden, obwohl insoweit § 51 Abs 1 S 1 GenG schweigt (s hierzu *Beuthien*[14] § 51 Anm 3 ff mwN).

D. Gewinnverwendung

§ 48 GenG [Beschlußfassung über den Jahresabschluß]

(1) [1]Die Generalversammlung stellt den Jahresabschluß fest. [2]Sie beschließt über die Verwendung des Jahresüberschusses oder die Deckung eines Jahresfehlbetrags sowie über die Entlastung des Vorstands und des Aufsichtsrats. …

§ 19 GenG [Gewinn- und Verlustverteilung]

(1) [1]Der bei Feststellung des Jahresabschlusses für die Genossen sich ergebende Gewinn oder Verlust des Geschäftsjahres ist auf diese zu verteilen. [2]Die Verteilung geschieht für das erste Geschäftsjahr nach dem Verhältnis ihrer auf den Geschäftsanteil geleisteten Einzahlungen, für jedes folgende nach dem Verhältnis ihrer durch die Zuschreibung von Gewinn oder die Abschreibung von Verlust zum Schluß des vorhergegangenen Geschäftsjahres ermittelten Geschäftsguthaben. [3]Die Zuschreibung des Gewinns erfolgt so lange, als nicht der Geschäftsanteil erreicht ist.

(2) [1]Das Statut kann einen anderen Maßstab für die Verteilung von Gewinn und Verlust aufstellen, sowie Bestimmung darüber treffen, inwieweit der Gewinn vor Erreichung des Geschäftsanteils an die Genossen auszuzahlen ist. [2]Bis zur Wiederergänzung eines durch Verlust verminderten Guthabens findet eine Auszahlung des Gewinns nicht statt.

§ 20 GenG [Rücklagen]

Durch das Statut kann festgesetzt werden, daß der Gewinn nicht verteilt, sondern der gesetzlichen Rücklage und anderen Ergebnisrücklagen zugeschrieben wird.

§ 21 GenG [Verbot der Verzinsung der Geschäftsguthaben]

(1) Für das Geschäftsguthaben werden vorbehaltlich des § 21 a Zinsen von bestimmter Höhe nicht vergütet, auch wenn der Genosse Einzahlungen in höheren als den geschuldeten Beträgen geleistet hat.

(2) Auch können Genossen, welche mehr als die geschuldeten Einzahlungen geleistet haben, im Fall eines Verlustes andere Genossen nicht aus dem Grunde in Anspruch nehmen, daß von letzteren nur diese Einzahlungen geleistet sind.

60 Die Generalversammlung beschließt auch über die **Verwendung des Jahresüberschusses** oder die Deckung eines Jahresfehlbetrags (§ 48 Abs 1 S 2 GenG). In diesem Gewinnverwendungsrecht ist die Generalversammlung an das Statut und an Spezialgesetze (zB § 45 KWG) gebunden. Das Statut **muss** die

Bildung einer **gesetzlichen Rücklage** zur Deckung späterer Verluste (§ 7 Nr 2 GenG) und **kann** weitere Ergebnisrücklagen vorsehen; für Einzelheiten s § 337 Anm 8, 10ff. Im Übrigen besteht keine Bindung an Vorschläge des Vorstands. Zur Deckung eines Jahresfehlbetrags s Anm 63.

Bevor mit der „Verteilung", dh der Auszahlung von Gewinnen begonnen wird, sollten gem § 19 Abs 1 GenG Gewinne solange den Geschäftsguthaben zugeschrieben werden, bis diese den Betrag des Geschäftsanteils erreichen. Die Sicherung des Förderzwecks jeder eG verlange, dass die Auffüllung der Geschäftsguthaben vorgehe und nur der hierfür und zur Rücklagenbildung nicht benötigte „Jahresüberschussrest" ausgezahlt werde, so *Beuthien*[14] § 19 Anm 2.

Änderungen der Maßstäbe für die Zuführungen zur und die Höhe der gesetzlichen Rücklage sind zulässig. Sie sind aber erst gültig, wenn sie mit einer Mehrheit von 75% der abgegebenen Stimmen beschlossen und in das Genossenschaftsregister eingetragen sind (§ 16 Abs 4 und 6 GenG).

§ 20 GenG erlaubt nach seinem Wortlaut („der Gewinn", nicht *Teile* des Gewinns) auch eine Satzungsregelung, den **gesamten Gewinn** den **Rücklagen** zuzuschreiben. Nach *Beuthien*[14] § 20 Anm 1 meint § 20 aber nicht den Jahresüberschuss iSv § 48 Abs 1 S 2 GenG, sondern nur den „Jahresüberschussrest" nach gesetzlich vorgeschriebener Auffüllung der Geschäftsguthaben (§ 19 Abs 1 GenG). Außerdem dürften über § 20 GenG keine „kapitalverfetteten" eG entstehen, *Beuthien*[14] § 20 Anm 2.

Die Basis-Vorschrift zur *Gewinnaufteilung* in § 19 GenG enthält folgende Grundsätze: **61**

- *Regelmäßig* soll ein Gewinn nach dem **Verhältnis** der **Geschäftsguthaben** verteilt werden.
  Die Geschäftsguthaben umfassen die Einzahlungen der Mitglieder sowie spätere Gewinnzuschreibungen oder Verlustabschreibungen, so dass sich für das erste Gj eine Verteilung nach dem Verhältnis der auf die Geschäftsanteile geleisteten Einzahlungen ergibt. Die Zuschreibung des Gewinns zu den Geschäftsguthaben erfolgt so lange, als nicht der Geschäftsanteil erreicht ist.
- Das Statut darf **andere Maßstäbe** für die Verteilung des nach der Rücklagendotierung verbleibenden Gewinns aufstellen.
- Das Statut kann auch regeln, dass Gewinne bereits vor Erreichen des Nennbetrags eines Geschäftsanteils ausgezahlt werden; Letzteres ist so lange unzulässig, als eingezahlte Geschäftsguthaben noch durch Verlustabschreibungen gemindert sind.

An dieser Gewinnaufteilung (zur Verlustübernahme Anm 63) nehmen die Genossen teil, die im Zeitpunkt des Gewinnverwendungsbeschlusses der Generalversammlung (§ 48 Abs 1 S 2 GenG) Mitglied der eG waren, – also die zu diesem Zeitpunkt (§ 48 Abs 1 S 3 GenG) in der Mitgliederliste eingetragenen Genossen (*Beuthien*[14] § 19 Anm 5).

Das Statut kann eine **Verzinsung** von Geschäftsguthaben zulassen; dann gelten die Regeln des § 21a Abs 1 GenG. Allgemein werden jedoch die Geschäftsguthaben nicht verzinst, § 21 GenG. **62**

Nach dem Statut zulässige Zinsen auf Geschäftsguthaben dürfen solange nicht gezahlt werden, als die Bilanz einen Jahresfehlbetrag ausweist, der nicht ausreichend durch Ergebnisrücklagen oder einen Gewinnvortrag gedeckt ist (§ 21a Abs 2 GenG). Steuerlich werden diese Zinsen den Dividenden gleichgestellt (§ 20 Abs 1 Nr 1 EStG).

Ein **Jahresfehlbetrag** kann entweder aus verfügbaren Ergebnisrücklagen, aus **63**
der gesetzlichen Rücklage (Anm 60) gedeckt, auf neue Rechnung vorgetragen oder – notfalls – gem § 19 Abs 1 GenG durch Abschreibung der Geschäftsguthaben auf die Genossen verteilt werden. Verlustdeckungspflichtig sind dabei nur Genossen, die im Zeitpunkt des Gewinnverwendungsbeschlusses nach § 48

Abs 1 S 2 und 3 GenG Mitglied der eG waren und über Geschäftsguthaben verfügten. Da eine Verlustverteilung nur solange zulässig ist, bis die Geschäftsguthaben auf 0 € abgeschrieben sind, weist *Beuthien* darauf hin, dass, um Ungerechtigkeiten zwischen den Genossen zu vermeiden, für Zwecke der Verlustverteilung fällige, noch nicht geleistete Pflichteinzahlungen als schon geleistet gelten sollten bzw eine solche Bestimmung in das Statut aufgenommen werden sollte (*Beuthien*[14] § 19 Anm 12).

64 Ist der **Bilanzverlust** (einschl Vorträge) einer eG höher als der Gesamtbetrag sämtlicher bilanzierten Rücklagen zzgl der Hälfte aller am (Zwischen-)Bilanzstichtag eingezahlten Geschäftsguthaben, muss wie bei KapGes unverzüglich die Generalversammlung einberufen werden (§ 33 Abs 3 GenG). Das Gleiche gilt, wenn eine eG überschuldet ist (§§ 98, 34 Abs 3 Nr 4 GenG).

Str ist, ob die Einberufung unterbleiben kann, wenn verbindliche Sanierungszusagen vorliegen (zB des Garantiefonds für Banken, Bürgschaft einer Zentralbank). Dem Wortlaut und Schutzzweck der Vorschriften entspr, ist mE eine Einberufung der Generalversammlung auch in diesen Fällen unabdingbar (glA *Beuthien*[14] § 33 Anm 19).

65 Das Statut setzt fast immer eine **Haftsumme** fest, §§ 119 und 98 Nr 1 GenG. Das ist der Betrag, den die Genossen zur Insolvenzmasse nachschießen müssen (§ 337 Anm 3 und § 119 GenG).

E. Sanktionen

70 Wie bereits in § 336 Anm 32 erwähnt, können bestimmte Aufstellungs- und Vorlagepflichten sowie die Sicherstellung der Prüfungen bei eG durch **Zwangsgelder** gem § 160 GenG erzwungen werden. Es sind dies:

HGB

§ 336 Abs 1 iVm § 242; Aufstellung des JA mit Anhang und Aufstellung des Lageberichts (außer bei kleinen eG); § 160 Abs 1 S 2 GenG

GenG

§ 33 Abs 1 S 2: Vorlage von JA und Lagebericht unverzüglich nach Aufstellung an den AR und mit dessen Stellungnahme an die Generalversammlung (§ 160 Abs 1 S 2 GenG)

§ 48 Abs 3: Auslegung der zuvor genannten Unterlagen vor der Generalversammlung in den Geschäftsräumen der eG (§ 160 Abs 1 S 2 GenG)

§ 56 Abs 2: Bestellung eines anderen Prüfungsverbands, eines WP oder einer WPG in Sonderfällen (§ 160 Abs 1 S 2 GenG)

§ 57 Abs 1: Auskunfts- und Einsichtsrechte des Prüfers nach § 53 GenG (§ 160 Abs 1 S 1 GenG)

§ 59 Abs 1: Einreichung der Bescheinigung des Prüfungsverbands (WP, WPG) zum Genossenschaftsregister und Ankündigung der Vorlage des Prüfungsberichts zur Beschlussfassung durch die nächste Generalversammlung (§ 160 Abs 1 S 1 GenG)

71 Nur für die zuerst genannte Sanktion (zu § 336) gilt das in § 335 vorgesehene Antragsverfahren entspr; s dort Anm 30ff. Hier ist insb § 14 *nicht* anzuwenden.

In den übrigen Fällen (§§ 33, 48, 56, 57 und 59 GenG) sind die allgemeinen Verfahrensvorschriften des HGB maßgebend, namentlich § 14 und §§ 132ff FGG (Amtsverfahren). Für Einzelheiten dazu s *Beuthien*[14] § 160 Anm 1ff oder zB § 48 Anm 3.

Verstöße gegen § 336 Abs 2 und Abs 3 (Bilanzierungsvorschriften einschl zugelassener stiller Reserven, § 336 Anm 18) und gegen die Einzelvorschriften in den §§ 337 und 338 werden nur geahndet, wenn ihre Schwere eine Freiheitsstrafe erfordert (Anm 75). Bußgeldvorschriften bestehen hierfür nicht (Anm 74).

Art 25 EGHGB Abs 1 und 3 erweitert die Prüfungsbefugnisse genossenschaftlicher Prüfungsverbände für bestimmte Fälle; hier Anm 31 ff, 35 ff. Werden die dafür erforderlichen Bedingungen nicht eingehalten, war der Prüfer nicht ordnungsgemäß gewählt oder bestellt. Es gelten dann die Sanktionen zu § 319 durch § 334 Abs 2 (Bußgeld). Wegen der Folgen einer Verletzung der §§ 6 oder 14 PublG durch AP s § 334 Anm 51. 72

Die **Sicherung unabhängiger Abschlussprüfung** durch Angestellte oder Organe genossenschaftlicher Prüfungsverbände richtet sich nach Landesrecht; diese Verbände werden durch die obersten Landesbehörden überwacht (welche ihnen das Prüfungsrecht verleihen und entziehen); §§ 63, 64, 64 a GenG. Zur **Sicherung der Qualität** wurden durch das EuroBilG die §§ 63 e bis g GenG eingeführt. Gem § 63 e Abs 1 sind die Prüfungsverbände dazu verpflichtet, sich im Abstand von drei Jahren einer externen Qualitätskontrolle (sog *Peer Review*) zu unterziehen. Der Peer Review muss erstmals spätestens bis zum Ablauf des 31. 12. 2005 durchgeführt worden sein (§ 165 Abs 2 GenG). 73

Geldbußen bei eG betreffen nur Vorgänge bei Abstimmungen in der Generalversammlung, der Vertreterversammlung oder bei der Wahl der Vertreter (§ 152 GenG). Einzelvorschriften zum Ansatz, zur Bewertung und zur Gliederung sind bei eG entgegen § 334 nicht bußgeldbewehrt (anders bei Kreditgenossenschaften; § 340 n). 74

Die **Strafvorschriften** im GenG sind dem AktG nachgebildet. Sie betreffen ua 75

- die unrichtige Darstellung der Verhältnisse der eG in Übersichten zum Vermögensstand usw (auch Vorträge und Auskünfte in der Generalversammlung); § 147 Abs 2 Nr 1 GenG – für Kreditgenossenschaften geht § 340 m vor,
- falsche Angaben in Aufklärungen oder Nachweisen an einen Prüfer der eG; § 147 Abs 2 Nr 2 GenG,
- die Verletzung der Pflichten bei Verlusten am EK (§ 33 Abs 3 GenG) oder zur Insolvenz-Anmeldung (§ 98 ff GenG); § 148 GenG,
- falsche Berichte über das Ergebnis einer Prüfung; § 150 GenG,
- die Verletzung von Geheimhaltungspflichten (Verfolgung nur auf Antrag); § 151 GenG.

Die *Freiheitsstrafe* gem §§ 147, 148 oder 150 GenG beträgt bis zu drei Jahren, gem § 151 GenG bis zu einem Jahr, in schweren Fällen bis zu zwei Jahren; alternativ kann eine **Geldstrafe** verhängt werden.

§ 339 Offenlegung

(1) [1]**Der Vorstand hat unverzüglich nach der Generalversammlung über den Jahresabschluß, jedoch spätestens vor Ablauf des zwölften Monats des dem Abschlussstichtag nachfolgenden Geschäftsjahrs, den festgestellten Jahresabschluß, den Lagebericht und den Bericht des Aufsichtsrats zum Genossenschaftsregister des Sitzes der Genossenschaft einzureichen.** [2]**Ist die Erteilung eines Bestätigungsvermerks nach § 58 Abs. 2 des Gesetzes betreffend die Erwerbs- und Wirtschaftsgenossenschaften vorgeschrieben, so ist dieser mit dem Jahresabschluß einzureichen; hat der Prüfungsverband die Bestätigung des Jahresabschlusses versagt, so muß dies auf dem eingereichten Jahresabschluß vermerkt und der Vermerk vom Prüfungsverband unterschrieben sein.** [3]**Ist die Prüfung des Jahresabschlusses im Zeitpunkt der Einreichung der Unterlagen nach Satz 1 nicht abgeschlossen, so ist der Bestätigungsvermerk oder der Vermerk über seine Versagung unverzüglich nach Abschluß der Prüfung einzureichen.** [4]**Wird der Jahresabschluß oder der Lagebericht nach der Einreichung geändert, so ist auch die geänderte Fassung einzureichen.**

(2) [1]**Der Vorstand einer Genossenschaft, die die Größenmerkmale des § 267 Abs. 3 erfüllt, hat ferner unverzüglich nach der Generalversammlung über den Jahresabschluß, jedoch spätestens vor Ablauf des zwölften Monats des dem Abschlussstichtag nachfolgenden Geschäftsjahrs, den festgestellten Jahresabschluß mit dem Bestätigungsvermerk in den für die Bekanntmachungen der Genossenschaft bestimmten Blättern bekanntzumachen und die Bekanntmachung zu dem Genossenschaftsregister des Sitzes der Genossenschaft einzureichen.** [2]**Ist die Prüfung des Jahresabschlusses im Zeitpunkt der Generalversammlung nicht abgeschlossen, so hat die Bekanntmachung nach Satz 1 unverzüglich nach dem Abschluß der Prüfung, jedoch spätestens vor Ablauf des zwölften Monats des dem Abschlussstichtag nachfolgenden Geschäftsjahrs, zu erfolgen.**

(3) **Die Vorschriften des § 325 Abs. 2a über den Einzelabschluss nach internationalen Rechnungslegungsstandards sowie der §§ 326 bis 329 über die größenabhängigen Erleichterungen bei der Offenlegung, über Form und Inhalt der Unterlagen bei der Offenlegung, Veröffentlichung und Vervielfältigung sowie über die Prüfungspflicht des Registergerichts sind entsprechend anzuwenden.**

Übersicht

Schrifttum: S die zu § 336 angegebene Literatur.

A. Allgemeines

1 Die Vorschriften zur Offenlegung sind für eG in § 339 eigenständig formuliert, weil die beim Genossenschaftsregister einzureichenden Unterlagen von den gem § 325 dem HR vorzulegenden Unterlagen zum *Jahresabschluss abweichen.* Stets sind diese Unterlagen (Anm 5) nach Feststellung des JA zum zuständigen Genossenschaftsregister einzureichen (Abs 1). Eine öffentliche Bekanntmachung des JA (Abs 2) findet nur in den vom Statut vorgeschriebenen Genossenschaftsblättern statt; sie beschränkt sich außerdem auf große eG.

Für die **Liquidations-Eröffnungsbilanz** von eG *jeder Größe* geht jedoch die Sondervorschrift in § 89 S 3 GenG vor; s dazu Vor § 339 Anm 4.

2 Die Vorschriften des § 325 Abs 3 bis Abs 5 sind von eG über den Verweis in § 15 PublG sinngemäß anzuwenden.

Für eG bestehen zusätzliche Offenlegungspflichten iSd § 325 Abs 5, da § 6 Nr 5 GenG vorschreibt, dass jedes Statut einer eG bestimmen muss, in welchen öffentlichen Blättern (sonstige) Bekanntmachungen zu publizieren sind. Darüber hinaus muss die Berufung der Generalversammlung grds durch unmittelbare Benachrichtigung sämtlicher Genossen oder durch Bekanntmachung in einem öffentlichen Blatt erfolgen; eine Bekanntmachung nur im BAnz genügt nicht (§ 6 Nr 4 GenG).

Für **Kreditgenossenschaften** ist § 339 – einheitlich für alle Kreditinstitute – durch § 340l ersetzt (§ 340l Abs 3 S 2). Erleichterungen bestehen für Institute bis zu 200 Mio € Bilanzsumme (§ 340l Abs 4). An die Stelle des HR tritt das Genossenschaftsregister (§ 340l Abs 3 S 1). 3

B. Offenlegung

I. Unterlagen für das Genossenschaftsregister und Vorlagefristen (Abs 1)

Unverzüglich nach jeder Generalversammlung über den JA (§ 48 GenG) sind durch den Vorstand von eG *aller Größenklassen* an das zuständige **Genossenschaftsregister** (§ 10 GenG) folgende „Unterlagen" einzureichen: 5

- der festgestellte JA mit Anhang und ggf Liste des Anteilsbesitzes (Anm 10),
- der Lagebericht und
- der Bericht des AR;
- außerdem *ggf* der BVm des Prüfungsverbands (Anm 6ff).

Im Gegensatz zu § 325 Abs 1 braucht somit weder der **Gewinnverwendungsvorschlag** noch der **Gewinnverwendungsbeschluss** eingereicht zu werden; das GenG enthält keine entspr Vorschrift. Damit entfällt für eG auch die personenbezogene Erleichterung gem § 325 Abs 1 S 1.

Die Pflicht zur Vorlage des **Bestätigungsvermerks** an das Genossenschaftsregister beschränkt sich nach Abs 1 S 2 ausdrücklich auf BVm nach § 58 Abs 2 GenG, also auf **große eG.** Mittelgroße und kleine eG *dürfen* jedoch nach allgemeinen Grundsätzen einen auf Grund freiwilliger oder satzungsgemäßer Prüfung erteilten BVm dann zum Genossenschaftsregister einreichen (oder in ihrem Genossenschaftsblatt publizieren), wenn Art und Umfang der Prüfung §§ 53ff GenG und §§ 316f entsprechen (*IDW PS 400* Anm 5). Das gilt auch für einen mit Zusatz oder mit Einschränkung erteilten BVm oder ggf für den Versagungsvermerk nach § 322 Abs 4 – für eG jeder Größe. 6

Ist die **Prüfung** des JA **noch nicht abgeschlossen,** wenn die in Anm 5 genannten Unterlagen dem Genossenschaftsregister vorgelegt werden, ist der BVm/Versagungsvermerk *unverzüglich* nach seiner Erteilung an das Genossenschaftsregister *nachzureichen* (Abs 1 S 3). 7

Wird der **JA** anlässlich seiner Feststellung durch die Generalversammlung **geändert** (und war die Prüfung nach § 53 GenG *vorher* abgeschlossen), bleibt auch bei eG der Feststellungsbeschluss zunächst schwebend unwirksam. Dieser Beschluss wird erst durch eine Nachtragsprüfung hinsichtlich der Änderungen und der Erteilung eines uneingeschränkten BVm zu den Änderungen wirksam, § 48 Abs 2 S 2 GenG; In diesem Fall ist gem § 339 auch die geänderte Fassung des JA mit Anhang und ggf der geänderte Lagebericht an das Genossenschaftsregister nachzureichen; Abs 1 S 4. 8

II. Externe Bekanntmachungen für große Genossenschaften (Abs 2)

Nur die nach § 267 Abs 3 großen eG müssen nach der Generalversammlung (Vor § 339 Anm 45ff) unverzüglich den *festgestellten JA* **zusammen mit dem Bestätigungsvermerk** (oder dem Versagungsvermerk, Anm 6) bekannt machen (anstelle des JA kann ein IFRS-EA treten, hierzu Anm 17). Sie haben also Bilanz, GuV und Anhang in den gem Statut der eG bestimmten Blättern zu 10 publizieren und die Belegstücke zum Genossenschaftsregister einzureichen. Das Statut kann auch andere – also mittelgroße und kleine – eG zu Bekanntmachungen verpflichten (*Hunger* in BoHdR § 339 Anm 4). Entgegen § 325 Abs 2 fehlt in § 339 Abs 2 das Wort *„zunächst"* (bekannt zu machen): Bekanntmachung und Registervorlage können für eG somit gleichzeitig durchgeführt werden.

Eine weitere Abweichung zu § 325 Abs 2 besteht darin, dass eine etwaige **Liste des Anteilsbesitzes** (§ 287) stets als Teil des Anhangs *bekannt gemacht* werden muss. In § 339 Abs 2 fehlt die Erleichterung gem § 325 Abs 2 S 2. Jedoch dürfte bei eG die Zahl der Unt, an denen Anteile gehalten werden, meistens klein sein.

11 Der **Lagebericht** braucht **nicht** (auch nicht in den GesBlättern) außerhalb des Genossenschaftsregisters (Anm 5) **publiziert** zu werden; das kann aber freiwillig geschehen. Die Abweichung zu den KapGes ergibt sich daraus, dass § 339 Abs 2 *nur den Jahresabschluss* als Bekanntmachungsunterlage nennt, während § 325 Abs 2 „ die (= alle) in § 325 Abs 1 bezeichneten Unterlagen" betrifft.

12 Im Fall einer nach der Generalversammlung beendeten JA-Prüfung (Anm 7) sind die externen Bekanntmachungen (Anm 10) erst nach vollständigem Abschluss der Prüfung durchzuführen (Abs 2 S 2).

13 Nicht ausdrücklich geregelt ist die **erneute Bekanntmachung** nach einer **späteren Änderung des JA** (s Anm 8). Hier ist mE Abs 1 S 4 für Bilanz, GuV und Anhang entspr anzuwenden.

III. Offenlegungserleichterungen; Vervielfältigungsgrundsätze; Prüfung durch Registergericht (Abs 3)

15 Für die **Vorlagen** an das **Genossenschaftsregister** (Anm 5) gelten die größenabhängigen Erleichterungen der §§ 326 und 327 entspr. Zum Gewinnverwendungsvorschlag oder -beschluss s Anm 5.

Kleine eG müssen lediglich die Bilanz (sowie die dazu gehörenden Angaben im Anhang) publizieren, und zwar spätestens 12 Monate nach dem Bilanzstichtag; die Hinterlegung von GuV und die sie betr Anhangangaben – und ggf auch des Lageberichts entfallen. Kleine eG können bei dieser Offenlegung ferner ihre Bilanz auf die mit Großbuchstaben und römischen Ziffern bezeichneten Gruppenzahlen beschränken.

16 **Mittelgroße eG** brauchen bei Einreichung an das Genossenschaftsregister nur die Gruppenzahlen (§ 266 Abs 2 A I, A II usw) und bestimmte in § 327 genannte Unterposten entweder auf der Aktivseite und der Passivseite der Bilanz oder im Anhang gesondert anzugeben. Im Anhang dürfen ferner die Angaben zu den *einzelnen* Verbindlichkeiten und zu den Rückstellungen (§ 285 S 1 Nrn 2, 12) *fehlen.* Für die Offenlegung der GuV dieser eG bestehen keine Erleichterungen.

17 **Große eG** müssen Bilanz, GuV und Anhang ungekürzt offen legen und bekannt machen (Anm 5, 10). Für Zwecke externer Bekanntmachungen kann – infolge der Einfügung eines Verweises auf § 325 Abs 2a („entsprechend anzuwenden") in Abs 3 durch das BilReG – anstelle des JA auch ein IFRS-EA treten. Auf einen Verweis auf § 325 Abs 2b, der für KapGes die befreiende Wirkung der Offenlegung eines IFRS-EA ua von der weiteren Einreichung des JA und BVm zum HR abhängig macht, konnte verzichtet werden, da dieser gem Abs 1 zwingend zum Genossenschaftsregister einzureichen ist.

18 Für **Form und Inhalt** der Unterlagen bei der **Einreichung** (bei großen eG auch für die **Veröffentlichung,** Anm 10ff) und für alle übrigen **Vervielfäl-**

tigungen des JA oder ggf IFRS-EA jeder eG gilt § 328 „entsprechend“ – also ohne weitere Erleichterungen. Dazu gehören auch Veröffentlichungen auf Grund des Statuts einer eG; § 6 Nr 5 GenG. Für Einzelheiten zu Form und Inhalt der Pflichtveröffentlichungen und ggf weiterer freiwilliger Publikationen s die Erl in Anm 10f und zu § 328.

Die **Prüfungspflicht des Amtsgerichts,** bei dem das Genossenschaftsregister geführt wird (§ 10 GenG), entspricht derjenigen des für das HR zuständigen Gerichts; oft ist es das gleiche Gericht, s daher die Erl zu § 329. 19

C. Sanktionen

Für den **Jahresabschluss sanktioniert** sind für § 339 22
- die **Vorlage** der in Anm 5 bezeichneten Unterlagen an das Genossenschaftsregister,
- die **Bekanntmachung** des JA großer eG sowie ggf der Liste des Anteilsbesitzes in den vom Statut bestimmten Blättern gem Anm 10ff und
- über § 335 hinausgehend auch die Einhaltung der Vorschriften über **Form und Inhalt** der *Pflicht*-Veröffentlichungen und für die notwendigen **Zusatzangaben** bei *freiwilligen* Publikationen gem § 328 Abs 2, da bei eG der *gesamte* § 339 – und damit auch dessen Abs 3 – unter Zwangsgeld gem § 160 Abs 2 S 2 (und Abs 1 S 2) GenG steht.

Zum **Konzernabschluss** von eG (Anm 2) ist das Zwangsgeld in § 21 PublG geregelt.

Für die Offenlegung von JA und KA bei **Kreditgenossenschaften** geht § 340o dem GenG oder PublG vor.

Alle Sanktionsbestimmungen sind jeweils dem § 335 nachgebildet. Für Anträge ist jeweils statt des HR das Genossenschaftsregister zuständig.

Vierter Abschnitt. Ergänzende Vorschriften für Unternehmen bestimmter Geschäftszweige

Erster Unterabschnitt. Ergänzende Vorschriften für Kreditinstitute und Finanzdienstleistungsinstitute (340–340 o)

Zweiter Unterabschnitt. Ergänzende Vorschriften für Versicherungsunternehmen und Pensionsfonds (341–341 p)

Benutzerhinweis: Die **§§ 340–340 o** *(Ergänzende Vorschriften für Kreditinstitute und Finanzierungsleistungsinstitute)* sowie die **§§ 341–341 o** *(Ergänzende Vorschriften für Versicherungsunternehmen und Pensionsfonds)* sind im Bilanz-Kommentar nicht abgedruckt und kommentiert.

Fünfter Abschnitt
Privates Rechnungslegungsgremium; Rechnungslegungsbeirat

Vor § 342

Schrifttum: *Achleitner* Die Normierung der Rechnungslegung, Zürich 1995; *Ernst* KonTraG und KapAEG sowie aktuelle Entwicklungen zur Rechnungslegung und Prüfung in der EU WPg 1998, 1025; *Budde/Steuber* Normsetzungsbefugnis eines deutschen Standard Setting Body DStR 1998, 1181; *Küting/Brakensiek* IASC, FASB und DRSC – Ein Kurzporträt dreier Standardsetter BB 1999, 678; *Hucke* Entstehung von Rechnungslegungsvorschriften – von der gesetzlichen Regelung zum „Standard Setting Process" in Investororientierte Unternehmenspublizität, hrsg v. *Lachnit/Freidank,* Wiesbaden 2000, 61.

1 § 342 wurde durch das KonTraG in das HGB eingefügt. Hierdurch wurde die Möglichkeit geschaffen, ein **privates Rechnungslegungsgremium (Standard Setter)** durch Vertrag vom BMJ anerkennen zu lassen und diesem die Aufgabe zu übertragen, Empfehlungen zur Anwendung der Grundsätze über die Konzernrechnungslegung zu entwickeln. Aufgrund der Tatsache, dass der Aufgabenbereich des Standard Setter ausdrücklich auf die Konzernrechnungslegung beschränkt wurde (§ 342 Abs 1 S 1 Nr 1; s auch *Ernst* WPg 1998, 1031), wurde die Regelung in einen neu geschaffenen fünften Abschn des HGB aufgenommen.

2 Hintergrund für die Einführung der §§ 342, 342a war, dass das IASC (als Vorgängerorganisation des IASB) eine verstärkte Zusammenarbeit mit nationalen Standardisierungsgremien anstrebte. Ein solches Gremium sollte nunmehr in Deutschland geschaffen werden, um Einfluss auf die weitere internationale Standardisierungsarbeit nehmen zu können (BT-Drs 13/10038, III. 1). Man ging davon aus, dass eine zeitgerechte Reaktion, insb auf sich dynamisch ändernde Anforderungen internationaler Kapitalmärkte nur durch einen deutschen Standard Setter, nicht jedoch durch den deutschen Gesetzgeber oder die EU-Gesetzgebung möglich sei. Ziel war, Möglichkeiten für eine stärkere Annäherung der deutschen Rechnungslegungsregeln an internationale Grundsätze zu eröffnen. Mit §§ 342, 342a wurden die notwendigen Rahmenbedingungen zur Schaffung eines solchen privatrechtlich (§ 342) oder öffentlich-rechtlich (§ 342a) organisierten Standard Setter geschaffen. Die Idee, eine solche zentrale Institution für Rechnungslegungsfragen zu schaffen, war nicht neu. Bereits Ende der 70er-Jahre wurde iZm der Transformation der 4. EG-Richtl in deutsches Recht vorgeschlagen, einen GoB-Rat zu schaffen, welcher die GoB präzisieren und weiterentwickeln sollte. Als Vorbild auch späterer Ansätze galt immer das amerikanische FASB (*Budde/Steuber* DStR 1998, 1181; *Achleitner,* 81); zum Vergleich von Aufgaben und Organisation des IASC, FASB und DRSC *Küting/Brakensiek* BB 1999, 678.

§ 342 Privates Rechnungslegungsgremium

(1) [1] **Das Bundesministerium der Justiz kann eine privatrechtlich organisierte Einrichtung durch Vertrag anerkennen und ihr folgende Aufgaben übertragen:**

1. **Entwicklung von Empfehlungen zur Anwendung der Grundsätze über die Konzernrechnungslegung,**

2. Beratung des Bundesministeriums der Justiz bei Gesetzgebungsvorhaben zu Rechnungslegungsvorschriften und

3. Vertretung der Bundesrepublik Deutschland in internationalen Standardisierungsgremien.

[2]Es darf jedoch nur eine solche Einrichtung anerkannt werden, die aufgrund ihrer Satzung gewährleistet, daß die Empfehlungen unabhängig und ausschließlich von Rechnungslegern in einem Verfahren entwickelt und beschlossen werden, das die fachlich interessierte Öffentlichkeit einbezieht. [3]Soweit Unternehmen oder Organisationen von Rechnungslegern Mitglied einer solchen Einrichtung sind, dürfen die Mitgliedschaftsrechte nur von Rechnungslegern ausgeübt werden.

(2) **Die Beachtung der die Konzernrechnungslegung betreffenden Grundsätze ordnungsmäßiger Buchführung wird vermutet, soweit vom Bundesministerium der Justiz bekanntgemachte Empfehlungen einer nach Absatz 1 Satz 1 anerkannten Einrichtung beachtet worden sind.**

Übersicht

Schrifttum: *Beisse* Wandlungen der Grundsätze ordnungsgemäßer Bilanzierung in Gedächtnisschrift Knobbe-Keuk, Köln 1997, 385; *Budde/Steuber* Normsetzungsbefugnis eines deutschen Standard Setting Body DStR 1998, 1181; *Budde/Steuber* Verfassungsrechtliche Voraussetzungen zur Transformation internationaler Rechnungslegungsgrundsätze DStR 1998, 504; *Böcking/Orth* Offene Fragen und Systemwidrigkeiten bei den neuen Rechnungslegungs- und Prüfungsvorschriften des KonTraG und des KapAEG DB 1998, 1873; *Zitzelsberger* Überlegungen zur Einrichtung eines nationalen Rechnungslegungsgremiums in Deutschland WPg 1998, 246; *Schön* Wer entscheidet im Bilanzrecht? DB 1998, Heft 11 (Gastkommentar); *Hommelhoff/Schwab* Gesellschaftliche Selbststeuerung im Bilanzrecht – Standard Setting Bodies und staatliche Regulierungsverantwortung nach deutschem Recht BFuP 1998, 38; *Hucke* Entstehung von Rechnungslegungsvorschriften – von der gesetzlichen Regelung zum „Standard Setting Process" in Investororientierte Unternehmenspublizität, hrsg v. *Lachnit/Freidank,* Wiesbaden 2000, 61; *Ossadnik/Barklage* Zum Aufgabenbereich eines Rechnungslegungsgremiums und eines Rechnungslegungsbeirats gemäß § 342f. HGB in Investororientierte Unternehmenspublizität, hrsg v. Lachnit/Freidank, Wiesbaden 2000, 92; *Spanheimer* Spezifische Problemfelder des gesetzlichen Standardisierungsauftrages an den DSR gemäß § 342 Abs. 1 Nr. 1 HGB WPg 2000, 997; *Löw* Deutsches Rechnungslegungs Standards Committee ZBB 2001, 19; *Baetge/Krumnow* Das „Deutsche Rechnungslegungs Standards Committee" (DRSC), DB 2001, 769; *Küting/Dürr/Zwirner* Das Deutsche Rechnungslegungs Standards Committee – Standortbestimmung und künftige Aufgabenschwerpunkte, BuW 2003, 133.

A. Privates Rechnungslegungsgremium

I. Gesetzliche Voraussetzungen (Abs 1)

1 Parallel zu dem Gesetzgebungsverfahren des KonTraG gab es Bestrebungen in der Wirtschaft, dem Berufsstand der WP/vBP, der Börse und der Lehre zur Gründung einer deutschen Standardisierungsorganisation. Diese wurde am 17. 3. 1998, in der Rechtsform eines Vereins, unter dem Namen **DRSC** gegründet. International wird der Name GASC *(German Accounting Standards Committee)* verwendet. Sitz des DRSC ist Berlin.

Die Zwecke des DRSC sind insb (§ 2 DRSC-Satzung v 28. 11. 2003):
– im öffentlichen Interesse die Qualität der Rechnungslegung und Finanzberichterstattung zu erhöhen (dies wird vom DRSC bei der Darstellung seiner Arbeitsweisen und der seiner Gremien als übergeordnetes Ziel bezeichnet) sowie die Konvergenz nationaler und internationaler Rechnungslegungsvorschriften zu fördern,
– die Entwicklung von Empfehlungen (Standards) zur Anwendung der Grundsätze über die Konzernrechnungslegung,
– die Zusammenarbeit mit dem IASB und anderen Standardisierungsgremien,
– die Beratung bei der Gesetzgebung auf nationaler und EU-Ebene, insb zu Rechnungslegungsvorschriften,
– die Vertretung der Bundesrepublik Deutschland in internationalen Standardisierungsgremien und in die Harmonisierung fördernden Organisationen,
– die Förderung der Forschung und Ausbildung auf diesen Gebieten.

Zentrales (Standardisierungs-)Gremium des DRSC ist der **DSR** (Deutscher Standardisierungsrat, international als GASB = *German Accounting Standards Board* bezeichnet), dessen Aufgaben in der Erfüllung o g Zwecke bestehen (s § 8 Abs 1 DRSC-Satzung v 28. 11. 2003) und insofern die folgenden in **Abs 1 S 1** genannten Aufgaben umfassen:
– *Entwicklung von Empfehlungen (Standards)* zur Anwendung der Grundsätze für die Konzernrechnungslegung,
– *Beratung des BMJ* bei Gesetzgebungsvorhaben zu Rechnungslegungsvorschriften und
– *Vertretung* der Bundesrepublik Deutschland *in internationalen Standardisierungsgremien.*

Daneben besteht seit der Neuorganisation im Jahr 2003 das **RIC** (Rechnungslegungs Interpretations Committee, international als AIC = *Accounting Interpretations Committee* bezeichnet), welchem die Aufgabe zukommt, in enger Zusammenarbeit mit dem IFRIC sowie entspr anderen internationalen Gremien die internationale Konvergenz von Interpretationen wesentlicher Rechnungslegungsfragen zu fördern und spezifische nationale Sachverhalte im Rahmen der gültigen IFRS und in Abstimmung mit den DRS zu beurteilen. Der DSR besitzt ggü Verlautbarungen des RIC ein Vetorecht (§ 9 DRSC-Satzung v 28. 11. 2003).

Den Anforderungen des **Abs 1 S 2** nach *Unabhängigkeit* wird dadurch entsprochen, dass die Mitglieder des DSR gemäß § 8 Abs 4 DRSC-Satzung v 28. 11. 2003 verpflichtet sind, ihre Tätigkeit unabhängig auszuüben, dh sich keinerlei Weisungen seitens des Vorstands, der Vereinsmitglieder, des BMJ oder sonstiger Organisationen zu unterwerfen oder solche anzunehmen (s § 8 Abs 4 DRSC-Satzung v 28. 11. 2003).

Als **Mitglieder des DSR** kommen nur Personen aus dem Kreis der Rechnungsleger in Frage, die über Fachkenntnisse und Erfahrungen auf dem Gebiet der internationalen Rechnungslegung verfügen (vgl § 8 Abs 3 iVm § 6 Abs 2 DRSC-Satzung v 28. 11. 2003). Hierzu zählen natürliche Personen, die mit entspr Qualifikation die Handelsbücher oder sonstige in § 257 Abs 1 Nr 1 bezeichneten Unterlagen führen oder erstellen sowie Personen, die als WP, vBP, StB, RA oder mit vergleichbarer Qualifikation auf dem Gebiet der internationalen Rechnungslegung prüfend, beratend, lehrend, überwachend oder analysierend tätig sind. Organisationen und Interessenverbände sind von der Mitgliedschaft in sämtlichen Organen und Gremien des DRSC ausgenommen (§ 6 Abs 2 DRSC-Satzung v 28. 11. 2003). Zu den Mitgliedern gehören neben dem Präsidenten und Vizepräsidenten fünf weitere Personen, die vom Vorstand des DRSC auf die Dauer von höchstens vier Jahren gewählt und bestellt werden. Maximal zwei der Mitglieder sollen hauptamtlich in dem Sinne tätig sein, dass sie ihre Arbeitskraft überwiegend dem DRSC zur Verfügung stellen. Darüber hinaus kann der DSR bis zu zwei weitere Mitglieder aus dem Kreis der Rechnungsleger kooptieren (§ 8 Abs 1 iVm § 6 Abs 2 DRSC-Satzung v. 28. 11. 2003). Das BMJ erkennt die Unabhängigkeit des DSR und seiner Arbeitsgruppen an; es kann an deren Sitzungen ohne Stimmrecht teilnehmen (§ 1 Abs 2 Standardisierungsvertrag).

Mitglied des DRSC kann jede natürliche Person werden, die aufgrund erkennbarer Qualifikation oder Erfahrung auf dem Gebiet der Rechnungslegung den Zielen des Vereins nahe steht. Darüber hinaus kann auch jedes Unt (einschl freiberuflicher Vereinigungen) Mitglied werden, sofern die Ausübung der Mitgliedschaft einer natürlichen Person obliegt, die als Rechnungsleger Mitglied sein könnte (§ 4 der DRSC-Satzung v 28. 11. 2003).

Die Befolgung der weiteren Voraussetzungen des **Abs 1 S 2 und 3** *(Entwicklung und Verabschiedung von Rechnungslegungsstandards ausschließlich von Rechnungslegern unter Einbeziehung der fachlich interessierten Öffentlichkeit)* wurde durch Festlegung des hierzu anzuwendenden Verfahrens im Rahmen des Standardisierungsvertrags gewährleistet (hierzu Anm 3f).

Organe des DRSC sind seit der Umstrukturierung im Jahr 2003 der Vorstand sowie die mind jährlich tagende Mitgliederversammlung (zu den jeweiligen Zusammensetzungen und Aufgaben der Organe, des DSR und des RIC s §§ 7 bis 12 DRSC-Satzung v 28. 11. 2003). Der früher bestehende Konsultationsrat, der beteiligten Kreisen Gelegenheit zu Stellungnahmen gab, wurde im Rahmen der Umstrukturierung abgeschafft. Stattdessen wurde der Standardisierungsprozess an internationale Gepflogenheiten angepasst, wonach sämtliche Phasen der Entwicklung eines Rechnungslegungsstandards öffentlich ablaufen und damit allen Betroffenen die Möglichkeit zur Stellungnahme und Meinungsäußerung gegeben wird (zum jetzigen Konsultationsprozess im Einzelnen s § 8 Abs 6 DRSC-Satzung v 28. 11. 2003).

II. Anerkennung des DRSC

Das DRSC wurde mit sog *Standardisierungsvertrag* vom 3. 9. 1998 vom BMJ gem § 342 „als die zuständige Standardisierungsorganisation für Deutschland" anerkannt (§ 1 Abs 1 Standardisierungsvertrag). Es verpflichtete sich in diesem Vertrag, ein unabhängiges Standardisierungsgremium (das DSR) einzurichten, auf dieses die Aufgaben nach Abs 1 zu übertragen und es so zu finanzieren, dass es seine Aufgaben ordnungsgemäß erfüllen kann. 2

Dabei hat das DSR bei der Erfüllung der ihm übertragenen Aufgaben das öffentliche Interesse und bei der Entwicklung von Rechnungslegungsempfehlungen für die Konzernrechnungslegung die Belange der Gesetzgebung, der öffentlichen Verwaltung und des Rechtsverkehrs zu berücksichtigen. Das BMJ wird das DSR bei entspr Gesetzgebungsvorhaben beteiligen; das DSR hat dem BMJ mitzuteilen, ob die Bekanntmachung der beschlossenen Standards durch das BMJ vorgeschlagen wird.

B. Aufgaben des Standardisierungsgremiums

I. Entwicklung von Standards (Nr 1)

3 Abs 1 Nr 1 nennt an erster Stelle die Entwicklung von Empfehlungen zur Anwendung der Grundsätze über die Konzernrechnungslegung. § 4 Abs 1–5 des Standardisierungsvertrags bestimmt weitgehend das formale Procedere, er lautet:

§ 4 (1): Das DRSC verpflichtet sich, die Öffentlichkeit über seine Tätigkeit zu informieren. Bei der Erarbeitung von Standards sind Themenauswahl, die Festlegung von Eckdaten und verabschiedete Entwürfe in geeigneter Form bekannt zu machen.

§ 4 (2): Ein Standard darf nur verabschiedet werden, wenn

1. zuvor ein Entwurf beschlossen und dieser mit einer Frist zur Stellungnahme von mindestens sechs Wochen veröffentlicht worden ist.
2. die eingegangenen Stellungnahmen ausgewertet und die wesentlichen Einwendungen und Änderungsvorschläge in einer öffentlichen Sitzung erörtert worden sind, und
3. im Falle wesentlicher Änderungen des Entwurfs dieser nochmals mit einer Frist zur Stellungnahme von mindestens vier Wochen offengelegt worden ist.

§ 4 (3): Beim Erarbeiten von Standards ist darauf zu achten, dass sie nicht im Widerspruch zu Rechtsvorschriften stehen. Eine sinnvolle Weiterentwicklung der Grundsätze ordnungsmäßiger Buchführung ist damit nicht ausgeschlossen.

§ 4 (4): Bei der Zusammensetzung von Gremien soll darauf geachtet werden, dass die Interessen der Bilanzaufsteller, -prüfer und -nutzer gewahrt sind. Mitglied im Standardisierungsgremium oder in Arbeitsgruppen können nur Rechnungsleger sein.

§ 4 (5): Das DRSC gewährleistet, dass die Bestimmungen der vorstehenden Absätze von seinen Organen und Gremien eingehalten werden.

4 Nach dem Gesetzeswortlaut sollen die Empfehlungen/Standards (§ 2 Abs 1 DRSC-Satzung) inhaltlich die *Grundsätze über die Konzernrechnungslegung* weiterentwickeln. Darunter sind nicht nur die KonsGrundsätze (sog GoK, s § 300 Anm 5), sondern allgemein die über § 297 Abs 2 auch im KA anzuwendenden (allgemeinen) GoB zu verstehen (zu Begriff, Rechtsnatur und Ermittlungsverfahren der GoB s § 243 Anm 1 ff). Eine strikte Trennung zwischen JA-GoB und Konzern-GoB ist über die Grundsatzvorschrift des § 297 Abs 2 nicht möglich (s auch *Böcking/Orth* DB 1998, 1877, *Spanheimer* WPg 2000, 1001). Insofern können die vom DSR entwickelten Standards, denen durch Bekanntmachung durch das BMJ eine Vermutungswirkung als „die Konzernrechnungslegung betreffende GoB" zukommt (Abs 2, hierzu ausführlich Anm 7 ff) auch eine Ausstrahlungswirkung auf die GoB für den JA haben.

Die vom BMJ bekannt gemachten Standards des DSR gelten nur für HGB-KA. Für nach § 315 a erstellte IFRS-KA finden die Standards keine Anwendung, da hier direkt internationale Vorschriften zur Geltung kommen.

II. Beratung des BMJ (Nr 2)

5 Abs 1 Nr 2 nennt als weitere Aufgabe die Beratung des BMJ. Diese Verpflichtung des DRSC zur Zusammenarbeit und zur Unterstützung des BMJ ist

in §§ 5 und 6 des Standardisierungsvertrags ebenfalls festgeschrieben, vor allem als Verpflichtung zur gegenseitigen Unterrichtung. Dabei ist die Beratungspflicht nach Abs 1 Nr 2 inhaltlich nicht auf Fragen der Konzernrechnungslegung beschränkt, so dass das DRSC grds auch befugt ist, sich zu Fragen des JA zu äußern. Dass das DRSC seine Aufgabenstellung auch über Konzernrechnungslegungsfragen hinausgehend sieht, zeigt sich in dessen Satzung, die als einen Zweck des Vereins allgemein die Erhöhung der „Qualität der Rechnungslegung und Finanzberichterstattung" nennt (§ 2 Abs 1 DRSC-Satzung v 28. 11. 2003). Zur grds nicht möglichen Trennung reiner Konzern-GoB von JA-GoB s oben Anm 4.

III. Vertretung der Bundesrepublik Deutschland in internationalen Standardisierungsgremien (Nr 3)

Nach Abs 1 Nr 3 vertritt das DRSC Deutschland in internationalen Standardisierungsgremien. Um welche internationalen Gremien es sich im Einzelnen handeln soll, wurde weder im Gesetz noch im Standardisierungsvertrag (§§ 6, 7) oder der DRSC-Satzung (§ 2) festgelegt. Letztere erwähnt die Zusammenarbeit mit dem IASB aber ausdrücklich (§ 2 Abs 1) und deckt sich insoweit mit der Gesetzesbegr zu § 342 (BT-Drs 13/10038 4. 3. 1998, III. 1). Die Verbindung zum IASB wird seit 1. 1. 2001 durch das IASB-Board-Mitglied Prof. Dr. Hans-Georg Bruns wahrgenommen, der *liaison-member* für das DRSC ist. Im Zuge der Neuorganisation des DRSC im Jahre 2003 wurde von der Mitgliederversammlung eine grundlegende Neuausrichtung beschlossen, wonach dem Ziel einer aktiven Mitgestaltung internationaler Standardisierungsarbeit unter Einbringung der Belange der deutschen Wirtschaft künftig eine vorrangige Bedeutung zukommen soll. In diesem Zusammenhang wird neben dem IASB auch das FASB explizit genannt. Ein Beispiel dieser verstärkten Einbringung deutscher Belange durch das DRSC ist die derzeit als Entwurf vorliegende IFRIC-Interpretation zur Frage der Bilanzierung der Kosten für Verwertung und Entsorgung von Elektroschrott, die vom DRSC beim IFRIC eingebracht wurde. 6

C. Bekanntmachung der Standards durch das BMJ (Abs 2)

Um Verbindlichkeit zu erlangen, müssen die Standards vom BMJ bekannt gemacht werden (Abs 2). Das Gesetz lässt offen, ob das BMJ iZm der Bekanntmachung einen eigenen Entscheidungsspielraum behält, dh die Empfehlungen inhaltlich nochmals überprüfen kann oder muss und nur dann bekannt macht, wenn sie auch seinen materiell-rechtlichen Vorstellungen entsprechen oder ob keine oder höchstens eine formale Prüfung durch das BMJ stattfindet. Diese Frage ist auch in der Gesetzesbegr nicht angesprochen; diese wiederholt nur die Erwartungshaltung der Praxis, dass das Gremium eigenverantwortlich Empfehlungen entwickelt und beschließt, die das BMJ bekannt macht (BT-Drs 13/10038 4. 3. 1998). Diese Betonung der Eigenverantwortlichkeit des Standardisierungsrats spricht gegen eine gewollte, inhaltliche Mitwirkung des BMJ. Aus verfassungsrechtlichen und staatsrechtlichen Gründen müsste das BMJ jedoch mind eine Kontrolle vornehmen, ob die Standards und ihre Begr mit den gesetzlichen Zielen und Prioritäten übereinstimmen (*Hommelhoff/Schwab* BFuP 1998, 51). Aus der Tatsache, dass gem § 1 Abs 3 Standardisierungsvertrag das DRSC verpflichtet ist, dem BMJ nicht nur die beschlossenen Standards, sondern 7 bereits alle Entwürfe zu übermitteln, kann uE geschlossen werden, dass eine derartige Kontrolle erfolgt.

8 Mit der Bekanntmachung haben die Standards die Vermutung für sich, GoB für Konzernrechnungslegung zu sein, erlangen aber keine Gesetzeskraft (*Ernst* WPg 1998, 1030; *Hommelhoff/Schwab* BFuP 1998, 45/47; *Budde/Steuber* DStR 1998, 1186), denn die Normsetzungsbefugnis obliegt allein dem Gesetzgeber (Art 20 Abs 2 S 1, Art 70 GG), der sie nur in dem engen verfassungsrechtlichen Rahmen des Art 80 Abs 1 GG auf die Exekutive delegieren kann. Eine Ermächtigung des privatrechtlichen DRSC zur Normsetzung besteht nicht und wäre aus verfassungsrechtlichen Gründen auch unzulässig (*Ernst* WPg 1998, 1030; *Budde/Steuber* DStR 1998, 1185; *Hommelhoff/Schwab* BFuP 1998, 43). Die gesetzliche Vermutungswirkung kann die Gerichte bei ihrer Auslegung der GoB nicht unwiderruflich binden *(Hommelhoff/Schwab* BFuP 1998, 42; (*Ernst* WPg 1998, 1031).

D. Vermutung der Richtigkeit (Abs 2)

9 Abs 2 besagt, dass die Beachtung der bekannt gemachten Empfehlungen/Standards die Vermutung beinhaltet, dass das Unt damit die GoB, soweit sie die Konzernrechnungslegung betreffen, beachtet hat, dh im Konzern ordnungsgemäß Rechnung gelegt hat. Die Vermutung der Richtigkeit unterliegt umfangreicher, vor allem verfassungsrechtlicher und gesetzessystematischer Kritik (*Hommelhoff/Schwab* BFuP 1998, 42; *Budde/Steuber,* DStR 1998, 1184; *Zitzelsberger* WPg 1998, 253). Die Vermutung der Richtigkeit könnte dahin zu verstehen sein, dass den Standards eine über das Gesetz hinausgehende Wirkung beigemessen wird; das ist unzulässig (hierzu auch Anm 8). Ob die Empfehlungen/Standards im Einzelfall zu einer richtigen, gesetzmäßigen und damit ordnungsgemäßen Konzernbilanzierung geführt haben, kann im Rahmen unserer Rechtsordnung letztlich nur von den Gerichten entschieden werden (*Ernst* WPg 1998, 1031). Diese Entscheidung kann nicht vermutet werden. Rechtssystematisch besteht die Vermutung der Richtigkeit nur bis zum Gegenbeweis (*Hommelhoff/Schwab* BFuP 1998, 42). Die praesumptio ist auch deshalb systemwidrig, weil sie sich auf die ordnungsmäßige Beachtung der GoB zur Konzernrechnungslegung bezieht, dh auf eine auslegungsfähige Rechtsfolge und nicht auf eine Tatsache, die allein, gem der Rechtsregel, einem Gegenbeweis zugänglich ist (*Hommelhoff/Schwab* BFuP 1998, 42). Hinzu kommt, dass ein Gegenbeweis bei Konzernrechnungslegungsfragen ohnehin nicht möglich ist, weil der KA – trotz der durch das TransPuG eingeführten Pflicht zur Billigung – mangels formeller Feststellung (§ 172 AktG) weder anfechtbar ist (*OLG Köln* 17. 2. 1998 DB, 1855) noch nichtig sein kann; § 256 Abs 1, § 257 AktG (*Budde/Steuber* DStR 1998, 1184). Die Vermutung der Richtigkeit kann also allenfalls eine Beweiserleichterung sein (*Hommelhoff/Schwab* BFuP 1998, 42).

Trotz dieser rechtssystematischen Kritik kommt den DRS über die in Abs 2 kodifizierte Vermutungswirkung als GoB eine Bindungswirkung für den Berufsstand zu (s *IDW PS 201* Rechnungslegungs- und Prüfungsgrundsätze für die Abschlussprüfung WPg 2000, 710, Anm 12), so dass Verstöße gegen die DRS zu Konsequenzen für den BVm führen können (für Hinweise im BVm *Spanheimer* WPg 2000, 1006). Hierzu ist jedoch uE folgendermaßen zu differenzieren:

– Sofern die DRS *gesetzliche Regelungslücken* hinsichtlich der Konzernrechnungslegung durch Auslegung schließen und diese Auslegung im Einzelfall auch gerechtfertigt ist (dh kein Ausnahmefall iSd § 324 Abs 2 vorliegt), führen wesentliche Verstöße nach § 322 Abs 4 iVm *IDW PS 400* (Grundsätze für die ordnungsgemäße Erteilung von Bestätigungsvermerken WPg 2001, 121) zu Konsequenzen für den BVm sowie den Prüfungsbericht gem § 321 Abs 1 S 3, da sich der gesetzliche Prüfungsauftrag auch auf die Beachtung der (Konzern-)GoB bezieht.

– Sofern die DRS gesetzliche *Wahlrechte einschränken* (zB Verbot der erfolgsneutralen Verrechnung des GFW nach § 309 Abs 1 S 3 in DRS 4 Anm 31) führt dies nach *IDW PS 450* (Grundsätze ordnungsgemäßer Berichterstattung bei Abschlussprüfungen WPg 2003, 1127) Anm 112a lediglich zur Berichterstattung im Prüfungsbericht, nicht jedoch zu Auswirkungen auf den BVm.
– Sofern die DRS *über das Gesetz hinausgehende* (oder in Ausnahmefällen – nicht durch den Auftrag des DSR gedeckte – gegen das Gesetz verstoßende) *Anforderungen* stellen (zB Erfordernis zusätzlicher Anhangangaben wie *Earnings Per Share* gem DRS 4 Anm 56 sowie Vorschriften zum JA), führt die Nichtbeachtung dieser Vorschriften zu keinerlei Konsequenzen für den BVm und den Prüfungsbericht. Selbstverständlich kann jedoch in einem solchen Fall nicht die Konformität mit den DRS, sondern nur die Beachtung der gesetzlichen Vorschriften, testiert werden.

§ 342a Rechnungslegungsbeirat

(1) **Beim Bundesministerium der Justiz wird vorbehaltlich Absatz 9 ein Rechnungslegungsbeirat mit den Aufgaben nach § 342 Abs. 1 Satz 1 gebildet.**

(2) **Der Rechnungslegungsbeirat setzt sich zusammen aus**

1. **einem Vertreter des Bundesministeriums der Justiz als Vorsitzendem sowie je einem Vertreter des Bundesministeriums der Finanzen und des Bundesministeriums für Wirtschaft und Arbeit,**
2. **vier Vertretern von Unternehmen,**
3. **vier Vertretern der wirtschaftsprüfenden Berufe,**
4. **zwei Vertretern der Hochschulen.**

(3) [1] **Die Mitglieder des Rechnungslegungsbeirats werden durch das Bundesministerium der Justiz berufen.** [2] **Als Mitglieder sollen nur Rechnungsleger berufen werden.**

(4) [1] **Die Mitglieder des Rechnungslegungsbeirats sind unabhängig und nicht weisungsgebunden.** [2] **Ihre Tätigkeit im Beirat ist ehrenamtlich.**

(5) **Das Bundesministerium der Justiz kann eine Geschäftsordnung für den Beirat erlassen.**

(6) **Der Beirat kann für bestimmte Sachgebiete Fachausschüsse und Arbeitskreise einsetzen.**

(7) [1] **Der Beirat, seine Fachausschüsse und Arbeitskreise sind beschlußfähig, wenn mindestens zwei Drittel der Mitglieder anwesend sind.** [2] **Bei Abstimmungen entscheidet die Stimmenmehrheit, bei Stimmengleichheit die Stimme des Vorsitzenden.**

(8) **Für die Empfehlungen des Rechnungslegungsbeirats gilt § 342 Abs. 2 entsprechend.**

(9) **Die Bildung eines Rechnungslegungsbeirats nach Absatz 1 unterbleibt, soweit das Bundesministerium der Justiz eine Einrichtung nach § 342 Abs. 1 anerkennt.**

Übersicht

Schrifttum: *Hommelhoff/Schwab* Gesellschaftliche Selbststeuerung im Bilanzrecht – Standard Setting Bodies und staatliche Regulierungsverantwortung nach deutschem Recht BFuP 1998, 38; *Budde/Steuber* Normsetzungsbefugnis eines deutschen Standard Setting Body DStR 1998, 1181; *Budde/Steuber* Jahresabschluss – was soll die Veranstaltung? in FS Claussen, 583.

A. Allgemeines (Abs 1 und 9)

1 Abs 1 iVm Abs 9 weist die Bildung eines öffentlich-rechtlichen Rechnungslegungsbeirats als subsidiäre Alternative zur Einrichtung eines (privatrechtlichen) Rechnungslegungsgremiums iSd § 342 aus. Da das BMJ am 3. 9. 1998 das DRSC anerkannt hat, unterbleibt die Bildung eines Rechnungslegungsbeirats durch das BMJ (Abs 9).

B. Der Rechnungslegungsbeirat

I. Personelle Zusammensetzung (Abs 2 und 3)

2 Abs 2 gibt die Gesamtzahl der durch das BMJ zu berufenden (Abs 3) Personen vor sowie die proportionale Zusammensetzung des Beirats aus Vertretern der Unt, Hochschulen, wirtschaftsprüfenden Berufen und Ministerien (Abs 2). Die Beteiligung jeweils eines Vertreters von BMJ, BMF und BMWA (3 von 13) würde den Beirat vom DRSC unterscheiden, in dem die Bundesministerien nicht vertreten sind.

II. Aufgaben (Abs 1 und Abs 4–7)

3 Der Rechnungslegungsbeirat hätte dieselben Aufgaben wie das Rechnungslegungsgremium; Abs 1 verweist auf § 342 Abs 1 S 1. Abs 4 fordert von den Mitgliedern des Beirats eine unabhängige und nicht weisungsgebundene Aufgabenerfüllung und bestimmt die Tätigkeit im Beirat als ehrenamtlich. Letzteres gilt nicht für die Organe des DRSC und auch nicht für den Standardisierungsrat, der auch zur Unabhängigkeit verpflichtet ist. Die Organisationsvorgaben (Abs 5–7) sind vergleichbar mit den Regelungen in der Satzung des DRSC.

III. Verbindlichkeit der Empfehlungen (Abs 8)

4 Da für die Empfehlungen des Rechnungslegungsbeirats § 342 Abs 2 entspr gilt (Abs 8), heißt das, dass diese ebenfalls vom BMJ bekannt zu machen wären und dass bei ihrer Beachtung durch die rechnungslegungs- und prüfungspflichtigen KonzernUnt die Vermutung der Richtigkeit bestünde. Diese rechtliche

Folge, der bzgl der Empfehlungen/Standards des privaten Rechnungslegungsgremiums/DRSC allenfalls die Wirkung einer Beweiserleichterung zukommt (vgl § 342 Anm 9), hätte bzgl der Empfehlungen des Rechnungslegungsbeirats uU eine andere rechtliche Wirkung. Zum möglichen *Normcharakter* von Empfehlungen eines Rechnungslegungsbeirats nach § 342a s zB *Budde/Steuber* DStR 1998, 1181; *Hommelhoff/Schwab* BFuP 1998, 52.

Sechster Abschnitt. Prüfstelle für Rechnungslegung

Vor § 342b

Die §§ 342b–e und Art 56 EGHGB wurden durch das Bilanzkontrollgesetz v 15. 12. 2004 (BGBl I, 3408) in das HGB eingefügt. 1

Mit dem BilKoG wird erstmalig ein zweistufiges „Enforcement-Verfahren" zur Überprüfung der Rechtmäßigkeit von UntAbschlüssen in Deutschland eingeführt und damit ein wesentliches Element des „10-Punkte-Programms zur Stärkung der UntIntegrität und des Anlegerschutzes" der BReg vom Februar 2003 umgesetzt. **Ziel** der Einführung dieses ergänzenden Verfahrens zur Prüfung der Ordungsmäßigkeit der Rechnungslegung von kapmarktUnt ist es, die Qualität der Rechnungslegung (präventiv) zu verbessern, Unregelmäßigkeiten aufzudecken und dadurch das Vertrauen in den Kapitalmarkt zu stärken.

Im ersten Schritt obliegt dem privatrechtlichen *Deutsche Prüfstelle für Rechnungslegung DPR e. V.* („Prüfstelle") die Überprüfung der Einhaltung nationaler und internationaler Rechnungslegungsvorschriften durch die Unt; die Prüfstelle ist dabei auf die freiwillige Mitwirkung der Unt angewiesen. Im Falle von Verstößen oder fehlender Mitwirkung des betroffenen Unt setzt die BaFin auf der sog zweiten Stufe ggf die Prüfung und Veröffentlichung von Bilanzfehlern mit hoheitlichen Mitteln durch. Dieses Recht besteht auch, wenn die BaFin erhebliche Zweifel an der Richtigkeit des Prüfungsergebnisses der Prüfstelle oder an der ordnungsgemäßen Durchführung der Prüfung hat, § 37p Abs 1 WpHG. Die Verbindung von privatrechtlichem mit staatlichem *Oversight* soll den kapmarktUnt die Möglichkeit schaffen, Unstimmigkeiten über Bilanzierungsfragen auf privatrechtlicher Ebene mit einem Gremium qualifizierter Fachleute, aus denen sich die Prüfstelle zusammensetzt, zu lösen (s BT-Drs 15/3421, 11 ff). 2

Mit der internationalen Gepflogenheiten entspr Errichtung einer unabhängigen Enforcement-Institution in Form von Prüfstelle und BaFin wird eine „dritte Säule" im System der Überprüfung von JA neben dem Aufsichtsrat (interne Kontrolle) und dem AP (externe Kontrolle) geschaffen. Erstmalig können damit auch Verstöße gegen die Konzernrechnungslegung aufgegriffen werden (das bisherige System der §§ 256ff AktG ist auf die Überprüfung des JA beschränkt). Der Gesetzgeber reagiert mit dem BilKoG auf nationale Empfehlungen (s *Baetge/Lutter* (Hrsg) Abschlussprüfung und Corporate Governance: Bericht des Arbeitskreises „Abschlussprüfung und Corporate Governance", 2003, 17) und internationale Entwicklungen in der EU und den USA (vgl Entwurf 8. EU-Richtl: hier wird erstmalig auf EU-Ebene eine unabhängige Aufsicht über WP gefordert, wenngleich es keine zentrale EU-Aufsicht geben wird; *Committee of European Securities Regulators (CESR)* CESR Standards No. 1, 2 on Financial Information; Errichtung eines Public Company Accounting Oversight Board (PCAOB) durch den Sarbanes-Oxley Act of 2002 in den USA). 3

Flankiert wird die öffentliche Kontrolle des Kapitalmarkts durch das Abschlussprüferaufsichtsgesetz („APAG") v 27. 12. 2004 (BGBl I, 3846), das die 4

AP sowie die WPK einer letztverantwortlichen, berufsstandsunabhängigen Abschlussprüferaufsichtskommission in modifizierter Selbstverwaltung unterstellt (zum APAG s *Schmidt/Kaiser* Öffentliche Aufsicht über Abschlussprüfer, WPK Magazin 3/2004, 38).

5 In §§ 342b–e ist die erste Stufe des Enforcement-Verfahrens, dh die Prüfstelle, die Verschwiegenheitspflicht ihrer Beschäftigten, ihre Finanzierung sowie die Sanktion bei Verstoß gegen Mitwirkungspflichten, geregelt; die zweite Stufe, dh Befugnisse der BaFin sowie Verfahrensregelungen, ist in einem neu eingefügten „Abschnitt 11 Überwachung von Unternehmensabschlüssen" im WpHG (§§ 37n–u WpHG) geregelt.

6 Ihre operative Tätigkeit hat die Prüfstelle zum 1. 7. 2005 aufgenommen; diese Vorlaufzeit wurde gewählt, um den Aufbau der Strukturen und die personelle Besetzung der Prüfstelle zu ermöglichen, insb aber auch, um die Finanzierung, die von der BaFin vorgestreckt und in einem Umlageverfahren gem Finanzdienstleistungsaufsichtsgesetz (FinDAG) von den kapmarktUnt aufgebracht wird, sicherzustellen.

7 Für die Akzeptanz der Prüfstelle, die der freiwilligen Mitwirkung der Unt bedarf, durch die interessierte Öffentlichkeit, die Unt und deren AP als ernstzunehmenden Kontrolleur über die Richtigkeit von UntAbschlüssen (und damit den Erfolg der gesetzgeberischen Konzeption, die der staatlichen BaFin grds nur eine subsidiäre Rolle zuweist) ist es entscheidend, dass sie folgende Bedingungen erfüllen kann:

- Qualifiziertes Personal mit Durchsetzungskraft und Sachkunde, insb auch in der internationalen Rechnungslegung, und
- ausreichende Finanzierung, um durch eine ausreichende Anzahl und Intensität von Stichproben (und damit einer hohen Fehlerentdeckungswahrscheinlichkeit) auch die gewünschte Präventivwirkung entfalten zu können.

§ 342b Prüfstelle für Rechnungslegung

(1) [1]**Das Bundesministerium der Justiz kann im Einvernehmen mit dem Bundesministerium der Finanzen eine privatrechtlich organisierte Einrichtung zur Prüfung von Verstößen gegen Rechnungslegungsvorschriften durch Vertrag anerkennen (Prüfstelle) und ihr die in den folgenden Absätzen festgelegten Aufgaben übertragen.** [2]**Es darf nur eine solche Einrichtung anerkannt werden, die aufgrund ihrer Satzung, ihrer personellen Zusammensetzung und der von ihr vorgelegten Verfahrensordnung gewährleistet, dass die Prüfung unabhängig, sachverständig, vertraulich und unter Einhaltung eines festgelegten Verfahrensablaufs erfolgt.** [3]**Änderungen der Satzung und der Verfahrensordnung sind vom Bundesministerium der Justiz im Einvernehmen mit dem Bundesministerium der Finanzen zu genehmigen.** [4]**Die Prüfstelle kann sich bei der Durchführung ihrer Aufgaben anderer Personen bedienen.** [5]**Das Bundesministerium der Justiz macht die Anerkennung einer Prüfstelle sowie eine Beendigung der Anerkennung im amtlichen Teil des elektronischen Bundesanzeigers bekannt.**

(2) [1]**Die Prüfstelle prüft, ob der zuletzt festgestellte Jahresabschluss und der zugehörige Lagebericht oder der zuletzt gebilligte Konzernabschluss und der zugehörige Konzernlagebericht eines Unternehmens im Sinne des Satzes 2 den gesetzlichen Vorschriften einschließlich der Grundsätze ordnungsmäßiger Buchführung oder den sonstigen durch Gesetz zugelassenen Rechnungslegungsstandards entspricht.** [2]**Geprüft werden die Abschlüsse und Berichte von Unternehmen, deren Wertpapiere im Sinne des § 2 Abs. 1 Satz 1 des Wertpapierhandelsgesetzes an einer inländischen Börse zum Handel im amtlichen oder geregelten Markt zugelassen sind.** [3]**Die Prüfstelle prüft,**

1. soweit konkrete Anhaltspunkte für einen Verstoß gegen Rechnungslegungsvorschriften vorliegen,
2. auf Verlangen der Bundesanstalt für Finanzdienstleistungsaufsicht oder
3. ohne besonderen Anlass (stichprobenartige Prüfung).

[4]Im Fall des Satzes 3 Nr. 1 unterbleibt die Prüfung, wenn offensichtlich kein öffentliches Interesse an der Prüfung besteht. [5]Die stichprobenartige Prüfung erfolgt nach den von der Prüfstelle im Einvernehmen mit dem Bundesministerium der Justiz und dem Bundesministerium der Finanzen festgelegten Grundsätzen. [6]Das Bundesministerium der Finanzen kann die Ermächtigung zur Erteilung seines Einvernehmens auf die Bundesanstalt für Finanzdienstleistungsaufsicht übertragen.

(3) [1]Eine Prüfung des Jahresabschlusses und des zugehörigen Lageberichts durch die Prüfstelle findet nicht statt, solange eine Klage auf Nichtigkeit gemäß § 256 Abs. 7 des Aktiengesetzes anhängig ist. [2]Wenn nach § 142 Abs. 1 oder Abs. 2 oder § 258 Abs. 1 des Aktiengesetzes ein Sonderprüfer bestellt worden ist, findet eine Prüfung ebenfalls nicht statt, soweit der Gegenstand der Sonderprüfung, der Prüfungsbericht oder eine gerichtliche Entscheidung über die abschließenden Feststellungen der Sonderprüfer nach § 260 des Aktiengesetzes reichen.

(4) [1]Wenn das Unternehmen bei einer Prüfung durch die Prüfstelle mitwirkt, sind die gesetzlichen Vertreter des Unternehmens und die sonstigen Personen, derer sich die gesetzlichen Vertreter bei der Mitwirkung bedienen, verpflichtet, richtige und vollständige Auskünfte zu erteilen und richtige und vollständige Unterlagen vorzulegen. [2]Die Auskunft und die Vorlage von Unterlagen kann verweigert werden, soweit diese den Verpflichteten oder einen seiner in § 52 Abs. 1 der Strafprozessordnung bezeichneten Angehörigen der Gefahr strafgerichtlicher Verfolgung oder eines Verfahrens nach dem Gesetz über Ordnungswidrigkeiten aussetzen würde. [3]Der Verpflichtete ist über sein Recht zur Verweigerung zu belehren.

(5) [1]Die Prüfstelle teilt dem Unternehmen das Ergebnis der Prüfung mit. [2]Ergibt die Prüfung, dass die Rechnungslegung fehlerhaft ist, so hat sie ihre Entscheidung zu begründen und dem Unternehmen unter Bestimmung einer angemessenen Frist Gelegenheit zur Äußerung zu geben, ob es mit dem Ergebnis der Prüfstelle einverstanden ist.

(6) [1]Die Prüfstelle berichtet der Bundesanstalt für Finanzdienstleistungsaufsicht über:

1. die Absicht, eine Prüfung einzuleiten,
2. die Weigerung des betroffenen Unternehmens, an einer Prüfung mitzuwirken,
3. das Ergebnis der Prüfung und gegebenenfalls darüber, ob sich das Unternehmen mit dem Prüfungsergebnis einverstanden erklärt hat.

[2]Ein Rechtsbehelf dagegen ist nicht statthaft.

(7) Die Prüfstelle und ihre Beschäftigten sind zur gewissenhaften und unparteiischen Prüfung verpflichtet; sie haften für durch die Prüfungstätigkeit verursachte Schäden nur bei Vorsatz.

(8) [1]Die Prüfstelle zeigt Tatsachen, die den Verdacht einer Straftat im Zusammenhang mit der Rechnungslegung eines Unternehmens begründen, der für die Verfolgung zuständigen Behörde an. [2]Tatsachen, die auf das Vorliegen einer Berufspflichtverletzung durch den Abschlussprüfer schließen lassen, übermittelt sie der Wirtschaftsprüferkammer.

Übersicht

Schrifttum: *Mattheus/Schwab* Rechtsschutz für Aktionäre beim Rechnungslegungsenforcement, DB 2004, 1976; *Baetge/Lienau* Änderungen der Berufsaufsicht der Wirtschaftsprüfer, DB 2004, 2277; *IDW* Stellungnahme zum Regierungsentwurf des BilKoG, IDW Fachnachrichten 2004, 513; *WPK* Stellungnahme zu dem Regierungsentwurf eines Gesetzes zur Kontrolle von Unternehmensabschlüssen v 21. 4. 2004, WPK-Magazin 4/2004, 31; *Ernst* Regierungsentwurf des BilKoG, BB 2004, 936; *Großfeld* Bilanzkontrollgesetz – Offene Fragen und etwas Optimismus, NZG 2004, 105; *Leuzen/Kleinert* Bilanzkontrollgesetz, GmbHR 2004, R 049; *Hennrichs* Fehlerhafte Bilanzen, Enforcement und Aktienrecht, ZHR 2004, 383; *Baetge* Anmerkungen zum deutschen Enforcement-Modell, ZHR 2004, 428; *Müller* Prüfverfahren und Jahresabschlussnichtigkeit nach dem Bilanzkontrollgesetz, ZHR 2004, 414; *Baetge* Mittelbare Sicherung der Prüfungsqualität durch Enforcement geprüfter Jahres- und Konzernabschlüsse – Überlegungen aus ökonomischer Sicht, BFuP 2004, 201; *Hommelhoff/Mattheus* Verlässliche Rechnungslegung-Enforcement nach dem geplanten Bilanzkontrollgesetz, BB 2004, 93; *Wolf* Entwicklungen im Enforcement unter Berücksichtigung des Referentenentwurfs für ein Bilanzkontrollgesetz (BilKoG), DStR 2004, 244; *Mattheus/Schwab* Fehlerkorrektur nach dem Rechnungslegungs-Enforcement: Private Initiative vor staatlicher Intervention, BB 2004, 1099; *Kämpfer* Enforcementverfahren und Abschlussprüfer, BB 2005 Beilage 3, 13; *Gelhausen/Hönsch* Das neue Enforcement-Verfahren für Jahres- und Konzernabschlüsse, AG 2005, 511; *Mock* Bindung einer Aktiengesellschaft an einen im Enforcement-Verfahren festgestellten Fehler in nachfolgenden aktienrechtlichen Verfahren?, DB 2005, 987; *Seidel* Amtshaftung für fehlerhafte Bilanzkontrolle, DB 2005, 651.

A. Grundlagen und Verfassung der Prüfstelle (Abs 1)

I. Allgemeines

Das Enforcement-Verfahren (s Vor § 342b) wird auf der ersten, privatrechtlichen Stufe vom Verein „Deutsche Prüfstelle für Rechnungslegung DPR" („Prüfstelle") betrieben. Der Verein wurde noch während des Gesetzgebungsverfahrens mit Sitz in Berlin gegründet und am 10. 9. 2004 in das Vereinsregister eingetragen. International tritt der Verein unter der Bezeichnung „Financial Reporting Enforcement Panel" (FREP) auf. 1

Die Prüfstelle wird nicht hoheitlich beliehen, sie übt keine Hoheitsbefugnisse aus; „Zweck des Vereins ist

- die Trägerschaft einer weisungsunabhängigen Prüfstelle nach §§ 342b bis 342e HGB;
- die fachliche Zusammenarbeit der Prüfstelle mit nationalen Enforcement-Einrichtungen im Ausland und entspr internationalen Organisationen im Rahmen des Gesetzes" (§ 2 Abs 1 der Satzung, veröffentlicht auf der Homepage der Prüfstelle, http://www.frep.info).

II. Anerkennung des Vereins

Die Tätigkeit der Prüfstelle steht unter dem Vorbehalt der Anerkennung durch das BMJ im Einvernehmen mit dem BMF. Der Anerkennungsvertrag wurde mit Datum v 30. 3. 2005 abgeschlossen. Vorbild für die Regelung in Abs 1 S 1 war das DRSC (s § 342). 2

III. Innere Organisation des Vereins

Gründungsmitglieder sind 15 Berufs- und Interessenvertretungen aus dem Bereich der Rechnungslegung, wobei die Mitgliedschaft auch weiteren Vereinigungen von Rechnungslegern und Rechnungslegungsnutzern offen steht; Unt, WPG und natürliche Personen sind von der Mitgliedschaft ausgeschlossen. Während der Anerkennungsvertrag die in Abs 1 S 2 niedergelegten Mindestbedingungen regelt, die der Verein im Hinblick insb auf seine personelle Zusammensetzung zu erfüllen hat, ist die Verfahrensordnung die materielle Grundlage für die Prüftätigkeit der Prüfstelle, in der die wesentlichen Eckpunkte der Durchführung der im Anerkennungsvertrag übertragenen Aufgaben geregelt sind. Auf der Grundlage der Verfahrensordnung werden die Prüfprogramme für die drei Arten der Prüfungen bzw Prüfungsanlässe entwickelt (s Abs 2 S 3). 3

Organe des Vereins sind Vorstand, Nominierungsausschuss, Prüfstelle sowie die mind jährlich tagende Mitgliederversammlung (zu den jeweiligen Zusam- 4 mensetzungen und Aufgaben der Organe s §§ 6–12 der Satzung). Änderungen der Satzung und der Verfahrensordnung, die nach Abschluss des Anerkennungsvertrags erfolgen sollen, bedürfen der Genehmigung des BMJ im Einvernehmen mit dem BMF.

5 Die privatrechtliche erste Stufe ist allerdings keine zwingende Voraussetzung für die Erreichung des Gesetzeszwecks, nämlich der Einführung eines Enforcement-Verfahrens in Deutschland: Würde der Anerkennungsvertrag gekündigt, weil der Verein die im Gesetz verankerten Voraussetzungen für eine Anerkennung nicht erfüllen kann, zB aufgrund fehlender finanzieller Mittel, würde die erste Stufe ersatzlos entfallen und die BaFin die Befugnisse der Prüfstelle übernehmen (s § 37p WpHG).

6 Abs 1 S 4 stellt klar, dass sich die Prüfstelle zur Durchführung ihrer Prüfungen auch anderer Personen, zB von ihr beauftragter WP, bedienen kann (wie auch die BaFin). Da die finanziellen Möglichkeiten der Prüfstelle beschränkt sein werden (angestrebt sind 10–15 hauptamtliche Mitarbeiter; zum Vergleich: das PCAOB plant bis Ende 2005 circa 450 Mitarbeiter), wäre das Vorhalten eines großen Personalstamms nicht möglich; das Ausweichen auf externe WP und WPG erlaubt den flexiblen Einsatz von Fachleuten. Insoweit folgt der deutsche Gesetzgeber nicht dem Beispiel der USA, wo Prüfung von UntAbschlüssen der SEC und Überwachung der WPG dem PCAOB zugewiesen sind und diese ausschließlich eigenes Personal einsetzen.

B. Gegenstand und Anlass der Prüfung (Abs 2)

I. Gegenstand der Prüfung

1. Sachlich

8 Der Überprüfung unterliegen alle Teile des zuletzt festgestellten JA und des zugehörigen Lageberichts sowie des zuletzt gebilligten KA und Konzernlageberichts derjenigen Unt, deren Wertpapiere iSd § 2 Abs 1 S 1 WpHG an einer inländischen Börse zum Handel im amtlichen oder geregelten Markt zugelassen sind. Nicht erfasst sind damit Unt, deren Wertpapiere im Freiverkehr gehandelt werden. Die Aufzählung der Prüfungsgegenstände ist als abschließend anzusehen; im Gesetzgebungsverfahren diskutiert, aber bewusst nicht in Abs 2 S 1 aufgenommen wurden Abschlüsse von TU, Zwischenberichte, sonstige Sonderberichte wie Bericht des Verschmelzungsprüfers, § 12 UmwG, oder Bericht über die Angemessenheit der Barabfindung gem § 327c Abs 2 AktG. Das Enforcement soll also auf solche UntBerichte des kapmarkt(Mutter-)Unt beschränkt bleiben, die einer gesetzlichen Prüfungspflicht unterliegen. Einbezogen sind auch die KFR und EK-Spiegel, in den Fällen des § 297 Abs 1 S 2 auch die SegBerE, sowie alle freiwilligen Angaben, soweit sie eine nicht nur völlig untergeordnete Informationsfunktion haben.

Nicht einbezogen in die Überprüfung ist dagegen der IFRS-EA iSd § 325 Abs 2a, da vom Wortlaut des Abs 2 nicht umfasst (obwohl prüfungspflichtig, § 324a). Dies unterstreicht die subsidiäre Bedeutung, die der Gesetzgeber dem IFSR-EA zuerkennt.

9 Da alle kapmarktUnt der Prüfung unterworfen sein sollen, erstreckt sich das Enforcement auch auf ausländische Unt, die an einer deutschen Börse (ggf zusätzlich zu einem listing im Herkunftsland) notiert sind. Zumindest auf der ersten Stufe ergeben sich hier keine Verfahrensprobleme, da die Prüfstelle nur bei

freiwilliger Mitwirkung des Unt und ohne hoheitliche Befugnisse prüfen darf. Nicht geregelt ist das Zusammenspiel der Prüfstelle mit einer Aufsichtsbehörde im Herkunftsland. § 2 Abs 1 (b) der Vereinssatzung weist der Prüfstelle allerdings die fachliche Zusammenarbeit mit nationalen Enforcement-Einrichtungen im Ausland zu.

2. Zeitlich

Die Prüfung ist auf den **zuletzt festgestellten** JA mit Lagebericht oder den zuletzt gebilligten KA mit Konzernlagebericht beschränkt. Allerdings gibt es keine Frist, innerhalb derer die Prüfung eingeleitet werden muss, wie zB bei Antrag auf Bestellung eines Sonderprüfers, § 258 Abs 2 S 1 AktG. Die Beschränkung auf den zuletzt festgestellten JA soll dem Interesse des Kapitalmarkts an endgültigen UntAbschlüssen und Rechtssicherheit dienen. 11

Andererseits kann die Beschränkung auch zu einer „überholenden Erledigung" des Prüfverfahrens durch Verabschiedung des Folge-JA/-KA führen, wenn Feststellung bzw Billigung durch AR bereits erfolgt ist und als zunächst unternehmensinterner Vorgang der Prüfstelle nicht bekannt ist, s *Müller* ZHR 2004, 415. Entscheidend ist insoweit eine nach außen erkennbare Verfahrenseinleitung durch die Prüfstelle, deren Regelung in der Verfahrensordnung zu erfolgen hat. Ein anhängiges Prüfungsverfahren kann dann nicht mehr durch Verabschiedung des Folgeabschlusses außer Kraft gesetzt werden. Auch die Beschränkung auf der gesetzlichen Prüfungspflicht unterliegende JA/KA kann die Aufgriffsmöglichkeiten der Prüfstelle beeinträchtigen: Werden Sachverhalte erstmalig in einem Zwischenbericht offen gelegt oder unterjährig Hinweise auf einen Bilanzierungsverstoß bekannt, muss die Prüfstelle ggf bis zu drei Quartalen und die Feststellung des Folgeabschlusses abwarten, bevor sie eine Untersuchung dieses Sachverhalts einleiten kann. Eine schnelle Reaktion der Prüfstelle auf mögliche Rechnungslegungsverstöße erscheint damit im Gesetz nicht angelegt, was die Wirksamkeit des Enforcement-Verfahrens zumindest im „Spontanprüfungsbereich" zweifelhaft erscheinen lässt. Auch die Beschränkung der Prüfung auf den jüngsten JA/KA kann gerade in Manipulationsfällen eine kontraproduktive Wirkung haben, wenn länger zurückliegende Fehler nicht aufgeklärt werden können. Indes erscheint eine extensive Auslegung angesichts des eindeutigen Gesetzeswortlauts nicht zulässig. 12

3. Prüfungsmaßstab

Geprüft wird gem Abs 2 S 1 **ausschließlich** die Einhaltung der für die Rechnungslegung geltenden gesetzlichen Vorschriften einschl GoB oder der sonstigen durch Gesetz zugelassenen Rechnungslegungsstandards, insb IFRS, vgl § 315a. Für den (Konzern-)Lagebericht soll die Prüfung entspr § 317 Abs 2 erfolgen, wobei ausweislich der Gesetzesbegründung der Prüfungsmaßstab aber nicht identisch mit dem der JAP sein soll. Insb ist § 317 Abs 4 nicht Prüfungsmaßstab. Auch Bestimmungen der Satzung, die Rechnungslegungsrelevanz haben, sind Prüfungsmaßstab. 13

Der Gesetzeswortlaut stellt keine Anforderungen an die Schwere der Verstöße (mit Ausnahme von Abs 2 S 4, s dazu Anm 18); dh, es gibt keine Beschränkung der Prüfung auf Fehler, die gem § 256 AktG zur Nichtigkeit des JA führen würden; die Einschränkungen des § 256 AktG gelten für die Prüfstelle/BaFin nicht.

4. Erstmalig betroffene Jahresabschlüsse

14 Zum Aufbau einer funktionsfähigen Prüfstelle wurde der Beginn des Enforcements auf den 1. 7. 2005 verschoben; erstmalig werden JA/KA von Unt mit Stichtag 31. 12. 2004 oder später geprüft, Art 56 EGHGB.

5. Prüfungsanlässe

15 Es gibt zwei Fälle **reaktiver Kontrolle,** nämlich bei Vorliegen konkreter Anhaltspunkte für einen Verstoß gegen Rechnungslegungsvorschriften und auf Verlangen der BaFin, sowie einen Fall **proaktiver Kontrolle** ohne besonderen Anlass, d.h. stichprobenartig, Abs 2 S 3. Eine freiwillige Prüfung auf Initiative des Unt ist nicht zulässig, die Aufzählung in Abs 2 ist abschließend. Es gibt keinen Anspruch auf verbindliche Auskunft.

a) Anlassprüfung (Abs 2 S 3 Nr 1)

16 Die Prüfstelle prüft, „soweit" Anhaltspunkte für Verstöße vorliegen. Das „soweit" ist als sachliche Begrenzung des Prüfungsgegenstandes zu verstehen und verdeutlicht, dass sich die Prüfung auf Sachverhalte beschränkt, hinsichtlich derer Anhaltspunkte für Verstöße bestehen (keine nochmalige JAP, s Anm 13) oder im Rahmen einer Prüfung weitere solche Sachverhalte bekannt werden.

17 Es muss dem Fingerspitzengefühl der Prüfstelle überlassen bleiben (und der Verfahrensordnung), welche Anforderungen sie an die „Konkretheit" der Anhaltspunkte stellt: Während das BMJ und die Gesetzesbegr zwar Anhaltspunkte durch Hinweise von zB Aktionären, Gläubigern, Arbeitnehmern („whistleblowing") oder Berichte der Wirtschaftspresse ausreichen lassen wollen (s Presseerklärung des BMJ v 29. 10. 2004 zur Verabschiedung des BilKoG), dürfen bloße Unterstellungen aus UntSchutzgründen nicht ausreichend sein. Die Gesetzesbegr verlangt „konkrete Umstände tatsächlicher Art ..., bloße Vermutungen, Spekulationen oder Hypothesen reichen nicht aus", s BT-Drs 15/3421, 14.

18 Abs 2 S 4 sieht vor, dass die Anlassprüfung unterbleibt, wenn kein öffentliches Interesse daran besteht. Die Gesetzesbegr verneint das öffentliche Interesse bei offensichtlich unwesentlichen Verstößen gegen Rechnungslegungsvorschriften, die eine Information an den Kapitalmarkt nicht erforderlich erscheinen lassen (BT-Drs 15/3421, 14). Nach *Hennrichs* ZHR 2004, 403 muss das fehlende Interesse an der Prüfung „offensichtlich" sein. Unter dem Gesichtspunkt des mit der Errichtung der Prüfstelle verfolgten Zwecks ist dem zuzustimmen. Allerdings dürfte es in der Praxis für die Prüfstelle recht schwierig sein, Quantität und Qualität möglicherweise anonym oder unspezifiziert behaupteter Rechnungslegungsverstöße ohne Prüfung zu evaluieren. Ein lückenloses Nachgehen jedes Hinweises als Konsequenz würde die Prüfstelle dagegen lahm legen. Eine „Enforcement-Erwartungslücke" erscheint vorprogrammiert.

Nach *Seidel* DB 2005, 651 besteht bei konkreten Anhaltspunkten eine Amtspflicht zum Tätigwerden sowohl der Prüfstelle als auch der BaFin, bei Verstoß sollen Amtshaftungsansprüche geschädigter Investoren drohen (str).

b) Auf Verlangen der BaFin (Abs 2 S 3 Nr 2)

19 Die BaFin kann unter den Voraussetzungen des § 37o Abs 1 WpHG („konkrete Anhaltspunkte für Rechnungslegungsverstöße") gem § 37p Abs 2 WpHG die Einleitung einer Prüfung auf der ersten Stufe verlangen.

Ein **originäres** Prüfungsrecht hat die BaFin sonst nur dort, wo Doppelprüfungen nach § 44 Abs 1 S 2 KWG oder § 83 Abs 1 Nr 2 VAG (aufsichtsrechtliche Sonderprüfungen der BaFin einerseits und Enforcement-Prüfungen andererseits) zulässig sind und aus Gründen der Verfahrensökonomie vermieden werden sollen.

c) Stichprobenprüfung (Abs 2 S 3 Nr 3)

Die stichprobenartige Auswahl von Unt zur Prüfung ohne besonderen Anlass unterstreicht das präventive Element des Enforcement-Verfahrens, s Vor § 342b Anm 7. Näheres ist einer Regelung in den Verfahrensgrundsätzen der Prüfstelle, die im Einvernehmen mit BMJ und BMF festzulegen sind, vorbehalten. Gem Abs 2 S 6 kann das BMF seine diesbzgl Kompetenz auf die BaFin übertragen. 20

Der Umfang der Prüfungen – und damit auch ihre Präventivwirkung – steht in unmittelbarer Korrelation zur finanziellen Ausstattung der Prüfstelle. Gleiches gilt für die Prüfungstiefe – es soll keine zweite JAP geben –, aber je größer und komplexer das zu prüfende Unt ist, desto abhängiger ist die Prüfstelle von dem ihr gewährten Budget. Eine flächendeckende Überprüfung aller derzeit circa 1400 kapmarktUnt kann die Prüfstelle nicht leisten. 21

Eine Vorgabe des Gesetzgebers für die festzulegenden Grundsätze ist eine Schichtung der Unt in verschiedene Gruppen, etwa nach Umsatzgröße oder Börsenwert, Risikoklasse oder Zugehörigkeit zu einer DAX-Gruppe. Schließlich soll lt Gesetzesbegr ein themenbezogener Ansatz gewählt werden. 22

6. Ankündigung der Prüfung und ad hoc-Publizität

Das Gesetz macht der Prüfstelle keine verfahrensmäßigen Vorgaben, die Verfahrensregeln bleiben einer eigenen Verfahrensordnung vorbehalten, die die Prüfstelle nicht allein beschließen kann (s Anm 3). Ein zentraler Punkt ist die Bekanntmachung der Einleitung einer Prüfung gegenüber dem Unt. Da sich hieran verschiedene Rechtsfolgen knüpfen, sollte sie schriftlich und frühzeitig erfolgen, um dem Unt angemessen Zeit zu lassen, sich darauf vorzubereiten. Eine Frist in Anlehnung an die Ankündigung einer steuerrechtlichen Außenprüfung (§ 197 AO) scheint sinnvoll, wobei zumindest in den Fällen des Abs 2 S 3 Nr 2 und 3 ein Monat ausreichend sein sollte. 23

Diese Überlegung kann zumindest nicht generell für die Anlassprüfung nach Nr 1 gelten, da der Prüfungserfolg durchaus auch vom Überraschungseffekt abhängen kann. Andererseits stehen der Prüfstelle keine hoheitlichen Mittel zu, und sie ist auf die freiwillige Mitwirkung der Unt angewiesen, so dass ein ankündigungsloser Prüfungsbeginn auch im Fall der Nr 1 nicht zulässig sein kann. Dem Unt muss ein Mindestmaß an Zeit eingeräumt werden, die eigene rechtliche Position zu analysieren und die Verhaltensweise (Mitwirkung oder nicht) festzulegen. Hierfür wird man mind fünf Arbeitstage gewähren müssen. 24

Die Prüfungsankündigung sollte dem Unt eine Frist zur Erklärung seiner Mitwirkungsbereitschaft setzen, ansonsten ist nicht klar, ab welchem Zeitpunkt im Prüfungsprozess die Offenlegungspflicht nach Abs 4 gilt (s Anm 35 ff). Der Zeitpunkt, ab dem das Prüfverfahren anhängig ist, ist auch für den Eintritt und das Ende der Sperrwirkung des Abs 3 maßgeblich (s Anm 29 ff). 25

Unter den verschärften Grundsätzen zur ad hoc-Publizität könnte die Bekanntgabe der Einleitung eines Prüfungsverfahrens ein für das Unt bekanntmachungspflichtiges, da potenziell kursbeeinflussendes, Ereignis darstellen (s § 342c Anm 3). 26

Nach Ziff IV. 2. 2. 4. des Emittentenleitfadens der BaFin v 15. 7. 2005 stellt der Verdacht auf Bilanzmanipulation eine veröffentlichungspflichtige Insiderinformation dar, eine Verfügung der BaFin, daß eine Untersuchung wegen des

Verdachts des Verstoßes gegen §§ 15ff WpHG aufgenommen wurde, allerdings nicht (so Ziff IV. 2. 2. 2.).

27 Zumindest in den Prüfungsfällen der Nrn 1 und 2 ist eine negative Publizität mit möglicherweise schwerwiegenden Folgen für das Unt zu erwarten, was die Anforderungen an die Sorgfalt der Prüfstelle, aber auch an die Qualität ihrer Prüfungen und der eingesetzten Prüfer unterstreicht.

C. Verfahrensvorrang von Nichtigkeitsklage und Sonderprüfung (Abs 3)

Subsidiarität des Enforcement

29 Abs 3 regelt die Subsidiarität des Enforcement im Verhältnis zu Sonderprüfungen (§§ 142ff, 258ff AktG) und zur Nichtigkeitsklage (§ 256 AktG). Die Sperrwirkung der aktienrechtlichen Institute soll die Gefahr divergierender Entscheidungen ausschließen und ist deshalb sachgerecht.

30 Die Prüfstelle erfährt durch die BaFin von anhängigen Sonderprüfungen oder Nichtigkeitsklagen, § 37p Abs 3 WpHG; §§ 142 Abs 7, 256 Abs 7, 261a AktG normieren die vorgeschaltete Benachrichtigungspflicht ggü der BaFin. Allerdings sind die Verfahren im Hinblick auf Voraussetzungen, Zielrichtung und Rechtsfolgen nicht zwingend deckungsgleich, was im Einzelfall zu Rechtsproblemen und ungewollter Ausdehnung der Sperrwirkung führen kann (vgl *Müller* ZHR 2004, 414, 419; *Hennrichs* ZHR 2004, 383, 404ff). Die Sperrwirkung des Abs 3 erfasst KA nicht, da die aktienrechtlichen Institute nur für den JA gelten.

31 Ein bereits eingeleitetes Prüfverfahren ist zu unterbrechen, wenn eine Nichtigkeitsklage, die nicht fristgebunden ist, sondern lediglich innerhalb der Heilungsfristen des § 256 Abs 6 AktG erhoben werden muss, prozessanhängig wird.

Führt die Nichtigkeitsklage rechtskräftig nicht zum Erfolg, kann die Prüfstelle ihre Prüfung wieder aufnehmen und ggf zu einem anders lautenden Ergebnis gelangen. Ein solches Nacheinander von Klage und Prüfung muss wegen der rechtzeitigen Anhängigkeit der Prüfung auch zulässig sein, wenn zwischenzeitlich der Folgeabschluss festgestellt wurde, Abs 2 S 1. Umgekehrt kann aber auch nach Abschluss des Prüfverfahrens noch Nichtigkeitsklage erhoben werden.

Bei erfolgreicher Nichtigkeitsklage dürfte kein öffentliches Interesse an einer Fortsetzung des Prüfverfahrens bestehen; allerdings sollte das Unt aus Gründen der Rechtssicherheit von der Prüfstelle entspr informiert werden. Eine Bindung des Gerichts an die Entscheidung der Prüfstelle besteht nicht. Andererseits wirkt ein rechtskräftiges Nichtigkeitsurteil ggü jedermann und bindet damit auch die Prüfstelle zumindest für den streitgegenständlichen Abschluß.

32 Der Vorrang der Nichtigkeitsklage ist inhaltlich absolut, aber zeitlich begrenzt („*solange* … anhängig ist“; aA *Mattheus/Schwab* BB 2004, 1099, 1105). Der Vorrang der Sonderprüfung ist dagegen eng auf den Gegenstand der Sonderprüfung begrenzt („*soweit* der Gegenstand … reicht“). Gegen diese ungleiche Sperrwirkung mit gutem Grund *Müller* ZHR 2004, 414, 416.

D. Auskunfts- und Offenlegungspflichten bei Mitwirkung des Unternehmens (Abs 4)

35 Die Auskunfts- und Offenlegungspflicht, deren Verletzung gem § 342e als Ordnungswidrigkeit mit einer Geldbuße bis zu € 50000 geahndet werden kann, besteht *nur,* wenn das Unt sich zuvor zur Mitwirkung bei der Prüfung entschlossen hat und dies für die Prüfstelle erkennbar geworden ist.

36 Da die Prüfung auf erster Stufe freiwillig ist, bleibt es dem Unt unbenommen, nicht mit der Prüfstelle zu kooperieren (was nicht eine Sanktion der Prüfstelle, aber die Abgabe des Verfahrens auf die zweite Stufe zur BaFin nach sich ziehen wird, § 37p Abs 1 S 2 Nr 1 WpHG). In diesem Fall greift Abs 4 nicht.

37 Die Mitwirkungspflicht umfasst die wahrheitsgemäße und vollständige Auskunftserteilung und Unterlagenvorlage. Durch eine Ergänzung von § 93 Abs 1 AktG wird der Vorstand ggü der Prüfstelle ausdrücklich von seiner Verschwiegenheitspflicht entbunden. Um Zweifel auszuschließen, bis zu welchem Zeitpunkt in einem anhängigen Prüfverfahren das Unt seine Mitwirkung verweigern kann, ist eine Bestimmbarkeit des „offiziellen" Prüfungsbeginns und eine verbindliche Erklärung des Unt, ob es mitwirken will, erforderlich. Dies sollte in der Verfahrensordnung geregelt werden, s Anm 23ff (Notwendigkeit der Fixierung des Prüfbeginns).

38 Zu den sonstigen Personen iSd Abs 4 gehört auch der AP. Seine Mitwirkung ist allerdings erst nach erfolgter Entbindung von der Verschwiegenheit durch das Unt möglich. Erst in der zweiten Stufe vor der BaFin wird der AP, ungeachtet einer Entbindung, als Auskunftsperson in das Verfahren einbezogen, § 37o Abs 4 WpHG.

39 Eine Einbeziehung des AP von Beginn der Prüfung an ist stets sinnvoll, da ihm der Aufgriffsgrund während der JAP aufgefallen sein könnte und zudem seine Sachkunde in das Prüfungsverfahren einbezogen werden sollte, zumal eine Änderung eines JA/Lageberichts aufgrund von Beanstandungen im Enforcement-Verfahren wieder seiner Prüfung bzw Nachtragsprüfung iSd § 316 Abs 3 unterliegen wird. *Müller* ZHR 2004, 414, 418 weist darauf hin, dass die Beurteilung eines streitigen Sachverhaltes durch Prüfstelle oder BaFin keine Bindungswirkung für den AP hat.

40 Nicht geregelt ist, ob nach erfolgter Entbindung der AP seine Arbeitspapiere offen legen muss. Dies ist abzulehnen, da die Arbeitspapiere selbst vor Gericht zugriffsfest sind (s *Ebke* Die Arbeitspapiere des Wirtschaftsprüfers und Steuerberaters im Zivilprozess, Köln 2004) und der privatrechtlichen Prüfstelle keine weitergehenden Rechte als staatlichen Behörden zukommen können. Zur Beteiligung des AP ausführlich *Gelhausen/Hönsch,* AG 2005, 511, 521ff.

E. Mitteilung des Prüfungsergebnisses (Abs 5)

I. Keine Korrekturvorgaben durch die Prüfstelle

41 Die Prüfstelle teilt dem Unt das Ergebnis ihrer Prüfung mit und begründet dieses, gibt aber keine konkreten Korrekturmaßnahmen vor (entgegen der ursprünglichen Absicht des Gesetzgebers, die im Laufe des Gesetzgebungsverfahrens wieder fallengelassen wurde).

42 Die Veröffentlichung des festgestellten Fehlers durch die BaFin (§ 37q Abs 2 WpHG) wird als ausreichende Sanktionsmaßnahme angesehen. Anforderungen

an die Art der Fehlerkorrektur sind ohnehin den materiellen Rechnungslegungsgrundsätzen zu entnehmen bzw aus diesen abzuleiten (s IAS 8). Es gibt auch keine Feststellung der Prüfstelle (oder auf zweiter Stufe der BaFin), dass/ob der JA nichtig ist. Die Wirkung der Fehlerfeststellung erschöpft sich in der Feststellung eines Verstoßes gegen die anwendbaren Rechnungslegungsvorschriften.

43 Der Gesetzgeber umgeht damit zahlreiche komplexe aktienrechtliche Folgefragen, die Fehlerfeststellung bleibt zunächst ohne Auswirkung auf gesrechtliche Ansprüche (zB Dividendenansprüche), die sich aus dem beanstandeten JA ergeben; ua würde die Vorgabe der Art der Fehlerkorrektur mit der – alleinigen und strafbewehrten – Verantwortung der Organe der AG für die Abschlusserstellung in einen unlösbaren Konflikt geraten. Der Gesetzgeber lässt das Primat des Gesellschaftsrechts über das Bilanzrecht unangetastet: Unmittelbare rechtsgestaltende Wirkung kommt den Feststellungen der Prüfstelle oder der BaFin nicht zu. Auf die Feststellung eines Fehlers kann aber eine Nichtigkeitsklage gestützt werden, § 256 AktG.

II. Rechtsfolgen festgestellter Fehler in der Rechnungslegung

1. Jahresabschluss

44 Bei Feststellung von Fehlern in der Rechnungslegung, die einen Nichtigkeitsgrund iSd § 256 AktG darstellen, muss der JA neu aufgestellt (und geprüft) werden, eine Korrektur in laufender Rechnung ist nicht ausreichend, *Müller* ZHR 2004, 414, 423.

46 Theoretisch denkbar ist auch, dass das Unt die als fehlerhaft festgestellte Bilanzierung fortsetzt und damit die Nichtigkeitsfolge auch für den Folgeabschluss bewusst in Kauf nimmt; Zwangsmittel zur Durchsetzung der Fehlerkorrektur stehen weder der Prüfstelle noch der BaFin zu (zum Feststellungsinteresse anderer als der in § 249 AktG genannten Personen, s *Hüffer* AktG[6], § 256 Anm 31 mwN). Soweit der Fehler keinen Nichtigkeitsgrund iSd § 256 AktG darstellt, genießt der JA Bestandsschutz (auch hier käme es zum Konflikt mit der aktienrechtlichen Kompetenzverteilung für die Abschlusserstellung, vgl Anm 43) und der Fehler wird grds in laufender Rechnung zu korrigieren sein. Die Berichtigung und ihre Auswirkungen auf die VFE-Lage sind angemessen im Anhang zu erläutern, *IDW RS HFA 6* Anm 16.

2. Konzernabschluss

47 Die Überlegungen zu Nichtigkeit und Neuaufstellung im Falle aufgedeckter Fehler sind auf den KA, der künftig bei dem betroffenen UntKreis stets nach IFRS aufgestellt sein wird, nicht übertragbar.

Nach hM ist § 256 AktG nicht analog anwendbar, da der KA weder festgestellt wird noch die Funktionen eines JA (Kapitalerhaltung; Ausschüttungsbemessungsgrundlage) hat; er dient vielmehr reinen Informationszwecken, so dass eine Korrektur in laufender Rechnung für zulässig gehalten werden kann. Ggf sind Vergleichszahlen aus Vorperioden ebenfalls zu berichtigen. Vgl IAS 8.31 f., wonach eine Anpassung der Eröffnungsbuchungen erfolgen soll.

3. Stellungnahme des Unternehmens zum Prüfungsergebnis

48 Die Prüfstelle gibt dem Unt im Fall einer Fehlerfeststellung unter Bestimmung einer angemessenen Frist Gelegenheit zur Äußerung. Ist das Unt mit dem Prüfergebnis nicht einverstanden, wird das Verfahren an die BaFin abgegeben, § 37p Abs 1 S 2 Nr 1 WpHG.

Die Angemessenheit der Frist sollte sich an den Einspruchsfristen der im weitesten Sinne vergleichbaren außergerichtlichen Rechtsbehelfe orientieren; ein Monat erscheint damit in jedem Fall als angemessen. Ein Sonderfall und die Notwendigkeit einer längeren Frist wäre gegeben, wenn die HV über die Annahme der Fehlerkorrektur zu entscheiden hätte; dann wären aufgrund der Einberufungsfristen zwei Monate als Minimum anzusetzen. Indes kann der Meinung nicht zugestimmt werden, nicht nur die Fehlerkorrektur, sondern auch die Fehleranerkennung bedürften zwingend der Mitwirkung der Aktionäre, da in deren Rechtsposition eingegriffen wird (so *Mattheus/Schwab* DB 2004, 1975). Einmal kann es keinen Anspruch der Aktionäre auf einen fehlerhaften JA geben, und der Vorstand ist allein für die Aufstellung des JA verantwortlich, § 264 Abs 1 iVm § 170 Abs 1 AktG; hierzu gehört auch die Fehleranerkennung. Zur Rechtsqualität des *Einvernehmens,* vgl *Müller* ZHR 2004, 414, 421. 49

4. Keine Mitteilung an Dritte

Nur dem Unt wird das Ergebnis der Prüfung mitgeteilt, nicht etwa auch außenstehenden Hinweisgebern oder der Öffentlichkeit. UU könnte eine Mitteilung an Dritte auch einen Verstoß gegen die Verschwiegenheitspflicht der Prüfstellen-Beschäftigten iSd § 342c begründen (s § 342c Anm 2f). Andererseits wird das Unt zu einer ad hoc-Mitteilung verpflichtet sein, insb wenn man von einer ad hoc-Mitteilungspflicht der Einleitung eines Prüfungsverfahrens ausgeht (s Anm 27 und § 342c Anm 3). 51

F. Berichterstattung der Prüfstelle an die BaFin (Abs 6)

I. Mitteilungspflichten der Prüfstelle

Die Berichtspflichten der Prüfstelle gegenüber der BaFin betreffen 52

– die Absicht, eine Prüfung einzuleiten. Dies hat vor Benachrichtigung des betroffenen Unt zu erfolgen. Erst mit Kenntnis des Prüfungsziels kann die BaFin der Prüfstelle gem § 37p Abs 3 WpHG darüber Mitteilung geben, ob die Einleitung des Prüfverfahrens ggf wegen anhängiger aktienrechtlicher Verfahren gesperrt ist (s Anm 30).
– die Weigerung des betroffenen Unt, an einer Prüfung mitzuwirken. Diese Mitteilung ist Voraussetzung, dass die BaFin die Prüfung auf der zweiten Stufe gem § 37p Abs 1 S 2 Nr 1 WpHG an sich zieht und selbst die Prüfung anordnen und ggf auch mit hoheitlichen Mitteln durchsetzen kann.
– das Ergebnis der Prüfung und ob sich das Unt mit dem Prüfungsergebnis einverstanden erklärt hat.

Ist das Unt mit der Fehlerfeststellung einverstanden, ordnet die BaFin die Bekanntmachung des Ergebnisses nach § 37q Abs 2 WpHG an. Das Unt selbst hat den Fehler samt den wesentlichen Teilen der Begr unverzüglich im elektronischen BAnz zu veröffentlichen und in einem der für die Veröffentlichung von ad hoc-Mitteilungen gem § 15 Abs 3 WpHG vorgesehenen Medium. 53

Die Veröffentlichungspflicht kann in Bagatellfällen unterbleiben (die Überlegungen zu Abs 2 S 4 (s Anm 18) gelten entspr) oder auf Antrag des Unt, wenn die Veröffentlichung geeignet ist, dessen berechtigten Interessen zu schaden. Zu einer Veröffentlichung des Fehlers kommt es damit in jedem Fall, unabhängig vom Einverständnis des Unt. 54

55 Wird von der Prüfstelle ein Fehler nicht festgestellt, erfolgt die Mitteilung an die BaFin dennoch. Diese hat dann die Möglichkeit, das Verfahren gem § 37p Abs 1 S 2 Nr 2 WpHG bei erheblichen Zweifeln an der Richtigkeit des Prüfungsergebnisses der Prüfstelle oder an der ordnungsgemäßen Durchführung der Prüfung an sich zu ziehen.

56 Auch eine – vorbehaltlich der Verfahrensordnung der Prüfstelle formlose – Benachrichtigung des Unt hat zu erfolgen; Veröffentlichungspflichten bestehen nach § 342b nicht.

II. Kein Rechtsbehelf

59 Das gesamte Prüfungsverfahren auf der ersten Stufe spielt sich im privatrechtlichen Bereich ab. Es wird weder mit einer förmlichen Entscheidung der Prüfstelle eingeleitet noch abgeschlossen und ist damit auch keinen Rechtsmitteln zugänglich. Das geprüfte Unt kann die Mitteilungen nach S 1 an die BaFin damit nicht blockieren. Erst auf der zweiten Stufe erfolgt die Prüfung durch die BaFin dann im Rahmen eines regulären Verwaltungsverfahrens und kann uneingeschränkt mit Rechtsbehelfen angefochten werden, s §§ 37t, u WpHG; aufschiebende Wirkung haben die Rechtsbehelfe nicht.

G. Unabhängigkeit der Beschäftigten der Prüfstelle und Haftungsbegrenzung (Abs 7)

I. Gewissenhafte und unparteiische Prüfung

60 S 1 normiert die „allgemeinen Berufspflichten“ der Beschäftigten der Prüfstelle in Anlehnung an § 43 Abs 1 WPO. Eine nähere Ausgestaltung hat gem § 9 Abs 5 der Satzung der Prüfstelle in der Verfahrensordnung zu erfolgen; die Regelungen zur Unabhängigkeit orientieren sich an den Befangenheitsgründen des § 319. Weiter ist die Unabhängigkeit der Mitglieder der Prüfstelle durch ihre Weisungsungebundenheit ggü dem Vorstand des DPR e. V. gesichert.

61 Neben diesen generellen Anforderungen ist bei der Zusammensetzung der Prüfungsteams für konkrete Prüfungen (idR unter Einbeziehung externer WP, Abs 1 S 4) auf die Unabhängigkeit jedes einzelnen Teammitglieds im Verhältnis zu dem zu prüfenden Unt zu achten. Aufgrund der Vergleichbarkeit der Situation sollte dabei auf die Grundsätze der §§ 319, 319a zurückgegriffen werden.

II. Haftung der Prüfstelle und ihrer Beschäftigten

62 Die Haftung für durch die Prüfungstätigkeit verursachte Schäden ist auf Vorsatz beschränkt. Im Gesetzgebungsverfahren noch kontrovers diskutiert, hat sich der Gesetzgeber für dieses Haftungsprivileg insb deshalb entschieden, um nicht kompetente Experten an der Mitarbeit bei der Prüfstelle wegen des Haftungsrisikos abzuhalten. Dieses Haftungsrisiko ist offensichtlich: Ein falsches Ergebnis einer Prüfung könnte wegen der damit verbundenen adversen Publizität Schadensersatzansprüche des Unt auslösen.

63 Die verbliebene Vorsatzhaftung muss deliktisch sein, da zum einen mangels Vertragsbeziehung vertragliche Ansprüche und mangels hoheitlichen Handelns öffentlich-rechtliche Ansprüche ohnehin ausgeschlossen sind. Ggü dem Unt

kommt eine Haftung aus §§ 826, 823 Abs 2 BGB iVm § 342b Abs 2, 7 in Betracht. Wegen der fehlenden Drittschutzwirkung des § 342b ist eine Haftung ggü Dritten ausgeschlossen.

Das Haftungsprivileg des Abs 7 muss insb auch bei fehlerhaftem Nichtaufgreifen von Hinweisen und folglich unterlassener Anlassprüfung gem Abs 2 S 3 Nr 1 gelten; anderenfalls wäre die Prüfstelle aus Selbstschutzgründen gezwungen, jedem noch so vagen – offenen oder anonymen – Hinweis auf mögliche Rechnungslegungsfehler nachzugehen, und die Funktionsfähigkeit der dafür personell nicht ausgestatteten Prüfstelle wäre ernsthaft gefährdet. **64**

Die Gesetzesbegr weist zur Rechtfertigung des Haftungsprivilegs zutreffend darauf hin, dass die Unt nicht zur Mitwirkung bei der Prüfung verpflichtet sind und auch das Prüfungsergebnis nicht akzeptieren müssen. Auf der ersten Stufe wird das Verfahren aber nur im Fall des Einverständnisses des Unt mit dem Prüfungsergebnis abgeschlossen (ansonsten wird es an die BaFin abgegeben), so dass es widersprüchlich erscheinen würde, einer (fehlerhaften) Beurteilung durch die Prüfstelle zunächst zuzustimmen, um danach Schadensersatzansprüche geltend zu machen (s BT-Drs 15/3421, 15). **65**

Zur Amtshaftung bei fehlerhafter Bilanzkontrolle, s Anm 18.

H. Anzeigepflicht der Prüfstelle bei Verdachtsmomenten (Abs 8)

Die Prüfstelle hat eine Anzeigepflicht bei Verdacht auf strafbare Handlungen iZm der Rechnungslegung eines Unt ggü den zuständigen Behörden. Hierzu gehört nicht die BaFin (die Mitteilungspflicht ihr ggü ergibt sich aus Abs 6). Auch Verdachtsmomente gegen den AP wegen möglicher Berufspflichtverletzungen müssen angezeigt werden; zuständige Behörde ist auch nach Inkrafttreten des APAG die WPK, deren Entscheidungen unterliegen aber der Fachaufsicht durch die APAK (s Vor 342b Anm 4). **67**

Hauptanwendungsfall für Verfehlungen des AP, die im Rahmen eines Prüfverfahrens aufgedeckt werden, dürfte die Erteilung eines uneingeschränkten Bestätigungsvermerks für einen fehlerhaften JA/Lagebericht/KA/Konzernlagebericht sein. Da der gesetzliche Auftrag der Prüfstelle auf die Suche nach Rechnungslegungsfehlern beschränkt ist, darf sie die Einhaltung der Unabhängigkeitsvorschriften der §§ 319, 319a nicht zum primären Prüfungsgegenstand machen. **68**

§ 342c Verschwiegenheitspflicht

(1) [1]**Die bei der Prüfstelle Beschäftigten sind verpflichtet, über die Geschäfts- und Betriebsgeheimnisse des Unternehmens und die bei ihrer Prüftätigkeit bekannt gewordenen Erkenntnisse über das Unternehmen Verschwiegenheit zu bewahren.** [2]**Dies gilt nicht im Fall von gesetzlich begründeten Mitteilungspflichten.** [3]**Die bei der Prüfstelle Beschäftigten dürfen nicht unbefugt Geschäfts- und Betriebsgeheimnisse verwerten, die sie bei ihrer Tätigkeit erfahren haben.** [4]**Wer vorsätzlich oder fahrlässig diese Pflichten verletzt, ist dem geprüften Unternehmen und, wenn ein verbundenes Unternehmen geschädigt worden ist, auch diesem zum Ersatz des daraus entstehenden Schadens verpflichtet.** [5]**Mehrere Personen haften als Gesamtschuldner.**

(2) [1]**Die Ersatzpflicht von Personen, die fahrlässig gehandelt haben, beschränkt sich für eine Prüfung und die damit im Zusammenhang stehenden Pflichtverletzungen auf den in § 323 Abs. 2 Satz 2 genannten Betrag.** [2]**Dies gilt**

auch, wenn an der Prüfung mehrere Personen beteiligt gewesen oder mehrere zum Ersatz verpflichtende Handlungen begangen worden sind, und ohne Rücksicht darauf, ob andere Beteiligte vorsätzlich gehandelt haben. [3]Sind im Fall des Satzes 1 durch eine zum Schadensersatz verpflichtende Handlung mehrere Unternehmen geschädigt worden, beschränkt sich die Ersatzpflicht insgesamt auf das Zweifache der Höchstgrenze des Satzes 1. [4]Übersteigen in diesem Fall mehrere nach Absatz 1 Satz 4 zu leistende Entschädigungen das Zweifache der Höchstgrenze des Satzes 1, so verringern sich die einzelnen Entschädigungen in dem Verhältnis, in dem ihr Gesamtbetrag zum Zweifachen der Höchstgrenze des Satzes 1 steht.

(3) **[1]Die §§ 93 und 97 der Abgabenordnung gelten nicht für die in Absatz 1 Satz 1 bezeichneten Personen, soweit sie zur Durchführung des § 342b tätig werden. [2]Sie finden Anwendung, soweit die Finanzbehörden die Kenntnisse für die Durchführung eines Verfahrens wegen einer Steuerstraftat sowie eines damit zusammenhängenden Besteuerungsverfahrens benötigen, an deren Verfolgung ein zwingendes öffentliches Interesse besteht, und nicht Tatsachen betroffen sind, die von einer ausländischen Stelle mitgeteilt worden sind, die mit der Prüfung von Rechnungslegungsverstößen betraut ist.**

Übersicht

Schrifttum: s § 342b

A. Allgemein

1 Die Einführung einer Verschwiegenheitspflicht wurde vom Gesetzgeber als unerlässlich angesehen, um das für eine freiwillige Mitwirkung nötige Vertrauen der Unt zu erlangen, aber auch, um die internationale Akzeptanz der Prüfstelle sicherzustellen.

B. Umfang der Verschwiegenheitspflicht; ad hoc-Mitteilungspflicht gem § 15 WpHG (Abs 1)

2 Die Verschwiegenheitspflicht und das Verwertungsverbot sind § 323 Abs 1 nachgebildet und umfassen sämtliche Geschäfts- und Betriebsgeheimnisse des Unt und die bei der Prüfungstätigkeit bekannt gewordenen Erkenntnisse, einschl des von der Prüfstelle gefundenen Prüfungsergebnisses. In der Gesetzesbegr ausdrücklich abgelehnt wird die Ausdehnung der Verschwiegenheitspflicht auf die Tatsache, *dass* eine Prüfung durchgeführt wird.

3 Insoweit wird das Informationsbedürfnis der Öffentlichkeit über ein mögliches Interesse des Unt an einer „lautlosen" Prüfungsdurchführung gestellt (ande-

rerseits besteht **keine Pflicht** der Prüfstelle, die Öffentlichkeit über eine Prüfung zu informieren; anders verhält es sich für das Unt, das möglicherweise nach Abwägung aller Umstände gem § 15 Abs 1, 3 WpHG zu einer ad hoc-Mitteilung verpflichtet sein könnte, da die Einleitung und Durchführung zumindest einer Anlassprüfung iSd § 342b Abs 2 S 3 Nr 1 als potenziell kursrelevante Insiderinformation iSd § 13 WpHG anzusehen sein kann (s § 342b Anm 26); allein die Einleitung des Verfahrens impliziert, dass ein öffentliches Interesse an der Prüfung besteht, arg ex § 342b Abs 2 S 4; s auch *Lenzen/Kleinert* GmbHR 2004, R 050. *Müller* ZHR 2004, 414, 417 stellt für die Mitteilungspflicht auf die Realisierungswahrscheinlichkeit und auf die Wesentlichkeit der Beanstandung ab. Eine erhebliche Auswirkung kann sich wegen der Gut- und Bösgläubigkeit der Aktionäre bei Dividendenausschüttungen der Ges auf Basis eines fehlerhaften (Folge-)JA ergeben: Nur letzterenfalls sind die Aktionäre zur Rückzahlung verpflichtet, § 62 Abs 1 S 2 AktG.

Da auch die BaFin die Bekanntmachung des festgestellten Fehlers (einschl der wesentlichen Teile der Begr der Feststellung) grds anordnen wird (s §§ 342b Abs 6 iVm 37q Abs 2 WpHG), ist der Gesetzesbegr zuzustimmen, soweit es um die Frage der Offenlegung der Prüfungsdurchführung, nicht aber, soweit es um die Offenlegung des Prüfungsergebnisses geht. 4

Abs 1 S 2 bezieht sich insb auf § 342b Abs 6, 8; die Übertragung des Verfahrens an die BaFin sowie allgemein gesetzlich begründete Mitteilungspflichten setzen die Verschwiegenheitspflicht stets außer Kraft. 5

C. Adressaten der Verschwiegenheitspflicht

Normadressaten sind alle bei der Prüfstelle beschäftigten Personen, wobei die Verschwiegenheitspflicht über die Beendigung der Beschäftigung hinaus gilt (insoweit gleiche Situation wie bei den Beschäftigten der BaFin, wenngleich eine dem § 8 Abs 1 S 1 WpHG vergleichbare gesetzliche Regelung fehlt). Ebenfalls verpflichtet sind die Personen, derer sich die Prüfstelle bei der Durchführung ihrer Aufgaben bedient, § 342b Abs 1 S 4, zB externe WP. 6

D. Strafrechtliche Sanktion bei Verstößen

Mit Freiheitsstrafe bis zu einem Jahr oder mit Geldstrafe werden Verstöße gegen die Verschwiegenheitspflicht geahndet, § 333 Abs 1; in qualifizierten Fällen oder bei unbefugter Verwertung von Geschäfts- und Betriebsgeheimnissen reicht das Strafmaß bis zu zwei Jahren Freiheitsstrafe. 7

E. Zivilrechtliche Ersatzpflicht bei Verstößen und Haftungsbegrenzung (Abs 2)

Zur Sicherung der Attraktivität und Versicherbarkeit einer Tätigkeit bei oder für die Prüfstelle und damit zur Sicherung ihrer Funktionsfähigkeit insgesamt hat der Gesetzgeber gegen den Widerstand insb des BR an einer Haftungsbegrenzung bei fahrlässiger Verletzung des Verschwiegenheitsgebots und des Verwertungsverbots festgehalten. 8

Die Regelung lehnt sich in Ausgestaltung und Höchstgrenze an die für AP gem § 323 Abs 2 geltende Haftungsbegrenzung an. Darüber hinaus wird eine 9

Verdoppelung des Haftungshöchstbetrages auf (derzeit) € 8 Mio für „Serienschäden" festgelegt, Abs 2 S 3, ggf mit anteiliger Kürzung und Aufteilung bei mehreren Personen bzw geschädigten Unt.

10 „Personen" iSd Abs 2 sind sowohl natürliche als auch juristische Personen, dh uU auch die Prüfstelle selbst oder von dieser zugezogene WPG.

F. Auskunfts- und Vorlagepflichten nach §§ 93, 97 AO (Abs 3)

11 Abs 3 stellt den Gleichklang mit § 8 Abs 2 WpHG her; die Verschwiegenheitspflicht der Beschäftigten der Prüfstelle gilt auch ggü den Finanzbehörden, soweit sie im Rahmen ihrer Aufgaben nach § 342b tätig werden.

12 S 2 setzt die Verschwiegenheitspflicht allerdings im Rahmen von Steuerstrafverfahren und damit zusammenhängender Besteuerungsverfahren außer Kraft, soweit nicht Tatsachen betroffen sind, die von einer ausländischen Enforcement-Stelle mitgeteilt wurden; hier wird der vertraulichen und vertrauensvollen Zusammenarbeit der Prüfstelle mit zuständigen internationalen Stellen Vorrang eingeräumt, um eine grenzüberschreitende Zusammenarbeit bei der einheitlichen Anwendung von IFRS zu unterstützen.

§ 342d Finanzierung der Prüfstelle

[1]Die Prüfstelle hat über die zur Finanzierung der Erfüllung ihrer Aufgaben erforderlichen Mittel einen Wirtschaftsplan für das Folgejahr im Einvernehmen mit der Bundesanstalt für Finanzdienstleistungsaufsicht aufzustellen. [2]Der Wirtschaftsplan ist dem Bundesministerium der Justiz und dem Bundesministerium der Finanzen zur Genehmigung vorzulegen. [3]Die Bundesanstalt für Finanzdienstleistungsaufsicht schießt der Prüfstelle die dieser nach dem Wirtschaftsplan voraussichtlich entstehenden Kosten aus der gemäß § 17 d Abs. 1 Satz 3 des Finanzdienstleistungsaufsichtsgesetzes eingezogenen Umlagevorauszahlung vor, wobei etwaige Fehlbeträge und nicht eingegangene Beträge nach dem Verhältnis von Wirtschaftsplan zu dem betreffenden Teil des Haushaltsplanes der Bundesanstalt für Finanzdienstleistungsaufsicht anteilig zu berücksichtigen sind. [4]Nach Ende des Haushaltsjahres hat die Prüfstelle ihren Jahresabschluss aufzustellen. [5]Die Entlastung erteilt das zuständige Organ der Prüfstelle mit Zustimmung des Bundesministeriums der Justiz und des Bundesministeriums der Finanzen.

Schrifttum: s § 342b

1 **Anmerkung:** Liquidität wird der Prüfstelle durch die BaFin bereitgestellt, finanziert wird sie tatsächlich von den kapitalmarktorientierten, dh dem Enforcement unterliegenden Unt, §§ 17a–d Finanzdienstleistungsaufsichtsgesetz (FinDAG). Die Art der Finanzierung unterstreicht die Vorschaltfunktion der Prüfstelle im Enforcement-Prozess. Über die (Mindest-)Höhe der Finanzierung enthält das Gesetz keine Regelung. Diese wird aber entscheidend für Funktionsfähigkeit und Qualität der Prüfstelle sowie für ihre Wahrnehmung in der Öffentlichkeit sein. Das Budget für dass erste Gj der Prüfstelle beträgt € 5 Mio. Die Umlegung der Kosten ist in der Bilanzkontrollkosten-Umlageverordnung (BilKoUmV) v 9. 5. 2005 geregelt; der Umlagebetrag beträgt mind € 250 und höchstens € 15 000.

§ 342 e Bußgeldvorschriften

(1) **Ordnungswidrig handelt, wer vorsätzlich oder fahrlässig entgegen § 342 b Abs. 4 Satz 1 der Prüfstelle eine Auskunft nicht richtig oder nicht vollständig erteilt oder eine Unterlage nicht richtig oder nicht vollständig vorlegt.**

(2) **Die Ordnungswidrigkeit kann mit einer Geldbuße bis zu fünfzigtausend Euro geahndet werden.**

(3) **Verwaltungsbehörde im Sinne des § 36 Abs. 1 Nr. 1 des Gesetzes über Ordnungswidrigkeiten ist bei Ordnungswidrigkeiten nach Absatz 1 die Bundesanstalt für Finanzdienstleistungsaufsicht.**

Schrifttum: s § 342 b.

Anmerkung: Die Vorschrift sanktioniert Verstöße gegen die Auskunfts- und Offenlegungspflicht des § 342 b Abs 4. Zur Bußgeldverhängung kann es nur kommen, wenn das Unt zuvor seine Mitwirkungsbereitschaft erklärt hat; andererfalls fehlt es an einer Verpflichtung iSd § 342 b Abs 4 (s § 342 b Anm 35 f). Normadressaten sind die in § 342 b Abs 4 genannten Personen. 1

Einführungsgesetz zum Handelsgesetzbuch (EGHGB)

Zwölfter Abschnitt. Übergangsvorschriften zum Kapitalgesellschaften- und Co-Richtlinie-Gesetz

Art. 48 EGHGB [Anwendungsregelung]

(1) [1]**Die Bestimmungen des Zweiten Abschnitts des Dritten Buchs des Handelsgesetzbuchs in der vom 9. März 2000 an geltenden Fassung sind von offenen Handelsgesellschaften und Kommanditgesellschaften im Sinne des § 264 a des Handelsgesetzbuchs erstmals auf Jahresabschlüsse und Lageberichte sowie auf Konzernabschlüsse und Konzernlageberichte für das nach dem 31. Dezember 1999 beginnende Geschäftsjahr anzuwenden; sie können auf ein früheres Geschäftsjahr angewendet werden, jedoch nur insgesamt.** [2]**§ 264 Abs. 4, §§ 267, 292 a Abs. 1, § 313 Abs. 2 Nr. 4 Satz 2, § 314 Abs. 1 Nr. 6 Buchstabe a Satz 1, § 325 Abs. 1 Satz 1, Abs. 3 Satz 1, § 326 Satz 1, §§ 335 a, 335 b, 339 Abs. 1 Satz 1, Abs. 2, §§ 340 o und 341 o des Handelsgesetzbuchs in der vom 9. März 2000 an geltenden Fassung sind vorbehaltlich des Satzes 1 erstmals auf Jahres- und Konzernabschlüsse für das nach dem 31. Dezember 1998 beginnende Geschäftsjahr anzuwenden.** [3]**§ 335 des Handelsgesetzbuchs in der bis zum 8. März 2000 geltenden Fassung ist letztmals zur Durchsetzung der in Satz 1 dieser Vorschrift bezeichneten Pflichten anzuwenden, soweit sie ein Geschäftsjahr betreffen, das vor dem 1. Januar 1999 begonnen hat.**

(2) [1]**Waren Vermögensgegenstände des Anlagevermögens im Jahresabschluss für das am 31. Dezember 1999 endende oder laufende Geschäftsjahr mit einem niedrigeren Wert angesetzt, als er nach § 240 Abs. 3 und 4, §§ 252, 253 Abs. 1, 2 und 4, §§ 254, 255, 279 und 280 Abs. 1 und 2 des Handelsgesetzbuchs zulässig ist, so darf der niedrigere Wertansatz beibehalten werden.** [2]**§ 253 Abs. 2 des Handelsgesetzbuchs ist in diesen Fällen mit der Maßgabe anzuwenden, dass der niedrigere Wertansatz um planmäßige Abschreibungen entsprechend der voraussichtlichen Restnutzungsdauer zu vermindern ist.**

(3) **Waren Vermögensgegenstände des Umlaufvermögens im Jahresabschluss für das am 31. Dezember 1999 endende oder laufende Geschäftsjahr mit einem**

niedrigeren Wert angesetzt, als er nach §§ 252, 253 Abs. 1, 3 und 4, §§ 254, 255 Abs. 1 und 2, §§ 256, 279 Abs. 1 Satz 1, Abs. 2, § 280 Abs. 1 und 2 des Handelsgesetzbuchs zulässig ist, so darf der niedrigere Wertansatz insoweit beibehalten werden, als er aus den Gründen des § 253 Abs. 3, §§ 254, 279 Abs. 2, § 280 Abs. 2 des Handelsgesetzbuchs angesetzt worden ist.

(4) [1] **Ändern sich bei der erstmaligen Anwendung der durch die Artikel 1 und 5 des Kapitalgesellschaften- und Co-Richtlinie-Gesetzes geänderten Vorschriften auf eine Personenhandelsgesellschaft im Sinne des § 264a des Handelsgesetzbuchs die bisherige Form der Darstellung oder die bisher angewandten Bewertungsmethoden, so sind § 252 Abs. 1 Nr. 6, § 265 Abs. 1, § 284 Abs. 2 Nr. 3 des Handelsgesetzbuchs bei der erstmaligen Aufstellung eines Jahresabschlusses nach den geänderten Vorschriften nicht anzuwenden.** [2] **Außerdem brauchen die Vorjahreszahlen bei der erstmaligen Anwendung nicht angegeben zu werden.**

(5) [1] **Sind bei der erstmaligen Anwendung des § 268 Abs. 2 des Handelsgesetzbuchs über die Darstellung der Entwicklung des Anlagevermögens die Anschaffungs- oder Herstellungskosten eines Vermögensgegenstandes des Anlagevermögens nicht ohne unverhältnismäßige Kosten oder Verzögerungen feststellbar, so dürfen die Buchwerte dieser Vermögensgegenstände aus dem Jahresabschluss des vorhergehenden Geschäftsjahrs als ursprüngliche Anschaffungs- oder Herstellungskosten übernommen und fortgeführt werden.** [2] **Satz 1 darf entsprechend auf die Darstellung des Postens „Aufwendungen für die Ingangsetzung und Erweiterung des Geschäftsbetriebs" angewendet werden.** [3] **Die Anwendung der Sätze 1 und 2 ist im Anhang anzugeben.** [4] **Die Sätze 1 und 2 sind nicht anzuwenden, soweit aus Gründen des Steuerrechts die Anschaffungs- oder Herstellungskosten ermittelt werden müssen.**

(6) **Personenhandelsgesellschaften im Sinne des § 264a des Handelsgesetzbuchs haben bei Anwendung des Artikels 28 Abs. 1 die in Artikel 28 Abs. 2 vorgeschriebenen Angaben erstmals für das nach dem 31. Dezember 1999 beginnende Geschäftsjahr zu machen.**

Übersicht

Schrifttum: Siehe § 264a.

A. Verbliebener Anwendungsbereich der Abs 2–6

1 Die Regelungen des Abs 2–6 betreffen nach ihrem Wortlaut den Übergang für die Bilanzierung von PersGes zu KapCoGes zum Zeitpunkt der Einführung der Regeln für KapCoGes in das HGB (Gj 2000 bzw bei abw Gj 2000/2001). Sie sind uE analog auch zu späteren Zeitpunkten anwendbar, wenn eine reine PersGes, zB durch Gester-Wechsel, erstmals sachlich in den Anwendungsbereich des § 264a fällt (im Ergebnis ebenso *HFA 1/1996* für den vergleichbaren Fall des Formwechsels von PersGes in KapGes). Sie sind dagegen nicht anzuwenden, wenn eine KapGes durch Formwechsel zu einer KapCoGes wird, denn

dadurch ändern sich für die Ges – abgesehen von der Darstellung des EK – die anzuwendenden Bilanzierungsvorschriften nicht.

B. Wertbeibehaltungswahlrecht für Anlagevermögen (Abs 2)

Zur analogen Anwendung der Regelung auf den Fall, dass eine PersGes, zB durch Gester-Wechsel, erstmals in den sachlichen Anwendungsbereich des § 264a fällt, siehe Anm 1. **4**

Die Regelung gestattet OHG und KG iSd § 264a (nach dem Wortlaut auch KapGes, doch nach dem Sinn und Kontext der Regel sind diese nicht berechtigt) nach §§ 252–256 zulässige Wertansätze für das Anlagevermögen, die am Ende des letzten Gj vor dem Übergang auf die für KapCoGes geltenden Bewertungsvorschriften bilanziert waren (Übergangsstichtag), beizubehalten, auch wenn diese nach den für KapCoGes geltenden Bewertungsvorschriften an einem künftigen Bilanzstichtag (nicht nur dem ersten Bilanzstichtag nach Übergang auf die für KapCoGes geltenden Vorschriften) zu niedrig sind. Handelt es sich dabei um abnutzbares Anlagevermögen, ist der niedrigere Wert planmäßig über die voraussichtliche Restnutzungsdauer abzuschreiben. Dies bedeutet idR, dass der bisherige Abschreibungsplan fortgeführt wird. **5**

Die Regelung gestattet zum einen die Fortführung von Wertansätzen, die bereits zum Übergangsstichtag nach dem für KapCoGes geltenden Vorschriften zu niedrig sind. Derartige **niedrigere Wertansätze** können auf folgenden **Ursachen** beruhen: **6**

- nach § 280 Abs 1 notwendige Zuschreibungen auf Grund von Wertaufholungen wurden unterlassen; von dem bisher anwendbaren Wahlrecht nach § 253 Abs 5 wurde insoweit Gebrauch gemacht,
- nach § 253 Abs 2 S 3 wurden außerplanmäßige Abschreibungen bei nur vorübergehender Wertminderung auf VG des Anlagevermögens, die nicht Finanzanlagen sind, vorgenommen und/oder nach § 253 Abs 5 beibehalten, die nach § 279 Abs 1 S 2 nach dem Übergang nicht mehr zulässig sind,
- nach § 253 Abs 4 wurden zusätzliche Abschreibungen nach vernünftiger kfm Beurteilung vorgenommen und/oder nach § 253 Abs 5 beibehalten, die nach § 279 Abs 1 S 1 nach dem Übergang nicht vorgenommen werden dürfen oder
- nach § 254 wurde Anlagevermögen auf einen nur steuerrechtlich zulässigen Wertansatz abgeschrieben, obwohl dies nicht notwendig war, um den steuerrechtlichen Wertansatz vornehmen zu können, was nach § 279 Abs 2 nach dem Übergang nicht mehr zulässig ist.

Darüber hinaus befreit die Regelung für den gesamten am Übergangsstichtag vorhandenen Bestand des Anlagevermögens vom **Wertaufholungsgebot** nach § 280 Abs 1 für außerplanmäßige Abschreibungen, die *bis zum* Übergangsstichtag vorgenommen wurden (ebenso *ADS*[5] zum wortgleichen Art 24 Abs 1 EGHGB Anm 31). Diese Suspendierung gilt auch für Werterholungen, die erst *nach* dem Übergangsstichtag eintreten. Nach aA sind Werterholungen, die nach dem Übergangstichtag eintreten, durch Abs 2 nicht vom Wertaufholungsgebot nach § 280 Abs 1 ausgenommen (so *ADS*[6] (ErgBd) Art 48 EGHGB Anm 43). Diese Auffassung würde für die Inanspruchnahme des Beibehaltungswahlrechts voraussetzen, dass zum Übergangsstichtag festgestellt wird, in welchem Umfang bei außerplanmäßig abgeschriebenen VG bereits eine Werterholung eingetreten ist. **7**

Nach der *Regierungsbegr* zu der wortgleichen Regelung in Art 24 EGHGB (Übergang auf das BiRiLiG 1987; die Regierungsbegr zu Art 48 EGHGB verweist auf das Vorbild des Art 24 EGHGB), dient die Regelung überwiegend der Vereinfachung. Es soll ermöglicht werden, darauf zu verzichten, alle bisherigen Wertansätze daraufhin zu prüfen, ob sie den neuen Regelungen entsprechen (RegBegr zu Art 24 EGHGB in *BoHdR* Art 24 EGHGB, 3). Obwohl das Vereinfachungserfordernis beim Übergang vom Recht für alle Kfl auf das Recht für KapCoGes für die betroffenen OHG und KG weniger ausgeprägt sein mag als beim damaligen Übergang auf die neuen Regeln des BiRiLiG, ist uE der Sinn der Regelung auch weiterhin die Vereinfachung des Übergangs. Diesem Vereinfachungszweck würde eine Auslegung, nach der für jeden VG geprüft werden müsste, inwieweit die Wertansätze am Übergangsstichtag unter den nach dem Recht für KapCoGes zulässigen Werten liegen, entgegenlaufen. Im Hinblick auf den Vereinfachungszweck der Regelung gilt die Suspendierung des Wertaufholungsgebots auch dann, wenn der VG am Übergangsstichtag ggü den neuen Vorschriften nicht unterbewertet war, also eine Werterholung bis zu diesem Zeitpunkt nicht eingetreten war (s dazu auch das Beispiel in Anm 8).

Das steuerrechtliche Wertaufholungsgebot nach § 6 Abs 1 Nr 1 S 4 und Nr 2 S 3 EStG bleibt von dem handelsrechtlichen Beibehaltungswahlrecht nach Abs 2 unberührt.

8 Werden auf einen zum Alt-Bestand gehörenden VG des Anlagevermögens *nach* dem Übergangsstichtag weitere außerplanmäßige Abschreibungen vorgenommen, und tritt später insoweit eine Werterholung ein, ist diese Wertaufholung verpflichtend vorzunehmen.

Beispiel: Ein (nicht abnutzbarer) VG hatte AK von € 200 und wurde bis zum 31. 12. x1 (Übergangsstichtag) nach bisherigem Recht auf € 100 abgeschrieben. Dies entsprach auch nach dem Recht für KapCoGes dem anzusetzenden Wert am 31. 12. x1. In x2 (die PersGes wird durch Änderung der Gester KapCoGes) ist eine weitere außerplanmäßige Abschreibung auf € 50 erforderlich. In x9 tritt eine Werterholung auf € 150 ein. Das Wahlrecht nach Abs 2 gestattet, den VG nur auf € 100, den Wert zum 31. 12. x1, zuzuschreiben. Würde es sich um einen abnutzbaren VG handeln, wäre nur eine Zuschreibung auf den Wert geboten, der sich bei planmäßiger Abschreibung des Werts zum 31. 12. x1 über die Restnutzungsdauer zum 31. 12. x9 ergibt.

9 Nach dem Wortlaut würde die Regelung auch die Beibehaltung eines niedrigeren Werts gestatten, wenn auf einen VG des Anlagevermögens, der bereits am Übergangsstichtag bilanziert war, nach dem Übergangsstichtag **nachträgliche Anschaffungs-/Herstellungskosten** anfallen. Dies ist jedoch uE nicht zulässig, da dies nicht durch den Vereinfachungszweck der Regelung abgedeckt wäre. Die zusätzlichen AK/HK sind zu aktivieren.

10 Der Vereinfachungszweck der Regelung legt es nahe, die Methode auf den gesamten Bestand des Anlagevermögens zum Übergangszeitpunkt anzuwenden. Dennoch ist es nach dem Wortlaut zulässig, von dem Wahlrecht nur **teilweise Gebrauch** zu machen, indem es nur auf einen Teil oder einzelne der betroffenen VG angewandt wird (ebenso *ADS*[6] (ErgBd) Art 48 EGHGB Anm 47).

11 Nicht zulässig ist es hingegen, die Regelung in der Weise teilweise anzuwenden, dass für betroffene VG **Zwischenwerte** zwischen dem (fortgeführten) niedrigen Ansatz zum Übergangszeitpunkt nach bisherigem Recht und dem am jeweiligen Bilanzstichtag höheren Wert nach dem Recht für KapCoGes anzusetzen (ebenso *ADS*[6] (ErgBd) Art 48 EGHGB Anm 45).

12 Das Beibehaltungswahlrecht nach Abs 2 ist eine **Bewertungsmethode** iSd § 284 Abs 2 Nr 1. Wird von dem Wahlrecht Gebrauch gemacht, ist dies in jedem Anhang anzugeben, solange betroffene VG noch vorhanden sind und ihr Restbuchwert nicht unwesentlich ist. Wird das Wahlrecht nicht generell angewandt, sondern nur bei Teilen der betroffenen VG, muss der Umfang der Anwendung verdeutlicht werden.

13 An den Umfang der Inanspruchnahme des Wahlrechts im ersten Abschluss nach dem Übergangsstichtag ist die Ges im Rahmen der **Bewertungsstetigkeit** nach § 252 Abs 1 Nr 6 künftig gebunden. Bei Stetigkeitsdurchbrechungen, die in begründeten Ausnahmefällen nach § 252 Abs 2 zulässig sind, sind die Anhangangaben zur Begründung der Methodenänderung und zur Darstellung des Einflusses auf die VFE-Lage nach § 284 Abs 1 Nr 3 zu beachten.

14 Für Anlagevermögen, das bereits zum Zeitpunkt des Übergangs auf das BiRiLiG (31. 12. 1986) vorhanden war, können die Wertansätze zum damaligen Übergangsstichtag nach Art 24 Abs 1 EGHGB weiterhin fortgeführt werden.

Zur Anwendung der Regelung auf KA siehe Anm 61 f.

C. Wertbeibehaltungswahlrecht für Umlaufvermögen (Abs 3)

19 Zur analogen Anwendung der Regelung auf den Fall, dass eine PersGes, zB durch Gester-Wechsel, erstmals in den sachlichen Anwendungsbereich des § 264a fällt, siehe Anm 1.

20 Die Regelung nach Abs 3 enthält für die im letzten JA nach bisherigem Recht (Übergangsstichtag) bilanzierten VG des Umlaufvermögens ein Wertbeibehaltungswahlrecht. Ggü der Regelung nach Abs 2 für das Anlagevermögen besteht nach Abs 3 für das Umlaufvermögen jedoch eine wesentliche Einschränkung. Das Beibehaltungswahlrecht besteht nur, soweit der niedrigere Wertansatz zum Übergangsstichtag auf einer Abschreibung nach

- § 253 Abs 3 (niedrigerer Wert am Stichtag oder wegen zukünftiger Abwertungen),
- §§ 254, 279 Abs 2 (Abwertung auf einen nur steuerrechtlich zulässigen niedrigeren Wert, wenn umgekehrte Maßgeblichkeit besteht) oder
- § 280 Abs 2 (Unterlassung der Wertaufholung im Hinblick auf eine umgekehrte Maßgeblichkeit)

beruht. Beruhte der Wertansatz am Übergangsstichtag dagegen auf einer Abschreibung nach § 253 Abs 4 (zusätzliche Abschreibung nach vernünftiger kfm Beurteilung) oder auf der Beibehaltung eines niedrigeren Werts nach § 253 Abs 5 ohne dass eine umgekehrte Maßgeblichkeit vorlag, dürfen die Werte insoweit nicht beibehalten werden.

21 Durch die Ausklammerung der Abschreibung nach § 253 Abs 4 (zusätzliche Abschreibung nach vernünftiger kfm Beurteilung) aus den zulässigen Gründen für eine Beibehaltung des Wertansatzes zum Übergangsstichtag, verfehlt die Regelung den Vereinfachungszweck (s dazu Anm 7), den sie nach Art 24 Abs 2 EGHGB (hier war § 253 Abs 4 eingeschlossen) hatte. Da jede Unterbewertung ggü der Bewertung nach den Regeln für KapCoGes am Übergangsstichtag, als Unterbewertung nach § 253 Abs 4 gedeutet werden kann, auch wenn sie tatsächlich zB auf einer Wertbeibehaltung nach § 253 Abs 5 beruhte, erlaubte Art 24 Abs 2 EGHGB de facto uneingeschränkt die Beibehaltung aller am Übergangsstichtag vorliegenden Bewertungen des Bestands des Umlaufvermögens. Abs 3 hingegen erlaubt nur die Beibehaltung von Bewertungen, die am Übergangsstichtag auch nach dem Recht für KapCoGes zulässig gewesen wären. Die Inanspruchnahme des Wahlrechts setzt daher voraus, dass die am Übergangsstichtag nach dem Recht für KapCoGes zulässigen Bewertungen festgestellt werden, wodurch der angestrebte Vereinfachungseffekt verfehlt wird. Da-

durch ist die Regelung auch insofern kaum verständlich, als sie nicht gestattet, am Übergangsstichtag ggü dem Recht für KapCoGes bestehende Unterbewertungen beizubehalten, sondern nur künftig bei Werterholungen nach dem Übergangsstichtag eine Unterbewertung ggü dem für KapCoGes geltenden Recht zu schaffen.

Beispiel: Ein VG des Umlaufvermögens hatte AK von € 200 und war x1 auf Grund eines niedrigeren beizulegenden Wertes auf € 100 abgeschrieben worden. Zum 31. 12. x2 (Übergangsstichtag) war zwar eine Werterholung auf € 120 eingetreten, der Wertansatz wurde jedoch auf Grund des Wertbeibehaltungswahlrechts nach § 253 Abs 5, trotz fehlender umgekehrter Maßgeblichkeit (steuerrechtlich musste zugeschrieben werden), beibehalten. In x3 wird die Ges aufgrund eines Wechsels der Gester KapCoGes. Am 31. 12. x3 hat sich der Wert auf € 180 weiter erholt. Da der Wertansatz zum 31. 12. x2 nur bis € 120 auf § 253 Abs 3, der niedrigere Wert von € 100 dagegen auf § 253 Abs 5 beruhte, gestattet die Übergangsregelung nur den Wert von € 120 beizubehalten.

22 Wenn die Absicht des Gesetzgebers mit der Streichung des § 253 Abs 4 in Art 48 Abs 3 EGHGB ggü Art 24 Abs 2 EGHGB nur darin bestand, die Fortführung von Unterbewertungen, die auf Grund dieser Vorschrift entstanden sind, zu unterbinden, die Fortführung von Unterbewertungen auf Grund des Wertbeibehaltungswahlrechts in Bezug auf Abschreibungen auf niedrigere beizulegende Werte unabhängig von einer umgekehrten Maßgeblichkeit aber zuzulassen, hätte er § 253 Abs 5 mit Einschränkungen, statt § 280 Abs 2 bei der Liste der zulässigen Ansätze zitieren müssen. Die Gesetzesmaterialien geben jedoch keinen Aufschluss über die genauen Absichten des Gesetzgebers, die mit der Streichung des § 253 Abs 4 verfolgt werden sollten. Für eine vom Wortlaut abw Auslegung der Vorschrift bestehen daher uE keine ausreichenden Anhaltspunkte.

23 Für die sonstige Anwendung der Regelung gelten die Anm 8–15 sinngemäß. Für VG des Umlaufvermögens, die bereits am Übergangsstichtag zum BiRiLiG vorhanden waren, gilt Art 24 Abs 2 EGHGB auch weiterhin. Zur Anwendung der Regelung auf KA siehe Anm 60 f.

D. Stetigkeit und Vorjahreszahlen im Übergangsjahr (Abs 4)

29 Zur analogen Anwendung der Regelung auf den Fall, dass eine PersGes, zB durch Gester-Wechsel, erstmals in den sachlichen Anwendungsbereich des § 264 a fällt, siehe Anm 1.

30 Das Gebot der Bewertungsstetigkeit nach § 252 Abs 1 Nr 6, die entspr Angabepflichten für den Fall einer Änderung von Bilanzierungs- und Bewertungsmethoden nach § 284 Abs 2 Nr 3, das Gebot der Darstellungsstetigkeit nebst Angabepflichten für den Fall der Durchbrechung der Darstellungsstetigkeit nach § 265 Abs 1 und die Verpflichtung zur Angabe von Vj-Zahlen nach § 265 Abs 2 sind für den ersten JA einer KapCoGes nach dem Recht für KapCoGes suspendiert.

31 Im Hinblick auf die Gestattung im Übergangsjahr die **Bewertungsstetigkeit** zu durchbrechen, stellt sich die Frage, ob damit nur solche Durchbrechungen der Bewertungsstetigkeit gemeint sind, die durch den Übergang auf die Regeln für KapCoGes erzwungen werden, oder ob auch andere Durchbrechungen der Bewertungsstetigkeit durch diese Regelung, ohne Berücksichtigung der dafür ansonten geltenden Restriktionen (begründeter Ausnahmefall), gestattet werden sollten. Der Wortlaut der Regelung wäre klar auf die Bewertungsänderungen

beschränkt, die durch die neue Regelung ausgelöst werden, wenn statt der Formulierung „Ändert sich *bei* der erstmaligen Anwendung (der geänderten Vorschriften) …" die Formulierung „… *durch* die erstmalige Anwendung …" verwandt worden wäre. Die gewählte Formulierung „bei" lässt sich jedoch auch iSv „anlässlich" verstehen.

Für die gleich lautende Regelung in Art 24 Abs 5 EGHGB, die aus Anlass des Übergangs zum BiRiLiG gegolten hat, bestand die Auffassung, dass die Regelung auch die sonstigen Methodenwechsel betrifft (*ADS*[5] Art 24 EGHGB Anm 174). UE ist diese weitere Auslegung auch für die jetzige Regelung zutreffend (aA *ADS*[6] (ErgBd) Art 48 EGHGB Anm 56, die im Hinblick darauf, dass das Gebot der Bewertungsstetigkeit auch vor dem KapCoRiLiG bereits für OHG und KG galt, die engere Auslegung befürworten). In der engeren Auslegung wäre die Regelung in Bezug auf das Gebot der Bewertungsstetigkeit fast überflüssig, denn es ist offensichtlich, dass an künftig nicht mehr zulässigen Bewertungsmethoden nicht mit Hinweis auf das Gebot der Bewertungsstetigkeit festzuhalten ist. Mit der Änderung des Rechnungslegungsstatus der Ges läge auf jeden Fall ein begründeter Ausnahmefall für den Wechsel der Bewertungsmethode iSd § 252 Abs 2 vor.

Nur in Bezug auf die Wertbeibehaltungswahlrechte nach Abs 2 und 3 hätte die Regelung insofern Bedeutung, als ohne sie, OHG oder KG, die bisher das Wertbeibehaltungswahlrecht nach § 253 Abs 5 genutzt haben, ansonsten im Hinblick auf das Stetigkeitsgebot „gezwungen" wären, von den Wertbeibehaltungswahlrechten nach Abs 2 und 3 Gebrauch zu machen. Der Übergang in die Offenlegungspflicht ist uE für KapCoGes ein **begründeter Ausnahmefall** iSd § 252 Abs 2, die anzuwendenden Bewertungsmethoden neu zu wählen. Würde man in der engeren Auslegung der Vorschrift, für die bilanzpolitisch motivierten Bewertungsänderungen, die nicht durch die erstmalige Anwendung der Regeln für KapCoGes erzwungen sind, die Angaben zu den Auswirkungen des Methodenwechsels auf die Darstellung der VFE-Lage nach § 284 Abs 2 Nr 3 verlangen, wären deren Aussagekraft im Hinblick darauf, dass die Auswirkungen der ggf durch die Erstanwendung von §§ 273, 279 und 280 „erzwungenen" Bewertungsänderungen nicht anzugeben sind, und insb dann, wenn keine Vj-Zahlen angegeben werden, äußerst eingeschränkt. Auch dies spricht für die weitere Auslegung der Regelung.

Die Zulässigkeit auf die Angabe von **Vorjahreszahlen** im Übergangsjahr zu 32
verzichten, ist im Hinblick auf die Prüfungs-, aber vor allem die Offenlegungspflicht der Abschlüsse von Bedeutung. Es wird dadurch erreicht, dass es nicht mittelbar über die Verpflichtung zur Angabe von Vj-Zahlen zu einer Offenlegungspflicht für Zahlen zu einem Gj vor erstmaliger Geltung der Regelungen für KapCoGes für die Ges kommt.

Gibt die KapCoGes im Übergangsjahr freiwillig Vj-Zahlen an, muss für den 33
Fall, dass diese nicht mit den Zahlen des laufenden Gj vergleichbar sind, dies nach § 265 Abs 2 im Anhang angegeben und erläutert werden. Wenn die Vergleichbarkeit der Beträge durch vorgenommene Bewertungsänderungen beeinträchtigt ist, muss darauf hingewiesen werden. Sollte die Beeinträchtigung des JA durch die fehlende Vergleichbarkeit der Beträge so erheblich sein, dass er kein den tatsächlichen Verhältnissen entspr Bild der VFE-Lage mehr vermittelt, sind nach § 264 Abs 2 S 2 zusätzliche Angaben im Anhang erforderlich.

E. Erleichterung für den Anlagespiegel (Abs 5)

40 Zur analogen Anwendung der Regelung auf den Fall, dass eine PersGes, zB durch Gester-Wechsel, erstmals in den sachlichen Anwendungsbereich des § 264a fällt, siehe Anm 1.

Die Regelung darf auch analog angewendet werden, wenn eine nach § 267 Abs 1 *kleine* KapGes oder KapCoGes *mittelgroß* oder *groß* wird und erstmals einen Anlagespiegel aufstellt. Bisher hat man im Fall der KapGes die analoge Anwendung von Art 24 Abs 6 befürwortet (vgl *ADS* § 274a HGB, Anm 7). Art 48 Abs 5 ist wortgleich zu Art 24 Abs 6, enthält jedoch einen zusätzlichen S 4, der die Anwendung der Regelung untersagt, wenn die AHK aus Gründen des Steuerrechts ermittelt werden müssen. Diese Einschränkung wird bei analoger Anwendung der Regelung nicht nur für KapCoGes, sondern auch für KapGes gelten.

41 Die von § 264a erfassten OHG und KG (ausgenommen jene, die bereits bisher nach § 5 PublG zur Anwendung von § 268 Abs 2 verpflichtet waren) sind beim Übergang auf die Regelungen für KapCoGes erstmals verpflichtet, einen Anlagespiegel nach § 268 Abs 2 zu erstellen, es sei denn, sie sind als kleine Ges nach § 274a Nr 1 davon befreit. Für den Anlagespiegel ist es erforderlich, für den gesamten Bestand des Anlagevermögens (einschließlich bereits vollständig abgeschriebener, aber noch nicht abgegangener Anlagen), die historischen AK/HK und die zwischenzeitlich vorgenommenen Abschreibungen zu ermitteln. Die Regelung des Abs 5 gestattet für die KapCoGes, die erstmals einen derartigen Anlagespiegel aufzustellen haben, für den Fall, dass bei einem VG die Ermittlung der AK/HK mit unverhältnismäßig hohen Kosten oder Verzögerungen verbunden ist, als AK den Buchwert dieses VG aus dem letzten JA vor der erstmaligen Anwendung des § 268 Abs 2 zu verwenden.

42 Die Anwendung dieser Erleichterung wird in Abs 5 S 4 eingeschränkt. Von der Regelung darf kein Gebrauch gemacht werden, soweit die AK/HK aus Gründen des Steuerrechts ermittelt werden müssen. Im Hinblick auf das steuerrechtliche Wertaufholungsgebot müssen für jeden noch nicht planmäßig auf Null abgeschriebenen VG, die AK/HK (abzüglich planmäßiger Abschreibung) vorgehalten werden. Dadurch ist der Anwendungsbereich der Regelung im Grunde auf Anlagevermögen beschränkt, das bereits vollständig planmäßig abgeschrieben ist.

43 Die Erleichterung gilt auch für aktivierte Aufwendungen der Ingangsetzung oder Erweiterung des Geschäftsbetriebs. Allerdings ist im Hinblick auf die kurze Abschreibungsdauer von höchstens 5 Jahren (§ 282) kaum vorstellbar, dass die Ermittlung des ursprünglichen Zugangswerts dieser Bilanzierungshilfe mit unverhältnismäßigen Kosten oder Verzögerungen verbunden sein könnte. Für die Bilanzierungshilfe gilt eine Abgangsfiktion bei Eintritt der Vollabschreibung (s § 268 Anm 21).

44 Wird von der Erleichterung zunächst Gebrauch gemacht, zu einem späteren Zeitpunkt aber die zutreffenden Zugangswerte ermittelt, dürfen diese nachträglich im Anlagespiegel erfasst werden. Diese nachträglichen Erhöhungen der Zugangswerte und kumulierten Abschreibungen dürfen ohne Berührung der Bewegungsspalten des Anlagespiegels in die Bestandsspalten übernommen werden. Die Ursache und Höhe dieser Veränderungen im Anlagespiegel sind im Anhang zu erläutern (§ 284 Abs 2 Nr 3).

45 Über die Inanspruchnahme der Erleichterung ist im Anhang zu berichten. Obwohl die Auswirkungen dieser Erleichterung den Anlagespiegel so lange berühren, solange das betroffene Anlagevermögen nicht abgegangen ist, genügt im

Hinblick auf den ohnehin geringen Informationswert der Angabe, wenn darüber im Jahr der erstmaligen Aufstellung des Anlagespiegels berichtet wird (im Ergebnis ebenso *ADS*[6] (ErgBd) Art 48 EGHGB Anm 70).

F. Fehlbetragsangabe für Pensionsrückstellungen (Abs 6)

Zur analogen Anwendung der Regelung auf den Fall, dass eine PersGes, zB durch Gester-Wechsel, erstmals in den sachlichen Anwendungsbereich des § 264a fällt, siehe Anm 1. **50**

Wenn OHG oder KG, die erstmals von § 264a erfasst sind, bisher von dem Wahlrecht nach Art 28 Abs 1 EGHGB Gebrauch gemacht haben, für unmittelbare Pensionsverpflichtungen, die vor dem 1. 1. 1987 begründet wurden, oder für mittelbare Pensionsverpflichtungen keine Rückstellungen anzusetzen, und dieses Wahlrecht weiter in Anspruch nehmen, müssen sie nach Abs 6 die entspr Fehlbetragsangabe nach Art 28 Abs 2 EGHGB in den Anhang bzw in den Konzernanhang aufnehmen. **51**

Soweit die KapCoGes bisher das Wahlrecht nicht in Anspruch genommen und die entspr Rückstellungen angesetzt hat, ist sie auch anlässlich des Übergangs auf die Regelungen für KapCoGes nicht berechtigt, nachträglich das Wahlrecht in Anspruch zu nehmen, denn Rückstellungen dürfen nach § 249 Abs 3 S 2 nur aufgelöst werden, wenn der Grund dafür entfallen ist. **52**

G. Anwendung auf Konzernabschlüsse

Zur analogen Anwendung der Regelung auf den Fall, dass eine PersGes, zB durch Gester-Wechsel erstmals in den sachlichen Anwendungsbereich des § 264a fällt, siehe Anm 1. **60**

Wertansätze einer KapCoGes, die auf den **Wertbeibehaltungswahlrechten** nach Abs 2 und 3 beruhen, dürfen auch in den KA der KapCoGes übernommen werden. Art 48 (und auch Art 24 EGHGB) ist eine für die Rechtsform eines in den KA einbezogenen Unt mit Sitz im Geltungsbereich des HGB geltende Vorschrift iSd § 298 Abs 1. Außerdem sind die Beibehaltungswahlrechte nach Abs 2 und 3 auf den JA des MU anwendbare Bewertungsmethoden iSd § 308 Abs 1 (s § 308 Anm 4). Nach § 308 Abs 1 könnte dies grds auch bedeuten, dass diese Beibehaltungswahlrechte im KA der KapCoGes auch auf Wertansätze von VG aus TU in der Rechtsform von KapGes angewandt werden darf. Dies setzt jedoch entweder voraus, dass es zuvor einen KA der OHG oder KG gegeben hat, oder dass die zu übernehmenden VG mit den Buchwerten aus dem JA des TU in den KA zu übernehmen sind (also keine Umbewertungen im Konzern etwa auf Grund aufgedeckter Reserven oder auf Grund einer Zwischenergebniseliminierung bestehen). Nur in diesen Fällen ist als beizubehaltender Wert entweder der letzte Konzernbuchwert in „alter Rechnung" oder ein Wert aus dem letzten JA des TU, der für die Bewertung im KA relevant ist, am Übergangsstichtag vorhanden. **61**

In den **KA einer Kapitalgesellschaft** dürfen Bewertungen von TU in der Rechtsform der KapCoGes, die auf der Inanspruchnahme des Wahlrechts nach Abs 2 und 3 beruhen, nicht übernommen werden, denn Abs 2 und 3 sind (anders als Art 24 Abs 1 und 2 EGHGB) keine auf den JA der KapGes anwendbare Bewertungsmethoden iSd § 308 Abs 1 (s Anm 61). **62**

Die Regelungen zur **Stetigkeit** und zu den **Vorjahreszahlen** (Abs 4) und zu den Erleichterungen für den **Anlagespiegel** (Abs 5) sind für die Rechtsform der **63** in den KA einbezogenen Unt mit Sitz im Geltungsbereich des HGB geltende Vorschriften iSd § 298 Abs 1 und dürfen daher entspr im KA angewandt werden. Insb die Regelungen zur Stetigkeit und zu den Vj-Zahlen (Abs 4) spielen dabei nur dann eine Rolle, wenn die KapCoGes beim Übergang auf die Regeln für KapCoGes nicht erstmals einen (Pflicht-)KA aufstellt. Fraglich ist dabei, ob bei einer Durchbrechung der Bewertungsstetigkeit im KA die Anhangangaben zur Erl der Gründe und der Auswirkungen auf die VFE-Lage des Konzerns nach § 313 Abs 1 Nr 3 entfallen dürfen, wie dies für den JA durch Abs 4 mit Bezug auf § 284 Abs 2 Nr 3 geregelt ist. UE ist die Regelung analog auf den KA anzuwenden. Es wäre kaum verständlich, dass im JA über die Auswirkungen von Bewertungsänderungen nicht berichtet werden muss, während dies im KA zu erfolgen hätte.

64 Die Regelung nach Abs 6 zur **Angabe der Fehlbeträge für Pensionsrückstellungen** nach Art 28 Abs 2 EGHGB gilt auch für den KA einer KapCoGes, denn in Art 28 Abs 2 EGHGB wird der KA explizit genannt.

Siebzehnter Abschnitt. Übergangsvorschriften zum Altfahrzeug-Gesetz

Art. 53 EGHGB [Anwendungsregelung]

(1) **Für Verpflichtungen zur Rücknahme und Verwertung von Altfahrzeugen nach den §§ 3 bis 5 der Altfahrzeug-Verordnung in der Fassung der Bekanntmachung vom 21. Juni 2002 (BGBl. I S. 2214) sind Rückstellungen hinsichtlich der bis zum jeweiligen Abschlussstichtag in Verkehr gebrachten Fahrzeuge erstmals im Jahresabschluss für das nach dem 26. April 2002 endende Geschäftsjahr zu bilden.**

(2) [1] **Soweit sich die in Absatz 1 genannten Verpflichtungen auf Fahrzeuge beziehen, die vor dem 1. Juli 2002 in Verkehr gebracht wurden, darf als Bilanzierungshilfe jeweils der Unterschiedsbetrag zwischen den hierfür nach Absatz 1 anzusetzenden Rückstellungen und dem Rückstellungsbetrag aktiviert werden, der sich bei Ansammlung dieser Rückstellungen in gleichmäßig bemessenen Jahresraten ergäbe.** [2] **Dabei ist ein Ansammlungszeitraum zugrunde zu legen, der mit dem in Absatz 1 bezeichneten Geschäftsjahr beginnt und mit dem letzten vor dem 1. Januar 2007 endenden Geschäftsjahr endet.** [3] **Der Posten ist in der Bilanz unter der Bezeichnung „Ausgleichsbetrag nach dem Altfahrzeug-Gesetz" vor dem Anlagevermögen auszuweisen.** [4] **Artikel 44 Abs. 1 Satz 4 und 5 gilt entsprechend.**

Übersicht

Schrifttum: *Günther* Das gemeinschaftsrechtliche Rückwirkungsverbot vor dem Hintergrund der Entsorgung von Altautos, EuZW 2000, 329; *Hug/Roß/Seidler* Rückstellungen auf Grund einer noch nicht umgesetzten EU-Richtlinie? Eine Untersuchung am Beispiel der Altautorücknahme und -entsorgung, BB 2000, 2510; *IDW* Stellungnahme Entwurf eines Altfahrzeug-Gesetzes, WPg 2001, 1188; *IDW RS HFA 2* Fortsetzung 2 WPg 2001, 850; *Hug/Roß/Seidler* Bilanzielle Bewältigung der Rückwirkungsproblematik durch das Altfahrzeug-Gesetz, DB 2002, 1013.

A. Einführung

1 Mit dem AltfahrzeugG vom 21. 6. 2002, das zum 1. 7. 2002 in Kraft getreten ist, wurde die Richtl 2000/53/EG des Europäischen Parlaments und des Rates vom 18. 9. 2000 über Altfahrzeuge in deutsches Recht umgesetzt. Es regelt ua die Bildung von Rückstellungen für die Verpflichtung der Hersteller/Importeure nach § 3 bis 5 AltfahrzeugV zur unentgeltlichen Rücknahme, Entsorgung und Verwertung der von ihnen in Verkehr gebrachten Fahrzeuge. Insoweit hat Art 1 Abs 1 AltfahrzeugG nur klarstellenden Charakter (*Begr RegE* zum AltfahrzeugG BT-Drs 14/8343,19), da es sich um eine durch Gesetz auferlegte Verpflichtung handelt. Voraussetzungen und Höhe dieser Rückstellungen richten sich nach §§ 249 Abs 1 S 1 und 253 Abs 1 S 2.

Art 1 Abs 1 AltfahrzeugG beinhaltet zudem die handelsrechtliche Übergangsregelung auf dem Gebiet der Rechungslegung für die ab dem 1. 7. 2002 bestehende Verpflichtung der Hersteller/Importeure zur unentgeltlichen Rücknahme und damit zugleich die Verantwortung für die Verwertung der zurückgenommenen Fahrzeuge.

Art 2 AltfahrzeugG regelt die Ansammlung der Rückstellungen im Rahmen der steuerlichen Gewinnermittlung durch Anpassung von § 6 Abs 1 Nr 3a Buchstabe d EStG.

Art 53 Abs 1 legt den Beginn der Rückstellungsbildung sowie in Abs 2 wegen der Rückwirkung dieser Verpflichtung zur Milderung der Ergebnisbelastung der Unt den zulässigen Ansatz einer speziellen Bilanzierungshilfe fest.

B. Rückstellungen für Verpflichtungen zur Rücknahme und Verwertung von Fahrzeugen (Abs 1)

I. Ansatz

2 Mit Inkrafttreten des AlfahrzeugG besteht die öffentlich-rechtliche Verpflichtung eines Herstellers/Importeurs zur Rücknahme und Entsorgung von Fahrzeugen seiner Marken. Für diese Verpflichtungen sind Verbindlichkeits-

rückstellungen nach § 249 Abs 1 S 1 (s § 249 Anm 100 „Produktverantwortung“) zu bilden, da Umfang und Zeitpunkt der zurücknehmenden Fahrzeuge und die Höhe der Entsorgungs-/Verwertungskosten ungewiss sind.

Nach *IdW*-Stellungnahme „Entwurf eines Altfahrzeug-Gesetzes (S 1189)“ entstand bereits mit dem In-Kraft-Treten der Richtl 2000/53/EG vom 18. 9. 2000 (Abl. L 269 vom 21. 10. 2000) eine Rückstellungspflicht in voller Höhe in dem nach dem 21. 10. 2000 endenden Gj.

3 Zur Rückstellungsbildung ist der Hersteller bzw der gewerbliche Importeur, ggf sein Rechtsnachfolger, verpflichtet. Die Verpflichtung bezieht sich auf PKW mit höchstens 8 Sitzplätzen (außer Fahrersitz) und leichte Nutzfahrzeuge mit einem Höchstgewicht bis zu 3,5 t sowie auf Fahrzeugteile und -werkstoffe. Die Rückstellungsbildung knüpft als Verursachung an das In-Verkehr-Bringen des Fahrzeugs an, dh an seine Erstzulassung in Deutschland. Fahrzeuge sind nur dann unentgeltlich zurückzunehmen, wenn sie in Deutschland tatsächlich zur Entsorgung anfallen. Voraussetzung hierfür ist, dass sie nach dem deutschen Zulassungsverfahren entweder zugelassen sind oder zuletzt zugelassen waren, und zwar für insgesamt mindestens 3 Monate. Damit entfällt eine Rückstellung für exportierte Neu- und Gebrauchtfahrzeuge. Anderseits umfasst die Rücknahmeverpflichtung auch wild abgestellte Fahrzeuge, wo der Letzthalter unbekannt ist.

1. Neufahrzeuge

4 Für Fahrzeuge mit Erstzulassung ab 1. 7. 2002 besteht eine sofortige Rücknahmepflicht (Art 8 AltfahrzeugG). Mithin ist für alle ab diesem Zeitpunkt in den Verkehr gebrachten Fahrzeuge eine Rücknahme- und Entsorgungsrückstellung zu bilden.

2. Altfahrzeuge

5 Die Rückstellungspflicht besteht auch für Fahrzeuge, die vor dem 1. 7. 2002 in Verkehr gebracht wurden (Altfahrzeuge). Wegen des öffentlich-rechtlichen Verpflichtungscharakters der Rücknahmepflicht ist die Rückstellung in dem nach dem 26. 4. 2002 endenden Gj (Erstjahr) in voller Höhe zu bilden, obwohl diese Altfahrzeuge erst ab dem 1. 1. 2007 zurückgenommen werden müssen (Art 8 AltfahrzeugG) und die Verpflichtung zu erfüllen ist. Zur Milderung der Ergebnisbelastung im Erstjahr der Bildung gestattet Abs 2 die Aktivierung einer Bilanzierungshilfe (s Anm 20).

Ist dagegen mit der *IdW*-Stellungnahme zum Entwurf des Altfahrzeug-Gesetzes (s dazu Anm 2) davon ausgegangen worden, dass eine Rückstellungspflicht bereits mit dem In-Kraft-Treten der Richtlinie 2000/53/EG vom 18. 9. 2000 entstanden ist, war die Rückstellung in dem nach dem 21. 10. 2000 endenden Gj in voller Höhe ohne Inanspruchnahme einer Bilanzierungshilfe zu bilden (s auch *Hug/Roß/Seidler,* DB 2002, 1014). Eine Verteilung des Rückstellungsbetrages auf die Gj 2002 bis 2006 ist nicht mehr zulässig (§ 249 Anm 16; *Begr RegE,* 20); anders bei der steuerrechtlichen Gewinnermittlung (s Anm 24).

II. Bewertung

6 Hier gilt § 253 Abs 1 S 2 (s dort Anm 154 ff). Da es sich um eine Sachleistungverpflichtung handelt (so *Hug/Roß/Seidler* BB 2000, 2511) sind die Vollkosten der Rücknahme, Entsorgung und Verwertung zurückzustellen (§ 253

Anm 158), sofern sie vom Hersteller selbst vorgenommen werden, oder die zu erwartenden geschätzten Belastungen der Annahme-/Rücknahmestellen und Demontagebetriebe. Dabei können unter den Voraussetzungen des § 240 Abs 4 (s dort Anm 130) die voraussichtliche Rücklaufquote und die in § 3 Abs 4 AltfahrzeugV vorgesehenen Ausnahmen berücksichtigt werden (*Begr RegE,* 20).

III. Ausweis, Anhang

Die Rückstellungen nach Abs 1 gehören zu den „Sonstigen Rückstellungen" des § 266 Abs 3 B. 3. und sind von KapGes/KapCoGes nach § 285 S 1 Nr 12 im Anhang zu erläutern, wenn sie einen nicht unerheblichen Umfang haben (s § 285 Anm 240). Sie sind zu Lasten der sonstigen betrieblichen Aufwendungen zu bilden. **7**

C. Aktivierung einer Bilanzierungshilfe (Abs 2)

I. Umfang der Bilanzierungshilfe

Im Rahmen der im Erstjahr zu erfolgenden Bildung der Rückstellungen für die Rücknahmeverpflichtung von Altfahrzeugen, die vor dem 1. 7. 2002 in Verkehr gebracht wurden, darf als Gegenposten die Aktivierung einer Bilanzierungshilfe zur Milderung der Ergebnisbelastung in Anspruch genommen werden. Die Bilanzierungshilfe hat den Zweck, die Ergebnisauswirkung der Rückstellungsbildung im Gj, das nach dem 26. 4. 2002 endet, gleichmäßig auf die Gj 2002 bis 2006 zu verteilen, so dass ab dem 1. 1. 2007, dem Beginn der Rücknahmeverpflichtung für Altfahrzeuge, die Rückstellungsbildung voll ergebnisbelastend gewirkt hat. Die Bilanzierungshilfe ist zu Gunsten der anderen aktivierten Eigenleistungen (s § 275 Anm 83) zu bilden. **20**

Der Umfang der Bilanzierungshilfe ergibt sich nach Abs 2 S 1 aus dem jeweiligen Unterschiedsbetrag, der sich bei Ansammlung der Rückstellung in gleichmäßig bemessenen Jahresraten ergäbe; Rumpf-Gj zählen hierbei als volle Gj (analog § 282 Anm 2). Dh bei einem Bilanzstichtag zwischen dem 26. 4. und 31. 12. 2002 darf die Bilanzierungshilfe maximal iHv vier Fünfteln des vollen Rückstellungsbetrages für Altfahrzeuge aktiviert werden und muß dann ab dem Gj 2003 jährlich mit mind einem Viertel abgeschrieben werden. Liegt der Bilanzstichtag der Ges nach dem 1. 1. 2003, so dass die Rückstellung im Gj 2002/2003 vollumfänglich zu bilden ist, beträgt die Bilanzierungshilfe maximal drei Viertel des Rückstellungsbetrags und ist in den Folgejahren jeweils mit einem Drittel abzuschreiben. Da es sich bei dieser Abschreibungsregel um Mindestbeträge handelt, ist eine höhere Abschreibung in jedem Gj zulässig (analog § 282 Anm 3 und Art 44 Abs 1 S 3 EGHGB).

Es ist auch zulässig, die Bilanzierungshilfe nur mit einem Teilbetrag des Höchstbetrags in Anspruch zu nehmen. Auch dann verbleibt es bei der gesetzlich vorgeschriebenen Abschreibung. Eine Aktivierungsnachholung in den Folgejahren ist ebenso wenig zulässig (analog § 269 Anm 7) wie eine Anpassung des im Erstjahr aktivierten Betrags, wenn sich die Rückstellung in Folgejahren mengen- oder wertmäßig verändert.

II. Ausweis, Anhang

21 Eine aktivierte Bilanzierungshilfe ist nach Abs 2 S 3 unter der Bezeichnung „Ausgleichsbetrag nach dem Altfahrzeug-Gesetz" vor dem Anlagevermögen auszuweisen und wie die Bilanzierungshilfe „Aufwendungen für die Ingangsetzung und Erweiterung des Geschäftsbetriebs" nach § 269 zu behandeln (s § 269 Anm 7 ff) und im Anlagenspiegel zu erfassen.

Die jährlichen Abschreibungsbeträge sind analog § 269 und Art 44 EGHGB in der GuV in der Position Nr 7 a unter entspr Bezeichnung (s § 275 Anm 141) oder beim Umsatzkostenverfahren in der Position sonstige betriebliche Aufwendungen (s § 275 Anm 306) zu erfassen.

KapGes/KapCoGes – außer kleine Ges analog § 274 a Nr 5 – haben die aktivierte Bilanzierungshilfe in ihrem Anhang nach Abs 2 S 4 iVm Art 44 Abs 1 S 5 EGHGB zu erläutern. Da es sich bei der Bilanzierungshilfe um einen bilanztechnischen Gegenposten zu den Rückstellungen für Altfahrzeugrücknahmeverpflichtungen ohne spezifischen Inhalt handelt, beschränkt sich die ErlPflicht auf die Angabe, ob die Bilanzierungshilfe mit ihrem maximal zulässigen oder einem Teilbetrag aktiviert wurde, sowie auf die Angabe des Abschreibungssatzes.

III. Ausschüttungssperre

22 Ist ein Ausgleichsbetrag nach dem AltfahrzeugG aktiviert, besteht nach Abs 2 S 4 iVm Art 44 Abs 1 S 5 EGHGB eine Ausschüttungssperre. Gewinne von **KapGes** dürfen nur insoweit ausgeschüttet werden, als nach der Ausschüttung jederzeit auflösbare Gewinnrücklagen – zzgl eines Gewinn- und abzgl eines Verlustvortrags – in einer Höhe verbleiben, die mindestens dem (noch) aktivierten „Ausgleichsbetrag nach dem AltfahrzeugG" entspricht. Jederzeit auflösbare Gewinnrücklagen sind Rücklagen, deren Ausschüttung weder gesetzliche noch satzungsmäßige bzw gesellschaftsvertragliche Vorschriften entgegenstehen (s § 269 Anm 13).

23 Auch **KapCoGes** haben die Ausschüttungssperre, dh hier die Entnahmesperre zu beachten und gem § 264 c Abs 4 S 3 einen Sonderposten wegen angesetzter Bilanzierungshilfe nach dem EK zu Lasten der Kapitalanteile der Gester zu bilden. Wegen der unbeschränkten Haftung der phG ist das Entnahmerecht der phG jedoch im Außenverhältnis nicht eingeschränkt; anders bei Kommanditisten, da deren Entnahmerecht vom Vorliegen eines Gewinns abhängt (§ 169) und ihre Haftung auf deren Einlagen beschränkt ist (§ 171). Bei einer Inanspruchnahme einer Bilanzierungshilfe analog § 269 durch eine KG geht man deshalb von einer entspr Entnahmesperre aus (§ 269 Anm 21).

D. Steuerrechtliche Behandlung

24 Für Neufahrzeuge besteht die Verpflichtung zur Bildung einer Rücknahmerückstellung gem Abs 1 iVm § 5 Abs 1 S 1 EStG nach dem Maßgeblichkeitsgrundsatz auch für den Ansatz in der Steuerbilanz.

Art. 2 AltfahrzeugG regelt die Behandlung der Rückstellung für die unentgeltliche Rücknahme von Altfahrzeugen, die vor dem 1. 7. 2007 in Verkehr gebracht wurden, durch die Verpflichtung zur Bildung einer Ansammlungsrückstellung bis zum Beginn der Rücknahmepflicht, das ist das vor dem 1. 1. 2007 endende Gj. (Vgl zur Ansammlungsrückstellung *Glanegger* in Schmidt[24] § 6

Anm 407.) Die Rückstellung ist mit den Vollkosten anzusetzen (*Glanegger* in Schmidt[24] § 6 Anm 388). Kraft ausdrücklicher Gesetzesvorschrift entfällt eine Abzinsung (§ 6 Abs 1 Nr 3 a Buchstabe d S 2 2. Hs EstG).

Falls von dem Wahlrecht der Aktivierung der Bilanzierungshilfe Gebrauch gemacht wird, entspricht der steuerliche Rückstellungsbetrag dem Rückstellungsbetrag in der HB nach Saldierung mit dem Betrag der aktivierten Bilanzierungshilfe (*Hug/Roß/Seidler,* DB 2002, 1015).

E. Latente Steuern

Bei Inanspruchnahme der Bilanzierungshilfe in voller Höhe besteht kein Bewertungsunterschied zwischen handels- und steuerrechtlichem (Netto-)Rückstellungsbetrag für die Rücknahme von Altfahrzeugen, weil die Rückstellung und die Bilanzierungshilfe als Einheit, dh zusammengefaßt zu betrachten sind. Wird die Bilanzierungshilfe nur mit einem Teilbetrag des jeweils maximal zulässigen Betrags oder gar nicht aktiviert, besteht ein zeitlicher Bewertungsunterschied und die KapGes/KapCoGes darf einen entsprechenden Aktivposten für latente Steuern nach § 274 Abs 2 bilden (s § 274 Anm 40 ff). Das Gleiche gilt, wenn die Bilanzierungshilfe in der HB anders als in der Steuerbilanz periodisiert wird. 25

F. Abweichungen der IFRS

Nach IAS 37.14 (rev 2004) sind gesetzliche Rücknahmeverpflichtungen iSv Abs 1 rückstellungspflichtig. Da die Altfahrzeuge erst ab 1. 1. 2007 zurückzunehmen sind, ist der Barwert der zukünftigen Rücknahmekosten anzusetzen (IAS 37.45). Als Abzinsungszinssatz kommt der jeweilige Vor-Steuer-Satz zum Bilanzstichtag unter Berücksichtigung des spezifischen Risikos der Verpflichtung in Frage (IAS 37.47). 26

Zur Berücksichtigung von Änderungen des Wertansatzes dieser Rückstellungen s *IDW RS HFA 2* Anm 115 ff.

Zwanzigster Abschnitt. Übergangsvorschriften zum Bilanzkontrollgesetz

Art. 56 EGHGB [Anwendungsregelung]

(1) [1] **Die Bestimmungen des Sechsten Abschnitts des Dritten Buchs des Handelsgesetzbuchs in der Fassung des Bilanzkontrollgesetzes vom 15. Dezember 2004 finden erstmals auf Abschlüsse des Geschäftsjahres Anwendung, das am 31. Dezember 2004 oder später endet.** [2] **Prüfungen durch eine anerkannte Prüfstelle im Sinne von § 342 b Abs. 1 des Handelsgesetzbuchs finden frühestens ab dem 1. Juli 2005 statt.**

(2) **In dem ersten nach Anerkennung einer Prüfstelle gemäß § 342 d des Handelsgesetzbuchs aufzustellenden Wirtschaftsplan sind auch die Kosten zu berücksichtigen, die zur Errichtung der Prüfstelle erforderlich waren, auch wenn sie bereits vor Anerkennung der Prüfstelle entstanden sind.**

Anmerkung: – Schrifttum: s § 342b – Um den nötigen zeitlichen Vorlauf zur liquiditätsmäßigen und personellen Ausstattung der Prüfstelle zu gewährleisten, werden erstmals Abschlüsse, deren Stichtag der 31. 12. 2004 oder später ist, 1 den Prüfungen durch die Prüfstelle unterworfen, die erst ab dem 1. 7. 2005 beginnen werden (s Vor § 342b).

Einundzwanzigster Abschnitt. Übergangsvorschriften zur Verordnung (EG) Nr. 1606/2002 sowie zum Bilanzrechtsreformgesetz

Art. 57 EGHGB [Anwendungsregelung]

[1] Auf Gesellschaften, von denen

1. lediglich Schuldtitel zum Handel in einem geregelten Markt eines Mitgliedstaats der Europäischen Union oder eines anderen Vertragsstaats des Abkommens über den Europäischen Wirtschaftsraum im Sinne des Artikels 1 Nr. 13 der Richtlinie 93/22/EWG des Rates vom 10. Mai 1993 über Wertpapierdienstleistungen (ABl. EG Nr. L 141 S. 27), die zuletzt durch die Richtlinie 2002/87/EG des Europäischen Parlaments und des Rates vom 16. Dezember 2002 (ABl. EU 2003 Nr. L 35 S. 1) geändert worden ist, zugelassen sind, oder

2. Wertpapiere zum öffentlichen Handel in einem Drittstaat zugelassen sind und die zu diesem Zweck seit dem Geschäftsjahr, das vor dem 11. September 2002 begann, international anerkannte Rechnungslegungsstandards anwenden,

findet Artikel 4 der Verordnung (EG) Nr. 1606/2002 des Europäischen Parlaments und des Rates vom 19. Juli 2002 betreffend die Anwendung internationaler Rechnungslegungsstandards (ABl. EG Nr. L 243 S. 1) in der jeweils geltenden Fassung erst von dem Geschäftsjahr an Anwendung, das nach dem 31. Dezember 2006 beginnt. [2] Drittstaat im Sinne des Satzes 1 Nr. 2 ist ein Staat, der weder Mitgliedstaat der Europäischen Union noch Vertragsstaat des Abkommens über den Europäischen Wirtschaftsraum ist.

1 **Regierungsbegründung:** Mit dieser Bestimmung soll das Mitgliedstaatenwahlrecht nach Art 9 der Verordnung (EG) Nr. 1606/2002 (sog. IAS-VO) ausgeübt werden. Hiernach können die Mitgliedstaaten die Anwendung des Art 4 der VO, der die IAS für Konzernabschlüsse KapmarktUnt im Grundsatz vom Jahre 2005 an verbindlich macht, für bestimmte Unternehmenskategorien um bis zu zwei Jahre aufschieben.

Dies betrifft zum einen Ges, die lediglich Schuldtitel emittiert haben (S 1 Nr 1 – Art 9 Buchstabe a der VO), zum anderen solche, die zum Zwecke der Börsennotierung eines Wertpapiers in einem Drittstaat international anerkannte Rechnungslegungsstandards angewendet haben (S 1 Nr 2 – Art 9 Buchstabe b der VO). International anerkannte Standards sind außer den IAS die nach U.S.-amerikanischem Bundesrecht für KapmarktUnt verbindlichen „U.S.-GAAP" (Generally Accepted Accounting Principles). Diese müssen spätestens seit dem Gj angewendet worden sein, das vor der Verkündung der IAS-VO im EG-Amtsblatt am 11. 9. 2002 begonnen hatte. Die Anwendung dieser Standards muss ferner zum Zwecke einer Börsennotierung in einem Drittstaat, dh außerhalb des Gebiets der EU und des EWR (Satz 2), erfolgen.

Ist eine der Voraussetzungen nach S 1 Nr 1 oder 2 erfüllt, so findet Art 4 der IAS-VO gem Art 57 EGHGB-E iVm Art 9 der Verordnung erst von dem Gj an Anwendung, das nach dem 31. Dezember 2006 beginnt. Dieser Aufschub der Verpflichtung zur IAS-Anwendung lässt den betreffenden Unt jedoch die Möglichkeit offen, bereits von dem nach dem 31. Dezember 2004 beginnenden Gj an gem § 315a Abs 3, § 325 Abs 2a HGB-E freiwillig Konzernabschlüsse und informatorische Einzelabschlüsse nach den IAS aufzustellen.

Art. 58 EGHGB [Anwendungsregelung]

(1) **§ 267 Abs. 1 und 2, § 293 Abs. 1 des Handelsgesetzbuchs in der Fassung des Bilanzrechtsreformgesetzes vom 4. Dezember 2004 (BGBl. I S. 3166) sind erstmals auf Jahres- und Konzernabschlüsse für das nach dem 31. Dezember 2003 beginnende Geschäftsjahr anzuwenden.**

(2) **[1] § 285 Satz 1 Nr. 18, 19, Satz 2 bis 6, §§ 286 bis 288, § 289 Abs. 2 Nr. 2, § 314 Abs. 1 Nr. 10, 11, § 315 Abs. 2 Nr. 2, §§ 327, 336, 338, 340a Abs. 2, § 341a Abs. 2 des Handelsgesetzbuchs in der Fassung des Bilanzrechtsreformgesetzes sind erstmals auf Jahres- und Konzernabschlüsse für das nach dem 31. Dezember 2003 beginnende Geschäftsjahr anzuwenden. [2] Im Lagebericht und im Konzernlagebericht ist für Geschäftsjahre, die nach dem 31. Dezember 2003 beginnen und die spätestens am 31. Dezember 2004 enden, auch auf die voraussichtliche Entwicklung der Kapitalgesellschaft und des Konzerns einzugehen.**

(3) **[1] Die §§ 257, 285 Satz 1 Nr. 17, § 289 Abs. 1, 3, § 291 Abs. 3, § 294 Abs. 3 Satz 1, § 297 Abs. 1, § 298 Abs. 3, § 313 Abs. 2 Nr. 1, § 314 Abs. 1 Nr. 9, § 315 Abs. 1, § 315a Abs. 1 und 3, § 317 Abs. 2, §§ 321, 321a, 322, 324a, 325, 328, 339, 340a Abs. 1, §§ 340i, 340j, 340l Abs. 5, § 341j Abs. 1, § 341l Abs. 4 des Handelsgesetzbuchs in der Fassung des Bilanzrechtsreformgesetzes finden erstmals auf das nach dem 31. Dezember 2004 beginnende Geschäftsjahr Anwendung. [2] § 315a Abs. 2 des Handelsgesetzbuchs in der Fassung des Bilanzrechtsreformgesetzes findet erstmals auf das nach dem 31. Dezember 2006 beginnende Geschäftsjahr Anwendung. [3] § 318 Abs. 3 des Handelsgesetzbuchs in der Fassung des Bilanzrechtsreformgesetzes ist erstmals anzuwenden auf Ersetzungsverfahren, die nach dem 31. Dezember 2004 beantragt werden. [4] Die bis zum 9. Dezember 2004 geltenden Fassungen der §§ 257, 289 Abs. 1, § 291 Abs. 3, §§ 292a, 294 Abs. 3 Satz 1, §§ 295, 297 Abs. 1, § 298 Abs. 3, § 313 Abs. 2 Nr. 1, § 315 Abs. 1, § 317 Abs. 2, §§ 321, 322, 325, 328, 339, 340a Abs. 1, §§ 340i, 340j, 341j Abs. 1 des Handelsgesetzbuchs sind letztmals auf das vor dem 1. Januar 2005 beginnende Geschäftsjahr anzuwenden. [5] § 292a des Handelsgesetzbuchs gilt entsprechend für nach dem 31. Dezember 2002 und vor dem 1. Januar 2005 beginnende Geschäftsjahre auch für Mutterunternehmen, die keinen organisierten Markt im Sinne des § 2 Abs. 5 des Wertpapierhandelsgesetzes in Anspruch nehmen.**

(4) **[1] Die §§ 319 und 319a des Handelsgesetzbuchs in der Fassung des Bilanzrechtsreformgesetzes finden vorbehaltlich der Sätze 3, 4 und 6 erstmals auf alle gesetzlich vorgeschriebenen Abschlussprüfungen für das nach dem 31. Dezember 2004 beginnende Geschäftsjahr Anwendung. [2] Die bis zum 9. Dezember 2004 geltende Fassung des § 319 des Handelsgesetzbuchs ist letztmals auf alle gesetzlich vorgeschriebenen Abschlussprüfungen für das vor dem 1. Januar 2005 beginnende Geschäftsjahr anzuwenden. [3] § 319 Abs. 1 Satz 3 des Handelsgesetzbuchs in der Fassung des Bilanzrechtsreformgesetzes ist auf alle gesetzlich vorgeschriebenen Abschlussprüfungen mit Ausnahme der Prüfung einer Aktiengesellschaft, die Aktien mit amtlicher Notierung ausgegeben hat, erstmals für das nach dem 31. Dezember 2005 beginnende Geschäftsjahr anzuwenden. [4] § 319a Abs. 1 Satz 1 Nr. 1, 4 und Satz 4 des Handelsgesetzbuchs in der Fassung des Bilanzrechtsreformgesetzes ist erstmals auf Abschlussprüfungen für das nach dem 31. Dezember 2006 beginnende Geschäftsjahr anzuwenden. [5] Auf Abschlussprüfungen für vor dem 1. Januar 2007 beginnende Geschäftsjahre**

findet § 319 Abs. 3 Nr. 6 des Handelsgesetzbuchs in der bis zum 9. Dezember 2004 geltenden Fassung Anwendung. [6]§ 319 Abs. 3 Satz 1 Nr. 3 und § 319a Abs. 1 Satz 1 Nr. 2 des Handelsgesetzbuchs in der Fassung des Bilanzrechtsreformgesetzes sind auf Abschlussprüfungen für vor dem 1. Januar 2006 beginnende Geschäftsjahre nicht anzuwenden, wenn der Auftrag zur Erbringung der dort genannten Leistungen vor dem 29. Oktober 2004 erteilt worden ist und die Tätigkeit nach der bis zum 9. Dezember 2004 geltenden Fassung des Handelsgesetzbuchs zulässig war.

(5) [1]**Erfüllt ein Mutterunternehmen (§ 290 des Handelsgesetzbuchs) die Voraussetzungen des Artikels 57 Satz 1 Nr. 1 dieses Gesetzes, so ist die bis zum 9. Dezember 2004 geltende Fassung des § 297 Abs. 1 des Handelsgesetzbuchs abweichend von Absatz 3 Satz 4 letztmals auf das vor dem 1. Januar 2007 beginnende Geschäftsjahr anzuwenden; dies gilt nicht, wenn ein Konzernabschluss nach § 315a Abs. 3 des Handelsgesetzbuchs aufgestellt wird. [2]In den Fällen des Artikels 57 Satz 1 dürfen die in dieser Vorschrift bezeichneten Rechnungslegungsstandards nach Maßgabe des § 292a des Handelsgesetzbuchs in der bis zum 9. Dezember 2004 geltenden Fassung noch auf Geschäftsjahre angewendet werden, die vor dem 1. Januar 2007 beginnen.**

(6) **Soweit § 292a des Handelsgesetzbuchs in der bis zum 9. Dezember 2004 geltenden Fassung nach Absatz 3 Satz 4 oder 5 oder nach Absatz 5 Satz 2 weiterhin Anwendung findet, ist auch § 331 Nr. 3 des Handelsgesetzbuchs in der bis zum 9. Dezember 2004 geltenden Fassung weiter anzuwenden.**

Übersicht

Schrifttum: *S im einzelnen die einschlägigen §§.*

A. Überblick

1 Das BilReG ist mit Beginn des 4. 12. 2004 in Kraft getreten. Es hat eine Vielzahl von Wirtschaftsgesetzen, insb HGB, AktG, GmbHG, PublG geändert. Die neuen Vorschriften gelten daher bereits seit diesem Zeitpunkt, es sei denn, die Übergangsvorschriften in Art 57 und 58 EGHGB enthalten abw Regelungen oder eine befristete Weitergeltung der durch das BilReG aufgehobenen Vorschriften.

Das BilReG setzt die zwingenden Bestimmungen der **Schwellenwertrichtl** (ABl EU NrL 120, 22), der **Fair-Value-Richtl** (ABl EU NrL 283, 28; teilweise), der **IAS-Verordnung** (ABl EU NrL 243, 1) und der **Modernisierungsrichtl** (ABl EU NrL 178, 16) um, wozu auch jeweils der erstmalige Anwendungszeitpunkt gehört. Darüber hinaus werden auch Mitgliedstaatenwahlrechte in Anspruch genommen, die die erstmalige Anwendung abw auf spätere Gj hinausschieben. Hinzu kommt die Neufassung der Unabhängigkeitsregeln für AP.

Durch bestehende und neue Verweise im **PublG** werden Teile der neuen 2
Vorschriften zum Bilanzrecht der KapGes/KapCoGes auch auf dem PublG unterliegende Unt übertragen. Deshalb wird jeweils auf die Parallelregelungen des § 22 PublG nF für die erstmalige Anwendung der geänderten Vorschriften hingewiesen.

Da sich die Übergangsregelungen auf verschiedene EU-Richtl mit unter- 3
schiedlichen **Erstanwendungs-Gj** beziehen, werden zum besseren Verständnis die einzelnen Bestimmungen in einer chronologischen Übersicht dargestellt.

Erstmalige Anwendung für Gj, die beginnen ab	Geltungsbereich	Anwendungsbereich	s hier Anm	
1. 1. 2004	KapGes/KapCoGes	§ 267 Abs 1 u 2	8	
		§ 285 S 1 Nr 18, 19, S 2–6	9	
		§ 288 S 1	9	
		§ 289 Abs 2 Nr 2	9	
	MU	§ 293 Abs 1	8	
		§ 314 Abs 1 Nr 10,11	9	
		§ 315 Abs 2 Nr 2	9	
	Unt iSd § 3 Abs 1 Nr 3–5 PublG	§ 285 S 1 Nr 18 u 19	10	
		§ 289 Abs 2 Nr 2	10	
	MU iSd § 11 Abs 1 PublG	§ 314 Abs 1 Nr 10, 11	10	
		§ 315 Abs 2 Nr 2	10	
	eG	§§ 336, 338		
	Kreditinstitute	§ 340 a Abs 2		
	VersicherungsUnt	§ 341 a Abs 2		
1. 1. 2005	alle Kfl	§ 257 für IFRS-EA	14	4
	mittelgroße/große KapGes/KapCoGes	§ 289 Abs 1	14	
		§ 318 Abs 3	16	
		§ 321 a	14	
		§ 328 Abs 2 S 3	14	
	Unt iSd § 3 Abs 1 PublG	§ 318 Abs 3	16	
		§ 328 Abs 2 S 3	14	
	Unt iSd § 3 Abs 1 Nr. 3–5 PublG	§ 289 Abs 1	14	
	große KapGes/KapCoGes	§ 289 Abs 3	14	
		§ 324 a	14	
		§ 325 Abs 2 a u 2 b	14	
	kapmarktUnt	§ 285 S 1 Nr 17	14	
	Unt iSd § 3 Abs 1 Nr 3–5 PublG	§ 285 S 1 Nr. 17	14	
		§ 289 Abs 3	14	
	TU	§ 294 Abs 3 S 1	14	
	MU	§ 297 Abs 1	14	
		§ 298 Abs 3 S 3	14	
		§ 315 Abs 1	14	
		§ 315 a Abs 3	14	

	Erstmalige Anwendung für Gj, die beginnen ab	Geltungsbereich	Anwendungsbereich	s hier Anm
		kapmarktTeilkonzern MU	§ 291 Abs 3	14
		kapmarktMU	§ 314 Abs 1 Nr 9	14
			§ 315 a Abs 1	14
		AP	§ 317 Abs 2	14
			§ 321 Abs 3	14
			§ 322	14
			§§ 319, 319 a	19
		Unt iSd § 3 Abs 1 PublG	§ 7 S 4 PublG	13
			§ 9 Abs 1 S 1 PublG iVm § 325 Abs 2 a u 2 b	13
		MU iSd § 11 Abs 1 PublG	§ 11 Abs 6 Nr 2 1. HS PublG iVm § 315 a Abs 1 u 3	14
		MU iSd § 3 Abs 1 Nr 3–5 PublG	§ 11 Abs 6 Nr 2 2. HS PubG iVm § 315 a Abs 2	15
		MU iSd § 3 Abs 1 Nr 1 PublG	§ 13 Abs 3 S 2 PublG	14
		eG	§ 339	
		Kreditinstitute	§ 340 a Abs 1	
			§ 340 i	
			§ 340 j	
			§ 340 l Abs 5	
		VersicherungsUnt	§ 341 j Abs 1	
			§ 341 l Abs 4	
5	1. 1. 2006	AP	§ 319 Abs 1 S 3	20
			§ 319 Abs 3 S 1 Nr 3	23
		AP von kapmarktUnt	§ 319 a Abs 1 S 1 Nr 2	23
	1. 1. 2007	MU mit Antrag auf Börsenzulassung	§ 315 a Abs 2	15
		AP von kapmarktUnt	§ 319 a Abs 1 S 1 Nr 1	21
			§ 319 a Abs 1 S 1 Nr 4	21
		MU iSd § 11 PublG	§ 315 a Abs 2 iVm § 11 Abs 6 S 1 Nr 2 PublG	15
6	1. 1. 2003 bis 31. 12. 2004	MU, die keinen organisierten Markt iSd § 2 Abs 5 WpHG in Anspruch nehmen	§ 292 a aF	18
			§ 331 Nr 3 aF	26

	Erstmalige Anwendung für Gj, die beginnen vor	Geltungsbereich	Anwendungsbereich	s hier Anm
7	1. 1. 2005	MU	§ 292 a aF	17
			§ 295 aF	17
			§ 331 Nr 3 aF	26
		AP	§ 319 aF	19
		MU iSd § 11 Abs 1 PublG	§ 292 a aF	17
		eG	§ 339 aF	
		Kreditinstitute	§ 340 a Abs 1 aF	
			§ 340 i aF	
			§ 340 j aF	
		VersicherungsUnt	§ 341 j Abs 1 aF	

Erstmalige Anwendung für Gj, die beginnen vor	Geltungsbereich	Anwendungsbereich	s hier Anm
1. 1. 2007	MU mit Schuldtiteln im geregelten Markt (Art 57 S 1 Nr 1 EGHGB), die keinen IFRS-KA freiwillig aufstellen	§ 292a aF	25
		§ 297 Abs 1 aF	24
		§ 331 Nr 3a aF	26
	MU iSd § 11 Abs 1 PublG iVm Art 57 S 1 EGHGB	§ 292a aF	25
	MU mit Wertpapieren in einem Drittstaat	§ 292a aF	25
		§ 331 Nr 3 aF	26
	AP von kapmarktUnt	§ 319 Abs 3 Nr 6 aF	22

B. Erstmalige Anwendung der angehobenen Schwellenwerte (Abs 1)

Die Änderung der Schwellenwerte betrifft die Erhöhung der Schwellenwerte für (Konzern-)Bilanzsumme und (Konzern-)Umsatzerlöse, während das Größenmerkmal für die Arbeitnehmer unverändert bleibt. Abs 1 regelt die erstmalige Anwendung der angehobenen Schwellenwerte. §§ 267 nF und 293 nF finden erstmals auf JA/KA für das nach dem 31. 12. 2003 beginnende Gj Anwendung. 8

Für die Beurteilung, ob am 31. 12. 2004 die Schwellenwerte an zwei aufeinanderfolgenden Abschlussstichtagen über- oder unterschritten sind, sind in diesem Fall die neuen Schwellenwerte zum 31. 12. 2003 und zum 31. 12. 2004 maßgeblich (*Begr RegE BilReG* BT-Drs 326/04, 111). Hiernach ist klargestellt, dass eine Rückwirkung der Neueinteilung der Größenklassen zwingend ist.

Die Anhebung der Schwellenwerte mit ihrer vorgeschriebenen Rückwirkung kann zur Folge haben, dass eine Ges für das Kalender-Gj 2003 nach alter Rechtslage eine mittelgroße Ges gewesen ist, während sie für das Gj 2004 nach § 267 nF mit rückwirkender Beurteilung von 2003 zu den kleinen Ges zählt. Auch im Hinblick auf die Konzernrechnungslegungspflicht können die höheren Schwellenwerte uU zum Wegfall dieser Pflicht führen.

C. Erstmalige Anwendung der neuen Vorschriften zur Berichterstattung über Finanzinstrumente (Abs 2)

Abs 2 S 1 transformiert die Bestimmungen zur erstmaligen Anwendung aus Art 4 Abs 1 der Fair-Value-Richtl. Hiernach sind die Vorschriften über weitere **Angaben und Berichterstattungen** in Bezug auf die Verwendung von **Finanzinstrumenten** im Anhang/Konzernanhang und Lagebericht/Konzernlagebericht erstmals für Gj anzuwenden, die nach dem 31. 12. 2003 beginnen. 9

Im Einzelnen ergibt sich für folgende Vorschriften (ohne Folgeänderungen) die zeitliche Erstanwendung für Gj ab 1. 1. 2004:

– **§ 285 S 1 Nr 18, 19, S 2 bis 6/§ 314 Abs 1 Nr 10, 11:** Angaben zu bestimmten Finanzinstrumenten

– **§ 288:** Erleichterung für kleine KapGes/KapCoGes in Bezug auf die fakultativen Angaben nach § 285 S 1 Nr 17, 18
– **§ 289 Abs 2 Nr 2/§ 315 Abs 2 Nr 2:** Risikoberichterstattung zu Finanzinstrumenten.

10 Auch die anhangpflichtigen **Unt des § 3 Abs 1 Nr 3–5 PublG** (Vereine, Stiftungen, Körperschaften) und die entspr MU der §§ 11 Abs 1 iVm 13 Abs 3 S 2 1. HS PublG haben die Vorschriften zum Anhang/Konzernanhang (mit Ausnahme § 288, da nicht einschlägig) erstmals für Gj, die nach dem 31. 12. 2003 beginnen, anzuwenden (§ 22 S 4 PublG iVm § 5 Abs 2 S 2 PublG, der allerdings nicht auf § 285 S 2–6 verweist). Das dürfte jedoch ein redaktionelles Versehen sein, da diese Unt wie große KapGes Rechnung legen müssen und die Verweiskette für den Konzernanhang § 285 S 2–6 entspr einschließt. Für diese Unt gilt auch der erstmalige Anwendungszeitpunkt hinsichtlich der vorgenannten neuen Vorschriften zum Lagebericht.

11 In Anbetracht der Kürze des Zeitraums zwischen dem Inkrafttreten des BilReG (10. 12. 2004) und der tatsächlichen Anwendung dieser Vorschriften in 2005 hat es praktische **Umsetzungsprobleme** gegeben, da insb für die Angaben nach § 285 S 1 Nr 18, S 2 bis 6, § 314 Abs 1 Nr 10 ggf umfangreiche zusätzliche Erfassungs- und Bewertungstätigkeiten in Bezug auf die derivativen Finanzinstrumente notwendig sind. Vj-Angaben sind nicht erforderlich.

12 Durch den Wegfall des § 289 Abs 2 Nr 2, § 315 Abs 2 Nr 2 aF (Eingehen auf die voraussichtliche Entwicklung) zum 1. 1. 2004 und die erstmalige Anwendung der entspr Vorschrift in Abs 1 der §§ 289, 315 zum 1. 1. 2005 (s Anm 14) würde für die **Berichterstattung im Lagebericht/Konzernlagebericht über die voraussichtliche Entwicklung der Ges/des Konzerns** eine Berichterstattungslücke für das Jahr 2004 entstehen, die durch Abs 2 S 2 klarstellend geschlossen wird. Dieser bestimmt, dass für das Gj, das nach dem 31. 12. 2003 beginnt und spätestens am 31. 12. 2004 endet, die aF weiter gilt.

D. Erstmalige Anwendung der übrigen neuen Vorschriften des BilReG und Übergangsregelungen (Abs 3)

13 Abs 3 schreibt als **Grundregel** die erstmalige Anwendung der geänderten und neuen Vorschriften des BilReG zum JA, KA, (Konzern-)Lagebericht, IFRS-EA, IFRS-KA mit Folgeänderungen für die APr grds auf das nach dem 31. 12. 2004 beginnende Gj vor. Diese Grundregel gilt auch nach § 22 S 4 PublG nF für die vom PublG betroffenen Unt. Eine Ausnahme zu dieser Grundregel besteht nach S 2 für MU des § 315a Abs 2 (s Anm 15).

14 Nach Abs 3 S 1 sind **folgende Bestimmungen** des BilReG erstmals für das Gj **ab 1. 1. 2005** anzuwenden, dies gilt ggf auch für ein RumpfGj:

Vorschriften zum Anhang:

§ 285 S 1 Nr 17	Zusatzangaben für kapmarktUnt über das im Gj erfasste Honorar des AP (s dort Anm 265 ff)

Vorschriften zum Lagebericht:

§ 289 Abs 1	Erweiterte Berichterstattung über Geschäftsverlauf, Geschäftsergebnis, Lage sowie die voraussichtliche Entwicklung mit ihren wesentlichen Chancen und Risiken (s dort Anm 15 ff)
§ 289 Abs 3	Zusatzberichterstattung großer KapGes/KapCoGes über nichtfinanzielle Leistungsindikatoren (s dort Anm 93 ff)

Vorschriften zum KA und Konzernlagebericht:

§ 291 Abs 3	Wegfall der Befreiung von kapmarkt Teilkonzern MU
§ 297 Abs 1	KA umfasst auch KFR, EK-Spiegel und freiwillige SegBerE
§ 298 Abs 3 S 3	ErlPflichten bei zusammengefasstem Konzernanhang u Anhang des MU (klarstellend) (s dort Anm 57)
§ 313 Abs 2 Nr 1	Folgeänderung wegen Einbeziehungspflicht von TU mit unvereinbar unterschiedlicher Tätigkeit
§ 314 Abs 1 Nr 9	Zusatzangaben für kapmarktMU über das im Gj erfasste Honorar des KonzernAP (s dort Anm 90 ff)
§ 315 Abs 1	Erweiterte Berichterstattung über Geschäftsverlauf, Geschäftsergebnis, Lage sowie die voraussichtliche Entwicklung mit ihren wesentlichen Chancen und Risiken (s dort Anm 13 ff)

Vorschriften zum Prüfungsbericht:

§ 321 Abs 2 S 3	Ggf Eingehen auf IFRS-Rechnungslegungsgrundsätze
§ 321 Abs 3	Ggf Eingehen auf IFRS-Rechnungslegungsgrundsätze
§ 321 a	Offenlegung des Prüfungsberichts bei Insolvenz
§ 325 Abs 3 a S 2 2. Hs	Zusammenfassung der Prüfungsberichte zum KA und JA

Vorschriften zum BVm:

§ 322	Neufassung des BVm
§ 325 Abs 3 a S 2	Zusammenfassung der BVm zum KA und JA

Vorschriften zu freiwilligen Veröffentlichungen:

§ 328 Abs 2 S 3	Angabe der Art des BVm bei Veröffentlichung in nicht durch Gesetz, GesVertrag oder Satzung vorgeschriebener Form

Vorschriften zum IFRS-EA:

§ 257	Aufbewahrung und ihre Frist
§ 294 Abs 3 S 1	Vorlagepflicht von TU
§ 317 Abs 2	Prüfungsumfang
§ 324 a	Prüfungspflicht, Billigung, AP, Zusammenfassung der Prüfungsberichte zum JA und IFRS-EA
§ 325 Abs 2 a, 2 b	Einzelvorschriften zur Aufstellung und Offenlegung
§ 325 Abs 3 a S 2	Zusammenfassung der BVm zum JA und IFRS-KA; Zusammenfassung der Prüfungsberichte zum JA und IFRS-KA
§ 328 Abs 1 S 2	Veröffentlichung mit Datum der Billigung
§ 328 Abs 2 S 1	Veröffentlichung in nicht gesetzlich vorgeschriebener Form
§ 328 Abs 2 S 3	Angabe der Art des BVm bei Veröffentlichung in nicht durch Gesetz, GesVertrag oder Satzung vorgeschriebener Form

Vorschriften zum IFRS-KA:

§ 315 a Abs 1	Aufstellungspflicht kapmarktMU
§ 315 a Abs 3	Aufstellungswahlrecht nicht kapitalmarktorientierter konzernrechnungslegungspflichtiger MU

Abweichend von der Grundregel bestimmt Abs 3 S 2 für MU, die bis zum Bilanzstichtag die **Zulassung** eines Wertpapiers zum Handel am inländischen amtlichen oder geregelten Markt **beantragt** haben (§ 315 a Abs 2), die Aufstellung eines IFRS-KA für Gj, die ab dem 1. 1. 2007 beginnen. Der Zulassungsantrag eines TU löst keine Verpflichtung aus. Diese Ausnahme entspricht der Regelung in § 22 S 2 PublG nF iVm § 11 Abs 6 Nr 2 PublG für solche Unt nach dem PublG. Mit dieser Regelung soll den betr Unt mehr Zeit gegeben werden, sich auf den IFRS-EA vorzubereiten und es wird dem Informationsbedürfnis potentieller Anleger Rechnung getragen, das mit der bevorstehenden 15

Börseneinführung zum Tragen kommt (*Begr RegE BilReG* BR-Drs 326/04, 73). Eine frühere Anwendung der Vorschrift ist nach § 315a Abs 3 zulässig.

16 Abs 3 S 3 stellt klar, dass die neuen Bestimmungen des § 318 Abs 3 zum **gerichtlichen Ersetzungsverfahren** im Hinblick auf den bisherigen AP erstmals auf Verfahren anzuwenden sind, die ab 1. 1. 2005 beantragt werden.

17 Auch Abs 3 S 4 stellt klar, dass die bis zum In-Kraft-Treten des BilReG am 10. 12. 2004 geltenden Fassungen der nach S 1 geänderten und neuen Bestimmungen letztmals auf vor dem 1. 1. 2005 beginnende Gj anzuwenden sind. Das gleiche gilt für die aufgehobenen §§ 295 und 292a.

18 Abs 3 S 5 schafft eine Übergangsregelung für die freiwillige Anwendung des § 292a für **nicht kapmarkt MU** für die nach dem 31. 12. 2002 und vor dem 1. 1. 2005 beginnenden Gj. So können sie das für ab 1. 1. 2005 beginnende Gj bestehende Wahlrecht zur IFRS-Konzernrechnungslegung (§ 315a Abs 3) bereits vorher unter den Voraussetzungen des übergangsweise befristet weitergeltenden § 292a in Anspruch nehmen, um ggf eine zusätzliche HGB-Konzernrechnungslegung zu vermeiden.

E. Erstmalige Anwendung der §§ 319, 319a und Übergangsregelungen (Abs 4)

19 Abs 4 S 1 enthält die **Grundregel,** nach der §§ 319, 319a erstmals auf alle gesetzlich vorgeschriebenen APr für nach dem 31. 12. 2004 beginnende Gj anzuwenden sind. Das gilt auch für APr nach dem PublG (§ 22 S 4 PublG). Ausnahmen zu dieser Grundregel mit besonderen Übergangsregelungen bestehen für bestimmte Ausschlussgründe in S 3 (Anm 20), S 4 (Anm 21) und S 6 (Anm 23). Abs 4 S 2 stellt klar, dass § 319 aF letztmals auf das vor dem 1. 1. 2005 beginnende Gj anzuwenden ist.

20 Abw von der Grundregel des S 1 bestimmt S 3, dass § 319 Abs 1 S 3 nF (= § 319 Abs 2 S 2 Nr 2 aF), nach dem gesetzliche AP über eine Bescheinigung über die **Teilnahme an der Qualitätskontrolle** nach § 57a WPO verfügen müssen, für alle prüfungspflichtigen Unt (Ausnahme: amtlich notierte AG) erst für nach dem 31. 12. 2005 beginnende Gj anzuwenden ist. Für amtlich notierte AG besteht für deren gesetzliche AP die Verpflichtung zur Teilnahme an der Qualitätskontrolle mit Bescheinigung bereits seit dem 1. 1. 2003 (Art 5 S 1 EGHGB iVm § 319 Abs 2 S 2 Nr 2 aF).

21 Abw von der Grundregel des S 1 bestimmt S 4, dass für die Anwendung des § 319a Abs 1 S 1 Nr 1 **(neue Umsatzabhängigkeitsgrenze),** Nr 4 und S 4 **(interne Rotation)** eine Übergangsfrist von zwei Jahren eingeräumt wird, um sich auf die Neuregelung einzustellen. Mithin sind diese Bestimmungen für gesetzliche APr für nach dem 31. 12. 2006 beginnende Gj anzuwenden.

22 Abs 4 S 5 stellt klar, dass die **Rotationsvorschriften** des § 319 Abs 3 Nr 6 aF für Gj, die vor dem 1. 1. 2007 beginnen, weiter gelten.

23 Abw von der Grundregel des S 1 schreibt S 6 vor, dass § 319 Abs 3 S 1 Nr 3, § 319a Abs 1 S 1 Nr 2 (**unvereinbare Tätigkeiten** des AP) erstmals ein Jahr später anzuwenden sind, und zwar für Gj, die ab 1. 1. 2006 beginnen, wenn der Auftrag zur Erbringung dieser Leistungen vor dem 29. 10. 2004 erteilt worden ist und die Tätigkeit nach § 319 aF bis zum 9. 12. 2004 zulässig war.

F. Übergangsregelungen für bestimmte kapitalmarktorientierte Mutterunternehmen (Abs 5)

Abs 5 S 1 regelt für MU, die **lediglich Schuldtitel emittiert** haben (Art 57 S 1 Nr 1 EGHGB), die befristete Weiteranwendung des § 297 Abs 1 aF, nach dem der KA auch eine KFR, SegBerE und einen EK-Spiegel enthält, für Gj, vor dem 1. 1. 2007 beginnen, da sie erst dann zur Aufstellung eines IFRS-KA verpflichtet sind. Dies gilt auch für solche MU nach dem PublG, soweit sie nicht in der Rechtsform eines EKfm oder reinen PersGes geführt werden (§ 22 S 5 iVm § 13 Abs 2 S 1 PublG). Stellt das MU in Ausübung des Wahlrechts nach § 315a Abs 3 freiwillig vorher einen IFRS-KA auf, entfällt die Anwendung des § 297. 24

Die Vorschrift ist auf Gj, die ab 1. 1. 2005 beginnen, auch dann nicht mehr anzuwenden, wenn das MU die Zulassung von Wertpapieren zum geregelten Markt bis zum Abschlussstichtag beantragt hat oder wenn lediglich ein TU als Emittentin von Schuldtiteln am geregelten Markt aktiv ist (so *Begr RegE BilReG* BR-Drs 326/04, 113).

Abs 5 S 2 gestattet MU, deren **Wertpapiere** in einem **Drittstaat** (außerhalb EU und EWR) zum amtlichen Handel zugelassen sind (zB New York Stock Exchange) und die international anerkannte Rechnungslegungsstandards (insb US-GAAP) anwenden, deren Weiteranwendung längstens bis zum Gj, das vor dem 1. 1. 2007 beginnt. Nach § 22 S 3 2. Hs PublG nF gilt diese Vorschrift auch für solche Unt, die unter das PublG fallen. 25

G. Strafbewehrung für Übergangsregelungen des § 292a (Abs 6)

Obwohl § 292a durch das BilReG am 9. 12. 2004 aufgehoben worden ist, findet er noch auf bestimmte Sachverhalte befristet Anwendung und zwar: 26
- für Gj, die vor dem 1. 1. 2005 begonnen haben (Abs 3 S 4, Anm 17);
- für nicht kapmarktMU, die das Wahlrecht nach § 315a Abs 3 zur IFRS-Konzernrechnungslegung bereits für vor dem 1. 1. 2005 beginnende Gj in Anspruch nehmen (Abs 3 S 5, Anm 18);
- für MU mit Wertpapieren in einem Drittstaat, die die Übergangsregelung bis zum Gj, das vor dem 1. 1. 2007 beginnt (Abs 5 S 2, Anm 25) in Anspruch nehmen.

Für diese Fälle bleibt die Strafbewehrung des § 331 Nr 3 aF (s 5. Aufl § 331 Anm 31ff) weiterhin anwendbar.

Zweiundzwanzigster Abschnitt. Übergangsvorschriften zum Vorstandsvergütungs-Offenlegungsgesetz

Art. 59 EGHGB [Anwendungsregelung]

§ 285 Satz 1 Nr. 9 Buchstabe a, § 286 Abs. 4, 5, § 289 Abs. 2 Nr. 5, § 314 Abs. 1 Nr. 6 Buchstabe a, Abs. 2 Satz 2, § 315 Abs. 2 Nr. 4, § 334 Abs. 3, § 340n Abs. 3 und § 341n Abs. 3 in der Fassung des Vorstandsvergütungs-Offenlegungsgesetzes sind erstmals auf Jahres- und Konzernabschlüsse für das nach dem 31. Dezember 2005 beginnende Geschäftsjahr anzuwenden.

1 **Regierungsbegründung:** Die Einfügung des Artikels 59 in das EGHGB hat zum Ziel, dass die neuen Bestimmungen über die Offenlegung von Vorstandsvergütungen im Jahres- und Konzernabschluss erstmals auf Jahres- und Konzernabschlüsse für Geschäftsjahre anzuwenden sind, die nach dem 31. Dezember 2005 beginnen. Dies gestattet es den Unternehmen, gegebenenfalls alsbald nach dem Inkrafttreten des Gesetzes die notwendigen Hauptversammlungsbeschlüsse herbeizuführen, mit denen für höchstens fünf Jahre auf die Offenlegung der Vorstandsvergütungen verzichtet werden kann.

Stichwortregister

Die fetten Ziffern bezeichnen die Paragraphen,
die mageren Ziffern die Anmerkungen